Content...

'pe.

:places the immedia...
ases which follow.

Superior numbers are used to differentiate homographs (words of like spelling yet different etymology and meaning).

·) Pa(pa) *m (inf)*; ...
p *m*.

Roman numerals are used to separate different parts of speech and to subdivide verbs (*vt, vi, vr, vi impers* etc).

nd *m* ... **II** *adj* (*also* ~
it) rosten lassen. **IV.** *vi*
rain, languages) (ein)-

Arabic numerals are used to separate meanings of the headword which are fundamentally different.

f; (Aut) Wagenheber *m*.

ge *f; see* **Union J~.**

f) alle ohne Ausnahme,

Phonetics are given in square brackets immediately after the headword. Whenever the pronunciation varies phonetics are given in the appropriate place.

fig) Kind *nt* ...

Irregular plurals are given after the singular form of the headword. They are also listed in their alphabetical place with phonetics and referred back to the singular form.

) **I** *vt* ...

Irregular forms of the verb are given after the infinitive; they are also listed in their alphabetical place with phonetics and referred back to the infinitive.

A wealth of indicating material showing the use of the headword and its translation in context, is given in the form of:

tzung, Fleischwunde *f;*
v) Platzwunde *f; (from*
) Schnittwunde *f; (from*

- **explanations** which distinguish the various translations,

sund und munter, voller
wüchsig; *appetite* herz-
kräftig; *push, kick etc*

- **typical collocations,**

n; *(people)* sich zusam-
nen, zusammenpassen;
nließen ...
ts of evidence miteinan-
ceships koppeln.
aube *f.* **2.** *(Aut)* Bank *f.*

- **typical subjects,**

  and **typical objects,**

- **field labels** to indicate specialist areas,

'); *(of society also)* aus-

- **style labels** which are used for all words which deviate from the register of the written language,

f) kleiner Finger.

- **labelling of regionalisms** (*US, Brit, Scot, Austral* etc).

Globalwörterbuch
Englisch-Deutsch

English-German
Dictionary

COLLINS

ENGLISH-GERMAN DICTIONARY

by

Roland Breitsprecher , Peter Terrell
Veronika Schnorr , Wendy V.A. Morris

Second Edition 1993

HarperCollins*Publishers*

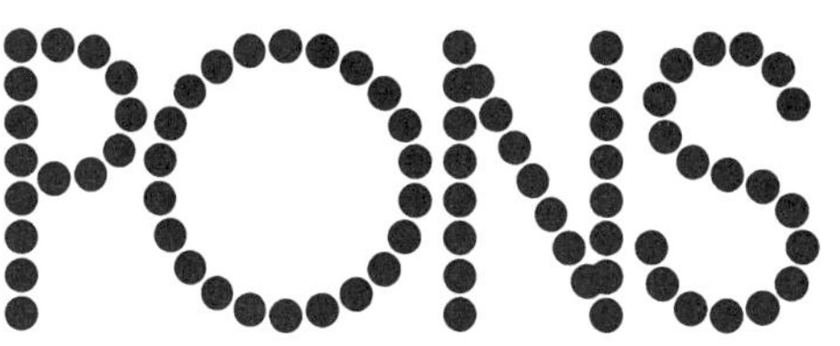

Globalwörterbuch

Englisch-Deutsch

von

Roland Breitsprecher , Peter Terrell
Veronika Schnorr , Wendy V.A. Morris

Neubearbeitung 1993

Ernst Klett Verlag für Wissen und Bildung
Stuttgart · Dresden

PONS Globalwörterbuch Englisch

1. Auflage/First Edition
Bearbeitet von/Edited by:
Jennifer Flechsenhar; Veronika Schnorr u.a.
Neubearbeitung/New Edition 1993: Bearbeitet von/Edited by:
Gudrun Küper, Armin Mutscheller, Jennifer Flechsenhar, Elizabeth Morris
unter Mitwirkung und Leitung der Verlagsredaktion PONS Wörterbücher/in
collaboration with and under the supervision of the PONS dictionary department
Auf der Basis von/based on:
PONS-COLLINS Großwörterbuch
von/by Peter Terrell, Veronika Schnorr, Wendy V.A .Morris,
Roland Breitsprecher, Neubearbeitung/revised edition 1991

Die Deutsche Bibliothek - CIP - Einheitsaufnahme

PONS-Globalwörterbuch. - Stuttgart ; Dresden :
Klett Verlag für Wissen und Bildung
NE: Globalwörterbuch
Englisch-deutsch = Teil 1/von Roland Breitsprecher ...
- Neubearb., 2. Aufl., - 4. Nachdr. - 1996
ISBN 3-12-517132-6
NE: Breitsprecher, Roland

Gedruckt auf Papier, das aus chlorfrei gebleichtem Zellstoff hergestellt wurde.

2. Auflage 1993 - Nachdruck 1996

Redaktion/Editors: Andrea Ender, Astrid Proctor, Stuttgart
Einbandgestaltung/Cover design: Erwin Poell, Heidelberg
Fotosatz/Computer typeset by Morton Word Processing Ltd, Scarborough, England
Druck/Printed by: W. Söderström Osakeyhtiö, Helsinki
Printed in Finland
ISBN 3-12-517132-6

Inhalt

Contents

Erläuterungen

1. Schriftarten

Fettdruck	für Stichworteinträge, unregelmäßige Verb- und Pluralformen;
Halbfettdruck	für die Anwendungsbeispiele und Redewendungen und für die römischen und arabischen Ziffern, Verweise, bei denen keine Übersetzung zum Stichwort gegeben wird;
Halbfette kursiv	in ausgangssprachlichen Wendungen bezeichnet betonte Wörter oder Silben;
Kursivschrift	für Angaben von Wortarten und Genus etc., für erklärende Zusätze, für Bezeichnungen des Sachgebiets und der Sprachebene, um ein betontes Wort in der Übersetzung eines Beispielsatzes hervorzuheben;
Grundschrift	für die Entsprechungen in der Zielsprache (Übersetzungen).

Guide to the dictionary

1. Type faces

primary bold	for headwords, irregular verb and plural forms;
secondary bold	for illustrative and idiomatic phrases and for Roman and Arabic numerals, direct cross-references where no translation is given for the headword;
Bold italics	in a source language phrase indicate that the word is stressed;
italics	for parts of speech and gender markings, for indicating and explanatory material, for field and style labels, to indicate emphasis on a word in the translation of a phrase;
roman	for the target language equivalent (translation).

Beispiel: *example:*

nip[1] [nɪp] **I** *n* **1.** *(pinch)* Kniff *m*, *(bite from animal)* Biß *m*. **to give sb a ~ in the arm** jdn in den Arm zwicken *or* kneifen; *(dog)* jdn in den Arm zwicken; **the dog gave him a ~** der Hund hat kurz zugeschnappt; **it was ~ and tuck** *(esp US inf)* das war eine knappe Sache.
2. there's a ~ in the air today es ist ganz schön frisch heute.
II *vt* **1.** *(bite)* zwicken; *(pinch also)* kneifen. **the dog ~ped his ankle** der Hund hat ihn am Knöchel gezwickt; **to ~ oneself/one's finger in sth** sich *(dat)* den Finger in etw *(dat)* klemmen.

2. *(Hort) bud, shoot* abknipsen **to ~ sth in the bud** *(fig)* etw im Keim ersticken.
3. *(cold, frost) plants* angreifen. **the cold air ~ped our faces** die Kälte schnitt uns ins Gesicht; **the plants had been ~ped by the frost** die Pflanzen hatten Frost abbekommen.
III *vi (Brit inf)* sausen *(inf),* flitzen *(inf).* **to ~ up(stairs)/down(stairs)** hoch-/runtersausen *(inf) or* -flitzen *(inf);* **I'll just ~ down to the shops** ich gehe mal kurz einkaufen *(inf);* **I'll ~ on ahead** ich gehe schon mal voraus *(inf).*

2. Stichwortanordnung und Gliederung der Stichworteinträge

Alle fettgedruckten Stichwörter sind alphabetisch angeordnet.
Die *römischen Ziffern* dienen zur Unterscheidung der verschiedenen Wortarten, denen ein Stichwort angehört, und zur Gliederung der Verben (*vt, vi, vr, vi impers, vt impers, vi + prep obj* etc.)

2. Order of headwords and layout of entries

All headwords in bold type are in alphabetical order.
Roman numerals are used to distinguish between the different parts of speech of the headword and to subdivide verbs (*vt, vi, vr, vi impers, vt impers, vi + prep obj* etc.)

Beispiel: *example:*

rain [reɪn] **I** *n* **1.** Regen *m.* **in the ~** im Regen; **~ or shine, come ~ or come shine** *(lit)* ob es regnet oder schneit; *(fig)* was auch geschieht; **the ~s** die Regenzeit; *see* **right**.
2. *(fig: of arrows, bullets, blows)* Hagel *m.*
II *vti impers (lit, fig)* regnen. **it is ~ing** es regnet; **it never ~s but it pours** *(prov)* ein Unglück kommt selten allein *(prov);* **it's ~ing buckets** *(inf) or* **cats and dogs** *(inf)* es gießt wie aus Kübeln, es schüttet nur so *(inf).*
III *vt* **to ~ blows on sb** einen Hagel von Schlägen auf jdn niedergehen lassen.

Grundlegend verschiedene Bedeutungen eines Stichworts sind durch *arabische Ziffern* differenziert.

Arabic numerals are used to distinguish meanings which are fundamentally different.

Beispiel: *example:*

tab[1] [tæb] *n* **1.** *(loop on coat)* Aufhänger *m; (on back of boot, book)* Schlaufe *f; (fastener on coat)* Riegel *m; (name ~) (of owner)* Namensschild *nt; (of maker)* Etikett *nt; (on collar)* Verschluß(riegel) *m; (Mil)* Spiegel *m; (on shoulder, pocket)* Klappe, Patte *f; (on filing cards)* Reiter *m.* **to keep ~s on sb/sth** *(inf)* jdn/etw genau im Auge behalten.
2. *(Aviat)* Klappe *f.*
3. *(US inf: bill)* Rechnung *f.*

3. Geschlechtsbezeichnungen

Alle deutschen Substantive sind mit der Geschlechtsbezeichnung *(m, f, nt)* versehen, wobei nur das letzte von zwei oder mehreren gleichgeschlechtlichen, durch Kommas getrennten Substantiven die Geschlechtsbezeichnung erhält.

3. Gender markings

The gender is given for all German nouns *(m, f, nt)*. Where there are several nouns of the same gender separated by commas, the gender marking comes at the end of the series.

Beispiel: *example:*

imbecility [ˌɪmbəˈsɪlɪtɪ] *n* **1.** Beschränktheit, Idiotie *f*, Schwachsinn *m*. **2.** *(Med)* Schwachsinn *m*.

Substantive, die wie Adjektive dekliniert werden und sowohl männlich als auch weiblich sein können, werden wie folgt dargestellt:

Nouns which are declined as adjectives and which can be masculine or feminine are shown in the following way:

Angestellte(r) *mf* = der Angestellte
ein Angestellter
die Angestellte,
eine Angestellte

Bei Substantiven, die wie Adjektive dekliniert werden, aber nur ein Geschlecht haben, steht folgendes:

Nouns which are declined as adjectives but have only one gender are shown as follows:

Beamte(r) *m* = der Beamte, ein Beamter
Gute(s) *nt* = das Gute, ein Gutes

Wird bei der weiblichen Form ein *-in* an die männliche angehängt, steht diese mit der dazugehörigen Geschlechtsbezeichnung in Klammern.

Where the feminine noun is formed by adding *-in* to the masculine, *-in* is given in brackets together with the appropriate gender marking.

Beispiel: *example:*

Lehrer(in *f***)** *m*

Besteht die Übersetzung aus einem Adjektiv und einem Substantiv, wird auf die Geschlechtsangabe verzichtet, da sich das Geschlecht des Substantivs an der deklinierten Form des Adjektivs ersehen läßt.

In cases where the translation consists of an adjective and a noun the gender marking is omitted since the gender of the noun can always be deduced from the declined form of the adjective.

Beispiel: *example:*

vacancy [ˈveɪkənsɪ] *n* **1.** *(emptiness)* Leere *f; (of look also)* Ausdruckslosigkeit *f; (of post)* Unbesetztsein, Freisein *nt*.

2. *(in boarding house)* (freies) Zimmer. **have you any vacancies for August?** haben Sie im August noch Zimmer frei?; **"no vacancies"** „belegt".
3. *(job)* offene *or* freie Stelle; *(at university)* Vakanz *f,* unbesetzte Stelle …

4. Präpositionen

Bei Verben, Substantiven und Adjektiven, die mit bestimmten Präpositionen verbunden werden, ist die zugehörige Präposition und ihre Übersetzung in Klammern angegeben.

4. Prepositions

Prepositions used in combination with verbs, nouns and adjectives and their translations are given in brackets.

Beispiel: *example:*

abundance [əˈbʌndəns] *n* (großer) Reichtum (of an + *dat); (of hair, vegetation, details, illustrations, information, ideas, colours also, proof)* Fülle *f (of* von, *gen)* …

5. Erklärende Zusätze

Bei nicht austauschbaren Übersetzungen sind die Unterschiede in Gebrauch und Bedeutung in der folgenden Form dargestellt:

In Klammern stehende Zusätze (Indikatoren):

Synonyme und Teildefinitionen,

5. Indicating material

Wherever translations are not interchangeable the differences in meaning and usage are indicated in the following ways:

Indicators in parentheses:

synonyms and partial definitions,

languor [ˈlæŋgəʳ] *n (indolence)* Trägheit, Schläfrigkeit *f; (weakness)* Mattigkeit, Schlappheit *f; (emotional)* Stumpfheit, Apathie *f.* **the ~ of the tropical days** die schläfrige Schwüle der tropischen Tage.

typische Subjekte in Verb-Einträgen,

within verb entries, typical subjects of the headword,

◆**last out I** *vt sep* ausreichen für; *(people)* durchhalten. **II** *vi (money, resources)* ausreichen; *(person)* durchhalten.

typische Substantiv-Ergänzungen des Stichworts in Substantiv-Einträgen.

within noun entries, typical noun complements of the headword.

gaggle [ˈgægl] **I** *n (of geese)* Herde *f; (hum: of girls, women)* Schar, Horde *f.*
II *vi* schnattern.

Kollokatoren, die nicht in Klammern stehen:

typische Objekte des Stichworts bei transitiven Verb-Einträgen,

Collocators, not in parentheses:

within transitive verb entries, typical objects of the headword,

dent *vt hat, car, wing* einbeulen, verbeulen; *wood, table* eine Delle machen in *(+ acc); (inf) pride* anknacksen *(inf).*

typische, durch das Stichwort näher bestimmte Substantive in Adjektiv-Einträgen,

within adjective entries, typical nouns modified by the headword,

languorous ['læŋgərəs] *adj* träge, schläfrig; *heat* schläfrig, wohlig; *feeling* wohlig; *music* schmelzend; *rhythm, metre* gleitend, getragen; *tone, voice* schläfrig.

typische, durch das Stichwort näher bestimmte Verben oder Adjektive bei Adverb-Einträgen.

within adverb entries, typical verbs or adjectives modified by the headword.

cumbersomely *adv move, write* schwerfällig; *phrased also* umständlich; *dressed* hinderlich.

Sachgebietsangaben (z. B. *Med, Bot etc.*) werden verwendet, um die verschiedenen Bedeutungen des Stichworts zu unterscheiden, und wenn die Bedeutung in der Ausgangssprache klar ist, in der Zielsprache jedoch mehrdeutig sein könnte.

Field labels are used to differentiate various meanings of the headword and when the meaning in the source language is clear but may be ambiguous in the target language.

Virgo ['vɜːgəʊ] *n (Astrol)* Jungfrau *f.*
Jungfrau *f* virgin *f; (Astron, Astrol)* Virgo.

Stilangaben werden verwendet zur Kennzeichnung aller Wörter und Wendungen, die keiner neutralen Stilebene oder nicht mehr dem modernen Sprachgebrauch angehören. Die Angaben erfolgen sowohl in der Ausgangs- als auch in der Zielsprache und sollen in erster Linie dem Nichtmuttersprachler helfen. Stilangaben zu Beginn eines Eintrages oder einer Kategorie beziehen sich auf alle Bedeutungen und Wendungen innerhalb dieses Eintrages oder dieser Kategorie.

Style labels are used to mark all words and phrases which are not neutral in style level or which are no longer current in the language. This labelling is given for both source and target languages and serves primarily as an aid to the non-native speaker. When a style label is given at the beginning of an entry or category it covers all meanings and phrases in that entry or category.

(inf)	bezeichnet umgangssprachlichen Gebrauch, wie er für eine formlose Unterhaltung oder einen zwanglosen Brief typisch ist, in förmlicherer Rede oder förmlicherem Schriftverkehr jedoch unangebracht wäre.	*(inf)*	denotes colloquial language typically used in an informal conversational context or a chatty letter, but which would be inappropriate in more formal speech or writing.
(sl)	soll anzeigen, daß das Wort oder die Wendung äußerst salopp ist und nur unter ganz bestimmten Umständen, z. B. unter Mitgliedern einer besonderen Altersgruppe, verwendet wird. In Verbindung mit einer Sachgebietsangabe, z. B. *(Mil sl), (Sch sl),* wird auf die Zugehörigkeit des Ausdrucks zum Jargon dieser Gruppe hingewiesen.	*(sl)*	indicates that the word or phrase is highly informal and is only appropriate in very restricted contexts, for example among members of a particular age group. When combined with a field label eg *(Mil sl), (Sch sl)* it denotes that the expression belongs to the jargon of that group.
(vulg)	Bezeichnet Wörter, die allgemein als tabu gelten und an denen vielfach Anstoß genommen wird.	*(vulg)*	denotes words generally regarded as taboo which are likely to cause offence.
(geh)	bezeichnet einen gehobenen Stil, sowohl im gesprochenen wie geschriebenen Deutsch, wie er von gebildeten, sich gewählt ausdrückenden Sprechern verwendet werden kann.	*(geh)*	denotes an elevated style of spoken or written German such as might be used by an educated speaker choosing his words with care.
(form)	bezeichnet förmlichen Sprachgebrauch, wie er uns auf Formularen, im amtlichen Schriftverkehr oder in förmlichen Ansprachen begegnet.	*(form)*	denotes formal language such as that used on official forms, for official communications and in formal speeches.
(spec)	gibt an, daß es sich um einen Fachausdruck handelt, der ausschließlich dem Wortschatz von Fachleuten angehört.	*(spec)*	indicates that the expression is a technical term restricted to the vocabulary of specialists.
(dated)	weist darauf hin, daß das Wort bzw. die Wendung heute recht altmodisch klingt, obwohl sie besonders von älteren Sprechern noch gelegentlich benutzt werden.	*(dated)*	indicates that the word or phrase, while still occasionally being used especially by older speakers, now sounds somewhat old-fashioned.
(old)	bezeichnet nicht mehr geläufiges Wortgut, das dem Benutzer jedoch noch beim Lesen begegnet.	*(old)*	denotes language no longer in current use but which the user will find when reading.

(obs)	bezeichnet veraltete Wörter, die der Benutzer im allgemeinen nur in der klassischen Literatur antreffen wird.	*(obs)*	denotes obsolete words which the user will normally only find in classical literature.
(liter)	bezeichnet literarischen Sprachgebrauch. Es sollte nicht mit der Sachgebietsangabe *(Liter)* verwechselt werden, die angibt, daß der betreffende Ausdruck dem Gebiet der Literaturwissenschaften angehört, und ebensowenig mit der Abkürzung *(lit),* die die wörtliche im Gegensatz zur übertragenen Bedeutung eines Wortes bezeichnet.	*(liter)*	denotes language of a literary style level. It should not be confused with the field label *(Liter)* which indicates that the expression belongs to the field of literary studies, or with the abbreviation *(lit)* which indicates the literal as opposed to the figurative meaning of a word.

Eine vollständige Liste der Abkürzungen, die zur Kennzeichnung der Sachgebiete und des Stils dienen, befindet sich auf den hinteren Vorsatzblättern.

A full list of field and style labels is given on the end-papers at the back of the dictionary.

6. Phrasal Verbs

Feste Verbindungen von Verb und Präposition bzw. Adverb im Englischen (Phrasal Verbs) werden in eigenen Einträgen behandelt. Sie folgen auf den Eintrag des Simplexverbs, sind mit einer Raute ◆ gekennzeichnet und in der alphabetischen Reihenfolge der Präpositionen/Adverbien angeordnet.

Unregelmäßige Formen des Präteritums und des 2. Partizips werden nur in den seltenen Fällen angegeben, wo sie von den im Haupteintrag angegebenen abweichen.

Phrasal Verbs werden in vier verschiedene Kategorien unterschieden

1. *vi*

6. Phrasal verbs

Phrasal verbs are covered in separate headword entries. They follow the main headword, are marked with a lozenge ◆ and are listed in the alphabetical order of the prepositions/adverbs.

Irregular preterites and past participles are only given in the rare cases where they differ from those given in the main entry.

Phrasal verbs are treated in four grammatical categories:

1. *vi*

grow apart *vi (fig)* sich auseinanderentwickeln.

2. *vi + prep obj*

Hiermit soll gezeigt werden, daß das Verbelement intransitiv ist, daß aber das Partikel ein Objekt erfordert.

2. *vi + prep obj*

This indicates that the verbal element is intransitive but that the particle requires an object.

agree on *vi + prep obj solution* sich einigen auf *(+ acc),* Einigkeit erzielen über *(+ acc); price, policy also* vereinbaren . . .

3. *vt*

Dies gibt an, daß das Verbelement transitiv ist. In den meisten Fällen kann das Objekt vor oder hinter dem Partikel stehen; diese Fälle sind mit *sep* bezeichnet.

3. *vt*

This indicates that the verbal element is transitive. In most cases the object can be placed either before or after the particle; these cases are marked *sep.*

hand in *vt sep* abgeben; *forms, thesis also, resignation* einreichen.

In einigen Fällen muß das Objekt dem Partikel vorangehen; solche Fälle sind durch *always separate* bezeichnet.

In some cases the object must precede the particle; these cases are marked *always separate.*

get over with *vt always separate* hinter sich *(acc)* bringen. **let's ~ it ~** (~) bringen wir's hinter uns; **to ~ sth ~ and done ~** etw ein für allemal erledigen.

Gelegentlich muß das Objekt dem Partikel nachgestellt werden; solche Fälle sind durch *insep* bezeichnet.

Occasionally the object must come after the particle; these cases are marked *insep.*

put forth *vt insep (liter) buds, shoots* hervorbringen.

4. *vi + prep obj*

Hiermit wird gezeigt, daß sowohl das Verbelement wie das Partikel ein Objekt verlangen.

4. *vi + prep obj*

This indicates that both the verbal element and the particle require an object.

take upon *vt + prep obj* **he took that job ~ himself** er hat das völlig ungebeten getan.

In Fällen, wo ein Präpositionalobjekt möglich, aber nicht nötig ist, findet man die entsprechende Übersetzung unter *vi* oder *vt.*

In cases where a prepositional object is optional its translation is covered under *vi* or *vt.*

get off *vi (from bus, train)* aussteigen *(prep obj* aus); *(from bicycle, horse)* absteigen *(prep obj* von).

7. Englische Adjektive und Adverbien

Englische Adverbien sind als selbständige Stichwörter aufgeführt. In Fällen, wo ein Adverb auf sein Adjektiv-Äquivalent verwiesen wird, gelten die für das Adjektiv angegebenen Übersetzungen auch für das Adverb.

7. English adjectives and adverbs

English adverbs have been accorded the status of headwords in their own right. In cases where an adverb is cross-referred to its related adjective, the German translations given under the adjective apply to the adverb too.

moodily *adv see adj.*
moody *adj* launisch, launenhaft; *(bad-tempered)* schlechtgelaunt *attr,* schlecht gelaunt *pred; look, answer* verdrossen, übellaunig.

In Fällen, wo Adjektiv und dazugehöriges Adverb in der alphabetischen Anordnung aufeinanderfolgen und wo die gleichen Übersetzungen für beide gelten, sind die Einträge zusammengefaßt worden.

In cases where the adverb and its related adjective occur consecutively in the alphabetical order and where the same translations apply to both, the entries have been conflated.

maladroit *adj,* **maladroitly** *adv* ungeschickt.

Steigerung der englischen Adjektive und Adverbien

Comparison of English adjectives and adverbs

Adjektive und Adverbien, deren Komparativ und Superlativ im allgemeinen durch Flexionsendungen gebildet werden, sind im Text durch (+*er*) bezeichnet, z. B.

Adjectives and adverbs which form the comparative and superlative by adding *-er,* and *-est* are marked (+*er*) in the text, e. g.

young *adj (+er)*

Komparativ und Superlativ aller nicht durch (+*er*) bezeichneten Adjektive und Adverbien sind mit *more* und *most* zu bilden. Das gilt auch für alle auf *-ly* endenden Adverbien.
Unregelmäßige Formen des Komparativs und Superlativs sind im Text angegeben, z. B.

The comparative and superlative of all adjectives and adverbs not marked (+*er*) are formed with *more* and *most.* This also applies to all adverbs ending in *-ly.*
Irregular forms of the comparative and superlative are given in the text, e. g.

bad *adj comp* **worse,** *superl* **worst**
well[2] *comp* **better,** *superl* **best**

Die flektierten Formen des Komparativs und Superlativs werden nach folgenden Regeln gebildet:

Rules for the formation of the comparative and superlative with *-er* and *-est* are as follows:

1. Adjektive und manche Adverbien fügen *-er* zur Bildung des Komparativs und *-est* zur Bildung des Superlativs an:

1. Adjectives and some adverbs add *-er* to form the comparative and *-est* to form the superlative:

small smaller smallest

2. Bei auf Konsonant +*y* endenden Adjektiven und Adverbien wird das auslautende *-y* in *-i* umgewandelt, bevor die Endung *-er* bzw. *-est* angefügt wird:

2. With adjectives and adverbs ending in a consonant +*y,* the *-y* changes to *-i* before the ending *-er* or *-est* is added:

happy happier happiest

3. Mehrsilbige Adjektive auf *-ey* wandeln diese Endsilbe in *-ier, -iest* um:

3. With adjectives of more than one syllable ending in *-ey,* the final syllable changes to *-ier, -iest:*

homey homier homiest

4. Bei Adjektiven und Adverbien, die auf stummes *-e* enden, entfällt dieser Auslaut:

4. Adjectives and adverbs ending in *-e* drop the *-e:*

brave braver bravest

5. Bei Adjektiven, die auf *-ee* enden, entfällt das zweite *-e:*

5. Adjectives ending in *-ee* drop the second *-e:*

free freer freest

6. Adjektive, die auf einen Konsonanten nach einfachem betonten Vokal enden, verdoppeln den Konsonanten im Auslaut:

6. Adjectives which end in a consonant after a single stressed vowel double the consonant:

sad sadder saddest

Nach Doppelvokal wird der auslautende Konsonant nicht verdoppelt:

The consonant is not doubled after a double vowel:

loud louder loudest

8. Aussprache

Die Zeichen der im Text verwendeten Lautschrift entsprechen denen der *International Phonetic Association.* Die angegebene Aussprache basiert auf dem weltweit als maßgebend anerkannten „English Pronouncing Dictionary" von Daniel Jones (vierzehnte Auflage, ausführlich überarbeitet und herausgegeben von A. C. Gimson).
Die Lautschrift gibt die Aussprache für das in Südengland gesprochene britische Englisch (Received Pronunciation) an. Nordamerikanische Formen werden angegeben, wenn die Aussprache des betreffenden Wortes im amerikanischen Englisch erheblich abweicht (z. B. lever), nicht aber, wenn die Abweichung nur im „Akzent" besteht, wenn also Verständigungsschwierigkeiten nicht zu befürchten sind.
Jedes Hauptstichwort hat die volle phonetische Umschrift; teilweise Umschrift wird bei Derivativen angegeben und leitet sich von der vorhergehenden Aussprache ab. Bei Phrasal Verbs und zusammengesetzten Wörtern, deren einzelne Teile an anderer Stelle im Wörterbuch mit der Umschrift versehen sind, wird auf die Wiederholung der Ausspracheangabe verzichtet. Bei Homographen (Stichwörter mit Hochzahlen) wird die Aussprache nur dann angegeben, wenn sie von der beim ersten Homographen angegebenen abweicht.
Die Aussprache von Abkürzungen, die als Kurzwörter *(Akronyme)* gebraucht werden, ist angegeben (z. B. NATO ['neɪtəʊ], ASLEF ['æzlef]). Wenn jeder Buchstabe einzeln ausgesprochen wird (z. B. MOT, RIP), erfolgt keine Ausspracheangabe.
Die Aussprache von unregelmäßigen Verb- und Pluralformen ist angegeben. Wo sie sich in der alphabetischen Reihenfolge nicht in unmittelbarer Nähe des Haupteintrags befinden, sind sie an entsprechender Stelle als Stichwort aufgeführt und dort mit der Lautschrift versehen.

9. Satzzeichen und Symbole

, zwischen Übersetzungen zeigt an, daß die Übersetzungen gleichwertig sind:
zwischen Wendungen in der Ausgangssprache zeigt an, daß die Wendungen die gleiche Bedeutung haben.

; zwischen Übersetzungen zeigt einen Bedeutungsunterschied an, der durch erklärende Zusätze erläutert ist, außer:

1. wenn die Unterscheidung innerhalb desselben Eintrags schon gemacht worden ist;
2. bei Komposita, wo die Unterscheidung schon unter dem Simplex getroffen wurde;

9. Punctuation and Symbols

, between translations indicates that the translations are interchangeable:
between source language phrases indicates that the phrases have the same meaning.

; between translations indicates a difference in meaning which is clarified by indicating material unless:

1. the distinction has already been made within the same entry;
2. in the case of some compounds the distinction is made under the simple form;

3. wenn die Unterscheidung offensichtlich ist.

3. the distinction is self-evident.

: zwischen Stichwort und Wendung gibt an, daß das Stichwort im allgemeinen nur in der aufgeführten Wendung vorkommt.

: between a headword and a phrase indicates that the headword is normally only used in that phrase.

/ zwischen Übersetzungen zeigt an, daß es sich um analoge Strukturen, aber verschiedene Übersetzungen handelt, z. B. to feel good/bad.

/ between translations indicates parallel structure but different meanings. e.g. to feel good/bad.

1. der Schrägstrich in einer ausgangssprachlichen Wendung wird im allgemeinen seine Entsprechung in der Übersetzung finden; wo das nicht der Fall ist, gilt die Übersetzung für beide Bedeutungen;
2. hat ein Schrägstrich in der Zielsprache kein Äquivalent in der Ausgangssprache, geht die getroffene Unterscheidung entweder aus in dem Eintrag bereits Gesagten hervor, oder sie ist offensichtlich;
3. bei Zusammensetzungen kann der Schrägstrich verwendet werden, um an eine für das Simplex getroffene Unterscheidung anzuknüpfen.

1. in a source language phrase it will normally be paralleled in the translation; where this is not the case, the translation covers both meanings;
2. in a target language phrase where it is not paralleled by an oblique in the source language the distinction will either be made clear earlier in the entry or will be self-evident;
3. in compounds it may be used to reflect a distinction made under the simple form.

~ ersetzt in den Anwendungsbeispielen und Redewendungen das vorhergehende fettgedruckte Stichwort; bei Phrasal Verbs steht je eine Tilde für das Verb und eine für die Präposition/das Adverb, z. B.

~ replaces the immediately preceding headword in illustrative and idiomatic phrases; two swung dashes are given for phrasal verbs, one replacing the verb the other the preposition/adverb, e.g.

put by *vt sep* zurücklegen, auf die hohe Kante legen. **I've got a few pounds ~ ~** ich habe ein paar Pfund auf der hohen Kante.

– unterscheidet zwischen zwei Sprechern.

– separates two speakers.

≃ soll darauf hinweisen, daß es sich bei der Übersetzung zwar um eine Entsprechung handelt, daß aber auf Grund kultureller Unterschiede Deckungsgleichheit nicht in allen Aspekten gegeben ist.

≃ indicates that the translation is the cultural equivalent of the term and may not be exactly the same in every detail.

or wird verwendet, um Bestandteile einer Wendung zu unterscheiden, die semantisch austauschbar sind.

or is used to separate parts of a word or phrase which are semantically interchangeable.

also, auch	nach erklärenden Zusätzen gibt an, daß die folgende(n) Übersetzung(en) zusätzlich zu der ersten Übersetzung oder Folge von austauschbaren Übersetzungen, die in dem Eintrag oder der Kategorie angegeben sind, benutzt werden kann/können.
also, auch	used after indicating material denotes that the translations following it can be used in addition to the first translation or set of interchangeable translations given in the respective entry, category or phrase.

Liste der Lautschriftzeichen
Phonetic Symbols

Vokale und Diphthonge
Vowels and Diphthonge

[ɑː]	plant, arm, father
[ɑ̃ː]	agent provocateur
[aɪ]	life
[aʊ]	house
[æ]	man, sad
[ʌ]	but, son
[e]	get, bed
[eɪ]	name, lame
[eː]	Seele, Mehl
[ə]	ago, better
[ɜː]	bird, her
[ɛə]	there, care
[ɪ]	it, wish
[iː]	bee, see, me, beat, belief
[ɪə]	here
[əʊ]	no, low
[ɒ]	not, long
[ɔː]	law, all
[ɔ̃ː]	restaurant
[ɔɪ]	boy, oil
[ʊ]	push, look
[uː]	you, do
[ʊə]	poor, sure

Konsonanten
Consonants

[b]	been, blind
[d]	do, had
[dʒ]	jam, object
[f]	father, wolf
[g]	go, beg
[h]	house
[j]	youth, Indian
[k]	keep, milk
[l]	lamp, oil, ill
[m]	man, am
[n]	no, manner
[ŋ]	long, sing
[p]	paper, happy
[r]	red, dry
[s]	stand, sand, yes
[ʃ]	ship, station
[t]	tell, fat
[θ]	thank, death
[ð]	this, father
[tʃ]	church, catcher
[v]	voice, live
[w]	water, we, which
[x]	loch
[z]	zeal, these, gaze
[ʒ]	pleasure

[ʳ]	vor Vokal ausgesprochenes [r] / [r] pronounced before a vowel
[ˈ]	Hauptton / main stress
[ˌ]	Nebenton / secondary stress

ENGLISCH-DEUTSCH

A

A, a [eɪ] *n* A, a *nt*; (*Sch: as a mark*) eins, sehr gut; (*Mus*) A, a *nt*. **from A to Z** von A bis Z; **to get from A to B** von A nach B kommen; **A sharp/flat** (*Mus*) Ais, ais *nt*/ As, as *nt*; *see also* **major, minor, natural.**

a [eɪ, ə] *indef art, before vowel* **an 1.** ein(e). **so large ~ country** ein so großes Land; **~ Mr X/~ certain young man** ein Herr X/ein gewisser junger Mann.

2. (*in negative constructions*) **not ~** kein(e); **not ~ single man/woman** kein einziger *or* nicht ein einziger Mann/ keine einzige *or* nicht eine einzige Frau; **he didn't want ~ present** er wollte kein Geschenk.

3. (*with profession, nationality*) **he's ~ doctor/Frenchman** er ist Arzt/Franzose; **he's ~ famous doctor/Frenchman** er ist ein berühmter Arzt/Franzose; **as ~ young girl** als junges Mädchen.

4. (*the same*) **to be of ~n age/~ size** gleich alt/groß sein, in einem Alter sein/ eine Größe haben; *see* **kind.**

5. (*per*) pro. **50p ~ kilo** 50 Pence das *or* pro Kilo; **twice ~ month** zweimal im *or* pro Monat; **50 km ~n hour** 50 Stundenkilometer, 50 Kilometer pro Stunde.

6. in ~ good/bad mood gut/schlecht gelaunt; **to come/to have come to ~n end** zu Ende gehen/sein; **in ~ loud voice** mit lauter Stimme, laut; **to have ~ headache/temperature** Kopfschmerzen/ erhöhte Temperatur haben.

A *abbr of* **answer** Antw.

a- *pref* **1.** (*privative*) **~moral/~typical** amoralisch/atypisch. **2.** (*old, dial*) **they came ~ running** sie kamen angerannt.

AA *abbr of* **1. Automobile Association** Britischer Automobilclub. **2. Alcoholics Anonymous.**

AB *abbr of* **1.** (*Naut*) **able-bodied seaman. 2.** (*US Univ*) *see* **BA.**

aback [ə'bæk] *adv*: **to be taken ~** erstaunt sein; (*upset*) betroffen sein

abacus ['æbəkəs] *n, pl* **abaci** ['æbəsiː] Abakus *m*.

abalone [æbə'ləʊnɪ] *n* Seeohr *nt*.

abandon [ə'bændən] **I** *vt* **1.** (*leave, forsake*) verlassen; *baby* aussetzen; *car also* (einfach) stehenlassen. **they ~ed the city to the enemy** sie flohen und überließen dem Feind die Stadt; **to ~ ship** das Schiff verlassen.

2. (*give up*) *project, hope, attempt* aufgeben. **to ~ play** das Spiel abbrechen.

3. (*fig*) **to ~ oneself to sth** sich einer Sache (*dat*) hingeben.

II *n, no pl* Hingabe, Selbstvergessenheit *f*. **with ~** mit Leib und Seele.

abandoned [ə'bændənd] *adj* **1.** (*dissolute*) verkommen. **2.** (*unrestrained*) *dancing* selbstvergessen, hingebungsvoll, hemmungslos (*pej*); *joy* unbändig.

abandonment [ə'bændənmənt] *n* **1.** (*forsaking, desertion*) Verlassen *nt*. **2.** (*giving-up*) Aufgabe *f*. **3.** (*abandon*) Hingabe, Selbstvergessenheit, Hemmungslosigkeit (*pej*) *f*.

abase [ə'beɪs] *vt person* erniedrigen; *morals* verderben. **to ~ oneself** sich (selbst) erniedrigen.

abasement [ə'beɪsmənt] *n* Erniedrigung *f*; (*of concept of love*) Abwertung *f*; (*lowering of standards*) Verfall, Niedergang *m*.

abashed [ə'bæʃt] *adj* beschämt. **to feel ~** sich schämen.

abate [ə'beɪt] **I** *vi* nachlassen; (*storm, eagerness, interest, noise also*) abflauen; (*pain, fever also*) abklingen; (*flood*) zurückgehen. **II** *vt* (*form*) *noise, sb's interest* dämpfen; *rent, tax, fever* senken; *pain* lindern.

abatement [ə'beɪtmənt] *n* **1.** *see vi* Nachlassen *nt*; Abflauen *nt*; Abklingen *nt*; Rückgang *m*. **2.** (*form: reducing*) *see vt* Dämpfung *f*; Senkung *f*; Linderung *f*. **the noise ~ society** die Gesellschaft zur Bekämpfung von Lärm.

abattoir ['æbətwɑːʳ] *n* Schlachthof *m*.

abbess ['æbɪs] *n* Äbtissin *f*.

abbey ['æbɪ] *n* Abtei *f*; (*church in ~*) Klosterkirche *f*.

abbot ['æbət] *n* Abt *m*.

abbreviate [ə'briːvɪeɪt] *vt word, title* abkürzen (*to* mit); *book, speech* verkürzen.

abbreviation [əˌbriːvɪ'eɪʃən] *n* (*of word, title*) Abkürzung *f*; (*of book, speech*) Verkürzung *f*.

ABC¹ ['eɪbiː'siː] *n* (*lit, fig*) Abc *nt*. **it's as easy as ~** das ist doch kinderleicht.

ABC² *abbr of* **American Broadcasting Company** *amerikanische Rundfunkgesellschaft.*

abdicate ['æbdɪkeɪt] **I** *vt* verzichten auf (+*acc*). **II** *vi* (*monarch*) abdanken; (*pope*) zurücktreten.

abdication [ˌæbdɪ'keɪʃən] *n* (*of monarch*) Abdankung *f*; (*of pope*) Verzicht *m*. **his ~ of the throne** sein Verzicht auf den Thron.

abdomen ['æbdəmen, (*Med*) æb'dəʊmen] *n* Abdomen *nt* (*form*); (*of man, mammals also*) Unterleib *m*; (*of insects also*) Hinterleib *m*.

abdominal [æb'dɒmɪnl] *adj see n* abdominal (*form*); Unterleibs-; Hinterleibs-. **~ segments** Abdominalsegmente *pl*; **~ wall** Bauchdecke *f*.

abduct [æb'dʌkt] *vt* entführen.

abduction [æb'dʌkʃən] *n* Entführung *f*.

abductor [æb'dʌktəʳ] *n* Entführer(in *f*) *m*.

Aberdonian [ˌæbə'dəʊnjən] **I** *n* Aberdeener(in *f*) *m*. **II** *adj* Aberdeener *inv*.

aberrant [ə'berənt] *adj* anomal.

aberration [ˌæbə'reɪʃən] *n* Anomalie *f*; (*Astron, Opt*) Aberration *f*; (*in statistics, from course*) Abweichung *f*; (*mistake*) Irrtum *m*; (*moral*) Verirrung *f*. **in a moment of (mental) ~** (*inf*) in einem Augenblick geistiger Verwirrung.

abet [ə'bet] **I** *vt crime, criminal* begünstigen, Vorschub leisten (+*dat*); (*fig*) unterstützen. **II** *vi see* **aid 2.**

abetter, abettor [ə'betə^r] *n* Helfershelfer(in *f*) *m*.

abeyance [ə'beɪəns] *n, no pl* **to be in ~** (*law, rule, issue*) ruhen; (*custom, office*) nicht mehr ausgeübt werden; **to fall into ~** außer Gebrauch kommen; **to hold sth in ~** etw ruhenlassen.

abhor [əb'hɔː^r] *vt* verabscheuen.

abhorrence [əb'hɒrəns] *n* Abscheu *f* (*of* vor +*dat*).

abhorrent [əb'hɒrənt] *adj* abscheulich. **the very idea is ~ to me** schon der Gedanke daran ist mir zuwider.

abide [ə'baɪd] *vt* (*usu neg, interrog: tolerate*) ausstehen; (*endure*) aushalten. **I cannot ~ living here** ich kann es nicht aushalten, hier zu leben.

◆**abide by** *vi +prep obj rule, law, decision, promise, results* sich halten an (+*acc*); *consequences* tragen. **I ~ ~ what I said** ich bleibe bei dem, was ich gesagt habe.

abiding [ə'baɪdɪŋ] *adj* (*liter: lasting*) unvergänglich.

ability [ə'bɪlɪtɪ] *n* Fähigkeit *f*. **~ to pay/hear** Zahlungs-/Hörfähigkeit *f*; **to the best of my ~** nach (besten) Kräften; (*with mental activities*) so gut ich es kann; **a pianist/man of great ~** ein ausgesprochen fähiger *or* begabter Pianist/ein sehr fähiger Mann.

abject ['æbdʒekt] *adj* **1.** (*wretched*) *state, liar, thief* elend, erbärmlich; *poverty* bitter. **2.** (*servile*) *submission, apology* demütig; *person, gesture also* unterwürfig.

abjectly ['æbdʒektlɪ] *adv see adj*.

abjectness ['æbdʒektnɪs] *n see adj* Erbärmlichkeit *f*; Demut *f*; Unterwürfigkeit *f*.

abjure [əb'dʒʊə^r] *vt* abschwören (+*dat*).

ablaze [ə'bleɪz] *adv, adj pred* in Flammen. **to be ~** in Flammen stehen; **to set sth ~** etw in Brand stecken; **his face was ~ with joy/anger** sein Gesicht glühte vor Freude/brannte vor Ärger; **to be ~ with light** hell erleuchtet sein.

able ['eɪbl] *adj* **1.** (*skilled, talented*) *person* fähig, kompetent; *piece of work, exam paper, speech* gekonnt.
2. to be ~ to do sth etw tun können; **if you're not ~ to understand that** wenn Sie das nicht verstehen können; **I'm afraid I am not ~ to give you that information** ich bin leider nicht in der Lage, Ihnen diese Informationen zu geben.

able-bodied [ˌeɪbl'bɒdɪd] *adj* (gesund und) kräftig; (*Mil*) tauglich.

able(-bodied) seaman *n* Vollmatrose *m*.

ablution [ə'bluːʃən] *n* Waschung *f*. **to perform one's ~s** (*esp hum*) seine Waschungen vornehmen; (*go to lavatory*) seine Notdurft verrichten.

ably ['eɪblɪ] *adv* gekonnt, fähig.

ABM *abbr of* **anti-ballistic missile.**

abnegate ['æbnɪgeɪt] *vt* entsagen (+*dat*).

abnegation [ˌæbnɪ'geɪʃən] *n* Verzicht *m* (*of* auf +*acc*), Entsagung *f*. **self-~** Selbstverleugnung *f*.

abnormal [æb'nɔːməl] *adj* anormal; (*deviant, Med*) abnorm.

abnormality [ˌæbnɔː'mælɪtɪ] *n* Anormale(s) *nt*; (*deviancy, Med*) Abnormität *f*.

abnormally [æb'nɔːməlɪ] *adv see adj*.

Abo ['æbəʊ] *n* (*Austral inf*) Ureinwohner(in *f*) *m* (Australiens).

aboard [ə'bɔːd] **I** *adv* (*on plane, ship*) an Bord; (*on train*) im Zug; (*on bus*) im Bus. **all ~!** alle an Bord!; (*on train, bus*) alles einsteigen!; **to go ~** an Bord gehen.
II *prep* **~ the ship/train/bus** an Bord des Schiffes/im Zug/im Bus.

abode [ə'bəʊd] **I** *pret, ptp of* **abide. II** *n* (*liter: dwelling place*) Behausung *f*, Aufenthalt *m* (*liter*); (*Jur: also* **place of ~**) Wohnsitz *m*. **of no fixed ~** ohne festen Wohnsitz.

abolish [ə'bɒlɪʃ] *vt* abschaffen; *law also* aufheben.

abolishment [ə'bɒlɪʃmənt], **abolition** [ˌæbəʊ'lɪʃən] *n* Abschaffung *f*; (*of law also*) Aufhebung *f*.

abolitionist [ˌæbəʊ'lɪʃənɪst] *n Befürworter(in f) m der Abschaffung eines Gesetzes etc.*

A-bomb ['eɪbɒm] *n* Atombombe *f*.

abominable [ə'bɒmɪnəbl] *adj* gräßlich, abscheulich; *spelling* gräßlich, entsetzlich. **A~ Snowman** Schneemensch *m*.

abominably [ə'bɒmɪnəblɪ] *adv* gräßlich, abscheulich. **~ rude** furchtbar unhöflich.

abominate [ə'bɒmɪneɪt] *vt* verabscheuen.

abomination [əˌbɒmɪ'neɪʃən] *n* **1.** *no pl* Verabscheuung *f*. **to be held in ~ by sb** von jdm verabscheut werden. **2.** (*loathsome act*) Abscheulichkeit *f*; (*loathsome thing*) Scheußlichkeit *f*.

aboriginal [ˌæbə'rɪdʒənl] **I** *adj* der (australischen) Ureinwohner, australid; *tribe also* australisch. **II** *n see* **aborigine.**

aborigine [ˌæbə'rɪdʒɪnɪ] *n* Ureinwohner(in *f*) *m* (Australiens), Australide *m*, Australidin *f*.

abort [ə'bɔːt] **I** *vi* (*Med*) (*mother*) eine Fehlgeburt haben, abortieren (*form*); (*foetus*) abgehen; (*perform abortion*) die Schwangerschaft abbrechen, einen Abort herbeiführen (*form*); (*fig: go wrong*) scheitern; (*Comput*) abbrechen.
II *vt* (*Med*) *foetus* abtreiben; (*Space*) *mission* abbrechen; (*Comput*) abbrechen.
III *n* (*Space*) Abort *m* (*form*).

abortion [ə'bɔːʃən] *n* Schwangerschaftsabbruch *m*, Abtreibung *f*; (*miscarriage*) Fehlgeburt *f*, Abort *m* (*form*); (*fig: plan, project*) Fehlschlag, Reinfall (*inf*) *m*; (*pej: person*) Mißgeburt *f* (*pej*). **to get** *or* **have an ~** abtreiben lassen, eine Abtreibung vornehmen lassen.

abortionist [ə'bɔːʃənɪst] *n* Abtreibungshelfer(in *f*) *m*; (*doctor also*) Abtreibungsarzt *m*/-ärztin *f*; *see* **back-street.**

abortive [əˈbɔːtɪv] *adj* **1.** (*unsuccessful*) *attempt, plan* gescheitert, fehlgeschlagen. **2.** (*Med*) *drug* abortiv (*form*), abtreibend.

abortively [əˈbɔːtɪvlɪ] *adv end* ergebnislos.

abound [əˈbaʊnd] *vi* (*exist in great numbers*) im Überfluß vorhanden sein; (*persons*) sehr zahlreich sein; (*have in great numbers*) reich sein (*in* an *+dat*)/ wimmeln (*with* von). **rabbits ~ in ...** es wimmelt von Kaninchen.

about [əˈbaʊt] **I** *adv* **1.** herum, umher; (*present*) in der Nähe. **to run/walk ~** herum- *or* umherrennen/-gehen; **I looked all ~** ich sah ringsumher; **to leave things (lying) ~** Sachen herumliegen lassen; **to be (up and) ~ again** wieder auf den Beinen sein; **there's a thief/a lot of measles/plenty of money ~** ein Dieb geht um/die Masern gehen um/es ist Geld in Mengen vorhanden; **there was nobody ~ who could help** es war niemand in der Nähe, der hätte helfen können; **at night when there's nobody ~** nachts, wenn niemand unterwegs ist; **where is he/it? — he's/it's ~ somewhere** wo ist er/es? — (er/es ist) irgendwo in der Nähe; **it's the other way ~** es ist gerade umgekehrt; **day and day ~** (täglich) abwechselnd; *see* **out, turn, up.**

2. to be ~ to im Begriff sein zu; (*esp US inf: intending*) vorhaben, zu ...; **I was ~ to go out** ich wollte gerade ausgehen; **it's ~ to rain** es regnet gleich *or* demnächst; **he's ~/almost ~ to start school** er kommt demnächst in die Schule; **are you ~ to tell me ...?** willst du mir etwa erzählen ...?

3. (*approximately*) ungefähr, (so) um ... (herum). **he's ~ 40** er ist ungefähr 40 *or* (so) um (die) 40 (herum); **~ 2 o'clock** ungefähr *or* so um 2 Uhr; **that's ~ it** das ist so ziemlich alles, das wär's (so ziemlich) (*inf*); **that's ~ right** das stimmt (so) ungefähr; **I've had ~ enough (of this nonsense)** jetzt reicht es mir aber allmählich (mit diesem Unsinn) (*inf*); *see* **just, round, time.**

II *prep* **1.** um (... herum); (*in*) in (*+dat*) (... herum). **the fields ~ the house** die Felder ums Haus (herum); **scattered ~ the room** im ganzen *or* über das ganze Zimmer verstreut; **somewhere ~ here** irgendwo hier herum; **to sit/do jobs ~ the house** im Haus herumsitzen/ sich im Haus nützlich machen; **he looked ~ him** er schaute sich um; **there's something ~ him/~ the way he speaks** er/ seine Art zu reden hat so etwas an sich; **while you're ~ it** wenn du gerade *or* schon dabei bist; **you've been a long time ~ it** du hast lange dazu gebraucht; **and be quick ~ it!** und beeil dich damit!

2. (*concerning*) über (*+acc*). **tell me all ~ it** erzähl doch mal; **he knows ~ it** er weiß darüber Bescheid, er weiß davon; **what's it all ~?** worum *or* um was (*inf*) handelt es sich *or* geht es (eigentlich)?; **he knows what it's all ~** er weiß Bescheid; **he's promised to do something ~ it** er hat versprochen, (in der Sache) etwas zu unternehmen; **they fell out ~ money** sie haben sich wegen Geld zerstritten; **how** *or* **what ~ me?** und ich, was ist mit mir? (*inf*); **how** *or* **what ~ it/ going to the pictures?** wie wär's damit/ mit (dem) Kino?; **(yes,) what ~ it/him?** (ja *or* na und), was ist damit/mit ihm?; **he doesn't know what he's ~** er weiß nicht, was er (eigentlich) tut.

about-face [əˌbaʊtˈfeɪs], **about-turn** [əˌbaʊtˈtɜːn] **I** *n* (*Mil*) Kehrtwendung *f*; (*fig also*) Wendung *f* um hundertachtzig Grad. **to do an ~** kehrtmachen; (*fig*) sich um hundertachtzig Grad drehen. **II** *vi* (*Mil*) eine Kehrtwendung ausführen *or* machen. **III** *interj* **about face** *or* **turn!** (und) kehrt!

above [əˈbʌv] **I** *adv* **1.** (*overhead*) oben; (*in heaven also*) in der Höhe; (*in a higher position*) darüber. **from ~** von oben; (*from heaven also*) aus der Höhe; **the flat ~** die Wohnung oben *or* (*~ that one*) darüber.

2. (*in text*) oben.

II *prep* über (*+dat*); (*with motion*) über (*+acc*); (*upstream of*) oberhalb (*+gen*). **~ all** vor allem, vor allen Dingen; **I couldn't hear ~ the din** ich konnte bei dem Lärm nichts hören; **to be ~ sb/ sth** über jdm/etw stehen; **~ criticism/ praise** über jede Kritik/jedes Lob erhaben; **he's ~ that sort of thing** er ist über so etwas erhaben; **he's not ~ a bit of blackmail** er ist sich (*dat*) nicht zu gut für eine kleine Erpressung; **it's ~ my head** *or* **me** das ist mir zu hoch; **to be/get ~ oneself** (*inf*) größenwahnsinnig werden (*inf*).

III *adj attr* **the ~ persons/figures** die obengenannten *or* -erwähnten Personen/Zahlen; **the ~ paragraph** der vorher- *or* vorangehende *or* obige Abschnitt.

IV *n*: **the ~** (*statement*) Obiges *nt* (*form*); (*person*) der/die Obengenannte/die Obengenannten *pl*.

above board *adj pred* korrekt; **open and ~** offen und ehrlich; **above-mentioned** *adj* obenerwähnt; **above-named** *adj* obengenannt.

abracadabra [ˌæbrəkəˈdæbrə] *n* Abrakadabra *nt*.

abrasion [əˈbreɪʒən] *n* (*Med*) (Haut)-abschürfung *f*; (*Geol*) Abtragung *f*; (*by the sea also*) Abrasion *f* (*form*).

abrasive [əˈbreɪsɪv] **I** *adj* **1.** *cleanser* Scheuer-, scharf; *surface* rauh. **2.** (*fig*) *personality, person* aggressiv; *tongue, voice* scharf. **II** *n* (*cleanser*) Scheuermittel *nt*; (*~ substance*) Schleifmittel *nt*.

abrasiveness [əˈbreɪsɪvnɪs] *n see adj* **1.** Schärfe *f*; Rauheit *f*. **2.** Aggressivität *f*; Schärfe *f*.

abreact [ˌæbrɪˈækt] *vt* (*Psych*) abreagieren.

abreaction [ˌæbrɪˈækʃən] *n* (*Psych*) Abreaktion *f*.

abreast [əˈbrest] *adv* Seite an Seite; (*Naut also*) Bug an Bug. **to march four ~** im Viererglied *or* zu viert nebeneinander marschieren; **~ of sb/sth** neben jdm/etw, auf gleicher Höhe mit jdm/etw; **to keep**

~ **of the times/news** mit seiner Zeit/den Nachrichten auf dem laufenden bleiben.

abridge [ə'brɪdʒ] *vt book* kürzen.

abroad [ə'brɔːd] *adv* **1.** im Ausland. **to go/be sent** ~ ins Ausland gehen/ geschickt werden; **from** ~ aus dem Ausland.

2. (*esp liter: out of doors*) draußen. **he was** ~ **very early** er war schon sehr früh unterwegs.

3. there is a rumour ~ **that ...** ein Gerücht geht um *or* kursiert, daß ...

abrogate ['æbrəʊgeɪt] *vt law, treaty* außer Kraft setzen; *responsibility* ablehnen.

abrogation [ˌæbrəʊ'geɪʃən] *n see vt* Außerkraftsetzung, Ungültigkeitserklärung *f*; Ablehnung *f*.

abrupt [ə'brʌpt] *adj* abrupt; *descent, drop* unvermittelt, jäh; *bend* plötzlich; *manner, reply* schroff, brüsk.

abruptly [ə'brʌptlɪ] *adv see adj*.

abruptness [ə'brʌptnɪs] *n* abrupte Art; (*of person*) schroffe *or* brüske Art; (*of descent, drop, bend*) Plötzlichkeit, Jäheit *f*; (*of style, writing also*) Abgerissenheit *f*; (*of reply*) Schroffheit *f*.

ABS *abbr of* **anti-lock braking system.** ~ **brakes** ABS-Bremsen *pl*.

abscess ['æbsɪs] *n* Abszeß *m*.

abscond [əb'skɒnd] *vi* sich (heimlich) davonmachen, türmen (*inf*).

abseil ['æpsaɪl] **I** *vi* (*Mountaineering: also* ~ **down**) sich abseilen. **II** *n* Abstieg *m* (am Seil).

absence ['æbsəns] *n* **1.** Abwesenheit *f*; (*from school, work also*) Fehlen *nt*; (*from meetings also*) Nichterscheinen *nt* (*from* bei). **sentenced in one's** ~ in Abwesenheit verurteilt; **it's not fair to criticize him in his** ~ es ist nicht fair, ihn in seiner Abwesenheit zu kritisieren; ~ **makes the heart grow fonder** (*Prov*) die Liebe wächst mit der Entfernung (*Prov*).

2. (*lack*) Fehlen *nt*. ~ **of enthusiasm** Mangel *m* an Enthusiasmus; **in the** ~ **of further evidence/qualified staff** in Ermangelung weiterer Beweise/von Fachkräften.

3. (*person absent*) **how many** ~**s do we have today?** wie viele fehlen heute *or* sind heute nicht da *or* anwesend?

4. ~ **of mind** Geistesabwesenheit *f*.

absent ['æbsənt] **I** *adj* **1.** (*not present*) *person* abwesend, nicht da. **to be** ~ **from school/work** in der Schule/am Arbeitsplatz fehlen; ~**!** (*Sch*) fehlt!; **to be** *or* **go** ~ **without leave** (*Mil*) sich unerlaubt von der Truppe entfernen; **to** ~ **friends!** auf unsere abwesenden Freunde!

2. (~*-minded*) *expression, look* (geistes)abwesend. **in an** ~ **moment** in einem Augenblick geistiger Abwesenheit.

3. (*lacking*) **to be** ~ fehlen.

II [æb'sent] *vr* **to** ~ **oneself (from)** (*not go, not appear*) fernbleiben (+*dat*, von); (*leave temporarily*) sich zurückziehen.

absentee [ˌæbsən'tiː] *n* Abwesende(r) *mf*. **there were a lot of** ~**s** es fehlten viele.

absentee ballot *n* (*esp US*) ≃ Briefwahl *f*.

absenteeism [ˌæbsən'tiːɪzəm] *n* häufige Abwesenheit; (*of workers also*) Nichterscheinen *nt* am Arbeitsplatz; (*pej*) Krankfeiern *nt*; (*Sch*) Schwänzen *nt*. **the rate of** ~ **among workers** die Abwesenheitsquote bei Arbeitern.

absentee landlady, absentee landlord *n* nicht ortsansässige(r) Haus-/Grundbesitzer(in *f*) *m*; **absentee voter** *n* (*esp US*) ≃ Briefwähler(in *f*) *m*.

absently ['æbsəntlɪ] *adv* (geistes)-abwesend.

absent-minded [ˌæbsənt'maɪndɪd] *adj* (*lost in thought*) geistesabwesend; (*habitually forgetful*) zerstreut.

absent-mindedly [ˌæbsənt'maɪndɪdlɪ] *adv behave* zerstreut; *look* (geistes)abwesend.

absent-mindedness [ˌæbsənt'maɪndɪdnɪs] *n see adj* Geistesabwesenheit *f*; Zerstreutheit *f*.

absinth(e) ['æbsɪnθ] *n* Absinth *m*.

absolute ['æbsəluːt] *adj* absolut; *power, monopoly, liberty, support also, command* uneingeschränkt; *monarch also* unumschränkt; *lie, idiot* ausgemacht. **the** ~ das Absolute; ~ **majority** absolute Mehrheit; ~ **zero** absoluter Nullpunkt.

absolutely ['æbsəluːtlɪ] *adv* absolut; *prove* eindeutig; *agree, trust also, true* vollkommen, völlig; *deny, refuse also* strikt; *forbidden also* streng; *stupid also* völlig; *necessary also* unbedingt. ~**!** durchaus; (*I agree*) genau!; **do you/don't you agree? —** ~ sind Sie einverstanden? — vollkommen/sind Sie nicht einverstanden? — doch, vollkommen; **he** ~ **refused to do that** er wollte das absolut *or* durchaus nicht tun; **it's** ~ **amazing** es ist wirklich erstaunlich; **you're** ~ **right** Sie haben völlig recht.

absolution [ˌæbsə'luːʃən] *n* (*Eccl*) Absolution, Lossprechung *f*.

absolutism ['æbsəluːtɪzəm] *n* Absolutismus *m*.

absolve [əb'zɒlv] *vt person* (*from sins*) lossprechen (*from* von); (*from blame*) freisprechen (*from* von); (*from vow, oath*) entbinden (*from* von, *gen*).

absorb [əb'sɔːb] *vt* absorbieren, aufnehmen; *liquid also* aufsaugen; *knowledge, news also* in sich (*acc*) aufnehmen; *vibration* auffangen, absorbieren; *shock* dämpfen; *light, sound* absorbieren, schlucken; *people, firm also* integrieren (*into* in +*acc*); *costs* tragen; *one's time* in Anspruch nehmen. **to be/get** ~**ed in a book** in ein Buch vertieft *or* versunken sein/sich in ein Buch vertiefen; **she was completely** ~**ed in her family/job** sie ging völlig in ihrer Familie/Arbeit auf.

absorbency [əb'sɔːbənsɪ] *n* Saug- *or* Absorptionsfähigkeit *f*.

absorbent [əb'sɔːbənt] *adj* saugfähig, absorbierend.

absorbent cotton *n* (*US*) Watte *f*.

absorbing [əb'sɔːbɪŋ] *adj* fesselnd.

absorption [əb'sɔːpʃən] *n see* **absorb** Absorption, Aufnahme *f*; Aufsaugung *f*; Auffangen *nt*; Dämpfung *f*; Integration *f*. **her total** ~ **in her family/studies/book** ihr vollkommenes Aufgehen in ihrer

Familie/ihrem Studium/ihre völlige Versunkenheit in ihrem Buch; **to watch with ~** gefesselt *or* gebannt beobachten.

abstain [əb'steɪn] *vi* **1.** sich enthalten (*from gen*). **to ~ from alcohol/drinking** sich des Alkohols/Trinkens enthalten (*geh*). **2.** (*in voting*) sich der Stimme enthalten.

abstainer [əb'steɪnəʳ] *n* **1.** (*from alcohol*) Abstinenzler(in *f*) *m*. **2.** *see* **abstention 2.**

abstemious [əb'stiːmɪəs] *adj person, life* enthaltsam; *meal, diet* bescheiden.

abstemiousness [əb'stiːmɪəsnɪs] *n see adj* Enthaltsamkeit *f*; Bescheidenheit *f*.

abstention [əb'stenʃən] *n* **1.** *no pl* Enthaltung *f*; (*from alcohol also*) Abstinenz *f*. **2.** (*in voting*) (Stimm)enthaltung *f*.

abstinence ['æbstɪnəns] *n* Abstinenz, Enthaltung *f* (*from* von); (*self-restraint*) Enthaltsamkeit *f*.

abstract¹ ['æbstrækt] **I** *adj* (*all senses*) abstrakt. **in the ~** abstrakt; **~ noun** Abstraktum *nt*, abstraktes Substantiv. **II** *n* (kurze) Zusammenfassung.

abstract² [æb'strækt] *vt* abstrahieren; *information* entnehmen (*from* aus); *metal* trennen; (*inf: steal*) entwenden.

abstracted [æb'stræktɪd] *adj* abwesend, entrückt (*geh*).

abstraction [æb'strækʃən] *n* Abstraktion *f*; (*abstract term also*) Abstraktum *nt*; (*mental separation also*) Abstrahieren *nt*; (*extraction: of information*) Entnahme *f*; (*absent-mindedness*) Entrücktheit *f* (*geh*). **to argue in ~s** in abstrakten Begriffen *or* Abstraktionen argumentieren.

abstractness ['æbstræktnɪs] *n* Abstraktheit *f*.

abstruse [æb'struːs] *adj* abstrus.

abstruseness [æb'struːsnɪs] *n* abstruse Unklarheit.

absurd [əb'sɜːd] *adj* absurd. **don't be ~!** sei nicht albern; **if you think that, you're just being ~** du bist ja nicht recht bei Trost, wenn du das glaubst; **what an ~ waste of time!** so eine blödsinnige Zeitverschwendung!; **theatre of the ~** absurdes Theater.

absurdity [əb'sɜːdɪtɪ] *n* Absurde(s) *nt no pl* (*of* an *+dat*); (*thing also*) Absurdität *f*.

absurdly [əb'sɜːdlɪ] *adv behave, react* absurd; *fast*, (*inf*) rich, *expensive* unsinnig.

abundance [ə'bʌndəns] *n* (großer) Reichtum (*of* an *+dat*); (*of hair, vegetation, details, illustrations, information, ideas, colours also, proof*) Fülle *f* (*of* von, *gen*). **in ~** in Hülle und Fülle; **a country with an ~ of oil/raw materials** ein Land mit reichen Ölvorkommen/großem Reichtum an Rohstoffen; **with his ~ of energy** mit seiner ungeheuren Energie.

abundant [ə'bʌndənt] *adj* reich; *growth, hair* üppig; *time, proof* reichlich; *energy, self-confidence* ungeheuer. **to be ~ in sth** reich an etw (*dat*) sein.

abundantly [ə'bʌndəntlɪ] *adv* reichlich; *grow* in Hülle und Fülle, üppig. **to make it ~ clear that ...** mehr als deutlich zu verstehen geben, daß ...; **it was ~ clear (to me) that ...** es war (mir) mehr als klar, daß ...

abuse [ə'bjuːs] **I** *n* **1.** *no pl* (*insults*) Beschimpfungen *pl*. **to shout ~ at sb** jdm Beschimpfungen an den Kopf werfen; **to heap ~ on sb** jdn mit Beschimpfungen überschütten; *see* **shower, stream.**

2. (*misuse*) Mißbrauch *m*; (*unjust practice*) Mißstand *m*. **~ of confidence/authority** Vertrauens-/Amtsmißbrauch *m*; **the system is open to ~** das System läßt sich leicht mißbrauchen.

II [ə'bjuːz] *vt* **1.** (*revile*) beschimpfen. **2.** (*misuse*) mißbrauchen. **sexually ~** sexuell mißbrauchen; *one's health* Raubbau treiben mit.

abusive [əb'juːsɪv] *adj* beleidigend. **~ language** Beschimpfungen, Beleidigungen *pl*; **to be ~ (to sb)** (jdm gegenüber) beleidigend *or* ausfallend sein; **to become/get ~ (with sb)** (jdm gegenüber) beleidigend *or* ausfallend werden.

abusiveness [əb'juːsɪvnɪs] *n* (*of person*) ausfallende Art.

abut [ə'bʌt] *vi* stoßen (*on(to)* an + *acc*); (*land also*) grenzen (*on(to)* an *+acc*); (*two houses, fields*) aneinanderstoßen/-grenzen.

abutment [ə'bʌtmənt] *n* (*Archit*) Flügel- *or* Wangenmauer *f*.

abutter [ə'bʌtəʳ] *n* (*US*) Anlieger(in *f*) *m*; (*to one's own land*) (Grenz)nachbar(in *f*) *m*.

abutting [ə'bʌtɪŋ] *adj* (daran) anstoßend *attr*; (*fields also*) (daran) angrenzend *attr*. **the two ~ houses** die zwei aneinanderstoßenden Häuser.

abysmal [ə'bɪzməl] *adj* (*fig*) entsetzlich; *performance, work, taste* miserabel.

abysmally [ə'bɪzməlɪ] *adv* entsetzlich; *perform, work also* miserabel.

abyss [ə'bɪs] *n* (*lit, fig*) Abgrund *m*.

Abyssinia [ˌæbɪ'sɪnɪə] *n* Abessinien *nt*.

Abyssinian [ˌæbɪ'sɪnɪən] **I** *adj attr* abessinisch. **II** *n* Abessinier(in *f*) *m*.

A/C *abbr of* **account** Kto.

AC *abbr of* **alternating current; aircraftman.**

acacia [ə'keɪʃə] *n* (*also* **~ tree**) Akazie *f*.

academic [ˌækə'demɪk] **I** *adj* **1.** akademisch; *publisher, reputation* wissenschaftlich.

2. (*intellectual*) *approach, quality, interest* wissenschaftlich, *interests* geistig; *person, appearance* intellektuell; *style, book also* akademisch.

3. (*theoretical*) akademisch.

II *n* Akademiker(in *f*) *m*; (*Univ*) Universitätslehrkraft *f*.

academically [ˌækə'demɪkəlɪ] *adv* **1.** wissenschaftlich. **to be ~ inclined/minded** geistige Interessen haben/wissenschaftlich denken; **~ gifted** intellektuell begabt.

2. she is not doing well ~ sie ist in der Schule nicht gut/mit ihrem Studium nicht sehr erfolgreich.

academician [əˌkædə'mɪʃən] *n* Akademiemitglied *nt*.

academy [ə'kædəmɪ] *n* Akademie *f*. **naval/military ~** Marine-/Militärakademie *f*.

acanthus [əˈkænθəs] *n* (*plant*) Bärenklau *f*, Akanthus *m* (*also Archit*).

ACAS, Acas [ˈeɪkæs] *abbr of* **Advisory Conciliation and Arbitration Service** *Schlichtungsstelle f für Arbeitskonflikte*.

acc *abbr of* **account; accommodation** Übern.

accede [ækˈsiːd] *vi* **1. to ~ to the throne** den Thron besteigen; **to ~ to the Premiership/office of President** die Nachfolge als Premierminister/Präsident antreten. **2.** (*agree*) zustimmen (*to dat*); (*yield*) einwilligen (*to* in +*acc*). **3. to ~ to the European Community** der EG beitreten.

accelerate [ækˈseləreɪt] **I** *vt* beschleunigen; *speed also* erhöhen.

II *vi* beschleunigen; (*driver also*) Gas geben; (*work-rate, speed, change*) sich beschleunigen, zunehmen; (*growth, inflation*) zunehmen. **to ~ away** (*runner*) losspurten; (*car*) losfahren.

acceleration [ækˌseləˈreɪʃən] *n* Beschleunigung *f*; (*of speed also*) Erhöhung *f*. **to have good/poor ~** eine gute/schlechte Beschleunigung haben.

acceleration ratio *n* Beschleunigungswert *m*.

accelerator [ækˈseləreɪtəʳ] *n* **1.** (*also* **~ pedal**) Gaspedal, Gas (*inf*) *nt*. **to step on the ~** aufs Gas treten *or* drücken (*inf*). **2.** (*Phys*) Beschleuniger *m*.

accent [ˈæksənt] **I** *n* (*all senses*) Akzent *m*; (*stress also*) Betonung *f*; (*mark on letter also*) Akzentzeichen *nt*; (*pl liter: tones*) Töne *pl*, Tonfall *m*. **to speak without/with an ~** akzentfrei *or* ohne/mit Akzent sprechen; **to put the ~ on sth** (*fig*) den Akzent auf etw (*acc*) legen.

II [ækˈsent] *vt* betonen.

accentuate [ækˈsentjʊeɪt] *vt* betonen; (*in speaking, Mus*) akzentuieren; (*Ling: give accent to*) mit einem Akzent versehen.

accentuation [ækˌsentjʊˈeɪʃən] *n* Betonung *f*; (*in speaking, Mus*) Akzentuierung *f*.

accept [əkˈsept] **I** *vt* **1.** *offer, gift* annehmen; *suggestion, work also, report, findings* akzeptieren; *responsibility* übernehmen; *person* akzeptieren; (*believe*) *story* glauben; *excuse* akzeptieren, gelten lassen. **a photograph of the President ~ing the award** ein Bild von dem Präsidenten, wie er die Auszeichung entgegennimmt; **to ~ sb into society** jdn in die Gesellschaft aufnehmen.

2. (*recognize*) *need* einsehen, anerkennen; *person, duty* akzeptieren, anerkennen. **it is generally ~ed that ...** es ist allgemein anerkannt, daß ...; **we must ~ the fact that ...** wir müssen uns damit abfinden, daß ...; **I ~ that it might take a little longer** ich sehe ein, daß es etwas länger dauern könnte.

3. (*allow, put up with*) *behaviour, fate, conditions* hinnehmen. **we'll just have to ~ things as they are** wir müssen die Dinge eben so (hin)nehmen, wie sie sind.

4. (*Comm*) *cheque, orders* annehmen; *delivery also* abnehmen.

II *vi* annehmen; (*with offers also*) akzeptieren; (*with invitations also*) zusagen.

acceptability [əkˌseptəˈbɪlətɪ] *n see adj* Annehmbarkeit, Akzeptierbarkeit *f*; Zulässigkeit *f*. **social ~** (*of person*) gesellschaftliche Akzeptabilität; (*of behaviour*) gesellschaftliche Zulässigkeit.

acceptable [əkˈseptəbl] *adj* annehmbar (*to* für), akzeptabel (*to* für); *behaviour* zulässig; (*suitable*) *gift* passend. **that would be most ~** das wäre sehr *or* höchst willkommen; **any job would be ~ to him** ihm wäre jede Stelle recht.

acceptance [əkˈseptəns] *n see vt* **1.** Annahme *f*; Akzeptierung *f*; Übernahme *f*; (*believing*) Glauben *nt*; Akzeptierung *f*; (*receiving: of award*) Entgegennahme *f*. **his ~ into the family** seine Aufnahme in der *or* die Familie; **to find** *or* **win** *or* **gain ~** (*theories, people*) anerkannt werden, Anerkennung finden; **to meet with general ~** allgemeine Anerkennung finden.

2. Anerkennung *f*.

3. Hinnahme *f*.

4. Annahme *f*; Abnahme *f*.

acceptance house *n* (*Fin*) Akzept- *or* Wechselbank *f*; **acceptance trials** *npl* Abnahmeprüfung *f*.

accepted [əkˈseptɪd] *adj truth, fact* (allgemein) anerkannt. **it's the ~ thing** es ist üblich *or* der Brauch.

access [ˈækses] **I** *n* **1.** Zugang *m* (*to* zu); (*to room, private grounds also*) Zutritt *m* (*to* zu). **to be easy of ~** leicht zugänglich sein; **to give sb ~** jdm Zugang gewähren (*to sb/sth* zu jdm/etw); jdm Zutritt gewähren (*to sth* zu etw); **to refuse sb ~** jdm den Zugang verwehren (*to sb/sth* zu jdm/etw); jdm den Zutritt verwehren (*to sth* zu etw); **this door gives ~ to the garden** diese Tür führt in den Garten; **this location offers easy ~ to shops and transport facilities** von hier sind Läden und Verkehrsmittel leicht zu erreichen; **to have/gain ~ to sb/sth** Zugang zu jdm/etw haben/sich (*dat*) Zugang zu jdm/etw verschaffen; **the thieves gained ~ through the window** die Diebe gelangten durch das Fenster hinein; **~ road** Zufahrt(sstraße) *f*; **"~ only"** „nur für Anlieger", „Anlieger frei"; **right of ~ to one's children/a house** Besuchsrecht für seine Kinder/Wegerecht zu einem Haus.

2. (*liter: attack, fit*) Anfall *m*.

3. (*Comput*) Zugriff *m*. **~ code** Zugangscode *m*; **~ time** Zugriffszeit *f*.

II *vt* (*Comput*) *file, data* zugreifen auf (+ *acc*).

accessary [ækˈsesərɪ] *n see* **accessory 2.**

accessibility [ækˌsesɪˈbɪlɪtɪ] *n* (*of place, information*) Zugänglichkeit *f*.

accessible [ækˈsesəbl] *adj information, person* zugänglich (*to dat*); *place also* (leicht) zu erreichen (*to* für).

accession [ækˈseʃən] *n* **1.** (*to an office*) Antritt *m* (*to gen*); (*also* **~ to the throne**) Thronbesteigung *f*; (*to estate, power*) Übernahme *f* (*to gen*); (*to treaty*) Beitritt *m*. **2.** (*consent: to demand*) Annahme (*to gen*) *f*. **3.** (*addition*) (*to property*) Zukauf *m*; (*to library also*)

(Neu)anschaffung *f*.

accessory [æk'sesərı] *n* **1.** Extra *nt*; (*in fashion*) Accessoire *nt*. **accessories** *pl* Zubehör *nt*; **toilet accessories** Toilettenartikel *pl*.

2. (*Jur*) Helfershelfer(in *f*) *m*; (*actively involved*) Mitschuldige(r) *mf* (*to* an +*dat*). **to be an ~ after/before the fact** sich der Begünstigung/Beihilfe schuldig machen; **this made him an ~ to the crime** dadurch wurde er an dem Verbrechen mitschuldig.

accident ['æksıdənt] *n* (*Mot, in home, at work*) Unfall *m*; (*Rail, Aviat, disaster*) Unglück *nt*; (*mishap*) Mißgeschick *nt*; (*chance occurrence*) Zufall *m*; **~ insurance** Unfallversicherung *f*; **~ prevention** Unfallverhütung *f*; **~ and emergency unit** Notfallstation *f*; **she has had an ~** sie hat einen Unfall gehabt *or* (*caused it*) gebaut (*inf*); (*by car, train also*) sie ist verunglückt; (*in kitchen*) ihr ist etwas *or* ein Mißgeschick *or* ein Malheur passiert; **by ~** (*by chance*) durch Zufall, zufällig; (*unintentionally*) aus Versehen; **~s will happen** (*prov*) so was kann vorkommen, so was kommt in den besten Familien vor (*inf*); **it was an ~** es war ein Versehen; **it's no ~ that ...** es ist kein Zufall, daß ...; (*not surprisingly*) es kommt nicht von ungefähr, daß ...

accidental [,æksı'dentl] **I** *adj* **1.** (*unplanned*) *meeting, benefit* zufällig, Zufalls-; (*unintentional*) *blow, shooting* versehentlich.

2. (*resulting from accident*) *injury, death* durch Unfall.

II *n* (*Mus*) (*sign*) Versetzungszeichen *nt*, Akzidentale *f* (*form*); (*note*) erhöhter/erniedrigter Ton.

accidentally [,æksı'dentəlı] *adv* (*by chance*) zufällig; (*unintentionally*) versehentlich. **~ on purpose** (*hum*) versehentlich-absichtlich (*hum*).

accident-prone ['æksıdənt,prəʊn] *adj* vom Pech verfolgt.

acclaim [ə'kleım] **I** *vt* **1.** (*applaud*) feiern (*as* als); (*critics*) anerkennen. **2.** (*proclaim*) **to ~ sb king/winner** jdn zum König/als Sieger(in) ausrufen. **II** *n* Beifall *m*; (*of critics*) Anerkennung *f*.

acclamation [,æklə'meıʃən] *n* Beifall *m*, *no pl*; (*of audience also*) Beifallskundgebung, Beifallsbezeigung *f*; (*of critics also*) Anerkennung *f*. **by ~** durch Akklamation.

acclimate [ə'klaımət] *vt* (*US*) *see* **acclimatize.**

acclimatization [ə,klaımətaı'zeıʃən], (*US*) **acclimation** [,æklaı'meıʃən] *n* Akklimatisierung, Akklimatisation *f* (*to* an +*acc*); (*to new surroundings also*) Gewöhnung *f* (*to* an +*acc*).

acclimatize [ə'klaımətaız], (*US*) **acclimate** [ə'klaımət] **I** *vt* gewöhnen (*to* an +*acc*). **to become ~d** sich akklimatisieren; (*person also*) sich eingewöhnen. **II** *vi* (*also vr* **~ oneself**) sich akklimatisieren (*to* an +*acc, to a country* in einem Land).

accolade ['ækəʊleıd] *n* (*award*) Auszeichnung *f*; (*praise*) Lob *nt, no pl*; (*Hist, Mus*) Akkolade *f*.

accommodate [ə'kɒmədeıt] **I** *vt* **1.** (*provide lodging for*) unterbringen.

2. (*hold, have room for*) Platz haben für; (*contain*) *machine part* enthalten. **the car can ~ five people** das Auto bietet fünf Personen Platz *or* hat Platz für fünf Personen.

3. (*be able to cope with: theory, plan, forecasts*) Rechnung *f* tragen (+*dat*).

4. (*form: oblige*) dienen (+*dat*); *wishes* entgegenkommen (+*dat*). **I think we might be able to ~ you** ich glaube, wir können Ihnen entgegenkommen.

II *vi* (*eye*) sich einstellen (*to* auf +*acc*).

III *vr* **to ~ oneself to sth** sich einer Sache (*dat*) anpassen.

accommodating [ə'kɒmədeıtıŋ] *adj* entgegenkommend.

accommodation [ə,kɒmə'deıʃən] *n* **1.** (*US also* **~s** *pl: lodging*) Unterkunft *f*; (*room also*) Zimmer *nt*; (*flat also*) Wohnung *f*; (*holiday ~ also*) Quartier *nt*. **"~"** „Fremdenzimmer"; **hotel ~ is scarce** Hotelzimmer sind knapp; **~ wanted** Zimmer/Wohnung gesucht.

2. (*space: US also* **~s**) Platz *m*. **seating/library ~** Sitz-/Bibliotheksplätze *pl*; **there is ~ for twenty passengers in the plane** das Flugzeug hat für zwanzig Passagiere Platz; **sleeping ~ for six** Schlafgelegenheit *f* für sechs Personen.

3. (*form: agreement*) **to reach an ~** eine Übereinkunft *or* ein Übereinkommen erzielen.

4. (*of eye*) Einstellung *f* (*to* auf +*acc*).

accommodation address *n* Briefkastenadresse *f*; **accommodation bill** *n* Gefälligkeitswechsel *m*; **accommodation bureau** *n* Wohnungsvermittlung *f*; (*Univ*) Zimmervermittlung *f*; **accommodation service** *n* Zimmernachweis *m*; **accommodation train** *n* (*US*) Personenzug, Bummelzug (*inf*) *m*.

accompaniment [ə'kʌmpənımənt] *n* Begleitung *f* (*also Mus*). **with piano ~** mit Klavierbegleitung.

accompanist [ə'kʌmpənıst] *n* Begleiter(in *f*) *m*.

accompany [ə'kʌmpənı] *vt* begleiten (*also Mus*). **to ~ oneself** (*Mus*) sich selbst begleiten.

accomplice [ə'kʌmplıs] *n* Komplize *m*, Komplizin *f*, Mittäter(in *f*) *m*. **to be an ~ to a crime** Komplize bei einem Verbrechen sein.

accomplish [ə'kʌmplıʃ] *vt* schaffen. **he ~ed a great deal in his short career** er hat in der kurzen Zeit seines Wirkens Großes geleistet; **that didn't ~ anything** damit war nichts erreicht.

accomplished [ə'kʌmplıʃt] *adj* **1.** (*skilled*) *player, carpenter* fähig; *performance* vollendet; *young lady* vielseitig. **to be ~ in the art of ...** die Kunst ... (*gen*) beherrschen. **2.** *fact* vollendet.

accomplishment [ə'kʌmplıʃmənt] *n* **1.** *no pl* (*completion*) Bewältigung *f*. **2.** (*skill*) Fertigkeit *f*; (*achievement*) Leistung *f*. **social ~s** gesellschaftliche Gewandtheit.

accord [ə'kɔːd] **I** *n* (*agreement*) Übereinstimmung, Einigkeit *f*; (*esp US Pol*) Abkommen *nt*. **I'm not in ~ with him/his views** ich stimme mit ihm/seinen Ansichten nicht überein; **of one's/its own ~** von selbst; (*of persons also*) aus freien Stükken; **with one ~** geschlossen; *sing, cheer, say* wie aus einem Mund(e).

II *vt* (*sb sth* jdm etw) gewähren; *praise* erteilen; *courtesy* erweisen; *honorary title* verleihen; *welcome* bieten.

III *vi* sich *or* einander entsprechen.

accordance [ə'kɔːdəns] *n* **in ~ with** entsprechend (+*dat*), gemäß (+*dat*).

accordingly [ə'kɔːdɪŋlɪ] *adv* (*correspondingly*) (dem)entsprechend; (*so, therefore also*) folglich.

according to [ə'kɔːdɪŋ'tuː] *prep* (*as stated or shown by*) zufolge (+*dat*), nach; *person, book, letter also* laut; (*in agreement with, in proportion to*) entsprechend (+*dat*), nach. **~ the map** der Karte nach *or* zufolge; **~ Peter** laut Peter, Peter zufolge; **we did it ~ the rules** wir haben uns an die Regeln gehalten.

accordion [ə'kɔːdɪən] *n* Akkordeon *nt*, Ziehharmonika *f*.

accordionist [ə'kɔːdɪənɪst] *n* Akkordeonspieler(in *f*), Akkordeonist(in *f*) *m*.

accost [ə'kɒst] *vt* ansprechen, anpöbeln (*pej*).

account [ə'kaʊnt] **I** *n* **1.** Darstellung *f*; (*written also*) Aufzeichnung *f*; (*report also*) Bericht *m*. **to keep an ~ of one's expenses/experiences** über seine Ausgaben Buch führen/seine Erlebnisse schriftlich festhalten; **by all ~s** nach allem, was man hört; **by your own ~** nach Ihrer eigenen Darstellung, nach Ihren eigenen Angaben; **to give an ~ of sth** über etw (*acc*) Bericht erstatten; **to give an ~ of oneself** Rede und Antwort stehen; **to give a good/bad ~ of oneself** sich gut/schlecht schlagen; **to call** *or* **hold sb to ~** jdn zur Rechenschaft ziehen.

2. (*consideration*) **to take ~ of sb/sth, to take sb/sth into ~** jdn/etw in Betracht ziehen; **on no ~, not on any ~** auf (gar) keinen Fall; **on this/that ~** deshalb, deswegen; **on ~ of him/his mother/the weather** seinetwegen/wegen seiner Mutter/wegen *or* aufgrund des Wetters; **on my/his/their ~** meinet-/seinet-/ihretwegen; **on one's own ~** für sich (selbst).

3. (*benefit*) Nutzen *m*. **to turn** *or* **put sth to (good) ~** (guten) Gebrauch von etw machen, etw (gut) nützen.

4. (*importance*) **of no/small/great ~** ohne/von geringer/großer Bedeutung.

5. (*Fin, Comm*) (*at bank, shop*) Konto *nt* (*with* bei); (*client*) Kunde *m*; (*bill*) Rechnung *f*. **~ number** Kontonummer *f*; **to win an ~** jdn als Kunden gewinnen; **to buy sth on ~** etw auf (Kunden)kredit kaufen; **please put it down to** *or* **charge it to my ~** stellen Sie es mir bitte in Rechnung; **£50 on ~** £ 50 als Anzahlung; **~(s) department** (*of shop*) Kreditbüro *nt*; **to settle** *or* **square ~s** *or* **one's ~ with sb** (*fig*) mit jdm abrechnen. **~ executive** Kundenbetreuer(in *f*) *m*; **~ payee only** (*Brit*) nur zur Verrechnung.

6. **~s** *pl* (*of company, club*) (Geschäfts)bücher *pl*; (*of household*) Einnahmen und Ausgaben *pl*; **to keep the ~s** die Bücher führen, die Buchführung machen; **~(s) book** Geschäftsbuch *nt*; **~s department** Buchhaltung *f*.

II *vt* (*form: consider*) erachten als.

◆**account for** *vi* +*prep obj* **1.** (*explain*) erklären; (*give account of*) *actions, expenditure* Rechenschaft ablegen über (+*acc*). **how do you ~ ~ it?** wie erklären Sie sich (*dat*) das?; **all the children were/money was ~ed ~** man wußte, wo die Kinder alle waren/wo das Geld (geblieben) war; **there's no ~ing ~ taste** über Geschmack läßt sich (nicht) streiten.

2. (*be the source of*) der Grund sein für. **this area ~s ~ most of the country's mineral wealth** aus dieser Gegend stammen die meisten Bodenschätze des Landes; **this area alone ~s ~ some 25% of the population** diese Gegend allein macht etwa 25% der Bevölkerung aus *or* stellt etwa 25% der Bevölkerung.

3. (*be the cause of defeat, destruction*) zur Strecke bringen; (*illness*) dahinraffen; *chances* zunichte machen.

accountability [ə,kaʊntə'bɪlətɪ] *n* Verantwortlichkeit *f* (*to sb* jdm gegenüber).

accountable [ə'kaʊntəbl] *adj* verantwortlich (*to sb* jdm). **to hold sb ~ (for sth)** jdn (für etw) verantwortlich machen.

accountancy [ə'kaʊntənsɪ] *n* Buchführung, Buchhaltung *f*; (*tax ~*) Steuerberatung *f*.

accountant [ə'kaʊntənt] *n* Buchhalter(in *f*) *m*; (*external financial adviser*) Wirtschaftsprüfer(in *f*) *m*; (*auditor*) Rechnungsprüfer(in *f*) *m*; (*tax ~*) Steuerberater(in *f*) *m*.

accounting [ə'kaʊntɪŋ] *n* Buchhaltung, Buchführung *f*. **~ method** Buchhaltungsverfahren *nt*; **~ period** Abrechnungszeitraum *m*; **~ policy** Bilanzierungspolitik *f*.

accoutrements [ə'kuːtrəmənts], (*US also*) **accouterments** [ə'kuːtərments] *npl* Ausrüstung *f*.

accredit [ə'kredɪt] *vt* **1.** *ambassador, representative* akkreditieren (*form*), beglaubigen.

2. (*approve officially*) zulassen, genehmigen; *herd* staatlich überwachen; (*US*) *educational institution* anerkennen; (*establish*) *belief, custom* anerkennen. **~ed agent** bevollmächtigter Vertreter.

3. (*ascribe, attribute*) zuschreiben (*to sb* jdm).

accretion [ə'kriːʃən] *n* (*process*) Anlagerung *f*; (*sth accumulated*) Ablagerung *f*.

accrual [ə'kruːəl] *n see vi 1.* Ansammlung *f*; Auflaufen *nt*; Hinzukommen *nt*. **~s** (*Fin: liabilities*) Verbindlichkeiten *pl*.

accrue [ə'kruː] *vi* **1.** (*accumulate*) sich ansammeln, zusammenkommen (*to* für); (*Fin: interest*) auflaufen; (*be added to*) hinzukommen (*to* zu). **2.** **to ~ to sb** (*honour, costs*) jdm erwachsen (*geh*) (*from* aus).

accumulate [ə'kjuːmjʊleɪt] **I** *vt* ansammeln, anhäufen, akkumulieren (*form*);

evidence sammeln; (*Fin*) *interest* akkumulieren *or* zusammenkommen lassen. **II** *vi* sich ansammeln *or* akkumulieren (*form*); (*possessions, wealth also*) sich anhäufen; (*evidence*) sich häufen.

accumulation [əˌkjuːmjʊ'leɪʃən] *n see vi* Ansammlung, Akkumulation (*form*) *f*; Anhäufung *f*; Häufung *f*.

accumulative [ə'kjuːmjʊlətɪv] *adj see* **cumulative.**

accumulator [ə'kjuːmjʊleɪtəʳ] *n* Akkumulator *m*.

accuracy ['ækjʊrəsɪ] *n* Genauigkeit *f*; (*of missile*) Zielgenauigkeit *f*.

accurate ['ækjʊrɪt] *adj worker, observation, translation, copy, instrument* genau, akkurat (*rare*); *missile* zielgenau. **the clock is ~** die Uhr geht genau; **his aim/shot was ~** er hat genau gezielt/getroffen.

accurately ['ækjʊrɪtlɪ] *adv* genau.

accursed, accurst [ə'kɜːst] *adj* **1.** (*old, liter: under a curse*) unter einem Fluch *or* bösen Zauber *pred*. **2.** (*inf: hateful*) verwünscht.

accusation [ˌækjʊ'zeɪʃən] *n* Beschuldigung, Anschuldigung *f*; (*Jur*) Anklage *f*; (*reproach*) Vorwurf *m*.

accusative [ə'kjuːzətɪv] **I** *n* Akkusativ *m*. **II** *adj ending* Akkusativ-. **~ case** Akkusativ *m*.

accusatory [ə'kjuːzətərɪ] *adj* vorwurfsvoll.

accuse [ə'kjuːz] *vt* **1.** (*Jur*) anklagen (*of* wegen, *gen*). **he is** *or* **stands ~d of murder/theft** er ist des Mordes/Diebstahls angeklagt.

2. *sb* beschuldigen, bezichtigen. **to ~ sb of doing sth** jdn beschuldigen *or* bezichtigen, etw getan zu haben; **are you accusing me of lying/not having checked the brakes?** willst du (damit) vielleicht sagen, daß ich lüge/die Bremsen nicht nachgesehen habe?; **to ~ sb of being untidy** jdm vorwerfen, unordentlich zu sein; **I ~ the government of neglect** ich mache der Regierung Nachlässigkeit zum Vorwurf; **we all stand ~d** uns alle trifft eine Schuld.

accused [ə'kjuːzd] *n* **the ~** der/die Angeklagte/die Angeklagten *pl*.

accuser [ə'kjuːzəʳ] *n* Ankläger(in *f*) *m*.

accusing [ə'kjuːzɪŋ] *adj* anklagend. **he had an ~ look on his face** sein Blick klagte an.

accusingly [ə'kjuːzɪŋlɪ] *adv see adj*.

accustom [ə'kʌstəm] *vt* **to ~ sb/oneself to sth/to doing sth** jdn/sich an etw (*acc*) gewöhnen/daran gewöhnen, etw zu tun; **to be ~ed to sth/to doing sth** an etw (*acc*) gewöhnt sein/gewöhnt sein, etw zu tun; **to become** *or* **get ~ed to sth/to doing sth** sich an etw (*acc*) gewöhnen/sich daran gewöhnen, etw zu tun.

accustomed [ə'kʌstəmd] *adj attr* (*usual*) gewohnt.

AC/DC *adj* **1.** *abbr of* **alternating current/direct current** Allstrom(-). **2. ac/dc** (*sl*) bi (*sl*).

ace [eɪs] **I** *n* **1.** (*Cards*) As *nt*. **the ~ of clubs** das Kreuz-As; **to have an ~ up one's sleeve** noch einen Trumpf in der Hand haben; **he was/came within an ~ of winning** er hätte um ein Haar gesiegt.

2. (*inf: expert*) As *nt* (*at* in *+dat*). **tennis ~** Tennisas *nt*.

3. (*Tennis: serve*) As *nt*. **to serve an ~** ein As servieren.

II *adj attr swimmer, pilot, reporter* Star-.

acerbity [ə'sɜːbɪtɪ] *n* Schärfe *f*.

acetate ['æsɪteɪt] *n* Acetat *nt*.

acetic [ə'siːtɪk] *adj* essigsauer. **~ acid** Essigsäure *f*.

acetone ['æsɪtəʊn] *n* Aceton *nt*.

acetylene [ə'setɪliːn] *n* Acetylen *nt*.

ache [eɪk] **I** *n* (dumpfer) Schmerz *m*. **I have an ~ in my side** ich habe Schmerzen in der Seite; **her body was a mass of ~s and pains** es tat ihr am ganzen Körper weh; **a few little ~s and pains** ein paar Wehwehchen (*inf*).

II *vi* **1.** weh tun, schmerzen. **my head/stomach ~s** mir tut der Kopf/Magen weh; **it makes my head/eyes ~** davon bekomme ich Kopfschmerzen/tun mir die Augen weh; **I'm aching all over** mir tut alles weh; **it makes my heart ~ to see him** (*fig*) es tut mir in der Seele weh, wenn ich ihn sehe.

2. (*fig: yearn*) **to ~ for sb/sth** sich nach jdm/etw sehnen; **to ~ to do sth** sich danach sehnen, etw zu tun.

achieve [ə'tʃiːv] **I** *vt* erreichen, schaffen; *success* erzielen; *victory* erringen; *rank also, title* erlangen. **she ~d a great deal** (*did a lot of work*) sie hat eine Menge geleistet; (*was quite successful*) sie hat viel erreicht; **he will never ~ anything** er wird es nie zu etwas bringen. **II** *vi* (*Psych, Sociol*) leisten. **the achieving society** die Leistungsgesellschaft.

achievement [ə'tʃiːvmənt] *n* **1.** (*act*) *see vt* Erreichen *nt*; Erzielen *nt*; Erringen *nt*; Erlangen *nt*. **~-oriented** leistungsorientiert; **~-oriented society** Leistungsgesellschaft *f*.

2. (*thing achieved*) (*of individual*) Leistung *f*; (*of society, civilization, technology*) Errungenschaft *f*. **that's quite an ~!** das ist schon eine Leistung! (*also iro*); **for his many ~s** für seine zahlreichen Verdienste; **~ quotient/test** Leistungsquotient *m*/-test *m*.

achiever [ə'tʃiːvəʳ] *n* Leistungstyp *m* (*inf*). **to be an ~** leistungsorientiert sein, **high ~** leistungsstarke Person.

Achilles [ə'kɪliːz] *n* Achill(es) *m*. **~' heel** (*fig*) Achillesferse *f*; **~' tendon** Achillessehne *f*.

aching ['eɪkɪŋ] *adj attr bones, head* schmerzend; (*fig*) *heart* wund, weh (*liter*).

acid ['æsɪd] **I** *adj* (*sour, Chem*) sauer; (*fig*) ätzend, beißend. **~ drop** saurer *or* saures Drops; **~ rain** saurer Regen; **~ test** (*fig*) Feuerprobe *f*. **II** *n* **1.** (*Chem*) Säure *f*. **2.** (*sl: LSD*) Acid *nt* (*sl*). **3.** *or* **A~ House** (*music*) Acid House *nt*.

acidic [ə'sɪdɪk] *adj* sauer.

acidity [ə'sɪdɪtɪ] *n* Säure *f*; (*Chem also*) Säuregehalt *m*; (*of stomach*) Magensäure *f*.

acidly ['æsɪdlɪ] *adv* (*fig*) ätzend, beißend.

acknowledge [ək'nɒlɪdʒ] *vt* anerkennen; *quotation* angeben; (*admit*) *truth, fault, defeat* eingestehen, zugeben; (*note receipt of*) *letter* bestätigen; *present* den Empfang bestätigen von; (*respond to*) *greetings, cheers* erwidern. **to ~ oneself beaten** sich geschlagen geben; **to ~ sb's presence** jds Anwesenheit zur Kenntnis nehmen.

acknowledged [ək'nɒlɪdʒd] *adj attr* anerkannt.

acknowledgement [ək'nɒlɪdʒmənt] *n see vt* Anerkennung *f*; Angabe *f*; Eingeständnis *nt*; Bestätigung *f*; Empfangsbestätigung *f*; Erwiderung *f*. **he waved in ~** er winkte zurück; **in ~ of** in Anerkennung (*+gen*); **to quote without ~** ohne Quellenangabe zitieren; **I received no ~** ich erhielt keine Antwort; **as an ~ of my gratitude/your kindness** zum Zeichen meiner Dankbarkeit/zum Dank für Ihre Freundlichkeit; **~s are due to ...** ich habe/wir haben ... zu danken.

acme ['ækmɪ] *n* Höhepunkt, Gipfel *m*; (*of elegance*) Inbegriff *m*.

acne ['æknɪ] *n* Akne *f*.

acolyte ['ækəʊlaɪt] *n* (*Eccl*) (*Catholic*) Akoluth *m*; (*Protestant: server*) Meßdiener *m*; (*fig*) Gefolgsmann *m*.

aconite ['ækənaɪt] *n* (*Bot*) Eisenhut *m*, Aconitum *nt*; (*drug*) Aconitin *nt*.

acorn ['eɪkɔːn] *n* Eichel *f*.

acoustic [ə'kuːstɪk] *adj* akustisch; (*soundproof*) *tiles, panel* Dämm-. **~ coupler** (*Comput*) Akustikkoppler *m*; **~ guitar** Akustikgitarre *f*; **~ screen** Trennwand *f zur Schalldämpfung*.

acoustically [ə'kuːstɪkəlɪ] *adv* akustisch.

acoustics [ə'kuːstɪks] *n* **1.** *sing* (*subject*) Akustik *f*. **2.** *pl* (*of room*) Akustik *f*.

acquaint [ə'kweɪnt] *vt* **1.** (*make familiar*) bekannt machen. **to be ~ed/thoroughly ~ed with sth** mit etw bekannt/vertraut sein; **to become ~ed with sth** etw kennenlernen; *facts, truth* etw erfahren; **to ~ oneself** *or* **make oneself ~ed with sth** sich mit etw vertraut machen.

2. (*with person*) **to be ~ed with sb** mit jdm bekannt sein; **we're not ~ed** wir kennen einander *or* uns nicht; **to become** *or* **get ~ed** sich (näher) kennenlernen.

acquaintance [ə'kweɪntəns] *n* **1.** (*person*) Bekannte(r) *mf*. **we're just ~s** wir kennen uns bloß flüchtig; **a wide circle of ~s** ein großer Bekanntenkreis.

2. (*with person*) Bekanntschaft *f*; (*with subject*) Kenntnis *f* (*with gen*); (*intimate, with sorrow*) Vertrautheit *f*. **to make sb's ~, to make the ~ of sb** jds Bekanntschaft *or* die Bekanntschaft jds machen; **he/it improves on ~** er gewinnt bei näherer Bekanntschaft/man kommt mit der Zeit auf den Geschmack (davon); *see* **nodding.**

acquiesce [ˌækwɪ'es] *vi* einwilligen (*in* in *+acc*); (*submissively*) sich fügen (*in dat*).

acquiescence [ˌækwɪ'esns] *n see vi* Einwilligung *f* (*in* in *+acc*); Fügung *f* (*in* in *+acc*). **with an air of ~** mit zustimmender Miene.

acquiescent [ˌækwɪ'esnt] *adj* fügsam; *smile* ergeben; *attitude* zustimmend.

acquire [ə'kwaɪəʳ] *vt* erwerben; (*by dubious means*) sich (*dat*) aneignen; *habit* annehmen. **he ~d a fine tan** er hat eine gute Farbe bekommen; **to ~ a taste/liking for sth** Geschmack/Gefallen an etw (*dat*) finden; **once you've ~d a taste for it** wenn du erst mal auf den Geschmack gekommen bist; **caviar is an ~d taste** Kaviar ist (nur) für Kenner; **~d** (*Psych*) erworben; **~d characteristics** (*Biol*) erworbene Eigenschaften *pl*; **~ immunity** (*Med*) erworbene Immunität.

acquirement [ə'kwaɪəmənt] *n* **1.** (*act*) *see* **acquisition 1.. 2.** (*skill acquired*) Fertigkeit *f*.

acquisition [ˌækwɪ'zɪʃən] *n* **1.** (*act*) Erwerb *m*; (*by dubious means*) Aneignung *f*; (*of habit*) Annahme *f*. **2.** (*thing acquired*) Anschaffung *f*; (*hum: secretary, girlfriend*) Errungenschaft *f*. **he's a useful ~ to the department** er ist ein Gewinn für die Abteilung.

acquisitive [ə'kwɪzɪtɪv] *adj* auf Erwerb aus, habgierig (*pej*), raffgierig (*pej*). **the ~ society** die Erwerbsgesellschaft.

acquisitiveness [ə'kwɪzɪtɪvnɪs] *n* Habgier *f* (*pej*).

acquit [ə'kwɪt] **I** *vt* freisprechen. **to be ~ted of a crime** von einem Verbrechen freigesprochen werden.

II *vr* (*conduct oneself*) sich verhalten; (*perform*) seine Sache machen. **he ~ted himself well** er hat seine Sache gut gemacht; (*stood up well*) er hat sich gut aus der Affäre gezogen.

acquittal [ə'kwɪtl] *n* Freispruch *m* (*on* von).

acre ['eɪkəʳ] *n* Acre *m* (*etwa 4047m²*) **~s** (*old, liter: land*) Fluren *pl* (*old, liter*); **~s (and ~s) of garden/open land** hektarweise Garten/meilenweise freies Land.

acreage ['eɪkərɪdʒ] *n* Land *nt*; (*Agr*) Anbaufläche *f*.

acrid ['ækrɪd] *adj taste* bitter; (*of wine*) sauer; *comment, smoke* beißend.

Acrilan ® ['ækrɪlæn] *n* Acryl *nt*.

acrimonious [ˌækrɪ'məʊnɪəs] *adj discussion, argument* erbittert; *person, words* bissig.

acrimoniously [ˌækrɪ'məʊnɪəslɪ] *adv see adj.*

acrimony ['ækrɪmənɪ] *n see* **acrimonious** erbitterte Schärfe; Bissigkeit *f*.

acrobat ['ækrəbæt] *n* Akrobat(in *f*) *m*.

acrobatic [ˌækrəʊ'bætɪk] *adj* akrobatisch.

acrobatics [ˌækrəʊ'bætɪks] *npl* Akrobatik *f*. **mental ~** (*fig*) Gedankenakrobatik *f*.

acronym ['ækrənɪm] *n* Akronym *nt*.

acropolis [ə'krɒpəlɪs] *n* Akropolis *f*.

across [ə'krɒs] **I** *adv* **1.** (*direction*) (*to the other side*) hinüber; (*from the other side*) herüber; (*crosswise*) (quer)durch. **shall I go ~ first?** soll ich zuerst hinüber(gehen/-schwimmen *etc*)?; **to throw/row ~/help sb ~** hinüberwerfen/hinüberrudern/jdm hinüberhelfen; herüberwerfen/herüberrudern/jdm herüberhelfen; **to cut sth ~** etw (quer) durchschneiden; **he was already ~** er war schon drüben; **~ from your house** gegenüber von eurem Haus, eurem

Haus gegenüber; **draw a line ~** machen Sie einen Strich; (*diagonal*) machen Sie einen Strich querdurch.

2. (*measurement*) breit; (*of round object*) im Durchmesser.

3. (*in crosswords*) waagerecht.

II *prep* **1.** (*direction*) über (+*acc*); (*diagonally* ~) quer durch (+*acc*). **to run ~ the road** über die Straße laufen; **to wade ~ a river** durch einen Fluß waten; **a tree fell ~ the path** ein Baum fiel quer über den Weg; **~ country** querfeldein; (*over long distance*) quer durch das Land; **to draw a line ~ the page** einen Strich durch die Seite machen; **the stripes go ~ the material** der Stoff ist quer gestreift.

2. (*position*) über (+*dat*). **a tree lay ~ the path** ein Baum lag quer über dem Weg; **he was sprawled ~ the bed** er lag quer auf dem Bett; **with his arms (folded) ~ his chest** die Arme vor der Brust verschränkt; **from ~ the sea** von der anderen Seite des Meeres; **he lives ~ the street from us** er wohnt uns gegenüber; **you could hear him (from) ~ the hall** man konnte ihn von der anderen Seite der Halle hören; *see vbs*.

across-the-board [ə'krɒsðə'bɔːd] *adj attr* allgemein; *see also* **board.**

acrylic [ə'krɪlɪk] **I** *n* Acryl *nt*. **II** *adj* Acryl-; *dress* aus Acryl.

act [ækt] **I** *n* **1.** (*deed, thing done*) Tat *f*; (*official, ceremonial*) Akt *m*. **my first ~ was to phone him** meine erste Tat *or* mein erstes war, ihn anzurufen; **an ~ of mercy/judgement** ein Gnadenakt *m*/eine (wohl)überlegte Tat; **an ~ of God** höhere Gewalt *no pl*; **an ~ of folly/madness** reine Dummheit/reiner Wahnsinn. **A~s, the A~s of the Apostles** (*Bibl*) die Apostelgeschichte; *see* **faith.**

2. (*process of doing*) **to be in the ~ of doing sth** (gerade) dabei sein, etw zu tun; **to catch sb in the ~** jdn auf frischer Tat *or* (*sexually*) in flagranti ertappen.

3. (*Parl*) Gesetz *nt*. **under an ~ of Parliament passed in 1976 this is illegal** nach einem 1976 vom Parlament verabschiedeten Gesetz ist das verboten.

4. (*Theat*) (*of play, opera*) Akt *m*; (*turn*) Nummer *f*. **a one-~ play/opera** ein Einakter *m*/eine Oper in einem Akt; **to get into** *or* **in on the ~** (*fig inf*) mit von der Partie sein; **he's really got his ~ together** (*inf*) (*is organized, efficient with sth*) er hat die Sache wirklich im Griff; (*in lifestyle*) er hat im Leben erreicht, was er wollte; **get your ~ together!** reiß dich doch mal zusammen!

5. (*fig: pretence*) Theater *nt*, Schau *f* (*inf*). **it's all an ~** das ist alles nur Theater *or* Schau (*inf*); **to put on an ~** Theater spielen.

II *vt part* spielen; *play also* aufführen. **to ~ the fool** herumalbern.

III *vi* **1.** (*Theat*) (*perform*) spielen; (*to be an actor*) schauspielern, Theater spielen; (*fig*) Theater spielen, schauspielern, markieren. **to ~ on TV/on the radio** fürs Fernsehen/in Hörspielen auftreten *or* spielen; **who's ~ing in it?** wer spielt darin?; **... but she can't ~** ... aber sie kann nicht spielen *or* ist keine Schauspielerin; **he's only ~ing** er tut (doch) nur so, er markiert *or* spielt (doch) nur; **to ~ stupid/innocent** sich dumm/unschuldig stellen, den Dummen/Unschuldigen spielen.

2. (*function*) (*brakes*) funktionieren; (*drug*) wirken. **to ~ as ...** wirken als ...; (*have function*) fungieren als ...; (*person*) das Amt des/der ... übernehmen, fungieren als ...; **~ing in my capacity as chairman** in meiner Eigenschaft als Vorsitzender; **it ~s as a deterrent** das wirkt abschreckend; **to ~ for sb** jdn vertreten.

3. (*behave*) sich verhalten. **~ like a man!** sei ein Mann!; **she ~ed as if** *or* **as though she was hurt/surprised** sie tat so, als ob sie verletzt/überrascht wäre; **he ~s as though** *or* **like he owns the place** (*inf*) er tut so, als ob der Laden ihm gehört (*inf*).

4. (*take action*) handeln. **he ~ed to stop it** er unternahm etwas *or* Schritte, um dem ein Ende zu machen.

◆act on *or* **upon** *vi* +*prep obj* **1.** (*affect*) wirken auf (+*acc*).

2. (*take action on*) *warning, report, evidence* handeln auf (+*acc*) ... hin; *suggestion, advice* folgen (+*dat*). **~ing ~ information received, the police ...** die Polizei handelte aufgrund der ihr zugegangenen Information und ...; **~ing ~ an impulse** einer plötzlichen Eingebung gehorchend *or* folgend; **did you ~ ~ the letter?** haben Sie auf den Brief hin etwas unternommen?

◆act out *vt sep fantasies, problems* durchspielen. **the drama/affair was ~ed ~ at ...** das Drama/die Affäre spielte sich in ... ab.

◆act up *vi* (*inf*) jdm Ärger machen; (*person also*) Theater machen (*inf*); (*to attract attention*) sich aufspielen; (*machine also*) verrückt spielen (*inf*).

◆act upon *vi* +*prep obj see* **act on.**

acting ['æktɪŋ] **I** *adj* **1.** stellvertretend *attr*, in Stellvertretung *pred*. **2.** *attr* (*Theat*) schauspielerisch.

II *n* (*Theat*) (*performance*) Darstellung *f*; (*activity*) Spielen *nt*; (*profession*) Schauspielerei *f*. **what was the/his ~ like?** wie waren die Schauspieler/wie hat er gespielt? **he's done some ~** er hat schon Theater gespielt; (*professionally also*) er hat schon etwas Schauspielerfahrung.

action ['ækʃən] *n* **1.** *no pl* (*activity*) Handeln *nt*; (*of play, novel*) Handlung *f*. **now is the time for ~** die Zeit zum Handeln ist gekommen; **a man of ~** ein Mann der Tat; **to take ~** etwas *or* Schritte unternehmen; **course of ~** Vorgehen *nt*; **"~"** (*on office tray*) „zur Bearbeitung"; **no further ~** keine weiteren Maßnahmen; (*label on file*) abgeschlossen; **the ~ of the play/novel takes place ...** das Stück/der Roman spielt ...; **~!** (*Film*) Achtung, Aufnahme!

2. (*deed*) Tat *f*. **his first ~ was to phone me** als erstes rief er mich an; **to suit the ~ to the word** dem Wort die Tat folgen lassen, sein Wort in die Tat umsetzen; **~s speak louder than words** (*Prov*) die Tat wirkt mächtiger als das Wort (*prov*).

3. (*motion, operation*) **in/out of ~** in/nicht in Aktion; (*machine*) in/außer Betrieb; (*operational*) einsatzfähig/nicht einsatzfähig; **to go into ~** in Aktion treten; **to put a plan into ~** einen Plan in die Tat umsetzen; **to put out of ~** außer Gefecht setzen; **he needs prodding into ~** man muß ihm immer erst einen Stoß geben.

4. (*exciting events*) Action *f* (*sl*). **there's no ~ in this film** in dem Film passiert nichts, dem Film fehlt (die) Action (*sl*); **a novel full of ~** ein handlungsreicher Roman; **let's have some ~!** (*inf*) machen wir mal was los! (*inf*); **to go where the ~ is** (*inf*) hingehen, wo was los ist (*inf*); **that's where the ~ is** (*inf*) da ist was los (*inf*).

5. (*Mil*) (*fighting*) Aktionen *pl*; (*battle*) Kampf *m*, Gefecht *nt*. **enemy ~** feindliche Handlungen *or* Aktionen *pl*; **killed in ~** gefallen; **he saw ~ in the desert** er war in der Wüste im Einsatz; **the first time they went into ~** bei ihrem ersten Einsatz.

6. (*way of operating*) (*of machine*) Arbeitsweise *f*; (*of piano*) Mechanik *f*; (*of watch, gun*) Mechanismus *m*; (*way of moving*) (*of athlete*) Bewegung *f*; (*of horse*) Aktion *f*. **the piano has a stiff ~** das Klavier hat einen harten Anschlag; **to move/hit with an easy/a smooth ~** (*Sport*) sich ganz locker und leicht bewegen/ganz weich schlagen.

7. (*esp Chem, Phys: effect*) Wirkung *f* (*on* auf +*acc*).

8. (*Jur*) Klage *f*. **to bring an ~ (against sb)** eine Klage (gegen jdn) anstrengen.

9. (*Fin sl*) **a piece of the ~** ein Stück aus dem Kuchen (*sl*).

actionable ['ækʃnəbl] *adj* verfolgbar; *statement* klagbar.

action group *n* Bürger-/Studenten-/Elterninitiative *etc f*; **action-packed** *adj film, book* aktions- *or* handlungsgeladen; **action painting** *n* Aktion *f*; **action replay** *n* Wiederholung *f*; **action stations** *npl* Stellung *f*; **~!** Stellung!; (*fig*) an die Plätze!

activate ['æktɪveɪt] *vt mechanism* (*person*) betätigen; (*heat*) auslösen; (*switch, lever*) in Gang setzen; *alarm* auslösen; *bomb* zünden; (*Chem, Phys*) aktivieren; (*US Mil*) mobilisieren. **~d sludge** Belebtschlamm *m*.

active ['æktɪv] **I** *adj* aktiv (*also Gram, Comput*); *mind, social life* rege; *volcano also* tätig; *dislike* offen, unverhohlen; *file* im Gebrauch; (*radio~*) radioaktiv. **to be ~ in politics** politisch aktiv *or* tätig sein; **to be under ~ consideration** ernsthaft erwogen werden; **on ~ service** (*Mil*) im Einsatz; **to be on the ~ list** (*Mil*) zur ständigen Verfügung stehen; **he played an ~ part in it** er war aktiv daran beteiligt; **~ partner** (*Comm*) persönlich haftender Gesellschafter.

II *n* (*Gram*) Aktiv *nt*.

actively ['æktɪvlɪ] *adv* aktiv; *dislike* offen, unverhohlen.

activism ['æktɪvɪzm] *n* Aktivismus *m*.

activist ['æktɪvɪst] *n* Aktivist(in *f*) *m*.

activity [æk'tɪvɪtɪ] *n* **1.** *no pl* Aktivität *f*; (*in classroom, station, on beach also*) reges Leben; (*in market, town, office*) Geschäftigkeit *f*, geschäftiges Treiben; (*mental*) Betätigung *f*. **a scene of great ~** ein Bild geschäftigen Treibens; **a new sphere of ~** ein neues Betätigungsfeld, ein neuer Wirkungskreis.

2. (*pastime*) Betätigung *f*. **classroom activities** schulische Tätigkeiten *pl*; **the church organizes many activities** die Kirche organisiert viele Veranstaltungen; **business/social activities** geschäftliche/gesellschaftliche Unternehmungen *pl*; **criminal activities** kriminelle Tätigkeiten *pl*.

3. (*radio~*) Radioaktivität *f*.

activity holiday *n* Aktivurlaub *m*.

actor ['æktə^r] *n* (*lit, fig*) Schauspieler *m*.

actress ['æktrɪs] *n* (*lit, fig*) Schauspielerin *f*.

actual ['æktjʊəl] *adj* eigentlich; *reason, price also, result* tatsächlich; *case, example* konkret. **in ~ fact** eigentlich; **what were his ~ words?** was genau hat er gesagt?; **this is the ~ house** das ist hier das Haus; **there is no ~ contract** es besteht kein eigentlicher Vertrag; **your ~ ...** (*inf*) ein echter/eine echte/ein echtes ...; der/die/das echte ...

actuality [ˌæktjʊ'ælɪtɪ] *n* (*reality*) Wirklichkeit, Realität *f*; (*realism*) Aktualität *f*.

actualize ['æktjʊəlaɪz] *vt* verwirklichen.

actually ['æktjʊəlɪ] *adv* **1.** (*used as a filler*) *usually not translated.* **~ I haven't started yet** ich habe noch (gar) nicht damit angefangen; **~ we were just talking about you** wir haben eben von Ihnen geredet; **~ his name is Smith** er heißt (übrigens) Smith.

2. (*to tell the truth, in actual fact*) eigentlich; (*by the way*) übrigens. **as you said before — and ~ you were quite right** wie Sie schon sagten — und eigentlich hatten Sie völlig recht; **~ you were quite right, it was a bad idea** Sie hatten übrigens völlig recht, es war eine schlechte Idee; **do you want that/know him? — ~ I do/don't** möchten Sie das/kennen Sie ihn? — ja, durchaus *or* schon/nein, eigentlich nicht; **you don't want that/know him, do you? — ~ I do** Sie möchten das/kennen ihn (doch) nicht, oder? — doch, eigentlich schon; **do you know her? — ~ I'm her husband** kennen Sie sie? — ja, ich bin nämlich ihr Mann; **I'm going soon, tomorrow ~** ich gehe bald, nämlich morgen; **it won't be easy, it'll be very difficult ~** es wird nicht leicht, ja es wird sogar sehr schwierig sein.

3. (*truly, in reality, showing surprise*) tatsächlich. **if you ~ own a flat** wenn Sie tatsächlich eine Wohnung besitzen; **don't tell me you're ~ going now!** sag bloß, du gehst jetzt tatsächlich *or* wirklich!; **oh, you're ~ in/dressed/ready!** oh, du bist sogar da/angezogen/fertig!; **I haven't ~ started/done it/met him yet** ich habe noch nicht angefangen/es noch nicht gemacht/ihn noch nicht kennengelernt; **not ~ ..., but ...** zwar nicht ..., aber ...; **I wasn't ~ there, but/so ...** ich war zwar selbst nicht dabei, aber .../ich war selbst nicht dabei, deshalb ...; **did he ~ say that?** hat er das tatsächlich *or* wirklich gesagt?; **what did he ~ say?** was hat er tatsächlich gesagt?; **what do you ~ want?** was möchten Sie eigentlich?; **does that ~ exist/happen?** gibt es das denn überhaupt *or* tatsächlich/kommt das denn überhaupt *or* tatsächlich vor?; **as for ~ working ...** was die Arbeit selbst betrifft ...; **as for ~ doing it** wenn es dann daran geht, es auch zu tun; **it's the first time that I've ~ seen him** das ist das erste Mal, daß ich ihn mal gesehen habe.

4. it was ~ taking place when he ... es fand genau zu der Zeit statt, als er ...

actuarial [ˌæktjʊ'eərɪəl] *adj* (*Insur*) versicherungsmathematisch, versicherungsstatistisch.

actuary ['æktjʊərɪ] *n* (*Insur*) Aktuar(in *f*) *m*.

actuate ['æktjʊeɪt] *vt* (*lit*) auslösen; (*fig*) treiben.

acuity [ə'kjuːɪtɪ] *n* Scharfsinn *m*, Klugheit *f*; (*of mind*) Schärfe *f*.

acumen ['ækjʊmen] *n* Scharfsinn *m*. **business/political ~** Geschäftssinn *m*/ politische Klugheit.

acupuncture ['ækjʊˌpʌŋktʃəʳ] *n* Akupunktur *f*.

acute [ə'kjuːt] **I** *adj* **1.** (*intense, serious, Med*) *pain, shortage, appendicitis* akut; *pleasure* intensiv. **2.** (*keen*) *eyesight* scharf; *hearing also, sense of smell* fein. **3.** (*shrewd*) scharf; *person* scharfsinnig; *child* aufgeweckt. **4.** (*Math*) *angle* spitz. **5.** (*Ling*) **~ accent** Akut *m*. **II** *n* (*Ling*) Akut *m*.

acutely [ə'kjuːtlɪ] *adv* **1.** (*intensely*) akut; *feel* intensiv; *embarrassed, sensitive, uncomfortable* äußerst; **to be ~ aware of sth** sich (*dat*) einer Sache (*gen*) genau *or* sehr bewußt sein; (*painfully*) sich (*dat*) einer Sache (*gen*) schmerzlich bewußt sein. **2.** (*shrewdly*) scharfsinnig; *criticize, observe* scharf.

acuteness [ə'kjuːtnɪs] *n see adj* **1.** Intensität *f*. **2.** Schärfe *f*; Feinheit *f*. **3.** Schärfe *f*; Scharfsinn *m*; Aufgewecktheit *f*.

AD *abbr of* **Anno Domini** n. Chr., A.D.

ad [æd] *n abbr of* **advertisement** Anzeige *f*, Inserat *nt*. **small ~s** Kleinanzeigen *pl*.

adage ['ædɪdʒ] *n* Sprichwort *nt*.

adagio [ə'dɑːdʒɪəʊ] **I** *adv* adagio. **II** *n* Adagio *nt*.

Adam ['ædəm] *n* Adam *m*. **~'s apple** Adamsapfel *m*; **I don't know him from ~** (*inf*) ich habe keine Ahnung, wer er ist (*inf*).

adamant ['ædəmənt] *adj* hart; *refusal also* hartnäckig. **an ~ no** ein unerbittliches Nein; **to be ~** unnachgiebig sein, darauf bestehen; **he was ~ about going** er bestand hartnäckig darauf zu gehen; **he was ~ in his refusal** er weigerte sich hartnäckig.

adapt [ə'dæpt] **I** *vt* anpassen (*to dat*); *machine* umstellen (*to, for* auf +*acc*); *vehicle, building* umbauen (*to, for* für); *text, book* adaptieren, bearbeiten (*for* für). **~ed to your requirements** nach Ihren Wünschen abgeändert; **~ed for Arctic conditions** arktischen Verhältnissen angepaßt; **~ed for children/television** für Kinder/für das Fernsehen adaptiert *or* bearbeitet; **~ed from the Spanish** aus dem Spanischen übertragen und bearbeitet.

II *vi* sich anpassen (*to dat*); (*Sci also*) sich adaptieren (*to* an +*acc*).

adaptability [əˌdæptə'bɪlɪtɪ] *n see adj* Anpassungsfähigkeit *f*; Vielseitigkeit *f*; Flexibilität *f*; Eignung *f* zur Adaption.

adaptable [ə'dæptəbl] *adj plant, animal, person* anpassungsfähig; *vehicle, hairstyle* vielseitig; *schedule* flexibel; *book* zur Adaption *or* Bearbeitung geeignet. **to be ~ to sth** (*person, animal, plant*) sich an etw (*acc*) anpassen können; (*vehicle*) sich in etw (*dat*) verwenden lassen.

adaptation [ˌædæp'teɪʃən] *n* **1.** (*process*) Adaptation *f* (*to* an +*acc*); (*of person, plant, animal also*) Anpassung *f* (*to* an +*acc*); (*of machine*) Umstellung *f* (*to* auf +*acc*); (*of vehicle, building*) Umbau *m*; (*of text also*) Bearbeitung *f*.

2. (*of book, play*) Adaption, Bearbeitung *f*.

adapter, adaptor [ə'dæptəʳ] *n* **1.** (*of book etc*) Bearbeiter(in *f*) *m*. **2.** (*for connecting pipes*) Verbindungs- *or* Zwischenstück *nt*; (*to convert machine*) Adapter *m*. **3.** (*Elec*) Adapter *m*; (*for several plugs*) Doppel-/Dreifachstecker, Mehrfachstecker *m*; (*on appliance*) Zwischenstecker *m*. **~ card** (*Comput*) Adapterkarte *f*.

ADC *abbr of* **aide-de-camp**.

add [æd] **I** *vt* **1.** (*Math*) addieren; (**~** *on*) *one number also* hinzu- *or* dazuzählen (*to* zu); (**~** *up*) *several numbers also* zusammenzählen. **to ~ 8 and/to 5** 8 und 5 zusammenzählen *or* addieren/8 zu 5 hinzuzählen.

2. hinzufügen (*to* zu); *ingredients, money also* dazugeben, dazutun (*to* zu); *name also* dazusetzen (*to* auf +*acc*); (*say in addition also*) dazusagen; (*build on*) anbauen. **~ed to which ...** hinzu kommt, daß ...; **it ~s nothing to our knowledge** unser Wissen wird dadurch nicht erweitert; **transport/VAT ~s 10% to the cost** es kommen 10% Transportkosten hinzu/zu den Kosten kommen noch 10% Mehrwertsteuer; **they ~ 10% for service** sie rechnen *or* schlagen 10% für Bedienung dazu; **~ed together the books weigh several tons** zusammengenommen wiegen die Bücher mehrere Tonnen; *see* **insult**.

II *vi* **1.** (*Math*) zusammenzählen, addieren. **she just can't ~** sie kann einfach nicht rechnen.

2. to ~ to sth zu etw beitragen; **to ~ to one's income** sein Einkommen aufbessern; **the house had been ~ed to** an das

Haus war (etwas) angebaut worden.

◆**add on** *vt sep number, amount* dazurechnen; *two weeks* mehr rechnen; *room* anbauen; *storey* aufstocken; (*append*) *comments etc* anfügen.

◆**add up I** *vt sep* zusammenzählen *or* -rechnen.
II *vi* **1.** (*figures etc*) stimmen; (*fig: make sense*) sich reimen. **it's beginning to ~ ~** jetzt wird so manches klar.
2. to ~ ~ to (*figures*) ergeben; (*expenses also*) sich belaufen auf (+*acc*); **that all ~s ~ to a rather unusual state of affairs** alles in allem ergibt das eine recht ungewöhnliche Situation; **it doesn't ~ ~ to much** (*fig*) das ist nicht berühmt (*inf*).

added ['ædɪd] *adj attr* zusätzlich. **~ value** Mehrwert *m*.

addendum [ə'dendəm] *n, pl* **addenda** [ə'dendə] Nachtrag *m*.

adder ['ædəʳ] *n* Viper, Natter *f*.

addict ['ædɪkt] *n* (*lit, fig*) Süchtige(r), Suchtkranke(r) *mf*. **he's a television/heroin ~** er ist fernseh-/heroinsüchtig; **to become an ~** süchtig werden.

addicted [ə'dɪktɪd] *adj* süchtig. **to be/become ~ to heroin/drugs/drink** heroin-/rauschgift-/trunksüchtig sein/werden; **he's ~ to smoking** er ist nikotinsüchtig; **you might get ~ to it** das kann zur Sucht werden; (*Med*) davon kann man süchtig werden.

addiction [ə'dɪkʃən] *n* Sucht *f* (*to* nach); (*no pl: state of dependence also*) Süchtigkeit *f*. **~ to drugs/alcohol/pleasure/sport** Rauschgift-/Trunk-/Vergnügungssucht/übermäßige Sportbegeisterung; **to become an ~** zur Sucht werden.

addictive [ə'dɪktɪv] *adj* **to be ~** (*lit*) süchtig machen; (*fig*) zu einer Sucht werden können; **these drugs/watching TV can become ~** diese Drogen können/Fernsehen kann zur Sucht werden; **~ drug** Suchtdroge *f*.

adding machine *n* Addiermaschine *f*.

Addis Ababa [ˌædɪs'æbəbə] *n* Addis Abeba *nt*.

addition [ə'dɪʃən] *n* **1.** (*Math*) Addition *f*; (*act also*) Zusammenzählen *nt*. **~ sign** Pluszeichen *nt*.
2. (*adding*) Zusatz *m*. **the ~ of one more person would make the team too large** eine zusätzliche *or* weitere Person würde das Team zu groß machen.
3. (*thing added*) Zusatz *m* (*to* zu); (*to list*) Ergänzung *f* (*to* zu); (*to building*) Anbau *m* (*to* an +*acc*); (*to income*) Aufbesserung *f* (*to gen*); (*to bill*) Zuschlag (*to* zu), Aufschlag (*to* auf +*acc*) *m*. **they are expecting an ~ to their family** (*inf*) sie erwarten (Familien)zuwachs (*inf*).
4. in ~ außerdem, obendrein; **in ~ (to this) he said ...** und außerdem sagte er ...; **in ~ to sth** zusätzlich zu etw; **in ~ to being unjustified his demand was also ...** seine Forderung war nicht nur ungerechtfertigt, sondern außerdem noch ...

additional [ə'dɪʃənl] *adj* zusätzlich. **~ charge** Aufpreis *m*; **any ~ expenditure beyond this limit** alle weiteren Ausgaben über diese Grenze hinaus; **any ~ suggestions will have to be raised at the next meeting** irgendwelche weiteren Vorschläge müssen bei der nächsten Sitzung vorgebracht werden.

additionally [ə'dɪʃənlɪ] *adv* außerdem; *say* ergänzend. **~ there is ...** außerdem ist da noch ..., dazu kommt noch ...

additive ['ædɪtɪv] *n* Zusatz *m*.

addle ['ædl] **I** *vt* **1.** verdummen. **2.** *egg* faul werden lassen, verderben lassen. **II** *vi* (*egg*) verderben, faul werden.

addled ['ædld] *adj* **1.** *brain, person* benebelt; (*permanently*) verdummt. **2.** *egg* verdorben, faul.

addle-headed ['ædl'hedɪd] *adj* (*inf*) trottelig (*inf*), dußlig (*inf*).

add-on ['ædɒn] *n* (*Comput*) Zusatz *m*.

address [ə'dres] **I** *n* **1.** (*of person, on letter*) Adresse, Anschrift *f*. **home ~** Privat- adresse *f*; (*when travelling*) Heimatanschrift *f*; **what's your ~?** wo wohnen Sie?; **I've come to the wrong ~** ich bin hier falsch *or* an der falschen Adresse; **at this ~** unter dieser Adresse; **who else lives at this ~?** wer wohnt noch in dem Haus?; **"not known at this ~"** „Empfänger unbekannt".
2. (*speech*) Ansprache *f*.
3. (*bearing, way of behaving*) Auftreten *nt*; (*way of speaking*) Art *f* zu reden.
4. (*form: skill, tact*) Gewandtheit *f*.
5. form of ~ (Form *f* der) Anrede *f*.
6. (*Comput*) Adresse *f*.
II *vt* **1.** *letter, parcel* adressieren (*to* an +*acc*).
2. (*direct*) *complaints* richten (*to* an +*acc*).
3. (*speak to*) *meeting* sprechen zu; *jury* sich wenden an (+*acc*); *person* anreden. **how should one ~ an earl?** wie redet man einen Grafen an?
4. *problem* angehen.
III *vr* **1. to ~ oneself to sb** (*speak to*) jdn ansprechen; (*apply to*) sich an jdn wenden.
2. (*form*) **to ~ oneself to a task** sich einer Aufgabe widmen.

address book *n* Adreßbuch *nt*; **address bus** *n* (*Comput*) Adreßbus *m*.

addressee [ˌædre'siː] *n* Empfänger(in *f*), Adressat(in *f*) *m*.

address label *n* Adressenaufkleber *m*.

addressograph [ə'dresəʊgrɑːf] *n* Adressiermaschine, Adrema ® *f*.

Aden ['eɪdn] *n* Aden *nt*. **Gulf of ~** Golf *m* von Aden.

adenoidal ['ædɪnɔɪdl] *adj* adenoid; *voice, adolescent* näselnd.

adenoids ['ædɪnɔɪdz] *npl* Rachenmandeln, Polypen (*inf*) *pl*.

adept ['ædept] **I** *n* (*form*) Meister(in *f*) *m*, Experte *m*, Expertin *f* (*in, at* in +*dat*). **II** *adj* geschickt (*in, at* in +*dat*). **she's quite ~ at that sort of thing** sie hat ein Talent dafür.

adequacy ['ædɪkwəsɪ] *n* Adäquatheit, Angemessenheit *f*. **we doubt the ~ of his explanation/theory/this heating system** wir bezweifeln, daß seine Erklärung/Theorie/diese Heizung angemessen *or* adäquat *or* ausreichend ist; **he's beginning to doubt his ~ as a father** er zweifelt langsam an seiner Eignung als Vater.

adequate ['ædɪkwɪt] *adj supply, heating system* ausreichend; *time* genügend *inv*; (*good enough also*) zulänglich; *excuse* angemessen. **to be ~** (*sufficient*) (aus)reichen, genug sein; (*good enough*) zulänglich *or* adäquat sein; **this is just not ~** das ist einfach unzureichend *or* (*not good enough also*) nicht gut genug; **more than ~** mehr als genug; (*heating*) mehr als ausreichend.

adequately ['ædɪkwɪtlɪ] *adv see adj.*

adhere [əd'hɪəʳ] *vi* (*to* an *+dat*) (*stick*) haften; (*more firmly*) kleben.

◆**adhere to** *vi +prep obj* (*support, be faithful*) bleiben bei; *to plan, belief, principle, determination also* festhalten an (*+dat*); *to rule* sich halten an (*+acc*).

adherence [əd'hɪərəns] *n* Festhalten *nt* (*to* an *+dat*); (*to rule*) Befolgung *f* (*to gen*).

adherent [əd'hɪərənt] *n* Anhänger(in *f*) *m*.

adhesion [əd'hiːʒən] *n* **1.** (*of particles etc*) Adhäsion, Haftfähigkeit *f*; (*more firmly: of glue*) Klebefestigkeit *f*. **powers of ~** Adhäsionskraft *f*; (*of glue*) Klebekraft *f*. **2.** *see* **adherence.**

adhesive [əd'hiːzɪv] **I** *n* Klebstoff *m*. **II** *adj* haftend; (*more firmly*) klebend. **to be highly/not very ~** sehr/nicht gut haften/kleben; **~ label** Haftetikett *nt*; **~ plaster** Heftpflaster *nt*; **~ strength/powers** Adhäsionskraft *f*; (*of glue*) Klebekraft *f*; **~ tape** Klebstreifen *m*;

ad hoc [ˌæd'hɒk] *adj, adv* ad hoc *inv*.

adieu [ə'djuː] *interj* adieu (*old*). **to bid sb ~** jdm adieu *or* Lebewohl sagen (*old*).

ad infinitum [ˌædɪnfɪ'naɪtəm] *adv* ad infinitum (*geh*), für immer.

adipose ['ædɪpəʊs] *adj* (*form*) adipös (*form*), Fett-. **~ tissue** Fettgewebe *nt*; (*hum*) Fettpölsterchen *pl*.

adjacent [ə'dʒeɪsənt] *adj* angrenzend; *room also, angles* Neben-. **to be ~ to sth** an etw (*acc*) angrenzen, neben etw (*dat*) liegen.

adjectival *adj*, **~ly** *adv* [ˌædʒek'taɪvəl, -ɪ] adjektivisch.

adjective ['ædʒektɪv] *n* Adjektiv, Eigenschaftswort *nt*.

adjoin [ə'dʒɔɪn] **I** *vt* grenzen an (*+acc*). **II** *vi* nebeneinander liegen, aneinander grenzen.

adjoining [ə'dʒɔɪnɪŋ] *adj room* Neben-, Nachbar-; (*esp Archit etc*) anstoßend; *field* Nachbar-, angrenzend; (*of two things*) nebeneinanderliegend. **in the ~ office** im Büro daneben *or* nebenan.

adjourn [ə'dʒɜːn] **I** *vt* **1.** vertagen (*until* auf *+acc*). **he ~ed the meeting for three hours** er unterbrach die Konferenz für drei Stunden. **2.** (*US: end*) beenden.

II *vi* **1.** sich vertagen (*until* auf *+acc*). **to ~ for lunch/one hour** zur Mittagspause/für eine Stunde unterbrechen.

2. (*go to another place*) **to ~ to the sitting room** sich ins Wohnzimmer begeben.

adjournment [ə'dʒɜːnmənt] *n* (*to another day*) Vertagung *f* (*until* auf *+acc*); (*within a day*) Unterbrechung *f*.

adjudge [ə'dʒʌdʒ] *vt* **1.** (*Jur*) **the court ~d that ...** das Gericht entschied *or* befand, daß ...; **to ~ sb guilty/insane** jdn für schuldig/unzurechnungsfähig erklären *or* befinden.

2. (*award*) *prize* zuerkennen, zusprechen (*to sb* jdm). **he was ~d the winner** er wurde zum Sieger *or* Gewinner erklärt.

3. (*form: consider*) erachten für *or* als (*geh*).

adjudicate [ə'dʒuːdɪkeɪt] **I** *vt* **1.** (*judge*) *claim* entscheiden; *competition* Preisrichter(in) sein bei. **2.** (*Jur: declare*) **to ~ sb bankrupt** jdn für bankrott erklären. **II** *vi* entscheiden, urteilen (*on, in* bei); (*in dispute*) Schiedsrichter(in) sein (*on* bei, in *+dat*); (*in competition, dog-show*) als Preisrichter(in) fungieren.

adjudication [əˌdʒuːdɪ'keɪʃən] *n* Entscheidung, Beurteilung *f*; (*result also*) Urteil *nt*. **~ of bankruptcy** Bankrotterklärung *f*.

adjudicator [ə'dʒuːdɪkeɪtəʳ] *n* (*in competition etc*) Preisrichter(in *f*) *m*; (*in dispute*) Schiedsrichter(in *f*)*m*.

adjunct ['ædʒʌŋkt] *n* Anhängsel *nt*. **a dictionary is an indispensable ~ to language learning** ein Wörterbuch ist unerläßlich fürs Sprachenlernen.

adjure [ə'dʒʊəʳ] *vt* (*liter*) beschwören.

adjust [ə'dʒʌst] **I** *vt* **1.** (*set*) *machine, engine, carburettor, brakes, height, speed, flow* einstellen; *knob, lever* (richtig) stellen; (*alter*) *height, speed* verstellen; *length of clothes* ändern; (*correct, re-adjust*) nachstellen; *height, speed, flow* regulieren; *formula, plan, production, exchange rates, terms* (entsprechend) ändern; *salaries* angleichen (*to* an *+acc*); *hat, tie* zurechtrücken. **to ~ the lever upwards/downwards** den Hebel nach oben/unten stellen; **he ~ed the knobs on the TV set** er hat die Knöpfe am Fernsehapparat richtig gestellt; **do not ~ your set** ändern Sie nichts an der Einstellung Ihres Geräts; **to ~ sth to new requirements/conditions** etw neuen Erfordernissen/Umständen anpassen; **the terms have been ~ed slightly in your favour** die Bedingungen sind zu Ihren Gunsten leicht abgeändert worden; **we ~ed all salaries upwards/downwards** wir haben alle Gehälter nach oben/unten angeglichen.

2. to ~ oneself to sth (*to new country, circumstances*) sich einer Sache (*dat*) anpassen; (*to new requirements, demands*) sich auf etw (*acc*) einstellen.

3. (*settle*) *differences* beilegen, schlichten; (*Insur*) *claim* regulieren.

II *vi* **1.** (*to new country, circumstances*) sich anpassen (*to dat*); (*to new requirements, demands*) sich einstellen (*to* auf *+acc*). **2.** (*machine*) sich einstellen lassen.

adjustability [əˌdʒʌstə'bɪlɪtɪ] *n see adj* Verstellbarkeit *f*; Veränderlichkeit, Variabilität *f*; Regulierbarkeit *f*; Beweglichkeit, Flexibilität *f*; Anpassungsfähigkeit *f*.

adjustable [ə'dʒʌstəbl] *adj tool, height, angle* verstellbar; *shape* veränderlich, variabel; *height also, speed, temperature* regulierbar; *tax, deadline, rate of production/repayment* beweglich, flexibel; *person, animal, plant* anpassungsfähig. ~ **spanner** Engländer *m.*

adjuster [ə'dʒʌstəʳ] *n* (*Insur*) (Schadens)sachverständige(r) *mf.*

adjustment [ə'dʒʌstmənt] *n* **1.** (*setting*) (*of machine, engine, carburettor, brakes, height, speed, flow*) Einstellung *f*; (*of knob, lever*) (richtige) Stellung; (*alteration*) (*of height, speed*) Verstellung *f*; (*of length of clothes*) Änderung *f*; (*correction, re-adjustment*) Nachstellung *f*; (*of height, speed, flow*) Regulierung *f*; (*of formula, plan, production, exchange rate, terms*) (entsprechende) Änderung; (*of hat, tie*) Zurechtrücken *nt.* **to make ~s to the manuscript/one's plans** Änderungen am Manuskript vornehmen/seine Pläne ändern; **brakes require regular** ~ Bremsen müssen regelmäßig nachgestellt werden.

2. (*socially*) Anpassung *f.*

3. (*settlement*) Beilegung, Schlichtung *f*; (*Insur*) Regulierung *f.*

adjutant ['ædʒətənt] *n* **1.** (*Mil*) Adjutant *m.* ~ **general** Generaladjutant *m.* **2.** (*Orn: also* ~ **bird**) Indischer Marabu.

ad-lib [æd'lɪb] **I** *adv* aus dem Stegreif. **II** *n* Improvisation *f.* **III** *adj* improvisiert, Stegreif-. **IV** *vti* improvisieren.

adman ['ædmæn] *n* (*inf*) Werbefachmann *m.* **admen** Werbeleute *pl.*

admin ['ædmɪn] *abbr of* **administration. it involves a lot of** ~ damit ist viel Verwaltung verbunden.

administer [əd'mɪnɪstəʳ] **I** *vt* **1.** *institution, funds* verwalten; *business, affairs* führen; (*run*) *company, department* die Verwaltungsangelegenheiten regeln von.

2. (*dispense*) *relief, alms* gewähren; *law* ausführen, vollstrecken, vollziehen; *punishment* verhängen (*to* über *+acc*). **to ~ justice** Recht sprechen; **to ~ a severe blow to sb** (*fig*) jdm einen schweren Schlag versetzen.

3. (*cause to take*) (*to sb* jdm) *medicine, drugs* verabreichen; *sacraments* spenden; *last rites* geben. **to ~ an oath to sb** jdm einen Eid abnehmen.

II *vi* **1.** (*act as administrator*) die Verwaltungsangelegenheiten regeln. **2.** (*form*) **to ~ to the sick/sb's needs** sich der Kranken/sich jds annehmen (*geh*).

administrate [æd'mɪnɪstreɪt] *see* **administer I, II 1.**

administration [əd,mɪnɪs'treɪʃən] *n* **1.** *no pl* Verwaltung *f*; (*of an election, a project*) Organisation *f.* **to spend a lot of time on** ~ viel Zeit auf Verwaltungsangelegenheiten *or* -sachen verwenden.

2. (*government*) Regierung *f.* **the Kohl** ~ die Regierung Kohl.

3. *no pl* (*of remedy*) Verabreichung *f*; (*of sacrament*) Spenden *nt.* **the ~ of an oath** die Vereidigung; **the ~ of justice** die Rechtsprechung.

administrative [əd'mɪnɪstrətɪv] *adj* administrativ. ~ **body** Verwaltungsbehörde *f.*

administrator [əd'mɪnɪstreɪtəʳ] *n* Verwalter(in *f*) *m*; (*Jur*) Verwaltungsbeamte(r) *mf.*

admirable *adj*, **-bly** *adv* ['ædmərəbl, -ɪ] (*praiseworthy, laudable*) bewundernswert, erstaunlich; (*excellent*) vortrefflich, ausgezeichnet.

admiral ['ædmərəl] *n* Admiral *m.* **A~ of the Fleet** (*Brit*) Großadmiral *m*; *see* **red ~.**

Admiralty ['ædmərəltɪ] *n* (*Brit*) Admiralität *f*; (*department, building*) britisches Marineministerium. **First Lord of the ~** britischer Marineminister.

admiration [,ædmə'reɪʃən] *n* **1.** Bewunderung *f.* **2.** (*person, object*) **to be the ~ of all/of the world** von allen/von aller Welt bewundert werden.

admire [əd'maɪəʳ] *vt* bewundern.

admirer [əd'maɪərəʳ] *n* Bewund(e)rer(in *f*), Verehrer(in *f*) *m.*

admiring *adj*, **~ly** *adv* [əd'maɪərɪŋ, -lɪ] bewundernd.

admissibility [əd,mɪsə'bɪlɪtɪ] *n* Zulässigkeit *f.*

admissible [əd'mɪsəbl] *adj* zulässig.

admission [əd'mɪʃən] *n* **1.** (*entry*) Zutritt *m*; (*to club also, university*) Zulassung *f*; (*to hospital*) Einlieferung *f* (*to* in *+acc*); (*price*) Eintritt *m.* **no ~ to minors** Zutritt für Minderjährige verboten; **to gain ~ to a building** Zutritt zu einem Gebäude erhalten; **a visa is necessary for ~ to the country** für die Einreise ist ein Visum nötig.

2. (*Jur: of evidence*) Zulassung *f.*

3. (*confession*) Eingeständnis *nt.* **on** *or* **by his own ~** nach eigenem Eingeständnis; **that would be an ~ of failure** das hieße, sein Versagen eingestehen.

admit [əd'mɪt] *vt* **1.** (*let in*) hinein-/hereinlassen; (*permit to join*) zulassen (*to* zu), aufnehmen (*to* in *+acc*). **children not ~ted** kein Zutritt für Kinder; **he was not ~ted to the cinema/to college** er wurde nicht ins Kino hineingelassen/zur Universität zugelassen. **to be ~ted to hospital** ins Krankenhaus eingeliefert werden; **to be ~ted to the Bar** bei Gericht zugelassen werden; **this ticket ~s two** die Karte ist für zwei (Personen).

2. (*have space for: halls, harbours*) Platz bieten für.

3. (*acknowledge*) zugeben. **do you ~ stealing his hat?** geben Sie zu, seinen Hut gestohlen zu haben?; **it is generally ~ted that ...** es wird allgemein zugegeben, daß ...

◆**admit of** *vi +prep obj* (*form*) zulassen (*+acc*).

◆**admit to** *vi +prep obj* eingestehen.

admittance [əd'mɪtəns] *n* (*to building*) Zutritt (*to* zu), Einlaß (*to* in *+acc*) *m*; (*to club*) Zulassung (*to* zu), Aufnahme (*to* in *+acc*) *f.* **I gained ~ to the hall** mir wurde der Zutritt zum Saal gestattet; **I was denied ~** mir wurde der Zutritt verwehrt *or* verweigert; **no ~ except on business** Zutritt für Unbefugte verboten.

admittedly [əd'mɪtɪdlɪ] *adv* zugegebenermaßen.

admixture [əd'mɪkstʃə^r] *n* (*thing added*) Zusatz *m*, Beigabe *f*.

admonish [əd'mɒnɪʃ] *vt* ermahnen (*for* wegen).

admonishment [əd'mɒnɪʃmənt], **admonition** [ˌædməʊ'nɪʃən] *n* (*rebuke*) Ermahnung *f*.

admonitory [əd'mɒnɪtərɪ] *adj* (er)-mahnend.

ad nauseam [ˌæd'nɔːsɪæm] *adv* bis zum Überdruß.

ado [ə'duː] *n* Aufheben, Trara (*inf*) *nt*. **much ~ about nothing** viel Lärm um nichts; **without more** *or* **further ~** ohne weiteres.

adolescence [ˌædəʊ'lesns] *n* Jugend *f*; (*puberty*) Pubertät, Adoleszenz (*form*) *f*. **the problems of ~** Pubertätsprobleme *pl*.

adolescent [ˌædəʊ'lesnt] **I** *n* Jugendliche(r) *mf*. **he's still an ~** er ist noch im Heranwachsen/in der Pubertät.

II *adj* Jugend-; (*in puberty*) Pubertäts-, pubertär; (*immature*) unreif. **he is so ~** er steckt noch in der Pubertät.

Adonis [ə'dəʊnɪs] *n* (*Myth, fig*) Adonis *m*.

adopt [ə'dɒpt] *vt* **1.** *child* adoptieren, an Kindes Statt annehmen (*form*); *child in a different country, family, city also* die Patenschaft übernehmen für. **the orphan was ~ed into the family** der/die Waise wurde in die Familie aufgenommen; **your cat has ~ed me** (*inf*) deine Katze hat sich mir angeschlossen.

2. *idea, suggestion, attitude, method* übernehmen; *mannerisms* annehmen; *career* einschlagen, sich (*dat*) wählen.

3. (*Pol*) *motion* annehmen; *candidate* nehmen.

adopted [ə'dɒptɪd] *adj son, daughter* Adoptiv-, adoptiert; *country* Wahl-.

adoption [ə'dɒpʃən] *n* **1.** (*of child*) Adoption *f*, Annahme *f* an Kindes Statt (*form*); (*of city, of child in other country*) Übernahme *f* der Patenschaft; (*into the family*) Aufnahme *f*. **parents/ Japanese by ~** Adoptiveltern *pl*/ Japaner(in *f*) *m* durch Adoption.

2. (*of method, idea*) Übernahme *f*; (*of mannerisms*) Annahme *f*; (*of career*) Wahl *f*. **his country of ~** die Heimat seiner Wahl; **this custom is Japanese only by ~** dieser Brauch ist von den Japanern nur übernommen worden.

3. (*of motion, law, candidate*) Annahme *f*.

adoptive [ə'dɒptɪv] *adj parent, child* Adoptiv-. **~ country** Wahlheimat *f*.

adorable [ə'dɔːrəbl] *adj* bezaubernd, hinreißend.

adorably [ə'dɔːrəblɪ] *adv* bezaubernd, hinreißend.

adoration [ˌædə'reɪʃən] *n see vt* **1.** Anbetung *f*. **2.** grenzenlose Liebe (*of* für). **3.** Liebe *f* (*of* für).

adore [ə'dɔː^r] *vt* **1.** *God* anbeten. **2.** (*love very much*) *family, wife* über alles lieben. **3.** (*inf: like very much*) *French, whisky* (über alles) lieben; *Mozart also* schwärmen für.

adoring [ə'dɔːrɪŋ] *adj* bewundernd.

adoringly [ə'dɔːrɪŋlɪ] *adv* bewundernd, voller Verehrung.

adorn [ə'dɔːn] *vt* schmücken, zieren (*geh*); *oneself* schmücken.

adornment [ə'dɔːnmənt] *n* Schmuck *m no pl*; (*act*) Schmücken *nt*; (*on dress, cake, design*) Verzierung *f* (*also act*); (*on manuscript*) Ornament *nt*; (*in prose style*) Ausschmückung *f*.

adrenal [ə'driːnl] *adj* Adrenal-, Nebennieren-. **~ glands** Nebennieren *pl*.

adrenalin(e) [ə'drenəlɪn] *n* **1.** (*Med*) Adrenalin *nt*.

2. (*phrases*) **I could feel the ~ rising** ich fühlte, wie mein Blutdruck stieg; **working under pressure gets the ~ going** Arbeiten unter Druck weckt ungeahnte Kräfte.

Adriatic (Sea) [ˌeɪdrɪ'ætɪk('siː)] *n* Adria *f*, Adriatisches Meer.

adrift [ə'drɪft] *adv, adj pred* **1.** (*Naut*) treibend. **to be ~** treiben; **to set** *or* **cut a boat ~** ein Boot losmachen.

2. (*fig*) **to come ~** (*wire, hair*) sich lösen; (*plans*) fehlschlagen; (*theory*) zusammenbrechen. **he wandered through the city, lost and ~** (ziellos und) verloren irrte er in der Stadt umher; **you're all ~** (*inf*) da liegst du völlig verkehrt *or* falsch.

adroit [ə'drɔɪt] *adj lawyer, reply, reasoning* gewandt, geschickt; *mind* scharf. **to be ~ at sth** gewandt *or* geschickt in etw (*dat*) sein.

adroitly [ə'drɔɪtlɪ] *adv* gewandt, geschickt.

adroitness [ə'drɔɪtnɪs] *n see adj* Gewandtheit, Geschicklichkeit *f*; Schärfe *f*.

adsorb [æd'sɔːb] *vt* adsorbieren.

adsorption [æd'sɔːpʃən] *n* Adsorption *f*.

adulation [ˌædjʊ'leɪʃən] *n* Verherrlichung *f*.

adult ['ædʌlt, (*US*) ə'dʌlt] **I** *n* Erwachsene(r) *mf*. **~s only** nur für Erwachsene. **II** *adj* **1.** *person* erwachsen; *animal* ausgewachsen. **2.** (*for adults*) *book, film* für Erwachsene; (*mature*) *decision* reif. **~ education** Erwachsenenbildung *f*.

adulterate [ə'dʌltəreɪt] *vt* **1.** *wine, whisky* panschen; *food* abwandeln. **2.** (*fig*) *text, original version* verfälschen, Gewalt an tun (*+dat*). **an ~d version of the original** eine verhunzte Fassung des Originals (*inf*).

adulteration [əˌdʌltə'reɪʃən] *n* **1.** (*of wine*) Panschen *nt*; (*of food*) Abwandlung *f*. **2.** (*fig*) Vergewaltigung, Verhunzung (*inf*) *f*.

adulterer [ə'dʌltərə^r] *n* Ehebrecher *m*.

adulteress [ə'dʌltərɪs] *n* Ehebrecherin *f*.

adulterous [ə'dʌltərəs] *adj* ehebrecherisch.

adultery [ə'dʌltərɪ] *n* Ehebruch *m*. **to commit ~** Ehebruch begehen.

adulthood ['ædʌlthʊd, (*US*) ə'dʌlthʊd] *n* Erwachsenenalter *nt*. **to reach ~** erwachsen werden.

advance [əd'vɑːns] **I** *n* **1.** (*progress*) Fortschritt *m*.

2. (*movement forward*) (*of old age*) Voranschreiten *nt*; (*of science*) Weiterentwicklung *f*; (*of sea, ideas*) Vordringen *nt*. **with the ~ of old age** mit fortschreitendem Alter.

3. (*Mil*) Vormarsch *m*, Vorrücken *nt*.

4. (*money*) Vorschuß *m* (*on* auf +*acc*).

5. (*amorous, fig*) **~s** *pl* Annäherungsversuche *pl*.

6. in ~ im voraus; (*temporal also*) vorher; **to send sb on in ~** jdn vorausschikken; **£10 in ~** £ 10 als Vorschuß; **thanking you in ~** mit bestem Dank im voraus; **to be (well) in ~ of sb/one's time** jdm/seiner Zeit (weit) voraussein.

II *vt* **1.** (*move forward*) *date, time* vorverlegen.

2. (*Mil*) *troops* vorrücken lassen.

3. (*further*) *work, project* voran- *or* weiterbringen, förderlich sein für; *cause, interests* fördern; *knowledge* vergrößern; (*accelerate*) *growth* vorantreiben; (*promote*) *employee* befördern.

4. (*put forward*) *reason, opinion, plan* vorbringen.

5. (*pay beforehand*) (*sb* jdm) (als) Vorschuß geben, vorschießen (*inf*); (*lend*) als Kredit geben.

6. (*raise*) *prices* anheben.

III *vi* **1.** (*Mil*) vorrücken.

2. (*move forward*) vorankommen. **to ~ towards sb/sth** auf jdn/etw zugehen/-kommen; **to ~ upon sb** drohend auf jdn zukommen; **old age is advancing on all of us** wir alle nähern uns dem Alter.

3. (*fig: progress*) Fortschritte machen. **we've ~d a long way since those days** wir sind seither ein gutes Stück voran- *or* weitergekommen; **the work is advancing well** die Arbeit macht gute Fortschritte *pl*; **as mankind ~s in knowledge** während die Menschheit an Wissen gewinnt.

4. (*prices*) anziehen; (*costs*) hochgehen, ansteigen.

advance booking *n* Reservierung *f*; (*Theat*) Vorverkauf *m*; **have you an ~, sir?** (*Theat*) haben Sie (die Karten) vorbestellt?; (*in hotel*) haben Sie reservieren lassen?; **advance booking office** *n* (*Theat*) Vorverkauf(sstelle *f*) *m*; **advance copy** *n* Vorausexemplar *nt*, Vorabdruck *m*.

advanced [əd'vɑːnst] *adj student, level, age* fortgeschritten; *studies, mathematics* höher; *technology also, ideas* fortschrittlich; *version, model* anspruchsvoll, weiterentwickelt; *level of civilization* hoch; *position, observation post* vorgeschoben. **~ work** anspruchsvolle Arbeit; **~ in years** in fortgeschrittenem Alter; **the summer was well ~** der Sommer war schon weit vorangeschritten; *see* **A level.**

advance guard *n* Vorhut *f*; **advance man** *n* (*US Pol*) Wahlhelfer *m*.

advancement [əd'vɑːnsmənt] *n* **1.** (*furtherance*) Förderung *f*. **2.** (*promotion in rank*) Vorwärtskommen *nt*, Aufstieg *m*.

advance notice *n* frühzeitiger Bescheid; (*of sth bad*) Vorwarnung *f*; **advance party** *n* (*Mil, fig*) Vorhut *f*; **advance payment** *n* Vorauszahlung *f*; **advance warning** *n see* **advance notice**.

advantage [əd'vɑːntɪdʒ] *n* **1.** Vorteil *m*. **to have an ~ (over sb)** (jdm gegenüber) im Vorteil sein; **to have the ~ of sb** jdm überlegen sein; **he had the ~ of youth/greater experience** er hatte den Vorzug der Jugend/er war durch seine größere Erfahrung im Vorteil; **to get the ~ of sb (by doing sth)** sich (*dat*) (durch etw) jdm gegenüber einen Vorteil verschaffen; **to have the ~ of numbers** zahlenmäßig überlegen sein.

2. (*use, profit*) Vorteil *m*. **to take ~ of sb/sth** jdn ausnutzen/etw ausnutzen *or* sich (*dat*) zunutze machen; **to take ~ of sb** (*euph*) jdn mißbrauchen; **to turn sth to (good) ~** Nutzen aus etw ziehen; **he turned it to his own ~** er machte es sich (*dat*) zunutze; **of what ~ is that to us?** welchen Nutzen haben wir davon?; **to use sth to the best ~** das Beste aus etw machen; **the dress shows her off to ~** das Kleid ist vorteilhaft für sie.

3. (*Tennis*) Vorteil *m*.

advantageous [ˌædvən'teɪdʒəs] *adj* von Vorteil, vorteilhaft. **to be ~ to sb** für jdn von Vorteil sein.

advantageously [ˌædvən'teidʒəslɪ] *adv* vorteilhaft.

advent ['ædvənt] *n* **1.** (*of age, era*) Beginn, Anbruch *m*; (*of jet plane*) Aufkommen *nt*. **2.** (*Eccl*) **A~** Advent *m*. **~ calendar** Adventskalender *m*.

adventitious [ˌædven'tɪʃəs] *adj* (*form*) zufällig.

adventure [əd'ventʃə^r] **I** *n* **1.** Abenteuer, Erlebnis *nt*. **an ~ into the unknown** ein Vorstoß ins Unbekannte. **2.** *no pl* **love/spirit of ~** Abenteuerlust *f*. **II** *vi see* **venture. III** *attr story, film, holiday* Abenteuer-. **~ playground** Abenteuerspielplatz *m*.

adventurer [əd'ventʃərə^r] *n* Abenteurer *m*; (*pej also*) Windhund *m*.

adventuress [əd'ventʃərɪs] *n* (*pej*) Abenteurerin *f*.

adventurous [əd'ventʃərəs] *adj* **1.** *person* abenteuerlustig; *journey* abenteuerlich. **2.** (*bold*) gewagt.

adventurousness [əd'ventʃərəsnɪs] *n see adj* **1.** Abenteuerlust *f*; Abenteuerlichkeit *f*. **2.** Gewagte(s) *nt*.

adverb ['ædvɜːb] *n* Adverb, Umstandswort *nt*.

adverbial *adj*, **~ly** *adv* [əd'vɜːbɪ əl, -ɪ] adverbial.

adversary ['ædvəsərɪ] *n* Widersacher(in *f*) *m*; (*in contest*) Gegner(in *f*) *m*.

adverse ['ædvɜːs] *adj* ungünstig; *criticism, comment also, reaction* negativ, ablehnend; *wind, conditions also* widrig; *effect also* nachteilig.

adversely [əd'vɜːslɪ] *adv comment, criticize, react* negativ; *affect also* nachteilig.

adversity [əd'vɜːsɪtɪ] *n* **1.** *no pl* Not *f*. **a period of ~** eine Zeit der Not; **in ~** im Unglück, in der Not. **2.** (*misfortune*) Widrigkeit *f* (*geh*).

advert ['ædvɜːt] *n* (*Brit inf*) *abbr of* **advertisement** Anzeige, Annonce *f*, Inserat *nt*; (*on TV, radio*) Werbespot *m*.

advertise ['ædvətaɪz] **I** *vt* **1.** (*publicize*) Werbung *or* Reklame machen für, werben für. **as ~d on television** wie durch das Fernsehen bekannt.

2. (*in paper*) *flat, table* inserieren, annoncieren; *job, post also* ausschreiben. **to ~ sth in a shop window/on local radio** etw durch eine Schaufensteranzeige/im Regionalsender anbieten.

3. (*make conspicuous*) *fact* publik machen; *ignorance also* offen zeigen.

II *vi* **1.** (*Comm*) Werbung *or* Reklame machen, werben.

2. (*in paper*) inserieren, annoncieren (*for* für). **to ~ for sb/sth** jdn/etw (per Anzeige) suchen; **to ~ for sth on local radio/in a shop window** etw per Regionalsender/durch Anzeige im Schaufenster suchen.

advertisement [əd'vɜːtɪsmənt, (*US*) ædvə'taɪzmənt] *n* **1.** (*Comm*) Werbung, Reklame *f no pl*; (*in paper also*) Anzeige *f*. **the TV ~s** die Werbung *or* Reklame im Fernsehen; **he is not a good ~ for his school** er ist nicht gerade ein Aushängeschild für seine Schule.

2. (*announcement*) Anzeige *f*; (*in paper also*) Annonce *f*, Inserat *nt*. **to put an ~ in the paper (for sb/sth)** eine Anzeige (für jdn/etw) in die Zeitung setzen, (für jdn/etw) in der Zeitung inserieren; **~ column** Anzeigenspalte *f*.

advertiser ['ædvətaɪzəʳ] *n* (*in paper*) Inserent(in *f*) *m*.

advertising ['ædvətaɪzɪŋ] *n* Werbung, Reklame *f*. **he is in ~** er ist in der Werbung (tätig).

advertising *in cpds* Werbe-; **advertising agency** *n* Werbeagentur *f or*-büro *nt*; **advertising campaign** *n* Werbekampagne *f or* -feldzug *m*; **advertising rates** *npl* Anzeigenpreise *pl*; (*for TV, radio*) Preise *pl* für Werbespots; **advertising space** *n* Platz *m* für Anzeigen.

advice [əd'vaɪs] *n* **1.** *no pl* Rat *m no pl*. **a piece of** *or* **some ~** ein Rat(schlag) *m*; **let me give you a piece of** *or* **some ~** ich will Ihnen einen guten Rat geben; **you're a fine one to give ~** du hast gut raten, ausgerechnet du willst hier Ratschläge geben; **that's good ~** das ist ein guter Rat; **I didn't ask for your ~** ich habe dich nicht um (deinen) Rat gebeten *or* gefragt; **to take sb's ~** jds Rat (be)folgen; **take my ~** höre auf mich; **to seek (sb's) ~** (jdn) um Rat fragen; (*from doctor, lawyer etc*) Rat (bei jdm) einholen; **to take medical/legal ~** einen Arzt/Rechtsanwalt zu Rate ziehen; **my ~ to him would be ...** ich würde ihm raten ....

2. (*Comm: notification*) Mitteilung *f*, Avis *m or nt*. **~ note** Benachrichtigung *f*, Avis *m or nt*.

advisability [əd,vaɪzə'bɪlɪtɪ] *n* Ratsamkeit *f*.

advisable [əd'vaɪzəbl] *adj* ratsam, empfehlenswert.

advisably [əd'vaɪzəblɪ] *adv* zu Recht.

advise [əd'vaɪz] **I** *vt* **1.** (*give advice to*) *person* raten (+*dat*); (*professionally*) beraten. **to ~ discretion/caution** zur Diskretion/Vorsicht raten; **I wouldn't ~ it** ich würde es nicht raten *or* empfehlen; **I would ~ you to do it/not to do it** ich würde dir zuraten/abraten; **to ~ sb against sth/doing sth** jdm von etw abraten/jdm abraten, etw zu tun; **what would you ~ me to do?** was *or* wozu würden Sie mir raten?

2. (*Comm: inform*) verständigen, avisieren. **to ~ sb of sth** jdn von etw in Kenntnis setzen; **our agent keeps us ~d of developments** unser Vertreter unterrichtet uns ständig über neue Entwicklungen.

II *vi* **1.** raten; **his function is merely to ~** er hat nur beratende Funktion. **2.** (*US*) **to ~ with sb** sich mit jdm beraten.

advisedly [əd'vaɪzɪdlɪ] *adv* richtig. **and I use the word ~** ich verwende bewußt dieses Wort.

advisedness [əd'vaɪzɪdnɪs] *n* Klugheit, Ratsamkeit *f*.

advisement [əd'vaɪzmənt] *n* (*US*) **to keep sth under ~** etw im Auge behalten.

adviser [əd'vaɪzəʳ] *n* Ratgeber(in *f*) *m*; (*professional*) Berater(in *f*) *m*. **legal ~** Rechtsberater(in *f*) *m*.

advising bank [əd'vaɪzɪŋ,bæŋk] *n* (*Fin*) avisierende Bank.

advisory [əd'vaɪzərɪ] *adj* beratend. **to act in a purely ~ capacity** rein beratende Funktion haben.

advocacy ['ædvəkəsɪ] *n* Eintreten *nt* (*of* für), Fürsprache *f* (*of* für); (*of plan*) Befürwortung *f*.

advocate ['ædvəkɪt] **I** *n* **1.** (*upholder: of cause*) Verfechter(in *f*), Befürworter(in *f*) *m*. **2.** (*esp Scot: Jur*) (Rechts)anwalt *m*/-anwältin *f*.

II ['ædvəkeɪt] *vt* eintreten für; *plan* befürworten. **what course of action would you ~?** welche Maßnahmen würden Sie empfehlen?

advocator ['ædvəkeɪtəʳ] *n see* **advocate 1.**

advt *abbr of* **advertisement.**

adz(e) [ædz] *n* Dechsel *f*.

A & E *abbr of* **accident and emergency.**

Aegean [iː'dʒiːən] *adj* ägäisch; *islands* in der Ägäis. **the ~ (Sea)** die Ägäis, das Ägäische Meer.

aegis ['iːdʒɪs] *n* Ägide *f* (*geh*). **under the ~ of** unter der Ägide (*geh*) *or* Schirmherrschaft von.

Aeneas [ɪ'niːəs] *n* Äneas *m*.

Aeneid [ɪ'niːɪd] *n* Aneide *f*.

aeon ['iːən] *n* Äon *m* (*geh*), Ewigkeit *f*. **through ~s of time** äonenlang (*geh*).

aerate ['ɛəreɪt] *vt liquid* mit Kohlensäure anreichern; *blood* Sauerstoff zuführen (+*dat*); *soil* auflockern. **~d water** kohlensaures Wasser.

aerial ['ɛərɪəl] **I** *n* (*esp Brit*) Antenne *f*. **~ input** (*TV*) Antennenanschluß *m*. **II** *adj* Luft-.

aerial barrage *n* (*air to ground*) Bombardement *nt*; (*ground to air*) Flakfeuer *nt*; **aerial cableway** *n* Seilbahn *f*; **aerial camera** *n* Luftbildkamera *f*.

aerialist ['ɛərɪəlɪst] *n* (*US*) (*on trapeze*) Trapezkünstler(in *f*) *m*; (*on highwire*) Seiltänzer(in *f*) *m*.

aerial ladder *n* Drehleiter *f*; **aerial map** *n* Luftbildkarte *f*; **aerial navigation** *n* Luftfahrt *f*; **aerial photograph** *n* Luftbild *nt*, Luftauf nahme *f*; **aerial railway** *n* Schwebebahn *f*; **aerial reconnais-**

sance *n* Luftaufklärung *f*; **aerial view** *n* Luftbild *nt*, Luftansicht *f*; **aerial warfare** *n* Luftkrieg *m*.

aero- ['ɛərəʊ] *pref* aero- (*form*), Luft-.

aerobatic ['ɛərəʊbætɪk] *adj display, skills* kunstfliegerisch, Kunstflug-.

aerobatics ['ɛərəʊ'bætɪks] *npl* Kunstfliegen *nt*, Aerobatik *f* (*form*).

aerobics [ɛər'əʊbɪks] *n sing* Aerobic *nt*.

aerodrome ['ɛərədrəʊm] *n* (*Brit*) Flugplatz *m*.

aerodynamic ['ɛərəʊdaɪ'næmɪk] *adj* aerodynamisch.

aerodynamics ['ɛərəʊdaɪ'næmɪks] *n* **1.** *sing* (*subject*) Aerodynamik *f*. **2.** *pl* (*of plane*) Aerodynamik *f*.

aero-engine ['ɛərəʊˌendʒɪn] *n* Flugzeugmotor *m*.

aerofoil ['ɛərəʊfɔɪl] *n* Tragflügel *m*; (*on racing cars*) Spoiler *m*.

aerogramme ['ɛərəʊgræm] *n* Aerogramm *nt*, Luftpost(leicht)brief *m*.

aeromodelling ['ɛərəʊ'mɒdlɪŋ] *n* Modellflugzeugbau *m*.

aeronaut ['ɛərənɔːt] *n* Aeronaut(in *f*).

aeronautic(al) [ˌɛərə'nɔːtɪk(əl)] *adj* aeronautisch, Luftfahrt-. ~ **engineering** Flugzeugbau *m*.

aeronautics [ˌɛərə'nɔːtɪks] *n sing* Luftfahrt, Aeronautik *f*.

aeroplane ['ɛərəpleɪn] *n* (*Brit*) Flugzeug *nt*.

aerosol ['ɛərəsɒl] *n* (*can*) Spraydose *f*; (*mixture*) Aerosol *nt*. ~ **paint** Spray- *or* Sprühfarbe *f*; ~ **spray** Aerosolspray *nt*.

aerospace *in cpds* Raumfahrt-; **aerospace industry** *n* Raumfahrtindustrie *f*; **aerospace research** *n* Raumforschung *f*.

Aertex ® ['ɛərteks] *n Baumwolltrikotstoff mit Lochmuster*.

Aesop ['iːsɒp] *n* Äsop *m*. **~'s fables** die Äsopischen Fabeln.

aesthete, (*US*) **esthete** ['iːsθiːt] *n* Ästhet(in *f*) *m*.

aesthetic(al), (*US*) **esthetic(al)** [iːs'θetɪk(əl)] *adj* ästhetisch.

aesthetically, (*US*) **esthetically** [iːs'θetɪkəlɪ] *adv* in ästhetischer Hinsicht. ~ **pleasing** ästhetisch schön.

aestheticism, (*US*) **estheticism** [iːs'θetɪsɪzəm] *n* Ästhetizismus *m*.

aesthetics, (*US*) **esthetics** [iːs'θetɪks] *n sing* Ästhetik *f*.

aetiological, (*US*) **etiological** [ˌiːtɪə'lɒdʒɪkəl] *adj* (*Med, fig*) ätiologisch.

aetiology, (*US*) **etiology** [ˌiːtɪ'ɒlədʒɪ] *n* (*Med, fig*) Ätiologie *f*.

afar [ə'fɑːʳ] *adv* (*liter*) weit. **from ~** aus der Ferne, von weit her.

affability [ˌæfə'bɪlɪtɪ] *n* Umgänglichkeit, Freundlichkeit *f*.

affable *adj*, **-bly** *adv* ['æfəbl, -ɪ] umgänglich, freundlich.

affair [ə'fɛəʳ] *n* **1.** (*event, concern, matter, business*) Sache, Angelegenheit *f*. **a scandalous ~** ein Skandal *m*; **the Watergate/Profumo ~** die Watergate-/Profumo-Affäre; **in the present state of ~s** bei *or* in der gegenwärtigen Lage *or* Situation; **there's a fine state of ~s!** das sind ja schöne Zustände!; **your private ~s don't concern me** deine Privatangelegenheiten sind mir egal; **financial ~s have never interested me** Finanzfragen haben mich nie interessiert; **I never interfere with his business ~s** ich mische mich nie in seine geschäftlichen Angelegenheiten ein; **~s of state** Staatsangelegenheiten *pl*; **~s of the heart** Herzensangelegenheiten *pl*; **it's not your ~ what I do in the evenings** was ich abends tue, geht dich nichts an; **that's my/his ~!** das ist meine/seine Sache!; *see also* **current, foreign ~s.**

2. (*love ~*) Verhältnis *nt*. **to have an ~ with sb** ein Verhältnis mit jdm haben.

3. (*duel*) **~ of honour** Ehrenhandel *m*.

4. (*inf: object, thing*) Ding *nt*. **what's this funny aerial ~?** was soll dieses komische Antennendings? (*inf*).

affect[1] [ə'fekt] *vt* **1.** (*have effect on*) sich auswirken auf (+*acc*); *decision, sb's life also* beeinflussen; (*detrimentally*) *nerves, material also* angreifen; *health, person* schaden (+*dat*).

2. (*concern*) betreffen.

3. (*emotionally, move*) berühren, treffen. **he was obviously ~ed by the news** er war von der Nachricht offensichtlich sehr betroffen.

4. (*diseases: attack*) befallen.

affect[2] *vt* **1.** (*feign*) *indifference* vortäuschen, vorgeben. **2.** (*liter: like to use*) *clothes, colours* eine Vorliebe *or* Schwäche haben für; *accent* sich befleißigen (+*gen*) (*geh*).

affectation [ˌæfek'teɪʃən] *n* **1.** (*pretence*) Vortäuschung, Vorgabe *f*. **2.** (*artificiality*) Affektiertheit *f no pl*.

affected [ə'fektɪd] *adj person, clothes* affektiert; *behaviour, style, accent also* gekünstelt; *behaviour also* geziert.

affectedly [ə'fektɪdlɪ] *adv see adj*.

affecting [ə'fektɪŋ] *adj* rührend.

affection [ə'fekʃən] *n* **1.** (*fondness*) Zuneigung *f no pl* (*for, towards* zu). **I have** *or* **feel a great ~ for her** ich mag sie sehr gerne; **don't you even feel any ~ for her at all?** fühlst du denn gar nichts für sie?; **you could show a little more ~ towards me** du könntest mir gegenüber etwas mehr Gefühl zeigen; **everybody needs a little ~** jeder braucht ein bißchen Liebe; **he has a special place in her ~s** er nimmt einen besonderen Platz in ihrem Herzen ein; **display of ~** Ausdruck von Zärtlichkeit.

2. (*form: Med*) Erkrankung, Affektion (*spec*) *f*.

affectionate [ə'fekʃənɪt] *adj* liebevoll, zärtlich. **your ~ daughter** (*letter-ending*) Deine Dich liebende Tochter; **to feel ~ towards sb** jdm sehr zugetan sein, jdn sehr gern haben.

affectionately [ə'fekʃənɪtlɪ] *adv* liebevoll, zärtlich. **yours ~, Wendy** (*letter-ending*) in Liebe, Deine Wendy.

affective [ə'fektɪv] *adj* (*Psych*) affektiv.

affidavit [ˌæfɪ'deɪvɪt] *n* (*Jur*) eidesstattliche Erklärung; (*to guarantee support of immigrant*) Affidavit *nt*. **to swear an ~ (to the effect that)** eine eidesstattliche

Erklärung abgeben(, daß).

affiliate [ə'fɪlɪeɪt] **I** *vt* angliedern (*to dat*). **the two banks are ~d** die zwei Banken sind aneinander angeschlossen; **~d** angeschlossen, Schwester-. **II** *vi* sich angliedern (*with* an *+acc*). **III** *n* Schwestergesellschaft *f*; (*union*) angegliederte Gewerkschaft.

affiliation [əˌfɪlɪ'eɪʃən] *n* **1.** Angliederung *f* (*to, with* an *+acc*); (*state*) Verbund *m*. **what are his political ~s?** was ist seine politische Zugehörigkeit? **2.** (*Brit Jur*) **~ order** Verurteilung *f* zur Leistung des Regelunterhalts; **~ proceedings** gerichtliche Feststellung der Vaterschaft, Vaterschaftsklage *f*.

affinity [ə'fɪnɪtɪ] *n* **1.** (*liking*) Neigung *f* (*for, to* zu); (*for person*) Verbundenheit *f* (*for, to* mit). **2.** (*resemblance, connection*) Verwandtschaft, Affinität (*form*) *f*. **3.** (*Chem*) Affinität *f*.

affirm [ə'fɜːm] **I** *vt* **1.** versichern; (*very forcefully*) beteuern. **he ~ed his innocence** er beteuerte seine Unschuld. **2.** (*ratify*) bestätigen. **II** *vi* (*Jur*) eidesstattlich *or* an Eidesstatt versichern *or* erklären.

affirmation [ˌæfə'meɪʃən] *n* **1.** *see vt* (*a*) Versicherung *f*; Beteuerung *f*. **2.** (*Jur*) eidesstattliche Versicherung *or* Erklärung.

affirmative [ə'fɜːmətɪv] **I** *n* (*Gram*) Bejahung *f*; (*sentence*) bejahender *or* positiver Satz. **to answer in the ~** bejahend *or* mit „ja" antworten.

II *adj* bejahend, positiv; (*Gram*) affirmativ (*form*), bejahend. **the answer is ~** die Antwort ist bejahend *or* „ja".

III *interj* richtig.

affirmatively [ə'fɜːmətɪvlɪ] *adv* bejahend, positiv.

affix¹ [ə'fɪks] *vt* anbringen (*to* auf *+dat*); *seal* setzen (*to* auf *+acc*); *signature* setzen (*to* unter *+acc*).

affix² ['æfɪks] *n* (*Gram*) Affix *nt*.

afflict [ə'flɪkt] *vt* plagen, zusetzen (*+dat*); (*emotionally, mentally also*) belasten; (*troubles, inflation, injuries*) heimsuchen. **to be ~ed by a disease** an einer Krankheit leiden; **~ed with gout** von (der) Gicht geplagt; **to be ~ed by doubts** von Zweifeln gequält werden; **the ~ed** die Leidenden *pl*.

affliction [ə'flɪkʃən] *n* **1.** (*distress*) Not, Bedrängnis *f*; (*pain*) Leiden, Schmerzen *pl*.

2. (*cause of suffering*) (*blindness*) Gebrechen *nt*; (*illness*) Beschwerde *f*; (*worry*) Sorge *f*. **the ~s of old age** Altersbeschwerden *pl*.

affluence ['æflʊəns] *n* Reichtum, Wohlstand *m*. **to live in ~** im Wohlstand leben; **to rise to ~** zu großem Wohlstand kommen.

affluent¹ ['æflʊənt] *adj* reich, wohlhabend. **the ~ society** die Wohlstandsgesellschaft.

affluent² *n* (*Geog spec*) Nebenfluß *m*.

afford [ə'fɔːd] *vt* **1.** sich (*dat*) leisten. **I can't ~ to buy both of them** ich kann es mir nicht leisten, beide zu kaufen; **he can't ~ to make a mistake** er kann es sich nicht leisten, einen Fehler zu machen; **I can't ~ the time (to do it)** ich habe einfach nicht die Zeit(, das zu tun); **an offer you can't ~ to miss** ein Angebot, das Sie sich (*dat*) nicht entgehen lassen können; **can you ~ to go? — I can't ~ not to!** können Sie gehen? — ich kann gar nicht anders!

2. (*liter: provide*) (*sb sth* jdm etw) gewähren, bieten; *shade also* spenden; *pleasure* bereiten.

afforest [æ'fɒrɪst] *vt* aufforsten.

afforestation [æˌfɒrɪs'teɪʃən] *n* Aufforstung *f*.

affray [ə'freɪ] *n* (*esp Jur*) Schlägerei *f*.

affront [ə'frʌnt] **I** *vt* beleidigen. **II** *n* Beleidigung *f* (*to sb* jds, *to sth* für etw), Affront *m* (*to* gegen). **such poverty is an ~ to our national pride** solche Armut verletzt unseren Nationalstolz.

Afghan ['æfgæn] **I** *n* **1.** Afghane *m*, Afghanin *f*. **2.** (*language*) Afghanisch *nt*. **3.** (*also* **~ hound**) Afghane *m*, afghanischer Windhund. **4. a~** (*coat*) Afghan *m*. **II** *adj* afghanisch.

Afghanistan [æf'gænɪstæn] *n* Afghanistan *nt*.

aficionado [əˌfɪʃjə'nɑːdəʊ] *n, pl* **-s** Liebhaber(in *f*) *m*.

afield [ə'fiːld] *adv* **countries further ~** weiter entfernte Länder; **too/very far ~** zu/sehr weit weg *or* entfernt; **to venture further ~** (*lit, fig*) sich etwas weiter (vor)wagen.

afire [ə'faɪəʳ] *adj pred, adv* in Brand. **to set sth ~** etw in Brand stecken, etw anzünden; (*fig*) etw entzünden.

aflame [ə'fleɪm] *adj pred, adv* in Flammen. **to set sth ~** etw in Brand stecken, etw anzünden; **to be ~** in Flammen stehen; **to be ~ with colour** in roter Glut leuchten; **~ with anger/passion** flammend *or* glühend vor Zorn/Leidenschaft.

AFL-CIO *abbr of* **American Federation of Labor and Congress of Industrial Organizations** *amerikanischer Gewerkschafts-Dachverband*.

afloat [ə'fləʊt] *adj pred, adv* **1.** (*Naut*) **to be ~** schwimmen; **to stay ~** sich über Wasser halten; (*thing*) schwimmen, nicht untergehen; **to set a ship ~** ein Schiff zu Wasser lassen; **at last we were ~ again** endlich waren wir wieder flott; **cargo ~** schwimmende Ladung; **the largest navy ~** die größte Flotte auf See; **to serve ~** auf See dienen.

2. (*awash*) überschwemmt, unter Wasser. **to be ~** unter Wasser stehen, überschwemmt sein.

3. (*fig*) **to get a business ~** ein Geschäft auf die Beine stellen; **those who stayed ~ during the slump** die, die sich auch während der Krise über Wasser gehalten haben.

4. (*fig: rumour*) **there is a rumour ~ that ...** es geht das Gerücht um, daß ...

aflutter [ə'flʌtə] *adj pred, adv* aufgeregt. **her heart was/nerves were all ~** ihr Herz flatterte/sie war fürchterlich aufgeregt.

afoot [ə'fʊt] *adv* im Gange. **there is something ~** da ist etwas im Gange.

aforementioned [əˌfɔːˈmenʃənd], **aforesaid** [əˌfɔːˈsed] *adj attr* (*form*) obengenannt, obenerwähnt.

aforethought [əˈfɔːθɔːt] *adj see* **malice.**

afoul [əˈfaʊl] *adj pred, adv lines, ropes* verheddert, verwirrt. **to run ~ of the law** mit dem Gesetz in Konflikt geraten.

afraid [əˈfreɪd] *adj pred* **1.** (*frightened*) **to be ~ (of sb/sth)** (vor jdm/etw) Angst haben, sich (vor jdm/etw) fürchten; **don't be ~!** keine Angst!; **it's quite safe, there's nothing to be ~ of** es ist ganz sicher, Sie brauchen keine Angst zu haben; **I am ~ of hurting him** *or* **that I might hurt him** ich fürchte, ihm weh zu tun *or* ich könnte ihm weh tun; **to make sb ~** jdm Angst machen *or* einjagen, jdn ängstigen; **I am ~ to leave her alone** ich habe Angst davor, sie allein zu lassen; **I was ~ of waking the children** ich wollte die Kinder nicht wecken; **he's not ~ of hard work** er scheut schwere Arbeit nicht, er hat keine Angst vor schwerer Arbeit; **he's not ~ to say what he thinks** er scheut sich nicht, zu sagen, was er denkt; **that's what I was ~ of, I was ~ that would happen** das habe ich befürchtet; **I was ~ you'd ask that** ich habe diese Frage befürchtet.

2. (*expressing polite regret*) **I'm ~ I can't do it** leider kann ich es nicht machen; **there's nothing I can do, I'm ~** ich kann da leider gar nichts machen; **I'm ~ to say that ...** ich muß Ihnen leider sagen, daß ...; **I'm ~ you'll have to wait** Sie müssen leider warten; **are you going? — I'm ~ not/I'm ~ so** gehst du? — leider nicht/ja, leider; **can I go now? — no, I'm ~ you can't** kann ich jetzt gehen? — nein, tut mir leid, noch nicht.

afresh [əˈfreʃ] *adv* noch einmal von vorn *or* neuem.

Africa [ˈæfrɪkə] *n* Afrika *nt.*

African [ˈæfrɪkən] **I** *n* Afrikaner(in *f*) *m.* **II** *adj* afrikanisch. **~ violet** Usambaraveilchen *nt.*

Afrika(a)ner [ˌæfrɪˈkɑːnəʳ] *n* Afrika(a)nder(in *f*) *m.*

Afrikaans [ˌæfrɪˈkɑːns] *n* Afrikaans *nt.*

Afro [ˈæfrəʊ] **I** *pref* afro-. **II** *n* (*hairstyle*) Afro-Frisur *f*, Afro-Look *m.*

Afro-American I *adj* afro-amerikanisch; **II** *n* Afro-Amerikaner(in *f*) *m*; **Afro-Asian I** *adj* afro-asiatisch; **II** *n* Asiat(in *f*) *m* in Afrika.

aft [ɑːft] (*Naut*) **I** *adv sit* achtern; *go* nach achtern. **II** *adj* Achter-, achter.

after[1] [ˈɑːftəʳ] *adj attr* (*Naut*) Achter-.

after[2] **I** *prep* **1.** (*time*) nach (+*dat*). **~ dinner** nach dem Essen; **~ that** danach; **the day ~ tomorrow** übermorgen; **the week ~ next** die übernächste Woche; **it was ~ two o'clock** es war nach zwei; **ten ~ eight** (*US*) zehn nach acht.

2. (*order*) nach (+*dat*), hinter (+*dat*); (*in priorities*) nach (+*dat*). **the noun comes ~ the verb** das Substantiv steht nach *or* hinter dem Verb; **~ you** nach Ihnen; **I was ~ him** (*in queue etc*) ich war nach ihm dran.

3. (*place*) hinter (+*dat*). **he shut the door ~ him** er machte die Tür hinter ihm zu; **to shout ~ sb** hinter jdm herrufen *or* -schreien; **to shout sth ~ sb** jdm etw nachrufen.

4. (*as a result of*) nach (+*dat*). **~ what has happened** nach allem, was geschehen ist.

5. (*in spite of*) **to do sth ~ all** etw schließlich doch tun; **~ all our efforts!** und das, nachdem *or* wo (*inf*) wir uns soviel Mühe gegeben haben!; **~ all I've done for you!** und das nach allem, was ich für dich getan habe!; **~ all, he is your brother** er ist immerhin *or* schließlich dein Bruder.

6. (*succession*) nach (+*dat*). **it's just one complaint ~ the other** es kommen Beschwerden über Beschwerden *or* am laufenden Band Beschwerden; **one ~ the other** eine(r, s) nach der/dem anderen; **day ~ day** Tag für *or* um Tag; **we marched on mile ~ mile** wir marschierten Meile um *or* für Meile weiter.

7. (*manner: according to*) nach (+*dat*). **~ El Greco** in der Art von El Greco, nach El Greco; **she takes ~ her mother** sie schlägt ihrer Mutter nach; *see* **name.**

8. (*pursuit, inquiry*) **to be ~ sb/sth** hinter jdm/etw hersein; **she asked** *or* **inquired ~ you** sie hat sich nach dir erkundigt; **what are you ~?** was willst du?; (*looking for*) was suchst du?; **he's just ~ a free meal/a bit of excitement** er ist nur auf ein kostenloses Essen/ein bißchen Abwechslung aus; *see vbs.*

II *adv* (*time, order*) danach; (*place, pursuit*) hinterher. **for years/weeks ~** noch Jahre/Wochen *or* jahrelang/wochenlang danach; **the year/week ~** das Jahr/die Woche danach *or* darauf; **soon ~** kurz danach *or* darauf; **what comes ~?** was kommt danach *or* nachher?

III *conj* nachdem. **~ he had closed the door he began to speak** nachdem er die Tür geschlossen hatte, begann er zu sprechen; **what will you do ~ he's gone?** was machst du, wenn er weg ist?; **~ finishing it I will/I went ...** wenn ich das fertig habe, werde ich .../als ich das fertig hatte, ging ich ...

IV *adj* **in ~ years** in späteren Jahren.

V *n* **~s** *pl* (*Brit inf*) Nachtisch *m*; **what's for ~s?** was gibt's hinterher *or* als *or* zum Nachtisch?

afterbirth *n* Nachgeburt *f*; **afterburner** *n* Nachbrenner *m*; **after-care** *n* (*of convalescent*) Nachbehandlung *f*; (*of ex-prisoner*) Resozialisierungshilfe *f*; **afterdeck** *n* Achterdeck *nt*; **after-dinner** *adj speech, speaker* Tisch-; *walk, rest* Verdauungs-; **after-effect** *n* (*of illness, Psych*) Nachwirkung *f*; (*of events also*) Folge *f*; **afterglow** *n* (*of sun*) Abendrot, Abendleuchten *nt*; (*fig*) angenehme Erinnerung; **after-image** *n* (*Psych*) Nachempfindung *f*, Nachbild *nt*; **afterlife** *n* Leben *nt* nach dem Tode; **afterlunch** *adj* **to have an ~ nap** ein Mittagsschläfchen halten; **aftermath** *n* Nachwirkungen *pl*; **in the ~ of sth** nach etw; **the country was still suffering the ~ of**

war das Land litt immer noch an den Folgen *or* Auswirkungen des Krieges; **aftermost** *adj* (*Naut*) Achter-, Heck-.

afternoon ['ɑːftə'nuːn] **I** *n* Nachmittag *m*. **in the ~, ~s** (*esp US*) am Nachmittag, nachmittags; **at three o'clock in the ~** (um) drei Uhr nachmittags; **on Sunday ~** (am) Sonntag nachmittag; **on Sunday ~s** Sonntag *or* sonntags nachmittags, am Sonntagnachmittag; **on the ~ of December 2nd** am Nachmittag des 2. Dezember, am 2. Dezember nachmittags; **this/tomorrow/yesterday ~** heute/morgen/gestern nachmittag; **good ~!** Guten Tag!; **~!** Tag! (*inf*).

II *adj attr* Nachmittags-. **~ tea** Tee *m*.

after-pains *npl* Nachwehen *pl*; **after-sales service** *n* Kundendienst *m*; **after shave (lotion)** *n* After-shave, Rasierwasser *nt*; **aftershock** *n* (*of earthquake*) Nachbeben *nt*; **after-tax** *adj profits etc* nach Steuern, nach Steuerabzug; **afterthought** *n* nachträgliche *or* zusätzliche Idee; **he added as an ~** fügte er hinzu, schickte er nach; **I just mentioned that as an ~** das fiel mir noch dazu *or* nachträglich ein; **the window was added as an ~** das Fenster kam erst später dazu.

afterwards ['ɑːftəwədz] *adv* nachher; (*after that, after some event*) danach. **and ~ we could go to a disco** und anschließend *or* nachher *or* danach gehen wir in eine Disko; **can I have mine now? — no, ~** kann ich meins jetzt haben? — nein, nachher; **this was added ~** das kam nachträglich dazu.

afterworld ['ɑːftəˌwɜːld] *n* Jenseits *nt*.

again [ə'gen] *adv* **1.** wieder. **~ and ~, time and ~** immer wieder; **to do sth ~** etw noch (ein)mal tun; **not to do sth ~** etw nicht wieder tun; **never** *or* **not ever ~** nie wieder; **if that happens ~** wenn das noch einmal passiert; **all over ~** noch (ein)mal von vorn; **what's his name ~?** wie heißt er noch gleich?; **to begin ~** von neuem *or* noch einmal anfangen; **~!/not ~!** schon wieder!; **it's me ~** (*arriving*) da bin ich wieder; (*phoning*) ich bin's noch (ein)mal; (*my fault*) wieder mal ich; **not you ~!** du schon wieder!?; **he was soon well ~** er war bald wieder gesund; **and these are different ~** und diese sind wieder anders; **here we are ~!** da wären wir wieder!

2. (*in quantity*) **as much ~** doppelt soviel, noch (ein)mal soviel; **he's as old ~ as Mary** er ist doppelt so alt wie Mary.

3. (*on the other hand*) wiederum; (*besides, moreover*) außerdem. **but then ~, it may not be true** vielleicht ist es auch gar nicht wahr.

against [ə'genst] *prep* **1.** (*opposition, protest*) gegen (+*acc*). **he's ~ her going** er ist dagegen, daß sie geht; **everybody's ~ me!** alle sind gegen mich!; **to have something ~ sb/sth** etwas gegen jdn/etw haben; **~ my will, I decided ...** wider Willen habe ich beschlossen ...; **~ their wish** entgegen ihrem Wunsch; **to fight ~ sb** gegen *or* wider (*liter*) jdn kämpfen.

2. (*indicating impact, support, proximity*) an (+*acc*), gegen (+*acc*). **to hit one's head ~ the mantelpiece** mit dem Kopf gegen *or* an das Kaminsims stoßen; **push all the chairs right back ~ the wall** stellen Sie alle Stühle direkt an die Wand.

3. (*in the opposite direction to*) gegen (+*acc*).

4. (*in front of, in juxtaposition to*) gegen (+*acc*). **~ the light** gegen das Licht.

5. (*in preparation for*) *sb's arrival, departure, one's old age* für (+*acc*); *misfortune, bad weather* im Hinblick auf (+*acc*). **~ the possibility of a bad winter** für den Fall, daß es einen schlechten Winter gibt.

6. (*compared with*) **(as) ~** gegenüber (+*dat*); **she had three prizes (as) ~ his six** sie hatte drei Preise, er hingegen sechs; **the advantages of flying (as) ~ going by boat** die Vorteile von Flugreisen gegenüber Schiffsreisen; **~ the German mark** gegenüber der D-Mark.

7. (*Fin: in return for*) gegen. **the visa will be issued ~ payment of ...** das Visum wird gegen Zahlung von ... ausgestellt; **to draw money ~ security** gegen Sicherheit(sleistung) *or* Deckung Geld abheben.

agape [ə'geɪp] *adj pred person* mit (vor Staunen) offenem Mund.

agate ['ægət] *n* Achat *m*.

age [eɪdʒ] **I** *n* **1.** (*of person, star, building*) Alter *nt*. **what is her ~, what ~ is she?** wie alt ist sie?; **he is ten years of ~** er ist zehn Jahre alt; **trees of such great ~** Bäume von so hohem Alter; **~ doesn't matter** das Alter spielt keine Rolle; **at the ~ of 15** im Alter von 15 Jahren, mit 15 Jahren; **at your ~** in deinem Alter; **when I was your ~** als ich in deinem Alter war, als ich so alt war wie du; **when you're my ~** wenn du erst in mein Alter kommst, wenn du erst mal so alt bist wie ich; **I have a daughter your ~** ich habe eine Tochter in Ihrem Alter; **but he's twice your ~** aber er ist ja doppelt so alt wie du; **we're of an ~** wir sind gleichaltrig; **he is now of an ~ to understand these things** er ist jetzt alt genug, um das zu verstehen; **over ~** zu alt; **she doesn't look her ~** man sieht ihr ihr Alter nicht an, sie sieht jünger aus, als sie ist; **be** *or* **act your ~!** sei nicht kindisch!

2. (*length of life*) (*of star, neutron*) Lebensdauer *f*; (*of human, animal, object also*) Lebenserwartung *f*. **the ~ of a star can be millions of years** ein Stern kann viele Millionen Jahre existieren.

3. (*Jur*) **to be of ~** volljährig *or* mündig sein; **to come of ~** volljährig *or* mündig werden, die Volljährigkeit erlangen; **under ~** minderjährig, unmündig; **~ of consent** Ehemündigkeitsalter *nt*.

4. (*old ~*) Alter *nt*. **bent with ~** vom Alter gebeugt; **~ before beauty** (*hum*) Alter vor Schönheit.

5. (*period, epoch*) Zeit(alter *nt*) *f*. **the atomic ~** das Atomzeitalter; **the ~ of technology** das technologische Zeitalter; **in this ~ of inflation** in dieser inflationären Zeit; **the Stone ~** die Steinzeit; **the**

~ **of Socrates** das Zeitalter Sokrates; **down the ~s** durch alle Zeiten; **what will future ~s think of us?** was werden kommende Generationen von uns halten?

6. (*inf: long time*) **~s, an ~** eine Ewigkeit, Ewigkeiten *pl*, ewig (lang) (*all inf*); **I haven't seen him for ~s** *or* **for an ~** ich habe ihn eine Ewigkeit *or* Ewigkeiten *or* ewig (lang) nicht gesehen (*inf*); **it's been ~s since we met** wir haben uns ja eine Ewigkeit nicht mehr gesehen (*inf*); **to take ~s** eine Ewigkeit dauern (*inf*); (*person*) ewig brauchen (*inf*).

II *vi* alt werden, altern; (*wine, cheese*) reifen. **you have ~d** du bist alt geworden; **she seems to have ~d ten years** sie scheint um zehn Jahre gealtert zu sein.

III *vt* **1.** (*dress, hairstyle*) alt machen; (*worry*) alt werden lassen, altern lassen.

2. *wine, cheese* lagern, reifen lassen.

aged [eɪdʒd] **I** *adj* **1.** im Alter von, ... Jahre alt, -jährig. **a boy ~ ten** ein zehnjähriger Junge. **2.** ['eidʒɪd] *person* bejahrt, betagt; *animal, car, building* alt, betagt (*hum*). **II** ['eidʒɪd] *npl* **the ~** die alten Menschen, die Alten *pl*.

age difference *or* **gap** *n* Altersunterschied *m*; **age-group** *n* Altersgruppe *f*.

ag(e)ing ['eɪdʒɪŋ] **I** *adj person* alternd *attr*; *animal, thing* älter werdend *attr*. **II** *n* Altern *nt*.

ageless *adj* zeitlos; **she seems to be one of those ~ people** sie scheint zu den Menschen zu gehören, die nie alt werden; **age limit** *n* Altersgrenze *f*; **age-long** *adj* sehr lange, ewig (*inf*).

agency ['eɪdʒənsɪ] *n* **1.** (*Comm*) Agentur *f*; (*subsidiary of a company*) Geschäftsstelle *f*. **translation/tourist ~** Übersetzungs-/Reisebüro *nt*; **this garage is** *or* **has the Citroën ~** dies ist eine Citroën-Vertragswerkstätte.

2. (*instrumentality*) **through** *or* **by the ~ of friends** durch die Vermittlung von Freunden, durch Freunde.

agenda [ə'dʒendə] *n* Tagesordnung *f*. **a full ~** (*lit*) eine umfangreiche Tagesordnung; (*fig*) ein volles Programm; **on the ~** auf dem Programm.

agent ['eɪdʒənt] *n* **1.** (*Comm*) (*person*) Vertreter(in *f*) *m*; (*organization*) Vertretung *f*. **who is the ~ for this car in Scotland?** wer hat die schottische Vertretung für dieses Auto?

2. (*literary, press ~*) Agent(in *f*) *m*; (*Pol*) Wahlkampfleiter(in *f*) *m*. **business ~** Agent(in *f*) *m*.

3. (*secret ~, FBI etc*) Agent(in *f*) *m*. **~ extraordinary** Spezialagent(in *f*) *m*.

4. (*person having power to act*) **determinism states that we are not free ~s** der Determinismus behauptet, daß wir nicht frei entscheiden können; **you're a free ~, do what you want** du bist dein eigener Herr, tu was du willst.

5. (*means by which sth is achieved*) Mittel *nt*. **she became the unwitting ~ of his wicked plot** unwissentlich wurde sie zum Werkzeug für seinen niederträchtigen Plan.

6. (*Chem*) **cleansing ~** Reinigungsmittel *nt*; **special protective ~** Spezialschutzmittel *nt*.

agent provocateur ['æʒɑ̃ːŋprəˌvɒkə'tɜːʳ] *n*, *pl* **-s -s** Agent provocateur, Lockspitzel *m*.

age-old *adj* uralt; **age range** *n* Altersgruppe *f*.

agglomerate [ə'glɒməreɪt] **I** *vti* agglomerieren. **II** [ə'glɒmərət] *adj* agglomeriert. **III** [ə'glɒmərət] *n* Agglomerat *nt*.

agglomeration [əˌglɒmə'reɪʃən] *n* Anhäufung *f*, Konglomerat *nt*; (*Sci*) Agglomeration *f*.

agglutinate [ə'gluːtɪneɪt] **I** *vi* agglutinieren (*also Ling*), verklumpen, verkleben. **II** [ə'gluːtɪnət] *adj* agglutiniert (*also Ling*), verklumpt, verklebt.

agglutination [əˌgluːtɪ'neɪʃən] *n* Agglutination (*also Ling*), Verklumpung, Verklebung *f*.

aggrandize [ə'grændaɪz] *vt one's power, empire* vergrößern, erweitern; *person, one's family* befördern. **to ~ oneself** sich befördern; (*be self-important*) sich wichtig machen.

aggrandizement [ə'grændɪzmənt] *n see vt* Vergrößerung, Erweiterung *f*; Beförderung *f*.

aggravate ['ægrəveɪt] *vt* **1.** verschlimmern. **2.** (*annoy*) aufregen; (*deliberately*) reizen. **don't get ~d** regen Sie sich nicht auf.

aggravating ['ægrəveɪtɪŋ] *adj* ärgerlich, enervierend (*geh*); *noise, child* lästig, enervierend (*geh*).

aggravation [ˌægrə'veɪʃən] *n* **1.** (*worsening*) Verschlimmerung *f*. **2.** (*annoyance*) Ärger *m*.

aggregate ['ægrɪgɪt] **I** *n* **1.** Gesamtmenge, Summe, Gesamtheit *f*. **considered in the ~** insgesamt betrachtet.

2. (*Build*) Zuschlagstoffe *pl*; (*Geol*) Gemenge *nt*.

II *adj* gesamt, Gesamt-. **~ value** Gesamtwert *m*.

III ['ægrɪgeɪt] *vt* **1.** (*gather together*) anhäufen, ansammeln.

2. (*amount to*) sich belaufen auf (+*acc*).

IV ['ægrɪgeɪt] *vi* sich anhäufen, sich ansammeln.

aggression [ə'greʃən] *n* **1.** (*attack*) Aggression *f*, Angriff *m*. **an act of ~** ein Angriff *m*, eine aggressive Handlung. **2.** *no pl* Aggression *f*; (*aggressiveness*) Aggressivität *f*. **to get rid of one's ~s** seine Aggressionen loswerden.

aggressive [ə'gresɪv] *adj* **1.** aggressiv; (*physically also*) angriffslustig; (*Sport*) *play also* hart; *lover* draufgängerisch, ungestüm. **2.** *salesman, businessman* dynamisch, aufdringlich (*pej*).

aggressively [ə'gresɪvlɪ] *adv see adj*.

aggressiveness [ə'gresɪvnɪs] *n see adj* **1.** Aggressivität *f*; Härte *f*; Draufgängertum, Ungestüm *nt*. **2.** Dynamik, Aufdringlichkeit (*pej*) *f*.

aggressor [ə'gresəʳ] *n* Angreifer(in *f*), Aggressor(in *f*) *m*.

aggrieved [ə'griːvd] *adj* betrübt (*at, by* über +*acc*); (*offended*) verletzt (*at, by* durch); *voice, look also* gekränkt. **the ~ (party)** (*Jur*) der Beschwerte, die beschwerte Partei.

aggro ['ægrəʊ] *n* (*Brit inf*) **1.** (*aggression, bother*) Aggressionen *pl*. **don't give me any ~** mach keinen Ärger (*inf*) *or* Stunk (*inf*); **she didn't want all the ~ of moving house** sie wollte das ganze Theater mit dem Umziehen vermeiden.

2. (*fight*) Schlägerei *f*. **football fans looking for ~** Fußballfans, die auf Schlägereien aus sind.

aghast [ə'gɑːst] *adj pred* entgeistert (*at* über +*acc*).

agile ['ædʒaɪl] *adj person, thinker* beweglich, wendig; *person also* agil; *body also, movements* gelenkig, geschmeidig; *animal* flink, behende. **he has an ~ mind** er ist geistig sehr wendig *or* beweglich *or* flexibel.

agilely ['ædʒaɪllɪ] *adv move, jump* geschickt, behende; *argue* geschickt, gewandt; *think* flink, beweglich.

agility [ə'dʒɪlɪtɪ] *n see adj* Beweglichkeit, Wendigkeit *f*; Agilität *f*; Gelenkigkeit, Geschmeidigkeit *f*; Flinkheit, Behendigkeit *f*.

aging *adj, n see* **ag(e)ing.**

agitate ['ædʒɪteɪt] **I** *vt* **1.** (*lit*) *liquid* aufrühren; *surface of water* aufwühlen; *washing* hin- und herbewegen. **2.** (*fig: excite, upset*) aufregen, aus der Fassung bringen. **II** *vi* agitieren. **to ~ for sth** sich für etw stark machen.

agitated *adj*, **~ly** *adv* ['ædʒɪteɪtɪd, -lɪ] aufgeregt, erregt.

agitation [ˌædʒɪ'teɪʃən] *n* **1.** *see vt 1.* Aufrühren *nt*; Aufwühlen *nt*; Hin- und Herbewegung *f*. **2.** (*anxiety, worry*) Erregung *f*, Aufruhr *m*; (*on stock market*) Bewegung *f*. **3.** (*incitement*) Agitation *f*.

agitator ['ædʒɪteɪtə^r] *n* **1.** (*person*) Agitator(in *f*) *m*. **2.** (*device*) Rührwerk *nt*, Rührapparat *m*.

agleam [ə'gliːm] *adj pred* erleuchtet.

aglitter [ə'glɪtə^r] *adj pred* **to be ~** funkeln, glitzern.

aglow [ə'gləʊ] *adj pred* **to be ~** (*sky, fire, face*) glühen; **the sun set the mountains/sky ~** die Sonne ließ die Berge/den Himmel erglühen; **to be ~ with happiness/health** vor Glück strahlen/vor Gesundheit strotzen.

AGM *abbr of* **Annual General Meeting** JHV *f*.

agnostic [æg'nɒstɪk] **I** *adj* agnostisch. **II** *n* Agnostiker(in *f*) *m*.

agnosticism [æg'nɒstɪsɪzəm] *n* Agnostizismus *m*.

ago [ə'gəʊ] *adv* vor. **years/a week/a little while ~** vor Jahren/einer Woche/kurzem; **that was years/a week ~** das ist schon Jahre/eine Woche her; **he was here less than a minute ~** er war noch vor einer Minute hier; **how long ~ did it happen?** wie lange ist das her?; **he left 10 minutes ~** er ist vor 10 Minuten gegangen; **long, long ~** vor langer, langer Zeit; **how long ~?** wie lange ist das her?; **that was long ~** das ist schon lange her; **as long ~ as 1950** schon 1950.

agog [ə'gɒg] *adj pred* gespannt. **the children sat there ~ with excitement** die Kinder sperrten Augen und Ohren auf; **the whole village was ~ (with curiosity)** das ganze Dorf platzte fast vor Neugierde; **~ for news** wild nach Neuigkeiten; **we're all ~ to hear your news** wir warten gespannt auf deine Nachrichten.

agonize ['ægənaɪz] *vi* sich (*dat*) den Kopf zermartern (*over* über +*acc*). **after weeks of agonizing he finally made a decision** nach wochenlangem Ringen traf er endlich eine Entscheidung.

agonized ['ægənaɪzd] *adj* gequält.

agonizing ['ægənaɪzɪŋ] *adj* qualvoll, quälend; *cry, experience* qualvoll.

agonizingly ['ægənaɪzɪŋlɪ] *adv* qualvoll. **~ slow** aufreizend langsam.

agony ['ægənɪ] *n* **1.** Qual *f*; (*mental also*) Leid *nt*. **that's ~** das ist eine Qual; **it's ~ doing that** es ist eine Qual, das zu tun; **to be in ~** Schmerzen *or* Qualen leiden; **in an ~ of indecision/suspense** in qualvoller Unentschlossenheit/Ungewißheit.

2. (*death ~*) Todeskampf *m*, Agonie *f*; (*of Christ*) Todesangst *f*. **put him out of his ~** (*lit*) mach seiner Qual ein Ende; (*fig*) nun spann ihn doch nicht länger auf die Folter.

agony (*Brit inf*): **agony aunt** *n* Briefkastentante *f* (*inf*); **agony column** *n* Kummerkasten *m*; **agony columnist** *n* Briefkastenonkel *m*/-tante *f* (*inf*).

agoraphobia [ˌægərə'fəʊbjə] *n* Platzangst, Agoraphobie (*spec*) *f*.

agrarian [ə'grɛərɪən] *adj* Agrar-.

agree [ə'griː] *pret, ptp* **~d I** *vt* **1.** *price, date* vereinbaren, abmachen.

2. (*consent*) **to ~ to do sth** sich einverstanden *or* bereit erklären, etw zu tun.

3. (*admit*) zugeben. **I ~ (that) I was wrong** ich gebe zu, daß ich mich geirrt habe.

4. (*come to or be in agreement about*) zustimmen (+*dat*). **we all ~ that ...** wir sind alle der Meinung, daß ...; **it was ~d that ...** man kam überein, daß ..., man einigte sich darauf *or* es wurde beschlossen, daß ...; **we ~d to do it** wir haben beschlossen, das zu tun; **to ~ to differ** sich (*dat*) verschiedene Meinungen zugestehen; *see also* **agreed.**

II *vi* **1.** (*hold same opinion*) (*two or more people*) sich einig sein, übereinstimmen, einer Meinung sein; (*one person*) der gleichen Meinung sein. **to ~ with sb** jdm zustimmen; **I ~!** der Meinung bin ich auch; **I couldn't ~ more/less** ich bin völlig/überhaupt nicht dieser Meinung, ich stimme dem völlig/überhaupt nicht zu.

2. to ~ with a theory/the figures (*accept*) eine Theorie/die Zahlen akzeptieren *or* für richtig halten.

3. (*come to an agreement*) sich einigen (*about* über +*acc*).

4. (*people: get on together*) sich vertragen, miteinander auskommen.

5. (*statements, figures: tally*) übereinstimmen.

6. to ~ with sth (*approve of*) etw befürworten, mit etw einverstanden sein; **I don't ~ with children drinking wine** ich bin dagegen, daß Kinder Wein trinken.

7. (*food, climate*) **sth ~s with sb** jdm

bekommt etw; **whisky doesn't ~ with me** ich vertrage Whisky nicht.

8. (*Gram*) übereinstimmen.

◆**agree on** *vi +prep obj solution* sich einigen auf (+*acc*), Einigkeit erzielen über (+*acc*); *price, policy also* vereinbaren. **a price/policy/solution has been ~d ~** man hat sich auf einen Preis/eine Linie/eine Lösung geeinigt.

◆**agree to** *vi +prep obj* zustimmen (+*dat*); *marriage also* einwilligen in (+*acc*), seine Einwilligung geben zu; *conditions, terms also* annehmen, akzeptieren; *increase, payment also* sich einverstanden erklären mit.

agreeable [ə'gri:əbl] *adj* **1.** (*pleasant*) angenehm; *decor, behaviour* nett. **2.** *Pred* (*willing to agree*) einverstanden. **are you ~ to that?** sind Sie damit einverstanden?

agreeably [ə'gri:əblı] *adv* angenehm; *decorated* nett.

agreed [ə'gri:d] *adj* **1.** *pred* (*in agreement*) einig. **to be ~ on sth/doing sth** sich über etw einig sein/sich darüber einig sein, etw zu tun.

2. (*arranged*) vereinbart; *price also* festgesetzt; *time also* verabredet, abgesprochen. **it's all ~** es ist alles abgesprochen; **~?** einverstanden?; **~!** (*regarding price*) abgemacht, in Ordnung; (*I agree*) stimmt, genau.

agreement [ə'gri:mənt] *n* **1.** (*understanding, arrangement*) Abmachung, Übereinkunft *f*; (*treaty, contract*) Abkommen *nt*, Vertrag *m*. **to break the terms of an ~** die Vertragsbestimmungen verletzen; **to enter into an ~ (with sb)** (mit jdm) einen Vertrag eingehen *or* (ab)schließen; **to reach an ~ (with sb)** (mit jdm) zu einer Einigung kommen, (mit jdm) Übereinstimmung erzielen; **there's a tacit ~ in the office that ...** im Büro besteht die stillschweigende Übereinkunft, daß ...

2. (*sharing of opinion*) Einigkeit *f*. **unanimous ~** Einmütigkeit *f*; **by mutual ~** in gegenseitigem Einverständnis *or* Einvernehmen; **to be in ~ with sb** mit jdm einer Meinung sein; **to be in ~ with/about sth** mit etw übereinstimmen/über etw (*acc*) einig sein.

3. (*consent*) Einwilligung, Zustimmung *f* (*to* zu).

4. (*between figures, accounts*) Übereinstimmung *f*.

5. (*Gram*) Übereinstimmung *f*.

agribusiness ['ægrıbıznıs] *n* die Landwirtschaft.

agricultural [,ægrı'kʌltʃərəl] *adj produce, expert, tool* landwirtschaftlich; *ministry, science* Landwirtschafts-. **~ worker** Landarbeiter(in *f*) *m*; **the ~ country in the north** das landwirtschaftliche Gebiet im Norden; **~ college** Landwirtschaftsschule *f*; **~ show** Landwirtschaftsausstellung *f*.

agricultur(al)ist [,ægrı'kʌltʃər(əl)ıst] *n* Landwirtschaftsexperte *m*/-expertin *f*; (*farmer*) Landwirt(in *f*) *m*.

agriculturally [,ægrı'kʌltʃərəlı] *adv* landwirtschaftlich.

agriculture ['ægrıkʌltʃə^r] *n* Landwirtschaft *f*. **Minister of A~** (*Brit*) Landwirtschaftsminister(in *f*) *m*.

agronomist [ə'grɒnəmıst] *n* Agronom(in *f*) *m*.

agronomy [ə'grɒnəmı] *n* Agronomie *f*.

aground [ə'graʊnd] **I** *adj pred ship* gestrandet, aufgelaufen, auf Grund gelaufen. **II** *adv* **to go** *or* **run ~** auflaufen, auf Grund laufen, stranden.

ague ['eıgju:] *n* Schüttelfrost *m no art*.

ah [ɑ:] *interj* ah; (*pain*) au, autsch; (*pity*) o, ach.

aha [ɑ:'hɑ:] *interj* aha.

ahead [ə'hed] *adv* **1. there's some thick cloud ~** vor uns *or* da vorne ist eine große Wolke; **he is ~ by about two minutes** er hat etwa zwei Minuten Vorsprung; **keep straight ~** immer geradeaus; **full speed ~** (*Naut, fig*) volle Kraft voraus; **we sent him on ~** wir schickten ihn voraus; **in the months ~** in den bevorstehenden Monaten; **I see problems ~** ich sehe Probleme auf mich/uns *etc* zukommen; **we've a busy time ~** vor uns liegt eine Menge Arbeit; **to plan ~** vorausplanen; *see vbs*.

2. ~ of sb/sth vor jdm/etw; **walk ~ of me** geh voran; **we arrived ten minutes ~ of time** wir kamen zehn Minuten vorher an; **to be/get ~ of schedule** schneller als geplant vorankommen; **to be ~ of one's time** (*fig*) seiner Zeit voraus sein.

ahem [ə'həm] *interj* hm.

ahoy [ə'hɔı] *interj* (*Naut*) ahoi. **ship ~!** Schiff ahoi!

AI *abbr of* **artificial intelligence** KI *f*.

aid [eıd] **I** *n* **1.** *no pl* (*help*) Hilfe *f*. **(foreign) ~** Entwicklungshilfe *f*; **~ agency** Hilfsorganisation *f*; **~ worker** humanitäre(r) Helfer(in *f*) *m*; **with the ~ of a screwdriver** mit Hilfe eines Schraubenziehers; **to come to sb's ~** jdm zu Hilfe kommen; **a sale in ~ of the blind** ein Verkauf zugunsten der Blinden; **what's all this in ~ of?** (*inf*) wozu soll das gut sein?

2. (*useful person, thing*) Hilfe *f* (*to* für); (*piece of equipment, audio-visual ~*) Hilfsmittel *nt*; (*hearing ~*) Hörgerät *nt*; (*teaching ~*) Lehrmittel *nt*.

3. (*esp US*) *see* **aide.**

II *vt* unterstützen, helfen (+*dat*). **to ~ one another** sich gegenseitig helfen *or* unterstützen; **to ~ sb's recovery** jds Heilung fördern; **to ~ and abet sb** (*Jur*) jdm Beihilfe leisten; (*after crime*) jdn begünstigen.

aide [eıd] *n* Helfer(in *f*) *m*; (*adviser*) Berater(in *f*).

aide-de-camp ['eıddəkɒŋ] *n, pl* **aides-de-camp 1.** (*Mil*) Adjutant *m*. **2.** *see* **aide.**

aide-memoire ['eıdmem'wɑ:] *n* Gedächtnisstütze *f*.

aiding and abetting ['eıdıŋəndə'betıŋ] *n* (*Jur*) Beihilfe *f*; (*after crime*) Begünstigung *f*.

AIDS, Aids [eıdz] *abbr of* **acquired immune deficiency syndrome** AIDS, Aids *nt*. **~ victim** Aids-Kranke(r) *mf*.

ail [eıl] **I** *vt* (*old*) plagen. **what's ~ing you?** (*inf*) was hast du?, was ist mit dir? **II** *vi* (*inf*) kränklich sein, kränkeln.

aileron ['eɪlərɒn] *n* (*Aviat*) Querruder *nt*.

ailing ['eɪlɪŋ] *adj* (*lit*) kränklich, kränkelnd; (*fig*) *industry, economy* krankend, krank.

ailment ['eɪlmənt] *n* Gebrechen, Leiden *nt*. **minor ~s** leichte Beschwerden *pl*; **inflation, a national ~** die Inflation, eine nationale Krankheit; **all his little ~s** all seine Wehwehchen.

aim [eɪm] **I** *n* **1.** Zielen *nt*. **to take ~** zielen (*at* auf +*acc*); **to miss one's ~** sein Ziel verfehlen; **his ~ was bad/good** er zielte schlecht/gut.

2. (*purpose*) Ziel *nt*, Absicht *f*. **with the ~ of doing sth** mit dem Ziel *or* der Absicht, etw zu tun; **what is your ~ in life?** was ist Ihr Lebensziel?; **to achieve one's ~** sein Ziel erreichen.

II *vt* **1.** (*direct*) *guided missile, camera* richten (*at* auf +*acc*); *stone* zielen mit (*at* auf +*acc*). **to teach sb how to ~ a gun** jdm zeigen, wie man zielt; **to ~ a pistol at sb/sth** eine Pistole auf jdn/etw richten, mit einer Pistole auf jdn/etw zielen, die Pistole auf jdn anlegen.

2. (*fig*) *remark, insult, criticism* richten (*at* gegen). **this book/programme is ~ed at the general public** dieses Buch/Programm wendet sich an die Öffentlichkeit; **to be ~ed at sth** (*cuts, measure, new law*) auf etw (*acc*) abgezielt sein; **I think that was ~ed at me** ich glaube, das war auf mich gemünzt *or* gegen mich gerichtet.

III *vi* **1.** (*with gun, punch etc*) zielen (*at, for* auf +*acc*).

2. (*try, strive for*) **to ~ high** sich (*dat*) hohe Ziele setzen *or* stecken; **to ~ at** *or* **for sth** etw anstreben, auf etw (*acc*) abzielen; **with this TV programme we're ~ing at a much wider audience** mit diesem Fernsehprogramm wollen wir einen größeren Teilnehmerkreis ansprechen; **we ~ to please** bei uns ist der Kunde König; **he always ~s for perfection** er strebt immer nach Perfektion.

3. (*inf: intend*) **to ~ to do sth** vorhaben, etw zu tun.

aimless *adj*, **~ly** *adv* ['eɪmlɪs, -lɪ] ziellos; *talk, act* planlos.

aimlessness ['eɪmlɪsnɪs] *n see adj* Ziellosigkeit *f*; Planlosigkeit *f*.

ain't [eɪnt] (*incorrect*) = **am not; is not; are not; has not; have not.**

air [ɛəʳ] **I** *n* **1.** Luft *f*. **a change of ~** eine Luftveränderung; **to go out for a breath of (fresh) ~** frische Luft schöpfen (gehen); **to take to the ~** sich in die Lüfte schwingen (*geh*); **by ~** per *or* mit dem Flugzeug; **to transport sth by ~** etw auf dem Luftweg transportieren; **to go by ~** (*person*) fliegen, mit dem Flugzeug reisen; (*goods*) per Flugzeug *or* auf dem Luftwege transportiert werden.

2. (*fig phrases*) **there's something in the ~** es liegt etwas in der Luft; **there's a rumour in the ~ that ...** es geht ein Gerücht um, daß ...; **it's still all up in the ~** (*inf*) es hängt noch alles in der Luft, es ist noch alles offen; **to give sb the ~** (*US inf*) jdn abblitzen *or* abfahren lassen (*inf*); **to clear the ~** die Atmosphäre reinigen; **he went up in the ~ when he heard that** (*inf*) (*in anger*) als er das hörte, ist er in die Luft *or* an die Decke gegangen; (*in excitement*) als er das hörte, hat er einen Luftsprung gemacht; **to be up in the ~ about sth** (*inf*) wegen etw aus dem Häuschen sein (*inf*); **to be walking** *or* **treading on ~** wie auf Wolken gehen; *see* **castle, thin.**

3. (*Rad, TV*) **to be on the ~** (*programme*) gesendet werden; (*station*) senden; **you're on the ~** Sie sind auf Sendung; **he's on the ~ every day** er ist jeden Tag im Radio zu hören; **we come on the ~ at 6 o'clock** unsere Sendezeit beginnt um 6 Uhr; **to go off the ~** (*broadcaster*) die Sendung beenden; (*station*) das Programm beenden.

4. (*demeanour, manner*) Auftreten *nt*; (*facial expression*) Miene *f*; (*of building, town*) Atmosphäre *f*. **there is a certain military ~ about him** er hat etwas Militärisches an sich; **there was** *or* **she had an ~ of mystery about her** sie hatte etwas Geheimnisvolles an sich; **it gives** *or* **lends her an ~ of affluence** das gibt ihr einen wohlhabenden Anstrich; **she has a certain ~ about her** sie hat so etwas an sich.

5. ~s *pl* Getue, Gehabe *nt*; **to put on ~s, to give oneself ~s** sich zieren, vornehm tun; **~s and graces** Allüren *pl*.

6. (*liter, Naut: breeze*) leichte Brise, Lüftchen *nt* (*liter*).

7. (*Mus*) Weise *f* (*old*); (*tune also*) Melodie *f*.

II *vt* **1.** *clothes, bed, room* (aus)lüften.

2. *anger, grievance* Luft machen (+*dat*); *opinion* darlegen.

III *vi* (*clothes*) (*after washing*) nachtrocknen; (*after storage*) (aus)lüften.

air *in cpds* Luft-; **air base** *n* Luftwaffenstützpunkt *m*; **air-bed** *n* Luftmatratze *f*; **airborne** *adj troops* Luftlande-; **to be ~** sich in der Luft befinden; **air brake** *n* (*on truck*) Druckluftbremse *f*; (*Aviat*) Brems- *or* Landeklappe *f*; **airbrick** *n* Entlüftungsziegel *m*; **air-bridge** *n* Luftbrücke *f*; **airbrush** *m* (*Art*) Spritzpistole, Airbrush *f*; **air bubble** *n* Luftblase *f*; **airbus** *n* Airbus *m*; **air cargo** *n* Luftfracht *f*; **Air Chief Marshal** *n* (*Brit*) General *m*; **Air Commodore** *n* (*Brit*) Brigadegeneral *m*; **air-conditioned** *adj* klimatisiert; **air-conditioning** *n* (*plant*) Klimaanlage *f*; (*process*) Klimatisierung *f*; **air-conditioning plant** *n* Klimaanlage *f*; **air-cooled** *adj engine* luftgekühlt; **air corridor** *n* Luftkorridor *m*; **air cover** *n* Luftunterstützung *f*; **aircraft** *n*, *pl* **aircraft** Flugzeug *nt*, Maschine *f*; **various types of ~** verschiedene Luftfahrzeuge *pl*; **aircraft carrier** *n* Flugzeugträger *m*; **aircraft(s)man** *n* Gefreite(r) *m*; **aircrew** *n* Flugpersonal *nt*; **air current** *n* Luftströmung *f*; **air-cushion** *n* Luftkissen *nt*; **air display** *n* Flugschau *f*; **airdrome** *n* (*US*) Flugplatz *m*; **airdrop I** *n* Fallschirmabwurf *m*; **II** *vt* mit Fallschirmen abwerfen; **air-dry** *vt* lufttrocknen; **air-duct** *n* Luftkanal *m*.

Airedale [ˈɛədeɪl] *n* Airedale-Terrier *m*.

airer [ˈɛərəʳ] *n* Trockenständer *m*.

air exclusion zone *n* Flugverbotszone *f*; **airfield** *n* Flugplatz *m*; **airflow** *n* Luftstrom *m*; (*in air-conditioning*) Luftzufuhr *f*; **airfoil** *n* (*US*) Tragflügel *m*; (*on racing cars*) Spoiler *m*; **air force** *n* Luftwaffe *f*; **Air Force One** *n* Air Force One *f*, *Dienstflugzeug des US-Präsidenten*; **air force pilot** *n* Luftwaffenpilot *m*; **airframe** *n* (*Aviat*) Flugwerk *nt*, Zelle *f*; **air-freight I** *n* Luftfracht *f*; (*charge*) Luftfrachtgebühr *f*; **to send sth by ~** etw als Luftfracht verschicken; **II** *vt* per Luftfracht senden; **airgun** *n* Luftgewehr *nt*; **airhole** *n* Luftloch *nt*; **air hostess** *n* Stewardeß *f*.

airily [ˈɛərɪlɪ] *adv* (*casually*) *say, reply* leichthin, lässig; (*vaguely*) vage; (*flippantly*) blasiert, erhaben.

airiness [ˈɛərɪnɪs] *n see adj 1., 2.* **1. she liked the ~ of the rooms** ihr gefiel, daß die Zimmer so luftig waren. **2.** Lässigkeit, Nonchalance *f*; Vagheit *f*; Versponnenheit *f*; Blasiertheit, Erhabenheit *f*.

airing [ˈɛərɪŋ] *n* (*of linen, room*) (Aus- *or* Durch)lüften *nt*. **to give sth a good ~** etw gut durch- *or* auslüften lassen.

airing cupboard *n* (*Brit*) (Wäsche)-trockenschrank *m*.

air intake *n* Lufteinlaß *or* -eintritt *m*; (*for engine*) Luftansaugstutzen *m*; (*quantity*) Luftmenge *f*; **airlane** *n* Flugroute *f*; **airless** *adj* (*lit*) *space* luftleer; (*stuffy*) *room* stickig; (*with no wind*) *day* windstill; **air letter** *n* Luftpostbrief *m*, Aerogramm *nt*; **airlift I** *n* Luftbrücke *f*; **II** *vt* **to ~ sth into a place** etw über eine Luftbrücke herein-/hineinbringen; **airline** *n* **1.** Fluggesellschaft, Luftverkehrsgesellschaft, Fluglinie *f*; **2.** (*diver's tube*) Luftschlauch *m*; **airliner** *n* Verkehrsflugzeug *nt*; **airlock** *n* (*in spacecraft*) Luftschleuse *f*; (*in pipe*) Luftsack *m*.

airmail [ˈɛəmeɪl] **I** *n* Luftpost *f*. **to send sth (by) ~** etw per *or* mit Luftpost schicken. **II** *vt* mit *or* per Luftpost schicken.

airmail edition *n* (*of newspaper*) Luftpostausgabe *f*; **airmail letter** *n* Luftpostbrief *m*; **airmail stamp** *or* **sticker** *n* Luftpostaufkleber *m*.

airman *n* (*flier*) Flieger *m*; (*US: in ~ force*) Gefreite(r) *m*; **Air Marshal** *n* (*Brit*) Generalleutnant *m*; **air mass** *n* Luftmasse *f*; **air mattress** *n* Luftmatratze *f*; **airmile** *n* ≃ Flugkilometer *m*; **air miss** *n* (*Aviat*) Beinahezusammenstoß *m*; **air passenger** *n* Fluggast *m*; **airplane** *n* (*US*) Flugzeug *nt*; **air pocket** *n* Luftloch *nt*; **airport** *n* Flughafen *m*; **airport bus** *n* Flughafenbus *m*; **airport tax** *n* Flughafengebühr *f*; **air pressure** *n* Luftdruck *m*; **air pump** *n* Luftpumpe *f*.

air raid *n* Luftangriff *m*.

air-raid shelter *n* Luftschutzkeller *m*; **air-raid warning** *n* Fliegeralarm *m*.

air rescue service *n* Luftrettungsdienst *m*; **air rifle** *n* Luftgewehr *nt*; **air route** *n* Flugroute *f*; **airscrew** *n* Luftschraube *f*; **air-sea rescue** *n* Rettung *f* durch Seenotflugzeuge; **air-sea rescue service** *n* Seenotrettungsdienst *m*; **airshaft** *n* (*Min*) Wetterschacht *m*; **airship** *n* Luftschiff *nt*; **air show** *n* Luftfahrtausstellung *f*; **airsick** *adj* luftkrank; **airsickness** *n* Luftkrankheit *f*; **air sleeve** *or* **sock** *n* Windsack *m*; **airspace** *n* Luftraum *m*; **airspeed** *n* Eigen- *or* Fluggeschwindigkeit *f*; **airstream** *n* (*of vehicle*) Luftsog *m*; (*Met*) Luftstrom *m*; **airstrip** *n* Start- und Lande-Bahn *f*; **air supremacy** *n* Luftüberlegenheit *f*; **air terminal** *n* (Air) Terminal *m or nt*; **airtight** *adj* (*lit*) luftdicht; (*fig*) *argument, case* hieb- und stichfest; **air time** *n* (*Rad, TV*) Sendezeit *f*; **air-to-air** *adj* (*Mil*) Luft-Luft-; **air-to-ground** *adj* (*Mil*) Luft-Boden-; **air-to-sea** *adj* (*Mil*) Luft-See-; **air-to-surface** *adj* (*Mil*) Luft-Boden-; **air-traffic control** *n* Flugleitung *f*; **air-traffic controller** *n* Fluglotse *m*; **air vent** *n* Ventilator *m*; (*shaft*) Belüftungsschacht *m*; **Air Vice Marshal** *n* (*Brit*) Generalmajor *m*; **airwaves** *npl* Radiowellen *pl*; **airway** *n* (*route*) Flugroute *f*; (*airline company*) Fluggesellschaft, Luftverkehrsgesellschaft *f*; **air waybill** *n* Luftfrachtbrief *m*; **airwoman** *n* Fliegerin *f*; **airworthiness** *n* Flugtüchtigkeit *f*; **airworthy** *adj* flugtüchtig.

airy [ˈɛərɪ] *adj* (*+er*) **1.** *room* luftig; **2.** (*casual*) *manner, gesture* lässig, nonchalant; (*vague*) *promise* vage; *theory* versponnen; (*superior, flippant*) blasiert, erhaben. **3.** (*liter: immaterial*) *phantom* körperlos.

airy-fairy [ˈɛərɪˈfɛərɪ] *adj* (*inf*) versponnen; *excuse* windig; *talk also* larifari *inv* (*inf*).

aisle [aɪl] *n* Gang *m*; (*in church*) Seitenschiff *nt*; (*central ~*) Mittelgang *m*. **~ seat** Sitz *m* am Gang; **to lead a girl up the ~** ein Mädchen zum Altar führen; **he had them rolling in the ~s** er brachte sie soweit, daß sie sich vor Lachen kugelten (*inf*).

aitch [eɪtʃ] *n* h, H *nt*. **to drop one's ~es** *den Buchstaben „h" nicht aussprechen*; (*be lower class*) ≃ „mir" und „mich" verwechseln.

ajar [əˈdʒɑːʳ] *adj, adv* angelehnt, einen Spalt offen stehend.

aka *abbr of* **also known as** alias, anderweitig bekannt als.

akimbo [əˈkɪmbəʊ] *adv*: **with arms ~** die Arme in die Hüften gestemmt.

akin [əˈkɪn] *adj pred* ähnlich (*to dat*), verwandt (*to* mit).

alabaster [ˈæləbɑːstəʳ] **I** *n* Alabaster *m*. **II** *adj* (*lit*) alabastern, Alabaster-; (*fig liter*) *skin, neck* Alabaster-, wie Alabaster.

à la carte [ɑːlɑːˈkɑːt] **I** *adv eat* à la carte, nach der (Speise)karte. **II** *adj menu* à la carte.

alacrity [əˈlækrɪtɪ] *n* (*willingness*) Bereitwilligkeit *f*; (*eagerness*) Eifer *m*, Eilfertigkeit *f*. **to accept with ~** ohne zu zögern annehmen.

à la mode [ɑːlɑːˈməʊd] *adj* (*US*) (*cake, pie*) mit Eis.

alarm [əˈlɑːm] **I** *n* **1.** *no pl* (*fear*) Sorge, Besorgnis, Beunruhigung *f*. **to be in a state of ~** (*worried*) besorgt *or* beunruhigt sein; (*frightened*) erschreckt sein; **to cause a good deal of ~** große Unruhe auslösen; **to cause sb ~** jdn beunruhigen.

2. (*warning*) Alarm *m*. **to raise** *or* **give/sound the ~** Alarm geben *or* (*fig*) schlagen.

3. (*device*) Alarmanlage *f*; **~ (clock)** Wecker *m*.

II *vt* **1.** (*worry*) beunruhigen; (*frighten*) erschrecken. **don't be ~ed** erschrekken Sie nicht; **the news ~ed the whole country** die Nachricht versetzte das ganze Land in Aufregung.

2. (*warn of danger*) warnen; *fire brigade* alarmieren.

alarm *in cpds* Alarm-; **alarm bell** *n* Alarmglocke *f*; **alarm call** *n* (*Telec*) Weckruf *m*; **alarm clock** *n* Wecker *m*.

alarming [ə'lɑːmɪŋ] *adj* (*worrying*) beunruhigend; (*frightening*) erschreckend; *news* alarmierend.

alarmingly [ə'lɑːmɪŋlɪ] *adv* erschreckend.

alarmist [ə'lɑːmɪst] **I** *n* Unheilsprophet *m*. **II** *adj speech* Unheil prophezeiend *attr*. **don't be so ~!** mal nicht gleich den Teufel an die Wand!

alas [ə'læs] *interj* (*dated*) leider. **~, he didn't come** leider kam er nicht.

Alaska [ə'læskə] *n* Alaska *nt*.

Alaskan [ə'læskən] **I** *n* Einwohner(in *f*) *m* von Alaska. **II** *adj* Alaska-; *customs, winter* in Alaska; *fish, produce* aus Alaska.

Albania [æl'beɪnɪə] *n* Albanien *nt*.

Albanian [æl'beɪnɪən] **I** *adj* albanisch. **II** *n* **1.** Albaner(in *f*) *m*. **2.** (*language*) Albanisch *nt*.

albatross ['ælbətrɒs] *n* Albatros *m*.

albeit [ɔːl'biːɪt] *conj* (*esp liter*) obgleich, wenn auch.

albino [æl'biːnəʊ] **I** *n* Albino *m*. **II** *adj* Albino-.

album ['ælbəm] *n* Album *nt*.

albumen ['ælbjʊmɪn] *n* Albumin *nt*.

alchemist ['ælkɪmɪst] *n* Alchimist *m*.

alchemy ['ælkɪmɪ] *n* Alchemie, Alchimie *f*.

alcohol ['ælkəhɒl] *n* Alkohol *m*.

alcoholic [ˌælkə'hɒlɪk] **I** *adj drink* alkoholisch; *person* alkoholsüchtig, trunksüchtig. **II** *n* (*person*) Alkoholiker(in *f*) *m*, Trinker(in *f*) *m*; **A~s Anonymous** Anonyme Alkoholiker *pl*.

alcoholism ['ælkəhɒlɪzəm] *n* Alkoholismus *m*, Trunksucht *f*.

alcove ['ælkəʊv] *n* Alkoven *m*, Nische *f*; (*in wall*) Nische *f*.

alder ['ɔːldəʳ] *n* Erle *f*.

alderman ['ɔːldəmən] *n, pl* **-men** [-mən] Alderman *m* (*Ratsherr*).

ale [eɪl] *n* (*old*) Ale *nt*; *see* **real.**

aleck ['ælɪk] *n see* **smart ~.**

alert [ə'lɜːt] **I** *adj* aufmerksam; (*as character trait*) aufgeweckt; *mind* scharf, hell; *dog* wachsam. **to be ~ to sth** vor etw (*dat*) auf der Hut sein. **II** *vt* warnen (*to* vor +*dat*); *troops* in Gefechtsbereitschaft versetzen; *fire brigade* alarmieren. **III** *n* Alarm *m*. **to give the ~** (*Mil*) Gefechtsbereitschaft befehlen; (*in the fire brigade*) den Alarm auslösen; (*fig*) warnen; **to put on the ~** in Gefechts-/Alarmbereitschaft versetzen; **to be on (the) ~** einsatzbereit sein; (*be on lookout*) auf der Hut sein (*for* vor +*dat*).

alertness [ə'lɜːtnɪs] *n see adj* Aufmerksamkeit *f*; Aufgewecktheit *f*; Schärfe *f*; Wachsamkeit *f*.

Aleutian Islands [ə'luːʃən] *npl* Aleuten *pl*.

A level ['eɪˌlevl] *n* (*Brit*) Abschluß *m* der Sekundarstufe 2; **to take one's ~s** ≃ das Abitur machen; **3 ~s** das Abitur in drei Fächern.

Alexander [ˌælɪg'zɑːndəʳ] *n* Alexander *m*. **~ the Great** Alexander der Große.

alexandrine [ˌælɪg'zændraɪn] (*Poet*) **I** *n* Alexandriner *m*. **II** *adj* alexandrinisch.

alfalfa [æl'fælfə] *n* Luzerne, Alfalfa *f*.

alfresco [æl'freskəʊ] *adj, adv* im Freien.

alga ['ælgə] *n, pl* **-e** ['ælgɪ] Alge *f*.

algebra ['ældʒɪbrə] *n* Algebra *f*.

algebraic [ˌældʒɪ'breɪɪk] *adj* algebraisch.

Algeria [æl'dʒɪərɪə] *n* Algerien *nt*.

Algerian [æl'dʒɪərɪən] **I** *n* Algerier(in *f*) *m*. **II** *adj* algerisch.

Algiers [æl'dʒɪəz] *n* Algier *nt*.

algorithm ['ælgəˌriðəm] *n* Algorithmus *m*.

alias ['eɪlɪæs] **I** *adv* alias. **II** *n* Deckname *m*.

alibi ['ælɪbaɪ] **I** *n* Alibi *nt*. **II** *vt* ein Alibi liefern für.

Alice band *n* Haarreif *m*.

alien ['eɪlɪən] **I** *n* (*esp Pol*) Ausländer(in *f*) *m*; (*Sci-Fi*) außerirdisches Wesen. **II** *adj* **1.** (*foreign*) ausländisch; (*Sci-Fi*) außerirdisch. **2.** (*different*) fremd. **to be ~ to sb/sb's nature/sth** jdm/jds Wesen/einer Sache fremd sein. **3.** (*Comput*) fremd.

alienate ['eɪlɪəneɪt] *vt* **1.** *people* befremden; *affections* zerstören, sich (*dat*) verscherzen. **to ~ oneself from sb/sth** sich jdm/einer Sache entfremden; **Brecht set out to ~ his audience** Brecht wollte, daß sich die Zuschauer distanzieren. **2.** (*Jur*) *property, money* übertragen.

alienation [ˌeɪlɪə'neɪʃən] *n* **1.** Entfremdung *f* (*from* von); (*Theat*) Distanzierung *f*. **~ effect** Verfremdungseffekt *m*; **~ of affections** (*Jur*) Entfremdung *f*. **2.** (*Jur: property*) Übertragung *f*. **3.** (*Psych*) Alienation *f*.

alight¹ [ə'laɪt] *vi* **1.** (*form: person*) aussteigen (*from* aus); (*from horse*) absitzen (*from* von). **2.** (*bird*) sich niederlassen (*on* auf +*dat*); (*form: aircraft*) niedergehen (*on* auf +*dat*). **his eyes ~ed on the ring** sein Blick fiel auf den Ring. **3.** (*form*) **to ~ on a fact/an idea** auf ein Faktum/eine Idee stoßen.

alight² *adj pred* **to be ~** (*fire*) brennen; (*building also*) in Flammen stehen; **to set sth ~** etw in Brand setzen *or* stecken; **her face was ~ with pleasure** ihr Gesicht *or* sie glühte vor Freude.

align [ə'laɪn] **I** *vt* **1.** *wheels of car, gun sights* ausrichten; (*bring into line also*) in eine Linie bringen. **2.** (*Fin, Pol*) *currencies, policies* aufeinander ausrichten. **to ~ sth with sth** etw auf etw (*acc*) ausrichten; **to ~ oneself with a party** (*follow policy of*) sich nach einer Partei ausrichten; (*join forces with*) sich einer

Partei anschließen; **they have ~ed themselves against him/it** sie haben sich gegen ihn/dagegen zusammengeschlossen. **II** *vi* **1.** (*lit*) ausgerichtet sein (*with* nach); (*come into line*) eine Linie bilden. **2.** (*side*) *see vt 2.*

alignment [ə'laɪnmənt] *n* **1.** *see vt 1.* Ausrichtung *f.* **to be out of ~** nicht richtig ausgerichtet sein (*with* nach).

2. (*of currencies, policies*) Ausrichtung (*with* auf +*acc*), Orientierung (*with* nach) *f.* **to be out of ~ with one another** nicht übereinstimmen, sich nicht aneinander orientieren; **to bring sb back into ~ with the party** jdn zwingen, wieder auf die Parteilinie einzuschwenken; **his unexpected ~ with the Socialists** seine unerwartete Parteinahme für die Sozialisten.

alike [ə'laɪk] *adj pred, adv* gleich. **they're/they look very ~** sie sind/sehen sich (*dat*) sehr ähnlich; **they all look ~ to me** für mich sehen sie alle gleich aus; **winter and summer ~** Sommer wie Winter.

alimentary [ˌælɪ'mentərɪ] *adj* (*Anat*) Verdauungs-. **~ canal** Verdauungskanal *m.*

alimony ['ælɪmənɪ] *n* Unterhaltszahlung *f.* **to pay ~** Unterhalt zahlen.

alive [ə'laɪv] *adj* **1.** *pred* (*living*) lebendig, lebend *attr.* **dead or ~** tot oder lebendig; **to be ~** leben; **the greatest musician ~** der größte lebende Musiker; **while ~ he was always ...** zu seinen Lebzeiten war er immer ...; **it's good to be ~** das Leben ist schön; **no man ~** niemand auf der ganzen Welt; **to stay** *or* **keep ~** am Leben bleiben; **to keep sb/sth ~** (*lit, fig*) jdn am Leben erhalten/etw am Leben *or* lebendig erhalten; **to be ~ and kicking** (*hum inf*) *or* **~ and well** gesund und munter sein.

2. (*lively*) lebendig. **to come ~** (*liven up*) lebendig werden; (*prick up ears*) wach werden.

3. *pred* (*aware*) **to be ~ to sth** sich (*dat*) einer Sache (*gen*) bewußt sein.

4. ~ with (*full of*) erfüllt von; **to be ~ with tourists/insects** von Touristen/Insekten wimmeln.

alkali ['ælkəlaɪ] *n*, *pl* **-(e)s** Base, Lauge *f*; (*metal, Agr*) Alkali *nt.*

alkaline ['ælkəlaɪn] *adj* basisch, alkalisch. **~ solution** Lauge *f.*

alkalinity [ˌælkə'lɪnɪtɪ] *n* Alkalität *f.*

alkaloid ['ælkəlɔɪd] *n* Alkaloid *nt.*

all [ɔːl] **I** *adj* **1.** (*with pl n*) alle *no art*; (*every single one also*) sämtliche *no art*; (*with sing n*) ganze(r, s), alle(r, s) *no art*; (*preceding poss art also*) all. **~ the books/people** alle Bücher/Leute, die ganzen Bücher/Leute; **she brought ~ the children** sie brachte alle *or* sämtliche Kinder mit; **~ the tobacco/milk/fruit** der ganze Tabak/die ganze Milch/das ganze Obst, all der *or* aller Tabak/all die *or* alle Milch/all das *or* alles Obst; **~ my strength/books/friends** all meine Kraft/all(e) meine Bücher/Freunde, meine ganze Kraft/ganzen Bücher/Freunde; **~ my life** mein ganzes Leben (lang); **~ Spain** ganz Spanien; **they ~ came** sie sind alle gekommen; **~ the time** die ganze Zeit; **~ day (long)** den ganzen Tag (lang); **to dislike ~ sport** jeglichen Sport ablehnen; **I don't understand ~ that** ich verstehe das alles nicht; **what's ~ that water?** wo kommt das ganze *or* all das Wasser her?; **what's ~ this/that about?** was soll das Ganze?; **what's ~ this mess?** was ist das denn für eine Unordnung?; **what's ~ this I hear about you leaving?** was höre ich da! Sie wollen gehen?; **he took/spent it ~** er hat alles genommen/ausgegeben; **~ kinds** *or* **sorts** *or* **manner of people** alle möglichen Leute; **to be ~ things to ~ men** (*person: be on good terms with*) sich mit jedem gut stellen; (*thing, invention, new software*) das Ideale sein; **a book that is ~ things to ~ men** ein Buch, das jedem etwas bietet; **it is beyond ~ doubt/question** es steht außer Zweifel/Frage; **in ~ respects** in jeder Hinsicht; **why me of ~ people?** warum ausgerechnet ich?; **of ~ the idiots/stupid things!** so ein Idiot/so was Dummes!

2. (*utmost*) **with ~ possible speed** so schnell wie möglich; **with ~ due care/speed** mit angemessener Sorgfalt/in angemessenem Tempo.

3. (*US inf*) **you ~** ihr (alle).

4. for ~ his wealth trotz (all) seines Reichtums; **for ~ that** trotz allem, trotzdem; **for ~ I know she could be ill** was weiß ich, vielleicht ist sie krank.

II *pron* **1.** (*everything*) alles; (*everybody*) alle *pl.* **~ who knew him** alle, die ihn kannten; **~ of them/of it** (sie) alle/alles; **~ of Paris/of the house** ganz Paris/das ganze Haus; **that is ~ I can tell you** mehr kann ich Ihnen nicht sagen; **it was ~ I could do not to laugh** ich mußte an mich halten, um nicht zu lachen; **~ of 5 kms/£5** ganze 5 km/£ 5; **he ate the orange, peel and ~** er hat die ganze Orange gegessen, samt der Schale; **what with the snow and ~** (*inf*) mit dem ganzen Schnee und so (*inf*); **the whole family came, children and ~** (*inf*) die Familie kam mit Kind und Kegel; **the score was/the teams were two ~** es stand zwei zu zwei; **~ found** insgesamt, alles in allem.

2. at ~ überhaupt; **nothing at ~** überhaupt *or* gar nichts; **did/didn't you say anything at ~?** haben Sie überhaupt etwas gesagt/gar *or* überhaupt nichts gesagt?; **it's not bad at ~** das ist gar nicht schlecht.

3. in ~ insgesamt; **ten people in ~** *or* **~ told** insgesamt zehn Personen; **~ in ~** alles in allem.

4. (*with superl*) **happiest/earliest/clearest of ~** am glücklichsten/frühsten/klarsten; **that would be best of ~** das wäre am besten; **I like him best of ~** von allen mag ich ihn am liebsten; **most of ~** am meisten; **most of ~ I'd like to be ...** am liebsten wäre ich ...; **the best car of ~** das allerbeste Auto.

III *adv* **1.** (*quite, entirely*) ganz. **dressed ~ in white, ~ dressed in white** ganz in Weiß (gekleidet); **~ woman** ganz Frau; **~ dirty/excited** ganz schmutzig/aufgeregt; ~ **wool** reine Wolle; **it was red ~ over** es war ganz rot; ~ **along the road** die ganze Straße entlang; **I feared that ~ along** das habe ich schon die ganze Zeit befürchtet; **there were chairs ~ round the room** rundum im Zimmer standen Stühle; **he ordered whiskies/drinks ~ round** er hat für alle Whisky/Getränke bestellt; ~ **the same** trotzdem, trotz allem; **it's ~ the same** *or* ~ **one to me** das ist mir (ganz) egal *or* einerlei; ~ **too soon** viel zu schnell, viel zu früh; **I'll tell you ~ about it** ich erzähl dir alles; **it was ~ about a little girl** es handelte von einem kleinen Mädchen; **that's ~ very fine** *or* **well** das ist alles ganz schön und gut; **it's not as bad as ~ that** so schlimm ist es nun auch wieder nicht; **it isn't ~ *that* expensive!** so teuer ist es nun wieder auch nicht; **if at ~ possible** wenn irgend möglich; **I'm not at ~ sure/angry, I'm not sure/angry at ~** ich bin mir ganz und gar nicht sicher, ich bin gar nicht ganz sicher/ich bin ganz und gar nicht wütend; **I don't know at ~** ich weiß es überhaupt nicht; **I'm ~ for it!** ich bin ganz dafür; **to be ~ in** (*inf*) total erledigt sein (*inf*); **he's ~/not ~ there** (*inf*) er ist voll/nicht ganz da (*inf*).

2. ~ **but** fast; **he ~ but died** er wäre fast gestorben.

3. (*with comp*) ~ **the hotter/prettier/happier** noch heißer/hübscher/glücklicher; ~ **the funnier because ...** um so lustiger, weil ...; **I feel ~ the better for my holiday** jetzt, wo ich Urlaub gemacht habe, geht's mir viel besser; ~ **the more so since ...** besonders weil ...

IV *n* **one's ~** alles; **he staked his ~ on this race/venture** er setzte alles auf dieses Rennen/Unternehmen; **the rowers were giving their ~** die Ruderer gaben ihr Letztes.

Allah ['ælə] *n* Allah *m*.

all-American *adj team, player* amerikanische(r, s) National-; **an ~ boy** ein richtiger amerikanischer Junge; **all-around** *adj* (*US*) *see* **all-round**.

allay [ə'leɪ] *vt* verringern; *doubt, fears, suspicion* (weitgehend) zerstreuen.

all-clear *n* Entwarnung *f*; **to give/sound the ~** Entwarnung geben, entwarnen; **all-day** *adj* ganztägig; **it was an ~ meeting** die Sitzung dauerte den ganzen Tag.

allegation [ˌælɪ'geɪʃən] *n* Behauptung *f*.

allege [ə'ledʒ] *vt* behaupten. **he is ~d to have said that ...** er soll angeblich gesagt haben, daß ...

alleged *adj*, **~ly** *adv* [ə'ledʒd, ə'ledʒɪdlɪ] angeblich.

allegiance [ə'liːdʒəns] *n* Treue *f* (*to dat*). **oath of ~** Fahnen- *or* Treueeid *m*.

allegoric(al) [ˌælɪ'gɒrɪk(əl)] *adj*, **allegorically** [ˌælɪ'gɒrɪkəlɪ] *adv* allegorisch.

allegory ['ælɪgərɪ] *n* Allegorie *f*.

allegro [ə'legrəʊ] **I** *adj, adv* allegro. **II** *n* Allegro *nt*.

all-electric [ˌɔːlɪ'lektrɪk] *adj* **an ~ house** ein Haus, in dem alles elektrisch ist.

alleluia [ˌælɪ'luːjə] **I** *interj* (h)alleluja. **II** *n* (H)alleluja *nt*.

all-embracing [ˌɔːlɪm'breɪsɪŋ] *adj* (all)umfassend.

Allen® ['ælən]: **Allen key** *n* Inbusschlüssel ® *m*; **Allen screw** *n* Inbusschraube ® *f*.

allergen ['æləˌdʒən] *n* (*Med*) Allergen *nt*.

allergic [ə'lɜːdʒɪk] *adj* (*lit, fig*) allergisch (*to* gegen).

allergy ['ælədʒɪ] *n* Allergie *f* (*to* gegen).

alleviate [ə'liːvɪeɪt] *vt* lindern.

alleviation [əˌliːvɪ'eɪʃən] *n* Linderung *f*.

alley ['ælɪ] *n* **1.** (*between buildings*) (enge) Gasse; (*between gardens*) Weg, Pfad *m*; (*in garden*) Laubengang *m*. **2.** (*bowling ~, skittle ~*) Bahn *f*.

alley cat *n* streunende Katze; **alleyway** *n* Durchgang *m*.

all-fired *adj* (*US inf*) furchtbar (*inf*), schrecklich (*inf*); **All Fools' Day** *n der erste April*; **All Hallows' (Day)** *n see* **All Saints' Day**.

alliance [ə'laɪəns] *n* Verbindung *f*; (*institutions also, of states*) Bündnis *nt*; (*in historical contexts*) Allianz *f*. **partners in an ~** Bündnispartner *pl*.

allied ['ælaɪd] *adj* **1.** verbunden; (*for attack, defence*) verbündet, aliiert. **2.** (*Biol, fig*) verwandt. **3. the A~ forces** die Alliierten.

alligator ['ælɪgeɪtə^r] *n* Alligator *m*.

all-important *adj* außerordentlich wichtig; **all-in** *adj* **1.** (*inclusive*) Inklusiv-; **2.** (*Sport*) ~ **wrestling** Freistilringen *nt*; *see also* **all III 1.**

alliterate [ə'lɪtəreɪt] *vi* einen Stabreim bilden, alliterieren.

alliteration [əˌlɪtə'reɪʃən] *n* Alliteration *f*, Stabreim *m*.

alliterative [ə'lɪtərətɪv] *adj* Stabreim-, stabend, alliterierend.

all-merciful *adj God* allbarmherzig, allgütig; **all-night** *adj attr café* (die ganze Nacht) durchgehend geöffnet; **we had an ~ party** wir haben die ganze Nacht durchgemacht; **it was an ~ journey** wir/sie *etc* sind die ganze Nacht durchgefahren; ~ **opening is allowed in some countries** in manchen Ländern sind 24stündige Öffnungszeiten erlaubt; **we have an ~ service** wir haben einen durchgehenden Nachtdienst.

allocate ['æləʊkeɪt] *vt* (*allot*) zuteilen, zuweisen (*to sb* jdm); (*apportion*) verteilen (*to* auf *+acc*); *tasks* vergeben (*to* an *+acc*). **to ~ money to *or* for a project** Geld für ein Projekt bestimmen.

allocation [ˌæləʊ'keɪʃən] *n see vt* Zuteilung, Zuweisung *f*; Verteilung *f*; (*sum allocated*) Zuwendung *f*.

allot [ə'lɒt] *vt* zuteilen, zuweisen (*to sb/sth* jdm/etw); *time* vorsehen (*to* für); *money* bestimmen (*to* für).

allotment [ə'lɒtmənt] *n* **1.** *see vt* Zuteilung, Zuweisung *f*; Vorsehen *nt*; Bestimmung *f*; (*amount of money allotted*) Zuwendung *f*. **2.** (*Brit: plot of ground*) Schrebergarten *m*.

all-out **I** *adj strike* total; *attack* massiv; *effort, attempt* äußerste(r,s); *support* uneingeschränkt; **II** *adv* mit aller Kraft; **to go ~** sein Letztes *or* Äußerstes geben; **to go ~ to do sth** alles daransetzen, etw zu tun; **all-over** *adj* ganzflächig.

allow [ə'laʊ] **I** *vt* **1.** (*permit*) *sth* erlauben, gestatten; *behaviour also* zulassen. **to ~ sb sth/to do sth** jdm etw erlauben *or* gestatten/jdm erlauben *or* gestatten, etw zu tun; **to be ~ed to do sth** etw tun dürfen; **smoking is not ~ed** Rauchen ist nicht gestattet; **"no dogs ~ed"** „Hunde müssen draußen bleiben"; **will you be ~ed to?** darfst du denn?; **to ~ oneself sth** sich (*dat*) etw erlauben; (*treat oneself*) sich (*dat*) etw gönnen; **to ~ oneself to be persuaded/waited on** sich überreden/bedienen lassen; **~ me to help you** gestatten Sie, daß ich Ihnen helfe (*form*); **to ~ sth to happen** etw zulassen, zulassen, daß etw geschieht; **to ~ sb in/out/past** jdn hinein-/hinaus-/vorbeilassen; **to be ~ed in/out/past** hinein-/hinaus-/vorbeidürfen.

2. (*recognize, accept*) *claim, appeal* anerkennen; *goal also* geben.

3. (*allocate, grant*) *discount* geben; *space* lassen; *time* einplanen, einberechnen; *money* geben, zugestehen; (*in tax, Jur*) zugestehen. **he ~ed me two hours for that** er gab mir zwei Stunden dafür; **~ 5 cms extra** geben sie 5 cm zu.

4. (*concede*) annehmen. **~ing** *or* **if we ~ that ...** angenommen, (daß) ...

II *vi* **if time ~s** falls es zeitlich möglich ist.

◆**allow for** *vi +prep obj* berücksichtigen; *factor, cost, shrinkage, error also* einrechnen, einkalkulieren. **~ing ~ the circumstances** unter Berücksichtigung der gegebenen Umstände; **after ~ing ~** nach Berücksichtigung (*+gen*).

◆**allow of** *vi +prep obj* zulassen.

allowable [ə'laʊəbl] *adj* zulässig; (*Fin: in tax*) absetzbar, abzugsfähig. **~ expenses** (*Fin*) abzugsfähige Kosten.

allowance [ə'laʊəns] *n* **1.** finanzielle Unterstützung; (*paid by state*) Beihilfe *f*; (*father to son*) Unterhaltsgeld *nt*; (*as compensation: for unsociable hours, overseas ~*) Zulage *f*; (*on business trip*) Spesen *pl*; (*spending money*) Taschengeld *nt*. **clothing ~** Kleidungsgeld *nt*; **petrol ~** Benzingeld *nt*; **travelling ~** Fahrtkostenzuschuß *m*; **his father still gives him an ~** sein Vater unterstützt ihn noch immer finanziell; **he made her an ~ of £100 a month** er stellte ihr monatlich £100 zur Verfügung.

2. (*Fin: tax ~*) Freibetrag *m*.

3. (*Fin, Comm: discount*) (Preis)-nachlaß *m* (*on* für); (*quantity allowed: for shrinkage*) Zugabe *f*.

4. (*acceptance: of goal, claim, appeal*) Anerkennung *f*.

5. Zugeständnisse *pl*. **to make ~(s) for sth** etw berücksichtigen.

allowedly [ə'laʊɪdlɪ] *adv* gewiß, zugegeben.

alloy ['ælɔɪ] **I** *n* Legierung *f*. **II** *vt* legieren; (*fig liter*) (ver)mischen.

all-powerful *adj* allmächtig; **all-purpose** *adj* Allzweck-.

all right ['ɔːl'raɪt] **I** *adj pred* **1.** (*satisfactory*) in Ordnung, okay (*inf*). **it's ~** (*not too bad*) es geht; (*working properly*) es ist in Ordnung; **that's** *or* **it's ~** (*after thanks*) schon gut, gern geschehen; (*after apology*) schon gut, das macht nichts; **to taste/look/smell ~** ganz gut schmecken/aussehen/riechen; **is it ~ for me to leave early?** kann ich früher gehen?; **it's ~ by me** ich habe nichts dagegen, von mir aus gern; **it's ~ for you (to talk)** du hast gut reden; **I saw him ~** (*inf*) (*for petrol, money etc*) ich hab ihn (dafür) entschädigt; **it'll be ~ on the night** es wird schon klappen, wenn es darauf ankommt; **he's ~** (*inf: is a good guy*) der ist in Ordnung (*inf*).

2. (*safe, unharmed*) *person, machine* in Ordnung, okay (*inf*); *object, building, tree* heil, ganz, okay (*inf*). **are you ~?** (*healthy*) geht es Ihnen gut?; (*unharmed*) ist Ihnen etwas passiert?; **are you ~ (in there)?** ist alles in Ordnung (da drin)?; **is it ~ for us to come out now?** können wir jetzt rauskommen?; **it's ~ now, Mummy's here** jetzt ist alles wieder gut, Mutti ist ja da; **it's ~, don't worry** keine Angst, machen Sie sich keine Sorgen.

II *adv* **1.** (*satisfactorily*) ganz gut, ganz ordentlich; (*safely*) gut. **did I do it ~?** habe ich es recht gemacht?; **did you get home ~?** bist du gut nach Hause gekommen?

2. (*certainly*) schon. **he'll come ~** er wird schon kommen; **oh yes, we heard you ~** o ja, und ob wir dich gehört haben.

III *interj* gut, schön, okay (*inf*); (*in agreement also*) in Ordnung. **may I leave early? — ~** kann ich früher gehen? — ja; **~ that's enough!** okay *or* komm, jetzt reicht's (aber)!; **~, ~! I'm coming** schon gut, schon gut, ich komme ja!

all-round *adj athlete* Allround-; *student* vielseitig begabt; *improvement* in jeder Beziehung *or* Hinsicht; **all-rounder** *n* Allroundmann *m*; (*Sport*) Allroundsportler(in *f*) *m*; **All Saints' Day** *n* Allerheiligen *nt*; **All Souls' Day** *n* Allerseelen *nt*; **allspice** *n* Piment *m or nt*; **all-star** *adj* Star-; **all-terrain vehicle** *n* Geländefahrzeug *nt*; **all-time** *adj* aller Zeiten; **an ~ record** der Rekord aller Zeiten; **an ~ high/low** der höchste/niedrigste Stand aller Zeiten; **to be an ~ favourite** seit eh und je beliebt sein.

◆**allude to** [ə'luːd] *vi +prep obj* anspielen auf (*+acc*).

allure [ə'ljʊəʳ] **I** *vt* locken, anziehen. **II** *n* Reiz *m*.

allurement [ə'ljʊəmənt] *n* Anziehungskraft *f*, Reiz *m*.

alluring [ə'ljʊərɪŋ] *adj* verführerisch.

alluringly [ə'ljʊərɪŋlɪ] *adv see adj*.

allusion [ə'luːʒən] *n* Anspielung *f* (*to* auf *+acc*).

allusive [ə'luːsɪv] *adj* voller Anspielungen.

allusively [ə'luːsɪvlɪ] *adv* indirekt.

alluvial [ə'luːvɪəl] *adj* angeschwemmt.

alluvium [ə'luːvɪəm] *n* Anschwemmung *f*.

all-weather ['ɔːl'weðəʳ] *adj* Allwetter-.

all-wheel drive ['ɔːlwiːl'draɪv] *n* Allradantrieb *m*.

ally ['ælaɪ] **I** *n* Verbündete(r) *mf*, Bundesgenosse *m*/-genossin *f*; (*Hist*) Alliierte(r) *m*. **II** [əˈlaɪ] *vt* verbinden (*with, to* mit); (*for attack, defence*) verbünden, alliieren (*with, to* mit). **to ~ oneself with** *or* **to sb** sich mit jdm zusammentun/verbünden *or* alliieren.

almanac [ˈɔːlmənæk] *n* Almanach *m*; *see* **nautical**.

almighty [ɔːlˈmaɪtɪ] **I** *adj* **1.** *god, person* allmächtig; *power* unumschränkt. **A~ God, God A~** (*Eccl*) der Allmächtige; (*address in prayer*) allmächtiger Gott; **God A~!** (*inf*) Allmächtiger! (*inf*), allmächtiger Gott! (*inf*). **2.** (*inf*) *fool, idiot* mordsmäßig (*inf*); *blow* mächtig (*inf*). **II** *n* **the A~** der Allmächtige.

almond [ˈɑːmənd] *n* Mandel *f*; (*tree*) Mandelbaum *m*.

almond *in cpds* Mandel-; **almond-eyed** *adj* mandeläugig; **almond oil** *n* Mandelöl *nt*; **almond paste** *n* Marzipanmasse *f*; **almond-shaped** *adj* mandelförmig.

almost [ˈɔːlməʊst] *adv* fast, beinahe.

alms [ɑːmz] *npl* Almosen *pl*.

aloe [ˈæləʊ] *n* (*Bot, Med*) Aloe *f*.

aloft [əˈlɒft] *adv* (*into the air*) empor; (*in the air*) hoch droben; (*Naut*) oben in der Takelung.

alone [əˈləʊn] **I** *adj pred* allein(e). **we're not ~ in thinking that** wir stehen mit dieser Meinung nicht allein; *see* **leave, let[3]**.

II *adv* allein(e). **to live on bread ~** von Brot allein leben; **the hotel ~ cost £95** (allein) schon das Hotel kostete £ 95; **to stand ~** (*fig*) einzig dastehen.

along [əˈlɒŋ] **I** *prep* (*direction*) entlang (+*acc*), lang (+*acc*) (*inf*); (*position*) entlang (+*dat*). **he walked ~ the river** er ging den/(an) dem Fluß entlang; **somewhere ~ the way** irgendwo unterwegs *or* auf dem Weg; (*fig*) irgendwann einmal; **somewhere ~ here/there** irgendwo hier/dort (herum); (*in this/that direction*) irgendwo in dieser Richtung/der Richtung; *see* **all**.

II *adv* **1.** (*onwards*) weiter-, vorwärts-. **to move ~** weitergehen; **he was just strolling ~** er ist bloß so dahingeschlendert; **run ~** nun lauf!; **he'll be ~ soon** er muß gleich da sein; **I'll be ~ about eight** ich komme ungefähr um acht; *see vbs*.

2. (*together*) **~ with** zusammen mit; **to come/sing ~ with sb** mit jdm mitkommen/mitsingen; **take an umbrella ~** nimm einen Schirm mit.

alongside [əˈlɒŋˈsaɪd] **I** *prep* neben (+*dat*). **we were moored ~ the pier/the other boats** wir lagen am Pier vor Anker/lagen Bord an Bord mit den anderen Schiffen; **the houses ~ the river** die Häuser am Fluß entlang; **he works ~ me** (*with*) er ist ein Kollege von mir; (*next to*) er arbeitet neben mir.

II *adv* daneben. **a police car drew up ~** ein Polizeiauto fuhr neben mich/ihn *etc* heran; **they brought their dinghy ~** sie brachten ihr Dingi heran.

aloof [əˈluːf] **I** *adv* (*lit, fig*) abseits. **to remain ~** sich abseits halten; **buyers held ~** (*Comm*) die Käufer verhielten sich zurückhaltend. **II** *adj* unnahbar.

aloofness [əˈluːfnɪs] *n* Unnahbarkeit *f*.

aloud [əˈlaʊd] *adv* laut.

alp [ælp] *n* Berg *m* in den Alpen.

alpaca [ælˈpækə] **I** *n* Alpaka *nt*. **II** *attr* Alpaka-.

alpenhorn [ˈælpɪnˌhɔːn] *n* Alphorn *nt*.

alpenstock [ˈælpɪnstɒk] *n* Bergstock *m*.

alpha [ˈælfə] *n* **1.** (*letter*) Alpha *nt*. **2.** (*Brit: Sch, Univ*) Eins *f*.

alphabet [ˈælfəbet] *n* Alphabet *nt*.

alphabetic(al) [ˌælfəˈbetɪk(əl)] *adj* alphabetisch. **in ~ order** in alphabetischer Reihenfolge.

alphabetically [ˌælfəˈbetɪkəlɪ] *adv* alphabetisch, nach dem Alphabet.

alphabetization [ˌælfəbətaɪˈzeɪʃən] *n* Alphabetisierung *f*.

alphabetize [ˈælfəbətaɪz] *vt* alphabetisieren, alphabetisch ordnen.

alphanumeric [ˈælfənjuːˈmerɪk] *adj* alphanumerisch.

alpha particle *n* Alphateilchen *nt*; **alpha ray** *n* Alphastrahl *m*.

alpine [ˈælpaɪn] *adj* **1. A~** alpin, Alpen-; *dialects* der Alpen. **2.** (*general*) alpin; *flowers* Alpen-, Gebirgs-; (*Geol*) alpinisch; *scenery* Gebirgs-; *hut* Berg-; *club* Alpen-.

alpinism [ˈælpɪnɪzəm] *n* Alpinistik *f*, Alpinismus *m*.

alpinist [ˈælpɪnɪst] *n* Alpinist(in *f*) *m*.

Alps [ælps] *npl* Alpen *pl*.

already [ɔːlˈredɪ] *adv* schon. **I've ~ seen it ~** ich habe es schon gesehen.

alright [ˈɔːlˌraɪt] *adj, adv see* **all right**.

Alsace [ˈælsæs] *n* das Elsaß.

Alsace-Lorraine [ˈælsæsləˈreɪn] *n* Elsaß-Lothringen *nt*.

alsatian [ælˈseɪʃən] *n* (*Brit: also* **~ dog**) (deutscher) Schäferhund.

Alsatian [ælˈseɪʃən] **I** *adj* elsässisch. **the ~ people** die Elsässer *pl*. **II** *n* (*dialect*) Elsässisch *nt*.

also [ˈɔːlsəʊ] *adv* **1.** auch. **not only ... but ~** nicht nur ... sondern auch; **~ present were ...** außerdem waren anwesend ... **2.** (*moreover*) außerdem, ferner.

also-ran [ˈɔːlsəʊˈræn] *n* **to be among the ~s, to be an ~** (*Sport, fig*) unter „ferner liefen" kommen.

alt [ɒlt] *n* (*Comput*) Alt *no art*. **~ key** Alt-Taste *f*.

altar [ˈɒltə^{r}] *n* Altar *m*. **to lead sb to the ~** jdn zum Altar führen.

altar boy *n* Ministrant *m*; **altar cloth** *n* Altardecke *f*; **altar girl** *n* Ministrantin *f*; **altarpiece** *n* Altarbild *nt*; **altar rail(s)** *n*(*pl*) Kommunionbank *f*.

alter [ˈɒltə^{r}] **I** *vt* **1.** ändern; (*modify also*) abändern. **it does not ~ the fact that ...** das ändert nichts an der Tatsache, daß ... **2.** (*US: castrate, spay*) kastrieren.

II *vi* sich (ver)ändern. **to ~ for the better/worse** sich zu seinem Vorteil/Nachteil (ver)ändern; (*things, situation*) sich zum Besseren/Schlechteren wenden.

alterable [ˈɒltərəbl] *adj* veränderbar. **to be ~** sich ändern lassen.

alteration [ˌɒltəˈreɪʃən] *n* Änderung *f*; (*modification also*) Abänderung *f*; (*of* *appearance*) Veränderung *f.* **to make ~s in sth** Änderungen an etw (*dat*) vornehmen; **(this timetable is) subject to ~** Änderungen (im Fahrplan sind) vorbehalten; **closed for ~s** wegen Umbau geschlossen.

altercation [ˌɒltəˈkeɪʃən] *n* Auseinandersetzung *f.*

alternate [ɒlˈtɜːnɪt] **I** *adj* **1. I go there on ~ days** ich gehe jeden zweiten Tag *or* alle zwei Tage hin; **they put down ~ layers of brick and mortar** sie schichteten (immer) abwechselnd Ziegel und Mörtel aufeinander.

2. (*alternative*) Alternativ-. **~ route** Ausweichstrecke *f.*

II *n* (*US*) Vertreter(in *f*) *m*; (*Sport*) Ersatzspieler(in *f*) *m.*

III [ˈɔːltəneɪt] *vt* abwechseln lassen; *crops* im Wechsel anbauen.

IV [ˈɔːltəneɪt] *vi* (sich) abwechseln; (*Elec*) alternieren. **to ~ between one thing and another** zwischen einer Sache und einer anderen (ab)wechseln.

alternately [ɒlˈtɜːnɪtlɪ] *adv* **1.** (*in turn*) im Wechsel, wechselweise, (immer) abwechselnd. **2.** *see* **alternatively.**

alternating [ˈɒltɜːneɪtɪŋ] *adj* wechselnd. **a pattern with ~ stripes of red and white** ein Muster mit abwechselnd roten und weißen Streifen; **~ current** Wechselstrom *m.*

alternation [ˌɒltɜːˈneɪʃən] *n* Wechsel *m.* **the ~ of crops** der Fruchtwechsel.

alternative [ɒlˈtɜːnətɪv] **I** *adj* Alternativ-; *route* Ausweich-. **the only ~ way/possibility** die einzige Alternative; **~ theatre** Alternativtheater *nt*; **~ society** Alternativgesellschaft *f.*

II *n* Alternative *f.* **I had no ~ (but ...)** ich hatte keine andere Wahl *or* keine Alternative (als ...).

alternatively [ɒlˈtɜːnətɪvlɪ] *adv* als Alternative, als andere Möglichkeit. **or ~, he could come with us** oder aber, er kommt mit uns mit.

alternator [ˈɒltɜːneɪtəʳ] *n* (*Elec*) Wechselstromgenerator *m*; (*Aut*) Lichtmaschine *f.*

although [ɔːlˈðəʊ] *conj* obwohl, obgleich. **the house, ~ small ...** wenn das Haus auch klein ist, obwohl das Haus klein ist.

altimeter [ˈæltɪmiːtəʳ] *n* Höhenmesser *m.*

altitude [ˈæltɪtjuːd] *n* Höhe *f.* **what is our ~?** in welcher Höhe befinden wir uns?; **we are flying at an ~ of ...** wir fliegen in einer Höhe von ...

alto [ˈæltəʊ] **I** *n* **1.** (*voice*) Knabenalt *m*; (*contralto*) Alt *m*, Altstimme *f*; (*person*) Alt *m.* **2.** (*also* **~ saxophone**) Altsaxophon *nt.* **II** *adj* Alt-. **an ~ voice** eine Altstimme. **III** *adv* **to sing ~** Alt singen.

alto clef *n* Altschlüssel, C-Schlüssel *m.*

altogether [ˌɔːltəˈgeðəʳ] **I** *adv* **1.** (*including everything*) im ganzen, insgesamt. **taken ~,** *or* **~ it was very pleasant** alles in allem war es sehr nett, es war im ganzen sehr nett.

2. (*wholly*) vollkommen, ganz und gar. **he wasn't ~ wrong/pleased/surprised** er hatte nicht ganz unrecht/war nicht übermäßig *or* besonders zufrieden/überrascht.

II *n* **in the ~** (*hum inf*) hüllenlos, im Adams-/Evaskostüm.

alto part *n* Altpartie *f.*

alto sax(ophone) *n* Altsaxophon *nt.*

altruism [ˈæltrʊɪzəm] *n* Altruismus *m.*

altruist [ˈæltrʊɪst] *n* Altruist(in *f*) *m* (*geh*).

altruistic *adj*, **~ally** *adv* [ˌæltrʊˈɪstɪk, -əlɪ] altruistisch.

alum [ˈæləm] *n* Alaun *m.*

aluminium [ˌæljʊˈmɪnɪəm], (*US*) **aluminum** [əˈluːmɪnəm] *n* Aluminium *nt.* **~ foil** Alu(minium)folie *f.*

alumna [əˈlʌmnə] *n, pl* **-e** [əˈlʌmniː] (*US*) ehemalige Schülerin/Studentin, Ehemalige *f.*

alumnus [əˈlʌmnəs] *n, pl* **alumni** [əˈlʌmnaɪ] (*US*) ehemaliger Schüler/Student, Ehemalige(r) *m.*

alveolar [ælˈvɪələʳ] **I** *adj* alveolar, Alveolar-. **II** *n* (*Phon*) Alveolar *m.*

always [ˈɔːlweɪz] *adv* **1.** immer; (*constantly, repeatedly also*) ständig. **he is ~ forgetting** er vergißt das immer *or* ständig.

2. we could ~ go by train/sell the house wir könnten doch auch den Zug nehmen/könnten ja auch das Haus verkaufen; **there's ~ the possibility that ...** es besteht immer noch die Möglichkeit, daß ...; **you can ~ come later** Sie können ja auch noch später kommen.

Alzheimer's disease [ˈælts,haɪməzdɪ,ziːz] *n* Alzheimer-Krankheit *f.*

am [æm] *1st pers sing present of* **be.**

am, a.m. *abbr of* **ante meridiem. 10 ~** 10 Uhr morgens *or* vormittags; **12 ~** 0 Uhr, Mitternacht; **do you mean ~ or pm?** meinen Sie morgens oder nachmittags

amalgam [əˈmælgəm] *n* Amalgam *nt*; (*fig also*) Gemisch *nt*, Mischung *f.*

amalgamate [əˈmælgəmeɪt] **I** *vt companies, unions* fusionieren, verschmelzen; *departments* zusammenlegen; *metals* amalgamieren. **II** *vi* (*companies*) fusionieren; (*metals*) amalgamieren.

amalgamation [ə,mælgəˈmeɪʃən] *n* (*of companies*) Fusion *f*; (*of metals*) Amalgamation *f.*

amaryllis [ˌæməˈrɪlɪs] *n* Amaryllis *f.*

amass [əˈmæs] *vt* anhäufen; *money also* scheffeln; *fortune, material, evidence also* zusammentragen.

amateur [ˈæmətəʳ] **I** *n* **1.** Amateur(in *f*) *m.* **2.** (*pej*) Dilettant(in *f*) *m.* **II** *adj* **1.** *attr* Amateur-; *photographer also, painter, painting* Hobby-; *dramatics, work also* Laien-. **2.** (*pej*) *see* **amateurish.**

amateurish [ˈæmətərɪʃ] *adj* (*pej*) dilettantisch; *performance, work also* laienhaft.

amateurishly [ˈæmətərɪʃlɪ] *adv* (*pej*) dilettantisch.

amateurishness [ˈæmətərɪʃnɪs] *n* (*pej*) Dilettantismus *m*; (*of performance, work*) Laienhaftigkeit *f.*

amateurism [ˈæmətərɪzəm] *n* **1.** Amateursport *m.* **2.** (*pej*) Dilettantentum *nt*, Dilettantismus *m.*

amatory [ˈæmətərɪ] *adj poem, letter* Liebes-; *adventure also* amourös; *glance, look, remark, feelings* verliebt.

amaze [ə'meɪz] **I** *vt* erstaunen, in Erstaunen (ver)setzen. **to be ~d at sth** über etw (*acc*) erstaunt *or* verblüfft sein, sich über etw (*acc*) wundern; **you don't know that, you ~ me!** Sie wissen das nicht, das wundert mich aber; **it ~s me that** *or* **how he doesn't fall** ich finde es erstaunlich, daß er nicht fällt.

II *vi* **his virtuosity never fails to ~** seine Virtuosität versetzt einen immer wieder in Erstaunen.

amazed [ə'meɪzd] *adj look, expression* erstaunt.

amazement [ə'meɪzmənt] *n* Erstaunen *nt*, Verwunderung *f*. **much to my ~** zu meinem großen Erstaunen.

amazing [ə'meɪzɪŋ] *adj* erstaunlich. **he's the most ~ lawyer/idiot I've ever met** er ist der erstaunlichste Rechtsanwalt/der größte Trottel, den ich je gesehen habe.

amazingly [ə'meɪzɪŋlɪ] *adv* erstaunlich; *simple, obvious also* verblüffend. **~, he got it right first time** erstaunlicherweise hat er es gleich beim ersten Male richtig gemacht.

Amazon ['æməzən] *n* Amazonas *m*; (*Myth, fig*) Amazone *f*.

ambassador [æm'bæsədə^r] *n* Botschafter *m*; (*fig*) Repräsentant(in *f*), Vertreter(in *f*) *m*. **~ extraordinary, ~-at-large** (*esp US*) Sonderbotschafter(in *f*) *m*, Sonderbeauftragte(r) *mf*.

ambassadorial [æm,bæsə'dɔːrɪəl] *adj* Botschafter-; *rank, dignity* eines Botschafters.

ambassadress [æm'bæsɪdrɪs] *n* (*female ambassador*) Botschafterin *f*; (*ambassador's wife*) Frau *f* des Botschafters.

amber ['æmbə^r] **I** *n* Bernstein *m*; (*colour*) Bernsteingelb *nt*; (*Brit: in traffic lights*) Gelb *nt*. **II** *adj* Bernstein-, aus Bernstein; (*~-coloured*) bernsteinfarben; *traffic light* gelb.

ambergris ['æmbəgriːs] *n* Amber *m*, Ambra *f*.

ambidextrous [,æmbɪ'dekstrəs] *adj* mit beiden Händen gleich geschickt, beidhändig.

ambidextrousness [,æmbɪ'dekstrəsnɪs] *n* Beidhändigkeit *f*.

ambience ['æmbɪəns] *n* Atmosphäre *f*, Ambiente *nt* (*geh*).

ambient ['æmbɪənt] *adj* (*Tech*) *temperature* Umgebungs-.

ambiguity [,æmbɪ'gjʊɪtɪ] *n see* **ambiguous** Zwei- *or* Doppeldeutigkeit *f*; Zweideutigkeit *f*; Mehr- *or* Vieldeutigkeit *f*.

ambiguous *adj*, **~ly** *adv* [æm'bɪgjʊəs, -lɪ] zwei- *or* doppeldeutig; *joke, comment* zweideutig; (*with many possible meanings*) mehr- *or* vieldeutig.

ambiguousness [æm'bɪgjʊəsnɪs] *n* Zwei- *or* Doppeldeutigkeit *f*; (*with many possible meanings*) Mehr- *or* Vieldeutigkeit *f*.

ambit ['æmbɪt] *n* Bereich *m*.

ambition [æm'bɪʃən] *n* **1.** (*desire*) Wunsch *m*; (*goal*) Ziel *nt*. **my one** *or* **big ~ in life is ...** mein größter Wunsch ist es, ...; **it is my ~ to become Prime Minister** mein Ziel ist, Premierminister zu werden.

2. (*ambitious nature*) Ehrgeiz *m*.

ambitious [æm'bɪʃəs] *adj* ehrgeizig; *person also* ambitioniert (*geh*); *idea, undertaking also* kühn. **he is ~ to ...** er setzt seinen ganzen Ehrgeiz daran, zu ...; **she is ~ for her husband** sie hat ehrgeizige Pläne für ihren Mann.

ambitiously [æm'bɪʃəslɪ] *adv* voll(er) Ehrgeiz, ehrgeizig.

ambivalence [æm'bɪvələns] *n* Ambivalenz *f*.

ambivalent [æm'bɪvələnt] *adj* ambivalent.

amble ['æmbl] **I** *vi* (*person*) schlendern; (*horse*) im Paßgang gehen. **II** *n* Schlendern *nt*; (*of horse*) Paßgang *m*.

ambrosia [æm'brəʊzɪə] *n* (*Myth, fig*) Ambrosia *f*.

ambulance ['æmbjʊləns] *n* Krankenwagen *m*.

ambulance-chaser *n* (*US sl*) *Rechtsanwalt, der Unfallopfer als Klienten zu gewinnen sucht*; **ambulance driver** *n* Krankenwagenfahrer(in *f*) *m*; **ambulance man** *n* Sanitäter *m*; **ambulance service** *n* Rettungs- *or* Ambulanzdienst *m*; (*system*) Rettungswesen *nt*.

ambulant ['æmbjʊlənt], **ambulatory** ['æmbjʊlətərɪ] *adj* (*US*) *patient* gehfähig.

ambush ['æmbʊʃ] **I** *n* (*place*) Hinterhalt *m*; (*troops etc*) im Hinterhalt liegende Truppe/Guerillas *etc*; (*attack*) Überfall *m* (aus dem Hinterhalt). **to lay an ~ (for sb)** (jdm) einen Hinterhalt legen; **to lie** *or* **wait in ~ for sb** (*Mil, fig*) jdm im Hinterhalt auflauern.

II *vt* (aus dem Hinterhalt) überfallen.

ameba *n* (*US*) *see* **amoeba.**

ameliorate [ə'miːlɪəreɪt] (*form*) **I** *vt* verbessern. **II** *vi* sich verbessern, besser werden.

amen [,ɑː'men] **I** *interj* amen. **~ to that!** (*fig inf*) ja, wahrlich *or* fürwahr! (*hum*). **II** *n* Amen *nt*.

amenability [ə,miːnə'bɪlɪtɪ] *n* (*responsiveness: of people*) Zugänglichkeit *f*.

amenable [ə'miːnəbl] *adj* **1.** (*responsive*) zugänglich (*to dat*). **he is ~ to reasonable suggestions** er ist vernünftigen Vorschlägen zugänglich. **2.** (*Jur: answerable*) verantwortlich.

amend [ə'mend] *vt* **1.** *law, bill, constitution, text* ändern, amendieren (*form*), ein Amendement einbringen zu (*form*); (*by addition*) ergänzen. **2.** (*improve*) *habits, behaviour* bessern. **3.** *see* **emend.**

amendment [ə'mendmənt] *n* **1.** (*to bill, in text*) Änderung *f* (*to gen*), Amendement *nt* (*form*) (*to gen*); (*addition*) Amendement *nt* (*form*) (*to* zu), Zusatz *m* (*to* zu). **the First/Second** *etc* **A~** (*US Pol*) das Erste/Zweite *etc* Amendement, Zusatz 1/2 *etc*. **2.** (*in behaviour*) Besserung *f*.

amends [ə'mendz] *npl* **to make ~ (for sth)** etw wiedergutmachen; **to make ~ to sb for sth** jdn für etw entschädigen.

amenity [ə'miːnɪtɪ] *n* **1.** (*aid to pleasant living*) **(public) ~** öffentliche Einrichtung; **the lack of amenities in many parts of the city** der Mangel an Einkaufs-, Unterhaltungs- und Transportmöglichkeiten in vielen Teilen der Stadt; **close to all amenities** in günstiger (Einkaufs- und Verkehrs)lage; **this house has every ~**

dieses Haus bietet jeden Komfort.

2. (*pleasantness: of place*) angenehme Lage.

Amerasian [æme'reɪʃn] *n Mensch m amerikanisch-asiatischer Herkunft.*

America [ə'merɪkə] *n* Amerika *nt*. **the ~s** Amerika *nt*, der amerikanische Kontinent.

American [ə'merɪkən] **I** *adj* amerikanisch. **~ English** amerikanisches Englisch; **~ Indian** Indianer(in *f*) *m*; **~ plan** Vollpension *f*. **II** *n* **1.** Amerikaner(in *f*) *m*. **2.** (*language*) Amerikanisch *nt*.

americanism [ə'merɪkənɪzəm] *n* **1.** (*Ling*) Amerikanismus *m*. **2.** (*quality*) Amerikanertum *nt*.

americanization [əˌmerɪkənaɪ'zeɪʃən] *n* Amerikanisierung *f*.

americanize [ə'merɪkənaɪz] **I** *vt* amerikanisieren. **II** *vi* sich amerikanisieren.

Amerindian [æmə'rɪndɪən] **I** *n* Indianer(in *f*) *m*. **II** *adj* indianisch.

amethyst ['æmɪθɪst] **I** *n* Amethyst *m*; (*colour*) Amethystblau *nt*. **II** *adj jewellery* Amethyst-; (*~-coloured*) amethystfarben.

amiability [ˌeɪmɪə'bɪlɪtɪ] *n* Liebenswürdigkeit *f*.

amiable ['eɪmɪəbl] *adj* liebenswürdig.

amiably ['eɪmɪəblɪ] *adv* liebenswürdig.

amicable ['æmɪkəbl] *adj person* freundlich; *relations* freundschaftlich; *discussion* friedlich; (*Jur*) *settlement* gütlich.

amicably ['æmɪkəblɪ] *adv* freundlich; *discuss* friedlich, in aller Freundschaft; (*Jur*) *settle* gütlich. **they got on quite ~** sie kamen ganz gut miteinander aus.

amidships [ə'mɪdʃɪps] *adv* (*Naut*) mittschiffs.

amid(st) [ə'mɪd(st)] *prep* inmitten (+*gen*).

amino acid [ə'miːnəʊ'æsɪd] *n* Aminosäure *f*.

amiss [ə'mɪs] **I** *adj pred* **there's something ~** da stimmt irgend etwas nicht.

II *adv* **to take sth ~** (jdm) etw übelnehmen; **to speak ~ of sb** schlecht über jdn sprechen; **to say something ~** etwas Falsches *or* Verkehrtes sagen; **a drink would not come** *or* **go ~** etwas zu trinken wäre gar nicht verkehrt.

amity ['æmɪtɪ] *n* Freundschaftlichkeit *f*.

ammeter ['æmɪtə^r] *n* Amperemeter *nt*.

ammo ['æməʊ] *n* (*inf*) Munition, Mun (*sl*) *f*.

ammonia [ə'məʊnɪə] *n* Ammoniak *nt*.

ammunition [ˌæmjʊ'nɪʃən] *n* (*lit, fig*) Munition *f*.

ammunition belt *n* Patronengurt *m*; **ammunition dump** *n* Munitionslager *nt*; **ammunition pouch** *n* Munitionsbeutel *m*.

amnesia [æm'niːzɪə] *n* Amnesie *f*, Gedächtnisschwund *m*.

amnesty ['æmnɪstɪ] *n* Amnestie *f*. **during** *or* **under the ~** unter der Amnestie; **a general ~** eine Generalamnestie; **A~ International** Amnesty International *no art*.

amniocentesis [ˌæmnɪəʊsen'tiːsɪs] *n* (*Med*) Fruchtblasenpunktion *f*.

amoeba, (*US*) **ameba** [ə'miːbə] *n* Amöbe *f*.

amoebic, (*US*) **amebic** [ə'miːbɪk] *adj* amöbisch. **~ dysentery** Amöbenruhr *f*.

amok [ə'mɒk] *adv see* **amuck.**

among(st) [ə'mʌŋ(st)] *prep* unter (+*acc or dat*). **~ other things** unter anderem; **~ the crowd** unter die/der Menge; **they shared it out ~ themselves** sie teilten es unter sich *or* untereinander auf; **Manchester is ~ the largest of our cities** Manchester gehört zu unseren größten Städten; **to count sb ~ one's friends** jdn zu seinen Freunden zählen; **this habit is widespread ~ the French** diese Sitte ist bei den Franzosen weitverbreitet; **there were ferns ~ the trees** zwischen den Bäumen wuchs Farnkraut.

amoral [æ'mɒrəl] *adj* amoralisch.

amorous ['æmərəs] *adj* amourös; *look also* verliebt. **to make ~ advances** Annäherungsversuche *pl* machen.

amorously ['æmərəslɪ] *adv* verliebt, voller Verliebtheit.

amorphous [ə'mɔːfəs] *adj* amorph, strukturlos, formlos; *style, ideas, play, novel* strukturlos, ungegliedert; (*Geol*) amorph.

amorphousness [ə'mɔːfəsnɪs] *n* Strukturlosigkeit *f*.

amortization [əˌmɔːtaɪ'zeɪʃən] *n* Amortisation *f*.

amortize [ə'mɔːtaɪz] *vt debt* amortisieren, tilgen.

amount [ə'maʊnt] **I** *vi* **1.** (*total*) sich belaufen (*to* auf +*acc*).

2. (*be equivalent*) gleichkommen (*to* +*dat*). **it ~s to the same thing** das läuft *or* kommt (doch) aufs gleiche hinaus *or* raus (*inf*); **he will never ~ to much** aus ihm wird nie etwas; **their promises don't ~ to very much** ihre Versprechungen sind recht nichtssagend.

II *n* **1.** (*of money*) Betrag *m*. **total ~** Gesamtsumme *f*, Endbetrag *m*; **debts to** *or* (*US*) **in the ~ of £20** Schulden in Höhe von £ 20; **in 12 equal ~s** in 12 gleichen Teilen, in 12 gleichen Beträgen; **an unlimited/a large/a small ~ of money** eine unbeschränkte *or* unbegrenzte/große/geringe Summe (Geldes); **any/quite an ~ of money** beliebig viel/ziemlich viel Geld, ein ziemlicher Betrag; **large ~s of money** Unsummen *pl* (Geldes).

2. (*quantity*) Menge *f*; (*of luck, intelligence, skill*) Maß *nt* (*of* an +*dat*). **an enormous/a modest ~ of work/time** sehr viel/verhältnismäßig wenig Arbeit/Zeit; **any/quite an ~ of time/food** beliebig viel/ziemlich viel Zeit/Essen, eine ziemliche Menge Essen; **no ~ of paint can hide the rust** keine noch so dicke Farbschicht kann den Rost verdecken.

amour-propre [ˌæmʊə'prɒprə] *n* Eigenliebe *f*.

amp(ère) ['æmp(ɛə^r)] *n* Ampere *nt*.

ampersand ['æmpəsænd] *n* Et-Zeichen, Und-Zeichen *nt*.

amphetamine [æm'fetəmiːn] *n* Amphetamin *nt*.

amphibian [æm'fɪbɪən] *n* (*animal, plant*) Amphibie *f*; (*vehicle*) Amphibienfahrzeug *nt*; (*aircraft*) Amphibienflugzeug, Wasser-Land-Flugzeug *nt*.

amphibious [æm'fɪbɪəs] *adj animal, plant*, (*Mil*) amphibisch; *vehicle, aircraft* Amphibien-.

amphitheatre, (*US*) **amphitheater** ['æmfɪˌθɪətəʳ] *n* **1.** Amphitheater *nt*; (*lecture-hall*) Hörsaal *m* (*Halbrund mit ansteigenden Sitzreihen*). **2.** (*Geog*) Halbkessel *m*.

amphora ['æmfərə] *n, pl* **-s** *or* **-e** ['æmfəri:] (*form*) Amphora, Amphore *f*.

ample ['æmpl] *adj* (*+er*) **1.** (*plentiful*) reichlich. **more than ~** überreichlich. **2.** (*large*) *figure, proportions* üppig; *boot of car* geräumig; *garden* weitläufig, ausgedehnt.

amplification [ˌæmplɪfɪ'keɪʃən] *n* weitere Ausführungen *pl*, Erläuterungen *pl*; (*Rad*) Verstärkung *f*.

amplifier ['æmplɪfaɪəʳ] *n* (*Rad*) Verstärker *m*.

amplify ['æmplɪfaɪ] **I** *vt* **1.** (*Rad*) verstärken. **2.** (*expand*) *statement, idea* näher *or* ausführlicher erläutern, genauer ausführen. **3.** (*inf: exaggerate*) übertreiben.

II *vi* **would you care to ~ a little?** würden Sie das bitte näher *or* ausführlicher erläutern?

amplitude ['æmplɪtju:d] *n* (*of knowledge*) Weite, Breite *f*; (*of bosom*) Üppigkeit, Fülle *f*; (*Phys*) Amplitude *f*.

amply ['æmplɪ] *adv* reichlich; *proportioned figure* üppig; *proportioned rooms* geräumig, großzügig.

ampoule, (*US*) **ampull(e)** ['æmpu:l] *n* Ampulle *f*.

amputate ['æmpjʊteɪt] *vti* amputieren.

amputation [ˌæmpjʊ'teɪʃən] *n* Amputation *f*.

amputee [ˌæmpjʊ'ti:] *n* Amputierte(r) *mf*.

amuck [ə'mʌk] *adv*: **to run ~** (*lit, fig*) Amok laufen.

amulet ['æmjʊlɪt] *n* Amulett *nt*.

amuse [ə'mju:z] **I** *vt* **1.** (*cause mirth*) amüsieren, belustigen. **I was ~d to hear ...** es hat mich amüsiert *or* belustigt zu hören ...; **we are not ~d** das ist durchaus nicht zum Lachen *or* nicht komisch. **you ~ me, how can anyone ...?** da muß ich ja lachen, wie kann man nur ...?

2. (*entertain*) unterhalten. **let the children do it if it ~s them** laß die Kinder doch, wenn es ihnen Spaß macht; **give him his toys, that'll keep him ~d** gib ihm sein Spielzeug, dann ist er friedlich; **I have no problem keeping myself ~d now I'm retired** ich habe keinerlei Schwierigkeiten, mir die Zeit zu vertreiben, jetzt wo ich im Ruhestand bin.

II *vr* **the children can ~ themselves for a while** die Kinder können sich eine Zeitlang selbst beschäftigen; **to ~ oneself (by) doing sth** etw zu seinem Vergnügen *or* aus Spaß tun; **how do you ~ yourself now you're retired?** wie vertreiben Sie sich (*dat*) die Zeit, wo Sie jetzt im Ruhestand sind?

amusement [ə'mju:zmənt] *n* **1.** (*enjoyment, fun*) Vergnügen *nt*; (*state of being entertained*) Belustigung *f*, Amüsement *nt*. **the toys were a great source of ~** das Spielzeug bereitete großen Spaß; **what do you do for ~?** was machst du als Freizeitbeschäftigung?; (*retired people*) was machen Sie zu Ihrer Unterhaltung *or* als Zeitvertreib?; **to do sth for one's own ~** etw zu seinem Vergnügen *or* Amüsement tun; **to my great ~/to everyone's ~** zu meiner großen/zur allgemeinen Belustigung.

2. (*entertainment: of guests*) Belustigung, Unterhaltung *f*.

3. ~s *pl* (*place of entertainment*) Vergnügungsstätte *f usu pl*; (*at fair*) Attraktionen *pl*; (*stand, booth*) Buden *pl*; (*at the seaside*) Spielautomaten und Spiegelkabinett.

amusement arcade *n* Spielhalle *f*; **amusement park** *n* Vergnügungspark *m*.

amusing [ə'mju:zɪŋ] *adj* **1.** amüsant. **how ~** wie lustig *or* witzig; **I don't find that very ~** das finde ich nicht gerade *or* gar nicht lustig *or* zum Lachen. **2.** (*inf*) *hat, little dress* charmant, apart.

amusingly [ə'mju:zɪŋlɪ] *adv* amüsant.

an [æn, ən, n] *indef art see* **a**.

anabolic steroid [ˌænə'bɒlɪk'stɪərɔɪd] *n* Anabolikum *nt*.

anachronism [ə'nækrənɪzəm] *n* Anachronismus *m*.

anachronistic [əˌnækrə'nɪstɪk] *adj* anachronistisch; (*not fitting modern times*) nicht zeitgemäß, unzeitgemäß.

anaconda [ˌænə'kɒndə] *n* Anakonda *f*.

anaemia, (*US*) **anemia** [ə'ni:mɪə] *n* Anämie, Blutarmut *f*.

anaemic, (*US*) **anemic** [ə'ni:mɪk] *adj* **1.** anämisch, blutarm. **2.** (*fig*) anämisch, saft- und kraftlos; *colour, appearance also* bleichsüchtig.

anaerobic [ˌænɛə'rəʊbɪk] *adj* anaerob.

anaerobic digestion [ˌænɛə'rəʊbɪk ˌdɪ'dʒɛstʃən] *n* anaerobe Vergärung *f*.

anaesthesia, (*US*) **anesthesia** [ˌænɪs'θi:zɪə] *n* Betäubung *f*.

anaesthetic, (*US*) **anesthetic** [ˌænɪs'θetɪk] **I** *n* Narkose, Anästhesie (*spec*) *f*; (*substance*) Narkosemittel, Anästhetikum (*spec*) *nt*. **general ~** Vollnarkose *f*; **local ~** örtliche Betäubung, Lokalanästhesie (*spec*) *f*; **the nurse gave him a local ~** die Schwester gab ihm eine Spritze zur örtlichen Betäubung; **the patient is still under the ~** der Patient ist noch in der Narkose; **when he comes out of the ~** wenn er aus der Narkose aufwacht.

II *adj effect* betäubend, anästhetisch; *drug* Betäubungs-.

anaesthetist, (*US*) **anesthetist** [æ'ni:sθɪtɪst] *n* Anästhesist(in *f*) *m*, Narkose(fach)arzt *m*/-(fach)ärztin *f*.

anaesthetize, (*US*) **anesthetize** [æ'ni:sθɪtaɪz] *vt* (*Med*) betäuben; (*generally also*) narkotisieren.

Anaglypta ® [ˌænə'glɪptə] *n* Prägetapete *f*.

anagram ['ænəgræm] *n* Anagramm *nt*.

anal ['eɪnəl] *adj* anal, Anal-, After- (*Med*).

analgesia [ˌænæl'dʒi:zɪə] *n* Schmerzlosigkeit, Analgesie (*spec*) *f*.

analgesic [ˌænælˈdʒiːsɪk] **I** *n* schmerzstillendes Mittel, Schmerzmittel, Analgetikum (*spec*) *nt*. **II** *adj* schmerzstillend.

analog [ˈænəlɒg] *adj* (*Tech*) analog. ~ **computer** Analogrechner *m*.

analogic(al) [ˌænəˈlɒdʒɪk(əl)] *adj*, **analogically** [ˌænəˈlɒdʒɪkəlɪ] *adv* analog.

analogous *adj*, **~ly** *adv* [əˈnæləgəs, -lɪ] analog (*to, with* zu).

analogue [ˈænəlɒg] *n* Gegenstück *nt*, Parallele *f*.

analogy [əˈnælədʒɪ] *n* Analogie *f*. **to argue from** *or* **by** ~ analog argumentieren, Analogieschlüsse/einen Analogieschluß ziehen; **to draw an** ~ eine Analogie herstellen, einen analogen Vergleich ziehen; **on the** ~ **of** analog zu, nach dem Muster (+*gen*).

analyse, (*US*) **analyze** [ˈænəlaɪz] *vt* **1.** analysieren; (*Chem also*) untersuchen; (*in literary criticism also*) kritisch untersuchen; (*Gram*) *sentence also* (zer)gliedern. **to** ~ **the situation** (*fig*) die Situation analysieren *or* (*to others*) erläutern; **to** ~ **sth into its parts** etw in seine Bestandteile zerlegen.

2. (*psycho*~) psychoanalytisch behandeln, analysieren (*inf*).

analysis [əˈnæləsɪs] *n*, *pl* **analyses** [əˈnæləsiːz] **1.** *see vt* Analyse *f*; (Zer)gliederung *f*. **what's your** ~ **of the situation?** wie beurteilen Sie die Situation?; **in the last** *or* **final** ~ letzten Endes; **on (closer)** ~ bei genauerer Untersuchung. **2.** (*psycho*~) Psychoanalyse, Analyse (*inf*) *f*.

analyst [ˈænəlɪst] *n* Analytiker(in *f*) *m*; (*psycho*~ *also*) Psychoanalytiker(in *f*) *m*; (*Chem*) Chemiker(in *f*) *m*. **food** ~ Lebensmittelchemiker(in *f*) *m*.

analytic [ˌænəˈlɪtɪk] *adj* analytisch.

analytical [ˌænəˈlɪtɪkəl] *adj* analytisch. **you should try to be more** ~ Sie sollten versuchen, etwas analytischer vorzugehen.

analytically [ˌænəˈlɪtɪkəlɪ] *adv* analytisch.

analyze [ˈænəlaɪz] *vt see* **analyse.**

anarchic(al) [æˈnɑːkɪk(əl)] *adj* anarchisch.

anarchism [ˈænəkɪzəm] *n* Anarchismus *m*.

anarchist [ˈænəkɪst] *n* Anarchist(in *f*) *m*.

anarchist(ic) [ˌænəˈkɪst(ɪk)] *adj* anarchistisch.

anarchy [ˈænəkɪ] *n* Anarchie *f*.

anathema [əˈnæθɪmə] *n* (*Eccl*) Anathema (*form*) *nt*, Kirchenbann *m*; (*fig: no art*) ein Greuel *m*.

anatomical [ˌænəˈtɒmɪkəl] *adj* anatomisch.

anatomist [əˈnætəmɪst] *n* Anatom *m*, Wissenschaftler(in *f*) *m* auf dem Gebiet der Anatomie.

anatomy [əˈnætəmɪ] *n* Anatomie *f*; (*structure also*) Körperbau *m*; (*fig*) Struktur *f* und Aufbau *m*.

ANC *abbr of* **African National Congress** ANC *m*.

ancestor [ˈænsɪstəʳ] *n* Vorfahr, Ahne *m*; (*progenitor*) Stammvater *m*. ~ **worship** Ahnenkult *m*.

ancestral [ænˈsestrəl] *adj* Ahnen-, seiner/ihrer Vorfahren. ~ **home** Stammsitz *m*.

ancestress [ˈænsɪstrɪs] *n* Vorfahrin, Ahne *f*; (*progenitor*) Ahnfrau, Stammutter *f*.

ancestry [ˈænsɪstrɪ] *n* (*descent*) Abstammung, Herkunft *f*; (*ancestors*) Ahnenreihe, Familie *f*. **to trace one's** ~ seine Abstammung zurückverfolgen.

anchor [ˈæŋkəʳ] **I** *n* (*Naut*) Anker *m*; (*fig: hope, love, person*) Zuflucht *f*, Rettungsanker *m*. **to cast** *or* **drop** ~ Anker werfen, vor Anker gehen; **to weigh** ~ den Anker lichten; **to be** *or* **lie** *or* **ride at** ~ vor Anker liegen; **to come to** ~ vor Anker gehen.

II *vt* (*Naut, fig*) verankern. **we ~ed the tablecloth (down) with stones** wir beschwerten das Tischtuch mit Steinen.

III *vi* (*Naut*) ankern, vor Anker gehen.

anchorage [ˈæŋkərɪdʒ] *n* (*Naut*) **1.** Ankerplatz *m*. **2.** (*also* ~ **dues**) Anker- *or* Liegegebühren *pl*.

anchor buoy *n* Ankerboje *f*.

anchorite [ˈæŋkəraɪt] *n* Einsiedler(in *f*) *m*.

anchorman [ˈæŋkəʳˌmæn] *n* (*TV etc*) Koordinator(in *f*) *m*; (*last person in relay race etc*) Letzte(r) *mf*; (*in tug-of-war*) hinterster Mann; (*fig*) eiserne Stütze *f*, Eckpfeiler *m*.

anchovy [ˈæntʃəvɪ] *n* Sardelle, An(s)chovis *f*.

ancient [ˈeɪnʃənt] **I** *adj* **1.** alt. **in** ~ **times** im Altertum; (*Greek, Roman also*) in der Antike; ~ **Rome** das alte Rom; ~ **monument** (*Brit*) historisches Denkmal, historische Stätte; ~ **history** (*lit*) Alte Geschichte; (*fig*) graue Vorzeit; **that's** ~ **history** (*fig*) das ist schon längst Geschichte.

2. (*inf*) *person, clothes* uralt.

II *n* **the ~s** die Völker *or* Menschen des Altertums *or* im Altertum; (*writers*) die Schriftsteller des Altertums.

ancillary [ænˈsɪlərɪ] *adj* (*subordinate*) *roads*, (*Univ*) *subject* Neben-; (*auxiliary*) *service, troops* Hilfs-. ~ **course** (*Univ*) Begleitkurs *m*; ~ **industry** Zulieferindustrie *f*.

and [ænd, ənd, nd, ən] *conj* **1.** und. **nice** ~ **early/warm** schön früh/warm; **when I'm good** ~ **ready** wenn es mir paßt, wenn ich soweit bin; **try** ~ **come** versuch zu kommen; **wait** ~ **see!** abwarten!, wart's ab!; **don't go** ~ **spoil it!** nun verdirb nicht alles!; **come** ~ **get it!** komm und hol's!; **there are dictionaries** ~ **dictionaries** es gibt Wörterbücher und Wörterbücher; **~/or** und/oder; ~ **so on,** ~ **so forth** und so weiter und so fort.

2. (*in repetition, continuation*) und; (*between comps also*) immer. **better** ~ **better** immer besser; **for hours** ~ **hours/days** ~ **days/weeks** ~ **weeks** stundenlang/tagelang/wochenlang; **for miles** ~ **miles** meilenweit; **I tried** ~ **tried** ich habe es immer wieder versucht; ~ **he pulled** ~ **he pulled** und er zog und zog.

3. (*with numbers*) **three hundred** ~ **ten** dreihundertzehn; (*when the number is said more slowly*) dreihundertundzehn; **one** ~ **a half** anderthalb, eineinhalb; **two ~ twenty** (*old, form*) zweiundzwanzig.

Andes ['ændi:z] *npl* Anden *pl*.

Andorra [æn'dɔ:rə] *n* Andorra *nt*.

Andorran [æn'dɔrən] **I** *n* Andorraner(in *f*) *m*. **II** *adj* andorranisch.

Andrew ['ændru:] *n* Andreas *m*.

androgynous [æn'drɒdʒɪnəs] *adj* zweigeschlechtig, zwittrig.

android ['ændrɔɪd] *n* Androide *m*.

anecdotal [ˌænɪk'dəʊtəl] *adj* anekdotenhaft, anekdotisch.

anecdote ['ænɪkdəʊt] *n* Anekdote *f*.

anemia [ə'ni:mɪə] *n* (*US*) *see* **anaemia.**

anemic [ə'ni:mɪk] *adj* (*US*) *see* **anaemic.**

anemometer [ˌænɪ'mɒmɪtəʳ] *n* Windmesser *m*.

anemone [ə'nemənɪ] *n* (*Bot*) Anemone *f*, Buschwindröschen *nt*; (*sea ~*) Seeanemone *f*.

anesthesia *n* (*US*), **anesthetic** *adj, n* (*US*), **anesthetize** *vt* (*US*) *etc see* **anaesthesia** *etc*.

anew [ə'nju:] *adv* **1.** (*again*) aufs neue. **let's start ~** fangen wir wieder von vorn *or* von neuem an. **2.** (*in a new way*) auf eine neue Art und Weise.

angel ['eɪndʒəl] *n* (*lit, fig*) Engel *m*; (*US inf: backer*) finanzkräftiger Hintermann.

angel cake *n* ≃ Biskuitkuchen *m*.

Angeleno [ˌændʒə'li:nəʊ] *n* Einwohner(in *f*) *m* von Los Angeles.

angelfish *n* (*shark*) Meerengel, Engelhai *m*; (*tropical fish*) Großer Segelflosser.

angelic [æn'dʒelɪk] *adj* **1.** (*of an angel*) Engels-; *hosts* himmlisch. **2.** (*like an angel*) engelhaft.

angelica [æn'dʒelɪkə] *n* (*Bot*) Angelika, Brustwurz *f*; (*Cook*) kandierte Angelika.

angelically [æn'dʒelɪkəlɪ] *adv* wie ein Engel, engelgleich.

angelus ['ændʒɪləs] *n* Angelusläuten *nt*; (*prayer*) Angelus *nt*.

anger ['æŋgəʳ] **I** *n* Ärger *m*; (*wrath: of gods etc*) Zorn *m*. **a fit of ~** ein Wutanfall *m*, ein Zorn(es)ausbruch *m*; **red with ~** rot vor Wut; **words spoken in ~** was man in seiner Wut *or* im Zorn sagt; **to be filled with ~** zornig *or* wütend sein.

II *vt* (*stressing action*) ärgern; (*stressing result*) verärgern; *gods* erzürnen (*liter*). **to be easily ~ed** sich schnell *or* leicht ärgern; (*quick to take offence*) schnell verärgert sein.

angina [æn'dʒaɪnə] *n* Angina, Halsentzündung *f*. **~ pectoris** Angina pectoris *f*.

angle¹ ['æŋgl] **I** *n* **1.** Winkel *m*. **at an ~ of 40°** in einem Winkel von 40°; **at an ~** schräg; **at an ~ to the street** schräg *or* im Winkel zur Straße; **he was wearing his hat at an ~** er hatte seinen Hut schief aufgesetzt; **~ of climb** (*Aviat*) Steigwinkel *m*; **~ of elevation** (*Math*) Steigungswinkel *m*; **~ of incidence** (*Opt*) Einfallswinkel *m*.

2. (*projecting corner*) Ecke *f*; (*angular recess*) Winkel *m*.

3. (*position*) Winkel *m*. **if you take the photograph from this ~** wenn du die Aufnahme aus *or* von diesem (Blick)winkel machst.

4. (*of problem: aspect*) Seite *f*.

5. (*point of view*) Standpunkt *m*, Position *f*; (*when used with adj also*) Warte *f*. **an inside ~ on the story** die Geschichte vom Standpunkt eines Insiders *or* eines Direktbeteiligten; **what's your ~?** (*what are you getting at?*) worauf wollen Sie hinaus?

II *vt lamp* (aus)richten, einstellen; (*Sport*) *shot* im Winkel schießen/schlagen; (*fig*) *information, report* färben.

angle² *vi* (*Fishing*) angeln.

◆**angle for** *vi +prep obj* **1.** (*lit*) *trout* angeln. **2.** (*fig*) *compliments* fischen nach. **to ~ ~ sth** auf etw (*acc*) aus sein.

angle bracket *n* **1.** (*for shelves*) Winkelband *nt*, Winkelkonsole *f*; **2.** (*Typ*) spitze Klammer; **angle iron** *n* Winkeleisen *nt*; **angle parking** *n* Schrägparken *nt*; **Anglepoise (lamp)** ® *n* Architekten- *or* Gelenkleuchte *f*.

angler ['æŋgləʳ] *n* Angler(in *f*) *m*.

Angles ['æŋglz] *npl* (*Hist*) Angeln *pl*.

Anglican ['æŋglɪkən] **I** *n* Anglikaner(in *f*) *m*. **II** *adj* anglikanisch.

Anglicanism ['æŋglɪkənɪzəm] *n* Anglikanismus *m*.

anglicism ['æŋglɪsɪzəm] *n* Anglizismus *m*.

anglicist ['æŋglɪsɪst] *n* Anglist(in *f*) *m*.

anglicize ['æŋglɪsaɪz] *vt* anglisieren.

angling ['æŋglɪŋ] *n* Angeln *nt*.

Anglo¹ ['æŋgləʊ] *n* (*Austral, pej*) Australier(in *f*) *m* von anglo-keltischer Abstammung.

Anglo²- *pref* Anglo-; (*between two countries*) Englisch-; **Anglo-German** *adj* deutsch-englisch; **Anglo-Catholic** **I** *n* Anglokatholik(in *f*) *m*; **II** *adj* hochkirchlich, anglokatholisch; **Anglo-Indian** **I** *n* (*of British origin*) in Indien lebende(r) Engländer(in *f*) *m*; (*Eurasian*) Anglo-Inder(in *f*) *m*; **II** *adj* anglo-indisch; *relations* englisch-indisch.

anglomania [ˌæŋgləʊ'meɪnɪə] *n* Anglomanie *f*.

Anglophile ['æŋgləʊfaɪl] **I** *n* Anglophile(r) *mf m*. **II** *adj* anglophil.

Anglophobe ['æŋgləʊfəʊb] *n* Anglophobe(r) *mf m*.

Anglo-Saxon ['æŋgləʊ'sæksən] **I** *n* **1.** (*person, Hist*) Angelsachse *m*, Angelsächsin *f*. **2.** (*language*) Angelsächsisch *nt*. **II** *adj* angelsächsisch.

Angola [æŋ'gəʊlə] *n* Angola *nt*.

Angolan [æŋ'gəʊlən] **I** *n* Angolaner(in *f*) *m*. **II** *adj* angolanisch.

angora [æŋ'gɔ:rə] **I** *adj* Angora-. **II** *n* Angora(wolle *f*) *nt*; (*Tex*) Angoragewebe *nt*; (*~ rabbit, ~ cat, ~ goat*) Angorakaninchen *nt*/-katze/-ziege *f*.

angostura [æŋgə'stjʊərə] *n* (*bark*) Angosturarinde *f*; (*also* ® **~ bitters**) Angosturabitter *m*.

angrily ['æŋgrɪlɪ] *adv* wütend.

angry ['æŋgrɪ] *adj* (*+er*) **1.** verärgert; *letter, look also, animal* wütend. **to be ~ with** *or* **at sb** jdm *or* auf jdn *or* mit jdm böse sein, über jdn verärgert sein; **to be ~ at** *or* **about sth** sich über etw (*acc*) ärgern; **to get ~ (with** *or* **at sb/about sth)** (mit jdm/über etw *acc*) böse werden;

you're not ~, are you? du bist (mir) doch nicht böse(, oder)?; **to be ~ with oneself** sich über sich (*acc*) selbst ärgern, sich (*dat*) selbst böse sein, über sich (*acc*) selbst verärgert sein; **to make sb ~** (*stressing action*) jdn ärgern; (*stressing result*) jdn verärgern; **it makes me so ~** es ärgert mich furchtbar, es macht mich so wütend.

2. (*fig*) *sea* aufgewühlt; *sky, clouds* bedrohlich, finster.

3. (*inflamed*) *wound* entzündet, böse. **an ~ red** hochrot.

angst [æŋst] *n* (Existenz)angst *f*.

anguish ['æŋgwɪʃ] *n* Qual *f*. **to be in ~** Qualen leiden; **her children/the news/the decision caused her great ~** ihre Kinder bereiteten ihr großen Kummer *or* großes Leid/die Nachricht bereitete ihr großen Schmerz/die Entscheidung bereitete ihr große Qual(en).

anguished ['æŋgwɪʃt] *adj* qualvoll.

angular ['æŋgjʊləʳ] *adj* **1.** *shape* eckig; *face, features, prose* kantig. **2.** (*bony*) knochig. **3.** (*awkward*) linkisch, steif.

angularity [ˌæŋgjʊ'lærɪtɪ] *n see adj* **1.** Eckigkeit *f*; Kantigkeit *f*. **2.** Knochigkeit *f*.

aniline ['ænɪliːn] *n* Anilin *nt*. **~ dye** Anilinfarbstoff *m*.

anima ['ænɪmə] *n* (*Psych*) Anima *f*.

animal ['ænɪməl] **I** *n* Tier *nt*; (*as opposed to insects*) Vierbeiner *m*; (*brutal person also*) Bestie *f*. **man is a social ~** der Mensch ist ein soziales Wesen; **a political ~** ein politisches Wesen *nt*; **there's no such ~** (*fig*) so was gibt es nicht! (*inf*).

II *adj attr story, picture* Tier-; *products, cruelty, lust* tierisch. **~ behaviour** (*lit*) das Verhalten der Tiere, tierhaftes Verhalten; (*fig: brutal*) tierisches Verhalten; **~ experiment** Tierversuch *m*; **~ husbandry** Viehwirtschaft *f*; **~ kingdom** Tierreich *nt*, Tierwelt *f*; **~ lover** Tierfreund(in *f*) *m*; **~ magnetism** rein körperliche Anziehungskraft; **~ rights** der Tierschutz; **~ rights activist/campaigner** Tierschützer(in *f*), Tierrechtler(in *f*) *m*.

animate ['ænɪmɪt] **I** *adj* belebt; *creation, creatures* lebend. **II** ['ænɪmeɪt] *vt* (*lit: God*) mit Leben erfüllen; (*fig*) (*enliven*) beleben; (*move to action*) anregen, animieren; (*Film*) animieren. **Disney was the first to ~ cartoons** Disney machte als erster Zeichentrickfilme.

animated ['ænɪmeɪtɪd] *adj* **1.** (*lively*) lebhaft, rege; *discussion, talk also* angeregt. **2.** (*Film*) **~ cartoon** Zeichentrickfilm *m*.

animatedly ['ænɪmeɪtɪdlɪ] *adv* rege; *talk also* angeregt.

animation [ˌænɪ'meɪʃən] *n* Lebhaftigkeit *f*; (*Film*) Animation *f*.

animator ['ænɪmeɪtəʳ] *n* Animator(in *f*) *m*.

animosity [ˌænɪ'mɒsɪtɪ] *n* Animosität (*geh*), Feindseligkeit *f* (*towards* gegenüber, gegen, *between* zwischen +*dat*).

animus ['ænɪməs] *n, no pl* **1.** Feindseligkeit *f*. **2.** (*Psych*) Animus *m*.

anise ['ænɪs] *n* Anis *m*.

aniseed ['ænɪsiːd] *n* (*seed*) Anis(samen) *m*; (*flavouring*) Anis *m*; (*liqueur*) Anislikör *m*. **~ ball** Anisbonbon *m or nt*.

ankle ['æŋkl] *n* Knöchel *m*.

anklebone *n* Sprungbein *nt*; **ankle-deep I** *adj* knöcheltief; **II** *adv* **he was ~ in water** er stand bis an die Knöchel im Wasser; **ankle sock** *n* Söckchen *nt*; **ankle strap** *n* Schuhriemchen *nt*.

anklet ['æŋklɪt] *n* **1.** Fußring *m*, Fußspange *f*. **2.** (*US: sock*) Söckchen *nt*.

annalist ['ænəlɪst] *n* Chronist(in *f*), Geschichtsschreiber(in *f*) *m*.

annals ['ænəlz] *npl* Annalen *pl*; (*of society*) Bericht *m*. **in all the ~ of recorded history** in der gesamten bisherigen Geschichte.

anneal [ə'niːl] *vt glass* kühlen; *metal* ausglühen; *earthenware* brennen; (*fig*) stählen.

annex [ə'neks] **I** *vt* annektieren. **II** ['æneks] *n* **1.** (*to document*) Anhang, Nachtrag *m*. **2.** (*building*) Nebengebäude *nt*, Annex *m*; (*extension*) Anbau *m*.

annexation [ˌænek'seɪʃən] *n* Annexion *f*.

annexe ['æneks] *n see* **annex II 2.**

annihilate [ə'naɪəleɪt] *vt* vernichten; *army also* aufreiben, auslöschen (*geh*); (*fig*) *hope* zerschlagen; *theory* vernichten, zerschlagen; (*inf*) *person, opponent, team* fertigmachen (*inf*), in die Pfanne hauen (*inf*).

annihilation [əˌnaɪə'leɪʃən] *n* Vernichtung, Auslöschung (*geh*) *f*; (*fig: of theory*) Vernichtung, Zerschlagung *f*. **our team's ~** die vollständige Niederlage unserer Mannschaft.

anniversary [ˌænɪ'vɜːsərɪ] *n* Jahrestag *m*; (*wedding ~*) Hochzeitstag *m*. **~ dinner/gift** (Fest)essen *nt*/Geschenk *nt* zum Jahrestag/Hochzeitstag; **the ~ of his death** sein Todestag *m*.

anno Domini ['ænəʊ'dɒmɪnaɪ] *n* **1.** (*abbr* **AD**) nach Christus, anno *or* Anno Domini. **in 53 ~** im Jahre 53 nach Christus. **2.** (*inf: age*) Alter *nt*.

annotate ['ænəʊteɪt] *vt* mit Anmerkungen versehen, kommentieren. **~d text** kommentierter Text.

annotation [ˌænəʊ'teɪʃən] *n* (*no pl: commentary, act*) Kommentar *m*; (*comment*) Anmerkung *f*.

announce [ə'naʊns] *vt* (*lit, fig: person*) bekanntgeben, verkünden; *arrival, departure, radio programme* ansagen; (*over intercom*) durchsagen; (*signal*) anzeigen; (*formally*) *birth, marriage* anzeigen; *coming of spring* ankündigen. **to ~ sb** jdn melden; **the arrival of flight BA 742 has just been ~d** soeben ist die Ankunft des Fluges BA 742 gemeldet worden.

announcement [ə'naʊnsmənt] *n* (*public declaration*) Bekanntgabe, Bekanntmachung *f*; (*of impending event, speaker*) Ankündigung *f*; (*over intercom*) Durchsage *f*; (*giving information: on radio*) Ansage *f*; (*written: of birth, marriage*) Anzeige *f*.

announcer [ə'naʊnsəʳ] *n* (*Rad, TV*) Ansager(in *f*), Radio-/Fernsehsprecher(in *f*) *m*.

annoy [ə'nɔɪ] *vt* (*make angry, irritate*) ärgern; (*get worked up: noise, questions*) aufregen; (*pester*) belästigen. **to be ~ed that …** ärgerlich *or* verärgert sein, weil …; **to be ~ed with sb/about sth** sich über jdn/etw ärgern, (mit) jdm/über etw (*acc*) böse sein; **to get ~ed** sich ärgern, sich aufregen, böse werden; **don't get ~ed** reg dich nicht auf, nur keine Aufregung.

annoyance [əˈnɔɪəns] *n* **1.** *no pl* (*irritation*) Ärger *m*. **to cause (great) ~** (großes) Ärgernis erregen; **to his ~** zu seinem Ärger. **2.** (*nuisance*) Plage, Belästigung *f*, Ärgernis *nt*.

annoying [əˈnɔɪɪŋ] *adj* ärgerlich; *habit* lästig. **the ~ thing (about it) is that …** das Ärgerliche (daran *or* bei der Sache) ist, daß …; **he has an ~ way of speaking slowly** er hat eine Art, langsam zu sprechen, die einen ärgern *or* aufregen kann.

annoyingly [əˈnɔɪɪŋlɪ] *adv* aufreizend. **the bus didn't turn up, rather ~** ärgerlicherweise kam der Bus nicht.

annual [ˈænjʊəl] **I** *n* **1.** (*Bot*) einjährige Pflanze. **2.** (*book*) Jahresalbum *nt*. **II** *adj* (*happening once a year*) jährlich; (*of or for the year*) *salary* Jahres-. **~ accounts** Jahresbilanz *f*; **~ general meeting** Jahreshauptversammlung *f*; **~ report** Geschäftsbericht *m*; **~ ring** (*of tree*) Jahresring *m*.

annually [ˈænjʊəlɪ] *adv* jährlich.

annuity [əˈnjuːɪtɪ] *n* (Leib)rente *f*. **to invest money in an ~** Geld in einer Rentenversicherung anlegen.

annul [əˈnʌl] *vt* annullieren; *law, decree, judgement also* aufheben; *contract, marriage also* auflösen, für ungültig erklären; *will also* für ungültig erklären.

annulment [əˈnʌlmənt] *n see vt* Annullierung *f*; Aufhebung *f*; Auflösung *f*; Ungültigkeitserklärung *f*.

Annunciation [əˌnʌnsɪˈeɪʃən] *n* (*Bibl*) Mariä Verkündigung *f*.

anode [ˈænəʊd] *n* Anode *f*.

anodize [ˈænəˌdaɪz] *vt* anodisch behandeln, anodisieren.

anodyne [ˈænəʊdaɪn] **I** *n* (*Med*) schmerzstillendes Mittel, Schmerzmittel *nt*; (*fig*) Wohltat *f* **II** *adj* (*Med*) schmerzstillend, (*fig*) wohltuend, beruhigend.

anoint [əˈnɔɪnt] *vt* salben. **to ~ sb king** jdn zum König salben.

anomalous [əˈnɒmələs] *adj* anomal, ungewöhnlich.

anomaly [əˈnɒməlɪ] *n* Anomalie *f*; (*in law*) Besonderheit *f*.

anon[1] [əˈnɒn] *adv* (*old*) alsbald (*dial, old*); **see you ~** (*hum*) bis demnächst.

anon[2] [əˈnɒn] *adj abbr of* **anonymous** (*at end of text*) Verfasser unbekannt.

anonymity [ˌænəˈnɪmɪtɪ] *n* Anonymität *f*.

anonymous *adj*, **~ly** *adv* [əˈnɒnɪməs, -lɪ] anonym.

anorak [ˈænəræk] *n* (*Brit*) Anorak *m*.

anorexia (nervosa) [ænəˈreksɪə(nɜːˈvəʊsə)] *n* Magersucht, Anorexie (*spec*) *f*.

anorexic [ænəˈreksɪk] *adj* magersüchtig.

another [əˈnʌðəʳ] **I** *adj* **1.** (*additional*) noch eine(r, s). **~ one** noch eine(r, s); **take ~ ten** nehmen Sie noch (weitere) zehn; **I won't give you ~ chance** ich werde dir nicht noch eine *or* keine weitere Chance geben; **I don't want ~ drink!** ich möchte nichts mehr trinken; **in ~ 20 years he …** noch 20 Jahre, und er …; **without ~ word** ohne ein weiteres Wort; **and (there's) ~ thing** und noch eins, und (da ist) noch (et)was (anderes).

2. (*similar, fig: second*) ein zweiter, eine zweite, ein zweites. **~ Shakespeare** ein zweiter Shakespeare; **there will never be ~ you** für mich wird es nie jemand geben wie dich *or* du.

3. (*different*) ein anderer, eine andere, ein anderes. **that's quite ~ matter** das ist etwas ganz anderes; **~ time** ein andermal; **but maybe there won't be ~ time** aber vielleicht gibt es keine andere Gelegenheit *or* gibt es das nicht noch einmal.

II *pron* ein anderer, eine andere, ein anderes. **have ~!** nehmen Sie (doch) noch einen!; **tell me ~!** (*inf*) Sie können mir sonst was erzählen (*inf*); **what with one thing and ~** bei all dem Trubel; **is this ~ of your brilliant ideas!** ist das wieder so eine deiner Glanzideen!; **she's ~ of his girlfriends** sie ist (auch) eine seiner Freundinnen.

Ansaphone ® [ˈɑːnsəfəʊn] *n* Anrufbeantworter *m*.

ANSI *abbr of* **American National Standards Institute** *amerikanischer Normenausschuß*.

answer [ˈɑːnsəʳ] **I** *n* **1.** (*to* auf *+acc*) Antwort, Entgegnung (*geh*), Erwiderung (*geh*) *f*; (*in exam*) Antwort *f*. **to get an/no ~** Antwort/keine Antwort bekommen; **there was no ~** (*to telephone, doorbell*) es hat sich niemand gemeldet; **the ~ to our prayers** ein Geschenk des Himmels; **there's no ~ to that** (*inf*) was soll man da groß machen/sagen! (*inf*); **Germany's ~ to Concorde** Deutschlands Antwort auf die Concorde; **in ~ to your letter/my question** in Beantwortung Ihres Briefes (*form*)/auf meine Frage hin; **she's always got an ~** sie hat immer eine Antwort parat.

2. (*solution*) Lösung *f* (*to gen*). **his ~ to any difficulty is to ignore it** seine Reaktion auf jedwede Schwierigkeit ist: einfach nicht wahrhaben wollen; **there's no easy ~** es gibt dafür keine Patentlösung; **there's only one ~ for depression …** es gibt nur ein Mittel gegen Depression …

3. (*Jur*) Einlassung (*form*), Stellungnahme *f*. **what is your ~ to the charge?** was haben Sie dazu zu sagen?

II *vt* **1.** antworten auf (*+acc*), erwidern auf (*+acc*) (*geh*); *person* antworten (*+dat*); *exam questions* beantworten, antworten auf (*+acc*); *objections, criticism also* beantworten. **will you ~ that?** (*phone, door*) gehst du ran/hin?; **to ~ the telephone/bell** *or* **door** das Telefon abnehmen, rangehen (*inf*)/die Tür öffnen *or* aufmachen, hingehen (*inf*); **who ~ed the phone?** wer war dran (*inf*) *or* am Apparat?; (*here at this end*) wer hat den Anruf entgegengenommen?; **shall I**

~ **it?** (*phone*) soll ich rangehen?; (*door*) soll ich hingehen?; **to ~ the call of nature** (*also hum*)/**of duty** dem Ruf der Natur/der Pflicht folgen; **5,000 men ~ed the call for volunteers** 5.000 Männer meldeten sich auf den Freiwilligenaufruf hin; **the fire brigade ~ed the alarm call** die Feuerwehr rückte auf den Alarm hin aus; **..., he ~ed** ..., antwortete er; **~ me!** antworte (mir)!, antworten Sie!

2. (*fulfil*) *description* entsprechen (+*dat*); *hope, expectation also* erfüllen; *prayer* (*God*) erhören; *need* befriedigen. **people who ~ that description** Leute, auf die diese Beschreibung paßt *or* zutrifft; **this ~ed our prayers** das war (wie) ein Geschenk des Himmels.

3. (*Jur*) *charge* sich verantworten wegen (+*gen*).

III *vi* **1.** (*also react*) antworten. **if the phone rings, don't ~** wenn das Telefon läutet, geh nicht ran *or* nimm nicht ab.

2. (*suffice*) geeignet *or* brauchbar sein, taugen.

◆**answer back I** *vi* widersprechen; (*children also*) patzige *or* freche Antworten geben. **don't ~ ~!** keine Widerrede!; **it's not fair to criticize him because he can't ~ ~** es ist unfair, ihn zu kritisieren, weil er sich nicht verteidigen kann.

II *vt sep* **to ~ sb ~** jdm widersprechen; (*children also*) jdm patzige *or* freche Antworten geben.

◆**answer for** *vi +prep obj* **1.** (*be responsible for*) verantwortlich sein für; (*person also*) verantworten; *mistakes also* einstehen für. **he has a lot to ~ ~** er hat eine Menge auf dem Gewissen.

2. (*guarantee*) sich verbürgen für; (*speak for also*) sprechen für. **to ~ ~ the truth of sth** für die Wahrheit von etw einstehen.

◆**answer to** *vi +prep obj* **1.** (*be accountable to*) **to ~ ~ sb for sth** jdm für etw *or* wegen einer Sache (*gen*) Rechenschaft schuldig sein.

2. to ~ ~ a description einer Beschreibung entsprechen.

3. to ~ ~ the name of ... auf den Namen ... hören.

4. to ~ ~ the wheel/helm/controls auf das Steuer/das Ruder/die Steuerung ansprechen.

answerable ['ɑːnsərəbl] *adj* **1.** *question* beantwortbar, zu beantworten *pred*; *charge, argument* widerlegbar.

2. (*responsible*) verantwortlich. **to be ~ to sb (for sth)** jdm gegenüber für etw verantwortlich sein; **parents are ~ for their children's behaviour** Eltern haften für ihre Kinder.

answer-back (code) ['ɑːnsəbæk(ˌkəʊd)] *n* (*for telex*) Kennung *f*.

answerer ['ɑːnsərəʳ] *n* Antwortende(r) *mf*.

answering machine ['ɑːnsərɪŋmə'ʃiːn] *n* (automatischer) Anrufbeantworter.

answer paper *n* (*in exam*) Lösung *f*, Antwortbogen *m*.

answerphone ['ɑːnsəfəʊn] *n* Anrufbeantworter *m*.

ant [ænt] *n* Ameise *f*. **to have ~s in one's pants** (*inf*) Pfeffer *or* Hummeln im Hintern haben (*sl*), kein Sitzfleisch haben.

antacid ['ænt'æsɪd] *n* säurebindendes Mittel.

antagonism [æn'tægənɪzəm] *n* (*between people, theories*) Antagonismus *m*; (*towards sb, ideas, a suggestion, change*) Feindseligkeit, Feindlichkeit *f* (*to*(*wards*) gegenüber). **to arouse sb's ~** jdn gegen sich aufbringen.

antagonist [æn'tægənɪst] *n* Kontrahent(in *f*), Gegner(in *f*), Antagonist(in *f*) *m*; (*esp Pol*) Gegenspieler(in *f*) *m*.

antagonistic [ænˌtægə'nɪstɪk] *adj reaction, attitude* feindselig; *force* gegnerisch, feindlich; *interests* widerstreitend, antagonistisch. **to be ~ to** *or* **towards sb/sth** jdm/gegen etw feindselig gesinnt sein.

antagonize [æn'tægənaɪz] *vt person* gegen sich aufbringen *or* stimmen; (*annoy*) verärgern.

antarctic [ænt'ɑːktɪk] **I** *adj* antarktisch, der Antarktis. **A~ Circle** südlicher Polarkreis; **A~ Ocean** Südpolarmeer *nt*. **II** *n*: **the A~** die Antarktis.

Antarctica [ænt'ɑːktɪkə] *n* die Antarktis.

ante ['æntɪ] **I** *n* (*Cards*) Einsatz *m*. **to up the ~** (*fig inf*) den Einsatz erhöhen. **II** *vt* (*also* **~ up**) einsetzen. **III** *vi* setzen, seinen Einsatz machen.

ante- *pref* vor-.

anteater ['æntˌiːtəʳ] *n* Ameisenbär, Ameisenfresser *m*.

antecedent [ˌæntɪ'siːdənt] **I** *adj* früher. **the crisis and its ~ events** die Krise und die ihr vorangehenden *or* vorausgehenden Ereignisse. **II** *n* **1. ~s** (*of person*) (*past history*) Vorleben *nt*; (*ancestry*) Abstammung *f*; (*of event*) Vorgeschichte *f*. **2.** (*Gram*) Bezugswort *nt*.

antechamber *n* Vorzimmer *nt*; **antedate** *vt document, cheque* vordatieren (*to* auf +*acc*); *event* vorausgehen (+*dat*) (*by* um); **antediluvian** [ˌæntɪdɪ'luːvɪən] *adj* (*lit, fig inf*) vorsintflutlich.

antelope ['æntɪləʊp] *n* Antilope *f*.

ante meridiem [ˌæntɪmə'rɪdɪəm] *adv* (*abbr* **am**) vormittags.

antenatal ['æntɪ'neɪtl] *adj* vor der Geburt, pränatal (*form*). **~ care/exercises** Schwangerschaftsfürsorge *f*/-übungen *pl*; **~ class** *or* **clinic** Sprechstunde *f* für Schwangere *or* für werdende Mütter.

antenna [æn'tenə] *n* **1.** *pl* **-e** [æn'teniː] (*Zool*) Fühler *m*. **2.** *pl* **-e** *or* **-s** (*Rad, TV*) Antenne *f*.

anterior [æn'tɪərɪəʳ] *adj* **1.** (*prior*) früher (*to* als). **to be ~ to** vorangehen (+*dat*), vorausgehen (+*dat*). **2.** (*Anat*) vordere(r, s). **~ brain** Vorderhirn *nt*.

anteroom ['æntɪruːm] *n* Vorzimmer *nt*.

anthem ['ænθəm] *n* Hymne *f*; (*by choir*) Chorgesang *m*.

anther ['ænθəʳ] *n* (*Bot*) Staubbeutel *m*.

anthill ['æntˌhɪl] *n* Ameisenhaufen *m*.

anthology [æn'θɒlədʒɪ] *n* Anthologie *f*.

anthracite ['ænθrəsaɪt] *n* Anthrazit *m*.

anthrax ['ænθræks] *n* (*Med, Vet*) Anthrax (*spec*), Milzbrand *m*.

anthropoid ['ænθrəʊpɔɪd] **I** *n* Anthropoid

m (*spec*); (*ape*) Menschenaffe *m*. **II** *adj* anthropoid (*spec*).

anthropological [ˌænθrəpəˈlɒdʒɪkəl] *adj* anthropologisch.

anthropologist [ˌænθrəˈpɒlədʒɪst] *n* Anthropologe *m*, Anthropologin *f*.

anthropology [ˌænθrəˈpɒlədʒɪ] *n* Anthropologie *f*.

anti [ˈæntɪ] (*inf*) **I** *adj pred* in Opposition (*inf*). **are you in favour? — no, I'm ~** bist du dafür? — nein, ich bin dagegen. **II** *prep* gegen (+*acc*). **~ everything** grundsätzlich gegen alles.

anti *in cpds* Anti-, anti-; **anti-abortion** *adj* Anti-Abtreibungs-; **anti-abortionist** *n* Abtreibungsgegner(in *f*) *m*; **anti-aircraft** *adj gun, rocket* Flugabwehr-; **~ gun/fire** Flak(geschütz *nt*) *f*/Flakfeuer *nt*; **antiballistic** *adj*: **~ missile** Anti-Raketen-Rakete *f*; **antibiotic** [ˌæntɪbaɪˈɒtɪk] **I** *n* Antibiotikum *nt*; **II** *adj* antibiotisch; **antibody** *n* Antikörper *m*.

antic [ˈæntɪk] *n see* **antics**.

Antichrist [ˈæntɪkraɪst] *n* Antichrist *m*.

anticipate [ænˈtɪsɪpeɪt] **I** *vt* **1.** (*expect*) erwarten.

2. (*see in advance*) vorausberechnen, vorhersehen; (*see in advance and cater for*) *objection, need* zuvorkommen (+*dat*). **don't ~ what I'm going to say** nimm nicht vorweg, was ich noch sagen wollte.

3. (*do before sb else*) zuvorkommen (+*dat*). **a phrase which ~s a later theme** eine Melodie, die auf ein späteres Thema vor(aus)greift.

4. (*do, use, act on prematurely*) *income* im voraus ausgeben; *inheritance* im voraus in Anspruch nehmen.

II *vi* (*manager, driver, chess-player*) vorauskalkulieren.

anticipation [ænˌtɪsɪˈpeɪʃən] *n* **1.** (*expectation*) Erwartung *f*. **thanking you in ~** herzlichen Dank im voraus; **to wait in ~** gespannt warten; **we took our umbrellas in ~ of rain** wir nahmen unsere Schirme mit, weil wir mit Regen rechneten.

2. (*seeing in advance*) Vorausberechnung *f*. **impressed by the hotel's ~ of our wishes** beeindruckt, wie man im Hotel unseren Wünschen zuvorkommt/zuvorkam; **the driver showed good ~** der Fahrer zeigte *or* bewies gute Voraussicht.

3. (*of discovery, discoverer*) Vorwegnahme *f*; (*Mus: of theme*) Vorgriff *m* (*of* auf +*acc*).

anticipatory [ænˈtɪsɪˌpeɪtərɪ] *adj* vorwegnehmend.

anticlerical *adj* antiklerikal, kirchenfeindlich; **anticlimactic** *adj* enttäuschend; **anticlimax** *n* Enttäuschung *f*; (*no pl: Liter*) Antiklimax *f*; **anticlockwise** **I** *adj movement, direction* Links-; **II** *adv* nach links, gegen den Uhrzeigersinn *or* die Uhrzeigerrichtung; **anticoagulant** [ˌæntɪkəʊˈægjʊlənt] **I** *n* Antikoagulans *nt* (*spec*); **II** *adj* antikoagulierend (*spec*), blutgerinnungshemmend; **anticorrosive** *adj paint* Korrosionsschutz-.

antics [ˈæntɪks] *npl* Eskapaden *pl*; (*tricks*) Possen, Streiche *pl*; (*irritating behaviour*) Mätzchen *pl* (*inf*). **he's up to his old ~ again** er macht wieder seine Mätzchen (*inf*).

anticyclone *n* Antizyklone *f*, Hoch(druckgebiet) *nt*; **anti-dandruff** *adj shampoo* gegen Schuppen; **anti-dazzle** *adj* blendfrei; **antidepressant** **I** *n* Antidepressivum *nt*; **II** *adj* antidepressiv; **antidote** [ˈæntɪdəʊt] *n* (*Med, fig*) Gegenmittel, Antidot (*spec*) *nt* (*against, to, for* gegen); **antifreeze** *n* Frostschutz(mittel *nt*) *m*.

anti-hero *n* Antiheld *m*; **antihistamine** *n* Antihistamin(ikum) *nt*; **antiknock** **I** *adj* Antiklopf-; **II** *n* Antiklopfmittel *nt*; **anti-lock** *adj brakes, mechanism* Blockierschutz-; **anti-lock braking system** *n* Blockierschutz-Bremssystem *nt*; **antilog(arithm)** *n* Antilogarithmus, Numerus *m*; **antimacassar** *n* (Sessel-/Sofa)schoner *m*; **antimalarial** **I** *adj* gegen Malaria; **II** *n* Malariamittel *nt*; **anti-marketeer** *n* EG-Gegner(in *f*) *m*; **antimatter** *n* Antimaterie *f*; **antimissile** *adj* Raketenabwehr-.

anti-nuclear *adj* (*against nuclear energy*) Anti-Atom(kraft)-; (*against nuclear weapons*) Anti-Atomwaffen-. **the ~ lobby/protesters** die Atomkraftgegner *pl*; die Atomwaffengegner *pl*.

antipasto [ˌæntɪˈpæstəʊ] *n* italienische Vorspeise.

antipathetic [ˌæntɪpəˈθetɪk] *adj* **to be ~ to sb/sth** eine Antipathie *or* Abneigung gegen jdn/etw haben; **sb/sth is ~ to sb** (*arouses antipathy in*) jd/etw ist jdm unsympathisch.

antipathy [ænˈtɪpəθɪ] *n* Antipathie, Abneigung *f* (*towards* gegen, *between* zwischen +*dat*).

anti-personnel *adj* gegen Menschen gerichtet; **~ bomb/mine** Splitterbombe *f*/Schützenmine *f*; **antiperspirant** *n* Antitranspirant *nt*.

antipodean [ænˌtɪpəˈdiːən], (*US*) **antipodal** [ænˈtɪpədəl] *adj* antipodisch; (*Brit*) australisch und neuseeländisch.

antipodes [ænˈtɪpədiːz] *npl* (diametral) entgegengesetzte Teile der Erde. **A~** (*Brit*) Australien und Neuseeland; (*Geog*) Antipoden-Inseln *pl*.

antipope [ˈæntɪˌpəʊp] *n* (*Hist*) Gegenpapst *m*.

antiquarian [ˌæntɪˈkwɛərɪən] **I** *adj books* antiquarisch; *coins also* alt; *studies* des Altertums, der Antike. **~ bookshop** Antiquariat *nt*. **II** *n see* **antiquary**.

antiquary [ˈæntɪkwərɪ] *n* (*collector*) Antiquitätensammler(in *f*) *m*; (*seller*) Antiquitätenhändler(in *f*) *m*.

antiquated [ˈæntɪkweɪtɪd] *adj* antiquiert; *machines, ideas also* überholt; *institutions also* veraltet.

antique [ænˈtiːk] **I** *adj* antik. **II** *n* Antiquität *f*.

antique dealer *n* Antiquitätenhändler(in *f*) *m*; **antique shop** *n* Antiquitätengeschäft *nt or* -laden *m*.

antiquity [ænˈtɪkwɪtɪ] *n* **1.** (*ancient times*) das Altertum; (*Roman, Greek ~*) die Antike. **2.** (*great age*) großes Alter. **3.**

antiquities *pl* (*old things*) Altertümer *pl*.
anti-riot *adj police* Bereitschafts-; **anti-roll bar** *n* (*Brit Aut*) Stabilisator *m*.
anti-rust *adj* Rostschutz-; **anti-Semite** *n* Antisemit(in *f*) *m*; **anti-Semitic** *adj* antisemitisch; **anti-Semitism** *n* Antisemitismus *m*; **antiseptic I** *n* Antiseptikum *nt*; **II** *adj* (*lit, fig*) antiseptisch; **anti-skid** *adj* rutschsicher; **antislavery** *adj attr* Antisklaverei-; *speech* gegen die Sklaverei; *politician, groups* Abolitions-; **antisocial** *adj person, behaviour etc* unsozial; (*Psych, Sociol*) asozial; **don't be ~** (*don't be a spoilsport*) sei kein Spielverderber; (*don't be aloof*) mach doch mit; **may I smoke or would that be ~?** darf ich rauchen oder stört das?; **antistatic** *adj* antistatisch; **antitank** *adj gun, fire* Panzerabwehr-; **~ ditch/obstacle** Panzersperre *f*; **anti-terrorist** *adj squad, measures* zur Terrorismusbekämpfung; *bill* Anti-Terrorismus-; **anti-theft device** *n* Diebstahlsicherung *f*.
antithesis [æn'tɪθɪsɪs] *n, pl* **antitheses** [æn'tɪθɪsiːz] (*direct opposite*) genaues Gegenteil (*to, of gen*); (*of idea, in rhetoric*) Antithese *f* (*to, of* zu) (*form*); (*contrast*) Gegensatz *m*.
antithetic(al) [ˌæntɪ'θetɪk(əl)] *adj* (*contrasting*) gegensätzlich; *ideas also, phrases* antithetisch (*form*); *idea* entgegengesetzt.
antitoxin *n* Gegengift, Antitoxin *nt*; **antitrade (wind)** *n* Anti-Passat(wind) *m*; **antitrust** *adj* (*US*) Antitrust-; **~ legislation** Kartellgesetzgebung *f*; **antivivisectionism** *n* Ablehnung *f* der Vivisektion; **antivivisectionist I** *n* Gegner(in *f*) *m* der Vivisektion; **II** *adj* **his ~ views** seine ablehnende Haltung der Vivisektion gegenüber; **anti-wrinkle** *adj cream* Antifalten-.
antler ['æntlə^r] *n* Geweihstange *f*. **(set** *or* **pair of) ~s** Geweih *nt*.
antonym ['æntənɪm] *n* Antonym, Gegenwort (*geh*) *nt*.
Antwerp ['æntwɜːp] *n* Antwerpen *nt*.
anus ['eɪnəs] *n* After, Anus (*spec*) *m*.
anvil ['ænvɪl] *n* Amboß *m* (*also Anat*).
anxiety [æŋ'zaɪətɪ] *n* **1.** Sorge *f*. **to feel ~** sich (*dat*) Sorgen machen (*about* um, *at* wegen); **no cause for ~** kein Grund zur Sorge *or* Besorgnis; **to cause sb ~** jdm Sorgen machen; **~ neurosis** (*Psych*) Angstneurose *f*.
2. (*keen desire*) Verlangen *nt*. **in his ~ to get away** weil er unbedingt wegkommen wollte.
anxious ['æŋkʃəs] *adj* **1.** (*worried*) besorgt; *person* (*as character trait*), *thoughts* ängstlich. **to be ~ about sb/sth** sich (*dat*) um jdn/etw Sorgen machen, um jdn/etw besorgt sein.
2. (*worrying*) *moment, minutes* der Angst, bang (*geh*). **it's been an ~ time for us all** wir alle haben uns (in dieser Zeit) große Sorgen gemacht.
3. (*strongly desirous*) **to be ~ for sth** auf etw (*acc*) aussein; **to be ~ to do sth** bestrebt sein *or* darauf aussein, etw zu tun; **they were ~ to start/for his return** sie warteten sehr darauf abzufahren/auf seine Rückkehr.
anxiously ['æŋkʃəslɪ] *adv* **1.** besorgt. **2.** (*keenly*) gespannt.
anxiousness ['æŋkʃəsnɪs] *n, no pl see* **anxiety.**
any ['enɪ] **I** *adj* **1.** (*in interrog, conditional, neg sentences*) *not translated*; (*emph: ~ at all*) (*with sing n*) irgendein(e); (*with pl n*) irgendwelche; (*with uncountable n*) etwas. **not ~** kein/keine; **not *any* ... at all** überhaupt kein/keine ...; **if I had ~ plan/ideas/money** wenn ich einen Plan/Ideen/Geld hätte; **if I had *any* plan/ideas/money (at all)** wenn ich irgendeinen Plan/irgendwelche Ideen/(auch nur) etwas Geld hätte; **if you think it'll do ~ good/*any* good (at all)** wenn du glaubst, daß es etwas/irgend etwas nützt; **it won't do ~ good** es wird nichts nützen; **you mustn't do that on ~ account** das darfst du auf gar keinen Fall tun; **without ~ difficulty (at all)** ohne jede Schwierigkeit.
2. (*no matter which*) jede(r, s) (beliebige); (*with pl or uncountable n*) alle. **~ one will do** es ist jede(r, s) recht; **you can have ~ book/books you can find** du kannst jedes Buch/alle Bücher haben, das/die du finden kannst; **take ~ two points** wähle zwei beliebige Punkte; **~ one you like** was du willst; **you can't just/can come at ~ time** du kannst nicht einfach zu jeder beliebigen Zeit kommen/du kannst jederzeit kommen; **~ fool could do that** das kann jedes Kind; **~ old ...** (*inf*) jede(r, s) x-beliebige ... (*inf*); *see* **old.**
II *pron* **1.** (*in interrog, conditional, neg sentences*) (*replacing sing n*) ein(e), welche(r, s); (*replacing pl n*) einige, welche; (*replacing uncountable n*) etwas, welche. **I want to meet psychologists/a psychologist, do you know ~?** ich würde gerne Psychologen/einen Psychologen kennenlernen, kennen Sie welche/einen?; **I need some butter/stamps, do you have ~?** ich brauche Butter/Briefmarken, haben Sie welche?; **haven't you ~ (at all)?** haben Sie (denn) (gar *or* überhaupt) keinen/keine/keines?; **he wasn't having ~ (of it/that)** (*inf*) er wollte nichts davon hören; **the profits, if ~** die eventuellen Gewinne; **I'd like some tea/tomatoes if you have ~** ich hätte gerne Tee, wenn Sie welchen haben/Tomaten, wenn Sie welche haben; **few, if ~, will come** wenn überhaupt, werden nur wenige kommen.
2. (*no matter which*) alle. **~ who do come ...** alle, die kommen ...
III *adv* **1.** *colder, bigger etc* noch. **not ~ colder/bigger** nicht kälter/größer; **it won't get ~ colder** es wird nicht mehr kälter; **we can't go ~ further** wir können nicht mehr weitergehen; **are you feeling ~ better?** geht es dir etwas besser?; **he wasn't ~ too pleased** er war nicht allzu begeistert; **do you want ~ more soup?** willst du noch etwas Suppe?; **I don't want ~ more (at all)** ich möchte (überhaupt *or* gar) nichts mehr.
2. (*esp US inf: at all*) überhaupt. **it**

didn't help them ~ es hat ihnen gar *or* überhaupt nichts genützt.

anybody ['enɪˌbɒdɪ] **I** *pron* **1.** (irgend) jemand, (irgend)eine(r). **not ... ~** niemand, keine(r); **is ~ there?** ist (irgend) jemand da?; **I can't see ~** ich kann niemand(en) *or* keinen sehen; **don't tell ~** erzähl das niemand(em) *or* keinem.

2. (*no matter who*) jede(r). **~ with any sense** jeder halbwegs vernünftige Mensch; **it's ~'s game/race** das Spiel/Rennen kann von jedem gewonnen werden; **is there ~ else I can talk to?** gibt es sonst jemand(en), mit dem ich sprechen kann?; **I don't want to see ~ else** ich möchte niemand anderen sehen.

II *n* (*person of importance*) jemand, wer (*inf*). **he's not just ~** er ist nicht einfach irgendwer *or* irgend jemand; **everybody who is ~ was there** alles, was Rang und Namen hat, war dort.

anyhow ['enɪhaʊ] *adv* **1.** (*at any rate*) jedenfalls; (*regardless*) trotzdem. **~, that's what I think** das ist jedenfalls meine Meinung; **~, you're here now** jetzt bist du jedenfalls da; **he agrees ~, so it doesn't matter** er ist sowieso einverstanden, es spielt also keine Rolle; **I told him not to, but he did it ~** ich habe es ihm verboten, aber er hat es trotzdem gemacht; **who cares, ~?** überhaupt, wen kümmert es denn schon?; **~!** gut!, na ja!

2. (*carelessly*) irgendwie; (*at random also*) aufs Geratewohl. **the papers were scattered ~ on his desk** die Papiere lagen bunt durcheinander auf seinem Schreibtisch.

anyone ['enɪwʌn] *pron, n see* **anybody.**

anyplace ['enɪpleɪs] *adv* (*US inf*) *see* **anywhere.**

anyroad ['enɪrəʊd] *adv* (*N Engl*) *see* **anyhow 1.**

anything ['enɪθɪŋ] **I** *pron* **1.** (irgend) etwas. **not ~** nichts; (*emph*) gar *or* überhaupt nichts; **did/didn't he say ~ else?** hat er (sonst) noch etwas/sonst (gar) nichts gesagt?; **did/didn't they give you ~ at all?** haben sie euch überhaupt etwas/überhaupt nichts gegeben?; **are you doing ~ tonight?** hast du heute abend schon etwas vor?; **hardly ~** kaum etwas.

2. (*no matter what*) alles. **~ you like** (alles,) was du willst; **they eat ~** sie essen alles; **not just ~** nicht bloß irgend etwas; **I wouldn't do it for ~** ich würde es um keinen Preis tun; **this is ~ but pleasant** das ist alles andere als angenehm; **~ but that!** alles, nur das nicht!; **~ but!** von wegen!; *see* **if, go, like[1] II.**

II *adv* (*inf*) **it isn't ~ like him** das sieht ihm überhaupt nicht ähnlich *or* gleich; **it didn't cost ~ like £100** es kostete bei weitem keine £ 100; **if it costs ~ like as much as before ...** wenn es auch nur annähernd so viel kostet wie früher ...

anyway ['enɪweɪ], (*US dial*) **anyways** *adv see* **anyhow 1.**; *see also* **way.**

anywhere ['enɪweəʳ] *adv* **1.** *be, stay, live* irgendwo; *go, travel* irgendwohin. **not ~** nirgends/nirgendwohin; **too late to go ~** zu spät, um (noch) irgendwohin zu gehen; **we never go ~** wir gehen nie (irgend)wohin; **I haven't found ~ to live/to put my books yet** ich habe noch nichts gefunden, wo ich wohnen/meine Bücher unterbringen kann; **I wasn't getting ~** ich kam (einfach) nicht weiter; **there could be ~ between 50 and 100 people** es könnten (schätzungsweise) 50 bis 100 Leute sein.

2. (*no matter where*) *be, stay, live* überall; *go, travel* überallhin. **they could be ~** sie könnten überall sein; **~ you like** wo/wohin du willst.

AOCB *abbr of* **any other competent business** Sonstiges.

aorta [eɪ'ɔːtə] *n* Aorta *f*.

apace [ə'peɪs] *adv* geschwind (*geh*).

Apache [ə'pætʃɪ] **I** *n* **1.** Apache *m*, Apachin *f*. **2.** (*language*) Apache *nt*. **II** *adj* Apachen-, der Apachen.

apart [ə'pɑːt] *adv* **1.** auseinander. **to stand with one's feet ~/to sit with one's legs ~** mit gespreizten Beinen dastehen/dasitzen; **I can't tell them ~** ich kann sie nicht auseinanderhalten; **to live ~** getrennt leben; **they're still far** *or* **miles ~** (*fig*) ihre Meinungen klaffen *or* gehen immer noch weit auseinander; **to come** *or* **fall ~** entzweigehen, auseinanderfallen; **to take sth ~** etw auseinandernehmen.

2. (*to one side*) zur Seite, beiseite; (*on one side*) abseits (*from gen*). **a class/thing ~** eine Klasse/Sache für sich.

3. (*excepted*) abgesehen von, bis auf (*+acc*). **these problems ~** abgesehen von *or* außer diesen Problemen; **~ from that there's nothing else wrong with it** abgesehen davon *or* bis auf das ist alles in Ordnung; **~ from that, the gearbox is also faulty** außerdem ist (auch) das Getriebe schadhaft.

apartheid [ə'pɑːteɪt] *n* Apartheid *f*.

apartment [ə'pɑːtmənt] *n* **1.** (*Brit: room*) Raum *m*. **2. ~s** *pl* (*Brit: suite of rooms*) Appartement *nt*. **3.** (*esp US: flat*) Wohnung *f*. **~ house** *or* (*US*) **block** *or* (*US*) **building** Wohnblock *m*.

apathetic [ˌæpə'θetɪk] *adj* apathisch, teilnahmslos.

apathetically [ˌæpə'θetɪkəlɪ] *adv see adj.*

apathy ['æpəθɪ] *n* Apathie, Teilnahmslosigkeit *f*.

APB (*US*) *abbr of* **all points bulletin. to put out an ~ on sb** nach jdm eine Fahndung einleiten.

ape [eɪp] **I** *n* (*lit, fig*) Affe *m*. **to go ~** (*inf*) verrückt werden (*inf*), aus der Haut fahren. **II** *vt* nachäffen (*pej*), nachmachen.

apéritif [əˌperɪ'tiːf], **aperitive** [ə'perɪtɪv] *n* Aperitif *m*.

aperture ['æpətʃjʊəʳ] *n* Öffnung *f*; (*Phot*) Blende *f*.

apex ['eɪpeks] *n, pl* **-es** *or* **apices** Spitze *f*; (*fig*) Höhepunkt *m*.

aphid ['eɪfɪd] *n* Blattlaus *f*.

aphorism ['æfərɪzəm] *n* Aphorismus *m*.

aphoristic [ˌæfə'rɪstɪk] *adj* aphoristisch.

aphrodisiac [ˌæfrəʊ'dɪzɪæk] **I** *n* Aphrodisiakum *nt*. **II** *adj* aphrodisisch.

apiarist ['eɪpɪəˌrɪst] *n* Bienenzüchter(in *f*), Imker(in *f*) *m*.

apiary ['eɪpɪərɪ] *n* Bienenhaus *nt*.

apices ['eɪpɪsiːz] *pl of* **apex.**

apiculture ['eɪpɪˌkʌltʃəʳ] *n* (*form*) Bienenzucht, Imkerei *f*.

apiece [ə'piːs] *adv* pro Stück; (*per person*) pro Person. **I gave them two ~** ich gab ihnen je zwei.

aplomb [ə'plɒm] *n* Gelassenheit *f*.

apocalypse [ə'pɒkəlɪps] *n* Apokalypse *f*. **the A~** (*Bibl*) die Apokalypse.

apocalyptic [əˌpɒkə'lɪptɪk] *adj* apokalyptisch.

apocryphal [ə'pɒkrɪfəl] *adj* apokryph; (*of unknown authorship*) anonym. **this story, which is almost certainly ~ ...** diese Geschichte, die höchstwahrscheinlich jeder Wahrheit entbehrt ...

apogee ['æpəʊdʒiː] *n* (*Astron*) Apogäum *nt*, Erdferne *f*; (*fig: apex*) Höhepunkt *m*.

apolitical [ˌeɪpə'lɪtɪkəl] *adj* apolitisch.

Apollo [ə'pɒləʊ] *n* (*Myth*) Apollo *m*; (*fig also*) Apoll *m*.

apologetic [əˌpɒlə'dʒetɪk] *adj* (*making an apology*) *gesture, look* entschuldigend *attr*; (*sorry, regretful*) bedauernd *attr*. **a very ~ Mr Smith rang back** Herr Smith rief zurück und entschuldigte sich sehr; **I'm afraid you didn't win, he said with an ~ look** es tut mir leid, aber Sie haben nicht gewonnen, sagte er mit bedauernder Miene; **he was most ~ (about it)** er entschuldigte sich vielmals (dafür); **his tone/expression was very ~** sein Ton war sehr bedauernd/seine Miene drückte deutlich sein Bedauern aus.

apologetically [əˌpɒlə'dʒetɪkəlɪ] *adv see adj*.

apologia [ˌæpə'ləʊdʒɪə] *n* Rechtfertigung, Apologie (*also Philos*) *f*.

apologize [ə'pɒlədʒaɪz] *vi* sich entschuldigen (*to* bei). **to ~ for sb/sth** sich für jdn/etw entschuldigen.

apology [ə'pɒlədʒɪ] *n* **1.** (*expression of regret*) Entschuldigung *f*. **to make** *or* **offer sb an ~** jdn um Verzeihung bitten; **to make one's apologies** sich entschuldigen; **Mr Jones sends his apologies** Herr Jones läßt sich entschuldigen; **I owe you an ~** ich muß dich um Verzeihung bitten; **I make no ~ for the fact that ...** ich entschuldige mich nicht dafür, daß ...

2. (*defence*) Rechtfertigung, Apologie *f*.

3. (*poor substitute*) trauriges *or* armseliges Exemplar (*for gen*). **an ~ for a breakfast** ein armseliges Frühstück.

apoplectic [ˌæpə'plektɪk] *adj* (*Med*) apoplektisch; *person also* zu Schlaganfällen neigend; (*inf*) cholerisch. **~ fit** *or* **attack** (*Med*) Schlaganfall *m*; **he was ~ with rage** (*inf*) er platzte fast vor Wut (*inf*).

apoplexy ['æpəpleksɪ] *n* Apoplexie *f* (*spec*), Schlaganfall *m*.

apostasy [ə'pɒstəsɪ] *n* Abfall *m*; (*Rel also*) Apostasie *f* (*form*).

apostate [ə'pɒstɪt] **I** *n* Abtrünnige(r) *mf*. **II** *adj* abtrünnig, abgefallen.

apostle [ə'pɒsl] *n* (*lit, fig*) Apostel *m*. **the A~s' Creed** das Apostolische Glaubensbekenntnis.

apostolic [ˌæpəs'tɒlɪk] *adj* apostolisch.

apostrophe [ə'pɒstrəfɪ] *n* (*Gram*) Apostroph *m*.

apothecary [ə'pɒθɪkərɪ] *n* (*old*) Apotheker(in *f*) *m*.

appal, (*US also*) **appall** [ə'pɔːl] *vt* entsetzen. **to be ~led (at** *or* **by sth)** (über etw *acc*) entsetzt sein.

Appalachian Mountains [ˌæpə'leɪtʃɪən'maʊntɪnz], **Appalachians** [ˌæpə'leɪtʃɪənz] *npl* Appalachen *pl*.

appalling *adj*, **~ly** *adv* [ə'pɔːlɪŋ, -lɪ] entsetzlich.

apparatus [ˌæpə'reɪtəs] *n* (*lit, fig*) Apparat *m*; (*equipment also*) Ausrüstung *f*; (*in gym*) Geräte *pl*. **a piece of ~** ein Gerät *nt*.

apparel [ə'pærəl] **I** *n, no pl* (*liter, US Comm*) Gewand *nt* (*old, liter*), Kleidung *f*. **II** *vt usu pass* (*old*) gewanden (*old*).

apparent [ə'pærənt] *adj* **1.** (*clear, obvious*) offensichtlich, offenbar. **to be ~ to sb** jdm klar sein, für jdn offensichtlich sein; **to become ~** sich (deutlich) zeigen. **2.** (*seeming*) scheinbar.

apparently [ə'pærəntlɪ] *adv* anscheinend.

apparition [ˌæpə'rɪʃən] *n* **1.** (*ghost, hum: person*) Erscheinung *f*. **2.** (*appearance*) Erscheinen *nt*.

appeal [ə'piːl] **I** *n* **1.** (*request: for help, money*) Aufruf, Appell *m*, (dringende) Bitte (*for* um); (*for mercy*) Gesuch *nt* (*for* um). **~ for funds** Spendenappell *or* -aufruf *m or* -aktion *f*; **to make an ~ to sb (to do sth)/to sb for sth** an jdn appellieren(, etw zu tun)/jdn um etw bitten; (*charity, organization*) einen Appell *or* Aufruf an jdn richten/jdn zu etw aufrufen.

2. (*supplication*) Flehen *nt*.

3. (*against decision*) Einspruch *m*; (*Jur: against sentence*) Berufung *f*; (*actual trial*) Revision *f*, Revisionsverfahren *nt*. **he lost his ~** er verlor in der Berufung; **to lodge an ~** Einspruch erheben; (*Jur*) Berufung einlegen (*with* bei); **right of ~** Einspruchsrecht *nt*; (*Jur*) Berufungsrecht *nt*; **Court of A~** Berufungsgericht *nt*.

4. (*for decision, support*) Appell, Aufruf *m*.

5. (*power of attraction*) Reiz *m* (*to* für), Anziehungskraft *f* (*to* auf +*acc*). **his music has a wide ~** seine Musik spricht viele Leute *or* weite Kreise an *or* findet großen Anklang; **skiing has lost its ~ (for me)** Skifahren hat seinen Reiz (für mich) verloren.

II *vi* **1.** (*make request*) (dringend) bitten, ersuchen (*geh*). **to ~ to sb for sth** jdn um etw bitten *or* ersuchen (*geh*); **to ~ to the public to do sth** die Öffentlichkeit (dazu) aufrufen, etw zu tun.

2. (*against decision: to authority*) Einspruch erheben (*to* bei); (*Jur*) Berufung einlegen (*to* bei). **he was given leave to ~** (*Jur*) es wurde ihm anheimgestellt, Berufung einzulegen.

3. (*apply: for support, decision*) sich wenden, appellieren (*to* an +*acc*); (*to sb's feelings*) appellieren (*to* an +*acc*); (*Sport*) Einspruch erheben (*to* bei), Beschwerde einlegen. **to ~ to sb's better nature** an jds besseres Ich appellieren.

4. (*be attractive*) reizen (*to sb* jdn), zusagen (*to sb* jdm); (*plan, candidate, idea*) zusagen (*to sb* jdm); (*book, magazine*) ansprechen (*to sb* jdn). **how does that ~?** wie gefällt dir/Ihnen das?; **the story ~ed to his sense of humour** die Geschichte sprach seinen Sinn für Humor an.

III *vt* **to ~ a case/verdict** (*Jur*) mit einem Fall/gegen ein Urteil in die Berufung gehen; **to ~ a decision** Einspruch gegen eine Entscheidung einlegen *or* erheben.

appealing [ə'pi:lɪŋ] *adj* **1.** (*attractive*) attraktiv; *person, character also* ansprechend, gewinnend; *smile, eyes also* reizvoll; *kitten, child* süß, niedlich; *cottage, house also* reizvoll, reizend. **2.** (*supplicating*) *look, voice* flehend.

appealingly [ə'pi:lɪŋlɪ] *adv* **1.** (*in supplication*) bittend; *look, speak* flehentlich, inbrünstig (*geh*). **2.** (*attractively*) reizvoll.

appear [ə'pɪəʳ] *vi* **1.** erscheinen, auftauchen; (*person, sun also*) sich zeigen. **to ~ from behind/through sth** hinter etw (*dat*) hervorkommen *or* auftauchen/sich zwischen *or* durch etw hindurch zeigen.

2. (*arrive*) erscheinen, auftauchen.

3. (*in public*) (*Jur*) erscheinen; (*personality, ghost also*) sich zeigen; (*Theat*) auftreten. **to ~ in public** sich in der Öffentlichkeit zeigen; (*Theat*) vor Publikum auftreten; **to ~ in court** vor Gericht erscheinen; (*lawyer*) bei einer Gerichtsverhandlung (dabei)sein; **to ~ for sb** jdn vertreten; **to ~ as a witness** als Zeuge auftreten.

4. (*be published*) erscheinen. **to ~ in print** gedruckt werden/sein.

5. (*seem*) scheinen. **he ~ed (to be) tired/drunk** er wirkte müde/betrunken, er schien müde/betrunken zu sein; **it ~s that ...** es hat den Anschein, daß ..., anscheinend ...; **it ~s not** anscheinend nicht, es sieht nicht so aus; **there ~s** *or* **there would ~ to be a mistake** anscheinend liegt (da) ein Irrtum vor, da scheint ein Irrtum vorzuliegen; **it ~s to me that ...** mir scheint, daß ...

appearance [ə'pɪərəns] *n* **1.** Erscheinen *nt*; (*unexpected*) Auftauchen *nt no pl*; (*Theat*) Auftritt *m*. **to put in** *or* **make an ~** sich sehen lassen; **to make one's ~** sich zeigen; (*Theat*) seinen Auftritt haben; **cast in order of ~** Darsteller in der Reihenfolge ihres Auftritts *or* Auftretens; **~ money** (*for TV show*) Honorar *nt*; (*attendance fee*) Sitzungsgeld *nt*.

2. (*look, aspect*) Aussehen *nt*; (*of person also*) Äußere(s) *nt*, äußere Erscheinung. **~s** (*outward signs*) der äußere (An)schein; **in ~** dem Aussehen nach, vom Äußeren her; **he/it has the ~ of being ...** er/es erweckt den Anschein, ... zu sein; **for ~s' sake, for the sake of ~s** um den Schein zu wahren, um des Schein(e)s willen; (*as good manners*) der Form halber; **to keep up** *or* **save ~s** den (äußeren) Schein wahren; **~s are often deceptive** der Schein trügt oft; **to all ~s** allem Anschein nach; *see* **judge**.

appease [ə'pi:z] *vt* (*calm*) *person, anger* beschwichtigen, besänftigen; (*Pol*) (durch Zugeständnisse) beschwichtigen; (*satisfy*) *hunger, thirst* stillen; *curiosity* stillen, befriedigen.

appeasement [ə'pi:zmənt] *n see vt* Beschwichtigung, Besänftigung *f*; Beschwichtigung *f* (durch Zugeständnisse); Stillung, Befriedigung *f*.

appellant [ə'pelənt] *n* (*Jur*) Berufungskläger(in *f*) *m*.

appellation [ˌæpe'leɪʃən] *n* Bezeichnung, Benennung *f*.

append [ə'pend] *vt notes* anhängen (*to* an +*acc*) (*also Comput*), hinzufügen; *seal* drücken (*to* auf +*acc*); *signature* setzen (*to* unter +*acc*).

appendage [ə'pendɪdʒ] *n* (*limb*) Gliedmaße *f*; (*fig*) Anhängsel *nt*.

appendectomy [ˌæpen'dektəmɪ], **appendicectomy** [ˌæpendɪ'sektəmɪ] *n* Blinddarmoperation, Appendektomie (*spec*) *f*.

appendices [ə'pendɪsi:z] *pl of* **appendix.**

appendicitis [əˌpendɪ'saɪtɪs] *n* (eine) Blinddarmentzündung, Appendizitis (*spec*) *f*.

appendix [ə'pendɪks] *n, pl* **appendices** *or* **-es 1.** (*Anat*) Blinddarm, Appendix (*spec*) *m*. **to have one's ~ out** sich (*dat*) den Blinddarm herausnehmen lassen. **2.** (*to book etc*) Anhang, Appendix *m*.

appertain [ˌæpə'teɪn] *vi* (*form*) (*belong*) gehören (*to* zu), eignen (+*dat*) (*geh*); (*relate*) betreffen (*to sb/sth* jdn/etw).

appetite ['æpɪtaɪt] *n* (*for food*) Appetit *m*, (Eß)lust *f*; (*fig: desire*) Verlangen, Bedürfnis *nt*, Lust *f*; (*sexual ~*) Lust, Begierde *f*. **to have an/no ~ for sth** Appetit *or* Lust/keinen Appetit *or* keine Lust auf etw (*acc*) haben; (*fig*) Verlangen *or* Bedürfnis/kein Verlangen *or* Bedürfnis nach etw haben; **to have a good/bad ~** einen guten *or* gesunden/schlechten Appetit haben; **to take away** *or* **spoil one's ~** sich (*dat*) den Appetit verderben.

appetizer ['æpɪtaɪzəʳ] *n* (*food*) Appetitanreger *m*; (*hors d'oeuvres also*) Vorspeise *f*, Appetithappen *m*; (*drink*) appetitanregendes Getränk.

appetizing ['æpɪtaɪzɪŋ] *adj* appetitlich (*also fig*); *food also* appetitanregend, lecker; *smell* lecker; *description* verlokkend.

appetizingly ['æpɪtaɪzɪŋlɪ] *adv see adj.*

Appian ['æpɪən] *adj* Appisch. **~ Way** Appische Straße.

applaud [ə'plɔ:d] **I** *vt* (*lit, fig*) applaudieren, Beifall spenden *or* klatschen (+*dat*); (*fig*) *efforts, courage* loben; *decision* gutheißen, begrüßen. **the play was vigorously ~ed** das Stück erhielt stürmischen Beifall.

II *vi* applaudieren, klatschen, Beifall spenden.

applause [ə'plɔ:z] *n, no pl* Applaus, Beifall (*also fig*) *m*, Klatschen *nt*. **to be greeted with ~** mit Applaus *or* Beifall (*also fig*) begrüßt werden.

apple ['æpl] *n* Apfel *m*. **an ~ a day keeps the doctor away** (*Prov*) eßt Obst, und ihr bleibt gesund; **to be the ~ of sb's eye** jds

Liebling sein.

apple *in cpds* Apfel-; **applecart** *n* (*fig*): **to upset the ~** alles über den Haufen werfen (*inf*); **apple dumpling** *n* ≃ Apfel *m* im Schlafrock; **applejack** *n* (*US*) Apfelschnaps *m*; **apple-pie** *n* ≃ gedeckter Apfelkuchen, Apfelpastete *f*; **~ bed** *Bett nt, bei dem Laken und Decken aus Scherz so gefaltet sind, daß man sich nicht ausstrecken kann*; **in ~ order** (*inf*) pikobello (*inf*); **apple sauce** *n* **1.** (*Cook*) Apfelmus *nt*; **2.** (*US inf: nonsense*) Schmus *m* (*inf*); **apple-tree** *n* Apfelbaum *m*; **apple turnover** *n* Apfeltasche *f*.

appliance [ə'plaɪəns] *n* Vorrichtung *f*; (*household ~*) Gerät *nt*; (*fire-engine*) Feuerwehrwagen *m*.

applicability [ˌæplɪkə'bɪlɪtɪ] *n* Anwendbarkeit *f* (*to* auf +*acc*).

applicable [ə'plɪkəbl] *adj* anwendbar (*to* auf +*acc*); (*on forms*) zutreffend (*to* für). **delete as ~** Nichtzutreffendes streichen; **that isn't ~ to you** das trifft auf Sie nicht zu, das gilt nicht für Sie; **not ~** (*on forms*) entfällt, nicht zutreffend.

applicant ['æplɪkənt] *n* (*for job*) Bewerber(in *f*) *m* (*for* um, für); (*for grant, loan*) Antragsteller(in *f*) *m* (*for* für, auf +*acc*); (*for patent*) Anmelder(in *f*) *m* (*for gen*).

application [ˌæplɪ'keɪʃən] *n* **1.** (*for job*) Bewerbung *f* (*for* um, für); (*for grant, loan*) Antrag *m* (*for* auf +*acc*), Gesuch *nt* (*for* für); (*for patent*) Anmeldung *f* (*for gen*). **available on ~** auf Anforderung *or* (*written*) Antrag erhältlich; **~ form** Bewerbung(sformular *nt*) *f*; Antrag(sformular *nt*) *m*; Anmeldeformular *nt*.

2. (*act of applying*) *see* **apply I** Auftragen *nt*; Anlegen, Applizieren *nt*, Applikation *f* (*form*); Anwenden *nt*, Anwendung *f*; Verwendung *f*, Gebrauch *m*; Betätigung *f*; Verwertung *f*; Zuwendung *f*, (Aus)richten *nt*; Verhängen *nt*, Verhängung *f*. **the ~ of a dressing to a head wound** das Anlegen eines Kopfverbandes; **"for external ~ only"** (*Med*) „nur zur äußerlichen Anwendung"; **~ program** (*Comput*) Anwendungsprogramm *nt*; **~ software** (*Comput*) Anwendersoftware *f*.

3. (*form, esp Med*) Mittel *nt*; (*ointment also*) Salbe *f*.

4. (*diligence, effort*) Fleiß, Eifer *m*.

5. *see* **applicability**.

applicator ['æplɪkeɪtə^r] *n* Aufträger *m*.

applied [ə'plaɪd] *adj attr maths, linguistics* angewandt.

appliqué [æ'pli:keɪ] (*Sew*) **I** *n* Applikationen *pl*. **to do ~** applizieren. **II** *vt* applizieren. **III** *adj attr* **~ work** Stickerei *f*.

apply [ə'plaɪ] **I** *vt paint, ointment, lotion* auftragen (*to* auf +*acc*), applizieren (*spec*); *dressing, plaster* anlegen, applizieren (*spec*); *force, pressure, theory, rules, knowledge, skills* anwenden (*to* auf +*acc*); *knowledge, skills, funds* verwenden (*to* für), gebrauchen (*to* für); *brakes* betätigen; *results, findings* verwerten (*to* für); *one's attention, efforts* zuwenden (*to dat*), richten (*to* auf +*acc*); *embargo, sanctions* verhängen (*to* über +*acc*). **to ~ oneself/one's mind or intelligence (to sth)** sich/seinen Kopf (*inf*) (bei etw) anstrengen; **that term can be applied to many things** dieser Begriff kann auf viele Dinge angewendet werden *or* trifft auf viele Dinge zu.

II *vi* **1.** sich bewerben (*for* um, für). **to ~ to sb for sth** sich an jdn wegen etw wenden; (*for job, grant also*) sich bei jdm für *or* um etw bewerben; (*for loan, grant also*) bei jdm etw beantragen; **no-one applied for the reward** keiner hat sich für die Belohnung gemeldet; **~ at the office/next door/within** Anfragen im Büro/nebenan/im Laden.

2. (*be applicable*) gelten (*to* für); (*warning, threat, regulation also*) betreffen (*to acc*); (*description*) zutreffen (*to* auf +*acc*, für).

appoint [ə'pɔɪnt] *vt* **1.** (*to a job*) einstellen; (*to a post*) ernennen. **to ~ sb to an office** jdn in ein Amt berufen; **to ~ sb sth** jdn zu etw ernennen *or* bestellen (*geh*) *or* als etw (*acc*) berufen; **to ~ sb to do sth** jdn dazu bestimmen, etw zu tun.

2. (*designate, ordain*) bestimmen; (*agree*) festlegen *or* -setzen, verabreden, ausmachen. **at the ~ed time** *or* **the time ~ed** zur festgelegten *or* -gesetzten *or* verabredeten Zeit; **his ~ed task** die ihm übertragene Aufgabe.

appointee [əpɔɪn'ti:] *n* Ernannte(r) *mf*. **he was a Thatcher/political ~** er war von Thatcher/aus politischen Gründen ernannt worden.

appointment [ə'pɔɪntmənt] *n* **1.** (*prearranged meeting*) Verabredung *f*; (*business ~, with doctor, lawyer*) Termin *m* (*with* bei). **to make** *or* **fix an ~ with sb** mit jdm eine Verabredung treffen; einen Termin mit jdm vereinbaren; **I made an ~ to see the doctor** ich habe mir beim Arzt einen Termin geben lassen; **do you have an ~?** sind Sie angemeldet?; **by ~** auf Verabredung; (*on business, to see doctor, lawyer*) mit (Vor)anmeldung, nach Vereinbarung; **~(s) book** Terminkalender *m*.

2. (*act of appointing*) *see vt 1.* Einstellung *f*; Ernennung *f*; Berufung *f* (*to* zu); Bestellung *f*. **"by ~ (to Her Majesty)"** (*on goods*) „königlicher Hoflieferant".

3. (*post*) Stelle *f*. **~s (vacant)** Stellenangebote *pl*; **~s bureau** Stellenvermittlung *f*.

4. **~s** *pl* (*furniture*) Ausstattung, Einrichtung *f*.

apportion [ə'pɔ:ʃən] *vt money, food, land* aufteilen; *duties* zuteilen. **to ~ sth to sb** jdm etw zuteilen; **the blame must be ~ed equally** die Schuld muß allen in gleicher Weise *or* zu gleichen Teilen angelastet werden.

apposite ['æpəzɪt] *adj comment, phrase* treffend, passend; *question* angebracht.

apposition [ˌæpə'zɪʃən] *n* Apposition, Beifügung *f*.

appraisal [ə'preɪzəl] *n see vt* Abschätzung *f*; Beurteilung *f*. **to make an ~ of the situation** die Lage abschätzen.

appraise [ə'preɪz] *vt* (*estimate*) *value, damage* (ab)schätzen; (*weigh up*) *character, ability* (richtig) einschätzen, beurteilen; *situation* abschätzen; *poem* beurteilen. **an appraising look** ein prüfender Blick.

appreciable [ə'priːʃəbl] *adj* beträchtlich, deutlich; *difference, change also* nennenswert, merklich.

appreciably [ə'priːʃəblɪ] *adv see adj.*

appreciate [ə'priːʃɪeɪt] **I** *vt* **1.** (*be aware of*) *dangers, problems, value* sich (*dat*) bewußt sein (*+gen*); (*understand*) *sb's wishes, reluctance also* Verständnis haben für. **I ~ that you cannot come** ich verstehe, daß ihr nicht kommen könnt.

2. (*value, be grateful for*) zu schätzen wissen. **nobody ~s me!** niemand weiß mich zu schätzen!; **thank you, I ~ it** vielen Dank, sehr nett von Ihnen; **I would really ~ that** das wäre mir wirklich sehr lieb; **I would ~ it if you could be a little quieter** könnten Sie nicht vielleicht etwas leiser sein?

3. (*enjoy*) *art, music, poetry* schätzen.

II *vi* (*Fin*) **to ~ (in value)** im Wert steigen, an Wert gewinnen.

appreciation [əˌpriːʃɪ'eɪʃən] *n* **1.** (*awareness: of problems, dangers, advantages, value*) Erkennen *nt*.

2. (*esteem, respect*) Anerkennung *f*; (*of abilities, efforts also*) Würdigung *f*; (*of person also*) Wertschätzung *f*. **in ~ of sth** in Anerkennung (*+gen*), zum Dank für etw; **to show** *or* **acknowledge one's ~** seine Dankbarkeit (be)zeigen.

3. (*enjoyment, understanding*) Verständnis *nt*; (*of art*) Sinn *m* (*of* für). **to write an ~ of sb/sth** einen Bericht über jdn/etw schreiben.

4. (*comprehension*) Verständnis *nt*.

5. (*increase*) (Wert)steigerung *f* (*in* bei).

appreciative [ə'priːʃɪətɪv] *adj* anerkennend; *audience* dankbar; (*prepared to accept*) bereitwillig; (*grateful*) dankbar. **to be ~ of sth** etw zu schätzen wissen; (*of music, art*) Sinn für etw haben.

appreciatively [ə'priːʃɪətɪvlɪ] *adv* anerkennend; (*gratefully*) dankbar.

apprehend [ˌæprɪ'hend] *vt* (*arrest*) festnehmen; *escapee also* aufgreifen.

apprehension [ˌæprɪ'henʃən] *n* **1.** (*fear*) Besorgnis, Befürchtung *f*. **a feeling of ~** eine dunkle Ahnung *or* Befürchtung; **to feel ~ for sth** sich (*dat*) Gedanken *or* Sorgen um etw machen. **2.** (*arrest*) Festnahme *f*.

apprehensive [ˌæprɪ'hensɪv] *adj* ängstlich. **to be ~ of sth/that ...** etw befürchten/fürchten, daß ...; **he was ~ about the future** er schaute mit ängstlicher Sorge *or* verzagt in die Zukunft; **to be ~ for sb/sb's safety** sich (*dat*) Sorgen um jdn/jds Sicherheit machen.

apprehensively [ˌæprɪ'hensɪvlɪ] *adv see adj.*

apprentice [ə'prentɪs] **I** *n* Lehrling *m*, Auszubildende(r) (*form*) *mf*. **to be an ~** Lehrling sein, in der Lehre sein; **~ plumber/electrician** Klempner-/Elektrikerlehrling *m*; **~ jockey** angehender Jockey.

II *vt* in die Lehre geben *or* schicken (*to* zu, bei). **to be ~d to sb** bei jdm in die Lehre gehen *or* in der Lehre sein.

apprenticeship [ə'prentɪʃɪp] *n* Lehre, Lehrzeit *f*. **to serve one's ~** seine Lehre *or* Lehrzeit absolvieren *or* machen.

apprise [ə'praɪz] *vt* (*form*) in Kenntnis setzen (*geh*), Kenntnis geben (*+dat*) (*geh*).

appro ['æprəʊ] *n abbr of* **approval: on ~** (*Comm*) (*to try out*) zur Probe; (*to look at*) zur Ansicht.

approach [ə'prəʊtʃ] **I** *vi* (*physically*) sich nähern, näherkommen; (*date, summer*) nahen.

II *vt* **1.** (*come near*) sich nähern (*+dat*); *person, building also* zukommen auf (*+acc*); (*Aviat*) anfliegen; (*in figures, temperature, time also*) zugehen auf (*+acc*); (*in quality, stature*) herankommen an (*+acc*); (*fig*) heranreichen an (*+acc*). **to ~ thirty/adolescence/manhood** auf die Dreißig zugehen/ins Pubertätsalter/Mannesalter kommen; **the train is now ~ing platform 3** der Zug hat Einfahrt auf Gleis 3; **something ~ing a festive atmosphere** eine annähernd festliche Stimmung.

2. (*make an ~ to*) *person, committee, organization* herantreten an (*+acc*) (*about* wegen), angehen (*about* um), ansprechen (*about* wegen, auf *+acc* hin). **I haven't ~ed him yet** ich habe ihn daraufhin noch nicht angesprochen; **he is easy/difficult to ~** er ist leicht/nicht leicht ansprechbar.

3. (*tackle*) *question, problem, task* angehen, herangehen an (*+acc*), anpacken.

III *n* **1.** (*drawing near*) (Heran)nahen *nt*; (*of troops, in time also*) Heranrücken *nt*; (*of night*) Einbruch *m*; (*Aviat*) Anflug *m* (*to* an *+acc*).

2. (*to person, committee, organization*) Herantreten *nt*. **to make ~es/an ~ to sb** (*with request*) an jdn herantreten; (*man to woman*) Annäherungsversuche machen.

3. (*way of tackling, attitude*) Ansatz *m* (*to* zu). **an easy ~ to maths/teaching** ein einfacher Weg, Mathematik zu lernen/eine einfache Lehrmethode; **his ~ to the problem** seine Art *or* Methode, an das Problem heranzugehen, sein Problemansatz *m*; **try a different ~** versuch's doch mal anders.

4. (*approximation*) Annäherung *f* (*to* an *+acc*).

5. (*access*) Zugang, Weg *m*; (*road also*) Zufahrt(sstraße) *f*.

approachable [ə'prəʊtʃəbl] *adj* **1.** *person* umgänglich, leicht zugänglich. **he's still ~/not ~ today** man kann immer noch mit ihm reden/er ist heute nicht ansprechbar. **2.** *place* zugänglich. **it's ~ from above** man kommt von oben (heran).

approaching [ə'prəʊtʃɪŋ] *adj attr* näherkommend; *date, occasion* herannahend, bevorstehend.

approach lights *npl* (*Aviat*) Lichter *pl* der

Einflugschneise; **approach path** *n* (*Aviat*) Einflugschneise *f*; **approach road** *n* (*to city*) Zufahrtsstraße *f*; (*to motorway*) (Autobahn)zubringer *m*; (*slip-road*) Auf- *or* Einfahrt *f*; **approach shot** *n* (*Golf*) Schlag *m* vom Fairway zum Grün.

approbation [ˌæprəˈbeɪʃən] *n* Zustimmung *f*; (*of decision also*) Billigung *f*; (*from critics*) Beifall *m*.

appropriate[1] [əˈprəʊprɪət] *adj* **1.** (*suitable, fitting*) passend, geeignet (*for, to* für), angebracht (*for, to* für); (*to a situation, occasion*) angemessen (*to dat*); *name, remark also* treffend. **it was ~ that he came at that moment** es traf sich gut, daß er da gerade kam; **clothing ~ for** *or* **to the weather conditions** wettergemäße Kleidung.

2. (*relevant*) entsprechend; *body, authority also* zuständig. **where ~** wo es angebracht ist/war, an gegebener Stelle; **put a tick where ~** Zutreffendes bitte ankreuzen; **delete as ~** Nichtzutreffendes streichen.

appropriate[2] [əˈprəʊprɪeɪt] *vt* **1.** (*assume possession or control of*) beschlagnahmen; (*take for oneself*) sich (*dat*) aneignen, mit Beschlag belegen; *sb's ideas* sich (*dat*) zu eigen machen.

2. (*allocate*) *funds* zuteilen, zuweisen.

appropriately [əˈprəʊprɪɪtlɪ] *adv* treffend; *dressed* passend (*for, to* für), entsprechend (*for, to dat*); (*to fit particular needs*) *designed, equipped* entsprechend (*for, to dat*), zweckmäßig (*for, to* für).

appropriateness [əˈprəʊprɪɪtnɪs] *n* (*suitability, fittingness*) Eignung *f*; (*of dress, remark, name, for a particular occasion*) Angemessenheit *f*.

appropriation [əˌprəʊprɪˈeɪʃən] *n see vt* **1.** Beschlagnahme, Beschlagnahmung *f*; Aneignung *f*. **2.** Zuteilung, Zuweisung *f*.

approval [əˈpruːvəl] *n* **1.** Beifall *m*, Anerkennung *f*; (*consent*) Zustimmung (*of* zu), Billigung *f*, Einverständnis *nt* (*of* mit). **to meet with sb's ~** jds Zustimmung *or* Beifall finden; **to seek sb's ~ for sth** jds Zustimmung zu etw suchen; **to show one's ~ of sth** zeigen, daß man einer Sache (*dat*) zustimmt *or* etw billigt.

2. (*Comm*) **on ~** auf Probe; (*to look at*) zur Ansicht.

approve [əˈpruːv] **I** *vt* (*consent to*) *decision* billigen, gutheißen; *minutes, motion* annehmen; *project* genehmigen; (*recommend*) *hotel, campsite* empfehlen.

II *vi* **to ~ of sb/sth** von jdm/etw etwas halten, etw billigen *or* gutheißen; **I don't ~ of him/it** ich halte nichts von ihm/davon; **I don't ~ of children smoking** ich kann es nicht gutheißen, daß Kinder rauchen; **she doesn't ~** sie mißbilligt das; **how's this shirt, do you ~?** gefällt dir dies Hemd?

approved school [əˈpruːvdˈskuːl] *n* (*Brit*) Erziehungsheim *nt*.

approving [əˈpruːvɪŋ] *adj* (*satisfied, pleased*) anerkennend, beifällig; (*consenting*) zustimmend.

approvingly [əˈpruːvɪŋlɪ] *adv see adj*.

approx. *abbr of* **approximately** ca.

approximate [əˈprɒksɪmɪt] **I** *adj* ungefähr. **these figures are only ~** dies sind nur ungefähre Werte; **three hours is the ~ time needed** man braucht ungefähr drei Stunden.

II [əˈprɒksəmeɪt] *vti* **to ~ (to) sth** einer Sache (*dat*) in etwa entsprechen.

approximately [əˈprɒksɪmətlɪ] *adv* ungefähr, etwa, circa; *correct* in etwa, annähernd.

approximation [əˌprɒksɪˈmeɪʃən] *n* Annäherung *f* (*of, to* an *+acc*); (*figure, sum*) (An)näherungswert *m*. **his story was an ~ of** *or* **to the truth** seine Geschichte entsprach in etwa der Wahrheit.

appurtenances [əˈpɜːtɪnənsɪz] *npl* (*equipment*) Zubehör *nt*; (*accessories*) Attribute *pl*; (*Jur: rights*) Rechte *pl*.

APR *abbr of* **annual percentage rate** Jahreszinssatz *m*.

après-ski [ˌæpreɪˈskiː] **I** *n* Après-Ski *nt*. **II** *adj attr* Après-Ski-.

apricot [ˈeɪprɪkɒt] **I** *n* Aprikose *f*. **II** *adj* (*also* **~-coloured**) aprikosenfarben. **III** *attr* Aprikosen-.

April [ˈeɪprəl] *n* April *m*. **~ fool!** ≃ April, April!; **~ Fool's Day** der Erste April; **to make an ~ fool of sb** jdn in den April schicken; *see also* **September.**

apron [ˈeɪprən] *n* Schürze *f*; (*of workman also*) Schurz *m*; (*Aviat*) Vorfeld *nt*; (*Theat*) Vorbühne *f*.

apron stage *n* Bühne *f* mit Vorbühne; **apron-strings** *npl* Schürzenbänder *pl*; **to be tied to one's mother's ~** seiner Mutter (*dat*) am Schürzenzipfel hängen (*inf*).

apropos [ˌæprəˈpəʊ] **I** *prep* (*also* **~ of**) apropos (*+nom*). **~ of nothing** ganz nebenbei. **II** *adj pred remark* passend, treffend.

apse [æps] *n* Apsis *f*.

APT *abbr of* **advanced passenger train** Hochgeschwindigkeitszug *m*.

Apt. *abbr of* **apartment** Z., Zi.

apt [æpt] *adj* (*+er*) **1.** (*suitable, fitting*) passend; *description, comparison, remark also* treffend.

2. (*able, intelligent*) begabt (*at* für).

3. (*liable, likely*) **to be ~ to do sth** leicht etw tun, dazu neigen, etw zu tun; **we are ~ to forget that …** wir vergessen leicht *or* gern (*inf*), daß …; **I was ~ to believe him until …** ich war geneigt, ihm zu glauben, bis …

aptitude [ˈæptɪtjuːd] *n* Begabung *f*. **she has a great ~ for saying the wrong thing** (*hum*) sie hat ein besonderes Talent dafür, immer das Falsche zu sagen; **~ test** Eignungsprüfung *f*.

aptly [ˈæptlɪ] *adv* passend.

aptness [ˈæptnɪs] *n see adj* **1. the ~ of the name was obvious** der Name war offensichtlich passend. **2.** Begabung *f*. **3.** Neigung *f*.

aquaerobics [ˌækwəˈrəʊbɪks] *n sing* Wasseraerobic *nt*.

aqualung [ˈækwəlʌŋ] *n* Tauchgerät *nt*.

aquamarine [ˌækwəməˈriːn] **I** *n* Aquamarin *m*; (*colour*) Aquamarin *nt*. **II** *adj* aquamarin.

aquanaut ['ækwənɔːt] *n* Aquanaut(in *f*) *m*.

aquanautics [ˌækwə'nɔːtɪks] *n* Aquanautik *f*.

aquaplane ['ækwəpleɪn] **I** *n* Monoski *m*. **II** *vi* **1.** Wasserski laufen. **2.** (*car*) (auf nasser Straße) ins Rutschen geraten. **aquaplaning** Aquaplaning *nt*.

aquarium [ə'kwɛərɪəm] *n* Aquarium *nt*.

Aquarius [ə'kwɛərɪəs] *n* Wassermann *m*.

aquatic [ə'kwætɪk] *adj sports, pastimes* Wasser-, im Wasser; *plants, animals, organisms* Wasser-, im Wasser lebend, aquatisch (*spec*).

aqueduct ['ækwɪdʌkt] *n* Aquädukt *m or nt*.

aqueous ['eɪkwɪəs] *adj* (*form*) Wasser-; *rocks* wasserhaltig. ~ **humour** (*Med*) Kammerwasser *nt*, Humor aquosus *m* (*spec*).

aquiline ['ækwɪlaɪn] *adj nose* Adler-, gebogen; *profile* mit Adlernase, dinarisch (*geh*).

Arab ['ærəb] **I** *n* Araber *m* (*also horse*), Araberin *f*. **the ~s** die Araber. **II** *adj attr* arabisch; *policies, ideas also* der Araber; *horse* Araber-.

arabesque [ˌærə'besk] *n* Arabeske *f*.

Arabia [ə'reɪbɪə] *n* Arabien *nt*.

Arabian [ə'reɪbɪən] *adj* arabisch. **tales of the ~ Nights** Märchen aus Tausendundeiner Nacht.

Arabic ['ærəbɪk] **I** *n* Arabisch *nt*. **II** *adj* arabisch. ~ **numerals** arabische Ziffern *or* Zahlen; ~ **studies** Arabistik *f*.

arable ['ærəbl] *adj land* bebaubar; (*being used*) Acker-.

arachnid [ə'ræknɪd] *n* Spinnentier *nt*.

arbiter ['ɑːbɪtəʳ] *n* **1. they were the ~s of fashion** sie haben die Mode bestimmt. **2.** *see* **arbitrator.**

arbitrarily ['ɑːbɪtrərəlɪ] *adv see adj*.

arbitrariness ['ɑːbɪtrərɪnɪs] *n* Willkürlichkeit *f*.

arbitrary ['ɑːbɪtrərɪ] *adj* willkürlich, arbiträr (*geh*).

arbitrate ['ɑːbɪtreɪt] **I** *vt dispute* schlichten. **II** *vi* **1.** vermitteln. **2.** (*go to arbitration*) vor eine Schlichtungskommission gehen.

arbitration [ˌɑːbɪ'treɪʃən] *n* Schlichtung *f*. **to submit a dispute to ~** einen Streit vor ein Schiedsgericht *or* (*esp Ind*) eine Schlichtungskommission bringen; **to go to ~** vor eine Schlichtungskommission gehen; (*dispute*) vor eine Schlichtungskommission gebracht werden.

arbitrator ['ɑːbɪtreɪtəʳ] *n* Vermittler(in *f*) *m*; (*esp Ind*) Schlichter(in *f*) *m*.

arbor *n* (*US*) *see* **arbour.**

arboreal [ɑː'bɔːrɪəl] *adj* Baum-; *habitat* auf Bäumen.

arboretum [ˌɑːbə'riːtəm] *n* Arboretum *nt* (*spec*), Baumschule *f*.

arbour, (*US*) **arbor** ['ɑːbəʳ] *n* Laube *f*.

arc [ɑːk] *n* Bogen *m*.

arcade [ɑː'keɪd] *n* (*Archit*) Arkade *f*; (*shopping ~*) Passage *f*.

Arcadia [ɑː'keɪdɪə] *n* Arkadien *nt*.

Arcadian [ɑː'keɪdɪən] *adj* (*lit, fig*) arkadisch.

arcane [ɑː'keɪn] *adj* obskur.

arch[1] [ɑːtʃ] **I** *n* **1.** Bogen *m*. **2.** (*Anat: of foot*) Gewölbe *nt* (*spec*). **high/fallen ~es** hoher Spann/Senkfuß *m*; **~ support** Senkfußeinlage *f*.

II *vi* sich wölben; (*arrow*) einen Bogen machen.

III *vt back* krümmen; (*cat also*) krumm machen; *eyebrows* hochziehen. **the cat ~ed its back** die Katze machte einen Buckel.

arch[2] *adj* (*wicked, mischievous*) neckisch, schelmisch.

arch[3] *adj attr* Erz-. ~ **traitor** Hochverräter *m*.

archaeological, (*US*) **archeological** [ˌɑːkɪə'lɒdʒɪkəl] *adj* archäologisch.

archaeologist, (*US*) **archeologist** [ˌɑːkɪ'ɒlədʒɪst] *n* Archäologe *m*, Archäologin *f*.

archaeology, (*US*) **archeology** [ˌɑːkɪ'ɒlədʒɪ] *n* Archäologie *f*.

archaic [ɑː'keɪɪk] *adj word* veraltet, archaisch (*spec*); (*inf*) vorsintflutlich.

archaism ['ɑːkeɪɪzəm] *n* veralteter Ausdruck, Archaismus *m*.

archangel ['ɑːkˌeɪndʒl] *n* Erzengel *m*; **archbishop** *n* Erzbischof *m*; **archbishopric** *n* (*district*) Erzbistum *nt*, Erzdiözese *f*; (*office*) Amt *nt* des Erzbischofs; **archdeacon** *n* Archidiakon, Erzdiakon *m*; **archdiocese** *n* Erzdiözese *f*, Erzbistum *nt*; **archducal** *adj* erzherzoglich; **archduchess** *n* Erzherzogin *f*; **archduchy** *n* Erzherzogtum *nt*; **archduke** *n* Erzherzog *m*.

arched [ɑːtʃt] *adj* gewölbt; *window* (Rund)bogen-.

arch enemy *n* Erzfeind(in *f*) *m*.

archeological *etc* (*US*) *see* **archaeological** *etc*.

archer ['ɑːtʃəʳ] *n* Bogenschütze *m*; (*Astron, Astrol*) Schütze *m*.

archery ['ɑːtʃərɪ] *n* Bogenschießen *nt*.

archetypal ['ɑːkɪtaɪpəl] *adj* archetypisch (*geh*); (*typical*) typisch. **he is the ~ millionaire** er ist ein Millionär, wie er im Buche steht.

archetype ['ɑːkɪtaɪp] *n* Archetyp(us) *m* (*form*); (*original, epitome also*) Urbild *nt*, Urtyp *m*.

arch-fiend [ɑːtʃ'fiːnd] *n* **the ~** der Erzfeind.

Archimedes [ˌɑːkɪ'miːdiːz] *n* Archimedes *m*.

archipelago [ˌɑːkɪ'pelɪgəʊ] *n*, *pl* **-(e)s** Archipel *m*. **the A~** der Archipel(agos); (*sea*) die Ägäis.

architect ['ɑːkɪtekt] *n* (*lit, fig*) Architekt(in *f*) *m*.

architectural *adj*, **~ly** *adv* [ˌɑːkɪ'tektʃərəl, -lɪ] architektonisch.

architecture ['ɑːkɪtektʃəʳ] *n* Architektur *f* (*also Comput*); (*of building also*) Baustil *m*.

archive ['ɑːkaɪv] **I** *n* Archiv *nt* (*also Computer*). ~ **file** Archivdatei *f*. **II** *vt* archivieren.

archives ['ɑːkaɪvz] *npl* Archiv *nt*.

archivist ['ɑːkɪvɪst] *n* Archivar(in *f*) *m*.

archly ['ɑːtʃlɪ] *adv* neckisch, schelmisch.

archness ['ɑːtʃnɪs] *n* neckische *or* schelmische Art.

archpriest ['ɑːtʃ'priːst] *n* (*lit, fig*) Hohepriester *m*.

archway ['ɑːtʃˌweɪ] *n* Torbogen *m*.

arclamp, arclight *n* Bogenlampe *f*, Bogenlicht *nt*.

arctic ['ɑːktɪk] **I** *adj* (*lit, fig*) arktisch. **A~ Circle** nördlicher Polarkreis; **A~ Ocean** Nordpolarmeer *nt*. **II** *n* **1. the A~** die Arktis. **2.** (*US: shoe*) *gefütterter, wasserundurchlässiger Überschuh*.

arc welding *n* (Licht)bogenschweißung *f*.

ardent ['ɑːdənt] *adj* leidenschaftlich; *supporter, admirer also* begeistert; *admirer, love also* glühend; *desire, longing also* brennend, glühend; *request, imprecations* inständig.

ardently ['ɑːdəntlɪ] *adv* leidenschaftlich; *love* heiß; *desire, admire* glühend.

ardour, (*US*) **ardor** ['ɑːdəʳ] *n* (*of person*) Begeisterung, Leidenschaft *f*; (*of voice also*) Überschwang *m*; (*of feelings also*) Heftigkeit *f*; (*of passions*) Glut *f* (*liter*), Feuer *nt*; (*of poems, letters*) Leidenschaftlichkeit *f*.

arduous ['ɑːdjʊəs] *adj* beschwerlich, mühsam; *course, work* anstrengend; *task* mühselig.

arduousness ['ɑːdjʊəsnɪs] *n see adj* Beschwerlichkeit *f*; Mühseligkeit *f*.

are[1] [ɑːʳ] *n* Ar *nt*.

are[2] *2nd pers sing, 1st, 2nd, 3rd pers pl present of* **be.**

area ['ɛərɪə] *n* **1.** (*measure*) Fläche *f*. **20 sq metres in ~** eine Fläche von 20 Quadratmetern.

2. (*region, district*) Gebiet *nt*; (*neighbourhood, vicinity*) Gegend *f*; (*separated off, piece of ground*) Areal, Gelände *nt*; (*on plan, diagram*) Bereich *m*; (*slum ~, residential ~, commercial ~ also*) Viertel *nt*. **this is not a very nice ~ to live in** dies ist keine besonders gute Wohngegend; **in the ~** in der Nähe; **do you live in the ~?** wohnen Sie hier (in der Gegend)?; **protected/prohibited/industrial ~** Schutz-/Sperr-/Industriegebiet *nt*; **drying/packaging/despatch ~** Trocken-/Pack-/Verteilerzone *f*; **dining/sleeping ~** Eß-/Schlafbereich *or* -platz *m*; **no smoking/relaxation/recreation ~** Nichtraucher-/Erholungs-/Freizeitzone *f*; **the goal ~** der Torraum; **you must keep out of this ~** dies Gebiet darf nicht betreten werden; **this ~ must be kept clear** diesen Platz freihalten; **a mountainous ~/mountainous ~s** eine bergige Gegend/Bergland *nt*; **a wooded ~** ein Waldstück *nt*; (*larger*) ein Waldgebiet *nt*; **desert ~s** Wüstengebiete *pl*; **the infected ~s of the lungs** die befallenen Teile *or* (*smaller*) Stellen der Lunge; **the patchy ~s on the wall** die fleckigen Stellen an der Wand; **in the ~ of the station** in der Bahnhofsgegend; **the thief is believed to be still in the ~** man nimmt an, daß sich der Dieb noch in der Umgebung aufhält; **in the London ~** im Raum London, im Londoner Raum; **the sterling ~** die Sterlingzone; **~ code** (*Telec*) Vorwahl(nummer), Ortskennzahl *f*; **postal ~** Zustellbereich (*form*), Postbezirk *m*; **~ command** Gebiets- *or* Abschnittskommandantur *f*; **~ manager** Bezirks- *or* Gebietsleiter(in *f*) *m*; **~ office** Bezirksbüro *nt*.

3. (*fig*) Bereich *m*. **~s of agreement** Bereiche, in denen Übereinstimmung besteht; **his ~ of responsibility** sein Verantwortungsbereich *m*; **~ of interest/study** Interessen-/Studiengebiet *nt*.

4. (*Brit: basement courtyard*) Vorplatz *m*.

areaway ['ɛərɪəˌweɪ] *n* (*US*) **1.** Vorplatz *m*. **2.** (*passage*) Durchgang *m*, Passage *f*.

arena [ə'riːnə] *n* (*lit, fig*) Arena *f*. **~ of war** Kriegsschauplatz *m*.

aren't [ɑːnt] = **are not; am not**; *see* **be.**

Argentina [ˌɑːdʒən'tiːnə] *n* Argentinien *nt*.

Argentine ['ɑːdʒəntaɪn] *n*: **the ~** Argentinien *nt*.

Argentinian [ˌɑːdʒən'tɪnɪən] **I** *n* (*person*) Argentinier(in *f*) *m*. **II** *adj* argentinisch.

argon ['ɑːgɒn] *n* (*abbr* **Ar**) Argon *nt*.

arguable ['ɑːgjʊəbl] *adj* **1.** (*capable of being maintained*) vertretbar. **it is ~ that ...** es läßt sich der Standpunkt vertreten, daß ..., man kann behaupten, daß ... **2.** (*open to discussion*) **it is ~ whether ...** es ist (noch) die Frage, ob ...

arguably ['ɑːgjʊəblɪ] *adv* wohl. **this is ~ his best book** dies dürfte (wohl) sein bestes Buch sein.

argue ['ɑːgjuː] **I** *vi* **1.** (*dispute*) streiten; (*quarrel*) sich streiten; (*about trivial things*) sich zanken. **he is always arguing** er widerspricht ständig, er muß immer streiten; **there's no arguing with him** mit ihm kann man nicht reden; **don't ~ (with me)!** keine Widerrede!; **don't ~ with your mother!** du sollst deiner Mutter nicht widersprechen!; **there is no point in arguing** da erübrigt sich jede (weitere) Diskussion; **he wasn't used to employees arguing** Angestellte, die ihre Meinung sagten, war er nicht gewöhnt.

2. (*present reasons*) **he ~s that ...** er vertritt den Standpunkt, daß ..., er behauptet, daß ...; **I'm not arguing that ...** ich will nicht behaupten, daß ...; **to ~ for** *or* **in favour of sth** für etw sprechen; (*in book*) sich für etw aussprechen; **to ~ against sth** gegen etw sprechen; (*in book*) sich gegen etw aussprechen; **to ~ from a position of ...** von einem *or* dem Standpunkt (+*gen*) aus argumentieren; **this ~s in his favour** das spricht zu seinen Gunsten; **it ~s well for him** es spricht für ihn; **just one thing ~s against him/it** nur eins spricht gegen ihn/dagegen.

II *vt* **1.** (*debate*) *case, matter* diskutieren, erörtern; (*Jur*) vertreten. **a well ~d case** ein gut begründeter *or* dargelegter Fall; **to ~ a case for reform** die Sache der Reform vertreten; **to ~ one's way out of sth** sich aus etw herausreden.

2. (*maintain*) behaupten.

3. (*persuade*) **to ~ sb out of/into sth** jdm etw aus-/einreden.

4. (*indicate*) erkennen lassen, verraten.

◆**argue away** I *vi* diskutieren. **II** *vt sep facts* wegdiskutieren.

◆**argue out** *vt sep problem, issue* ausdiskutieren. **to ~ sth ~ with sb** etw mit jdm durchsprechen.

argument ['ɑːgjʊmənt] *n* **1.** (*discussion*) Diskussion *f*. **to spend hours in ~ about how to do sth** stundenlang darüber diskutieren, wie man etw macht; **for the sake of ~** rein theoretisch; **he just said that for the sake of ~** das hat er nur gesagt, um etwas (dagegen) zu sagen; **this is open to ~** darüber läßt sich streiten.

2. (*quarrel*) Auseinandersetzung *f*. **to have an ~** sich streiten; (*over sth trivial*) sich zanken.

3. (*reason*) Beweis(grund) *m*, Argument *nt*; (*line of reasoning*) Argumentation, Beweisführung *f*. **one of the best ~s I have heard in favour of private education** eines der besten Argumente zugunsten der Privatschule, die ich gehört habe.

4. (*theme: of play, book*) Aussage, These (*esp Philos*) *f*; (*claim*) These *f*.

5. (*statement of proof*) Beweis *m*. **the two main types of ~** die beiden wichtigsten Beweisarten; **I don't think that's a valid ~** ich glaube, das ist kein gültiger Beweis/Gegenbeweis; **an interesting ~** eine interessante These.

6. (*Math*) Argument *nt*.

argumentation [ˌɑːgjʊmən'teɪʃən] *n* Argumentation, Beweisführung *f*; (*discussion*) Diskussion *f*.

argumentative [ˌɑːgjʊ'mentətɪv] *adj person* streitsüchtig.

argy-bargy ['ɑːdʒɪ'bɑːdʒɪ] (*inf*) **I** *n* Hin und Her *nt* (*inf*). **II** *vi* hin und her reden.

aria ['ɑːrɪə] *n* Arie *f*.

Arian ['ɛərɪən] *n, adj see* **Aryan.**

arid ['ærɪd] *adj* (*lit*) *countryside, soil* dürr; *climate* trocken; (*fig*) *subject* trocken, nüchtern; *existence* freudlos, öd.

aridity [ə'rɪdɪtɪ] *n see adj* Dürre *f*; Trokkenheit *f*; (*fig*) Trockenheit, Nüchternheit *f*; Freudlosigkeit, Öde *f*.

Aries ['ɛəriːz] *n* (*Astrol*) Widder *m*. **she is an ~** sie ist Widder.

aright [ə'raɪt] *adv* recht. **if I understand you ~** wenn ich Sie recht verstehe.

arise [ə'raɪz] *pret* **arose** [ə'rəʊz], *ptp* **arisen** [ə'rɪzn] *vi* **1.** (*occur*) sich ergeben, entstehen; (*misunderstanding, argument also*) aufkommen; (*problem*) aufkommen, sich ergeben; (*clouds of dust*) entstehen, sich bilden; (*protest, cry*) sich erheben; (*question, wind*) aufkommen, sich erheben (*geh*); (*question*) sich stellen. **should the need ~** falls sich die Notwendigkeit ergibt.

2. (*result*) **to ~ out of** *or* **from sth** sich aus etw ergeben.

3. (*old, liter: get up*) sich erheben (*liter*).

aristocracy [ˌærɪs'tɒkrəsɪ] *n* (*system, state*) Aristokratie *f*; (*class also*) Adel *m*.

aristocrat ['ærɪstəkræt] *n* Aristokrat(in *f*) *m*, Adlige(r) *mf*.

aristocratic [ˌærɪstə'krætɪk] *adj* (*lit, fig*) aristokratisch, adlig; (*fig also*) vornehm.

Aristotle ['ærɪstɒtl] *n* Aristoteles *m*.

arithmetic [ə'rɪθmətɪk] *n* Rechnen *nt*; (*calculation*) Rechnung *f*. **your ~ is wrong** du hast dich verrechnet.

arithmetical [ˌærɪθ'metɪkəl] *adj* Rechen-, rechnerisch. **the basic ~ skills** Grundwissen *nt* im Rechnen; **~ progression** arithmetische Reihe.

arithmetician [əˌrɪθmə'tɪʃən] *n* Rechner(in *f*) *m*.

arithmetic mean *n* arithmetisches Mittel.

ark [ɑːk] *n* **1.** Arche *f*. **Noah's ~** die Arche Noah; **it looks as though it's come out of the ~** (*inf*) das sieht aus wie von Anno Tobak (*inf*). **2. A~ of the Covenant** Bundeslade *f*.

arm[1] [ɑːm] *n* **1.** (*Anat*) Arm *m*. **in one's ~s** im Arm; **under one's ~** unter dem *or* unterm Arm; **to give one's ~ to sb** jdm den Arm geben; **with his ~s full of books** den Arm *or* die Arme voller Bücher; **to take sb in one's ~s** jdn in die Arme nehmen *or* schließen (*geh*); **to hold sb in one's ~s** jdn umarmen; **to put** *or* **throw one's ~s round sb** jdn umarmen; **to put an ~ round sb's shoulders** jdm den Arm um die Schulter legen; **~ in ~** Arm in Arm; (*~s linked*) eingehakt, untergehakt; **to keep sb at ~'s length** (*fig*) jdn auf Distanz halten; **to receive** *or* **welcome sb/sth with open ~s** jdn mit offenen Armen empfangen/etw mit Kußhand nehmen (*inf*); **within ~'s reach** in Reichweite; **the long ~ of the law** der lange Arm des Gesetzes; **a list as long as your ~** eine ellenlange Liste; **it cost him an ~ and a leg** (*inf*) es kostete ihn ein Vermögen; **to put the ~ on sb** (*US inf*) jdn unter Druck setzen.

2. (*sleeve*) Arm, Ärmel *m*.

3. (*of river*) (Fluß)arm *m*; (*of sea*) Meeresarm *m*; (*of armchair*) (Arm)lehne *f*; (*of record player*) Tonarm *m*; (*of balance etc*) Balken *m*; (*of railway signal*) (Signal)arm *m*; (*Naut: yard~*) Rahnock *f*.

4. (*branch*) Zweig *m*; (*Mil*) Truppengattung *f*.

arm[2] **I** *n* (*Mil, Her*) *see* **arms.**

II *vt person, nation, ship* bewaffnen. **to ~ sth with sth** etw mit etw ausrüsten; **to ~ oneself with sth** (*lit, fig*) sich mit etw bewaffnen; (*fig: non-aggressively*) sich mit etw wappnen; **he came ~ed with an excuse** er hatte eine Ausrede parat.

III *vi* aufrüsten. **to ~ for war** zum Krieg rüsten.

armada [ɑː'mɑːdə] *n* Armada *f*.

armadillo [ˌɑːmə'dɪləʊ] *n* Gürteltier *nt*.

Armageddon [ˌɑːmə'gedn] *n* (*Bibl*) Armageddon *nt*; (*fig also*) weltweite *or* globale Katastrophe.

armament ['ɑːməmənt] *n* **1. ~s** *pl* (*weapons*) Ausrüstung *f*. **2.** (*preparation*) Aufrüstung *f no pl*.

armature ['ɑːmətjʊə^r] *n* (*Elec*) Anker *m*.

armband ['ɑːmbænd] *n* Armbinde *f*.

armchair [ˌɑːm'tʃɛə^r] **I** *n* Sessel, Lehnstuhl *m*. **II** *adj* **~ philosopher/philosophy** Stubengelehrte(r) *mf*/Stubengelehrsamkeit *f*; **~ politician** Stammtischpolitiker(in *f*) *m*; **he is an ~ traveller** er reist nur mit dem Finger auf der Landkarte

(*inf*).
armed [ɑːmd] *adj* bewaffnet.
armed forces *or* **services** *pl* Streitkräfte *pl*; **armed robbery** *n* bewaffneter Raubüberfall.
Armenia [ɑː'miːnɪə] *n* Armenien *nt*.
Armenian [ɑː'miːnɪən] **I** *adj* armenisch. **II** *n* **1.** (*person*) Armenier(in *f*) *m*. **2.** (*language*) Armenisch *nt*.
armful *n* Armvoll *m no pl*, Ladung *f* (*inf*); **she's quite an ~!** (*inf*) sie ist eine ganz schöne Portion (*inf*); **armhole** *n* Armloch *nt*.
armistice ['ɑːmɪstɪs] *n* Waffenstillstand *m*.
armlet *n* **1.** *see* **armband**; **2.** (*liter: of sea*) kleiner Meeresarm; **armlock** *n* Armschlüssel *m*; (*of police etc*) Polizeigriff *m*.
armor *etc* (*US*) *see* **armour**.
armorial [ɑː'mɔːrɪəl] **I** *adj* Wappen-. **II** *n* Wappenbuch *nt*.
armour, (*US*) **armor** ['ɑːmə^r] **I** *n* **1.** Rüstung *f*; (*of animal*) Panzer *m*. **suit of ~** Rüstung *f*; (*fig*) Panzer *m*, Rüstung *f*. **2.** (*no pl: steel plates*) Panzerplatte(n *pl*) *f*. **3.** (*vehicles*) Panzerfahrzeuge *pl*; (*forces*) Panzertruppen *pl*. **II** *vt* panzern; (*fig*) wappnen. **~ed** *division, cruiser* Panzer-; **~ed car** Panzerwagen *m*; **~ed personnel carrier** Schützenpanzer(wagen) *m*.
armour-clad, (*US*) **armor-clad** ['ɑːmə'klæd] *adj* (*Mil, Naut*) gepanzert.
armourer, (*US*) **armorer** ['ɑːmərə^r] *n* (*maker*) Waffenschmied *m*; (*keeper*) Waffenmeister, *m*.
armour-piercing *adj* panzerbrechend; **armour-plated** *adj* gepanzert; **armour-plating** *n* Panzerung *f*; **a sheet of ~** eine Panzerplatte.
armoury, (*US*) **armory** ['ɑːmərɪ] *n* **1.** Arsenal, Waffenlager *nt*. **2.** (*US: factory*) Munitionsfabrik *f*.
armpit *n* Achselhöhle *f*; (*of garments*) Achsel *f*; **armrest** *n* Armlehne *f*.
arms [ɑːmz] *npl* **1.** (*weapons*) Waffen *pl*. **to ~!** zu den Waffen!; **to carry ~** Waffen tragen; **to be under ~** unter Waffen stehen; **to take up ~ (against sb/sth)** (gegen jdn/etw) zu den Waffen greifen; (*fig*) gegen jdn/etw zum Angriff übergehen; **to be up in ~ (about sth)** (*fig inf*), (über etw *acc*) empört sein; **~ control** Rüstungskontrolle *f*; **~ control/limitation talks** Rüstungskontroll-/-begrenzungsverhandlungen *pl*; **~ race** Wettrüsten *nt*, Rüstungswettlauf *m*. **2.** (*Her*) Wappen *nt*.
arm-twisting ['ɑːm'twɪstɪŋ] *n* (*inf*) Überredungskunst *f*. **with a bit of ~ …** wenn man etwas nachhilft …
arm wrestling *n* Armdrücken *nt*.
army ['ɑːmɪ] **I** *n* **1.** Armee *f*, Heer *nt*. **to be in the ~** beim Militär sein; **to join the ~** zum Militär gehen. **2.** (*fig*) Heer *nt*. **3.** (*division*) Armee(korps *nt*) *f*.
II *attr* Militär-; *doctor also* Stabs-; *discipline* militärisch; *life, slang* Soldaten-. **~ issue** Armee-; **~ list** (*Brit*) Rangliste *f*; **~ officer** Offizier *m* in der Armee.
aroma [ə'rəʊmə] *n* Duft *m*, Aroma *nt*.
aromatherapy [əˌrəʊmə'θerəpɪ] *n* Aromatherapie *f*.
aromatic [ˌærəʊ'mætɪk] *adj* aromatisch, wohlriechend.
arose [ə'rəʊz] *pret of* **arise.**
around [ə'raʊnd] **I** *adv* herum, rum (*inf*). **a house with gardens all ~** ein von Gärten umgebenes Haus, ein Haus mit Gärten ringsherum; **I looked all ~** ich sah mich nach allen Seiten um; **they appeared from all ~** sie kamen aus allen Richtungen *or* von überallher; **slowly, he turned ~** er drehte sich langsam um; **for miles ~** meilenweit im Umkreis; **to stroll/travel ~** herumschlendern/-reisen; **is he ~?** ist er da?; **he must be ~ somewhere** er muß hier irgendwo sein *or* stekken (*inf*); **he's been ~!** der kennt sich aus!; **he's been ~ for ages** (*inf*) der ist schon ewig hier (*inf*); **see you ~!** (*inf*) also, bis demnächst!, bis bald!
II *prep* **1.** (*right round*) (*movement, position*) um (+*acc*); (*in a circle*) um (+*acc*) … herum.
2. (*in, through*) **to wander ~ the city** durch die Stadt spazieren; **to travel ~ Scotland** durch Schottland reisen; **to talk ~ a subject** um ein Thema herumreden; **the paper/church must be ~ here somewhere** die Zeitung muß hier irgendwo (he)rumliegen/die Kirche muß hier irgendwo sein.
3. (*approximately*) (*with date*) um (+*acc*); (*with time of day*) gegen (+*acc*); (*with weight, price*) etwa, um die (*inf*).
arousal [ə'raʊsəl] *n* (*sexual*) Erregung *f*.
arouse [ə'raʊz] *vt* **1.** (*lit liter*) aufwecken, erwecken (*liter*).
2. (*fig: excite*) erregen; *interest, suspicion also* erwecken. **to ~ sb from his slumbers** (*fig*) jdn aus dem Schlaf wachrütteln; **to ~ sb to action** jdn zum Handeln anspornen.
arr *abbr of* **arrival**; **arrives** Ank.
arrack ['ærək] *n* Arrak *m*.
arraign [ə'reɪn] *vt* (*Jur*) *person* Anklage erheben gegen; (*liter: denounce*) rügen. **to be ~ed on a charge** wegen etw angeklagt werden.
arraignment [ə'reɪnmənt] *n* (*Jur*) Anklageerhebung *f*.
arrange [ə'reɪndʒ] *vt* **1.** (*order*) ordnen; *furniture, objects* aufstellen, hinstellen; *items in a collection, books in library* anordnen; *flowers* arrangieren; *room* einrichten; (*fig*) *thoughts* ordnen.
2. (*fix, see to*) vereinbaren, ausmachen; *details* regeln; *party* arrangieren. **to ~ a mortgage for sb** jdm eine Hypothek beschaffen; **I have ~d for a car to pick you up** ich habe Ihnen einen Wagen besorgt, der Sie mitnimmt; **there aren't enough glasses — I'll ~ that** es sind nicht genug Gläser da — das mache *or* reg(e)le (*inf*) ich; **his manager wants to ~ another fight next month** sein Manager will nächsten Monat noch einen Kampf ansetzen; **to ~ a sale/marriage** einen Verkauf/die Ehe vereinbaren; **if you could ~ to be ill that morning/there at five** wenn du es so einrichten kannst, daß du an dem Morgen krank/um fünf

Uhr da bist; **that's easily ~d** das läßt sich leicht einrichten *or* arrangieren (*inf*); **how can we ~ it so it looks like an accident?** wie können wir es machen *or* drehen (*inf*), daß es wie ein Unfall aussieht?; **they'd obviously ~d things between themselves before the meeting started** sie hatten die Dinge offenbar vor Beginn des Treffens untereinander abgesprochen.

3. (*settle, decide on*) vereinbaren, abmachen. **a meeting has been ~d for next month** nächsten Monat ist ein Treffen angesetzt; **good, that's ~d then** gut, das ist abgemacht!; **I don't like having things ~d for me** ich habe es nicht gern, wenn man Dinge für mich entscheidet; **but you ~d to meet me!** aber du wolltest dich doch mit mir treffen!

4. (*Mus*) bearbeiten, arrangieren.

arrangement [ə'reɪndʒmənt] *n* **1.** Anordnung *f*; (*of room*) Einrichtung *f*; (*inf: contrivance*) Gerät *nt* (*inf*). **a floral ~** ein Blumenarrangement *nt*; **the very unusual ~ of her hair** ihre extravagante Frisur.

2. (*agreement*) Vereinbarung *f*; (*to meet*) Verabredung *f*; (*esp shifty*) Arrangement *nt*. **by ~** laut *or* nach Vereinbarung *or* Absprache; **by ~ with** mit freundlicher Genehmigung (*+gen*); **salary by ~** Gehalt nach Vereinbarung; **a special ~** eine Sonderregelung; **to have an ~ with sb** eine Regelung mit jdm getroffen haben; **to make an ~ with sb** eine Vereinbarung *or* Absprache mit jdm treffen; **to come to an ~ with sb** eine Regelung mit jdm treffen.

3. (*usu pl: plans*) Pläne *pl*; (*preparations*) Vorbereitungen *pl*. **to make ~s for sb/sth** für jdn/etw Vorbereitungen treffen; **to make ~s for sth to be done** veranlassen, daß etw getan wird; **to make one's own ~s** selber zusehen(, wie ...), es selber arrangieren(, daß ...); **the new fire drill ~s** die neuen Feuerschutzmaßnahmen; **seating ~s** Sitzordnung *f*; **"funeral ~s"** „Ausführung von Bestattungen"; **who will look after the funeral ~s?** wer kümmert sich um die Beerdigung?

4. (*Mus*) Bearbeitung *f*; (*light music*) Arrangement *nt*.

arranger [ə'reɪndʒəʳ] *n* (*Mus*) Arrangeur(in *f*) *m*.

arrant ['ærənt] *adj* Erz-. **~ coward** Erzfeigling *m*; **~ nonsense** barer Unsinn.

array [ə'reɪ] **I** *vt* **1.** (*line up*) aufstellen; (*Mil*) in Aufstellung bringen. **2.** (*dress*) schmücken (*geh*), herausputzen (*hum*).

II *n* **1.** (*Mil: arrangement*) Aufstellung *f*. **in ~** in Aufstellung; **in battle ~** in Kampfaufstellung, in Schlachtordnung.

2. (*collection*) Ansammlung *f*, Aufgebot *nt* (*hum*); (*of objects*) stattliche *or* ansehnliche Reihe.

3. (*Comput*) (Daten)feld, Array *nt*.

4. (*liter*) Schmuck *m* (*geh*); (*dress*) Staat *m*.

arrears [ə'rɪəz] *npl* Rückstände *pl*. **to be in ~ with sth** im Rückstand mit etw sein; **to get** *or* **fall into ~** in Rückstand kommen; **to have ~ of £5000** mit £ 5000 im Rückstand sein.

arrest [ə'rest] **I** *vt* **1.** (*apprehend*) festnehmen; (*with warrant*) verhaften; *ship* aufbringen; (*fig*) *attention* erregen, erheischen (*liter*). **I am ~ing you** ich muß Sie festnehmen/verhaften.

2. (*check*) hemmen; *sth unwanted* Einhalt *m* gebieten (*+dat*) (*geh*). **~ed development** Entwicklungshemmung *f*.

II *n* (*of suspect*) Festnahme *f*; (*with warrant*) Verhaftung *f*; (*of ship*) Aufbringen *nt*. **to be under ~** festgenommen/verhaftet sein; **to make an ~** jdn festnehmen/verhaften; **they hope to make an ~ soon** man hofft, daß es bald zu einer Festnahme/Verhaftung kommt.

arresting [ə'restɪŋ] *adj* **1.** (*striking*) atemberaubend; *features* markant. **2. the ~ officer** der festnehmende Beamte.

arrhythmia [ə'rɪðmɪə] *n* (*Med*) Arrhythmie *f*.

arrival [ə'raɪvəl] *n* **1.** Ankunft *f no pl*; (*of person also*) Kommen, Eintreffen *nt no pl*; (*of train also, of goods, news*) Eintreffen *nt no pl*. **our eventual ~ at a decision ...** daß wir endlich zu einer Entscheidung kamen ...; **on ~** bei Ankunft; **~ time, time of ~** Ankunftszeit *f*; **~ lounge** Ankunftshalle *f*; **~s and departures** (*Rail*) Ankunft/Abfahrt *f*; (*Aviat*) Ankunft *f*/Abflug *m*; **~s board** (*Rail*) Ankunftstafel *f*; (*Aviat*) Ankunftsanzeige *f*.

2. (*person*) Ankömmling *m*. **new ~** Neuankömmling *m*; (*at school also*) Neue(r) *mf*; (*in hotel, boarding house*) neuangekommener Gast; (*in firm, office*) neuer Mitarbeiter, neue Mitarbeiterin. **a new ~ on the pop scene** ein neues Gesicht auf der Popszene; **the new ~ is a little girl** der neue Erdenbürger ist ein kleines Mädchen.

arrive [ə'raɪv] *vi* **1.** (*come*) ankommen, eintreffen (*geh*); (*be born*) ankommen. **to ~ home** nach Hause kommen; (*stressing after journey*) zu Hause ankommen; **to ~ at a town/the airport** in einer Stadt/am Flughafen ankommen *or* eintreffen (*geh*); **the train will ~ at platform 10** der Zug läuft auf Gleis 10 ein; **the great day ~d** der große Tag kam, **a new era has ~d!** ein neues Zeitalter ist angebrochen!; **the time has ~d for sth/to do sth** die Zeit für etw ist gekommen, die Zeit ist reif für etw/, etw zu tun; **television has not ~d here yet** das Fernsehen ist noch nicht bis hierher durchgedrungen; **to ~ at a decision** zu einer Entscheidung kommen *or* gelangen; **to ~ at the age of ...** das Alter von ... Jahren erreichen; **to ~ at an answer/a conclusion/result** zu einer Antwort/einem Schluß/Ergebnis kommen; **to ~ at a price** auf einen Preis kommen; (*agree on*) sich auf einen Preis einigen.

2. (*inf: succeed*) **then you know you've really ~d** dann weiß man, daß man es geschafft hat.

arriviste [ˌæriː'viːst] *n* Emporkömmling,

Parvenü (*geh*) *m*.

arrogance ['ærəgəns] *n* Arroganz, Überheblichkeit *f*.

arrogant *adj*, **~ly** *adv* ['ærəgənt, -lɪ] arrogant, überheblich.

arrogate ['ærəʊgeɪt] *vt* **to ~ sth to oneself** etw für sich in Anspruch nehmen; *title* sich (*dat*) etw anmaßen.

arrow ['ærəʊ] **I** *n* (*weapon, sign*) Pfeil *m*. **II** *vt way, direction* durch Pfeile/einen Pfeil markieren.

◆**arrow in** *vt sep* (*in text*) durch Pfeil einzeichnen.

arrow bracket *n* spitze Klammer; **arrowhead** *n* Pfeilspitze *f*; **arrow key** *n* (*Comput*) Pfeiltaste *f*; **arrowroot** *n* (*plant*) Pfeilwurz *f*; (*flour*) Arrowroot *nt*.

arse [ɑːs] *n* **1.** (*sl*) Arsch *m* (*sl*). **move** *or* **shift your ~!** sei nicht so lahmarschig! (*sl*); **get your ~ out of here!** verpiß dich hier! (*sl*); **contribution? my ~!** Beitrag? das soll wohl ein Witz sein! (*inf*).
2. (*sl: fool: also* **silly ~**) Armleuchter *m* (*inf*).

◆**arse about** *or* **around** *vi* (*sl*) rumblödeln (*inf*).

arsehole *n* (*vulg*) Arschloch *nt* (*vulg*); **arselicker** *n* (*vulg*) Arschlecker *m* (*vulg*).

arsenal ['ɑːsɪnl] *n* (*Mil*) (*store*) Arsenal *nt*; (*factory*) Waffen-/Munitionsfabrik *f*; (*fig*) Waffenlager *nt*.

arsenic ['ɑːsnɪk] *n* Arsen, Arsenik *nt*. **~ poisoning** Arsenvergiftung *f*.

arson ['ɑːsn] *n* Brandstiftung *f*.

arsonist ['ɑːsənɪst] *n* Brandstifter(in *f*) *m*.

art[1] [ɑːt] **I** *n* **1.** (*painting etc*) Kunst *f*. **the ~s** die schönen Künste; **~ for ~'s sake** Kunst um der Kunst willen, Kunst als Selbstzweck; (*slogan*) L'art pour l'art; *see* **work.**
2. (*skill*) Kunst *f*; (*physical technique also*) Geschick *nt*. **there's an ~ to driving this car** es gehört ein gewisses Geschick dazu, mit diesem Auto zu fahren; **the ~ of war/government** die Kriegs-/Staatskunst; **the ~ of conversation** die Kunst der Unterhaltung; **~s and crafts** Kunsthandwerk, Kunstgewerbe *nt*.
3. (*human endeavour*) Künstlichkeit *f*. **are they the products of ~ or nature?** sind sie natürlich oder von Menschenhand geschaffen?
4. ~s (*Univ*) Geisteswissenschaften *pl*; **A~s Council** Kulturausschuß *m der britischen Regierung*; **~s degree** Abschlußexamen *nt* der philosophischen Fakultät; **A~s Faculty, Faculty of A~s** Philosophische Fakultät; **a~s minister** Kulturminister(in *f*) *m*; *see* **bachelor, liberal.**
5. (*usu pl: trick*) List *f*, Kunstgriff *m*.
II *adj attr* Kunst-.

art[2] (*old*) *2nd pers sing present of* **be.**

art college *n see* **art school.**

Art Deco ['ɑːt'dekəʊ] **I** *n* Art deco *f*. **II** *adj attr* Art-deco-.

artefact (*Brit*), **artifact** ['ɑːtɪfækt] *n* Artefakt *nt*. **are these human ~s?** sind das Schöpfungen von Menschenhand?

arterial [ɑː'tɪərɪəl] *adj* **1.** (*Anat*) arteriell. **2. ~ road** (*Aut*) Fernverkehrsstraße *f*; **~ line** (*Rail*) Hauptstrecke *f*.

arteriosclerosis [ɑː'tɪərɪəʊsklɪ'rəʊsɪs] *n* (*Med*) Arteriosklerose, Arterienverkalkung *f*.

artery ['ɑːtərɪ] *n* **1.** (*Anat*) Arterie *f*, Schlag- *or* Pulsader *f*. **2.** (*also* **traffic ~**) Verkehrsader *f*.

Artesian well [ɑː'tiːzɪən'wel] *n* artesischer Brunnen.

art form *n* (Kunst)gattung *or* -form *f*.

artful ['ɑːtfʊl] *adj person, trick* raffiniert. **~ dodger** Schlawiner(in *f*) *m* (*inf*).

artfully ['ɑːtfəlɪ] *adv* raffiniert.

artfulness ['ɑːtfʊlnɪs] *n* Raffinesse *f*.

art gallery *n* Kunstgalerie *f*.

arthritic [ɑː'θrɪtɪk] *adj* arthritisch.

arthritis [ɑː'θraɪtɪs] *n* Arthritis, Gelenkentzündung *f*.

arthropod ['ɑːθrə'pɒd] *n* Gliederfüßer *m*.

Arthur ['ɑːθəʳ] *n* Art(h)ur *m*. **King ~** König Artus.

Arthurian [ɑː'θjʊərɪən] *adj* Artus-.

artic [ɑː'tɪk] *n* (*Brit sl*) (Sattel)schlepper *m*.

artichoke ['ɑːtɪtʃəʊk] *n* Artischocke *f*.

article ['ɑːtɪkl] **I** *n* **1.** (*item*) Gegenstand *m*; (*in list*) Posten *m*; (*Comm*) Ware *f*, Artikel *m*. **~ of furniture** Möbelstück *nt*; **~s of clothing** Kleidungsstücke *pl*; **toilet ~s** Toilettenartikel *pl*; *see* **genuine.**
2. (*in newspaper*) Artikel, Beitrag *m*; (*encyclopedia entry*) Eintrag *m*.
3. (*of constitution*) Artikel *m*; (*of treaty, contract*) Paragraph *m*. **~s of association** Gesellschaftsvertrag *m*; **~s of apprenticeship** Lehrvertrag *m*; **~ of faith** Glaubensartikel *m*; (*fig*) Kredo *nt*; **~s of war** (*Hist*) Kriegsartikel *pl*.
4. (*Gram*) Artikel *m*, Geschlechtswort *nt*. **definite/indefinite ~** bestimmter/unbestimmter Artikel.
5. (*of articled clerk*) **to be under ~s** (Rechts)referendar(in) sein; **to take one's ~s** seine Referendarprüfung machen.
II *vt apprentice* in die Lehre geben (*to* bei). **to be ~d to sb** bei jdm eine Lehre machen, bei jdm in die Lehre gehen; **~d clerk** (*Brit Jur*) Rechtsreferendar(in *f*) *m*.

articulate [ɑː'tɪkjʊlɪt] **I** *adj* **1.** *sentence, book* klar. **to be ~** sich gut *or* klar ausdrücken können; **clear and ~** klar und deutlich; **that is amazingly ~ for a five-year old** das ist erstaunlich gut ausgedrückt für einen Fünfjährigen. **2.** (*Anat*) gegliedert; *limb* Glieder-.
II [ɑː'tɪkjʊleɪt] *vt* **1.** (*pronounce*) artikulieren. **2.** (*state*) *reasons, views etc* darlegen. **3.** (*Anat*) **to be ~d** zusammenhängen (*to, with* mit); **~d lorry** *or* **truck** Sattelschlepper *m*; **~d bus** Gelenk(omni)bus, Großraumbus *m*.
III [ɑː'tɪkjʊleɪt] *vi* artikulieren.

articulately [ɑː'tɪkjʊlɪtlɪ] *adv pronounce* artikuliert; *express oneself* klar, flüssig.

articulateness [ɑː'tɪkjʊlɪtnɪs] *n* Fähigkeit *f*, sich gut auszudrücken.

articulation [ɑːˌtɪkjʊ'leɪʃən] *n* **1.** Artikulation *f*. **2.** (*Anat*) Gelenkverbindung *f*.

artifact *n see* **artefact.**

artifice ['ɑːtɪfɪs] *n* **1.** (*guile*) List *f no pl*. **2.**

(*stratagem*) (Kriegs)list *f*.

artificial [ˌɑːtɪ'fɪʃəl] *adj* **1.** (*synthetic*) künstlich. **~ flavouring** künstliche Aromastoffe *pl*; **~ manure** Kunstdünger *m*; **~ limb** Prothese *f*, Kunstglied *nt*.
2. (*fig*) (*not genuine*) künstlich; (*pej: not sincere*) *smile, manner* gekünstelt, unecht. **you're so ~** du bist nicht echt.

artificial horizon *n* künstlicher Horizont; **artificial insemination** *n* künstliche Befruchtung; **artificial intelligence** *n* künstliche Intelligenz.

artificiality [ˌɑːtɪfɪʃɪ'ælɪtɪ] *n* **1.** Künstlichkeit *f*. **2.** (*insincerity, unnaturalness*) Gekünsteltheit *f*.

artificially [ˌɑːtɪ'fɪʃəlɪ] *adv* künstlich; (*insincerely*) gekünstelt.

artificial respiration *n* künstliche Beatmung *f*; **artificial silk** *n* Kunstseide *f*.

artillery [ɑː'tɪlərɪ] *n* (*weapons, troops*) Artillerie *f*.

artilleryman [ɑː'tɪlərɪmən] *n, pl* **-men** [-mən] Artillerist *m*.

artisan ['ɑːtɪzæn] *n* Handwerker(in *f*) *m*.

artist ['ɑːtɪst] *n* Künstler(in *f*) *m*. **~'s impression** Zeichnung *f*; (*of sth planned also*) Entwurf(zeichnung *f*) *m*.

artiste [ɑː'tiːst] *n* Künstler(in *f*) *m*; (*circus* **~**) Artist(in *f*) *m*. **~'s entrance** Bühneneingang *m*.

artistic [ɑː'tɪstɪk] *adj* künstlerisch; (*tasteful*) *arrangements* kunstvoll; (*appreciative of art*) *person* kunstverständig *or* -sinnig (*geh*). **~ temperament** Künstlertemperament *nt*; **an ~ life** ein Künstlerleben *nt*; **she's very ~** sie ist künstlerisch veranlagt.

artistically [ɑː'tɪstɪkəlɪ] *adv* künstlerisch; (*tastefully*) kunstvoll.

artistry ['ɑːtɪstrɪ] *n* (*lit, fig*) Kunst *f*.

artless *adj*, **~ly** *adv* ['ɑːtlɪs, -lɪ] unschuldig.

artlessness ['ɑːtlɪsnɪs] *n* Unschuld *f*.

art lover *n* Kunstliebhaber(in *f*).

Art Nouveau ['ɑːnuː'vəʊ] **I** *n* Jugendstil *m*. **II** *adj attr* Jugendstil-.

art paper *n* Kunstdruckpapier *nt*; **art school** *n* Kunstakademie *or* -hochschule *f*; **art student** *n* Kunststudent(in *f*) *m*; **artwork** *n* **1.** (*in book*) Bildmaterial *nt*; **this will have to be done as ~** das muß grafisch gestaltet werden; **2.** (*for advert etc, material ready for printing*) Druckvorlage *f*.

arty ['ɑːtɪ] *adj* (*+er*) (*inf*) Künstler-; *type also, tie, clothes* verrückt (*inf*); *person* auf Künstler machend (*pej*); *decoration, style* auf Kunst gemacht (*inf*); *film, novel* geschmäcklerisch.

arty-crafty ['ɑːtɪ'krɑːftɪ], (*US*) **artsy-craftsy** ['ɑːtsiː'krɑːftsiː] *adj* (*inf*) **1.** *see* **arty. 2.** *object* kunstgewerblerisch.

arty-farty ['ɑːtɪ'fɑːtɪ] *adj* (*hum inf*) *see* **arty.**

Aryan ['ɛərɪən] **I** *n* Arier(in *f*) *m* (*NS*). **II** *adj* arisch (*NS*).

as [æz, əz] **I** *conj* **1.** (*when, while*) als; (*two parallel actions*) während, als, indem (*geh*). **he got deafer ~ he got older** mit zunehmendem Alter nahm seine Schwerhörigkeit zu; **~ a child he would ...** als Kind hat er immer ...
2. (*since*) da.
3. (*although*) **rich ~ he is I won't marry him** obwohl er reich ist, werde ich ihn nicht heiraten; **stupid ~ he is, he ...** so dumm er auch sein mag, ... er; **big ~ he is I'll ...** so groß, wie er ist, ich ...; **much ~ I admire her, ...** so sehr ich sie auch bewundere, ...; **be that ~ it may** wie dem auch sei *or* sein mag; **try ~ he might** so sehr er sich auch bemüht/bemühte.
4. (*manner*) wie. **do ~ you like** machen Sie, was Sie wollen; **leave it ~ it is** laß das so; **I did it ~ he did** ich habe es wie er gemacht; **the first door ~ you go upstairs/ ~ you go in** die erste Tür oben/, wenn Sie hereinkommen; **knowing him ~ I do** so wie ich ihn kenne; **~ you yourself said ...** wie Sie selbst gesagt haben ...; **it is bad enough ~ it is** es ist schon schlimm genug; **~ it is, I'm heavily in debt** ich bin schon tief verschuldet; **~ it were** sozusagen, gleichsam; **~ you were!** (*Mil*) weitermachen!; (*fig*) lassen Sie sich nicht stören; (*in dictation, speaking*) streichen Sie das; **my husband ~ was** (*inf*) mein verflossener *or* (*late*) verstorbener Mann.
5. (*phrases*) **~ if** *or* **though** als ob, wie wenn; **he rose ~ if to go** er erhob sich, als wollte er gehen; **it isn't ~ if he didn't see me** schließlich hat er mich ja gesehen; **~ for him/you** (und) was ihn/dich anbetrifft *or* angeht; **~ from** *or* **of the 5th/now** vom Fünften an/von jetzt an, ab dem Fünften/jetzt; **so ~ to** (*in order to*) um zu *+infin*; (*in such a way*) so, daß; **be so good ~ to ...** (*form*) hätten Sie die Freundlichkeit *or* Güte, ... zu ... (*form*); **he's not so silly ~ to do that** er ist nicht so dumm, das zu tun, so dumm ist er nicht.
II *adv* **~ ... ~** so ... wie; **not ~ ... ~** nicht so ... wie; **twice ~ old** doppelt so alt; **just ~ nice** genauso nett; **late ~ usual!** wie immer, zu spät!; **it is not ~ good ~ all that** so gut ist es auch wieder nicht; **~ recently ~ yesterday** erst gestern; **she is very clever, ~ is her brother** sie ist sehr intelligent, genau(so) wie ihr Bruder; **she was ~ nice ~ could be** (*inf*) sie war so freundlich wie nur was (*inf*); **~ many/much ~ I could** so viele/soviel ich (nur) konnte; **there were ~ many ~ 100** es waren mindestens *or* bestimmt 100 da; **this one is ~ good** diese(r, s) ist genauso gut; **~ often happens, he was ...** wie so oft, war er ...
III *rel pron* **1.** (*with same, such*) der/die/das; *pl* die. **the same man ~ was here yesterday** derselbe Mann, der gestern hier war; *see* **such. 2.** (*dial*) der/die/das; *pl* die. **those ~ knew him** die ihn kannten.
IV *prep* **1.** (*in the capacity of*) als. **to treat sb ~ a child** jdn als Kind *or* wie ein Kind behandeln; **he appeared ~ three different characters** er trat in drei verschiedenen Rollen auf. **2.** (*esp: such as*) wie, zum Beispiel. **animals such ~ cats and dogs** Tiere wie (zum Beispiel) Katzen und Hunde.

asap ['eɪzæp] *abbr of* **as soon as possible** baldmöglichst, baldmögl.

asbestos [æz'bestəs] *n* Asbest *m*.

asbestosis [ˌæzbes'təʊsɪs] *n* (*Med*) Asbestose, Asbeststaublunge *f*.

ascend [ə'send] **I** *vi* (*rise*) aufsteigen; (*Christ*) auffahren; (*slope upwards*) ansteigen (*to* auf +*acc*). **in ~ing order** in aufsteigender Reihenfolge. **II** *vt stairs* hinaufsteigen; *mountain, heights of knowlege* erklimmen (*geh*); *throne* besteigen. **to ~ the scale** (*Mus*) die Tonleiter aufwärts singen.

ascendancy, ascendency [ə'sendənsɪ] *n* Vormachtstellung *f*. **to gain/have (the) ~ over sb** die Vorherrschaft über jdn gewinnen/haben; **to gain (the) ~ over one's fears** die Oberhand über seine Ängste.

ascendant, ascendent [ə'sendənt] *n* **to be in the ~** (*Astrol*) im Aszendenten stehen; (*fig*) im Aufstieg begriffen sein; **his star is in the ~** (*fig*) sein Stern ist im Aufgehen.

ascender [ə'sendə^r] *n* (*Typ*) Oberlänge *f*.

Ascension [ə'senʃən] *n* **the ~** (Christi) Himmelfahrt *f*; **~ Day** Himmelfahrt (stag *m*) *nt*.

ascent [ə'sent] *n* Aufstieg *m*. **the ~ of Ben Nevis** der Aufstieg auf den Ben Nevis; **it was his first ~ in an aeroplane** er ist das erstemal in einem Flugzeug geflogen.

ascertain [ˌæsə'teɪn] *vt* ermitteln, feststellen.

ascertainable [ˌæsə'teɪnəbl] *adj* feststellbar. **~ quantities** nachweisbare Mengen.

ascetic [ə'setɪk] **I** *adj* asketisch. **II** *n* Asket *m*.

asceticism [ə'setɪsɪzəm] *n* Askese *f*. **a life of ~** ein Leben in Askese.

ASCII ['æskɪː] *abbr of* **American Standard Code for Information Interchange. ~ file** ASCII-Datei *f*.

ascorbic acid [ə'skɔːbɪk'æsɪd] *n* Askorbinsäure *f*.

ascribable [ə'skraɪbəbl] *adj* **to be ~ to sth** einer Sache (*dat*) zuzuschreiben sein.

ascribe [ə'skraɪb] *vt* zuschreiben (*sth to sb* jdm etw); *importance, weight* beimessen (*to sth* einer Sache *dat*).

ascription [ə'skrɪpʃən] *n* Zuschreibung *f*.

aseptic [eɪ'septɪk] *adj* aseptisch, keimfrei; (*fig*) *atmosphere* steril, klinisch.

asexual [eɪ'seksjʊəl] *adj* ungeschlechtlich, geschlechtslos; *person* asexuell.

ash¹ [æʃ] *n* (*also* **~ tree**) Esche *f*.

ash² *n* **1.** Asche *f*. **~es** Asche *f*; **to reduce sth to ~es** etw total *or* völlig niederbrennen; (*in war etc*) etw in Schutt und Asche legen; **to rise from the ~es** (*fig*) aus den Trümmern wieder auferstehen; **~es to ~es** Erde zu Erde; *see* **sackcloth.**

2. ~es *pl* (*of the dead*) Asche *f*.

ashamed [ə'ʃeɪmd] *adj* beschämt. **to be** *or* **feel ~ (of sb/sth)** sich schämen (für jdn/etw, jds/einer Sache *geh*); **it's nothing to be ~ of** deswegen braucht man sich nicht zu genieren *or* schämen; **I felt ~ for him** ich habe mich für ihn geschämt; **he is ~ to do it** es ist ihm peinlich, das zu tun, er schämt sich, das zu tun; **... I'm ~ to say** ..., muß ich leider zugeben; **you ought to be ~ (of yourself)** du solltest dich (was) schämen!

A shares ['eɪʃɛəz] *npl* stimmrechtslose Aktien *pl*.

ash bin *n* Asch(en)eimer *m*, Aschentonne *f*; **ash blonde** *adj* aschblond; **ashcan** *n* (*US*) *see* **ash bin.**

ashen ['æʃn] *adj colour* aschgrau, aschfarbig; *face* aschfahl (*geh*), kreidebleich.

ashen-faced [ˌæʃn'feɪst] *adj* kreidebleich.

ashore [ə'ʃɔː^r] *adv* an Land. **to run ~** stranden, auf den Strand auflaufen; **to put ~** an Land gehen.

ashpan *n* Aschenkasten *m*; **ashtray** *n* Aschenbecher *m*; **Ash Wednesday** *n* Aschermittwoch *m*.

ashy ['æʃɪ] *adj* **1.** *see* **ashen. 2.** (*covered with ashes*) mit Asche bedeckt.

Asia ['eɪʃə] *n* Asien *nt*. **~ Minor** Kleinasien *nt*.

Asian ['eɪʃn], **Asiatic** [ˌeɪʃɪ'ætɪk] **I** *adj* asiatisch. **Asian flu** asiatische Grippe. **II** *n* Asiat(in *f*) *m*.

A-side *n* (*of record*) A-Seite *f*.

aside [ə'saɪd] **I** *adv* **1.** (*with verbal element*) zur Seite, beiseite. **to keep sth ~ for sb** für jdn etw beiseite legen; **to turn ~** sich zur Seite drehen, sich abwenden (*esp fig*).

2. (*Theat etc*) beiseite.

3. (*esp US*) **~ from** außer; **this criticism, ~ from being wrong, is ...** diese Kritik ist nicht nur falsch, sondern ...

II *n* (*Theat*) Aparte *nt* (*rare*). **to say sth in an ~** etw beiseite sprechen.

asinine ['æsɪnaɪn] *adj* idiotisch.

ask [ɑːsk] **I** *vt* **1.** (*inquire*) fragen; *question* stellen. **to ~ sb the way/the time/his opinion** jdn nach dem Weg/der Uhrzeit/seiner Meinung fragen; **to ~ if ...** (nach)fragen, ob ...; **he ~ed me where I'd been** er fragte mich, wo ich gewesen sei *or* wäre (*inf*) *or* bin (*inf*); **if you ~ me** wenn du mich fragst; **don't ~ me!** (*inf*), **~ me another!** (*inf*) frag mich nicht, was weiß ich! (*inf*); **I ~ you!** (*inf*) ich muß schon sagen!

2. (*invite*) einladen; (*in dancing*) auffordern.

3. (*request*) bitten (*sb for sth* jdn um etw); (*require, demand*) verlangen (*sth of sb* etw von jdm). **to ~ sb to do sth** jdn darum bitten, etw zu tun; **all I ~ is ...** ich will ja nur ...; **you don't ~ for much, do you?** (*iro*) sonst noch was? (*iro*), sonst *or* weiter nichts? (*iro*); **could I ~ your advice?** darf ich Sie um Rat bitten?; **he ~ed to be excused** er bat, ihn zu entschuldigen, er entschuldigte sich; **he ~s too much of me** er verlangt zuviel von mir; **that's ~ing too much** das ist zuviel verlangt.

4. (*Comm*) *price* verlangen, fordern. **~ing price** Verkaufspreis *m*; (*for car, house etc also*) Verhandlungsbasis *f*; **what's your ~ing price?** was verlangen Sie (dafür)?

II *vi* **1.** (*inquire*) fragen. **to ~ about sb/sth** sich nach jdm/etw erkundigen; **~ away!** frag nur!; **I only ~ed** ich habe doch nur gefragt; **well may you ~** das fragt man sich mit Recht.

2. (*request*) bitten (*for sth* um etw). **you just have to ~** du mußt nur was sagen (*inf*), du brauchst nur zu fragen; **I'm not ~ing for sympathy** ich will kein Mitleid; **there's no harm in ~ing** Fragen kostet nichts!; **it's yours for the ~ing** du kannst es haben; **you are ~ing for trouble** du willst wohl Ärger haben! (*iro*); **if you ... you're ~ing for trouble** wenn du ..., dann kriegst du Ärger; **that's ~ing for trouble** das kann ja nicht gutgehen; **he's ~ing for it** (*inf*) er will es ja so, er will es ja nicht anders; **to ~ for Mr X** Herrn X verlangen; **to ~ for sth back** etw wiederhaben wollen.

◆**ask after** *vi +prep obj* sich erkundigen nach. **tell her I was ~ing ~ her** grüß sie schön von mir.

◆**ask around** **I** *vi* herumfragen. **II** *vt sep* (*invite*) einladen.

◆**ask back** *vt sep* **1.** (*invite*) zu sich einladen. **he ~ed us ~ for a drink** er lud uns zu sich auf einen Drink ein; **they never ~ed me ~ again** sie haben mich nie wieder eingeladen. **2. let me ~ you something ~** lassen Sie mich eine Gegenfrage stellen.

◆**ask in** *vt sep* (*to house*) hereinbitten. **she ~ed her boyfriend ~** sie hat ihren Freund mit reingenommen.

◆**ask out** *vt sep* einladen.

◆**ask up** *vt sep* heraufbitten; *boyfriend* mit raufnehmen.

askance [ə'skɑːns] *adv* **to look ~ at sb** jdn entsetzt ansehen; **to look ~ at a suggestion/sb's methods** über einen Vorschlag/jds Methoden die Nase rümpfen.

askew [ə'skjuː] *adv* schief.

aslant [ə'slɑːnt] (*liter*) **I** *adv* quer, schräg. **II** *prep* quer *or* schräg über.

asleep [ə'sliːp] *adj pred* **1.** (*sleeping*) schlafend. **to be (fast *or* sound) ~** (fest) schlafen; **he was sitting there, ~** er saß da und schlief; **to fall ~** einschlafen (*also euph*); **to lie ~** schlafen. **2.** (*inf: numb*) eingeschlafen.

ASLEF ['æzlef] (*Brit*) *abbr of* **Associated Society of Locomotive Engineers and Firemen** *Eisenbahnergewerkschaft f.*

A/S level *n* (*Brit*) (*abbr of* **Advanced/Special level**) *besonderer Abschluß der Sekundarstufe 2.*

asocial [eɪ'səʊʃəl] *adj* ungesellig.

asp [æsp] *n* (*Zool*) Natter *f.*

asparagus [əs'pærəgəs] *n, no pl* Spargel *m.* **~ tips** Spargelspitzen *pl*; **~ fern** Spargelkraut *nt*, Asparagus *m.*

aspect ['æspekt] *n* **1.** (*liter: appearance*) Anblick *m*, Erscheinung *f*; (*face also*) Antlitz *nt* (*geh*); (*of thing*) Aussehen *nt.* **2.** (*of question, subject etc*) Aspekt *m*, Seite *f.* **under the ~ of town planning** aus stadtplanerischer Sicht; **what about the security/heating ~?** was ist mit der Sicherheit/Heizung?, und die Sicherheits-/Heizungsfrage? (*inf*). **3.** (*of building*) **to have a southerly ~** Südlage haben. **4.** (*Gram*) Aspekt *m.*

aspen ['æspən] *n* (*Bot*) Espe, Zitterpappel *f.*

asperity [æs'perɪtɪ] *n* Schroffheit, Schärfe *f no pl.*

aspersion [əs'pɜːʃən] *n*: **to cast ~s upon sb/sth** abfällige Bemerkungen über jdn/etw machen; **without wishing to cast any ~s** ohne mich abfällig äußern zu wollen.

asphalt ['æsfælt] **I** *n* Asphalt *m.* **II** *vt* asphaltieren. **III** *adj attr* Asphalt-, asphaltiert. **~ jungle** Asphaltdschungel *m.*

asphodel ['æsfəˌdel] *n* Asphodelus, Affodill *m.*

asphyxia [æs'fɪksɪə] *n* Erstickung, Asphyxie (*spec*) *f.*

asphyxiate [æs'fɪksɪeɪt] *vti* ersticken. **to be ~d** ersticken.

asphyxiation [æsˌfɪksɪ'eɪʃən] *n* Erstikkung *f.*

aspic ['æspɪk] *n* (*Cook*) Aspik *m or nt*, Gelee *nt.*

aspidistra [ˌæspɪ'dɪstrə] *n* Aspidistra *f.*

aspirant ['æspɪrənt] *n* Anwärter(in *f*) *m* (*to, for* auf *+acc*); (*for job*) Kandidat(in *f*) (für), Aspirant(in *f*) (*hum*) *m*; (*for sb's hand in marriage*) Bewerber *m* (um).

aspirate ['æspərɪt] **I** *n* Aspirata *f* (*spec*), Hauchlaut *m.* **II** *vt* ['æspəreɪt] aspirieren, behauchen.

aspiration [ˌæspə'reɪʃən] *n* **1.** (hohes) Ziel, Aspiration *f* (*geh*). **his ~ towards Lady Sarah's hand** (*liter*) seine Hoffnung auf Lady Sarahs Hand. **2.** (*Phon*) Aspiration, Behauchung *f.*

aspire [ə'spaɪə[r]] *vi* **to ~ to sth** nach etw streben, etw erstreben; **to ~ to do sth** danach streben, etw zu tun.

aspirin ['æsprɪn] *n* Kopfschmerztablette *f*, Aspirin ® *nt.*

aspiring [ə'spaɪərɪŋ] *adj* aufstrebend.

ass[1] [æs] *n* (*lit, fig inf*) Esel *m.* **to make an ~ of oneself** sich lächerlich machen, sich blamieren.

ass[2] *n* (*US sl*) **a nice piece of ~** ein dufter Arsch (*sl*); **he was looking for a piece of ~** er wollte eine Frau aufreißen (*sl*); **to kick ~** (*get tough*) mit der Faust auf den Tisch hauen (*inf*); *see also* **arse.**

assail [ə'seɪl] *vt* (*lit, fig*) angreifen; (*fig: with questions etc*) überschütten, bombardieren. **a harsh sound ~ed my ears** ein scharfes Geräusch drang an mein Ohr; **to be ~ed by doubts** von Zweifeln befallen sein *or* geplagt werden.

assailant [ə'seɪlənt] *n* Angreifer(in *f*) *m*

assassin [ə'sæsɪn] *n* Attentäter(in *f*), Mörder(in *f*) *m.*

assassinate [ə'sæsɪneɪt] *vt* ein Attentat *or* einen Mordanschlag verüben auf (*+acc*). **JFK was ~d in Dallas** JFK fiel in Dallas einem Attentat *or* Mordanschlag zum Opfer, JFK wurde in Dallas ermordet; **they ~d him** sie haben ihn ermordet.

assassination [əˌsæsɪ'neɪʃən] *n* (geglücktes) Attentat, (geglückter) Mordanschlag (*of* auf *+acc*). **~ attempt** versuchtes Attentat; **to plan an ~** ein Attentat planen; **before/after the ~** vor dem Attentat/nach dem (geglückten) Attentat.

assault [ə'sɔːlt] **I** *n* **1.** (*Mil*) Sturm(angriff) *m* (*on* auf *+acc*); (*fig*) Angriff *m* (*on* gegen). **to make an ~ on sth** einen (Sturm)angriff gegen etw führen; **to take sth by ~** etw im Sturm nehmen, etw erstürmen.

2. (*Jur*) Körperverletzung *f.* **~ and battery** Körperverletzung *f*; **indecent/sexual ~** Notzucht, Nötigung (*form*) *f.*

II *vt* **1.** (*Jur: attack*) tätlich werden gegen; (*sexually*) herfallen über (+*acc*); (*rape*) vergewaltigen. **to ~ sb with a stick** jdn mit einem Stock angreifen. **2.** (*Mil*) angreifen.

assault course *n* Übungsgelände *nt*; **getting to the bathroom is like an ~** der Weg zum Badezimmer ist ein wahres Hindernisrennen; **assault craft** *n* Sturmlandefahrzeug *nt*; **assault troops** *npl* Sturmtruppen *pl.*

assay [ə'seɪ] **I** *n* Prüfung *f.* **~ mark** Prüfzeichen *nt.* **II** *vt* **1.** *mineral, ore,* (*fig*) *value, sb's worth* prüfen. **2.** (*liter*) (*try*) sich versuchen an (+*dat*); (*put to the test*) *troops* prüfen.

assemblage [ə'semblɪdʒ] *n* **1.** (*assembling*) Zusammensetzen *nt*, Zusammenbau *m*; (*of car, machine also*) Montage *f.* **2.** (*collection*) (*of things*) Sammlung *f*; (*of facts*) Anhäufung *f*; (*of people*) Versammlung *f.*

assemble [ə'sembl] **I** *vt* zusammensetzen, zusammenbauen; *car, machine also* montieren; *facts* zusammentragen; *Parliament* einberufen, versammeln; *people* zusammenrufen; *team* zusammenstellen. **II** *vi* sich versammeln.

assembler [ə'semblə^r] *n* (*Comput*) Assembler *m.*

assembly [ə'semblɪ] *n* **1.** (*gathering of people, Parl*) Versammlung *f.* **2.** (*Sch*) Morgenandacht *f*; *tägliche Versammlung.* **3.** (*putting together*) Zusammensetzen *nt*, Zusammenbau *m*; (*of machine, cars also*) Montage *f*; (*of facts*) Zusammentragen *nt.* **4.** (*thing assembled*) Konstruktion *f.*

assembly hall *n* (*Sch*) Aula *f*; **assembly language** *n* (*Comput*) Assemblersprache *f*; **assembly line** *n* Montageband *nt*; **assembly plant** *n* Montagewerk *nt*; **assembly point** *n* Sammelplatz *m*; **assembly shop** *n* Montagehalle *f*; **assembly worker** *n* Montagearbeiter(in *f*) *m.*

assent [ə'sent] **I** *n* Zustimmung *f.* **to give one's ~ to sth** seine Zustimmung zu etw geben; **royal ~** königliche Genehmigung. **II** *vi* zustimmen. **to ~ to sth** einer Sache (*dat*) zustimmen.

assert [ə'sɜːt] *vt* **1.** (*declare*) behaupten; *one's innocence* beteuern.

2. (*insist on*) **to ~ one's authority** seine Autorität geltend machen; **to ~ one's rights** sein Recht behaupten; **to ~ oneself** sich behaupten *or* durchsetzen (*over* gegenüber).

assertion [ə'sɜːʃən] *n* **1.** (*statement*) Behauptung *f*; (*of innocence*) Beteuerung *f.* **to make ~s/an ~** Behauptungen/eine Behauptung aufstellen. **2.** *no pl* (*insistence*) Behauptung *f.*

assertive *adj,* **~ly** *adv* [ə'sɜːtɪv, -lɪ] bestimmt.

assertiveness [ə'sɜːtɪvnɪs] *n* Bestimmtheit *f.*

assess [ə'ses] *vt* **1.** *person, chances, abilities* einschätzen; *problem, situation, prospects also* beurteilen; *proposal, advantages also* abwägen.

2. *property* schätzen, taxieren; *person* (*for tax purposes*) veranlagen (*at* mit). **to ~ sth at its true worth** einer Sache (*dat*) den richtigen Wert beimessen.

3. *fine, tax* festsetzen, bemessen (*at* auf +*acc*); *damages* schätzen (*at* auf +*acc*).

assessment [ə'sesmənt] *n see vt* **1.** Einschätzung *f*; Beurteilung *f*; Abwägen *nt.* **in my ~** meines Erachtens; **what's your ~ of the situation** wie sehen *or* beurteilen Sie die Lage? **2.** Schätzung, Taxierung *f*; Veranlagung *f.* **3.** Festsetzung, Bemessung *f*; Schätzung *f.*

assessor [ə'sesə^r] *n* (*Insur*); (Schadens)gutachter(in *f*) *m*; (*Univ*) Prüfer(in *f*) *m.*

asset ['æset] *n* **1.** *usu pl* Vermögenswert *m*; (*on balance sheet*) Aktivposten *m.* **~s** Vermögen *nt*; (*on balance sheet*) Aktiva *pl*; **personal ~s** persönlicher Besitz.

2. (*fig*) **it would be an ~ ...** es wäre von Vorteil ...; **he is one of our great ~s** er ist einer unserer besten Leute; **this player, the club's newest ~** dieser Spieler, die neueste Errungenschaft des Clubs; **his appearance is not an ~ to him** aus seinem Aussehen kann er kein Kapital schlagen; **he's hardly an ~ to the company** er ist nicht gerade ein Gewinn für die Firma.

asseverate [ə'sevəreɪt] *vt* (*form*) beteuern.

asshole ['æshəʊl] *n* (*US vulg*) Arschloch *nt* (*vulg*).

assiduity [ˌæsɪ'djʊɪtɪ] *n* gewissenhafter Eifer.

assiduous *adj,* **~ly** *adv* [ə'sɪdjʊəs, -lɪ] gewissenhaft.

assiduousness [ə'sɪdjʊəsnɪs] *n* Gewissenhaftigkeit *f.*

assign [ə'saɪn] **I** *vt* **1.** (*allot*) zuweisen, zuteilen (*to sb* jdm); *task also* übertragen (*to sb* jdm); (*to a purpose*) *room* bestimmen (*to* für); (*to a word*) *meaning* zuordnen (*to dat*); (*fix*) *date, time* bestimmen, festsetzen; (*attribute*) *cause, novel, play, music* zuschreiben (*to dat*). **which class have you been ~ed?** welche Klasse wurde Ihnen zugewiesen?

2. (*appoint*) berufen; (*to a mission, case, task*) betrauen (*to* mit), beauftragen (*to* mit). **she was ~ed to this school** sie wurde an diese Schule berufen; **he was ~ed to the post of ambassador** er wurde zum Botschafter berufen; **I was ~ed to speak to the boss** ich wurde damit beauftragt *or* betraut, mit dem Chef zu sprechen.

3. (*Jur*) übertragen, übereignen (*to sb* jdm).

II *n* (*Jur*) (*also* **~ee**) Abtretungsempfänger(in *f*) *m.*

assignation [ˌæsɪg'neɪʃən] *n* **1.** Stelldichein, Rendezvous *nt.* **2.** *see* **assignment 2.-4.**

assignment [ə'saɪnmənt] *n* **1.** (*task*) Aufgabe *f*; (*mission also*) Auftrag *m*, Mission *f*.

2. (*appointment*) Berufung *f*; (*to case, task*) Betrauung, Beauftragung *f* (*to* mit). **his ~ to the post of ambassador/to this school** seine Berufung zum Botschafter/an diese Schule.

3. (*allotment*) *see vt 1.* Zuweisung, Zuteilung *f*; Übertragung *f*; Bestimmung *f* (*to* für); Zuordnung *f* (*to* zu).

4. (*Jur*) Übertragung, Übereignung *f*.

assimilate [ə'sɪmɪleɪt] *vt food, knowledge* aufnehmen; (*fig: into society also*) integrieren.

assimilation [əˌsɪmɪ'leɪʃən] *n see vt* Aufnahme *f*; Integration *f*.

assist [ə'sɪst] **I** *vt* helfen (+*dat*); (*act as an assistant to*) assistieren (+*dat*); *growth, progress, development* fördern, begünstigen. **to ~ sb with sth** jdm bei etw helfen *or* behilflich sein; **to ~ sb in doing** *or* **to do sth** jdm helfen, etw zu tun; **... who was ~ing the surgeon** ..., der dem Chirurgen assistierte; **in a wind ~ed time of 10.01 seconds** mit Rückenwind in einer Zeit von 10,01 Sekunden; **a man is ~ing the police (with their enquiries)** (*euph*) ein Mann wird von der Polizei vernommen.

II *vi* **1.** (*help*) helfen. **to ~ with sth** bei etw helfen; **to ~ in doing sth** helfen, etw zu tun. **2.** (*be present in order to help, doctor*) assistieren (*at* bei); (*in church*) ministrieren.

assistance [ə'sɪstəns] *n* Hilfe *f*. **to give ~ to sb** (*come to aid of*) jdm Hilfe leisten; **to come to sb's ~** jdm zu Hilfe kommen; **to be of ~ (to sb)** jdm helfen *or* behilflich sein.

assistant [ə'sɪstənt] **I** *n* Assistent(in *f*) *m*; (*shop ~*) Verkäufer(in *f*) *m*.

II *adj attr manager etc* stellvertretend. **~ professor** (*US*) Assistenz-Professor(in *f*) *m*.

assn *abbr of* **association.**

associate [ə'səʊʃɪɪt] **I** *n* **1.** (*colleague*) Kollege *m*, Kollegin *f*; (*Comm: partner*) Partner(in *f*), Teilhaber(in *f*) *m*; (*accomplice*) Komplize *m*, Komplizin *f*. **2.** (*of a society*) außerordentliches *or* assoziiertes Mitglied.

II [ə'səʊʃɪeɪt] *vt* in Verbindung bringen, assoziieren (*also Psych*). **to ~ oneself with sb/sth** sich jdm/einer Sache anschließen, sich mit jdm/einer Sache assoziieren; **to be ~d with sb/sth** mit jdm/einer Sache in Verbindung gebracht *or* assoziiert werden; **it is ~d in their minds with ...** sie denken dabei gleich an (+*acc*) ...; **I don't ~ him with sport** ich assoziiere ihn nicht mit Sport. **the A~d Union of ...** der Gewerkschaftsverband der ...; **~(d) company** Partnerfirma *f*.

III [ə'səʊʃɪeɪt] *vi* **to ~ with** verkehren mit.

associate director *n* ≃ außerordentliches Verwaltungsratsmitglied; **associate member** *n* außerordentliches *or* assoziiertes Mitglied; **associate partner** *n* (Geschäfts)partner(in *f*) *m*; **associate professor** *n* (*US*) außerordentliche(r) Professor(in *f*).

association [əˌsəʊsɪ'eɪʃən] *n* **1.** *no pl* (*associating: with people*) Verkehr, Umgang *m*; (*co-operation*) Zusammenarbeit *f*. **he has benefited from his ~ with us** er hat von seiner Beziehung zu uns profitiert; **he has had a long ~ with the party** er hat seit langem Verbindung mit der Partei.

2. (*organization*) Verband *m*.

3. (*connexion in the mind*) Assoziation *f* (*with* an +*acc*) (*also Psych*). **~ of ideas** Gedankenassoziation *f*; **to have unpleasant ~s for sb** unangenehme Assoziationen bei jdm hervorrufen; **I always think of that in ~ with ...** daran denke ich immer im Zusammenhang mit ...; **free ~** (*Psych*) freie Assoziation.

association football *n* (*Brit*) Fußball *m*.

associative [ə'səʊʃɪətɪv] *adj* assoziativ.

assonance ['æsənəns] *n* Assonanz *f*.

assort [ə'sɔːt] *vi* (*form*) **1.** (*agree, match*) passen (*with* zu). **2.** (*consort*) Umgang pflegen (*with* mit).

assorted [ə'sɔːtɪd] *adj* **1.** (*mixed*) gemischt. **2.** (*matched*) zusammengestellt.

assortment [ə'sɔːtmənt] *n* Mischung *f*; (*of goods*) Auswahl *f* (*of* an +*dat*), Sortiment *nt* (*of* von); (*of ideas*) Sammlung *f*.

assuage [ə'sweɪdʒ] *vt hunger, thirst, desire* stillen, befriedigen; *anger, fears* beschwichtigen; *pain, grief* lindern.

assume [ə'sjuːm] *vt* **1.** (*take for granted, suppose*) annehmen; (*presuppose*) voraussetzen. **let us ~ that you are right** nehmen wir an *or* gehen wir davon aus, Sie hätten recht; **assuming this to be true ...** angenommen *or* vorausgesetzt, (daß) das stimmt ...; **assuming (that) ...** angenommen(, daß) ...

2. *power, control* übernehmen; (*forcefully*) ergreifen.

3. (*take on*) *name, title* annehmen, sich (*dat*) zulegen; *guise, shape, attitude* annehmen. **to ~ a look of innocence/surprise** eine unschuldige/überraschte Miene aufsetzen; **the problem has ~d a new importance** das Problem hat neue Bedeutung gewonnen.

assumed [ə'sjuːmd] *adj* **1.** *name* angenommen; (*for secrecy also*) Deck-. **2.** (*pretended*) *surprise, humility* gespielt, vorgetäuscht.

assumption [ə'sʌmpʃən] *n* **1.** Annahme *f*; (*presupposition*) Voraussetzung *f*. **to go on the ~ that ...** von der Voraussetzung ausgehen, daß ...

2. (*of power, role*) Übernahme *f*; (*of office also*) Aufnahme *f*; (*forcefully*) Ergreifen *nt*.

3. (*of guise, false name*) Annahme *f*; (*insincere: of look of innocence etc*) Vortäuschung *f*, Aufsetzen *nt*.

4. (*Eccl*) **the A~** Mariä Himmelfahrt *f*.

assurance [ə'ʃʊərəns] *n* **1.** Versicherung *f*; (*promise also*) Zusicherung *f*. **he gave me his ~ that it would be done** er versicherte mir, daß es getan (werden) würde; **do I have your ~ that ...?** garantieren Sie mir, daß ...?; **2.** (*self-confidence*)

Sicherheit *f*. **3.** (*confidence*) Zuversicht *f*; (*in*) Vertrauen *nt* (*in* in +*acc*). **4.** (*esp Brit: life* ~) Versicherung *f*.

assure [ə'ʃʊəʳ] *vt* **1.** (*say with confidence*) versichern (+*dat*); (*promise*) zusichern (+*dat*). **to ~ sb of sth** (*of love, willingness*) jdn einer Sache (*gen*) versichern; (*of service, support, help*) jdm etw zusichern.

2. (*make certain of*) *success, happiness, future* sichern. **he is ~d of a warm welcome wherever he goes** er kann sicher sein, überall herzlich empfangen zu werden.

3. (*esp Brit: insure*) *life* versichern.

assured [ə'ʃʊəd] **I** *n* (*esp Brit*) Versicherte(r) *mf*. **II** *adj* sicher; *income, future also* gesichert; (*self-confident*) sicher. **to rest ~ that ...** sicher sein, daß ...; **to rest ~ of sth** einer Sache (*gen*) sicher sein.

assuredly [ə'ʃʊərɪdlɪ] *adv* mit Sicherheit. **yes, most ~** ganz sicher.

Assyria [ə'sɪrɪə] *n* Assyrien *nt*.

Assyrian [ə'sɪrɪən] **I** *adj* assyrisch. **II** *n* **1.** Assyrer(in *f*) *m*. **2.** (*language*) Assyrisch *nt*.

aster ['æstəʳ] *n* Aster *f*.

asterisk ['æstərɪsk] **I** *n* Sternchen *nt*. **II** *vt* mit Sternchen versehen.

astern [ə'stɜːn] (*Naut*) **I** *adv* achtern; (*towards the stern*) nach achtern; (*backwards*) achteraus. **II** *prep* **~ (of) the ship/of us** achteraus.

asteroid ['æstərɔɪd] *n* Asteroid *m*.

asthma ['æsmə] *n* Asthma *nt*.

asthmatic [æs'mætɪk] **I** *n* Asthmatiker(in *f*) *m*. **II** *adj* asthmatisch.

asthmatically [æs'mætɪkəlɪ] *adv* asthmatisch.

astigmatic [ˌæstɪg'mætɪk] *adj* astigmatisch.

astigmatism [æs'tɪgmətɪzəm] *n* Astigmatismus *m*.

astir [ə'stɜːʳ] *adj pred* **1.** (*in motion, excited*) voller *or* in Aufregung. **2.** (*old, liter: up and about*) auf den Beinen, auf.

ASTM (*US*) *abbr of* **American Society for Testing Materials** *amerikanischer Normenausschuß*, ≃ DNA *m*.

ASTMS ['æztəmz] *abbr of* **Association of Scientific, Technical and Managerial Staffs** *Gewerkschaft f der Wissenschaftler, Techniker und leitenden Angestellten*.

astonish [ə'stɒnɪʃ] *vt* erstaunen, überraschen. **you ~ me!** (*iro*) was du nicht sagst! (*iro*); **I am ~ed** *or* **it ~es me that ...** ich bin erstaunt *or* es wundert mich, daß ...; **I am ~ed to learn that ...** ich höre mit Erstaunen, daß ...

astonishing [ə'stɒnɪʃɪŋ] *adj* erstaunlich.

astonishingly [ə'stɒnɪʃɪŋlɪ] *adv* erstaunlich. **~ (enough)** erstaunlicherweise.

astonishment [ə'stɒnɪʃmənt] *n* Erstaunen *nt*, Überraschung *f* (*at* über +*acc*). **look of ~** erstaunter *or* überraschter Blick; **she looked at me in (complete) ~** sie sah mich (ganz) erstaunt *or* überrascht an; **to my ~** zu meinem Erstaunen.

astound [ə'staʊnd] *vt* sehr erstaunen, in Erstaunen (ver)setzen. **to be ~ed (at)** höchst erstaunt sein (über +*acc*).

astounding [ə'staʊndɪŋ] *adj* erstaunlich.

astral ['æstrəl] *adj* Sternen-; (*in theosophy*) Astral-.

astray [ə'streɪ] *adj* verloren. **to go ~** (*person*) (*lit*) vom Weg abkommen; (*fig: morally*) vom rechten Weg abkommen; (*letter, object*) verlorengehen; (*go wrong: in argument*) irregehen; **to lead sb ~** (*fig*) jdn vom rechten Weg abbringen; (*mislead*) jdn irreführen.

astride [ə'straɪd] **I** *prep* rittlings auf (+*dat*). **II** *adv* rittlings; *ride* im Herrensitz.

astringent [əs'trɪndʒənt] **I** *adj* adstringierend; (*fig*) *remark, humour* ätzend, beißend. **II** *n* Adstringens *nt*.

astrologer [əs'trɒlədʒəʳ] *n* Astrologe *m*, Astrologin *f*.

astrological [ˌæstrə'lɒdʒɪkəl] *adj* astrologisch; *sign also* Tierkreis-.

astrology [əs'trɒlədʒɪ] *n* Astrologie *f*.

astronaut ['æstrənɔːt] *n* Astronaut(in *f*) *m*.

astronautics [ˌæstrəʊ'nɔːtɪks] *n sing* Raumfahrt, Astronautik *f*.

astronomer [əs'trɒnəməʳ] *n* Astronom(in *f*) *m*.

astronomical [ˌæstrə'nɒmɪkəl] *adj* (*lit, fig also* **astronomic**) astronomisch. **~ year** Sternjahr *nt*.

astronomically [ˌæstrə'nɒmɪkəlɪ] *adv* (*lit, fig*) astronomisch.

astronomy [əs'trɒnəmɪ] *n* Astronomie *f*.

astrophysics [ˌæstrəʊ'fɪzɪks] *n sing* Astrophysik *f*.

astute [ə'stjuːt] *adj* schlau; *remark also* scharfsinnig; *businessman also* clever (*inf*); *child* aufgeweckt; *mind* scharf.

astutely [ə'stjuːtlɪ] *adv see adj*.

astuteness [əs'tjuːtnɪs] *n see adj* Schlauheit *f*; Scharfsinnigkeit *f*; Cleverneß *f* (*inf*); Aufgewecktheit *f*; Schärfe *f*.

asunder [ə'sʌndəʳ] *adv* (*liter*) (*apart*) auseinander; (*in pieces*) entzwei, in Stücke. **... let no man put ~** ..., soll der Mensch nicht trennen *or* scheiden.

asylum [ə'saɪləm] *n* **1.** Asyl *nt*. **to ask for (political) ~** um (politisches) Asyl bitten. **2.** (*lunatic* ~) (Irren)anstalt *f*.

asymmetric(al) [ˌeɪsɪ'metrɪk(əl)] *adj* asymmetrisch. **asymmetric bars** Stufenbarren *m*.

asymmetry [æ'sɪmɪtrɪ] *n* Asymmetrie *f*.

asynchronous [æ'sɪŋkrənəs] *adj* (*also Comput*) asynchron.

at [æt] *prep* **1.** (*position*) an (+*dat*), bei (+*dat*); (*with place*) in (+*dat*). **~ the window/corner/top** am *or* beim Fenster/an der Ecke/Spitze; **~ university/school/a hotel/the zoo** an *or* auf der Universität/in der Schule/im Hotel/im Zoo; **~ my brother's** bei meinem Bruder; **~ a party** auf *or* bei einer Party; **to arrive ~ the station** am Bahnhof ankommen.

2. (*direction*) **to aim/shoot/point ~ sb/sth** auf jdn/etw zielen/schießen/zeigen; **to look/growl/swear ~ sb/sth** jdn/etw ansehen/anknurren/beschimpfen; **~ him!** auf ihn!

3. (*time, frequency, order*) **~ ten**

o'clock um zehn Uhr; ~ **night/dawn** bei Nacht/beim *or* im Morgengrauen; ~ **Christmas/Easter** zu Weihnachten/ Ostern; ~ **your age/16 (years of age)** in deinem Alter/mit 16 (Jahren); **three ~ a time** drei auf einmal; ~ **the start/end of sth** am Anfang/am Ende einer Sache (*gen*).

4. (*activity*) ~ **play/work** beim Spiel/ bei der Arbeit; **good/bad/an expert ~ sth** gut/schlecht/ein Experte in etw (*dat*); **while we are ~ it** (*inf*) wenn wir schon mal dabei sind; **the couple in the next room were ~ it all night** (*inf*) die beiden im Zimmer nebenan haben es die ganze Nacht getrieben (*inf*); **the brakes are ~ it again** (*inf*) die Bremsen mucken schon wieder (*inf*); **he doesn't know what he's ~** (*inf*) der weiß ja nicht, was er tut (*inf*); *see vbs.*

5. (*state, condition*) **to be ~ an advantage** im Vorteil sein; ~ **a loss/profit** mit Verlust/Gewinn; **I'd leave it ~ that** ich würde es dabei belassen.

6. (*as a result of, upon*) auf (+*acc*) ... (hin). ~ **his request** auf seine Bitte (hin); ~ **that/this he left the room** daraufhin verließ er das Zimmer.

7. (*cause: with*) *angry, annoyed, delighted etc* über (+*acc*).

8. (*rate, value, degree*) ~ **full speed/50 km/h** mit voller Geschwindigkeit/50 km/h; ~ **50p a pound** für *or* zu 50 Pence pro *or* das Pfund; ~ **5% interest** zu 5% Zinsen; ~ **a high/low price** zu einem hohen/niedrigen Preis; **with prices ~ this level** bei solchen Preisen; *see* **all, cost, rate**[1].

atavism ['ætəvɪzəm] *n* Atavismus *m.*

atavistic [ˌætə'vɪstɪk] *adj* atavistisch.

ataxia [ə'tæksɪə] *n* Ataxie *f.*

ataxic [ə'tæksɪk] *adj* ataktisch.

ate [et, (*US*) eɪt] *pret of* **eat.**

atheism ['eɪθɪɪzəm] *n* Atheismus *m.*

atheist ['eɪθɪɪst] **I** *n* Atheist(in *f*) *m.* **II** *adj attr* atheistisch.

atheistic [ˌeɪθɪ'ɪstɪk] *adj* atheistisch.

Athenian [ə'θiːnɪən] **I** *n* Athener(in *f*) *m.* **II** *adj* athenisch, (*esp modern*) Athener.

Athens ['æθɪnz] *n* Athen *nt.*

athlete ['æθliːt] *n* Athlet(in *f*) *m*; (*specialist in track and field events*) Leichtathlet(in *f*) *m.* **~'s foot** Fußpilz *m.*

athletic [æθ'letɪk] *adj* sportlich; (*referring to athletics, build*) athletisch.

athletically [æθ'letɪkəlɪ] *adv* sportlich; *built* athletisch.

athleticism [æθ'letɪsɪzəm] *n* Athletentum *nt.*

athletics [æθ'letɪks] *n sing or pl* Leichtathletik *f.*

at-home ['æt'həʊm] *n* Empfang *m* bei sich (*dat*) zu Hause.

athwart [ə'θwɔːt] **I** *adv* quer; (*Naut*) dwars. **II** *prep* quer über; (*Naut*) dwars, quer.

Atlantic [ət'læntɪk] **I** *n* (*also* ~ **Ocean**) Atlantik *m*, Atlantischer Ozean. **II** *adj attr* atlantisch. ~ **Charter** Atlantik-Charta *f.*

atlas ['ætləs] *n* Atlas *m.*

Atlas Mountains *npl* Atlas(-Gebirge *nt*) *m.*

ATM *abbr of* **automated teller machine.**

atmosphere ['ætməsfɪə^r] *n* (*lit, fig*) Atmosphäre *f*; (*fig: of novel also*) Stimmung *f.*

atmospheric [ˌætməs'ferɪk] *adj* atmosphärisch; (*full of atmosphere*) *description* stimmungsvoll.

atmospherics [ˌætməs'ferɪks] *npl* (*Rad*) atmosphärische Störungen *pl.*

atoll ['ætɒl] *n* Atoll *nt.*

atom ['ætəm] *n* **1.** Atom *nt.* **2.** (*fig*) **to smash sth to ~s** etw völlig zertrümmern; **not an ~ of truth** kein Körnchen Wahrheit.

atom bomb *n* Atombombe *f.*

atomic [ə'tɒmɪk] *adj* atomar.

atomic *in cpds* Atom-; **atomic age** *n* Atomzeitalter *nt*; **atomic bomb** *n* Atombombe *f*; **atomic clock** *n* Atomuhr *f*; **atomic energy** *n* Atom- *or* Kernenergie *f*; **atomic energy authority** (*Brit*) *or* (*US*) **commission** *n* Atomkommission *f*; **atomic number** *n* Ordnungszahl *f*; **atomic power** *n* Atomkraft *f*; (*propulsion*) Atomantrieb *m*; **atomic powered** *adj* atomgetrieben, Atom-; **atomic structure** *n* Atombau *m*; **atomic weight** *n* Atomgewicht *nt.*

atomize ['ætəmaɪz] *vt liquid* zerstäuben.

atomizer ['ætəmaɪzə^r] *n* Zerstäuber *m.*

atonal [æ'təʊnl] *adj* atonal.

atone [ə'təʊn] *vi* **to ~ for sth** (für) etw sühnen *or* büßen.

atonement [ə'təʊnmənt] *n* Sühne, Buße *f.* **to make ~ for sth** für etw Sühne *or* Buße tun; **in ~ for sth** als Sühne *or* Buße für etw; **the A~** (*Eccl*) das Sühneopfer (Christi).

atop [ə'tɒp] *prep* (*liter*) (oben) auf (+*dat*).

atrocious *adj*, **~ly** *adv* [ə'trəʊʃəs, -lɪ] grauenhaft.

atrocity [ə'trɒsɪtɪ] *n* Grausamkeit *f*; (*act also*) Greueltat *f.*

atrophy ['ætrəfɪ] **I** *n* Atrophie *f* (*geh*), Schwund *m.* **II** *vt* schwinden lassen. **III** *vi* verkümmern, schwinden.

Att, Atty *abbr of* **Attorney** (*US*).

attach [ə'tætʃ] **I** *vt* **1.** (*join*) festmachen, befestigen (*to* an +*dat*); *document to a letter* an- *or* beiheften. **to ~ oneself to sb/a group** sich jdm/einer Gruppe anschließen; **is he/she ~ed?** ist er/sie schon vergeben?

2. to be ~ed to sb/sth (*be fond of*) an jdm/etw hängen.

3. (*attribute*) *importance* beimessen, zuschreiben (*to dat*).

4. (*Mil*) *personnel* angliedern, zuteilen (*to dat*).

II *vi* **no blame ~es** *or* **can ~ to him** ihm haftet keine Schuld an, ihn trifft keine Schuld; **salary/responsibility ~ing** *or* **~ed to this post** Gehalt, das mit diesem Posten verbunden ist/Verantwortung, die dieser Posten mit sich bringt; **great importance ~es to this** dem haftet größte Bedeutung an.

attachable [ə'tætʃəbl] *adj* **to be ~** sich befestigen lassen.

attaché [ə'tæʃeɪ] *n* Attaché *m.*

attaché case *n* Aktenkoffer *m.*

attachment [ə'tætʃmənt] *n* **1.** (*act of attaching*) *see vt 1.* Festmachen, Befestigen *nt*; An- *or* Beiheften *nt*.

2. (*accessory*) Zusatzteil, Zubehörteil *nt*.

3. (*fig: affection*) Zuneigung *f* (*to* zu).

4. (*Mil etc: temporary transfer*) Zuordnung, Angliederung *f*. **to be on ~** angegliedert *or* zugeteilt sein (*to dat*).

attack [ə'tæk] **I** *n* **1.** (*Mil, Sport, fig*) Angriff *m* (*on* auf +*acc*). **there have been two ~s on his life** es wurden bereits zwei Anschläge auf sein Leben gemacht *or* verübt; **to be under ~** angegriffen werden; (*fig also*) unter Beschuß stehen; **to go over to the ~** zum Angriff übergehen; **to return to the ~** wieder zum Angriff übergehen; **to launch/make an ~** zum Angriff ansetzen/einen Angriff vortragen *or* machen (*on* auf +*acc*); (*on sb's character*) angreifen (*on acc*); **~ is the best form of defence** Angriff ist die beste Verteidigung; **to leave oneself open to ~** Angriffsflächen bieten.

2. (*Med*) Anfall *m*. **an ~ of fever/hay fever** ein Fieberanfall/ein Anfall von Heuschnupfen; **to have an ~ of nerves** sehr nervös werden.

II *vt* **1.** (*Mil, Sport, fig*) angreifen; (*from ambush, in robbery etc*) überfallen. **he was ~ed by doubts** Zweifel befielen ihn.

2. (*tackle*) *task, problem, sonata* in Angriff nehmen.

3. (*Med: illness*) befallen.

III *vi* angreifen. **an ~ing side** eine angriffsfreudige *or* offensive Mannschaft; **ready to ~** zum Angriff bereit.

attacker [ə'tækəʳ] *n* Angreifer(in *f*) *m*.

attain [ə'teɪn] **I** *vt aim, rank, age, perfection* erreichen; *knowledge* erlangen; *happiness, prosperity, power* gelangen zu.

II *vi* **to ~ to sth** *to perfection* etw erreichen; *to prosperity, power* zu etw gelangen; **to ~ to man's estate** (*form*) das Mannesalter erreichen (*form*).

attainable [ə'teɪnəbl] *adj* erreichbar, zu erreichen; *knowledge, happiness, power* zu erlangen.

attainder [ə'teɪndəʳ] *n see* **bill³ 8.**

attainment [ə'teɪnmənt] *n* **1.** (*act of attaining*) Erreichung *f*, Erreichen *nt*; (*of knowledge, happiness, prosperity, power*) Erlangen *nt*.

2. (*usu pl: accomplishment*) Fertigkeit *f*.

attempt [ə'tempt] **I** *vt* versuchen; *smile, conversation* den Versuch machen *or* unternehmen zu; *task, job* sich versuchen an (+*dat*). **~ed murder** Mordversuch *m*.

II *n* Versuch *m*; (*on sb's life*) (Mord)anschlag *m* (*on* auf +*acc*). **an ~ on Mount Everest/the record** ein Versuch, Mount Everest zu bezwingen/den Rekord zu brechen; **an ~ at a joke/at doing sth** ein Versuch, einen Witz zu machen/etw zu tun; **to make an ~ on sb's life** einen Anschlag auf jdn *or* jds Leben verüben; **to make an ~ at doing sth** versuchen, etw zu tun; **he made no ~ to help us** er unternahm keinen Versuch, uns zu helfen; **at the first ~** auf Anhieb, beim ersten Versuch; **in the ~** dabei.

attend [ə'tend] **I** *vt* **1.** *classes, church, meeting* besuchen; *wedding, funeral* anwesend *or* zugegen sein bei, beiwohnen (+*dat*) (*geh*). **the lecture was well ~ed/was ~ed by fifty people** der Vortrag war gut besucht/fünfzig Leute waren bei dem Vortrag anwesend.

2. (*accompany*) begleiten; (*wait on*) *queen etc* bedienen, aufwarten (+*dat*). **which doctor is ~ing you?** von welchem Arzt werden Sie behandelt?

II *vi* **1.** (*be present*) anwesend sein. **are you going to ~?** gehen Sie hin?

2. (*pay attention*) aufpassen.

◆**attend to** *vi* +*prep obj* (*see to*) sich kümmern um; (*pay attention to*) *work* Aufmerksamkeit schenken *or* widmen (+*dat*); (*listen to*) *teacher, sb's remark* zuhören (+*dat*); (*heed*) *advice, warning* hören auf (+*acc*), Beachtung schenken (+*dat*); (*serve*) *customers* bedienen. **are you being ~ed ~?** werden Sie schon bedient?; **that's being ~ed ~** das wird (bereits) erledigt.

attendance [ə'tendəns] *n* **1. to be in ~ at sth** bei etw anwesend sein; **to be in ~ on sb** jdm aufwarten, jdn bedienen; **to be in ~ on a patient** einen Patienten behandeln; **she came in with her maids in ~** sie kam von ihren Hofdamen begleitet herein.

2. (*being present*) Anwesenheit *f* (*at* bei). **~ record** (*school register*) Anwesenheitsliste *f*; **he doesn't have a very good ~ record** er fehlt oft; **regular ~ at school** regelmäßiger Schulbesuch; **~ centre** Heim *nt* für jugendliche Straftäter.

3. (*number of people present*) Teilnehmerzahl *f*.

attendant [ə'tendənt] **I** *n* (*in retinue*) Begleiter(in *f*) *m*; (*in public toilets*) Toilettenmann *m*, Toilettenfrau *f*; (*in swimming baths*) Bademeister(in *f*) *m*; (*in art galleries, museums*) Aufseher(in *f*), Wärter(in *f*) *m*; (*medical ~*) Krankenpfleger(in *f*) *m*; (*of royalty*) Kammerherr *m*/-frau *f*. **her ~s** ihr Gefolge *nt*.

II *adj* **1.** *problems* (da)zugehörig, damit verbunden; *circumstances, factors* Begleit-. **old age and its ~ ills** Alter und die damit verbundenen Beschwerden.

2. (*form: serving*); **there were two ~ nurses** es waren zwei Krankenschwestern anwesend.

attention [ə'tenʃən] *n* **1.** *no pl* (*consideration, observation, notice*) Aufmerksamkeit *f*. **to call ~ to sth** auf etw (*acc*) aufmerksam machen; **to call** *or* **draw sb's ~ to sth, to call sth to sb's ~** jds Aufmerksamkeit auf etw (*acc*) lenken, jdn auf etw (*acc*) aufmerksam machen; **to attract sb's ~** jds Aufmerksamkeit erregen, jdn auf sich (*acc*) aufmerksam machen; **to turn one's ~ to sb/sth** jdm/einer Sache seine Aufmerksamkeit zuwenden, seine Aufmerksamkeit auf jdn/etw richten; **to pay ~/no ~ to sb/sth** jdn/etw beachten/nicht beachten; **to pay ~ to the teacher** dem Lehrer zuhören; **to hold sb's ~** jdn fesseln; **can I have your ~ for**

a moment? dürfte ich Sie einen Augenblick um (Ihre) Aufmerksamkeit bitten?; **~!** Achtung!; **your ~, please** ich bitte um Aufmerksamkeit; (*official announcement*) Achtung, Achtung!; **it has come to my ~ that ...** ich bin darauf aufmerksam geworden, daß ...; **it has been brought to my ~ that ...** es ist mir zu Ohren gekommen, daß ...

2. ~s *pl* (*kindnesses*) Aufmerksamkeiten *pl*.

3. (*Mil*) **to stand to** *or* **at ~, to come to ~** stillstehen; **~!** stillgestanden!

4. (*Comm*) **~ Ms Smith, for the ~ of Ms Smith** zu Händen von Frau Smith; **your letter will receive our earliest ~** Ihr Brief wird baldmöglichst *or* umgehend bearbeitet; **for your ~** zur gefälligen Beachtung (*form*).

attention-seeking [ə'tenʃənsi:kɪŋ] **I** *n* Beachtungsbedürfnis *nt*. **II** *adj* **to show ~ behaviour** beachtet werden wollen.

attentive [ə'tentɪv] *adj* aufmerksam. **to be ~ to sb/sth** sich jdm gegenüber aufmerksam verhalten/einer Sache (*dat*) Beachtung schenken.

attentively [ə'tentɪvlɪ] *adv* aufmerksam.

attentiveness [ə'tentɪvnɪs] *n* Aufmerksamkeit *f*.

attenuate [ə'tenjʊeɪt] **I** *vt* (*weaken*) abschwächen; *statement also* abmildern; *gas* verdünnen; (*make thinner*) dünn machen. **attenuating circumstances** mildernde Umstände.

II *vi* (*get weaker*) schwächer *or* abgeschwächt werden; (*gas*) sich verdünnen; (*get thinner*) dünner werden.

attenuation [əˌtenjʊ'eɪʃən] *n see vt* Abschwächen *nt*, Abschwächung *f*; Abmildern *nt*, Abmilderung *f*; Verdünnen *nt*, Verdünnung *f*; (*making thinner*) Verdünnung *f*.

attest [ə'test] *vt* **1.** (*certify, testify to*) *sb's innocence, authenticity* bestätigen, bescheinigen; *signature also* beglaubigen; (*on oath*) beschwören. **~ed herd** (*Brit*) tuberkulosefreier Bestand. **2.** (*be proof of*) beweisen, bezeugen.

◆**attest to** *vi + prep obj* bezeugen.

attestation [ˌætes'teɪʃən] *n* **1.** (*certifying*) Bestätigung *f*; (*of signature also*) Beglaubigung *f*; (*document*) Bescheinigung *f*. **2.** (*proof: of ability*) Beweis *m*.

attic ['ætɪk] *n* Dachboden, Speicher *m*; (*lived-in*) Mansarde *f*. **~ room** Dachstube, Dachkammer *f*; Mansardenzimmer, Dachzimmer *nt*; **in the ~** auf dem (Dach)boden *or* Speicher.

Attic ['ætɪk] *adj* attisch.

Attica ['ætɪkə] *n* Attika *nt*.

Attila ['ætɪlə] *n* Atilla *m*. **~ the Hun** Attila, der Hunnenkönig.

attire [ə'taɪəʳ] **I** *vt* kleiden (*in* in *+acc*). **II** *n, no pl* Kleidung *f*. **ceremonial ~** Festtracht *f*, volles Ornat.

attitude ['ætɪtju:d] *n* **1.** (*way of thinking*) Einstellung *f* (*to, towards* zu); (*way of acting, manner*) Haltung *f* (*to, towards* gegenüber). **~ of mind** Geisteshaltung *f*; **I don't like your ~** ich bin mit dieser Einstellung überhaupt nicht einverstanden; (*manner*) ich bin mit Ihrem Benehmen überhaupt nicht einverstanden; **well, if that's your ~** ja, wenn du *so* denkst ...

2. (*way of standing*) Haltung *f*. **to strike an ~/a defensive ~** eine Pose einnehmen/in Verteidigungsstellung gehen.

3. (*in ballet*) Attitüde *f*.

4. (*Aviat, Space*) Lage *f*.

attn *abbr of* **attention** z. Hd(n) von.

attorney [ə'tɜ:nɪ] *n* **1.** (*Comm, Jur: representative*) Bevollmächtigte(r) *mf*, Stellvertreter(in *f*) *m*. **letter of ~** (schriftliche) Vollmacht; *see* **power. 2.** (*US: lawyer*) (Rechts)anwalt *m*/-anwältin *f*. **3. ~ general** (*US*) (*public prosecutor*) (*of state government*) ≃ Generalstaatsanwalt *m*/-anwältin *f*; (*of federal government*) ≃ Generalbundesanwalt *m*/-anwältin *f*; (*Brit*) ≃ Justizminister(in *f*) *m*.

attract [ə'trækt] *vt* **1.** (*Phys: magnet*) anziehen.

2. (*fig: appeal to*) (*person*) anziehen; (*idea, music, place*) ansprechen. **I am not ~ed to her/by it** sie zieht mich nicht an/es reizt mich nicht.

3. (*fig: win, gain*) *interest, attention* auf sich (*acc*) ziehen *or* lenken; *new members, investors etc* anziehen, anlocken. **to ~ publicity/notoriety** (öffentliches) Aufsehen erregen.

attraction [ə'trækʃən] *n* **1.** (*Phys, fig*) Anziehungskraft *f*; (*of big city also*) Reiz *m*. **to lose one's/its ~** seinen Reiz verlieren; **I still feel a certain ~ towards him** ich fühle mich noch immer von ihm angezogen; **to have an ~ for sb** Anziehungskraft *or* einen Reiz auf jdn ausüben; **what are the ~s of this subject?** was ist an diesem Fach reizvoll?

2. (*attractive thing*) Attraktion *f*.

attractive [ə'træktɪv] *adj* **1.** attraktiv; *personality, smile* anziehend; *house, view, furnishings, picture, dress, location* reizvoll; *story, music* nett, ansprechend; *price, idea, offer also* verlockend, reizvoll. **2.** (*Phys*) Anziehungs-.

attractively [ə'træktɪvlɪ] *adv* attraktiv; *smile* anziehend; *dress, furnish, paint* reizvoll.

attractiveness [ə'træktɪvnɪs] *n* Attraktivität *f*; (*of house, furnishing, view*) Reiz *m*.

attributable [ə'trɪbjʊtəbl] *adj* **to be ~ to sb/sth** jdm/einer Sache zuzuschreiben sein.

attribute [ə'trɪbju:t] **I** *vt* **to ~ sth to sb** *play, remark* jdm etw zuschreiben; (*credit sb with sth*) *intelligence, feelings also* jdm etw beimessen; **to ~ sth to sth** *success, accident* etw auf etw (*acc*) zurückführen; (*attach*) *importance* einer Sache (*dat*) etw beimessen.

II ['ætrɪbju:t] *n* Attribut *nt*; (*quality also*) Merkmal *nt*.

attribution [ˌætrɪ'bju:ʃən] *n* **1.** *no pl* **the ~ of the accident to mechanical failure** (die Tatsache,) daß man den Unfall auf mechanisches Versagen zurückführt. **2.** (*attribute*) Attribut *nt*, Eigenschaft *f*.

attributive [ə'trɪbjʊtɪv] (*Gram*) **I** *adj* attri-

butiv, Attributiv-. **II** *n* Attributiv *nt*.
attrition [ə'trɪʃən] *n* (*lit, form*) Abrieb *m*, Zerreibung *f*; (*fig*) Zermürbung *f*; (*Rel*) unvollkommene Reue, Attrition *f* (*spec*). **war of ~** (*Mil*) Zermürbungskrieg *m*.
attune [ə'tjuːn] *vt* (*fig*) abstimmen (*to* auf +*acc*). **to ~ oneself to sth** sich auf etw (*acc*) einstellen; **to become ~d to sth** sich an etw (*acc*) gewöhnen.
atypical [ˌeɪ'tɪpɪkəl] *adj* atypisch.
aubergine ['əʊbəʒiːn] **I** *n* Aubergine *f*; (*colour*) Aubergine *nt*. **II** *adj* aubergine(farben).
auburn ['ɔːbən] *adj hair* rotbraun, rostrot.
auction ['ɔːkʃən] **I** *n* Auktion, Versteigerung *f*. **to sell sth by ~** etw versteigern; **to put sth up for ~** etw zum Versteigern *or* zur Versteigerung anbieten. **II** *vt* (*also* **~ off**) versteigern.
auctioneer [ˌɔːkʃə'nɪəʳ] *n* Auktionator(in *f*) *m*.
auction room *n* Auktionshalle *f*, Auktionssaal *m*; **auction rooms** *npl* Auktionshalle *f*.
audacious *adj*, **~ly** *adv* [ɔː'deɪʃəs, -lɪ] **1.** (*impudent*) dreist, unverfroren. **2.** (*bold*) kühn, wagemutig, verwegen.
audacity [ɔː'dæsɪtɪ], **audaciousness** [ɔː'deɪʃəsnɪs] *n* **1.** (*impudence*) Dreistigkeit, Unverfrorenheit *f*. **to have the ~ to do sth** die Dreistigkeit *or* Unverfrorenheit besitzen, etw zu tun. **2.** (*boldness*) Kühnheit, Verwegenheit *f*.
audibility [ˌɔːdɪ'bɪlɪtɪ] *n* Hörbarkeit, Vernehmbarkeit *f*.
audible ['ɔːdɪbl] *adj* hörbar, (deutlich) vernehmbar.
audibly ['ɔːdɪblɪ] *adv* hörbar, vernehmlich.
audience ['ɔːdɪəns] *n* **1.** Publikum *nt no pl;* (*Theat, TV also*) Zuschauer *pl*; (*of speaker also*) Zuhörer *pl*; (*of writer, book also*) Leserkreis *m*, Leserschaft *f*; (*Rad, Mus also*) Zuhörerschaft *f*. **to have ~ appeal** publikumswirksam sein; **I prefer London ~s** ich ziehe das Publikum in London vor.
2. (*formal interview*) Audienz *f* (*with* bei).
audio ['ɔːdɪəʊ] *in cpds* Audio-; **audio cassette** *n* Kassette, Cassette *f*; **audio equipment** *n* (*in recording studio*) Tonaufzeichnungsgeräte *pl*; (*hi-fi*) Stereoanlage *f*.
audio-frequency [ˌɔːdɪəʊ'friːkwənsɪ] *n* Hörfrequenz *f*.
audio typist *n* Phonotypistin *f*; **audiovisual** *adj* audiovisuell.
audit ['ɔːdɪt] **I** *n* Bücherrevision, Buchprüfung *f*. **II** *vt* **1.** *accounts* prüfen. **2.** (*US Univ*) belegen, ohne einen Schein zu machen, Gasthörer sein bei.
audition [ɔː'dɪʃən] **I** *n* (*Theat*) Vorsprechprobe *f*; (*of musician*) Probespiel *nt*; (*of singer*) Vorsingen *nt*. **II** *vt* vorsprechen/vorspielen/vorsingen lassen. **III** *vi* vorsprechen; vorspielen; vorsingen.
auditor ['ɔːdɪtəʳ] *n* **1.** (*listener*) Zuhörer(in *f*) *m*. **2.** (*Comm*) Rechnungsprüfer(in *f*), Buchprüfer(in *f*) *m*. **3.** (*US Univ*) Gasthörer(in *f*) *m*.
auditorium [ˌɔːdɪ'tɔːrɪəm] *n* Auditorium *nt*; (*in theatre, cinema also*) Zuschauerraum *m*; (*in concert hall also*) Zuhörersaal *m*.
auditory ['ɔːdɪtərɪ] *adj ability* Hör-; *nerve, centre* Gehör-.
au fait [ˌəʊ'feɪ] *adj* vertraut.
Aug *abbr of* **August** Aug.
Augean stables [ɔː'dʒiːən'steɪblz] *npl* Augiasstall *m*.
auger ['ɔːgəʳ] *n* Stangenbohrer *m*; (*Agr*) Schnecke *f*.
aught [ɔːt] *n* (*old, liter*) irgend etwas. **for ~ I care** das ist mir einerlei.
augment [ɔːg'ment] **I** *vt* vermehren; *income also* vergrößern. **II** *vi* zunehmen; (*income etc also*) sich vergrößern.
augmentation [ˌɔːgmən'teɪʃən] *n see vti* Vermehrung *f*; Vergrößerung *f*; Zunahme *f*; (*Mus*) Augmentation *f*.
augmented [ɔːg'mentɪd] *adj* (*Mus*) *fourth, fifth* übermäßig.
au gratin [ˌəʊ'grætæŋ] *adv* überbacken, au gratin. **cauliflower ~** überbackener Blumenkohl, Blumenkohl *m* au gratin.
augur ['ɔːgəʳ] **I** *n* (*person*) Augur *m*. **II** *vi* **to ~ well/ill** etwas Gutes/nichts Gutes verheißen. **III** *vt* verheißen.
augury ['ɔːgjʊrɪ] *n* (*sign*) Anzeichen, Omen *nt*.
august [ɔː'gʌst] *adj* illuster; *occasion, spectacle* erhaben.
August ['ɔːgəst] *n* August *m*; *see* **September**.
Augustine [ɔː'gʌstɪn] *n* Augustinus *m*.
Augustinian [ˌɔːgəs'tɪnɪən] **I** *adj* Augustiner-. **II** *n* Augustiner *m*.
auk [ɔːk] *n* (*Zool*) Alk *m*. **great ~** Toralk *m*; **little ~** Krabbentaucher *m*.
auld [ɔːld] *adj* (+*er*) (*Scot*) alt. **A~ Lang Syne** (*song*) Nehmt Abschied, Brüder.
aunt [ɑːnt] *n* Tante *f*.
auntie, aunty ['ɑːntɪ] *n* (*inf*) Tante *f*. **~!** Tantchen!; **A~** (*Brit hum*) die BBC, britische Rundfunk- und Fernsehanstalt.
Aunt Sally [ˌɑːnt'sælɪ] *n* (*Brit*) (*lit*) Schießbudenfigur *f*; (*stall*) Schieß- *or* Wurfbude *f*; (*fig*) Zielscheibe *f*.
au pair ['əʊ'pɛə] **I** *n*, *pl* **- -s** (*also* **~ girl**) Au-pair(-Mädchen) *nt*. **II** *adv* au pair.
aura ['ɔːrə] *n* Aura *f* (*geh*), Fluidum *nt* (*geh*). **she has a mysterious ~ about her** eine geheimnisvolle Aura (*geh*) *or* ein geheimnisvoller Nimbus umgibt sie; **he has an ~ of calm** er strömt *or* strahlt Ruhe aus; **it gives the hotel an ~ of respectability** es verleiht dem Hotel einen Anstrich von Achtbarkeit.
aural ['ɔːrəl] *adj* Gehör-, aural (*spec*); *examination* Hör-.
aureole ['ɔːrɪˌəʊl] *n* (*Astron*) Korona *f*; (*because of haze*) Hof *m*, Aureole *f*; (*Art*) Aureole *f*.
auricle ['ɔːrɪkl] *n* (*Anat*) Ohrmuschel, Auricula (*spec*) *f*; (*of heart*) Vorhof *m*, Atrium *nt* (*spec*).
auricular [ɔː'rɪkjʊləʳ] *adj* (*Anat*) **1.** (*of ear*) aurikular (*spec*), Ohren-, Gehör-. **~ nerve** Hörnerv *m*; **~ confession** Ohrenbeichte *f*, geheime Beichte. **2.** (*of heart*) aurikular (*spec*), Aurikular- (*spec*). **~ flutter** (Herz)vorhofflattern *nt*.

aurochs ['ɔːrɒks] *n* Auerochse, Ur *m*.

aurora [ɔː'rɔːrə] *n* (*Astron*) Polarlicht *nt*. ~ **australis/borealis** südliches/nördliches Polarlicht, Süd-/Nordlicht *nt*.

auscultate ['ɔːskəlteɪt] *vt* abhören, auskultieren (*spec*).

auscultation [ˌɔːskəl'teɪʃən] *n* Abhören *nt*.

auspices ['ɔːspɪsɪz] *npl* **1.** (*sponsorship*) Schirmherrschaft *f*. **under the ~ of** unter der Schirmherrschaft (+*gen*), unter den Auspizien (+*gen*) (*geh*). **2.** (*auguries*) Vorzeichen, Auspizien (*geh*) *pl*. **under favourable ~** unter günstigen Vorzeichen *or* Auspizien (*geh*).

auspicious [ɔːs'pɪʃəs] *adj* günstig; *start* vielverheißend, vielversprechend. **an ~ occasion** ein feierlicher Anlaß.

auspiciously [ɔːs'pɪʃəslɪ] *adv* verheißungsvoll, vielversprechend.

Aussie ['ɒzɪ] (*inf*) **I** *n* **1.** (*person*) Australier(in *f*) *m*. **2.** (*Austral*) (*country*) Australien *nt*; (*dialect*) australisches Englisch. **II** *adj* australisch.

austere [ɒs'tɪə^r] *adj* streng; *way of life also* asketisch, entsagend; *style also* schmucklos; *room* schmucklos, karg.

austerely [ɒs'tɪəlɪ] *adv see adj*.

austerity [ɒs'terɪtɪ] *n* **1.** (*severity*) Strenge *f*; (*simplicity*) strenge Einfachheit, Schmucklosigkeit *f*; (*of landscape*) Härte *f*. **2.** (*hardship, shortage*) Entbehrung *f*. **a life of ~** ein Leben der Entsagung; **~ budget** Sparhaushalt *m*; **~ measures** Sparmaßnahmen *pl*.

Australasia [ˌɔːstrə'leɪsjə] *n* Australien und Ozeanien *nt*.

Australasian [ˌɔːstrə'leɪsjən] **I** *n* Ozeanier(in *f*) *m*. **II** *adj* ozeanisch, südwestpazifisch, Südwestpazifik-.

Australia [ɒs'treɪlɪə] *n* Australien *nt*.

Australian [ɒs'treɪlɪən] **I** *n* Australier(in *f*) *m*; (*accent*) australisches Englisch. **II** *adj* australisch.

Austria ['ɒstrɪə] *n* Österreich *nt*.

Austrian ['ɒstrɪən] **I** *n* Österreicher(in *f*) *m*; (*dialect*) Österreichisch *nt*. **II** *adj* österreichisch.

autarchy ['ɔːtɑːkɪ] *n* **1.** Selbstregierung *f*. **2.** *see* **autarky**.

autarky ['ɔːtɑːkɪ] *n* Autarkie *f*.

authentic [ɔː'θentɪk] *adj signature, manuscript* authentisch; *accent, antique, tears* echt; *claim to title* berechtigt.

authenticate [ɔː'θentɪkeɪt] *vt* bestätigen, authentifizieren (*geh*); *signature, document* beglaubigen; *manuscript, work of art* für echt befinden *or* erklären; *claim* bestätigen. **it was ~d as being ...** es wurde bestätigt, daß es ... war.

authentication [ɔːˌθentɪ'keɪʃən] *n see vt* Bestätigung, Authentifizierung (*geh*) *f*; Beglaubigung *f*; Echtheitserklärung *f*.

authenticity [ˌɔːθen'tɪsɪtɪ] *n* Echtheit, Authentizität (*geh*) *f*; (*of claim to title etc*) Berechtigung *f*.

author ['ɔːθə^r] *n* (*profession*) Autor(in *f*), Schriftsteller(in *f*) *m*; (*of report, pamphlet*) Verfasser(in *f*) *m*; (*fig*) Urheber(in *f*) *m*; (*of plan*) Initiator(in *f*) *m*; (*of invention*) Vater *m*, Mutter *f*.

authoress ['ɔːθərɪs] *n* Schriftstellerin *f*.

authoritarian [ˌɔːθɒrɪ'teərɪən] **I** *adj* autoritär. **II** *n* autoritärer Mensch/Vater/Politiker *etc*. **to be an ~** autoritär sein.

authoritative [ɔː'θɒrɪtətɪv] *adj* **1.** (*commanding*) bestimmt, entschieden; *manner also* respekteinflößend. **to sound ~** Respekt einflößen, bestimmt auftreten.

2. (*reliable*) verläßlich, zuverlässig; (*definitive*) maßgeblich, maßgebend. **I won't accept his opinion as ~** seine Meinung ist für mich nicht maßgeblich *or* maßgebend.

authoritatively [ɔː'θɒrɪtətɪvlɪ] *adv* (*with authority*) bestimmt, mit Autorität; (*definitively*) maßgeblich *or* maßgebend; (*reliably*) zuverlässig.

authority [ɔː'θɒrɪtɪ] *n* **1.** (*power*) Autorität *f*; (*right, entitlement*) Befugnis *f*; (*specifically delegated power*) Vollmacht *f*; (*Mil*) Befehlsgewalt *f*. **people who are in ~** Menschen, die Autorität haben; **the person in ~** der Zuständige *or* Verantwortliche; **I'm in ~ here!** hier bestimme ich!; **parental ~** Autorität der Eltern; (*Jur*) elterliche Gewalt; **to be in** *or* **have ~ over sb** Weisungsbefugnis gegenüber jdm haben (*form*); (*describing hierarchy*) jdm übergeordnet sein; **those who are placed in ~ over us** diejenigen, deren Aufsicht wir unterstehen; **to place sb in ~ over sb** jdm die Verantwortung für jdn übertragen; **to be under the ~ of sb** unter jds Aufsicht (*dat*) stehen; (*in hierarchy*) jdm unterstehen; (*Mil*) jds Befehlsgewalt (*dat*) unterstehen; **on one's own ~** auf eigene Verantwortung; **under** *or* **by what ~ do you claim the right to ...?** mit welcher Berechtigung verlangen Sie, daß ...?; **to have the ~ to do sth** berechtigt *or* befugt sein, etw zu tun; **he was exceeding his area of ~** er hat seinen Kompetenzbereich *or* seine Befugnisse überschritten; **to give sb the ~ to do sth** jdn ermächtigen (*form*) *or* jdm die Vollmacht erteilen, etw zu tun; **he had my ~ to do it** ich habe es ihm gestattet *or* erlaubt; **to have full ~ to act** volle Handlungsvollmacht haben; **to do sth on sb's ~** etw in jds Auftrag (*dat*) tun; **who gave you the ~ to do that?** wer hat Sie dazu berechtigt?; **who gave you the ~ to treat people like that?** mit welchem Recht glaubst du, Leute so behandeln zu können?

2. (*also pl: ruling body*) Behörde *f*, Amt *nt*; (*body of people*) Verwaltung *f*; (*power of ruler*) (Staats)gewalt, Obrigkeit *f*. **the university authorities** die Universitätsverwaltung; **the water ~** die Wasserbehörde; **the local ~** *or* **authorities** die Gemeindeverwaltung; **the Prussian respect for ~** das preußische Obrigkeitsdenken; **they appealed to the supreme ~ of the House of Lords** sie wandten sich an die höchste Autorität *or* Instanz, das Oberhaus; **this will have to be decided by a higher ~** das muß an höherer Stelle entschieden werden; **to represent ~** die Staatsgewalt verkörpern; **the father represents ~** der Vater verkörpert die Autorität; **you must have respect for ~** du mußt Achtung gegenüber

Respektspersonen haben.

3. (*weight, influence*) Autorität *f*. **to have** *or* **carry (great)** ~ viel gelten (*with* bei); (*person also*) (große *or* viel) Autorität haben (*with* bei); **to speak/write with** ~ mit Sachkunde *or* mit der Autorität des Sachkundigen sprechen/schreiben; **I/he can speak with ~ on this matter** darüber kann ich mich/kann er sich kompetent äußern.

4. (*expert*) Autorität *f*. **he is an ~ on art** er ist eine Autorität *or* ein Fachmann auf dem Gebiet der Kunst.

5. (*definitive book etc*) (anerkannte) Autorität *f*; (*source*) Quelle *f*. **to have sth on good** ~ etw aus zuverlässiger Quelle wissen; **on the best** ~ aus bester Quelle; **on whose ~ do you have that?** aus welcher Quelle haben Sie das?

authorization [ˌɔːθəraɪˈzeɪʃən] *n* Genehmigung *f*; (*delegation of authority*) Bevollmächtigung, Autorisation (*geh*) *f*; (*right*) Recht *nt*.

authorize [ˈɔːθəraɪz] *vt* **1.** (*empower*) berechtigen, ermächtigen, autorisieren (*geh*); (*delegate authority*) bevollmächtigen. **to be ~d to do sth** (*have right*) berechtigt sein *or* das Recht haben, etw zu tun; **he was specially ~d to ...** er hatte eine Sondervollmacht, zu ...

2. (*permit*) genehmigen; *money, claim also* bewilligen; *translation, biography etc* autorisieren. **the A~d Version** *engl. Bibelfassung von 1611*; **to be/become ~d by custom** zum Gewohnheitsrecht geworden sein/werden; **~d capital** Nominalkapital *nt*; **~d representative** bevollmächtigter Vertreter; **~d signatory** Zeichnungsberechtigte(r) *mf*.

authorship [ˈɔːθəʃɪp] *n* **1.** Autorschaft, Verfasserschaft *f*. **of unknown** ~ eines unbekannten Autors *or* Verfassers; **he admitted ~ of the article** er bekannte, den Artikel verfaßt *or* geschrieben zu haben.

2. (*occupation*) Schriftstellerberuf *m*.

autism [ˈɔːtɪzəm] *n* Autismus *m*.

autistic [ɔːˈtɪstɪk] *adj* autistisch.

auto [ˈɔːtəʊ] *n* (*US*) Auto *nt*, PKW *m*.

auto- [ˈɔːtəʊ] *pref* auto-, Auto-.

autobank [ˈɔːtəʊbæŋk] *n* Geldautomat *m*.

autobiographical [ˈɔːtəʊˌbaɪəʊˈgræfɪkəl] *adj* autobiographisch.

autobiography [ˌɔːtəʊbaɪˈɒgrəfɪ] *n* Autobiographie *f*.

autocade [ˈɔːtəʊkeɪd] *n* (*US*) Wagenkolonne *f* *or* -konvoi *m*.

autocracy [ɔːˈtɒkrəsɪ] *n* Autokratie *f*.

autocrat [ˈɔːtəʊkræt] *n* Autokrat(in *f*) *m*.

autocratic [ˌɔːtəʊˈkrætɪk] *adj* autokratisch.

autocross [ˈɔːtəʊkrɒs] *n* Auto-Cross *nt*.

autocue [ˈɔːtəʊkjuː] *n* (*Brit TV*) Teleprompter *m*.

auto-eroticism [ˌɔːtəʊɪˈrɒtɪˌsɪzəm] *n* Autoerotik *f*.

autofocus [ˈɔːtəʊfəʊkəs] *n* (*Phot*) Autofocus, Autofokus *m*; (*camera*) Autofocus, Autofokus(-kamera) *f*.

autograph [ˈɔːtəgrɑːf] **I** *n* (*signature*) Autogramm *nt*; (*manuscript*) Originalmanuskript *nt*. ~ **album** *or* **book** Autogrammalbum *or* -buch *nt*; ~ **copy/letter** handgeschriebenes Manuskript/handgeschriebener Brief. **II** *vt* signieren. **he ~ed my album** er hat mir ein Autogramm fürs Album gegeben.

automat [ˈɔːtəmæt] *n* (*US*) Automatenrestaurant *nt*.

automata [ɔːˈtɒmətə] *pl of* **automaton.**

automate [ˈɔːtəmeɪt] *vt* automatisieren. **~d teller (machine)** Geldautomat *m*.

automatic [ˌɔːtəˈmætɪk] **I** *adj* (*lit, fig*) automatisch; *weapon also* Maschinen-. ~ **choke** Startautomatik *f*; ~ **gearbox** Getriebeautomatik *f*; **the ~ model** das Modell mit Automatik; ~ **pilot** Autopilot *m*; **he has the ~ right ...** er hat automatisch das Recht ...; **the film star's ~ smile** das Routinelächeln des Filmstars; **you shouldn't need telling, it should be ~** das sollte man dir nicht erst sagen müssen, das solltest du automatisch tun; ~ **data processing** automatische Datenverarbeitung.

II *n* (*car*) Automatikwagen *m*; (*gun*) automatische Waffe, Maschinenwaffe *f*; (*washing machine*) Waschautomat *m*.

automatically [ˌɔːtəˈmætɪkəlɪ] *adv* automatisch.

automation [ˌɔːtəˈmeɪʃən] *n* Automatisierung *f*.

automaton [ɔːˈtɒmətən] *n, pl* **-s** *or* **automata** [-ətə] (*robot*) Roboter *m*; (*fig also*) Automat *m*.

automobile [ˈɔːtəməbiːl] *n* Auto(mobil) *nt*, Kraftwagen *m* (*form*).

automotive [ˌɔːtəˈməʊtɪv] *adj vehicle* selbstfahrend, mit Selbstantrieb; *engineering, mechanic* Kfz-. ~ **power** Selbstantrieb *m*.

autonomous [ɔːˈtɒnəməs] *adj* autonom.

autonomy [ɔːˈtɒnəmɪ] *n* Autonomie *f*.

autopilot [ˌɔːtəʊˈpaɪlət] *n* Autopilot *m*. **to switch onto** ~ (*lit, fig inf*) auf Automatik umschalten; **I'm so shattered, I just do everything on** ~ ich bin so geschafft, daß ich alles nur noch ganz automatisch mache.

autopsy [ˈɔːtɒpsɪ] *n* Autopsie, Leichenöffnung *f*.

autosuggestion [ˈɔːtəʊsəˈdʒestʃən] *n* Autosuggestion *f*.

autotimer [ˈɔːtəʊˌtaɪməʳ] *n* (*on cooker*) Ein-/Abschaltautomatik *f*.

autumn [ˈɔːtəm] (*esp Brit*) **I** *n* (*lit, fig*) Herbst *m*. **in (the)** ~ im Herbst; **two ~s ago** im Herbst vor zwei Jahren. **II** *adj attr* Herbst-, herbstlich.

autumnal [ɔːˈtʌmnəl] *adj* herbstlich, Herbst-. ~ **equinox** Herbst-Tagundnachtgleiche *f*.

auxiliary [ɔːgˈzɪlɪərɪ] **I** *adj* Hilfs- (*also Comput*); (*emergency also*) Not-; (*additional*) *engine, generator* Zusatz-. ~ **note** (*Mus*) Nebennote *f*; ~ **nurse** Schwesternhelferin *f*.

II *n* **1.** (*Mil: esp pl*) Soldat *m* der Hilfstruppe. **auxiliaries** *pl* Hilfstruppe(n *pl*) *f*. **2.** (*general: assistant*) Hilfskraft *f*, Helfer(in *f*) *m*. **teaching/nursing** ~ (Aus)hilfslehrer(in *f*) *m*/Schwesternhelferin *f*. **3.** (~ *verb*) Hilfsverb *or* -zeitwort *nt*.

AV *abbr of* **Authorized Version** (*of Bible*).
av *abbr of* **average** Durchschn.
Av, Ave *abbr of* **avenue.**
avail[1] *abbr of* **available.**
avail[2] [ə'veɪl] **I** *vr* **to ~ oneself of sth** von etw Gebrauch machen; **to ~ oneself of the opportunity of doing sth** die Gelegenheit wahrnehmen *or* nutzen, etw zu tun.
II *vi* (*form*) helfen. **nothing could ~ against their superior strength** gegen ihre Überlegenheit war nichts auszurichten.
III *n* **of no ~** erfolglos, ohne Erfolg, vergeblich; **of little ~** wenig erfolgreich, mit wenig *or* geringem Erfolg; **his advice was/his pleas were of no/little ~** seine Ratschläge/Bitten haben nicht(s)/wenig gefruchtet; **to no ~** vergebens, vergeblich.
availability [ə,veɪlə'bɪlɪtɪ] *n see adj* Erhältlichkeit *f*; Lieferbarkeit *f*; Vorrätigkeit *f*; Verfügbarkeit *f*; (*presence: of secretarial staff, mineral ore*) Vorhandensein *nt*. **the market price is determined by ~** der Marktpreis richtet sich nach dem vorhandenen Angebot; **because of the greater ~ of their product ...** weil ihr Produkt leichter erhältlich/lieferbar ist ...; **we'd like to sell you one, but it's a question of ~** wir würden Ihnen gern eines verkaufen, das hängt aber davon ab, ob es erhältlich/lieferbar ist; **offer subject to ~ while stocks last** (das Angebot gilt) nur solange der Vorrat reicht; **greater ~ of jobs** größeres Stellenangebot; **because of the limited ~ of seats** weil nur eine begrenzte Anzahl an Plätzen zur Verfügung steht; **his ~ for discussion is, I'm afraid, determined by ...** ob er Zeit für eine Besprechung hat, hängt leider von ... ab.
available [ə'veɪləbl] *adj* **1.** *object* erhältlich; (*Comm*) (*from supplier also*) lieferbar; (*in stock*) vorrätig; (*free*) *time, post* frei; *theatre seats* frei, zu haben *pred*; (*at one's disposal*) *worker, means, resources* verfügbar, zur Verfügung stehend. **to be ~** (*at one's disposal*) zur Verfügung stehen; (*person: not otherwise occupied*) frei *or* abkömmlich (*form*) sein; (*can be reached*) erreichbar sein; (*for discussion*) zu sprechen sein; **to make sth ~ to sb** jdm etw zur Verfügung stellen; (*accessible*) *culture, knowledge, information* jdm etw zugänglich machen; **to make oneself ~ to sb** sich jdm zur Verfügung stellen; **the best dictionary ~, the best ~ dictionary** das beste Wörterbuch, das es gibt; **he caught the next ~ flight home** er nahm den nächsten *or* nächstmöglichen Flug nach Hause; **to try every ~ means (to achieve sth)** nichts unversucht lassen(, um etw zu erreichen); **all ~ staff were asked to help out** das abkömmliche *or* verfügbare *or* zur Verfügung stehende Personal wurde gebeten auszuhelfen; **are you ~ for tennis/a discussion tonight?** können Sie heute abend Tennis spielen/an einer Diskussion teilnehmen?; **when will you be ~ to start in the new job?** wann können Sie die Stelle antreten?; **I'm not ~ until October** ich bin vor Oktober nicht frei; **he's ~ for consultation on Mondays** er hat montags Sprechzeit; **she's what is known as "~"** es ist bekannt, daß sie „leicht zu haben" ist.
2. (*form*) *ticket* gültig.
avalanche ['ævəlɑːnʃ] *n* (*lit, fig*) Lawine *f*.
avant-garde ['ævɑ̃ŋ'gɑːd] **I** *n* Avantgarde *f*. **II** *adj* avantgardistisch.
avarice ['ævərɪs] *n* Habgier, Habsucht *f*.
avaricious [,ævə'rɪʃəs] *adj* habgierig, habsüchtig.
avariciously [,ævə'rɪʃəslɪ] *adv* (hab)gierig.
avenge [ə'vendʒ] *vt* rächen. **to ~ oneself on sb (for sth)** sich an jdm (für etw) rächen.
avenger [ə'vendʒəʳ] *n* Rächer(in *f*) *m*.
avenue ['ævənjuː] *n* **1.** (*tree-lined*) Allee *f*; (*broad street*) Boulevard *m*. **2.** (*fig*) (*method*) Weg *m*. **~s of approach** Verfahrensweisen; **~ of escape** Ausweg *m*; **to explore every ~** alle sich bietenden Wege prüfen.
aver [ə'vɜːʳ] *vt* (*form*) mit Nachdruck betonen; *love, innocence* beteuern.
average ['ævərɪdʒ] **I** *n* (Durch)schnitt *m*; (*Math also*) Mittelwert *m*. **to do an ~ of 50 miles a day/3% a week** durchschnittlich *or* im (Durch)schnitt 50 Meilen pro Tag fahren/3% pro Woche erledigen; **what's your ~ over the last six months?** was haben Sie im letzten halben Jahr durchschnittlich geleistet/verdient *etc*?; **on ~** durchschnittlich, im (Durch)schnitt; (*normally*) normalerweise; **if you take the ~** (*Math*) wenn Sie den (Durch)schnitt *or* Mittelwert nehmen; (*general*) wenn Sie den durchschnittlichen Fall nehmen; **above/below ~** überdurchschnittlich, über dem Durchschnitt/unterdurchschnittlich, unter dem Durchschnitt; **the law of ~s** das Gesetz der Serie; **by the law of ~s** aller Wahrscheinlichkeit nach.
II *adj* durchschnittlich; (*ordinary*) Durchschnitts-; (*not good or bad*) mittelmäßig. **above/below ~** über-/unterdurchschnittlich; **the ~ man, Mr A~** der Durchschnittsbürger; **he's a man of ~ height** er ist von mittlerer Größe.
III *vt* **1.** (*find the ~ of*) den Durchschnitt ermitteln von.
2. (*do etc on ~*) auf einen Schnitt von ... kommen. **we ~d 80 km/h** wir kamen auf einen Schnitt von 80 km/h, wir sind durchschnittlich 80 km/h gefahren; **the factory ~s 500 cars a week** die Fabrik produziert durchschnittlich *or* im (Durch)schnitt 500 Autos pro Woche.
3.(*~ out at*) **sales are averaging 10,000 copies per day** der Absatz beläuft sich auf *or* beträgt durchschnittlich *or* im (Durch)schnitt 10.000 Exemplare pro Tag.
◆**average out I** *vt sep* **we have to ~ ~ our weekly output over a six-month period** wir müssen unsere durchschnittliche Arbeitsleistung pro Woche über einen Zeitraum von sechs Monaten ermitteln; **if you ~ it ~** im Durchschnitt; **it'll**

~ **itself** ~ es wird sich ausgleichen.

II *vi* durchschnittlich ausmachen (*at acc*); (*balance out*) sich ausgleichen. **how does it ~ ~ on a weekly basis?** wieviel ist das durchschnittlich *or* im Schnitt pro Woche?

averse [ə'vɜːs] *adj pred* abgeneigt. **I am not ~ to a glass of wine** einem Glas Wein bin ich nicht abgeneigt; **I am rather ~ to doing that** es ist mir ziemlich zuwider, das zu tun; **I feel ~ to doing it** es widerstrebt mir, das zu tun.

aversion [ə'vɜːʃən] *n* **1.** (*strong dislike*) Abneigung, Aversion (*geh, Psych*) *f* (*to* gegen). **he has an ~ to getting wet** er hat eine Abscheu davor, naß zu werden. **2.** (*object of ~*) Greuel *m*. **smoking is his pet ~** Rauchen ist ihm ein besonderer Greuel.

avert [ə'vɜːt] *vt* **1.** (*turn away*) *eyes, gaze* abwenden, abkehren (*geh*). **to ~ one's mind** *or* **thoughts from sth** seine Gedanken von etw abwenden. **2.** (*prevent*) verhindern, abwenden; *suspicion* ablenken; *blow etc* abwehren; *accident* verhindern, verhüten.

aviary ['eɪvɪərɪ] *n* Vogelhaus, Aviarium (*spec*) *nt*.

aviation [ˌeɪvɪ'eɪʃən] *n* die Luftfahrt. **the art of ~** die Kunst des Fliegens.

aviator ['eɪvɪeɪtə^r] *n* Flieger(in *f*) *m*.

avid ['ævɪd] *adj* **1.** (*desirous*) gierig (*for* nach); (*for fame, praise also*) süchtig (*for* nach). **~ for fame** ruhmsüchtig.

2. (*keen*) begeistert, passioniert; *supporter also* eifrig; *interest* lebhaft, stark. **he is an ~ follower of this series** er verfolgt diese Serie mit lebhaftem Interesse; **I am an ~ reader** ich lese leidenschaftlich gern.

avidity [ə'vɪdɪtɪ] *n, no pl* (*liter*) *see adj* **1.** Begierde *f* (*for* nach); (*pej*) Gier *f* (*for* nach). **with ~** begierig; gierig. **2.** Begeisterung *f*; Eifer *m*.

avidly ['ævɪdlɪ] *adv see adj* **1.** begierig; (*pej*) gierig. **2.** eifrig; *read* leidenschaftlich gern.

avionics [ˌeɪvɪ'ɒnɪks] *n sing* Avionik *f*.

avocado [ˌævə'kɑːdəʊ] *n, pl* **-s** (*also* **~ pear**) Avocato(birne), Avocado(birne) *f*; (*tree*) Avocato- *or* Avocadobaum *m*.

avoid [ə'vɔɪd] *vt* vermeiden; *damage, accident also* verhüten; *person, danger* meiden, aus dem Weg gehen (+*dat*); *obstacle* ausweichen (+*dat*); *difficulty, duty, truth* umgehen. **we've managed to ~ the danger** wir konnten der Gefahr entgehen; **in order to ~ being seen** um nicht gesehen zu werden; **he'd do anything to ~ the washing-up** er würde alles tun, um nur nicht abwaschen zu müssen; **I'm not going if I can possibly ~ it** wenn es sich irgendwie vermeiden läßt, gehe ich nicht; **... you can hardly ~ visiting them** ... dann kommst du wohl kaum darum herum *or* kannst du es wohl schlecht vermeiden, sie zu besuchen; **to ~ sb's eye** jds Blick (*dat*) ausweichen, es vermeiden, jdn anzusehen; **to ~ notice** unbemerkt bleiben.

avoidable [ə'vɔɪdəbl] *adj* vermeidbar. **if it's (at all) ~** wenn es sich (irgend) vermeiden läßt.

avoidance [ə'vɔɪdəns] *n* Vermeidung *f*. **he advised us on the ~ of death duties** er hat uns beraten, wie wir die Erbschaftssteuer umgehen können; **his persistent ~ of the truth** sein ständiges Umgehen der Wahrheit; **thanks only to her steady ~ of bad company** nur weil sie konsequent schlechte Gesellschaft mied.

avow [ə'vaʊ] *vt* (*liter*) erklären; *belief, faith* bekennen. **to ~ one's love (to sb)** (jdm) seine Liebe erklären *or* gestehen, sich (jdm) erklären; **he ~ed himself to be a royalist** er bekannte (offen), Royalist zu sein.

avowal [ə'vaʊəl] *n* Erklärung *f*; (*of faith*) Bekenntnis *nt*; (*of love also*) Geständnis *nt*; (*of belief, interest*) Bekundung *f*. **he is on his own ~ a ...** er ist erklärtermaßen ...

avowed [ə'vaʊd] *adj* erklärt.

avowedly [ə'vaʊɪdlɪ] *adv* erklärtermaßen.

avuncular [ə'vʌŋkjʊlə^r] *adj* onkelhaft; *figure* Onkel-.

aw *abbr of* **atomic weight.**

AWACS, Awacs ['eɪwæks] *abbr of* **airborne warning and control system** *mit Frühwarnsystem ausgestattetes Aufklärungsflugzeug der US-Luftwaffe.*

await [ə'weɪt] *vt* **1.** (*wait for*) erwarten; *future events, decision* entgegensehen (+*dat*). **the long ~ed day** der langersehnte Tag; **parcels ~ing despatch** zum Versand bestimmte Pakete; **we ~ your reply with interest** wir sehen Ihrer Antwort mit Interesse entgegen. **2.** (*be in store for*) erwarten.

awake [ə'weɪk] *pret* **awoke,** *ptp* **awoken** *or* **awaked** [ə'weɪkt] **I** *vi* (*lit, fig*) erwachen. **to ~ from sleep/one's dreams** aus dem Schlaf/seinen Träumen erwachen; **to ~ to sth** (*fig*) (*realize*) sich (*dat*) einer Sache (*gen*) bewußt werden; (*become interested*) beginnen, sich für etw zu interessieren; **to ~ to the joys of sth** (plötzlich) Vergnügen an etw (*dat*) finden.

II *vt* wecken; (*fig*) *suspicion, interest also* erwecken. **to ~ sb to sth** (*make realize*) jdm etw bewußt machen; (*make interested*) jds Interesse für etw wecken.

III *adj pred* (*lit, fig*) wach; (*alert also*) aufmerksam. **to be/lie/stay ~** wach sein/liegen/bleiben; **to keep sb ~** jdn wachhalten; **wide ~** (*lit, fig*) hellwach; **to be ~ to sth** (*fig*) sich (*dat*) einer Sache (*gen*) bewußt sein.

awaken [ə'weɪkən] *vti see* **awake.**

awakening [ə'weɪknɪŋ] **I** *n* (*lit, fig*) Erwachen *nt*. **a rude ~** (*lit, fig*) ein böses Erwachen. **II** *adj* (*fig*) erwachend.

award [ə'wɔːd] **I** *vt prize, penalty, free kick* zusprechen (*to sb* jdm), zuerkennen (*to sb* jdm); (*present*) *prize, degree, medal* verleihen (*to sb* jdm). **to be ~ed damages** Schadenersatz zugesprochen bekommen; **to ~ sb first prize** jdm den ersten Preis zuerkennen. **II** *n* **1.** (*prize*) Preis *m*; (*for bravery etc*) Auszeichnung *f*; (*Jur*) Zuerkennung *f*. **to make an ~ (to sb)** einen Preis (an jdn) vergeben. **2.** (*Univ*) Stipendium *nt*.

aware [ə'wɛə^r] *adj esp pred* bewußt. **to**

be/become ~ of sb/sth sich (*dat*) jds/einer Sache bewußt sein/werden; (*notice also*) jdn bemerken/etw merken; **you will be ~ of the importance of this** es muß Ihnen bewußt sein, wie wichtig das ist; **are you ~ that ...?** ist dir eigentlich klar, daß ...?; **not that I am ~ (of)** nicht daß ich wüßte; **as far as I am ~** soviel ich weiß; **to make sb ~ of sth** jdm etw bewußt machen *or* zum Bewußtsein bringen; **for a three-year-old he's very ~** für einen Dreijährigen ist er sehr aufgeweckt; **she's very ~ of language** sie ist sehr sprachbewußt.

awareness [ə'wɛənɪs] *n* Bewußtsein *nt*. **he showed no ~ of the urgency of the problem** er schien sich der Dringlichkeit des Problems nicht bewußt zu sein; **drugs which increase one's ~ of the outer world** bewußtseinserweiternde Drogen *pl*.

awash [ə'wɒʃ] *adj pred decks, rocks* überspült; *cellar* unter Wasser.

away [ə'weɪ] **I** *adv* **1.** (*to or at a distance*) weg. **three miles ~ (from here)** drei Meilen (entfernt) von hier; **lunch seemed a long time ~** es schien noch lange bis zum Mittagessen zu sein; **~ back in the distance/past** weit in der Ferne/vor sehr langer Zeit; **they're ~ behind/out in front/off course** sie sind weit zurück/voraus/ab vom Kurs.

2. (*motion*) **~!** (*old, liter*) fort!, hinweg! (*old, liter*); **~ with the old philosophy, in with the new!** fort mit der alten Philosophie, her mit der neuen!; **~ with him!** fort mit ihm!; **to look ~** wegsehen; **~ we go!** los (geht's)!; **they're ~!** (*horses, runners*) sie sind gestartet.

3. (*absent*) fort, weg. **he's ~ from work (with a cold)** er fehlt (wegen einer Erkältung); **when I have to be ~** wenn ich nicht da sein kann.

4. (*Sport*) **to play ~** auswärts spielen; **they're ~ to Arsenal** sie haben ein Auswärtsspiel bei Arsenal.

5. (*out of existence, possession*) **to put/give ~** weglegen/weggeben; **to boil/gamble/die ~** verkochen/verspielen/verhallen; **we talked the evening ~** wir haben den Abend verplaudert.

6. (*continuously*) unablässig. **to work/knit ~** vor sich (*acc*) hin arbeiten/stricken.

7. (*forthwith*) **ask ~!** frag nur!, schieß los (*inf*); **pull/heave ~!** und los(, zieht/hebt an)!; **right** *or* **straight ~** sofort.

8. (*inf*) **he's ~ again** (*talking, giggling, drunk etc*) es geht wieder los.

II *adj attr* (*Sport*) *team* auswärtig, Gast-; *match, win* Auswärts-.

III *n* (*in Ftbl pools:* **~** *win*) Auswärtssieg *m*.

awe [ɔː] **I** *n* Ehrfurcht *f*, ehrfürchtige Scheu. **to be** *or* **stand in ~ of sb** Ehrfurcht vor jdm haben; (*feel fear*) große Furcht vor jdm haben; **to hold sb in ~** Ehrfurcht *or* großen Respekt vor jdm haben; **to strike sb with ~, to strike ~ into sb's heart** jdm Ehrfurcht einflößen; (*make fearful*) jdm Furcht einflößen.

II *vt* Ehrfurcht *or* ehrfürchtige Scheu einflößen (+*dat*). **~d by the beauty/silence** von der Schönheit/der Stille ergriffen; **in an ~d voice** mit ehrfürchtiger Stimme.

awe-inspiring ['ɔːɪn,spaɪərɪŋ], **awesome** ['ɔːsəm] *adj* ehrfurchtgebietend.

awe-stricken ['ɔː,strɪkən], **awe-struck** ['ɔː,strʌk] *adj* von Ehrfurcht ergriffen; *voice, expression also* ehrfurchtsvoll; (*frightened*) von Schrecken ergriffen. **I was quite ~ by its beauty** ich war von seiner Schönheit ergriffen.

awful ['ɔːfəl] **I** *adj* **1.** (*inf*) schrecklich, furchtbar. **how ~!** das ist wirklich schlimm!; **you are ~!** du bist wirklich schrecklich!; **the film was just too ~ for words** der Film war unbeschreiblich schlecht; **it's not an ~ lot better** das ist nicht arg viel besser.

2. (*old: awe-inspiring*) ehrfurchtgebietend.

II *adv* (*strictly incorrect*) *see* **awfully. he was crying something ~** er weinte ganz schrecklich *or* furchtbar.

awfully ['ɔːflɪ] *adv* (*inf*) furchtbar (*inf*), schrecklich (*inf*). **thanks ~** vielen, vielen Dank!; **it's not ~ important** es ist nicht so schrecklich *or* furchtbar wichtig (*inf*).

awfulness ['ɔːfʊlnɪs] *n* (*of situation*) Schrecklichkeit, Furchtbarkeit *f*; (*of person*) abscheuliche Art, Abscheulichkeit *f*.

awhile [ə'waɪl] *adv* (*liter*) eine Weile.

awkward ['ɔːkwəd] *adj* **1.** (*difficult*) schwierig; *time, moment, angle, shape* ungünstig. **4 o'clock is a bit ~ (for me)** 4 Uhr ist ein bißchen ungünstig *or* schlecht (*inf*) (für mich).

2. (*embarrassing*) peinlich.

3. (*embarrassed*) verlegen; (*shamefaced*) betreten; *silence* betreten. **the ~ age** das schwierige Alter; **to feel ~ in sb's company** sich in jds Gesellschaft (*dat*) nicht wohl fühlen; **I felt ~ when I had to ...** es war mir peinlich, als ich ... mußte.

4. (*clumsy*) unbeholfen.

awkwardly ['ɔːkwədlɪ] *adv see adj* **1.** schwierig; ungünstig. **2.** peinlich. **3.** verlegen; betreten. **4.** unbeholfen.

awkwardness ['ɔːkwədnɪs] *n see adj* **1.** Schwierigkeit *f*; Ungünstigkeit *f*. **2.** Peinlichkeit *f*. **3.** Verlegenheit *f*; Betretenheit *f*. **4.** Unbeholfenheit *f*.

awl [ɔːl] *n* Ahle *f*, Pfriem *m*.

awning ['ɔːnɪŋ] *n* (*on window, of shop*) Markise *f*; (*on boat*) Sonnensegel *nt*; (*of wagon*) Plane *f*; (*caravan* ~) Vordach *nt*.

awoke [ə'wəʊk] *pret of* **awake.**

awoken [ə'wəʊkən] *ptp of* **awake.**

AWOL (*Mil*) *abbr of* **absent without leave.**

awry [ə'raɪ] *adj pred, adv* (*askew*) schief. **to go ~** (*plans*) schiefgehen.

axe, (*US*) **ax** [æks] **I** *n* Axt *f*, Beil *nt*; (*fig*) (radikale) Kürzung. **the ~ has fallen on the project** das Projekt ist dem Rotstift zum Opfer gefallen; **to have an/no ~ to grind** (*fig*) ein/kein persönliches Interesse haben.

II *vt plans, projects, jobs* streichen;

person entlassen.

axiom ['æksɪəm] *n* Axiom *nt*.

axiomatic [ˌæksɪəʊ'mætɪk] *adj* axiomatisch. **we can take it as ~ that ...** wir können von dem Grundsatz ausgehen, daß ...

axis ['æksɪs] *n, pl* **axes** ['æksi:z] Achse *f*. **the A~ (powers)** (*Hist*) die Achse, die Achsenmächte *pl*.

axle ['æksl] *n* Achse *f*.

axle bearing *n* Achslager *nt*; **axle box** *n* Achsgehäuse *nt*; **axle grease** *n* Achs(en)fett *nt*; **axle housing** *n* Achsgehäuse *nt*; **axle pin** *n* Achs(en)nagel *m*; **axle tree** *n* Achswelle *f*.

ayatollah [ˌaɪə'tɒlə] *n* Ajatollah *m*.

ay(e) [aɪ] **I** *interj* (*esp Scot, dial*) ja. **aye, aye, Sir** (*Naut*) jawohl, Herr Kapitänleutnant/Admiral *etc*. **II** *n* (*esp Parl*) Jastimme *f*, Ja *nt*. **the ~s** diejenigen, die dafür sind, die dafür; **the ~s have it** die Mehrheit ist dafür.

aye [eɪ] *adv* (*old, Scot*) immer.

azalea [ə'zeɪlɪə] *n* Azalee *f*.

Azerbaijan [ˌæzəbaɪ'dʒɑ:n] *n* Aserbaidschan *nt*.

Azores [ə'zɔ:z] *npl* Azoren *pl*.

AZT *abbr of* **azidothymidine** AZT *nt*.

Aztec ['æztek] **I** *n* Azteke *m*, Aztekin *f*. **II** *adj* aztekisch.

azure ['æʒəʳ] **I** *n* Azur(blau *nt*) *m*. **II** *adj sky* azurblau; *eyes also* tiefblau. **~ blue** azurblau.

B

B, b [biː] *n* B, b *nt*; (*Sch: as a mark*) zwei, gut; (*Mus*) H, h *nt*. ~ **flat/sharp** B, b *nt*/His, his *nt*; *see also* **major, minor, natural.**

B *adj* (*on pencil*) B.

b *abbr of* **born** geb.

BA *abbr of* **Bachelor of Arts.**

baa [bɑː] **I** *n* Mähen *nt no pl*. **~!** mäh! **II** *vi* mähen, mäh machen (*baby-talk*).

babble ['bæbl] **I** *n* **1.** Gemurmel *nt*; (*of baby, excited person etc*) Geplapper *nt*. ~ **(of voices)** Stimmengewirr *nt*.

2. (*of stream*) Murmeln (*liter*), Plätschern *nt no pl*.

II *vi* **1.** (*person*) plappern, quasseln (*inf*); (*baby*) plappern, lallen.

2. (*stream*) murmeln (*liter*), plätschern.

◆**babble away** *or* **on** *vi* quatschen (*inf*) (*about* über +*acc*), quasseln (*inf*) (*about* von). **she ~d ~ excitedly** sie quasselte *or* plapperte aufgeregt drauflos (*inf*).

◆**babble out** *vt sep* brabbeln; *secret* ausplaudern.

babbler ['bæbləʳ] *n* Schwätzer(in *f*) *m* (*inf*). **don't tell him, he's a ~** sag es ihm nicht, er quatscht viel (*inf*).

babbling ['bæblɪŋ] *adj brook* murmelnd (*liter*), plätschernd.

babe [beɪb] *n* **1.** (*liter*) Kindlein *nt* (*liter*). ~ **in arms** Säugling *m*. **2.** (*esp US inf*) Baby *nt* (*inf*), Puppe *f* (*inf*); *see also* **baby 5.**

Babel ['beɪbəl] *n* **1. the Tower of ~** (*Bibl*) der Turmbau zu Babel *or* Babylon; (*edifice*) der Babylonische Turm. **2.** (*also* **b~**) (*confusion*) Durcheinander *nt*; (*several languages also*) babylonisches Sprachengewirr.

baboon [bə'buːn] *n* Pavian *m*.

baby ['beɪbɪ] **I** *n* **1.** Kind, Baby *nt*; (*in weeks after birth also*) Säugling *m*; (*of animal*) Junge(s) *nt*. **to have a ~** ein Kind *or* Baby bekommen; **she's going to have a ~** sie bekommt ein Kind *or* Baby; **I've known him since he was a ~** ich kenne ihn von klein auf *or* von Kindesbeinen an; **the ~ of the family** der/die Kleinste *or* Jüngste, das Nesthäkchen; (*boy also*) der Benjamin; **he's a big ~** er ist ein großes Kind; **don't be such a ~!** sei nicht so ein Baby! (*inf*), stell dich nicht so an! (*inf*); **to be left holding the ~** der Dumme sein (*inf*), die Sache ausbaden müssen (*inf*); **to throw out the ~ with the bathwater** das Kind mit dem Bade ausschütten; **this little ~ cost me a fortune** (*inf*) das (Ding) hat mich ein Vermögen gekostet.

2. (*small object of its type*) Pikkolo *m* (*hum*).

3. (*sl: thing for which one is responsible*) **that's a costing problem, that's Harrison's ~** das ist eine Kostenfrage, das ist Harrisons Problem; **I think this problem's your ~** das ist wohl dein Bier (*inf*).

4. (*inf: girlfriend, boyfriend*) Schatz *m*, Schätzchen *nt*.

5. (*esp US inf: as address*) Schätzchen *nt* (*inf*); (*man to man*) mein Freund, mein Junge. **that's my ~** jawohl, so ist's prima (*inf*).

II *vt* (*inf*) wie einen Säugling behandeln.

baby *in cpds* **1.** (*for baby*) Baby-, Säuglings-. **2.** (*little*) Klein-. **3.** (*of animal*) ~ **crocodile/giraffe** Krokodil-/Giraffenjunge(s) *nt*.

baby-batterer *n jd, der Kleinkinder mißhandelt*; **baby-battering** *n* Kindesmißhandlung *f*; **baby boom** *n* Baby-Boom *m*; **Baby bouncer** ® *n* Baby-Schaukel *f*; **baby boy** *n* Sohn *m*, kleiner Junge; **baby buggy** *n* Sportwagen *m*; **baby car** *n* Kleinwagen *m*, Autochen *nt* (*hum*); **baby carriage** *n* (*US*) Kinderwagen *m*; **baby-doll pyjamas** *npl* (*US*) Babydoll *nt*; **baby face** *n* Kindergesicht *nt*; (*of adult male*) Milchgesicht *nt*; **baby girl** *n* Töchterchen *nt*; **baby grand (piano)** *n* Stutzflügel *m*.

babyhood ['beɪbɪhʊd] *n* frühe Kindheit, Säuglingsalter *nt*.

babyish ['beɪbɪɪʃ] *adj* kindisch.

baby linen *n* Babywäsche *f no pl*.

Babylon ['bæbɪlən] *n* Babylon *nt*.

Babylonian [ˌbæbɪ'ləʊnɪən] **I** *adj* babylonisch. **II** *n* Babylonier(in *f*) *m*.

baby-minder *n* Tagesmutter *f*, Kinderpfleger(in *f*) *m*; **baby seat** *n* (*in car*) Baby- (sicherheits)sitz *m*; **baby-sit** *pret, ptp* **baby-sat** *vi* babysitten, einhüten (*dial*); **she ~-sits for them** sie geht bei ihnen babysitten *or* einhüten (*dial*); **baby-sitter** *n* Babysitter(in *f*) *m*; **baby-sitting** *n* Babysitten, Babysitting, (Ein)hüten (*dial*) *nt*; **baby-snatcher** *n* Kindesentführer(in *f*) *m*; (*fig inf*) **what a~** der könnte ja ihr Vater sein/sie könnte ja seine Mutter sein!; **baby-snatching** *n* Kindesentführung *f*; **baby-stroller** *n* (*US*) (zusammenklappbarer) Kindersportwagen *m*; **baby tooth** *n* Milchzahn *m*; **baby-walker** *n* Laufstuhl *m*.

baccara(t) ['bækərɑː] *n* Bakkarat *nt*.

bacchanalia [ˌbækə'neɪlɪə] *n* (*Hist, fig*) Bacchanal *nt* (*geh*).

baccy ['bækɪ] *n* (*inf*) Tabak, Knaster (*inf*) *m*.

bachelor ['bætʃələʳ] *n* **1.** Junggeselle *m*. **still a ~** immer noch Junggeselle. **2.** (*Univ*) **B~ of Arts/Science** ≃ Magister *m* (der philosophischen/naturwissenschaftlichen Fakultät).

bachelor flat *n* Junggesellenwohnung *f*; **bachelor girl** *n* Junggesellin *f*.

bachelorhood ['bætʃələhʊd] *n* Junggesellentum *nt*.

bacillus [bə'sɪləs] *n, pl* **bacilli** [bə'sɪlaɪ] Bazillus *m*.

back [bæk] **I** *n* **1.** (*of person, animal, book*) Rücken *m*; (*of chair also*) (Rükken)lehne *f*. **with one's ~ to the engine** mit dem Rücken zur Fahrtrichtung, rückwärts; **to be on one's ~** (*be ill*) auf der Nase liegen (*inf*), krank sein; **to wear one's hair down one's ~** überschulterlange Haare haben; **to break one's ~** (*fig*) sich abrackern, sich abmühen; **we've broken the ~ of the job** wir sind mit der Arbeit über den Berg (*inf*); **behind sb's ~** (*fig*) hinter jds Rücken (*dat*); **to put one's ~ into sth** (*fig*) sich bei etw anstrengen, bei etw Einsatz zeigen; **to put** *or* **get sb's ~ up** jdn gegen sich aufbringen; **to turn one's ~ on sb** (*lit*) jdm den Rücken zuwenden; (*fig*) sich von jdm abwenden; **when I needed him he turned his ~ on me** als ich ihn brauchte, ließ er mich im Stich; **he's at the ~ of all the trouble** er steckt hinter dem ganzen Ärger; **get these people off my ~** (*inf*) schaff mir diese Leute vom Hals! (*inf*); **get off my ~!** (*inf*) laß mich endlich in Ruhe!; **to have one's ~ to the wall** (*fig*) in die Enge getrieben sein/werden; **I was pleased to see the ~ of them** (*inf*) ich war froh, sie endlich los zu sein (*inf*).

2. (*as opposed to front*) Rück- *or* Hinterseite *f*; (*of hand, dress*) Rücken *m*; (*of house, page, coin, cheque*) Rückseite *f*; (*of material*) linke Seite. **I know London like the ~ of my hand** ich kenne London wie meine Westentasche; **the index is at the ~ of the book** das Verzeichnis ist hinten im Buch; **he drove into the ~ of me** er ist mir hinten reingefahren (*inf*); **on the ~ of his hand** auf dem Handrücken; **the ~ of one's head** der Hinterkopf; **at/on the ~ of the bus** hinten im/am Bus; **in the ~ (of a car)** hinten (im Auto); **one consideration was at the ~ of my mind** ich hatte dabei eine Überlegung im Hinterkopf; **at the ~ of the stage** im Hintergrund der Bühne; **at the ~ of the garage** (*inside*) hinten in der Garage; (*outside*) hinter der Garage; **at the ~ of beyond** am Ende der Welt, j.w.d. (*hum*); **in ~** (*US*) hinten.

3. (*Ftbl*) Verteidiger(in *f*) *m*; (*Rugby*) Hinterspieler(in *f*) *m*.

II *adj wheel, yard* Hinter-; *rent* ausstehend, rückständig.

III *adv* **1.** (*to the rear*) **(stand) ~!** zurück(treten)!, (treten Sie) zurück!; **~ and forth** hin und her.

2. (*in return*) zurück. **to pay sth ~** etw zurückzahlen.

3. (*returning*) zurück. **to come/go ~** zurückkommen/-gehen; **to fly to London and ~** nach London und zurück fliegen; **there and ~** hin und zurück.

4. (*again*) wieder. **he went ~ several times** er fuhr noch öfters wieder hin; **I'll never go ~** da gehe ich nie wieder hin.

5. (*ago: in time phrases*) **a week ~** vor einer Woche; **as far ~ as the 18th century** (*dating back*) bis ins 18. Jahrhundert zurück; (*point in time*) schon im 18. Jahrhundert; **far ~ in the past** vor langer, langer Zeit, vor Urzeiten.

IV *prep* (*US*) **~ of** hinter.

V *vt* **1.** (*support*) unterstützen. **I will ~ you whatever you do** egal, was du tust, ich stehe hinter dir; **to ~ a bill** (*Fin*) einen Wechsel indossieren.

2. (*Betting*) setzen *or* wetten auf (+*acc*).

3. (*cause to move*) *car* zurückfahren *or* -setzen; *cart* zurückfahren; *horse* rückwärts gehen lassen. **he ~ed his car into the tree/garage** er fuhr rückwärts gegen den Baum/in die Garage; **to ~ water** (*Naut*) rückwärts rudern.

4. (*Mus*) *singer* begleiten.

5. (*put sth behind*) *picture* mit einem Rücken versehen, unterlegen; (*stick on*) aufziehen.

VI *vi* **1.** (*move backwards*) (*car, train*) zurücksetzen *or* -fahren. **the car ~ed into the garage** das Auto fuhr rückwärts in die Garage; **she ~ed into me** sie fuhr rückwärts in mein Auto.

2. (*Naut: wind*) drehen.

◆**back away** *vi* zurückweichen (*from* vor +*dat*).

◆**back down** *vi* (*fig*) nachgeben, klein beigeben.

◆**back off** *vi* **1.** (*vehicle*) zurücksetzen. **2.** (*step back*) zurückweichen; (*crowd*) zurücktreten; (*withdraw from deal*) aussteigen (*inf*); (*stop harrassing*) sich zurückhalten. **~ ~!** (*get out of my way*) verschwinde!

◆**back on to** *vi* +*prep obj* hinten angrenzen an (+*acc*).

◆**back out I** *vi* **1.** (*car*) rückwärts herausfahren *or* -setzen. **2.** (*fig: of contract, deal*) aussteigen (*of, from* aus) (*inf*). **II** *vt sep vehicle* rückwärts herausfahren *or* -setzen.

◆**back up I** *vi* **1.** (*car*) zurücksetzen. **to ~ ~ to sth** rückwärts an etw (*acc*) heranfahren. **2.** (*US*) (*drain*) verstopfen; (*traffic*) sich stauen. **3.** (*Comput*) sichern.

II *vt sep* **1.** (*support*) unterstützen; (*confirm*) *story* bestätigen; *knowledge* fundieren; *claim, theory* untermauern.

2. *car etc* zurückfahren.

3. (*Comput*) sichern, sicherstellen.

backache *n* Rückenschmerzen *pl*; **back bench** *n* (*esp Brit*) Abgeordnetensitz *m*; **the ~es** das Plenum; **backbencher** *n* (*esp Brit*) Abgeordnete(r) *mf* (*auf den hinteren Reihen im britischen Parlament*); **back-biting** *n* Lästern *nt*; **backboard** *n* (*Basketball*) Korbbrett *nt*; **back boiler** *n* Warmwasserboiler *m* (*hinter der Heizung angebracht*); **to put sth on the ~** (*fig inf*) etw zurückstellen; **this project's been on the ~ for years** an diesem Projekt wird seit Jahren nur so nebenbei gearbeitet; **backbone** *n* (*lit, fig*) Rückgrat *nt*; **back-breaking** *adj* erschöpfend, ermüdend; **back burner** *n* (*lit*) hintere Kochplatte; **to put sth on the ~** (*fig inf*) etw zurückstellen; **this project's been on the ~ for years** an diesem

Projekt wird seit Jahren nur so nebenbei gearbeitet; **backchat** *n, no pl* (*inf*) Widerrede *f*; **back-cloth** *n* Prospekt, Hintergrund *m*; **backcomb** *vt hair* toupieren; **back copy** *n* alte Ausgabe *or* Nummer; **backdate** *vt* (zu)rückdatieren; **salary increase ~d to May** Gehaltserhöhung rückwirkend ab Mai; **back door** *n* (*lit*) Hintertür *f*; (*fig*) Hintertürchen *nt;* **if you use the ~-door method** wenn Sie das durchs Hintertürchen machen; **backdrop** *n* Prospekt, Hintergrund (*auch fig*) *m*.

backed [bækt] *adj* **low-/high-~** mit niedriger/hoher Rückenlehne; **a low-~ dress** ein Kleid mit tiefem Rückenausschnitt; **straight-~** *chair* mit gerader Rückenlehne; *person* mit geradem Rükken.

back end *n* (*rear*) hinteres Ende. **at the ~ of the year** gegen Ende des Jahres, in den letzten Monaten des Jahres; **she looks like the ~ of a bus** (*sl*) sie ist potthäßlich (*inf*).

backer ['bækəʳ] *n* **1.** (*supporter*) **his ~s** (diejenigen,) die ihn unterstützen. **2.** (*Betting*) Wettende(r) *mf*. **3.** (*Comm*) Geldgeber(in *f*) *m*.

back file *n* alte Akte; **backfire I** *n* **1.** (*Aut*) Fehlzündung *f*; **2.** (*US*) Gegenfeuer *nt*; **II** *vi* **1.** (*Aut*) Fehlzündungen haben; **2.** (*inf: plan etc*) ins Auge gehen (*inf*); **it ~d on us** der Schuß ging nach hinten los (*inf*); **back formation** *n* (*Ling*) Rückbildung *f*; **backgammon** *n* Backgammon *nt*; **back garden** *n* Garten *m* (hinterm Haus).

background ['bækgraʊnd] **I** *n* **1.** (*of painting, fig*) Hintergrund *m*. **to stay in the ~** im Hintergrund bleiben; **to keep sb in the ~** jdn nicht in den Vordergrund treten lassen.

2. (*of person*) (*educational*) Werdegang *m*; (*social*) Verhältnisse *pl*; (*family ~*) Herkunft *f no pl*; (*Sociol*) Background *m*. **he comes from a poor ~** er kommt aus ärmlichen Verhältnissen; **comprehensive schools take children from all ~s** Gesamtschulen nehmen Kinder aus allen Schichten auf; **what's your educational ~?** was für eine Ausbildung haben Sie?

3. (*of case, problem*) Zusammenhänge, Hintergründe *pl*, Hintergrund *m*.

II *adj reading* vertiefend. **~ music** Hintergrundmusik, Musikuntermalung *f*; **~ information** Hintergrundinformationen *pl*; **~ noises** *pl* Geräuschkulisse *f*, Geräusch *nt* im Hintergrund; **~ program** (*Comput*) Hintergrundprogramm *nt*.

backhand I *n* (*Sport*) Rückhand, Backhand *f no pl*; (*one stroke*) Rückhandschlag *m*; **II** *adj stroke, shot* Rückhand-; **III** *adv* mit der Rückhand; **backhanded** *adj compliment* zweifelhaft; *shot* Rückhand-; *writing* nach links geneigt; **backhander** *n* **1.** (*Sport*) Rückhandschlag *m*; **2.** (*inf: bribe*) Schmiergeld *nt*.

backing ['bækɪŋ] *n* **1.** (*support*) Unterstützung *f*. **2.** (*Mus*) Begleitung *f*. **~ group** Begleitband, Begleitung *f*. **3.** (*for picture frame, for strengthening*) Rükken(verstärkung *f*) *m*; (*for carpet, wallpaper*) Rücken(beschichtung *f*) *m*.

backlash *n* **1.** (*Tech*) (*jarring reaction*) Gegenschlag *m*; (*play*) zuviel Spiel; **2.** (*fig*) Gegenreaktion *f*; **backless** *adj dress* rückenfrei; **back-lit** *adj screen* hinterleuchtet, mit Hintergrundbeleuchtung; **backlog** *n* Rückstände *pl*; **I have a ~ of work** ich bin mit der Arbeit im Rückstand; **backmarker** *n* (*Sport*) Nachzügler(in *f*) *m*, Schlußlicht *nt*; **back number** *n* (*of paper*) alte Ausgabe *or* Nummer; (*fig*) (*person*) altmodischer Mensch; (*thing*) veraltetes Ding; **backpack** *n* Rucksack *m*; **backpacker** *n* Wanderer *m*, Wanderin *f*; (*hitch-hiker*) Rucksacktourist(in *f*) *m*; **backpacking** *n* Wandern *nt*; (*hitch-hiking*) Trampen *nt*; **to go ~** auf (Berg)tour gehen; trampen; **back pay** *n* Nachzahlung *f*; **backpedal** *vi* (*lit*) rückwärts treten; (*fig inf*) einen Rückzieher machen (*inf*) (*on* bei); **back-pedal brake** *n* Rücktrittbremse *f*; **back projection** *n* (*Film*) Rückprojektion *f*; **back rest** *n* Rückenstütze *f*; **back room** *n* Hinterzimmer *nt*; **back-room boy** *n* (*inf*) Experte *m* im Hintergrund; **back seat** *n* Rücksitz *m*; **to take a ~** (*fig*) sich zurückhalten *or* raushalten (*inf*); **backseat driver** *n Beifahrer, der dem Fahrer dreinredet*; **backshift** *n* Spätschicht *f*; **backside** *n* (*inf*) Hintern *m* (*inf*), Hinterteil *nt* (*inf*); **back sight** *n* (*on rifle*) Visier *nt*, Kimme *f*; **back-slapping** *n* (*inf*) Schulterklopfen *nt*; **backslash** *n* (*Comput*) Backslash *m*; **backslide** *vi* (*fig*) rückfällig werden; (*Eccl*) abtrünnig werden; **backslider** *n* Rückfällige(r) *mf*; Abtrünnige(r) *mf*; **back-space** *vti* (*Typing*) zurücksetzen; **back-space key** *n* Rücktaste *f*; **backspacer** *n* (*Typing*) Rücktaste *f*; **backstage** *adv, adj* hinter den Kulissen; (*in dressing-room area*) in die/der Garderobe; **backstairs** *n sing* Hintertreppe *f*; **backstitch** *n* Steppstich *m*; **back straight** *n* (*Sport*) Gegengerade *f*; **back street** *n* Seitensträßchen *nt*; **he comes from the ~s of Liverpool** er kommt aus dem ärmeren Teil von Liverpool; **backstreet abortion** *n* illegale Abtreibung; **back-street abortionist** *n* Engelmacher(in *f*) *m* (*inf*); **backstroke** *n* (*Swimming*) Rückenschwimmen *nt*; **can you do the ~?** können Sie rückenschwimmen?; **backtalk** *n* Widerrede, Frechheit *f*; **back to back I** *adv* Rücken an Rücken; (*things*) mit den Rückseiten aneinander; **II** *adj* **~ credit** Gegenakkreditiv *nt*; **back to front** *adv* verkehrt herum; *read* von hinten nach vorne; **back tooth** *n* Backenzahn *m*; **backtrack** *vi* (*over ground*) denselben Weg zurückgehen *or* zurückverfolgen; (*on policy etc*) einen Rückzieher machen (*on sth* bei etw); **backup I** *n* **1.** Unterstützung *f*; **2.** (*Comput*) Sicherungskopie *f*, Backup *nt*; **II** *adj* **1.** *troops* Unterstützungs-, Hilfs-; *train, plane* Entlastungs-; *staff* Reserve-; *services* zur Unterstützung; **~ service** (*for customer*) Kundendienst *m*; **2.**

(*Comput*) *copy, file, disk* Sicherungs-, Backup-; **back vowel** *n* (*Phon*) hinterer Vokal, Rachenvokal *m*.

backward ['bækwəd] **I** *adj* **1.** **~ and forward movement** Vor-und Zurückbewegung *f*; **~ flow of information** Rückfluß *m* von Daten; **a ~ glance** ein Blick zurück.

2. (*fig*) **a ~ step/move** ein Schritt *m* zurück/eine (Zu)rückentwicklung.

3. (*retarded*) *child* zurückgeblieben; *region* rückständig.

II *adv see* **backwards.**

backwardness ['bækwədnɪs] *n* (*mental*) Zurückgebliebenheit *f*; (*of region*) Rückständigkeit *f*.

backwards ['bækwədz] *adv* **1.** rückwärts. **to fall ~** nach hinten fallen; **to walk ~ and forwards** hin und her gehen; **to lean** *or* **bend over ~ to do sth** (*inf*) sich fast umbringen *or* sich (*dat*) ein Bein ausreißen, um etw zu tun (*inf*); **I know it ~** das kenne ich in- und auswendig.

2. (*towards the past*) zurück. **to look ~** zurückblicken.

backwash *n* (*Naut*) Rückströmung *f*; (*fig*) Nachwirkung *f usu pl*; **those caught up in the ~ of the scandal** diejenigen, die in den Skandal mit hineingezogen wurden; **backwater** *n* (*lit*) Stauwasser *nt*, totes Wasser; (*fig*) rückständiges Nest; **this town is a cultural ~** kulturell (gesehen) ist diese Stadttiefste Provinz; **backwoods** *npl* unerschlossene (Wald)gebiete *pl*; **backwoodsman** *n* Waldsiedler *m*; (*US inf*) Hinterwälder *m*; **backyard** *n* Hinterhof *m*; **they found a mole in their own ~** (*fig*) sie haben einen Spion in ihren eigenen Reihen gefunden.

bacon ['beɪkən] *n* durchwachsener Speck. **~ and eggs** Eier mit Speck; **to save sb's ~** (*inf*) jds Rettung sein; **to bring home the ~** (*inf: earn a living*) die Brötchen verdienen (*inf*).

bacteria [bæk'tɪərɪə] *pl of* **bacterium.**

bacterial [bæk'tɪərɪəl] *adj* Bakterien-, bakteriell.

bacteriological [bækˌtɪərɪə'lɒdʒɪkəl] *adj* bakteriologisch.

bacteriologist [bækˌtɪərɪ'ɒlədʒɪst] *n* Bakteriologe *m*, Bakteriologin *f*.

bacteriology [bækˌtɪərɪ'ɒlədʒɪ] *n* Bakteriologie *f*.

bacterium [bæk'tɪərɪəm] *n, pl* **bacteria** [bæk'tɪərɪə] Bakterie *f*.

bad[1] [bæd] **I** *adj, comp* **worse,** *superl* **worst 1.** schlecht; *smell, habit also* übel; *insurance risk* hoch; *language* unanständig; *news* schlimm; (*immoral, wicked also*) böse; (*naughty, misbehaved*) unartig, ungezogen; *dog* böse. **you ~ boy!** du ungezogener Junge!, du Lümmel! (*also iro*); **I didn't mean that word in a ~ sense** ich habe mir bei dem Wort nichts Böses gedacht; **it's a ~ business** das ist eine üble Sache; **things are going from ~ to worse** es wird immer schlimmer; **to go ~** schlecht werden, verderben; **to be ~ for sb/sth** schlecht *or* nicht gut für jdn/etw sein; **he's ~ at tennis** er spielt schlecht Tennis; **he's ~ at sport** im Sport ist er schlecht *or* nicht gut, er ist unsportlich; **I'm very ~ at telling lies** ich kann schlecht *or* nicht gut lügen; **he speaks ~ English** er spricht schlecht(es) Englisch; **to be ~ to sb** jdn schlecht behandeln; **there's nothing ~ about living together** es ist doch nichts dabei, wenn man zusammenlebt; **this is a ~ district for wheat** dies ist eine schlechte *or* keine gute Gegend für Weizen; **it would not be a ~ thing** *or* **plan** das wäre nicht schlecht *or* keine schlechte Idee; **(that's) too ~!** (*indignant*) so was!; (*~ luck*) Pech!; **it's too ~ of you** das ist wirklich nicht nett von dir; **too ~ you couldn't make it** (es ist) wirklich schade, daß Sie nicht kommen konnten; **to be in ~ with sb** (*US*) bei jdm schlecht angeschrieben sein.

2. (*serious*) *wound, sprain* schlimm; *accident, mistake, cold also* schwer; *headache also, deterioration* stark. **he's got it ~** (*inf*) ihn hat's schwer erwischt (*inf*); **to have it ~ for sb** (*inf*) in jdn schwer *or* unheimlich verknallt sein (*inf*).

3. (*unfavourable*) *time, day* ungünstig, schlecht.

4. (*in poor health, sick*) *stomach* krank; *leg, knee, hand* schlimm; *tooth* (*generally*) schlecht; (*now*) schlimm. **he/the economy is in a ~ way** es geht ihm schlecht/es steht schlecht um die *or* mit der Wirtschaft; **I've got a ~ head** ich habe einen dicken Kopf (*inf*); **to feel ~** sich nicht wohl fühlen; **I feel ~** mir geht es nicht gut, mir ist nicht gut; **how is he? — he's not so ~** wie geht es ihm? — nicht schlecht; **I didn't know she was so ~** ich wußte nicht, daß es ihr so schlecht geht.

5. (*regretful*) **I feel really ~ about not having told him** es tut mir wirklich leid *or* ich habe ein schlechtes Gewissen, daß ich ihm das nicht gesagt habe; **don't feel ~ about it** machen Sie sich (*dat*) keine Gedanken *or* Sorgen (darüber).

6. *debt* uneinbringlich; *voting slip, coin* ungültig; *cheque* ungültig; (*uncovered*) ungedeckt; (*damaged*) *copies etc* beschädigt.

II *n, no pl* **1. to take the good with the ~** (auch) die schlechten Seiten in Kauf nehmen; **there is good and ~ in everything/everybody** alles/jeder hat seine guten und schlechten Seiten.

2. he's gone to the ~ er ist auf die schiefe Bahn geraten.

bad[2] *pret of* **bid**.

bad[3] *adj* (*sl*) toll, geil.

baddie ['bædɪ] *n* (*inf*) Schurke, Bösewicht *m*.

baddish ['bædɪʃ] *adj* (*inf*) ziemlich schlecht.

bade [beɪd] *pret of* **bid.**

badge [bædʒ] *n* **1.** Abzeichen *nt*; (*made of metal*) (*women's lib, joke ~*) Button *m*; (*on car*) Plakette *f*; (*sticker*) Aufkleber *m*. **~ of office** Dienstmarke *f*. **2.** (*fig: symbol*) Merkmal *nt*.

badger ['bædʒəʳ] **I** *n* Dachs *m*. **II** *vt* zusetzen (*+dat*), bearbeiten (*inf*), keine Ruhe lassen (*+dat*). **don't ~ me** laß mich in Ruhe *or* Frieden.

badlands ['bædləndz] *npl* Ödland *nt*.

badly ['bædlı] *adv* **1.** schlecht. **2.** *wounded, mistaken* schwer. **~ beaten** (*Sport*) vernichtend geschlagen; *person* schwer *or* schlimm verprügelt; **the ~ disabled** die Schwerstbeschädigten. **3.** (*very much*) sehr; *in debt, overdrawn* hoch. **to want sth ~** etw unbedingt wollen; **I need it ~** ich brauche es dringend.

bad-mannered [ˌbæd'mænəd] *adj* ungezogen, unhöflich.

badminton ['bædmıntən] *n* Federball *nt*; (*on court*) Badminton *nt*.

bad-mouth ['bædmaʊθ] *vt* (*US inf*) herziehen über (+*acc*) (*inf*).

badness ['bædnıs] *n, no pl* **1.** Schlechtheit *f*; (*moral*) Schlechtigkeit *f*; (*naughtiness*) Unartigkeit, Ungezogenheit *f*. **2.** (*seriousness*) Schwere *f*; (*of mistake also*) Ernst *m*; (*of headache*) Stärke *f*.

bad-tempered [ˌbæd'tempəd] *adj* schlechtgelaunt *attr*, übellaunig. **to be ~** schlechte Laune haben; (*as characteristic*) ein übellauniger Mensch sein.

baffle ['bæfl] **I** *vt* **1.** (*confound, amaze*) verblüffen; (*cause incomprehension*) vor ein Rätsel stellen. **a ~d look** ein verdutzter Blick; **it really ~s me how ...** es ist mir wirklich ein Rätsel, wie ...

2. (*Tech*) *sound* dämpfen.

II *n* (*also* **~-plate**) (*Aut*) Umlenkblech *nt*.

baffling ['bæflıŋ] *adj case* rätselhaft; *complexity* verwirrend; *mystery* unergründlich. **I find it ~** es ist mir ein Rätsel.

bag [bæg] **I** *n* **1.** Tasche *f*; (*with drawstrings, pouch*) Beutel *m*; (*for school*) Schultasche *f*; (*made of paper, plastic*) Tüte *f*; (*sack*) Sack *m*; (*suitcase*) Reisetasche *f*. **~s** (Reise)gepäck *nt*; **with ~ and baggage** mit Sack und Pack; **to be a ~ of bones** (*fig inf*) nur Haut und Knochen sein (*inf*); **the whole ~ of tricks** (*inf*) die ganze Trickkiste (*inf*).

2. (*Hunt*) **the ~** die (Jagd)beute; **to get a good ~** (eine) fette Beute machen *or* heimbringen; **it's in the ~** (*fig inf*) das habe ich schon in der Tasche (*inf*), das ist gelaufen (*inf*).

3. ~s under the eyes (*black*) Ringe *pl* unter den Augen; (*of skin*) (hervortretende) Tränensäcke *pl*.

4. (*inf: a lot*) **~s of** jede Menge (*inf*).

5. (*pej sl: woman*) **(old) ~** (alte) Schachtel *f*.

II *vt* **1.** in Tüten/Säcke verpacken. **2.** (*Hunt*) erlegen, erbeuten. **3.** (*Brit sl: get*) (sich *dat*) schnappen (*inf*). **~s I have first go!** will anfangen!

III *vi* (*garment*) sich (aus)beulen.

bagatelle [ˌbægə'tel] *n* **1.** (*liter: trifle*) Bagatelle, Nichtigkeit (*geh*) *f*. **2.** (*game*) Tivoli *nt*.

bagel ['beıgəl] *n kleines, rundes Brötchen*.

bagful ['bægfʊl] *n* **a ~ of groceries** eine Tasche voll Lebensmittel; **20 ~s of wheat** 20 Sack Weizen.

baggage ['bægıdʒ] *n* **1.** (*luggage*) (Reise)gepäck *nt*. **2.** (*Mil*) Gepäck *nt*. **3.** (*pej inf: woman*) Stück *nt* (*inf*).

baggage (*esp US*): **baggage car** *n* Gepäckwagen *m*; **baggage check** *n* Gepäckkontrolle *f*; **baggage checkroom** *n* Gepäckaufbewahrung *f*; **baggage claim** *n* Gepäckausgabe *f*; **baggage locker** *n* Gepäckschließfach *nt*; **baggage master** *n* Beamte(r) *m* am Gepäckschalter; **baggage reclaim** *n* Gepäckausgabe *f*; **baggage room** *n* Gepäckaufbewahrung *f*; **baggage wagon** *n* Gepäckwagen *m*.

bagging ['bægıŋ] *n* (*material*) Sack- *or* Packleinen *nt*.

baggy ['bægı] *adj* (+*er*) (*ill-fitting*) zu weit; *dress* sackartig; *skin* schlaff (hängend); (*out of shape*) *trousers, suit* ausgebeult; *jumper* ausgeleiert. **~ trousers are fashionable again** weite (Flatter)hosen sind wieder modern.

Baghdad [ˌbæg'dæd] *n* Bagdad *nt*.

bag lady *n* Stadtstreicherin *f* (*die ihre gesamte Habe in Einkaufstaschen mit sich führt*).

bagpiper ['bægpaıpəʳ] *n* Dudelsackbläser(in *f*) *m*.

bagpipe(s *pl***)** ['bægpaıp(s)] *n* Dudelsack *m*.

bags [bægz] *npl see* **bag I 4.**

bag-snatcher ['bægˌsnætʃəʳ] *n* Handtaschendieb(in *f*) *m*.

Bahamas [bə'hɑːməz] *npl*: **the ~** die Bahamas *pl*.

Bahrain, Bahrein [bɑːreın] *n* Bahrain *nt*.

bail[1] [beıl] *n* (*Jur*) Kaution, Sicherheitsleistung (*form*) *f*. **to go** *or* **stand** *or* **put in ~ for sb** für jdn (die) Kaution stellen *or* leisten; **to grant/refuse ~** die Freilassung gegen Kaution bewilligen/verweigern; **to let sb out on ~** jdn gegen Kaution freilassen.

◆**bail out** *vt sep* **1.** (*Jur*) gegen Kaution *or* Sicherheitsleistung freibekommen, die Kaution stellen für. **2.** (*fig*) aus der Patsche helfen (+*dat*) (*inf*). **3.** *boat see* **bale out.**

bail[2] *n* **1.** (*Cricket*) Querholz *nt*. **2.** (*in stable*) Trennstange *f*.

bail[3] *vti see* **bale**[2].

Bailey bridge ['beılı'brıdʒ] *n* Baileybrükke *f*.

bailiff ['beılıf] *n* **1.** (*Jur*) (*for property*) Gerichtsvollzieher(in *f*) *m*; (*US in court*) Gerichtsdiener *m*. **2.** (*on estate*) (Guts)verwalter(in *f*) *m*.

bairn [bɛən] *n* (*Scot*) Kind *nt*.

bait [beıt] **I** *n* (*lit, fig*) Köder *m*. **to take** *or* **swallow** *or* **rise to the ~** (*lit, fig*) anbeißen; (*fig: be trapped*) sich ködern lassen.

II *vt* **1.** *hook, trap* mit einem Köder versehen, beködern. **2.** (*torment*) *animal* (mit Hunden) hetzen; *person* quälen.

baize [beız] *n* Fries, Flaus *m*. **green ~** Billardtuch *nt*.

bake [beık] **I** *vt* **1.** (*Cook*) backen. **~d apples** *pl* Bratäpfel *pl*; **~d potatoes** *pl* in der Schale gebackene Kartoffeln *pl*.

2. *pottery, bricks* brennen; (*sun*) *earth* ausdörren.

II *vi* **1.** backen; (*cake*) im (Back)ofen sein.

2. (*pottery etc*) gebrannt werden, im (Brenn)ofen sein.

3. (*inf*) **I'm baking** ich komme um vor

Hitze; **it's baking (hot) today** es ist eine Affenhitze heute (*inf*).

bakelite ® ['beɪkəlaɪt] *n* Bakelit ® *nt*.

baker ['beɪkə^r] *n* Bäcker(in *f*) *m*; **~'s man** *or* **boy** Bäckerjunge *m*; **~'s (shop)** Bäckerei *f*, Bäckerladen *m*; **~'s dozen** 13 (Stück).

bakery ['beɪkərɪ] *n* Bäckerei *f*.

Bakewell tart ['beɪkwel'tɑːt] *n* (*Brit*) *Törtchen nt mit Mandel- und Marmeladenfüllung*.

baking ['beɪkɪŋ] *n* **1.** (*act*) (*Cook*) Backen *nt*; (*of earthenware*) Brennen *nt*. **2.** (*batch: of bread, of bricks etc*) Ofenladung *f*, Schub *m*.

baking dish *n* Backform *f*; **baking powder** *n* Backpulver *nt*; **baking sheet** *n* Back- *or* Plätzchenblech *nt*; **baking soda** *n* Natron, Backsoda *nt*; **baking tin** *n* Backform *f*; **baking tray** *n* Kuchenblech *nt*.

baksheesh ['bækʃiːʃ] *n* Bakschisch *nt*.

Balaclava [ˌbælə'klɑːvə] *n* (*also* **~ helmet**) Kapuzenmütze *f*.

balance ['bæləns] **I** *n* **1.** (*apparatus*) Waage *f*. **to be** *or* **hang in the ~** (*fig*) in der Schwebe sein; **his life hung in the ~** sein Leben hing an einem dünnen *or* seidenen Faden; **to put sth in the ~** (*risk*) etw in die Waagschale werfen.

2. (*counterpoise*) Gegengewicht *nt* (*to* zu); (*fig also*) Ausgleich *m* (*to* für).

3. (*lit, fig: equilibrium*) Gleichgewicht *nt*. **sense of ~** Gleichgewichtssinn *m*; **to keep one's ~** das Gleichgewicht (be)halten; **to lose one's ~** aus dem Gleichgewicht kommen, das Gleichgewicht verlieren; **to recover one's ~** wieder ins Gleichgewicht kommen, das Gleichgewicht wiedererlangen; **off ~** aus dem Gleichgewicht; **to throw sb off (his) ~** jdn aus dem Gleichgewicht bringen; **the ~ of power** das Gleichgewicht der Kräfte; **~ of terror** Gleichgewicht *nt* des Schreckens; **to strike the right ~ between old and new/import and export** den goldenen Mittelweg zwischen Alt und Neu finden/das richtige Verhältnis von Import zu Export finden; **on ~** (*fig*) alles in allem.

4. (*Art*) Ausgewogenheit *f*.

5. (*preponderant weight*) Hauptgewicht *nt*.

6. (*Comm, Fin: state of account*) Saldo *m*; (*with bank also*) Konto(be)stand *m*; (*of company*) Bilanz *f*. **~ in hand** (*Comm*) Kassen(be)stand *m*; **~ carried forward** Saldovortrag *or* -übertrag *m*; **~ due** (*banking*) Debetsaldo *m*, Soll *nt*; (*Comm*) Rechnungsbetrag *m*; **~ in your favour** Saldoguthaben, Haben *nt*; **to pay off the ~** den Rest bezahlen; (*banking*) den Saldo begleichen; **my father has promised to make up the ~** mein Vater hat versprochen, die Differenz zu (be)zahlen; **~ of payments/trade** Zahlungs-/Handelsbilanz *f*.

7. (*fig: remainder*) Rest *m*.

II *vt* **1.** (*keep level, in equilibrium*) im Gleichgewicht halten; (*bring into equilibrium*) ins Gleichgewicht bringen, ausbalancieren. **to ~ oneself on one foot** auf einem Bein balancieren; **the seal ~s a ball on its nose** der Seehund balanciert einen Ball auf der Nase.

2. (*in the mind*) *two arguments* (gegeneinander) abwägen.

3. (*equal, make up for*) ausgleichen.

4. (*Comm, Fin*) *account* (*add up*) saldieren, abschließen; (*make equal*) ausgleichen; (*pay off*) begleichen; *budget* ausgleichen. **to ~ the books** die Bilanz ziehen *or* machen.

5. (*Aut*) *wheel* auswuchten.

III *vi* **1.** (*be in equilibrium*) Gleichgewicht halten; (*scales*) sich ausbalancieren; (*painting*) ausgewogen sein. **he ~d on one foot** er balancierte auf einem Bein.

2. (*Comm, Fin: of accounts*) ausgeglichen sein. **the books don't ~** die Abrechnung stimmt nicht; **to make the books ~** die Abrechnung ausgleichen.

◆**balance out I** *vt sep* aufwiegen, ausgleichen. **they ~ each other ~** sie wiegen sich auf, sie halten sich die Waage; (*personalities*) sie gleichen sich aus. **II** *vi* sich ausgleichen.

balanced ['bælənst] *adj personality* ausgeglichen; *diet also, painting, photography, mixture* ausgewogen.

balance sheet *n* (*Fin*) Bilanz *f*; (*document*) Bilanzaufstellung *f*; **balance wheel** *n* (*in watch*) Unruh *f*.

balancing act *n* (*lit, fig*) Balanceakt *m*.

balcony ['bælkənɪ] *n* **1.** Balkon *m*. **2.** (*Theat*) oberster Rang.

bald [bɔːld] *adj* (*+er*) **1.** *person* kahl, glatzköpfig; *bird* federlos; *tree* kahl. **he is ~** er hat eine Glatze; **to go ~** eine Glatze bekommen, kahl werden; **he is going ~ at the temples** er hat Geheimratsecken; **~ patch** kahle Stelle.

2. *style, statement* knapp.

bald eagle *n* weißköpfiger Seeadler.

bald-headed ['bɔːldˌhedɪd] *adj* kahl- *or* glatzköpfig.

balding ['bɔːldɪŋ] **I** *adj* **his ~ head** sein schütter werdendes Haar; **a ~ gentleman** ein Herr mit schütterem Haar; **he is ~** er bekommt langsam eine Glatze. **II** *n* Haarausfall *m*.

baldly ['bɔːldlɪ] *adv* (*fig*) (*bluntly*) unverblümt, unumwunden; (*roughly*) grob, knapp.

baldness ['bɔːldnɪs] *n* **1.** Kahlheit *f*. **2.** (*of style, statement*) Knappheit *f*.

baldy ['bɔːldɪ] *n* (*inf*) Glatzkopf *m*.

bale[1] [beɪl] **I** *n* (*of hay*) Bündel *nt*; (*out of combine harvester, of cotton*) Ballen *m*; (*of paper*) Pack *m*. **II** *vt* bündeln; zu Ballen verarbeiten.

bale[2] *vti* (*Naut*) schöpfen.

◆**bale out I** *vi* **1.** (*Aviat*) abspringen, aussteigen (*inf*) (*of* aus). **2.** (*Naut*) schöpfen. **II** *vt sep* (*Naut*) *water* schöpfen; *ship* ausschöpfen, leer schöpfen.

Balearic [ˌbælɪ'ærɪk] *adj*: **the ~ Islands** die Balearen *pl*.

baleful ['beɪlfʊl] *adj* **1.** (*evil*) böse; *look* stier. **2.** (*sad*) traurig.

balefully ['beɪlfəlɪ] *adv see adj*.

balk, baulk [bɔːk] **I** *n* **1.** (*beam*) Balken *m*.

2. (*obstacle*) Hindernis *nt*, Hemmschuh

m (*to* für). **II** *vt person* hemmen; *plan* vereiteln. **III** *vi* (*person*) zurückschrekken (*at* vor +*dat*); (*horse*) scheuen, bokken (*at* bei).

Balkan ['bɔːlkən] **I** *adj* Balkan-. **the ~ Mountains** der Balkan; **the ~ States** die Balkanländer *pl*. **II** *n*: **the ~s** der Balkan, die Balkanländer *pl*.

ball¹ [bɔːl] **I** *n* **1.** Ball *m*; (*sphere*) Kugel *f*; (*of wool, string*) Knäuel *m*. **~ and chain** Fußfessel *f* (mit Gewicht).

2. (*Sport*) Ball *m*; (*Billiards, Croquet*) Kugel *f*.

3. (*delivery of a ~*) Ball *m*; (*Tennis, Golf also*) Schlag *m*; (*Ftbl, Hockey also*) Schuß *m*; (*Cricket*) Wurf *m*.

4. (*game*) Ball *m*; (*US: baseball*) Baseball *nt*.

5. (*fig phrases*) **to keep the ~ rolling** das Gespräch in Gang halten; **to start** *or* **set the ~ rolling** den Stein ins Rollen bringen; **the ~ is in your court** Sie sind am Ball (*inf*); **that puts the ~ back in his court** damit ist er wieder am Ball; **to be on the ~** (*inf*) am Ball sein (*inf*), auf Zack *or* Draht sein (*inf*); **to run with the ~** (*US inf*) die Sache mit Volldampf vorantreiben (*inf*); *see* **play**.

6. (*old: for gun*) Kugel *f*; *see* **cannon ball**.

7. (*Anat*) **~ of the foot/thumb** Fuß-/Handballen *m*.

8. (*Cook: of meat, fish*) Klößchen *nt*, Klops *m*.

9. (*sl: testicle*) Ei *nt usu pl* (*sl*); *pl also* Sack *m* (*sl*). **~s!** (*nonsense*) red keinen Scheiß! (*sl*); **~s the regulations!** ich scheiß' doch auf die Bestimmungen! (*vulg*); **~s** (*courage*) Schneid (*inf*), Mumm (*inf*) *m*; **he's got us by the ~s** er hat uns in der Zange (*inf*).

II *vti* (*US sl*) bumsen (*sl*).

ball² *n* **1.** (*dance*) Ball *m*. **2.** (*inf: good time*) Spaß *m*. **to have a ~** sich prima amüsieren (*inf*).

ballad ['bæləd] *n* (*Mus, Liter*) Ballade *f*.

ball-and-socket joint *n* Kugelgelenk *nt*.

ballast ['bæləst] **I** *n* **1.** (*Naut, Aviat, fig*) Ballast *m*. **to take in/discharge ~** Ballast aufnehmen/abwerfen. **2.** (*stone, clinker*) Schotter *m*; (*Rail*) Bettung(sschotter *m*) *f*. **II** *vt* (*Naut, Aviat*) mit Ballast beladen.

ball-bearing *n* Kugellager *nt*; (*ball*) Kugellagerkugel *f*; **ball boy** *n* (*Tennis*) Balljunge *m*; **ballcock** *n* Schwimmerhahn *m*; **ball control** *n* Ballführung *f*.

ballerina [ˌbælə'riːnə] *n* Ballerina, Ballerine *f*; (*principal*) Primaballerina *f*.

ballet ['bæleɪ] *n* Ballett *nt*.

ballet-dancer *n* Balletttänzer(in *f*) *m*; **ballet pump, balletshoe** *n* Ballettschuh *m*; **ballet skirt** *n* Ballettröckchen *nt*.

ball game *n* Ballspiel *nt*; **it's a whole new/different ~** (*fig inf*) das ist 'ne ganz andere Chose (*inf*); **ball girl** *n* (*Tennis*) Ballmädchen *nt*.

ballistic [bə'lɪstɪk] *adj* ballistisch. **~ missile** Raketengeschoß *nt*.

ballistics [bə'lɪstɪks] *n sing* Ballistik *f*.

balloon [bə'luːn] **I** *n* **1.** (*Aviat*) (Frei)ballon *m*; (*toy*) (Luft)ballon *m*; (*Met*) (Wetter)ballon *m*. **the ~ went up** (*fig inf*) da ist die Bombe geplatzt (*inf*); **that went down like a lead ~** (*inf*) das kam überhaupt nicht an. **2.** (*in cartoons*) Sprechblase *f*. **3.** (*Chem: also* **~ flask**) (Rund)kolben *m*. **II** *vi* **1. to go ~ing** auf Ballonfahrt gehen. **2.** (*swell out*) sich blähen.

balloon glass *n* Kognakschwenker *m*.

balloonist [bə'luːnɪst] *n* Ballonfahrer(in *f*) *m*.

balloon-tyre [bə'luːnˌtaɪəʳ] *n* Ballonreifen *m*.

ballot ['bælət] **I** *n* **1.** (*method of voting*) (geheime) Abstimmung; (*election*) Geheimwahl *f*. **voting is by ~** die Wahl/Abstimmung ist geheim.

2. (*vote*) Abstimmung *f*; (*election*) Wahl *f*. **first/second ~** erster/zweiter Wahlgang; **to take** *or* **hold a ~** abstimmen; eine Wahl abhalten, wählen.

3. (*numbers*) abgegebene Stimmen. **a large ~** eine hohe Wahlbeteiligung.

II *vi* abstimmen; (*elect*) eine (geheime) Wahl abhalten.

III *vt members* abstimmen lassen.

ballot-box *n* Wahlurne *f*; **ballot-paper** *n* Stimm- *or* Wahlzettel *m*.

ballpark *n* **1.** (*US*) Baseballstadion *nt*; **2. ~ figure** Richtzahl *f*; **in that ~** in dieser Größenordnung; **am I in the right ~?** bewege ich mich in der richtigen Größenordnung?; **ballpoint (pen)** *n* Kugelschreiber *m*; **ballroom** *n* Ball- *or* Tanzsaal *m*; **ballroom dancing** *n* klassische Tänze, Gesellschaftstänze *pl*.

balls-up ['bɔːlzʌp], (*esp US*) **ball up** ['bɔːlʌp] *n* (*sl*) Durcheinander *nt*. **he made a complete ~ of the job** er hat bei der Arbeit totale Scheiße gebaut (*sl*).

◆**balls up,** (*esp US*) **ball up** *vt sep* (*sl*) verhunzen (*inf*).

bally ['bælɪ] *adj* (*dated Brit inf*) verflixt (*inf*).

ballyhoo [ˌbælɪ'huː] (*inf*) **I** *n* Trara (*inf*), Tamtam (*inf*) *nt*. **to make a lot of ~ about sth** ein großes Trara *or* Tamtam um etw machen (*inf*). **II** *vt* (*US*) marktschreierisch anpreisen.

balm [bɑːm] *n* **1.** (*lit, fig*) Balsam *m*. **2.** (*Bot*) Melisse *f*.

balmy ['bɑːmɪ] *adj* (+*er*) (*fragrant*) wohlriechend; (*mild*) sanft, lind (*geh*).

baloney
[bə'ləʊnɪ] *n* **1.** (*sl*) Stuß (*sl*), Quatsch (*inf*) *m*. **2.** (*US: sausage*) Mortadella *f*.

balsa ['bɔːlsə] *n* (*also* **~ wood**) Balsa(holz) *nt*.

balsam ['bɔːlsəm] *n* **1.** Balsam *m*. **~ fir** Balsamtanne *f*. **2.** (*Bot*) Springkraut *nt*.

Baltic ['bɔːltɪk] **I** *adj* Ostsee-; *language*, (*of ~ States*) baltisch. **~ Sea** Ostsee *f*; **the ~ States** (*Hist*) die baltischen Staaten, das Baltikum. **II** *n*: **the ~** die Ostsee.

baluster ['bæləstəʳ] *n* Baluster *m*, Balustersäule *f*.

balustrade [ˌbælə'streɪd] *n* Balustrade *f*.

bamboo [bæm'buː] **I** *n* Bambus *m*. **II** *attr* Bambus-. **~ shoots** *pl* Bambussprossen *pl*; **the B~ Curtain** (*Pol*) der Bambusvorhang.

bamboozle [bæm'bu:zl] *vt* (*inf*) (*baffle*) verblüffen, baff machen (*inf*); (*trick*) hereinlegen (*inf*), tricksen (*inf*).

ban [bæn] **I** *n* Verbot *nt*; (*Eccl*) (Kirchen)bann *m*. **to put a ~ on sth** etw verbieten, etw mit einem Verbot belegen (*form*); **a ~ on smoking** Rauchverbot *nt*.

II *vt* (*prohibit*) verbieten; (*Eccl*) auf den Index setzen; *footballer etc* sperren. **to ~ sb from doing sth** jdm verbieten, etw zu tun; **he is ~ned from this pub** er hat hier Lokalverbot; **she was ~ned from driving** ihr wurde Fahrverbot erteilt.

banal [bə'nɑ:l] *adj* banal.

banality [bə'nælıtı] *n* Banalität *f*.

banana [bə'nɑ:nə] *n* Banane *f*.

banana *in cpds* Bananen-; **banana plantation** *n* Bananenplantage *f*; **banana republic** *n* (*pej*) Bananenrepublik *f*.

bananas [bə'nɑ:nəz] *adj pred* (*sl: crazy*) bekloppt (*inf*), bescheuert (*sl*), beknackt (*sl*). **this is driving me ~** dabei dreh' ich noch durch (*inf*); **he's ~ about her** er steht unheimlich auf sie (*sl*).

banana skin *n* Bananenschale *f*; **banana tree** *n* Bananenstaude *f*.

band[1] [bænd] **I** *n* **1.** (*of cloth, iron*) Band *nt*; (*on barrel*) Faßband *nt*, Reifen *m*; (*over book jacket*) (Einband)streifen *m*; (*of leather*) Band *nt*, Riemen *m*; (*waist-~*) Bund *m*; (*on cigar*) Banderole, Bauchbinde *f*; (*ring: on bird, US: wedding ~*) Ring *m*; (*on machine*) Riemen *m*.

2. (*stripe*) Streifen *m*.

3. (*Rad*) Band *nt*.

II *vt bird* beringen.

band[2] *n* **1.** Schar *f*; (*of robbers*) Bande *f*; (*of workers*) Trupp *m*, Kolonne *f*. **2.** (*Mus*) Band *f*; (*dance ~*) Tanzkapelle *f*; (*in circus, brass ~, Mil*) (Musik)kapelle *f*.

◆**band together** *vi* sich zusammenschließen.

bandage ['bændıdʒ] **I** *n* Verband *m*; (*strip of cloth*) Binde *f*. **II** *vt* (*also* **~ up**) *cut* verbinden; *broken limb* bandagieren.

Band-Aid ['bændeıd] (*US*) **I** ® *n* Heftpflaster *nt*. **II** *adj* (*also* **band-aid**) (*inf: makeshift*) *solution etc* Not-, behelfsmäßig.

bandan(n)a [bæn'dænə] *n* großes Schnupftuch; (*round neck*) Halstuch *nt*.

B & B [,bi:ən'bi:] *n abbr of* **bed and breakfast**.

bandbox ['bænd bɒks] *n* Hutschachtel *f*.

banderol(e) ['bændərəʊl] *n* (*Naut*) Wimpel *m*, Fähnlein *nt*; (*Her*) Fähnchen *nt*; (*Archit*) Inschriftenband *nt*.

bandit ['bændıt] *n* Bandit *m*.

banditry ['bændıtrı] *n* Banditentum *nt*.

band leader *n* Bandleader *m*; **bandmaster** *n* Kapellmeister *m*.

bandolier [,bændə'lıə^r] *n* Schulterpatronengurt *m*.

band saw *n* Bandsäge *f*.

bandsman ['bandzmən] *n*, *pl* **-men** [-mən] Musiker, Musikant (*old*) *m*. **military ~** Mitglied *nt* eines Musikkorps.

bandstand *n* Musikpavillon *m or* -podium *nt*; **bandwagon** *n* (*US*) Musikwagen *m*, (Fest)wagen der Musikkapelle; **to jump** *or* **climb on the ~** (*fig inf*) sich dranhängen, auf den fahrenden Zug aufspringen; **bandwidth** *n* (*Rad*) Bandbreite *f*.

bandy[1] ['bændı] *adj* krumm. **~ legs** (*of people*) O-Beine.

bandy[2] *vt jokes* sich (*dat*) erzählen; (*old*) *ball* hin- und herspielen. **to ~ words (with sb)** sich (mit jdm) herumstreiten.

◆**bandy about** *or* **around** *vt sep story, secret* herumerzählen, herumtragen; *ideas* verbreiten; *words, technical expressions* um sich werfen mit; *sb's name* immer wieder nennen. **I'd rather you didn't ~ my nickname ~ the office** es wäre mir lieber, wenn Sie meinen Spitznamen nicht im Büro herumposaunen würden (*inf*).

bandy-legged [,bændı'legd] *adj* mit krummen Beinen; *person* krummbeinig, O-beinig.

bane [beın] *n* (*cause of distress*) Fluch *m*. **he's/it's the ~ of my life** er/das ist noch mal mein Ende (*inf*).

baneful ['beınfʊl] *adj* verhängnisvoll.

bang[1] [bæŋ] **I** *n* **1.** (*noise*) Knall *m*; (*of sth falling*) Plumps *m*. **there was a ~ outside** draußen hat es geknallt; **to go off with a ~** mit lautem Knall losgehen; (*inf: be a success*) ein Bombenerfolg sein (*inf*). **2.** (*violent blow*) Schlag *m*. **he gave himself a ~ on the shins** er hat sich (*dat*) die Schienbeine angeschlagen. **3.** (*sl: sex*) Fick *m* (*vulg*). **to have a ~ with sb** mit jdm bumsen (*inf*).

II *adv* **1. to go ~** knallen; (*gun also, balloon*) peng machen (*inf*).

2. (*inf: exactly, directly*) voll (*inf*), genau. **is that right? — ~ on** stimmt das? — haargenau; **she came ~ on time** sie war auf die Sekunde pünktlich.

III *interj* peng; (*of hammer*) klopf. **~ went a £10 note** (*inf*) und schon war ein 10-Pfund-Schein futsch (*inf*).

IV *vt* **1.** (*thump*) schlagen, knallen (*inf*). **he ~ed his fist on the table** er schlug *or* haute mit der Faust auf den Tisch; **I'll ~ your heads together if you don't shut up!** (*inf*) wenn ihr nicht ruhig seid, knallt's (*inf*).

2. (*shut noisily*) *door* zuschlagen, zuknallen (*inf*).

3. (*hit, knock*) *head, shin* sich (*dat*) anschlagen (*on* an +*dat*).

V *vi* **1.** (*door: shut*) zuschlagen, zuknallen (*inf*); (*fireworks, gun*) knallen; (*engine*) schlagen, krachen; (*hammer*) klopfen. **the door was ~ing in the wind** die Tür schlug im Wind.

2. to ~ on *or* **at sth** gegen *or* an etw (*acc*) schlagen.

◆**bang about I** *vi* Krach machen; (*heavy noise*) herumpoltern. **II** *vt sep* Krach machen mit; *chairs also* herumstoßen.

◆**bang away** *vi* **1.** (*guns*) knallen; (*persons: keep firing*) wild (drauflos)feuern (*at* auf +*acc*), wild (drauflos)ballern (*inf*) (*at* auf +*acc*); (*workman*) herumklopfen *or* -hämmern (*at* an +*dat*). **to ~ ~ at the typewriter** auf der Schreibmaschine herumhauen *or* -hämmern (*inf*). **2.** (*inf: work industriously*) **to ~ ~ (at sth)** sich hinter etw (*acc*) klemmen (*inf*). **3.** (*sl: have sexual intercourse*) bumsen (*sl*).

◆**bang down** *vt sep* (hin)knallen (*inf*); *nail* einschlagen; (*flatten*) flachschlagen; *lid* zuschlagen, zuknallen (*inf*). **to ~ ~ the receiver** den Hörer aufknallen (*inf*).

◆**bang in** *vt sep nail* einschlagen.

◆**bang into** *vi +prep obj* (*collide with*) knallen (*inf*) *or* prallen auf (*+acc*).

◆**bang out** *vt sep* **1.** *nail, brick* herausschlagen, heraushauen (*inf*). **2. to ~ ~ a tune on the piano/a letter on the typewriter** eine Melodie auf dem Klavier hämmern (*inf*)/einen Brief auf der Schreibmaschine herunterhauen (*inf*).

bang[2] *n* (*fringe*) Pony *m*, Ponyfransen *pl*. **~s** Ponyfrisur *f*.

banger ['bæŋəʳ] *n* **1.** (*inf: sausage*) Wurst *f*. **2.** (*inf: old car*) Klapperkiste *f* (*inf*). **3.** (*Brit: firework*) Knallkörper *m*.

Bangladesh ['bæŋglə'deʃ] *n* Bangladesh *nt*.

Bangladeshi [ˌbæŋglə'deʃɪ] **I** *n* Einwohner(in *f*) *m* von Bangladesh, Bangladeshi *mf*. **II** *adj* aus Bangladesh.

bangle ['bæŋgl] *n* Armreif(en) *m*; (*for ankle*) Fußreif *or* -ring *m*.

banish ['bænɪʃ] *vt person* verbannen; *cares, fear* vertreiben.

banishment ['bænɪʃmənt] *n* Verbannung *f*.

banister, bannister ['bænɪstəʳ] *n* (*also* **~s**) Geländer *nt*.

banjo ['bændʒəʊ] *n, pl* **-es** *or* (*US*) **-s** Banjo *nt*.

bank[1] [bæŋk] **I** *n* **1.** (*of earth, sand*) Wall, Damm *m*; (*Rail*) (Bahn)damm *m*; (*slope*) Böschung *f*, Abhang *m*; (*on racetrack*) Kurvenüberhöhung *f*. **~ of snow** Schneeverwehung *f*.

2. (*of river, lake*) Ufer *nt*. **we sat on the ~s of a river/lake** wir saßen an einem Fluß/See *or* Fluß-/Seeufer.

3. (*in sea, river*) (Sand)bank *f*.

4. (*of clouds*) Wand, Bank *f*.

5. (*Aviat*) Querlage *f*. **to go into a ~** in den Kurvenflug gehen.

II *vt* **1.** *road* überhöhen. **2.** *river* mit einer Böschung versehen, einfassen. **3.** *plane* in die Querlage bringen.

III *vi* (*Aviat*) den Kurvenflug einleiten, in die Querlage gehen.

◆**bank up I** *vt sep earth etc* aufhäufen, aufschütten; (*support*) mit einer Böschung stützen; *fire* mit Kohlestaub ab- *or* bedecken (*damit es langsam brennt*). **II** *vi* (*snow etc*) sich anhäufen; (*clouds also*) sich zusammenballen.

bank[2] **I** *n* **1.** Bank *f*. **2.** (*Gambling*) Bank *f*. **to keep** *or* **be the ~** die Bank halten *or* haben. **3.** (*Med*) Bank *f*. **4.** (*fig*) Vorrat *m* (*of* an *+dat*). **II** *vt money* zur Bank bringen, einzahlen. **III** *vi* **I ~ with Lloyds** ich habe ein Konto *or* ich bin bei Lloyds.

◆**bank (up)on** *vi +prep obj* sich verlassen auf (*+acc*), rechnen mit; *sb, sb's help also* zählen *or* bauen auf (*+acc*). **you mustn't ~ ~ it** darauf würde ich mich nicht verlassen; **I was ~ing ~ your coming** ich hatte fest damit gerechnet, daß du kommst.

bank[3] *n* **1.** (*Naut: rower's bench*) Ruderbank *f*. **2.** (*row of objects, oars*) Reihe *f*; (*on organ, typewriter*) (Tasten)reihe *f*.

bankable ['bæŋkəbl] *adj cheque* einzahlbar. **a very ~ filmstar** (*fig inf*) ein Filmstar, der viel Geld einbringt.

bank account *n* Bankkonto *nt*; **bank balance** *n* Kontostand *m*; **bankbook** *n* Sparbuch *nt*; **bank charge** *n* Kontoführungsgebühr *f*; **bank clerk** *n* Bankangestellte(r) *mf*; **bank code number** *n* Bankleitzahl *f*.

banker ['bæŋkəʳ] *n* (*Fin*) Bankier, Banker (*inf*) *m*; (*gambling*) Bankhalter *m*.

banker's card *n* Scheckkarte *f*; **banker's order** *n* (*standing order*) Dauerauftrag *m*; **by ~** durch Dauerauftrag.

bank giro *n* Banküberweisung *f*; **bank holiday** *n* (*Brit*) öffentlicher Feiertag; (*US*) Bankfeiertag *m*.

banking[1] ['bæŋkɪŋ] *n* **1.** (*on road, racetrack*) Überhöhung *f*. **2.** (*Aviat*) Kurvenflug *m*.

banking[2] **I** *n* Bankwesen *nt*. **he wants to go into ~** er will ins Bankgewerbe gehen. **II** *attr matter, systems* Bank-.

banking hours *npl* Schalterstunden *pl*; **banking house** *n* Bankhaus *nt*.

bank loan *n* Bankkredit *m*; **bank manager** *n* Filialleiter(in *f*) *m* (*einer Bank*); **my ~** der Filialleiter meiner Bank; **banknote** *n* Banknote *f*, Geldschein *m*; **bank rate** *n* Diskontsatz *m*; **bank reference** *n* (*for new customer etc*) Bankauskunft *f*.

bankrupt ['bæŋkrʌpt] **I** *n* **1.** Gemein- *or* Konkursschuldner *m* (*Jur*), Bankrotteur *m*. **~'s certificate** Eröffnungsbeschluß *m*; **~'s estate** Konkursmasse *f*. **2.** (*fig*) **to be a moral/political ~** moralisch/politisch bankrott sein.

II *adj* **1.** (*Jur*) bankrott. **to go ~** Bankrott machen, in Konkurs gehen; **to be ~** bankrott *or* pleite (*inf*) sein. **2.** (*fig*) bankrott. **they are totally ~ of ideas** sie haben keinerlei Ideen.

III *vt person* zugrunde richten, ruinieren; *firm also* in den Konkurs treiben.

bankruptcy ['bæŋkrəptsɪ] *n* **1.** (*Jur*) Bankrott, Konkurs *m*; (*instance*) Konkurs *m*. **2.** (*fig*) Bankrott *m*.

Bankruptcy Court *n* Konkursgericht *nt*; **bankruptcy proceedings** *npl* Konkursverfahren *nt*.

bank statement *n* Kontoauszug *m*; **bank transfer** *n* Banküberweisung *f*.

banner ['bænəʳ] *n* Banner *nt* (*also fig*); (*in processions*) Transparent, Spruchband *nt*. **~ headlines** Schlagzeilen *pl*.

bannister ['bænɪstəʳ] *n see* **banister**.

banns [bænz] *npl* (*Eccl*) Aufgebot *nt*. **to read the ~** das Aufgebot verlesen.

banquet ['bæŋkwɪt] **I** *n* (*lavish feast*) Festessen *nt*; (*ceremonial dinner also*) Bankett *nt*. **II** *vt* üppig *or* festlich bewirten (*on* mit); (*ceremoniously*) ein Bankett abhalten für. **III** *vi* speisen, tafeln (*geh*).

banquet(ing)-hall ['bæŋkwɪt(ɪŋ)'hɔːl] *n* Festsaal, Bankettsaal *m*.

banshee [bæn'ʃiː] *n* (*Ir Myth*) Banshee, Todesfee *f*. **to howl like a ~** gespenstisch heulen.

bantam ['bæntəm] *n* Bantamhuhn *nt*.
bantamweight ['bæntəm,weɪt] *n* Bantamgewicht *nt*.
banter ['bæntəʳ] *n* Geplänkel *nt*.
bantering ['bæntərɪŋ] *adj* (*joking*) scherzhaft; (*teasing*) neckend, flachsig (*dial*).
Bantu [,bæn'tuː] **I** *n* (*language*) Bantu *nt*; (*pl: tribes*) Bantu *pl*; (*person*) Bantu *mf*. **II** *adj* Bantu-.
banyan (tree) ['bænɪən(,triː)] *n* bengalische Feige, Banyan *m*.
BAOR *abbr of* **British Army of the Rhine.**
baptism ['bæptɪzəm] *n* Taufe *f*.
baptismal [bæp'tɪzməl] *adj* Tauf-.
Baptist ['bæptɪst] *n* Baptist(in *f*) *m*. **the ~ Church** (*people*) die Baptistengemeinde; (*teaching*) der Baptismus; *see* **John.**
baptize [bæp'taɪz] *vt* taufen.
bar¹ [bɑːʳ] **I** *n* **1.** (*of metal, wood*) Stange *f*; (*of toffee etc*) Riegel *m*; (*of electric fire*) Element *nt*. **~ of gold/silver** Gold-/Silberbarren *m*; **a ~ of chocolate, a chocolate ~** (*slab*) eine Tafel Schokolade; (*Mars* ® *~ etc*) ein Schokoladenriegel *m*; **a ~ of soap** ein Stück *nt* Seife.
2. (*of window, grate, cage*) (Gitter)stab *m*; (*of door*) Stange *f*. **the window has ~s** das Fenster ist vergittert; **to put sb behind ~s** jdn hinter Gitter *or* hinter Schloß und Riegel bringen.
3. (*Sport*) (*horizontal*) Reck *nt*; (*for high jump*) Latte *f*; (*one of parallel ~s*) Holm *m*. **~s** (*parallel*) Barren *m*; **(wall) ~s** Sprossenwand *f*; **to exercise on the ~s** am Barren turnen.
4. (*Ballet*) Stange *f*. **at the ~** an der Stange.
5. (*in river, harbour*) Barre *f*.
6. (*fig: obstacle*) Hindernis (*to* für), Hemmnis (*to* für) *nt*. **to be** *or* **present a ~ to sth** einer Sache (*dat*) im Wege stehen.
7. (*of light, colour*) Streifen *m*; (*of light also*) Strahl *m*.
8. (*Jur*) **the B~** die Anwaltschaft; **to be a member of the B~** Anwalt vor Gericht sein; **to be called** *or* **admitted** (*US*) **to the B~** als Anwalt (vor Gericht) *or* Verteidiger zugelassen werden; **to read for the B~** Jura studieren; **at the ~ of public opinion** (*fig*) vor dem Forum der Öffentlichkeit.
9. (*for prisoners*) Anklagebank *f*.
10. (*for drinks*) Lokal *nt*; (*esp expensive*) Bar *f*; (*part of pub*) Gaststube *f*; (*counter*) Theke *f*, Tresen *m*; (*at railway station*) Ausschank *m*.
11. (*Mus*) Takt *m*; (*~ line also*) Taktstrich *m*.
12. (*on medal*) **DSO and ~** *zweimal verliehener DSO*.
14. (*Met*) Bar *nt*.
II *vt* **1.** (*obstruct*) *road* blockieren, versperren. **to ~ the way to progress** dem Fortschritt im Wege stehen.
2. (*fasten*) *window, door* versperren.
3. (*exclude, prohibit*) *person, possibility* ausschließen; *action, thing* untersagen, verbieten. **to ~ sb from a competition** jdn von (der Teilnahme an) einem Wettbewerb ausschließen; **to ~ sb from a career** jdm eine Karriere unmöglich machen; **they've been ~red (from the club)** sie haben Clubverbot; **minors are ~red from this club** Minderjährige haben keinen Zutritt zu diesem Club.
bar², barring ['bɑːrɪŋ] *prep* **barring accidents** falls nichts passiert; **bar none** ohne Ausnahme, ausnahmslos; **bar one** außer einem; **~ these few mistakes it is a good essay** abgesehen von diesen paar Fehlern ist der Aufsatz gut.
barb [bɑːb] **I** *n* **1.** (*of hook, arrow*) Widerhaken *m*; (*of barbed wire*) Stachel *m*, Spitze *f*; (*of feather*) Fahne *f*; (*Bot, Zool*) Bart *m*. **2.** (*fig: of wit*) Spitze *f*; (*liter: of remorse*) Stachel *m*. **II** *vt* (*lit*) mit Widerhaken versehen.
Barbados [bɑː'beɪdɒs] *n* Barbados *nt*.
barbarian [bɑː'bɛərɪən] **I** *n* (*Hist, fig*) Barbar(in *f*) *m*. **II** *adj* (*Hist, fig*) barbarisch.
barbaric [bɑː'bærɪk] *adj* barbarisch; (*Hist also*) Barbaren-; *guard etc* grausam, roh; (*fig inf*) *conditions* grauenhaft.
barbarically [bɑː'bærɪkəlɪ] *adv* barbarisch.
barbarism ['bɑːbərɪzəm] *n* **1.** (*Hist*) Barbarei *f*; (*fig also*) Unkultur *f*. **2.** (*Ling*) Barbarismus *m*.
barbarity [bɑː'bærɪtɪ] *n* Barbarei *f*; (*fig*) Primitivität *f*; (*cruelty: of guard*) Grausamkeit, Roheit *f*.
barbarous ['bɑːbərəs] *adj* (*Hist, fig*) barbarisch; (*cruel*) grausam; *guard etc* roh; *accent also* grauenhaft.
barbarously ['bɑːbərəslɪ] *adv see adj* barbarisch, wie ein Barbar/die Barbaren; grausam; grauenhaft (*inf*).
Barbary *in cpds* Berber-; **Barbary ape** *n* Berberaffe *m*.
barbecue ['bɑːbɪkjuː] **I** *n* **1.** (*Cook: grid*) Grill *m*. **2.** (*occasion*) Grillparty *f*, Barbecue *nt*. **3.** (*meat*) Grillfleisch *nt*/-wurst *f etc*. **II** *vt steak* grillen, auf dem Rost braten; *animal* am Spieß braten.
barbed [bɑːbd] *adj* **1.** *arrow* mit Widerhaken. **2.** (*fig*) *wit* beißend; *remark also* spitz, bissig.
barbed wire *n* Stacheldraht *m*; **barbed-wire fence** *n* Stacheldrahtzaun *m*.
barbel ['bɑːbəl] *n* (*fish*) Barbe *f*; (*filament on fish*) Bartel *f*, Bartfaden *m*.
barbell [bɑː'bel] *n* Hantel *f*.
barber ['bɑːbəʳ] *n* (Herren)friseur, Barbier (*old*) *m*. **the ~'s** der Friseur(laden), das (Herren)friseurgeschäft; **at/to the ~'s** beim/zum Friseur.
barbershop [,bɑːbə'ʃɒp] (*US*) **I** *n* (Herren)friseurgeschäft *nt or* -laden *m*. **II** *adj* **~ quartet** Barbershop-Quartett *nt*.
barbican ['bɑːbɪkən] *n* Außen- *or* Vorwerk *nt*; (*tower*) Wachtturm *m*.
Barbie doll ® ['bɑːbɪ,dɒl] *n* Barbie-Puppe ® *f*.
barbitone ['bɑːbɪtəʊn] *n* (*Med*) barbiturathaltiges Mittel.
barbiturate [bɑː'bɪtjʊrɪt] *n* Schlafmittel, Barbiturat *nt*. **~ poisoning** Schlafmittelvergiftung, Barbiturvergiftung *f*.
barbs [bɑːbz] *npl* (*sl*) *abbr of* **barbiturates**.
bar chart *n* Balkendiagramm *nt*; **bar code** *n* Strichkodierung *f*, Bar-Code *m*; **bar code reader** *n* Bar-Code-Leser *m*; **bar-**

coded *adj* mit Strichkodierung *or* Bar-Code.

bard [bɑːd] *n* **1.** (*minstrel*) (*esp Celtic*) Barde *m*; (*in Ancient Greece*) (Helden)sänger *m*. **2.** (*old Liter, hum: poet*) Barde *m*. **the B~ of Avon** Shakespeare.

bardic ['bɑːdɪk] *adj poetry etc* bardisch.

bare [bɛəʳ] **I** *adj* (+*er*) **1.** (*naked, uncovered*) *skin, boards, floor* nackt, bloß; *summit, tree, countryside* kahl, nackt; *room, garden* leer; *sword* blank; *wire* blank; *style* nüchtern. **he stood there ~ to the waist** er stand mit nacktem Oberkörper da; **to sleep on ~ boards** auf blanken Brettern schlafen; **to lay ~ one's heart** sein Innerstes bloßlegen; **the ~ facts** die nackten Tatsachen; **with his ~ hands** mit bloßen Händen.

2. (*scanty, mere*) knapp. **a ~ majority** eine knappe Mehrheit; **a ~ subsistence wage** gerade das Existenzminimum; **a ~ ten centimetres** knappe *or* kaum zehn Zentimeter; **he shuddered at the ~ idea** es schauderte ihn beim bloßen Gedanken (daran); **with just the ~st hint of garlic** nur mit einer winzigen Spur Knoblauch.

II *vt breast, leg* entblößen; (*at doctor's*) freimachen; *teeth also* blecken; (*in anger*) fletschen; *end of a wire* freilegen. **she ~d her teeth in a forced smile** sie grinste gezwungen; **to ~ one's heart to sb** jdm sein Herz ausschütten.

bareback *adv, adj* ohne Sattel; **barefaced** *adj* (*fig: shameless*) *liar* unverfroren, unverschämt, schamlos; **it is ~ robbery** das ist der reine Wucher (*inf*); **barefoot** *adv* barfuß; **barefooted I** *adj* barfüßig, barfuß *pred*; **II** *adv* barfuß; **bareheaded I** *adj* ohne Kopfbedeckung; **II** *adv* ohne Kopfbedeckung, barhaupt (*geh*); **barelegged** *adj* mit bloßen Beinen.

barely ['bɛəlɪ] *adv* **1.** (*scarcely*) kaum; (*with figures also*) knapp. **~ had he started when …** kaum hatte er angefangen, als … **2.** *furnished* dürftig, spärlich.

bareness ['bɛənɪs] *n* Nacktheit *f*; (*of person also*) Blöße *f*; (*of trees, countryside*) Kahlheit *f*; (*of room, garden*) Leere *f*; (*of style*) Nüchternheit *f*.

Barents Sea ['bærənts'siː] *n* Barentssee *f*.

bargain ['bɑːgɪn] **I** *n* **1.** (*transaction*) Handel *m*, Geschäft *nt*. **to make** *or* **strike a ~** sich einigen; **they are not prepared to make a ~** sie wollen nicht mit sich handeln lassen; **I'll make a ~ with you, if you …** ich mache Ihnen ein Angebot, wenn Sie …; **it's a ~!** abgemacht!, einverstanden!; **you drive a hard ~** Sie stellen ja harte Forderungen!; **to offer sb a good ~** jdm ein gutes Angebot machen; **then it started raining into the ~** dann hat es (obendrein) auch noch angefangen zu regnen; **and she was rich into the ~** und außerdem war sie reich; **to get the worst/best of the ~** den schlechteren/besseren Teil erwischen.

2. (*cheap offer*) günstiges Angebot, Sonderangebot *nt*; (*thing bought*) Gelegenheitskauf *m*. **this jacket is a good ~** diese Jacke ist wirklich günstig.

II *vi* handeln (*for* um); (*in negotiations*) verhandeln. **the traders are not prepared to ~** die Ladenbesitzer lassen nicht mit sich handeln.

◆**bargain away** *vt sep rights, advantage etc* sich (*dat*) abhandeln lassen; *freedom, independence also* veräußern.

◆**bargain for** *vi +prep obj* (*inf: expect*) rechnen mit, erwarten. **I hadn't ~ed ~ that** damit hatte ich nicht gerechnet; **I got more than I ~ed ~** ich habe vielleicht mein blaues Wunder erlebt! (*inf*).

◆**bargain on** *vi +prep obj* zählen auf (+*acc*), sich verlassen auf (+*acc*).

bargain basement *n Untergeschoß nt eines Kaufhauses mit Sonderangeboten*; **bargain buy** *n* Preisschlager *m* (*inf*); **bargain counter** *n* Sonder(angebots)tisch *m*.

bargainer ['bɑːgɪnəʳ] *n* **to be a good/poor ~** handeln/nicht handeln können; (*in negotiations*) gut/nicht gut verhandeln können.

bargain-hunter *n* **the ~s** Leute *pl* auf der Jagd nach Sonderangeboten; **bargain hunting** *n* Jagd *f* nach Sonderangeboten.

bargaining ['bɑːgənɪŋ] *n* Handeln *nt*; (*negotiating*) Verhandeln *nt*. **~ position** Verhandlungsposition *f*.

bargain offer *n* Sonderangebot *nt*, günstiges Angebot; **bargain price** *n* Sonderpreis *m*; **at a ~** zum Sonderpreis; **bargain sale** *n* Ausverkauf *m*.

barge [bɑːdʒ] **I** *n* **1.** (*for freight*) Last- *or* Frachtkahn *m*; (*unpowered*) Schleppkahn *m*; (*lighter*) Leichter *m*; (*ship's boat*) Barkasse *f*; (*houseboat*) Hausboot *nt*.

2. (*shove*) Stoß, Rempler (*inf*) *m*.

II *vt* **1. he ~d me out of the way** er hat mich weggestoßen; **he ~d his way into the room/through the crowd** er ist (ins Zimmer) hereingeplatzt (*inf*)/er hat sich durch die Menge geboxt (*inf*).

2. (*Sport*) rempeln. **he ~d him off the ball** er hat ihn vom Ball weggestoßen.

III *vi* **1. to ~ into/out of a room** (in ein Zimmer) herein-/hineinplatzen (*inf*)/aus einem Zimmer heraus-/hinausstürmen; **he ~d through the crowd** er drängte *or* boxte (*inf*) sich durch die Menge; **will you boys stop barging!** hört auf zu drängeln, Jungs! **2.** (*Sport*) rempeln.

◆**barge about** *or* **around** *vi* (*inf*) herumpoltern (*inf*).

◆**barge in** *vi* (*inf*) **1.** hinein-/hereinplatzen (*inf*) *or* -stürzen. **2.** (*interrupt*) dazwischenplatzen (*inf*) (*on* bei); (*interfere also*) sich einmischen (*on* in +*acc*).

◆**barge into** *vi +prep obj* **1.** (*knock against*) *person* (hinein)rennen in (+*acc*) (*inf*); (*shove*) (an)rempeln; *thing* rennen gegen (*inf*). **2.** (*inf*) *room, party, conversation* (hinein-/herein)platzen in (+*acc*) (*inf*).

barge pole *n* Bootsstange *f*. **I wouldn't touch it/him with a (ten-foot) ~** (*Brit inf*) von so etwas/so jemandem lasse ich die Finger (*inf*); (*because disgusting, unpleasant*) das/den würde ich noch nicht mal mit der Kneifzange anfassen (*inf*).

baritone ['bærɪtəʊn] **I** *n* Bariton *m*. **II** *adj* Bariton-.

barium ['bɛərɪəm] *n* Barium *nt*. ~ **meal** Bariumbrei *m*.

bark[1] [bɑːk] **I** *n* (*of tree*) Rinde, Borke *f*. **to strip the ~ off a tree** einen Baumstamm schälen. **II** *vt* (*rub off skin*) aufschürfen; (*knock against*) anstoßen, anschlagen. **to ~ one's shin against the table** sich (*dat*) das Schienbein am Tisch anschlagen.

bark[2] **I** *n* (*of dog, seal, gun, cough*) Bellen *nt*. **his ~ is worse than his bite** (*Prov*) Hunde, die bellen, beißen nicht (*Prov*). **II** *vi* bellen. **to ~ at sb** jdn anbellen; (*person also*) jdn anfahren; **to be ~ing up the wrong tree** (*fig inf*) auf dem Holzweg sein (*inf*).

◆**bark out** *vt sep orders* bellen.

bark[3], **barque** *n* **1.** (*poet*) Barke *f* (*liter*). **2.** (*Naut*) Bark *f*.

barkeep(er) ['bɑːkiːp(əʳ)] *n* (*US*) Barbesitzer(in *f*) *m*; (*bartender*) Barkeeper, Barmann *m*.

barker ['bɑːkəʳ] *n* (*outside shop, club*) Anreißer(in *f*) *m* (*inf*); (*at fair*) Marktschreier(in *f*) *m* (*inf*).

barley ['bɑːlɪ] *n* Gerste *f*. **pearl ~** (Gersten- *or* Perl)graupen *pl*.

barleycorn *n* Gerstenkorn *nt*; *see* **John**; **barley sugar** *n* Gersten- *or* Malzzucker *m*; (*sweet*) *hartes Zuckerbonbon*; **barley water** *n Art Gerstenextrakt*; **lemon/orange ~** konzentriertes Zitronen-/Orangegetränk; **barley wine** *n* (*Brit*) *Art Starkbier nt*.

bar line *n* (*Mus*) Taktstrich *m*.

barm [bɑːm] *n* (Bier)hefe, Bärme *f*.

barmaid *n* Bardame *f*; **barman** *n* Barkeeper, Barmann *m*.

barmy ['bɑːmɪ] *adj* (*Brit sl*) bekloppt (*inf*), plemplem *pred* (*inf*); *idea etc* blödsinnig (*inf*).

barn [bɑːn] *n* **1.** Scheune, Scheuer *f*; (*in field*) Schober *m* (*S Ger, Aus*). **2.** (*US: for streetcars, trucks*) Depot *nt*, Hof *m*.

barnacle ['bɑːnəkl] *n* **1.** (*shellfish*) (Rankenfuß)krebs, Rankenfüßer *m*. **2.** (*fig: person*) Klette *f* (*inf*).

barn-dance ['bɑːndɑːns] *n* Bauerntanz *m*.

barney ['bɑːnɪ] *n* (*sl: noisy quarrel*) Krach *m* (*inf*); (*punch-up*) Schlägerei, Keilerei (*inf*) *f*.

barn owl *n* Schleiereule *f*; **barnstorm** *vi* (*esp US*) (*Theat*) in der Provinz spielen; (*Pol*) in der Provinz Wahlreden halten; **barnstormer** *n* (*US Pol*) Wahlredner(in *f*) *m* in der Provinz; (*Theat*) Wanderschauspieler(in *f*) *m*; **barnyard** *n* (Bauern)hof *m*.

barometer [bə'rɒmɪtəʳ] *n* (*lit, fig*) Barometer *nt*.

barometric [ˌbærəʊ'metrɪk] *adj* barometrisch, Barometer-. ~ **pressure** Atmosphären- *or* Luftdruck *m*.

baron ['bærən] *n* **1.** Baron *m*. **2.** (*fig*) Baron, Magnat *m*. **industrial/oil ~** Industriebaron/Ölmagnat *m*; **press ~** Pressezar *m*. **3.** (*of beef*) doppeltes Lendenstück.

baroness ['bærənɪs] *n* Baronin *f*; (*unmarried*) Baronesse *f*.

baronet ['bærənɪt] *n* Baronet *m*.

baronetcy ['bærənɪtsɪ] *n* (*rank*) Baronetstand *m*; (*title*) Baronetswürde *f*.

baronial [bə'rəʊnɪəl] *adj* (*lit*) Barons-; (*fig*) fürstlich, feudal.

baroque [bə'rɒk] **I** *adj* barock, Barock-. **II** *n* (*style*) Barock *m or nt*. **the ~ period** das *or* der Barock, die Barockzeit.

barque [bɑːk] *n see* **bark**[3].

barrack[1] ['bærək] *vt soldiers* kasernieren.

barrack[2] **I** *vt actor* auspfeifen; auszischen. **II** *vi* pfeifen; zischen.

barracking[1] ['bærəkɪŋ] *n* (*Mil*) Kasernierung *f*.

barracking[2] *n* Pfeifen *nt*; Zischen *nt*; Buhrufe *pl*. **to get a ~** ausgepfiffen/ausgebuht werden.

barracks ['bærəks] **I** *npl* (*often with sing vb*) (*Mil*) Kaserne *f*; (*fig pej also*) Mietskaserne *f*. **to live in ~** in der Kaserne wohnen.

II *attr* ~ **life** Kasernenleben *nt*; ~ **square** Kasernenhof *m*.

barracuda [ˌbærə'kjuːdə] *n* Barrakuda, Pfeilhecht *m*.

barrage ['bærɑːʒ] *n* **1.** (*across river*) Wehr *nt*; (*larger*) Staustufe *f*. **2.** (*Mil*) Sperrfeuer *nt*. **under this ~ of stones ...** unter diesem Steinhagel ... **3.** (*fig: of words, questions etc*) Hagel *m*. **he was attacked with a ~ of questions** er wurde mit Fragen beschossen.

barre [bɑːʳ] *n* (*Ballet*) Stange *f*. **at the ~** an der Stange.

barred [bɑːd] *adj* **1.** *suf* **five-~ gate** Weidengatter *nt* (mit fünf Querbalken). **2. ~ window** Gitterfenster *nt*.

barrel ['bærəl] **I** *n* **1.** Faß *nt*; (*for oil, tar, rainwater etc*) Tonne *f*; (*measure: of oil*) Barrel *nt*. **they've got us over a ~** (*inf*) sie haben uns in der Zange (*inf*).

2. (*of handgun*) Lauf *m*; (*of cannon etc*) Rohr *nt*. **I found myself looking down the ~ of a gun** ich hatte plötzlich eine Kanone *or* ein Schießeisen vor der Nase (*sl*); *see* **lock**[2].

3. (*of fountain pen*) Tank *m*.

II *vt wine* (in Fässer) (ab)füllen; *herring* (in Fässer) einlegen.

◆**barrel along** *vi* (*inf*) entlangbrausen (*inf*).

barrel-chested *adj* breitbrüstig, mit gewölbter Brust; **to be ~** einen gewölbten Brustkasten haben; **barrelful** *n* Faß *nt*; (*of oil*) Barrel *nt*; **two ~s of beer/herrings** zwei Faß Bier/Fässer Heringe; **barrelhouse** (*US*) **I** *n* Kneipe *f*; (*jazz*) Kneipenjazz *m*; **II** *adj* ~ **blues** *alte, in Kneipen gespielte Form des Blues*; **barrel organ** *n* Drehorgel *f*, Leierkasten *m*; **barrel-shaped** *adj* faß- *or* tonnenförmig; **barrel vault** *n* Tonnengewölbe *nt*.

barren ['bærən] **I** *adj* **1.** unfruchtbar; *land also* karg.

2. (*fig*) *years* unfruchtbar, unproduktiv; *discussion also* fruchtlos; *atmosphere also* steril; *style, subject, study* trocken; *topic* unergiebig.

II *n* (*esp US*) **~s** *pl* Ödland *nt*.

barrenness ['bærənnɪs] *n see adj* **1.** Unfruchtbarkeit *f*; Kargheit *f*. **2.** Unfruchtbarkeit, Unproduktivität *f*; Fruchtlosigkeit *f*; Sterilität *f*; Trockenheit *f*; Unergiebigkeit *f*.

barrette [bə'ret] *n* (*US*) (Haar)spange *f*.

barricade [ˌbærɪ'keɪd] **I** *n* Barrikade *f*. **II** *vt* verbarrikadieren.

◆**barricade in** *vt sep* verbarrikadieren.

◆**barricade off** *vt sep* (mit Barrikaden) absperren.

barrier ['bærɪəʳ] *n* **1.** (*natural*) Barriere *f*; (*man-made, erected also*) Sperre *f*; (*railing*) Schranke *f*; (*crash* ~) (Leit)planke *f*. **ticket** ~ Sperre *f*.

2. (*fig*) (*obstacle*) Hindernis *nt*, Barriere *f* (*to* für); (*of class, background, education, between people*) Schranke, Barriere *f*. **trade** ~**s** Handelsschranken *pl*; ~ **of language** Sprachbarriere *f*; **a** ~ **to success/progress** ein Hindernis für den Erfolg/Fortschritt.

barrier cream *n* Haut(schutz)creme *f*.

barring ['bɑːrɪŋ] *prep see* **bar²**.

barrister ['bærɪstəʳ] *n* (*Brit*) Rechtsanwalt *m*/-anwältin *f* (bei Gericht), Barrister *m*.

barrow¹ ['bærəʊ] *n* Karre(n *m*) *f*; (*wheel*~) Schubkarre(n *m*) *f*; (*Rail: luggage*) Gepäckkarre(n *m*) *f*; (*rare*) (*costermonger's*) (handgezogener) Obst-/Gemüse-/Fischkarren *m*.

barrow² *n* (*Archeol*) Hügelgrab *nt*.

barrow boy *n* Straßenhändler *m* (*mit Karren*).

Bart. *abbr of* **baronet**.

bartender ['bɑːtendəʳ] *n* (*US*) Barkeeper *m*. ~**!** hallo!

barter ['bɑːtəʳ] **I** *vt* tauschen (*for* gegen). **II** *vi* tauschen; (*as general practice also*) Tauschhandel treiben. **to** ~ **for sth** um etw handeln. **III** *n* (Tausch)handel *m*.

◆**barter away** *vt sep one's rights* verspielen. **to** ~ **sth** ~ **for sth** etw für etw verschachern.

barter economy *n* Tauschwirtschaft *f*.

basal ['beɪsl] *adj* **1.** (*lit, fig*) Grund-, fundamental. **2.** (*Med*) ~ **metabolism** Grundumsatz *m*.

basalt ['bæsɔːlt] *n* Basalt *m*.

bascule ['bæskjuːl] *n* Brückenklappe *f*. ~ **bridge** Klappbrücke *f*.

base¹ [beɪs] **I** *n* **1.** (*lowest part*) Basis *f*; (*that on which sth stands also*) Unterlage *f*, (*Archit: of column also*) Fuß *m*; (*support for statue etc*) Sockel *m*; (*of lamp, tree, mountain*) Fuß *m*; (*undercoat also*) Grundierung *f*. **at the** ~ **(of)** unten (an +*dat*).

2. (*main ingredient*) Basis *f*, Haupt- *or* Grundbestandteil *m*.

3. (*of theory*) Basis *f*; (*starting point also*) Ausgangspunkt *m*; (*foundation also*) Grundlage *f*.

4. (*Mil etc, fig: for holidays, climbing etc*) Standort, Stützpunkt *m*. **to return to** ~ zur Basis *or* zum Stützpunkt zurückkehren.

5. (*Chem*) Lauge, Base *f*.

6. (*Math*) Basis, Grundzahl *f*.

7. (*Geometry*) Basis *f*; (*of plane figure also*) Grundlinie *f*; (*of solid also*) Grundfläche *f*.

8. (*Gram*) Wortstamm *m*, Wortwurzel *f*.

9. (*Baseball*) Mal, Base *nt*. **at** *or* **on second** ~ auf Mal *or* Base 2, auf dem zweiten Mal *or* Base; **to touch** ~ (*US inf*) sich melden (*with* bei).

II *vt* **1.** stellen. **to be** ~**d on** ruhen auf (+*dat*); (*statue*) stehen auf (+*dat*); **you need something to** ~ **it on** Sie brauchen dafür eine feste *or* stabile Unterlage.

2. (*fig*) *opinion, theory* gründen, basieren (*on* auf +*acc*); *hopes also* setzen (*on* auf +*acc*); *relationship also* bauen (*on* auf +*acc*). **to be** ~**d on sb/sth** auf jdm/etw basieren; (*hopes, theory also*) sich auf jdn/etw stützen; **he tried to** ~ **his life on this theory** er versuchte, nach dieser Theorie zu leben.

3. (*Mil*) stationieren. **the company/my job is** ~**d in London** die Firma hat ihren Sitz in London/ich arbeite in London.

base² *adj* (+*er*) **1.** *motive, character* niedrig; *person, thoughts, action, lie, slander* gemein, niederträchtig. **2.** (*inferior*) *task, level* niedrig; *coin* falsch, unecht; *metal* unedel.

baseball ['beɪsbɔːl] *n* Baseball *m or nt*.

baseboard *n* (*US*) Fußleiste, Lambrie (*S Ger*) *f*; **base camp** *n* Basislager, Versorgungslager *nt*.

-based [beɪst] *adj suf* **London-**~ mit Sitz in London.

base form *n* (*Ling*) Stammform *f*; **base hit** *n* (*Baseball*) *Treffer, durch den der Schlagmann sicher das Mal erreichen kann*.

baseless ['beɪslɪs] *adj accusations etc* ohne Grundlage, aus der Luft gegriffen; *fears, suspicion also* unbegründet, grundlos.

base line *n* (*Baseball*) *Verbindungslinie f zwischen zwei Malen*; (*Surv*) Basis, Grundlinie *f*; (*of a diagram, Tennis*) Grundlinie *f*; (*Art*) Schnittlinie *f* von Grundebene und Bildebene.

basely ['beɪslɪ] *adv* gemein, niederträchtig.

baseman ['beɪsmən] *n*, *pl* **-men** [-mən] (*Baseball*) Spieler *m* an einem Mal.

basement ['beɪsmənt] *n* **1.** (*in building*) Untergeschoß, Souterrain *nt*; (*in house also*) Keller *m*, Kellergeschoß *nt*. ~ **flat** Souterrainwohnung *f*. **2.** (*Archit: foundations*) Fundament *nt*.

baseness ['beɪsnɪs] *n see adj* **1.** Niedrigkeit *f*; Gemeinheit, Niederträchtigkeit *f* **2.** Niedrigkeit *f*; Falschheit *f*. **3.** Niedrigkeit *f* (*old*); Unehelichkeit *f*.

base rate *n* Leitzins *m*.

bash [bæʃ] (*inf*) **I** *n* **1.** Schlag *m*. **to give sb a** ~ **on the nose** jdm (eine) auf die Nase hauen (*inf*); **he gave himself a** ~ **on the shin** er hat sich (*dat*) das Schienbein angeschlagen; **the bumper has had a** ~ die Stoßstange hat eine Delle abgekriegt (*inf*).

2. I'll have a ~ **(at it)** ich probier's mal (*inf*); **have a** ~ probier mal! (*inf*).

3. (*dated inf: party*) Party *f*.

II *vt person* (ver)hauen (*inf*), verprügeln; *ball* knallen (*inf*), dreschen (*inf*); *car, wing* eindellen (*inf*). **to** ~ **one's head/shin (against** *or* **on sth)** sich (*dat*) den Kopf/das Schienbein (an etw *dat*) anschlagen; **to ~ sb on/round the head with sth** jdm etw auf den Kopf hauen (*inf*)/jdm etw um die Ohren schlagen.

◆**bash about** *vt sep* (*inf*) *person* durchprügeln (*inf*), verdreschen (*inf*); *objects* demolieren (*inf*). **he/his luggage got rather ~ed ~ in the accident** er/sein Gepäck ist bei dem Unfall ziemlich lädiert worden (*inf*).

◆**bash down** *vt sep* (*inf*) *door* einschlagen.

◆**bash in** *vt sep* (*inf*) *door* einschlagen; *hat, car* eindellen (*inf*). **to ~ sb's head ~** jdm den Schädel einschlagen (*inf*).

◆**bash up** *vt sep* (*Brit inf*) *person* vermöbeln (*inf*), verkloppen (*inf*); *car* demolieren (*inf*), kaputtfahren (*inf*).

bashful ['bæʃfʊl] *adj* schüchtern; (*on particular occasion*) verlegen.

bashfully ['bæʃfəlɪ] *adv see adj*.

bashfulness ['bæʃfʊlnɪs] *n see adj* Schüchternheit *f*; Verlegenheit *f*.

bashing ['bæʃɪŋ] *n* (*inf*) Prügel *pl*. **he/his luggage got a nasty ~** er/sein Gepäck hat ganz schön was abgekriegt (*inf*).

-bashing *suf* (*inf*) **Paki-/queer-~** (*physical*) Überfälle *pl* auf Pakistaner/Schwule; **Tory-~** (*verbal*) das Schlechtmachen *or* Heruntermachen (*inf*) der Konservativen; *see* **Bible**.

Basic ['beɪsɪk] (*Comput*) *abbr of* **beginner's all-purpose symbolic instruction code** BASIC *nt*.

basic ['beɪsɪk] **I** *adj* **1.** (*fundamental*) Grund-; *problem also, reason, issue* Haupt-; *points, issues* wesentlich; (*rudimentary*) *knowledge, necessities, equipment also* elementar; *character, intention, purpose also* eigentlich; *incompatibility, misconception, indifference, problem* grundsätzlich. **there's no ~ difference** es besteht kein grundlegender Unterschied; **a certain ~ innocence** eine gewisse elementare Unschuld; **he is, in a very ~ sense, ...** er ist, im wahrsten Sinne des Wortes, ...; **the ~ thing to remember is ...** woran man vor allem denken muß, ist ...; **must you be so ~!** müssen Sie sich denn so direkt ausdrücken?; **his knowledge/the furniture is rather ~** er hat nur ziemlich elementare Kenntnisse/die Möbel sind ziemlich primitiv; **this is ~ to the whole subject** das liegt dem Fach zu Grunde; **~ salary/working hours** Grundgehalt *nt*/-arbeitszeit *f*; **the four ~ operations** (*Math*) die vier Grundrechenarten; **B~ Curriculum** *n* (*Brit Education*) **National Curriculum** mit Relgionsunterricht *m*; **~ English** englischer Grundwortschatz, Basic English *nt*; **~ rate** (*of wage*) Grundgehalt *nt*; (*of tax*) Eingangssteuersatz *m*; **~ vocabulary** Grundwortschatz *m*.

2. (*original*) zu Grunde liegend; *theory also, assumption* ursprünglich.

3. (*essential*) notwendig. **knowledge of French is/good boots are absolutely ~** Französischkenntnisse/gute Stiefel sind unbedingt nötig *or* sind eine Voraussetzung.

4. (*Chem*) basisch. **~ slag** Thomasschlacke *f*.

II *npl* **the ~s** das Wesentliche; **to get down to (the) ~s** zum Kern der Sache *or* zum Wesentlichen kommen.

basically ['beɪsɪkəlɪ] *adv* im Grunde; (*mainly*) im wesentlichen, hauptsächlich. **is that correct? — ~ yes** stimmt das? — im Prinzip, ja, im Grunde schon; **it's ~ finished** es ist praktisch *or* im Grunde fertig; **that's ~ it** das wär's im wesentlichen.

basil ['bæzl] *n* (*Bot*) Basilikum, Basilienkraut *nt*.

basilica [bə'zɪlɪkə] *n* Basilika *f*.

basin ['beɪsn] *n* **1.** (*vessel*) Schüssel *f*; (*wash~*) (Wasch)becken *nt*; (*of fountain*) Becken *nt*. **2.** (*Geog*) Becken *nt*; (*harbour ~*) Hafenbecken *nt*; (*yacht~*) Jachthafen *m*; (*hollow between mountains also*) Kessel *m*.

basis ['beɪsɪs] *n* **1.** (*of food, mixture*) Basis, Grundlage *f*.

2. (*fig: foundation*) Basis *f*; (*for assumption*) Grund *m*. **we're working on the ~ that ...** wir gehen von der Annahme aus, daß ...; **to be on a firm ~** (*business*) auf festen Füßen stehen; (*theory*) auf einer soliden Basis ruhen; **on the ~ of this evidence** aufgrund dieses Beweismaterials; **to approach a problem on a scientific ~** an ein Problem wissenschaftlich herangehen.

bask [bɑːsk] *vi* (*in sun*) sich aalen (*in* in +*dat*); (*in sb's favour etc*) sich sonnen (*in* in +*dat*).

basket ['bɑːskɪt] *n* **1.** Korb *m*; (*for rolls, fruit etc*) Körbchen *nt*. **a ~ of eggs** ein Korb/Körbchen (voll) Eier; **a ~ of currencies** ausgewählte Währungen. **2.** (*Basketball*) Korb *m*. **3.** (*euph sl: bastard*) Idiot, Blödmann *m* (*inf*).

basketball *n* Basketball *m*; **basket chair** *n* Korbsessel *m*; **basket maker** *n* Korbmacher(in *f*), Korbflechter(in *f*) *m*.

basketry ['bɑːskɪtrɪ] *n* Korbflechterei *f*.

basketweave *n* Leinenbindung *f*; **basketwork** *n* Korbflechterei *f*; (*articles*) Korbarbeiten *pl*; **a ~ chair** ein Korbstuhl *m*.

basking shark ['bɑːskɪŋ,ʃɑːk] *n* Riesenhai *m*.

Basle [bɑːl] *n* Basel *nt*.

Basque [bæsk] **I** *n* **1.** (*person*) Baske *m*, Baskin *f*. **2.** (*language*) Baskisch *nt*. **II** *adj* baskisch.

bas-relief ['bæsrɪ,liːf] *n* Basrelief *nt*.

bass[1] [beɪs] (*Mus*) **I** *n* Baß *m*. **II** *adj* Baß-. **~ clef** Baßschlüssel *m*; **~ drum** große Trommel; **~ viol** Gambe *f*.

bass[2] [bæs] *n*, *pl* **-(es)** (*fish*) Barsch *m*.

basset hound ['bæsɪthaʊnd] *n* Basset *m*.

bassoon [bə'suːn] *n* Fagott *nt*.

bassoonist [bə'suːnɪst] *n* Fagottbläser(in *f*), Fagottist(in *f*) *m*.

basso profundo [,bæsəʊprə'fʊndəʊ] *n* tiefer Baß.

bastard ['bɑːstəd] **I** *n* **1.** (*lit*) uneheliches Kind, Bastard *m* (*old*); (*fig: hybrid*) Bastard *m*, Kreuzung *f*.

2. (*sl: person*) Scheißkerl *m* (*sl*). **poor ~** armes Schwein (*sl*), armer Hund (*inf*).

3. (*sl: difficult job*) **this question is really a ~** diese Frage ist wirklich hundsgemein (*inf*); **a ~ of a word/job** ein Scheißwort *nt*/eine Scheißarbeit (*sl*).

II *adj* 1. (*lit*) *child* unehelich. 2. (*fig: hybrid*) *dog, plant* Bastard-; *language* Misch-. 3. (*Tech*) **~ file** Bastardfeile *f*. 4. (*Typ*) **~ title** Schmutztitel *m*.

bastardize ['bɑːstədaɪz] *vt* (*fig*) verfälschen.

baste[1] [beɪst] *vt* (*Sew*) heften.

baste[2] *vt* (*Cook*) (mit Fett) beträufeln *or* begießen.

basting[1] ['beɪstɪŋ] *n* (*Sew*) (*act*) Heften *nt*; (*stitches*) Heftnaht *f*. **to take out the ~** die Heftfäden herausziehen.

basting[2] *n* (*inf*) (*beating*) Prügel *pl*.

bastion ['bæstɪən] *n* (*lit, fig*) Bastion *f*; (*person*) Stütze, Säule *f*.

bat[1] [bæt] *n* (*Zool*) Fledermaus *f*. **to have ~s in the belfry** (*inf*) eine Meise *or* einen Sparren haben (*inf*); **he fled like a ~ out of hell** er lief *or* rannte, also ob der Teufel hinter ihm her wäre; **(as) blind as a ~** stockblind (*inf*); **silly old ~** (*pej inf*) alte Schrulle (*pej inf*).

bat[2] (*Sport*) **I** *n* **1.** (*Baseball, Cricket*) Schlagholz *nt*, Keule *f*; (*Table-tennis*) Schläger *m*. **to go to ~ for sb** (*fig*) sich für jdn einsetzen; **off one's own ~** (*fig*) auf eigene Faust (*inf*); **right off the ~** (*US*) prompt. **2.** (*batsman*) **he is a good ~** er schlägt gut. **3.** (*inf: blow*) Schlag *m*.

II *vt* (*Baseball, Cricket*) schlagen. **to ~ sth around** (*US inf: discuss*) etw bekakeln (*inf*).

bat[3] *vt* **not to ~ an eyelid** nicht mal mit der Wimper zucken.

bat[4] *n* **1.** (*Brit sl: speed*) **at a fair old ~** mit 'nem ganz schönen Zahn drauf (*sl*). **2.** (*US sl: binge*) Sauftour *f* (*sl*). **to go on a ~** auf Sauftour gehen (*sl*).

batch [bætʃ] *n* (*of people*) Schwung (*inf*) *m*; (*of loaves*) Schub *m*; (*of prisoners, recruits also*) Trupp *m*; (*of things dispatched also*) Sendung, Ladung *f*; (*of letters, books, work also*) Stoß, Stapel *m*; (*of dough, concrete etc*) Ladung *f*.

batch (*Comput*): **~ command** *n* Batch-Befehl *m*; **~ file** *n* Batch-Datei *f*; **~ processing** *n* Stapelverarbeitung *f*, Batch-Betrieb *m*.

bated ['beɪtɪd] *adj*: **with ~ breath** mit angehaltenem Atem.

bath [bɑːθ] **I** *n* **1.** Bad *nt*. **to have a bath** baden; **take a ~** ein Bad nehmen (*geh*); **to give sb a ~** jdn baden; **a room with ~** ein Zimmer mit Bad.

2. (*bathtub*) (Bade)wanne *f*. **to empty the ~** das Badewasser ablassen.

3. (swimming) ~s *pl*, **swimming ~** (Schwimm)bad *nt*; **(public) ~s** *pl* Badeanstalt *f*, öffentliches Bad.

4. (*Tech, Chem, Phot*) Bad *nt*; (*container*) Behälter *m*.

II *vt* (*Brit*) baden.

III *vi* (*Brit*) (sich) baden.

bath chair *n* Kranken- *or* Rollstuhl *m*; **bathcube** *n* Würfel *m* Badesalz.

bathe [beɪð] **I** *vt* **1.** *person, feet, eyes, wound etc* baden; (*with cottonwool etc*) waschen. **to ~ one's eyes** ein Augenbad machen; **~d in tears** tränenüberströmt; **to be ~d in light/sweat** in Licht/Schweiß gebadet sein, schweißgebadet sein.

2. (*US*) *see* **bath 2.**

II *vi* baden.

III *n* Bad *nt*. **to have** *or* **take a ~** baden.

bather ['beɪðə^r] *n* Badende(r) *mf*.

bathhouse ['bɑːθhaʊs] *n* (*old*) Bad(e)haus *nt* (*old*).

bathing ['beɪðɪŋ] *n* Baden *nt*.

bathing-cap *n* Bademütze, Badekappe *f*; **bathing-costume** *n* Badeanzug *m*; **bathing-hut** *n* Badehäuschen *nt*; **bathing-suit** *n* (*dated*) *see* **bathing-costume**; **bathing-trunks** *npl* Badehose *f*.

bathmat ['bɑːθmæt] *n* Badematte *f or* -vorleger *m*.

bathos ['beɪθɒs] *n* (*anticlimax*) Abfall *or* Umschlag *m* ins Lächerliche; (*sentimentality*) falsches Pathos.

bathrobe ['bɑːθrəʊb] *n* Bademantel *m*.

bathroom ['bɑːθruːm] *n* Bad(ezimmer) *nt*; (*euph: lavatory*) Toilette *f*.

bathroom cabinet *n* Toilettenschrank *m*; **bathroom fittings** *npl* Badezimmerausstattung *f*; **bathroom scales** *npl* Personenwaage *f*.

bathsalts *npl* Badesalz *nt*; **bathtowel** *n* Badetuch *nt*; **bathtub** *n* Badewanne *f*.

bathysphere ['bæθɪsfɪə^r] *n* Tauchkugel, Bathysphäre *f*.

batik ['bætɪk] *n* Batik *m*; (*cloth*) Batikdruck *m*.

batiste [bæ'tiːst] *n* Batist *m*.

batman ['bætmən] *n*, *pl* **-men** [-mən] (*Mil*) (Offiziers)bursche *m*.

baton ['bætən, (*US*) bæ'ton] *n* **1.** (*Mus*) Taktstock, Stab *m*; (*Mil*) (Kommando)stab *m*. **under the ~ of** (*Mus*) unter der Stabführung von. **2.** (*of policeman*) Schlagstock *m*; (*for directing traffic*) Stab *m*. **to make a ~ charge** Schlagstöcke einsetzen. **3.** (*in relay race*) Staffelholz *nt*, Stab *m*.

baton round *n* (*Mil*) Plastikgeschosse *pl*.

bats [bæts] *adj pred* (*inf*) bekloppt (*inf*). **you must be ~** du spinnst wohl! (*inf*).

batsman ['bætsmən] *n*, *pl* **-men** [-mən] (*Sport*) Schlagmann *m*.

battalion [bə'tælɪən] *n* (*Mil, fig*) Bataillon *nt*.

batten ['bætn] **I** *n* **1.** Leiste, Latte *f*; (*for roofing*) Dachlatte *f*; (*for flooring*) (Trag)latte *f*. **2.** (*Naut*) (*for sail*) Segellatte *f*; (*for hatch*) Schalklatte *f*. **II** *vt* **1.** *roof, floor* mit Latten versehen. **2.** (*Naut*) *sail* mit Latten verstärken; *hatch* (ver)schalken.

◆**batten down** *vt sep* **to ~ ~ the hatches** die Luken schalken (*spec*) *or* dicht machen; (*fig*) (*close doors, windows*) alles dicht machen; (*prepare oneself*) sich auf etwas gefaßt machen.

◆**batten on** *vi +prep obj* schmarotzen bei.

◆**batten onto** *vi +prep obj idea* sich (*dat*) aneignen.

batter[1] ['bætə^r] *n* (*Cook*) (*for frying*) (Ausback)teig *m*; (*for pancakes, waffles*) Teig *m*.

batter[2] *n* (*Sport*) Schlagmann *m*.

batter[3] **I** *vt* **1.** einschlagen auf (+*acc*); (*strike repeatedly*) *wife, baby* schlagen, (ver)prügeln; (*with ~ing ram*) berennen. **the ship/house was ~ed by the waves/wind** die Wellen krachten unentwegt gegen das Schiff/der Wind rüttelte unentwegt am Haus.
2. (*damage*) böse *or* übel zurichten; *car also, metal* zer- *or* verbeulen.
3. (*inf*) *opponent* eins *or* eine draufgeben (+*dat*) (*inf*). **to get ~ed** eins *or* eine draufbekommen (*inf*).
II *vi* schlagen, trommeln (*inf*).

◆**batter about** *vt sep sb* schlagen, verprügeln; *sth* grob umgehen mit, ramponieren (*inf*).

◆**batter down** *vt sep wall* zertrümmern; *door also* einschlagen; *resistance* zerschlagen.

◆**batter in** *vt sep door* einschlagen; (*with ram*) einrennen.

battered ['bætəd] *adj* böse *or* übel zugerichtet, lädiert (*inf*); *wife, baby* mißhandelt; *hat, car, teapot also* verbeult; *house, furniture* mitgenommen, ramponiert (*inf*); *nerves* zerrüttet. **~ baby syndrome** Phänomen *nt* der Kindesmißhandlung.

battering ['bætərɪŋ] *n* (*lit*) Schläge, Prügel *pl*; (*of baby, wife*) Mißhandlung *f*. **he/it got** *or* **took a real ~** er/es hat ganz schön was abgekriegt (*inf*), es hat schwer gelitten; **to give sb/sth a ~** jdn verprügeln/etw ramponieren (*inf*) *or* demolieren (*inf*).

battering ram *n* Rammbock, Sturmbock *m*.

battery ['bætərɪ] *n* (*all senses*) Batterie *f*; (*fig: of arguments*) Reihe *f*; *see* **assault.**

battery-charger *n* Ladegerät *nt*; **battery farming** *n* (Hühner-)batterien *pl*; **battery fire** *n* (*Mil*) Geschützfeuer *nt*; **battery hen** *n* (*Agr*) Batteriehuhn *nt*; **battery-powered** *adj* batteriebetrieben; **battery set** *n* (*radio*) Batteriegerät *nt*.

battle ['bætl] **I** *n* (*lit*) Schlacht *f*; (*fig*) Kampf *m*. **to give/offer/refuse ~** sich zum Kampf *or* zur Schlacht stellen/bereit erklären/den Kampf *or* die Schlacht verweigern; **I don't need you to fight my ~s for me** ich kann mich schon alleine durchsetzen; **to do ~ for sb/sth** sich für jdn schlagen, sich für jdn/etw einsetzen; **killed in ~** (im Kampf) gefallen; **~ of words/wits** Wortgefecht *nt*/geistiger Wettstreit; **we are fighting the same ~** wir ziehen am selben Strang; **that's half the ~** damit ist schon viel gewonnen; **~ of the giants** Kampf *m* der Giganten; **~ of the sexes** Geschlechterkampf *m*.
II *vi* sich schlagen; (*fig also*) kämpfen, streiten. **to ~ for breath** um Atem ringen.
III *vt* (*fig*) **to ~ one's way through difficulties/a book** sich (durch Schwierigkeiten) durchschlagen/sich durch ein Buch (durch)kämpfen.

◆**battle on** *vi* (*fig*) weiterkämpfen.

battle-axe *n* (*weapon*) Streitaxt *f*; (*inf: woman*) Drachen *m* (*inf*); **battle cruiser** *n* Schlachtkreuzer *m*; **battle cry** *n* Schlachtruf *m*.

battle dress *m* Kampfanzug *m*; **battlefield, battleground** *n* Schlachtfeld *nt*.

battlements ['bætlmənts] *npl* Zinnen *pl*.

battle order *n* Schlachtordnung *f*; **battle royal** *n* (*fig: quarrel*) heftige Auseinandersetzung; **battle-scarred** *adj person, country* vom Krieg gezeichnet; *furniture* schwer mitgenommen, ramponiert (*inf*); (*inf*) *person* schwer mitgenommen, angeschlagen; **battleship** *n* Kriegs- *or* Schlachtschiff *nt*; **battle zone** *n* Kriegs- *or* Kampfgebiet *nt*.

batty ['bætɪ] *adj* (+*er*) (*inf*) verrückt; *person also* plemplem *pred* (*inf*).

bauble ['bɔːbl] *n* Flitter *m no pl*. **~s** Flitterzeug *nt*; **jester's ~** Narrenzepter *nt*.

baud [bɔːd] *n* (*Comput*) Baud *nt*. **at 1200 ~** bei 1200 Baud; **~ rate** Baudrate *f*.

baulk [bɔːk] *n see* **balk.**

bauxite ['bɔːksaɪt] *n* Bauxit *m*.

Bavaria [bə'vɛərɪə] *n* Bayern *nt*.

Bavarian [bə'vɛərɪən] **I** *n* **1.** (*person*) Bayer(in *f*) *m*. **2.** (*dialect*) Bayrisch *nt*. **II** *adj* bay(e)risch.

bawd [bɔːd] *n* (*brothel-keeper*) Bordellwirtin, Puffmutter (*inf*) *f*.

bawdiness ['bɔːdɪnɪs] *n* Derbheit *f*.

bawdy ['bɔːdɪ] *adj* (+*er*) derb.

bawl [bɔːl] **I** *vi* **1.** (*shout*) brüllen, schreien; (*sing*) grölen (*inf*). **2.** (*inf: weep*) plärren (*inf*), heulen (*inf*). **II** *vt order* brüllen, schreien; *song* grölen (*inf*).

◆**bawl out** *vt sep* **1.** *order* brüllen; *song* schmettern, grölen (*pej inf*). **2.** (*inf: scold*) ausschimpfen.

bawling-out ['bɔːlɪŋ'aʊt] *n* (*inf*) Schimpfkanonade *f* (*inf*). **to give sb a ~** jdn zur Schnecke machen (*inf*).

bay[1] [beɪ] *n* Bucht *f*; (*of sea also*) Bai *f*. **the Hudson B~** die Hudsonbai.

bay[2] *n* (*Bot*) Lorbeer(baum) *m*.

bay[3] *n* **1.** (*Archit*) Erker *m*. **2.** (*loading ~*) Ladeplatz *m*; (*parking ~*) Parkbucht *f*; (*Rail*) Abstellgleis *nt*. **3.** (*Aviat: bomb ~*) Bombenschacht *m*. **4.** (*sick ~*) (Kranken)revier *nt*.

bay[4] **I** *n* (*of dogs*) Bellen *nt no pl*; (*Hunt*) Melden *nt no pl*. **to bring to/be at ~** (*Hunt*) stellen/gestellt sein; (*fig*) in die Enge treiben/getrieben sein; **to have sb at ~** (*fig*) jdn in der Zange haben (*inf*); **to keep** *or* **hold sb/sth at ~** jdn/etw in Schach halten.
II *vi* bellen; (*Hunt also*) melden. **to ~ at the moon** den Mond anbellen *or* anheulen.

bay[5] **I** *adj horse* (kastanien)braun. **II** *n* Braune(r) *m*.

bayleaf ['beɪliːf] *n* Lorbeerblatt *nt*.

bayonet ['beɪənɪt] **I** *n* Bajonett, Seitengewehr *nt*. **II** *vt* mit dem Bajonett *or* Seitengewehr aufspießen.

bayonet fitting *n* (*Elec*) Bajonettfassung *f*.

bay rum *n* Pimentöl *nt*; **bay tree** *n* Lorbeerbaum *m*; **bay window** *n* Erkerfenster *nt*.

bazaar [bə'zɑːʳ] *n* Basar *m*.

bazooka [bə'zuːkə] *n* Bazooka, Panzerfaust *f*.

BBC *abbr of* **British Broadcasting Corporation** BBC *f*.

BC[1] *abbr of* **before Christ** v. Chr.

BC[2] *abbr of* **British Columbia.**

BCG *abbr of* **Bacille Calmette Guérin** BCG.

BD *abbr of* **Bachelor of Divinity.**

B/E *abbr of* **bill of exchange.**

be [bi:] *present* **am, is, are,** *pret* **was, were,** *ptp* **been I** *copulative vb* **1.** (*with adj, n*) sein. **he is a soldier/a German** er ist Soldat/Deutscher; **he wants to ~ a doctor** er möchte Arzt werden; **who is that? — it's me/that's Mary** wer ist das? — ich bin's/das ist Mary; **to ~ critical/disparaging** sich kritisch/verächtlich äußern, kritisch sein; **if I were you** wenn ich Sie *or* an Ihrer Stelle wäre; **~ sensible!** sei vernünftig.

2. (*health*) **how are you?** wie geht's?; **I'm better now** es geht mir jetzt besser; **she's none too well** es geht ihr gar nicht gut.

3. (*physical, mental state*) **to ~ hungry/thirsty** Hunger/Durst haben, hungrig/durstig sein; **I am hot/cold/frozen** ich schwitze/friere/bin halb erfroren, mir ist heiß/kalt/eiskalt; **they were horrified** sie waren entsetzt.

4. (*age*) sein. **he'll ~ three** er wird drei (Jahre alt).

5. (*cost*) kosten. **how much is that?** wieviel *or* was kostet das?; (*altogether also*) wieviel *or* was macht das?

6. (*Math*) sein. **two times two is** *or* **are four** zwei mal zwei ist *or* sind *or* gibt vier.

7. (*with poss*) gehören (+*dat*). **that book is your brother's/his** das Buch gehört Ihrem Bruder/ihm, das ist das Buch Ihres Bruders/das ist sein Buch.

8. (*in exclamations*) **was he pleased to hear it!** er war vielleicht froh, das zu hören!; **but wasn't she glad when ...** hat sie sich vielleicht gefreut, als ...

II *v aux* **1.** (+*prp: continuous tenses*) **what are you doing?** was machst du da?; **she is always complaining** sie beklagt sich dauernd; **they're coming tomorrow** sie kommen morgen; **you will ~ hearing from us** Sie werden von uns hören; **will you ~ seeing her tomorrow?** sehen *or* treffen Sie sie morgen?; **I've just been packing my case** ich war gerade beim Kofferpacken, ich war gerade dabei, den Koffer zu packen; **I was packing my case when ...** ich war gerade beim Kofferpacken, als ...; **I have been waiting for you for half an hour** ich warte schon seit einer halben Stunde auf Sie.

2. (+*ptp: passive*) werden. **he was run over** er ist überfahren worden, er wurde überfahren; **the box had been opened** die Schachtel war geöffnet worden; **it is/was ~ing repaired** es wird/wurde gerade repariert; **the car is to ~ sold** das Auto soll verkauft werden; **they were to have been married last week** sie hätten letzte Woche heiraten sollen; **she was to ~/was to have been dismissed but ...** sie sollte entlassen werden, aber .../sie hätte entlassen werden sollen, aber ...

3. he is to ~ pitied/not to ~ envied er ist zu bedauern/nicht zu beneiden; **not to ~ confused with** nicht zu verwechseln mit; **he was not to ~ persuaded** er war nicht zu überreden, er ließ sich nicht überreden.

4. (*intention, obligation, command*) sollen. **I am to look after her** ich soll mich um sie kümmern; **he is not to open it** er soll es nicht öffnen; **I wasn't to tell you his name** ich sollte *or* durfte Ihnen nicht sagen, wie er heißt; (*but I did*) ich hätte Ihnen eigentlich nicht sagen sollen *or* dürfen, wie er heißt.

5. (*~ destined*) sollen. **she was never to return** sie sollte nie zurückkehren.

6. (*suppositions, wishes*) **if it were** *or* **was to snow** falls *or* wenn es schneien sollte; **and were I** *or* **if I were to tell him?** und wenn ich es ihm sagen würde?; **would I were able to** (*liter*) ich wünschte, ich könnte (es) (*geh*).

7. (*in tag questions, short answers*) **he's always late, isn't he? — yes he is** er kommt doch immer zu spät, nicht? — ja, das stimmt; **he's never late, is he? — yes he is** er kommt nie zu spät, oder? — o doch; **you are not ill, are you? — yes I am/no I'm not** Sie sind doch nicht (etwa) krank? — doch!/nein.

III *vi* **1.** sein; (*remain*) bleiben. **to ~ or not to ~** Sein oder Nichtsein; **the powers that ~** die zuständigen Stellen; **let me/him ~** laß mich/ihn (in Ruhe); **~ that as it may** wie dem auch sei; **he is there at the moment but he won't ~ much longer** im Augenblick ist er dort, aber nicht mehr lange; **we've been here a long time** wir sind schon lange hier.

2. (*be situated*) sein; (*town, country, forest also*) liegen; (*car, tower, crate, bottle, chair also*) stehen; (*ashtray, papers, carpet also*) liegen.

3. (*visit, call*) **I've been to Paris** ich war schon (ein)mal in Paris; **the postman has already been** der Briefträger war schon da; **he has been and gone** er war da und ist wieder gegangen.

4. now you've been and (gone and) done it (*inf*) jetzt hast du aber was angerichtet! (*inf*); **I've just been and (gone and) broken it!** (*Brit*) jetzt hab' ich's tatsächlich kaputtgemacht (*inf*).

5. (*used to present, point out*) **here is a book/are two books** hier ist ein Buch/sind zwei Bücher; **over there are two churches** da drüben sind *or* stehen zwei Kirchen; **here/there you are** (*you've arrived*) da sind Sie ja; (*take this*) hier/da, bitte; (*here/there it is*) hier/da ist es/sind sie doch; **there he was sitting at the table** da saß er nun am Tisch.

IV *vb impers* **1.** sein. **it is dark/morning** es ist dunkel/Morgen; **tomorrow is Friday/the 14th of June** morgen ist Freitag/der 14. Juni, morgen haben wir Freitag/den 14. Juni; **it is 5 km to the nearest town** es sind 5 km bis zur nächsten Stadt.

2. (*emphatic*) **it was us** *or* **we** (*form*) **who found it** *wir* haben das gefunden, wir waren diejenigen, die das gefunden haben.

3. (*wishes, suppositions, probability*) **were it not for my friendship with him** wenn ich ja nicht mit ihm befreundet wäre; **were it not for him, if it weren't** *or* **wasn't for him** wenn er nicht wäre; **had it not been** *or* **if it hadn't been for him** wenn er nicht gewesen wäre.

beach [biːtʃ] **I** *n* Strand *m*. **on the ~** am Strand. **II** *vt boat* auf Strand setzen.

beachball *n* Wasserball *m*; **beach buggy** *n* Strandbuggy *m*; **beachcomber** *n* Strandgutsammler(in *f*) *m*; (*living rough*) am Strand lebender Einsiedler; **beachhead** *n* (*Mil*) Landekopf *m*; **beach hut** *n* Strandhäuschen *nt*; **beach umbrella** *n* Sonnenschirm *m*; **beachwear** *n* Badesachen *pl*, Badezeug *nt* (*inf*); (*Fashion*) Strandmode *f*.

beacon ['biːkən] *n* (*fire, light*) Leuchtfeuer *nt*; (*radio ~*) Funkfeuer *nt*; (*one of a series of lights, radio ~s*) Bake *f*.

bead [biːd] *n* **1.** Perle *f*. **(string of) ~s** Perlenschnur *f*; (*necklace*) Perlenkette *f*; **to tell** *or* **say one's ~s** den Rosenkranz beten. **2.** (*drop: of dew, sweat*) Perle *f*, Tropfen *m*. **3.** (*of gun*) Korn *nt*.

beady ['biːdɪ] *adj* **~ eye** waches Auge; **I've got my ~ eye on you** (*inf*) ich beobachte Sie genau!

beagle ['biːgl] *n* Beagle *m* (*englischer Spürhund*).

beak [biːk] *n* **1.** (*of bird, turtle*) Schnabel *m*. **2.** (*inf: of person*) Zinken, Rüssel *m* (*inf*). **3.** (*Brit inf: judge etc*) Kadi *m* (*inf*); (*Brit Sch sl*) (Di)rex *m* (*sl*).

beaker ['biːkəʳ] *n* Becher *m*; (*Chem etc*) Becherglas *nt*.

be-all and end-all ['biːɔːlənd'endɔːl] *n* **the ~** das A und O; **it's not the ~** das ist auch nicht alles.

beam [biːm] **I** *n* **1.** (*Build, of scales*) Balken *m*.

2. (*Naut*) (*side*) Seite *f*; (*width*) Breite *f*. **on the ~** querschiffs; **on the port ~** backbords; **the ~ of a ship** die Schiffsbreite; **to be broad in the ~** (*ship*) sehr breit sein; (*person*) breit gebaut sein.

3. (*of light etc*) Strahl *m*. **to drive/be on full** *or* **high** *or* **main ~** mit Fernlicht fahren/Fernlicht eingestellt haben.

4. (*radio ~*) Leitstrahl *m*. **to be on/off ~** auf Kurs sein/vom Kurs abgekommen sein; (*fig*) (*person*) richtig liegen (*inf*)/danebenliegen (*inf*); (*figures*) stimmen/nicht stimmen; **you're/your guess is way off ~** Sie haben total danebengehauen (*inf*)/danebengeraten.

5. (*smile*) Strahlen *nt*.

II *vi* **1.** strahlen. **to ~ down** (*sun*) niederstrahlen.

2. (*fig: person, face*) strahlen. **her face was ~ing with joy** sie strahlte übers ganze Gesicht.

III *vt* (*Rad, TV*) ausstrahlen, senden (*to* in *or* an *+acc*).

beam-ends ['biːmendz] *npl*: **to be on one's ~** (*Naut*) stark Schlagseite haben; (*fig*) auf dem letzten Loch pfeifen (*inf*).

beaming ['biːmɪŋ] *adj sun* strahlend; *smile, face* (freude)strahlend.

bean [biːn] *n* **1.** Bohne *f*. **he hasn't a ~** (*Brit inf*) er hat keinen roten *or* lumpigen Heller (*inf*); **hallo, old ~!** (*dated Brit inf*) hallo, altes Haus! (*dated inf*). **2.** (*fig*) **to be full of ~s** (*inf*) putzmunter sein (*inf*).

beanbag *n* **1.** (*seat*) Sitzsack *m*; **2.** (*toy*) *mit Bohnen gefülltes Säckchen, das zum Spielen verwendet wird*; **bean curd** *n* Tofu *nt*; **beanfeast** *n* (*inf*) Schmaus *m* (*inf*).

beanpole *n* (*lit, fig*) Bohnenstange *f*; **beansprout** *n* Sojabohnensprosse *f*; **beanstalk** *n* Bohnenstengel *m*.

bear[1] [bɛəʳ] *pret* **bore**, *ptp* **borne I** *vt* **1.** (*carry*) *burden, arms* tragen; *gift, message* bei sich tragen, mit sich führen. **to ~ away/back** mitnehmen/mit (sich) zurücknehmen; (*through the air*) fort- *or* wegtragen/zurücktragen; **he was borne along by the crowd** die Menge trug ihn mit (sich).

2. (*show*) *inscription, signature* tragen; *mark, traces also, likeness, relation* aufweisen, zeigen; *see* **witness**.

3. (*be known by*) *name, title* tragen, führen.

4. (*have in heart or mind*) *love* empfinden, in sich (*dat*) tragen; *hatred, grudge also* hegen (*geh*).

5. (*lit, fig: support, sustain*) *weight, expense, responsibility* tragen. **to ~ examination/comparison** einer Prüfung/einem Vergleich standhalten; **it doesn't ~ thinking about** man darf gar nicht daran denken; **his language doesn't ~ repeating** seine Ausdrucksweise läßt sich nicht wiederholen.

6. (*endure, tolerate*) ertragen; (*with neg also*) ausstehen, leiden; *pain, smell, noise also* aushalten; *criticism, joking, smell, noise also* vertragen. **she can't ~ flying/doing nothing/being laughed at** sie kann einfach nicht fliegen/untätig sein/sie kann es nicht vertragen, wenn man über sie lacht.

7. (*produce, yield*) *fruit etc* tragen.

8. (*give birth to*) gebären; *see* **born.**

II *vi* **1.** (*move*) **to ~ right/left/north** sich rechts/links/nach Norden halten; **to ~ away** *or* **off** (*Naut*) abdrehen.

2. (*fruit-tree etc*) tragen.

3. to bring one's energies/powers of persuasion to ~ seine Energie/Überzeugungskraft aufwenden (*on* für); **to bring one's mind to ~ on sth** seinen Verstand *or* Geist für etw anstrengen; **to bring pressure to ~ on sb/sth** Druck auf jdn/etw ausüben.

III *vr* sich halten.

◆**bear down I** *vi* **1.** sich nahen (*geh*); (*hawk*) herabstoßen. **to ~ ~ on sb/sth** (*driver etc*) auf jdn/etw zuhalten. **2.** (*woman in labour*) drücken. **II** *vt sep* niederdrücken. **he was borne ~ by poverty** seine Armut lastete schwer auf ihm; **to be borne ~ by the weight of ...** von der Last (*+gen*) gebeugt sein.

◆**bear in (up)on** *vt +prep obj*: **to be borne ~ ~ sb** jdm zu(m) Bewußtsein kommen.

◆**bear on** *vi +prep obj see* **bear (up)on.**

◆**bear out** *vt sep* bestätigen. **to ~ sb ~ in sth** jdn in etw bestätigen.

◆**bear up** *vi* sich halten. **he bore ~ well under the death of his father** er trug den Tod seines Vaters mit Fassung; **~ ~!** Kopf hoch!

◆**bear (up)on** *vi +prep obj* **1.** (*relate to*) betreffen. **2. to ~ hard ~ sb** sich hart auf jdn auswirken.

◆**bear with** *vi +prep obj* tolerieren. **if you would just ~ ~ me for a couple of minutes** wenn Sie sich vielleicht zwei Minuten gedulden wollen.

bear[2] **I** *n* **1.** Bär *m*; (*fig: person*) Brummbär *m* (*inf*). **he is like a ~ with a sore head** er ist ein richtiger Brummbär (*inf*). **2.** (*Astron*) **the Great/Little B~** der Große/Kleine Bär *or* Wagen. **3.** (*St Ex*) Baissespekulant, Baissier *m*. **~ market** Baisse *f*. **II** *vi* (*St Ex*) auf Baisse spekulieren.

bearable ['bɛərəbl] *adj* erträglich, zum Aushalten.

bear-baiting *n* Bärenhatz *f*; **bear-cub** *n* Bärenjunge(s) *nt*.

beard [bɪəd] **I** *n* **1.** Bart *m*; (*full-face*) Vollbart *m*. **a man with a ~** ein Mann mit Bart; **a week's (growth of) ~** ein eine Woche alter Bart; **small pointed ~** Spitzbart *m*. **2.** (*of goat, bird*) Bart *m*; (*of fish also*) Barthaare *pl*; (*of grain*) Grannen *pl*.

II *vt* (*confront*) ansprechen. **to ~ the lion in his den** (*fig*) sich in die Höhle des Löwen wagen.

bearded ['bɪədɪd] *adj man, animal* bärtig.

beardless ['bɪədlɪs] *adj* bartlos.

bearer ['bɛərə[r]] *n* **1.** (*carrier*) Träger(in *f*) *m*; (*of news, letter, cheque, banknote*) Überbringer(in *f*) *m*; (*of name, title also, of passport, bond, cheque*) Inhaber(in *f*) *m*. **~ bond** Inhaberschuldverschreibung *f*.

2. (*tree*) **a good ~** ein Baum/Busch *etc*, der gut trägt.

bear hug *n* ungestüme Umarmung; (*Wrestling*) Klammer, Umklammerung *f*.

bearing ['bɛərɪŋ] *n* **1.** (*posture*) Haltung *f*; (*behaviour*) Verhalten, Auftreten, Gebaren *nt*.

2. (*relevance, influence*) Auswirkung *f* (*on* auf *+acc*); (*connection*) Bezug *m* (*on* zu). **to have some/no ~ on sth** von Belang/belanglos für etw sein; (*be/not be connected with*) einen gewissen/keinen Bezug zu etw haben.

3. (*endurance*) **to be beyond (all) ~** unerträglich *or* nicht zum Aushalten sein.

4. (*direction*) **to take/get a ~ on sth** sich an etw (*dat*) orientieren; **to take a compass ~** den Kompaßkurs feststellen; **to get one's ~s** sich zurechtfinden, sich orientieren; **to lose one's ~s** die Orientierung verlieren.

5. (*Tech*) Lager *nt*.

bearskin *n* (*Mil*) Bärenfellmütze *f*.

beast [biːst] *n* **1.** Tier *nt*; *see* **burden, prey.**

2. (*inf*) (*person*) Biest, Ekel *nt*. **don't be a ~!** sei nicht so eklig! (*inf*); **that ~ of a brother-in-law** dieser fiese Schwager (*inf*); **this (problem) is a ~, it's a ~ (of a problem)** das (Problem) hat's in sich (*inf*); **have you finished it yet? — no, it's a ~** sind Sie fertig damit? — nein, es ist verflixt schwierig (*inf*).

beastliness ['biːstlɪnɪs] *n* (*inf*) *see adj* Scheußlichkeit, Garstigkeit *f*; Gemeinheit, Ekligkeit (*inf*) *f*.

beastly ['biːstlɪ] (*inf*) **I** *adj* scheußlich, garstig (*inf*); *person, conduct also* gemein, eklig (*inf*). **II** *adv* (*dated*) scheußlich.

beat [biːt] (*vb: pret* **~**, *ptp* **~en**) **I** *n* **1.** (*of heart, pulse, drum*) (*single* **~**) Schlag *m*; (*repeated beating*) Schlagen *nt*. **the ~ of her heart grew weaker** ihr Herzschlag wurde schwächer.

2. (*of policeman, sentry*) Runde *f*, Rundgang *m*; (*district*) Revier *nt*.

3. (*Mus, Poet*) Takt *m*; (*of metronome, baton*) Taktschlag *m*. **to have a strong ~** einen ausgeprägten Rhythmus haben; **on/off the ~** auf dem betonten/unbetonten Taktteil.

4. (*~music*) Beat(musik *f*) *m*.

5. (*Hunt*) Treibjagd *f*.

II *vt* **1.** (*hit*) schlagen; *person, animal also* (ver)prügeln, hauen (*inf*); *carpet* klopfen; (*search*) *countryside, woods* absuchen, abkämmen. **the crocodile ~ the ground with its tail** das Krokodil schlug mit dem Schwanz auf den Boden; **to ~ a/the drum** trommeln, die Trommel schlagen; **to ~ one's breast** sich (*dat*) an die Brust schlagen; (*ape*) sich (*dat*) gegen die Brust trommeln; **~ it!** (*fig inf*) hau ab!

2. (*hammer*) *metal* hämmern; (*shape also*) treiben. **to ~ sth flat** etw flach- *or* platthämmern.

3. (*defeat*) schlagen; *record* brechen; *inflation* in den Griff bekommen. **to ~ sb at chess/tennis** jdn im Schach/Tennis schlagen; **his shot/forehand ~ me** ich war dem Schuß/Vorhandschlag nicht gewachsen; **you can't ~ these prices** diese Preise sind nicht zu unterbieten; **you can't ~ central heating/real wool** es geht doch nichts über Zentralheizung/reine Wolle; **he ~s the rest of them any day** er steckt sie alle (jederzeit) in die Tasche (*inf*); **coffee ~s tea any day** Kaffee ist allemal besser als Tee; **that ~s everything** das ist doch wirklich der Gipfel *or* die Höhe, das schlägt dem Faß den Boden aus (*all inf*); (*is very good*) darüber geht nichts; **that ~s me** (*inf*) das ist mir ein Rätsel (*inf*); **he managed to ~ the charge** (*inf*) er wurde (von der Anklage) freigesprochen.

4. (*be before*) *budget, crowds* zuvorkommen (*+dat*). **to ~ sb to the top of a hill** vor jdm oben auf dem Berg sein *or* ankommen; **I'll ~ you down to the beach** ich bin vor dir am Strand; **to ~ sb home** vor jdm zu Hause sein; **to ~ the deadline** vor Ablauf der Frist fertig sein; **to ~ sb to the draw** schneller ziehen als jd; **to ~ sb to it** jdm zuvorkommen.

5. (*move up and down regularly*) schlagen. **the bird ~s its wings** der Vogel schlägt mit den Flügeln.

6. (*Mus*) **to ~ time (to the music)** den

Takt schlagen.

7. *cream, eggs* schlagen.

III *vi* **1.** (*heart, pulse, drum*) schlagen. **to ~ on the door (with one's fists)** (mit den Fäusten) gegen die Tür hämmern *or* schlagen; **with ~ing heart** mit pochendem *or* klopfendem Herzen; **her heart was ~ing with joy** ihr Herz schlug vor Freude höher; *see* **bush**[1]. **2.** (*wind, waves*) schlagen; (*rain also*) trommeln; (*sun*) brennen. **3.** (*cream*) sich schlagen lassen.

IV *adj* **1.** (*inf: exhausted*) **to be (dead) ~** total kaputt *or* geschafft *or* erledigt sein (*inf*).

2. (*inf: defeated*) **to be ~(en)** aufgeben müssen (*inf*), sich geschlagen geben müssen; **I'm ~** ich gebe mich geschlagen; **he doesn't know when he's ~(en)** er gibt nicht auf (*inf*); **we've got him ~** wir haben ihn schachmatt gesetzt; **this problem's got me ~** mit dem Problem komme ich nicht klar (*inf*).

◆**beat back** *vt sep flames, enemy* zurückschlagen.

◆**beat down** **I** *vi* (*rain*) herunterprasseln; (*sun*) herunterbrennen. **II** *vt sep* **1.** (*reduce*) *prices* herunterhandeln; *opposition* kleinkriegen (*inf*). **I managed to ~ him/the price ~** ich konnte den Preis herunterhandeln. **2.** (*flatten*) *door* einrennen; *wheat, crop* niederwerfen.

◆**beat in** *vt sep door* einschlagen. **to ~ sb's brains ~** (*inf*) jdm den Schädel einschlagen (*inf*).

◆**beat off** *vt sep attack, attacker* abwehren.

◆**beat out** *vt sep fire* ausschlagen; *metal, dent, wing* aushämmern; *tune, rhythm* schlagen; (*on drum*) trommeln; *plan* ausarbeiten, ausklamüsern (*inf*), austüfteln (*inf*). **to ~ sb's brains ~** (*inf: kill*) jdm den Schädel einschlagen (*inf*).

◆**beat up** *vt sep* **1.** *person* zusammenschlagen. **2.** (*Cook*) *eggs, cream* schlagen.

beaten ['bi:tn] **I** *ptp of* **beat. II** *adj* **1.** *metal* gehämmert. **2.** *earth* festgetreten; *path also* ausgetreten. **a well-~ path** ein Trampelpfad *m*; **to be off the ~ track** (*fig*) abgelegen sein. **3.** (*defeated*) **a ~ man** ein geschlagener Mann.

beater ['bi:tə^r] *n* **1.** (*carpet ~*) Klopfer *m*; (*egg ~*) Schneebesen *m*. **2.** (*Hunt*) Treiber(in *f*) *m*.

beat *in cpds* Beat-; **beat generation** *n* Beatgeneration *f*; **beat group** *n* Beatgruppe *or* -band *f*.

beatific [,bi:ə'tɪfɪk] *adj* glückselig; *vision* himmlisch.

beatification [bi:,ætɪfɪ'keɪʃən] *n* Seligsprechung *f*.

beatify [bi:'ætɪfaɪ] *vt* seligsprechen.

beating ['bi:tɪŋ] *n* **1.** (*series of blows*) Schläge, Prügel *pl*. **to give sb a ~** jdn verprügeln; (*as punishment also*) jdm eine Tracht Prügel verabreichen (*inf*); **to get a ~** verprügelt werden; (*as punishment also*) Schläge *or* Prügel bekommen.

2. (*of drums, heart, wings*) Schlagen *nt*.

3. (*defeat*) Niederlage *f*. **to take a ~** eine Schlappe einstecken (*inf*).

4. to take some ~ nicht leicht zu übertreffen sein; (*idea, insolence*) seines-/ihresgleichen suchen.

5. (*Hunt*) Treiben *nt*.

beating-up [,bi:tɪŋ'ʌp] *n* Abreibung *f* (*inf*). **to give sb a ~** jdn zusammenschlagen.

beatitude [bi:'ætɪtju:d] *n* Glückseligkeit *f*. **the B~s** (*Bibl*) die Seligpreisungen *pl*.

beatnik ['bi:tnɪk] *n* Beatnik *m*.

beat poetry *n* Beatlyrik *f*.

beat-up ['bi:tʌp] *adj* (*inf*) zerbeult, ramponiert (*inf*).

Beaufort scale ['bəʊfət'skeɪl] *n* Beaufortskala *f*.

beaut [bju:t] *n* (*esp Austral sl*) (*thing*) Prachtexemplar *nt*.

beauteous ['bju:tɪəs] *adj* (*poet*) wunderschön, prachtvoll.

beautician [bju:'tɪʃən] *n* Kosmetiker(in *f*) *m*.

beautiful ['bju:tɪfʊl] **I** *adj* schön; *weather, morning also, idea, meal* herrlich, wunderbar; (*good*) *swimmer, swimming, organization, piece of work* hervorragend, wunderbar. **that's a ~ specimen** das ist ein Prachtexemplar; **the ~ people** die Schickeria; **~!** prima! (*inf*), toll! (*inf*). **II** *n* **the ~** das Schöne.

beautifully ['bju:tɪfəlɪ] *adv* schön; *warm, prepared, shine, simple* herrlich, wunderbar; (*well*) *sew, cook, sing, swim* hervorragend, sehr gut, prima (*inf*). **that will do ~** das ist ganz ausgezeichnet.

beautify ['bju:tɪfaɪ] *vt* verschönern. **to ~ oneself** (*hum*) sich schönmachen (*hum*).

beauty ['bju:tɪ] *n* **1.** Schönheit *f*. **~ is only skin-deep** (*prov*) der äußere Schein kann trügen; **~ is in the eye of the beholder** (*Prov*) schön ist, was (einem) gefällt.

2. (*beautiful person*) Schönheit *f*. **B~ and the Beast** die Schöne und das Tier.

3. (*good example*) Prachtexemplar *nt*. **isn't it a ~!** ist das nicht ein Prachtstück *or* Prachtexemplar?

4. (*pleasing feature*) **the ~ of it is that ...** das Schöne *or* Schönste daran ist, daß ...; **that's the ~ of it** das ist das Schöne daran.

beauty *in cpds* Schönheits-; **beauty competition** *or* **contest** *n* Schönheitswettbewerb *m*; **beauty parlour** *n* Schönheits- *or* Kosmetiksalon *m*; **beauty queen** *n* Schönheitskönigin *f*; **beauty sleep** *n* (*hum*) Schlaf *m*; **beauty specialist** *n* Kosmetiker(in *f*) *m*; **beauty spot** *n* **1.** Schönheitsfleck *m*; (*patch also*) Schönheitspflästerchen *nt*; **2.** (*place*) schönes *or* hübsches Fleckchen (Erde), schöner *or* hübscher Fleck; **beauty treatment** *n* kosmetische Behandlung.

beaver [bi:və^r] *n* **1.** Biber *m*. **to work like a ~** wie ein Wilder/eine Wilde arbeiten; *see* **eager. 2.** (*fur*) Biber(pelz) *m*. **3.** (*hat*) Biber- *or* Kastorhut *m*.

◆**beaver away** *vi* (*inf*) schuften (*inf*) (*at* an +*dat*).

becalm [bɪ'kɑ:m] *vt* (*Naut*) **to be ~ed** in

eine Flaute geraten.

became [bɪ'keɪm] *pret of* **become.**

because [bɪ'kɒz] **I** *conj* weil; (*since also*) da. **it was the more surprising ~ we were not expecting it** es war um so überraschender, als wir es nicht erwartet hatten; **if I did it, it was ~ it had to be done** ich habe es nur getan, weil es getan werden mußte; **why did you do it? — ~** (*inf*) warum *or* weshalb hast du das getan? — darum *or* deshalb.

II *prep* **~ of** wegen (+*gen or* (*inf*) *dat*); **I only did it ~ of you** ich habe es nur deinetwegen/Ihretwegen getan.

beck [bek] *n* **to be (completely) at sb's ~ and call** jdm voll und ganz zur Verfügung stehen; **his wife is completely at his ~ and call** seine Frau muß nach seiner Pfeife tanzen; **to have sb at one's ~ and call** jdn zur ständigen Verfügung haben, ganz über jdn verfügen können.

beckon ['bekən] *vti* winken. **he ~ed (to) her to follow (him)** er gab ihr ein Zeichen *or* winkte ihr, ihm zu folgen; **he ~ed me in/back/over** er winkte mich herein/zurück/herüber.

become [bɪ'kʌm] *pret* **became,** *ptp* **~ I** *vi* **1.** (*grow to be*) werden. **it has ~ a rule/habit/duty/custom/nuisance** es ist jetzt Vorschrift/es ist zur Gewohnheit geworden/es ist Pflicht/üblich/lästig geworden; **he's becoming a problem** er wird zum Problem; **to ~ interested in sb/sth** anfangen, sich für jdn/etw zu interessieren.

2. (*acquire position of*) werden. **to ~ king/a doctor** König/Arzt werden.

3. what has ~ of him? was ist aus ihm geworden?; **what's to ~ of him?** was soll aus ihm werden?; **I don't know what will ~ of him** ich weiß nicht, was aus ihm noch werden soll.

II *vt* **1.** (*suit*) stehen (+*dat*).

2. (*befit*) sich schicken für, sich ziemen für (*geh*).

becoming [bɪ'kʌmɪŋ] *adj* **1.** (*suitable, fitting*) schicklich. **it's not ~ (for a lady) to sit like that** es schickt sich (für eine Dame) nicht, so zu sitzen. **2.** (*flattering*) vorteilhaft, kleidsam. **that dress/colour is very ~** das Kleid/die Farbe steht ihr/dir *etc* sehr gut.

becquerel [,bekə'rel] *n* Becquerel *nt*.

B Ed *abbr of* **Bachelor of Education.**

bed [bed] **I** *n* **1.** Bett *nt*. **to go to ~** zu *or* ins Bett gehen; **to put** *or* **get sb to ~** jdn ins *or* zu Bett bringen; **to get into ~** sich ins Bett legen; **he couldn't get her into ~ with him** er hat sie nicht ins Bett gekriegt (*inf*); **to go to** *or* **jump into** (*inf*) **~ with sb** mit jdm ins Bett gehen *or* steigen (*inf*); **he must have got out of ~ on the wrong side** (*inf*) er ist wohl mit dem linken Fuß zuerst aufgestanden; **to be in ~** im Bett sein; (*through illness also*) das Bett hüten müssen; **a ~ of nails** ein Nagelbrett *nt*; **life isn't always a ~ of roses** (*prov*) man ist im Leben nicht immer auf Rosen gebettet; **his life is not exactly a ~ of roses** er ist nicht gerade auf Rosen gebettet; **as you make your ~ so you must lie on it** (*Prov*) wie man sich bettet, so liegt man (*Prov*); **a ~ for the night** eine Übernachtungsmöglichkeit; **can I have a ~ for the night?** kann ich hier/bei euch *etc* übernachten?; **to put a newspaper to ~** (*Press*) eine Zeitung in Druck geben.

2. (*of ore*) Lager *nt*; (*of coal also*) Flöz *nt*; (*of building, road etc*) Unterbau *m*. **a ~ of clay** Lehmboden *m*.

3. (*base: of engine, lathe, machine*) Bett *nt*.

4. (*bottom*) (*sea ~*) Grund, Boden *m*; (*river ~*) Bett *nt*.

5. (*oyster ~, coral ~*) Bank *f*.

6. (*flower ~, vegetable ~*) Beet *nt*.

II *vt* **1.** *plant* setzen, pflanzen.

2. (*old, hum: have sex with*) beschlafen (*old, hum*).

◆**bed down I** *vi* sein Lager aufschlagen. **to ~ ~ for the night** sein Nachtlager aufschlagen. **II** *vt sep* **1.** *person* das Bett machen (+*dat*); *child* schlafen legen. **2.** *animals* einstreuen (+*dat*).

◆**bed in I** *vt sep foundations* einlassen; *machine* betten; *brakes* einfahren. **II** *vi* (*brakes*) eingefahren werden.

bed and breakfast *n* Übernachtung *f* mit Frühstück; (*also* **~ place**) Frühstückspension *f*. **"~"** „Fremdenzimmer".

bedaub [bɪ'dɔːb] *vt* beschmieren; *face* anmalen, anschmieren.

bedazzle [bɪ'dæzl] *vt* blenden.

bed *in cpds* Bett-; **bed-bath** *n* (Kranken)wäsche *f* im Bett; **to give sb a ~** jdn im Bett waschen; **bed-bug** *n* Wanze *f*; **bed-clothes** *npl* Bettzeug *nt*; **to turn down the ~** das Bett aufdecken; **bed-cover** *n* Bettdecke *f*.

bedding ['bedɪŋ] *n* **1.** Bettzeug *nt*. **2.** (*for horses*) Streu *f*.

bedding plant *n* Setzling *m*.

bedeck [bɪ'dek] *vt* schmücken.

bedevil [bɪ'devl] *vt* komplizieren, erschweren. **~led by misfortune/bad luck** vom Schicksal/Pech verfolgt.

bedfellow *n* **to be** *or* **make strange ~s** (*fig*) eine eigenartige Kombination *or* ein merkwürdiges Gespann sein; **bed-head** *n* Kopfteil *m* des Bettes; **bed-jacket** *n* Bettjäckchen *nt*.

bedlam ['bedləm] *n* (*fig: uproar*) Chaos *nt*. **the class was absolute ~** in der Klasse ging es zu wie im Irrenhaus.

bedlinen ['bedlɪnɪn] *n* Bettwäsche *f*.

Bedouin ['beduɪn] **I** *n* Beduine *m*, Beduinin *f*. **II** *adj* beduinisch.

bed-pan *n* Bettpfanne *or* -schüssel *f*; **bed-post** *n* Bettpfosten *m*.

bedraggled [bɪ'drægld] *adj* (*wet*) trief- *or* tropfnaß; (*dirty*) verdreckt; (*untidy*) *person, appearance* ungepflegt, schlampig.

bed-ridden ['bedrɪdn] *adj* bettlägerig.

bedrock ['bedrɒk] *n* **1.** (*Geol*) Grundgebirge *or* -gestein *nt*. **2.** (*fig*) **to get down to** *or* **to reach ~** zum Kern der Sache kommen.

bedroom ['bedruːm] *n* Schlafzimmer *nt*.

Beds *abbr of* **Bedfordshire.**

beds *abbr of* **bedrooms** Zi.

bed-settee ['bedse'tiː] *n* Sofabett *nt*.

bedside ['bedsaɪd] *n* **to be/sit at sb's ~** an jds Bett (*dat*) sein/sitzen.

bedside lamp *n* Nachttischlampe *f*; **bedside manner** *n* Art *f* mit Kranken umzugehen; **he has a good/bad ~** er kann gut/nicht gut mit den Kranken umgehen; **bedside rug** *n* Bettvorleger *m*; **bedside table** *n* Nachttisch *m*.

bed-sit(ter) (*inf*), **bed-sitting room** *n* (*Brit*) **1.** (*rented*) möbliertes Zimmer; **2.** Wohnschlafzimmer *nt*; (*for teenager etc*) Jugendzimmer *nt*; **bedsore** *n* wundgelegene Stelle; **to get ~s** sich wund- *or* aufliegen; **bedspread** *n* Tagesdecke *f*; **bedstead** *n* Bettgestell *nt*; **bedstraw** *n* (*Bot*) Labkraut *nt*; **bedtime** *n* Schlafenszeit *f*; **his ~ is 10 o'clock** er geht um 10 Uhr schlafen; **it's past your ~** du müßtest schon lange im Bett sein; **bedtime story** *n* Gutenachtgeschichte *f*; **bed-wetter** *n* Bettnässer(in *f*) *m*; **bed-wetting** *n* Bettnässen *nt*.

bee [biː] *n* **1.** Biene *f*. **like ~s round a honeypot** wie die Motten ums Licht; **to have a ~ in one's bonnet** (*inf*) einen Fimmel *or* Tick haben (*inf*); **he's got a ~ in his bonnet about cleanliness** er hat einen Sauberkeitsfimmel (*inf*) *or* -tick (*inf*).
2. (*sewing ~*) Kränzchen *nt*; (*competition*) Wettbewerb *m*.

Beeb [biːb] *n*: **the ~** (*Brit inf*) die BBC.

beech [biːtʃ] *n* **1.** (*tree*) Buche *f*. **2.** (*wood*) Buche(nholz *nt*) *f*.

beech mast *n* Bucheckern *pl*; **beechnut** *n* Buchecker *f*; **beech tree** *n* Buche *f*; **beechwood** *n* **1.** (*material*) Buchenholz *nt*; **2.** (*trees*) Buchenwald *m*.

bee-eater [ˈbiːˌiːtəʳ] *n* (*Orn*) Bienenfresser *m*.

beef [biːf] **I** *n* **1.** (*meat*) Rindfleisch *nt*. **roast ~** Roastbeef *nt*.
2. (*inf*) (*flesh*) Speck *m* (*pej*); (*muscles*) Muskeln *pl*. **there's too much ~ on him** er ist zu massig.
3. what's his ~? (*inf*) was hat er zu meckern? (*inf*).
II *vi* (*inf: complain*) meckern (*inf*) (*about* über *+acc*). **what are you ~ing about?** was hast du zu meckern? (*inf*).

◆**beef up** *vt sep* (*make more powerful etc*) aufmotzen (*inf*).

beefburger *n* Hamburger *m*; **beef cattle** *npl* Schlachtrinder *pl*; **beefeater** *n* **1.** Beefeater *m*; **2.** (*US inf*) Engländer(in *f*) *m*; **3.** (*Brit*) *königliche Leibwache im Londoner Tower*; **beef olive** *n* Rinderroulade *f*; **beef sausage** *n* Rindswürstchen *nt*; **beef-steak** *n* Beefsteak *nt*; **beef-steak-tomato** *n* Fleischtomate *f*; **beef tea** *n* Kraft- *or* Fleischbrühe *f*.

beefy [ˈbiːfɪ] *adj* (*+er*) fleischig.

beehive I *n* **1.** Bienenstock *m*; (*dome-shaped*) Bienenkorb *m*; **2.** (*hairstyle*) toupierte Hochfrisur; **II** *adj* **~ hairdo** toupierte Hochfrisur; **beekeeper** *n* Bienenzüchter(in *f*), Imker(in *f*) *m*; **beeline** *n* **to make a ~ for sb/sth** schnurstracks auf jdn/etw zugehen.

been [biːn] *ptp of* **be.**

beep [biːp] (*inf*) **I** *n* Tut(tut) *nt* (*inf*). **II** *vt* **to ~ one's horn** hupen. **III** *vi* tuten (*inf*).

beer [bɪəʳ] *n* Bier *nt*. **two ~s, please** zwei Bier, bitte; **life is not all ~ and skittles** das Leben ist nicht nur eitel Sonnenschein.

beer *in cpds* Bier-; **beer belly** *n* (*inf*) Bierbauch *m* (*inf*); **beer-bottle** *n* Bierflasche *f*; **beer cellar** *n* Bierkeller *m*; **beer glass** *n* Bierglas *nt*; **beer gut** *n* (*inf*) Bierbauch *m* (*inf*); **beermat** *n* Bierfilz, Bierdeckel *m*; **beer money** *n* (*inf*) Geld *nt* für Getränke; **beer-pull** *n* Zapfhahn *m*.

beery [ˈbɪərɪ] *adj* Bier-; *person* mit einer Bierfahne (*inf*); (*tipsy*) bierselig; *face* biergerötet.

beeswax [ˈbiːzwæks] *n* Bienenwachs *nt*.

beet [biːt] *n* Rübe, Bete (*form*) *f*.

beetle[1] [ˈbiːtl] *n* Käfer *m*.

◆**beetle along** *vi* (*inf*) entlangpesen (*inf*); (*on foot also*) entlanghasten (*inf*).

◆**beetle off** *vi* (*inf*) abschwirren (*inf*).

beetle[2] *n* (*tool*) Stampfer *m*; (*for paving, pile-driving also*) Ramme *f*.

beetle-browed *adj* mit buschigen, zusammengewachsenen Augenbrauen.

beetling [ˈbiːtlɪŋ] *adj cliffs* überhängend.

beetroot *n* rote Bete *or* Rübe; **beet sugar** *n* Rübenzucker *m*.

befall [bɪˈfɔːl] *pret* **befell** [bɪˈfel], *ptp* **~en** [bɪˈfɔːlən] (*old, liter*) **I** *vi* sich zutragen. **II** *vt* widerfahren (*+dat*) (*geh*).

befit [bɪˈfɪt] *vt* (*form*) *sb* anstehen (*+dat*) (*geh*), sich ziemen für (*geh*); *occasion* angemessen sein (*+dat*), entsprechen (*+dat*).

befitting [bɪˈfɪtɪŋ] *adj* gebührend, geziemend (*dated*). **~ for a lady** einer Dame geziemend (*dated*), für eine Dame schicklich.

befog [bɪˈfɒg] *vt* (*fig*) *issue* vernebeln; *person, mind* verwirren; (*alcohol, blow*) benebeln. **to be ~ged** (*person*) benebelt sein; (*issue*) verwirrt sein.

before [bɪˈfɔːʳ] **I** *prep* **1.** (*earlier than*) vor (*+dat*). **the year ~ last/this** vorletztes/letztes Jahr, das vorletzte/letzte Jahr; **the day ~ yesterday** vorgestern; **the day/time ~ that** der Tag/die Zeit davor; **~ Christ** (*abbr* **BC**) vor Christi Geburt (*abbr* v. Chr.); **I got/was here ~ you** ich war vor dir da; **that was ~ my time** das war vor meiner Zeit; **he died ~ his time** er ist früh gestorben; **to be ~ sb/sth** vor jdm/etw liegen; **~ then** vorher; **~ now** früher, eher, vorher; **you should have done it ~ now** das hättest du schon (eher) gemacht haben sollen; **~ long** bald; **~ everything else** zuallererst.
2. (*in order, rank*) vor (*+dat*). **to come ~ sb/sth** vor jdm/etw kommen; **I believe in honour ~ everything** die Ehre geht mir über alles, für mich ist die Ehre das Wichtigste; **ladies ~ gentlemen** Damen haben den Vortritt.
3. (*in position*) vor (*+dat*); (*with movement*) vor (*+acc*). **~ my (very) eyes** vor meinen Augen; **the task ~ us** (*with which we are dealing*) die uns vorliegende Aufgabe; (*with which we are confronted*) die Aufgabe, vor der wir stehen; (*which lies ahead of us*) die uns bevorstehende Aufgabe; **to sail ~ the wind** (*Naut*) vor dem Wind segeln.
4. (*in the presence of*) vor (*+dat*). **~ God/a lawyer** vor Gott/einem Anwalt; **to**

appear ~ a court/judge vor Gericht/einem Richter erscheinen.

5. (*rather than*) **death ~ surrender** eher *or* lieber tot als sich ergeben.

II *adv* **1.** (*in time*) (*~ that*) davor; (*at an earlier time, ~ now*) vorher. **have you been to Scotland ~?** waren Sie schon einmal in Schottland?; **I have seen/read this ~** ich habe das schon einmal gesehen/gelesen; **never ~** noch nie; **(on) the evening/day ~** am Abend/Tag davor *or* zuvor *or* vorher; **(in) the month/year ~** im Monat/Jahr davor; **two hours ~** zwei Stunden vorher; **two days ~** zwei Tage davor *or* zuvor; **to continue as ~** (*person*) (so) wie vorher weitermachen; **things/life continued as ~** alles war wie gehabt/das Leben ging seinen gewohnten Gang.

2. (*ahead*) **to march on ~** vorausmarschieren.

3. (*indicating order*) davor. **that chapter and the one ~** dieses Kapitel und das davor.

III *conj* **1.** (*in time*) bevor. **~ doing sth** bevor man etw tut; **you can't go ~ this is done** du kannst erst gehen, wenn das gemacht ist; **it will be six weeks ~ the boat comes again** das Boot wird erst in sechs Wochen wieder kommen; **it will be a long time ~ he comes back** es wird lange dauern, bis er zurückkommt.

2. (*rather than*) **he will die ~ he surrenders** eher will er sterben als sich geschlagen geben.

beforehand [bɪ'fɔːhænd] *adv* im voraus. **you must tell me ~** Sie müssen mir vorher Bescheid sagen.

before-tax [bɪ'fɔːtæks] *adj income, profits* vor Steuern.

befriend [bɪ'frend] *vt* (*help*) sich annehmen (*+gen*); (*be friend to*) Umgang pflegen mit. **she seems to have ~ed them** sie scheint sich mit ihnen angefreundet zu haben.

befuddle [bɪ'fʌdl] *vt* **1.** (*make tipsy*) benebeln. **2.** (*confuse*) durcheinanderbringen. **he is completely ~d** er ist völlig durcheinander (*inf*) *or* verwirrt.

beg [beg] **I** *vt* **1.** *money, alms* betteln um.

2. (*crave, ask for*) *forgiveness, mercy, a favour* bitten um. **to ~ sth of sb** jdn um etw bitten; **he ~ged to be allowed to ...** er bat darum, ... zu dürfen; **the children ~ged me to let them go to the circus** die Kinder bettelten, ich solle sie in den Zirkus gehen lassen; **to ~ leave to do sth** um Erlaubnis bitten, etw tun zu dürfen; **I ~ to inform you ...** (*form*) ich erlaube mir, Sie davon in Kenntnis zu setzen ... (*form*); **I ~ to differ** ich erlaube mir, anderer Meinung zu sein; *see* **pardon.**

3. (*entreat*) *sb* anflehen, inständig bitten.

4. to ~ the question an der eigentlichen Frage vorbeigehen.

II *vi* **1.** (*beggar*) betteln; (*dog*) Männchen machen.

2. (*for help, time*) bitten (*for* um).

3. (*entreat*) **to ~ of sb to do sth** jdn anflehen *or* inständig bitten, etw zu tun; **I ~ of you** ich bitte Sie.

4. to go ~ging (*inf*) noch zu haben sein; (*to be unwanted*) keine Abnehmer finden.

began [bɪ'gæn] *pret of* **begin.**

beget [bɪ'get] *pret* **begot** *or* (*obs*) **begat** [bɪ'gæt], *ptp* **begotten** *or* **begot** *vt* **1.** (*obs, Bibl*) zeugen; *see* **begotten. 2.** (*fig*) *difficulties etc* zeugen (*geh*).

beggar ['begə^r] **I** *n* **1.** Bettler(in *f*) *m*. **~s can't be choosers** (*prov*) wer arm dran ist, kann nicht wählerisch sein; **oh well, ~s can't be choosers!** na ja, in der Not frißt der Teufel Fliegen (*prov*). **2.** (*inf*) Kerl *m* (*inf*). **poor ~!** armer Tropf *or* Kerl! (*inf*), armes Schwein! (*sl*); **a lucky ~** ein Glückspilz *m*.

II *vt* **1.** an den Bettelstab bringen.

2. (*fig*) **to ~ description** jeder Beschreibung (*gen*) spotten.

beggarly ['begəlɪ] *adj* kümmerlich.

beggarman *n* (*old*) Bettler, Bettelmann (*old*) *m*; **beggarwoman** *n* (*old*) Bettlerin, Bettelfrau (*old*) *f*.

beggary ['begərɪ] *n* Bettelarmut *f*; (*beggars*) Bettler *pl*, Bettelvolk *nt*. **to have been reduced to ~** bettelarm sein.

begging letter ['begɪŋ,letə^r] *n* Bittbrief *m*.

begin [bɪ'gɪn] *pret* **began,** *ptp* **begun I** *vt* **1.** (*start*) beginnen, anfangen; *conversation also* anknüpfen; *song also* anstimmen; *bottle* anbrechen, anfangen; *book, letter, new cheque book, new page* anfangen; *rehearsals, work* anfangen mit; *task* in Angriff nehmen, sich machen an (*+acc*). **to ~ to do sth** *or* **doing sth** anfangen *or* beginnen, etw zu tun; **when did you ~ (learning** *or* **to learn) English?** wann haben Sie angefangen, Englisch zu lernen?; **she ~s the job next week** sie fängt nächste Woche (bei der Stelle) an; **he began his speech by saying that ...** er leitete seine Rede damit *or* mit den Worten ein, daß ...; **to ~ school** eingeschult werden, in die Schule kommen; **to ~ life as a ...** als ... anfangen *or* beginnen; **she began to feel tired** sie wurde allmählich *or* langsam müde; **she's ~ning to understand** sie fängt langsam an zu verstehen, sie versteht so langsam; **his mother began to fear the worst** seine Mutter befürchtete schon das Schlimmste; **I'd begun to think you weren't coming** ich habe schon gedacht, du kommst nicht mehr; **that doesn't even ~ to compare with ...** das läßt sich nicht mal annähernd mit ... vergleichen; **they didn't even ~ to solve the problem** sie haben das Problem nicht mal annähernd gelöst; **I couldn't even ~ to count the mistakes** ich konnte die Fehler überhaupt nicht zählen; **I can't ~ to thank you for what you've done** ich kann Ihnen gar nicht genug dafür danken, was Sie getan haben.

2. (*initiate, originate*) anfangen; *fashion, custom, policy* einführen; *society, firm, movement* gründen; (*cause*) *war* auslösen. **he/that began the rumour** er hat das Gerücht in die Welt gesetzt/dadurch entstand das Gerücht.

3. (*start to speak*) beginnen, anfangen.

II *vi* **1.** (*start*) anfangen, beginnen; (*new play*) anlaufen. **to ~ by doing sth** etw zuerst (einmal) tun; **he began by saying that ...** er sagte eingangs *or* einleitend, daß ...; **before October ~s** vor Anfang Oktober; **to ~ in business/teaching** ins Geschäftsleben eintreten/zu unterrichten anfangen *or* beginnen; **~ning from Monday** ab Montag, von Montag an; **~ning from page 10** von Seite 10 an; **say your names ~ning from the back** nennen Sie Ihre Namen von hinten nach vorn; **it all/the trouble began when ...** es fing alles/der Ärger fing damit an, daß ...; **to ~ with sb/sth** mit jdm/etw anfangen; **~ with me** fangen Sie bei *or* mit mir an; **he began with the intention of writing a thesis** anfänglich wollte er eine Doktorarbeit schreiben; **to ~ with there were only three** anfänglich waren es nur drei; **this is wrong to ~ with** das ist schon einmal falsch; **to ~ with, this is wrong, and ...** erstens einmal ist das falsch, dann ...; **to ~ on sth** mit etw anfangen *or* beginnen; **to ~ on a new venture/project** ein neues Unternehmen/Projekt in Angriff nehmen.

2. (*come into being*) beginnen, anfangen; (*custom*) entstehen; (*river*) entspringen. **since the world began** seit (An)beginn *or* Anfang der Welt.

beginner [bɪ'gɪnəʳ] *n* Anfänger(in *f*) *m*. **~'s luck** Anfängerglück *nt*.

beginning [bɪ'gɪnɪŋ] *n* **1.** (*act of starting*) Anfang *m*. **to make a ~** einen Anfang machen; **a false ~** (*of project*) ein falscher Ansatz.

2. (*place, of book*) Anfang *m*; (*temporal also*) Beginn *m*; (*of river*) Ursprung *m*. **at the ~** anfänglich, zuerst; **at the ~ of sth** am Anfang *or* (*temporal also*) zu Beginn einer Sache (*gen*); **the ~ of time/the world** der Anbeginn *or* Anfang der Welt; **in the ~** (*Bibl*) am Anfang; **from the ~** von Anfang an; **from the ~ of the week/poem** seit Anfang *or* Beginn der Woche/vom Anfang des Gedichtes an; **from ~ to end** von vorn bis hinten; (*temporal*) von Anfang bis Ende; **to start again at** *or* **from the ~** noch einmal von vorn anfangen; **to begin at the ~** ganz vorn anfangen.

3. (*origin*) Anfang *m*; (*of custom, movement*) Entstehen *nt no pl*. **it was the ~ of the end for him** das war der Anfang vom Ende für ihn.

begone [bɪ'gɒn] *vi imper and infin only* (*old*) **~!** fort (mit dir/Ihnen); (*esp Rel*) weiche; **they bade him ~** (*liter*) sie befahlen ihm, sich fortzuscheren.

begonia [bɪ'gəʊnɪə] *n* Begonie *f*.

begot [bɪ'gɒt] *pret, ptp of* **beget.**

begotten [bɪ'gɒtn] *ptp of* **beget. the only ~ son** (*obs, Bibl*) der eingeborene Sohn.

begrudge [bɪ'grʌdʒ] *vt* **1.** (*be reluctant*) **to ~ doing sth** etw widerwillig tun.

2. (*envy*) mißgönnen (*sb sth* jdm etw). **no one ~s you your good fortune** wir gönnen dir ja dein Glück; **he ~s him the air he breathes** er gönnt ihm das Salz in der Suppe nicht.

3. (*give unwillingly*) nicht gönnen (*sb sth* jdm etw). **I wouldn't ~ you the money** ich würde dir das Geld ja gönnen; **I shan't ~ you £5** du sollst die £ 5 haben.

begrudging *adj*, **~ly** *adv* [bɪ'grʌdʒɪŋ, -lɪ] widerwillig.

beguile [bɪ'gaɪl] *vt* **1.** (*deceive*) betören (*geh*). **to ~ sb into doing sth** jdn dazu verführen, etw zu tun. **2.** (*charm*) *person* betören; (*liter*) *time* sich (*dat*) angenehm vertreiben.

beguiling [bɪ'gaɪlɪŋ] *adj* betörend, verführerisch.

begun [bɪ'gʌn] *ptp of* **begin.**

behalf [bɪ'hɑːf] *n* **on** *or* (*US also*) **in ~ of** für, im Interesse von; (*as spokesman*) im Namen von; (*as authorized representative*) im Auftrag von; **I'm not asking on my own ~** ich bitte nicht für mich selbst *or* in meinem eigenen Interesse darum.

behave [bɪ'heɪv] **I** *vi* sich verhalten; (*people also*) sich benehmen; (*children also*) sich betragen, sich benehmen; (*be good*) sich benehmen. **to ~ well/badly** sich gut/schlecht benehmen; **what a way to ~!** was für ein Benehmen!; **to ~ shamefully/badly/well towards sb** jdn schändlich/schlecht/gut behandeln; **can't you make your son/dog ~?** kannst du deinem Sohn/Hund keine Manieren beibringen?; **the car ~s well/badly at high speeds** das Auto zeigt bei hoher Geschwindigkeit ein gutes/schlechtes Fahrverhalten; **how is your car behaving these days?** wie fährt dein Auto zur Zeit?

II *vr* **to ~ oneself** sich benehmen.

behaviour, (*US*) **behavior** [bɪ'heɪvjəʳ] *n* **1.** (*manner, bearing*) Benehmen *nt*; (*esp of children also*) Betragen *nt*. **to be on one's best ~** sich von seiner besten Seite zeigen.

2. (*towards others*) Verhalten *nt* (*to(wards)* gegenüber).

3. (*of car, machine*) Verhalten *nt*.

behavioural, (*US*) **behavioral** [bɪ'heɪvjərəl] *adj* Verhaltens-. **~ science/scientist** Verhaltensforschung *f*/-forscher(in *f*) *m*.

behaviourism, (*US*) **behaviorism** [bɪ'heɪvjərɪzəm] *n* Behaviorismus *m*.

behaviourist, (*US*) **behaviorist** [bɪ'heɪvjərɪst] **I** *n* Behaviorist(in *f*) *m*. **II** *adj* behavioristisch.

behead [bɪ'hed] *vt* enthaupten, köpfen.

beheld [bɪ'held] *prep, ptp of* **behold.**

behest [bɪ'hest] *n* (*liter*) Geheiß *nt* (*liter*). **at his ~/the ~ of his uncle** auf sein Geheiß (*liter*)/auf Geheiß seines Onkels (*liter*).

behind [bɪ'haɪnd] **I** *prep* **1.** (*in or at the rear of*) (*stationary*) hinter (+*dat*); (*with motion*) hinter (+*acc*). **come out from ~ the door** komm hinter der Tür (her)vor; **he came up ~ me** er trat von hinten an mich heran; **walk close ~ me** gehen Sie dicht hinter mir; **put it ~ the books** stellen Sie es hinter die Bücher; **he has the Communists ~ him** er hat die Kommunisten hinter sich (*dat*); **to be ~ an idea** eine Idee unterstützen; **what is ~ this/this incident?** was steckt dahinter/steckt hinter diesem Vorfall?

2. (*more backward than*) **to be ~ sb** hinter jdm zurücksein.

3. (*in time*) **to be ~ time** (*train*) Verspätung haben; (*with work etc*) im Rückstand sein; **to be ~ schedule** im Verzug sein; **to be three hours ~ time** drei Stunden Verspätung haben; **to be ~ the times** (*fig*) hinter seiner Zeit zurück(geblieben) sein; **you must put the past ~ you** Sie müssen Vergangenes vergangen sein lassen, Sie müssen die Vergangenheit begraben; **their youth is far ~ them** ihre Jugend liegt weit zurück.

II *adv* **1.** (*in or at rear*) hinten; (*~ this, sb*) dahinter. **the runner was (lying) a long way ~** der Läufer lag weit hinten *or* zurück; **from ~** von hinten; **to look ~** zurückblicken; **to stand ~** (*be standing*) dahinter stehen; (*position oneself*) sich dahinter stellen; *see vbs.*

2. (*late*) **to be ~ with one's studies/payments** mit seinen Studien/Zahlungen im Rückstand sein; **we are three days ~ with the schedule** wir sind drei Tage im Rückstand *or* Verzug.

III *n* (*inf*) Hinterteil *nt* (*inf*), Hintern *m* (*inf*).

behindhand [bɪ'haɪndhænd] *adv, adj* **1.** (*late*) **to be ~** Verspätung haben. **2.** (*in arrears*) **to be ~ with sth** mit etw im Rückstand *or* Verzug sein.

behold [bɪ'həʊld] *pret, ptp* **beheld** *vt* (*liter*) sehen, erblicken (*liter*). **~!** und siehe (da); (*Rel*) siehe.

behove, (*US*) **behoove** [bɪ'həʊv] *vt impers* (*form*) sich geziemen (*geh*) (*sb to do sth* für jdn, etw zu tun).

beige [beɪʒ] **I** *adj* beige. **II** *n* Beige *nt*.

being ['biːɪŋ] *n* **1.** (*existence*) Dasein, Leben *nt*. **to come into ~** entstehen; (*club also*) ins Leben gerufen werden; **to bring into ~** ins Leben rufen, (er)schaffen; **then in ~** damals bestehend. **2.** (*that which exists*) (Lebe)wesen, Geschöpf *nt*. **3.** (*essence*) Wesen *nt*.

Beirut [beɪ'ruːt] *n* Beirut *nt*.

bejewelled, (*US*) **bejeweled** [bɪ'dʒuːəld] *adj* mit Edelsteinen geschmückt. **~ with sequins** mit Pailletten besetzt; **~ with dew/stars** (*poet*) mit glitzernden Tautropfen besät/sternenbesät (*poet*).

belabour, (*US*) **belabor** [bɪ'leɪbə^{r}] *vt* **1.** einschlagen auf (+*acc*). **2.** (*fig: with insults*) überhäufen; (*with questions*) beschießen, bearbeiten.

belated *adj*, **~ly** *adv* [bɪ'leɪtɪd, -lɪ] verspätet.

belay [bɪ'leɪ] (*Naut*) **I** *vt* belegen, festmachen; (*Mountaineering*) sichern. **II** *interj* **~ there** aufhören.

belaying pin [bɪ'leɪɪŋˌpɪn] *n* (*Naut*) Belegklampe *f*; (*Mountaineering*) (Kletter)haken *m*.

belch [beltʃ] **I** *vi* (*person*) rülpsen, aufstoßen; (*volcano*) Lava speien *or* ausstoßen; (*smoke, fire*) herausquellen. **II** *vt* (*also* **~ forth** *or* **out**) *smoke, flames* (aus)speien, ausstoßen. **III** *n* **1.** Rülpser *m* (*inf*). **2.** (*of smoke*) Stoß *m*.

belfry ['belfrɪ] *n* Glockenstube *f*; *see* **bat[1]**.

Belgian ['beldʒən] **I** *n* Belgier(in *f*) *m*. **II** *adj* belgisch.

Belgium ['beldʒəm] *n* Belgien *nt*.

Belgrade [bel'greɪd] *n* Belgrad *nt*.

belie [bɪ'laɪ] *vt* **1.** (*prove false*) *words, proverb* Lügen strafen, widerlegen. **2.** (*give false impression of*) hinwegtäuschen über (+*acc*). **3.** (*fail to justify*) *hopes* enttäuschen.

belief [bɪ'liːf] *n* **1.** Glaube *m* (*in* an +*acc*). **it is beyond ~** es ist unglaublich *or* nicht zu glauben; **a statement unworthy of your ~** (*form*) eine Aussage, der Sie keinen Glauben schenken sollten.

2. (*Rel: faith*) Glaube *m*; (*doctrine*) (Glaubens)lehre *f*.

3. (*convinced opinion*) Überzeugung *f*, Glaube *m no pl*. **what are the ~s of the average citizen today?** woran glaubt der heutige Durchschnittsbürger?; **in the ~ that ...** im Glauben, daß ...; **acting in this ~** in gutem Glauben, im guten Glauben; **it is my ~ that ...** ich bin der Überzeugung, daß ...; **it is one of my ~s that ...** es ist meine Überzeugung, daß ...; **yes, that is my ~** ich glaube schon; **to the best of my ~** meines Wissens.

4. *no pl* (*trust*) Glaube *m* (*in* an +*acc*). **to have ~ in** glauben an (+*acc*).

believable [bɪ'liːvəbl] *adj* glaubhaft, glaubwürdig. **hardly ~** wenig glaubhaft.

believe [bɪ'liːv] **I** *vt* **1.** *sth* glauben; *sb* glauben (+*dat*). **I don't ~ you** das glaube ich (Ihnen) nicht; **don't you ~ it** wer's glaubt, wird selig (*inf*); **~ me, I mean it** glauben Sie mir, es ist mir ernst; **~ you me!** (*inf*) das können Sie mir glauben!; **~ it or not** ob Sie's glauben oder nicht; **would you ~ it!** (*inf*) ist das (denn) die Möglichkeit (*inf*); **I would never have ~d it of him** das hätte ich nie von ihm geglaubt; **he could hardly ~ his eyes/ears** er traute seinen Augen/Ohren nicht; **if he is to be ~d** wenn man ihm glauben darf *or* Glauben schenken kann.

2. (*think*) glauben. **he is ~d to be ill** es heißt, daß er krank ist; **I ~ so/not** ich glaube schon/nicht; *see* **make-~.**

II *vi* (*have a religious faith*) an Gott glauben.

◆**believe in** *vi +prep obj* **1.** *God, ghosts* glauben an (+*acc*).

2. (*have trust in*) *promises* glauben an (+*acc*); *method also* Vertrauen haben zu. **he doesn't ~ ~ medicine/doctors** er hält nicht viel von Medikamenten/Ärzten.

3. (*support idea of*) **to ~ ~ sth** (prinzipiell) für etw sein; **he ~s ~ getting up early/giving people a second chance** er ist überzeugter Frühaufsteher/er gibt prinzipiell jedem noch einmal eine Chance; **I don't ~ ~ compromises** ich halte nichts von Kompromissen, ich bin gegen Kompromisse.

believer [bɪ'liːvə^{r}] *n* **1.** (*Rel*) Gläubige(r) *mf*. **2. to be a (firm) ~ in sth** (grundsätzlich) für etw sein; **I'm a ~ in doing things properly** ich bin grundsätzlich der Meinung, daß man, was man macht, richtig machen sollte; **he's a (firm)/not much of a ~ in getting up early** er ist überzeugter Frühaufsteher/er hält nicht viel vom Frühaufstehen.

Belisha beacon [bɪ'liːʃə'biːkən] *n gelbes Blinklicht an Zebrastreifen.*

belittle [bɪ'lɪtl] *vt* herabsetzen, heruntermachen (*inf*); *achievement also* schmälern. **to ~ oneself** sich schlechter machen, als man ist.

belittlement [bɪ'lɪtlmənt] *n see vt* Herabsetzung *f*; Schmälerung *f*.

Belize [be'liːz] *n* Belize *nt*.

bell[1] [bel] **I** *n* **1.** Glocke *f*; (*small: on toys, pet's collar etc*) Glöckchen *nt*, Schelle *f*; (*school ~, door~, of cycle*) Klingel, Glocke (*dated*) *f*; (*hand~ also*) Schelle *f*; (*of typewriter, Telec*) Klingel *f*. **as sound as a ~** kerngesund.

2. (*sound of ~*) Läuten *nt*; (*of door~, school ~, telephone etc*) Klingeln *nt*; (*in athletics*) Glocke *f* zur letzten Runde. **there's the ~** es klingelt *or* läutet; **was that the ~?** hat es gerade geklingelt *or* geläutet?; **the teacher came in on the ~** der Lehrer kam mit dem Klingeln *or* Läuten herein; **he's coming up to the ~** er geht nun in die letzte Runde; **it was 3.02 at the ~** zu Beginn der letzten Runde hatte er eine Zeit von 3.02.

3. (*Naut*) Schiffsglocke *f*; (*ringing*) Läuten *nt* (der Schiffsglocke); (*for time also*) Glasen *nt* (*spec*). **it is eight ~s** es ist acht Glas (*spec*); **to ring one ~** einmal glasen (*spec*).

4. (*of flower*) Glocke *f*, Kelch *m*; (*of trumpet*) Stürze *f*; (*of loudspeaker*) (Schall)trichter *m*.

II *vt* eine Glocke/ein Glöckchen umhängen (*+dat*). **to ~ the cat** (*fig*) der Katze die Schelle umhängen.

bell[2] **I** *n* (*of stag*) Röhren *nt*. **II** *vi* röhren.

belladonna [ˌbelə'dɒnə] *n* (*Bot*) Tollkirsche, Belladonna *f*; (*Med*) Belladonin *nt*.

bell-bottomed trousers, bell-bottoms *npl* ausgestellte Hosen; **bell-boy** *n* (*esp US*) Page, Hoteljunge *m*.

belle [bel] *n* Schöne, Schönheit *f*. **the ~ of the ball** die Ballkönigin.

bell heather *n* Glockenheide *f*; **bell hop** *n* (*US*) *see* **bell-boy.**

bellicose ['belɪkəʊs] *adj nation, mood* kriegerisch, kriegslustig; (*pugnacious*) kampflustig, streitsüchtig.

bellicosity [ˌbelɪ'kɒsɪtɪ] *n see adj* Kriegslust *f*; Kampf(es)lust, Streitsüchtigkeit *f*.

belligerence, belligerency [bɪ'lɪdʒərəns, -sɪ] *n see adj* **1.** Kriegslust, Kampf(es)-lust *f*; Streitlust *f*; Aggressivität *f*.

belligerent [bɪ'lɪdʒərənt] **I** *adj* **1.** *nation* kriegslustig, kampflustig, kriegerisch; *person, attitude* streitlustig, kampflustig; *speech* aggressiv. **2.** (*waging war*) kriegführend, streitend. **~ power** Streitmacht *f*. **II** *n* (*nation*) kriegführendes Land; (*person*) Streitende(r) *mf*.

bell-jar ['beldʒɑːʳ] *n* (Glas)glocke *f*.

bellow ['beləʊ] **I** *vi* (*animal, person*) brüllen; (*singing also*) grölen (*inf*). **to ~ at sb** jdn anbrüllen. **II** *vt* (*also* **~ out**) brüllen; *song also* grölen (*inf*). **III** *n* Brüllen *nt*.

bellows ['beləʊz] *npl* Blasebalg *m*. **a pair of ~** ein Blasebalg.

bellpull *n* Klingelzug *m*; **bellpush** *n* Klingel *f*; **bell-ringer** *n* Glöckner *m*; **bell-ringing** *n* Glockenläuten *nt*; **bell-rope** *n* (*in church*) Glockenstrang *m*; (*in house*) Klingelzug *m*; **bell-shaped** *adj* glockenförmig, kelchförmig; **bell-tent** *n* Rundzelt *nt*; **bell-wether** *n* Leithammel *m*.

belly ['belɪ] *n* (*general*) Bauch *m*; (*of violin etc*) Decke *f*.

◆**belly out I** *vt sep sails* blähen, schwellen lassen. **II** *vi* (*sails*) sich blähen, schwellen.

belly-ache I *n* (*inf*) Bauchweh *nt* (*inf*), Bauchschmerzen *pl*; **II** *vi* (*inf: complain*) murren (*about* über *+acc*); **belly-aching** *n* (*inf*) Murren, Gemurre *nt*; **belly button** *n* (*inf*) Bauchnabel *m*; **belly dance** *n* Bauchtanz *m*; **belly dancer** *n* Bauchtänzerin *f*; **belly-flop** *n* Bauchklatscher *m* (*inf*).

bellyful ['belɪfʊl] *n* **1.** (*sl: more than enough*) **I've had a ~ of him/writing these letters** ich habe die Nase voll von ihm/davon, immer diese Briefe zu schreiben (*inf*).

2. (*inf: of food*) **after a good ~ of beans** nachdem ich mir/er sich *etc* den Bauch mit Bohnen vollgeschlagen hatte (*inf*).

belly-land *vi* bauchlanden; **belly-landing** *n* Bauchlandung *f*; **belly laugh** *n* dröhnendes Lachen; **he gave a great ~** er lachte lauthals los.

belong [bɪ'lɒŋ] *vi* **1.** (*be the property of*) gehören (*to sb* jdm). **who does it ~ to?** wem gehört es?

2. (*be part of*) gehören (*to* zu); (*to town: person*) gehören (*to* nach). **to ~ together** zusammengehören; **to ~ to a club** einem Club angehören; **why don't you ~?** warum sind Sie nicht Mitglied?; **attributes which ~ to people** Attribute, die sich auf Personen beziehen.

3. (*be in right place*) gehören. **I don't ~ here** ich gehöre nicht hierher, ich bin hier fehl am Platze; **you don't ~ here, so scram** Sie haben hier nichts zu suchen, also verschwinden Sie; **where does this one ~?** wo gehört das hin?; **it ~s under the heading of ...** das gehört *or* fällt in die Rubrik der ...

4. this case ~s to the Appeal Court dieser Fall gehört vor das Appellationsgericht; **that doesn't ~ to this department** das gehört nicht in diese Abteilung.

belongings [bɪ'lɒŋɪŋz] *npl* Sachen *pl*, Besitz *m*, Habe *f* (*geh*). **personal ~** persönliches Eigentum, persönlicher Besitz; **all his ~** sein ganzes Hab und Gut.

beloved [bɪ'lʌvɪd] **I** *adj* geliebt; *memory* lieb, teuer. **II** *n* Geliebte(r) *mf*. **dearly ~** (*Rel*) liebe Brüder und Schwestern im Herrn.

below [bɪ'ləʊ] **I** *prep* **1.** (*under*) unterhalb (*+gen*); (*with line, level etc also*) unter (*+dat or with motion +acc*). **on it and ~ it** darauf und darunter; **Naples is ~ Rome** (*on the map*) Neapel liegt unterhalb Roms; **the ship/sun disappeared ~ the horizon** das Schiff/die Sonne verschwand hinter dem Horizont; **to be ~**

sb (*in rank*) (rangmäßig) unter jdm stehen.

2. (*downstream from*) unterhalb (+*gen*), nach.

3. (*unworthy of*) **or is that ~ you?** oder ist das unter Ihrer Würde?

II *adv* **1.** (*lower down*) unten. **the cows in the valley ~** die Kühe drunten im Tal; **they live one floor ~** sie wohnen ein Stockwerk tiefer; **the tenants/flat ~** die Mieter/die Wohnung darunter; (*below us*) die Mieter/Wohnung unter uns; **write the name here with the address ~** schreiben Sie den Namen hierher und die Adresse darunter; **in the class ~** in der Klasse darunter; (*below me*) in der Klasse unter mir; **what's the next rank ~?** was ist der nächstniedere Rang?

2. (*Naut*) unter Deck. **to go ~** unter Deckgehen.

3. (*in documents*) (weiter) unten. **see ~** siehe unten.

4. 15 degrees ~ 15 Grad unter Null, 15 Grad minus.

5. (*on earth*) **here ~** hier unten; **and on earth ~** (*Bibl*) und unten auf der Erde; **down ~** (*in hell*) dort drunten.

belt [belt] **I** *n* **1.** (*on clothes*) Gürtel *m*; (*for holding, carrying, seat~*) Gurt *m*; (*Mil: on uniform*) Koppel *nt*; (*Mil: for cartridges*) Patronengurt *m*; (*shoulder-gun~*) (Gewehr)riemen *m*. **a blow below the ~** (*lit, fig*) ein Schlag *m* unterhalb der Gürtellinie, ein Tiefschlag *m*; **to hit below the ~** (*lit, fig*) (*person*) jdm einen Schlag unter die Gürtellinie versetzen; **that was below the ~** das war ein Schlag unter die Gürtellinie; **to be a Black B~** den Schwarzen Gürtel haben; **to get the ~** (mit dem Lederriemen) eine auf die Finger bekommen; **to tighten one's ~** (*fig*) den Gürtel *or* Riemen enger schnallen; **under one's ~** (*fig inf*) auf dem Rücken (*inf*).

2. (*Tech*) (Treib)riemen *m*; (*conveyor ~*) Band *nt*. **~ drive** Riemenantrieb *m*.

3. (*tract of land*) Gürtel *m*. **~ of trees** Waldstreifen *m*; (*around house*) Baumgürtel *m*; **industrial ~** Industriegürtel *m*; *see* **commuter.**

4. (*inf: hit*) Schlag *m*. **to give sb/the ball a ~** jdm eine knallen (*inf*)/den Ball knallen (*inf*).

5. (*US: ringroad*) Umgehungsstraße *f*.

6. (*US sl: drink*) Schluck *m* aus der Pulle (*inf*).

II *vt* **1.** (*fasten*) den Gürtel zumachen (*sth gen*).

2. (*Sch etc: thrash*) (mit dem Lederriemen) schlagen.

3. (*inf: hit*) knallen (*inf*). **she ~ed him one in the eye** sie verpaßte *or* haute *or* knallte ihm eins aufs Auge (*inf*).

III *vi* (*inf: rush*) rasen (*inf*). **to ~ out** hinaus-/herausrasen (*inf*); **to ~ across** hinüber-/herüberrasen (*inf*); **we were really ~ing along** wir sind wirklich gerast (*inf*).

◆**belt down** *vt sep* (*inf: drink quickly*) hinunterschütten, hinunterkippen (*inf*).

◆**belt on** *vt sep sword* umschnallen, sich umgürten mit (*geh*); *raincoat* anziehen.

◆**belt out** *vt sep* (*inf*) *tune* schmettern (*inf*); *rhythm* voll herausbringen (*inf*); (*on piano*) hämmern (*inf*).

◆**belt up I** *vt sep jacket* den Gürtel (+*gen*) zumachen. **II** *vi* **1.** (*inf*) die Klappe (*inf*) *or* Schnauze (*sl*) halten; (*stop making noise*) mit dem Krach aufhören (*inf*). **2.** (*esp hum: put seat-belt on*) sich anschnallen.

belter ['bɛltə] *n* (*sl*) stimmungsvolles Lied.

belting ['beltɪŋ] *n* (*inf*) Dresche *f* (*inf*). **to give sb a good ~** jdn ganz schön verdreschen (*inf*).

beltway ['beltweɪ] *n* (*US*) Umgehungsstraße *f*.

bemoan [bɪ'məʊn] *vt* beklagen.

bemused [bɪ'mju:zd] *adj* (*puzzled*) verwirrt; (*preoccupied*) *look* abwesend.

bench [ben*t*ʃ] **I** *n* **1.** (*seat*) Bank *f*. **laughter from the government ~es** Gelächter von der Regierungsbank.

2. (*Jur: office of a judge*) Richteramt *nt*; (*judges generally*) Richter *pl*; (*court*) Gericht *nt*. **member of the ~** Richter(in *f*) *m*; **to be raised to the ~** zum Richter bestellt werden; **to be on the ~** (*permanent office*) Richter sein; (*when in court*) der Richter sein, auf dem Richterstuhl sitzen (*geh*).

3. (*work~*) Werkbank *f*; (*in lab*) Experimentiertisch *m*. **~ test** *n* Test *m* auf dem Prüfstand.

II *vt* (*US Sport*) auf die Strafbank schicken; (*keep as substitute*) auf die Reservebank setzen.

benchmark ['ben*t*ʃmɑ:k] **I** *n* (*Surv*) Höhenfestpunkt *m*; (*fig*) Maßstab *m*. **II** *adj attr price* Richt-. **the ~ machine** die Maschine, die Maßstäbe setzt.

bend [bend] (*vb: pret, ptp* **bent**) **I** *n* **1.** (*in river, tube*) Krümmung, Biegung *f*; (*90°*) Knie *nt*; (*in road also*) Kurve *f*. **there is a ~ in the road** die Straße macht (da) eine Kurve; **~s for 3 miles** 3 Meilen kurvenreiche Strecke; **don't park on the ~** parken Sie nicht in der Kurve; **to go/be round the ~** (*inf*)durchdrehen (*inf*), verrückt werden/sein (*inf*); **to drive sb round the ~** (*inf*) jdn verrückt *or* wahnsinnig machen (*inf*).

2. (*knot*) Stek *m*.

II *vt* **1.** (*curve, make angular*) biegen; *rod, rail, pipe also* krümmen; *bow* spannen; *arm, knee also* beugen; *leg, arm also* anwinkeln; (*forwards*) *back also* beugen, krümmen; *head* beugen, neigen. **to ~ sth at right angles** etw rechtwinklig abbiegen *or* abknicken; **to ~ sth out of shape** etw verbiegen; **the bumper got bent in the crash** die Stoßstange hat sich bei dem Zusammenstoß verbogen; **on ~ed knees** auf Knien; (*fig also*) kniefällig; **to go down on ~ed knees** auf die Knie fallen; (*fig also*) einen Kniefall machen.

2. (*fig*) *rules* frei auslegen. **to ~ the law** das Gesetz beugen; **to ~ sb to one's will** sich (*dat*) jdn gefügig machen.

3. (*direct*) *one's steps, efforts* lenken, richten.

4. (*Naut*) *sail* befestigen.

III *vi* **1.** sich biegen; (*pipe, rail also*) sich krümmen; (*forwards also*) (*tree, corn etc*) sich neigen; (*person*) sich beugen. **my arm won't ~** ich kann den Arm nicht biegen; **~ing strain, ~ stress** Biegespannung *f.*
2. (*river*) eine Biegung machen; (*at right angles*) ein Knie machen; (*road also*) eine Kurve machen. **the road/river ~s to the left** die Straße/der Fluß macht eine Linkskurve/-biegung.
3. (*fig: submit*) sich beugen, sich fügen (*to dat*).

◆**bend back I** *vi* sich zurückbiegen; (*over backwards*) sich nach hinten biegen; (*road, river*) in einer Schleife zurückkommen. **II** *vt sep* zurückbiegen.

◆**bend down I** *vi* (*person*) sich bücken; (*branch, tree*) sich neigen, sich nach unten biegen. **she bent ~ to look at the baby** sie beugte sich hinunter, um das Baby anzusehen. **II** *vt sep edges* nach unten biegen.

◆**bend over I** *vi* (*person*) sich bücken. **to ~ ~ to look at sth** sich nach vorn beugen, um etw anzusehen. **II** *vt sep* umbiegen.

bender ['bendə^r] *n* (*inf*) Kneipkur *f* (*hum inf*). **to go on a ~** sich besaufen (*inf*); (*do pubcrawl*) auf eine Sauftour gehen (*inf*).

bends [bendz] *n* **the ~** die Taucherkrankheit.

beneath [bɪ'ni:θ] **I** *prep* **1.** unter (*+dat or with motion +acc*); (*with line, level etc also*) unterhalb (*+gen*). **to marry ~ one** unter seinem Stand heiraten; *see also* **below I 1.. 2.** (*unworthy of*) **it is ~ him** das ist unter seiner Würde. **II** *adv* unten; *see also* **below II 1.**

Benedictine [ˌbenɪ'dɪktɪn] **I** *n* **1.** (*Eccl*) Benediktiner(in *f*) *m*. **2.** (*liqueur*) Benediktiner *m*. **II** *adj* Benediktiner-.

benediction [ˌbenɪ'dɪkʃən] *n* **1.** (*blessing*) Segen *m*; (*act of blessing*) Segnung *f*. **2.** (*consecration*) Einsegnung *f*.

benefaction [ˌbenɪ'fækʃən] *n* **1.** (*good deed*) gute Tat. **2.** (*gift*) Spende *f*.

benefactor ['benɪfæktə^r] *n* Wohltäter *m*; (*giver of money also*) Gönner *m*.

benefactress ['benɪfæktrɪs] *n* Wohltäterin *f*; Gönnerin *f*.

benefice ['benɪfɪs] *n* Pfründe *f*.

beneficent [bɪ'nefɪsənt] *adj* (*liter*) wohltätig.

beneficial [ˌbenɪ'fɪʃəl] *adj* **1.** gut (*to* für); *influence also* vorteilhaft; *advice, lesson* nützlich (*to* für); (*advantageous*) günstig, von Vorteil. **the change will be ~ to you** die Veränderung wird Ihnen guttun. **2.** (*Jur*) **~ owner** Nutznießer(in *f*) *m*.

beneficiary [ˌbenɪ'fɪʃərɪ] *n* **1.** Nutznießer(in *f*) *m*; (*of will, insurance etc*) Begünstigte(r) *mf*. **2.** (*Eccl*) Pfründner(in *f*) *m*.

benefit ['benɪfɪt] **I** *n* **1.** (*advantage*) Vorteil *m*; (*profit*) Nutzen, Gewinn *m*. **to derive** *or* **get ~ from sth** aus etw Nutzen ziehen; **for the ~ of his family/the poor** zum Wohl *or* für das Wohl seiner Familie/der Armen; **for the ~ of your health** Ihrer Gesundheit zuliebe, um Ihrer Gesundheit willen; **for your ~** Ihretwegen, um Ihretwillen (*geh*); **this money is for the ~ of the blind** dieses Geld kommt den Blinden zugute; **it is for his ~ that this was done** das ist seinetwegen geschehen; **to give sb the ~ of the doubt** im Zweifelsfall zu jds Gunsten entscheiden; **we should give him the ~ of the doubt** wir sollten das zu seinen Gunsten auslegen.
2. (*allowance*) Unterstützung *f*; (*sickness ~*) Krankengeld *nt*; (*family ~*) Kindergeld *nt*; (*social security ~*) Sozialhilfe *f*; (*maternity ~*) Wochengeld *nt*; (*insurance ~*) Versicherungsleistung *f*. **old age ~** Altersrente *f*; *see* **fringe ~s.**
3. (*special performance*) Benefizveranstaltung *f*.
4. without ~ of clergy ohne kirchlichen Segen.
II *vt* guttun (*+dat*), nützen (*+dat*), zugute kommen (*+dat*); (*healthwise*) guttun (*+dat*).
III *vi* profitieren (*from, by* von); (*from experience also*) Nutzen ziehen (*from* aus). **who will ~ from that?** wem wird das nützen?; **but how do we ~?** aber was nützt das uns?; **he would ~ from a holiday** Ferien würden ihm guttun; **I think you'll ~ from the experience** ich glaube, diese Erfahrung wird Ihnen nützlich sein *or* von Nutzen sein; **a cure from which many have ~ted** eine Behandlung, die schon manchem geholfen hat.

benefit concert *n* Benefizkonzert *nt*; **benefit match** *n* Benefizspiel *nt*; **benefit performance** *n* Benefizveranstaltung *f*.

Benelux ['benɪlʌks] *n* Benelux-Wirtschaftsunion *f*. **~ countries** Beneluxstaaten *or* -länder *pl*.

benevolence [bɪ'nevələns] *n see adj* **1.** Wohlwollen *nt*; Gutmütigkeit *f*; Güte *f*; Milde *f*.

benevolent [bɪ'nevələnt] *adj* **1.** wohlwollend; *pat, smile, twinkle* gutmütig; (*as character trait*) gütig; *emperor, judge* mild. **B~ Despotism** (*Hist*) der aufgeklärte Absolutismus. **2.** (*charitable*) **~ institution** Wohltätigkeitseinrichtung *f*; **~ society** Wohltätigkeitsverein *m*.

benevolently [bɪ'nevələntlɪ] *adv see adj* **1.**

Bengal [beŋ'gɔ:l] *n* Bengalen *nt*. **~ light** *or* **match** bengalisches Feuer *or* Hölzchen; **~ tiger** bengalischer Tiger, Königstiger *m*.

Bengalese [beŋgə'li:z] **I** *n* Bengale *m*, Bengalin *f*. **II** *adj* bengalisch.

Bengali [beŋ'gɔ:lɪ] **I** *n* (*language*) Bengali *nt*; (*person*) Bengale *m*, Bengalin *f*. **II** *adj* bengalisch.

benighted [bɪ'naɪtɪd] *adj* (*fig*) *person* unbedarft; *country* gottverlassen; *policy* hirnrissig.

benign [bɪ'naɪn], **benignant** (*rare*) [bɪ'nɪgnənt] *adj* **1.** gütig; *planet, influence* günstig; *climate* mild. **2.** (*Med*) *tumour* gutartig.

bent [bent] **I** *pret, ptp of* **bend.**
II *adj* **1.** *metal etc* gebogen; (*out of shape*) verbogen.
2. (*Brit sl: dishonest*) *person* korrupt;

affair unsauber (*inf*).

3. (*pej, sl: homosexual*) andersrum *pred* (*inf*).

4. to be ~ on sth/doing sth etw unbedingt *or* partout wollen/tun wollen; **he seemed ~ on self-destruction** er schien von einem Selbstzerstörungstrieb besessen zu sein.

III *n* (*aptitude*) Neigung *f* (*for* zu); (*type of mind, character*) Schlag *m*. **to follow one's ~** seiner Neigung folgen; **people with** *or* **of a musical ~** Menschen mit einer musikalischen Veranlagung; **people of his ~** Leute seines Schlags.

benumb [bɪ'nʌm] *vt* **1.** *limb* gefühllos machen; *person* betäuben; (*with cold also*) erstarren lassen. **2.** (*fig*) *mind* betäuben; (*panic, experience etc*) lähmen. **~ed by alcohol** vom Alkohol benommen.

benzene ['benzi:n] *n* Benzol *nt*.

benzine ['benzi:n] *n* Leichtbenzin *nt*.

bequeath [bɪ'kwi:ð] *vt* **1.** (*in will*) vermachen, hinterlassen (*to sb* jdm). **2.** (*fig*) *tradition* hinterlassen (*to sb* jdm).

bequest [bɪ'kwest] *n* (*act of bequeathing*) Vermachen *nt* (*to* an *+acc*); (*legacy*) Nachlaß *m*.

berate [bɪ'reɪt] *vt* (*liter*) schelten, auszanken.

Berber ['bɜ:bəʳ] **I** *n* **1.** Berber *m*, Berberfrau *f*. **2.** (*language*) die Berbersprache. **II** *adj* berberisch.

bereave [bɪ'ri:v] *vt* **1.** *pret, ptp* **bereft** (*liter*) (*deprive*) berauben (*geh*) (*of gen*). **2.** *pret, ptp* **~d** (*cause loss by death: illness*) (*sb of sb* jdm jdn) rauben (*geh*), nehmen.

bereaved [bɪ'ri:vd] *adj* leidtragend. **the ~** die Hinterbliebenen.

bereavement [bɪ'ri:vmənt] *n* **1.** (*death in family*) Trauerfall *m*. **owing to a/his recent ~** wegen *or* auf Grund eines Trauerfalls/dieses für ihn so schmerzlichen Verlusts; **to sympathize with sb in his ~** jds Leid teilen.

2. (*feeling of loss*) schmerzlicher Verlust. **to feel a sense of ~ at sth** etw als schmerzlichen Verlust empfinden.

bereft [bɪ'reft] **I** *ptp of* **bereave. II** *adj* **to be ~ of sth** einer Sache (*gen*) bar sein (*geh*); **his life was ~ of happiness** seinem Leben fehlte jegliches Glück.

beret ['bereɪ] *n* Baskenmütze *f*.

beribboned [bɪ'rɪbənd] *adj* mit Bändern geschmückt, bebändert; *general* mit Ordensbändern geschmückt.

beri-beri ['berɪ'berɪ] *n* (*Med*) Beriberi *f*.

Bering ['berɪŋ]: **~ Sea** *n* Beringmeer *nt*; **~ Straits** *npl* Beringstraße *f*.

berk [bɜ:k] *n* (*Brit sl*) Dussel *m* (*inf*).

Berks [bɑ:ks] *abbr of* **Berkshire.**

Berlin [bɜ:'lɪn] *n* Berlin *nt*. **the ~ wall** (*Hist*) die Mauer.

Bermuda [bɜ:'mju:də] *n* Bermuda *nt* (*form rare*). **the ~s** die Bermudas, die Bermudainseln *pl*; **to go to ~** auf die Bermudas fahren; **~ shorts** Bermudashorts *pl*; **~ triangle** Bermuda-Dreieck *nt*.

Bern(e) [bɜ:n] *n* Bern *nt*.

Bernese [bɜ:'ni:z] *adj* Berner; *village* im Berner Oberland.

berry ['berɪ] *n* **1.** (*fruit*) Beere *f*. **as brown as a ~** ganz braungebrannt. **2.** (*Bot*) Beerenfrucht *f*.

berserk [bə'sɜ:k] *adj* wild. **to go ~** wild werden; (*audience*) aus dem Häuschen geraten (*inf*), zu toben anfangen; (*go mad*) überschnappen (*inf*), verrückt werden.

berth [bɜ:θ] **I** *n* **1.** (*on ship*) Koje *f*; (*on train*) Schlafwagenplatz *m*. **2.** (*Naut: for ship*) Liegeplatz *m*. **3.** (*Naut: sea-room*) Raum *m*. **to give a wide ~ to a ship** Abstand zu einem Schiff halten; **to give sb/sth a wide ~** (*fig*) einen (weiten) Bogen um jdn/etw machen.

II *vi* anlegen.

III *vt* **to ~ a ship** mit einem Schiff (am Kai) anlegen; (*assign ~ to*) einem Schiff einen Liegeplatz zuweisen; **where is she ~ed?** wo liegt es?; wo hat es angelegt?

beryl ['berɪl] *n* Beryll *m*.

beseech [bɪ'si:tʃ] *pret, ptp* **~ed** *or* (*liter*) **besought** *vt person* anflehen, beschwören; *forgiveness* flehen um.

beseeching *adj*, **~ly** *adv* [bɪ'si:tʃɪŋ, -lɪ] flehentlich (*geh*), flehend.

beset [bɪ'set] *pret, ptp* **~** *vt* (*difficulties, dangers*) (von allen Seiten) bedrängen; (*doubts*) befallen; (*temptations, trials*) heimsuchen. **to be ~ with difficulties/danger** (*problem, journey etc*) reich an *or* voller Schwierigkeiten/Gefahren sein; (*person*) von Schwierigkeiten heimgesucht werden/von Gefahren bedrängt werden; **~ by doubts** von Zweifeln befallen.

besetting [bɪ'setɪŋ] *adj* **his ~ sin** eine ständige Untugend von ihm; **his one ~ worry/idea** die Sorge/Vorstellung *etc*, die ihn nicht losläßt.

beside [bɪ'saɪd] *prep* **1.** (*at the side of*) neben (*+dat or with motion +acc*); (*at the edge of*) *road, river* an (*+dat or with motion +acc*). **~ the road** am Straßenrand.

2. (*compared with*) neben (*+dat*). **if you put it ~ the original** wenn man es neben dem Original sieht.

3. (*irrelevant to*) **to be ~ the question** *or* **point** damit nichts zu tun haben.

4. to be ~ oneself (*with anger*) außer sich sein (*with* vor); (*with joy also*) sich nicht mehr zu lassen wissen (*with* vor).

besides [bɪ'saɪdz] **I** *adv* **1.** (*in addition*) außerdem, obendrein. **he wrote a novel and several short stories ~** er hat einen Roman und außerdem noch mehrere Kurzgeschichten geschrieben; **many more ~** noch viele mehr; **have you got any others ~?** haben Sie noch andere *or* noch welche?

2. (*anyway, moreover*) außerdem.

II *prep* **1.** (*in addition to*) außer. **others ~ ourselves** außer uns noch andere; **there were three of us ~ Mary** Mary nicht mitgerechnet, waren wir zu dritt; **~ which he was unwell** überdies *or* außerdem fühlte er sich nicht wohl.

2. (*except*) außer, abgesehen von.

besiege [bɪ'si:dʒ] *vt* **1.** (*Mil*) *town* belagern. **2.** (*fig*) belagern; (*with information, offers*) überschütten, überhäufen; (*pester: with letters, questions*) bestürmen, bedrängen.

besmirch [bɪ'smɜːtʃ] *vt* (*lit, fig*) beschmutzen, besudeln.

besom ['biːzəm] *n* **1.** (Reisig)besen *m*. **2.** (*pej inf: woman*) Besen *m* (*pej inf*).

besotted [bɪ'sɒtɪd] *adj* **1.** (*drunk*) berauscht (*with* von). **2.** (*infatuated*) völlig vernarrt (*with* in +*acc*); (*with idea*) berauscht (*with* von).

besought [bɪ'sɔːt] (*liter*) *pret, ptp of* **beseech.**

bespake [bɪ'speɪk] (*old*) *pret of* **bespeak.**

bespangle [bɪ'spæŋgl] *vt* besetzen. **the sky ~d with ...** (*liter*) der mit ... übersäte Himmel.

bespatter [bɪ'spætəʳ] *vt* bespritzen.

bespeak [bɪ'spiːk] *pret* **bespoke** *or* (*old*) **bespake,** *ptp* **bespoken** *or* **bespoke** *vt* **1.** (*indicate*) verraten, erkennen lassen. **2.** (*old: reserve*) reservieren lassen.

bespectacled [bɪ'spektɪkld] *adj* bebrillt.

bespoke [bɪ'spəʊk] **I** *prep, ptp of* **bespeak. II** *adj goods* nach Maß; *garment also* Maß-. **a ~ tailor** ein Maßschneider *m*.

bespoken [bɪ'spəʊkən] *ptp of* **bespeak.**

Bess [bes] *n dim of* **Elizabeth. good Queen ~** *Elisabeth I.*

Bessemer ['besɪməʳ] *in cpds* Bessemer-; **~ converter** Bessemerbirne *f*.

best [best] **I** *adj, superl of* **good** beste(r, s) *attr*; (*most favourable*) *route, price also* günstigste(r, s) *attr*. **to be ~** am besten/günstigsten sein; **to be ~ of all** am allerbesten/allergünstigsten sein; **that was the ~ thing about her/that could happen** das war das Beste an ihr/, was geschehen konnte; **that would be ~** *or* **the ~ thing for everybody** das wäre für alle das beste; **the ~ thing to do is** *or* **it's ~ to wait** das beste ist zu warten; **may the ~ man win!** dem Besten der Sieg!; **the ~ part of the year/my money** fast das ganze Jahr/fast all mein Geld.

II *adv, superl of* **well 1.** am besten; *like* am liebsten *or* meisten; *enjoy* am meisten. **the ~ fitting dress** das am besten passende Kleid; **the ~ known title** der bekannteste Titel; **I helped him as ~ I could** ich half ihm, so gut ich konnte; **I thought it ~ to go** ich hielt es für das beste, zu gehen; **do as you think ~** tun Sie, was Sie für richtig halten; **you know ~** Sie müssen es (am besten) wissen.

2. (*better*) **you had ~ go now** am besten gehen Sie jetzt.

III *n* **1.** (*person, thing*) **the ~** der/die/das beste; **the ~ of the bunch** (*inf*) (noch) der/die/das Beste; **his last book was his ~** sein letztes Buch war sein bestes; **with the ~ of intentions** mit den besten Absichten; **he can sing with the ~ of them** er kann sich im Singen mit den Besten messen.

2. (*clothes*) beste Sachen, Sonntagskleider (*inf*) *pl*. **to be in one's (Sunday) ~** in Schale sein (*inf*), im Sonntagsstaat sein.

3. to do one's (level) ~ sein Bestes *or* möglichstes tun; **that's the ~ you can expect** Sie können nichts Besseres erwarten; **do the ~ you can!** machen Sie es so gut Sie können!; **it's not perfect but it's the ~ I can do** es ist nicht perfekt, aber mehr kann ich nicht tun; **what a lame excuse, is that the ~ you can do?** so eine lahme Ausrede, fällt Ihnen nichts Besseres ein?; **to get** *or* **have the ~ of sb** jdn unterkriegen; **to get the ~ out of sb/sth** das Beste aus jdm/etw herausholen; **to get the ~ of the bargain** *or* **of it** am besten dabei wegkommen; **to play the ~ of three/five** nur so lange spielen, bis eine Partei zweimal/dreimal gewonnen hat; **to make the ~ of it/a bad job** das Beste daraus machen; **to make the ~ of one's opportunities** seine Chancen voll nützen; **the ~ of it is that ...** das beste daran ist, daß ...; **we've had the ~ of the day** der Tag ist so gut wie vorbei; (*the weather's getting worse*) das schöne Wetter wäre für heute vorbei; **it's all for the ~** es ist nur zum Guten; **I meant it for the ~** ich habe es doch nur gut gemeint; **to do sth for the ~** etw in bester Absicht tun; **to the ~ of my ability** so gut ich kann/konnte; **to the ~ of my knowledge** meines Wissens; **to the ~ of my recollection** *or* **memory** soviel ich mich erinnern kann; **to look one's ~** besonders gut aussehen; **to be at one's ~** (*on form*) in Hochform sein; **he is at his ~ at about 8 in the evening** so gegen 8 abends ist seine beste Zeit; **roses are at their ~ just now** jetzt ist die beste Zeit für Rosen; **that is Goethe at his ~** das ist Goethe, wie er besser nicht sein könnte; **it's not enough (even) at the ~ of times** das ist schon normalerweise nicht genug; **at ~** bestenfalls; **to wish sb all the ~** jdm alles Gute wünschen; **all the ~ (to you)** alles Gute!

IV *vt* schlagen.

best-before date [ˌbestbɪ'fɔːˌdeɪt] *n* Mindesthaltbarkeitsdatum *nt*.

bestial ['bestɪəl] *adj acts, cruelty* bestialisch, tierisch; *person, look, appearance* (*cruel*) brutal; (*carnal*) tierisch.

bestiality [ˌbestɪ'ælɪtɪ] *n* **1.** *see adj* Bestialität *f*, Tierische(s) *nt*; Brutalität *f*. **2.** (*act*) Greueltat *f*. **3.** (*buggery*) Sodomie *f*.

bestir [bɪ'stɜːʳ] *vr* (*hum, liter*) sich regen, sich rühren. **to ~ oneself to do sth** sich dazu aufraffen, etw zu tun.

best man *n* Trauzeuge *m* (des Bräutigams).

bestow [bɪ'stəʊ] *vt* (*on or upon sb* jdm) (*grant, give*) *gift, attention* schenken; *favour, friendship, kiss also* gewähren (*geh*); *honour* erweisen, zuteil werden lassen (*geh*); *title, medal* verleihen.

bestowal [bɪ'stəʊəl] *n see vt* **1.** Schenken *nt*; Gewähren *nt*; Erweisung *f*; Verleihung *f* ((*up*)*on* an +*acc*).

bestride [bɪ'straɪd] *pret* **bestrode** [bɪ'strəʊd] *or* **bestrid** [bɪ'strɪd], *ptp* **bestridden** [bɪ'strɪdn] *vt* (*sit astride*) rittlings sitzen auf (+*dat*); (*stand astride*) (mit gespreizten Beinen) stehen über (+*dat*); (*mount*) sich schwingen auf (+*acc*). **to ~ the world like a Colossus** die Welt beherrschen.

best-seller *n* Verkaufs- *or* Kassenschlager *m*; (*book*) Bestseller *m*; (*author*) Erfolgsautor(in *f*) *m*; **best-selling** *adj* *article* absatzstark, der/die/das am besten geht; *author* Erfolgs-; **a ~ novel** ein Bestseller *m*; **this month's ~ books** die Bestsellerliste dieses Monats.

bet [bet] (*vb: pret, ptp* ~) **I** *n* Wette *f* (*on* auf +*acc*); (*money etc staked*) Wetteinsatz *m*. **to make** *or* **have a ~ with sb** mit jdm wetten, mit jdm eine Wette eingehen; **I have a ~ (on) with him that ...** ich habe mit ihm gewettet, daß ...; **it's a safe/bad ~** das ist ein sicherer/schlechter Tip; **it's a safe ~ he'll be in the pub** er ist bestimmt *or* garantiert in der Kneipe.

II *vt* **1.** wetten, setzen (*against* gegen, *on* auf +*acc*). **I ~ him £5** ich habe mit ihm (um) £ 5 gewettet; **to ~ ten to one** zehn gegen eins wetten.

2. (*inf*) wetten. **I ~ he'll come!** wetten, daß er kommt! (*inf*); **I'll ~ you anything (you like)** ich gehe mit dir jede Wette (darauf) ein; **~ you!** wetten! (*inf*); **you can ~ your boots** *or* **your bottom dollar that ...** Sie können Gift darauf nehmen, daß ... (*inf*); **~ you I can!** (*inf*) wetten, daß ich das kann! (*inf*).

III *vi* wetten. **to ~ on a horse/horses** auf ein Pferd/Pferde setzen *or* wetten, Pferdewetten abschließen; **you ~!** (*inf*) und ob! (*inf*); **(do you) want to ~?** (wollen wir) wetten?

beta [ˈbiːtə] *n* Beta *nt*; (*Brit Sch*) gut. **~ ray** Betastrahl *m*.

beta-blocker [ˈbiːtəˌblɒkəʳ] *n* Betablocker *m*.

betel [ˈbiːtəl] *n* Betel *m*. **~ nut** Betelnuß *f*.

Bethlehem [ˈbeθlɪhem] *n* Bethlehem *nt*.

betide [bɪˈtaɪd] *vti* (*old*) geschehen (*sb* jdm). **whatever (may) ~** was immer auch geschehen mag (*geh*); *see* **woe.**

betray [bɪˈtreɪ] *vt* verraten (*also Pol*) (*to dat or* (*Pol*) an +*acc*); *trust* enttäuschen; (*be unfaithful to*) untreu werden (+*dat*).

betrayal [bɪˈtreɪəl] *n* (*act*) Verrat *m* (*of gen*); (*instance*) Verrat *m* (*of* an +*dat*); (*of trust*) Enttäuschung *f*. **the ~ of Christ** der Verrat an Christus; **a ~ of trust** ein Vertrauensbruch *m*.

betrayer [bɪˈtreɪəʳ] *n* Verräter(in *f*) *m* (*of gen or* (*Pol*) an +*dat*).

betrothal [bɪˈtrəʊðəl] *n* (*obs, liter, hum*) Verlobung *f*.

betrothed [bɪˈtrəʊðd] *n* (*obs, liter, hum*) Anverlobte(r) *mf* (*obs*).

better[1] [ˈbetəʳ] *n* Wetter(in *f*) *m*.

better[2] **I** *adj, comp of* **good** besser; *route, way also* günstiger. **he's ~** (*recovered*) es geht ihm wieder besser; **I hope you get ~ soon** hoffentlich sind Sie bald wieder gesund; **~ and ~** immer besser; **that's ~!** (*approval*) so ist es besser!; (*relief etc*) so!; **to be ~ than one's word** mehr tun, als man versprochen hat; **it couldn't be ~** es könnte gar nicht besser sein; **I am none the ~ for it** das hilft mir auch nicht; **she is no ~ than she should be** sie ist auch keine Heilige; **the ~ part of an hour/my money/our holidays** fast eine Stunde/fast mein ganzes Geld/fast die ganzen Ferien; **it/you would be ~ to go early** es wäre besser, früh zu gehen/Sie gehen besser früh; **to go one ~** einen Schritt weiter gehen; (*in offer*) höher gehen.

II *adv, comp of* **well 1.** besser; *like* lieber, mehr; *enjoy* mehr. **they are ~ off than we are** sie sind besser dran als wir; **you would do ~** *or* **be ~ advised to go early** Sie sollten lieber früh gehen; **to think ~ of it** es sich (*dat*) noch einmal überlegen; **I didn't think any ~ of him for that** deswegen hielt ich auch nicht mehr von ihm.

2. I had ~ go ich gehe jetzt wohl besser; **you'd ~ do what he says** tun Sie lieber, was er sagt; **I'd ~ answer that letter soon** ich beantworte den Brief lieber *or* besser bald; **I won't touch it Mummy — you'd ~ not!** ich fasse es nicht an, Mutti — das will ich dir auch geraten haben.

III *n* **1. one's ~s** Leute, die über einem stehen; (*socially also*) Höhergestellte; **that's no way to talk to your ~s** man muß immer wissen, wen man vor sich (*dat*) hat; **respect for one's ~s** Achtung Respektspersonen gegenüber.

2. (*person, object*) **the ~** der/die/das Bessere.

3. it's a change for the ~ es ist eine Wendung zum Guten; **to think (all) the ~ of sb** (um so) mehr von jdm halten; **all the ~, so much the ~** um so besser; **it would be all the ~ for a drop of paint** ein bißchen Farbe würde Wunder wirken; **it's done now, for ~ or worse** so oder so, es ist geschehen; **for ~, for worse** (*in marriage ceremony*) in Freud und Leid; **to get the ~ of sb** (*person*) jdn unterkriegen (*inf*); (*illness*) jdn erwischen (*inf*); (*problem etc*) jdm schwer zu schaffen machen.

IV *vt* (*improve on*) verbessern; (*surpass*) übertreffen.

V *vr* (*increase one's knowledge*) sich weiterbilden; (*in social scale*) sich verbessern.

better half *n* (*inf*) bessere Hälfte (*inf*).

betterment [ˈbetəmənt] *n* **1.** Verbesserung *f*; (*educational*) Weiterbildung *f*. **2.** (*Jur*) Wertsteigerung *f*; (*of land*) Melioration *f*.

betting [ˈbetɪŋ] *n* Wetten *nt*. **the ~ was brisk** das Wettgeschäft war rege; **what is the ~ on his horse?** wie stehen die Wetten auf sein Pferd?

betting man *n* (regelmäßiger) Wetter; **I'm not a ~** ich wette eigentlich nicht; **if I were a ~ I'd say ...** wenn ich ja wetten würde, würde ich sagen ...; **betting news** *n* Wettnachrichten *pl*; **betting shop** *n* Wettannahme *f*; **betting slip** *n* Wettschein *m*.

Betty [ˈbetɪ] *n dim of* **Elizabeth.**

between [bɪˈtwiːn] **I** *prep* **1.** zwischen (+*dat*); (*with movement*) zwischen (+*acc*). **I was sitting ~ them** ich saß zwischen ihnen; **sit down ~ those two boys** setzen Sie sich zwischen diese beiden Jungen; **in ~** zwischen (+*dat/acc*); **~ now and next week we must ...** bis nächste Woche müssen wir ...; **there's nothing ~ them** (*they're equal*) sie sind gleich gut; (*no feelings, relationship*) zwischen ihnen ist nichts.

2. (*amongst*) unter (+*dat/acc*). **divide the sweets ~ the two children/the children** teilen Sie die Süßigkeiten zwischen den beiden Kindern auf/verteilen Sie die Süßigkeiten unter die Kinder; **we shared an apple ~ us** wir teilten uns (*dat*) einen Apfel; **~ ourselves** *or* **~ you and me he is not very clever** unter uns (*dat*) (gesagt), er ist nicht besonders gescheit; **that's just ~ ourselves** das bleibt aber unter uns.

3. (*jointly, showing combined effort*) **~ us/them** zusammen; **we have a car ~ the two/three of us** wir haben zu zweit/dritt ein Auto, wir zwei/drei haben zusammen ein Auto; **~ the two/three of us we have enough** zusammen haben wir (zwei/drei) genug; **we got the letter written ~ us** wir haben den Brief zusammen *or* gemeinsam *or* mit vereinten Kräften geschrieben.

4. (*what with, showing combined effect*) neben (+*dat*). **~ housework and study I have no time for that** neben *or* zwischen Haushalt und Studium bleibt mir keine Zeit dazu.

II *adv* (*place*) dazwischen; (*time also*) zwischendurch. **in ~** dazwischen; **the space/time ~** der Zwischenraum/die Zwischenzeit, der Raum/die Zeit dazwischen.

betweentime, betweenwhiles *adv* in der Zwischenzeit.

betwixt [bɪ'twɪkst] **I** *prep* (*obs, liter, dial*) *see* **between. II** *adv*: **~ and between** dazwischen.

bevel ['bevəl] **I** *n* Schräge, Schrägfläche, Abschrägung *f*; (*also* **~ edge**) abgeschrägte Kante, Schrägkante *f*; (*tool: also* **~ square**) Schrägmaß *nt*, Stellwinkel *m*. **II** *vt* abschrägen, schräg abflachen. **~led edge** Schrägkante *f*, abgeschrägte Kante; **~led mirror** Spiegel *m* mit schräggeschliffenen Kanten.

beverage ['bevərɪdʒ] *n* Getränk *nt*.

bevvy ['bɛvɪ] *n* (*dial*) **1.** (*drink*) (alkoholisches) Getränk *nt*. **2.** (*night*) Saufabend *m*.

bevy ['bevɪ] *n* (*of birds*) Schwarm *m*.

bewail [bɪ'weɪl] *vt* (*deplore*) beklagen.

beware [bɪ'wɛəʳ] *vti imper and infin only* **to ~ (of) sb/sth** sich vor jdm/etw hüten, sich vor jdm/etw in acht nehmen; **to ~ (of) doing sth** sich davor hüten, etw zu tun; **~ of falling** passen Sie auf *or* sehen Sie sich vor, daß Sie nicht fallen; **~ of being deceived, ~ lest you are deceived** (*old*) geben Sie acht *or* sehen Sie sich vor, daß Sie nicht betrogen werden; **~ (of) how you speak** geben Sie acht *or* sehen Sie sich vor, was Sie sagen; **~!** (*old, liter*) gib acht!; **"~ of the dog"** „Vorsicht, bissiger Hund"; **"~ of pickpockets"** „vor Taschendieben wird gewarnt".

bewigged [bɪ'wɪgd] *adj* mit Perücke.

bewilder [bɪ'wɪldəʳ] *vt* (*confuse*) verwirren, irremachen; (*baffle*) verwundern.

bewildered [bɪ'wɪldəd] *adj see vt* verwirrt, durcheinander *pred* (*inf*); perplex (*inf*), verwundert.

bewildering [bɪ'wɪldərɪŋ] *adj see vt* verwirrend; verblüffend.

bewilderment [bɪ'wɪldəmənt] *n see vt* Verwirrung *f*; Verblüffung *f*, Erstaunen *nt*. **in ~** verwundert; **his ~ was obvious** er war offensichtlich verwirrt/verblüfft.

bewitch [bɪ'wɪtʃ] *vt* verhexen, verzaubern; (*fig*) bezaubern.

bewitching *adj*, **~ly** *adv* [bɪ'wɪtʃɪŋ, -lɪ] bezaubernd, hinreißend.

beyond [bɪ'jɒnd] **I** *prep* **1.** (*in space*) (*on the other side of*) über (+*dat*), jenseits (+*gen*) (*geh*); (*further than*) über (+*acc*) ... hinaus, weiter als. **~ the Alps** jenseits der Alpen; **~ the convent walls** außerhalb der Klostermauern.

2. (*in time*) **~ 6 o'clock/next week/the 17th century** nach 6 Uhr/nächster Woche/dem 17. Jahrhundert; **until ~ 6 o'clock/next week/the 17th century** bis nach 6 Uhr/bis über nächste Woche/das 17. Jahrhundert hinaus; **it's ~ your bedtime** es ist längst Zeit, daß du ins Bett kommst.

3. (*surpassing, exceeding*) **a task ~ her abilities** eine Aufgabe, die über ihre Fähigkeiten geht, **it's ~ your authority** das liegt außerhalb Ihrer Befugnis; **that is ~ human understanding** das übersteigt menschliches Verständnis; **~ repair** nicht mehr zu reparieren; **it was ~ her to pass the exam** sie schaffte es nicht, das Examen zu bestehen; **that's ~ me** (*I don't understand*) das geht über meinen Verstand, das kapiere ich nicht (*inf*); *see* **compare, grave[1], help** *etc*.

4. (*with neg, interrog*) außer. **have you any money ~ what you have in the bank?** haben Sie außer dem, was Sie auf der Bank haben, noch Geld?; **~ this/that** sonst; **I've got nothing to suggest ~ this** sonst habe ich keine Vorschläge.

II *adv* (*on the other side of*) jenseits davon (*geh*); (*after that*) danach; (*further than that*) darüber hinaus, weiter. **India and the lands ~** Indien und die Gegenden jenseits davon; **the world ~** das Jenseits.

III *n* **the great B~** das Jenseits; (*space*) der weite Raum.

B/F, b/f *abbr of* **brought forward** Übertrag.

bhp *abbr of* **brake horsepower**.

bi- [baɪ] *pref* bi, Bi-.

Biafra [bɪ'æfrə] *n* Biafra *nt*.

Biafran [bɪ'æfrən] **I** *n* Biafraner(in *f*) *m*. **II** *adj* Biafra-.

biannual *adj*, **~ly** *adv* [baɪ'ænjʊəl, -ɪ] zweimal jährlich; (*half-yearly*) halbjährlich.

bias ['baɪəs] (*vb: pret, ptp* **~(s)ed**) **I** *n* **1.** (*inclination*) (*of course, newspaper*) (einseitige) Ausrichtung *f* (*towards* auf +*acc*); (*of person*) Vorliebe *f* (*towards* für). **to have a ~ against sth** (*course, newspaper etc*) gegen etw eingestellt sein; (*person*) eine Abneigung gegen etw haben; **to have a left-wing/right-wing ~** *or* **a ~ to the left/right** nach links/rechts ausgerichtet sein, einen Links-/Rechtsdrall haben (*inf*); **to be without ~** unvoreingenommen sein, ohne Vorurteile sein.

2. (*Sew*) **on the ~** schräg zum Fadenlauf; **~ binding** Schrägband *nt or* -streifen *m*.

3. (*Sport*) (*shape of bowl*) Überhang *m*.

II *vt report, article* (einseitig) färben; (*towards sth*) ausrichten (*towards* auf +*acc*); *person* beeinflussen. **to ~ sb towards/against sth** jdn für/gegen etw einnehmen.

bias(s)ed ['baɪəst] *adj* voreingenommen, befangen.

biathlon [baɪ'æθlən] *n* Biathlon *nt*.

bib [bɪb] *n* **1.** (*for baby*) Latz *m*, Lätzchen *nt*.

2. (*on garment*) Latz *m*.

3. (*inf*) **she put on her best ~ and tucker** sie warf sich in Schale (*inf*).

Bible ['baɪbl] *n* Bibel *f*; (*fig also*) Evangelium *nt*.

Bible basher *n* (*inf*) Jesusjünger(in *f*) *m* (*sl*); **Bible-bashing** *adj* (*inf*) **her ~ father** ihr Vater, der fanatisch auf die Bibel schwört/schwörte; **Bible class** *n* Bibelstunde *f*; **Bible school** *n* (*US*) Bibelschule *f*; **Bible story** *n* biblische Geschichte; **Bible thumper** *n* (*inf*) Halleluja-Billy *m* (*sl*).

biblical ['bɪblɪkəl] *adj* biblisch, Bibel-.

bibliographer [ˌbɪblɪ'ɒgrəfəʳ] *n* Bibliograph(in *f*) *m*.

bibliographic(al) [ˌbɪblɪəʊ'græfɪk(əl)] *adj* bibliographisch.

bibliography [ˌbɪblɪ'ɒgrəfɪ] *n* Bibliographie *f*.

bibliophile ['bɪblɪəʊfaɪl] *n* Bibliophile(r) *mf*, Büchernarr *m*.

bicameral [baɪ'kæmərəl] *adj* (*Pol*) Zweikammer-.

bicarbonate of soda [baɪˌkɑːbənɪtəv'səʊdə] *n* (*Cook*) Natron *nt*; (*Chem*) doppelt kohlensaures Natrium.

bicentenary *or* (*US*) **bicentennial** **I** *n* zweihundertjähriges Jubiläum, Zweihundertjahrfeier *f* (*of gen*); **the ~centenary of Beethoven's birth/death** Beethovens zweihundertster Geburts-/Todestag; **II** *adj* Zweihundertjahr-, zweihundertjährig; *celebrations* Zweihundertjahr-.

biceps ['baɪseps] *n* Bizeps *m*.

bichromate [baɪ'krəʊmɪt] *n* Bichromat *nt*.

bicker ['bɪkəʳ] *vi* (*quarrel*) sich zanken, aneinandergeraten.

bickering ['bɪkərɪŋ] *n* Gezänk *nt*.

bicuspid [baɪ'kʌspɪd] **I** *adj* mit zwei Spitzen, zweihöckrig, bikuspidal (*spec*). **II** *n* (*Anat*) vorderer Backenzahn.

bicycle ['baɪsɪkl] **I** *n* Fahrrad *nt*. **to ride a ~** Fahrrad fahren, radfahren; **~ kick** (*Ftbl*) Fallrückzieher *m*. **II** *vi* mit dem (Fahr)rad fahren.

bicycle *in cpds see* **cycle** *in cpds*.

bid [bɪd] **I** *vt* **1.** *pret, ptp* **~** (*at auction*) bieten (*for* auf +*acc*).

2. *pret, ptp* **~** (*Cards*) reizen, bieten.

3. *pret* **bade** *or* **bad,** *ptp* **~den** (*say*) **to ~ sb good-morning** jdm einen guten Morgen wünschen; **to ~ farewell to sb, to ~ sb farewell** von jdm Abschied nehmen, jdm Lebewohl sagen (*geh*); **to ~ sb welcome** jdn willkommen heißen.

4. *pret* **bade** *or* **bad,** *ptp* **~den to ~ sb to do sth** (*old, liter*) jdn etw tun heißen (*old*).

II *vi* **1.** *pret, ptp* **~** (*at auction*) bieten.
2. *pret, ptp* **~** (*Cards*) bieten, reizen. **3.** *pret* **bad,** *ptp* **~den to ~ fair to ...** versprechen zu ...

III *n* **1.** (*at auction*) Gebot *nt* (*for* auf +*acc*); (*Comm*) Angebot *nt* (*for* für).

2. (*Cards*) Ansage *f*, Gebot *nt*. **to raise the ~** höher bieten *or* reizen, überrufen; **to make no ~** passen; **no ~!** passe!

3. (*attempt*) Versuch *m*. **to make a ~ for power** nach der Macht greifen; **to make a ~ for fame/freedom** versuchen, Ruhm/die Freiheit zu erlangen; **his ~ for fame/freedom failed** sein Versuch, Ruhm/die Freiheit zu erlangen, scheiterte; **rescue ~ fails** Rettungsversuch erfolglos; **the ~ for the summit** der Griff nach dem Gipfel.

bidden ['bɪdn] *ptp of* **bid.**

bidder ['bɪdəʳ] *n* Bietende(r) *mf*, Steigerer *m*. **to sell to the highest ~** an den Höchst- *or* Meistbietenden verkaufen; **there were no ~s** niemand hat geboten *or* ein Gebot gemacht.

bidding ['bɪdɪŋ] *n* **1.** (*at auction*) Steigern, Bieten *nt*. **how high did the ~ go?** wie hoch wurde gesteigert?; **to raise the ~** den Preis in die Höhe treiben; **the ~ is closed** es werden keine Gebote mehr angenommen, keine Gebote mehr.

2. (*Cards*) Bieten, Reizen *nt*.

3. (*order*) Geheiß (*old*), Gebot *nt*. **at whose ~?** auf wessen Geheiß? (*old*); **the slave does his master's ~** der Sklave tut, was sein Herr ihn heißt (*old*) *or* ihm befiehlt; **he needed no second ~** man mußte es ihm nicht zweimal sagen.

biddy ['bɪdɪ] *n* (*inf*) (*old lady*) Muttchen (*inf*), Tantchen (*inf*) *nt*.

bide [baɪd] *vt* **to ~ one's time** den rechten Augenblick abwarten *or* abpassen; **to ~ awhile** (*old*) verweilen (*geh*).

bidet ['biːdeɪ] *n* Bidet *nt*.

bidirectional [ˌbaɪdɪ'rekʃənəl] *adj* (*Comput*) *printing* bidirektional.

biennial [baɪ'enɪəl] **I** *adj* (*every two years*) zweijährlich; (*rare: lasting two years*) zweijährig. **II** *n* (*Bot*) zweijährige Pflanze.

biennially [baɪ'enɪəlɪ] *adv* zweijährlich, alle zwei Jahre; (*Bot*) bienn.

bier [bɪəʳ] *n* Bahre *f*.

biff [bɪf] **I** *n* (*inf*) Stoß, Puff (*inf*) *m*. **a ~ on the nose** eins auf die Nase (*inf*); **my car got a bit of a ~** mein Auto hat ein bißchen was abgekriegt (*inf*).

II *interj* bums.

III *vt* (*inf*) *car* eine Beule fahren in (+*acc*); *door* anschlagen; *lamppost* bumsen an (+*acc*) *or* gegen (*inf*). **to ~ sb on the nose** jdm eins auf die Nase geben (*inf*).

bifocal [baɪ'fəʊkəl] **I** *adj* Bifokal-. **II** *n* **~s** *pl* Bifokalbrille *f*.

bifurcate ['baɪfɜːkeɪt] **I** *vi* (*form*) sich gabeln. **II** *adj* gegabelt.

bifurcation [ˌbaɪfɜː'keɪʃən] *n* Gabelung *f*.

big [bɪg] **I** *adj* (+*er*) **1.** (*in size, amount*) groß; *lie also* faustdick (*inf*). **a ~ man** ein großer, schwerer Mann; **she's a ~ girl!** (*inf*) sie hat einen ganz schönen Vorbau! (*inf*); **V ~ ones** (*sl*) 5 Riesen (*sl*); **~ with child/young** hochschwanger/trächtig.

2. (*of age*) groß. **my ~ brother** mein großer Bruder; **you're ~ enough to know better** du bist groß *or* alt genug und solltest es besser wissen.

3. (*important*) groß, wichtig. **the B~ Four/Five** die Großen Vier/Fünf; **to look ~** (*inf*) ein bedeutendes Gesicht machen.

4. (*conceited*) **~ talk** Angeberei (*inf*), Großspurigkeit *f*; **~ talker** Angeber(in *f*) (*inf*); **he's getting too ~ for his boots** (*inf*) (*child*) er wird ein bißchen zu aufmüpfig (*inf*); (*employee*) er wird langsam größenwahnsinnig; **to have a ~ head** (*inf*) eingebildet sein.

5. (*generous, iro*) großzügig, nobel (*inf*); (*forgiving*) großmütig, nobel (*inf*); *heart* groß. **few people have a heart as ~ as his** es sind nur wenige so großzügig/großmütig wie er.

6. (*inf: fashionable*) in (*inf*).

7. (*fig phrases*) **to earn ~ money** das große Geld verdienen (*inf*); **to have ~ ideas** große Pläne haben, Rosinen im Kopf haben (*pej inf*); **to have a ~ mouth** (*inf*) eine große Klappe haben (*inf*); **to do things in a ~ way** alles im großen (Stil) tun *or* betreiben; **to live in a ~ way** auf großem Fuß *or* in großem Stil leben; **what's the ~ idea?** (*inf*) was soll denn das? (*inf*); **~ deal!** (*iro inf*) na und? (*inf*); **what's the ~ hurry?** warum denn so eilig?; **our company is ~ on service** (*inf*) unsere Firma ist ganz groß in puncto Kundendienst.

II *adv* **to talk ~** groß daherreden (*inf*), große Töne spucken (*sl*); **to act ~** sich aufspielen, großtun; **to think ~** im großen (Maßstab) planen; **to go over** *or* **down ~** (*inf*) ganz groß ankommen (*inf*), großen Anklang finden (*with* bei).

bigamous ['bɪgəməs] *adj* bigamistisch.

bigamy ['bɪgəmɪ] *n* Bigamie *f*.

Big Apple *n*: **the B~ Apple** (*inf*) New York *nt*; **big band I** *n* Big Band *f*; **II** *adj attr* Big-Band-; **big bang** *n* (*Astron*) Urknall *m*; **~ theory** Urknalltheorie *f*; **Big Bang** *n* (*Brit St Ex*) Big Bang *m*, *Tag der Umstellung der Londoner Börse auf Computerbetrieb*; **Big Ben** *n* Big Ben *m*; **Big Bertha** *n* die Dicke Berta (*deutsches Geschütz im I. Weltkrieg*); **big-boned** *adj* breit- *or* grobknochig; **Big Brother** *n* (*euph: dictator*) der Große Bruder; **big bug** *n* (*inf*) hohes Tier (*inf*); **big business** *n* **1.** (*high finance*) Großkapital *nt*, Hochfinanz *f*; **to be ~** das große Geschäft sein; **2.** (*baby-talk*) großes Geschäft (*baby-talk*); **big dipper** *n* **1.** (*Brit: at fair*) Achterbahn, Berg-und-Talbahn *f*; **2.** (*US Astron*) **B~ Dipper** Großer Bär *or* Wagen; **big end** *n* (*Tech*) Pleuelfuß, Schubstangenkopf *m*; **big game** *n* (*Hunt*) Großwild *nt*; **big game hunter** *n* Großwildjäger *m*; **bighead** *n* (*inf: person*) Angeber(in *f*) *m* (*inf*), eingebildeter Fatzke (*sl*); **bigheaded** *adj* (*inf*) eingebildet, angeberisch (*inf*); **big-hearted** *adj* großherzig, großmütig; (*forgiving*) weitherzig.

bight [baɪt] *n* (*Geog*) Bucht *f*.

bigmouth *n* (*inf*) Großmaul *nt* (*sl*), Angeber(in *f*) *m* (*inf*); (*blabbermouth*), Klatschbase *f* (*inf*); **big name** *n* (*inf: person*) Größe *f* (*in gen*); **all the ~s were there** alles, was Rang und Namen hat, war da; **big noise** *n* (*inf*) hohes Tier (*inf*).

bigot ['bɪgət] *n* Eiferer *m*; (*Rel also*) bigotter Mensch.

bigoted *adj*, **~ly** *adv* ['bɪgətɪd, -lɪ] eifernd; (*Rel*) bigott.

bigotry ['bɪgətrɪ] *n* eifernde Borniertheit; (*Rel*) Bigotterie *f*.

big shot *n* hohes Tier (*inf*); **he thinks he is a ~ in his new Jag** (*inf*) er hält sich mit seinem neuen Jaguar für den Größten (*inf*); **big-time I** *adj* (*inf*) **one of the ~ boys** eine ganz große Nummer (*inf*); **a ~ politician** eine große Nummer (*inf*) in der Politik; **II** *n* (*inf*) **to make** *or* **hit the ~** groß einsteigen (*inf*); **once he'd had a taste of the ~** nachdem er einmal ganz oben *or* groß gewesen war; **big toe** *n* große Zehe; **big top** *n* (*circus*) Zirkus *m*; (*main tent*) Hauptzelt *nt*; **big wheel** *n* **1.** (*US inf*) *see* **big shot; (b)** (*Brit: at fair*) Riesenrad *nt*; **bigwig** *n* (*inf*) hohes Tier (*inf*); **the local ~s** die Honoratioren des Ortes.

bijou [bi:'ʒu:] *adj* (*esp in advertising*) **~ residence** nettes kleines Haus/nette kleine Wohnung.

bike [baɪk] (*inf*) **I** *n* (Fahr)rad *nt*; (*motor~*) Motorrad *nt*, Maschine (*inf*) *f*. **on your ~!** (*Brit sl: clear off*) verschwinde! (*inf*), mach ('ne) Mücke! (*sl*). **II** *vi* radeln (*inf*).

bike *in cpds see* **cycle** *in cpds*.

biker ['baɪkə^r] *n* (*inf*) Motorradfahrer(in *f*) *m*; (*gang member*) Rocker *m*.

bikeway ['baɪkweɪ] *n* (*US*) (Fahr)radweg *m*.

bikini [bɪ'ki:nɪ] *n* Bikini *m*.

bilabial I *n* Bilabial *m*; **II** *adj* bilabial; **bilateral** *adj*, **bilaterally** *adv* bilateral.

bilberry ['bɪlbərɪ] *n* Heidelbeere, Blaubeere *f*.

bile [baɪl] *n* **1.** (*Med*) Galle *f*. **~ stone** Gallenstein *m*. **2.** (*fig: anger*) Übellaunigkeit *f*. **a man full of ~** ein Griesgram *m*.

bilge [bɪldʒ] *n* **1.** (*Naut*) Bilge *f*. **2.** (*also* **~ water**) Leckwasser *nt*. **3.** (*of cask*) (Faß)bauch *m*. **4.** (*Brit inf: nonsense*) Quatsch (*inf*).

bilharzia [bɪl'hɑ:zɪə] *n* Bilharziose *f*.

bilinear *adj* bilinear; **bilingual** *adj*, **bilingually** *adv* zweisprachig; **bilingualism** *n* Zweisprachigkeit *f*; **bilingual secretary** *n* Fremdsprachensekretärin *f*.

bilious ['bɪlɪəs] *adj* **1.** (*Med*) Gallen-. **~ attack** Gallenkolik *f*. **2.** (*irritable*) reizbar. **3.** (*sickly*) *colour* widerlich. **you're looking a bit ~** Sie sind ein bißchen grün um die Nase (*inf*).

biliousness ['bɪlɪəsnɪs] *n see adj* Gallenkrankheit *f*, Gallenleiden *nt*; Reizbarkeit *f*; Widerlichkeit *f*.

bilk [bɪlk] *vt creditor* prellen (*of* um); *debt* nicht bezahlen.

bill[1] [bɪl] **I** *n* **1.** (*of bird, turtle*) Schnabel *m*. **2.** (*Geog*) Landzunge *f*. **II** *vi* (*bird*) schnäbeln. **to ~ and coo** (*birds*) schnäbeln und gurren; (*fig: people*) (miteinander) turteln.

bill[2] *n* (*tool*) *see* **billhook**.

bill[3] **I** *n* **1.** (*esp Brit: statement of charges*) Rechnung *f*. **could we have the ~ please** zahlen bitte!, wir möchten bitte zahlen.

2. (*US: banknote*) Banknote *f*, Schein *m*.

3. (*poster*) Plakat *nt*; (*on notice board*) Anschlag *m*; (*public announcement*) Aushang *m*. **"stick no ~s"** „Plakate ankleben verboten".

4. (*Theat: programme*) Programm *nt*. **to head** *or* **top the ~, to be top of the ~** Star *m* des Abends/der Saison sein; (*act*) die Hauptattraktion sein.

5. ~ of fare Speisekarte *f*.

6. (*Parl*) (Gesetz)entwurf *m*, (Gesetzes)vorlage *f*. **the ~ was passed** das Gesetz wurde verabschiedet.

7. (*esp Comm, Fin: certificate, statement*) **~ of exchange** Wechsel *m*, Tratte *f*; **~ of health** (*Naut*) Gesundheitsattest *nt*; **to give sb a clean ~ of health** (*lit, fig*) jdm (gute) Gesundheit bescheinigen; **~ of lading** (*Naut*) Seefrachtbrief *m*, Konnossement *nt*; **~ of sale** Verkaufsurkunde *f*; **to fit** *or* **fill the ~** (*fig*) der/die/das richtige sein, passen; **B~ of Rights** (*Brit*) Bill *f* of Rights; (*US*) *Zusatzklauseln 1-10 zu den Grundrechten*.

8. (*Jur*) **~ of attainder** (*Brit Hist*) *Anklage und Urteil gegen politische Persönlichkeiten in Form eines Gesetzes*; (*US*) *unmittelbare Bestrafung einer Person durch den Gesetzgeber*; **~ of indictment** Anklageschrift *f*.

II *vt* **1.** *customers* eine Rechnung ausstellen (+*dat*). **we won't ~ you for that, sir** (*give free*) wir werden Ihnen das nicht berechnen *or* in Rechnung stellen (*form*). **2.** *play, actor* ankündigen. **he's ~ed at the King's Theatre** er soll im King's Theatre auftreten.

Bill [bɪl] *n dim of* **William.**

billboard ['bɪlbɔːd] *n* Reklametafel *f*.

billet ['bɪlɪt] **I** *n* **1.** (*Mil*) (*document*) Quartierschein *m*; (*accommodation*) Quartier *nt*, Unterkunft *f*. **2.** (*fig inf*) **to have a soft** *or* **cushy ~** einen schlauen Posten haben.

II *vt* (*Mil*) *soldier* einquartieren (*on sb* bei jdm). **troops were ~ed on** *or* **in our town** in unserer Stadt wurden/waren Truppen einquartiert.

billfold *n* (*US*) Brieftasche *f*; **billhead** *n* (*heading*) Rechnungskopf *m*; (*sheet*) Rechnungsformular *nt*; **billhook** (*Hort*) *n* Hippe *f*.

billiard ['bɪljəd] *adj attr* Billard-. **~ ball** Billardkugel *f*; **~ cue** Queue *nt*, Billardstock *m*.

billiards ['bɪljədz] *n* Billard *nt*. **to have a game of ~** Billard spielen.

billing ['bɪlɪŋ] *n* (*Theat*) **to get top/second ~** an erster/zweiter Stelle auf dem Programm stehen.

billion ['bɪljən] *n* Milliarde *f*.

billionaire ['bɪljənɛəʳ] *n* (*esp US*) Milliardär(in *f*) *m*.

billionth ['bɪljənθ] **I** *adj* (*Brit*) billionste(r, s); (*esp US*) milliardste(r, s). **II** *n* (*Brit*) Billionstel *nt*; (*esp US*) Milliardstel *nt*.

billow ['bɪləʊ] **I** *n* **1.** (*liter: of sea*) Woge *f* (*geh*). **2.** (*fig: of dress*) Bauschen *nt no pl*; (*of sail*) Blähen *nt no pl*; (*of smoke*) Schwaden *m*. **II** *vi* **1.** (*liter: sea*) wogen (*geh*). **2.** (*fig: sail*) sich blähen; (*dress*) sich bauschen.

◆**billow out** *vi* (*sail etc*) sich blähen; (*dress etc*) sich bauschen.

bill poster, billsticker *n* Plakat(an)kleber *m*.

Billy ['bɪlɪ] *n dim of* **William.**

billy(-can) ['bɪlɪ(kæn)] *n* Kochgeschirr *nt*.

billy(-goat) ['bɪlɪ(gəʊt)] *n* Ziegenbock *m*.

bimbo ['bɪmbəʊ] *n* (*pej inf: attractive brainless female*) Puppe *f* (*inf*), Häschen *nt* (*inf*).

bimetallic *adj* **1.** *rod, bar* Bimetall-; **2.** (*Fin*) **~ currency** Doppelwährung *f*; **bimetallism** *n* (*Fin*) Doppelwährung *f*; **bimonthly I** *adj* **1.** (*twice a month*) vierzehntäglich; **2.** (*every two months*) zweimonatlich; **II** *adv* **1.** zweimal monatlich *or* im Monat; **2.** alle zwei Monate, jeden zweiten Monat.

bin [bɪn] *n* **1.** (*esp Brit*) (*for bread*) Brotkasten *m*; (*for coal*) (Kohlen)kasten *m*; (*rubbish ~*) Mülleimer *m*; (*dust~*) Mülltonne *f*; (*litter-~*) Abfallbehälter *m*. **2.** (*for grain*) Tonne *f*.

binary ['baɪnərɪ] *adj* binär; (*Mus*) *form* zweiteilig. **~ code** (*Comput*) Binärcode *m*; **~ fission** Zellteilung *f*; **~ number** (*Math*) Dualzahl *f*, binäre Zahl; **~ star/~ star system** (*Astron*) Doppelstern *m*/Doppelsternsystem *nt*; **~ system** (*Math*) Dualsystem, binäres System.

bind [baɪnd] *pret, ptp* **bound I** *vt* **1.** (*make fast, tie together*) binden (*to* an +*acc*); *person* fesseln; (*fig*) verbinden (*to* mit). **bound hand and foot** an Händen und Füßen gefesselt *or* gebunden; **the emotions which ~ her to him** ihre emotionale Bindung an ihn.

2. (*tie round*) *wound, arm* verbinden; *bandage* wickeln, binden, *artery* abbinden; (*for beauty*) *waist* einschnüren; *feet* einbinden *or* -schnüren; *hair* binden.

3. (*secure edge of*) *material, hem* einfassen.

4. *book* binden.

5. (*oblige: by contract, promise*) **to ~ sb to sth/to do sth** jdn an etw (*acc*) binden, jdn zu etw verpflichten/jdn verpflichten, etw zu tun; **to ~ sb as an apprentice** jdn in die Lehre geben (*to* zu); *see* **bound**[3].

6. (*Med*) *bowels* verstopfen.

7. (*make cohere, Cook*) binden.

II *vi* **1.** (*cohere: cement etc*) binden. **the clay soil tended to ~** der Lehmboden war ziemlich schwer *or* klebte ziemlich; **the grass should help the soil ~** das Gras sollte den Boden festigen.

2. (*Med: food*) stopfen.

3. (*stick: brake, sliding part*) blockieren.

III *n* (*inf*) **in a ~** in der Klemme (*inf*); **to be (a bit of) a ~** recht lästig sein.

◆**bind on** *vt sep* anbinden (+*prep obj*, *-to* an +*acc*); (+*prep obj: on top of*) binden auf (+*acc*).

◆**bind over** *vt sep* (*Jur*) **to ~ sb ~ (to keep the peace)** jdn verwarnen; **he was bound ~ for six months** er bekam eine sechsmonatige Bewährungsfrist.

◆**bind together** *vt sep* (*lit*) zusammenbinden; (*fig*) verbinden.

◆**bind up** *vt sep* **1.** *wound* verbinden; *hair* hochbinden. **2.** *prisoner* fesseln. **3.** (*fig*) verknüpfen, verbinden.

binder ['baɪndəʳ] *n* **1.** (*Agr*) (*machine*) (Mäh)binder, Bindemäher *m*; (*person*) (Garben)binder(in *f*) *m*. **2.** (*Typ*) (*person*) Buchbinder(in *f*) *m*; (*machine*) Bindemaschine *f*. **3.** (*for papers*) Hefter *m*; (*for magazines also*) Mappe *f*.

bindery ['baɪndərɪ] *n* Buchbinderei *f*.

binding ['baɪndɪŋ] **I** *n* **1.** (*of book*) Einband *m*; (*act*) Binden *nt*. **2.** (*Sew*) Band *nt*. **3.** (*on skis*) Bindung *f*. **II** *adj* **1.** *agreement, promise* bindend, verbindlich (*on* für). **2.** (*Tech*) bindend, Binde-. **3.** (*Med*) *food* stopfend.

bindweed ['baɪndwiːd] *n* Winde *f*.

binge [bɪnd͡ʒ] (*inf*) **I** *n* Gelage, Sauf-/Freßgelage (*sl*) *nt*. **to go on a ~** auf eine Sauftour (*sl*) gehen/eine Freßtour (*sl*) machen. **II** *vi* auf eine Sauf-/Freßtour (*sl*) gehen.

bingo ['bɪŋgəʊ] *n* Bingo *nt*.

bin liner *n* Mülltüte *f*.

binnacle ['bɪnəkl] *n* Kompaßhaus *nt*.

binoculars [bɪ'nɒkjʊləz] *npl* Fernglas *nt*. **a pair of ~** ein Fernglas *nt*.

binominal I *adj* (*Math*) binomisch; **II** *n* Binom *nt*; **binuclear** *adj* binuklear, zweikernig.

bio-chemical *adj* biochemisch; **biochemist** *n* Biochemiker(in *f*) *m*; **biochemistry** *n* Biochemie *f*; **biodegradable** *adj* biologisch abbaubar; **biodiversity** *n* Artenvielfalt *f*; **bioengineering** *n* Biotechnik *f*; **biofeedback** *n* Biofeedback *nt*; **biogenesis** *n* Biogenese *f*.

biographer [baɪ'ɒgrəfəʳ] *n* Biograph(in *f*) *m*.

biographic(al) [ˌbaɪəʊ'græfɪk(əl)] *adj* biographisch.

biography [baɪ'ɒgrəfɪ] *n* Biographie *f*.

biological [ˌbaɪə'lɒd͡ʒɪkəl] *adj* biologisch. **~ clock** biologische Uhr; **~ detergent** Bio-Waschmittel *nt*.

biologist [baɪ'ɒləd͡ʒɪst] *n* Biologe *m*, Biologin *f*.

biology [baɪ'ɒləd͡ʒɪ] *n* Biologie *f*.

biometrics [baɪə'metrɪks], **biometry** [baɪ'ɒmətrɪ] *n* Biometrie *f*.

bionic [baɪ'ɒnɪk] *adj* bionisch.

biophysical *adj* biophysikalisch; **biophysics** *n* Biophysik *f*.

biopsy ['baɪɒpsɪ] *n* Biopsie *f*.

biorhythm *n usu pl* Biorhythmus *m usu sing*; **biosphere** *n* Biosphäre *f*; **biosynthesis** *n* Biosynthese *f*; **biotechnology** *n* Biotechnik *f*.

bipartisan [ˌbaɪpɑːtɪ'zæn] *adj* Zweiparteien-.

bipartite *adj* zweiteilig; (*affecting two parties*) zweiseitig; **biped I** *n* Zweifüßer *m*; (*hum: human*) Zweibeiner *m*; **II** *adj* zweifüßig; **biplane** *n* Doppeldecker *m*; **bipolar** *adj* zwei- *or* doppelpolig.

birch [bɜːtʃ] **I** *n* **1.** Birke *f*. **2.** (*for whipping*) Rute *f*. **II** *attr* Birken-. **III** *vt* (mit Ruten) schlagen.

bird [bɜːd] *n* **1.** Vogel *m*. **~ of paradise/passage** (*lit, fig*) Paradies-/Zugvogel *m*; **the ~ has flown** (*fig*) der Vogel ist ausgeflogen; **a little ~ told me** (*inf*) das hat mir ein Vöglein gezwitschert; **strictly for the ~s** (*sl*) das ist geschenkt (*inf*); **a ~ in the hand is worth two in the bush** (*Prov*) der Spatz in der Hand ist besser als die Taube auf dem Dach (*Prov*); **to tell sb about the ~s and the bees** jdm erzählen, wo die kleinen Kinder herkommen.

2. (*Cook*) Vogel *m* (*hum inf*).

3. (*Brit inf: girl*) Biene *f* (*inf*).

4. (*inf: person*) Vogel *m* (*inf*). **he's a cunning old ~** er ist ein alter Fuchs.

5. (*inf*) **to give sb the ~** jdn auspfeifen; **to get the ~** ausgepfiffen werden.

6. (*Brit sl: prison term*) Knast *m* (*inf*). **to do ~** sitzen (*inf*).

bird bath *n* Vogelbad *nt*; **bird brain** *n* (*inf*) **to be a ~** ein Spatzenhirn haben (*inf*); **bird-cage** *n* Vogelbauer *nt or* -käfig *m*; **bird call** *n* Vogelruf *m*; **bird dog** (*US*) **I** *n* (*lit, fig*) Spürhund *m*; **II** *vt* (*inf*) beschatten (*inf*); **bird fancier** *n* Vogelzüchter *m*; **bird house** *n* Vogelhäuschen *nt*.

birdie ['bɜːdɪ] *n* **1.** (*inf*) Vögelchen *nt*. **watch the ~** gleich kommt's Vögelchen raus! **2.** (*Golf*) Birdie *nt*.

bird sanctuary *n* Vogelschutzgebiet *nt*; **birdseed** *n* Vogelfutter *nt*.

bird's-eye view *n* Vogelperspektive *f*; **to get a ~ view of the town** die Stadt aus der Vogelperspektive sehen.

birdshot ['bɜːdʃɒt] *n* feiner Schrot.

bird's nest *n* Vogelnest *nt*; **bird's-nest** *vi* **to go ~ing** Vogelnester ausnehmen.

bird table *n* Futterhäuschen *nt*; **bird watcher** *n* Vogelbeobachter(in *f*) *m*.

biretta [bɪ'retə] *n* Birett *nt*.

Biro ® ['baɪərəʊ] *n* (*Brit*) Kugelschreiber, Kuli (*inf*) *m*.

birth [bɜːθ] *n* **1.** Geburt *f*. **the town/country of his ~** seine Geburtsstadt/sein Geburtsland *nt*; **deaf from** *or* **since ~** von Geburt an taub; **the rights which are ours by ~** unsere angeborenen Rechte; **to give ~ to** gebären; **to give ~** entbinden; (*animal*) jungen.

2. (*parentage*) Abstammung, Herkunft *f*. **Scottish by ~** Schotte von Geburt, gebürtiger Schotte; **of good/low** *or* **humble ~** aus gutem Hause *or* guter Familie/von niedriger Geburt.

3. (*fig*) Geburt *f*; (*of movement, fashion etc*) Aufkommen *nt*; (*of nation, party, company also*) Gründung *f*, Entstehen *nt*; (*of new era*) Anbruch *m*, Geburt *f* (*geh*); (*of star*) Entstehung *f*. **to give ~ to sth** etw schaffen/aufkommen lassen/gründen/anbrechen lassen.

birth certificate *n* Geburtsurkunde *f*;

birth control *n* Geburtenkontrolle *or* -regelung *f*; **birth-control clinic** *n* Familienberatungsstelle *f*.

birthday ['bɜːθdeɪ] *n* Geburtstag *m*. **what did you get for your ~?** was hast du zum Geburtstag bekommen?; **on my ~** an meinem Geburtstag; *see* **happy.**

birthday cake *n* Geburtstagskuchen *m or* -torte *f*; **birthday card** *n* Geburtstagskarte *f*; **birthday celebrations** *npl* Geburtstagsfeierlichkeiten *pl*; **birthday honours** *npl* Titel- und Ordensverleihungen *pl am offiziellen Geburtstag der britischen Königin/des britischen Königs;* **birthday party** *n* Geburtstagsfeier *f*; (*with dancing etc*) Geburtstagsparty *f*; (*for child*) Kindergeburtstag *m*; **birthday present** *n* Geburtstagsgeschenk *nt*; **birthday suit** *n* (*inf*) Adams-/Evaskostüm *nt* (*inf*).

birthmark *n* Muttermal *nt*; **birthplace** *n* Geburtsort *m*; **birthrate** *n* Geburtenrate *or* -ziffer *f*; **birthright** *n* **1.** Geburtsrecht *nt*; **2.** (*right of firstborn*) Erstgeburtsrecht *nt*.

biryani [bɪrɪ'ɑːnɪ] *n indisches Reisgericht.*

Biscay ['bɪskeɪ] *n* **the Bay of ~** der Golf von Biskaya *or* Biscaya.

biscuit ['bɪskɪt] **I** *n* **1.** (*Brit*) Keks *m*; (*dog* ~) Hundekuchen *m*. **that takes/you take the ~!** (*inf*) das übertrifft alles *or* (*negatively*) schlägt dem Faß den Boden aus; **~ barrel** Keksdose *f*. **2.** (*US*) Brötchen *nt*. **3.** (*porcelain:* **~-ware**) Biskuitporzellan *nt*. **4.** (*colour*) Beige *nt*.
II *adj* (*colour*) beige.

bisect [baɪ'sekt] **I** *vt* in zwei Teile *or* (*equal parts*) Hälften teilen; (*Math*) halbieren. **II** *vi* sich teilen.

bisection [baɪ'sekʃən] *n* (*Math*) Halbierung *f*.

bisector [baɪ'sektə^{r}] *n* (*Math*) Halbierende *f*.

bisexual [ˌbaɪ'seksjʊəl] **I** *adj* bisexuell; (*Biol*) zwittrig, doppelgeschlechtig. **II** *n* (*person*) Bisexuelle(r) *mf*.

bisexuality [ˌbaɪˌseksjʊ'ælɪtɪ] *n* Bisexualität *f*; (*Biol*) Zwittrigkeit, Doppelgeschlechtigkeit *f*.

bishop ['bɪʃəp] *n* **1.** (*Eccl*) Bischof *m*. **2.** (*Chess*) Läufer *m*.

bishopric ['bɪʃəprɪk] *n* (*diocese*) Bistum *nt*; (*function*) Bischofsamt *nt*.

bismuth ['bɪzməθ] *n* Wismut *nt*.

bison ['baɪsn] *n* (*American*) Bison *m*; (*European*) Wisent *m*.

bisque [bɪsk] *n* **1.** (*pottery*) Biskuitporzellan *nt*. **2.** (*soup*) Fischcremesuppe *f*.

bistro ['biːstrəʊ] *n* Bistro *nt*.

bit^{1} [bɪt] *n* **1.** (*for horse*) Gebiß(stange *f*) *nt*. **to take the ~ between one's teeth** (*fig*) sich ins Zeug legen; *see* **champ^{1}**. **2.** (*of drill*) (Bohr)einsatz, Bohrer *m*; (*of plane*) (Hobel)messer *nt*. **3.** (*of key*) (Schlüssel)bart *m*.

bit^{2} **I** *n* **1.** (*piece*) Stück *nt*; (*smaller*) Stückchen *nt*; (*of glass also*) Scherbe *f*; (*section: of book, film, symphony*) Teil *m*; (*part or place in book, drama, text, symphony*) Stelle *f*. **a few ~s of furniture** ein paar Möbelstücke; **a ~ of bread** ein Stück Brot; **I gave my ~ to my sister** ich habe meiner Schwester meinen Teil gegeben; **this is the ~ I hate, he said, taking out his wallet** das tue ich gar nicht gern, sagte er und zückte seine Brieftasche; **a ~** (*not much, small amount*) ein bißchen, etwas; **would you like a ~ of ice cream?** möchten Sie etwas *or* ein bißchen Eis?; **there's a ~ of truth in what he says** daran ist schon etwas Wahres; **a ~ of advice/luck/news** ein Rat *m*/ein Glück *nt*/eine Neuigkeit; **we had a ~ of trouble/excitement** wir hatten ein wenig Ärger/Aufregung; **I only read a ~ of the novel** ich habe nur ein bißchen *or* Stückchen von dem Roman gelesen; **don't you feel the slightest ~ of remorse?** hast du denn nicht die geringsten Gewissensbisse?; **it might be a ~ of help** das könnte eine kleine Hilfe sein; **it did me a ~ of good** das hat mir geholfen; **it wasn't a ~ of help/use** das war überhaupt keine Hilfe/hat überhaupt nichts genützt; **quite a ~** einiges; **there's quite a ~ of work/bread left** es ist noch eine ganze Menge Arbeit/Brot da; **in ~s and pieces** (*broken*) in tausend Stücken; (*lit, fig: come apart*) in die Brüche gegangen; **to do the work in ~s and pieces** die Arbeit stückchenweise machen; **bring all your ~s and pieces** bring deine Siebensachen; **to pick up the ~s and pieces** (*fig*) retten, was zu retten ist; **to come** *or* **fall to ~s** kaputtgehen, aus dem Leim gehen; **to pull** *or* **tear sth to ~s** (*lit*) etw in (tausend) Stücke reißen; (*fig*) keinen guten Faden an etw (*dat*) lassen; **to go to ~s** (*fig inf*) durchdrehen (*inf*).

2. (*with time*) **a ~** ein Weilchen *nt*; **he's gone out for a ~** er ist ein Weilchen *or* mal kurz weggegangen.

3. (*with cost*) **a ~** eine ganze Menge; **it cost quite a ~** das hat ganz schön (viel) gekostet (*inf*).

4. to do one's ~ sein(en) Teil tun; (*fair share also*) das Seine tun.

5. a ~ of a crack/bruise ein kleiner Riß/Fleck; **he's a ~ of a rogue/musician/expert/connoisseur** er ist ein ziemlicher Schlingel/er ist gar kein schlechter Musiker/er versteht einiges davon/er ist ein Kenner; **you're a ~ of an idiot, aren't you?** du bist ganz schön dumm; **he's got a ~ of a nerve!** der hat vielleicht Nerven!; **it's a ~ of a nuisance** das ist schon etwas ärgerlich; **now that's a ~ of an improvement** das ist schon besser.

6. ~ by ~ Stück für Stück; (*gradually*) nach und nach; **he's every ~ a soldier/Frenchman** er ist durch und durch Soldat/Franzose; **it/he is every ~ as good as ...** es/er ist genauso gut, wie ...; **not a ~ of it** keineswegs, keine Spur (*inf*).

7. when it comes to the ~ wenn es drauf ankommt.

8. (*coin*) (*Brit*) Münze *f*. **2/4/6 ~s** (*US*) 25/50/75 Cent(s).

II *adv* **a ~** ein bißchen, etwas; **wasn't she a little ~ surprised?** war sie nicht etwas erstaunt?; **I'm not a (little) ~ surprised** das wundert mich überhaupt nicht *or* kein bißchen (*inf*) *or* keineswegs; **he wasn't a ~ the wiser for it** danach war er auch nicht viel klüger *or* schlauer; **quite a ~** ziemlich viel; **that's quite a ~ better** das ist schon besser; **he's improved quite a ~** er hat sich ziemlich gebessert.

bit³ *n* (*Comput*) Bit *nt*.

bit⁴ *pret of* **bite.**

bitch [bɪtʃ] **I** *n* **1.** (*of dog*) Hündin *f*; (*of canines generally*) Weibchen *nt*; (*of fox*) Füchsin *f*; (*of wolf*) Wölfin *f*. **terrier ~** weiblicher Terrier.

2. (*inf: woman*) Miststück *nt* (*sl*); (*spiteful*) Hexe *f*. **silly ~** doofe Ziege (*inf*); **don't be a ~** (*sl*) sei nicht so gemein *or* gehässig; **she's a mean ~** sie ist ein gemeines Stück (*sl*).

3. (*sl: complaint*) **he has to have his little ~** er muß natürlich meckern (*inf*).

II *vi* (*sl: complain*) meckern (*inf*) (*about* über +*acc*).

◆**bitch up** *vt sep* (*sl*) versauen (*sl*).

bitchiness ['bɪtʃɪnɪs] *n* Gehässigkeit, Gemeinheit *f*; (*of remark also*) Bissigkeit *f*.

bitchy ['bɪtʃɪ] *adj* (+*er*) (*inf*) *woman* gehässig, gemein; *remark also* bissig. **that was a ~ thing to do/say** das war gehässig *or* gemein; **she started getting ~ about her** sie fing an, bissige *or* gehässige Bemerkungen über sie zu machen.

bite [baɪt] (*vb: pret* **bit,** *ptp* **bitten**) **I** *n* **1.** Biß *m*. **in two ~s** mit zwei Bissen; **he took a ~ (out) of the apple** er biß in den Apfel.

2. (*wound*) (*dog, snake, flea ~*) *Biß m*; (*insect ~*) Stich *m*; (*love ~*) (Knutsch)fleck *m* (*inf*).

3. (*Fishing*) **I think I've got a ~** ich glaube, es hat einer angebissen.

4. (*of food*) Happen *m*. **there's not a ~ to eat** es ist überhaupt nichts zu essen da; **come and have a ~** komm und iß 'ne Kleinigkeit; **do you fancy a ~ (to eat)?** möchten Sie etwas essen?

5. there's a ~ in the air es ist beißend kalt.

6. (*of file, saw*) **the file has lost its ~** die Feile ist stumpf geworden; **these screws don't have enough ~** diese Schrauben greifen *or* fassen nicht richtig.

7. (*of sauce*) Schärfe *f*.

II *vt* **1.** (*person, dog*) beißen; (*insect*) stechen. **to ~ one's nails** an seinen Nägeln kauen; **to ~ one's tongue/lip** sich (*dat*) auf die Zunge/Lippen beißen; **don't worry, he won't ~ you** (*fig inf*) keine Angst, er wird dich schon nicht beißen (*inf*); **to ~ the dust** (*inf*) dran glauben müssen (*inf*); **he had been bitten by the urge to ...** der Drang, zu ..., hatte ihn erfaßt *or* gepackt; **once bitten twice shy** (*Prov*) (ein) gebranntes Kind scheut das Feuer (*Prov*); **what's biting you?** (*fig inf*) was hast du denn?

2. (*cold, frost, wind*) schneiden in (+*dat*).

3. (*file, saw*) schneiden in (+*acc*); (*acid*) ätzen.

4. (*inf: swindle*) **I've been bitten** ich bin reingelegt worden (*inf*).

III *vi* **1.** (*dog*) beißen; (*insects*) stechen. **2.** (*fish, fig inf*) anbeißen. **3.** (*cold, frost, wind*) beißen, schneiden. **4.** (*wheels*) fassen, greifen; (*saw, anchor*) fassen; (*screw*) greifen.

◆**bite into** *vi* +*prep obj* (*person*) (hinein)beißen in (+*acc*); (*teeth*) (tief) eindringen in (+*acc*); (*acid, saw*) sich hineinfressen in (+*acc*); (*screw, drill*) sich hineinbohren in (+*acc*).

◆**bite off** *vt sep* abbeißen. **he won't ~ your head ~** er wird dir schon nicht den Kopf abreißen; **to ~ ~ more than one can chew** (*prov*) sich (*dat*) zuviel zumuten.

◆**bite through** *vt insep* durchbeißen.

biting ['baɪtɪŋ] *adj* beißend; *cold, wind also* schneidend.

bit-mapped ['bɪtmæpt] *adj* (*Comput*) Bit-mapped-, bit-mapped *pred*.

bit part *n* kleine Nebenrolle.

bit-part player *n* Schauspieler(in *f*) *m* in kleinen Nebenrollen.

bitten ['bɪtn] *ptp of* **bite.**

bitter ['bɪtəʳ] **I** *adj* (+*er*) **1.** *taste* bitter. **~ lemon** Bitter Lemon *nt*; **it was a ~ pill to swallow** es war eine bittere Pille.

2. *cold, winter* bitter; *weather, wind* bitterkalt *attr*, eisig. **it's ~ today** es ist heute bitter kalt.

3. *enemy, struggle, opposition* erbittert.

4. *disappointment, hatred, reproach, remorse, tears* bitter; *criticism* scharf, heftig. **to the ~ end** bis zum bitteren Ende.

5. (*embittered*) bitter; *person also* verbittert. **to be** *or* **feel ~ at sth** über etw (*acc*) bitter *or* verbittert sein.

II *adv*: **~ cold** bitterkalt *attr*, bitter kalt *pred*.

III *n* **1.** (*Brit: beer*) *halbdunkles obergäriges Bier*. **2. ~s** *pl* Magenbitter *m*; **gin and ~s** Gin mit Bitterlikör.

bitterly ['bɪtəlɪ] *adv* **1.** *reproach, disappointed* bitter; *complain also, weep* bitterlich; *oppose* erbittert; *criticize* scharf; *jealous* sehr. **2.** *cold* bitter. **3.** (*showing embitteredness*) verbittert; *criticize* erbittert.

bittern ['bɪtɜːn] *n* Rohrdommel *f*.

bitterness ['bɪtənɪs] *n see adj* **1.** Bitterkeit *f*. **2.** Bitterkeit *f*; bittere Kälte. **3.** Erbittertheit *f*. **4.** Bitterkeit *f*; Schärfe, Heftigkeit *f*. **such was the ~ of his disappointment/jealousy** er war so bitter enttäuscht/derart eifersüchtig. **5.** Bitterkeit *f*; Verbitterung *f*.

bitter-sweet ['bɪtəˌswiːt] **I** *adj* (*lit, fig*) bittersüß. **II** *n* (*Bot*) Kletternder Baumwürger; (*nightshade*) Bittersüßer Nachtschatten.

bitty ['bɪtɪ] *adj* (+*er*) (*Brit inf: scrappy*) zusammengestoppelt (*pej inf*) *or* -gestückelt (*inf*).

bitumen ['bɪtjʊmɪn] *n* Bitumen *nt*.

bituminous [bɪ'tjuːmɪnəs] *adj* bituminös. **~ coal** Stein- *or* Fettkohle *f*.

bivalve ['baɪvælv] (*Zool*) **I** *n* zweischalige Muschel. **II** *adj* zweischalig.

bivouac ['bɪvʊæk] (*vb: pret, ptp* **~ked**) **I** *n* Biwak *nt*. **II** *vi* biwakieren.

bi-weekly ['baɪ'wiːklɪ] **I** *adj* **1.** (*twice a*

week) ~ **meetings/editions** Konferenzen/Ausgaben, die zweimal wöchentlich *or* in der Woche stattfinden/erscheinen. **2.** (*fortnightly*) zweiwöchentlich, vierzehntäglich.

II *adv* **1.** (*twice a week*) zweimal wöchentlich, zweimal in der Woche. **2.** (*fortnightly*) alle vierzehn Tage, vierzehntäglich.

bizarre [bɪ'zɑːʳ] *adj* bizarr.

BL *abbr of* **Bachelor of Law.**

blab [blæb] **I** *vi* quatschen (*inf*); (*talk fast, tell secret*) plappern; (*criminal*) singen (*sl*). **II** *vt* (*also* ~ **out**) *secret* ausplaudern.

blabbermouth ['blæbəˌmaʊθ] *n* (*inf*) Klatschmaul *nt* (*inf*).

black [blæk] **I** *adj* (+*er*) **1.** schwarz. ~ **man/woman** Schwarze(r) *mf*; ~ **and blue** grün und blau; ~ **and white photography/film** Schwarzweißfotografie *f*/-film *m*; **to swear that ~ is white** schwören, daß zwei mal zwei fünf ist; **the situation isn't so ~ and white as that** die Situation ist nicht so eindeutig schwarz-weiß; **a western makes things ~ and white** ein Western stellt alles in Schwarzweißmalerei dar.

2. (*dirty*) schwarz.

3. (*wicked*) *thought, plan, deed* schwarz. **he's not so ~ as he's painted** (*prov*) er ist nicht so schlecht wie sein Ruf.

4. *future, prospects, mood* düster, finster. **maybe things aren't as ~ as they seem** vielleicht ist alles gar nicht so schlimm, wie es aussieht; **this was a ~ day for ...** das war ein schwarzer Tag für ...

5. (*fig: angry*) *looks* böse. **he looked as ~ as thunder** er machte ein bitterböses Gesicht; **his face went ~** er wurde rot vor Zorn.

6. (*during strike*) **to declare a cargo ~** eine Ladung für bestreikt erklären; ~ **goods** bestreikte Waren.

II *n* **1.** (*colour*) Schwarz *nt*. **he is dressed in ~** er trägt Schwarz; **to wear ~ for sb** für jdn Trauer tragen; **it's written down in ~ and white** es steht schwarz auf weiß geschrieben; **a ~ and white** (*Art*) eine Schwarzweißzeichnung; (*film*) ein Schwarzweißfilm *m*; **a film which oversimplifies and presents everything in ~ and white** ein Film, der durch seine Schwarzweißmalerei alles vereinfacht darstellt.

2. (*negro*) Schwarze(r) *mf*.

3. (*of night*) Schwärze *f*.

4. (*Chess etc*) Schwarz *nt*; (*Billiards*) schwarzer Ball; (*Roulette*) Schwarz *nt*.

5. in the ~ (*Fin*) in den schwarzen Zahlen.

III *vt* **1.** schwärzen. **to ~ one's face** sich (*dat*) das Gesicht schwarz machen; **to ~ sb's eye** jdm ein blaues Auge schlagen *or* verpassen (*inf*). **2.** *shoes* wichsen. **3.** (*trade union*) bestreiken; *goods* boykottieren.

◆**black out I** *vi* das Bewußtsein verlieren, ohnmächtig werden. **II** *vt sep* **1.** *building, stage* verdunkeln. **2.** (*not broadcast*) **the technicians have ~ed ~ tonight's programmes** durch einen Streik des technischen Personals kann das heutige Abendprogramm nicht ausgestrahlt werden. **3.** (*with ink, paint*) schwärzen.

◆**black up** *vi* (*Theat inf*) sich schwarz anmalen.

blackball *vt* (*vote against*) stimmen gegen; (*inf: exclude*) ausschließen; **black beetle** *n* Küchenschabe *f*; **blackberry** *n* Brombeere *f*; **to go ~ing** Brombeeren pflücken gehen, in die Brombeeren gehen (*inf*); **blackbird** *n* Amsel *f*; **blackboard** *n* Tafel *f*; **to write sth on the ~** etw an die Tafel schreiben; **black book** *n* **to be in sb's ~s** bei jdm schlecht angeschrieben sein (*inf*); **little ~** Notizbuch *nt* (*mit Adressen der Mädchenbekanntschaften*); **black box** *n* (*Aviat*) Flugschreiber *m*; **black bread** *n* Schwarzbrot *nt*; **blackcap** *n* Mönchsgrasmücke *f*; **black comedy** *n* schwarze Komödie; **Black Country** *n Industriegebiet nt in den englischen Midlands*; **blackcurrant** *n* schwarze Johannisbeere; **Black Death** *n* (*Hist*) Schwarzer Tod; **black economy** *n* Schattenwirtschaft *f*.

blacken ['blækən] **I** *vt* **1.** schwarz machen; *one's face* schwarz anmalen. **2.** (*fig*) *character* verunglimpfen. **to ~ sb's name** *or* **reputation** jdn schlechtmachen. **II** *vi* schwarz werden.

Black English *n* Englisch *nt* der Schwarzen; **black eye** *n* blaues Auge; **to give sb a ~** jdm ein blaues Auge schlagen *or* verpassen (*inf*); **black-eyed** *adj* schwarzäugig; **Black Forest** *n* Schwarzwald *m*; **Black Forest gateau** *n* Schwarzwälder Kirschtorte *f*; **black friar** *n* Dominikaner *m*; Benediktiner *m*; **black grouse** *n* Birkhuhn *nt*.

blackhead *n* Mitesser *m*; **black-headed gull** *n* Schwarzkopfmöwe *f*; **black-hearted** *adj* böse; **black hole** *n* (*Astron*) schwarzes Loch; **Black Hole of Calcutta** *n* (*cramped*) Affenstall *m*; (*dirty, dark*) scheußliches Verlies; **black humour** *n* schwarzer Humor; **black ice** *n* Glatteis *nt*.

blacking ['blækɪŋ] *n* **1.** (*for shoes*) schwarze (Schuh)wichse; (*for stoves*) Ofenschwärze *f*. **2.** (*by trade union*) Bestreikung *f*; (*of goods*) Boykottierung *f*.

blackish ['blækɪʃ] *adj* schwärzlich.

blackjack I *n* **1.** (*flag*) schwarze (Piraten)flagge; **2.** (*Hist: drinking vessel*) (lederner) Becher; **3.** (*US: weapon*) Totschläger *m*; **4.** (*Cards: pontoon*) Siebzehnundvier *nt*; **II** *vt* (*US: hit*) prügeln; **black lead** *n* Graphit *m*; (*for stoves*) Schwärze *f*; **black-lead** *vt stove* schwärzen; **blackleg** (*Brit: Ind*) **I** *n* Streikbrecher(in *f*) *m*; **II** *vi* Streikbrecher sein, sich als Streikbrecher betätigen; **III** *vt one's fellow workers* sich unsolidarisch verhalten gegen; **black list** *n* schwarze Liste; **black-list** *vt* auf die schwarze Liste setzen.

blackly ['blæklɪ] *adv* (*gloomily*) düster.

black magic *n* Schwarze Kunst *or* Magie

f; **blackmail I** *n* Erpressung *f*; **to use emotional ~ on sb** jds Gefühle brutal ausnutzen; **that's emotional ~!** das ist die reinste Erpressung!; **II** *vt* erpressen; **to ~ sb into doing sth** jdn durch Erpressung dazu zwingen, etw zu tun; **he had ~ed £500 out of her** er hatte £ 500 von ihr erpreßt; **blackmailer** *n* Erpresser(in *f*) *m*; **Black Maria** [ˌblækmə'raɪə] *n* grüne Minna (*inf*); **black mark** *n* Tadel *m*; (*in school register also*) Eintrag *m*; **that's a ~ for him** das ist ein Minuspunkt für ihn; **black market I** *n* Schwarzmarkt *m*; **II** *adj attr* Schwarzmarkt-; **black marketeer** *n* Schwarzhändler *m*; **black mass** *n* Schwarze Messe; **Black Muslim** *npl religiöse Bewegung der Schwarzen bes. in den USA*.

blackness ['blæknɪs] *n* Schwärze *f*. **the ~ of his mood** seine düstere Laune.

blackout *n* **1.** (*Med*) Ohnmacht(sanfall *m*) *f no pl*; **he had a ~** ihm wurde schwarz vor Augen; **2.** (*light failure*) Stromausfall *m*; (*Theat*) Blackout *nt*; (*during war*) Verdunkelung *f*; (*TV*) Ausfall *m*; **3.** (*news blackout*) (Nachrichten)sperre *f*; **Black Panther** *n* Black Panther *m*; **Black Power** *n* Black Power *f*; **black pudding** *n* ≃ Blutwurst *f*; **Black Rod** *n* *Zeremonienmeister m des britischen Oberhauses*; **Black Sea** *n* Schwarzes Meer; **black sheep** *n* (*fig*) schwarzes Schaf; **blackshirt** *n* Schwarzhemd *nt*; **blacksmith** *n* (Grob- *or* Huf)schmied *m*; **at/to the ~'s** beim/zum Schmied; **black spot** *n* (*also* **accident spot**) Gefahrenstelle *f*; **blackthorn** *n* (*Bot*) Schwarzdorn *m*; **black tie I** *n* (*on invitation*) Abendanzug *m*; **II** *adj dinner, function* mit Smokingzwang; **blacktop** *n* (*US*) (*substance*) schwarzer Straßenbelag; (*road*) geteerte Straße; (*paved with asphalt*) Asphaltstraße *f*; **black velvet** *n* *Sekt m mit Starkbier*; **black widow** *n* Schwarze Witwe *f*.

bladder ['blædə^r] *n* **1.** (*Anat, Bot*) Blase *f*.

bladderwrack ['blædəræk] *n* Blasentang *m*.

blade [bleɪd] *n* **1.** (*of knife, tool, weapon, razor*) Klinge *f*; (*of pencil sharpener*) Messerchen *nt*; (*of guillotine*) Beil *nt*.

2. (*of tongue*) vorderer Zungenrükken; (*of oar, spade, saw, windscreen wiper*) Blatt *nt*; (*of plough*) Schar *f*; (*of turbine, paddle wheel*) Schaufel *f*; (*of propeller*) Blatt *nt*, Flügel *m*.

3. (*of leaf*) Blatt *nt*, Spreite *f* (*spec*); (*of grass, corn*) Halm *m*, Spreite *f* (*spec*). **wheat in the ~** Weizen auf dem Halm.

blame [bleɪm] **I** *vt* **1.** (*hold responsible*) die Schuld geben (+*dat*), beschuldigen. **to ~ sb for sth/sth on sb** jdm die Schuld an etw (*dat*) geben, die Schuld an etw (*dat*) auf jdn schieben; **to ~ sth on sth** die Schuld an etw (*dat*) auf etw (*acc*) schieben, einer Sache (*dat*) die Schuld an etw (*dat*) geben; **you only have yourself to ~** das hast du dir selbst zuzuschreiben; **I'm to ~ for this** daran bin ich schuld; **whom/what are we to ~** *or* **who/what is to ~ for this accident?** wer/was ist schuld an diesem Unfall?; **I ~ him for leaving the door open** er ist schuld, daß die Tür aufblieb; **to ~ oneself for sth** sich (*dat*) etw selbst zuzuschreiben haben, selbst an etw (*dat*) schuld sein; (*feel responsible*) sich für etw verantwortlich fühlen, sich selbst bezichtigen.

2. (*reproach*) Vorwürfe machen (*sb for* jdm für *or* wegen). **nobody is blaming you** es macht Ihnen ja niemand einen Vorwurf.

3. he decided to turn down the offer — well, I can't say I ~ him er entschloß sich, das Angebot abzulehnen — das kann man ihm wahrhaftig nicht verdenken; **so I told her to get lost — (I) don't ~ you** da habe ich ihr gesagt, sie soll zum Teufel gehen — da hattest du ganz recht; **so I told him what I really thought, do you ~ me?** da habe ich ihm gründlich meine Meinung gesagt, und doch wohl nicht zu unrecht, oder?

II *n* **1.** (*responsibility*) Schuld *f*. **to put the ~ for sth on sb** jdm die Schuld an etw (*dat*) geben; **to take the ~** die Schuld auf sich (*acc*) nehmen; (*for sb's mistakes also*) den Kopf hinhalten; **why do I always have to take the ~?** warum muß denn immer ich an allem schuld sein?; **we share the ~** wir haben beide/alle schuld.

2. (*censure*) Tadel *m*. **without ~** ohne Schuld; (*irreproachable*) *life* untadelig.

blameless ['bleɪmlɪs] *adj* schuldlos; *life* untadelig.

blamelessly ['bleɪmlɪslɪ] *adv* unschuldig.

blameworthy ['bleɪmwɜːðɪ] *adj* schuldig; *neglect* tadelnswert.

blanch [blɑːntʃ] **I** *vt* (*Hort*) bleichen; (*illness*) *face* bleich machen; (*fear*) erbleichen lassen; (*Cook*) *vegetables* blanchieren; *almonds* brühen. **II** *vi* (*with* vor +*dat*) (*person*) blaß werden; (*with fear also*) bleich werden, erbleichen (*geh*).

blancmange [blə'mɒnʒ] *n* Pudding *m*.

bland [blænd] *adj* (+*er*) **1.** (*suave*) *expression, look, manner* verbindlich; *face* ausdruckslos-höflich, glatt (*pej*); *person* verbindlich; (*trying to avoid trouble*) konziliant. **2.** (*mild*) *air, weather* mild; *taste also* nüchtern, fade (*pej*). **3.** (*harmless, lacking distinction*) nichtssagend.

blandish ['blændɪʃ] *vt* schönreden (+*dat*).

blandishment ['blændɪʃmənt] *n* Schmeichelei *f*.

blandly ['blændlɪ] *adv see adj* **3**.

blandness ['blændnɪs] *n see adj* **1.** Verbindlichkeit *f*; ausdruckslose Höflichkeit; Konzilianz *f*. **2.** Milde *f*; Fadheit *f*. **3.** nichtssagende Art.

blank [blæŋk] **I** *adj* (+*er*) **1.** *piece of paper, page, wall* leer; *silence, darkness* tief; *coin* ungeprägt. **~ cheque** Blankoscheck *m*; (*fig*) Freibrief *m*; **to give sb a ~ cheque** (*fig*) jdm Carte blanche geben (*geh*), jdm freie Hand lassen; **a ~ space** eine Lücke, ein freier Platz; (*on form*) ein freies Feld; **~ form** Formular(blatt) *nt*, Vordruck *m*; **please leave ~** (*on form*) bitte frei lassen *or* nicht ausfüllen.

2. (*empty*) *life* unausgefüllt, leer.

3. (*expressionless*) *face, look* ausdruckslos; (*stupid*) verständnislos; (*puzzled*) verdutzt, verblüfft. **to look ~** (*expressionless*) eine ausdruckslose Miene aufsetzen; (*stupid*) verständnislos dreinschauen; (*puzzled*) ein verdutztes Gesicht machen; **he just looked ~** *or* **gave me a ~ look** er guckte mich nur groß an (*inf*); **my mind went ~** ich hatte Mattscheibe (*inf*), ich hatte ein Brett vor dem Kopf (*inf*).

4. **~ (cartridge)** Platzpatrone *f*.

5. **~ verse** Blankvers *m*.

II *n* **1.** (*in document*) freier Raum, leere Stelle; (*~ document*) Vordruck *m*, Formular *nt*; (*gap*) Lücke *f*.

2. (*void*) Leere *f*. **my mind was/went a complete ~** ich hatte totale Mattscheibe (*inf*).

3. (*in lottery*) Niete *f*. **to draw a ~** (*fig*) kein Glück haben.

4. (*in a target*) Scheibenmittelpunkt *m*.

5. (*cartridge*) Platzpatrone *f*.

6. (*domino*) Blank *nt*.

blanket ['blæŋkɪt] **I** *n* (*lit, fig*) Decke *f*. **born on the wrong side of the ~** (*hum inf*) unehelich (geboren) sein. **II** *adj attr statement* pauschal; *insurance etc* umfassend. **III** *vt* **1.** (*snow, smoke*) zudecken. **fog ~ed the town** Nebel hüllte die Stadt ein. **2.** (*Naut*) *ship* den Wind abhalten von.

blankly ['blæŋklɪ] *adv see adj 3.*

blankness ['blænknɪs] *n* (*emptiness*) Leere *f*; (*of expression*) Ausdruckslosigkeit *f*; (*not understanding*) Verständnislosigkeit *f*; (*puzzlement*) Verdutztheit *f*.

blare [blɛəʳ] **I** *n* Plärren, Geplärr *nt*; (*of car horn*) lautes Hupen; (*of trumpets*) Schmettern *nt*.

II *vi see n* plärren; laut hupen; schmettern. **the music/his voice ~d through the hall** die Musik/seine Stimme schallte durch den Saal.

III *vt* **be quiet! he ~d** Ruhe!, brüllte er.

◆blare out I *vi* (*loud voice, music*) schallen; (*trumpets*) schmettern; (*radio, music also*) plärren; (*car horn*) laut hupen; (*person*) brüllen. **II** *vt sep* (*trumpets*) *tune* schmettern; (*radio*) *music* plärren; (*person*) *order, warning* brüllen.

blarney ['blɑːnɪ] **I** *n* Schmeichelei *f*, Schmus *m* (*inf*). **he has kissed the ~ stone** der kann einen beschwatzen (*inf*). **II** *vt sb* schmeicheln (+*dat*). **he could ~ his way out of trouble** er könnte sich aus allem herausreden. **III** *vi* schmeicheln.

blaspheme [blæs'fiːm] **I** *vt* lästern, schmähen (*geh*). **II** *vi* Gott lästern. **to ~ against sb/sth** (*lit, fig*) jdn/etw schmähen (*geh*).

blasphemer [blæs'fiːməʳ] *n* Gotteslästerer *m*.

blasphemous ['blæsfɪməs] *adj* (*lit, fig*) blasphemisch; *words also* lästerlich.

blasphemously ['blæsfɪməslɪ] *adv* blasphemisch; *speak also* lästerlich, frevlerisch.

blasphemy ['blæsfɪmɪ] *n* Blasphemie *f*; (*Rel also*) (Gottes)lästerung *f*; (*words also*) Schmähung *f* (*geh*).

blast [blɑːst] **I** *n* **1.** Windstoß *m*; (*of hot air*) Schwall *m*.

2. (*sound: of trumpets*) Geschmetter, Schmettern *nt*; (*of foghorn*) Tuten *nt*.

3. (*noise, explosion*) Explosion *f*; (*shock wave*) Druckwelle *f*. **to get the full ~ of sb's anger** jds Wut in voller Wucht abkriegen.

4. (*in quarrying*) Sprengladung *f*.

5. (*of furnace*) (Blas)wind *m*. **(to go) at full ~** (*lit, fig*) auf Hochtouren (laufen); **with the radio turned up (at) full ~** mit dem Radio voll aufgedreht.

II *vt* **1.** (*lightning*) schlagen in (+*acc*); (*with powder*) sprengen. **2.** (*send*) *rocket* schießen. **3.** (*blight*) *plant* vernichten, zerstören; *reputation also, future* ruinieren. **4.** (*inf: criticize*) verreißen; *person* herunterputzen (*inf*).

III *vi* (*in quarry*) sprengen.

IV *interj* (*inf*) **~ (it)!** verdammt! (*inf*), so ein Mist! (*inf*); **~ him for coming so late** Herrgott, daß er aber auch so spät kommen muß! (*inf*); **~ that work, I'm going out tonight** die Arbeit kann mich mal (*inf*), ich geh' heut abend weg.

◆blast off *vi* (*rocket, astronaut*) abheben, starten.

blasted ['blɑːstɪd] **I** *adj* **1.** öde. **2.** (*inf*) verdammt (*inf*), Mist- (*inf*). **II** *adv* (*inf*) verdammt (*inf*).

blast furnace *n* Hochofen *m*.

blasting ['blɑːstɪŋ] *n* (*Tech*) Sprengen *nt*; *see* **sand~**.

blast-off ['blɑːstɒf] *n* Abschuß *m*.

blatancy ['bleɪtənsɪ] *n see* **blatant** Offensichtlichkeit *f*; Eklatanz *f*; Kraßheit *f*; Unverfrorenheit *f*.

blatant ['bleɪtənt] *adj* (*very obvious*) offensichtlich; *injustice, lie, error, lack also* eklatant; *error also* kraß; *liar, social climber* unverfroren; *colour* schreiend; *disregard* offen, unverhohlen. **there's no need (for you) to be quite so ~ about it** (*in talking*) Sie brauchen das nicht so herumzuposaunen (*inf*); (*in doing sth*) Sie brauchen das nicht so deutlich zu tun.

blatantly ['bleɪtəntlɪ] *adv* offensichtlich; (*openly*) offen; (*without respect*) unverfroren. **you don't have to make it quite so ~ obvious** Sie brauchen es nicht so überdeutlich zu zeigen.

blather ['blæðəʳ] (*inf*) *n, vi see* **blether.**

blaze¹ [bleɪz] **I** *n* **1.** (*fire*) Feuer *nt*; (*of building also*) Brand *m*. **six people died in the ~** sechs Menschen kamen in den Flammen um.

2. (*of guns*) Feuer, Funkeln *nt*. **a ~ of lights/colour** ein Lichtermeer *nt*/Meer *nt* von Farben; **he went out in a ~ of glory** er trat mit Glanz und Gloria ab.

3. (*of fire, sun*) Glut *f*; (*fig: of rage*) Anfall *m*.

4. (*inf*) **go to ~s** scher dich zum Teufel! (*inf*); **it can go to ~s** das kann mir gestohlen bleiben (*inf*); **what/how the ~s ...?** was/wie zum Teufel ...? (*inf*); **like ~s** wie verrückt (*inf*).

II *vi* **1.** (*sun*) brennen; (*fire also*) lodern. **to ~ with anger** vor Zorn glühen.

2. (*guns*) feuern.
◆**blaze abroad** *vt sep* (*liter*) verbreiten (*throughout* in +*dat*).
◆**blaze away** *vi* **1.** (*soldiers, guns*) drauflos feuern (*at* auf +*acc*). **2.** (*fire*) lodern.
◆**blaze down** *vi* (*sun*) niederbrennen (*on* auf +*acc*).
◆**blaze up** *vi* aufflammen, auflodern.
blaze[2] **I** *n* (*of horse*) Blesse *f*; (*on tree*) Anreißung *f*. **II** *vt tree* anreißen. **to ~ a trail** (*lit*) einen Weg markieren; (*fig*) den Weg bahnen.
blazer ['bleɪzəʳ] *n* Blazer *m*.
blazing ['bleɪzɪŋ] *adj* **1.** *building* brennend; *fire, torch* lodernd; *sun, light* grell; *sun* (*hot*) brennend. **2.** (*fig*) *eyes* funkelnd (*with* vor +*dat*); *red* knall-, leuchtend. **he is ~** (*inf*) er kocht vor Wut (*inf*).
blazon ['bleɪzn] **I** *n* (*Her*) Wappen *nt*. **II** *vt* (*liter: also* **~ abroad**) *news* verbreiten (*throughout* in +*dat*).
bleach [bliːtʃ] **I** *n* **1.** Bleichmittel *nt*; (*household* ~) Reinigungsmittel *nt*. **2.** (*act*) Bleichen *nt*. **II** *vt linen, bones, hair* bleichen. **III** *vi* (*bones*) (ver)bleichen.
◆**bleach out** *vt sep* ausbleichen.
bleachers ['bliːtʃəz] *npl* (*US*) unüberdachte Zuschauertribüne.
bleaching ['bliːtʃɪŋ] *n* Bleichen *nt*. **~ agent** Bleichmittel *nt*; **~ powder** Bleichkalk *m*.
bleak [bliːk] *adj* (+*er*) **1.** öde, trostlos. **2.** *weather, wind* rauh, kalt. **3.** (*fig*) trostlos; *prospects also* trüb.
bleakly ['bliːklɪ] *adv see adj*.
bleakness ['bliːknɪs] *n see adj* **1.** Öde, Trostlosigkeit *f*. **2.** Rauheit, Kälte *f*. **3.** Trostlosigkeit *f*; Trübheit *f*.
bleary ['blɪərɪ] *adj* (+*er*) **1.** *eyes* trübe; (*after sleep*) verschlafen. **2.** (*blurred*) verschwommen.
bleary-eyed ['blɪərɪˌaɪd] *adj* (*after sleep*) verschlafen. **~ after proof reading** mit ganz trüben Augen nach dem Korrekturlesen.
bleat [bliːt] **I** *vi* **1.** (*sheep, calf*) blöken; (*goat*) meckern.
2. (*fig inf: complain*) meckern (*inf*).
II *n* **1.** (*of sheep, calf*) Blöken, Geblök *nt*; (*of goat*) Meckern *nt*. **2.** (*inf: moan*) Meckern (*inf*), Gemecker (*inf*) *nt*.
bleed [bliːd] *pret, ptp* **bled** [bled] **I** *vi* **1.** bluten. **to ~ to death** verbluten; **my heart ~s for you** (*iro*) ich fang' gleich an zu weinen.
2. (*plant*) bluten, schwitzen; (*wall*) schwitzen.
II *vt* **1.** *person* zur Ader lassen. **2.** (*fig inf*) schröpfen (*inf*) (*for* um), bluten lassen (*inf*). **to ~ sb white** jdn total ausnehmen (*inf*). **3.** (*Aut*) *brakes* lüften.
◆**bleed away** *vi* (*lit, fig*) ausströmen, verströmen (*geh*).
bleeder ['bliːdəʳ] *n* **1.** (*Med inf*) Bluter *m*. **2.** (*Brit sl*) (*person*) Arschloch *nt* (*vulg*); (*thing*) Scheißding *nt* (*sl*).
bleeding ['bliːdɪŋ] **I** *n* **1.** (*loss of blood*) Blutung *f*. **internal ~** innere Blutungen *pl*. **2.** (*taking blood*) Aderlaß *m*. **3.** (*of plant*) Blutung *f*, Schwitzen *nt*. **4.** (*of brakes*) Lüftung *f*.
II *adj* **1.** *wound* blutend; (*fig*) *heart* gebrochen.
2. (*Brit sl*) verdammt (*inf*), Scheiß- (*sl*); (*in positive sense*) *miracle etc* verdammt (*inf*). **get your ~ hands off** nimm deine Dreckpfoten weg (*inf*).
III *adv* (*Brit sl*) verdammt (*inf*). **who does he/she think he/she ~ well is?** für was hält sich der Kerl/die Kuh eigentlich? (*sl*); **not ~ likely** da ist nichts drin (*sl*).
bleep [bliːp] **I** *n* (*Rad, TV*) Piepton *m*. **II** *vi* (*transmitter*) piepsen. **III** *vt* (*in hospital*) *doctor* anpiepsen.
bleeper ['bliːpəʳ] *n* Funkrufempfänger, Piepser *m*.
blemish ['blemɪʃ] **I** *n* (*lit, fig*) Makel *m*. **without (a) ~** makellos, ohne Makel. **II** *vt object* beschädigen; *work, beauty* beeinträchtigen; *reputation, honour* beflecken.
blench [blen*t*ʃ] *vi* bleich werden.
blend [blend] **I** *n* Mischung *f*; (*of whiskies also*) Blend *m*. **a ~ of tea** eine Teemischung.
II *vt* **1.** *teas, colours* (ver)mischen; *cultures* vermischen.
2. (*Cook*) (*stir*) einrühren; (*in blender*) *liquids* mixen; *semi-solids* pürieren.
III *vi* **1.** (*mix together*) (*teas, whiskies*) sich vermischen, sich mischen lassen; (*voices, colours*) verschmelzen. **sea and sky seemed to ~ together** Meer und Himmel schienen ineinander überzugehen.
2. (*also* **~ in**: *go together, harmonize*) harmonieren (*with* mit), passen (*with* zu).
◆**blend in I** *vt sep flavouring* einrühren; *colour, tea* daruntermischen; *building* anpassen (*with dat*). **II** *vi see* **blend III 2.**
blender ['blendəʳ] *n* Mixer *m*, Mixgerät *nt*.
bless [bles] *vt* **1.** (*God, priest*) segnen. **~ you, my son** Gott segne dich, mein Sohn; **~ you, darling, you're an angel** (*inf*) du bist wirklich lieb, du bist ein Engel (*inf*); **~ your little cotton socks** (*inf*) du bist ja ein Schatz (*inf*); **~ you!** (*to sneezer*) Gesundheit!; **~ me!** (*inf*), **~ my soul!** (*inf*) du mein Güte! (*inf*); **he's lost it again, ~ him** (*iro*) prima, er hat es wieder mal verloren! (*iro*); **I'll be ~ed** *or* **blest if I'm going to do that!** (*inf*) das fällt mir ja nicht im Traum ein! (*inf*); **well, I'll be ~ed!** (*inf*) so was!
2. to ~ sb with sth jdn mit etw segnen; **to be ~ed with** gesegnet sein mit.
3. (*Eccl: adore*) preisen.
blessed ['blesɪd] **I** *adj* **1.** (*Rel*) heilig. **B~ Virgin** Heilige Jungfrau (Maria); **the B~ X** der selige X; **~ be God!** gepriesen sei Gott!
2. (*fortunate*) selig. **~ are the pure in heart** (*Bibl*) selig sind, die reinen Herzens sind.
3. (*liter: giving joy*) willkommen.
4. (*euph inf: cursed*) verflixt (*inf*). **I couldn't remember a ~ thing** ich konnte mich an rein gar nichts mehr erinnern (*inf*); **the whole ~ day** den lieben langen Tag (*inf*); **every ~ evening** aber auch *je-*

den Abend.

II *adv* verflixt (*inf*). **he's too ~ lazy** er ist einfach zu faul.

III *n* **the B~, the Blest** die Seligen *pl*.

blessing ['blesɪŋ] *n* (*Rel, fig*) Segen *m*. **he can count his ~s** da kann er von Glück sagen; **the ~s of civilization** die Segnungen der Zivilisation; **it was a ~ in disguise** es war schließlich doch ein Segen.

blest [blest] *see* **blessed**.

blether ['bleðə^r] (*inf*) **I** *vi* quatschen (*inf*), schwätzen (*S Ger inf*). **II** *n* (*Scot*) **1. to have a good ~** einen ordentlichen Schwatz halten (*inf*). **2.** (*person*) Quasselstrippe *f* (*inf*).

blew [blu:] *pret of* **blow**[2].

blight [blaɪt] **I** *n* **1.** (*on plants*) Braunfäule *f*.

2. (*fig*) **to be a ~ on** *or* **upon sb's life/happiness** jdm das Leben/jds Glück vergällen; **these slums are a ~ upon the city** diese Slums sind ein Schandfleck für die Stadt; **this poverty which is a ~ upon our nation** die Armut, mit der unser Volk geschlagen ist.

II *vt* **1.** *plants* zerstören. **2.** (*fig*) *hopes* vereiteln; *sb's career, future also, life* verderben.

blighter ['blaɪtə^r] *n* (*Brit inf*) Kerl *m* (*inf*); (*boy*) ungezogener Bengel; (*girl*) Luder *nt* (*inf*). **a poor ~** ein armer Hund (*inf*); **you ~** du Idiot! (*inf*); **what a lucky ~!** so ein Glückspilz!; **this question's a real ~** diese Frage ist sauschwer (*inf*).

blimey ['blaɪmɪ] *interj* (*Brit sl*) verflucht (*inf*), Mensch (*inf*).

blind [blaɪnd] **I** *adj* (*+er*) **1.** blind. **a ~ man/woman** ein Blinder/eine Blinde; **~ in one eye** auf einem Auge blind.

2. (*fig*) (*to faults, beauty, charm*) blind (*to* für, gegen). **to be ~ to the possibilities** die Möglichkeiten nicht sehen; **to turn a ~ eye to sth** bei etw ein Auge zudrücken; **she remained ~ to the fact that ...** sie sah einfach nicht, daß ...

3. (*fig: lacking judgement*) *obedience, passion* blind; *fury, panic also* hell. **in a ~ fury** in heller Wut; **~ with passion/rage** blind vor Leidenschaft/Wut; **he came home in a ~ stupor** er kam sinnlos betrunken nach Hause; **~ forces** blinde Kräfte.

4. (*vision obscured*) *corner* unübersichtlich; *see* **~ spot**.

5. (*inf*) **it's not a ~ bit of use trying to persuade him** es hat überhaupt keinen Zweck, ihn überreden zu wollen; **he hasn't done a ~ bit of work** er hat keinen Strich *or* Schlag getan (*inf*).

6. (*false*) *door, window* blind.

7. (*without exit*) *passage* ohne Ausgang, blind endend *attr*.

II *vt* **1.** blenden. **the explosion ~ed him** er ist durch die Explosion blind geworden; **he was ~ed in the war** er ist kriegsblind; **the war-~ed** die Kriegsblinden *pl*.

2. (*sun, light*) blenden.

3. (*fig*) (*love, hate*) blind machen (*to* für, gegen); (*wealth, beauty*) blenden. **to ~ sb with science** jdn mit Fachjargon beeindrucken (wollen).

III *n* **1. the ~** die Blinden *pl*; **it's the ~ leading the ~** (*fig*) das hieße, einen Lahmen einen Blinden führen lassen.

2. (*window shade*) (*cloth*) Rollo, Rouleau *nt*; (*slats*) Jalousie *f*; (*outside*) Rolladen *m*.

3. (*cover*) Tarnung *f*. **to be a ~** zur Tarnung dienen.

4. (*fig sl: booze-up*) Sauferei *f* (*inf*).

5. (*US: hide*) Versteck *nt*.

IV *adv* **1.** (*Aviat*) *fly* blind.

2. ~ drunk (*inf*) sinnlos betrunken.

blind alley *n* (*lit, fig*) Sackgasse *f*; **to be up a ~** (*fig*) in einer Sackgasse stecken; **blind date** *n* Rendezvous *nt* mit einem/einer Unbekannten; (*person*) unbekannter (Rendezvous)partner; unbekannte (Rendezvous)partnerin.

blinder ['blaɪndə^r] *n* **1.** (*US: blinker*) Scheuklappe *f*. **2.** (*sl: drinking spree*) Kneipkur *f* (*inf*).

blind flying *n* (*Aviat*) Blindflug *m*.

blindfold ['blaɪndfəʊld] **I** *vt* die Augen verbinden (*+dat*). **II** *n* Augenbinde *f*. **III** *adj* mit verbundenen Augen. **I could do it ~** (*inf*) das mach' ich mit links (*inf*).

blinding ['blaɪndɪŋ] *adj light* blendend; *truth* ins Auge stechend. **in the ~ light of day** im grellen Tageslicht.

blind landing *n* (*Aviat*) Blindlandung *f*.

blindly ['blaɪndlɪ] *adv* (*lit, fig*) blind(lings).

blind man's buff *n* Blindekuh *no art*.

blindness ['blaɪndnɪs] *n* (*lit, fig*) Blindheit *f* (*to* gegenüber).

blind side *n* (*Sport*) ungedeckte Seite; **blind spot** *n* (*Med*) blinder Fleck; (*Aut, Aviat*) toter Winkel; (*Rad*) tote Zone; **trigonometry was his ~** Trigonometrie war sein schwacher Punkt; **blind staggers** *n sing* Taumelsucht *f*; **blindworm** *n* Blindschleiche *f*.

blink [blɪŋk] **I** *n* Blinzeln *nt*. **to be on the ~** (*inf*) kaputt sein (*inf*). **II** *vi* **1.** blinzeln, zwinkern. **2.** (*light*) blinken. **III** *vt* **to ~ one's eyes** mit den Augen zwinkern.

◆**blink at** *vi +prep obj* (*ignore*) hinwegsehen über (*+acc*).

◆**blink away** *vt sep tears* wegblinzeln (*inf*).

blinker ['blɪŋkə^r] *n* **1.** (*light*) Blinker *m*. **2. ~s** *pl* Scheuklappen *pl*.

blinkered ['blɪŋkəd] *adj* (*fig*) engstirnig. **they are all so ~** sie laufen alle mit Scheuklappen herum.

blinking ['blɪŋkɪŋ] **I** *adj* (*Brit inf*) verflixt (*inf*), blöd (*inf*). **what a ~ cheek!** so eine bodenlose Frechheit! (*inf*). **II** *adv* verflixt (*inf*). **III** *n* **1.** (*of eyes*) Blinzeln, Zwinkern *nt*. **2.** (*of light*) Blinken *nt*.

blip [blɪp] *n* leuchtender Punkt (auf dem Radarschirm).

bliss [blɪs] *n* Glück *nt*; (*Rel*) (Glück)seligkeit *f*. **this is ~!** das ist herrlich *or* eine Wohltat!; **a life of marital/academic ~** ein glückliches Eheleben/Leben an der Universität; **ignorance is ~** (*prov*) Unwissenheit ist ein Geschenk des Himmels.

blissful ['blɪsfʊl] *adj time* herrlich, paradiesisch; *respite also* wohltuend; *feeling* *also* wonnig; *happiness* höchste(s); *state, look, smile* (glück)selig; *moments* selig; **in ~ ignorance of the fact that ...** (*iro*) in keinster Weise ahnend, daß ...

blissfully ['blɪsfəlɪ] *adv stretch* wohlig; *peaceful* paradiesisch, herrlich; *smile* selig. **~ happy** überglücklich; **to be ~ ignorant/unaware** so herrlich ahnungslos/arglos sein; **he remained ~ ignorant of what was going on** er ahnte in keinster Weise, was eigentlich vor sich ging.

blister ['blɪstəʳ] **I** *n* (*on skin, paint*) Blase *f*. **II** *vi* (*skin*) Blasen bekommen; (*paintwork, metal*) Blasen werfen. **III** *vt skin, paint* Blasen hervorrufen auf (+*dat*).

blistering ['blɪstərɪŋ] *adj heat, sun* glühend; *pace* mörderisch.

blister pack *n* (Klar)sichtpackung, Blisterpackung *f*.

blister-packed ['blɪstəˌpækt] *adj* klarsichtverpackt.

blithe [blaɪð] *adj* (+*er*) fröhlich, munter.

blithely ['blaɪðlɪ] *adv* **1.** *see adj*. **2.** *ignore, carry on* munter. **he ~ ignored the problem** er setzte sich ungeniert über das Problem hinweg.

blithering ['blɪðərɪŋ] *adj* (*inf*) **a ~ idiot** ein Trottel *m* (*inf*).

B Litt *abbr of* **Bachelor of Letters.**

blitz [blɪts] **I** *n* **1.** Blitzkrieg *m*; (*aerial*) Luftangriff *m*. **the B~** *deutscher Luftangriff auf britische Städte 1940-41*. **2.** (*fig inf*) Blitzaktion *f*. **he had a ~ on his room** er machte gründlich in seinem Zimmer sauber. **II** *vt* heftig bombardieren.

blitzed [blɪtst] *adj* **1.** *area* zerbombt. **2.** (*inf: drunk*) voll (*inf*), zu (*sl*).

blizzard ['blɪzəd] *n* Schneesturm *m*.

bloated ['bləʊtɪd] *adj* **1.** aufgedunsen. **2.** (*fig: with pride, self-importance*) aufgeblasen (*with* vor +*dat*).

bloater ['bləʊtəʳ] *n* Räucherhering *m*.

blob [blɒb] *n* (*of water, honey, wax*) Tropfen *m*; (*of ink*) Klecks *m*; (*of paint*) Tupfer *m*; (*of ice-cream, mashed potatoes*) Klacks *m*.

bloc [blɒk] *n* (*Pol*) Block *m*.

block [blɒk] **I** *n* **1.** Block, Klotz *m*; (*executioner's* ~) Richtblock *m*; (*engine* ~) Motorblock *m*. **~s** (*toys*) (Bau)klötze *pl*.

2. (*building*) Block *m*. **~ of flats** Wohnblock *m*; **to take a stroll round the ~** einen Spaziergang um den Block machen; **she lived in the next ~/three ~s from us** (*esp US*) sie wohnte im nächsten Block/drei Blocks *or* Straßen weiter.

3. (*division of seats*) Block *m*.

4. (*obstruction*) (*in pipe, Med*) Verstopfung, Verlegung (*spec*) *f*; (*mental*) geistige Sperre (*about* in bezug auf +*acc*), Mattscheibe *f* (*inf*).

5. (*Typ*) Druckstock *m*.

6. (*of tickets, shares*) Block *m*.

7. (*inf: head*) **to knock sb's ~ off** jdm eins überziehen (*inf*).

8. (*also* **writing ~**) Block *m*.

9. (*usu pl: also* **starting ~**) Startblock *m*.

10. (*in ballet shoe*) Spitzenverstärkung *f*; (*ballet shoe*) spitzenverstärkter Ballettschuh.

11. (*Comput*) Block *m*.

II *vt* **1.** *road, harbour, wheel* blockieren; *plans also* im Wege stehen (+*dat*); *traffic also, progress* aufhalten; *pipe* verstopfen; (*Ftbl*) *one's opponent* blocken; *ball* stoppen. **to ~ sb's way/view** jdm den Weg/die Sicht versperren. **2.** *credit* sperren. **3.** (*Comput*) blocken.

III *vi* (*Sport*) blocken.

◆**block in** *vt sep* **1.** (*Art*) andeuten. **2.** (*hem in*) einkeilen.

◆**block off** *vt sep street* absperren; *fireplace* abdecken.

◆**block out** *vt sep* **1.** (*obscure*) *light* nicht durchlassen; *sun also* verdecken. **2.** (*sketch roughly*) andeuten. **3.** (*obliterate*) *part of picture, photograph* wegretuschieren.

◆**block up** *vt sep* **1.** (*obstruct*) *gangway* blockieren, versperren; *pipe* verstopfen. **my nose is** *or* **I'm all ~ed ~** meine Nase ist völlig verstopft. **2.** (*close, fill in*) *window, entrance* zumauern; *hole* zustopfen.

blockade [blɒ'keɪd] **I** *n* **1.** (*Mil*) Blockade *f*. **2.** (*barrier, obstruction*) Sperre, Barrikade *f*. **II** *vt* blockieren, sperren.

blockage ['blɒkɪdʒ] *n* Verstopfung *f*; (*in windpipe, Med*) Verlegung, Blockade *f*; (*act*) Blockierung *f*.

block and tackle *n* Flaschenzug *m*; **block booking** *n* (*travel booking*) Gruppenbuchung *f*; (*Theat*) Gruppenbestellung *f*; **blockbuster** *n* **1.** (*inf*) Knüller *m* (*inf*); (*film also*) Kinohit *m* (*inf*); **2.** (*Mil*) große Bombe; **block capitals** *npl* Blockschrift *f*; **block grant** *n* Pauschalsubvention *f*; **blockhead** *n* (*inf*) Dummkopf *m*; **blockhouse** *n* Blockhaus *nt*; **blockish** *adj* (*inf*) dumm, doof (*inf*); **block letters** *npl* Blockschrift *f*; **block vote** *n* Stimmenblock *m*.

bloke [bləʊk] *n* (*Brit inf*) Typ (*inf*) *m*.

blond [blɒnd] *adj man, hair, beard* blond.

blonde [blɒnd] **I** *adj* blond; *skin* hell. **II** *n* (*woman*) Blondine *f*.

blood [blʌd] **I** *n* **1.** Blut *nt*. **to give ~** Blut spenden; **it makes my ~ boil** das macht mich rasend; **his ~ is up** er ist wütend; **she's after** *or* **out for his ~** sie will ihm an den Kragen (*inf*); **his ~ ran cold** es lief ihm eiskalt über den Rücken; **this firm needs new ~** diese Firma braucht frisches Blut; **it is like trying to get ~ from a stone** (*prov*) das ist verlorene Liebesmüh; **bad ~** böses Blut.

2. (*fig*) (*lineage*) Blut, Geblüt (*geh*) *nt*, Abstammung *f*. **it's in his ~** das liegt ihm im Blut; **~ is thicker than water** (*prov*) Blut ist dicker als Wasser (*prov*).

II *attr* (*pure-bred*) reinrassig.

III *vt hounds* an Blut gewöhnen.

blood *in cpds* Blut-; **blood and thunder** *n* Mord und Totschlag *m*; **blood bank** *n* Blutbank *f*; **bloodbath** *n* Blutbad *nt*; **blood blister** *n* Blutblase *f*; **blood brother** *n* Blutsbruder *m*; **blood clot** *n* Blutgerinnsel *nt*; **blood count** *n* (*Med*) Blutbild *nt*; **bloodcurdling** *adj* grauenerregend; **blood donor** *n* Blutspender(in *f*) *m*; **blood group** *n* Blutgruppe *f*; **blood heat** *n* Körpertemperatur *f*; **bloodhound** *n* **1.** (*Zool*) Bluthund *m*; **2.** (*fig: detective*) Schnüffler (*inf*), Detektiv *m*.

bloodiness ['blʌdɪnɪs] *n* **1.** (*of sight, war*) Blutigkeit *f*. **2.** (*inf: horribleness*) Gräßlichkeit, Abscheulichkeit *f*.

bloodless ['blʌdlɪs] *adj* (*rare: without blood*) blutlos; (*without bloodshed*) *victory, coup* unblutig; (*pallid*) blutleer.

bloodlessly ['blʌdlɪslɪ] *adv* unblutig.

bloodlessness ['blʌdlɪsnɪs] *n see adj* Blutlosigkeit *f*; Unblutigkeit *f*; Blutleere *f*.

blood-letting *n* Aderlaß *m*; **bloodmobile** *n* (*US*) Blutspendewagen *m*; **blood money** *n* Mordgeld *nt*; **blood orange** *n* Blutorange *f*; **blood-poisoning** *n* Blutvergiftung *f*; **blood pressure** *n* Blutdruck *m*; **blood pudding** *n* ≃ Blutwurst *f*; **blood-red** *adj* blutrot; **blood relation** *n* Blutsverwandte(r) *mf*; **bloodshed** *n* Blutvergießen *nt*; **bloodshot** *adj* blutunterlaufen; **blood sports** *npl Jagdsport, Hahnenkampf m etc*; **bloodstain** *n* Blutfleck *m*; **bloodstained** *adj* blutig, blutbefleckt; **blood stock** *n* reinrassige Zucht; **bloodstone** *n* Blutjaspis, Heliotrop *m*; **bloodstream** *n* Blut *nt*, Blutkreislauf *m*; **bloodsucker** *n* (*Zool, fig*) Blutsauger *m*; **blood test** *n* Blutprobe *f*; **bloodthirstiness** *n see adj* Blutrünstigkeit *f*; Blutgier *f*; **bloodthirsty** *adj tale* blutrünstig; *person, animal, disposition also* blutgierig; **blood transfusion** *n* Blutübertragung, (Blut)transfusion *f*; **blood vessel** *n* Blutgefäß *nt*; **he almost burst a ~** (*lit*) ihm wäre beinahe eine Ader geplatzt; (*fig inf*) ihn traf fast der Schlag.

bloody ['blʌdɪ] **I** *adj* (+*er*) **1.** (*lit*) *nose, bandage, battle* blutig.

2. (*Brit sl: damned*) verdammt (*inf*), Scheiß- (*sl*); (*in positive sense*) *genius, wonder* echt (*inf*), verdammt (*inf*). **it was a ~ nuisance/waste of time** Mann *or* Mensch, das war vielleicht ein Quatsch (*inf*) *or* Scheiß (*sl*)/das war reine Zeitverschwendung; **it was there all the ~ time** Mann (*inf*) *or* Mensch (*inf*) *or* Scheiße (*sl*), das war schon die ganze Zeit da; **he hasn't got a ~ hope** Mensch *or* Mann, der hat doch überhaupt keine Chance (*inf*); **~ hell!** verdammt! (*inf*), Scheiße! (*sl*); (*in indignation*) verdammt noch mal! (*inf*); (*in amazement*) Menschenskind! (*inf*), meine Fresse! (*sl*); **he is a ~ marvel** er ist echt *or* verdammt gut (*inf*).

3. (*inf: awful*) greulich (*inf*); *person, behaviour* abscheulich.

II *adv* (*Brit sl*) verdammt (*inf*), saumäßig (*sl*); *hot, cold, stupid* sau- (*sl*); (*in positive sense*) *good, brilliant* echt (*inf*), verdammt (*inf*). **that's ~ useless/no ~ good** Mensch, das taugt doch überhaupt nichts (*inf*)/das ist Scheiße (*sl*); **not ~ likely** da ist überhaupt nichts drin (*inf*); **he can ~ well do it himself** das soll er schön alleine machen, verdammt noch mal! (*inf*).

III *vt* blutig machen.

Bloody Mary *n Cocktail m aus Tomatensaft und Wodka.*

bloody-minded ['blʌdɪ'maɪndɪd] *adj* (*Brit inf*) stur (*inf*).

bloom [bluːm] **I** *n* **1.** Blüte *f*. **to be in (full) ~** in (voller) Blüte stehen; **to come/burst into ~** aufblühen/plötzlich erblühen.

2. (*fig*) **in the ~ of youth** in der Blüte der Jugend.

3. (*on fruit*) satter Schimmer; (*on peaches*) Flaum *m*.

II *vi* (*lit fig*) blühen.

bloomer ['bluːmə^{r}] *n* (*inf*) grober Fehler.

bloomers ['bluːməz] *npl* Pumphose *f*.

blooming ['bluːmɪŋ] **I** *prp of* **bloom. II** *adj* (*inf*) verflixt (*inf*). **III** *adv* verflixt (*inf*).

blooper ['bluːpə^{r}] *n* (*US inf*) Schnitzer *m* (*inf*).

blossom ['blɒsəm] **I** *n* Blüte *f*. **in ~** in Blüte. **II** *vi* **1.** blühen. **2.** (*fig*) (*relationship*) blühen; (*person, trade also*) aufblühen. **to ~ into sth** zu etw aufblühen; (*relationship*) zu etw wachsen.

◆**blossom out** *vi* (*fig*) aufblühen (*into* zu).

blot [blɒt] **I** *n* **1.** (*of ink*) (Tinten)klecks *m*.

2. (*fig: on honour, reputation*) Fleck *m* (*on* auf +*dat*). **a ~ on the landscape** ein Schandfleck in der Landschaft.

II *vt* **1.** (*make ink spots on*) beklecksen. **to ~ one's copybook** (*fig*) sich unmöglich machen; (*with sb*) es sich (*dat*) verderben.

2. (*dry*) *ink, page* ablöschen; *skin, face* abtupfen.

◆**blot out** *vt sep* **1.** (*lit*) *words* unleserlich machen, verschmieren. **2.** (*fig*) (*hide from view*) *landscape* verdecken; (*obliterate*) *memories* auslöschen.

blotch [blɒtʃ] **I** *n* (*on skin*) Fleck *m*; (*of ink, colour*) Klecks *m*. **II** *vt paper, written work* beklecksen, Flecken machen auf (+*acc*); *skin* fleckig werden lassen.

blotchy ['blɒtʃɪ] *adj* (+*er*) *skin* fleckig; *drawing, paint* klecksig.

blotter ['blɒtə^{r}] *n* **1.** (Tinten)löscher *m*. **2.** (*US*) (*record book*) Kladde *f*; (*police ~*) Polizeiregister *nt*.

blotting ['blɒtɪŋ-]: **blotting pad** *n* Schreibunterlage *f*; **blotting paper** *n* Löschpapier *nt*.

blotto ['blɒtəʊ] *adj pred* (*sl: drunk*) sternhagelvoll (*inf*)

blouse [blaʊz] *n* **1.** Bluse *f*. **2.** (*US Mil*) (Feld)bluse *f*.

blouson ['bluːzɒn] *n* Blouson *m or nt*.

blow[1] [bləʊ] *n* (*lit, fig*) Schlag *m*; (*fig: sudden misfortune also*) Schicksalsschlag *m* (*for, to* für). **to come to ~s** handgreiflich werden; **at a (single)** *or* **one ~** (*fig*) mit einem Schlag (*inf*); **to deal sb/sth a ~** (*lit, fig*) jdm/einer Sache einen Schlag versetzen; **to strike a ~ for sth** (*fig*) einer Sache (*dat*) einen großen Dienst erweisen; **without striking a ~** ohne jede Gewalt.

blow[2] (*vb: pret* **blew,** *ptp* **~n**) **I** *vi* **1.** (*wind*) wehen, blasen.

2. (*person*) blasen.

3. (*move with the wind*) fliegen; (*leaves, hat, papers also*) geweht werden. **the door blew open/shut** die Tür flog auf/zu.

4. (*make sound: bugle horn*) blasen; (*whistle*) pfeifen. **then the whistle blew** (*Sport*) da kam der Pfiff.

5. (*pant*) pusten (*inf*), schnaufen (*inf*); (*animal*) schnaufen.

6. (*whale*) spritzen. **there she ~s!** Wal in Sicht!

7. (*fuse, light bulb*) durchbrennen; (*gasket*) platzen.

8. (*inf: leave*) abhauen (*inf*).

II *vt* **1.** (*move by ~ing*) (*breeze*) wehen; (*strong wind, draught*) blasen; (*gale etc*) treiben; (*person*) blasen, pusten (*inf*). **the wind blew the ship off course** der Wind trieb das Schiff vom Kurs ab; **to ~ sb a kiss** jdm eine Kußhand zuwerfen.

2. (*drive air into*) *fire* anblasen; *eggs* ausblasen. **to ~ one's nose** sich (*dat*) die Nase putzen.

3. *glass* blasen; *bubbles* machen.

4. *trumpet* blasen; (*Hunt, Mil*) *horn* blasen in (+*acc*). **the referee blew his whistle** der Schiedsrichter pfiff; **to ~ one's own trumpet** (*fig*) sein eigenes Lob singen.

5. (*burn out, ~ up*) *safe, bridge* sprengen; *valve, gasket* platzen lassen; *transistor* zerstören. **I've ~n a fuse/light bulb** mir ist eine Sicherung/Birne durchgebrannt.

6. (*sl: spend extravagantly*) *money* verpulvern (*inf*).

7. (*inf: reveal*) *secret* verraten; *see* **gaff**[2].

8. (*inf: damn*) ~! Mist! (*inf*); **~ this rain!** dieser mistige Regen! (*inf*); **~ the expense/what he likes!** das ist doch wurscht, was es kostet/was er will (*inf*); **well, I'm ~ed** Mensch(enskind)! (*inf*); **I'll be ~ed if I'll do it** ich denke nicht im Traum dran(, das zu tun) (*inf*); … **and ~ me if he still didn't forget** und er hat es doch glatt trotzdem vergessen (*inf*).

9. (*inf*) **to ~ one's chances of doing sth** es sich (*dat*) verscherzen, etw zu tun.

10. (*sl*) *see* **mind 1.**

III *n* **1.** (*expulsion of breath*) Blasen, Pusten (*inf*) *nt*. **to give a ~** blasen, pusten (*inf*); (*when ~ing nose*) sich schneuzen.

2. (*breath of air*) **to go for a ~** sich durchlüften lassen.

◆**blow away I** *vi* (*hat, paper etc*) wegfliegen. **II** *vt sep* **1.** wegblasen; (*breeze also*) wegwehen. **2.** (*US, sl*) vernichtend schlagen.

◆**blow down I** *vi* (*tree etc*) umfallen, umgeweht werden. **II** *vt sep* (*lit*) umwehen. **~ me ~!** (*inf*) Mensch(enskind)! (*inf*).

◆**blow in I** *vi* **1.** (*lit*) (*be blown down: window*) eingedrückt werden; (*be ~n ~side: dust*) hinein-/hereinfliegen, hinein-/hereingeweht *or* -geblasen werden; (*wind*) hereinwehen, hereinblasen.

2. (*inf: arrive unexpectedly*) hereinschneien (*inf*) (+*prep obj, -to* in +*acc*).

II *vt sep window, door* eindrücken; *dust* hinein-/hereinblasen *or* -wehen (+*prep obj, -to* in +*acc*).

◆**blow off I** *vi* wegfliegen. **II** *vt sep* wegblasen; (+*prep obj*) blasen von; (*breeze also*) wegwehen; (+*prep obj*) wehen von. **III** *vt insep* (*fig*) *steam* ablassen (*inf*).

◆**blow out I** *vi* **1.** (*candle*) ausgehen. **2.** (*Aut: tyre*) platzen; (*Elec: fuse*) durchbrennen. **3.** (*gas, oil*) ausbrechen; (*oil well*) einen Ausbruch haben.

II *vt sep* **1.** *candle* ausblasen, löschen. **2.** (*fill with air*) *one's cheeks* aufblasen. **3. to ~ one's brains ~** sich (*dat*) eine Kugel durch den Kopf jagen.

III *vr* (*wind, storm*) sich legen; (*fig: passion*) verpuffen (*inf*).

◆**blow over I** *vi* **1.** (*tree*) umfallen. **2.** (*lit, fig: storm, dispute*) sich legen. **II** *vt sep tree* umstürzen.

◆**blow up I** *vi* **1.** (*be exploded*) in die Luft fliegen; (*bomb*) explodieren. **2.** (*lit, fig: gale, crisis, row*) ausbrechen. **3.** (*fig inf: person*) explodieren (*inf*).

II *vt sep* **1.** *mine, bridge, person* in die Luft jagen, hochjagen. **2.** *tyre, balloon* aufblasen. **he was all ~n ~ with pride** er platzte fast vor Stolz. **3.** *photo* vergrößern. **4.** (*fig: magnify, exaggerate*) *event* aufbauschen (*into* zu).

blow-by-~ *adj account* detailliert; **blow-dry I** *n* **to have a ~** sich fönen lassen; **II** *vt* fönen.

blower ['bləʊəʳ] *n* **1.** (*device*) Gebläse *nt*. **2.** (*glass~*) Glasbläser(in *f*) *m*. **3.** (*Brit inf: telephone*) Telefon *nt*. **to be on the ~** an der Strippe hängen (*inf*).

blowfly *n* Schmeißfliege *f*; **blowgun** *n* (*weapon*) Blasrohr *nt*; **blowhole** *n* **1.** (*of whale*) Atemloch *nt*; **2.** (*Min*) Abzugsloch *nt*; **blow-job** *n* (*vulg*) **to give sb a ~** jdm einen blasen (*vulg*); **blowlamp** *n* Lötlampe *f*.

blown [bləʊn] **I** *ptp of* **blow**[2]. **II** *adj flower* voll aufgeblüht.

blowout *n* **1.** (*inf: meal*) Schlemmerei *f*; **to go for a ~** tüchtig schlemmen gehen (*inf*). **2.** (*burst tyre*) **he had a ~** ihm ist ein Reifen geplatzt. **3.** (*Elec*) **there's been a ~** die Sicherung ist durchgebrannt; **4.** (*Min*) Ausbruch *m*; (*on oil-rig*) Ölausbruch *m* ; **blow pipe** *n* **1.** (*weapon*) Blasrohr *nt*; **2.** (*Tech*) Gebläsebrenner *m*, Lötrohr *nt*; **3.** (*for glass-making*) Glasbläserpfeife *f*; **blow torch** *n* Lötlampe *f*; **blow-up** *n* **1.** (*inf: outburst of temper*) Wutausbruch *m*; **2.** (*inf: row*) Krach *m*; **they've had a ~** sie hatten Krach; **3.** (*Phot*) Vergrößerung *f*.

blowzy ['blaʊzɪ] *adj* (+*er*) *woman* schlampig.

blubber ['blʌbəʳ] **I** *n* **1.** Walfischspeck *m*; (*inf: on person*) Wabbelspeck *m* (*inf*). **2.** (*inf: weep*) **to have a ~** flennen (*inf*). **II** *vti* (*inf*) flennen (*inf*).

blubbery ['blʌbərɪ] *adj* **1.** wabb(e)lig (*inf*). **2.** (*inf: weepy*) verheult (*inf*).

bludgeon ['blʌdʒən] **I** *n* Knüppel *m*, Keule *f*. **II** *vt* **1.** verprügeln. **2.** (*fig*) bearbeiten (*inf*). **he ~ed me into doing it** er hat mich so lange bearbeitet, bis ich es getan habe (*inf*).

blue [bluː] **I** *adj* (+*er*) **1.** blau. **~ with cold** blau vor Kälte; **until you're ~ in the face**

(*inf*) bis zum Gehtnichtmehr (*inf*); **once in a ~ moon** alle Jubeljahre (einmal); **like a ~ streak** (*inf*) wie ein geölter Blitz (*inf*).

2. (*inf: miserable*) melancholisch, trübsinnig.

3. (*inf: obscene*) *language* derb, nicht salonfähig; *joke* schlüpfrig; *film* Porno-, Sex-. **the air was ~ (with oaths)** da habe ich/hat er *etc* vielleicht geflucht (*inf*).

4. (*Pol*) konservativ.

II *n* **1.** Blau *nt*.

2. (*Univ Sport*) *Student von Oxford oder Cambridge, der bei Wettkämpfen seine Universität vertritt (oder vertreten hat)*; (*colours*) *blaue Mütze, als Symbol dafür, daß man seine Universität in Wettkämpfen vertreten hat.*

3. (*liter: sky*) Himmel *m*. **out of the ~** (*fig inf*) aus heiterem Himmel (*inf*).

4. (*Pol*) Konservative(r) *mf*.

5. (*inf*) **the ~s** *pl* (*depression*) der Moralische (*inf*).

6. (*Mus*) **the ~s** *pl* der Blues; **a ~s** *sing* ein Blues.

blue baby *n* Baby *nt* mit angeborenem Herzfehler; **Bluebeard** *n* Ritter Blaubart *m*; **bluebell** *n* Sternhyazinthe *f*; (*Scot: harebell*) Glockenblume *f*; **blueberry** *n* Blau- *or* Heidelbeere *f*; **bluebird** *n* Rotkehlhüttensänger *m*; **blue-blooded** *adj* blaublütig; **blue book** *n* **1.** (*Brit Parl*) Blaubuch *nt*; **2.** (*US*) ≈ Who's Who *nt*; **bluebottle** *n* Schmeißfliege *f*; **blue cheese** *n* Blauschimmelkäse *m*; **blue-chip** *adj company, shares* erstklassig; *shares also* Blue-chip-; *investment* sicher; **blue-collar** *adj* **~ worker/union/jobs** Arbeiter *m*/Arbeitergewerkschaft *f*/Stellen *pl* für Arbeiter; **blue-eyed** *adj* blauäugig; **sb's ~ boy** (*fig*) jds Liebling(sjunge) *m*; **Blue Flag** *n* (*EC award*) blaue Flagge. **blue jeans** *npl* Blue jeans *pl*.

blueness ['blu:nɪs] *n* **1.** (*lit*) Bläue *f*. **2.** *see adj 3.* Derbheit *f*; Schlüpfrigkeit *f*.

Blue Nile *n* Blauer Nil; **blue-pencil** *vt* (*edit, revise*) korrigieren; (*delete*) ausstreichen; **Blue Peter** *n* (*Naut*) Blauer Peter; **blueprint** *n* Blaupause *f*; (*fig*) Plan, Entwurf *m*; **blue rinse** *n* **with her ~** mit ihrem silberblau getönten Haar; **blue stocking** *n* (*fig*) Blaustrumpf *m*; **bluetit** *n* Blaumeise *f*; **blue whale** *n* Blauwal *m*.

bluff¹ [blʌf] **I** *n* (*headland*) Kliff *nt*; (*inland*) Felsvorsprung *m*. **II** *adj* rauh aber herzlich (*inf*); *honesty, answer* aufrichtig.

bluff² **I** *vti* bluffen. **II** *n* Bluff *m*. **to call sb's ~** es darauf ankommen lassen; (*make prove*) jdn auf die Probe stellen.

◆**bluff out** *vt sep* **to ~ one's way ~ of sth** sich aus etw rausreden (*inf*).

bluish ['blu:ɪʃ] *adj* bläulich.

blunder ['blʌndəʳ] **I** *n* (dummer) Fehler, Schnitzer *m* (*inf*); (*socially also*) Fauxpas *m*.

II *vi* **1.** einen Bock schießen (*inf*), Mist bauen (*sl*); (*socially*) sich blamieren. **2.** (*move clumsily*) tappen (*into* gegen).

blunderbuss ['blʌndəbʌs] *n* Donnerbüchse *f*.

blundering ['blʌndərɪŋ] **I** *adj* **1.** *person* (*making mistakes*) schusselig (*inf*); (*socially*) ohne jedes Feingefühl. **2.** (*clumsy*) tolpatschig; *reading* holp(e)rig. **II** *n* Schußligkeit *f* (*inf*).

blunt [blʌnt] **I** *adj* (+*er*) **1.** stumpf.

2. (*outspoken*) *person* geradeheraus *pred*; *speech* unverblümt; *fact* nackt, unbeschönigt. **he's rather a ~ sort of person** er drückt sich ziemlich unverblümt *or* deutlich aus; **to be ~ about sth** sich unverblümt zu etw äußern.

II *vt knife* stumpf machen; (*fig*) *palate, senses* abstumpfen.

bluntly ['blʌntlɪ] *adv speak* freiheraus, geradeheraus. **he told us quite ~ what he thought** er sagte uns ganz unverblümt seine Meinung.

bluntness ['blʌntnɪs] *n* **1.** (*of blade, needle*) Stumpfheit *f*. **2.** (*outspokenness*) Unverblümtheit *f*.

blur [blɜ:ʳ] **I** *n* verschwommener Fleck. **the trees became just a ~** er *etc* konnte die Bäume nur noch verschwommen erkennen.

II *vt* **1.** *inscription* verwischen; *writing also* verschmieren; *view* verschleiern; *outline, photograph* unscharf *or* verschwommen machen; *sound* verzerren. **to be/become ~red** undeutlich sein/werden; (*image etc also*) verschwommen sein/verschwimmen; **her eyes were ~red with tears** ihre Augen schwammen in Tränen.

2. (*fig*) *senses, mind, judgement* trüben; *memory also, meaning* verwischen; *intention* in den Hintergrund drängen.

blurb [blɜ:b] *n* Material *nt*, Informationen *pl*; (*on book cover*) Klappentext, Waschzettel *m*.

blurt (out) [blɜ:t('aʊt)] *vt sep* herausplatzen mit (*inf*).

blush [blʌʃ] **I** *vi* **1.** rot werden, erröten (*with* vor +*dat*).

2. (*fig: be ashamed*) sich schämen (*for* für). **I ~ to say so** es ist mir peinlich, das zu sagen.

II *n* Erröten *nt no pl*. **with a ~/a slight ~** errötend/mit leichtem Erröten; **spare my ~es!** bring mich nicht in Verlegenheit; **at first ~** auf den ersten Blick.

blusher ['blʌʃəʳ] *n* Rouge *nt*.

blushing ['blʌʃɪŋ] *adj* errötend. **the ~ bride** die sittsame Braut.

bluster ['blʌstəʳ] **I** *vi* **1.** (*wind*) tosen, toben. **2.** (*fig: person*) ein großes Geschrei machen; (*angrily also*) toben.

II *vt* **to ~ one's way out of it/sth** es/etw lautstark abstreiten.

III *n see vi* **1.** Tosen, Toben *nt*. **2.** großes Geschrei; Toben *nt*.

blustering ['blʌstərɪŋ] *adj person* polternd; *manner* stürmisch.

blustery ['blʌstərɪ] *adj wind, day* stürmisch.

Blvd. *abbr of* **boulevard.**

BM *abbr of* **British Museum; Bachelor of Medicine.**

BMA *abbr of* **British Medical Association** *britischer Ärzteverband.*

B-movie ['bi:ˌmu:vɪ] *n als Beiprogramm gezeigter Kinofilm*, B-movie *nt* (*spec*).

B Mus *abbr of* **Bachelor of Music.**

BO (*inf*) *abbr of* **body odour** Körpergeruch *m*.

boa ['bəʊə] *n* Boa *f*. ~ **constrictor** Boa constrictor *f*.

boar [bɔ:ʳ] *n* (*male pig*) Eber *m*; (*wild*) Keiler *m*. **~'s head** Schweinskopf *m*.

board [bɔ:d] **I** *n* **1.** Brett *nt*; (*black~*) Tafel *f*; (*notice~*) Schwarzes Brett; (*sign~*) Schild *nt*; (*floor~*) Diele(nbrett *nt*) *f*. **the ~s** (*Theat*) die Bretter.

2. (*provision of meals*) Kost, Verpflegung *f*. ~ **and lodging** Kost und Logis; **full/half** ~ Voll-/Halbpension *f*.

3. (*group of officials*) Ausschuß *m*; (~ *of inquiry, examiners also*) Kommission *f*; (*with advisory function,* ~ *of trustees*) Beirat *m*; (*permanent official institution: gas* ~, *harbour* ~) *Behörde f*; (*of company: also* ~ **of directors**) Vorstand *m*; (*of British/American company*) Verwaltungsrat *m*; (*including shareholders, advisers*) Aufsichtsrat *m*. **to be on the ~, to have a seat on the** ~ im Vorstand/Aufsichtsrat sein *or* sitzen; **B~ of governors** (*Brit Sch*) Verwaltungsrat *m*; **B~ of Trade** (*Brit*) Handelsministerium *nt*; (*US*) Handelskammer *f*.

4. (*Naut, Aviat*) **on** ~ an Bord; **to go on** ~ an Bord gehen; **on** ~ **the ship/plane** an Bord des Schiffes/Flugzeugs; **on** ~ **the bus** im Bus.

5. (*cardboard*) Pappe *f*; (*Typ*) Deckel *m*.

6. (~ *of interviewers*) Gremium *nt* (zur Auswahl von Bewerbern); (*interview*) Vorstellungsgespräch *nt* (vor einem Gremium). **to be on a** ~ einem Gremium zur Auswahl von Bewerbern angehören.

7. (*US St Ex*) Notierung *f*; (*inf: stock exchange*) Börse *f*.

8. (*fig phrases*) **across the** ~ allgemein, generell; *agree, reject* pauschal; **an increase of £10 per week across the** ~ eine allgemeine *or* generelle Lohnerhöhung von £ 10 pro Woche; **to go by the** ~ (*work, plans, ideas*) unter den Tisch fallen; (*dreams, hopes*) zunichte werden; (*principles*) über Bord geworfen werden; (*business*) zugrunde gehen.

II *vt* **1.** (*cover with ~s*) mit Brettern verkleiden. **2.** *ship, plane* besteigen, an Bord (+*gen*) gehen/kommen; *train, bus* einsteigen in (+*acc*); (*Naut: in attack*) entern.

III *vi* **1.** in Pension sein (*with* bei). **2.** (*Sch*) Internatsschüler(in *f*) *m* sein. **3.** (*Aviat*) die Maschine besteigen. **flight ZA173 now ~ing through gate 13** Aufruf für Passagiere des Fluges ZA173, sich zum Flugsteig 13 zu begeben.

◆**board in** *or* **up** *vt sep door, window* mit Brettern vernageln.

◆**board out I** *vt sep person* in Pension schicken (*with* bei). **II** *vi* in Pension wohnen (*with* bei).

boarder ['bɔ:dəʳ] *n* **1.** Pensionsgast *m*. **to take in ~s** Leute in Pension nehmen. **2.** (*Sch*) Internatsschüler(in *f*) *m*. **3.** (*Naut*) Mitglied *nt* eines Enterkommandos.

board game *n* Brettspiel *nt*.

boarding ['bɔ:dɪŋ]: **boarding card** *n* Bordkarte *f*; **boarding house** *n* **1.** Pension *f*; **2.** (*Sch*) Wohngebäude *nt* eines Internats; **boarding party** *n* (*Naut*) Enterkommando *nt*; **boarding pass** *n* Bordkarte *f*; **boarding school** *n* Internat *nt*.

board meeting *n* Vorstandssitzung *f*; **boardroom** *n* Sitzungssaal *m* (*des Vorstands*); **he's** ~ **material** er hat Führungspotential; **boardroom floor** *n* Vorstandsetage *f*; **boardroom politics** *npl* Firmenklüngel *m* (*inf*); **boardwalk** *n* (*US*) Holzsteg *m*; (*on beach*) hölzerne Uferpromenade.

boast [bəʊst] **I** *n* **1.** Prahlerei *f*. **2.** (*source of pride*) Stolz *m*. **II** *vi* prahlen (*about, of* mit, *to sb* jdm gegenüber). **without wishing to** ~ ohne zu prahlen. **III** *vt* **1.** (*possess*) sich rühmen (+*gen*) (*geh*). **2.** (*say boastfully*) prahlen.

boaster ['bəʊstəʳ] *n* Aufschneider(in *f*) *m*, Prahlhans *m* (*inf*).

boastful ['bəʊstfʊl] *adj*, **~ly** ['bəʊstfəlɪ] *adv* prahlerisch.

boastfulness ['bəʊstfʊlnɪs] *n* Prahlerei *f*.

boasting ['bəʊstɪŋ] *n* Prahlerei *f* (*about, of* mit).

boat [bəʊt] *n* **1.** (*small vessel*) Boot *nt*; (*wooden: on lake, river also*) Kahn *m*; (*sea-going, passenger* ~) Schiff *nt*; (*pleasure steamer etc*) Dampfer *m*. **by** ~ mit dem Schiff; **to miss the** ~ (*fig inf*) den Anschluß verpassen; **we're all in the same** ~ (*fig inf*) wir sitzen alle in einem *or* im gleichen Boot.

2. (*gravy* ~) Sauciere *f*.

boat-builder *n* Bootsbauer *m*; **boat-building** *n* Bootsbau *m*; **boat-deck** *n* Bootsdeck *nt*.

boater ['bəʊtəʳ] *n* **1.** (*hat*) steifer Strohhut, Kreissäge *f* (*inf*). **2.** (*person*) Bootsfahrer(in *f*), Kahnfahrer(in *f*) *m*.

boatful *n* Schiffs-/Bootsladung *f*; **boathook** *n* Bootshaken *m*; **boathouse** *n* Bootshaus *nt*.

boating ['bəʊtɪŋ] *n* Bootfahren *nt*. **to go** ~ Bootsfahrten/eine Bootsfahrt machen.

boating *in cpds* Boots-; **boating holiday** *n* Bootsferien *pl*; **boating trip** *n* Bootsfahrt *f*.

boatload *n* Bootsladung *f*; **boatman** *n* (*handling boat*) Segler *m*; Ruderer *m*; Paddler *m*; (*working with boats*) Bootsbauer *m*; (*hirer*) Bootsverleiher *m*; **boat people** *npl* Bootsflüchtlinge *pl*; **boat race** *n* Regatta *f*.

boatswain, bosun, bo's'n ['bəʊsn] *n* Bootsmann *m*. **~'s mate** Bootsmanngehilfe *m*.

boat train *n* Zug *m* mit Fährenanschluß; **boatyard** *n* Bootshandlung *f*; (*as dry dock*) Liegeplatz *m*.

Bob [bɒb] *n dim of* **Robert ... and ~'s your uncle!** (*inf*) ... und fertig ist der Lack! (*inf*).

bob[1] [bɒb] **I** *vi* **1.** sich auf und ab bewegen; (*rabbit*) hoppeln; (*bird's tail*) wippen; (*boxer*) tänzeln. **to** ~ **(up and down) in** *or* **on the water** auf dem Wasser schaukeln; (*cork, piece of wood*) sich im Wasser auf und ab bewegen. **2.** (*curtsey*) knicksen (*to sb* vor jdm).

II *vt* **1.** (*move jerkily*) *head* nicken mit; (*bird*) *tail* wippen mit.

2. *curtsey* machen.

III *n* **1.** (*curtsey*) Knicks(chen *nt*) *m*.

2. (*of head*) Nicken *nt no pl*; (*of bird's tail*) Wippen *nt no pl*.

◆**bob down I** *vi* sich ducken. **II** *vt sep one's head* ducken.

◆**bob up I** *vi* (*lit, fig*) auftauchen. **II** *vt sep* **he ~bed his head ~** sein Kopf schnellte hoch.

bob² *n, pl* ~ (*dated Brit inf*) Shilling *m*. **that must have cost a ~ or two** das muß schon ein paar Mark gekostet haben (*inf*).

bob³ *n* **1.** (*haircut*) Bubikopf *m*. **2.** (*horse's tail*) gestutzter Schwanz. **3.** (*weight: on pendulum, plumbline*) Gewicht *nt*. **4.** (*Fishing: float*) Schwimmer *m*.

bob⁴ *n* (*sleigh*) Bob *m*; (*runner*) Kufe *f*. **two-/four-man ~** Zweier-/Viererbob *m*.

bobbin ['bɒbɪn] *n* Spule *f*; (*cotton reel*) Rolle *f*.

bobble ['bɒbl] *n* **1.** Bommel *f*, Pompon *m*. **2.** (*US inf: mistake*) Schnitzer *m* (*inf*).

Bobby ['bɒbɪ] *n dim of* **Robert. b~** (*dated Brit inf*) Bobby, Schupo (*dated*) *m*.

bobby socks *npl* (*US, dated*) kurze Söckchen *pl*.

bobcap *n* Pudelmütze *f*; **bobcat** *n* (*US*) Luchs *m*; **bobsled, bobsleigh I** *n* Bob *m*; **II** *vi* Bob fahren; **bobtail** *n* gestutzter Schwanz; **bobtailed** *adj horse, dog* mit gestutztem Schwanz.

Boche [bɒʃ] *n* (*pej inf*) Boche *m*.

bod [bɒd] *n* (*Brit inf*) Mensch *m*. **odd ~** komischer Kerl.

bode [bəʊd] **I** *vi*: **to ~ well/ill** ein gutes/schlechtes Zeichen sein. **II** *vt* bedeuten, ahnen lassen. **that ~s no good** das bedeutet nichts Gutes.

bodge [bɒdʒ] *n, vt see* **botch.**

bodice ['bɒdɪs] *n* **1.** Mieder *nt*; (*of dress also*) Oberteil *nt*. **2.** (*vest*) Leibchen *nt*.

bodiless ['bɒdɪlɪs] *adj* körperlos.

bodily ['bɒdɪlɪ] **I** *adj* (*physical*) körperlich. **~ needs/wants** leibliche Bedürfnisse *pl*; **~ harm** Körperverletzung *f*. **II** *adv* **1.** (*forcibly*) gewaltsam. **2.** (*in person*) leibhaftig. **3.** (*all together*) geschlossen; (*in one piece*) ganz.

bodkin ['bɒdkɪn] *n* **1.** (*Sew*) Durchziehnadel *f*. **2.** (*Hist: hairpin*) lange Haarnadel; (*obs: dagger*) Dolch *m*.

body ['bɒdɪ] *n* **1.** (*of man, animal*) Körper *m*; (*of human also*) Leib *m* (*geh*). **the ~ of Christ** der Leib des Herrn; **just enough to keep ~ and soul together** gerade genug, um Leib und Seele zusammenzuhalten.

2. (*corpse*) Leiche *f*, Leichnam *m* (*geh*); *see* **dead.**

3. (*main part of structure*) (*of plane, ship*) Rumpf, Körper *m*; (*of string instrument*) Korpus, Schallkörper *m*; (*of church, speech, army: also* **main ~**) Hauptteil *m*.

4. (*coachwork: of car*) Karosserie *f*.

5. (*group of people*) Gruppe *f*. **the student ~** die Studentenschaft; **a ~ of troops** ein Truppenverband *m*; **a great ~ of followers/readers** eine große Anhängerschaft/Leserschaft; **a large ~ of people** eine große Menschenmenge.

6. (*organization*) Organ *nt*; (*committee*) Gremium *nt*; (*corporation*) Körperschaft *f*; *see* **corporate, politic.**

7. (*quantity*) **a ~ of facts/evidence/data** Tatsachen-/Beweis-/Datenmaterial *nt*; **a large ~ of water** eine große Wassermasse.

8. (*inf: person*) Mensch *m*.

9. (*Math, Phys, Chem*) Körper *m*.

10. (*substance, thickness*) (*of wine*) Körper *m*; (*of soup*) Substanz *f*; (*of paper, cloth*) Festigkeit, Stärke *f*.

11. (*also* **~ stocking**) Body *m*.

body bag *n* Leichensack *m*; **bodyblow** *n* Körperschlag *m*; (*fig*) Schlag *m* ins Kontor (*to, for* für); **bodybuilder** *n* **1.** (*food*) Kraftnahrung *f*; **2.** (*apparatus*) Heimtrainer *m*; **3.** (*person*) Bodybuilder *m*; **bodybuilding I** *n* Bodybuilding, Krafttraining *nt*; **II** *adj exercise* muskelkräftigend; *food* stärkend, kräftigend; **bodycheck** *n* Bodycheck *m*; **body count** *n* (*Mil*) Zählung *f* der Toten; **bodyguard** *n* (*one person*) Leibwächter(in *f*) *m*; (*group*) Leibwache *f*; **body language** *n* Körpersprache *f*; **body lotion** *n* Körperlotion *f*; **body mike** *n* Umhängemikrofon *nt*; **body popping** *n* Breakdance *m*; **body (repair) shop** *n* Karosseriewerkstatt *f*; **body scanner** *n* Scanner *m*; **body search** *n* Leibesvisitation *f*; **body shop** *n* **1.** Karosseriewerkstatt *f*; **2.** (*in factory*) Karosseriewerk *nt*; **body-snatcher** *n* Leichenräuber *m*; **body stocking** *n* Body(stocking) *m*; **body warmer** *n* Thermoweste *f*; **bodywork** *n* (*Aut*) Karosserie *f*.

Boer ['bəʊəʳ] **I** *n* Bure *m*, Burin *f*. **II** *adj* burisch. **the ~ War** der Burenkrieg.

boffin ['bɒfɪn] *n* (*Brit inf*) Eierkopf (*inf*).

bog [bɒg] *n* **1.** Sumpf *m*; (*peat ~*) (Torf)moor *nt*. **2.** (*Brit inf: toilet*) Lokus *m* (*inf*), Klo *nt* (*inf*). **~ paper** Klopapier *nt* (*inf*).

◆**bog down** *vt sep* **to be ~ged ~** (*lit*), steckenbleiben; (*fig*) steckengeblieben sein, sich festgefahren haben; (*in details*) sich verzettelt haben.

bogey¹, bogy ['bəʊgɪ] *n, pl* **bogeys, bogies 1.** (*spectre, goblin*) Kobold, Butzemann *m*. **~ man** Butzemann *m*, Schwarzer Mann. **2.** (*fig: bugbear*) Popanz *m*, Schreckgespenst *nt*. **3.** (*inf*) Popel *m* (*inf*).

bogey² *n* (*Golf*) Bogey *nt*.

boggle ['bɒgl] *vi* (*inf*) glotzen (*inf*), völlig sprachlos sein. **the mind** *or* **imagination ~s** das ist nicht *or* kaum auszumalen (*inf*).

boggy ['bɒgɪ] *adj* (+*er*) *ground* sumpfig.

bogie ['bəʊgɪ] *n* (*Rail*) Drehgestell *nt*; (*trolley*) Draisine *f*.

bogus ['bəʊgəs] *adj doctor, lawyer* falsch; *money, pearls also* gefälscht; *company, transaction* Schwindel-; *claim* erfunden.

bogy ['bəʊgɪ] *n see* **bogey¹.**

Bohemia [bəʊ'hiːmɪə] *n* (*Geog*) Böhmen *nt*; (*fig*) Boheme *f*.

Bohemian [bəʊ'hiːmɪən] **I** *n* **1.** Böhme *m*, Böhmin *f*. **2.** (*fig*) **b~** Bohemien *m*. **II** *adj* **1.** böhmisch. **2.** (*fig*) **b~** *lifestyle* unkonventionell; *circles, quarter* Künstler-.

boil¹ [bɔɪl] *n* (*Med*) Furunkel *nt*.

boil² **I** *vi* **1.** kochen; (*water also, Phys*) sieden. **the kettle was ~ing** das Wasser im Kessel kochte; **~ing oil** siedendes Öl.

2. (*fig: sea, river*) brodeln, tosen.

3. (*fig inf: be angry*) kochen, schäumen (*with* vor +*dat*).

4. (*fig inf: be hot*) **~ing hot water** kochendheißes Wasser; **it was ~ing (hot) in the office** es war eine Affenhitze im Büro (*inf*); **I was ~ing (hot)** mir war fürchterlich heiß.

II *vt* kochen. **~ed/hard ~ed egg** weich-/hartgekochtes Ei; **~ed potatoes** Salzkartoffeln *pl*; **~ed sweet** Bonbon *nt*.

III *n* **to bring sth to the ~** etw aufkochen lassen; **to keep sth on the ~** etw kochen *or* sieden lassen; **to keep sb on the ~** (*fig inf*) jdn hinhalten; **to be on/come to/go off the ~** kochen/zu kochen anfangen/aufhören.

◆**boil away** *vi* **1.** (*go on boiling*) weiterkochen. **2.** (*evaporate completely*) verdampfen.

◆**boil down** **I** *vt sep* einkochen. **II** *vi* **1.** (*jam*) dickflüssig werden. **2.** (*fig*) **to ~ ~ to sth** auf etw (*acc*) hinauslaufen.

◆**boil over** *vi* **1.** (*lit*) überkochen. **2.** (*fig*) (*situation, quarrel*) den Siedepunkt erreichen. **he just ~ed ~** ihm platzte der Kragen (*inf*).

◆**boil up** *vi* **1.** (*lit*) aufkochen. **2. he could feel the anger ~ing ~ in him** er fühlte, wie die Wut in ihm aufstieg.

boiler ['bɔɪlə^r] *n* **1.** (*domestic*) Boiler, Warmwasserbereiter *m*; (*in ship, engine*) (Dampf)kessel *m*. **2.** (*chicken*) Suppenhuhn *nt*.

boiler house *n* Kesselhaus *nt*; **boilermaker** *n* Kesselschmied *m*; **boilermaking** *n* Kesselbau *m*; **boilerman** *n* Heizer *m*; **boilerplate letter** *n* (*US*) (Brief)rumpf *m*; **boiler room** *n* Kesselraum *m*; **boilersuit** *n* Overall, Blaumann (*inf*) *m*.

boiling fowl ['bɔɪlɪŋ,faʊl] *n* Suppenhuhn *nt*; **boiling point** *n* (*lit, fig*) Siedepunkt *m*; **at ~ ~** (*lit, fig*) auf dem Siedepunkt; **to reach ~ ~** (*lit, fig*) den Siedepunkt erreichen; (*feelings also, person*) auf dem Siedepunkt anlangen.

boisterous ['bɔɪstərəs] *adj* **1.** (*exuberant, noisy*) *person* ausgelassen; *game, party, dance also* wild. **2.** (*rough*) *wind* tosend; *sea also* aufgewühlt.

boisterously ['bɔɪstərəslɪ] *adv see adj*.

bold [bəʊld] *adj* (+*er*) **1.** (*valiant*) kühn (*geh*); (*brave*) mutig; *deed, plan also* verwegen.

2. (*impudent, forward*) unverfroren, dreist. **to be** *or* **make so ~ as to ...** sich erlauben, zu ...; **might I be so ~ as to ...?** wenn ich es mir erlauben darf, zu ...?; **might I make so ~ as to help myself?** darf ich so frei sein und mich bedienen?.

3. (*striking*) *colours, pattern, stripes* kräftig; *handwriting* kraftvoll; *style* kraftvoll, ausdrucksvoll.

4. (*Typ*) fett; (*secondary ~*) halbfett. **~ type** Fettdruck *m*.

boldness ['bəʊldnɪs] *n see adj* **1.** Kühnheit (*geh*) *f*; Mut *m*; Verwegenheit *f*. **2.** Unverfrorenheit, Dreistigkeit *f*. **3.** Kräftigkeit *f*; Ausdruckskraft *f*.

bole [bəʊl] *n* Baumstamm *m*.

bolero [bə'lɛərəʊ] *n* (*all senses*) Bolero *m*.

Bolivia [bə'lɪvɪə] *n* Bolivien *nt*.

Bolivian [bə'lɪvɪən] **I** *n* Bolivianer(in *f*), Bolivier(in *f*) *m*. **II** *adj* bolivianisch, bolivisch.

boll [bəʊl] *n* Samenkapsel *f*. **~ weevil** Baumwollkapselkäfer *m*.

bollard ['bɒləd] *n* (*on quay, road*) Poller *m*.

bollocking ['bɒləkɪŋ] *n* (*Brit sl*) Schimpfkanonade *f* (*inf*). **to give sb a ~** jdn zur Sau machen (*sl*).

bollocks ['bɒləks] *npl* (*vulg*) **1.** Eier *pl* (*sl*). **2.** (*nonsense*) **(that's) ~!** Quatsch mit Soße! (*sl*).

boloney [bə'ləʊnɪ] *n see* **baloney.**

Bolshevik ['bɒlʃəvɪk] **I** *n* Bolschewik(in *f*) *m*. **II** *adj* bolschewistisch.

Bolshevism ['bɒlʃəvɪzəm] *n* Bolschewismus *m*.

Bolshevist ['bɒlʃəvɪst] *n*, *adj see* **Bolshevik.**

bolshie, bolshy ['bɒlʃɪ] (*inf*) **I** *n* Bolschewik(in *f*) *m*. **II** *adj* (+*er*) **1.** (*fig*) (*uncooperative*) stur; (*aggressive*) pampig (*inf*), rotzig (*sl*). **2.** (*pej*) bolschewistisch.

bolster ['bəʊlstə^r] **I** *n* (*on bed*) Nackenrolle *f*. **II** *vt* (*also* **~ up**) (*fig*) *person* Mut machen (+*dat*); *status* aufbessern; *currency* stützen. **to ~ up sb's morale** jdm Mut machen.

bolt [bəʊlt] **I** *n* **1.** (*on door*) Riegel *m*.

2. (*Tech*) Schraube *f* (ohne Spitze), Bolzen *m*.

3. (*of lightning*) Blitzstrahl *m*. **it came/was like a ~ from the blue** (*fig*) das schlug ein/war wie ein Blitz aus heiterem Himmel.

4. (*of cloth*) Ballen *m*.

5. (*of crossbow*) Bolzen *m*; *see* **shoot.**

6. (*of rifle*) Kammer *f*.

7. (*sudden dash*) Satz *m* (*inf*). **he made a ~ for the door** er machte einen Satz zur Tür; **to make a ~ for it** losrennen.

II *adv*: **~ upright** kerzengerade.

III *vi* **1.** (*horse*) durchgehen; (*person*) Reißaus nehmen (*inf*). **too late now, the horse has ~ed** (*fig*) zu spät, der Zug ist schon abgefahren.

2. (*move quickly*) sausen, rasen.

IV *vt* **1.** *door, window* zu- *or* verriegeln.

2. (*Tech*) *parts* verschrauben (*to* mit), mit Schraubenbolzen befestigen (*to* an +*dat*).

3. (*also* **~ down**) *one's food* hinunterschlingen.

◆**bolt in** **I** *vi* (*rush in*) herein-/hineinplatzen *or* -stürzen. **II** *vt sep* (*lock in*) einsperren.

◆**bolt on** *vt sep* (*Tech*) festschrauben (*prep obj, -to* an +*dat*).

◆**bolt out I** *vi* (*rush out*) hinaus-/herausstürzen. **II** *vt sep* (*lock out*) aussperren.

bolthole ['bəʊlthəʊl] *n* Schlupfloch *nt*.

bolus ['bəʊləs] *n*, *pl* **-es** (*Med*) große Pille.

bomb [bɒm] **I** *n* **1.** Bombe *f*.

2. (*inf*) **his party went like a ~** seine Party war ein Bombenerfolg (*inf*); **the car goes like a ~** das ist die reinste Rakete von Wagen (*inf*); **the car cost a ~** das Auto hat ein Bombengeld gekostet (*inf*); **the play was a real ~** (*US sl*) das Stück war ein totaler Reinfall.

II *vt* **1.** bombardieren; (*not from the air*) ein Bombenattentat verüben auf (+*acc*). **2.** (*US inf: fail*) durchfallen bei.

III *vi* **1.** (*inf: go fast*) fegen (*inf*), zischen (*inf*).

2. (*US inf: fail*) durchfallen (*inf*).

◆**bomb along** *vi* (*inf: drive fast*) dahinrasen (*inf*).

◆**bomb out** *vt sep* ausbomben.

bombard [bɒm'bɑːd] *vt* (*Mil, fig*) bombardieren (*with* mit); (*Phys*) beschießen.

bombardier [ˌbɒmbə'dɪəʳ] *n* (*Mil*) Artillerieunteroffizier *m*; (*Aviat*) Bombenschütze *m*.

bombardment [bɒm'bɑːdmənt] *n* (*Mil*) Bombardierung *f* (*also fig*), Bombardement *nt*; (*Phys*) Beschießen *nt*.

bombast ['bɒmbæst] *n* Bombast *m*.

bombastic *adj*, **~ally** *adv* [bɒm'bæstɪk, -əlɪ] schwülstig, bombastisch.

bomb attack *n* Bombenangriff *m*.

Bombay [bɒm'beɪ] *n* Bombay *nt*. **~ duck** *kleiner getrockneter Fisch als Beigabe zur indischen Reistafel*.

bomb crater *n* Bombentrichter *m*; **bomb disposal** *n* Bombenräumung *f*; **bomb disposal expert** *n* Bombenräumexperte *m*; **bomb disposal squad** *or* **unit** *n* Bombenräumtrupp *m or* -kommando *nt*.

bombed [bɒmd] *adj* (*sl*) (*drunk*) knülle (*sl*); (*on drugs*) breit (*sl*).

bombed out [ˌbɒm'daʊt] *adj* (*sl*) **1.** (*exhausted*) völlig fertig (*inf*), total alle (*sl*). **2.** (*drunk*) voll (*inf*), zu (*sl*); (*on drugs*) breit (*sl*). **3. our team's ~** (*has no chance*) unsere Mannschaft hat keine Chance. **4.** (*very busy*) *pub etc* gerammelt voll (*inf*).

bomber ['bɒməʳ] *n* **1.** (*aircraft*) Bomber *m*, Bombenflugzeug *nt*. **2.** (*person*) (*Aviat*) Bombenschütze *m*; (*terrorist*) Bombenattentäter(in *f*) *m*.

bomber command *n* Bombenverband *m or* -geschwader *nt*; **bomber jacket** *n* Fliegerjacke *f*.

bombing ['bɒmɪŋ] **I** *n* Bombenangriff *m* (*of* auf +*acc*); (*of target also*) Bombardierung *f*. **II** *adj raid, mission* Bomben-.

bombproof *adj* bombensicher; **bomb scare** *n* Bombenalarm *m*; **bombshell** *n* **1.** (*Mil*) Bombe *f*; **2.** (*fig*) Bombe *f*, plötzliche Überraschung; **this news was a ~** die Nachricht schlug wie eine Bombe ein; **a blonde ~** ein blonder Superbomber (*inf*); **bomb shelter** *n* Luftschutzkeller *m*; (*specially built*) (Luftschutz)bunker *m*; **bomb site** *n* Trümmergrundstück *nt*.

bona fide ['bəʊnə'faɪdɪ] *adj* bona fide; *traveller, word, antique* echt. **it's a ~ offer** es ist ein Angebot auf Treu und Glauben.

bonanza [bə'nænzə] **I** *n* **1.** (*US Min*) reiche Erzader. **2.** (*fig*) Goldgrube *f*. **the oil ~** der Ölboom. **II** *adj attr year* Boom-.

bonce [bɒns] *n* (*Brit sl: head*) Birne *f* (*sl*).

bond [bɒnd] **I** *n* **1.** (*agreement*) Übereinkommen *nt*. **to enter into a ~ with sb** ein Übereinkommen mit jdm treffen.

2. (*fig: link*) Band *nt* (*geh*), Bindung *f*.

3. ~s *pl* (*lit: chains*) Fesseln, Bande (*liter*) *pl*; (*fig: ties*) Bande *pl* (*geh*); (*burdensome*) Fesseln *pl*; **marriage ~s** das Band/die Fesseln der Ehe.

4. (*Comm, Fin*) Obligation *f*, Pfandbrief *m*; (*Brit, US*) festverzinsliches Wertpapier, Bond *m*. **government ~** Staatsanleihe *f or* -papiere *pl*.

5. (*Comm: custody of goods*) Zollverschluß *m*. **to put sth into ~** etw unter Zollverschluß geben; **goods in ~** Zollgut *nt*.

6. (*adhesion between surfaces*) Haftfestigkeit, Haftwirkung *f*.

7. (*Build*) Verband *m*.

8. (*Chem*) Bindung *f*.

II *vt* **1.** (*Comm*) *goods* unter Zollverschluß legen *or* nehmen.

2. (*Build*) *bricks* im Verband verlegen.

III *vi* (*glue*) binden; (*bricks*) einen Verband bilden.

bondage ['bɒndɪdʒ] *n* **1.** (*lit*) Sklaverei *f*; (*in Middle Ages*) Leibeigenschaft *f*.

2. (*fig liter*) vollständige Unterjochung. **we are held in ~ by our desires/economic system** wir sind Gefangene unserer Begierden/unseres Wirtschaftssystems.

3. (*sexual*) Fesseln *nt*.

bonded ['bɒndɪd] *adj goods* unter Zollverschluß. **~ warehouse** Zollager, Zolldepot *nt*.

bone [bəʊn] **I** *n* **1.** Knochen *m*; (*of fish*) Gräte *f*. **~s** *pl* (*of the dead*) Gebeine *pl*, **ham off the ~** Schinken *m* vom Knochen; **chilled to the ~** völlig durchgefroren; **to work one's fingers to the ~** sich (*dat*) die Finger abarbeiten; **~ of contention** Zankapfel *m*; **to have a ~ to pick with sb** (*inf*) mit jdm ein Hühnchen zu rupfen haben (*inf*); **he made no ~s about saying what he thought** (*inf*) er hat mit seiner Meinung nicht hinterm Berg gehalten; **I can feel it in my ~s** das spüre ich in den Knochen.

2. (*substance*) Knochen *m*.

3. (*of corset*) Stange *f*; (*smaller*) Stäbchen *nt*.

4. (*Mus*) **~s** *pl* Klangstäbe *pl*.

5. (*dice*) **~s** *pl* (*inf*) Würfel *pl*.

II *adj attr* (*made of* ~) Bein-, beinern.

III *vt* die Knochen lösen aus, ausbeinen (*dial*); *fish* entgräten.

◆**bone up on** *vi* +*prep obj* (*esp US inf*) *subject* pauken (*inf*).

bone china *n* feines Porzellan.

boned [bəʊnd] *adj meat* ohne Knochen; *fish* entgrätet.

bone-dry *adj* (*inf*) knochentrocken; **bonehead** *n* (*inf*) Dummkopf, Armleuchter (*inf*) *m*; **boneheaded** *adj* (*inf*) blöd(e) (*inf*), doof (*inf*); **bone-idle** *adj* (*inf*) stinkfaul (*inf*); **boneless** *adj meat* ohne Knochen; *fish* ohne Gräten; **bone meal** *n* Knochenmehl *nt*.

boner ['bəʊnəʳ] *n* (*US sl*) Schnitzer, Hammer (*sl*) *m*.

boneshaker ['bəʊnʃeɪkəʳ] *n* (*inf*) Klapperkiste (*inf*), Mühle (*inf*) *f*.

bonfire ['bɒnfaɪəʳ] *n* (*for burning rubbish*) Feuer *nt*; (*as beacon*) Leucht- *or* Signalfeuer *nt*; (*Guy Fawkes*) Guy-Fawkes-Feuer *nt*; (*for celebration*) Freudenfeuer *nt*. ~ **night** 5. November (*Jahrestag m der Pulververschwörung*).

bonhomie ['bɒnɒmiː] *n* Jovialität *f*.

bonk [bɒŋk] (*inf*) **I** *vt* **1.** (*have sex with*) bumsen (*inf*). **2.** (*knock*) **he ~ed his head against the doorframe** er knallte mit dem Kopf gegen den Türrahmen (*inf*).

II *vi* bumsen (*inf*).

III *n* **1.** (*sex*) **to have a ~** bumsen (*inf*).

2. (*knock*) **to give sth a ~** *head, kneecap* sich (*dat*) etw stoßen.

bonkers ['bɒŋkəz] *adj* **to be ~** spinnen (*inf*); **to go ~** überschnappen (*inf*); **he's ~ about her** er ist völlig verrückt nach ihr (*inf*).

bonking ['bɒŋkɪŋ] *n* (*inf*) Bumsen *nt* (*inf*).

Bonn [bɒn] **I** *n* Bonn *nt*. **II** *adj* Bonner.

bonnet ['bɒnɪt] *n* **1.** (*woman's*) Haube *f*; (*baby's*) Häubchen *nt*; (*esp Scot: man's*) Mütze *f*. **2.** (*Brit Aut*) Motor- *or* Kühlerhaube *f*.

bonnie, bonny ['bɒnɪ] *adj* (*esp Scot*) schön; *lassie also* hübsch; *baby* prächtig.

bonsai ['bɒnsaɪ] *n, pl* - Bonsai *nt*.

bonus ['bəʊnəs] *n* **1.** Prämie *f*; (*output, production also*) Zulage *f*; (*cost-of-living ~*) Zuschlag *m*; (*Christmas ~*) Gratifikation *f*. **~ scheme** Prämiensystem *nt*. **2.** (*Fin: on shares*) Extradividende, Sonderausschüttung *f*. **3.** (*inf: sth extra*) Zugabe *f*.

bony ['bəʊnɪ] *adj* (*+er*) (*of bone*) knöchern; (*like bone*) knochenartig; *person, knee, hips* knochig; *fish* grätig, mit viel Gräten; *meat* mit viel Knochen.

boo [buː] **I** *interj* buh. **he wouldn't say ~ to a goose** (*inf*) er ist ein schüchternes Pflänzchen. **II** *vt actor, play, speaker, referee* auspfeifen, ausbuhen. **III** *vi* buhen. **IV** *n* Buhruf *m*.

boob [buːb] **I** *n* **1.** (*Brit inf: mistake*) Schnitzer *m* (*inf*).

2. (*inf: woman's breast*) Brust *f*.

II *vi* (*Brit inf*) einen Schnitzer machen; (*fail*) Mist bauen (*sl*). **somebody ~ed** da hat jemand was verbockt (*inf*).

booboo ['buːbuː] *n* (*inf*) Schnitzer *m* (*inf*).

boob tube *n* **1.** (*Tex*) Bustier *nt*. **2.** (*esp US inf: television*) Röhre (*inf*), Glotze (*inf*) *f*.

booby ['buːbɪ] *n* (*inf*) **1.** (*fool*) Trottel *m*. **2.** *see* **boob I 2.**

booby hatch *n* (*US sl*) Klapsmühle *f* (*sl*); **booby prize** *n Scherzpreis m für den schlechtesten Teilnehmer*; **booby trap I** *n* **1.** (*als Schabernack versteckt angebrachte*) Falle *f*; **2.** (*Mil*) versteckte Bombe. **II** *vt* **the suitcase was ~-trapped** in dem Koffer war eine Bombe versteckt.

booing ['buːɪŋ] *n* Buhrufen *nt*.

book [bʊk] **I** *n* **1.** Buch *nt*; (*exercise ~*) Heft *nt*; (*division: in Bible, poem*) Buch *nt*. **the (good) B~** die Bibel; **the B~ of Genesis** die Genesis, das 1. Buch Mose; **to bring sb to ~** jdn zur Rechenschaft ziehen; **to throw the ~ at sb** (*inf*) jdn nach allen Regeln der Kunst fertigmachen (*inf*); **to go by** *or* **stick to the ~** sich an die Vorschriften halten; **according to** *or* **by the ~** nach dem Buchstaben; **to be in sb's good/bad ~s** bei jdm gut/schlecht angeschrieben sein (*inf*); **I can read him like a ~** ich kann in ihm lesen wie in einem Buch; **it's a closed ~ to me** das ist ein Buch mit sieben Siegeln für mich; **he/my life is an open ~** er/mein Leben ist ein offenes Buch; **he knows/used every trick in the ~** (*inf*) er ist/war mit allen Wassern gewaschen (*inf*); **that counts as cheating in my ~** (*inf*) für mich ist das Betrug; **I'm in the ~** (*Telec*) ich stehe im Telefonbuch.

2. (*of tickets*) Heft *nt*; (*thicker*) Block *m*. **~ of stamps/matches** Briefmarken-/Streichholzheftchen *nt*.

3. (*Comm, Fin*) **~s** *pl* Bücher *pl*; **to keep the ~s of a firm** die Bücher einer Firma führen; **to do** *or* **look after the ~s for sb** jdm die Bücher führen; **I've been doing the ~s** ich habe die Abrechnung gemacht.

4. (*of club, society*) (Mitglieder)verzeichnis *nt*, Mitgliedsliste *f*.

5. (*Gambling*) Wettbuch *nt*. **to make** *or* **keep a ~** (*Horseracing*) Buch machen; (*generally*) Wetten abschließen.

6. (*libretto: of opera*) Textbuch *nt*.

II *vt* **1.** bestellen; *seat, room also* buchen, reservieren lassen; *artiste* engagieren, verpflichten; *cabaret act* nehmen; (*privately*) sorgen für. **this performance/flight/hotel is fully ~ed** diese Vorstellung ist ausverkauft/dieser Flug ist ausgebucht/das Hotel ist voll belegt; **to ~ sb through to Glasgow** (*Rail*) jdn bis Glasgow durchbuchen.

2. (*Fin, Comm*) *order* aufnehmen. **to ~ goods to sb's account** jdm Waren in Rechnung stellen.

3. (*inf*) *driver* aufschreiben (*inf*), einen Strafzettel verpassen (*+dat*) (*inf*); *football player* verwarnen. **to be ~ed for speeding** wegen zu schnellen Fahrens aufgeschrieben werden; **let's ~ him** (*said by policeman*) den schnappen wir uns (*inf*).

III *vi see vt* (*a*) bestellen; buchen.

◆**book in I** *vi* (*in hotel etc*) sich eintragen. **we ~ed ~ at the Hilton** wir sind im Hilton abgestiegen. **II** *vt sep* **1.** (*register*) eintragen. **2.** (*make reservation for*) **to ~ sb ~to a hotel** jdm ein Hotelzimmer reservieren lassen.

◆**book up** **I** *vi* buchen. **II** *vt sep* (*usu pass*) reservieren lassen. **to be (fully) ~ed ~** (ganz) ausgebucht sein; (*evening performance, theatre*) (bis auf den letzten Platz) ausverkauft sein.

bookable ['bʊkəbl] *adj* im Vorverkauf erhältlich.

bookbinder *n* Buchbinder(in *f*) *m*; **bookbinding** *n* Buchbinderei *f*; **bookcase** *n* Bücherregal *nt*; (*with doors*) Bücherschrank *m*; **book club** *n* Buchgemeinschaft *f*; **bookend** *n* Bücherstütze *f*; **book fair** *n* Buchmesse *f*.

bookie ['bʊkɪ] *n* (*inf*) Buchmacher(in *f*) *m*.

booking ['bʊkɪŋ] *n* Buchung, Bestellung, Reservierung *f*; (*of artiste, performer*) Engagement *nt*, Verpflichtung *f*. **to make a ~** buchen; **to cancel a ~** den Tisch/die Karte *etc* abbestellen; die Reise/den Flug *etc* stornieren; **to change one's ~** umbuchen.

booking clerk *n* Fahrkartenverkäufer(in *f*) *m*; (*official also*) Schalterbeamte(r) *m*, Schalterbeamtin *f*; **booking office** *n* (*Rail*) Fahrkartenschalter *m*; (*Theat*) Vorverkaufsstelle *or* -kasse *f*.

bookish ['bʊkɪʃ] *adj* gelehrt (*pej, hum*); (*given to reading*) lesewütig; (*not worldly*) lebensfremd; *language, expression* buchsprachlich; (*pej*) trocken, papieren.

book jacket *n* Schutzumschlag *m*, Buchhülle *f*; **book-keeper** *n* Buchhalter(in *f*) *m*; **book-keeping** *n* Buchhaltung *or* -führung *f*.

booklet ['bʊklɪt] *n* Broschüre *f*.

bookmaker *n* Buchmacher(in *f*) *m*; **bookmark** *n* Lesezeichen *nt*; **bookmobile** *n* (*US*) Fahrbücherei *f*; **bookplate** *n* Exlibris *nt*; **book post** *n* Büchersendung *f*; **bookrest** *n* Lesepult *nt*; **bookseller** *n* Buchhändler(in *f*) *m*; **bookshelf** *n* Bücherbord *or* -brett *nt*; **bookshelves** *npl* (*bookcase*) Bücherregal *nt*; **bookshop** (*Brit*), **bookstore** (*US*) *n* Buchhandlung *f or* -laden *m*; **bookstall** *n* Bücherstand *m*; **book token** *n* Buchgutschein *m*; **book value** *n* (*Fin*) Buchwert, Bilanzwert *m*; **bookworm** *n* (*fig*) Bücherwurm *m*.

Boolean ['bu:lɪən] *adj algebra, logic* boolesch *attr*.

boom¹ [bu:m] *n* **1.** (*barrier, across river*) Sperre *f*; (*at factory gate*) Schranke *f*. **2.** (*Naut*) Baum *m*. **3.** (*Tech: also* **derrick ~**) Ladebaum *m*; (*jib of crane*) Ausleger *m*. **4.** (*for microphone*) Galgen *m*.

boom² **I** *n* (*of sea, waves, wind*) Brausen *nt*; (*of thunder*) Hallen *nt*; (*of guns*) Donnern *nt*; (*of organ, voice*) Dröhnen *nt*. **II** *vi* **1.** (*sea, wind*) brausen; (*thunder*) hallen. **2.** (*organ, person, voice: also* **~ out**) dröhnen; (*guns*) donnern. **III** *interj* bum.

◆**boom out** **I** *vi see* **boom² II 2.**. **II** *vt sep* (*person*) *order* brüllen.

boom³ **I** *vi* (*trade, sales*) einen Aufschwung nehmen, boomen (*inf*); (*prices*) anziehen, in die Höhe schnellen. **business/he is ~ing** das Geschäft blüht *or* floriert/er floriert.

II *n* (*of business, fig*) Boom, Aufschwung *m*; (*period of economic growth*) Hochkonjunktur *f*; (*of prices*) Preissteigerung *f*.

boomerang ['bu:məræŋ] **I** *n* (*lit, fig*) Bumerang *m*. **to have a ~ effect** einen Bumerangeffekt haben. **II** *vi* (*fig inf: words, actions*) wie ein Bumerang zurückkommen (*on* zu).

booming ['bu:mɪŋ] *adj sound* dröhnend; *surf* brausend.

boom town *n* Goldgräberstadt *f*.

boon¹ [bu:n] *n* (*blessing, advantage*) Segen *m*.

boondockers ['bu:ndɒkəz] *npl* (*US inf: heavy boots*) (schwere) Stiefel *pl*.

boondocks ['bu:ndɒks] *npl* (*US inf: backwoods*) Wildnis *f*. **in the ~** irgendwo jwd (*inf*).

boondoggle ['bu:ndɒgl] (*US inf*) **I** *vi* auf Staatskosten Zeit und Geld verplempern (*inf*). **II** *n* Zeitverschwendung *f or* Kleinkrämerei *f* auf Staatskosten.

boor [bʊəʳ] *n* Rüpel, Flegel *m*.

boorish *adj*, **~ly** *adv* ['bʊərɪʃ, -lɪ] rüpelhaft, flegelhaft.

boost [bu:st] **I** *n* Auftrieb *m no pl*; (*Elec, Aut*) Verstärkung *f*; (*rocket*) Zusatzantrieb *m*. **to give sb/sth a ~** jdm/einer Sache Auftrieb geben, jdn aufmöbeln (*inf*)/etw ankurbeln *or* in Schwung bringen; (*by advertising*) für jdn/etw die Werbetrommel rühren; **this device gives the heart/electric charge/motor a ~** dieser Apparat verstärkt den Herzschlag/die elektrische Ladung/die Motorleistung; **to give a ~ to sb's morale/confidence** jdm Auftrieb geben *or* Mut machen/jds Selbstvertrauen stärken.

II *vt production, output, sales, economy* ankurbeln; *electric charge, engine, heart beat* verstärken; *confidence, sb's ego* stärken; *morale* heben.

booster ['bu:stəʳ] *n* **1.** (*Elec*) Puffersatz *m*; (*Rad*) Zusatzverstärker *m*; (*TV*) Zusatzgleichrichter *m*; (*Comput: on cable*) Zwischengenerator *m*; (*Aut*) (*supercharger*) Kompressor *m*; (*for heating*) Gebläse *nt*; (*~ rocket*) Booster *m*; (*for launching*) Booster *m*, Startrakete *f*; (*Aviat*) Hilfstriebwerk *nt*; (*Space*) Booster *m*, Zusatztriebwerk *nt*. **to act as a ~** zur Verstärkung dienen. **2.** (*Med: also* **~ shot**) Wiederholungsimpfung *f*. **~ dose** zusätzliche Dosis.

boot¹ [bu:t] **I** *n* **1.** Stiefel *m*. **the ~ is on the other foot** (*fig*) es ist genau umgekehrt; (*the other side is responsible*) die Verantwortung/Schuld liegt, ganz im Gegenteil, bei den anderen; **to give sb the (order of the** *hum*) **~** (*inf*) jdn rausschmeißen (*inf*); **to get the ~** (*inf*) rausgeschmissen werden (*inf*); **it's the ~ for him** (*inf*) der fliegt (*inf*); **to die with one's ~s on** (*inf*) über der Arbeit *or* in den Sielen sterben; **to put the ~ in** (*sl*) kräftig zutreten.

2. (*Brit: of car etc*) Kofferraum *m*.

3. (*inf: kick*) **to give sb/sth a ~** jdm/einer Sache einen Tritt geben *or* versetzen.

4. (*Brit pej sl: woman*) Schreckschraube *f* (*inf*).

II *vt* **1.** (*inf: kick*) einen (Fuß)tritt geben (+*dat*); *ball* kicken. **2.** (*Comput*) laden, urladen.

III *vi* (*Comput*) einen Systemstart durchführen.

◆**boot out** *vt sep* (*inf: lit, fig*) rausschmeißen (*inf*).

◆**boot up** *vti sep* (*Comput*) laden.

boot[2] *adv* (*hum, form*): **to ~** obendrein.

bootblack ['bu:tblæk] *n* Schuhputzer(in *f*) *m*.

bootee [bu:'ti:] *n* (*baby's*) gestrickter Babyschuh.

booth [bu:ð] *n* **1.** (*at fair*) (Markt)bude *f or* -stand *m*; (*at show*) (Messe)stand *m*. **2.** (*telephone ~*) (offene) Zelle *f*; (*polling ~, in cinema, language laboratory*) Kabine *f*; (*in restaurant*) Nische *f*.

bootjack *n* Stiefelknecht *m*; **bootlace** *n* Schnürsenkel *m*; **to pull oneself up by one's own ~s** (*inf*) sich am eigenen Haar herausziehen; **bootleg I** *vt* **1.** (*US*) (*make*) *liquor* schwarz brennen (*inf*); (*sell*) schwarz verkaufen; (*transport*) schmuggeln; **2.** (*inf: produce illegally*) schwarz herstellen; *cassettes etc* schwarz mitschneiden; **II** *adj whisky etc* schwarz gebrannt; *goods* schwarz hergestellt; *cassettes etc* schwarz mitgeschnitten; **bootlegger** *n* (*US*) Bootlegger *m*; (*seller also*) Schwarzhändler(in *f*) *m*.

bootlicker *n* (*pej inf*) Speichellecker *m* (*pej inf*); **bootmaker** *n* Schuhmacher(in *f*) *m*; **boot polish** *n* Schuhcreme *f*.

booty ['bu:tɪ] *n* (*lit, fig*) Beute *f*.

booze [bu:z] (*inf*) **I** *n* (*alcoholic drink*) Alkohol *m*; (*spirits also*) Schnaps *m*; (*drinking bout*) Sauftour *f* (*inf*). **keep off the ~** laß das Saufen sein (*inf*); **he's gone on the ~ again** er säuft wieder (*inf*).

II *vi* saufen (*inf*). **to go out boozing** saufen gehen (*inf*).

boozed(-up) ['bu:zd(ʌp)] *adj* (*inf*) blau (*inf*), alkoholisiert (*inf*).

boozer ['bu:zəʳ] *n* **1.** (*pej inf: drinker*) Säufer(in *f*) (*pej inf*), Schluckspecht (*inf*) *m*. **2.** (*Brit sl: pub*) Kneipe *f* (*inf*).

booze-up ['bu:zʌp] *n* (*inf*) Besäufnis *nt* (*inf*).

boozy ['bu:zɪ] *adj* (+*er*) (*inf*) *look, face* versoffen (*inf*). **~ lunch** Essen *nt* mit reichlich zu trinken.

bop [bɒp] **I** *n* **1.** (*Mus*) Bebop *m*. **2.** (*inf: dance*) Schwof *m* (*inf*). **3.** (*inf: blow*) Knuff (*inf*), Puff (*inf*) *m*. **II** *vi* (*inf: dance*) schwofen (*inf*). **III** *vt* (*inf*) **to ~ sb on the head** jdm eins auf den Kopf geben.

boracic [bə'ræsɪk] *adj* (*Chem*) Bor-, borhaltig.

borage ['bɒrɪdʒ] *n* Borretsch *m*.

borax ['bɔ:ræks] *n* Borax *m*.

border ['bɔ:dəʳ] **I** *n* **1.** (*edge, side: woods, field*) Rand *m*.

2. (*boundary, frontier*) Grenze *f*. **on the French ~** an der französischen Grenze; **on the ~s of France and Switzerland** an der Grenze zwischen Frankreich und der Schweiz, an der französisch-schweizerischen Grenze; **the B~s** (*Brit Geog*) *das Grenzgebiet zwischen England und Schottland*; **~ dispute** Grenzstreitigkeit *f*; (*fighting*) Grenzzwischenfall *m*.

3. (*in garden*) Rabatte *f*; *see* **herbaceous.**

4. (*edging: on dress*) Bordüre *f*; (*of carpet*) Einfassung *f*; (*of picture*) Umrahmung *f*. **black ~** (*on notepaper*) schwarzer Rand, Trauerrand *m*.

II *vt* **1.** (*line edges of*) *road, path* säumen; *garden, estate* begrenzen; (*on all sides*) umschließen.

2. (*land: lie on edge of*) grenzen an (+*acc*).

◆**border on** *or* **upon** *vi +prep obj* (*lit, fig*) grenzen an (+*acc*). **it was ~ing ~ being rude** das grenzte an Unhöflichkeit.

borderer ['bɔ:dərəʳ] *n* Grenzbewohner(in *f*) *m*.

border guard *n* Grenzsoldat *m*; **border incident** *n* Grenzzwischenfall *m*.

bordering ['bɔ:dərɪŋ] *adj country* angrenzend.

borderland *n* (*lit*) Grenzgebiet *nt*; (*fig*) Grenzbereich *m*; **borderline I** *n* **1.** (*between states, districts*) Grenzlinie, Grenze *f*; **2.** (*fig: between categories, classes*) Grenze *f*; **to be on the ~** an der Grenze liegen, ein Grenzfall sein; **his marks were on the ~ between a pass and a fail** er stand mit seinen Noten auf der Kippe; **II** *adj* (*fig*) **a ~ case** ein Grenzfall *m*; **it was a ~ pass/fail** er *etc* ist ganz knapp durchgekommen/durchgefallen; **border town** *n* Grenzstadt *f*.

bore[1] [bɔ:ʳ] **I** *vt hole, well, tunnel* bohren; *rock* durchbohren. **II** *vi* bohren (*for* nach). **III** *n* (*hole*) Bohrloch *nt*; (*of tube, pipe*) lichte Weite, Durchmesser *m*; (*of shotgun, cannon*) Kaliber *nt*. **a 12 ~ shotgun** eine Flinte vom Kaliber 12.

bore[2] **I** *n* **1.** (*person*) Langweiler *m*. **what a ~ he is!** das ist ein Langweiler!; **the club/office ~** der Langweiler vom Dienst.

2. (*thing, profession, situation*) **to be a ~** langweilig sein.

3. (*nuisance*) **don't be a ~** nun sei doch nicht so (schwierig)!; **this car is such a ~** das Auto ist wirklich eine Plage; **it's such a ~ having to go** es ist wirklich zu dumm *or* lästig, daß ich *etc* gehen muß.

II *vt* langweilen. **to ~ sb stiff** *or* **to death** *or* **to tears, to ~ the pants off sb** (*inf*) jdn zu Tode langweilen; **to be/get ~d** sich langweilen; **I'm ~d** mir ist es langweilig, ich langweile mich; **he is/gets ~d with her/his job** sie/seine Arbeit langweilt ihn; **he was ~d with reading/life** er war des Lesens/Lebens überdrüssig (*geh*).

bore[3] *pret of* **bear**[1].

bore[4] *n* (*tidal wave*) Flutwelle *f*.

boredom ['bɔ:dəm] *n* Lang(e)weile *f*; (*boringness*) Stumpfsinn *m*, Langweiligkeit *f*. **with a look of utter ~ on his face** mit einem völlig gelangweilten Gesichtsausdruck.

bore-hole ['bɔ:həʊl] *n* Bohrloch *nt*.

borer ['bɔ:rəʳ] *n* (*Tech*) Bohrer *m*; (*insect*) Bohrkäfer *m*.

boric ['bɔ:rɪk] *adj* (*Chem*) Bor-.

boring[1] ['bɔ:rɪŋ] **I** *n* (*Tech*) (*act*) Bohren *nt*; (*hole*) Bohrloch *nt*. **II** *adj* **~ machine** Bohrmaschine *f*.

boring[2] *adj* langweilig.

born [bɔ:n] **I** *ptp of* **bear**[1] **I 8. to be ~** geboren werden; (*fig*) entstehen; (*idea*) geboren werden; **I was ~ in 1948** ich bin *or* wurde 1948 geboren; **when were you ~?** wann sind Sie geboren?; **to be ~ again** wiedergeboren werden; **every baby ~ into the world** jedes Kind, das auf die Welt kommt; **he was ~ to a life of hardship/into a rich family** er wurde in ein schweres Leben/eine reiche Familie hineingeboren; **to be ~ lucky/deaf** unter einem glücklichen Stern/taub geboren sein; **he was just ~ to be Prime Minister** er war zum Premierminister geboren; **I wasn't ~ yesterday** (*inf*) ich bin nicht von gestern (*inf*); **there's one ~ every minute!** (*fig inf*) die Dummen werden nicht alle!; **with the confidence ~ of experience** mit dem aus Erfahrung hervorgegangenen Selbstvertrauen.

II *adj suf* **1.** (*native of*) **he is Chicago-~** er ist ein gebürtiger *or* geborener Chicagoer; **his French-~ wife** seine Frau, die gebürtige Französin ist. **2. high-/low-~** von vornehmer/niedriger Geburt.

III *adj* geboren. **he is a ~ poet/teacher** er ist der geborene Dichter/Lehrer; **an Englishman ~ and bred** ein echter Engländer; **in all my ~ days** (*dated*) in meinem ganzen Leben.

born-again ['bɔ:nə,gen] *adj Christian* wiedergeboren.

borne [bɔ:n] *ptp of* **bear**[1].

Borneo ['bɔ:nɪəʊ] *n* Borneo *nt*.

borough ['bʌrə] *n* **1.** (*also* **municipal ~**) Bezirk *m*, Stadtgemeinde *f*. **2.** (*Parl*) städtischer Wahlbezirk.

borrow ['bɒrəʊ] **I** *vt* **1.** (sich *dat*) borgen, sich (*dat*) leihen (*from* von); *£5000 (from bank)*, *car* sich (*dat*) leihen; *library book* ausleihen; *word* entlehnen; (*fig*) *idea, methodology* borgen (*inf*), übernehmen (*from* von). **to ~ money from the bank/another country** Kredit bei der Bank/eine Anleihe bei einem anderen Land aufnehmen; **~ed word** Lehnwort *nt*; **he is living on ~ed time** seine Uhr ist abgelaufen.

2. (*Math: in subtraction*) borgen (*inf*).

II *vi* borgen; (*from bank*) Kredit aufnehmen.

borrower ['bɒrəʊə^r] *n* Entleiher(in *f*) *m*; (*of capital, loan*) Kreditnehmer(in *f*) *m*.

borrowing ['bɒrəʊɪŋ] *n see vt* Borgen, Leihen *nt*; Ausleihen *nt*; Entlehnung *f*; Übernahme *f*. **government ~** staatliche Kreditaufnahme; **consumer ~** Verbraucherkredit *m*; **~ requirements** Kreditbedarf *m*.

borstal ['bɔ:stl] *n* (*Brit*) Erziehungsheim *nt*.

borzoi ['bɔ:zɔɪ] *n* Barsoi *m*.

bo's'n ['bəʊsn] *n see* **boatswain.**

Bosnia-Herzegovina ['bɒznɪə,hɜ:tsəgəʊ'vi:nə] *n* Bosnien-Herzegowina *nt*.

Bosnian ['bɒznɪən] **I** *n* Bosnier(in *f*) *m*. **II** *adj* bosnisch.

bosom ['bʊzəm] **I** *n* **1.** (*lit, fig: of person*) Busen *m*. **to lay bare one's ~ to sb** (*fig liter*) jdm sein Innerstes offenbaren (*liter*). **2.** (*of dress*) Brustteil *m*. **3.** (*fig*) **in the ~ of his family** im Schoß der Familie; **deep in the ~ of the earth/sea** (*liter*) tief im Schoße der Erde (*liter*)/in den Tiefen des Meeres (*liter*). **II** *adj attr friend* Busen-.

Bosp(h)orus ['bɒsfərəs, bɒspərəs] *n*: **the ~** der Bosporus.

boss[1] [bɒs] *n* Chef, Boß (*inf*) *m*. **industrial/union ~es** Industrie-/Gewerkschaftsbosse *pl* (*inf*); **his wife is the ~** seine Frau hat das Sagen; **OK, you're the ~** in Ordnung, du hast zu bestimmen.

◆**boss about** *or* **around** *vt sep* (*inf*) rumkommandieren (*inf*).

boss[2] *n* (*knob on shield*) Buckel *m*; (*Archit*) Schlußstein *m*.

boss-eyed [bɒs'aɪd] *adj* (*inf*) schielend *attr*.

bossiness ['bɒsɪnɪs] *n* Herrschsucht *f*, herrische Art.

bossy ['bɒsɪ] *adj* (+*er*) herrisch. **don't you get ~ with me!** kommandier mich nicht so rum (*inf*).

bosun ['bəʊsn] *n see* **boatswain.**

BOT (*Brit*) *abbr of* **Board of Trade** *Regierungsausschuß m für Handel und Export.*

botanical [bə'tænɪkəl] *adj* botanisch, Pflanzen-. **~ gardens** botanischer Garten.

botanist ['bɒtənɪst] *n* Botaniker(in *f*) *m*.

botany ['bɒtənɪ] *n* Botanik *f*.

botch [bɒtʃ] (*inf*) **I** *vt* (*also* **~ up**) verpfuschen, vermurksen (*inf*); *plans etc* vermasseln (*inf*). **II** *n* Murks (*inf*), Pfusch (*inf*) *m*. **to make a ~ of sth** etw verpfuschen/vermasseln (*inf*).

botch-up ['bɒtʃʌp] (*inf*) *n see* **botch II.**

botchy ['bɒtʃɪ] *adj* (*inf*) verpfuscht, vermurkst (*inf*).

both [bəʊθ] **I** *adj* beide. **~ (the) boys** beide Jungen.

II *pron* beide; (*two different things*) beides. **~ of them were there, they were ~ there** sie waren (alle) beide da; **two pencils/a pencil and a picture - he took ~** zwei Bleistifte/ein Bleistift und ein Bild - er hat beide/beides genommen; **~ of these answers are wrong** beide Antworten sind falsch; **come in ~ of you** kommt beide herein; **I meant ~ of you** ich habe euch beide gemeint.

III *adv* **~ ... and ...** sowohl ..., als auch ...; **~ you and I** wir beide; **John and I ~ came** John und ich sind beide gekommen; **she was ~ laughing and crying** sie lachte und weinte zugleich *or* gleichzeitig; **I'm ~ pleased and not pleased** ich freue mich und auch wieder nicht; **you and me ~** (*esp US inf*) wir zwei beide (*inf*).

bother ['bɒðə^r] **I** *vt* **1.** (*annoy, trouble: person, noise*) belästigen; (*sb's behaviour, tight garment, hat, long hair*) ärgern, stören; (*cause disturbance to: light, noise, sb's presence, mistakes*) stören; (*give trouble: back, teeth*) zu schaffen machen (+*dat*); (*worry*) Sorgen machen

(+*dat*); (*matter, problem, question*) beschäftigen, keine Ruhe lassen (+*dat*). **I'm sorry to ~ you but ...** es tut mir leid, daß ich Sie damit belästigen muß, aber ...; **well I'm sorry I ~ed you** entschuldigen Sie, daß ich (überhaupt) gefragt habe; **don't ~ your head about that** zerbrechen Sie sich (*dat*) darüber nicht den Kopf; **don't ~ yourself about that** machen Sie sich (*dat*) darüber mal keine Gedanken *or* Sorgen; **I shouldn't let it ~ you** machen Sie sich mal keine Sorgen; **don't ~ me!** laß mich in Frieden!; **could I ~ you for a light?** dürfte ich Sie vielleicht um Feuer bitten?; **one thing is still ~ing him** eins stört ihn noch; **what's ~ing you?** was haben Sie denn?

2. I/he can't be ~ed ich habe/er hat keine Lust; **I can't be ~ed with people like him/opera** für solche Leute/für Opern habe ich nichts übrig; **he can't be ~ed about** *or* **with small matters like that** mit solchen Kleinigkeiten gibt er sich nicht ab; **do you want to stay or go? — I'm not ~ed** willst du bleiben oder gehen? — das ist mir egal; **I'm not ~ed about him/the money** seinetwegen/wegen des Geldes mache ich mir keine Gedanken.

II *vti* **don't ~!** nicht nötig!; **I won't ~ to ask *you* again!** dich werde ich bestimmt nicht mehr fragen!; **she didn't even ~ to ask/check** sie hat gar nicht erst gefragt/nachgesehen; **please don't ~ to get up** bitte, bleiben Sie doch sitzen; **really you needn't have ~ed!** das wäre aber wirklich nicht nötig gewesen!

III *vi* sich kümmern (*about* um); (*get worried*) sich (*dat*) Sorgen machen (*about* um). **don't ~ about me!** machen Sie sich meinetwegen keine Sorgen; (*sarcastic*) ist ja egal, was ich will; **to ~ with sb** sich mit jdm abgeben; **he/it is not worth ~ing about** über ihn/darüber brauchen wir gar nicht zu reden, er/das ist nicht der Mühe wert; **I'm not going to ~ with that** das lasse ich.

IV *n* **1.** (*nuisance*) Plage *f*. **it's such a ~** das ist wirklich lästig *or* eine Plage; **I've forgotten it, what a ~** ich habe es vergessen, wie ärgerlich *or* so was Ärgerliches; **I know it's an awful ~ for you but ...** ich weiß, daß Ihnen das fürchterliche Umstände macht, aber ...

2. (*trouble, contretemps*) Ärger *m*; (*difficulties*) Schwierigkeiten *pl*. **she's in a spot of ~** sie hat Schwierigkeiten; **we had a spot** *or* **bit of ~ with the car** wir hatten Ärger mit dem Auto; **I didn't have any ~ getting the visa** es war kein Problem, das Visum zu bekommen; **that's all right, it's no ~** bitte schön, das tue ich doch gern; **it wasn't any ~** (*don't mention it*) das ist gern geschehen; (*not difficult*) das war ganz einfach; **the children were no ~ at all** wir hatten mit den Kindern überhaupt keine Probleme; **to go to a lot of ~ to do sth** sich (*dat*) mit etw viel Mühe geben; **please don't put yourself to any ~ on my account** machen Sie meinetwegen keine Umstände.

V *interj* Mist (*inf*). **~ that man!** zum Kuckuck mit ihm! (*inf*).

botheration [ˌbɒðəˈreɪʃən] *interj* verflixt und zugenäht (*inf*).

bothersome [ˈbɒðəsəm] *adj* lästig; *child* unleidlich.

Bothnia [ˈbɒθnɪə] *n*: **Gulf of ~** Bottnischer Meerbusen.

Botswana [ˌbɒtˈswɑːnə] *n* Botsuana, Botswana *nt*.

bottle [ˈbɒtl] **I** *n* **1.** Flasche *f*. **a ~ of wine** eine Flasche Wein.

2. (*Brit sl*) **to lose one's ~** die Nerven verlieren.

3. (*fig inf: drink*) Flasche *f* (*inf*). **to be on/off the ~** trinken/nicht mehr trinken; **to take to the ~** zur Flasche greifen.

II *vt* in Flaschen abfüllen. **~d in ...** abgefüllt in ...

III *vi* (*Brit sl: lose nerve*) die Nerven verlieren.

◆**bottle out** *vi see* **bottle III**.

◆**bottle up** *vt sep emotion* in sich (*dat*) aufstauen, in sich (*acc*) hineinfressen (*inf*). **there's a lot of hate ~d ~ inside her** es ist viel aufgestauter Haß in ihr.

bottle bank *n* Altglascontainer *m*; **bottle blonde** *n* (*inf*) Wasserstoffblondine *f* (*inf*).

bottled [ˈbɒtld] *adj wine* in Flaschen (abgefüllt); *gas* in Flaschen; *beer* Flaschen-; *fruit* eingemacht.

bottle-fed *adj* **he is ~** er wird aus der Flasche ernährt; **a ~ baby** ein Flaschenkind *nt*; **bottle green** *adj* flaschengrün; **bottleneck** *n* (*lit, fig*) Engpaß *m*; **bottle opener** *n* Flaschenöffner *m*; **bottle party** *n* Bottle-Party *f*; **bottle rack** *n* Flaschengestell *nt*; **bottle-washer** *n* Flaschenreiniger *m*.

bottling [ˈbɒtlɪŋ] *n* Abfüllen *nt*; (*of fruit*) Einmachen *nt*. **~ plant** Abfüllanlage *f*.

bottom [ˈbɒtəm] **I** *n* **1.** (*lowest part*) (*of receptacle, box, glass*) Boden *m*; (*of mountain, pillar, spire, printed character*) Fuß *m*; (*of well, canyon*) Grund *m*; (*of page, screen, wall*) unteres Ende; (*of list, road*) Ende *nt*; (*of trousers*) unteres Beinteil; (*of dress*) Saum *m*. **trousers with wide ~s** unten ausgestellte Hosen; **the ~ of the league** das Tabellenende; **which end is the ~?** wo ist unten?; **the ~ of the tree/page/list/wall is ...** der Baum/die Seite/Liste/Wand ist unten ...; **at the ~ of the page/list/league/hill/wall/tree** unten auf der Seite/Liste/in der Tabelle/am Berg/an der Wand/am Baum; **at the ~ of the canyon** unten in der Schlucht; **at the ~ of the mountain** am Fuß des Berges; **to be (at the) ~ of the class** der/die Letzte in der Klasse sein; **he's near the ~ in English** in Englisch gehört er zu den Schlechtesten; **at the ~ of the garden** hinten im Garten; **at the ~ of the table/road** am unteren Ende des Tisches/am Ende der Straße; **~(s) up!** hoch die Tassen (*inf*); **from the ~ of my heart** aus tiefstem Herzen; **he took a card from the ~ of the pack** er nahm eine Karte unten aus dem Stapel; **at ~** (*fig*) im Grunde; **to knock the ~ out of an argument** ein Argument gründlich widerlegen; **the ~ fell out of his world** (*inf*) für ihn brach alles zusammen; **the ~ dropped** *or* **fell out of the market** die Marktlage hat einen Tiefstand erreicht.

2. (*underneath, underside*) Unterseite *f*, untere Seite. **on the ~ of the tin/ashtray** unten an der Dose/am Aschenbecher.

3. (*of sea, lake, river*) Grund, Boden *m*. **on the ~ of the sea** auf dem Meeresboden *or* -grund (*geh*); **to send a ship to the ~** ein Schiff versenken; **the ship went to the ~** das Schiff sank auf den Grund.

4. (*of chair*) Sitz *m*, Sitzfläche *f*.

5. (*of person*) Hintern (*inf*), Po (*inf*) *m*; (*of trousers*) Hosenboden *m*.

6. (*fig: causally*) **to be at the ~ of sth** (*person*) hinter etw (*dat*) stecken; (*thing*) einer Sache (*dat*) zugrunde liegen; **to get to the ~ of sth** einer Sache (*dat*) auf den Grund kommen, hinter etw (*acc*) kommen; **let's get to the ~ of the matter** wir wollen der Sache auf den Grund gehen.

7. (*Naut: of ship*) Boden *m*. **the ship floated ~ up** das Schiff trieb kieloben.

8. (*Brit Aut: gear*) erster Gang. **in ~** im ersten Gang.

9. (*US: low land*) **~s** Ebene *f*.

II *adj attr* (*lower*) untere(r, s); (*lowest*) unterste(r,s); *price* niedrigste(r, s); (*Fin*) Tiefst-; *pupil* schlechteste(r, s). **~ half** (*of box*) untere Hälfte; (*of list, class*) zweite Hälfte.

◆**bottom out** *vi* (*reach lowest point*) die Talsohle erreichen (*at* bei); (*pass lowest point*) die Talsohle verlassen *or* überwinden.

bottom drawer *n* (*Brit*) **to put sth away in one's ~** etw für die Aussteuer beiseite legen; **bottom gear** *n* (*Brit Aut*) erster Gang; **we're still in ~** (*inf, fig*) wir sind immer noch nicht richtig auf Touren gekommen (*inf*); **bottomless** *adj* (*lit*) bodenlos; (*fig*) *despair* tiefste(r, s); **a ~ pit** (*fig*) ein Faß ohne Boden; **bottom line** *n* **1.** (*of accounts etc*) Saldo *m*; **if the balance sheet shows a healthy ~** wenn die Bilanz einen gesunden Saldo aufweist; **2.** (*fig*) **that's the ~ (of it)** (*decisive factor*) das ist das Entscheidende (dabei); (*what it amounts to*) darauf läuft es im Endeffekt hinaus; **bottom-line** *adj attr management, publishing* gewinnorientiert; **bottommost** *adj* allerunterste(r, s); **bottom-up** *adj approach, view, analysis* von unten nach oben.

botulism ['bɒtjʊlɪzəm] *n* Botulismus *m*.

bouffant ['buːfɔ̃ːŋ] *adj hairstyle* aufgetürmt.

bougainvillea [ˌbuːgən'vɪlɪə] *n* Bougainvillea *f*.

bough [baʊ] *n* Ast *m*.

bought [bɔːt] *pret, ptp of* **buy**.

bouillon ['buːjɔ̃ːŋ] *n* Bouillon *f*. **~ cube** (*US*) Brühwürfel *m*.

boulder ['bəʊldə^r] *n* Felsblock *m*.

boulder clay *n* (*Geol*) Geschiebelehm *m*.

boulevard ['buːləvɑː^r] *n* Boulevard *m*.

bounce [baʊns] **I** *vi* **1.** (*ball*) springen; (*Sport: ball*) aufspringen; (*chins, breasts*) wackeln. **rubber ~s** Gummi federt; **the child ~d up and down on the bed** das Kind hüpfte auf dem Bett herum; **the car ~d along the bumpy road** das Auto holperte die schlechte Straße entlang; **he came bouncing into the room** er kam munter ins Zimmer.

2. (*inf: cheque*) platzen (*inf*).

II *vt* **1.** aufprallen lassen, prellen (*Sport*). **he ~d the ball against the wall** er warf den Ball gegen die Wand; **he ~d the baby on his knee** er ließ das Kind auf den Knien reiten.

2. (*sl: throw out*) rausschmeißen (*inf*).

III *n* **1.** (*of ball: rebound*) Aufprall *m*. **to hit a ball on the ~** den Ball beim Aufprall nehmen; **count the number of ~s** zählen Sie, wie oft der Ball aufspringt.

2. *no pl* (*of ball*) Sprungkraft *f*; (*of hair also, rubber*) Elastizität *f*; (*inf: of person*) Schwung *m* (*inf*).

◆**bounce back I** *vt sep ball* zurückprallen lassen. **II** *vi* abprallen, zurückprallen; (*fig inf: person*) sich nicht unterkriegen lassen (*inf*); (*to boyfriend*) zurückkommen.

◆**bounce off I** *vt always separate* **to ~ sth ~ sth** etw von etw abprallen lassen; *radio waves* etw an etw (*dat*) reflektieren; **to ~ an idea ~ sb** (*fig inf*) eine Idee an jdm testen (*inf*). **II** *vi* abprallen; (*radio waves*) reflektieren.

bouncer ['baʊnsə^r] *n* (*inf*) Rausschmeißer *m* (*inf*).

bouncing ['baʊnsɪŋ] *adj* **~ baby** strammer Säugling.

bouncy ['baʊnsɪ] *adj* (+*er*) **1.** *ball* gut springend; *mattress, step* federnd; *springs, hair* elastisch; *ride* holpernd. **2.** (*fig inf: exuberant*) vergnügt und munter.

bound¹ [baʊnd] **I** *n usu pl* (*lit, fig*) Grenze *f*. **to keep within ~s** innerhalb der Grenzen bleiben; **to keep within the ~s of propriety** den Anstand wahren, im Rahmen bleiben, **within the ~s of probability** im Bereich des Wahrscheinlichen; **there are no ~s to his ambition** sein Ehrgeiz kennt keine Grenzen; **the pub is out of ~s** das Betreten des Lokals ist verboten.

II *vt usu pass country* begrenzen; *area also* abgrenzen.

bound² **I** *n* Sprung, Satz *m*; *see* **leap**.

II *vi* springen; (*rabbit*) hoppeln. **to ~ in/away/back** herein-/weg-/zurückspringen; **the dog came ~ing up** der Hund kam angesprungen.

bound³ **I** *pret, ptp of* **bind**.

II *adj* **1.** gebunden. **~ hand and foot** an Händen und Füßen gebunden.

2. *book* gebunden. **paper-~, ~ in paper** broschiert; **~ in boards** kartoniert.

3. **~ variable** (*Math*) abhängige Variable; **~ form** (*Ling*) gebundene Form.

4. (*sure*) **to be ~ to do sth** etw bestimmt tun; **but then of course he's ~ to say that** das muß er ja sagen; **it's ~ to happen** das muß so kommen.

5. (*obliged*) *person* verpflichtet; (*by contract, word, promise*) gebunden. **but I'm ~ to say ...** (*inf*) aber ich muß schon sagen ...; **I'm not ~ to agree** ich muß nicht zwangsläufig zustimmen.

bound⁴ *adj pred* **to be ~ for London** (*heading for*) auf dem Weg nach London sein, nach London unterwegs sein; (*about to start*) (*ship, plane, lorry*) nach London gehen; (*person*) nach London reisen wollen; **the plane/all passengers ~ for London will ...** das Flugzeug/alle Passagiere nach London wird/werden ...; **where are you ~ for?** wohin geht die Reise?, wohin wollen Sie?; **we were northward-/California-~** wir waren nach Norden/Kalifornien unterwegs.

boundary ['baʊndərɪ] *n* Grenze *f*; (*Cricket*) Spielfeldgrenze *f*. **to hit/score a ~** den Ball über die Spielfeldgrenze schlagen/4 oder 6 Punkte für einen Schlag über die Spielfeldgrenze erzielen.

boundary line *n* Grenzlinie *f*.

bounden ['baʊndən] *adj*: **~ duty** (*old, liter*) Pflicht und Schuldigkeit *f* (*geh*).

boundless ['baʊndlɪs] *adj* (*lit, fig*) grenzenlos.

bounteous ['baʊntɪəs], **bountiful** ['baʊntɪfʊl] *adj* großzügig; *sovereign, god* gütig; *harvest, gifts* (über)reich.

bounteousness ['baʊntɪəsnɪs], **bountifulness** ['baʊntɪfʊlnɪs] *n see adj* Großzügigkeit *f*; Güte *f*; reiche Fülle (*geh*).

bounty ['baʊntɪ] *n* **1.** (*generosity*) Freigebigkeit *f*; (*of nature*) reiche Fülle (*geh*). **2.** (*gift*) großzügige *or* reiche Gabe (*geh*). **3.** (*reward money*) Kopfgeld *nt*.

bouquet ['bʊkeɪ] *n* **1.** Strauß *m*, Bukett *nt* (*geh*). **~ garni** (*Cook*) Kräutermischung *f*. **2.** (*of wine*) Bukett *nt*, Blume *f*.

Bourbon ['bʊəbən] *n* (*Hist*) Bourbone *m*, Bourbonin *f*.

bourbon ['bɜːbən] *n* (*also* **~ whisky**) Bourbon *m*.

bourgeois ['bʊəʒwɑː] **I** *n* Bürger(in *f*), Bourgeois (*esp Sociol*) *m*; (*pej*) Spießbürger(in *f*), Spießer *m*. **II** *adj* bürgerlich; (*pej*) spießbürgerlich, spießig.

bourgeoisie [ˌbʊəʒwɑː'ziː] *n* Bürgertum *nt*, Bourgeoisie *f*.

bout [baʊt] *n* **1.** (*of flu etc*) Anfall *m*; (*of negotiations*) Runde *f*. **a ~ of fever/rheumatism** ein Fieber-/Rheumaanfall *m*; **a drinking ~** eine Zecherei. **2.** (*Boxing, Wrestling, Fencing*) Kampf *m*. **to have a ~ with sb** einen Kampf mit jdm austragen.

boutique [buː'tiːk] *n* Boutique *f*.

bovine ['bəʊvaɪn] **I** *adj* (*lit*) Rinder-; *appearance* rinderartig; (*fig*) stupide, einfältig. **II** *n* Rind *nt*.

bovver ['bɒvəʳ] *n* (*Brit sl*) Schlägerei *f* (*inf*). **~ boots** Rockerstiefel *pl*; **~ boys** (*dated*) Schlägertypen *pl*.

bow¹ [bəʊ] **I** *n* **1.** (*for shooting arrows*) Bogen *m*. **a ~ and arrow** Pfeil und Bogen *pl*. **2.** (*Mus*) Bogen *m*. **up ~/down ~ stroke** Auf-/Abstrich *m*. **3.** (*knot: of ribbon*) Schleife *f*. **II** *vi* (*Mus*) den Bogen führen. **III** *vt* (*Mus*) streichen.

bow² [baʊ] **I** *n* (*with head, body*) Verbeugung *f*; (*by young boy*) Diener *m*.

II *vi* **1.** sich verbeugen, sich verneigen (*geh*) (*to sb* vor jdm); (*young boy*) einen Diener machen. **to ~ and scrape** katzbuckeln (*pej*), liebedienern (*pej*).

2. (*bend: branches*) sich biegen.

3. (*fig: defer, submit*) sich beugen (*before* vor +*dat*, *under* unter +*dat*, *to dat*). **to ~ to the majority/inevitable** sich der Mehrheit beugen/sich in das Unvermeidliche fügen.

III *vt* **1. to ~ one's head** den Kopf senken; (*in prayer*) sich verneigen. **2.** (*bend*) *branches* beugen.

◆**bow down I** *vi* (*lit*) sich beugen *or* neigen. **to ~ ~ to** *or* **before sb** (*fig*) sich jdm beugen. **II** *vt sep* **~ed ~ with snow/cares** schneebeladen/mit Sorgen beladen.

◆**bow out I** *vi* (*fig*) sich verabschieden. **II** *vt sep* unter Verbeugungen hinausgeleiten.

bow³ [baʊ] *n often pl* Bug *m*. **in the ~s** im Bug; **on the port/starboard ~** backbord(s)/steuerbord(s) voraus; **~ doors** Bugtor *nt*.

Bow Bells [ˌbəʊ'belz] *npl*: **he was born within the sound of ~** er ist ein waschechter Cockney (*Londoner*).

bowel ['baʊəl] *n usu pl* **1.** (*Anat*) (*of person*) Eingeweide *nt usu pl*, Gedärm *nt usu pl*; (*of animal also*) Innereien *pl*. **a ~ movement** Stuhl(gang) *m*.

2. (*fig*) **the ~s of the earth/ship** *etc* das Erdinnere/Schiffsinnere *etc*, das Innere des Erde/der Schiffsbauchs.

bower ['baʊəʳ] *n* Laube *f*.

bowing ['bəʊɪŋ] *n* (*Mus*) Bogenführung *f*.

bowl¹ [bəʊl] *n* **1.** Schüssel *f*; (*smaller, shallow also, finger~*) Schale *f*; (*for sugar*) Schälchen *nt*; (*for animals, prisoners also*) Napf *m*; (*punch ~*) Bowle *f*; (*wash~ also*) Becken *nt*. **a ~ of milk** eine Schale/ein Napf Milch.

2. (*of pipe*) Kopf *m*; (*of spoon*) Schöpfteil *m*; (*of lavatory*) Becken *nt*; (*of lamp*) Schale *f*; (*of wineglass*) Kelch *m*.

3. (*Geog*) Becken *nt*.

4. (*US: stadium*) Stadion *nt*.

bowl² **I** *n* (*Sport: ball*) Kugel *f*; *see also* **bowls**.

II *vi* **1.** (*Bowls*) Bowling/Boccia/Boule spielen; (*tenpin*) bowlen, Bowling spielen; (*skittles*) kegeln.

2. (*Cricket*) (*mit gestrecktem Arm*) werfen.

3. (*travel: car, cycle etc*) brausen (*inf*).

III *vt* **1.** (*roll*) *ball* rollen.

2. (*Cricket*) *ball* werfen; *batsman* ausschlagen.

◆**bowl along** *vi* dahergerauscht kommen/dahinrauschen (*prep obj* auf +*dat*) (*inf*).

◆**bowl out** *vt sep* (*Cricket*) ausschlagen.

◆**bowl over** *vt sep* **1.** (*lit*) (*with ball*) umwerfen; (*in car*) umfahren, über den Haufen fahren (*inf*). **2.** (*fig*) umwerfen, umhauen (*inf*). **to be ~ed ~** sprachlos *or* platt (*inf*) sein; **he was ~ed ~ by the news/her/the idea** die Nachricht/sie/die Idee hat ihn (einfach) überwältigt *or* umgehauen (*inf*).

bow-legged ['bəʊlegd] *adj* O-beinig; **bow legs** *npl* O-Beine *pl*.

bowler¹ ['bəʊləʳ] *n* (*Sport*) **1.** Bowlingspieler(in *f*) *m*; (*of bowls also*) Boccia-/Boulespieler(in *f*) *m*. **2.** (*Cricket*) Werfer *m*.

bowler[2] *n* (*Brit*) (*also* ~ **hat**) Melone *f*.

bowline ['bəʊlɪn] *n* (*knot*) Palstek, Pfahlstek *m*; (*rope* Bulin(e) *f*.

bowling ['bəʊlɪŋ] *n* **1.** (*Cricket*) Werfen *nt*. **renowned for his fast** ~ für seine schnellen Bälle berühmt. **2.** (*tenpin* ~) Bowling *nt*; (*skittles*) Kegeln *nt*. **to go** ~ bowlen/kegeln gehen.

bowling alley *n* Bowlingbahn *f*; **bowling green** *n* Spiel- *or* Rasenfläche *f* für Bowling/Boccia/Boule.

bowls [bəʊlz] *n* Bowling *nt*; (*Italian, German*) Boccia *nt*; (*French*) Boule *nt*.

bows [baʊz] *npl see* **bow**[3].

bowstring ['bəʊstrɪŋ] *n* (*Mus*) (Bogen)bezug *m*; (*in archery*) (Bogen)sehne *f*; **bow tie** *n* Fliege *f*; **bow window** *n* Erkerfenster *nt*.

box[1] [bɒks] **I** *vti* (*Sport*) boxen. **II** *vt* **to** ~ **sb's ears** *or* **sb on the ears** jdn ohrfeigen, jdm eine Ohrfeige geben. **III** *n* **a** ~ **on the ear** *or* **round the ears** eine Ohrfeige, eine Backpfeife (*inf*).

box[2] *n* (*Bot*) Buchsbaum *m*.

box[3] **I** *n* **1.** (*made of wood or strong cardboard*) Kiste *f*; (*cardboard* ~) Karton *m*; (*made of light cardboard*, ~ *of matches*) Schachtel *f*; (*snuff*~, *cigarette* ~ *biscuit tin*) Dose *f*; (*of crackers, chocolates etc*) Packung, Schachtel *f*; (*jewellery* ~) Schatulle *f*, Kasten *m*; (*tool* ~) (Werkzeug)kasten *m*; (*ballot* ~) Urne *f*; (*money* ~) (*with lid and lock*) Kassette *f*; (*for saving*) Sparbüchse *or* -dose *f*; (*collection* ~) (Sammel)büchse *f*; (*in church*) Opferbüchse *f*; (*fixed to wall*) Opferstock *m*.

2. (*two-dimensional*) (umrandetes) Feld; (*Baseball*) Box *f*; (*in road junction*) *gelb schraffierter Kreuzungsbereich*. **draw a** ~ **round it** umranden Sie es.

3. (*Theat*) Loge *f*; (*jury* ~) Geschworenenbank *f*; (*witness* ~) Zeugenstand *m*; (*press* ~) Pressekabine *f*; (*outside*) Pressetribüne *f*; (*in court*) Pressebank *f*.

4. (*Tech: housing*) Gehäuse *nt*.

5. (*building*) (*sentry* ~) Schilderhaus *nt*; (*signal* ~) Häuschen *nt*.

6. (*horse*~) Box *f*

7. (*Brit: pillar*-~) (Brief)kasten *m*

8. (*Brit: phone* ~) Zelle *f*.

9. (*Brit inf: TV*) Glotze *f* (*inf*), Glotzkasten *m* (*inf*). **what's on the** ~**?** was gibt's im Fernsehen?; **I was watching the** ~ ich habe in die Röhre geguckt (*inf*).

10. (*Brit: gift of money*) Geldgeschenk *nt*.

II *vt* **1.** (in eine(r) Schachtel) verpakken. **2. to** ~ **the compass** (*Naut*) alle Kompaßpunkte der Reihe nach aufzählen.

◆**box in** *vt sep* **1.** *player* in die Zange nehmen; *parked car* einklemmen; (*fig*) einengen, keinen *or* zuwenig Spielraum lassen (+*dat*). **2.** *bath etc* verkleiden; (*with wood also*) verschalen.

◆**box off** *vt sep* abteilen, abtrennen.

◆**box up** *vt sep* **1.** (*confine*) einsperren. **2.** (*put in boxes*) (in Kartons) einpacken.

box bed *n* Klappbett *nt*; **box calf** *n* Boxkalf *nt*; **box camera** *n* Box *f*; **boxcar** *n* (*US Rail*) (geschlossener) Güterwagen.

boxer ['bɒksəʳ] *n* **1.** (*Sport*) Boxer *m*. **2.** (*dog*) Boxer *m*.

boxer shorts *npl* (*Brit*) Boxer-Shorts *pl*.

box file *n* Flachordner *m*.

boxing ['bɒksɪŋ] *n* Boxen *nt*.

boxing *in cpds* Box-; **Boxing Day** *n* (*Brit*) zweiter Weihnachts(feier)tag; **boxing match** *n* Boxkampf *m*; **boxing ring** *n* Boxring *m*.

box junction *n* (*Mot*) gelbschraffierte Kreuzung(, *in die bei Stau nicht eingefahren werden darf*); **box kite** *n* Kastendrachen *m*; **box number** *n* Chiffre *f*; (*at post office*) Postfach *nt*; **box office I** *n* Kasse, Theater-/Kinokasse *f*; **to be good** ~ ein Kassenschlager sein; **II** *attr* ~ **success/hit/attraction** Kassenschlager *m*; **box pleat** *n* Kellerfalte *f*; **boxroom** *n* (*Brit*) Abstellraum *m*; **box spanner** *n* Steckschlüssel *m*; **box tree** *n* Buchsbaum *m*; **boxwood** *n* Buchsbaum(holz *nt*) *m*.

boy [bɔɪ] *n* **1.** (*male child*) Junge, Bub (*dial*) *m*. **bad** *or* **naughty** ~**!** du frecher Bengel; (*to animal*) böser Hund! *etc*; **the Jones** ~ der Junge von Jones; ~**s will be** ~**s** Jungen sind nun mal so; *see* **old** ~.

2. (*inf: fellow*) Knabe *m* (*inf*). **the old** ~ (*boss*) der Alte (*inf*); (*father*) mein *etc* alter Herr.

3. (*friend*) **the** ~**s** meine/seine Kumpels; **our** ~**s** (*team*) unsere Jungs; **jobs for the** ~**s** Vetternwirtschaft *f*.

4. (*native servant, lift*~) Boy *m*; (*messenger* ~, *ship* ~) Junge *m*; (*butcher's etc* ~) (Lauf)junge *m*; (*page*~) (Hotel)boy *m*; (*stable* ~) Stalljunge *m*.

5. oh ~**!** (*inf*) Junge, Junge! (*inf*).

boycott ['bɔɪkɒt] **I** *n* Boykott *m*. **to put a** ~ **on sth** den Boykott über etw (*acc*) verhängen. **II** *vt* boykottieren.

boyfriend *n* Freund *m*; **boyhood** *n* Kindheit *f*; (*as teenager*) Jugend(zeit) *f*.

boyish ['bɔɪɪʃ] *adj* jungenhaft; (*woman*) knabenhaft.

boyo ['bɔɪəʊ] *interj* (*Welsh*) Junge *m*.

boy scout *n* Pfadfinder *m*; **Boy Scouts** *n sing* Pfadfinder *pl*.

BR *abbr of* **British Rail** *die britischen Eisenbahnen*.

bra [brɑː] *n abbr of* **brassière** BH *m*.

brace[1] [breɪs] *n, pl* - (*pair: of pheasants*) Paar *nt*.

brace[2] **I** *n* **1.** (*Build*) Strebe *f*. **2.** (*tool*) (*wheel* ~) Radschlüssel *m*; (*to hold bit*) Bohrwinde *f*. ~ **and bit** Bohrer *m* (mit Einsatz). **3.** (*on teeth*) Klammer, Spange *f*.

II *vt* **1.** (ab)stützen; (*horizontally*) verstreben; (*in vice*) verklammern. **2.** (*climate etc: invigorate*) stärken, kräftigen.

III *vr* sich bereit halten; (*fig*) sich wappnen (*geh*), sich bereit machen. **to** ~ **oneself for sth** sich auf etw (*acc*) gefaßt machen.

bracelet ['breɪslɪt] *n* Armband *nt*; (*bangle*) Armreif(en) *m*; (*ankle* ~) Fußreif(en) *m*.

bracer ['breɪsəʳ] *n* **1.** (*inf: drink*) kleine Stärkung, Schnäpschen *nt*. **2.** (*Sport*)

Armschutz *m*.

braces ['breɪsɪz] *npl* (*Brit*) Hosenträger *pl*. **a pair of ~** (ein Paar) Hosenträger.

bracing ['breɪsɪŋ] *adj* belebend, anregend.

bracken ['brækən] *n* Adlerfarn *m*.

bracket ['brækɪt] **I** *n* **1.** (*angle ~*) Winkelträger *m*; (*for shelf*) (Regal)träger *m*; (*Archit*) Konsole *f*; (*of stone*) Kragstein *m*.

2. (*gas ~*) Anschluß *m*; (*for electric light*) (Wand)arm *m*.

3. (*Typ, Mus*) Klammer *f*.

4. (*group*) Gruppe, Klasse *f*. **the lower income ~** die untere Einkommensgruppe; **tax ~** Steuerklasse *f*.

II *vt* **1.** (*put in ~s*) einklammern. **2.** (*also* **~ together**) (*join by ~s*) mit einer Klammer verbinden; (*Mus also*) mit einer Akkolade verbinden; (*fig: group together*) zusammenfassen.

brackish ['brækɪʃ] *adj water* brackig.

brag [bræg] **I** *vi* prahlen, angeben (*about, of* mit). **II** *vt* prahlen. **to ~ that** prahlen, daß, damit angeben, daß. **III** *n* **1.** (*boast*) Prahlerei, Angeberei *f*. **2.** (*inf*) *see* **braggart.**

braggart ['brægət] *n* Prahler(in *f*), Angeber(in *f*) *m*.

bragging ['brægɪŋ] *n* Prahlerei, Angeberei *f*.

braid [breɪd] **I** *n* **1.** (*of hair*) Flechte *f* (*geh*), Zopf *m*. **2.** (*trimming*) Borte *f*; (*self-coloured*) Litze *f*. **3.** (*Mil*) Tressen *pl*. **gold ~** Goldtressen *pl*. **4.** (*to tie hair*) (Haar)band *nt*. **II** *vt* **1.** (*plait*) *hair, straw etc* flechten. **2.** (*trim*) mit einer Borte besetzen. **3.** (*tie up with ~*) *hair* binden.

braille [breɪl] **I** *n* Blinden- *or* Brailleschrift *f*. **II** *adj* Blindenschrift-. **~ library** Blindenbücherei *f*.

brain [breɪn] **I** *n* **1.** (*Anat, of machine*) Gehirn *nt*. **he's got cars on the ~** (*inf*) er hat nur Autos im Kopf; **I've got that tune on the ~** (*inf*) das Lied geht *or* will mir nicht aus dem Kopf.

2. ~s *pl* (*Anat*) Gehirn *nt*; (*Cook*) Hirn *nt*.

3. (*mind*) Verstand *m*. **~s** *pl* (*intelligence*) Intelligenz *f*, Grips *m* (*inf*), Köpfchen *nt* (*inf*); **to have a good ~** einen klaren *or* guten Verstand haben; **he has ~s** er ist intelligent, er hat Grips (*inf*) *or* Köpfchen (*inf*); **he's the ~s of the family** er ist das Familiengenie (*hum*), er ist der Schlauste in der Familie; **you're the one with the ~s** du bist doch der Schlaue *or* Intelligente hier; **use your ~s** streng mal deinen Kopf *or* Grips (*inf*) an.

II *vt* den Schädel einschlagen (*sb* jdm).

brainbox *n* (*hum inf*) Schlauberger(in *f*) *m* (*inf*); **brainchild** *n* Erfindung *f*; (*idea*) Geistesprodukt *nt*; **brain-damaged** *adj* (*lit*) hirngeschädigt; (*fig inf*) (ge)hirnamputiert (*hum inf*); **brain-dead** *adj* (ge)hirntot; **brain death** *n* (Ge)hirntod *m*; **brain drain** *n* Abwanderung *f* von Wissenschaftlern, Brain-Drain *m*; **brain fever** *n* Hirnhautentzündung *f*; **brainless** *adj plan, idea* hirnlos, dumm; *person also* unbedarft; **brain scan** *n* Computertomographie *f* des Schädels; **brain scanner** *n* Computertomograph *m* (*zur Untersuchung des Gehirns*); **brainstorm** *n* **1.** (*Brit*) **to have a ~** geistig weggetreten sein (*inf*); **2.** (*US: brainwave*) Geistesblitz *m*; **brainstorming** *n* gemeinsame Problembewältigung, Brainstorming *nt*; **to have a ~ session** ein Brainstorming veranstalten *or* abhalten.

brains trust *n* (*discussion*) Podiumsdiskussion *f*; (*panel*) Gruppe *f* von Sachverständigen *or* Experten.

brain teaser *n* Denksportaufgabe *f*; **brain trust** *n* (*US*) Brain Trust, Expertenausschuß *m*; **brain tumour** *n* Gehirntumor *m*; **brainwash** *vt* einer Gehirnwäsche (*dat*) unterziehen; **to ~ sb into believing/accepting** *etc* **that …** jdm (ständig) einreden, daß …; **brainwashing** *n* Gehirnwäsche *f*; **brainwave** *n* (*Brit*) Geistesblitz *m*; **brain-work** *n* Kopfarbeit *f*.

brainy ['breɪnɪ] *adj* (*+er*) (*inf*) gescheit.

braise [breɪz] *vt* (*Cook*) schmoren.

brake¹ [breɪk] *n* (*thicket*) Unterholz *nt*.

brake² *n* (*Bot*) (Adler)farn *m*.

brake³ *n* (*shooting ~*) Kombi(wagen) *m*.

brake⁴ **I** *n* (*Tech*) Bremse *f*. **to put the ~s on** (*lit, fig*) bremsen; **to put the ~s on sth** (*fig*) etw bremsen; **to act as a ~** (*lit*) als Bremse wirken (*on* auf *+acc*); (*fig*) dämpfend wirken (*on* auf *+acc*), bremsen (*on acc*). **II** *vi* bremsen.

brake *in cpds* Brems-; **brake block** *n* Bremsbacke *f*; **brake drum** *n* Bremstrommel *f*; **brake fluid** *n* Bremsflüssigkeit *f*; **brake horsepower** *n* Bremsleistung *f*; **brakelight** *n* Bremslicht *nt*; **brake lining** *n* Bremsbelag *m*; **brakeman** *n* (*US Rail*) Bremser *m*; **brake pad** *n* Bremsklotz *m*; **brake shoe** *n* Bremsbacke *f*; **brake van** *n* Bremswagen *m*.

braking ['breɪkɪŋ] *n* Bremsen *nt*.

braking distance *n* Bremsweg *m*; **braking power** *n* Bremskraft *f*.

bramble ['bræmbl] *n* **1.** (*thorny shoot*) dorniger Zweig, Dornenzweig *m*. **2.** (*blackberry*) Brombeere *f*; (*bush also*) Brombeerstrauch *m*.

bran [bræn] *n* Kleie *f*.

branch [brɑːntʃ] **I** *n* **1.** (*Bot*) Zweig *m*; (*growing straight from trunk*) Ast *m*.

2. (*of river, pipe, duct*) Arm *m*; (*of road*) Abzweigung *f*; (*of family, race, language*) Zweig *m*; (*of railway*) Abzweig *m*; (*of antler*) Sprosse *f*, Ende *nt*.

3. (*in river, road, railway, pipe, duct*) Gabelung *f*.

4. (*Comm*) Filiale, Zweigstelle *f*; (*of company, bank also*) Geschäftsstelle *f*.

5. (*field: of subject*) Zweig *m*.

II *vi* (*divide: river, road*) sich gabeln; (*in more than two*) sich verzweigen.

◆**branch off** *vi* (*road*) abzweigen; (*driver*) abbiegen.

◆**branch out** *vi* (*fig: person, company*) sein Geschäft erweitern *or* ausdehnen (*into* auf *+acc*). **to ~ ~ on one's own** sich selbständig machen.

branch line *n* (*Rail*) Zweiglinie, Nebenlinie *f*; **branch manager(ess)** *n* Filiallei-

ter(in *f*) *m*; **branch office** *n* Filiale, Zweigstelle *f*.
brand [brænd] **I** *n* **1.** (*make*) Marke *f*. **2.** (*mark*) (*on cattle*) Brandzeichen *nt*; (*on criminal, prisoner, fig*) Brandmal *nt*.
II *vt* **1.** *goods* mit seinem Warenzeichen versehen. **~ed goods** Markenartikel *pl*. **2.** *cattle, property* mit einem Brandzeichen kennzeichnen. **3.** (*stigmatize*) *person* brandmarken.
brand awareness *n* Markenbewußtsein *nt*.
Brandenburg ['brændən,bɜːg] **I** *n* Brandenburg *nt*. **II** *attr adj* brandenburgisch.
brand image *n* Marken-Image *nt*.
branding iron ['brændɪŋ,aɪən] *n* Brandeisen *nt*.
brandish ['brændɪʃ] *vt* schwingen.
brand leader *n* führende Marke; **brand loyalty** *n* Markentreue *f*; **brand name** *n* Markenname *m*; **brand-new** *adj* nagelneu, brandneu (*inf*).
brandy ['brændɪ] *n* Weinbrand, Brandy *m*.
brandy butter *n* Weinbrandbutter *f*; **brandysnap** *n* *Gebäckröllchen nt aus dünnem, mit Ingwer gewürztem Teig*.
brash [bræʃ] *adj* (*+er*) naßforsch, dreist; (*tasteless colour*) laut, aufdringlich.
brashness ['bræʃnɪs] *n see adj* naßforsche Art, Dreistigkeit *f*; Aufdringlichkeit *f*.
brasier *n see* **brazier.**
brass [brɑːs] **I** *n* **1.** Messing *nt*.
2. the ~ (*Mus*) die Blechbläser *pl*.
3. (*thing made of ~*) (*plaque*) Messingtafel *or* -schild *nt*; (*in church: on tomb*) Grabplatte *f* aus Messing; (*no pl: ~ articles*) Messing *nt*.
4. (*inf*) **the top ~** die hohen Tiere.
5. (*sl: impudence*) Frechheit *f*.
6. (*sl: money*) Moos *nt* (*sl*).
II *adj* (*made of ~*) Messing-; (*Mus*) Blech-. **~ player** Blechbläser(in *f*) *m*; **~ section** Blech(bläser *pl*) *nt*; **I don't care** *or* **give a ~ farthing** (*inf*) es ist mir wurscht(egal) (*inf*); **real ~ monkey weather, eh?** (*hum sl*) arschkalt, was? (*sl*); **to get down to ~ tacks** (*inf*) zur Sache kommen.
brass band *n* Blaskapelle *f*; **brass foundry** *n* Messinggießerei *f*; **brass hat** *n* (*Brit Mil sl*) hohes Tier (*inf*).
brassière ['bræsɪəʳ] *n* (*dated, form*) Büstenhalter *m*.
brass knuckles *npl* (*inf*) Schlagring *m*; **brass plaque** *or* **plate** *n* Messingschild *nt*; (*in church*) Messinggedenktafel *f*; **brass rubbing** *n* (*activity*) Durchpausen *or* -zeichnen *nt* (*des Bildes auf einer Messinggrabtafel*); (*result*) Pauszeichnung *f* (*des Bildes auf einer Messinggrabtafel*).
brassy ['brɑːsɪ] *adj* (*+er*) **1.** *metal* messingartig; *hair, blonde* messingfarben; *sound* blechern. **2.** (*inf: impudent*) frech, dreist.
brat [bræt] *n* (*pej inf*) Balg *m or nt* (*inf*), Gör *nt* (*inf*); (*esp girl*) Göre *f* (*inf*).
bravado [brə'vɑːdəʊ] *n* (*showy bravery*) Draufgängertum *nt*, Wagemut *m*; (*hiding fear*) gespielte Tapferkeit.
brave [breɪv] **I** *adj* (*+er*) *person, act* mutig, unerschrocken (*geh*); (*showing courage, suffering pain*) tapfer; *attack* mutig; *smile* tapfer.
II *n* (*Indian*) Krieger *m*.
III *vt* die Stirn bieten (*+dat*); *weather, elements* trotzen (*+dat*); *death* tapfer ins Auge sehen (*+dat*).
◆**brave out** *vt sep* **to ~ it ~** es *or* das durchstehen.
bravely ['breɪvlɪ] *adv see adj*.
braveness ['breɪvnɪs], **bravery** ['breɪvərɪ] *n see adj* Mut *m*; Tapferkeit *f*.
bravo [brɑː'vəʊ] *interj* bravo!
bravura [brə'vʊərə] *n* Bravour *f*; (*Mus*) Bravourstück *nt*.
brawl [brɔːl] **I** *vi* sich schlagen. **II** *n* Schlägerei *f*.
brawling ['brɔːlɪŋ] *n* Schlägereien *pl*.
brawn [brɔːn] *n* **1.** (*Cook*) Preßkopf *m*, Sülze *f*. **2.** Muskeln *pl*, Muskelkraft *f*. **he's all ~ and no brains** (er hat) Muskeln, aber kein Gehirn.
brawny ['brɔːnɪ] *adj* (*+er*) muskulös.
bray [breɪ] **I** *n* (*of ass*) (Esels)schrei *m*; (*inf: laugh*) Wiehern, Gewieher *nt*. **II** *vi* (*ass*) schreien; (*inf: person*) wiehern.
braze [breɪz] *vt* hartlöten.
brazen ['breɪzn] *adj* (*impudent*) unverschämt, dreist; *lie* schamlos.
◆**brazen out** *vt sep* **to ~ it ~** durchhalten; (*by lying*) sich durchmogeln (*inf*).
brazen-faced ['breɪzn,feɪst] *adj* schamlos, unverschämt.
brazenly ['breɪznlɪ] *adv see adj*.
brazenness ['breɪznnɪs] *n see adj* Unverschämtheit, Dreistigkeit *f*; Schamlosigkeit *f*.
brazier ['breɪzɪəʳ] *n* (Kohlen)feuer *nt* (im Freien); (*container*) Kohlenbecken *nt*.
brazil [brə'zɪl] *n* (*also* **~ nut**) Paranuß *f*.
Brazil [brə'zɪl] *n* Brasilien *nt*.
Brazilian [brə'zɪlɪən] **I** *n* Brasilianer(in *f*) *m*. **II** *adj* brasilianisch.
breach [briːtʃ] **I** *n* **1.** Verletzung *f* (*of gen*), Verstoß *m* (*of* gegen); (*of law*) Übertretung *f* (*of gen*), Verstoß *m*. **a ~ of confidence/contract/faith** ein Vertrauens-/Vertrags-/Vertrauensbruch *m*; **~ of the peace** (*Jur*) öffentliche Ruhestörung; **~ of promise** (*Jur*) Bruch *m* des Eheversprechens.
2. (*estrangement: in friendship etc*) Bruch *m*.
3. (*gap*) (*in wall etc*) Bresche, Lücke *f*; (*in security*) Lücke *f*.
II *vt* **1.** *wall* eine Bresche schlagen (in *+acc*); *defences, security* durchbrechen. **2.** *contract, treaty* verletzen.
bread [bred] **I** *n* **1.** Brot *nt*. **a piece of ~ and butter** ein Butterbrot *nt*; **we just had ~ and butter** wir aßen nur Brot mit Butter; **he was put on (dry) ~ and water** er saß bei Wasser und (trocken) Brot; **he knows which side his ~ is buttered (on)** er weiß, wo was zu holen ist.
2. (*food, livelihood*) **daily ~** tägliches Brot; **to earn one's daily ~** (sich *dat*) sein Brot verdienen; **writing is his ~ and butter** er verdient sich seinen Lebensunterhalt mit Schreiben.
3. (*sl: money*) Kies *m* (*inf*).
II *vt* panieren.

bread-and-butter letter *or* **note** *n* Bedankemichbrief *m*; **bread-and-butter pudding** *n* Brotauflauf *m*; **bread basket** *n* **1.** Brotkorb *m*; **2.** (*sl*) Bauch *m*; **breadbin** *n* Brotkasten *m*, **breadboard** *n* Brot(schneide)brett *nt*; **breadcrumb** *n* Brotkrume *f or* -krümel *m*; **breadcrumbs** *npl* (*Cook*) Paniermehl *nt*; **in ~** paniert; **breadfruit** *n* Brotfrucht *f*; **breadknife** *n* Brotmesser *nt*; **breadline** *n Schlange f vor einer Nahrungsmittelausgabestelle*; **to be on the ~** (*fig*) nur das Allernotwendigste zum Leben haben; **bread roll** *n* Brötchen *nt*.

breadth [bretθ] *n see* **broad I 1., 4** Breite *f*; Großzügigkeit *f*; (*of ideas, of theory*) (Band)breite *f*. **a hundred metres in ~** hundert Meter breit; **his ~ of outlook** (*open-mindedness*) seine große Aufgeschlossenheit; (*variety of interests*) seine große Vielseitigkeit.

breadthways ['bretθweɪz], **breadthwise** ['bretθwaɪz] *adv* in der Breite, der Breite nach.

breadwinner ['bredwɪnəʳ] *n* Ernährer(in *f*) *m*.

break [breɪk] (*vb: pret* **broke,** *ptp* **broken**) **I** *n* **1.** (*fracture*) (*in bone, pipe*) Bruch *m*; (*in pottery, vase*) Sprung *m*; (*Gram, Typ: word break*) (Silben)trennung *f*. **... he said with a ~ in his voice** ... sagte er mit stockender Stimme.

2. (*gap*) Lücke *f*; (*in rock*) Spalte *f*, Riß *m*; (*in drawn line*) Unterbrechung *f*.

3. (*pause, rest: in conversation, tea ~, Brit Sch*) Pause *f*; (*in journey also*) Unterbrechung *f*. **without a ~** ohne Unterbrechung *or* Pause; **to take** *or* **have a ~** (eine) Pause machen.

4. (*end of relations*) Bruch *m*.

5. (*change*) (*in contest*) Wende *f*, Umschwung *m*; (*holiday, change of activity*) Abwechslung *f*. **just to give you a ~** damit du mal was anderes siehst/hörst/machst; **~ in the weather** Wetterumschwung *m*.

6. at ~ of day bei Tagesanbruch.

7. (*inf: escape*) Ausbruch *m*. **they made a ~ for it** sie versuchten zu entkommen.

8. (*inf: luck, opportunity*); **we had a few lucky ~s** wir haben ein paarmal Glück *or* Schwein (*inf*) gehabt; **give me a ~!** gib mir eine Chance!

9. (*Billiards*) Ballfolge, Serie *f*.

II *vt* **1.** (*fracture, snap*) *bone* sich (*dat*) brechen; *stick* zerbrechen; *rope* zerreißen; (*smash*) kaputtschlagen, kaputtmachen; *glass, cup also* zerbrechen; *window also* einschlagen; *egg* aufbrechen. **to ~ sth from sth** etw von etw abbrechen; **to ~ one's leg** sich (*dat*) das Bein brechen.

2. (*put out of working order*) *toy, chair* kaputtmachen.

3. (*violate*) *promise, treaty, vow* brechen; *traffic laws, rule, commandment* verletzen; *appointment* nicht einhalten.

4. (*interrupt*) *journey, current, silence, fast* unterbrechen; *spell* brechen; (*relieve*) *monotony, routine also* auflockern. **to ~ a holiday short** seinen Urlaub abbrechen.

5. (*penetrate*) *skin* ritzen; *surface, shell* durchbrechen.

6. (*surpass*) *sound barrier* durchbrechen; *record* brechen.

7. (*open up*) *path* schlagen, sich (*dat*) bahnen; *see* **ground**.

8. to ~ a habit mit einer Gewohnheit brechen, sich (*dat*) etw abgewöhnen; **he couldn't ~ the habit of smoking** er konnte sich das Rauchen nicht abgewöhnen.

9. (*tame, discipline*) *horse* zureiten; *spirit, person* brechen.

10. (*destroy*) *sb* kleinkriegen (*inf*), mürbe machen; *sb's health* ruinieren, kaputtmachen (*inf*); *resistance, strike* brechen; *alibi* entkräften; *code* entziffern; (*Sport*) *serve* durchbrechen. **his spirit was broken by her death** ihr Tod hatte ihn seelisch gebrochen; **to ~ sb** (*financially*) jdn ruinieren, jdn bankrott machen; (*with grief*) jdn seelisch brechen; **to ~ the bank** (*Gambling*) die Bank sprengen.

11. (*soften, weaken*) *fall* dämpfen, abfangen. **the wall ~s the force of the wind** der Wind bricht sich an der Mauer.

12. (*get out of, escape from*) *jail, one's bonds* ausbrechen aus. **to ~ step** (*Mil*) aus dem Schritt fallen; *see* **camp, rank.**

13. (*disclose*) *news* mitteilen. **how can I ~ it to her?** wie soll ich es ihr sagen?

14. (*start spending*) *five-dollar bill* anbrechen; (*give change for*) kleinmachen.

III *vi* **1.** (*snap, be fractured*) (*twig, bone*) brechen; (*rope*) zerreißen; (*smash: window, cup*) kaputtgehen.

2. (*stop working etc: toy, watch, chair*) kaputtgehen.

3. (*become detached*) **to ~ from sth** von etw abbrechen.

4. (*pause*) (eine) Pause machen.

5. (*wave*) sich brechen.

6. (*day, dawn*) anbrechen; (*suddenly: storm*) losbrechen.

7. (*change: weather, luck*) umschlagen.

8. (*disperse*) (*clouds*) aufreißen; (*crowd*) sich teilen.

9. (*give way*) (*health*) leiden, Schaden nehmen; (*stamina*) gebrochen werden; (*under interrogation*) zusammenbrechen. **his courage/spirit broke** sein Mut verließ ihn.

10. (*voice*) (*with emotion*) brechen. **his voice is beginning to ~** (*boy*) er kommt in den Stimmbruch.

11. (*become known: story, news*) bekanntwerden, an den Tag kommen.

12. (*end relations*) brechen.

13. (*let go: Boxing*) sich trennen. **~!** break!

14. (*~ away, escape*) (*from jail*) ausbrechen (*from* aus); *see* **loose**.

◆**break away I** *vi* **1.** (*chair leg, handle*) abbrechen (*from* von); (*railway coaches, boats*) sich losreißen (*from* von).

2. (*dash away*) weglaufen (*from* von); (*prisoner*) sich losreißen (*from* von); (*Ftbl*) sich absetzen. **he broke ~ from the rest of the field** er hängte das ganze Feld ab.

3. (*cut ties*) sich trennen *or* lossagen (*from* von); (*US Sport: start too soon*) fehlstarten, zu früh starten. **to ~ ~ from a group** sich von einer Gruppe trennen.

II *vt sep* abbrechen (*from* von).

◆**break down I** *vi* **1.** (*vehicle*) eine Panne haben; (*machine*) versagen; (*binding machine*) stehenbleiben.

2. (*fail*) (*negotiations, plan, marriage*) scheitern; (*communications, law and order*) zusammenbrechen.

3. (*give way*) (*argument, resistance, person: start crying, have a breakdown*) zusammenbrechen. **his health has broken ~** ihm geht es gesundheitlich schlecht.

4. (*be analysed*) (*expenditure*) sich aufschlüsseln *or* -gliedern; (*theory*) sich unter- *or* aufgliedern (lassen); (*Chem: substance*) sich zerlegen (lassen); (*change its composition: substance*) sich aufspalten (*into* in +*acc*).

II *vt sep* **1.** (*smash down*) *door* einrennen; *wall* niederreißen.

2. (*overcome*) *opposition* brechen; *hostility, reserve, suspicion* überwinden.

3. (*to constituent parts*) *expenditure* aufschlüsseln, aufgliedern; *argument* aufgliedern; aufspalten; (*change composition of*) umsetzen.

◆**break in I** *vi* **1.** (*interrupt*) unterbrechen (*on sb/sth* jdn/etw). **2.** (*enter illegally*) einbrechen. **II** *vt sep* **1.** *door* aufbrechen. **2.** (*tame, train*) *horse* zureiten; *new employee* einarbeiten. **3.** *shoes* einlaufen.

◆**break into** *vi* +*prep obj* **1.** *house* einbrechen in (+*acc*); *safe, car* aufbrechen. **his house/car has been broken ~** bei ihm ist eingebrochen worden/sein Auto ist aufgebrochen worden.

2. (*use part of*) *savings, £5 note, rations* anbrechen.

3. (*begin suddenly*) **to ~ ~ song/a run/a trot** zu singen/laufen/traben anfangen, in Laufschritt/Trab (ver)fallen; **to ~ ~ a laugh** in Lachen ausbrechen.

◆**break off I** *vi* **1.** abbrechen (*from* von).

2. (*stop*) abbrechen, aufhören; (*stop speaking*) abbrechen; (*temporarily*) unterbrechen. **to ~ ~ from work** die Arbeit abbrechen.

II *vt sep* **1.** *twig, piece of chocolate* abbrechen. **2.** *negotiations, relations* abbrechen; *engagement* lösen. **she's broken it ~** sie hat die Verlobung gelöst.

◆**break open I** *vi* aufspringen. **II** *vt sep* aufbrechen.

◆**break out** *vi* **1.** (*epidemic, fire, war*) ausbrechen.

2. to ~ ~ in a rash/in(to) spots einen Ausschlag/Pickel bekommen; **he broke ~ in a sweat/a cold sweat** er kam ins Schwitzen, ihm brach der Schweiß/Angstschweiß aus.

3. (*escape*) ausbrechen (*from, of* aus).

4. (*speak suddenly*) herausplatzen, losplatzen.

◆**break through I** *vi* (*Mil, sun*) durchbrechen. **II** *vi* +*prep obj* *defences, barrier, crowd* durchbrechen. **to ~ ~ sb's reserve** jdn aus der Reserve locken.

◆**break up I** *vi* **1.** (*road*) aufbrechen; (*ice also*) bersten; (*ship in storm*) zerbersten; (*on rocks*) zerschellen.

2. (*clouds*) sich lichten; (*crowd, group*) auseinanderlaufen; (*meeting, partnership*) sich auflösen; (*marriage, relationship*) in die Brüche gehen; (*party*) zum Ende kommen; (*Pol: party*) sich auflösen, auseinandergehen; (*friends, partners*) sich trennen; (*sentence, theory*) sich aufspalten, zerfallen; (*empire*) auseinanderfallen; (*inf: with laughter*) sich totlachen (*inf*).

3. (*Brit Sch*) (*school, pupils*) aufhören. **when do you ~ ~?** wann gibt es Ferien?

II *vt sep* **1.** *ground, road* aufbrechen; *oil slick* auflösen; *ship* auseinanderbrechen lassen; (*in breaker's yard*) abwracken.

2. *estate, country* aufteilen; *room also, paragraph, sentence* unterteilen; *empire* auflösen; *lines, expanse of colour* unterbrechen; (*make more interesting*) auflockern.

3. (*bring to an end, disperse*) *marriage, home* zerstören; *meeting* (*police*) auflösen; (*trouble-makers*) sprengen; *crowd* (*police*) zerstreuen, auseinandertreiben. **~ it ~!** auseinander!

breakable ['breɪkəbl] **I** *adj* zerbrechlich. **II** *n* **~s** *pl* zerbrechliche Ware.

breakage ['breɪkɪdʒ] *n* **1.** (*in chain, link*) Bruch *m*. **2.** (*of glass, china*) Bruch *m*. **were there any ~s?** ist irgend etwas kaputtgegangen.

breakaway ['breɪkəˌweɪ] **I** *n* **1.** (*Pol*) Abfall *m*; (*of state also*) Loslösung *f*. **2.** (*Sport*) Aus- *or* Durchbruch *m*. **3.** (*US Sport: false start*) Fehlstart *m*. **II** *adj group* Splitter-.

break command *n* (*Comput*) Unterbrechungsbefehl *m*; **break dance** *vi* Breakdance tanzen; **break dancer** *n* Breakdance-Tänzer(in *f*) *m*; **break dancing** *n* Breakdance *m*.

breakdown ['breɪkdaʊn] *n* **1.** (*of machine*) Betriebsschaden *m*; (*of vehicle*) Panne *f*.

2. (*of communications, system*) Zusammenbruch *m*.

3. (*Med: physical, mental*) Zusammenbruch *m*.

4. (*of figures, expenditure*) Aufschlüsselung *f*; (*of thesis, theory*) Auf- *or* Untergliederung *f*.

5. (*Chem*) Aufspaltung *f*; (*change in composition*) Umsetzung *f*.

breakdown service *n* Pannendienst *m*; **breakdown truck** *or* **van** *n* Abschleppwagen *m*.

breaker ['breɪkə^r] *n* **1.** (*wave*) Brecher *m*. **2. ~'s (yard): to send a ship to the ~'s (yard)** ein Schiff abwracken.

break-even point [breɪk'iːvənˌpɔɪnt] *n* Gewinnschwelle *f*, Break-even-Punkt *m* (*spec*).

breakfast ['brekfəst] **I** *n* **1.** Frühstück *nt*. **to have ~** frühstücken, Frühstück essen; **for ~** zum Frühstück. **2. wedding ~** Hochzeitsessen *nt*. **II** *vi* frühstücken. **he ~ed on bacon and eggs** er frühstückte

Eier mit Speck.

breakfast *in cpds* Frühstücks-; **breakfast cereal** *n* Cornflakes, Getreideflocken *pl*; **breakfast meeting** *n* Arbeitsfrühstück *nt*. **breakfast television** *n* Frühstücksfernsehen *nt*.

break-in ['breɪkɪn] *n* Einbruch *m*. **we've had a ~** bei uns ist eingebrochen worden.

breaking ['breɪkɪŋ] *n* **~ and entering** (*Jur*) Einbruch *m*.

breaking point *n* **1.** (*Tech*) Festigkeitsgrenze *f*. **2.** (*fig*) **she has reached** *or* **is at ~** sie ist nervlich völlig am Ende.

breakneck *adj* **at ~ speed** mit halsbrecherischer Geschwindigkeit; **break-out** *n* Ausbruch *m*; **break point** *n* (*Tennis*) Breakpunkt *m*; **breakthrough** *n* (*Mil, fig*) Durchbruch *m*; **break-up** *n* **1.** (*lit*) (*of ship*) Zerbersten *nt*; (*on rocks*) Zerschellen *nt*; (*of ice*) Bersten *nt*; **2.** (*fig*) (*of friendship*) Bruch *m*; (*of marriage*) Zerrüttung *f*; (*of empire*) Zerfall *m*; (*of political party*) Zersplitterung *f*; (*of partnership, meeting*) Auflösung *f*; (*by trouble-makers*) Sprengung *f*; **break-up value** *n* (*Fin*) Liquidationswert *m*; **breakwater** *n* Wellenbrecher *m*.

bream [bri:m] *n* Brasse *f*, Brachsen *m*.

breast [brest] **I** *n* **1.** (*chest*) Brust *f*; (*Cook: of chicken, lamb*) Brust(stück *nt*) *f*. **2.** (*of woman*) Brust *f*. **3.** (*fig liter*) Brust *f*, Busen *m* (*liter*).

II *vt* **1. to ~ the waves/the storm** gegen die Wellen/den Sturm ankämpfen. **2. to ~ the tape** (*Sport*) durchs Ziel gehen.

breastbone ['brestbəʊn] *n* Brustbein *nt*; (*of bird*) Brustknochen *m*.

breastfed *adj* **to be ~** gestillt werden; **breastfeed** *vti* stillen; **breastfeeding** *n* Stillen *nt*; **breastplate** *n* (*on armour*) Brustharnisch *m*; (*of high priest*) Brustplatte *f or* -gehänge *nt*; **breast pocket** *n* Brusttasche *f*; **breast stroke** *n* Brustschwimmen *nt*; **to swim** *or* **do the ~** brustschwimmen.

breath [breθ] *n* **1.** Atem *m*. **to take a deep ~** einmal tief Luft holen; (*before diving, singing*) einmal tief einatmen; **bad ~** Mundgeruch *m*; **to have bad ~** aus dem Mund riechen, Mundgeruch haben; **with one's dying ~** mit dem letzten Atemzug; **out of** *or* **short of ~** außer Atem, atemlos; **to stop for ~** sich verschnaufen; **in the same ~** im selben Atemzug; **to say sth all in one ~** etw in einem Atemzug sagen; **to take sb's ~ away** jdm den Atem verschlagen; **to say sth under one's ~** etw vor sich (*acc*) hin murmeln; **save your ~** spar dir die Spucke (*inf*); **you're wasting your ~** du redest umsonst; **to go out for a ~ of (fresh) air** an die frische Luft gehen, frische Luft schnappen gehen; **you're like a ~ of fresh air** du bist so erfrischend.

2. (*slight stirring*) **~ of wind** Lüftchen *nt*.

3. (*fig: whisper*) Hauch *m*, Sterbenswörtchen *nt*.

breathalyze ['breθəlaɪz] *vt* (*Brit*) blasen lassen. **he refused to be ~d** er weigerte sich, (ins Röhrchen) zu blasen.

Breathalyzer ® ['breθəlaɪzəʳ] *n* (*Brit*) Promillemesser *m*. **to give sb a ~** jdn (ins Röhrchen) blasen lassen.

breathe [bri:ð] **I** *vi* atmen; (*inf: rest*) verschnaufen, Luft holen *or* schöpfen; (*liter: live*) leben. **now we can ~ again** jetzt können wir wieder frei atmen; (*have more space*) jetzt haben wir wieder Luft; **I don't want him breathing down my neck** (*inf*) ich will ihn nicht auf dem Hals haben (*inf*).

II *vt* **1.** *air* einatmen. **to ~ one's last (breath)** seinen letzten Atemzug tun.

2. (*exhale*) atmen, (*into* in *+acc*). **he ~d alcohol/garlic all over me** er hatte eine solche Fahne, er verströmte einen solchen Alkohol-/Knoblauchgeruch; **to ~ fire** Feuer spucken; **he ~d new life into the firm** er brachte neues Leben in die Firma.

3. (*utter*) *prayer* flüstern, hauchen. **to ~ a sigh of relief** erleichtert aufatmen; **don't ~ a word of it!** sag kein Sterbenswörtchen darüber!

◆**breathe in** *vi, vt sep* einatmen.

◆**breathe out** *vi, vt sep* ausatmen.

breather ['bri:ðəʳ] *n* (*short rest*) Atempause, Verschnaufpause *f*. **to take** *or* **have a ~** sich verschnaufen.

breathing ['bri:ðɪŋ] *n* (*respiration*) Atmung *f*. **the child's peaceful ~** die ruhigen Atemzüge des Kindes.

breathing space *n* (*fig*) Atempause, Ruhepause *f*.

breathless ['breθlɪs] *adj* atemlos; (*with exertion also*) außer Atem; **it left me ~** (*lit, fig*) es verschlug mir den Atem.

breathlessly ['breθlɪslɪ] *adv see adj*.

breathlessness ['breθlɪsnɪs] *n* (*due to exertion*) Atemlosigkeit *f*; (*due to illness*) Kurzatmigkeit *f*.

breathtaking *adj* atemberaubend; **breath test** *n* Atemalkoholtest *m*; **breath testing** *n* Atemalkoholkontrolle *f*.

breathy ['breθɪ] *adj* (*+er*) rauchig; (*through shyness*) hauchig.

bred [bred] *pret, ptp of* **breed**.

breech[1] [bri:tʃ] *n* (*of gun*) Verschluß *m*.

breech[2] *adj attr* (*Med*) *birth, delivery* Steiß-.

breeches ['brɪtʃɪz] *npl* Kniehose *f*; (*riding ~*) Reithose *f*; (*for hiking*) (Knie)bundhose *f*.

breed [bri:d] (*vb: pret, ptp* **bred**) **I** *n* (*lit, fig*) (*species*) Art, Sorte *f*. **they produced a new ~** sie haben eine neue Züchtung hervorgebracht; **a ~ apart** (*fig*) eine besondere *or* spezielle Sorte *or* Gattung.

II *vt* **1.** (*raise, rear*) *animals, flowers* züchten; *see* **born**.

2. (*fig: give rise to*) erzeugen. **dirt ~s disease** Schmutz verursacht Krankheit.

III *vi* (*animals*) Junge haben; (*birds*) brüten; (*pej, hum: people*) sich vermehren.

breeder ['bri:dəʳ] *n* **1.** (*person*) Züchter(in *f*) *m*. **2.** (*Phys: also* **~ reactor**) Brutreaktor, Brüter *m*.

breeding ['bri:dɪŋ] *n* **1.** (*reproduction*) Fortpflanzung und Aufzucht *f* der Jungen. **2.** (*rearing*) Zucht *f*. **3.** (*upbringing, good manners: also* **good ~**) gute

Erziehung, Kinderstube *f.*

breeding place *n* (*lit, fig*) Brutstätte *f*; **breeding season** *n* (*of birds*) Brutzeit *f*; (*of animal*) Zeit *f* der Fortpflanzung und Aufzucht der Jungen.

breeze [bri:z] *n* Brise *f*. **it's a ~** (*US inf*) das ist kinderleicht.

◆**breeze in** *vi* fröhlich angetrabt kommen *or* hereinschneien.

◆**breeze out** *vi* vergnügt abziehen (*of* aus).

◆**breeze through** *vi* +*prep obj* (*inf: do easily*) spielend *or* mit Leichtigkeit schaffen.

breezeblock ['bri:zblɒk] *n* (*Build*) Ytong ® *m*.

breezily ['bri:zılı] *adv* (*fig*) forschfröhlich.

breeziness ['bri:zınıs] *n* (*fig*) Forschheit *f*.

breezy ['bri:zı] *adj* (+*er*) **1.** *weather, day* windig; *corner, spot also* luftig. **2.** *manner* forsch-fröhlich.

Bren gun ['brengʌn] *n* (*Mil*) leichtes Maschinengewehr.

brethren ['breðrın] *npl* (*obs, Eccl*) Brüder *pl*.

Breton ['bretən] **I** *adj* bretonisch. **II** *n* **1.** Bretone *m*, Bretonin *f*. **2.** (*language*) Bretonisch *nt*.

breve [bri:v] *n* (*Mus*) Brevis *f*.

breviary ['bri:vıərı] *n* Brevier *nt*.

brevity ['brevıtı] *n* **1.** (*shortness*) Kürze *f*. **2.** (*conciseness*) Kürze, Bündigkeit, Knappheit *f*. **~ is the soul of wit** (*Prov*) in der Kürze liegt die Würze (*Prov*).

brew [bru:] **I** *n* **1.** (*beer*) Bräu *nt*. **2.** (*of tea*) Tee *m*, Gebräu *nt* (*iro*); (*of herbs*) Kräutermischung *f*. **II** *vt* **1.** *beer, ale.* brauen; *tea* aufbrühen, aufgießen, kochen. **2.** (*fig*) *scheme, mischief, plot* ausbrüten, aushecken. **to ~ a plot** ein Komplott schmieden.

III *vi* **1.** (*beer*) gären; (*tea*) ziehen. **2.** (*make beer*) brauen. **3.** (*fig*) **there's trouble/mischief/a storm ~ing (up)** da braut sich ein Konflikt/Unheil/ein Sturm zusammen.

◆**brew up** *vi* **1.** (*inf: make tea*) sich (*dat*) einen Tee machen. **2.** (*fig*) *see* **brew 3 3.**

brewer ['bru:ə^r] *n* Brauer *m*. **~'s yeast** Bierhefe *f*.

brewery ['bru:ərı] *n* Brauerei *f*.

briar ['braıə^r] *n* **1.** (*also* **~wood**) Bruyère(holz) *nt*; (*also* **~ pipe**) Bruyère(pfeife) *f*. **2.** *see* **brier 1.**

bribable ['braıbəbl] *adj* bestechlich.

bribe [braıb] **I** *n* Bestechung *f*; (*money also*) Bestechungsgeld *nt*. **to take a ~** sich bestechen lassen. **to offer sb a ~** jdn bestechen wollen. **II** *vt* bestechen. **to ~ sb to do sth** jdn bestechen, damit er etw tut.

bribery ['braıbərı] *n* Bestechung *f*. **open to ~** bestechlich.

bric-à-brac ['brıkəbræk] *n* Nippes *m*.

brick [brık] *n* **1.** (*Build*) Ziegel- *or* Backstein *m*. **you can't make ~s without straw** (*Prov*) wo nichts ist, kann auch nichts werden; **he came** *or* **was down on me like a ton of ~s** (*inf*) er hat mich unheimlich fertiggemacht (*inf*); **to drop a ~** (*fig inf*) ins Fettnäpfchen treten; **to drop sb/sth like a hot ~** (*inf*) jdn/etw wie eine heiße Kartoffel fallenlassen.

2. (*toy*) (Bau)klotz *m*.

3. (*of ice-cream*) Block *m*.

◆**brick in** *or* **up** *vt sep door, window* zumauern.

brick *in cpds* Backstein-; **brickbat** *n* (*missile*) Backsteinbrocken *m*; (*fig*) Beschimpfung *f*.

brickie ['brıkı] *n* (*Brit inf*) Maurer(in *f*) *m*.

bricklayer *n* Maurer *m*; **bricklaying** *n* Maurerarbeit *f*; (*trade*) Maurerhandwerk *nt*; **brick red** *adj* ziegelrot; **brick wall** *n* (*fig inf*) **I might as well be talking to a ~** ich könnte genausogut gegen eine Wand reden; **it's like beating** *or* **banging one's head against a ~** es ist, wie wenn man mit dem Kopf gegen die Wand rennt; **brickwork** *n* Backsteinmauerwerk *nt*; **brickworks** *npl*, **brickyard** *n* Ziegelei *f*.

bridal ['braıdl] *adj* Braut-; *procession also, feast* Hochzeits-. **~ party** Angehörige und Freunde *pl* der Braut.

bride [braıd] *n* Braut *f*. **the ~ and (bride)groom** Braut und Bräutigam, das Hochzeitspaar; **~ of Christ** Braut Christi.

bridegroom ['braıdgru:m] *n* Bräutigam *m*.

bridesmaid ['braıdzmeıd] *n* Brautjungfer *f*.

bridge¹ [brıdʒ] **I** *n* **1.** (*lit, fig*) Brücke *f*. **2.** (*Naut*) (Kommando)brücke *f*. **3.** (*of nose*) Sattel *m*; (*of spectacles, violin*) Steg *m*. **4.** (*Dentistry*) Brücke *f*. **5.** (*Billiards*) Steg *m*.

II *vt river, railway* eine Brücke schlagen *or* bauen über (+*acc*); (*fig*) überbrücken. **to ~ the gap** (*fig*) die Zeit überbrücken; (*between people*) die Kluft überbrücken.

bridge² *n* (*Cards*) Bridge *nt*.

bridge-building *n* Brückenbau *m*; **bridgehead** *n* Brückenkopf *m*; **bridgehouse** *n* Brückenhaus *nt*; **bridge roll** *n* längliches Brötchen.

bridging finance ['brıdʒıŋfaı'næns] *n* Zwischenfinanzierung *f*; **bridging loan** *n* Überbrückungskredit *m*.

bridle ['braıdl] **I** *n* (*of horse*) Zaum *m*. **II** *vt* **1.** *horse* aufzäumen. **2.** (*fig*) *one's tongue, emotions* im Zaume halten. **III** *vi* sich entrüstet wehren (*at* gegen).

bridlepath ['braıdl,pɑ:θ] *n* Reitweg *m*.

brief [bri:f] **I** *adj* (+*er*) kurz; (*curt also*) *manner* kurz angebunden. **in ~** kurz; **could you give me a ~ idea …** könnten Sie mir kurz erzählen …

II *n* **1.** (*Jur*) Auftrag *m* (*an einen Anwalt*); (*document*) Unterlagen *pl* zu dem/einem Fall; (*instructions*) Instruktionen *pl*. **to take a ~** (*Jur*) einen Fall annehmen; **to hold a ~ for sb** (*Jur*) jds Sache vor Gericht vertreten; **I hold no ~ for him** (*fig*) ich will nicht für ihn plädieren. **2.** (*instructions*) Auftrag *m*.

III *vt* **1.** (*Jur*) *lawyer* instruieren; (*employ*) beauftragen.

2. (*give instructions, information to*) instruieren (*on* über +*acc*).

briefcase ['bri:fkeıs] *n* (Akten)tasche.

briefing ['bri:fɪŋ] *n* (*instructions*) Instruktionen *pl*, Anweisungen *pl*; (*also* ~ **session**) Einsatzbesprechung *f*.
briefly ['bri:flɪ] *adv* kurz.
briefness ['bri:fnɪs] *n* Kürze *f*.
briefs [bri:fs] *npl* Slip *m*. **a pair of** ~ ein Slip.
brier ['braɪəʳ] *n* **1.** (*wild rose*) wilde Rose; (*bramble runner*) Ranke *f*; (*thorny bush*) Dornbusch *m*. **2.** *see* **briar 1.**
Brig. *abbr of* **brigadier.**
brig [brɪg] *n* **1.** (*ship*) Brigg *f*. **2.** (*US: cell*) Arrestzelle *f* (*auf einem Schiff*); (*US Mil sl*) Bunker *m* (*sl*).
brigade [brɪ'geɪd] *n* (*Mil*) Brigade *f*.
brigadier [ˌbrɪgə'dɪəʳ] *n* (*Brit*) Brigadegeneral *m*.
brigand ['brɪgənd] *n* (*old*) Räuber, Bandit *m*.
bright [braɪt] *adj* (+*er*) **1.** hell; *colour* leuchtend; *sunshine, star also, eyes, gem* strahlend; *day, weather* heiter; *reflection* stark; *metal* glänzend. ~ **red** knallrot; **it was really** ~ *or* **a** ~ **day outside** es war wirklich sehr hell draußen; ~ **intervals** *or* **periods** (*Met*) Aufheiterungen *pl*; **the outlook is** ~**er** (*Met*) die Aussichten sind etwas freundlicher; (*fig*) es sieht etwas besser aus; **the** ~ **lights** (*inf*) der Glanz der Großstadt.
2. (*cheerful*) *person, smile* fröhlich, heiter. **I wasn't feeling too** ~ es ging mir nicht besonders gut; ~ **and early** in aller Frühe; *see* **side.**
3. (*intelligent*) *person* intelligent, schlau; *child* aufgeweckt; *idea* glänzend; (*iro*) intelligent. **I'm not very** ~ **this morning** ich habe heute morgen Mattscheibe (*inf*).
4. (*favourable*) *future* glänzend; *prospects also* freundlich. **things aren't looking too** ~ es sieht nicht gerade rosig aus.
brighten (up) ['braɪtn(ʌp)] **I** *vt* (*sep*) **1.** (*make cheerful*) *spirits, person* aufmuntern, aufheitern; *room, atmosphere* aufhellen, aufheitern; *conversation* beleben; *prospects, situation* verbessern.
2. (*make bright*) *colour, hair* aufhellen; *metal* aufpolieren.
II *vi* **1.** (*weather, sky*) sich aufklären *or* aufheitern.
2. (*person*) fröhlicher werden; (*face*) sich aufhellen *or* aufheitern; (*eyes*) aufleuchten; (*prospects*) sich verbessern, freundlicher werden.
brightly ['braɪtlɪ] *adv* **1.** hell; *reflected* stark. **2.** *see adj 2 fröhlich, heiter.* **3.** *see adj 3* intelligent, schlau. **he very** ~ **left it at home** (*iro*) er hat es intelligenterweise zu Hause gelassen.
brightness ['braɪtnɪs] *n see adj* **1.** Helligkeit *f*; Leuchten *nt*; Strahlen *nt*; Heiterkeit *f*; Stärke *f*; Glanz *m*. ~ **control** Helligkeitsregler *m*. **2.** Fröhlichkeit, Heiterkeit *f*. **3.** Intelligenz, Schlauheit *f*; Aufgewecktheit *f*. **4.** Freundlichkeit *f*.
brill[1] [brɪl] *n* Glattbutt *m*.
brill[2] *adj* (*Brit inf*) toll (*inf*).
brilliance ['brɪljəns] *n* **1.** heller Glanz, Strahlen *nt*; (*of colour*) Strahlen *nt*. **2.** (*fig*) *see adj 2* Großartigkeit *f*; Brillanz *f*.
brilliant ['brɪljənt] *adj* **1.** *sunshine, light, eyes, colour* strahlend. **2.** (*fig*) großartig (*also iro*); *scientist, artist, wit, achievement also* glänzend, brillant; *student* hervorragend.
brilliantly ['brɪljəntlɪ] *adv* **1.** *shine* hell; *sunny* strahlend.
2. (*very well, superbly*) großartig; *talented* glänzend; *play, perform* brillant; *funny, witty, simple* herrlich.
Brillo pad ® ['brɪləʊˌpæd] *n* Scheuertuch *nt aus Stahlwolle*.
brim [brɪm] **I** *n* (*of cup*) Rand *m*; (*of hat also*) Krempe *f*. **full to the** ~ randvoll. **II** *vi* strotzen (*with* von *or* vor +*dat*). **her eyes were** ~**ming with tears** ihre Augen schwammen in Tränen.
◆**brim over** *vi* (*lit, fig*) überfließen (*with* vor +*dat*).
brimful ['brɪm'fʊl] *adj* (*lit*) randvoll; (*fig*) voll (*of, with* von). **he is** ~ **of energy** er sprüht vor Energie.
brimstone ['brɪmstəʊn] *n* (*sulphur*) Schwefel *m*.
brine [braɪn] *n* **1.** (*salt water*) Sole *f*; (*for pickling*) Lake *f*. **2.** (*sea water*) Salzwasser *nt*; (*liter: sea*) See *f*.
bring [brɪŋ] *pret, ptp* **brought** *vt* **1.** bringen; (*also:* ~ **with one**) mitbringen. **did you** ~ **the car/your guitar**? haben Sie den Wagen/die Gitarre mitgebracht?
2. (*result in, be accompanied by*) *snow, rain, luck* bringen. **to** ~ **a blush/tears to sb's cheeks/eyes** jdm die Röte ins Gesicht/die Tränen in die Augen treiben.
3. (+*infin: persuade*) **I cannot** ~ **myself to speak to him** ich kann es nicht über mich bringen, mit ihm zu sprechen; **to** ~ **sb to do sth** jdn dazu bringen *or* bewegen, etw zu tun.
4. (*esp Jur: present for trial, discussion*) *case, matter* bringen (*before* vor +*acc*). **the trial will be brought next week** der Prozeß findet nächste Woche statt.
6. *in phrases see also relevant nouns* **to** ~ **sth to a close** *or* **end** etw zu Ende bringen; **to** ~ **sb low** jdn auf Null bringen (*inf*); **to** ~ **sth to sb's knowledge/attention** jdm etw zur Kenntnis bringen/jdn auf etw (*acc*) aufmerksam machen.
◆**bring about** *vt sep* **1.** (*cause*) herbeiführen, verursachen. **2.** (*Naut*) wenden.
◆**bring along** *vt sep* **1.** mitbringen. **2.** *see* **bring on 2.**
◆**bring around** *vt sep see* **bring round.**
◆**bring away** *vt sep person* wegbringen; *memories, impression* mitnehmen.
◆**bring back** *vt sep* **1.** (*lit*) *person, object* zurückbringen.
2. (*restore*) *custom, hanging* wieder einführen; *government* wiederwählen. **a rest will** ~ **him** ~ **to normal** ein wenig Ruhe wird ihn wiederherstellen; **to** ~ **sb** ~ **to life** jdn wieder lebendig machen.
3. (*recall*) *memories* zurückbringen, wecken; *events* erinnern an (+*acc*).
◆**bring down** *vt sep* **1.** (*out of air*) (*shoot down*) *bird, plane* herunterholen; (*land*) *plane, kite* herunterbringen. **you'll** ~ **the boss** ~ **on us** da werden wir es mit dem

Chef zu tun bekommen.

2. *opponent, footballer* zu Fall bringen; (*by shooting*) *animal* zur Strecke bringen; *person* niederschießen; *see* **house.**

3. *government etc* zu Fall bringen.

4. (*reduce*) *temperature, prices, cost of living* senken; *swelling* reduzieren.

◆**bring forth** *vt sep* (*old, liter*) **1.** *fruit* hervorbringen (*geh*); *child, young* zur Welt bringen (*geh*). **2.** (*fig*) *ideas* hervorbringen; *suggestions* vorbringen; *protests* auslösen.

◆**bring forward** *vt sep* **1.** (*lit*) *person, chair* nach vorne bringen. **2.** (*fig: present*) *witness* vorführen; *evidence, argument, proposal* vorbringen, unterbreiten. **3.** (*advance time of*) *meeting* vorverlegen; *clock* vorstellen. **4.** (*Comm*) *figure, amount* übertragen.

◆**bring in** *vt sep* **1.** (*lit*) *person, object* hereinbringen (*prep obj, -to* in +*acc*); *harvest* einbringen; *sails* einziehen. **to ~ ~ the New Year** das Neue Jahr begrüßen.

2. (*fig: introduce*) *fashion, custom* einführen; (*Parl*) *bill* einbringen.

3. (*involve, call in*) *police, consultant* einschalten (*on* bei). **don't ~ him ~to it** laß ihn aus der Sache raus; **she's bound to ~ Freud ~** sie wird bestimmt Freud mit hereinbringen; **why ~ Freud/that ~?** was hat Freud/das damit zu tun?

4. (*Fin*) *income, money, interest* (ein)bringen (*-to sb* jdm); (*Comm*) *business* bringen.

5. (*Jur: jury*) *verdict* fällen.

◆**bring into** *vt always separate* **to ~ ~ action/blossom/view** zum Einsatz bringen/blühen lassen/sichtbar werden lassen.

◆**bring off** *vt sep* **1.** *people from wreck* retten, wegbringen (*prep obj* von). **2.** (*succeed with*) *plan* zustande *or* zuwege bringen. **to ~ ~ a coup** ein Ding drehen (*inf*); **he brought it ~!** er hat es geschafft! (*inf*).

◆**bring on** *vt sep* **1.** (*cause*) *illness, quarrel* herbeiführen, verursachen; *attack also* auslösen.

2. (*help develop*) *pupil, young athlete* weiterbringen; *crops, flowers* herausbringen.

3. (*Theat*) *person* auftreten lassen; *thing* auf die Bühne bringen; (*Sport*) *player* einsetzen.

4. to ~ sth (up)~ oneself sich (*dat*) etw selbst aufladen; **you brought it (up)~ yourself** das hast du dir selbst zuzuschreiben.

◆**bring out** *vt sep* **1.** (*lit*) (heraus)bringen (*of* aus); (*of pocket*) herausholen (*of* aus).

2. (*draw out*) *person* die Hemmungen nehmen (+*dat*). **can't you ~ him ~ a bit?** können Sie nichts tun, damit er ein bißchen aus sich herausgeht?

3. (*elicit*) *greed, bravery* zum Vorschein bringen; *best qualities also* herausbringen. **to ~ ~ the best/worst in sb** das Beste/Schlimmste in jdm zum Vorschein bringen.

4. (*also* **~ ~ on strike**) *workers* auf die Straße schicken.

5. (*make blossom*) *flowers* herausbringen.

6. (*to society*) *debutante* in die Gesellschaft einführen.

7. (*bring on the market*) *new product, book* herausbringen.

8. (*emphasize, show up*) herausbringen, hervorheben.

9. (*utter*) *few words* herausbringen.

10. to ~ sb ~ in spots/a rash bei jdm Pickel/einen Ausschlag verursachen.

◆**bring over** *vt sep* **1.** (*lit*) herüberbringen. **2.** (*fig*) (*to ideas*) überzeugen (*to* von); (*to other side*) bringen (*to* auf +*acc*).

◆**bring round** *vt sep* **1.** (*to one's house etc*) vorbeibringen. **2.** (*steer*) *discussion, conversation* bringen (*to* auf +*acc*). **3.** *unconscious person* wieder zu Bewußtsein bringen. **4.** (*convert*) herumkriegen (*inf*).

◆**bring through** *vt always separate patient, business* durchbringen. **to ~ sb ~ a crisis** jdn durch eine Krise bringen.

◆**bring to** *vt always separate* **1.** (*Naut*) stoppen. **2.** *unconscious person* wieder zu Bewußtsein bringen. **3. to ~ sb ~ himself/herself** jdn wieder zu sich bringen.

◆**bring together** *vt sep* zusammenbringen.

◆**bring under I** *vt always separate* (*subdue*) unterwerfen. **II** *vt* +*prep obj* (*categorize*) bringen unter (+*dat*).

◆**bring up** *vt sep* **1.** (*to a higher place*) heraufbringen; (*to the front*) her-/hinbringen.

2. (*raise, increase*) *amount, reserves* erhöhen (*to* auf +*acc*); *level, standards* anheben.

3. (*rear*) *child, animal* groß- *or* aufziehen; (*educate*) erziehen. **a well/badly brought ~ child** ein gut/schlecht erzogenes Kind; **to ~ sb ~ to do sth** jdn dazu erziehen, etw zu tun.

4. (*vomit up*) brechen; (*esp baby, patient*) spucken (*inf*).

5. (*mention*) *fact, problem* zur Sprache bringen, erwähnen. **do you have to ~ that ~?** müssen Sie davon anfangen?

6. (*Jur*) **to ~ sb ~ (before a judge)** jdn (einem Richter) vorführen.

7. (*Mil*) *battalion* heranbringen.

8. to ~ sb ~ short jdn innehalten lassen.

9. to ~ sb ~ against sth jdn mit etw konfrontieren.

◆**bring upon** *vt sep* +*prep obj see* **bring on.**

brink [brɪŋk] *n* (*lit, fig*) Rand *m*. **on the ~ of sth/doing sth** (*lit, fig*) am Rande von etw/nahe daran, etw zu tun.

brinkmanship ['brɪŋkmənʃɪp] *n* (*inf*) Spiel *nt* mit dem Feuer.

briny ['braɪnɪ] **I** *adj* salzhaltig, salzig. **II** *n* (*inf*) See *f*.

briquet(te) [brɪ'ket] *n* Brikett *nt*.

brisk [brɪsk] *adj* (+*er*) **1.** *person, way of speaking* forsch; *sales assistant, service* flott, flink; *walk, pace* flott.

2. (*fig*) *trade, betting, bidding* lebhaft, rege. **business was ~** das Geschäft ging lebhaft *or* war rege.

3. *wind, weather* frisch.

brisket ['brɪskɪt] *n* (*Cook*) Bruststück *nt*.

briskly ['brɪsklɪ] *adv see adj*.

briskness ['brɪsknɪs] *n see adj* **1.** Forschheit *f*; Flottheit, Flinkheit *f*. **2.** Lebhaftigkeit *f*. **3.** Frische *f*.

bristle ['brɪsl] **I** *n* (*of brush, boar etc*) Borste *f*; (*of beard*) Stoppel *f*.

II *vi* **1.** (*animal's hair*) sich sträuben.

2. (*fig: person*) zornig werden. **to ~ with anger** vor Wut schnauben.

3. (*fig*) **to be bristling with people/mistakes** von *or* vor Leuten/Fehlern wimmeln; **bristling with difficulties** mit Schwierigkeiten gespickt.

bristly ['brɪslɪ] *adj* (*+er*) *animal* borstig; *chin* Stoppel-, stoppelig; *hair, beard* borstig.

bristols ['brɪstəlz] *npl* (*dated Brit sl*) Titten *pl* (*sl*).

Brit [brɪt] *n* (*inf*) Engländer, Tommy (*inf*) *m*.

Britain ['brɪtən] *n* Großbritannien *nt*; (*in ancient history*) Britannien *nt*.

Britannia [brɪ'tænɪə] *n* (*poet: country*) Britannien *nt*; (*personification*) Britannia *f*.

Britannic [brɪ'tænɪk] *adj*: **Her/His ~ Majesty** Ihre/Seine Britannische Majestät.

briticism ['brɪtɪsɪzəm] *n* Britizismus *m*.

British ['brɪtɪʃ] **I** *adj* britisch. **I'm ~** ich bin Brite/Britin; **the ~ Isles** die Britischen Inseln; **~ Columbia** Britisch-Kolumbien *nt*; **~ Empire** Britisches Weltreich; **~ English** britisches Englisch; **and the best of ~ (luck)!** (*inf*) na, dann mal viel Glück! **II** *n* **the ~** *pl* die Briten *pl*.

Britisher ['brɪtɪʃəʳ] *n* (*US*) Brite *m*, Britin *f*.

British Honduras *n* Britisch-Honduras *nt*.

Briton ['brɪtən] *n* Brite *m*, Britin *f*.

Brittany ['brɪtənɪ] *n* die Bretagne.

brittle ['brɪtl] *adj* **1.** spröde, zerbrechlich; *old paper* bröcklig; *biscuits* mürbe. **~ bones** schwache Knochen. **2.** (*fig*) *nerves* schwach; *person* empfindlich; *voice, laugh* schrill.

brittleness ['brɪtəlnɪs] *n see adj* **1.** Sprödigkeit, Zerbrechlichkeit *f*; Bröckligkeit *f*; Mürbheit *f*. **2.** Schwäche *f*; Empfindlichkeit *f*; Schrillheit *f*.

broach [brəʊtʃ] *vt* **1.** *barrel* anstechen, anzapfen. **2.** *subject, topic* anschneiden.

broad [brɔːd] **I** *adj* (*+er*) **1.** (*wide*) breit. **to grow ~er** breiter werden; (*road, river also*) sich verbreitern; **to make ~er** verbreitern; **it's as ~ as it is long** (*fig*) es ist Jacke wie Hose (*inf*).

2. (*widely applicable*) *theory* umfassend; (*general*) allgemein.

3. (*not detailed*) *distinction, idea, outline* grob; *instructions* vage; *sense* weit. **as a very ~ rule** als Faustregel.

4. (*liberal*) *mind, attitude, ideas* großzügig, tolerant.

5. *wink, hint* deutlich; (*indelicate*) *humour* derb.

6. (*strongly marked*) *accent* stark; (*with long vowel sounds also*) breit.

II *n* **1.** (*widest part*) **the ~ of the back** die Schultergegend.

2. the (Norfolk) B~s *pl* die Norfolk Broads.

3. (*US sl: woman*) Frau *f*; (*younger*) Mieze *f* (*sl*).

broad bean *n* dicke Bohne, Saubohne *f*.

broadcast ['brɔːdkɑːst] (*vb: pret, ptp* **~**) **I** *n* (*Rad, TV*) Sendung *f*; (*of match etc*) Übertragung *f*.

II *vt* **1.** (*Rad, TV*) senden, ausstrahlen; *football match, event* übertragen. **2.** (*fig*) *news, rumour* verbreiten. **3.** (*Agr*) *seed* aussäen.

III *vi* (*Rad, TV: station*) senden; (*person*) im Rundfunk/Fernsehen sprechen.

broadcaster ['brɔːdkɑːstəʳ] *n* (*Rad, TV*) (*announcer*) Rundfunk-/Fernsehsprecher(in *f*) *m*; (*personality*) Rundfunk-/ Fernsehpersönlichkeit *f*.

broadcasting ['brɔːdkɑːstɪŋ] **I** *n* (*Rad, TV*) Sendung *f*; (*of event*) Übertragung *f*. **end of ~** Ende des Programms; **to work in ~** beim Rundfunk/Fernsehen arbeiten. **II** *attr* (*Rad*) Rundfunk-; (*TV*) Fernseh-. **~ station** (*Rad*) Rundfunkstation *f*; (*TV*) Fernsehstation *f*.

broadcloth ['brɔːdklɒθ] *n* merzerisierter Baumwollstoff.

broaden (out) ['brɔːdn(aʊt)] **I** *vt* (*sep*) *road* verbreitern; (*fig*) *person, attitudes* aufgeschlossener machen. **to ~ one's mind/one's horizons** (*fig*) seinen Horizont erweitern. **II** *vi* breiter werden, sich verbreitern; (*fig*) (*person, attitudes*) aufgeschlossener werden; (*horizon*) sich erweitern.

broad jump *n* (*US Sport*) Weitsprung *m*; **broadloom** *adj carpet* überbreit.

broadly ['brɔːdlɪ] *adv* **1.** (*in general terms*) allgemein, in groben Zügen; *outline, describe* grob. **~ speaking** ganz allgemein gesprochen. **2.** (*greatly, widely*) *differ* beträchtlich; *applicable* allgemein. **3.** *grin, smile, laugh* breit; *hint, wink* deutlich. **4.** *see adj* (*f*) *speak a dialect* stark; breit.

broad-minded *adj* großzügig, tolerant; **broad-mindedness** *n* Großzügigkeit, Toleranz *f*; **broadness** *n see* **breadth**; **broadsheet** *n* Flugblatt *nt*; **broad-shouldered** *adj* breitschult(e)rig; **broadside** (*Naut*) **I** *n* Breitseite *f*; (*fig also*) Attacke *f*; **to fire a ~** eine Breitseite abgeben *or* abfeuern; **he let him have a ~** (*fig*) er attackierte ihn heftig; **II** *adv* **~ on** mit der Breitseite (*to* nach).

brocade [brəʊ'keɪd] **I** *n* Brokat *m*. **II** *attr* Brokat-, brokaten.

broccoli ['brɒkəlɪ] *n* Brokkoli *pl*.

brochure ['brəʊʃjʊəʳ] *n* Broschüre *f*.

brogue¹ [brəʊg] *n* (*shoe*) ≃ Haferlschuh (*Aus*), Budapester *m*.

brogue² *n* (*Irish accent*) irischer Akzent.

broil [brɔɪl] *vti* (*Cook*) grillen.

broiler ['brɔɪləʳ] *n* **1.** (*chicken*) Brathähnchen *nt*. **2.** (*grill*) Grill *m*.

broke [brəʊk] **I** *pret of* **break. II** *adj pred* (*inf*) abgebrannt (*inf*), pleite (*inf*). **to go for ~** (*inf*) den Bankrott riskieren.

broken ['brəʊkən] **I** *ptp of* **break.**

II *adj* **1.** kaputt (*inf*); *twig* geknickt; *bone* gebrochen; *rope also* gerissen; (*smashed*) *cup, glass also* zerbrochen.

2. (*fig*) *voice* brüchig; *chord* gebrochen; *heart, spirit, man* gebrochen; *health, marriage* zerrüttet. **surely his voice has ~ by now** er muß den Stimmbruch schon hinter sich (*dat*) haben; **from a ~ home** aus zerrütteten Familienverhältnissen.

3. *promise* gebrochen; *appointment* nicht (ein)gehalten.

4. *road, surface, ground* uneben; *coastline* zerklüftet; *water, sea* aufgewühlt, bewegt; *set* unvollständig.

5. (*interrupted*) *journey* unterbrochen; *line also* gestrichelt; *sleep also* gestört.

6. *English, German etc* gebrochen.

broken-down *adj machine, car* kaputt (*inf*); *horse* ausgemergelt; **broken-hearted** *adj* untröstlich.

broker ['brəʊkəʳ] *n* (*St Ex, Fin, real estate*) Makler(in *f*) *m*.

brokerage ['brəʊkərɪdʒ] *n* **1.** (*commission*) Maklergebühr *f*. **2.** (*trade*) Maklergeschäft *nt*.

broking ['brəʊkɪŋ] *n* Geschäft *nt* eines Maklers/einer Maklerin.

brolly ['brɒlɪ] *n* (*Brit inf*) (Regen)schirm *m*.

bromide ['brəʊmaɪd] *n* **1.** (*Chem*) Bromid *nt*; (*Typ*) Bromsilberdruck *m*; (*Med inf*) Beruhigungsmittel *nt*. **~ paper** (*Phot*) Bromsilberpapier *nt*. **2.** (*fig: platitude*) Platitüde *f*, Allgemeinplatz *m*.

bromine ['brəʊmiːn] *n* (*Chem*) Brom *nt*.

bronchia ['brɒŋkɪə] *npl* Bronchien *pl*.

bronchial ['brɒŋkɪəl] *adj* bronchial. **~ tubes** Bronchien *pl*.

bronchitis [brɒŋ'kaɪtɪs] *n* Bronchitis *f*.

bronchus ['brɒŋkəs] *n*, *pl* **bronchi** ['brɒŋkiː] Bronchus *m*.

brontosaurus [ˌbrɒntə'sɔːrəs] *n* Brontosaurus *m*.

Bronx cheer [brɒŋks'tʃɪəʳ] *n* (*US inf*) **to get a ~** ausgelacht werden; **to give sb a ~** jdn auslachen.

bronze [brɒnz] **I** *n* (*all senses*) Bronze *f*. **II** *vi* (*person*) braun werden, bräunen. **III** *vt* **1.** *metal* bronzieren. **2.** *face, skin* bräunen. **IV** *adj* Bronze- .

Bronze Age *n* Bronzezeit *f*.

bronzed [brɒnzd] *adj face, person* braun, (sonnen)gebräunt.

brooch [brəʊtʃ] *n* Brosche *f*.

brood [bruːd] **I** *n* (*lit, fig*) Brut *f*. **II** *vi* **1.** (*bird*) brüten. **2.** (*fig: person*) grübeln; (*despondently also*) brüten.

◆**brood over** *or* **(up)on** *vi* +*prep obj* nachgrübeln über (+*acc*).

brood mare *n* Zuchtstute *f*.

broody ['bruːdɪ] *adj* **1.** *hen* brütig. **the hen is ~** die Henne gluckt; **to be feeling ~** (*hum inf*) den Wunsch nach einem Kind haben. **2.** *person* grüblerisch; (*sad, moody*) schwermütig.

brook[1] [brʊk] *n* Bach *m*.

brook[2] *vt* (*liter: tolerate*) dulden. **to ~ no delay** keinen Aufschub dulden.

brooklet ['brʊklɪt] *n* Bächlein *nt*.

broom [bruːm] *n* **1.** Besen *m*. **a new ~ sweeps clean** (*Prov*) neue Besen kehren gut (*Prov*). **2.** (*Bot*) Ginster *m*.

broom cupboard *n* Besenschrank *m*; (*inf: tiny flat*) Abstellkammer *f*; **broomstick** *n* Besenstiel *m*; **a witch on her ~** eine Hexe auf ihrem Besen.

Bros *npl* (*Comm*) *abbr of* **Brothers** Gebr.

broth [brɒθ] *n* Fleischbrühe *f*; (*thickened soup*) Suppe *f*.

brothel ['brɒθl] *n* Bordell *nt*, Puff *m* (*inf*).

brother ['brʌðəʳ] *n*, *pl* **-s** *or* (*obs, Eccl*) **brethren 1.** (*also Eccl*) Bruder *m*. **they are ~ and sister** sie sind Geschwister; **my/his ~s and sisters** meine/seine Geschwister; **my/his ~s and sisters** meine/seine Geschwister; **the Clarke ~s** die Brüder Clarke; (*Comm*) die Gebrüder Clarke; **oh ~!** (*esp US inf*) Junge, Junge! (*inf*).

2. (*in trade unions*) Kollege *m*.

3. (*fellow man, DDR Pol*) Bruder *m*. **his ~ officers** seine Offizierskameraden.

brotherhood *n* **1.** brüderliches Einvernehmen, Brüderlichkeit *f*; **2.** (*organization*) Bruderschaft *f*; **~ of man** Gemeinschaft *f* der Menschen; **brother-in-law** *n*, *pl* **brothers-in-law** Schwager *m*.

brotherliness ['brʌðəlɪnɪs] *n* Brüderlichkeit *f*.

brotherly ['brʌðəlɪ] *adj* brüderlich.

brought [brɔːt] *pret, ptp of* **bring.**

brow [braʊ] *n* **1.** (*eyebrow*) Braue *f*. **2.** (*forehead*) Stirn *f*. **3.** (*of hill*) (Berg)kuppe *f*.

browbeat ['braʊbiːt] *pret* **~**, *ptp* **~en** *vt* unter (moralischen) Druck setzen. **to ~ sb into doing sth** jdn so unter Druck setzen, daß er etw tut; **I won't be ~en** ich lasse mich nicht tyrannisieren.

brown [braʊn] **I** *adj* (+*er*) braun; (*Cook*) *roast also* braun gebraten. **II** *n* Braun *nt*. **III** *vt* (*sun*) *skin, person* bräunen; (*Cook*) (an)bräunen; *meat also* anbraten. **IV** *vi* braun werden.

◆**brown off** *vt* **to be ~ed ~ with sb/sth** (*esp Brit inf*) jdn/etw satt haben (*inf*); **you're looking a bit ~ed ~** du siehst so aus, als hättest du alles ziemlich satt.

brown ale *n* Malzbier *nt*; **brown bear** *n* Braunbär *m*; **brown bread** *n* Grau- *or* Mischbrot *nt*; (*from wholemeal*) Vollkornbrot *nt*; (*darker*) Schwarzbrot *nt*.

brownie ['braʊnɪ] *n* **1.** (*fairy*) Heinzelmännchen *nt*. **2. B~** (*in Guide Movement*) Wichtel *m*; **B~ points** Pluspunkte *pl*; **let's give him B~ points for trying** daß er es versucht hat, können wir ihm ja anrechnen; **to get B~ points with sb** sich bei jdm beliebt machen.

3. (*chocolate cake*) *kleiner Schokoladenkuchen*.

browning ['braʊnɪŋ] *n* (*Cook*) (*act*) Anbraten *nt*; (*substance*) Bratensoße(npulver *nt*) *f*.

brownish ['braʊnɪʃ] *adj* bräunlich.

brown owl *n* **1.** (*Orn*) Waldkauz *m*; **2. B~ Owl** (*in Brownies*) die Weise Eule; **brown paper** *n* Packpapier *nt*; **brown rice** *n* Naturreis *m*, ungeschälter Reis; **brownshirt** *n* Braunhemd *nt*; **brownstone** *n* (*US*) (*material*) rötlichbrauner Sandstein; (*house*) (rotes) Sandsteinhaus *nt*; **brown study** *n* **to be in a ~** (*li-*

ter) in Gedanken verloren sein.

browse [braʊz] **I** *vi* **1. to ~ among the books** in den Büchern schmökern. **2.** (*cattle*) weiden; (*deer*) äsen.

II *n* **to have a ~ (around)** sich umsehen; **to have a ~ through the books** in den Büchern schmökern.

Bruges [bruːʒ] *n* Brügge *nt*.

bruise [bruːz] **I** *n* (*on person*) blauer Fleck, Bluterguß (*esp Med*) *m*; (*on fruit*) Druckstelle *f*.

II *vt person* einen blauen Fleck/blaue Flecke(n) schlagen (+*dat*) *or* beibringen (+*dat*); *fruit* beschädigen; (*fig*) *person, spirit, feelings* verletzen. **to ~ oneself/one's elbow** sich stoßen, sich (*dat*) einen blauen Fleck holen/sich (*dat*) einen blauen Fleck am Ellbogen holen; **I feel ~d all over** mir tut's am ganzen Körper weh.

III *vi* (*person, part of body*) einen blauen Fleck/blaue Flecke(n) bekommen; (*fruit*) eine Druckstelle/Druckstellen bekommen; (*fig: person, feelings*) verletzt werden.

brunch [brʌntʃ] *n* Brunch *m*, *Frühstück und Mittagessen nt in einem*.

brunette [bruːˈnet] **I** *n* Brünette *f*. **II** *adj* brünett.

brunt [brʌnt] *n*: **to bear the (main) ~ of the attack/work** die volle Wucht des Angriffs/die Hauptlast der Arbeit tragen; **to bear the ~** das meiste abkriegen.

brush [brʌʃ] **I** *n* **1.** Bürste *f*; (*artist's ~, paint~, shaving ~, pastry ~*) Pinsel *m*; (*hearth ~*) Besen *m*; (*with dustpan*) Handbesen *or* -feger *m*; (*flue ~*) Stoßbesen *m*. **to be as daft as a ~** (*inf*) total meschugge sein (*inf*).

2. (*action*) **to give sth a ~** etw bürsten; *jacket, shoes* etw abbürsten; **your jacket/hair could do with a ~** du solltest mal deine Jacke/dein Haar bürsten.

3. (*light touch*) leichte, flüchtige Berührung, Streifen *nt*. **I felt the ~ of the cobwebs against my face** ich spürte, wie Spinnweben mein Gesicht streiften.

4. (*of fox*) Lunte *f*.

5. (*undergrowth*) Unterholz *nt*.

6. (*Mil: skirmish*) Zusammenstoß *m*, Scharmützel *nt*; (*quarrel, incident*) Zusammenstoß *m*. **to have a ~ with sb** mit jdm aneinandergeraten.

7. (*Elec: of commutator*) Bürste *f*.

II *vt* **1.** bürsten; (*with hand*) wischen. **to ~ one's teeth/hair** sich (*dat*) die Zähne putzen/sich (*dat*) das Haar bürsten. **2.** (*sweep*) *dirt* fegen, kehren. **3.** (*touch lightly*) streifen. **4.** *fabric* bürsten, aufrauhen.

◆**brush against** *vi* +*prep obj* streifen.

◆**brush aside** *vt sep obstacle, person* (einfach) zur Seite schieben; *objections* (einfach) abtun; *ideas* verwerfen.

◆**brush away** *vt sep* (*with brush*) abbürsten; (*with hand, cloth*) ab- *or* wegwischen; *insects* verscheuchen.

◆**brush down** *vt sep* abbürsten; *horse* striegeln.

◆**brush off I** *vt sep* **1.** *dust, snow* abbürsten; *insect* verscheuchen. **2.** (*inf: reject*) *person* abblitzen lassen (*inf*); *suggestion, criticism* zurückweisen. **II** *vi* (*dirt*) sich abbürsten *or* (*with hand, cloth*) abwischen lassen.

◆**brush past** *vi* streifen (*prep obj acc*). **as he ~ed ~** als er mich/ihn *etc* streifte.

◆**brush up** *vt sep* **1.** *crumbs, dirt* auffegen, aufkehren. **to ~ sth ~ into a pile** etw zusammenfegen *or* -kehren.

2. *wool, nap* aufrauhen, rauhen (*form*).

3. (*fig: also ~ ~ on*) *subject, one's German* auffrischen.

brushed nylon [ˌbrʌʃtˈnaɪlən] *n* Nylon-Velours *m*.

brush-off *n* (*inf*) Abfuhr *f*; **to give sb the ~** jdn abblitzen lassen (*inf*); **brushstroke** *n* Pinselstrich *m*; (*way of painting*) Pinselführung *f*; **brushwood** *n* **1.** (*undergrowth*) Unterholz *nt*; **2.** (*cut twigs*) Reisig *nt*; **brushwork** *n* (*Art*) Pinselführung *f*.

brusque [bruːsk] *adj* (+*er*) *person, tone, manner* brüsk, schroff.

brusquely [ˈbruːsklɪ] *adv behave* brüsk, schroff; *speak* brüsk, in schroffem Ton.

brusqueness [ˈbruːsknɪs] *n* Schroffheit *f*.

Brussels [ˈbrʌslz] *n* Brüssel *nt*.

Brussels lace *n* Brüsseler Spitze(n *pl*) *f*; **Brussels sprouts** *npl* Rosenkohl *m*.

brutal [ˈbruːtl] *adj* brutal.

brutalism [ˈbruːtəlɪzəm] *n* (*Archit*) Brutalismus *m*.

brutality [bruːˈtælɪtɪ] *n* Brutalität *f*.

brutally [ˈbruːtəlɪ] *adv* brutal. **I'll be ~ frank** ich werde schonungslos offen sein.

brute [bruːt] **I** *n* **1.** Tier, Vieh (*pej*) *nt*.

2. (*person*) brutaler Kerl; (*savage*) Bestie *f*. **drink brings out the ~ in him** Alkohol bringt das Tier in ihm zum Vorschein.

3. (*inf: thing*) **it's a ~ of a problem** es ist ein höllisches Problem (*inf*).

II *adj attr strength* roh; *passion* tierisch, viehisch (*pej*). **by ~ force** mit roher Gewalt.

brutish [ˈbruːtɪʃ] *adj person, behaviour* viehisch, brutal.

BS (*US sl*) *abbr of* **bullshit**.

BSc *abbr of* **Bachelor of Science.**

BSc Econ *abbr of* **Bachelor of Economic Science.**

BSE *abbr of* **bovine spongiform encephalopathy** BSE *f*, Hirnerkrankung *f* bei Rindern.

BSI *abbr of* **British Standards Institution** *britischer Normenausschuß*.

B-side *n* (*of record*) B-Seite *f*.

BST *abbr of* **British Summer Time.**

BT *abbr of* **British Telecom** *britisches Telekommunikationsunternehmen*.

bubble [ˈbʌbl] **I** *n* Blase *f*; (*on plane*) (Glas)kuppel *f*. **to blow ~s** Blasen machen; **the ~ has burst** (*fig*) alles ist wie eine Seifenblase zerplatzt.

II *vi* **1.** (*liquid*) sprudeln; (*heated also*) strudeln; (*wine*) perlen; (*gas*) Blasen/Bläschen machen *or* bilden.

2. (*make bubbling noise*) blubbern (*inf*); (*cooking liquid, geyser*) brodeln; (*stream*) plätschern.

◆**bubble out** *vi* (*liquid*) heraussprudeln.

◆**bubble over** *vi* (*lit*) überschäumen;

(*fig*) übersprudeln (*with* vor +*dat*).

◆**bubble up** *vi* (*liquid*) aufsprudeln; (*gas*) in Blasen/Bläschen hochsteigen; (*excitement, emotions*) aufsteigen, hochkommen.

bubble bath *n* Schaumbad *nt*; **bubble car** *n* (*Brit*) (*opening at the top*) Kabinenroller *m*; (*opening at the front*) Isetta ® *f*; **bubble chamber** *n* Blasenkammer *f*; **bubble gum** *n* Bubble-Gum *m*; **bubble-jet printer** *n* (*Comput*) Bubble-Jet-Drucker *m*; **bubble memory** *n* (*Comput*) Blasenspeicher *m*; **bubble pack** *n* (Klar)sichtpackung *f*.

bubbly ['bʌblɪ] **I** *adj* (+*er*) (*lit*) sprudelnd; (*fig inf*) *personality* temperamentvoll, lebendig; *mood* übersprudelnd. **II** *n* (*inf*) Schampus *m* (*inf*).

bubonic plague [bju:'bɒnɪk'pleɪg] *n* Beulenpest *f*.

buccaneer [ˌbʌkə'nɪəʳ] *n* Seeräuber *m*; (*ship*) Piratenschiff *nt*.

Bucharest [ˌbju:kə'rest] *n* Bukarest *nt*.

buck [bʌk] **I** *n* **1.** (*male of deer*) Bock *m*; (*rabbit, hare*) Rammler *m*.

2. (*US inf: dollar*) Dollar *m*. **to make a fast ~** (*also Brit*) schnell Kohle machen (*inf*).

3. to pass the ~ (*difficulty, unpleasant task*) den Schwarzen Peter weitergeben; (*responsibility also*) die Verantwortung abschieben; **to pass the ~ to sb** jdm den Schwarzen Peter zuschieben; jdm die Verantwortung aufhalsen; **the ~ stops here** der Schwarze Peter bleibt bei mir/uns hängen.

4. (*leap by horse*) Bocken *nt*.

5. (*in gymnastics*) Bock *m*.

II *vi* **1.** (*horse*) bocken.

2. (*resist, object*) sich sträuben (*at* gegen).

III *vt* **1. you can't ~ the market** gegen den Markt kommt man nicht an; *see* **system**. **2.** (*horse*) *rider* abwerfen.

◆**buck for** *vi* +*prep obj* (*US inf*) **to ~ ~ promotion** mit aller Gewalt befördert werden wollen.

◆**buck off** *vt sep rider* abwerfen.

◆**buck up** (*inf*) **I** *vi* **1.** (*hurry up*) sich ranhalten (*inf*), rasch or fix machen (*inf*). **~ ~!** halt dich ran! (*inf*).

2. (*cheer up*) aufleben. **~ ~!** Kopf hoch!

II *vt sep* **1.** (*make hurry*) Dampf machen (+*dat*) (*inf*).

2. (*make cheerful*) aufmuntern.

3. to ~ one's ideas ~ sich zusammenreißen (*inf*).

buckaroo [ˌbʌkə'ru:] *n* (*US*) Cowboy *m*.

bucket ['bʌkɪt] **I** *n* (*also of dredger, grain elevator*) Eimer *m*; (*of excavator, water wheel*) Schaufel *f*. *see* **kick, drop.**

II *vi* (*inf*) **it's ~ing!, the rain is ~ing (down)!** es gießt *or* schüttet wie aus *or* mit Kübeln (*inf*).

◆**bucket about** *vt sep usu pass* (*inf*) durchrütteln.

◆**bucket along** *vi* (*dated inf*) mit einem Affenzahn dahin-/entlangkutschen (*inf*).

◆**bucket down** *vi* (*inf*) *see* **bucket II.**

bucketful ['bʌkɪtfʊl] *n* Eimer *m*.

bucket seat *n* Schalensitz *m*; **bucket shop** *n* (*Fin*) unreelle Maklerfirma; (*travel agent*) Agentur *f* für Billigreisen.

buckeye ['bʌkaɪ] *n* (*US*) Roßkastanie *f*; (*seed*) Kastanie *f*.

buckle ['bʌkl] **I** *n* **1.** (*on belt, shoe*) Schnalle, Spange *f*.

2. (*in metal etc*) Beule *f*; (*concave also*) Delle *f*. **there's a nasty ~ in this girder** dieser Träger ist übel eingebeult *or* (*twisted*) verbogen.

II *vt* **1.** *belt, shoes* zuschnallen.

2. *wheel, girder* verbiegen; (*dent*) verbeulen.

III *vi* **1.** (*belt, shoe*) mit einer Schnalle *or* Spange geschlossen werden.

2. (*wheel, metal*) sich verbiegen.

◆**buckle down** *vi* (*inf*) sich dahinterklemmen (*inf*), sich dranmachen (*inf*).

◆**buckle on** *vt sep armour* anlegen; *sword, belt* umschnallen.

◆**buckle to** *vi* sich am Riemen reißen (*inf*).

buckram ['bʌkrəm] **I** *n* Buckram *m*.

II *adj attr* Buckram-.

Bucks [bʌks] *abbr of* **Buckinghamshire.**

bucksaw ['bʌksɔ:] *n* Handsäge *f*.

buckshee [bʌk'ʃi:] *adj* (*Brit inf*) gratis, umsonst.

buckshot *n* grober Schrot; **buckskin** *n* **1.** Wildleder *nt*, Buckskin *m*; **2. ~s** *pl* Lederhose(n *pl*) *f*; **bucktooth** *n* vorstehender Zahn; **buckwheat** *n* Buchweizen *m*.

bucolic [bju:'kɒlɪk] *adj* (*liter*) bukolisch (*liter*).

bud [bʌd] **I** *n* **1.** Knospe *f*. **to be in ~** knospen, Knospen treiben. **2.** (*Anat*) *see* **taste ~**. **II** *vi* (*plant, flower*) knospen, Knospen treiben; (*tree also*) ausschlagen; (*horns*) wachsen.

Budapest [ˌbju:də'pest] *n* Budapest *nt*.

Buddha ['bʊdə] *n* Buddha *m*.

Buddhism ['bʊdɪzəm] *n* Buddhismus *m*.

Buddhist ['bʊdɪst] **I** *n* Buddhist(in *f*) *m*. **II** *adj* buddhistisch.

budding ['bʌdɪŋ] *adj* knospend; (*fig*) *poet* angehend.

buddy ['bʌdɪ] *n* (*US inf*) Kumpel *m*. **hey, ~!** he, Kumpel, hör mal!; (*threatening*) hör mal zu, Kumpel *or* Freundchen (*inf*).

budge [bʌdʒ] **I** *vi* **1.** (*move*) sich rühren, sich bewegen. **~ up** *or* **over!** mach Platz!

2. (*fig: give way*) nachgeben, weichen. **I will not ~ an inch** ich werde keinen Fingerbreit nachgeben *or* weichen; **he is not going to ~** er gibt nicht nach, der bleibt stur (*inf*).

II *vt* **1.** (*move*) (von der Stelle) bewegen.

2. (*force to give way*) zum Nachgeben bewegen. **we can't ~ him** er läßt sich durch nichts erweichen.

budgerigar ['bʌdʒərɪgɑ:ʳ] *n* Wellensittich *m*.

budget ['bʌdʒɪt] **I** *n* Etat *m*, Budget *nt*; (*Parl also*) Haushalt(splan) *m*. **~ day** ≃ Haushaltsdebatte *f*; **~ deficit** Haushaltsdefizit *nt*; **~ speech** Etatrede *f*. **II** *vi* haushalten, wirtschaften. **III** *vt* **1.** *money, time* verplanen. **2.** (*also* **~ for**) *item* kostenmäßig einplanen; *costs* einplanen. ~**ed costs/expense** Vorgabekosten, vorgesehene Kosten *pl*; ~**ed revenue** Sollertrag *m*.

◆**budget for** *vi +prep obj* (im Etat) einplanen.

budget account *n* Kundenkonto *nt*.

budgetary ['bʌdʒɪtrɪ] *adj* Etat-, Budget-, Haushalts-.

budgeting ['bʌdʒɪtɪŋ] *n* Kalkulation, Budgetierung *f*.

budgie ['bʌdʒɪ] *n* (*inf*) *abbr of* **budgerigar** Wellensittich *m*.

Buenos Aires ['bweɪnɒs'aɪrɪz] *n* Buenos Aires *nt*.

buff[1] [bʌf] **I** *n* **1.** (*leather*) (kräftiges, weiches) Leder. **2. in the ~** nackt, im Adams-/Evaskostüm (*hum*). **3.** (*polishing disc*) Polierscheibe *f*. **4.** (*colour*) Gelbbraun *nt*. **II** *adj* **1.** ledern, Leder-. **2.** gelbbraun. **III** *vt metal* polieren.

buff[2] *n* (*inf*) (*movie/theatre etc ~*) Fan *m* (*inf*).

buffalo ['bʌfələʊ] *n*, *pl* **-es**, *collective pl* -, Büffel *m*.

buffalo grass *n* (*US*) Büffelgras *nt*.

buffer[1] ['bʌfə^r] *n* (*lit, fig, Comput*) Puffer *m*; (*Rail: at terminus*) Prellbock *m*.

buffer[2] *n* (*Brit inf*) Heini *m* (*inf*).

buffering ['bʌfərɪŋ] *n* (*Comput*) Pufferung *f*.

buffer solution *n* (*Chem*) Puffer(lösung *f*) *m*; **buffer state** *n* (*Pol*) Pufferstaat *m*.

buffet[1] ['bʌfɪt] **I** *n* (*blow*) Schlag *m*. **II** *vt* hin und her werfen. ~**ed by the wind** vom Wind gerüttelt; ~**ing wind** böiger Wind.

buffet[2] ['bʊfeɪ] *n* Büffet *nt*; (*Brit Rail*) Speisewagen *m*; (*meal*) Stehimbiß *m*; (*cold ~*) kaltes Büffett.

buffet car ['bʊfeɪ-] *n* (*Brit Rail*) Speisewagen *m*.

buffeting ['bʌfɪtɪŋ] *n* heftiges Schaukeln; (*Aviat*) Rütteln *nt*. **to get** *or* **take a ~** hin und her geworfen *or* (*Aviat*) gerüttelt werden.

buffoon [bə'fu:n] *n* Clown *m*; (*stupid*) Blödmann *m* (*pej inf*).

bug [bʌg] **I** *n* **1.** Wanze *f*; (*inf: any insect*) Käfer *m*. ~**s** *pl* Ungeziefer *nt*.

2. (*bugging device*) Wanze *f*.

3. (*inf: germ, virus*) Bazillus *f*. **he picked up a ~ while on holiday** er hat sich (*dat*) im Urlaub eine Krankheit geholt; **there must be a ~ about** das geht zur Zeit um.

4. (*inf: obsession*) **now he's got the ~** jetzt hat's ihn gepackt (*inf*).

5. (*inf: snag, defect*) Fehler *m*. ~**s** Mucken *pl* (*inf*).

6. (*Comput*) Programmfehler *m*, Wanze *f*.

II *vt* **1.** *room, building* verwanzen (*inf*), Wanzen *pl* installieren in (*+dat*) *or* einbauen in (*+acc*) (*inf*); *conversation, telephone lines* abhören. **this room is ~ged** das Zimmer ist verwanzt (*inf*).

2. (*inf*) (*worry*) stören; (*annoy*) nerven (*sl*), den Nerv töten (*+dat*) (*inf*). **don't let it ~ you** mach dir nichts draus (*inf*).

bugaboo ['bʌgəbu:] *n* Schreckgespenst *nt*.

bugbear *n* Schreckgespenst *nt*; **bug-free** *adj* (*Comput*) fehlerfrei.

bugger ['bʌgə^r] **I** *n* (*sl*) Scheißkerl *m* (*sl*), Arschloch *nt* (*vulg*); (*when not contemptible*) Kerl *m* (*inf*); (*thing*) Scheißding *nt* (*sl*). **this nail's a ~, it won't come out** dieser Scheißnagel geht einfach nicht raus (*sl*); **you lucky ~!** du hast vielleicht ein Schwein! (*inf*); **to play silly ~s** (*inf*) Scheiß machen (*sl*).

II *interj* (*sl*) Scheiße (*sl*). **~ this car/pen!** dieses Scheißauto (*sl*)/dieser Scheißstift (*sl*); **~ him** dieser Scheißkerl (*sl*); (*he can get lost*) der kann mich mal (*sl*); **~ me!** (*surprise*) (du) meine Fresse! (*sl*).

III *vt* **1.** (*lit*) anal verkehren mit. **2.** (*Brit sl*) versauen (*sl*).

◆**bugger about** *or* **around** (*Brit sl*) **I** *vi* (*laze about etc*) rumgammeln (*sl*); (*be ineffective*) blöd rummachen (*sl*). **stop ~ing ~ and get on with it** nun mach mal Nägel mit Köpfen (*inf*); **to ~ ~ with sth** an etw (*dat*) rumpfuschen (*inf*). **II** *vt sep* verarschen (*sl*).

◆**bugger off** *vi* (*Brit sl*) abhauen (*inf*), Leine ziehen (*sl*).

◆**bugger up** *vt sep* (*Brit sl*) versauen (*sl*).

bugger all [ˌbʌgər'ɔ:l] *n* (*Brit sl: nothing*) rein gar nichts.

buggery ['bʌgərɪ] *n* Analverkehr *m*.

bugging ['bʌgɪŋ] *n* Abhören *nt*.

bugging device *n* Abhörgerät *nt*.

buggy ['bʌgɪ] *n* (*with horse*) Buggy *m*, leichter Einspänner. **baby ~** zusammenklappbarer Kinderwagen *m*; **beach ~** Buggy *m*; **moon ~** Mondauto *nt*.

bugle ['bju:gl] *n* Bügelhorn *nt*. **~ call** Hornsignal *nt*.

bugler ['bju:glə^r] *n* Hornist(in *f*) *m*.

bugproof *adj room, telephone* abhörsicher; **bug-ridden** *adj* **1.** *hotel, mattress* von Wanzen befallen, verwanzt (*inf*); **2.** (*Comput*) *software etc* voller Fehler.

build [bɪld] (*vb: pret, ptp* **built**) **I** *n* Körperbau *m*. **II** *vt* **1.** (*generally*) bauen. **the house is being built** das Haus ist im Bau *or* befindet sich im Bau. **2.** (*fig*) *new nation, relationship, career, system* aufbauen; *a better future* schaffen. **III** *vi* bauen. **to ~ on a piece of land** auf einem Grundstück bauen; (*cover with houses etc*) ein Grundstück bebauen.

◆**build in** *vt sep* (*lit, fig*) *wardrobe, proviso* einbauen; (*fig*) *extra time* einplanen.

◆**build on I** *vt sep* anbauen. **to ~ ~ to sth** etw an etw (*acc*) anbauen. **II** *vi +prep obj* bauen auf (*+acc*).

◆**build up I** *vi* **1.** entstehen; (*anticyclone, atmosphere also*) sich aufbauen; (*increase*) zunehmen; (*Tech: pressure*) sich erhöhen. **the music ~s ~ in a huge crescendo** die Musik steigert sich in einem gewaltigen Crescendo.

2. (*traffic*) sich verdichten; (*queue, line of cars*) sich bilden.

II *vt sep* **1.** aufbauen (*into* zu); *finances* aufbessern. **to ~ ~ a reputation** sich (*dat*) einen Namen machen.

2. (*increase*) *ego, muscles, forces* aufbauen; *production, pressure* steigern, erhöhen; *forces* (*mass*) zusammenziehen;

health kräftigen; *sb's confidence* stärken. **porridge ~s you ~** von Porridge wirst du groß und stark; **to ~ ~ sb's hopes** jdm Hoffnung(en) machen.

3. (*cover with houses*) *area, land* (ganz) bebauen.

4. (*publicize*) *person* aufbauen.

builder ['bɪldəʳ] *n* (*worker*) Bauarbeiter(in *f*) *m*; (*of ships*) Schiffsbauer(in *f*) *m*; (*contractor*) Bauunternehmer(in *f*) *m*; (*future owner*) Bauherr(in *f*) *m*; (*fig: of state*) Erbauer(in *f*) *m*. **John Higgins, B~s** Bauunternehmen John Higgins.

building ['bɪldɪŋ] *n* **1.** Gebäude *nt*; (*usually big or in some way special also*) Bau *m*. **it's the next ~ but one** das ist zwei Häuser weiter; **the ~s in the old town** die Häuser *or* Gebäude in der Altstadt. **2.** (*act of constructing*) Bau *m*, Bauen *nt*; (*of new nation*) Aufbau *m*.

building block *n* (*in toy set*) Bauklotz *m*; (*fig*) Baustein *m*; **building contractor** *n* Bauunternehmer(in *f*) *m*; **building contractors** *npl* Bauunternehmen *nt*; **building industry** *n* Bauindustrie *f*; **building materials** *npl* Baumaterial *nt*, Baustoffe *pl*; **building site** *n* Baustelle *f*; **building society** *n* (*Brit*) Bausparkasse *f*; **building trade** *n* Baugewerbe *nt*; **building worker** *n* Bauarbeiter(in *f*) *m*.

build-up ['bɪldʌp] *n* **1.** (*inf*) Werbung *f*. **publicity ~** Werbekampagne *f*; **they gave the play a good ~** sie haben das Stück ganz groß herausgebracht (*inf*); **the chairman gave the speaker a tremendous ~** der Vorsitzende hat den Redner ganz groß angekündigt. **2.** (*of pressure*) Steigerung *f*; (*Tech also*) Verdichtung *f*. **~ of troops** Truppenmassierungen *pl*; **a traffic ~, a ~ of traffic** eine Verkehrsverdichtung.

built [bɪlt] *pret, ptp of* **build**.

built-in *adj cupboard* eingebaut, Einbau-; **~ obsolescence** (*Comm*) geplanter Verschleiß; **built-up** *adj shoulders* gepolstert; **~ area** bebautes Gebiet; (*Mot*) geschlossene Ortschaft; **~ shoes** Schuhe *pl* mit überhoher Sohle; (*Med*) orthopädische Schuhe *pl*.

bulb [bʌlb] *n* **1.** Zwiebel *f*; (*of garlic*) Knolle *f*. **2.** (*Elec*) (Glüh)birne *f*. **3.** (*of thermometer*) Kolben *m*.

bulbous ['bʌlbəs] *adj plant* knollig, Knollen-; (*bulb-shaped*) *growth* knotig, Knoten-. **~ nose** Knollennase *f*.

Bulgaria [bʌl'gɛərɪə] *n* Bulgarien *nt*.

Bulgarian [bʌl'gɛərɪən] **I** *adj* bulgarisch. **II** *n* **1.** Bulgare *m*, Bulgarin *f*. **2.** (*language*) Bulgarisch *nt*.

bulge [bʌldʒ] **I** *n* **1.** (*in surface*) Wölbung *f*; (*irregular*) Unebenheit *f*; (*in jug, glass also*) Bauch *m*; (*in plaster, metal: accidental*) Beule *f*; (*in line*) Bogen *m*; (*in tyre*) Wulst *m*. **the Battle of the B~** die Ardennenoffensive; **what's that ~ in your pocket**? was steht denn in deiner Tasche so vor?

2. (*in birth rate*) Zunahme *f*, Anschwellen *nt* (*in gen*). **the post-war ~** der Babyboom der Nachkriegsjahre.

II *vi* **1.** (*also* **~ out**) (*swell*) (an)schwellen; (*metal, sides of box*) sich wölben; (*plaster*) uneben sein; (*stick out*) vorstehen. **his eyes were bulging out of his head** (*lit*) die Augen traten ihm aus dem Kopf; (*fig*) er bekam Stielaugen (*inf*).

2. (*pocket, sack*) prall gefüllt sein; gestopft voll sein (*inf*) (*with* mit); (*cheek*) voll sein (*with* mit).

bulging ['bʌldʒɪŋ] *adj stomach* prall, vorstehend; *pockets, suitcase* prall gefüllt, gestopft voll (*inf*). **~ eyes** Glotzaugen *pl*.

bulk [bʌlk] **I** *n* **1.** (*size*) Größe *f*; (*of task*) Ausmaß *nt*; (*large shape*) (*of thing*) massige Form; (*of person, animal*) massige Gestalt. **of great ~** massig.

2. (*also* **great ~**) größter Teil; (*of debt, loan also*) Hauptteil *m*; (*of work, mineral deposits also*) Großteil *m*; (*of people, votes also*) Gros *nt*; (*of property, legacy also*) Masse *f*.

3. (*Comm*) **in ~** im großen, en gros.

bulk buying [ˌbʌlk'baɪɪŋ] *n* Mengen- *or* Großeinkauf *m*.

bulkhead ['bʌlkhed] *n* Schott *nt*; (*in tunnel*) Spundwand *f*.

bulkiness ['bʌlkɪnɪs] *n see adj* **1.** Sperrigkeit *f*; Dicke *f*; Unförmigkeit *f*. **2.** Massigkeit, Wuchtigkeit *f*.

bulky ['bʌlkɪ] *adj* (*+er*) **1.** *object* sperrig; *book* dick; *sweater, space-suit* unförmig. **~ goods** Sperrgut *nt*. **2.** *person* massig, wuchtig.

bull[1] [bʊl] **I** *n* **1.** Stier *m*; (*for breeding*) Bulle *m*. **to take *or* seize the ~ by the horns** (*fig*) den Stier bei den Hörnern packen; **like a ~ in a china shop** (*inf*) wie ein Elefant im Porzellanladen (*inf*).

2. (*male of elephant, whale*) Bulle *m*. **a ~ elephant** ein Elefantenbulle *m*.

3. (*St Ex*) Haussier, Haussespekulant(in *f*) *m*. **~ market** Hausse *f*.

4. (*Brit Mil sl*) Drill *m* und Routine *f*.

5. (*inf: nonsense*) Quatsch (*inf*) *m*.

II *vi* (*St Ex*) auf Hausse spekulieren.

III *vt* (*St Ex*) *stocks, shares* hochtreiben. **to ~ the market** die Kurse hochtreiben.

bull[2] *n* (*Eccl*) Bulle *f*.

bulldog ['bʊldɒg] *n* Bulldogge *f*.

bulldog breed *n* **he is one of the ~** er ist ein zäher Mensch; **bulldog clip** *n* Flügelklammer *f*.

bulldoze ['bʊldəʊz] *vt* **1.** (*fig: force*) **to ~ sb into doing sth** jdn zwingen, etw zu tun, jdn so unter Druck setzen, daß er *etc* etw tut; **she ~d her way through the crowd** sie boxte sich durch die Menge.

2. they ~d the rubble out of the way sie räumten den Schutt mit Bulldozern weg.

bulldozer ['bʊldəʊzəʳ] **I** *n* Planierraupe *f*, Bulldozer *m*. **II** *adj attr* (*fig*) *tactics* Holzhammer- (*inf*).

bullet ['bʊlɪt] *n* Kugel *f*. **to bite the ~** in den sauren Apfel beißen (*inf*).

bullet hole *n* Einschuß(loch *nt*) *m*.

bulletin ['bʊlɪtɪn] *n* **1.** Bulletin *nt*, amtliche Bekanntmachung. **health ~** Krankenbericht *m*, Bulletin *nt*; **~ board** (*US: notice board, Comput*) Schwarzes Brett; **a ~ to the press** ein Pressekommuniqué *nt.* **2.** (*of club, society*) Bulletin *nt.*

bulletproof I *adj* kugelsicher; **II** *vt* kugelsicher machen; **bullet train** *n* (*japanischer*) Superexpreß; **bullet wound** *n* Schußwunde *or* -verletzung *f.*

bullfight *n* Stierkampf *m*; **bullfighter** *n* Stierkämpfer *m*; **bullfighting** *n* Stierkampf *m*; **bullfinch** *n* Dompfaff, Gimpel *m*; **bullfrog** *n* Ochsenfrosch *m*; **bullhorn** *n* (*US*) Megaphon *nt.*

bullion ['bʊljən] *n, no pl* Gold-/Silberbarren *pl.*

bullish ['bʊlɪʃ] *adj* **1.** *personality* selbstsicher. **to be ~ about sth** in bezug auf etw (*acc*) zuversichtlich sein. **2.** (*St Ex*) **the market was ~** der Markt war in Haussestimmung.

bullock ['bʊlək] *n* Ochse *m.*

bullring *n* Stierkampfarena *f*; **bull's eye** *n* **1.** (*of target*) Scheibenmittelpunkt *m or* -zentrum *nt*; (*hit*) Schuß *m* ins Schwarze *or* Zentrum; (*in darts*) Bull's eye *nt*; (*in archery*) Mouche *f*; **to get a** *or* **hit the ~** (*lit, fig*) ins Schwarze treffen; **~ !** (*lit, fig*) genau getroffen!, ein Schuß ins Schwarze!; **2.** (*sweet*) hartes Pfefferminzbonbon; **bullshit** (*vulg*) **I** *n* (*lit*) Kuhscheiße *f* (*vulg*); (*fig*) Bockmist (*sl*), Scheiß (*sl*) *m*; **II** *interj* Quatsch mit Soße (*sl*); **~, of course you can** red keinen Scheiß, klar kannst du das (*sl*); **III** *vi* Scheiß erzählen (*sl*); **IV** *vt* **he ~ted his way out of trouble** er hat sich ganz großkotzig aus der Affäre gezogen (*sl*); **bull-terrier** *n* Bullterrier *m.*

bully[1] ['bʊlɪ] **I** *n* **1.** Tyrann *m*; (*esp Sch*) Rabauke *m*. **you great big ~** du Rüpel; **to be a bit of a ~** den starken Mann markieren (*inf*).

2. (*Hockey*) Bully *nt.*

II *vt* tyrannisieren, schikanieren; (*using violence*) drangsalieren; (*into doing sth*) unter Druck setzen. **to ~ sb into doing sth** jdn so unter Druck setzen, daß er *etc* etw tut.

◆**bully about** *or* **around** *vt sep* herumkommandieren, tyrannisieren.

◆**bully off** *vi* (*Hockey*) das Bully machen.

bully beef *n* (*Mil inf*) Corned beef *nt*; **bully boy** *n* (*inf*) Schlägertyp *m* (*inf*).

bullying ['bʊlɪɪŋ] **I** *adj person, manner* tyrannisch; *boss, wife also* herrisch. **II** *n see vt* Tyrannisieren, Schikanieren *nt*; Anwendung *f* von Druck (*of* auf +*acc*).

bully-off [bʊlɪ'ɒf] *n* (*Hockey*) Bully *nt.*

bulrush ['bʊlrʌʃ] *n* Rohrkolben *m*. **in the ~es** im Schilfrohr.

bulwark ['bʊlwək] *n* **1.** (*lit, fig*) Bollwerk *nt*. **2.** (*Naut*) Schanzkleid *nt.*

bum[1] [bʌm] *n* (*esp Brit inf*) Hintern (*inf*), Popo (*inf*) *m.*

bum[2] (*sl*) **I** *n* **1.** (*good-for-nothing*) Rumtreiber(in *f*) *m* (*inf*); (*young*) Gammler(in *f*) *m*; (*down-and-out*) Penner(in *f*) *m*. **2.** (*despicable person*) Saukerl *m* (*sl*).

3. to be on the ~ schnorren (*inf*).

II *adj* (*bad*) beschissen (*sl*); *trick* hundsgemein (*inf*). **~ rap** (*US sl*) falsche Anklage; **to give sb a ~ steer** (*US sl*) jdn auf die falsche Fährte locken.

III *vt* **1.** *money, food* schnorren (*inf*) (*off sb* bei jdm). **could I ~ a lift into town?** kannst du mich in die Stadt mitnehmen?; **could I ~ a fag?** kann ich 'ne Kippe abstauben (*sl*) *or* schnorren (*inf*)?

2. he ~med his way round Europe er ist durch Europa gezogen (*inf*).

IV *vi* (*scrounge*) schnorren (*inf*) (*off sb* bei jdm).

◆**bum about** *or* **around** *vi* (*sl*) rumgammeln (*sl*); (+*prep obj*) ziehen durch (*inf*).

bumbag ['bʌmbæg] *n* (*Ski*) Gürteltasche *f.*

bumble-bee ['bʌmblbiː] *n* Hummel *f.*

bumbledom ['bʌmbldəm] *n* (*inf*) kleinlicher Bürokratismus.

◆**bumble through** ['bʌmbl'θruː] *vi* sich durchwursteln (*inf*) *or* -mogeln (*inf*) (+*prep obj* durch).

bumbling ['bʌmblɪŋ] *adj* (*clumsy*) schusselig (*inf*). **some ~ idiot** irgend so ein Vollidiot (*inf*).

bumboat ['bʌmbəʊt] *n* Proviantboot *nt.*

bumf [bʌmf] *n see* **bumph**.

bummer ['bʌməʳ] *n* (*sl: person*) Niete *f*. **it's a ~** (*nuisance etc*) so 'ne Scheiße (*sl*); **this one's a real ~** das kannst du vergessen.

bump [bʌmp] **I** *n* **1.** (*blow, noise, jolt*) Bums *m* (*inf*); (*of sth falling also*) Plumps *m* (*inf*). **to get a ~ on the head** sich (*dat*) den Kopf anschlagen; **I accidentally gave her a ~ on the chin** ich habe sie aus Versehen ans Kinn geboxt *or* gestoßen; **the car has had a few ~s** mit dem Auto hat es ein paarmal gebumst (*inf*); **each ~ was agony as the ambulance ...** jede Erschütterung war eine Qual, als der Krankenwagen ...

2. (*on any surface*) Unebenheit *f*, Hubbel *m* (*inf*); (*on head, knee*) Beule *f*; (*on car*) Delle *f.*

3. (*Aviat: rising air current*) Bö *f.*

II *vt* stoßen; *car wing, one's own car* eine Delle fahren in (+*acc*); *another car* auffahren auf (+*acc*). **to ~ one's head/knee** sich (*dat*) den Kopf/das Knie anstoßen *or* anschlagen (*on against* an +*dat*); **her father sat ~ing her up and down on his knee** ihr Vater ließ sie auf den Knien reiten.

III *vi* (*move joltingly*) holpern. **he fell and went ~ing down the stairs** er stürzte und fiel polternd die Treppe hinunter.

IV *adv* **things that go ~ in the night** Geräusche im Dunkeln *or* in der Nacht.

◆**bump about** *vi* herumpoltern.

◆**bump into** *vi* +*prep obj* **1.** (*knock into*) stoßen gegen; (*driver, car*) fahren gegen; *another car* fahren auf (+*acc*). **2.** (*inf: meet*) begegnen (+*dat*), treffen.

◆**bump off** *vt sep* (*inf*) abmurksen (*inf*).

◆**bump up** *vt sep* (*inf*) (*to* auf +*acc*) *prices* raufgehen mit (*inf*); *total* erhöhen; *salary* aufbessern.

◆**bump up against** *vi* +*prep obj* treffen.

bumper ['bʌmpəʳ] **I** *n* (*of car*) Stoßstange *f*. **~ sticker** Aufkleber *m*. **II** *adj* **~ crop** Rekordernte *f*; **a special ~ edition** eine Riesen-Sonderausgabe.

bumper car *n* Autoskooter *m.*

bumph [bʌmf] *n* (*Brit inf*) **1.** (*forms*) Papierkram *m* (*inf*). **2.** (*inf, toilet paper*) Klopapier *nt* (*inf*).

bumpiness ['bʌmpɪnɪs] *n see adj* Unebenheit, Hubbeligkeit (*inf*) *f*; Holp(e)rigkeit *f*; Böigkeit *f*.

bumpkin ['bʌmpkɪn] *n* (*also* **country ~**) (*man*) (Bauern)tölpel *m*; (*woman*) Trampel *m* vom Land.

bumptious ['bʌmpʃəs] *adj* aufgeblasen, wichtigtuerisch.

bumpy ['bʌmpɪ] *adj* (+*er*) *surface* uneben, hubbelig (*inf*); *road, drive* holp(e)rig; *flight* böig, unruhig.

bun [bʌn] *n* **1.** (*bread*) Brötchen *nt*; (*iced ~ etc*) süßes Stückchen *or* Teilchen; (*N Engl: small cake*) Biskuittörtchen *nt*. **to have a ~ in the oven** (*sl*) ein Kind kriegen (*inf*). **2.** (*hair*) Knoten *m*. **she wears her hair in a ~** sie trägt einen Knoten.

bunch [bʌntʃ] **I** *n* **1.** (*of flowers*) Strauß *m*; (*of bananas*) Büschel *nt*; (*of radishes, asparagus*) Bund *nt*; (*of hair*) (Ratten)schwanz *m*, Zöpfchen *nt*. **a ~ of roses/flowers** ein Strauß *m* Rosen/ein Blumenstrauß *m*; **~ of grapes** Weintraube *f*; **~ of keys** Schlüsselbund *m*; **the pick** *or* **best of the ~** die Allerbesten; (*things*) das Beste vom Besten.
2. (*inf: of people*) Haufen *m* (*inf*). **a small ~ of tourists** ein Häufchen *nt or* eine kleine Gruppe Touristen.
3. (*inf: a lot*) **thanks a ~** (*esp iro*) schönen Dank; **there's still a whole ~ of things to do** es sind noch jede Menge Sachen zu erledigen (*inf*).
II *vi* (*dress*) sich bauschen; *see* **~ together II, ~ up II.**

◆bunch together I *vt sep* zusammenfassen; (*at random*) zusammenwürfeln. **the girls/prisoners were sitting all ~ed ~** die Mädchen/Gefangenen saßen alle auf einem Haufen.
II *vi* (*people*) Grüppchen *or* einen Haufen bilden; (*atoms*) Cluster bilden. **don't ~ ~, spread out!** bleibt nicht alle auf einem Haufen, verteilt euch!

◆bunch up I *vt sep* **1.** *dress, skirt* bauschen. **2.** (*put together*) *objects* auf einen Haufen legen. **II** *vi* **1.** Grüppchen *or* Haufen bilden. **don't ~ ~ so much, space out!** nicht alle auf einem Haufen, verteilt euch! **2.** (*material*) sich bauschen.

bundle ['bʌndl] **I** *n* **1.** Bündel *nt*. **to tie sth in a ~** etw bündeln.
2. (*fig*) **he is a ~ of nerves** er ist ein Nervenbündel; **that child is a ~ of mischief** das Kind hat nichts als Unfug im Kopf; **her little ~ of joy** (*inf*) ihr kleiner Wonneproppen (*inf*); **a ~ of fun** (*inf*) das reinste Vergnügen.
II *vt* **1.** bündeln. **~d software** (*Comput*) Software-Paket *nt*; **it comes ~d with ...** (*Comput*) ... ist im Software-Paket enthalten; *see* **~ up. 2.** (*put, send hastily*) *things* stopfen; *people* verfrachten, schaffen; (*into vehicle*) packen (*inf*), schaffen.

◆bundle off *vt sep person* schaffen. **he was ~d ~ to Australia** er wurde nach Australien verfrachtet.

◆bundle up *vt sep* (*tie into bundles*) bündeln; (*collect hastily*) zusammenraffen. **~d ~ in his overcoat** in seinen Mantel eingehüllt *or* gemummelt (*inf*).

bung [bʌŋ] **I** *n* (*of cask*) Spund(zapfen) *m*. **II** *vt* **1.** *cask* spunden, verstopfen.
2. (*Brit inf: throw*) schmeißen (*inf*).

◆bung in *vt sep* (*Brit inf: include*) dazutun.

◆bung out *vt sep* (*Brit inf*) rauswerfen (*inf*).

◆bung up *vt sep* (*inf*) *pipe* verstopfen. **I'm all ~ed ~** meine Nase ist verstopft.

bungalow ['bʌŋgələʊ] *n* Bungalow *m*.

bungee jumping ['bʌndʒɪˌdʒʌmpɪŋ] *n* Bungee-Springen *nt*.

bunghole ['bʌŋhəʊl] *n* Spundloch *nt*.

bungle ['bʌŋgl] **I** *vt* verpfuschen, vermasseln (*inf*).
II *n* verpfuschte Sache, Stümperei *f*.

bungler ['bʌŋglə^r] *n* Stümper(in *f*) *m*.

bungling ['bʌŋglɪŋ] **I** *adj person* unfähig, trottelhaft, dusselig (*inf*); *attempt* stümperhaft.
II *n* Stümperei, Dusseligkeit (*inf*) *f*.

bunion ['bʌnjən] *n* Ballen *m*.

bunk[1] [bʌŋk] *n*: **to do a ~** (*inf*) türmen (*inf*).

bunk[2] *n* (*inf*) Quatsch *m* (*inf*).

bunk[3] *n* (*in ship*) Koje *f*; (*in train, dormitory*) Bett *nt*.

◆bunk down *vi* (*inf*) kampieren (*inf*).

bunk-beds [bʌŋk'bedz] *npl* Etagenbett *nt*.

bunker ['bʌŋkə^r] **I** *n* (*Naut, Golf, Mil*) Bunker *m*. **II** *vt* **he was ~ed** (*Golf*) er hatte den Ball in den Bunker geschlagen.

bunkhouse ['bʌŋkhaʊs] *n* Schlafbaracke *f*.

bunkum ['bʌŋkəm] *n* (*inf*) Blödsinn (*inf*) *m*.

bunny ['bʌnɪ] *n* (*also* **~ rabbit**) Häschen *nt*.

bunny girl *n* Häschen *nt*.

Bunsen (burner) ['bʌnsn('bɜːnə^r)] *n* Bunsenbrenner *m*.

bunting[1] ['bʌntɪŋ] *n* (*Orn*) Ammer *f*.

bunting[2] *n* (*material*) Fahnentuch *nt*; (*flags*) bunte Fähnchen *pl*, Wimpel *pl*.

buoy [bɔɪ] *n* Boje *f*.

◆buoy up *vt sep* **1.** (*lit*) über Wasser halten. **2.** (*fig*) *person* Auftrieb geben (+*dat*); *sb's hopes* beleben. **~ed ~ by new hope** von neuer Hoffnung beseelt. **3.** (*Fin*) *market, prices* Auftrieb geben (+*dat*).

buoyancy ['bɔɪənsɪ] *n* **1.** (*of ship, object*) Schwimmfähigkeit *f*; (*of liquid*) Auftrieb *m*. **~ tank** Luftkammer *f*. **2.** (*fig: cheerfulness*) Schwung, Elan *m*. **3.** (*Fin: of market, prices*) Festigkeit *f*; (*resilience*) Erholungsfähigkeit *f*.

buoyant ['bɔɪənt] *adj* **1.** *ship, object* schwimmend; *liquid* tragend. **fresh water is not as ~ as salt water** Süßwasser trägt nicht so gut wie Salzwasser. **2.** (*fig*) *person, mood* heiter; (*energetic*) *step* federnd, elastisch. **3.** (*Fin*) *market, prices* fest; (*resilient*) erholungsfähig; *trading* rege.

BUPA ['buːpə] *abbr of* **British United Pro-**

vident Association *private Krankenversicherung*.

bur, burr [bɜːʳ] *n* (*Bot, fig inf*) Klette *f*.

burble ['bɜːbl] **I** *vi* **1.** (*stream*) plätschern, gurgeln. **2.** (*fig: person*) plappern; (*baby*) gurgeln. **what's he burbling (on) about?** (*inf*) worüber quasselt er eigentlich? (*inf*). **II** *n* (*of stream*) Plätschern, Gurgeln *nt*; (*on tape*) Gemurmel *nt*.

burbot ['bɜːbət] *n* Quappe *f*.

burden[1] ['bɜːdn] **I** *n* **1.** (*lit*) Last *f*. **it puts too much of a ~ on him/the engine** das überlastet ihn/den Motor; **beast of ~** Lasttier *nt*.

2. (*fig*) Belastung *f* (*on, to* für). **the guilt was a constant ~ on his mind** das Gefühl der Schuld belastete ihn sehr; **~ of taxation** steuerliche Belastung, Steuerlast *f*; **I don't want to be a ~ on you** ich möchte Ihnen nicht zur Last fallen; **the ~ of proof lies with him** er muß den Beweis dafür erbringen *or* liefern; (*Jur*) er trägt die Beweislast.

3. (*Naut*) Tragfähigkeit, Tragkraft *f*.

II *vt* belasten.

burden[2] *n* **1.** (*of song*) Refrain, Kehrreim *m*. **2.** (*of speech, essay*) Grundgedanke *m*.

burdensome ['bɜːdnsəm] *adj load* schwer; *condition* lästig; *task* mühsam.

burdock ['bɜːdɒk] *n* Klette *f*.

bureau [bjʊə'rəʊ] *n* **1.** (*Brit: desk*) Sekretär *m*. **2.** (*US: chest of drawers*) Kommode *f*. **3.** (*office*) Büro *nt*. **4.** (*government department*) Amt *nt*, Behörde *f*. **federal ~** Bundesamt *nt*.

bureaucracy [bjʊə'rɒkrəsɪ] *n* Bürokratie *f*.

bureaucrat ['bjʊərəʊkræt] *n* Bürokrat(in *f*) *m*.

bureaucratic *adj*, **~ally** *adv* [ˌbjʊərəʊ'krætɪk, -əlɪ] bürokratisch.

burgeon ['bɜːdʒən] *vi* (*liter: also* **~ forth**) (*flower*) knospen (*liter*); (*plant*) sprießen (*liter*); (*fig*) hervorsprießen (*geh*).

burger ['bɜːgəʳ] *n* (*inf*) Hamburger *m*.

burgess ['bɜːdʒɪs] *n* **1.** (freier) Bürger, (freie) Bürgerin. **2.** (*Hist*) Abgeordnete(r) *mf*. **3.** (*US*) *Abgeordnete(r) mf der Volksvertretung der Kolonien Maryland oder Virginia*.

burgh ['bʌrə] *n* (*Scot*) freie Stadt.

burglar ['bɜːgləʳ] *n* Einbrecher(in *f*) *m*. **~ alarm** Alarmanlage *f*.

burglarize ['bɜːgləraɪz] *vt* (*US*) einbrechen in (+*acc*). **the place/he was ~d** in dem Gebäude/bei ihm wurde eingebrochen.

burglarproof ['bɜːgləpruːf] *adj* einbruchsicher.

burglary ['bɜːglərɪ] *n* Einbruch *m*; (*offence*) (Einbruchs)diebstahl *m*.

burgle ['bɜːgl] *vt* einbrechen in (+*acc*). **the place/he was ~d** in dem Gebäude/bei ihm wurde eingebrochen.

Burgundy ['bɜːgəndɪ] *n* Burgund *nt*; (*wine*) Burgunder *m*.

burial ['berɪəl] *n* Beerdigung, Bestattung *f*; (*~ ceremony also*) Begräbnis *nt*; (*in cemetery also*) Beisetzung *f* (*form*). **Christian ~** christliches Begräbnis; **~ at sea** Seebestattung *f*.

burial chamber *n* Grabkammer *f*; **burial ground** *n* Begräbnisstätte *f*; **burial mound** *n* Grabhügel *m*; **burial place** *n* Grabstätte *f*; **burial service** *n* Trauerfeier *f*.

burlap ['bɜːlæp] *n* Sackleinen *nt*.

burlesque [bɜː'lesk] **I** *n* **1.** (*parody*) Parodie *f*; (*Theat*) Burleske *f*; (*Liter*) Persiflage *f*.

2. (*US Theat*) Varieté *nt*; (*show*) Varietévorstellung *f*.

II *adj* **1.** *see n* parodistisch; burlesk; persiflierend.

2. (*US Theat*) Varieté-. **~ show** Varietévorstellung *f*.

III *vt* parodieren; *book, author, style* persiflieren.

burly ['bɜːlɪ] *adj* (+*er*) kräftig, stramm.

Burma ['bɜːmə] *n* Birma, Burma *nt*.

Burmese [bɜː'miːz] **I** *adj* birmanisch, burmesisch. **II** *n* **1.** Birmane, Burmese *m*, Birmanin, Burmesin *f*. **2.** (*language*) Birmanisch, Burmesisch *nt*.

burn[1] [bɜːn] *n* (*Scot*) Bach *m*.

burn[2] (*vb: pret, ptp* **~ed** *or* **~t**) **I** *n* **1.** (*on skin*) Brandwunde *f*; (*on material*) verbrannte Stelle, Brandfleck *m*. **severe ~s** schwere Verbrennungen *pl*; **second degree ~s** Verbrennungen zweiten Grades; **cigarette ~** Brandfleck *m or* (*hole*) Brandloch *nt or* (*on skin*) Brandwunde *f* von einer Zigarette.

2. (*Space: of rocket*) Zündung *f*.

II *vt* **1.** verbrennen; *incense* abbrennen; *village* niederbrennen. **he ~t me with his cigarette** er hat mich mit der Zigarette gebrannt; **to ~ oneself** sich verbrennen; **to be ~t to death** verbrannt werden; (*in accident*) verbrennen; **to be ~t alive** bei lebendigem Leibe verbrannt werden; **to ~ a hole in sth** ein Loch in etw (*acc*) brennen; **to ~ one's fingers** (*lit, fig*) sich (*dat*) die Finger verbrennen; **he's got money to ~** (*fig*) er hat Geld wie Heu; **to ~ one's boats** *or* **bridges** (*fig*) alle Brükken hinter sich (*dat*) abbrechen; **to ~ the midnight oil** (*fig*) bis tief in die Nacht arbeiten.

2. *meat, sauce, toast, cakes* verbrennen lassen; (*slightly*) anbrennen lassen; (*sun*) *person, skin* verbrennen.

3. (*acid*) ätzen. **the curry ~t his throat** das Currygericht brannte ihm im Hals.

4. (*use as fuel: ship*) befeuert werden mit; (*use up*) *petrol, electricity* verbrauchen.

III *vi* **1.** (*wood, fire*) brennen. **to ~ to death** verbrennen; *see* **ear[1]**.

2. (*meat, pastry*) verbrennen; (*slightly*) anbrennen. **she/her skin ~s easily** sie bekommt leicht einen Sonnenbrand.

3. (*ointment, curry, sun*) brennen; (*acid*) ätzen.

4. (*feel hot: wound, eyes, skin*) brennen. **his face was ~ing (with heat/shame)** sein Gesicht glühte *or* war rot (vor Hitze/Scham).

5. to be ~ing to do sth darauf brennen, etw zu tun; **he was ~ing to get his revenge** er brannte auf Rache; **he was ~ing with anger** er war wutentbrannt.

6. (*Space: rockets*) zünden.

◆**burn away I** *vi* **1.** (*go on burning*) vor sich hin brennen. **2.** (*wick, candle, oil*) herunterbrennen; (*part of roof*) abbrennen. **II** *vt sep* abbrennen; (*Med*) wegbrennen.

◆**burn down I** *vi* **1.** (*house*) abbrennen.
2. (*fire, candle, wick*) herunterbrennen. **II** *vt sep* abbrennen.

◆**burn off** *vt sep paint* abbrennen.

◆**burn out I** *vi* (*fire, candle*) ausbrennen, ausgehen; (*fuse, dynamo*) durchbrennen; (*rocket*) den Treibstoff verbraucht haben.
II *vr* **1.** (*candle, lamp*) herunterbrennen; (*fire*) ab- *or* ausbrennen. **2.** (*fig inf*) **to ~ oneself ~** sich kaputtmachen (*inf*), sich völlig verausgaben.
III *vt sep* **1.** *enemy troops* ausräuchern. **they were ~t ~ of house and home** ihr Haus und Hof war abgebrannt.
2. *usu pass* **~t ~ lorries/houses** ausgebrannte Lastwagen/Häuser; **he/his talent is ~t ~** (*inf*) mit ihm/seinem Talent ist's vorbei (*inf*); **he looked ~t ~** (*inf*) er sah völlig kaputt (*inf*) *or* verbraucht aus.

◆**burn up I** *vi* **1.** (*fire*) auflodern.
2. (*rocket in atmosphere*) verglühen.
3. *+prep obj* (*Brit sl*) **to ~ ~ the road** die Straße entlangbrausen (*inf*).
II *vt sep* **1.** *rubbish* verbrennen; *fuel, energy* verbrauchen.
2. he was ~ed ~ with envy er verzehrte sich vor Neid (*geh*).
3. (*US inf: make angry*) zur Weißglut bringen (*inf*).

burner ['bɜːnəʳ] *n* (*of gas cooker, lamp*) Brenner *m*.

burning ['bɜːnɪŋ] **I** *adj* **1.** *candle, town* brennend; *coals also,* (*fig*) *face* glühend. **I still have this ~ sensation in my mouth** mein Mund brennt immer noch; **the ~ bush** (*Bibl*) der brennende Dornbusch.
2. (*fig*) *thirst* brennend; *desire also, fever, hate, passion* glühend; *question, topic* brennend.
II *n* **there is a smell of ~, I can smell ~** es riecht verbrannt *or* (*Cook also*) angebrannt.

burning glass *n* Brennglas *nt*.

burnish ['bɜːnɪʃ] *vt metal* polieren.

burnt [bɜːnt] *adj* verbrannt. **~ offering** (*Rel*) Brandopfer *nt*; (*hum: food*) angebranntes Essen; **there's a ~ smell** es riecht verbrannt *or* brenzlig *or* (*Cook also*) angebrannt.

burn-up ['bɜːnʌp] *n* (*Brit inf*) Rennfahrt *f*. **to go for a ~** eine Rennfahrt machen.

burp [bɜːp] (*inf*) **I** *vi* rülpsen (*inf*); (*baby*) aufstoßen.
II *vt baby* aufstoßen lassen.
III *n* Rülpser *m* (*inf*).

burr[1] [bɜːʳ] *n see* **bur**.

burr[2] *n* (*Ling*) *breiige Aussprache* (*von R*). **to speak with a ~** breiig sprechen.

burrow ['bʌrəʊ] **I** *n* (*of rabbit*) Bau *m*.
II *vi* (*rabbits, dogs*) graben, buddeln (*inf*); (*make a ~*) einen Bau graben. **they had ~ed under the fence** sie hatten sich (*dat*) ein Loch *or* (*below ground*) einen Gang unterm Zaun gegraben.
III *vt hole* graben, buddeln (*inf*).

bursar ['bɜːsəʳ] *n* Schatzmeister(in *f*) *m*.

bursary ['bɜːsərɪ] *n* **1.** (*grant*) Stipendium *nt*. **2.** (*office*) Schatzamt *nt*; (*Univ*) Quästur *f*.

burst [bɜːst] (*vb: pret, ptp ~*) **I** *n* **1.** (*of shell*) Explosion *f*.
2. (*in pipe*) Bruch *m*.
3. (*of anger, enthusiasm, activity*) Ausbruch *m*; (*of flames*) (plötzliches) Auflodern. **~ of applause** Beifallssturm *m*; **~ of laughter** Lachsalve *f*; **~ of speed** Spurt *m*; (*of cars*) Riesenbeschleunigung *f* (*inf*).
II *vi* **1.** platzen. **to ~ open** (*box, door*) aufspringen; (*buds, wound*) aufbrechen; (*abscess, wound*) aufplatzen.
2. (*be full to overflowing: sack*) platzen, bersten. **to be full to ~ing** zum Platzen *or* Bersten voll sein; **to be ~ing with health** vor Gesundheit strotzen; **to be ~ing with pride** vor Stolz platzen; **if I eat any more, I'll ~** (*inf*) wenn ich noch mehr esse, platze ich (*inf*); **he was ~ing to tell us** (*inf*) er brannte darauf, uns das zu sagen.
3. (*start, go suddenly*) **to ~ into tears/flames** in Tränen ausbrechen/in Flammen aufgehen; **he ~ past me/into the room** er schoß an mir vorbei/er platzte ins Zimmer; **we ~ through the enemy lines** wir durchbrachen die feindlichen Linien; **the sun ~ through the clouds** die Sonne brach durch die Wolken; **sunlight ~ into the room** Sonnenlicht fiel plötzlich ins Zimmer; **to ~ into a gallop/into song/into bloom** losgaloppieren/lossingen/plötzlich aufblühen.
III *vt balloon, bubble, tyre* zum Platzen bringen, platzen lassen; (*person*) kaputt machen (*inf*); *boiler, pipe, dyke* sprengen. **the river has ~ its banks** der Fluß ist über die Ufer getreten; **to ~ one's sides with laughter** vor Lachen platzen.

◆**burst forth** *vi* (*liter*) (*blood, sun*) hervorbrechen; (*blossoms*) ausbrechen.

◆**burst in** *vi* hinein-/hereinstürzen; (*on conversation*) dazwischenplatzen (*on* bei).

◆**burst out** *vi* **1.** (*emotions*) hervorbrechen, herausbrechen; (*lava*) ausbrechen. **2. to ~ ~ of a room** aus einem Zimmer stürzen *or* stürmen. **3.** (*in speech*) losplatzen. **he ~ ~ in a violent speech** er zog plötzlich vom Leder. **4. to ~ ~ laughing/crying** in Gelächter/Tränen ausbrechen, loslachen/losheulen.

burton ['bɜːtn] *n* (*Brit sl*) **to have gone for a ~** im Eimer sein (*sl*).

bury ['berɪ] *vt* **1.** *person, animal, possessions, differences* begraben; (*with ceremony also*) beerdigen, bestatten (*geh*); (*hide in earth*) *treasure, bones* vergraben; (*put in earth*) *end of post, roots* eingraben. **where is he buried?** wo liegt *or* ist er begraben?; (*in cemetery also*) wo liegt er?; **to ~ sb at sea** jdn auf See bestatten (*geh*); **he is dead and buried** er ist schon lange tot; **that's all dead and buried** (*fig*) das ist schon lange passé (*inf*); **she has buried three husbands** (*fig*) sie hat schon drei Männer begraben (*inf*);

buried by an avalanche von einer Lawine verschüttet *or* begraben; **to ~ one's head in the sand** (*fig*) den Kopf in den Sand stecken.

2. (*conceal*) *one's face* verbergen. **to ~ one's face in one's hands** das Gesicht in den Händen vergraben; **to ~ oneself under the blankets/(away) in the country** sich unter den Decken/auf dem Land vergraben; **a village buried in the heart of the country** ein im Landesinnern versteckt gelegenes Dorf.

3. (*put, plunge*) *hands, fingers* vergraben (*in* in +*dat*); *claws, teeth* schlagen (*in* in +*acc*); *dagger* stoßen (*in* in +*acc*).

4. (*engross: usu in ptp*) **to ~ oneself in one's books** sich in seinen Büchern vergraben; **buried in thought** in Gedanken.

bus[1] [bʌs] **I** *n*, *pl* **-es** *or* (*US*) **-ses 1.** Bus *m*. **by ~** mit dem Bus; *see* **miss**[1]. **2.** (*inf: car, plane*) Kiste *f* (*inf*). **II** *vi* (*inf*) mit dem Bus fahren. **III** *vt* (*esp US*) mit dem Bus befördern *or* fahren.

bus[2] *n* (*Elec: also* **~bar**) Sammelschiene, Stromschiene *f*; (*Comput*) (Daten)bus *m*.

busboy [ˈbʌsbɔɪ] *n* (*US*) Bedienungshilfe *f*.

busby [ˈbʌzbɪ] *n* hohe Pelzmütze.

bus conductor *n* (Omni)busschaffner *m*; **bus conductress** *n* (Omni)busschaffnerin *f*; **bus driver** *n* (Omni)busfahrer(in *f*) *m*; **bus garage** *n* (Omni)busdepot *nt*.

bush[1] [bʊʃ] *n* **1.** (*shrub*) Busch, Strauch *m*; (*thicket: also* **~es**) Gebüsch *nt*. **to beat about the ~** (*fig*) um den heißen Brei herumreden; (*not act, take decision etc*) wie die Katze um den heißen Brei herumschleichen. **2.** (*in Africa, Australia*) Busch *m*; (*Austral: the country*) offenes Land. **3.** (*fig*) **~ of hair** Haarschopf *m*; **~ of a beard** buschiger Bart.

◆**bush out** *vi* (*hair, tail*) buschig sein.

bush[2] *n* (*Tech*) Buchse *f*.

bushbaby [ˈbʊʃˌbeɪbɪ] *n* Buschbaby *nt*.

bushed [bʊʃt] *adj* (*sl: exhausted*) groggy (*sl*).

bushel [ˈbʊʃl] *n* Scheffel *m*. **to hide one's light under a ~** (*prov*) sein Licht unter den Scheffel stellen (*prov*).

bush fire *n* Buschfeuer *nt*.

bushing [ˈbʊʃɪŋ] *n* (*US*) *see* **bush**[2].

bush league *n* (*US*) Provinzliga *f*. **bushman** *n* (*Austral*) *jd, der im Busch lebt und arbeitet*; **Bushman** *n* (*in S Africa*) Buschmann *m*; **bushranger** *n* **1.** (*Austral*) Bandit *m*; **2.** (*US, Canada*) *jd, der in der Wildnis lebt*; **bush telegraph** *n* (*lit*) Urwaldtelefon *nt*; **I heard it on the ~** (*fig inf*) ich habe da so was läuten gehört (*inf*); **bushwhack 1** *vi* in den Wäldern hausen; **II** *vt* (*ambush*) (aus dem Hinterhalt) überfallen; **bushwhacker** *n* (*frontiersman*) *jd, der in den Wäldern haust*; (*bandit*) Bandit *m*; (*guerilla*) Guerilla(kämpfer) *m*.

bushy [ˈbʊʃɪ] *adj* (+*er*) buschig.

busily [ˈbɪzɪlɪ] *adv* (*actively, eagerly*) eifrig.

business [ˈbɪznɪs] *n* **1.** *no pl* (*commerce*) Geschäft *nt*; (*line of* **~**) Branche *f*. **to be in ~** Geschäftsmann sein; **to go into ~** Geschäftsmann werden; **to go into ~ with sb** mit jdm ein Geschäft gründen; **to be in the plastics/insurance ~** in der Plastikbranche/im Versicherungsgewerbe sein; **to set up in ~** ein Geschäft gründen; **to set up in ~ as a butcher/lawyer** sich als Fleischer(in)/Rechtsanwalt/Rechtsanwältin niederlassen; **to go out of ~** zumachen; **to do ~ with sb** Geschäfte *pl* mit jdm machen; **~ is ~** Geschäft ist Geschäft; **how's ~?** wie gehen die Geschäfte?; **to go to Paris on ~** geschäftlich nach Paris fahren; **he is here/away on ~** er ist geschäftlich hier/unterwegs; **to know one's ~** seine Sache verstehen; **to get down to ~** zur Sache kommen; **to combine ~ with pleasure** das Angenehme mit dem Nützlichen verbinden; **you shouldn't mix ~ with pleasure** Dienst ist Dienst und Schnaps ist Schnaps (*prov*).

2. (*fig inf*) **now we're in ~** jetzt kann's losgehen (*inf*); **to mean ~** es ernst meinen.

3. (*commercial enterprise*) Geschäft *nt*, Betrieb *m*.

4. (*concern*) Sache, Angelegenheit *f*; (*task, duty also*) Aufgabe *f*. **that's no ~ of mine/yours, that's none of my/your ~** das geht mich/dich nichts an; **to make it one's ~ to do sth** es sich (*dat*) zur Aufgabe machen, etw zu tun; **you've no ~ doing that** du hast kein Recht, das zu tun; **to send sb about his ~** jdn in seine Schranken weisen; *see* **mind.**

5. (*difficult job*) Problem *nt*.

6. (*inf: affair*) Sache *f*. **I am tired of this protest ~** ich hab' genug von dieser Protestiererei (*inf*); *see* **funny.**

7. (*Theat*) dargestellte Handlung.

8. (*inf: defecation: of dog, child*) Geschäft *nt* (*inf*).

business address *n* Geschäftsadresse *f*; **business card** *n* (Visiten)karte *f*; **business centre** *n* Geschäftszentrum *nt*; **business college** *n* Wirtschaftshochschule *f*; **business development loan** *n* Investitionskredit *m*; **business end** *n* (*inf*) (*of knife, chisel*) scharfes Ende; (*of rifle etc*) Lauf *m*; **business expenses** *npl* Spesen *pl*; **business hours** *npl* Geschäftsstunden *pl*, Geschäftszeit *f*.

businesslike [ˈbɪznɪslaɪk] *adj person, firm* (*good at doing business*) geschäftstüchtig; *person, manner* geschäftsmäßig; *manner, transaction* geschäftlich; (*efficient*) *person, prose* kühl und sachlich, nüchtern.

businessman *n* Geschäftsmann *m*; **business management** *n* Betriebswirtschaft(slehre) *f*; **business park** *n* Industriegelände *nt*; **business plan** *n* Geschäftsplan *m*; **business proposition** *n* (*proposal*) Geschäftsangebot *nt*; (*idea*) Geschäftsvorhaben *nt*; **business school** *n* Wirtschaftsschule *f*; **business sense** *n* Geschäftssinn *m*; **business studies** *npl* Wirtschaftslehre *f*; **business trip** *n* Geschäftsreise *f*; **businesswoman** *n* Geschäftsfrau *f*.

busing *n see* **bussing.**

busker ['bʌskəʳ] *n* Straßenmusikant(in *f*) *m*.

bus lane *n* (*Brit*) Busspur *f*; **busload** *n* **a busload of children** eine Busladung Kinder; **by the busload** (*inf*), **in busloads** (*inf*) busweise (*inf*); **bus man** *n*: **a busman's holiday** (*fig*) praktisch eine Fortsetzung der Arbeit im Urlaub; **bus route** *n* Buslinie *f*; **we're not on a ~** wir haben keine Busverbindungen; **bus service** *n* Busverbindung *f*; (*network*) Busverbindungen *pl*; **bus shelter** *n* Wartehäuschen *nt*.

bussing ['bʌsɪŋ] *n* (*esp US*) *Busbeförderung f von Schulkindern in andere Bezirke, um Rassentrennung zu verhindern.*

bus station *n* Busbahnhof *m*; **bus stop** *n* Bushaltestelle *f*.

bust[1] [bʌst] *n* Büste *f*; (*Anat also*) Busen *m*. **~ measurement** Brustumfang *m*, Oberweite *f*.

bust[2] (*vb: pret, ptp* ~) (*inf*) **I** *adj* **1.** (*broken*) kaputt (*inf*).

2. (*bankrupt*) pleite (*inf*).

II *adv* (*bankrupt*) **to go ~** pleite gehen *or* machen (*inf*).

III *n* (*US: failure*) Pleite *f* (*inf*).

IV *vt* **1.** (*break*) kaputtmachen (*inf*). **the case ~ its sides** der Koffer ist an den Seiten kaputtgegangen (*inf*); **they ~ed their way in** sie haben die Tür/das Fenster eingeschlagen; (*to a meeting*) sie haben sich hineingedrängt; **to ~ sth open** etw aufbrechen; **he just about ~ a gut** (*sl*) **doing it** er hat sich (*dat*) dabei fast einen abgebrochen (*sl*).

2. (*US: catch, convict*) hinter Schloß und Riegel bringen; *drugs, ring, syndicate* auffliegen lassen (*inf*).

3. (*US Mil: demote*) degradieren (*to* zu).

V *vi* (*break*) kaputtgehen (*inf*).

◆**bust out** (*inf*) **I** *vi* ausbrechen. **II** *vt sep* herausholen (*inf*).

◆**bust up** *vt sep* (*inf*) *box, marriage* kaputtmachen (*inf*); *meeting* auffliegen lassen (*inf*); (*by starting fights*) stören.

bustard ['bʌstəd] *n* Trappe *f*.

buster ['bʌstəʳ] *n* (*esp US inf: as address*) Meister *m* (*inf*); (*threatening*) Freundchen *nt* (*inf*).

bustle[1] ['bʌsl] **I** *n* Betrieb *m* (*of* in +*dat*); (*of fair, streets also*) geschäftiges *or* reges Treiben (*of* auf *or* in +*dat*).

II *vi* **to ~ about** geschäftig hin und her eilen *or* sausen (*inf*); **to ~ in/out** geschäftig hinein-/herein-/hinaus-/heraus-eilen *or* -sausen (*inf*); **the marketplace was ~ing with activity** auf dem Markt herrschte großer Betrieb *or* ein reges Treiben.

bustle[2] *n* (*Fashion*) Turnüre *f*.

bustling ['bʌslɪŋ] *adj person* geschäftig; *place, scene* belebt, voller Leben.

bust-up ['bʌstʌp] *n* (*inf*) Krach *m* (*inf*).

busty ['bʌstɪ] *adj* (+*er*) (*inf*) *woman* vollbusig.

busway ['bʌsweɪ] *n* (*US*) Busspur *f*.

busy ['bɪzɪ] **I** *adj* (+*er*) **1.** (*occupied*) *person* beschäftigt. **a very ~ man** ein vielbeschäftigter Mann; **are you ~?** haben Sie gerade Zeit?; (*in business*) haben Sie viel zu tun?; **to keep sb/oneself ~** jdn/sich selbst beschäftigen; **I was ~ studying when you called/all evening** ich war gerade beim Lernen, als Sie kamen/ich war den ganzen Abend mit Lernen beschäftigt; **she's always too ~ thinking about herself** sie ist immer zu sehr mit sich selbst beschäftigt; **they were ~ plotting against him** sie haben eifrig Pläne gegen ihn geschmiedet; **let's get ~** an die Arbeit!

2. (*active*) *life, time* bewegt; *place, street, town* belebt; (*with traffic*) verkehrsreich; *street* (*with traffic*) stark befahren. **it's been a ~ day/week** heute/diese Woche war viel los; **have you had a ~ day, dear?** hast du heute viel zu tun gehabt?; **the shop was ~ all day** im Geschäft war den ganzen Tag viel los.

3. (*esp US*) *telephone line* besetzt. **~ signal** Besetztzeichen *nt*.

4. (*officious*) *person, manner* (über)eifrig.

5. *pattern, design, print* unruhig.

II *vr* **to ~ oneself doing sth** sich damit beschäftigen, etw zu tun; **to ~ oneself with sth** sich mit etw beschäftigen.

busybody ['bɪzɪ'bɒdɪ] *n* Wichtigtuer(in *f*), Gschaftlhuber (*S Ger*) *m*. **don't be such a ~** misch dich nicht überall ein.

but [bʌt] **I** *conj* **1.** aber. **~ you must know that ...** Sie müssen aber wissen, daß ..., aber Sie müssen wissen, daß ...; **~ *he* didn't know that** er aber hat das nicht gewußt; **they all went ~ I didn't** sie sind alle gegangen, nur ich nicht.

2. not X ~ Y nicht X sondern Y.

3. (*subordinating*) ohne daß. **never a week passes ~ he is ill** keine Woche vergeht, ohne daß er krank ist; **I would have helped ~ that I was ill** (*old, liter*) ich hätte geholfen, wäre ich nicht krank gewesen (*old*).

4. ~ then he couldn't have known that aber er hat das ja gar nicht wissen können; **~ then you must be my brother!** dann müssen Sie ja mein Bruder sein!.

II *adv* **she's ~ a child** sie ist doch noch ein Kind; **I cannot (help) ~ think that ...** ich kann nicht umhin zu denken, daß ...; **one cannot ~ admire him/suspect that ...** man kann ihn nur bewundern/nur annehmen, daß ...; **you can ~ try** du kannst es immerhin versuchen; **I had no alternative ~ to leave** mir blieb keine andere Wahl, als zu gehen; **she left ~ a few minutes ago** sie ist erst vor ein paar Minuten gegangen.

III *prep* **no one ~ me could do it** niemand außer mir *or* nur ich konnte es tun; **who ~ Fred would ...?** wer außer Fred würde ...?; **anything ~ that!** (alles,) nur das nicht!; **it was anything ~ simple** das war alles andere als einfach; **he/it was nothing ~ trouble** er/das hat nichts als *or* nur Schwierigkeiten gemacht; **the last house ~ one/two/three** das vorletzte/vorvorletzte/drittletzte Haus; **the first ~ one** der/die/das zweite; **the next street ~ one/two/three** die übernächste/überübernächste Straße/

vier Straßen weiter; ~ **for you I would be dead** ohne Sie wäre ich tot, wenn Sie nicht gewesen wären, wäre ich tot.

IV *n* **no ~s about it** kein Aber *nt*.

butane ['bju:teɪn] *n* Butan *nt*.

butch [bʊtʃ] *adj* (*inf*) *clothes, hairstyle, manner* maskulin.

butcher ['bʊtʃəʳ] **I** *n* **1.** Fleischer(in *f*), Metzger(in *f*), Schlachter(in *f*) (*N Ger*) *m*. **~'s (shop)** Fleischerei, Metzgerei, Schlachterei (*N Ger*) *f*; **at the ~'s** beim Fleischer *etc*; **~'s boy** Fleischerjunge *etc m*; **~'s wife** Fleischersfrau *etc f*.

2. (*fig: murderer*) Schlächter *m*.

3. ~s (*Brit sl: look*) **give us a ~s** laß mal gucken (*inf*); **take** *or* **have a ~s (at that)** guck mal (das an) (*inf*).

II *vt animals* schlachten; *people* abschlachten, niedermetzeln; (*fig*) *play, piece of music, language* vergewaltigen.

butchery ['bʊtʃərɪ] *n* (*slaughter*) Gemetzel *nt*, Metzelei *f*.

butler ['bʌtləʳ] *n* Butler *m*.

butt[1] [bʌt] *n* (*for wine*) großes Faß; (*for rainwater*) Tonne *f*.

butt[2] *n* (*also* ~ **end**) dickes Ende; (*of rifle*) (Gewehr)kolben *m*; (*of cigar, cigarette*) Stummel *m*. **the ~ end of the conversation** der letzte Rest der Unterhaltung.

butt[3] *n* (*US sl: cigarette*) Kippe *f* (*inf*).

butt[4] *n* **1.** (*target*) Schießscheibe *f*.

2. *usu pl* (*on shooting range*) (*behind targets*) Kugelfang *m*; (*in front of targets*) Schutzwall *m*; (*range itself*) Schießstand *m*.

3. (*fig: person*) Zielscheibe *f*.

butt[5] **I** *n* (Kopf)stoß *m*. **to give sb a ~** *see vt*. **II** *vt* mit dem Kopf stoßen; (*goat also*) mit den Hörnern stoßen.

◆**butt at** *vi +prep obj* (*goat*) stoßen gegen.

◆**butt in** *vi* sich einmischen (*on* in *+acc*).

◆**butt into** *vi +prep obj* sich einmischen in (*+acc*).

butt[6] *n* (*US sl: backside*) Arsch *m* (*sl*). **get up off your ~** setz mal deinen Arsch in Bewegung (*sl*).

butter ['bʌtəʳ] **I** *n* Butter *f*. **she looks as if ~ wouldn't melt in her mouth** sie sieht aus, als ob sie kein Wässerchen trüben könnte. **II** *vt bread* mit Butter bestreichen.

◆**butter up** *vt sep* (*inf*) schöntun (*+dat*), um den Bart gehen (*+dat*) (*inf*).

butterball *n* (*US inf: fat person*) Fettkloß *m* (*inf*); **butter bean** *n* Mondbohne *f*; **buttercup** *n* Butterblume *f*, Hahnenfuß *m*; **butterdish** *n* Butterdose *f*; **butterfingers** *n sing* (*inf*) Schussel *m* (*inf*).

butterfly ['bʌtəflaɪ] *n* **1.** Schmetterling *m*. **I've got/I get butterflies (in my stomach)** mir ist/wird ganz mulmig zumute (*inf*).

2. (*Swimming*) Schmetterlingsstil, Butterfly *m*. **can you do the ~?** können Sie Butterfly *or* den Schmetterlingsstil?

butterfly net *n* Schmetterlingsnetz *nt*; **butterfly nut** *n* Flügelmutter *f*; **butterfly stroke** *n* Schmetterlingsstil, Butterfly *m*.

butter ['bʌtəʳ]: **butter mountain** *n* Butterberg *m*.

buttery ['bʌtərɪ] *n* Vorratskammer *f*; (*Univ*) Cafeteria *f*.

buttock ['bʌtək] *n* (Hinter)backe *f*. **~s** *pl* Gesäß *nt*, Hintern *m* (*inf*).

button ['bʌtn] **I** *n* **1.** Knopf *m*. **not worth a ~** (*inf*) keinen Pfifferling wert (*inf*); **his answer was/he arrived right on the ~** (*inf*) seine Antwort hat voll ins Schwarze getroffen (*inf*)/er kam auf den Glokkenschlag (*inf*). **2.** (*mushroom*) junger Champignon. **3. ~s** *sing* (*inf: pageboy*) (Hotel)page *m*.

II *vt garment* zuknöpfen. **~ your lip** (*inf*) halt den Mund (*inf*).

III *vi* (*garment*) geknöpft werden.

◆**button up** *vt sep* zuknöpfen. **to have a deal all ~ed ~** ein Geschäft unter Dach und Fach haben.

buttonhole **I** *n* **1.** (*in garment*) Knopfloch *nt*; **~ stitch** Knopflochstich *m*; **2.** (*flower*) Blume *f* im Knopfloch. **II** *vt* (*fig*) zu fassen bekommen, sich (*dat*) schnappen (*inf*); **button mushroom** *n* junger Champignon.

buttress ['bʌtrɪs] **I** *n* (*Archit*) Strebepfeiler *m*; (*fig*) Pfeiler *m*. **II** *vt* (*Archit*) *wall* (durch Strebepfeiler) stützen; (*fig*) stützen.

butty ['bʊtɪ] *n* (*N Engl inf*) Stulle *f* (*dial*).

buxom ['bʌksəm] *adj* drall.

buy [baɪ] (*vb: pret, ptp* **bought**) **I** *vt* **1.** kaufen; (*Rail*) *ticket also* lösen. **all that money can ~** alles, was man mit Geld kaufen kann; **to ~ and sell goods** Waren an- und verkaufen.

2. (*fig*) *victory, fame* sich (*dat*) erkaufen; *time* gewinnen. **the victory was dearly bought** der Sieg war teuer erkauft.

3. to ~ sth (*inf*) (*accept*) etw akzeptieren; (*believe*) jdm etw abnehmen (*inf*) *or* abkaufen (*inf*). **I'll ~ that** das ist o.k. (*inf*); (*believe*) ja, das glaube ich.

4. (*sl: be killed*) **he bought it** den hat's erwischt (*sl*).

II *vi* kaufen.

III *n* (*inf*) Kauf *m*. **to be a good ~** ein guter Kauf sein; (*clothes also, food*) preiswert sein.

◆**buy back** *vt sep* zurückkaufen.

◆**buy forward** *vt* (*Fin*) auf Termin kaufen.

◆**buy in** **I** *vt sep* (*acquire supply of*) *goods* einkaufen. **II** *vi +prep obj* **to ~ ~to a business** sich in ein Geschäft einkaufen.

◆**buy off** *vt sep* (*inf: bribe*) kaufen (*inf*).

◆**buy out** *vt sep* **1.** *shareholders etc* auszahlen; *firm* aufkaufen. **2.** (*from army*) los- *or* freikaufen (*of* von).

◆**buy over** *vt sep* kaufen; (*get on one's side*) für sich gewinnen.

◆**buy up** *vt sep* aufkaufen.

buy-back option ['baɪ,bæk 'ɒpʃən] *n* Rückkaufoption *f*; **buy-back price** *n* Rückkaufpreis *m*.

buyer ['baɪəʳ] *n* Käufer(in *f*) *m*; (*agent*) Einkäufer(in *f*) *m*. **~'s market** Käufermarkt *m*.

buy-out ['baɪaʊt] *n* Aufkauf *m*.

buzz [bʌz] **I** *vi* **1.** (*insect*) summen, brummen; (*smaller or agitated insects*) schwirren; (*device*) summen. **did you ~, sir?** haben Sie nach mir verlangt?

2. my ears are ~ing mir dröhnen die Ohren; **my head is ~ing** mir schwirrt der Kopf; (*from noise*) mir dröhnt der Kopf.

3. the town is ~ing in der Stadt ist was los (*inf*) *or* herrscht reges Leben; **the news set the town ~ing** die Nachricht versetzte die Stadt in helle Aufregung.

II *vt* **1.** (*call*) *secretary* (mit dem Summer) rufen. **2.** (*US inf: telephone*) anrufen. **3.** (*plane*) *plane, building* dicht vorbeifliegen an (+*dat*). **we were ~ed** Flugzeuge flogen dicht an uns heran.

III *n* **1.** *see vi 1* Summen, Brummen *nt*; Schwirren *nt*. **2.** (*of conversation*) Stimmengewirr, Gemurmel *nt*. **~ of approval** beifälliges Gemurmel. **3.** (*inf: telephone call*) Anruf *m*. **to give sb a ~** jdn anrufen; (*signal*) jdn (mit dem Summer) rufen.

◆**buzz about** *or* **around** *vi* (*inf*) herumschwirren.

◆**buzz off** *vi* (*Brit inf*) abzischen (*inf*).

buzzard ['bʌzəd] *n* Bussard *m*.

buzz bomb *n* Fernrakete *f*.

buzzer ['bʌzəʳ] *n* Summer *m*.

buzz phrase (*inf*) *n* Modeausdruck *m*; **buzz word** (*inf*) *n* Modewort *nt*.

by [baɪ] **I** *prep* **1.** (*close to*) bei, an (+*dat*); (*with movement*) an (+*acc*); (*next to*) neben (+*dat*); (*with movement*) neben (+*acc*). **~ the window/fire/river/church** am *or* beim Fenster/Feuer/Fluß/an *or* bei der Kirche; **a holiday ~ the sea** Ferien *pl* an der See; **come and sit ~ me** komm, setz dich neben mich; **to keep sth ~ one** etw bei sich haben.

2. (*via*) über (+*acc*).

3. (*past*) **to go/rush ~ sb/sth** an jdm/etw vorbeigehen/-eilen.

4. (*time: during*) **~ day/night** bei Tag/Nacht.

5. (*time: not later than*) bis. **can you do it ~ tomorrow?** kannst du es bis morgen machen?; **~ tomorrow I'll be in France** morgen werde ich in Frankreich sein; **~ the time I got there, he had gone** bis ich dorthin kam, war er gegangen; **but ~ that time** *or* **~ then I had understood/it will be too late/he will have forgotten** aber inzwischen hatte ich gemerkt .../aber dann ist es schon zu spät/aber bis dann *or* dahin hat er es schon vergessen; **~ now** inzwischen.

6. (*indicating amount*) **~ the metre/kilo/hour/month** meter-/kilo-/stunden-/monatsweise; **one ~ one** einer nach dem anderen; **they came in two ~ two** sie kamen paarweise herein; **letters came in ~ the hundred** Hunderte von Briefen kamen.

7. (*indicating agent, cause*) von. **killed ~ a bullet** durch eine *or* von einer Kugel getötet; **indicated ~ an asterisk** durch Sternchen gekennzeichnet; **a painting ~ Picasso** ein Bild von Picasso.

8. (*indicating method, means, manner: see also nouns*) **~ bus/car/bicycle** mit dem *or* per Bus/Auto/Fahrrad; **~ land and (~) sea** zu Land und zu Wasser; **to pay ~ cheque** mit Scheck bezahlen; **made ~ hand/machine** handgearbeitet/maschinell hergestellt; **~ daylight/moonlight** bei Tag(eslicht)/im Mondschein; **to know sb ~ name/sight** jdn dem Namen nach/vom Sehen her kennen; **to lead ~ the hand** an der Hand führen; **to grab sb ~ the collar** jdn am Kragen packen; **he had a daughter ~ his first wife** von seiner ersten Frau hatte er eine Tochter; **~ myself/himself** *etc* allein.

9. ~ saving hard he managed to ... durch eisernes Sparen *or* dadurch, daß er eisern sparte, gelang es ihm ...; **~ turning this knob** durch Drehen dieses Knopfes, wenn Sie an diesem Knopf drehen; **~ saying that I didn't mean ...** ich habe damit nicht gemeint ...; **animals which move ~ wriggling** Tiere, die sich schlängelnd fortbewegen.

10. (*according to: see also nouns*) nach. **to judge ~ appearances** nach dem Äußern urteilen; **~ my watch it is nine o'clock** nach meiner Uhr ist es neun; **~ the terms of Article I** gemäß *or* nach (den Bestimmungen von) Artikel I; **to call sb/sth ~ his/its proper name** jdn/etw beim richtigen Namen nennen; **if it's OK ~ you/him** *etc* wenn es Ihnen/ihm *etc* recht ist; **it's all right ~ me** von mir aus gern *or* schon.

11. (*measuring difference*) um. **broader ~ a meter** um einen Meter breiter; **it missed me ~ inches** es verfehlte mich um Zentimeter.

12. (*Math, Measure*) **to divide/multiply ~** dividieren durch/multiplizieren mit; **a room 20 metres ~ 30** ein Zimmer 20 auf *or* mal 30 Meter.

13. (*points of compass*) **South ~ South West** Südsüdwest.

14. (*in oaths*) bei. **I swear ~ Almighty God** ich schwöre beim allmächtigen Gott; **~ heaven, I'll get you for this** das sollst *or* wirst du mir, bei Gott, büßen!

15. ~ the right! (*Mil*) rechts, links ...!

16. ~ the way *or* **by(e)** übrigens.

II *adv* **1.** (*near*) *see* **close¹**. **2.** (*past*) **to pass/wander/rush ~** vorbei- *or* vorüberkommen/-wandern/-eilen. **3.** (*in reserve*) **to put** *or* **lay ~** beiseite legen. **4.** (*phrases*) **~ and ~** irgendwann; (*with past tense*) nach einiger Zeit; **~ and large** im großen und ganzen.

bye [baɪ] *interj* (*inf*) tschüs. **~ for now!** bis bald!

bye-bye ['baɪ'baɪ] **I** *interj* (*inf*) Wiedersehen (*inf*). **that's ~ £200** (da sind) £ 200 futsch! (*inf*). **II** *n* **to go (to) ~s** (*baby-talk*) in die Heia gehen (*baby-talk*).

by(e)-election [baɪɪ'lekʃən] *n* Nachwahl *f*.

bygone ['baɪgɒn] **I** *adj* längst vergangen. **II** *n* **to let ~s be ~s** die Vergangenheit ruhen lassen.

bylaw *n* (*also* **bye-law**) Verordnung *f*; **by-line** *n* **1.** (*Press*) *Zeile f mit dem Namen des Autors*; **2.** (*Ftbl*) Seitenlinie *f*; Tor(aus)linie *f*; **byname** *n* Inbegriff *m* (*for* von); **X is a ~ for tractors** X ist *der* Name für Traktoren.

bypass ['baɪpɑːs] **I** *n* (*road*) Umgehungsstraße *f*; (*Tech: pipe etc*) Bypass *m*.

II *vt town, village,* (*Med*) umgehen; (*Tech*) *fluid, gas* umleiten; (*fig*) *person*

übergehen; *intermediate stage also* überspringen; *difficulties* umgehen.
bypass operation *n* Bypass-Operation *f*; **bypass surgery** *n* Bypass-Chirurgie *f*; **to have** ~ sich einer Bypass-Operation unterziehen.
by-product *n* (*lit, fig*) Nebenprodukt *nt*.
byre ['baɪəʳ] *n* (Kuh)stall *m*.
byroad *n* Neben- *or* Seitenstraße *f*; **bystander** *n* Zuschauer(in *f*) *m*.
byte [baɪt] *n* (*Comput*) Byte *nt*.
byway *n* Seitenweg *m*; **byword** *n* **to become a ~ for sth** gleichbedeutend mit etw werden.
Byzantine [baɪ'zæntaɪn] **I** *adj* byzantinisch. **II** *n* Byzantiner(in *f*) *m*.
Byzantium [baɪ'zæntɪəm] *n* Byzanz *nt*.

C

C, c [siː] C, c *nt*. **C sharp/flat** Cis, cis *nt*/ Ces, ces *nt*; *see also* **major, minor, natural.**

C *abbr of* **centigrade** C.

c *abbr of* **1. cent** c, ct. **2. circa** ca.

c/a *abbr of* **current account.**

CA *abbr of* **1. chartered accountant. 2. Central America.**

cab [kæb] *n* **1.** (*horsedrawn*) Droschke *f*; (*taxi*) Taxi *nt f*. ~ **driver** Taxifahrer(in *f*) *m*; ~ **rank,** ~ **stand** Taxistand, Droschkenplatz (*form*) *m*. **2.** (*of railway engine, lorry, crane*) Führerhaus *nt*.

cabaret ['kæbəreɪ] *n* Varieté *nt*; (*satire*) Kabarett *nt*.

cabbage ['kæbɪdʒ] *n* **1.** Kohl *m*, Kraut *nt* (*esp S Ger*). **a head of** ~ ein Kohlkopf *m*. **2.** (*inf: person*) geistiger Krüppel (*inf*). **to become a** ~ verblöden (*inf*); (*sick person*) dahinvegetieren.

cabbage lettuce *n* Kopfsalat *m*; **cabbage white (butterfly)** *n* Kohlweißling *m*.

cabby ['kæbɪ] *n* (*inf: of taxi*) Taxifahrer(in *f*) *m*; (*of horsedrawn vehicle*) Kutscher(in *f*) *m*.

caber ['keɪbə^r] *n* (*Scot*) Pfahl, Stamm *m*.

cabin ['kæbɪn] *n* **1.** (*hut*) Hütte *f*. **2.** (*Naut*) Kabine, Kajüte *f*; (*stateroom*) Kabine *f*. **3.** (*of lorries, buses*) Führerhaus *nt*. **4.** (*Aviat*) (*for passengers*) Passagierraum *m*; (*for pilot*) Cockpit *nt*, (Flug)kanzel *f*.

cabin boy *n* Schiffsjunge *m*; (*steward*) Kabinensteward *m*; **cabin class** *n* zweite Klasse; **cabin crew** *n* (*Aviat*) Flugbegleitpersonal *nt*; **cabin cruiser** *n* Kajütboot *nt*.

cabinet ['kæbɪnɪt] *n* **1.** Schränkchen *nt*; (*for display*) Vitrine *f*; (*for TV, record-player*) Schrank *m*, Truhe *f*; (*loudspeaker* ~) Box *f*. **2.** (*Parl*) Kabinett *nt*.

cabinetmaker *n* (Möbel)tischler(in *f*), (Möbel)schreiner(in *f*) *m*; **cabinet making** *n* Tischlern *nt*, Tischlerei *f*; **cabinet meeting** *n* Kabinettssitzung *f*; **cabinet minister** *n* ≃ Mitglied *nt* des Kabinetts, Minister(in *f*) *m*; **cabinet reshuffle** *n* Kabinettsumbildung *f*.

cabin luggage *n* Kabinengepäck *nt*; **cabin trunk** *n* Schrank- *or* Überseekoffer *m*.

cable ['keɪbl] **I** *n* **1.** Tau *nt*; (*of wire*) Kabel *nt*, Trosse *f* (*Naut*).
2. (*Elec*) Kabel *nt*, Leitung *f*.
3. (~*gram*) Telegramm *nt*. **by** ~ per Telegramm/Kabel.
4. (~ *television*) Kabelfernsehen *nt*.
II *vt information* telegrafisch durchgeben; (*overseas*) kabeln. **to** ~ **sb** jdm telegrafieren/kabeln.
III *vi* telegrafieren, ein Telegramm/ Kabel schicken.

cable-car *n* (*hanging*) Drahtseilbahn *f*; (*streetcar*) (gezogene) Straßenbahn; (*funicular*) Standseilbahn *f*; **cablegram** *n* *see* **cable I 3**; **cable length** *n* (*Naut*) Kabellänge *f*; **cable railway** *n* Bergbahn *f*; **cable stitch** *n* (*Knitting*) Zopfmuster *nt*; **cable television** *n* Kabelfernsehen *nt*.

caboodle [kə'buːdl] *n* (*inf*): **the whole (kit and)** ~ das ganze Zeug(s) (*inf*).

caboose [kə'buːs] *n* **1.** (*Naut*) Kombüse *f*. **2.** (*US Rail*) Dienstwagen *m*.

cabriolet [ˌkæbrɪəʊ'leɪ] *n* Kabriolett *nt*.

cache [kæʃ] **I** *n* **1.** Versteck *nt*, geheimes (Waffen-/Proviant)lager. **2.** (*Comput: also* ~ **memory**) Zwischenspeicher, Cache-Speicher *m*. **II** *vt* verstecken.

cachet ['kæʃeɪ] *n* Gütesiegel *nt*. **the name has a certain** ~ **on the French market** der Name gilt auf dem französischen Markt als Gütezeichen.

cack-handed ['kæk'hændəd] *adj* (*Brit inf*) tolpatschig (*inf*).

cackle ['kækl] **I** *n* (*of hens*) Gackern *nt*; (*laughter*) (meckerndes) Lachen; (*inf*) (*chatter*) Geblödel *nt* (*inf*). **II** *vi* (*hens*) gackern; (*inf*) (*talk*) schwatzen; (*laugh*) meckernd lachen.

cacophonous [kæ'kɒfənəs] *adj* mißtönend, kakophon (*geh*).

cacophony [kæ'kɒfənɪ] *n* Kakophonie *f* (*geh*), Mißklang *m*.

cactus ['kæktəs] *n* Kaktus *m*.

CAD [kæd] *abbr of* **computer-aided design** CAD.

cad [kæd] *n* (*dated*) Schurke (*dated*) *m*.

cadaver [kə'dævə^r] *n* Kadaver *m*; (*of humans*) Leiche *f*.

cadaverous [kə'dævərəs] *adj* (*corpse-like*) Kadaver-, Leichen-; (*gaunt*) ausgezehrt, ausgemergelt; (*pale*) leichenblaß.

CAD/CAM ['kæd'kæm] *abbr of* **computer-aided design/computer-aided manufacture** CAD/CAM.

caddie ['kædɪ] **I** *n* (*Golf*) Caddie *or* Golfjunge *m*. **II** *vi* Caddie sein *or* spielen (*inf*).

caddis fly ['kædɪs'flaɪ] *n* Köcherfliege *f*.

caddish ['kædɪʃ] *adj* (*dated*) schurkisch (*dated*).

caddy ['kædɪ] *n* **1.** (*tea* ~) Behälter *m*, Büchse *f*. **2.** (*US: shopping trolley*) Einkaufswagen *m*. **3.** *see* **caddie.**

cadence ['keɪdəns] *n* (*Mus*) Kadenz *f*; (*of voice*) Tonfall *m*, Melodie *f*; (*rhythm*) Rhythmus *m*, Melodie *f*. **the** ~**s of his speech** seine Sprachmelodie.

cadenza [kə'denzə] *n* (*Mus*) Kadenz *f*.

cadet [kə'det] *n* **1.** (*Mil etc*) Kadett *m*. ~ **corps** Kadettenkorps *nt*; ~ **school** Kadettenanstalt *f*. **2.** (*old*) jüngerer Sohn/ Bruder.

cadge [kædʒ] **I** *vt* (er)betteln, abstauben (*inf*), schnorren (*inf*) (*from sb* bei *or* von jdm). **could I** ~ **a lift with you?** könnten Sie mich vielleicht (ein Stück) mitnehmen? **II** *vi* schnorren (*inf*).

cadger ['kædʒəʳ] *n* Schnorrer(in *f*) (*inf*).
cadmium ['kædmɪəm] *n* Kadmium, Cadmium *nt*.
cadre ['kædrɪ] *n* (*Mil, fig*) Kader *m*.
Caesar ['si:zəʳ] *n* Cäsar, Caesar *m*.
Caesarean, Caesarian [si:'zɛərɪən] **I** *adj* cäsarisch, Cäsaren-; (*of Caesar*) Cäsarisch. **II** *n* (*also* ~ **section**) (*Med*) Kaiserschnitt *m*. **she had a (baby by)** ~ sie hatte einen Kaiserschnitt.
caesium, (*US*) **cesium** ['si:zɪəm] (*Chem*) *n* Cäsium *nt*.
caesura [sɪ'zjʊərə] *n* Zäsur *f*.
café ['kæfeɪ] *n* Café *nt*.
cafeteria [ˌkæfɪ'tɪərɪə] *n* Cafeteria *f*.
caffein(e) ['kæfi:n] *n* Koffein *nt*.
cage [keɪdʒ] **I** *n* **1.** Käfig *m*; (*small bird*~) Bauer *nt or m*. ~ **bird** Käfigvogel *m*. **2.** (*of lift*) Aufzug *m*; (*Min*) Förderkorb *m*. **II** *vt* (*also* ~ **up**) in einen Käfig sperren.
cagey ['keɪdʒɪ] *adj* (*inf*) vorsichtig; (*evasive*) ausweichend. **what are you being so ~ about?** warum tust du so geheimnisvoll?; **she was very ~ about her age** sie hat aus ihrem Alter ein großes Geheimnis gemacht; **he was very ~ about his plans** er hat mit seinen Absichten hinterm Berg gehalten.
cagily ['keɪdʒɪlɪ] *adv see* **cagey.**
caginess ['keɪdʒɪnɪs] *n* (*inf*) Vorsicht *f*; (*evasiveness*) ausweichende Art.
cagoule [kə'gu:l] *n* Windhemd *nt*.
cahoots [kə'hu:ts] *n* (*inf*): **to be in ~ with sb** mit jdm unter einer Decke stecken.
caiman ['keɪmən] *n* Kaiman *m*.
Cain [keɪn] *n* Kain *m*. **to raise** ~ (*inf*) (*be noisy*) Radau machen (*inf*), lärmen; (*protest*) Krach schlagen (*inf*).
cairn [kɛən] *n* **1.** Steinpyramide *f*. **2.** (*also* ~ **terrier**) Cairn-Terrier *m*.
Cairo ['kaɪərəʊ] *n* Kairo *nt*.
caisson ['keɪsən] *n* **1.** (*Mil*) Munitionskiste *f*; (*wagon*) Munitionswagen *m*. **2.** (*Tech: underwater* ~) Senkkasten, Caisson *m*.
cajole [kə'dʒəʊl] *vt* gut zureden (+*dat*), beschwatzen (*inf*). **to ~ sb into doing sth** jdn dazu bringen *or* jdn beschwatzen (*inf*), etw zu tun; **to ~ sb out of doing sth** jdm etw ausreden.
cajolery [kə'dʒəʊlərɪ] *n* Überredung *f*.
cake [keɪk] **I** *n* **1.** Kuchen *m*; (*gateau*) Torte *f*; (*bun, individual* ~) Gebäckstück, Teilchen (*dial*) *nt*. **~s and pastries** Gebäck *nt*; **a piece of** ~ (*fig inf*) ein Kinderspiel *nt*, ein Klacks *m* (*inf*); **he/that takes the** ~ (*inf*) das ist das Schärfste (*sl*); (*negatively also*) das schlägt dem Faß den Boden aus; **to sell like hot ~s** weggehen wie warme Semmeln (*inf*); **you can't have your ~ and eat it** (*prov*) beides auf einmal geht nicht.
2. (*of soap*) Stück *nt*, Riegel *m*; (*of chocolate*) Tafel *f*.
II *vt* dick einschmieren. **my shoes are ~d with mud** meine Schuhe sind dreckverkrustet.
III *vi* festtrocknen, eine Kruste bilden.
cake mix *n* Teigmischung *f*; **cake mixture** *n* Kuchenteig *m*; **cake shop** *n* Konditorei *f*; **cake tin** *n* (*for baking*) Kuchenform *f*; (*for storage*) Kuchenbüchse *f*.
calabash ['kæləbæʃ] *n* Kalebasse *f*. ~ **tree** Kalebassenbaum *m*.
calamine ['kæləmaɪn] *n* Galmei *m*. ~ **lotion** Galmeilotion *f*.
calamitous [kə'læmɪtəs] *adj* katastrophal.
calamity [kə'læmɪtɪ] *n* Katastrophe *f*.
calcification [ˌkælsɪfɪ'keɪʃən] *n* Kalkablagerung *f*; (*Med*) Verkalkung *f*.
calcify ['kælsɪfaɪ] **I** *vt* verkalken lassen. **II** *vi* verkalken.
calcium ['kælsɪəm] *n* Kalzium, Calcium *nt*. ~ **carbonate** Kalziumkarbonat *nt*, kohlensaurer Kalk.
calculable ['kælkjʊləbl] *adj* berechenbar.
calculate ['kælkjʊleɪt] **I** *vt* **1.** (*mathematically, scientifically*) berechnen.
2. (*fig: estimate critically*) kalkulieren.
3. to be ~d to do sth (*be intended*) auf etw (*acc*) abzielen; (*have the effect*) zu etw angetan sein.
4. (*US inf: suppose*) schätzen, annehmen, meinen.
II *vi* (*Math*) rechnen. **calculating machine** Rechenmaschine *f*.
◆**calculate on** *vi* +*prep obj* rechnen mit. **I had ~d ~ finishing by this week** ich hatte damit gerechnet, diese Woche fertig zu werden.
calculated ['kælkjʊleɪtɪd] *adj* (*deliberate*) berechnet. ~ **insult** ein bewußter Affront; **a ~ risk** ein kalkuliertes Risiko.
calculating *adj*, **~ly** *adv* ['kælkjʊleɪtɪŋ, -lɪ] berechnend.
calculation [ˌkælkjʊ'leɪʃən] *n* Berechnung, Kalkulation *f*; (*critical estimation*) Schätzung *f*. **to do a quick** ~ die Sache schnell überschlagen; **you're out in your ~s** du hast dich verrechnet; **by my ~s he will arrive on Sunday** nach meiner Schätzung müßte er Sonntag ankommen.
calculator ['kælkjʊleɪtəʳ] *n* **1.** Taschenrechner *m*.
2. (*machine*) Rechner *m*.
3. (*person*) Rechnungsbeamte(r) *m*/-beamtin *f*.
4. (*table of figures*) Rechentabelle *f*.
calculus ['kælkjʊləs] *n* **1.** (*Math*) Infinitesimalrechnung, Differential- und Integralrechnung *f*. **2.** (*Med*) Stein *m*.
Calcutta [kæl'kʌtə] *n* Kalkutta *nt*.
Caledonia [ˌkælə'dəʊnɪə] *n* Kaledonien *nt*.
Caledonian [ˌkælə'dəʊnɪən] *adj* kaledonisch.
calendar ['kæləndəʳ] *n* **1.** Kalender *m*. ~ **month** Kalendermonat *m*. **2.** (*schedule*) Terminkalender *m*; (*Jur*) Prozeßregister *nt*. ~ **of events** Veranstaltungskalender *m*; **Church** ~ Kirchenkalender *m*.
calender ['kæləndəʳ] **I** *n* Kalander *m*. **II** *vt* kalandern.
calf[1] [kɑ:f] *n*, *pl* **calves 1.** Kalb *nt*. **a cow in** *or* **with** ~ eine trächtige Kuh. **2.** (*young elephant, seal*) Junge(s), -junge(s) *nt*. **3.** (*leather*) Kalb(s)leder *nt*.
calf[2] *n*, *pl* **calves** (*Anat*) Wade *f*.
caliber *n* (*US*) *see* **calibre.**
calibrate ['kælɪbreɪt] *vt gun* kalibrieren; *meter, instrument also* eichen.

calibration [ˌkælɪ'breɪʃən] *n see vt* Kalibrieren *nt*; Eichen *nt*; (*mark*) Kalibrierung *f*; Eichung *f*.

calibre, (*US*) **caliber** ['kælɪbə^r] *n* (*lit*) Kaliber *nt*; (*fig also*) Format *nt*.

calico ['kælɪkəʊ] *n* Kattun *m*.

California [kælɪ'fɔːnɪə] *n* (*abbr* **Cal(if)**) Kalifornien *nt*.

Californian [kælɪ'fɔːnɪən] **I** *adj* kalifornisch. **II** *n* Kalifornier(in *f*) *m*.

calipers ['kælɪpəz] *npl* (*US*) *see* **callipers.**

caliph ['keɪlɪf] *n* Kalif *m*.

calk[1] [kɔːk] **I** *vt* mit Stollen versehen; *shoe also* mit Nägeln beschlagen. **II** *n* Stollen *m*; (*on shoe also*) Nagel *m*.

calk[2] *vt drawing, design* durchpausen.

calk[3] *vt see* **caulk.**

call [kɔːl] **I** *n* **1.** (*shout, cry*) (*of person, bird*) Ruf *m*; (*of bugle*) Signal *nt*. **to give sb a ~** jdn (herbei)rufen; (*inform sb*) jdm Bescheid sagen; (*wake sb*) jdn wekken; **they came at my ~** als ich rief, kamen sie; **within ~** in Rufweite *f*; **a ~ for help** (*lit, fig*) ein Hilferuf *m*.

2. (*telephone ~*) Anruf *m*. **I'll give you a ~** ich rufe Sie an; **to take a ~** ein Gespräch entgegennehmen; **will you take the ~?** nehmen Sie das Gespräch an?

3. (*fig: summons*) (*for flight, meal*) Aufruf *m*; (*of religion*) Berufung *f*; (*Theat: to actors*) Aufruf *m*; (*fig: lure*) Ruf *m*, Verlockung *f*. **to be on ~** Bereitschaftsdienst haben; **the doctor had a ~ at midnight** der Arzt wurde um Mitternacht zu einem Patienten gerufen; **that's your ~!** (*Theat*) Ihr Auftritt!; **the ~ of conscience** die Stimme des Gewissens; **to attend to a ~ of nature** (*euph*) mal kurz verschwinden gehen (*inf*); **with him the ~ of duty was particularly strong** er hatte ein besonders stark ausgeprägtes Pflichtgefühl; **to make a ~ for unity** zur Einigkeit aufrufen.

4. (*visit*) Besuch *m*. **to make** *or* **pay a ~ on sb** jdn besuchen, jdm einen Besuch abstatten (*form*); **I have several ~s to make** ich muß noch einige Besuche machen; **port of ~** Anlaufhafen *m*; (*fig*) Station *f*; **to pay a ~** (*euph*) mal verschwinden (*inf*).

5. (*demand, claim*) Inanspruchnahme, Beanspruchung *f*; (*Comm*) Nachfrage *f* (*for* nach). **to have many ~s on one's purse/time** finanziell/zeitlich sehr in Anspruch genommen sein; **the sudden rain made for heavy ~s on the emergency services** die plötzlichen Regenfälle bedeuteten eine starke Belastung für die Notdienste.

6. at *or* **on ~** (*Fin*) auf Abruf.

7. (*need, occasion*) Anlaß, Grund *m*, Veranlassung *f*. **there is no ~ for you to worry** es besteht kein Grund zur Sorge.

8. (*Cards*) Ansage *f*. **to make a ~ of three diamonds** drei Karo ansagen; **whose ~ is it?** wer sagt an?

9. (*Tennis*) Entscheidung *f*.

II *vt* **1.** (*shout out*) rufen. **to ~ spades** (*Cards*) Pik reizen; **the ball was ~ed out** der Ball wurde für „aus" erklärt.

2. (*name, consider*) nennen. **to be ~ed** heißen; **what's he ~ed?** wie heißt er?; **what do you ~ your cat?** wie nennst du deine Katze?, wie heißt deine Katze?; **what's this ~ed in German?** wie heißt das auf Deutsch?; **let's ~ it a day** machen wir Schluß *or* Feierabend für heute; **~ it £5** sagen wir £ 5.

3. (*summon*) *person, doctor* rufen; *meeting* einberufen; *elections* ausschreiben; *strike* ausrufen; (*Jur*) *witness* aufrufen; (*subpoena*) vorladen; (*waken*) wekken. **he was ~ed to his maker** (*liter*) er ist in die Ewigkeit abberufen worden; **to ~ sth into being** etw ins Leben rufen; *see* **mind, question, bluff**[2].

4. (*telephone*) anrufen; (*contact by radio*) rufen.

5. (*Fin*) *bond* aufrufen; *loan* abrufen.

6. (*US Sport: call off*) abbrechen.

III *vi* **1.** (*shout: person, animal*) rufen. **to ~ for help** um Hilfe rufen; **to ~ to sb** jdm zurufen.

2. (*visit*) vorbeigehen/-kommen. **she ~ed to see her mother** sie machte einen Besuch bei ihrer Mutter; **the gasman ~ed about the meter** der Gasmann war wegen des Zählers da.

3. (*Telec*) anrufen; (*by radio*) rufen. **who's ~ing, please?** wer spricht da bitte?; **London ~ing!** (*Rad*) hier ist London; **thanks for ~ing** vielen Dank für den Anruf.

◆**call aside** *vt sep person* beiseite rufen.

◆**call at** *vi +prep obj* (*person*) vorbeigehen bei; (*Rail*) halten in (*+dat*); (*Naut*) anlaufen.

◆**call away** *vt sep* weg- *or* abrufen. **he was ~ed ~ from the meeting** er wurde aus der Sitzung gerufen.

◆**call back** *vti sep* zurückrufen.

◆**call down** *vt sep* **1.** (*invoke*) **to ~ ~ curses on sb's head** jdn verfluchen. **2. to ~ sb ~** (*lit*) jdn herunterrufen; (*US: reprimand*) jdn ausschimpfen.

◆**call for** *vi +prep obj* **1.** (*send for*) *person* rufen; *food, drink* kommen lassen; (*ask for*) verlangen (nach), fordern.

2. (*need*) *courage, endurance* verlangen, erfordern. **that ~s ~ a drink/celebration!** das muß begossen/gefeiert werden!

3. (*collect*) *person, goods* abholen; (*come to see*) fragen nach. **"to be ~ed ~"** (*goods sent by rail*) „bahnlagernd"; (*by post*) „postlagernd"; (*in shop*) „wird abgeholt".

◆**call forth** *vt insep protests* hervorrufen; *abilities* wachrufen, wecken.

◆**call in I** *vt sep* **1.** *doctor* zu Rate ziehen. **2.** (*withdraw*) *faulty goods* aus dem Verkehr ziehen; *currency also* aufrufen (*form*); *hire-boats* zurück- *or* aufrufen; *books* an- *or* zurückfordern. **II** *vi* vorbeigehen *or* -schauen (*at, on* bei).

◆**call off I** *vt sep* **1.** (*cancel*) *appointment, holiday* absagen; *deal* rückgängig machen; *strike* absagen, abblasen (*inf*); (*end*) abbrechen; *engagement* lösen. **let's ~ the whole thing ~** blasen wir die ganze Sache ab (*inf*). **2.** *dog* zurückrufen. **II** *vi* absagen.

◆**call on** *vi +prep obj* **1.** (*visit*) besuchen. **2.** *see* **call upon.**

◆**call out I** *vi* rufen, schreien. **II** *vt sep* **1.** *names* aufrufen; (*announce*) ansagen. **2.** *doctor* rufen; *troops, fire brigade* alarmieren. **3.** (*order to strike*) zum Streik aufrufen.

◆**call out for** *vi +prep obj food* verlangen; *help* rufen um.

◆**call round** *vi* (*inf*) vorbeikommen.

◆**call up I** *vt sep* **1.** (*Mil*) *reservist* einberufen; *reinforcements* mobilisieren. **2.** (*Telec*) anrufen. **3.** (*fig*) (herauf)beschwören. **II** *vi* (*Telec*) anrufen.

◆**call upon** *vi +prep obj* **1.** (*ask*) **to ~ ~ sb to do sth** jdn bitten etw zu tun. **2.** (*invoke*) **to ~ ~ sb's generosity** an jds Großzügigkeit (*acc*) appellieren; **to ~ ~ God** Gott anrufen.

callable ['kɔːləbl] *adj* (*Fin*) *money* abrufbar; *security* kündbar.

callback *n* (*Comm: action*) Rückrufaktion *f*; **there were 1,000 ~s** 1.000 wurden zurückbeordert; **callbox** *n* Telefonzelle *f*; **callboy** *n* (*Theat*) Inspizientengehilfe *m* (*der die Schauspieler zu ihrem Auftritt ruft*).

caller ['kɔːləʳ] *n* **1.** (*visitor*) Besucher(in *f*) *m*. **2.** (*Telec*) Anrufer(in *f m*. **hold the line please ~!** bitte bleiben Sie am Apparat!

call forwarding *n* (*Telec*) Anrufweiterschaltung *f*.

callgirl ['kɔːlgɜːl] *n* Callgirl *nt*.

calligraphic [ˌkælɪ'græfɪk] *adj* kalligraphisch, Schönschreib-.

calligraphy [kə'lɪgrəfɪ] *n* Kalligraphie *f*.

calling ['kɔːlɪŋ] *n* Berufung *f*. **~ card** Visitenkarte *f*.

calliper *or* (*US*) **caliper brake** ['kælɪpəˌbreɪk] *n* Felgenbremse *f*.

callipers, (*US*) **calipers** ['kælɪpəz] *npl* Tastzirkel *m*.

callous ['kæləs] *adj* **1.** (*cruel*) gefühllos, herzlos. **2.** (*Med*) schwielig, kallös.

callously ['kæləslɪ] *adv* herzlos.

callousness ['kæləsnɪs] *n* Gefühllosigkeit, Herzlosigkeit *f*.

callow ['kæləʊ] *adj* unreif; (*ideas*) unausgegoren.

call sign *n* (*Rad*) Sendezeichen *nt*; **call-up** *n* Einberufung *f*; **~ papers** *npl* Einberufungsbescheid *m*.

callus ['kæləs] *n* (*Med*) Schwiele *f*; (*of bone, Bot*) Kallus *m*.

calm [kɑːm] **I** *adj* (*+er*) ruhig; *weather also* windstill. **keep ~!** bleib ruhig!
II *n* **1.** Ruhe, Stille *f*; (*at sea*) Flaute *f*; (*of wind*) Windstille *f*. **a dead ~** absolute Stille, Totenstille *f*; **the ~ before the storm** (*lit, fig*) die Ruhe vor dem Sturm.
2. (*composure*) Ruhe, Gelassenheit *f*.
III *vt* beruhigen.

◆**calm down I** *vt sep* beruhigen, beschwichtigen. **II** *vi* sich beruhigen; (*wind*) abflauen. **~ ~!** beruhigen Sie sich!

calming ['kɑːmɪŋ] *adj* beruhigend.

calmly ['kɑːmlɪ] *adv speak, act* ruhig, gelassen. **he spoke ~** er redete mit ruhiger Stimme.

calmness ['kɑːmnɪs] *n* (*of person*) Ruhe, Gelassenheit *f*; (*of wind, sea*) Stille *f*.

Calor gas ® ['kæləgæs] *n* Butangas *nt*.

caloric ['kælərɪk] *adj* kalorisch, Wärme-.

calorie ['kælərɪ] *n* Kalorie *f*. **low on ~s** kalorienarm.

calorie *in cpds* Kalorien-, kalorien-; **calorie-conscious** *adj* kalorienbewußt.

calorific [ˌkælə'rɪfɪk] *adj* wärmeerzeugend. **~ value** Heizwert *m*.

Calvary ['kælvərɪ] *n* **1.** Golgatha *nt*, Kalvarienberg *m*. **2. c~** Bildstock *m*.

calve [kɑːv] *vi* kalben.

calves [kɑːvz] *pl of* **calf**[1], **calf**[2].

Calvin ['kælvɪn] *n* Calvin *m*.

Calvinism ['kælvɪnɪzəm] *n* Kalvinismus *m*.

Calvinist ['kælvɪnɪst] **I** *n* Kalvinist(in *f*) *m*. **II** *adj* kalvinistisch.

Calvinistic [ˌkælvɪ'nɪstɪk] *adj* kalvinistisch.

calypso [kə'lɪpsəʊ] *n* Calypso *m*.

calyx ['keɪlɪks] *n*, *pl* **calyces** ['keɪlɪsiːz] *or* **-es** ['keɪlɪksəz] Blütenkelch *m*.

CAM [kæm] *abbr of* **computer-aided manufacture** CAM.

cam [kæm] *n* Nocken *m*.

camaraderie [ˌkæmə'rɑːdərɪ] *n* Kameradschaft *f*.

camber ['kæmbəʳ] **I** *n* (*of road, ship, aircraft wing*) Wölbung *f*; (*of road also*) Überhöhung *f*; (*of wheels*) Radsturz *m*. **II** *vt road, deck* wölben. **a ~ed wheel** ein Rad *nt* mit Sturz.

Cambodia [kæm'bəʊdɪə] *n* Kambodscha *nt*.

Cambodian [kæm'bəʊdɪən] **I** *adj* kambodschanisch. **II** *n* **1.** Kambodschaner(in *f*) *m*. **2.** (*language*) Kambodschanisch *nt*.

Cambs [kæmz] *abbr of* **Cambridgeshire.**

camcorder ['kæmkɔːdəʳ] *n* Camcorder, Kamera-Recorder *m*.

came [keɪm] *pret of* **come.**

camel ['kæməl] *n* Kamel *nt*.

camel *in cpds* (*colour*) *coat* kamelhaarfarben; **camel driver** *n* Kameltreiber *m*; **camel-hair,** (*US*) **camel's-hair I** *n* Kamelhaar *nt*; **II** *attr coat, paintbrush* Kamelhaar-.

camellia [kə'miːlɪə] *n* Kamelie *f*.

cameo ['kæmɪəʊ] *n* **1.** (*jewellery*) Kamee *f*. **2.** (*Liter*) Miniatur *f*. **3.** (*also* **~ part**) Miniaturrolle *f*.

camera[1] ['kæmərə] *n* Kamera *f*; (*for stills also*) Fotoapparat *m*.

camera[2] *n* (*Jur*): **in ~** unter Ausschluß der Öffentlichkeit; (*fig*) hinter verschlossenen Türen.

cameraman *n* Kameramann *m*; **camera obscura** ['kæmərəəb'skjʊrə] *n* (*Opt*) Camera obscura, Lochkamera *f*; **camera-ready copy** *n* Druckvorlage *f*; **camera-shy** *adj* kamerascheu; **camerawoman** *n* Kamerafrau *f*; **camerawork** *n* Kameraführung *f*.

Cameroons [ˌkæmə'ruːnz] *npl* **the ~** Kamerun *nt*.

cami-knickers ['kæmɪˌnɪkəz] *npl* Spitzenhemdhöschen *nt*.

camisole ['kæmɪsəʊl] *n* Mieder *nt*.

camomile ['kæməʊmaɪl] *n* Kamille *f*.

camouflage ['kæməflɑːʒ] **I** *n* (*Mil, fig*) Tarnung *f*; **for ~** zur Tarnung.
II *vt* (*Mil, fig*) tarnen. **she smiled but it**

didn't ~ her despair ihr Lächeln konnte nicht über ihre Verzweiflung hinwegtäuschen.

camouflage *in cpds* Tarn-.

camp[1] [kæmp] **I** *n* **1.** Lager *nt*; (*Mil*) (Feld)lager *nt*. **to be in ~** im Lager leben *or* sein; (*Mil*) im Felde leben.

2. (*fig*) Lager *nt*. **to have a foot in both ~s** mit beiden Seiten zu tun haben.

II *vi* zelten, kampieren; (*Mil*) lagern. **to go ~ing** zelten (gehen).

◆**camp out** *vi* zelten.

camp[2] *adj* (*theatrical, stagey*) übertrieben); *performance* manieriert; *person's appearance* aufgedonnert; (*effeminate*) tuntenhaft (*inf*); (*homosexual*) schwul (*inf*).

◆**camp up** *vt sep* **to ~ sth ~** (*vamp up*) etw aufmöbeln (*inf*), etw aufmotzen (*inf*); (*overact*) etw überziehen; **to ~ it ~** (*overact, exaggerate*) es zu weit treiben; (*Theat*) zu dick auftragen; (*act homosexually*) sich tuntenhaft (*inf*) benehmen.

campaign [kæm'peɪn] **I** *n* **1.** (*Mil*) Feldzug *m*, Kampagne *f* (*old*). **2.** (*fig*) Kampagne, Aktion *f*; (*election ~*) Feldzug *m*, Kampagne *f*.

II *vi* **1.** (*Mil*) kämpfen, Krieg führen.

2. (*fig*) (*for* für, *against* gegen) sich einsetzen, agitieren; (*outdoors also*) auf die Straße gehen; (*politician, candidate*) den Wahlkampf führen; (*supporters*) Wahlwerbung treiben.

campaigner [kæm'peɪnəʳ] *n* **1.** (*Mil*) Krieger *m*. **old ~** alter Kämpe. **2.** (*fig*) Befürworter(in *f*) *m* (*for gen*); Gegner(in *f*) *m* (*against gen*); (*for politician*) Wahlwerber(in *f*) *m*.

campbed *n* Campingliege *f*; **camp chair** *n* Campingstuhl *m*.

camper ['kæmpəʳ] *n* **1.** Camper(in *f*) *m*. **2.** (*US: vehicle*) Wohnmobil *nt*.

camp fire *n* Lagerfeuer *nt*; **camp follower** *n* **1.** Marketender(in *f*) *m*; **2.** (*fig*) Anhänger(in *f*), Mitläufer(in *f*) (*pej*) *m*; **campground** *n* (*US*) Campingplatz, Zeltplatz *m*.

camphor ['kæmfəʳ] *n* Kampfer *m*.

camphorated ['kæmfəreɪtɪd] *adj* mit Kampfer präpariert. **~ oil** Kampferöl *nt*.

camping ['kæmpɪŋ] *n* Zelten, Camping *nt*. **no ~** Zelten verboten!

camping *in cpds* Camping-; **camping gas** *n* (*US*) Campinggas *nt*; **camping ground** *n* Zeltplatz *m*; **camping site** *n* (*also* **camp site**) Campingplatz, Zeltplatz *m*; **camping van** *n* Wohnmobil *nt*.

camp stool *n* Campinghocker *m*.

campus ['kæmpəs] *n* Campus *m*, Universitätsgelände *nt*.

camshaft ['kæmʃɑːft] *n* Nockenwelle *f*.

can[1] [kæn] *pret* **could** *modal aux vb, defective parts supplied by to be able to* **1.** (*be able to*) können. **~ you come tomorrow?** kannst du morgen kommen?; **I ~'t** *or* **~not go to the theatre tomorrow** ich kann morgen nicht ins Theater (gehen); **as soon as it ~ be arranged** sobald es sich machen läßt; **could you tell me ...** können *or* könnten Sie mir sagen, ...; **~ you speak German?** können *or* sprechen Sie Deutsch?; **they could not (help) but condemn it** sie konnten nicht anders, als das zu verurteilen.

2. (*may*) dürfen, können. **~ I come too?** kann ich mitkommen?; **~** *or* **could I take some more?** darf ich mir noch etwas *or* noch einmal nehmen?; **you ~ go now** Sie können jetzt gehen; **could I possibly go with you?** könnte *or* dürfte ich vielleicht mitkommen?; **I'd like to go, ~ I? — no, you ~'t** ich würde gerne gehen, darf ich? — nein, du darfst nicht; **~ I use your car? — no, you ~'t** kann *or* darf ich dein Auto nehmen? — nein.

3. (*expressing surprise*) können. **how ~/could you say such a thing!** wie können/konnten Sie nur *or* bloß so etwas sagen!; **you ~'t be serious** das kann doch wohl nicht dein Ernst sein.

4. (*expressing possibility*) können. **it could be that he's got lost** (es ist) möglich, daß er sich verlaufen hat; **could he have got lost?** ob er sich wohl *or* vielleicht verlaufen hat?; **he could be on the next train** er könnte im nächsten Zug sein; **and it could have been such a good party!** und es hätte so eine gute Party sein können!

5. (*with verbs of perception*) können. **~ you hear me?** hören Sie mich?, können Sie mich hören?

6. (*be capable of occasionally*) können. **she ~ be very nice when she wants to** wenn sie will, kann sie sehr nett sein.

7. (*indicating suggestion*) können. **you could try telephoning him** Sie könnten ihn ja mal anrufen; **you could have told me** das hätten Sie mir auch sagen können.

8. (*feel inclined to*) können. **I could have murdered her** ich hätte sie umbringen können.

9. we could do with some new furniture wir könnten neue Möbel gebrauchen; **I could do with a drink now** ich könnte jetzt etwas zu trinken vertragen; **he looks as though he could do with a wash/haircut** ich glaube, er müßte sich mal waschen/er müßte sich (*dat*) mal wieder die Haare schneiden lassen

can[2] **I** *n* **1.** (*container*) Kanister *m*; (*milk~*) Kanne *f*; (*esp US: garbage ~*) (Müll)eimer *m*. **in the ~** (*Film*) im Kasten; **the contract's in the ~** (*inf*) wir haben den Vertrag in der Tasche (*inf*); **to carry the ~** (*fig inf*) die Sache ausbaden (*inf*).

2. (*tin*) Dose *f*; (*of food also*) Büchse *f*. **a ~ of beer** eine Dose Bier; **a beer ~** eine Bierdose; **a ~ of paint** eine Dose Farbe; (*with handle*) ein Eimer Farbe; **~ bank** Altblech- *or* Dosencontainer *m*.

3. (*US sl: prison*) Knast *m* (*sl*).

4. (*US sl: lavatory*) Klo (*inf*) *nt*.

II *vt* **1.** *foodstuffs* einmachen, eindosen; *see* **canned.**

2. (*inf*) **~ it!** Klappe! (*inf*).

Canaan ['keɪnən] *n* Kanaan *nt*.

Canaanite ['keɪnənaɪt] *n* Kanaaniter(in *f*) *m*.

Canada ['kænədə] *n* Kanada *nt*.

Canadian [kə'neɪdɪən] **I** *adj* kanadisch. **II**

n Kanadier(in *f*) *m*.

canal [kə'næl] *n* **1.** Kanal *m*. ~ **barge** Schleppkahn *m*. **2.** (*Anat*) Gang, Kanal *m*.

canalization [ˌkænəlaɪ'zeɪʃən] *n* (*lit*) Kanalisation *f*; (*fig*) Kanalisierung *f*.

canalize ['kænəlaɪz] *vt* (*lit, fig*) kanalisieren.

canapé ['kænəpeɪ] *n* Cocktail- *or* Appetithappen *m*.

canard [kæ'nɑːd] *n* (Zeitungs)ente *f*.

Canaries [kə'nɛərɪz] *npl see* **Canary Isles.**

canary [kə'nɛərɪ] *n* **1.** Kanarienvogel *m*. **2.** (*US sl: female singer*) Sängerin *f*.

canary *in cpds* (*colour: also* ~ **yellow**) kanariengelb.

Canary Isles [kə'nɛərɪ'aɪlz] *npl* Kanarische Inseln *pl*.

cancel ['kænsəl] **I** *vt* **1.** (*call off*) absagen; (*officially*) stornieren; *plans* aufgeben, fallenlassen; *train, bus* streichen. **the last train has been ~led** der letzte Zug fällt aus.

2. (*revoke, annul*) rückgängig machen; *command, invitation also* zurücknehmen; *contract also* (auf)lösen; *debt* streichen; *order for goods* stornieren; *magazine subscription* kündigen; *decree* aufheben; (*Aut*) *indicator* ausschalten. **no, ~ that** (*in dictation*) nein, streichen Sie das.

3. *stamp, ticket, cheque* entwerten, ungültig machen.

4. (*Math*) kürzen. **this X ~s that one** dieses X hebt das X auf.

II *vi* (*revoke commercial order, contract*) stornieren; (*call off appointment, holiday*) absagen.

◆**cancel out I** *vt sep* (*Math*) aufheben; (*fig*) zunichte machen. **to ~ each other ~** (*Math*) sich aufheben, sich kürzen lassen; (*fig*) einander aufheben, sich gegenseitig aufheben. **II** *vi* (*Math*) sich aufheben.

cancellation [ˌkænsə'leɪʃən] *n see vt* **1.** Absage *f*; Stornierung *f*; Aufgabe *f*; Streichung *f*, Ausfall *m*. **2.** Rückgängigmachung *f*; Zurücknahme *f*; Auflösung *f*; Streichung *f*; Stornierung *f*; Kündigung *f*; Aufhebung *f*. **3.** Entwertung *f*. **4.** (*Math*) Kürzung *f*.

cancer ['kænsəʳ] *n* (*Med*) Krebs *m*; (*fig*) Krebsgeschwür *nt*. ~ **research** Krebsforschung *f*; **C~** (*Astrol*) Krebs *m*.

cancerous ['kænsərəs] *adj* krebsartig. ~ **growth** (*lit, fig*) krebsartige Wucherung.

candelabra [ˌkændɪ'lɑːbrə] *n* Kandelaber, Leuchter *m*.

candid ['kændɪd] *adj* offen, ehrlich. **he was quite ~ about it** er war ganz offen, er sprach ganz offen darüber; **in my ~ opinion he ...** ich bin offen gesagt der Meinung, daß er ...

candidacy ['kændɪdəsɪ] *n* Kandidatur *f*.

candidate ['kændɪdeɪt] *n* (*Pol*) Kandidat(in *f*) *m*; (*exam ~ also*) Prüfling *m*. **to stand as (a) ~** kandidieren.

candidature ['kændɪdətʃəʳ] *n* (*Brit*) *see* **candidacy.**

candidly ['kændɪdlɪ] *adv* offen.

candidness ['kændɪdnɪs] *n* Offenheit *f*.

candied ['kændɪd] *adj* (*Cook*) kandiert, gezuckert. ~ **peel** (*of lemon*) Zitronat *nt*; (*of orange*) Orangeat *nt*.

candle ['kændl] *n* Kerze *f*. **to burn the ~ at both ends** mit seinen Kräften Raubbau treiben; **he can't hold a ~ to his brother** er kann seinem Bruder nicht das Wasser reichen; **the game is not worth the ~** das ist nicht der Mühe wert.

candle *in cpds* Kerzen-; **candle grease** *n* Kerzenwachs *nt*; **candlelight** *n* Kerzenlicht *nt*, Kerzenschein *m*; **by ~** im Kerzenschein, bei Kerzenlicht.

Candlemas ['kændlməs] *n* Mariä Lichtmeß *nt*.

candle power *n* (*old Elec*) Lichtstärke *f*; **a 20-~ lamp** eine Lampe von 20 Kerzen, eine 20kerzige Lampe; **candlestick** *n* Kerzenhalter *m*; **candlewick** *n* **1.** Kerzendocht *m*; **2.** (*Tex*) Frottierplüschmuster *nt*.

candour, (*US*) **candor** ['kændəʳ] *n* Offenheit, Ehrlichkeit *f*.

candy ['kændɪ] **I** *n* (*US*) (*sweet*) Bonbon *m or nt*; (*sweets*) Süßigkeiten, Bonbons *pl*; (*bar of chocolate*) (Tafel) Schokolade *f*; (*individual chocolate*) Praline *f*. **II** *vt sugar* kristallisieren lassen; *fruit etc* kandieren.

candyfloss *n* (*Brit*) Zuckerwatte *f*; **candy store** *n* (*US*) Süßwarenhandlung *f*, Bonbonladen *m* (*inf*); **candy-striped** *adj* bunt gestreift (*auf weißem Hintergrund*).

cane [keɪn] **I** *n* **1.** (*stem of bamboo, sugar*) Rohr *nt*; (*of raspberry*) Zweig *m*; (*for supporting plants*) Stock *m*.

2. (*walking stick*) (Spazier)stock *m*; (*instrument of punishment*) (Rohr)stock *m*.

II *vt* (*dated*) *schoolboy* mit dem Stock schlagen.

cane *in cpds* Rohr-; **cane brake** *n* (*US*) Röhricht, Rohrdickicht *nt*; **cane chair** *n* Rohrstuhl *m*; **cane sugar** *n* Rohrzucker *m*.

canine ['keɪnaɪn] **I** *n* **1.** (*animal*) Hund *m*. **2.** (*also* ~ **tooth**) Eckzahn *m*. **II** *adj* Hunde-.

caning ['keɪnɪŋ] *n* (*beating with cane*) Schläge *pl* mit dem Stock. **to get a ~** (*Sport*) haushoch geschlagen werden; (*new play*) verrissen werden.

canister ['kænɪstəʳ] *n* Behälter *m*; (*for tea, coffee also*) Dose *f*.

canker ['kæŋkəʳ] *n* (*Med*) Mund- *or* Lippengeschwür *nt*; (*Vet*) Hufkrebs *m*, Strahlfäule *f*; (*Bot*) Brand *m*; (*fig*) (Krebs)geschwür *nt*.

cankerous ['kæŋkərəs] *adj* (*Med*) entzündet; (*Vet, Bot*) brandig; (*fig*) krebsartig.

cannabis ['kænəbɪs] *n* Cannabis *m*. ~ **resin** Cannabisharz *nt*.

canned [kænd] *adj* **1.** (*US*) *food, beer* Dosen-. **2.** (*inf*) ~ **music** Musikberieselung *f* (*inf*); ~ **heat** Brennspiritus *m*. **3.** (*sl: drunk*) blau (*inf*), voll (*sl*).

cannery ['kænərɪ] *n* (*US*) Konservenfabrik *f*.

cannibal ['kænɪbəl] **I** *n* (*person*) Kannibale, Menschenfresser *m*. **II** *adj* kannibalisch; *animals* sich gegenseitig auffressend.

cannibalism ['kænɪbəlɪzəm] *n* (*of people*) Kannibalismus *m*, Menschenfresserei *f*.
cannibalize ['kænɪbəlaɪz] *vt old car* ausschlachten.
canning ['kænɪŋ] *n* Konservenabfüllung *f*; (*preserving*) Konservierung *f*.
cannon ['kænən] **I** *n* **1.** (*Mil*) Kanone *f*. **2.** (*Brit: Billiards*) Karambolage *f*. **II** *vi* (*Brit: Billiards*) karambolieren.
◆**cannon into** *vi* +*prep obj* zusammenprallen mit.
cannonade [ˌkænə'neɪd] *n* Kanonade *f*.
cannonball *n* Kanonenkugel *f*; **cannon fodder** *n* Kanonenfutter *nt*.
cannot ['kænɒt] = **can not.**
canny ['kænɪ] *adj* (+*er*) (*Scot*) (*cautious*) vorsichtig; (*shrewd also*) schlau; (*careful with money also*) sparsam.
canoe [kə'nuː] **I** *n* Kanu *nt*. **II** *vi* Kanu fahren, paddeln.
canoeing [kə'nuːɪŋ] *n* Kanusport *m*, Kanufahren *nt*.
canoeist [kə'nuːɪst] *n* Kanufahrer(in *f*) *m*, Kanute *m*, Kanutin *f*.
canon[1] ['kænən] *n* (*all senses*) Kanon *m*. ~ **law** (*Eccl*) Kanon *m*, kanonisches Recht.
canon[2] *n* (*priest*) Kanoniker, Kanonikus *m*.
cañon *n* (*US*) *see* **canyon.**
canonical [kə'nɒnɪkəl] *adj* **1.** (*Eccl*) kanonisch. ~ **dress** Priestergewand *nt*. **2.** (*fig: accepted*) anerkannt, rechtmäßig.
canonization [ˌkænənaɪ'zeɪʃən] *n* (*Eccl*) Heiligsprechung, Kanonisierung *f*.
canonize ['kænənaɪz] *vt* (*Eccl*) heiligsprechen, kanonisieren.
canoodle [kə'nuːdl] *vi* (*inf*) rumschmusen (*inf*).
can opener *n* Dosen- *or* Büchsenöffner *m*.
canopy ['kænəpɪ] *n* **1.** (*awning*) Markise, Überdachung *f*; (*over entrance*) Vordach *nt*, Pergola *f*; (*of bed, throne*) Baldachin *m*; (*of aircraft*) Kanzeldach *nt*; (*of parachute*) Fallschirmkappe *f*. **2.** (*fig liter: of sky, foliage*) Baldachin *m* (*liter*). **the ~ of the heavens** das Himmelszelt (*liter*).
canst [kænst] (*obs*) 2nd *pers sing of* **can[1]**.
cant[1] [kænt] *n* **1.** (*hypocrisy*) Heuchelei *f*, scheinheiliges *or* leeres Gerede. **2.** (*jargon*) Jargon *m*; (*of thieves, gipsies*) Rotwelsch *nt*.
cant[2] **I** *n* (*tilt*) Schräge *f*. **II** *vt* schräg stellen, kanten. **the wind ~ed the boat** der Wind brachte das Boot zum Kippen. **III** *vi* schräg *or* schief sein, sich neigen; (*boat*) kippen.
can't [kɑːnt] *contr of* **can not.**
cantaloup(e) ['kæntəluːp] *n* Honigmelone, Buttermelone *f*.
cantankerous [kæn'tæŋkərəs] *adj* mürrisch, knurrig.
cantata [kæn'tɑːtə] *n* Kantate *f*.
canteen [kæn'tiːn] *n* **1.** (*restaurant*) Kantine *f*; (*in university*) Mensa *f*. **2.** (*Mil*) (*flask*) Feldflasche *f*; (*mess tin*) Kochgeschirr *nt*. **3.** (*of cutlery*) Besteckkasten *m*.
canter ['kæntəʳ] **I** *n* Handgalopp, Kanter *m*. **to ride at a ~** langsamen Galopp reiten; **to go for a ~** einen Ausritt machen.
II *vi* langsam galoppieren.
cantilever ['kæntɪliːvəʳ] *n* Ausleger *m*; ~ **bridge** *n* Auslegerbrücke *f*.
canton ['kæntɒn] *n* Kanton *m*.
Cantonese [ˌkæntə'niːz] **I** *adj* kantonesisch. **II** *n* **1.** Kantonese *m*, Kantonesin *f*. **2.** (*language*) Kantonesisch *nt*.
cantonment [kən'tuːnmənt] *n* Truppenunterkunft *f*, Kantonnement *nt* (*old*).
Canuck [kə'nʌk] *n* (*US pej inf*) (Franko)kanadier(in *f*) *m*.
Canute [kə'njuːt] *n* Knut *m*.
canvas ['kænvəs] *n* Leinwand *f*; (*for sails*) Segeltuch *nt*; (*set of sails*) Segel *pl*; (*for tent*) Zeltbahn *f*; (*Art*) (*material*) Leinwand *f*; (*painting*) Gemälde *nt*. **under ~** (*in a tent*) im Zelt; (*Naut*) mit gehißtem Segel; ~ **chair** Liegestuhl, Klappstuhl *m*; ~ **shoes** Segeltuchschuhe *pl*.
canvass ['kænvəs] **I** *vt* **1.** (*Pol*) *district* Wahlwerbung machen in (+*dat*); *person* für seine Partei zu gewinnen suchen. **to ~ the local electorate** in seinem Wahlkreis Stimmen werben.
2. *customers, citizens* ansprechen, werben; *issue* unter die Leute bringen; *district* bereisen; (*sound out*) *opinions* erforschen.
II *vi* **1.** (*Pol*) um Stimmen werben (*for sb* für jdn).
2. (*Comm*) werben, eine Werbekampagne durchführen. **to ~ for an applicant** (*for job*) einen Bewerber anpreisen.
III *n* (*Pol, Comm*) Aktion, Kampagne *f*.
canvasser ['kænvəsəʳ] *n* **1.** (*Pol*) Wahlhelfer(in *f*) *m*. **2.** (*Comm*) Vertreter(in *f*) *m*.
canvassing ['kænvəsɪŋ] *n* **1.** (*Pol*) Durchführung *f* des Wahlkampfs, Wahlwerbung *f*. **2.** (*Comm*) Von-Haus-zu-Haus-Gehen *nt*; (*sounding-out: of opinions*) Meinungsforschung *f*. ~ **for applicants is not allowed** es ist nicht gestattet, einen Bewerber anzupreisen.
canyon, (*US*) **cañon** ['kænjən] *n* Cañon *m*.
CAP *abbr of* **Common Agricultural Policy** gemeinsame Agrarpolitik der EG, GAP *f*.
cap[1] [kæp] **I** *n* **1.** (*hat*) Mütze *f*; (*nurse's ~*) Haube *f*; (*Jur, Univ*) Barett *nt*; (*for swimming*) Bademütze *or* -kappe *f*; (*of jester*) Kappe *f*; (*of cardinal*) Hut *m*; (*skull-~*) Käppchen *nt*. ~ **in hand** kleinlaut; **if the ~ fits(, wear it)** (*prov*) wem die Jacke paßt(, der soll sie sich anziehen); **to set one's ~ at sb** (*dated*) es auf jdn abgesehen haben; ~ **and bells** Schellenkappe *f*; **in ~ and gown** mit Doktorhut und Talar; **he's got his ~ for England, he's an English ~** (*Sport*) er ist/war in der englischen Nationalmannschaft.
2. (*lid, cover: of bottle*) Verschluß, Deckel *m*; (*of fountain pen*) (Verschluß)kappe *f*; (*of valve*) Kappe *f*; (*Mil: of shell, fuse*) Kapsel *f*; (*Aut: petrol ~, radiator ~*) Verschluß *m*.
3. (*contraceptive*) Pessar *nt*.

4. (*of mushroom*) Hut *m*.
5. (*explosive*) Platzpatrone *f*; (*for toy gun*) Zündplättchen *nt*.
6. (*of shoe*) Kappe *f*.
II *vt* **1.** (*put ~ on*) *bottle* verschließen, zumachen; (*fig: cover top of*) *peaks* bedecken.
2. (*Sport*) **he was ~ped four times for England** er wurde viermal für die englische Nationalmannschaft aufgestellt.
3. (*do or say better*) überbieten. **and then to ~ it all ...** und, um dem Ganzen die Krone aufzusetzen, ...
4. (*Brit: in spending*) **the council was ~ped** dem Stadtrat wurde von der Regierung ein Höchstsatz für die Kommunalsteuer auferlegt.

cap[2] *n* (*Typ, inf*) großer Buchstabe. **in ~s** in Großbuchstaben.

capability [ˌkeɪpəˈbɪlɪtɪ] *n* **1.** (*potential ability*) Fähigkeit *f*. **2.** (*Mil*) Potential *nt*.

capable [ˈkeɪpəbl] *adj* **1.** (*skilful, competent*) fähig, kompetent.
2. to be ~ of doing sth etw tun können; (*person: have physical, mental ability also*) fähig sein, etw zu tun; **to be ~ of sth** etw können; zu etw fähig sein; **it's ~ of exploding any minute** es kann jede Minute explodieren; **it's ~ of speeds of up to ...** es erreicht Geschwindigkeiten bis zu ...; **~ of improvement** verbesserungsfähig.

capably [ˈkeɪpəblɪ] *adv* kompetent.

capacious [kəˈpeɪʃəs] *adj* geräumig; *dress* weit.

capacitor [kəˈpæsɪtəʳ] *n* Kondensator *m*.

capacity [kəˈpæsɪtɪ] *n* **1.** (*cubic content*) Fassungsvermögen *nt*, (Raum)inhalt *m*; (*maximum output*) Kapazität *f*; (*maximum weight*) Höchstlast *f*; (*Aut: engine ~*) Hubraum *m*. **filled to ~** randvoll; (*hall*) bis auf den letzten Platz besetzt; **seating ~ of 400** 400 Sitzplätze; **to work to ~** voll ausgelastet sein; **the Stones played to ~ audiences** die Stones spielten vor ausverkauften Sälen.
2. (*ability*) Fähigkeit *f*. **his ~ for learning** seine Lern- *or* Aufnahmefähigkeit; **he has a great ~ for work** er kann sehr gut arbeiten; **this work is within/beyond his ~** er ist zu dieser Arbeit fähig/nicht fähig.
3. (*role, position*) Eigenschaft, Funktion *f*. **in my ~ as a doctor** (in meiner Eigenschaft) als Arzt; **they refused to employ him in any ~ whatsoever** sie lehnten es ab, ihn in irgendeiner Form zu beschäftigen.
4. (*legal power*) Befugnis *f*.

cape[1] [keɪp] *n* Cape *nt*, Umhang *m*.

cape[2] *n* (*Geog*) Kap *nt*.

Cape Canaveral *n* Kap Canaveral *nt*; **Cape Coloured** *n* Farbige(r) *mf*; **Cape Horn** *n* Kap *nt* Hoorn; **Cape of Good Hope** *n* Kap *nt* der guten Hoffnung.

caper[1] [ˈkeɪpəʳ] **I** *vi* herumtollen. **II** *n* **1.** (*skip*) Luft- or Freudensprung *m*. **2.** (*prank*) Eskapade, Kapriole *f*. **3.** (*sl: crime*) Ding *nt* (*sl*).

caper[2] *n* (*Bot, Cook*) Kaper *f*; (*shrub*) Kapernstrauch *m*.

capercaille, capercailzie [ˌkæpəˈkeɪlɪ] *n* Auerhahn *m*.

Cape Town *n* Kapstadt *nt*; **Cape Verde Islands** *npl* Kapverdische Inseln, Kapverden *pl*.

capful [ˈkæpfʊl] *n* **one ~ to one litre of water** eine Verschlußkappe auf einen Liter Wasser.

capillary [kəˈpɪlərɪ] **I** *adj* kapillar, Kapillar-. **~ attraction** *or* **action** Kapillarwirkung *f*. **II** *n* Kapillare *f*, Kapillargefäß *nt*.

capital [ˈkæpɪtl] **I** *n* **1.** (*also* **~ city**) Hauptstadt *f*.
2. (*also* **~ letter**) Großbuchstabe *m*. **please write in ~s** bitte in Blockschrift schreiben!
3. *no pl* (*Fin*) Kapital *nt*. **to make ~ out of sth** (*fig*) aus etw Kapital schlagen.
4. (*Archit*) Kapitell *nt*.
II *adj* **1.** *letter* Groß-. **love with a ~ L** die große Liebe; **a car with a ~ C** ein richtiges Auto; **unity with a ~ U** hundertprozentige Einheit. **2.** (*dated inf*) prächtig (*dated*).

capital *in cpds* Kapital-; **capital allowance** *n* Abschreibung *f*; **capital assets** *npl* Kapitalvermögen *nt*; **capital employed** *n* Betriebskapital *nt*; **capital equipment** *n* (Betriebs)anlagen *pl*; **capital expenditure** *n* Kapitalaufwendungen *pl*; **capital gains** *npl* Kapitalgewinn *m*; **capital gains tax** *n* Kapitalertragssteuer *f*; **capital goods** *npl* Investitionsgüter *pl*; **capital-intensive** *adj* kapitalintensiv; **capital investment** *n* Kapitalanlage *f*.

capitalism [ˈkæpɪtəlɪzəm] *n* Kapitalismus *m*.

capitalist [ˈkæpɪtəlɪst] **I** *n* Kapitalist(in *f*) *m*. **II** *adj* kapitalistisch.

capitalistic [ˌkæpɪtəˈlɪstɪk] *adj* kapitalistisch.

capitalize on *vi+prep* (*fig*) Kapital schlagen aus.

capital offence *n* Kapitalverbrechen *nt*; **capital punishment** *n* die Todesstrafe; **capital transfer tax** *n* Kapitalverkehrssteuer *f*; (*for inheritance*) Erbschaftssteuer *f*.

capitation [ˌkæpɪˈteɪʃən] *n* Kopfsteuer *f*.

Capitol [ˈkæpɪtl] *n* Kapitol *nt*.

capitulate [kəˈpɪtjʊleɪt] *vi* kapitulieren (*also Mil*) (*to* vor +*dat*).

capitulation [kəˌpɪtjʊˈleɪʃən] *n* Kapitulation *f*.

capon [ˈkeɪpən] *n* Kapaun *m*.

cappuccino [ˌkæpʊˈtʃiːnəʊ] *n* Cappuccino *m*.

Capri [kəˈpriː] *n* Capri *nt*.

caprice [kəˈpriːs] *n* **1.** Laune(nhaftigkeit), Kaprice (*geh*) *f*. **2.** (*Mus*) Capriccio *nt*.

capricious [kəˈprɪʃəs] *adj* launisch, kapriziös (*geh*).

capriciously [kəˈprɪʃəslɪ] *adv act, behave* launenhaft; *decide, do sth* einer Laune gehorchend (*geh*).

capriciousness [kəˈprɪʃəsnɪs] *n* Launenhaftigkeit *f*.

Capricorn [ˈkæprɪkɔːn] *n* Steinbock *m*.

capsize [kæpˈsaɪz] **I** *vi* kentern. **II** *vt* zum Kentern bringen.

capstan [ˈkæpstən] *n* Poller *m*.

capsular ['kæpsjʊləʳ] *adj* Kapsel-.

capsule ['kæpsju:l] *n* Kapsel *f*.

captain ['kæptɪn] (*abbr* **Capt**) **I** *n* (*Mil*) Hauptmann *m*; (*Naut, Aviat, Sport*) Kapitän *m*; (*US: in restaurant*) Oberkellner *m*. **yes, ~!** jawohl, Herr Hauptmann/Kapitän!; **~ of industry** Industriekapitän *m*.
II *vt* (*Sport*) *team* anführen; (*Naut*) *ship* befehligen. **he ~ed the team for years** er war jahrelang Kapitän der Mannschaft.

captaincy ['kæptənsɪ] *n* Befehligung *f*, Befehl *m*; (*Sport*) Führung *f*. **to get one's ~** sein Kapitänspatent *nt* erhalten; **under his ~** mit ihm als Kapitän.

caption ['kæpʃən] **I** *n* Überschrift *f*, Titel *m*; (*under cartoon*) Bildunterschrift *f*; (*Film: subtitle*) Untertitel *m*. **II** *vt* betiteln, mit einer Überschrift *or* einem Titel *etc* versehen.

captious ['kæpʃəs] *adj person* überkritisch, pedantisch; *remark* spitzfindig.

captivate ['kæptɪveɪt] *vt* faszinieren.

captivating ['kæptɪveɪtɪŋ] *adj* bezaubernd; *personality* einnehmend.

captive ['kæptɪv] **I** *n* Gefangene(r) *mf*. **to take sb ~** jdn gefangennehmen; **to hold sb ~** jdn gefangenhalten; (*fig*) jdn fesseln, jdn gefangennehmen. **II** *adj person* gefangen. **a ~ audience** ein unfreiwilliges Publikum; **~ balloon** Fesselballon *m*; **in a ~ state** in Gefangenschaft *f*.

captivity [kæp'tɪvɪtɪ] *n* Gefangenschaft *f*.

captor ['kæptəʳ] *n* **his ~s treated him kindly** er wurde nach seiner Gefangennahme gut behandelt; **his ~s were Ruritanian** er wurde von Ruritaniern gefangengenommen; **his ~s later freed him** man ließ ihn später wieder frei.

capture ['kæptʃəʳ] **I** *vt* **1.** *town* einnehmen, erobern; *treasure* erobern; *person* gefangennehmen; *animal* (ein)fangen; *ship* kapern, aufbringen (*spec*).
2. (*fig*) *votes* erringen, auf sich (*acc*) vereinigen; *prizes* erringen; (*painter etc*) *atmosphere* einfangen; *attention, sb's interest* erregen.
3. (*Comput*) *data* erfassen.
II *n* Eroberung *f*; (*thing captured also*) Fang *m*; (*of escapee*) Gefangennahme *f*; (*of animal*) Einfangen *nt*; (*Comput: of data*) Erfassung *f*.

capuchin ['kæpjʊtʃɪn] *n* **1.** (*hooded cloak*) Kapuzencape *nt*. **2.** (*Zool*) Kapuziner(affe) *m*. **3.** (*Eccl*) **C~** Kapuziner(mönch) *m*.

car [kɑ:ʳ] *n* **1.** Auto *nt*, Wagen *m*. **by ~** mit dem Auto *or* Wagen. **2.** (*esp US: Rail, tram~*) Wagen *m*. **3.** (*of airship, balloon, cable~*) Gondel *f*; (*US: of elevator*) Fahrkorb *m*.

carafe [kə'ræf] *n* Karaffe *f*.

caramel ['kærəməl] *n* (*substance*) Karamel *m*; (*sweet*) Karamelle *f*.

carapace ['kærəpeɪs] *n* Schale *f*; (*of tortoise*) (Rücken)panzer *m*.

carat ['kærət] *n* Karat *nt*. **nine ~ gold** neunkarätiges Gold.

caravan ['kærəvæn] *n* **1.** (*Brit: Aut*) Wohnwagen *m*. **2.** (*gipsy ~*) Zigeunerwagen *m*. **3.** (*desert ~*) Karawane *f*.

caravanning ['kærəvænɪŋ] *n* Caravaning *nt*, Urlaub *m* im Wohnwagen. **to go ~** Urlaub im Wohnwagen machen.

caravanserai [ˌkærə'vænsəˌraɪ] *n* Karawanserei *f*.

caravan site *n* Campingplatz *m* für Wohnwagen.

caravel [kærə'vel] *n* Karavelle *f*.

caraway ['kærəweɪ] *n* Kümmel *m*. **~ seeds** Kümmel(körner *pl*) *m*.

carbide ['kɑ:baɪd] *n* Karbid *nt*.

carbine ['kɑ:baɪn] *n* Karabiner *m*.

carbohydrate ['kɑ:bəʊ'haɪdreɪt] *n* Kohle(n)hydrat *nt*.

carbolic [kɑ:'bɒlɪk] *adj* **1.** Karbol-. **2.** (*also* **~ soap**) Karbolseife *f*.

car bomb *n* Autobombe *f*.

carbon ['kɑ:bən] *n* (*Chem*) Kohlenstoff *m*; (*Elec*) Kohle *f*.

carbonaceous [ˌkɑ:bə'neɪʃəs] *adj* Kohlenstoff-, kohlenstoffhaltig.

carbonate ['kɑ:bənɪt] *n* Karbonat *nt*.

carbonated ['kɑ:bəˌneɪtəd] *adj* mit Kohlensäure (versetzt).

carbon copy *n* Durchschlag *m*; **to be a ~ of sth** das genaue Ebenbild einer Sache (*gen*) sein; **she's a ~ of her sister** sie sieht ihrer Schwester zum Verwechseln ähnlich; **carbon dating** *n* Radiokarbonmethode *f*; **carbon dioxide** *n* Kohlendioxyd *nt*; **carbon fibre** *n* Kohlenstoffaser *f*.

carbonic [kɑ:'bɒnɪk] *adj* Kohlen-. **~ acid** Kohlensäure *f*.

carboniferous [ˌkɑ:bə'nɪfərəs] *adj* (*Geol*) kohlehaltig.

carbonization [ˌkɑ:bənaɪ'zeɪʃən] *n* Karbonisation, Verkohlung *f*.

carbonize ['kɑ:bənaɪz] *vt* karbonisieren, verkohlen (lassen).

carbon monoxide *n* Kohlenmonoxyd *nt*; **carbon paper** *n* Kohlepapier *nt*; **carbon ribbon** *n* Kohlefarbband *nt*.

car-boot sale ['kɑ:bu:t'seɪl] *n auf einem Parkplatz durchgeführter Verkauf persönlicher Gegenstände mit dem Kofferraum als Auslage*.

carboy ['kɑ:bɔɪ] *n* Korbflasche *f*.

carbuncle ['kɑ:ˌbʌŋkl] *n* **1.** (*Med*) Karbunkel *m*. **2.** (*jewel*) Karfunkel(stein) *m*.

carburettor, (*US*) **carburetor** [ˌkɑ:bə'retəʳ] *n* Vergaser *m*.

carcass ['kɑ:kəs] *n* **1.** (*corpse*) Leiche *f*; (*of animal*) Kadaver *m*, (Tier)leiche *f*; (*at butcher's*) Rumpf *m*. **2.** (*of ship, house*) Skelett *nt*; (*remains*) Überbleibsel, Trümmer *pl*.

carcinogen [kɑ:'sɪnədʒen] *n* Krebserreger *m*.

carcinogenic [ˌkɑ:sɪnə'dʒenɪk] *adj* karzinogen, krebserregend.

carcinoma [ˌkɑ:sɪ'nəʊmə] *n* Karzinom *nt*.

car crash *n* (Auto)unfall *m*.

card[1] [kɑ:d] *n* **1.** *no pl* (**~board**) Pappe *f*.
2. (*greetings, business ~*) Karte *f*.
3. **~s** *pl* (*employment ~s*) Papiere *pl*.
4. (*Sport: programme*) Programm *nt*.
5. (*playing ~*) (Spiel)karte *f*. **to play ~s** Karten spielen; **to lose money at ~s** Geld beim Kartenspiel verlieren; **pack of ~s** Karten *pl*, Kartenspiel *nt*; **game of**

~s Kartenspiel *nt*; **house of ~s** (*lit, fig*) Kartenhaus *nt*.

6. (*fig uses*) **put one's ~s on the table** seine Karten aufdecken *or* (offen) auf den Tisch legen; **to play one's ~s right/badly** taktisch geschickt/unklug vorgehen; **to hold all the ~s** alle Trümpfe in der Hand haben; **to play one's last/best ~** seinen letzten/höchsten Trumpf ausspielen; **it's on the ~s** das ist zu erwarten.

7. (*dated inf: person*) ulkiger Vogel (*inf*).

card[2] (*Tex*) **I** *n* Wollkamm *m*, Krempel, Karde *f*. **II** *vt wool, cotton* kämmen, krempeln, karden.

cardamom ['kɑːdəməm] *n* Kardamom *m or nt*.

cardboard I *n* Karton *m*, Pappe *f*; **II** *attr* Papp-; (*fig*) *character* stereotyp, klischeehaft, schablonenhaft; **cardboard box** *n* (Papp)karton *m*, Pappschachtel *f*; **cardboard city** *n* (*inf*) *ein Stadtteil, in dem Obdachlose oft in Pappkartons unter freiem Himmel Schlafen*; **card-carrying** *adj* **a ~ member** ein eingetragenes Mitglied; **card game** *n* Kartenspiel *nt*.

cardiac ['kɑːdıæk] *adj* Herz-. **~ arrest** Herzstillstand *m*.

cardigan ['kɑːdıgən] *n* Strickjacke *f*.

cardinal ['kɑːdınl] **I** *n* **1.** (*Eccl*) Kardinal *m*. **2.** *see* **~ number. II** *adj* (*chief*) Haupt-; (*utmost*) äußerste(r, s) *attr*.

cardinal number *n* Kardinalzahl *f*; **cardinal points** *npl* Himmelsrichtungen *pl*; **cardinal red** *n* Purpurrot *nt*; **cardinal sin** *n* Todsünde *f*; **cardinal virtue** *n* Kardinaltugend *f*.

card index *n* Kartei *f*; (*in library*) Katalog *m*.

cardio ['kɑːdıəʊ] *pref* Kardio-. **~gram** Kardiogramm *nt*.

cardiologist [,kɑːdı'ɒlıdʒıst] *n* Kardiologe *m*, Kardiologin *f*.

cardiology [,kɑːdı'ɒlədʒı] *n* Kardiologie *f*.

cardiovascular [,kɑːdıəʊ'væskjʊlə^r] *adj* kardiovaskulär.

cardphone *n* Kartentelefon *nt*; **card punch** *n* Lochkartenmaschine *f*; **card reader** *n* Lesemaschine *f*; **card sharp(er)** *n* Falschspieler(in *f*) *m*; **card table** *n* Spieltisch *m*; **card trick** *n* Kartenkunststück *nt*; **card vote** *n* (*Brit*) ≃ Abstimmung *f* durch Wahlmänner.

CARE [kɛə^r] *abbr of* **Cooperative for American Relief Everywhere. ~ packet** Carepaket *nt*.

care [kɛə^r] **I** *n* **1.** (*worry, anxiety*) Sorge *f* (*of* um). **free from ~(s)** ohne Sorgen, frei von Sorge; **he hasn't a ~ in the world** er hat keinerlei Sorgen; **the ~s of the world** die Sorgen des Alltags; **the ~s of state** die Staatsgeschäfte *pl*.

2. (*carefulness, attentiveness*) Sorgfalt *f*. **driving without due ~ and attention** fahrlässiges Verhalten im Straßenverkehr; **to drive with due ~ and attention** sich umsichtig im Straßenverkehr verhalten; **"fragile, with ~", "handle with ~"** „Vorsicht, zerbrechlich"; **to take ~** aufpassen, achtgeben, vorsichtig sein; **bye-bye, take ~** tschüs, mach's gut; **it got broken despite all the ~ we took** es ist trotz aller Vorsicht kaputtgegangen; **to take ~ to do sth/not to do sth** sich bemühen *or* sich (*dat*) Mühe geben, etw zu tun/etw nicht zu tun; **I'll take ~ not to trust him again** ich werde mich hüten, ihm noch einmal zu trauen; **to take ~ over** *or* **with sth/in doing sth** etw sorgfältig tun.

3. (*of teeth, skin, car, furniture*) Pflege *f*. **to take ~ of sth** auf etw (*acc*) aufpassen; *of one's appearance, hair, car, furniture* etw pflegen; (*not treat roughly*) *car, furniture, health* schonen; **to take ~ of oneself** sich um sich selbst kümmern; (*as regards health*) sich schonen, auf sich (*acc*) aufpassen; (*as regards appearance*) etwas für sich tun, sich pflegen.

4. (*of old people, children*) Versorgung, Fürsorge *f*. **medical ~** ärztliche Versorgung; **he needs medical ~** er muß ärztlich versorgt werden; **he is in the ~ of Dr Smith** er ist bei Dr. Smith in Behandlung; **to take ~ of sb** sich um jdn kümmern; *of patients* jdn versorgen; *of one's family* für jdn sorgen.

5. (*protection, supervision*) Obhut *f*. **~ of** (*abbr* **c/o**) bei; **in** *or* **under sb's ~** in jds (*dat*) Obhut; **to take a child into ~** ein Kind in Pflege nehmen; **to be taken into ~** in Pflege gegeben werden; **the children/valuables in my ~** die mir anvertrauten Kinder/Wertsachen; **to take ~ of sth** *of valuables* auf etw (*acc*) aufpassen; *of plants, animals* sich um etw kümmern.

6. to take ~ of sb/sth (*see to*) sich um jdn/etw kümmern; *of arrangements, affairs also* etw erledigen; **that takes ~ of him/it** er/das wäre abgehakt (*inf*), das wäre erledigt; **let me take ~ of that** lassen Sie mich das mal machen, überlassen Sie das mir; **that can take ~ of itself** das wird sich schon irgendwie geben; **let the housework take ~ of itself for a moment** nun laß doch mal einen Augenblick die Hausarbeit (sein).

7. (*caringness, concern*) (*of person*) Anteilnahme, Fürsorglichkeit *f*; (*of state, council*) Interesse *nt* am Mitmenschen. **if only she showed a little ~** wenn sie nur nicht so gleichgültig wäre; **the party has a genuine ~ for senior citizens** der Partei liegt das Wohl der älteren Mitbürger am Herzen.

II *vi* (*be concerned*) sich kümmern (*about* um). **a company that ~s about its staff** eine Firma, die sich um ihr Personal kümmert *or* für ihr Personal sorgt; **money is all he ~s about** er interessiert sich nur fürs Geld, ihm liegt nur etwas am Geld; **that's all he ~s about** alles andere ist ihm egal; **he ~s deeply about her/this** sie/das liegt ihm sehr am Herzen; **he doesn't ~ about her** sie ist ihm gleichgültig; **I didn't know you ~d** (*hum*) ich wußte gar nicht, daß ich dir was bedeute; **the party that ~s** die Partei, die sich um Ihr Wohl kümmert, die Partei mit Herz; **I wish you'd ~ a bit**

more ich wünschte, das wäre dir nicht alles egal *or* gleichgültig; **I don't ~** das ist mir egal *or* gleichgültig; **as if I ~d** als ob mir das etwas ausmachen würde; **for all I ~** meinetwegen, von mir aus; **who ~s?** na und?, und wenn schon?; **he just doesn't ~** das ist ihm so egal.

III *vt* **1.** (*mind*) **I don't ~ what people say** es ist mir egal *or* es kümmert mich nicht, was die Leute sagen; **don't you ~ that half the world is starving?** berührt es Sie überhaupt nicht, daß die halbe Welt hungert?; **what do I ~?** was geht mich das an?; **I couldn't ~ less what people say** es ist mir doch völlig egal *or* gleich(gültig), was die Leute sagen; **you don't ~ what happens to me — but I do ~** dir ist es ja egal, was mir passiert — nein, das ist mir überhaupt nicht egal; **I didn't think you ~d what I do** ich habe gedacht, das ist dir egal, was ich mache.

2. (*like*) **to ~ to do sth** etw gerne tun mögen *or* wollen; **would you ~ to take off your coat?** wollen *or* möchten Sie nicht (Ihren Mantel) ablegen?; **can I help you? — if you ~ to** kann ich Ihnen helfen? — wenn Sie so freundlich wären; **I wouldn't ~ to meet him/try** ich würde keinen gesteigerten Wert darauf legen, ihn kennenzulernen/das zu probieren; **I don't ~ to believe him** ich bin nicht gewillt, ihm zu glauben; **but I don't ~ to** ich will aber nicht.

◆**care for** *vi +prep obj* **1.** (*look after*) sich kümmern um; *invalid also* versorgen; *hands, furniture* pflegen. **well ~d-~** *person* gut versorgt; *hands, garden, hair, house* gepflegt; **the children are being ~d ~ by their grandmother** die Großmutter kümmert sich um die Kinder.

2. (*like*) **I don't ~ ~ that suggestion/picture/him** dieser Vorschlag/das Bild/er sagt mir nicht zu; **I don't ~ ~ your tone of voice** wie reden Sie denn mit mir?; **would you ~ ~ a cup of tea?** hätten Sie gerne eine Tasse Tee?; **~ ~ a drink?** wie wär's mit einem Drink?, etwas zu trinken?; **~ ~ another?** noch einen?; **I never have much ~d ~ his films** ich habe mir noch nie viel aus seinen Filmen gemacht; **yes, sir, what would you ~ ~?** was hätte der Herr gern?; **but you know I do ~ ~ you** aber du weißt doch, daß du mir viel bedeutest.

career [kə'rɪəʳ] **I** *n* Karriere *f*; (*profession, job*) Beruf *m*; (*working life*) Laufbahn *f*; (*life, development, progress*) Werdegang *m*. **~s officer** Berufsberater(in *f*) *m*; **~s guidance** Berufsberatung *f*; **to make a ~ for oneself** Karriere machen; **~s adviser** Berufsberater(in *f*) *m*.

II *attr* Karriere-; *soldier, diplomat* Berufs-. **~ girl** *or* **woman** Karrierefrau *f*.

III *vi* rasen. **to ~ along** rasen; **the car ~ed out of control** das Auto geriet außer Kontrolle.

careerist [kə'rɪərɪst] *n* Karrierist(in *f*), Karrieremacher(in *f*) *m*.

carefree ['kɛəfriː] *adj* sorglos, unbekümmert; *song* heiter.

careful ['kɛəfʊl] *adj* sorgfältig; (*cautious, circumspect*) sorgsam, vorsichtig; (*with money*) sparsam. **~!** Vorsicht!, passen Sie auf!; **to be ~** aufpassen (*of* auf *+acc*); **be ~ with the glasses** sei mit den Gläsern vorsichtig; **be ~ what you do** sieh dich vor, nimm dich in acht; **be ~ (that) they don't hear you** gib acht *or* sei vorsichtig, damit *or* daß sie dich nicht hören; **be ~ not to drop it** paß auf, daß du das nicht fallen läßt; **he is very ~ with his money** er hält sein Geld gut zusammen.

carefully ['kɛəfəlɪ] *adv see adj*.

carefulness ['kɛəfʊlnɪs] *n see adj* Sorgfalt *f*; Sorgsamkeit, Vorsicht *f*; Sparsamkeit *f*.

care label *n* Pflegeetikett *nt*.

careless ['kɛəlɪs] *adj* **1.** (*negligent, heedless*) *person, worker, work* nachlässig; *driver* unvorsichtig; *driving* leichtsinnig; *remark* gedankenlos. **~ mistake** Flüchtigkeitsfehler *m*; **to be ~ of one's health** nicht auf seine Gesundheit achten.

2. (*carefree*) sorglos, unbekümmert.

3. *dress, elegance* lässig.

carelessly ['kɛəlɪslɪ] *adv see adj*.

carelessness ['kɛəlɪsnɪs] *n see adj* **1.** Nachlässigkeit *f*; Unvorsicht(igkeit) *f*; Leichtsinn *m*; Gedankenlosigkeit *f*. **2.** Sorglosigkeit, Unbekümmertheit *f*. **3.** Lässigkeit *f*.

carer ['kɛərəʳ] *n* im Sozialbereich Tätige(r) *mf*. **the handicapped and their ~s** die Behinderten und ihre Fürsorgenden.

caress [kə'res] **I** *n* Liebkosung, Zärtlichkeit *f usu pl*, Streicheln *nt no pl*. **II** *vt* streicheln, liebkosen.

caressing [kə'resɪŋ] *adj* zärtlich, sanft.

caretaker *n* Hausmeister *m*; **~ government** *n* geschäftsführende Regierung;

careworn *adj* von Sorgen gezeichnet.

car fare *n* (*US*) Fahrpreis *m*; **car-ferry** *n* Autofähre *f*.

cargo ['kɑːgəʊ] *n* (Schiffs)fracht *or* -ladung *f*, Kargo *m* (*spec*). **~ boat** Frachter, Frachtdampfer *m*, Frachtschiff *nt*.

car hire *n* Autovermietung *f*.

carhop ['kɑːhɒp] *n* (*US*) Bedienung *f* in einem Drive-in-Restaurant.

Caribbean [ˌkærɪ'biːən, (*US*) kæ'rɪbiːən] **I** *adj* karibisch. **~ Sea** Karibisches Meer. **II** *n* Karibik *f*.

caricature ['kærɪkətjʊəʳ] **I** *n* Karikatur *f*. **II** *vt* karikieren.

caricaturist [ˌkærɪkə'tjʊərɪst] *n* Karikaturist(in *f*) *m*.

caries ['kɛərɪiːz] *n* Karies *f*.

caring ['kɛərɪŋ] *adj person, attitude* warmherzig, mitfühlend, einfühlsam; *parent, husband* liebevoll; *teacher* engagiert; *government, society* sozial, mitmenschlich. **a child needs a ~ environment** ein Kind braucht Zuwendung. **~ profession** Sozialberuf *m*.

car insurance *n* Kfz-Versicherung, Kraftfahrzeugversicherung *f*.

carmine ['kɑːmaɪn] **I** *adj* karm(es)inrot. **II** *n* Karmesin- *or* Karmin(rot) *nt*.

carnage ['kɑːnɪdʒ] *n* Blutbad, Gemetzel *nt*.

carnal ['kɑːnl] *adj* fleischlich, körperlich. **~ desires** sinnliche Begierden; **to have ~**

knowledge of sb mit jdm (Geschlechts)verkehr haben.

carnation [kɑː'neɪʃən] *n* Nelke *f*.

carnival ['kɑːnɪvəl] **I** *n* Volksfest *nt*; (*based on religion*) Karneval *m*. **II** *attr* Fest-; Karnevals-. ~ **procession** Fest-/Karnevalszug *m*.

carnivore ['kɑːnɪvɔːʳ] *n*, *pl* **carnivora** [kɑː'nɪvərə] (*animal*) Fleischfresser *m*; (*plant*) fleischfressende Pflanze.

carnivorous [kɑː'nɪvərəs] *adj* fleischfressend, karnivor.

carob ['kærəb] *n* Johannisbrotbaum *m*; (*fruit*) Johannisbrot *nt*.

carol ['kærəl] *n* Lied *nt*. **Christmas** ~ Weihnachtslied *nt*.

carol singers *npl* ≃ Sternsinger *pl*; **carol singing** *n* Weihnachtssingen *nt*.

carom ['kærəm] (*US*) **I** *n* Karambolage *f*. **II** *vi* (*Billiards*) karambolieren; (*rebound*) abprallen.

carotid (artery) [kə'rɒtɪd('ɑːtərɪ)] *n* Halsschlagader, Karotide (*spec*) *f*.

carousel [ˌkæruː'sel] *n see* **car(r)ousel.**

carp¹ [kɑːp] *n* (*fish*) Karpfen *m*.

carp² *vi* etwas auszusetzen haben, nörgeln. **to ~ at sb/sth** an jdm/etw etwas auszusetzen haben.

carpal bone ['kɑːpl'bəʊn] *n* Handwurzelknochen *m*.

car park *n* (*Brit*) (*open-air*) Parkplatz *m*; (*covered*) Parkhaus *nt*; **car parking** *n* ~ **facilities are available** Parkplatz *or* Parkmöglichkeit(en) vorhanden; **car park ticket** *n* Parkschein *m*.

Carpathians [kɑː'peɪθɪənz] *npl* (*Geog*) Karpaten *pl*.

carpenter ['kɑːpɪntəʳ] *n* Zimmermann *m*; (*for furniture*) Tischler(in *f*) *m*.

carpentry ['kɑːpɪntrɪ] *n* Zimmerhandwerk *nt*, (Bau)tischlerei *f*; (*as hobby*) Tischlern *nt*. **a piece of ~** eine Tischlerarbeit.

carpet ['kɑːpɪt] **I** *n* (*lit, fig*) Teppich *m*; (*fitted*) Teppichboden *m*. **to have sb on the ~** (*inf*) jdn zur Minna machen (*inf*).

II *vt* **1.** *floor* (mit Teppichen/Teppichboden) auslegen.

2. (*inf: reprimand*) zur Minna machen (*inf*).

carpet bag *n* Reisetasche *f*; **carpetbagger** *n* (*US*) (*inf*) politischer Abenteurer; (*Hist*) *politischer Ämterjäger, der mit nichts als einer Reisetasche nach dem Sezessionskrieg in die besetzten Südstaaten kam*; **carpet-beater** *n* Teppichklopfer *m*.

carpeting ['kɑːpɪtɪŋ] *n* Teppiche *pl*.

carpet sweeper *n* Teppichkehrer *m*; **carpet tile** *n* Teppichfliese *f*.

car phone *n* Autotelefon *nt*.

carping ['kɑːpɪŋ] **I** *adj* **a ~ old woman** eine alte Meckerziege (*inf*); **she grew weary of his ~ criticism** sie wurde sein ständiges Nörgeln leid. **II** *n* Nörgelei(en *pl*) *f*.

carpool ['kɑːˌpuːl] **I** *n* **1.** (*people*) Fahrgemeinschaft *f*. **2.** (*vehicles*) Fuhrpark *m*. **II** *vi* eine Fahrgemeinschaft bilden (*with* mit).

carport ['kɑːpɔːt] *n* Einstellplatz *m*.

car radio *n* Autoradio *nt*.

carrel ['kærəl] *n* Arbeitsnische *f*, Arbeitsplatz *m* (*in Bibliothek*).

carriage ['kærɪdʒ] *n* **1.** (*horse-drawn vehicle*) Kutsche *f*; (*esp US: baby ~*) Kinderwagen *m*. **~ and pair** Zweispänner *m*.

2. (*Brit Rail*) Wagen *m*.

3. (*Comm: conveyance*) Beförderung *f*; (*cost of ~ also*) Beförderungskosten *pl*. **~ forward** Fracht zahlt Empfänger; **~ free** frachtfrei; **~ paid** frei Haus.

4. (*Typ*) Wagen *m*. **~ return** Wagenrücklauf *m*; (*Comput*) Return *nt*.

5. (*Mil: gun-~*) Lafette *f*.

6. (*of person: bearing*) Haltung *f*.

carriage clock *n* ≃ Stiluhr *f*.

carriageway ['kærɪdʒ'weɪ] *n* (*Brit*) Fahrbahn *f*.

car ride *n* Autofahrt *f*.

carrier ['kærɪəʳ] *n* **1.** (*goods haulier*) Spediteur, Transportunternehmer *m*.

2. (*of disease*) Überträger *m*.

3. (*aircraft ~*) Flugzeugträger *m*; (*troop ~*) Transportflugzeug *nt*/-schiff *nt*.

4. (*Chem*) Träger(substanz *f*) *m*; (*catalyst*) Katalysator *m*.

5. (*luggage rack*) Gepäckträger *m*.

6. (*Brit also* **~ bag**) Tragetasche, Tragetüte *f*.

7. (*also* **~ pigeon**) Brieftaube *f*. **by ~ pigeon** mit der Taubenpost.

carrion ['kærɪən] *n* Aas *nt*. **~ crow** Rabenkrähe *f*.

carrot ['kærət] *n* Mohrrübe, Karotte, Möhre *f*; (*fig*) Köder *m*. **to dangle a ~ before sb** *or* **in front of sb** jdm einen Köder unter die Nase halten; **the stick and the ~** Zuckerbrot und Peitsche.

carroty ['kærətɪ] *adj hair* kupferrot.

car(r)ousel [ˌkæruː'sel] *n* **1.** Karussell *nt*. **2.** (*for slides*) Rundmagazin *nt*.

carry ['kærɪ] **I** *vt* **1.** tragen; *message* (über)bringen.

2. (*vehicle: convey*) befördern; *goods also* transportieren. **this coach carries 30 people** dieser Bus kann 30 Personen befördern; **a boat ~ing missiles to Cuba** ein Schiff mit Raketen für Kuba; **the boat was carried along by the wind** der Wind trieb das Boot dahin; **the wind carried the sound to him** der Wind trug die Laute zu ihm hin *or* an sein Ohr.

3. (*have on person*) *documents, money* bei sich haben *or* führen (*form*); *gun, sword* tragen. **to ~ sth about** *or* **around with one** etw mit sich herumtragen; **to ~ money on one** Geld bei sich haben; **to ~ the facts in one's head** die Fakten im Kopf haben; (*remember*) die Fakten (im Kopf) behalten; **the ship was ~ing too much sail** das Schiff hatte zu viele Segel gesetzt.

4. (*fig*) **his voice carries conviction** seine Stimme klingt überzeugend; **he carried his audience with him** er riß das Publikum mit; **to ~ interest** (*Fin*) Zinsen tragen *or* abwerfen; **this job carries extra pay/a lot of responsibility** dieser Posten bringt eine höhere Bezahlung/viel Verantwortung mit sich; **the offence carries a penalty of £50** darauf steht eine

Geldstrafe von £ 50.

5. (*bridge: support*) tragen, stützen. **he carried his grief well** er hat alles Leid geduldig ertragen; **he can't ~ the responsibility** er ist der Verantwortung nicht gewachsen.

6. (*Comm*) *goods, stock* führen.

7. (*Tech: pipe*) *water, oil, electricity* führen; (*wire*) *sound* (weiter)leiten.

8. (*extend*) führen, (ver)legen. **they carried the pipes under the street** sie verlegten die Rohre unter der Straße; **to ~ sth too far** (*fig*) etw zu weit treiben; **they carried the war into the enemy's territory** sie trugen den Krieg in feindliches Gebiet; **this theme is carried through the whole book** dies Thema zieht sich durch das ganze Buch.

9. (*win*) einnehmen, erobern. **to ~ the day** siegreich sein, den Sieg davontragen; **to ~ all** *or* **everything before one** freie Bahn haben; (*hum: woman*) viel Holz vor der Tür haben (*inf*); **the motion was carried unanimously** der Antrag wurde einstimmig angenommen; **he carried his point** er ist mit diesem Punkt durchgekommen; **he carried all seven states** er hat die Wahl in allen sieben Staaten gewonnen.

10. he carries himself well/like a soldier er hat eine gute/soldatische Haltung; **he carries himself with dignity** er tritt würdig auf; **she carries her head very erect** sie trägt den Kopf sehr aufrecht.

11. (*Press*) *story* bringen.

12. (*be pregnant with*) erwarten. **to be ~ing a child** schwanger sein, ein Kind erwarten.

13. (*Math*) **... and ~ 2** ... übertrage *or* behalte 2, ... und 2 im Sinn (*inf*).

II *vi* **1.** (*voice, sound*) tragen. **the sound of the alphorn carried for miles** der Klang des Alphorns war meilenweit zu hören. **2.** (*ball, arrow*) fliegen.

◆**carry away** *vt sep* **1.** (*lit*) (hin)wegtragen; (*torrent, flood*) (hin)wegspülen; (*whirlwind, tornado*) hinwegfegen.

2. (*fig*) **to get carried ~** sich nicht mehr bremsen können (*inf*); **to get carried ~ by sth** bei etw in Fahrt kommen; **to be carried ~ by one's feelings** sich (in seine Gefühle) hineinsteigern; **she got carried ~ by the atmosphere of excitement** sie wurde von der Aufregung mitgerissen.

◆**carry back** *vt sep* (*fig*) *person* zurückversetzen (*to* in +*acc*).

◆**carry forward** *vt sep* (*Fin*) vortragen.

◆**carry off** *vt sep* **1.** (*seize, carry away*) wegtragen. **2.** (*win*) *prizes, medals* gewinnen. **3. to ~ it ~** es hinkriegen (*inf*). **4.** (*kill*) (hin)wegraffen (*geh*).

◆**carry on I** *vi* **1.** (*continue*) weitermachen; (*life*) weitergehen.

2. (*inf*) (*talk*) reden und reden; (*make a scene*) ein Theater machen (*inf*). **to ~ ~ about sth** sich über etw (*acc*) auslassen.

3. (*have an affair*) etwas haben (*inf*) (*with sb* mit jdm).

II *vt sep* **1.** (*continue*) *tradition, family business* fortführen.

2. (*conduct*) *conversation, correspondence, business* führen; *profession, trade* ausüben.

◆**carry out** *vt sep* **1.** (*lit*) heraustragen. **2.** (*fig*) *order, rules, job* ausführen; *promises, obligations* erfüllen; *plan, reform, search, experiment* durchführen; *threats* wahrmachen.

◆**carry over** *vt sep* **1.** (*Fin*) vortragen. **2.** (*to next meeting*) vertagen.

◆**carry through** *vt sep* **1.** (*carry out*) zu Ende führen. **2.** (*sustain*) überstehen lassen.

◆**carry up** *vt sep* hinauftragen, hochtragen.

carry-all *n* (*US*) (Einkaufs-/Reise)tasche *f*; **carry-cot** *n* Säuglingstragetasche *f*.

carryings-on ['kærııŋz'ɒn] *npl* (*inf*) übles Treiben (*inf*). **all these ~ next door** was die da nebenan alles so treiben (*inf*), was sich da nebenan alles so abspielt.

carry-on *n* (*inf*) Theater *nt* (*inf*); **carry-out** (*US, Scot*) **I** *n* **1.** (*restaurant*) Imbißstube *f*/Restaurant *nt* für Außer-Haus-Verkauf; (*bar*) Schalter *m* für Außer-Haus-Verkauf; **2.** (*meal, drink*) Speisen *pl*/Getränke *pl* zum Mitnehmen; **II** *adj attr* Außer-Haus-; **carry-over** *n* Überbleibsel *nt*; (*Fin*) Saldovortrag, Übertrag *m*; (*Math*) Rest *m*.

carsick *adj* **I used to get ~** früher wurde mir beim Autofahren immer übel *or* schlecht; **carsickness** *n* Übelkeit *f* beim Autofahren.

cart [kɑːt] **I** *n* Wagen, Karren *m*. **to put the ~ before the horse** (*prov*) das Pferd beim Schwanz aufzäumen (*prov*). **II** *vt* (*fig inf*) mit sich schleppen.

◆**cart away** *or* **off** *vt sep* wegbringen.

cartage ['kɑːtıdʒ] *n* (*act, cost*) Transport *m*.

carte blanche ['kɑːt'blãnʃ] *n*, *no pl* Blankovollmacht *f*.

cartel [kɑː'tel] *n* Kartell *nt*.

carter ['kɑːtə^r] *n* Fuhrmann *m*.

Cartesian [kɑː'tiːzıən] *adj* kartesianisch, kartesisch.

Carthage ['kɑːθıdʒ] *n* Karthago *nt*.

Carthaginian [ˌkɑːθə'dʒınıən] **I** *adj* karthagisch. **II** *n* Karthager(in *f*) *m*.

carthorse ['kɑːthɔːs] *n* Zugpferd *nt*.

cartilage ['kɑːtılıdʒ] *n* Knorpel *m*.

cartload ['kɑːtləʊd] *n* Wagenladung *f*.

cartographer [kɑː'tɒgrəfə^r] *n* Kartograph(in *f*) *m*.

cartographic(al) [ˌkɑːtəʊ'græfık(əl)] *adj* kartographisch.

cartography [kɑː'tɒgrəfı] *n* Kartographie *f*.

carton ['kɑːtən] *n* (Papp)karton *m*; (*of cigarettes*) Stange *f*; (*of milk*) Tüte *f*.

cartoon [kɑː'tuːn] *n* **1.** Cartoon *m or nt*; (*single picture*) Karikatur *f*. **2.** (*Film, TV*) (Zeichen)trickfilm *m*. **Mickey Mouse ~** Mickymausfilm *m*. **3.** (*Art: sketch*) Karton *m*.

cartoon character *n* Comicfigur *f*.

cartoonist [ˌkɑː'tuːnıst] *n* **1.** Karikaturist(in *f*) *m*. **2.** (*Film, TV*) Trickzeichner(in *f*) *m*.

cartoon strip *n* Cartoon *m or nt*, Comic *m*, Zeichengeschichte *f*.

cartouche ['kɑːtuːʃ] *n* Kartusche *f*.

cartridge ['kɑːtrɪdʒ] *n* (*for rifle, pen*) Patrone *f*; (*Phot, for tape recorder*) Kassette *f*; (*for record player*) Tonabnehmer *m*.

cartridge *in cpds* Patronen-; **cartridge belt** *n* Patronengurt *m*; **cartridge case** *n* Patronenhülse *f*; **cartridge clip** *n* Magazin *nt*; **cartridge paper** *n* Zeichenpapier *nt*.

cartwheel *n* (*lit*) Wagenrad *nt*; (*Sport*) Rad *nt*; **to turn** *or* **do ~s** radschlagen.

carve [kɑːv] **I** *vt* **1.** (*Art: cut*) *wood* schnitzen; *stone* (be)hauen. **~d out of** *or* **in wood/marble** aus Holz geschnitzt/aus Marmor gehauen; **the sculptor was still carving the face** der Bildhauer schnitzte *or* (*in stone*) meißelte noch das Gesicht.

2. (*Cook*) aufschneiden, zerteilen, tranchieren.

3. (*fig*) **to ~ one's way through the crowd/jungle** sich (*dat*) seinen Weg durch die Menge/den Dschungel bahnen.

II *vi* (*Cook*) tranchieren.

◆**carve out** *vt sep* **1.** (*in wood*) schnitzen; (*in stone*) meißeln. **2.** (*fig*) *piece of land* abtrennen. **3. to ~ ~ a career for oneself** sich (*dat*) eine Karriere aufbauen.

◆**carve up** *vt sep* **1.** *meat*, (*inf: surgeon*) aufschneiden. **2.** (*fig*) *country* aufteilen, zerstückeln; *area of town* zerreißen. **3.** (*inf: with knife*) **to ~ ~ sb's face** jdm das Gesicht zerfetzen. **4.** (*sl: driver*) schneiden.

carver ['kɑːvəʳ] *n* (*knife*) Tranchiermesser *nt*. **a set of ~s** ein Tranchierbesteck *nt*.

carve-up ['kɑːvʌp] *n* (*inf*) (*of inheritance*) Verteilung *f*; (*of estate, country*) Zerstückelung *f*.

carving ['kɑːvɪŋ] *n* (*Art*) (*thing carved*) Skulptur *f*; (*in wood also*) (Holz)schnitzerei *f*; (*relief*) Relief *nt*; (*in wood*) Holzschnitt *m*. **~ knife** Tranchiermesser *nt*.

carwash ['kɑːwɒʃ] *n* (*place*) Autowaschanlage, Waschstraße *f*; (*wash*) Autowäsche *f*.

casanova [ˌkæsə'nəʊvə] *n* (*hum*) Casanova *m* (*inf*).

cascade [kæs'keɪd] **I** *n* Kaskade *f*; (*fig*) (*of lace*) (Spitzen)besatz *m*; (*of sparks*) Regen *m*. **II** *vi* (*also* **~ down**) (*onto* auf *+acc*) (in Kaskaden) herabfallen; (*sparks*) herabsprühen, herabregnen; (*hair*) wallend herabfallen; (*boxes*) herunterpurzeln (*inf*).

case¹ [keɪs] *n* **1.** (*situation*) Fall *m*. **if that's the ~** wenn das der Fall ist, wenn das zutrifft *or* stimmt; **if it is the ~ that you're right ...** sollten Sie wirklich *or* tatsächlich recht haben ...; im Fall(e), daß Sie tatsächlich recht haben ...; **such being the ~** da das der Fall ist, da dem so ist (*geh*); **if it is a ~ of his not having been informed** wenn er nicht benachrichtigt worden ist; **as the ~ may be** je nachdem.

2. (*instance, police ~, Med*) Fall *m*. **in most ~s** meist(ens), in den meisten Fällen; **a typical ~ (of)** ein typischer Fall (von); **it's a clear ~ of lying** das ist eindeutig gelogen; **in ~** falls; **(just) in ~** für alle Fälle; **in ~ of emergency** im Notfall *m*, bei Gefahr *f*; **in any ~** sowieso; **in this/that ~** in dem Fall; **in no ~** unter keinen Umständen, auf keinen Fall; **five ~s of smallpox/pneumonia** fünf Pockenfälle/Fälle von Lungenentzündung *f*.

3. (*Jur*) Fall *m*. **to win one's ~** seinen Prozeß gewinnen; **the ~ for the defence/prosecution** die Verteidigung/Anklage; **what's the ~ for the prosecution?** worauf stützt sich die Anklage?; **could we hear the ~ for the defence?** das Wort hat die Verteidigung; **the Keeler ~** der Fall Keeler; **in the ~ Higgins v Schwarz** in der Sache Higgins gegen Schwarz; **to make out a good ~ for sth** überzeugende Argumente für etw liefern; **the ~ for/against the abolition of capital punishment** die Argumente für/gegen die Abschaffung der Todesstrafe; **you haven't got a ~** das Belastungsmaterial reicht nicht für ein Verfahren; (*fig*) Sie haben keine Handhabe; **to have a good ~** (*Jur*) gute Chancen haben, durchzukommen; **you/they have a good ~** es ist durchaus gerechtfertigt, was Sie/sie sagen; **there's a very good ~ for adopting this method** es spricht sehr viel dafür, diese Methode zu übernehmen; **they do not have a very good ~** sie haben nicht viel Chancen, damit durchzukommen; **to put one's ~** seinen Fall darlegen; **to put the ~ for sth** etw vertreten; **there's a strong ~ for legalizing pot** es spricht viel für die Legalisierung von Hasch; **the court decided that there was no ~ against him** das Gericht entschied, daß nichts gegen ihn vorlag; **that is my ~** das war es, was ich sagen wollte.

4. (*Gram*) Fall, Kasus *m*. **in the genitive ~** im Genitiv.

5. (*inf: person*) Witzbold *m* (*inf*). **he's a ~** das ist vielleicht ein Witzbold! (*inf*); **a hard ~** ein schwieriger Fall.

case² **I** *n* **1.** (*suit~*) Koffer *m*; (*crate, packing ~*) Kiste *f*; (*display ~*) Vitrine *f*, Schau- *or* Glaskasten *m*.

2. (*box*) Schachtel *f*; (*for jewels*) Schatulle *f*, Kästchen *nt*; (*for spectacles*) Etui, Futteral *nt*; (*seed~*) Hülse, Hülle *f*; (*for umbrella*) Hülle *f*; (*pillow~*) Bezug *m*; (*for musical instrument*) Kasten *m*; (*of watch*) Gehäuse *nt*.

3. (*Typ*) (Setz)kasten *m*; (*of book*) Schuber *m*. **upper/lower ~** groß/klein geschrieben.

II *vt* (*sl*) *bank, house* inspizieren. **to ~ the joint** sich (*dat*) den Laden ansehen (*sl*).

casebook *n* (*Med*) (Kranken)fälle *pl*; (*in social work, Jur*) Fallsammlung *f*; **case file** *n* **~ file on X** Akte *f* zum Fall X; **case history** *n* (*Med*) Krankengeschichte *f*; (*Sociol, Psych*) Vorgeschichte *f*.

casement ['keɪsmənt] *n* (*window*) Flügelfenster *nt*; (*frame*) Fensterflügel *m*.

case study *n* Fallstudie *f*; **casework** *n* (*Sociol*) ≃ Sozialarbeit *f*; **caseworker** *n*

(*Sociol*) ≃ Sozialarbeiter(in *f*) *m*.

cash [kæʃ] **I** *n* **1.** Bargeld *nt*; (*change also*) Kleingeld *nt*. **~ in hand** Barbestand, Kassenbestand *m*; **to pay (in) ~** bar bezahlen; **ready ~** verfügbares Geld; **how much do you have in ready ~?** wieviel Geld haben Sie verfügbar?

2. (*immediate payment*) Barzahlung *f*; (*not credit*) Sofortzahlung *f*. **~ down** Barzahlung *f*; Sofortzahlung *f*; **£250 ~ down and the rest over ...** £ 250 sofort (zu bezahlen), und der Rest über ...; **to pay ~ (down)** (in) bar/sofort bezahlen; **~ with order** zahlbar bei Bestellung; **~ on delivery** per Nachnahme.

3. (*money*) Geld *nt*. **to be short of ~** knapp bei Kasse sein (*inf*); **I'm out of ~** ich bin blank (*inf*), ich habe kein Geld.

II *vt cheque* einlösen.

◆**cash in I** *vt sep* einlösen. **II** *vi* **to ~ ~ on sth** aus etw Kapital schlagen, sich (*dat*) etw zunutze machen; **we want to stop others ~ing ~ (on the act)** (*inf*) wir wollen verhindern, daß andere aus der Sache Kapital schlagen.

◆**cash up** *vi* (*Brit*) Kasse machen.

cash advance *n* Vorschuß *m*; **cash-and-carry I** *adj* Cash-and-carry-; **II** *n* (*for retailers*) Cash and Carry, Abholmarkt *m*; (*for public*) Verbrauchermarkt *m*; **cash book** *n* Kassenbuch *nt*; **cash box** *n* (Geld)kassette *f*; **cash card** *n* (Geld)automatenkarte *f*; **cash crop** *n* zum Verkauf bestimmte Ernte; **cashdesk** *n* Kasse *f*, Kassentisch *m*; **cash discount** *n* Skonto *m or nt*, Rabatt *m* bei Barzahlung; **cash dispenser** *n* Geldautomat *m*.

cashew [kæ'ʃuː] *n* (*tree*) Nierenbaum *m*; (*nut*) Cashewnuß *f*.

cash-flow ['kæʃfləʊ] *n* Cash-flow *m*. **~ analysis** Cash-flow-Analyse *f*; **~ forecast** Cash-flow-Prognose *f*; **~ position** Bruttoertragslage *f*; **~ problems** Liquiditätsprobleme *pl*; **I've got ~ problems** (*personal*) ich bin in Geldschwierigkeiten.

cashier¹ [kæ'ʃɪəʳ] *n* Kassierer(in *f*) *m*.

cashier² *vt* (*Mil*) (unehrenhaft) entlassen, kassieren (*old*).

cashless ['kæʃləs] *adj* bargeldlos.

cashmere [kæʃ'mɪəʳ] *n* Kaschmir *m*. **~ wool** Kaschmirwolle *f*.

cash offer *n* Bar(zahlungs)angebot *nt*; **cash office** *n* Kasse *f*, Kassenbüro *nt*; **cash payment** *n* Barzahlung *f*; **cashpoint** *n* Kasse *f*; **cash price** *n* Bar(zahlungs)preis *m*; **cash receipts** *npl* (*in shop*) Bareinnahmen *pl*; **cash register** *n* Registrierkasse *f*; **cash reserves** *npl* Bargeldreserven *pl*; **cash sale** *n* Barverkauf *m*; **cash transaction** *n* Bargeldtransfer *m*.

casing ['keɪsɪŋ] *n* (*Tech*) Gehäuse *nt*; (*of cylinder, tyre*) Mantel *m*; (*of sausage*) Haut *f*, Darm *m*.

casino [kə'siːnəʊ] *n* (Spiel)kasino *nt*, Spielbank *f*.

cask [kɑːsk] *n* Faß *nt*.

casket ['kɑːskɪt] *n* Schatulle *f*; (*for cremated ashes*) Urne *f*; (*US: coffin*) Sarg *m*.

Caspian Sea ['kæspɪən'siː] *n* Kaspisches Meer.

Cassandra [kə'sændrə] *n* (*Myth*) Kassandra *f*.

cassava [kə'sɑːvə] *n* Maniok *m*.

casserole ['kæsərəʊl] **I** *n* (*Cook*) Schmortopf *m*, Kasserolle *f*. **a lamb ~, a ~ of lamb** eine Lammkasserolle. **II** *vt* schmoren.

cassette [kæ'set] *n* Kassette *f*. **~ deck** Kassettendeck *nt*; **~ player, ~ recorder** Kassettenrecorder *m*.

cassock ['kæsək] *n* Talar *m*, Soutane *f*.

cast [kɑːst] (*vb: pret, ptp* ~) **I** *n* **1.** (*of dice, net, line*) Wurf *m*.

2. (*mould*) (Guß)form *f*; (*object moulded*) Abdruck *m*; (*in metal*) (Ab)guß *m*.

3. (*plaster* ~) Gipsverband *m*.

4. (*Theat*) Besetzung *f*. **~ (in order of appearance)** Mitwirkende *pl* (in der Reihenfolge ihres Auftritts); **the ~ includes several famous actors** das Stück ist mit mehreren berühmten Schauspielern besetzt; **who's in the ~?** wer spielt mit?

5. the ~ of sb's features jds Gesichtsschnitt *m*; **~ of mind** Gesinnung *f*; **he's a man of quite a different ~** er ist aus anderem Holz geschnitzt.

6. (*tinge*) Schimmer *m*.

7. (*of worm*) aufgeworfene Erde; (*of bird*) Gewölle *nt*.

8. (*Med: squint*) schielender Blick. **to have a ~ in one eye** auf einem Auge schielen.

II *vt* **1.** (*lit liter, fig: throw*) werfen; *anchor, net, fishing lines* auswerfen; *horoscope* erstellen. **to ~ one's vote** seine Stimme abgeben; **to ~ one's eyes over sth** einen Blick auf etw (*acc*) werfen; **to ~ the blame on sb** jdm die Schuld geben, die Schuld auf jdn abwälzen; **to ~ a shadow** (*lit, fig*) einen Schatten werfen (*on* auf +*acc*).

2. (*shed*) **to ~ its skin** sich häuten; **to ~ a shoe** ein Hufeisen *nt* verlieren; **to ~ its feathers** (*form*) sich mausern; **to ~ its leaves** (*form*) die Blätter abwerfen; **to ~ its young** (*form*) (Junge) werfen.

3. (*Tech, Art*) gießen; *see* **mould¹**.

4. (*Theat*) *parts, play* besetzen; *parts also* verteilen. **he was well/badly ~** die Rolle paßte gut/schlecht zu ihm; **I don't know why they ~ him as the villain** ich weiß nicht, warum sie ihm die Rolle des Schurken gegeben *or* zugeteilt haben.

III *vi* **1.** (*Fishing*) die Angel auswerfen.

2. (*Theat*) die Rollen verteilen, die Besetzung vornehmen.

◆**cast about** *or* **around for** *vi* +*prep obj* zu finden versuchen; *for new job also* sich umsehen nach.

◆**cast aside** *vt sep cares, prejudices, inhibitions, habits* ablegen; *old clothes* ausrangieren; *person* fallenlassen.

◆**cast away** *vt sep* wegwerfen. **to be ~ ~** (*Naut*) gestrandet sein; **he was ~ ~ on a desert island** er wurde auf eine einsame Insel verschlagen.

◆**cast back I** *vi* (*fig*) **to ~ ~ (in one's mind)** im Geiste zurückdenken (*to* an +*acc*). **II** *vt sep* **to ~ one's thoughts** *or*

mind ~ seine Gedanken zurückschweifen lassen (*to* in +*acc*).

◆**cast down** *vt sep eyes* niederschlagen; (*liter: throw down*) *weapons* hinwerfen. **to be** ~ ~ (*fig*) niedergeschlagen sein.

◆**cast off I** *vt sep* **1.** (*get rid of*) abwerfen; *friends* fallenlassen. **2.** *stitches* abketten. **3.** (*Naut*) losmachen. **II** *vi* **1.** (*Naut*) losmachen. **2.** (*in knitting*) abketteln.

◆**cast on** *vti sep* (*Knitting*) anschlagen.

◆**cast out** *vt sep* (*liter*) vertreiben; *demons* austreiben.

◆**cast up** *vt sep* **1. to** ~ **one's eyes** ~ **(to the heavens)** seine Augen (zum Himmel) emporrichten.

2. (*wash up*) *flotsam, sailors* anspülen. **they were** ~ ~ **on a desert island** sie wurden auf einer einsamen Insel an Land gespült.

3. (*refer to*) *sb's misdemeanours* aufbringen.

castanets [ˌkæstəˈnets] *npl* Kastagnetten *pl*.

castaway [ˈkɑːstəweɪ] *n* (*lit, fig*) Schiffbrüchige(r) *mf*.

caste [kɑːst] **I** *n* Kaste *f*. **to lose** ~ an Rang verlieren, absteigen; **he lost** ~ **with** *or* **among his friends** er verlor in den Augen seiner Freunde *or* bei seinen Freunden an Ansehen.

II *adj attr mark, system* Kasten-. **a high/low** ~ **family** eine Familie, die einer hohen/niedrigen Kaste angehört.

castellated [ˈkæstəleɪtɪd] *adj* mit (Türmen und) Zinnen.

caster [ˈkɑːstəʳ] *n see* **castor.**

castigate [ˈkæstɪgeɪt] *vt person* (*old: physically*) züchtigen; (*verbally*) geißeln.

castigation [ˌkæstɪˈgeɪʃən] *n see vt* Züchtigung *f*; Geißelung *f*.

Castile [kæˈstiːl] *n* Kastilien *nt*.

Castilian [kæˈstɪljən] **I** *adj* kastilisch. **II** *n* **1.** (*language*) Kastilisch *nt*. **2.** (*person*) Kastilier(in *f*) *m*.

casting [ˈkɑːstɪŋ] *n* **1.** (*Fishing*) Auswerfen *nt*; (*Tech, Art: act, object*) (Ab)guß *m*; (*in plaster*) Abdruck, Abguß *m*. **2.** (*Theat*) Rollenverteilung, Besetzung *f*. ~ **director** Besetzungsleiter(in *f*) *m*.

casting vote *n* ausschlaggebende Stimme.

cast iron I *n* Gußeisen *nt*. **II** *adj* (**~-iron**) **1.** (*lit*) gußeisern; **2.** (*fig*) *will, constitution* eisern; *case, alibi* hieb- und stichfest.

castle [ˈkɑːsl] **I** *n* **1.** Schloß *nt*; (*medieval fortress*) Burg *f*. **to build ~s in the air** *or* **in Spain** Luftschlösser bauen. **2.** (*Chess*) Turm *m*. **II** *vi* (*Chess*) rochieren.

castling [ˈkɑːslɪŋ] *n* (*Chess*) Rochade *f*.

cast-off *adj clothes* abgelegt *attr*; **cast-offs** *npl* (*inf*) abgelegte Kleider *pl*.

castor [ˈkɑːstəʳ] *n* **1.** (*Brit: for sugar, salt*) Streuer *m*. **2.** (*wheel*) Rolle *f*, Rad *nt*.

castor oil *n* Rizinus(öl) *nt*; **castor sugar** *n* (*Brit*) Zucker *m* Raffinade *f* (*spec*).

castrate [kæsˈtreɪt] *vt* kastrieren; (*fig*) *text* verstümmeln.

castration [kæsˈtreɪʃən] *n* Kastration *f*.

casual [ˈkæʒjʊl] **I** *adj* **1.** (*not planned*) zufällig; *acquaintance, glance* flüchtig. ~ **sex** Gelegenheitssex *m*; freie Liebe.

2. (*offhand, careless*) lässig; *attitude* gleichgültig; *remark* beiläufig; (*lacking emotion*) gleichgültig. **it was just a** ~ **remark** das war nicht so ernst gemeint; **he was very** ~ **about it** das hat ihn kaltgelassen; **you shouldn't be so** ~ **about it** du solltest das nicht so leicht *or* auf die leichte Schulter nehmen; **he tried to sound** ~ er tat so, als ob ihm das nichts ausmachen würde.

3. (*informal*) zwanglos; *discussion, chat also* ungezwungen; *clothes* leger. **a** ~ **shirt** ein Freizeithemd *nt*; ~ **wear** Freizeitkleidung *f*.

4. (*irregular*) *work, worker, labourer* Gelegenheits-.

II *n* **1.** ~s *pl* (*shoes*) Slipper *pl*. **2.** (~ *worker*) Gelegenheitsarbeiter(in *f*) *m*. ~s Aushilfen *pl*. **3.** (*also* **football** ~) Fußballrowdy *m*.

casually [ˈkæʒjʊlɪ] *adv* (*without planning*) zufällig; (*without emotion*) ungerührt; (*incidentally, in an offhand manner*) beiläufig; (*without seriousness*) lässig; (*informally*) zwanglos; *dressed* leger.

casualness [ˈkæʒjʊlnɪs] *n* (*informality*) Zwanglosigkeit *f*; (*carelessness*) Lässigkeit *f*; (*lack of emotion*) Ungerührtheit, Schnodderigkeit (*inf*) *f*; (*offhand nature: of remark*) Beiläufigkeit *f*.

casualty [ˈkæʒjʊltɪ] *n* **1.** (*lit, fig*) Opfer *nt*; (*injured also*) Verletzte(r) *mf*; (*killed also*) Tote(r) *mf*. **were there many casualties?** gab es viele Opfer?; (*Mil*) gab es hohe Verluste? **2.** (*also* ~ **unit** *or* **ward**) Unfallstation, Notaufnahme *f*.

casualty list *n* Verlustliste *f*; **casualty ward** *n* Unfallstation *f*.

cat [kæt] *n* **1.** Katze *f*; (*tiger etc*) (Raub)katze *f*. **the (big)** ~s die großen Katzen; **to let the** ~ **out of the bag** die Katze aus dem Sack lassen; **to wait to see which way the** ~ **jumps** (abwarten, um zu) sehen, wie der Hase läuft; **they fight like** ~ **and dog** die sind wie Hund und Katze; **to play a ~-and-mouse game with sb** mit jdm Katz und Maus spielen; **there isn't room to swing a** ~ **(in)** (*inf*) man kann sich nicht rühren(, so eng ist es); **a** ~ **may look at a king** (*prov*) es wird doch noch erlaubt sein zu gucken!; **it's enough to make a** ~ **laugh** da lachen ja die Hühner! (*inf*); **to be like a** ~ **on hot bricks, to be like a** ~ **on a hot tin roof** wie auf glühenden Kohlen sitzen; **that's put the** ~ **among the pigeons!** da hast du *etc* aber was (Schönes) angerichtet!; **he thinks he's the** ~**'s whiskers** (*inf*) er hält sich für wer weiß was; **when the** ~**'s away the mice will play** (*Prov*) wenn die Katze aus dem Haus ist, tanzen die Mäuse (*Prov*); **has the** ~ **got your tongue?** (*inf*) du hast wohl die Sprache verloren?

2. (*inf: woman*) Katze *f*.

3. (*whip*) (neunschwänzige) Katze.

4. (*dated US sl*) Typ *m* (*inf*).

5. (*inf: caterpillar tractor*) Raupe *f*.

cataclysm [ˈkætəklɪzəm] *n* Verheerung *f*; (*fig*) Umwälzung *f*.

cataclysmic [ˌkætəˈklɪzmɪk] *adj* verheerend; (*fig*) umwälzend.

catacombs [ˈkætəkuːmz] *npl* Katakomben *pl*.

catalepsy ['kætəlepsı] *n* Katalepsie, Starrsucht *f*.

cataleptic [ˌkætə'leptık] *adj* kataleptisch.

catalogue, (*US*) **catalog** ['kætəlɒg] **I** *n* Katalog *m*. **II** *vt* katalogisieren.

catalysis [kə'tæləsıs] *n* Katalyse *f*.

catalyst ['kætəlıst] *n* (*lit, fig*) Katalysator *m*.

catalytic [ˌkætə'lıtık] *adj* (*lit, fig*) katalytisch. ~ **converter** (*Aut*) Katalysator *m*.

catamaran [ˌkætəmə'ræn] *n* Katamaran *m*.

catapult ['kætəpʌlt] **I** *n* (*slingshot*) Schleuder *f*; (*Mil, Aviat*) Katapult *nt or m*. ~ **launching** (*Aviat*) Katapultstart *m*. **II** *vt* schleudern, katapultieren. **III** *vi* katapultiert werden.

cataract ['kætərækt] *n* **1.** (*rapids*) Katarakt *m*. **2.** (*Med*) grauer Star.

catarrh [kə'tɑːʳ] *n* Katarrh *m*.

catarrhal [kə'tɑːrəl] *adj* katarrhalisch.

catastrophe [kə'tæstrəfı] *n* Katastrophe *f*. **to end in** ~ verhängnisvoll *or* in einer Katastrophe enden; **to be the final ~ for sb** jdm schließlich zum Verhängnis werden.

catastrophic [ˌkætə'strɒfık] *adj* katastrophal; *event, decision, course also* verhängnisvoll.

catastrophically [ˌkætæ'strɒfıkəlı] *adv see adj*.

catatonic [ˌkætə'tɒnık] (*Med*) **I** *adj* katatonisch. **II** *n* Katatoniker(in *f*) *m*.

catbird *n* (*US*) amerikanische Spottdrossel; **cat burglar** *n* Fassadenkletterer(in *f*) *m*; **catcall** (*Theat*) **I** *n* ~**s** Pfiffe und Buhrufe *pl*; **II** *vi* pfeifen.

catch [kætʃ] (*vb: pret, ptp* **caught**) **I** *n* **1.** (*of ball*) **to make a (good)** ~ (gut) fangen; **good ~!** gut gefangen!; **it was a difficult** ~ das war schwer zu fangen.

2. (*Fishing, Hunt*) Fang *m*; (*of trawler also*) Fischzug *m*. **he didn't get a** ~ er hat nichts gefangen; **he's a good** ~ (*fig inf*) er ist ein guter Fang; (*for marriage also*) er ist eine gute Partie.

3. (*children's game*) Fangen *nt*.

4. (*trick, snag*) Haken *m*. **where's the ~?** wo liegt *or* ist (da) der Haken?; **~-22** ausweglose Falle, Sackgasse *f*, **a ~-22 situation** (*inf*) eine Zwickmühle; ~ **question** Fangfrage *f*.

5. (*device for fastening*) Verschluß(vorrichtung *f*) *m*; (*hook*) Haken *m*; (*latch*) Riegel *m*.

6. (*break in voice*) Stocken *nt*. **with a ~ in one's voice** mit stockender Stimme.

7. (*fragment*) Bruchstück *nt*.

II *vt* **1.** *object* fangen; *batsman* durch Abfangen des Balls ausscheiden lassen.

2. *fish, mice* fangen; *thief, offender* fassen, schnappen (*inf*), erwischen (*inf*); *escaped animal* (ein)fangen; (*inf: manage to see*) erwischen (*inf*). **to ~ sb by the arm** jdn am Arm fassen; **to ~ sight/a glimpse of sb/sth** jdn/etw zu sehen kriegen (*inf*); **to ~ sb's attention/eye** jdn auf sich (*acc*) aufmerksam machen.

3. (*take by surprise*) erwischen, ertappen. **to ~ sb at sth** jdn bei etw erwischen; **you won't ~ me in that restaurant** (*inf*) in das Restaurant gehe ich garantiert *or* bestimmt nicht; **(you won't) ~ me doing that again!** (*inf*) das mache ich bestimmt nicht wieder!; **you won't ~ me falling for that trick again** (*inf*) auf den Trick falle ich nicht noch einmal herein; **aha, caught you** hab' ich dich doch erwischt (*inf*); (*with question*) ha ha, reingefallen (*inf*); **caught in the act** auf frischer Tat ertappt; (*sexually*) in flagranti erwischt; **we were caught in a storm** wir wurden von einem Unwetter überrascht; **to ~ sb on the wrong foot** *or* **off balance** (*fig*) jdn überrumpeln.

4. (*take*) *bus, train* nehmen.

5. (*be in time for*) *train, bus* erreichen, kriegen (*inf*). **can I still ~ the post?** kommt der Brief noch mit?; **if you want to ~ the 4 o'clock post ...** wenn das mit der Vieruhrleerung mitsoll ...

6. (*become entangled*) hängenbleiben mit. **a nail caught her dress** ihr Kleid blieb an einem Nagel hängen; **he caught his foot in the grating** er ist mit dem Fuß im Gitter hängengeblieben.

7. (*with stitches*) mit ein paar Stichen befestigen.

8. (*understand, hear*) mitkriegen (*inf*).

9. to ~ an illness sich (*dat*) eine Krankheit zuziehen *or* holen (*inf*); **he's always ~ing cold(s)** er erkältet sich leicht; **you'll ~ your death (of cold)!** du holst dir den Tod! (*inf*).

10. (*portray*) *mood, atmosphere* einfangen.

11. to ~ one's breath (*after exercise*) Luft holen, verschnaufen; **to ~ sb a blow** jdm einen Schlag versetzen; **the blow/ball caught him on the arm** der Schlag/Ball traf ihn am Arm; **you'll ~ it!** (*inf*) es setzt was! (*inf*), du kannst (aber) was erleben! (*inf*).

III *vi* **1.** (*with ball*) fangen. **2.** (*fire*) in Gang kommen, brennen; (*wood*) Feuer fangen, brennen; (*Cook*) anbrennen. **3.** (*get stuck*) klemmen, sich verklemmen; (*get entangled*) hängenbleiben, sich verfangen. **her dress caught in the door** sie blieb mit ihrem Kleid in der Tür hängen.

◆**catch at** *vi +prep obj* (*grab for*) greifen nach; *opportunity* ergreifen.

◆**catch on** *vi* (*inf*) **1.** (*become popular*) ankommen; (*fashion also*) sich durchsetzen; (*book also*) einschlagen. **2.** (*understand*) kapieren (*inf*).

◆**catch out** *vt sep* (*fig*) überführen; (*with trick question etc*) hereinlegen (*inf*); (*Sport*) abfangen. **I caught you ~ there!** du bist durchschaut; (*with trick question*) jetzt bist du aber reingefallen (*inf*); **to ~ sb ~ in a lie** jdn beim Lügen ertappen.

◆**catch up I** *vi* aufholen. **to ~ ~ on one's sleep** Schlaf nachholen; **to ~ ~ on** *or* **with one's work** Arbeit nachholen; **to ~ ~ with sb** (*running, in work*) jdn einholen; **hurry, they're ~ing ~!** beeil dich, sie holen auf!

II *vt sep* **1. to ~ sb ~** (*walking, working*) jdn einholen.

2. (*snatch up*) (vom Boden) hochheben; *hair* hochstecken. **she caught ~ her skirts** sie raffte *or* schürzte ihre Röcke.

3. to get caught ~ in sth (*entangled*) sich in etw (*dat*) verheddern *or* verfangen; *in traffic* in etw (*acc*) kommen; *in discussion* in etw (*acc*) verwickelt werden.

catchall *n* (*US*) (*drawer*) Schublade *f* für Krimskrams (*inf*); (*phrase, clause etc*) allgemeine Bezeichnung/Klausel/allgemeiner Rahmen *etc*; **catch-as-catch-can** *n* (*Sport*) Catch-as-catch-can *nt*.

catcher ['kætʃəʳ] *n* Fänger(in *f*) *m*. **he's a good ~** er ist gut im Fangen, er fängt gut.

catching ['kætʃɪŋ] *adj* (*Med, fig*) ansteckend.

catchment ['kætʃmənt] *n*: **~ area** Einzugsgebiet *nt*, Einzugsbereich *m*; **~ basin** Einzugsgebiet *nt*.

catchphrase *n* Schlagwort *nt*, Slogan *m*.

catchup ['kætʃəp] *n* (*US*) *see* **ketchup.**

catch weight *adj* (*Sport*) ohne Gewichtsklasse; **catch word** *n* Schlagwort *nt*.

catchy ['kætʃɪ] *adj* (*+er*) *tune* eingängig.

catechism ['kætɪkɪzəm] *n* (*instruction*) Katechese *f*; (*fig*) Verhör *nt*; (*book*) Katechismus *m*.

catechize ['kætɪkaɪz] *vt* katechisieren.

categorical [ˌkætɪ'gɒrɪkəl] *adj statement, denial* kategorisch. **he was quite ~ about it** er hat das mit Bestimmtheit gesagt.

categorically [ˌkætɪ'gɒrɪkəlɪ] *adv* kategorisch; *say* mit Bestimmtheit.

categorization [ˌkætɪgəraɪ'zeɪʃən] *n* Kategorisierung *f*.

categorize ['kætɪgəraɪz] *vt* kategorisieren.

category ['kætɪgərɪ] *n* Kategorie, Klasse *f*.

cater ['keɪtəʳ] *vi* (*provide food*) die Speisen und Getränke liefern.

◆**cater for** *vi* +*prep obj* **1.** (*serve*) mit Speisen und Getränken versorgen; *coach party etc* (mit Speisen und Getränken) bedienen. **weddings and functions ~ed ~** wir richten Hochzeiten und andere Veranstaltungen aus.

2. ausgerichtet *or* eingestellt sein auf (+*acc*); (*also* **cater to**) *needs, tastes* gerecht werden (+*dat*), etwas zu bieten haben (+*dat*). **to ~ ~ all tastes** jedem Geschmack gerecht werden, für jeden (Geschmack) etwas zu bieten haben; **a town which ~s ~ children** eine kinderfreundliche Stadt; **a dictionary which ~s ~ the user** ein benutzerfreundliches Wörterbuch.

3. (*expect, be prepared for*) **I hadn't ~ed ~ that** darauf bin/war ich nicht eingestellt.

cater-cornered ['keɪtə'kɔːnəd] *adj* (*US*) diagonal.

caterer ['keɪtərəʳ] *n* Lieferfirma *f* für Speisen und Getränke; (*for parties*) Lieferfirma, die Partys ausrichtet; (*owner, manager*) Gastronom(in *f*) *m*.

catering ['keɪtərɪŋ] *n* Versorgung *f* mit Speisen und Getränken (*for gen*); (*trade*) Gastronomie *f*. **who's doing the ~?** wer liefert das Essen und die Getränke?; **~ trade** (Hotel- und) Gaststättengewerbe *nt*.

caterpillar ['kætəpɪləʳ] *n* (*Zool*) Raupe *f*; (*Tech*) Raupe(nkette), Gleiskette *f*; (*vehicle*) Raupenfahrzeug *nt*.

caterpillar (*Tech*) **caterpillar-track** *n* Raupenkette, Gleiskette *f*; **caterpillar tractor** *n* Raupenfahrzeug, Gleiskettenfahrzeug *nt*.

caterwaul ['kætəwɔːl] *vi* jaulen.

caterwauling ['kætəwɔːlɪŋ] *n* Gejaule *nt*.

catgut ['kætgʌt] *n* Katgut *nt*.

catharsis [kə'θɑːsɪs] *n* **1.** (*Med*) Darmreinigung, Darmentleerung *f*. **2.** (*Liter, Philos*) Katharsis, Läuterung *f*.

cathartic [kə'θɑːtɪk] **I** *adj* **1.** (*Med*) abführend. **2.** (*Liter, Philos*) kathartisch. **II** *n* (*Med*) Abführmittel *nt*.

cathedral [kə'θiːdrəl] *n* Dom *m*; (*esp in England, France, Spain*) Kathedrale *f*. **~ town/city** Domstadt *f*.

Catherine ['kæθərɪn] *n* Katharina *f*. **c~ wheel** Feuerrad *nt*.

catheter ['kæθɪtəʳ] *n* Katheter *m*.

cathode ['kæθəʊd] *n* Kathode *f*.

cathode ray *n* Kathodenstrahl *m*; **cathode-ray tube** *n* Kathodenstrahlröhre *f*.

catholic ['kæθəlɪk] *adj* (*varied*) vielseitig. **he's a man of very ~ tastes** er ist (ein) sehr vielseitig interessiert(er Mensch).

Catholic **I** *adj* (*Eccl*) katholisch. **the ~ Church** die katholische Kirche. **II** *n* Katholik(in *f*) *m*.

Catholicism [kə'θɒlɪsɪzəm] *n* Katholizismus *m*.

catkin *n* (*Bot*) Kätzchen *nt*; **catlick** *n* (*inf*) Katzenwäsche *f*; **catlike** *adj* katzenhaft, katzengleich; **cat litter** *n* Katzenstreu *f*; **catmint** *n* Katzenminze *f*; **catnap** **I** *n* **to have a ~** ein Nickerchen *nt* machen (*inf*); **II** *vi* dösen; **catnip** *n* (*US*) *see* **catmint; cat-o'-nine-tails** *n* neunschwänzige Katze; **cat's eye** *n* Katzenauge *nt*, Rückstrahler *m*; **cat's paw** *n* Handlanger *m*; **catsuit** *n* einteiliger Hosenanzug.

catsup ['kætsəp] *n* (*US*) *see* **ketchup.**

cattail ['kætˌteɪl] *n* (*US*) Rohrkolben *m*.

cattle ['kætl] *npl* Rind(vieh) *nt*. **500 head of ~** 500 Rinder, 500 Stück Vieh; **"~ crossing"** „Vorsicht Viehtrieb!".

cattle breeding *n* Rinderzucht *f*; **cattle grid** *n* Weidenrost *m*, Viehtor *nt*; **cattleman** *n* Rinderzüchter *m*; **cattle market** *n* (*lit*) Viehmarkt *m*; **cattle rustler** *n* Viehdieb(in *f*) *m*; **cattle shed** *n* Viehstall *m*; **cattle truck** *n* (*Aut*) Viehanhänger *m*; (*Rail*) Viehwagen *m*.

catty ['kætɪ] *adj* (*+er*) gehässig, boshaft.

catwalk ['kætwɔːk] *n* Steg *m*, Brücke *f*; (*for models*) Laufsteg *m*.

Caucasian [kɔː'keɪzɪən] **I** *adj* **1.** (*of racial group*) weiß **2.** kaukasisch. **II** *n* **1.** (*racial grouip*) Weiße(r) *mf*. **2.** Kaukasier(in *f*) *m*.

Caucasus ['kɔːkəsəs] *n* Kaukasus *m*.

caucus ['kɔːkəs] *n* (*committee*) Gremium *nt*, Ausschuß *m*; (*US: meeting*) Sitzung *f*.

caudal ['kɔːdl] *adj* Schwanz-, kaudal (*spec*).

caught [kɔːt] *pret, ptp of* **catch.**

cauldron ['kɔːldrən] *n* großer Kessel; (*witch's* ~) (Hexen)kessel *m*.
cauliflower ['kɒlɪflaʊəʳ] *n* Blumenkohl *m*. ~ **cheese** Blumenkohl mit Käsesoße; ~ **ear** Boxerohr *nt*.
caulk [kɔːk] *vt seams, joints* abdichten; (*on ship*) kalfatern.
caulking ['kɔːkɪŋ] *n* Material *nt* zum Abdichten; (*Naut*) Teer *m*.
causal ['kɔːzəl] *adj* kausal, ursächlich. ~ **relationship** Kausalzusammenhang *m*.
causality [kɔː'zælɪtɪ] *n* Kausalität *f*.
causally ['kɔːzəlɪ] *adv* kausal, ursächlich.
causation [kɔː'zeɪʃən] *n* Kausalität *f*; (*of particular event*) Ursache *f*. **the law of** ~ das Kausalgesetz *or* -prinzip.
causative ['kɔːzətɪv] **I** *adj factor* verursachend; (*Gram*) kausativ. **II** *n* (*Gram*) Kausativ *nt*.
cause [kɔːz] **I** *n* **1.** Ursache *f* (*of* für). ~ **and effect** Ursache und Wirkung; **what was the** ~ **of the fire?** wodurch ist das Feuer entstanden?

2. (*reason*) Grund, Anlaß *m*. **she has no** ~ **to be angry** sie hat keinen Grund, sich zu ärgern; **the** ~ **of his failure** der Grund für sein Versagen; **with/without (good)** ~ mit (triftigem)/ohne (triftigen) Grund; **there's no** ~ **for alarm** es besteht kein Grund *or* Anlaß zur Aufregung; **you have good** ~ **for complaint** Sie haben allen Grund zur Klage, Sie beklagen sich zu Recht.

3. (*purpose, ideal*) Sache *f*. **to make common** ~ **with sb** mit jdm gemeinsame Sache machen; **to work for** *or* **in a good** ~ sich für eine gute Sache einsetzen; **in the** ~ **of justice** im Namen der Gerechtigkeit; **it's all in a good** ~ es ist für eine gute Sache.

4. (*Jur: action*) Fall *m*, Sache *f*. ~ **célèbre** Cause célèbre *f*.

II *vt* verursachen. **to** ~ **grief to sb** jdm Kummer machen; **to** ~ **sb to do sth** (*form*) jdn veranlassen, etw zu tun (*form*).
causeway ['kɔːzweɪ] *n* Damm *m*.
caustic ['kɔːstɪk] *adj* (*Chem*) ätzend, kaustisch; (*fig*) ätzend; *remark* bissig. ~ **soda** Ätznatron *nt*.
caustically ['kɔːstɪklɪ] *adv* in ätzendem *or* bissigem Ton.
cauterization [ˌkɔːtəraɪ'zeɪʃən] *n* (*Med*) Kaustik, Kauterisation *f*.
cauterize ['kɔːtəraɪz] *vt* (*Med*) kauterisieren.
caution ['kɔːʃən] **I** *n* **1.** (*circumspection*) Vorsicht, Umsicht *f*, Bedacht *m*. "~!" „Vorsicht!"; **to act with** ~ umsichtig *or* mit Bedacht vorgehen, Vorsicht walten lassen.

2. (*warning*) Warnung *f*; (*official*) Verwarnung *f*.

II *vt* **to** ~ **sb** jdn warnen (*against* vor +*dat*); (*officially*) jdn verwarnen; **to** ~ **sb against doing sth** jdn davor warnen, etw zu tun.
cautionary ['kɔːʃənərɪ] *adj* belehrend; *sign* Warn-.
cautious ['kɔːʃəs] *adj* vorsichtig. **to play a** ~ **game** Vorsicht walten lassen.
cautiously ['kɔːʃəslɪ] *adv see adj*.
cautiousness ['kɔːʃəsnɪs] *n* Vorsicht *f*.
cavalcade [ˌkævəl'keɪd] *n* Kavalkade *f*.
cavalier [ˌkævə'lɪəʳ] **I** *n* (*horseman, knight*) Kavalier *m*. **C~** (*Hist*) Kavalier *m*. **II** *adj* (*offhand*) *person, nature* unbekümmert; *disregard, overruling also* ungeniert, kaltlächelnd. **... he said in his** ~ **tone** ... sagte er leichthin.
cavalry ['kævəlrɪ] *n* Kavallerie, Reiterei *f*.
cavalryman *n* Kavallerist *m*; **cavalry officer** *n* Kavallerieoffizier *m*.
cave [keɪv] **I** *n* Höhle *f*. **II** *vi* **to go caving** auf Höhlenexpedition(en) gehen.
◆**cave in** *vi* **1.** einstürzen; (*fig: scheme*) zusammenbrechen. **2.** (*inf: surrender, yield*) nachgeben, kapitulieren.
caveat ['kævɪæt] *n* Vorbehalt *m*. **to enter** *or* **file a** ~ (*Jur*) Einspruch einlegen.
cave-dweller *n* Höhlenbewohner(in *f*) *m*; **cave-in** *n* Einsturz *m*; (*place*) Einsturzstelle *f*; **caveman** *n* Höhlenmensch *m*; (*fig*) Urmensch *m*; ~ **instincts** Urinstinkte *pl*; **cave painting** *n* Höhlenmalerei *f*.
cavern ['kævən] *n* Höhle *f*.
cavernous ['kævənəs] *adj* **1.** *cellar, pit, darkness* tief; *hole* gähnend; *eyes* tiefliegend; *cheeks* eingefallen, hohl; *voice* hohl(tönend); *yawn* herzhaft, breit. **2.** *mountain* höhlenreich, voller Höhlen.
caviar(e) ['kævɪɑːʳ] *n* Kaviar *m*.
cavil ['kævɪl] *vi* kritteln. **to** ~ **at sth** an etw (*dat*) herumkritteln.
cavity ['kævɪtɪ] *n* Hohlraum *m*, Höhlung *f*; (*in tooth*) Loch *nt*. **nasal/chest** ~ (*Anat*) Nasen-/Brusthöhle *f*; ~ **block** Hohlraumziegel *m*; ~ **wall insulation** Schaumisolierung *f*.
cavort [kə'vɔːt] *vi* tollen, toben. **to** ~ **about** herumtollen *or* -toben.
cavy ['keɪvɪ] *n* Meerschweinchen *nt*.
caw [kɔː] **I** *vi* krächzen. **II** *n* (heiserer) Schrei.
cawing ['kɔːɪŋ] *n* Krächzen, Gekrächz(e) *nt*.
cay [keɪ] *n* (kleine) Insel, Koralleninsel *f*.
cayenne pepper ['keɪen'pepəʳ] *n* Cayennepfeffer *m*.
CB *abbr of* **Citizens' Band** CB. ~ **radio** CB-Funk *m*.
CBE (*Brit*) *abbr of* **Commander of the Order of the British Empire**.
CBI (*Brit*) *abbr of* **Confederation of British Industry** ≃ **BDI.**
CBS *abbr of* **Columbia Broadcasting System** CBS.
cc[1] *abbr of* **cubic centimetre** cc, cm^3.
cc[2] *abbr of* **carbon copy I** *n* Kopie *f*. **II** *vt* eine Kopie senden an (+*acc*). **~: ...** Kopie (an): ...
CD *abbr of* **1. compact disc** CD *f*. ~ **player** CD-Spieler *m*. **2. corps diplomatique**. **3. civil defence. 4.** (*US*) **Congressional District.**
Cdr *abbr of* **Commander**.
CD-ROM ['siːdiː'rɒm] *abbr of* **compact disk - read only memory** CD-ROM.
CDT (*US*) *abbr of* **Central Daylight Time.**
cease [siːs] **I** *vi* enden, aufhören; (*noise, shouting*) verstummen. **without ceasing** ohne Pause, unaufhörlich; **to** ~ **from doing sth** (*form*) von etw ablassen (*geh*).

II *vt* beenden; *fire, payments, produc-*

tion einstellen. **to ~ doing sth** aufhören, etw zu tun; **to ~ to exist** aufhören zu bestehen; **~ fire!** Feuer halt!

III *n* **without ~** (*liter*) unaufhörlich, ohne Unterlaß (*liter*).

ceasefire [si:s'faɪəʳ] *n* Feuerpause *or* -einstellung *f*; (*longer*) Waffenruhe *f*, Einstellung *f* der Kampfhandlungen.

ceaseless ['si:slɪs] *adj* endlos, unaufhörlich; (*relentless*) *vigilance* unablässig.

ceaselessly ['si:slɪslɪ] *adv see adj.*

cedar ['si:dəʳ] *n* **1.** (*tree*) Zeder *f*. **2.** (*also* **~wood**) Zedernholz *nt*. **~ of Lebanon** Libanonzeder *f*.

cede [si:d] *vt territory* abtreten (*to* an +*acc*). **to ~ a point in an argument** in einem Punkt *or* in einer Sache nachgeben.

cedilla [sɪ'dɪlə] *n* Cedille *f*.

Ceefax ® ['si:fæks] *n Videotext m der BBC.*

ceiling ['si:lɪŋ] *n* **1.** (Zimmer)decke *f*; *see* **hit II 12. 2.** (*Aviat*) (*cloud* ~) Wolkenhöhe *f*; (*aircraft's* ~) Gipfelhöhe *f*. **3.** (*fig: upper limit*) ober(st)e Grenze, Höchstgrenze *f*. **price ~** oberste Preisgrenze; **to put a ~ on sth** etw nach oben begrenzen.

celebrate ['selɪbreɪt] **I** *vt* **1.** feiern; *event, birthday also* begehen. **2.** (*extol*) *sb's name, deeds* feiern, preisen (*geh*). **3.** *mass, ritual* zelebrieren; *communion* feiern. **II** *vi* feiern.

celebrated ['selɪbreɪtɪd] *adj* gefeiert (*for* wegen), berühmt (*for* für).

celebration [ˌselɪ'breɪʃən] *n* **1.** (*party, festival*) Feier *f*; (*commemoration, jubilee also*) Gedenkfeier *f*; (*act of celebrating*) Feiern *nt*. **during the centenary ~s** während der Hundertjahrfeier(n); **in ~ of** zur Feier (+*gen*).

2. (*praise*) Verherrlichung *f*.

3. (*of mass, ritual*) Zelebration *f*; (*of communion*) Feier *f*.

celebrity [sɪ'lebrɪtɪ] *n* Berühmtheit *f*; (*person also*) berühmte Persönlichkeit.

celeriac [sə'lerɪæk] *n* (Knollen)sellerie *f*.

celerity [sɪ'lerɪtɪ] *n* (*form*) Geschwindigkeit *f*.

celery ['selərɪ] *n* Stangensellerie *m or f*. **three stalks of ~** drei Stangen Sellerie.

celestial [sɪ'lestɪəl] *adj* himmlisch; (*Astron*) Himmels-.

celibacy ['selɪbəsɪ] *n* Zölibat *nt or m*; (*fig*) Enthaltsamkeit *f*.

celibate ['selɪbɪt] **I** *adj* (*Rel*) keusch, zölibatär (*spec*); (*fig*) enthaltsam. **II** *n* **to be a ~** im Zölibat leben.

cell [sel] *n* (*all meanings*) Zelle *f*. **~ wall** Zellwand *f*.

cellar ['seləʳ] *n* Keller *m*. **he keeps an excellent ~** er hat einen ausgezeichneten Weinkeller.

cellarage ['selərɪdʒ] *n* (*cellar space*) Kellerfläche *f*; (*storage cost*) Lagerkosten *pl*.

cellist ['tʃelɪst] *n* Cellist(in *f*) *m*.

cello, 'cello ['tʃeləʊ] *n* Cello *nt*.

cellophane ® ['seləfeɪn] *n* Cellophan ® *nt*.

cellular ['seljʊləʳ] *adj* **1.** zellenförmig, zellular, Zell-. **~ phone** Funktelefon *nt*. **2.** (*of textiles*) aus porösem Material.

celluloid ['seljʊlɔɪd] *n* Zelluloid *nt*.

cellulose ['seljʊləʊs] **I** *n* Zellulose *f*, Zellstoff *m*. **II** *adj* Zellulose-.

Celsius ['selsɪəs] *adj* Celsius-. **30 degrees ~** 30 Grad Celsius.

Celt [kelt, selt] *n* Kelte *m*, Keltin *f*.

Celtic ['keltɪk, 'seltɪk] **I** *adj* keltisch. **II** *n* (*language*) Keltisch *nt*.

cement [sə'ment] **I** *n* **1.** (*Build*) Zement *m*; (*inf: concrete*) Beton *m*. **~ mixer** Betonmischmaschine *f*.

2. (*glue*) Leim, Klebstoff *m*; (*for holes etc, fig*) Kitt *m*.

3. (*of tooth*) (Zahn)zement *m*.

II *vt* (*Build*) zementieren; (*glue*) leimen; kitten; (*fig*) festigen, zementieren.

cemetery ['semɪtrɪ] *n* Friedhof *m*.

cenotaph ['senətɑ:f] *n* Mahnmal, Ehrenmal *nt*, Kenotaph *m*.

censer ['sensəʳ] *n* (*Eccl*) Rauchfaß *nt*.

censor ['sensəʳ] **I** *n* Zensor *m*. **II** *vt* zensieren; (*remove*) *chapter* herausnehmen.

censorious [sen'sɔ:rɪəs] *adj remark, glance* strafend. **he was very ~ of the new policy** er kritisierte die neue Politik scharf.

censorship ['sensəʃɪp] *n* Zensur *f*. **~ of the press** Pressezensur *f*.

censure ['senʃəʳ] **I** *vt* tadeln. **II** *n* Tadel *m*. **vote of ~** Tadelsantrag *m*.

census ['sensəs] *n* Zensus *m*, Volkszählung *f*; (*Bibl*) Schätzung *f*; (*traffic* ~) Verkehrszählung *f*. **to take a ~ (of the population)** eine Volkszählung durchführen.

cent [sent] *n* Cent *m*. **I haven't a ~** (*US*) ich habe keinen Pfennig.

centaur ['sentɔ:ʳ] *n* Zentaur *m*.

centenarian [ˌsentɪ'nɛərɪən] **I** *adj* hundertjährig. **II** *n* Hundertjährige(r) *mf*, Zentenar *m* (*geh*).

centenary [sen'ti:nərɪ] *n* (*anniversary*) hundertster Jahrestag; (*birthday*) hundertster Geburtstag; (*100 years*) Jahrhundert *nt*. **~ celebrations** Hundertjahrfeier *f*.

centennial [sen'tenɪəl] **I** *adj* hundertjährig, hundertjährlich. **II** *n* (*esp US*) Hundertjahr- *or* Zentenarfeier (*geh*) *f*.

center *n* (*US*) *see* **centre.**

centigrade ['sentɪgreɪd] *adj* Celsius-. **one degree ~** ein Grad Celsius.

centigramme, (*US*) **centigram** ['sentɪgræm] *n* Zentigramm *nt*.

centilitre, (*US*) **centiliter** ['sentɪˌli:təʳ] *n* Zentiliter *m or nt*.

centimetre, (*US*) **centimeter** ['sentɪˌmi:təʳ] *n* Zentimeter *m or nt*.

centipede ['sentɪpi:d] *n* Tausendfüßler *m*.

central ['sentrəl] **I** *adj* **1.** zentral, Zentral-; (*main, chief*) Haupt-. **the ~ area of the city** das Innenstadtgebiet; **our house is very ~** unser Haus liegt sehr zentral.

2. (*fig*) wesentlich; *importance, figure* zentral. **to be ~ to sth** das Wesentliche an etw (*dat*) sein.

II *n* (*US: exchange, operator*) (Telefon)zentrale *f*, Fernamt *nt*.

Central America *n* Mittelamerika *nt*; **Central American I** *adj* mittelamerikanisch; **II** *n* Mittelamerikaner(in *f*) *m*;

central bank *n* Zentralbank *f*; **Central Europe** *n* Mitteleuropa *nt*; **Central European I** *adj* mitteleuropäisch; **II** *n* Mitteleuropäer(in *f*) *m*; **central government** *n* Zentralregierung *f*; **central heating** *n* Zentralheizung *f*.

centralization [ˌsentrəlaɪ'zeɪʃən] *n* Zentralisierung *f*.

centralize ['sentrəlaɪz] *vt* zentralisieren.

central locking *n* Zentralverriegelung *f*.

centrally ['sentrəlɪ] *adv* zentral. ~ **heated** zentralbeheizt.

central nervous system *n* Zentralnervensystem *nt*; **central reservation** *n* Mittelstreifen *m*; **central station** *n* Hauptbahnhof *m*.

centre, (*US*) **center** ['sentəʳ] **I** *n* **1.** (*chief place*) Zentrum *nt*. **business** ~ Geschäftszentrum *nt*.

2. (*middle, Pol*) Mitte *f*; (*of circle*) Mittelpunkt *m*; (*town* ~) Stadtmitte *f*; (*city* ~) Zentrum *nt*, City *f*. ~ **of gravity** Schwerpunkt *m*; ~ **of attraction** Hauptanziehungspunkt *m*, Hauptattraktion *f*; (*person*) Mittelpunkt *m* der Aufmerksamkeit; **she always wants to be the ~ of attraction** sie will immer im Mittelpunkt stehen; **left of** ~ (*Pol*) links der Mitte; **the ~ of the field** (*Sport*) das Mittelfeld; **a politician of the** ~ ein Politiker der Mitte.

3. (*community* ~, *sports* ~, *shopping* ~) Zentrum, Center *nt*.

4. (*Basketball, Netball*) Center *m*.

II *vt* **1.** (*also Comput*) zentrieren. **2.** (*concentrate*) konzentrieren. **3.** (*Sport*) *ball* zur Mitte (ab)spielen.

◆**centre up** *vt sep* zentrieren.

◆**centre (up)on** *vi +prep obj* (*thoughts, problem, talk*) kreisen um, sich drehen um.

centre-bit *n* (*Tech*) Zentrumbohrer *m*; **centre-board** *n* (*Naut*) (Kiel)schwert *nt*; **centre-fold** *n doppelseitiges Bild in der Mitte einer Zeitschrift*; **centre-fold girl** *n weibliches Aktmodell, dessen Foto auf den Mittelseiten einer Zeitschrift abgedruckt ist*; **centre-forward** *n* (*Sport*) Mittelstürmer(in *f*) *m*; **centre-half** *n* (*Sport*) Stopper(in *f*) *m*; **centre party** *n* Partei *f* der Mitte; **centre-piece** *n* Tafelaufsatz *m*; **centre-three-quarter** *n* (*Rugby*) mittlere(r) Dreiviertelspieler(in *f*) *m*.

centrifugal [ˌsentrɪ'fjʊgəl] *adj* zentrifugal. ~ **force** Zentrifugal- *or* Fliehkraft *f*.

centrifuge ['sentrɪfjuːʒ] *n* (*Tech*) Zentrifuge, Schleuder *f*.

centripetal [ˌsentrɪ'pɪtl] *adj* zentripetal.

centrist ['sentrɪst] *n* Anhänger(in *f*) *m* der politischen Mitte; (*politician*) Politiker(in *f*) *m* der Mitte.

centuries-old ['sentjʊrɪz'əʊld] *adj* jahrhundertealt.

centurion [sen'tjʊərɪən] *n* Zenturio *m*.

century ['sentjʊrɪ] *n* **1.** Jahrhundert *nt*. **in the twentieth** ~ im zwanzigsten (*written:* 20.) Jahrhundert. **2.** (*Cricket*) Hundert *f*.

CEO (*US*) *abbr of* **chief executive officer**.

ceramic [sɪ'ræmɪk] **I** *adj* keramisch. ~ **hob** Glaskeramik-Kochfeld *nt*. **II** *n* Keramik *f*.

ceramics [sɪ'ræmɪks] *n* **1.** *sing* (*art*) Keramik *f*. **2.** *pl* (*articles*) Keramik(en *pl*) *f*, Keramikwaren *pl*.

cereal ['sɪərɪəl] *n* **1.** (*crop*) Getreide *nt*. ~ **crop** Getreideernte *f*; **the growing of ~s** der Getreideanbau; **maize, rye and other ~s** Mais, Roggen und andere Getreidearten. **2.** (*food*) Corn-flakes *pl*/ Müsli *nt etc*.

cerebellum [ˌserɪ'beləm] *n* Kleinhirn, Zerebellum (*spec*) *nt*.

cerebral ['serɪbrəl] *adj* (*Physiol*) zerebral; (*intellectual*) geistig; *person* durchgeistigt, vergeistigt.

cerebrum ['serəbrəm] *n* Großhirn, Zerebrum (*spec*) *nt*.

ceremonial [ˌserɪ'məʊnɪəl] **I** *adj* zeremoniell. **II** *n* Zeremoniell *nt*.

ceremonially [ˌserɪ'məʊnɪəlɪ] *adv* feierlich, zeremoniell.

ceremonious [ˌserɪ'məʊnɪəs] *adj* förmlich, zeremoniös (*geh*).

ceremoniously [ˌserɪ'məʊnɪəslɪ] *adv* mit großem Zeremoniell.

ceremony ['serɪmənɪ] *n* **1.** (*event*) Zeremonie, Feier(lichkeiten *pl*) *f*. **2.** (*formality*) Förmlichkeit(en *pl*) *f*. **to stand on** ~ förmlich sein.

cerise [sə'riːz] **I** *adj* kirschrot, cerise *pred*. **II** *n* Kirschrot *nt*.

cert¹ [sɜːt] *abbr of* **certificate.**

cert² *n* (*sl*) **a (dead)** ~ eine todsichere Sache (*inf*).

certain ['sɜːtən] *adj* **1.** (*positive, convinced*) sicher; (*inevitable, guaranteed*) bestimmt, gewiß. **are you ~ of** *or* **about that?** sind Sie sich (*dat*) dessen sicher?; **is he ~?** weiß er das genau?; **for** ~ ganz sicher, ganz genau; **he is ~ to come** er wird ganz bestimmt *or* gewiß kommen; **we are ~ to succeed** wir werden ganz bestimmt Erfolg haben; **to make ~ of sth** (*check*) sich einer Sache (*gen*) vergewissern, etw nachprüfen; (*ensure*) für etw sorgen; **to make ~ of a seat** sich (*dat*) einen Platz sichern; **be ~ to tell him** vergessen Sie bitte nicht, ihm das zu sagen; **that was ~ to happen** das mußte ja so kommen.

2. (*attr: not named or specified*) gewiß; *reason, conditions* bestimmt. **a ~ gentleman** ein gewisser Herr; **to a ~ extent** in gewisser Hinsicht, zu einem bestimmten Grade.

certainly ['sɜːtənlɪ] *adv* (*admittedly*) sicher(lich); (*positively, without doubt*) bestimmt, gewiß (*geh*). ~ **not!** ganz bestimmt nicht, auf keinen Fall!; **I ~ will not!** ich denke nicht daran!; **~!** sicher, gewiß! (*geh*).

certainty ['sɜːtəntɪ] *n* **1.** (*sure fact*) Gewißheit *f*. **to know for a ~ that ...** mit Sicherheit wissen, daß ...; **he was faced with the ~ of defeat** er sah seiner sicheren Niederlage entgegen; **his success is a** ~ er wird mit Sicherheit Erfolg haben, sein Erfolg ist gewiß; **will it happen? — yes, it's a** ~ wird das passieren? — ja, mit Sicherheit.

2. *no pl* (*conviction*) Gewißheit, Sicherheit *f*.

CertEd (*Brit*) *abbr of* **Certificate of Education.**

certifiable [ˌsɜːtɪ'faɪəbl] *adj* **1.** *fact, claim* nachweisbar. **2.** (*Psych*) unzurechnungsfähig; (*inf: mad*) nicht zurechnungsfähig.

certificate [sə'tɪfɪkɪt] *n* Bescheinigung *f*, Nachweis *m*; (*of qualifications*) Zeugnis *nt*, Urkunde *f*; (*of health*) Zeugnis *nt*; (*marriage* ~) Trauschein *m*; (*of baptism*) Taufschein *m*; (*share* ~) Zertifikat *nt*; (*Film*) Freigabe *f*.

certification [ˌsɜːtɪfɪ'keɪʃən] *n* **1.** (*of film*) Klassifizierung *f*. **2.** (*Jur: document*) Beglaubigung *f*.

certify ['sɜːtɪfaɪ] **I** *vt* **1.** bescheinigen, bestätigen; (*Jur*) beglaubigen. **this is to ~ that ...** hiermit wird bescheinigt *or* bestätigt, daß ...; **certified as a true copy** beglaubigte Abschrift; **certified cheque** gedeckter Scheck; **certified mail** (*US*) Einschreiben *nt*; **certified milk** (*US*) Vorzugsmilch *f*; **certified public accountant** (*US*) geprüfte(r) Buchhalter(in *f*) *m*.

2. (*Psych*) für unzurechnungsfähig erklären; (*put in asylum*) in eine Anstalt einweisen. **he should be certified** (*inf*) der ist doch nicht ganz zurechnungsfähig (*inf*).

II *vi* **to ~ to sb/sth** sich für jdn/etw verbürgen.

certitude ['sɜːtɪtjuːd] *n* Gewißheit, Sicherheit *f*.

cervical ['sɜːvɪkəl, sə'vaɪkəl] *adj* zervikal (*spec*). **~ cancer** Gebärmutterhalskrebs *m*; **~ smear** Abstrich *m*.

cervix ['sɜːvɪks] *n* (*of uterus*) Gebärmutterhals *m*.

cessation [se'seɪʃən] *n* Ende *nt*; (*of hostilities*) Einstellung *f*. **the ~ of the heartbeat** Herzstillstand *m*.

cession ['seʃən] *n* Abtretung *f*. **~ of lands/territories** Gebietsabtretung(en *pl*) *f*.

cesspit ['sespɪt] *n see* **cesspool 1.**

cesspool ['sespuːl] *n* **1.** Senk- *or* Jauchegrube, Latrine *f*. **2.** (*fig*) Sumpf *m*.

CET *abbr of* **Central European Time** MEZ.

cetacean [sɪ'teɪʃɪən] **I** *n* Wal *m*, Zetazee *f* (*spec*). **II** *adj* Wal(fisch)-, Zetazeen- (*spec*).

Ceylon [sɪ'lɒn] *n* Ceylon *nt*.

Ceylonese [sɪlɒ'niːz] **I** *adj* ceylonesisch. **II** *n* Ceylonese *m*, Ceylonesin *f*.

CF (*US*) *abbr of* **cost and freight** cf.

cf *abbr of* **confer** vgl.

c/f *abbr of* **carry forward.**

CFC *abbr of* **chlorofluorocarbon** FCKW *m*.

CFI (*US*) *abbr of* **cost, freight and insurance** cif.

CG (*US*) *abbr of* **coastguard.**

cg *abbr of* **centigram(s), centigramme(s)** cg.

ch *abbr of* **1. chapter** Kap. **2. central heating** ZH.

cha-cha ['tʃɑːtʃɑː] **I** *n* Cha-Cha-Cha *m*. **II** *vi* Cha-Cha-Cha tanzen.

Chad [tʃæd] *n* der Tschad.

chafe [tʃeɪf] **I** *vt* **1.** (*rub, abrade*) (auf)scheuern, wundscheuern. **his shirt ~d his neck** sein (Hemd)kragen scheuerte (ihn); **the rope was ~d** das Seil war durchgescheuert.

2. (*fig*) aufregen, nervös machen.

II *vi* **1.** (*rub*) sich auf- *or* wundscheuern; (*cause soreness*) scheuern. **her skin ~s easily** ihre Haut wird leicht wund; **the rope was chafing against the railings** das Seil scheuerte an der Reling.

2. (*fig*) sich ärgern (*at, against* über +*acc*).

III *n* wundgescheuerte Stelle.

chaff¹ [tʃɑːf] *n* **1.** (*husks of grain*) Spreu *f*; *see* **wheat. 2.** (*straw*) Häcksel *m or nt*.

chaff² **I** *n* (*banter: also* **~ing**) Scherze *pl*, Flachserei *f* (*inf*). **II** *vt* aufziehen (*about* mit).

chaffinch ['tʃæfɪntʃ] *n* Buchfink *m*.

chagrin ['ʃægrɪn] **I** *n* Ärger, Verdruß (*geh*) *m*. **II** *vt* ärgern, verdrießen (*geh*).

chain [tʃeɪn] **I** *n* **1.** Kette *f*. **~s** (*lit, fig: fetters*) Ketten, Fesseln *pl*; (*Aut*) (Schnee)ketten *pl*; **~ of office** Amtskette *f*; **to keep a dog on a ~** einen Hund an der Kette halten; **in ~s** in Ketten.

2. (*of mountains*) (Berg)kette, (Gebirgs)kette *f*; (*of atoms*) Kette *f*. **~ of shops** Ladenkette *f*; **to make a ~** eine Kette bilden; **~ of ideas** Gedankenkette *f*; **~ of events** Kette von Ereignissen.

3. (*measure of length*) Meßkette *f*.

II *vt* (*lit, fig*) anketten, festketten; *dog* an die Kette legen, anketten. **to ~ sb/sth to sth** jdn/etw an etw (*acc*) ketten.

◆**chain up** *vt sep prisoner* in Ketten legen; *dog* an die Kette legen, anketten.

chain *in cpds* Ketten-; **chain drive** *n* Kettenantrieb *m*, Kettengetriebe *f*; **chain gang** *n* Sträflingskolonne *f*; **chain letter** *n* Kettenbrief *m*; **chainmail** *n* Kettenhemd *nt*; **chain reaction** *n* Kettenreaktion *f*; **chainsaw** *n* Kettensäge *f*; **chain-smoke** *vi* eine (Zigarette) nach der anderen rauchen, kettenrauchen *infin only*; **chain-smoker** *n* Kettenraucher(in *f*) *m*; **chain stitch** *n* (*Sew*) Kettenstich *m*; **chain store** *n* Kettenladen *m*.

chair [tʃɛəʳ] **I** *n* **1.** (*seat*) Stuhl *m*; (*arm~*) Sessel *m*; (*sedan ~*) Sänfte *f*. **please take a ~** bitte nehmen Sie Platz!

2. (*in committees*) Vorsitz *m*. **to be in/take the ~** den Vorsitz führen; **to address the ~** sich an den Vorsitzenden/die Vorsitzende wenden; **all questions through the ~, please** bitte alle Fragen (direkt) an den Vorsitzenden/die Vorsitzende richten!

3. (*professorship*) Lehrstuhl *m* (*of* für).

4. (*electric ~*) (elektrischer) Stuhl.

II *vt* **1.** *meeting* den Vorsitz führen bei.

2. (*Brit: carry in triumph*) auf den Schultern (davon)tragen.

chairlift *n* Sessellift *m*; **chairman** *n* Vorsitzende(r) *mf*; **Mr/Madam C~** Herr Vorsitzender/Frau Vorsitzende; **chairmanship** *n* Vorsitz *m*; **under the ~ of** unter (dem) Vorsitz von; **chairperson** *n* Vorsitzende(r) *mf*; **chairwoman** *n* Vorsitzende *f*.

chalet ['ʃæleɪ] *n* Chalet *nt*; (*in motel*) Apartment *nt*.
chalice ['tʃælɪs] *n* (*poet, Eccl*) Kelch *m*.
chalk [tʃɔːk] **I** *n* Kreide *f*; (*limestone also*) Kalkstein *m*. ~ **pit** Kalk(stein)bruch *m*; **not by a long** ~ (*Brit inf*) bei weitem nicht einmal annähernd; **they're as different as** ~ **and cheese** sie sind (so verschieden) wie Tag und Nacht.
II *vt message* mit Kreide schreiben; *luggage* mit Kreide kennzeichnen; *billiard cue* mit Kreide einreiben.
◆**chalk up** *vt sep* **1.** (*lit*) (*mit Kreide*) aufschreiben, notieren. **2.** (*fig: gain, win*) *success, victory* verbuchen; *medal* einheimsen. **3.** (*fig: mark up as credit*) anschreiben (*inf*).
chalkiness ['tʃɔːkɪnɪs] *n* Kalkigkeit *f*; (*chalky content*) Kalkhaltigkeit *f*.
chalky ['tʃɔːkɪ] *adj* (+*er*) (*containing chalk*) kalkhaltig, kalkig; (*like chalk*) kalkartig; (*covered with chalk*) voller Kalk.
challenge ['tʃælɪndʒ] **I** *n* **1.** (*to duel, match*) Herausforderung *f* (*to an* +*acc*); (*fig: demands*) Anforderung(en *pl*) *f*. **to issue a** ~ **to sb** jdn herausfordern; **this job is a** ~ bei dieser Arbeit ist man gefordert; **those who rose to the** ~ diejenigen, die sich der Herausforderung stellten; **the office job held no** ~ **for him** die Bürotätigkeit stellte keine Ansprüche an ihn; **the** ~ **of new ideas/the unknown** der Reiz neuer Ideen/des Unbekannten.
2. (*bid: for leadership*) Griff *m* (*for* nach). **a direct** ~ **to his authority** eine direkte Infragestellung seiner Autorität.
3. (*Mil: of sentry*) Anruf, Werdaruf *m*.
4. (*Jur: of witness*) Ablehnung *f*.
II *vt* **1.** *person, champion* (*to duel, race*) herausfordern; *world record* überbieten wollen. **to** ~ **sb to a duel** jdn zum Duell fordern; **to** ~ **sb to a match** jdn zu einem Kampf *or* einer Begegnung *etc* herausfordern.
2. (*fig: make demands on*) fordern.
3. (*fig*) *remarks, sb's authority* in Frage stellen, anfechten.
4. (*sentry*) anrufen.
5. (*Jur*) *witnesses* ablehnen; *evidence, verdict* anfechten.
challenger ['tʃælɪndʒə^r] *n* (*to duel, match*) Herausforderer *m*, Herausforderin *f*. **a** ~ **of traditional beliefs** einer, der überkommene Glaubenssätze in Frage stellt.
challenging ['tʃælɪndʒɪŋ] *adj* (*provocative*) herausfordernd; (*thought-provoking*) reizvoll; (*demanding*) anspruchsvoll, fordernd. **a** ~ **idea** eine reizvolle Vorstellung; **I don't find this work very** ~ diese Arbeit fordert mich nicht.
chamber ['tʃeɪmbə^r] *n* **1.** (*old*) (*room*) Gemach *nt* (*old*); (*bedroom*) Schlafgemach *nt* (*old*). ~ **of horrors** Horrorkabinett *nt*. **2.** (*Brit*) ~**s** (*of solicitor*) Kanzlei *f*; (*of judge*) Dienst- *or* Amtszimmer *nt*. **3.** **C**~ **of Commerce** Handelskammer *f*; **the Upper/Lower C**~ (*Parl*) die Erste/Zweite Kammer. **4.** (*Anat*) (Herz)kammer *f*. **5.** (*of revolver*) Kammer *f*.
chamberlain ['tʃeɪmbəlɪn] *n* Kammerherr *m*.
chambermaid *n* Zimmermädchen *nt*; **chamber music** *n* Kammermusik *f*; **chamber orchestra** *n* Kammerorchester *nt*; **chamber pot** *n* Nachttopf *m*.
chameleon [kə'miːlɪən] *n* (*Zool, fig*) Chamäleon *nt*.
chamois ['ʃæmwɑː] *n* **1.** (*leather*) Gamsleder *nt*. **a** ~ **(leather)** ein Ledertuch *nt*, ein Fensterleder *nt*. **2.** (*Zool*) Gemse *f*.
champ[1] [tʃæmp] *vt* (*animals*) geräuschvoll mahlen *or* kauen; (*people*) mampfen (*inf*). **to** ~ **at the bit** (*lit*) an der Gebißstange kauen; (*fig*) vor Ungeduld fiebern.
champ[2] *n* (*inf*) Meister(in *f*), Champion *m*.
champagne [ʃæm'peɪn] *n* Sekt, Schaumwein *m*; (*French* ~) Champagner *m*.
champion ['tʃæmpjən] **I** *n* **1.** (*Sport*) Meister(in *f*), Champion *m*. ~**s** (*team*) Meister *m*; **world** ~ Weltmeister(in *f*) *m*. **2.** (*of a cause*) Verfechter(in *f*) *m*.
II *adj* **1.** (*prize-winning*) siegreich; *dog, bull, show animal* preisgekrönt.
2. (*N Engl inf*) klasse *inv* (*inf*), prima *inv* (*inf*).
III *vt person, action, cause* eintreten für, sich engagieren für.
championship ['tʃæmpjənʃɪp] *n* **1.** (*Sport*) Meisterschaft *f*. **he defended his** ~ er verteidigte den Titel. **2.** ~**s** *pl* (*event*) Meisterschaftskämpfe, Meisterschaften *pl*. **3.** (*support*) Eintreten, Engagement *nt* (*of* für).
chance [tʃɑːns] **I** *n* **1.** (*coincidence*) Zufall *m*; (*luck, fortune*) Glück *nt*. **by** ~ durch Zufall, zufällig; **a game of** ~ ein Glücksspiel *nt*; **would you by any** ~ **be able to help?** könnten Sie mir wohl *or* vielleicht behilflich sein?; **to leave things to** ~ die Dinge dem Zufall überlassen; **to trust to** ~ auf sein Glück vertrauen.
2. (*possibility*) Aussicht(en *pl*), Chance(n *pl*) *f*; (*probability, likelihood*) Möglichkeit *f*. **the** ~**s are that ...** aller Wahrscheinlichkeit nach ..., wahrscheinlich ...; **the** ~**s are against that happening** vieles spricht dagegen *or* die Wahrscheinlichkeit ist gering, daß das eintritt; **what are the** ~**s of him agreeing?** wie sind die Aussichten *or* wie stehen die Chancen, daß er zustimmt?; **is there any** ~ **of us meeting again?** könnten wir uns vielleicht wiedersehen?; **on the** ~ **of your returning** für den Fall, daß du *or* falls du zurückkommst *or* zurückkommen solltest; **he has not much/a good** ~ **of winning** er hat wenig/gute Aussicht zu gewinnen, er hat nicht sehr gute/gute Siegeschancen; **to be in with a** ~ eine Chance haben; **he doesn't stand** *or* **hasn't got a** ~ er hat keine(rlei) Chance(n); **no** ~**!** (*inf*) nee! (*inf*), ist nicht drin (*inf*).
3. (*opportunity*) Chance *f*. **the** ~ **of a lifetime** eine einmalige Chance; **you won't get another** ~ **of going there** *or* **to go there** die Gelegenheit, dahin zu fahren, bietet sich (dir) nicht noch einmal;

now's your ~! das ist deine Chance!; **to take one's ~** die Gelegenheit nutzen; **give me a ~!** nun mach aber mal langsam (*inf*); **to give sb a ~** jdm eine Chance geben; **you never gave me a ~ to explain** du hast mir ja nie die Chance gegeben, das zu erklären; **~ would be a fine thing!** (*inf*) schön wär's!

4. (*risk*) Risiko *nt*. **to take a ~** es darauf ankommen lassen; **he's not taking any ~s** er geht kein Risiko ein.

II *attr* zufällig. **~ meeting** zufällige Begegnung.

III *vi* **it ~d that ...** es traf *or* fügte (*geh*) sich, daß ...

IV *vt* **1. to ~ to do sth** zufällig etw tun.

2. I'll ~ it! (*inf*) ich versuch's mal (*inf*); **to ~ one's arm** (*inf*) (et)was riskieren; **to ~ one's luck** (*have a try*) sein Glück versuchen; (*risk*) das Glück herausfordern; **I'll just have to ~ that happening** das muß ich eben riskieren.

◆**chance (up)on** *vi +prep obj person* zufällig begegnen (*+dat*), zufällig treffen; *thing* zufällig stoßen auf (*+acc*).

chancel ['tʃɑːnsəl] *n* Chor, Altarraum *m*.

chancellery ['tʃɑːnsələrɪ] *n* (*offices*) Kanzleramt *nt*; (*position*) Kanzlerschaft *f*.

chancellor ['tʃɑːnsələʳ] *n* (*Jur, Pol, Univ*) Kanzler(in *f*) *m*. **C~ (of the Exchequer)** (*Brit*) Schatzkanzler(in *f*), Finanzminister(in *f*) *m*.

chancellorship ['tʃɑːnsələʃɪp] *n* Kanzlerschaft *f*.

chancer ['tʃɑːnsəʳ] *n* (*inf*) Windhund *m* (*inf*).

chancy ['tʃɑːnsɪ] *adj* (*+er*) (*inf: risky*) riskant.

chandelier [ˌʃændəˈlɪəʳ] *n* Kronleuchter *m*.

chandler ['tʃɑːndləʳ] *n* (*shop*) Kerzenladen *m*. **ship's ~** Schiffsausrüster *m*.

change [tʃeɪndʒ] **I** *n* **1.** Veränderung *f*; (*modification also*) Änderung *f* (*to gen*). **a ~ for the better/worse** ein Fortschritt *m*, eine Verbesserung/ein Rückschritt *m*, eine Verschlechterung; **~ of address** Adressen- *or* Anschriftenänderung *f*; **a ~ in the weather** eine Wetterveränderung; **a ~ of air** eine Luftveränderung; **a ~ is as good as a rest** (*prov*) Abwechslung wirkt *or* tut Wunder; **no ~** unverändert; **I need a ~ of scene** ich brauche Tapetenwechsel; **to make ~s (to sth)** (an etw *dat*) (Ver)änderungen vornehmen; **to make a ~/a considerable ~ in sth** etw ändern/bedeutend verändern; **the ~ of life** die Wechseljahre; **he needs a ~ of clothes** er müßte sich mal wieder umziehen; **I didn't have a ~ of clothes with me** ich hatte nichts zum Wechseln mit; **a ~ of job** ein Stellenwechsel *m*.

2. (*variety*) Abwechslung *f*. **(just) for a ~** zur Abwechslung (mal); **that makes a ~** das ist mal was anderes; (*iro*) das ist ja was ganz Neues!; *see* **ring.**

3. *no pl* (*changing*) Veränderung *f*. **those who are against ~** diejenigen, die gegen jegliche Veränderung sind.

4. (*of one thing for another*) Wechsel *m*. **a ~ of government** ein Regierungswechsel, ein Wechsel in der Regierung; **a wheel ~** ein Radwechsel.

5. *no pl* (*money*) Wechselgeld *nt*; (*small ~*) Kleingeld *nt*. **can you give me ~ for a pound?** können Sie mir ein Pfund wechseln?; **I haven't got any ~** ich habe kein Kleingeld; **you won't get much ~ out of £5** von £ 5 wird wohl nicht viel übrigbleiben; **keep the ~** der Rest ist für Sie; **you won't get much ~ out of him** (*fig*) aus ihm wirst du nicht viel rauskriegen.

6. (*St Ex*) **C~** Börse *f*.

II *vt* **1.** (*by substitution*) wechseln; *address, name* ändern. **to ~ trains/buses** *etc* umsteigen; **to ~ one's clothes** sich umziehen; **to ~ a wheel** einen Radwechsel vornehmen, ein Rad wechseln; **to ~ a baby's nappy** *or* **a baby** (bei einem Baby) die Windeln wechseln, ein Baby wickeln; **to ~ the sheets** *or* **the bed** die Bettwäsche wechseln, das Bett neu beziehen; **to ~ one's seat** den Platz wechseln; **to ~ hands** den Besitzer wechseln; **would you ~ the record?** kannst du (mal) ein andere Platte auflegen?; **to ~ places with sb** mit jdm den Platz tauschen; **I wouldn't ~ places with him for the world** ich möchte *or* würde um nichts in der Welt mit ihm tauschen; **to ~ horses in midstream** (*fig*) plötzlich einen anderen Kurs einschlagen.

2. (*alter*) (ver)ändern; *person, ideas* ändern; (*transform*) verwandeln. **to ~ sb/sth into sth** jdn/etw in etw (*acc*) verwandeln; **a chameleon can ~ its colour** das Chamäleon kann seine Farbe wechseln.

3. (*exchange: in shop*) umtauschen. **she ~d the dress for one of a different colour** sie tauschte das Kleid gegen ein andersfarbiges um; *see* **guard.**

4. *money* (*into smaller money*) wechseln; (*into other currency*) (ein)wechseln, (um)tauschen.

5. (*Aut*) **to ~ gear** schalten.

III *vi* **1.** sich ändern; (*town, person also*) sich verändern. **you've ~d!** du hast dich aber verändert!; **to ~ from sth into ...** sich aus etw in ... (*acc*) verwandeln.

2. (*~ clothes*) sich umziehen. **she ~d into an old skirt** sie zog sich einen alten Rock an.

3. (*~ trains*) umsteigen. **you ~ at York** in York müssen Sie umsteigen; **all ~!** Endstation!, alle aussteigen!

4. (*~ gear*) schalten; (*traffic lights*) umspringen (*to* auf *+acc*).

5. (*from one thing to another*) (*seasons*) wechseln. **to ~ to a different system** auf ein anderes System umstellen, zu einem anderen System übergehen; **I ~d to philosophy from maths** ich habe von Mathematik zu Philosophie gewechselt; **do you want to ~ with me?** (*places*) möchten Sie mit mir tauschen?

◆**change down** *vi* (*Aut*) einen niedrigeren Gang einlegen, in einen niedrigeren Gang schalten, (he)runterschalten.

◆**change over I** *vi* **1.** (*change to sth different*) sich umstellen auf (*+acc*). **we have just ~d ~ from gas to electricity** hier *or* bei uns ist gerade von Gas auf Strom umgestellt worden.

2. (*exchange places, activities*) wechseln; (*Sport also*) die Seiten wechseln. **do you mind if I ~ ~?** (*TV*) hast du was dagegen, wenn ich umschalte?

II *vt sep* austauschen.

◆**change round I** *vi see* **change over I 2. II** *vt sep room* umräumen; *furniture* umstellen; *tyres* austauschen, auswechseln.

◆**change up** *vi* (*Aut*) einen höheren Gang einlegen, in einen höheren Gang schalten, höherschalten (*inf*). **to ~ ~ into top** in den höchsten Gang schalten.

changeable ['tʃeɪndʒəbl] *adj person, character* unbeständig; *weather* veränderlich, wechselhaft; *mood, winds* wechselnd.

changeless ['tʃeɪndʒlɪs] *adj* unveränderlich.

changeling ['tʃeɪndʒlɪŋ] *n* (*child*) Wechselbalg *m*.

change machine *n* Geldwechsler *m*.

changeover ['tʃeɪndʒəʊvə^r] *n* Umstellung *f* (*to* auf +*acc*); (*of governments*) Regierungswechsel *m*; (*in relay race*) (Stab)wechsel *m*; (*of teams changing ends*) Seitenwechsel *m*.

changing ['tʃeɪndʒɪŋ] **I** *adj* sich verändernd, wechselnd. **II** *n* **the ~ of the Guard** die Wachablösung.

changing-room ['tʃeɪndʒɪŋ'ru:m] *n* (*in store*) Ankleideraum *m*, Kabine *f*; (*Sport*) Umkleideraum *m*, Umkleidekabine *f*.

channel ['tʃænl] **I** *n* **1.** (*watercourse*) (Fluß)bett *nt*; (*strait*) Kanal *m*; (*deepest part of river*) Fahrrinne *f*. **the (English) C~** der Ärmelkanal; **C~ Islands** Kanalinseln *pl*; **C~ Tunnel** Kanaltunnel *m*.

2. (*fig, usu pl*) (*of bureaucracy*) Dienstweg *m*; (*of information*) Kanal *m*; (*of thought, interest*) Bahn *f*. **if you go through the right ~s** wenn Sie sich an die richtigen Stellen wenden; **to go through the official ~s** den Dienstweg gehen; **through the usual ~s** auf dem üblichen Wege.

3. (*groove*) Furche, Rinne *f*.

4. (*TV, Rad*) Kanal *m*, Programm *nt*.

II *vt* **1.** (*dig out, furrow*) *way, course* sich (*dat*) bahnen.

2. (*direct*) *water, river* (hindurch)leiten (*through* durch).

3. (*fig*) *efforts, interest* lenken (*into* auf +*acc*); *energy also* kanalisieren; *crowd also* dirigieren.

◆**channel off** *vt sep* (*lit*) ableiten; (*fig*) abzweigen.

chant [tʃɑ:nt] **I** *n* (*Eccl, Mus*) Gesang, Cantus *m*; (*monotonous song*) Sprechgesang, Singsang *m*; (*of football fans*) Sprechchor *m*. **tribal ~s** Stammesgesänge *pl*. **II** *vt* im (Sprech)chor rufen; (*Eccl*) singen. **III** *vi* Sprechchöre anstimmen; (*Eccl*) singen.

chanterelle ['tʃæntərel] *n* Pfifferling *m*.

chaos ['keɪɒs] *n* Chaos, Durcheinander *nt*. **complete ~** ein totales Durcheinander.

chaotic *adj*, **~ally** *adv* [keɪ'ɒtɪk, -əlɪ] chaotisch.

chap[1] [tʃæp] **I** *n* (*Med: of skin*) **he's got ~s on his hands** seine Hände sind aufgesprungen *or* rauh. **II** *vi* (*skin*) aufspringen. **III** *vt* spröde machen. **~ped lips** aufgesprungene *or* rauhe Lippen.

chap[2] *n* (*Brit inf: man*) Kerl (*inf*), Typ (*inf*) *m*. **old ~** alter Junge (*inf*) *or* Knabe (*inf*); **poor little ~** armes Kerlchen!; **now look here you ~s** hört mal zu, Jungs (*inf*).

chap[3] *abbr of* **chapter** Kap.

chapel ['tʃæpəl] *n* **1.** Kapelle *f*; (*Sch, Univ: service*) Andacht *f*. **~ of rest** *Kapelle f in einem Bestattungsunternehmen, wo Tote aufgebahrt werden.* **2.** (*nonconformist church*) Sektenkirche *f*. **3.** (*Press: of union*) *Betriebsgruppe f innerhalb der Gewerkschaft der Drucker und Journalisten.*

chaperon(e) ['ʃæpərəʊn] **I** *n* **1.** (*for propriety*) Anstandsdame *f*. **2.** (*escort*) Begleiter(in *f*) *m*. **3.** (*esp US: supervisor*) Aufsichts- *or* Begleitperson *f*. **II** *vt* **1.** (*for propriety*) begleiten, Anstandsdame spielen bei. **2.** (*escort*) begleiten. **3.** (*US*) beaufsichtigen.

chaplain ['tʃæplɪn] *n* Kaplan *m*.

chaplaincy ['tʃæplənsɪ] *n* Amt *nt or* Stelle *f* eines Kaplans; (*building*) Diensträume *pl* eines Kaplans.

chaps [tʃæps] *npl* lederne Reithosen, Cowboyhosen *pl*.

chapter ['tʃæptə^r] *n* **1.** (*of book*) Kapitel *nt*. **to give ~ and verse (for sth)** (*fig*) etw genau belegen. **2.** (*fig*) Kapitel *nt*. **a ~ of accidents** eine Serie von Unfällen. **3.** (*Eccl*) Kapitel *nt*. **~ house** Kapitel(saal *m*) *nt*. **4.** (*esp US: branch*) Ortsgruppe *f*.

char[1] [tʃɑ:^r] *vt* (*burn black*) verkohlen.

char[2] (*Brit inf*) **I** *n* (*charwoman*) Putzfrau *f*. **II** *vi* putzen. **to ~ for sb** bei jdm putzen.

char[3] *n* (*Brit inf: tea*) Tee *m*.

character ['kærɪktə^r] *n* **1.** (*nature*) Charakter *m*; (*of people*) Wesen *nt no pl*, Wesensart *f*. **there's quite a difference in ~ between them** sie sind wesensmäßig sehr verschieden; **to be in ~ for sb** typisch für jdn sein; **it's out of ~ for him to do that** es ist eigentlich nicht seine Art, so etwas zu tun; **to be of good/bad ~** ein guter/schlechter Mensch sein.

2. *no pl* (*strength of ~*) Charakter *m*. **a man of ~** ein Mann von Charakter.

3. *no pl* (*individuality*) (*of towns*) Charakter *m*; (*of person*) Persönlichkeit *f*.

4. (*in novel*) (Roman)figur, (Roman)gestalt *f*; (*Theat*) Gestalt *f*.

5. (*person in public life*) Persönlichkeit, Gestalt *f*; (*original person*) Original *nt*; (*inf: person*) Typ *m* (*inf*), Type *f* (*inf*).

6. (*reference*) Zeugnis *nt*.

7. (*Typ, Comput*) Zeichen *nt*; (*Chinese also*) Schriftzeichen *nt*. **to type 100 ~s per minute** 100 Anschläge pro Minute machen; **Gothic ~s** gotische Schrift.

character *in cpds* (*Theat*) Charakter-; **character actor, ~ actress** *n* Charakterdarsteller(in *f*) *m*; **character assassination** *n* Rufmord *m*.

characteristic [ˌkærɪktəˈrɪstɪk] **I** *adj* charakteristisch, typisch (*of* für). **II** *n* (typisches) Merkmal, Charakteristikum *nt*; (*Math*) Charakteristik, Kennziffer *f*. **one of the main ~s of his style is ...** besonders charakteristisch für seinen Stil ist ...

characteristically [ˌkærɪktəˈrɪstɪkəlɪ] *adv* typisch.

characterization [ˌkærɪktəraɪˈzeɪʃən] *n* (*in a novel*) Personenbeschreibung *f*; (*of one character*) Charakterisierung *f*.

characterize [ˈkærɪktəraɪz] *vt* **1.** (*be characteristic of*) kennzeichnen, charakterisieren. **2.** (*describe*) beschreiben.

characterless [ˈkærɪktəlɪs] *adj person* nichtssagend, farblos; *room* nichtssagend, nichts Besonderes *pred*; *wine* fade.

character part *n* Charakterrolle *f*; **character reference** *n* Referenz *f*; **character set** *n* (*Comput*) Zeichensatz *m*; **character sketch** *n* Charakterstudie *f*; **character space** *n* (*Comput*) Zeichenplatz *m*; **character string** *n* (*Comput*) Zeichenkette *f*.

charade [ʃəˈrɑːd] *n* Scharade *f*; (*fig*) Farce *f*, Affentheater *nt* (*inf*).

charcoal [ˈtʃɑːkəʊl] *n* Holzkohle *f*; (*drawing*) Kohlezeichnung *f*; (*pencil*) Kohle(stift *m*) *f*.

charcoal burner *n* (*person*) Köhler, Kohlenbrenner (*rare*) *m*; (*stove*) Holzkohlenofen *m*; **charcoal drawing** *n* Kohlezeichnung *f*; **charcoal-grey** *adj* schwarzgrau.

charge [tʃɑːdʒ] **I** *n* **1.** (*Jur: accusation*) Anklage *f* (*of* wegen). **convicted on all three ~s** in allen drei Anklagepunkten für schuldig befunden; **to bring a ~ against sb** gegen jdn Anklage erheben, jdn unter Anklage stellen; **to press ~s (against sb)** (gegen jdn) Anzeige erstatten; **what is the ~?** wessen werde ich/wird er *etc* beschuldigt?; **to be on a murder ~** unter Mordanklage stehen; **he was arrested on a ~ of murder** er wurde wegen *or* unter Mordverdacht festgenommen; **to be on a ~** (*soldier*) eine Disziplinarstrafe verbüßen.

2. (*attack: of soldiers, bull etc*) Angriff *m*; (*trumpet-call*) Signal *nt*. **to sound the ~** zum Angriff blasen.

3. (*fee*) Gebühr *f*. **what's the/your ~?** was kostet das?/was verlangen Sie?; **to make a ~ (of £5) for sth** (£ 5 für) etw berechnen *or* in Rechnung stellen; **he made no ~ for mending my watch** er hat mir für die Reparatur der Uhr nichts berechnet; **there's an extra ~ for delivery** die Lieferung wird zusätzlich berechnet; **his ~s are quite reasonable** seine Preise sind ganz vernünftig; **free of ~** kostenlos, gratis; **delivered free of ~** Lieferung frei Haus.

4. (*explosive ~*) (Spreng)ladung *f*; (*in firearm, Elec, Phys*) Ladung *f*. **to put a battery on ~** eine Batterie aufladen; **to be on ~** aufgeladen werden.

5. (*position of responsibility*) Verantwortung *f* (*of* für). **to be in ~** verantwortlich sein, die Verantwortung haben; **look, I'm in ~ here** hören Sie mal zu, hier bestimme ich!; **to be in ~ of sth** für etw die Verantwortung haben; *of department* etw leiten; **to put sb in ~ of sth** jdm die Verantwortung für etw übertragen; *of department* jdm die Leitung von etw übertragen; **while in ~ of a car** (*form*) am Steuer eines Kraftfahrzeuges; **the man in ~** der Verantwortliche, die verantwortliche Person; **the children were placed in their aunt's ~** die Kinder wurden der Obhut der Tante anvertraut; **the patients in** *or* **under her ~** die ihr anvertrauten Patienten; **to take ~ of sth** etw übernehmen; **to take ~** das Kommando übernehmen; **he took ~ of the situation** er nahm die Sache in die Hand.

6. (*ward*) (*child*) Schützling *m*; (*of authorities*) Mündel *nt*; (*patient*) Patient(in *f*) *m*.

7. (*financial burden*) **to be a ~ on sb** jdm zur Last fallen.

II *vt* **1.** (*with gen*) (*Jur*) anklagen; (*fig*) beschuldigen.

2. (*attack*) stürmen; *troops* angreifen; (*bull*) losgehen auf (+*acc*); (*Sport*) *goalkeeper, player* angehen. **the forwards ~d the defence** die Stürmer griffen die Deckung an; **to ~ sb off the ball** jdn vom Ball abdrängen.

3. (*ask in payment*) berechnen.

4. (*record as debt*) in Rechnung stellen. **~ it to the company** stellen Sie das der Firma in Rechnung, das geht auf die Firma (*inf*); **please ~ all these purchases to my account** bitte setzen Sie diese Einkäufe auf meine Rechnung.

5. *firearm* laden; (*Phys, Elec*), *battery* (auf)laden.

6. (*form: command*) **to ~ sb to do sth** jdn beauftragen *or* anweisen (*form*), etw zu tun.

7. (*form: give as responsibility*) **to ~ sb with sth** jdn mit etw beauftragen.

III *vi* **1.** (*attack*) stürmen; (*at people*) angreifen (*at sb* jdn); (*bull*) losgehen (*at sb* auf jdn). **~!** vorwärts!

2. (*inf: rush*) rennen. **he ~d into a brick wall** er rannte gegen eine Mauer; **he ~d into the room/upstairs** er stürmte ins Zimmer/die Treppe hoch.

◆**charge up** *vt sep* **1.** (*credit*) in Rechnung stellen (*to sb* jdm). **I'll ~ the expenses ~** das geht auf Geschäftskosten. **2.** (*Elec*) aufladen.

chargeable [ˈtʃɑːdʒəbl] *adj* **1.** (*Jur*) **to be ~ with sth** für etw angeklagt werden können. **2. to be ~ to sb** auf jds Kosten (*acc*) gehen; **are these expenses ~?** geht das auf Geschäftskosten?

charge account *n* Kunden(kredit)konto *nt*; **charge-cap** [ˈtʃɑːdʒˌkæp] *vt* (*Brit*) eine Obergrenze des Kopfsteuersatzes festlegen; **charge card** *n* Kundenkreditkarte *f*.

charged [ˈtʃɑːdʒd] *adj* (*lit, fig*) geladen; (*Elec also*) aufgeladen. **~ with emotion** emotionsgeladen.

chargé d'affaires [ˈʃɑːʒeɪdæˈfɛəʳ] *n* Chargé d'affaires *m*.

chargehand *n* Vorarbeiter(in *f*) *m*;

charge nurse *n* (*Brit*) Stationsleiter(in *f*) *m* (*im Pflegedienst*).

charger ['tʃɑːdʒəʳ] *n* **1.** (*battery* ~) Ladegerät *nt*. **2.** (*horse*) Roß *nt*.

charge sheet *n* Anklageprotokoll *nt*.

charily ['tʃɛərɪlɪ] *adv* vorsichtig.

chariot ['tʃærɪət] *n* Wagen, Streitwagen (*liter*) *m*.

charioteer [ˌtʃærɪə'tɪəʳ] *n* Wagenlenker(in *f*) *m*.

charisma [kæ'rɪzmə] *n* Charisma *nt*.

charismatic [ˌkærɪz'mætɪk] *adj* charismatisch.

charitable ['tʃærɪtəbl] *adj* menschenfreundlich, gütig; (*dispensing charity*) *trust, organization* Wohltätigkeits-, karitativ; (*financially generous, tolerant*) großzügig; *thought, remark* freundlich. **a ~ deed** eine gute Tat; **he wasn't very ~ about his boss** er äußerte sich nicht gerade schmeichelhaft über seinen Chef; **I'm feeling ~ today, here's £5** ich habe heute meinen sozialen Tag, hier hast du £ 5.

charitably ['tʃærɪtəblɪ] *adv* großzügig; *say* freundlich.

charity ['tʃærɪtɪ] *n* **1.** (*Christian virtue*) tätige Nächstenliebe, Barmherzigkeit *f*.
2. (*tolerance, kindness*) Menschenfreundlichkeit *f*. **for ~'s sake, out of ~** aus reiner Menschenfreundlichkeit; **~ begins at home** (*Prov*) man muß zuerst an seine eigene Familie/sein eigenes Land *etc* denken.
3. (*alms*) **to live on ~** von Almosen leben.
4. (*charitable society*) Wohltätigkeitsverein *m*, karitative Organisation; (*charitable purposes*) Wohlfahrt *f*. **to work for ~** für die Wohlfahrt arbeiten; **a collection for ~** eine Sammlung für wohltätige *or* karitative Zwecke.

charity *in cpds* Wohltätigkeits-.

charlady ['tʃɑːˌleɪdɪ] *n* (*Brit*) Putz- *or* Reinemachefrau *f*.

charlatan ['ʃɑːlətən] *n* Scharlatan *m*.

Charlemagne ['ʃɑːləmeɪn] *n* Karl der Große.

Charles [tʃɑːlz] *n* Karl *m*.

Charlie ['tʃɑːlɪ] *n* **1.** *dim of* **Charles. 2. c~** (*inf: fool*) Heini (*inf*) *m*; **I felt a real c~** ich kam mir richtig blöd vor (*inf*).

charm [tʃɑːm] **I** *n* **1.** (*attractiveness*) Charme *m no pl*; (*of person also*) Anziehungskraft *f*; (*of cottage, village, countryside*) Reiz *m*. **to turn on the ~** seinen (ganzen) Charme spielen lassen.
2. (*spell*) Bann *m*. **it worked like a ~** das hat hervorragend geklappt.
3. (*amulet*) Talisman *m*; (*trinket*) Anhänger *m*.
II *vt* **1.** (*attract, please*) bezaubern. **he could ~ the birds out of the trees** (*prov*) er könnte mit seinem Charme alles erreichen. **2.** (*cast spell on*) bannen; *snakes* beschwören. **to lead a ~ed life** einen Schutzengel haben.

◆charm away *vt sep fears, worries* zerstreuen.

charm bracelet *n* Armband *nt* mit Anhängern.

charmer ['tʃɑːməʳ] *n* **to be a real ~** wirklich charmant sein.

charming ['tʃɑːmɪŋ] *adj* reizend, charmant. **~!** (*iro*) wie reizend! (*iro*).

charmingly ['tʃɑːmɪŋlɪ] *adv* reizend. **she welcomed us quite ~** sie begrüßte uns äußerst charmant.

chart [tʃɑːt] **I** *n* **1.** Tabelle *f*; (*graph, diagram*) Schaubild, Diagramm *nt*; (*map, weather* ~) Karte *f*. **on a ~** in einer Tabelle/einem Diagramm.
2. ~s *pl* (*top twenty*) Hitliste *f*; **~ topper** (*hit record*) Spitzenreiter *m*.
II *vt* (*make a map of*) kartographisch erfassen; (*record progress of*) auswerten; (*keep a ~ of*) aufzeichnen, erfassen; (*plan*) festlegen.

charter ['tʃɑːtəʳ] **I** *n* **1.** Charta *f*; (*town ~, Univ also*) Gründungsurkunde *f*; (*of a society*) Satzung *f*; (*permission to become established*) Charter *f or m*, Freibrief *m*. **2.** (*Naut, Aviat: hire*) **on ~** gechartert.
II *vt plane, bus etc* chartern.

chartered accountant [ˌtʃɑːtədə'kaʊntənt] *n* staatlich geprüfte(r) Bilanzbuchhalter(in *f*) *m*.

charter flight *n* Charterflug *m*; **charter party** *n* Chartergesellschaft *f*; **charter plane** *n* Charterflugzeug *nt*.

charwoman ['tʃɑːˌwʊmən] *n* (*Brit*) *see* **charlady.**

chary ['tʃɛərɪ] *adj* (*+er*) (*cautious*) vorsichtig; (*sparing*) zurückhaltend (*of* mit).

chase¹ [tʃeɪs] **I** *n* Verfolgungsjagd *f*; (*Hunt*) Jagd *f*. **a car ~** eine Verfolgungsjagd im Auto; **to give ~ to sb** jds Verfolgung aufnehmen.
II *vt* jagen; (*follow*) verfolgen; *member of opposite sex* hinterherlaufen (*+dat*), nachlaufen (*+dat*). **go and ~ yourself!** (*sl*) scher dich zum Teufel! (*inf*).
III *vi* **to ~ after sb** hinter jdm herrennen (*inf*); (*in vehicle*) hinter jdm herrasen (*inf*); **to ~ around** herumrasen (*inf*).

◆chase away *or* **off I** *vi* losrasen (*inf*); (*on foot also*) losrennen. **II** *vt sep* wegjagen; (*fig*) *sorrow etc* vertreiben.

◆chase up *vt sep person* rankriegen (*inf*); *information etc* ranschaffen (*inf*). **we'll have to ~ them ~ a bit (about ...)** wir werden ihnen ein bißchen Dampf machen müssen (wegen ...).

chase² *vt* (*Tech*) *silver, metal* ziselieren.

chaser ['tʃeɪsəʳ] *n* **1.** (*pursuer*) Verfolger(in *f*) *m*. **2.** (*drink*) **have a whisky ~** trinken Sie einen Whisky dazu.

chasm ['kæzəm] *n* (*Geol*) Spalte, Kluft (*also fig*) *f*. **a yawning ~** ein gähnender Abgrund.

chassis ['ʃæsɪ] *n* Chassis *nt*; (*Aut also*) Fahrgestell *nt*.

chaste [tʃeɪst] *adj* (*+er*) (*pure, virtuous*) keusch; (*simple, unadvanced*) *style, elegance* schlicht.

chastely ['tʃeɪstlɪ] *adv see adj*.

chasten ['tʃeɪsn] *vt* nachdenklich stimmen, zur Einsicht bringen; *pride, stubborn nature* zügeln.

chasteness ['tʃeɪstnɪs] *n see adj* Keuschheit *f*; Schlichtheit *f*.

chastening ['tʃeɪsnɪŋ] *adj thought, ex-*

perience ernüchternd.

chastise [tʃæs'taɪz] *vt* züchtigen (*geh*); (*scold*) schelten.

chastisement ['tʃæstɪzmənt] *n see vt* Züchtigung *f* (*geh*); Schelte *f*.

chastity ['tʃæstɪtɪ] *n* (*sexual purity*) Keuschheit *f*; (*virginity also*) Unberührtheit, Reinheit *f*. ~ **belt** Keuschheitsgürtel *m*.

chat [tʃæt] **I** *n* Unterhaltung *f*; (*about unimportant things also*) Plauderei *f*, Schwatz *m* (*inf*). **could we have a ~ about it?** können wir uns mal darüber unterhalten?; **she dropped in for a ~** sie kam zu einem Schwätzchen rein (*inf*). **II** *vi* plaudern; (*2 people also*) sich unterhalten.

◆**chat up** *vt sep* (*inf*) *person* einreden auf (+*acc*); *prospective girl-/boyfriend* sich heranmachen an (+*acc*), anquatschen (*inf*).

chat show *n* (*Brit*) Talkshow *f*.

chattels ['tʃætlz] *npl* (*Jur*) bewegliches Vermögen, bewegliche Habe. **all his (goods and) ~** seine gesamte Habe.

chatter ['tʃætər] **I** *n* (*of person*) Geschwätz, Geplapper *nt*; (*of birds*) Schwatzen *nt*; (*of monkeys*) Geschnatter *nt*; (*of teeth*) Klappern *nt*; (*of guns*) Knattern, Geknatter *nt*.

II *vi see n* schwatzen, schwätzen (*esp S Ger*), plappern; schnattern; knattern.

chatterbox ['tʃætəbɒks] *n* Quasselstrippe *f* (*inf*); (*child*) Plapper-mäulchen *nt*.

chatty ['tʃætɪ] *adj* (+*er*) *person* geschwätzig, schwatzhaft. **written in a ~ style** im Plauderton geschrieben.

chauffeur ['ʃəʊfər] *n* Chauffeur, Fahrer *m*. **~-driven** mit Fahrer *or* Chauffeur; **to be ~-driven** einen Fahrer haben.

chauffeuse [ʃəʊ'fɜːz] *n* Fahrerin *f*.

chauvinism ['ʃəʊvɪnɪzəm] *n* Chauvinismus *m*.

chauvinist ['ʃəʊvɪnɪst] **I** *n* (*jingoist*) Chauvinist(in *f*) *m*; (*male ~*) männlicher Chauvinist. **II** *adj* chauvinistisch. **(male) ~ pig** Chauvinistenschwein *nt* (*sl*).

chauvinistic [ˌʃəʊvɪ'nɪstɪk] *adj* chauvinistisch.

cheap [tʃiːp] **I** *adj* (+*er*) **1.** *also adv* (*inexpensive*) billig. **to hold sth ~** etw geringachten; **it's ~ at the price** es ist spottbillig; **I got it ~** ich habe es billig gekriegt.

2. (*poor quality*) billig, minderwertig. **everything they sell is ~ and nasty** sie verkaufen nur Ramsch.

3. (*fig*) (*mean, shallow, sexually ~*) *joke, flattery, thrill, girl* billig; *person, behaviour, appearance* ordinär. **to feel ~** sich (*dat*) schäbig vorkommen; **how can you be so ~!** wie kannst du nur so gemein sein!

II *n* **on the ~** auf die billige Tour (*inf*); **to buy sth on the ~** (*inf*) etw für einen Apfel und ein Ei (*inf*) kaufen; **to make sth on the ~** (*inf*) etw ganz billig produzieren.

cheapen ['tʃiːpən] **I** *vt* (*lit*) verbilligen, herabsetzen; (*fig*) herabsetzen, schlechtmachen. **to ~ oneself** sich entwürdigen.

II *vi* billiger werden, sich verbilligen.

cheapie ['tʃiːpɪ] *n, adj* (*inf*) *see* **cheapo.**

cheapjack ['tʃiːpdʒæk] *adj* Ramsch- (*pej*).

cheaply ['tʃiːplɪ] *adv see adj*.

cheapness ['tʃiːpnɪs] *n see adj* **1.** billiger Preis. **2.** Billigkeit, Minderwertigkeit *f*. **3.** Billigkeit *f*; ordinäre Art.

cheapo ['tʃiːpəʊ] (*inf*) **I** *n* Billigartikel *m*, billiges Ding (*inf*). **II** *adj* Billig-.

cheapskate ['tʃiːpskeɪt] *n* (*inf*) Knicker (*inf*), Knauser (in *f*) *m*.

cheat [tʃiːt] **I** *vt* betrügen; *authorities also* täuschen. **to ~ sb out of sth** jdn um etw betrügen.

II *vi* betrügen; (*in exam, game*) mogeln (*inf*), schummeln (*Sch sl*); (*in card games also*) falschspielen, mogeln (*inf*).

III *n* **1.** (*person*) Betrüger(in *f*) *m*; (*in exam, game*) Mogler(in *f*) (*inf*), Schummler(in *f*) (*Sch sl*) *m*; (*in card games also*) Falschspieler(in *f*), Mogler(in *f*) (*inf*) *m*.

2. (*dishonest trick*) Betrug *m*, Täuschung *f*.

◆**cheat on** *vi* +*prep obj* betrügen.

cheating ['tʃiːtɪŋ] **I** *n see* **cheat II** Betrügen *nt*, Betrug *m*; Mogeln (*inf*), Schummeln (*Sch sl*) *nt*; Falschspielen, Mogeln (*inf*) *nt*. **II** *adj* betrügerisch.

check [tʃek] **I** *n* **1.** (*examination*) Überprüfung, Kontrolle *f*. **to give sth a ~** etw überprüfen *or* nachsehen; **to make a ~ on sb/sth** jdn/etw überprüfen, bei jdm/etw eine Kontrolle durchführen; **a random ~** eine Stichprobe; **to keep a ~ on sb/sth** jdn/etw überwachen *or* kontrollieren.

2. (*restraint*) Hemmnis *nt*, Erschwernis *f*; (*Mil: to army*) Hindernis *nt*, Sperre *f*. **an efficient ~ on population growth** ein wirksames Mittel zur Eindämmung des Bevölkerungswachstums; **to hold** *or* **keep sb in ~** jdn in Schach halten; **to hold** *or* **keep one's temper in ~** sich beherrschen; **(a system of) ~s and balances** ein Sicherungssystem *nt*; **to act as a ~ (up)on sth** etw unter Kontrolle (*dat*) halten.

3. (*pattern*) Karo(muster) *nt*.

4. (*Chess*) Schach *nt*. **to be in ~** im Schach stehen; **to put sb in ~** jdm Schach bieten.

5. (*US*) (*cheque*) Scheck *m*; (*bill*) Rechnung *f*. **~ please** bitte (be)zahlen.

6. (*US*) (*room*) (*Rail*) Gepäckaufbewahrung *f*; (*Theat*) Garderobe *f*; (*ticket*) (Gepäck)schein *m*; (Garderoben)marke *f*.

7. (*US: tick*) Haken *m*.

II *vt* **1.** (*examine*) überprüfen, checken (*inf*); (*in book also*) nachschlagen; *tickets also* kontrollieren.

2. (*act as control on*) kontrollieren; (*stop*) *enemy, advance* aufhalten; *anger* unterdrücken, beherrschen.

3. (*Chess*) Schach bieten (+*dat*).

4. (*US*) *coat* abgeben; (*Rail*) *luggage* (*register*) aufgeben; (*deposit*) abgeben, zur Aufbewahrung geben.

5. (*US: tick*) abhaken.

III *vi* **1.** (*make sure*) nachfragen (*with* bei); (*have a look*) nachsehen, nachgukken. **I was just ~ing** ich wollte nur nachprüfen. **2.** (*stop, pause*) stocken; (*horse*) scheuen.

◆**check back** *vi* (*look back in records*) zurückgehen (*in* zu), nachsehen (*in* in +*dat*); (*re-contact*) rückfragen (*with* bei).

◆**check in I** *vi* (*at airport*) sich bei der Abfertigung melden, einchecken; (*at hotel*) sich anmelden. **what time do you have to ~ ~?** wann mußt du am Flughafen sein?

II *vt sep* (*at airport*) *luggage* abfertigen lassen; (*at hotel*) *person* anmelden. **he isn't ~ed ~ at this hotel** er wohnt nicht in diesem Hotel; **they ~ed me ~ at a first-class hotel** ich wurde in einem erstklassigen Hotel untergebracht.

◆**check off** *vt sep* (*esp US*) abhaken.

◆**check on** *vi +prep obj* see **check up on.**

◆**check out I** *vi* sich abmelden; (*leave hotel*) abreisen; (*sign out*) sich austragen; (*clock out*) stempeln, stechen. **II** *vt sep* **1.** *figures, facts, persons* überprüfen. **~ it ~ with the boss** klären Sie das mit dem Chef ab; **~ ~ our new range** (*inf*) sehen Sie sich (*dat*) unser neues Sortiment an. **2.** (*hotel, airline*) abfertigen.

◆**check over** *vt sep* überprüfen.

◆**check through** *vt sep* **1.** *account, proofs* durchsehen, durchgehen. **2. they ~ed my bags ~ to Berlin** mein Gepäck wurde nach Berlin durchgecheckt.

◆**check up** *vi* überprüfen.

◆**check up on** *vi +prep obj* überprüfen; *person also* Nachforschungen anstellen über (+*acc*); (*keep a check on*) *sb* kontrollieren.

checkbook ['tʃekbʊk] *n* (*US*) Scheckbuch *nt*.

checked [tʃekt] *adj* kariert. **~ pattern** Karomuster *nt*.

checker ['tʃekə^r] *n* **1.** (*of documents*) Prüfer(in *f*) *m*. **2.** (*US: in supermarket*) Kassierer(in *f*) *m*. **3.** (*US: for coats*) Garderobenfrau *f*/-mann *m*.

checkerboard ['tʃekəbɔːd] *n* (*US*) Damebrett *nt*; (*chessboard*) Schachbrett *nt*.

checkered *adj* (*US*) *see* **chequered.**

checkers ['tʃekəz] *n* (*US*) Damespiel *nt*. **to play ~** Dame spielen.

check-in (desk) ['tʃekɪn('desk)] *n* Abfertigung *f*, Abfertigungsschalter *m*; (*Aviat*) Abflugschalter *m*; (*US: in hotel*) Rezeption, Anmeldung *f*.

checking ['tʃekɪŋ] *n* Überprüfung, Kontrolle *f*. **it needs more ~** es muß gründlicher überprüft werden; **~ account** (*US*) Girokonto *nt*.

check list *n* Prüf- *or* Checkliste *f*; **checkmate I** *n* Schachmatt *nt*; **~!** (*Chess*) matt!; (*fig*) aus!; **he found himself in ~** (*lit, fig*) er war matt gesetzt; **II** *vt* matt setzen; **check-out** *n* (*in supermarket*) Kasse *f*; **checkpoint** *n* Kontrollpunkt *m*; **C~ Charlie** *n* (*Hist*) Checkpoint Charlie *m*; **checkroom** *n* (*US*) (*Theat*) Garderobe *f*; (*Rail*) Gepäckaufbewahrung *f*; **check-up** *n* (*Med*) Untersuchung *f*, Check-up *m*; **to have a ~/to go for a ~** einen Check-up machen lassen.

cheddar ['tʃedə^r] *n* Cheddar(käse) *m*.

cheek [tʃiːk] **I** *n* **1.** Backe, Wange (*liter*) *f*. **to be ~ by jowl (with sb)** Tuchfühlung mit jdm haben; **to dance ~ to ~** Wange an Wange tanzen; **~ bone** Wangenknochen *m*; **to turn the other ~** die andere Wange hinhalten.

2. (*buttock*) Backe *f*.

3. (*impudence*) Frechheit, Unverschämtheit, Dreistigkeit *f*. **to have the ~ to do sth** die Frechheit *or* Stirn haben, etw zu tun, sich erfrechen, etw zu tun; **they gave him a lot of ~** sie waren sehr frech zu ihm; **enough of your ~!** jetzt reicht's aber!; **of all the ~!, the ~ of it!** so eine Frechheit *or* Unverschämtheit!

II *vt* **to ~ sb** frech sein zu jdm *or* gegen jdn.

cheekily ['tʃiːkɪlɪ] *adv* frech, vorwitzig, dreist.

cheekiness ['tʃiːkɪnɪs] *n* Frechheit, Dreistigkeit *f*, Vorwitz *m* (*geh*); (*of person also*) freche Art.

cheeky ['tʃiːkɪ] *adj* (+*er*) frech, vorwitzig, dreist; *remark, person, smile also* schnippisch; *hat, dress* keß, flott; *driving* schneidig, schnittig, frech. **it's a bit ~ asking for another pay rise so soon** es ist etwas unverschämt, schon wieder eine Gehaltserhöhung zu verlangen.

cheep [tʃiːp] **I** *n* Piep, Piepser *m*. **II** *vi* piepsen.

cheer [tʃɪə^r] **I** *n* **1.** Hurra- *or* Beifallsruf *m*; (*cheering*) Hurrageschrei *nt*, Jubel *m*. **to give three ~s for sb** jdn dreimal hochleben lassen, ein dreifaches Hoch auf jdn ausbringen; **three ~s for Mike!** ein dreifaches Hurra für Mike!; **~s!** (*Brit inf*) (*your health*) prost!; (*goodbye*) tschüs! (*inf*); (*thank you*) danke schön!; **~ leader** *besonders bei Sportveranstaltungen: jemand, der andere zu Beifall anfeuert.*

2. (*comfort*) Aufmunterung, Ermutigung *f*. **the news gave us some ~** die Nachricht munterte uns auf; **words of ~** aufmunternde Worte, Zuspruch *m*.

3. (*old*) **be of good ~** seid guten Mutes.

4. (*old: food*) **good ~** Tafelfreude(n *pl*) *f* (*old*).

II *vt* **1.** *person* zujubeln (+*dat*); *thing, event* bejubeln.

2. (*gladden*) aufmuntern, aufheitern, froh machen.

III *vi* jubeln, hurra rufen.

◆**cheer on** *vt sep* anspornen, anfeuern.

◆**cheer up I** *vt sep* aufmuntern, aufheitern; *room, place* aufheitern. **he needed a bit of ~ing ~** er brauchte etwas Aufmunterung *or* Aufheiterung; **tell him that, that'll ~ him ~** sag ihm das, dann freut er sich.

II *vi* (*person*) vergnügter *or* fröhlicher werden, bessere Laune bekommen; (*things*) besser werden. **~ ~!** laß den Kopf nicht hängen!, nun lach doch mal!; **~ ~, it's not that bad** Kopf hoch *or* nur Mut, so schlimm ist es auch wieder nicht.

cheerful ['tʃɪəfʊl] *adj* fröhlich, vergnügt; *person also* gutgelaunt *attr*, heiter (*geh*); *place, colour* heiter; *prospect, news* erfreulich; (*iro*) heiter; *tune* fröhlich; *fire* lustig. **you're a ~ customer, aren't you?** (*iro*) du bist (mir) vielleicht ein schöner

Miesmacher! (*inf*).

cheerfully ['tʃɪəfʊlɪ] *adv* fröhlich, vergnügt; *decorated* lustig, heiter. **the fire was burning ~** das Feuer brannte lustig.

cheerfulness ['tʃɪəfʊlnɪs] *n see adj* Fröhlichkeit *f*; gute Laune, Vergnügtheit *f*, Frohsinn *m* (*geh*); Heiterkeit *f*; Erfreulichkeit *f*; fröhlicher Charakter.

cheerily ['tʃɪərɪlɪ] *adv* fröhlich, vergnügt.

cheering ['tʃɪərɪŋ] **I** *n* Jubel *m*, Jubeln, Hurrageschrei *nt*; (~ *on*) anfeuernde Zurufe *pl*. **II** *adj* **1.** *news, prospect* beglückend. **2.** *crowds* jubelnd.

cheerio ['tʃɪərɪ'əʊ] *interj* (*esp Brit inf*) **1.** (*goodbye*) Wiedersehen (*inf*), Servus (*S Ger, Aus*); (*to friends*) tschüs (*inf*). **2.** (*your health*) prost.

cheerless ['tʃɪəlɪs] *adj* freudlos, trüb; *person* trübselig, trübsinnig; *prospect* trübe, düster, traurig; *scenery* grau.

cheers [tʃɪərz] *interj see* **cheer I 1.**

cheery ['tʃɪərɪ] *adj* (+*er*) fröhlich; *tune, colour also* lustig.

cheese [tʃi:z] *n* Käse *m*. **hard ~!** (*dated inf*) Künstlerpech! (*inf*); **say ~!** (*Phot*) bitte recht freundlich, sag „cheese".

cheese *in cpds* Käse-; **cheeseboard** *n* Käsebrett *nt*; (*course*) Käseplatte *f*; **cheeseburger** *n* Cheeseburger *m*; **cheesecake** *n* (*Cook*) Käsekuchen *m*; **cheesecloth** *n* indische Baumwolle *f*.

cheesed-off [tʃi:zd'ɒf] *adj* (*Brit sl*) angeödet (*sl*). **I'm ~ with this job/her** diese Arbeit/sie ödet mich an (*sl*).

cheeseparing I *n* Pfennigfuchserei (*inf*), Knauserei *f*; **II** *adj* knauserig, knickerig (*inf*); **cheese straw** *n* kleine Käsestange.

cheesy ['tʃi:zɪ] *adj* (+*er*) **1.** käsig. **to taste ~** nach Käse schmecken; **a ~ smile** ein Pepsodentlächeln *nt* (*inf*). **2.** (*US sl: shoddy*) mies (*inf*).

cheetah ['tʃi:tə] *n* Gepard *m*.

chef [ʃef] *n* Küchenchef(in *f*) *m*; (*as profession*) Koch *m*, Köchin *f*; (*head ~*) Chefkoch *m*/-köchin *f*.

chemical ['kemɪkəl] **I** *adj* chemisch. **~ accident** Chemieunfall *m*; **~ engineering** Chemotechnik *f*; **~ warfare** chemische Krieg(s)führung. **II** *n* Chemikalie *f*.

chemically ['kemɪkəlɪ] *adv* chemisch.

chemist ['kemɪst] *n* **1.** (*expert in chemistry*) Chemiker(in *f*) *m*. **2.** (*Brit: in shop*) Drogist(in *f*) *m*; (*dispensing*) Apotheker(in *f*) *m*. **~'s shop** Drogerie *f*; Apotheke *f*.

chemistry ['kemɪstrɪ] *n* **1.** Chemie *f*; (*chemical make-up*) chemische Zusammensetzung (*fig*). **~ set** Chemiebaukasten *m*.

2. (*fig*) Verträglichkeit *f*. **the ~ between us was perfect** wir haben uns sofort vertragen, es hat sofort zwischen uns gefunkt (*inf*); **the ~ of physical attraction/of love** das Kräftespiel der körperlichen Anziehung/in der Liebe.

chemotherapy [,keməʊ'θerəpɪ] *n* Chemotherapie *f*.

cheque, (*US*) **check** [tʃek] *n* Scheck *m*. **a ~ for £100** ein Scheck über £ 100; **to pay by ~** mit (einem) Scheck bezahlen; **~book** Scheckheft, Scheckbuch *nt*; **~book journalism** Scheckbuch-Journalismus *m*; **~ card** Scheckkarte *f*.

chequered, (*US*) **checkered** ['tʃekəd] *adj* (*lit*) kariert; (*dappled*) gefleckt, gesprenkelt; (*fig*) *career, history* bewegt.

cherish ['tʃerɪʃ] *vt* **1.** *person* liebevoll sorgen für. **to love and to ~** zu lieben und zu ehren. **2.** *feelings, hope* hegen; *idea, illusion* sich hingeben (+*dat*). **I shall always ~ that memory** die Erinnerung (daran) wird mir immer lieb und teuer sein; **to ~ sb's memory** jds Andenken in Ehren halten.

cheroot [ʃə'ru:t] *n* Stumpen *m*.

cherry ['tʃerɪ] **I** *n* Kirsche *f*; (*colour*) Kirschrot *nt*. **wild ~** Vogelkirsche *f*. **II** *adj* (*colour*) kirschrot; (*Cook*) Kirsch-.

cherry *in cpds* Kirsch-; **cherry brandy** *n* Cherry Brandy *m*; **cherry orchard** *n* Kirschgarten *m*.

cherub ['tʃerəb] *n* **1.** *pl* **-im** ['tʃerəbɪm] (*Eccl*) Cherub *m*. **2.** *pl* **-s** (*Art*) Putte *f*, Putto *m* (*form*); (*baby*) Engelchen *nt*.

chervil ['tʃɜ:vɪl] *n* Kerbel *m*.

chess [tʃes] *n* Schach(spiel) *nt*. **~ board** Schachbrett *nt*; **~man, ~ piece** Schachfigur *f*.

chest¹ [tʃest] *n* (*for tea, tools*) Kiste *f*; (*piece of furniture, for clothes, money*) Truhe *f*. **~ of drawers** Kommode *f*.

chest² *n* (*Anat*) Brust *f*, Brustkorb *m* (*esp Med*). **to measure sb's ~** jds Brustweite *or* Brustumfang messen; **to get sth off one's ~** (*fig inf*) sich (*dat*) etw von der Seele reden, etw loswerden; **to have a weak ~** schwach auf der Brust sein (*inf*); **a cold on the ~** Bronchialkatarrh *m*; **~ infection** Lungeninfekt *m*; **~ specialist** Facharzt *m*/-ärztin *f* für Lungenkrankheiten, Lungenfacharzt *m*/-ärztin *f*.

-chested ['tʃestɪd] *adj suf* -brüstig.

chesterfield ['tʃestəfi:ld] *n* Chesterfieldsofa *nt*.

chestnut ['tʃesnʌt] **I** *n* **1.** (*nut, tree*) Kastanie *f*. **2.** (*colour*) Kastanienbraun *nt*. **3.** (*horse*) Fuchs *m*. **4.** (*inf: old joke*) alte *or* olle Kamelle (*inf*). **II** *adj* (*colour*) *hair* kastanienbraun, rötlichbraun. **a ~ horse** ein Fuchs *m*.

chesty ['tʃestɪ] *adj* (+*er*) (*inf*) *person* erkältet, grippig (*inf*); *cough* rauh, schnarrend.

cheval glass [ʃə'vælglɑ:s] *n* Standspiegel *m* (zum Kippen).

chevron ['ʃevrən] *n* Winkel *m*.

chew [tʃu:] **I** *n* Kauen *nt*. **to have a good ~ on sth** auf *or* an etw (*dat*) gründlich herumkauen.

II *vt* kauen. **this meat takes a lot of ~ing** an *or* bei diesem Fleisch muß man viel (herum)kauen; **that dog's been ~ing the carpet again** der Hund hat schon wieder am Teppich gekaut; **don't ~ your fingernails** kaue nicht an deinen Nägeln; *see* **cud.**

◆**chew away I** *vi* lange herumkauen an *or* auf (+*dat*). **the rats have been ~ing ~ at the woodwork** die Ratten haben am Holz herumgenagt. **II** *vt sep* wegfressen.

◆**chew off** *or* **out** *vt sep* (*US inf*) zur Schnecke machen (*inf*).

◆**chew on** *vi* +*prep obj* **1.** (*lit*) (herum)kauen auf (+*dat*). **2.** (*also* **chew over**) (*inf*) *facts, problem* sich (*dat*) durch den Kopf gehen lassen.

◆**chew up** *vt sep* **1.** (*lit*) aufessen, fertigessen; (*animal*) auffressen; *pencil etc* zerkauen; *ground, road surface* zerstören; *paper* zerfressen, zermalmen. **2.** (*sl: tell off*) fertigmachen (*inf*), runterputzen (*inf*).

chewing gum ['tʃuːɪŋgʌm] *n* Kaugummi *m or nt*.

chewy ['tʃuːɪ] *adj meat* zäh; *pasta* kernig; *sweets* weich.

chic [ʃiːk] **I** *adj* (+*er*) schick, elegant. **II** *n* Chic, Schick *m*.

chicane [ʃɪ'keɪn] *n* (*Sport*) Schikane *f*.

chicanery [ʃɪ'keɪnərɪ] *n* (*trickery*) Machenschaften *pl*; (*legal*) Winkelzüge *pl*.

chick [tʃɪk] *n* **1.** (*of chicken*) Küken *nt*; (*young bird*) Junge(s) *nt*. **2.** (*inf: child*) Kleine(s) *nt*. **3.** (*sl: girl*) Mieze *f* (*sl*).

chicken ['tʃɪkɪn] **I** *n* **1.** Huhn *nt*; (*for roasting, frying*) Hähnchen *nt*. **she's no ~** (*inf*) sie ist nicht mehr die Jüngste; **~ liver** Hühner- *or* Geflügelleber *f*; **don't count your ~s before they're hatched** (*Prov*) man soll den Tag nicht vor dem Abend loben (*Prov*).

2. (*inf: coward*) feiges Huhn (*inf*), Feigling *m*.

II *adj* (*inf*) feig. **he's ~** er ist ein Feigling *or* ein feiges Huhn (*inf*); **he's too ~ to do it** er ist zu feig(e).

◆**chicken out** *vi* (*inf*) kneifen (*inf*).

chicken *in cpds* Hühner-; **chickenfeed** *n* **1.** (*lit*) Hühnerfutter *nt*; **2.** (*inf: insignificant sum*) ein paar Pfennige; **chicken-hearted** *adj* feige, hasenherzig (*old, liter*); **chickenpox** *n* Windpocken *pl*; **chicken-run** *n* Hühnerhof, Auslauf *m*; **chicken wire** *n* Hühnerdraht *m*.

chickpea *n* Kichererbse *f*; **chickweed** *n* Sternmiere *f*.

chicory ['tʃɪkərɪ] *n* Chicorée *f or m*; (*in coffee*) Zichorie *f*.

chide [tʃaɪd] *pret* **chid** [tʃɪd] (*old*) *or* **~d** ['tʃaɪdɪd], *ptp* **chidden** ['tʃɪdn] (*old*) *or* **~d** *vt* schelten, rügen.

chief [tʃiːf] **I** *n*, *pl* **-s** **1.** (*of organization*) Leiter(in *f*), Chef(in *f*) (*inf*) *m*; (*of clan*) Oberhaupt *nt*; (*of tribe*) Häuptling *m*; (*of gang*) Anführer(in *f*) *m*; (*inf: boss*) Boss (*inf*), Chef(in *f*) *m*. **~ of police** Polizeipräsident(in *f*) *m*; **~ of staff** (*Mil*) Stabschef *m*.

2. (*Her*) Schildhaupt *nt*. **3.** **in ~** hauptsächlich.

II *adj* **1.** (*most important*) Haupt-, wichtigste(r, s), bedeutendste(r, s). **the ~ thing** das Wichtigste, die Hauptsache; **~ reason** Hauptgrund *m*.

2. (*most senior*) Haupt-, Ober-, erste(r). **~ clerk** Bürochef(in *f*) *m*; **~ constable** (*Brit*) Polizeipräsident(in *f*) *m*; **~ executive officer** Generaldirektor(in *f*) *m*; **~ justice** (*Brit*) ≃ Oberrichter(in *f*) *m*; (*US*) Oberste(r) Bundesrichter(in *f*) *m*.

chiefly ['tʃiːflɪ] *adv* hauptsächlich, in erster Linie, vor allem.

chieftain ['tʃiːftən] *n* (*of tribe*) Häuptling *m*; (*of clan*) Oberhaupt *nt*, Älteste(r) *m*; (*of robber band*) Hauptmann *m*. **the village ~** der Dorfälteste.

chiffon ['ʃɪfɒn] **I** *n* Chiffon *m*. **II** *adj* Chiffon-.

chilblain ['tʃɪlbleɪn] *n* Frostbeule *f*.

child [tʃaɪld] *n*, *pl* **children** (*lit, fig*) Kind *nt*. **when I was a ~** in *or* zu meiner Kindheit.

child *in cpds* Kinder-; **child abuse** *n* Kindesmißhandlung *f*; (*sexually*) Notzucht *f* mit Kindern; **child abuser** *n jd, der Kinder mißhandelt*; (*sexually*) Kinderschänder *m*; **child-bearing** **I** *n* Mutterschaft *f*, Kinderkriegen *nt* (*inf*); **II** *adj* **of ~ age** im gebärfähigen Alter; **child benefit** *n* (*Brit*) Kindergeld *nt*; **childbirth** *n* Geburt *f*, Gebären *nt*; **to die in ~** bei der Geburt sterben; **child care** *n* Kinderpflege *f*; (*social work dept*) Jugendfürsorge *f*; **child-friendly** *adj* kinderfreundlich; **child guidance** *n* Erziehungsberatung *f*; (*social work agency*) Erziehungsberatungsstelle *f*; **childhood** *n* Kindheit *f*; **to be in one's second ~** seine zweite Kindheit erleben.

childish *adj*, **~ly** *adv* ['tʃaɪldɪʃ, -lɪ] (*pej*) kindisch.

childishness ['tʃaɪldɪʃnɪs] *n* (*pej*) kindisches Gehabe.

child labour *n* Kinderarbeit *f*; **childless** *adj* kinderlos; **childlike** *adj* kindlich; **child lock** *n* Kindersicherung *f*; **childminder** *n* Tagesmutter *f*; **child prodigy** *n* Wunderkind *nt*; **childproof** *adj* kindersicher.

children ['tʃɪldrən] *pl of* **child**.

child-resistant *adj* bruchsicher; **child's play** *n* ein Kinderspiel *nt*; **child('s) seat** *n* Kindersitz *m*; **child welfare** *n* Jugendfürsorge *f*.

Chile ['tʃɪlɪ] *n* Chile *nt*.

Chilean ['tʃɪlɪən] **I** *adj* chilenisch. **II** *n* Chilene *m*, Chilenin *f*.

chill [tʃɪl] **I** *n* **1.** Frische *f*. **there's quite a ~ in the air** es ist ziemlich frisch; **the sun took the ~ off the water** die Sonne hat das Wasser ein bißchen erwärmt.

2. (*Med*) fieberhafte Erkältung; (*shiver*) Schauder *m*, Frösteln *nt*. **to catch a ~** sich verkühlen.

3. (*fig*) **a distinct ~ in East/West relations** eine deutliche Abkühlung der Ost-West-Beziehungen; **his presence cast a ~ over the meeting** durch seine Anwesenheit wurde das Treffen sehr kühl *or* frostig.

II *adj* (*lit*) kühl, frisch; (*fig liter*) *reception* kühl, frostig.

III *vt* **1.** (*lit*) *wine, meat* kühlen. **I was ~ed to the bone** *or* **marrow** die Kälte ging mir bis auf die Knochen.

2. (*fig*) *blood* gefrieren lassen; *enthusiasm* abkühlen.

chill out *vi* (*US sl*) sich entspannen.

chil(l)i ['tʃɪlɪ] *n* Peperoni *pl*; (*spice, meal*) Chili *m*.

chill(i)ness ['tʃɪl(ɪ)nɪs] *n* (*lit*) Kühle, Frische *f*; (*fig*) Kühle, Frostigkeit *f*.

chilling ['tʃɪlɪŋ] *adj look* frostig, eisig; *prospect, thought* äußerst unerquicklich, beunruhigend.

chilly ['tʃɪlɪ] *adj* (+*er*) *weather* kühl,

frisch; *manner, look, smile* kühl, frostig. **to feel ~** frösteln, frieren; **I feel ~** mich fröstelt's, mir ist kühl.

chime [tʃaɪm] **I** *n* Glockenspiel, Geläut *nt*; (*of door-bell*) Läuten *nt no pl*. **II** *vt* schlagen. **III** *vi* läuten.

◆**chime in** *vi* (*inf*) sich einschalten.

◆**chime in with** *vi +prep obj* (*plans*) in Einklang stehen mit.

chimney ['tʃɪmnɪ] *n* Schornstein *m*; (*on factory also*) Schlot *m*; (*open fire-place*) Kamin *m*; (*of lamp*) Zylinder *m*; (*of stove*) Rauchfang *m*; (*Mountaineering*) Kamin *m*.

chimneybreast *n* Kaminvorsprung *m*; **chimneypiece** *n* Kaminsims *m*; **chimneypot** *n* Schornsteinkopf *m*; **chimneystack** *n* Schornstein *m*; **chimneysweep** *n* Schornsteinfeger(in *f*) *m*.

chimp [tʃɪmp] (*inf*), **chimpanzee** [ˌtʃɪmpæn'ziː] *n* Schimpanse *m*.

chin [tʃɪn] **I** *n* Kinn *nt*. **to have a weak/strong ~** wenig Kinn/ein ausgeprägtes Kinn haben; **to keep one's ~ up** die Ohren steifhalten (*inf*); **keep your ~ up!** Kopf hoch!, nur Mut!; **he took it on the ~** (*fig inf*) er hat's mit Fassung getragen.

II *vt* (*Sport*) **to ~ the bar** einen Klimmzug machen.

China ['tʃaɪnə] *n* China *nt*.

china ['tʃaɪnə] **I** *n* Porzellan *nt*. **II** *adj* Porzellan-.

china cabinet *n* Porzellanvitrine *f*; **china clay** *n* Kaolin *m*; **Chinaman** *n* Chinese *m*; (*US pej*) Schlitzauge *nt*; **China Sea** *n* **East/South C~ Sea** Ost-/Südchinesisches Meer; **Chinatown** *n* Chinesenviertel *nt*; **chinaware** *n* Porzellanware(n *pl*) *f*.

chinchilla [tʃɪn'tʃɪlə] *n* Chinchilla *f*; (*fur*) Chinchilla(pelz) *m*.

Chinese [tʃaɪ'niːz] **I** *n* **1.** (*person*) Chinese *m*, Chinesin *f*. **2.** (*language, fig: gibberish*) Chinesisch *nt*. **3.** (*inf*) (*restaurant*) Chinarestaurant *nt*; (*meal*) chinesisches Essen. **II** *adj* chinesisch. **~ lantern** Lampion *m*; **~ leaves** Chinakohl *m*.

chink[1] [tʃɪŋk] **I** *n* Riß *m*, Ritze *f*; (*in door*) Spalt *m*. **a ~ of light** ein dünner Lichtstreifen *or* -strahl; **the ~ in sb's armour** (*fig*) jds schwacher Punkt. **II** *vt* (*US*) stopfen.

chink[2] **I** *n* (*sound*) Klirren *nt*; (*of coins*) Klimpern *nt*. **II** *vt* klirren mit; *coins* klimpern mit. **III** *vi* klirren; (*coins*) klimpern.

Chink [tʃɪŋk] *n* (*pej*) Schlitzauge *nt*.

chinkie ['tʃɪŋkɪ] (*inf*) **I** *n* (*restaurant*) Chinarestaurant *nt*; (*meal*) chinesisches Essen. **II** *adj restaurant, meal,* (*esp pej*) *friends* chinesisch.

chinless *adj* **to be ~** (*lit*) ein fliehendes Kinn haben; (*fig*) willensschwach sein; **~ wonder** *n* (*hum*) leicht vertrottelter Vertreter der Oberschicht; **chin strap** *n* Kinnriemen *m*.

chintz [tʃɪnts] *n* Chintz *m*.

chintzy ['tʃɪntsɪ] *adj* (*+er*) schmuck; (*pej*) kitschig.

chin-up ['tʃɪnʌp] *n* Klimmzug *m*.

chinwag ['tʃɪnwæg] *n* (*Brit inf*) Schwatz *m* (*inf*).

chip [tʃɪp] **I** *n* **1.** Splitter *m*; (*of glass also*) Scherbe *f*; (*of wood*) Span *m*. **he's a ~ off the old block** er ist ganz der Vater; **to have a ~ on one's shoulder** einen Komplex haben (*about* wegen); **sb with a ~ on his shoulder** jd, der sich ständig angegriffen fühlt.

2. (*potato ~*) Pomme frite *m or nt usu pl*; (*US: crisp*) Chip *m usu pl*. **~ basket** Frittiersieb *nt*; **~-pan** Friteuse *f*.

3. (*in crockery, furniture*) abgeschlagene *or* abgestoßene Ecke *or* Stelle. **this cup has a ~** diese Tasse ist angeschlagen.

4. (*in poker*) Chip *m*, Spielmarke *f*. **to cash in one's ~s** (*euph*) den Löffel abgeben (*sl euph*); **he's had his ~s** (*inf*) (d)er hat ausgespielt (*inf*); **to be in the ~s** (*US inf*) Kleingeld haben (*inf*), flüssig sein (*inf*); **when the ~s are down** wenn es drauf ankommt.

5. to give the ball a ~ (*Golf, Tennis*) den Ball chippen.

6. (*Comput: micro~*) Chip *nt*.

II *vt* **1.** *cup, stone* anschlagen; *varnish, paint* abstoßen; *wood* beschädigen; (*~ off*) wegschlagen, abstoßen. **to be badly ~ped** stark angeschlagen sein. **2.** (*Brit Cook*) **~ped potatoes** Pommes frites *pl*. **3.** (*Sport*) *ball* chippen.

III *vi* (*cup*) angeschlagen werden, Macken/eine Macke bekommen (*inf*); (*paint*) abspringen; (*stone*) splittern. **this pottery ~s easily** diese Keramik ist schnell angeschlagen.

◆**chip away** **I** *vt sep* weghauen. **the woodpecker ~ped ~ the bark** der Specht hackte die Rinde ab. **II** *vi* **the sculptor ~ped ~ until ...** der Bildhauer meißelte am Stein herum, bis ...

◆**chip in** *vi* (*inf*) **1.** (*interrupt*) sich einschalten. **2.** (*contribute*) **he ~ped ~ with £3** er steuerte £ 3 bei.

◆**chip off** **I** *vt sep paint* wegschlagen; *piece of china* abstoßen, abschlagen. **II** *vi* (*paint*) absplittern.

chipboard ['tʃɪpbɔːd] *n* Spanholz *nt*. **piece of ~** Spanplatte *f*.

chipmunk ['tʃɪpmʌŋk] *n* Backenhörnchen *nt*.

chipolata [tʃɪpə'lɑːtə] *n* (*Brit*) Cocktailwürstchen *nt*.

chippie ['tʃɪpɪ] *n see* **chippy 1.**

chippings ['tʃɪpɪŋz] *npl* Splitter *pl*; (*of wood*) Späne *pl*; (*road ~*) Schotter *m*.

chippy ['tʃɪpɪ] *n* (*inf*) **1.** (*joiner*) Schreiner(in *f*) *m*. **2.** (*chip shop*) Frittenbude (*inf*), Pommesbude (*inf*) *f*.

chip shot *n* (*Golf*) Chip(shot) *m*; (*Tennis*) Chip *m*.

chiropodist [kɪ'rɒpədɪst] *n* Fußpfleger(in *f*) *m*.

chiropody [kɪ'rɒpədɪ] *n* Fußpflege *f*.

chiropractor ['kaɪərəʊˌpræktə[r]] *n* Chiropraktiker(in *f*) *m*.

chirp [tʃɜːp] **I** *vi* (*birds*) zwitschern; (*crickets*) zirpen.

II *n* (*of birds*) Piepser *m*; (*~ing*) Piepsen, Zwitschern *nt no pl*; (*of crickets*) Zirpen *nt no pl*. **I don't want to hear another ~ from you** ich möchte keinen Mucksen mehr von dir hören (*inf*).

chirpy ['tʃɜːpɪ] *adj* (+*er*) (*inf*) munter.

chirrup ['tʃɪrəp] *see* **chirp.**

chisel ['tʃɪzl] **I** *n* Meißel *m*; (*for wood*) Beitel *m*. **II** *vt* meißeln; (*in wood*) stemmen. **her finely ~led features** ihr fein geschnittenes Gesicht.

chit[1] [tʃɪt] *n* junges Ding. **she's a mere ~ of a girl** sie ist ja noch ein halbes Kind.

chit[2] *n* (*also* **~ of paper**) Zettel *m*.

chitchat ['tʃɪttʃæt] *n* (*inf*) Geschwätz, Gerede *nt*.

chivalric ['ʃɪvəlrɪk] *adj* ritterlich.

chivalrous *adj*, **~ly** *adv* ['ʃɪvəlrəs, -lɪ] ritterlich.

chivalry ['ʃɪvəlrɪ] *n* Ritterlichkeit *f*; (*medieval concept*) Rittertum *nt*. **~ is not dead** es gibt noch Kavaliere.

chives [tʃaɪvz] *n* Schnittlauch *m*.

chivvy ['tʃɪvɪ] *vt* (*Brit inf*) (*also* **~ along** *or* **up**) antreiben. **to ~ sb into doing sth** jdn dazu antreiben, etw zu tun.

chloric ['klɔːrɪk] *adj* chlorig, chlorhaltig. **~ acid** Chlorsäure *f*.

chloride ['klɔːraɪd] *n* Chlorid *nt*. **~ of lime** Chlorkalk *m*.

chlorinate ['klɒrɪneɪt] *vt water* chloren.

chlorine ['klɔːriːn] *n* Chlor *nt*.

chlorofluorocarbon [ˌklɒrəʊflʊərə'kɑːbən] *n* Chlorfluorkohlenwasserstoff *m*.

chloroform ['klɒrəfɔːm] **I** *n* Chloroform *nt*. **II** *vt* mit Chloroform betäuben, eine Chloroformnarkose geben (+*dat*).

chlorophyll ['klɒrəfɪl] *n* Chlorophyll *nt*.

choc-ice ['tʃɒkaɪs] *n* Eismohrle *nt*.

chock [tʃɒk] **I** *n* Bremskeil, Bremsklotz *m*; (*Naut: under boat*) Bock *m*; (*Naut: for cables*) Lippe, Lippklampe *f*. **~s away** Bremsklötze weg. **II** *vt wheel* blokkieren; *boat* aufbocken.

chock-a-block ['tʃɒkəblɒk], **chock-full** ['tʃɒkfʊl] *adj* (*inf*) knüppelvoll (*inf*), gerammelt voll (*inf*).

chocolate ['tʃɒklɪt] **I** *n* **1.** Schokolade *f*. (**hot** *or* **drinking**) **~** Schokolade *f*, Kakao *m*; **a ~** eine Praline. **2.** (*colour*) Schokoladenbraun *nt*. **II** *adj* Schokoladen-; (*~-coloured*) schokoladenbraun.

chocolate bar *n* (*slab*) Tafel *f* Schokolade; (*Mars* ® *bar etc*) Schokoladenriegel *m*; **chocolate biscuit** *n* Schokoladenkeks *m*; **chocolate-box** *adj look, picture* Postkarten-; **chocolate cake** *n* Schokoladenkuchen *m*; **chocolate-flavoured** *adj* mit Schokoladengeschmack; **chocolate fudge cake** *n* Schokoladencremetorte *f*; **chocolate pudding** *n* Schokoladenkuchen *m*; (*whip*) Schokoladenpudding *m*; **chocolate sauce** *n* Schokoladensoße *f*.

choice [tʃɔɪs] **I** *n* **1.** (*act of, possibility of choosing*) Wahl *f*. **it's your ~** du hast die Wahl; **to make a ~** eine Wahl treffen; **to take one's ~** sich (*dat*) etwas aussuchen; **I didn't do it from ~** ich habe es mir nicht ausgesucht; **he had no ~ but to obey** er hatte keine (andere) Wahl *or* es blieb ihm nichts anderes übrig, als zu gehorchen.

2. (*person, thing chosen*) Wahl *f*. **it was your ~** du wolltest es ja so.

3. (*variety to choose from*) Auswahl *f* (*of* an +*dat*, von).

II *adj* **1.** (*Comm*) *goods, fruit, wine* Qualitäts-, erstklassig. **~ fruit** Obst erster Wahl; **~st** allerfeinste(r, s), auserlesen.

2. *language* (*elegant*) gewählt; (*euph: strong*) sauber (*euph*).

choir ['kwaɪə^r] *n* **1.** Chor *m*. **2.** (*Archit*) Chor(raum) *m*.

choir *in cpds* Chor-; **choirboy** *n* Chor- *or* Sängerknabe *m*; **choir loft** *n* Chorempore *f*; **choir master** *n* Chorleiter(in *f*) *m*; **choir school** *n* Konvikt *nt* für Sängerknaben; **choir stall** *n* Chorstuhl *m*; **choir stalls** *npl* Chorgestühl *nt*.

choke [tʃəʊk] **I** *vt* **1.** *person* ersticken; (*throttle*) (er)würgen, erdrosseln. **to ~ the life out of sb/sth** (*lit, fig*) jdm/einer Sache den Garaus machen; **in a voice ~d with sobs** mit tränenerstickter Stimme.

2. (*fig*) *pipe, tube, street* verstopfen; *fire, plants* ersticken.

II *vi* ersticken (*on* an +*dat*). **he was choking with laughter/anger** er erstickte fast *or* halb vor Lachen/Wut.

III *n* (*Aut*) Choke, Starterzug *m*. **give it a bit of ~** zieh den Choke etwas heraus.

◆**choke back** *vt sep feelings, tears, reply* unterdrücken.

◆**choke down** *vt sep* hinunterschlucken.

◆**choke off** *vt sep* **1.** *supplies* drosseln. **2.** (*sl*) *person* (*interrupt*) das Wort abschneiden (+*dat*); (*put off*) abwimmeln (*inf*).

◆**choke up** *vt sep* **1.** (*block*) *pipe, drain* verstopfen. **2.** (*usu pass*) *voice* ersticken. **3. to get/be ~d ~** (*sl*) ganz fuchtig (*inf*) werden/sein (*about* wegen).

choked [tʃəʊkt] *adj* (*inf*) pikiert.

choker ['tʃəʊkə^r] *n* (*collar*) Vatermörder *m*; (*necklace*) enger Halsreif; (*of velvet etc*) Kropfband *nt*.

cholera ['kɒlərə] *n* Cholera *f*.

choleric ['kɒlərɪk] *adj* cholerisch, leicht aufbrausend.

cholesterol [kɒ'lestərəl] *n* Cholesterin *nt*.

chomp [tʃɒmp] *vt* laut mahlen; (*person*) mampfen (*inf*).

choose [tʃuːz] *pret* **chose**, *ptp* **chosen I** *vt* **1.** (*select*) (aus)wählen, sich (*dat*) aussuchen. **to ~ a team** eine Mannschaft auswählen *or* zusammenstellen; **they chose him as their leader** *or* **to be their leader** sie wählten ihn zu ihrem Anführer.

2. (*decide, elect*) **to ~ to do sth** es vorziehen, etw zu tun.

II *vi* **1. to ~ (between** *or* **among/from)** wählen *or* eine Wahl treffen (zwischen +*dat*/aus *or* unter +*dat*); **there is nothing to ~ between them** sie sind gleich gut; **there aren't many to ~ from** die Auswahl ist nicht sehr groß.

2. (*decide, elect*) **as/if you ~** wie/wenn Sie wollen.

choos(e)y ['tʃuːzɪ] *adj* (+*er*) wählerisch.

chop[1] [tʃɒp] **I** *n* **1.** (*blow*) Schlag *m*.

2. (*Cook*) Kotelett *nt*.

3. (*Sport*) harter (Kurz)schlag; (*Karate*) Karateschlag *m*.

4. (*of waves*) Klatschen, Schlagen *nt*.

5. (*sl*) **to get the ~** (*be axed*) unter die Sense kommen (*sl*), dem Rotstift zum Opfer fallen; (*be fired*) rausgeschmissen werden (*inf*); **to give sb the ~** jdn rausschmeißen (*inf*).

II *vt* **1.** hacken; *meat, vegetables* kleinschneiden. **2.** (*Sport*) *ball* (ab)stoppen; (*Wrestling*) *opponent* einen Schlag versetzen (+*dat*).

◆**chop at** *vi* +*prep obj* hacken *or* schlagen nach; (*with axe*) einhacken auf (+*acc*).

◆**chop back** *vt sep* zurück- *or* wegschneiden.

◆**chop down** *vt sep tree* fällen.

◆**chop off** *vt sep* abhacken, abschlagen, abhauen. **to ~ ~ the ends of one's words** abgehackt sprechen.

◆**chop up** *vt sep* zerhacken, zerkleinern; (*fig*) *country* aufteilen; *company* aufspalten.

chop² *vi* **1.** (*Naut: wind*) drehen, umspringen. **2.** (*fig*) **to ~ and change** ständig seine Meinung ändern.

chop-chop ['tʃɒp'tʃɒp] (*inf*) *adv, interj* hopp, hopp (*inf*).

chopper ['tʃɒpəʳ] *n* **1.** (*axe*) Hackbeil *nt*. **2.** (*inf: helicopter*) Hubschrauber *m*. **3.** (*bicycle*) BMX-Rad *nt*; (*motorcycle*) Chopper *m*.

choppers ['tʃɒpəz] *npl* (*sl: teeth*) Beißerchen *pl* (*inf*).

chopping ['tʃɒpɪŋ]: **chopping block** *n* Hackklotz *m*; (*for wood, executions*) Block *m*; **chopping board** *n* Hackbrett *nt*; **chopping knife** *n* Hackmesser *nt*; (*with rounded blade*) Wiegemesser *nt*.

choppy ['tʃɒpɪ] *adj* (+*er*) *sea* kabbelig; *wind* böig, wechselhaft.

chops [tʃɒps] *npl* (*of dog*) Lefzen *pl*; (*inf: of person*) Visage *f* (*sl*).

chopstick *n* Stäbchen *nt*.

choral ['kɔːrəl] *adj* Chor-. **~ society** Gesangverein, Chor *m*.

chorale [kɒ'rɑːl] *n* Choral *m*.

chord [kɔːd] *n* **1.** (*Mus*) Akkord *m*. **to strike the right ~** (*fig*) den richtigen Ton treffen. **2.** (*Geometry*) Sehne *f*. **3.** (*Anat*) Band *nt*.

chore [tʃɔːʳ] *n* lästige Pflicht. **~s** *pl* Hausarbeit *f*; **to do the ~s** den Haushalt machen, die Hausarbeit erledigen.

choreographer [ˌkɒrɪ'ɒgrəfəʳ] *n* Choreograph(in *f*) *m*.

choreographic [ˌkɒrɪəʊ'græfɪk] *adj* choreographisch.

choreography [ˌkɒrɪ'ɒgrəfɪ] *n* Choreographie *f*.

chorister ['kɒrɪstəʳ] *n* (Kirchen)chormitglied *nt*; (*boy*) Chorknabe *m*.

chortle ['tʃɔːtl] **I** *vi* gluckern, glucksen. **he was chortling over the newspaper** er lachte in sich hinein *or* vor sich hin, als er die Zeitung las.

II *n* Gluckser *m*.

chorus ['kɔːrəs] **I** *n* **1.** (*refrain*) Refrain *m*.

2. Chor *m*; (*of opera*) Opernchor *m*; (*dancers*) Tanzgruppe *f*. **she's in the ~** sie singt im Chor/sie ist bei der Tanzgruppe; **in ~** im Chor.

II *vi* im Chor singen/sprechen/rufen.

chorus line *n* Revue *f*.

chose [tʃəʊz] *pret of* **choose.**

chosen ['tʃəʊzn] **I** *ptp of* **choose. II** *adj* **the ~ people** das auserwählte Volk; **the ~ few** die wenigen Auserwählten.

choux pastry ['ʃuː'peɪstrɪ] *n* Brandteig *m*.

chow [tʃaʊ] *n* (*sl: food*) Futterage *f* (*inf*), Proviant *m*.

chowder ['tʃaʊdəʳ] *n* (*US*) sämige Fischsuppe.

Christ [kraɪst] **I** *n* Christus *m*. **II** *interj* (*sl*) Herrgott (*inf*).

christen ['krɪsn] *vt* **1.** taufen. **to ~ sb after sb** jdn nach jdm (be)nennen. **2.** (*inf: use for first time*) einweihen.

Christendom ['krɪsndəm] *n* (*old*) die Christenheit.

christening ['krɪsnɪŋ] *n* Taufe *f*. **~ robe** Taufkleid *nt*.

Christian ['krɪstɪən] **I** *n* Christ *m*. **II** *adj* (*lit, fig*) christlich.

Christianity [ˌkrɪstɪ'ænɪtɪ] *n* **1.** (*faith, religion*) Christentum *nt*, christlicher Glaube; (*body of Christians*) Christenheit *f*.

2. (*being a Christian*) Christlichkeit, Frömmigkeit *f*.

3. (*Christian character*) christliche Haltung *or* Gesinnung.

Christian name *n* Vor- *or* Rufname *m*. **Christian Scientist** *n* Anhänger(in *f*) *m* der Christian Science.

Christlike ['kraɪstlaɪk] *adj* Christus-gleich.

Christmas ['krɪsməs] *n* Weihnachten *nt*. **are you going home for ~?** fährst du (über) Weihnachten nach Hause?; **what did you get for ~?** was hast du zu Weihnachten bekommen?; **merry** *or* **happy ~!** frohe *or* fröhliche Weihnachten!

Christmas box *n* (*Brit*) Trinkgeld *nt* zu Weihnachten, ≃ Neujahrsgeld *nt*; **Christmas card** *n* Weihnachtskarte *f*; **Christmas carol** *n* Weihnachtslied *nt*; **Christmas Day** *n* der erste Weihnachtstag; **on ~** an Weihnachten, am ersten (Weihnachts)feiertag; **Christmas Eve** *n* Heiligabend *m*; **on ~** Heiligabend; **Christmas present** *n* Weihnachtsgeschenk *nt*; **Christmas pudding** *n* Plumpudding *m*; **Christmas rose** *n* Christrose *f*; **Christmas stocking** *n Strumpf m, in den Weihnachtsgeschenke gelegt werden*; **Christmas time** *n* Weihnachtszeit *f*; **at ~** zur *or* in der Weihnachtszeit; **Christmas tree** *n* Weihnachtsbaum, Christbaum (*esp S Ger*) *m*.

chromatic [krə'mætɪk] *adj* (*Art, Mus*) chromatisch.

chrome [krəʊm] *n*, **chromium** ['krəʊmɪəm] *n* Chrom *nt*.

chromium plate *n* Chromschicht *f*; **chromium plated** *adj* verchromt.

chromosome ['krəʊməsəʊm] *n* Chromosom *nt*.

chronic ['krɒnɪk] *adj* **1.** (*Med, fig*) *disease, invalid, liar* chronisch. **2.** (*inf: terrible*) schlecht, miserabel (*inf*).

chronicle ['krɒnɪkl] **I** *n* Chronik *f*. **C~s** (*Bibl*) Bücher *pl* der Chronik. **II** *vt* aufzeichnen; *historic events also* eine Chronik (+*gen*) verfassen.

chronicler ['krɒnɪkləʳ] *n* Chronist(in *f*) *m*.

chronological *adj*, **~ly** *adv* [ˌkrɒnə'lɒdʒɪkəl, -ɪ] chronologisch. **~ly**

arranged in chronologischer Reihenfolge.

chronology [krə'nɒlədʒɪ] *n* zeitliche Abfolge, Chronologie (*form*) *f*; (*list of dates*) Zeittafel *f*.

chronometer [krə'nɒmɪtəʳ] *n* Chronometer *m*.

chrysalis ['krɪsəlɪs] *n*, *pl* **-es** (*Biol*) Puppe *f*; (*covering*) Kokon *m*.

chrysanthemum [krɪ'sænθəməm], **chrysanth** [krɪ'sænθ] (*inf*) *n* Chrysantheme *f*.

chubby ['tʃʌbɪ] *adj* (+*er*) pummelig, rundlich. ~ **cheeks** Pausbacken *pl*.

chuck[1] [tʃʌk] **I** *vt* (*inf*) **1.** (*throw*) schmeißen (*inf*). **2.** (*sl*) *girlfriend, boyfriend* Schluß machen mit (*inf*); *job* hinschmeißen (*inf*). ~ **it!** (*stop it*) Schluß jetzt! **3. to ~ sb under the chin** jdm einen Kinnstüber versetzen.

II *n* **1.** (*sl: dismissal*) Rausschmiß *m* (*inf*).

2. to give sb a ~ under the chin *see vt 3.*

◆**chuck about** *vt sep* (*inf*) rumschmeißen (mit) (*inf*).

◆**chuck away** *vt sep* (*inf*) (*throw out*) wegschmeißen (*inf*); (*waste*) *money* aus dem Fenster schmeißen (*inf*).

◆**chuck in** *vt sep* (*inf*) *job* hinschmeißen (*inf*), an den Nagel hängen (*inf*). **to ~ it (all)** ~ den Laden hinschmeißen (*inf*).

◆**chuck out** *vt sep* (*inf*) rausschmeißen (*inf*); *useless articles also* wegschmeißen (*inf*). **to be ~ed ~** rausfliegen (*of* aus) (*inf*).

◆**chuck up** *vt sep* (*inf*) *job* hinschmeißen (*inf*).

chuck[2] *n* (*Tech*) Spannfutter *nt*.

chuck[3] *n* (*US sl: food*) Essen *nt*. ~ **wagon** Proviantwagen *m* mit fahrbarer Küche.

chucker-out ['tʃʌkər'aʊt] *n* (*inf*) Rausschmeißer *m* (*inf*).

chuckle ['tʃʌkl] **I** *n* leises Lachen, Kichern *nt no pl*. **II** *vi* leise in sich (*acc*) hineinlachen, sich (*dat*) eins lachen (*inf*). **to ~ away** vor sich hin lachen *or* kichern.

chuffed [tʃʌft] *adj* (*Brit sl*) vergnügt und zufrieden; (*flattered*) gebauchpinselt (*inf*) (*about* wegen). **I was dead ~ about it** ich freute mich darüber wie ein Schneekönig (*inf*); **to be ~ with oneself** auf sich (*acc*) selbst stolz sein.

chug [tʃʌg] **I** *n* Tuckern *nt*. **II** *vi* tuckern.

◆**chug along** *vi* entlangtuckern; (*fig inf*) gut vorankommen.

chum [tʃʌm] *n* (*inf*) Kamerad, Kumpel (*inf*), Spezi (*S Ger*) *m*.

◆**chum up** *vi* sich anfreunden.

chummy ['tʃʌmɪ] *adj* (+*er*) (*inf*) kameradschaftlich. **to be ~ with sb** mit jdm sehr dicke sein (*inf*); **to get ~ with sb** sich mit jdm anfreunden.

chump [tʃʌmp] *n* **1.** (*inf*) Trottel *m*, dummes Stück, Hornochse *m* (*inf*). **2. he's off his ~** (*Brit inf*) der hat 'ne Meise (*inf*).

chump chop *n* Kotelett *nt*.

chunk [tʃʌŋk] *n* großes Stück; (*of meat*) Batzen *m*; (*of stone*) Brocken *m*.

chunky ['tʃʌŋkɪ] *adj* (+*er*) (*inf*) *legs, arms* stämmig; *person also* untersetzt, gedrungen; *knitwear* dick, klobig; *book* kompakt; *glass* massiv.

Chunnel ['tʃʌnəl] *n* (*inf*) Kanaltunnel *m*.

church [tʃɜːtʃ] *n* Kirche *f*; (*service*) die Kirche. **to go to ~** in die Kirche gehen; **the C~ Fathers** die Kirchenväter; **the C~ of England** die Anglikanische Kirche; **he has gone into** *or* **entered the C~** er ist Geistlicher geworden.

church *in cpds* Kirchen-; **church-goer** *n* Kirchgänger(in *f*) *m*; **church-going** *adj* **a ~ family** eine Familie, die regelmäßig in die Kirche geht; **church hall** *n* Gemeindehalle *f*; **church mouse** *n*: **as poor as a ~** arm wie eine Kirchenmaus; **church service** *n* Gottesdienst *m*; **churchwarden** *n* Gemeindevorsteher(in *f*) *m*.

churchyard ['tʃɜːtʃjɑːd] *n* Friedhof, Kirchhof (*old, dial*) *m*.

churlish *adj*, **~ly** *adv* ['tʃɜːlɪʃ, -lɪ] ungehobelt.

churlishness ['tʃɜːlɪʃnɪs] *n* ungehobeltes Benehmen.

churn [tʃɜːn] **I** *n* (*for butter*) Butterfaß *nt*; (*Brit: milk-~*) Milchkanne *f*. **II** *vt* **1. to ~ butter** buttern, Sahne buttern. **2.** (*agitate*) *sea, mud* aufwühlen. **III** *vi* (*water, mud*) wirbeln, strudeln; (*wheels, rage*) wühlen; (*propeller*) wirbeln, sich wild drehen. **the ~ing sea** die stampfende See.

◆**churn away** *vi* sich wild drehen; (*engine*) stampfen.

◆**churn out** *vt sep* am laufenden Band produzieren.

◆**churn up** *vt sep* aufwühlen.

chute [ʃuːt] *n* **1.** Rutsche *f*; (*garbage ~*) Müllschlucker *m*. **2.** (*rapid in river*) Stromschnelle *f*. **3.** (*inf: parachute*) Fallschirm *m*. **4.** (*in playground*) Rutschbahn, Rutsche *f*.

chutney ['tʃʌtnɪ] *n* Chutney *m*.

CIA *abbr of* **Central Intelligence Agency** CIA *m*.

cicada [sɪ'kɑːdə] *n* Zikade *f*.

CID (*Brit*) *abbr of* **Criminal Investigation Department** ≃ Kripo *f*.

cider ['saɪdəʳ] *n* Apfelwein, Cidre *m*.

cider apple *n* Mostapfel *m*; **cider press** *n* Apfelpresse *f*.

cif *abbr of* **cost, insurance and freight** cif.

cigar [sɪ'gɑːʳ] *n* Zigarre *f*.

cigar box *n* Zigarrenkiste *f*; **cigar cutter** *n* Zigarrenabschneider *m*.

cigarette [ˌsɪgə'ret] *n* Zigarette *f*.

cigarette box *n* Zigarettenschachtel *f*; **cigarette case** *n* Zigarettenetui *nt*; **cigarette end** *n* Zigarettenstummel *m*; **cigarette holder** *n* Zigarettenspitze *f*; **cigarette lighter** *n* Feuerzeug *nt*.

cigarillo [sɪgə'rɪləʊ] *n* Zigarillo *m or nt*.

cigar lighter *n* (*in car*) Zigarettenanzünder *m*; **cigar-shaped** *adj* zigarrenförmig.

C-in-C *abbr of* **Commander in Chief.**

cinch [sɪntʃ] **I** *n* **1.** (*US: saddle girth*) Sattelgurt *m*. **2.** (*sl*) **it's a ~** (*easy*) das ist ein Kinderspiel *or* ein Klacks (*inf*); (*esp US: certain*) es ist todsicher (*inf*). **II** *vt* (*US*) **1. to ~ a horse** den Sattelgurt anziehen. **2.** (*sl*) *deal* regeln (*sl*).

cinder ['sɪndəʳ] *n* **~s** *pl* Asche *f*; (*lumpy*) Schlacke *f*; (*still burning*) glühendes Kohlestück. **burnt to a ~** (*fig*) verkohlt.

Cinderella [ˌsɪndə'relə] *n* (*lit, fig*) Aschenputtel *nt*.

cinder track *n* Aschenbahn *f*.

cine-camera [ˌsɪnɪ'kæmərə] *n* (*Brit*) (Schmal)filmkamera *f*.

cine-film ['sɪnɪfɪlm] *n* (*Brit*) Schmalfilm *m*.

cinema ['sɪnəmə] *n* (*esp Brit*) Kino *nt*; (*films collectively also*) Film *m*. **at/to the ~** im/ins Kino.

cinema complex *n* (*esp Brit*) Kinocenter *nt*; **cinema goer** *n* (*esp Brit*) Kinogänger(in *f*) *m*; **cinema-going** *adj* (*esp Brit*) **the ~ public** das Kinopublikum, die Kinogänger *pl*; **cinema-loving** *adj* (*esp Brit*) kinofreudig.

cinematic [sɪnə'mætɪk] *adj* filmisch. **~ art** Filmkunst *f*.

cine-projector [ˌsɪnɪprə'dʒektəʳ] *n* (*Brit*) Filmprojektor *m*.

cinnabar ['sɪnəbɑːʳ] *n* Zinnober *m*.

cinnamon ['sɪnəmən] **I** *n* Zimt *m*. **II** *adj attr* **1.** *cake, biscuit* Zimt-. **2.** (*colour*) zimtfarben.

CIO (*US*) *abbr of* **Congress of Industrial Organizations** *amerikanischer Gewerkschafts-Dachverband*.

cipher ['saɪfəʳ] **I** *n* **1.** (*Arabic numeral*) Ziffer, Zahl *f*.
2. (*zero*) Null *f*.
3. (*nonentity*) Niemand *m no pl*.
4. (*code*) Chiffre *f*, Code *m*. **~ clerk** (De)chiffreur *m*, (De)chiffreuse *f*; **~s officer** (*army*) Fernmeldeoffizier *m*; **in ~** chiffriert.
5. (*monogram*) Monogramm, Namenszeichen *nt*.
II *vt* (*encode*) verschlüsseln, chiffrieren.

circ *abbr of* **circa** ca.

circa ['sɜːkə] *prep* zirka, circa.

circle ['sɜːkl] **I** *n* **1.** Kreis *m*. **to stand in a ~** im Kreis stehen; **to go round in ever decreasing ~s** (*lit*) Spiralen drehen; (*fig*) sich unablässig im Kreis drehen; **to turn full ~** (*lit*) sich ganz herumdrehen, eine Volldrehung machen; **we're just going round in ~s** (*fig*) wir bewegen uns nur im Kreise; **to come full ~** (*fig*) zum Ausgangspunkt zurückkehren; **things have come full ~** der Kreis hat sich geschlossen.
2. (*of hills etc*) Ring *m*, Kette *f*; (*round the eyes*) Ring *m* (*round* unter +*dat*); (*in gymnastics*) Welle *f*. **a Celtic stone ~** ein keltischer Steinkreis.
3. (*Brit: Theat*) Rang *m*; *see* **dress, upper.**
4. (*group of persons*) Kreis, Zirkel (*geh*) *m*. **in political ~s** in politischen Kreisen; **the family ~** der engste Familienkreis.
II *vt* **1.** (*surround*) umgeben. **2.** (*move around*) kreisen um. **3.** (*draw a ~ round*) einen Kreis *or* Kringel machen um. **~d in red** rot umkringelt.
III *vi* (*fly in a ~*) kreisen.

◆**circle around** *vi* (*people*) umhergehen *or* -wandern; (*birds*) Kreise ziehen; (*vehicles*) kreisen, Runden drehen; (*ships*) kreisen.

circlet ['sɜːklɪt] *n* Reif *m*.

circuit ['sɜːkɪt] **I** *n* **1.** (*journey around*) Rundgang *m*/-fahrt *f*/-reise *f* (*of* um). **to make a ~ of sth** um etw herumgehen/-fahren, einen Rundgang um etw machen; **three ~s of the racetrack** drei Runden auf der Rennbahn; **they made a wide ~ to avoid the enemy** sie machten einen großen Bogen um den Feind.
2. (*of judges*) Gerichtsbezirk *m*. **to go on ~** den (Gerichts)bezirk bereisen; **he is on the eastern ~** er bereist *or* hat den östlichen (Gerichts)bezirk.
3. (*Theat*) Theaterring *m or* -kette *f*. **to travel the ~** die Theater (der Reihe nach) bereisen.
4. (*Elec*) Stromkreis *m*; (*apparatus*) Schaltung *f*.
5. (*Sport: track*) Rennbahn *f*.
6. the professional golf/tennis ~ die Golf-/Tennisturnierrunde (der Berufsspieler).
II *vt track, course* eine Runde drehen um.

circuit board *n* (*Tech*) Platine, Leiterplatte *f*; **circuit breaker** *n* Stromkreisunterbrecher *m*; **circuit court** *n* Bezirksgericht; **circuit diagram** *n* Schaltplan *m*; **circuit judge** *n* Richter(in *f*) *m* an einem Bezirksgericht.

circuitous [sɜː'kjʊɪtəs] *adj* umständlich.

circuitously [sɜː'kjʊɪtəslɪ] *adv see adj*.

circuitousness [sɜː'kjʊɪtəsnɪs] *n* Umständlichkeit *f*; (*of route*) Gewundenheit *f*.

circuitry ['sɜːkətrɪ] *n* Schaltkreise *pl*.

circuit training *n* Circuittraining *nt*.

circuity [sɜː'kjʊətɪ] *n see* **circuitousness.**

circular ['sɜːkjʊləʳ] **I** *adj object* kreisförmig, rund. **~ saw** Kreissäge *f*; **~ motion** Kreisbewegung *f*; **~ tour** Rundfahrt *f*/-reise *f*; **~ letter** Rundschreiben *nt*, Rundbrief *m*.
II *n* (*in firm*) Rundschreiben *nt*, Rundbrief *m*; (*single copy*) Umlauf *m*; (*printed advertisement*) Wurfsendung *f*.

circularize ['sɜːkjʊləraɪz] *vt person* durch Rundschreiben informieren; *letter, memo* zirkulieren lassen.

circulate ['sɜːkjʊleɪt] **I** *vi* **1.** (*water, blood, money*) fließen, zirkulieren; (*traffic*) fließen; (*news, rumour*) kursieren, in Umlauf sein; (*news*) sich verbreiten. **2.** (*person: at party*) die Runde machen.
II *vt news, rumour* verbreiten, in Umlauf bringen; *memo* zirkulieren lassen; *water* pumpen.

circulating ['sɜːkjʊleɪtɪŋ] **circulating capital** *n* flüssiges Kapital, Umlaufkapital *nt*; **circulating library** *n* Fahrbücherei *f*; **circulating medium** *n* (*Fin*) Zahlungs- *or* Umlaufsmittel *nt*.

circulation [ˌsɜːkjʊ'leɪʃən] *n* **1.** (*Med*) (*act of circulating*) Kreislauf *m*, Zirkulation *f*; (*of traffic*) Ablauf, Fluß *m*; (*of money also*) Umlauf *m*; (*of news, rumour*) Kursieren *nt*, Verbreitung *f*. **to have poor ~** Kreislaufstörungen haben; **to put notes into ~** Banknoten in Umlauf bringen; **this coin was withdrawn from** *or* **taken**

out of ~ diese Münze wurde aus dem Verkehr gezogen; **he's back in ~ now** (*inf*) er mischt wieder mit (*inf*); **the ideas then in ~** die Ideen, die damals im Schwang(e) waren.

2. (*of newspaper*) Auflage(nziffer) *f*. **for private ~** zum privaten Gebrauch.

circulatory [ˌsɜːkjʊˈleɪtərɪ] *adj* Kreislauf-. **~ system** Blutkreislauf *m*.

circum- [ˈsɜːkəm-] *pref* um-, um ... herum.

circumcise [ˈsɜːkəmsaɪz] *vt* beschneiden.

circumcision [ˌsɜːkəmˈsɪʒən] *n* Beschneidung *f*.

circumference [səˈkʌmfərəns] *n* Umfang *m*. **the tree is 10 ft in ~** der Baum hat einen Umfang von 10 Fuß.

circumflex [ˈsɜːkəmfleks] *n* Zirkumflex *m*.

circumlocution [ˌsɜːkəmləˈkjuːʃən] *n* Weitschweifigkeit *f*; (*evasiveness*) Umschreibung *f*, Drumherumreden *nt* (*inf*).

circumlocutory [ˌsɜːkəmləˈkjuːtərɪ] *adj* weitschweifig; *expression* umschreibend.

circumnavigate [ˌsɜːkəmˈnævɪgeɪt] *vt the globe* umfahren; (*in yacht also*) umsegeln; *cape, island also* umschiffen.

circumnavigation [ˈsɜːkəmˌnævɪˈgeɪʃən] *n* Fahrt *f* (*of* um); (*in yacht also*) Umseglung *f*. **~ of the globe** Fahrt um die Welt; Weltumseglung *f*.

circumscribe [ˈsɜːkəmskraɪb] *vt* **1.** (*Math*) einen Kreis umbeschreiben (+*dat*). **2.** (*restrict*) eingrenzen.

circumscription [ˌsɜːkəmˈskrɪpʃən] *n* **1.** (*restriction*) Eingrenzung *f*. **2.** (*on coin*) Umschrift *f*.

circumspect *adj*, **~ly** *adv* [ˈsɜːkəmspekt, -lɪ] umsichtig.

circumspection [ˌsɜːkəmˈspekʃən] *n* Umsicht *f*.

circumstance [ˈsɜːkəmstəns] *n* **1.** Umstand *m*. **in** *or* **under the ~s** unter diesen Umständen; **in** *or* **under no ~s** unter gar keinen Umständen, auf keinen Fall; **in certain ~s** unter Umständen, eventuell.

2. ~s *pl* (*financial condition*) finanzielle Verhältnisse, Umstände (*form*) *pl*.

3. *see* **pomp.**

circumstantial [ˌsɜːkəmˈstænʃəl] *adj* **1.** (*detailed*) *report, statement* ausführlich, detailliert. **2.** (*Jur*) **~ evidence** Indizienbeweis *m*. **3.** (*secondary*) nebensächlich.

circumstantiate [ˌsɜːkəmˈstænʃɪeɪt] *vt* (*form*) belegen.

circumvent [ˌsɜːkəmˈvent] *vt* umgehen.

circumvention [ˌsɜːkəmˈvenʃən] *n* Umgehung *f*.

circus [ˈsɜːkəs] *n* Zirkus *m*; (*in place names*) Platz *m*.

cirrhosis [sɪˈrəʊsɪs] *n* Zirrhose *f*.

cirrus [ˈsɪrəs] *n, pl* **cirri** [ˈsɪraɪ] Zirruswolke *f*.

CIS *abbr of* **Commonwealth of Independent States** GUS.

cissy [ˈsɪsɪ] *n see* **sissy.**

Cistercian [sɪsˈtɜːʃən] **I** *n* Zisterzienser *m*. **II** *adj* Zisterzienser-.

cistern [ˈsɪstən] *n* Zisterne *f*; (*of WC*) Spülkasten *m*.

citadel [ˈsɪtədl] *n* Zitadelle *f*.

citation [saɪˈteɪʃən] *n* **1.** (*quote*) Zitat *nt*; (*act of quoting*) Zitieren *nt*. **2.** (*Mil*) Belobigung *f*, lobende Erwähnung. **3.** (*Jur*) Vorladung *f* (vor Gericht).

cite [saɪt] *vt* **1.** (*quote*) anführen, zitieren. **2.** (*Mil*) belobigen, lobend erwähnen (*for* wegen). **3.** (*Jur*) vorladen. **he was ~d as the co-respondent** (*mentioned*) er wurde als der Dritte in der Scheidungssache genannt.

citizen [ˈsɪtɪzn] *n* **1.** Bürger(in *f*) *m*. **C~s' Band** CB-Funk *m*. **2.** (*of a state*) (Staats)bürger(in *f*) *m*. **French ~** französische(r) Staatsbürger(in), Franzose *m*, Französin *f*.

citizenry [ˈsɪtɪznrɪ] *n* (*liter*) Bürgerschaft *f*.

citizen's arrest *n Festnahme f durch eine Zivilperson.*

citizenship [ˈsɪtɪznʃɪp] *n* Staatsbürgerschaft *f*.

citric [ˈsɪtrɪk] *adj* Zitrus-. **~ acid** Zitronensäure *f*.

citron [ˈsɪtrən] *n* (*fruit*) Zitrone *f*; (*tree*) Zitronenbaum *m*.

citrus [ˈsɪtrəs] *n* Zitrusgewächs *nt*. **~ fruits** Zitrusfrüchte *pl*.

city [ˈsɪtɪ] *n* **1.** Stadt, Großstadt *f*. **the ~ of Glasgow** die Stadt Glasgow. **2.** (*in London*) **the C~** die City, das Banken- und Börsenviertel.

city centre *n* Stadtmitte *f*, Stadtzentrum *nt*, Innenstadt *f*, City *f*; **city desk** *n* (*Brit*) Finanz- und Wirtschaftsabteilung *f* (*einer Redaktion*); (*US*) Abteilung *f* für Lokalnachrichten; **city editor** *n* (*Brit*) Wirtschaftsredakteur(in *f*) *m*; (*US*) Lokalredakteur(in *f*) *m*; **city father** *n* Stadtverordnete(r) *m*; **the ~s** die Stadtväter *pl*; **city hall** *n* Rathaus *nt*; (*US: municipal government*) Stadtverwaltung *f*; **city manager** *n* (*US*) Oberstadtdirektor(in *f*) *m*; **city page** *n* (*Brit*) Wirtschaftsseite *f*; **city slicker** *n* (*pej inf*) feiner Pinkel aus der (Groß)stadt (*pej inf*); (*dishonest*) schlitzohriger Großstädter (*pej inf*); **city state** *n* Stadtstaat *m*.

civet [ˈsɪvɪt] *n* (*substance*) Zibet *m*; (*cat*) Zibetkatze *f*.

civic [ˈsɪvɪk] *adj rights, virtues* bürgerlich, Bürger-; *guard, authorities* Stadt-, städtisch. **~ centre** (*Brit*) Verwaltungszentrum *nt* einer Stadt.

civics [ˈsɪvɪks] *n sing* Staatsbürgerkunde *f*.

civil [ˈsɪvl] *adj* **1.** (*of society*) bürgerlich; *duties* staatsbürgerlich, Bürger-. **2.** (*polite*) höflich; (*in behaviour also*) aufmerksam, zuvorkommend. **3.** (*Jur*) zivilrechtlich.

Civil Aviation Authority *n* Behörde *f* für Zivilluftfahrt; **civil defence** *n* Zivilschutz *m*; **civil disobedience** *n* ziviler Ungehorsam; **civil engineer** *n* Bauingenieur(in *f*) *m*; **civil engineering** *n* Hoch- und Tiefbau *m*.

civilian [sɪˈvɪlɪən] **I** *n* Zivilist(in *f*) *m*. **II** *adj* zivil, Zivil-. **in ~ clothes** in Zivil; **~ casualties** Verluste unter der Zivilbevölkerung.

civility [sɪˈvɪlɪtɪ] *n* Höflichkeit *f*.

civilization [ˌsɪvɪlaɪˈzeɪʃən] *n* **1.** (*civilized world*) Zivilisation *f*. **all ~** die ganze zivilisierte Welt. **2.** (*state: of Greeks etc*)

Kultur *f*. 3. (*act*) Zivilisierung *f*.

civilize ['sɪvɪlaɪz] *vt* zivilisieren; *person also* Kultur beibringen (+*dat*).

civilized ['sɪvɪlaɪzd] *adj* 1. zivilisiert. **all ~ nations** alle Kulturnationen. 2. *working hours, conditions, hour* zivil; (*cultured*) *lifestyle, age etc* kultiviert.

civil law *n* Zivilrecht *nt*, Bürgerliches Recht; **civil liberty** *n* Freiheitsrecht *nt*; **civil list** *n* Zivilliste *f*.

civilly ['sɪvɪlɪ] *adv* (*politely*) höflich, zuvorkommend.

civil marriage *n* standesamtliche Trauung *f*; **civil rights** I *npl* (staats)bürgerliche Rechte *pl*; II *attr march, campaign, demonstration* Bürgerrechts-; **civil servant** *n* ≃ Staatsbeamte(r) *m*, Staatsbeamtin *f*; **civil service** *n* ≃ Staatsdienst *m* (*ohne Richter und Lehrer*); (*civil servants collectively*) Beamtenschaft *f*; **civil war** *n* Bürgerkrieg *m*.

cl *abbr of* **centilitre(s)** cl.

clack [klæk] I *n* Klappern, Geklapper *nt*. II *vi* klappern.

clad [klæd] I (*old*) *pret, ptp of* **clothe**. II *adj* (*liter*) gekleidet.

claim [kleɪm] I *vt* 1. (*demand as one's own or due*) Anspruch erheben auf (+*acc*); *social security, benefits, sum of money* (*apply for*) beantragen; (*draw*) beanspruchen; *lost property* abholen. **he ~ed diplomatic immunity** er berief sich auf seine diplomatische Immunität; **to ~ sth as one's own** etw für sich beanspruchen, Anspruch auf etw (*acc*) erheben; **does anyone ~ this wallet?** gehört diese Brieftasche jemandem?

2. (*profess, assert*) behaupten. **he ~s to have seen you** er behauptet, Sie gesehen zu haben, er will Sie gesehen haben; **the club can ~ a membership of ...** der Verein kann ... Mitglieder vorweisen; **the advantages ~ed for this technique** die Vorzüge, die man dieser Methode zuschreibt.

3. *one's attention, interest* in Anspruch nehmen.

II *vi* 1. (*Insur*) Ansprüche geltend machen; (*for damage done by people*) Schadenersatz verlangen.

2. (*for expenses*) **to ~ for sth** sich (*dat*) etw zurückzahlen lassen; **you can ~ for your travelling expenses** Sie können sich (*dat*) Ihre Reisekosten zurückerstatten lassen.

III *n* 1. (*demand*) Anspruch *m*; (*pay ~, Ind*) Forderung *f*. **his ~ to the throne/title/property** sein Anspruch auf den Thron/Titel/das Grundstück; **I have many ~s on my time** meine Zeit ist *or* ich bin sehr in Anspruch genommen; **you have no ~ on me** du hast keine Ansprüche an mich (zu stellen); **to make ~s on sb's friendship** an jds Freundschaft (*acc*) appellieren; **to lay ~ to sth** Anspruch auf etw (*acc*) erheben; **to put in a ~ (for sth)** etw beantragen; (*Insur*) Ansprüche geltend machen; **we want the ~ back-dated** wir wollen das Geld rückwirkend; **he put in an expenses ~ for £100** er reichte Spesen in Höhe von £ 100 ein.

2. (*assertion*) Behauptung *f*. **to make a ~** eine Behauptung aufstellen; **the exaggerated ~s made for the new washing powder** die übertriebenen Eigenschaften, die man diesem neuen Waschpulver zuschreibt; **the book makes no ~ to be original** das Buch erhebt keinen Anspruch auf Originalität.

3. (*Min*) Claim *m* (*Anteil an einem Goldfeld etc*); *see* **stake.**

◆**claim back** *vt sep* zurückfordern. **to ~ sth ~ (as expenses)** sich (*dat*) etw zurückzahlen *or* -erstatten lassen.

claimant ['kleɪmənt] *n* (*for social security*) Antragsteller(in *f*) *m*; (*for inheritance*) Anspruchsteller(in *f*) *m* (*to* auf +*acc*); (*Jur*) Kläger(in *f*) *m*. **a ~ to a title/throne** ein(e) Titel-/Thronanwärter(in *f*) *m*.

claim form *n* Antragsformular *nt*.

clairvoyance [klɛə'vɔɪəns] *n* Hellsehen *nt*, Hellseherei *f*.

clairvoyant [klɛə'vɔɪənt] I *n* Hellseher(in *f*) *m*. II *adj* hellseherisch.

clam [klæm] *n* Venusmuschel *f*. **he shut up like a ~** aus ihm war kein Wort mehr herauszubekommen.

◆**clam up** *vi* (*inf*) keinen Piep (mehr) sagen (*inf*).

clambake ['klæmbeɪk] *n* (*US*) Muschelessen *nt* am Strand; (*inf: party*) Fete *f* (*inf*).

clamber ['klæmbə^r] I *vi* klettern, kraxeln (*esp S Ger*). **to ~ up a hill** einen Berg hinaufklettern; **the baby ~ed all over the sofa** das Baby krabbelte auf dem Sofa herum. II *n* Kletterei, Kraxelei (*esp S Ger*) *f*.

clamminess ['klæmɪnɪs] *n* Feuchtigkeit, Klammheit *f*.

clammy ['klæmɪ] *adj* (+*er*) feucht, klamm.

clamorous ['klæmərəs] *adj* (*liter*) 1. *mob* lärmend. 2. *demands* lautstark.

clamour, (*US*) **clamor** ['klæmə^r] I *n* 1. (*noise*) Lärm *m*, Lärmen *nt*.

2. (*demand*) lautstark erhobene Forderung (*for* nach). **a ~ against sth** ein Aufschrei *m* gegen etw.

II *vi* **to ~ for/against sth** nach etw schreien/sich gegen etw empören; **the men were ~ing to go home** die Männer forderten lautstark die Heimkehr.

clamp [klæmp] I *n* Schraubzwinge *f*; (*Med, Elec*) Klemme *f*. II *vt* (ein)spannen.

◆**clamp down** I *vt sep* (*lit*) festmachen.

II *vi* (*fig*) (*on expenses*) gewaltig bremsen (*inf*); (*police, government*) rigoros durchgreifen.

◆**clamp down on** *vi* +*prep obj person* an die Kandare nehmen; *expenditure, activities* einen Riegel vorschieben (+*dat*); *news broadcasts* unterdrücken. **the government ~ed ~ ~ private radio stations** die Regierung holte zum Schlag gegen private Rundfunksender aus.

clamp-down ['klæmpdaʊn] *n* Schlag *m* (*on* gegen). **he ordered the ~ on the porn merchants** er hat dafür gesorgt, daß es den Pornohändlern an den Kragen ging (*inf*); **the ~ has made tax-evasion almost impossible** das harte Durchgreifen hat Steuerhinterziehung fast unmöglich gemacht.

clan [klæn] *n* (*lit, fig*) Clan *m*.

clandestine [klæn'destɪn] *adj* geheim; *meeting, society* Geheim-; *rendezvous* heimlich.

clang [klæŋ] **I** *n* Klappern *nt*; (*of hammer*) Hallen, Dröhnen *nt*; (*of swords*) Klirren *nt*. **II** *vi* klappern; (*hammer*) hallen, dröhnen; (*swords*) klirren. **III** *vt* mit etw klappern; *cymbal* schlagen; *bell* läuten.

clanger ['klæŋə^r] *n* (*Brit inf*) Fauxpas, Schnitzer (*inf*) *m*. **to drop a ~** ins Fettnäpfchen treten (*inf*).

clangor ['klæŋgə^r] *n* (*US*) *see* **clangour.**

clangour ['klæŋgə^r] *n* Hallen *nt*; (*irritating*) Getöse *nt*.

clank ['klæŋk] **I** *n* Klirren *nt*. **II** *vt* klirren mit. **III** *vi* klirren.

clannish ['klænɪʃ] *adj group* klüngelhaft, verfilzt (*inf*); *person* cliquenbewußt.

clansman ['klænzmən] *n, pl* **-men** [-mən] Clanmitglied *nt*.

clap[1] [klæp] *n* (*sl*) Tripper *m*.

clap[2] **I** *n* Klatschen *nt no pl*; (*no pl: applause*) (Beifall)klatschen *nt*. **a ~ of thunder** ein Donnerschlag *m*; **give him a ~!** klatscht ihm Beifall!, alle(s) klatschen!; **the audience gave him a big ~** das Publikum klatschte (ihm) begeistert Beifall; **a ~ on the back** ein Schlag *m* auf die Schulter.

II *vt* **1.** (*applaud*) Beifall klatschen (+*dat*).

2. to ~ one's hands in die Hände klatschen; **to ~ sb on the back** jdm auf die Schulter klopfen.

3. (*put quickly*) **he ~ped his hand over my mouth** er hielt mir den Mund zu; **to ~ sb into prison** jdn ins Gefängnis stekken; **to ~ eyes on sb/sth** (*inf*) jdn/etw zu sehen kriegen (*inf*).

III *vi* (Beifall) klatschen.

◆**clap on** *vt sep handcuffs* anlegen (*prep obj dat*). **to ~ ~ sail** (*Naut*) Beisegel setzen; **to ~ ~ the brakes** (*Aut*) auf die Bremse latschen (*inf*).

◆**clap to** *vti always separate door* zuklappen.

clapboard ['klæpbɔːd] *n* Schindel *f*.

clapped-out ['klæptaʊt] *adj* (*inf*) klapprig. **a ~ old car** ein klappriges Auto, eine alte Klapperkiste (*inf*); **I feel really ~** ich bin total geschafft (*inf*).

clapper ['klæpə^r] *n* (*of bell*) (Glokken)klöppel *m*. **to go/drive/work like the ~s** (*Brit sl*) einen Affenzahn draufhaben (*sl*).

clapping ['klæpɪŋ] *n* (Beifall)klatschen *nt*, Beifall *m*.

claptrap ['klæptræp] *n* (*inf*) Geschwafel *nt* (*inf*).

claret ['klærət] **I** *n* **1.** (*wine*) roter Bordeauxwein. **2.** (*colour*) Weinrot *nt*. **II** *adj* weinrot.

clarification [ˌklærɪfɪ'keɪʃən] *n* **1.** Klarstellung *f*. **I'd like a little ~ on this point** ich hätte diesen Punkt gerne näher erläutert; **in** *or* **as ~** zur Klarstellung. **2.** (*of wine*) Klärungsprozeß *m*.

clarify ['klærɪfaɪ] **I** *vt* **1.** klären, klarstellen; *text* erklären; *statement* näher erläutern. **2.** *sugar, fat* raffinieren; *wine* klären. **II** *vi* (*wine*) sich klären.

clarinet [ˌklærɪ'net] *n* Klarinette *f*.

clarinettist [ˌklærɪ'netɪst] *n* Klarinettist(in *f*) *m*.

clarion ['klærɪən] *n* (*liter*) Fanfare *f*. **a ~ call for liberty/to duty** ein Ruf nach Freiheit/zur Pflicht.

clarity ['klærɪtɪ] *n* Klarheit *f*.

clash [klæʃ] **I** *vi* **1.** (*armies, demonstrators*) zusammenstoßen. **the chairman ~ed with the committee at the last meeting** der Vorsitzende hatte auf der letzten Sitzung eine Auseinandersetzung mit dem Komitee.

2. (*colours*) nicht harmonieren, sich beißen; (*interests*) kollidieren, aufeinanderprallen; (*programmes, films*) sich überschneiden. **we ~ too much** wir passen einfach nicht zusammen.

3. (*cymbals: also* **~ together**) aneinanderschlagen; (*swords*) klirrend aneinanderschlagen.

II *vt cymbals, swords* schlagen.

III *n* **1.** (*of armies, demonstrators*) Zusammenstoß *m*; (*between people, parties*) Konflikt *m*.

2. (*of personalities*) grundsätzliche Verschiedenheit, Unvereinbarkeit *f*. **it's such a ~ of personalities** sie sind charakterlich grundverschieden; **a ~ of interests** eine Interessenkollision.

3. (*of swords*) Aufeinanderprallen *nt*.

clasp [klɑːsp] **I** *n* **1.** (*on brooch*) (Schnapp)verschluß *m*.

2. (*with one's arms*) Umklammerung *f*; (*with hand*) Griff *m*. **he had a firm ~ on the rope** er klammerte sich am Seil fest.

3. (*Mil: of medals*) Ansteckabzeichen *nt*, Metallspange *f* auf dem Ordensband.

II *vt* **1.** (er)greifen. **to ~ sb's hand** jds Hand ergreifen; **to ~ one's hands (together)** die Hände falten; **with his hands ~ed behind his back** mit auf dem Rükken verschränkten Händen; **to ~ sb in one's arms** jdn in die Arme nehmen *or* schließen.

2. (*to fasten with a ~*) befestigen, zuschnappen lassen. **she ~ed the bracelet round her wrist** sie legte ihr Armband an.

clasp knife *n* Taschenmesser *nt*.

class [klɑːs] **I** *n* **1.** (*group, division*) Klasse *f*. **what ~ are you travelling?** in welcher Klasse reisen Sie?; **he's not in the same ~ as his brother** sein Bruder ist eine Klasse besser; **they're just not in the same ~** man kann sie einfach nicht vergleichen; **in a ~ by himself/itself** weitaus der/das Beste.

2. (*social rank*) gesellschaftliche Stellung, Stand *m* (*dated*), Klasse *f* (*Sociol*). **the ruling ~** die herrschende Klasse, die Herrschenden *pl*; **considerations of ~** Klassengesichtspunkte *pl*; **it was ~ not ability that determined who ...** (die gesellschaftliche) Herkunft und nicht die Fähigkeiten bestimmten, wer ...; **~ and educational background** Klassenzugehörigkeit und Erziehung; **a society riddled with prejudice and ~** eine von Vorurteilen und Standesdünkel beherrschte Gesellschaft; **we were talking about ~** wir sprachen über die gesellschaftlichen Klassen.

3. (*Sch, Univ*) Klasse *f*. **I don't like her ~es** ihr Unterricht gefällt mir nicht; **to give** *or* **take a Latin ~** Latein unterrichten *or* geben; (*Univ*) eine Lateinvorlesung halten; ein Lateinseminar abhalten; **the French ~** (*lesson*) die Französischstunde; (*people*) die Französischklasse; **an evening ~** ein Abendkurs *m*; **the ~ of 1980** (*US*) der Jahrgang 1980, *die Schul-/Universitätsabgänger etc des Jahres 1980*.

4. (*Bot, Zool*) Klasse *f*.

5. (*Brit Univ: of degree*) Prädikat *nt*. **a first-~ degree** ein Prädikatsexamen *nt*; **second-/third-~ degree** ≃ Prädikat Gut/Befriedigend.

6. (*inf: quality, tone*) Stil *m*. **to have ~** Stil haben, etwas hermachen (*inf*); (*person*) Format haben; **that gives the place a bit of ~** das macht (doch) (et)was her (*inf*).

II *adj* (*sl*) erstklassig, exklusiv.

III *vt* einordnen, klassifizieren.

IV *vi* eingestuft werden, sich einordnen lassen.

class conscious *adj* standesbewußt, klassenbewußt; **class consciousness** *n* Standesbewußtsein, Klassenbewußtsein *nt;* **class distinction** *n* gesellschaftlicher Unterschied, Klassenunterschied *m;* **class feeling** *n* (*antagonism*) Klassenantagonismus *m* (*Sociol*); (*solidarity*) Solidarität *f*, Klassenbewußtsein *nt*.

classic ['klæsɪk] **I** *adj* (*lit, fig*) klassisch. **II** *n* Klassiker *m*.

classical ['klæsɪkəl] *adj* klassisch; (*in the style of ~ architecture*) klassizistisch; *education* humanistisch; *method, solution also* altbewährt. **the ~ world** die antike Welt; **a ~ scholar** ein Altphilologe *m*, eine Altphilologin *f*.

classicism ['klæsɪsɪzəm] *n* Klassik *f*; (*style of classic architecture*) Klassizismus *m*.

classicist ['klæsɪsɪst] *n* Altphilologe *m*/-philologin *f*.

classics ['klæsɪks] *n sing* (*Univ*) Altphilologie *f*.

classifiable ['klæsɪfaɪəbl] *adj* klassifizierbar.

classification [ˌklæsɪfɪ'keɪʃən] *n* Klassifizierung, Einteilung *f*.

classified ['klæsɪfaɪd] *adj* in Klassen *or* Gruppen eingeteilt. **~ ad(vertisement)** Kleinanzeige *f*; **~ information** (*Mil*) Verschlußsache *f*; (*Pol*) Geheimsache *f*.

classify ['klæsɪfaɪ] *vt* **1.** klassifizieren, (nach Klassen, Gruppen) ordnen. **2.** *information* für geheim erklären.

classiness ['klæsɪnɪs] *n* (*inf*) Exklusivität *f*.

classless *adj society* klassenlos; **class list** *n* (*Brit Univ*) Benotungsliste *f*; **classmate** *n* Klassenkamerad(in *f*), Mitschüler(in *f*) *m*; **classridden** *adj society* von Klassengegensätzen beherrscht; **classroom** *n* Klassenzimmer *nt*; **class society** *n* Klassengesellschaft *f*; **class struggle** *n* Klassenkampf *m*; **class war(fare)** *n* Klassenkrieg *m*.

classy ['klɑːsɪ] *adj* (*+er*) (*inf*) nobel (*inf*), exklusiv.

clatter ['klætəʳ] **I** *n* Klappern, Geklapper *nt*; (*of hooves also*) Trappeln, Getrappel *nt*.

II *vi* klappern; (*hooves also*) trappeln. **the box of tools went ~ing down the stairs** der Werkzeugkasten polterte die Treppe hinunter.

III *vt* klappern mit.

clause [klɔːz] *n* **1.** (*Gram*) Satz *m*. **2.** (*Jur etc*) Klausel *f*.

claustrophobia [ˌklɔːstrə'fəʊbɪə] *n* Klaustrophobie, Platzangst (*inf*) *f*.

claustrophobic [ˌklɔːstrə'fəʊbɪk] *adj* klaustrophob(isch) (*Psych*). **it's so ~ in here** hier kriegt man Platzangst (*inf*); **I get this ~ feeling** ich kriege Platzangst (*inf*).

clave [kleɪv] *ptp of* **cleave²**.

clavichord ['klævɪkɔːd] *n* Klavichord *nt*.

clavicle ['klævɪkl] *n* Schlüsselbein *nt*.

claw [klɔː] **I** *n* Kralle *f*; (*of lions, birds of prey also, of excavator*) Klaue *f*; (*of lobster*) Schere, Zange *f*; (*of hammer*) Nagelklaue *f*. **to show one's ~s** die Krallen zeigen; **to get one's ~s into sb** (*inf*) (dauernd) auf jdm herumhacken.

II *vt* kratzen. **badly ~ed** schlimm zerkratzt; **the mole ~s its way through the soil** der Maulwurf wühlt sich durch das Erdreich.

III *vi* **to ~ at sth** sich an etw (*acc*) krallen.

◆**claw back** *vt sep* (*taxman*) sich (*dat*) zurückholen.

◆**claw out** *vt sep* auskratzen. **to ~ sth ~ of sth** etw mit der Tatze *or* (*excavator*) mit der Klaue aus etw herausholen.

clawback *n* (*for individual*) Rückerstattung *f*; **from this sale the government got a £3m ~** aus diesem Verkauf flossen 3 Millionen Pfund in die Staatskasse zurück; **claw hammer** *n* Tischlerhammer *m*; **claw mark** *n* Kratzer *m*.

clay [kleɪ] *n* Lehm *m*. **potter's ~** Ton *m*.

clayey ['kleɪɪ] *adj* lehmig; *soil also* Lehm-.

clay pigeon *n* Tontaube *f*; **clay pigeon shooting** *n* Tontaubenschießen *nt*; **clay pipe** *n* Tonpfeife *f*.

clean [kliːn] **I** *adj* (*+er*) **1.** (*not dirty, also bomb*) sauber. **to wash/wipe/brush sth ~** etw abwaschen/-reiben/-bürsten; **to wipe a disk ~** (*Comput*) alle Daten von einer Diskette löschen.

2. (*new, not used*) *sheets, paper* sauber, neu. **I want to see a nice ~ plate** ich will einen schön leer gegessenen Teller sehen; **the vultures picked the carcass/bone ~** die Geier nagten den Kadaver bis aufs Skelett ab/nagten den Knochen ganz ab; **to make a ~ start** ganz von vorne anfangen; (*in life*) ein neues Leben anfangen.

3. *joke* stubenrein; *film* anständig; (*Typ*) *proof* sauber. **keep television ~** das Fernsehen muß sauber *or* anständig bleiben.

4. (*well-shaped*) *lines* klar.

5. (*regular, even*) *cut, break* sauber, glatt.

6. (*Sport*) *fight, match* sauber, fair;

boxer fair.

7. (*acceptable to religion*) rein.

8. to make a ~ breast of sth etw gestehen, sich (*dat*) etw von der Seele reden; *see* **sweep.**

II *adv* glatt. **I ~ forgot** das habe ich glatt(weg) vergessen (*inf*); **he got ~ away** er verschwand spurlos; **he got ~ away from the rest of the field** er ließ das übrige Feld weit hinter sich; **to cut ~ through sth** etw ganz durchschneiden/durchschlagen *etc*; **to come ~** (*inf*) auspacken (*inf*); **we're ~ out (of matches)** es sind keine (Streichhölzer) mehr da.

III *vt* saubermachen; (*with cloth also*) abwischen; *carpets also* reinigen; (*remove stains*) säubern; *clothes also* säubern (*form*); (*dry~*) reinigen; *nails, paint-brush, furniture also, dentures, old buildings* reinigen; *window, shoes* putzen, reinigen (*form*); *fish, wound* säubern; *chicken* ausnehmen; *vegetables* putzen; *apple, grapes* säubern (*form*); (*wash*) (ab)waschen; (*wipe*) abwischen; *cup, plate* säubern (*form*); (*wash*) spülen; (*wipe*) aus-/abwischen; *car* waschen, putzen. **the cat is ~ing itself** die Katze putzt sich; **to ~ one's hands** (*wash*) sich (*dat*) die Hände waschen *or* (*wipe*) abwischen *or* (*scrape, with grease remover*) säubern; **to ~ one's teeth** sich (*dat*) die Zähne putzen *or* (*with toothpick*) säubern; **to ~ one's face** (*wash*) sich (*dat*) das Gesicht waschen *or* (*wipe*) abwischen; **to ~ a room** ein Zimmer saubermachen, in einem Zimmer putzen; **clothes which are easy to ~** pflegeleichte Kleider *pl*.

IV *vi* reinigen.

V *n see vt* **to give sth a ~** etw saubermachen/reinigen/putzen *etc*; **your face/the suit needs a good ~** du könntest dein Gesicht mal richtig waschen/dieser Anzug müßte mal richtig gereinigt werden.

◆**clean down** *vt sep car, lorry* waschen; *walls* abwaschen.

◆**clean off I** *vt sep* (*wash*) abwaschen; (*rinse*) abspülen; (*wipe*) abwischen; (*scrape, rub*) abreiben; *dirt, barnacles, rust* entfernen, abmachen (*inf*). **II** *vi* sich abwaschen *etc* lassen.

◆**clean out** *vt sep* **1.** (*lit*) gründlich saubermachen; (*with water also*) ausspülen; *stables also* ausmisten; *carburettor* reinigen; *stomach* auspumpen *or* -räumen.

2. (*inf: to leave penniless*) *person* ausnehmen (wie eine Weihnachtsgans) (*inf*); *bank* ausräumen (*inf*); (*gambling*) sprengen. **to be ~ed ~** abgebrannt sein (*inf*).

3. (*inf: take all stock*) **to ~ sb ~ of sth** jdm alles wegkaufen.

◆**clean up I** *vt sep* **1.** saubermachen; *old building, old painting* reinigen; *mess* aufräumen.

2. (*fig*) **the new mayor ~ed ~ the city** der neue Bürgermeister hat für Sauberkeit in der Stadt gesorgt; **to ~ ~ television** den Bildschirm (von Gewalt, Sex *etc*) säubern.

3. (*sl: make money*) einstecken (*inf*), absahnen (*sl*).

II *vi* **1.** (*lit*) aufräumen. **2.** (*sl*) abkassieren (*inf*), absahnen (*sl*).

clean-cut ['kli:nkʌt] *adj* klar, klar umrissen; *sort of person* gepflegt.

cleaner ['kli:nəʳ] *n* **1.** (*person*) Putzfrau *f*; Gebäudereiniger(in *f*) *m* (*form*). **a firm of office ~s** eine Büroreinigungsfirma; **the ~s come once a week** das Reinigungspersonal/die Putzkolonne kommt einmal pro Woche.

2. (*shop*) **~'s** Reinigung *f*; **to take sb to the ~'s** (*inf*) (*con, trick*) jdn übers Ohr hauen (*inf*), jdn reinlegen (*inf*); (*defeat easily*) jdn in die Pfanne hauen (*inf*).

3. (*thing*) Reiniger *m*; *see* **vacuum ~.**

4. (*substance*) Reiniger *m*, Reinigungsmittel *nt*.

cleaning ['kli:nɪŋ] *n* **the people who do the ~** die Leute, die (hier) saubermachen; **~ fluid** Reinigungsflüssigkeit *f*; **~ lady** Reinemachefrau *f*.

clean-limbed ['kli:n'lɪmd] *adj* gutgebaut *attr*, gut gebaut *pred*.

cleanliness ['klenlɪnɪs] *n* Reinlichkeit *f*.

clean-living ['kli:n'lɪvɪŋ] *adj* anständig, sauber.

cleanly[1] ['kli:nlɪ] *adv* sauber. **the bone broke ~** es war ein glatter Knochenbruch.

cleanly[2] ['klenlɪ] *adj* (*+er*) sauber; *person* reinlich.

cleanness ['kli:nnɪs] *n* **1.** Sauberkeit *f*.

2. (*of joke*) Anständigkeit, Stubenreinheit *f*; (*of film*) Anständigkeit *f*; (*Typ: of proof*) Sauberkeit *f*.

3. (*of outline*) Klarheit *f*.

4. (*of break*) Sauberkeit, Glätte *f*.

clean-out ['kli:naʊt] *n* **to give sth a ~** etw saubermachen.

cleanse [klenz] *vt* reinigen; (*spiritually*) läutern (*of* von).

cleanser ['klenzəʳ] *n* (*detergent*) Reiniger *m*, Reinigungsmittel *nt*; (*for skin*) Reinigungscreme *f*; Reinigungsmilch *f*.

clean-shaven ['kli:n'ʃeɪvn] *adj* glattrasiert.

cleansing ['klenzɪŋ] *adj agent* Reinigungs-. **~ cream** Reinigungscreme *f*; **~ department** Stadtreinigung *f*; **~ lotion** Reinigungslotion *f*.

clean-up ['kli:nʌp] *n* **1.** (*of person*) **give yourself a good ~ before you come down to dinner** wasch dich erst einmal, bevor du zum Essen kommst; **to give sth a ~** etw saubermachen. **2.** (*by police*) Säuberung *f*. **3.** (*sl: profit*) Schnitt *m* (*sl*).

clear [klɪəʳ] **I** *adj* (*+er*) **1.** *water, soup, sky, head, weather* klar; *complexion* rein; *conscience* rein, gut *attr*; *photograph* scharf. **on a ~ day** bei klarem Wetter.

2. (*of sounds*) klar.

3. (*to one's understanding, distinct, obvious*) klar. **to be ~ to sb** jdm klar sein; **it's still not ~ to me why** es ist mir immer noch nicht klar, warum, ich bin immer noch im unklaren (darüber), warum; **a ~ case of murder** ein klarer *or* eindeutiger Fall von Mord; **to have a ~**

advantage eindeutig *or* klar im Vorteil sein; **to make oneself** *or* **one's meaning ~** sich klar ausdrücken; **is that ~?** alles klar?; **to make sth ~ to sb** (*explain*) jdm etw klarmachen; **I wish to make it ~ that ...** ich möchte einmal ganz klar sagen, daß ...; **let's get this ~, I'm the boss** eins wollen wir mal klarstellen – ich bin hier der Chef; **as ~ as day** sonnenklar; **as ~ as mud** (*inf*) klar wie Kloßbrühe (*inf*).

4. to be ~ on sth über etw (*acc*) im klaren sein.

5. (*lit, fig: free of obstacles, danger*) *road, way* frei. **I want to keep the weekend ~** ich möchte mir das Wochenende freihalten; **is it ~ now?** (*of road*) ist jetzt frei?; **there's not a single ~ space on his desk** auf seinem Schreibtisch ist überhaupt kein Platz; **there's a small patch of ~ ground between the houses** zwischen den Häusern ist ein kleines Stück Land frei; **all ~!** (alles) frei!; **is it all ~ now?** ist alles in Ordnung?, ist die Luft rein?; **to be ~ of sth** (*freed from*) von etw befreit sein; **at last we were/got ~ of the prison walls** endlich hatten wir die Gefängnismauern hinter uns; **I'll come when I get ~ of all this work** ich komme, wenn ich diese ganze Arbeit erledigt *or* hinter mir habe; **the plane climbed until it was ~ of the clouds** das Flugzeug stieg auf, bis es aus den Wolken heraus war; **he's ~ of all suspicion** er ist frei von jedem Verdacht; **the car was ~ of the town** das Auto hatte die Stadt hinter sich gelassen; **~ of debts** schuldenfrei; **the bottom of the door should be about 3 mm ~ of the floor** zwischen Tür und Fußboden müssen etwa 3 mm Luft sein; **park at least 20 cm ~ of the pavement** parken Sie wenigstens 20 cm vom Bürgersteig entfernt; **hold his head well ~ of the water** den Kopf gut über Wasser halten.

6. a ~ profit ein Reingewinn *m;* **three ~ days** drei volle Tage; **a ~ majority** eine klare Mehrheit; **to have a ~ lead** klar führen.

II *n* **1.** (*of message*) **in ~** in/im Klartext.

2. to be in the ~ nichts zu verbergen haben; **we're not in the ~ yet** (*not out of debt, difficulties*) wir sind noch nicht aus allem heraus; **this puts Harry in the ~** damit ist Harry entlastet.

III *adv* **1.** *see* **loud.**

2. he got ~ away er verschwand spurlos; **he kicked the ball ~ across the field** er schoß den Ball quer über das Spielfeld.

3. to steer ~ of sth (*Naut*) um etw herumsteuern; **to steer** *or* **keep ~ of sb/sth/a place** jdm aus dem Wege gehen/etw meiden/um etw einen großen Bogen machen; **keep ~ of the whisky for a while** du solltest mal eine Zeitlang die Finger vom Whisky lassen; **you'd better keep ~ of that pub** um die Kneipe würde ich lieber einen großen Bogen machen; **I prefer to keep ~ of town during the rush hour** während der Hauptverkehrszeit meide ich die Stadt nach Möglichkeit; **the public was asked to keep ~ of the area** die Öffentlichkeit wurde aufgefordert, dem Gebiet fernzubleiben; **exit, keep ~** Ausfahrt freihalten!; **dangerous chemicals, keep ~** Vorsicht, giftige Chemikalien!; **keep ~ of the testing area** Versuchsgebiet nicht betreten!; **to stand ~** zurücktreten; zurückbleiben; **stand ~ of the doors!** bitte von den Türen zurücktreten!; **he kicked the ball ~** er klärte.

IV *vt* **1.** (*remove obstacles from*) *pipe* reinigen; *blockage* beseitigen; *land, road, railway line, snow* räumen; (*Comput*) *screen* löschen; *one's conscience* erleichtern. **to ~ the table** den Tisch abräumen; **to ~ the decks (for action)** (*lit*) das Schiff gefechtsklar machen; (*fig*) alles startklar machen; **to ~ a space for sth** für etw Platz schaffen; **to ~ sth of sth** etw von etw räumen; **to ~ the way for sb/sth** den Weg für jdn/etw freimachen; **to ~ the streets of ice** das Eis auf den Straßen beseitigen; **~ the way!** Platz machen!, Platz da!; **to ~ a way through the crowd** sich (*dat*) einen Weg durch die Menge bahnen; **to ~ a room** (*of people*) ein Zimmer räumen; (*of things*) ein Zimmer ausräumen; **to ~ the court** den Gerichtssaal räumen lassen; **to ~ the ground for further talks** den Boden für weitere Gespräche bereiten.

2. *letterbox* leeren.

3. (*free from guilt, Jur: find innocent*) *person* freisprechen; *one's/sb's name* reinwaschen. **that ~s him** das beweist seine Unschuld.

4. (*get past or over*) **he ~ed the bar easily** er übersprang die Latte mit Leichtigkeit; **raise the car till the wheel ~s the ground** das Auto anheben, bis das Rad den Boden nicht mehr berührt.

5. (*Med*) *blood* reinigen; *bowels* (ent)leeren. **to ~ one's head** (wieder) einen klaren Kopf bekommen.

6. (*Ftbl*) **to ~ the ball** klären.

7. (*make profit of*) machen, rausholen (*inf*). **I didn't even ~ my expenses** ich habe nicht einmal meine Ausgaben wieder hereinbekommen.

8. *debt* begleichen, zurückzahlen.

9. *stock* räumen.

10. (*pass, OK*) abfertigen; *ship* klarieren; *expenses, appointment* bestätigen; *goods* zollamtlich abfertigen. **to ~ a cheque** bestätigen, daß ein Scheck gedeckt ist; (*enquire*) nachfragen, ob der Scheck gedeckt ist; **you'll have to ~ that with management** Sie müssen das mit der Firmenleitung regeln *or* abklären; **~ed by security** von den Sicherheitsbehörden für unbedenklich erklärt; **to ~ a plane for take-off** einem Flugzeug die Starterlaubnis erteilen, ein Flugzeug zum Start freigeben.

V *vi* (*weather*) aufklaren, schön werden; (*mist, smoke*) sich legen, sich auflösen; (*crystal ball*) sich klären.

◆**clear away I** *vt sep* wegräumen; *dirty dishes also* abräumen. **II** *vi* **1.** (*mist*) sich auflösen, sich legen. **2.** (*to ~ ~ the table*) den Tisch abräumen.

◆**clear off I** *vt sep debts* begleichen, zurückzahlen; (*Comm*) *stock* räumen; *mortgage* abzahlen, abtragen; *arrears of work* aufarbeiten. **II** *vi* (*inf*) abhauen (*inf*), verschwinden (*inf*).

◆**clear out I** *vt sep cupboard, room* ausräumen; *unwanted objects also* entfernen. **he ~ed everyone ~ of the room** er schickte alle aus dem Zimmer. **II** *vi* (*inf*) **1.** verschwinden (*inf*). **2.** (*leave home*) sich absetzen (*inf*).

◆**clear up I** *vt sep* **1.** *point, matter* klären; *mystery, crime* aufklären, aufdecken; *doubts* beseitigen. **2.** (*tidy*) aufräumen; *litter* wegräumen. **II** *vi* **1.** (*weather*) (sich) aufklären; (*rain*) aufhören. **2.** (*tidy up*) aufräumen.

clearance ['klɪərəns] *n* **1.** (*act of clearing*) Entfernen *nt*, Beseitigung *f*. **slum ~s** Slumsanierungen *or* -beseitigungen *pl*.

2. (*free space*) Spielraum *m*; (*headroom*) lichte Höhe.

3. (*Ftbl*) **a good ~ by the defender saved a nasty situation** der Verteidiger klärte gekonnt und rettete die Lage.

4. (*of cheque*) Bestätigung *f* der Deckung.

5. (*by customs*) Abfertigung *f*; (*by security*) Unbedenklichkeitserklärung *f*; (*document*) Unbedenklichkeitsbescheinigung *f*. **get your security ~ first** Sie müssen erst noch von den Sicherheitsorganen für unbedenklich erklärt werden; **the despatch was sent to the Foreign Office for ~** der Bericht wurde zur Überprüfung ans Außenministerium geschickt; **~ to land** Landeerlaubnis *f*; **~ for take-off** Startfreigabe *f*.

6. (*Naut*) Klarierung *f*. **~ outwards** Ausklarierung *f*; **~ inwards** Einklarierung *f*.

clearance certificate *n* (*Naut*) Verzollungspapiere *pl*; **clearance sale** *n* (*Comm*) Räumungsverkauf *m*.

clear-cut ['klɪə'kʌt] *adj decision* klar; *features* scharf.

clearing ['klɪərɪŋ] *n* (*in forest*) Lichtung *f*.

clearing bank *n* (*Brit*) Clearingbank *f*; **clearing house** *n* Clearingstelle *f*.

clearly ['klɪəlɪ] *adv* **1.** (*distinctly*) klar. **~ visible** klar *or* gut zu sehen; **to stand out ~ from the rest** sich deutlich vom übrigen hervorheben *or* abheben.

2. (*obviously*) eindeutig. **~ we cannot allow ...** wir können keinesfalls zulassen, ...

clearness ['klɪənɪs] *n* **1.** *see* **clear I 1.** Klarheit *f*; Reinheit *f*; Schärfe *f*. **2.** *see* **clear I 2., 3.** Klarheit *f*.

clear-sighted *adj* (*fig*) klar- *or* scharfsichtig; **clear-sightedness** *n* (*fig*) Klar- *or* Scharfsicht *f*; **clearway** *n* (*Brit*) Straße *f* mit Halteverbot, Schnellstraße *f*.

cleat [kli:t] *n* (*on shoes*) Stoßplatte *f*; (*made of metal*) Absatzeisen *nt*; (*on gangplank etc*) Querleiste *f*; (*for rope*) Klampe *f*.

cleavage ['kli:vɪdʒ] *n* **1.** (*split*) Spalte, Kluft (*geh*) *f*; (*fig*) Spaltung, Kluft *f*. **2.** (*of woman's breasts*) Dekolleté *nt*.

cleave[1] [kli:v] *pret* **clove** *or* **cleft** *or* **~d,** *ptp* **cleft** *or* **cloven I** *vt* spalten; **to ~ in two** in zwei Teile spalten; **to ~ a way through sth** sich (*dat*) einen Weg durch etw bahnen. **II** *vi* **1. to ~ through the waves** die Wellen durchschneiden. **2.** (*Biol*) sich spalten.

cleave[2] *vi pret* **~d** *or* **clave,** *ptp* **~d** (*adhere*) festhalten (*to* an +*dat*), beharren (*to* auf +*dat*).

cleaver ['kli:vəʳ] *n* Hackbeil *nt*.

clef [klef] *n* (Noten)schlüssel *m*.

cleft [kleft] **I** *pret, ptp of* **cleave**[1]. **II** *adj* gespalten. **~ palate** Gaumenspalte *f*, Wolfsrachen *m*; **to be in a ~ stick** in der Klemme sitzen (*inf*). **III** *n* Spalte, Kluft (*geh*) *f*; (*fig*) Spaltung, Kluft *f*.

clematis ['klemətɪs] *n* Waldrebe, Klematis *f*.

clemency ['klemənsɪ] *n* Milde *f* (*towards sb* jdm gegenüber). **the prisoner was shown ~** dem Gefangenen wurde eine milde Behandlung zuteil.

clement ['klemənt] *adj* mild (*towards sb* jdm gegenüber).

clementine ['kleməntaɪn] *n* (*fruit*) Klementine *f*.

clench [klenʧ] *vt* **1.** *fist* ballen; *teeth* zusammenbeißen; (*grasp firmly*) packen. **to ~ sth between one's teeth** etw zwischen die Zähne klemmen; **to ~ sth in one's hands** etw mit den Händen umklammern; **~ed-fist salute** Arbeiterkampfgruß *m*. **2.** *see* **clinch I 1.**

Cleopatra [ˌkli:ə'pætrə] *n* Kleopatra *f*.

clergy ['klɜ:dʒɪ] *npl* Klerus *m*, Geistlichkeit *f*, die Geistlichen *pl*. **to join the ~** Geistlicher werden.

clergyman ['klɜ:dʒɪmən] *n, pl* **-men** [-mən] Geistliche(r), Pfarrer *m*.

clergywoman ['klɜ:dʒɪwʊmən] *n, pl* **-women** Pfarrerin *f*.

cleric ['klerɪk] *n* Geistliche(r) *m*.

clerical ['klerɪkəl] *adj* **1.** (*Eccl*) geistlich. **~ collar** Stehkragen *m* (*des Geistlichen*), Priesterkragen *m*.

2. ~ work/job Schreib- *or* Büroarbeit *f*; **~ worker** Schreib- *or* Bürokraft *f*; **~ staff** Schreibkräfte *pl*, Büropersonal *nt*; **~ error** Versehen *nt*; (*in figures, wording*) Schreibfehler *m*; **~ duties** Büroarbeiten *pl*; **~ inaccuracies** Versehen *nt*, Nachlässigkeit *f*; **the ~ branch of the civil service** ≈ die mittlere Beamtenlaufbahn.

clerk [klɑ:k, (*US*) klɜ:rk] *n* **1.** (Büro)angestellte(r) *mf*. **2.** (*secretary*) Schriftführer(in *f*) *m*. **C~ of the Court** (*Jur*) Protokollführer(in *f*) *m*; **~ of works** (*Brit*) Bauleiter(in *f*) *m*. **3.** (*US: shop assistant*) Verkäufer(in *f*) *m*. **4.** (*US: in hotel*) Hotelsekretär(in *f*) *m*.

clever ['klevəʳ] *adj* **1.** (*mentally bright*) schlau; *animal also* klug. **to be ~ at French** gut in Französich sein; **how ~ of you to remember my birthday!** wie aufmerksam von dir, daß du an meinen Geburtstag gedacht hast!

2. (*ingenious, skilful, witty*) klug; *person, move in chess also* geschickt; *idea also* schlau; *device, machine* raffiniert, geschickt. **to be ~ at sth** Geschick zu etw haben, in etw (*dat*) geschickt sein; **to be ~ with one's hands** geschickte Hände haben; **~ Dick** (*inf*) Schlaumeier (*inf*), Schlaukopf (*inf*) *m*.

3. (*cunning, smart*) schlau, clever (*inf*).

clever-clever ['klevə'klevəʳ] *adj* (*inf*) ausgeklügelt; *person* oberschlau (*inf*).

cleverly ['klevəlɪ] *adv* geschickt; (*wittily*) schlau, klug.

cleverness ['klevənɪs] *n see adj* **1.** Schlauheit *f*; Klugheit *f*. **2.** Klugheit *f*; Geschicktheit *f*; Schlauheit *f*; Raffiniertheit *f*. **3.** Schläue, Cleverness *f*.

clew [kluː] **I** *n* **1.** (*thread*) Knäuel *nt*. **2.** (*Naut: of sail*) Schothorn *nt*; (*of hammock*) Schlaufe *f*. **II** *vt* **1.** *thread* aufwikkeln. **2.** (*Naut*) **to ~ (up)** aufgeien.

cliché ['kliːʃeɪ] *n* Klischee *nt*. **~-ridden** voller Klischees.

click [klɪk] **I** *n* Klicken *nt*; (*of joints*) Knacken *nt*; (*of light-switch*) Knipsen *nt*; (*of fingers*) Knipsen, Schnipsen *nt*; (*of latch, key in lock*) Schnappen *nt*; (*of tongue, Phon*) Schnalzen *nt*.

II *vi* **1.** *see n* klicken; knacken; knipsen; schnipsen; schnappen; schnalzen; (*high heels*) klappern.

2. (*inf: be understood*) funken (*inf*). **suddenly it all ~ed (into place)** plötzlich hatte es gefunkt (*inf*).

3. (*inf: get on well*) funken (*inf*). **they ~ed right from the moment they first met** zwischen ihnen hatte es vom ersten Augenblick an gefunkt (*inf*); **some people you ~ with straight away** mit manchen Leuten versteht man sich auf Anhieb.

4. (*inf: catch on*) ankommen (*inf*) (*with* bei).

III *vt heels* zusammenklappen; *fingers* schnippen mit; *tongue* schnalzen mit; (*Comput: mouse*) anklicken. **to ~ a door shut** eine Tür zuklinken; **to ~ sth into place** etw einschnappen lassen.

◆**click on** *vi* **1.** (*inf: understand*) es schnallen (*inf*). **2.** (*Comput*) anklicken.

client ['klaɪənt] *n* **1.** Kunde *m*, Kundin *f*; (*of solicitor*) Klient(in *f*) *m*; (*of barrister*) Mandant(in *f*) *m*. **2.** (*US: receiving welfare*) Bezieher(in *f*) *m*.

clientele [ˌkliːɑ̃ːn'tel] *n* Kundschaft, Klientel *f*. **the regular ~** die Stammkundschaft.

cliff [klɪf] *n* Klippe *f*; (*along coast also*) Kliff *nt*; (*inland also*) Felsen *m*. **the ~s of Cornwall/Dover** die Kliffküste Cornwalls/die Felsen von Dover.

cliffhanger *n* Superthriller *m* (*inf*); **cliff-hanging** *adj conclusion* spannungsgeladen.

climacteric [klaɪ'mæktərɪk] *n* (*Med*) Klimakterium *nt*; (*fig*) (Lebens)wende *f*, Wendepunkt *m* (im Leben).

climactic [klaɪ'mæktɪk] *adj* **a ~ scene** ein Höhepunkt.

climate ['klaɪmɪt] *n* (*lit, fig*) Klima *nt*. the **two countries have very different ~s** die beiden Länder haben (ein) sehr unterschiedliches Klima; **America has many different ~s** Amerika hat viele verschiedene Klimazonen; **to move to a warmer ~** in eine wärmere Gegend *or* in eine Gegend mit wärmerem Klima ziehen.

climatic [klaɪ'mætɪk] *adj* klimatisch, Klima-.

climatologist [ˌklaɪmə'tɒlədʒɪst] *n* Klimaforscher(in *f*) *m*.

climatology [ˌklaɪmə'tɒlədʒɪ] *n* Klimatologie, Klimakunde *f*.

climax ['klaɪmæks] *n* (*all senses*) Höhepunkt *m*; (*sexual also*) Orgasmus *m*.

climb [klaɪm] **I** *vt* **1.** (*also* **~ up**) klettern auf (+*acc*); *wall also, hill* steigen auf (+*acc*); *mountains also* besteigen; *ladder, steps* hoch- *or* hinaufsteigen; *pole, cliffs* hochklettern. **my car can't ~ that hill** mein Auto schafft den Berg nicht *or* kommt den Berg nicht hoch; **to ~ a rope** an einem Seil hochklettern.

2. (*also* **~ over**) *wall* steigen *or* klettern über (+*acc*).

II *vi* klettern; (*as mountaineer*) bergsteigen; (*into train, car*) steigen; (*road*) ansteigen; (*aircraft*) (auf)steigen; (*sun*) steigen; (*prices*) steigen, klettern (*inf*). **when the sun had ~ed to its highest point** als die Sonne am höchsten stand; **he ~ed to the top of his profession** er hat den Gipfel seiner beruflichen Laufbahn erklommen.

III *n* **1.** (*climbing*) **we're going out for a ~** wir machen eine Kletter- *or* Bergtour; (*as mountaineers*) wir gehen bergsteigen; **Ben Lomond is an easy ~** Ben Lomond ist leicht zu besteigen.

2. (*of aircraft*) Steigflug *m*. **the plane went into a steep ~** das Flugzeug zog steil nach oben.

◆**climb down I** *vi* **1.** (*lit*) (*person*) (*from tree, wall*) herunterklettern; (*from horse, mountain*) absteigen; (*from ladder*) heruntersteigen; (*road*) abfallen. **2.** (*admit error*) nachgeben. **it'll be a pleasure to make him ~ ~** es wird ein Vergnügen sein, ihn von seinem hohen Roß herunterzuholen.

II *vi* +*prep obj tree, wall* herunterklettern von; *ladder* heruntersteigen; *mountain* absteigen.

◆**climb in** *vi* einsteigen; (*with difficulty also*) hineinklettern.

◆**climb up I** *vi see* **climb II. II** *vi* +*prep obj ladder* hinaufsteigen; *tree, wall* hochklettern.

climb-down ['klaɪmdaʊn] *n* (*fig*) Abstieg *m*. **it was quite a ~ for the boss to have to admit that he was wrong** der Chef mußte ziemlich zurückstecken und zugeben, daß er unrecht hatte.

climber ['klaɪməʳ] *n* **1.** (*mountaineer*) Bergsteiger(in *f*) *m*; (*rock ~*) Kletterer(in *f*) *m*. **2.** (*socially*) Aufsteiger(in *f*) *m*. **3.** (*plant*) Kletterpflanze *f*.

climbing ['klaɪmɪŋ] **I** *adj* **1.** *club* Berg(steiger)-; Kletter-. **~ frame** Klettergerüst *nt*; **we are going on a ~ holiday** wir gehen im Urlaub zum Bergsteigen/Klettern; **~-irons** Steigeisen *pl*; **~ speed** (*Aviat*) Steiggeschwindigkeit *f*. **2.** *plant* Kletter-.

II *n* Bergsteigen *nt*; (*rock ~*) Klettern *nt*.

clime [klaɪm] *n* (*old, liter*) Himmelsstrich (*old, liter*), Landstrich (*geh*) *m*. **in these ~s** in diesen Breiten.

clinch [klɪntʃ] **I** *vt* **1.** (*Tech: also* **clench**) *nail* krumm schlagen.

2. *argument* zum Abschluß bringen. **to ~ the deal** den Handel perfekt machen, den Handel besiegeln; **that ~es it** damit ist der Fall erledigt.

II *vi* (*Boxing*) in den Clinch gehen, clinchen.

III *n* (*Boxing, fig*) Clinch *m*. **in a ~** im Clinch (*inf*).

clincher ['klɪntʃəʳ] *n* (*inf*) ausschlaggebendes Argument. **that was the ~** das gab den Ausschlag.

cling[1] [klɪŋ] *pret, ptp* **clung** *vi* (*hold on tightly*) sich festklammern (*to* an +*dat*), sich klammern (*to* an +*acc*); (*to opinion also*) festhalten (*to* an +*dat*); (*remain close*) sich halten (*to* an +*acc*); (*clothes, fabric*) sich anschmiegen (*to dat*); (*smell*) haften (*to* an +*dat*), sich setzen (*to* in +*acc*). **~ on tight!** halt dich gut fest!; **to ~ together** sich aneinanderklammern; (*lovers*) sich umschlingen; **in spite of all the difficulties they've clung together** trotz aller Schwierigkeiten haben sie zusammengehalten; **she clung around her father's neck** sie hing ihrem Vater am Hals; **the boat clung to the shoreline** das Schiff hielt sich dicht an die Küste.

cling[2] **I** *n* Klingen *nt*; (*of cash register*) Klingeln *nt*. **II** *vi* klingen; (*cash register*) klingeln.

clingfilm ['klɪŋfɪlm] *n* Frischhaltefolie *f*.

clinging ['klɪŋɪŋ] *adj garment* sich anschmiegend; *smell* lange haftend, hartnäckig. **she's the ~ sort** sie ist wie eine Klette (*inf*); **~ vine** (*inf*) Klette *f* (*inf*).

clinic ['klɪnɪk] *n* **1.** Klinik *f*. **2.** (*medical course*) klinischer Unterricht, Klinik *f*.

clinical ['klɪnɪkəl] *adj* **1.** (*Med*) klinisch. **~ thermometer** Fieberthermometer *nt*. **2.** (*fig*) (*sterile*) *room, atmosphere* steril, kalt; (*detached, dispassionate*) klinisch, nüchtern; *sb's appearance* streng.

clink[1] [klɪŋk] **I** *vt* klirren lassen; (*jingle*) klimpern mit. **to ~ glasses with sb** mit jdm anstoßen.

II *vi* klirren; (*jingle*) klimpern.

III *n, no pl* Klirren *nt*; Klimpern *nt*. **the ~ of glasses as they drank to his health** das Klingen der Gläser, als auf sein Wohl getrunken wurde.

clink[2] *n* (*sl: prison*) Knast *m* (*sl*)

clinker ['klɪŋkəʳ] *n* **1.** (*from fire*) Schlacke *f*. **a ~** ein Stück Schlacke. **2.** (*brick*) Klinker *m*.

clinker-built ['klɪŋkəbɪlt] *adj* (*Naut*) klinkergebaut.

clip[1] [klɪp] **I** *n* **1.** (*for holding things*) Klammer *f*. **2.** (*jewel*) Klips *m*. **3.** (*of gun*) Ladestreifen *m*.

II *vt* **to ~ on** anklemmen; (*papers also*) anheften; **to ~ sth onto sth** etw an etw (*acc*) anklemmen/-heften; **to ~ two things together** zwei Dinge zusammenklemmen/-heften.

III *vi* **to ~ on(to sth** an etw *acc*) angeklemmt werden; **to ~ together** zusammengeklemmt werden.

clip[2] **I** *vt* **1.** scheren; *dog also* trimmen; *hedge also, fingernails* schneiden; *wings* stutzen. **to ~ sb's wings** (*fig*) jdm einen Dämpfer aufsetzen.

2. (*also* **~ out**) *article from paper* ausschneiden; (*also* **~ off**) *hair* abschneiden.

3. (*Brit*) *ticket* lochen, knipsen, entwerten.

4. to ~ (the ends of) one's words abgehackt sprechen.

5. (*hit*) treffen; (*graze: car, bullet*) streifen. **he ~ped him round the ear** er gab ihm eine Ohrfeige.

II *n* **1.** *see vt 1*. Scheren *nt*; Trimmen *nt*; Schneiden *nt*; Stutzen *nt*. **to give the sheep/hedge a ~** die Schafe scheren/die Hecke scheren *or* (be)schneiden.

2. (*sound*) Klappern *nt*.

3. (*hit*) Schlag *m*. **he gave him a ~ round the ears** er gab ihm eins hinter die Ohren (*inf*).

4. (*inf: high speed*) **at a fair ~** mit einem unheimlichen Zahn (*sl*); **he made off at a fair ~** er legte ganz schön los (*inf*).

5. (*from film*) Ausschnitt, Clip *m*.

clipboard *n* Klemmbrett *nt*, Manuskripthalter *m*; **clip clop** *n* Klipp-Klapp *nt*; **clip joint** *n* (*sl*) Nepplokal *nt* (*inf*); **clip-on** *adj brooch* mit Klips; *tie* zum Anstecken; **~ earrings** Clips *pl*.

clipped [klɪpt] *adj accent* abgehackt. **~ form** Kurzform *f*.

clipper ['klɪpəʳ] *n* (*Naut*) Klipper *m*; (*Aviat*) Clipper *m*.

clippers ['klɪpəz] *npl* (*also* **pair of ~**) Schere *f*; (*for hedge also*) Heckenschere *f*; (*for hair*) Haarschneidemaschine *f*; (*for fingernails*) Zwicker *m*, Nagelzange *f*.

clipping ['klɪpɪŋ] *n* (*newspaper ~*) Ausschnitt *m*. **nail ~s** abgeschnittene Nägel.

clique [kli:k] *n* Clique *f*, Klüngel *m* (*inf*).

cliquish ['kli:kɪʃ] *adj* cliquenhaft, klüngelhaft (*inf*).

cliquishness ['kli:kɪʃnɪs] *n* Cliquenwirtschaft *f*, Klüngel *m* (*inf*).

clitoris ['klɪtərɪs] *n* Klitoris *f*, Kitzler *m*.

cloak [kləʊk] **I** *n* (*lit*) Umhang *m*; (*fig*) (*disguise*) Deckmantel *m*; (*veil: of secrecy*) Schleier *m*. **under the ~ of darkness** im Schutz der Dunkelheit. **II** *vt* (*fig*) verhüllen.

cloak-and-dagger *adj* mysteriös, geheimnisumwittert; **~ play** Kriminalstück *nt*; **a ~ operation** eine Nacht-und-Nebel-Aktion; **cloakroom** *n* **1.** (*for coats*) Garderobe *f*; **2.** (*Brit euph*) Waschraum *m* (*euph*), Toilette *f*.

clobber ['klɒbəʳ] (*sl*) **I** *n* (*Brit: clothes, belongings*) Klamotten *pl* (*sl*). **II** *vt* **1.** (*hit, defeat*) **to get ~ed** eins übergebraten kriegen (*sl*); **to ~ sb one** jdm ein paar vor den Latz knallen (*sl*). **2.** (*charge a lot*) schröpfen.

clobbering ['klɒbərɪŋ] *n* (*sl*) (*beating, defeat*) Tracht *f* Prügel (*inf*), Dresche *f* (*inf*). **to get a ~** Dresche beziehen; (*from the taxman*) ganz schön geschröpft werden.

cloche [klɒʃ] *n* (*for plants*) Folien-/Glasschutz *m*. **~ tunnel** Folientunnel *m*.

clock [klɒk] **I** *n* **1.** Uhr *f*. **round the ~** rund um die Uhr; **against the ~** (*Sport*) nach *or* auf Zeit; **to put the ~ back/forward** *or* **on** (*lit*) die Uhr zurückstellen/vorstellen; **to put** *or* **set** *or* **turn the ~ back** (*fig*) die Zeit zurückdrehen.

2. (*inf*) (*speedometer, milometer*) Tacho *m* (*inf*); (*of taxi*) Uhr *f*. **it's got 100 on the ~** es hat einen Tachostand von 100.

II *vt* **1.** (*Sport*) **he ~ed four minutes for the mile** er lief die Meile in vier Minuten.

2. (*Brit inf: hit*) **he ~ed him one** er hat ihm eine runtergehauen (*inf*).

3. (*Brit sl: see*) sehen.

◆**clock in** *vi* (*Sport*) **he ~ed ~ at 3 minutes 56 seconds** seine Zeit war 3 Minuten 56 Sekunden.

◆**clock in** *or* **on I** *vi* (den Arbeitsbeginn) stempeln *or* stechen. **II** *vt sep* **to ~ sb ~** für jdn stempeln *or* stechen.

◆**clock off** *or* **out I** *vi* (das Arbeitsende) stempeln *or* stechen. **II** *vt sep* **to ~ sb ~** für jdn stempeln *or* stechen.

◆**clock up** *vt sep* **1.** (*athlete, competitor*) *time* laufen; fahren; schwimmen. **2.** *speed, distance* fahren. **3.** (*inf*) *success* verbuchen. **to ~ ~ overtime** Überstunden machen.

clock *in cpds* Uhr(en)-; **clock face** *n* Zifferblatt *nt*; **clock maker** *n* Uhrmacher(in *f*) *m*; **clock-radio** *n* Radiouhr *f*; **clock tower** *n* Uhrenturm *m*; **clock-watcher** *n* **she's a terrible ~** sie sieht *or* guckt dauernd auf die Uhr; **clockwise** *adj, adv* im Uhrzeigersinn; **clockwork I** *n* (*of clock*) Uhrwerk *nt*; (*of toy*) Aufziehmechanismus *m*; **driven by ~, ~ driven** zum Aufziehen; **like ~** wie am Schnürchen; **II** *attr* **1.** *train, car* aufziehbar, zum Aufziehen; **2. with ~ precision/regularity** mit der Präzision/Regelmäßigkeit eines Uhrwerks.

clod [klɒd] *n* **1.** (*of earth*) Klumpen *m*. **2.** (*fig: person; also* **~pole**) Trottel *m*.

clodhopper ['klɒd,hɒpəʳ] *n* (*inf*) **1.** (*person*) Trampel *nt* (*inf*), Tolpatsch *m*. **2.** (*shoe*) Quadratlatschen *m* (*inf*).

clog [klɒg] **I** *n* (*shoe*) Holzschuh *m*. **~s** (*modern*) Clogs *pl*.

II *vt* (*also* **~ up**) *pipe, drain* verstopfen; *mechanism, wheels* blockieren.

III *vi* (*also* **~ up**) (*pipe*) verstopfen; (*mechanism*) blockiert werden.

cloister ['klɔɪstəʳ] **I** *n* **1.** (*covered walk*) Kreuzgang *m*. **2.** (*monastery*) Kloster *nt*. **II** *vr* **to ~ oneself (away)** sich von der Welt abkapseln.

cloistered ['klɔɪstəd] *adj* **1.** (*fig*) weltabgeschieden; *way of thinking* weltfremd *or* -fern (*liter*). **to lead a ~ life** (*isolated*) in klösterlicher Abgeschiedenheit leben; (*sheltered*) ein streng *or* klösterlich behütetes Leben führen.

2. (*Archit*) **a ~ courtyard** ein Klosterhof *m* mit Kreuzgang.

clone [kləʊn] **I** *n* Klon *m*. **II** *vt* klonen.

clonk [klɒŋk] (*inf*) **I** *vt* hauen. **II** *n* (*blow*) Schlag *m*; (*sound*) Plumps *m*.

close¹ [kləʊs] **I** *adj* (+*er*) **1.** (*near*) nahe (*to gen*), in der Nähe (*to gen*, von). **is Glasgow ~ to Edinburgh?** liegt Glasgow in der Nähe von Edinburgh?; **in ~ proximity** in unmittelbarer Nähe (*to gen*); **in such ~ proximity (to one another)** so dicht zusammen; **you're very ~** (*in guessing*) du bist dicht dran; **~ combat** Nahkampf *m*; **at ~ quarters** aus unmittelbarer Nähe.

2. (*in time*) nahe (bevorstehend). **nobody realized how ~ a nuclear war was** es war niemandem klar, wie nahe ein Atomkrieg bevorstand.

3. (*fig*) *friend, co-operation, connection* eng; *relative* nahe; *resemblance* groß, stark. **they were very ~ (to each other)** sie waren *or* standen sich *or* einander (*geh*) sehr nahe.

4. (*not spread out*) *handwriting, print* eng; *texture, weave* dicht, fest; *grain* dicht, fein; *ranks* dicht, geschlossen; (*fig*) *argument* lückenlos, stichhaltig; *reasoning*, (*Sport*) *game* geschlossen.

5. (*exact, painstaking*) *examination, study* eingehend, genau; *translation* originalgetreu; *watch* streng, scharf; *arrest* scharf. **now pay ~ attention to me** jetzt hör mir gut zu; **to keep a ~ lookout for sb/sth** scharf nach jdm/etw Ausschau halten.

6. (*stuffy*) schwül; (*inside*) stickig.

7. (*almost equal*) *fight, result* knapp. **a ~(-fought) match** ein (ganz) knappes Spiel; **a ~ finish** ein Kopf-an-Kopf-Rennen *nt*; **it was a ~ thing** *or* **call** das war knapp!

8. ~ on nahezu; **~ on sixty/midnight** an die sechzig/kurz vor Mitternacht.

II *adv* (+*er*) nahe; (*spatially also*) dicht. **~ by** in der Nähe; **~ by us** in unserer Nähe; **stay ~ to me** bleib dicht bei mir; **~ to the water/ground** nahe *or* dicht am Wasser/Boden; **he followed ~ behind me** er ging dicht hinter mir; **to be ~ to tears** den Tränen nahe sein; **~ together** dicht *or* nahe zusammen; **my exams were so ~ together** meine Prüfungen lagen so kurz hintereinander; **the ~r the exams came the more nervous he got** je näher die Prüfung rückte, desto nervöser wurde er; **that brought the two brothers ~r together** das brachte die beiden Brüder einander näher; **please stand ~r together** bitte rücken Sie näher *or* dichter zusammen; **this pattern comes ~/~st to the sort of thing we wanted** dieses Muster kommt dem, was wir uns vorgestellt haben, nahe/am nächsten; **what does it look like from ~ in/up?** wie sieht es von nahem aus?

III *n* (*in street names*) Hof *m*; (*of cathedral*) Domhof *m*; (*Scot: outside passage*) offener Hausflur.

close² [kləʊz] **I** *vt* **1.** schließen; *eyes, door, shop, window, curtains also* zumachen; (*permanently*) *business, shop also* schließen; *factory* stillegen; (*block*) *opening* verschließen; *road* sperren. **"~d"** „geschlossen"; **sorry, we're ~d** tut uns leid, wir haben geschlossen *or* zu; **don't ~ your mind to new ideas** du solltest dich neuen Ideen nicht verschließen; **to ~ one's eyes/ears to sth** sich einer Sache gegenüber blind/taub stellen; **to ~ ranks** (*Mil, fig*) die Reihen schließen.

2. (*bring to an end*) *church service, meeting* schließen, beenden; *affair, discussion also* abschließen; *bank account* auflösen; *sale* abschließen. **the matter is ~d** der Fall ist abgeschlossen.

3. (*Elec*) *circuit* schließen.

II *vi* **1.** (*shut, come together*) sich schließen; (*door, window, box, lid, eyes, wound also*) zugehen; (*can be shut*) schließen, zugehen; (*shop, factory*) schließen, zumachen; (*factory: permanently*) stillgelegt werden. **his eyes ~d** die Augen fielen ihm zu; (*in death*) seine Augen schlossen sich.

2. (*come to an end*) schließen; (*tourist season*) aufhören, enden, zu Ende gehen; (*Theat: play*) auslaufen.

3. (*approach*) sich nähern, näherkommen; (*boxers*) aufeinander losgehen.

4. (*Comm: accept offer*) abschließen, zu einem Abschluß kommen.

5. (*St Ex*) schließen. **the shares ~d at £5** die Aktien erreichten eine Schlußnotierung von £ 5.

III *n* Ende *nt*, Schluß *m*. **to come to a ~** enden, aufhören, zu Ende gehen; **to draw to a ~** sich dem Ende nähern, dem Ende zugehen; **to draw** *or* **bring sth to a ~** etw beenden; **at/towards the ~ of (the) day** am/gegen Ende des Tages; **at the ~ (of business)** bei Geschäfts- *or* (*St Ex*) Börsenschluß.

◆**close about** *or* **around** *vi +prep obj* umschließen, sich schließen um.

◆**close down I** *vi* **1.** (*business, shop*) schließen, zumachen (*inf*); (*factory: permanently*) stillgelegt werden. **2.** (*Rad, TV*) das Programm beenden. **programmes ~ ~ at about 12** Sendeschluß (ist) gegen 24 Uhr.

II *vt sep shop etc* schließen; *factory* (*permanently*) stillegen.

◆**close in I** *vi* (*evening, winter*) anbrechen; (*night, darkness*) hereinbrechen; (*days*) kürzer werden; (*enemy*) bedrohlich nahekommen. **to ~ ~ on sb** (*gang, individual*) jdm auf den Leib rücken; **the walls were slowly closing ~ on him** die Wände kamen langsam auf ihn zu; **the police are closing ~ on him** die Polizei zieht das Netz um ihn zu; (*physically*) die Polizisten umzingeln ihn.

II *vt sep* umgeben, umfrieden (*geh*).

◆**close off** *vt sep* abriegeln, (ab)sperren; (*separate off*) *area of office* abteilen, abtrennen.

◆**close on** *vi +prep obj* einholen.

◆**close round** *vi +prep obj see* **close about.**

◆**close up I** *vi* **1.** (*line of people*) aufschließen, zusammenrücken; (*Mil*) aufschließen; (*wound*) (sich) schließen. **2.** (*lock up*) ab- *or* zuschließen, ab- *or* zusperren. **II** *vt sep* **1.** *house, shop* zumachen; *house also* verschließen; *shop also* ab- *or* zuschließen, ab- *or* zusperren. **2.** (*block up*) zumachen.

◆**close with** *vi +prep obj* **1.** *enemy* zum Nahkampf übergehen mit; *boxer* ringen *or* kämpfen mit. **2.** (*strike bargain with*) handelseinig sein *or* werden mit; (*accept*) *offer* eingehen auf.

close-cropped [ˌkləʊsˈkrɒpt] *adj hair* kurzgeschnitten.

closed [kləʊzd]: **closed circuit** *n* geschlossener Stromkreis; **closed circuit television** *n* interne Fernsehanlage; (*for supervision*) Fernsehüberwachungsanlage *f*.

close-down [ˈkləʊzdaʊn] *n* **1.** (*of shop, business*) (Geschäfts)schließung *f*; (*of factory*) Stillegung *f*. **2.** (*Rad, TV*) Sendeschluß *m*.

closed [kləʊzd]: **closed scholarship** *n* an eine bestimmte Schule gebundenes Stipendium; **closed season** *n* Schonzeit *f*; **closed session** *n* (*Jur*) Sitzung *f* unter Ausschluß der Öffentlichkeit; **closed shop** *n* Closed Shop *m*; **we have a ~** wir haben Gewerkschaftszwang.

close [kləʊs]: **close-fisted** *adj* geizig, knauserig (*inf*); **close-fitting** *adj* enganliegend, eng sitzend; **close-grained** *adj* fein gemasert; **close-knit** *adj, comp* **closer-knit** *community* eng *or* fest zusammengewachsen.

closely [ˈkləʊslɪ] *adv* **1.** eng, dicht; *work, connect* eng; *woven* fest; *related* nah(e), eng; *follow* (*in time*) dicht. **she held the baby ~** sie drückte das Baby (fest) an sich; **the match was ~ contested** der Spielausgang war hart umkämpft.

2. (*attentively*) *watch, listen* genau; *study also* eingehend; *guard* scharf, streng.

closeness [ˈkləʊsnɪs] *n* **1.** (*nearness, in time*) Nähe *f*.

2. (*fig*) (*of friendship*) Innigkeit *f*. **thanks to the ~ of their co-operation ...** dank ihrer engen Zusammenarbeit ...; **the ~ of their relationship/resemblance caused problems** ihre so enge Beziehung/ihre große Ähnlichkeit verursachte Probleme.

3. (*fig: of reasoning*) Schlüssigkeit *f*; (*Sport: of game*) Geschlossenheit *f*. **the ~ of the print/weave** die große Druck-/(Ge)webedichte.

4. (*of examination, interrogation*) Genauigkeit *f*; (*of watch*) Strenge *f*; (*of translation*) Textnähe *or* -treue *f*.

5. **the ~ (of the air)** die Schwüle; (*indoors*) die stickige Luft.

6. (*of race*) knapper Ausgang.

close-run *adj, comp* **closer-run** *race* mit knappem Ausgang; **it was a ~ thing** es war eine knappe Sache; **close-set** *adj, comp* **closer-set** *eyes* eng zusammenstehend; *print* eng; **close-shaven** *adj* glattrasiert.

closet [ˈklɒzɪt] (*vb: pret, ptp* **~ed** [ˈklɒzɪtɪd]) **I** *n* **1.** Wandschrank *m*. **to come out of the ~** (*fig*) sich als Homosexueller bekennen; (*woman*) sich als Lesbierin bekennen. **2.** (*dated: water-~*) Klosett *nt*. **3.** (*old: small room*) Kabinett, Nebenzimmer *nt*. **II** *vt* **to be ~ed** hinter verschlossenen Türen sitzen (*with sb* mit jdm). **III** *adj attr* (*secret*) heimlich.

close-up [ˈkləʊsʌp] **I** *n* Nahaufnahme *f*. **in ~** in Nahaufnahme; (*of face*) in Großaufnahme. **II** *attr shot, view* Nah-.

closing [ˈkləʊzɪŋ] **I** *n* Schließung *f*; (*of factory: permanently*) Stillegung *f*.

II *adj* **1.** *remarks, words* abschließend, Schluß-.

2. ~ **date** (*for competition*) Einsendeschluß *m*; ~ **down** (*company*) Schließung *f*; ~**-down sale** Räumungsverkauf *m*; ~ **time** Geschäfts- *or* Ladenschluß *m*; (*Brit*) (*in pub*) Polizei- *or* Sperrstunde *f*; **when is ~ time?** wann schließt die Bank/das Geschäft/der Laden/das Lokal *etc*?

3. (*St Ex*) ~ **prices** Schlußkurse, Schlußnotierungen *pl*.

closure ['kləʊʒəʳ] *n* **1.** (*act of closing*) Schließung *f*; (*of road*) Sperrung *f*; (*of wound, incision*) Schließen *nt*; (*of factory, mine also*) Stillegung *f*.

2. (*Parl*) Schluß *m* der Debatte.

clot [klɒt] **I** *n* **1.** (*of blood*) (Blut)gerinnsel *nt*; (*of milk*) (Sahne)klumpen *m*. **2.** (*inf: person*) Trottel *m*. **II** *vt blood* zum Gerinnen bringen. **III** *vi* (*blood*) gerinnen; (*milk*) dick werden.

cloth [klɒθ] *n* **1.** Tuch *nt*, Stoff *m*; (*as book-cover*) Leinen *nt*. **a nice piece of ~** ein schöner Stoff, ein gutes Tuch.

2. (*dish~, tea~*) Tuch *nt*; (*for cleaning also*) Lappen *m*; (*table~*) Tischdekke *f*, Tischtuch *nt*.

3. *no pl* (*Eccl*) **a gentleman of the ~** ein geistlicher Herr; **the ~** der geistliche Stand, die Geistlichkeit.

cloth-bound *adj book* in Leinen (gebunden); **cloth cap** *n* Schlägermütze *f*.

clothe [kləʊð] *pret, ptp* **clad** (*old*) *or* ~**d** *vt* **1.** (*usu pass: dress*) anziehen, kleiden. **2.** (*provide clothes for*) anziehen. **3.** (*fig liter*) kleiden (*liter*). ~**d in glory** mit Ruhm bedeckt; **the hills ~d in mist** die nebelverhangenen Hügel.

clothes [kləʊðz] *npl* **1.** (*garments*) Kleider *pl*; (*clothing, outfit also*) Kleidung *f no pl*. **his mother still washes his ~** seine Mutter macht ihm immer noch die Wäsche; **with one's ~ on/off** angezogen, (voll) bekleidet/ausgezogen; **to put on/take off one's ~** sich an-/ausziehen.

2. (*bed~*) Bettzeug *nt*.

clothes basket *n* Wäschekorb *m*; **clothes brush** *n* Kleiderbürste *f*; **clothes drier** *or* **dryer** *n* Wäschetrockner *m*; **clothes hanger** *n* Kleiderbügel *m*; **clothes horse** *n* Wäscheständer *m*; **she's a real ~** (*US inf*) sie hat einen Kleiderfimmel (*inf*); **clothes line** *n* Wäscheleine *f*; **clothes moth** *n* Kleidermotte *f*; **clothes peg,** (*US*) **clothes pin** *n* Wäscheklammer *f*; **clothes pole** *or* **prop** *n* Wäschestütze *f*.

clothier ['kləʊðɪəʳ] *n* (*seller of clothes*) (*for men*) Herrenausstatter *m*; (*for women*) Modegeschäft *nt or* -salon *m*.

clothing ['kləʊðɪŋ] *n* Kleidung *f*.

clotted ['klɒtɪd] *adj* **hair ~ with mud** mit Schlamm verklebtes Haar; ~ **cream** feste Sahne *f* (*aus erhitzter Milch*).

cloud [klaʊd] **I** *n* **1.** Wolke *f*. **low ~(s) delayed take-off** tiefhängende Wolken verzögerten den Start; **to have one's head in the ~s** in höheren Regionen schweben; (*momentarily*) geistesabwesend sein; **to be up in the ~s** (*inf*) überglücklich sein; **to be on ~ nine** (*inf*) im siebten Himmel sein *or* schweben (*inf*); **every ~ has a silver lining** (*Prov*) kein Unglück ist so groß, es hat sein Glück im Schoß (*Prov*).

2. (*of smoke, dust*) Wolke *f*; (*of insects*) Schwarm, Haufen *m*; (*of gas, smoke from fire*) Schwaden *m*. ~ **of dust/smoke** Staub-/Rauchwolke *f*; **a ~ of controversy surrounded the whole matter** die ganze Angelegenheit wurde von Kontroversen überschattet; **the ~ of suspicion hanging over him suddenly dispersed** der Verdacht, der über ihm schwebte, verflog plötzlich; **he's been under a ~ for weeks** (*under suspicion*) seit Wochen haftet ein Verdacht an ihm; (*in disgrace*) die Geschichte hängt ihm schon wochenlang nach; **the ~s are gathering** (*lit, fig*) es braut sich etwas zusammen.

3. (*in liquid, marble*) Wolke *f*. **her cold breath formed ~s/a ~ on the mirror** durch ihren kalten Atem beschlug der Spiegel.

II *vt* **1.** (*lit*) *sky, view* verhängen (*geh*); *mirror* trüben. **a ~ed sky** ein bewölkter Himmel.

2. (*fig*) (*cast gloom on*) *prospect, sb's enjoyment* trüben; *face, expression* umwölken (*geh*); (*mar, spoil*) *friendship, sb's future* überschatten; (*make less clear*) *mind, judgement, awareness* trüben; *nature of problem* verschleiern. **to ~ the issue** (*complicate*) es unnötig kompliziert machen; (*hide deliberately*) die Angelegenheit verschleiern.

III *vi see* **~ over.**

◆**cloud over** *vi* (*sky*) sich bewölken, sich bedecken; (*mirror*) (sich) beschlagen, anlaufen. **his face ~ed ~** seine Stirn umwölkte sich (*geh*).

◆**cloud up I** *vi* (*mirror*) beschlagen. **it's ~ing ~** (*weather*) es bezieht sich. **II** *vt sep* **the steam ~ed ~ the windows** die Fenster beschlugen (vom Dampf).

cloud bank *n* Wolkenwand *f*; **cloudburst** *n* Wolkenbruch *m*. **cloud chamber** *n* (*Phys*) Nebelkammer *f*; **cloud-cuckoo-land** *n* Wolkenkuckucksheim *nt*.

cloudiness ['klaʊdɪnɪs] *n* (*of sky*) Bewölkung *f*; (*of liquid, diamond, glass, plastic*) Trübung *f*.

cloudless ['klaʊdlɪs] *adj sky* wolkenlos.

cloudy ['klaʊdɪ] *adj* (*+er*) **1.** *sky* wolkig, bewölkt, bedeckt; *weather* grau. **we had only three ~ days** wir hatten nur drei Tage, an denen es bewölkt war; **it's getting ~** es bewölkt sich; **the weather will be ~** es ist mit Bewölkung zu rechnen.

2. *liquid, diamond, glass* trüb.

clout [klaʊt] **I** *n* **1.** (*inf: blow*) Schlag *m*. **to give sb/sth a ~** jdm eine runterhauen (*inf*)/auf etw (*acc*) schlagen *or* hauen (*inf*); **to give sb a ~ round the ears** jdm eine Ohrfeige geben.

2. (*political, industrial*) Schlagkraft *f*.

II *vt* (*inf*) schlagen, hauen (*inf*). **to ~ sb one** jdm eine runterhauen (*inf*).

clove[1] [kləʊv] *n* **1.** Gewürznelke *f*. **oil of ~s** Nelkenöl *nt*. **2.** ~ **of garlic** Knoblauchzehe *f*.

clove[2] *pret of* **cleave**[1].
cloven ['kləʊvn] *ptp of* **cleave**[1].
cloven hoof *n* Huf *m* der Paarhufer *or* -zeher; (*of devil*) Pferdefuß *m*. **pigs have ~ hooves** Schweine sind Paarzeher.
clover ['kləʊvər] *n* Klee *m*. **to be/live in ~** wie Gott in Frankreich leben; **~ leaf** (*Bot, Mot*) Kleeblatt *nt*.
clown [klaʊn] **I** *n* (*in circus*) Clown *m*; (*inf: foolish person also*) Kasper *m*; (*pej*) Idiot, Trottel *m*. **II** *vi* (*also* **~ about** *or* **around**) herumblödeln (*inf*) *or* -kaspern (*inf*).
cloy [klɔɪ] *vi* (*lit, fig*) zu süßlich sein/ werden; (*pleasures*) an Reiz verlieren.
cloying ['klɔɪɪŋ] *adj* (*lit*) übermäßig süß.
club [klʌb] **I** *n* **1.** (*weapon*) Knüppel, Prügel *m*, Keule *f*; (*golf* ~) Golfschläger *m*; (*Indian* ~) Keule *f*.
2. (*Cards*) **~s** *pl* Kreuz *nt*; **the ace/nine of ~s** (das) Kreuz-As/(die) Kreuz-Neun.
3. (*society*) Klub, Verein *m*; (*tennis ~, golf ~, gentleman's ~, night~*) Klub, Club *m*; (*Ftbl*) Verein *m*. **to be in the ~** (*inf*) in anderen Umständen sein (*inf*); **to get** *or* **put sb in the ~** (*inf*) jdm ein Kind machen (*sl*); **join the ~!** (*inf*) gratuliere! du auch!
II *vt* einknüppeln auf (+*acc*), knüppeln.
◆**club together** *vi* zusammenlegen.
clubbable ['klʌbəbl] *adj* geeignet, in einen Klub aufgenommen zu werden; (*sociable*) gesellschaftsfähig.
club class *n* (*Aviat*) Club-Klasse, Businessklasse *f*; **club foot** *n* Klumpfuß *m*; **clubhouse** *n* Klubhaus *nt*; **club member** *n* Vereins- *or* Klubmitglied *nt*; **club sandwich** *n* Club-Sandwich *nt*.
cluck [klʌk] **I** *vi* gackern; (*hen: to chicks*) glucken. **II** *n* Gackern *nt*; Glucken *nt*.
clue [klu:] *n* Anhaltspunkt, Hinweis *m*; (*in police search also: object*) Spur *f*; (*in crosswords*) Frage *f*. **to find a/the ~ to sth** den Schlüssel zu etw finden; **I'll give you a ~** ich gebe dir einen Tip; **I haven't a ~!** (ich hab') keine Ahnung!
◆**clue up** *vt sep* (*inf*) *person* informieren. **to get ~d ~ on** *or* **about sth** sich mit etw vertraut machen; **to be ~d ~ on** *or* **about sth** über etw (*acc*) im Bilde sein; (*about subject*) mit etw vertraut sein.
clueless ['klu:lɪs] *adj* (*inf*) ahnungslos, unbedarft (*inf*); *expression, look* ratlos.
clump [klʌmp] **I** *n* **1.** (*of trees, flowers*) Gruppe *f*; (*of earth*) Klumpen *m*. **a ~ of shrubs** ein Gebüsch *nt*. **2.** (*inf: blow*) Schlag, Hieb *m*. **II** *vt* (*inf: hit*) schlagen, hauen (*inf*). **III** *vi* trampeln; (*with adv of place*) stapfen. **to ~ about** herumtrampeln; (*in snow, mud*) herumstapfen.
clumsily ['klʌmzɪlɪ] *adv* **1.** ungeschickt; (*in an ungainly way*) schwerfällig; *act* ungeschickt. **2.** (*inelegantly*) *written, translated* schwerfällig, unbeholfen. **3.** (*awkwardly, tactlessly*) ungeschickt, unbeholfen; *compliment also* plump.
clumsiness ['klʌmzɪnɪs] *n* **1.** Ungeschicklichkeit, Schwerfälligkeit *f*. **2.** (*of tool, shape*) Unförmigkeit *f*; (*of prose, translation*) Schwerfälligkeit, Unbeholfenheit *f*. **3.** (*awkwardness of apology, excuse*) Unbeholfenheit *f*.
clumsy ['klʌmzɪ] *adj* (+*er*) **1.** ungeschickt; (*all thumbs also*) tolpatschig; (*ungainly*) schwerfällig.
2. (*unwieldy*) plump; *tool also* wuchtig, klobig; *shape also* unförmig, klobig; (*inelegant*) *prose, translation* schwerfällig, unbeholfen; (*careless*) *mistake* dumm.
3. (*awkward, tactless*) plump, ungeschickt.
clung [klʌŋ] *pret, ptp of* **cling**[1].
clunk [klʌŋk] **I** *n* dumpfes Geräusch. **II** *vi* **the door ~ed into place** die Tür schloß sich mit einem dumpfen Geräusch.
clunker ['klʌŋkər] *n* (*US pej: car*) Kiste (*pej inf*), Mühle (*pej inf*) *f*.
cluster ['klʌstər] **I** *n* (*of trees, flowers, houses*) Gruppe *f*, Haufen *m*; (*of curls, bananas*) Büschel *nt*; (*of bees, people, grapes*) Traube *f*; (*of islands*) Gruppe *f*; (*of diamonds*) Büschel *nt*; (*Phon*) Häufung *f*. **the flowers grow in a ~ at the top of the stem** die Blumen sitzen *or* wachsen doldenförmig am Stengel; (*of roses*) mehrere Blüten wachsen am gleichen Stiel; **~ bomb** Splitterbombe *f*.
II *vi* (*people*) sich drängen *or* scharen.
clutch[1] [klʌtʃ] **I** *n* **1.** (*grip*) Griff *m*. **he made a sudden ~ at the rope** er griff plötzlich nach dem Seil.
2. (*Aut*) Kupplung *f*. **to let in/out the ~** ein-/auskuppeln; **~ pedal** Kupplungspedal *nt*.
3. (*fig*) **to fall into sb's ~es** jdm in die Hände fallen, jdm ins Netz gehen; **to be in sb's ~es** in jds Gewalt (*dat*) sein; **to have sb in one's ~es** jdn im Netz *or* in den Klauen haben.
II *vt* (*grab*) umklammern, packen; (*hold tightly*) umklammert halten.
◆**clutch at** *vi* +*prep obj* (*lit*) schnappen nach (+*dat*), greifen; (*hold tightly*) umklammert halten; (*fig*) sich klammern an (+*acc*); *see* **straw**.
clutch[2] *n* (*of chickens*) Brut *f*; (*of eggs*) Gelege *nt*.
clutch bag *n* Unterarmtasche *f*.
clutter ['klʌtər] **I** *n* (*confusion*) Durcheinander *nt*; (*disorderly articles*) Kram *m* (*inf*).
II *vt* (*also* **~ up**) zu voll machen (*inf*)/ stellen, *painting, photograph* überladen; *mind* vollstopfen. **to be ~ed with sth** (*mind, room, drawer*) mit etw vollgestopft sein; (*floor, desk*) mit etw übersät sein; (*painting*) mit etw überladen sein; **the floor/his desk was absolutely ~ed** auf dem Fußboden lag alles verstreut/sein Schreibtisch war ganz voll.
cm *abbr of* **centimetre** cm.
CND *abbr of* **Campaign for Nuclear Disarmament.**
Co *abbr of* **1. company** KG *f*. **2. county.**
CO *abbr of* **Commanding Officer.**
c/o *abbr of* **1. care of** bei, c/o. **2. carried over** Übertr.
co- [kəʊ-] *pref* Mit-, mit-.
coach [kəʊtʃ] **I** *n* **1.** (*horsedrawn*) Kutsche *f*; (*state* ~) (Staats)karosse *f*. **~ and four** Vierspänner *m*.

2. (*Rail*) (Eisenbahn)wagen, Waggon *m*.

3. (*Brit: motor* ~) (Reise)bus *m*. **by** ~ mit dem Bus; ~ **travel/journeys** Busreisen *pl*; ~ **driver** Busfahrer(in *f*) *m*.

4. (*tutor*) Nachhilfelehrer(in *f*) *m*; (*Sport*) Trainer(in *f*) *m*.

II *vt* **1.** (*Sport*) trainieren. **2. to** ~ **sb for an exam** jdn aufs Examen vorbereiten; **he had been** ~**ed in what to say** man hatte mit ihm eingeübt, was er sagen sollte.

coaching ['kəʊtʃɪŋ] *n* (*Sport*) Trainerstunden *pl*; (*Tennis*) Training *nt*; (*tutoring*) Nachhilfe *f*.

coachload *n* (*Brit*) *see* **busload**; **coachman** *n* Kutscher *m*; **coach party** *n* (*Brit*) Busreisegruppe *f*; **coach station** *n* (*Brit*) Busbahnhof *m*; **coach trip** *n* (*Brit*) Busfahrt *f*; **coachwork** *n* (*Brit*) Karosserie *f*.

coagulate [kəʊ'ægjʊleɪt] **I** *vi* (*blood*) gerinnen, koagulieren (*spec*); (*milk*) dick werden; (*jelly*) fest werden; (*paint*) zähflüssig werden, eindicken. **II** *vt blood* gerinnen lassen; *milk* dick werden lassen; *jelly* fest werden lassen.

coagulation [kəʊˌægjʊ'leɪʃən] *n see vb* Gerinnen *nt*, Gerinnung, Koagulation (*spec*) *f*; Dickwerden *nt*; Festwerden *nt*; Eindicken *nt*.

coal [kəʊl] *n* Kohle *f*. **we still burn** ~ wir heizen noch mit Kohle; **to carry** ~**s to Newcastle** (*Prov*) Eulen nach Athen tragen (*Prov*); **to haul sb over the** ~**s** jdm eine Standpauke halten, jdm die Leviten lesen; **to heap** ~**s of fire on sb's head** feurige Kohlen auf jds Haupt (*dat*) sammeln.

coal *in cpds* Kohlen-; **coal-bin, coal-bunker** *n* Kohlenkasten *m*; **coal black** *adj* kohlrabenschwarz; **coal-cellar** *n* Kohlenkeller *m*; **coal-dust** *n* Kohlenstaub, (Kohlen)grus *m*.

coalesce [ˌkəʊə'les] *vi* (*Phys, Chem*) sich verbinden, eine Verbindung eingehen; (*fig*) sich vereinigen.

coalescence [ˌkəʊə'lesəns] *n see vi* Verbindung *f*; Vereinigung *f*.

coal-face *n* Streb *m*; **men who work at** *or* **on the** ~ Männer, die im Streb *or* vor Ort arbeiten; **coalfield** *n* Kohlenrevier *nt*; **coal fire** *n* Kamin *m*; **coal-fired** *adj* Kohle(n)-; ~ **power station** Kohlekraftwerk *nt*.

coalition [ˌkəʊə'lɪʃən] *n* Koalition *f*. ~ **government** Koalitionsregierung *f*.

coal-merchant *n* Kohlenhändler(in *f*) *m*; **coal-mine** *n* Grube, Zeche *f*, Kohlenbergwerk *nt*; **coal-miner** *n* Bergmann, Kumpel (*inf*) *m*; **coal-mining** *n* Kohle(n)bergbau *m*; ~ **area** *n* Kohlenrevier *nt*; **the** ~ **industry** der Kohle(n)bergbau; **coal-pit** *n see* **coal-mine**; **coal scuttle** *n* Kohleneimer, Kohlenkasten *m*; **coalshed** *n* Kohlenschuppen *m*; **coal tar** *n* Kohlenteer *m*; **coal tar soap** *n* Teerseife *f*; **coal tit** *n* (*Orn*) Tannenmeise *f*.

coarse [kɔːs] *adj* (+*er*) **1.** (*in texture, not delicate*) grob; *sand, sugar also* grobkörnig; *features also* derb. ~**-grained** grobfaserig.

2. (*uncouth*) gewöhnlich; *person, manners also* grob, ungehobelt, ungeschliffen; *laugh also* rauh, derb; *joke also* derb, unanständig.

3. (*common*) *food* derb, einfach. ~ **fish** Süßwasserfisch *m* (*mit Ausnahme aller Lachs- und Forellenarten*).

coarsely ['kɔːslɪ] *adv see adj 1., 2.*

coarsen ['kɔːsn] **I** *vt person* derber machen; *skin* gerben. **II** *vi* (*person*) derber werden; (*skin*) gröber werden.

coarseness ['kɔːsnɪs] *n* **1.** (*of texture*) Grobheit *f*.

2. (*fig*) *see adj 1., 2.* Gewöhnlichkeit *f*; Grobheit, Ungeschliffenheit *f*; Derbheit *f*; Unanständigkeit *f*; Einfachheit *f*. **the** ~ **of his laugh** sein rauhes Lachen.

coast [kəʊst] **I** *n* Küste *f*, Gestade *nt* (*poet*). **at/on the** ~ an der Küste/am Meer; **we're going to the** ~ wir fahren an die Küste *or* ans Meer; **the** ~ **is clear** (*fig*) die Luft ist rein.

II *vi* **1.** (*car, cyclist*) (*in neutral*) (im Leerlauf) fahren; (*cruise effortlessly*) dahinrollen; (*athlete*) locker laufen; (*US: on sled*) hinunterrodeln. **2.** (*fig*) **to be** ~**ing along** mühelos *or* spielend vorankommen.

coastal ['kəʊstəl] *adj* Küsten-.

coaster ['kəʊstə^r] *n* **1.** (*Naut*) Küstenmotorschiff *nt*. **2.** (*drip mat*) Untersetzer *m*. **3.** (*US*) (*sled*) (Rodel)schlitten *m*; (*roller-*~) Achterbahn, Berg- und Talbahn *f*. **4.** (*US*) ~ **brake** Rücktrittbremse *f*.

coastguard *n* Küstenwache *f*; **the** ~**s** die Küstenwacht; **coastline** *n* Küste *f*.

coat [kəʊt] **I** *n* **1.** (*outdoor wear*) Mantel *m*; (*doctor's* ~ *also*) (Arzt)kittel *m*; (*jacket of suit*) Jacke *f*; (*for men also*) Jackett *nt*.

2. (*Her*) ~ **of arms** Wappen *nt*.

3. ~ **of mail** Panzerhemd *nt*; (*of chainmail*) Kettenhemd *nt*.

4. (*of animal*) Fell *nt*.

5. (*of paint, tar*) (*application*) Anstrich *m*; (*actual layer*) Schicht *f*. **give it a second** ~ streich es noch einmal.

II *vt* (*with paint*) streichen; (*with chocolate, icing*) überziehen. **to be** ~**ed with rust/dust/mud** mit einer Rost-/Staub-/Schmutzschicht überzogen sein; **my hands were** ~**ed with grease/flour** meine Hände waren voller Schmiere/Mehl; **his tongue was** ~**ed** seine Zunge war belegt; ~**ed paper** gestrichenes Papier; **the chassis was** ~**ed with an anti-rust preparation** das Chassis war mit einem Rostschutzmittel beschichtet *or* (*sprayed*) gespritzt.

coat-hanger ['kəʊtˌhæŋə^r] *n* Kleiderbügel *m*.

coating ['kəʊtɪŋ] *n* Überzug *m*, Schicht *f*; (*of paint*) Anstrich *m*.

coatstand *n* Garderobenständer *m*; **coat-tails** *npl* Rockschöße *pl*.

co-author ['kəʊˌɔːθə^r] *n* Mitverfasser(in *f*) *m*. **they were** ~**s of the book** sie haben das Buch gemeinsam geschrieben.

coax [kəʊks] *vt* überreden. **to** ~ **sb into doing sth** jdn beschwatzen (*inf*) *or* dazu bringen, etw zu tun; **he ~ed the engine into life** er brachte den Motor mit List und Tücke in Gang; **you have to ~ the fire** du mußt dem Feuer ein bißchen nachhelfen; **to ~ sth out of sb** jdm etw entlocken.

coaxing ['kəʊksɪŋ] **I** *n* gutes Zureden, Zuspruch *m*. **with a little ~ the engine/fire started** mit etwas List und Tücke kam der Motor/das Feuer in Gang. **II** *adj* einschmeichelnd.

coaxingly ['kəʊksɪŋlɪ] *adv* **to speak ~** mit einschmeichelnder Stimme reden.

cob [kɒb] *n* **1.** (*horse*) *kleines, gedrungenes Pferd.* **2.** (*swan*) (männlicher) Schwan. **3.** (*also* **~-nut**) (große) Haselnuß. **4.** (*corn*) (Mais)kolben *m*; (*bread*) rundes Brot. **corn on the ~** Maiskolben *m*; **a ~ of coal** ein Stück Eier- *or* Nußkohle.

cobalt ['kəʊbɒlt] *n* Kobalt *nt*.

cobble ['kɒbl] **I** *n* (*also* **~stone**) Kopfstein *m*. **II** *vt* **1.** *shoe* flicken. **2. a ~d street** eine Straße mit Kopfsteinpflaster.

◆cobble together *vt sep* (*inf*) *essay* zusammenschustern.

cobbler ['kɒbləʳ] *n* **1.** Schuster(in *f*) *m*. **2.** (*esp US: fruit pie*) *Obst mit Teig überbacken*; (*drink*) Cobbler *m*.

cobblers ['kɒbləz] *npl* (*Brit sl: rubbish*) Scheiße *f* (*sl*), Mist *m* (*inf*). **(what a load of old) ~!** was für'n Haufen Mist! (*inf*).

COBOL ['kəʊbɒl] *abbr of* **common business oriented language** COBOL.

cobra ['kəʊbrə] *n* Kobra *f*.

cobweb ['kɒbweb] *n* (*single thread, threads*) Spinn(en)webe *f*; (*network*) Spinnennetz *nt*. **a brisk walk will blow away the ~s** (*fig*) ein ordentlicher Spaziergang, und man hat wieder einen klaren Kopf.

cocaine [kə'keɪn] *n* Kokain *nt*.

coccyx ['kɒksɪks] *n* Steißbein *nt*.

cochineal ['kɒtʃɪni:l] *n* (*insect, colouring*) Koschenille *f*.

cock [kɒk] **I** *n* **1.** (*rooster*) Hahn *m*; (*weather~*) Wetterhahn *m*. **(the) ~ of the walk** *or* **roost** der Größte (*inf*).

2. (*male bird*) Männchen *nt*. **turkey ~** Truthahn, Puter *m*.

3. (*tap*) (Wasser)hahn *m*. **fuel ~** Treibstoffhahn *m*.

4. (*of rifle*) Hahn *m*.

5. (*of hat*) schiefer Sitz.

6. (*Brit inf: mate*) Kumpel *m* (*inf*).

7. (*vulg: penis*) Schwanz *m* (*vulg*).

II *vt* **1. to ~ the gun** den Hahn spannen.

2. *ears* spitzen. **the parrot ~ed its head on one side** der Papagei legte seinen Kopf schief *or* auf die Seite; **to ~ a snook at sb** (*lit*) jdm eine lange Nase machen; (*fig*) zeigen, daß man auf jdn pfeift; **he ~ed his hat at a jaunty angle** er setzte seinen Hut keck auf; **this painting knocks all the others into a ~ed hat** (*inf*) dieses Gemälde stellt alle anderen in den Schatten.

◆cock up *vt sep* (*Brit sl: mess up*) versauen (*sl*).

cock-a-doodle-doo *n* Kikeriki *nt*; **cock-a-hoop** *adj* ganz aus dem Häuschen, außer sich vor Freude.

cockamamie [ˌkɒkə'meɪmɪ] *adj* (*US inf: poor quality*) mies (*inf*).

cock-and-bull story [ˌkɒkən'bʊlˌstɔ:rɪ] *n* Lügengeschichte *f*.

cockatoo [ˌkɒkə'tu:] *n* Kakadu *m*.

cockchafer ['kɒkˌtʃeɪfəʳ] *n* Maikäfer *m*.

cockcrow ['kɒkkrəʊ] *n* (*old: dawn*) Hahnenschrei *m*. **at ~** beim ersten Hahnenschrei.

cocker ['kɒkəʳ] *n* (*also* **~ spaniel**) Cocker(spaniel) *m*.

cockerel ['kɒkərəl] *n* junger Hahn.

cock-eyed *adj* (*inf*) **1.** (*crooked*) schief; **2.** (*absurd*) *idea* verrückt, widersinnig; **cockfight** *n* Hahnenkampf *m*.

cockiness ['kɒkɪnɪs] *n* (*inf*) Großspurigkeit *f*.

cockle ['kɒkl] *n* **1.** (*shellfish: also* **~shell**) Herzmuschel *f*. **2.** (*boat*) kleines Boot, Nußschale *f*. **3. it warmed the ~s of my heart** es wurde mir warm ums Herz.

cockney ['kɒknɪ] **I** *n* **1.** (*dialect*) Cockney *nt*. **2.** (*person*) Cockney *m*. **II** *adj* Cockney-.

cockpit ['kɒkpɪt] *n* **1.** (*Aviat, of racing car*) Cockpit *nt*; (*Naut: on yacht*) Plicht *f*, Cockpit *nt*. **2.** (*for cockfighting*) Hahnenkampfplatz *m*.

cockroach ['kɒkrəʊtʃ] *n* Küchenschabe *f*, Kakerlak *m*.

cockscomb ['kɒkskəʊm] *n* (*Orn, Bot*) Hahnenkamm *m*.

cock sparrow *n* (männlicher) Spatz; **cocksure** *adj* (ganz) sicher, fest überzeugt; **don't you be so ~** sei dir deiner Sache (*gen*) nicht zu sicher.

cocktail ['kɒkteɪl] *n* **1.** Cocktail *m*. **we're invited for ~s** wir sind zum Cocktail eingeladen. **2. fruit ~** Obstsalat *m*.

cock-up ['kɒkʌp] *n* (*Brit sl*) **to be a ~** in die Hose gehen (*sl*); **to make a ~ of sth** bei *or* mit etw Scheiße bauen (*sl*).

cocky ['kɒkɪ] *adj* (*+er*) (*inf*) anmaßend, großspurig.

cocoa ['kəʊkəʊ] *n* Kakao *m*. **~ bean** Kakaobohne *f*.

coconut ['kəʊkənʌt] **I** *n* Kokosnuß *f*. **II** *attr* Kokos-. **~ ice** Kokosnußriegel *m*; **~ matting** Kokosläufer *m*; **~ oil** Kokosöl *nt*; **~ palm, ~ tree** Kokospalme *f*; **~ shy** Wurfbude *f*.

cocoon [kə'ku:n] **I** *n* Kokon *m*; (*fig*) (*of scarves, blankets etc*) Hülle *f*.

II *vt* einhüllen; *ship etc* abdecken.

COD *abbr of* **cash** (*Brit*) *or* **collect** (*US*) **on delivery.**

cod [kɒd] *n* Kabeljau *m*; (*in Baltic*) Dorsch *m*.

coddle ['kɒdl] *vt* **1.** *child, invalid* umhegen, verhätscheln. **2.** (*Cook*) *eggs* im Backofen pochieren.

code [kəʊd] **I** *n* **1.** (*cipher*) Kode, Code *m*, Chiffre *f*. **in ~** verschlüsselt, chiffriert; **to put into ~** verschlüsseln, chiffrieren.

2. (*Jur*) Gesetzbuch *nt*, Kodex *m*.

3. (*rules, principles*) Kodex *m*. **~ of honour/behaviour** Ehren-/Sittenkodex *m*; **~ of practice** Verfahrensregeln *pl*.

4. post *or* **zip** (*US*) **~** Postleitzahl *f*.

5. (*Comput*) Code *m*.

6. (*Ling, Sociol*) Code, Kode *m*.

II *vt* verschlüsseln, chiffrieren; (*Comput*) kodieren.

code breaker *n* Kode-Knacker *m*.

codeine ['kəʊdiːn] *n* Kodein *nt*.

code letter *n* Kodebuchstabe *m*; **code name** *n* Deckname *m*; **code number** *n* Kennziffer *f*; **code word** *n* Kodewort *nt*; (*Comput also*) Paßwort, Kennwort *nt*.

codex ['kəʊdeks] *n, pl* **codices** Kodex *m*.

codger ['kɒdʒəʳ] *n* (*inf*) komischer (alter) Kauz.

codices ['kɒdɪsiːz] *pl of* **codex.**

codicil ['kɒdɪsɪl] *n* Kodizill *nt*.

codify ['kəʊdɪfaɪ] *vt laws* kodifizieren.

coding ['kəʊdɪŋ] *n* **1.** Chiffrieren *nt*. **a new system of** ~ ein neues Chiffriersystem; **I don't understand the** ~ ich verstehe den Kode nicht. **2.** (*Comput: codes*) Kodierung(en *pl*) *f*.

cod-liver-oil *n* Lebertran *m*; **codpiece** *n* (*Hist*) Hosenbeutel *m*.

co-driver ['kəʊdraɪvəʳ] *n* Beifahrer(in *f*) *m*.

codswallop ['kɒdzwɒləp] *n* (*Brit inf*) Stuß *m* (*dated inf*).

co-ed, coed ['kəʊ'ed] **I** *n* (*inf*) (*Brit: school*) gemischte Schule, Koedukationsschule *f*; (*US: girl student*) Schülerin *or* Studentin *f* einer gemischten Schule. **II** *adj school* gemischt, Koedukations-. **III** *adv* **to go** ~ Koedukation einführen.

coedition [ˌkəʊɪ'dɪʃən] *n* gemeinsame Ausgabe.

co-editor ['kəʊ'edɪtəʳ] *n* Mitherausgeber(in *f*) *m*.

coeducation ['kəʊˌedjʊ'keɪʃən] *n* Koedukation *f*.

coeducational ['kəʊˌedjʊ'keɪʃənl] *adj teaching* koedukativ; *school* Koedukations-.

coefficient [ˌkəʊɪ'fɪʃənt] *n* (*Math, Phys*) Koeffizient *m*.

coerce [kəʊ'ɜːs] *vt* zwingen. **to** ~ **sb into doing sth** jdn dazu zwingen *or* nötigen (*geh*), etw zu tun.

coercion [kəʊ'ɜːʃən] *n* Zwang *m*; (*Jur*) Nötigung *f*.

coeval [kəʊ'iːvəl] (*form*) **I** *adj* der gleichen Periode *or* Zeit (*with* wie); *manuscripts, authors etc also* zeitgenössisch *attr*. **II** *n* Zeitgenosse *m*.

coexist [ˌkəʊɪg'zɪst] *vi* koexistieren (*Pol, Sociol, geh*), nebeneinander bestehen. **to** ~ **with** *or* **alongside sb/sth** neben *or* mit jdm/etw bestehen *or* existieren.

coexistence [ˌkəʊɪg'zɪstəns] *n* Koexistenz *f*.

coexistent [ˌkəʊɪg'zɪstənt] *adj* koexistent (*geh*), nebeneinander bestehend.

coextensive [ˌkəʊɪk'stensɪv] *adj* (*in time*) zur gleichen Zeit; (*in area*) flächengleich; (*in length*) längengleich; (*fig*) (*concepts*) bedeutungs- *or* inhaltsgleich. **to be** ~ **with sth** mit etw zusammenfallen; (*spatially*) sich mit etw decken.

C of E *abbr of* **Church of England.**

coffee ['kɒfɪ] *n* Kaffee *m*. **two** ~**s, please** zwei Kaffee, bitte.

coffee *in cpds* Kaffee-; **coffee bar** *n* Café *nt*; **coffee bean** *n* Kaffeebohne *f*; **coffee break** *n* Kaffeepause *f*; **coffee cake** *n* Mokkakuchen *m*; **coffee grinder** *n* Kaffeemühle *f*; **coffee machine** *n* (*coffee maker*) Kaffeemaschine *f*; (*vending machine*) Kaffee-Verkaufsautomat *m*; **coffee maker** *n* Kaffeemaschine *f*; **coffee percolator** *n* Kaffeemaschine *f*; **coffee pot** *n* Kaffeekanne *f*; **coffee table** *n* Couchtisch *m*; **coffee-table book** Bildband *m*; **coffee whitener** *n* Kaffeeweißer *m*.

coffer ['kɒfəʳ] *n* **1.** Truhe *f*. **2.** (*fig*) **the** ~**s** die Schatulle, das Geldsäckel; (*of state*) das Staatssäckel. **3.** (*Archit*) Kassette *f*.

coffin ['kɒfɪn] *n* Sarg *m*.

cog [kɒg] *n* (*Tech*) Zahn *m*; (~*wheel*) Zahnrad *nt*. **he's only a** ~ **in the machine** (*fig*) er ist nur ein Rädchen im Getriebe.

cogency ['kəʊdʒənsɪ] *n* Stichhaltigkeit *f*.

cogent ['kəʊdʒənt] *adj* stichhaltig; *argument, reason also* zwingend; *reasoning also* überzeugend.

cogently ['kəʊdʒəntlɪ] *adv see adj*.

cogitate ['kɒdʒɪteɪt] **I** *vi* (*about, (up)on* über +*acc*) nachdenken, grübeln. **II** *vt* nachdenken über (+*acc*); (*devise*) ersinnen.

cogitation [ˌkɒdʒɪ'teɪʃən] *n* Nachdenken *nt*; Überlegung *f*.

cognac ['kɒnjæk] *n* Kognak *m*; (*French*) Cognac *m*.

cognate ['kɒgneɪt] **I** *adj* verwandt; (*Ling*) urverwandt. **II** *n* (*Ling*) urverwandtes Wort; urverwandte Sprache.

cognition [kɒg'nɪʃən] *n* Erkenntnis *f*; (*visual*) Wahrnehmung *f*.

cognitive ['kɒgnɪtɪv] *adj powers, faculties* kognitiv.

cognizance ['kɒgnɪzəns] *n* (*form*) **1.** (*conscious knowledge, awareness*) Kenntnis *f*; (*range of perception*) Erkenntnisbereich *m*.

2. (*jurisdiction*) Zuständigkeit, Befugnis *f*; (*Jur*) Gerichtsbarkeit *f*.

cognizant ['kɒgnɪzənt] *adj* (*form*) **1.** (*aware, conscious*) **to be** ~ **of sth** sich (*dat*) einer Sache (*gen*) bewußt sein. **2.** (*having jurisdiction*) zuständig.

cog railway *n* (*US*) Zahnradbahn *f*; **cogwheel** *n* Zahnrad *nt*.

cohabit [kəʊ'hæbɪt] *vi* (*esp Jur*) in nichtehelicher Lebensgemeinschaft leben, zusammenleben.

cohabitation [ˌkəʊhæbɪ'teɪʃən] *n* eheähnliche Gemeinschaft.

coheir ['kəʊ'ɛəʳ] *n* Miterbe *m* (*to gen*).

coheiress ['kəʊ'ɛərɪs] *n* Miterbin *f* (*to gen*).

cohere [kəʊ'hɪəʳ] *vi* **1.** (*lit*) zusammenhängen. **2.** (*fig*) (*community*) ein Ganzes *or* eine Einheit bilden; (*essay, symphony*) in sich geschlossen sein; (*argument, reasoning, style*) kohärent *or* zusammenhängend sein.

coherence [kəʊ'hɪərəns] *n* **1.** (*lit*) Kohärenz *f*.

2. (*of community*) Zusammenhalt *m*; (*of essay, symphony*) Geschlossenheit *f*; (*of argument, reasoning, style*) Kohärenz *f*. **his address lacked** ~ seiner Rede (*dat*) fehlte der Zusammenhang.

3. (*fig: comprehensibility*) **after five**

whiskies he lacked ~ nach fünf Whiskys gab er nur noch unzusammenhängendes Zeug von sich.

coherent [kəʊ'hɪərənt] *adj* **1.** (*comprehensible*) zusammenhängend. **2.** (*cohesive*) *logic, reasoning* kohärent, schlüssig; *case* schlüssig.

coherently [kəʊ'hɪərəntlɪ] *adv see adj.*

cohesion [kəʊ'hiːʒən] *n* (*Sci*) Kohäsion *f*; (*fig also*) Zusammenhang *m*; (*of group*) Zusammenhalt *m*, Geschlossenheit *f*.

cohesive [kəʊ'hiːsɪv] *adj* (*Sci*) Binde-, Kohäsiv-; (*fig*) geschlossen.

cohesively [kəʊ'hiːsɪvlɪ] *adv* (*Sci*) kohäsiv; (*fig*) *write, argue* im Zusammenhang.

cohort ['kəʊhɔːt] *n* Kohorte *f*, Trupp *m*.

coil [kɔɪl] **I** *n* **1.** (*of rope, wire*) Rolle *f*; (*in light-bulb*) Glühdraht *m*; (*on loop*) Windung *f*; (*of smoke*) Kringel *m*; (*of hair*) Kranz *m*. ~ **spring** Sprungfeder *f*.

2. (*Elec*) Spule *f*.

3. (*contraceptive*) Spirale *f*.

II *vt* aufwickeln, aufrollen; *wire* aufspulen, aufwickeln. **to** ~ **sth round sth** etw um etw wickeln.

III *vi* sich ringeln; (*smoke also*) sich kringeln; (*river*) sich schlängeln *or* winden.

coin [kɔɪn] **I** *n* **1.** Münze *f*. ~**-box** (*telephone*) Münzfernsprecher *m*; (*box*) Geldkasten *m*; (*on telephone, meter*) Münzzähler *m*; ~**-operated** Münz-.

2. (*no pl*) Münzen *pl*. **the other side of the** ~ (*fig*) die Kehrseite der Medaille.

II *vt* (*lit, fig*) *money, phrase* prägen. **he's** ~**ing money** (*fig inf*) er scheffelt Geld (*inf*); **..., to** ~ **a phrase** ..., um mich mal so auszudrücken.

coinage ['kɔɪnɪdʒ] *n* **1.** (*act*) Prägen *nt*, Prägung *f*; (*coins*) Münzen *pl*, Hartgeld *nt no pl*; (*system*) Währung *f*. **2.** (*fig*) Prägung, Neuschöpfung *f*.

coincide [ˌkəʊɪn'saɪd] *vi* (*in time, place*) zusammenfallen; (*in area*) sich decken; (*agree*) übereinstimmen. **the two concerts** ~ die beiden Konzerte finden zur gleichen Zeit statt.

coincidence [kəʊ'ɪnsɪdəns] *n* **1.** Zufall *m*, Fügung *f* (*geh*). **it is no** ~ **that ...** es ist kein Zufall, daß ..., es ist nicht von ungefähr, daß ... **2.** (*occurring or coming together*) (*in time*) Zusammentreffen *nt*; (*in place*) Zusammenfall *m*; (*agreement*) Übereinstimmung *f*.

coincident [kəʊ'ɪnsɪdənt] *adj* (*in time*) zusammentreffend; (*in place*) zusammenfallend; (*agreeing*) übereinstimmend.

coincidental *adj*, ~**ly** *adv* [kəʊˌɪnsɪ'dentl, -təlɪ] zufällig.

coition [kəʊ'ɪʃən], **coitus** ['kɔɪtəs] *n* (*form*) Koitus, Akt *m*. **coitus interruptus** Coitus interruptus *m*.

coke[1] [kəʊk] *n* Koks *m*.

coke[2] *n* (*sl: cocaine*) Koks *m*.

Coke ® [kəʊk] *n* (*inf*) (Coca-®)Cola *f*, Coke ® *nt*.

col[1] [kɒl] *n* Sattel, Paß *m*.

col[2] *abbr of* **column** Sp.

colander ['kʌləndəʳ] *n* Seiher *m*, Sieb *nt*.

cold [kəʊld] **I** *adj* (+*er*) **1.** kalt. **I am** ~ mir ist kalt, ich friere; **my hands are** ~**/are getting** ~ ich habe/kriege kalte Hände; **don't get** ~ paß auf, daß du nicht frierst!

2. (*fig*) kalt; *answer, reception* betont kühl; *personality* kühl; (*dispassionate, not sensual*) kühl. **to be** ~ **to sb** jdn kühl behandeln; **that leaves me** ~ das läßt mich kalt.

3. (*inf: unconscious*) bewußtlos; (*knocked out*) k.o. **to be out** ~ bewußtlos/k.o. sein.

4. (*inf: in guessing*) kalt. **you're still** ~ immer noch kalt.

5. (*Hunt*) *scent* kalt.

6. (*phrases*) **in** ~ **blood** kaltblütig; ~ **comfort** ein schwacher Trost; **to get/have** ~ **feet** (*fig inf*) kalte Füße kriegen (*inf*); **to give sb the** ~ **shoulder** (*inf*) jdm die kalte Schulter zeigen; **to be in a** ~ **sweat** vor Angst schwitzen; **to throw** ~ **water on sb's plans/hopes** (*inf*) jdm eine kalte Dusche geben/jds Hoffnungen (*dat*) einen Dämpfer aufsetzen.

II *adv* **to come to sth** ~ unvorbereitet an eine Sache herangehen; **to learn/know sth** ~ (*US*) etw gut lernen/können; **he stopped** ~ **when ...** (*US*) er hielt unvermittelt an, als ...; **she quit her job** ~ sie hat glatt *or* eiskalt gekündigt (*inf*); **he was turned down** ~ er wurde glatt abgelehnt.

III *n* **1.** Kälte *f*. **to feel the** ~ kälteempfindlich sein; **to be left out in the** ~ (*fig*) ausgeschlossen werden, links liegengelassen werden.

2. (*Med*) Erkältung *f*; (*runny nose*) Schnupfen *m*. **a heavy** *or* **bad** ~ eine schwere Erkältung; **to have a** ~ erkältet sein; (einen) Schnupfen haben; **to get** *or* **catch a** ~ sich erkälten, sich (*dat*) eine Erkältung holen; **to catch** ~ sich erkälten.

cold-blooded *adj* (*Zool, fig*) kaltblütig; ~ **animal** Kaltblüter *m*; **cold-bloodedly** ['kəʊld'blʌdɪdlɪ] *adv* kaltblütig; **cold box** *n* Kühlbox *f*; **cold cream** *n* Cold Cream *f or nt*, halbfette Feuchtigkeitscreme; **cold cuts, cold meats** *npl* Aufschnitt *m*; **cold frame** *n* (*Hort*) Frühbeet *nt*; **cold-hearted** *adj* kaltherzig.

coldly ['kəʊldlɪ] *adv* (*lit, fig*) kalt; *answer, receive* betont kühl.

coldness ['kəʊldnɪs] *n* (*lit, fig*) Kälte *f*; (*of answer, reception, welcome*) betonte Kühle.

cold room *n* Kühlraum *m*; **cold selling** *n* Cold selling *nt*; **cold-shoulder** *vt* (*inf*) links liegenlassen (*inf*); **cold sore** *n* (*Med*) Bläschenausschlag *m*; **cold start** *n* (*Aut, Comput*) Kaltstart *m*; **cold storage** *n* Kühllagerung *f*; **to put sth into** ~ (*lit*) *food* etw kühl lagern; (*fig*) *idea, plan* etw auf Eis legen; **cold store** *n* Kühlhaus *nt*; **cold turkey** (*sl*) (*drugs*) *adj* **a** ~ **cure** sofortiger Totalentzug; **cold war** *n* kalter Krieg.

coleslaw ['kəʊlslɔː] *n* Krautsalat *m*.

colic ['kɒlɪk] *n* Kolik *f*.

coliseum [ˌkɒlɪ'siːəm] *n* Kolosseum *nt*.

collaborate [kə'læbəreɪt] *vi* **1.** zusammenarbeiten. **to** ~ **with sb on** *or* **in sth** mit jdm bei etw zusammenarbeiten. **2.** (*with enemy*) kollaborieren.

collaboration [kəˌlæbəˈreɪʃən] *n* **1.** Zusammenarbeit *f*; (*of one party*) Mitarbeit *f*. **helpful ~** Mithilfe *f*. **2.** (*with enemy*) Kollaboration *f*.

collaborator [kəˈlæbəreɪtəʳ] *n* **1.** Mitarbeiter(in *f*) *m*. **2.** (*with enemy*) Kollaborateur(in *f*) *m*.

collage [kɒˈlɑːʒ] *n* Collage *f*.

collapse [kəˈlæps] **I** *vi* **1.** (*person*) zusammenbrechen; (*mentally, have heart attack also*) einen Kollaps erleiden *or* haben. **they all ~d with laughter** sie konnten sich alle vor Lachen nicht mehr halten.

2. (*fall down, cave in*) zusammenbrechen; (*building, wall, roof also*) einstürzen; (*lungs*) zusammenfallen, kollabieren.

3. (*fig: fail*) zusammenbrechen; (*negotiations also*) scheitern; (*civilization*) zugrunde gehen; (*prices*) stürzen, purzeln (*inf*); (*government*) zu Fall kommen, stürzen; (*plans*) scheitern, zu Fall kommen; (*hopes*) sich zerschlagen.

4. (*fold*) (*table, umbrella, bicycle*) sich zusammenklappen lassen; (*telescope, walking-stick*) sich zusammenschieben lassen; (*life raft*) sich zusammenlegen *or* -falten lassen. **a collapsing bicycle/chair** ein Klappfahrrad *nt*/-stuhl *m*.

II *vt table, umbrella, bicycle* zusammenklappen; *telescope, walking-stick* zusammenschieben; *life-raft* zusammenlegen *or* -falten.

III *n* **1.** (*of person*) Zusammenbruch *m*; (*nervous breakdown also, heart attack*) Kollaps *m*.

2. *see vi 2.* Zusammenbruch *m*; Einsturz *m*; Kollaps *m*.

3. (*failure*) *see vi 3.* Zusammenbruch *m*; Scheitern *nt*; Untergang *m*; Sturz *m*; Zerschlagung *f*.

collapsible [kəˈlæpsəbl] *adj see vi 4. zusammenklappbar, Klapp-; zusammenschiebbar; zusammenlegbar, zusammenfaltbar, Falt-.*

collar [ˈkɒləʳ] **I** *n* **1.** Kragen *m*. **~-bone** Schlüsselbein *nt*. **2.** (*for dogs*) Halsband *nt*; (*for horses*) Kum(me)t *nt*. **3.** (*chain and insignia*) Hals- *or* Ordenskette *f*. **4.** (*Mech: on pipe*) Bund *m*.

II *vt* (*capture*) fassen; (*latch onto*) abfangen, schnappen (*inf*).

collate [kɒˈleɪt] *vt* **1.** vergleichen, kollationieren. **2.** (*Typ*) kollationieren, zusammentragen.

collateral [kɒˈlætərəl] **I** *adj* **1.** (*connected but secondary*) *evidence, questions* zusätzlich, Zusatz-; *events* Begleit-.

2. (*parallel, side by side*) *states* nebeneinanderliegend; (*fig*) *aims* Hand in Hand gehend.

3. *descent, branch of family* seitlich, kollateral (*spec*).

4. (*Fin*) *security* zusätzlich.

II *n* (*Fin*) (zusätzliche) Sicherheit.

collation [kɒˈleɪʃən] *n* **1.** (*collating*) Vergleich *m*, Kollationieren *nt*; (*Typ*) Kollationieren, Zusammentragen *nt*. **2.** (*form: meal*) Imbiß *m*.

colleague [ˈkɒliːg] *n* Kollege *m*, Kollegin *f*. **my ~s at work** meine Arbeitskollegen.

collect¹ [ˈkɒlekt] *n* (*Eccl*) Kirchen- *or* Tagesgebet *nt*.

collect² [kəˈlekt] **I** *vt* **1.** (*accumulate*) ansammeln; (*furniture*) *dust* anziehen; *empty glasses, exam papers, tickets* einsammeln; *litter* aufsammeln; *belongings* zusammenpacken *or* -sammeln; (*assemble*) sammeln; *one's thoughts also* ordnen; *information also* zusammentragen; *volunteers* zusammenbringen. **she ~ed a lot of praise/five points for that** das hat ihr viel Lob/fünf Punkte eingebracht *or* eingetragen; **to ~ interest** Zinsen bringen.

2. (*pick up, fetch*) *things, persons* abholen (*from* bei).

3. *stamps, coins* sammeln.

4. *taxes* einziehen; *money, jumble for charity* sammeln; *rent, fares* kassieren; *debts* eintreiben.

II *vi* **1.** (*gather*) sich ansammeln; (*dust*) sich absetzen.

2. (*~ money*) kassieren; (*for charity*) sammeln.

3. (*Comm: call for goods*) abholen.

III *adj* **~ call** R-Gespräch; **~ cable** (*US*) vom Empfänger bezahltes Telegramm.

IV *adv* **to pay ~** (*US*) bei Empfang bezahlen; **to call ~** ein R-Gespräch führen; **to pay ~ on delivery** (*US*) bei Lieferung bezahlen; (*through post*) per Nachnahme bezahlen.

◆**collect together** *vt sep* zusammensammeln; *information* zusammentragen; *team of people* auf- *or* zusammenstellen. **the officer ~ed his men ~** der Offizier rief seine Leute zusammen.

◆**collect up** *vt sep* einsammeln; *litter* aufsammeln; *belongings* zusammenpacken *or* -sammeln.

collected [kəˈlektɪd] *adj* **1. the ~ works of Oscar Wilde** Oscar Wildes gesammelte Werke. **2.** (*calm*) ruhig, gelassen.

collectedly [kəˈlektɪdlɪ] *adv* ruhig, gelassen.

collection [kəˈlekʃən] *n* **1.** (*group of people, objects*) Ansammlung *f*; (*of stamps, coins*) Sammlung *f*.

2. (*collecting*) (*of facts, information*) Zusammentragen *nt*; (*of goods, person*) Abholung *f*; (*of mail*) Abholung *f*; (*from letterbox*) Leerung *f*; (*of stamps, coins*) Sammeln *nt*; (*of money, jumble for charity*) Sammlung *f*; (*in church*) Kollekte *f*; (*of rent, fares*) Kassieren *nt*; (*of taxes*) Einziehen *nt*; (*of debts*) Eintreiben *nt*. **to make *or* hold a ~ for sb/sth** für jdn/etw eine Sammlung durchführen; **bill for ~** Inkassowechsel *m*.

3. (*Fashion*) Kollektion *f*.

collective [kəˈlektɪv] **I** *adj* **1.** kollektiv, Kollektiv-; *responsibility, agreement, action also* gemeinsam. **~ bargaining** Tarifverhandlungen *pl*; **~ farm** landwirtschaftliche Produktionsgenossenschaft.

2. (*accumulated*) *wisdom, discoveries, experience* gesamt *attr*. **the ~ unconscious** das kollektive Unbewußte.

3. (*Gram*) **~ noun** Kollektivum *nt*,

Sammelbegriff *m*.

II *n* Kollektiv *nt*; (*farm also*) Produktionsgenossenschaft *f*.

collectively [kə'lektɪvlɪ] *adv* gemeinsam, zusammen; (*in socialist context also*) kollektiv.

collectivism [kə'lektɪvɪzəm] *n* Kollektivismus *m*.

collector [kə'lektə^r] *n* **1.** (*of taxes*) Einnehmer(in *f*) *m*; (*of rent, cash*) Kassierer(in *f*) *m*; (*ticket* ~) *Bahnbediensteter, der die abgefahrenen Fahrkarten einsammelt*. **2.** (*of stamps, coins*) Sammler(in *f*) *m*. **~'s** *item, piece, price* Sammler-, Liebhaber-; **~'s car** Liebhaberauto *nt*. **3. current** ~ Stromabnehmer *m*.

college ['kɒlɪdʒ] *n* **1.** (*part of university*) College *nt*; Institut *nt*. **to go to** ~ (*university*) studieren; **to start** ~ sein Studium beginnen; **we met at** ~ wir haben uns im Studium kennengelernt. **2.** (*of music, agriculture, technology*) Fachhochschule *f*. ~ **of Art** Kunstakademie *f*. **3.** (*body*) ~ **of Cardinals** Kardinalskollegium *nt*; ~ **of Physicians/Surgeons** Ärztebund *m*, Ärztekammer *f*.

collegiate [kə'li:dʒɪɪt] *adj* College-.

collide [kə'laɪd] *vt* **1.** (*lit*) zusammenstoßen *or* -prallen; (*Naut*) kollidieren. **to ~ with sb/sth** mit jdm zusammenstoßen/gegen etw prallen. **2.** (*fig*) (*person*) eine heftige Auseinandersetzung haben (*with* mit); (*interest, demands*) kollidieren.

collie ['kɒlɪ] *n* Collie *m*.

collier ['kɒlɪə^r] *n* **1.** Bergmann, Kumpel (*inf*) *m*. **2.** (*coal-ship*) Kohlenschiff *nt*.

colliery ['kɒlɪərɪ] *n* Grube, Zeche *f*.

collision [kə'lɪʒən] *n* (*lit*) Zusammenstoß, Zusammenprall *m*; (*fig*) Zusammenstoß, Konflikt *m*, Kollision *f*; (*Naut*) Kollision *f*. **on a ~ course** (*lit, fig*) auf Kollisionskurs; **to come into ~ with sth** (*lit, fig*) mit etw zusammenstoßen; (*Naut*) mit etw kollidieren.

collocate ['kɒləkeɪt] *vt* (*Gram*) nebeneinanderstellen. **to be ~d** nebeneinanderstehen.

colloquial [kə'ləʊkwɪəl] *adj* umgangssprachlich.

colloquialism [kə'ləʊkwɪəlɪzəm] *n* umgangssprachlicher Ausdruck

colloquially [kə'ləʊkwɪəlɪ] *adv see adj*.

colloquium [kə'ləʊkwɪəm] *n* Kolloquium *nt*.

colloquy ['kɒləkwɪ] *n* (*form*) Gespräch *nt*; (*Liter*) Dialog *m*. **in** ~ im Gespräch.

collusion [kə'lu:ʒən] *n* (geheime) Absprache. **they're acting in** ~ sie haben sich abgesprochen; **there's been some ~ between those two pupils** diese beiden Schüler haben zusammengearbeitet.

collywobbles ['kɒlɪ,wɒblz] *npl* (*inf*) **the** ~ (*upset stomach*) Bauchgrimmen *nt* (*inf*); (*nerves*) ein flaues Gefühl im Magen.

Cologne [kə'ləʊn] **I** *n* Köln *nt*. **II** *adj* Kölner, kölnisch.

cologne [kə'ləʊn] *n* Eau de Cologne *nt*.

colon[1] ['kəʊlən] *n* (*Anat*) Dickdarm *m*.

colon[2] *n* (*Gram*) Doppelpunkt *m*; (*old, Typ*) Kolon *nt*.

colonel ['kɜ:nl] *n* Oberst *m*; (*as address*) Herr Oberst.

colonial [kə'ləʊnɪəl] **I** *adj* Kolonial-, kolonial (*iro*). **II** *n* Bewohner(in *f*) *m* einer Kolonie/der Kolonien.

colonialism [kə'ləʊnɪəlɪzəm] *n* Kolonialismus *m*.

colonialist [kə'ləʊnɪəlɪst] **I** *adj* kolonialistisch. **II** *n* Kolonialist(in *f*) *m*.

colonist ['kɒlənɪst] *n* Kolonist(in *f*), Siedler(in *f*) *m*.

colonization [,kɒlənaɪ'zeɪʃən] *n* Kolonisation *f*.

colonize ['kɒlənaɪz] *vt* kolonisieren.

colonnade [,kɒlə'neɪd] *n* Kolonnade *f*, Säulengang *m*.

colony ['kɒlənɪ] *n* Kolonie *f*.

color *etc* (*US*) *see* **colour** *etc*.

Colorado beetle [,kɒlə'rɑ:dəʊ'bi:tl] *n* Kartoffelkäfer *m*.

coloration [,kʌlə'reɪʃən] *n* Färbung *f*.

color guard *n* (*US*) *see* **colour party.**

colossal [kə'lɒsl] *adj* riesig, ungeheuer, gewaltig; *fool, cheek, mistake* ungeheuer; *car, man, park, lake, city* riesig; *prices, damage, building also* kolossal.

colosseum [kɒlɪ'si:əm] *n* Kolosseum *nt*.

colossus [kə'lɒsəs] *n, pl* **colossi** *or* **-es** (*statue*) Koloß *m*; (*person also*) Riese *m*.

colour, (*US*) **color** ['kʌlə^r] **I** *n* **1.** (*lit, fig*) Farbe *f*. **what ~ is it?** welche Farbe hat es?; **red/yellow in** ~ rot/gelb; **a good sense of** ~ ein guter Farbensinn; **let's see the ~ of your money first** (*inf*) zeig erst mal dein Geld her (*inf*); **the ~ of a note** (*Mus*) die Klangfarbe eines Tons; *see* **glowing.**

2. (*complexion*) (Gesichts)farbe *f*. **to change** ~ die Farbe wechseln; **to get one's ~ back** wieder Farbe bekommen; **to bring the ~ back to sb's cheeks** jdm wieder Farbe geben; **to have a high** ~ eine gesunde Gesichtsfarbe haben; (*look feverish*) rot im Gesicht sein.

3. (*racial*) Hautfarbe *f*. **I don't care what ~ he is** seine Hautfarbe interessiert mich nicht.

4. **~s** *pl* (*paints*) Farben *pl*; **a box of ~s** ein Mal- *or* Tuschkasten *m*.

5. (*fig: bias*) (*of newspaper, report*) Färbung *f*.

6. (*of place, period*) Atmosphäre *f*. **to add ~ to a story** einer Geschichte (*dat*) Farbe geben; **local** ~ Lokalkolorit *nt*.

7. (*appearance of truth*) **to give** *or* **lend ~ to a tale** eine Geschichte ausschmücken.

8. **~s** *pl* (*symbols of membership*) Farben *pl*.

9. (*flag*) **~s** Fahne *f*; **the regimental ~s** die Regimentsfahne; **to sail under false ~s** (*fig*) unter falscher Flagge segeln; **to show one's true ~s** (*fig*) sein wahres Gesicht zeigen.

10. (*Sport*) **~s** (Sport)abzeichen *nt*.

II *vt* **1.** (*lit*) anmalen; (*Art*) kolorieren; (*dye*) färben.

2. (*fig*) beeinflussen; (*bias deliberately*) färben.

III *vi* **1.** (*leaves*) sich (ver)färben.

2. (*person: also* **~ up**) rot werden, erröten.

◆**colour in** *vt sep* anmalen; (*Art*) kolorieren.

colour *in cpds* Farb-; (*racial*) Rassen-; (*Mil*) Fahnen-; **colour-bar** *n* Rassenschranke *f*; (*in country also*) Rassenschranken *pl*; **to operate a ~** Rassentrennung praktizieren; **colour-blind** *adj* farbenblind; **colour-code** *vt* farbig kennzeichnen *or* kodieren.

coloured, (*US*) **colored** ['kʌləd] **I** *adj* **1.** bunt; *fabric, walls also* farbig. **2.** (*fig*) (*biased*) gefärbt; (*exaggerated*) ausgeschmückt. **3.** *person, race* farbig; (*of mixed blood*) gemischtrassig. **II** *n* Farbige(r) *mf*; (*of mixed blood*) Mischling *m*.

colourfast, (*US*) **colorfast** ['kʌləfɑːst] *adj* farbecht.

colourful, (*US*) **colorful** ['kʌləfʊl] *adj* **1.** (*lit*) bunt; *spectacle* farbenfroh *or* -prächtig. **2.** (*fig*) *style of writing, account* farbig, anschaulich; *life, historical period* (bunt)bewegt; *personality* (bunt)schillernd.

colourfully, (*US*) **colorfully** ['kʌləfəlɪ] *adv see adj*.

colourfulness, (*US*) **colorfulness** ['kʌləfʊlnɪs] *n see adj* **1.** (*lit*) Buntheit *f*; Farbenpracht *f*. **2.** (*fig*) Farbigkeit, Anschaulichkeit *f*; Bewegtheit *f*.

colour illustration *n* farbige Illustration.

colouring, (*US*) **coloring** ['kʌlərɪŋ] *n* **1.** (*complexion*) Gesichtsfarbe *f*, Teint *m*.

2. (*substance*) Farbstoff *m*. **3.** (*painting*) Malen *nt*. **~ book** Malbuch *nt*; **~ set** Mal- *or* Tuschkasten *m*; (*box of crayons*) Schachtel *f* Buntstifte. **4.** (*coloration*) Farben *pl*. **5.** (*fig: of news, facts*) Färbung *f*.

colourist, (*US*) **colorist** ['kʌlərɪst] *n* Farbkünstler(in *f*) *m*.

colourless, (*US*) **colorless** ['kʌləlɪs] *adj* (*lit, fig*) farblos; *existence also* grau.

colourlessly, (*US*) **colorlessly** ['kʌləlɪslɪ] *adv see adj*.

colour photograph *n* Farbfoto *nt*; **colour scheme** *n* Farbzusammenstellung *f*; **colour supplement** *n* Farbbeilage *f*, Magazin *nt*; **colour television** *n* Farbfernsehen *nt*; (*set*) Farbfernseher *m*.

colt [kəʊlt] *n* Hengstfohlen *nt*; (*dated fig: youth*) junger Dachs (*inf*).

Co Ltd *abbr of* **company limited** GmbH *f*.

Columbus [kə'lʌmbəs] *n* Kolumbus *m*.

column ['kɒləm] *n* **1.** (*Archit, of smoke, water*) Säule *f*. **2.** (*of figures, names*) Kolonne *f*; (*division of page*) Spalte, Kolumne (*spec*) *f*; (*article in newspaper*) Kolumne *f*. **3.** (*of vehicles, soldiers*) Kolonne *f*.

columnist ['kɒləmnɪst] *n* Kolumnist(in *f*) *m*.

coma ['kəʊmə] *n* Koma *nt*. **to be in a/to go *or* fall into a ~** im Koma liegen/ins Koma fallen.

comatose ['kəʊmətəʊs] *adj* komatös.

comb [kəʊm] **I** *n* **1.** (*also Tech, of fowl*) Kamm *m*. **2.** (*act*) **to give one's hair a ~** sich kämmen; **your hair could do with a ~** du könntest dich (auch) mal wieder kämmen. **3.** (*honey~*) Wabe *f*. **II** *vt* **1.** *hair, wool* kämmen; *horse* striegeln. **to ~ one's hair** sich (*dat*) die Haare kämmen, sich kämmen. **2.** (*search*) durchkämmen; *newspapers* durchforsten.

◆**comb out** *vt sep* **1.** *hair* auskämmen. **2.** *mistakes* ausmerzen; *useless stuff* aussortieren.

◆**comb through** *vi +prep obj hair* kämmen; *files, book* durchgehen; *shops* durchstöbern.

combat ['kɒmbæt] **I** *n* Kampf *m*. **ready for ~** kampfbereit, einsatzbereit. **II** *vt* (*lit, fig*) bekämpfen. **III** *vi* kämpfen.

combatant ['kɒmbətənt] *n* (*lit, fig*) Kombattant *m*.

combat dress *n* Kampfanzug *m*.

combative ['kɒmbətɪv] *adj* (*pugnacious*) kämpferisch; (*competitive*) aggressiv.

combat jacket *n* Feldjacke, Kampfjacke *f*; **combat troops** *npl* Kampftruppen *pl*; **combat zone** *n* Kampfgebiet *nt or* -zone *f*.

combination [ˌkɒmbɪ'neɪʃən] *n* **1.** Kombination *f*; (*combining: of organizations, people*) Vereinigung *f*, Zusammenschluß *m*; (*of events*) Verkettung *f*. **in ~** zusammen, gemeinsam; **an unusual colour ~** eine ungewöhnliche Farbzusammenstellung; **pink is a ~ of red and white** Rosa ist eine Mischung aus Rot und Weiß.

2. ~s *pl* (*undergarment*) Kombination, Hemdhose *f*.

3. (*motorcycle ~*) Motorrad *nt* mit Beiwagen.

4. (*for lock*) Kombination *f*. **~ lock** Kombinationsschloß *nt*.

combine [kəm'baɪn] **I** *vt* kombinieren, verbinden. **your plan ~s the merits of the other two** Ihr Plan vereinigt die Vorzüge der beiden anderen.

II *vi* sich zusammenschließen; (*Chem*) sich verbinden. **everything ~d against him** alles hat sich gegen ihn verschworen.

III ['kɒmbaɪn] *n* **1.** Firmengruppe *f*, Konzern *m*; (*in socialist countries*) Kombinat *nt*. **2.** (*also* **~ harvester**) Mähdrescher *m*.

combined [kəm'baɪnd] *adj* gemeinsam; *talents, efforts* vereint; *forces* vereinigt. **~ with** in Kombination mit; (*esp clothes, furniture*) kombiniert mit.

combustibility [kəm'bʌstɪbɪlɪtɪ] *n* Brennbarkeit *f*.

combustible [kəm'bʌstɪbl] **I** *adj* brennbar. **II** *n* brennbarer Stoff.

combustion [kəm'bʌstʃən] *n* Verbrennung *f*. **~ chamber** Brennkammer *f*.

come [kʌm] *pret* **came,** *ptp* **~ I** *vi* **1.** kommen. **~!** (*form: ~ in*) herein!; **~ and get it!** (das) Essen ist fertig!, Essen fassen! (*esp Mil*); **the picture/sound ~s and goes** das Bild/der Ton geht immerzu weg; **~ and see me soon** besuchen Sie mich bald einmal; **he has ~ a long way** er hat einen weiten Weg hinter sich; (*fig*) er ist weit gekommen; **he came running/hurrying/laughing into the room** er kam ins Zimmer gerannt/er eilte ins Zimmer/er kam lachend ins Zimmer; **coming!** ich komme (gleich)!; ich komm' ja schon!; **~ ~!, ~ now!** (*fig*) komm, (komm), na, na!

2. (*arrive*) kommen; (*reach, extend*) reichen (*to* an/in/bis *etc* +*acc*). **they came to a town/castle** sie kamen in eine

Stadt/zu einem Schloß; **it came into my head that ...** ich habe mir gedacht, daß ...

3. (*have its place*) kommen. **the adjective must ~ before the noun** das Adjektiv muß vor dem Substantiv stehen; **where does your name ~ in the list?** an welcher Stelle auf der Liste steht Ihr Name?; **that must ~ first** das muß an erster Stelle kommen.

4. (*happen*) geschehen. **~ what may** ganz gleich, was geschieht, komme, was (da) mag (*geh*); **you could see it coming** das konnte man ja kommen sehen, das war ja zu erwarten; **you've got it coming to you** (*inf*) mach dich auf was gefaßt!

5. how ~? (*inf*) wieso?, weshalb?; **how ~ you're so late?, how do you ~ to be so late?** wieso *etc* kommst du so spät?

6. (*be, become*) werden. **his dreams came true** seine Träume wurden wahr; **the handle has ~ loose** der Griff hat sich gelockert; **everything came all right in the end** zuletzt *or* am Ende wurde doch noch alles gut.

7. (*Comm: be available*) erhältlich sein. **milk now ~s in plastic bottles** es gibt jetzt Milch in Plastikflaschen.

8. (*+infin: be finally in a position to*) **I have ~ to believe him** inzwischen *or* mittlerweile glaube ich ihm; **I'm sure you will ~ to agree with me** ich bin sicher, daß du mir schließlich zustimmst; **(now I) ~ to think of it** wenn ich es mir recht überlege.

9. the years/weeks to ~ die kommenden *or* nächsten Jahre/Wochen; **in days/ time to ~** in Zukunft/in künftigen Zeiten.

10. (*inf uses*) **... ~ next week** nächste Woche ...; **I've known him for three years ~ January** im Januar kenne ich ihn drei Jahre; **how long have you been away? — a week ~ Monday** wie lange bist du schon weg? — (am) Montag acht Tage (*inf*) *or* eine Woche; **~ again?** wie bitte?; **she is as vain as they ~** sie ist so eingebildet wie nur was (*inf*).

11. (*inf: have orgasm*) kommen (*inf*).

II *vt* (*sl: act as if one were*) spielen. **don't ~ the innocent with me** spielen Sie hier bloß nicht den Unschuldigen!, kommen Sie mir bloß nicht auf die unschuldige Tour (*inf*)!; **that's coming it a bit strong!** das ist reichlich übertrieben.

◆**come about** *vi* **1.** *impers* (*happen*) passieren. **this is why it came ~** das ist so gekommen; **this is how it came ~ ...** das kam so ... **2.** (*Naut*) (*wind*) drehen; (*ship*) beidrehen.

◆**come across I** *vi* **1.** (*cross*) herüberkommen. **2.** (*be understood*) verstanden werden; (*message, speech*) ankommen.

3. (*make an impression*) wirken (*inf*). **4.** (*inf*) (*do what is wanted*) mitmachen (*inf*). **II** *vi +prep obj* (*find or meet by chance*) treffen auf (*+acc*). **if you ~ ~ my watch ...** wenn du zufällig meine Uhr siehst ...

◆**come across with** *vi +prep obj* (*inf*) *information* rausrücken mit (*inf*); *money* rausrücken (*inf*).

◆**come after** *vi +prep obj* **1.** (*follow in sequence, be of less importance than*) kommen nach. **2.** (*pursue*) herkommen hinter (*+dat*). **3.** *also vi* (*follow later*) nachkommen.

◆**come along** *vi* **1.** (*hurry up, make an effort etc: also* **come on**) kommen.

2. (*attend, accompany*) mitkommen. **~ ~ with me** kommen Sie mal (bitte) mit.

3. (*develop: also* **come on**) **to be coming ~** sich machen, vorangehen; (*person*) sich machen; **how is your broken arm? — it's coming ~ nicely** was macht dein gebrochener Arm? — dem geht's ganz gut *or* prima; **the bulbs are coming ~ nicely** die Blumenzwiebeln wachsen gut; **my play isn't coming ~ at all well** mein Stück macht überhaupt keine Fortschritte.

4. (*arrive, turn up*) kommen, auftauchen; (*chance*) sich ergeben.

◆**come apart** *vi* (*fall to pieces*) kaputtgehen, auseinanderfallen; (*be able to be taken apart*) zerlegbar sein.

◆**come at** *vi +prep obj* (*attack*) *sb* losgehen auf (*+acc*); (*approach*) *runway* anfliegen; *problem* angehen.

◆**come away** *vi* **1.** (*leave*) (weg)gehen. **~ ~ with me for a few days** fahr doch ein paar Tage mit mir weg!; **~ ~ from there!** komm da weg! **2.** (*become detached*) abgehen.

◆**come back** *vi* **1.** (*return*) zurückkommen; (*drive back*) zurückfahren. **to ~ ~ to what I was saying** um noch einmal auf das zurückzukommen, was ich vorhin gesagt habe; **can I ~ ~ to you on that one?** kann ich später darauf zurückkommen?; **the colour is coming ~ to her cheeks** langsam bekommt sie wieder Farbe; **will his memory ever ~ ~?** wird er je das Gedächtnis wiedererlangen?

2. (*return to one's memory*) **his face is coming ~ to me** langsam erinnere ich mich wieder an sein Gesicht; **ah yes, it's all coming ~** ach ja, jetzt fällt mir alles wieder ein; **your German will very quickly ~ ~** du wirst ganz schnell wieder ins Deutsche reinkommen (*inf*).

3. (*become popular again*) wieder in Mode kommen.

4. (*make a comeback*) **they thought Sinatra would never ~ ~** man glaubte, Sinatra würde niemals ein Comeback erleben; **he came ~ strongly into the game** er spielte mächtig auf.

5. (*reply*) reagieren. **she came ~ at him with a fierce accusation** sie entgegnete ihm mit einer heftigen Anschuldigung.

◆**come between** *vi +prep obj people, lovers* treten zwischen (*+acc*). **I never let anything ~ ~ me and my evening pint** ich lasse mich durch nichts von meinem abendlichen Bier(chen) abhalten.

◆**come by I** *vi +prep obj* (*obtain*) kriegen; *illness, bruise* sich (*dat*) holen; *idea* kommen auf (*+acc*). **II** *vi* (*visit*) vorbeikommen.

◆**come close to** *vi +prep obj see* **come near to.**

◆**come down** *vi* **1.** (*from ladder, stairs*) herunterkommen; (*aircraft also*) landen; (*from mountain also*) absteigen; (*snow, rain*) fallen. **we came ~ to 6,000 metres** wir gingen auf 6.000 m runter.
2. (*be demolished: building*) abgerissen werden; (*fall down*) (he)runterfallen.
3. (*drop: prices*) sinken, runtergehen (*inf*); (*seller*) runtergehen (*to* auf +*acc*).
4. (*be a question of*) ankommen (*to* auf +*acc*). **it all ~s ~ to something very simple** das ist letzten Endes ganz einfach.
5. (*lose social rank*) sinken, absteigen. **you've ~ ~ in the world a bit** du bist aber ganz schön tief gesunken.
6. (*reach*) reichen (*to* bis auf +*acc*, zu).
7. (*be transmitted: tradition, story etc*) überliefert werden.
8. (*from university*) **when did you ~ ~?** wann haben Sie die Universität verlassen?; (*for vac*) seit wann habt ihr Semesterferien?
9. (*US inf: be about to happen*) **there's a bank robbery coming ~ next week** für nächste Woche ist ein Banküberfall geplant.

◆**come down on** *vi +prep obj* **1.** (*punish, rebuke*) rannehmen (*inf*), zusammenstauchen (*inf*); *see* **brick. 2.** (*decide in favour of*) setzen auf (+*acc*).

◆**come down with** *vi +prep obj illness* kriegen.

◆**come for** *vi +prep obj* kommen wegen.

◆**come forward** *vi* **1.** sich melden. **2. to ~ ~ with help/money** Hilfe/Geld anbieten.

◆**come from** *vi +prep obj* kommen aus; (*suggestion*) kommen *or* stammen von. **where does he/it ~ ~?** wo kommt er/das her?

◆**come in** *vi* **1.** (he)reinkommen; (*person also*) eintreten. **~ ~!** herein!
2. (*arrive*) ankommen, eintreffen; (*train also*) einfahren; (*ship also*) einlaufen.
3. (*tide*) kommen.
4. (*report, information*) hereinkommen. **a report has just ~ ~ of ...** uns ist gerade eine Meldung über ... zugegangen.
5. (*become seasonable*) **when do strawberries ~ ~?** wann ist die Zeit für Erdbeeren?
6. (*fashions, vogue*) aufkommen, in Mode kommen.
7. (*in a race*) **he came ~ fourth** er wurde vierter, er belegte den vierten Platz.
8. (*Pol: be elected to power*) **when the socialists came ~** als die Sozialisten ans Ruder *or* an die Regierung kamen.
9. (*be received as income*) **he has £15,000 coming ~ every year** er kriegt (*inf*) *or* hat £ 15.000 im Jahr.
10. (*have a part to play*) **where do I ~ ~?** welche Rolle spiele ich dabei?; **that will ~ ~ handy** (*inf*) *or* **useful** das kann ich/man noch gut gebrauchen.
11. (*Telec*) **~ ~, Panda 5** Panda 5, melden!

◆**come in for** *vi +prep obj attention, admiration* erregen; *criticism also* hinnehmen *or* einstecken müssen.

◆**come in on** *vi +prep obj venture, scheme* mitmachen bei, sich beteiligen an (+*dat*).

◆**come into** *vi +prep obj* **1.** *legacy* (*inherit*) erben. **to ~ ~ one's own** zeigen, was in einem steckt.
2. (*be involved*) **I don't see where I ~ ~ all this** ich verstehe nicht, was ich mit der ganzen Sache zu tun habe.
3. (*in fixed collocations*) **to ~ ~ being** *or* **existence** entstehen; **to ~ ~ blossom/bud** zu blühen/knospen beginnen.

◆**come near to** *vi +prep obj* **to ~ ~ ~ doing sth** nahe daran *or* drauf und dran sein, etw zu tun.

◆**come of** *vi +prep obj* **1.** (*result from*) **nothing came ~ it** es ist nichts daraus geworden, es führte zu nichts.
2. (*be descended from*) kommen *or* stammen aus.

◆**come off I** *vi* **1.** (*person: off bicycle*) runterfallen.
2. (*button, handle, paint*) abgehen; (*be removable also*) sich abnehmen lassen.
3. (*stains, marks*) weg- *or* rausgehen.
4. (*take place*) stattfinden.
5. (*plans*) klappen (*inf*); (*attempts, experiments also*) glücken, gelingen.
6. (*acquit oneself*) abschneiden. **he came ~ well in comparison to his brother** im Vergleich zu seinem Bruder ist er gut weggekommen; **he always came ~ badly in fights** bei Schlägereien zog er immer den kürzeren.
7. (*sl: have orgasm*) kommen (*inf*).
II *vi +prep obj* **1.** *bicycle, horse* fallen von.
2. (*button, paint, stain*) abgehen von.
3. *case, assignment* abgeben.
4. (*be removed from price of*) runtergehen von (*inf*).
5. (*inf*) **~ ~ it!** nun mach mal halblang! (*inf*).

◆**come on I** *vi* **1.** (*follow*) nachkommen.
2. *see* **come along 1. ~ ~!** komm!; **~ ~!** komm schon!
3. (*continue to advance*) zukommen (*towards* auf +*acc*).
4. (*progress, develop*) *see* **come along 3.**
5. (*start*) (*night*) hereinbrechen; (*storm*) ausbrechen, einsetzen. **it came ~ to rain, the rain came ~** es begann zu regnen, es fing an zu regnen; **I've a cold coming ~** ich kriege eine Erkältung; **winter is coming ~** es wird Winter.
6. (*Jur: case*) verhandelt werden.
7. (*Sport: player*) ins Spiel kommen; (*Theat*) (*actor*) auftreten, auf die Bühne kommen; (*play*) gegeben werden.
8. (*inf*) **she's coming ~ seventeen** sie wird siebzehn.
9. (*sl: make impression, behave*) **he tries to ~ ~ like a tough guy** er versucht, den starken Mann zu mimen (*inf*); **to ~ ~ strong** groß auftreten (*inf*).
II *vi +prep obj* = **come (up)on.**

◆**come out** *vi* **1.** (he)rauskommen. **do**

you want to ~ ~ with me? gehst du mit mir weg?; **he asked her to ~ ~ for a meal/drive** er lud sie zum Essen/einer Spazierfahrt ein.

2. (*be published, marketed*) (*book, magazine*) erscheinen, herauskommen; (*new product*) auf den Markt kommen; (*film*) (in den Kinos) anlaufen; (*become known*) (*exam results*) herauskommen, bekannt werden; (*news*) bekannt werden.

3. (*Ind*) **to ~ ~ (on strike)** in den Streik treten, streiken.

4. (*Phot: film, photograph*) **let's hope the photos ~ ~** hoffentlich sind die Bilder was geworden (*inf*) *or* gut geworden; **you always ~ ~ well on** *or* **in photos** du bist sehr fotogen.

5. (*show itself*) sich zeigen. **his kindness ~s ~ in everything he says** bei allem, was er sagt, spürt man seine Freundlichkeit.

6. (*splinter, stains, dye*) (he)rausgehen.

7. (*Math: of problems, divisions*) aufgehen.

8. (*total, average*) betragen. **the total ~s ~ at £500** das Ganze beläuft sich auf (*acc*) *or* macht (*inf*) £ 500.

9. (*in exams*) **he came ~ third in French** er wurde Drittbester in Französisch; **she came ~ of the interview well** sie hat bei dem Vorstellungsgespräch einen guten Eindruck gemacht.

10. (*stars, sun, flowers*) (he)rauskommen.

11. (*truth, meaning*) (he)rauskommen. **no sooner had the words ~ ~ than ...** kaum waren die Worte heraus, als ...

12. (*go into society: girl*) debütieren.

13. (*be released: prisoner*) (he)rauskommen.

14. (*homosexual*) sich als Homosexueller bekennen; (*woman*) sich als Lesbierin bekennen.

15. he came ~ in a rash er bekam einen Ausschlag; **he came ~ in a sweat** ihm brach der Schweiß aus.

16. to ~ ~ against/in favour of *or* **for sth** sich gegen/für etw aussprechen, etw ablehnen/befürworten.

17. to ~ ~ of sth badly/well bei etw schlecht/nicht schlecht wegkommen, **to ~ ~ on top** sich durchsetzen, Sieger bleiben.

◆**come out with** *vi +prep obj truth, facts* rausrücken mit (*inf*); *remarks, nonsense* loslassen (*inf*).

◆**come over I** *vi* **1.** (*lit*) herüberkommen. **he came ~ to England** er kam nach England.

2. (*change one's opinions, allegiance*) **he came ~ to our side** er trat auf unsere Seite über; **he came ~ to our way of thinking** er machte sich unsere Denkart zu eigen.

3. (*inf: become suddenly*) werden. **I came ~ (all) queer** *or* **funny** mir wurde ganz komisch (*inf*) *or* ganz merkwürdig; **it came ~ cloudy** es bewölkte sich.

4. (*be understood*) *see* **come across I 2.**

5. (*make an impression*) *see* **come across I 3.**

II *vi +prep obj* (*feelings*) überkommen. **what's ~ ~ you?** was ist denn (auf einmal) mit dir los?, was ist in dich gefahren?

◆**come round** *vi* **1. the road was blocked and we had to ~ ~ by the farm** die Straße war blockiert, so daß wir einen Umweg über den Bauernhof machen mußten.

2. (*call round*) vorbeikommen *or* -schauen.

3. (*recur*) **Christmas has ~ ~ again** nun ist wieder Weihnachten.

4. (*change one's opinions*) es sich (*dat*) anders überlegen. **eventually he came ~ to our way of thinking** schließlich machte er sich (*dat*) unsere Denkart zu eigen.

5. (*regain consciousness*) wieder zu sich (*dat*) kommen.

6. to ~ ~ to doing sth (*get round*) dazu kommen, etw zu tun.

7. (*throw off bad mood*) wieder vernünftig werden (*inf*).

8. (*Naut: boat*) wenden.

◆**come through I** *vi* **1.** (*phone-call, order*) durchkommen. **your expenses/papers haven't ~ ~ yet** (*be cleared*) wir haben Ihre Ausgaben noch nicht durchgekriegt/Ihre Papiere sind noch nicht fertig. **2.** (*survive*) durchkommen.

II *vi +prep obj* (*survive*) *illness, danger* überstehen.

◆**come to I** *vi* **1.** (*regain consciousness: also* **~ ~ oneself**) wieder zu sich kommen. **2.** (*Naut*) beidrehen.

II *vi +prep obj* **1. he/that will never ~ ~ much** aus ihm/ daraus wird nie etwas werden.

2. (*impers*) **when it ~s ~ mathematics ...** wenn es um Mathematik geht, ...; **when it ~s ~ choosing, he ...** wenn er die Wahl hat *or* vor die Wahl gestellt wird, ...; **if it ~s ~ that we're sunk** wenn es dazu kommt, sind wir verloren; **~ ~ that** *or* **if it ~s ~ that, he's just as good** was das betrifft *or* an(be)langt, ist er genauso gut; **it ~s ~ the same thing** das kommt *or* läuft auf dasselbe hinaus.

3. (*price, bill*) **how much does it ~ ~?** wieviel macht das?

4. (*touch on*) *point, subject etc* kommen auf (*+acc*); (*tackle*) *problem, job* herangehen an (*+acc*).

5. (*in certain collocations*) **to ~ ~ a decision** zu einer Entscheidung kommen; **it's coming ~ something when ...** es will schon etwas heißen, wenn ...; **what are things** *or* **what is the world coming ~!** wohin soll das noch führen!

◆**come together** *vi* zusammenkommen, sich treffen. **it's all coming ~ for him** (*sl*) es regelt sich jetzt alles für ihn (*inf*).

◆**come under** *vi +prep obj* **1.** (*be subject to*) **to ~ ~ sb's influence/domination** unter jds Einfluß/Herrschaft geraten; **this shop has ~ ~ new management** dieser Laden hat einen neuen Besitzer/ Pächter; **this ~s ~ another department** das ist Sache einer anderen Abteilung.

2. *category, heading* kommen unter (+*acc*).

◆**come up** *vi* **1.** (*lit*) hochkommen; (*upstairs*) hoch- *or* raufkommen; (*diver, submarine*) nach oben kommen; (*sun, moon*) aufgehen. **do you ~ ~ to town often?** kommen Sie oft in die Stadt?; **he came ~ (to Oxford) last year** (*Univ*) er ist voriges Jahr nach Oxford gekommen; **you've ~ ~ in the world** du bist ja richtig vornehm geworden!; **he came ~ to me with a smile** er kam lächelnd auf mich zu.

2. (*supplies, troops etc*) herangeschafft werden.

3. (*Jur*) (*case*) verhandelt werden, drankommen (*inf*); (*accused*) vor Gericht kommen.

4. (*plants*) herauskommen.

5. (*matter for discussion*) aufkommen, angeschnitten werden; (*name*) erwähnt werden.

6. (*number in lottery*) gewinnen. **to ~ ~ for sale/auction** zum Verkauf/zur Auktion kommen.

7. (*post, job*) frei werden.

8. (*be vomited*) wieder hochkommen.

9. (*shine, show colour*) herauskommen.

◆**come up against** *vi +prep obj* stoßen auf (+*acc*); *opposing team* treffen auf (+*acc*). **his plan was doing well until he came ~ ~ the directors** sein Vorhaben machte gute Fortschritte, bis er an die Geschäftsleitung geriet.

◆**come (up)on** *vi +prep obj* **1.** (*lit*) (*attack by surprise*) überfallen; (*fig*) (*disaster*) hereinbrechen über (+*acc*). **2.** (*find*) stoßen auf (+*acc*).

◆**come up to** *vi +prep obj* **1.** (*reach up to*) gehen *or* reichen bis zu *or* an (+*acc*).

2. (*equal*) *hopes* erfüllen; *expectations* entsprechen (+*dat*).

3. (*inf: approach*) **she's coming ~ ~ twenty** sie wird bald zwanzig; **we're coming ~ ~ 150 km/h** wir haben gleich 150 km/h drauf (*inf*).

◆**come up with** *vi +prep obj answer* haben; *idea, solution also* kommen auf (+*acc*); *plan* sich (*dat*) ausdenken, entwickeln; *suggestion* machen, bringen. **let me know if you ~ ~ ~ anything** sagen Sie mir Bescheid, falls Ihnen etwas einfällt.

comeback ['kʌmbæk] *n* **1.** (*Theat etc, fig*) Comeback *nt*. **2.** (*inf: redress*) Anspruch *m* auf Schadenersatz; (*reaction*) Reaktion *f*. **we've got no ~ in this situation** wir können da nichts machen.

Comecon ['kɒmɪkɒn] *abbr of* **Council for Mutual Economic Aid** Comecon *m or nt*.

comedian [kə'mi:dɪən] *n* Komiker(in *f*) *m*; (*fig also*) Witzbold *m*.

comedienne [kə,mi:dɪ'en] *n* Komikerin *f*; (*actress*) Komödiendarstellerin *f*.

comedown ['kʌmdaʊn] *n* (*inf*) Abstieg *m*.

comedy ['kɒmɪdɪ] *n* **1.** (*Theat*) Komödie *f*, Lustspiel *nt*. **~ programme** Unterhaltungsprogramm *nt*; **"C~ of Errors"** „Komödie der Irrungen"; **the entire deal was just one ~ of errors** (*fig*) bei dem Geschäft ging aber auch alles daneben; **low/high ~** Klamauk *m*/echte *or* gekonnte Komödie.

2. (*fig*) Komödie *f*, Theater *nt* (*inf*).

come-hither [kʌm'hɪðəʳ] *adj* (*inf*) **she gave him a ~ look** sie warf ihm einladende *or* aufmunternde Blicke zu.

comely ['kʌmlɪ] *adj* (+*er*) (*liter*) wohlgestaltet (*geh*).

come-on ['kʌmɒn] *n* (*sl: lure, enticement*) Köder *m* (*fig*). **to give sb the ~** jdn anmachen (*sl*).

comer ['kʌməʳ] *n* **this competition is open to all ~s** an diesem Wettbewerb kann sich jeder beteiligen.

comestible [kə'mestɪbl] **I** *n usu pl* Nahrungsmittel *pl*. **II** *adj* eßbar.

comet ['kɒmɪt] *n* Komet *m*.

come-uppance [,kʌm'ʌpəns] *n* (*inf*): **to get one's ~** die Quittung kriegen (*inf*).

comfort ['kʌmfət] **I** *n* **1.** Komfort *m*, Bequemlichkeit *f*. **he likes his ~s** er liebt seinen Komfort *or* seine Bequemlichkeit; **to live in ~** komfortabel leben; **a flat with every modern ~** eine Wohnung mit allem Komfort.

2. (*consolation*) Beruhigung *f*, Trost *m*. **to take ~ from the fact that ...** sich mit dem Gedanken *or* sich damit trösten, daß ...; **your presence is/you are a great ~ to me** es beruhigt mich sehr, daß Sie da sind; **it is a ~ to know that ...** es ist tröstlich *or* beruhigend zu wissen, daß ...; **some ~ you are!** (*iro*) das ist ja ein schöner Trost! (*iro*), du bist gut! (*iro*); **small ~** schwacher Trost.

3. (*US*) **~ station** Bedürfnisanstalt *f*, öffentliche Toilette.

II *vt* (*console*) trösten. **he stayed with the injured man to ~ him** er blieb bei dem Verletzten, um ihm Beistand zu leisten.

comfortable ['kʌmfətəbl] *adj* **1.** *armchair, bed, shoes, life* bequem; *room, hotel* komfortabel; *temperature* angenehm. **to make sb/oneself ~** es jdm/sich bequem machen; (*make at home*) es jdm/sich gemütlich machen; **the sick man had a ~ night** der Kranke hatte *or* verbrachte eine ruhige Nacht; **the patient/his condition is ~** der Patient/er ist wohlauf; **are you ~?, asked the nurse** liegen/sitzen *etc* Sie bequem?, fragte die Schwester; **are you too hot? — no, I'm just ~** ist es Ihnen zu heiß? — nein, es ist angenehm so.

2. (*fig*) *income, pension* ausreichend; *life* geruhsam, angenehm; *majority, lead* sicher; *figure* mollig. **I'm not very ~ about it** mir ist nicht ganz wohl bei der Sache.

comfortably ['kʌmfətəblɪ] *adv* **1.** *lie, sit, dress* bequem; *furnished, upholstered* komfortabel.

2. (*fig*) *win, lead* sicher; *live* geruhsam, angenehm; *afford* gut und gern; *claim, say* ruhig. **they are ~ off** es geht ihnen gut; **he was ~ certain of winning** er wiegte sich in der Gewißheit, daß er gewinnen würde.

comforter ['kʌmfətəʳ] *n* **1.** (*person*) Tröster(in *f*) *m*. **my wife was my ~ in times**

of stress in schweren Zeiten war meine Frau mein Beistand. **2.** (*dated: scarf*) Wollschal *m*. **3.** (*dummy, teat*) Schnuller *m*. **4.** (*US: quilt*) Deckbett *nt*.

comforting ['kʌmfətɪŋ] *adj* tröstlich, beruhigend.

comfortless ['kʌmfətlɪs] *adj* **1.** *chair* unbequem; *room, hotel* ohne Komfort. **2.** (*fig*) *person* ungemütlich; *life* unbequem; *thought, prospect* unerfreulich, unangenehm.

comfy ['kʌmfɪ] *adj* (+*er*) (*inf*) *chair* bequem; *hotel, flat, room* gemütlich. **are you ~?** sitzt/liegst du bequem?

comic ['kɒmɪk] **I** *adj* komisch. **~ actor** Komödiendarsteller *m*; **~ actress** Komödiendarstellerin *f*; **~ relief** befreiende Komik; **~ strip** Comic strip *m*; **~ verse** humoristische Gedichte *pl*. **II** *n* **1.** (*person*) Komiker(in *f*) *m*. **2.** (*magazine*) Comic-Heft(chen) *nt*. **3.** (*US*) **~s** Comics *pl*.

comical *adj*, **~ly** *adv* ['kɒmɪkəl, -ɪ] komisch, ulkig.

coming ['kʌmɪŋ] **I** *n* Kommen *nt*. **you can sense the ~ of spring** man fühlt *or* spürt das Herannahen des Frühlings; **the first/second ~ (of the Lord)** die Ankunft/Wiederkunft des Herrn; **the ~ of a new manager** die Ankunft eines neuen Geschäftsführers/einer neuen Geschäftsführerin; **~ and going/~s and goings** Kommen und Gehen *nt*; **~-out** gesellschaftliches Debüt, (offizielle) Einführung in die Gesellschaft; **~-out party** Debütantinnenparty *f*; **~ of age** Erreichung *f* der Volljährigkeit.

II *adj* (*lit, fig*) kommend; *year, week also* nächst. **a ~ politician** einer der kommenden Männer/Frauen in der Politik; **it's the ~ thing** (*inf*) das ist zur Zeit groß im Kommen (*inf*).

comma ['kɒmə] *n* Komma *nt*.

command [kə'mɑːnd] **I** *vt* **1.** (*order*) befehlen, den Befehl geben (*sb* jdm).

2. (*be in control of*) *army, ship* befehligen, kommandieren.

3. (*be in a position to use*) *money, resources, vocabulary* verfügen über (+*acc*), gebieten über (+*acc*) (*geh*). **to ~ sb's services** jds Dienste *or* Hilfe in Anspruch nehmen.

4. to ~ sb's admiration/respect jdm Bewunderung/Respekt abnötigen, jds Bewunderung/Respekt erheischen (*geh*); **antiques ~ a high price** Antiquitäten stehen hoch im Preis.

5. (*overlook*) *valley* überragen; *view* bieten (*of* über +*acc*).

II *vi* **1.** (*order*) befehlen.

2. (*Mil, Naut: to be in ~*) das Kommando führen.

III *n* **1.** (*order*) Befehl *m*. **at/by the ~ of** auf Befehl +*gen*; **at the word of ~** auf Kommando; **on ~** auf Befehl *or* Kommando.

2. (*Mil: power, authority*) Kommando *nt*, Befehlsgewalt *f*. **to be in ~** das Kommando *or* den (Ober)befehl haben (*of* über +*acc*); **to take ~** das Kommando übernehmen (*of gen*); **during/under his ~** unter seinem Kommando; **to be second in ~** zweiter Befehlshaber sein.

3. (*Mil*) (*troops*) Kommando *nt*; (*district*) Befehlsbereich *m*; (*~ post*) Posten *m*.

4. (*Comput*) Befehl *m*. **~ language** Befehlssprache *f*; **~ line** Befehlszeile *f*.

5. (*fig: possession, mastery*) Beherrschung *f*. **~ of the seas** Seeherrschaft *f*; **his ~ of English is excellent** er beherrscht das Englische ausgezeichnet; **to have sb/sth at one's ~** über jdn/etw verfügen *or* gebieten (*geh*); **I am at your ~** ich stehe zu Ihrer Verfügung.

commandant [ˌkɒmən'dænt] *n* (*Mil*) Kommandant *m*.

command economy *n* Kommandowirtschaft *f*.

commandeer [ˌkɒmən'dɪəʳ] *vt* (*Mil*) *men* einziehen; (*from another battalion, fig*) abbeordern, abkommandieren; *stores, ship, car* (*lit, fig*) beschlagnahmen, requirieren.

commander [kə'mɑːndəʳ] *n* **1.** Führer(in *f*) *m*; (*Mil, Aviat*) Befehlshaber(in *f*), Kommandant(in *f*) *m*; (*Naut*) Fregattenkapitän *m*; (*Brit Police*) *Distriktleiter m der Londoner Polizei*. **~/~s-in-chief** Oberbefehlshaber *m*/*pl*. **2.** (*of order of chivalry*) Komtur *m*.

commanding [kə'mɑːndɪŋ] *adj* **1.** *position* Befehls-. **~ officer** (*Mil*) befehlshabender Offizier. **2.** *personality, voice, tone* gebieterisch; *voice, tone also* Kommando- (*pej*). **3.** (*of place*) beherrschend.

commandment [kə'mɑːndmənt] *n* (*esp Bibl*) Gebot *nt*. **to break a ~** gegen ein Gebot verstoßen.

command module *n* (*Space*) Kommandokapsel *f*.

commando [kə'mɑːndəʊ] *n*, *pl* **-s** (*Mil*) (*soldier*) Angehörige(r) *m* eines Kommando(trupp)s; (*unit*) Kommando(trupp *m*) *nt*.

command performance *n* (*Theat*) königliche Galavorstellung; **command post** *n* (*Mil*) Kommandoposten *m*.

commemorate [kə'meməreɪt] *vt* gedenken (+*gen*). **a festival to ~ the event** eine Feier zum Gedenken an das Ereignis.

commemoration [kəˌmemə'reɪʃən] *n* Gedenken *nt*. **in ~ of** zum Gedenken an (+*acc*).

commemorative [kə'memərətɪv] *adj* Gedenk-. **~ plaque** Gedenktafel *f*.

commence [kə'mens] *vti* (*form*) beginnen.

commencement [kə'mensmənt] *n* **1.** (*form*) Beginn *m*. **2.** (*Univ: Cambridge, Dublin, US*) Abschlußfeier *f* (*zur Verleihung der Diplome etc*).

commend [kə'mend] **I** *vt* **1.** (*praise*) loben; (*recommend*) empfehlen. **2.** (*entrust*), (*Bibl*) *spirit, soul* befehlen (*to dat*). **II** *vr* sich empfehlen (*to dat*).

commendable [kə'mendəbl] *adj* lobenswert, löblich.

commendably [kə'mendəblɪ] *adv* lobenswerterweise.

commendation [ˌkɒmen'deɪʃən] *n* (*no pl: praise*) Lob *nt*; (*award*) Auszeichnung *f*; (*official recognition*) Belobigung *f*.

commendatory [kə'mendətrɪ] *adj* anerkennend.

commensurate [kə'menʃərɪt] *adj* entsprechend (*with dat*). **to be ~ with sth** einer Sache (*dat*) entsprechen.

commensurately [kə'menʃərətlɪ] *adv* entsprechend, angemessen.

comment ['kɒment] **I** *n* (*remark*) Bemerkung *f* (*on, about* über +*acc*, zu); (*official*) Kommentar *m* (*on* zu); (*no pl: talk, gossip*) Gerede *nt*; (*textual or margin note*) Anmerkung *f*. **no ~** kein Kommentar!; **to make a ~** eine Bemerkung machen/einen Kommentar abgeben. **II** *vi* sich äußern (*on* über +*acc*, zu), einen Kommentar abgeben (*on* zu). **III** *vt* bemerken, äußern.

commentary ['kɒməntərɪ] *n* Kommentar *m* (*on* zu). **he used to do the commentaries for football matches** früher war er Reporter bei Fußballspielen.

commentate ['kɒmenteɪt] *vi* (*Rad, TV*) Reporter(in) sein (*on* bei).

commentator ['kɒmenteɪtə^r] *n* **1.** (*Rad, TV*) Reporter(in *f*) *m*. **2.** (*on texts etc*) Interpret(in *f*) *m*; (*of Bible*) Exeget(in *f*) *m*.

commerce ['kɒmɜːs] *n* **1.** Handel *m*; (*between countries also*) Handelsverkehr *m*. **in the world of ~** im Geschäftsleben; **he is in ~** er ist Geschäftsmann. **2.** (*form: dealings*) Verkehr *m*.

commercial [kə'mɜːʃəl] **I** *adj* Handels-; *custom also, ethics, training* kaufmännisch; *language, premises, vehicle* Geschäfts-; *production, radio, project, success, attitude* kommerziell. **the ~ world** die Geschäftswelt; **of no ~ value** ohne Verkaufswert; **to think in ~ terms** kaufmännisch denken; **it makes good ~ sense** das läßt sich kaufmännisch durchaus vertreten.

II *n* (*Rad, TV*) Werbespot *m*. **during the ~s** während der (Fernseh)werbung.

commercial art *n* Werbegraphik *f*; **commercial artist** *n* Werbegraphiker(in *f*) *m*; **commercial bank** *n* Handelsbank *f*; **commercial college** *n* Fachschule *f* für kaufmännische Berufe.

commercialism [kə'mɜːʃəlɪzəm] *n* Kommerzialisierung *f*; (*connected with art, literature also*) Kommerz *m*.

commercialization [kəˌmɜːʃəlaɪ'zeɪʃən] *n* Kommerzialisierung *f*.

commercialize [kə'mɜːʃəlaɪz] *vt* kommerzialisieren.

commercially [kə'mɜːʃəlɪ] *adv* geschäftlich; *manufacture, succeed* kommerziell. **to be ~ minded** kaufmännisch veranlagt *or* kommerziell eingestellt (*usu pej*) sein.

commercial television *n* kommerzielles Fernsehen; **commercial traveller** *n* Handelsvertreter(in *f*) *m*; **commercial vehicle** *n* Nutzfahrzeug *nt*.

commie ['kɒmɪ] (*pej inf*) **I** *n* Rote(r) *mf* (*pej inf*). **II** *adj* rot (*pej inf*).

commiserate [kə'mɪzəreɪt] *vi* mitfühlen (*with* mit). **we ~ with you in the loss of your husband** wir nehmen Anteil am Tode Ihres Gatten.

commiseration [kəˌmɪzə'reɪʃən] *n* Mitgefühl *nt no pl*, (An)teilnahme *f no pl*. **my ~s** herzliches Beileid (*on* zu).

commissariat [ˌkɒmɪ'sɛərɪət] *n* **1.** (*Mil*) Intendantur *f*. **2.** (*Hist, in USSR*) Kommissariat *nt*.

commissary ['kɒmɪsərɪ] *n* **1.** (*Mil*) Intendant(in *f*) *m*. **2.** (*delegate*) Beauftragte(r) *mf*. **3.** (*US Comm*) Laden *m* in Lagern/auf Baustellen *etc*.

commission [kə'mɪʃən] **I** *n* **1.** (*committing*) Begehen *nt* (*form*).

2. (*for building, painting etc*) Auftrag *m*.

3. (*Comm*) Provision *f*. **on ~, on a ~ basis** auf Provision(sbasis); **~ agent** Kommissionär(in *f*) *m*.

4. (*Mil*) Patent *nt*.

5. (*special committee*) Kommission *f*, Ausschuß *m*. **~ of enquiry** Untersuchungskommission *f or* -ausschuß *m*.

6. (*Naut, fig: use*) **to put in(to) ~** in Dienst stellen; **to take out of ~** aus dem Verkehr ziehen; **in/out of ~** in/außer Betrieb.

7. (*form: task, errand*) Erledigung *f*.

8. the (EC) C~ die EG-Kommission.

II *vt* **1.** *person* beauftragen; *book, painting* in Auftrag geben. **to ~ sb to do sth** jdn damit beauftragen, etw zu tun. **2.** (*Mil*) *sb* zum Offizier ernennen; *officer* ernennen. **~ed officer** Offizier *m*. **3.** *ship* in Dienst stellen; *power station etc* in Betrieb nehmen.

commissionaire [kəˌmɪʃə'nɛə^r] *n* Portier *m*.

commissioner [kə'mɪʃənə^r] *n* **1.** (*member of commission*) Ausschußmitglied *nt*. **2.** (*of police*) Polizeipräsident(in *f*) *m*. **3.** (*Jur*) **~ of** *or* **for oaths** Notar(in *f*) *m*.

commit [kə'mɪt] **I** *vt* **1.** (*perpetrate*) begehen. **the crimes they ~ted against humanity** ihre Verbrechen gegen die Menschlichkeit.

2. to ~ sb (to prison/to a home) jdn ins Gefängnis/in ein Heim einweisen; **to have sb ~ted (to an asylum)** jdn in eine Anstalt einweisen lassen; **to ~ sb for trial** jdn einem Gericht überstellen; **to ~ sb/sth to sb's care** jdn/etw jds Obhut (*dat*) anvertrauen; **to ~ to writing** *or* **to paper** zu Papier bringen; **to ~ to the flames** den Flammen übergeben *or* überantworten.

3. (*involve, obligate*) festlegen (*to* auf +*acc*). **to ~ troops to a battle** Truppen in ein Gefecht schicken; **to ~ resources/manpower to a project** Mittel/Arbeitskräfte für ein Projekt einsetzen; **that doesn't ~ you to buying the book** das verpflichtet Sie nicht zum Kauf des Buches.

4. (*Parl*) *bill* an den (zuständigen) Ausschuß überweisen.

II *vr* sich festlegen (*to* auf +*acc*). **to ~ oneself on an issue** sich in einer Frage festlegen; **you have to ~ yourself totally to the cause** man muß sich voll und ganz für die Sache einsetzen *or* engagieren; **the government has ~ted itself to (undertake) far-reaching reforms** die Regierung hat sich zu weitreichenden Reformen bekannt *or* verpflichtet; **... without**

~ting myself to the whole contract ... ohne damit an den ganzen Vertrag gebunden zu sein.

commitment [kəˈmɪtmənt] *n* **1.** (*act*) *see* **committal 1.**

2. (*obligation*) Verpflichtung *f*; (*dedication*) Engagement *nt*. **his family/teaching ~s** seine familiären Verpflichtungen *pl*/seine Lehrverpflichtungen *pl*; **there's no ~ (to buy)** es besteht kein(erlei) Kaufzwang; **the trainer demands one hundred per cent ~ from his team** der Trainer verlangt von seiner Mannschaft hundertprozentigen Einsatz; **his ~ to his job is total** er geht völlig in seiner Arbeit auf.

3. (*Parl: of bill*) Überweisung *f* an den (zuständigen) Ausschuß.

committal [kəˈmɪtl] *n* **1.** (*to prison, asylum*) Einweisung *f*. **his ~ for trial** seine Überstellung ans Gericht. **2.** (*of crime*) Begehen *nt* (*form*). **3. ~ to memory** Auswendiglernen *nt*; (*of single fact*) Sich-Einprägen *nt*. **4.** (*Parl*) *see* **commitment 3.**

committed [kəˈmɪtɪd] *adj* (*dedicated*) engagiert. **he is so ~ to his work that ...** er geht so in seiner Arbeit auf, daß ...; **all his life he has been ~ to this cause** er hat sich sein Leben lang für diese Sache eingesetzt.

committee [kəˈmɪtɪ] *n* Ausschuß *m* (*also Parl*), Komitee *nt*. **to be *or* sit on a ~** in einem Ausschuß *or* Komitee sein *or* sitzen; **~ meeting** Ausschußsitzung *f*; **~ member** Ausschußmitglied *nt*; **the bill didn't reach the ~ stage** der Gesetzentwurf ist gar nicht erst an den (zuständigen) Ausschuß gelangt.

commode [kəˈməʊd] *n* **1.** (*chest of drawers*) Kommode *f*. **2.** (*night-~*) (Nacht)-stuhl *m*.

commodious [kəˈməʊdɪəs] *adj* geräumig.

commodity [kəˈmɒdɪtɪ] *n* Ware *f*; (*agricultural*) Erzeugnis *nt*. **basic *or* staple commodities** (*natural*) Grundstoffe *pl*; (*St Ex*) Rohstoffe *pl*; (*manufactured*) Bedarfsgüter *pl*; (*foodstuffs*) Grundnahrungsmittel *pl*; **~ market** Rohstoffmarkt *m*; **~ exchange** (*St Ex*) Warenbörse *f*.

commodore [ˈkɒmədɔːʳ] *n* (*Naut*) Flottillenadmiral *m* (*BRD*); (*senior captain*) Kommodore *m*; (*of yacht club*) Präsident(in *f*) *m*

common [ˈkɒmən] **I** *adj* (*+er*) **1.** (*shared by many*) gemeinsam; *property also* Gemein-, gemeinschaftlich. **~ land** Allmende *f*; **it is ~ knowledge that ...** es ist allgemein bekannt, daß ...; **it is to the ~ advantage that ...** es ist von allgemeinem Nutzen, daß ...; **very little/no ~ ground** kaum eine/keine gemeinsame Basis.

2. (*frequently seen or heard*) häufig; *word also* weitverbreitet *attr*, weit verbreitet *pred*, geläufig; *experience also* allgemein; *animal, bird* häufig *pred*, häufig anzutreffend *attr*; *belief, custom*, (*over large area*) *animal, bird* (weit)verbreitet *attr*, weit verbreitet *pred*; (*customary, usual*) normal. **it's quite a ~ sight** das sieht man ziemlich häufig; **nowadays it's quite ~ for the man to do the housework** es ist heutzutage ganz normal, daß der Mann die Hausarbeit macht.

3. (*ordinary*) gewöhnlich. **the ~ man** der Normalbürger; **the ~ people** die einfachen Leute; **a ~ soldier** ein einfacher *or* gemeiner (*dated*) Soldat; **the ~ touch** das Volkstümliche; **the Book of C~ Prayer** (*Eccl*) die Agende; **it's only ~ decency to apologize** es ist nur recht und billig, daß man sich entschuldigt.

4. (*vulgar, low-class*) gewöhnlich.

II *n* **1.** (*land*) Anger *m*, Gemeindewiese *f*.

2. nothing out of the ~ nichts Besonderes.

3. to have sth in ~ etw miteinander gemein haben; **in ~ with many other people/towns/countries** (ebenso *or* genauso) wie viele andere (Leute)/Städte/Länder ...; **I, in ~ with ...** ich, ebenso wie ...

Common Agricultural Policy *n* Gemeinsame Agrarpolitik *f*; **common cold** *n* Schnupfen *m*; **common denominator** *n* (*Math, fig*) gemeinsamer Nenner; **common divisor** *n* gemeinsamer Teiler; **common entrance (examination)** *n* Aufnahmeprüfung *f* (*für eine britische Public School*).

commoner [ˈkɒmənəʳ] *n* Bürgerliche(r) *mf*.

common factor *n* gemeinsamer Teiler; **common fraction** *n* gemeiner Bruch; **common gender** *n* (*Gram*) doppeltes Geschlecht; **common law I** *n* Gewohnheitsrecht *nt*; **II** *adj* **she is his ~ wife** sie lebt mit ihm in eheähnlicher Gemeinschaft.

commonly [ˈkɒmənlɪ] *adv* **1.** (*often*) häufig; (*widely*) gemeinhin, weithin. **a ~ held belief** eine weitverbreitete Ansicht. **2.** (*vulgarly*) gewöhnlich, ordinär.

Common Market *n* Gemeinsamer Markt; **Common Marketeer** *n* Befürworter(in *f*) *m* des Gemeinsamen Marktes; **common multiple** *n* gemeinsame(s) Vielfache(s).

commonness [ˈkɒmənnɪs] *n* **1.** *see adj 1* Häufigkeit *f*; weite Verbreitung, Geläufigkeit *f*; Allgemeinheit *f*. **2.** (*vulgarity*) Gewöhnlichkeit *f*; (*of person also*) ordinäre Art.

common noun *n* Gattungsbegriff *m*; **common-or-garden** *adj* Feld-, Wald- und Wiesen- (*inf*); *topic, novel* ganz gewöhnlich; **commonplace I** *adj* alltäglich; (*banal*) *remark* banal; **II** *n* Gemeinplatz *m*; **a ~** (*frequent sight or event*) etwas Alltägliches; **commonroom** *n* Aufenthalts- *or* Tagesraum *m*.

commons [ˈkɒmənz] *npl* **the C~** (*Parl*) das Unterhaus; *see* **house.**

common sense *n* gesunder Menschenverstand; **commonsense** *adj* vernünftig; *attitude also* gesund; **it's the ~ thing to do** das ist das Vernünftigste; **common time** *n* Viervierteltakt *m*; **commonwealth** *n* **1.** Staat *m*, Gemeinwesen *nt*; (*US*) *Bezeichnung für die US-Bundesstaaten Kentucky, Massachusetts,*

Pennsylvania und Virginia; **the C~ of Australia** der Australische Bund; **the (British) C~, the C~ of Nations** das Commonwealth; **2.** (*Hist*) **the C~** *die englische Republik unter Cromwell.*

commotion [kəˈməʊʃən] *n* Aufregung *f usu no indef art*; (*noise*) Lärm, Spektakel *m*. **to cause a ~** Aufsehen erregen; **to make a ~** Theater machen (*inf*); (*noise*) Krach machen.

comms [kɒmz] *n see* **communications.**

communal [ˈkɒmjuːnl] *adj* **1.** (*of a community*) Gemeinde-. **~ life** Gemeinschaftsleben *nt*. **2.** (*owned, used in common*) gemeinsam; *bathroom, kitchen also* Gemeinschafts-.

communally [ˈkɒmjuːnəlɪ] *adv* gemeinsam. **to be ~ owned** Gemein- *or* Gemeinschaftseigentum sein.

commune¹ [kəˈmjuːn] *vi* **1.** Zwiesprache halten. **to ~ with the spirits** mit den Geistern verkehren. **2.** (*esp US Eccl*) (*Catholic*) kommunizieren, die Kommunion empfangen; (*Protestant*) das Abendmahl empfangen.

commune² [ˈkɒmjuːn] *n* Kommune *f*; (*administrative division also*) Gemeinde *f*.

communicable [kəˈmjuːnɪkəbl] *adj* **1.** *disease* übertragbar. **2.** *ideas, knowledge* kommunizierbar, vermittelbar.

communicant [kəˈmjuːnɪkənt] *n* (*Eccl*) Kommunikant(in *f*) *m*.

communicate [kəˈmjuːnɪkeɪt] **I** *vt news* übermitteln; *ideas, feelings* vermitteln; *illness* übertragen (*to* auf +*acc*).

II *vi* **1.** (*be in communication*) in Verbindung *or* Kontakt stehen.

2. (*convey or exchange thoughts*) sich verständigen, kommunizieren.

3. (*rooms*) verbunden sein.

4. (*Eccl*) (*Catholic*) kommunizieren; (*Protestant*) das Abendmahl empfangen.

communication [kəˌmjuːnɪˈkeɪʃən] *n* **1.** (*communicating*) Verständigung, Kommunikation *f*; (*of ideas, information*) Vermittlung *f*; (*of disease*) Übertragung *f*; (*contact*) Verbindung *f*. **to be in ~ with sb** mit jdm in Verbindung stehen (*about* wegen).

2. (*exchanging of ideas*) Verständigung, Kommunikation *f*.

3. (*letter, message*) Mitteilung *f*.

4. ~s (*roads, railways, telegraph lines*) Kommunikationswege *pl*, Kommunikationsnetz *nt*; **all ~s with the mainland have been cut off** sämtliche Verbindungen zum Festland sind unterbrochen; **they're trying to restore ~s** man versucht, die Verbindung wiederherzustellen.

5. ~s (*Telec*) Telekommunikation *f*.

6. (*between rooms*) Verbindung *f*.

communication breakdown *n* Zusammenbruch *m* der Kommunikation; **communication cord** *n* (*Brit Rail*) ≃ Notbremse *f*; **communication gap** *n* Kommunikationslücke *f*; **communication skills** *npl* Kommunikationsfähigkeit *f*.

communications package *n* Kommunikationssoftware *f*; **communications satellite** *n* Kommunikations- *or* Nachrichtensatellit *m*; **communications software** *n* Kommunikationssoftware *f*; **communications technology** *n* Nachrichtentechnik *f*.

communication studies *npl* Kommunikationswissenschaften *pl*.

communicative [kəˈmjuːnɪkətɪv] *adj* mitteilsam, gesprächig.

communion [kəˈmjuːnɪən] *n* **1.** (*intercourse, exchange of feelings*) Zwiesprache *f*; (*with spirits*) Verkehr *m*. **a sense of ~ with nature** ein Gefühl der Verbundenheit mit der Natur.

2. (*religious group*) Gemeinde *f*; (*denomination*) Religionsgemeinschaft *f*. **the ~ of saints/the faithful** die Gemeinschaft der Heiligen/Gläubigen.

3. (*Eccl: also* **C~**) (*Protestant*) Abendmahl *nt*; (*Catholic*) Kommunion *f*. **to receive** *or* **take ~** die Kommunion/das Abendmahl empfangen; **~ service** *n* Abendmahlsgottesdienst *m*.

communiqué [kəˈmjuːnɪkeɪ] *n* Kommuniqué *nt*, (amtliche) Verlautbarung.

communism [ˈkɒmjʊnɪzəm] *n* Kommunismus *m*.

communist [ˈkɒmjʊnɪst] **I** *n* Kommunist(in *f*) *m*. **II** *adj* kommunistisch. **C~ Manifesto** Kommunistisches Manifest; **C~ Party** Kommunistische Partei.

communistic [ˌkɒmjʊˈnɪstɪk] *adj* prokommunistisch; (*esp US: communist*) kommunistisch.

community [kəˈmjuːnɪtɪ] *n* **1.** (*social, cultural group*) Gemeinschaft *f*; (*ethnic also*) Bevölkerungsgruppe *f*. **the ~ at large** das ganze Volk; **the great ~ of nations** die große Völkergemeinschaft; **a sense of ~** (ein) Gemeinschaftsgefühl *nt*; **to work in the ~** im Sozialbereich tätig sein; **the C~** die Europäische Gemeinschaft.

2. (*the public*) Allgemeinheit *f*.

3. (*Eccl: of monks, nuns*) (Ordens)gemeinschaft *f*.

4. (*holding in common*) **the ~ of love/goods** die Liebes-/Gütergemeinschaft; **they have no ~ of interests** sie haben keine gemeinsamen Interessen.

community centre *n* Gemeindezentrum *nt*; **community charge** *n Kopfsteuer f zur Finanzierung der Stadt- und Gemeindeverwaltungen*; **community chest** *n* (*US*) Wohltätigkeits- *or* Hilfsfonds *m*; **community college** *n* (*US*) Gemeinde-College *nt*; **community relations** *npl* das Verhältnis zwischen den Bevölkerungsgruppen; **community service** *n* (*Jur*) Sozialdienst *m*; **community singing** *n* gemeinsames Singen; **community worker** *n* Sozialberufler(in *f*) *m*.

communize [ˈkɒmjʊnaɪz] *vt* kommunistisch machen.

commutable [kəˈmjuːtəbl] *adj* (*Jur*) umwandelbar.

commutation [ˌkɒmjʊˈteɪʃən] *n* **1.** (*Jur*) Umwandlung *f*. **2. ~ ticket** (*US*) Zeitnetzkarte *f*.

commute [kəˈmjuːt] **I** *vt* (*all senses*) umwandeln. **II** *vi* (*travel as commuter*) pendeln.

commuter [kə'mjuːtəʳ] *n* Pendler(in *f*) *m*. **the ~ belt** das Einzugsgebiet, der Einzugsbereich; **~ train** Pendlerzug *m*.

commuting [kə'mjuːtɪŋ] *n* Pendeln *nt*; (*commuter traffic*) Pendelverkehr *m*. **I hate ~** ich hasse es zu pendeln; **increased ~ levels** erhöhter Pendelverkehr.

compact[1] [kəm'pækt] **I** *adj* (*+er*) kompakt; *style of writing, prose also* gedrängt; *soil, snow* fest. **the print is too ~** der Druck ist zu eng, es ist zu eng bedruckt. **II** *vt* **1.** *snow, soil* festtreten/-walzen/-fahren *etc*. **2.** (*fig liter*) **to be ~ed of ...** sich aus ... zusammensetzen.

compact[2] ['kɒmpækt] *n* **1.** (*powder ~*) Puderdose *f*. **2.** (*US: car*) Kompaktauto *nt or* -wagen *m*. **3.** (*camera*) Kompaktkamera *f*.

compact[3] ['kɒmpækt] *n* (*form: agreement*) Vereinbarung, Übereinkunft *f*.

compact disc *n* Compact-disc *f*. **~ player** CD-Spieler *m*.

compactly [kəm'pæktlɪ] *adv* kompakt; *expressed* gedrängt; *printed* eng.

compactness [kəm'pæktnɪs] *n* Kompaktheit *f*; (*of style also*) Gedrängtheit *f*; (*of print*) Dichte, Enge *f*.

companion [kəm'pænjən] **I** *n* **1.** (*person with one*) Begleiter(in *f*) *m*. **~s in arms** Kampfgefährten, Waffenbrüder (*geh*) *pl*; **my ~s on the journey** meine Reisegefährten *pl*; **travelling/holiday/drinking ~** Reisebegleiter(in *f*) *m*/Urlaubsgefährte *m*, -gefährtin *f*/Zechgenosse *m*, -genossin *f*.

2. (*friend*) Freund(in *f*), Kamerad(in *f*) *m*. **a faithful ~ for fifty years** ein treuer Gefährte über fünfzig Jahre.

3. (*one of pair of objects*) Pendant *nt*.

4. (*lady ~*) Betreuerin *f*.

5. (*handbook*) **"the Gardener's C~"** „der Ratgeber für den Gartenfreund".

6. (*of order of knighthood*) Ritter *m*.

II *attr* passend; *volume* Begleit-. **they have just brought out a ~ set of Dickens** in derselben Reihe ist jetzt eine Dickens-Ausgabe erschienen.

companionable [kəm'pænjənəbl] *adj* freundlich.

companionably [kəm'pænjənəblɪ] *adv* vertraut; *smile also* freundlich.

companionship *n* Gesellschaft *f*; **companionway** *n* (*Naut*) Niedergang *m*.

company ['kʌmpənɪ] **I** *n* **1.** Gesellschaft *f*. **to keep sb ~** jdm Gesellschaft leisten; **I enjoy ~** ich bin gern in Gesellschaft, ich habe gern Gesellschaft; **he arrived with female ~** er kam in Damenbegleitung; **he's good ~** seine Gesellschaft ist angenehm; **just for ~** nur, um Gesellschaft zu haben; **he doesn't know how to behave in ~** er weiß nicht, wie man sich in Gesellschaft benimmt; **I/he in ~ with ...** ich/er, genauso wie ...; **she is no** *or* **not fit ~ for your sister** sie ist nicht der richtige Umgang für deine Schwester; **a man is known by the ~ he keeps** (*prov*) sage mir, mit wem du umgehst, so sage ich dir, wer du bist (*prov*).

2. (*guests*) Besuch *m*.

3. (*Comm*) Firma, Gesellschaft *f*. **Smith & C~, Smith & Co.** Smith & Co.; **shipping ~** Schiffahrtsgesellschaft, Reederei *f*; **publishing ~** Verlagshaus *nt*, Verlag *m*; **a printing/clothes ~** ein Druckerei-/Textilbetrieb *m*.

4. (*Theat*) (Schauspiel)truppe *f*.

5. (*Naut*) **ship's ~** Besatzung *f*.

6. (*Mil*) Kompanie *f*.

II *attr* Firmen-.

company car *n* Firmenwagen *m*; **company commander** *n* (*Mil*) Kompaniechef *m*; **company director** *n* Direktor(in *f*), Firmenchef(in *f*) *m*; **company law** *n* Gesellschaftsrecht *nt*; **company lawyer** *n* (*for company law*) Gesellschaftsrechtler(in *f*) *m*; (*within company*) Hausjurist(in *f*) *m*; **company loyalty** *n* Firmentreue *f*; **company policy** *n* Geschäftspolitik *f*; **company secretary** *n* (*Brit Comm*) ≈ Prokurist(in *f*) *m*; **company time** *n* Arbeitszeit *f*.

comparable ['kɒmpərəbl] *adj* vergleichbar (*with, to* mit).

comparably ['kɒmpərəblɪ] *adv* gleichermaßen.

comparative [kəm'pærətɪv] **I** *adj* **1.** *religion, philology etc* vergleichend. **~ literature** vergleichende Literaturwissenschaft, Komparatistik *f*. **2. the ~ form** (*Gram*) der Komparativ, die erste Steigerungsstufe. **3.** (*relative*) relativ.

II *n* (*Gram*) Komparativ *m*.

comparatively [kəm'pærətɪvlɪ] *adv* **1.** vergleichend. **2.** (*relatively*) verhältnismäßig, relativ.

compare [kəm'pɛəʳ] **I** *vt* vergleichen (*with, to* mit). **~d with** im Vergleich zu, verglichen mit; **they cannot be ~d** man kann sie nicht vergleichen, sie lassen sich nicht vergleichen; **to ~ notes** Eindrücke/Erfahrungen austauschen.

II *vi* sich vergleichen lassen (*with* mit). **it ~s badly/well** es schneidet vergleichsweise schlecht/gut ab; **the old car can't ~ for speed with the new one** in puncto Geschwindigkeit läßt sich der alte Wagen nicht mit dem neuen vergleichen.

III *n*: **beyond** *or* **without** *or* **past ~** unvergleichlich.

comparison [kəm'pærɪsn] *n* **1.** Vergleich *m* (*to* mit). **in ~ with** im Vergleich zu; **to make** *or* **draw a ~** einen Vergleich anstellen; **to bear ~** einem Vergleich standhalten, einen Vergleich aushalten; **there's no ~** das ist gar kein Vergleich.

2. (*Gram*) Steigerung *f*.

compartment [kəm'pɑːtmənt] *n* (*in fridge, desk*) Fach *nt*; (*Rail*) Abteil *nt*; (*Naut*) Schott(e *f*) *nt*; (*fig*) (Schub)fach *nt*.

compartmentalize [ˌkɒmpɑːt'mentəlaɪz] *vt* aufsplittern.

compass ['kʌmpəs] **I** *n* **1.** Kompaß *m*. **by the ~** nach dem Kompaß. **2. ~es** *pl*, **pair of ~es** Zirkel *m*. **3.** (*fig: extent*) Rahmen *m*; (*of human mind, experience*) Bereich *m*; (*Mus: of voice*) Umfang *m*. **II** *vt see* **encompass.**

compass bearing *n* Kompaßpeilung *f*;

compass card *n* Kompaßscheibe, Windrose *f*; **compass course** *n* Navigationskurs *m*.

compassion [kəm'pæʃən] *n* Mitgefühl, Mitleid *nt* (*for* mit); (*esp Bibl*) Erbarmen *nt* (*on, for* mit).

compassionate [kəm'pæʃənɪt] *adj* mitfühlend, voller Mitgefühl *or* Mitleid. **on ~ grounds** aus familiären Gründen; **~ leave** Beurlaubung *f* wegen einer dringenden Familienangelegenheit.

compass rose *n* Windrose *f*.

compatibility [kəm,pætə'bɪlɪtɪ] *n* Vereinbarkeit, Kompatibilität (*geh*) *f*; (*Med*) Verträglichkeit, Kompatibilität (*spec*) *f*; (*Comput*) Kompatibilität *f*. **their ~/lack of ~ was obvious** es war offensichtlich, daß die beiden gut/schlecht zueinander paßten.

compatible [kəm'pætɪbl] *adj* vereinbar, kompatibel (*geh*); (*Med*) verträglich, kompatibel (*spec*); *people* zueinander passend; *colours, furniture* passend; (*Comput*) Kompatibel. **a salary ~ with the dangers of the job** ein Gehalt, das den Gefahren des Berufs entspricht.

compatibly [kəm'pætɪblɪ] *adv* **to be ~ matched** gut zueinander passen.

compatriot [kəm'pætrɪət] *n* Landsmann *m*, Landsmännin *f*.

compel [kəm'pel] *vt* **1.** zwingen. **I feel ~led to tell you ...** ich sehe mich (dazu) gezwungen *or* veranlaßt, Ihnen mitzuteilen, ... **2.** *admiration, respect* abnötigen (*from sb* jdm); *obedience* erzwingen (*from sb* von jdm).

compelling [kəm'pelɪŋ] *adj* zwingend; *performance, personality, eyes* bezwingend.

compellingly [kəm'pelɪŋlɪ] *adv see adj.*

compendious [kəm'pendɪəs] *adj notes* umfangreich.

compendium [kəm'pendɪəm] *n* Handbuch, Kompendium *nt*. **~ of games** Spielemagazin *nt*.

compensate ['kɒmpənseɪt] **I** *vt* (*recompense*) entschädigen; (*Mech*) ausgleichen. **II** *vi* (*Psych*) kompensieren.

◆**compensate for** *vi +prep obj* (*in money, material goods*) ersetzen; (*make up for, offset*) wieder wettmachen *or* ausgleichen; (*Psych*) kompensieren. **he was awarded £900 to ~ ~ the damage** er erhielt £ 900 Schadenersatz *or* -ausgleich.

compensation [,kɒmpən'seɪʃən] *n* (*damages*) Entschädigung *f*; (*fig*) Ausgleich *m*; (*Psych*) Kompensation *f*. **in ~** als Entschädigung/Ausgleich/Kompensation.

compensatory [kəm'pensətərɪ] *adj* kompensierend, ausgleichend; *education*, (*Psych*) kompensatorisch.

compère ['kɒmpɛə^r] (*Brit*) **I** *n* Showmaster *m*. **II** *vt* **to ~ a show** bei einer Show der Showmaster sein.

compete [kəm'pi:t] *vi* **1.** konkurrieren. **to ~ with each other** sich (gegenseitig) Konkurrenz machen; **to ~ for sth** um etw kämpfen *or* (*esp Comm*) konkurrieren; **able to ~ industrially** industriell konkurrenzfähig; **he can't ~ (any more)** er kann nicht mehr mithalten.
2. (*Sport*) teilnehmen. **to ~ for the championship** um die Meisterschaft kämpfen; **to ~ with/against sb** gegen jdn kämpfen *or* antreten.

competence ['kɒmpɪtəns], **competency** ['kɒmpɪtənsɪ] *n* **1.** Fähigkeit *f*; (*of lawyer, scientist also, Ling*) Kompetenz *f*. **his ~ in handling money/dealing with awkward clients** sein Geschick im Umgang mit Geld/schwierigen Kunden; **what level of ~ has the class reached in Spanish?** auf welchem Stand ist die Klasse in Spanisch?
2. (*form: income*) Einkommen *nt*.
3. (*Jur*) Zuständigkeit *f*.

competent ['kɒmpɪtənt] *adj* **1.** fähig, befähigt (*in* zu); (*in a particular field*) kompetent; (*adequate*) *knowledge, understanding* angemessen, adäquat. **his English is quite ~** sein Englisch ist recht gut. **2.** (*Jur*) zuständig; *evidence, witness* zulässig. **3.** (*form: relevant*) **to be ~/not ~** (*business, question*) von/ohne *or* nicht von Belang sein.

competently ['kɒmpɪtəntlɪ] *adv* geschickt, kompetent.

competition [,kɒmpɪ'tɪʃən] *n* **1.** *no pl* Konkurrenz *f* (*for* um). **unfair ~** unlauterer Wettbewerb; **to be in ~ with sb** mit jdm wetteifern *or* (*esp Comm*) konkurrieren; **to choose by ~** einem Auswahlverfahren unterziehen, durch Auswahl ermitteln.
2. (*contest*) Wettbewerb *m*; (*in newspapers*) Preisausschreiben *nt*.

competitive [kəm'petɪtɪv] *adj* **1.** *person, attitude* vom Konkurrenzdenken geprägt; *sport* (Wett)kampf-. **~ spirit** Wettbewerbs- *or* Konkurrenzgeist *m*; (*of team*) Kampfgeist *m*; **he's a very ~ sort of person** er genießt Wettbewerbssituationen; (*in job etc*) er ist ein sehr ehrgeiziger Mensch; **a ~ examination** eine Auswahlprüfung.
2. (*Comm*) *business, prices, salaries* wettbewerbs- *or* konkurrenzfähig. **a highly ~ market** ein Markt mit starker Konkurrenz; **retailing is highly ~** der Einzelhandel ist stark wettbewerbsbetont *or* -orientiert.

competitiveness [kəm'petɪtɪvnɪs] *n* (*competitive spirit*) Wettbewerbs- *or* Konkurrenzgeist *m*; (*of product, company, prices*) Wettbewerbsfähigkeit *f*.

competitor [kəm'petɪtə^r] *n* **1.** (*Sport, in contest*) Teilnehmer(in *f*) *m*; (*for job*) Mitbewerber(in *f*) *m*. **to be a ~** teilnehmen; **to be sb's ~** jds Gegner sein. **2.** (*Comm*) Konkurrent(in *f*) *m*. **our ~s** unsere Konkurrenz.

compilation [,kɒmpɪ'leɪʃən] *n see vt* Zusammenstellung *f*; Sammlung *f*; Abfassung *f*.

compile [kəm'paɪl] *vt* zusammenstellen, erstellen (*form*); *material* sammeln, zusammentragen; *dictionary* verfassen; (*Comput*) kompilieren.

compiler [kəm'paɪlə^r] *n* (*of dictionary*) Verfasser(in *f*) *m*; (*Comput*) Compiler *m*. **who's the ~ of this list?** wer hat diese Liste zusammengestellt?

complacence [kəm'pleɪsəns], **complacency** [kəmp'leɪsnsɪ] *n* Selbstzufriedenheit, Selbstgefälligkeit *f*.

complacent [kəm'pleɪsənt] *adj* selbstzufrieden *or* -gefällig.

complacently [kəm'pleɪsəntlɪ] *adv see adj*.

complain [kəm'pleɪn] *vi* sich beklagen, klagen (*about* über *+acc*); (*to make a formal complaint*) sich beschweren, Beschwerde einlegen (*form*) (*about* über *+acc, to* bei). **to ~ that ...** sich darüber beklagen/beschweren, daß ...; **(I) can't ~** (*inf*) ich kann nicht klagen (*inf*); **stop ~ing!** beklag dich nicht dauernd!; **to ~ of sth** über etw (*acc*) klagen; **to ~ of not having enough time** über Zeitmangel klagen.

complainant [kəm'pleɪnənt] *n* Beschwerdeführer(in *f*) *m*; (*in court*) Kläger(in *f*) *m*.

complaint [kəm'pleɪnt] *n* **1.** Klage *f*; (*formal ~*) Beschwerde *f* (*to* bei). **I have no cause for ~** ich kann mich nicht beklagen; **I wouldn't have any ~(s) if ...** ich würde mich nicht beklagen, wenn ...; **to lodge** *or* **lay a ~ against sb with the police** jdn bei der Polizei anzeigen, gegen jdn Anzeige erstatten.
2. (*illness*) Beschwerden *pl*. **a very rare ~** eine sehr seltene Krankheit, ein sehr seltenes Leiden.

complaisant *adj*, **~ly** *adv* [kəm'pleɪzənt, -lɪ] gefällig, entgegenkommend; *smile* wohlwollend.

complement ['kɒmplɪmənt] **I** *n* **1.** Ergänzung *f* (*to gen*); (*to perfect sth*) Vervollkommnung *f* (*to gen*); (*colour*) Komplementärfarbe *f* (*to* zu).
2. (*full number*) volle Stärke; (*crew of ship*) Besatzung *f*. **we've got our full ~ in the office now** unser Büro ist jetzt komplett *or* voll besetzt.
3. (*Gram*) Ergänzung *f*.
4. (*Math: angle*) Ergänzungswinkel *m*.
II ['kɒmplɪment] *vt* **1.** ergänzen; (*make perfect*) vervollkommnen, abrunden; (*colour*) herausbringen. **to ~ each other** sich ergänzen; (*colours*) aufeinander abgestimmt sein.
2. (*Gram*) die Ergänzung bilden zu.
3. (*Math*) zu 90° ergänzen.

complementary [ˌkɒmplɪ'mentərɪ] *adj colour* Komplementär-; *angle* Ergänzungs-. **a ~ pair** ein zusammengehöriges Paar; **they are ~ to each other** sie ergänzen sich *or* einander; **they have ~ interests** ihre Interessen ergänzen sich.

complete [kəm'pliːt] **I** *adj* **1.** (*entire, whole*) ganz *attr*; *set also, wardrobe, deck of cards* vollständig, komplett; (*having the required numbers*) vollzählig; *edition* Gesamt-. **my happiness/disappointment was ~** mein Glück/meine Enttäuschung war perfekt *or* vollkommen; **my life is now ~** mein Leben ist erfüllt; **the ~ works of Shakespeare** die gesammelten Werke Shakespeares; **a very ~ account** ein sehr umfassender *or* detaillierter Bericht.
2. *attr* (*total, absolute*) völlig; *failure, beginner, disaster, flop also, victory* total; *surprise, shambles also* komplett; *satisfaction also, approval* voll. **we were ~ strangers** wir waren uns *or* einander völlig fremd.
3. (*finished*) fertig. **his novel is not yet ~** sein Roman ist noch nicht abgeschlossen; **my life's work is now ~** mein Lebenswerk ist nun vollbracht.
4. ~ with komplett mit; **he came ~ with rucksack and boots** er erschien komplett ausgerüstet mit Rucksack und Stiefeln.
5. *sportsman, gardener etc* perfekt.
II *vt* **1.** (*make whole*) *collection, set* vervollständigen, komplettieren; *team* vollzählig machen; *education, meal* abrunden. **to ~ our numbers** damit wir vollzählig sind.
2. (*fig*) *happiness* vollkommen machen. **and to ~ their misery ...** und zu allem Unglück ...
3. (*finish*) beenden, abschließen, zum Abschluß *or* zu Ende bringen; *building, work* fertigstellen; *prison sentence* verbüßen. **~ this phrase** ergänzen Sie diesen Ausspruch; **it's not ~d yet** es ist noch nicht fertig; **when you've ~d your repayments** wenn Sie es ganz abbezahlt haben.
4. *form, questionnaire* ausfüllen.

completely [kəm'pliːtlɪ] *adv* völlig, vollkommen. **he's not ~ normal** er ist nicht ganz normal.

completeness [kəm'pliːtnɪs] *n* Vollständigkeit *f*.

completion [kəm'pliːʃən] *n* **1.** (*finishing*) Fertigstellung *f*; (*of work also*) Beendigung *f*; (*of project, course, education*) Abschluß *m*; (*of prison sentence*) Verbüßung *f*. **near ~** kurz vor dem Abschluß; **to bring sth to ~** etw zum Abschluß bringen; **on ~ of the contract/sale** bei Vertrags-/Kaufabschluß.
2. (*making whole*) Vervollständigung *f*; (*of education, meal*) Abrundung *f*; (*of happiness*) Vervollkommnung *f*.
3. (*filling in: of form*) Ausfüllen *nt*.

complex ['kɒmpleks] **I** *adj* **1.** komplex; *person, mind, issue, question, problem, poem also* vielschichtig; *theory, task, system also, machine, pattern* differenziert, kompliziert; *situation also, paragraph* verwickelt, kompliziert.
2. (*Gram*) **a ~ sentence** ein Satzgefüge *nt*.
II *n* **1.** Komplex *m*. **industrial ~** Industriekomplex *m*. **2.** (*Psych*) Komplex *m*. **he has a ~ about his ears** er hat Komplexe *or* einen Komplex wegen seiner Ohren.

complexion [kəm'plekʃən] *n* **1.** Teint *m*; (*skin colour*) Gesichtsfarbe *f*. **2.** (*fig: aspect*) Anstrich, Aspekt *m*. **to put a new/different ~ on sth** etw in einem neuen/anderen Licht erscheinen lassen; **of a different political/religious ~** mit anderen politischen/religiösen Anschauungen.

complexity [kəm'pleksɪtɪ] *n see adj 1*. Komplexität *f*; Vielschichtigkeit *f*; Differenziertheit, Kompliziertheit *f*.

compliance [kəm'plaɪəns] *n* Einverständnis *nt*; (*with rules*) Einhalten *nt* (*with* gen); (*submissiveness*) Willfährigkeit (*geh*), Fügsamkeit *f*. **in ~ with the law/our wishes** dem Gesetz/unseren Wünschen gemäß.

compliant [kəm'plaɪənt] *adj* entgegenkommend, gefällig; (*submissive*) nachgiebig, willfährig (*geh*).

complicate ['kɒmplɪkeɪt] *vt* komplizieren.

complicated ['kɒmplɪkeɪtɪd] *adj* kompliziert.

complication [ˌkɒmplɪ'keɪʃən] *n* Komplikation *f*; (*condition*) Kompliziertheit *f*.

complicity [kəm'plɪsɪtɪ] *n* Mittäterschaft *f* (*in* bei).

compliment ['kɒmplɪmənt] **I** *n* **1.** Kompliment *nt* (*on* zu, wegen). **to pay sb a ~** jdm ein Kompliment machen; **that's quite a ~, coming from you** wenn Sie das sagen, heißt das schon etwas; **(give) my ~s to the chef** mein Lob *or* Kompliment dem Koch/der Köchin.

2. (*form*) **~s** *pl* Grüße *pl*; **give him my ~s** empfehlen Sie mich ihm (*dated form*); **to pay one's ~s to sb** (*on arrival*) jdn begrüßen; (*on departure*) sich jdm empfehlen (*dated form*); (*visit*) jdm einen Höflichkeitsbesuch abstatten (*form*); **the ~s of the season** frohes Fest; **"with the ~s of Mr X/the management"** „mit den besten Empfehlungen von Herrn X/der Geschäftsleitung"; **~s slip** (*Comm*) Empfehlungszettel *m*.

II ['kɒmplɪment] *vt* ein Kompliment/Komplimente machen (+*dat*) (*on* wegen, zu).

complimentary [ˌkɒmplɪ'mentərɪ] *adj* **1.** (*praising*) schmeichelhaft. **2.** (*gratis*) *seat, ticket* Frei-. **~ copy** Freiexemplar *nt*; (*of magazine*) Werbenummer *f*.

comply [kəm'plaɪ] *vi* (*person*) einwilligen; (*object, system etc*) die Bedingungen erfüllen, den Bedingungen entsprechen. **to ~ with sth** einer Sache (*dat*) entsprechen; (*system*) in Einklang mit etw stehen; **to ~ with a clause in a contract** eine Vertragsbedingung erfüllen; **to ~ with a request/a wish/instructions** einer Bitte/einem Wunsch/den Anordnungen nachkommen (*form*) *or* entsprechen (*form*); **to ~ with sb's wishes** sich jds Wünschen (*dat*) fügen; **to ~ with a time limit/the rules** eine Frist einhalten/sich an die Regeln halten.

component [kəm'pəʊnənt] **I** *n* Teil *nt*, Bestandteil *m*; (*Chem, Phys*) Komponente *f*. **II** *adj* **a ~ part** ein (Bestand)teil *m*; **the ~ parts** die Bestand- *or* Einzelteile *pl*; **the ~ parts of a machine/sentence** die einzelnen Maschinen-/Satzteile *pl*.

comport [kəm'pɔːt] (*form*) **I** *vr* sich verhalten. **II** *vi* **to ~ with** sich vereinbaren lassen mit.

comportment [kəm'pɔːtmənt] *n* Verhalten *nt*.

compose [kəm'pəʊz] *vt* **1.** *music* komponieren; *letter* abfassen, aufsetzen; *poem* verfassen.

2. (*constitute, make up*) bilden. **to be ~d of** sich zusammensetzen aus; **water is ~d of ...** Wasser besteht aus ...

3. to ~ oneself sich sammeln; **to ~ one's features** sich wieder in die Gewalt bekommen; **to ~ one's thoughts** Ordnung in seine Gedanken bringen.

4. (*Typ*) setzen.

composed *adj*, **~ly** *adv* [kəm'pəʊzd, -zədlɪ] beherrscht, gelassen.

composer [kəm'pəʊzəʳ] *n* **1.** (*Mus*) Komponist(in *f*) *m*. **2.** (*of letter, poem etc*) Verfasser(in *f*) *m*.

composite ['kɒmpəzɪt] **I** *adj* **1.** zusammengesetzt. **~ motion** Sammelantrag *m*; **~ photograph** Photomontage *f*; **~ structure** gegliederter Aufbau. **2.** (*Bot*) Korbblütler-; *flower* zur Familie der Korbblütler gehörig. **3.** (*Math*) *number* teilbar. **II** *n* (*Bot*) Korbblütler *m*.

composition [ˌkɒmpə'zɪʃən] *n* **1.** (*act of composing*) (*of music*) Komponieren *nt*; (*of letter*) Abfassen, Aufsetzen *nt*; (*of poem*) Verfassen *nt*. **music/verse of his own ~** selbstkomponierte Musik/selbstverfaßte Verse.

2. (*arrangement, Mus, Art*) Komposition *f*; (*Mus: theory of ~ also*) Kompositionslehre *f*.

3. (*Sch: essay*) Aufsatz *m*.

4. (*constitution, make-up*) Zusammensetzung *f*; (*of sentence*) Aufbau *m*, Konstruktion *f*.

5. (*artificial substance*) Kunststoff *m*.

6. (*Typ*) Setzen *nt*. **~ by hand** Handsatz *m*, manueller Satz.

7. (*Jur*) Vergleich *m*.

composition *in cpds* Kunst-; **composition rubber** *n* synthetischer Kautschuk; **composition sole** *n* Kunststoffsohle *f*.

compositor [kəm'pɒzɪtəʳ] *n* (*Typ*) (Schrift)setzer(in *f*) *m*.

compos mentis ['kɒmpəs'mentɪs] *adj* **I'm never really ~ first thing in the morning** frühmorgens ist mein Verstand noch nicht so klar *or* bin ich noch nicht voll da (*inf*); **he's not quite ~** er ist nicht voll zurechnungsfähig.

compost ['kɒmpɒst] *n* Kompost *m*. **~ heap** Komposthaufen *m*.

composting ['kɒmpɒstɪŋ] *n* Kompostierung *f*.

composure [kəm'pəʊʒəʳ] *n* Beherrschung, Fassung *f*. **to lose/regain one's ~** die Beherrschung verlieren/seine Selbstbeherrschung wiederfinden.

compote ['kɒmpəʊt] *n* Kompott *nt*.

compound[1] ['kɒmpaʊnd] **I** *n* (*Chem*) Verbindung *f*; (*Gram*) Kompositum *nt*, zusammengesetztes Wort.

II *adj* **1.** (*Chem*) **~ substance** Verbindung *f*.

2. (*Math*) **~ fraction** Doppelbruch *m*; **~ interest** Zinseszins *m*; **~ number** zusammengesetzte Zahl.

3. (*Med*) **~ fracture** offener *or* komplizierter Bruch.

4. (*Gram*) *tense, word* zusammengesetzt. **~ sentence** Satzgefüge *nt*; (*of two or more main clauses*) Satzreihe, Parataxe *f*.

5. (*Zool*) **~ eye** Facetten- *or* Netzauge *nt*.

III [kəm'paʊnd] *vt* **1.** (*rare: combine*)

verbinden; (*Chem*) mischen. **to be ~ed of ...** (*liter*) sich zusammensetzen aus ...

2. (*Jur*) *debt* begleichen, tilgen; *quarrel* beilegen. **to ~ a crime** ein Verbrechen wegen erhaltener Entschädigung nicht verfolgen.

3. (*make worse*) verschlimmern; *problem* verstärken, vergrößern.

IV [kəm'paʊnd] *vi* einen Vergleich schließen; (*with creditors*) sich vergleichen.

compound² ['kɒmpaʊnd] *n* (*enclosed area*) Lager *nt*; (*in prison*) Gefängnishof *m*; (*living quarters*) Siedlung *f*; (*in zoo*) Gehege *nt*.

comprehend [ˌkɒmprɪ'hend] *vt* **1.** (*understand*) begreifen, verstehen. **2.** (*include*) enthalten, umfassen, einschließen.

comprehensibility [ˌkɒmprɪˌhensɪ'bɪlɪtɪ] *n* Verständlichkeit *f*.

comprehensible [ˌkɒmprɪ'hensəbl] *adj* verständlich.

comprehension [ˌkɒmprɪ'henʃən] *n* **1.** (*understanding*) Verständnis *nt*; (*ability to understand*) Begriffsvermögen *nt*. **that is beyond my ~** das übersteigt mein Begriffsvermögen; (*behaviour*) das ist mir unbegreiflich.

2. (*inclusion*) Aufnahme *f*.

3. (*school exercise*) Fragen *pl* zum Textverständnis.

comprehensive [ˌkɒmprɪ'hensɪv] **I** *adj* umfassend. **~ school** (*Brit*) Gesamtschule *f*; **~ insurance** Vollkasko(versicherung *f*) *nt*.

II *n* (*Brit*) Gesamtschule *f*.

comprehensively [ˌkɒmprɪ'hensɪvlɪ] *adv* umfassend.

comprehensiveness [ˌkɒmprɪ'hensɪvnɪs] *n* Ausführlichkeit *f*. **the ~ of his report** sein umfassender Bericht.

compress¹ [kəm'pres] **I** *vt* komprimieren (*into* auf *+acc*); *air etc also*, (*Comput*) *data* verdichten; *materials* zusammenpressen (*into* zu). **the storyline is too ~ed** die Geschichte ist zu komprimiert *or* gedrängt erzählt.

II *vi* sich verdichten, sich komprimieren lassen.

compress² ['kɒmpres] *n* Kompresse *f*, feuchter Umschlag.

compressed air [kəm'prest'ɛəʳ] *n* Druck- *or* Preßluft *f*.

compression [kəm'preʃən] *n* Verdichtung, Kompression *f*; (*of information*) Komprimieren *nt*. **~ ratio** Verdichtungs- *or* Kompressionsverhältnis *nt*.

compressor [kəm'presəʳ] *n* Kompressor, Verdichter *m*.

comprise [kəm'praɪz] *vt* bestehen aus, umfassen.

compromise ['kɒmprəmaɪz] **I** *n* Kompromiß *m*. **to come to *or* reach *or* make a ~** zu einem Kompromiß kommen *or* gelangen, einen Kompromiß schließen.

II *adj attr* Kompromiß-. **~ solution** Kompromißlösung *f*.

III *vi* Kompromisse schließen (*about* in *+dat*). **we agreed to ~** wir einigten uns auf einen Kompromiß.

IV *vt* **1.** kompromittieren. **to ~ oneself** sich kompromittieren; **to ~ one's reputation** seinem guten Ruf schaden.

2. (*imperil*) gefährden.

compromising ['kɒmprəmaɪzɪŋ] *adj* kompromittierend.

comptroller [kən'trəʊləʳ] *n* (*form*) Rechnungsprüfer(in *f*), Bücherrevisor(in *f*) *m*.

compulsion [kəm'pʌlʃən] *n* Zwang, Druck *m*; (*Psych*) innerer Zwang. **under ~** unter Druck *or* Zwang; **you are under no ~** niemand zwingt Sie.

compulsive [kəm'pʌlsɪv] *adj* zwanghaft, Zwangs-; *neurosis* Zwangs-; *behaviour* zwanghaft. **the ~ buying of ...** der krankhafte Zwang, ... zu kaufen; **~ buying as a form of disease** Kaufzwang, eine Art Krankheit; **he has a ~ desire to ...** er steht unter dem Zwang, zu ...; **he is a ~ eater** er hat die Eßsucht, er leidet an einem Eßzwang; **he is a ~ liar** er hat einen krankhaften Trieb zu lügen; **he's a ~ smoker** das Rauchen ist bei ihm zur Sucht geworden.

compulsively [kəm'pʌlsɪvlɪ] *adv see adj* **to act ~** unter einem (inneren) Zwang handeln.

compulsorily [kəm'pʌlsərɪlɪ] *adv* zwangsweise.

compulsory [kəm'pʌlsərɪ] *adj* obligatorisch; *liquidation, measures* Zwangs-; *subject, member* Pflicht-. **that is ~** das ist Pflicht *or* obligatorisch; **education is ~** es besteht (allgemeine) Schulpflicht; **~ purchase** Enteignung *f*; **~ purchase order** Enteignungsbeschluß *m*; **to put a ~ purchase order on a place** die Enteignung eines Grundstückes verfügen; **~ retirement** Zwangspensionierung *f*; **~ service** (*US*) Wehrpflicht *f*.

compunction [kəm'pʌŋkʃən] *n* (*liter*) Schuldgefühle, Gewissensbisse *pl*. **with no ~/without the slightest ~** ohne sich schuldig/im geringsten schuldig zu fühlen.

computation [ˌkɒmpjʊ'teɪʃən] *n* Berechnung, Kalkulation *f*.

computational [ˌkɒmpjʊ'teɪʃənəl] *adj* **~ linguistics** Computerlinguistik *f*

compute [kəm'pju:t] *vt* berechnen (*at* auf *+acc*), errechnen.

computer [kəm'pju:təʳ] *n* Computer, Rechner *m*; (*data processing also*) Datenverarbeitungsanlage *f*. **to put/have sth on ~** etw im Computer speichern/(gespeichert) haben; **it's all done by ~** das geht alles per Computer.

computer *in cpds* Computer-; **computer age** *n* Computerzeitalter *nt*; **computer-aided** *adj* rechnergestützt; **computer-aided design** *n* rechnergestützter Entwurf.

computerate [kəm'pju:tərɪt] *adj* **to be ~** sich mit Computern auskennen.

computer-based *adj* auf Computerbasis; **computer-controlled** *adj* rechnergesteuert; **computer crime** *n* Computerkriminalität *f*; **computer-dating** *n* Partnervermittlung *f* per Computer; **computer-dating agency *or* bureau** *n* Partnervermittlungsbüro *nt* auf Computerbasis; **computer-designed** *adj* durch Computer *or* mit Computerunterstützung entworfen.

computerese [kəm,pju:tə'ri:z] *n* (*inf: jargon*) Computerjargon *m*.

computer game *n* Computerspiel *nt*; **computer games software** *n* Software *f* für Computerspiele; **computer graphics** *npl* Computergrafik *f*, grafische Datenverarbeitung.

computerization [kəm'pju:tərai'zeiʃən] *n* (*of information*) Computerisierung *f*. **the ~ of the factory** die Umstellung der Fabrik auf Computer.

computerize [kəm'pju:təraiz] *vt information* computerisieren; *company, accounting methods* auf Computer *or* EDV umstellen.

computerized [kəm'pju:təraizd]: **computerized axial tomography** *n* (*Med*) Computertomographie *f*.

computer language *n* Computersprache *f*; **computer literacy** *n* Computerkenntnisse *pl*; **computer literate** *adj* **to be ~** sich mit Computern auskennen; **computer model** *n* Computermodell *nt*; **computer network** *n* Computer-Netzwerk *nt*; (*larger also*) Rechnerverbund *m*; **computer-operated** *adj* computergesteuert; **computer operator** *n* Bildschirmarbeiter(in *f*) *m*; **computer peripheral** *n* Peripheriegerät *nt*; **computer printout** *n* (Computer-) Ausdruck *m*; **computer program** *n* (Computer)programm *nt*; **computer programmer** *n* Programmierer(in *f*) *m*; **computer science** *n* Informatik *f*; **computer scientist** *n* Informatiker(in *f*) *m*; **computer search** *n* Suche *f* per Computer; (*in criminal contexts*) Rasterfahndung *f*; **computer skills** *npl* Computerkenntnisse *pl*; **computer studies** *npl* Computerwissenschaft *or* Informatik *f*; **computer-typeset** *vt* in Computersatz herstellen; **computer typesetting** *n* Computersatz *m*; **computer virus** *n* Computer-Virus *m*.

computing [kəm'pju:tiŋ] **I 1.** (*subject*) Computerwissenschaft *f*. **her husband's in ~** ihr Mann ist in der Computerbranche. **2.** (*act*) Berechnung *f*. **II** *attr problem, task* rechnerisch.

comrade ['kɒmrid] *n* Kamerad(in *f*) *m*; (*Pol*) Genosse *m*, Genossin *f*.

comradely ['kɒmridli] *adj* kameradschaftlich.

comradeship ['kɒmridʃip] *n* Kameradschaft(lichkeit) *f*.

comsat ['kɒmsæt] *abbr of* **communications satellite.**

con¹ *adv, n see* **pro³**.

con² *vt* (*Naut*) steuern, lenken.

con³ (*inf*) **I** *n* Schwindel, Beschiß (*sl*) *m*. **it's a ~!** das ist alles Schwindel *or* Beschiß (*sl*); **~ artist** Schwindler(in *f*) *m*.

II *vt* hereinlegen (*inf*), bescheißen (*sl*). **he ~ned her out of all her money** er hat sie um ihr ganzes Geld gebracht; **to ~ sb into doing sth** jdn durch einen faulen Trick dazu bringen, daß er etw tut (*inf*).

con⁴ (*inf*) *abbr of* **convict** Knastbruder *m* (*inf*).

concatenation [kɒn,kæti'neiʃən] *n* Verkettung *f*.

concave ['kɒn'keiv] *adj* konkav; *mirror* Konkav-, Hohl-.

concavo-convex [kɒn,keivəukɒn'veks] *adj* konkav-konvex.

conceal [kən'si:l] *vt* (*hide*) *object, emotions, thoughts* verbergen; (*keep secret*) verheimlichen (*sth from sb* jdm etw). **why did they ~ this information from us?** warum hat man uns diese Informationen vorenthalten?; **the chameleon was completely ~ed against its background** das Chamäleon war nicht mehr von seiner Umgebung zu unterscheiden.

concealed [kən'si:ld] *adj* verborgen; *lighting, wiring, turning, entrance* verdeckt; *camera* versteckt, Geheim-.

concealment [kən'si:lmənt] *n* (*of facts*) Verheimlichung *f*; (*of evidence*) Unterschlagung *f*; (*of criminal*) Gewährung *f* von Unterschlupf (*of* an *+acc*). **to come out of ~** aus dem Versteck auftauchen; **to stay in ~** sich versteckt halten.

concede [kən'si:d] **I** *vt* **1.** (*yield, give up*) *privilege* aufgeben; *lands* abtreten (*to* an *+acc*). **to ~ a privilege/right to sb** jdm ein Privileg/Recht überlassen; **to ~ victory to sb** vor jdm kapitulieren; **to ~ a match** (*give up*) aufgeben, sich geschlagen geben; (*lose*) ein Match abgeben; **to ~ a penalty** einen Elfmeter verursachen; **to ~ a point to sb** jdm in einem Punkt recht geben; (*Sport*) einen Punkt an jdn abgeben.

2. (*admit, grant*) zugeben, einräumen (*form*); *privilege* einräumen (*to sb* jdm); *right* zubilligen, zugestehen (*to sb* jdm). **it's generally ~d that ...** es ist allgemein anerkannt, daß ...; **to ~ defeat** sich geschlagen geben.

II *vi* nachgeben, kapitulieren.

conceit [kən'si:t] *n* (*pride*) Einbildung *f*. **he's full of ~** er ist schrecklich eingebildet; **of all the ~!** diese Einbildung!

conceited [kən'si:tid] *adj* eingebildet.

conceitedly [kən'si:tidli] *adv see adj*. **he ~ claimed ...** eingebildet wie er ist, hat er behauptet ...

conceitedness [kən'si:tidnis] *n* Einbildung *f*.

conceivable [kən'si:vəbl] *adj* denkbar, vorstellbar. **it is hardly ~ that ...** es ist kaum denkbar, daß ...

conceivably [kən'si:vəbli] *adv* **she may ~ be right** es ist durchaus denkbar, daß sie recht hat.

conceive [kən'si:v] **I** *vt* **1.** *child* empfangen.

2. (*imagine*) sich (*dat*) denken *or* vorstellen; *idea, plan* haben; *novel* die Idee haben zu. **it was originally ~d as quite a different sort of book** ursprünglich war das Buch ganz anders geplant *or* konzipiert (*geh*). **the way he ~s his role** seine Vorstellung *or* Auffassung von seiner Rolle; **she ~s it to be her duty** betrachtet es als ihre Pflicht.

3. to ~ a dislike for sb/sth eine Abneigung gegen jdn/etw entwickeln; **to ~ a liking for sb/sth** Zuneigung für jdn empfinden/seine Vorliebe für etw entdecken.

II *vi* (*woman*) empfangen.

◆**conceive of** *vi +prep obj* sich (*dat*) vorstellen. **who first ~d ~ the idea?** wer hatte die Idee zuerst?, wem kam die Idee zuerst?; **he absolutely refuses to ~ ~ cheating** Betrug käme ihm überhaupt nicht in den Sinn.

concentrate ['kɒnsəntreɪt] **I** *vt* **1.** konzentrieren (*on* auf *+acc*). **to ~ all one's energies on sth** sich (voll und) ganz auf etw (*acc*) konzentrieren; **to ~ one's mind on sth** seine Gedanken *or* sich auf etw (*acc*) konzentrieren. **2.** (*Mil*) *troops* konzentrieren. **3.** (*Chem*) konzentrieren.

II *vi* **1.** (*give one's attention*) sich konzentrieren. **to ~ on doing sth** sich darauf konzentrieren, etw zu tun.

2. (*people*) sich sammeln; (*troops also*) sich konzentrieren.

III *adj* (*Chem*) konzentriert.

IV *n* (*Chem*) Konzentrat *nt*.

concentration [ˌkɒnsən'treɪʃən] *n* **1.** Konzentration *f*. **powers of ~** Konzentrationsfähigkeit *f*. **2.** (*gathering*) Ansammlung *f*. **3.** (*Chem*) Konzentration *f*.

concentration camp *n* Konzentrationslager, KZ *nt*.

concentric [kən'sentrɪk] *adj circles* konzentrisch.

concept ['kɒnsept] *n* Begriff *m*; (*conception*) Vorstellung *f*. **the ~ of evil** der Begriff des Bösen; **our ~ of the world** unser Weltbild *nt*; **the ~ of the play was good** das Stück war gut konzipiert (*geh*) *or* war in der Anlage.

conception [kən'sepʃən] *n* **1.** (*forming ideas*) Vorstellung *f*.

2. (*idea*) Vorstellung *f*; (*way sth is conceived*) Konzeption *f*. **the Buddhist ~ of life/nature/morality** die buddhistische Auffassung vom Leben/Vorstellung von der Natur/Moralvorstellung; **the classical ~ of beauty** das klassische Schönheitsideal; **they have a totally different ~ of justice** sie haben eine völlig unterschiedliche Auffassung *or* Vorstellung von Gerechtigkeit; **he has no ~ of how difficult it is** er macht sich (*dat*) keinen Begriff davon, wie schwer das ist.

3. (*of child*) die Empfängnis.

conceptual [kən'septjʊəl] *adj thinking* begrifflich. **is this a ~ possibility?** ist ein solcher Begriff überhaupt denkbar?

conceptualization [kənˌseptjʊəlaɪ'zeɪʃən] *n* Begriffsbildung *f*. **the ~ of experience** die begriffliche Erfassung der Erfahrung.

conceptualize [kən'septjʊəlaɪz] **I** *vt* in Begriffe fassen. **II** *vi* begrifflich denken.

conceptually [kən'septjʊəlɪ] *adv* begrifflich. **it only exists ~** das existiert nur in der Vorstellung.

concern [kən'sɜːn] **I** *n* **1.** (*relation, connection*) **do you have any ~ with banking?** haben Sie etwas mit dem Bankwesen zu tun?; **to have no ~ with sth** mit etw nichts zu tun haben.

2. (*business, affair*) Angelegenheit(en *pl*) *f*; (*matter of interest and importance to a person*) Anliegen *nt*. **the day-to-day ~s of government** die täglichen Regierungsgeschäfte; **it's no ~ of his** das geht ihn nichts an; **what ~ is it of yours?** was geht Sie das an?; **my ~ is with his works, not his life** mir geht es um sein Werk, nicht um seine Biographie.

3. (*Comm*) Konzern *m*; *see* **going.**

4. (*share*) Beteiligung *f*. **he has a ~ in the business** er ist an dem Geschäft beteiligt.

5. (*anxiety*) Sorge, Besorgnis *f*. **a look of ~** ein besorgter *or* sorgenvoller Blick; **the situation in the Middle East is causing ~** die Lage im Nahen Osten ist besorgniserregend; **there's some/no cause for ~** es besteht Grund/kein Grund zur Sorge; **he showed great ~ for your safety** er war sehr um Ihre Sicherheit besorgt.

6. (*importance*) Bedeutung *f*. **issues of national ~** Fragen von nationalem Interesse.

II *vt* **1.** (*be about*) handeln von. **it ~s the following issue** es geht um die folgende Frage; **the last chapter is ~ed with ...** das letzte Kapitel behandelt ...

2. (*be the business of, involve*) angehen, betreffen; (*affect*) betreffen. **that doesn't ~ you** das betrifft Sie nicht; (*as snub*) das geht Sie nichts an; **to whom it may ~** (*on certificate*) Bestätigung *f*; (*on reference*) Zeugnis *nt*; **the countries ~ed with oil-production** die Länder, die mit der Ölproduktion zu tun haben; **where money/honour is ~ed** wenn es um Geld/die Ehre geht; **as far as the money is ~ed** was das Geld betrifft *or* angeht; **is it important? — not as far as I'm ~ed** ist es denn wichtig? — was mich betrifft, nicht; **as far as he is ~ed it's just another job, but ...** für ihn ist es eigentlich nur ein Job, aber ...; **as far as I'm ~ed you can do what you like** von mir aus kannst du tun und lassen, was du willst; **where we are ~ed** wo es um uns geht; (*in so far as we are affected*) wo wir betroffen sind; **the department ~ed** (*relevant*) die zuständige Abteilung; (*involved*) die betreffende Abteilung; **who are the people ~ed in this report?** wer sind die Leute, um die es in diesem Bericht geht?; **the persons ~ed** die Betroffenen, die betroffenen Personen; **my brother is the most closely ~ed** mein Bruder ist am meisten davon betroffen; **the men ~ed in the robbery** die in den Überfall verwickelten Männer.

3. (*interest*) **he is only ~ed with facts** ihn interessieren nur die Fakten; (*is only dealing with*) ihm geht es nur um die Fakten; **to ~ oneself in** *or* **with** *or* **about sth** sich für etw interessieren.

4. (*have at heart*) **we should be ~ed more with** *or* **about quality** wir sollten höhere Qualitätsansprüche haben; **a mother is naturally ~ed about the well-being of her children** das Wohl ihrer Kinder liegt einer Mutter natürlich am Herzen; **there's no need for you to ~ yourself about that** darum brauchen Sie sich nicht zu kümmern.

5. (*worry: usu pass*) **to be ~ed about**

sth sich (*dat*) um etw Sorgen machen, um etw besorgt sein; **I was very ~ed to hear about your illness** ich habe mir Sorgen gemacht, als ich von Ihrer Krankheit hörte; **he was ~ed at the news** die Nachricht beunruhigte ihn; **don't ~ yourself** machen Sie sich keine Sorgen; **I was very ~ed about** *or* **for your safety** ich war sehr um Ihre Sicherheit besorgt; **I am ~ed to hear that ...** es beunruhigt mich, daß ...; **a ~ed look** ein besorgter Blick.

concerning [kən'sɜːnɪŋ] *prep* bezüglich, hinsichtlich, betreffs (*form*) (*all +gen*). **~ your request ...** apropos Ihrer Anfrage ..., was Ihre Anfrage betrifft ...; **~ what?** worüber?

concert¹ ['kɒnsət] *n* **1.** (*Mus*) Konzert *nt*. **were you at the ~?** waren Sie in dem Konzert?; **Madonna in ~** Madonna live. **2.** (*of voices*) **in ~** im Chor, gemeinsam. **3.** (*fig*) **in ~** gemeinsam; **to work in ~ with sb** mit jdm zusammenarbeiten.

concert² [kən'sɜːt] *vt efforts* vereinen.

concerted [kən'sɜːtɪd] *adj efforts, action, attack* gemeinsam, konzertiert (*esp Pol*). **with** *or* **through their ~ efforts ...** mit vereinten Kräften ...; **to take ~ action** gemeinsam vorgehen; **to make a ~ attack** gemeinsam *or* geballt angreifen.

concertgoer *n* Konzertbesucher(in *f*) *m*; **concert grand** *n* Konzertflügel *m*; **concert hall** *n* Konzerthalle *f or* -saal *m*.

concertina [ˌkɒnsə'tiːnə] **I** *n* Konzertina *f*. **II** *vi* sich wie eine Ziehharmonika zusammenschieben.

concertmaster ['kɒnsətmæstəʳ] *n* (*US*) Konzertmeister(in *f*) *m*.

concerto [kən'tʃɜːtəʊ] *n* Konzert, Concerto *nt*.

concert pianist *n* Pianist(in *f*) *m*; **concert pitch** *n* Kammerton *m*; **concert tour** *n* Konzerttournee *f*.

concession [kən'seʃən] *n* Zugeständnis *nt*, Konzession *f* (*to* an *+acc*); (*Comm*) Konzession *f*. **to make ~s to sb** jdm Zugeständnisse machen.

concessionaire [kənˌseʃə'nɛəʳ] *n* (*Comm*) Konzessionär(in *f*) *m*.

concessionary [kən'seʃənərɪ] *adj* (*Comm*) Konzessions-; (*reduced*) *rates, fares* verbilligt.

concessive [kən'sesɪv] *adj* (*Gram*) konzessiv, Konzessiv-.

conch [kɒntʃ] *n große, spiralige Meeresschnecke*; (*used as trumpet*) Trompetenschnecke *f*, Tritonshorn *nt* (*also Myth*).

conciliate [kən'sɪlɪeɪt] *vt* **1.** (*placate*) besänftigen; (*win the goodwill of*) *person* versöhnlich stimmen. **2.** (*reconcile*) *opposing views* auf einen Nenner bringen.

conciliation [kənˌsɪlɪ'eɪʃən] *n see vt 1*. Besänftigung *f*; Versöhnung *f*. **~ board** (*in industry*) Schlichtungskommission *f*.

conciliator [kən'sɪlɪeɪtəʳ] *n* Vermittler(in *f*) *m*.

conciliatory [kən'sɪlɪətərɪ] *adj* versöhnlich; (*placatory*) beschwichtigend, besänftigend.

concise [kən'saɪs] *adj* präzis(e), exakt. **~ dictionary** Handwörterbuch *nt*.

concisely [kən'saɪslɪ] *adv* präzis(e), exakt.

conciseness [kən'saɪsnɪs], **concision** [kən'sɪʒən] *n* Präzision, Exaktheit *f*.

conclave ['kɒnkleɪv] *n* **1.** Klausur *f*. **in ~** in Klausur. **2.** (*Eccl*) Konklave *nt*.

conclude [kən'kluːd] **I** *vt* **1.** (*end*) *meeting, letter, speech* beenden, schließen; *meal* abschließen, beenden. **and now, to ~ tonight's programmes** zum Abschluß unseres heutigen Abendprogramms.

2. (*arrange*) *treaty, transaction, deal* abschließen.

3. (*infer*) schließen, folgern (*from* aus).

4. (*decide, come to conclusion*) zu dem Schluß kommen. **what have you ~d about his suggestion**? zu welchem Schluß sind Sie in bezug auf seinen Vorschlag gekommen?

II *vi* (*meetings, events*) enden; (*letter, speech also*) schließen. **to ~ I must say ...** abschließend wäre noch zu bemerken *or* bliebe noch zu sagen, ...

concluding [kən'kluːdɪŋ] *adj remarks, words* abschließend, Schluß-. **~ bars/lines** Schlußtakte/-zeilen *pl*; **the ~ years of ...** die letzten Jahre von ...

conclusion [kən'kluːʒən] *n* **1.** (*end*) Abschluß *m*; (*of essay, novel*) Schluß *m*. **in ~** zum (Ab)schluß, abschließend.

2. (*settling: of treaty*) Abschluß *m*, Zustandekommen *nt*.

3. Schluß(folgerung *f*) *m*. **what ~ do you draw** *or* **reach from all this**? welchen Schluß *or* welche Schlußfolgerung ziehen Sie daraus *or* aus alldem?; **let me know your ~s** lassen Sie mich wissen, zu welchem Schluß Sie gekommen sind; **a rash ~** ein voreiliger Schluß; **one is forced to the ~ that ...** man kommt unweigerlich zu dem Schluß, daß ...

4. (*Logic*) Folgerung *f*.

conclusive [kən'kluːsɪv] *adj* (*convincing*) schlüssig, überzeugend; (*decisive, final*) endgültig; (*Jur*) *evidence* einschlägig; *proof* schlüssig, eindeutig.

conclusively [kən'kluːsɪvlɪ] *adv see adj*. **this ~ settles this issue** damit ist die Sache endgültig beigelegt.

concoct [kən'kɒkt] *vt* **1.** (*Cook*) zusammenstellen, (zu)bereiten; (*hum*) kreieren, zurechtzaubern. **2.** (*fig*) sich (*dat*) zurechtlegen; *scheme, plan also* aushekken; *excuse also* sich (*dat*) ausdenken; *new dress, hat* zaubern.

concoction [kən'kɒkʃən] *n* **1.** (*food*) Kreation, Zusammenstellung *f*; (*drink*) Gebräu *nt*. **one of her little ~s** eines ihrer Spezialrezepte. **2.** (*story*) Erdichtung *f*; (*fashion*) Zauberei, Spielerei *f*.

concomitant [kən'kɒmɪtənt] **I** *adj* Begleit-. **II** *n* Begleiterscheinung *f*.

concord ['kɒŋkɔːd] *n* (*harmony*) Eintracht *f*; (*about decision*) Einvernehmen *nt*, Übereinstimmung *f*.

concordance [kən'kɔːdəns] *n* (*agreement*) Übereinstimmung *f*. **in ~ with your specifications** (*form*) Ihren Angaben *or* Anweisungen gemäß.

concordant [kən'kɔːdənt] *adj* (*form*)

übereinstimmend. **to be ~ with** entsprechen (+*dat*).

concourse ['kɒŋkɔːs] *n* **1.** (*liter: of people*) Menschenmenge *f*, Menschenauflauf *m*; (*of two rivers*) Zusammenfluß *m*. **2.** (*place*) Eingangshalle *f*; (*US: in park*) freier Platz.

concrete[1] ['kɒŋkriːt] *adj object, evidence, example* konkret. **a ~ object** etwas Gegenständliches; **~ noun** Konkretum *nt*; **~ poetry** Bilderlyrik *f*.

concrete[2] **I** *n* (*Build*) Beton *m*. **~ mixer** Betonmischmaschine *f*. **II** *adj* Beton-. **III** *vt wall, floor* betonieren.

concretely [kən'kriːtlɪ] *adv* konkret.

concretion [kən'kriːʃən] *n* (*coalescence*) Verschmelzung *f*; (*Geol also*) Konkretion *f*; (*Med*) Konkrement *nt*.

concubine ['kɒŋkjʊbaɪn] *n* **1.** (*old*) Mätresse *f*. **2.** (*in polygamy*) Konkubine, Nebenfrau *f*.

concupiscent [kən'kjuːpɪsənt] *adj* lüstern.

concur [kən'kɜːʳ] *vi* **1.** (*agree*) übereinstimmen; (*with a suggestion*) beipflichten (*with dat*); (*Math*) zusammenlaufen. **John and I ~red** John und ich waren einer Meinung; **I ~ with that** ich pflichte dem bei.

2. (*happen together*) zusammentreffen, auf einmal eintreten.

concurrence [kən'kʌrəns] *n* **1.** (*accordance*) Übereinstimmung *f*; (*agreement, permission*) Einverständnis *nt*, Zustimmung *f*. **2.** (*of events*) Zusammentreffen *nt*. **3.** (*Math*) Schnittpunkt *m*.

concurrent [kən'kʌrənt] *adj* **1.** (*occurring at the same time*) gleichzeitig. **to be ~ with sth** mit etw zusammentreffen, zur gleichen Zeit wie etw stattfinden.

2. (*acting together*) vereint, gemeinsam.

3. (*in agreement*) übereinstimmend; *interpretation, statement also* gleichlautend. **to be ~ with sth** mit etw übereinstimmen.

4. (*Math*) zusammenlaufend; (*intersecting*) sich schneidend.

concurrently [kən'kʌrəntlɪ] *adv* gleichzeitig. **the two sentences to run ~** (*Jur*) unter gleichzeitigem Vollzug beider Freiheitsstrafen.

concuss [kən'kʌs] *vt* (*usu pass*) **to be ~ed** eine Gehirnerschütterung haben.

concussion [kən'kʌʃən] *n* Gehirnerschütterung *f*.

condemn [kən'dem] *vt* **1.** (*censure*) verurteilen.

2. (*Jur*) verurteilen. **to ~ sb to death/10 years' imprisonment** jdn zum Tode/zu 10 Jahren Gefängnis verurteilen; **the ~ed man** der zum Tode Verurteilte; **the ~ed cell** die Todeszelle.

3. (*fig*) verdammen, verurteilen (*to* zu).

4. (*declare unfit*) *building, slums* für abbruchreif erklären; *ship* für nicht mehr seetüchtig erklären. **these houses are/should be ~ed** diese Häuser stehen auf der Abrißliste/sollten abgerissen werden; **the fruit was ~ed as unfit for consumption** das Obst wurde für den Verzehr ungeeignet erklärt.

5. (*US Jur*) beschlagnahmen; *land* enteignen.

condemnation [ˌkɒndem'neɪʃən] *n* **1.** Verurteilung *f*; (*fig also*) Verdammung *f*. **what a ~** was für ein Armutszeugnis.

2. (*of slums, ship*) Kondemnation *f* (*spec*). **the new council was responsible for the immediate ~ of some of the old city slums** die neue Stadtverwaltung war dafür verantwortlich, daß einige der alten Slums sofort auf die Abrißliste kamen.

3. (*US Jur*) Beschlagnahme *f*; (*of land*) Enteignung *f*.

condemnatory [kɒndem'neɪtərɪ] *adj* aburteilend; *frown* mißbilligend; *criticism* verdammend; *conclusion* vernichtend.

condensation [ˌkɒnden'seɪʃən] *n* **1.** (*of vapour*) Kondensation *f*; (*liquid formed*) Kondensat *nt*; (*on window panes*) Kondenswasser *nt*. **the windows/walls are covered with ~** die Fenster/Wände sind beschlagen.

2. (*short form*) Kurzfassung *f*; (*act*) Kondensierung, Zusammenfassung *f*.

condense [kən'dens] **I** *vt* **1.** kondensieren. **~d milk** Kondensmilch, Büchsen- *or* Dosenmilch *f*. **2.** (*Phys*) *gas* kondensieren; (*compress*) verdichten; *rays* bündeln. **3.** (*shorten*) zusammenfassen. **in a very ~d form** in sehr gedrängter Form. **II** *vi* (*gas*) kondensieren, sich niederschlagen.

condenser [kən'densəʳ] *n* (*Elec, Phys*) Kondensator *m*; (*Opt*) Kondensor *m*, Sammellinse *f*.

condescend [ˌkɒndɪ'send] *vi* **1.** (*stoop*) sich herab- *or* herbeilassen. **to ~ to do sth** sich herab- *or* herbeilassen, etw zu tun.

2. (*be ~ing towards*) herablassend behandeln (*to sb* jdn). **he doesn't like being ~ed to** er läßt sich nicht gerne von oben herab behandeln.

condescending *adj*, **~ly** *adv* [ˌkɒndɪ'sendɪŋ, -lɪ] (*pej*) herablassend, von oben herab.

condescension [ˌkɒndɪ'senʃən] *n* (*pej*) Herablassung *f*; (*attitude also*) herablassende Haltung.

condiment ['kɒndɪmənt] *n* Würze *f*. **would you pass the ~s?** würden Sie mir bitte Pfeffer und Salz reichen?

condition [kən'dɪʃən] **I** *n* **1.** (*determining factor*) Bedingung *f* (*also Jur, Comm*); (*prerequisite*) Voraussetzung *f*. **~s of sale** Verkaufsbedingungen *pl*; **on ~ that ...** unter der Bedingung *or* Voraussetzung, daß ...; **on this ~** unter folgender Bedingung *or* Voraussetzung; **on what ~?** zu welchen Bedingungen?, unter welchen Voraussetzungen?; **on no ~** auf keinen Fall; **to make ~s** Bedingungen stellen; **he made it a ~ that ...** er machte es zur Bedingung, daß ...

2. ~s *pl* (*circumstances*) Verhältnisse, Zustände (*pej*) *pl*; **working ~s** Arbeitsbedingungen *pl*; **living ~s** Wohnverhältnisse *pl*; **weather ~s** die Wetterlage; **in** *or* **under (the) present ~s** bei den derzeitigen Verhältnissen.

3. *no pl* (*state*) Zustand *m*. **he is in good/bad ~** er ist in guter/schlechter Verfassung; **it is in good/bad ~** es ist in gutem/schlechtem Zustand; **not in your ~!** nicht in deinem Zustand!; **you're in no ~ to drive** du bist nicht mehr fahrtüchtig; **to be in/out of ~** eine gute/keine Kondition haben; **to keep in/get into ~** in Form bleiben/kommen; (*Sport also*) seine Kondition beibehalten/sich (*dat*) eine gute Kondition antrainieren.

4. (*Med*) Beschwerden *pl*. **he has a heart ~** er ist herzkrank.

II *vt* **1.** (*esp pass: determine*) bedingen, bestimmen. **to be ~ed by** bedingt sein durch, abhängen von.

2. (*bring into good ~*) *hair, athlete, animal* in Form bringen. **~ing powder** Aufbaumittel *nt*.

3. (*Psych: train*) konditionieren; (*accustom*) gewöhnen. **~ed reflex** bedingter Reflex.

conditional [kən'dɪʃənl] **I** *adj* **1.** mit Vorbehalt, bedingt, vorbehaltlich; (*Comm, Jur*) *sale* mit Auflagen. **a ~ yes** ein Ja mit Vorbehalt; **to be ~ (up)on sth** von etw abhängen.

2. (*Gram*) konditional, Konditional-, Bedingungs-.

II *n* (*Gram*) Konditional *m*.

conditionally [kən'dɪʃnəlɪ] *adv* unter *or* mit Vorbehalt.

conditioner [kən'dɪʃənəʳ] *n* (*for hair*) Pflegespülung *f*; (*for washing*) Weichspüler *m*.

condo ['kɒndəʊ] *n* (*US inf*) *see* **condominium 2.**

condole [kən'dəʊl] *vi* **to ~ with sb (on** *or* **upon sth)** jdm (zu etw) sein Mitgefühl aussprechen; (*on death also*) jdm (zu etw) kondolieren.

condolence [kən'dəʊləns] *n* Beileid *nt no pl*, Anteilnahme, Kondolenz (*form*) *f no pl*. **letter of ~** Kondolenzbrief *m*; **please accept my ~s on the death of your mother** (meine) aufrichtige Anteilnahme zum Tode Ihrer Mutter.

condom ['kɒndɒm] *n* Kondom *nt or m*, Präservativ *nt*.

condominium ['kɒndə'mɪnɪəm] *n* **1.** (*Pol*) Kondominium *nt*; (*rule also*) Kondominat *nt*. **2.** (*US*) (*apartment house*) ≃ Haus *nt* mit Eigentumswohnungen, Eigentumsblock *m*; (*single apartment*) ≃ Eigentumswohnung *f*.

condone [kən'dəʊn] *vt* (*overlook*) (stillschweigend) hinwegsehen über (+*acc*); (*approve*) (stillschweigend) dulden.

condor ['kɒndɔːʳ] *n* Kondor *m*.

conducive [kən'djuːsɪv] *adj* förderlich, dienlich (*to dat*).

conduct ['kɒndʌkt] **I** *n* **1.** (*behaviour*) Verhalten, Benehmen *nt* (*towards* gegenüber); (*of children also*) Betragen *nt*; (*of prisoner*) Führung *f*. **the rules of ~** die Verhaltensregeln.

2. (*management*) Führung *f*; (*of conference, commission of inquiry*) Leitung *f*; (*of investigation*) Durchführung *f*.

II [kən'dʌkt] *vt* **1.** (*guide*) führen; (*ceremoniously*) geleiten (*geh*). **~ed tour (of)** (*of country*) Gesellschaftsreise *f* (durch); (*of building*) Führung *f* (durch).

2. (*direct, manage*) *war, campaign, correspondence, conversation* führen; *meeting, business also* leiten; *investigation* durchführen; *private affairs* handhaben. **he ~ed his own defence** er übernahm seine eigene Verteidigung.

3. (*Mus*) dirigieren.

4. (*Phys, Physiol*) leiten; *lightning* ableiten, erden.

III [kən'dʌkt] *vi* **1.** (*Mus*) dirigieren. **2.** (*Phys*) leiten.

IV [kən'dʌkt] *vr* sich verhalten, sich benehmen; (*prisoner*) sich führen.

conduction [kən'dʌkʃən] *n* (*Phys, Physiol*) Leitung *f* (*along* durch *or* (*Physiol*) entlang).

conductive [ˌkɒn'dʌktɪv] *adj* leitfähig, leitend.

conductivity [ˌkɒndʌk'tɪvɪtɪ] *n* (*Phys, Physiol*) Leitfähigkeit *f*.

conductor [kən'dʌktəʳ] *n* **1.** (*Mus*) Dirigent(in *f*) *m*; (*of choir also*) Leiter(in *f*) *m*. **2.** (*bus, tram ~*) Schaffner *m*. **3.** (*Phys*) Leiter *m*; (*lightning ~*) Blitzableiter *m*. **~ rail** (Fahr)leitung(sschiene) *f*.

conductress [kən'dʌktrɪs] *n* (*on bus*) Schaffnerin *f*.

conduit ['kɒndɪt] *n* Leitungsrohr *nt*; (*Elec*) Rohrkabel *nt*.

cone [kəʊn] *n* **1.** Kegel *m*; (*Geol: of volcano*) (Berg)kegel *m*; (*storm ~*) Windsack *m*; (*traffic ~*) Pylon(e *f*) *m* (*form*), Leitkegel *m*; (*Space: nose ~*) Nase *f*. **a ~ of light** ein Lichtkegel *m*. **2.** (*Bot*) Zapfen *m*. **3.** (*ice-cream ~*) (Eis)tüte *f*.

◆**cone off** *vt sep* mit Pylonen absperren.

cone-shaped ['kəʊn'ʃeɪpt] *adj* kegelförmig.

coney *n see* **cony.**

confab ['kɒnfæb] *n* (*inf*) kleine Besprechung. **we'd better have a quick ~** wir bekakeln das am besten mal schnell (*inf*).

confection [kən'fekʃən] *n* **1.** (*sweets*) Konfekt *nt*. **2.** (*Comm: item of ladies' clothing*) modischer Artikel.

confectioner [kən'fekʃənəʳ] *n* (*maker*) Konditor(in *f*) *m*; (*seller also*) Süßwarenverkäufer(in *f*) *m*. **~'s (shop)** Süßwarenladen *m*; **~'s custard** Puddingmasse *f*; **~'s sugar** (*US*) Puderzucker *m*.

confectionery [kən'fekʃənərɪ] *n* Konditorwaren, Süßwaren *pl*; (*chocolates*) Konfekt *nt*.

confederacy [kən'fedərəsɪ] *n* (*Pol*) (*confederation*) Bündnis *nt*; (*of nations*) Staatenbund *m*, Konföderation *f*. **the C~** (*US Hist*) die Konföderierten Staaten von Amerika.

confederate [kən'fedərɪt] **I** *adj system* konföderiert; *nations also* verbündet. **the C~ States** (*US Hist*) die Konföderierten Staaten von Amerika. **II** *n* (*Pol: ally*) Verbündete(r), Bündnispartner, Bundesgenosse *m*; (*pej: accomplice*) Komplize *m* (*pej*). **the C~s** (*US Hist*) die Konföderierten *pl*.

confederation [kənˌfedə'reɪʃən] *n* **1.** (*Pol*) (*alliance*) Bündnis *nt*, Bund *m*; (*system of government*) Staatenbund *m*,

Konföderation *f.* **the Swiss C~** die Schweizerische Eidgenossenschaft. **2.** (*association*) Bund *m*. **C~ of British Industry** Verband *m* der britischen Industrie.

confer [kən'fɜːʳ] **I** *vt* (*on, upon sb* jdm) *title, degree* verleihen; *power also* übertragen. **II** *vi* sich beraten, konferieren (*geh*).

conference ['kɒnfərəns] *n* **1.** Konferenz *f*; (*more informal*) Besprechung *f*. **to be in a ~ (with)** eine Besprechung *or* Unterredung haben (mit); **to get sb to the ~ table** jdn an den Konferenztisch bringen; **I'm sorry, he's in ~** tut mir leid, er ist in *or* bei einer Konferenz/ Besprechung; **~ call** (*Telec*) Konferenzschaltung *f*; **~ room** Konferenzzimmer *nt*.

2. (*convention*) Konferenz, Tagung *f*.

Conference on Security and Cooperation in Europe *n* (*Pol*) Konferenz *f* für Sicherheit und Zusammenarbeit in Europa.

conferencing ['kɒnfərənsɪŋ] *n* (*Telec*) Konferenzschaltungen *pl*.

conferment [kən'fɜːmənt], **conferral** [kən'fɜːrəl] *n* (*of title, degree*) Verleihung *f*.

confess [kən'fes] **I** *vt* **1.** (*acknowledge*) gestehen, zugeben; *ignorance, mistake also* bekennen, beichten (*hum inf*).

2. (*Eccl*) *sins* bekennen; (*to priest*) beichten; (*priest*) *penitent* die Beichte abnehmen (*+dat*).

II *vi* **1.** gestehen (*to acc*). **to ~ to sth** etw gestehen, sich zu etw bekennen.

2. (*Eccl*) beichten. **to ~ to sb/to sth** jdm/etw (*acc*) beichten.

confessed [kən'fest] *adj* (*admitted*) *plan* zugegeben, erklärt, eingestanden; (*having confessed*) *criminal* geständig; (*self-~*) *revolutionary* erklärt; *alcoholic, criminal* eigenen Eingeständnisses, nach eigenen Angaben.

confessedly [kən'fesɪdlɪ] *adv* zugegebenermaßen.

confession [kən'feʃən] *n* **1.** Eingeständnis *nt*; (*of guilt, crime*) Geständnis *nt*. **on his own ~** laut eigener Aussage; **to make a full ~ of sth to sb** (*Jur also*) jdm ein volles Geständnis einer Sache (*gen*) ablegen; **I have a ~ to make** ich muß dir etwas beichten (*inf*) *or* gestehen; (*Jur*) ich möchte ein Geständnis ablegen.

2. (*Eccl*) (*of sins*) Beichte *f*, (Schuld- *or* Sünden)bekenntnis *nt*. **to make one's ~** seine Sünden bekennen; **to hear ~** (die) Beichte hören.

3. (*faith*) (Glaubens)bekenntnis *nt*, Konfession *f*.

confessional [kən'feʃənl] *n* Beichtstuhl *m*. **the secrecy of the ~** das Beichtgeheimnis.

confessor [kən'fesəʳ] *n* (*Eccl*) Beichtvater *m*.

confetti [kən'feti:] *n, no pl* Konfetti *nt*.

confidant [ˌkɒnfɪ'dænt] *n* Vertraute(r) *m*.

confidante [ˌkɒnfɪ'dænt] *n* Vertraute *f*.

confide [kən'faɪd] *vt* anvertrauen (*to sb* jdm).

◆**confide in** *vi +prep obj* (*tell secrets to*) sich anvertrauen (*+dat*). **to ~ ~ sb about sth** jdm etw anvertrauen.

confidence ['kɒnfɪdəns] *n* **1.** (*trust*) Vertrauen *nt*; (*in sb's abilities also*) Zutrauen *nt* (*in* zu); (*confident expectation*) Zuversicht *f*. **to have (every/no) ~ in sb/ sth** (volles/kein) Vertrauen zu jdm/etw haben *or* in jdn/etw setzen; **I have every ~ that ...** ich bin ganz zuversichtlich, daß ...; **to put one's ~ in sb/sth** auf jdn/ etw bauen, sich auf jdn/etw verlassen; **he talked with ~ on the subject** er äußerte sich sehr kompetent zu dem Thema; **I can't talk with any ~ about ...** ich kann nichts Bestimmtes über (*+acc*) ... sagen; **in the full ~ that ...** im festen Vertrauen darauf, daß ...; **to give/ask for a vote of ~** (*Parl*) das Vertrauen aussprechen/die Vertrauensfrage stellen; **motion/vote of no ~** Mißtrauensantrag *m*/-votum *nt*.

2. (*self-~*) (Selbst)vertrauen *nt*, Selbstsicherheit *f*.

3. (*confidential relationship*) Vertrauen *nt*. **in (strict) ~** (streng) vertraulich; **to take sb into one's ~** jdn ins Vertrauen ziehen; **to be in** *or* **enjoy sb's ~** jds Vertrauen besitzen *or* genießen.

4. (*information confided*) vertrauliche Mitteilung.

confidence trick, confidence trickster *n* *see* **con trick, con-man.**

confident ['kɒnfɪdənt] *adj* **1.** (*sure*) überzeugt, zuversichtlich (*of gen*); *look* zuversichtlich. **to be ~ of success** *or* **succeeding** vom Erfolg überzeugt sein, zuversichtlich *or* überzeugt sein, daß man gewinnt; **to be ~ in sb/sth** Vertrauen zu jdm/etw haben, jdm/einer Sache vertrauen.

2. (*self-assured*) (selbst)sicher.

confidential [ˌkɒnfɪ'denʃəl] *adj* **1.** *information, whisper* vertraulich. **2.** (*enjoying sb's confidence*) **~ secretary** Privatsekretär(in *f*) *m*; **~ agent** Sonderbeauftragte(r) *mf* mit geheimer Mission.

3. (*inclined to confide*) vertrauensselig.

confidentiality [ˌkɒnfɪˌdenʃɪ'ælɪtɪ] *n* Vertraulichkeit *f*

confidentially [ˌkɒnfɪ'denʃəlɪ] *adv* vertraulich, im Vertrauen.

confidently ['kɒnfɪdəntlɪ] *adv* **1.** zuversichtlich; *look forward also* vertrauensvoll. **2.** (*self-~*) selbstsicher; (*with conviction*) mit Überzeugung.

confiding *adj*, **~ly** *adv* [kən'faɪdɪŋ, -lɪ] vertrauensvoll.

configuration [kənˌfɪgjʊ'reɪʃən] *n* Konfiguration *f* (*form*); (*Geog*) Form, Gestalt *f*; (*Sci*) Struktur *f*, Aufbau *m*; (*Comput*) Konfiguration *f*; (*Astron*) Anordnung *f*, Aspekt *m* (*spec*).

configure [kən'fɪgəʳ] *vt* (*Comput*) konfigurieren.

confine [kən'faɪn] **I** *vt* **1.** (*keep in*) *person, animal* (ein)sperren; *flood* eindämmen. **~d to bed/the house** ans Bett/ans Haus gefesselt; **to be ~d to barracks/one's room/one's house** Kasernen-/ Stubenarrest haben/unter Hausarrest stehen.

2. (*limit*) *remarks* beschränken (*to* auf +*acc*). **to ~ oneself to doing sth** sich darauf beschränken, etw zu tun; **the damage was ~d to …** der Schaden beschränkte *or* erstreckte sich nur auf (+*acc*) …

II ~s ['kɒnfaɪnz] *npl* (*of space, thing*) Grenzen *pl*.

confined [kən'faɪnd] *adj space* beschränkt, begrenzt; *atmosphere* beengend.

confinement [kən'faɪnmənt] *n* **1.** (*imprisonment*) (*act*) Einsperren *nt*; (*in hospital*) Einweisung *f*; (*of animals*) Gefangenhalten *nt*; (*state*) Eingesperrtsein *nt*; (*in jail*) Haft *f*; (*of animals*) Gefangenschaft *f*; (*Mil*) Arrest *m* (*also hum*). **~ to barracks/one's room** Kasernen-/Stubenarrest *m*; **to put sb in ~** jdn einsperren.

2. (*restriction*) Beschränkung *f* (*to* auf +*acc*).

3. (*dated: childbirth*) Entbindung, Niederkunft (*old*) *f*.

confirm [kən'fɜːm] *vt* **1.** (*verify*) bestätigen. **2.** (*strengthen*) bestärken; *one's resolve also* bekräftigen. **3.** (*Eccl*) konfirmieren; *Roman Catholic* firmen.

confirmation [ˌkɒnfə'meɪʃən] *n* **1.** Bestätigung *f*. **2.** (*Eccl*) Konfirmation *f*; (*of Roman Catholics*) Firmung *f*. **~ classes** Konfirmandenstunde *f or* -unterricht *m*; Firmunterricht *m*.

confirmatory [ˌkɒnfɜː'meɪtərɪ] *adj* bestätigend.

confirmed [kən'fɜːmd] *adj* erklärt; *bachelor* eingefleischt.

confirming bank [kən'fɜːmɪŋˌbæŋk] *n* bestätigende Bank.

confiscate ['kɒnfɪskeɪt] *vt* beschlagnahmen, konfiszieren. **to ~ sth from sb** jdm etw abnehmen.

confiscation [ˌkɒnfɪs'keɪʃən] *n* Beschlagnahme, Konfiszierung *f*.

confiscatory [ˌkɒnfɪs'keɪtərɪ] *adj* **they have ~ powers** sie sind zur Beschlagnahme befugt.

conflagration [ˌkɒnflə'greɪʃən] *n* (*of forest, towns*) Feuersbrunst *f* (*geh*); (*of building*) Großbrand *m*.

conflate [kən'fleɪt] *vt* zusammenfassen.

conflation [kən'fleɪʃən] *n* Zusammenfassung *f*.

conflict ['kɒnflɪkt] **I** *n* Konflikt *m*; (*of moral issues, ideas also*) Widerstreit, Zwiespalt *m*; (*between two accounts*) Widerspruch *m*; (*fighting*) Zusammenstoß *m*. **to be in ~ with sb/sth** mit jdm/etw im Konflikt liegen; im Widerspruch zu jdm/etw stehen; **to come into ~ with sb/sth** mit jdm/etw in Konflikt geraten; **~ of interests/opinions** Interessen-/Meinungskonflikt *m*.

II [kən'flɪkt] *vi* im Widerspruch stehen (*with* zu), widersprechen (*with dat*).

conflicting [kən'flɪktɪŋ] *adj* widersprüchlich.

confluence ['kɒnflʊəns] *n* (*of rivers*) Zusammenfluß *m*.

conform [kən'fɔːm] *vi* (*things: comply with*) entsprechen (*to dat*); (*people: socially*) sich anpassen (*to* an +*acc*); (*things, people: to rules*) sich richten (*to* nach); (*agree*) übereinstimmen, konform gehen (*with* mit).

conformance [kən'fɔːməns] *n see* **conformity.**

conformist [kən'fɔːmɪst] **I** *n* Konformist(in *f*) *m*. **II** *adj* konformistisch.

conformity [kən'fɔːmɪtɪ] *n* **1.** (*uniformity*) Konformismus *m*.

2. (*compliance*) Übereinstimmung *f*; (*of manners*) Konformismus *m*; (*socially*) Anpassung *f* (*with* an +*acc*). **in ~ with sth** einer Sache (*dat*) entsprechend *or* gemäß; **to bring sth into ~ with sth** etw mit etw in Einklang *or* Übereinstimmung bringen.

confound [kən'faʊnd] *vt* **1.** (*amaze*) verblüffen.

2. (*throw into confusion*) verwirren, durcheinanderbringen.

3. (*liter: mistake for sth else*) verwechseln.

4. (*inf*) **~ it!** verflixt (*inf*) noch mal!

confounded [kən'faʊndɪd] *adj* (*inf*) verflixt (*inf*); *cheek also* verflucht (*inf*); *noise also* Heiden- (*inf*); *nuisance* elend (*inf*).

confront [kən'frʌnt] *vt* **1.** (*face*) *danger, enemy, the boss* gegenübertreten (+*dat*); (*fig*) *problems, issue also* begegnen (+*dat*); (*stand or be ~ing*) *wall of ice* gegenüberstehen (+*dat*); (*problems, decisions*) sich stellen (+*dat*).

2. (*bring face to face with*) konfrontieren. **to ~ sb with sb/sth** jdn jdm gegenüberstellen, jdn mit jdm/etw konfrontieren; **to be ~ed with sth** mit etw konfrontiert sein, vor etw (*dat*) stehen; **(when) ~ed with** angesichts (+*gen*).

confrontation [ˌkɒnfrən'teɪʃən] *n* Konfrontation *f* (*also Pol*); (*defiant also*) Auseinandersetzung *f*; (*with witnesses, evidence*) Gegenüberstellung *f*.

Confucian [kən'fjuːʃən] **I** *adj* konfuzianisch. **II** *n* Konfuzianer(in *f*) *m*.

Confucius [kən'fjuːʃəs] *n* Konfuzius, Konfutse *m*.

confuse [kən'fjuːz] *vt* **1.** (*bewilder, muddle*) *people* konfus machen, verwirren, durcheinanderbringen; (*make unclear*) *situation* verworren machen. **don't ~ the issue!** bring (jetzt) nicht alles durcheinander!

2. (*mix up*) *people* verwechseln; *matters, issues also* durcheinanderbringen.

confused [kən'fjuːzd] *adj* **1.** (*muddled*) wirr, konfus; *person also* verwirrt; (*through old age, after anaesthetic*) wirr im Kopf; *idea, report, situation also* verworren; *sound, jumble* wirr. **2.** (*embarrassed*) verwirrt, verlegen, betreten.

confusedly [kən'fjuːzɪdlɪ] *adv* verwirrt; (*in disorder also*) wirr; (*embarrassedly also*) verlegen, betreten.

confusing [kən'fjuːzɪŋ] *adj* verwirrend.

confusion [kən'fjuːʒən] *n* **1.** (*disorder*) Durcheinander *nt*, Wirrwarr *m*, Unordnung *f*; (*jumble*) Wirrwarr *m*. **to be in ~** in Unordnung sein, durcheinander sein; **scenes of ~** allgemeines *or* wildes Durcheinander; **to retire in ~** (*Mil*) einen ungeordneten Rückzug antreten; **to throw everything into ~** alles durcheinanderbringen; **in the ~ of the battle/robbery** im Durcheinander der Schlacht/während des Raubüberfalls; **to run about in ~** wild durcheinanderlaufen.

2. (*perplexity*) Verwirrung, Unklarheit *f*; (*mental ~: after drugs, blow on head*) Verwirrtheit *f*; (*through old age*) Wirrheit *f*.

3. (*embarrassment*) Verlegenheit *f*; (*at being found out*) Betroffenheit *f*. **to be covered in ~** vor Verlegenheit erröten.

4. (*mixing up*) Verwechslung *f*.

confutation [kɒnfjuː'teɪʃən] *n* Widerlegung *f*.

confute [kən'fjuːt] *vt* widerlegen.

conga ['kɒŋgə] *n* Conga *f*.

congeal [kən'dʒiːl] **I** *vi* erstarren, starr werden; (*glue, mud*) hart *or* fest werden; (*blood*) gerinnen; (*with fear*) erstarren. **II** *vt* erstarren lassen (*also fig*); *glue, mud* hart werden lassen; *blood* gerinnen lassen.

congenial [kən'dʒiːnɪəl] *adj* **1.** (*pleasant*) ansprechend; *person also* sympathisch; *place, job also, atmosphere* angenehm. **2.** (*liter: of like nature*) kongenial (*liter*), geistesverwandt.

congenital [kən'dʒenɪtl] *adj* angeboren, kongenital (*spec*). **~ defect** Geburtsfehler *m*; **~ idiot** (*inf*) Erzdepp *m* (*inf*).

conger ['kɒŋgə^r] *n* (*also* **~ eel**) Seeaal *m*.

congested [kən'dʒestɪd] *adj* überfüllt; (*with traffic*) verstopft; (*with people also*) voll; *pavement* übervoll; (*highly populated*) über(be)völkert. **his lungs are ~** in seiner Lunge hat sich Blut angestaut *or* ist es zu einem Blutstau gekommen.

congestion [kən'dʒestʃən] *n* (*traffic, pedestrians*) Stau *m*, Stockung *f*; (*in corridors*) Gedränge *nt*; (*overpopulation*) Übervölkerung *f*; (*Med*) Blutstau, Blutandrang *m*. **the ~ in the city centre ...** die Verstopfung in der Innenstadt ...

conglomerate [kən'glɒmərɪt] **I** *adj nation* zusammengewürfelt; *language* Misch-. **II** *n* (*also Geol, Comm*) Konglomerat *nt*. **III** [kən'glɒməreɪt] *vi* sich zusammenballen, sich vereinigen, verschmelzen.

conglomeration [kən,glɒmə'reɪʃən] *n* Ansammlung *f*, Haufen *m*; (*of ideas*) Gemisch *nt*.

Congo ['kɒŋgəʊ] *n* Kongo *m*.

Congolese [,kɒŋgəʊ'liːz] **I** *adj* kongolesisch. **II** *n* Kongolese *m*, Kongolesin *f*.

congratulate [kən'grætjʊleɪt] *vt* gratulieren (*+dat*) (*also on birthday, engagement*), beglückwünschen (*on* zu).

congratulation [kən,grætjʊ'leɪʃən] *n* Gratulation *f*; Gratulieren *nt*. **there was a tone of ~ in his voice** seine Stimme hatte einen anerkennenden Ton.

congratulations [kən,grætjʊ'leɪʃənz] **I** *npl* Glückwunsch *m*, Glückwünsche *pl*. **to offer/send one's ~** gratulieren, jdn beglückwünschen/jdm gratulieren, jdm seine Glückwünsche senden.

II *interj* (ich) gratuliere! **~ (on ...)!** herzlichen Glückwunsch *or* herzliche Glückwünsche (zu ...)!

congratulatory [kən'grætjʊlətərɪ] *adj card, telegram* Glückwunsch-; *look, tone* anerkennend.

congregate ['kɒŋgrɪgeɪt] *vi* sich sammeln; (*on a particular occasion*) sich versammeln.

congregation [,kɒŋgrɪ'geɪʃən] *n* **1.** Versammlung *f*; (*not planned*) Ansammlung *f*; (*people in cities*) Zusammenballung *f*. **2.** (*Eccl*) Gemeinde *f*; (*of cardinals*) Kongregation *f*.

congregational [,kɒŋgrɪ'geɪʃənl] *adj* **1. C~** kongregationalistisch. **2.** (*of a congregation*) Gemeinde-.

congress ['kɒŋgres] *n* **1.** (*meeting*) Kongreß *m*, Tagung *f*; (*of political party*) Parteitag *m*. **2. C~** (*US etc Pol*) der Kongreß.

congressional [kɒŋ'greʃənl] *adj delegate, meeting* Kongreß-. **C~ District** Kongreßwahlbezirk *m*; **C~ Record** Veröffentlichung *f* der Kongreßdebatten.

Congressman ['kɒŋgresmən] *n, pl* **-men** [-mən] Kongreßabgeordnete(r) *m*.

Congresswoman ['kɒŋgres,wʊmən] *n, pl* **-women** [-,wɪmɪn] Kongreßabgeordnete *f*.

congruence ['kɒŋgrʊəns] *n* Kongruenz, Übereinstimmung *f*; (*Geometry*) Deckungsgleichheit, Kongruenz *f*.

congruent ['kɒŋgrʊənt] *adj* **1.** *see* **congruous. 2.** (*Math*) *number* kongruent; (*Geometry also*) deckungsgleich.

congruity [kəŋ'gruːɪtɪ] *n* Übereinstimmung, Kongruenz (*geh*) *f*.

congruous ['kɒŋgrʊəs] *adj* **1.** (*corresponding*) sich deckend, übereinstimmend. **to be ~ with sth** sich mit etw decken. **2.** (*appropriate, proper*) vereinbar.

conic ['kɒnɪk] *adj* **1.** (*Math*) Kegel-, konisch. **~ section** Kegelschnitt *m*. **2.** (*also* **~al**) kegelförmig, Kegel-, konisch.

conifer ['kɒnɪfə^r] *n* Nadelbaum *m*, Konifere *f* (*spec*). **~s** Nadelhölzer *pl*.

coniferous [kə'nɪfərəs] *adj tree, forest* Nadel-.

conjectural [kən'dʒektʃərəl] *adj* auf Vermutungen *or* Mutmaßungen beruhend. **it is entirely ~** es ist reine Vermutung.

conjecture [kən'dʒektʃə^r] **I** *vt* vermuten, mutmaßen (*geh*).

II *vi* Vermutungen *or* Mutmaßungen anstellen, mutmaßen (*geh*).

III *n* Vermutung, Mutmaßung (*geh*) *f*. **what will come next is a matter of** *or* **for ~** was folgt, das kann man nur vermuten.

conjoint *adj*, **~ly** *adv* [kən'dʒɔɪnt, -lɪ] gemeinsam.

conjugal ['kɒndʒʊgəl] *adj rights, bliss, duties* ehelich; *state* Ehe-. **~ affection** Gattenliebe *f*.

conjugate ['kɒndʒʊgeɪt] **I** *vt* (*Gram*) konjugieren, beugen. **II** *vi* (*Gram*) sich konjugieren lassen; (*Biol*) konjugieren.

conjugation [,kɒndʒʊ'geɪʃən] *n* (*Gram, Biol*) Konjugation *f*.

conjunction [kən'dʒʌŋkʃən] *n* **1.** (*Gram*) Konjunktion *f*, Bindewort *nt*.

2. (*association*) Verbindung *f*; (*co-

occurrence: of events) Zusammentreffen *nt*. **in ~** zusammen; **in ~ with the new evidence** in Verbindung mit dem neuen Beweismaterial; **the programme was produced in ~ with NBC** das Programm wurde in Zusammenarbeit mit NBC aufgezeichnet.

3. (*Astron*) Konjunktion *f*.

conjunctive [kən'dʒʌŋktɪv] *adj* (*Gram, Anat*) Binde-.

conjunctivitis [kən,dʒʌŋktɪ'vaɪtɪs] *n* (*Med*) Bindehautentzündung, Konjunktivitis (*spec*) *f*.

conjuncture [kən'dʒʌŋktʃə^r] *n* Zusammentreffen *nt*.

conjure ['kʌndʒə^r] *vti* zaubern. **a name to ~ with** ein Name, der Wunder wirkt.

◆**conjure away** *vt sep* (*lit, fig*) wegzaubern.

◆**conjure up** *vt sep ghosts, spirits* beschwören; (*fig*) *memories* heraufbeschwören; (*provide, produce*) hervorzaubern; *meal* zusammenzaubern.

conjurer ['kʌndʒərə^r] *n* Zauberer *m*, Zauberin *f*, Zauberkünstler(in *f*) *m*.

conjuring ['kʌndʒərɪŋ] *n* Zaubern *nt*; (*performance*) Zauberei *f*. **~ set** Zauberkasten *m*; **~ trick** Zaubertrick *m*, (Zauber)kunststück *nt*.

conjuror ['kʌndʒərə^r] *n see* **conjurer.**

conk [kɒŋk] (*inf*) **I** *n* (*esp Brit: nose*) Zinken *m* (*inf*). **II** *vt* (*hit*) hauen (*inf*).

◆**conk out** *vi* (*inf*) es aufstecken (*inf*), den Geist aufgeben; (*person*) (*faint*) umkippen (*inf*); (*die*) ins Gras beißen (*sl*).

conker ['kɒŋkə^r] *n* (*Brit inf*) (Roß)kastanie *f*. **~s** (*game*) *Spiel nt, bei dem zwei Spieler mit an Fäden befestigten Kastanien wechselseitig versuchen, die Kastanie des Gegenspielers zu treffen und zu zerstören.*

con-man ['kɒnmæn] *n, pl* **-men** [-men] (*inf*) Schwindler, Bauernfänger (*inf*) *m*; (*pretending to have social status*) Hochstapler *m*; (*promising marriage*) Heiratsschwindler *m*.

connect [kə'nekt] **I** *vt* **1.** (*join*) verbinden (*to, with* mit); (*Elec etc: also* **~ up**) *appliances, subscribers* anschließen (*to* an +*acc*). **I'll ~ you** (*Telec*) ich verbinde (Sie); **to be ~ed** (*two things*) miteinander verbunden sein; (*several things*) untereinander verbunden sein; **to ~ to earth** erden; *see* **parallel.**

2. (*fig: associate*) in Verbindung *or* Zusammenhang bringen.

3. (*esp pass: link*) *ideas, theories* verbinden. **to be ~ed with** eine Beziehung haben zu, in einer Beziehung *or* in Verbindung stehen zu; (*be related to*) verwandt sein mit; **he's ~ed with the BBC** er hat mit der BBC zu tun; **to be ~ed by marriage** verschwägert sein; **to be ~ed** (*ideas etc*) in Beziehung zueinander stehen; (*firms*) geschäftlich miteinander verbunden sein.

II *vi* **1.** (*join*) (*two rooms*) eine Verbindung haben (*to, with* zu); (*two parts, wires*) Kontakt haben. **~ing rooms** angrenzende Zimmer *pl* (*mit Verbindungstür*).

2. (*Rail, Aviat*) Anschluß haben (*with* an +*acc*). **~ing flight** Anschlußflug *m*.

3. (*inf: hit*) (*fist*) landen (*inf*) (*with* auf +*dat*); (*golf-club*) treffen (*with acc*). **he really ~ed** er hat voll getroffen.

◆**connect up** *vt sep* (*Elec etc*) anschließen (*to, with* an +*acc*).

connecting rod [kə'nektɪŋ,rɒd] *n* Pleuel- *or* Kurbelstange *f*.

connection [kə'nekʃən] *n* **1.** Verbindung *f* (*to, with* zu, mit); (*telephone line also, wire*) Leitung *f*; (*to mains*) Anschluß *m* (*to* an +*acc*); (*connecting part*) Verbindung(sstück *nt*) *f*. **parallel/series ~** Parallel-/Reihenschaltung *f*.

2. (*fig: link*) Zusammenhang *m*, Beziehung *f* (*with* zu). **in ~ with** in Zusammenhang mit.

3. (*relationship, business ~*) Beziehung, Verbindung *f* (*with* zu); (*family ~*) familiäre Beziehung; **to have ~s** Beziehungen haben; **to break off a ~ (with sb)** die Beziehung *or* Verbindung (zu jdm) abbrechen.

4. (*Rail etc*) Anschluß *m*.

connective [kə'nektɪv] **I** *n* (*Gram*) Bindewort *nt*. **II** *adj* verbindend. **~ tissue** Bindegewebe *nt*.

connexion [kə'nekʃən] *n see* **connection.**

conning tower ['kɒnɪŋtaʊə^r] *n* Kommandoturm *m*.

connivance [kə'naɪvəns] *n* (*tacit consent*) stillschweigendes Einverständnis; (*dishonest dealing*) Schiebung *f*. **to do sth in ~ with sb** etw mit jds Wissen tun; **to be in ~ with sb** mit jdm gemeinsame Sache machen.

connive [kə'naɪv] *vi* **1.** (*conspire*) sich verschwören, gemeinsame Sache machen. **he's a conniving little wretch** (*inf*) er ist ein hinterhältiger Tropf (*inf*). **2.** (*deliberately overlook*) **to ~ at sth** etw stillschweigend dulden; **to ~ at a crime** einem Verbrechen Vorschub leisten.

connoisseur [,kɒnə'sɜː^r] *n* Kenner(in *f*) *m*. **~ of wines/women** Wein-/Frauenkenner *m*.

connotation [,kɒnəʊ'teɪʃən] *n* Assoziation, Konnotation (*spec*) *f*.

connote [kɒ'nəʊt] *vt* suggerieren.

connubial [kə'njuːbɪəl] *adj* ehelich, Ehe-.

conquer ['kɒŋkə^r] *vt* **1.** (*lit*) *country* erobern; *enemy, nation* besiegen. **2.** (*fig*) *difficulties, feelings, disease* bezwingen, besiegen; *sb's heart* erobern; *mountain* bezwingen.

conquering ['kɒŋkərɪŋ] *adj hero* siegreich.

conqueror ['kɒŋkərə^r] *n* (*of country, heart*) Eroberer *m*; (*of enemy, difficulties, feelings, disease*) Sieger (*of* über +*acc*), Besieger *m*; (*of difficulties, feelings, mountains*) Bezwinger *m*. **William the C~** Wilhelm der Eroberer.

conquest ['kɒŋkwest] *n* Eroberung *f*; (*of enemy, disease*) Sieg *m* (*of* über +*acc*), Bezwingung *f*; (*inf: person*) Eroberung *f*.

Cons *abbr of* **Conservative.**

consanguinity [,kɒnsæŋ'gwɪnɪtɪ] *n* Blutsverwandtschaft *f*.

conscience ['kɒnʃəns] *n* Gewissen *nt*. **to**

have a clear/easy/bad/guilty ~ ein reines/gutes/schlechtes/böses Gewissen haben (*about* wegen); **doesn't it give you a guilty ~ telling lies?** haben Sie keine Gewissensbisse *or* kein schlechtes Gewissen, wenn Sie lügen?; **with an easy ~** mit ruhigem Gewissen, ruhigen Gewissens (*geh*); **it/he will be on your ~ all your life** Sie werden das/ihn ihr Leben lang auf dem Gewissen haben; **it's still on my ~** (*I still haven't done it*) es steht mir noch bevor; **my ~ won't let me do it** das kann ich mit meinem Gewissen nicht vereinbaren; **in (all) ~** allen Ernstes; **I can't in all ~ ...** ich kann unmöglich ...; **it's between you and your ~** das mußt du mit dir selbst *or* mit deinem Gewissen abmachen.

conscience clause *n* (*Jur*) ≃ Gewissensklausel *f*; **conscience money** *n* **his donation looks like ~** mit der Spende will er wohl sein Gewissen beruhigen; **conscience-stricken** *adj* schuldbewußt.

conscientious [ˌkɒnʃɪ'enʃəs] *adj* (*diligent*) gewissenhaft; (*conscious of one's duty*) pflichtbewußt. **~ objector** Wehrdienst- *or* Kriegsdienstverweigerer *m* (*aus Gewissensgründen*).

conscientiously [ˌkɒnʃɪ'enʃəslɪ] *adv see adj.*

conscientiousness [ˌkɒnʃɪ'enʃəsnɪs] *n* Gewissenhaftigkeit *f*; (*sense of duty*) Pflichtbewußtsein, Pflichtgefühl *nt*.

conscious ['kɒnʃəs] *adj* **1.** (*Med*) bei Bewußtsein. **2.** (*aware*) bewußt (*also Psych*). **the ~ mind** das Bewußtsein; **to be/become ~ of sth** sich (*dat*) einer Sache (*gen*) bewußt sein/werden; **I was/became ~ that** es war/wurde mir bewußt, daß. **3.** (*deliberate*) *effort* bewußt; *humour also* absichtlich.

-conscious *adj suf* -bewußt. **weight-~** gewichtsbewußt.

consciously ['kɒnʃəslɪ] *adv* bewußt; (*deliberately also*) absichtlich.

consciousness ['kɒnʃəsnɪs] *n* **1.** (*Med*) Bewußtsein *nt*. **to lose/regain ~** das Bewußtsein verlieren/wiedererlangen, bewußtlos werden/wieder zu sich kommen.

2. (*awareness*) Bewußtsein, Wissen *nt*.

3. (*conscious mind*) Bewußtsein *nt*.

conscript [kən'skrɪpt] **I** *vt* einziehen, einberufen; *army* ausheben. **II** ['kɒnskrɪpt] *n* Wehrpflichtige(r) *m*.

conscription [kən'skrɪpʃən] *n* Wehrpflicht *f*; (*act of conscripting*) Einberufung *f*; (*of army*) Aushebung *f*.

consecrate ['kɒnsɪkreɪt] *vt* (*lit, fig*) weihen.

consecration [ˌkɒnsɪ'kreɪʃən] *n* Weihe *f*; (*in Mass*) Wandlung *f*.

consecutive [kən'sekjʊtɪv] *adj* **1.** aufeinanderfolgend; *numbers* fortlaufend. **on four ~ days** vier Tage hintereinander. **2.** (*Gram*) *clause* Konsekutiv-, Folge-.

consecutive interpreting [kən'sekjʊtɪvˌɪn'tɜːprɪtɪŋ] *n* Konsekutivdolmetschen *nt*.

consecutively [kən'sekjʊtɪvlɪ] *adv* nacheinander, hintereinander; *numbered* fortlaufend.

consensus [kən'sensəs] *n* Übereinstimmung *f*; (*accord also*) Einigkeit *f*. **what's the ~?** was ist die allgemeine Meinung?; **the ~ is that ...** man ist allgemein der Meinung, daß ...; **there's a ~ of opinion in favour of ...** die allgemeine Mehrheit ist für ...; **there was no ~ (among them)** sie waren sich nicht einig.

consent [kən'sent] **I** *vi* zustimmen (*to dat*), einwilligen (*to* in +*acc*). **to ~ to do sth** sich bereit erklären, etw zu tun; **to ~ to sb doing sth** einwilligen *or* damit einverstanden sein, daß jd etw tut; **homosexuality between ~ing adults** homosexuelle Beziehungen zwischen erwachsenen Männern.

II *n* Zustimmung (*to* zu), Einwilligung (*to* in +*acc*) *f*. **it/he is by common** *or* **general ~ ...** man hält es/ihn allgemein für ...; **by mutual ~** in gegenseitigem Einverständnis; *see* **age I 3.**

consequence ['kɒnsɪkwəns] *n* **1.** (*result, effect*) Folge *f*; (*of actions also*) Konsequenz *f*. **in ~** folglich; **in ~ of** infolge (+*gen*); **in ~ of which** infolgedessen; **as a ~ of ...** als Folge (+*gen*); **to take the ~s** die Folgen *or* Konsequenzen tragen.

2. (*importance*) Wichtigkeit, Bedeutung *f*. **a person of ~** eine bedeutende *or* wichtige Persönlichkeit; **did he have anything of ~ to say?** hatte er irgend etwas Wichtiges zu sagen?; **it's of no ~/no ~ to me** das spielt keine Rolle/das ist mir einerlei.

3. ~s *sing* (*game*) *Schreibspiel nt, bei dem auf gefaltetem Papier ein nicht bekannter Vorsatz ergänzt wird.*

consequent ['kɒnsɪkwənt] *adj attr* daraus folgend, sich daraus ergebend; (*temporal*) darauffolgend.

consequential [ˌkɒnsɪ'kwenʃəl] *adj* **1.** *see* **consequent. 2.** (*self-important*) wichtigtuerisch; *smile, tone also* überheblich. **3.** (*logically consistent*) folgerichtig.

consequentially [ˌkɒnsɪ'kwenʃəlɪ] *adv* (*as a result*) daraufhin.

consequently ['kɒnsɪkwəntlɪ] *adv* folglich.

conservancy [kən'sɜːvənsɪ] *n* **1.** (*Brit: board*) Schutzbehörde *f*; (*for ports, rivers*) Wasserschutzamt *nt*; (*for forests*) Forstamt *nt*. **2.** (*official conservation*) Erhaltung *f*, Schutz *m*.

conservation [ˌkɒnsə'veɪʃən] *n* **1.** (*preservation*) Erhaltung *f*, Schutz *m*. **~ area** Naturschutzgebiet *nt*; (*in town*) unter Denkmalschutz stehendes Gebiet; **~ technology** Umweltschutztechnik *f*. **2.** (*Phys*) Erhaltung *f*.

conservationist [ˌkɒnsə'veɪʃənɪst] *n* Umweltschützer(in *f*) *m*; (*as regards old buildings*) Denkmalpfleger(in *f*) *m*.

conservatism [kən'sɜːvətɪzəm] *n* Konservatismus *m*.

conservative [kən'sɜːvətɪv] **I** *adj* **1.** *person, style* konservativ; (*cautious, moderate*) vorsichtig. **at a ~ estimate** bei vorsichtiger Schätzung. **2.** (*Pol*) konservativ. **the C~ Party** (*Brit*) die Konservative Partei. **II** *n* (*Pol: C~*) Konservative(r) *mf*.

conservatively [kən'sɜːvətɪvlɪ] *adv* konservativ; *estimate, invest* vorsichtig.

conservatoire [kən'sɜːvətwɑːʳ] *n* Konservatorium *nt.*

conservatory [kən'sɜːvətrɪ] *n* **1.** (*Hort*) Wintergarten *m.* **2.** (*esp US: Mus*) Konservatorium *nt.*

conserve [kən'sɜːv] *vt* erhalten, bewahren, konservieren; *building* erhalten; *one's strength* schonen; *strength, energy* (auf)sparen.

conserves [kən'sɜːvz] *npl* Eingemachte(s) *nt.*

consider [kən'sɪdəʳ] *vt* **1.** (*reflect upon*) *plan, idea, offer* sich (*dat*) überlegen, nachdenken über (+*acc*); *possibilities* sich (*dat*) überlegen.
2. (*have in mind*) in Erwägung ziehen. **I'm ~ing going abroad** ich spiele mit dem Gedanken, ins Ausland zu gehen; **he is being ~ed for the job** er wird für die Stelle in Erwägung *or* Betracht gezogen.
3. (*entertain*) in Betracht ziehen. **I won't even ~ the idea of ...** der Gedanke, zu ..., kommt für mich überhaupt nicht in Betracht; **I won't even ~ it!** ich denke nicht daran!; **I'm sure he would never ~ doing anything criminal** ich bin überzeugt, es käme ihm nie in den Sinn, etwas Kriminelles zu tun.
4. (*think of*) denken an (+*acc*). **~ my position** überlegen Sie sich meine Lage; **~ this case, for example** nehmen Sie zum Beispiel diesen Fall; **have you ~ed going by train?** haben Sie daran gedacht, mit dem Zug zu fahren?
5. (*take into account*) denken an (+*acc*); *cost, difficulties, dangers also, facts* bedenken, berücksichtigen; *person, feelings also* Rücksicht nehmen auf (+*acc*). **all things ~ed** alles in allem.
6. (*regard as, deem*) betrachten als; *person* halten für. **to ~ sb to be** *or* **as ...** jdn als ... betrachten, jdn für ... halten; **to ~ oneself lucky** sich glücklich schätzen/fühlen; **~ it (as) done!** schon so gut wie geschehen!; **I ~ it an honour** ich betrachte es als besondere Ehre.
7. (*look at*) (eingehend) betrachten.

considerable [kən'sɪdərəbl] *adj* beträchtlich, erheblich; *sum of money, achievement also* ansehnlich; *loss also, interest, income* groß; (*used admiringly*) *number, size, achievement, effort* beachtlich. **to a ~ extent** *or* **degree** weitgehend.

considerably [kən'sɪdərəblɪ] *adv* (*in comparisons*) *changed, older, better, grown* beträchtlich, um einiges; (*very*) *upset, impressed* höchst.

considerate [kən'sɪdərɪt] *adj* rücksichtsvoll (*to(wards)* gegenüber); (*kind*) aufmerksam.

considerately [kən'sɪdərɪtlɪ] *adv see adj.*

consideration [kən,sɪdə'reɪʃən] *n* **1.** *no pl* (*careful thought*) Überlegung *f.* **I'll give it my ~** ich werde es mir überlegen.
2. *no pl* (*regard, account*) **to take sth into ~** etw bedenken, etw berücksichtigen; *factors also* etw in Erwägung ziehen; **taking everything into ~** alles in allem; **to leave sth out of ~** etw außer acht lassen; **your request/the matter is under ~** Ihr Gesuch/die Sache wird zur Zeit geprüft (*form*), wir gehen der Sache zur Zeit nach; **in ~ of** (*in view of*) mit Rücksicht auf (+*acc*), in Anbetracht (+*gen*); (*in return for*) als Dank für.
3. *no pl* (*thoughtfulness*) Rücksicht *f* (*for* auf +*acc*). **to show sb ~, to show** *or* **have ~ for sb's feelings** Rücksicht auf jdn *or* jds Gefühle nehmen; **his lack of ~ (for others)** seine Rücksichtslosigkeit (anderen gegenüber).
4. (*sth taken into account*) Erwägung *f*, Gesichtspunkt, Faktor *m.* **money is no ~/a minor ~/his first ~** Geld spielt keine Rolle/eine unbedeutendere Rolle/bei ihm die größte Rolle; **it's a ~** das wäre zu überlegen.
5. (*reward, payment*) Entgelt *nt*, Gegenleistung *f*, kleine Anerkennung (*hum*). **for a ~** gegen Entgelt, für eine Gegenleistung *or* kleine Anerkennung (*hum*).

considered [kən'sɪdɪd] *adj opinion* ernsthaft.

considering [kən'sɪdərɪŋ] **I** *prep* für (+*acc*), wenn man ... (*acc*) bedenkt.
II *conj* wenn man bedenkt. **~ (that) he's been ill ...** dafür, daß er krank war ...
III *adv* eigentlich. **it's not too bad ~** es ist eigentlich gar nicht so schlecht.

consign [kən'saɪn] *vt* **1.** (*Comm*) (*send*) versenden, verschicken; (*address*) adressieren (*to* an +*acc*). **the goods are ~ed to ...** die Waren sind für ... bestimmt. **2.** (*commit*) übergeben (*to dat*); (*entrust also*) anvertrauen. **it was ~ed to the rubbish heap** es landete auf dem Abfallhaufen; **to ~ a child to sb's care** ein Kind in jds Obhut (*acc*) geben.

consignee [,kɒnsaɪ'niː] *n* Empfänger(in *f*) *m.*

consigner [kən'saɪnəʳ] *n see* **consignor.**

consignment [kən'saɪnmənt] *n* (*Comm*)
1. (*of goods*) Versendung, Verschickung *f.* **goods for ~ abroad** ins Ausland gehende Ware; **on ~** in Kommission; (*overseas*) in Konsignation; **~ note** Frachtbrief *m.* **2.** (*goods*) Sendung *f*; (*bigger*) Ladung *f.*

consignor [kən'saɪnəʳ] *n* (*Comm*) Versender *m.*

consist [kən'sɪst] *vi* **1.** (*be composed*) **to ~ of** bestehen aus. **2.** (*have as its essence*) **to ~ in sth** in etw (*dat*) bestehen.

consistency [kən'sɪstənsɪ] *n* **1.** *no pl see adj 1.* Konsequenz *f*; Übereinstimmung, Vereinbarkeit *f*; Logik, Folgerichtigkeit *f*; Stetigkeit *f.* **his statements lack ~** seine Aussagen widersprechen sich.
2. *no pl see adj 2.* Beständigkeit *f*; Stetigkeit *f*; Einheitlichkeit *f.*
3. (*of substance*) Konsistenz *f*; (*of liquids also*) Dicke *f*; (*of glue, dough, rubber also*) Festigkeit(sgrad *m*) *f.* **the steak had the ~ of leather** das Steak war zäh wie Leder.

consistent [kən'sɪstənt] *adj* **1.** konsequent; *statements* übereinstimmend, miteinander vereinbar; (*logical*) *argument* logisch, folgerichtig; (*constant*) *failure* ständig, stetig.

2. (*uniform*) *quality* beständig; *performance, results* gleichbleibend, stetig; *method, style* einheitlich.

3. (*in agreement*) **to be ~ with sth** einer Sache (*dat*) entsprechen.

consistently [kən'sɪstəntlɪ] *adv* **1.** *argue* konsequent; (*constantly*) *fail* ständig. **2.** (*uniformly*) einheitlich, durchweg. **3.** (*in agreement*) entsprechend (*with dat*).

consolation [ˌkɒnsə'leɪʃən] *n* Trost *m no pl*; (*act*) Tröstung *f*. **it is some ~ to know that ...** es ist tröstlich *or* ein Trost zu wissen, daß ...; **that's a big ~!** (*iro*) das ist ein schwacher Trost!; **old age has its ~s** das Alter hat auch seine guten Seiten; **~ prize** Trostpreis *m*.

consolatory [kən'sɒlətərɪ] *adj* tröstlich, tröstend.

console[1] [kən'səʊl] *vt* trösten. **to ~ sb for sth** jdn über etw (*acc*) hinwegtrösten.

console[2] ['kɒnsəʊl] *n* **1.** (*control panel*) (Kontroll)pult *nt*; (*of organ*) Spieltisch *m*. **2.** (*cabinet*) Schrank *m*, Truhe *f*. **3.** (*ornamental bracket*) Konsole *f*.

consolidate [kən'sɒlɪdeɪt] *vt* **1.** (*confirm*) festigen. **2.** (*combine*) zusammenlegen, vereinigen; *companies* zusammenschließen; *funds, debts* konsolidieren. **C~d Fund** (*Brit*) konsolidierter Staatsfonds, unablösbare Anleihe; **~d balance sheet** konsolidierte Bilanz.

consolidation [kənˌsɒlɪ'deɪʃən] *n see vt* **1.** Festigung *f*. **2.** Zusammenlegung, Vereinigung *f*; Zusammenschluß *m*; Konsolidierung *f*.

consoling [kən'səʊlɪŋ] *adj* tröstlich, tröstend.

consols ['kɒnsɒlz] *npl* (*Brit Fin*) Konsols, konsolidierte Staatsanleihen *pl*.

consommé [kɒn'sɒmeɪ] *n* Kraftbrühe *f*.

consonance ['kɒnsənəns] *n* (*Mus*) Konsonanz *f*; (*Poet*) Konsonantengleichklang *m*; (*fig*) (*of agreement, ideas*) Einklang *m*, Harmonie *f*; (*consistency*) Übereinstimmung *f*.

consonant ['kɒnsənənt] **I** *n* (*Phon*) Konsonant, Mitlaut *m*. **~ shift** Lautverschiebung *f*. **II** *adj* (*Mus*) konsonant (*with* zu).

consort ['kɒnsɔːt] **I** *n* (*form: spouse*) Gemahl(in *f*) *m* (*form*), Gatte *m* (*form*), Gattin *f* (*form*). **II** [kən'sɔːt] *vi* (*form*) verkehren (*with* mit).

consortium [kən'sɔːtɪəm] *n* Konsortium *nt*.

conspicuous [kən'spɪkjʊəs] *adj person, clothes, behaviour* auffällig, auffallend; (*easily visible*) *road signs* deutlich sichtbar, auffällig; (*obvious*) *lack of sympathy* deutlich, offensichtlich, auffallend; (*outstanding*) *bravery* bemerkenswert, hervorragend. **to be/make oneself ~** auffallen; **to be/not to be ~ for sth** sich/sich nicht gerade durch etw auszeichnen; **he was ~ by his absence** er glänzte durch Abwesenheit; **~ consumption** Prestigekäufe *pl*.

conspicuously [kən'spɪkjʊəslɪ] *adv see adj* auffällig, auffallend; deutlich sichtbar; deutlich, offensichtlich; bemerkenswert.

conspicuousness [kən'spɪkjʊəsnɪs] *n see adj* Auffälligkeit *f*; deutliche Sichtbarkeit, Auffälligkeit *f*; Deutlichkeit *f*.

conspiracy [kən'spɪrəsɪ] *n* Verschwörung *f*, Komplott *nt*, Konspiration *f* (*form*); (*Jur*) (strafbare) Verabredung. **~ to defraud/murder** Verabredung zum Betrug/Mordkomplott; **a ~ of silence** ein verabredetes Schweigen.

conspirator [kən'spɪrətəʳ] *n* Verschwörer(in *f*) *m*.

conspiratorial [kənˌspɪrə'tɔːrɪəl] *adj* verschwörerisch.

conspire [kən'spaɪəʳ] *vi* **1.** (*people*) sich verschwören, sich zusammentun, konspirieren (*form*) (*against* gegen). **to ~ (together) to do sth** sich verabreden *or* heimlich planen, etw zu tun. **2.** (*events*) zusammenkommen, sich verschwören (*geh*); (*fate*) sich verschwören (*against* gegen).

constable ['kʌnstəbl] *n* (*Brit: police ~*) Polizist(in *f*).

constabulary [kən'stæbjʊlərɪ] *n* (*Brit*) Polizei *f no pl*.

constancy ['kɒnstənsɪ] *n* **1.** (*of support, supporter*) Beständigkeit, Konstanz (*liter*) *f*; (*of feelings*) Unveränderlichkeit, Unwandelbarkeit *f*; (*of friend, lover*) Treue *f*; (*also* **~ of purpose**) Ausdauer *f*. **2.** (*of temperature*) Beständigkeit *f*.

constant ['kɒnstənt] **I** *adj* **1.** (*continuous*) *quarrels, interruptions, noise* dauernd, ständig, konstant (*geh*).

2. (*unchanging*) *temperature* gleichmäßig, gleichbleibend, konstant. **x remains ~ while y ...** x bleibt konstant, während y ...; **~ load** (*Tech*) Grundlast *f*.

3. (*steadfast*) *affection, devotion* unwandelbar, beständig; *friend, supporter, lover* treu.

II *n* (*Math, Phys, fig*) Konstante *f*, konstante Größe.

constantly ['kɒnstəntlɪ] *adv* (an)dauernd, ständig.

constellation [ˌkɒnstə'leɪʃən] *n* Sternbild *nt*, Konstellation *f* (*also fig*).

consternation [ˌkɒnstə'neɪʃən] *n* (*dismay*) Bestürzung *f*; (*concern, worry*) Sorge *f*; (*fear and confusion*) Aufruhr *m*. **to my great ~** zu meiner großen Bestürzung; **to cause ~** (*state of £, sb's behaviour*) Grund zur Sorge geben; (*news*) Bestürzung auslösen. **with a look of ~ on his face** mit bestürzter Miene.

constipated ['kɒnstɪpeɪtɪd] *adj bowels* verstopft. **he is ~** er hat Verstopfung.

constipation [ˌkɒnstɪ'peɪʃən] *n, no pl* Verstopfung *f*.

constituency [kən'stɪtjʊənsɪ] *n* (*Pol*) Wahlkreis *m*.

constituent [kən'stɪtjʊənt] **I** *adj* **1.** (*Pol*) *assembly* konstituierend. **2.** *attr part, element* einzeln. **~ part** *or* **element** (*of machine, matter*) Bestandteil *m*. **II** *n* **1.** (*Pol*) Wähler(in *f*) *m*. **2.** (*part, element*) Bestandteil *m*. **3.** (*Ling*) Satzteil *m*.

constitute ['kɒnstɪtjuːt] *vt* **1.** (*make up*) bilden, ausmachen. **society is so ~d that ...** die Gesellschaft ist so aufgebaut, daß ... **2.** (*amount to*) darstellen. **that ~s a lie** das ist eine glatte Lüge. **3.** (*set up,* *give legal authority to*) *committee, court* einrichten, konstituieren (*form*). **4.** (*form: appoint*) ernennen *or* bestimmen zu.

constitution [ˌkɒnstɪˈtjuːʃən] *n* **1.** (*Pol*) Verfassung *f*; (*of club etc*) Satzung *f*. **2.** (*of person*) Konstitution, Gesundheit *f*. **to have a strong/weak ~** eine starke/schwache Konstitution haben. **3.** (*way sth is made*) Aufbau *m*; (*what sth is made of*) Zusammensetzung *f*. **4.** (*setting up: of committee*) Einrichtung *f*.

constitutional [ˌkɒnstɪˈtjuːʃənl] **I** *adj* **1.** (*Pol*) *reform, crisis, theory* Verfassungs-; *monarchy* konstitutionell; *government, action* verfassungsmäßig. **~ law** Verfassungsrecht *nt*; **it's not ~** das ist verfassungswidrig. **2.** (*Med*) konstitutionell (*spec*), körperlich bedingt; (*fig*) *dislike* naturgegeben *or* -bedingt.

II *n* (*hum inf*) Spaziergang *m*.

constitutionally [ˌkɒnstɪˈtjuːʃənəlɪ] *adv* (*Pol*) verfassungsmäßig; (*as the constitution says also*) nach der Verfassung; (*in accordance with the constitution*) verfassungsgemäß; (*Med*) körperlich; (*fig*) von Natur aus.

constrain [kənˈstreɪn] *vt* zwingen; *one's temper* zügeln. **to be ~ed by circumstances** Sachzwängen unterliegen.

constrained [kənˈstreɪnd] *adj* (*forced*) gezwungen.

constraint [kənˈstreɪnt] *n* **1.** (*compulsion*) Zwang *m*. **under ~** unter Zwang. **2.** (*restriction*) Beschränkung, Einschränkung *f*. **to place ~s on sth** einer Sache (*dat*) Zwänge auferlegen. **3.** (*in manner etc*) Gezwungenheit *f*; (*embarrassment*) Befangenheit *f*.

constrict [kənˈstrɪkt] *vt* **1.** (*compress*) einzwängen, einengen; *muscle* zusammenziehen; *vein* verengen. **2.** (*hamper, limit*) *movements* behindern, einschränken (*also fig*); (*rules, traditions*) einengen; *outlook, view* beschränken.

constriction [kənˈstrɪkʃən] *n* **1.** (*of muscles*) Zusammenziehen *nt*. **he felt a ~ in his chest** er hatte ein Gefühl der Enge in der Brust. **2.** *see vt 2.* Behinderung *f*; (*limiting*) Einengung *f*; Beschränkung *f*.

constrictor [kənˈstrɪktəʳ] *n* **1.** (*muscle*) Schließmuskel, Konstriktor (*spec*) *m*. **2.** (*snake*) Boa (constrictor) *f*.

construct [kənˈstrʌkt] **I** *vt* bauen; *bridge, machine also*, (*Geom*) konstruieren; *sentence* bilden, konstruieren; *novel, play* aufbauen; *theory* entwickeln, konstruieren. **II** [ˈkɒnstrʌkt] *n* Gedankengebäude *nt*.

construction [kənˈstrʌkʃən] *n* **1.** (*of building, road*) Bau *m*; (*of bridge, machine also, of geometrical figures*) Konstruktion *f*; (*of novel, play*) Aufbau *m*; (*of theory*) Entwicklung, Konstruktion *f*. **in course of** *or* **under ~** in *or* im Bau.

2. (*way sth is constructed*) Struktur *f*; (*of building*) Bauweise *f*; (*of machine, bridge*) Konstruktion *f*; (*of novel, play*) Aufbau *m*.

3. (*sth constructed*) Bau *m*, Bauwerk *nt*; (*bridge, machine*) Konstruktion *f*.

4. (*interpretation*) Deutung *f*. **to put a wrong/bad ~ on sth** etw falsch auffassen *or* auslegen/etw schlecht aufnehmen.

5. (*Gram*) Konstruktion *f*. **sentence ~** Satzbau *m*.

construction *in cpds* Bau-.

constructional [kənˈstrʌkʃənl] *adj* baulich; *technique, tool* Bau-; *fault, toy* Konstruktions-.

construction industry *n* Bauindustrie *f*.

constructive [kənˈstrʌktɪv] *adj* konstruktiv.

constructively [kənˈstrʌktɪvlɪ] *adv* konstruktiv; *critical* auf konstruktive Art.

construe [kənˈstruː] **I** *vt* **1.** (*Gram*) *words* analysieren; *sentence also* zerlegen. **2.** (*interpret*) auslegen, auffassen. **II** *vi* (*Gram: sentence*) sich zerlegen *or* aufgliedern *or* analysieren lassen.

consubstantiation [ˌkɒnsəbˌstænʃɪˈeɪʃən] *n* (*Eccl*) Konsubstantiation *f*.

consul [ˈkɒnsəl] *n* Konsul(in *f*) *m*.

consular [ˈkɒnsjʊləʳ] *adj* konsularisch.

consulate [ˈkɒnsjʊlɪt] *n* Konsulat *nt*.

consul general *n, pl* **-s -** Generalkonsul(in *f*) *m*.

consulship [ˈkɒnsəlʃɪp] *n* Konsulat *nt*.

consult [kənˈsʌlt] **I** *vt* sich besprechen mit, konsultieren; *lawyer, doctor* konsultieren, zu Rate ziehen; *dictionary* nachschlagen in (+*dat*), konsultieren (*geh*); *map* nachsehen auf (+*dat*); *oracle* befragen; *horoscope* nachlesen; *clock* sehen auf (+*acc*). **he did it without ~ing anyone** er hat das getan, ohne jemanden zu fragen.

II *vi* (*confer*) sich beraten, beratschlagen. **to ~ together (over sth)** (etw) gemeinsam beraten; **to ~ with sb** sich mit jdm beraten.

consultancy [kənˈsʌltənsɪ] *n* (*act*) Beratung *f*; (*business*) Beratungsbüro *nt*.

consultant [kənˈsʌltənt] **I** *n* (*Brit Med*) Facharzt *m*, Fachärztin *f im Krankenhaus*; (*other professions*) Berater(in *f*) *m*. **II** *adj attr* beratend.

consultation [ˌkɒnsəlˈteɪʃən] *n* Beratung, Besprechung, Konsultation (*form*) *f*; (*of doctor, lawyer*) Konsultation *f* (*of gen*), Beratung *f* (*of* mit). **in ~ with** in gemeinsamer Beratung mit; **to have a ~ with one's doctor/lawyer** seinen Arzt/Rechtsanwalt konsultieren.

consultative [kənˈsʌltətɪv] *adj document* beratend, konsultativ (*form*). **in a ~ capacity** in beratender Funktion.

consulting [kənˈsʌltɪŋ] *adj engineer, architect, psychiatrist* beratend. **~ hours/room** (*Brit*) Sprechstunde *f*/-zimmer *nt*.

consumable [kənˈsjuːməbl] *n* Konsumgut, Verbrauchsgut *nt*. **~s** (*Comput*) Verbrauchsmaterial *nt*.

consume [kənˈsjuːm] *vt* **1.** *food, drink* zu sich nehmen, konsumieren (*form*); *food also* verzehren (*geh*), aufessen, vertilgen (*hum inf*); (*Econ*) konsumieren.

2. (*destroy*) (*fire*) vernichten; (*use up*) *fuel, money* verbrauchen; *money, energy* aufbrauchen, verzehren (*geh*); *time* in Anspruch nehmen. **he was ~d with jealousy/rage** er wurde von Eifersucht verzehrt (*geh*)/die Wut fraß ihn nahezu auf.

consumer [kən'sju:mər] *n* Verbraucher(in *f*) *m*.

consumer *in cpds* Verbraucher-; **consumer advice centre** *n* Verbraucherzentrale *f*; **consumer credit** *n* Verbraucherkredit *m*; **consumer demand** *n* (konsumptive *spec*) Nachfrage; **consumer durables** *npl* (langlebige) Gebrauchsgüter *pl*; **consumer-friendly** *adj* verbraucherfreundlich; **consumer goods** *npl* Konsumgüter *pl*.

consumerism [kən'sju:mərɪzəm] *n* Konsumismus *m*, Konsumdenken *nt*. **the age of ~** das Konsumzeitalter.

consumer protection *n* Verbraucherschutz *m*; **consumer research** *n* Verbraucherbefragung *f*; **consumer resistance** *n* Kaufunlust *f*; **consumer society** *n* Konsumgesellschaft *f*.

consuming [kən'sju:mɪŋ] *adj ambition, interest* glühend, brennend; *desire, passion also* verzehrend (*geh*).

consummate [kən'sʌmɪt] **I** *adj skill, folly* vollendet, vollkommen; *politician* unübertrefflich. **with ~ ease** mit spielender Leichtigkeit. **II** ['kɒnsəmeɪt] *vt marriage* vollziehen.

consummation [ˌkɒnsə'meɪʃən] *n* **1.** (*of marriage*) Vollzug *m*. **2.** (*fig*) (*peak*) Höhepunkt *m*; (*fulfilment*) Erfüllung *f*.

consumption [kən'sʌmpʃən] *n* (*of food, fuel*) Konsum *m*; (*of non-edible products*) Verbrauch *m*; (*of food also*) Verzehr *m* (*geh*). **not fit for human ~** zum Verzehr ungeeignet; **world ~ of oil** Weltölverbrauch *m*.

2. (*Med old*) Auszehrung (*old*), Schwindsucht *f*.

contact ['kɒntækt] **I** *n* **1.** Kontakt *m*; (*touching also*) Berührung *f*; (*communication also*) Verbindung *f*. **to be in ~ with sb/sth** (*be touching*) jdn/etw berühren; (*in communication*) mit jdm/etw in Verbindung *or* Kontakt stehen; **to come into ~ with sb/sth** (*lit, fig*) mit jdm/etw in Berührung kommen; *with disease carrier also* mit jdm in Kontakt kommen; **he has no ~ with his family** er hat keinen Kontakt zu seiner Familie; **on ~ with air/water** wenn es mit Luft/Wasser in Berührung kommt; **I'll get in ~** ich werde mich melden (*inf*); **I'll get in(to) ~ with you** ich werde mich mit Ihnen in Verbindung setzen; **how can we get in(to) ~ with him?** wie können wir ihn erreichen?; **to make ~** (*two things*) sich berühren; (*wires, wheels*) in Berührung *or* Kontakt (miteinander) kommen; (*two people*) (*get in touch*) sich miteinander in Verbindung setzen; (*by radio*) eine Verbindung herstellen; (*psychologically*) Kontakt bekommen; **to make ~ with sb/sth** (*touch*) jdn/etw berühren, mit jdm/etw in Berührung kommen; (*wire, wheels also*) mit jdm/etw in Kontakt kommen; (*get in touch with*) sich mit jdm/etw in Verbindung setzen; (*psychologically*) Kontakt zu jdm/etw bekommen; **to lose ~ (with sb/sth)** den Kontakt *or* die Verbindung (zu jdm/etw) verlieren; **point of ~** (*Math, fig*) Berührungspunkt *m*.

2. (*Elec*) (*act*) Kontakt *m*; (*equipment*) Kontakt- *or* Schaltstück *nt*. **to make/break ~** den Kontakt herstellen/unterbrechen.

3. (*person*) Kontaktperson *f* (*also Med*); (*in espionage*) Verbindungsmann, V-Mann *m*. **~s** *pl* Kontakte, Verbindungen *pl*; **to make ~s** Kontakte herstellen.

II *vt person, agent, lawyer* sich in Verbindung setzen mit; (*for help*) *police* sich wenden an (+*acc*). **I've been trying to ~ you for hours** ich versuche schon seit Stunden, Sie zu erreichen.

contact-breaker *n* Unterbrecher *m*; **contact flight** *n* Sichtflug *m*; **contact lens** *n* Kontaktlinse *f*; **contact man** *n* Kontakt- *or* Mittelsmann *m*; **contact print** *n* (*Phot*) Kontaktabzug *m*.

contagion [kən'teɪdʒən] *n* (*contact*) Ansteckung *f*; (*disease*) Ansteckungskrankheit *f*; (*epidemic*) Seuche *f* (*also fig*); (*fig: spreading influence*) schädlicher Einfluß.

contagious [kən'teɪdʒəs] *adj* (*Med, fig*) ansteckend; *disease also* direkt übertragbar. **he's not ~** (*Med*) seine Krankheit ist nicht ansteckend.

contain [kən'teɪn] *vt* **1.** (*hold within itself*) enthalten.

2. (*have capacity for: box, bottle, room*) fassen.

3. (*control*) *emotions, oneself* beherrschen; *tears* zurückhalten; *laughter* unterdrücken; *disease, inflation, sb's power* in Grenzen halten; *epidemic, flood* aufhalten, unter Kontrolle bringen; *enemy*, (*Sport*) in Schach halten; *attack* abwehren. **he could hardly ~ himself** er konnte kaum an sich (*acc*) halten.

4. (*Math*) *angle* einschließen.

container [kən'teɪnər] **I** *n* **1.** Behälter *m*; (*bottle, jar etc also*) Gefäß *nt*. **2.** (*Comm: for transport*) Container *m*. **II** *adj attr* Container-; **by ~ transport** per Container.

containerization [kənˌteɪnəraɪ'zeɪʃən] *n* (*of goods*) Verpackung *f* in Container; (*of ports*) Umstellung *f* auf Container.

containerize [kən'teɪnəraɪz] *vt freight* in Container verpacken; *port* auf Container umstellen.

containment [kən'teɪnmənt] *n* (*Mil*) In-Schach-Halten *nt*; (*of attack*) Abwehr *f*.

contaminate [kən'tæmɪneɪt] *vt* verunreinigen, verschmutzen; (*poison*) vergiften; (*radioactivity*) verseuchen, kontaminieren (*spec*); (*fig*) *mind* verderben.

contamination [kənˌtæmɪ'neɪʃən] *n, no pl see vt* Verunreinigung, Verschmutzung *f*; Vergiftung *f*; Verseuchung, Kontaminierung (*spec*) *f*; (*substance*) Giftstoffe *pl*; (*fig*) schädlicher Einfluß (*of* auf +*acc*); (*fig: contaminated state*) Verdorbenheit *f*.

contd *abbr of* **continued** Forts., Fortsetzung *f*.

contemplate ['kɒntempleɪt] *vt* **1.** (*look at*) betrachten.

2. (*think about, reflect upon*) nachdenken über (+*acc*); (*consider*) *changes, a purchase, action, accepting an offer* in Erwägung ziehen, erwägen (*geh*); *a holiday* denken an (+*acc*). **he ~d the future with some misgivings** er sah der Zukunft mit einem unguten Gefühl entgegen; **it's too awful to ~** schon der Gedanke (daran) ist zu entsetzlich.

3. (*expect*) voraussehen.

4. (*intend*) **to ~ doing sth** daran denken, etw zu tun.

contemplation [ˌkɒntem'pleɪʃən] *n, no pl* **1.** (*act of looking*) Betrachtung *f*.

2. (*act of thinking*) Nachdenken *nt* (*of* über +*acc*); (*deep thought*) Besinnung, Betrachtung, Kontemplation (*esp Rel*) *f*. **a life of ~** ein beschauliches *or* kontemplatives (*esp Rel*) Leben; **deep in ~** in Gedanken versunken.

3. (*expectation*) Erwartung *f*.

contemplative [kən'templətɪv] *adj look* nachdenklich; *mood also* besinnlich; *life, religious order* beschaulich, kontemplativ.

contemplatively [kən'templətɪvlɪ] *adv* nachdenklich; *sit also* in Gedanken.

contemporaneous [kənˌtempə'reɪnɪəs] *adj* gleichzeitig stattfindend *attr*.

contemporary [kən'tempərərɪ] **I** *adj* **1.** (*of the same time*) *events* gleichzeitig; *records, literature, writer* zeitgenössisch; (*of the same age*) *manuscript* gleich alt.

2. (*of the present time*) *life* heutig; *art, design* zeitgenössisch, modern.

II *n* Altersgenosse *m*/-genossin *f*; (*in history*) Zeitgenosse *m*/-genossin *f*; (*at university*) Kommilitone *m*, Kommilitonin *f*.

contempt [kən'tem*p*t] *n* **1.** Verachtung *f*; (*disregard also*) Geringachtung, Geringschätzung *f* (*for* von). **to have *or* hold in/bring into ~** verachten/in Verruf bringen; **to fall into ~** (an) Ansehen einbüßen *or* verlieren; (*lose popularity*) (an) Popularität einbüßen; **beneath ~** unter aller Kritik.

2. (*Jur: also* **~ of court**) Mißachtung *f* (der Würde) des Gerichts, Ungebühr *f* vor Gericht; (*through non-appearance*) Ungebühr *f* durch vorsätzliches Ausbleiben; (*by press*) Beeinflussung *f* der Rechtspflege. **to be in ~ (of court)** das Gericht *or* die Würde des Gerichts mißachten.

contemptible [kən'tem*p*təbl] *adj* verachtenswert, verächtlich.

contemptuous [kən'tem*p*tjʊəs] *adj manner, gesture, look* geringschätzig, verächtlich. **to be ~ of sb/sth** jdn/etw verachten.

contemptuously [kən'tem*p*tjʊəslɪ] *adv see adj*.

contend [kən'tend] **I** *vi* **1.** kämpfen. **to ~ (with sb) for sth** (mit jdm) um etw kämpfen; **then you'll have me to ~ with** dann bekommst du es mit mir zu tun. **2.** (*cope*) **to ~ with sb/sth** mit jdm/etw fertigwerden. **II** *vt* behaupten.

contender [kən'tendəʳ] *n* Kandidat(in *f*), Anwärter(in *f*) *m* (*for* auf +*acc*); (*for job also*) Bewerber(in *f*) *m* (*for* um); (*Sport*) Wettkämpfer(in *f*) *m* (*for* um).

contending [kən'tendɪŋ] *adj emotions* widerstreitend. **the ~ parties** (*Sport*) die Wettstreiter *pl*, die Wettkampfteilnehmer *pl*; (*in lawsuit*) die streitenden Parteien *pl*.

content¹ [kən'tent] **I** *adj pred* zufrieden (*with* mit). **to be/feel ~** zufrieden sein.

II *n* Zufriedenheit *f*.

III *vt person* zufriedenstellen. **to ~ oneself with doing sth** sich damit zufriedengeben *or* begnügen *or* abfinden, etw zu tun.

content² ['kɒntent] *n* **1.** **~s** *pl* (*of room, one's pocket, book*) Inhalt *m*; **(table of) ~s** Inhaltsverzeichnis *nt*. **2.** *no pl* (*substance, component*) Gehalt *m*; (*of speech, book also*) Inhalt *m*. **gold/vitamin ~** Gold-/Vitamingehalt *m*.

contented *adj*, **~ly** *adv* [kən'tentɪd, -lɪ] zufrieden.

contentedness [kən'tentɪdnɪs] *n see* **contentment.**

contention [kən'tenʃən] *n* **1.** (*dispute*) Streit *m*. **~s** Streitigkeiten *pl*; **that is no longer in ~** das steht nicht mehr zur Debatte. **2.** (*argument*) Behauptung *f*. **it is my ~ that ...** ich behaupte, daß ...

contentious [kən'tenʃəs] *adj subject, issue* strittig, umstritten; *person* streitlustig, streitsüchtig.

contentment [kən'tentmənt] *n* Zufriedenheit *f*.

contest ['kɒntest] **I** *n* (*for* um) Kampf *m*; (*competition also*) Wettkampf, Wettstreit (*geh*) *m*; (*beauty* **~**) Wettbewerb *m*. **it's no ~** das ist ein ungleicher Kampf.

II [kən'test] *vt* **1.** (*fight over*) kämpfen um; (*fight against, oppose*) kämpfen gegen; (*Parl*) *election* teilnehmen an (+*dat*). **to ~ a seat** (*Parl*) um einen Wahlkreis kämpfen.

2. (*dispute*) *statement* bestreiten, angreifen; *measure* angreifen; (*Jur*) *will, right, legal action* anfechten. **to ~ sb's right to do sth** jds Recht anfechten, etw zu tun.

III [kən'test] *vi* kämpfen (*for* um).

contestant [kən'testənt] *n* (Wettbewerbs)teilnehmer(in *f*) *m*; (*Parl, in quiz*) Kandidat(in *f*) *m*; (*Sport*) (Wettkampf)teilnehmer(in *f*) *m*; (*Mil*) Kämpfende(r) *m*. **the ~s in the election** die Wahlkandidaten.

context ['kɒntekst] *n* Zusammenhang, Kontext (*geh*) *m*. **(taken) out of ~** aus dem Zusammenhang *or* Kontext (*geh*) gerissen; **in this ~** in diesem Zusammenhang.

contextual [kən'tekstjʊəl] *adj* kontextuell (*form*); *meaning* aus dem Zusammenhang *or* Kontext (*geh*) ersichtlich.

contextualize [kən'tekstjʊəlaɪz] *vt* in einen Zusammenhang *or* Kontext (*geh*) setzen.

contiguity [ˌkɒntɪ'gjʊɪtɪ] *n* (unmittelbare) Nachbarschaft.

contiguous [kən'tɪgjʊəs] *adj* (*form*) aneinandergrenzend, sich berührend; (*in time*) (unmittelbar) aufeinanderfolgend.

continence ['kɒntɪnəns] *n* **1.** (*Med*) Kontinenz *f* (*spec*), Fähigkeit *f*, Stuhl und/ oder Urin zurückzuhalten. **2.** (*abstinence*) Enthaltsamkeit *f*.

continent[1] ['kɒntɪnənt] *adj* (*self-controlled*) mäßig, beherrscht, maßvoll; (*sexually*) (sexuell) enthaltsam. **the old lady was not ~** (*Med*) die alte Dame konnte ihre Darmtätigkeit/Blasentätigkeit nicht mehr kontrollieren.

continent[2] *n* (*Geog*) Kontinent, Erdteil *m*; (*mainland*) Festland *nt*. **the C~** (*Brit*) Kontinentaleuropa *nt*; **on the C~** in Europa, auf dem Kontinent.

continental [ˌkɒntɪ'nentl] **I** *adj* **1.** (*Geog*) kontinental. **2.** (*Brit: European*) europäisch; *holidays* in Europa. **II** *n* (Festlands)europäer(in *f*) *m*.

continental breakfast *n* kleines Frühstück; **continental drift** *n* (*Geog*) Kontinentaldrift *f*; **continental quilt** *n* Steppdecke *f*; **continental shelf** *n* (*Geog*) Kontinentalschelf, Kontinentalsockel *m*.

contingency [kən'tɪndʒənsɪ] *n* **1.** möglicher Fall, Eventualität *f*. **in this ~, should this ~ arise** in diesem Fall, für diesen Fall, sollte dieser Fall eintreten; **~ fund** Eventualfonds *m*; **a ~ plan** ein Ausweichplan *m*; **~ planning** Planung *f* für Eventualfälle.
2. (*Philos*) Kontingenz *f*.

contingent [kən'tɪndʒənt] **I** *adj* **1. ~ upon** (*form*) abhängig von; **to be ~ upon** abhängen von. **2.** (*Philos*) kontingent. **II** *n* Kontingent *nt*; (*section*) Gruppe *f*; (*Mil*) Trupp *m*.

continual [kən'tɪnjʊəl] *adj* (*frequent*) dauernd, ständig; (*unceasing*) ununterbrochen, pausenlos.

continually [kən'tɪnjʊəlɪ] *adv see adj* (an)dauernd, ständig; ununterbrochen, pausenlos.

continuance [kən'tɪnjʊəns] *n* **1.** (*duration*) Dauer *f*. **2.** *see* **continuation 1.**

continuation [kənˌtɪnjʊ'eɪʃən] *n* **1.** Fortsetzung, Fortführung *f*. **the ~ of the human race** der Weiterbestand *or* Fortbestand der menschlichen Rasse.
2. (*retention: of arrangement etc*) Beibehaltung *f*.
3. (*resumption*) Fortsetzung, Wiederaufnahme *f*.
4. (*sth continued*) Fortsetzung, Weiterführung *f*.

continue [kən'tɪnju:] **I** *vt* **1.** (*carry on*) fortfahren mit; *policy, tradition, struggle* fortsetzen, fortführen, weiterführen; *activity, piece of work, meal* fortsetzen, weitermachen mit. **to ~ doing** *or* **to do sth** etw weiter tun, fortfahren, etw zu tun; **to ~ to fight/sing/read/eat, to ~ fighting/singing/reading/eating** weiterkämpfen/-singen/-lesen/-essen; **the patient ~s to improve** das Befinden des Patienten bessert sich ständig.
2. (*resume*) fortsetzen; *conversation, work, journey also* wiederaufnehmen. **to be ~d** Fortsetzung folgt; **~d on p 10** weiter *or* Fortsetzung auf Seite 10.
3. (*prolong*) *line* verlängern, weiterführen.
II *vi* (*go on*) (*person*) weitermachen; (*crisis, speech*) fortdauern, (an)dauern; (*influence*) fortdauern, andauern; (*weather*) anhalten; (*road, forest*) weitergehen, sich fortsetzen; (*concert*) weitergehen. **to ~ on one's way** weiterfahren; (*on foot*) weitergehen; **he ~d after a short pause** er redete/schrieb/las *etc* nach einer kurzen Pause weiter; **he ~s (to be) optimistic** er ist nach wie vor optimistisch; **to ~ at university/with a company/as sb's secretary** auf der Universität/bei einer Firma/jds Sekretärin bleiben; **to ~ in office** im Amt verbleiben.

continuing [kən'tɪnju:ɪŋ] *adj* ständig, fortgesetzt; *process* stetig, kontinuierlich (*geh*).

continuity [ˌkɒntɪ'nju:ɪtɪ] *n* **1.** Kontinuität *f*. **2.** (*Film*) Anschluß *m*; (*Rad*) (verbindende) Ansagen *pl*. **~ girl** Scriptgirl *nt*.

continuous [kən'tɪnjʊəs] *adj* dauernd, ständig, kontinuierlich (*geh*); *line* durchgezogen, ununterbrochen; *rise, movement* stetig, stet *attr* (*geh*), gleichmäßig; (*Math*) *function* stetig. **~ paper** (*Comput*) Endlospapier *nt*; (*pre-printed*) Endlosformular *nt*; **~ performance** (*Film*) durchgehende Vorstellung; **~ tense** (*Gram*) Verlaufsform *f*.

continuously [kən'tɪnjʊəslɪ] *adv see adj*.

contort [kən'tɔ:t] *vt* **1.** *one's features, metal* verziehen (*into* zu); *limbs* verrenken, verdrehen. **a face ~ed by pain** ein schmerzverzerrtes Gesicht. **2.** (*fig*) *words* verdrehen; *report also* verzerren.

contortion [kən'tɔ:ʃən] *n* (*esp of acrobat*) Verrenkung *f*; (*of features*) Verzerrung *f*.

contortionist [kən'tɔ:ʃənɪst] *n* Schlangenmensch *m*.

contour ['kɒntʊə^r] **I** *n* **1.** (*outline*) Kontur *f*, Umriß *m*. **2.** (*shape*) **~s** *pl* Konturen *pl*. **3.** (*Geog*) *see* **~ line.**
II *vt road* der Gegend anpassen; *land* hügelig anlegen; *map* mit Höhenlinien versehen. **~ed seat** Kontursitz *m*.

contour line *n* (*Geog*) Höhenlinie *f*; **contour map** *n* Höhenlinienkarte *f*.

contra- ['kɒntrə-] *pref* Gegen-, Kontra-.

contraband ['kɒntrəbænd] **I** *n, no pl* (*goods*) Konterbande, Schmuggelware *f*; (*form: smuggling*) Schleichhandel *m*, Schmuggeln *nt*. **II** *adj* Schmuggel-.

contraception [ˌkɒntrə'sepʃən] *n* Empfängnisverhütung *f*.

contraceptive [ˌkɒntrə'septɪv] **I** *n* empfängnisverhütendes Mittel; (*sheath*) Verhütungsmittel *nt*. **II** *adj* empfängnisverhütend; *pill* Antibaby-; *advice* über Empfängnisverhütung.

contract[1] ['kɒntrækt] **I** *n* **1.** (*agreement*) Vertrag, *m*; (*document also*) Vertragsdokument *nt*; (*Comm*) (*order*) Auftrag *m*; (*delivery ~*) Liefervertrag *m*. **to enter into** *or* **make a ~ (with sb)** (mit jdm) einen Vertrag eingehen *or* (ab)schließen; **to be under ~** unter Vertrag stehen (*to* bei, mit); **to put work out to ~** Arbeiten außer Haus machen lassen; **to put a ~ on sb** (*to kill*) einen Killer auf jdn ansetzen; **terms of ~** Vertragsbedingungen *or* -bestimmungen *pl*.

2. (*Bridge*) Kontrakt *m*. ~ **bridge** Kontrakt-Bridge *nt*.

II *adj price, date* vertraglich festgelegt *or* vereinbart. ~ **work** Auftragsarbeit *f*.

III [kən'trækt] *vt* (*acquire*) *debts* machen, ansammeln; *illness* erkranken an (+*dat*); *vices, habit* sich (*dat*) zulegen, entwickeln, annehmen.

IV [kən'trækt] *vi* 1. (*Comm*) **to ~ to do sth** sich vertraglich verpflichten, etw zu tun.

2. (*form: make an arrangement*) sich verbünden.

◆**contract in** *vi* sich anschließen (*-to dat*); (*into insurance scheme*) beitreten (*-to dat*).

◆**contract out I** *vi* (*withdraw*) austreten, aussteigen (*inf*) (*of* aus); (*not join*) sich nicht anschließen (*of dat*); (*of insurance scheme*) nicht beitreten (*of dat*). **II** *vt sep* (*Comm*) *work* außer Haus machen lassen (*to* von), vergeben (*to* an +*acc*).

contract² [kən'trækt] **I** *vt* 1. zusammenziehen; *brow* in Falten legen, hochziehen; *pupil* verengen. 2. (*Ling*) zusammenziehen, kontrahieren (*spec*) (*into* zu). **II** *vi* (*muscle, metal*) sich zusammenziehen; (*pupil also*) sich verengen; (*fig: influence, business*) (zusammen)schrumpfen.

contraction [kən'trækʃən] *n* 1. (*of metal, muscles*) Zusammenziehen *nt*, Zusammenziehung *f*; (*of pupils*) Verengung *f*; (*fig*) Schrumpfung *f*. 2. (*Ling*) Kontraktion *f*. 3. (*in childbirth*) ~s Wehen *pl*. 4. (*form: acquisition*) (*of debts*) Ansammlung *f*; (*of habit*) Entwicklung, Annahme *f*. **his ~ of polio** seine Erkrankung an Kinderlähmung.

contractor [kən'træktəʳ] *n* (*individual*) Auftragnehmer(in *f*) *m*, beauftragter Elektriker/Monteur *etc*; (*company also*) beauftragte Firma; (*building ~*) Bauunternehmer(in *f*) *m*; (*company*) Bauunternehmen *nt*, Bauunternehmer *m*. **that is done by outside ~s** damit ist eine andere Firma beauftragt.

contractual [kən'træktʃʊəl] *adj* vertraglich. ~**community** Vertragsgemeinschaft *f*.

contradict [ˌkɒntrə'dɪkt] *vt* (*person*) widersprechen (+*dat*); (*event, action, statement also*) im Widerspruch stehen zu. **to ~ oneself** sich (*dat*) widersprechen; **he ~ed every word I said** er widersprach mir bei jedem Wort; **he can't stand being ~ed** er duldet keinen Widerspruch.

contradiction [ˌkɒntrə'dɪkʃən] *n* Widerspruch *m* (*of* zu); (*contradictory*) Widersprechen *nt*. **full of ~s** voller Widersprüchlichkeiten.

contradictory [ˌkɒntrə'dɪktərɪ] *adj person* widersprüchlich; *statements also* (sich) widersprechend. **to be ~ to sth** einer Sache (*dat*) widersprechen, zu etw im Widerspruch stehen; **it is not ~ to say ...** es ist kein Widerspruch, zu behaupten ...

contra-flow ['kɒntrəˈfləʊ] (*Mot*) **I** *n* Gegenverkehr *m*. **II** *adj* Gegenverkehrs-.

contraindication [ˌkɒntrəˌɪndɪ'keɪʃən] *n* (*Med*) Kontraindikation, Gegenanzeige *f*.

contralto [kən'træltəʊ] **I** *n* (*voice*) Alt *m*; (*singer also*) Altist(in *f*) *m*. **II** *adj voice* Alt-. **the ~ part** die Altstimme, der Alt.

contraption [kən'træpʃən] *n* (*inf*) Apparat *m* (*inf*); (*vehicle also*) Vehikel *nt* (*inf*), Kiste *f* (*inf*).

contrapuntal [ˌkɒntrə'pʌntl] *adj* kontrapunktisch.

contrarily [kən'trɛərɪlɪ] *adv* (*perversely*) widerborstig; (*of horse etc*) widerspenstig.

contrariness [kən'trɛərɪnɪs] *n see* **contrary²** Widerborstigkeit *f*; Widerspruchsgeist *m*; Widerspenstigkeit *f*.

contrary¹ ['kɒntrərɪ] **I** *adj* (*opposite*) entgegengesetzt; *effect, answer also* gegenteilig; (*conflicting*) *views, statements also* gegensätzlich; (*adverse*) *winds, tides* widrig. **sth is ~ to sth** etw steht im Gegensatz zu etw; **it is ~ to our agreement** es entspricht nicht unseren Abmachungen; **~ to nature** wider die Natur; **~ to our hopes/intentions** wider all unsere Hoffnungen/Absichten, entgegen unseren Hoffnungen/Absichten.

II *n* Gegenteil *nt*. **on the ~** im Gegenteil; **unless you hear to the ~** sofern Sie nichts Gegenteiliges hören.

contrary² [kən'trɛərɪ] *adj* widerborstig, widerspenstig; *person also* voll Widerspruchsgeist; *horse* widerspenstig.

contrast ['kɒntrɑːst] **I** *n* 1. (*contrasting*) Gegenüberstellung *f*.

2. Gegensatz *m* (*with, to* zu); (*visual, striking difference of opposites*) Kontrast *m* (*with, to* zu). **by** *or* **in ~** im Gegensatz dazu; **to be in ~ with** *or* **to sth** im Gegensatz/in Kontrast zu etw stehen; **the ~ between the state of the £ now and last year** der Unterschied zwischen dem jetzigen Stand des Pfundes und seinem Wert im letzten Jahr; **and now, by way of ~** und nun etwas ganz anderes.

3. (*Art, Phot, TV*) Kontrast *m*.

II [kən'trɑːst] *vt* einen Vergleich anstellen (*with* zwischen +*dat*), gegenüberstellen (*with dat*).

III [kən'trɑːst] *vi* im Gegensatz *or* in Kontrast stehen (*with* zu), kontrastieren (*with* mit); (*colours also*) sich abheben (*with* von), abstechen (*with* von). **to ~ unfavourably with sth** bei einem Vergleich mit *or* im Vergleich zu etw schlecht abschneiden; **blue and yellow ~ nicely** Blau und Gelb ergeben einen hübschen Kontrast.

contrasting [kən'trɑːstɪŋ] *adj opinions, lifestyle* gegensätzlich; *colours* kontrastierend, Kontrast-.

contrastive [kən'trɑːstɪv] *adj* gegenüberstellend; (*Ling*) kontrastiv.

contravene [ˌkɒntrə'viːn] *vt law, custom* (*action, behaviour*) verstoßen gegen, verletzen; (*person also*) zuwiderhandeln (+*dat*).

contravention [ˌkɒntrə'venʃən] *n* Verstoß *m* (*of* gegen), Verletzung *f* (*of gen*); (*of law also*) Übertretung *f* (*of gen*). **to be in ~ of ...** gegen ... verstoßen.

contretemps ['kɒntrəˌtɔŋ] *n, no pl* Zwischenfall *m*.

contribute [kən'trɪbju:t] **I** *vt* beitragen (*to* zu); *food, money, supplies* beisteuern (*to* zu); (*to charity*) spenden (*to* für); *time, talent* zur Verfügung stellen (*to dat*); *press article also, information* liefern (*to* für), beisteuern (*to dat*). **to ~ one's share** sein(en) Teil dazu beitragen.

II *vi* beitragen (*to* zu); (*to pension fund*) einen Beitrag leisten (*to* zu); (*to present*) beisteuern (*to* zu); (*to charity*) spenden (*to* für); (*to newspaper, conference, society*) einen Beitrag leisten (*to* zu); (*regularly: to a magazine*) mitwirken (*to* an +*dat*).

contribution [ˌkɒntrɪ'bju:ʃən] *n* Beitrag *m* (*to* zu); (*donation also*) Spende *f* (*to* für). **to make a ~ to sth** einen Beitrag zu etw leisten.

contributor [kən'trɪbjʊtəʳ] *n* (*to magazine*) Mitarbeiter(in *f*) *m* (*to* an +*dat*); (*of goods, money*) Spender(in *f*) *m*. **to be a ~ to a newspaper/an appeal** für eine Zeitung schreiben/auf einen Appell hin etwas spenden.

contributory [kən'trɪbjʊtərɪ] *adj* **1. it's certainly a ~ factor/cause** es ist sicherlich ein Faktor, der dazu beiträgt *or* der mit eine Rolle spielt; **to be a ~ cause of a disease** ein Faktor sein, der zu einer Krankheit beiträgt; **~ negligence** (*Jur*) Mitverschulden *nt*. **2.** *pension scheme* beitragspflichtig.

con trick *n* (*inf*) Schwindel *m*.

contrite *adj*, **~ly** *adv* ['kɒntraɪt, -lɪ] reuig, zerknirscht.

contrition [kən'trɪʃən] *n* Reue *f*.

contrivance [kən'traɪvəns] *n* **1.** (*device*) Vorrichtung *f*; (*mechanical*) Gerät *nt*, Apparat *m*. **2.** (*devising, scheming*) Planung *f*; (*invention*) Erfindung *f*; (*inventiveness*) Findigkeit, Erfindungsgabe *f*. **3.** (*plan, scheme*) List *f*.

contrive [kən'traɪv] *vt* **1.** (*devise*) *plan, scheme* entwickeln, entwerfen, ersinnen; (*make*) fabrizieren. **to ~ a means of doing sth** einen Weg finden, etw zu tun.

2. (*manage, arrange*) bewerkstelligen, zuwege bringen; *meeting also* arrangieren. **to ~ to do sth** es fertigbringen (*also iro*) *or* zuwege bringen, etw zu tun.

contrived [kən'traɪvd] *adj* gestellt; *style also* gekünstelt.

control [kən'trəʊl] **I** *n* **1.** *no pl* (*management, supervision*) Aufsicht *f* (*of* über +*acc*); (*of money, fortune*) Verwaltung *f* (*of gen*); (*of situation, emotion, language*) Beherrschung *f* (*of gen*); (*self-~*) (Selbst)beherrschung *f*; (*physical ~*) (Körper)beherrschung *f* (*of gen*); (*authority, power*) Gewalt, Macht *f* (*over* über +*acc*); (*over territory*) Gewalt *f* (*over* über +*acc*); (*regulation*) (*of prices, disease, inflation*) Kontrolle *f* (*of gen*); (*of traffic*) Regelung *f* (*of gen*); (*of pollution*) Einschränkung *f* (*of gen*). **to be in ~ of sth, to have ~ of sb/sth** *business, office* etw leiten, etw unter sich (*dat*) haben; *children* jdn beaufsichtigen; *money* etw verwalten; **to be in ~ of sb/sth, to have sth under ~** etw in der Hand haben; *children, class also* jdn/etw unter Kontrolle haben; *situation also* Herr einer Sache (*gen*) sein, etw beherrschen; *car, inflation, disease, pollution* etw unter Kontrolle haben; **to be in ~ of oneself/one's emotions** sich in der Hand *or* in der Gewalt haben/Herr über seine Gefühle sein, Herr seiner Gefühle sein; **to have some/no ~ over sb** Einfluß/keinen Einfluß auf jdn haben; **to have some/no ~ over sth** etw in der Hand/nicht in der Hand haben; *over money* Kontrolle/keine Kontrolle über etw (*acc*) haben; *over environment* Einfluß/keinen Einfluß auf etw (*acc*) haben; **to lose ~ (of sth)** etw nicht mehr in der Hand haben, (über etw *acc*) die Gewalt *or* Herrschaft verlieren; *of business* die Kontrolle (über etw *acc*) verlieren; *of car* die Herrschaft (über etw *acc*) verlieren; **to lose ~ of oneself** die Beherrschung verlieren; **to be/get out of ~** (*child, class*) außer Rand und Band sein/geraten; (*situation*) außer Kontrolle sein/geraten; (*car*) nicht mehr zu halten sein; (*inflation, prices, disease, pollution*) sich jeglicher Kontrolle (*dat*) entziehen/nicht mehr zu halten *or* zu bremsen (*inf*) sein; (*fire*) nicht unter Kontrolle sein/außer Kontrolle geraten; **under state ~** unter staatlicher Kontrolle *or* Aufsicht; **to bring** *or* **get sth under ~** etw unter Kontrolle bringen; *situation* Herr einer Sache (*gen*) werden; *car* etw in seine Gewalt bringen; **everything** *or* **the situation is under ~** wir/sie *etc* haben die Sache im Griff (*inf*); **he was beyond his parents' ~** er war seinen Eltern über den Kopf gewachsen; **circumstances beyond our ~** nicht in unserer Hand liegende Umstände; **his ~ of the ball** seine Ballführung.

2. (*check*) Kontrolle *f* (*on gen*, über +*acc*). **wages/price ~s** Lohn-/Preiskontrolle *f*.

3. (*~ room*) die Zentrale; (*Aviat*) der Kontrollturm.

4. (*knob, switch*) Regler *m*; (*of vehicle, machine*) Schalter *m*. **to be at the ~s** (*of spaceship, airliner*) am Kontrollpult sitzen; (*of small plane, car*) die Steuerung haben.

5. (*Sci*) (*person*) Kontrollperson *f*; (*animal*) Kontrolltier *nt*; (*group*) Kontrollgruppe *f*.

6. (*Comput*) **~-F1** Control-F1.

II *vt* **1.** (*direct, manage*) kontrollieren; *business* führen, leiten, unter sich (*dat*) haben; *sea* beherrschen; *organization* in der Hand haben; *animal, child, class* fertigwerden mit; *car* steuern, lenken; *traffic* regeln; *emotions, movements* beherrschen, unter Kontrolle halten; *hair* bändigen. **to ~ oneself/one's temper** sich beherrschen; **~ yourself!** nimm dich zusammen!

2. (*regulate, check*) *prices, rents, growth* kontrollieren; *temperature, speed* regulieren; *disease* unter Kontrolle bringen; *population* eindämmen, im Rahmen halten.

control centre *n* Kontrollzentrum *nt*; **control character** *n* (*Comput*) Steuerzeichen *nt*; **control column** *n* Steuerknüppel *m*; **control experiment** *n* Kontrollversuch *m*; **control group** *n* (*Med, Psych*) Kontrollgruppe *f*; **control key** *n* (*Comput*) Control-Taste *f*; **control knob** *n* (*on TV*) Kontrollknopf *m*.

controllable [kən'trəʊləbl] *adj* kontrollierbar, zu kontrollieren *pred*; *child, animal* lenkbar.

controlled [kən'trəʊld] *adj emotion, movement, voice* beherrscht; *passion* gezügelt; *conditions, rent* kontrolliert; *prices* gebunden; *temperature* geregelt.

controller [kən'trəʊləʳ] *n* **1.** (*director*) (*Rad*) Intendant(in *f*) *m*; (*Aviat*) (Flug)lotse *m*. **2.** (*financial head*) Leiter(in *f*) *m* des Finanzwesens.

controlling [kən'trəʊlɪŋ] *adj attr factor* beherrschend; *body* Aufsichts-. ~ **interest** Mehrheitsanteil *m*.

control panel *n* Schalttafel, Schaltblende *f*; (*on aircraft, TV*) Bedienungsfeld *nt*; (*on machine*) Steuer- *or* Bedienungs- *or* Betriebspult *nt*; (*on car*) Armaturenbrett *nt*; **control point** *n* Kontrollpunkt *m*, Kontrollstelle *f*; **control rod** *n* Regelstab *m*; **control room** *n* Kontrollraum *m*; (*Naut also*) Kommandoraum *m*; (*Mil*) (Operations)zentrale *f*; (*of police*) Zentrale *f*; **control stick** *n see* **control column**; **control tower** *n* (*Aviat*) Kontrollturm *m*; **control unit** *n* (*Comput*) Steuerwerk *nt*, Steuereinheit *f*.

controversial [ˌkɒntrə'vɜːʃəl] *adj speech* kontrovers; (*debatable*) *matter, decision also* umstritten, strittig.

controversy ['kɒntrəvɜːsɪ, kən'trɒvəsɪ] *n* Kontroversen *pl*, Streit *m*. **there was a lot of ~ about it** es gab deswegen große Kontroversen *or* Differenzen. **statements/facts that are beyond ~** völlig unumstrittene Behauptungen/Tatsachen.

contumacious *adj*, **~ly** *adv* [ˌkɒntjʊ'meɪʃəs, -lɪ] verstockt; (*insubordinate*) den Gehorsam verweigernd.

contusion [kən'tjuːʒən] *n* Quetschung, Kontusion (*spec*) *f*.

conundrum [kə'nʌndrəm] *n* (*lit, fig*) Rätsel *nt*.

conurbation [ˌkɒnɜː'beɪʃən] *n* Ballungsgebiet *nt or* -raum *m or* -zentrum *nt*, Conurbation *f* (*spec*).

convalesce [ˌkɒnvə'les] *vi* genesen (*from, after* von). **while convalescing** während der Genesung(szeit).

convalescence [ˌkɒnvə'lesəns] *n* Genesung *f*; (*period*) Genesungszeit *f*.

convalescent [ˌkɒnvə'lesənt] **I** *n* Rekonvaleszent(in *f*) *m* (*form*), Genesende(r) *mf*. **II** *adj* genesend. **to be ~** auf dem Wege der Besserung sein; ~ **home** Genesungsheim *nt*.

convection [kən'vekʃən] *n* Konvektion *f*.

convector [kən'vektəʳ] *n* (*also* ~ **heater**) Heizlüfter *m*.

convene [kən'viːn] **I** *vt meeting* einberufen; *group of people* zusammenrufen, versammeln. **II** *vi* zusammenkommen, sich versammeln; (*parliament, court*) zusammentreten.

convener [kən'viːnəʳ] *n Person, die Versammlungen einberuft*.

convenience [kən'viːnɪəns] *n* **1.** *no pl* (*usefulness, advantageousness*) Annehmlichkeit *f*; (*functionalness*) Zweckmäßigkeit *f*. **for the sake of ~** aus praktischen Gründen; ~ **foods** Fertiggerichte *pl*.

2. *no pl* **to consider the ~ of the inhabitants/driver** daran denken, was für die Bewohner/den Fahrer praktisch und bequem ist, die Zweckmäßigkeit für die Bewohner/den Fahrer in Betracht ziehen; **for your ~** zum gefälligen Gebrauch; **I'm not changing it for** *or* **to suit his ~** ich werde es seinetwegen *or* nur um es ihm recht zu machen nicht ändern; **at your own ~** zu einem Ihnen angenehmen Zeitpunkt, wann es Ihnen paßt (*inf*); **at your earliest ~** (*Comm*) möglichst bald, baldmöglichst (*form*).

3. (*convenient thing, amenity*) Annehmlichkeit *f*. **a house with every ~/with all modern ~s** ein Haus mit allem/allem modernen Komfort.

4. (*Brit form: public ~*) (öffentliche) Toilette *f*.

convenient [kən'viːnɪənt] *adj* (*useful, functional*) zweckmäßig, praktisch; *area, house* (*for shops*) günstig gelegen; *time* günstig, passend. **at a more ~ time** zu einem passenderen *or* günstigeren Zeitpunkt; **if it is ~ to** *or* **for you** wenn es Ihnen (so) paßt, wenn es Ihnen keine Umstände macht; **is tomorrow ~ (to** *or* **for you)?** paßt (es) Ihnen morgen?, geht es morgen?; **the trams are very ~** (*nearby*) die Straßenbahnhaltestellen liegen sehr günstig; (*useful*) die Straßenbahn ist sehr praktisch; **is there a ~ train?** gibt es einen geeigneten *or* passenden Zug?; **her resignation was most ~ (for him)** ihr Rücktritt kam ihm äußerst gelegen; **how ~!** sehr günstig!

conveniently [kən'viːnɪəntlɪ] *adv* günstigerweise; *situated* günstig, vorteilhaft; (*usefully*) *designed* praktisch, zweckmäßig. **it ~ started to rain** wie bestellt, fing es an zu regnen.

convent ['kɒnvənt] *n* (Frauen)kloster *nt*. ~ **school** Klosterschule *f*.

convention [kən'venʃən] *n* **1.** Brauch *m*, Sitte *f*; (*social rule*) Konvention *f*. ~ **requires** *or* **demands that ...** die Sitte *or* der Brauch will es so, daß ....

2. (*agreement*) Abkommen *nt*.

3. (*conference*) Tagung, Konferenz *f*; (*Pol*) Versammlung *f*.

conventional [kən'venʃənl] *adj dress, attitudes, warfare, weapons* konventionell; *person, behaviour also* konventionsgebunden; *philosophy, beliefs, theory, manner, technique* herkömmlich; *theatre, music, style* traditionell; *symbol, mealtimes* normalerweise üblich.

conventionality [kənˌvenʃə'nælɪtɪ] *n see adj* Konventionalität *f*; Konventionsgebundenheit *f*; Herkömmlichkeit *f*; traditionelle Art.

conventionally [kən'venʃnəlɪ] *adv see adj*.

converge [kən'vɜːdʒ] *vi* (*road, lines*) zusammenlaufen (*at* in *or* an +*dat*); (*river also*) zusammenströmen (*at* in *or* an

+*dat*); (*Math, Phys*) konvergieren (*at* in +*dat*); (*fig: views*) sich aneinander annähern, konvergieren (*geh*). **to ~ on sb/sth/New York** von überallher zu jdm/etw/nach New York strömen.

convergence [kən'vɜːdʒəns] *n see vi* Zusammenlaufen *nt*; Zusammenströmen *nt*; Konvergenz *f*; Annäherung *f*. **point of ~** Schnittpunkt *m*; (*of rays*) Brennpunkt *m*; (*of rivers*) Zusammenfluß *m*.

convergent [kən'vɜːdʒənt], **converging** [kən'vɜːdʒɪŋ] *adj see vi* zusammenlaufend; zusammenströmend; konvergent (*form*), konvergierend; sich (aneinander) annähernd.

conversant [kən'vɜːsənt] *adj pred* vertraut.

conversation [ˌkɒnvə'seɪʃən] *n* Gespräch *nt*, Unterhaltung *f*; (*Sch*) Konversation *f*. **to make ~** sich unterhalten; (*small talk*) Konversation machen; **to get into/be in ~ with sb** mit jdm ins Gespräch kommen/im Gespräch sein; **deep in ~** ins Gespräch vertieft; **to have a ~ with sb (about sth)** sich mit jdm (über etw *acc*) unterhalten; **he has no ~** mit ihm kann man sich nicht unterhalten; **a subject of ~** ein Gesprächsthema *nt*; **words used only in ~** Wörter, die nur in der gesprochenen Sprache gebraucht werden; **we only mentioned it in ~** wir haben das nur gesprächsweise erwähnt; **the art of ~** die Kunst der gepflegten Konversation *or* Unterhaltung.

conversational [ˌkɒnvə'seɪʃənl] *adj tone, style* Unterhaltungs-, Plauder-, leger. **~ German** gesprochenes Deutsch; **his tone was quiet and ~** er sagte es in ruhigem Gesprächston.

conversationalist [ˌkɒnvə'seɪʃnəlɪst] *n* guter Unterhalter *or* Gesprächspartner, gute Unterhalterin *or* Gesprächspartnerin.

conversationally [ˌkɒnvə'seɪʃnəlɪ] *adv write* im Plauderton.

conversation mode *n* (*Comput*) Dialogbetrieb *m*; **conversation piece** *n* Gesprächsgegenstand *m*; **conversation stopper** *n* **that was a real ~** das brachte die Unterhaltung zum Erliegen.

converse[1] [kən'vɜːs] *vi* (*form*) sich unterhalten.

converse[2] ['kɒnvɜːs] **I** *adj* umgekehrt; (*Logic also*) konvers (*spec*); *opinions* gegenteilig. **II** *n* (*opposite*) Gegenteil *nt*; (*Logic: proposition*) Umkehrung, Konverse (*spec*) *f*. **the ~ is true** das Gegenteil trifft zu; **quite the ~** ganz im Gegenteil.

conversely [kɒn'vɜːslɪ] *adv* umgekehrt.

conversion [kən'vɜːʃən] *n* **1.** Konversion *f* (*into* in +*acc*); (*Fin, Sci also*) Umwandlung *f* (*into* in +*acc*); (*Rugby*) Verwandlung *f*; (*of measures*) Umrechnung *f* (*into* in +*acc*); (*of van, caravan*) Umrüstung *f*, Umbau *m*; (*model*) Spezialausführung *f*; (*of building*) Umbau *m* (*into* zu); (*of appliances*) Umstellung *f* (*to* auf +*acc*). **~ table** Umrechnungstabelle *f*.

2. (*Rel, fig*) Bekehrung, Konversion *f* (*to* zu).

convert ['kɒnvɜːt] **I** *n* (*lit, fig*) Bekehrte(r) *mf*; (*to another denomination*) Konvertit *m*. **to become a ~ to sth** (*lit, fig*) sich zu etw bekehren.

II [kən'vɜːt] *vt* **1.** konvertieren (*into* in +*acc*); (*Fin, Sci also*) umwandeln (*into* in +*acc*); (*Rugby*) verwandeln; *measures* umrechnen (*into* in +*acc*); *van, caravan* umrüsten, umbauen (*into* zu); *attic* ausbauen (*into* zu); *building* umbauen (*into* zu); *appliance* umstellen (*to* auf +*acc*). **a sofa that can be ~ed into a bed** ein Sofa, das sich in ein Bett verwandeln läßt; **most of the town has now been ~ed to natural gas** der größte Teil der Stadt ist jetzt auf Erdgas umgestellt.

2. (*Rel, fig*) bekehren (*to* zu); (*to another denomination*) konvertieren.

III [kən'vɜːt] *vi* sich verwandeln lassen (*into* in +*acc*).

converter [kən'vɜːtə^r] *n* (*Elec*) Konverter *m*; (*for AC/DC*) Stromgleichrichter *m*.

convertibility [kənˌvɜːtə'bɪlɪtɪ] *n* (*of currency*) Konvertierbarkeit, Konvertibilität *f*; (*of appliances*) Umstellbarkeit *f*.

convertible [kən'vɜːtəbl] **I** *adj* verwandelbar; *currency* konvertibel, konvertierbar; *car* mit aufklappbarem Verdeck; *appliances* umstellbar. **a ~ sofa** ein Sofa, das sich in ein Bett verwandeln läßt. **II** *n* (*car*) Kabriolett, Kabrio *nt*.

convex [kɒn'veks] *adj lens, mirror* konvex, Konvex-.

convey [kən'veɪ] *vt* **1.** befördern; *goods* spedieren; *water* leiten.

2. (*make known or felt*) *opinion, idea* vermitteln; (*make understood*) *meaning* klarmachen; (*transmit*) *message, order, best wishes* übermitteln, überbringen. **what does this poem/music ~ to you?** was sagt Ihnen dieses Gedicht/diese Musik?; **words cannot ~ what I feel** was ich empfinde, läßt sich nicht mit Worten ausdrücken.

3. (*Jur*) *property* übertragen (*to* auf +*acc*).

conveyance [kən'veɪəns] *n* **1.** (*transport*) Beförderung *f*; (*of goods also*) Spedition *f*. **~ of goods** Güterverkehr *m*; **means of ~** Beförderungsmittel *nt*. **2.** (*old, form: vehicle*) Gefährt *nt*. **public ~** öffentliches Verkehrsmittel. **3.** (Eigentums)übertragung *f* (*to* auf +*acc*); (*document*) Übertragungsurkunde *f*.

conveyancing [kən'veɪənsɪŋ] *n* (*Jur*) (Eigentums)übertragung *f*.

conveyor [kən'veɪə^r] *n* (*of message*) Überbringer(in *f*) *m*; (*Tech*) Förderer *m*. **~ belt** Fließband *nt*; (*for transport, supply*) Förderband *nt*.

convict ['kɒnvɪkt] **I** *n* Sträfling *m*, Zuchthäusler(in *f*) *m*.

II [kən'vɪkt] *vt* **1.** (*Jur*) *person* verurteilen (*of* wegen), für schuldig erklären (*of gen*). **to get sb ~ed** jds Verurteilung (*acc*) bewirken.

2. (*actions etc: betray*) überführen.

III [kən'vɪkt] *vi* jdn verurteilen. **the jury refused to ~** die Geschworenen lehnten es ab, einen Schuldspruch zu fällen.

conviction [kən'vɪkʃən] *n* **1.** (*Jur*) Verurteilung *f.* **five previous ~s** fünf Vorstrafen; **to get a ~** (*police, prosecution*) einen Schuldspruch erreichen.

2. (*belief, act of convincing*) Überzeugung *f.* **to be open to ~** sich gern eines Besseren belehren lassen; **to carry ~** überzeugend klingen; **his speech lacked ~** seine Rede klang wenig überzeugend; **he's a socialist by ~** er ist ein überzeugter Sozialist; **a man of strong ~s** ein Mann, der feste Anschauungen vertritt; **his fundamental political/moral ~s** seine politische/moralische Gesinnung; *see* **courage.**

convince [kən'vɪns] *vt* überzeugen. **I'm trying to ~ him that ...** ich versuche, ihn davon zu überzeugen, daß ...

convinced [kən'vɪnst] *adj* überzeugt.

convincing *adj*, **~ly** *adv* [kən'vɪnsɪŋ, -lɪ] überzeugend.

convivial [kən'vɪvɪəl] *adj* heiter und unbeschwert; *person also* fröhlich; (*sociable*) gesellig.

conviviality [kən,vɪvɪ'ælɪtɪ] *n see adj* unbeschwerte Heiterkeit; Fröhlichkeit *f*; Geselligkeit *f*.

convocation [,kɒnvə'keɪʃən] *n* (*form*) (*calling together*) Einberufung *f*; (*meeting, Eccl*) Versammlung *f*.

convoke [kən'vəʊk] *vt meeting* einberufen; (*Parl also*) zusammentreten lassen.

convolute ['kɒnvəlu:t] *adj shell* spiralig aufgewunden; *petal, leaf* eingerollt.

convoluted ['kɒnvəlu:tɪd] *adj* **1.** (*involved*) verwickelt; *plot also* verschlungen; *style* gewunden. **2.** (*coiled*) gewunden; *shell* spiralig aufgewunden.

convolution [,kɒnvə'lu:ʃən] *n usu pl* Windung *f*; (*of plot*) Verschlungenheit *f no pl*; (*of style*) Gewundenheit *f no pl*.

convolvulus [kən'vɒlvjʊləs] *n* Winde *f*.

convoy ['kɒnvɔɪ] **I** *n* **1.** (*escort*) Konvoi *m*, Geleit *nt*. **under ~** mit Geleitschutz, unter Konvoi.

2. (*vehicles under escort, fig*) Konvoi *m*; (*ships also*) Verband *m*. **in ~** im Konvoi/Verband.

II *vt* Geleitschutz geben (+*dat*), begleiten.

convulse [kən'vʌls] *vt* (*earthquake, war*) *land* erschüttern; (*fig also*) schütteln; *sb's body, muscles* krampfhaft zusammenziehen. **to be ~d with laughter/pain** sich vor Lachen schütteln/Schmerzen krümmen; **a joke which ~d the audience** ein Witz *m*, bei dem sich das Publikum vor Lachen bog.

convulsion [kən'vʌlʃən] *n* **1.** (*Med*) Schüttelkrampf *m no pl*, Konvulsion *f* (*spec*); (*caused by crying*) Weinkrampf *m no pl*. **2.** (*caused by social upheaval*) Erschütterung *f*. **3.** (*inf: of laughter*) **to go into/be in ~s** sich biegen *or* schütteln vor Lachen.

convulsive [kən'vʌlsɪv] *adj* konvulsiv(isch) (*spec*), Krampf-; *movement also* krampfhaft. **~ laughter** Lachkrämpfe *pl*.

convulsively [kən'vʌlsɪvlɪ] *adv* krampfartig.

cony, coney ['kəʊnɪ] *n* **1.** (*US*) Kaninchen *nt*. **2.** (*also* **~ skin**) Kaninchenfell *nt*.

coo [ku:] **I** *vi* (*pigeon, fig*) gurren. **II** *vt* gurren, girren. **III** *n* Gurren, Girren *nt*. **IV** *interj* (*Brit inf*) ui.

cook [kʊk] **I** *n* Koch *m*, Köchin *f*. **she is a good ~/good plain ~** sie kocht gut/sie kocht gute Hausmannskost; **too many ~s spoil the broth** (*Prov*) viele Köche verderben den Brei (*Prov*); **to be chief ~ and bottlewasher** (*inf*) Küchendienst machen.

II *vt* **1.** *food, meal* machen, zubereiten; (*in water, milk*) kochen; (*fry, roast*) braten; *pie, pancake also* backen. **how are you going to ~ the duck?** wie willst du die Ente zubereiten?; **a ~ed meal/breakfast** eine warme Mahlzeit/ein Frühstück *nt* mit warmen Gerichten; **to ~ sb's goose** (*fig*) jdm die Suppe versalzen.

2. (*inf: falsify*) *accounts* frisieren (*inf*).

III *vi* (*person, food*) kochen; (*fry, roast*) braten; (*pie*) backen. **what's ~ing?** (*fig inf*) was ist los?

◆**cook up** *vt sep* (*fig inf*) *story, excuse* sich (*dat*) einfallen lassen, zurechtbasteln (*inf*).

cookbook ['kʊkbʊk] *n* Kochbuch *nt*.

cooker ['kʊkə^r] *n* **1.** (*Brit: stove*) Herd *m*. **2.** (*apple*) Kochapfel *m*.

cookery ['kʊkərɪ] *n* Kochen *nt* (*also Sch*), Kochkunst *f*. **~ book** Kochbuch *nt*; **~ classes** Kochkurs *m*; Kochkurse *pl*.

cookhouse ['kʊkhaʊs] *n* (*Naut*) Kombüse *f*; (*Mil*) Feldküche *f*.

cookie, cooky ['kʊkɪ] *n* **1.** (*US: biscuit*) Keks *m*, Plätzchen *nt*. **that's the way the ~ crumbles** (*inf, also Brit*) so ist das nun mal (im Leben).

2. (*inf: smart person*) Typ *m*. **he's a pretty sharp/tough ~** er ist ein richtiger Schlauberger/ziemlich zäher Typ.

cooking ['kʊkɪŋ] *n* Kochen *nt*; (*food*) Essen *nt*. **plain ~** einfaches Essen, Hausmannskost *f*; **French ~** die französische Küche, französisches Essen; **her ~ is atrocious** sie kocht miserabel.

cooking *in cpds* Koch-; **cooking apple** *n* Kochapfel *m*; **cooking chocolate** *n* Blockschokolade *f*; **cooking foil** *n* Backfolie *f*; **cooking salt** *n* Kochsalz *nt*.

cookout ['kʊkaʊt] *n* (*US*) Kochen *nt* am Lagerfeuer; (*on charcoal brazier*) Grillparty *f*.

cooky *n see* **cookie.**

cool [ku:l] **I** *adj* (+*er*) **1.** *water, weather, drink* kühl; *clothes* luftig, leicht. **serve ~** kalt *or* (gut) gekühlt servieren; **"keep in a ~ place"** „kühl aufbewahren".

2. (*calm, unperturbed*) *person, manner* besonnen; *voice* kühl. **to keep a ~ head** einen kühlen Kopf behalten; **keep ~!** reg dich nicht auf!.

3. (*audacious*) kaltblütig, unverfroren (*pej*), kaltschnäuzig (*inf*). **as ~ as you please** mit größter Unverfrorenheit (*pej*), seelenruhig.

4. (*unenthusiastic, unfriendly*) *greeting, reception, look* kühl. **to be ~ to(wards) sb** sich jdm gegenüber kühl verhalten; **play it ~!** immer mit der Ruhe!

5. (*inf: with numbers*) glatt (*inf*). **he**

earns a ~ thirty thousand a year er verdient glatte dreißigtausend im Jahr (*inf*).

6. (*sl: great, smart*) *idea, disco, pub, dress* stark (*sl*), cool (*sl*).

II *n* **1.** (*lit, fig*) Kühle *f*. **in the ~ of the evening** in der Abendkühle.

2. (*inf*) **keep your ~!** reg dich nicht auf!, immer mit der Ruhe!; **to lose one's ~** durchdrehen (*inf*).

III *vt* **1.** kühlen; (*~ down*) abkühlen; *wine also* kalt stellen.

2. (*sl*) **~ it!** (*don't get excited*) reg dich ab! (*inf*), mach mal langsam (*inf*); (*don't cause trouble*) mach keinen Ärger! (*inf*).

IV *vi* (*lit, fig*) abkühlen; (*anger*) verrauchen, sich legen; (*enthusiasm, interest*) nachlassen. **he has ~ed towards her** er ist ihr gegenüber kühler geworden.

◆**cool down I** *vi* **1.** (*lit*) abkühlen; (*weather also, person*) sich abkühlen. **2.** (*feelings*) sich abkühlen; (*anger also*) verrauchen; (*critical situation, person: calm down*) sich beruhigen. **look, just ~ ~ will you!** komm, reg dich (bloß wieder) ab! (*inf*).

II *vt sep* **1.** *food, drink* abkühlen; (*let ~ ~*) abkühlen lassen. **to ~ oneself ~** sich abkühlen. **2.** *situation* sich beruhigen.

◆**cool off** *vi* **1.** (*liquid, food*) abkühlen; (*person*) sich abkühlen.

2. (*fig*) (sich) abkühlen; (*enthusiasm, interest*) nachlassen; (*become less angry*) sich beruhigen; (*become less friendly*) kühler werden (*about or towards sb* jdm gegenüber).

coolant ['ku:lənt] *n* Kühlmittel *nt*.

cool bag *n* Kühltasche *f*; **cool box** *n* Kühlbox *f*.

cooler ['ku:lə^r] *n* **1.** (*for milk etc*) Kühlapparat *m*; (*for wine*) Kühler *m*. **2.** (*sl: solitary*) Bau *m* (*inf*).

cool-headed [ku:l'hedɪd] *adj* kühl (und besonnen).

coolie ['ku:lɪ] *n* Kuli *m*.

cooling ['ku:lɪŋ] *adj drink, shower* kühlend; *effect* (ab)kühlend; *affection* abnehmend; *enthusiasm, interest* nachlassend. **~ fan** Lüfter *m*.

cooling-off ['ku:lɪŋ'ɒf] *n* (*in relationship etc*) Abkühlung *f*. **II** *adj* **~ period** (*gesetzlich festgelegter*) *Zeitraum für Schlichtungsverhandlungen* (*bei Arbeitskämpfen*).

cooling tower *n* Kühlturm *m*.

coolly ['ku:lɪ] *adv* **1.** (*calmly*) ruhig, gefaßt, besonnen. **2.** (*unenthusiastically, in an unfriendly way*) kühl. **3.** (*audaciously*) kaltblütig, unverfroren (*pej*), kaltschnäuzig (*inf*).

coolness ['ku:lnɪs] *n see adj* **1.** Kühle *f*; Luftigkeit, Leichtigkeit *f*. **2.** Besonnenheit *f*; Kühle *f*. **3.** Kaltblütigkeit, Unverfrorenheit (*pej*), Kaltschnäuzigkeit (*inf*) *f*. **4.** Kühle *f*.

coon [ku:n] *n* **1.** (*Zool*) Waschbär *m*. **2.** (*pej*) Nigger *m* (*pej*).

coop [ku:p] *n* (*also* **hen ~**) Hühnerstall *m*.

◆**coop up** *vt sep person* einsperren; *several people* zusammenpferchen (*inf*).

co-op ['kəʊ'ɒp] *n* Genossenschaft *f*; (*shop*) Coop, Konsum *m*.

cooper ['ku:pə^r] *n* Böttcher *m*.

cooperate [kəʊ'ɒpəreɪt] *vi* kooperieren, zusammenarbeiten; (*go along with, not be awkward*) mitmachen. **if the weather ~s** wenn das Wetter mitmacht.

cooperation [kəʊ,ɒpə'reɪʃən] *n* Kooperation, Zusammenarbeit *f*; (*help*) Mitarbeit, Kooperation *f*. **we produced this model in ~ with ...** wir haben dieses Modell in Gemeinschaftsarbeit *or* Kooperation *or* gemeinsam mit ... produziert.

cooperative [kəʊ'ɒpərətɪv] **I** *adj* **1.** (*prepared to comply*) kooperativ; (*prepared to help*) hilfsbereit.

2. *firm* auf Genossenschaftsbasis. **~ society** Genossenschaft, Kooperative *f*; **~ farm** Bauernhof *m* auf Genossenschaftsbasis; **~ bank** (*US*) Genossenschaftsbank *f*.

II *n* Genossenschaft, Kooperative *f*; (*also* **~ farm**) Bauernhof *m* auf Genossenschaftsbasis.

cooperatively [kəʊ'ɒpərətɪvlɪ] *adv see adj 1.* kooperativ; hilfsbereit.

coopt [kəʊ'ɒpt] *vt* selbst (hinzu)wählen. **he was ~ed onto the committee** er wurde vom Komitee selbst dazugewählt.

coordinate [kəʊ'ɔ:dnɪt] **I** *adj* gleichwertig; (*in rank*) gleichrangig; (*Gram*) nebengeordnet (*with* zu).

II *n* (*Math etc*) Koordinate *f*; (*equal*) etwas Gleichwertiges. **~s** (*clothes*) Kleidung *f* zum Kombinieren.

III [kəʊ'ɔ:dɪneɪt] *vt* **1.** *movements, muscles, pieces of work* koordinieren; (*two people, firms*) *operations also* aufeinander abstimmen; *thoughts also* ordnen.

2. (*Gram*) nebenordnen, koordinieren.

coordination [kəʊ,ɔ:dɪ'neɪʃən] *n* Koordination, Koordinierung *f*.

coordinator [kəʊ'ɔ:dɪneɪtə^r] *n* Koordinator(in *f*) *m*; (*Gram*) koordinierende *or* nebenordnende Konjunktion.

coot [ku:t] *n* Wasserhuhn *nt*. **bald as a ~** völlig kahl; **daft as a ~** (*inf*) doof (*inf*); (*mad*) leicht übergeschnappt (*inf*).

co-owner ['kəʊ'əʊnə^r] *n* Mitbesitzer(in *f*), Miteigentümer(in *f*) *m*.

co-ownership ['kəʊ'əʊnəʃɪp] *n* Mitbesitz *m*.

cop [kɒp] **I** *n* **1.** (*inf: policeman*) Polizist(in *f*), Bulle (*pej inf*) *m*. **to play ~s and robbers** Räuber und Gendarm spielen. **2.** (*Brit sl: arrest*) **it's a fair ~** jetzt hat's mich erwischt (*inf*). **3.** (*Brit sl*) **it's no great ~** das ist nichts Besonderes.

II *vt* (*sl: catch*) *sb* schnappen (*inf*), erwischen (*inf*); *clout, thump* fangen (*inf*). **he ~ped one right on the nose** er fing eine genau auf der Nase (*inf*); **hey, ~ a load of this!** he, hör dir das mal an! (*inf*).

◆**cop out** *vi* (*sl*) aussteigen (*sl*) (*of* aus).

cop *in cpds* (*sl*) Polizei-, Bullen- (*pej inf*).

copartner ['kəʊ'pɑ:tnə^r] *n* Teilhaber(in *f*), Partner(in *f*) *m*.

copartnership ['kəʊ'pɑ:tnəʃɪp] *n* Teilhaberschaft, Partnerschaft *f*.

cope *vi* zurechtkommen; (*with work*) es schaffen. **to ~ with** *difficulties, children,* *difficult person* fertigwerden mit, zurechtkommen mit. **I can't ~ with all this work** ich bin mit all der Arbeit überfordert; **she can't ~ with the stairs any more** sie schafft die Treppe nicht mehr.

Copenhagen [ˌkəʊpn'heɪgən] *n* Kopenhagen *nt*.

Copernicus [kə'pɜːnɪkəs] *n* Kopernikus *m*.

copier ['kɒpɪə^r] *n* (*copyist*) Kopist(in *f*) *m*; (*imitator also*) Nachmacher(in *f*) *m*; (*of writer, painter*) Imitator(in *f*) *m*; (*machine*) Kopiergerät *nt*, Kopierer *m* (*inf*).

co-pilot ['kəʊ'paɪlət] *n* Kopilot(in *f*) *m*.

coping ['kəʊpɪŋ] *n* Mauerkrone *f*.

coping saw *n* Laubsäge *f*.

copious ['kəʊpɪəs] *adj supply* groß, reichlich; *information, details, illustrations* zahlreich; *writer* fruchtbar.

copiously ['kəʊpɪəslɪ] *adv* reichlich.

copiousness ['kəʊpɪəsnɪs] *n see adj* Größe, Reichlichkeit *f*; Fülle *f*, Reichtum *m*; Fruchtbarkeit *f*.

cop-out ['kɒpaʊt] *n* (*sl: going back on sth*) Rückzieher *m* (*inf*); (*deliberate evasion*) Ausweichmanöver *nt*. **this solution is just a ~** diese Lösung weicht dem Problem nur aus.

copper ['kɒpə^r] *n* **1.** (*metal*) Kupfer *nt*. **2.** (*colour*) Kupferrot *nt*. **3.** (*esp Brit inf: coin*) Pfennig *m*. **~s** Kleingeld *nt*. **4.** (*inf: policeman*) Polizist(in *f*), Bulle (*pej inf*) *m*. **5.** (*for boiling clothes etc*) Kupferkessel, Waschkessel *m*.

copper beech *n* Rotbuche *f*; **copper-bottomed** *adj* mit Kupferboden; (*Fin, fig*) gesund; **copper-coloured** *adj* kupferfarben; **copper mine** *n* Kupfermine *f*; **copperplate I** *vt* verkupfern; **II** *n* **1.** (*plate for engraving*) Kupferplatte *f*; (*engraving*) Kupferstich *m*; **2.** (*handwriting*) lateinische (Ausgangs)schrift; **III** *adj* **~ engraving** Kupferstich *m*; (*process also*) Kupferstechen *nt*; **in your best ~ writing** in deiner besten Sonntagsschrift; **copper-plating** *n* Verkupferung *f*; **coppersmith** *n* Kupferschmied *m*.

coppery ['kɒpərɪ] *adj* kupfern, kupferrot.

coppice ['kɒpɪs] *n see* **copse.**

copra ['kɒprə] *n* Kopra *f*.

coprocessor ['kəʊ'prəʊsesə^r] *n* (*Comput*) Koprozessor *m*. **maths ~** Arithmetikprozessor *m*.

copse [kɒps] *n* Wäldchen *nt*.

cop-shop ['kɒpʃɒp] *n* (*Brit sl*) Revier *nt*.

Coptic ['kɒptɪk] *adj* koptisch.

copulate ['kɒpjʊleɪt] *vi* kopulieren.

copulation [ˌkɒpjʊ'leɪʃən] *n* Kopulation *f*.

copulative ['kɒpjʊlətɪv] (*Gram*) **I** *n* Kopula *f*. **II** *adj* kopulativ.

copy ['kɒpɪ] **I** *n* **1.** Kopie *f* (*also Comput*); (*of document*) (*separately written or typed also*) Abschrift *f*; (*typed carbon also*) Durchschlag *m*; (*handwritten carbon also*) Durchschrift *f*; (*Phot*) Abzug *m*. **to take** *or* **make a ~ of sth** eine Kopie/Zweitschrift von etw machen; **to write out a fair ~** etw ins reine schreiben.

2. (*of book*) Exemplar *nt*. **have you got a ~ of today's "Times"?** hast du die „Times" von heute?

3. (*Press etc*) (*subject matter*) Stoff *m*; (*material to be printed*) Artikel *m*; (*Typ*) (Manu)skript *nt*. **that's always good ~** das zieht immer; **this murder story will make good ~** aus diesem Mord kann man etwas machen.

4. (*in advertising*) Werbetext *m*.

II *vi* (*imitate*) nachahmen; (*Sch etc*) abschreiben.

III *vt* **1.** (*make a ~ of*) *see n* kopieren (*also Comput*); eine Abschrift anfertigen von; einen Durchschlag/eine Durchschrift machen von; abziehen; (*write out again*) abschreiben. **to ~ sth to a disk** etw auf eine Diskette kopieren.

2. (*imitate*) nachmachen; *gestures, person also* nachahmen.

3. (*Sch etc*) *sb else's work* abschreiben; (*painting*) abmalen.

4. (*send a ~ to*) einen Durchschlag/eine Durchschrift senden an (+*acc*).

copybook I *n* Schönschreibheft *nt*; *see* **blot; II** *adj attr* mustergültig, wie es/er/sie im Lehrbuch steht; **copy boy** *n* (*Press*) Laufjunge *m*; **copycat I** *n* (*inf*) Nachahmer(in *f*) *m*; (*with written work*) Abschreiber(in *f*) *m*; **she's a terrible ~** sie macht immer alles nach (*inf*); **II** *adj attr* **his was a ~ crime** er war ein Nachahmungstäter; **copy desk** *n* (*Press*) Redaktionstisch *m*; **copy-edit** *vt* redigieren; lektorieren; bearbeiten; **copy editor** *n* (*Press*) Redakteur(in *f*) *m*; (*publishing also*) Lektor(in *f*) *m*; Manuskriptbearbeiter(in *f*) *m*.

copyist ['kɒpɪɪst] *n* Kopist(in *f*) *m*.

copy (*Comput*): **copy-protected** *adj disk* kopiergeschützt; **copy protection** *n* Kopierschutz *m*.

copyreader ['kɒpɪriːdə^r] *n see* **copy editor.**

copyright ['kɒpɪraɪt] **I** *n* Copyright, Urheberrecht *nt*. **out of ~** urheberrechtlich nicht mehr geschützt. **II** *adj* urheberrechtlich geschützt. **III** *vt book* urheberrechtlich schützen; (*author*) urheberrechtlich schützen lassen.

copy typist *n* Schreibkraft *f*; **copywriter** *n* Werbetexter(in *f*) *m*.

coquetry ['kɒkɪtrɪ] *n* Koketterie *f*.

coquette [kə'ket] *n* kokettes Mädchen, kokette Frau.

coquettish [kə'ketɪʃ] *adj* kokett, keß.

cor [kɔː^r] *interj* (*Brit sl*) Mensch (*inf*), Mann (*sl*).

coral ['kɒrəl] *n* **1.** Koralle *f*. **2.** (*colour*) Korallenrot *nt*.

coral *in cpds* Korallen-; **coral-coloured** *adj* korallenfarbig; **coral island** *n* Koralleninsel *f*; **coral necklace** *n* Korallenkette *f*; **coral reef** *n* Korallenriff *nt*; **Coral Sea** *n* Korallenmeer *nt*; **coral snake** *n* Korallennatter *f*.

cor anglais ['kɔːrɒŋgleɪ] *n* (*esp Brit*) Englischhorn *nt*.

cord [kɔːd] **I** *n* **1.** Schnur *f*; (*for clothes*) Kordel *f*; (*US Elec*) Schnur *f*. **2.** **~s** *pl* (*also* **a pair of ~s**) Kordhosen *pl*. **3.** (*Tex*) *see* **corduroy. 4.** (*Anat*) *see* **spinal, umbilical, vocal. II** *attr* Kord-.

cordage ['kɔːdɪdʒ] *n, no pl* Tauwerk *nt*.

corded ['kɔːdɪd] *adj* (*ribbed*) gerippt.

cordial ['kɔːdɪəl] **I** *adj* freundlich, höflich;

dislike heftig. **II** *n* (*drink*) Fruchtsaftkonzentrat *nt*; (*alcoholic*) Fruchtlikör *m*.

cordiality [ˌkɔːdɪ'ælɪtɪ] *n* Freundlichkeit, Höflichkeit *f*.

cordially ['kɔːdɪəlɪ] *adv* freundlich, höflich. **~ yours** mit freundlichen Grüßen.

cordite ['kɔːdaɪt] *n* Cordit *nt*.

cordless ['kɔːdlɪs] *adj telephone* schnurlos.

cordon ['kɔːdn] **I** *n* **1.** Kordon *m*, Postenkette *f*. **2.** (*ribbon of an Order*) Kordon *m*, (Ordens)band *nt*. **3.** (*Hort*) Kordon, Schnurbaum *m*. **II** *vt see* **~ off.**

◆**cordon off** *vt sep area, building* absperren, abriegeln.

cordon bleu [ˌkɔːdɒn'blɜː] **I** *n* (*Cook*) (*award*) Meisterkochdiplom *nt*; (*chef, cook*) Meisterkoch *m*, Meisterköchin *f*. **II** *adj cook* vorzüglich. **she's taking a ~ cookery course** sie macht einen Kochkurs für die feine Küche (mit).

corduroy ['kɔːdərɔɪ] *n* Kordsamt *m*. **~s** Kord(samt)hosen *pl*.

corduroy *in cpds* Kord(samt)-; **corduroy road** *n* Knüppeldamm *m*.

CORE [kɔːʳ] (*US*) *abbr of* **Congress of Racial Equality** *Verband m zur Bekämpfung von Rassendiskriminierung*.

core [kɔːʳ] **I** *n* (*lit, fig*) Kern *m*; (*of apple, pear*) Kernhaus *nt*, Butzen *m* (*dial*); (*of rock*) Innere(s) *nt*; (*of nuclear reactor*) Kern *m*. **rotten/English to the ~** (*fig*) durch und durch schlecht/englisch.

II *adj attr issue* Kern-; (*Sch*) *subject* Haupt-, Pflicht-; *curriculum* Haupt-.

III *vt fruit* entkernen; *apple, pear* das Kernhaus (+*gen*) entfernen *or* ausschneiden.

corelate *vti see* **correlate.**

co-religionist ['kəʊrɪ'lɪdʒənɪst] *n* Glaubensgenosse *m*/-genossin *f*.

co-respondent ['kəʊrɪs'pɒndənt] *n* (*Jur*) Mitbeklagte(r) *or* Dritte(r) *mf* (*im Scheidungsprozeß*).

core time *n* Kernzeit *f*.

Corfu [kɔː'fuː] *n* Korfu *nt*.

corgi ['kɔːgɪ] *n* Corgi *m*.

coriander [ˌkɒrɪ'ændəʳ] *n* Koriander *m*.

Corinth ['kɒrɪnθ] *n* Korinth *nt*.

Corinthian [kə'rɪnθɪən] **I** *adj* korinthisch. **II** *n* Korinther(in *f*) *m*. **~s** +*sing vb* (*Eccl*) Korinther *pl*.

cork [kɔːk] **I** *n* **1.** *no pl* (*substance*) Kork *m*. **2.** (*stopper*) Korken *m*. **put a ~ in it!** (*inf*) halt die Klappe! (*inf*). **3.** (*Fishing: also* **~ float**) Schwimmer *m*. **II** *vt* (*also* **~ up**) *bottle, wine* zu- *or* verkorken. **III** *adj* Kork-, korken (*rare*).

corkage ['kɔːkɪdʒ] *n* Korkengeld *nt*.

corked [kɔːkt] *adj* **the wine is ~** der Wein schmeckt nach Kork.

cork *in cpds* Kork-; **cork flooring** *n* Kork(fuß)boden *m*.

corkscrew *n* Korkenzieher *m*; **cork tile** *n* Korkfliese *f*; **cork-tipped** *adj cigarette* mit Korkfilter; **cork tree** *n* Korkbaum *m*.

corky ['kɔːkɪ] *adj* Kork-, korkartig; *taste* Kork-, korkig.

corm [kɔːm] *n* Knolle *f*.

cormorant ['kɔːmərənt] *n* Kormoran *m*.

corn¹ [kɔːn] *n* **1.** *no pl* (*cereal*) Getreide, Korn *nt*. **2.** (*seed of* ~) Korn *nt*. **3.** *no pl* **sweet~** (*esp US: maize*) Mais *m*; *see* **cob.**

corn² *n* Hühnerauge *nt*. **~ plaster** Hühneraugenpflaster *nt*; **to tread on sb's ~s** (*fig*) jdm auf die Hühneraugen treten.

corn³ *n* (*inf*) (*sentiment*) Kitsch *m*, sentimentales Zeug; (*trite humour*) olle Kamellen *pl* (*inf*).

Corn Belt *n* (*Geog*) Getreidegürtel *m*; **corn bread** *n* (*US*) Maisbrot *nt*; **cornbunting** *n* (*Orn*) Grauammer *f*; **corncob** *n* Maiskolben *m*; **corn-coloured** *adj* strohfarben, strohgelb; **corncrake** *n* (*Orn*) Wachtelkönig *m*; **corncrib** *n* (*US*) Maisspeicher *m*; **corn dodger** *n* (*US*) Maisfladen *m*.

cornea ['kɔːnɪə] *n* Hornhaut, Cornea (*spec*) *f*.

corned beef ['kɔːnd'biːf] *n* Corned beef *nt*.

corner ['kɔːnəʳ] **I** *n* **1.** (*generally, Boxing*) Ecke *f*; (*of sheet also*) Zipfel *m*; (*of mouth, eye*) Winkel *m*; (*sharp bend in road*) Kurve *f*; (*fig: awkward situation*) Klemme *f* (*inf*). **at** *or* **on the ~** an der Ecke; **it's just round the ~** es ist gleich um die Ecke; **to turn the ~** (*lit*) um die Ecke biegen; **we've turned the ~ now** (*fig*) wir sind jetzt über den Berg; **the pages are curling up at the ~s** die Seiten haben Eselsohren; **out of the ~ of one's eye** aus dem Augenwinkel (heraus); **to cut ~s** (*lit*) Kurven schneiden; (*fig*) das Verfahren abkürzen; **to drive sb into a ~** (*fig*) jdn in die Enge treiben; **he has travelled to all four ~s of the world** er hat die ganze Welt bereist; **in every ~ of Europe/the house** in allen (Ecken und) Winkeln Europas/des Hauses; **an attractive ~ of Britain** eine reizvolle Gegend Großbritanniens.

2. (*out-of-the-way place*) Winkel *m*.

3. (*Comm: monopoly*) Monopol *nt*. **to make/have a ~ in sth** das Monopol für *or* auf etw (*acc*) erwerben/haben.

4. (*Ftbl*) Ecke *f*, Eckball, Corner (*Aus*) *m*. **to take a ~** eine Ecke ausführen.

II *vt* **1.** (*lit, fig: trap*) in die Enge treiben.

2. (*Comm*) *the market* monopolisieren.

III *vi* (*take a ~*) (*person*) Kurven/die Kurve nehmen. **this car ~s well** dieses Auto hat eine gute Kurvenlage.

-cornered ['kɔːnəd] *adj suf* -eckig. **three-~** dreieckig.

corner flag *n* (*Sport*) Eckfahne *f*.

cornering ['kɔːnərɪŋ] *n* (*of car*) Kurvenlage *f*; (*of driver*) Kurventechnik *f*.

corner kick *n* (*Ftbl*) Eckstoß *m*; **corner post** *n* (*Ftbl*) Eckfahne *f*; **corner seat** *n* (*Rail*) Eckplatz *m*; **corner shop** *n* Laden *m* an der Ecke; **cornerstone** *n* (*lit, fig*) Grundstein, Eckstein *m*; **cornerways, cornerwise** *adv* über Eck, diagonal.

cornet ['kɔːnɪt] *n* **1.** (*Mus*) Kornett *nt*. **2.** (*ice-cream ~*) (Eis)tüte *f*.

Corn Exchange *n* Getreidebörse *f*; **corn-fed** *adj* mit Getreide gefüttert;

cornfield *n* (*Brit*) Korn- *or* Weizenfeld *nt*; (*US*) Maisfeld *nt*; **cornflakes** *npl* Corn-flakes *pl*; **cornflour** *n* (*Brit*) Stärkemehl *nt*; **cornflower I** *n* **1.** Kornblume *f*; **2.** (*colour*) Kornblumenblau *nt*; **II** *adj* (*also* ~ **blue**) kornblumenblau.

cornice ['kɔːnɪs] *n* (*Archit: of wall, column*) (Ge)sims *nt*; (*of snow*) Wächte *f*.

Cornish ['kɔːnɪʃ] **I** *adj* kornisch, aus Cornwall. ~ **pasty** (*Brit*) *Gebäckstück nt aus Blätterteig mit Fleischfüllung.* **II** *n* (*dialect*) Kornisch *nt*.

Cornishman ['kɔːnɪʃmən] *n, pl* **-men** [-mən] Bewohner *m* Cornwalls.

cornmeal *n* (*US*) Maismehl *nt*; **corn oil** *n* (Mais)keimöl *nt*; **corn pone** *n* (*US*) *see* **corn bread**; **corn poppy** *n* Klatschmohn *m*, Mohnblume *f*; **corn shock** *n* (Getreide)garbe *f*; **cornstarch** *n* (*US*) Stärkemehl *nt*; **corn syrup** *n* (*US*) (Mais)sirup *m*.

cornucopia [kɔːnjʊ'kəʊpɪə] *n* (*Myth, horn-shaped container*) Füllhorn *nt*; (*fig: abundance*) Fülle *f*.

corn whisky *n* (*US*) Maiswhisky *m*.

corny ['kɔːnɪ] *adj* (+*er*) (*inf*) *joke* blöd (*inf*); (*sentimental*) kitschig. **what a ~ old joke!** der Witz hat (so) einen Bart (*inf*).

corolla [kə'rɒlə] *n* (*Bot*) Blumenkrone, Korolla (*spec*) *f*.

corollary [kə'rɒlərɪ] **I** *n* (logische) Folge, Korollar *nt* (*also Math*). **II** *adj* Begleit-.

corona [kə'rəʊnə] *n* (*Astron*) (*of sun, moon*) Hof *m*; (*part of sun's atmosphere*) Korona *f*; (*of tooth*) Krone *f*; (*Bot*) Nebenkrone *f*; (*cigar*) Corona *f*.

coronary ['kɒrənərɪ] **I** *adj* (*Med*) Koronar- (*spec*). ~ **artery** Kranzarterie *f*; ~ **failure** Herzversagen *nt* (*inf*), Koronarinsuffizienz *f*; ~ **thrombosis** Herzinfarkt *m*. **II** *n* Herzinfarkt *m*.

coronation [ˌkɒrə'neɪʃən] *n* Krönung *f*.

coroner ['kɒrənə^r] *n Beamter, der Todesfälle untersucht, die nicht eindeutig eine natürliche Ursache haben.* **~'s inquest** *Untersuchung f nicht eindeutig natürlicher Todesfälle.*

coronet ['kɒrənɪt] *n* Krone *f*; (*jewellery*) Krönchen *nt*.

corp. *abbr of* **corporation.**

corporal[1] ['kɔːpərəl] *n* (*abbr* **corp**) (*Mil*) Stabsunteroffizier *m*.

corporal[2] *adj* körperlich; *pleasures, needs* leiblich. ~ **punishment** Prügel- *or* Körperstrafe *f*.

corporate ['kɔːpərɪt] *adj* **1.** (*of a group*) gemeinsam, korporativ. ~ **action/decision** geschlossenes *or* gemeinsames Vorgehen/gemeinsame Entscheidung.

2. (*of a corporation*) korporativ; (*of a company*) Firmen-; (*Jur*) Korporations-. **I was meaning "we" in the ~ sense** ich meinte „wir" als Firma; **our ~ liabilities** unsere Verbindlichkeiten als Firma; ~ **body** Körperschaft *f*; ~ **finance** Unternehmensfinanzen *pl*; ~ **financing** Unternehmensfinanzierung *f*; ~ **identity** Firmenimage *nt*; ~ **law** Gesellschaftsrecht *nt*; ~ **planning** Unternehmensplanung *f*; ~ **raider** Raider *m*, agressiver Aktienaufkäufer *m*.

corporately ['kɔːpərɪtlɪ] *adv see adj* **1.** gemeinsam. **2.** körperschaftlich.

corporation [ˌkɔːpə'reɪʃən] *n* **1.** (*municipal* ~) Gemeinde, Stadt *f*.

2. (*Brit Comm: incorporated company*) Handelsgesellschaft *f*; (*US Comm: limited liability company*) Gesellschaft *f* mit beschränkter Haftung. **private/public** ~ (*Comm*) Privatunternehmen *nt*/staatliches Unternehmen.

corporation bus *n* Stadtbus *m*, städtischer Omnibus; **corporation property** *n* gemeindeeigener Besitz; **corporation tax** *n* Körperschaftssteuer *f*; **corporation transport** *n* städtisches Verkehrsmittel.

corporatism ['kɔːpərɪtɪzəm] *n* **the growth of** ~ die steigende Zahl der Großunternehmen; **a sense of** ~ ein Zusammengehörigkeitsgefühl *nt* innerhalb des/eines Unternehmens.

corporeal [kɔː'pɔːrɪəl] *adj* körperlich.

corps [kɔː^r] *n, pl* - (*Mil*) Korps *nt*. ~ **de ballet** Corps de ballet *nt*; ~ **diplomatique** diplomatisches Korps; *see* **diplomatic** ~.

corpse [kɔːps] **I** *n* Leiche *f*, Leichnam *m* (*geh*). **II** *vi* (*Theat sl*) einen Lachanfall bekommen.

corpulence ['kɔːpjʊləns] *n* Korpulenz *f*.

corpulent ['kɔːpjʊlənt] *adj* korpulent.

corpus ['kɔːpəs] *n* **1.** (*collection*) Korpus *m*; (*of opinions*) Paket *nt*. **2.** (*main body*) Großteil *m*. **3.** (*Fin*) Stammkapital *nt*.

Corpus Christi ['kɔːpəs'krɪstɪ] *n* (*Eccl*) Fronleichnam *m*.

corpuscle ['kɔːpʌsl] *n* Korpuskel *nt* (*spec*). **blood** ~ Blutkörperchen *nt*.

corpus delicti ['kɔːpəsdə'lɪktaɪ] *n* (*Jur*) Corpus delicti *nt*; (*corpse*) Leiche *f*.

corral [kə'rɑːl] **I** *n* Korral *m*. **II** *vt cattle* in den Korral treiben.

correct [kə'rekt] **I** *adj* **1.** (*right*) richtig; *answer, pronunciation also* korrekt; *time also* genau. **am I ~ in thinking that ...?** gehe ich recht in der Annahme, daß ...?

2. (*proper, suitable, perfectly mannered*) korrekt. **it's the ~ thing to do** das gehört sich so.

II *vt* korrigieren; *person, pronunciation, error also* berichtigen, verbessern; *bad habit* sich/jdm abgewöhnen. **to ~ proofs** Korrektur lesen; ~ **me if I'm wrong** Sie können mich gern berichtigen; **I stand ~ed** ich nehme alles zurück.

correction [kə'rekʃən] *n see vt* Korrektion, Korrektur *f*; Berichtigung, Verbesserung *f*; Abgewöhnung *f*. **I am open to** ~ ich lasse mich gerne berichtigen; **to do one's ~s** (*Sch*) die Verbesserung machen; ~ **key** Korrekturtaste *f*; ~ **tape** (*on typewriter*) Korrekturband *nt*.

corrective [kə'rektɪv] **I** *adj* korrigierend. **to take ~ action** korrigierend eingreifen; **to have ~ surgery** sich einem korrigierenden Eingriff unterziehen. **II** *n* (*Pharm*) Korrektiv *nt*.

correctly [kə'rektlɪ] *adv* **1.** (*accurately*) richtig; *answer, pronounce also* korrekt. **2.** (*in proper way*) *behave, speak, dress* korrekt.

correctness [kə'rektnɪs] *n* **1.** (*accuracy*)

Richtigkeit *f*. **2.** (*of behaviour etc*) Korrektheit *f*.

correlate ['kɒrɪleɪt] **I** *vt two things* zueinander in Beziehung setzen, korrelieren (*geh*).
II *vi* (*two things*) sich entsprechen.

correlation [ˌkɒrɪ'leɪʃən] *n* (*correspondence*) Beziehung *f*; (*close relationship*) enger *or* direkter Zusammenhang; (*Math, Statistics*) Korrelation *f*.

correlative [kɒ'relətɪv] **I** *n* Korrelat *nt*. **II** *adj* (*directly related*) entsprechend; (*Gram*) korrelativ.

correspond [ˌkɒrɪs'pɒnd] *vi* **1.** (*be equivalent*) entsprechen (*to, with dat*); (*two or more: to one another*) sich entsprechen; (*be in accordance also*) sich decken (*with* mit).
2. (*exchange letters*) korrespondieren (*with* mit).

correspondence [ˌkɒrɪs'pɒndəns] *n* **1.** (*agreement, equivalence*) Übereinstimmung *f* (*between* zwischen, *with* mit).
2. (*letter-writing*) Korrespondenz *f*; (*letters also*) Briefe *pl*; (*in newspaper*) Leserzuschriften *or* -briefe *pl*. **to be in ~ with sb** mit jdm korrespondieren; (*private*) mit jdm in Briefwechsel stehen.

correspondence column *n* (*Press*) Leserbriefspalte *f*; **correspondence course** *n* Fernkurs *m*; **correspondence school** *n* Fernlehrinstitut *nt*.

correspondent [ˌkɒrɪs'pɒndənt] **I** *n* **1.** (*letter-writer*) Briefschreiber(in *f*) *m*. **to be a good/bad ~** ein eifriger Briefschreiber sein/schreibfaul sein; **according to my ~** wie man mir geschrieben hat. **2.** (*Press*) Korrespondent(in *f*) *m*. **3.** (*Comm*) Entsprechung *f*, Gegenstück *nt*. **II** *adj see* **corresponding.**

corresponding [ˌkɒrɪs'pɒndɪŋ] *adj* entsprechend.

correspondingly [ˌkɒrɪs'pɒndɪŋlɪ] *adv* (dem)entsprechend.

corridor ['kɒrɪdɔːʳ] *n* **1.** Korridor *m*; (*in building also, in train, bus*) Gang *m*. **2. in the ~s of power** an den Schalthebeln der Macht. **3.** (*aircraft*) Luftkorridor *m*.

corroborate [kə'rɒbəreɪt] *vt* bestätigen; *theory also* bekräftigen, erhärten, untermauern.

corroboration [kəˌrɒbə'reɪʃən] *n see vt* Bestätigung *f*; Bekräftigung, Erhärtung, Untermauerung *f*. **in ~ of** zur Untermauerung *or* Unterstützung (+*gen*).

corroborative [kə'rɒbərətɪv] *adj see vt* bestätigend; bekräftigend, erhärtend, untermauernd *all attr*.

corrode [kə'rəʊd] **I** *vt metal* zerfressen; (*fig*) zerstören. **II** *vi* (*metal*) korrodieren.

corrosion [kə'rəʊʒən] *n* Korrosion *f*; (*fig*) Zerstörung *f*.

corrosive [kə'rəʊzɪv] **I** *adj* korrosiv; (*fig*) zerstörend. **II** *n* Korrosion verursachendes Mittel.

corrugated ['kɒrəgeɪtɪd] *adj* gewellt. **~ iron** Wellblech *nt*; **~ paper** Wellpappe *f*.

corrugation [ˌkɒrə'geɪʃən] *n* Welle *f*.

corrupt [kə'rʌpt] **I** *adj* verdorben, verworfen, schlecht; (*open to bribery*) korrupt, bestechlich; (*Liter*) *text, language* verderbt, korrumpiert; (*Comput*) *disk* korrupt.
II *vt* (*morally*) verderben; (*ethically*) korrumpieren; (*form: bribe*) bestechen, korrumpieren; (*Comput*) *data* korrumpieren. **to become ~ed** (*text, language*) korrumpiert werden.

corruptible [kə'rʌptəbl] *adj* korrumpierbar; (*bribable also*) bestechlich.

corruption [kə'rʌpʃən] *n* **1.** (*act*) (*of person*) Korruption *f*; (*by bribery also*) Bestechung *f*; (*Comput: of data*) Korrumpierung *f*.
2. (*corrupt nature*) Verdorbenheit, Verderbtheit *f*; (*by bribery*) Bestechlichkeit *f*; (*of morals*) Verfall *m*; (*of language, text*) Korrumpierung *f*.

corsage [kɔː'sɑːʒ] *n* **1.** (*bodice*) Mieder *nt*. **2.** (*flowers*) Ansteckblume *f*.

corsair ['kɔːsɛəʳ] *n* (*ship*) Piratenschiff *nt*, Korsar *m*; (*pirate*) Pirat, Korsar *m*.

corset ['kɔːsɪt] *n* (*also* **~s**) Korsett *nt*. **surgical ~** Stützkorsett *nt*.

corseted ['kɔːsɪtɪd] *adj* geschnürt.

corsetry ['kɔːsɪtrɪ] *n* Miederwarenherstellung *f*; (*corsets*) Miederwaren *pl*.

Corsica ['kɔːsɪkə] *n* Korsika *nt*.

Corsican ['kɔːsɪkən] **I** *adj* korsisch. **II** *n* **1.** Korse *m*, Korsin *f*. **2.** (*language*) Korsisch *nt*.

cortège [kɔː'teɪʒ] *n* (*retinue*) Gefolge *nt*; (*procession*) Prozession *f*; (*funeral ~*) Leichenzug *m*.

cortex ['kɔːteks] *n*, *pl* **cortices** (*Anat*) (*of brain*) Hirnrinde *f*; (*of kidney*) Nierenrinde *f*; (*Bot*) Kortex *m*.

cortices ['kɔːtɪsiːz] *pl of* **cortex.**

cortisone ['kɔːtɪzəʊn] *n* Kortison *nt*.

coruscate ['kɒrəskeɪt] *vi* funkeln.

corvette [kɔː'vet] *n* (*Naut*) Korvette *f*.

cos¹ [kɒs] *abbr of* **cosine** cos.

cos² *n* (*also* **~ lettuce**) Romagna-Salat, römischer Salat *m*.

cos³ *conj* (*inf*) = **because.**

cosec ['kəʊsek] *abbr of* **cosecant** cosec.

cosecant ['kəʊsekænt] *n* Kosekans *m*.

cosh [kɒʃ] **I** *vt* auf den Schädel schlagen, eins über den Schädel ziehen (+*dat*) (*inf*). **II** *n* (*instrument*) Totschläger *m*; (*blow*) Schlag *m* (auf den Kopf).

cosignatory ['kəʊ'sɪgnətərɪ] *n* Mitunterzeichner(in *f*) *m*.

cosine ['kəʊsaɪn] *n* Kosinus *m*.

cosiness, (*US*) coziness ['kəʊzɪnɪs] *n* Gemütlichkeit, Behaglichkeit *f*; (*warmth*) mollige Wärme; (*of chat*) Freundschaftlichkeit *f*.

cosmetic [kɒz'metɪk] **I** *adj* (*lit, fig*) kosmetisch. **~ surgery** kosmetische Chirurgie; **she's had ~ surgery** sie hat eine Schönheitsoperation gehabt. **II** *n* Kosmetikum, Schönheitspflegemittel *nt*.

cosmetician [kɒzmə'tɪʃən] *n* Kosmetiker(in *f*) *m*.

cosmic ['kɒzmɪk] *adj* kosmisch. **~ dust** Weltraumnebel *m*.

cosmologist [kɒz'mɒlədʒɪst] *n* Kosmologe *m*, Kosmologin *f*.

cosmology [kɒz'mɒlədʒɪ] *n* Kosmologie *f*.

cosmonaut ['kɒzmənɔːt] *n* Kosmonaut(in

f) *m*.

cosmopolitan [ˌkɒzməˈpɒlɪtən] **I** *adj* kosmopolitisch, international. **II** *n* Kosmopolit(in *f*), Weltbürger(in *f*) *m*.

cosmos [ˈkɒzmɒs] *n* **1.** Kosmos *m*. **2.** (*Bot*) Kosmee *f*.

cossack [ˈkɒsæk] **I** *n* Kosak(in *f*) *m*. **II** *adj* Kosaken-. ~ **hat** Kosakenmütze *f*.

cosset [ˈkɒsɪt] *vt* verwöhnen.

cost [kɒst] (*vb: pret, ptp* ~) **I** *vt* **1.** (*lit, fig*) kosten. **how much does it ~?** wieviel kostet es?; **how much will it ~ to have it repaired?** wieviel kostet die Reparatur?; **driving without a seat belt ~ him dear** Fahren ohne Sicherheitsgurt kam ihn teuer zu stehen; **it ~ him a great effort/a lot of time** es kostete ihn viel Mühe/viel Zeit; ~ **what it may** koste es, was es wolle; **politeness doesn't ~ (you) anything** es kostet (dich) nichts, höflich zu sein; **it'll ~ you** (*inf*) das kostet dich was (*inf*).

2. *pret, ptp* ~**ed** (*work out* ~ *of*) *project* veranschlagen.

3. *pret, ptp* ~**ed** (*Comm: put a price on*) *articles for sale* auspreisen (*at* zu).

II *n* **1.** Kosten *pl* (*of* für). **to bear the ~ of sth** die Kosten für etw tragen, für die Kosten von etw aufkommen; **the ~ of electricity/petrol these days** die Strom-/Benzinpreise heutzutage; **at little ~ to oneself** ohne große eigene Kosten; **to buy sth at ~** etw zum Selbstkostenpreis kaufen; ~ **of sales** Verkaufskosten *pl*.

2. (*fig*) Preis *m*. **at all ~s** um jeden Preis; **whatever the ~** kostet es, was es wolle; **at the ~ of one's health/job/marriage** auf Kosten seiner Gesundheit/Stelle/Ehe; **at great/little personal ~** unter großen/geringen eigenen Kosten; **he found out to his ~ that ...** er machte die bittere Erfahrung, daß ...

3. (*Jur*) ~**s** *pl* Kosten *pl*; **to be ordered to pay ~s** zur Übernahme der Kosten verurteilt werden.

◆**cost out** *vt sep* (kostenmäßig) kalkulieren.

cost accountant *n* Kostenbuchhalter(in *f*) *m*; **cost accounting** *n* Kalkulation *f*.

co-star [ˈkəʊstɑːʳ] **I** *n* (*Film, Theat*) **Burton and Taylor were ~s** Burton und Taylor spielten die Hauptrollen. **II** *vt* **the film ~s R. Burton** der Film zeigt R. Burton in einer der Hauptrollen. **III** *vi* als Hauptdarsteller(in) auftreten.

Costa Rica [ˈkɒstəˈriːkə] *n* Costa Rica *nt*.

Costa Rican [ˈkɒstəˈriːkən] **I** *adj* costaricanisch. **II** *n* Costaricaner(in *f*) *m*.

cost-benefit analysis *n* Kosten-Nutzen-Analyse *f*; **cost-benefit ratio** *n* Kosten-Nutzen-Verhältnis *nt*; **cost centre** *n* Kostenstelle *f*; **cost clerk** *n* Angestellte(r) *mf* in der Kostenbuchhaltung; **cost-conscious** *adj* kostenbewußt; **cost-cutting I** *n* Kostenverringerung *f*; **II** *adj attr* ~ **exercise** kostendämpfende Maßnahmen *pl*; **cost-effective** *adj* rentabel, kosteneffizient (*spec*); **cost-effectiveness** *n* Rentabilität, Kosteneffizienz (*spec*) *f*.

costing [ˈkɒstɪŋ] *n* Kalkulation *f*. ~ **department** Kostenbuchhaltung *f*, betriebliches Rechnungswesen.

costliness [ˈkɒstlɪnɪs] *n* Kostspieligkeit *f*; (*in business, industry*) hoher Kostenaufwand.

costly [ˈkɒstlɪ] *adj* teuer, kostspielig; *tastes, habits* teuer. ~ **in terms of time/labour** zeitaufwendig/arbeitsintensiv.

cost of living *n* Lebenshaltungskosten *pl*; **cost-of-living bonus** *n* Lebenshaltungskostenzuschlag *m*; **cost-of-living index** *n* Lebenshaltungsindex *m*; **cost-plus** *adj* **calculated on a ~ basis** unter Einbeziehung einer Gewinnspanne berechnet; **cost price** *n* Selbstkostenpreis *m*.

costume [ˈkɒstjuːm] *n* Kostüm *nt*; (*bathing* ~) Badeanzug *m*. **national ~** Nationaltracht *f*.

costume ball *n* Kostümfest *nt*; **costume jewellery** *n* Modeschmuck *m*; **costume piece, costume play** *n* Schauspiel *nt* in historischen Kostümen; **costume ring** *n* Modeschmuckring *m*.

costumier [kɒsˈtjuːmɪəʳ], (*US*) **costumer** [kɒsˈtjuːməʳ] *n* (*theatrical* ~) Kostümverleih *m*.

cosy, (*US***) cozy** [ˈkəʊzɪ] **I** *adj* (+*er*) *room, atmosphere* gemütlich, behaglich; (*warm*) mollig warm; (*fig*) *chat* gemütlich. **to feel ~** (*person*) sich wohl und behaglich fühlen; (*room etc*) einen behaglichen *or* gemütlichen Eindruck machen; **warm and ~** mollig warm.

II *n* (*tea* ~, *egg* ~) Wärmer *m*.

cot [kɒt] *n* (*esp Brit: child's bed*) Kinderbett *nt*; (*US: camp bed*) Feldbett *nt*. ~ **death** Krippentod *m*, plötzlicher Kindstod.

cote [kəʊt] *n* (*dove*~) Taubenschlag *m*.

coterie [ˈkəʊtərɪ] *n* Clique *f*.

cottage [ˈkɒtɪdʒ] *n* **1.** Cottage, Häuschen *nt*; (*US: in institution*) Wohneinheit *f*. **2.** (*for gays*) Schwulentreff *m* (*inf*).

cottage cheese *n* Hüttenkäse *m*; **cottage hospital** *n* (*Brit*) *kleines Krankenhaus für leichtere Fälle*; **cottage industry** *n* Manufaktur, Heimindustrie *f*; **cottage loaf** *n* (*Brit*) *eine Art rundes, hohes Weißbrot*; **cottage pie** *n Hackfleisch mit Kartoffelbrei überbacken*.

cottager [ˈkɒtɪdʒəʳ] *n* (*Brit*) Cottage-Bewohner(in *f*) *m*.

cotter (pin) [ˈkɒtə(ˌpɪn)] *n* Splint *m*.

cotton [ˈkɒtn] **I** *n* Baumwolle *f*; (*plant*) Baumwollstrauch *m*; (*fibre*) Baumwollfaser *f*; (*fabric*) Baumwollstoff *m*; (*sewing thread*) (Baumwoll)garn *nt*. **absorbent ~** (*US*) Watte *f*. **II** *adj* Baumwoll-, baumwollen; *clothes, fabric also* aus Baumwolle.

◆**cotton on** *vi* (*inf*) es kapieren (*inf*).

◆**cotton to** *vi* +*prep obj* (*inf*) *plan, suggestion* gut finden.

cotton *in cpds* Baumwoll-; **cotton cake** *n* Futtermittel *nt*; **cotton candy** *n* (*US*) Zuckerwatte *f*; **cotton gin** *n* Entkörnungsmaschine *f* (für Baumwolle); **cotton grass** *n* Wollgras *nt*; **cotton mill** *n* Baumwollspinnerei *f*; **cotton-picker** *n* Baumwollpflücker(in *f*) *m*; (*machine*) Baumwoll-Pflückmaschine *f*; **cotton-**

picking *adj* (*US inf*) verflucht (*inf*); **cotton plant** *n* Baumwollstaude *f or* -strauch *m*; **cotton print** *n* (*fabric*) bedruckter Baumwollstoff; **cottonseed** *n* Baumwollsamen *m*; **cottonseed cake** *n* *see* **cotton cake**; **cottonseed oil** *n* Baumwollsamenöl *nt*; **cottontail** *n* (*US*) Kaninchen, Karnickel *nt*; **cottonwood** *n* Pyramidenpappel *f*; **cottonwool** *n* (*Brit*) Watte *f*; **to wrap sb in ~** (*fig*) jdn in Watte packen; **my legs feel like ~** meine Beine sind wie Butter.

cotyledon [ˌkɒtɪ'liːdən] *n* Keimblatt *nt*.

couch [kaʊtʃ] **I** *n* Sofa *nt*; (*studio ~*) Schlafcouch *f*; (*doctor's ~*) Liege *f*; (*psychiatrist's ~*) Couch *f*; (*poet: bed*) Lager *nt*. **~ potato** (*US inf*) Dauerglotzer(in *f*) *m* (*inf*).

II *vt* (*put in words*) *request* formulieren, abfassen.

couchette [kuː'ʃet] *n* (*Rail*) Liegewagen(platz) *m*.

couchgrass ['kaʊtʃgrɑːs] *n* Quecke *f*.

cougar ['kuːgər] *n* Puma, Kuguar *m*.

cough [kɒf] **I** *n* Husten *m*. **to give a warning ~** sich warnend räuspern; **a smoker's ~** Raucherhusten *m*. **II** *vi* husten. **III** *vt* *blood* husten.

◆**cough out** *vt sep* aushusten, ausspucken.

◆**cough up I** *vt sep* (*lit*) aushusten. **II** *vt insep* (*fig inf*) *money* rausrücken (*inf*). **III** *vi* (*fig inf*) blechen (*inf*), ausspucken (*sl*).

cough drop *n* Hustenpastille *f*; **cough mixture** *n* Hustensaft *m or* -mittel *nt*; **cough sweet** *n* Hustenbonbon *nt*.

could [kʊd] *pret of* **can**[1].

couldn't ['kʊdnt] *contr of* **could not.**

council ['kaʊnsl] **I** *n* (*body of representatives*) Rat *m*; (*meeting*) Sitzung, Beratung *f*. **city/town ~** Stadtrat *m*; **to be on the ~** im Rat sitzen, Ratsmitglied sein; **C~ of Europe** Europarat *m*; **C~ of Ministers** (*European Community*) Ministerrat *m*.

II *attr estate* (*Brit*) des sozialen Wohnungsbaus. **~ flat** Sozialwohnung *f*; **~ house/housing** (*Brit*) Sozialwohnung *f*/sozialer Wohnungsbau; **~ chamber** Sitzungssaal *m* des Rats; **~ meeting** Ratssitzung *f*.

councillor, (*US*) **councilor** ['kaʊnsələr] *n* Ratsmitglied *nt*; (*town ~*) Stadtrat *m*/-rätin *f*. **~ Smith** Herr Stadtrat/Frau Stadträtin Smith.

counsel ['kaʊnsəl] **I** *n* **1.** (*form: advice*) Rat(schlag) *m*. **to hold ~ with sb over** *or* **about sth** mit jdm etw beraten *or* beratschlagen; **to keep one's own ~** seine Meinung für sich behalten, mit seiner Meinung zurückhalten.

2. *pl* - (*Jur*) Rechtsanwalt *m*/-anwältin *f*. **~ for the defence/prosecution** Verteidiger(in *f*) *m*/Vertreter(in *f*) *m* der Anklage, ≃ Staatsanwalt *m*/-anwältin *f*.

II *vt* **1.** (*form*) *person* beraten; *course of action* empfehlen, raten zu. **to ~ sb to do sth** jdm raten *or* empfehlen, etw zu tun. **2.** (*in social work*) beraten.

counselling, (*US*) **counseling** ['kaʊnsəlɪŋ] *n* soziale Beratung. **to give sb ~ on social problems** jdn bei sozialen Problemen beraten.

counsellor, (*US*) **counselor** ['kaʊnsələr] *n* **1.** (*adviser*) Berater(in *f*) *m*. **2.** (*US, Ir: lawyer*) Rechtsanwalt *m*/-anwältin *f*.

count[1] [kaʊnt] **I** *n* **1.** Zählung *f*; (*Sport*) Auszählen *nt*; (*of votes*) (Stimmen)zählung, (Stimmen)auszählung *f*. **she lost ~ when she was interrupted** sie kam mit dem Zählen durcheinander, als sie unterbrochen wurde; **I've lost all ~ of her boyfriends** ich habe die Übersicht über ihre Freunde vollkommen verloren; **to keep ~ (of sth)** (etw) mitzählen; (*keep track*) die Übersicht über etw (*acc*) behalten; **at the last ~ there were twenty members** bei der letzten Zählung waren es zwanzig Mitglieder; **all together now, on the ~ of three** und jetzt alle zusammen, bei drei geht's los; **he was out for the ~, he took the ~** (*Sport*) er wurde ausgezählt; (*fig*) er war k.o.

2. (*Jur: charge*) Anklagepunkt *m*. **on that ~** (*fig*) in dem Punkt; **on all ~s** in jeder Hinsicht.

3. *no pl* (*notice*) **don't take any ~ of what he says** hören Sie nicht auf das, was er sagt.

II *vt* **1.** (ab)zählen; (*~ again*) nachzählen; *votes* (aus)zählen. **to ~ ten** bis zehn zählen; **I only ~ed ten people** ich habe nur zehn Leute gezählt; **to ~ the cost** (*lit*) auf die Kosten achten; **she'll help anyone without ~ing the cost to herself** sie hilft jedem, ohne an sich selbst zu denken.

2. (*consider*) ansehen, betrachten; (*include*) mitrechnen, mitzählen. **to ~ sb (as) a friend/among one's friends** jdn als Freund ansehen/zu seinen Freunden zählen; **you should ~ yourself lucky to be alive** Sie können noch von Glück sagen, daß Sie noch leben; **ten people (not) ~ing the children** zehn Leute, die Kinder (nicht) mitgerechnet *or* eingerechnet; **to ~ sth against sb** etw gegen jdn anrechnen.

III *vi* **1.** zählen. **~ing from today** von heute an (gerechnet).

2. (*be considered*) betrachtet *or* angesehen werden; (*be included*) mitgerechnet *or* mitgezählt werden; (*be important*) wichtig sein. **the children don't ~** die Kinder zählen nicht; **that doesn't ~** das zählt nicht; **every minute/it all ~s** jede Minute ist/das ist alles wichtig; **appearance ~s a lot** es kommt sehr auf die äußere Erscheinung an; **to ~ against sb** gegen jdn sprechen.

◆**count down I** *vi* den Countdown durchführen. **to ~ ~ to blast-off** bis zum Abschuß (der Rakete) rückwärts zählen. **II** *vt sep* **to ~ a rocket ~** den Countdown (für eine Rakete) durchführen.

◆**count for** *vi +prep obj* **to ~ ~ a lot** sehr viel bedeuten; **to ~ ~ nothing** nichts gelten.

◆**count in** *vt sep* mitzählen; *person also* mitrechnen, berücksichtigen, einplanen. **you can ~ me ~!** Sie können mit mir rechnen, da mache ich mit.

◆**count off** *vt sep, vi* abzählen.

◆**count on** *vi +prep obj* (*depend on*) rechnen mit, sich verlassen auf (+*acc*). **to ~ ~ doing sth** die Absicht haben, etw zu tun; **to ~ ~ being able to do sth** damit rechnen, etw tun zu können; **you can ~ ~ him to help you** du kannst auf seine Hilfe zählen.

◆**count out** *vt sep* **1.** (*Sport*) auszählen. **2.** *money, books* abzählen. **3.** (*Brit Parl*) **to ~ the House ~** *eine Sitzung des Unterhauses wegen zu geringer Abgeordnetenzahl vertagen.* **4.** (*inf: exclude*) **(you can) ~ me ~ (of that)!** ohne mich!, da mache ich nicht mit!

◆**count up** *vt sep* zusammenzählen *or* -rechnen.

◆**count upon** *vi +prep obj see* **count on.**

count² *n* Graf *m.*

countable ['kaʊntəbl] *adj* zählbar (*also Gram*).

countdown ['kaʊntdaʊn] *n* Countdown *m.*

countenance ['kaʊntɪnəns] **I** *n* **1.** (*old, form: face*) Angesicht (*old, Eccl*), Antlitz (*old*) *nt*; (*expression*) Gesichtsausdruck *m.* **to keep one's ~** (*fig*) die Fassung *or* Haltung bewahren; **to lose ~** (*fig*) das Gesicht verlieren. **2.** (*support*) **to give/lend ~ to sth** etw ermutigen/unterstützen. **II** *vt behaviour* gutheißen; *plan, suggestion also, person* unterstützen.

counter ['kaʊntəʳ] **I** *n* **1.** (*in shop*) Ladentisch, Tresen (*N Ger*) *m*; (*in cafe*) Theke *f*; (*in bank, post office*) Schalter *m.* **to sell/buy sth under/over the ~** etw unter dem/über den Ladentisch verkaufen/bekommen; **medicines which can be bought over the ~** Medikamente, die man rezeptfrei bekommt; **under-the-~ dealings** (*fig*) dunkle Geschäfte, Schiebereien *pl.*

2. (*small disc for games*) Spielmarke *f.*

3. (*Tech*) Zähler *m.*

4. (*Sport*) (*Fencing*) Parade *f*; (*Boxing also*) Konter *m.*

5. (*reply*) Entgegnung, Erwiderung *f.*

II *vt* (*retaliate against*) antworten auf (+*acc*), kontern (*also Sport*). **how dare you ~ my orders!** (*countermand*) wie können Sie es wagen, meine Anweisungen *or* (*Mil*) Befehle aufzuheben; **to ~ the loss** den Verlust wettmachen *or* ausgleichen.

III *vi* kontern (*also Sport*).

IV *adv* **~ to** gegen (+*acc*); **to go** *or* **run ~ to sb's wishes** jds Wünschen (*dat*) zuwiderlaufen; **the results are ~ to expectations** die Ergebnisse widersprechen den Erwartungen.

counteract *vt* (*make ineffective*) neutralisieren; (*act in opposition to*) entgegenwirken (+*dat*); *disease* bekämpfen; **counteraction** *n see vt* Neutralisierung *f*; Gegenwirkung *f*; Bekämpfung *f*; **counteractive** *adj* entgegenwirkend, Gegen-; **~ measures** Gegenmaßnahmen *pl*; **counterattack I** *n* Gegenangriff *m*; **II** *vt* einen Gegenangriff starten gegen; (*argue against*) kontern, beantworten; **III** *vi* einen Gegenangriff starten, zurückschlagen; **counterattraction** *n* Gegenattraktion *f* (*to* zu); (*on TV etc*) Konkurrenzprogramm *nt*; **counterbalance I** *n* Gegengewicht *nt*; **II** *vt* ausgleichen; **countercharge** *n* **1.** (*Jur*) Gegenklage *f*; **2.** (*Mil*) Gegenattacke *f*; **countercheck** *n* Gegenkontrolle *f*; **counterclaim** *n* (*Jur*) Gegenanspruch *m*; **counter clerk** *n* (*in bank, booking office*) Angestellte(r) *mf* im Schalterdienst; (*in post office*) Schalterbeamte(r) *m*/-beamtin *f*; **counterclockwise** *adj, adv* (*US*) *see* **anti-clockwise**; **counter-espionage** *n* Gegenspionage, Spionageabwehr *f.*

counterfeit ['kaʊntəfiːt] **I** *adj* gefälscht; (*fig*) falsch. **~ money/coins** Falschgeld *nt.* **II** *n* Fälschung *f.* **III** *vt* fälschen; (*fig*) vortäuschen.

counterfoil ['kaʊntəfɔɪl] *n* Kontrollabschnitt *m.*

counterinsurgency *n* Kampf *m* gegen Aufständische; **counterinsurgent** *n* Anti-Guerilla-Kämpfer *m*; **counter-intelligence** *n see* **counterespionage**; **counterirritant** *n* (*Med*) Gegenreizmittel *nt.*

countermand ['kaʊntəmɑːnd] *vt order* aufheben, widerrufen; *attack, plan* rückgängig machen.

countermarch (*Mil*) **I** *n* Rückmarsch *m*; **II** *vi* zurückmarschieren; **countermeasure** *n* Gegenmaßnahme *f*; **counteroffensive** *n* (*Mil*) Gegenoffensive *f*; **counter-offer** *n* Gegenangebot *nt*; **counterpane** *n* Tagesdecke *f*; **counterpart** *n* (*equivalent*) Gegenüber *nt*; (*complement*) Gegenstück, Pendant *nt*; **counterplot I** *n* Gegenanschlag *m*; **II** *vi* einen Gegenanschlag planen; **counterpoint** *n* (*Mus*) Kontrapunkt *m*; **counterpoise I** *n* **1.** (*weight*) Gegengewicht *nt*; (*force, fig*) Gegenkraft *f*; **2.** *no pl* (*equilibrium, fig*) Gleichgewicht *nt*; **II** *vt* (*lit, fig*) ausgleichen; **counterproductive** *adj* unsinnig, widersinnig; *criticism, measures, policies* destruktiv; **that wouldn't help us at all, in fact it would be ~** das würde uns nicht weiterbringen, sondern sogar das Gegenteil bewirken; **counter-revolution** *n* Gegen- *or* Konterrevolution *f*; **counter-revolutionary** *adj* konterrevolutionär; **countershaft** *n* (*Tech*) Vorgelegewelle *f*; **countersign I** *n* (*Mil*) Parole *f*, Kennwort *nt*; **II** *vt cheque* gegenzeichnen; **counter-signature** *n* Gegenunterschrift *f*; **countersink I** *n* (*tool*) Versenker, Spitzsenker *m*; **II** *vt hole* senken; *screw* versenken; **counter staff** *npl* (*in shop*) Verkäufer *pl*; **countersunk** *adj screw* Senk-; **countertenor** *n* (*Mus*) Kontratenor *m*; **counterterrorism** *n* Terrorismusbekämpfung *f*; **counterweight** *n* Gegengewicht *nt.*

countess ['kaʊntɪs] *n* Gräfin *f.*

countless ['kaʊntlɪs] *adj* unzählig *attr*, zahllos *attr.*

countrified ['kʌntrɪfaɪd] *adj* ländlich, bäuerlich.

country ['kʌntrɪ] *n* **1.** (*state*) Land *nt*; (*people also*) Volk *nt.* **his own ~** seine Heimat; **to go to the ~** Neuwahlen ausschreiben.

2. *no pl* (*as opposed to town*) Land *nt*; (*scenery, countryside also*) Landschaft *f*. **in/to the ~** auf dem/aufs Land; **the surrounding ~** das umliegende Land, die Umgebung; **this is good fishing ~** das ist eine gute Fischgegend; **this is mining ~** dies ist ein Bergbaugebiet; **we're back in familiar ~ again** (*fig*) wir befinden uns wieder auf vertrautem Boden.

country *in cpds* Land-; **country-and-western I** *n* Country- und Westernmusik *f*; **II** *adj* Country- und Western-; **country-born** *adj* auf dem Land geboren; **country-bred** *adj* auf dem Land aufgewachsen; *animals* auf dem Land gezogen; **country bumpkin** *n* (*pej*) Bauerntölpel (*inf*), Bauer (*pej inf*) *m*; (*girl*) Bauerntrampel *nt* (*inf*); **country club** *n Klub m auf dem Lande*; **country cousin** *n* Vetter *m*/Base *f* vom Lande; **country dance** *n* Volkstanz *m*; **country dancing** *n* Volkstanz *m*; **country dweller** *n* Landbewohner(in *f*) *m*; **country folk** *npl* Leute *pl* vom Lande; **country gentleman** *n* Landbesitzer *m*; **country gentry** *npl* Landadel *m*; **country house** *n* Landhaus *nt*; **country life** *n* das Landleben, das Leben auf dem Lande; **countryman** *n* **1.** (*landsman*) Landsmann *m*; **his fellow countrymen** seine Landsleute; **2.** (*country-dweller*) Landmann *m*; **country music** *n* Country-Musik *f*; **country people** *npl* Leute *pl* vom Land(e); **country road** *n* Landstraße *f*; **country seat** *n* Landsitz *m*; **countryside** *n* (*scenery*) Landschaft, Gegend *f*; (*rural area*) Land *nt*; **it's beautiful ~** das ist eine herrliche Landschaft *or* Gegend; **to live in the middle of the ~** mitten auf dem Land leben; **country town** *n* Kleinstadt *f*; **country-wide** *adj* landesweit, im ganzen Land; **country woman** *n* **1.** (*landswoman*) Landsmännin *f*; **2.** (*country-dweller*) Landfrau *f*.

county ['kaʊntɪ] **I** *n* (*Brit*) Grafschaft *f*; (*US*) (Verwaltungs)bezirk *m*. **II** *adj* (*Brit*) *family* zum Landadel gehörend; *accent, behaviour* vornehm; *occasion* für den Landadel.

county borough *n* (*Brit*) *Stadt f mit grafschaftlichen Rechten*; **county council** *n* (*Brit*) Grafschaftsrat *m*; **county court** *n* (*Brit*) Grafschaftsgericht *nt*; **county seat** *n* (*US*) *Hauptstadt f eines Verwaltungsbezirkes*; **county town** *n* (*Brit*) *Hauptstadt f einer Grafschaft*.

coup [kuː] *n* **1.** (*successful action*) Coup *m*. **2.** (~ *d'état*) Staatsstreich, Coup d'Etat *m*.

coup de grâce [ˌkuːdə'grɑːs] *n* (*lit, fig*) Gnadenstoß *m*; (*with gun*) Gnadenschuß *m*; **coup d'état** ['kuːdeɪ'tɑː] *n see* **coup 2.**

coupé ['kuːpeɪ] *n* (*car*) Coupé *nt*.

couple ['kʌpl] **I** *n* **1.** (*pair*) Paar *nt*; (*married* ~) Ehepaar *nt*. **courting ~s** Liebespaare *pl*; **the happy ~** das glückliche Paar; **in ~s** paarweise.

2. (*inf*) **a ~** (*two*) zwei; (*several*) ein paar, einige; **a ~ of letters/friends** ein paar *or* einige Briefe/Freunde; **a ~ of times** ein paarmal; **it took a ~ of minutes** es hat einige *or* ein paar Minuten gedauert.

II *vt* **1.** (*link*) *names, circuit* verbinden; *carriages* koppeln.

2. (*mate*) *animals* paaren.

III *vi* (*mate*) sich paaren.

◆**couple on** *vt sep* anhängen.

◆**couple up** *vt sep* ankoppeln.

coupler ['kʌpləʳ] *n* (*Comput*) Koppler *m*.

couplet ['kʌplɪt] *n* Verspaar *nt*. **rhyming ~** Reimpaar *nt*.

coupling ['kʌplɪŋ] *n* **1.** (*linking*) Verbindung *f*; (*of carriages*) Kopplung *f*. **2.** (*mating*) Paarung *f*. **3.** (*linking device*) Kupplung *f*.

coupon ['kuːpɒn] *n* **1.** (*voucher*) Gutschein *m*; (*ration* ~) (Zuteilungs)schein *m*. **2.** (*Ftbl*) Totoschein, Wettschein *m*. **3.** (*Fin*) Kupon *m*.

courage ['kʌrɪdʒ] *n* Mut *m*, Courage *f* (*inf*). **I haven't the ~ to refuse** ich habe einfach nicht den Mut, nein zu sagen; **to take ~ from sth** sich durch etw ermutigt fühlen; **to have/lack the ~ of one's convictions** Zivilcourage/keine Zivilcourage haben; **to take one's ~ in both hands** sein Herz in beide Hände nehmen.

courageous [kə'reɪdʒəs] *adj* mutig; (*with courage of convictions*) couragiert (*inf*).

courageously [kə'reɪdʒəslɪ] *adv see adj*.

courgette [kʊə'ʒet] *n* (*Brit*) Zucchini *f*.

courier ['kʊrɪəʳ] *n* **1.** (*messenger*) Kurier *m*. **by ~** per Kurier. **2.** (*tourist guide*) Reiseleiter(in *f*) *m*.

course[1] [kɔːs] *n* **1.** (*direction, path*) (*of plane, ship*) Kurs *m*; (*of river*) Lauf *m*; (*fig*) (*of illness, relationship*) Verlauf *m*; (*of history*) Lauf *m*; (*of action, way of proceeding*) Vorgehensweise *f*. **to set (one's) ~ for** *or* **towards a place** Kurs auf einen Ort nehmen; **to change** *or* **alter ~** den Kurs wechseln *or* ändern; **to be on/off ~** auf Kurs sein/vom Kurs abgekommen sein; **to let sth take** *or* **run its ~** einer Sache (*dat*) ihren Lauf lassen, etw (*acc*) seinen Lauf nehmen lassen; **which ~ of action did you take?** wie sind Sie vorgegangen?; **the best ~ (of action) would be ...** das beste wäre ...; **we have no other ~ (of action) but to ...** es bleibt uns nicht anderes übrig als zu ...; **to take a middle ~** einen gemäßigten Kurs einschlagen.

2. in the ~ of his life/the next few weeks/the meeting während seines Lebens/der nächsten paar Wochen/der Versammlung; **in the ~ of time/the conversation** im Laufe der Zeit/Unterhaltung; **in the ~ of shaving** beim Rasieren; **in the ordinary ~ of things ...** unter normalen Umständen ...; **to be in the ~ of nature** in der Natur der Sache liegen; *see* **due**.

3. of ~ (*admittedly*) natürlich; (*naturally, obviously also*) selbstverständlich; **of ~!** natürlich!, selbstverständlich!, klar! (*inf*); **of ~ I'm coming** natürlich *or* selbstverständlich komme ich, klar, ich komme (*inf*); **don't you like me? — of ~**

I do magst du mich nicht? — doch, natürlich.

4. (*Sch, Univ*) Studium *nt*; (*shorter, summer* ~) Kurs(us) *m*; (*at work*) Lehrgang *m*; (*Med: of treatment*) Kur *f*. **to go to/on a French** ~ einen Französischkurs(us) besuchen; **a** ~ **on/in first aid** ein Kurs über Erste Hilfe/ein Erste-Hilfe-Kurs; **a** ~ **of lectures, a lecture** ~ eine Vorlesungsreihe; **a** ~ **of pills/treatment** eine Pillenkur/eine Behandlung.

5. (*Sports*) (*race*~) Kurs *m*; (*golf* ~) Platz *m*. **to stay** *or* **last the** ~ (*lit*) das Rennen durchhalten; (*fig*) bis zum Ende durchhalten.

6. (*Cook*) Gang *m*. **first** ~ erster Gang; **a three-**~ **meal** ein Essen *nt* mit drei Gängen.

7. (*Build*) Schicht *f*.

8. (*Naut: sail*) Untersegel *nt*.

course[2] **I** *vt* (*Hunt*) *hare, stag* hetzen, jagen. **II** *vi* **1.** (*blood, tears*) strömen. **2.** (*Hunt, fig*) hetzen, jagen.

courser ['kɔːsəʳ] *n* **1.** (*dog*) Hatz- *or* Hetzhund *m*. **2.** (*poet: horse*) (schnelles) Roß (*liter*).

court [kɔːt] **I** *n* **1.** (*Jur*) (*also* ~ **of justice** *or* **law**) Gericht *nt*; (*body of judges also*) Gerichtshof *m*; (*room*) Gerichtssaal *m*. ~ **of Session** (*Scot*) *höchstes schottisches Zivilgericht*; **to appear in** ~ vor Gericht erscheinen; **the evidence was ruled out of** ~ das Beweismaterial wurde nicht zugelassen; **his suggestion was ruled out of** ~ (*fig*) sein Vorschlag wurde verworfen; **to take sb to** ~ jdn verklagen *or* vor Gericht bringen; **to go to** ~ **over a matter** eine Sache vor Gericht bringen, mit einer Sache vor Gericht gehen; **the case comes up in** ~ **next week** der Fall wird nächste Woche verhandelt; **Sir James is still in** ~ Sir James ist noch beim Gericht; *see* **settle**.

2. (*royal*) Hof *m*. **to be presented at** ~ bei Hofe vorgestellt werden; **the C**~ **of St James** der englische Königshof.

3. (*Sport*) Platz *m*; (*for squash*) Halle *f*; (*marked-off area*) Spielfeld *nt*; (*service* ~ *etc*) Feld *nt*. **grass/hard** ~ Rasen-/Hartplatz *m*; **on** ~ auf dem Platz/in der Halle; **out of the** ~ außerhalb des Spielfeldes.

4. (~*yard, Univ: quadrangle*) Hof *m*. **inner** ~ Innenhof *m*.

5. (*old form: courtship*) Hof *m*. **to pay** ~ **to a woman** einer Frau (*dat*) den Hof machen.

II *vt* **1.** (*dated*) *woman* umwerben, werben um, den Hof machen (+*dat*). **2.** (*fig*) *person's favour* werben um, buhlen um (*pej*); *danger, defeat* herausfordern.

III *vi* (*dated*) (*man*) auf Freiersfüßen gehen (*dated, hum*). **they were** ~**ing at the time** zu der Zeit gingen sie zusammen; **she's** ~**ing** sie hat einen Freund.

court card *n* (*Brit*) Bildkarte *f*; **court circular** *n* Hofnachrichten *pl*; **court dress** *n* Hoftracht *f*.

courteous *adj*, ~**ly** *adv* ['kɜːtɪəs, -lɪ] höflich.

courtesan [ˌkɔːtɪ'zæn] *n* Kurtisane *f*.

courtesy ['kɜːtɪsɪ] *n* Höflichkeit *f*. **(by)** ~ **of** freundlicherweise zur Verfügung gestellt von.

courtesy bus *n* gebührenfreier Bus; Hotelbus *m*; **courtesy light** *n* (*Aut*) Innenleuchte *f*; **courtesy title** *n* Höflichkeitstitel *m*; **courtesy visit** *n* Höflichkeitsbesuch *m*.

court guide *n* Hofkalender *m*; **courthouse** *n* (*Jur*) Gerichtsgebäude *nt*.

courtier ['kɔːtɪəʳ] *n* Höfling *m*.

courtliness ['kɔːtlɪnɪs] *n see adj* Höflichkeit *f*; Vornehmheit *f*.

courtly ['kɔːtlɪ] *adj manners* höflich; *grace, elegance* vornehm. ~ **love** Minne *f*.

court-martial I *n, pl* **court-martials** *or* **courts-martial** (*Mil*) Militärgericht *nt*; (*in wartime also*) Kriegsgericht *nt*; **to be tried by** ~ vor das/ein Militär-/Kriegsgericht gestellt werden *or* kommen; **II** *vt* vor das/ein Militär-/Kriegsgericht stellen (*for* wegen); **court order** *n* gerichtliche Verfügung; **courtroom** *n* (*Jur*) Gerichtssaal *m*.

courtship ['kɔːtʃɪp] *n* (*dated*) **during their** ~ während er um sie warb.

court shoe *n* Pumps *m*; **court tennis** *n* (*US*) Tennis *nt*; **courtyard** *n* Hof *m*.

cousin ['kʌzn] *n* (*male*) Cousin *m*; (*female*) Cousine, Kusine *f*. **Kevin and Susan are** ~**s** Kevin und Susan sind Cousin und Cousine.

couturier [kuː'tjʊərɪəʳ] *n* Couturier *m*.

cove [kəʊv] *n* (*Geog*) (kleine) Bucht.

coven ['kʌvn] *n* Hexenzirkel *m*; (*meeting*) Hexensabbat *m*.

covenant ['kʌvɪnənt] **I** *n* Schwur *m*; (*Bibl*) Bund *m*; (*Jur*) Verpflichtung *f* zu regelmäßigen Spenden.

II *vt* **to** ~ **to do sth** durch ein Abkommen versprechen, etw zu tun; (*Jur*) sich vertraglich verpflichten, etw zu tun.

III *vi* ein Abkommen/einen Bund schließen.

Coventry ['kɒvəntrɪ] *n*: **to send sb to** ~ (*Brit inf*) jdn schneiden (*inf*).

cover ['kʌvəʳ] **I** *n* **1.** (*lid*) Deckel *m*; (*of lens*) (Schutz)kappe *f*; (*loose* ~: *on chair*) Bezug *m*; (*cloth: for typewriter, umbrella*) Hülle *f*; (*on lorries, tennis court*) Plane *f*; (*sheet: over merchandise, shop counter*) Decke *f*, Tuch *nt*; (*blanket, quilt*) (Bett)decke *f*. **he put a** ~ **over her/it** er deckte sie/es zu.

2. (*of book*) Einband *m*; (*of magazine*) Umschlag *m*; (*dust* ~) (Schutz)umschlag *m*. **to read a book from** ~ **to** ~ ein Buch von Anfang bis Ende *or* von der ersten bis zur letzten Seite lesen; **on the** ~ auf dem Einband/Umschlag; (*of magazine*) auf der Titelseite, auf dem Titel(blatt).

3. (*Comm: envelope*) Umschlag *m*. **under separate** ~ getrennt; **under plain** ~ in neutralem Umschlag.

4. *no pl* (*shelter, protection*) Schutz *m* (*from* vor +*dat*, gegen); (*Mil*) Deckung *f* (*from* vor +*dat*, gegen). **to take** ~ (*from rain*) sich unterstellen, Schutz suchen (*from* vor +*dat*); (*Mil*) in Deckung gehen (*from* vor +*dat*); **under the** ~ **of the rocks** im Schutz der Felsen; **these**

plants/the car should be kept under ~ diese Pflanzen sollten/das Auto sollte abgedeckt sein *or* (*under roof*) durch ein Dach geschützt sein; **under ~ of darkness** im Schutz(e) der Dunkelheit.

5. (*Hunt*) Deckung *f*. **to break ~** aus der Deckung hervorbrechen.

6. (*place at meal*) Gedeck *nt*.

7. (*Comm, Fin*) Deckung *f*; (*insurance ~*) Versicherung *f*. **to operate without ~** ohne Deckung arbeiten; **to take out ~ for a car/against fire** ein Auto versichern/eine Feuerversicherung abschließen; **do you have adequate ~?** sind Sie ausreichend versichert?

8. (*assumed identity*) Tarnung *f*; (*front organization also*) Deckung *f*. **under ~ as** getarnt als; **to blow sb's ~** jdn enttarnen.

II *vt* **1.** bedecken; (*cover over*) zudecken; (*with loose cover*) *chair etc* beziehen. **a ~ed wagon/way** ein Planwagen *m*/überdachter Weg; **to ~ one's head** den Kopf bedecken; **the car ~ed us in mud** das Auto bespritzte uns von oben bis unten mit Schlamm; **the mountain was ~ed with** *or* **in snow** der Berg war schneebedeckt *or* mit Schnee bedeckt; **you're all ~ed with dog hairs** du bist voller Hundehaare; **to ~ oneself in** *or* **with glory** Ruhm ernten; **~ed in** *or* **with shame** zutiefst beschämt.

2. (*hide*) *surprise* verbergen; *mistake, tracks also* verdecken. **to ~ one's face in** *or* **with one's hands** sein Gesicht in den Händen verstecken *or* verbergen.

3. (*Mil, Sport, Chess: protect*) decken. **he only said that to ~ himself** er hat das nur gesagt, um sich abzudecken *or* zu decken.

4. (*point a gun at*) *door* sichern; *sb* in Schach halten; (*be on guard near*) sichern. **I've got you ~ed!** (*with gun*) ich hab' auf dich angelegt; (*fig: Chess etc*) ich hab' dich.

5. (*Fin*) *loan* decken; *expenses, costs also* abdecken; (*Insur*) versichern. **will £30 ~ the petrol?** reichen £ 30 für das Benzin?

6. (*take in, include*) behandeln; (*law also*) erfassen; (*allow for, anticipate*) *possibilities, eventualities* vorsehen.

7. (*Press: report on*) berichten über (+*acc*).

8. (*travel*) *miles, distance* zurücklegen.

9. (*salesman*) *territory* zuständig sein für.

10. (*play a higher card than*) überbieten.

11. (*animals: copulate with*) decken.

◆**cover for** *vi +prep obj* vertreten.

◆**cover in** *vt sep* **1.** (*fill in*) *grave* auffüllen, zuschütten. **2.** (*roof in*) überdachen.

◆**cover over** *vt sep* (*put a cover over*) zudecken; (*for protection*), *tennis court* abdecken; (*roof over*) überdachen.

◆**cover up I** *vi* **1.** (*wrap up*) sich einmummen. **2.** (*conceal a fact*) alles vertuschen *or* verheimlichen. **to ~ ~ for sb** jdn dekken.

II *vt sep* **1.** *child* zudecken; *object also, tennis court* abdecken. **2.** (*hide*) *truth, facts* vertuschen, verheimlichen.

coverage ['kʌvərɪdʒ] *n, no pl* **1.** (*in media*) Berichterstattung *f* (*of* über +*acc*). **the games got excellent TV ~** die Spiele wurden ausführlich im Fernsehen gebracht. **2.** (*Insur*) Versicherung *f*. **this policy gives you full ~ for ...** diese Versicherung bietet Ihnen volle Deckung bei ...

coverall *n usu pl* (*US*) Overall *m*; **cover charge** *n* Kosten *pl* für ein Gedeck; **cover girl** *n* Titel(bild)mädchen, Covergirl *nt*.

covering ['kʌvərɪŋ] *n* Decke *f*; (*floor ~*) Belag *m*. **a ~ of dust/snow** eine Staub-/Schneedecke.

covering letter *n* Begleitbrief *m*.

coverlet ['kʌvəlɪt] *n* Tagesdecke *f*.

cover note *n* Deckungszusage *f*, vorläufiger Versicherungsschein; **cover organization** *n* Deckorganisation *f*; **cover price** *n* Einzel(exemplar)preis *m*; **cover story** *n* (*of paper*) Titelgeschichte *f*; (*of spy*) Geschichte *f*.

covert ['kʌvət] **I** *adj threat, attack* versteckt; *glance also* verstohlen. **II** *n* Versteck *nt*.

covertly ['kʌvətlɪ] *adv see adj*.

cover-up ['kʌvərʌp] *n* Vertuschung, Verschleierung *f*. **the Watergate ~** die Vertuschung von Watergate.

covet ['kʌvɪt] **I** *vt* begehren. **II** *vi* begehrlich *or* begierig sein.

covetous ['kʌvɪtəs] *adj* begehrlich.

covetously ['kʌvɪtəslɪ] *adv* begehrlich.

covetousness ['kʌvɪtəsnɪs] *n* Begierde *f* (*of* auf +*acc*), Begehren *nt* (*of* nach).

covey ['kʌvɪ] *n* (*of partridges*) Kette *f*.

cow[1] [kaʊ] *n* **1.** Kuh *f*. **a ~ elephant** eine Elefantenkuh; **till the ~s come home** (*fig inf*) bis in alle Ewigkeit (*inf*). **2.** (*pej inf: woman*) (*stupid*) Kuh *f* (*inf*); (*nasty*) gemeine Ziege (*inf*).

cow[2] *vt person, animal* einschüchtern, verschüchtern.

coward ['kaʊəd] *n* Feigling *m*.

cowardice ['kaʊədɪs], **cowardliness** ['kaʊədlɪnɪs] *n* Feigheit *f*.

cowardly ['kaʊədlɪ] *adj* feig(e).

cowbell *n* Kuhglocke *f*; **cowboy** *n* **1.** Cowboy *m*; **2.** (*fig inf*) (*incompetent*) Pfuscher *m*; (*dishonest*) Gauner *m* (*inf*); **a ~ outfit** ein windiges Unternehmen (*inf*); **~ hat** *n* Cowboyhut *m*; **cowcatcher** *n* (*Rail*) Schienenräumer *m*; **cow dung** *n* Kuhmist *m*.

cower ['kaʊə^r] *vi* sich ducken; (*squatting*) kauern. **to ~ before sb** vor jdm ducken.

◆**cower away** *vi* (furchtsam) ausweichen (*from* dat).

◆**cower down** *vi* sich niederkauern.

cowgirl *n* Cowgirl *nt*; **cowhand** *n* Hilfscowboy *m*; (*on farm*) Stallknecht *m*; **cowherd** *n* Kuhhirte *m*; **cowhide** *n* **1.** (*untanned*) Kuhhaut *f*; (*no pl: leather*) Rindsleder *nt*; **2.** (*US: whip*) Lederpeitsche *f*.

cowl [kaʊl] *n* **1.** (*monk's hood*) Kapuze *f*. **2.** (*chimney ~*) (Schornstein)kappe *f*.

cowlick ['kaʊlɪk] *n* Tolle *f*.

cowling ['kaʊlɪŋ] *n* (*Aviat*) Motorhaube *f*.

cowman ['kaʊmən] *n, pl* **-men** [-mən] (*farm labourer*) Stallbursche *m*; (*US: cattle rancher*) Viehzüchter *m*.

co-worker ['kəʊ'wɜːkəʳ] *n* Kollege *m*, Kollegin *f*.

cow-parsley *n* Wiesenkerbel *m*; **cow-pat** *n* Kuhfladen *m*; **cowpoke** *n* (*US inf*) Kuhheini (*pej inf*), Cowboy *m*; **cowpox** *n* Kuhpocken *pl*; **cowpuncher** *n* (*US inf*) Cowboy *m*.

cowrie, cowry ['kaʊrɪ] *n* Kaurischnecke *f*.

cowshed *n* Kuhstall *m*; **cowslip** *n* (*Brit: primrose*) Schlüsselblume *f*; (*US: kingcup*) Sumpfdotterblume *f*.

cox [kɒks] **I** *n* Steuermann *m*. **II** *vt crew* Steuermann sein für. **III** *vi* steuern.

coxswain ['kɒksn] *n* **1.** (*in rowing*) *see* **cox I 2.** (*Naut*) Boot(s)führer(in *f*) *m*.

coy *adj* (+*er*), **~ly** *adv* [kɔɪ, -lɪ] (*affectedly shy*) verschämt; (*coquettish*) neckisch, kokett.

coyness ['kɔɪnɪs] *n see adj* Verschämtheit *f*; neckisches *or* kokettes Benehmen.

coyote [kɔɪ'əʊtɪ] *n* Kojote *m*.

coypu ['kɔɪpuː] *n* Sumpfbiber *m*.

cozy *adj* (*US*) *see* **cosy.**

CP *abbr of* **Communist Party** KP *f*.

cp *abbr of* **compare** vgl.

CPA (*US*) *abbr of* **certified public accountant.**

cpi *abbr of* **characters per inch** cpi.

CPI (*US*) *abbr of* **Consumer Price Index.**

Cpl *abbr of* **Corporal.**

CP/M *abbr of* **control program/monitor** CP/M.

cps *abbr of* **characters per second** cps, Zeichen *pl* pro Sekunde.

CPU *abbr of* **central processing unit** CPU, Zentraleinheit *f*.

crab[1] [kræb] *n* **1.** Krabbe *f*; (*small also*) Krebs *m*; (*as food*) Krabbe *f*. **to catch a ~** (*Rowing*) einen Krebs fangen. **2.** (*~-louse*) Filzlaus *f*. **3.** (*Gymnastics*) Brücke *f*.

crab[2] *vi* nörgeln.

crab apple *n* (*fruit*) Holzapfel *m*; (*tree*) Holzapfelbaum *m*.

crabbed ['kræbd] *adj* **1.** (*person*) griesgrämig, mürrisch. **2.** *handwriting* kritzelig, unleserlich.

crabby ['kræbɪ] *adj* (+*er*) *see* **crabbed 1.**

crab grass *n* Fingerhirse *f*; **crablouse** *n* Filzlaus *f*.

crack [kræk] **I** *n* **1.** Riß *m*; (*between floorboards*) Ritze *f*; (*wider hole*) Spalte *f*; (*fine line: in pottery, glass*) Sprung *m*. **leave the window open a ~** laß das Fenster einen Spalt offen; **at the ~ of dawn** in aller Frühe.

2. (*sharp noise*) (*of wood breaking*) Knacks *m*; (*of gun, whip*) Knall(en *nt no pl*) *m*; (*of thunder*) Schlag *m*.

3. (*sharp blow*) Schlag *m*. **to give sb/oneself a ~ on the head** jdm eins auf den Kopf geben/sich (*dat*) den Kopf anschlagen.

4. (*inf*) (*gibe*) Stichelei *f*; (*joke*) Witz *m*. **to make a ~ about sb/sth** einen Witz über jdn/etw reißen.

5. (*inf: attempt*) **to have a ~ at sth** etw mal probieren (*inf*).

6. (*Drugs*) Crack *nt*.

II *adj attr* erstklassig; (*Mil*) Elite-. **~ shot** Meisterschütze *m*.

III *vt* **1.** (*make a ~ in*) *glass, china, pottery* einen Sprung machen in (+*acc*); *bone* anbrechen, anknacksen (*inf*); *skin, ground* rissig machen; *ground, ice* einen Riß/Risse machen in (+*acc*).

2. (*break*) *nuts, safe* (*inf*), (*fig*) *code* knakken; *case, problem* lösen. **to ~ (open) a bottle** einer Flasche (*dat*) den Hals brechen; **I've ~ed it** (*solved it*) ich hab's!

3. *joke* reißen.

4. *whip* knallen mit; *finger, joint* knakken mit.

5. (*hit sharply*) schlagen. **he ~ed his head against the pavement** er krachte mit dem Kopf aufs Pflaster.

6. (*distil*) *petroleum* kracken. **~ing plant** Krackanlage *f*.

IV *vi* **1.** (*get a ~*) (*pottery, glass*) einen Sprung/Sprünge bekommen, springen; (*ice, road*) einen Riß/Risse bekommen; (*lips, skin*) spröde *or* rissig werden; (*bones*) einen Knacks bekommen (*inf*); (*break*) brechen. **at last his stern face ~ed and he laughed** schließlich verzog sich seine ernste Miene zu einem Lachen.

2. (*make a ~ing sound*) (*twigs, joints*) knacken, krachen; (*whip, gun*) knallen.

3. (*hit sharply*) schlagen, krachen.

4. (*break: voice*) (*with emotion*) versagen. **his voice is ~ing/beginning to ~** (*boy*) er ist im/kommt in den Stimmbruch.

5. (*inf*) **to get ~ing** loslegen (*inf*), sich daran machen; **to get ~ing with** *or* **on sth** mit etw loslegen (*inf*), sich an etw (*acc*) machen. **6.** *see* **~ up I 2.**

◆**crack down** *vi* **1.** (*whip*) niederknallen, niederkrachen. **2.** (*clamp down*) hart durchgreifen (*on* bei).

◆**crack up I** *vi* **1.** (*break into pieces*) zerbrechen; (*road surface, lips*) aufspringen, rissig werden; (*ice*) brechen; (*machine, plane*) auseinanderbrechen, auseinanderfallen; (*make-up*) rissig werden.

2. (*fig inf*) (*person*) durchdrehen (*inf*); (*under strain*) zusammenbrechen; (*have a mental breakdown*) einen Nervenzusammenbruch haben; (*organization*) auseinanderfallen, zusammenbrechen; (*lose ability, strength: athlete*) abbauen.

II *vt sep* (*inf*) **he's/it's not all he's/it's ~ed ~ to be** so toll ist er/es dann auch wieder nicht; **he's ~ed ~ to be some sort of genius** er wird als eine Art Genie gepriesen.

crackajack *n, adj* (*US*) *see* **crackerjack.**

crackbrained ['krækbreɪnd] *adj* (*inf*) verrückt, irre; **crack-down** *n* (*inf*) scharfes Durchgreifen.

cracked [krækt] *adj* **1.** *glass, plate, ice* gesprungen; *rib, bone* angebrochen, angeknackst (*inf*); (*broken*) gebrochen; *surface, walls, make-up* rissig. **2.** (*inf: mad*) übergeschnappt (*inf*).

cracker ['krækəʳ] *n* **1.** (*biscuit*) Kräcker *m*.

2. (*fire*~) Knallkörper *m*; (*Christmas* ~) Knallbonbon *nt*. **3.** ~**s** *pl* (*nut* ~*s*) Nußknacker *m*. **4.** (*Brit inf*) tolle Frau (*inf*); toller Mann (*inf*); tolles Ding (*inf*).

crackerjack, (*US*) **crackajack** ['krækədʒæk] **I** *n* (*person*) Kanone *f* (*inf*); (*thing*) Knüller *m* (*inf*). **II** *adj* bombig (*inf*).

crackers ['krækəz] *addj pred* (*Brit inf*) übergeschnappt (*inf*). **to go** ~ überschnappen (*inf*).

cracking ['krækɪŋ] *adj* (*inf*) *pace* scharf; *novel* klasse *inv* (*inf*), phantastisch.

crack-jaw ['krækdʒɔː] (*inf*) **I** *adj attr word, name* zungenbrecherisch. **II** *n* Zungenbrecher *m*.

crackle ['krækl] **I** *vi* (*dry leaves*) rascheln; (*paper also*) knistern; (*fire*) knistern, prasseln; (*twigs, telephone line*) knakken; (*machine gun*) knattern; (*bacon*) brutzeln.

II *vt paper* rascheln *or* knistern mit.

III *n* **1.** (*crackling noise*) *see vi* Rascheln *nt*; Knistern *nt*; Knistern, Prasseln *nt*; Knacken *nt*; Knattern *nt*; Brutzeln *nt*.

2. (*on china, porcelain*) Craquelé, Krakelee *m or nt*.

crackleware ['kræklwɛəʳ] *n* Craqueléporzellan *nt*.

crackling ['kræklɪŋ] *n, no pl* **1.** *see* **crackle III 1. 2.** (*Cook*) Kruste *f* (*des Schweinebratens*).

cracknel ['kræknl] *n* (harter) Keks.

crackpot ['krækpɒt] (*inf*) **I** *n* Spinner(in *f*) *m* (*inf*), Irre(r) *mf*. **II** *adj* verrückt, irre.

cracksman ['kræksmən] *n, pl* **-men** [-mən] (*sl*) Safeknacker *m* (*inf*).

crack-up ['krækʌp] *n* (*inf*) Zusammenbruch *m*.

cradle ['kreɪdl] **I** *n* (*cot, fig: birthplace*) Wiege *f*; (*support*) (*of phone*) Gabel *f*; (*for invalids*) Schutzgestell *nt* (*zum Abhalten des Bettzeugs von Verletzungen*); (*for ship*) (Ablauf)schlitten *m*; (*Build, for window-cleaners*) Hängegerüst *nt*; (*in sea rescues*) Hosenboje *f*; (*for mechanic under car*) Schlitten *m*. **from the** ~ **to the grave** von der Wiege bis zur Bahre.

II *vt* **1.** (*hold closely*) an sich (*acc*) drücken. **he was cradling his injured arm** er hielt sich (*dat*) seinen verletzten Arm; **to** ~ **sb/sth in one's arms/lap** jdn/etw fest in den Armen/auf dem Schoß halten; **he** ~**d the telephone under his chin** er klemmte sich (*dat*) den Hörer unters Kinn.

2. *receiver* auflegen.

cradle cap *n* Milchschorf *m*; **cradle-snatcher** *n* (*inf*) *see* **baby-snatcher**; **cradle-snatching** *n* (*inf*) *see* **baby-snatching**; **cradle-song** *n* Wiegenlied *nt*.

craft [krɑːft] *n* **1.** (*handicraft*) Kunst *f*, Handwerk *nt*; (*trade*) Handwerk, Gewerbe *nt*; (*weaving, pottery*) Kunstgewerbe *nt*. *see* **art**[1].

2. (*guild*) (Handwerker)innung, (Handwerks)zunft (*Hist*) *f*.

3. *no pl* (*skill*) Geschick(lichkeit *f*) *nt*, Kunstfertigkeit *f*.

4. *no pl* (*cunning*) List *f*.

5. *pl* - (*boat*) Boot *nt*.

craftily ['krɑːftɪlɪ] *adv* schlau, clever.

craftiness ['krɑːftɪnɪs] *n* Schlauheit, Cleverness *f*.

craftsman ['krɑːftsmən] *n, pl* **-men** [-mən] Handwerker *m*. **he's a real** ~ er ist ein echter Künstler.

craftsmanship ['krɑːftsmənʃɪp] *n* Handwerkskunst *f*; (*of person also*) handwerkliches Können, Kunstfertigkeit *f*.

craft union *n* Handwerkergewerkschaft *f*.

crafty ['krɑːftɪ] *adj* (+*er*) schlau, clever. **he is a** ~ **one** (*inf*) er ist ein ganz Schlauer (*inf*).

crag [kræg] *n* Fels *m*.

craggy ['krægɪ] *adj* (+*er*) (*rocky*) felsig; (*jagged*) zerklüftet; *face* kantig.

cram [kræm] **I** *vt* **1.** (*fill*) vollstopfen, vollpacken; (*stuff in*) hineinstopfen (*in*(*to*) in +*acc*); *people* hineinzwängen (*in*(*to*) in +*acc*). **the room was** ~**med** der Raum war gestopft voll; **we were all** ~**med into one room** wir waren alle in einem Zimmer zusammengepfercht.

2. (*for exam*) *Latin verbs* pauken (*inf*), büffeln (*inf*); (*teach for exam*) *pupil* pauken mit (*inf*).

II *vi* (*swot*) pauken (*inf*), büffeln (*inf*).

◆**cram in** *vi* (*people*) sich hinein-/hereindrängen *or* -quetschen *or* -zwängen (*-to* in +*acc*).

cram-full ['kræmfʊl] *adj* (*inf*) vollgestopft (*of* mit), gestopft voll (*inf*).

crammer ['kræməʳ] *n* (*tutor*) Einpauker(in *f*) (*ugs*) *m*; (*student*) Büffler(in *f*) *m* (*inf*); (*book*) Paukbuch *nt*; (*school*) Paukschule *f*.

cramp[1] [kræmp] **I** *n* (*Med*) Krampf *m*. **to have** ~ **in one's leg** einen Krampf im Bein haben; **to have the** ~**s** (*US*) Krämpfe haben; **writer's** ~ Schreibkrampf *m*.

II *vt* **1.** (*also* ~ **up**) *persons* zusammenpferchen, einpferchen; *writing* eng zusammenkritzeln. **2.** (*fig: hinder*) behindern. **to** ~ **sb's style** jdm im Weg sein. **3.** (*give* ~ *to*) Krämpfe *pl* verursachen in (+*dat*).

cramp[2] **I** *n* (*also* ~ **iron**) Bauklammer *f*. **II** *vt* klammern.

cramped [kræmpt] *adj* **1.** *space* eng, beschränkt. **2.** *position* verkrampft. **3.** *handwriting* eng zusammengekritzelt.

crampon ['kræmpən] *n* Steigeisen *nt*.

cranberry ['krænbərɪ] *n* Preiselbeere, Kronsbeere *f*. ~ **sauce** Preiselbeersoße *f*.

crane [kreɪn] **I** *n* **1.** Kran *m*. ~ **driver** Kranführer(in *f*) *m*. **2.** (*Orn*) Kranich *m*. **II** *vt*: **to** ~ **one's neck** den Hals rekken. **III** *vi* (*also* ~ **forward**) den Hals *or* den Kopf recken.

cranefly ['kreɪnflaɪ] *n* Schnake *f*.

cranesbill ['kreɪnzbɪl] *n* (*Bot*) Storchschnabel *m*.

crania ['kreɪnɪə] *pl of* **cranium.**

cranial ['kreɪnɪəl] *adj* (*Anat*) Schädel-, kranial (*spec*).

cranium ['kreɪnɪəm] *n, pl* **crania** (*Anat*) Schädel *m*, Cranium *nt* (*spec*).

crank¹ [kræŋk] *n* (*eccentric person*) Spinner(in *f*) *m* (*inf*); (*US: cross person*) Griesgram *m*.

crank² **I** *n* (*Mech*) Kurbel *f*. **II** *vt* (*also:* **~ up**) ankurbeln.

crankcase ['kræŋkkeɪs] *n* (*Aut*) Kurbelgehäuse *nt*.

crankiness ['kræŋkɪnɪs] *n* **1.** (*eccentricity*) Verrücktheit *f*. **2.** (*US: bad temper*) Griesgrämigkeit *f*.

crankshaft ['kræŋkʃɑ:ft] *n* (*Aut*) Kurbelwelle *f*.

cranky ['kræŋkɪ] *adj* (+*er*) **1.** (*eccentric*) verrückt. **2.** (*US: bad-tempered*) griesgrämig.

cranny ['krænɪ] *n* Ritze, Spalte *f*; *see* **nook.**

crap [kræp] (*vulg*) **I** *n* **1.** Scheiße *f* (*vulg*). **to go for/have a ~** scheißen gehen/scheißen (*vulg*). **2.** (*sl: rubbish*) Scheiße *f* (*sl*). **a load of ~** (*sl*) große Scheiße (*sl*). **II** *vi* scheißen (*vulg*).

◆**crap out** *vi* (*US sl*) kneifen (*of* vor +*dat*).

crap game *n* (*US*) Würfelspiel *nt* (*mit zwei Würfeln*).

crappy ['kræpɪ] *adj* (+*er*) (*sl*) beschissen (*sl*), Scheiß- (*sl*).

craps [kræps] *n* (*US*) Würfelspiel *nt*. **to shoot ~** Würfel spielen.

crapshooter ['kræpʃu:təʳ] *n* Würfelspieler(in *f*) *m*.

crash [kræʃ] **I** *n* **1.** (*noise*) Krach(en *nt*) *m no pl*; (*of thunder, cymbals also, of drums*) Schlag *m*. **there was a ~ upstairs** es hat oben gekracht; **a ~ of thunder** ein Donnerschlag *m*.

2. (*accident*) Unfall *m*, Unglück *nt*; (*collision also*) Zusammenstoß *m*; (*with several cars*) Karambolage *f*; (*plane ~*) (Flugzeug)unglück *nt*. **to be in a (car) ~** in einen (Auto)unfall verwickelt sein; **to have a ~** (mit dem Auto) verunglücken, einen (Auto)unfall haben; (*cause it*) einen Unfall verursachen *or* bauen (*inf*).

3. (*Fin*) Zusammenbruch *m*.

II *adv* krach. **he went ~ into a tree** er krachte gegen einen Baum.

III *vt* **1.** *car, bicycle* einen Unfall haben mit; *plane* abstürzen mit. **to ~ one's car into sth** mit dem Auto gegen etw krachen *or* knallen (*inf*).

2. (*with particle: bang*) **he ~ed it to the ground** er knallte es auf den Boden (*inf*); **stop ~ing the plates around** hör auf, mit den Tellern zu scheppern (*inf*); **he ~ed his head against the windscreen** er krachte mit dem Kopf gegen die Windschutzscheibe; **he ~ed the car through the barrier** er fuhr mit dem Auto voll durch die Absperrung (*inf*).

3. (*inf: gatecrash*) **to ~ a party** uneingeladen zu einer Party gehen.

IV *vi* **1.** (*have an accident*) verunglükken, einen Unfall haben; (*plane*) abstürzen. **to ~ into sth** gegen etw (*acc*) krachen *or* knallen (*inf*).

2. (*with particle: move with a ~*) krachen. **to ~ to the ground/through sth** zu Boden/durch etw krachen; **the whole roof came ~ing down (on him)** das ganze Dach krachte auf ihn herunter; **his whole world ~ed about him** *or* **his ears** seine ganze Welt brach zusammen.

3. (*Fin*) pleite machen (*inf*). **when Wall Street ~ed** als Wall Street zusammenbrach.

4. (*inf: sleep: also* **~ out**) pofen (*sl*); (*fall asleep*) einpofen (*sl*); (*become unconscious*) wegtreten (*sl*).

crash barrier *n* Leitplanke *f*; **crash course** *n* Schnell- *or* Intensivkurs *m*; **crash diet** *n* Radikalkur *f*; **crash dive I** *n* Schnelltauchmanöver *nt*; **II** *vti* schnelltauchen; **crash helmet** *n* Sturzhelm *m*.

crashing ['kræʃɪŋ] *adj* (*inf*) **he's/it's a ~ bore** er/es ist fürchterlich langweilig (*inf*).

crash-land **I** *vi* eine Bruchlandung machen, bruchlanden; **II** *vt* eine Bruchlandung machen mit, bruchlanden mit; **crash-landing** *n* Bruchlandung *f*; **crash programme** *n* Intensivprogramm *nt*.

crass [krɑ:s] *adj* (+*er*) (*stupid, unsubtle*) kraß; *ignorance also* haarsträubend; (*coarse*) *behaviour* unfein, derb.

crassly ['krɑ:slɪ] *adv* kraß; *behave* unfein.

crassness ['krɑ:snɪs] *n see adj* Kraßheit *f*; Derbheit *f*.

crate [kreɪt] **I** *n* (*also inf: car, plane*) Kiste *f*; (*beer ~, milk ~*) Kasten *m*. **II** *vt goods* (in Kisten/eine Kiste) (ver)packen.

crater ['kreɪtəʳ] *n* Krater *m*.

cravat(te) [krə'væt] *n* Halstuch *nt*.

crave [kreɪv] *vt* (*liter: beg*) erbitten; *mercy also* erflehen; (*desire*) *attention, drink etc* sich sehnen nach.

◆**crave for** *vi* +*prep obj* sich sehnen nach.

craven ['kreɪvən] *adj* feig(e).

craving ['kreɪvɪŋ] *n* Verlangen *nt*. **to have a ~ for sth** Verlangen nach etw haben.

crawfish ['krɔ:fɪʃ] *n see* **crayfish 2.**

crawl [krɔ:l] **I** *n* **1.** (*on hands and knees*) Kriechen *nt*; (*slow speed*) Schnecken- *or* Kriechtempo *nt*. **we could only go at a ~** wir kamen nur im Schnecken- *or* Kriechtempo voran; **to join the ~ to the coast** sich der (Auto)schlange zur Küste anschließen.

2. (*swimming stroke*) Kraul(stil) *m*, Kraulen *nt*. **to do the ~** kraulen.

II *vi* **1.** kriechen; (*baby, insects also*) krabbeln; (*time also*) schleichen.

2. (*be infested*) wimmeln (*with* von). **the place is ~ing!** hier wimmelt es von Ungeziefer!; **the street was ~ing with policemen** auf der Straße wimmelte es von Polizisten.

3. spiders make my flesh *or* **skin ~** wenn ich Spinnen sehe, kriege ich eine Gänsehaut.

4. (*inf: suck up*) kriechen (*to* vor +*dat*). **he went ~ing to teacher** er ist gleich zum Lehrer gerannt.

crawler ['krɔ:ləʳ] *n* **1.** (*inf: sycophant*) Kriecher(in *f*) *m*. **2. ~s** *pl* (*rompers*) Spielanzug *m*.

crawler lane *n* (*Brit Aut*) Kriechspur *f*.

crayfish ['kreɪfɪʃ] *n* **1.** (*freshwater*) Flußkrebs *m*. **2.** (*saltwater: also* **crawfish**) Languste *f*.

crayon ['kreɪən] **I** *n* **1.** (*pencil*) Buntstift

m; (*wax* ~) Wachs(mal)stift *m*; (*chalk* ~) Pastellstift *m*, Malkreide *f*. **2.** (*picture*) Pastell *nt*, Kreide- *or* Pastellzeichnung *f*. **II** *vti* (mit Bunt-/Wachsmal-/Pastellstiften) zeichnen *or* malen.

◆**crayon in** *vt sep drawing* ausmalen.

craze [kreɪz] **I** *n* Fimmel *m* (*inf*). **it's all the ~** (*inf*) das ist große Mode.

II *vt* **1.** (*make insane*) **to be half ~d with grief** vor Schmerz halb wahnsinnig sein; **he had a ~d look on his face** er hatte den Gesichtsausdruck eines Wahnsinnigen. **2.** *pottery, glazing* rissig machen.

III *vi* (*pottery*) rissig werden.

crazily ['kreɪzɪlɪ] *adv* (*madly*) verrückt; *lean, tilt* unwahrscheinlich.

crazy ['kreɪzɪ] *adj* (+*er*) **1.** verrückt (*with* vor +*dat*). **to send** *or* **drive sb ~** jdn verrückt *or* wahnsinnig machen; **to go ~** verrückt *or* wahnsinnig werden.

2. (*inf: enthusiastic*) verrückt (*inf*). **to be ~ about sb/sth** ganz verrückt *or* wild auf jdn/etw sein (*inf*); **to be ~ for sb** verrückt nach jdm sein (*inf*).

3. *angle, tilt* unwahrscheinlich.

crazy bone *n* (*US*) Musikantenknochen *m*; **crazy paving** *n* Mosaikpflaster *nt*; **crazy quilt** *n* (*US*) Flickendecke *f*.

CRC ['siːɑː'siː] *n abbr of* **camera-ready copy.**

creak [kriːk] **I** *n* Knarren *nt no pl*; (*of hinges, bed springs*) Quietschen *nt no pl*; (*of knees*) Knacken *nt no pl*. **to give a loud ~** laut knarren/quietschen/knacken. **II** *vi* knarren; (*hinges, bed springs*) quietschen; (*knees*) knacken.

creaky ['kriːkɪ] *adj* (+*er*) *see vi* knarrend; quietschend; knackend.

cream [kriːm] **I** *n* **1.** Sahne *f*, Rahm *m* (*S Ger*); (~ *pudding, artificial* ~) Creme, Krem *f*. **~ of tomato/chicken soup** Tomaten-/Hühnercremesuppe *f*; **~ of tartar** Weinstein *m*.

2. (*lotion*) Creme *f*.

3. (*colour*) Creme(farbe *f*) *nt*.

4. (*fig: best*) die Besten; (*of society also*) Crème, Elite *f*. **our rivals take the ~ of the applicants** unsere Konkurrenz sahnt die besten Bewerber ab; **the ~ of society** die Crème der Gesellschaft.

II *adj* **1.** (*colour*) creme *inv*, cremefarben *or* -farbig.

2. (*made with* ~) Sahne-; Creme-.

III *vt* **1.** (*put ~ on*) *face* eincremen. **2.** *butter, eggs* cremig rühren; *potatoes, fruit* pürieren. **~ed potatoes** Kartoffelpüree *nt*. **3.** (*skim*) *milk* entrahmen. **4.** (*allow to form a* ~) *milk* aufrahmen lassen. **5.** (*US inf: defeat easily*) in die Pfanne hauen (*inf*), putzen (*sl*).

IV *vi* (*milk*) aufrahmen.

◆**cream off** *vt sep* (*lit*) abschöpfen; (*fig*) *profits also, the best* absahnen.

cream bun *n* Eclair *nt*; **cream cake** *n* Sahnetorte *f*; Cremetorte *f*; (*small*) Sahnetörtchen *nt*; Cremetörtchen *nt*; **cream cheese** *n* (Doppelrahm)frischkäse *m*.

creamer ['kriːmə^r] *n* **1.** (*jug*) Sahnekännchen *nt*. **2.** (*skimming machine*) Milchzentrifuge *or* -schleuder *f*. **3.** (*dried milk*) Milchpulver *nt*.

creamery ['kriːmərɪ] *n* Molkerei *f*; (*shop*) Milchgeschäft *nt*.

cream puff *n* Windbeutel *m*; **cream soda** *n* Sodawasser *nt* mit Vanillegeschmack; **cream tea** *n* Nachmittagstee *m*.

creamy ['kriːmɪ] *adj* (+*er*) **1.** (*tasting of cream*) sahnig; (*smooth*) cremig. **a ~ complexion** ein zarter Teint. **2.** (*cream-coloured*) creme(farben *or* -farbig).

crease [kriːs] **I** *n* **1.** Falte *f*; (*deliberate fold*) (*in material also*) Kniff *m*; (*in paper also*) Falz, Kniff *m*; (*ironed: in trousers*) (Bügel)falte *f*. **to be a mass of ~s** völlig zerknittert sein.

2. (*Sport*) Linie *f*.

II *vt* (*deliberately*) *clothes* Falten/eine Falte machen in (+*acc*); *material, paper* Kniffe/einen Kniff machen in (+*acc*); *paper* falzen; (*unintentionally*) zerknittern. **smartly ~d trousers** Hosen mit sauberen Bügelfalten.

III *vi* knittern. **his face ~d with laughter** er fing an zu lachen.

◆**crease up** *vi* (*inf: with laughter*) sich kringeln (*inf*).

crease-proof ['kriːspruːf], **crease-resistant** ['kriːsrɪzɪstənt] *adj* knitterfrei.

create [kriː'eɪt] **I** *vt* **1.** schaffen; *new style, fashion also* kreieren; *the world, man* erschaffen; *draught, noise, fuss* verursachen; *difficulties* machen; *problems* (*person*) schaffen; (*action, event*) verursachen, hervorbringen; *impression* machen; (*Comput*) *file* anlegen. **to ~ a sensation** eine Sensation sein; **to ~ a fuss** Theater machen (*inf*).

2. (*appoint*) *peer* ernennen.

II *vi* (*Brit inf*) Theater machen (*inf*).

creation [kriː'eɪʃən] *n* **1.** *no pl see vt* Schaffung *f*; Kreation *f*; Erschaffung *f*; Verursachung *f*; Schaffen *nt*; Verursachung *f*; Erhebung, Ernennung *f*.

2. *no pl* **the C~** die Schöpfung.

3. (*created object*) (*Art*) Werk *nt*; (*Fashion*) Kreation *f*.

creative [kriː'eɪtɪv] *adj power, skill etc* schöpferisch; *approach, attitude, person* kreativ. **~ toys** Spielzeug *nt* zum Gestalten und Werken; **~ writing** dichterisches Schreiben.

creativeness [ˌkriː'eɪtɪvnɪs], **creativity** [ˌkriːeɪ'tɪvɪtɪ] *n* schöpferische Begabung *or* Kraft; (*of person also, of approach, attitude*) Kreativität *f*.

creator [kriː'eɪtə^r] *n* Schöpfer(in *f*) *m*.

creature ['kriːtʃə^r] *n* **1.** Geschöpf, (Lebe)wesen *nt*, Kreatur *f*. **all dumb ~s** die stumme Kreatur; **she's a funny/beautiful ~** sie ist ein komisches/schönes Geschöpf.

2. (*subordinate person*) Geschöpf *nt*.

creature comforts *npl* leibliches Wohl.

crèche [kreɪʃ] *n* **1.** (*esp Brit: day nursery*) (Kinder)krippe *f or* -hort *m*; (*esp US: children's home*) Kinderheim *nt*. **2.** (*crib*) Krippe *f*.

cred [kred] *see* **street ~.**

credence ['kriːdəns] *n* **1.** *no pl* (*belief*) Glaube *m*. **to lend ~ to sth** etw glaubwürdig erscheinen lassen *or* machen; **to give** *or* **attach ~ to sth** einer Sache (*dat*) Glauben schenken; **letter of ~** Beglaubigungsschreiben *nt*.

2. (*Eccl: also* ~ **table**) Kredenz *f*.

credentials [krɪ'denʃəlz] *npl* (*references*) Referenzen, Zeugnisse *pl*; (*papers of identity*) (Ausweis)papiere *pl*. **to present one's** ~ seine Papiere vorlegen.

credibility [ˌkredə'bɪlɪtɪ] *n* Glaubwürdigkeit *f*. ~ **gap** Mangel *m* an Glaubwürdigkeit.

credible *adj*, **-bly** *adv* ['kredɪbl, -ɪ] glaubwürdig.

credit ['kredɪt] **I** *n* **1.** *no pl* (*Fin*) Kredit *m*; (*in pub, hotel, shop*) Stundung *f*. **the bank will let me have £5,000** ~ die Bank räumt mir einen Kredit von £ 5.000 ein; **to buy/sell on** ~ auf Kredit kaufen/gegen Kredit verkaufen; **his** ~ **is good** er ist kreditwürdig; (*in small shop*) er ist vertrauenswürdig; **to give sb (unlimited)** ~ jdm (unbegrenzt) Kredit geben; **we can't give you** ~ (*bank*) wir können Ihnen keinen Kredit geben; (*corner shop*) wir können Ihnen nichts stunden; **letter of** ~ Kreditbrief *m*, Akkreditiv *nt*.

2. (*Fin: money possessed by person, firm*) (Gut)haben *nt*; (*Comm: sum of money*) Kreditposten *m*. **to be in** ~ Geld auf dem Konto haben; **to keep one's account in** ~ sein Konto nicht überziehen; **to place a sum to one's** ~ sich (*dat*) eine Summe gutschreiben lassen; **the** ~**s and debits** Soll und Haben *nt*; **how much have we got to our** ~**?** wieviel haben wir auf dem Konto?

3. *no pl* (*standing*) Ansehen *nt*.

4. *no pl* (*honour*) Ehre *f*; (*recognition*) Anerkennung *f*; (*Sch, Univ: distinction*) Auszeichnung *f*. **he's a** ~ **to his family** er macht seiner Familie Ehre; **that's to his** ~ das ehrt ihn; **well, all** ~ **to you** alle Achtung; **at least he has this to his** ~ das spricht immerhin für ihn; **to come out of sth with** ~ ehrenvoll aus etw hervorgehen; **to get all the** ~ die ganze Anerkennung *or* Ehre einstecken; **the** ~ **for that should go to him** das ist sein Verdienst; **to take the** ~ **for sth** das Verdienst für etw in Anspruch nehmen; ~ **where** ~ **is due** (*prov*) Ehre, wem Ehre gebührt (*prov*).

5. *no pl* (*belief*) Glaube *m*. **to give** ~ **to sth** etw glauben, einer Sache (*dat*) Glauben schenken; **to lend** ~ **to sth** etw glaubwürdig erscheinen lassen *or* machen; **to gain** ~ an Glaubwürdigkeit gewinnen.

6. (*esp US Univ*) Schein *m*. **to take** *or* **do** ~**s** Scheine machen.

7. ~**s** *pl* (*Film*) Vor-/Nachspann *m*; (*in book*) Herausgeber- und Mitarbeiterverzeichnis *nt*.

II *vt* **1.** (*believe*) glauben. **would you** ~ **it!** ist das denn zu glauben!

2. (*attribute*) zuschreiben (+*dat*). **I** ~**ed him with more sense** ich habe ihn für vernünftiger gehalten; **he was** ~**ed with having invented it/with having found that solution** die Erfindung wurde ihm zugeschrieben/es wurde als sein Verdienst angerechnet *or* es wurde ihm zugute gehalten, diese Lösung gefunden zu haben.

3. (*Fin*) gutschreiben. **to** ~ **a sum to sb's account** jds Konto (*dat*) einen Betrag gutschreiben (lassen).

creditable ['kredɪtəbl] *adj* **1.** (*praiseworthy*) lobenswert, anerkennenswert. **2.** (*credible*) glaublich.

creditably ['kredɪtəblɪ] *adv* löblich.

credit account *n* Kreditkonto *nt*; **credit agency** *n* (*giving credit*) Finanzierungsinstitut *nt*; (*for credit investigation*) Kreditschutzverein *m*; **credit arrangements** *npl* Kreditvereinbarungen *pl*; **credit balance** *n* Kontostand, Saldo *m*; **credit card** *n* Kreditkarte *f*; **credit check** *n* Überprüfung *f* der Kreditwürdigkeit; **credit control** *n* Kreditüberwachung *f*; **credit facilities** *npl* Kreditmöglichkeiten *pl*; **credit limit** *n* Kreditgrenze *f*; **credit note** *n* Gutschrift *f*.

creditor ['kredɪtə^r] *n* Gläubiger(in *f*) *m*.

credit page *n* Herausgeber- und Mitarbeiterverzeichnis *nt*; **credit rating** *n* Kreditwürdigkeit *f*; **to have a good/bad** ~ als kreditwürdig/als nicht kreditwürdig eingestuft werden; **credit rating agency** *n* Kreditschutzverein *m*, ≃ Schufa *f*; **credit sales** *npl* Kreditkäufe *pl*; **credit side** *n* (*lit, fig*) Habenseite *f*; **on the** ~ **he's young** für ihn spricht, daß er jung ist; **credit squeeze** *n* Kreditbeschränkung *or* -knappheit *f*; **credit terms** *npl* Kreditbedingungen *pl*; **credit titles** *npl* (*Film*) *see* **credit I 7.**; **credit-worthiness** *n* Kreditwürdigkeit *f*; **credit-worthy** *adj* kreditwürdig.

credo ['kreɪdəʊ] *n* (*lit, fig*) Kredo, Glaubensbekenntnis *nt*.

credulity [krɪ'dju:lɪtɪ] *n*, *no pl* Leichtgläubigkeit *f*.

credulous *adj*, ~**ly** *adv* ['kredjʊləs, -lɪ] leichtgläubig.

creed [kri:d] *n* (*Eccl*) (*prayer*) Glaubensbekenntnis *nt*; (*as part of service, fig also*) Kredo *nt*.

creek [kri:k] *n* (*esp Brit: inlet*) (kleine) Bucht; (*US: brook*) Bach *m*. **to be up the** ~ (*inf*) (*be in trouble*) in der Tinte sitzen (*inf*).

creep [kri:p] (*vb: pret, ptp* **crept**) **I** *vi* **1.** (*move quietly or slowly*) schleichen; (*with the body close to the ground, insects*) kriechen; (*plants*) (*horizontally*) kriechen; (*vertically*) klettern, sich ranken. **ivy is a** ~**ing plant** Efeu ist eine Kletterpflanze; **time's** ~**ing on** die Zeit verrinnt; ~**ing paralysis** schleichende Lähmung.

2. the story made my flesh ~ bei der Geschichte bekam ich eine Gänsehaut.

II *n* **1.** (*inf*) (*unpleasant person*) Widerling *m* (*inf*), widerlicher *or* fieser Typ (*inf*).

2. (*inf*)**stop giving me the** ~**s** hör auf, da bekomme ich eine Gänsehaut; **he/this old house gives me the** ~**s** er ist mir nicht geheuer/in dem alten Haus ist es mir nicht geheuer.

◆**creep in** *vi* (sich) hinein-/hereinschleichen (*-to* in +*acc*); (*mistakes, doubts*) sich einschleichen (*-to* in +*acc*).

◆**creep over** *vi* +*prep obj* (*feeling, doubt*) beschleichen, überkommen;

(*pleasant feeling*) überkommen.
◆**creep up** *vi* **1.** (*person*) sich heranschleichen (*on* an +*acc*); (*prices*) (in die Höhe) klettern. **2. to ~ ~ on sb** (*time, exam*) langsam auf jdn zukommen; **old age is ~ing ~ on him** er wird langsam alt.
creeper ['kri:pəʳ] *n* **1.** (*plant*) (*along ground*) Kriechpflanze *f*; (*upwards*) Kletterpflanze *f*. **2.** (*bird*) Baumläufer *m*. **3.** **~s** *pl* (*US*) *Schuhe pl mit dicken Gummisohlen*, Leisetreter *pl* (*inf*).
creepy ['kri:pɪ] *adj* (+*er*) (*frightening*) unheimlich; *story, place also* gruselig.
creepy-crawly ['kri:pɪ'krɔ:lɪ] (*inf*) **I** *adj insect* krabbelig (*inf*), kribbelnd, krabbelnd; *feeling* unheimlich. **II** *n* Krabbeltier *nt*.
cremate [krɪ'meɪt] *vt* einäschern.
cremation [krɪ'meɪʃən] *n* Einäscherung, Kremation *f*.
crematorium [ˌkremə'tɔ:rɪəm], (*esp US*) **crematory** ['kreməˌtɔ:rɪ] *n* Krematorium *nt*.
crème de menthe ['kremdə'mɒnt] *n* Pfefferminzlikör *m*.
crenellated ['krenɪleɪtɪd] *adj battlements* mit Zinnen versehen, kreneliert (*spec*); *moulding, pattern* zinnenartig.
crenellation [ˌkrenɪ'leɪʃən] *n usu pl* (*on castle*) Zinnen *pl*, Krenelierung *f* (*spec*); (*on moulding*) Zinnenmuster *nt*.
Creole ['kri:əʊl] **I** *n* **1.** (*language*) Kreolisch *nt*. **2.** (*person*) Kreole *m*, Kreolin *f*. **II** *adj* kreolisch.
creosote ['krɪəsəʊt] **I** *n* Kreosot *nt*. **II** *vt* mit Kreosot streichen.
crêpe [kreɪp] **I** *n* **1.** (*Tex*) Krepp, Crêpe *m*. **2.** *see* **~ rubber. 3.** *see* **~ paper. 4.** (*pancake*) Crêpe *f*. **II** *adj* (*made of ~*) Krepp-.
crêpe bandage *n* elastische Binde, elastischer Verband; **crêpe de Chine** [ˌkrepdə'ʃi:n] *n* Crêpe de Chine, Chinakrepp *m*; **crêpe paper** *n* Kreppapier *nt*; **crêpe rubber I** *n* Kreppgummi *m*; **II** *adj* Kreppgummi-; **crêpe-soled** ['kreɪp-'səʊld] *adj* mit Kreppsohle(n), Krepp-; **crêpe suzette** [ˌkreɪpsu:'zet] *n* Crêpe Suzette *f*.
crept [krept] *pret, ptp of* **creep.**
crepuscular [krɪ'pʌskjʊləʳ] *adj* (*liter*) dämmerig. **~ animals** (*Zool*) Dämmerungstiere *pl*.
crescendo [krɪ'ʃendəʊ] **I** *n* (*Mus*) Crescendo *nt*; (*fig*) Zunahme *f*. **~ of excitement** Anschwellen *nt* der Aufregung. **II** *vi* (*Mus, fig*) anschwellen.
crescent ['kresnt] **I** *n* Halbmond *m*; (*in street names*) Weg *m* (*halbmondförmig verlaufende Straße*). **II** *adj* **~-shaped** *adj* halbmond- *or* sichelförmig; **the ~ moon** die Mondsichel.
cress [kres] *n* (Garten)kresse *f*; (*water~*) Brunnenkresse *f*.
crest [krest] **I** *n* **1.** (*of bird*) Haube *f*; (*of cock*) Kamm *m*; (*on hat etc*) Federbusch *m*; (*plume on helmet*) Helmbusch *m*.
2. (*Her*) Helmzierde *f*; (*coat of arms*) Wappen *nt*.
3. (*of wave, hill, Anat: of horse*) Kamm *m*; (*fig: of excitement, popularity*) Höhepunkt, Gipfel *m*; (*Phys: of oscillation*) Scheitel(punkt) *m*. **he's riding on the ~ of a wave** (*fig*) er schwimmt im Augenblick oben.
II *vt* (*reach the ~ of*) erklimmen.
crested ['krestɪd] *adj notepaper, seal* verziert; (*bird*) Hauben-.
crestfallen ['krestˌfɔ:lən] *adj* geknickt, niedergeschlagen.
cretaceous [krɪ'teɪʃəs] *adj* Kreide-.
Cretan ['kri:tən] **I** *adj* kretisch. **II** *n* Kreter(in *f*) *m*.
Crete [kri:t] *n* Kreta *nt*.
cretin ['kretɪn] *n* (*Med*) Kretin *m*; (*inf*) Schwachkopf *m* (*inf*).
cretinism ['kretɪnɪzəm] *n* (*Med*) Kretinismus *m*; (*inf*) Schwachsinn *m*, Idiotie *f*.
cretinous ['kretɪnəs] *adj* (*Med*) kretinoid; (*inf*) schwachsinnig.
cretonne [kre'tɒn] *n* Cretonne *f or m*.
crevasse [krɪ'væs] *n* (Gletscher)spalte *f*.
crevice ['krevɪs] *n* Spalte *f*.
crew[1] [kru:] **I** *n* **1.** Mannschaft (*also Sport*), Crew *f*; (*including officers: of ship also, of plane, tank*) Besatzung, Crew *f*. **50 passengers and 20 ~** 50 Passagiere und 20 Mann Besatzung; **the ground ~** (*Aviat*) das Bodenpersonal.
2. (*inf: gang*) Bande *f*. **they were a motley ~** sie waren ein bunt zusammengewürfelter Haufen (*inf*).
II *vi* **to ~ for sb** bei jdm den Vorschotmann machen.
III *vt yacht* die Mannschaft *or* Crew sein von; (*one person in race*) den Vorschotmann machen auf (+*dat*).
crew[2] (*old*) *pret of* **crow.**
crew-cut *n* Bürstenschnitt *m*; **crew-member** *n* Mitglied *nt* der Mannschaft, Besatzungsmitglied *nt*; **crew-neck** *n* runder Halsausschnitt; (*also* **~ pullover** *or* **sweater**) Pullover *m* mit rundem Halsausschnitt.
crib [krɪb] **I** *n* **1.** (*cradle*) Krippe *f*; (*US: cot*) Kinderbett *nt*. **~ death** (*US*) Krippentod *m*, plötzlicher Kindstod. **2.** (*manger*) Krippe, Raufe *f*; (*fig: nativity scene*) Krippe *f*. **3.** (*US: maize bin*) Trockengerüst *nt* für Maiskolben. **4.** (*Sch: cheating aid*) Spickzettel *m* (*inf*); (*inf: plagiary*) Anleihe *f* (*inf*). **II** *vti* (*esp Sch inf*) abschreiben (*inf*), spicken (*inf*).
cribbage ['krɪbɪdʒ] *n* Cribbage *nt*.
crick [krɪk] **I** *n* **a ~ in one's neck/back** ein steifes Genick/ein steifer Rücken. **II** *vt* **to ~ one's neck/back** sich (*dat*) ein steifes Genick/einen steifen Rücken zuziehen.
cricket[1] ['krɪkɪt] *n* (*insect*) Grille *f*.
cricket[2] *n* (*Sport*) Kricket *nt*. **that's not ~** (*fig inf*) das ist nicht fair.
cricket *in cpds* Kricket-; **cricket bat** *n* (Kricket)schlagholz *nt*.
cricketer ['krɪkɪtəʳ] *n* Kricketspieler(in *f*) *m*.
cricket match *n* Kricketspiel *nt*; **cricket pitch** *n* Kricketfeld *nt*.
crier ['kraɪəʳ] *n* (*town ~*) Ausrufer(in *f*) *m*; (*court ~*) Gerichtsdiener(in *f*) *m*.
crime [kraɪm] *n* **1.** Straftat *f*; (*murder, robbery with violence also, fig*) Verbrechen *nt*. **it's not a ~!** das ist nicht verbo-

ten; **it's a ~ to throw away all that good food** es ist eine Sünde *or* eine Schande, all das gute Essen wegzuwerfen.

2. *no pl* Verbrechen *pl*. **~ and punishment** Verbrechen und Verbrechensverfolgung; **to lead a life of ~** kriminell leben; **~ is on the increase** die Zahl der Verbrechen nimmt zu; **~ doesn't pay** Verbrechen lohnen sich nicht.

Crimea [kraɪ'mɪə] *n* (*Geog*) Krim *f*; (*inf: Crimean War*) der Krimkrieg.

Crimean [kraɪ'mɪən] **I** *n* (*person*) Krimbewohner(in *f*) *m*. **II** *adj* Krim-.

crime prevention *n* Verbrechensverhütung *f*, präventive Verbrechensbekämpfung (*form*); **crime rate** *n* Verbrechensrate *f*; **crime wave** *n* Verbrechenswelle *f*.

criminal ['krɪmɪnl] **I** *n* Straftäter(in *f*) *m* (*form*), Kriminelle(r) *mf*; (*guilty of capital crimes also, fig*) Verbrecher(in *f*) *m*.

II *adj* **1.** kriminell, verbrecherisch; *action also* strafbar. **~ assault** Körperverletzung *f*; **C~ Investigation Department** (*Brit*) Kriminalpolizei *f*; **~ code** Strafgesetzbuch *nt*; **~ law** Strafrecht *nt*; **~ lawyer** Anwalt *m*, Anwältin *f* für Strafsachen; (*specializing in defence*) Strafverteidiger(in *f*) *m*; **~ offence** strafbare Handlung; **to take ~ proceedings against sb** strafrechtlich gegen jdn vorgehen; **to have a ~ record** vorbestraft sein; **C~ Records Office** Kriminaldienststelle *f* zur Führung der Verbrecherkartei.

2. (*fig*) kriminell. **it's ~ to stay in in this weather** es ist eine Schande, bei diesem Wetter drinnen zu bleiben.

criminality [ˌkrɪmɪ'nælɪtɪ] *n* Kriminalität *f*.

criminalization [ˌkrɪmɪnəlaɪ'zeɪʃən] *n* Kriminalisierung *f*.

criminalize ['krɪmɪnəlaɪz] *vt* kriminalisieren.

criminally ['krɪmɪnəlɪ] *adv* kriminell, verbrecherisch.

criminologist [ˌkrɪmɪ'nɒlədʒɪst] *n* Kriminologe *m*, Kriminologin *f*.

criminology [ˌkrɪmɪ'nɒlədʒɪ] *n* Kriminologie *f*.

crimp [krɪmp] *vt hair* (mit der Brennschere) wellen.

crimplene ® ['krɪmpliːn] *n* ≃ knitterfreier Trevira ®.

crimson ['krɪmzn] **I** *adj* purpurn, purpurrot; *sky* blutrot, purpurrot; (*through blushing*) knallrot (*inf*), dunkelrot.

II *n* Purpur, Purpurrot *nt*.

cringe [krɪndʒ] *vi* **1.** (*shrink back*) zurückschrecken (*at* vor *+dat*); (*fig*) schaudern. **he ~d at the thought** er *or* ihn schauderte bei dem Gedanken; **he ~d when she mispronounced his name** er zuckte zusammen, als sie seinen Namen falsch aussprach.

2. (*humble oneself, fawn*) katzbukkeln, kriechen (*to* vor *+dat*). **to go cringing to sb** zu jdm gekrochen kommen; **cringing behaviour** kriecherisches Benehmen.

crinkle ['krɪŋkl] **I** *n* (Knitter)falte *f*; (*in skin*) Fältchen *nt*.

II *vt paper, foil, dress* (zer)knittern; *cardboard, plastic* knicken; *edge of paper* wellen. **the paper was all ~d** das Papier war ganz zerknittert.

III *vi* (*wrinkle*) (*paper, foil, dress*) knittern; (*face, skin*) (Lach)fältchen bekommen; (*edges of paper*) sich wellen, wellig werden; (*curl: hair*) sich krausen.

crinkly ['krɪŋklɪ] *adj* (*+er*) (*inf*) (*wrinkled*) *paper, foil* zerknittert; *edges* wellig; *hair* krauselig (*inf*).

crinoline ['krɪnəliːn] *n* Krinoline *f*.

cripple ['krɪpl] **I** *n* Krüppel *m*.

II *vt person* zum Krüppel machen; *arm, legs* verkrüppeln; *ship, plane* aktionsunfähig machen; (*fig*) *industry, exports* lahmlegen, lähmen. **~d with rheumatism** von Rheuma praktisch gelähmt; **to be ~d for life** lebenslang ein Krüppel sein.

crippling ['krɪplɪŋ] *adj taxes, mortgage repayments* erdrückend; *strikes* alles lähmend *attr*; *pain* lähmend.

cripplingly ['krɪplɪŋlɪ] *adv expensive* unerschwinglich.

crisis ['kraɪsɪs] *n, pl* **crises** ['kraɪsiːz] Krise *f* (*also Med*). **to reach ~ point** den Höhepunkt erreichen; **in times of ~** in Krisenzeiten.

crisis centre *n* Einsatzzentrum *nt für Krisenfälle*; **rape ~** *Beratungsstelle f für Frauen, die Opfer einer Vergewaltigung geworden sind*; **crisis management** *n* Krisenmanagement *nt*.

crisp [krɪsp] **I** *adj* (*+er*) *apple, lettuce* knackig, fest; *bread, biscuits, bacon* knusprig; *snow* verharscht; *leaves* trokken; *appearance* adrett, frisch; *curls, clothes* steif; *manner, voice, style of writing, remark* knapp; *air, weather, colour* frisch; *sound* klar; (*Sport*) *shot* sauber; *pound note* brandneu.

II *n* (*Brit: potato ~*) Chip *m*. **to burn sth to a ~** etw verbrutzeln lassen; *toast* etw verkohlen lassen.

III *vt* (*also* **~ up**) *bread* aufbacken.

crispbread ['krɪspbred] *n* Knäckebrot *nt*.

crispen (up) ['krɪspn('ʌp)] *vt* (*sep*) *bread* aufbacken; *blouse* auffrischen.

crisper ['krɪspəʳ] *n* (*in fridge*) Gemüsefach *nt*.

crisply ['krɪsplɪ] *adv* knackig; *baked, fried* knusprig; *starched* steif; *dressed* adrett, frisch; *write, speak* knapp. **the snow crunched ~ under his feet** der Schnee knirschte unter seinen Füßen; **the notes rang out ~** die Töne kamen klar.

crispness ['krɪspnɪs] *n see adj* Knackigkeit, Festheit *f*; Knusprigkeit *f*; Verharschtheit *f*; Trockenheit *f*; Adrettheit, Frische *f*; Steifheit *f*; Knappheit *f*; Klarheit *f*; Sauberkeit *f*.

crispy ['krɪspɪ] *adj* (*+er*) (*inf*) knusprig.

criss-cross ['krɪskrɒs] **I** *n* Kreuzundquer *nt*. **II** *adj pattern* Kreuz-. **III** *adv* kreuz und quer. **IV** *vt* mit einem Kreuzmuster versehen.

crit [krɪt] *n* (*inf, abbr: of book*) Kritik *f*.

criterion [kraɪ'tɪərɪən] *n, pl* **criteria** [kraɪ'tɪərɪə] Kriterium *nt*.

critic ['krɪtɪk] *n* Kritiker(in *f*) *m*. **literary ~** Literaturkritiker(in *f*) *m*; **he is a con-**

stant ~ **of the government** er kritisiert ständig die Regierung *or* an der Regierung.

critical ['krɪtɪkəl] *adj* **1.** (*fault-finding, discriminating*) kritisch. **the book was a ~ success** das Buch kam bei den Kritikern an; **to cast a ~ eye over sth** sich (*dat*) etw kritisch ansehen; **to be ~ of sb/sth** jdn/etw kritisieren.

2. (*dangerous, Sci*) kritisch; (*crucial also*) entscheidend.

3. ~ path kritischer Pfad; **~ path analysis** kritische Pfadanalyse.

critically ['krɪtɪkəlɪ] *adv* **1.** kritisch. **2.** *ill* schwer. **to be ~ important** von kritischer Bedeutung sein.

criticism ['krɪtɪsɪzəm] *n* Kritik *f*. **literary ~** Literaturkritik *f*; **to come in for a lot of ~** schwer kritisiert werden.

criticize ['krɪtɪsaɪz] *vti* kritisieren.

critique [krɪ'ti:k] *n* Kritik *f*.

critter ['krɪtə^r] *n* (*US dial*) *see* **creature.**

croak [krəʊk] **I** *n* (*of frog*) Quaken *nt no pl*; (*of raven, person*) Krächzen *nt no pl*.

II *vti* **1.** (*frog*) quaken; (*raven, person*) krächzen.

2. (*sl: die*) **he ~ed (it)** er ist abgekratzt (*sl*).

croaky ['krəʊkɪ] *adj* (+*er*) (*inf*) *voice* krächzend. **you sound a bit ~** du klingst etwas heiser.

Croat ['krəʊæt] *n* (*person*) Kroate *m*, Kroatin *f*; (*language*) Kroatisch *nt*.

Croatia [krəʊ'eɪʃɪə] *n* Kroatien *nt*.

Croatian [krəʊ'eɪʃɪən] **I** *n see* **Croat. II** *adj* kroatisch.

crochet ['krəʊʃeɪ] **I** *n* (*also* **~ work**) Häkelei *f*. **~ hook** Häkelnadel *f*; **to do a lot of ~** viel häkeln. **II** *vti* häkeln.

crock¹ [krɒk] *n* (*jar*) Topf *m*; (*pottery chip*) Scherbe *f*.

crock² *n* (*inf*) (*vehicle*) Kiste *f* (*inf*); (*person*) Wrack *nt* (*inf*); (*horse*) Klepper *m*. **an old ~s race** ein Oldtimer-Rennen *nt*.

crockery ['krɒkərɪ] *n* (*Brit*) Geschirr *nt*.

crocodile ['krɒkədaɪl] *n* **1.** Krokodil *nt*. **2.** (*Brit Sch*) **to walk in a ~** zwei und zwei hintereinandergehen.

crocodile clip *n* Krokodilklemme *f*; **crocodile tears** *npl* Krokodilstränen *pl*.

crocus ['krəʊkəs] *n* Krokus *m*.

croft [krɒft] *n* (*esp Scot*) kleines Pachtgrundstück; (*house*) Kate *f*

crofter ['krɒftə^r] *n* (*esp Scot*) Kleinpächter(in *f*) *m*.

croissant ['krwɑ:sɒŋ] *n* Croissant *nt*.

crony ['krəʊnɪ] *n* Freund(in *f*), Spießgeselle (*hum*) *m*.

crook¹ [krʊk] **I** *n* **1.** (*dishonest person*) Gauner(in *f*) *m* (*inf*).

2. (*staff*) (*of shepherd*) Hirtenstab, Krummstab *m*; (*of bishop also*) Bischofsstab *m*; *see* **hook.**

3. (*bend: in road, river*) Biegung *f*; (*in arm*) Beuge *f*.

II *vt finger* krümmen; *arm* beugen.

crook² *adj* (*Austral inf*) **1.** (*sick*) krank. **2.** (*not functioning*) kaputt (*inf*); (*not good*) mies (*inf*). **3.** (*angry*) wild (*inf*).

crooked ['krʊkɪd] *adj* (*lit*) (*bent*) krumm; (*tilted, sloping also*), *smile* schief; (*fig inf: dishonest*) *method* krumm; *person* unehrlich. **your hat's ~** dein Hut sitzt schief.

croon [kru:n] **I** *vt* (*sing softly*) leise *or* sanft singen; (*usu pej: sentimentally*) gefühlvoll *or* schmalzig (*pej inf*) singen. **II** *vi* (*sing softly*) leise *or* sanft singen; (*usu pej: sentimentally*) Schnulzen (*pej inf*) *or* sentimentale Lieder singen.

crooner ['kru:nə^r] *n* Sänger(in *f*) *m* (sentimentaler Lieder), Schnulzensänger(in *f*) *m* (*pej inf*).

crop [krɒp] **I** *n* **1.** (*produce*) Ernte *f*; (*species grown*) (Feld)frucht *f*; (*fig: large number*) Schwung *m*. **cereal ~s** Getreidearten *pl*; **the cereal ~s were destroyed** die Getreideernte wurde zerstört; **the barley ~ is looking good** die Gerste steht gut; **a good ~ of fruit/potatoes** eine gute Obst-/Kartoffelernte; **the beef ~** die Rindfleischproduktion; **to be in** *or* **under/out of ~** bebaut/nicht bebaut sein; **he grows a different ~ every year** er baut jedes Jahr etwas anderes an; **to bring the ~s in** die Ernte einbringen; **a ~ of lies/questions** eine Masse Lügen/Fragen (*inf*).

2. (*of bird*) Kropf *m*.

3. (*of whip*) Stock *m*; (*hunting ~*) Reitpeitsche *f*.

4. (*hairstyle*) Kurzhaarschnitt *m*.

II *vt hair* stutzen; *horse's or dog's tail also* kupieren. **it's best to keep the grass ~ped short** man sollte das Gras kurz halten; **the goat ~ped the grass** die Ziege fraß das Gras ab; **~ped hair, hair ~ped short** kurzgeschnittenes Haar; **~-headed** mit kurzgeschorenen Haaren.

◆**crop out** *vi* auftauchen; (*minerals*) zutage treten.

◆**crop up** *vi* aufkommen. **something's ~ped ~** es ist etwas dazwischengekommen; **he was ready for anything that might ~ ~** er war auf alle Eventualitäten gefaßt.

crop dusting *n* Schädlingsbekämpfung *f* (*aus dem Flugzeug*).

cropper ['krɒpə^r] *n* **1.** (*person*) Anbauer *m*. **these plants are poor ~s** diese Pflanzen bringen nicht viel Ertrag. **2.** (*inf*) **to come a ~** (*lit: fall*) hinfliegen (*inf*); (*fig: fail*) auf die Nase fallen.

crop rotation *n* Fruchtwechsel *m*; **crop sprayer** *n* (*person*) Schädlingsbekämpfer(in *f*) *m*; (*plane*) Schädlingsbekämpfungsflugzeug *nt*; (*tractor*) Schädlingsbekämpfungsfahrzeug, Besprühungsfahrzeug *nt*; **crop spraying** *n* Schädlingsbekämpfung *f* (*durch Besprühen*).

croquet ['krəʊkeɪ] *n* Krocket(spiel) *nt*. **~ lawn** Krocketrasen *m*.

croquette [krəʊ'ket] *n* Krokette *f*.

crosier, crozier ['krəʊʒɪə^r] *n* Bischofsstab, Hirtenstab *m*.

cross¹ [krɒs] **I** *n* **1.** Kreuz *nt*. **to make one's ~** sein Kreuz(chen) machen *or* setzen; **to make the sign of the C~** das Kreuzzeichen machen *or* schlagen; **to bear/take up one's ~** (*fig*) sein Kreuz tragen/auf sich (*acc*) nehmen.

2. (*bias*) **on the ~** schräg.

3. (*hybrid*) Kreuzung *f*; (*fig*) Mittelding *nt*.

II *attr* (*transverse*) *street, line* Quer-.

III *vt* **1.** (*go across*) *road, river, mountains* überqueren; (*on foot*) *picket line* überschreiten; *country, desert, room* durchqueren. **to ~ the road** über die Straße gehen, die Straße überqueren; **to ~ sb's path** (*fig*) jdm über den Weg laufen; **it ~ed my mind that ...** es fiel mir ein, daß ..., mir kam der Gedanke, daß ...; **we'll ~ that bridge when we come to it** lassen wir das Problem mal auf uns zukommen.

2. (*put at right-angles, intersect*) kreuzen. **to ~ one's legs/arms** die Beine übereinanderschlagen/die Arme verschränken; **the lines are ~ed** (*Telec*) die Leitungen überschneiden sich; **line AB ~es line CD at point E** AB schneidet CD in E; **to ~ sb's palm with silver** jdm ein Geldstück in die Hand drücken; **keep your fingers ~ed for me!** (*inf*) drück *or* halt mir die Daumen! (*inf*).

3. (*put a line across*) *letter, t* einen Querstrich machen durch; (*Brit*) *cheque* ≃ *zur Verrechnung ausstellen*. **a ~ed cheque** ein Verrechnungsscheck *m*; **to ~ sth through** etw durchstreichen; *see* **dot**.

4. (*make the sign of the C~*) **to ~ oneself** sich bekreuzigen; **~ my/your heart** (*inf*) Ehrenwort, Hand aufs Herz.

5. (*mark with a ~*) ankreuzen.

6. (*go against*) *plans* durchkreuzen. **to ~ sb** jdn verärgern; **to be ~ed in love** in der Liebe enttäuscht werden.

7. *animal, fruit* kreuzen.

IV *vi* **1.** (*across road*) hinübergehen, die Straße überqueren; (*across Channel*) hinüberfahren. **"~ now"** „gehen"; **to ~ on the green light** bei Grün über die Straße gehen.

2. (*intersect*) sich kreuzen; (*lines also*) sich schneiden. **our paths have ~ed several times** (*fig*) unsere Wege haben sich öfters gekreuzt.

3. (*pass: letters*) sich kreuzen.

◆**cross off** *vt sep* streichen (*prep obj* aus, von).

◆**cross out** *vt sep* ausstreichen.

◆**cross over I** *vi* **1.** (*cross the road*) hinübergehen, die Straße überqueren. **2.** (*change sides*) übergehen, überwechseln (*to* zu). **II** *vi* +*prep obj road, street* überqueren.

cross² *adj* (+*er*) böse, sauer (*inf*). **to be ~ with sb** mit jdm *or* auf jdn böse sein.

cross-action *n* (*Jur*) Widerklage *f*; **crossbar** *n* (*of bicycle*) Stange *f*; (*Sport*) Querlatte *f*; **crossbeam** *n* (*girder*) Querbalken *m*; (*Sport*) Schwebebalken *m*; **crossbencher** ['krɒsbentʃəʳ] *n* (*Parl*) *Abgeordneter, der weder der Regierungs- noch der Oppositionspartei angehört*; **crossbill** *n* (*Orn*) Kreuzschnabel *m*; **crossbones** *npl* gekreuzte Knochen *pl* (*unter einem Totenkopf*); *see* **skull**; **crossbow** *n* (Stand)armbrust *f*; **crossbred** *adj* (*Zool, Biol*) gekreuzt; **crossbreed** (*Zool, Biol*) **I** *n* Kreuzung *f*; **II** *vt* kreuzen; **cross-Channel** *attr ferries, swimmer* Kanal-; **a ~ swim** ein Durchschwimmen des Kanals; **cross-check I** *n* Gegenprobe *f*; **II** *vt facts, figures* überprüfen; *equation* die Gegenprobe machen bei; **cross-compiler** *n* (*Comput*) Cross-Compiler *m*; **cross-country I** *adj* Querfeldein-; **~ skier** Langläufer(in *f*) *m*; **~ skiing** Langlauf *m*; **~ ski track** (Langlauf)loipe *f*; **II** *adv* querfeldein; **III** *n* (*race*) Querfeldeinrennen *nt*; **cross-current** *n* Gegenströmung *f*; **cross-examination** *n* Kreuzverhör *nt* (*of* über +*acc*); **cross-examine** *vt* ins Kreuzverhör nehmen; **cross-eyed** *adj* schielend; **to be ~** schielen; **cross-fertilization** *n, no pl* (*Bot*) Kreuzbefruchtung, Fremdbestäubung *f*; (*fig*) gegenseitige Befruchtung; **cross-fertilize** *vt* (*Bot*) kreuzbefruchten; **crossfire** *n* Kreuzfeuer *nt*; **to be caught in the ~** (*lit, fig*) ins Kreuzfeuer geraten; **cross-grained** *adj wood* quergefasert; (*grumpy*) mürrisch; (*perverse*) querköpfig; **crosshatch** *vt* mit Kreuzlagen schattieren.

crossing ['krɒsɪŋ] *n* **1.** (*act*) Überquerung *f*; (*sea ~*) Überfahrt *f*. **2.** (*~ place*) Übergang *m*; (*crossroads*) Kreuzung *f*.

crosskick *n* (*Ftbl*) Querpaß *m* (nach innen); **cross-legged** *adj, adv* mit gekreuzten Beinen; (*on ground*) im Schneidersitz.

crossly ['krɒslɪ] *adv* böse, verärgert.

cross-match *vt* (*Med*) kreuzen; **cross-matching** *n* (*Med*) Kreuzprobe *f*; **crossover** *n* (*Rail*) Gleiskreuzung *f*; **crosspatch** *n* (*inf*) Brummbär *m* (*inf*); **crosspiece** *n* (*bar*) Querstange *f*; **cross-ply I** *adj* Diagonal-; **II** *n* (*inf*) Diagonalreifen *m*; **cross-pollinate** *vt* fremdbestäuben; **cross-pollination** *n* Fremdbestäubung *f*; **cross-purposes** *npl* **to be** *or* **talk at ~** aneinander vorbeireden; **cross-question** *vt see* **cross-examine; cross-refer** *vt* verweisen (*to* auf +*acc*); **cross-reference I** *n* (Quer)verweis *m* (*to* auf +*acc*); **II** *vt see* **cross-refer; crossroads** *n sing or pl* (*lit*) Kreuzung *f*; (*fig*) Scheideweg *m*; **cross section** *n* Querschnitt *m*; **to draw sth in ~** etw im Querschnitt zeichnen; **a ~ of the population** ein Querschnitt durch die Bevölkerung; **cross-stitch I** *n* (*Sew*) Kreuzstich *m*; **II** *vt* im Kreuzstich arbeiten; **crosstalk** *n, no pl* **1.** (*witty*) Wortgefecht *nt*; Wortgefechte *pl*; **2.** (*Telec*) Nebensprechen *nt*; **cross-town** *adj* (*US*) quer durch die Stadt; **crosswalk** *n* (*US*) Fußgängerüberweg *m*; **crossways** *adv see* **crosswise**; **crosswind** *n* Seitenwind *m*; **crosswise** *adv* quer; **crossword (puzzle)** *n* Kreuzworträtsel *nt*; **crosswort** *n* gewöhnliches Kreuzlabkraut.

crotch [krɒtʃ] *n* **1.** (*in tree*) Gabelung *f*. **2.** (*of trousers*) Schritt *m*; (*Anat*) Unterleib *m*. **a kick in the ~** ein Tritt zwischen die Beine.

crotchet ['krɒtʃɪt] *n* **1.** (*Mus*) Viertelnote *f*. **~ rest** Viertelpause *f*. **2.** (*inf: cross person*) Miesepeter *m* (*inf*).

crotchety ['krɒtʃɪtɪ] *adj* (*inf: cross*) schlecht gelaunt; *child* quengelig (*inf*).

crouch [kraʊtʃ] **I** *vi* sich zusammenkauern, kauern. **to ~ down** sich niederkauern. **II** *n* Hocke *f*; (*of animal*) Kauerstellung *f*.

croup¹ [kru:p] *n*, *no pl* (*Med*) Krupp *m*, Kehlkopfdiphtherie *f*.

croup² *n* (*of horse*) Kruppe *f*.

croupier ['kru:pɪeɪ] *n* Croupier *m*.

crouton ['kru:tɒn] *n* Crouton *m*.

crow¹ [krəʊ] *n* **1.** (*Orn*) Krähe *f*. **as the ~ flies** (in der) Luftlinie; **to eat ~** (*US inf*) zu Kreuze kriechen. **2.** (*inf*) *see* **crowbar.**

crow² **I** *n* (*of cock, baby*) Krähen *nt no pl*; (*of person*) J(a)uchzer *m*.

II *vi* **1.** *pret* **~ed** *or* (*old*) **crew,** *ptp* **~ed** (*cock*) krähen.

2. *pret, ptp* **~ed** (*baby*) krähen; (*person*) j(a)uchzen; (*fig*) (*boast*) sich brüsten, angeben (*about* mit); (*exalt*) hämisch frohlocken (*over* über +*acc*).

crowbar *n* Brecheisen *nt*; **crowberry** *n* Krähenbeere *f*.

crowd [kraʊd] **I** *n* **1.** Menschenmenge *f*; (*Sport, Theat*) Zuschauermenge *f*. **to get lost in the ~(s)** in der Menge verlorengehen; **~s of people** Menschenmassen, große Menschenmengen *pl*; **that would pass in a ~** (*fig*) das geht (durch), wenn man nicht zu genau hinsieht; **to get a good ~ at a match** bei einem Spiel eine Menge Zuschauer haben; **we were quite a ~** wir waren eine ganze Menge Leute; **~ scene** (*Theat*) Massenszene *f*.

2. (*set, of people, clique*) Clique *f*, Haufen *m* (*inf*). **the university ~** der Uni-Haufen (*inf*), die Uni-Clique.

3. *no pl* (*the masses*) **the ~** die (breite) Masse; **to go with** *or* **follow the ~** mit der Herde laufen; **she hates to be just one of the ~** sie geht nicht gern in der Masse unter.

II *vi* (sich) drängen. **to ~ (a)round/together/in** sich herumdrängen/sich zusammendrängen/(sich) hereindrängen; **to ~ (a)round sb/sth** (sich) um jdn/etw herumdrängen.

III *vt* **1. to ~ the streets** die Straßen bevölkern; **to ~ furniture into a room** Möbel in eine Wohnung stopfen; **a room ~ed with children** ein Zimmer voller Kinder; **to ~ things together** Dinge eng zusammendrängen; **the holiday was ~ed with incidents** die Ferien waren sehr ereignisreich; **a mind ~ed with facts** eine Ansammlung von Faktenwissen (im Kopf).

2. (*inf: harass*) **to ~ sb** jdn drängeln, jdm auf den Füßen stehen (*inf*); (*creditors*) jdn bedrängen.

◆**crowd out** *vt sep* (*not let in*) wegdrängen; (*make leave*) herausdrängen; (*Press*) *article* verdrängen. **the pub was ~ed ~** das Lokal war gerammelt voll (*inf*) *or* proppenvoll (*inf*).

crowded ['kraʊdɪd] *adj train, shop* überfüllt. **the streets/shops/trains are ~** es ist voll auf den Straßen/in den Geschäften/Zügen; **to play to a ~ house** (*Theat*) vor vollem Haus spielen.

crowd-puller ['kraʊdpʊləʳ] *n* Kassenmagnet *m*.

crowfoot ['krəʊfʊt] *n* (*Bot*) Hahnenfuß *m*.

crown [kraʊn] **I** *n* **1.** Krone *f*. **~ of thorns** Dornenkrone *f*; **to be heir to the ~** Thronfolger(in) sein; **to succeed to the ~** die Thronfolge antreten.

2. (*coin*) Krone *f*.

3. (*top*) (*of head*) Wirbel *m*; (*skull itself*) Schädel *m*; (*head measurement*) Kopf(umfang) *m*; (*of hat*) Kopf *m*; (*of road*) Wölbung *f*; (*of arch*) Scheitelpunkt *m*; (*of roof*) First *m*; (*of tooth, tree*) Krone *f*; (*of hill*) Kuppe *f*.

4. (*size of paper*) *englisches Papierformat* (*ca. 45 × 38 cm²*).

5. (*fig: climax, completion*) Krönung *f*.

II *vt* **1.** krönen. **he was ~ed king** er ist zum König gekrönt worden; **~ed head** gekröntes Haupt.

2. (*usu pass: top*) **the hill is ~ed with trees** die Bergkuppe ist mit Bäumen bewachsen; **to be ~ed with success** (*fig*) von Erfolg gekrönt sein.

3. (*fig: form climax to*) krönen. **that ~s everything!** (*inf*) das ist doch der Gipfel *or* die Höhe! (*inf*).

4. (*in draughts*) eine Dame bekommen mit.

5. *tooth* eine Krone machen für.

6. (*inf: hit*) eine runterhauen (+*dat*) (*inf*).

crown cap *n see* **crown cork**; **crown colony** *n* Kronkolonie *f*; **crown cork** *n* Kronenkorken *m*; **crown court** *n* *Bezirksgericht nt für Strafsachen*.

crowning ['kraʊnɪŋ] **I** *n* Krönung *f*. **II** *adj success, achievement* krönend. **that symphony was his ~ glory** diese Symphonie war die Krönung seines Werkes.

crown jewels *npl* Kronjuwelen *pl*; **crown lands** *npl* königliche Ländereien *pl*; **crown prince** *n* Kronprinz *m*; **crown princess** *n* Kronprinzessin *f*; **crown wheel** *n* Kronenrad, Kammrad *nt*; **crown witness** *n* Zeuge *m*, Zeugin *f* der Anklage.

crow's feet *npl* Krähenfüße *pl*; **crow's nest** *n* (*Naut*) Mastkorb *m*; (*on foremast*) Krähennest *nt*.

crozier *n see* **crosier.**

crucial ['kru:ʃəl] *adj* **1.** (*decisive*) entscheidend (*to* für). **2.** (*very important*) äußert wichtig. **3.** (*Med*) *incision* kreuzförmig, Kreuz-.

crucially ['kru:ʃəlɪ] *adv* ausschlaggebend; *different* bedeutend. **~ important** von entscheidender Bedeutung.

crucible ['kru:sɪbl] *n* (Schmelz)tiegel *m*. **~ steel** Tiegelgußstahl *m*.

crucifix ['kru:sɪfɪks] *n* Kruzifix *nt*.

crucifixion [ˌkru:sɪ'fɪkʃən] *n* Kreuzigung *f*.

cruciform ['kru:sɪfɔ:m] *adj* kreuzförmig.

crucify ['kru:sɪfaɪ] *vt* **1.** kreuzigen. **2.** (*fig*) *play, author* verreißen; *person* in der Luft zerreißen (*inf*). **3.** (*mortify*) *the flesh* abtöten.

cruddy ['krʌdɪ] *adj* (+*er*) (*inf*) mies (*inf*) blöd (*inf*), bescheuert (*inf*).

crude [kru:d] **I** *adj* (+*er*) **1.** (*unprocessed*) Roh-, roh. **2.** (*vulgar*) *expression, story* ordinär, derb. **3.** (*unsophisticated*) *method, model, implement* primitiv; *sketch* grob; *manners* ungehobelt, grob; *attempt* unbeholfen. **II** *n* Rohöl *nt.*

crudely ['kru:dlɪ] *adv* **1.** (*vulgarly*) ordinär, derb. **2.** (*unsophisticatedly*) primitiv; *draw* grob; *behave* ungehobelt.

crudeness ['kru:dnɪs], **crudity** ['kru:dɪtɪ] *n* **1.** (*vulgarity*) Derbheit *f.* **2.** *see adj 3.* Primitivität *f*; Grobheit *f*; Ungehobelte(s) *nt* (*of gen*, in *+dat*); Unbeholfenheit *f.*

cruel ['krʊəl] *adj* grausam (*to* zu); *remark, wit, critic, winter also* unbarmherzig. **that is ~ to animals** das ist Tierquälerei; **don't be ~!** sei nicht so gemein!; **sometimes you have to be ~ to be kind** manchmal ist es letzten Endes besser, wenn man hart ist.

cruelly ['krʊəlɪ] *adv* (*+vb*) grausam; (*+adj*) auf grausame Art.

cruelty ['krʊəltɪ] *n see adj* Grausamkeit *f* (*to* gegenüber); Unbarmherzigkeit *f.* **~ to children** Kindesmißhandlung *f*; **~ to animals** Tierquälerei *f*; **physical/mental ~** Grausamkeit *f*/seelische Grausamkeit.

cruet ['kru:ɪt] *n* **1.** (*set*) Gewürzständer *m*, Menage *f*; (*for oil*) Krügchen *nt.* **2.** (*Eccl*) Krügchen *nt.*

cruise [kru:z] **I** *vi* **1.** eine Kreuzfahrt/Kreuzfahrten machen; (*ship also*) kreuzen.

2. (*travel at cruising speed*) (*car*) Dauergeschwindigkeit fahren; (*aircraft*) (mit Reisegeschwindigkeit) fliegen; (*athlete*) locker laufen; (*drive around*) herumfahren. **the car ~s happily at 90** 90 ist eine ideale Fahrgeschwindigkeit für das Auto; **we were cruising along the road** wir fuhren (gemächlich) die Straße entlang; **we are now cruising at a height/speed of …** wir fliegen nun in einer Flughöhe/mit einer Reisegeschwindigkeit von …

II *vt* (*ship*) befahren; (*car*) *streets* fahren auf (*+dat*); *area* abfahren.

III *n* Kreuzfahrt *f.* **to go on** *or* **for a ~** eine Kreuzfahrt machen.

cruise missile *n* Cruise Missile *nt*, Marschflugkörper *m.*

cruiser ['kru:zəʳ] *n* (*Naut*) Kreuzer *m*; (*pleasure ~*) Vergnügungsjacht *f.*

cruiserweight ['kru:zəweɪt] *n* (*Boxing*) Halbschwergewicht *nt.*

cruising ['kru:zɪŋ] *n* **to go ~** eine Kreuzfahrt/Kreuzfahrten machen.

cruising altitude *n* Reiseflughöhe *f*; **cruising speed** *n* Reisegeschwindigkeit *f.*

crumb [krʌm] **I** *n* (*of bread etc*) Krümel *m*, Krume *f*, Brösel *m*; (*inside of loaf*) Krume *f.* **~s from the rich man's table** Brosamen, die von des Reichen Tisch fallen; **a few ~s of information** ein paar Informationsbrocken; **that's one ~ of comfort** das ist (wenigstens) ein winziger Trost.

II *interj* **~s!** (*inf*) Mensch! (*inf*).

III *vt* (*Cook*) *fish* panieren.

crumble ['krʌmbl] **I** *vt* zerkrümeln, zerbröckeln.

II *vi* (*brick, earth*) bröckeln; (*bread, cake*) krümeln; (*also* **~ away**) (*earth, building*) zerbröckeln; (*fig*) (*resistance, opposition*) sich auflösen; (*hopes*) schwinden; (*plans*) ins Wanken geraten.

III *n* (*Cook*) Obst *nt* mit Streusel; (*topping*) Streusel *pl.* **apple ~** *mit Streuseln bestreutes, überbackenes Apfeldessert.*

crumbly ['krʌmblɪ] *adj* (*+er*) *stone, earth* bröckelig; *cake, bread* krümelig, bröselig.

crummy ['krʌmɪ] *adj* (*+er*) (*inf*) mies (*inf*).

crumpet ['krʌmpɪt] *n* **1.** (*Cook*) *kleiner dicker Pfannkuchen.* **2.** (*esp Brit sl: women*) Miezen *pl* (*sl*).

crumple ['krʌmpl] **I** *vt* (*also* **~ up**) *paper, dress, fabric* (*crease*) zer- *or* verknittern, zerknautschen; (*screw up*) zusammenknüllen; *metal* eindrücken. **the force of the impact ~d the bonnet/car** die Wucht des Aufpralls drückte die Kühlerhaube ein/quetschte das Auto zusammen.

II *vi* (*lit, fig: collapse*) zusammenbrechen; (*get creased: paper*) krumpeln, knittern; (*car, metal*) zusammengedrückt werden. **her face ~d** ihr Gesicht verzog sich (zum Weinen).

crumple zone *n* Knautschzone *f.*

crunch [krʌntʃ] **I** *vt* **1.** *biscuit* mampfen (*inf*). **2. he ~ed the beetle/ice/gravel underfoot** der Käfer zerknackte/das Eis zersplitterte/der Kies knirschte unter seinen Füßen; **to ~ the gears** (*Aut*) den Gang/die Gänge reinwürgen (*inf*). **3.** (*Comput*) *numbers* verarbeiten.

II *vi* **1.** (*gravel, snow*) knirschen; (*gears*) krachen. **2. he ~ed into the apple** er biß knackend in den Apfel.

III *n* **1.** (*sound*) Krachen *nt*; (*of footsteps, gravel*) Knirschen *nt.* **the two cars collided with a ~** die zwei Autos krachten zusammen (*inf*); **~!** Krach!

2. (*inf: car crash*) Zusammenstoß *m.*

3. (*inf: moment of reckoning*) **the ~** der große Krach; **when it comes to the ~** wenn es darauf ankommt; **this is the ~** jetzt ist der spannende Moment.

◆**crunch up** *vt sep* (*eat*) *carrot* zerbeißen; (*crush noisily*) *garbage* (krachend) zermahlen.

crunchy ['krʌntʃɪ] *adj* (*+er*) *apple* knakkig; *biscuit* knusprig; *snow* verharscht.

crupper ['krʌpəʳ] *n* **1.** (*of harness*) Schweifriemen *m.* **2.** (*hindquarters*) Kruppe *f.*

crusade [kru:'seɪd] **I** *n* (*Hist, fig*) Kreuzzug *m*; (*evangelical ~*) Missionsfeldzug, Glaubensfeldzug *m.* **II** *vi* (*Hist, fig*) einen Kreuzzug/Kreuzzüge führen; (*as evangelist*) missionieren.

crusader [kru:'seɪdəʳ] *n* (*Hist*) Kreuzritter *m*; (*fig*) Apostel *m*; (*evangelical ~*) Glaubensjünger *m.*

crush [krʌʃ] **I** *n* **1.** (*crowd*) Gedrängel *nt.* **it'll be a bit of a ~** es wird ein bißchen eng werden; **~ barrier** Absperrung, Barrikade *f.*

2. (*inf*) (*infatuation*) Schwärmerei *f*; (*object of infatuation*) Schwarm *m.* **to have a ~ on sb** für jdn schwärmen.

3. (*drink*) Saftgetränk *nt.*

II *vt* **1.** (*squeeze, press tightly*) quetschen; (*damage*) *soft fruit* zerdrücken, zerquetschen; *finger, toes* quetschen; (*rock, car*) *sb* zerquetschen; (*kill*) zu Tode quetschen; (*grind, break up*) *spices, garlic* (zer)stoßen; *ice* stoßen; *ore, stone* zerkleinern, zerstampfen; *scrap metal, garbage* zusammenpressen; (*crease*) *clothes, paper* zerknittern, zerdrücken; (*screw up*) *paper* zerknüllen. **I was ~ed between two enormous men in the plane** ich war im Flugzeug zwischen zwei fetten Männern eingequetscht *or* eingeklemmt; **to ~ sb/sth into sth** jdn in etw (*acc*) quetschen/etw in etw (*acc*) stopfen.

2. (*fig*) *enemy, hopes, self-confidence, sb* vernichten; *revolution, opposition* niederschlagen; (*oppress*) *people, peasants* unterdrücken. **to ~ sb's spirit** jdn brechen.

III *vi* **1.** (*crowd*) (sich) drängen. **to ~ past/round sb** sich an jdm vorbeidrängen/sich um jdn herumdrängen; **they ~ed into the car** sie quetschten *or* drängten sich in das Auto.

2. (*clothes, fabric*) knittern, knautschen (*inf*).

◆**crush in I** *vt sep* hineinstopfen (*prep obj, -to* in +*acc*). **II** *vi* (sich) hinein-/hereindrängen.

◆**crush out** *vt sep juice etc* auspressen, ausquetschen (*inf*).

◆**crush up** *vt sep* **1.** (*pulverize*) zerstoßen. **2.** (*pack tightly together*) zusammendrücken *or* -quetschen.

crushing ['krʌʃɪŋ] *adj defeat* zerschmetternd; *blow, look, reply* vernichtend; *experience* niederschmetternd.

crush-resistant ['krʌʃrɪzɪstənt] *adj* knitterfrei.

crust [krʌst] **I** *n* (*all senses*) Kruste *f*. **the earth's ~** die Erdkruste. **II** *vi* verkrusten.

crustacean [krʌs'teɪʃən] **I** *n* Schalentier *nt*. **II** *adj characteristics, class* der Schalentiere; *appearance* krebsähnlich.

crustily ['krʌstɪlɪ] *adv* (*fig*) barsch.

crusty ['krʌstɪ] *adj* (+*er*) knusprig; (*fig: irritable*) barsch.

crutch [krʌtʃ] *n* **1.** (*for walking*) Krücke *f*. **to use sb/sth as a ~** (*fig*) sich an jdn/etw klammern. **2.** (*Naut*) Baumstütze, Baumschere *f*. **3.** *see* **crotch 2.**

crux [krʌks] *n* (*of matter, problem*) Kern *m*. **this is the ~ (of the matter)** das ist der springende Punkt.

cry [kraɪ] **I** *n* **1.** (*inarticulate shout*) Schrei *m*; (*call*) Ruf *m*. **to give** *or* **utter a ~** (auf)schreien, einen Schrei ausstoßen; **a ~ of fear/pain** ein Angstschrei *m*/Schmerzensschrei *m*; **a ~ for help** ein Hilferuf *m*; **he gave a ~ for help** er rief um Hilfe; *see* **far.**

2. (*of animal*) Schrei *m*; (*Hunt: of hounds*) Geheul, Gebell *nt*. **to be in full ~ after sb** (*fig*) sich mit großem Geheul auf jdn stürzen.

3. (*slogan*) Parole *f*; (*battle ~*) Schlachtruf *m*.

4. (*outcry*) **a ~ for/against sth** ein Ruf *m* nach etw/ein Protest *m* gegen etw.

5. (*weep*) **to have a good/little ~** sich einmal richtig ausweinen *or* ausheulen (*inf*)/ein bißchen weinen.

II *vi* **1.** (*weep*) weinen, heulen (*inf*); (*baby*) schreien. **she was ~ing for her teddy bear** sie weinte nach ihrem Teddy; **... or I'll give you something to ~ for** *or* **about** ... und dann weißt du, warum du heulst (*inf*).

2. (*call*) rufen; (*louder, animal, bird*) schreien; (*Hunt: hounds*) heulen. **to ~ for help** um Hilfe rufen/schreien; **she cried for a nurse** sie rief/schrie nach einer Krankenschwester.

III *vt* **1.** (*shout out*) rufen; (*louder*) schreien. *see* **shame, wolf.**

2. (*announce*) ausrufen.

3. (*weep*) *bitter tears* weinen. **to ~ one's eyes/heart out** sich (*dat*) die Augen ausweinen/herzzerreißend weinen; **to ~ oneself to sleep** sich in den Schlaf weinen.

◆**cry down** *vt sep* (*decry*) herabsetzen.

◆**cry off** *vi* einen Rückzieher machen, aussteigen (*inf*). **to ~ ~ from sth** aus etw aussteigen (*inf*), etw (wieder) abblasen (*inf*).

◆**cry out** *vi* **1.** aufschreien. **to ~ ~ to sb** jdm etwas zuschreien; **he cried ~ to me to fetch help** er schrie mir zu, ich solle Hilfe holen; **well for ~ing ~ loud!** (*inf*) na, das darf doch wohl nicht wahr sein! (*inf*).

2. (*fig*) **to be ~ing ~ for sth** nach etw schreien; (*be suitable for also*) sich (geradezu) zu etw anbieten; **that building is just ~ing ~ to be turned into a pub** dieses Gebäude schreit (geradezu) danach, daß man es in ein Lokal verwandelt.

◆**cry up** *vt sep* **it's/he's not all it's/he's cried ~ to be** so großartig ist es/er dann auch wieder nicht.

crybaby ['kraɪbeɪbɪ] *n* (*inf*) Heulsuse *f* (*inf*).

crying ['kraɪɪŋ] **I** *adj* (*fig: outrageous*) *injustice* schreiend; *need* dringend. **it is a ~ shame** es ist jammerschade *or* ein Jammer. **II** *n* (*weeping*) Weinen *nt*; (*of baby*) Schreien *nt*.

crypt [krɪpt] *n* Krypta *f*; (*burial ~*) Gruft *f*.

cryptic ['krɪptɪk] *adj remark* hintergründig, rätselhaft, schleierhaft; *clue, riddle* verschlüsselt.

cryptically ['krɪptɪkəlɪ] *adv see adj.*

cryptogram ['krɪptəʊgræm] *n* Kryptogramm *nt*.

cryptographer [krɪp'tɒgrəfə^r], **cryptographist** [krɪp'tɒgrəfɪst] *n* Kryptograph(in *f*) *m*.

cryptographic [ˌkrɪptəʊ'græfɪk] *adj* kryptographisch, in Geheimschrift verschlüsselt.

cryptography [krɪp'tɒgrəfɪ] *n* Kryptographie *f*.

crystal ['krɪstl] **I** *n* (*Chem, Rad*) Kristall *m*; (*on watch*) (Uhr)glas *nt*; (*~ glass*) Kristall *nt*; (*quartz*) (Quarz)kristall *m*. **II** *adj* **1.** (*crystalline*) Kristall-, kristallin; (*like a ~*) kristallartig; (*~-glass*) Kristall-, kristallen; (*quartz*) Quarzkristall-. **2.** (*fig*) *waters* kristallklar, glasklar.

crystal ball *n* Glaskugel *f*; **I don't have a ~** (*inf*) ich bin (doch) kein Hellseher; **crystal-ball gazer** *n* Hellseher(in *f*) *m*; **crystal-ball gazing** *n* Hellseherei *f*; **crystal-clear** *adj* (*lit, fig*) glasklar, völlig klar, vollständig klar; **crystal-detector** *n* (*Rad*) Kristalldetektor *m*; **crystal-gazer** *n see* **crystal-ball gazer**; **crystal-gazing I** *n see* **crystal-ball gazing**; **II** *adj* **all these ~ so-called experts** alle diese sogenannten Experten, die aus dem Kaffeesatz wahrsagen; **crystal lattice** *n* Kristallgitter *nt*.

crystalline ['krıstəlaın] *adj* Kristall-, kristallin. **~ lens** (Augen)linse *f*.

crystallization [ˌkrıstəlaı'zeıʃən] *n* **1.** (*lit*) Kristallisierung *f*; (*out of another substance*) Auskristallisierung *f*.
2. (*fig*) (Heraus)kristallisierung *f*; (*crystallized form*) kristallisierte Form.

crystallize ['krıstəlaız] **I** *vt* (*lit*) zum Kristallisieren bringen; (*separating out*) auskristallisieren; *fruit* kandieren; (*fig*) (feste) Form geben (+*dat*).
II *vi* (*lit*) kristallisieren; (*separate out*) (sich) auskristallisieren; (*fig*) feste Form annehmen.

crystallized ['krıstəlaızd] *adj* kristallisiert; *fruit* kandiert.

crystallography [ˌkrıstə'lɒgrəfı] *n* Kristallographie *f*.

crystal set *n* (*Rad*) Detektorempfänger *m*.

CSCE *abbr of* **Conference on Security and Cooperation in Europe** KSZE.

CSE (*Brit*) *abbr of* **Certificate of Secondary Education.**

CS gas *n* (*Brit*) ≃ Tränengas *nt*.

CST *abbr of* **Central Standard Time.**

ct *abbr of* **1. cent. 2. carat.**

cub [kʌb] **I** *n* **1.** (*of animal*) Junge(s) *nt*. **2.** **C~** (*C~ Scout*) Wölfling *m*. **3.** (*inf: boy*) grüner Junge. **II** *vi* werfen.

Cuba ['kju:bə] *n* Kuba *nt*.

Cuban ['kju:bən] **I** *adj* kubanisch. **~ heel** Blockabsatz *m*. **II** *n* Kubaner(in *f*) *m*.

cubby-hole ['kʌbıhəʊl] *n* **1.** (*compartment*) Fach *nt*. **2.** (*room*) Kabäuschen, Kabuff *nt*.

cube [kju:b] **I** *n* **1.** (*shape, object*) Würfel *m*. **~ sugar** Würfelzucker *m*.
2. (*Math: power of three*) dritte Potenz. **~ root** Kubikwurzel *f*; **the ~ of 3 is 27** die dritte Potenz von 3 ist 27, 3 hoch 3 ist 27.
II *vt* **1.** (*Math*) in die dritte Potenz erheben, hoch 3 nehmen. **four ~d** vier hoch drei.
2. (*Cook*) würfelig *or* in Würfel schneiden.

cubic ['kju:bık] *adj* **1.** (*of volume*) Kubik-, Raum-. **~ capacity** Fassungsvermögen *nt*; (*of engine*) Hubraum *m*; **~ content** Raum- *or* Kubikinhalt *m*; **~ measure** Raum- *or* Kubikmaß *nt*; **~ metre/foot/feet** Kubikmeter *m or nt*/Kubikfuß *m*. **2.** (*Math*) kubisch. **~ equation** Gleichung *f* dritten Grades.

cubicle ['kju:bıkəl] *n* Kabine *f*; (*in dormitory etc also*) Alkoven *m*; (*in toilets*) (Einzel)toilette *f*.

cubiform ['kju:bıfɔ:m] *adj* (*form*) kubisch, würfelförmig.

cubism ['kju:bızəm] *n* Kubismus *m*.

cubist ['kju:bıst] **I** *n* Kubist(in *f*) *m*. **II** *adj* kubistisch.

cubit ['kju:bıt] *n* Elle *f*.

cub reporter *n* junger Reporter, junge Reporterin; **Cub Scout** *n* Wölfling *m*.

cuckold ['kʌkəld] **I** *n* betrogener Ehemann. **II** *vt* betrügen, Hörner aufsetzen (+*dat*).

cuckoo ['kʊku:] **I** *n* Kuckuck *m*. **II** *adj pred* (*inf*) meschugge (*inf*). **to go ~** überschnappen (*inf*).

cuckoo clock *n* Kuckucksuhr *f*; **cuckoo-pint** *n* (*Bot*) Gefleckter Aronsstab; **cuckoo-spit** *n* (*secretion*) Kuckucksspeichel *m*; (*insect*) Schaumzikade *f*.

cucumber ['kju:kʌmbə^r] *n* (Salat)gurke *f*. **as cool as a ~** seelenruhig.

cud [kʌd] *n* wiedergekäutes Futter. **to chew the ~** (*lit*) wiederkäuen; (*fig*) vor sich hin grübeln, sinnieren.

cuddle ['kʌdl] **I** *n* Liebkosung *f*. **to give sb a ~** jdn in den Arm nehmen; **to have a ~** schmusen. **II** *vt* in den Arm nehmen; (*amorously also*) schmusen mit. **III** *vi* schmusen.

◆**cuddle down** *vi* sich kuscheln.

◆**cuddle up** *vi* sich kuscheln (*to, against* an +*acc*). **to ~ ~ beside sb** sich neben jdm zusammenkuscheln; **to ~ ~ in bed** sich im Bett zusammenkuscheln, sich ins Bett kuscheln.

cuddlesome ['kʌdlsəm] *adj see* **cuddly.**

cuddly ['kʌdlı] *adj* (+*er*) (*wanting a cuddle*) verschmust (*inf*), anschmiegsam; (*good to cuddle*) *toy, doll* zum Liebhaben, knuddelig (*inf*); *person* knuddelig (*inf*). **~ toy** Schmusetier *nt* (*inf*).

cudgel ['kʌdʒəl] **I** *n* Knüppel *m*. **to take up the ~s for** *or* **on behalf of sb/sth** (*fig*) für jdn/etw eintreten *or* eine Lanze brechen. **II** *vt* prügeln. **to ~ one's brains** (*fig*) sich (*dat*) das (Ge)hirn zermartern.

cue [kju:] **I** *n* **1.** (*Theat, fig*) Stichwort *nt*; (*action*) (Einsatz)zeichen *nt*; (*Film, TV*) Zeichen *nt* zum Aufnahmebeginn; (*Mus*) Einsatz *m*; (*written: preceding bars*) Hilfsnoten *pl*. **to give sb his ~** (*Theat*) jdm das *or* sein Stichwort geben; (*action*) jdm das (Einsatz)zeichen geben; (*Mus*) jdm den Einsatz geben; **to take one's ~ from sb** sich nach jdm richten; **right on ~** (*Theat*) genau auf's Stichwort; (*fig*) wie gerufen.
2. (*Billiards*) Queue *nt*.
II *vt* (*Theat*) das Stichwort geben (+*dat*); (*with gesture*) das Einsatzzeichen geben (+*dat*); (*TV, Film*) *scene* abfahren lassen; (*Mus*) *player* den Einsatz geben (+*dat*); *trumpet flourish* den Einsatz geben für. **~!** (*Film, TV*) ab!

◆**cue in** *vt sep* den Einsatz geben (+*dat*); (*TV, Film*) *scene* abfahren lassen; *tape* (zur rechten Zeit) einspielen.

cue-ball *n* Spielball *m*; **cue card** *n* (*TV*) Neger *m* (*TV sl*).

cuff[1] [kʌf] *n* **1.** Manschette *f*; (*turned back also*) Stulpe *f*. **off the ~** aus dem Handgelenk, aus dem Stegreif. **2.** (*US: of trousers*) (Hosen)aufschlag *m*. **3.** *usu pl* (*inf: handcuff*) Handschelle *f*. **4.** (*US* *inf: credit*) **on the ~** auf Stottern (*inf*).

cuff² **I** *vt* (*strike*) einen Klaps geben (+*dat*), eins um die Ohren geben (+*dat*) (*inf*). **II** *n* (*blow*) Klaps *m*.

cuff-link ['kʌflɪŋk] *n* Manschettenknopf *m*.

cuirass [kwɪ'ræs] *n* Küraß, Brustharnisch *m*.

cuisine [kwɪ'ziːn] *n* Küche *f*.

cul-de-sac ['kʌldəsæk] *n* (*esp Brit*) Sackgasse *f*.

culinary ['kʌlɪnərɪ] *adj* kulinarisch; *skill, talents* Koch-; *implements* Küchen-.

cull [kʌl] **I** *n* **1.** (*selection*) Auswahl *f*. **2.** (*killing of surplus*) *Erlegen nt überschüssiger Tierbestände*, Reduktionsabschuß *m*. **~ of seals** Robbenschlag *m*. **3.** (*rejected item*) Ausschuß *m*.

II *vt* **1.** (*pick*) *flowers* pflücken.

2. (*collect*) entnehmen (*from dat*); *legends* (zusammen)sammeln (*from* aus).

3. (*kill as surplus*) (als überschüssig) erlegen. **to ~ seals** Robbenschlag *m* betreiben.

cullender *n see* **colander**.

culminate ['kʌlmɪneɪt] **I** *vi* (*Astron*) kulminieren, den *or* seinen Höchst-/Tiefststand erreichen; (*fig*) (*reach a climax: career, music etc*) gipfeln, kulminieren (*geh*) (*in* in +*dat*); (*end*) herauslaufen (*in* auf +*acc*), enden (*in* mit).

II *vt* (*US*) den Höhepunkt *or* Gipfel (+*gen*) darstellen.

culmination [ˌkʌlmɪ'neɪʃən] *n* (*Astron*) Kulminationspunkt, Höchst-/Tiefststand *m*; (*fig*) (*high point: of career*) Höhepunkt *m*; (*end*) Ende *nt*, Ausgang *m*.

culottes [kjuː'lɒts] *npl* Hosenrock *m*. **a pair of ~** ein Hosenrock.

culpable ['kʌlpəbl] *adj* (*form*) schuldig. **~ homicide** (*Jur*) fahrlässige Tötung; **~ negligence** grobe Fahrlässigkeit.

culprit ['kʌlprɪt] *n* Schuldige(r) *mf*; (*Jur*) Täter(in *f*) *m*; (*inf: thing, person causing trouble*) Übeltäter(in *f*) *m*.

cult [kʌlt] **I** *n* (*Rel, fig*) Kult *m*. **II** *attr movie* Kult-.

cultivable ['kʌltɪvəbl] *adj* kultivierbar.

cultivate ['kʌltɪveɪt] *vt* **1.** kultivieren; *soil also* bebauen; *crop, fruit also* anbauen; *beard* wachsen lassen.

2. (*fig*) *friendship, links* pflegen, kultivieren; *art, skill, taste* entwickeln; *sb* sich (*dat*) warmhalten (*inf*), die Beziehung zu … pflegen.

cultivated ['kʌltɪveɪtɪd] *adj* (*Agr, fig*) kultiviert.

cultivation [ˌkʌltɪ'veɪʃən] *n see vt* **1.** Kultivieren *nt*, Kultivierung *f*; Anbau *m*. **to be under ~** bebaut werden.

2. Pflege *f* (*of* von); Entwicklung *f*; Bemühung *f* (*of* um).

3. (*cultivated state*) Kultiviertheit *f*.

cultivator ['kʌltɪveɪtəʳ] *n* **1.** (*machine*) Kultivator, Grubber *m*. **2.** (*person*) **a ~ of the soil/of new friendships** jemand, der den Boden bebaut/neue Freundschaften pflegt.

cultural ['kʌltʃərəl] *adj* **1.** Kultur-; *differences, resemblances also, events* kulturell. **what sort of ~ activities are there?** was wird kulturell geboten?; **we enjoyed a very ~ evening** wir hatten einen sehr gebildeten Abend.

2. (*Agr*) Kultur-.

culturally ['kʌltʃərəlɪ] *adv* kulturell.

culture ['kʌltʃəʳ] **I** *n* **1.** Kultur *f*. **a man of ~/of no ~** ein kultivierter/unkultivierter Mann, ein Mann mit/ohne Kultur.

2. (*Agr, Biol, Med*) Kultur *f*; (*of animals*) Zucht *f*.

II *vt* (*Biol, Med*) eine Kultur anlegen von.

cultured ['kʌltʃəd] *adj* kultiviert; (*Agr*) Kultur-; (*Biol, Med*) gezüchtet. **~ pearl** Zuchtperle *f*.

culture *in cpds* Kultur-; **culture dish** *n* (*Biol, Med*) Petrischale *f*; **culture fluid** *n* (*Biol, Med*) Nährlösung *f*; **culture gap** *n* Kulturlücke *f*; **culture medium** *n* (*Biol, Med*) Kulturmedium *nt*, (künstlicher) Nährboden; **culture shock** *n* Kulturschock *m*; **culture vulture** *n* (*hum*) Kulturfanatiker(in *f*) *m*.

culvert ['kʌlvət] *n* unterirdischer Kanal, (Abwasser)kanal *m*; (*for cables*) Kabeltunnel *m*.

cum [kʌm] *prep* in einem, gleichzeitig. **a sort of sofa-~-bed** eine Art von Sofa und Bett in einem.

cumbersome ['kʌmbəsəm] *adj clothing, coat* (be)hinderlich; *spacesuit, movements, gesture, style, piece of music* schwerfällig; *vehicle* unhandlich (*inf*), schwer zu manövrieren; *suitcases, parcels* sperrig, unhandlich; *procedure, regulations* beschwerlich, mühselig.

cumbersomely ['kʌmbəsəmlɪ] *adv move, write* schwerfällig; *phrased also* umständlich; *dressed* hinderlich.

cumin ['kʌmɪn] *n* Kreuzkümmel *m*.

cummerbund ['kʌməbʌnd] *n* Kummerbund *m*.

cumulative ['kjuːmjʊlətɪv] *adj* gesamt-, kumulativ (*geh*). **~ evidence** (*Jur*) Häufung *f* von Beweisen/Zeugenaussagen; **~ interest** (*Fin*) Zins und Zinseszins; **~ voting** Wählen *nt* durch Kumulieren *or* Stimmenhäufung.

cumulus ['kjuːmjʊləs] *n* Kumulus *m*.

cuneiform ['kjuːnɪfɔːm] **I** *adj* keilförmig, *characters, inscription* in Keilschrift, Keilschrift-. **II** *n* Keilschrift *f*.

cunnilingus [ˌkʌnɪ'lɪŋgəs] *n* Cunnilingus *m*.

cunning ['kʌnɪŋ] **I** *n* (*cleverness*) Schlauheit, Listigkeit, Gerissenheit *f*; (*liter: skill*) (Kunst)fertigkeit *f*, Geschick *nt*.

II *adj* **1.** *plan* schlau; *person also* listig, gerissen; *smile, expression* verschmitzt, verschlagen (*pej*); (*ingenious*) *gadget* schlau *or* clever (*inf*) ausgedacht. **2.** (*US inf*) drollig.

cunningly ['kʌnɪŋlɪ] *adv* schlau; (*with reference to people also*) listig, gerissen; *smile, look* verschmitzt, verschlagen (*pej*); (*ingeniously*) geschickt.

cunt [kʌnt] *n* (*vulg*) (*vagina*) Fotze (*vulg*), Möse (*vulg*) *f*; (*term of abuse*) Arsch *m* (*vulg*).

cup [kʌp] **I** *n* **1.** Tasse *f*; (*goblet*) Pokal, Kelch *m*; (*mug*) Becher *m*; (*Eccl*) Kelch

m.

2. (*cupful*) Tasse *f*; (*Cook: standard measure*) 8 fl oz = 0,22 l. **a ~ of tea/water** eine Tasse Tee/Wasser; **that's just/that's not my ~ of tea** (*fig inf*) das ist genau/ist nicht mein Fall.

3. (*prize, football* ~) Pokal *m*.

4. (*drink*) -mix, -becher *m*.

5. (*Bot: of flower*) Kelch *m*; (*of bra*) Körbchen *nt*; (*Golf*) Metallbüchse *f* (*im Loch*); (*Med: ~ping glass*) Schröpfkopf *m*.

6. (*fig liter: portion*) Kelch *m*. **my ~ is overflowing** (*liter*) *or* **runneth over** (*Bibl*) ich bin über alle Maßen glücklich, mein Glück ist vollkommen.

II *vt* **1.** *hands* hohl machen. **~ped hand** hohle Hand; **he ~ped his hands and blew into them** er blies sich (*dat*) in die Hände; **to ~ sth in one's hands** etw in der hohlen Hand halten; **he ~ped his chin in his hand** er stützte das Kinn in die Hand; **to ~ one's** *or* **a hand to one's ear** die Hand ans Ohr halten; **to ~ one's hands around sth** etw mit der hohlen Hand umfassen.

2. (*Med*) schröpfen.

3. (*Golf*) einlochen mit.

cup-and-ball *n* Fangbecherspiel *nt*; **cupbearer** *n* Mundschenk *m*.

cupboard ['kʌbəd] *n* Schrank *m*. **~ love** fauler Schmus (*inf*), Zweckfreundlichkeit *f*.

cup-cake *n kleiner, runder Kuchen*; **Cup Final** *n* Pokalendspiel *nt*; (*international also*) Cupfinale *nt*; **Cup Finalist** *n* Teilnehmer *m* am Pokalendspiel; **cupful** *n*, *pl* **cupsful, cupfuls** Tasse *f*.

cupid ['kju:pɪd] *n* Amorette *f*. **C~** Cupido, Amor *m*.

cupidity [kju:'pɪdɪtɪ] *n* (*liter*) Begierde (*pej*), Gier (*pej*) *f*.

Cupid's bow ['kju:pɪdz'bəʊ] *adj* bogenförmig geschwungen. **~ mouth** Kußmund, Herzmund *m*.

cup match *n* Pokalspiel *nt*.

cupola ['kju:pələ] *n* (*Archit*) Kuppel *f*; (*roof also*) Kuppeldach *nt*; (*furnace*) Kupolofen *m*.

cuppa ['kʌpə] *n* (*Brit inf*) Tasse Tee *f*, Täßchen Tee *nt* (*inf*).

cupping ['kʌpɪŋ] *n* (*Med*) Schröpfen *nt*. **~-glass** Schröpfkopf *m*.

cupreous ['kju:prɪəs] *adj* Kupfer-, kupfern.

cupronickel ['kju:prəʊ'nɪkl] *n* Kupfernikkel *nt*, Kupfer-Nickel-Legierung *f*.

cuprous ['kju:prəs] *adj* Kupfer-, kupfern.

cup size *n* (*of bra*) Körbchengröße *f*; **cup tie** *n* Pokalspiel *nt*.

Cup-winners ['kʌpwɪnəz] *npl* Pokalsieger *m*. **~' Cup** (*Ftbl*) Europapokal *m* der Pokalsieger.

cur [kɜ:ʳ] *n* (*pej*) (*dog*) Köter *m* (*pej*).

curable ['kjʊərəbl] *adj* heilbar.

curate ['kjʊərɪt] *n* (*Catholic*) Kurat *m*; (*Protestant*) Vikar *m*. **it's like the ~'s egg** es ist streckenweise gar nicht so schlecht.

curative ['kjʊərətɪv] **I** *adj* Heil-, heilend. **II** *n* Heilmittel *nt*.

curator [kjʊə'reɪtəʳ] *n* **1.** (*of museum*) Kustos *m*. **2.** (*Jur: guardian*) Kurator, Vormund *m*.

curb [kɜ:b] **I** *n* **1.** (*of harness*) (*bit*) Kandare *f*; (*chain*) Kinnkette, Kandarenkette *f*.

2. (*fig*) Behinderung *f*; (*deliberate also*) Beschränkung *f*. **to put a ~ on sb/sth** jdn im Zaum *or* in Schranken halten/etw einschränken.

3. (*esp US: curbstone*) *see* **kerb.**

II *vt* **1.** *horse* zügeln. **2.** (*fig*) zügeln; *immigration, investment* in Schranken halten, bremsen (*inf*).

curb bit *n* Kandare *f*; **curb rein** *n* Kandarenzügel *m*; **curb roof** *n* (*Archit*) Mansardendach *nt*; **curb service** *n* (*US*) Bedienung *f* am Fahrzeug; **curbstone** *n* (*esp US*) *see* **kerbstone.**

curd [kɜ:d] **I** *n* (*often pl*) Quark *m*. **~ cheese** Weißkäse *m*. **II** *vt* gerinnen lassen. **III** *vi* gerinnen.

curdle ['kɜ:dl] **I** *vt* (*lit, fig*) gerinnen lassen. **II** *vi* gerinnen.

cure [kjʊəʳ] **I** *vt* **1.** (*Med*) *illness, person* heilen, kurieren (*inf*). **to be/get ~d (of sth)** (von etw) geheilt *or* kuriert (*inf*) sein/werden.

2. (*fig*) *inflation, ill* abhelfen (+*dat*). **to ~ sb of sth/doing sth** jdm etw austreiben, jdn von etw kurieren.

3. *food* haltbar machen; (*salt*) pökeln; (*smoke*) räuchern; (*dry*) trocknen; *skins, tobacco* trocknen.

II *vi* **1.** (*be healed*) heilen.

2. (*food, bacon, fish*) *see vt 3.* **it is left to ~** es wird zum Pökeln eingelegt/zum Räuchern aufgehängt/zum Trocknen aufgehängt *or* ausgebreitet.

III *n* **1.** (*Med*) (*remedy*) (Heil)mittel *nt* (*for* gegen); (*treatment*) Heilverfahren *nt* (*for sb* für jdn, *for sth* gegen etw); (*recovery*) Heilung *f*; (*health* ~) Kur *f*; (*fig: remedy*) Mittel *nt* (*for* gegen). **to take** *or* **follow a ~** zur *or* in Kur gehen, eine Kur machen; **beyond** *or* **past ~** (*patient*) unheilbar krank; (*illness*) unheilbar; (*fig: state of affairs, laziness etc*) hoffnungslos; **there's no ~ for that** (*lit*) das ist unheilbar; (*fig*) dagegen kann man nichts machen.

2. (*Eccl: spiritual care*) **the ~ of souls** die Seelsorge.

cure-all ['kjʊərɔ:l] *n* (*lit, fig*) Allheilmittel *nt*.

curettage ['kjʊərətɪdʒ] *n* (*Med*) Ausschabung, Kürettage *f*.

curet(te) [kjʊə'ret] *n* (*Med*) Kürette *f*.

curfew ['kɜ:fju:] *n* Ausgangssperre *f*, Ausgehverbot *nt*; (*old: evening bell*) Abendglocke *f*. **to impose a/lift the ~** das Ausgehverbot verhängen/aufheben.

curie ['kjʊərɪ] *n* (*Phys*) Curie *nt*.

curio ['kjʊərɪəʊ] *n* Kuriosität *f*.

curiosity [ˌkjʊərɪ'ɒsɪtɪ] *n* **1.** *no pl* (*inquisitiveness*) Neugier *f*; (*for knowledge also*) Wißbegier(de) *f*. **out of** *or* **from ~** aus Neugier; **~ killed the cat** (*Prov*) sei nicht so neugierig. **2.** (*object, person*) Kuriosität *f*. **~ shop** Kuriositätenladen *m*.

curious ['kjʊərɪəs] *adj* **1.** (*inquisitive*) neugierig. **I'm ~ to know what he'll do/how he did it** ich bin mal gespannt, was er macht/ich bin neugierig zu erfahren, wie er das gemacht hat; **I'd be ~ to know how you got on** ich wüßte (ganz) gern, wie du zurechtgekommen bist.

2. (*odd*) sonderbar, seltsam, eigenartig.

curiously ['kjʊərɪəslɪ] *adv* **1.** (*inquisitively*) neugierig.

2. (*oddly*) *behave, speak* seltsam, eigenartig, merkwürdig, sonderbar; *disappeared* auf sonderbare *or* seltsame Weise; *unconcerned* seltsam, merkwürdig. **~ enough** merkwürdigerweise.

curiousness ['kjʊərɪəsnɪs] *n* **1.** *see* **curiosity 1. 2.** (*oddness*) Merkwürdigkeit, Sonderbarkeit *f*.

curl [kɜːl] **I** *n* (*of hair*) Locke *f*. **in ~(s)** in Lokken, gelockt; (*tight*) gekräuselt, kraus; **a ~ of smoke/of wood** ein Rauchkringel *m*/(geringelter) Hobelspan; **with a ~ of his lips** mit gekräuselten Lippen.

II *vt hair* locken; (*with curlers*) in Lokken legen; (*in tight curls*) kräuseln; *lips* (*person*) kräuseln; (*animal*) hochziehen; *edges* umbiegen. **he ~ed the ball into the back of the net** er zirkelte den Ball mit einem Bogenschuß ins Netz.

III *vi* **1.** (*hair*) sich locken; (*tightly*) sich kräuseln; (*naturally*) lockig sein; (*paper*) sich wellen; (*wood*) sich verziehen; (*road*) sich schlängeln, sich winden. **his lips ~ed** er kräuselte die Lippen.

2. (*Sport*) Curling spielen.

◆**curl up I** *vi* **1.** (*animal*) sich zusammenkugeln; (*person also*) sich zusammenkuscheln; (*hedgehog*) sich einigeln; (*paper*) sich wellen; (*metal*) sich rollen; (*leaf*) sich hochbiegen. **his moustache ~s ~ at the ends** sein Schnurrbart ist nach oben gezwirbelt; **to ~ ~ in bed/in an armchair** sich ins Bett/in einen Sessel kuscheln; **to ~ ~ with a good book** es sich (*dat*) mit einem guten Buch gemütlich machen.

2. the smoke ~ed ~ der Rauch ringelte sich hoch.

3. (*inf*) **I just wanted to ~ ~ and die** ich wäre am liebsten im Boden versunken.

II *vt sep ends of moustache, piece of paper* wellen; *metal* rollen, *edges* hochbiegen. **to ~ oneself/itself ~** sich zusammenkugeln/zusammenringeln.

curler ['kɜːləʳ] *n* **1.** (*hair ~*) Lockenwikkel, Lockenwickler *m*. **to put one's ~s in** sich (*dat*) die Haare eindrehen *or* auf (Locken)wickler drehen.

2. (*Sport*) Curlingspieler(in *f*) *m*.

curlew ['kɜːljuː] *n* Brachvogel *m*.

curlicue ['kɜːlɪkjuː] *n* Schnörkel *m*.

curling ['kɜːlɪŋ] *n* (*Sport*) Curling, Eisschießen *nt*. **~ stone** Curlingstein, Eisstock *m*.

curling-irons ['kɜːlɪŋ,aɪənz] *or* **curling-tongs** ['kɜːlɪŋ,tɒŋz] *npl* Lockenschere, Brennschere *f*; (*electric*) Lockenstab *m*.

curly ['kɜːlɪ] **I** *adj* (+*er*) *hair* lockig; (*tighter*) kraus; *tail* Ringel-, geringelt; *lettuce* kraus; *leaf* gewellt; *pattern, writing* verschnörkelt, Schnörkel-. **II** *n* (*inf: person*) Krauskopf *m*.

curly-haired *adj* lockig, lockenköpfig; (*tighter*) krausköpfig; **curly-head** *n* (*inf*) Lockenkopf *m*; (*tighter*) Krauskopf *m*.

currant ['kʌrənt] *n* **1.** (*dried fruit*) Korinthe *f*. **~ bun** Rosinenbrötchen *nt*. **2.** (*Bot*) Johannisbeere *f*. **~ bush** Johannisbeerstrauch *m*.

currency ['kʌrənsɪ] *n* **1.** (*Fin*) Währung *f*. **foreign ~** Devisen *pl*.

2. Verbreitung *f*; (*of word, expression*) Gebräuchlichkeit *f*. **to be in ~** in Umlauf sein, verbreitet sein; **to gain ~** sich verbreiten, um sich greifen; **to give ~ to a rumour/theory** ein Gerücht/eine Theorie verbreiten *or* in Umlauf setzen.

currency appreciation *n* Geldaufwertung *f*; **currency depreciation** *n* Geldabwertung *f*; **currency market** *n* Devisenmarkt *m*; **currency snake** *n* Währungsschlange *f*; **currency speculator** *n* Währungsspekulant(in *f*) *m*.

current ['kʌrənt] **I** *adj* (*present*) augenblicklich, gegenwärtig; *policy, price* aktuell, gegenwärtig, Tages-; *research, month, week* laufend; *edition* letzte(r, s); (*prevalent*) *opinion* verbreitet; *spelling, word* gebräuchlich. **to be no longer ~** nicht mehr aktuell sein; (*coins*) nicht mehr in Umlauf sein; **a ~ rumour** ein Gerücht, das zur Zeit in Umlauf ist; **~ affairs** Tagespolitik *f*, aktuelle Fragen *pl*, Aktuelle(s) *nt*; **in ~ use** allgemein gebräuchlich.

II *n* **1.** (*of water*) Strömung *f*, Strom *m*; (*of air*) Luftströmung *f*, Luftstrom *m*. **with/against the ~** mit dem/gegen den Strom; **air/ocean ~** Luft-/Meeresströmung *f* *or* -strom *m*; **upward/downward ~** Aufwind *m*/Abwind *m*.

2. (*Elec*) Strom *m*.

3. (*fig: of events, opinions*) Tendenz *f*, Trend *m*. **to go against/with the ~ of popular opinion** gegen den Strom *or* die Strömung der öffentlichen Meinung anschwimmen/mit dem Strom *or* der Strömung der öffentlichen Meinung schwimmen; **a politician who ignores the ~ of popular opinion** ein Politiker, der die Tendenz(en) der öffentlichen Meinung unbeachtet läßt.

current account *n* Girokonto *nt*; **current assets** *npl* Umlaufvermögen *nt*; **current collector** *n* (*Rail*) Stromabnehmer *m*; **current expenses** *npl* laufende Ausgaben *pl*; **current liabilities** *npl* kurzfristige Verbindlichkeiten *pl*.

currently ['kʌrəntlɪ] *adv* momentan, zur Zeit, gegenwärtig. **it is ~ thought that ...** die aktuelle Meinung ist, daß ...

curricula [kə'rɪkjʊlə] *pl of* **curriculum.**

curricular [kə'rɪkjʊləʳ] *adj activities* lehrplanmäßig.

curriculum [kə'rɪkjʊləm] *n, pl* **curricula** Lehrplan *m*. **to be on the ~** auf dem Lehrplan stehen; **~ vitae** Lebenslauf *m*.

curry¹ ['kʌrɪ] (*Cook*) **I** *n* Curry *m or nt*. **~-powder** Currypulver *nt*. **II** *vt* mit Curry zubereiten.

curry² *vt horse* striegeln; *leather* zurichten. **to ~ favour (with sb)** sich (bei jdm) einschmeicheln.

curry-comb ['kʌrɪkəʊm] **I** *n* Striegel *m*. **II**

vt striegeln.

curse [kɜːs] **I** *n* **1.** (*malediction*) Fluch *m*. **to be under a ~** unter einem Fluch stehen; **to put sb under a ~** jdn mit einem Fluch belegen, einen Fluch über jdn aussprechen; **to call down ~s on sb** jdn verfluchen.

2. (*swear-word*) Fluch *m*.

3. (*fig: affliction*) Fluch *m*; (*inf: nuisance*) Plage *f* (*inf*). **it's the ~ of my life** das ist der Fluch meines Lebens; **the ~** (*inf: menstruation*) die Tage *pl* (*inf*).

II *vt* **1.** (*to put a curse on*) verfluchen. **~ you/it!** (*inf*) verflucht! (*inf*), verdammt! (*sl*), Mist! (*inf*); **I could ~ you for forgetting it** ich könnte dich verwünschen, daß du das vergessen hast.

2. (*swear at or about*) fluchen über (+*acc*).

3. (*fig: to afflict*) **to be ~d with sb/sth** mit jdm/etw geschlagen *or* gestraft sein.

III *vi* fluchen.

cursed ['kɜːsɪd] *adj* (*inf*) verflucht (*inf*).

cursive ['kɜːsɪv] **I** *adj* kursiv, Kursiv-. **II** *n* Kursivschrift *f*.

cursively ['kɜːsɪvlɪ] *adv* kursiv.

cursor ['kɜːsəʳ] *n* (*Comput*) Cursor *m*. **~ control** Cursorsteuerung *f*; **~ movements** Cursorbewegungen *pl*.

cursorily ['kɜːsərɪlɪ] *adv see adj* flüchtig; oberflächlich.

cursoriness ['kɜːsərɪnɪs] *n see adj* Flüchtigkeit *f*; Oberflächlichkeit *f*.

cursory ['kɜːsərɪ] *adj glance* flüchtig; *inspection, investigation also* oberflächlich.

curst [kɜːst] *adj see* **cursed.**

curt [kɜːt] *adj* (+*er*) *person* kurz angebunden; *verbal reply also* knapp; *letter, nod, refusal* kurz, knapp. **to be ~ with sb** zu jdm kurz angebunden sein.

curtail [kɜː'teɪl] *vt* kürzen.

curtailment [kɜː'teɪlmənt] *n* Kürzung *f*.

curtain ['kɜːtn] **I** *n* **1.** Vorhang *m*; (*on windows also*) Gardine *f*. **to draw** *or* **pull the ~s** (*open*) den Vorhang/die Vorhänge aufziehen; (*close*) den Vorhang/die Vorhänge zuziehen.

2. (*Theat*) Vorhang *m*. **the ~ rises/falls** der Vorhang hebt sich/fällt; **to take a ~** (*inf*) vor den Vorhang treten.

3. (*fig*) (*of mystery*) Schleier *m*. **a ~ of smoke/flames/rain** eine Rauch-/Flammen-/Regenwand; **if you get caught it'll be ~s for you** (*inf*) wenn sie dich erwischen, ist für dich der Ofen aus (*inf*).

II *vt* mit Vorhängen/einem Vorhang ausstatten. **a ~ed bed** ein Himmelbett *nt*.

◆**curtain off** *vt sep* durch einen Vorhang/Vorhänge abtrennen.

curtain-call *n* (*Theat*) Vorhang *m*; **to get/take a ~** einen Vorhang bekommen/vor den Vorhang treten; **curtain hook** *n* Gardinengleithaken *m*; **curtain pole** *n* Vorhangstange *f*; **curtain rail** *n* Vorhangschiene *f*; **curtain-raiser** *n* (*Theat*) kurzes Vorspiel; **curtain ring** *n* Gardinenring *m*; **curtain rod** *n* Gardinenstange *f*; **curtain runner** *n* Vorhangschiene *f*; (*for curtain rings*) Gardinenstange *f*.

curtly ['kɜːtlɪ] *adv reply, nod* kurz, knapp; *refuse* kurzerhand.

curtness ['kɜːtnɪs] *n see adj* Kurzangebundenheit *f*; Kürze, Knappheit *f*.

curts(e)y ['kɜːtsɪ] **I** *n* Knicks *m*; (*to royalty*) Hofknicks *m*. **II** *vi* knicksen (*to* vor +*dat*).

curvaceous [kɜː'veɪʃəs] *adj* üppig; *figure also* kurvenreich.

curvaceously [kɜː'veɪʃəslɪ] *adv* üppig, prall.

curvature ['kɜːvətʃəʳ] *n* Krümmung *f*; (*misshapen*) Verkrümmung *f*. **~ of the spine** (*normal*) Rückgratkrümmung *f*; (*abnormal*) Rückgratverkrümmung *f*; **the ~ of space** die Raumkrümmung.

curve [kɜːv] **I** *n* Kurve *f*; (*of body, vase*) Rundung, Wölbung *f*; (*of river*) Biegung *f*; (*of archway*) Bogen *m*. **there's a ~ in the road** die Straße macht einen Bogen; **the price ~** die Preiskurve.

II *vt* biegen; (*build with a ~*) *arch, roof, side of ship* wölben. **gravity ~s the path of light** die Gravitation krümmt den Lichtweg.

III *vi* **1.** (*line, road*) einen Bogen machen; (*river*) eine Biegung machen. **her lips ~d into a smile** ihre Lippen verzogen sich zu einem Lächeln; **the road/river ~d in and out among the hills** die Straße/der Fluß wand *or* schlängelte sich durch die Berge; **the road ~s around the city** die Straße macht einen Bogen um die Stadt; **to make a ball ~ (through the air)** einen Ball anschneiden, einem Ball einen Drall geben.

2. (*be curved*) (*space, horizon*) gekrümmt sein; (*side of ship, surface, arch*) sich wölben; (*hips, breasts*) sich runden; (*metal strip*) sich biegen; (*arch*) sich wölben.

curved [kɜːvd] *adj line* gebogen; *table-legs also* geschwungen; *horizon* gekrümmt; *surface, arch, sides of ship* gewölbt; *hips* rund. **space is ~** der Raum ist gekrümmt.

curvilinear ['kɜːvɪ'lɪnɪəʳ] *adj* (*full of curves*) *tracery* mit vielen Rundungen *or* Kurven; (*curved*) *motion, course* gewunden; (*Geometry*) *figure* krummlinig begrenzt.

curvy ['kɜːvɪ] *adj* (+*er*) (*inf*) *road, figure* kurvenreich.

cushion ['kʊʃən] **I** *n* Kissen *nt*; (*pad, fig: buffer*) Polster *nt*; (*Billiards*) Bande *f*. **a ~ of air/moss** ein Luftkissen *nt*/Moospolster *nt*; **~ cover** Kissenüberzug, Kissenbezug *m*.

II *vt* **1.** (*absorb, soften*) *fall, blow* auffangen, dämpfen; (*fig*) *disappointment* dämpfen.

2. (*fig: protect*) **to ~ sb against sth** jdn gegen etw abschirmen, jdn vor etw (*dat*) behüten; **he ~ed the vase against his chest** er barg die Vase an seiner Brust.

3. (*Billiards*) *ball* gegen die Bande spielen.

cushioning ['kʊʃənɪŋ] *adj* **to have a ~ effect** (stoß)dämpfend wirken; (*fig*) mildernd wirken.

cushy ['kʊʃɪ] *adj* (+*er*) (*inf*) bequem. **to have a ~ time of it/be onto a ~ number** eine ruhige Kugel schieben (*inf*); **a ~**

job ein gemütlicher *or* ruhiger Job.

cusp [kʌsp] *n* (*of tooth*) Höcker *m*; (*of moon*) Spitze *f* (der Mondsichel); (*Astrol*) Eintritt *m* in ein neues Zeichen.

cuspid ['kʌspɪd] *n* Eckzahn *m*.

cuspidor ['kʌspɪdɔːʳ] *n* (*US*) Spucknapf *m*.

cuss [kʌs] (*inf*) **I** *n* **1.** (*person*) Kauz *m* (*inf*). **2. he doesn't care a (tinker's) ~ (about it)** das ist ihm völlig Wurst (*inf*). **3.** (*oath*) Fluch *m*. **II** *vi* fluchen. **to ~ and swear** schimpfen und fluchen.

cussed ['kʌsɪd] *adj* (*inf*) stur.

cussedness ['kʌsɪdnɪs] *n* (*inf*) Sturheit *f*.

custard ['kʌstəd] *n* (*pouring ~*) ≃ Vanillesoße *f*; (*set*) ≃ Vanillepudding *m*.

custard apple *n* (*Bot*) Zimt- *or* Rahmapfel *m*; **custard cream (biscuit)** *n* Doppelkeks *m* (mit Vanillecremefüllung); **custard pie** *n* (*in slapstick*) Sahnetorte *f*; **custard powder** *n* ≃ Vanillepuddingpulver, Vanillesoßenpulver *nt*; **custard-tart** *n* ≃ Puddingtörtchen *nt*.

custodial [kʌs'təʊdɪəl] *adj* (*form*) **1.** *duties* als Aufseher(in). **2. ~ sentence** Gefängnisstrafe *f*.

custodian [kʌs'təʊdɪən] *n* (*of building, park, museum*) Aufseher(in *f*), Wächter(in *f*) *m*; (*of treasure*) Hüter(in *f*) *m*; (*of tradition, cultural heritage, world peace, of public morality*) Hüter(in *f*) *m*.

custody ['kʌstədɪ] *n* **1.** (*keeping, guardianship*) Obhut *f*; (*of person also*) Aufsicht *f* (*of* über +*acc*); (*of object also*) Aufbewahrung *f* (*of gen, with* bei); (*Jur: of children*) Vormundschaft *f* (*of* für, über +*acc*). **to put** *or* **place sth in sb's ~** etw jdm zur Aufbewahrung anvertrauen, etw in jds Obhut (*acc*) *or* Gewahrsam (*acc*) geben; **the child/money is in safe ~** das Kind/Geld ist gut aufgehoben; **the mother was awarded ~ of the children after the divorce** die Kinder wurden (bei der Scheidung) der Mutter zugesprochen; **the country's future is placed in the ~ of its teachers** die Zukunft des Landes liegt in den Händen der Lehrer; **whilst these goods are in the ~ of the police** während sich die Gegenstände in Polizeiaufbewahrung befinden.

2. (*police detention*) (polizeilicher) Gewahrsam, Haft *f*. **to take sb into ~** jdn verhaften; **he will be kept in ~ until** er wird inhaftiert bleiben, bis ...

custom ['kʌstəm] **I** *n* **1.** (*established behaviour, convention*) Sitte *f*, Brauch *m*. **~ demands ...** es ist Sitte *or* Brauch ...; **as ~ has it** wie es Sitte *or* (der) Brauch ist.

2. (*habit*) (An)gewohnheit *f*. **as was his ~** wie er es gewohnt war.

3. *no pl* (*Comm: patronage*) Kundschaft *f*. **to get sb's ~** jdn als Kunden gewinnen; **to take one's ~ elsewhere** (als Kunde) anderswo hingehen, woanders Kunde werden.

4. ~s *pl* (*duty, organization*) Zoll *m*; **(the) C~s** der Zoll; **the C~s and Excise Department** die Britische Zollbehörde; **to go through ~s** durch den Zoll gehen; **to get sth through the ~s** etw durch den Zoll bekommen.

5. (*Jur*) Gewohnheitsrecht *nt*.

II *adj* (*US*) *tailor* Maß-; *suit, shoes also* maßgefertigt; *carpenter* auf Bestellung arbeitend; *car* (*also Brit*) spezialgefertigt, Spezial-.

customarily ['kʌstəmərəlɪ] *adv* normaler- *or* üblicherweise.

customary ['kʌstəmərɪ] *adj* (*conventional*) üblich; (*habitual*) gewohnt. **it's ~ to wear a tie** man trägt normalerweise *or* gewöhnlich eine Krawatte; **~ laws** Gewohnheitsrecht *nt*.

custom-built ['kʌstəmbɪlt] *adj* spezialangefertigt.

customer ['kʌstəməʳ] *n* **1.** (*Comm: patron*) Kunde *m*, Kundin *f*. **our ~s** unsere Kundschaft; **~ base** Kundenstamm *m*; **~ service** Kundendienst *m*; **~ service department** Kundendienstabteilung *f*. **2.** (*inf: person*) Kunde *m* (*inf*).

customize ['kʌstəmaɪz] *vt car* individuell aufmachen.

custom-made ['kʌstəmmeɪd] *adj clothes, shoes* maßgefertigt, nach Maß; *furniture, car* spezialangefertigt.

customs clearance *n* Zollabfertigung *f*; **to get ~ for sth** etw zollamtlich abfertigen lassen; **customs declaration** *n* Zollerklärung *f*; **customs duty** *n* Zoll(abgabe *f*) *m*; **customs house** *n* Zollamt *nt*; **customs inspection** *n* Zollkontrolle *f*; **customs officer** *n* Zollbeamte(r) *m*, Zollbeamtin *f*; **customs union** *n* Zollunion *f*.

cut [kʌt] (*vb: pret, ptp ~*) **I** *n* **1.** (*result of cutting*) Schnitt *m*; (*wound also*) Schnittwunde *f*. **to make a ~ in sth** in etw (*acc*) einen Einschnitt machen.

2. (*act of cutting, slash*) Schnitt *m*; (*with sword, whip*) Hieb, Schlag *m*. **his hair could do with a ~** seine Haare könnten mal wieder geschnitten werden; **the ~ and thrust of politics** das Spannungsfeld der Politik; **the ~ and thrust of the debate** die Hitze der Debatte.

3. (*reduction*) (*in gen*) (*in prices*) Senkung, Ermäßigung, Herabsetzung *f*; (*in quality*) Verminderung *f*; (*in quantity, length*) Verringerung *f*; (*in expenses, salaries*) Kürzung *f*; (*in working hours, holidays*) (Ver)kürzung *f*; (*in programme, text, film*) Streichung *f* (*in* in +*dat*); (*in production, output*) Einschränkung *f*; (*in expenditure, budget*) Kürzung, Einsparung *f*. **the censor had made so many ~s** die Zensur hatte so viel gestrichen; **he had to take a ~ in (his) salary** er mußte eine Gehaltskürzung hinnehmen.

4. (*of clothes, hair*) Schnitt *m*; (*of jewel also*) Schliff *m*.

5. (*of meat*) Stück *nt*. **~s of meat are different here** das Fleisch wird hier anders geschnitten.

6. (*inf: share*) Anteil *m*, Teil *m or nt*.

7. (*gibe*) Spitze *f*, spitze Bemerkung; (*action*) Beleidigung *f*. **the unkindest ~ of all** (*prov*) der schlimmste Schlag.

8. (*short route*) Abkürzung *f*; (*connecting alley-way*) Verbindungsweg *m*.

9. (*Sport*) **to give a ~ to the ball** den

Ball anschneiden.

10. (*Elec*) Unterbrechung *f* (*in gen*); (*planned*) Sperre *f*. **power/electricity ~** Stromausfall *m*; (*planned*) Stromsperre *f*.

11. (*Cards*) Abheben *nt*. **it's your ~** du hebst ab.

12. (*also* **wood~**) Holzschnitt *m*.

13. he's a ~ above the rest of them er ist den anderen um einiges überlegen.

II *adj* **1.** *usu attr flowers, tobacco* Schnitt-; *bread* (auf)geschnitten; *grass* gemäht; *prices* ermäßigt, herabgesetzt, Billig-. **finely ~ features** feingeschnittene Züge *pl*; **a well-~ dress** ein gutgeschnittenes Kleid; **~-and-dried** (*fig*) (*fixed beforehand*) abgesprochen, (eine) abgemachte Sache; (*fixed and unchangeable*) festgelegt; **as far as he's concerned the whole issue is now ~-and-dried** für ihn ist die ganze Angelegenheit erledigt; **it's not all that ~-and-dried** so eindeutig ist das nicht.

2. *pred* (*inf: drunken*) voll (*inf*). **to be half ~** einen in der Krone haben (*inf*).

III *vt* **1.** (*with knife, scissors*) schneiden; *grass* mähen; *cake* anschneiden; *rope* durchschneiden; (*Naut*) kappen; (*~ out*) *fabric, suit* zuschneiden; (*~ off*) abschneiden; (*with sword, axe*) abschlagen, abhacken. **to ~ one's finger/lip/leg** sich (*dat*) am Finger/an der Lippe/am Bein schneiden; (*with knife, razor also*) sich (*dat*) in den Finger/in die Lippe/ins Bein schneiden; **to ~ one's nails** sich (*dat*) die Nägel schneiden; **to ~ sth in half/three** etw halbieren/dritteln, etw in zwei/drei Teile schneiden; **to ~ to pieces** zerstückeln; *sb's reputation* zerstören; (*gunfire*) *enemy line* auseinanderreißen; **to ~ open** aufschneiden; **he ~ his head open** (*on stone*) er hat sich (*dat*) den Kopf aufgeschlagen; (*on nail*) er hat sich (*dat*) den Kopf aufgerissen; (*on blade*) er hat sich (*dat*) den Kopf aufgeschnitten; **to have** *or* **get one's hair ~** sich (*dat*) die Haare schneiden lassen; **to ~ sb free/loose** jdn losschneiden.

2. (*shape*) *steps* schlagen, hauen; *channel, trench* graben, ausheben; *figure* (*in wood*) schnitzen (*in* aus); (*in stone*) hauen (*in* aus); *glass, crystal, diamond* schleifen; *key* anfertigen; *record* pressen; (*singer*) machen. **to ~ one's coat according to one's cloth** (*Prov*) sich nach der Decke strecken; **to ~ a fine figure** eine gute Figur machen *or* abgeben.

3. (*fig: break off*) *electricity* abstellen; (*interrupt, accidentally*) unterbrechen; *gas also* (ab)sperren; *ties, links* abbrechen. **to ~ sb short** (*fig*) jdm das Wort abschneiden; **to ~ sth short** etw vorzeitig abbrechen; **to ~ a long story short** der langen Rede kurzer Sinn.

4. (*ignore, avoid*) *person* schneiden. **to ~ sb dead** jdn wie Luft behandeln.

5. (*skip, not attend*) *lecture, class* schwänzen (*inf*).

6. (*intersect*) (*line*) schneiden; (*path, road*) kreuzen.

7. (*reduce*) *prices* senken, ermäßigen, herabsetzen; *quality* vermindern; *quantity* reduzieren; *working hours, holidays* (ver)kürzen; *expenses, salary, text, programme, film* kürzen; *production, output* verringern, einschränken.

8. (*eliminate*) *part of programme or text or film* streichen; (*censor*) *film* Teile streichen aus. **the ~ version of a film** die zensierte *or* gekürzte Fassung eines Films.

9. (*cause pain or suffering to*) **it ~ me to the quick** es schnitt mir ins Herz *or* in die Seele; **the wind ~ his face** der Wind schnitt ihm ins Gesicht.

10. to ~ a tooth zahnen, einen Zahn bekommen; **to ~ one's teeth on sth** (*fig*) sich (*dat*) die (ersten) Sporen an *or* mit etw (*dat*) verdienen.

11. (*Cards*) **to ~ the cards/the pack** abheben.

12. (*Sport*) *ball* (an)schneiden.

13. (*edit*) *film* schneiden, cutten.

14. (*stop*) *engine* abstellen; (*inf*) *noise* aufhören mit.

15. (*divide*) **if we ~ the profits three ways** wenn wir den Gewinn dritteln *or* unter drei verteilen *or* aufteilen.

16. £10 would be ~ting it rather fine £ 10 wären etwas knapp (bemessen); **aren't you ~ting it a bit fine?** ist das nicht ein bißchen knapp?; **to ~ one's losses** eine Sache abschließen, ehe der Schaden (noch) größer wird.

IV *vi* **1.** (*knife, scissors*) schneiden; (*lawnmower also*) mähen. **to ~ both ways** (*fig*) auch umgekehrt zutreffen; (*have disadvantages too*) ein zweischneidiges Schwert sein.

2. (*material*) **paper ~s easily** Papier läßt sich leicht schneiden.

3. (*intersect: lines, roads*) sich schneiden.

4. (*Film*) (*change scenes*) überblenden (*to* zu); (*stop filming*) aufhören, abbrechen. **~!** Schnitt!, aus!

5. (*Cards*) abheben. **to ~ for dealer** (*durch Ziehen einer Karte*) den Geber auslosen.

6. (*Sport*) den Ball/die Bälle (an)schneiden.

7. to ~ and run abhauen (*inf*), die Beine in die Hand nehmen (*inf*); **to ~ loose** (*Naut*) losmachen; (*fig*) sich losmachen; (*US inf*) loslegen (*inf*).

◆**cut across** *vi* +*prep obj* **1.** hinüber-/herübergehen (*prep obj* über +*acc*). **to ~ ~ country** querfeldein gehen/fahren. **2.** (*fig*) *theory* widersprechen (*prep obj dat*).

◆**cut away** *vt sep* wegschneiden. **the dress was ~ ~ at the back** das Kleid war hinten *or* im Rücken (tief) ausgeschnitten.

◆**cut back I** *vi* **1.** (*go back*) zurückgehen/-fahren; (*Film also*) zurückblenden.

2. (*reduce expenditure*) sich einschränken. **to ~ ~ on expenses/production** die Ausgaben einschränken/die Produktion zurückschrauben; **to ~ ~ on smoking** weniger rauchen.

II *vt sep* **1.** *plants* zurückschneiden. **2.** *production* zurückschrauben; *outgoings* einschränken; *programme* kürzen.

◆**cut down I** *vt sep* **1.** *tree* fällen; *corn* schneiden; *person* (*with sword*) (mit dem Schwert) niederstrecken.
2. (*make smaller*) *number, expenses* einschränken; *text* zusammenstreichen (*to* auf +*acc*). **to ~ sb ~ to size** jdn auf seinen Platz verweisen.
3. *usu pass* (*kill*) dahinraffen (*geh*). **a young man ~ ~ in his prime** ein junger Mann, der im Frühling seiner Jahre dahingerafft wurde (*liter*).
II *vi* (*reduce intake, expenditure*) sich einschränken. **to ~ ~ on sth** etw einschränken.

◆**cut in I** *vi* **1.** (*interrupt*) sich einschalten. **to ~ ~ on sb/sth** jdn unterbrechen/sich in etw (*acc*) einschalten.
2. (*cut towards the centre*) (*blade*) einschneiden. **to ~ ~ on sb's market** sich in jds Revier (*acc*) drängen (*inf*).
3. (*Aut: swerve in front*) sich direkt vor ein anderes/das andere Auto setzen. **to ~ ~ in front of sb** jdn schneiden.
II *vt sep* **to ~ sb ~ on sth** jdn an etw (*dat*) beteiligen.

◆**cut into** *vi +prep obj* **1.** (*make a cut in*) *cake, meat* anschneiden. **2.** (*interrupt*) *conversation* fallen in (+*acc*). **3.** (*swerve into*) *line of traffic* sich drängeln in (+*acc*); *woods, alley-way* schnell einbiegen in (+*acc*). **4.** (*fig: make inroads in*) *savings* ein Loch reißen in (+*acc*); *holidays* verkürzen.

◆**cut off** *vt sep* **1.** (*with knife etc*) abschneiden; (*with sword etc*) abschlagen.
2. *town, supply* abschneiden; *allowance* sperren. **to ~ ~ the enemy's retreat/supplies** dem Feind den Rückzug/die Zufuhr abschneiden; **his deafness ~ him ~ from others** seine Taubheit schnitt ihn von der Umwelt ab; **we're very ~ ~ out here** wir leben hier draußen sehr abgeschieden.
3. (*disinherit*) enterben. **to ~ sb ~ without a penny** jdn enterben.
4. (*disconnect*) *gas, telephone* abstellen. **operator, I've been ~ ~** wir sind unterbrochen worden.
5. (*break off*) *discussion, relations* abbrechen.

◆**cut out I** *vi* (*engine, radio transmission*) aussetzen.
II *vt sep* **1.** (*remove by cutting*) ausschneiden; *malignant growth* herausschneiden.
2. (*form by cutting*) *coat, dress* zuschneiden.
3. (*delete*) (heraus)streichen; (*not bother with*) verzichten auf (+*acc*), sich (*dat*) schenken; *smoking, swearing* aufhören mit, sein lassen (*inf*); *rival* ausstechen. **~ it ~!** (*inf*) hör auf damit!, laß das (sein)! (*inf*).
4. (*fig*) **to be ~ ~ for sth** zu etw geeignet *or* gemacht sein; **to be ~ ~ to be sth** dazu geeignet sein, etw zu sein *or* zu werden.
5. to have one's work ~ ~ alle Hände voll zu tun haben.

◆**cut through** *vt sep* **he couldn't ~ his way ~** es gelang ihm nicht, durchzukommen; **we ~ ~ the housing estate** wir gingen/fuhren durch die Siedlung.

◆**cut up I** *vi* **to ~ ~ rough** Krach schlagen (*inf*). **II** *vt sep* **1.** *meat* aufschneiden; *wood* spalten; (*fig*) *enemy, army* vernichten. **2.** *pass* (*inf: upset*) **he was very ~ ~ about it** das hat ihn schwer getroffen *or* ziemlich mitgenommen.

cutaneous [kju:'teɪnɪəs] *adj* Haut-, kutan (*spec*).

cutaway ['kʌtəweɪ] **I** *n* Cut(away) *m*. **II** *adj* **~ coat** Cut(away) *m*; **~ diagram** Schnittdiagramm *nt*.

cut-back ['kʌtbæk] *n* **1.** Kürzung *f*. **2.** (*Film*) Rückblende *f*.

cute [kju:t] *adj* (+*er*) **1.** (*inf: sweet*) süß, niedlich. **2.** (*esp US inf: clever*) *idea, gadget* dufte (*inf*), prima (*inf*); (*shrewd*) *person, move* schlau, gerissen, clever (*inf*).

cut glass I *n* geschliffenes Glas. **II** *adj* **1.** (*lit*) aus geschliffenem Glas. **2.** *accent* vornehm.

cuticle ['kju:tɪkl] *n* (*of nail*) Nagelhaut *f*; (*Anat*) Epidermis *f*; (*Bot*) Kutikula *f*. **~ remover** Nagelhautentferner *m*.

cutie ['kju:tɪ] *n* (*esp US inf*) (*attractive*) flotter Käfer (*inf*), dufte Biene (*inf*); (*child*) süßer Fratz (*inf*); (*shrewd*) gewitzter Kerl, Schlitzohr (*pej*) *m*.

cutlass ['kʌtləs] *n* Entermesser *nt*.

cutler ['kʌtlə^r] *n* Messerschmied *m*.

cutlery ['kʌtlərɪ] *n, no pl* (*esp Brit*) Besteck *nt*.

cutlet ['kʌtlɪt] *n* (*boneless chop*) Schnitzel *nt*; (*fish fillet*) (Fisch)schnitzel *nt*; (*of chopped meat*) (paniertes) Hacksteak.

cut loaf *n* aufgeschnittenes Brot; **cut-off** *n* **1.** (*Tech: device*) Ausschaltmechanismus *m*; **2.** (*also* **~ point**) Trennlinie *f*; **cut-out I** *n* **1.** (*model*) Ausschneidemodell *nt*; (*figure, doll*) Ausschneidepuppe *f*; **~ book** Ausschneidebogen *m*; **2.** (*of engine*) Aussetzen *nt*; **it has an automatic ~** es setzt automatisch aus; **3.** (*Elec*) Sperre *f*; **II** *adj* **1.** *model etc* Ausschneide-; **2.** (*Elec*) Abschalt-, Ausschalt-; **cut-price** *adj* zu Schleuderpreisen; *offer* Billig-; **cut-rate** *adj* zu verbilligtem Tarif; **cut-sheet feed** *n* Einzelblatteinzug *m*.

cutter ['kʌtə^r] *n* **1.** (*tool*) Messer *nt*. **a pair of (wire-)~s** eine Drahtschere; (*Elec*) ein Seitenschneider *m*. **2.** (*of clothes*) Zuschneider(in *f*) *m*; (*of jewel*) Schleifer(in *f*) *m*; (*of glass*) Glasschneider *m*; (*Film*) Cutter(in *f*) *m*. **3.** (*boat*) Kutter *m*; (*US: coastguard's boat*) Boot *nt* der Küstenwache. **4.** (*US: sleigh*) leichter Pferdeschlitten.

cut-throat ['kʌtθrəʊt] **I** *n* (*murderous type*) Strolch, Verbrechertyp (*inf*) *m*. **II** *adj* **1.** *competition, business* unbarmherzig, mörderisch. **2. ~ razor** (offenes) Rasiermesser.

cutting ['kʌtɪŋ] **I** *n* **1.** Schneiden *nt*; (*of grass*) Mähen *nt*; (*of cake*) Anschneiden *nt*; (*of rope*) Durchschneiden, Kappen *nt*; (*of garment*) Zuschneiden *nt*, Zuschnitt *m*; (*~ off*) Abschneiden *nt*; (*with sword*) Abschlagen *nt*; (*of electricity*) Sperrung *f*; (*interruption, accidental*) Unterbrechung *f*; (*of steps*) Schlagen *nt*;

(*of channel, trench*) Graben *nt*; (*of figure*) (*in wood*) Schnitzen *nt* (*in* aus); (*in stone*) Hauen *nt* (*in* aus); (*of glass, crystal, jewel*) Schliff *m*; (*of key*) Anfertigung *f*; (*of record*) Pressen *nt*, Herstellung *f*; (*snubbing: of person*) Schneiden *nt*; (*of lecture, class*) Schwänzen *nt* (*inf*); (*of prices*) Senkung, Herabsetzung *f*; (*of quality*) Verminderung *f*; (*of quantity*) Reduzierung *f*; (*of working hours*) Verkürzung *f*; (*of expenses, salary*) Kürzung *f*; (*Film*) Schnitt *m*; (*of production*) Drosselung *f*; (*of part of text*) Streichung *f*; (*of ties*) Lösen *nt*, Abbruch *m*. ~ **room** (*Film*) Schneideraum *m*.

2. (*Brit: road* ~, *railway* ~) Durchstich *m*.

3. (*Brit: clipping*) (*from newspaper*) Ausschnitt *m*; (*of cloth*) Schnipsel *m*, Stückchen (Stoff) *nt*.

4. (*Hort*) Ableger *m*. **to take a** ~ einen Ableger nehmen.

II *adj* **1.** *blade, edge* scharf. **2.** (*fig*) *wind, cold* schneidend; *remark also, tongue* scharf, spitz. **to be** ~ **to sb** jdm gegenüber spitze Bemerkungen machen.

cuttlefish ['kʌtlfɪʃ] *n* Tintenfisch *m*, Sepie *f*, Kuttelfisch *m*.

CV *abbr of* **curriculum vitae.**

cwo *abbr of* **cash with order.**

cwt *abbr of* **hundredweight.**

cyanide ['saɪənaɪd] *n* Zyanid, Blausäuresalz *nt*.

cybernetics [ˌsaɪbə'netɪks] *n sing* Kybernetik *f*.

cyclamen ['sɪkləmən] *n* Alpenveilchen *nt*.

cycle ['saɪkl] **I** *n* **1.** Zyklus, Kreislauf *m*; (*of events*) Gang *m*; (*of poems, songs*) Zyklus *m*; (*Elec*) Periode *f*. **life** ~ Lebenszyklus *or* -kreislauf *m*; **menstrual** ~ Monatszyklus, Menstruationszyklus *m*; **the moon's** ~ der Mondwechsel. **2.** (*bicycle*) (Fahr)rad *nt*; (*sl: motorbike*) Maschine *f* (*sl*). **II** *vi* mit dem (Fahr)rad fahren.

cycle clip *n* Fahrradklammer *f*; **cycle path** *n* (Fahr)radweg *m*.

cycler ['saɪklə^r] *n* (*US*) *see* **cyclist.**

cycle race *n* Radrennen *nt*; **cycle rack** *n* Fahrradständer *m*; **cycle shed** *n* Fahrradstand *m*; **cycle-track** *n* (*path*) (Fahr)radweg *m*; (*for racing*) Radrennbahn *f*.

cyclic(al) ['saɪklɪk(əl)] *adj* zyklisch; (*Elec*) periodisch.

cycling ['saɪklɪŋ] *n* Radfahren *nt*. **I enjoy** ~ ich fahre gern Rad.

cycling cape *n* Radmantel *m*, Radcape *nt*; **cycling holiday** *n* Urlaub *m* mit dem Fahrrad; **cycling shorts** *npl* Radlerhose *f*; **cycling tour** *n* Radtour *f*.

cyclist ['saɪklɪst] *n* (Fahr)radfahrer(in *f*) *m*; (*motor* ~) Motorradfahrer(in *f*) *m*.

cyclometer [saɪ'klɒmɪtə^r] *n* Kilometerzähler *m*.

cyclone ['saɪkləʊn] *n* Zyklon *m*.

cyclonic [saɪ'klɒnɪk] *adj* zyklonartig.

Cyclops ['saɪklɒps] *n* Zyklop *m*.

cyclorama [ˌsaɪklə'rɑːmə] *n* Rundhorizont *m*.

cygnet ['sɪgnɪt] *n* Schwanjunge(s) *nt*.

cylinder ['sɪlɪndə^r] *n* (*Math, Aut*) Zylinder *m*; (*of revolver, typewriter*) Walze *f*. **a four-**~ **car** ein Vierzylinder *m*, ein vierzylindriges Auto.

cylinder block *n* (*Aut*) Zylinderblock *m*; **cylinder capacity** *n* (*Aut*) Hubraum *m*; **cylinder head** *n* (*Aut*) Zylinderkopf *m*; **cylinder head gasket** *n* Zylinderkopfdichtung *f*.

cylindrical *adj*, ~**ly** *adv* [sɪ'lɪndrɪkəl, -ɪ] zylindrisch.

cymbal ['sɪmbəl] *n* Beckenteller *m*. ~**s** Becken *nt*; **to play the** ~**s** das Becken schlagen.

cynic ['sɪnɪk] *n* Zyniker(in *f*) *m*.

cynical ['sɪnɪkəl] *adj* zynisch.

cynically ['sɪnɪklɪ] *adv* zynisch.

cynicism ['sɪnɪsɪzəm] *n* **1.** *no pl* Zynismus *m*. **2.** (*cynical remark*) zynische Bemerkung.

cypher *see* **cipher.**

cypress ['saɪprɪs] *n* Zypresse *f*.

Cypriot ['sɪprɪət] **I** *adj* zypriotisch, zyprisch. **II** *n* Zypriot(in *f*), Zyprer(in *f*) *m*.

Cyprus ['saɪprəs] *n* Zypern *nt*.

Cyrillic ['sɪrɪlɪk] *adj* kyrillisch.

cyst [sɪst] *n* Zyste *f*.

cystitis [sɪs'taɪtɪs] *n* Blasenentzündung, Zystitis (*spec*) *f*.

cytology [saɪ'tɒlədʒɪ] *n* Zytologie, Zellenlehre *f*.

cytoplasm ['saɪtəʊplæzm] *n* Zytoplasma, Zellplasma *nt*.

czar [zɑː^r] *n* Zar *m*.

czarevitch ['zɑːrəvɪtʃ] *n* Zarewitsch *m*.

czarina [zɑː'riːnə] *n* Zarin *f*.

czarism ['zɑːrɪzəm] *n* Zarismus *m*.

czarist ['zɑːrɪst] **I** *adj* zaristisch. **II** *n* Zarist(in *f*) *m*.

Czech [tʃek] **I** *adj* tschechisch. **II** *n* **1.** Tscheche *m*, Tschechin *f*. **2.** (*language*) Tschechisch *nt*.

Czechoslovak ['tʃekəʊ'sləʊvæk] **I** *adj* tschechoslowakisch. **II** *n* Tschechoslowake *m*, Tschechoslowakin *f*.

Czechoslovakia ['tʃekəʊslə'vækɪə] *n* die Tschechoslowakei.

Czechoslovakian ['tʃekəʊslə'vækɪən] *adj, n see* **Czechoslovak.**

Czech Republic [tʃɛkrɪ'pʌblɪk] *n* die Tschechische Republik.

D

D, d [diː] *n* D, d *nt*; (*Sch: as a mark*) ausreichend. **D sharp/flat** Dis, dis *nt*/Des, des *nt*; *see also* **major, minor, natural**.
D (*US Pol*) *abbr of* **Democratic** dem.
d *abbr of* **1.** (*Brit old*) **pence. 2. died** gest.
'd = **had, would.**
DA (*US*) *abbr of* **District Attorney.**
D/A *abbr of* **deposit account.**
dab¹ [dæb] **I** *n* **1.** (*small amount*) Klecks *m*; (*applied with puff, of cream*) Tupfer *m*; (*of liquid, perfume, glue*) Tropfen *m*; (*of butter*) Klacks *m*. **a ~ of powder/ointment** etwas *or* ein bißchen Puder/Salbe; **to give sth a ~ of paint** etw überstreichen. **2. ~s** *pl* (*sl: fingerprints*) Fingerabdrücke *pl*.
II *vt* (*with powder*) betupfen; (*with towel*) tupfen. **to ~ one's eyes** sich (*dat*) die Augen tupfen.
◆**dab at** *vi +prep obj* betupfen.
◆**dab off** *vt sep* abtupfen.
◆**dab on** *vt sep* auftragen (*prep obj* auf *+acc*).
dab² *n* (*fish*) Kliesche, Scharbe *f*.
dab³ *adj* (*inf*) **to be a ~ hand at sth/doing sth** gut in etw (*dat*) sein/sich darauf verstehen, etw zu tun.
dabble ['dæbl] **I** *vt* **to ~ one's hands/feet in the water** mit den Händen/Füßen im Wasser plan(t)schen.
II *vi* **1.** plan(t)schen. **2.** (*fig*) **to ~ in/at sth** sich (nebenbei) mit etw beschäftigen; **are you a serious photographer? — no, I only ~ (in it)** beschäftigen Sie sich ernsthaft mit der Fotografie? — nein, nur so nebenbei.
dabbler ['dæbləʳ] *n* Amateur(in *f*) *m*.
dabchick ['dæbtʃɪk] *n* Steißfuß *m*.
dace [deɪs] *n, pl* - Weißfisch *m*.
dacha ['dætʃə] *n* Datscha, Datsche *f*.
dachshund ['dækshʊnd] *n* Dackel *m*.
dactyl ['dæktɪl] *n* (*Zool*) Zehe *f*; Finger *m*; (*Liter*) Daktylus *m*.
dad [dæd] *n* (*inf*) Vater *m*; (*affectionately also*) Vati, Papa *m*.
Dada ['dɑːdɑː] *n* (*Art*) Dada *m*.
Dadaism ['dɑːdɑːɪzm] *n* Dadaismus *m*.
daddy ['dædɪ] *n* (*inf*) Papa, Vati *m* (*inf*). **the ~ of them all** (*inf*) der Größte.
daddy-long-legs [ˌdædɪ'lɒŋlegz] *n, pl* - (*Brit*) Schnake *f*; (*US*) Weberknecht *m*.
daffodil ['dæfədɪl], **daff** [dæf] (*inf*) *n* Osterglocke, Narzisse *f*.
daft [dɑːft] *adj* (*+er*) doof, blöd, bekloppt (*all inf*). **~ in the head** (*inf*) blöd (*inf*), bekloppt (*inf*); **what a ~ thing to do** so was Doofes *or* Blödes *or* Beklopptes (*all inf*); **he's ~ about her/football** (*inf*) er ist verrückt nach ihr/nach Fußball (*inf*).
daftie ['dɑːftɪ] *n* (*Brit inf*) Dussel *m* (*inf*).
dagger ['dægəʳ] *n* **1.** Dolch *m*. **to be at ~s drawn with sb** (*fig*) mit jdm auf (dem) Kriegsfuß stehen; **to look ~s at sb** jdn mit Blicken durchbohren. **2.** (*Typ*) Kreuz *nt*.
dago ['deɪgəʊ] *n* (*pej*) Südländer, Kanake (*pej sl*) *m*.
daguerreotype [də'gerəʊtaɪp] **I** *n* Daguerreotypie *f*. **II** *vt* nach dem Daguerreotypieverfahren fotografieren.
dahlia ['deɪlɪə] *n* Dahlie *f*.
daily ['deɪlɪ] **I** *adj* täglich; *wage, newspaper* Tages-. **~ dozen** (*inf*) Morgengymnastik *f*; **~ grind** täglicher Trott; **he is employed on a ~ basis** er ist tageweise angestellt; (*labourer*) er ist als Tagelöhner beschäftigt.
II *adv* täglich.
III *n* **1.** (*newspaper*) Tageszeitung *f*.
2. (*also* **~ help, ~ woman**) Putzfrau *f*.
daintily ['deɪntɪlɪ] *adv* zierlich; *hold, walk, move* anmutig.
daintiness ['deɪntɪnɪs] *n* Zierlichkeit *f*; (*of movement, manners*) Anmutigkeit, Geziertheit (*pej*) *f*.
dainty ['deɪntɪ] **I** *adj* (*+er*) **1.** zierlich; *lace, handkerchief* fein; *movement, music* anmutig. **2.** *food* appetitlich. **~ morsel** Appetithappen *m*. **3.** (*refined*) geziert, etepetete (*inf*). **II** *n* Leckerei *f*.
daiquiri ['daɪkərɪ] *n Cocktail m aus Rum, Limonensaft und Zucker.*
dairy ['dɛərɪ] *n* Molkerei *f*; (*on farm*) Milchkammer *f*; (*shop*) Milchgeschäft *nt*.
dairy butter *n* Markenbutter *f*; **dairy cattle** *npl* Milchvieh *nt*; **dairy cow** *n* Milchkuh *f*; **dairy farm** *n* auf Milchviehhaltung spezialisierter Bauernhof; **dairy farming** *n* Milchviehhaltung *f*; **dairy herd** *n* Herde *f* Milchkühe; **dairy ice cream** *n* Milchspeiseeis *nt*.
dairying ['dɛərɪɪŋ] *n* Milchwirtschaft *f*.
dairymaid *n* Melkerin *f*; (*worker*) Molkereiangestellte *f*; **dairyman** *n* Melker *m*; Molkereiangestellte(r) *m*; (*milkman*) Milchmann *m*; **dairy produce** *n* Milch- *or* Molkereiprodukte *pl*.
dais ['deɪɪs] *n* Podium *nt*.
daisy ['deɪzɪ] *n* Gänseblümchen *nt*. **~ chain** Kette *f* aus Gänseblümchen; **to be as fresh as a ~** taufrisch sein; **to be pushing up the daisies** (*sl*) sich (*dat*) die Radieschen von unten besehen (*sl*).
daisy-wheel ['deɪzɪwiːl] *n* (*Typ, Comput*) Typenrad *m*. **~ (printer)** Typenraddrucker *m*; **~ typewriter** Typenradschreibmaschine *f*.
dale [deɪl] *n* (*N Engl, liter*) Tal *nt*.
dalliance ['dælɪəns] *n* (*liter*) Tändelei *f* (*liter*).
dally ['dælɪ] *vi* **1.** (*waste time*) (herum)trödeln, bummeln. **2.** (*flirt*) **to ~ with sb/an idea** mit jdm schäkern/mit einem Gedanken liebäugeln.
Dalmatia [dæl'meɪʃə] *n* Dalmatien *nt*.
Dalmatian [dæl'meɪʃən] **I** *adj* dalmatinisch, dalmatisch. **II** *n* **1.** (*person*) Dal-

matiner(in *f*) *m*. **2.** (*dog*) Dalmatiner *m*.

dam[1] [dæm] **I** *n* (*lit, fig*) Damm *m*; (*reservoir*) Stausee *m*. **II** *vt* (*also* ~ **up**) **1.** *river, lake* (auf)stauen; *valley* eindämmen. **2.** (*fig*) *flow of words* eindämmen; *feelings* aufstauen.

dam[2] *n* (*mother*) Muttertier *nt*.

damage ['dæmɪdʒ] **I** *n* **1.** Schaden *m* (*to* an +*dat*). **to do a lot of** ~ großen Schaden anrichten; **to do sb/sth a lot of** ~ jdm/einer Sache (*dat*) großen Schaden zufügen; **the** ~ **to his pride/ego/reputation** die Verletzung seines Stolzes/Erschütterung seines Selbstbewußtseins/Schädigung seines Rufs; **it did no** ~ **to his reputation** das hat seinem Ruf nicht geschadet.

2. (*Jur*) ~**s** Schaden(s)ersatz *m*.

3. (*inf: cost*) **what's the** ~**?** was kostet der Spaß? (*inf*).

II *vt* schaden (+*dat*); *machine, car, furniture, fruit, tree* beschädigen; *health, reputation, relations also* schädigen. **to** ~ **one's eyesight** sich (*dat*) die Augen verderben; **smoking can** ~ **your health** Rauchen ist gesundheitsschädlich; **to** ~ **one's chances** sich (*dat*) die Chancen verderben.

damaging ['dæmɪdʒɪŋ] *adj* schädlich; *remarks* abträglich. **to be** ~ **to sth** sich auf etw (*acc*) schädigend *or* schädlich auswirken, schädlich für etw sein.

Damascus [də'mɑːskəs] *n* Damaskus *nt*. ~ **steel** Damaszener Stahl *m*.

damask ['dæməsk] **I** *n* **1.** Damast *m*. **2.** ~ **(steel)** Damaszener Stahl *m*. **3.** ~ **rose** Damaszenerrose *f*. **II** *adj* **1.** Damast-, aus Damast. **2.** (*liter*) *colour* rosig.

dame [deɪm] *n* **1.** **D**~ (*Brit*) *Titel der weiblichen Träger des ,,Order of the British Empire''*. **2.** (*old: lady*) Dame *f*. **3.** (*Theat: in pantomime*) (komische) Alte. **4.** (*US inf*) Weib *nt* (*inf*).

dammit ['dæmɪt] *interj* (*inf*) verdammt (*inf*), Teufel noch mal (*inf*). **it weighs 2 kilos as near as** ~ es wiegt so gut wie 2 Kilo.

damn [dæm] **I** *interj* (*inf*) verdammt (*inf*).

II *n* (*inf*) **he doesn't care** *or* **give a** ~ er schert sich den Teufel *or* einen Dreck (darum) (*inf*); **I don't give a** ~ das ist mir piepegal (*inf*) *or* scheißegal (*sl*).

III *adj attr* (*inf*) verdammt. **it's one** ~ **thing after another** verdammt noch mal, da kommt aber auch eins nach dem andern; **it's a** ~ **nuisance** das ist ein verdammter Mist (*inf*), das ist wirklich zu blöd (*inf*).

IV *adv* (*inf*) verdammt. **I should** ~ **well hope/think so** das will ich aber auch stark hoffen/ich doch stark annehmen; **a** ~ **sight better/worse** verdammt viel besser/schlechter (*inf*); **I've done** ~**-all today** ich hab heute überhaupt nichts gemacht.

V *vt* **1.** (*Rel*) verdammen.

2. (*bring condemnation, ruin on*) das Genick brechen (+*dat*); (*evidence*) überführen.

3. (*judge and condemn*) verurteilen; *book also* verreißen. **to** ~ **sb/sth with faint praise** jdn/etw auf eine Weise loben, die ihn bloßstellt; **to** ~ **sb to sth** jdn zu etw verdammen.

4. (*inf*) ~ **him/you!** (*annoyed*) verdammt! (*inf*); (*I don't care about him/you*) der kann/du kannst mich mal! (*inf*); ~ **it!** verdammt (noch mal)! (*inf*); ~ **it all!** zum Donnerwetter! (*inf*); (*in surprise*) Donnerwetter! (*inf*), Teufel auch! (*inf*); **well, I'll be** ~**ed!** Donnerwetter! (*inf*); **I'll be** ~**ed if I know** weiß der Teufel (*inf*).

damnable *adj*, **-bly** *adv* ['dæmnəbl, -ɪ] gräßlich.

damnation [dæm'neɪʃən] **I** *n* (*Eccl*) (*act*) Verdammung *f*; (*state of* ~) Verdammnis *f*. **II** *interj* (*inf*) verdammt (*inf*).

damned [dæmd] **I** *adj* **1.** *soul* verdammt. **2.** (*inf*) *see* **damn 3. II** *adv see* **damn 4. III** *n* (*Eccl, liter*) **the** ~ *pl* die Verdammten *pl*.

damnedest ['dæmdɪst] *n* **to do** *or* **try one's** ~ (*inf*) (verdammt noch mal *inf*) sein möglichstes tun.

damning ['dæmɪŋ] *adj* vernichtend; *evidence* belastend.

Damocles ['dæməkliːz] *n*: **sword of** ~ Damoklesschwert *nt*.

damp [dæmp] **I** *adj* (+*er*) feucht. **a** ~ **squib** (*fig*) ein Reinfall *m*.

II *n* **1.** Feuchtigkeit *f*. **2.** (*Min*) (*choke-*~) Schlagwetter *nt*; (*fire-*~) Grubengas *nt*.

III *vt* **1.** befeuchten, anfeuchten; *ironing also* einsprengen *or* -spritzen. **2.** (*fig*) *enthusiasm* dämpfen. **to** ~ **sb's spirits** jdm einen Dämpfer aufsetzen. **3.** *sounds, vibrations* dämpfen; (*also* ~ **down**) *fire* ersticken.

damp course *n* Feuchtigkeitsisolierschicht *f*.

dampen ['dæmpən] *vt see* **damp III 1., 2.**

damper ['dæmpə^r] *n* **1.** (*of chimney*) (Luft)klappe *f*; (*of piano*) Dämpfer *m*. **2. to put a** ~ **on sth** einer Sache (*dat*) einen Dämpfer aufsetzen. **3.** (*Austral: bread*) Fladenbrot *nt*.

dampish ['dæmpɪʃ] *adj* etwas feucht.

dampness ['dæmpnɪs] *n* Feuchtigkeit *f*.

damp-proof ['dæmppruːf] *adj* feuchtigkeitsbeständig.

damsel ['dæmzəl] *n* (*obs, liter*) Maid *f* (*obs, liter*).

damsel fly *n* Seejungfer, Schlankjungfer *f*.

damson ['dæmzən] *n* (*fruit*) Damaszenerpflaume *f*; (*tree*) Damaszenerpflaumenbaum *m*.

dance [dɑːns] **I** *n* **1.** Tanz *m*. **the D**~ **of Death** der Totentanz; **may I have the next** ~**?** darf ich um den nächsten Tanz bitten?; **she's led him a fine** *or* **pretty** ~ sie hat ihn ja ganz schön an der Nase herumgeführt.

2. (*ball*) Tanz *m*; Tanzabend *m*. **to go to a** ~ tanzen gehen, zum Tanzen gehen.

II *vt* tanzen. **to** ~ **attendance on sb** jdn von hinten und vorn bedienen (*inf*).

III *vi* **1.** tanzen. **would you like to** ~**?** möchten Sie tanzen?

2. (*move here and there*) **to** ~ **about/up and down** (herum)tänzeln/auf- und abhüpfen; **to ~ for joy** einen Freudentanz aufführen.

3. (*fig*) tanzen; (*boat on waves also*) schaukeln.

dance *in cpds* Tanz-; **dance band** *n* Tanzkapelle *f*; **dance floor** *n* Tanzboden *m*; (*in restaurant*) Tanzfläche *f*; **dance hall** *n* Tanzsaal *m*; **dance music** *n* Tanzmusik *f*.

dancer ['dɑːnsə^{r}] *n* Tänzer(in *f*) *m*.

dancing ['dɑːnsɪŋ] **I** *n* Tanzen *nt*. **II** *attr* Tanz-. **~ girl** Tänzerin *f*; **~ shoe** Tanzschuh *m*; **put on your ~ shoes!** (*fig*) mach dich hübsch *or* zurecht!

D and C *abbr of* **dilation and curettage.**

dandelion ['dændɪlaɪən] *n* Löwenzahn *m*.

dander ['dændə^{r}] *n* (*inf*): **to get sb's/one's ~ up** jdn auf die Palme bringen (*inf*)/ seine *or* die Borsten aufstellen (*fig*).

dandified ['dændɪfaɪd] *adj* stutzerhaft.

dandle ['dændl] *vt* schaukeln (*on* auf +*dat*).

dandruff ['dændrəf] *n* Schuppen *pl*.

dandy ['dændɪ] **I** *n* Dandy, Stutzer (*dated*) *m*. **II** *adj* (*esp US inf*) prima (*inf*).

Dane [deɪn] *n* Däne *m*, Dänin *f*.

danger ['deɪndʒə^{r}] *n* **1.** Gefahr *f*. **he likes ~** er liebt die Gefahr; **to put sb/sth in ~** jdn/etw in Gefahr bringen, jdn/etw gefährden; **to run into ~** in Gefahr geraten; **to be in ~ of doing sth** Gefahr laufen, etw zu tun; **the country is in ~ of invasion** dem Land droht eine Invasion; **out of ~** außer Gefahr; **there is a ~ of fire** es besteht Feuergefahr; **there is a ~ of his getting lost** es besteht die Gefahr, daß er sich verirrt; **he ran the ~ of being recognized** er lief Gefahr, erkannt zu werden; **there is no ~ of that** die Gefahr besteht nicht; **to be a ~ to sb/sth** für jdn/ etw eine Gefahr bedeuten.

2. "~" „Achtung, Lebensgefahr!“; (*Mot*) „Gefahrenstelle“; **"~, keep out"** „Zutritt verboten, Lebensgefahr!“; **the signal was at ~** (*Rail*) das Signal stand auf Rot.

danger area *n* Gefahrenzone *f or* -bereich *m*; **danger list** *n*: **on/off the ~** in/außer Lebensgefahr; **danger money** *n* Gefahrenzulage *f*.

dangerous ['deɪndʒrəs] *adj* gefährlich.

dangerously ['deɪndʒrəslɪ] *adv* gefährlich. **the deadline is getting ~ close** der Termin rückt bedenklich nahe.

danger point *n* Gefahrengrenze *f*; **to reach ~** die Gefahrengrenze erreichen; **danger signal** *n* (*lit, fig*) Warnsignal *nt*; **danger zone** *n* Gefahrenzone *f*.

dangle ['dæŋgl] **I** *vt* baumeln lassen. **to ~ sth in front of** *or* **before sb** (*fig*) jdm etw verlockend in Aussicht stellen. **II** *vi* baumeln.

Danish ['deɪnɪʃ] **I** *adj* dänisch. **~ blue (cheese)** (Blau)schimmelkäse *m*; **~ pastry** Plundergebäck *nt*. **II** *n* (*language*) Dänisch *nt*. **the ~** *pl* (*people*) die Dänen.

dank [dæŋk] *adj* (unangenehm) feucht.

Danube ['dænjuːb] *n* Donau *f*.

dapper ['dæpə^{r}] *adj* gepflegt, gediegen.

dapple ['dæpl] *vt* sprenkeln.

dappled ['dæpld] *adj* gefleckt; (*with small flecks*) gesprenkelt; *sky* wolkig; *horse* scheckig.

dapple grey (horse) *n* Apfelschimmel *m*.

DAR *abbr of* **Daughters of the American Revolution** Töchter *pl* der amerikanischen Revolution.

Darby and Joan ['dɑːbɪən'dʒəʊn] *npl* *glückliches, älteres Ehepaar*. **~ club** Altenclub *m*.

Dardanelles [ˌdɑːdə'nelz] *npl* Dardanellen *pl*.

dare [dɛə^{r}] **I** *vi* (*be bold enough*) es wagen; (*have the confidence*) sich trauen. **you/he wouldn't ~!** du wirst dich/er wird sich schwer hüten; **you ~!** untersteh dich!; **how ~ you!** was fällt dir ein!

II *vt* **1. to ~ (to) do sth** (es) wagen, etw zu tun; sich trauen, etw zu tun; **I didn't ~ (to) go upstairs** ich habe mich nicht getraut, die Treppe hinaufzugehen, ich habe mich nicht die Treppe hinauf getraut; **he wouldn't ~ say anything bad about his boss** er wird sich hüten *or* unterstehen, etwas Schlechtes über seinen Chef zu sagen; **how ~ you say such things?** wie kannst du es wagen *or* was unterstehst du dich, so etwas zu sagen?; **don't you ~ say that to me** untersteh dich, das zu mir zu sagen; **~ you do it?** trauen Sie sich?; **she ~d a smile** sie riskierte ein Lächeln.

2. I ~ say it gets quite cold here ich könnte mir denken, daß es hier ziemlich kalt wird; **I ~ say he'll be there** es kann (gut) sein, daß er dort sein wird; **he was very sorry — I ~ say** es tat ihm sehr leid — das glaube ich gerne.

3. (*face the risk of*) riskieren; *danger also* trotzen (+*dat*). **to ~ death/one's life** sein Leben riskieren *or* aufs Spiel setzen.

4. (*challenge*) **go on, I ~ you!** los, mach schon, sei kein Feigling!; **are you daring me?** wetten, daß? (*inf*).

III *n* Mutprobe *f*. **to do sth for a ~** etw als Mutprobe tun.

daredevil ['dɛəˌdevl] **I** *n* Waghals *m*. **II** *adj* waghalsig.

daring ['dɛərɪŋ] **I** *adj* kühn (*geh*); (*in physical matters*) waghalsig; *remark, attempt* gewagt, kühn (*geh*); *opinion, dress* gewagt. **II** *n* Schneid *m*, Kühnheit *f* (*geh*); (*in physical matters*) Waghalsigkeit *f*, Schneid *m* (*geh*).

daringly ['dɛərɪŋlɪ] *adv* kühn; (*in physical matters*) waghalsig; *dress* gewagt. **he spoke very ~ to the boss** er hat in sehr kühnem Ton mit dem Chef gesprochen.

dark [dɑːk] **I** *adj* (+*er*) **1.** dunkel; *room, night also* finster. **it's getting** *or* **growing ~** es wird dunkel; (*in evening also*) es wird Nacht; **the sky is getting ~** der Himmel wird dunkel; (*before storm*) der Himmel verfinstert sich; **~ blue** dunkelblau; **a ~ blue** ein dunkles Blau; **in ~est Africa** im tiefsten Afrika.

2. (*fig: sinister*) dunkel; *thoughts, threats also* finster. **to keep sth ~** etw geheimhalten; **~ deeds** dunkle Geschäfte.

3. (*gloomy, sad*) düster. **to look on the ~ side of things** schwarzsehen.

II *n* **1.** Dunkelheit *f*. **after ~** nach Einbruch der Dunkelheit; **until ~** bis zum

Einbruch der Dunkelheit.

2. (*fig: ignorance*) Dunkel *nt.* **to be in the ~** keine Ahnung haben (*about* von); **he has kept me in the ~ as to what they were planning** er hat mich über das, was sie vorhatten, im dunkeln gelassen; **to work in the ~** im dunkeln *or* finstern tappen; **it was a shot in the ~** das war nur so auf gut Glück *or* aufs Geratewohl gesagt/getan/geraten.

Dark Ages *npl* finsteres Mittelalter; **Dark Continent** *n*: **the ~** der Schwarze Erdteil.

darken ['dɑːkən] **I** *vt* **1.** dunkel machen; *sky also* verdunkeln; (*before storm*) verfinstern; *brilliance also* trüben. **the sun ~ed her skin** die Sonne hat ihre Haut gebräunt.

2. (*fig*) trüben; *mind also* umnachten; *future also* verdüstern. **an angry frown ~ed his brow** ein ärgerliches Runzeln verfinsterte seine Stirn; **never ~ my door again!** lassen Sie sich hier nicht mehr blicken!

II *vi see vt* **1.** dunkel werden; sich verdunkeln; sich verfinstern; sich trüben. **2.** sich trüben; sich verdüstern; (*brow*) sich verfinstern.

dark-eyed ['dɑːkaɪd] *adj* dunkeläugig; **dark glasses** *npl* Sonnenbrille *f*; **dark horse** *n* (*fig*) stilles Wasser (*fig*); (*unexpected winner*) unbekannte Größe.

darkie, darky ['dɑːkɪ] *n* (*pej inf*) Schwarze(r) *mf*.

darkish ['dɑːkɪʃ] *adj* ziemlich dunkel.

darkly ['dɑːklɪ] *adv* (*lit, fig*) dunkel; *think, threaten also* finster.

darkness ['dɑːknɪs] *n* **1.** Dunkelheit *f*; (*of room, night also*) Finsternis *f*. **in total ~** in totaler *or* völliger Dunkelheit, in tiefem Dunkel (*geh*); **the house was in ~** das Haus lag im Dunkeln. **2.** (*fig: sinisterness*) Finsterkeit *f*. **3.** (*fig: gloominess, sadness*) Düsterkeit *f*.

darkroom *n* (*Phot*) Dunkelkammer *f*.

darkskinned ['dɑːkskɪnd] *adj* dunkelhäutig.

darky *n* (*pej inf*) *see* **darkie.**

darling ['dɑːlɪŋ] **I** *n* **1.** Schatz *m*; (*child also*) Schätzchen *nt*. **he is mother's ~/the ~ of the public** er ist Mamas Liebling/der Liebling aller; **be a ~ and ...** sei so lieb *or* nett *or* sei ein Schatz und ...

2. (*form of address*) Liebling, Schatz *m*, Schätzchen *nt*.

II *adj cat, dress* süß, goldig; *wife* lieb.

darn¹ [dɑːn] (*Sew*) **I** *n* gestopfte Stelle. **II** *vt* stopfen.

darn² (*US inf*) **I** *interj* verflixt (*inf*).

II *adj attr* verflixt (*inf*). **I can't see a ~ thing** verflixt (noch mal) (*inf*), ich kann überhaupt nichts sehen.

III *adv* verflixt (*inf*). **a ~ sight better/worse** ein ganzes Ende besser/schlechter (*inf*).

IV *n* **I don't give a ~** (*inf*) das ist mir völlig schnurz (*inf*).

V *vt* **~ him!** zum Kuckuck mit ihm! (*inf*); **~ him for coming late** zum Kuckuck mit ihm, warum kommt er auch zu spät!; **~ it!** verflixt (noch mal) (*inf*); **well I'll be ~ed!** Donnerwetter! (*inf*); **I'll be ~ed if I ...** das wäre ja noch schöner, wenn ich ... (*inf*); **I'll be ~ed if I know** und wenn du dich auf den Kopf stellst, ich weiß es einfach nicht (*inf*).

darned [dɑːnd] *adj, adv* (*inf*) *see* **darn² II, III.**

darning ['dɑːnɪŋ] *n* Stopfen *nt*; (*things to be darned*) Flick- *or* Stopfsachen *pl*, Flickarbeit *f*. **I've a lot of ~ to do** ich habe viel zu stopfen; **~ needle** Stopfnadel *f*; **~ mushroom** Stopfpilz *m*.

dart [dɑːt] **I** *n* **1.** (*movement*) Satz *m*. **to make a sudden ~ at sb/sth** einen plötzlichen Satz auf jdn/etw zu machen; **with a ~ of its tongue the chameleon caught its prey** die Zunge schnellte heraus, und das Chamäleon hatte seine Beute gefangen.

2. (*weapon*) Pfeil *m*; (*fig: of sarcasm*) Spitze *f*; (*Sport*) (Wurf)pfeil *m*.

3. (*liter*) (*of serpent*) (Gift)zahn *m*; (*of bee*) Stachel *m*.

4. (*Sew*) Abnäher *m*.

II *vi* flitzen; (*fish*) schnellen. **to ~ out** (*person*) heraus-/hinausflitzen; (*fish, tongue*) herausschnellen; **to ~ in** (*person*) hinein-/hereinstürzen; (*into water: otter*) sich hineinstürzen; **he ~ed behind a bush** er hechtete hinter einen Busch; **he ~ed off** er flitzte davon; **her eyes ~ed round the room** ihre Blicke schossen blitzschnell im Zimmer hin und her.

III *vt look* werfen. **to ~ a glance at sb** jdm einen Blick zuwerfen.

dart board *n* Dartscheibe *f*.

darts [dɑːts] *n sing* Darts, Pfeilwurfspiel *nt*. **a game of ~** ein Dartspiel *nt*.

Darwinian [dɑː'wɪnɪən] **I** *n* Darwinist(in *f*) *m*. **II** *adj* darwinistisch.

Darwinism ['dɑːwɪnɪzəm] *n* Darwinismus *m*.

dash [dæʃ] **I** *n* **1.** (*sudden rush*) Jagd *f*. **to make a ~** losstürzen; **he made a ~ for the door/across the road** er stürzte auf die Tür zu/über die Straße; **to make a ~ for freedom** versuchen, in die Freiheit zu entkommen; **she made a ~ for it** sie rannte, so schnell sie konnte.

2. (*hurry*) Hetze *f*.

3. (*style, vigour*) Schwung, Elan *m*. **to cut a ~** eine schneidige Figur machen.

4. (*small amount*) etwas, ein bißchen; (*of wine, vinegar, spirits also*) Schuß *m*; (*of seasoning also*) Prise *f*; (*of lemon also*) Spritzer *m*.

5. (*Typ*) Gedankenstrich *m*.

6. (*in morse*) Strich *m*.

7. *see* **dashboard.**

II *vt* **1.** (*throw violently*) schleudern. **to ~ sth to pieces** etw in tausend Stücke zerschlagen; **to ~ one's head against sth** mit dem Kopf gegen etw schlagen *or* prallen; **the ship was ~ed against a rock** das Schiff wurde gegen eine Klippe geschleudert.

2. (*discourage*) *sb's hopes* zunichte machen. **that ~ed his spirits** das hat ihn völlig geknickt.

3. (*inf*) *see* **darn² V.**

III *vi* **1.** (*rush*) sausen (*inf*). **to ~ into/across a room** in/quer durch ein Zimmer stürzen *or* stürmen; **to ~ away/back/up**

fort-/zurück-/hinaufstürzen.

2. (*knock, be hurled*) schlagen; (*waves also*) peitschen.

IV *interj* ~ **(it)!** (*inf*) verflixt! (*inf*), (verflixter) Mist! (*inf*).

◆**dash off I** *vi* losstürzen. **sorry to have to ~ ~ like this** es tut mir leid, daß ich so forthetzen muß. **II** *vt sep letter, essay* hinwerfen.

dashboard ['dæʃbɔːd] *n* Armaturenbrett *nt*.

dashed [dæʃt] *adj, adv see* **darn² II, III.**

dashing ['dæʃɪŋ] *adj person, appearance* flott, schneidig; *behaviour* schneidig.

dashpot ['dæʃpɒt] *n* (*Tech*) Pralltopf *m*.

dastardly ['dæstədlɪ] *adj* niederträchtig, gemein.

DAT *n abbr of* **digital audio tape** DAT *nt*. ~ **cassette** DAT-Kassette *f*.

data ['deɪtə] *pl of* **datum** *usu with sing vb* Daten *pl*. **the actual ~ is quite surprising** die eigentlichen Daten sind recht erstaunlich; **a piece of ~** eine Angabe; (*Math*) ein (Zahlen)wert *m*; **what's the ~ on Kowalski?** (*inf*) welche Angaben haben wir über Kowalski?; **we have a significant amount of ~ on ...** wir haben einen beträchtlichen Datenbestand über (+*acc*).

data bank *n* Datenbank *f*; **database** *n* Datenbank *f*; **we have a large ~ of ...** wir haben große Datenbestände an ... (*dat*); **data block** *n* Datenblock *m*; **data buffer** *n* Datenpuffer *m*; **data capture** *n* Datenerfassung *f*; **data carrier** *n* Datenträger *m*; **data file** *n* Datei *f*; **data-handling system** *n* Datenerfassungssystem *nt*; **data input** *n* Dateneingabe *f*; **data network** *n* Datennetz *nt*; **data pen** *n* (*Comput*) Lichtgriffel *m*; **data processing** *n* Datenverarbeitung *f*; **data protection** *n* Datenschutz *m*; **data protection act** *n* Datenschutzgesetz *m*; **data retrieval** *n* Datenabruf *m*; **data switch** *n* Datenschalter *m*; **data transfer** *n* Datentransfer *m*; **data transmission** *n* Datenübertragung *f*.

date¹ [deɪt] *n* (*fruit*) Dattel *f*; (*tree*) Dattelpalme *f*.

date² I *n* **1.** Datum *nt*; (*historical ~*) Geschichts- *or* Jahreszahl *f*; (*for appointment*) Termin *m*. **~ of birth** Geburtsdatum *nt*; **what's the ~ today?** der Wievielte ist heute?; **what ~ is he coming on?** wann *or* an welchem Tag kommt er?; **what is the ~ of that letter?** von wann ist der Brief datiert?; **to ~** bis heute, bis dato (*form, dated*); **of early/recent ~** älteren/neueren *or* jüngeren Datums.

2. (*on coins, medals*) Jahreszahl *f*.

3. (*appointment*) Verabredung *f*; (*with boyfriend etc also*) Rendezvous, Date (inf) *nt*. **who's his ~?** mit wem trifft er sich?; **my ~ didn't show up** derjenige, mit dem/diejenige, mit der ich ausgehen wollte, hat mich versetzt (*inf*); **to make a ~ with sb** sich mit jdm verabreden; **she's out on a ~** sie hat eine Verabredung *or* ein Rendezvous.

II *vt* **1.** mit dem Datum versehen; *letter also* datieren. **letter ~d the seventh of August** ein vom siebten August datierter Brief; **a coin ~d 1390** eine Münze von 1390.

2. (*establish age of*) *work of art* datieren. **that really ~s you** daran merkt man, wie alt Sie sind.

3. (*take out*) *girlfriend* ausgehen mit; (*regularly also*) gehen mit (*inf*).

III *vi* **1. to ~ back to** zurückdatieren auf (+*acc*); **to ~ from** zurückgehen auf (+*acc*); (*antique*) stammen aus. **2.** (*become old-fashioned*) veralten. **3.** (*have boyfriend*) einen Freund/eine Freundin haben; (*couple*) miteinander gehen.

dated ['deɪtɪd] *adj* altmodisch; *clothes, manners also* überholt.

dateless *adj* **1.** *manuscript* undatiert, ohne Jahreszahl; **2.** (*never old-fashioned*) zeitlos; **date line** *n* (*Geog*) Datumsgrenze *f*; (*Typ*) Datumszeile *f*; **date palm** *n* Dattelpalme *f*; **date-stamp I** *n* Datumsstempel *m*; **II** *vt* mit Datumsstempel versehen.

dative ['deɪtɪv] **I** *n* Dativ *m*. **in the ~** im Dativ. **II** *adj* Dativ-, dativisch.

datum ['deɪtəm] *n, pl* **data** (*rare*) Faktum, Datum *nt*.

daub [dɔːb] **I** *vt walls, canvas, face* beschmieren; *paint, slogans, make-up* schmieren; (*coat with grease*) *axle* einschmieren; (*coat with mud, clay*) *walls* bewerfen; (*spread on*) *grease, mud, clay* streichen. **she ~ed cream all over her face** sie hat sich (*dat*) das ganze Gesicht mit Creme zu- *or* vollgeschmiert.

II *n* **1.** (*Build*) Bewurf *m*.

2. (*pej: bad picture*) Kleckserei *f*.

daughter ['dɔːtəʳ] *n* (*lit, fig*) Tochter *f*. **~-in-law** Schwiegertochter *f*.

daughterboard ['dɔːtəˌbɔːd] *n* (*Comput*) Zusatzplatine *f*.

daunt [dɔːnt] *vt* entmutigen. **he is never ~ed** er ist nie verzagt; **nothing ~ed** unverzagt.

daunting ['dɔːntɪŋ] *adj* entmutigend.

dauntless ['dɔːntlɪs] *adj* unerschrocken, beherzt; *courage* unbezähmbar.

davenport ['dævnpɔːt] *n* **1.** (*esp US: sofa*) Sofa *nt*. **2.** (*Brit: desk*) Sekretär *m*.

Davy ['deɪvɪ] *n dim of* **David. to go to ~ Jones' locker** den Seemannstod sterben, **~ lamp** (Gruben-)Sicherheitslampe *f*.

dawdle ['dɔːdl] *vi* (*be too slow*) trödeln; (*stroll*) bummeln.

◆**dawdle along** *vi* dahinbummeln; (+*prep obj*) entlangbummeln.

◆**dawdle away** *vt sep time* vertrödeln.

dawdler ['dɔːdləʳ] *n* Trödler(in *f*) *m*.

dawdling ['dɔːdlɪŋ] *adj* **at a ~ pace** im Bummeltempo.

dawn [dɔːn] **I** *n* (*lit, fig*) (Morgen)dämmerung, Morgenröte (*liter*) *f*; (*no art: time of day*) Tagesanbruch *m*, Morgengrauen *nt*. **at ~** bei Tagesanbruch, im Morgengrauen; **it's almost ~** es ist fast Morgen; **when is ~?** wann wird es hell?; **from ~ to dusk** von morgens bis abends.

II *vi* **1. day was already ~ing** es dämmerte schon; **the day ~ed rainy** der Tag fing mit Regen an; **the day will ~ when ...** (*fig*) der Tag wird kommen, wo ...

2. (*fig*) (*new age*) dämmern, anbrechen; (*hope*) erwachen.

3. (*inf*) **to ~ (up)on sb** jdm dämmern *or* zum Bewußtsein kommen; **the idea ~ed on him that ...** es wurde ihm langsam klar, daß ..., es dämmerte ihm, daß ...

dawn chorus *n* Morgenkonzert *nt* der Vögel; **dawn patrol** *n* (*Aviat*) Morgenpatrouille *f*; **dawn raid** *n* (*Fin*) *plötzlicher Aufkauf von Aktien*, Überraschungsangriff *m*.

day [deɪ] *n* **1.** Tag *m*. **he's coming in three ~s' time** *or* **in three ~s** er kommt in drei Tagen; **it will arrive any ~ now** es muß jeden Tag kommen; **what ~ is it today?** welcher Tag ist heute?, was haben wir heute?; **what ~ of the month is it?** der wievielte ist heute?; **twice a ~** zweimal täglich *or* am Tag; **the ~ before yesterday** vorgestern; **(on) the ~ after/before, (on) the following/previous ~** am Tag danach/zuvor, am (darauf)folgenden/vorhergehenden Tag; **the ~ after tomorrow** übermorgen; **this ~ week** (*inf*) heute in acht Tagen (*inf*); **from that ~ on(wards)** von dem Tag an; **from this ~ forth** (*old*) von diesem Tage an; **two years ago to the ~** heute/morgen auf den Tag genau vor zwei Jahren; **one ~** eines Tages; **one ~ we went swimming, and the next ...** einen Tag gingen wir schwimmen, und den nächsten ...; **one of these ~s** irgendwann(einmal), eines Tages; **~ in, ~ out** tagein, tagaus; **they went to London for the ~** sie machten einen Tagesausflug nach London; **for ~s on end** tagelang; **~ after ~** Tag für Tag, tagtäglich; **~ by ~** jeden Tag, täglich; **the other ~** neulich; **at the end of the ~** (*fig*) letzten Endes; **to live from ~ to ~** von einem Tag auf den andern leben; **today of all ~s** ausgerechnet heute; **some ~ soon** demnächst; **I remember it to this ~** daran erinnere ich mich noch heute; **he's fifty if he's a ~** er ist mindestens *or* wenigstens fünfzig; **all ~** den ganzen Tag; **to travel during the** *or* **by ~** tagsüber *or* während des Tages reisen; **at that time of ~** zu der Tageszeit; **to work ~ and night** Tag und Nacht arbeiten; **good ~!** guten Tag!; (*good-bye*) auf Wiedersehen; **let's call it a ~** machen wir Schluß; **some time during the ~** irgendwann im Laufe des Tages; **to have a nice/lazy ~** einen schönen Tag verbringen/einen Tag faulenzen; **have a nice ~!** viel Spaß!; (*esp US: said by storekeeper*) schönen Tag noch!; **did you have a good ~ at the office?** wie war's im Büro?; **to have a good/bad ~** einen guten/schlechten Tag haben; **what a ~!** (*terrible*) so ein fürchterlicher Tag!; (*lovely*) so ein herrlicher Tag!; **it's all in the** *or* **a ~'s work!** das ist (doch) selbstverständlich; **to work an eight hour ~** einen Achtstundentag haben, acht Stunden am Tag arbeiten; **on a wet ~** an einem regnerischen Tag; **that'll be the ~** das möcht' ich sehen *or* erleben; *see* **make.**

2. (*period of time: often pl*) **these ~s** heute, heutzutage; **what are you doing these ~s?** was machst *or* treibst du denn so?; **in this ~ and age** heutzutage; **in ~s to come** künftig, in künftigen Zeiten *or* Tagen (*geh*); **in his younger ~s** als er noch jünger war; **in Queen Victoria's ~, in the ~s of Queen Victoria** zu Königin Viktorias Zeiten; **the happiest ~s of my life** die glücklichste Zeit meines Lebens; **those were the ~s** das waren noch Zeiten; **in the old ~s** früher; **in the good old ~s** in der guten alten Zeit; **it's early ~s yet** es ist noch zu früh; **during the early ~s of the war** in den ersten Kriegstagen; **he/this material has seen better ~s** er/dieser Stoff hat (auch) schon bessere Zeiten *or* Tage gesehen; **to end one's ~s in misery** im Elend sterben.

3. (*with poss adj: lifetime, best time*) **famous in her ~** in ihrer Zeit berühmt; **it has had its ~** das hat seine Glanzzeit überschritten; **his ~ will come** sein Tag wird kommen.

4. *no pl* (*contest, battle*) **to win** *or* **carry the ~** den Sieg bringen; **to lose/save the ~** (den Kampf) verlieren/retten.

day bed *n* Ruhebett *nt*; **day boarder** *n* (*Brit Sch*) Externe(r) *mf*; **daybook** *n* (*Comm*) Journal, Tagebuch *nt*; **daybreak** *n* Tagesanbruch *m*; **at ~** bei Tagesanbruch; **day care** *n* **to be in ~** (*child*) in einer Tagesstätte untergebracht sein; (*old person*) in einer Altentagesstätte untergebracht sein; **day (care) centre** *n* (*for children*) Tagesstätte *f*; (*for old people*) Altentagesstätte *f*; **day coach** *n* (*US*) (Eisenbahn) personenwagen *m*; **daydream I** *n* Tagtraum *m*, Träumerei *f*; **II** *vi* (mit offenen Augen) träumen; **day labourer** *n* Tagelöhner *m*.

daylight ['deɪlaɪt] *n* **1.** (*daybreak*) Tagesanbruch *m*.

2. Tageslicht *nt*. **it is still ~** es ist noch hell; **in broad ~** am hellen *or* hellichten Tage: **I'd like to get there in ~** ich möchte gern bei Tag ankommen; **I began to see ~** (*fig*) (*to understand*) mir ging ein Licht auf; (*to see the end appear*) so langsam habe ich Land gesehen (*inf*); **to beat the living ~s out of sb** (*inf*) jdn windelweich schlagen (*inf*); **to scare the living ~s out of sb** (*inf*) jdm einen fürchterlichen Schreck einjagen (*inf*).

daylight robbery *n* (*inf*) Halsabschneiderei *f* (*inf*), offener Diebstahl; **daylight saving time** *n* (*esp US*) Sommerzeit *f*.

day long *adj* 24 Stunden-, den ganzen Tag dauernd; **day nurse** *n* Tagesschwester *f*; **day nursery** *n* Kindertagesstätte *f*; (*in private house*) Kinderzimmer *nt*; **day-old** *adj* Eintags-, einen Tag alt; **two-/three-~** zwei/drei Tage alt; **day release** *n* tageweise Freistellung von Angestellten zur Weiterbildung; **day release course** *n* Tageskurs *m* für Berufstätige; **day return (ticket)** *n* (*Brit Rail*) Tagesrückfahrkarte *f*; **day school** *n* Tagesschule *f*; **day shift** *n* Tagschicht *f*.

daytime ['deɪtaɪm] **I** *n* Tag *m*. **in the ~** bei

Tage, tagsüber, während des Tages. **II** *attr* am Tage; *course, programme* Tages-; *raid* am hellen *or* hellichten Tage.

day-to-day *adj occurrence* alltäglich; *way of life* Alltags-, täglich; **on a ~ basis** tageweise; **day trip** *n* Tagesausflug *m*; **day tripper** *n* Tagesausflügler(in *f*) *m*.

daze [deɪz] **I** *n* Benommenheit *f*. **in a ~** ganz benommen. **II** *vt* benommen machen.

dazed [deɪzd] *adj* benommen.

dazzle ['dæzl] *vt* (*lit, fig*) blenden.

dazzling ['dæzlɪŋ] *adj* (*lit*) blendend.

dazzlingly ['dæzlɪŋlɪ] *adv* (*lit, fig*) blendend. **~ beautiful** strahlend schön.

dB *abbr of* **decibel** dB.

DC *abbr of* **1. direct current. 2. District of Columbia.**

DD *abbr of* **Doctor of Divinity** Dr. Theol.

D/D *abbr of* **direct debit**.

D-day ['di:deɪ] *n* (*Hist*) *der 6. Juni 1944, der Tag, an dem die Invasion der Alliierten in Europa anfing*; (*fig*) der Tag X.

DDT *abbr of* **dichloro-diphenyl-trichloroethane** DDT *nt*.

deacon ['di:kən] *n* Diakon *m*.

deaconess ['di:kənes] *n* Diakonissin *f*.

deaconry ['di:kənrɪ] *n* Diakonat *nt*.

deactivate ['di:æktɪveɪt] *vt* entschärfen.

dead [ded] **I** *adj* **1.** tot; *plant also* abgestorben, eingegangen. **to drop (down)** *or* **fall down ~** tot umfallen; **to shoot sb ~** jdn erschießen; **to strike sb ~** jdn erschlagen; **over my ~ body** (*inf*) nur über meine Leiche (*inf*).

2. (*not sensitive*) *limbs* abgestorben, taub. **my fingers are ~** meine Finger sind wie abgestorben; **he is ~ to reason** er ist gegen alle vernünftigen Argumente taub; **to be ~ from the neck up** (*inf*) gehirnamputiert sein (*sl*); **to be ~ to the world** vollkommen weggetreten sein (*inf*).

3. (*without activity*) *town, season* tot; *business also* flau.

4. (*Elec*) *cable* stromlos; (*Telec*) tot. **to go ~** ausfallen.

5. (*burnt out*) *fire* aus *pred; match* abgebrannt.

6. (*inf: finished with*) *glass* ausgetrunken; (*Typ*) *copy* abgesetzt. **are these glasses ~?** können diese Gläser weg?

7. (*Sport*) *ball* tot.

8. (*obsolete*) *language* tot; *custom* ausgestorben

9. (*absolute, exact*) total, völlig. **~ silence** Totenstille *f*; **~ calm** (*Naut*) absolute *or* totale Windstille; **she was in a ~ faint** sie war völlig bewußtlos; **to come to a ~ stop** völlig zum Stillstand kommen.

10. *colour* tot, stumpf, matt; *sound* dumpf.

11. (*Typ*) *key* Tot-.

12. (*inf: exhausted*) tot (*inf*), völlig kaputt (*inf*).

II *adv* **1.** (*exactly*) genau. **~ straight** schnurgerade; **to be ~ on time** auf die Minute pünktlich kommen; (*clock*) auf die Minute genau gehen; **the parachutists landed ~ on target** die Fallschirmspringer sind genau im Ziel gelandet.

2. (*inf: very*) total (*inf*), völlig. **~ drunk/tired** total betrunken, stockvoll (*inf*)/todmüde; **you're ~ right** Sie haben völlig recht; **he was ~ lucky** er hat Schwein gehabt (*inf*); **~ slow** ganz langsam; **"~ slow"** „Schritt fahren"; **to be ~ certain about sth** (*inf*) bei etw todsicher sein.

3. to stop ~ abrupt stehenbleiben *or* (*talking*) innehalten.

III *n* **1. the ~** *pl* die Toten *pl*. **2. at ~ of night** mitten in der Nacht; **in the ~ of winter** mitten im Winter.

dead-and-alive *adj* (*inf*) *party, place* tot, langweilig; **dead-ball line** *n* (*Rugby*) Feldauslinie *f*; **dead-beat** *adj* (*inf*) völlig kaputt (*inf*), total fertig (*inf*); **dead-beat** *n* (*down-and-out*) Gammler *m*; (*failure*) Versager *m*; **dead duck** *n* **to be a ~** passé sein; **politically he's/it's a ~** politisch ist er/es gestorben (*inf*).

deaden ['dedn] *vt shock* auffangen; *pain* mildern; *force, blow* abschwächen; *nerve, passions* abtöten; *sound, noise* dämpfen; *mind, feeling* abstumpfen.

dead end *n* Sackgasse *f*; **to come to a ~** (*lit*) (*road*) in einer Sackgasse enden; (*driver*) an eine Sackgasse kommen; (*fig*) in eine Sackgasse geraten; **dead-end** *adj attr* **~ street** (*esp US*) Sackgasse *f*; **to be in ~ street** (*fig*) keine Chancen haben; **~ kids** Gassenkinder *pl*; **a ~ job** ein Job *m* ohne Aufstiegsmöglichkeiten; **dead heat** *n* totes Rennen; **dead letter** *n* (*lit*) unzustellbarer Brief; (*Jur*) toter Buchstabe; **deadline** *n* (letzter) Termin; **to fix** *or* **set a ~** eine Frist setzen; **to work to a ~** auf einen Termin hinarbeiten; **can you meet the ~?** können Sie den Termin *or* die Frist einhalten?; **copy ~** (*Press*) Redaktionsschluß *m*.

deadliness ['dedlɪnɪs] *n* (*of poison, weapon*) tödliche Wirkung; (*of wit, sarcasm*) vernichtende Wirkung; (*inf*) (*boringness*) tödliche Langeweile; (*awfulness*) Entsetzlichkeit *f*.

deadlock ['dedlɒk] *n* **to reach 1. ~** sich festfahren, in eine Sackgasse geraten; **to break the ~** aus der Sackgasse herauskommen.

deadly ['dedlɪ] **I** *adj* (*+er*) **1.** *poison, hatred, weapon, accuracy* tödlich; *sin, enemy* Tod-; *wit, sarcasm* vernichtend. **his aim was ~** er traf mit tödlicher Sicherheit; **he's in ~ earnest** er meint es todernst.

2. (*inf*) (*boring*) todlangweilig; (*awful*) *taste* entsetzlich.

II *adv boring* tod-. **~ pale** totenbleich.

deadly nightshade *n* Tollkirsche *f*.

deadness ['dednɪs] *n* (*of limbs*) Taubheit *f*; (*of colour*) Langweiligkeit *f*.

deadpan I *adj face* unbewegt; *style, humour* trocken; **with a ~ expression** mit unbeweglicher Miene; **II** *n* (*face, expression*) unbewegliche Miene; **Dead Sea** *n* Totes Meer; **~ scrolls** *npl* Schriftrollen *pl* vom Toten Meer; **dead weight** *n* (*Tech*) Eigen- *or* Totgewicht *nt*; **that box/she was a ~** die Kiste/sie war furchtbar schwer; **deadwood** *n* (*lit*) morsches Holz; (*Naut*) Totholz *nt*; (*fig*) Ballast *m*.

deaf [def] **I** *adj* (+*er*) (*lit, fig*) taub. **as ~ as a (door)post** stocktaub; **he was ~ to her pleas** er blieb gegen alle ihre Bitten taub, er verschloß sich ihren Bitten; **to turn a ~ ear to sb/sth** sich jdm/einer Sache (*dat*) gegenüber taub stellen; **our pleas fell on ~ ears** unsere Bitten fanden kein Gehör.

II *n* **the ~** *pl* die Tauben *pl*.

deaf-aid *n* Hörgerät *nt*; **deaf-and-dumb** *adj* taubstumm; *language* Gebärden-.

deafen ['defn] *vt* (*lit*) taub machen; (*fig*) betäuben.

deafening ['defnıŋ] *adj noise* ohrenbetäubend; *row* lautstark. **a ~ silence** ein eisiges Schweigen.

deaf-mute ['def'mju:t] *n* Taubstumme(r) *mf*.

deafness ['defnıs] *n* (*lit, fig*) Taubheit *f* (*to* gegenüber).

deal[1] [di:l] **I** *n* (*amount*) Menge *f*. **a good** *or* **great ~** eine Menge, (ziemlich) viel; **not a great ~** nicht (besonders) viel; **there's still a (good** *or* **great) ~ of work left** es ist noch ein schönes Stück *or* eine Menge Arbeit; **there's a great** *or* **good ~ of truth in what he says** es ist schon ziemlich viel Wahres an dem, was er sagt; **to mean a great ~ to sb** jdm viel bedeuten.

II *adv* **a good** *or* **great ~, a ~** (*inf*) (+*vb*) (ziemlich) viel; (+*adj*) viel; **not a great ~** nicht viel.

deal[2] (*vb: pret, ptp* **dealt**) **I** *n* **1.** (*also* **business ~**) Geschäft *nt*, Handel *m*; (*arrangement*) Handel *m*, Abkommen *nt*, Deal *m* (*inf*). **to do** *or* **make a ~ with sb** mit jdm ein Geschäft *or* einen Deal (*inf*) machen, mit jdm ein Geschäft abschließen; **it's a ~** abgemacht!; **I'll make** *or* **do a ~ with you** ich schlage Ihnen ein Geschäft vor; **I never make ~s** ich lasse mich nie auf Geschäfte ein; **are you forgetting our ~?** hast du unsere Abmachung vergessen?; **a ~ on the Stock Exchange** ein Börsengeschäft; *see* **big.**

2. (*inf*) **to give sb a fair ~** jdn anständig behandeln; **a better ~ for the lower paid** bessere Bedingungen für die schlechter bezahlten Arbeiter; **the management offered us a new ~** die Firmenleitung hat uns ein neues Angebot gemacht.

3. (*Cards*) **it's your ~** Sie geben.

II *vt* **1.** (*also* **~ out**) *cards* geben. **2.** *see* **blow**[1].

III *vi* **1. to ~ well/badly by sb** jdn gut/schlecht behandeln.

2. (*Cards*) geben, austeilen.

◆**deal in I** *vi* +*prep obj* (*Comm*) handeln mit. **II** *vt sep* (*Cards*) *player* Karten geben (+*dat*).

◆**deal out** *vt sep gifts, money* verteilen (*to* an +*acc*); *cards* (aus)geben (*to dat*). **to ~ ~ justice** Recht sprechen.

◆**deal with** *vi* +*prep obj* **1.** (*do business with*) verhandeln mit. **he's not easy to ~ ~** es ist nicht leicht, mit ihm zu verhandeln.

2. (*manage, handle*) sich kümmern um; (*with job*) sich befassen mit; (*successfully*) fertigwerden mit; (*Comm*) *orders* erledigen; (*be responsible for also*) zuständig sein für. **let's ~ ~ the adjectives first** behandeln wir zuerst die Adjektive; **to know how to ~ ~ sb** wissen, wie man mit jdm fertig wird *or* umgeht; **you bad boy, I'll ~ ~ you later** (*inf*) dich knöpf' *or* nehm' ich mir später vor, du Lausebengel! (*inf*); **the problem has been successfully ~t ~** man ist gut mit dem Problem fertiggeworden; **to ~ ~ a case** (*judge*) einen Fall verhandeln; (*lawyer*) sich mit einem Fall befassen.

3. (*be concerned with*) (*book, film*) handeln von; (*author*) sich beschäftigen *or* befassen mit.

deal[3] **I** *n* (*wood*) Kiefern- *or* Tannenholz *nt*. **II** *adj attr* aus Kiefern- *or* Tannenholz, Kiefern-, Tannen-.

dealer ['di:ləʳ] *n* **1.** (*Comm*) Händler(in *f*) *m*; (*wholesaler*) Großhändler *m*. **a ~ in furs** ein Pelzhändler. **2.** (*with drugs*) Dealer *m*. **3.** (*Cards*) Kartengeber *m*.

dealing ['di:lıŋ] *n* **1.** (*trading*) Handel *m*; (*on stock exchange also*) Transaktionen *pl*. **there's some crooked ~ involved here** da ist irgend etwas gedreht (*inf*) worden.

2. (*of cards*) Geben *nt*.

3. ~s *pl* (*Comm*) Geschäfte *pl*; (*generally*) Umgang *m*; **to have ~s with sb** mit jdm zu tun haben; (*Comm also*) Geschäftsbeziehungen zu jdm haben; **he had secret ~s with the enemy** er stand heimlich mit dem Feind in Verbindung.

dealt [delt] *pret, ptp of* **deal**[2].

dean [di:n] *n* (*Eccl, Univ*) Dekan *m*.

dear [dıəʳ] **I** *adj* (+*er*) **1.** (*loved*) lieb, teuer (*liter*). **that/she was ~est of all to him** das/sie war ihm das Liebste *or* Teuerste; **I hold him/it ~** er/es ist mir lieb und teuer; **that is my ~est wish** das ist mein sehnlichster *or* innigster Wunsch; **my ~ chap** mein lieber Freund.

2. (*lovable, sweet*) *child* lieb, süß, reizend; *thing* süß, entzückend, reizend.

3. (*in letter-writing*) **~ Daddy/John** lieber Vati/John!; **~ Sir/Madam** sehr geehrter Herr X/sehr geehrte Frau X!; (*no name known*) sehr geehrte Damen und Herren!; **~ Mr Kemp** sehr geehrter Herr Kemp!; (*less formal*) lieber Herr Kemp!; **D~ John letter** (*US inf*) Abschiedsbrief *m*.

4. (*expensive*) *goods, shop* teuer; *prices also* hoch. **to get ~er** (*goods*) teuer werden; (*prices*) steigen.

II *interj* **~ ~!, ~ me!** (ach) du liebe Zeit!, (du) meine Güte!; **oh ~!** oje!, ach du meine Güte *or* du liebe Zeit!

III *n* **hello/thank you ~** hallo/vielen Dank; **Veronika/ Robert ~** Veronika/Robert; **yes, ~** (*husband to wife etc*) ja, Schätzchen *or* Liebling; **Edward, my ~** (*elderly lady to nephew/brother etc*) mein lieber Edward, Edward, mein Lieber; **my ~est** meine Teuerste (*geh*), mein Teuerster (*geh*), (meine) Liebste, (mein) Liebster; **are you being served, ~?** (*inf*) werden Sie schon bedient?;

give it to me, there's a ~ (*inf*) gib es mir, sei (doch) so lieb *or* gut; **be a ~** (*inf*) sei so lieb *or* gut; **poor ~** die Arme, der Arme; **your mother is a ~** (*inf*) deine Mutter ist ein Engel (*inf*) *or* richtig lieb; **her little boy is such a little ~** ihr kleiner Junge ist ein süßer Knopf (*inf*); **this old ~ came up to me** dieses Muttchen kam zu mir her (*inf*).

IV *adv* (*lit, fig*) *buy, pay, sell* teuer.

dearie, deary ['dɪərɪ] *n* (*inf*) *usu not translated;* (*woman to child*) Kleine(r, s). **thanks for your help, ~** (*old woman*) vielen Dank für deine Hilfe, mein Kind/Sohn.

dearly ['dɪəlɪ] *adv* **1.** (*very much*) *love* von ganzem Herzen. **I should ~ like** *or* **love to live here** ich würde für mein Leben gern hier wohnen. **2.** (*lit, fig*) *pay* teuer.

dearness ['dɪənɪs] *n* **1.** (*expensiveness*) hoher Preis. **2.** (*being loved*) **her ~ to him** daß sie ihm lieb und teuer war.

dearth [dɜːθ] *n* Mangel *m* (*of* an *+dat*); (*of ideas*) Armut *f* (*of* an *+dat*). **~ of water/ideas** Wassermangel *m*/Gedankenarmut *f*; **there is no ~ of young men** an jungen Männern herrscht kein Mangel.

deary *n see* **dearie.**

death [deθ] *n* Tod *m*; (*of planet, city also, of plans, hopes*) Ende *nt*. **~ to all traitors!** Tod allen Verrätern!; **D~ is portrayed as ...** der Tod wird als ... dargestellt; **to be burnt to ~** verbrennen; (*at stake*) verbrannt werden; **how many ~s were there?** wieviele Tote *or* Todesfälle gab es?; **to die a hero's ~** den Heldentod sterben; **a fight to the ~** ein Kampf auf Leben und Tod; **to put sb to ~** jdn hinrichten; **to do sb to ~** (*old*) jdn umbringen; **to drink oneself to ~** sich zu Tode trinken; **to work oneself to ~** sich totarbeiten; **he works his men to ~** er schindet seine Leute zu Tode; **to be at ~'s door** an der Schwelle des Todes stehen; **he will be the ~ of me** (*inf*) (*he's so funny*) ich lach' mich noch einmal tot über ihn (*inf*); (*he's annoying*) er bringt mich noch ins Grab; **to catch one's ~ (of cold)** (*inf*) sich (*dat*) den Tod holen; **I am sick to ~ of all this** (*inf*) das alles hängt mir gründlich zum Halse raus, ich bin das alles gründlich leid; **he looked like ~ warmed up** (*inf*) er sah wie der Tod auf Urlaub aus (*inf*).

deathbed *n* Sterbebett *nt*; **death benefit** *n* (*Insur*) Versicherungsprämie *f* im Todesfall; **death-blow** *n* (*lit, fig*) Todesstoß *m*; **death camp** *n* Vernichtungslager *nt*; **death cell** *n* Todeszelle *f*; **death certificate** *n* Sterbeurkunde *f*; **death-dealing** *adj blow, missile* tödlich; **death duties** *npl* (*Brit*) Erbschaftssteuern *pl*; **death instinct** *n* (*Psych*) Todestrieb *m*; **death knell** *n* (*fig*) Todesstoß *m*; **deathless** *adj* unsterblich; **deathlike** *adj* totenähnlich.

deathly ['deθlɪ] **I** *adj* (*+er*) **1.** **~ hush** *or* **stillness** Totenstille *f*; **~ silence** eisiges Schweigen; **~ pallor** Totenblässe *f*. **2.** *blow* tödlich. **II** *adv* **~ pale** totenbleich, leichenblaß.

death-mask *n* Totenmaske *f*; **death penalty** *n* Todesstrafe *f*; **death rate** *n* Sterbeziffer *f*; **death-rattle** *n* Todesröcheln *nt*; **death-roll** *n* Verlust- *or* Gefallenenliste *f*; **death row** *n* Todestrakt *m*; **death sentence** *n* Todesurteil *nt*; **death's head** *n* (*on flag*) Totenkopf *m*; **death's head moth** *n* Totenkopf(schwärmer) *m*; **death squad** *n* Todeskommando *nt*; **death throes** *npl* (*lit, fig*) Todeskampf *m*; **death toll** *n* Zahl *f* der (Todes)opfer *or* Toten; **death-trap** *n* Todesfalle *f*; **death-warrant** *n* Hinrichtungsbefehl *m*; (*fig*) Todesurteil *nt*; **death-watch** *n* Totenwache *f*; **death-watch beetle** *n* Totenuhr *f*, Klopfkäfer *m*; **death-wish** *n* Todestrieb *m*.

débâcle [de'bɑːkl] *n* Debakel *nt* (*over* bei).

debar [dɪ'bɑːʳ] *vt* (*from club, competition*) ausschließen (*from* von).

debark [dɪ'bɑːk] **I** *vi* sich ausschiffen, an Land gehen. **II** *vt* ausschiffen; *troops* landen.

debarkation [ˌdiːbɑː'keɪʃən] *n* Ausschiffung, Landung *f*; (*of troops*) Landen *nt*.

debarment [dɪ'bɑːmənt] *n* Ausschluß *m*.

debase [dɪ'beɪs] *vt* **1.** *person* erniedrigen, entwürdigen. **to ~ oneself by doing sth** sich selbst so weit erniedrigen, daß man etw tut. **2.** *virtues, qualities* mindern, herabsetzen. **3.** *metal* verschlechtern; *coinage also* den Wert mindern von.

debasement [dɪ'beɪsmənt] *n see vt* **1.** Erniedrigung, Entwürdigung *f*. **2.** Minderung, Herabsetzung *f*. **3.** Verschlechterung *f*; Wertminderung *f*.

debatable [dɪ'beɪtəbl] *adj* fraglich; *frontier* umstritten. **it's a ~ point whether ...** es ist fraglich, ob ...

debate [dɪ'beɪt] **I** *vt question* debattieren, diskutieren.

II *vi* debattieren, diskutieren (*with* mit, *about* über *+acc*). **he was debating with himself/his conscience whether to go or not** er überlegte hin und her, ob er gehen sollte.

III *n* Debatte *f*. **the ~ was on** *or* **about ...** die Debatte ging über ... (*+acc*); **the death penalty was under ~** zur Debatte stand die Todesstrafe.

debater [dɪ'beɪtəʳ] *n* Debattierer(in *f*) *m*.

debating [dɪ'beɪtɪŋ] **I** *n* Debattieren, Diskutieren *nt*. **II** *adj attr* Debattier-. **~ society** Debattierklub *m*.

debauch [dɪ'bɔːtʃ] **I** *vt* verderben. **II** *n* Orgie *f*.

debauched [dɪ'bɔːtʃt] *adj person, look* verderbt; *life* zügellos, ausschweifend.

debauchee [ˌdebɔː'tʃiː] *n* Wüstling *m*.

debauchery [dɪ'bɔːtʃərɪ] *n* Ausschweifung *f*. **a life of ~** ein zügelloses *or* ausschweifendes Leben.

debenture [dɪ'bentʃəʳ] *n* (*Fin*) Schuldschein *m*; (*Customs*) Rückzollschein *m*.

debenture bond *n* Schuldverschreibung, Obligation *f*.

debilitate [dɪ'bɪlɪteɪt] *vt* schwächen.

debilitating [dɪ'bɪlɪteɪtɪŋ] *adj* schwächend; *lack of funds also* lähmend; *shyness, self-doubt* hinderlich, hemmend.

debility [dɪ'bɪlɪtɪ] *n* Schwäche *f*.
debit ['debɪt] **I** *n* Schuldposten *m*, Debet *nt*. ~ **account/balance** Debetkonto *nt*/ Soll- *or* Debetsaldo *m*; **to enter sth to the ~ side of an account** etw auf der Sollseite verbuchen; **on the ~ side** (*fig*) auf der Minusseite.
II *vt* **to ~ sb/sb's account with a sum, to ~ a sum to sb/sb's account** jdn/jds Konto mit einer Summe belasten.
debit card *n* Kundenkarte *f*; **debit entry** *n* Abbuchung *f*.
debonair [ˌdebə'nɛəʳ] *adj* flott.
debouch [dɪ'baʊtʃ] *vi* (*troops*) hervorbrechen; (*river*) münden.
debrief [ˌdiː'briːf] *vt* befragen. **to be ~ed** Bericht erstatten.
debriefing [ˌdiː'briːfɪŋ] *n* (*also* ~ **session**) Einsatzbesprechung *f* (nach dem Flug).
debris ['debriː] *n* Trümmer *pl*, Schutt *m*; (*Geol*) Geröll *nt*.
debt [det] *n* (*money owed, obligation*) Schuld *f*. ~ **of honour** Ehrenschuld *f*; **National D~** Staatsschulden *pl*, Verschuldung *f* der öffentlichen Hand; **to be in ~** verschuldet sein (*to* gegenüber); **he is in my ~** (*for money*) er hat Schulden bei mir; (*for help*) er steht in meiner Schuld; **to run** *or* **get into ~** Schulden machen; **to get out of ~** aus den Schulden herauskommen; **to be out of ~** schuldenfrei sein; **to repay a ~** (*lit, fig*) eine Schuld begleichen.
debt collection agency *n* Inkassobüro *nt*; **debt-collector** *n* Inkassobeauftragte(r) *mf*.
debtor ['detəʳ] *n* Schuldner(in *f*) *m*. ~ **nation** *n* Schuldnerstaat *m*.
debt rescheduling ['detrɪ'ʃedʒʊəlɪŋ] *n* Umschuldung *f*; **debt servicing** *n* Schuldendienst *m*.
debug [ˌdiː'bʌg] *vt* **1.** *mattress* entwanzen. **2.** (*remove technical faults from*) die Fehler beseitigen bei. **3.** (*remove bugging equipment from*) entwanzen (*sl*). **4.** (*Comput*) entwanzen. **~ging program** Fehlerkorrekturprogramm *nt*, Debugger *m*.
debugger [ˌdiː'bʌgəʳ] *n* (*Comput*) Debugger *m*.
debunk [ˌdiː'bʌŋk] *vt claim* entlarven; *politician* vom Sockel stoßen.
début ['deɪbjuː] *n* (*lit, fig*) Debüt *nt*. **to make one's ~** (*in society*) in die Gesellschaft eingeführt werden; (*Theat*) debütieren, sein Debüt geben; (*fig*) sein Debüt geben.
débutante ['debjuːtɑ̃ːnt] *n* Debütantin *f*.
Dec *abbr of* **December** Dez.
decade ['dekeɪd] *n* (*ten years*) Jahrzehnt *nt*, Dekade *f*.
decadence ['dekədəns] *n* Dekadenz *f*.
decadent ['dekədənt] **I** *adj* dekadent. **II** *n* (*Liter*) Vertreter *m* der Dekadenz.
decaffeinated [ˌdiː'kæfɪneɪtɪd] *adj* koffeinfrei, entkoffeiniert.
decal [dɪ'kæl] *n* (*US*) Abziehbild *nt*; (*process*) Abziehen *nt*.
decalogue ['dekəlɒg] *n* Dekalog *m*.
decamp [dɪ'kæmp] *vi* **1.** (*Mil*) das Lager abbrechen. **2.** (*inf*) verschwinden, sich aus dem Staube machen (*inf*).
decant [dɪ'kænt] *vt* umfüllen, dekantieren (*form*).
decanter [dɪ'kæntəʳ] *n* Karaffe *f*.
decapitate [dɪ'kæpɪteɪt] *vt* enthaupten (*geh*), köpfen. **she was ~d in the accident** bei dem Unfall wurde ihr der Kopf abgetrennt.
decapitation [dɪˌkæpɪ'teɪʃən] *n* Enthauptung *f* (*geh*).
decarbonization ['diːˌkɑːbənaɪ'zeɪʃən] *n* (*Aut*) Entkohlung, Dekarbonisierung *f*.
decarbonize [ˌdiː'kɑːbənaɪz] *vt pistons* dekarbonisieren, entkohlen.
decathlete [dɪ'kæθliːt] *n* Zehnkämpfer(in *f*) *m*.
decathlon [dɪ'kæθlən] *n* Zehnkampf *m*.
decay [dɪ'keɪ] **I** *vi* **1.** verfallen; (*building also, Phys*) zerfallen; (*rot*) (*dead body, flesh also, vegetable matter*) verwesen; (*food*) schlecht werden, verderben; (*tooth also*) schlecht werden, faulen; (*bones, wood also*) morsch werden.
2. (*fig*) verfallen; (*health also*) sich verschlechtern; (*beauty also*) verblühen, vergehen; (*civilization, race*) untergehen; (*friendship*) auseinandergehen, zerfallen; (*one's faculties*) verkümmern; (*business, family*) herunterkommen.
II *vt food* schlecht werden lassen, verderben; *tooth* faulen lassen, schlecht werden lassen; *wood* morsch werden lassen.
III *n* **1.** *see vi* **1.** Verfall *m*; Zerfall *m*; Verwesung *f*; Schlechtwerden *nt*; Morschwerden *nt*. **it prevents (tooth) ~** es verhindert Zahnverfall; **to fall into ~** in Verfall geraten, verfallen.
2. (*~ed part or area*) Fäule, Fäulnis *f*.
3. (*fig*) Verfall *m*; (*of friendship, civilization*) Zerfall *m*; (*of race, family, business*) Untergang *m*; (*of faculties*) Verkümmern *nt*.
decayed [dɪ'keɪd] *adj wood* morsch; *tooth* faul; *food* schlecht; *body, vegetable matter* verwest.
decease [dɪ'siːs] (*Jur, form*) **I** *n* Ableben *nt* (*form*). **II** *vi* sterben, verscheiden (*geh*).
deceased [dɪ'siːst] (*Jur, form*) **I** *adj* ge- *or* verstorben. **John Brown, ~** der verstorbene John Brown. **II** *n*: **the ~** der/die Tote *or* Verstorbene; die Toten *or* Verstorbenen *pl*.
deceit [dɪ'siːt] *n* Betrug *m no pl*, Täuschung *f*.
deceitful [dɪ'siːtfʊl] *adj* falsch, betrügerisch.
deceitfully [dɪ'siːtfəlɪ] *adv* betrügerischerweise; *behave* falsch, betrügerisch.
deceitfulness [dɪ'siːtfʊlnɪs] *n* Falschheit *f*; (*deceitful acts*) Betrügereien *pl*.
deceive [dɪ'siːv] **I** *vt* täuschen, trügen (*geh*); *one's wife, husband* betrügen. **to ~ sb into doing sth** jdn durch Täuschung dazu bringen, etw zu tun; **are my eyes deceiving me, — is it really you?** täuschen mich meine Augen, oder bist du es wirklich?; **to ~ oneself** sich (*dat*) selbst etwas vormachen. **II** *vi* trügen (*geh*), täuschen.
deceiver [dɪ'siːvəʳ] *n* Betrüger(in *f*) *m*.
decelerate [diː'seləreɪt] **I** *vi* (*car, train*)

langsamer werden; (*driver*) die Geschwindigkeit herabsetzen; (*production*) sich verlangsamen. **II** *vt* verlangsamen.

deceleration ['diːˌselə'reɪʃən] *n see vi* Langsamerwerden *nt*; Herabsetzung *f* der Geschwindigkeit; Verlangsamung *f*.

December [dɪ'sembə^{r}] *n* Dezember *m*; *see also* **September.**

decency ['diːsənsɪ] *n* (*good manners*) Anstand *m*; (*of dress*) Anständigkeit *f*; (*of behaviour*) Schicklichkeit *f*. **~ demands that ...** der Anstand fordert, daß ...; **it's only common ~ to ...** es gehört sich einfach, zu ...; **for ~'s sake** anstandshalber; **he could have had/I hope you'll have the ~ to tell me** er hätte es mir anständigerweise auch sagen können/ich hoffe, du wirst die Anständigkeit besitzen, es mir zu sagen.

decent ['diːsənt] *adj* (*all senses*) anständig. **are you ~?** (*inf*) bist du schon salonfähig? (*inf*).

decently ['diːsəntlɪ] *adv* anständig. **you can't ~ ask him ...** Sie können ihn jetzt kaum bitten ...

decentralization ['diːˌsentrəlaɪ'zeɪʃən] *n* Dezentralisierung *f*.

decentralize [diː'sentrəlaɪz] *vti* dezentralisieren.

decentralized [diː'sentrəlaɪzd] *adj* dezentral.

deception [dɪ'sepʃən] *n* **1.** (*act of deceiving*) Täuschung *f*, Betrug *m no pl* (*of* an *+dat*); (*of wife*) Betrug *m*. **all the little ~s we practise** all die kleinen Betrügereien, die wir verüben. **2.** (*state of being deceived*) Täuschung *f*. **3.** (*that which deceives*) Täuschung *f*.

deceptive [dɪ'septɪv] *adj* irreführend; *similarity, side-step* täuschend; *simplicity* trügerisch. **to be ~** täuschen, trügen (*geh*); **appearances are** *or* **can be ~** der Schein trügt.

deceptively [dɪ'septɪvlɪ] *adv* täuschend. **the village looks ~ near** das Dorf scheint täuschend nahe.

deceptiveness [dɪ'septɪvnɪs] *n* Täuschende(s) *nt*. **the ~ of the effects of perspective** die trügerischen Effekte der Perspektive.

decibel ['desɪbel] *n* Dezibel *nt*.

decide [dɪ'saɪd] **I** *vt* **1.** (*come to a decision*) (sich) entscheiden; (*take it into one's head*) beschließen, sich entschließen. **what did you ~?** (*yes or no*) wie habt ihr euch entschieden?; (*what measures*) was habt ihr beschlossen?; **did you ~ anything?** habt ihr irgendwelche Entscheidungen getroffen?; **you must ~ what to do** du mußt (dich) entscheiden, was du tun willst; **I have ~d we are making a big mistake** ich bin zu der Ansicht gekommen, daß wir einen großen Fehler machen; **I'll ~ what we do!** ich bestimme, was wir tun!; **she always wants to ~ everything** sie will immer alles bestimmen; **the weather hasn't ~d what it's going to do yet** das Wetter hat (sich) noch nicht entschlossen, was es will.

2. (*settle*) *question, war* entscheiden. **to ~ sb's fate** jds Schicksal bestimmen.

3. to ~ sb to do sth jdn veranlassen, etw zu tun; **that eventually ~d me** das hat schließlich für mich den Ausschlag gegeben.

II *vi* (sich) entscheiden. **I don't know, you ~** ich weiß nicht, entscheiden *or* bestimmen *Sie*!; **to ~ for/against sth** (sich) für/gegen etw entscheiden; **to ~ for** *or* **in favour of/against sb/sth** (*Jur*) zu jds Gunsten/Ungunsten *or* für/gegen jdn/ etw entscheiden.

◆**decide on** *vi +prep obj* sich entscheiden für. **the date which has been ~d ~** der Termin, für den man sich entschieden hat.

decided [dɪ'saɪdɪd] *adj* **1.** (*clear, definite*) *improvement* entschieden; *difference* deutlich. **2.** (*determined*) *manner* entschlossen, bestimmt; *opinion* entschieden. **it's my ~ opinion that ...** ich bin entschieden der Meinung, daß ....

decidedly [dɪ'saɪdɪdlɪ] *adv* **1.** (*definitely*) entschieden. **she is ~ lazy** sie ist (ganz) entschieden faul. **2.** *act* entschlossen.

decider [dɪ'saɪdə^{r}] *n* **1. the ~ was that ...** ausschlaggebend war, daß ... **2.** (*game*) Entscheidungsspiel *nt*; (*goal*) Entscheidungstreffer *m*.

deciding [dɪ'saɪdɪŋ] *adj* entscheidend; *factor also* ausschlaggebend; *game, goal also* Entscheidungs-.

deciduous [dɪ'sɪdjʊəs] *adj tree* Laub-; *leaves* die jedes Jahr abfallen; *antler* das abgeworfen wird.

decimal ['desɪməl] **I** *adj* Dezimal-. **to three ~ places** auf drei Dezimalstellen; **to go ~** sich auf das Dezimalsystem umstellen; **~ point** Komma *nt*. **II** *n* Dezimalzahl *f*. **~s** Dezimalzahlen *pl*.

decimalization [ˌdesɪməlaɪ'zeɪʃən] *n* Umstellung *f* auf das Dezimalsystem.

decimalize ['desɪməlaɪz] *vt system, currency* auf das Dezimalsystem umstellen.

decimate ['desɪmeɪt] *vt* dezimieren.

decipher [dɪ'saɪfə^{r}] *vt* (*lit, fig*) entziffern.

decipherable [dɪ'saɪfərəbl] *adj* (*lit, fig*) entzifferbar.

decision [dɪ'sɪʒən] *n* **1.** Entscheidung *f* (*on* über *+acc*), Entschluß *m*; (*esp of committee*) Beschluß *m*; (*of judge*) Entscheidung *f*. **to make a ~** eine Entscheidung treffen *or* fällen, einen Entschluß/Beschluß fassen; **she always wants to make all the ~s** sie will immer über alles bestimmen; **I can't make your ~s for you** ich kann nicht für dich entscheiden; **it's your ~** das mußt du entscheiden; **to come to a ~** zu einer Entscheidung kommen; **I've come to the ~ it's a waste of time** ich bin zu dem Schluß gekommen, daß es Zeitverschwendung ist; **~s ~s!** immer diese Entscheidungen!

2. *no pl* (*of character*) Entschlußkraft, Entschlossenheit *f*.

decision-maker *n* Entscheidungsträger *m*; **decision-making I** *n* Entscheidungsfindung *f*; **he's hopeless at ~** er kann einfach keine Entscheidungen treffen; **II** *adj attr* **~ skills/abilities** Entschlußkraft *f*.

decisive [dɪ'saɪsɪv] *adj* **1.** entscheidend;

factor also ausschlaggebend; *battle also* Entscheidungs-. **2.** *manner, answer* bestimmt, entschlossen; *person* entschlußfreudig.

decisively [dɪ'saɪsɪvlɪ] *adv see adj* **1.** entscheidend. **2.** bestimmt.

decisiveness [dɪ'saɪsɪvnɪs] *n see adj* **1.** entscheidende Bedeutung. **a victory of such ~** ein so entscheidender Sieg. **2.** Bestimmtheit *f*.

deck [dek] **I** *n* **1.** (*Naut*) Deck *nt*. **on ~** auf Deck; **to go up on ~** an Deck gehen; **to go (down) below ~(s).** unter Deck gehen.

2. (*of bus, plane*) Deck *nt*. **top** *or* **upper ~** Oberdeck *nt*.

3. (*of cards*) Spiel *nt*.

4. (*of record-player*) Laufwerk *nt*; (*part of hi-fi unit*) Plattenspieler *m*. **tape ~** Tape-deck *nt*.

II *vt* (*also* **~ out**) schmücken. **to ~ oneself out in one's Sunday best** sich in seinen Sonntagsstaat werfen (*inf*).

deck cabin *n* Deckkabine *f*; **deck cargo** *n* Deckladung *f*; **deckchair** *n* Liegestuhl *m*.

deck-hand *n* Deckshelfer *m*; **deck-house** *n* Deckshaus *nt*.

deckle-edged ['dekledʒd] *adj* mit Büttenrand; *paper* Bütten-.

declaim [dɪ'kleɪm] **I** *vi* deklamieren. **to ~ against sth** gegen etw wettern. **II** *vt* deklamieren, vortragen.

declamation [ˌdeklə'meɪʃən] *n* Deklamation *f*; (*against sth*) Tirade *f*.

declamatory [dɪ'klæmətərɪ] *adj* deklamatorisch, pathetisch.

declarable [dɪ'klɛərəbl] *adj goods* verzollbar.

declaration [ˌdeklə'reɪʃən] *n* (*of love, war, income*) Erklärung *f*; (*Cards*) Ansage *f*; (*customs also*) Deklaration *f* (*form*). **~ of intent** Absichtserklärung *f*; **~ of love/bankruptcy** Liebeserklärung *f*/Konkursanmeldung *f*; **to make a ~** eine Erklärung abgeben; **~ of the results** (*Pol*) Bekanntgabe des Ergebnisses/der Ergebnisse.

declare [dɪ'klɛə^r] **I** *vt* **1.** *intentions* erklären, kundtun (*geh*); *results* bekanntgeben, veröffentlichen; *goods* angeben, deklarieren (*form*). **have you anything to ~?** haben Sie etwas zu verzollen?; **to ~ one's income** sein Einkommen angeben; **to ~ oneself** *or* **one's feelings** (*to a woman, man*) sich erklären; **to ~ war (on sb)** (jdm) den Krieg erklären; **to ~ sb bankrupt** jdn für bankrott erklären; **I ~ this meeting/motorway officially open** ich erkläre diese Sitzung/diese Autobahn für offiziell eröffnet; **to ~ sb the winner** jdn zum Sieger erklären.

2. (*assert*) erklären, beteuern, versichern.

II *vi* **1. to ~ for/against sb/sth** sich für/gegen jdn/etw erklären; **well I (do) ~!** (*dated*) ist es denn die Möglichkeit!

2. (*Sport*) die Runde für beendet erklären.

declared [dɪ'klɛəd] *adj* erklärt.

declaredly [dɪ'klɛərɪdlɪ] *adv* erklärtermaßen.

declassification [dɪˌklæsɪfɪ'keɪʃən] *n* (*of information*) Freigabe *f*.

declassify [diː'klæsɪfaɪ] *vt information* freigeben.

declension [dɪ'klenʃən] *n* (*Gram*) Deklination *f*.

declinable [dɪ'klaɪnəbl] *adj* (*Gram*) deklinierbar.

decline [dɪ'klaɪn] **I** *n* **1.** (*in standards, birthrate, business, sales, prices*) Rückgang *m*; (*of empire, a party's supremacy*) Untergang, Niedergang *m*. **to be on the ~** *see vi*.

2. (*Med*) Verfall *m*. **she went into a ~** es ging bergab mit ihr.

II *vt* **1.** *invitation, honour* ablehnen. **he ~d to come** er hat es abgelehnt, zu kommen. **2.** (*Gram*) deklinieren.

III *vi* **1.** (*empire*) verfallen; (*fame*) verblassen; (*health*) sich verschlechtern; (*prices, business*) zurückgehen; (*importance, significance, value*) geringer werden; (*custom*) aussterben; (*popularity, enthusiasm, interest*) abnehmen; (*population, influence*) abnehmen, zurückgehen.

2. (*refuse, say no*) ablehnen.

3. (*slope: ground*) abfallen.

4. (*sun*) untergehen; (*liter: life, day*) zur Neige gehen (*liter*). **in declining health** bei schlechter werdender Gesundheit.

5. (*Gram*) dekliniert werden.

declivity [dɪ'klɪvɪtɪ] *n* Abschüssigkeit *f*.

declutch [ˌdiː'klʌtʃ] *vi* auskuppeln.

decoction [dɪ'kɒkʃən] *n* Abkochung *f*, Absud *m*; (*Pharm*) Dekokt *nt* (*spec*).

decode [ˌdiː'kəʊd] *vt* dekodieren, dechiffrieren, entschlüsseln; (*Comput, TV*) dekodieren.

decoder [ˌdiː'kəʊdə^r] *n* (*Comput, TV*) Dekoder, Decoder, Dekodierer *m*.

decoke [diː'kəʊk] *vt* entrußen.

decollate ['diːkɒleɪt] *vt* (*Comput*) trennen.

decollator ['diːkɒleɪtə^r] *n* (*Comput*) Formulartrenner *m*, Trennmaschine *f*.

décolleté [deɪ'kɒlteɪ] *adj* dekolletiert, (tief) ausgeschnitten.

decolonize [diː'kɒlənaɪz] *vt* entkolonisieren.

decommission [ˌdiːkə'mɪʃən] *vt power plant* stillegen; *warship* außer Dienst nehmen.

decompose [ˌdiːkəm'pəʊz] **I** *vt* (*Chem, Phys*) zerlegen; (*rot*) zersetzen. **II** *vi* zerlegt werden; (*rot*) sich zersetzen.

decomposition [ˌdiːkɒmpə'zɪʃən] *n* (*Phys: of light*) Zerlegung *f*; (*Chem also*) Abbau *m*; (*rotting*) Zersetzung *f*, Verfaulen *nt*.

decompress [ˌdiːkəm'pres] **I** *vt diver* einer Dekompression (*dat*) unterziehen. **II** *vi* sich einer Dekompression (*dat*) unterziehen.

decompression [ˌdiːkəm'preʃən] *n* Dekompression, Druckverminderung *f*.

decompression chamber *n* Dekompressionskammer *f*; **decompression sickness** *n* Dekompressions- *or* Taucherkrankheit *f*.

decongestant [ˌdiːkən'dʒestənt] **I** *adj* abschwellend. **II** *n* abschwellendes Mittel; (*drops*) Nasentropfen *pl*/-spray *nt*.

decontaminate [ˌdiːkənˈtæmɪneɪt] *vt* entgiften, dekontaminieren (*form*); (*from radioactivity*) entseuchen.

decontamination [ˈdiːkənˌtæmɪˈneɪʃən] *n* Entgiftung *f*; (*from radioactivity*) Entseuchung *f*.

decontrol [ˌdiːkənˈtrəʊl] *vt* (*Comm*) *trade, prices* freigeben.

décor [ˈdeɪkɔːʳ] *n* (*in room*) Ausstattung *f*; (*Theat*) Dekor *m or nt*.

decorate [ˈdekəreɪt] *vt* **1.** *cake, hat* verzieren; *street, building, Christmas tree* schmücken; *room* tapezieren; (*paint*) (an)streichen; (*for special occasion*) dekorieren. **2.** *soldier* auszeichnen.

decorating [ˈdekəreɪtɪŋ] *n* Tapezieren *nt*; (*painting*) Streichen *nt*.

decoration [ˌdekəˈreɪʃən] *n* **1.** (*action*) *see vt* **1.** Verzierung *f*; Schmücken *nt*; Tapezieren *nt*; (An)streichen *nt*; Dekoration *f*.

2. (*ornament*) (*on cake, hat*) Verzierung *f*; (*on Christmas tree, building, in street*) Schmuck *m no pl*. **Christmas ~s** Weihnachtsdekorationen *pl or* -schmuck *m*; **interior ~** Innenausstattung *f*.

3. (*Mil*) Dekoration, Auszeichnung *f*.

decorative [ˈdekərətɪv] *adj* dekorativ.

decorator [ˈdekəreɪtəʳ] *n* (*Brit*) Maler *m*.

decorous [ˈdekərəs] *adj action, behaviour* geziemend, schicklich; *dress* schicklich.

decorously [ˈdekərəslɪ] *adv see adj*.

decorum [dɪˈkɔːrəm] *n* Anstand *m*. **to have a sense of ~** Gefühl für Anstand haben.

decoy [ˈdiːkɔɪ] **I** *n* (*lit, fig*) Köder *m*; (*person*) Lockvogel *m*. **to act as a ~** als Köder fungieren; Lockvogel spielen; **~ manoeuvre** Falle *f*. **II** *vt* **1.** *bird* anlocken. **2.** *person* locken. **to ~ sb into doing sth** jdn durch Lockmittel dazu bringen, etw zu tun.

decrease [diːˈkriːs] **I** *vi* abnehmen; (*figures, output, life expectancy also, birthrate, production*) zurückgehen; (*strength, enthusiasm, intensity*) nachlassen; (*in knitting*) abnehmen. **in decreasing order of importance** in der Reihenfolge ihrer Bedeutung; **it ~s in value** es verliert an Wert.

II *vt* verringern, reduzieren.

III [ˈdiːkriːs] *n see vi* Abnahme *f*; Rückgang *m*; Nachlassen *nt*; Abnehmen *nt*. **~ in speed** Verminderung *or* Abnahme *f* der Geschwindigkeit; **to be on the ~** *see vi*.

decreasingly [diːˈkriːsɪŋlɪ] *adv* immer weniger. **~ popular** immer unbeliebter.

decree [dɪˈkriː] **I** *n* Anordnung, Verordnung, Verfügung *f*; (*Pol, of king*) Erlaß *m*; (*Eccl*) Dekret *nt*; (*Jur*) Verfügung *f*; (*of tribunal, court*) Entscheid *m*, Urteil *nt*. **by royal/government ~** auf königlichen Erlaß/auf Erlaß der Regierung; **to issue a ~** einen Erlaß herausgeben; **~ nisi/absolute** vorläufiges/ endgültiges Scheidungsurteil.

II *vt* verordnen, verfügen. **he ~d an annual holiday on 1st April** er erklärte den 1. April zum (ständigen) Feiertag.

decrepit [dɪˈkrepɪt] *adj staircase* altersschwach; *building also* baufällig, heruntergekommen; *person also* klapprig (*inf*).

decrepitude [dɪˈkrepɪtjuːd] *n see adj* Altersschwäche *f*; Baufälligkeit *f*; Klapprigkeit *f* (*inf*).

decriminalization [ˌdiːkrɪmɪnəlaɪˈzeɪʃən] *n* Entkriminalisierung *f*.

decriminalize [diːˈkrɪmɪnəlaɪz] *vt* entkriminalisieren.

decry [dɪˈkraɪ] *vt* schlechtmachen.

dedicate [ˈdedɪkeɪt] *vt* **1.** *church* weihen. **2.** *book, music* widmen (*to sb* jdm).

dedicated [ˈdedɪkeɪtɪd] *adj* **1.** *attitude* hingebungsvoll; *service also* treu; (*in one's work*) engagiert. **a ~ nurse/teacher** eine Krankenschwester/eine Lehrerin mit Leib und Seele.

2. ~ word processor dediziertes Textverarbeitungssystem.

dedication [ˌdedɪˈkeɪʃən] *n* **1.** (*quality*) Hingabe *f* (*to* an *+acc*). **2.** (*act*) (*of church*) Einweihung, Weihe *f*. **his ~ of his life to helping the poor** daß er sein Leben in den Dienst der Armen gestellt hat. **3.** (*in book*) Widmung *f*.

deduce [dɪˈdjuːs] *vt* folgern, schließen (*from* aus); (*Logic*) deduzieren (*from* von).

deducible [dɪˈdjuːsɪbl] *adj* zu schließen, ableitbar (*from* aus); (*Logic*) deduzierbar (*from* von).

deduct [dɪˈdʌkt] *vt* abziehen (*from* von); (*from wages also*) einbehalten. **to ~ sth from the price** etw vom Preis ablassen; **to ~ sth for expenses** etwas für Spesen zurückbehalten; **to ~ income tax at source** Einkommenssteuer einbehalten; **after ~ing 5%** nach Abzug von 5%.

deductible [dɪˈdʌktəbl] *adj* abziehbar; (*tax ~*) absetzbar.

deduction [dɪˈdʌkʃən] *n* **1.** (*act of deducting*) Abziehen *nt*, Abzug *m*; (*sth deducted*) (*from price*) Nachlaß *m* (*from* für, auf *+acc*); (*from wage*) Abzug *m*. **2.** (*act of deducing*) Folgern *nt*, Folgerung *f*; (*sth deduced*) (Schluß)folgerung *f*; (*Logic*) Deduktion *f*.

deductive [dɪˈdʌktɪv] *adj* deduktiv.

deed [diːd] **I** *n* **1.** Tat, Handlung *f*; (*feat*) Tat, Leistung *f*. **good ~** gute Tat; **in word and ~** in Wort und Tat.

2. in ~ tatsächlich, in der Tat.

3. (*Jur*) Übertragungsurkunde *f*. **the ~s of a house** die Übertragungsurkunde eines Hauses; **~ of covenant** Vertragsurkunde *f*.

II *vt* (*US*) überschreiben (*to* auf *+acc*).

deed poll *n* (einseitige) Absichtserklärung *f*.

deejay [ˈdiːdʒeɪ] *n* (*inf*) Diskjockey *m*.

deem [diːm] *vt* **to ~ sb/sth (to be) sth** jdn/ etw für etw erachten (*geh*) *or* halten.

deep [diːp] **I** *adj* (*+er*) **1.** *water, hole, wound* tief. **the pond/snow was 4 metres ~** der Teich war/der Schnee lag 4 Meter tief; **a two-metre ~ trench** ein zwei Meter tiefer Graben; **two metres ~ in snow/water** mit zwei Meter Schnee bedeckt/zwei Meter tief unter Wasser;

the ~ end (*of swimming pool*) das Tiefe; **to go off (at) the ~ end** (*fig inf*) auf die Palme gehen (*inf*); **to go** *or* **plunge in at the ~ end** (*fig*) sich kopfüber in die Sache stürzen; **to be thrown in at the ~ end** (*fig*) gleich zu Anfang richtig ranmüssen (*inf*).

2. *shelf, cupboard* tief; (*wide*) *border, edge* breit. **a plot of ground 15 metres ~** ein 15 Meter tiefes Stück Land; **the spectators stood ten ~** die Zuschauer standen zu zehnt hintereinander.

3. *voice, sound, note, colour* tief.

4. *breathing, sigh* tief.

5. (*fig*) *mystery, sleep, secret, mourning* tief; (*profound*) *thinker, book also, remark, writer* tiefsinnig; (*heartfelt*) *concern, relief, interest* groß; *sorrow* tief (empfunden); (*devious*) *person* verschlagen, hintergründig; *dealings* undurchsichtig. **~ in thought/a book** in Gedanken/in ein Buch vertieft *or* versunken; **~ in debt** hoch verschuldet; **to be in ~ trouble** in großen Schwierigkeiten sein; **he's a ~ one** (*inf*) er ist ein ganz stilles Wasser, er ist ein ganz verschlagener Kerl.

II *adv* (*+er*) tief. **~ into the night** bis tief in die Nacht hinein; **to breathe ~** tief atmen; **he's in it pretty ~** (*inf*) er steckt *or* hängt ganz schön tief da drin (*inf*).

III *n* **1.** (*liter*) **the ~** das Meer, die See.

2. in the ~ of winter mitten im tiefsten Winter.

deepen ['di:pən] **I** *vt* (*lit, fig*) vertiefen; *concern, sorrow also* vergrößern; *love, friendship also* verstärken; *colour also* dunkler machen; *mystery* vergrößern; *sound* tiefer machen.

II *vi* (*lit, fig*) sich vergrößern, tiefer werden; (*sorrow, concern, interest*) zunehmen, größer werden; (*colour, sound, voice*) tiefer werden; (*mystery*) größer werden.

deepening ['di:pənɪŋ] **I** *adj sorrow, concern* zunehmend, wachsend; *friendship, love also* sich vertiefend; *colour, mystery* sich vertiefend, tiefer werdend.

II *n* (*of hole, mystery*) Vergrößerung *f*; (*of sorrow, interest, concern*) Zunahme *f*; (*of friendship, love*) Vertiefung *f*.

deep-freeze I *n* Tiefkühltruhe *f*; (*upright*) Gefrierschrank *m*; **II** *vt* einfrieren; **deep-freezing** *n* Einfrieren, Tiefgefrieren *nt*; **deep-frozen** *adj* tiefgefroren; **~ foods** Tiefkühlkost *f*; **deep-fry** *vt* fritieren, im schwimmenden Fett backen; **deep-laid** *adj, comp* **deeper-laid** *plot* (sorgfältig) ausgetüftelt (*inf*) *or* ausgearbeitet.

deeply ['di:plɪ] *adv* **1.** *cut, breathe* tief; *think also* gründlich; *drink* schwer. **2.** *grateful, concerned* zutiefst; *offended also, indebted* tief; *love* innig(lich); *interested* höchst; *aware* voll(kommen).

deepness ['di:pnɪs] *n* (*lit, fig*) Tiefe *f*; (*of border, edge*) Breite *f*; (*profundity: of thinker, remark*) Tiefsinnigkeit *f*; (*of concern, relief, interest*) Größe *f*.

deep-ray therapy *n* Tiefenbestrahlung *f*; **deep-rooted** *adj, comp* **deeper-rooted** (*fig*) tiefverwurzelt; **deep-sea** *adj plant, current* Meeres-; *animal also* Tiefsee-; **deep-sea diver** *n* Tiefseetaucher *m*; **deep-sea fishery** *or* **fishing** *n* Hochseefischerei *f*; **deep-seated** *adj, comp* **deeper-seated** tiefsitzend; **deep-set** *adj, comp* **deeper-set** tiefliegend; **Deep South** *n* Tiefer Süden; **deep space** *n* der äußere Weltraum; **deep structure** *n* (*Ling*) Tiefenstruktur *f*; **deep-throated** ['di:pˌθrəʊtɪd] *adj* kehlig.

deer [dɪə^r] *n, pl* - Hirsch *m*; (*roe* ~) Reh *nt*. **the (red/fallow) ~ in the forest** das (Rot-/Dam)wild im Wald.

deer-hound *n* Deerhound *m*; **deer-park** *n* Wildpark *m*; **deerskin** *n* Hirsch-/Rehleder *nt*; **deerstalker** *n* **1.** (*person*) *jd, der auf die Pirsch geht*; **2.** (*hat*) ≃ Sherlock-Holmes-Mütze *f*; **deerstalking** *n* Pirschen *nt*, Pirsch *f*; **to go ~** auf die Pirsch gehen.

de-escalate [ˌdi:'eskəleɪt] *vt* deeskalieren.

de-escalation [ˌdi:eskə'leɪʃən] *n* Deeskalation *f*.

deface [dɪ'feɪs] *vt* verunstalten.

de facto [deɪ'fæktəʊ] *adj, adv* de facto.

defamation [ˌdefə'meɪʃən] *n* Diffamierung, Verleumdung *f*. **~ of character** Rufmord *m*.

defamatory [dɪ'fæmətərɪ] *adj* diffamierend, verleumderisch.

defame [dɪ'feɪm] *vt* diffamieren, verleumden.

default [dɪ'fɔ:lt] **I** *n* **1.** (*failure to appear*) (*Jur*) Nichterscheinen *nt* vor Gericht; (*Sport*) Nichtantreten *nt*; (*failure to perform duty*) Versäumnis *f*; (*failure to pay*) Nichtzahlung *f*. **judgement by ~** (*Jur*) Versäumnisurteil *nt*; **to win by ~** (*Sport*) kampflos gewinnen.

2. (*lack, absence*) Mangel *m*. **in ~ of, due to ~ of** in Ermangelung *+gen*.

3. ['di:fɔ:lt] (*Comput*) Default *m*, Voreinstellung *f*.

II *vi* (*not appear*) (*Jur*) nicht erscheinen; (*Sport*) nicht antreten; (*not perform duty, not pay*) säumig sein. **to ~ in one's payments** seinen Zahlungsverpflichtungen nicht nachkommen; **it always ~s to drive C** (*Comput*) es wird immer das Laufwerk C angesprochen.

III *attr* (*Comput*) *drive* Standard-; *parameter* voreingestellt.

defaulter [dɪ'fɔ:ltə^r] *n see* **default I 1.** nichterscheinende Partei; nichtantretender Spieler, nichtantretende Spielerin; Säumige(r) *mf*; säumiger Zahler; (*Mil, Naut*) Straffällige(r) *mf*.

defeat [dɪ'fi:t] **I** *n* (*defeating*) Besiegung *f*, Sieg *m* (*of* über *+acc*); (*of motion, bill*) Ablehnung *f*; (*of hopes, plans*) Vereitelung *f*; (*being defeated*) Niederlage *f*. **their ~ of/by the enemy** ihr Sieg über den Feind/ihre Besiegung *or* Niederlage durch den Feind; **to admit ~** sich geschlagen geben; **to suffer a ~** eine Niederlage erleiden.

II *vt army, team* besiegen, schlagen; *government also* eine (Abstimmungs)Niederlage beibringen (*+dat*); *motion, bill* ablehnen; *hopes, plans* vereiteln. **to ~ one's own ends** *or* **object** sich (*dat or acc*) ins eigene Fleisch schneiden; **that would be ~ing the purpose of the exercise** dann verliert die Übung ihren Sinn; **it ~s me why ...** (*inf*) es will mir einfach nicht in den Kopf, warum ... (*inf*).

defeatism [dɪ'fi:tɪzəm] *n* Defätismus *m*.

defeatist [dɪ'fi:tɪst] **I** *n* Defätist *m*. **II** *adj* defätistisch.

defecate ['defəkeɪt] *vi* den Darm entleeren.

defecation [ˌdefə'keɪʃən] *n* Entleerung *f* des Darms.

defect¹ ['di:fekt] *n* Fehler, Schaden *m*; (*in mechanism also*) Defekt *m*. **physical ~** körperlicher Schaden *or* Defekt; **a character ~** ein Charakterfehler *m*.

defect² [dɪ'fekt] *vi* (*Pol*) sich absetzen; (*fig*) abtrünnig werden, abfallen. **to ~ to the enemy** zum Feind überlaufen.

defection [dɪ'fekʃən] *n* (*Pol*) Überlaufen *nt*; (*fig*) Abtrünnigkeit *f*, Abfall *m*.

defective [dɪ'fektɪv] **I** *adj* **1.** *material* fehlerhaft; *machine also* defekt; (*fig*) *reasoning* fehlerhaft; *hearing, sight* mangelhaft, gestört. **his heart/liver is ~** bei ihm ist die Herz-/Lebertätigkeit gestört. **2.** (*Gram*) unvollständig, defektiv. **3.** (*mentally ~*) geistesgestört.

II *n* **1.** (*Gram*) Defektivum *nt*.

2. (*retarded person*) Geistesgestörte(r) *mf*.

defence, (*US*) **defense** [dɪ'fens] *n* **1.** *no pl* Verteidigung *f no pl*. **in his ~** zu seiner Verteidigung; **to come to sb's ~** jdn verteidigen; **his only ~ was ...** seine einzige Rechtfertigung war ....

2. (*form of protection*) Abwehr- *or* Schutzmaßnahme *f*; (*Mil: fortification*) Befestigung, Verteidigungsanlage *f*. **as a ~ against** als Schutz gegen; **his ~s were down** er war wehrlos. **body's defences** Abwehrkräfte *fpl* des Körpers.

3. (*Jur, Sport*) Verteidigung *f*.

defence counsel *n* Verteidiger(in *f*) *m*; **defence expenditure** *n* Verteidigungsausgaben *pl*; **defenceless** *adj* schutzlos; **defence mechanism** *n* (*Physiol, Psych*) Abwehrmechanismus *m*; **defence minister** *n* Verteidigungsminister *m*; **defence witness** *n* Zeuge *m*/Zeugin *f* der Verteidigung.

defend [dɪ'fend] *vt* verteidigen (*also Jur*) (*against* gegen). **to ~ oneself** sich verteidigen.

defendant [dɪ'fendənt] **I** *n* Angeklagte(r) *mf*; (*in civil cases*) Beklagte(r) *mf*. **II** *adj* angeklagt; beklagt.

defender [dɪ'fendəʳ] *n* Verteidiger(in *f*) *m*.

defending [dɪ'fendɪŋ] *adj*: **~ counsel** Verteidiger(in *f*) *m*.

defense [dɪ'fens] (*US*) *see* **defence**.

defensible [dɪ'fensɪbl] *adj* **1.** (*lit*) wehrhaft. **because of its position the town wasn't ~** die Stadt war wegen ihrer Lage nicht zu verteidigen. **2.** (*justifiable*) *behaviour, argument* vertretbar, zu verteidigen *pred*.

defensive [dɪ'fensɪv] **I** *adj* defensiv (*also fig*), Verteidigungs-. **II** *n* (*Mil*) Verteidigungs- *or* Abwehraktion *f*. **to be on the ~** (*Mil, fig*) in der Defensive sein; **to go onto the ~** (*fig*) sich in die Defensive begeben.

defer¹ [dɪ'fɜ:ʳ] *vt* (*delay*) verschieben; *event also* verlegen. **to ~ doing sth** es verschieben, etw zu tun.

defer² *vi* (*submit*) **to ~ to sb/sb's wishes** sich jdm beugen *or* fügen/sich jds Wünschen (*dat*) fügen.

deference ['defərəns] *n* Achtung *f*, Respekt *m*. **out of *or* in ~ to** aus Achtung (*dat*) *or* Respekt (*dat*) vor; **with all due ~ to you** bei aller schuldigen Achtung *or* allem schuldigen Respekt Ihnen gegenüber.

deferential [ˌdefə'renʃəl] *adj* ehrerbietig, respektvoll. **to be ~ to sb** jdm mit Respekt *or* Achtung begegnen.

deferentially [ˌdefə'renʃəlɪ] *adv see adj*.

deferment [dɪ'fɜ:mənt] *n see* **defer¹** Verschiebung *f*; Verlegung *f*.

deferred [dɪ'fɜ:d] *adj* **~ pay** (*Mil*) einbehaltener Sold; (*Naut*) einbehaltene Heuer; **sale on the ~ payment system** Verkauf *m* auf Ratenzahlungsbasis, Ratenzahlungs- *or* Abzahlungsgeschäft *nt*; **~ shares** Nachzugsaktien *pl*; **~ taxation** Steuerrückstellung *f*; **~ terms** Teilzahlung *f*.

defiance [dɪ'faɪəns] *n* Trotz *m* (*of sb* jdm gegenüber); (*of order, law also, of death, danger*) Mißachtung *f* (*of gen*). **an act of ~** eine Trotzhandlung; **in ~ of sb/sb's orders** jdm/jds Anordnungen zum Trotz; **that is in ~ of the laws of nature** das widerspricht den Gesetzen der Natur.

defiant [dɪ'faɪənt] *adj* (*rebellious*) aufsässig; *esp child also, answer* trotzig; (*challenging*) *attitude* herausfordernd.

defiantly [dɪ'faɪəntlɪ] *adv see adj*.

deficiency [dɪ'fɪʃənsɪ] *n* (*shortage*) Mangel *m*; (*Fin*) Defizit *nt*, Fehlbetrag *m* Fehlbestand *m*; (*defect: in character, system*) Schwäche *f*. **vitamin/iron ~** Vitamin-/Eisenmangel *m*; **~ disease** (*Med*) Mangelkrankheit *f*.

deficient [dɪ'fɪʃənt] *adj* unzulänglich. **sb/sth is ~ in sth** jdm/einer Sache fehlt es an etw (*dat*); *see* **mentally**.

deficit ['defɪsɪt] *n* Defizit *nt*.

defile¹ ['di:faɪl] **I** *n* Hohlweg *m* **II** *vi* hintereinander marschieren.

defile² [dɪ'faɪl] *vt* (*pollute, sully*) verschmutzen, verunreinigen; (*desecrate*) schänden.

defilement [dɪ'faɪlmənt] *n* Verschmutzung, Verunreinigung *f*; (*desecration*) Schändung, Entweihung *f*.

definable [dɪ'faɪnəbl] *adj see vt* definierbar; bestimmbar; erklärbar.

define [dɪ'faɪn] *vt* **1.** *word* definieren; *conditions, boundaries, powers, duties also* bestimmen, festlegen; *feeling, attitude also* erklären. **2.** (*show in outline*) betonen. **to be clearly ~d against the sky** sich klar *or* scharf gegen den Himmel abzeichnen.

definite ['defɪnɪt] *adj* **1.** (*fixed, concrete, explicit*) definitiv; *answer, decision, possibility also* klar, eindeutig; *agreement, date, plan, decision, intention,* *wish also* fest; *command, request* bestimmt. **is that ~?** ist das sicher?; (*agreed by contract also*) steht das fest?

2. (*distinct, pronounced*) *mark, stain, lisp* deutlich; *advantage, improvement also* klar, eindeutig; *problem* echt.

3. (*positive, decided*) *tone, manner* bestimmt. **she was very ~ about it** sie war sich (*dat*) sehr sicher.

4. (*Gram*) definitiv.

definitely ['defınıtlı] *adv* **1.** *decide, agree, arrange* fest, definitiv. **2.** (*without doubt*) bestimmt. **that's ~ an advantage** das ist zweifelsohne *or* ganz sicherlich ein Vorteil. **3.** (*positively, decidedly*) *speak* bestimmt.

definiteness ['defınıtnıs] *n* **1.** *see adj 1. Definitive nt*; Klarheit, Eindeutigkeit *f*. **2.** *see adj 3. Bestimmtheit f*.

definition [ˌdefı'nıʃən] *n* **1.** (*of word, concept*) Definition *f*. **by ~** per definitionem, definitionsgemäß. **2.** (*of powers, duties, boundaries*) Festlegung, Bestimmung *f*. **3.** (*Phot, TV*) Bildschärfe *f*; (*Rad*) Tonschärfe *f*; (*Opt: of lens*) Schärfe *f*.

definitive [dı'fınıtıv] **I** *adj* (*decisive*) *victory, answer* entschieden; (*authoritative*) *book* maßgeblich (*on* für); (*defining*) *laws* Rahmen-; *term* beschreibend. **II** *n* (*stamp*) Briefmarke *f* einer Dauerserie.

definitively [dı'fınıtıvlı] *adv see adj*.

deflate [ˌdiː'fleıt] **I** *vt tyre, balloon* etwas/die Luft ablassen aus. **to ~ the currency** (*Fin*) eine Deflation herbeiführen; **he was a bit ~d when ...** es war ein ziemlicher Dämpfer für ihn, daß ... **II** *vi* (*Fin*) eine Deflation herbeiführen.

deflation [ˌdiː'fleıʃən] *n* (*of tyre, ball*) Luftablassen *nt* (*of* aus); (*Fin*) Deflation *f*.

deflationary [ˌdiː'fleıʃənərı] *adj* (*Fin*) Deflations-, deflationistisch.

deflect [dı'flekt] **I** *vt* ablenken; *ball, bullet also* abfälschen; *steam, air current also* ableiten; (*Phys*) *light* beugen. **II** *vi* (*compass needle*) ausschlagen; (*projectile*) abweichen.

deflection [dı'flekʃən] *n see vb* Ablenkung *f*; Abfälschung *f*; Ableitung *f*; Beugung *f*; Ausschlag *m*; Abweichung *f*.

deflective [dı'flektıv] *adj* ablenkend; (*Phys*) beugend.

deflower [ˌdiː'flaʊə^r] *vt* (*liter*) *girl* entjungfern, deflorieren.

defoliant [ˌdiː'fəʊlıənt] *n* Entlaubungsmittel *nt*.

defoliate [ˌdiː'fəʊlıeıt] *vt* entlauben.

defoliation [ˌdiːfəʊlı'eıʃən] *n* Entlaubung *f*.

deforest [ˌdiː'fɒrıst] *vt* entwalden, abholzen.

deforestation [diːˌfɒrı'steıʃən] *n* Entwaldung *f*, Abholzung *f*.

deform [dı'fɔːm] *vt* deformieren, verunstalten; (*Tech*) verformen; *mind, tastes* verderben.

deformation [ˌdiːfɔː'meıʃən] *n see vt* Deformierung, Deformation, Verunstaltung *f*; Verformung *f*; Verderben *nt*.

deformed [dı'fɔːmd] *adj* deformiert, verunstaltet; (*Tech*) verformt; *person, limb also* mißgestaltet; *mind* krankhaft.

deformity [dı'fɔːmıtı] *n see adj* Deformität, Verunstaltung *f*; Verformung *f*; Mißgestalt *f*; Krankhaftigkeit *f*.

defraud [dı'frɔːd] *vt* betrügen, hintergehen. **to ~ sb of sth** jdn um etw betrügen *or* bringen.

defrauder [dı'frɔːdə^r] *n* Betrüger(in *f*) *m*.

defray [dı'freı] *vt* tragen, übernehmen.

defrayal [dı'freıəl], **defrayment** [dı'freımənt] *n* Übernahme *f*.

defrock [ˌdiː'frɒk] *vt* aus dem Priesteramt verstoßen.

defrost [ˌdiː'frɒst] *vti fridge, windscreen* entfrosten, abtauen; *food* auftauen.

defroster [ˌdiː'frɒstə^r] *n* Entfroster *m*.

deft *adj* (*+er*), **~ly** *adv* [deft, -lı] flink, geschickt.

deftness ['deftnıs] *n* Flinkheit, Geschicktheit *f*.

defunct [dı'fʌŋk t] *adj person* verstorben; (*fig*) *institution* eingegangen; *idea* untergegangen; *law* außer Kraft.

defuse [ˌdiː'fjuːz] *vt* (*lit, fig*) entschärfen.

defy [dı'faı] *vt* **1.** (*refuse to submit to, disobey*) *person* sich widersetzen (*+dat*); (*esp child also*) trotzen (*+dat*); *orders, law, death, danger* trotzen (*+dat*).

2. (*fig: make impossible*) widerstehen (*+dat*). **to ~ definition** nicht definiert werden können; **to ~ description** jeder Beschreibung spotten.

3. (*challenge*) **I ~ you to do it** machen Sie es doch(, wenn Sie können).

degeneracy [dı'dʒenərəsı], **degenerateness** *n* Degeneration *f*.

degenerate [dı'dʒenərıt] **I** *adj* degeneriert; *race, morals also* entartet. **II** *n* degenerierter Mensch. **III** [dı'dʒenəreıt] *vi* degenerieren; (*people, morals also*) entarten.

degenerateness [dı'dʒenərıtnıs] *n see* **degeneracy.**

degeneration [dıˌdʒenə'reıʃən] *n see vi* Degeneration *f*; Entartung *f*.

degenerative [dı'dʒenərətıv] *adj* (*Med*) Abbau-.

degradation [ˌdegrə'deıʃən] *n see vt* Erniedrigung *f*; Degradierung *f*; Erosion *f*; Abbau *m*.

degrade [dı'greıd] *vt* erniedrigen; (*esp Mil: lower in rank*) degradieren; (*Geol*) erodieren; (*Chem*) abbauen. **to ~ oneself** sich erniedrigen; **I wouldn't ~ myself by doing that** ich würde mich nicht dazu erniedrigen, das zu tun.

degrading [dı'greıdıŋ] *adj* erniedrigend.

degree [dı'griː] *n* **1.** (*unit of measurement*) Grad *m no pl*. **an angle of 90 ~s** ein Winkel *m* von 90 Grad; **it was 35 ~s in the shade** es waren 35 Grad im Schatten.

2. (*extent*) (*of risk, uncertainty*) Maß *nt*. **to some ~, to a (certain) ~** einigermaßen, zu einem gewissen Grad, in gewissem Maße; **to a high ~** in hohem Maße; **to such a ~ that ...** so sehr *or* in solchem Maße, daß ....

3. (*step in scale*) Grad *m*. **by ~s** nach und nach; **first/second ~ murder** (*Jur*) Mord *m* /Totschlag *m*.

4. (*Univ*) akademischer Grad. **first/**

higher (academic) ~ erster/höherer akademischer Grad; **to do a** ~ studieren; **when did you do your** ~? wann haben Sie das Examen gemacht?; **I'm taking** *or* **doing a science** ~ *or* **a** ~ **in science** ich studiere Naturwissenschaften; **to get one's** ~ seinen akademischen Grad erhalten.

5. (*position in society*) Rang, Stand *m*.

degree course *n* Universitätskurs, der mit dem ersten akademischen Grad abschließt.

dehumanize [ˌdiːˈhjuːmənaɪz] *vt* entmenschlichen.

dehydrate [ˌdiːhaɪˈdreɪt] *vt* Wasser entziehen (+*dat*), dehydrieren (*spec*).

dehydrated [ˌdiːhaɪˈdreɪtɪd] *adj* dehydriert (*spec*); *vegetables, milk also* Trocken-; *milk, eggs also* pulverisiert; *person, skin also* ausgetrocknet.

dehydration [ˌdiːhaɪˈdreɪʃən] *n* Austrocknung, Dehydration (*spec*) *f*; (*of vegetables, milk*) Trocknung *f*.

de-ice [ˌdiːˈaɪs] *vt* enteisen.

de-icer [ˌdiːˈaɪsə^r^] *n* Enteiser *m*; (*spray for cars*) Defroster *m*.

deification [ˌdiːɪfɪˈkeɪʃən] *n* Vergötterung *f*.

deify [ˈdiːɪfaɪ] *vt* vergöttern.

deign [deɪn] *vt* **to** ~ **to do sth** geruhen *or* sich herablassen, etw zu tun; **he didn't** ~ **to** er ließ sich nicht dazu herab.

deism [ˈdiːɪzəm] *n* Deismus *m*.

deist [ˈdiːɪst] *n* Deist(in *f*) *m*.

deity [ˈdiːɪtɪ] *n* Gottheit *f*. **the D**~ Gott *m*.

déjà vu [ˈdeɪʒɑːˈvjuː] *n* Déjà-vu-Erlebnis *nt*. **a feeling** *or* **sense of** ~ das Gefühl, das schon einmal gesehen zu haben.

deject [dɪˈdʒekt] *vt* deprimieren.

dejected *adj*, **~ly** *adv* [dɪˈdʒektɪd, -lɪ] niedergeschlagen, deprimiert.

dejection [dɪˈdʒekʃən] *n* Niedergeschlagenheit, Depression *f*.

de jure [ˌdiːˈdʒʊərɪ] *adj, adv* de jure.

dekko [ˈdekəʊ] *n* (*Brit inf*). **let's have a** ~ **(at it)** laß (das) mal sehen.

delay [dɪˈleɪ] **I** *vt* **1.** (*postpone*) verschieben, aufschieben. **to** ~ **doing sth** es verschieben *or* aufschieben, etw zu tun; **he** **~ed paying until ...** er wartete solange mit dem Zahlen, bis ...; **he ~ed writing the letter** er schob den Brief auf.

2. (*hold up*) *person, train, traffic* aufhalten.

II *vi* **to** ~ **in doing sth** es verschieben *or* aufschieben, etw zu tun; **if you** ~ **too long in booking** wenn Sie zu lange mit der Buchung warten; **he ~ed in paying the bill** er schob die Zahlung der Rechnung hinaus; **don't** ~ **in sending it in** senden Sie es unverzüglich ein.

III *n* (*hold-up*) Aufenthalt *m*; (*to traffic*) Stockung *f*; (*to train, plane*) Verspätung *f*; (*time lapse*) Verzögerung *f*. **to have a** ~ aufgehalten werden; **roadworks are causing ~s to traffic** Straßenbauarbeiten verursachen Verkehrsstockungen; **a split second's** ~ eine Verzögerung von einem Bruchteil einer Sekunde; **without** ~ unverzüglich; **without further** ~ ohne weitere Verzögerung.

delayed-action [dɪˈleɪdˌækʃən] *adj attr bomb, mine* mit Zeitzünder. ~ **shutter release** (*Phot*) Selbstauslöser *m*.

delaying [dɪˈleɪɪŋ] *adj action* verzögernd, hinhaltend, Verzögerungs-. ~ **tactics** Verzögerungs- *or* Hinhaltetaktik *f*.

delectable [dɪˈlektəbl] *adj* köstlich; (*fig*) reizend.

delectation [ˌdiːlekˈteɪʃən] *n* **for sb's** ~ als besonderen Genuß für jdn.

delegate [ˈdelɪgeɪt] **I** *vt person* delegieren; *authority, power, job also* übertragen (*to sb* jdm). **to** ~ **sb to do sth** jdn dazu abordnen *or* damit beauftragen, etw zu tun. **II** *vi* delegieren. **you must** ~ **more** Sie sollten nicht alles selber machen. **III** [ˈdelɪgət] *n* Delegierte(r) *mf*.

delegation [ˌdelɪˈgeɪʃən] *n* **1.** (*of responsibility*) Delegation *f*. **he's no good at** ~ er gibt die Verantwortung nicht gern aus der Hand. **2.** (*group of delegates*) Delegation, Abordnung *f*.

delete [dɪˈliːt] *vt* streichen (*from* von); (*Comput*) löschen. **"~ where not applicable"** „Nichtzutreffendes (bitte) streichen".

deleterious [ˌdelɪˈtɪərɪəs] *adj* (*form*) schädlich (*to* für).

deletion [dɪˈliːʃən] *n* Streichung *f*; (*Comput*) Löschung *f*. **who made those ~s?** wer hat das gestrichen?

deli [ˈdelɪ] *n* (*inf*) *see* **delicatessen.**

deliberate [dɪˈlɪbərɪt] **I** *adj* **1.** (*intentional*) absichtlich; *action, insult, lie also* bewußt. **2.** (*cautious, thoughtful*) besonnen; *action, judgement* (wohl)überlegt; (*slow*) *movement, step, voice* bedächtig. **II** [dɪˈlɪbəreɪt] *vi* (*ponder*) nachdenken (*on, upon* über +*acc*); (*discuss*) sich beraten (*on, upon* über +*acc*, wegen). **III** [dɪˈlɪbəreɪt] *vt* (*ponder*) bedenken, überlegen; (*discuss*) beraten.

deliberately [dɪˈlɪbərɪtlɪ] *adv* **1.** (*intentionally*) absichtlich, mit Absicht, bewußt. **2.** (*purposefully, slowly*) bedächtig.

deliberateness [dɪˈlɪbərɪtnɪs] *n see adj* Absichtlichkeit *f*; Besonnenheit *f*; Überlegtheit *f*; Bedächtigkeit *f*.

deliberation [dɪˌlɪbəˈreɪʃən] *n* **1.** (*consideration*) Überlegung *f* (*on* zu). **after due/careful** ~ nach reiflicher/sorgfältiger Überlegung. **2.** (*discussion*) Beratungen *pl* (*of, on* in +*dat*, über +*acc*). **3.** (*purposefulness, slowness*) Bedächtigkeit *f*.

deliberative [dɪˈlɪbərətɪv] *adj speech* abwägend. ~ **assembly** beratende Versammlung.

delicacy [ˈdelɪkəsɪ] *n* **1.** *see* **delicateness. 2.** (*food*) Delikatesse *f*, Leckerbissen *m*.

delicate [ˈdelɪkɪt] **I** *adj* **1.** (*fine, exquisite, dainty*) fein; *fabric also, bones, colour* zart; (*fragile*) *person, bones, china also* zerbrechlich; *fabric, flower* empfindlich.

2. (*Med*) *health, person* zart; *liver* empfindlich.

3. (*sensitive*) *person* feinfühlig; *manner also* delikat; *instrument* empfindlich; *task* fein; *playing* gefühlvoll; *painting* zart. **he has a** ~ **touch** (*pianist, artist*) er hat sehr viel Gefühl; (*doctor*) er ist sehr behutsam.

4. (*requiring skilful handling*) *operation, subject, situation* heikel, delikat.

5. *food* delikat; *flavour* fein.

II *n* **~s** *pl* (*fabrics*) Feinwäsche *f*.

delicately ['delɪkɪtlɪ] *adv see adj 1., 3., 5.*

delicateness ['delɪkɪtnɪs] *n see adj* **1.** Feinheit *f*; Zartheit *f*; Zerbrechlichkeit *f*; Empfindlichkeit *f*. **2.** Zartheit *f*; Empfindlichkeit *f* **3.** Feinfühligkeit *f*; Empfindlichkeit *f*; Feinheit *f*; Gefühl(volle) *nt*; Zartheit *f* **4.** Heikle *nt*, Delikatheit *f*. **5.** Delikatheit *f*; Feinheit *f*.

delicatessen [ˌdelɪkə'tesn] *n* Feinkostgeschäft *nt*.

delicious [dɪ'lɪʃəs] *adj* **1.** *food* köstlich, lecker (*inf*). **2.** (*delightful*) herrlich.

delight [dɪ'laɪt] **I** *n* Freude *f*. **to my ~** zu meiner Freude; **he takes great ~ in doing that** es bereitet ihm große Freude, das zu tun; **to give sb ~** jdn erfreuen.

II *vt person, ear, eye* erfreuen; *see* **delighted.**

III *vi* sich erfreuen (*in* an +*dat*). **she ~s in doing that** es bereitet ihr große Freude, das zu tun.

delighted [dɪ'laɪtɪd] *adj* (*with* über +*acc*) erfreut, entzückt. **to be ~** sich sehr freuen (*at* über +*acc*, *that* daß); **~ to meet you!** sehr angenehm!; **we shall be ~ to accept (your invitation)** wir nehmen Ihre Einladung gern an; **I'd be ~ to help you** ich würde Ihnen sehr gern helfen.

delightful [dɪ'laɪtfʊl] *adj* reizend; *weather, party, meal* wunderbar.

delightfully [dɪ'laɪtfəlɪ] *adv* wunderbar.

delimit [diː'lɪmɪt] *vt* abgrenzen.

delimitation [ˌdiːlɪmɪ'teɪʃən] *n* Abgrenzung *f*.

delimiter [diː'lɪmɪtə^r] *n* (*Comput*) Trennzeichen *nt*, Delimiter *m*.

delineate [dɪ'lɪnɪeɪt] *vt* (*draw*) skizzieren; (*describe*) beschreiben, darstellen.

delineation [dɪˌlɪnɪ'eɪʃən] *n see vt* Skizzierung *f*; Beschreibung, Darstellung *f*.

delinquency [dɪ'lɪŋkwənsɪ] *n* Kriminalität, Delinquenz (*spec*) *f*. **an act of ~** eine Straftat; (*fig*) ein Verbrechen *nt*.

delinquent [dɪ'lɪŋkwənt] **I** *adj* **1.** straffällig. **2.** *bill* überfällig; *account* rückständig. **II** *n* Delinquent *m*.

delirious [dɪ'lɪrɪəs] *adj* (*Med*) im Delirium; (*fig*) im Taumel. **to be ~ with joy** im Freudentaumel sein.

deliriously [dɪ'lɪrɪəslɪ] *adv see adj* **~ happy** überglücklich.

delirium [dɪ'lɪrɪəm] *n* (*Med*) Delirium *nt*; (*fig*) Taumel *m*. **~ tremens** Delirium tremens, Säuferwahn(sinn) *m*.

deliver [dɪ'lɪvə^r] **I** *vt* **1.** *goods* liefern; *note* zustellen, überbringen; (*on regular basis*) *papers* zustellen; (*on foot*) austragen; (*by car*) ausfahren. **to ~ sth to sb** jdm etw liefern/zustellen; **~ed free** frei Haus; **to ~ sb/sth into sb's care** jdn/etw in jds Obhut (*acc*) geben; **to ~ the goods** (*fig inf*) es bringen (*inf*), es schaffen.

2. (*liter: rescue*) befreien. **~ us from evil** (*Bibl*) erlöse uns von dem Übel *or* Bösen.

3. (*pronounce*) *speech, sermon* halten; *ultimatum* stellen; *verdict* verkünden.

4. (*Med*) *baby* zur Welt bringen.

5. (*hand over: also* **~ up**) aushändigen, übergeben. *see* **stand.**

6. (*aim, throw*) *blow* versetzen, landen (*inf*); *ball* werfen. **to ~ a broadside** eine Breitseite abfeuern.

II *vi* **1.** liefern. **2.** (*fig sl: be good enough*) es bringen (*sl*). **they didn't ~** sie brachten's nicht (*sl*).

deliverance [dɪ'lɪvərəns] *n* (*liter*) Befreiung, Erlösung *f* (*from* von).

deliverer [dɪ'lɪvərə^r] *n* **1.** (*Comm*) Lieferant *m*. **2.** (*liter: rescuer*) Erlöser, Retter *m*.

delivery [dɪ'lɪvərɪ] *n* **1.** (*of goods*) (Aus)lieferung *f*; (*of parcels, letters*) Zustellung *f*. **to take ~ of a parcel** ein Paket in Empfang nehmen; **to pay on ~** bei Empfang zahlen.

2. (*Med*) Entbindung *f*.

3. (*of speaker*) Vortragsweise *f*.

4. (*liter: rescue*) Rettung, Befreiung *f*.

5. (*of punch, blow*) Landung *f* (*inf*); (*Cricket*) Wurf *m*.

delivery boy *n* Bote *m*; (*for newspapers*) Träger *m*; **delivery man** *n* Lieferant *m*; **delivery note** *n* Lieferschein *m*; **delivery room** *n* Kreißsaal, Entbindungssaal *m*; **delivery service** *n* Zustelldienst *m*; **delivery time** *n* Lieferzeit *f*; **delivery van** *n* (*Brit*) Lieferwagen *m*.

dell [del] *n* kleines bewaldetes Tal.

delouse [ˌdiː'laʊs] *vt* entlausen.

Delphic ['delfɪk] *adj* (*lit, fig*) delphisch.

delphinium [del'fɪnɪəm] *n* Rittersporn *m*.

delta ['deltə] *n* Delta *nt*.

delta ray *n* (*Phys*) Deltastrahl *m*; **delta rhythm** *or* **wave** *n* (*Physiol*) Deltawelle *f*; **delta wing** *n* (*Aviat*) Deltaflügel *m*.

delude [dɪ'luːd] *vt* täuschen, irreführen (*with* mit). **to ~ sb into thinking sth** (*incident*) jdn dazu verleiten, etw zu glauben; (*person also*) jdm etw weismachen; **to ~ oneself** sich (*dat*) Illusionen machen, sich (*dat*) etwas vormachen.

deluge ['deljuːdʒ] **I** *n* (*lit*) Überschwemmung *f*; (*of rain*) Guß *m*; (*fig: of complaints, letters*) Flut *f*. **the D~** (*Bibl*) die Sintflut. **II** *vt* (*lit, fig*) überschwemmen, überfluten.

delusion [dɪ'luːʒən] *n* Illusion *f*, Irrglaube *m no pl*; (*Psych*) Wahnvorstellung *f*. **to be** *or* **labour under a ~** in einem Wahn leben; **to have ~s of grandeur** den Größenwahn haben.

delusive [dɪ'luːsɪv], **delusory** [dɪ'luːsərɪ] *adj* irreführend, täuschend.

de luxe [dɪ'lʌks] *adj* Luxus-, De-luxe-.

delve [delv] *vi* (*into subject*) sich eingehend befassen (*into* mit); (*into book*) sich vertiefen (*into* in +*acc*). **to ~ in(to) one's pocket/a drawer** tief in die Tasche/eine Schublade greifen.

Dem (*US Pol*) *abbr of* **Democratic** dem.

demagnetize [ˌdiː'mægnɪtaɪz] *vt* entmagnetisieren.

demagogic [ˌdemə'gɒgɪk] *adj* demagogisch.

demagogue, (*US*) **demagog** ['deməgɒg] *n* Demagoge *m*, Demagogin *f*.

demagoguery [ˌdemə'gɒgərɪ], **demagogy** ['deməgɒgɪ] *n* Demagogie *f*.

demand [dɪ'mɑːnd] **I** *vt* verlangen, fordern (*of, from* von); (*situation, task*) erfordern, verlangen; *time* beanspruchen. **he ~ed my name/to see my passport** er wollte meinen Namen wissen/meinen Paß sehen; **he ~ed to know what had happened** er verlangte zu wissen, was passiert war.

II *n* **1.** Forderung *f*, Verlangen *nt* (*for* nach); (*claim for better pay, of kidnapper*) Forderung *f* (*for* nach). **by popular ~** auf allgemeinen Wunsch; **payable on ~** zahlbar bei Vorlage; **to make ~s on sb** Forderungen *or* Ansprüche an jdn stellen; **he makes too many ~s on my patience/time/pocket** er (über)strapaziert meine Geduld/er belegt mich *or* meine Zeit zu sehr mit Beschlag/er liegt mir zu sehr auf der Tasche.

2. *no pl* (*Comm*) Nachfrage *f*. **to create a ~ for a product** Nachfrage für ein Produkt schaffen; **there's no ~ for it** es ist nicht gefragt; **to be in great ~** (*article, person*) sehr gefragt sein.

demanding [dɪ'mɑːndɪŋ] *adj child* anstrengend; *task also, teacher, boss* anspruchsvoll.

demand management *n* Steuerung *f* der Nachfrage; **demand note** *n* Zahlungsaufforderung *f*.

demarcate ['diːmɑːkeɪt] *vt* abgrenzen, demarkieren.

demarcation [ˌdiːmɑː'keɪʃən] *n* Abgrenzung, Demarkation *f*. **~-line** Demarkationslinie *f*; **~ dispute** Streit *m* um den Zuständigkeitsbereich.

dematerialize [ˌdiːmə'tɪərɪəlaɪz] **I** *vt* entmaterialisieren.

II *vi* sich entmaterialisieren.

demean [dɪ'miːn] *vr* **1.** (*lower*) sich erniedrigen. **I will not ~ myself (so far as) to do that** ich werde mich nicht (dazu) erniedrigen, das zu tun; **~ing** erniedrigend. **2.** (*behave*) sich benehmen *or* verhalten.

demeanour, (*US***) demeanor** [dɪ'miːnə^r] *n* (*behaviour*) Benehmen, Auftreten *nt*; (*bearing*) Haltung *f*.

demented [dɪ'mentɪd] *adj* verrückt, wahnsinnig. **~ with worry** verrückt vor Angst.

dementia [dɪ'menʃɪə] *n* Schwachsinn *m*

demerara (sugar) [ˌdemə'rɛərə('ʃʊgə^r)] *n* brauner Rohrzucker.

demerit [diː'merɪt] *n* Schwäche *f*, Fehler *m*; (*US: black mark*) Minuspunkt *m*.

demesne [dɪ'meɪn] *n* Grundbesitz *m*.

demi ['demɪ-] *pref* Halb-, halb-. **~god** Halbgott *m*; **~john** Demijohn *m*; (*in wickerwork also*) bauchige Korbflasche; **~-monde** [ˌdemɪ'mɔ̃d] Halbwelt *f*.

demilitarization ['diːˌmɪlɪtəraɪ'zeɪʃən] *n* Entmilitarisierung *f*.

demilitarize [ˌdiː'mɪlɪtəraɪz] *vt* entmilitarisieren.

demise [dɪ'maɪz] *n* (*death*) Tod *m*; (*of person also*) Ableben *nt* (*geh*); (*fig: of institution, newspaper*) Ende *nt*.

demisemiquaver [ˌdemɪsemɪ'kweɪvə^r] *n* Zweiunddreißigstelnote *f*.

demist [ˌdiː'mɪst] *vt windscreen* freimachen.

demister [ˌdiː'mɪstə^r] *n* Gebläse *nt*.

demitasse ['demɪtæs] *n* (*US*) (*cup*) Mokkatasse *f*; (*coffee*) Kaffee *m*.

demo ['deməʊ] **I** *n abbr of* **demonstration** Demo(nstration) *f*. **II** *adj attr* **~ disk** Demodiskette *f*; **~ tape** Demoband *nt*.

demob [ˌdiː'mɒb] (*Brit*) **I** *n abbr of* **demobilization** Entlassung *f* aus dem Kriegsdienst. **II** *vt abbr of* **demobilize** aus dem Kriegsdienst entlassen.

demobilization ['diːˌməʊbɪlaɪ'zeɪʃən] *n* (*of army*) Demobilmachung, Demobilisierung *f*; (*of soldier*) Entlassung *f* aus dem Kriegsdienst, Demobilisierung *f*.

demobilize [diː'məʊbɪlaɪz] *vt* aus dem Kriegsdienst entlassen, demobilisieren.

democracy [dɪ'mɒkrəsɪ] *n* Demokratie *f*.

democrat ['deməkræt] *n* Demokrat(in *f*) *m*.

democratic *adj*, **~ally** *adv* [ˌdemə'krætɪk, -əlɪ] demokratisch.

democratize [dɪ'mɒkrətaɪz] *vt* demokratisieren.

demographer [dɪ'mɒgrəfə^r] *n* Demograph(in *f*) *m*.

demographic [ˌdemə'græfɪk] *adj* demographisch.

demography [dɪ'mɒgrəfɪ] *n* Demographie *f*.

demolish [dɪ'mɒlɪʃ] *vt building* ab- *or* einreißen, abbrechen; *fortifications* niederreißen; (*fig*) *opponent, theory* zunichte machen, vernichten; (*hum*) *cake* vertilgen.

demolition [ˌdemə'lɪʃən] *n* Abbruch *m*.

demolition area *n see* **demolition zone; demolition squad** *n* Abbruchkolonne *f*; **demolition zone** *n* Abbruchgebiet *nt*.

demon ['diːmən] *n* Dämon *m*; (*inf: child*) Teufel *m*. **to be a ~ for work** ein Arbeitstier sein; **the D~ Drink** König Alkohol *m*.

demoniac [dɪ'məʊnɪæk] **I** *adj* dämonisch.

II *n* Besessene(r) *mf*.

demonic [dɪ'mɒnɪk] *adj* dämonisch.

demonstrable ['demənstrəbl] *adj* beweisbar, offensichtlich.

demonstrably ['demənstrəblɪ] *adv see adj*. **~ false** nachweislich falsch.

demonstrate ['demənstreɪt] **I** *vt* **1.** *truth, emotions, needs, good will* zeigen, beweisen; (*by experiment, example also*) demonstrieren. **2.** *appliance* vorführen; *operation also* demonstrieren.

II *vi* (*Pol*) demonstrieren.

demonstration [ˌdemən'streɪʃən] **I** *n* **1.** *see vt* Zeigen *nt*, Beweis *m*; Demonstration *f*; Vorführung *f*; Demonstration *f*. **to give a ~ (of sth)** etw demonstrieren; (*of gadgets*) eine Vorführung machen, etw vorführen. **2.** (*Pol*) Demonstration *f*. **to hold a ~** eine Demonstration veranstalten.

II *attr car, lesson* Vorführ-, Demonstrations-.

demonstrative [dɪ'mɒnstrətɪv] *adj* demonstrativ; (*Gram*) *adjective also* hinweisend.

demonstrator ['demənstreɪtə^r] *n* **1.** (*Comm*) Vorführer(in *f*) *m* (von technischen Geräten), Propagandist(in *f*) *m*; (*Sch, Univ*) Demonstrator *m*. **2.** (*Pol*)

Demonstrant(in *f*) *m*.

demoralization [dɪˌmɒrəlaɪ'zeɪʃən] *n see vt* Entmutigung *f*; Demoralisierung *f*.

demoralize [dɪ'mɒrəlaɪz] *vt* entmutigen; *troops* demoralisieren.

demoralizing [dɪ'mɒrəlaɪzɪŋ] *adj see vt* entmutigend; demoralisierend.

demote [dɪ'məʊt] *vt* (*Mil*) degradieren (*to* zu); (*in business*) zurückstufen.

demotion [dɪ'məʊʃən] *n* (*Mil*) Degradierung *f*; (*in business*) Zurückstufung *f*.

demur [dɪ'mɜːʳ] **I** *vi* Einwände erheben, Bedenken haben (*to, at* gegen); (*Jur*) Einspruch erheben *or* einlegen. **II** *n* (*form*) Einwand *m*, Bedenken *pl*; (*Jur*) Einspruch *m*. **without ~** widerspruchslos.

demure [dɪ'mjʊəʳ] *adj* (+*er*) (*coy*) *look, girl, smile* spröde; (*sedate*) ernst, gesetzt; (*sober*) nüchtern, gelassen.

demurely [dɪ'mjʊəlɪ] *adv see adj*.

demureness [dɪ'mjʊənɪs] *n see adj* Sprödigkeit *f*; Ernst *m*, Gesetztheit *f*; Nüchternheit, Gelassenheit *f*.

demurrage [dɪ'mʌrɪdʒ] *n* (*Comm*) (*charge*) (Über)liegegeld *nt*; (*time*) Überliegezeit *f*.

demystification [ˌdiːmɪstɪfɪ'keɪʃən] *n* Entmystifizierung *f*.

demystify [diː'mɪstɪfaɪ] *vt* entmystifizieren.

demythologize ['diːmɪ'θɒlədʒaɪz] *vt* entmythologisieren.

den [den] *n* **1.** (*of lion, tiger*) Höhle *f*, Versteck *nt*; (*of fox*) Bau *m*. **2. ~ of iniquity** *or* **vice** Lasterhöhle *f*; **~ of thieves** Spelunke, Räuberhöhle (*hum*) *f*; *see* **opium ~**. **3.** (*study*) Arbeitszimmer *nt*; (*private room*) gemütliches Zimmer, Bude *f* (*inf*).

denationalization ['diːˌnæʃnəlaɪ'zeɪʃən] *n* (Re)privatisierung *f*.

denationalize [ˌdiː'næʃnəlaɪz] *vt* (re)privatisieren.

denature [ˌdiː'neɪtʃəʳ] *vt* denaturieren; (*make unfit for eating, drinking also*) ungenießbar machen.

denazification ['diːˌnætsɪfɪ'keɪʃən] *n* Entnazifizierung *f*.

denial [dɪ'naɪəl] *n* **1.** (*of accusation, guilt*) Leugnen *nt*. **~ of (the existence of) God** Gottesleugnung *f*; **the government issued an official ~** die Regierung gab ein offizielles Dementi heraus.

2. (*refusal: of request*) Ablehnung *f*, abschlägige Antwort; (*official*) abschlägiger Bescheid; (*of rights*) Verweigerung *f*.

3. (*disowning*) Verleugnung *f*. **Peter's ~ of Christ** die Verleugnung des Petrus.

4. (*self-~*) Selbstverleugnung *f*.

denier ['denɪəʳ] *n* (*of stockings*) Denier *nt*.

denigrate ['denɪgreɪt] *vt* verunglimpfen.

denigration [ˌdenɪ'greɪʃən] *n* Verunglimpfung *f*.

denim ['denɪm] **I** *n* **1.** Jeansstoff, Köper *m*. **2. ~s** *pl* Blue Jeans, Jeans *pl*.

II *adj attr* Jeans-, Köper-. **~ jacket** Jeansjacke *f*.

denitrification [ˌdiːnaɪtrɪfɪ'keɪʃən] *n* Entstickung *f*. **~ plant** *n* Entstickungsanlage *f*.

denizen ['denɪzn] *n* Bewohner(in *f*) *m*; (*person*) Einwohner(in *f*) *m*. **~s of the forest/deep** Waldbewohner *pl*/Bewohner *pl* der Tiefe.

Denmark ['denmɑːk] *n* Dänemark *nt*.

denominate [dɪ'nɒmɪneɪt] *vt* benennen, bezeichnen.

denomination [dɪˌnɒmɪ'neɪʃən] *n* **1.** (*Eccl*) Konfession *f*. **2.** (*name, naming*) Benennung, Bezeichnung *f*. **3.** (*of money*) Nennbetrag *m*; (*of weight, measures*) Einheit *f*. **4.** (*class, kind*) Klasse, Gruppe *f*.

denominational [dɪˌnɒmɪ'neɪʃənl] *adj* (*Eccl*) konfessionell, Konfessions-.

denominator [dɪ'nɒmɪneɪtəʳ] *n* (*Math*) Nenner *m*. **(lowest) common ~** *n* gemeinsamer Nenner *m*.

denotation [ˌdiːnəʊ'teɪʃən] *n* **1.** (*Philos: of term, concept*) Denotation *f*, Begriffsumfang *m*; (*of word*) Bedeutung *f*. **2.** (*name: of object*) Bezeichnung *f*; (*symbol*) Symbol *nt*.

denotative [dɪ'nəʊtətɪv] *adj* (*Ling*) denotativ.

denote [dɪ'nəʊt] *vt* bedeuten; *symbol, word* bezeichnen; (*Philos*) den Begriffsumfang angeben von.

dénouement [dɪ'nuːmɒŋ] *n* (*Theat, Liter*) (Auf)lösung *f*; (*fig*) Ausgang *m*.

denounce [dɪ'naʊns] *vt* **1.** (*accuse publicly*) anprangern, brandmarken; (*inform against*) anzeigen, denunzieren (*sb to sb* jdn bei jdm). **2.** (*condemn as evil*) *alcohol, habit* verurteilen, denunzieren (*geh*). **3.** *treaty* (auf)kündigen.

denouncement [dɪ'naʊnsmənt] *n see* **denunciation.**

dense [dens] *adj* (+*er*) **1.** *fog, forest, crowd, population* dicht. **2.** (*Phot*) *negative* überbelichtet. **3.** (*inf: stupid*) *person* blöd (*inf*). **are you being ~?** stellst du dich dumm?

densely ['denslɪ] *adv* **1.** dicht. **~ wooded/populated** dicht bewaldet *pred*, dichtbewaldet *attr*/dicht bevölkert *pred*, dichtbevölkert *attr*. **2.** (*inf: stupidly*) blöd (*inf*).

denseness ['densnɪs] *n* **1.** *see* **density. 2.** (*inf*) Beschränktheit, Blödheit (*inf*) *f*.

density ['densɪtɪ] *n* Dichte *f*. **population ~** Bevölkerungsdichte *f*.

dent [dent] **I** *n* (*in metal*) Beule, Delle (*inf*) *f*; (*in wood*) Kerbe, Delle (*inf*) *f*. **that made a ~ in his savings** (*inf*) das hat ein Loch in seine Ersparnisse gerissen; **that made a bit of a ~ in his pride** das hat seinen Stolz ganz schön angeknackst (*inf*).

II *vt hat, car, wing* einbeulen, verbeulen; *wood, table* eine Delle machen in (+*acc*); (*inf*) *pride* anknacksen (*inf*).

III *vi* (*metal*) sich einbeulen; (*wood, table*) eindellen.

dental ['dentl] **I** *adj* **1.** Zahn-; *treatment* zahnärztlich; *training* zahnmedizinisch (*form*). **~ floss** Zahnseide *f*; **~ surgeon** Zahnarzt *m*/-ärztin *f*; **~ technician** Zahntechniker(in *f*) *m*. **2.** (*Ling*) Dental-, dental.

II *n* (*Ling*) Dental, Zahnlaut *m*.

dentist ['dentɪst] *n* Zahnarzt *m*, Zahnärztin *f*. **at the ~('s)** beim Zahnarzt.

dentistry ['dentɪstrɪ] *n* Zahnmedizin *f*.

dentures ['dentʃəz] *npl* Zahnprothese *f*; (*full*) Gebiß *nt*.

denude [dɪ'nju:d] *vt* (*of trees*) entblößen (*of gen*); (*fig also*) berauben (*of gen*).

denunciation [dɪˌnʌnsɪ'eɪʃən] *n see* **denounce** Anprangerung, Brandmarkung *f*; Denunziation *f*; Verurteilung *f*; (Auf)kündigung *f*.

Denver boot [ˌdenvə'bu:t] *n* (*inf: car clamp*) Parkkralle, Kralle (*inf*) *f*.

deny [dɪ'naɪ] *vt* **1.** *charge, accusation* bestreiten, abstreiten, (ab)leugnen; *existence of God* leugnen; (*officially*) dementieren. **do you ~ having said that?** leugnen *or* bestreiten Sie, das gesagt zu haben?; **there's no ~ing it** das läßt sich nicht bestreiten *or* leugnen.

2. (*refuse*) **to ~ sb a request/his rights/aid/a privilege/admittance/credit** jdm eine Bitte abschlagen/jdm seine Rechte vorenthalten/jdm Hilfe/ein Privileg versagen/jdm den Zugang verwehren/jdm Kredit verweigern; **I can't ~ her anything** ich kann ihr nichts abschlagen; **why should I ~ myself these little comforts?** warum sollte ich mir das bißchen Komfort nicht gönnen?

3. (*disown*) *leader, religion, principles* verleugnen.

4. to ~ oneself sich selbst verleugnen.

deodorant [di:'əʊdərənt] **I** *adj* desodor(is)ierend.

II *n* Deodorant, Deo (*inf*) *nt*.

deodorize [di:'əʊdəraɪz] *vt* desodor(is)ieren.

deoxidize [di:'ɒksɪdaɪz] *vt* desoxydieren.

deoxyribonucleic acid [dɪ'ɒksɪˌraɪbəʊnju:'kleɪɪkˌæsɪd] *n* Desoxyribonukleinsäure *f*.

dep *abbr of* **departure** Abf.

depart [dɪ'pɑ:t] **I** *vi* **1.** (*go away*) weggehen; (*on journey*) abreisen; (*by bus, car etc*) wegfahren; (*train, bus*) abfahren. **the train at platform 6 ~ing for ...** der Zug auf Bahnsteig 6 nach ...; **to be ready to ~** (*person*) start- *or* abfahrbereit sein; **the train was/visitors were about to ~** der Zug war im Begriff abzufahren/die Gäste waren im Begriff aufzubrechen.

2. (*deviate; from opinion*) abweichen, abgehen.

II *vt* (*liter*) **to ~ this world** *or* **life** aus dieser Welt *or* diesem Leben scheiden (*liter*).

departed [dɪ'pɑ:tɪd] **I** *adj* **1.** (*liter: dead*) verstorben. **2.** (*bygone*) *friends* verloren; *glory, happiness also* vergangen. **II** *n* **the (dear) ~** der/die (liebe) Verstorbene; die (lieben) Verstorbenen *pl*.

department [dɪ'pɑ:tmənt] *n* **1.** (*generally*) Abteilung *f*; (*Geog: in France*) Departement *nt*; (*in civil service*) Ressort *nt*. **D~ of Employment** (*Brit*) Arbeitsministerium *nt*; **D~ of State** (*US*) Außenministerium *nt*; **that's not my ~** (*fig*) dafür bin ich nicht zuständig. **2.** (*Sch, Univ*) Fachbereich *m*.

departmental [ˌdi:pɑ:t'mentl] *adj* **1.** Abteilungs-. **2.** (*Sch, Univ*) Fachbereichs-.

departmentalism [ˌdi:pɑ:t'mentəlɪzəm] *n* Gliederung *f* in Abteilungen.

departmentalize [ˌdi:pɑ:t'mentəlaɪz] *vt* in Abteilungen einteilen *or* (auf)gliedern.

departmentally [ˌdi:pɑ:t'mentəlɪ] *adv* abteilungsweise.

department store *n* Kaufhaus *nt*.

departure [dɪ'pɑ:tʃə^r] *n* **1.** (*of person*) Weggang *m*; (*on journey*) Abreise *f* (*from* aus); (*of vehicle*) Abfahrt *f*; (*of plane*) Abflug *m*. **to be on the point of ~** im Aufbruch (begriffen) sein; **there are three ~s daily for Stockholm** es gibt täglich drei Flüge nach Stockholm; **"~s"** „Abfahrt"; (*at airport*) „Abflug".

2. (*fig: from custom, principle*) Abweichen, Abgehen *nt* (*from* von); (*from truth*) Abweichen *nt*.

3. (*fig*) (*change in policy*) Richtung *f*; (*in science, philosophy also*) Ansatz *m*.

departure board *n* (*Rail*) Abfahrtstafel *f*; (*Aviat*) Abfluganzeige *f*; **departure gate** *n* Flugsteig, Ausgang *m*; **departure language** *n* (*Ling*) Ausgangssprache *f*; **departure lounge** *n* Abflughalle *f*; (*for single flight*) Warteraum *m*; **departure time** *n* (*Aviat*) Abflugzeit *f*; (*Rail, bus*) Abfahrtzeit *f*.

depend [dɪ'pend] *vi* **1.** abhängen (*on sb/sth* von jdm/etw). **it ~s on what you mean by reasonable** es kommt darauf an, was Sie unter vernünftig verstehen; **it all ~s (on whether ...)** das kommt ganz darauf an(, ob ...); **that ~s** das kommt darauf an, je nachdem; **~ing on his mood/the sum needed/how late we arrive** je nach seiner Laune/Höhe des erforderlichen Betrags/je nachdem, wie spät wir ankommen.

2. (*rely*) sich verlassen (*on, upon* auf +*acc*). **you may ~ (up)on his coming** Sie können sich darauf verlassen, daß er kommt; **you can ~ (up)on it!** darauf können Sie sich verlassen!

3. (*person: be dependent on*) **to ~ on** abhängig sein von, angewiesen sein auf (+*acc*).

dependability [dɪˌpendə'bɪlɪtɪ] *n* Zuverlässigkeit, Verläßlichkeit *f*.

dependable [dɪ'pendəbl] *adj* zuverlässig, verläßlich.

dependant, dependent [dɪ'pendənt] *n* Abhängige(r) *mf*. **do you have ~s?** haben Sie (abhängige) Angehörige?

dependence [dɪ'pendəns] *n* **1.** (*state of depending*) Abhängigkeit *f* (*on, upon* von). **2.** (*reliance*) **I could never put much ~ on him** ich habe nie sehr viel von seiner Zuverlässigkeit gehalten.

dependency [dɪ'pendənsɪ] *n* **1.** (*country*) Schutzgebiet *nt*, Kolonie *f*. **2.** *see* **dependence 1.**

dependent [dɪ'pendənt] **I** *adj* abhängig (*on, upon* von). **to be ~ on charity/sb's good will** auf Almosen/jds Wohlwollen (*acc*) angewiesen sein.

II *n see* **dependant.**

depersonalize [di:'pɜ:sənəlaɪz] *vt* entpersönlichen, depersonalisieren (*Psych*).

depict [dɪ'pɪkt] *vt* darstellen; (*in words also*) beschreiben.

depiction [dɪ'pɪkʃən] *n see vt* Darstellung *f*; Beschreibung *f*.

depilatory [dɪ'pɪlətərɪ] **I** *adj* enthaarend, Enthaarungs-.
II *n* Enthaarungsmittel *nt*.

deplenish [dɪ'plenɪʃ] *vt supplies* verringern.

deplete [dɪ'pli:t] *vt* **1.** (*exhaust*) erschöpfen; (*reduce*) vermindern, verringern; *funds* verringern. **our supplies are/the larder is somewhat ~d** unsere Vorräte sind ziemlich erschöpft/die Speisekammer ist ziemlich leer.
2. (*Med*) entleeren.

depletion [dɪ'pli:ʃən] *n see vt* Erschöpfung *f*; Verminderung, Verringerung *f*; Entleerung *f*; (*of stock also, of membership*) Abnahme *f*.

deplorable [dɪ'plɔ:rəbl] *adj* beklagenswert, bedauerlich.

deplorably [dɪ'plɔ:rəblɪ] *adv see adj*.

deplore [dɪ'plɔ:ʳ] *vt* (*regret*) bedauern, beklagen; (*disapprove of*) mißbilligen. **his attitude is to be ~d** seine Haltung ist bedauerlich.

deploy [dɪ'plɔɪ] **I** *vt* **1.** (*Mil*) (*use, employ*) einsetzen; (*position*) aufstellen. **the number of troops/missiles ~ed in Germany** die Zahl der in Deutschland stationierten Streitkräfte/Raketen. **2.** (*fig*) *resources, staff, arguments* einsetzen. **II** *vi* (*Mil*) sich aufstellen; aufmarschieren.

deployment [dɪ'plɔɪmənt] *n see vb* Einsatz *m*; Aufstellung *f*; Stationierung *f*.

depoliticize ['di:pɒ'lɪtɪsaɪz] *vt* entpolitisieren.

deponent [dɪ'pəʊnənt] **I** *n* (*Ling*) Deponens *nt*; (*Jur*) vereidigter Zeuge.
II *adj* **~ verb** Deponens *nt*.

depopulate [ˌdi:'pɒpjʊleɪt] *vt* entvölkern.

depopulation ['di:ˌpɒpjʊ'leɪʃən] *n* Entvölkerung *f*.

deport [dɪ'pɔ:t] **I** *vt prisoner* deportieren; *alien* abschieben. **II** *vr* (*behave*) sich benehmen *or* verhalten.

deportation [ˌdi:pɔ:'teɪʃən] *n see vt* Deportation *f*; Abschiebung *f*.

deportee [dɪpɔ:'ti:] *n* Deportierte(r) *mf*; (*alien awaiting deportation*) Abzuschiebende(r) *mf*.

deportment [dɪ'pɔ:tmənt] *n* Haltung *f*; (*behaviour*) Verhalten, Benehmen *nt*.

depose [dɪ'pəʊz] **I** *vt sovereign* entthronen, absetzen; *official* absetzen.
II *vi* (*Jur*) unter Eid aussagen.

deposit [dɪ'pɒzɪt] **I** *vt* **1.** (*put down*) hinlegen; (*upright*) hinstellen. **the turtle ~s her eggs in the sand** die Schildkröte legt ihre Eier im Sand ab. **2.** *money, valuables* deponieren (*with* bei). **3.** (*Geol*) ablagern.
II *n* **1.** (*Fin: in bank*) Einlage *f*, Guthaben *nt*. **to have £500 on ~** ein Guthaben *or* eine Einlage von £ 500 haben.
2. (*Comm*) (*part payment*) Anzahlung *f*; (*returnable security*) Sicherheit, Kaution *f*; (*for bottle*) Pfand *nt*. **to put down a ~ on a car** (auf) ein Auto anzahlen; **to leave a ~** eine Sicherheit *or* Kaution hinterlegen; **to lose one's ~** (*Pol*) seine Kaution verlieren.
3. (*Chem: in wine, Geol*) Ablagerung *f*; (*accumulation of ore, coal, oil*) (Lager)stätte *f*. **to form a ~** sich ablagern.

deposit account *n* Sparkonto *nt*.

depositary [dɪ'pɒzɪtərɪ] *n* Treuhänder(in *f*) *m*.

deposition [ˌdi:pə'zɪʃən] *n* **1.** (*of sovereign*) Entthronung, Absetzung *f*; (*of official*) Absetzung *f*. **2.** (*Jur*) Aussage *f* unter Eid. **3.** (*Art, Rel*) **~ from the cross** Kreuzabnahme *f*.

depositor [dɪ'pɒzɪtəʳ] *n* Deponent(in *f*), Einzahler(in *f*) *m*.

depository [dɪ'pɒzɪtərɪ] *n* Verwahrungsort *m*; (*warehouse*) Lagerhaus *nt*.

deposit slip *n* Einzahlungsbeleg *m*.

depot ['depəʊ] *n* **1.** (*bus garage*) Depot *nt*; (*store also*) (Lager)haus *nt*. **2.** (*US Rail*) Bahnhof *m*.

depot ship *n* Versorgungsschiff *nt*.

depravation [ˌdeprə'veɪʃən] *n* **1.** (*depraving*) Verderbung *f*. **2.** (*depravity*) Verderbtheit, Verworfenheit *f*.

deprave [dɪ'preɪv] *vt* verderben.

depraved [dɪ'preɪvd] *adj* verderbt, verkommen, verworfen.

depravity [dɪ'prævɪtɪ] *n* Verderbtheit, Verworfenheit *f*.

deprecate ['deprɪkeɪt] *vt* (*form*) mißbilligen.

deprecating ['deprɪkeɪtɪŋ] *adj* **1.** (*disapproving*) mißbilligend.
2. (*apologetic*) abwehrend.

deprecatingly ['deprɪkeɪtɪŋlɪ] *adv see adj*.

deprecation [deprɪ'keɪʃən] *n* (*form*) Mißbilligung *f*.

deprecatory ['deprɪkətərɪ] *n see* **deprecating.**

depreciate [dɪ'pri:ʃɪeɪt] **I** *vt* **1.** *value* mindern. **to ~ a currency** die Kaufkraft einer Währung mindern. **2.** (*belittle*) herabsetzen *or* -mindern *or* -würdigen.
II *vi* an Wert verlieren; (*currency*) an Kaufkraft verlieren.

depreciation [dɪˌpri:ʃɪ'eɪʃən] *n* **1.** (*of property, value*) Wertminderung *f*; (*in accounting*) Abschreibung *f*; (*of currency*) Kaufkraftverlust *m*. **2.** (*belittlement*) Herabsetzung *or* -minderung *or* -würdigung *f*.

depreciatory [dɪ'pri:ʃɪətərɪ] *adj* abschätzig, herabsetzend.

depredation [ˌdeprɪ'deɪʃən] *n usu pl* Verwüstung *f*.

depress [dɪ'pres] *vt* **1.** *person* deprimieren; (*discourage*) entmutigen. **2.** (*press down*) *lever* niederdrücken, herunterdrücken; *push button* drücken, betätigen.

depressant [dɪ'presnt] **I** *n* Beruhigungsmittel, Sedativ(um) (*spec*) *nt*. **II** *adj* beruhigend, dämpfend, sedierend (*spec*).

depressed [dɪ'prest] *adj* **1.** *person* deprimiert, niedergeschlagen; (*sad*) bedrückt; (*discouraged*) entmutigt. **2.** *industry* notleidend; *area* Notstands-; *market, trade, business* schleppend, flau.

depressing [dɪ'presɪŋ] *adj* deprimierend.

depressingly [dɪ'presɪŋlɪ] *adv see adj*.

depression [dɪ'preʃən] *n* **1.** Depression *f*; (*Med*) Depressionen *pl*.
2. (*of lever*) Herunter- *or* Niederdrük-

ken *nt*; (*of key, push button*) Drücken, Betätigen *nt*, Betätigung *f*.

3. (*in ground*) Vertiefung, Senke *f*.

4. (*Met*) Tief(druckgebiet) *nt*. **a deep/shallow ~** ein ausgedehntes/schwaches Tief(druckgebiet).

5. (*Econ*) Flaute *f*; (*St Ex*) Baisse *f*. **the D~** die Weltwirtschaftskrise.

depressive [dɪ'presɪv] **I** *adj* depressiv. **II** *n* an Depressionen Leidende(r) *mf*. **to be a ~** depressiv sein.

depressurize [diː'preʃəraɪz] *vt* den Druck herabsetzen in (+*dat*). **should the cabin become ~d** bei Druckverlust in der Kabine.

deprivation [ˌdeprɪ'veɪʃən] *n* **1.** (*depriving*) Entzug *m*; (*loss*) Verlust *m*; (*Psych*) Deprivation *f*; (*of rights*) Beraubung *f*.

2. (*state*) Entbehrung *f*; (*lack of necessities*) Mangel *m*. **the ~s of the war** die Entbehrungen des Krieges.

deprive [dɪ'praɪv] *vt* **to ~ sb of sth** jdm etw entziehen; **they had been ~d of a decent education/the benefit of ...** ihnen wurde eine anständige Erziehung/der Vorteil von ... vorenthalten; **I don't want to ~ you** ich will dir das/die *etc* nicht vorenthalten; **to ~ oneself of sth** sich (*dat*) etw nicht gönnen.

deprived [dɪ'praɪvd] *adj* **~ child** benachteiligtes Kind; **~ families** benachteiligte Familien; **are you feeling ~?** (*inf*) fühlst du dich benachteiligt?

dept *abbr of* **department** Abt.

depth [depθ] *n* **1.** Tiefe *f*. **the ~s of the ocean** die Tiefen des Ozeans; **at a ~ of 3 metres** in einer Tiefe von 3 Metern, in 3 Meter Tiefe; **don't go out of your ~** geh nicht zu tief rein!; **to get out of one's ~** (*lit*) den Boden unter den Füßen verlieren; **I'm out of my ~ there** davon habe ich keine Ahnung, da muß ich passen.

2. (*of knowledge, feeling, colour*) Tiefe *f*. **to sing with great ~ of feeling** sehr gefühlvoll singen; **in ~** eingehend, intensiv; *see* **in-depth.**

3. (*fig*) **~(s)** Tiefen *pl*; **in the ~s of despair** in tiefster Verzweiflung; **in the ~s of winter/the forest** im tiefsten Winter/Wald; **from the ~s of the earth** aus den Tiefen der Erde (*geh*).

depth charge *n* Wasserbombe *f*; **depth of field** *n* (*Phot*) Tiefenschärfe *f*; **depth psychology** *n* Tiefenpsychologie *f*.

deputation [ˌdepjʊ'teɪʃən] *n* (*act*) Abordnung *f*; (*people also*) Delegation *f*.

depute [dɪ'pjuːt] *vt person* abordnen, delegieren; *power, authority* delegieren, übertragen (*to sb* jdm).

deputize ['depjʊtaɪz] **I** *vi* vertreten (*for sb* jdn), als Vertreter fungieren (*for sb* für jdn). **II** *vt* ernennen, abordnen.

deputy ['depjʊtɪ] **I** *n* **1.** Stellvertreter(in *f*) *m*. **2.** (*in deputation*) Delegierte(r) *mf*. **3.** (*also* **~ sheriff**) Hilfssheriff *m*. **4.** (*in France*) Deputierte(r) *mf*; (*US: in foreign parliaments*) Abgeordnete(r) *mf*. **II** *adj attr* stellvertretend.

derail [dɪ'reɪl] **I** *vt* entgleisen lassen. **to be ~ed** entgleisen. **II** *vi* entgleisen.

derailleur gears [dɪ'reɪljə'gɪəz], **derailleurs** [dɪ'reɪljəz] (*inf*) *npl* Kettenschaltung *f*.

derailment [dɪ'reɪlmənt] *n* Entgleisung *f*.

derange [dɪ'reɪndʒ] *vt* **1.** (*make insane*) verrückt *or* wahnsinnig machen. **2.** *plan* durcheinanderbringen, umwerfen.

deranged [dɪ'reɪndʒd] *adj mind* gestört, verwirrt, verstört. **to be (mentally) ~** (*person*) geistesgestört sein.

derangement [dɪ'reɪndʒmənt] *n* **1.** Geistesgestörtheit *f*. **2.** (*of order*) Unordnung *f*, Durcheinander *nt*.

Derby ['dɑːbɪ, (*US*) 'dɜːbɪ] *n* **1.** (*US: also* **~ hat**) Melone *f*. **2.** (*local* **~**) (Lokal)derby *nt*. **3.** (*Racing*) Derby *nt*.

deregulate [diː'regjʊleɪt] *vt* deregulieren; *buses* dem freien Wettbewerb überlassen.

deregulation [ˌdiːregjʊ'leɪʃən] *n see vt* Deregulierung *f*; Wettbewerbsfreiheit *f* (*of* für).

derelict ['derɪlɪkt] **I** *adj* (*abandoned*) verlassen, aufgegeben; (*ruined*) verfallen, heruntergekommen. **II** *n* **1.** (*Naut*) (treibendes) Wrack. **2.** (*person*) Obdachlose(r) *mf*.

dereliction [ˌderɪ'lɪkʃən] *n* **1.** (*state: of property*) Verfall *m*, Heruntergekommenheit *f*. **2. ~ of duty** Pflichtversäumnis *nt*.

derestricted [ˌdiːrɪ'strɪktɪd] *adj road, area* ohne Geschwindigkeitsbegrenzung *or* -beschränkung.

deride [dɪ'raɪd] *vt* sich lustig machen über (+*acc*), verspotten.

derision [dɪ'rɪʒən] *n* Hohn, Spott *m*. **object of ~** Zielscheibe *f* des Spotts.

derisive *adj*, **~ly** *adv* [dɪ'raɪsɪv, -lɪ] spöttisch, höhnisch; (*malicious*) hämisch, verächtlich.

derisory [dɪ'raɪsərɪ] *adj* **1.** *amount, offer* lächerlich. **2.** *see* **derisive.**

derivable [dɪ'raɪvəbl] *adj* (*Ling, Philos, Chem*) ableitbar.

derivation [ˌderɪ'veɪʃən] *n* (*Ling, Philos*) Ableitung *f*; (*Chem*) Derivation *f*.

derivative [dɪ'rɪvətɪv] **I** *adj* abgeleitet; (*Ling, Chem also*) derivativ; (*fig*) *style, composition, literary work* nachgeahmt, imitiert. **II** *n* Ableitung *f*; (*Ling also, Chem*) Derivat *nt*.

derive [dɪ'raɪv] **I** *vt ideas, names, origins* her- *or* ableiten (*from* von); *profit* ziehen (*from* aus); *satisfaction, comfort, pleasure* gewinnen (*from* aus). **this word is ~d from the Greek** dieses Wort stammt aus dem Griechischen.

II *vi* **to ~ from** sich her- *or* ableiten von; (*power, fortune*) herkommen *or* -rühren von; (*ideas*) kommen *or* stammen von.

dermatitis [ˌdɜːmə'taɪtɪs] *n* Hautentzündung, Dermatitis *f*.

dermatologist [ˌdɜːmə'tɒlədʒɪst] *n* Hautarzt *m*, Hautärztin *f*, Dermatologe *m*, Dermatologin *f*.

dermatology [ˌdɜːmə'tɒlədʒɪ] *n* Dermatologie *f*.

derogate ['derəgeɪt] *vi* **to ~ from sth** (*form*) einer Sache (*dat*) Abbruch tun; **without derogating from his authority** ohne seine Autorität schmälern zu wollen.

derogation [ˌderəˈgeɪʃən] *n* (*form: of power, dignity*) Beeinträchtigung, Schmälerung *f*, Abbruch *m* (*of, from gen*).

derogatory [dɪˈrɒgətərɪ] *adj* abfällig, abschätzig.

derrick [ˈderɪk] *n* Derrickkran, Montagekran *m*; (*above oilwell*) Bohrturm *m*.

derv [dɜːv] *n* (*Brit*) Diesel(kraftstoff) *m*, Dieselöl *nt*.

dervish [ˈdɜːvɪʃ] *n* Derwisch *m*.

DES *abbr of* **Department of Education and Science** Bildungs- und Wissenschaftsministerium *nt*.

desalinate [diːˈsælɪneɪt] *vt* entsalzen.

desalination [diːˌsælɪˈneɪʃən], **desalinization** [diːˌsælɪnaɪˈzeɪʃən] *n* Entsalzung *f*. ~ **plant** Meerwasserentsalzungsanlage *f*.

desalinize [diːˈsælɪnaɪz] *vt* entsalzen.

desalt [diːˈsɔːlt] *vt* (*esp US*) entsalzen. ~**ing plant** Meerwasserentsalzungsanlage *f*.

descale [diːˈskeɪl] *vt* entkalken.

descant [ˈdeskænt] **I** *n* (*Mus*) Diskant *m*. ~ **recorder** Sopranflöte *f*. **II** [desˈkænt] *vi* sich auslassen *or* verbreiten (*upon* über +*acc*), ausgiebig kommentieren.

descend [dɪˈsend] **I** *vi* **1.** (*go down: person*) herunter-/hinuntergehen, hinabschreiten (*geh*); (*lift, vehicle*) herunter-/hinunterfahren; (*road*) herunter-/hinunterführen, herunter-/hinuntergehen; (*hill*) abfallen; (*from horse*) absteigen; (*Astron*) untergehen. **in ~ing order of importance** nach Wichtigkeit geordnet.

2. (*have as ancestor*) abstammen (*from* von).

3. (*pass by inheritance*) (*property*) übergehen (*from* von, *to* auf +*acc*); (*customs*) überliefert werden (*from* von, *to* auf +*acc*); (*rights*) vererbt werden (*from* von, *to* auf +*acc*).

4. (*attack suddenly*) herfallen (*on, upon* über +*acc*), überfallen (*on, upon sb* jdn); (*plague*) hereinbrechen (*on, upon* über +*acc*); (*come over: sadness*) befallen (*on, upon sb* jdn).

5. (*inf: visit*) **to ~ (up)on sb** jdn überfallen (*inf*).

6. (*lower oneself*) **to ~ to sth** sich zu etw herablassen *or* erniedrigen; **he even ~ed to bribery** er scheute selbst vor Bestechung nicht zurück.

II *vt* **1.** *stairs* hinunter-/heruntergehen *or* -steigen. **2. to be ~ed from** abstammen von.

descendant [dɪˈsendənt] *n* **1.** Nachkomme *m*. **2.** (*Astron, Astrol*) **in the ~** im Deszendenten.

descender [dɪˈsendəʳ] *n* (*Typ*) Unterlänge *f*.

descent [dɪˈsent] *n* **1.** (*going down*) (*of person*) Hinunter-/Heruntergehen, Absteigen *nt*; (*from mountain, of plane, into underworld*) Abstieg *m*; (*of gymnast*) Abgang *m*; (*slope, of road*) Abfall *m*. **the ~ of the mountain** der Abstieg vom Berg; **the road made a sharp ~** die Straße fiel steil ab; **~ by parachute** Fallschirmabsprung *m*; **the ~ from the cross** (*Art, Rel*) die Kreuzabnahme.

2. (*ancestry*) Abstammung, Herkunft *f*. **of noble ~** von adliger Abstammung *or* Herkunft; **he is the thirteenth in ~ from ...** er ist der dreizehnte Nachkomme von ...

3. (*of property*) Vererbung, Übertragung *f* (*to* auf +*acc*); (*of customs*) Überlieferung *f* (*to* auf +*acc*).

4. (*Mil, fig: attack*) Überfall *m* (*on* auf +*acc*).

5. (*inf: visit*) Überfall *m* (*inf*).

6. (*fig: into crime*) Absinken *nt* (*into* in +*acc*).

describe [dɪˈskraɪb] *vt* **1.** beschreiben, schildern. **~ him for us** beschreiben Sie ihn uns (*dat*); **which cannot be ~d** was unbeschreiblich ist. **2.** (+*as*) bezeichnen. **3.** (*Math*) beschreiben.

description [dɪˈskrɪpʃən] *n* **1.** Beschreibung *f*; (*of event, situation also*) Schilderung *f*. **2.** (+*as*) Bezeichnung *f*; *see* **answer II 2.**. **3.** (*sort*) Art *f*. **vehicles of every ~** Fahrzeuge aller Art. **4.** (*Math*) Beschreibung *f*.

descriptive [dɪˈskrɪptɪv] *adj* **1.** beschreibend; *account, adjective, passage* anschaulich. **~ writing** Beschreibung *f*; **to be ~ of sth** etw beschreiben. **2.** *linguistics, science* deskriptiv.

descriptivism [dɪˈskrɪptɪvɪzəm] *n* (*Ling, Philos*) Deskriptivismus *m*.

descriptivist [dɪˈskrɪptɪvɪst] (*Ling, Philos*) **I** *n* Deskriptivist(in *f*) *m*. **II** *adj* deskriptivistisch.

desecrate [ˈdesɪkreɪt] *vt* entweihen, schänden.

desecration [ˌdesɪˈkreɪʃən] *n* Entweihung *f*.

desegregate [ˌdiːˈsegrɪgeɪt] *vt schools* desegregieren. **~d schools** gemischtrassige Schulen *pl*.

desegregation [ˈdiːˌsegrɪˈgeɪʃən] *n* Aufhebung *f* der Rassentrennung (*of* in +*dat*), Desegregation *f*.

deselect [ˌdiːsɪˈlekt] *vt MP* nicht wieder (als Kandidat) aufstellen.

desensitize [ˌdiːˈsensɪtaɪz] *vt* (*Phot*) lichtunempfindlich machen; (*Med*) desensibilisieren.

desert¹ [ˈdezət] **I** *n* (*lit, fig*) Wüste *f*. **II** *adj attr region, climate* Wüsten-. **~ boots** Boots *pl*; **~ island** einsame *or* verlassene Insel; **~ rat** (*Brit fig inf*) Wüstensoldat *m*.

desert² [dɪˈzɜːt] **I** *vt* (*leave*) verlassen; *cause, party* im Stich lassen. **by the time the police arrived the place was ~ed** als die Polizei eintraf, war niemand mehr da; **in winter the place is ~ed** im Winter ist der Ort verlassen.

II *vi* (*Mil*) desertieren, Fahnenflucht begehen; (*fig also*) fahnenflüchtig werden. **to ~ to the rebels** zu den Rebellen überlaufen.

deserter [dɪˈzɜːtəʳ] *n* (*Mil, fig*) Deserteur *m*.

desertification [dɪˌzɜːtɪfɪˈkeɪʃən] *n* Desertifikation, Wüstenbildung, Verwüstung *f*.

desertion [dɪˈzɜːʃən] *n* **1.** (*act*) Verlassen

nt; (*Mil*) Desertion, Fahnenflucht *f*; (*fig*) Fahnenflucht *f*. ~ **to the enemy** Überlaufen *nt* zum Feind.

2. (*state*) Verlassenheit *f*.

deserts [dɪ'zɜːts] *npl* Verdienste *pl*; (*reward, also iro*) verdiente Belohnung; (*punishment*) verdiente Strafe. **according to one's** ~ nach seinen Verdiensten; **to get one's just** ~ bekommen, was man verdient.

deserve [dɪ'zɜːv] *vt* verdienen. **he** ~**s to win** er verdient den Sieg; **he** ~**s to be punished** er verdient es, bestraft zu werden.

deservedly [dɪ'zɜːvɪdlɪ] *adv* verdientermaßen.

deserving [dɪ'zɜːvɪŋ] *adj person, action, cause* verdienstvoll. **the** ~ **poor** die Bedürftigen; **to be** ~ **of sth** etw verdienen.

deshabille [ˌdezə'biːl] *n see* **dishabille.**

desiccate ['desɪkeɪt] *vt* trocknen.

desiccated ['desɪkeɪtɪd] *adj* getrocknet; (*fig*) vertrocknet.

desiccation [ˌdesɪ'keɪʃən] *n* Trocknung *f*, Trocknen *nt*.

design [dɪ'zaɪn] **I** *n* **1.** (*planning, shaping*) (*of building, book, picture*) Entwurf *m*; (*of dress also*) Design *nt*; (*of car, machine, plane*) Konstruktion *f*. **it's still at the** ~ **stage** es befindet sich noch in der Konstruktion *or* im Konstruktionsstadium; **a machine with a good/faulty** ~ eine gut/schlecht konstruierte Maschine; **a new** ~ (*Aut*) ein neues Modell.

2. *no pl* (*as subject, art of designing*) Design *nt*. **industrial** ~ Konstruktionslehre *f*.

3. (*pattern: on pottery, material*) Muster *nt*.

4. (*intention*) Plan *m*, Absicht *f*. **by** ~ absichtlich; **to have** ~**s on sb/sth** mit jdm/etw etwas im Sinn haben, es auf jdn/etw abgesehen haben.

II *vt* **1.** entwerfen; *machine* konstruieren. **a well** ~**ed machine** eine gut durchkonstruierte Maschine. **2.** (*intend*) **to be** ~**ed for sb/sth** für jdn/etw vorgesehen *or* bestimmt sein.

III *vi* planen, Pläne machen.

IV *adj attr engineer, team* Design-.

designate ['dezɪgneɪt] **I** *vt* **1.** (*name*) kennzeichnen, benennen; (*appoint*) bestimmen, ernennen, designieren (*form*). **to** ~ **sb as sth** jdn zu etw ernennen. **2.** (*indicate, specify, mark*) festlegen, bestimmen. **II** ['dezɪgnɪt] *adj* **the Prime Minister** ~ der designierte Premierminister.

designation [ˌdezɪg'neɪʃən] *n see vt* Kennzeichnung, Benennung *f*; Bestimmung, Ernennung *f*; Festlegung *f*.

designedly [dɪ'zaɪnɪdlɪ] *adv* absichtlich, vorsätzlich.

designer [dɪ'zaɪnə^r] **I** *n* Designer(in *f*) *m*; (*fashion* ~) Modeschöpfer(in *f*) *m*; (*of machines*) Konstrukteur *m*; (*Theat*) Bühnenbildner(in *f*) *m*.

II *adj attr* Designer-. ~ **drug** Modedroge *f*; ~ **stubble** (*hum*) Dreitagebart *m* (*inf*).

designing [dɪ'zaɪnɪŋ] *adj* intrigant, hinterhältig.

desirability [dɪˌzaɪərə'bɪlɪtɪ] *n* Wünschbarkeit *f*. **they discussed the** ~ **of the plan** sie erörterten, ob das Vorhaben wünschenswert sei; **to increase the** ~ **of these houses** um die Attraktivität dieser Häuser zu erhöhen.

desirable [dɪ'zaɪərəbl] *adj* **1.** *action, progress* wünschenswert, erwünscht. **2.** *position, offer, house, area* reizvoll, attraktiv. **3.** *woman* begehrenswert.

desire [dɪ'zaɪə^r] **I** *n* (*for* nach) Wunsch *m*; (*longing*) Sehnsucht *f*; (*sexual*) Verlangen, Begehren *nt*. **her sexual** ~**s** ihre sexuellen Wünsche; **a** ~ **for peace** ein Verlangen nach Frieden; **heart's** ~ Herzenswunsch *m*; **I have no** ~ **to see him** ich habe kein Verlangen, ihn zu sehen.

II *vt* wünschen; *object* sich (*dat*) wünschen; *woman* begehren; *peace* haben wollen, verlangen nach. **it leaves much to be** ~**d** das läßt viel zu wünschen übrig.

desirous [dɪ'zaɪərəs] *adj see vt* **to be** ~ **of sth** (*form*) etw wünschen/wollen/begehren.

desist [dɪ'zɪst] *vi* (*form*) Abstand nehmen, absehen (*from doing sth* davon, etw zu tun, *from sth* von etw). **would you kindly** ~**!** unterlassen Sie das gefälligst!

desk [desk] *n* Schreibtisch *m*; (*for pupils, master*) Pult *nt*; (*in shop, restaurant*) Kasse *f*; (*in hotel*) Empfang *m*; (*Press*) Ressort *nt*. **information** ~ Information(sschalter *m*) *f*.

deskbound *adj* an den Schreibtisch gebunden; **desk clerk** *n* (*US*) Empfangschef(in *f*) *m*; **desk diary** *n* Tischkalender *m*; **desk editor** *n* Lektor(in *f*), Manuskriptbearbeiter(in *f*) *m*; (*Press*) Ressortchef(in *f*) *m*; **desk job** *n* Bürojob *m*; **desk pad** *n* Schreibunterlage *f*.

desktop ['desktɒp] *n* Arbeitsfläche *f*.

desktop computer *n* Desktop-Computer, Tischrechner *m*; **desktop publishing** *n* Desktop-Publishing *nt*.

desolate ['desəlɪt] **I** *adj* **1.** *place* (*devastated*) verwüstet; (*barren*) trostlos; (*fig*) *outlook* trostlos. **2.** (*grief-stricken*) tieftraurig, zu Tode betrübt; (*friendless*) verlassen; *cry* verzweifelt, der Verzweiflung. **II** ['desəleɪt] *vt* **1.** *country* verwüsten. **2.** *person* betrüben, untröstlich machen.

desolately ['desəlɪtlɪ] *adv see adj*.

desolation [ˌdesə'leɪʃən] *n* **1.** (*of country by war*) Verwüstung *f*. **2.** (*of landscape*) Trostlosigkeit *f*. **3.** (*grief*) Trostlosigkeit *f*; (*friendlessness*) Verlassenheit *f*.

despair [dɪ'spɛə^r] **I** *n* Verzweiflung *f* (*about, at* über +*acc*). **to be in** ~ verzweifelt sein; **he was filled with** ~ Verzweiflung überkam ihn; **in** ~**, she gave up** in ihrer Verzweiflung gab sie auf; **to be the** ~ **of sb** jdn zur Verzweiflung bringen.

II *vi* verzweifeln, alle Hoffnung aufgeben. **to** ~ **of doing sth** alle Hoffnung aufgeben, etw zu tun; **to** ~ **of sth** alle Hoffnung auf etw (*acc*) aufgeben; **his life was** ~**ed of** man gab ihm keine Überlebenschancen; **to make sb** ~ jdn zur

Verzweiflung bringen *or* treiben.

despairing *adj*, **~ly** *adv* [dɪs'pɛərɪŋ, -lɪ] verzweifelt.

despatch [dɪ'spætʃ] *vt, n see* **dispatch.**

desperado [ˌdespə'rɑːdəʊ] *n, pl* **-(e)s** Desperado *m*.

desperate ['despərɪt] *adj* **1.** verzweifelt; *criminal* zum Äußersten entschlossen; (*urgent*) *need* dringend. **to feel ~** verzweifelt sein; **to get ~** verzweifeln, in Verzweiflung geraten; **to be ~ for sth** etw dringend brauchen *or* benötigen; **I'm/it's not that ~!** so dringend ist es nicht!; **I was ~ to get the job** ich wollte die Stelle unbedingt haben; **to do something ~** sich zu einer Verzweiflungstat hinreißen lassen.
2. *situation* verzweifelt, hoffnungslos. **things are getting ~** die Lage wird allmählich verzweifelt.
3. (*inf: very bad*) *colour* schrecklich.

desperately ['despərɪtlɪ] *adv* **1.** verzweifelt, voller Verzweiflung; (*urgently*) *need* dringend. **~ in love** verliebt bis über beide Ohren; **~ ill** schwerkrank *attr*, schwer krank *pred*; **do you want ...? — not ~** möchten Sie ...? — nicht unbedingt; **was it good? — not ~** war's schön? — nicht gerade übermäßig.
2. (*inf*) *cold, frightened, funny* fürchterlich *attr*.

desperation [ˌdespə'reɪʃən] *n* Verzweiflung *f*. **an act of ~** eine Verzweiflungstat; **in (sheer) ~** aus (reiner) Verzweiflung; **in ~ of ever seeing him** weil sie *etc* alle Hoffnung aufgegeben hatte, ihn je zu sehen; **to drive sb to ~** jdn zur Verzweiflung bringen *or* treiben; **to be in ~** verzweifelt sein; **to fight with ~** verzweifelt kämpfen.

despicable [dɪ'spɪkəbl] *adj* verabscheuungswürdig; *person* verachtenswert, widerwärtig, ekelhaft.

despicably [dɪ'spɪkəblɪ] *adv* verabscheuungswürdig, widerwärtig, ekelhaft.

despise [dɪ'spaɪz] *vt* verachten; *presents, food also* verschmähen.

despising *adj*, **~ly** *adv* [dɪ'spaɪzɪŋ, -lɪ] verächtlich, voller Verachtung.

despite [dɪ'spaɪt] *prep* trotz (+*gen*). **~ his warnings** seinen Warnungen zum Trotz; **~ what she says** trotz allem, was sie sagt.

despoil [dɪ'spɔɪl] *vt person* berauben (*of gen*); *country* plündern. **~ed of all its treasures** all seiner Schätze beraubt.

despondence [dɪ'spɒndəns], **despondency** [dɪ'spɒndənsɪ] *n* Niedergeschlagenheit, Mutlosigkeit *f*.

despondent [dɪ'spɒndənt] *adj* niedergeschlagen, mutlos. **to be ~ about sth** über etw (*acc*) bedrückt sein; **to grow** *or* **get ~** den Mut verlieren.

despondently [dɪ'spɒndəntlɪ] *adv see adj*.

despot ['despɒt] *n* (*lit, fig*) Despot *m*.

despotic *adj*, **~ally** *adv* [des'pɒtɪk, -əlɪ] (*lit, fig*) despotisch, herrisch.

despotism ['despətɪzəm] *n* Despotie *f*; (*as ideology*) Despotismus *m*.

des res ['dez'rez] *n* (*hum inf*) attraktiver Wohnsitz.

dessert [dɪ'zɜːt] *n* Nachtisch *m*, Dessert *nt*. **for ~** als *or* zum Nachtisch.

dessertspoon *n* Dessertlöffel *m*; **dessert wine** *n* Dessertwein *m*.

destabilization [ˌdiːsteɪbɪlaɪ'zeɪʃən] *n* Destabilisierung *f*.

destabilize [diː'steɪbɪlaɪz] *vt* destabilisieren.

destination [ˌdestɪ'neɪʃən] *n* (*of person*) Reiseziel *nt*; (*of goods*) Bestimmungsort *m*; (*fig: of person*) Bestimmung *f*; (*of money*) Zweck *m*. **port of ~** Bestimmungshafen *m*; **to know one's ~ in life** seine Bestimmung kennen.

destine ['destɪn] *vt* **1.** (*set apart, predestine*) *person* bestimmen, ausersehen; *object* bestimmen. **to be ~d to do sth** dazu bestimmt *or* ausersehen sein, etw zu tun; **the qualities which ~d him for leadership** die Eigenschaften, die ihn für Führungsaufgaben prädestinierten.
2. *usu pass* (*be fated*) **we were ~d to meet** das Schicksal hat es so gewollt, daß wir uns begegnen; **I was ~d never to see them again** ich sollte sie nie (mehr) wiedersehen.

destined ['destɪnd] *adj*: **~ for** (*ship*) unterwegs nach; (*goods*) für; **where is the cargo ~ for?** wo geht diese Fracht hin?

destiny ['destɪnɪ] *n* **1.** *no art* (*determining power*) Schicksal *nt*, Vorsehung *f*. **D~** das Schicksal, die Vorsehung.
2. (*individual fate, fated event*) Schicksal, Geschick, Los *nt*. **to control one's own ~** sein Schicksal selbst in die Hand nehmen; **it was his ~** es war sein Schicksal *or* Los.

destitute ['destɪtjuːt] **I** *adj* **1.** (*poverty-stricken*) mittellos. **to be utterly ~** bettelarm sein. **2.** (*lacking*) bar (*of gen*). **II** *npl* **the ~** die Mittellosen.

destitution [ˌdestɪ'tjuːʃən] *n* (bittere) Not, Elend *nt*; (*esp financially*) Mittellosigkeit *f*.

destroy [dɪ'strɔɪ] *vt* **1.** zerstören; *box, toy, watch* kaputtmachen; *documents also* vernichten; *trace also* tilgen; (*fire also*) verwüsten. **to ~ oneself** sich zugrunde richten; **to be ~ed by fire** durch Brand vernichtet werden.
2. (*kill*) vernichten; *animal* einschläfern.
3. (*put an end to*) zerstören; *influence, hopes, chances* zunichte machen, vernichten; *reputation, mood, beauty* ruinieren; *morals* zersetzen. **they are trying to ~ him as party leader** sie versuchen, seine Stellung als Parteiführer zu ruinieren.

destroyer [dɪ'strɔɪə[r]] *n* (*Naut*) Zerstörer *m*.

destruct [dɪ'strʌkt] **I** *vi* (*esp Space*) sich selbst zerstören.
II *attr mechanism* Selbstzerstörungs-.

destructible [dɪ'strʌktəbl] *adj* vernichtbar.

destruction [dɪ'strʌkʃən] *n* **1.** (*destroying: of town, building, hope*) Zerstörung *f*; (*of enemy, people, insects, documents*) Vernichtung *f*; (*of reputation also*) Ruinierung *f*; (*of character, soul*) Zerstörung, Zersetzung *f*. **2.** (*damage: caused

by war, fire) Verwüstung, Zerstörung *f*.
destructive [dɪ'strʌktɪv] *adj* **1.** *wind, fire, war* zerstörerisch; *tendencies also* destruktiv; *urge* Zerstörungs-. **to be ~ of sth** etw zerstören. **2.** (*fig*) *criticism* destruktiv.
destructively [dɪ'strʌktɪvlɪ] *adv* destruktiv.
destructiveness [dɪ'strʌktɪvnɪs] *n* **1.** (*of fire, war*) zerstörende Wirkung; (*of person, child*) Destruktivität (*esp Psych*), Zerstörungswut *f*. **2.** (*of criticism*) Destruktivität *f*, zersetzende Wirkung.
destructor [dɪ'strʌktəʳ] *n* (*Tech: also* **refuse ~**) Müllverbrennungsanlage *f*.
desulphurization [ˌdiːsʌlfəraɪ'zeɪʃən] *n* Entschwefelung *f*. **~ plant** Entschwefelungsanlage *f*.
desultoriness ['desəltərɪnɪs] *n see adj* Flüchtigkeit *f*; Halbherzigkeit *f*; Zwanglosigkeit *f*.
desultory ['desəltərɪ] *adj reading* flüchtig; *manner, approach, attempt* halbherzig; *firing* vereinzelt, sporadisch. **to have a ~ conversation** eine zwanglose Unterhaltung führen.
detach [dɪ'tætʃ] *vt* **1.** (*separate, unfasten*) *rope, cart* loslösen (*from* von); *section of form, document* abtrennen (*from* von); *part of machine, wooden leg, collar, hood* abnehmen (*from* von); *lining* herausnehmen (*from* aus); *coach from train* abhängen (*from* von). **to ~ oneself from a group** sich von einer Gruppe lösen *or* trennen; **a section became ~ed from ...** ein Teil löste sich von ...; **these buildings are ~ed from the main block** diese Gebäude stehen gesondert vom Hauptkomplex.
2. (*Mil, Naut*) abkommandieren.
detachable [dɪ'tætʃəbl] *adj part of machine, collar* abnehmbar; *section of document* abtrennbar (*from* von); *lining* ausknöpfbar; (*with zip*) ausreißbar; *lens* auswechselbar.
detached [dɪ'tætʃt] *adj* **1.** (*unbiased*) *opinion* distanziert, unvoreingenommen; (*unemotional*) *manner* kühl, distanziert. **2. ~ house** Einzelhaus *nt*.
detachment [dɪ'tætʃmənt] *n* **1.** (*act of separating*) *see vt 1.* Loslösen *nt*; Abtrennen *nt*; Abnehmen *nt*; Herausnehmen *nt*; Abhängen *nt*. **2.** (*emotionlessness*) Distanz *f*; (*objectivity*) Abstand *m*. **3.** (*Mil*) Sonderkommando *nt*, Abordnung *f*.
detail ['diːteɪl] **I** *n* **1.** Detail *nt*; (*particular*) Einzelheit *f*; (*part of painting, photo*) Ausschnitt *m*; (*insignificant circumstance*) unwichtige Einzelheit. **in ~** im Detail, in Einzelheiten; **in great ~** in allen Einzelheiten, ausführlich; **in every ~** mit *or* in allen Einzelheiten; **there's one little ~ you've forgotten** eine Kleinigkeit haben Sie (noch) vergessen; **please send me further ~s** bitte schicken Sie mir nähere *or* weitere Einzelheiten; **to go into ~s** auf Einzelheiten eingehen, ins Detail gehen; **his attention to ~** seine Aufmerksamkeit für das Detail; **but that's a ~!** das ist doch unwichtig!
2. (*Mil*) Sondertrupp *m*.
II *vt* **1.** *facts, story* ausführlich *or* genau erzählen *or* berichten. **the specifications are fully ~ed on page 3** die genaue Ausführung wird auf Seite 3 aufgeführt.
2. (*Mil*) *troops* abkommandieren (*for* zu, *to do* um zu tun).
detail drawing *n* Detailzeichnung *f*.
detailed ['diːteɪld] *adj* ausführlich, genau, detailliert.
detain [dɪ'teɪn] *vt* (*keep back*) aufhalten; (*police*) in Haft nehmen. **to be ~ed** (*be arrested*) verhaftet werden; (*be in detention*) sich in Haft *or* polizeilichem Gewahrsam befinden.
detainee [dɪteɪ'niː] *n* Häftling *m*.
detect [dɪ'tekt] *vt* entdecken, herausfinden; (*see, make out*) ausfindig machen; *culprit* entlarven; *crime* aufdekken; *a tone of sadness, movement, noise* wahrnehmen; *mine, gas* aufspüren. **do I ~ a note of irony?** höre ich da nicht eine gewisse Ironie (heraus)?
detectable [dɪ'tektəbl] *adj* (*able to be found*) *trace* feststellbar. **sb/sth is ~** (*discernible*) jd läßt sich ausfindig machen/etw läßt sich wahrnehmen; **no ~ difference** kein erkennbarer Unterschied.
detection [dɪ'tekʃən] *n* **1.** (*of criminal*) Entlarvung *f*; (*of crime*) Entdeckung, Aufdeckung *f*; (*of fault*) Entdeckung, Feststellung *f*; (*detective work*) Ermittlungsarbeit *f*. **to escape ~** (*criminal*) nicht gefaßt *or* dingfest gemacht werden; (*mistake*) der Aufmerksamkeit (*dat*) entgehen; **he tried to escape ~ by ...** er versuchte, unentdeckt zu bleiben, indem ...; **a brilliant piece of ~** ein glänzendes Stück Detektivarbeit.
2. (*of gases, mines*) Aufspürung *f*.
detective [dɪ'tektɪv] *n* (*police ~*) Kriminalbeamte(r) *mf*; (*private ~*) Detektiv *m*; (*fig*) Detektiv *m*.
detective agency *n* Detektivbüro *nt*, Detektei *f*; **detective chief inspector** *n* (*Brit*) Kriminalkommissar(in *f*) *m*; **detective chief superintendent** *n* (*Brit*) Kriminalhauptkommissar(in *f*) *m*; **detective constable** *n* (*Brit*) Kriminalbeamte(r) *m*; **detective inspector** *n* Kriminalinspektor(in *f*) *m*; **detective story** *n* Kriminalgeschichte *f*, Kriminalroman, Krimi (*inf*) *m*; **detective superintendent** *n* (*Brit*) Kriminalrat, -rätin *m, f* **detective work** *n* kriminalistische Arbeit.
detector [dɪ'tektəʳ] *n* (*Rad, Tech*) Detektor *m*. **~ van** Funkmeßwagen *m*.
détente [deɪ'tɑːnt] *n* Entspannung, Détente *f*.
detention [dɪ'tenʃən] *n* **1.** (*captivity*) Haft *f*, Gewahrsam *m*; (*act*) Festnahme *f*; (*Mil*) Arrest *m*; (*Sch*) Nachsitzen *nt*. **he's in ~** (*Sch*) er sitzt nach.
2. (*being held up, delayed*) Verzögerung *f*, Aufenthalt *m*.
detention centre *n* Jugendstrafanstalt *f*.
deter [dɪ'tɜːʳ] *vt* (*prevent*) abhalten, hindern; (*discourage*) abschrecken. **to ~ sb from sth** jdn von etw abhalten *or* an etw (*dat*) hindern; **don't let him ~ you** lassen Sie sich nicht von ihm abbringen.

detergent [dɪ'tɜːdʒənt] **I** *n* Reinigungsmittel *nt*; (*soap powder*) Waschmittel *nt*. **II** *adj* reinigend.

deteriorate [dɪ'tɪərɪəreɪt] *vi* sich verschlechtern; (*materials*) verderben; (*species*) entarten; (*morals, brickwork*) verfallen.

deterioration [dɪˌtɪərɪə'reɪʃən] *n see vi* Verschlechterung *f*; Verderben *nt*; Entartung *f*; Verfall *m*.

determinable [dɪ'tɜːmɪnəbl] *adj* **1.** *quantity* bestimmbar. **2.** (*Jur*) befristet.

determinant [dɪ'tɜːmɪnənt] **I** *adj* determinierend *attr*, entscheidend.
II *n* ausschlaggebender Faktor; (*Math, Biol*) Determinante *f*.

determinate [dɪ'tɜːmɪnɪt] *adj number, period* bestimmt, begrenzt; *concept also* fest(gelegt).

determination [dɪˌtɜːmɪ'neɪʃən] *n* **1.** (*firmness of purpose*) Entschlossenheit *f*. **he has great ~** er ist ein Mensch von großer Entschlußkraft; **there is an air of ~ about him** er hat etwas Entschlossenes an sich.
2. (*determining*) Determinierung *f*; (*of character, future also*) Bestimmung *f*; (*of cause, nature, position*) Ermittlung, Bestimmung *f*; (*of frontiers*) Festlegung *f*.

determinative [dɪ'tɜːmɪnətɪv] (*Gram*) **I** *n* Determinativ(um) *nt*.
II *adj* determinativ.

determine [dɪ'tɜːmɪn] *vt* **1.** (*be a decisive factor in*) *sb's character, future* bestimmen, determinieren.
2. (*settle, fix*) *conditions, price* festlegen, festsetzen.
3. (*ascertain*) *cause, nature, position* ermitteln, bestimmen.
4. (*resolve*) beschließen.
5. (*cause to decide*) *person* veranlassen. **to ~ sb to do sth** jdn dazu veranlassen *or* bewegen, etw zu tun.
6. (*Jur*) *contract* beenden.

◆**determine on** *vi +prep obj course of action, alternative* sich entschließen zu. **to ~ ~ doing sth** beschließen *or* sich entschließen, etw zu tun.

determined [dɪ'tɜːmɪnd] *adj person, appearance* entschlossen. **he is ~ that ...** er hat fest beschlossen, daß ...; **they are ~ to succeed** sie sind (fest) entschlossen, erfolgreich zu sein; **he's ~ to make me lose my temper** (*inf*) er legt es darauf an, daß ich wütend werde; **you seem ~ to exhaust yourself** du scheinst dich mit aller Gewalt kaputtmachen zu wollen.

determinedly [dɪ'tɜːmɪndlɪ] *adv* voller Entschlossenheit, entschlossen.

determiner [dɪ'tɜːmɪnə^r] *n* (*Gram*) Bestimmungswort *nt*.

determining [dɪ'tɜːmɪnɪŋ] *adj* entscheidend, bestimmend.

determinism [dɪ'tɜːmɪnɪzəm] *n* Determinismus *m*.

determinist [dɪ'tɜːmɪnɪst] **I** *adj* deterministisch. **II** *n* Determinist(in *f*) *m*.

deterministic [dɪˌtɜːmɪ'nɪstɪk] *adj* deterministisch.

deterrence [dɪ'terəns] *n* Abschreckung *f*.

deterrent [dɪ'terənt] **I** *n* (*also Mil*) Abschreckungsmittel *nt*. **to act as a ~** als Abschreckung(smittel) dienen (*to* für); **to be a ~ to** abschrecken. **II** *adj* abschreckend, Abschreckungs-.

detest [dɪ'test] *vt* verabscheuen, hassen. **I ~ having to get up early** ich hasse es, früh aufstehen zu müssen.

detestable [dɪ'testəbl] *adj* widerwärtig, abscheulich; *character also* verabscheuungswürdig.

detestably [dɪ'testəblɪ] *adv* widerwärtig, abscheulich.

detestation [ˌdiːtes'teɪʃən] *n* **1.** Abscheu *m* (*of* vor +*dat*). **2.** (*object of hatred*) **to be the ~ of sb** jds Abscheu erregen.

dethrone [diː'θrəʊn] *vt* entthronen.

dethronement [diː'θrəʊnmənt] *n* Entthronung *f*.

detonate ['detəneɪt] **I** *vi* (*fuse*) zünden; (*bomb also*) detonieren.
II *vt* zur Explosion bringen. **detonating device** Detonator *m*.

detonation [ˌdetə'neɪʃən] *n* Zündung *f*.

detonator ['detəneɪtə^r] *n* Zünd- *or* Sprengkapsel *f*; (*Rail*) Nebelsignal *nt*.

detour ['diːˌtʊə^r] **I** *n* **1.** (*in road, fig*) Umweg *m*; (*in river*) Schleife *f*, Bogen *m*; (*from a subject*) Abschweifung *f*. **to make a ~** einen Umweg machen. **2.** (*for traffic*) Umleitung *f*.
II *vt traffic* umleiten.

detoxification [ˌdiːtɒksɪfɪ'keɪʃən] *n* Entgiftung *f*.

detoxify [diː'tɒksɪfaɪ] *vt* entgiften.

detract [dɪ'trækt] *vi* **to ~ from sth** einer Sache (*dat*) Abbruch tun; *pleasure, merit also* etw schmälern.

detraction [dɪ'trækʃən] *n* Beeinträchtigung, Schmälerung *f* (*from* gen).

detractor [dɪ'træktə^r] *n* Kritiker(in *f*) *m*.

detrain [diː'treɪn] **I** *vt* ausladen. **II** *vi* (*troops, esp US: passengers*) aussteigen.

detribalize [diː'traɪbəlaɪz] *vt* die Stammesstruktur auflösen in (+*dat*).

detriment ['detrɪmənt] *n* Schaden, Nachteil *m*. **to the ~ of** zum Schaden (+*gen*) *or* von; **without ~ to** ohne Schaden für; **I don't know anything to his ~** ich weiß nichts Nachteiliges über ihn.

detrimental [ˌdetrɪ'mentl] *adj* (*to health, reputation*) schädlich (*to dat*); *effect also* nachteilig (*to* für); (*to case, cause, one's interest*) abträglich (*to dat*).

detritus [dɪ'traɪtəs] *n* (*Geol*) Geröll *nt*; (*fig*) Müll *m*.

deuce[1] [djuːs] *n* **1.** (*Cards*) Zwei *f*.
2. (*Tennis*) Einstand *m*.

deuce[2] *n* (*dated inf*) Teufel *m*; *for phrases see* **devil I 3.**

Deuteronomy [ˌdjuːtə'rɒnəmɪ] *n* das fünfte Buch Mose(s), Deuteronomium *nt* (*spec*).

devaluate [diː'væljʊeɪt] *vt see* **devalue.**

devaluation [ˌdɪvæljʊ'eɪʃən] *n* Abwertung *f*.

devalue [diː'væljuː] *vt* abwerten.

devastate ['devəsteɪt] *vt* **1.** (*lit*) *town, land* verwüsten; (*fig*) *opposition* vernichten. **2.** (*inf: overwhelm*) umhauen (*inf*). **I was ~d** das hat mich umgehauen (*inf*).

devastating ['devəsteɪtɪŋ] *adj* **1.** (*destructive*) *wind, storm* verheerend, vernichtend.

2. (*fig: overwhelming*) *power* verheerend; *passion* zerstörerisch; *news* niederschmetternd; *grief* überwältigend.

3. (*inf*) *argument, attack, reply* vernichtend; *effect, consequences* verheerend; *wit, humour, charm, woman* umwerfend, überwältigend.

devastatingly ['devəsteɪtɪŋlɪ] *adv beautiful, funny* umwerfend.

devastation [ˌdevə'steɪʃən] *n* Verwüstung *f.*

develop [dɪ'veləp] **I** *vt* **1.** *mind, body* entwickeln.

2. *argument, thesis, outlines* (weiter)entwickeln, weiter ausführen; *original idea* (weiter)entwickeln; *plot of novel* (*unfold*) entfalten; (*fill out*) weiterentwickeln, ausbauen; (*Mus*) *theme* durchführen.

3. *natural resources, region, ground* erschließen; *old part of a town* sanieren; *new estate* erschließen; *new series, new model* entwickeln; *business* (*expand*) erweitern, ausbauen; (*from scratch*) aufziehen. **they plan to ~ this area into a ...** es ist geplant, dieses Gebiet als ... zu erschließen.

4. *liking, taste, talent* entwickeln; *cold* sich (*dat*) zuziehen.

5. (*Phot, Math*) entwickeln.

II *vi* **1.** (*person, region, country*) sich entwickeln. **to ~ into sth** sich zu etw entwickeln, etw werden. **2.** (*illness, tendency, feeling*) sich entwickeln; (*talent, plot*) sich entfalten. **3.** (*Phot*) entwickelt werden. **4.** (*event, situation*) sich entwickeln. **it later ~ed that he had never seen her** später stellte sich heraus *or* zeigte es sich, daß er sie nie gesehen hatte.

developer [dɪ'veləpə^r] *n* **1.** *see* **property ~**. **2.** (*Phot*) Entwickler *m.* **3. late ~** Spätentwickler *m.*

developing [dɪ'veləpɪŋ] **I** *adj crisis, storm* aufkommend; *industry* neu entstehend; *interest* wachsend. **II** *n* **1.** *see* **development 1., 4.. 2.** (*Phot*) Entwickeln *nt.*

developing bath *n* Entwicklerbad *nt*; **developing country** *n* Entwicklungsland *nt.*

development [dɪ'veləpmənt] *n* **1.** (*of person, mind, body*) Entwicklung *f.*

2. (*way subject, plot is developed*) Ausführung *f*; (*of interests also*) Entfaltung *f*; (*of argument*) (Weiter)entwicklung *f*; (*Mus*) Durchführung *f.*

3. (*change in situation*) Entwicklung *f.* **new ~s in ...** neue Entwicklungen in ...; **to await ~s** die Entwicklung abwarten.

4. (*of area, site, new town*) Erschließung *f*; (*of old part of town*) Sanierung *f*; (*of industry*) (*from scratch*) Entwicklung *f*; (*expansion*) Ausbau *m.* **we live in a new ~** wir leben in einer neuen Siedlung; **unauthorized ~** illegale Baumaßnahmen *pl.*

5. (*Phot, Math*) Entwicklung *f.*

development aid *n* Entwicklungshilfe *f.*

developmental [dɪveləp'mentl] *adj stage* Entwicklungs-.

development area *n* Entwicklungsgebiet *nt*; (*in town*) Erschließungsgebiet *nt*; (*in old town*) Sanierungsgebiet *nt*; **development company** *n* (Wohnungs)-baugesellschaft *f*; **development costs** *npl* Erschließungskosten *pl*; **development grant** *n* Entwicklungsförderung *f.*

deviancy ['diːvɪənsɪ] *n* abweichendes Verhalten, Devianz *f.*

deviant ['diːvɪənt] **I** *adj behaviour* abweichend, deviant (*spec*).

II *n* jd, der von der Norm abweicht, Deviant *m* (*spec*).

deviate ['diːvɪeɪt] *vi* **1.** (*person: from truth, former statement, routine*) abweichen. **2.** (*ship, plane, projectile*) vom Kurs abweichen *or* abkommen; (*deliberately*) vom Kurs abgehen.

deviation [ˌdiːvɪ'eɪʃən] *n* Abweichen *nt*, Abweichung *f.*

deviationist [ˌdiːvɪ'eɪʃənɪst] **I** *adj* abweichend. **II** *n* Abweichler(in *f*) *m.*

device [dɪ'vaɪs] *n* **1.** (*gadget*) Gerät *nt*; (*extra fitment*) Vorrichtung *f.* **nuclear ~** atomarer Sprengkörper; **a rhetorical ~** ein rhetorischer Kunstgriff.

2. to leave sb to his own ~s jdn sich (*dat*) selbst überlassen.

3. (*emblem*) Emblem *nt*; (*motto*) Motto *nt*, Devise *f.*

devil ['devl] **I** *n* **1.** (*evil spirit*) Teufel *m.*

2. (*inf*) (*person, child*) Teufel *m* (*inf*); (*object, screw*) Plage *f*; (*daring person*) Teufelskerl *m.* **he's a ~ with the ladies** er ist ein Weiberheld; **you little ~!** du kleiner Satansbraten!; **shall I have another? — go on, be a ~** soll ich noch einen trinken? — los, nur zu, riskier's! (*inf*).

3. (*inf: as intensifier*) **a ~ of a job** eine Heidenarbeit; **I had the ~ of a job getting here** es war verdammt schwierig, hierher zu kommen; **a ~ of a fellow** ein Teufelskerl *m*; **to live a ~ of a long way away** verdammt weit weg wohnen; **how/what/why/who the ~ ...?** wie/was/warum/wer zum Teufel ...?; **to work like the ~** wie ein Pferd schuften (*inf*); **to run like the ~** wie ein geölter Blitz sausen (*inf*); **they were making the ~ of a noise** sie machten einen Höllenlarm; **to be in a ~ of a mess** ganz schön in der Patsche sitzen (*inf*) *or* sein (*inf*); **there will be the ~ to pay** das dicke Ende kommt nach.

4. (*in expressions*) **(to be) between the D~ and the deep blue sea** (sich) in einer Zwickmühle (befinden); **to play the ~ with sth** (*inf*) etw ruinieren; **go to the ~!** (*inf*) scher dich zum Teufel! (*inf*); **the ~ finds work for idle hands** (*Prov*) Müßiggang ist aller Laster Anfang (*Prov*); **speak** *or* **talk of the ~!** wenn man vom Teufel spricht!; **give the ~ his due** das muß der Neid ihm lassen; **to have the ~'s own luck** (*inf*) *or* **the luck of the ~** (*inf*) ein Schweineglück (*inf*) *or* unverschämtes Glück haben; **better the ~ you know (than the ~ you don't)** (*prov*) von zwei Übeln wählt man besser das, was man schon kennt; **(the) ~ take the hindmost** den Letzten beißen die Hunde

(*Prov*).
5. printer's ~ Setzerjunge *m*.
II *vi* (*Jur, Typ, Liter*) Handlangerdienste tun.
III *vt* (*Cook*) *kidneys* scharf gewürzt grillen.

devil fish *n* (*ray*) Rochen *m*; (*octopus*) Tintenfisch *m*.

devilish ['devlɪʃ] **I** *adj* **1.** *invention* teuflisch. **2.** (*inf: terrible*) schrecklich. **II** *adv* (*dated inf: very*) verteufelt (*dated inf*); *funny, amusing* furchtbar.

devilishly ['devlɪʃlɪ] *adv* **1.** *behave* abscheulich. **2.** (*dated inf*) *see* **devilish 2.**

devilishness ['devlɪʃnɪs] *n* Teuflische(s) *nt* (*of* an *+dat*); (*of behaviour*) Abscheulichkeit *f*.

devil-may-care [ˌdevlmeɪ'kɛəʳ] *adj* leichtsinnig, vollständig unbekümmert; (*in a selfish way*) Nach-mir-die-Sintflut-.

devilment ['devlmənt] *n* (grober) Unfug. **out of sheer ~** aus lauter Übermut.

devilry ['devlrɪ] *n* **1.** (*mischief*) (grober) Unfug. **a piece of childish ~** ein Dummejungenstreich *m*. **2.** (*black magic*) Teufelskunst *f*. **3.** (*extreme wickedness, cruelty*) Teufelei *f*.

devil's advocate *n* des Teufels Advokat, Advocatus Diaboli *m*.

devious ['diːvɪəs] *adj* **1.** *path, argumentation* gewunden. **by a ~ route** auf einem Umweg; **he has a very ~ mind** er hat sehr verschlungene Gedankengänge, er denkt immer um viele Ecken (*inf*). **2.** (*dishonest*) *method, manoeuvre, route* krumm (*inf*), fragwürdig; *person* verschlagen, hinterhältig. **he has a very ~ mind** er ist durch und durch verschlagen.

deviously ['diːvɪəslɪ] *adv* verschlagen, hinterhältig. **~ worded** verklausuliert.

deviousness ['diːvɪəsnɪs] *n see adj* **1.** Gewundenheit *f*. **2.** Fragwürdigkeit *f*; Verschlagenheit, Hinterhältigkeit *f*.

devise [dɪ'vaɪz] **I** *vt* **1.** *scheme, style* sich (*dat*) ausdenken. **2.** (*Jur*) hinterlassen, vermachen. **II** *n* (*Jur*) Vermächtnis *nt*, Hinterlassenschaft *f*.

devitalization [diːˌvaɪtəlaɪ'zeɪʃən] *n* Schwächung *f*.

devitalize [diː'vaɪtəlaɪz] *vt* schwächen.

devoid [dɪ'vɔɪd] *adj*: **~ of** bar (*+gen*), ohne.

devolution [ˌdiːvə'luːʃən] *n* **1.** (*of power*) Übertragung *f* (*from ... to* von ... auf *+acc*); (*Pol*) Dezentralisierung *f*. **2.** (*Jur: of property*) (*active devolving*) Übertragung *f*; (*being devolved*) Übergang *m*. **3.** (*Biol*) Rückentwicklung *f*.

devolve [dɪ'vɒlv] (*on, upon* auf *+acc*) **I** *vi* (*duty, property etc*) übergehen. **II** *vt duty* übertragen.

devote [dɪ'vəʊt] *vt time, life, oneself, book, chapter, attention* widmen (*to dat*); *thought* verwenden (*to* auf *+acc*); *building* verwenden (*to* für); *resources* bestimmen (*to* für).

devoted [dɪ'vəʊtɪd] *adj* ergeben; *followers, service, friendship* treu; *admirer* eifrig. **he/his time is ~ to his work/children** er geht in seiner Arbeit/seinen Kindern auf/seine Zeit ist seiner Arbeit/seinen Kindern gewidmet.

devotedly [dɪ'vəʊtɪdlɪ] *adv* hingebungsvoll; *serve, follow* treu; *support* eifrig.

devotee [ˌdevəʊ'tiː] *n* Anhänger(in *f*) *m*; (*of a writer*) Verehrer(in *f*) *m*; (*of music also, poetry*) Liebhaber(in *f*) *m*.

devotion [dɪ'vəʊʃən] *n* **1.** (*to friend, wife etc*) Ergebenheit *f* (*to* gegenüber); (*to work*) Hingabe *f* (*to* an *+acc*). **~ to duty** Pflichteifer *m*. **2.** (*of part of building, time*) (*to* für) Verwendung *f*; (*of resources*) Bestimmung *f*. **3.** (*Rel*) **~s** *pl* Andacht *f*.

devotional [dɪ'vəʊʃənl] *adj book, literature* religiös. **~ objects** Devotionalien *pl*.

devour [dɪ'vaʊəʳ] *vt* (*lit, fig*) verschlingen. **to be ~ed by jealousy** von Eifersucht verzehrt werden.

devouring [dɪ'vaʊərɪŋ] *adj hunger, passion* verzehrend.

devout [dɪ'vaʊt] *adj* (*+er*) *person* fromm; *hope* sehnlich(st).

devoutly [dɪ'vaʊtlɪ] *adv pray* fromm; *hope* sehnlich(st).

dew [djuː] *n* Tau *m*.

dewdrop *n* Tautropfen *m*; **dewlap** *n* (*on cow*) Wamme *f*; (*hum: on person*) Doppelkinn *nt*.

dewy ['djuːɪ] *adj* (*+er*) *grass* taufeucht; *skin* taufrisch.

dewy-eyed ['djuːɪaɪd] *adj* (*innocent, naive*) naiv; (*trusting*) vertrauensselig. **to go all ~** feuchte Augen bekommen; **to look all ~** mit großen Augen in die Welt schauen.

dexterity [deks'terɪtɪ] *n* **1.** Geschick *nt*. **2.** (*right-handedness*) Rechtshändigkeit *f*.

dexterous, dextrous ['dekstrəs] *adj* **1.** (*skilful*) geschickt. **2.** (*rare: right-handed*) rechtshändig.

dextrose ['dekstrəʊz] *n* Dextrose *f*, Traubenzucker *m*.

dg *abbr of* **decigram(s), decigramme(s)** dg.

DHSS (*Brit*) *abbr of* **Department of Health and Social Security** Ministerium *nt* für Gesundheit und Soziales.

diabetes [ˌdaɪə'biːtiːz] *n* Zuckerkrankheit *f*, Diabetes *m*, Zucker *no art* (*inf*).

diabetic [ˌdaɪə'betɪk] **I** *adj* **1.** zuckerkrank, diabetisch (*spec*). **2.** *beer, chocolate* Diabetiker-. **II** *n* Zuckerkranke(r) *mf*, Diabetiker(in *f*) *m*.

diabolic(al) [ˌdaɪə'bɒlɪk(əl)] *adj* **1.** *power, invention, action* diabolisch, teuflisch. **2.** (*sl*) *weather, heat* saumäßig (*sl*).

diabolically [ˌdaɪə'bɒlɪkəlɪ] *adv see adj*.

diachronic [ˌdaɪə'krɒnɪk] *adj* diachron.

diacritic [ˌdaɪə'krɪtɪk] **I** *adj* diakritisch. **II** *n* diakritisches Zeichen.

diadem ['daɪədem] *n* Diadem *nt*.

diaeresis, (*US*) **dieresis** [daɪ'erɪsɪs] *n* Diärese *f*; (*sign*) Trema *nt*.

diagnose ['daɪəgnəʊz] *vt* (*Med, fig*) diagnostizieren.

diagnosis [ˌdaɪəg'nəʊsɪs] *n, pl* **diagnoses** [ˌdaɪəg'nəʊsiːz] Diagnose *f*. **to make a ~** eine Diagnose stellen.

diagnostic [ˌdaɪəg'nɒstɪk] *adj* diagnostisch. **~ test bay** Diagnosestand *m*.

diagnostician [ˌdaɪəgnɒs'tɪʃən] *n* Diagnostiker(in *f*) *m*.

diagnostics [ˌdaɪəg'nɒstɪks] *n sing or pl* Diagnose *f*. ~ **program** (*Comput*) Diagnoseprogramm *nt*.

diagonal [daɪ'ægənl] **I** *adj* diagonal. **II** *n* Diagonale *f*.

diagonally [daɪ'ægənəlɪ] *adv cut, fold* diagonal; (*loosely: crossways*) schräg. ~ **across sth** *walk* schräg über etw (*acc*); *be placed* schräg über etw (*dat*); **to be ~ opposite sth** einer Sache (*dat*) schräg gegenüber sein.

diagram ['daɪəgræm] *n* (*Math*) Diagramm *nt*; (*of machine also*) Schaubild *nt*; (*chart: of figures*) graphische Darstellung. **you don't have to draw me a ~** (*fig inf*) Sie brauchen es mir nicht aufzuzeichnen (*inf*).

diagrammatic [ˌdaɪəgrə'mætɪk] *adj* diagrammatisch. **in ~ form** in einem Schaubild *or* Diagramm/graphisch dargestellt.

dial ['daɪəl] **I** *n* **1.** (*of clock*) Zifferblatt *nt*; (*of speedometer, pressure gauge*) Skala *f*; (*Telec*) Wähl- *or* Nummernscheibe *f*; (*on radio*) (Frequenzbereich-)Einstellskala *f*.

2. (*sl: face*) Visage *f* (*sl*).

II *vt* (*Telec*) wählen. **to ~ direct** durchwählen; **you can ~ London direct** man kann nach London durchwählen.

III *vi* (*Telec*) wählen.

dialect ['daɪəlekt] **I** *n* Dialekt *m*; (*local, rural also*) Mundart *f*. **the country people spoke in ~** die Landbevölkerung sprach Dialekt; **the play is in ~** das Stück ist in Dialekt *or* Mundart geschrieben. **II** *attr word* Dialekt-.

dialectal [ˌdaɪə'lektl] *adj see n* dialektal, Dialekt-; mundartlich, Mundart-.

dialectical [ˌdaɪə'lektɪkəl] *adj* dialektisch.

dialectician [ˌdaɪəlek'tɪʃən] *n* Dialektiker(in *f*) *m*.

dialectic(s) [ˌdaɪə'lektɪk(s)] *n* (*with sing vb*) Dialektik *f*.

dialling ['daɪəlɪŋ]: **dialling code** *n* Vorwahl(nummer), Ortsnetzkennzahl (*form*) *f*; **dialling tone** *n* (*Brit Telec*) Amtszeichen *nt*.

dialogue, (*US*) **dialog** ['daɪəlɒg] *n* (*all senses*) Dialog *m*.

dial tone *n* (*US Telec*) Amtszeichen *nt*.

dial-up ['daɪəl'ʌp] *adj attr service* Wähl-. ~ **modem** (Wähl)modem *nt*.

dialysis [daɪ'æləsɪs] *n* Dialyse *f*.

diameter [daɪ'æmɪtəʳ] *n* Durchmesser *m*. **to be one metre in ~** einen Durchmesser von einem Meter haben; **what's its ~?** welchen Durchmesser hat es?

diametrical [ˌdaɪə'metrɪkəl] *adj* (*Math, fig*) diametral.

diametrically [ˌdaɪə'metrɪkəlɪ] *adv* ~ **opposed (to)** diametral entgegengesetzt (+*dat*).

diamond ['daɪəmənd] *n* **1.** Diamant *m*. **it was a case of ~ cut ~** (*Prov*) da sind die Richtigen aneinandergeraten; *see* **rough ~. 2. ~s** (*Cards*) Karo *nt*; **the King of ~s** der Karo-König. **3.** (*Baseball*) Innenfeld *nt*. **4.** (*Math: rhombus*) Raute *f*.

diamond *in cpds ring* Diamant-; **diamond cutter** *n* Diamantschneider(in *f*) *m*; (*Ind*) Diamantschleifer(in *f*) *m*; **diamond cutting** *n* Diamantschleifen *nt*; **diamond drill** *n* Diamantbohrer *m*; **diamond merchant** *n* Diamantenhändler(in *f*) *m*; **diamond-shaped** *adj* rautenförmig; **diamond wedding** *n* diamantene Hochzeit.

diaper ['daɪəpəʳ] *n* (*US*) Windel *f*.

diaphanous [daɪ'æfənəs] *adj* durchscheinend.

diaphragm ['daɪəfræm] *n* (*Anat, Phys, Chem*) Diaphragma *nt*; (*abdominal also*) Zwerchfell *nt*; (*Phot also*) Blende *f*; (*in telephone*) Membran *f*; (*contraceptive*) Pessar *nt*.

diarist ['daɪərɪst] *n* (*of personal events*) Tagebuchschreiber(in *f*) *m*; (*of contemporary events*) Chronist(in *f*) *m*.

diarrhoea, (*US*) **diarrhea** [ˌdaɪə'riːə] *n* Durchfall *m*, Diarrhöe *f*. **verbal ~** Laberei *f* (*inf*).

diary ['daɪərɪ] *n* (*of personal experience*) Tagebuch *nt*; (*for noting dates*) (Termin)kalender *m*. **to keep a ~** Tagebuch führen; **desk/pocket ~** Schreibtisch-/Taschenkalender *m*; **I've got it in my ~** es steht in meinem (Termin)kalender.

Diaspora [daɪ'æspərə] *n* Diaspora *f*.

diastole [daɪ'æstəlɪ] *n* Diastole *f*.

diatonic [ˌdaɪə'tɒnɪk] *adj* diatonisch.

diatribe ['daɪətraɪb] *n* Schmährede *f*.

dibble ['dɪbl] **I** *n* Pflanz- *or* Setzholz *nt*. **II** *vt plant* setzen, pflanzen; *hole* machen, graben.

dice [daɪs] **I** *n, pl* - Würfel *m*. **to play ~** Würfel spielen, würfeln; **~ cup** *or* **box** Würfelbecher *m*; **no ~** (*sl*) (das) ist nicht drin (*inf*). **II** *vi* würfeln. **to ~ with death** mit dem Tode spielen. **III** *vt* (*Cook*) würfelig *or* in Würfel schneiden.

dicey ['daɪsɪ] *adj* (*Brit inf*) riskant.

dichotomy [dɪ'kɒtəmɪ] *n* Trennung, Dichotomie *f*.

dick [dɪk] *n* **1.** (*sl: detective*) Schnüffler *m* (*inf*). **private ~** Privatdetektiv *m*; *see* **clever. 2.** (*vulg: penis*) Schwanz *m* (*sl*).

dickens ['dɪkɪnz] *n* (*euph inf: devil*) Teufel *m*; *for phrases see* **devil I 3.**

Dickensian [dɪ'kenzɪən] *adj character, novel* Dickensisch *attr*; (*old-fashioned*) antiquiert. **it's all very ~** das ist alles wie aus einem Roman von Dickens.

dicker ['dɪkəʳ] *vi* (*US*) feilschen.

dickey, dicky ['dɪkɪ] *n* **1.** (*inf*) (*on shirt*) Hemdbrust *f*; (*bow-tie*) Fliege *f*. **2.** (*also* **~ seat**) Notsitz *m in einem Zweisitzer*.

dicky ['dɪkɪ] *adj* (*inf*) *heart* angeknackst (*inf*).

dickybird ['dɪkɪbɜːd] *n* (*baby-talk*) Piepmatz *m* (*baby-talk*). **I didn't see a ~** (*inf*) ich habe überhaupt nichts gesehen.

dicta ['dɪktə] *pl of* **dictum.**

dictaphone ® ['dɪktəfəʊn] *n* Diktaphon *nt*.

dictate [dɪk'teɪt] **I** *vti* (*all senses*) diktieren. **II** ['dɪkteɪt] *n usu pl* Diktat *nt*; (*of reason*) Gebote *pl*.

◆**dictate to** *vi* +*prep obj person* diktieren (+*dat*), Vorschriften machen (+*dat*).

dictation [dɪk'teɪʃən] *n* (*also Sch*) Diktat *nt*. **to take a ~** ein Diktat aufnehmen; **to read at ~ speed** in Diktiertempo lesen.

dictator [dɪk'teɪtəʳ] *n* **1.** (*Pol, fig*) Diktator *m*. **2.** (*of letter, passage*) Diktierende(r) *mf*.

dictatorial *adj*, **~ly** *adv* [ˌdɪktəˈtɔːrɪəl, -ɪ] (*Pol, fig*) diktatorisch.

dictatorship [dɪkˈteɪtəʃɪp] *n* (*Pol, fig*) Diktatur *f*.

diction [ˈdɪkʃən] *n* **1.** (*Liter*) Diktion *f*. **poetic ~** poetische Sprache. **2.** (*way of speaking*) Diktion *f*.

dictionary [ˈdɪkʃənrɪ] *n* Wörterbuch *nt*.

dictum [ˈdɪktəm] *n*, *pl* **dicta** Diktum *nt*.

did [dɪd] *pret of* **do**[2].

didactic *adj*, **~ally** *adv* [dɪˈdæktɪk, -əlɪ] didaktisch.

diddle [ˈdɪdl] *vt* (*inf*) übers Ohr hauen (*inf*), beschummeln. **to ~ sb out of sth** jdm etw abgaunern (*inf*).

didn't [ˈdɪdənt] = **did not;** *see* **do**[2].

die[1] [daɪ] *vi* **1.** sterben; *soldier also* fallen; (*motor, engine*) absterben; (*plant*) eingehen; (*planet*) vergehen. **to ~ of hunger/pneumonia/grief** vor Hunger/an Lungenentzündung/vor *or* aus Kummer sterben; **to ~ by one's own hand** von eigener Hand sterben, Hand an sich legen; **he ~d a hero** er starb als Held; **to be dying** im Sterben liegen; **never say ~!** nur nicht aufgeben!; **to ~ laughing** (*inf*) sich totlachen (*inf*).

2. to be dying to do sth (*fig*) darauf brennen, etw zu tun, brennend gern etw tun wollen; **I'm dying for a cigarette** ich brauche jetzt unbedingt eine Zigarette; **I'm dying to know what happened** ich bin schrecklich gespannt zu hören, was passiert ist.

3. (*love*) vergehen, ersterben (*geh*); (*memory*) (ver)schwinden; (*custom*) aussterben; (*empire*) untergehen. **the secret ~d with him** er nahm das Geheimnis mit ins Grab; **old habits ~ hard** (*prov*) alte Liebe rostet nicht (*prov*); **rumours ~ hard** Gerüchte sind nicht totzukriegen.

II *vt* **to ~ a hero's/a violent death** den Heldentod/eines gewaltsamen Todes sterben; **to ~ the death** (*plan*) sterben (*inf*).

◆**die away** *vi* (*sound, voice*) schwächer *or* leiser werden; (*wind*) nachlassen, sich legen; (*anger*) sich legen, vergehen.

◆**die back** *vi* absterben.

◆**die down** *vi* nachlassen; (*fire*) herunterbrennen; (*flames*) kleiner werden; (*quarrel, protest also*) schwächer werden.

◆**die off** *vi* (hin)wegsterben; (*animals, people also*) (der Reihe nach) sterben.

◆**die out** *vi* aussterben.

die[2] *n* **1.** (*form*) *pl* **dice** Würfel *m*. **the ~ is cast** (*prov*) die Würfel sind gefallen; *see also* **dice. 2.** *pl* **-s** (*Tech*) Gesenk *nt*, Gußform *f*; (*in minting*) Prägestempel *m*.

dieback *n* (*fungus*) Wipfeldürre *f*; (*acid rain*) Baumsterben, Waldsterben *nt*.

die casting *n* (*article*) Spritzguß(stück *nt*) *m*; (*process*) Spritzgußverfahren *nt*.

die-hard [ˈdaɪhɑːd] **I** *n* zäher Kämpfer; (*resistant to change*) Ewiggestrige(r) *mf*. **II** *adj* zäh; (*pej*) reaktionär.

dieresis *n* (*US*) *see* **diaeresis.**

diesel [ˈdiːzəl] *n* (*train*) Dieseltriebwagen *m*; (*car*) Diesel *m*; (*fuel*) Dieselöl *nt*, Diesel *no art*.

diesel-electric *adj* dieselelektrisch; **diesel engine** *n* Dieselmotor *m*; **diesel oil** *n* Dieselöl *nt*; **diesel train** *n* Dieseltriebwagen *m*.

die sinker *n* Werkzeugmacher(in *f*) *m*; **die stamp** *n* Prägestempel *m*.

diet[1] [ˈdaɪət] **I** *n* Nahrung *f*; (*special ~*) Diät *f*; (*slimming ~*) Schlankheitskur *f*. **he lives on a ~ of hamburgers and chips** er ernährt sich von Hamburgern und Pommes frites; **there's nothing wrong with my ~** meine Ernährung ist völlig in Ordnung; **to put sb on a ~/special ~** jdm eine Schlankheitskur/Diät verordnen; **to be/go on a ~** eine Schlankheitskur machen; **high protein ~** proteinreiche Diät; **~ sheet** Diät-/Schlankheits(fahr)plan *m*.

II *vi* eine Schlankheitskur machen.

diet[2] *n* (*assembly*) Abgeordnetenversammlung *f*. **the D~ of Worms** der Reichstag zu Worms.

dietary [ˈdaɪətərɪ] *adj* Diät-, diätetisch, Ernährungs-. **~ fibre** Ballaststoff *m*.

dietetic [ˌdaɪəˈtetɪk] *adj* Diät-, diätetisch, Ernährungs-.

dietetics [ˌdaɪəˈtetɪks] *n sing* Diätlehre, Diätetik *f*.

dietician [ˌdaɪəˈtɪʃən] *n* Diätist(in *f*), Ernährungswissenschaftler(in *f*) *m*.

differ [ˈdɪfəʳ] *vi* **1.** (*be different*) sich unterscheiden (*from* von). **tastes ~** die Geschmäcker sind verschieden; **I ~ from you in that ...** ich unterscheide mich von Ihnen darin, daß ... **2.** (*disagree*) **to ~ with sb over sth** über etw (*acc*) anderer Meinung sein als jd; **we ~ed sharply over that** darin waren wir völlig verschiedener Meinung; *see* **agree, beg.**

difference [ˈdɪfrəns] *n* **1.** Unterschied *m*; (*in age*) (Alters)unterschied *m* (*in, between* zwischen +*dat*). **that makes a big ~ to me** das ist für mich ein großer Unterschied; **to make a ~ to** *or* **in sth** einen Unterschied bei etw machen; **that makes a big ~, that makes all the ~** das ändert die Sache völlig, das gibt der Sache (*dat*) ein ganz anderes Gesicht; **it makes all the ~ in the world** da liegt der entscheidende Unterschied; **what ~ does it make if ...?** was macht es schon, wenn ...?; **what ~ is that to you?** was macht dir das aus?; **it makes no ~** es ist egal (*inf*); **it makes no ~ to me** das ist mir egal *or* einerlei; **for all the ~ it makes** obwohl es ja eigentlich egal ist; **a car/dress with a ~** (*inf*) ein Auto/Kleid, das mal was anderes ist.

2. (*between numbers, amounts*) Differenz *f*. **to pay the ~** die Differenz *or* den Rest(betrag) bezahlen.

3. (*quarrel*) Differenz, Auseinandersetzung *f*. **a ~ of opinion** eine Meinungsverschiedenheit; **to settle one's ~s** die Meinungsverschiedenheiten beilegen.

different [ˈdɪfrənt] *adj* **1.** andere(r, s), anders *pred* (*from, to* als); *two people, things* verschieden, unterschiedlich. **completely ~** völlig verschieden;

(*changed*) völlig verändert; **that's ~!** das ist was anderes!; **in what way are they ~?** wie unterscheiden sie sich?; **to feel a ~ person** ein ganz anderer Mensch sein; **to do something ~** etwas anderes tun; **that's quite a ~ matter** das ist etwas völlig anderes; **she's quite ~ from what you think** sie ist ganz anders, als Sie denken; **he wants to be ~** er will unbedingt anders *or* etwas Besonderes sein.

2. (*various*) verschieden.

differential [ˌdɪfəˈrenʃəl] **I** *adj* (*different*) *rates of pay, treatment* unterschiedlich, verschieden; (*distinguishing*) *feature* unterscheidend. **~ calculus** Differentialrechnung *f*; **~ coefficient** (*Math*) Ableitung *f*; **~ gear** Differential(getriebe) *nt*.

II *n* **1.** (*difference*) Unterschied *m*; (*Math*) Differential *nt*. **wage/salary ~** Lohn-/Gehaltsunterschiede *pl*.

2. (*Aut*) Differential(getriebe) *nt*.

differentially [ˌdɪfəˈrenʃəlɪ] *adv* (*Tech*) differential.

differentiate [ˌdɪfəˈrenʃɪeɪt] **I** *vt* unterscheiden; (*Math*) differenzieren. **to ~ x and y/x from y** x und y voneinander/x von y unterscheiden.

II *vi* (*see difference*) unterscheiden, einen Unterschied machen, differenzieren; (*two things: become different*) sich unterschiedlich *or* anders entwickeln. **to ~ between people** einen Unterschied zwischen Menschen machen.

differentiation [ˌdɪfərenʃɪˈeɪʃən] *n* Unterscheidung, Differenzierung *f*.

differently [ˈdɪfrəntlɪ] *adv* anders (*from* als); (*from one another*) verschieden, unterschiedlich. **he thinks ~ (from you)** er denkt anders (als Sie).

difficult [ˈdɪfɪkəlt] *adj* **1.** schwierig, schwer; (*hard to understand*) schwer, diffizil (*geh*); *writer* kompliziert, schwierig. **sth is ~ to do** es ist schwierig *or* schwer, etw zu tun; **it is ~ for me *or* I find it ~ to believe that** es fällt mir *or* ist für mich schwer, das zu glauben; **we'll make things ~ for him** wir werden es ihm schwer *or* nicht leicht machen; **it's ~ to know whether ...** es ist schwer zu sagen, ob ...; **there's nothing ~ about it** das ist nicht schwierig *or* schwer; **the ~ thing is ...** die Schwierigkeit liegt darin ...; **it's ~ to deny that ...** es läßt sich kaum leugnen, daß ...; **he's just trying to be ~** er will nur Schwierigkeiten machen.

2. *neighbour, character, child* schwierig. **she is ~ to get on with** es ist schwer, mit ihr auszukommen.

difficulty [ˈdɪfɪkəltɪ] *n* Schwierigkeit *f*. **with/without ~** mit/ohne Schwierigkeiten *pl*; **he had ~ in doing that** es fiel ihm schwer *or* nicht leicht, das zu tun, er hatte Schwierigkeiten dabei; **there was some ~ in finding him** es war schwierig *or* nicht leicht, ihn zu finden; **they hadn't appreciated the ~ of finding somewhere to live** sie hatten nicht bedacht, wie schwierig es sein würde, eine Wohnung zu finden; **in ~ *or* difficulties** in Schwierigkeiten *pl*; **to get into difficulties** in Schwierigkeiten geraten; **to get out of difficulties** Schwierigkeiten überwinden; **he was working under great difficulties** er arbeitete unter äußerst schwierigen Bedingungen.

diffidence [ˈdɪfɪdəns] *n* Bescheidenheit, Zurückhaltung *f*; (*of smile*) Zaghaftigkeit *f*.

diffident [ˈdɪfɪdənt] *adj* zurückhaltend, bescheiden; *smile* zaghaft.

diffidently [ˈdɪfɪdəntlɪ] *adv see adj*.

diffract [dɪˈfrækt] *vt* beugen.

diffraction [dɪˈfrækʃən] *n* Diffraktion, Beugung *f*.

diffuse [dɪˈfjuːz] **I** *vt light, heat, gas, rays* ausstrahlen, verbreiten; *fluid* ausgießen, ausschütten; (*Chem*) diffundieren, verwischen; *perfume* verbreiten, verströmen; *knowledge, custom, news* verbreiten.

II *vi* ausstrahlen, sich ver- *or* ausbreiten; (*fluid*) sich ausbreiten; (*Chem*) diffundieren, sich verwischen; (*perfume, odour*) ausströmen; (*custom, news*) sich verbreiten.

III [dɪˈfjuːs] *adj* **1.** *gas, rays, light* diffus.

2. (*verbose*) *style, writer* langatmig, weitschweifig.

diffused [dɪˈfjuːzd] *adj* verbreitet; *lighting* indirekt.

diffuseness [dɪˈfjuːsnɪs] *n* (*of style*) Weitschweifigkeit *f*.

diffuser [dɪˈfjuːzə^r^] *n* (*for light*) (Licht)diffusor *m*.

diffusion [dɪˈfjuːʒən] *n* (*of light, heat, rays, fluid*) Ausbreitung *f*; (*Chem*) Diffusion *f*; (*of perfume, odour*) Ausströmung *f*; (*of knowledge, custom, news*) Verbreitung *f*.

dig [dɪg] (*vb: pret, ptp* **dug**) **I** *vt* **1.** *ground* graben; *trench, hole, tunnel also* ausheben. **to ~ potatoes** Kartoffeln roden; **they dug their way out of prison** sie gruben sich (*dat*) einen (Flucht)tunnel aus dem Gefängnis.

2. (*poke, thrust*) bohren (*sth into sth* etw in etw *acc*). **to ~ sb in the ribs** jdm *or* jdn in die Rippen stoßen.

3. (*sl*) (*enjoy*) stehen auf (+*dat*) (*inf*); (*take notice of*) sich (*dat*) angucken; (*understand*) kapieren (*inf*).

II *vi* **1.** (*person*) graben; (*dog, pig also*) wühlen; (*Tech*) schürfen; (*Archeol*) (aus)graben, Ausgrabungen machen. **to ~ for minerals** Erz schürfen; **to ~ in one's pockets for sth** in seinen Taschen nach etw suchen *or* wühlen.

2. (*inf: taunt*) **to ~ at sb** jdn anschießen *or* anmotzen (*inf*).

III *n* **1.** (*with hand, elbow*) Puff, Stoß *m*. **to give sb a ~ in the ribs** jdm einen Rippenstoß geben.

2. (*sarcastic remark*) Seitenhieb *m*, Spitze *f*. **to have a ~ at sb/sth** eine Spitze gegen jdn loslassen (*inf*).

3. (*Archeol*) (Aus)grabung *f*; (*site*) Ausgrabungsstätte *f*.

◆**dig around** *vi* (*inf*) herumsuchen.

◆**dig in** **I** *vi* **1.** (*also* **~ oneself ~**) (*Mil, fig*) sich eingraben. **2.** (*inf: eat*) reinhauen (*inf*). **II** *vt sep* **1.** *compost* eingraben. **2.** (*Mil*) *troops, tanks* eingraben. **3.**

to ~ **one's spurs** ~ (dem Pferd) die Sporen geben; **to ~ one's heels** ~ (*lit*) die Hacken in den Boden stemmen; (*fig*) sich auf die Hinterbeine stellen (*inf*).

◆**dig into** *vi +prep obj* **1.** (*inf*) *cake, pie* herfallen über (+*acc*) (*inf*). **2.** *sb's past* wühlen in (+*dat*).

◆**dig out** *vt sep* (*lit, fig*) ausgraben (*of* aus).

◆**dig over** *vt sep soil, garden* umgraben.

◆**dig up** *vt sep* **1.** *earth* aufwühlen; *lawn, garden* umgraben. **2.** *plants, treasure, body, idea* ausgraben; *weeds* (aus)jäten; (*fig*) *fact, information also* auftun; *solution* finden.

digest [daɪ'dʒest] **I** *vt* (*lit, fig*) verdauen. **II** *vi* verdauen. **III** ['daɪdʒest] *n* **1.** (*of book, facts*) Digest *m or nt*, Auswahl *f*. **2.** (*Jur*) Gesetzessammlung *f*.

digestible [dɪ'dʒestəbl] *adj* verdaulich.

digestion [dɪ'dʒestʃən] *n* Verdauung *f*.

digestive [dɪ'dʒestɪv] *adj* Verdauungs-. ~ **(biscuit)** (*Brit*) *Keks m aus Roggenmehl.*

digger ['dɪgəʳ] *n* **1.** (*person*) (*miner*) Bergmann *m*; Goldgräber *m*; (*navvy*) Straßen- arbeiter *m*; (*Tech: excavator*) Bagger *m*. **2.** (*sl*) australischer/neuseeländischer Soldat; (*Austral inf: pal*) Kumpel *m*.

diggings ['dɪgɪŋz] *npl* **1.** (*Min*) Bergwerk *nt*; (*minerals*) Funde *pl*; (*Archeol*) Grabungsort *m*. **2.** (*US*) *see* **digs.**

digit ['dɪdʒɪt] *n* **1.** (*finger*) Finger *m*; (*toe*) Zehe *f*. **2.** (*Math*) Ziffer *f*. **a four-~ number** eine vierstellige Zahl.

digital ['dɪdʒɪtəl] **I** *adj* **1.** *clock, computer* Digital-. ~ **recording** Digitalaufnahme *f*. **2.** (*Anat*) Finger-. **II** *n* (*of piano, organ*) Taste *f*.

digitalin [ˌdɪdʒɪ'teɪlɪn] *n* Digitalis *nt*.

digitalis [ˌdɪdʒɪ'teɪlɪs] *n* Digitalis *f*.

digitalization [ˌdɪdʒɪtəlaɪ'zeɪʃən] *n* Digitalisierung *f*.

digitally ['dɪdʒɪtəlɪ] *adv* digital. ~ **recorded** im Digitalverfahren aufgenommen.

digitize ['dɪdʒɪtaɪz] *vt* (*Comput*) digitalisieren.

digitizer ['dɪdʒɪtaɪzəʳ] *n* (*Comput*) Digitalisierer *m*.

dignified ['dɪgnɪfaɪd] *adj person* (ehr)würdig; *behaviour, manner* fein.

dignify ['dɪgnɪfaɪ] *vt* ehren, auszeichnen. **to ~ sth with the name of ...** etw mit dem anspruchsvollen Namen ... belegen.

dignitary ['dɪgnɪtərɪ] *n* Würdenträger(in *f*) *m*. **the local dignitaries** die Honoratioren am Ort.

dignity ['dɪgnɪtɪ] *n* **1.** (*of person, occasion, work*) Würde *f*. **to stand on one's ~** förmlich sein; **to lose one's ~** sich blamieren; **that would be beneath my ~** das wäre unter meiner Würde. **2.** (*high rank, post*) Rang *m*, (hohe) Stellung; (*title*) Würde *f*.

digraph ['daɪgræf] *n* Digraph *m*.

digress [daɪ'gres] *vi* abschweifen.

digression [daɪ'greʃən] *n* Abschweifung *f*, Exkurs *m*. **this by way of ~** aber das nur nebenbei.

digressive [daɪ'gresɪv] *adj* abschweifend.

digs [dɪgz] *npl* (*Brit*) Bude *f* (*inf*). **to be in ~** ein möbliertes Zimmer.

dihedral [daɪ'hiːdrəl] **I** *adj* zweiflächig. **II** *n* V-Winkel *m*; (*Aviat*) V-Stellung *f*.

dike [daɪk] *n, vt see* **dyke.**

dilapidated [dɪ'læpɪdeɪtɪd] *adj house* verfallen, baufällig; *book, clothes* schäbig.

dilapidation [dɪˌlæpɪ'deɪʃən] *n* **1.** (*of building*) Baufälligkeit *f*, Verfall *m*; (*of book, clothes*) Schäbigkeit *f*. **in a state of ~** in schlechtem Zustand. **2.** (*Geol*) Verwitterung *f*.

dilate [daɪ'leɪt] **I** *vt* weiten, dehnen. **II** *vi* sich weiten, sich dehnen; (*pupils*) sich erweitern. **to ~ (up)on** (*talk at length*) sich verbreiten über (+*acc*).

dilatation [ˌdaɪlə'teɪʃən], **dilation** [daɪ'leɪʃən] *n* Ausdehnung, Erweiterung *f*; (*of pupils*) Erweiterung *f*. **~ and curettage** Ausschabung *f*.

dilatory ['dɪlətərɪ] *adj* **1.** *person* langsam; *reply* verspätet. **to be ~** sich (*dat*) Zeit lassen; **he was rather ~ in answering** er ließ sich mit der Antwort Zeit. **2.** (*delaying*) *action, policy* Verzögerungs-, Hinhalte-.

dildo ['dɪldəʊ] *n* Godemiché *m*.

dilemma [daɪ'lemə] *n* Dilemma *nt*. **to be in a ~** sich in einem Dilemma befinden.

dilettante [ˌdɪlɪ'tæntɪ] **I** *n, pl* **dilettanti** [ˌdɪlɪ'tæntɪ] Amateur(in *f*), Dilettant(in *f*) *m*; (*Art*) Kunstliebhaber(in *f*) *m*. **II** *adj* amateurhaft, stümperhaft.

dilettantism [ˌdɪlɪ'tæntɪzəm] *n* Dilettantismus *m*; Kunstliebhaberei *f*.

diligence ['dɪlɪdʒəns] *n* Eifer *m*; (*in work also*) Fleiß *m*.

diligent ['dɪlɪdʒənt] *adj person* eifrig; (*in work also*) fleißig; *search, work* sorgfältig, genau. **to be ~ in doing sth** etw eifrig *or* mit großem Eifer tun.

diligently ['dɪlɪdʒəntlɪ] *adv see adj.*

dill [dɪl] *n* Dill *m*.

dilly-dally ['dɪlɪdælɪ] *vi* (*over work*) trödeln; (*when walking also*) bummeln. **no ~ing!** ein bißchen dalli!

dilute [daɪ'luːt] **I** *vt orange juice, milk* verdünnen; *colour* abschwächen; (*fig*) mildern. **~ to taste** nach Geschmack verdünnen. **II** *adj* verdünnt.

dilution [daɪ'luːʃən] *n see vt* Verdünnung *f*; Abschwächung *f*; Milderung *f*.

dim [dɪm] **I** *adj* (+*er*) **1.** *light* schwach, trüb, schummerig (*inf*); *lamp* schwach, dunkel, trüb; *room, forest* halbdunkel, dämmerig, schummerig (*inf*). **to grow ~** schwach *or* dunkel werden; **the room grew ~** im Zimmer wurde es dunkel.

2. *eyesight* schwach; *colour* gedeckt, glanzlos; *eyes* trüb; *metal* matt, glanzlos.

3. *sound, memory* schwach, verschwommen; *outline, shape* undeutlich, verschwommen, unscharf.

4. (*mentally*) begriffsstutzig.

5. (*inf*) **to take a ~ view of sb/sth** wenig *or* nicht viel von jdm/etw halten.

II *vt* **1.** *light* dämpfen; *lamp* verdunkeln. **to ~ the lights** (*Theat*) das Licht langsam ausgehen lassen; **to ~ one's headlights** (*esp US*) abblenden.

2. *sight, mind, senses* trüben; *colour* dämpfen, decken; *metal* mattieren; *beauty*; *glory* beeinträchtigen.

3. *sound* dämpfen; *outline* unscharf *or* undeutlich machen; *memory* trüben.

III *vi* 1. (*light*) schwach *or* trübe werden; (*lamps*) verlöschen.

2. (*sight*) nachlassen, getrübt werden; (*colour*) gedämpft *or* matter werden; (*metal*) mattiert werden; (*beauty, glory*) verblassen.

3. (*sound*) leiser werden; (*outline*) undeutlich *or* unscharf werden, verschwimmen; (*memory*) nachlassen.

◆**dim out** *vt sep* (*US*) *city* verdunkeln.

dime [daɪm] *n* (*US*) Zehncentstück *nt*. **it's not worth a ~** (*inf*) das ist keinen (roten) Heller *or* keine fünf Pfennig wert; **they're a ~ a dozen** das ist Dutzendware; **~ novel** Groschen- *or* Schundroman *m*.

dimension [daɪ'menʃən] *n* Dimension *f*; (*measurement*) Abmessung(en *pl*) *f*, Maß *nt*. **a project of vast ~(s)** ein Projekt von gewaltigen Ausmaßen; **it adds a new ~ to ...** das gibt ... (*dat*) eine neue Dimension.

diminish [dɪ'mɪnɪʃ] I *vt* 1. verringern; *price, speed, authority also* herabsetzen; *value, strength also* (ver)mindern; *number also* verkleinern; *enthusiasm* dämpfen; *reputation* schmälern. **a ~ed staff** eine reduzierte Belegschaft; **~ed responsibility** (*Jur*) verminderte Zurechnungsfähigkeit.

2. (*Mus*) (um einen Halbton) vermindern. **~ed** vermindert.

II *vi* sich verringern; (*speed, authority, strength also*) abnehmen, sich vermindern; (*price also*) fallen, sinken; (*value also*) sich vermindern; (*number also*) sich verkleinern; (*enthusiasm*) nachlassen; (*reputation*) schlechter werden. **law of ~ing returns** (*Econ*) Gesetz *nt* von der fallenden Profitrate; **to ~ in numbers** weniger werden, zahlenmäßig abnehmen; **to ~ in value** im Wert sinken, an Wert verlieren.

diminution [ˌdɪmɪ'njuːʃən] *n* (*in gen*) Verringerung *f*; (*of reputation*) Schmälerung *f*; (*in enthusiasm*) Nachlassen *nt*.

diminutive [dɪ'mɪnjʊtɪv] I *adj* winzig, klein; (*Gram*) diminutiv.

II *n* (*Gram*) Verkleinerungsform *f*, Diminutiv(um) *nt*.

dimly ['dɪmlɪ] *adv* 1. *shine* schwach; *hear also* undeutlich; *remember also* undeutlich; *see* verschwommen; *lit* schwach. 2. (*inf: stupidly*) begriffsstutzig.

dimmer ['dɪməʳ] *n* (*Elec*) Dimmer *m*; (*US Aut*) Abblendschalter *m*. **~ switch** Dimmer *m*; (*US Aut*) Abblendschalter *m*; **~s** (*US Aut*) Abblendlicht *nt*; (*sidelights*) Begrenzungsleuchten *pl*.

dimness ['dɪmnɪs] *n see adj* 1. (*of light, sight*) Schwäche, Trübheit *f*; Halbdunkel, Dämmerlicht *nt*.

2. Schwäche *f*; Glanzlosigkeit *f*; Trübheit *f*; Mattheit *f*.

3. Schwäche, Verschwommenheit *f*; Undeutlichkeit, Unschärfe *f*.

4. Begriffsstutzigkeit *f*.

dim-out ['dɪmaʊt] *n* (*US*) Verdunkelung *f*.

dimple ['dɪmpl] I *n* (*on cheek, chin*) Grübchen *nt*; (*depression*) Delle, Vertiefung *f*; (*on water*) Kräuselung *f*.

II *vi* (*cheeks*) Grübchen bekommen; (*person*) Grübchen zeigen; (*surface*) sich einbeulen; (*water*) sich kräuseln.

III *vt* **a smile ~d her cheeks** sie lächelte und zeigte dabei ihre Grübchen.

dimpled ['dɪmpld] *adj cheek, chin, arm* mit Grübchen.

dimwit *n* (*inf*) Blödmann *m* (*inf*); **dimwitted** *adj* (*inf*) blöd (*inf*), dämlich (*inf*).

din [dɪn] I *n* Lärm *m*, Getöse *nt*. **an infernal ~** ein Höllenlärm *or* -spektakel *m*. II *vt* **to ~ sth into sb** jdm etw einbleuen. III *vi* **the noise was still ~ning in his ears** der Lärm dröhnte ihm immer noch in den Ohren.

dine [daɪn] I *vi* speisen, dinieren (*old, geh*) (*on* etw). **to ~ out** außer Haus *or* auswärts speisen; **he ~d out on that story for months** diese Geschichte hat ihm monatelang Einladungen zum Essen verschafft.

II *vt* bewirten, beköstigen.

diner ['daɪnəʳ] *n* 1. (*person*) Speisende(r) *mf*; (*in restaurant*) Gast *m*. 2. (*café*) Eßlokal *nt*. 3. (*Rail*) Speisewagen *m*.

dinette [daɪ'net] *n* Eßecke *f*.

ding-dong ['dɪŋ'dɒŋ] I *n* Bimbam *nt*. II *adj* (*fig*) *battle* hin- und herwogend.

ding(e)y, dinghy ['dɪŋgɪ] *n* Ding(h)i *nt*; (*collapsible*) Schlauchboot *nt*.

dinginess ['dɪndʒɪnɪs] *n* Unansehnlichkeit *f*.

dingle ['dɪŋgl] *n* baumbestandene Mulde.

dingo ['dɪŋgəʊ] *n* Dingo *m*, australischer Wildhund.

dingy¹ ['dɪndʒɪ] *adj place, furniture* schmuddelig.

dingy² ['dɪŋgɪ] *n see* **ding(e)y.**

dining ['daɪnɪŋ]: **dining car** *n* Speisewagen *m*; **dining chair** *n* Eßzimmerstuhl *m*, Zugrestaurant *nt*; **dining hall** *n* Speisesaal *m*; **dining room** *n* Eßzimmer *nt*; (*in hotel*) Speiseraum *m*; **dining-table** *n* Eßtisch *m*.

dink [dɪŋk] *n* 1. (*inf*) *abbr of* **double income, no kids. ~(ie)s** Doppelverdiener *pl* ohne Kinder; Dinks. 2. (*US pej: Vietnamese*) Vietnamese *m*, Vietnamesin *f*.

dinkum ['dɪŋkəm] (*Austral inf*) *adj, adv* ehrlich.

dinky¹ ['dɪŋkɪ] *adj* 1. (*Brit inf*) schnuckelig (*inf*). 2. ® (*also* **D~**) *car* Modell-.

dinky² *n* (*inf*) *abbr of* **double income, no kids yet. ~s** noch kinderlose Doppelverdiener *pl*.

dinner ['dɪnəʳ] *n* (*evening meal*) (Haupt)mahlzeit *f*, Abendessen *nt*; (*formal*) (Abend)essen *nt*; (*lunch*) Mittagessen *nt*; (*for cat, dog*) Fressen *nt*. **to be at ~** beim Essen sein, (gerade) essen; **to be eating** *or* **having one's ~** zu Abend/Mittag essen; (*dog, cat*) (gerade) fressen; **we're having people to ~** wir haben Gäste zum Essen; **~'s ready** das Essen ist fertig; **to finish one's ~** zu Ende essen; **what time do you finish ~?** wann bist du mit dem Essen fertig?; **to go out to ~** (*in restaurant*) auswärts *or* außer Haus essen (gehen); (*at friends'*) zum

Essen eingeladen sein; **a formal ~** ein offizielles Essen.

dinner bell *n* (Essens)glocke *f*; **the ~ has gone** es hat (zum Essen) geläutet; **dinner-dance** *n Abendessen nt mit Tanz*; **dinner jacket** *n* Smokingjacke *f*; **dinner party** *n* Abendgesellschaft *f* (mit Essen); **to have a small ~** ein kleines Essen geben; **dinner plate** *n* Tafelteller *m*; **dinner service** *n* Tafelservice *nt*; **dinner suit** *n* Smoking *m*; **dinner table** *n* Tafel *f*; **we were already sitting at the ~** wir hatten schon zum Essen Platz genommen; **dinnertime** *n* Essenszeit *f*; **dinner trolley** *or* **wagon** *n* Servierwagen *m*.

dinosaur ['daɪnəsɔːʳ] *n* Dinosaurier *m*.

dint [dɪnt] **I** *n* **1. by ~ of** durch, kraft (+*gen*); **we succeeded by ~ of working 24 hours a day** wir schafften es, indem wir 24 Stunden pro Tag arbeiteten. **2.** *see* **dent. II** *vt see* **dent**.

diocesan [daɪ'ɒsɪsən] *adj* Diözesan-, Bistums-.

diocese ['daɪəsɪs] *n* Diözese *f*, Bistum *nt*.

diode ['daɪəʊd] *n* Diode *f*. **light-emitting ~** Leuchtdiode *f*.

dioptre, (*US*) **diopter** [daɪ'ɒptəʳ] *n* Dioptrie *f*.

diorama [daɪə'rɑːmə] *n* Diorama *nt*.

dioxide [daɪ'ɒksaɪd] *n* Dioxyd *nt*.

dioxin [daɪ'ɒksɪn] *n* Dioxin *nt*.

Dip *abbr of* **diploma.**

dip [dɪp] **I** *vt* **1.** (*in(to)* in +*acc*) (*into liquid*) tauchen; *pen, hand* eintauchen; *bread* (ein)tunken, stippen (*inf*); *candles* ziehen; *sheep* in Desinfektionslösung baden, dippen.

2. (*into bag, basket*) *hand* stecken.

3. (*Brit Aut*) *headlights* abblenden. **to drive on ~ped headlights** mit Abblendlicht fahren.

4. to ~ one's flag (*Naut*) die Flagge dippen.

II *vi* (*ground*) sich senken; (*temperature, pointer on scale, prices*) fallen, sinken; (*boat*) tauchen.

III *n* **1.** (*swim*) **to go for a** *or* **to have a ~** kurz *or* schnell mal schwimmen gehen.

2. (*liquid*) (*for cleaning animals*) Desinfektionslösung *f*; (*Tech*) Lösung *f*.

3. (*in ground*) (*hollow*) Bodensenke *f*; (*slope*) Abfall *m*.

4. (*Phys: also* **angle of ~**) Inklination *f*, Neigungswinkel *m*.

5. (*Naut: of flag*) Dippen *nt*.

6. (*Cook*) Dip *m*; *see* **lucky**.

7. (*candle*) gezogene Kerze.

8. (*Sport*) Beugestütz *m*.

9. (*sl: pickpocket*) Taschendieb, Langfinger (*inf*) *m*.

◆**dip into** *vi* +*prep obj* **1.** (*lit*) **she ~ped ~ her bag for money** sie griff in ihre Tasche, um Geld zu holen. **2.** (*fig*) **to ~ ~ one's pocket** tief in die Tasche greifen; **to ~ ~ one's savings** seine Ersparnisse angreifen. **3.** *book* einen kurzen Blick werfen in (+*acc*).

diphtheria [dɪf'θɪərɪə] *n* Diphtherie *f*.

diphthong ['dɪfθɒŋ] *n* Diphthong *m*.

diploma [dɪ'pləʊmə] *n* Diplom *nt*. **teacher's ~** Lehrerdiplom *nt*; **to hold a ~ in** ein Diplom haben in (+*dat*).

diplomacy [dɪ'pləʊməsɪ] *n* (*Pol, fig*) Diplomatie *f*.

diplomat ['dɪpləmæt] *n* (*Pol, fig*) Diplomat(in *f*) *m*.

diplomatic *adj*, **~ally** *adv* [ˌdɪplə'mætɪk, -əlɪ] (*lit, fig*) diplomatisch.

diplomatic bag *n* Diplomatenpost *f*; **diplomatic corps** *n* diplomatisches Korps; **diplomatic immunity** *n* Immunität *f*; **diplomatic pouch** *n* (*US*) *see* **diplomatic bag; diplomatic service** *n* diplomatischer Dienst.

diplomatist [dɪ'pləʊmətɪst] *n see* **diplomat.**

dip needle *n* Inklinationsnadel *f*.

dipole ['daɪpəʊl] *n* Dipol *m*.

dipper ['dɪpəʳ] *n* **1.** (*ladle*) Schöpflöffel *m*.

2. (*Tech: person*) Eintaucher(in *f*) *m*.

3. (*Orn*) Taucher *m*, Tauchente *f*.

4. (*Tech*) (*bulldozer*) Bagger *m*; (*scoop*) Schaufel *f*.

5. (*at fair: also* **Big D~**) Achterbahn *f*.

6. (*Brit Aut: for headlamps*) Abblendschalter *m*.

7. (*US Astron*) **the Big** *or* **Great/Little D~** der Große/Kleine Wagen *or* Bär.

dippy ['dɪpɪ] *adj* (*inf*) plemplem (*inf*), meschugge (*inf*).

dip rod *n* (*US*) *see* **dipstick.**

dipsomania [ˌdɪpsəʊ'meɪnɪə] *n* Trunksucht *f*.

dipsomaniac [ˌdɪpsəʊ'meɪnɪæk] *n* Trunksüchtige(r) *mf*.

dipstick *n* Ölmeßstab *m*; **dipswitch** *n* (*Aut*) Abblendschalter *m*.

DIP switch ['dɪpswɪtʃ] *n* (*Comput*) DIP-Schalter *m*.

dipterous ['dɪptərəs] *adj* zweiflüg(e)lig.

diptych ['dɪptɪk] *n* Diptychon *nt*.

dire [daɪəʳ] *adj* schrecklich, furchtbar, gräßlich; *poverty* äußerste(r, s). **~ necessity** dringende Notwendigkeit; **to be in ~ need** in großer Verlegenheit sein (*of* nach); *see* **strait.**

direct [daɪ'rekt] **I** *adj* **1.** direkt; (*following straight on, uninterrupted*) *link, result, heir, contact also* unmittelbar; *responsibility, cause, danger* unmittelbar; *train* durchgehend; *opposite* genau. **~ access** (*Comput*) Direktzugriff *m*; **~ action** direkte Aktion; **to pay by ~ debit** per Einzugsauftrag bezahlen; **to be a ~ descendant of sb** von jdm in direkter Linie abstammen, ein direkter Nachkomme von jdm sein; **~ dialling** Selbstwahl *f*; **~ heating** Zimmerheizung *f*; **~ hit** Volltreffer *m*; **~-mail advertising** Direct-mailing *nt*; **~ method** direkte Methode.

2. (*blunt*) *person, remark* direkt, offen; *refusal, denial* glatt.

3. (*Gram*) **~ object** direktes Objekt, Akkusativobjekt *nt*; **~ speech** *or* **discourse** (*US*) direkte Rede.

4. (*Elec*) **~ current** Gleichstrom *m*.

II *vt* **1.** (*address, aim*) *remark, letter* richten (*to* an +*acc*); *efforts* richten (*towards* auf +*acc*). **to ~ one's steps to(wards) sb/sth** auf jdn/etw zugehen; **to ~ sb's attention to sb/sth** jds Aufmerksamkeit auf jdn/etw lenken; **can you ~ me to the town hall?** können Sie mir den Weg zum Rathaus sagen?

2. (*supervise, control*) *person's work, business* leiten, lenken; *traffic* regeln.

3. (*order*) anweisen (*sb to do sth* jdn, etw zu tun); (*Jur*) *jury* Rechtsbelehrung erteilen (+*dat*). **as ~ed** (*Med*) wie verordnet.

4. *film* Regie führen bei; *play also* Spielleitung haben von; *group of actors* dirigieren; *radio/TV programme* leiten.

III *adv* direkt.

direction [dɪ'rekʃən] *n* **1.** (*lit, fig: way*) Richtung *f*. **in every ~** in jede Richtung; **in the wrong/right ~** (*lit, fig*) in die falsche/richtige Richtung; **in the ~ of Hamburg** in Richtung Hamburg; **a sense of ~** (*lit*) Orientierungssinn *m*; (*fig*) ein Ziel *nt* im Leben.

2. (*management: of company*) Leitung, Führung *f*.

3. (*of film, actors*) Regie *f*; (*of play also*) Spielleitung *f*; (*of radio/TV programme*) Leitung *f*. **under the ~ of** unter der Regie von.

4. ~s *pl* (*instructions*) Anweisungen *pl*; (*to a place*) Angaben *pl*; (*for use*) (Gebrauchs)anweisung *or* -anleitung *f*; (*in recipe*) Hinweise *pl*.

directional [dɪ'rekʃənl] *adj* Richtungs-, gerichtet. **~ antenna** Richtantenne *f*.

direction finder *n* Peilantenne *f*; **direction indicator** *n* (*Aut*) Blinker *m*, Fahrtrichtungsanzeiger (*form*).

directive [dɪ'rektɪv] *n* Direktive, Weisung *f*; (*European Community*) Richtlinie *f*.

directly [dɪ'rektlɪ] **I** *adv* **1.** (*following straight on*) direkt, unmittelbar; (*in a short time*) sofort, gleich. **to be ~ descended from sb** in direkter Linie *or* direkt von jdm abstammen.

2. (*frankly*) *speak* direkt, ohne Umschweife.

3. (*completely*) *opposite* genau, unmittelbar; *opposed* völlig.

II *conj* sobald, sowie.

directness [daɪ'rektnɪs] *n* Direktheit *f*.

director [dɪ'rektəʳ] *n* **1.** (*of company, institution*) Direktor(in *f*), Leiter(in *f*) *m*; (*Univ*) Rektor(in *f*) *m*. **~ of music** Musikdirektor(in *f*) *m*; **~ of Public Prosecutions** ≃ Oberstaatsanwalt *m*; **~ general** Generaldirektor(in *f*) *m*. **2.** (*Rad, TV*) Direktor(in *f*) *m*; (*Film, Theat*) Regisseur(in *f*) *m*. **~'s chair** Regiestuhl *m*.

directorate [daɪ'rektərɪt] *n* (*period of office*) Dienstzeit *f* als Direktor; (*board of directors*) Aufsichtsrat *m*.

directorship [dɪ'rektəʃɪp] *n* Direktorstelle *f* *or* -posten *m*. **under his ~** unter seiner Leitung.

directory [dɪ'rektərɪ] *n* **1.** Adreßbuch *nt*; (*telephone ~*) Telefonbuch *nt*; (*trade ~*) Branchenverzeichnis *nt*. **~ enquiries** *or* (*US*) **assistance** (*Telec*) (Fernsprech)auskunft *f*. **2.** (*Comput*) Inhaltsverzeichnis, Directory *nt*. **to change directories** das Directory wechseln. **3.** (*Hist*) **the D~** das Direktorium.

dirge [dɜːdʒ] *n* Klagegesang *m*.

dirigible ['dɪrɪdʒəbl] **I** *n* (lenkbares) Luftschiff. **II** *adj* lenkbar.

dirk [dɜːk] *n* (*Scot*) Dolch *m*.

dirt [dɜːt] *n* **1.** Schmutz *m*; (*soil*) Erde *f*; (*excrement*) Dreck *m*; (*rubbish also*) Unrat, Kehricht *m*. **to be covered in ~** völlig verschmutzt sein; **to eat ~** (*fig*) sich widerspruchslos demütigen *or* beleidigen lassen; **to treat sb like ~** jdn wie (den letzten) Dreck behandeln (*inf*).

2. (*fig: obscenity*) Schmutz *m*; (*scandal also*) schmutzige Wäsche.

dirt-cheap *adj, adv* (*inf*) spottbillig; **dirt farmer** *n* (*US*) Kleinbauer *m*.

dirtily ['dɜːtɪlɪ] *adv* **1.** schmutzig; *eat, live* wie ein Ferkel. **2.** (*fig*) (*meanly*) gemein, schäbig; (*obscenely*) schmutzig.

dirtiness ['dɜːtɪnɪs] *n* Schmutzigkeit *f*; (*of story also*) Unanständigkeit *f*.

dirt road *n* unbefestigte Straße; **dirt track** *n* Feldweg *m*; (*Sport*) Aschenbahn *f*.

dirty ['dɜːtɪ] **I** *adj* (+*er*) **1.** schmutzig; *hands, clothes, shoes etc also, wound* verschmutzt. **~ weather** Dreckwetter, Sauwetter (*inf*) *nt*; (*Naut*) stürmisches Wetter; **a ~ colour** eine Schmutzfarbe; **to get ~** schmutzig *or* dreckig werden; **to get sth ~** etw schmutzig machen; **to give sb a ~ look** (*fig*) jdm einen bösen *or* giftigen Blick zuwerfen.

2. (*fig: obscene*) schmutzig, unanständig. **to have a ~ mind** eine schmutzige Phantasie haben; **~ old man** fieser alter Kerl, alte Drecksau (*sl*); **they're having a ~ weekend** (*inf*) sie sind zusammen übers Wochenende weggefahren.

3. (*fig*) (*despicable*) gemein, niederträchtig; (*Sport*) *player, match* unfair. **~ work** Dreck(s)arbeit *f* (*inf*).

II *vt* beschmutzen; *machine* verschmutzen.

III *n* **to do the ~ on sb** (*Brit inf*) jdn reinlegen (*inf*).

disability [ˌdɪsə'bɪlɪtɪ] *n* **1.** (*handicap, injury*) Behinderung *f*. **~ for work** Arbeitsunfähigkeit *f*; **sb's ~ to do sth** jds Unfähigkeit *f* *or* Unvermögen *nt*, etw zu tun; **~ allowance** Behindertenfreibetrag *m*; **~ pension** Invalidenrente *f*. **2.** (*Jur*) Rechtsunfähigkeit *f*.

disable [dɪs'eɪbl] *vt* **1. to ~ sb for work** jdn arbeitsunfähig machen. **2.** *tank, gun* unbrauchbar machen; *ship* kampfunfähig machen. **3.** (*Jur*) (*make incapable*) rechtsunfähig machen; (*disqualify*) für unfähig erklären (*from doing sth* etw zu tun).

disabled [dɪs'eɪbld] **I** *adj* **1.** behindert. **~ ex-serviceman** Kriegsversehrte(r) *m*. **2.** *tank, gun* unbrauchbar; *ship* nicht seetüchtig. **3.** (*Jur*) nicht rechtsfähig. **II** *npl* **the ~** die Behinderten *pl*; **the war ~** die Kriegsversehrten *pl*.

disablement [dɪs'eɪblmənt] *n* **1.** Behinderung *f*. **2.** (*of tank, gun, ship*) Unbrauchbarmachen *nt*.

disabuse [ˌdɪsə'bjuːz] *vt* **to ~ sb of sth** jdn von etw befreien.

disadvantage [ˌdɪsəd'vɑːntɪdʒ] **1.** *n* (*obstacle, unfavourable factor*) Nachteil *m*; (*detriment also*) Schaden *m*. **to be at a ~** sich im Nachteil befinden, benachteiligt *or* im Nachteil sein; **to put sb at a ~** jdn benachteiligen; **to show oneself at a ~** sich von einer ungünstigen *or* unvorteilhaften Seite zeigen; **it would be to your ~** es wäre zu Ihrem Nachteil. **2.** *vt* benachteiligen.

disadvantaged [ˌdɪsəd'vɑːntɪdʒd] *adj* benachteiligt.

disadvantageous *adj*, **~ly** *adv* [ˌdɪsædvɑːn'teɪdʒəs, -lɪ] nachteilig.

disaffected [ˌdɪsə'fektɪd] *adj* entfremdet.

disaffection [ˌdɪsə'fekʃən] *n* Entfremdung *f* (*from* von).

disagree [ˌdɪsə'griː] *vi* **1.** (*with person, views*) nicht übereinstimmen; (*with plan, suggestion*) nicht einverstanden sein; (*two people*) sich nicht einig sein.

2. (*quarrel*) eine Meinungsverschiedenheit haben.

3. (*be different: figures, reports*) nicht übereinstimmen.

4. (*climate, food*) **to ~ with sb** jdm nicht bekommen.

disagreeable [ˌdɪsə'griːəbl] *adj smell, work, experience* unangenehm; (*bad-tempered*) *person* unsympathisch.

disagreeably [ˌdɪsə'griːəblɪ] *adv see adj.*

disagreement [ˌdɪsə'griːmənt] *n* **1.** (*with opinion, between opinions*) Uneinigkeit *f*. **my ~ with that view is based on ...** ich bin mit dieser Ansicht nicht einverstanden, weil ...; **there is still ~** es herrscht noch Uneinigkeit. **2.** (*quarrel*) Meinungsverschiedenheit *f*. **3.** (*between figures, reports*) Diskrepanz *f*.

disallow [ˌdɪsə'laʊ] *vt evidence* nicht anerkennen; *claim also* zurückweisen; *plan* ablehnen; (*Sport*) *goal* nicht anerkennen, nicht geben.

disappear [ˌdɪsə'pɪəʳ] **I** *vi* verschwinden; (*worries, fears, difficulties also*) sich in Nichts auflösen; (*rage also*) verrauchen; (*memory*) schwinden; (*objections*) sich zerstreuen. **he ~ed from (our) sight** er verschwand; **to make sth ~** etw verschwinden lassen; **to do one's ~ing trick** (*inf*) sich verdünnisieren (*inf*).

II *vt* (*esp Pol inf*) verschwinden lassen. **the ~ed** die Verschwundenen *pl*.

disappearance [ˌdɪsə'pɪərəns] *n see vi* Verschwinden *nt*; Verrauchen *nt*; Schwinden *nt*; Zerstreuung *f*.

disappoint [ˌdɪsə'pɔɪnt] *vt* enttäuschen.

disappointed [ˌdɪsə'pɔɪntɪd] *adj* enttäuscht. **to be ~ in sb/sth** von jdm/etw enttäuscht sein; **to be ~ in love** eine Enttäuschung in der Liebe erleben.

disappointing [ˌdɪsə'pɔɪntɪŋ] *adj* enttäuschend. **how ~!** so eine Enttäuschung!

disappointingly [ˌdɪsə'pɔɪntɪŋlɪ] *adv* enttäuschend. **he did ~ in the exams** er hat in den Prüfungen enttäuschend abgeschnitten *or* enttäuscht.

disappointment [ˌdɪsə'pɔɪntmənt] *n* Enttäuschung *f*; (*of hopes also, ambition*) Nichterfüllung *f*.

disapprobation [ˌdɪsæprə'beɪʃən] *n* Mißbilligung *f*.

disapproval [ˌdɪsə'pruːvl] *n* Mißbilligung *f*. **murmur of ~** mißbilligendes Gemurmel.

disapprove [ˌdɪsə'pruːv] **I** *vt* mißbilligen. **II** *vi* dagegen sein. **if you don't ~, I'd like to ...** wenn Sie nichts dagegen haben, würde ich gerne ...; **to ~ of sth** etw mißbilligen; **he ~s of children smoking** er mißbilligt es, wenn Kinder rauchen.

disapproving *adj*, **~ly** *adv* [ˌdɪsə'pruːvɪŋ, -lɪ] mißbilligend.

disarm [dɪs'ɑːm] **I** *vt* (*lit, fig*) entwaffnen. **II** *vi* (*Mil*) abrüsten.

disarmament [dɪs'ɑːməmənt] *n* Abrüstung *f*. **~ talks** Abrüstungsverhandlungen *fpl*.

disarming *adj*, **~ly** *adv* [dɪs'ɑːmɪŋ, -lɪ] entwaffnend.

disarrange ['dɪsə'reɪndʒ] *vt* durcheinanderbringen.

disarranged ['dɪsə'reɪndʒd] *adj* unordentlich.

disarray [ˌdɪsə'reɪ] **I** *n* Unordnung *f*. **to be in ~** (*troops*) in Auflösung (begriffen) sein; (*thoughts, organization, political party*) durcheinander *or* in Unordnung sein; (*person*) aufgelöst sein; (*clothes*) in unordentlichem Zustand sein.

II *vt* in Unordnung bringen; *enemy* verwirren.

disassemble ['dɪsə'sembl] *vt* auseinandernehmen; *prefabricated building* abbauen.

disassociate ['dɪsə'səʊʃɪeɪt] *vt see* **dissociate.**

disaster [dɪ'zɑːstəʳ] *n* Katastrophe *f*; (*Aviat, Min, Rail also*) Unglück *nt*; (*fiasco*) Fiasko, Desaster *nt*. **doomed to ~** zum Untergang verdammt *or* verurteilt.

disaster area *n* Katastrophengebiet *nt*; (*fig inf: person*) Katastrophe *f*; **disaster fund** *n* Katastrophenfonds *m*; **disaster movie** *n* Katastrophenfilm *m*.

disastrous *adj*, **~ly** *adv* [dɪ'zɑːstrəs, -lɪ] katastrophal, verheerend.

disavow ['dɪsə'vaʊ] *vt* verleugnen; *one's words* ableugnen.

disavowal [ˌdɪsə'vaʊəl] *n see vt* Verleugnung *f*; Ableugnung *f*.

disband [dɪs'bænd] **I** *vt* auflösen. **II** *vi* (*army, club*) sich auflösen; (*soldiers, club members*) auseinandergehen.

disbar [dɪs'bɑːʳ] *vt* (*Jur*) die Lizenz entziehen (+*dat*).

disbelief ['dɪsbə'liːf] *n* Ungläubigkeit *f*; (*Rel*) Unglaube *m*. **in ~** ungläubig.

disbelieve ['dɪsbə'liːv] *vt* nicht glauben.

disbeliever ['dɪsbə'liːvəʳ] *n* Ungläubige(r) *mf*.

disburse [dɪs'bɜːs] *vt* aus(be)zahlen.

disbursement [dɪs'bɜːsmənt] *n* Auszahlung *f*.

disc, (*esp US*) **disk** [dɪsk] *n* **1.** (*flat, circular object*) (runde) Scheibe; (*Anat*) Bandscheibe *f*; (*Mil: identity ~*) (Erkennungs)marke *f*; *see* **slip**. **2.** (*record, Comput*) Platte *f*; *see also* **disk.**

discard [dɪ'skɑːd] **I** *vt* **1.** *unwanted article, person* ausrangieren; *idea, plan* verwerfen; (*take off*) *coat* ausziehen; *antlers, leaves* abwerfen. **2.** *also vi* (*Cards*) abwerfen.

II *n* **1.** (*Cards*) Abwerfen *nt*.

2. (*Ind, Comm*) Ausschuß(ware *f*) *m*.

disc brake *n* Scheibenbremse *f*; **disc camera** *n* Disc-Kamera *f*.

discern [dɪ'sɜːn] *vt* (*with senses*) wahrnehmen; (*mentally also*) erkennen. **he was too young to ~ right from wrong** er war zu jung, um Recht von Unrecht unterscheiden zu können.

discernible [dɪ'sɜːnəbl] *adj* (*with senses*) wahrnehmbar; (*mentally*) erkennbar.

discernibly [dɪ'sɜːnəblɪ] *adv see adj.*

discerning [dɪ'sɜːnɪŋ] *adj clientele, reader* anspruchsvoll, kritisch; *eye, ear* fein.

discernment [dɪ'sɜːnmənt] *n* **1.** (*ability to discern*) (*observation*) feines Gespür; (*discriminating taste*) kritisches Urteilsvermögen. **2.** (*act of discerning*) *see vt* Wahrnehmung *f*; Erkennen *nt*.

discharge [dɪs'tʃɑːdʒ] **I** *vt* **1.** *employee, prisoner, patient* entlassen; *accused* freisprechen; *bankrupt* entlasten. **he ~d himself (from hospital)** er hat das Krankenhaus auf eigene Verantwortung verlassen.

2. (*emit*) (*Elec*) entladen; *liquid, gas* (*pipe*) ausstoßen; (*workers*) ausströmen lassen; (*Med*) ausscheiden. **how much oil has been ~d?** wieviel Öl ist ausgelaufen?; (*deliberately*) wieviel Öl hat man abgelassen?

3. (*unload*) *ship, cargo* löschen.

4. (*gun*) abfeuern.

5. *debt* begleichen; *duty* nachkommen (+*dat*); *function* erfüllen. **~d bankrupt** entlasteter Konkursschuldner.

II *vi* (*wound, sore*) eitern.

III ['dɪstʃɑːdʒ] *n* **1.** (*dismissal*) *see vt 1.* Entlassung *f*; Freispruch *m*; Entlastung *f*; (*of soldier*) Abschied *m*.

2. (*Elec*) Entladung *f*; (*of gas*) Ausströmen *nt*; (*of liquid, Med: vaginal ~*) Ausfluß *m*; (*of pus*) Absonderung *f*.

3. (*of cargo*) Löschen *nt*.

4. (*of debt*) Begleichung *f*; (*of duty, function*) Erfüllung *f*.

disc harrow *n* Scheibenegge *f*.

disciple [dɪ'saɪpl] *n* (*lit, fig*) Jünger *m*; (*fig: non-emotional*) Schüler(in *f*) *m*.

disciplinarian [ˌdɪsɪplɪ'nɛərɪən] *n* Zuchtmeister(in *f*) *m*. **to be a strict ~** eiserne Disziplin halten.

disciplinary ['dɪsɪplɪnərɪ] *adj* Disziplinar-, disziplinarisch.

discipline ['dɪsɪplɪn] **I** *n* (*all senses*) Disziplin *f*; (*punishment*) disziplinarische Maßnahmen *pl*. **to maintain ~** die Disziplin aufrechterhalten.

II *vt* **1.** (*train, make obedient*) disziplinieren; *reactions, emotions* in Zucht *or* unter Kontrolle halten. **to ~ sb/oneself to do sth** jdn/sich dazu anhalten *or* zwingen, etw zu tun.

2. (*punish*) bestrafen; (*physically*) züchtigen.

disciplined ['dɪsɪplɪnd] *adj* diszipliniert; *behaviour, reactions, emotions also* beherrscht. **well/badly ~** diszipliniert/disziplinlos, undiszipliniert.

disc jockey *n* Diskjockey *m*.

disclaim [dɪs'kleɪm] *vt* **1.** abstreiten, (weit) von sich (*dat*) weisen. **to ~ all responsibility** jede Verantwortung von sich weisen. **2.** (*Jur*) *a right* verzichten auf (+*acc*).

disclaimer [dɪs'kleɪməʳ] *n* **1.** Dementi *nt*. **to issue a ~** eine Gegenerklärung abgeben. **2. to put in a ~ of sth** (*Jur*) eine Verzichterklärung auf etw (*acc*) abgeben.

disclose [dɪs'kləʊz] *vt secret* enthüllen; *intentions, news* bekanntgeben.

disclosure [dɪs'kləʊʒəʳ] *n* **1.** *see vt* Enthüllung *f*; Bekanntgabe *f*. **2.** (*fact revealed*) Mitteilung *f*.

disco ['dɪskəʊ] *n* Disko *f*.

discolor *vti* (*US*) *see* **discolour.**

discoloration [dɪsˌkʌlə'reɪʃən] *n* Verfärben *nt*; (*mark*) Verfärbung *f*.

discolour [dɪs'kʌləʳ] **I** *vt* verfärben. **II** *vi* sich verfärben.

discomfit [dɪs'kʌmfɪt] *vt* Unbehagen verursachen (+*dat*).

discomfiture [dɪs'kʌmfɪtʃəʳ] *n* Unbehagen *nt*.

discomfort [dɪs'kʌmfət] *n* (*lit*) Beschwerden *pl*; (*fig: uneasiness, embarrassment*) Unbehagen *nt*. **the injury gives me a little ~ now and again** die Verletzung verursacht mir ab und zu leichte Beschwerden.

disconcert [ˌdɪskən'sɜːt] *vt* beunruhigen.

disconcerting *adj*, **~ly** *adv* [ˌdɪskən'sɜːtɪŋ, -lɪ] beunruhigend.

disconnect ['dɪskə'nekt] *vt pipe etc* trennen; *TV, iron* ausschalten; (*cut off supply of*) *gas, electricity* abstellen, abschalten. **to ~ a call** (*Telec*) ein Gespräch unterbrechen; **I've been ~ed** (*for nonpayment*) man hat mir das Telefon/den Strom/das Gas *etc* abgestellt; (*in midconversation*) das Gespräch ist unterbrochen worden.

disconsolate [dɪs'kɒnsəlɪt] *adj* niedergeschlagen. **to grow ~** verzagen.

discontent ['dɪskən'tent] *n* Unzufriedenheit *f*.

discontented ['dɪskən'tentɪd] *adj* unzufrieden (*with, about* mit).

discontentment ['dɪskən'tentmənt] *n* Unzufriedenheit *f*.

discontinuation [dɪskənˌtɪnju'eɪʃən] *n see vt* Aufgabe *f*; Abbruch *m*; (Produktions)einstellung *f*; Einstellung *f*.

discontinue ['dɪskən'tɪnjuː] *vt* aufgeben; *class, project also, conversation* abbrechen; (*Comm*) *line* auslaufen lassen; *production*, (*Jur*) *case* einstellen. **to ~ one's subscription to a newspaper** seine Zeitung abbestellen; **a ~d line** (*Comm*) eine ausgelaufene Serie.

discontinuity [ˌdɪskɒntɪ'njuːɪtɪ] *n* mangelnde Kontinuität, Diskontinuität (*geh*) *f*. **a certain amount of ~** ein gewisser Mangel an Kontinuität.

discontinuous *adj*, **~ly** *adv* ['dɪskən'tɪnjʊəs, -lɪ] nicht kontinuierlich.

discord ['dɪskɔːd] *n* **1.** Uneinigkeit *f*. **2.** (*Mus*) Disharmonie *f*.

discordance [dɪs'kɔːdəns] *n* **1.** Uneinigkeit *f*. **2.** (*of colours, sounds, music*) Disharmonie *f*.

discordant [dɪs'kɔːdənt] *adj opinions, colours* nicht miteinander harmonierend; *meeting, atmosphere* unharmonisch; (*Mus*) disharmonisch.

discotheque ['dɪskəʊtek] *n* Diskothek *f*.

discount ['dɪskaʊnt] **I** *n* **1.** (*on article*) Rabatt *m*; (*for cash*) Skonto *nt or m*. **to give a ~ on sth** Rabatt *or* Prozente (*inf*) auf etw (*acc*) geben; **to give sb a 5% ~** jdm 5% Rabatt/Skonto geben; **at a ~** auf Rabatt/Skonto; **~ for cash** Skonto *or* Rabatt bei Barzahlung.

2. to be at a ~ (*Fin*) unter pari sein; (*fig*) nicht *or* wenig gefragt sein.

II *vt* **1.** (*Comm*) *sum of money* nachlassen; *bill, note* diskontieren. **~ed bill** Diskontwechsel *m*. **2.** [dɪs'kaʊnt] *person's opinion* unberücksichtigt lassen. **to ~ sth as exaggeration/untrue** etw als Übertreibung/unwahr abtun.

discount broker *n* Wechselmakler *m*; **discount house** *n* **1.** (*Fin*) Diskontbank *f*. **2.** (*store*) Discountgeschäft *nt or* -laden *m*.

discourage [dɪs'kʌrɪdʒ] *vt* **1.** (*dishearten*) entmutigen.

2. (*dissuade*) **to ~ sb from sth/from doing sth** jdm von etw abraten/jdm abraten, etw zu tun; (*successfully*) jdn von etw abbringen/jdn davon abbringen, etw zu tun.

3. (*deter, hinder*) abhalten; *friendship, advances, plan* zu verhindern suchen; *praise, evil* abwehren; *pride* nicht ermutigen.

discouragement [dɪs'kʌrɪdʒmənt] *n* **1.** (*depression*) Mutlosigkeit *f*. **2.** (*dissuasion*) Abraten *nt*; (*with success*) Abbringen *nt*. **3.** (*deterrence, hindrance*) Abhaltung *f*; (*of friendship*) Verhinderung *f*; (*of praise*) Abwehr *f*. **4.** (*discouraging thing*) **to be a ~** entmutigend sein.

discouraging [dɪs'kʌrɪdʒɪŋ] *adj* entmutigend.

discouragingly [dɪs'kʌrɪdʒɪŋlɪ] *adv see adj*.

discourse ['dɪskɔːs] **I** *n* Diskurs *m* (*geh*). **~ analysis** (*Ling*) Diskursanalyse *f*. **II** *vi* einen Diskurs geben (*geh*); (*converse*) einen Diskurs führen (*geh*).

discourteous *adj*, **~ly** *adv* [dɪs'kɜːtɪəs, -lɪ] unhöflich.

discourteousness [dɪs'kɜːtɪəsnɪs], **discourtesy** [dɪs'kɜːtɪsɪ] *n* Unhöflichkeit *f*.

discover [dɪs'kʌvəʳ] *vt* entdecken; *culprit* finden; *secret also* herausfinden; (*after search*) *house, book also* ausfindig machen; (*notice*) *mistake, loss also* feststellen, bemerken. **did you ever ~ who ...?** haben Sie jemals herausgefunden, wer ...?

discoverer [dɪs'kʌvərəʳ] *n* Entdecker(in *f*) *m*.

discovery [dɪs'kʌvərɪ] *n* Entdeckung *f*.

discredit [dɪs'kredɪt] **I** *vt* **1.** (*cast slur/doubt on*) *report, theory* in Mißkredit bringen; *family, company also* diskreditieren.

2. (*disbelieve*) keinen Glauben schenken (+*dat*).

II *n* **1.** *no pl* (*dishonour, disbelief*) Mißkredit *m*. **to bring ~ (up)on sb/sth** jdn/etw in Mißkredit bringen.

2. to be a ~ to sb eine Schande für jdn sein.

discreditable [dɪs'kredɪtəbl] *adj* diskreditierend. **to be ~ to sb** jdn diskreditieren, jdn in Mißkredit bringen.

discreditably [dɪs'kredɪtəblɪ] *adv see adj*.

discreet [dɪ'skriːt] *adj* diskret; (*in quiet taste also*) dezent.

discreetly [dɪ'skriːtlɪ] *adv* diskret; *dressed also, decorated* dezent.

discreetness [dɪ'skriːtnɪs] *n see adj* Diskretheit *f*; dezente Art.

discrepancy [dɪ'skrepənsɪ] *n* Diskrepanz *f* (*between* zwischen +*dat*).

discrete [dɪ'skriːt] *adj* diskret.

discretion [dɪ'skreʃən] *n* **1.** Diskretion *f*. **~ is the better part of valour** (*Prov*) Vorsicht ist die Mutter der Porzellankiste (*inf*).

2. (*freedom of decision*) Ermessen *nt*. **to leave sth to sb's ~** etw in jds Ermessen (*acc*) stellen; **use your own ~** Sie müssen nach eigenem Ermessen handeln; **to be at sb's ~** in jds Ermessen (*dat*) stehen.

discretionary [dɪ'skreʃənərɪ] *adj* Ermessens-. **~ powers** Ermessensspielraum *m*.

discriminate [dɪ'skrɪmɪneɪt] **I** *vi* **1.** (*be discriminating*) kritisch sein; (*distinguish*) unterscheiden (*between* zwischen +*dat*). **2.** (*make unfair distinction*) Unterschiede machen (*between* zwischen +*dat*). **to ~ in favour of sb** jdn bevorzugen.

II *vt* unterscheiden, einen Unterschied machen zwischen (+*dat*). **to ~ good and/from bad** Gut und Böse/Gut von Böse unterscheiden können.

◆**discriminate against** *vi + prep obj* diskriminieren. **they were ~d ~** sie wurden diskriminiert.

discriminating [dɪ'skrɪmɪneɪtɪŋ] *adj* **1.** *person, judgement, mind* kritisch; *clientele* verwöhnt; *taste* fein. **2.** *tariff, duty* Differential-.

discrimination [dɪˌskrɪmɪ'neɪʃən] *n* **1.** (*differential treatment*) Diskriminierung *f*. **racial ~** Rassendiskriminierung *f*; **sexual ~** Diskriminierung auf Grund des Geschlechts. **2.** (*differentiation*) Unterscheidung *f* (*between* zwischen +*dat*). **3.** (*discernment*) kritisches Urteilsvermögen.

discriminatory [dɪ'skrɪmɪnətərɪ] *adj* diskriminierend.

discursive [dɪ'skɜːsɪv], **discursory** [dɪ'skɜːsərɪ] *adj* **1.** *style* weitschweifig. **2.** (*Philos*) diskursiv.

discus ['dɪskəs] *n* Diskus *m*. **~ thrower** Diskuswerfer(in *f*) *m*; **in the ~** im Diskuswerfen.

discuss [dɪ'skʌs] *vt* besprechen; *politics, theory* diskutieren; *in essay, speech* erörtern, diskutieren. **I don't want to ~ it any further** ich möchte darüber nicht weiter reden.

discussant [dɪ'skʌsənt] *n* (*US*) Diskussionsteilnehmer(in *f*) *m*.

discussion [dɪ'skʌʃən] *n* Diskussion *f*; (*meeting*) Besprechung *f*. **after a lot of ~** nach langen Diskussionen; **to be under ~** zur Diskussion stehen; **that is still under ~** das ist noch in der Diskussion; **a subject for ~** ein Diskussionsthema *nt*.

disdain [dɪs'deɪn] **I** *vt sb* verachten; *sth also* verschmähen. **he ~ed to notice them** er hielt es für unter seiner Würde, ihnen

Beachtung zu schenken. **II** *n* Verachtung *f*.
disdainful *adj*, **~ly** *adv* [dɪs'deɪnfʊl, -fəlɪ] verächtlich.
disease [dɪ'zi:z] *n* (*lit, fig*) Krankheit *f*.
diseased [dɪ'zi:zd] *adj* (*lit, fig*) krank; *tissue, plant* befallen.
disembark [ˌdɪsɪm'bɑ:k] **I** *vt* ausschiffen. **II** *vi* von Bord gehen.
disembarkation [ˌdɪsembɑ:'keɪʃən] *n* Landung *f*.
disembodied ['dɪsɪm'bɒdɪd] *adj* körperlos; *voice* geisterhaft.
disembowel [ˌdɪsɪm'baʊəl] *vt* die Eingeweide herausnehmen (+*dat*); (*murder*) den Bauch aufschlitzen (+*dat*).
disenchant ['dɪsɪn'tʃɑ:nt] *vt* ernüchtern. **he became ~ed with her** sie ernüchterte ihn.
disenfranchise ['dɪsɪn'frænʧaɪz] *vt* **1.** *person* die bürgerlichen Ehrenrechte aberkennen (+*dat*); *town* das Recht nehmen, einen Abgeordneten ins Parlament zu senden (+*dat*). **2.** (*Comm*) die Konzession entziehen (+*dat*).
disenfranchisement ['dɪsɪn'frænʧaɪzmənt] *n* (*of person*) Aberkennung *f* der bürgerlichen Ehrenrechte; (*of town*) Entzug *m* des Rechts, einen Abgeordneten ins Parlament zu senden.
disengage [ˌdɪsɪn'geɪdʒ] **I** *vt* **1.** (*extricate*) losmachen, lösen (*from* aus). **2.** (*Tech*) ausrücken (*form*). **to ~ the clutch** (*Aut*) auskuppeln. **3.** (*Mil*) (*from country*) abziehen; (*from battle also*) abrücken lassen.
II *vi* **1.** (*Tech*) ausrücken (*form*). **2.** (*Mil*) auseinanderrücken; (*opponents*) sich trennen. **3.** (*Fencing*) sich lösen.
disengagement [ˌdɪsɪn'geɪdʒmənt] *n see vt* **1.** Lösung *f*. **2.** Ausrücken *nt* (*form*). **~ of the clutch** das Auskuppeln. **3.** Abzug *m*.
disentangle ['dɪsɪn'tæŋgl] *vt* (*lit, fig*) entwirren; *problem, mystery also* enträtseln. **to ~ oneself from sth** (*lit*) sich aus etw lösen; (*fig*) sich von etw lösen.
disestablish ['dɪsɪs'tæblɪʃ] *vt the Church* vom Staat trennen.
disfavour, (*US*) **disfavor** [dɪs'feɪvə^r] *n* **1.** (*displeasure*) Ungnade *f*; (*dislike*) Mißfallen *nt*. **to fall into/be in ~** in Ungnade fallen/sein (*with* bei); **to look with ~ upon sb/sth** jdn/etw mit Mißfallen betrachten.
2. (*disadvantage*) **in/to his ~** zu seinen Ungunsten.
disfigure [dɪs'fɪgə^r] *vt* verunstalten; *person also* entstellen.
disfigurement [dɪs'fɪgəmənt] *n see vt* Verunstaltung *f*; Entstellung *f*.
disfranchise ['dɪs'frænʧaɪz] *vt see* **disenfranchise.**
disfranchisement [dɪs'frænʧaɪzmənt] *n see* **disenfranchisement.**
disgorge [dɪs'gɔ:dʒ] **I** *vt food* ausspucken, ausspeien; (*stomach*) ausstoßen; (*fig*) (*spew forth*) ausspeien; (*river*) *waters* ergießen; (*give up*) (widerwillig) herausrücken. **II** *vi* (*river*) aus einer Schlucht austreten.
disgrace [dɪs'greɪs] **I** *n* **1.** *no pl* (*dishonour, shame*) Schande *f*. **to bring ~ on sb** jdm Schande machen; **to be in/fall into ~** in Ungnade (gefallen) sein/fallen (*with* bei).
2. (*cause of shame*) (*thing*) Schande, Blamage *f* (*to* für); (*person*) Schandfleck *m* (*to gen*).
II *vt* Schande machen (+*dat*); *country, family also* Schande bringen über (+*acc*). **don't ~ us!** blamier uns nicht; **to ~ oneself** sich blamieren; (*child, dog*) sich schlecht benehmen; **to be ~d** blamiert sein; (*politician, officer*) in Unehre gefallen sein.
disgraceful [dɪs'greɪsfʊl] *adj* erbärmlich (schlecht); *behaviour, performance, exam results also* skandalös. **it's quite ~ how/that ...** es ist wirklich eine Schande, wie/daß ....
disgracefully [dɪs'greɪsfəlɪ] *adv* (+*adj*) erbärmlich; (+*vb*) erbärmlich schlecht.
disgruntle [dɪs'grʌntl] *vt* verstimmen. **~d** verstimmt.
disgruntlement [dɪs'grʌntlmənt] *n* Verstimmung *f*.
disguise [dɪs'gaɪz] **I** *vt* unkenntlich machen; *sb, oneself also* verkleiden; *voice* verstellen; *vehicle, aircraft, building also* tarnen; *facts, mistakes, interest, feelings* verschleiern.
II *n* (*lit*) Verkleidung *f*; (*of vehicle, aircraft, building*) Tarnung *f*; (*fig*) Deckmantel *m*. **in ~** verkleidet; getarnt; **in the ~ of** in der Verkleidung als, verkleidet als/getarnt als/unter dem Deckmantel von *or* der Maske (+*gen*).
disgust [dɪs'gʌst] **I** *n* Ekel *m*; (*at sb's behaviour*) Entrüstung, Empörung *f*. **to go away in ~** sich voller Ekel/Empörung abwenden; **much to his ~ he was given raw fish to eat/they left** Ekel überkam ihn, als ihm roher Fisch vorgesetzt wurde/sehr zu seiner Empörung gingen sie.
II *vt* (*person, sight*) anekeln, anwidern; (*actions*) empören.
disgusted [dɪs'gʌstɪd] *adj* angeekelt; (*at sb's behaviour*) empört. **I am ~ with you** ich bin empört über dich.
disgustedly [dɪs'gʌstɪdlɪ] *adv* voller Ekel; (*at sb's behaviour*) empört.
disgusting [dɪs'gʌstɪŋ] *adj* widerlich, (*physically nauseating also*) ekelhaft; (*euph: obscene*) *mind* schmutzig; *behaviour, language* anstößig; (*inf: terrible also*) ekelhaft. **don't be ~** sei nicht so ordinär; **that's ~** das ist eine Schweinerei (*inf*).
disgustingly [dɪs'gʌstɪŋlɪ] *adv* widerlich, ekelhaft; *rich* stink-.
dish [dɪʃ] **I** *n* **1.** Schale *f*; (*for serving also*) Schüssel *f*. **2. ~es** *pl* (*crockery*) Geschirr *nt*; **to do the ~es** Geschirr spülen, abwaschen. **3.** (*food*) Gericht *nt*. **4.** (*Elec*) Parabolreflektor *m*; (*also* **~ aerial** (*Brit*) *or* **antenna** *US*) Parabolantenne, Schüssel (*inf*) *f*. **5.** (*sl*) (*girl*) duftes Mädchen (*inf*); (*man*) toller Typ (*inf*).
II *vt* **1.** (*serve*) anrichten. **2.** (*inf*) *chances* zunichte machen.
◆**dish out** *vt sep* (*inf*) austeilen. **he can**

really ~ it ~ er kann ganz schön austeilen (*inf*).

◆**dish up I** *vt sep* **1.** (*lit*) auf dem Teller anrichten; (*in bowls*) auftragen. **2.** (*fig inf*) *facts* auftischen (*inf*). **II** *vi* anrichten.

dishabille [ˌdɪsəˈbiːl] *n* **in a state of ~** (*woman*) im Negligé; (*man*) halb angezogen.

disharmony [ˈdɪsˈhɑːmənɪ] *n* (*lit, fig*) Disharmonie *f*.

dishcloth [ˈdɪʃklɒθ] *n* (*for drying*) Geschirrtuch *nt*; (*for washing*) Spüllappen *m or* -tuch *nt*.

dishearten [dɪsˈhɑːtn] *vt* entmutigen. **don't be ~ed!** nur Mut!

disheartening *adj*, **~ly** *adv* [dɪsˈhɑːtnɪŋ, -lɪ] entmutigend.

dished [dɪʃt] *adj* (*Tech*) konkav (gewölbt); *wheels* gestürzt.

dishevelled, (*US*) **disheveled** [dɪˈʃevəld] *adj* unordentlich; *hair* zerzaust.

dish mop *m* Spülbürste *f*.

dishonest [dɪsˈɒnɪst] *adj* unehrlich; (*cheating also*) *businessman* unredlich; (*lying also*) verlogen; *plan, scheme* unlauter.

dishonestly [dɪsˈɒnɪstlɪ] *adv see adj*.

dishonesty [dɪsˈɒnɪstɪ] *n see adj* Unehrlichkeit *f*; Verlogenheit *f*; Unlauterkeit *f*.

dishonour, (*US*) **dishonor** [dɪsˈɒnəʳ] **I** *n* Schande, Unehre *f*. **to bring ~ upon sb** Schande über jdn bringen.

II *vt* **1.** schänden, entehren; *family* Schande machen (+*dat*).

2. (*Comm, Fin*) *cheque* nicht honorieren; *bill* nicht bezahlen.

3. *agreement* nicht einhalten.

dishonourable, (*US*) **dishonorable** [dɪsˈɒnərəbl] *adj* unehrenhaft.

dishonourably, (*US*) **dishonorably** [dɪsˈɒnərəblɪ] *adv see adj*. **to be ~ discharged** (*Mil*) unehrenhaft entlassen werden.

dish rack *n* Geschirrständer *m*; (*in dishwasher*) (Einsatz)korb *m*; **dish towel** *n* (*US, Scot*) Geschirrtuch *nt*; **dishwasher** *n* (*person*) Tellerwäscher(in *f*), Spüler(in *f*) *m*; (*machine*) (Geschirr)spülmaschine *f*; **dishwasherproof** *adj* spülmaschinenfest; **dishwater** *n* Abwasch- *or* Spülwasser *nt*; **this coffee is like ~** der Kaffee schmeckt wie Abwasch- *or* Spülwasser.

dishy [ˈdɪʃɪ] *adj* (+*er*) (*Brit sl*) *woman, man* dufte (*inf*).

disillusion [ˌdɪsɪˈluːʒən] **I** *vt* desillusionieren. **II** *n* Desillusion *f*.

disillusionment [ˌdɪsɪˈluːʒənmənt] *n* Desillusionierung *f*.

disincentive [ˌdɪsɪnˈsentɪv] *n* Entmutigung *f*. **to be a ~ to sth** keinen Anreiz für etw bieten; **it acts as a ~** es hält die Leute ab.

disinclination [ˌdɪsɪnklɪˈneɪʃən] *n* Abneigung, Unlust *f*.

disinclined [ˈdɪsɪnˈklaɪnd] *adj* abgeneigt.

disinfect [ˌdɪsɪnˈfekt] *vt* desinfizieren.

disinfectant [ˌdɪsɪnˈfektənt] **I** *n* Desinfektionsmittel *nt*.

II *adj* desinfizierend, Desinfektions-.

disinfection [ˌdɪsɪnˈfekʃən] *n* Desinfektion *f*.

disinformation [ˌdɪsɪnfɔːˈmeɪʃən] *n* Desinformation *f*.

disingenuous [ˌdɪsɪnˈdʒenjʊəs] *adj* unaufrichtig.

disinherit [ˈdɪsɪnˈherɪt] *vt* enterben.

disinheritance [ˈdɪsɪnˈherɪtəns] *n* Enterbung *f*.

disintegrate [dɪsˈɪntɪgreɪt] **I** *vi* zerfallen; (*rock, cement*) auseinanderbröckeln; (*road surface*) rissig werden; (*car*) sich in seine Bestandteile auflösen; (*group also, institution*) sich auflösen; (*theory*) zusammenbrechen.

II *vt* zerfallen lassen; *rock, cement* auseinanderbröckeln lassen; *road surface* brüchig werden lassen; *group, institution* auflösen; *theory* zusammenbrechen lassen.

disintegration [dɪsˌɪntɪˈgreɪʃən] *n see vi* Zerfall *m*; Auseinanderbröckeln *nt*; Rissigkeit *f*; Auflösung *f* in seine Bestandteile; Auflösung *f*; Zusammenbruch *m*.

disinter [ˈdɪsɪnˈtɜːʳ] *vt* ausgraben.

disinterest [dɪsˈɪntrəst] *n* Desinteresse *nt* (*in* an +*dat*). **it's a matter of complete ~ to me** die Sache interessiert mich in keiner Weise.

disinterested [dɪsˈɪntrɪstɪd] *adj* **1.** (*unbiased*) unvoreingenommen, unparteiisch. **2.** (*bored*) desinteressiert.

disinterestedly [dɪsˈɪntrɪstɪdlɪ] *adv see adj*.

disinterestedness [dɪsˈɪntrɪstɪdnɪs] *n see adj* **1.** Unvoreingenommenheit *f*. **2.** Desinteresse *nt*.

disinterment [ˌdɪsɪnˈtɜːmənt] *n* Ausgrabung *f*.

disjointed *adj*, **~ly** *adv* [dɪsˈdʒɔɪntɪd, -lɪ] unzusammenhängend.

disjointedness [dɪsˈdʒɔɪntɪdnɪs] *n* Zusammenhanglosigkeit *f*.

disjunctive [dɪsˈdʒʌŋktɪv] (*Gram*) **I** *adj* disjunktiv. **II** *n* Disjunktion *f*.

disk *n* (*Comput*) Platte *f*; (*floppy ~*) Diskette *f*. **on ~** auf Platte/Diskette.

disk (*Comput*): **disk controller** *n* Plattencontroller *m*; **disk drive** *n* Diskettenlaufwerk *nt*; (*hard disk drive*) Festplattenlaufwerk *nt*.

diskette [dɪsˈket] *n* (*Comput*) Diskette *f*.

diskless [ˈdɪsklɪs] *adj* (*Comput*) plattenlos.

disk operating system *n* (*Comput*) (Platten-)Betriebssystem *nt*.

dislike [dɪsˈlaɪk] **I** *vt* nicht mögen, nicht gern haben. **to ~ doing sth** etw ungern *or* nicht gern tun; **to ~ sb doing sth** es nicht gern haben *or* sehen, wenn jd etw tut; **I ~ him/it intensely** ich mag ihn/es überhaupt nicht; **I don't ~ it** ich habe nichts dagegen.

II *n* Abneigung *f* (*of* gegen). **to take a ~ to sb/sth** eine Abneigung gegen jdn/etw entwickeln.

dislocate [ˈdɪsləʊkeɪt] *vt* (*Med*) ver- *or* ausrenken; (*fig*) *plans* durcheinanderbringen. **to ~ one's shoulder** sich (*dat*) den Arm auskugeln.

dislocation [ˌdɪsləʊˈkeɪʃən] *n* (*Med*) *see vt* Verrenkung *f*; (*fig*) Durcheinanderbringen *nt*; Auskugeln *nt*.

dislodge [dɪs'lɒdʒ] *vt obstruction, stone* lösen; (*prise, poke out*) herausstochern; (*knock out*) herausschlagen; *enemy* verdrängen. **a few stones have been ~d** einige Steine sind verschoben worden.

disloyal [dɪs'lɔɪəl] *adj* illoyal. **to be ~ to sb/the cause** sich jdm/der Sache gegenüber illoyal verhalten.

disloyalty [dɪs'lɔɪəltɪ] *n* Illoyalität *f* (*to* gegenüber).

dismal ['dɪzməl] *adj* düster, trist; *person* trübselig; *failure, result* kläglich.

dismally ['dɪzməlɪ] *adv* trostlos; *fail* kläglich; *think, say* trübselig.

dismantle [dɪs'mæntl] *vt* (*take to pieces*) auseinandernehmen; *scaffolding* abbauen; (*permanently*) *arms factory, machinery* demontieren; *ship* abwracken.

dismast [dɪs'mɑːst] *vt* entmasten.

dismay [dɪs'meɪ] **I** *n* Bestürzung *f*. **in ~** bestürzt. **II** *vt* bestürzen.

dismember [dɪs'membə^r] *vt* (*lit*) *animal, body* zerstückeln; (*Med*) zergliedern; (*fig*) *empire* zersplittern.

dismemberment [dɪs'membəmənt] *n* (*lit*) Zergliederung *f*; (*fig*) Zersplitterung *f*.

dismiss [dɪs'mɪs] *vt* **1.** (*from job*) entlassen. **2.** (*allow to go*) entlassen; *assembly* auflösen, aufheben. **~!** wegtreten! **3.** (*brush aside*) *point, objection* abtun. **4.** (*Jur*) *accused* entlassen; *appeal* abweisen. **to ~ a case** die Klage abweisen. **5.** (*Sport*) *batsman, team* ausschlagen.

dismissal [dɪs'mɪsəl] *n see vt* **1.** Entlassung *f*. **2.** Entlassung *f*; Auflösung *f*. **3.** Abtun *nt*. **4.** Entlassung *f*; Abweisung *f*; Einstellung *f*. **5.** Ausschlagen *nt*.

dismissive [dɪs'mɪsɪv] *adj remark* wegwerfend. **to be ~ about sth** etw abtun; **... he said with a ~ wave of his hand** ... sagte er mit einer abweisenden Handbewegung.

dismount [dɪs'maʊnt] **I** *vi* absteigen. **II** *vt* **1.** *rider* abwerfen. **2.** (*Tech*) *machine, gun* abmontieren.

disobedience [ˌdɪsə'biːdɪəns] *n* Ungehorsam *m* (*to* gegenüber). **an act of ~** ungehorsames Verhalten.

disobedient [ˌdɪsə'biːdɪənt] *adj* ungehorsam.

disobey ['dɪsə'beɪ] *vt parents, teacher* nicht gehorchen (+*dat*); *officer* den Gehorsam verweigern (+*dat*); *rule, law* übertreten.

disoblige [ˌdɪsə'blaɪdʒ] *vt* keinen Gefallen tun (+*dat*).

disobliging *adj*, **~ly** *adv* [ˌdɪsə'blaɪdʒɪŋ, -lɪ] ungefällig.

disorder [dɪs'ɔːdə^r] **I** *n* **1.** Durcheinander *nt*; (*in room also*) Unordnung *f*. **in ~** durcheinander; in Unordnung; **to throw sth into ~** etw durcheinanderbringen/in Unordnung bringen; **to retreat in ~** (*Mil*) einen ungeordneten Rückzug antreten.

2. (*Pol: rioting*) Unruhen *pl*.

3. (*Med*) Funktionsstörung *f*. **kidney/mental ~** Nieren-/Geistesstörung; **stomach ~** Magenbeschwerden *pl*.

II *vt* **1.** durcheinanderbringen; *room* in Unordnung bringen.

2. (*Med*) angreifen.

disordered [dɪs'ɔːdəd] *adj* **1.** *room, thoughts* unordentlich, durcheinander *pred*; *plans, papers also* wirr; *existence* ungeordnet. **2.** (*Med*) *stomach, liver* angegriffen; *mind* gestört, verwirrt; *imagination* wirr.

disorderliness [dɪs'ɔːdəlɪnɪs] *n see adj* Unordentlichkeit *f*, Durcheinander *nt*; Wirrheit *f*; Ungeordnetheit *f*.

disorderly [dɪs'ɔːdəlɪ] *adj* (*untidy*) *desk, room* unordentlich; *life* unsolide; *mind* wirr; (*unruly*) *crowd* aufrührerisch; *pupils also* ungebärdig, außer Rand und Band; *behaviour* ungehörig. **~ conduct** (*Jur*) ungebührliches Benehmen; **~ house** (*brothel*) Bordell, Freudenhaus *nt*; (*gambling den*) Spielhölle *f*.

disorganization [dɪsˌɔːgənaɪ'zeɪʃən] *n* Desorganisation *f*; (*state of confusion*) Durcheinander *nt*.

disorganize [dɪs'ɔːgənaɪz] *vt* durcheinanderbringen.

disorganized [dɪs'ɔːgənaɪzd] *adj* systemlos; *life also, person* chaotisch; *filing system* durcheinander *pred*, ungeordnet. **he/the office is completely ~** bei ihm/im Büro geht alles drunter und drüber.

disorient [dɪs'ɔːrɪənt], **disorientate** [dɪs'ɔːrɪənteɪt] *vt* (*lit, fig*) verwirren, desorientieren.

disorientation [dɪsˌɔːrɪən'teɪʃən] *n* Verwirrung, Desorientierung *f*.

disown [dɪs'əʊn] *vt* verleugnen; *child also* verstoßen; *signature* nicht (als seine eigene) anerkennen; *suggestion* nicht wahrhaben wollen.

disparage [dɪ'spærɪdʒ] *vt* herabsetzen; *work, achievements also* schmälern.

disparagement [dɪ'spærɪdʒmənt] *n see vt* Herabsetzung *f*; Schmälerung *f*.

disparaging *adj*, **~ly** *adv* [dɪ'spærɪdʒɪŋ, -lɪ] abschätzig, geringschätzig.

disparate ['dɪspərɪt] *adj* ungleich.

disparity [dɪ'spærɪtɪ] *n* Ungleichheit *f*.

dispassion [dɪs'pæʃən] *n* Objektivität *f*.

dispassionate *adj*, **~ly** *adv* [dɪs'pæʃənɪt, -lɪ] objektiv.

dispatch [dɪ'spætʃ] **I** *vt* **1.** senden, schikken; *letter, telegram also* aufgeben; *person, troops also* entsenden.

2. (*deal with*) *job* (prompt) erledigen.

3. (*kill*) töten.

4. (*inf*) *food* fertig werden mit (*inf*).

II *n also* ['dɪspætʃ] **1.** *see vt 1.-3.* *Senden, Schicken nt*; Aufgabe *f*; Entsendung *f*; prompte Erledigung; Tötung *f*. **date of ~** Absendedatum *nt*. **2.** (*message, report*) Depesche *f*; (*Press*) Bericht *m*. **to be mentioned in ~es** (*Mil*) in den Kriegsberichten erwähnt werden. **3.** (*promptness*) Promptheit *f*. **with ~** prompt.

dispatch box *n* (*Brit Parl*) Depeschenkassette *f*; **dispatch documents** *npl* (*Comm*) Versandpapiere *pl*; **dispatch note** *n* (*in advance*) Versandanzeige *f*; (*with goods*) Begleitschein *m*; **dispatch rider** *n* (*Mil*) Meldefahrer *m*.

dispel [dɪ'spel] *vt clouds, fog* auflösen, vertreiben; *doubts, fears* zerstreuen;

sorrows vertreiben.

dispensability [dɪˌspensɪ'bɪlɪtɪ] *n* Entbehrlichkeit *f*.

dispensable [dɪ'spensəbl] *adj* entbehrlich.

dispensary [dɪ'spensərɪ] *n* (*in hospital*) (Krankenhaus)apotheke *f*; (*in chemist's*) Apothekenabteilung *f*; (*clinic*) Dispensarium *nt*.

dispensation [ˌdɪspen'seɪʃən] *n* **1.** (*handing out*) Verteilung *f*; (*of charity*) Austeilung *f*. ~ **of justice** Rechtsprechung *f*.

2. (*exemption, Eccl*) Dispens *m*, Dispensation *f*.

3. (*system, regime*) System *nt*; (*Rel*) Glaubenssystem *nt*.

dispense [dɪ'spens] **I** *vt* **1.** verteilen, austeilen (*to* an +*acc*); *advice also* erteilen. **to ~ one's favours** seine Gunst verschenken; **to ~ justice** Recht sprechen.

2. (*Pharm*) *medicine* abgeben; *prescription* zubereiten.

3. (*form: exempt*) dispensieren, befreien.

II *vi* (*Pharm*) Medizin abgeben, dispensieren (*form*). **dispensing chemist's** Apotheke *f*.

◆**dispense with** *vi* +*prep obj* verzichten auf (+*acc*). **I could/couldn't ~ ~ that** ich könnte darauf gut/nicht verzichten.

dispenser [dɪ'spensə^r] *n* **1.** (*Pharm*) Apotheker(in *f*) *m*. **2.** (*container*) Spender *m*; (*slot-machine*) Automat *m*.

dispersal [dɪ'spɜːsəl] *n* *see vt* Verstreuen *nt*; Verteilung *f*; Zerstreuung, Auflösung *f*; Streuung *f*; Dispersion *f*; Verbreitung *f*; (*of efforts*) Verzettelung, Zersplitterung *f*.

dispersant [dɪ'spɜːsənt] *n* Lösungsmittel *nt*.

disperse [dɪ'spɜːs] **I** *vt* (*scatter widely*) verstreuen; (*Bot*) *seed* verteilen; (*dispel*) *crowd* zerstreuen; *mist* auflösen; *oil slick* auflösen; (*Opt*) *light* streuen; (*Chem*) *particles* dispergieren; (*fig*) *knowledge* verbreiten.

II *vi* sich zerstreuen *or* auflösen; (*oil slick*) sich auflösen.

dispersion [dɪ'spɜːʃən] *n see* **dispersal.**

dispirit [dɪ'spɪrɪt] *vt* entmutigen.

dispirited *adj*, **~ly** *adv* [dɪ'spɪrɪtɪd, -lɪ] entmutigt.

dispiriting *adj*, **~ly** *adv* [dɪ'spɪrɪtɪŋ, -lɪ] entmutigend.

displace [dɪs'pleɪs] *vt* **1.** (*move*) verschieben. **2.** (*replace*) ablösen, ersetzen. **3.** (*Naut, Phys*) *water, air* verdrängen. **4.** (*in office*) verdrängen, ausbooten (*inf*).

displaced emotion *n* verlagertes Gefühl; **displaced person** *n* Verschleppte(r) *mf*, Zwangsvertriebene(r) *mf*.

displacement [dɪs'pleɪsmənt] *n* **1.** (*act of displacing*) *see vt* Verschiebung *f*; Ablösung *f*, Ersatz *m*; Verdrängung *f*; Ausbootung *f* (*inf*). **2.** (*distance sth is moved*) Verschiebung *f*; (*Geol: of rocks*) Dislokation *f*. **3.** (*volume displaced*) (*Phys*) verdrängte Menge; (*Naut*) Verdrängung *f*.

displacement activity *n* (*Psych*) Ersatzbefriedigung *f*; **displacement ton** *n* (*Naut*) Verdrängungstonne *f*.

display [dɪ'spleɪ] **I** *vt* **1.** zeigen; *interest, courage also* beweisen; *interest, ignorance* an den Tag legen, beweisen; (*ostentatiously*) *new clothes also* vorführen; *luxury, sth sensational* zur Schau stellen; *power* demonstrieren; *exam results, notice* aushängen. **2.** (*Comm*) *goods* ausstellen. **3.** (*Typ, Press*) hervorheben.

II *vi* Imponiergehabe zeigen; (*birds also*) balzen.

III *n* **1.** *see vt* **1.** Zeigen *nt*; Beweis *m*; Vorführung *f*; Zurschaustellung *f*; Demonstration *f*; Aushängen *nt*. **to make a great ~ of sth/one's feelings** etw groß zur Schau stellen/seine Gefühle deutlich zeigen; **to be on ~** ausgestellt sein; **these are only for ~** die sind nur zur Ansicht; **I hope we don't have another ~ (of temper) like that** ich hoffe, wir kriegen nicht noch einmal denselben Tanz (*inf*).

2. (*exhibition of paintings etc*) Ausstellung *f*; (*dancing ~ etc*) Vorführung *f*; (*military, air ~*) Schau *f*.

3. (*Comm*) Auslage *f*, Display *nt*.

4. (*Typ, Press*) **to give top ~ to sth** etw groß herausbringen.

5. (*Zool*) Imponiergehabe *nt*; (*of bird also*) Balz *f*.

6. (*visual ~*) Anzeige *f*.

display *in cpds* (*Comm*) Ausstellungs-; **display advertisement** *n* Display-Anzeige *f*; **display advertising** *n* Displaywerbung *f*; **display cabinet** *n* Schaukasten *m*; **display case** *n* Vitrine *f*; **display pack** *n* Display-Packung *f*; **display unit** *n* (*Comput*) (Daten)sichtgerät, Bildschirmgerät *nt*; **display window** *n* Schaufenster *nt*.

displease [dɪs'pliːz] *vt* mißfallen (+*dat*), nicht gefallen (+*dat*); (*annoy*) verstimmen, verärgern. **he was rather ~d to hear that ...** er hörte nur sehr ungern, daß ...

displeasing [dɪs'pliːzɪŋ] *adj* unangenehm. **to be ~ to sb** jdm mißfallen *or* nicht gefallen; (*annoy*) jdn verstimmen *or* verärgern.

displeasure [dɪs'pleʒə^r] *n* Mißfallen *nt* (*at* über +*acc*).

disposable [dɪ'spəʊzəbl] *adj* **1.** (*to be thrown away*) Wegwerf-, wegwerfbar; *nappy also* Papier-; *cup, plate* Papp-/Plastik-; *bottle, syringe* Einweg-. **easily ~** leicht zu vernichten.

2. (*available*) *capital, money* verfügbar, disponibel (*spec*). (*Fin*) ~ **assets** frei verfügbares Vermögen; ~ **income** verfügbares Einkommen.

disposal [dɪ'spəʊzəl] *n* **1.** *see* **dispose of 1.** Loswerden *nt*; Veräußerung *f*; Beseitigung *f*; Entsorgung *f*; Erledigung, Regelung *f*. **(waste) ~ unit** Müllschlucker *m*.

2. (*control: over resources, funds, personnel*) Verfügungsgewalt *f*. **to put sth at sb's ~** jdm etw zur Verfügung stellen; **we had the entire staff at our ~** die ganze Belegschaft stand uns zur Verfügung.

3. (*form: arrangement*) (*of ornaments, furniture*) Anordnung *f*, Arrangement *nt*; (*Mil: of troops*) Aufstellung *f*.

dispose [dɪ'spəʊz] **I** *vt* **1.** (*form: arrange*) *shrubs, ornaments* anordnen; *people,* *troops* aufstellen; *papers* ordnen.

2. (*make willing*) **to ~ sb towards sb/sth** jdn für jdn/etw gewinnen; **to ~ sb to do sth** jdn geneigt machen, etw zu tun.

II *vi see* **propose.**

◆**dispose of** *vi +prep obj* **1.** (*get rid of*) *furniture* loswerden; (*by selling also*) veräußern; *unwanted person or goods also, litter* beseitigen; *dangerous waste* entsorgen; *opponent, difficulties* aus dem Weg schaffen; *question, matter, difficulties* erledigen, regeln.

2. (*have at disposal*) *fortune, time* verfügen über (+*acc*).

disposed [dɪ'spəʊzd] *adj* bereit. **to be well/ill ~ towards sb** jdm wohlwollen/übelwollen.

disposition [ˌdɪspə'zɪʃən] *n* **1.** (*form: arrangement*) (*of buildings, ornaments*) Anordnung *f*; (*of forces*) Aufstellung *f*. **2.** (*temperament*) Veranlagung *f*. **her cheerful ~** ihre fröhliche Art.

dispossess ['dɪspə'zes] *vt* enteignen.

dispossession [ˌdɪspə'zeʃən] *n* Enteignung *f*.

disproportion [ˌdɪsprə'pɔːʃən] *n* Mißverhältnis *nt*.

disproportionate [ˌdɪsprə'pɔːʃnɪt] *adj* **to be ~ (to sth)** in keinem Verhältnis (zu etw) stehen; **a ~ amount of money/time** ein unverhältnismäßig hoher/niedriger Geldbetrag/eine unverhältnismäßig lange/kurze Zeit.

disproportionately [ˌdɪsprə'pɔːʃnɪtlɪ] *adv* unverhältnismäßig.

disprovable [dɪs'pruːvəbl] *adj* widerlegbar.

disprove [dɪs'pruːv] *vt* widerlegen.

disputable [dɪ'spjuːtəbl] *adj* sehr zweifelhaft, disputabel.

disputant [dɪ'spjuːtənt] *n* Disputant(in *f*) *m*.

disputation [ˌdɪspjuː'teɪʃən] *n* Disput *m*, Kontroverse *f*.

disputatious [ˌdɪspjuː'teɪʃəs] *adj* streitbar.

dispute [dɪ'spjuːt] **I** *vt* **1.** (*argue against*) *statement* bestreiten, anfechten; *claim to sth, will* anfechten.

2. (*debate*) *question, subject* sich streiten über (+*acc*); (*scholars also*) disputieren über (+*acc*). **the issue was hotly ~d** das Thema wurde hitzig diskutiert.

3. (*contest*) jdm streitig machen; *territory* beanspruchen.

II *vi* (*argue*) streiten; (*debate: scholars also*) disputieren.

III *n also* ['dɪspjuːt] **1.** *no pl* (*arguing, controversy*) Disput *m*, Kontroverse *f*. **a lot of ~** eine größere Kontroverse; **to be beyond ~** außer Frage stehen; **without ~** zweifellos; **there is some ~ about which horse won** es ist umstritten, welches Pferd gewonnen hat; **a territory in** *or* **under ~** ein umstrittenes Gebiet; **to be open to ~** anfechtbar *or* umstritten sein.

2. (*quarrel, argument*) Streit *m*.

3. (*Ind*) Auseinandersetzung *f*. **the union is in ~ (with the management)** zwischen Gewerkschaft und Betriebsleitung bestehen Unstimmigkeiten; **wages ~** Tarifauseinandersetzungen *pl*; **to be in ~** (*on strike*) im Ausstand sein.

disqualification [dɪsˌkwɒlɪfɪ'keɪʃən] *n* **1.** Ausschluß *m*; (*Sport also*) Disqualifizierung, Disqualifikation *f*. **~ (from driving)** Führerscheinentzug *m*. **2.** (*disqualifying factor*) Grund *m* zur Disqualifikation.

disqualify [dɪs'kwɒlɪfaɪ] *vt* (*make ineligible*) untauglich *or* ungeeignet machen (*from* für); (*Sport*) disqualifizieren, ausschließen. **to ~ sb from driving** jdm den Führerschein entziehen; **that disqualifies you from criticizing him** das nimmt Ihnen jedes Recht, ihn zu kritisieren.

disquiet [dɪs'kwaɪət] **I** *vt* beunruhigen. **II** *n* (*also* **disquietude**) Unruhe *f*.

disquisition [ˌdɪskwɪ'zɪʃən] *n* (lange, ausführliche) Abhandlung *or* (*speech*) Rede (*on* über +*acc*).

disregard ['dɪsrɪ'gɑːd] **I** *vt* ignorieren; *remark, feelings also* nicht beachten, nicht achten auf (+*acc*); *danger, advice, authority also* mißachten.

II *n* Nichtbeachtung, Mißachtung *f* (*for gen*); (*for danger also, money*) Geringschätzung *f* (*for gen*). **to show complete ~ for sth** etw völlig außer acht lassen.

disrepair ['dɪsrɪ'pɛə^r^] *n* Baufälligkeit *f*. **in a state of ~** baufällig; **to fall into ~** verfallen.

disreputable [dɪs'repjʊtəbl] *adj* (*dishonest, dishonourable*) übel; (*not respectable*) unfein; *clothes* unansehnlich; *area* anrüchig, verrufen, übel.

disreputably [dɪs'repjʊtəblɪ] *adv behave* (*dishonourably*) übel, gemein; (*not respectably*) unfein; *dress* schlecht.

disrepute ['dɪsrɪ'pjuːt] *n* schlechter Ruf. **to bring sth into ~** etw in Verruf bringen; **to fall into ~** in Verruf kommen *or* geraten.

disrespect ['dɪsrɪs'pekt] *n* Respektlosigkeit *f* (*for* gegenüber). **I don't mean any ~, but ...** ich will nicht respektlos sein, aber ...

disrespectful *adj*, **~ly** *adv* [ˌdɪsrɪs'pektfʊl, -fəlɪ] respektlos (*to* gegenüber).

disrobe [dɪs'rəʊb] **I** *vi* (*judge*) seine Gewänder ablegen; (*form, hum: undress*) sich entkleiden, sich entblättern (*hum inf*).

II *vt* (*form, hum: undress*) entkleiden.

disrupt [dɪs'rʌpt] *vt* stören; *lesson, meeting, conversation, train service, communications also* unterbrechen.

disruption [dɪs'rʌpʃən] *n see vt* Störung *f*; Unterbrechung *f*.

disruptive [dɪs'rʌptɪv] *adj* störend. **~ element** störendes Element, Störenfried *m*.

dissatisfaction ['dɪsˌsætɪs'fækʃən] *n* Unzufriedenheit *f*.

dissatisfied [dɪs'sætɪsfaɪd] *adj* unzufrieden.

dissect [dɪ'sekt] *vt plant* präparieren; *animal also* sezieren; (*fig*) *report, theory* sezieren, zergliedern.

dissection [dɪ'sekʃən] *n* **1.** (*act*) *see vt* Präparation *f*; Sektion *f*; Zergliederung *f*. **2.** (*plant, animal*) Präparat *nt*.

dissemble [dɪ'sembl] **I** *vt* (*cover up*) verbergen; (*feign*) vortäuschen. **II** *vi* (*liter*) sich verstellen; (*feign illness*) simulieren.

disseminate [dɪ'semɪneɪt] *vt* verbreiten.

dissemination [dɪˌsemɪ'neɪʃən] *n* Verbreitung *f*.

dissension [dɪ'senʃən] *n* Meinungsverschiedenheit, Differenz *f*. **a great deal of ~** große Differenzen *or* Meinungsverschiedenheiten *pl*; **to cause ~** zu Meinungsverschiedenheiten *or* Differenzen führen; (*person*) Meinungsverschiedenheiten *or* Differenzen verursachen.

dissent [dɪ'sent] **I** *vi* **1.** anderer Meinung sein, differieren (*geh*). **I strongly ~ from what he says** ich muß dem, was er sagt, entschieden widersprechen.
2. (*Eccl*) sich weigern, die Staatskirche anzuerkennen.
II *n* **1.** Dissens *m* (*geh*), Nichtübereinstimmung *f*. **to voice/express one's ~ (with sth)** erklären, daß man (mit etw) nicht übereinstimmt; **the motion was carried with almost no ~** der Antrag wurde fast ohne Gegenstimmen angenommen.
2. (*Eccl*) Weigerung *f*, die (englische) Staatskirche anzuerkennen.

dissenter [dɪ'sentəʳ] *n* Abweichler(in *f*) *m*; (*Eccl also*) Dissenter *m*.

dissenting [dɪ'sentɪŋ] *adj attr opinion* abweichend. **there was not a single ~ voice** es wurde keine Gegenstimme laut.

dissertation [ˌdɪsə'teɪʃən] *n* wissenschaftliche Arbeit; (*for PhD*) Dissertation *f*; (*fig*) Vortrag *m*.

disservice [dɪs'sɜːvɪs] *n* **to do sb a ~** jdm einen schlechten Dienst erweisen; **to be a ~/of ~ to sb** sich nachteilig für jdn auswirken, jdm schaden.

dissidence ['dɪsɪdəns] *n* Opposition *f*; (*Pol*) Dissidententum *nt*.

dissident ['dɪsɪdənt] **I** *n* Dissident(in *f*), Regimekritiker(in *f*) *m*.
II *adj* dissident, regimekritisch.

dissimilar ['dɪ'sɪmɪləʳ] *adj* unterschiedlich, verschieden (*to* von); *two things* verschieden. **not ~ (to sb/sth)** (jdm/einer Sache) nicht ungleich *or* (*in appearance*) nicht unähnlich.

dissimilarity [ˌdɪsɪmɪ'lærɪtɪ] *n* Unterschiedlichkeit, Verschiedenheit *f*.

dissimulate [dɪ'sɪmjʊleɪt] **I** *vt* verbergen. **II** *vi* sich verstellen.

dissimulation [dɪˌsɪmjʊ'leɪʃən] *n* Verstellung, Heuchelei *f*.

dissipate ['dɪsɪpeɪt] **I** *vt* **1.** (*dispel*) *fog* auflösen; *doubts, fears* zerstreuen. **2.** *energy, efforts* verschwenden, vergeuden; *fortune* verschwenden.
II *vi* (*clouds, fog*) sich auflösen; (*crowd, doubts, fear also*) sich zerstreuen.

dissipated ['dɪsɪpeɪtɪd] *adj behaviour, society* zügellos; *person also* leichtlebig; (*in appearance*) verlebt; *life* ausschweifend.

dissipation [ˌdɪsɪ'peɪʃən] *n see vt* **1.** Auflösung *f*; Zerstreuung *f*. **2.** Verschwendung, Vergeudung *f*. **3.** (*debauchery*) Ausschweifung *f*. **a life of ~** ein ausschweifendes Leben.

dissociate [dɪ'səʊʃɪeɪt] *vt* trennen, dissoziieren (*geh, Chem*). **to ~ oneself from sb/sth** sich von jdm/etw distanzieren.

dissociation [dɪˌsəʊsɪ'eɪʃən] *n* Trennung, Dissoziation (*geh, Chem, Psych*) *f*.

dissoluble [dɪ'sɒljʊbl] *adj* (*Chem*) löslich.

dissolute ['dɪsəluːt] *adj person* zügellos, freizügig; *way of life also* ausschweifend; *appearance* verlebt.

dissoluteness ['dɪsəluːtnɪs] *n see adj* Zügellosigkeit; Verlebtheit *f*.

dissolution [ˌdɪsə'luːʃən] *n* **1.** (*Chem, Jur, Pol*) Auflösung *f*. **2.** (*of relationship*) Auflösung *f*; (*of faith*) Abbröckeln *nt*.

dissolve [dɪ'zɒlv] **I** *vt* **1.** (*lit, Jur, Pol, fig*) auflösen; *marriage also* scheiden. **2.** (*Film*) überblenden (*into* in *or* auf *+acc*).
II *vi* **1.** (*lit, Jur, Pol, fig*) sich (auf)lösen; (*fig*) sich in nichts auflösen. **it ~s in water** es ist wasserlöslich, es löst sich in Wasser; **to ~ into tears** in Tränen zerfließen. **2.** (*Film*) überblenden (*into* in *or* auf *+acc*).
III *n* (*Film*) Überblendung *f*.

dissolvent [dɪ'zɒlvənt] **I** *adj* lösend.
II *n* Lösungsmittel *nt*.

dissonance ['dɪsənəns] *n* (*Mus, fig*) Dissonanz *f*.

dissonant ['dɪsənənt] *adj* (*Mus*) dissonant; (*fig*) *opinions, temperaments* unvereinbar; *colours* disharmonisch.

dissuade [dɪ'sweɪd] *vt* **to ~ sb (from sth)/from doing sth** jdn von etw abbringen, jdm etw ausreden/jdn davon abbringen *or* jdm ausreden, etw zu tun; **to try to ~ sb from sth** versuchen, jdn von etw abzubringen.

dissuasion [dɪ'sweɪʒən] *n* Abraten *nt*. **no amount of ~ would make him change his mind** so sehr man ihm auch abriet, er änderte seinen Entschluß nicht.

dissuasive [dɪ'sweɪsɪv] *adj* abratend. **he was most ~** er riet sehr davon ab.

dissuasively [dɪ'sweɪsɪvlɪ] *adv see adj*.

dissuasiveness [dɪ'sweɪsɪvnɪs] *n* (*of person*) Abraten *nt*. **the ~ of his tone/arguments** sein abratender Ton/seine abratenden Argumente.

distaff ['dɪstɑːf] *n* **1.** (*in spinning*) Spinnrocken *m*, Kunkel *f*.
2. on the ~ side mütterlicherseits.

distance ['dɪstəns] **I** *n* **1.** (*in space*) Entfernung *f*; (*gap, interval*) Abstand *m*, Distanz *f* (*geh*); (*distance covered*) Strecke *f*, Weg *m*. **we now measure ~ in metres** wir geben Entfernungen jetzt in Metern an; **at a ~ of two metres** in zwei Meter(n) Entfernung; **stopping ~** Bremsweg *m*; **the ~ between the eyes** der Abstand der Augen *or* zwischen den Augen; **at an equal ~ from each other** gleich weit voneinander entfernt *or* weg; **the ~ between London and Glasgow is ...** die Entfernung zwischen London und Glasgow beträgt ...; **what's the ~ from London to Glasgow?** wie weit ist es von London nach Glasgow?; **I don't know the exact ~** ich weiß nicht genau, wie weit es ist; **we covered the ~ between London and Glasgow in five hours** wir haben für die Strecke London-Glasgow fünf Stunden gebraucht; **in the (far) ~**

(ganz) in der Ferne, (ganz) weit weg; **he admired her at** *or* **from a ~** (*fig*) er bewunderte sie aus der Ferne; **it's within walking ~** es ist zu Fuß erreichbar; **it's no ~** es ist überhaupt nicht weit, es ist nur ein Katzensprung; **quite a/a short ~ (away)** ziemlich weit/nicht weit (entfernt *or* weg); **we drove 600 miles — that's quite a ~** wir sind 600 Meilen gefahren — das ist eine ganz schöne Strecke; **the race is over a ~ of 3 miles** das Rennen geht über eine Distanz von 3 Meilen; **the fight went the ~** der Kampf ging über alle Runden; **to go the ~** durchhalten, es durchstehen; **to keep one's ~** Abstand halten.

2. (*in time*) **at a ~ of 400 years** aus einem Abstand von 400 Jahren; **at this ~ in time** nach einem so langen Zeitraum.

3. (*fig: in social rank*) Unterschied *m*. **to keep sb at a ~** jdn auf Distanz halten; **to keep one's ~** (*be aloof*) auf Distanz bleiben.

II *vt* **1.** (*Sport*) *see* **outdistance.**

2. to ~ oneself from sb/sth sich von jdm/etw distanzieren.

distance event *n* Langstreckenlauf *m*; **distance runner** *n* Langstreckenläufer(in *f*) *m*.

distant ['dɪstənt] **I** *adj* **1.** (*far away*) *country* weit entfernt, fern. **we had a ~ view of the church** wir sahen in der Ferne die Kirche.

2. (*in past*) *age* fern, weit zurückliegend; *recollection* entfernt. **that was in the ~ past** das liegt weit zurück.

3. (*in future*) **that's a ~ prospect** das liegt noch in weiter Ferne; **in the ~ future** in ferner Zukunft; **in the not too ~ future** in nicht allzu ferner Zukunft.

4. *relationship, likeness* entfernt.

5. (*fig: aloof*) *person, manner* distanziert, kühl, reserviert.

II *adv* entfernt. **two miles ~** zwei Meilen entfernt.

distantly ['dɪstəntlɪ] *adv* **1.** (*lit*) entfernt, fern. **the lights shone ~ on the horizon** die Lichter leuchteten weit weg am Horizont. **2.** (*fig*) *resemble* entfernt; *be related also* weitläufig. **3.** (*fig: aloofly*) *speak, behave* kühl, distanziert, reserviert.

distaste [dɪs'teɪst] *n* Widerwille *m* (*for* gegen).

distasteful [dɪs'teɪstfʊl] *adj task* unangenehm; *photo, magazine* geschmacklos. **to be ~ to sb** jdm zuwider *or* unangenehm sein.

distemper[1] [dɪs'tempəʳ] **I** *n* (*paint*) Temperafarbe *f*. **II** *vt* mit Temperafarbe streichen.

distemper[2] *n* (*Vet*) Staupe *f*.

distend [dɪ'stend] **I** *vt balloon* (auf)blasen; *sails, stomach* (auf)blähen.

II *vi* sich blähen.

distension [dɪ'stenʃən] *n* Blähen *nt*; (*of stomach also*) (Auf)blähung *f*.

distil, (*US*) **distill** [dɪ'stɪl] **I** *vt* **1.** (*Chem*) destillieren; *whisky etc also* brennen; (*fig*) herausarbeiten.

2. (*drip slowly*) tropfenweise ausscheiden *or* absondern.

II *vi* **1.** (*Chem*) sich herausdestillieren; (*whisky also*) gebrannt werden; (*fig also*) sich herauskristallisieren.

2. (*drip slowly*) herauströpfeln.

distillation [ˌdɪstɪ'leɪʃən] *n* (*Chem*) (*act*) Destillation *f*; (*of whisky also*) Brennen *nt*; (*product*) Destillat *nt*; (*fig*) (*act*) Verarbeitung *f*; (*product*) Destillat *nt*.

distiller [dɪ'stɪləʳ] *n* Destillateur, Whiskybrenner *m*.

distillery [dɪ'stɪlərɪ] *n* Destillerie, Whiskybrennerei *f*.

distinct [dɪ'stɪŋkt] *adj* **1.** deutlich, klar, distinkt (*geh*); *landmark, shape also* deutlich *or* klar erkennbar; *preference also* ausgesprochen; *likeness also* ausgeprägt, ausgesprochen; *increase, progress also* merklich, entschieden. **I had the ~ feeling that something bad was going to happen** ich hatte das bestimmte Gefühl, daß etwas Schlimmes passieren würde; **he has a ~ Scottish accent** er hat einen unverkennbar schottischen Akzent; **he has a ~ advantage over her** er ist ihr gegenüber klar *or* deutlich im Vorteil.

2. (*different*) verschieden; (*separate*) getrennt. **as ~ from** im Unterschied zu; **to keep sth ~ from sth** etw und etw auseinanderhalten.

3. (*distinctive*) eigen, individuell.

distinction [dɪ'stɪŋkʃən] *n* **1.** (*difference*) Unterschied *m*; (*act of distinguishing*) Unterscheidung *f*. **to make a ~ (between two things)** (zwischen zwei Dingen) unterscheiden *or* einen Unterschied machen.

2. *no pl* (*preeminence*) (hoher) Rang *m*; (*refinement*) Vornehmheit *f*. **she has an air of ~** sie hat etwas Vornehmes *or* Distinguiertes (*geh*); **to win ~** sich hervortun *or* auszeichnen; **a pianist of ~** ein Pianist von Rang.

3. (*Sch, Univ: grade*) Auszeichnung *f*. **he got a ~ in French** er hat das Französischexamen mit Auszeichnung bestanden.

distinctive [dɪ'stɪŋktɪv] *adj colour, plumage* auffällig; (*unmistakable*) unverwechselbar; *gestures, walk, voice, bird call* unverwechselbar, unverkennbar; *characteristic, feature* kennzeichnend. **with his ~ irony** mit der ihm eigenen *or* für ihn charakteristischen Ironie.

distinctively [dɪ'stɪŋktɪvlɪ] *adv see adj*.

distinctly [dɪ'stɪŋktlɪ] *adv* **1.** deutlich, klar; *prefer also, alike, rude* ausgesprochen; *better, increased* entschieden. **his accent was ~ Bavarian** sein Akzent war eindeutig bayrisch. **2.** (*differently*) verschieden; (*separately*) getrennt.

distinguish [dɪ'stɪŋgwɪʃ] **I** *vt* **1.** (*make different*) unterscheiden. **only the length of their hair ~es the twins** die Zwillinge unterscheiden sich nur durch ihre Haarlänge.

2. (*tell apart*) unterscheiden, auseinanderhalten. **he can't ~ green from/and red** er kann Rot nicht von Grün unterscheiden, er kann Rot und Grün nicht auseinanderhalten.

3. (*make out*) *landmark, shape* erkennen.

II *vi* **to ~ between** unterscheiden zwischen (+*dat*), einen Unterschied machen zwischen (+*dat*).

III *vr* sich auszeichnen, sich hervortun.

distinguishable [dɪ'stɪŋgwɪʃəbl] *adj* **1.** (*which can be differentiated*) *two things, people* unterscheidbar. **to be (easily/scarcely) ~ from sb/sth** (gut/kaum) von jdm/etw zu unterscheiden sein.

2. (*discernible*) *landmark, shape* erkennbar, zu erkennen; *change, improvement* merklich, deutlich.

distinguished [dɪ'stɪŋgwɪʃt] *adj* **1.** (*eminent*) *pianist, scholar* von hohem Rang; *career* hervorragend. **2.** (*refined, elegant*) *person, manner* distinguiert (*geh*), vornehm; *voice* gepflegt.

distinguishing [dɪ'stɪŋgwɪʃɪŋ] *adj* kennzeichnend, charakteristisch. **the ~ feature of his work is ...** was seine Arbeit auszeichnet *or* kennzeichnet, ist ...

distort [dɪ'stɔːt] **I** *vt* verzerren (*also Phys*); *truth, words* verdrehen; *facts* verzerrt darstellen, verdrehen; *judgement* trüben, beeinträchtigen. **a ~ed report** ein verzerrter Bericht.

II *vi* verzerrt werden.

distortion [dɪ'stɔːʃən] *n see vt* Verzerrung *f*; Verdrehung *f*; verzerrte Darstellung; Trübung, Beeinträchtigung *f*.

distract [dɪ'strækt] *vt* **1.** (*divert attention of*) ablenken. **2.** (*old: amuse*) zerstreuen, die Zeit vertreiben (+*dat*).

distracted [dɪ'stræktɪd] *adj* (*worried, anxious*) besorgt, beunruhigt; (*grief-stricken, distraught*) außer sich (*with* vor +*dat*).

distractedly [dɪ'stræktɪdlɪ] *adv see adj*.

distraction [dɪ'strækʃən] *n* **1.** *no pl* (*lack of attention*) Unaufmerksamkeit *f*. **in a state of ~** zerstreut.

2. (*interruption: from work*) Ablenkung *f*.

3. (*entertainment*) Zerstreuung *f*.

4. (*anxiety*) Ruhelosigkeit, Unruhe *f*; (*distraughtness*) Verstörung *f*. **to love sb to ~** jdn wahnsinnig lieben; **to drive sb to ~** jdn zum Wahnsinn *or* zur Verzweiflung treiben.

distrain [dɪ'streɪn] *vi* (*Jur*) **to ~ upon sb's goods** jds Eigentum beschlagnahmen.

distraint [dɪ'streɪnt] *n* (*Jur*) Beschlagnahmung, Beschlagnahme *f*. **~ order** Beschlagnahmungsverfügung *f*.

distraught [dɪ'strɔːt] *adj* verzweifelt, außer sich (*dat*) *pred; look, voice* verzweifelt.

distress [dɪ'stres] **I** *n* **1.** Verzweiflung *f*; (*physical*) Leiden *nt*; (*mental, cause of ~*) Kummer *m*, Sorge *f*. **to be in great ~** sehr leiden; (*physical also*) starke Schmerzen haben; **to cause ~ to sb** jdm Kummer *or* Sorge/starke Schmerzen bereiten.

2. (*great poverty*) Not *f*, Elend *nt*.

3. (*danger*) Not *f*. **a ship/plane in ~** ein Schiff in Seenot/ein Flugzeug in Not; **~ call** Notsignal *nt*.

II *vt* (*worry*) Kummer machen (+*dat*), Sorge bereiten (+*dat*). **don't ~ yourself** machen Sie sich (*dat*) keine Sorgen!

distressed [dɪ'strest] *adj* **1.** (*upset*) bekümmert; (*grief-stricken*) erschüttert (*about* von). **2.** (*poverty-stricken*) **in ~ circumstances** in erbärmlichen Verhältnissen; **~ area** Notstandsgebiet *nt*.

distressing [dɪ'stresɪŋ] *adj* (*upsetting*) besorgniserregend; (*stronger*) erschreckend; (*regrettable*) betrüblich.

distressingly [dɪ'stresɪŋlɪ] *adv see adj*.

distress rocket *n* Notrakete *f*; **distress-signal** *n* Notsignal *nt*.

distributary [dɪ'strɪbjʊtərɪ] **I** *n* (*Geog*) Nebenarm *m*, Flußarm *m* eines Deltas. **II** *adj network* Verteiler-.

distribute [dɪ'strɪbjuːt] *vt* verteilen; (*Comm*) *goods* vertreiben; *films* verleihen; *dividends* ausschütten. **to ~ to/amongst** verteilen auf (+*acc*)/unter (+*acc*); vertreiben/ausschütten an (+*acc*).

distribution [ˌdɪstrɪ'bjuːʃən] *n see vt* Verteilung *f*; Vertrieb *m*; Verleih *m*; Ausschüttung *f*. **~ network** Vertriebsnetz *nt*; **~ rights** Vertriebsrechte *pl*.

distributive [dɪ'strɪbjʊtɪv] **I** *adj* (*Gram*) distributiv.

II *n* (*Gram*) Distributivum *nt*.

distributor [dɪ'strɪbjʊtə^r] *n* Verteiler *m* (*also Aut*); (*Comm*) (*wholesaler*) Großhändler(in *f*) *m*; (*retailer*) Händler(in *f*) *m*; (*of films*) Verleih(er) *m*. **~ discount** Händlerrabatt *m*.

distributorship [dɪ'strɪbjʊtəʃɪp] *n* Konzession *f*.

district ['dɪstrɪkt] *n* (*of country*) Gebiet *nt*; (*of town*) Stadtteil *m*, Viertel *nt*; (*administrative area*) (Verwaltungs)bezirk *m*. **all the girls in the ~** alle Mädchen in der Gegend.

district attorney *n* (*US*) Bezirksstaatsanwalt *m*, Bezirksstaatsanwältin *f*; **District Commissioner** *n* *hoher Regierungsbeamter in einer Kolonie*; **district council** *n* (*Brit*) ≈ Bezirksregierung *f*; **district court** *n* (*US Jur*) Bezirksgericht *nt*; **district manager** *n* (*Comm*) Bezirksdirektor(in *f*) *m*; **district nurse** *n* Gemeindeschwester *f*.

distrust [dɪs'trʌst] **I** *vt* mißtrauen (+*dat*).

II *n* Mißtrauen *nt* (*of* gegenüber).

distrustful [dɪs'trʌstfʊl] *adj* mißtrauisch (*of* gegenüber).

disturb [dɪ'stɜːb] **I** *vt* **1.** *person, sleep, silence, balance* stören. **you ~ed my sleep** du hast mich im Schlaf gestört; **I hope I'm not ~ing you** ich hoffe, ich störe (Sie) nicht.

2. (*alarm*) *person* beunruhigen.

3. *waters* bewegen; *sediment* aufwirbeln; *papers* durcheinanderbringen; (*fig*) *peace of mind* stören.

II *vi* stören. **"please do not ~"** „bitte nicht stören".

disturbance [dɪ'stɜːbəns] *n* **1.** (*political, social*) Unruhe *f*; (*in house, street*) (Ruhe)störung *f*.

2. (*interruption:*) Störung *f*.

3. *no pl* (*disarranging*) *see vt 3.* Bewegung *f*; Aufwirbeln *nt*; Durcheinanderbringen *nt*; Störung *f*.

4. *no pl* (*alarm, uneasiness*) Unruhe *f*.

disturbed [dɪ'stɜːbd] *adj* **1.** (*unbalanced*) (*mentally*) geistig gestört; (*socially*) verhaltensgestört.
2. (*worried, unquiet*) beunruhigt (*at, by* über +*acc*, von).
3. to have a ~ night eine unruhige Nacht verbringen.
4. *waters* unruhig; *surface* bewegt.

disturbing [dɪ'stɜːbɪŋ] *adj* (*alarming*) beunruhigend; (*distracting*) störend. **some viewers may find these scenes ~** einige Zuschauer könnten an diesen Szenen Anstoß nehmen.

disturbingly [dɪ'stɜːbɪŋlɪ] *adv see adj.*

disulphide, (*US*) **disulfide** [daɪ'sʌlfaɪd] *n* Disulfid *nt*.

disunite ['dɪsjuː'naɪt] *vt* spalten, entzweien.

disunity [ˌdɪs'juːnɪtɪ] *n* Uneinigkeit *f*.

disuse ['dɪs'juːs] *n* **to fall into ~** nicht mehr benutzt werden; (*custom*) außer Gebrauch kommen; **rusty from ~** wegen mangelnder Benutzung verrostet.

disused ['dɪs'juːzd] *adj building* leerstehend; *mine, railway line* stillgelegt; *vehicle, machine* nicht mehr benutzt.

ditch [dɪtʃ] **I** *n* **1.** Graben *m*. **2.** (*Aviat sl*) Bach *m* (*sl*).
II *vt* (*sl: get rid of*) *person* abhängen (*inf*); *employee, boyfriend* abservieren (*inf*); *plan, project* badengehen lassen (*sl*); *car* stehenlassen; *old manuscript, unwanted object* wegschmeißen (*inf*). **to ~ a plane** eine Maschine im Bach landen (*sl*).
III *vi* (*Aviat sl*) in den Bach gehen.

dither ['dɪðəʳ] **I** *n* **to be all of a ~, to be in a ~** ganz aufgeregt sein.
II *vi* zaudern, schwanken. **stop ~ing (about) and get on with it!** jetzt laß doch dieses ewige Hin und Her und fang endlich mal an.

ditto ['dɪtəʊ] *n* **I'd like coffee — ~ (for me)** (*inf*) ich möchte Kaffee — ich auch, dito (*inf*); **~ marks, ~ sign** Wiederholungszeichen *nt*.

ditty ['dɪtɪ] *n* Liedchen *nt*, Weise *f*.

diuretic [ˌdaɪjʊə'retɪk] **I** *adj* harntreibend. **II** *n* harntreibendes Mittel.

diurnal [daɪ'ɜːnl] **I** *adj* (*liter: of the daytime*) Tages-; (*Bot, Zool*) Tag-.
II *n* (*Eccl*) Diurnal(e) *nt*.

div *abbr of* **dividend.**

divan [dɪ'væn] *n* Diwan *m*. **~ bed** Liege *f*.

dive [daɪv] (*vb: pret* **~d** *or* (*US*) **dove**, *ptp* **~d**) **I** *n* **1.** (*by swimmer*) Sprung *m*; (*by plane*) Sturzflug *m*; (*Ftbl*) Hechtsprung, Hechter (*inf*) *m*. **divers are only allowed to make two ~s a day** Taucher dürfen nur zweimal am Tag unter Wasser; **to make a ~ for sth** (*fig inf*) sich auf etw (*acc*) stürzen; **to take a ~** (*sl: boxer*) ein K.O. vortäuschen; (*inf: currency: plunge*) absacken (*inf*); (*inf: confidence, hopes*) sich in nichts auflösen.
2. (*pej inf: club*) Spelunke *f* (*inf*).
II *vi* **1.** (*person*) (*from diving-board*) springen; (*from side of lake, pool*) (mit dem Kopf voraus) springen, hechten; (*under water*) tauchen; (*submarine*) untertauchen; (*plane*) einen Sturzflug machen. **to ~ for pearls** nach Perlen tauchen; **the goalie ~d for the ball** der Torwart hechtete nach dem Ball; **~!** (*Naut*) auf Tauchstation!
2. (*inf*) **he ~d into the crowd/under the table** er tauchte in der Menge unter/verschwand blitzschnell unter dem Tisch; **to ~ for cover** eilig in Deckung gehen; **he ~d into his pocket** er fischte eilig in seiner Tasche.

◆**dive in** *vi* **1.** (*swimmer*) (mit dem Kopf voraus) hineinspringen. **2.** (*inf: start to eat*) **~ ~!** hau(t) rein! (*inf*).

dive-bomb *vt* im Sturzflug bombardieren; **dive-bomber** *n* Sturzkampfbomber, Stuka *m*; **dive-bombing** *n* Sturzkampfbombardierung *f*.

diver ['daɪvəʳ] *n* (*also bird*) Taucher *m*; (*off high board*) Turmspringer(in *f*) *m*; (*off springboard*) Kunstspringer(in *f*) *m*.

diverge [daɪ'vɜːdʒ] *vi* abweichen (*from* von), divergieren (*geh, Math*); (*two things*) voneinander abweichen.

divergence [daɪ'vɜːdʒəns] *n* Divergenz *f* (*geh, Math*), Auseinandergehen *nt*; (*from a standard*) Abweichung *f*.

divergent [daɪ'vɜːdʒənt] *adj opinions* auseinandergehend, divergent (*geh, Math*), divergierend (*geh, Math*).

divers ['daɪvɜːz] *adj attr* mehrere, diverse.

diverse [daɪ'vɜːs] *adj* verschieden(artig), unterschiedlich.

diversification [daɪˌvɜːsɪfɪ'keɪʃən] *n* (*change, variety*) Abwechslung *f*; (*of business*) Diversifikation *f*.

diversify [daɪ'vɜːsɪfaɪ] **I** *vt* abwechslungsreich(er) gestalten; *interests* breit(er) fächern; *business* diversifizieren. **II** *vi* (*Comm*) diversifizieren. **to ~ into new markets** sich in neue Märkte ausdehnen.

diversion [daɪ'vɜːʃən] *n* **1.** (*of traffic, stream*) Umleitung *f*.
2. (*relaxation*) Unterhaltung *f*. **it's a ~ from work** es ist eine angenehme Abwechslung von der Arbeit.
3. (*Mil, fig: that which distracts attention*) Ablenkung *f*. **to create a ~** ablenken; **as a ~** um abzulenken.

diversionary [daɪ'vɜːʃnərɪ] *adj* ablenkend, Ablenkungs-. **a ~ manoeuvre** (*Mil, fig*) ein Ablenkungsmanöver *nt*; **~ behaviour** Ablenkungsgebaren *nt*.

diversity [daɪ'vɜːsɪtɪ] *n* Vielfalt *f*. **~ of opinion** Meinungsvielfalt *f*.

divert [daɪ'vɜːt] *vt* **1.** *traffic, stream* umleiten; *attention* ablenken; *conversation* in eine andere Richtung lenken; *blow* abwenden. **2.** (*amuse*) unterhalten.

diverting [daɪ'vɜːtɪŋ] *adj* unterhaltsam, kurzweilig.

divest [daɪ'vest] *vt* **1.** (*of clothes, leaves*) berauben (*sb of sth* jdn einer Sache *gen*). **~ed of its rhetoric the speech says very little** ihrer Rhetorik entkleidet, ist die Rede recht nichtssagend; **he ~ed himself of his heavy overcoat** (*hum, form*) er entledigte sich seines schweren Mantels.
2. to ~ sb of office/his authority jdn des *or* seines Amtes entkleiden (*geh*)/seiner Macht entheben.

divide [dɪ'vaɪd] **I** *vt* **1.** (*separate*) trennen.
2. (*split into parts: also* **~ up**) *money,*

work, property, kingdom, room teilen (*into* in +*acc*); (*in order to distribute*) aufteilen. **the river ~s the city into two** der Fluß teilt die Stadt; **~ the piece of paper into three parts** teilen Sie das Blatt in drei Teile (ein); **the book can be ~d into three main parts** das Buch kann in drei Hauptteile gegliedert werden.

3. (*share out*) *money, time, food* verteilen. **she ~d the food evenly among the children** sie verteilte das Essen gleichmäßig an die Kinder.

4. (*Math*) dividieren, teilen. **to ~ 6 into 36, to ~ 36 by 6** 36 durch 6 teilen *or* dividieren; **what is 12 ~d by 3?** was ist 12 (geteilt *or* dividiert) durch 3?

5. (*cause disagreement among*) *friends* entzweien.

6. (*Brit Parl*) **to ~ the House** durch Hammelsprung abstimmen lassen.

II *vi* **1.** (*river, road, room, cells*) sich teilen; (*book*) sich gliedern (*into* in +*acc*). **to ~ into groups** sich in Gruppen aufteilen; (*be classified*) sich gliedern lassen; **the policy of ~ and rule** die Politik des ,,divide et impera".

2. (*Math: number*) sich teilen *or* dividieren lassen (*by* durch). **we're learning to ~** wir lernen Teilen *or* Dividieren.

3. (*Brit Parl*) **the House ~d** das Parlament stimmte durch Hammelsprung ab; **~, ~!** abstimmen!

III *n* (*Geog*) Wasserscheide *f*. **the Great D~** (*Geog*) die (nord)amerikanische Wasserscheide; (*fig*) die Kluft; (*death*) der Tod; **to cross the Great D~** (*fig*) den Schritt über die Schwelle tun; (*die*) die Schwelle des Todes überschreiten.

◆divide off I *vi* sich (ab)trennen; (*be separable*) sich (ab)trennen lassen. **II** *vt sep* (ab)trennen.

◆divide out *vt sep* aufteilen (*among* unter +*acc or dat*).

◆divide up I *vi see* **divide II 1.. II** *vt sep see* **divide I 2.**

divided [dɪ'vaɪdɪd] *adj* **1.** (*lit*) geteilt. **~ highway** (*US*) Schnellstraße *f*; **~ skirt** Hosenrock *m*. **2.** (*in disagreement*) *opinion, country, self* geteilt; *couple* getrennt. **a people ~ against itself** ein unter sich (*dat*) uneiniges Volk.

dividend ['dɪvɪdend] *n* **1.** (*Fin*) Dividende *f*. **to pay ~s** (*fig*) sich bezahlt machen. **2.** (*Math*) Dividend *m*.

dividers [dɪ'vaɪdəz] *npl* Stechzirkel *m*.

dividing [dɪ'vaɪdɪŋ] *adj* (ab)trennend. **~ line** (*lit, fig*) Trennungslinie *f*; **~ wall** Trennwand *f*.

divination [ˌdɪvɪ'neɪʃən] *n* Prophezeiung, Weissagung *f*.

divine [dɪ'vaɪn] **I** *adj* (*Rel, fig inf*) göttlich. **~ worship** Anbetung *f* Gottes. **II** *n* Theologe *m*; (*priest also*) Geistliche(r) *m*. **III** *vt* **1.** (*foretell*) *the future* weissagen, prophezeien. **2.** (*liter: make out*) *sb's intentions* erahnen, erspüren (*liter*). **3.** (*find*) *water, metal* aufspüren.

divinely [dɪ'vaɪnlɪ] *adv see adj*.

diviner [dɪ'vaɪnə^r] *n* **1.** (*of future*) Wahrsager(in *f*) *m*. **2.** *see* **water ~**.

diving ['daɪvɪŋ] *n* (*under water*) Tauchen *nt*; (*into water*) Springen *nt*; (*Sport*) Wasserspringen *nt*.

diving-bell *n* Taucherglocke *f*; **diving-board** *n* (Sprung)brett *nt*; **diving-suit** *n* Taucheranzug *m*.

divining-rod [dɪ'vaɪnɪŋ'rɒd] *n* Wünschelrute *f*.

divinity [dɪ'vɪnɪtɪ] *n* **1.** (*divine being*) göttliches Wesen, Gottheit *f*. **2.** (*divine quality*) Göttlichkeit *f*. **3.** (*theology*) Theologie *f*; (*Sch*) Religion *f*. **doctor of ~** Doktor der Theologie.

divisible [dɪ'vɪzəbl] *adj* teilbar (*by* durch).

division [dɪ'vɪʒən] *n* **1.** (*act of dividing, state of being divided*) Teilung *f*; (*Math*) Teilen *nt*, Division *f*. **the ~ of labour** die Arbeitsteilung.

2. (*Mil*) Division *f*.

3. (*result of dividing*) (*in administration*) Abteilung *f*; (*in box, case*) Fach *nt*; (*part*) Teil *m*; (*category*) Kategorie *f*.

4. (*that which divides*) (*in room*) Trennwand *f*; (*fig: between social classes*) Schranke *f*; (*dividing line: lit, fig*) Trennungslinie *f*. **where does the syllable ~ come?** wie ist die Silbentrennung hier?

5. (*fig: discord*) Uneinigkeit *f*.

6. (*Brit Parl*) **to call for a ~** eine Abstimmung durch Hammelsprung verlangen.

7. (*Sport*) Liga *f*.

division sign *n* (*Math*) Teilungszeichen *nt*.

divisive [dɪ'vaɪsɪv] *adj* **to be ~** Uneinigkeit schaffen.

divisor [dɪ'vaɪzə^r] *n* (*Math*) Divisor *m*.

divorce [dɪ'vɔːs] **I** *n* (*Jur*) Scheidung *f* (*from* von); (*fig*) Trennung *f*. **he wants a ~** er will sich scheiden lassen; **to get a ~ (from sb)** sich (von jdm) scheiden lassen; **~ court** Scheidungsgericht *m*; **~ proceedings** Scheidungsprozeß *m*.

II *vt* **1.** *husband, wife* sich scheiden lassen von. **to get ~d** sich scheiden lassen. **2.** (*fig*) trennen.

III *vi* sich scheiden lassen. **they ~d last year** sie haben sich letztes Jahr scheiden lassen.

divorced [dɪ'vɔːst] *adj* (*Jur*) geschieden (*from* von). **to be ~ from sth** (*fig*) keine(rlei) Beziehung zu etw haben.

divorcee [dɪˌvɔː'siː] *n* Geschiedene(r) *mf*, geschiedener Mann, geschiedene Frau. **he is a ~** er ist geschieden.

divot ['dɪvɪt] *n* Divot *nt*.

divulge [daɪ'vʌldʒ] *vt* preisgeben (*sth to sb* jdm etw).

divvy ['dɪvɪ] (*Brit inf*) *dim of* **dividend** Dividende *f*.

◆divvy up (*inf*) **I** *vt sep* (*divide up*) aufteilen. **II** *vi* aufteilen.

DIY *abbr of* **do it yourself.**

dizzily ['dɪzɪlɪ] *adv* **1.** (*giddily*) *stagger* taumelnd, schwankend. **the pound rose ~ to DM 3.20** das Pfund stieg auf schwindelerregende DM 3,20. **2.** (*inf: foolishly*) *behave* verrückt.

dizziness ['dɪzɪnɪs] *n* Schwindel *m*. **attack of ~** Schwindelanfall *m*.

dizzy ['dɪzɪ] *adj* (+*er*) **1.** (*lit, fig*) *person* schwind(e)lig; *height, speed* schwindelerregend. ~ **spell** Schwindelanfall *m*; **I feel** ~ mir ist *or* ich bin schwindlig; **it makes me ~ to think of it** mir wird ganz schwindelig bei dem Gedanken.

2. (*inf: foolish*) verrückt.

DJ *abbr of* **1. dinner jacket. 2. disc jockey.**

dl *abbr of* **decilitre(s)** dl.

D Lit *abbr of* **Doctor of Letters** Dr. phil.

DM *abbr of* **Deutschmark** DM; **Doctor of medicine** Dr. med.

dm *abbr of* **decimetre(s)** dm.

D Mus *abbr of* **Doctor of Music.**

DNA *abbr of* **de(s)oxyribonucleic acid** DNS *f*.

do [du:] (*vb: pret* **did,** *ptp* **done**) **I** *v aux* **1.** (*used to form interrog and neg in present and pret vbs*) ~ **you understand?** verstehen Sie?; **I ~ not** *or* **don't understand** ich verstehe nicht; **didn't you** *or* **did you not know?** haben Sie das nicht gewußt?; **never did I see so many** ich habe noch nie so viele gesehen.

2. (*for emphasis: with stress on do*) ~ **come!** kommen Sie doch (bitte)!; ~ **shut up!** (nun) sei doch (endlich) ruhig!; ~ **I remember him!** und ob ich mich an ihn erinnere!; **but I ~ like it** aber es gefällt mir wirklich; **so you ~ know them!** Sie kennen sie also wirklich *or* tatsächlich!; (*and were lying*) Sie kennen sie also doch!; **you don't do meals, do you? — yes, we ~ do meals** Essen gibt's bei Ihnen nicht? — doch.

3. (*used to avoid repeating vb*) **you speak better than I ~** Sie sprechen besser als ich; **he likes cheese and so ~ I** er ißt gern Käse und ich auch; **he doesn't like cheese and neither ~ I** er mag keinen Käse und ich auch nicht; **they said he would go and he did** sie sagten, er würde gehen, und das tat er (dann) auch.

4. (*in question tags*) oder. **you know him, don't you?** Sie kennen ihn doch?, Sie kennen ihn (doch), oder *or* nicht wahr?; **so you know/don't know him, ~ you?** Sie kennen ihn also/also nicht, oder?; **you do understand, don't you?** das verstehen Sie doch (sicherlich) (, nicht wahr *or* oder)?; **he didn't go, did he?** er ist (doch) nicht gegangen, oder?

5. (*in answers: replacing vb*) **do you see them often? — yes, I ~/no, I don't** sehen Sie sie oft? — ja/nein; **they speak French — oh, ~ they?** sie sprechen Französisch — ja?, ach, wirklich *or* tatsächlich?; **they speak French — ~ they really?** sie sprechen Französisch — wirklich?; **may I come in? — ~!** darf ich hereinkommen? — ja, bitte; **shall I open the window? — no, don't!** soll ich das Fenster öffnen? — nein, bitte nicht!; **who broke the window? — I did** wer hat das Fenster eingeschlagen? — ich.

II *vt* **1.** (*be busy with, be involved in, carry out*) tun, machen. **what are you ~ing (with yourself) on Saturday?** was machen *or* tun Sie am Sonnabend?; **I've got nothing to ~** ich habe nichts zu tun; **are you ~ing anything this evening?** haben Sie heute abend schon etwas vor?; **I shall ~ nothing of the sort** ich werde nichts dergleichen tun; **he does nothing but complain** er nörgelt immer nur, er tut nichts als nörgeln (*inf*); **what shall we ~ for money?** wie machen wir es mit Geld?

2. (*perform, accomplish*) tun; *homework* machen. **I've done a stupid thing** ich habe da was Dummes gemacht *or* getan; **to ~ a play** ein Stück aufführen; **to ~ a film** einen Film machen *or* drehen; **to ~ one's military service** seinen Wehrdienst ableisten *or* machen (*inf*); **to ~ the housework** die Hausarbeit machen; **we'll have to ~ something about this/him** wir müssen da etwas tun *or* unternehmen/müssen mit ihm etwas tun *or* unternehmen; **how do you ~ it?** wie macht man das?; (*in amazement*) wie machen Sie das bloß?; **what's to be done?** was ist da zu tun?; **what can you ~?** was kann man da machen?; **sorry, it's impossible, it can't be done** tut mir leid, (ist) ausgeschlossen, es läßt sich nicht machen; **well, ~ what you can** mach *or* tu (eben), was du kannst; **what can I ~ for you?** was kann ich für Sie tun?; (*by shop assistant also*) was darf's sein?; **can you ~ it by yourself?** schaffst du das allein, kannst du das allein machen?; **what do you want me to ~ (about it)?** und was soll ich da tun *or* machen?; **he knows it's a mistake but he can't ~ anything about it** er weiß, daß es ein Fehler ist, aber er kann nichts dagegen machen *or* daran ändern; **to ~ sth again** etw noch (ein)mal tun *or* machen; **you ~ something to me** du hast es mir angetan; **Brecht doesn't ~ anything for me** Brecht läßt mich kalt (*inf*) *or* sagt mir nichts; **what have you done to him?** was haben Sie mit ihm gemacht?; **that's done it** (*inf*) so, da haben wir's, da haben wir die Bescherung; **that does it!** jetzt reicht's mir!; **oh God, now what have you done!** ach du Schreck, was hast du jetzt bloß wieder angestellt *or* gemacht?

3. (*make, produce*) **I'll ~ a translation for you** ich werde eine Übersetzung für Sie machen; *see* **wonder** *etc*.

4. (*Sch etc: study*) durchnehmen, haben. **we've done Milton** wir haben Milton gelesen *or* durchgenommen; **I've never done any German** ich habe nie Deutsch gelernt *or* gehabt.

5. (*solve*) lösen; *sum, crossword, puzzle also* machen.

6. (*arrange*) **to ~ the flowers** die Blumen arrangieren; **to ~ one's hair** sich frisieren, sich (*dat*) die Haare (zurecht)machen (*inf*); **who does your hair?** zu welchem Friseur gehen Sie?

7. (*clean, tidy*) **to ~ one's nails** sich (*dat*) die Nägel schneiden *or* (*varnish*) lackieren; **to ~ the shoes** Schuhe putzen; **this room needs ~ing today** dieses Zimmer muß heute gemacht werden (*inf*); **to ~ the dishes** spülen, den Abwasch machen.

8. (*deal with*) **the barber said he'd ~ me next** der Friseur sagte, er würde mich als Nächsten drannehmen; **who did the choreography/the jacket design?** wer hat die Choreographie/ den Umschlagentwurf gemacht?; **you ~ the painting and I'll ~ the papering** du streichst an und ich tapeziere; **we'll have to get someone to ~ the roof** wir müssen jemanden bestellen, der das Dach macht (*inf*); **we only ~ one make of gloves** wir haben *or* führen nur eine Sorte Handschuhe; (*produce*) wir stellen nur eine Sorte Handschuhe her; **I'll ~ the talking** ich übernehme das Reden; **who's ~ing the flowers?** wer besorgt die Blumen?; **who did the food for your reception?** wer hat bei Ihrem Empfang für das Essen gesorgt?; **I'll ~ you** (*sl*) dir besorg' ich's noch! (*inf*).

9. (*in pret, ptp only: complete, accomplish*) **the work's done now** die Arbeit ist gemacht *or* getan *or* fertig; **what's done cannot be undone** was geschehen ist, kann man nicht ungeschehen machen; **done!** abgemacht!; **it's all over and done with** (*is finished*) das ist alles erledigt; (*has happened*) das ist alles vorbei *or* überstanden; **to get done with sth** etw fertigmachen.

10. (*visit, see sights of*) *city, country, museum* besuchen, abhaken (*inf*); (*take in also*) mitnehmen (*inf*).

11. (*Aut*) fahren, machen (*inf*). **this car does** *or* **can ~** *or* **will ~ 100** das Auto fährt *or* macht (*inf*) 100; **we did London to Edinburgh in 8 hours** wir haben es in 8 Stunden von London bis Edinburgh geschafft.

12. (*inf*) (*be suitable*) passen (*sb* jdm); (*be sufficient for*) reichen (*sb* jdm). **that will ~ me nicely** das reicht dicke (*inf*) *or* allemal.

13. (*Theat*) *part* spielen. **to ~ Hamlet** den Hamlet spielen.

14. (*take off, mimic*) nachmachen.

15. (*inf: cheat*) reinlegen (*inf*). **you've been done!** du bist reingelegt worden (*inf*).

16. (*sl: burgle*) einbrechen in (+*acc*). **the office was done last night** im Büro ist gestern nacht ein Bruch gemacht worden (*sl*).

17. (*provide service of*) **sorry, we don't ~ lunches** wir haben leider keinen Mittagstisch; **we don't ~ telegrams** wir können keine Telegramme annehmen.

18. (*inf: provide food, lodgings for*) **they ~ you very well at that hotel** in dem Hotel ist man gut untergebracht *or* aufgehoben.

19. (*Cook*) machen (*inf*); *vegetables etc also* kochen. **to ~ the cooking/food** Essen machen; **how do you like your steak done?** wie möchten Sie Ihr Steak?; **well done** durch(gebraten).

20. (*inf: tire out*) **I'm absolutely done!** ich bin völlig geschafft *or* erledigt *or* fertig (*all inf*).

21. (*inf: in prison*) *6 years* sitzen, abreißen (*inf*).

III *vi* **1.** (*act*) **~ as I ~** mach es wie ich; **he did well to take advice** er tat gut daran, sich beraten zu lassen; **he did right/well to go** es war richtig/gut, daß er gegangen ist.

2. (*get on, fare*) **how are you ~ing?** wie geht's (Ihnen)?; **the patient is ~ing very well** dem Patienten geht es recht ordentlich; **he's ~ing well at school** er ist gut in der Schule; **his business is ~ing well** sein Geschäft geht gut; **the roses are ~ing well this year** die Rosen stehen dieses Jahr gut; **what's ~ing?** was ist los?

3. (*finish*) **the meat, is it done?** ist das Fleisch fertig (gebraten) *or* durch?; **have you done?** sind Sie endlich fertig?

4. (*suit, be convenient*) gehen. **that will never ~!** das geht nicht!; **this room will ~** das Zimmer geht (*inf*) *or* ist in Ordnung; **it doesn't ~ to keep a lady waiting** es gehört sich *or* geht nicht, daß man eine Dame warten läßt; **will she/it ~?** geht sie/das?; **this coat will ~ for** *or* **as a cover** dieser Mantel geht als Decke; **you'll have to make ~ with £10** £ 10 müssen Ihnen reichen.

5. (*be sufficient*) reichen. **can you lend me some money? — will £10 ~?** können Sie mir etwas Geld leihen? — reichen £ 10?; **yes, that'll ~** ja, das reicht; **that'll ~!** jetzt reicht's aber!

6. (*inf: char*) putzen.

IV *vr* **to ~ oneself well** es sich (*dat*) gutgehen lassen.

V *n* (*inf*) **1.** Veranstaltung, Sache (*inf*) *f*; (*party*) Fete *f* (*inf*). **2.** (*Brit: swindle*) Schwindel *m*. **3.** (*in phrases*) **it's a poor ~!** das ist ja ein schwaches Bild! (*inf*); **the ~s and don'ts** was man tun und nicht tun sollte (*for* als); (*highway code*) die Ge- und Verbote; **fair ~s** gleiches Recht für alle.

◆**do away with** *vi +prep obj* **1.** *custom, law* abschaffen; *document* vernichten; *building* abreißen. **2.** (*kill*) umbringen.

◆**do by** *vi +prep obj* **to ~ well/badly ~ sb** jdn gut/schlecht behandeln; **do as you would be done ~** (*Prov*) was du nicht willst, daß man dir tu, das füg auch keinem andern zu (*Prov*); *see* **hard**.

◆**do down** *vt sep* (*Brit*) heruntermachen.

◆**do for** *vi +prep obj* **1.** (*inf: finish off*) *person* fertigmachen (*inf*); *project* zunichte machen. **to be done ~** (*person*) erledigt *or* fertig (*inf*) sein; (*project*) gestorben sein (*inf*). **2.** (*inf: charlady*) putzen für *or* bei.

◆**do in** *vt sep* (*inf*) **1.** (*kill*) um die Ecke bringen (*inf*). **2.** (*usu pass: exhaust*) **to be** *or* **feel done ~** fertig *or* geschafft sein (*inf*).

◆**do out** *vt sep* **1.** *room* auskehren *or* -fegen; (*decorate*) neu tapezieren/ streichen. **2. to ~ sb ~ of a job/his rights** jdn um eine Stelle/seine Rechte bringen; **to ~ sb ~ of £100** jdn um £ 100 bringen *or* erleichtern (*inf*).

◆**do over** *vt sep* **1.** (*redecorate*) (neu) herrichten. **2.** (*sl: beat up*) zusammenschlagen. **3.** (*US: do again*) noch einmal machen.

◆**do up I** *vi* (*dress etc*) zugemacht werden.

II *vt sep* **1.** (*fasten*) zumachen. **2.** (*parcel together*) *goods* zusammenpacken. **to ~ sth ~ in a parcel** etw einpacken. **3.** *house, room* (neu) herrichten. **to ~ ~ one's face** sich schminken; **to ~ oneself ~** sich zurechtmachen.

◆**do with** *vi +prep obj* **1.** (*with can or could: need*) brauchen. **do you know what I could ~ ~?** weißt du, was ich jetzt brauchen könnte?; **it could ~ ~ a clean** es müßte mal saubergemacht werden.

2. (*dial: in neg, with can or could: tolerate*) ausstehen, vertragen. **I can't be ~ing ~ this noise** ich kann den Lärm nicht vertragen *or* ausstehen.

3. he has to ~ ~ the steel industry er hat mit der Stahlindustrie zu tun; **what has that got to ~ ~ it?** was hat das damit zu tun?; **that has** *or* **is nothing to ~ ~ you!** das geht Sie gar nichts an!; **this debate has to ~ ~ ...** in dieser Debatte geht es um ...; **well, it's to ~ ~ this letter you sent** es geht um den Brief, den Sie geschickt haben; **money has a lot to ~ ~ it** Geld spielt eine große Rolle dabei.

4. what have you done ~ my gloves/your face? was haben Sie mit meinen Handschuhen/Ihrem Gesicht gemacht?

5. he doesn't know what to ~ ~ himself er weiß nicht, was er mit sich anfangen soll.

6. to be done ~ sb/sth (*finished*) mit jdm/etw fertig sein.

◆**do without** *vi +prep obj* auskommen ohne. **I can ~ ~ your advice** Sie können sich Ihren Rat sparen; **I could have done ~ that!** das hätte mir (wirklich) erspart bleiben können.

do[3] *written abbr of* **ditto.**

DOA *abbr of* **dead on arrival.**

d.o.b. *abbr of* **date of birth.**

Doberman (pinscher) ['dəʊbəmən('pɪnʃə^r)] *n* Dobermann(pinscher) *m*.

doc [dɒk] *n* (*inf*) *abbr of* **doctor** Herr Doktor *m*.

docile ['dəʊsaɪl] *adj* sanftmütig; *horse* fromm; *engine* schwach.

docility [dəʊ'sɪlɪtɪ] *n* Sanftmut *f*.

dock[1] [dɒk] **I** *n* Dock *nt*; (*for berthing*) Pier, Kai *m*. **~s** *pl* Hafen *m*; **my car is in ~** (*inf*) mein Wagen ist in der Werkstatt. **II** *vt* docken; (*Space also*) ankoppeln. **III** *vi* **1.** (*Naut*) anlegen. **2.** (*Space: two spacecraft*) docken (*spec*), ankoppeln.

dock[2] *n* (*Jur*) Anklagebank *f*. **to stand in the ~** auf der Anklagebank sitzen; **"prisoner in the ~"** „Angeklagte(r)".

dock[3] **I** *vt* **1.** *dog's tail* kupieren; *horse's tail* stutzen. **2.** *wages* kürzen. **to ~ £5 off sb's wages** jds Lohn um 5 Pfund kürzen. **II** *n* kupierter Schwanz; (*of horse*) gestutzer Schweif.

dock[4] *n* (*Bot*) Ampfer *m*.

docker ['dɒkə^r] *n* (*Brit*) Hafenarbeiter *m*.

docket ['dɒkɪt] **I** *n* **1.** (*on document, parcel*) Warenbegleitschein, Laufzettel *m*. **2.** (*Jur: judgements register*) Urteilsregister *nt*; (*list of cases*) *Liste f der Gerichtstermine*. **3.** (*customs certificate*) Zollinhaltserklärung *f*.

II *vt* **1.** *contents, (Jur) judgement, information* zusammenfassen. **2.** *contents* angeben; (*put ~ on*) *crate* mit einem Warenbegleitschein *or* Laufzettel versehen.

dock gates *npl* Hafeneingang *m*; (*in water*) Docktor *nt*.

docking ['dɒkɪŋ] *n* (*Space*) Docking *nt* (*spec*), Ankoppelung *f*.

docking techniques *npl* (*Space*) (An)koppelungstechnik *f*; **docking time** *n* Liegezeit *f*.

dock labourer *n* Hafenarbeiter *m*; **dockland** *n* Hafenviertel *nt*; **dock strike** *n* Hafenarbeiterstreik *m*; **dock worker** *n* Hafenarbeiter *m*; **dockyard** *n* Werft *f*.

Doc Martens ® [dɒk'mɑːtənz] *npl Schnürstiefel mit dicken Sohlen*.

doctor ['dɒktə^r] **I** *n* **1.** (*Med*) Arzt *m*, Ärztin *f*, Doktor(in *f*) *m* (*inf*). **D~ Smith** Doktor Smith; **yes, ~** ja, Herr Doktor; **to send for the ~** den Arzt holen; **he is a ~** er ist Arzt; **a woman ~** eine Ärztin; **he's under the ~** (*inf*) er ist in Behandlung; **it's just what the ~ ordered** (*fig inf*) das ist genau das richtige.

2. (*Univ*) Doktor *m*. **to take one's ~'s degree** promovieren, seinen Doktor machen; **~ of Law/of Science** Doktor der Rechte/der Naturwissenschaften; **Dear Dr Smith** Sehr geehrter Herr Dr./Sehr geehrte Frau Dr. Smith.

II *vt* **1.** *cold* behandeln. **she's always ~ing herself** sie doktort dauernd an sich (*dat*) herum. **2.** (*inf: castrate*) kastrieren. **3.** (*tamper with*) *accounts* frisieren; *text* verfälschen. **the food's/wine's been ~ed** dem Essen/Wein ist etwas beigemischt worden.

doctoral ['dɒktərəl] *adj* **~ thesis** Doktorarbeit *f*.

doctorate ['dɒktərɪt] *n* Doktorwürde *f*. **~ in science/philosophy** Doktor(titel) *m* in Naturwissenschaften/Philosophie; **to get one's ~** die Doktorwürde verliehen bekommen; **to do one's ~** seinen Doktor machen.

doctrinaire [ˌdɒktrɪ'nɛə^r] *adj* doktrinär.

doctrinal [dɒk'traɪnl] *adj* doktrinell.

doctrine ['dɒktrɪn] *n* Doktrin, Lehre *f*.

docudrama ['dɒkjʊˌdrɑːmə] *n* Dokumentarspiel *nt*.

document ['dɒkjʊmənt] **I** *n* Dokument *nt*, Urkunde *f*.

II *vt* **1.** *case* beurkunden, (urkundlich) belegen. **his argument is well ~ed** sein Argument ist gut belegt. **2.** *ship* mit Papieren versehen.

documentary [ˌdɒkjʊ'mentərɪ] **I** *adj* **1.** dokumentarisch, urkundlich. **~ credit** (*Fin*) Dokumentenakkreditiv *nt*; **~ evidence** (*Jur*) urkundliche Beweise *pl*. **2.** (*Film, TV*) **a ~ film** ein Dokumentarfilm *m*; **in ~ form** in Form einer Dokumentation. **II** *n* (*Film, TV*) Dokumentarfilm *m*.

documentation [ˌdɒkjʊmen'teɪʃən] *n* Dokumentation *f*.

DOD (*US*) *abbr of* **Department of Defense** Verteidigungsministerium *nt*.

dodder ['dɒdə^r] *vi* tapern.

dodderer ['dɒdərə^r] *n* (*inf*) Tattergreis *m* (*inf*).

doddering ['dɒdərɪŋ], **doddery** ['dɒdərɪ] *adj walk* unsicher; *person* taperig.

dodge [dɒdʒ] **I** *n* **1.** (*lit*) Sprung *m* zur Seite, rasches Ausweichen; (*Ftbl, Boxing*) Ausweichen *nt*.

2. (*trick*) Trick, Kniff *m*; (*ingenious plan*) Glanzidee *f* (*inf*).

II *vt blow, ball, question, difficulty* ausweichen (+*dat*); *tax* umgehen; (*shirk*) *work, military service* sich drücken vor (+*dat*). **to ~ the issue** der (eigentlichen) Frage *or* dem Problem ausweichen.

III *vi* ausweichen. **to ~ out of sight** blitzschnell verschwinden; **to ~ out of the way** zur Seite springen; (*to escape notice*) blitzschnell verschwinden; **to ~ behind a tree** hinter einen Baum springen.

dodgem ['dɒdʒəm] *n* (Auto)skooter *m*. **did you go on the ~s?** bist du (Auto)skooter gefahren?

dodger ['dɒdʒəʳ] *n* **1.** (*trickster*) Schlawiner *m* (*inf*). **2.** (*Naut*) Wetterschutz *m*.

dodgy ['dɒdʒɪ] *adj* (+*er*) (*Brit inf: tricky*) *situation* vertrackt (*inf*), verzwickt (*inf*); (*dubious*) zweifelhaft; *engine* nicht einwandfrei, launisch (*inf*). **this translation/the carburettor is a bit ~** diese Übersetzung/der Vergaser ist nicht einwandfrei.

dodo ['dəʊdəʊ] *n* **1.** Dodo *m*, Dronte *f*. **as dead as the/a ~** mausetot. **2.** (*US inf: silly person*) Trottel *m* (*inf*).

DOE *abbr of* **1.** (*Brit*) **Department of the Environment** Umweltministerium *nt*. **2.** (*US*) **Department of Energy** Energieministerium *nt*.

doe [dəʊ] *n* (*roe deer*) Reh(geiß *f*) *nt*, Rikke *f*; (*red deer*) Hirschkuh *f*; (*rabbit*) (Kaninchen)weibchen *nt*; (*hare*) Häsin *f*.

doer ['duːəʳ] *n* **1.** Täter(in *f*) *m*. **he's a great ~ of crosswords** (*inf*) er macht sehr gerne Kreuzworträtsel.

2. (*active person*) Mann *m* der Tat, Macher *m* (*inf*). **more of a ~ than a thinker** eher ein Mann der Tat als der Theorie.

does [dʌz] *3rd pers sing of* **do²**.

doeskin ['dəʊskɪn] *n* Rehfell *nt*; (*treated*) Rehleder *nt*.

doesn't ['dʌznt] *contr of* **does not**.

doff [dɒf] *vt hat* ziehen, lüften.

dog [dɒg] **I** *n* **1.** Hund *m*. **the ~s** (*Brit Sport*) das Hunderennen.

2. (*fig phrases*) **to lead a ~'s life** ein Hundeleben führen; **to go to the ~s** (*person, business, district, institution*) vor die Hunde gehen (*inf*); **give a ~ a bad name (and hang him)** wer einmal ins Gerede *or* in Verruf kommt(, dem hängt das sein Leben lang an); **~ in the manger** Spielverderber(in *f*) *m*; **~-in-the-manger attitude** mißgünstige Einstellung; **every ~ has his day** jeder hat einmal Glück im Leben; **it's (a case of) ~ eat ~** es ist ein Kampf aller gegen alle; **~-eat-~ society** Ellenbogengesellschaft *f*; **you can't teach an old ~ new tricks** der Mensch ist ein Gewohnheitstier; **to put on the ~** (*US inf*) auf fein machen (*inf*); **~'s dinner** *or* **breakfast** (*fig inf*) Schlamassel *m* (*inf*); **she was done up like a ~'s dinner** (*inf*) sie war aufgetakelt wie eine Fregatte (*inf*).

3. (*male fox, wolf*) Rüde *m*.

4. (*inf: man*) **lucky ~** Glückspilz *m*; **gay ~** lockerer Vogel (*inf*); **dirty ~** gemeiner Hund; **sly ~** gerissener Hund (*inf*); **there's life in the old ~ yet** noch kann man ihn nicht zum alten Eisen werfen.

5. (*Tech: clamp*) Klammer *f*.

6. **~s** *pl* (*sl: feet*) Quanten *pl* (*sl*).

7. (*US inf: failure*) Pleite *f* (*inf*).

8. (*US inf: unattractive woman*) Schreckschraube *f* (*inf*).

II *vt* **1.** (*follow closely*) **to ~ sb** *or* **sb's footsteps** jdm hart auf den Fersen sein/bleiben. **2.** (*harass*) verfolgen.

dog basket *n* Hundekorb *m*; **dog biscuit** *n* Hundekuchen *m*; **dog breeder** *n* Hundezüchter(in *f*) *m*; **dog breeding** *n* Hundezucht *f*; **dog-collar** *n* (*lit*) Hundehalsband *nt*; (*vicar's*) *steifer, hoher Kragen*; **dog days** *npl* Hundstage *pl*; **dog-eared** ['dɒgɪəd] *adj* mit Eselsohren; **dog-fancier** *n* Hundefreund(in *f*) *m*; (*breeder, seller*) Hundezüchter(in *f*) *m*; **dogfight** *n* (*Aviat*) Luftkampf *m*; **dogfish** *n* Hundshai *m*; **dog food** *n* Hundefutter *nt*; **dog fox** *n* Fuchsrüde *m*.

dogged *adj*, **~ly** *adv* ['dɒgɪd, -lɪ] beharrlich, zäh.

doggedness ['dɒgɪdnɪs] *n* Beharrlichkeit, Zähigkeit *f*.

doggerel ['dɒgərəl] *n* (*also* **~ verse**) Knittelvers *m*.

doggie, doggy ['dɒgɪ] **I** *n* (*inf*) kleiner Hund, Hündchen *nt*. **II** *adj smell* Hunde-.

doggie bag *n Beutel m für Essensreste, die nach Hause mitgenommen werden.*

doggo ['dɒgəʊ] *adv* (*inf*): **to lie ~** sich nicht mucksen (*inf*).

doggone [ˌdɒg'gɒn] *interj* (*US sl*) **~ (it)!** verdammt noch mal!

doggoned [ˌdɒg'gɒn(d)] *adj* (*US sl*) verdammt.

dog handler *n* Hundeführer(in *f*) *m*; **doghouse** *n* Hundehütte *f*; **he's in the ~** (*inf*) er ist in Ungnade; (*with wife*) bei ihm hängt der Haussegen schief; **dog Latin** *n* Küchenlatein *nt*; **dogleg** *n* Knick *m*; (*in road also*) scharfe Kurve; (*in pipe also*) starke Krümmung; **dog licence** *n* Hundemarke *f*; **a ~ costs ...** die Hundesteuer beträgt ...; **doglike** *adj* Hunde-, hundeähnlich.

dogma ['dɒgmə] *n* Dogma *nt*.

dogmatic [dɒg'mætɪk] *adj* dogmatisch. **D~ theology** Dogmatik *f*; **to be very ~ about sth** in etw (*dat*) sehr dogmatisch sein.

dogmatically [dɒg'mætɪkəlɪ] *adv see adj*.

dogmatism ['dɒgmətɪzəm] *n* Dogmatismus *m*.

dogmatize ['dɒgmətaɪz] **I** *vi* (*Rel, fig*) dogmatisch sein/dogmatische Behauptungen aufstellen. **II** *vt* (*Rel, fig*) dogmatisieren, zum Dogma erheben.

do-gooder ['duː'gʊdəʳ] *n* (*pej*) Weltverbesserer *m*.

dog paddle *n* **to do (the) ~** paddeln, Hundepaddeln machen; **dogrose** *n* Hundsrose *f*.

dogsbody ['dɒgzbɒdɪ] *n* **she's/he's the general ~** sie/er ist (das) Mädchen für alles.

dog show *n* Hundeausstellung *f*; **dog sled** *n* Hundeschlitten *m*; **dog star** *n* Hundsstern, Sirius *m*; **dog tag** *n* (*US Mil inf*) Erkennungsmarke, Hundemarke (*inf*) *f*; **dog-tired** *adj* hundemüde; **dogtooth** *n* (*Archit*) Hundszahn *m*; **dog track** *n* Hunderennbahn *f*; **dogtrot** *n* gemächlicher *or* leichter Trott; **dogwatch** *n* (*Naut*) Hundewache *f*; **dogwood** *n* Hartriegel, Hornstrauch *m*.

doily ['dɔɪlɪ] *n* (Spitzen- *or* Zier)deckchen *nt*.

doing ['du:ɪŋ] *n* **1.** Tun *nt*. **this is your ~** das ist dein Werk; **it was none of my ~** ich hatte nichts damit zu tun; **that takes some ~** da gehört (schon) etwas dazu. **2.** (*inf*) **~s** *pl* Handlungen, Taten *pl*.

doings ['du:ɪŋz] *n sing* (*Brit inf*) Dingsbums *nt* (*inf*).

do-it-yourself ['du:ɪtjə'self] **I** *adj shop* Bastler-, Hobby-. **~ kit** (*for household jobs*) Heimwerkerausrüstung *f*; (*for radio etc*) Bausatz *m*.
II *n* Heimwerken, Do-it-yourself *nt*.

dol *abbr of* **dollar**.

Dolby ® ['dɒlbɪ] *n* Dolby ® *nt*.

doldrums ['dɒldrəmz] *npl* **1.** (*Geog*) (*area*) Kalmengürtel *m or* -zone *f*; (*weather*) Windstille, Kalme *f*. **2. to be in the ~** (*people*) Trübsal blasen; (*business*) in einer Flaute stecken.

dole [dəʊl] *n* (*Brit inf*) Arbeitslosenunterstützung, Alu (*inf*) *f*. (*inf*). **to go/be on the ~** stempeln (gehen).

◆**dole out** *vt sep* austeilen, verteilen.

doleful ['dəʊlfʊl] *adj* traurig; *face, expression, prospect also* trübselig; *tune, song also* klagend.

dolefully ['dəʊlfəlɪ] *adv see adj*.

doll [dɒl] *n* **1.** Puppe *f*. **~'s house** Puppenhaus *nt*; **~'s pram** Puppenwagen *m*. **2.** (*esp US inf: girl*) Mädchen *nt*; (*pretty girl*) Puppe *f* (*inf*).

◆**doll up** *vt sep* (*inf*) herausputzen. **to ~ oneself ~, to get ~ed ~** sich herausputzen *or* aufdonnern (*inf*).

dollar ['dɒlə[r]] *n* Dollar *m*.

dollar area *n* Dollarraum, Dollarblock *m*; **dollar bill** *n* Dollarnote *f*; **dollar diplomacy** *n* Finanzdiplomatie *f*; **dollar gap** *n* Dollar-Lücke *f*; **dollar rate** *n* Dollarkurs *m*; **dollar sign** *n* Dollarzeichen *nt*.

dollop ['dɒləp] *n* (*inf*) Schlag *m* (*inf*).

dolly ['dɒlɪ] **I** *n* **1.** (*inf: doll*) Püppchen *nt*. **2.** (*wheeled frame*) (Transport)wagen *m*; (*Film, TV*) Dolly, Kamerawagen *m*; (*Rail*) Schmalspurrangierlokomotive *f*. **3.** (*Tech: for rivet*) Gegenhalter *m*. **4.** (*inf: girl: also* **~-bird**) Puppe *f*. **5.** (*Sport inf*) lahmer Ball (*inf*).
II *adj* (*Sport inf*) *shot* lahm; *catch* leicht.

◆**dolly in** *vti sep* (*Film, TV*) vorfahren.

◆**dolly out** *vti sep* (*Film, TV*) zurückfahren.

dolly-bird ['dɒlɪbɜ:d] **I** *n* (*inf*) Puppe *f*. **II** *adj attr* puppig.

dolomite ['dɒləmaɪt] *n* Dolomit *m*. **the D~s** die Dolomiten *pl*.

dolphin ['dɒlfɪn] *n* Delphin *m*.

dolphinarium [,dɒlfɪ'nɛərɪəm] *n* Delphinarium *nt*.

dolt [dəʊlt] *n* Tölpel *m*.

domain [dəʊ'meɪn] *n* **1.** (*lit: estate*) Gut *nt*; (*belonging to state, Crown*) Domäne *f*. **2.** (*fig*) Domäne *f*; *see* **public**. **3.** (*Math*) Funktionsbereich *m*.

dome [dəʊm] *n* **1.** (*Archit: on building*) Kuppel *f*. **2.** (*of heaven, skull*) Gewölbe *nt*; (*of hill*) Kuppe *f*; (*of branches*) Kuppel *f*. **3.** (*lid, cover*) Haube *f*.

domed [dəʊmd] *adj forehead* gewölbt; *roof* kuppelförmig. **~ building** Kuppelbau *m*.

domestic [də'mestɪk] **I** *adj* **1.** *duty, bliss, life* häuslich. **~ servants** Hausangestellte *pl*, Hauspersonal *nt*; **she was in ~ service** sie arbeitete als Hausmädchen; **everything of a ~ nature** alles, was den Haushalt angeht; **~ rubbish** (*Brit*) *or* **garbage** (*US*) Hausmüll *m*.
2. (*Pol, Econ*) *policy, politician* Innen-; *news* Inland-, aus dem Inland; *produce* einheimisch; *trade* Binnen-; *flight* Inland-. **~ affairs** Inneres *nt*, innere Angelegenheiten *pl*; **~ quarrels** innenpolitische Auseinandersetzungen *pl*.
3. *animal* Haus-.
II *n* Hausangestellte(r) *mf*.

domesticate [də'mestɪkeɪt] *vt wild animal, (hum) person* domestizieren; (*house-train*) *dog, cat* stubenrein machen.

domesticated [də'mestɪkeɪtɪd] *adj* domestiziert; *cat, dog* stubenrein. **she's very ~** sie ist sehr häuslich.

domestication [dəmestɪ'keɪʃən] *n see vt* Domestikation, Domestizierung *f*; Gewöhnung *f* ans Haus.

domesticity [,dəʊmes'tɪsɪtɪ] *n* häusliches Leben.

domestic science *n* Hauswirtschaftslehre *f*.

domicile ['dɒmɪsaɪl] **I** *n* (*Admin*) Wohnsitz *m*; (*Fin*) Zahlungs- *or* Erfüllungsort *m*. **II** *vt* (*Admin*) unterbringen (*with* bei, in +*dat*); (*Fin*) domizilieren (*at* bei). **~d bill** Domizilwechsel *m*.

domiciliary [,dɒmɪ'sɪlɪərɪ] *adj* (*Admin*) *expenses* Haushalts-; *care of invalids* Haus-.

dominance ['dɒmɪnəns] *n* Vorherrschaft, Dominanz *f* (*also Biol*) (*over* über +*acc*).

dominant ['dɒmɪnənt] **I** *adj* **1.** (*controlling, masterful*) dominierend; *nation also* vorherrschend, mächtig; *gene* dominant, überdeckend; (*more prominent*) *colour, building, industry, mountain* beherrschend, dominierend; *feature also* hervorstechend, herausragend. **~ male** (*animal*) männliches Leittier; (*fig inf*) Platzhirsch *m* (*inf*).
2. (*Mus*) dominant. **~ seventh** Dominantseptakkord *m*.
II *n* (*Mus*) Dominante *f*.

dominate ['dɒmɪneɪt] **I** *vi* dominieren. **II** *vt* beherrschen; (*colour, feature also, species, gene*) dominieren.

domination [,dɒmɪ'neɪʃən] *n* (Vor)herrschaft *f*. **his ~ of his younger brothers** sein dominierendes Verhalten seinen jüngeren Brüdern gegenüber; **her ~ of the conversation** die Tatsache, daß sie die Unterhaltung beherrschte.

domineer [ˌdɒmɪ'nɪəʳ] *vi* tyrannisieren (*over sb* jdn).

domineering [ˌdɒmɪ'nɪərɪŋ] *adj* herrisch; *mother-in-law, husband also* herrschsüchtig.

Dominican[1] [də'mɪnɪkən] (*Geog*) **I** *adj* dominikanisch. **~ Republic** Dominikanische Republik. **II** *n* Dominikaner(in *f*) *m*.

Dominican[2] (*Eccl*) **I** *n* Dominikaner(in *f*) *m*. **II** *adj* Dominikaner-, dominikanisch.

dominion [də'mɪnɪən] *n* **1.** *no pl* Herrschaft *f* (*over* über *+acc*). **to have ~ over sb** Macht über jdn haben.

2. (*territory*) Herrschaftsgebiet *nt*. **overseas ~s** überseeische Gebiete *pl*; **the D~ of Canada** das Dominion Kanada; **D~ Day** *gesetzlicher Feiertag in Kanada zur Erinnerung an die Übertragung der vollen politischen Autonomie.*

domino ['dɒmɪnəʊ] *n, pl* **-es 1.** Domino(stein) *m*. **to play ~es** Domino spielen; **~ effect** Dominowirkung *f or* -effekt *m*; **~ theory** Dominotheorie *f*. **2.** (*costume, mask*) Domino *m*.

don[1] [dɒn] *n* (*Brit Univ*) *Universitätsdozent m, besonders in Oxford und Cambridge.*

don[2] *vt garment* anziehen, anlegen (*dated*); *hat* aufsetzen.

donate [dəʊ'neɪt] *vt blood, kidney* spenden; *money, gifts to a charity also* stiften.

donation [dəʊ'neɪʃən] *n* (*act of giving*) (*of money, gifts*) Spenden *nt*; (*on large scale*) Stiften *nt*; (*of blood*) Spenden *nt*; (*gift*) Spende *f*; (*large scale*) Stiftung *f*. **to make a ~ of 50p/£10,000** 50 Pence spenden /£ 10.000 stiften.

done [dʌn] **I** *ptp of* **do**[2].

II *adj* **1.** (*finished*) *work* erledigt; (*cooked*) *vegetables* gar; *meat* durch. **to get sth ~** (*finished*) etw fertigkriegen; **is that ~ yet?** ist das schon erledigt?

2. (*inf: tired out*) **I'm ~** ich bin fertig.

3. it's not the ~ thing, that's not ~ das tut man nicht.

4. (*inf: used up*) **the butter is ~** die Butter ist alle.

doner kebab ['dɒnəkə'bæb] *n* Döner-Kebab *m*.

dong [dɒŋ] *n* (*US sl: penis*) Apparat *m* (*inf*).

donkey ['dɒŋkɪ] *n* Esel *m*. **~'s years** (*inf*) eine Ewigkeit, ewig und drei Tage (*inf*).

donkey engine *n* (*Rail*) (kleines) Hilfsaggregat; **donkey jacket** *n dicke (gefütterte) Jacke*; **donkey ride** *n* Ritt *m* auf dem/einem Esel, Eselsritt *m*; **donkey-work** *n* Routinearbeit, Dreckarbeit (*inf*) *f*.

donnish ['dɒnɪʃ] *adj* gebildet; *tone* belehrend.

donor ['dəʊnəʳ] *n* (*Med: of blood, organ for transplant*) Spender(in *f*) *m*; (*to charity also*) Stifter(in *f*) *m*.

don't [dəʊnt] *contr of* **do not.**

don't-know [ˌdəʊnt'nəʊ] *n* (*in opinion poll*) **30% were ~s** 30% hatten keine Meinung.

donut ['dəʊnʌt] *n* (*esp US*) *see* **doughnut.**

doodah ['du:dɑ:] *n* (*inf*) Dingsbums (*inf*) *nt*.

doodle ['du:dl] **I** *vi* Männchen malen. **II** *vt* kritzeln. **III** *n* Gekritzel *nt*.

doodlebug ['du:dlbʌg] *n* **1.** (*Brit: bomb*) V1-Rakete *f*. **2.** (*US: larva*) Ameisenlarve *f*.

doohickey ['du:hɪkɪ] *n* (*US inf: thingummy*) Dings(bums) *nt*.

doolally [du:'lælɪ] *adj* (*inf*) plemplem *pred* (*sl*).

doom [du:m] **I** *n* (*fate*) Schicksal *nt*; (*ruin*) Verhängnis *nt*. **to go to one's ~** seinem Verhängnis entgegengehen; **to send sb to his ~** jdn ins Verhängnis stürzen; **he met his ~** das Schicksal ereilte ihn.

II *vt* verurteilen, verdammen. **to be ~ed** verloren sein; **the project was ~ed from the start** das Vorhaben war von Anfang an zum Scheitern verurteilt; **~ed to die** dem Tode geweiht; **~ed to failure/to perish** zum Scheitern/Untergang verurteilt.

doomsday ['du:mzdeɪ] *n* der Jüngste Tag. **... otherwise we'll be here till ~** (*inf*) ... sonst sind wir in zwanzig Jahren noch hier.

door [dɔ:ʳ] *n* **1.** Tür *f*; (*entrance: to cinema etc*) Eingang *m*. **there's someone at the ~** da ist jemand an der Tür; **was that the ~?** hat es geklingelt/geklopft?; **to stand in the ~** in der Tür stehen; **to be on the ~** (*bouncer*) Türsteher sein; (*collecting ticket money*) Türdienst haben; **to pay at the ~** (*Theat etc*) an der (Abend)kasse zahlen; **"~s open 2.20"** „Einlaß 14.20 Uhr"; **to go from ~ to ~** (*salesman*) von Tür zu Tür gehen, Klinken putzen (*inf*); **he lives three ~s away** er wohnt drei Häuser weiter.

2. (*phrases*) **the ~ to success** der Schlüssel zum Erfolg; **to lay sth at sb's ~** jdm etw vorwerfen *or* anlasten; **to leave the ~ open to** *or* **for further negotiations** die Tür zu weiteren *or* für weitere Verhandlungen offen lassen; **to open the ~ to sth** einer Sache (*dat*) Tür und Tor öffnen; **to show sb the ~** jdm die Tür weisen; **to shut** *or* **close the ~ on sth** etw ausschließen; **when one ~ shuts, another ~ opens** (*prov*) irgendwie geht es immer weiter; **out of ~s** im Freien.

door *in cpds* Tür-; **doorbell** *n* Türglocke *or* -klingel *f*; **there's the ~** es hat geklingelt.

do-or-die ['du:ɔ:'daɪ] *adj* verbissen.

doorframe *n* Türrahmen *m*; **door handle** *n* Türklinke *f*; (*knob*) Türknauf *m*; **doorkeeper** *n* (*of hotel, block of flats*) Portier *m*; **door knob** *n* Türknauf *m*; **doorknocker** *n* Türklopfer *m*; **doorman** *n* Portier *m*; **doormat** *n* Fußmatte *f*, Abtreter *m*; (*fig*) Fußabtreter *m*; **doornail** *n*: **as dead as a ~** mausetot; **doorplate** *n* Türschild *nt*; **doorpost** *n* Türpfosten *m*; **deaf as a ~** stocktaub; **doorstep** *n* Eingangsstufe *f*; (*hum: hunk of bread*) dicke Scheibe Brot; **the**

bus stop is just on my ~ (*fig*) die Bushaltestelle ist direkt vor meiner Tür; **doorstop(per)** *n* Türanschlag *m*; **door-to-door** *adj* **1. ~ salesman** Vertreter *m*; **2.** *delivery* von Haus zu Haus; **doorway** *n* (*of room*) Tür *f*; (*of building, shop*) Eingang *m*; (*fig: to success*) Weg *m*.

dope [dəʊp] **I** *n* **1.** *no pl* (*inf: drugs*) Rauschgift *nt*, Stoff *m* (*inf*), Drogen *pl*; (*Sport*) Aufputschmittel *nt*. **to test for ~** eine Dopingkontrolle machen.
2. *no pl* (*inf: information*) Information(en *pl*) *f*. **to give sb the ~** jdn informieren (*on* über +*acc*).
3. (*inf: stupid person*) Trottel (*inf*) *m*.
4. (*varnish*) Lack *m*.
5. (*for explosives*) Benzinzusatz *m*.
II *vt horse, person* dopen; *food, drink* präparieren, ein Betäubungsmittel untermischen (+*dat*).

dope peddler *or* **pusher** *n* Drogenhändler, Dealer (*sl*), Pusher (*sl*) *m*.

dopey, dopy ['dəʊpɪ] *adj* (+*er*) (*inf*) (*stupid*) bekloppt (*inf*), blöd (*inf*); (*sleepy, half-drugged*) benommen, benebelt (*inf*).

doping ['dəʊpɪŋ] *n* (*Sport*) Doping *nt*.

Doric ['dɒrɪk] *adj* (*Archit*) dorisch.

dormant ['dɔːmənt] *adj* (*Zool, Bot*) ruhend; *volcano* untätig; *energy* verborgen, latent; *passion* schlummernd; (*Her*) liegend. **to let a matter lie ~** eine Sache ruhen *or* liegen lassen; **to lie ~** (*evil*) schlummern.

dormer (window) ['dɔːmə('wɪndəʊ)] *n* Mansardenfenster *nt*.

dormice ['dɔːmaɪs] *pl of* **dormouse.**

dormitory ['dɔːmɪtrɪ] *n* Schlafsaal *m*; (*US: building*) Wohnheim *nt*. **~ suburb** *or* **town** Schlafstadt *f*.

dormobile ® ['dɔːməbiːl] *n* Wohnmobil *nt*, Campingbus *m*.

dormouse ['dɔːmaʊs] *n, pl* **dormice** Haselmaus *f*.

dorsal ['dɔːsl] **I** *adj* Rücken-, dorsal (*spec*). **II** *n* (*Phon*) Dorsal(laut) *m*.

dory ['dɔːrɪ] *n* (*US*) *(Ruder)boot mit spitzem Bug und schmalem Heck.*

DOS [dɒs] (*Comput*) *abbr of* **disk operating system** DOS *nt*.

dosage ['dəʊsɪdʒ] *n* Dosis *f*; (*giving of medicine*) Dosierung *f*. **~ meter** Dosimeter *nt*.

dose [dəʊs] **I** *n* **1.** (*Med*) Dosis *f*; (*fig: of punishment*) Ration *f*. **in small/large ~s** (*fig*) in kleinen/großen Mengen; **she's all right in small ~s** sie ist nur (für) kurze Zeit zu ertragen.
2. (*inf: venereal disease*) Tripper *m*. **to catch a ~** sich (*dat*) etwas holen (*inf*).
3. (*inf: bout of illness*) Anfall *m*. **she's just had a ~ of the flu** sie hat gerade Grippe gehabt.
II *vt person* Arznei geben (+*dat*). **she's always dosing herself** sie nimmt *or* schluckt ständig Medikamente.

dosh [dɒʃ] *n* (*sl: money*) Moos *nt* (*sl*), Knete *f* (*sl*).

doss [dɒs] (*Brit sl*) **I** *n* Schlafplatz *m*, Bleibe *f* (*inf*). **II** *vi* (*also* **~ down**) pennen (*inf*), sich hinhauen (*inf*). **to ~ down for the night** sich für die Nacht einquartieren (*inf*).

dosser ['dɒsə^r] *n* (*Brit sl*) Penner(in *f*) *m*.

dosshouse ['dɒshaʊs] *n* (*Brit sl*) Penne *f* (*sl*), Obdachlosenheim *nt*.

dossier ['dɒsɪeɪ] *n* Dossier *m or nt*. **they are keeping a ~ on him** sie haben ein Dossier über ihn angelegt.

dost [dʌst] (*obs*) *2nd pers sing of* **do²**.

DOT (*US*) *abbr of* **Department of Transportation** Verkehrsministerium *nt*.

dot [dɒt] **I** *n* **1.** Punkt *m*; (*over i also*) Pünktchen, Tüpfelchen *nt*; (*on material*) Tupfen, Punkt *m*. **morse code is made up of ~s and dashes** das Morsealphabet besteht aus kurzen und langen Signalen; **~, dash, ~** (*morse*) kurz, lang, kurz; **~, ~, ~** (*in punctuation*) drei Punkte.
2. (*phrases*) **to arrive on the ~** auf die Minute pünktlich (an)kommen; **at 3 o'clock on the ~** haargenau *or* auf die Minute genau um 3 Uhr; **in the year ~** (*inf*) Anno dazumal (*inf*) *or* Tobak (*inf*); **she has lived here since the year ~** sie lebt schon ewig hier.
II *vt* **1. to ~ an i** einen i-Punkt setzen; **to ~ one's i's and cross one's t's** peinlich genau *or* penibel sein; **~ted line** punktierte Linie; **to tear along the ~ted line** an der *or* entlang der punktierten Linie abtrennen; **to sign on the ~ted line** (*fig*) seine formelle Zustimmung geben.
2. (*sprinkle*) verstreuen. **a field ~ted with flowers** ein mit Blumen übersätes Feld; **cars were ~ted along the side of the road** an der Straße entlang stand hier und da ein Auto; **he has friends ~ted about all over Germany** seine Freunde leben über ganz Deutschland verteilt.
3. to ~ sb one (*inf*) jdm eine langen (*inf*).

dotage ['dəʊtɪdʒ] *n* Senilität, Altersschwäche *f*. **to be in one's ~** in seiner zweiten Kindheit sein, senil sein.

dot command *n* (*Comput*) Punktbefehl *m*.

dote on ['dəʊtɒn] *vi* +*prep obj* abgöttisch lieben.

doth [dʌθ] (*obs*) *3rd pers sing of* **do²**.

doting ['dəʊtɪŋ] *adj* **her ~ parents** ihre sie vergötternden *or* abgöttisch liebenden Eltern.

dot matrix (printer) *n* Matrixdrucker, Nadeldrucker *m*.

dotty ['dɒtɪ] *adj* (+*er*) (*Brit inf*) kauzig, schrullig. **to be ~ about sb/sth** (*like*) nach jdm/etw verrückt sein.

double ['dʌbl] **I** *adj* **1.** (*twice as much, twofold*) doppelt; (*having two similar parts, in pairs*) Doppel-. **he got a ~ amount of work** er mußte die doppelte Arbeit tun, er erhielt doppelt soviel Arbeit; **a ~ whisky** ein doppelter Whisky; **her salary is ~ what it was ten years ago** sie bekommt doppelt soviel Gehalt wie vor zehn Jahren; **~ bottom** doppelter Boden; **~ consonant** Doppelkonsonant *m*; **~ track** (*Rail*) zweigleisige Strecke; **an egg with a ~ yolk** ein Ei mit zwei Dottern; **it is spelt with a ~ "p"** es wird mit Doppel-p *or* mit zwei „p" geschrieben; **~ six** (*in ludo*) Doppelsechs *f*; (*in dominoes, dice*) Sechserpasch *m*; **~ se-**

ven five four/~ seven five (*Telec*) siebenundsiebzig vierundfünfzig/sieben sieben fünf.

2. (*made for two*) Doppel-. **~ room** Doppelzimmer *nt*.

3. (*dual, serving two purposes*) doppelt. **it has a ~ meaning/ interpretation** es ist zwei- *or* doppeldeutig/läßt zwei Auslegungen zu; **~ standards** Doppelmoral *f*; **society applies ~ standards** die Gesellschaft mißt mit zweierlei Maß *or* legt zwei (verschiedene) Maßstäbe an.

4. (*underhand, deceptive*) **to lead a ~ life** ein Doppelleben führen.

5. (*Bot*) gefüllt.

6. ~ time (*Mil*) Laufschritt *m*.

II *adv* **1.** (*twice*) doppelt. **that costs ~ what it did last year** das kostet doppelt soviel wie letztes Jahr; **I have ~ what you have** ich habe doppelt soviel wie du; **he's ~ your age** er ist doppelt so alt wie du; **~ six is twelve** zweimal sechs ist zwölf; **to see ~** doppelt sehen.

2. to be bent ~ with pain sich vor Schmerzen krümmen; **fold it ~** falte es (einmal).

III *n* **1.** (*twice a quantity, number, size*) das Doppelte, das Zweifache. **~ or quits** doppelt oder nichts.

2. (*person*) Ebenbild *nt*, Doppelgänger(in *f*) *m*; (*Film, Theat: stand-in*) Double *nt*; (*actor/actress taking two parts*) Schauspieler(in), der/die eine Doppelrolle spielt. **I've got the ~ of that clock** ich habe genau die gleiche Uhr.

3. at the ~ (*also Mil*) im Laufschritt; (*fig*) auf der Stelle.

4. (*Cards*) (*increase*) Verdoppelung *f*; (*hand*) *Blatt, das die Verdoppelung rechtfertigt*; (*in racing*) Doppelwette *f*; (*in dice*) Pasch *m*; (*in dominoes*) Doppelstein *m*.

IV *vt* **1.** (*increase twofold*) verdoppeln.

2. (*fold in two*) *piece of paper* (einmal) falten.

3. (*Film, Theat*) **he ~s the parts of courtier and hangman** er hat die Doppelrolle des Höflings und Henkers; **who is doubling for him?** wer doubelt ihn?, wer ist sein Double?

4. (*Naut: sail round*) umsegeln.

5. (*Cards*) verdoppeln; (*Bridge*) kontrieren.

V *vi* **1.** (*increase twofold*) sich verdoppeln; (*price also*) um das Doppelte steigen.

2. (*Mus*) zwei Instrumente spielen.

3. (*Film, Theat*) **to ~ for sb** jds Double sein, jdn doubeln; **he ~s as the butler and the duke** er hat die Doppelrolle des Butlers und Herzogs.

4. (*Cards*) verdoppeln; (*Bridge*) kontrieren.

◆**double back I** *vi* (*person*) kehrtmachen, zurückgehen/-fahren; (*animal*) kehrtmachen, zurücklaufen; (*road, river*) sich zurückwinden *or* -schlängeln. **II** *vt sep blanket* umschlagen; *page* umknicken.

◆**double over I** *vi see* **double up I 1.. 2** *vt sep see* **double back II.**

◆**double up I** *vi* **1.** (*bend over*) sich krümmen; (*with laughter*) sich biegen, sich kringeln (*inf*). **he ~d ~ when the bullet hit him** er klappte (*inf*) *or* brach zusammen, als die Kugel ihn traf.

2. (*share room*) das Zimmer/Büro gemeinsam benutzen; (*share bed*) in einem Bett schlafen. **you'll have to ~ ~ with Mary** du mußt dir ein Zimmer mit Mary teilen.

3. (*Brit Betting*) *den Einsatz bis zum ersten Gewinn verdoppeln.*

II *vt sep* **1.** *paper* falten, knicken; *blanket* zusammenlegen.

2. the bullet/blow ~d him ~ von der Kugel/dem Schlag getroffen, brach er zusammen.

double-acting *adj engine* doppelwirkend; **double agent** *n* Doppelagent *m*; **double bar** *n* (*Mus*) Doppelstrich *m*; **double-barrelled,** (*US*) **double-barreled** [ˌdʌbl'bærəld] *adj surname* Doppel-; **double-barrel(l)ed shotgun** *n* doppelläufiges Gewehr, Zwilling *m*; **double bass** *n* Kontrabaß *m*; **double bassoon** *n* Kontrafagott *nt*; **double bed** *n* Doppelbett *nt*; **double bend** *n* S-Kurve *f*; **double bill** *n* Vorstellung *f* mit zwei Filmen/Stücken; **double-blind** *adj* (*Sci*) *experiment* Doppelblind-; **double boiler** *n* (*US*) Turmtopf *m*; **double-book** *vt room, seat* zweimal reservieren; *flight* zweimal buchen; **very sorry, I've ~ed you** tut mir sehr leid, ich habe ein Zimmer/einen Platz für Sie reserviert, das/der schon vergeben war; **double-breasted** *adj* zweireihig; **~ jacket/suit** Zweireiher *m*; **double-check** *vti* noch einmal (über)prüfen; **double chin** *n* Doppelkinn *nt*; **double cream** *n* Schlagsahne *f*; **double-cross** (*inf*) **I** *vt* ein Doppelspiel *or* falsches Spiel treiben mit; **the ~ing swines!** diese falschen Hunde! (*inf*); **II** *n* Doppelspiel *nt*; **double-crosser** *n* (*inf*) falscher Freund *or* Hund (*inf*); **double-date** *vt* **he's double-dating me** er trifft sich außer mit mir noch mit einer anderen; **double-dealer** *n* Betrüger(in *f*) *m*; **double-dealing I** *n* Betrügerei(en *pl*) *f*; **II** *adj* betrügerisch; **double-decker** *n* (*all senses*) Doppeldecker *m*; **double-declutch** *vi* (*Aut*) mit Zwischengas schalten; **double-density** *adj* (*Comput*) *disk* mit doppelter Dichte; **double dutch** *n* (*Brit*) Kauderwelsch *nt*; **it was ~ to me** das waren für mich böhmische Dörfer; **double eagle** *n* (*US*) *alte amerikanische Goldmünze mit einem Wert von $ 20*; **double-edged** *adj* (*lit, fig*) zweischneidig; **double entendre** ['du:blɑ̃:n'tɑ̃:ndr] *n* Zweideutigkeit *f*; **double-entry bookkeeping** *n* doppelte Buchführung; **double exposure** *n* doppelt belichtetes Foto; **double fault** *n* (*Tennis*) Doppelfehler *m*; **double feature** *n* Programm *nt* mit zwei Hauptfilmen; **double flat** *n* (*Mus*) Doppel-b *nt*; **double-glaze** *vt* mit Doppelverglasung versehen; **double glazing** *n* Doppelfenster *pl*; **double Gloucester** *n englische Käsesorte*; **double-jointed** *adj* äußerst elastisch, sehr gelenkig; **double knot** *n* Doppelknoten *m*; ~ **lock** *n* Doppelschloß *nt*; **double-lock** *vt* zweimal abschließen; **double negative** *n* doppelte Verneinung; **double-page spread** *n* Doppelseite *f*; **double-park** *vi* in der zweiten Reihe parken; **double pneumonia** *n* doppelseitige Lungenentzündung; **double-quick** (*inf*) **I** *adv* sehr schnell; **II** *adj* **in ~ time** im Nu, in Null Komma nichts (*inf*).

doubles ['dʌblz] *n sing or pl* (*Sport*) Doppel *nt*.

double saucepan *n* Turmtopf *m*; **double-sharp** *n* (*Mus*) Doppelkreuz *nt*; **double-sided** *adj* (*Comput*) *disk* zweiseitig; **~-(adhesive) tape** Doppelklebeband *nt*; **double-space** *vt* (*Typ*) mit doppeltem Zeilenabstand drucken; **double spacing** *n* doppelter Zeilenabstand; **double stop I** *n* (*Mus*) Doppelgriff *m*; **II** *vi* mit Doppelgriff spielen; **double stopping** *n* (*Mus*) Doppelgriffe *pl*; **double strike** *n* (*Comput: printing*) Doppeldruck *m*.

doublet ['dʌblɪt] *n* **1.** (*old*) Wams *nt*. **2.** (*Ling*) Dublette *f*.

double take *n*: **he did a ~** er mußte zweimal hingucken; **doubletalk** *n* (*ambiguous*) zwei- *or* doppeldeutiges Gerede; (*deceitful*) doppelzüngiges Gerede; **doublethink** *n* widersprüchliches Denken; **double time** *n* (*in wages*) doppelter Lohn; **double-tongue** *vi* (*Mus*) mit Doppelzunge blasen; **double windows** *npl* Doppelfenster *pl*.

doubly ['dʌblɪ] *adv* doppelt. **this road is dangerous, ~ so when it's icy** diese Straße ist gefährlich, vor allem bei Glatteis.

doubt [daʊt] **I** *n* Zweifel *m*. **his honesty is in ~** seine Ehrlichkeit wird angezweifelt; **I am in (some) ~ about his honesty** ich habe Zweifel an seiner Ehrlichkeit; **it is still in ~** es ist noch zweifelhaft; **I am in no ~ as to what** *or* **about what he means** ich bin mir völlig im klaren darüber, was er meint; **to have one's ~s as to** *or* **about sth** (so) seine Bedenken hinsichtlich einer Sache (*gen*) haben; **I have my ~s whether he will come** ich bezweifle, daß er kommt; **to cast ~ on sth** etw in Zweifel ziehen; **there is room for ~** es ist durchaus nicht sicher; **there's no ~ about it** daran gibt es keinen Zweifel; **I have no ~s about taking the job** ich habe keine Bedenken, die Stelle anzunehmen; **no ~ he will come tomorrow** höchstwahrscheinlich kommt er morgen; **without (a) ~** ohne Zweifel; **yes, no ~, but ...** ja, zweifelsohne, aber ...; **it's beyond ~ that ...** es steht außer Zweifel, daß ...; **when in ~** im Zweifelsfall.

II *vt* bezweifeln; *sb's honesty, truth of statement* anzweifeln, Zweifel haben an (+*dat*). **I'm sorry I ~ed you** (*what you said*) es tut mir leid, daß ich dir nicht geglaubt habe; (*your loyalty*) es tut mir leid, daß ich an dir gezweifelt habe; **I ~ it (very much)** das möchte ich (doch stark) bezweifeln, das bezweifle ich (sehr); **I don't ~ it** das bezweifle ich (auch gar) nicht; **I ~ whether he will come** ich bezweifle, daß er kommen wird.

III *vi* Zweifel haben *or* hegen. **~ing Thomas** ungläubiger Thomas.

doubter ['daʊtəʳ] *n* Skeptiker, Zweifler *m*.

doubtful ['daʊtfʊl] *adj* **1.** (*uncertain*) unsicher, zweifelhaft; *outcome, result, future* ungewiß. **to be ~ about sb/sth** jdm/einer Sache gegenüber Zweifel hegen *or* voller Zweifel sein; **to be ~ about doing sth** zweifeln *or* Bedenken haben, ob man etw tun soll; **to look ~** (*person*) skeptisch aussehen; **the weather was** *or* **looked a bit ~** es sah nach schlechtem Wetter aus; **it is ~ whether/that ...** es ist unsicher *or* zweifelhaft, ob ...; **he's a ~ starter** (*in race*) es ist zweifelhaft, ob er starten wird *or* (*for job*) ob er anfangen wird.

2. (*of questionable character*) zweifelhaft; *person, affair also* zwielichtig; *reputation also* fragwürdig; *joke* zweideutig.

doubtfully ['daʊtfəlɪ] *adv* skeptisch, voller Zweifel.

doubtfulness ['daʊtfʊlnɪs] *n see adj* **1.** Unsicherheit *f*; Ungewißheit *f*. **2.** Zweifelhaftigkeit *f*; Zwielichtigkeit *f*; Fragwürdigkeit *f*; Zweideutigkeit *f*.

doubtless ['daʊtlɪs] *adv* ohne Zweifel, zweifelsohne.

douche [du:ʃ] **I** *n* Spülung, Irrigation (*spec*) *f*; (*instrument*) Irrigator *m*. **II** *vi* eine Spülung machen. **III** *vt* spülen.

dough [dəʊ] *n* **1.** Teig *m*. **2.** (*sl: money*) Kohle *f*, Kies, Zaster *m* (*all inf*).

doughball *n* Kloß *m*; **doughboy** *n* (*US Mil sl*) Landser *m* (*inf*); **doughnut I** *n* Berliner (Pfannkuchen), Krapfen (*S Ger*) *m*. **II** *vt* (*Brit inf*) *Members of Parliament* während einer Fernsehübertragung im Parlament umringen.

doughty ['daʊtɪ] *adj* (*liter*) kühn, tapfer.

doughy ['dəʊɪ] *adj* **1.** *consistency* zäh, teigig; (*pej*) *bread* klitschig, nicht durchgebacken. **2.** (*pej*) *complexion* käsig.

Douglas fir [ˌdʌgləs'fɜːʳ] *or* **pine** [-'paɪn] *n* Douglastanne *f*.

dour ['dʊəʳ] *adj* (*silent, unfriendly*) mürrisch, verdrießlich; *struggle* hart, hartnäckig.

douse [daʊs] *vt* **1.** (*pour water over*) Wasser schütten über (+*acc*); (*put into water*) ins Wasser tauchen; *plants* reichlich wässern. **2.** *light* ausmachen, löschen.

dove¹ [dʌv] *n* (*lit, fig*) Taube *f*.

dove² [dəʊv] (*US*) *pret of* **dive**.

dove [dʌv-]: **dove-coloured** *adj* taubenblau; **dove cot(e)** *n* ['dʌvkɒt] Taubenschlag *m*; **dove grey** *adj* taubengrau.

dovetail ['dʌvteɪl] **I** *n* Schwalbenschwanz *m*. **~ joint** Schwalbenschwanzverbindung *f*. **II** *vt* (schwalbenschwanzförmig) überblatten; (*fig*) *plans* koordinieren. **III** *vi* (*plans*) übereinstimmen.

dowager ['daʊədʒəʳ] *n* (adlige) Witwe. **~ duchess** Herzoginwitwe *f*.

dowdiness ['daʊdɪnɪs] *n* absoluter Mangel an Schick.

dowdy ['daʊdɪ] *adj* (+*er*) ohne jeden Schick.

dowel ['daʊəl] *n* Dübel *m*.

Dow-Jones average [ˌdaʊ'dʒəʊnz-'ævərɪdʒ] *n* Dow-Jones-Index *m*.

down¹ [daʊn] **I** *adv* **1.** (*indicating movement*) (*towards speaker*) herunter; (*away from speaker*) hinunter; (*downstairs also*) nach unten. **~!** (*to dog*) Platz!; **~ it goes!** (*taking medicine, child eating*) nun schluck mal schön runter; (*of stone, tree*) da fällt er; **and ~ he fell** und da fiel er hinunter/herunter; **to jump ~** hinunter-/herunterspringen; **~ with school!** nieder mit der Schule!; **on his way ~ from the hilltop** auf seinem Weg vom Gipfel herab/hinab; **all the way ~ to the bottom** bis ganz nach unten.

2. (*indicating static position*) unten. **~ there** da unten; **I shall stay ~ here** ich bleibe hier unten; **~ in the valley** unten im Tal; **it needs a bit of paint ~ at the bottom** es muß unten herum neu gestrichen werden; **don't hit a man when he's ~** man soll jemanden nicht fertigmachen, wenn er schon angeschlagen ist; **head ~** mit dem Kopf nach unten; **the sun is ~** die Sonne ist untergegangen; **the blinds were ~** die Jalousien waren unten *or* heruntergelassen; **John isn't ~ yet** (*hasn't got up*) John ist noch nicht unten; **I'll be ~ in a minute** ich komme sofort runter; **to be ~ for the count** (*Boxing*) ausgezählt werden; **I've been ~ with flu** ich habe mit Grippe (im Bett) gelegen; **he was (feeling) a bit ~** er fühlte sich ein wenig niedergeschlagen.

3. (*to or at another place*) *usu not translated* **he came ~ from London yesterday** er kam gestern aus London; (*to south also*) er ist gestern von London runtergekommen (*inf*); **he's ~ in London** er ist in London; **~ South** im Süden/in den Süden; **we're going ~ to the sea/to Dover** wir fahren an die See/nach Dover; **he's ~ at his brother's** er ist bei seinem Bruder.

4. (*in volume, degree, status*) **his shoes were worn ~** seine Schuhe waren abgetragen; **the tyres are ~** die Reifen sind platt; **his temperature is ~** sein Fieber ist zurückgegangen; **the price of meat is ~ on last week** der Fleischpreis ist gegenüber der letzten Woche gefallen; **I'm £20 ~ on what I expected** ich habe £ 20 weniger, als ich dachte; **their team is three points ~ (on their opponents)** ihre Mannschaft liegt (verglichen mit ihren Gegnern) um drei Punkte zurück.

5. (*in writing, planning*) **to write sth ~** etw aufschreiben; **I've got it ~ in my diary** ich habe es in meinem Kalender notiert; **let's get it ~ on paper** schreiben wir es auf; **when you see it ~ on paper** wenn man es schwarz auf weiß sieht; **it's ~ for next month** es steht für nächsten Monat auf dem Programm/Stundenplan *etc*.

6. (*indicating succession of things, events, in hierarchy*) *usu not translated* **(all** *or* **right) ~ through the ages** von jeher; **right ~ to the present day** bis zum heutigen Tag; **from the biggest ~ to the smallest** vom Größten bis zum Kleinsten.

7. to pay £20 ~ £ 20 anzahlen; **how much do they want ~?** was verlangen sie als Anzahlung?; **to be ~ on sb** jdn schikanieren.

8. (*not working*) **to be ~** außer Betrieb sein.

9. to be ~ to sb/sth (*be caused by*) an jdm/etw liegen; **it's ~ to you to decide** die Entscheidung liegt bei Ihnen.

II *prep* **1.** (*indicating movement to*) **to go/come ~ the hill/street** den Berg/die Straße hinuntergehen/herunterkommen; **she let her hair fall ~ her back** sie ließ ihr Haar über die Schultern fallen; **he ran his finger ~ the list** er ging (mit dem Finger) die Liste durch.

2. (*at a lower part of*) **he's already ~ the hill** er ist schon unten; **the other skiers were further ~ the slope** die anderen Skifahrer waren weiter unten; **she lives ~ the street (from us)** sie wohnt ein Stückchen weiter die Straße entlang.

3. ~ the ages/centuries durch die Jahrhunderte (hindurch).

4. (*along*) **he was walking/coming ~ the street** er ging/kam die Straße entlang; **looking ~ this road, you can see ...** wenn Sie die Straße hinunterblicken, können Sie ... sehen.

5. (*Brit inf: to, in, at*) **he's gone ~ the pub** er ist in die Kneipe gegangen; **he works ~ the garage** er arbeitet in der Autowerkstatt.

III *n* **to have a ~ on sb** (*inf*) jdn auf dem Kieker haben (*inf*); *see* **up.**

IV *vt opponent* niederschlagen, zu Fall bringen; *enemy planes* abschießen, (he)runterholen (*inf*); *beer* runterkippen (*inf*). **to ~ tools** die Arbeit niederlegen.

down² *n* (*feathers*) Daunen, Flaumfedern *pl*; (*youth's beard*) Flaum *m*.

down³ *n usu pl* (*Geog*) Hügelland *nt no pl*. **on the ~(s)** im Hügelland.

down-and-out I *n* (*tramp*) Penner *m* (*inf*); **II** *adj* heruntergekommen; *appearance also* abgerissen; **down-at-heel** *adj* heruntergekommen, verarmt; **down-beat I** *n Taktstockführung f, die den ersten betonten Taktteil anzeigt,* erster Taktteil; **II** *adj* (*fig*) *ending* undramatisch; **down-bow** *n* (*Mus*) Abstrich *m*; **downcast I** *adj* **1.** (*depressed*) *person, expression* niedergedrückt, entmutigt; **2.** *eyes* niedergeschlagen; *look* gesenkt; **II** *n* (*Min*) Wetterschacht *m*; **down draught,** (*US*) **down draft** *n* (*Met*) Fallwind *m*; (*Tech*) Fallstrom *m*.

downfall *n* **1.** Sturz, Fall *m*; (*of empire also*) Untergang *m*; (*cause of ruin: drink etc*) Ruin *m*; **2.** (*of rain*) heftiger Niederschlag, Platzregen *m*; **downgrade I** *n* (*Rail*) Gefälle *nt*; **to be on the ~** (*fig*) auf dem absteigenden Ast sein; (*health, quality*) sich verschlechtern; **II** *vt hotel, job, work* herunterstufen; *person also* degradieren; **down-hearted** *adj* niedergeschlagen, entmutigt; **downhill I** *adv* **to go ~** (*road*) bergab führen *or* gehen;

(*car*) hinunter *or* herunterfahren; (*person*) hinunter- *or* heruntergehen; (*fig*) (*person*) auf dem absteigenden Ast sein; (*work, health*) sich verschlechtern; **II** *adj* (*lit*) abfallend *attr*, bergab führend *attr*; **the path is ~ for 2 miles** der Weg führt zwei Meilen bergab; **the ~ path to drug addiction** der abschüssige Weg in die Drogensucht; **download** (*Comput*) **I** *vt* laden; **II** *vi* **it won't ~** Runterladen ist nicht möglich; **III** *attr font, character* ladbar; **downloadable** *adj* (*Comput*) ladbar; **downmarket I** *adj product* für den Massenmarkt; *area* weniger anspruchsvoll; *person, language* ordinär; **we used to have a ~ range** unser Sortiment war früher auf den Massenmarkt ausgerichtet; **II** *adv* **we decided to go ~** (*shop*) wir beschlossen, uns mehr auf den Massenmarkt zu konzentrieren; **down payment** *n* (*Fin*) Anzahlung *f*; **downpipe** *n* Abflußrohr *nt*; **downpour** *n* Platzregen, Wolkenbruch *m*; **downright I** *adj refusal, lie* glatt; *rudeness, scoundrel, liar* ausgesprochen; **II** *adv rude, angry* ausgesprochen; **downriver** *adv* flußabwärts (*from* von); **~ from Bonn** unterhalb von Bonn; **downside** *n* Nachteil *m*; **downspout** *n* (*US*) Abflußrohr *nt*.

Down's syndrome ['daʊnz'sɪndrəʊm] (*Med*) **I** *n* Down-Syndrom *nt*. **II** *attr* **a ~ baby** ein an Down-Syndrom leidendes Kind.

downstage *adv* (*at the front*) im vorderen Teil der Bühne; (*towards the front*) zum vorderen Teil der Bühne. **downstairs I** *adv go, come* nach unten; *be* unten; **the people ~** die Leute unter uns *or* von unten; **II** *adj flat* Parterre-; **the ~ rooms** die unteren Zimmer, die Zimmer unten; **our ~ neighbours** die Nachbarn unter uns; **III** *n* Parterre *nt*; **downstream** *adv* fluß- *or* stromabwärts (*from* von); **downstroke** *n* (*in writing*) Abstrich *m*; (*Mech: of piston*) Ansaugtakt *m*; **downswept** *adj wings* abwärtsgerichtet; **down swing** *n* Abwärtsschwingen *nt*; **downtime** *n* Ausfallzeit *f*; **down-to-earth** *adj attitude, approach* nüchtern; **he's a ~ sort of person** (*practical*) er steht mit beiden Füßen auf der Erde; (*rather boring*) er ist eher nüchtern; **downtown I** *adj* **~ district** Zentrum *nt*, Innenstadt *f*, (*US*) Geschäftsviertel *nt*; **~ Chicago** das Zentrum *or* die City *or* Innenstadt von Chicago; **II** *adv* **to go ~** in die (Innen)stadt *or* ins Zentrum gehen; **to live ~** im (Stadt)zentrum *or* in der Innenstadt wohnen; **down-trodden** *adj people* unterdrückt, geknechtet; **downturn** *n* (*in prices, business*) Rückgang *m*, Abflauen *nt*; **to take a ~** zurückgehen, abflauen; **down under** (*Brit inf*) **I** *n* Australien *nt*; Neuseeland *nt*; **II** *adv* in/nach Australien/Neuseeland.

downward ['daʊnwəd] **I** *adj movement, pull* nach unten; *slope* abfallend. **he's on the ~ path** (*fig*) mit ihm geht's bergab. **II** *adv* (*also* **downwards**) *go, look* nach unten. **to slope gently ~** sanft abfallen.

downwind ['daʊnwɪnd] *adv* in Windrichtung (*of or from sth* einer Sache *gen*).

downy ['daʊnɪ] *adj* (*+er*) *skin, leaf, peach* flaumig, mit (feinen) Härchen bedeckt; *cushion* Daunen-; *softness* flaumweich, daunenweich.

dowry ['daʊrɪ] *n* Mitgift *f*.

dowse[1] [daʊz] *vt see* **douse.**

dowse[2] *vi* (*divine*) mit einer Wünschelrute suchen. **dowsing rod** Wünschelrute *f*.

doyen ['dɔɪən] *n* (*senior and expert member of group*) Nestor *m*; (*of diplomatic corps*) Doyen *m*.

doyenne ['dɔɪen] *n see* **doyen** Nestorin *f*; Doyenne *f*.

doz *abbr of* **dozen.**

doze [dəʊz] **I** *n* Nickerchen *nt*. **to have a ~** dösen, ein Nickerchen machen. **II** *vi* (vor sich hin) dösen.

◆**doze off** *vi* einschlafen, einnicken.

dozen ['dʌzn] *n* Dutzend *nt*. **80p a ~** 80 Pence das Dutzend; **half a ~** sechs, ein halbes Dutzend; **~s** jede Menge; (*fig inf*) eine ganze Menge; **~s of times** (*inf*) x-mal (*inf*), tausendmal; **there are ~s like that** (*inf*) das gibt's wie Sand am Meer.

dozily ['dəʊzɪlɪ] *adv* verschlafen, schläfrig.

dozy ['dəʊzɪ] *adj* (*+er*) **1.** (*sleepy*) schläfrig, verschlafen. **2.** (*sl: stupid*) dösig (*inf*).

DP *abbr of* **data processing** DV *f*.

D Phil *abbr of* **Doctor of Philosophy** Dr. phil.

DPP *abbr of* **Director of Public Prosecutions.**

dpt *abbr of* **department** Abt.

Dr *abbr of* **doctor** Dr.

drab [dræb] **I** *adj* (*+er*) trist; *colour also* düster; *town also* grau. **II** *n, no pl* (*Tex*) grober, graubrauner Wollstoff.

drably ['dræblɪ] *adv see adj*.

drabness ['dræbnɪs] *n see adj* Tristheit *f*; Düsterkeit *f*; Grauheit *f*.

drachma ['drækmə] *n, pl* **-e** ['drækmi:] *or* **-s** Drachme *f*.

draconian [drə'kəʊnɪən] *adj* drakonisch.

draft [drɑ:ft] **I** *n* **1.** (*rough outline*) Entwurf *m*.

2. (*Fin, Comm*) Wechsel *m*, Tratte *f*.

3. (*Mil: group of men*) Sonderkommando *nt*.

4. (*US Mil*) (*group of conscripts*) Rekruten *pl*; (*conscription*) Einberufung (zum Wehrdienst).

5. (*US*) *see* **draught.**

6. (*Comput*) Draft(druck) *m*, Schnellschrift *f*.

II *vt* **1.** *letter, speech, bill, contract* entwerfen.

2. (*US Mil*) *conscript* einziehen, einberufen (*into* zu). **he was ~ed into the Cabinet** (*fig*) er wurde ins Kabinett berufen.

III *attr* (*Comput*) *mode, quality* Draft-.

draft board *n* (*US Mil*) Einberufungsbehörde *f*; (*panel*) Einberufungsausschuß *m*; **draft card** *n* (*US Mil*) Wehrpaß *m*; **draft dodger** *n* (*US Mil*) *Wehrpflichtiger, der sich vor dem Wehrdienst drückt*, Drückeberger *m* (*pej inf*).

draftee ['drɑ:fti:] *n* (*US Mil*) Wehrpflichtige(r) *m*.

draftiness *etc* (*US*) *see* **draughtiness** *etc*.

draft letter *n* Entwurf *m* eines/des Briefes; **draft version** *n* Entwurf *m*.

drag [dræg] **I** *n* **1.** (*object pulled along*) (*for dredging*) Suchanker *m*; (*Naut: cluster of hooks*) Dregganker, Draggen *m*; (*heavy sledge*) Lastschlitten *m*; (*Agr: harrow*) schwere Egge.

2. (*resistance*) (*Aviat*) Luft- *or* Strömungswiderstand *m*; (*Naut*) Wasserwiderstand *m*.

3. (*brake*) Hemmklotz, Hemmschuh *m*.

4. (*slow laborious progress*) **it was a long ~ up to the top of the hill** es war ein langer, mühseliger Aufstieg zum Gipfel.

5. (*inf: hindrance*) **to be a ~ on sb** für jdn ein Klotz am Bein sein.

6. (*inf*) **what a ~!** (*boring*) Mann, ist der/die/das langweilig! (*inf*); (*nuisance*) so'n Mist (*inf*); **the film was a ~** der Film war stinklangweilig (*inf*).

7. (*inf: pull on cigarette*) Zug *m* (*on, at* an +*dat*).

8. (*inf: women's clothing worn by men*) (*von Männern getragene*) Frauenkleidung *f*. **in** *or* **wearing ~** in Frauenkleidung.

9. (*US inf: influence*) Einfluß *m*.

10. (*US inf: street*) **the main ~** die Hauptstraße.

II *vt* **1.** *person, object* schleppen, schleifen, ziehen. **the dog was ~ging its broken leg** der Hund schleifte sein gebrochenes Bein hinter sich her; **to ~ one's feet** (*lit*) (mit den Füßen) schlurfen; (*fig*) alles/die Sache schleifen lassen; **to ~ anchor** (*Naut*) vor Anker treiben; **he ~ged the words out of him** er mußte ihm jedes Wort einzeln aus der Nase ziehen (*inf*).

2. *river* absuchen.

III *vi* **1.** schleifen; (*feet*) schlurfen; (*Naut: anchor*) treiben.

2. (*lag behind: person*) hinterherhinken.

3. (*fig*) (*time, work*) sich hinziehen; (*play, book*) sich in die Länge ziehen; (*conversation*) sich (mühsam) hinschleppen.

◆**drag along** *vt sep person* mitschleppen. **to ~ oneself ~** sich mühsam dahinschleppen.

◆**drag apart** *vt sep* auseinanderzerren, trennen.

◆**drag away** *vt sep* (*lit, fig*) wegschleppen *or* -ziehen. **if you can ~ yourself ~ from the television for a second ...** wenn du dich vielleicht mal für eine Sekunde vom Fernsehen losreißen könntest ...

◆**drag behind I** *vt +prep obj* **to ~ sb/sth ~ one** jdn/etw hinter sich (*dat*) herschleppen *or* herschleifen. **II** *vi* (*in class*) zurück sein, hinterherhinken; (*in race*) hinterherlaufen *or* -fahren; (*on a walk*) zurückbleiben, hinterhertrödeln.

◆**drag down** *vt sep* (*lit*) herunterziehen; (*fig*) mit sich ziehen. **to ~ sb ~ to one's own level** (*fig*) jdn auf sein eigenes Niveau herabziehen; **his illness is ~ging him ~** seine Krankheit macht ihn fertig (*inf*).

◆**drag in** *vt sep* **1.** (*lit*) hineinziehen. **2.** (*fig*) *subject* aufs Tapet bringen; *remark* anbringen.

◆**drag off** *vt sep* (*lit*) wegzerren *or* -ziehen; (*fig*) wegschleppen. **to ~ sb ~ to a concert** jdn in ein Konzert schleppen.

◆**drag on** *vi* sich in die Länge ziehen; (*meeting, lecture also*) sich hinziehen; (*conversation*) sich hinschleppen. **it ~ged ~ for 3 hours** es zog sich über 3 Stunden hin.

◆**drag out** *vt sep meeting, discussion* in die Länge ziehen.

◆**drag up** *vt sep* **1.** *scandal, story* ausgraben; *person* aufgabeln (*inf*), auftun (*inf*). **2.** (*inf*) *child* mehr schlecht als recht aufziehen.

drag artist *n* (*inf*) *Künstler, der in Frauenkleidung auftritt;* **drag coefficient** *n* Luftwiderstandsbeiwert *m*.

dragée ['dræʒeɪ] *n* (*Med*) Dragee *nt*.

drag factor *n* Widerstandsbeiwert *m*.

drag lift *n* (*Ski*) Schlepplift *m*.

dragnet ['drægnet] *n* (*for fish*) Schleppnetz *nt*; (*police hunt*) großangelegte Polizeiaktion. **to slip through the ~** (der Polizei) durch die Maschen schlüpfen.

dragon ['drægən] *n* (*lit, fig inf*) Drache *m*.

dragonfly ['drægənˌflaɪ] *n* Libelle *f*.

dragoon [drə'guːn] **I** *n* (*Mil*) Dragoner *m*. **II** *vt* **to ~ sb into doing sth** jdn zwingen *or* mit Gewalt dazu bringen, etw zu tun.

drag queen *n* (*sl*) Fummeltrine (*sl*), Tunte (*sl*) *f*; **dragrace** *n* Beschleunigungsrennen *nt*; **dragrope** *n* Schlepptau *nt*; **drag show** *n* Transvestitenshow *f*.

dragster ['drægstə^r] *n* Dragster *m* (*sl*).

drain [dreɪn] **I** *n* **1.** (*pipe*) Rohr *nt*; (*under sink*) Abfluß(rohr *nt*) *m*; (*under the ground*) Kanalisationsrohr *nt*; (*~ cover*) Rost *m*. **open ~** (Abfluß)rinne *f*; **to throw one's money down the ~** (*fig inf*) das Geld zum Fenster hinauswerfen; **all his hopes have gone down the ~ now** (*inf*) er hat alle seine Hoffnungen begraben (müssen); **this country's going down the ~** (*inf*) dieses Land geht vor die Hunde (*inf*); **to laugh like a ~** (*inf*) sich vor Lachen ausschütten wollen.

2. (*on resources*) Belastung *f* (*on gen*). **looking after her father has been a great ~ on her strength** die Pflege ihres Vaters hat sehr an ihren Kräften gezehrt; *see* **brain ~**.

II *vt* **1.** drainieren; *land, marshes also* entwässern; *vegetables* abgießen; (*let ~*) abtropfen lassen; *mine* auspumpen; *reservoir* trockenlegen; *boiler, radiator* das Wasser ablassen aus; *engine oil* ablassen.

2. (*fig*) **to ~ sb of strength** an jds Kräften (*acc*) zehren; **to feel ~ed (of energy)** sich ausgelaugt fühlen; **to ~ sb dry** jdn ausnehmen (*inf*).

3. *glass* austrinken, leeren.

III *vi* (*dishes*) abtropfen; (*land into river*) entwässert werden.

◆**drain away I** *vi* (*liquid*) ablaufen; (*strength*) dahinschwinden. **II** *vt sep liquid* ableiten.

◆**drain off** *vt sep* abgießen; (*let drain*) abtropfen lassen.

drainage ['dreɪnɪdʒ] *n* **1.** (*draining*) Dränage *f*; (*of land also*) Entwässerung *f*. **2.** (*system*) Entwässerungssystem *nt*; (*in house, town*) Kanalisation *f*. **3.** (*sewage*) Abwasser *nt*. **4.** (*Geol*) Drän(ier)ung (*spec*), Entwässerung *f*.

drainage area, drainage basin *n* (*Geol*) Einzugsgebiet *f*; **drainage channel** *n* (*Build*) Entwässerungsgraben, Abzugsgraben *m*; **drainage tube** *n* (*Med*) Drain, Drän *m*.

draining board, (*US*) **drain board** *n* Ablauf *m*; **drain pipe** *n* Kanalisations-/Abflußrohr *nt*; **drainpipes, drainpipe trousers** *npl* Röhrenhosen *pl*.

drake [dreɪk] *n* Erpel, Enterich *m*; *see* **duck**[1].

dram [dræm] *n* **1.** (*measure, Pharm*) ≃ Drachme *f* (*old*). **2.** (*small drink*) Schluck *m* (Whisky).

drama ['drɑːmə] *n* (*art, play, incident*) Drama *nt*; (*no pl: quality of being dramatic*) Dramatik *f*. **18th-century German** ~ das deutsche Drama des 18. Jahrhunderts; **family** ~ (*TV series*) Familienserie *f*.

drama critic *n* Theaterkritiker(in *f*) *m*; **drama school** *n* Schauspielschule *f*; **drama student** *n* Schauspielschüler(in *f*) *m*.

dramatic [drə'mætɪk] *adj* dramatisch; *criticism* Theater-; *ability of actor* schauspielerisch.

dramatically [drə'mætɪkəlɪ] *adv* dramatisch; (*in a theatrical manner*) theatralisch. **he flung his book ~ to the ground** mit theatralischer Geste schleuderte er sein Buch auf den Boden.

dramatics [drə'mætɪks] *npl* **1.** (*Theat*) Dramaturgie *f*; *see* **amateur. 2.** (*fig*) theatralisches Getue.

dramatis personae ['dræmətɪspɜː'səʊnaɪ] *npl* Personen der Handlung.

dramatist ['dræmətɪst] *n* Dramatiker(in *f*) *m*.

dramatization [ˌdræmətaɪ'zeɪʃən] *n see vt* Bühnen-/Fernsehbearbeitung *f*; Dramatisierung *f*.

dramatize ['dræmətaɪz] **I** *vt* **1.** *novel* für die Bühne/das Fernsehen bearbeiten, dramatisieren. **2.** (*make vivid*) *event* dramatisieren. **II** *vi* **1.** (*novel*) sich für die Bühne/das Fernsehen bearbeiten lassen. **2.** (*exaggerate*) übertreiben.

drank [dræŋk] *pret of* **drink.**

drape [dreɪp] **I** *vt* **1.** drapieren; *window* mit Vorhängen versehen; *person* hüllen; *altar also* behängen.

2. *curtain, length of cloth* drapieren. **to ~ sth over sth** etw über etw (*acc*) drapieren.

II *n* **1.** ~**s** *pl* (*US*) Gardinen *pl*. **2.** (*way sth hangs*) Fall *m*.

draper ['dreɪpə^r] *n* (*Brit*) Textilkaufmann *m*.

drapery ['dreɪpərɪ] *n* **1.** (*Brit*) (*cloth*) Stoff *m*; (*business: also* ~ **shop**) Stoffladen *m*. **2.** (*hangings*) Draperie *f* (*old*); (*on wall also*) Behang *m*; (*around bed*) Vorhänge *pl*; (*clothing, fig liter*) Gewand *nt*.

drastic ['dræstɪk] *adj* **1.** drastisch. **there's no need to be so ~** man braucht nicht so radikal *or* drastisch vorzugehen.

2. (*urgent, serious*) bedrohlich. **there's a ~ need for medical supplies** es besteht dringender Bedarf an Medikamenten.

drastically ['dræstɪkəlɪ] *adv see adj* **1.** drastisch. **2.** bedrohlich. **they're ~ short of supplies** ihre Vorräte sind bedrohlich knapp.

drat [dræt] *interj* (*inf*) ~ **(it)!** verflixt! (*inf*).

dratted ['drætɪd] *adj* (*inf*) verflixt (*inf*).

draught, (*US*) **draft** [drɑːft] *n* **1.** (Luft)zug *m*; (*through* ~) Durchzug *m*; (*for fire*) Zug *m*. **there's a terrible ~ in here** hier zieht es fürchterlich; **I'm sitting in a ~** ich sitze im Zug; **are you in a ~?** zieht's Ihnen?; **he's beginning to feel the ~** (*fig inf*) ihm wird allmählich das Geld knapp.

2. (*swallow, drink*) Zug *m*.

3. (*Naut*) Tiefgang *m*.

4. (*of fish*) Fischzug *m*.

5. (*Brit: game*) ~**s** (*+sing vb*) Damespiel *nt*; (*+pl vb: pieces*) Damesteine *pl*.

6. (*rough sketch*) *see* **draft I 1.**

draught animal *n* Zugtier *nt*; **draught beer** *n* Faßbier, Schankbier *nt*, Bier *nt* vom Faß; **draught-board** *n* Damebrett *nt*; **draught excluder** *n* Dichtungsmaterial *nt*.

draughtiness, (*US*) **draftiness** ['drɑːftɪnɪs] *n* Zugigkeit *f*.

draughtproof, (*US*) **draftproof** ['drɑːftpruːf] *adj windows, doors* dicht; *room* gegen Zugluft geschützt.

draughtproofing, (*US*) **draftproofing** ['drɑːftˌpruːfɪŋ] *n* Zugluftisolierung *f*; (*material*) Isoliermaterial *nt* gegen Zugluft.

draughtsman ['drɑːftsmən] *n, pl* **-men** [-mən] **1.** (*US:* **draftsman**) (*of plans*) Zeichner *m*; (*of documents, treaty*) Verfasser *m*. **2.** (*Brit: in game*) Damestein *m*.

draughtsmanship, (*US*) **draftsmanship** ['drɑːftsmənʃɪp] *n* **you can tell by the ~ that ...** an der Qualität der Zeichnung/des Entwurfs kann man sehen, daß ...; **the skills of ~** das zeichnerische Können.

draughtswoman ['drɑːftswʊmən] *n, pl* **-women** [-ˌwɪmɪn] (*US:* **draftswoman**) Zeichnerin *f*.

draughty, (*US*) **drafty** ['drɑːftɪ] *adj* (*er*) zugig. **it's ~ in here** hier zieht es.

draw[1] [drɔː] *pret* **drew,** *ptp* **drawn I** *vt* (*lit, fig*) zeichnen; *line* ziehen. **we must ~ the line somewhere** (*fig*) irgendwo muß Schluß sein; **some people just don't know where to ~ the line** manche Leute wissen einfach nicht, wie weit sie gehen können.

II *vi* zeichnen.

draw[2] (*vb: pret* **drew,** *ptp* **drawn**) **I** *vt* **1.** (*move by pulling*) ziehen; *bolt* zurückschieben; *bow* spannen; *curtains* (*open*) aufziehen; (*shut*) zuziehen; (*Med*) *abscess* schneiden. **he drew the book towards him** er zog das Buch näher (zu sich heran); **he drew the smoke down**

into his lungs er machte einen (tiefen) Lungenzug.

2. (*move by pulling behind*) *coach, cart* ziehen.

3. (*extract, remove*) *teeth, sword* ziehen; *cork* herausziehen.

4. (*obtain from source*) holen; *wine also* (*from barrel*) zapfen. **to ~ a bath** das Badewasser einlassen; **to ~ money from the bank** Geld (vom Konto) abheben; **he's bitten her — has he ~n blood?** er hat sie gebissen — blutet sie?; **to ~ a cheque on a bank** einen Scheck auf eine Bank ausstellen; **to ~ first prize** den ersten Preis gewinnen; **to ~ inspiration from sb/sth/somewhere** sich von jdm/von etw/von irgendwas inspirieren lassen; **to ~ comfort from sth** sich mit etw trösten; **her singing drew tremendous applause from the audience** ihr Singen rief brausenden Beifall hervor; **to ~ a big salary/the dole** ein großes Gehalt/Arbeitslosenunterstützung beziehen; **to ~ a smile/a laugh from sb** jdm ein Lächeln/ein Lachen entlocken.

5. (*attract*) *interest* erregen; *customer, crowd* anlocken. **the play has ~n a lot of criticism** das Theaterstück hat viel Kritik auf sich (*acc*) gezogen; **to feel ~n towards sb** sich zu jdm hingezogen fühlen; **to ~ sb into sth** jdn in etw (*acc*) hineinziehen *or* verwickeln; **to ~ sb away from sb/sth** jdn von jdm/etw weglocken; **I was irresistibly ~n to the conclusion that ...** ich kam unweigerlich zu dem Schluß, daß ...

6. to ~ a (deep) breath (tief) Luft holen.

7. (*cause to speak, to disclose feelings*) **he refuses to be ~n** (*will not speak*) aus ihm ist nichts herauszubringen; (*will not be provoked*) er läßt sich auf nichts ein; **I won't be ~n on that one** dazu möchte ich mich nicht äußern.

8. (*establish, formulate*) *conclusion, comparison* ziehen; *distinction* treffen. **well, ~ your own conclusions!** zieh deine eigenen Schlüsse!; **you can ~ whatever conclusion you like** du kannst daraus schließen, was du willst.

9. (*Naut*) **the boat ~s 4 metres** das Boot hat 4 m Tiefgang.

10. (*Sport*) **to ~ a match** unentschieden spielen.

11. we've been ~n (to play) away/at home wir sind für ein Auswärtsspiel/Heimspiel gezogen worden.

12. (*Cards*) **to ~ a card from the pack** eine Karte vom Haufen abheben *or* nehmen; **to ~ trumps** Trümpfe herauszwingen.

13. (*Cook*) *fowl* ausnehmen; *see* **hang.**

14. (*Hunt*) *fox* aufstöbern.

15. to ~ sth to a close etw zu Ende bringen, etw beenden.

II *vi* **1.** (*move, come: of person, time, event*) kommen. **he drew towards the door** er bewegte sich auf die Tür zu; **he drew to one side** er ging/fuhr zur Seite; **to ~ to an end** zu Ende gehen; **he drew ahead of the other runners** er zog den anderen Läufern davon; **the two horses drew level** die beiden Pferde zogen gleich; **to ~ near** herankommen (*to* an +*acc*); **to ~ nearer** (immer) näher (heran)kommen (*to* an +*acc*); *see* **near.**

2. (*allow airflow: of chimney, pipe*) ziehen.

3. (*Sport: of teams in matches*) unentschieden spielen. **they drew 2-2** sie trennten sich *or* spielten 2:2 unentschieden.

4. (*Cards*) **to ~ for partners** die Partner durch Kartenziehen bestimmen.

5. (*infuse: tea*) ziehen.

III *n* **1.** (*lottery*) Ziehung, Ausspielung *f*; (*for sports competitions*) Auslosung, Ziehung *f*; *see* **luck.**

2. (*Sport*) Unentschieden *nt.* **the match ended in a ~** das Spiel endete unentschieden *or* mit einem Unentschieden; **the team had five wins and two ~s** die Mannschaft hat fünfmal gewonnen und zweimal unentschieden gespielt.

3. (*attraction: play, film*) (Kassen)schlager, Knüller (*inf*) *m*; (*person*) Attraktion *f*.

4. to be quick on the ~ (*lit*) schnell mit der Pistole sein, schnell (den Revolver) ziehen; (*fig*) schlagfertig sein.

◆**draw alongside** *vi* heranfahren/-kommen (+*prep obj* an +*acc*).

◆**draw apart I** *vi* (*move away*) sich lösen; (*couple*) sich auseinanderleben; (*from political party*) abrücken.

II *vt sep person* beiseite nehmen.

◆**draw aside** *vt sep person* beiseite nehmen; *curtains* zur Seite ziehen.

◆**draw away I** *vi* **1.** (*move off: car*) losfahren; (*procession*) sich entfernen. **2.** (*move ahead: runner*) davonziehen (*from sb* jdm). **3.** (*move away: person*) sich entfernen. **she drew ~ from him when he put his arm around her** sie rückte von ihm ab, als er den Arm um sie legte.

II *vt sep person* weglocken; *object* wegnehmen.

◆**draw back I** *vi* zurückweichen. **II** *vt sep* zurückziehen; *curtains also* aufziehen.

◆**draw down** *vt sep blinds* herunterlassen.

◆**draw in I** *vi* **1.** (*train*) einfahren; (*car*) anhalten.

2. (*get shorter: days*) kürzer werden.

II *vt sep* **1.** *breath, air* einziehen.

2. (*attract, gain*) *crowds* anziehen. **to ~ sb ~ on a project** jdn für ein Projekt gewinnen; **I don't want to be ~n ~to your problems** ich möchte nicht in Ihre Probleme verwickelt *or* hineingezogen werden.

3. to ~ ~ one's claws (*lit, fig*) die Krallen einziehen; *see* **horn.**

4. (*pull on*) *reins* anziehen. **to ~ ~ one's belt** den Gürtel enger schnallen.

◆**draw off I** *vi* (*car*) losfahren. **II** *vt sep* **1.** *gloves, garment* ausziehen. **2.** *excess liquid* abgießen; *blood* abnehmen.

◆**draw on I** *vi* **as the night drew ~** mit fortschreitender Nacht; **winter ~s ~** der Winter naht; **time is ~ing ~** es wird spät.

II *vi* +*prep obj* (*use as source: also* ~

upon) sich stützen auf (+*acc*). **you'll have to ~ ~ your powers of imagination** Sie müssen Ihre Phantasie zu Hilfe nehmen; **the author ~s ~ his experiences in the desert** der Autor schöpft aus seinen Erfahrungen in der Wüste.

III *vt sep* (*put on*) *stockings, gloves* anziehen.

◆**draw out I** *vi* **1.** (*train*) ausfahren; (*car*) herausfahren (*of* aus). **2.** (*become longer: days*) länger werden.

II *vt sep* **1.** (*take out*) herausziehen.

2. (*make longer*) ziehen.

3. (*prolong*) in die Länge ziehen, hinausziehen. **a long-~n-~ meeting** eine sehr in die Länge gezogene Konferenz.

4. (*cause to speak*) **to ~ sb ~/sb ~ of his shell** jdn aus der Reserve locken.

◆**draw over** *vi* **the policeman told the motorist to ~ ~ (to the side of the road)** der Polizist sagte dem Autofahrer, er solle an den Straßenrand fahren.

◆**draw together** *vt sep threads* miteinander verknüpfen; *bits of argument also* in einen Zusammenhang bringen.

◆**draw up I** *vi* (*stop: car*) (an)halten.

II *vt sep* **1.** (*formulate*) entwerfen; *contract, agreement also, will* aufsetzen; *list* aufstellen.

2. *chair* heranziehen; *boat* aufschleppen (*spec*), an Land ziehen. **to ~ oneself ~ (to one's full height)** sich (zu seiner vollen Größe) aufrichten.

3. (*set in line*) *troops* aufstellen.

4. (*make stop*) **this thought drew him ~ sharp** dieser Gedanke ließ ihn mit einem Ruck innehalten.

◆**draw upon** *vi +prep obj see* **draw on II.**

drawback *n* Nachteil *m*; **drawbridge** *n* Zugbrücke *f*.

drawee [drɔːˈiː] *n* (*Fin*) Bezogene(r) *mf*.

drawer *n* **1.** [drɔːʳ] (*in desk*) Schublade *f*; *see* **chest[1]**. **2.** [ˈdrɔːəʳ] (*person: of pictures*) Zeichner(in *f*) *m*. **3.** [ˈdrɔːəʳ] (*of cheque*) Aussteller(in *f*) *m*. **4.** **~s** [drɔːz] *pl* (*dated, hum*) (*for men*) Unterhose(n *pl*) *f*; (*for women also*) Schlüpfer *m*.

drawing [ˈdrɔːɪŋ] *n* Zeichnung *f*. **I'm no good at ~** ich kann nicht gut zeichnen.

drawing-board *n* Reißbrett *nt*; **the scheme is still on the ~** (*fig*) das Projekt ist noch in der Planung; **well, it's back to the ~** (*fig*) das muß noch einmal ganz neu überdacht werden; **drawing paper** *n* Zeichenpapier *nt*; **drawing pen** *n* Zeichenfeder *f*; **drawing-pin** *n* (*Brit*) Reißzwecke *f*; **drawing room** *n* Wohnzimmer *nt*; (*in mansion*) Salon *m*.

drawl [drɔːl] **I** *vi* schleppend sprechen. **II** *vt* schleppend aussprechen. **III** *n* schleppende Sprache. **a Texan/Southern ~** schleppendes Texanisch/ein schleppender südlicher Dialekt.

drawn [drɔːn] **I** *ptp of* **draw[1]** *and* **draw[2]**. **II** *adj* **1.** (*haggard*) (*from tiredness*) abgespannt; (*from worry*) abgehärmt, verhärmt. **his face ~ with pain** sein vor Schmerzen verzerrtes Gesicht. **2.** (*equal*) *game, match* unentschieden.

drawstring [ˈdrɔːstrɪŋ] *n* Kordel *f* zum Zuziehen.

dray [dreɪ] *n* Rollwagen *f*.

dray-horse *n* Zugpferd *nt*; (*in brewery*) Brauereipferd *nt*.

dread [dred] **I** *vt* sich fürchten vor (+*dat*), große Angst haben vor (+*dat*). **the ~ed monster from outer space** das gefürchtete Ungeheuer aus dem All; **I ~** *or* **I'm ~ing seeing her again** ich denke mit Schrecken an ein Wiedersehen mit ihr; **he ~s going to the dentist** er hat schreckliche Angst davor, zum Zahnarzt zu gehen; **I ~ to think of it** (*inf*) das wage ich nicht, mir vorzustellen.

II *n* **to go** *or* **live in ~ of the secret police/being found out** in ständiger Angst vor der Geheimpolizei leben/in ständiger Angst davor leben, entdeckt zu werden.

III *adj* (*liter*) gefürchtet.

dreadful [ˈdredfʊl] *adj* schrecklich, furchtbar. **what a ~ thing to happen** wie entsetzlich *or* furchtbar, daß das passieren mußte; **I feel ~** (*ill*) ich fühle mich schrecklich *or* scheußlich; (*mortified*) es ist mir schrecklich peinlich.

dreadfully [ˈdredfəlɪ] *adv* schrecklich.

dreadlocks [ˈdredlɒks] *npl* Dreadlocks *pl*.

dream [driːm] (*vb: pret, ptp* **dreamt** *or* **~ed**) **I** *n* **1.** Traum *m*. **to have a bad ~** schlecht träumen; **the whole business was like a bad ~** die ganze Angelegenheit war wie ein böser Traum; **sweet ~s!** träum was Schönes!, träume süß!; **to have a ~ about sb/sth** von jdm/etw träumen; **it worked like a ~** (*inf*) das ging wie im Traum.

2. (*when awake*) **she goes round in a ~** sie lebt wie im Traum; **to be in a ~** (mit offenen Augen) träumen; **to go into a ~** zu träumen anfangen; **sorry, I was in a ~** Entschuldigung, ich habe geträumt.

3. (*fantasy, vision*) Traum *m*. **the house of his ~s** das Haus seiner Träume, sein Traumhaus; **she was happy beyond her wildest ~s** sie war so glücklich, wie sie es in ihren kühnsten Träumen nicht für möglich gehalten hätte; **all his ~s came true** all seine Träume gingen in Erfüllung; **it's just idle ~s** das sind nichts als Wunschträume.

4. (*inf*) Schatz *m*. **darling, you're a ~!** Liebling, du bist ein Schatz; **a ~ of a hat** ein traumhaft schöner Hut.

II *vi* (*lit, fig*) träumen (*about, of* von). **I'm sorry, I was ~ing** es tut mir leid, ich habe geträumt.

III *vt* (*lit, fig*) träumen; *dream* haben. **he ~s of being free one day** er träumt davon, eines Tages frei zu sein; **I should never have ~t of doing such a thing** ich hätte nicht im Traum daran gedacht, so etwas zu tun; **I wouldn't ~ of it/of telling her** das würde mir nicht im Traum einfallen/es fiele mir nicht im Traum ein, es ihr zu erzählen; **I never ~t (that) he would come** ich hätte mir nie *or* nicht träumen lassen, daß er kommen würde.

IV *adj attr car, holiday* Traum-. **~ world** Traumwelt *f*.

◆**dream away** *vt sep time* verträumen; *one's life* mit Träumen verbringen.

◆**dream up** *vt sep* (*inf*) *idea* sich (*dat*)

einfallen lassen *or* ausdenken. **where did you ~ that ~?** wie bist du denn bloß darauf gekommen?

dreamer ['dri:mər] *n* Träumer(in *f*) *m*.

dreamily ['dri:mɪlɪ] *adv* verträumt.

dreamless ['dri:mlɪs] *adj sleep* traumlos.

dreamlike ['dri:mlaɪk] *adj* traumähnlich; *music* traumhaft.

dreamt [dremt] *pret, ptp of* **dream.**

dreamy ['dri:mɪ] *adj* (+*er*) **1.** *person* verträumt; *expression also* versonnen. **2.** *music* zum Träumen. **3.** (*inf: lovely*) traumhaft.

drearily ['drɪərɪlɪ] *adv* eintönig, langweilig; *say, stare* trüb. **the music droned on ~ for another hour** die Musik plärrte noch eine Stunde weiter.

dreariness ['drɪərɪnɪs] *n see adj* Eintönigkeit *f*; Trübheit *f*; Langweiligkeit, Farblosigkeit *f*.

dreary ['drɪərɪ] *adj* (+*er*) eintönig; *weather* trüb; *person, speech* langweilig, farblos.

dredge¹ [dredʒ] **I** *n* Bagger *m*; (*net*) Schleppnetz *nt*; (*vessel*) *see* **dredger¹. II** *vt river, canal* ausbaggern, schlämmen.

◆**dredge up** *vt sep* (*lit*) ausbaggern; (*fig*) *unpleasant facts* ans Licht zerren.

dredge² *vt* (*Cook*) bestäuben, bestreuen.

dredger¹ ['dredʒər] *n* (*ship*) Schwimmbagger *m*; (*machine*) Bagger *m*.

dredger² *n* (*Cook*) Streuer *m*; (*also* **sugar ~**) Zuckerstreuer *m*.

dredging¹ ['dredʒɪŋ] *n* Ausbaggern *nt*.

dredging² *n* (*Cook*) Bestreuen *nt*.

dregs [dregz] *npl* **1.** (Boden)satz *m*. **to drink sth to the ~** etw bis auf den letzten Tropfen austrinken. **2.** (*fig*) Abschaum *m*. **the ~ of society** der Abschaum der Gesellschaft.

drench [drentʃ] *vt* **1.** durchnässen. **I'm absolutely ~ed** ich bin durch und durch naß; **to get ~ed to the skin** bis auf die Haut naß werden.

2. (*Vet*) Arznei einflößen (+*dat*).

drenching ['drentʃɪŋ] **I** *n* **to get a ~** bis auf die Haut naß werden. **II** *adj*: **~ rain, he's been working out in the ~ rain all day** er hat den ganzen Tag draußen im strömenden Regen gearbeitet.

Dresden ['drezdən] *n* (*also* **~ china**) ≃ Meißner Porzellan *nt*.

dress [dres] **I** *n* **1.** (*for woman*) Kleid *nt*.

2. *no pl* (*clothing*) Kleidung *f*. **articles of ~** Kleidungsstücke *pl*; **to be in eastern ~** orientalisch gekleidet sein.

3. *no pl* (*way of dressing*) Kleidung *f*, Kleider *pl*. **to be modest/careless in one's ~** sich einfach/nachlässig kleiden.

II *vt* **1.** (*clothe*) *child* anziehen; *family* kleiden; *recruits* einkleiden. **to get ~ed** sich anziehen; **are you ~ed?** bist du schon angezogen?; **he's old enough to ~ himself** er ist alt genug, um sich allein anzuziehen; **to ~ sb in sth** jdm etw anziehen; **~ed in black** in Schwarz, schwarz gekleidet; **to be ~ed for the country/town/tennis** fürs Land/für die Stadt/zum Tennisspielen angezogen sein.

2. (*Theat*) *play* Kostüme entwerfen für.

3. (*arrange, decorate*) (*Naut*) *ship* beflaggen; (*Comm*) *shop-window* dekorieren. **to ~ sb's hair** jdm das Haar frisieren.

4. (*Cook*) *salad* anmachen; *food for table* anrichten; *chicken* brat- *or* kochfertig machen. **~ed crab** farcierter Krebs.

5. *skins* gerben; *material* appretieren; *timber* hobeln; *stone* schleifen.

6. *wound* verbinden.

7. *troops* ausrichten.

8. (*Agr*) *fields* vorbereiten.

III *vi* **1.** sich anziehen *or* kleiden. **to ~ in black** sich schwarz kleiden; **she ~es very well** sie zieht sich sehr gut an; **to ~ for dinner** sich zum Essen umziehen.

2. (*soldiers*) sich ausrichten.

◆**dress down** *vt sep* **1.** *horse* striegeln. **2.** *see* **dressing down.**

◆**dress up I** *vi* **1.** (*in smart clothes*) sich feinmachen, sich schön anziehen. **2.** (*in fancy dress*) sich verkleiden. **he came ~ed ~ as Father Christmas** er kam als Weihnachtsmann (verkleidet).

II *vt sep* **1.** (*disguise*) verkleiden. **it's just his old plan ~ed ~ in a new way** das ist bloß sein alter Plan in einem neuen Gewand. **2.** (*smarten*) *sb* herausputzen. **~ yourself ~ a bit!** mach dich ein bißchen schön!

dressage ['dresɑ:ʒ] *n* Dressur *f*.

dress circle *n* erster Rang; **dress coat** *n* Frack *m*; **dress designer** *n* Modezeichner(in *f*) *m*.

dresser¹ ['dresər] *n* **1.** (*Theat*) Garderobier *m*, Garderobiere *f*. **2.** (*Med*) **his ~** sein(e) Assistent(in) bei der Operation. **3.** (*tool: for wood*) Hobel *m*; (*for stone*) Schleifstein *m*. **4.** (*Comm: also* **window-~**) Dekorateur(in *f*) *m*. **5. she's a stylish ~** sie kleidet sich stilvoll.

dresser² *n* **1.** Anrichte *f*. **2.** (*US: dressing-table*) Frisierkommode *f*.

dressing ['dresɪŋ] *n* **1.** (*act*) Anziehen, Ankleiden *nt*.

2. (*Med: bandage, ointment*) Verband *m*.

3. (*Cook*) Soße *f*.

4. (*Agr*) Dünger *m*.

5. (*of material*) Appretieren *nt*; (*of stone*) Schleifen *nt*; (*of leather*) Gerben *nt*; (*of wood*) Hobeln *nt*; (*for material*) Appreturmittel *nt*; (*for leather*) Gerbmittel *nt*.

dressing down *n* (*inf*) Standpauke *f* (*inf*); **to give sb a ~** jdn herunterputzen (*inf*); **to get a ~** eins auf den Deckel kriegen (*inf*); **dressing-gown** *n* (*in towelling: for bather, boxer*) Bademantel *m*; (*for women: négligé*) Morgenrock *m*; **dressing-room** *n* (*in house*) Ankleidezimmer *nt*; (*Theat*) (Künstler)garderobe *f*; (*Sport*) Umkleidekabine *f*; **dressing-station** *n* Verbandsplatz *m*; **dressing-table** *n* Frisiertoilette *or* -kommode *f*; **~ set** Toilettengarnitur *f*.

dressmaker *n* (Damen)schneider(in *f*) *m*; **dressmaking** *n* Schneidern *nt*; **dress rehearsal** *n* (*lit, fig*) Generalprobe *f*; **dress shirt** *n* Frackhemd *nt*; **dress suit** *n* Abendanzug *m*; **dress uniform** *n* Galauniform *f*.

dressy ['dresɪ] *adj* (*+er*) (*inf*) *person* fein angezogen, aufgedonnert (*pej*). **a long skirt would be a bit too ~** ein langer Rock wäre etwas übertrieben; **you need something a bit more ~** es müßte etwas Eleganteres sein.

drew [druː] *pret of* **draw**[1] *and* **draw**[2].

dribble ['drɪbl] **I** *vi* **1.** (*liquids*) tropfen. **2.** (*baby, person*) sabbern; (*animal*) geifern. **3.** (*Sport*) dribbeln. **4.** (*people*) **to ~ back/in** kleckerweise (*inf*) zurückkommen/hereinkommen.

II *vt* **1.** (*Sport*) **to ~ the ball** mit dem Ball dribbeln.

2. (*baby*) kleckern. **to ~ saliva** sabbern; **he ~d his milk all down his chin** er kleckerte sich (*dat*) Milch übers Kinn.

III *n* **1.** (*of water*) ein paar Tropfen. **a slow ~ of water was still coming out of the pipe** es tröpfelte immer noch etwas aus der Leitung. **2.** (*of saliva*) Tropfen *m*. **3.** (*Sport*) Dribbling *nt*.

dribbler ['drɪbləʳ] *n* (*Sport*) Dribbelkünstler(in *f*) *m*, Dribbler(in *f*) *m*.

driblet ['drɪblɪt] *n* (*drop*) Tropfen *m*. **in ~s** (*money*) in kleinen Raten, kleckerweise (*inf*).

dribs and drabs ['drɪbzən'dræbz] *npl*: **in ~** kleckerweise (*inf*).

dried [draɪd] *adj* getrocknet; *fruit also* Dörr-. **~ eggs/milk** Trockenei *nt*/-milch *f*, Ei-/Milchpulver *nt*.

drier *n see* **dryer**.

drift [drɪft] **I** *vi* **1.** (*Naut, Aviat, snow*) treiben; (*sand*) wehen; (*Rad*) verschwimmen. **to ~ off course** abtreiben; **rally drivers have a technique of ~ing round corners** Rallye-Fahrer haben eine Technik, sich durch Kurven tragen zu lassen.

2. (*fig: person*) sich treiben lassen. **to let things ~** die Dinge treiben lassen; **he ~ed into marriage** er ist in die Ehe hineingeschlittert (*inf*); **he ~ed from job to job** er ließ sich planlos von Job zu Job treiben; **he was ~ing aimlessly along** er wanderte ziellos umher; (*in life*) er lebte planlos in den Tag hinein, er ließ sich plan- und ziellos treiben; **the nation was ~ing towards a crisis** das Land trieb auf eine Krise zu; **young people are ~ing away from the villages** junge Leute wandern aus den Dörfern ab; **to ~ apart** (*people*) sich auseinanderleben.

II *vt* treiben; (*wind*) *clouds, snow also* vor sich her treiben.

III *n* **1.** (*of air, water current*) Strömung *f*. **the ~ of the current** (*speed*) die (Stärke der) Strömung; (*direction*) die Strömung(srichtung).

2. (*mass caused by ~ing*) (*of sand, fallen snow*) Verwehung *f*; (*of leaves*) Haufen *m*.

3. (*of ship, aircraft*) (Ab)drift, Abweichung *f*. **to allow for ~** Abdriften *or* Abweichungen (mit) einkalkulieren.

4. (*Geol: deposits*) Geschiebe *nt*. **continental ~** Kontinentalverschiebung *or* -drift *f*; **glacial ~** Moräne *f*.

5. (*tendency*) **the ~ to the city** der Drang in die Stadt; **moving with the general ~ of events** dem allgemeinen Zug der Ereignisse folgend.

6. (*general meaning: of questions*) Richtung, Tendenz *f*. **I caught the ~ of what he said** ich verstand, worauf er hinauswollte; **if I get your ~** wenn ich Sie recht verstehe.

7. (*Ling*) Tendenz *f*.

drift anchor *n* (*Naut*) Treibanker *m*.

drifter ['drɪftəʳ] *n* **1.** (*person*) **he's a bit of a ~** ihn hält's nirgends lange. **2.** (*boat*) Drifter *m*.

drift-ice *n* Treibeis *nt*; **drifting mine** *n* Treibmine *f*; **drift-net** *n* Treibnetz *nt*; **driftsand** *n* Treibsand *m*; **driftwood** *n* Treibholz *nt*.

drill[1] [drɪl] **I** *n* (*for metal, wood, oil, dentist's*) Bohrer *m*. **II** *vti* bohren. **to ~ for oil** nach Öl bohren.

◆**drill down** *vi* (in die Tiefe) bohren. **we ~ed ~ 500 feet** wir bohrten in eine Tiefe von 500 Fuß.

drill[2] **I** *n* **1.** *no pl* (*esp Mil, fig*) Drill *m*; (*marching*) Exerzieren *nt*. **we get ~ every morning** jeden Morgen müssen wir exerzieren.

2. (*in grammar*) Drillübung *f*.

3. (*inf: procedure*) **what's the ~?** wie geht das?, wie macht man das?; **he doesn't know the ~** er weiß nicht, wie die Sache angefaßt werden muß.

II *vt* **1.** *soldiers* drillen; (*in marching*) exerzieren. **2. to ~ pupils in grammar** mit den Schülern Grammatik pauken. **3. to ~ good manners into a child** einem Kind gute Manieren eindrillen (*inf*); **I ~ed it into him that he must not ...** ich habe es ihm eingebleut (*inf*), daß er nicht ... darf.

III *vi* (*Mil*) gedrillt werden; (*marching*) exerzieren.

drill[3] (*Agr*) **I** *n* **1.** (*furrow*) Furche *f*. **2.** (*machine*) Drillmaschine *f*. **II** *vt* drillen.

drill[4] *n* (*Tex*) Drillich *m*.

drill ground *n* Exerzierplatz *m*.

drilling ['drɪlɪŋ] *n* (*for oil*) Bohrung *f*; (*by dentist*) Bohren *nt*. **~ operations begin next week** die Bohrungen fangen nächste Woche an; **~ rig** Bohrturm *m*; (*at sea*) Bohrinsel *f*.

drill sergeant *n* Ausbilder *m*.

drily ['draɪlɪ] *adv see* **dryly**.

drink [drɪŋk] (*vb: pret* **drank,** *ptp* **drunk**) **I** *n* **1.** (*liquid to ~*) Getränk *nt*. **food and ~** Essen und Getränke; **may I have a ~?** kann ich etwas zu trinken haben?; **to give sb a ~** jdm etwas zu trinken geben; **~s can** Getränkedose *f*.

2. (*glass of alcoholic ~*) Glas *nt*, Drink *m*. **have a ~!** trink doch was *or* einen!; **let's have a ~** trinken wir was; **I need a ~!** ich brauche was zu trinken!; **he likes a ~** er trinkt gern (einen); **to ask friends in for ~s** Freunde auf ein Glas *or* einen Drink einladen; **he's got a few ~s in him** (*inf*) er hat einige intus (*inf*).

3. *no pl* (*alcoholic liquor*) Alkohol *m*. **he has a ~ problem** er trinkt; **to be the worse for ~** betrunken sein; **to take to ~** zu trinken anfangen; **his worries/she drove him to ~** vor lauter Sorgen fing er an zu trinken/sie war der Grund, warum er zu trinken anfing; **it's enough to drive**

you to ~! da könnte man wirklich zum Trinker werden.

4. (*esp Naut, Aviat sl: sea*) Bach *m* (*sl*). **three planes went down into the ~** drei Flugzeuge gingen in den Bach (*sl*).

II *vt* trinken. **would you like something to ~?** möchten Sie etwas zu trinken (haben)?; **is the water fit to ~?** kann man das Wasser trinken?; **to ~ oneself into debt** Haus und Hof versaufen (*inf*); **to ~ oneself silly** sich dumm und dämlich trinken (*inf*) *or* saufen (*inf*); **this car ~s petrol** dieses Auto säuft das Benzin nur so (*inf*); **they drank the pub dry** sie tranken die Kneipe leer.

III *vi* trinken. **he doesn't ~** er trinkt nicht, er trinkt keinen Alkohol; **his father drank** sein Vater hat getrunken *or* war Trinker; **to go out ~ing** einen trinken gehen; **one shouldn't ~ and drive** nach dem Trinken soll man nicht fahren; **~ing and driving** Alkohol am Steuer; **to ~ to sb** auf jdn trinken; (*to one's neighbour at table*) jdm zuprosten *or* zutrinken; **to ~ to sth** auf etw (*acc*) trinken; **I'll ~ to that** darauf trinke ich.

◆**drink away** *vt sep fortune* vertrinken; *sorrows* im Alkohol ersäufen.

◆**drink down** *vt sep* hinuntertrinken, hinunterschlucken.

◆**drink in** *vt sep* **1.** (*plants*) *water* aufsaugen; (*person*) *air* einsaugen, einatmen; *sunshine* in sich (*acc*) aufsaugen. **2.** (*fig*) *a sight, his words* (begierig) in sich aufnehmen.

◆**drink off** *vt sep* austrinken, leeren.

◆**drink up I** *vi* austrinken. **~ ~!** trink aus! **II** *vt sep* austrinken.

drinkable ['drɪŋkəbl] *adj* **1.** (*not poisonous*) *water* trinkbar, Trink-. **2.** (*palatable*) genießbar, trinkbar.

drink-driving ['drɪŋk'draɪvɪŋ] **I** *n* Trunkenheit *f* am Steuer. **II** *attr conviction* wegen Trunkenheit am Steuer. **the number of ~ offences** die Zahl der Fälle von Trunkenheit am Steuer.

drinker ['drɪŋkə^r] *n* Trinker(in *f*) *m*.

drinking ['drɪŋkɪŋ] *n* (*act*) Trinken *nt*; (*drunkenness*) das Trinken, das Saufen (*inf*). **there was a lot of heavy ~** es wurde viel getrunken; **under-age ~** der Alkoholkonsum von Minderjährigen.

drinking bout *n* Sauftour *f* (*inf*); **when his wife died he went on a ~ for three months** als seine Frau starb, hat er drei Monate lang nur getrunken; **drinking chocolate** *n* Trinkschokolade *f*; **drinking companion** *n* Saufbruder (*inf*), Zechkumpan *m*; **drinking fountain** *n* Trinkwasserbrunnen *m*; **drinking-song** *n* Trinklied *nt*; **drinking trough** *n* Tränke *f*; **drinking-water** *n* Trinkwasser *nt*.

drip [drɪp] **I** *vi* (*water, tap*) tropfen. **to be ~ping with sweat/blood** schweißüberströmt *or* schweißgebadet sein/vor Blut triefen; **the film positively ~s with sentimentality** der Film trieft förmlich vor Schmalz.

II *vt liquid* träufeln, tropfen. **he was ~ping water/blood all over the carpet** Wasser/sein Blut tropfte überall auf den Teppich. **careful, you're ~ping paint over my coat** paß auf, die Farbe tropft mir auf den Mantel!

III *n* **1.** (*sound: of water, rain, tap*) Tropfen *nt*.

2. (*drop*) Tropfen *m*.

3. (*Med*) Infusionsapparat, Tropf (*inf*) *m*. **to be on a ~** eine Infusion bekommen, am Tropfhängen (*inf*).

4. (*inf: silly person*) Flasche *f* (*inf*).

drip-dry I *adj shirt* bügelfrei; **II** *vt* tropfnaß aufhängen; **III** *vi* bügelfrei sein; **~** (*on label*) bügelfrei; **drip-feed** (*Med*) **I** *n* künstliche Ernährung; **II** *vt* künstlich ernähren.

dripping ['drɪpɪŋ] **I** *n* **1.** (*Cook*) Bratenfett *nt*.

2. (*action: of water*) Tropfen *nt*.

II *adj* **1.** *tap, trees* tropfend; *washing* tropfnaß.

2. (*inf: very wet*) *coat, clothes* triefend, klatschnaß. **~ wet** triefnaß, klatschnaß.

3. ~ pan (*Cook*) Fettpfanne *f*.

drive [draɪv] (*vb: pret* **drove,** *ptp* **driven**) **I** *n* **1.** (*Aut: journey*) (Auto)fahrt *f*. **to go for a ~** ein bißchen (raus)fahren; **he took her for a ~ in his new car** er machte mit ihr eine Spazierfahrt in seinem neuen Auto; **it's about one hour's ~ from London** es ist etwa eine Stunde Fahrt von London (entfernt).

2. (*into house: also* **~way**) Einfahrt *f*; (*longer*) Auffahrt, Zufahrt *f*.

3. (*Golf, Tennis*) Treibschlag *m*.

4. (*Psych*) Trieb *m*. **the sex ~** der Geschlechtstrieb, der Sexualtrieb.

5. (*energy*) Schwung, Elan, Tatendrang *m*. **you're losing your ~** Ihr Elan *or* Schwung läßt nach.

6. (*Comm, Pol*) Aktion *f*. **this is part of a ~ for new members** das ist Teil einer Mitgliederwerbeaktion; **fund-raising ~** Sammelaktion *f*; **sales ~** Verkaufskampagne *f*; *see* **export.**

7. (*Mil: offensive*) kraftvolle Offensive.

8. (*Mech: power transmission*) Antrieb *m*. **front-wheel/rear-wheel ~** Vorderrad-/Hinterradantrieb *m*.

9. (*Aut*) Steuerung *f*. **left-hand ~** Linkssteuerung *f*.

10. (*Cards*) *see* **whist.**

11. (*Comput*) Laufwerk *nt*.

II *vt* **1.** (*cause to move*) *people, animals, dust, clouds* treiben. **to ~ sb out of the country** jdn aus dem Land (ver)treiben; **Christ drove them out of the temple** Jesus vertrieb *or* jagte sie aus dem Tempel; **to ~ a nail/stake into sth** einen Nagel/Pfahl in etw (*acc*) treiben; **to ~ sth into sb's head** (*fig*) jdm etw einhämmern *or* einbleuen.

2. *cart, car, train* fahren. **he ~s a taxi (for a living)** er fährt Taxi (*inf*).

3. (*convey in vehicle*) *person* fahren. **I'll ~ you home** ich fahre Sie nach Hause.

4. (*provide power for, operate*) *motor* (*belt, shaft*) antreiben; (*electricity, fuel*) betreiben; (*Comput*) ansteuern. **steam-~n train** Zug *m* mit Dampflokomotive; **machine ~n by electricity** elektrisch betriebene Maschine, Maschine mit Elektroantrieb.

5. (*Tennis, Golf*) *ball* driven (*spec*). **to ~ the ball** einen Treibball spielen.

6. (*cause to be in a state or to become*) treiben. **to ~ sb/oneself mad** *or* **round the bend** (*inf*) jdn/sich selbst verrückt machen; **I was ~n to it** ich wurde dazu getrieben; **who/what drove you to do that?** wer/was trieb *or* brachte Sie dazu (, das zu tun)?

7. (*force to work hard*) *person* hart herannehmen, schinden (*pej*). **you're driving him too hard** Sie nehmen ihn zu hart ran, Sie schinden ihn zu sehr; **he ~s himself very hard** er fordert sich selbst sehr stark.

8. *tunnel* treiben; *well* ausheben; *nail* schlagen.

III *vi* **1.** (*travel in vehicle*) fahren. **he's learning to ~** er lernt Auto fahren; **to ~ at 50 km an hour** mit (einer Geschwindigkeit von) 50 km in der Stunde fahren; **to ~ on the right** rechts fahren; **did you come by train? — no, we drove** sind Sie mit der Bahn gekommen? – nein, wir sind mit dem Auto gefahren; **it's cheaper to ~** mit dem Auto ist es billiger.

2. (*move violently*) schlagen, peitschen. **the rain was driving in our faces** der Regen peitschte uns (*dat*) ins Gesicht.

◆**drive along I** *vi* (*vehicle, person*) dahinfahren. **II** *vt sep* (*wind, current*) *person, boat* (voran)treiben. **he was ~n ~ by the wind** der Wind trieb ihn voran.

◆**drive at** *vi* +*prep obj* (*fig: intend, mean*) hinauswollen auf (+*acc*). **what are you driving ~?** worauf wollen Sie hinaus?

◆**drive away I** *vi* (*car, person*) wegfahren. **II** *vt sep* (*lit, fig*) *person, cares* vertreiben; *suspicions* zerstreuen.

◆**drive back I** *vi* (*car, person*) zurückfahren. **II** *vt sep* **1.** (*cause to retreat*) *person* zurückdrängen; *enemy also* zurücktreiben. **2.** (*convey back in vehicle*) *person* zurückfahren.

◆**drive home** *vt sep nail* einschlagen, einhämmern; *argument* einhämmern. **she drove ~ her point that ...** sie legte eindringlich und überzeugend dar, daß ...; **how can I ~ it ~ to him that it's urgent?** wie kann ich (es) ihm nur klarmachen, daß es dringend ist?

◆**drive in I** *vi* (*car, person*) (hinein)fahren. **he drove ~to the garage** er fuhr in die Garage. **II** *vt sep nail* (hin)einschlagen, (hin)einhämmern; *screw* (r)eindrehen.

◆**drive off I** *vi* **1.** (*person, car*) weg- *or* abfahren. **2.** (*Golf*) abschlagen. **II** *vt sep* **1.** *person, enemy* vertreiben. **2. she was ~n ~ in a big Mercedes/an ambulance** sie fuhr in einem großen Mercedes weg/sie wurde in einem Krankenwagen weggebracht *or* abtransportiert.

◆**drive on I** *vi* (*person, car*) weiterfahren. **II** *vt sep* (*incite, encourage*) *person* antreiben; (*to do sth bad*) anstiften.

◆**drive out I** *vi* heraus-/hinausfahren. **he drove ~ onto the street** er fuhr auf die Straße (hinaus). **II** *vt sep person* hinaustreiben *or* jagen; *evil thoughts* austreiben.

◆**drive over I** *vi* hinüberfahren. **II** *vt always separate* (*in car*) *person* hinüberfahren. **he drove his family ~ to see us** er hat seine Familie (mit dem Auto) zu uns gebracht. **III** *vi* +*prep obj dog* überfahren.

◆**drive up** *vi* (*car, person*) vorfahren.

drive belt *n* Treibriemen *m*; **drive-in** *adj* **~ cinema** Autokino *nt*; **~ bank** Autoschalter *m*; **to watch a ~ movie** sich (*dat*) einen Film im Autokino ansehen.

drivel ['drɪvl] **I** *n* (*pej*) Blödsinn, Kokolores (*inf*) *m*. **meaningless ~** leeres Gefasel. **II** *vi* (*pej*) Unsinn reden. **what's he ~ling (on) about?** was faselt er da?

driven ['drɪvn] *ptp of* **drive.**

-driven ['drɪvn] *suf* -betrieben.

driver ['draɪvə^r] *n* **1.** (*of car, taxi, lorry, bus*) Fahrer(in *f*) *m*; (*Brit: of locomotive*) Führer(in *f*) *m*; (*of coach*) Kutscher *m*. **~'s seat** (*lit*) Fahrersitz *m*; **to be in the ~'s seat** (*fig*) das Steuer führen, die Zügel in der Hand haben. **2.** (*of animals*) Treiber(in *f*) *m*. **3.** (*golf-club*) Driver *m*. **4.** (*Comput*) Treiber *m*.

driver's license *n* (*US*) Führerschein *m*.

drive shaft *n* Antriebswelle *f*; (*Aut*) Kardanwelle *f*; **driveway** *n* Auffahrt *f*; (*longer*) Zufahrtsstraße *f or* -weg *m*; **drive wheel** *n* Antriebsrad, Treibrad *nt*.

driving ['draɪvɪŋ] **I** *n* Fahren *nt*. **his ~ is awful** er fährt schrecklich (schlecht); **that was a very bad piece of ~** da sind Sie/ist er *etc* aber wirklich schlecht gefahren; **~ is his hobby** Autofahren ist sein Hobby; **I don't like ~** ich fahre nicht gern (Auto); **dangerous ~** (*Jur*) rücksichtsloses Fahren.

II *adj* **1. the ~ force** die treibende Kraft.

2. ~ rain peitschender Regen.

driving instructor *n* Fahrlehrer(in *f*) *m*; **driving lesson** *n* Fahrstunde *f*; **driving licence** *n* (*Brit*) Führerschein *m*; **driving mirror** *n* Rückspiegel *m*; **driving range** *n* (*Golf*) Drivingrange *nt*; **driving school** *n* Fahrschule *f*; **driving test** *n* Fahrprüfung *f*; **to take/fail/pass one's ~** die Fahrprüfung machen/nicht bestehen/bestehen; **driving wheel** *n* Antriebsrad *nt*.

drizzle ['drɪzl] **I** *n* Nieselregen, Sprühregen *m*. **II** *vi* nieseln.

drizzly ['drɪzlɪ] *adj weather* Niesel-. **it was such a ~ afternoon** es hat den ganzen Nachmittag so genieselt.

dromedary ['drɒmɪdərɪ] *n* Dromedar *nt*.

drone [drəʊn] **I** *n* **1.** (*bee, fig*) Drohne *f*.

2. (*sound*) (*of bees*) Summen *nt*; (*of engine, aircraft*) Brummen *nt*.

3. (*monotonous way of speaking*) monotone Stimme.

4. (*Mus*) (*bass voice part*) Baß *m*; (*of bagpipes*) Brummer *m*; (*sound*) Bordun(ton) *m*.

5. (*Aviat: robot plane*) ferngesteuertes Flugzeug.

II *vi* **1.** (*bee*) summen; (*engine, air-*

craft) brummen.

2. (*speak monotonously: also* ~ **away** *or* **on**) eintönig sprechen; (*in reciting*) leiern. **he ~d on and on for hours** er redete stundenlang in seinem monotonen Tonfall.

◆**drone out** *vt sep speech* monoton vortragen; (*reciting*) leiern.

drool [dru:l] *vi* sabbern.

◆**drool over** *vi +prep obj* richtig verliebt sein in (+*acc*). **he sat there ~ing ~ a copy of Playboy** er geilte sich an einem Playboyheft auf (*sl*).

droop [dru:p] **I** *vi* **1.** (*lit*) (*person*) vornüber gebeugt stehen, krumm stehen; (*shoulders*) hängen; (*head*) herunterfallen; (*eyelids*) herunterhängen; (*with sleepiness*) zufallen; (*flowers*) die Köpfe hängen lassen; (*feathers, one's hand, breasts*) schlaff herunterhängen; (*rope, roof*) durchhängen.

2. (*fig: one's interest, energy*) erlahmen; (*audience*) erschlaffen, schlaff werden. **his spirits were beginning to ~** sein Mut begann zu schwinden *or* sinken; **the heat made him ~** die Hitze machte ihn schlaff *or* matt.

II *vt head* hängen lassen.

III *n* (*lit*) (*of body*) Gebeugtsein *nt*; (*of eyelids*) Schwere *f*. **I recognized her by the familiar ~ of her shoulders** ich habe sie an ihren hängenden Schultern erkannt.

drooping ['dru:pɪŋ] *adj* **1.** *head, shoulders, breasts, feathers, leaves, tail* hängend; *flowers* welk; *hand* herunterhängend; *eyelids* herunterhängend; (*with sleep*) schwer; *roof* durchhängend. **2. a drink to revive his ~ spirits** ein Schluck, um seine (geschwundenen) Lebensgeister wieder zu wecken.

droopy ['dru:pɪ] *adj* **1.** schlaff; *tail* herabhängend; *moustache* nach unten hängend. **2.** (*inf: tired, weak*) schlaff, schlapp (*inf*).

drop [drɒp] **I** *n* **1.** (*of liquid, also fig*) Tropfen *m*. **~ by ~** tropfenweise; **a ~ of blood** ein Blutstropfen *m*, ein Tropfen Blut; **it's a ~ in the ocean** *or* **bucket** (*fig*) das ist ein Tropfen auf den heißen Stein.

2. (*alcohol*) Tropfen *m*. **a ~ of wine?** ein Schlückchen Wein?; **he's had a ~ too much** er hat einen über den Durst getrunken; **he likes a ~** er trinkt ganz gern mal einen.

3. (*sweet*) Drops *m*.

4. (*fall: in temperature, prices*) Rückgang *m*; (*sudden*) Sturz *m*. **a ~ in prices** ein Preissturz *m*/-rückgang *m*; **20% is quite a ~** 20%, das ist stark gefallen; **he took a large ~ in salary when he changed jobs** als er die Stelle wechselte, nahm er eine beträchtliche Gehaltsverschlechterung in Kauf; **a sudden/noticeable ~ in the temperature** ein plötzlicher/merklicher Temperaturabfall; **~ in the voltage** Spannungsabfall *m*.

5. (*difference in level*) Höhenunterschied *m*; (*fall*) Sturz, Fall *m*; (*parachute jump*) (Ab)sprung *m*. **a ~ of ten metres** ein Höhenunterschied von zehn Metern; **there's a ~ of ten metres down to the ledge** bis zu dem Felsvorsprung geht es zehn Meter hinunter; **it's a long ~** es geht tief hinunter.

6. (*of supplies, arms*) Abwurf *m*. **the Red Cross made a ~ of medical supplies into the flood zone** das Rote Kreuz warf Medikamente über dem Überschwemmungsgebiet ab.

7. (*of gallows*) Falltür *f*.

8. (*Theat: also* **~-curtain**) Vorhang *m*.

9. (*for secret mail*) toter Briefkasten.

10. to have the ~ on sb (*lit: in shooting*) schneller schießen als jd; **to have/get the ~ on sb** jdn ausstechen können/sich (*dat*) einen Vorteil gegenüber jdm verschaffen.

II *vt* **1.** (*cause to fall in ~s*) *liquid* tropfen.

2. (*allow to fall*) fallen lassen; *bomb, supplies, pamphlets, burden* abwerfen; *parachutist* absetzen; *lampshade* (*from ceiling*) aufhängen; *curtsy* machen; *voice* senken; (*Knitting*) *stitch* fallen lassen; (*lower*) *hemline* herunterlassen; (*Theat*) *curtain* herunterlassen. **I ~ped my watch** meine Uhr ist runtergefallen; **don't ~ it!** laß es nicht fallen!; **~ that gun!** laß die Pistole fallen!; **to ~ a letter in the postbox** einen Brief einwerfen *or* in den Briefkasten werfen.

3. (*kill*) *bird* abschießen; (*sl*) *person* abknallen (*sl*); (*send sprawling*) zu Fall bringen, zu Boden strecken.

4. (*set down*) (*from car*) *person* absetzen; *thing* abliefern; (*from boat*) *cargo* löschen.

5. (*utter casually*) *remark, name* fallenlassen; *clue* geben; *hint* machen. **he let ~ that he was going to be married** (*by mistake*) es rutschte ihm raus (*inf*), daß er heiraten wollte; (*deliberately*) er erwähnte so nebenbei, daß er heiraten wollte.

6. (*send, write casually*) *postcard, note, line* schreiben. **to ~ sb a note** *or* **a line** jdm ein paar Zeilen schreiben.

7. (*omit*) *word, reference* auslassen; (*deliberately also*) weglassen (*from* in +*dat*); *programme* absetzen. **this word ~s the "e" in the plural** bei diesem Wort fällt das „e" im Plural weg; **the newspaper editor refused to ~ the story** der Herausgeber der Zeitung weigerte sich, den Artikel herauszunehmen; **he ~s his h's** er verschluckt immer das „h"; **to ~ sb from a team** jdn aus einer Mannschaft nehmen.

8. (*cease to associate with, dismiss*) *candidate, minister, friend* fallenlassen; *girlfriend* Schluß machen mit.

9. (*give up*) *work, habit, life-style* aufgeben; *idea, plan also* fallenlassen; *discussion, conversation also* abbrechen; (*Jur*) *case* niederschlagen. **you'll find it hard to ~ the habit** es wird Ihnen schwerfallen, sich (*dat*) das abzugewöhnen; **let's ~ the subject** lassen wir das Thema; **you'd better ~ the idea** schlagen Sie sich (*dat*) das aus dem Kopf; **~ it!** (*inf*) hör auf (damit)!; **~ everything!** (*inf*) laß alles stehen und liegen!

10. (*lose*) *money* verlieren, loswerden

(*inf*). **she ~ped the first three games** (*Tennis*) sie gab die ersten drei Spiele ab.

11. (*give birth to: animal*) werfen.

III *vi* **1.** (*drip: liquid*) (herunter)tropfen.

2. (*fall: object*) (herunter)fallen; (*Theat: curtain*) fallen. **don't let it ~** laß es nicht fallen; *see* **penny, pin.**

3. (*fall: rate, temperature*) sinken; (*wind*) sich legen; (*voice*) sich senken. **to ~ astern** (*Naut*) zurückfallen.

4. (*to the ground: person*) fallen; (*collapse*) umfallen, umkippen (*inf*). **to ~ to the ground** sich zu Boden fallen lassen; **to ~ to one's knees** auf die Knie fallen *or* sinken; **I'm ready to ~ (with fatigue)** ich bin zum Umfallen müde; **... till you ~/she ~s** (*inf*) ... bis zum Gehtnichtmehr (*inf*); **to ~ (down) dead** tot umfallen; **~ dead!** (*sl: expressing contempt*) geh zum Teufel! (*inf*); (*in games*) du bist tot!

5. (*end: conversation*) aufhören. **you can't just let the matter ~** Sie können die Sache nicht einfach auf sich beruhen lassen.

♦**drop across** *or* **around** *vi* (*inf*) vorbeikommen/-gehen. **~ ~ and see us some time** kommen Sie doch mal (bei uns) vorbei.

♦**drop away** *vi* **1.** (*become fewer: numbers*) **people have been ~ping ~ at recent meetings** in letzter Zeit sind immer weniger Leute zu den Versammlungen gekommen. **2.** (*cliffs*) jäh *or* steil *or* schroff abfallen.

♦**drop back** *vi* zurückfallen.

♦**drop behind I** *vi* zurückfallen.

II *vi +prep obj* **to ~ ~ sb** hinter jdn zurückfallen.

♦**drop by** *vi* (*inf*) vorbeikommen, hereinschauen.

♦**drop down I** *vi* (*fruit, monkeys*) herunterfallen. **he ~ped ~ behind the hedge** er duckte sich hinter die Hecke; **he ~ped ~ onto his knees** er sank in *or* fiel auf die Knie; **the hawk ~ped ~ out of the sky and caught the rabbit** der Habicht stürzte sich aus der Luft (herunter) auf das Kaninchen; **the cliffs ~ ~ to the sea** die Klippen fallen jäh *or* steil zum Meer (hin) ab.

II *vt sep* fallen lassen.

♦**drop in** *vi* (*inf: visit casually*) vorbeikommen, hereinschauen. **~ ~ on the Smiths** schauen Sie doch mal bei den Smiths herein; **to ~ ~ at the grocer's** beim Lebensmittelgeschäft vorbeigehen.

♦**drop off I** *vi* **1.** (*fall off*) abfallen; (*come off*) abgehen. **2.** (*fall asleep*) einschlafen; (*for brief while*) einnicken. **3.** (*sales*) zurückgehen; (*speed, interest, popularity also*) nachlassen; (*friends*) abfallen. **II** *vt sep* (*set down from car*) *person* absetzen; *parcel* abliefern.

♦**drop out** *vi* **1.** (*of box*) herausfallen (*of* aus).

2. (*from competition*) ausscheiden (*of* aus). **to ~ ~ of a race** (*before it*) an einem Rennen nicht teilnehmen; (*during it*) aus dem Rennen ausscheiden; **to ~ ~ of society/university** aus der Gesellschaft aussteigen/sein Studium abbrechen.

3. the "t" ~s ~ das „t" fällt weg.

♦**drop over** *vi* (*inf*) *see* **drop across.**

drop ceiling *n* Hängedecke *f*; **drop curtain** *n* (*Theat*) (Fall)vorhang *m*; **drop-forge** *vt* (*Metal*) gesenkschmieden; **drop goal** *n* (*Rugby*) Tor *nt* durch Dropkick; **drop hammer** *n* Fallhammer *m*; **drop handlebars** *npl* Rennlenker *m*; **drop kick** *n* (*Rugby*) Dropkick *m*; **drop-leaf table** *n* Tisch *m* mit herunterklappbaren Seitenteilen.

droplet ['drɒplɪt] *n* Tröpfchen *nt*.

dropout ['drɒpaʊt] *n* (*from society*) Aussteiger(in *f*) *m*; (*pej*) Asoziale(r) *mf*; (*university ~*) Studienabbrecher(in *f*) *m*. **the ~ rate at universities** die Zahl der Studienabbrecher.

dropper ['drɒpəʳ] *n* (*Med*) Pipette *f*; (*on bottle*) Tropfer *m*.

droppings ['drɒpɪŋz] *npl* Kot *m*; (*of horse*) Äpfel *pl* (*inf*); (*of sheep*) Bohnen *pl*.

drop scene *n* (*Theat*) (Zwischen)vorhang *m*; **drop shot** *n* (*Tennis*) Stopball *m*.

dropsical ['drɒpsɪkəl] *adj* wassersüchtig.

dropsy ['drɒpsɪ] *n* Wassersucht *f*.

drop zone *n* (*for supplies*) Abwurfgebiet *nt*; (*for parachutists*) Absprunggebiet *nt*.

dross [drɒs] *n, no pl* (*Metal*) Schlacke *f*; (*fig*) Schund *m*. **wealth and fame are but ~** Reichtum und Ruhm sind eitel und nichtig.

drought [draʊt] *n* Dürre *f*. **three ~s in three years** drei Dürrekatastrophen in drei Jahren.

drove¹ [drəʊv] *n* (*of animals*) Herde *f*; (*of people*) Schar *f*. **they came in ~s** sie kamen in hellen Scharen.

drove² *pret of* **drive.**

drover ['drəʊvəʳ] *n* Viehtreiber(in *f*) *m*.

drown [draʊn] **I** *vi* ertrinken.

II *vt* **1.** *person, animal* ertränken. **to be ~ed** ertrinken; **he looks like a ~ed rat** (*inf*) er sieht wie eine gebadete Maus aus (*inf*); **to ~ one's sorrows (in drink)** seine Sorgen (im Alkohol) ertränken; **to ~ one's whisky** seinen Whisky verwässern.

2. (*submerge, flood*) *land* überschwemmen, überfluten. **with her face ~ed in tears** mit tränenüberströmtem Gesicht.

3. (*render inaudible: also ~ out*) *noise, voice* übertönen; *speaker* niederschreien.

drowning ['draʊnɪŋ] **I** *adj person* ertrinkend. **a ~ man will clutch at a straw** (*Prov*) dem Verzweifelten ist jedes Mittel recht. **II** *n* Ertrinken *nt*. **there were three ~s here last year** im letzten Jahr sind hier drei Leute ertrunken.

drowse [draʊz] **I** *vi* (vor sich (*acc*) hin) dösen *or* dämmern.

II *n* Halbschlaf, Dämmerschlaf *m*.

drowsily ['draʊzɪlɪ] *adv* schläfrig, dösig (*inf*); (*after sleeping*) verschlafen.

drowsiness ['draʊzɪnɪs] *n* Schläfrigkeit *f*. **to cause ~** schläfrig machen.

drowsy ['draʊzɪ] *adj* (+*er*) **1.** *person* schläfrig, dösig (*inf*); (*after sleep*) verschlafen. **to grow/get ~** schläfrig werden. **2.** *afternoon* träge; *atmosphere* schläfrig.

drub [drʌb] *vt* (*thrash*) *person* (ver)prügeln, schlagen.

drubbing ['drʌbɪŋ] *n* **1.** (*thrashing*) Prügel *pl*. **to give sb a sound ~** jdm eine Tracht Prügel verpassen. **2.** (*defeat*) Niederlage *f*.

drudge [drʌdʒ] **I** *n* (*person*) Arbeitstier *nt* (*inf*); (*job*) stumpfsinnige Plackerei *or* Schufterei (*inf*).

II *vi* sich placken, schuften (*inf*).

drudgery ['drʌdʒərɪ] *n* stumpfsinnige Plackerei *or* Schufterei (*inf*).

drug [drʌg] **I** *n* **1.** (*Med, Pharm*) Medikament, Arzneimittel *nt*; (*Sport*) Dopingmittel *nt*. **~s test** Dopingtest *m*; **he's on ~s** er muß Medikamente nehmen; **to put sb on ~s** jdm Medikamente verordnen.

2. (*addictive substance*) Droge *f*, Rauschgift *nt*. **to be on ~s/to take ~s** drogen- *or* rauschgiftsüchtig sein/ Drogen *or* Rauschgift nehmen; *see* **hard ~, soft.**

3. (*inducing unconsciousness*) Betäubungsmittel *nt*.

4. (*Comm: unsaleable goods*) **a ~ on the market** unverkäufliche Ware; (*in shop*) ein Ladenhüter *m*.

II *vt* **1.** (*render unconscious by ~s*) *person* betäuben. **to be in a ~ged sleep** in tiefer Betäubung liegen; **to be ~ged with sleep** (*fig*) schlaftrunken sein.

2. (*food, drink*) **to ~ sth** ein Betäubungsmittel in etw (*acc*) mischen.

3. (*Med*) *patient* Medikamente geben (+*dat*). **to be/get ~ged up to the eyeballs on tranquillizers** (*inf*) mit Beruhigungsmittel vollgepumpt sein (*inf*)/sich mit Beruhigungsmitteln vollpumpen (*inf*).

drug abuse *n* Drogenmißbrauch *m*; **drug addict** *n* Drogen- *or* Rauschgiftsüchtige(r), Drogen- *or* Rauschgiftabhängige(r) *mf*; **drug addiction** *n* Rauschgiftsucht, Drogenabhängigkeit *or* -sucht *f*; **drug baron** *n* Drogenbaron *m*; **drug consumption** *n* Drogenkonsum *m*; **drug culture** *n* Drogenkultur *f*; **drug dependency** *n* Medikamenten-, Drogensucht *f*, Medikamenten-, Drogenabhängigkeit *f*.

druggist ['drʌgɪst] *n* (*US*) Drogist(in *f*) *m*.

drug pusher *n* Dealer(in *f*) (*sl*), Pusher(in *f*) (*sl*) *m*; **drug runner** *n* Drogenschmuggler(in *f*) *m*; **drug squad** *n* Rauschgiftdezernat *nt*, Drogenfahndung *f*; **~ officer** Drogenfahnder(in *f*) *m*; **drugstore** *n* (*US*) Drugstore *m*; **drug taker** *n* jd, der Drogen *or* Rauschgift nimmt; **drug taking** *n* Einnehmen *nt* von Drogen *or* Rauschgift; **drug traffic, drug trafficking** *n* Drogenhandel *m*; **drug user** *n* Drogenbenutzer(in *f*) *m*.

druid ['dru:ɪd] *n* Druide *m*.

drum [drʌm] **I** *n* **1.** (*Mus*) Trommel *f*. **Joe Jones on ~s** am Schlagzeug: Joe Jones; **the ~s** die Trommeln *pl*; (*pop, jazz*) das Schlagzeug; **to beat the ~ for sb/sth** (*fig*) die Trommel für jdn/etw rühren.

2. (*for oil, petrol*) Tonne *f*; (*cylinder for wire*) Trommel, Rolle *f*; (*Tech: machine part*) Trommel, Walze *f*; (*Phot*) Entwicklertrommel *f*; (*Archit*) (*wall*) Tambour *m*, Trommel *f*; (*shaft*) Säulentrommel *f*.

3. (*Anat: also* **ear~**) Trommelfell *nt*.

II *vi* (*Mus, fig: rain*) trommeln. **the noise is still ~ming in my ears** das Geräusch dröhnt mir noch in den Ohren.

III *vt* **to ~ one's fingers on the table** mit den Fingern auf den Tisch trommeln.

◆**drum into** *vt always separate* **to ~ sth ~ sb** *or* **sb's head** jdm etw eintrichtern (*inf*).

◆**drum out** *vt sep* (*out of army, club*) ausstoßen.

◆**drum up** *vt sep enthusiasm* erwecken; *support* auftreiben. **to ~ ~ business** Aufträge anbahnen.

drumbeat *n* Trommelschlag *m*; **drum brake** *n* Trommelbremse *f*; **drumfire** *n* (*Mil*) Trommelfeuer *nt*; **drum kit** *n* Schlagzeug *nt*; **drum-major** *n* Tambourmajor *m*; **drum-majorette** *n* (*US*) Tambourmajorin *f*.

drummer ['drʌmə^r] *n* **1.** (*in orchestra*) Trommelschläger(in *f*) *m*; (*in band, pop-group*) Schlagzeuger(in *f*) *m*; (*Mil, in parade also*) Trommler(in *f*) *m*.

2. (*US inf*) Vertreter(in *f*) *m*.

drummer boy *n* Trommler *m*.

drumstick ['drʌmstɪk] *n* **1.** (*Mus*) Trommelschlegel *or* -stock *m*. **2.** (*on chicken*) Keule *f*.

drunk [drʌŋk] **I** *ptp of* **drink.**

II *adj* **1.** betrunken. **to get ~ (on)** betrunken werden (von); (*on purpose*) sich betrinken (mit); **to get sb ~** jdn betrunken *or* blau (*inf*) machen; **~ and disorderly** (*Jur*) durch Trunkenheit öffentliches Ärgernis erregend; **as ~ as a lord** blau wie ein Veilchen (*inf*).

2. (*fig*) trunken, berauscht. **~ with joy** freudetrunken; **~ with success** erfolgsselig, vom Erfolg berauscht.

III *n* Betrunkene(r) *mf*; (*habitually*) Trinker(in *f*), Säufer(in *f*) (*inf*) *m*.

drunkard ['drʌŋkəd] *n* Trinker(in *f*), Säufer(in *f*) (*inf*) *m*.

drunken ['drʌŋkən] *adj* **1.** *person* betrunken, blau (*inf*). **a ~ old fool** ein alter Saufkopp (*inf*); **~ driving** (*Jur*) Trunkenheit *f* am Steuer. **2.** *orgy* feuchtfröhlich, Sauf-; *brawl* mit/von Betrunkenen; *fury* betrunken; *voice* betrunken, besoffen (*inf*).

drunkenly ['drʌŋkənlɪ] *adv* betrunken; *behave* wie ein Betrunkener *or* eine Betrunkene.

drunkenness ['drʌŋkənnɪs] *n* (*state*) Betrunkenheit *f*; (*habit, problem*) Trunksucht *f*.

drunkometer [drʌŋ'kɒmɪtə^r] *n* (*US*) *see* **breathalyzer.**

dry [draɪ] **I** *n* **come into the ~** komm ins Trockene; **to give sth a ~** etw trocknen.

II *adj* (+*er*) (*all senses*) trocken. **to wipe sth ~** etw trockenwischen; **the river ran ~** der Fluß trocknete aus; **as ~ as a bone** *land, clothes* knochentrocken (*inf*); *mouth, ditches* völlig ausgetrocknet; ~ **bread** trocken(es) Brot; **to feel/to be ~** (*thirsty*) durstig sein.

III *vt* trocknen; (~ *out*) *skin* austrocknen; *fruit also* dörren; (*with cloth*) *dishes, one's hands* (ab)trocknen. **to ~ one's eyes** sich (*dat*) die Tränen abwischen; **the dishes will ~ themselves** das Geschirr trocknet von selbst; **to ~ oneself** sich abtrocknen.

IV *vi* trocknen, trocken werden.

◆**dry off** *vi* (*clothes*) trocknen, trocken werden.

◆**dry out I** *vi* **1.** (*clothes*) trocknen; (*ground, skin*) austrocknen. **2.** (*inf: alcoholic*) eine Entziehungskur machen. **II** *vt sep clothes* trocknen; *ground, skin* austrocknen.

◆**dry up I** *vi* **1.** (*stream, well*) austrocknen, versiegen; (*moisture*) trocknen; (*inspiration, source of income*) versiegen; (*author*) keine Ideen mehr haben. **then business started ~ing ~** dann wurden die Aufträge immer spärlicher.

2. (*dishes*) abtrocknen.

3. (*actor*) steckenbleiben (*inf*); (*speaker also*) den Faden verlieren.

4. (*inf: be quiet*) **~ ~!** halt den Mund! (*inf*).

II *vt sep mess* aufwischen; *dishes* abtrocknen; (*sun*) *well* austrocknen.

dry-as-dust *adj* fürchterlich trocken, staubtrocken; **dry battery** *n* (*Elec*) Trockenbatterie *f*; **dry cell** *n* (*Elec*) Trockenelement *nt*; **dry cell battery** *n* Trockenbatterie *f*; **dry-clean I** *vt* chemisch reinigen; **to have a dress ~ed** ein Kleid chemisch reinigen lassen; **~ only** (*on label*) chemisch reinigen!; **II** *vi* **will it ~?** läßt es sich chemisch reinigen?; **dry-cleaner's** *n* chemische Reinigung; **dry-cleaning** *n* chemische Reinigung; **dry dock** *n* (*Naut*) Trockendock *nt*.

dryer, drier ['draɪəʳ] *n* (*for clothes*) Wäschetrockner *m*; (*spin* ~) Wäscheschleuder *f*; (*for hair*) Fön, Haartrockner *m*; (*over head*) Trockenhaube *f*; (*in paint*) Trockenstoff *m*.

dry farming *n* Trockenfarmsystem *nt*; **dry-fly fishing** *n* Trockenfliegenfischen *nt*; **dry goods** *npl* (*Comm*) Textil und Kurzwaren *pl*; **dry ice** *n* Trockeneis *nt*.

drying ['draɪɪŋ]: **drying cupboard** *n* (Wäsche)trockenschrank *m*; **drying room** *n* Trockenboden *m*; Trockenkeller *m*; **drying-up** *n* Abtrocknen *nt*; **to do the ~** abtrocknen.

dry land *n* fester Boden.

dryly ['draɪlɪ] *adv* trocken.

dry measure *n* Trockenmaß *nt*.

dryness ['draɪnɪs] *n* (*all senses*) Trockenheit *f*.

dry nurse *n* Säuglingsschwester *f*; **dry rot** *n* (Haus- *or* Holz)schwamm *m*; **dry run** *n* Probe *f*; (*Mil*) Trockentraining *nt*; **dry shampoo** *n* Trockenshampoo *nt*; **dry ski slope** *n* Trockenskipiste *f*; **dry spell** *n* (*Met*) Trockenperiode *f*; **dry-stone wall** *n* Bruchsteinmauer *f*.

DSc *abbr of* **Doctor of Science** Dr. rer. nat.

DST (*US*) *abbr of* **daylight saving time.**

DTI (*Brit*) *abbr of* **Department of Trade and Industry** ≃ Wirtschaftsministerium *nt*.

DTP *abbr of* **desktop publishing** DTP *nt*.

DTs ['di:'ti:z] *abbr of* **delirium tremens. to have the ~** vom Saufen den Tatterich haben (*inf*).

dual ['djʊəl] *adj* (*double*) doppelt, Doppel-; (*two kinds of*) zweierlei. **in his ~ rôles of …** in seiner Doppelrolle als …; **it has a ~ function** es hat doppelte *or* zweierlei Funktion; **~ carriageway** (*Brit*) *Straße f mit Mittelstreifen und Fahrbahnen in beiden Richtungen,* ≃ Schnellstraße *f*; **~ control** (*Aut*) Doppelsteuerung *f*; **~ nationality** doppelte Staatsangehörigkeit; **~ personality** gespaltene Persönlichkeit.

dualism ['djʊəlɪzəm] *n* Dualismus *m*.

dualistic [ˌdjʊə'lɪstɪk] *adj* dualistisch.

duality [djʊ'ælɪtɪ] *n* Dualität *f*.

dual-purpose ['djʊəl'pɜ:pəs] *adj* zweifach verwendbar.

dub[1] [dʌb] *vt* **1. to ~ sb 1. knight** jdn zum Ritter schlagen. **2.** (*nickname*) taufen. **3.** *film* synchronisieren.

◆**dub in** *vt sep* (*Film*) synchron (zum Bild) aufnehmen.

dub[2] *n* (*US inf*) Tolpatsch *m*.

Dubai [du:'baɪ] *n* Dubai *nt*.

dubbin ['dʌbɪn] *n* Lederfett *nt*.

dubbing ['dʌbɪŋ] *n* (*Film*) Synchronisation *f*.

dubious ['dju:bɪəs] *adj* **1.** (*uncertain*) *matter* zweifelhaft, ungewiß; *look* zweifelnd **he's ~ whether …** er weiß nicht *or* ist im Zweifel, ob …

2. *people, company, reputation* zweifelhaft, fragwürdig.

3. (*questionable*) *honour, advantage* zweifelhaft, fragwürdig.

dubiously ['dju:bɪəslɪ] *adv look* zweifelnd, ungewiß; *behave* zweifelhaft, fragwürdig.

dubiousness ['dju:bɪəsnɪs] *n* **1.** *see adj 1.* Zweifelhaftigkeit, Ungewißheit *f*.

2. *see adj 2., 3.* Zweifelhaftigkeit, Fragwürdigkeit *f*.

ducal ['dju:kəl] *adj* herzoglich; *palace also* Herzogs-.

duchess ['dʌtʃɪs] *n* Herzogin *f*.

duchy ['dʌtʃɪ] *n* Herzogtum *nt*.

duck[1] [dʌk] **I** *n* **1.** (*bird*) Ente *f*. **roast ~** gebratene Ente, Entenbraten *m*; **wild ~** Wildente *f*; **to play ~s and drakes** Steine (über das Wasser) springen lassen; **to take to sth like a ~ to water** bei etw gleich in seinem Element sein; **it's like water off a ~'s back** das prallt alles an ihm/ihr *etc* ab.

2. (*Brit sl*) *see* **duckie.**

3. a funny old ~ (*sl*) eine komische alte Tante.

4. (*Mil inf*) Amphibienfahrzeug *nt*.

5. (*Cricket*) **he made** *or* **scored a ~** er hat keinen Punkt gemacht.

II *vi* **1.** (*also* **~ down**) sich ducken. **he ~ed down out of sight** er duckte sich, so daß man ihn nicht mehr sehen konnte.

2. he ~ed out of the room er verschwand aus dem Zimmer.

III *vt* **1.** (*push under water*) untertauchen.

2. to ~ one's head den Kopf einziehen.

3. (*avoid*) *difficult question* ausweichen (+*dat*).

duck² *n* (*Tex*) Segeltuch *nt*.

duck-bill, duck-billed platypus *n* Schnabeltier *nt*; **duckboard** *n* Lattenrost *m*; **duck-egg blue** *n* zartes Blau.

duckie ['dʌkɪ] *n* (*Brit sl: also* **duck, ducks**) *often not translated* (*bus conductress to passenger*) junger Mann/junge Frau; (*actors, homosexuals, prostitute client*) Süße(r) *mf*.

ducking ['dʌkɪŋ] *n* **to give sb a ~** jdn untertauchen *or* tunken.

duckling ['dʌklɪŋ] *n* Entenküken, Entlein *nt*.

duck pond *n* Ententeich *m*.

ducks [dʌks] *n* (*Brit sl*) *see* **duckie.**

duck shooting *n* Entenjagd *f*; **duckweed** *n* Entenflott *nt*, Entengrütze, Wasserlinse *f*.

ducky *n* (*Brit sl*) *see* **duckie.**

duct [dʌkt] *n* **1.** (*Anat*) Röhre *f*. **tear ~** Tränenkanal *m*.

2. (*for liquid, gas*) (Rohr)leitung *f*, Rohr *nt*; (*Elec*) Rohr *nt*, Röhre *f*.

ductile ['dʌktaɪl] *adj* **1.** *metal* hämmerbar; (*stretchable*) dehnbar, streckbar. **2.** (*fig liter*) *person* leicht lenkbar.

ductless gland ['dʌktlɪs'glænd] *n* endokrine *or* innersekretorische Drüse.

dud [dʌd] (*inf*) **I** *adj* **1. ~ shell/bomb** Blindgänger *m*.

2. *tool* nutzlos; *saw* stumpf; *actor, teacher* mies (*inf*), schlecht; *coin* falsch; *cheque* ungedeckt; (*forged*) gefälscht. **~ note** Blüte *f* (*inf*).

II *n* **1.** (*shell, bomb*) Blindgänger *m*. **2.** (*cheque*) ungedeckter *or* (*forged*) gefälschter Scheck; (*note*) Blüte *f* (*inf*). **3.** (*person*) Blindgänger (*inf*), Versager *m*.

dude [dju:d] *n* (*US*) **1.** (*dandy*) Dandy *m*. **2.** (*city type*) Städter *m*, feiner Stadtpinkel (*pej inf*). **3.** (*inf: man*) Kerl *m* (*inf*).

dude ranch *n* (*US*) Touristenranch *f*.

dudgeon ['dʌdʒən] *n*: **in high ~** sehr empört, sehr aufgebracht.

duds [dʌdz] *npl* (*sl: clothes*) Klamotten *pl* (*inf*).

due [dju:] **I** *adj* **1.** (*to be paid, owing*) fällig. **the sum/respect which is ~ to him** die Summe, die ihm zusteht/der Respekt, der ihm gebührt; **the amount ~ as compensation** der Betrag, der als Schadenersatz gezahlt werden soll; **to fall ~** fällig werden *or* sein; **I am ~ six days off/(for) a rise** mir stehen sechs Tage Urlaub zu/mir steht eine Gehaltserhöhung zu.

2. (*expected, scheduled*) **to be ~ to do sth** etw tun sollen; **the train is ~** *or* **~ to arrive at midday** der Zug soll laut Fahrplan um zwölf Uhr ankommen; **when are we ~ in?** wann kommen wir an?, wann sollen wir dasein?; **he's ~ back tomorrow** er müßte morgen zurück sein; **this building is ~ to be demolished** dies Gebäude soll demnächst abgerissen werden; **when is the baby/she ~?** wann wird das Baby kommen/bekommt sie ihr Baby?

3. (*proper, suitable*) *respect, regard* gebührend, geziemend (*geh*), nötig. **with all ~ respect** bei allem Respekt; **we'll let you know in ~ course** *or* **time** wir werden Sie zu gegebener Zeit benachrichtigen; **after ~ consideration** nach reiflicher Überlegung; **after ~ process of law** nach einem ordentlichen (Gerichts)verfahren.

4. ~ to aufgrund (+*gen*), wegen (+*gen or dat*); **what's it ~ to?** worauf ist dies zurückzuführen?; **his failure was entirely ~ to himself/his carelessness** an seinem Versagen war nur er selbst/seine Sorglosigkeit schuld; **it is ~ to you that we lost/are alive today** wir haben es euch zu verdanken, daß wir verloren haben/heute am Leben sind.

II *adv* **~ west** direkt nach Westen; **~ east of the village** genau im Osten *or* östlich des Dorfes.

III *n* **1. ~s** *pl* (*fees*) Gebühr *f*, Gebühren *pl*.

2. *no pl* **(to) give the man his ~, it was an extremely difficult task** man muß gerechterweise zugeben, daß es äußerst schwierig war; **(to) give him his ~, he did try hard** das muß man ihm lassen, er hat sich wirklich angestrengt; *see* **devil.**

duel ['djʊəl] **I** *n* (*lit, fig*) Duell *nt*. **~ling pistols** Duellierpistolen *pl*; **students' ~** Mensur *f*; **~ of wits** geistiger Wettstreit. **II** *vi* sich duellieren; (*German students*) eine Mensur schlagen.

duellist ['djʊəlɪst] *n* Duellant *m*.

duet [dju:'et] *n* Duo *nt*; (*for voices*) Duett *nt*. **violin ~** Geigenduo.

duff¹ [dʌf] *n* (*Cook*) Mehlpudding *m*; *see* **plum ~.**

duff² *adj* (*Brit sl*) Scheiß- (*sl*); *suggestion, idea* doof (*inf*).

◆**duff up** *vt sep* (*Brit sl*) zusammenschlagen (*inf*).

duffel ['dʌfl]: **duffel bag** *n* Matchbeutel *or* -sack *m*; **duffel-coat** *n* Dufflecoat *m*.

duffer ['dʌfəʳ] *n* (*Brit sl*) **1.** (*esp Sch*) Blödmann *m* (*inf*). **to be a ~ at French** eine Niete in Französisch sein (*inf*). **2.** (*silly old man*) (alter) Trottel (*inf*).

dug¹ [dʌg] *n* (*of animal*) Zitze *f*.

dug² *pret, ptp of* **dig.**

dugout ['dʌgaʊt] *n* (*Mil*) Schützengraben, Unterstand *m*; (*also* **~ canoe**) Einbaum *m*.

duke [dju:k] *n* Herzog *m*.

dukedom ['dju:kdəm] *n* (*territory*) Herzogtum *nt*; (*title*) Herzogswürde *f*.

dulcet ['dʌlsɪt] *adj* (*liter, hum, iro*) wohlklingend, melodisch.

dulcimer ['dʌlsɪməʳ] *n* Cymbal, Hackbrett *nt*.

dull [dʌl] **I** *adj* (+*er*) **1.** (*slow-witted*) *person* langsam, schwerfällig. **the ~ ones** (*Sch*) die schwächeren *or* langsameren Schüler *pl*; **his intellectual powers are growing ~** seine geistigen Kräfte lassen langsam nach.

2. (*boring*) langweilig; *person, book, evening also* lahm (*inf*). **as ~ as ditchwater** stinklangweilig (*inf*).

3. (*lacking spirit*) *person, mood, humour* lustlos.

4. *colour, light* trüb; *eyes also* glanz-

los, matt; *mirror* blind; (*matt*) *colour* matt; (*tarnished*) *metal* angelaufen, stumpf.
5. (*overcast*) *weather* trüb, grau; *sky also* verhangen, bedeckt.
6. (*muffled*) *sound* dumpf.
7. (*blunted*) *blade* stumpf; (*fig*) *pain* dumpf.
8. (*St Ex*) *market* flau; (*Comm*) *trade* träge, schleppend.
II *vt* **1.** *senses, memory* trüben, schwächen; *mind* abstumpfen.
2. (*lessen*) *pain* betäuben; *pleasure* dämpfen.
3. (*muffle*) *sound* dämpfen.
4. (*blunt*) *edge, blade* stumpf machen.
5. (*make less bright*) *colour* dämpfen; *mirror* blind *or* matt machen; *metal* stumpf werden lassen, anlaufen lassen.

dullness ['dʌlnɪs] *n see adj* **1.** Langsamkeit, Schwerfälligkeit *f*.
2. Langweiligkeit *f*; Lahmheit *f* (*inf*).
3. Lustlosigkeit *f*.
4. Trübheit *f*; Glanzlosigkeit, Mattheit *f*; Blindheit *f*; Stumpfheit *f*.
5. Trübheit, Grauheit *f*; Bedecktheit *f*.
6. Dumpfheit *f*.
7. Stumpfheit *f*; Dumpfheit *f*.
8. Flauheit *f*.

dully ['dʌllɪ] *adv* **1.** (*in a listless way*) *look* lustlos. **2.** (*boringly*) *talk, write* langweilig, einfallslos. **3.** (*dimly*) *shine* matt, schwach; *sense, perceive* dumpf.

duly ['dju:lɪ] *adv* entsprechend; (*properly*) gebührend, wie es sich gehört; (*according to regulations*) ordnungsgemäß, vorschriftsmäßig. **when all the details have been ~ considered** wenn alle Einzelheiten gebührend bedacht sind; **and the parcel ~ arrived the next morning** und das Paket kam dann auch am nächsten Morgen.

dumb [dʌm] *adj* (*+er*) **1.** stumm. **a ~ person** ein Stummer, eine Stumme; **the ~** die Stummen *pl*; **~ animals** die Tiere *pl*; **to strike sb ~** (*lit*) jdm die Sprache nehmen; **he was (struck) ~ with fear/horror** es hatte ihm vor Furcht/Schreck die Sprache verschlagen.
2. (*esp US inf: stupid*) doof (*inf*), dumm. **a ~ blonde** eine doofe Blondine; **to act ~** sich dumm stellen.

dumb-bell *n* (*Sport*) Hantel *f*.

dumbfound ['dʌmfaʊnd] *vt* verblüffen.

dumbness ['dʌmnɪs] *n* **1.** Stummheit *f*. **2.** (*esp US inf. stupidity*) Doofheit (*inf*) *f*.

dumbo ['dʌmbəʊ] *n* (*inf: stupid person*) Doofkopp *m* (*inf*).

dumb show *n* (*Theat*) *pantomimische Einlage in einem Stück;* **in ~** in Mimik; **dumb struck** *or* **dumb stricken** *adj* sprachlos; **dumb terminal** *n* (*Comput*) Einfachterminal *nt*, dummes Terminal; **dumb waiter** *n* Speiseaufzug *m*; (*trolley*) Serviertisch *m*, stummer Diener.

dumdum (bullet) *n* Dumdum(geschoß) *nt*.

dummy ['dʌmɪ] **I** *n* **1.** (*sham object*) Attrappe *f*; (*Comm also*) Schaupackung *f*; (*for clothes*) (Schaufenster- *or* Kleider)puppe *f*; (*of book*) Blindband *m*. **the manager is only a ~** der Direktor ist nur ein Strohmann; *see* **tailor.**
2. (*Brit: baby's teat*) Schnuller *m*.
3. (*Cards*) (*person*) Strohmann *m*; (*cards*) Tisch *m*.
4. (*inf: fool*) Dummkopf, Idiot (*inf*) *m*.
5. (*Ftbl etc*) Finte *f*. **to sell sb a ~** jdn antäuschen.
II *adj attr* (*not real*) unecht. **it's just a ~ ...** das ist nur die Attrappe eines/einer ...; **~ run** Probe *f*; (*of air attack*) Übung *f*.

dump [dʌmp] **I** *n* **1.** (*pile of rubbish*) Schutthaufen, Abfallhaufen *m*; (*place*) Müllplatz *m*, Müllkippe *f*. **2.** (*Mil*) Depot *nt*. **3.** (*pej inf: town*) Kaff *nt* (*inf*); (*house, building*) Dreckloch *nt* (*pej inf*); (*school*) Sauladen *m* (*pej sl*). **4.** (*inf*) **to be (down) in the ~s** deprimiert *or* down (*sl*) sein. **5.** (*Comput*) Dump, Abzug *m*.
II *vt* **1.** (*get rid of*) *rubbish* abladen. **they ~ed the cargo/bodies overboard** sie warfen die Ladung/Leichen über Bord.
2. (*put down, let fall*) *load, rubbish* abladen; *sand, bricks also* kippen; *bags* (*drop*) fallen lassen; (*leave*) lassen.
3. (*inf: abandon, get rid of*) *person, girlfriend* abschieben; *car* abstellen, loswerden; *sth unwanted* abladen.
4. (*Comm*) *goods* zu Dumpingpreisen verkaufen.
5. (*Comput*) ausgeben, abziehen, dumpen.

◆dump down *vt sep* fallenlassen.

◆dump off *vt sep* (*inf*) **will you ~ me ~ on the way home?** kannst du mich auf der Rückfahrt absetzen?

dumper ['dʌmpə^r^] *n* (*also* **dump truck**) Kipper *m*.

dumping ['dʌmpɪŋ] *n* **1.** (*of load, rubbish*) Abladen *nt*. **"no ~ "** „Schuttabladen verboten!" **2.** (*Comm*) Dumping *nt*.

dumping ground *n* Müllkippe *f*, Schuttabladeplatz *m*; (*fig*) Abladeplatz *m*.

dumpling ['dʌmplɪŋ] *n* **1.** (*Cook*) Kloß, Knödel *m*. **apple ~** Apfel *m* im Schlafrock.
2. (*inf: person*) Dickerchen (*inf*) *nt*.

dump truck *n* Kipper *m*.

dumpy ['dʌmpɪ] *adj* pummelig.

dun[1] [dʌn] **I** *adj* graubraun.
II *n* Graubraun *nt*.

dun[2] *vt* mahnen. **to ~ sb for the money he owes** bei jdm seine Schulden anmahnen.

dunce [dʌns] *n* (*Sch*) langsamer Lerner *or* Schüler; (*stupid person*) Dummkopf *m*. **to be a ~ at maths** eine Niete *or* schlecht in Mathe sein (*inf*); **the ~ of the class** das Schlußlicht der Klasse.

dune [dju:n] *n* Düne *f*.

dung [dʌŋ] **I** *n* Dung *m*; (*of birds*) Dreck *m*; (*Agr: manure also*) Mist, Dünger *m*.
II *vt field* düngen.

dungarees [ˌdʌŋgə'ri:z] *npl* (*workman's, child's*) Latzhose *f*. **a pair of ~** eine Latzhose.

dung beetle *n* Mistkäfer *m*.

dungeon ['dʌndʒən] *n* Verlies *nt*, Kerker *m*.

dunghill ['dʌŋhɪl] *n* Mist- *or* Dunghaufen *m*.

dunk [dʌŋk] *vt* (ein)tunken.
dunning letter ['dʌnɪŋ,letəʳ] *n* Mahnbrief *m*.
dunno ['dʌnəʊ] = **(I) don't know.**
duo ['dju:əʊ] *n* Duo *nt*.
duodenal [,dju:əʊ'di:nl] *adj* Duodenal- (*form*). ~ **ulcer** Zwölffingerdarmgeschwür *nt*.
duodenum [,dju:əʊ'di:nəm] *n* Zwölffingerdarm *m*, Duodenum *nt* (*spec*).
dupe [dju:p] **I** *vt* betrügen, überlisten, übertölpeln. **he was ~d into believing it** er fiel darauf rein. **II** *n* Betrogene(r) *mf*.
duple ['dju:pl] *adj* (*Mus*) ~ **time** Zweiertakt *m*.
duplex ['dju:pleks] **I** *adj* **1.** (*Elec, Tech*) doppelt, Doppel-, Duplex-. **2.** ~ **apartment** (*esp US*) zweistöckige Wohnung; ~ **house** (*US*) Zweifamilienhaus *nt*. **II** *n* (*esp US*) *see adj* **2..**
duplicate ['dju:plɪkeɪt] **I** *vt* **1.** (*make a copy of*) *document* ein Duplikat *nt or* eine Zweitschrift anfertigen von.
2. (*make copies of: on machine*) kopieren, vervielfältigen.
3. (*repeat*) *action* wiederholen, noch einmal machen; (*wastefully*) doppelt *or* zweimal machen.
II ['dju:plɪkɪt] *n* (*of document*) Duplikat *nt*, Kopie *f*; (*of work of art*) Kopie *f*; (*of key*) Zweitschlüssel *m*. **I have a watch which is the exact ~ of yours** ich habe genau die gleiche Uhr wie Sie; **in ~** in doppelter Ausfertigung.
III ['dju:plɪkɪt] *adj* doppelt, zweifach. **a ~ copy of the text** ein Duplikat *nt or* eine Kopie des Textes; **a ~ receipt** eine Empfangsbescheinigung in doppelter Ausfertigung; **a ~ cheque** ein Scheckduplikat *nt*; **a ~ key** ein Zweitschlüssel *m*.
duplicating machine ['dju:plɪkeɪtɪŋməʃi:n], **duplicator** *n* Vervielfältigungsapparat *m*.
duplication [,dju:plɪ'keɪʃən] *n* (*of documents*) (*act*) Vervielfältigung *f*; (*thing also*) Kopie *f*; (*double*) Doppel *nt*; (*of efforts, work*) Wiederholung *f*.
duplicator ['dju:plɪkeɪtəʳ] *n see* **duplicating machine.**
duplicity [dju:'plɪsɪtɪ] *n* Doppelspiel *nt*.
durability [,djʊərə'bɪlɪtɪ] *n see adj* Dauer *f*; Haltbarkeit *f*; Widerstandsfähigkeit *f*.
durable ['djʊərəbl] *adj friendship* dauerhaft; *material* haltbar; *metal* widerstandsfähig.
duration [djʊə'reɪʃən] *n* (*of play, war*) Länge, Dauer *f*. **of long/short ~** von langer/kurzer Dauer; **~ of life** Lebensdauer *f*; **it looks as though we are here for the ~** (*inf*) es sieht so aus, als ob wir bis zum Ende hier sind.
duress [djʊə'res] *n* Zwang *m*. **under ~** unter Zwang.
durex ® ['djʊəreks] *n* Gummi *m* (*inf*).
during ['djʊərɪŋ] *prep* während (+*gen*).
dusk [dʌsk] *n* (*twilight*) (Abend)dämmerung *f*; (*gloom*) Finsternis *f*. **at ~** bei Einbruch der Dunkelheit.
duskiness ['dʌskɪnɪs] *n* Dunkelheit *f*.
dusky ['dʌskɪ] *adj* (+*er*) dunkel. ~ **pink** altrosa.
dust [dʌst] **I** *n, no pl* **1.** Staub *m*. **covered in ~** staubbedeckt; *furniture also* ganz verstaubt; **to make** *or* **raise a lot of ~** (*lit, fig*) eine Menge Staub aufwirbeln; **when the ~ had settled** (*fig*) als sich die Wogen wieder etwas geglättet hatten; *see* **bite.**
2. to give sth a ~ etw abstauben.
II *vt* **1.** *furniture* abstauben; *room* Staub wischen in (+*dat*). **2.** (*Cook*) bestäuben.
III *vi* (*housewife*) Staub wischen.
◆**dust down** *vt sep person, sb's clothes* (*with brush*) abbürsten; (*with hand*) abklopfen. **to ~ oneself ~** sich abbürsten; sich (*dat*) den Staub abklopfen.
◆**dust off** *vt sep dirt* abwischen, wegwischen; *table, surface* abstauben.
◆**dust out** *vt sep box, cupboard* auswischen.
dust bag *n* Staubbeutel *m*; **dustbath** *n* Staubbad *nt*; **dustbin** *n* (*Brit*) Mülltonne *f*; **dustbin man** *n* (*Brit*) Müllmann *m*: **dust bowl** *n* Trockengebiet *nt*; **dustcart** *n* (*Brit*) Müllwagen *m*; **dust cloud** *n* Staubwolke *f*; **dustcoat** *n* Kittel *m*; **dustcover** *n* (*on book*) (Schutz)umschlag *m*; (*on furniture*) Schonbezug *m*.
duster ['dʌstəʳ] *n* **1.** Staubtuch *nt*; (*Sch*) (Tafel)schwamm *m*. **2.** (*Naut*) Schiffsflagge *f*. **3.** (*US:* **~coat**) Kittel *m*.
dustfree ['dʌstfri:] *adj* staubfrei.
dusting ['dʌstɪŋ] *n* **1.** Staubwischen *nt*. **to give sth a ~** etw abstauben, von etw den Staub abwischen; **to do the ~** Staub wischen.
2. (*Cook: sprinkling*) (Be)stäuben *nt*.
dusting powder *n* Talkpuder *m*.
dust jacket *n* (Schutz)umschlag *m*; **dustman** *n* (*Brit*) Müllmann *m*; **dustpan** *n* Kehr- *or* Müllschaufel *f*; **dustproof** *adj* staubdicht; **dustsheet** *n* Tuch *nt* (*zum Abdecken unbenutzter Möbel*); **dust storm** *n* Staubsturm *m*; **dust-trap** *n* Staubfänger *m*.
dusty ['dʌstɪ] *adj* (+*er*) *table, path* staubig. **to get ~** staubig werden; **the furniture gets very ~ in this room** die Möbel verstauben in diesem Zimmer sehr.
Dutch [dʌtʃ] **I** *adj* holländisch, niederländisch (*esp form*). **the ~ School** (*Art*) die Niederländische Schule; **~ auction** *Versteigerung f mit stufenweise erniedrigtem Ausbietungspreis;* **~ barn** (*Brit*) (offene) Scheune; **~ cap** (*contraceptive*) Pessar *nt*; **~ cheese** Holländer Käse *m*; **to go Dutch** (*inf*) getrennte Kasse machen; **that's just ~ courage** (*inf*) er hat sich (*dat*) Mut angetrunken; **~ door** (*US, Canada*) quergeteilte Tür; **~ elm disease** Ulmensterben *nt*.
II *adv* **to go ~** (*inf*) getrennte Kasse machen.
III *n* **1. the ~** die Holländer *or* Niederländer *pl*.
2. (*language*) Holländisch, Niederländisch (*esp form*) *nt*.
Dutchman ['dʌtʃmən] *n, pl* **-men** [-mən] Holländer, Niederländer (*esp form*) *m*. **he did say that or I'm a ~** (*inf*) ich fresse einen Besen, wenn er das nicht gesagt hat (*inf*).

Dutchwoman ['dʌtʃ,wʊmən] *n, pl* **-women** [-,wɪmɪn] Holländerin, Niederländerin (*esp form*) *f*.

dutiable ['dju:tɪəbl] *adj* zollpflichtig.

dutiful ['dju:tɪfʊl] *adj child* gehorsam; *husband, employee* pflichtbewußt.

dutifully ['dju:tɪfəlɪ] *adv obey* gehorsam; *act* pflichtbewußt.

duty ['dju:tɪ] *n* **1.** Pflicht *f*. **to do one's ~** seine Pflicht tun; **to do one's ~ by sb** seine Pflicht gegenüber jdm tun *or* erfüllen; **to make it one's ~ to do sth** es sich (*dat*) zur Pflicht machen, etw zu tun.

2. (*often pl: responsibility*) Aufgabe, Pflicht *f*. **to take up one's duties** seine Pflichten aufnehmen; **to be on ~** (*doctor*) im Dienst sein; (*Sch*) Aufsicht haben; **who's on ~ tomorrow?** wer hat morgen Dienst/Aufsicht?; **to be off ~** nicht im Dienst sein; **he comes off ~ at 9** sein Dienst endet um 9; **Tuesday I'm off ~** Dienstag habe ich dienstfrei; **night ~** Nachtdienst *m*; **he's been neglecting his duties as a husband** er hat seine ehelichen Pflichten vernachlässigt; **the box does ~ for a table** die Kiste dient als Tisch.

3. (*Fin: tax*) Zoll *m*. **to pay ~ on sth** Zoll auf etw (*acc*) zahlen; *see* **estate ~** *etc.*

duty call *n*: **a ~** ein Höflichkeitsbesuch *m*; **duty-free I** *adj* zollfrei; **~ shop** Duty-free-Shop *m*; **II** *n* zollfreie Ware; **duty officer** *n* Offizier *m* vom Dienst; **duty roster** *n* Dienstplan *m*.

duvet ['du:veɪ] *n* Duvet *nt*, Steppdecke *f*.

dwarf [dwɔ:f] **I** *n, pl* **dwarves** [dwɔ:vz] Zwerg *m*; (*tree*) Zwergbaum *m*; (*star also*) Zwergstern *m*.

II *adj person* zwergenhaft; *tree, star* Zwerg-.

III *vt* **1.** klein erscheinen lassen, überragen; (*through achievements, ability*) in den Schatten stellen.

2. (*Hort*) *tree* klein züchten.

dwell [dwel] *pret, ptp* **dwelt** *vi* **1.** (*liter: live*) weilen (*geh*), leben, wohnen. **2.** (*fig*) **the thought dwelt in his mind** der Gedanke haftete in seinem Gedächtnis.

◆**dwell (up)on** *vi +prep obj* **1.** verweilen bei, sich länger aufhalten bei; (*in thought*) verweilen bei, länger nachdenken über (*+acc*). **don't let's ~ ~ it** wir wollen uns nicht (länger) damit aufhalten. **2.** (*Mus*) *note* halten.

dweller ['dwelə^r] *n* Bewohner(in *f*) *m*.

dwelling ['dwelɪŋ] *n* (*form: also* **~ place**) Wohnsitz *m* (*form*), Wohnung *f*.

dwelt [dwelt] *pret, ptp of* **dwell**.

dwindle ['dwɪndl] *vi* (*strength, interest, relevance*) schwinden, abnehmen; (*numbers, audiences*) zurückgehen, abnehmen; (*supplies*) schrumpfen, zur Neige gehen.

◆**dwindle away** *vi* (*strength, person*) dahinschwinden; (*supplies*) zusammenschrumpfen.

dwindling ['dwɪndlɪŋ] **I** *n* (*of strength*) Schwinden *nt*, Abnahme *f*; (*of supplies*) Schwinden *nt*; (*of interest*) Nachlassen *nt*, Abnahme *f*. **II** *adj* schwindend; *resources* versiegend.

dye [daɪ] **I** *n* Farbstoff *m*. **hair ~** Haarfärbmittel *nt*.

II *vt* färben.

III *vi* (*cloth etc*) sich färben lassen.

dyed-in-the-wool ['daɪdɪnðə,wʊl] *adj* Erz-, durch und durch *pred; attitude* eingefleischt.

dyer ['daɪə^r] *n* Färber(in *f*) *m*.

dyestuffs *npl* Farbstoffe *pl*; **dyeworks** *n sing or pl* Färberei *f*.

dying ['daɪɪŋ] **I** *adj person* sterbend; *tradition, art, race, civilization* aussterbend; *embers* verglühend; *civilization* untergehend; *year* ausklingend. **he's a ~ man** er liegt im Sterben; **to my ~ day** bis an mein Lebensende; **~ wish** letzter Wunsch; **~ words** letzte Worte.

II *n* **the ~** die Sterbenden.

dyke, dike [daɪk] **I** *n* **1.** (*channel*) (Entwässerungs)graben, Kanal *m*. **2.** (*barrier*) Deich, Damm *m*; (*causeway*) Fahrdamm *m*. **3.** (*sl: lesbian*) Lesbe *f* (*sl*). **II** *vt land* eindeichen; *river* eindämmen.

dynamic [daɪ'næmɪk] **I** *adj* dynamisch. **II** *n* Dynamik *f*.

dynamically [daɪ'næmɪkəlɪ] *adv* dynamisch.

dynamics [daɪ'næmɪks] *n sing or pl* Dynamik *f*.

dynamism ['daɪnəmɪzəm] *n* Dynamismus *m*; (*of person*) Dynamik *f*.

dynamite ['daɪnəmaɪt] **I** *n* (*lit*) Dynamit *nt*; (*fig*) Zünd- *or* Sprengstoff *m*. **this new actress is ~** diese neue Schauspielerin ist eine Wucht (*inf*); **this new piece of evidence is ~** dieses neue Beweisstück wird wie eine Bombe einschlagen.

II *vt rocks, bridge* sprengen.

dynamo ['daɪnəməʊ] *n* Dynamo *m*; (*Aut*) Lichtmaschine *f*.

dynastic [daɪ'næstɪk] *adj* dynastisch.

dynasty ['dɪnəstɪ] *n* Dynastie *f*.

dysentery ['dɪsɪntrɪ] *n* Dysenterie, Ruhr *f*.

dysfunction [dɪs'tʌŋkʃən] *n* Funktionsstörung, Fehlfunktion *f*.

dyslexia [dɪs'leksɪə] *n* Legasthenie *f*.

dyslexic [dɪs'leksɪk] **I** *adj* legasthenisch. **II** *n* Legastheniker(in *f*) *m*.

dysmenorrhoea [,dɪsmenə'rɪə] *n* Dysmenorrhöe *f*.

dyspepsia [dɪs'pepsɪə] *n* Dyspepsie, Verdauungsstörung *f*. **nervous ~** nervöse Magenbeschwerden *pl*.

dyspeptic [dɪs'peptɪk] **I** *adj* dyspeptisch. **II** *n* jd, der an Dyspepsie leidet.

dystrophy ['dɪstrəfɪ] *n* Dystrophie, Ernährungsstörung *f*. **muscular ~** Muskelschwund *m*.

E

E, e [iː] *n* E, e *nt*; (*Mus*) E, e *nt*. **E flat/sharp** Es, es *nt*/Eis, eis *nt*; *see also* **major, minor, natural**.

E *abbr of* **east** O.

each [iːtʃ] **I** *adj* jede(r, s). ~ **one of us/** ~ **and every one of us** jeder einzelne von uns; ~ **and every boy** jeder einzelne Junge (ohne Ausnahme); **to back a horse** ~ **way** auf alle drei Gewinnplätze setzen.

II *pron* **1.** jede(r, s). ~ **of them gave their** (*inf*) *or* **his opinion** sie sagten alle ihre Meinung, jeder (von ihnen) sagte seine Meinung; **a little of** ~ **please** ein bißchen von jedem, bitte.

2. ~ **other** sich, einander (*geh*); **they haven't seen** ~ **other for a long time** sie haben sich *or* einander lange nicht gesehen; **they wrote (to)** ~ **other** sie haben sich (*dat*) *or* einander geschrieben; **we visit** ~ **other** wir besuchen uns (gegenseitig), wir besuchen einander; **you must help** ~ **other** ihr müßt einander helfen *or* euch gegenseitig helfen; **on top of** ~ **other/next to** ~ **other** aufeinander/nebeneinander.

III *adv* je. **we gave them one apple** ~ wir haben ihnen je einen Apfel gegeben; **two classes of 20 pupils** ~ zwei Klassen mit je 20 Schülern; **the books are £10** ~ die Bücher kosten je £ 10.

eager [ˈiːgəʳ] *adj person, discussion, pursuit* eifrig. **the** ~ **looks on their faces** der erwartungsvolle Ausdruck in ihren Gesichtern; **to be** ~ **to do sth** darauf erpicht sein, etw zu tun, etw unbedingt tun wollen; **he was** ~ **to please her/to help** er war eifrig bedacht, sie zufriedenzustellen/äußerst willig zu helfen; **to be** ~ **for sth** auf etw (*acc*) erpicht *or* aus sein; ~ **for knowledge** wißbegierig; ~ **beaver** (*inf*) Arbeitstier *nt* (*inf*).

eagerly [ˈiːgəlɪ] *adv* eifrig; *look, wait* voll gespannter Ungeduld. **we look forward** ~ **to the day when ...** wir warten ungeduldig auf den Tag, an dem ...; **they agreed so** ~ **it was suspicious** sie stimmten so bereitwillig zu, daß es schon verdächtig war.

eagerness [ˈiːgənɪs] *n* Eifer *m*. ~ **for knowledge/power/vengeance/independence** Wißbegierde *f*/Machtgier *f*/Rachgier *f*/Unabhängigkeitsstreben *nt*; **such was his** ~ **to please/help** er war so darauf bedacht zu gefallen/seine Bereitwilligkeit zu helfen war so groß, ...

eagle [ˈiːgl] *n* Adler *m*; (*Golf*) Eagle *nt*.

eagle-eyed [ˈiːglaɪd] *adj* **the** ~ **detective** der Detektiv mit seinen Adleraugen.

eaglet [ˈiːglɪt] *n* Adlerjunge(s) *nt*.

E & OE *abbr of* **errors and omissions excepted** ausgenommen evtl. Fehler und Auslassungen.

ear¹ [ɪəʳ] *n* **1.** (*Anat, fig*) Ohr *nt*. **to keep one's** ~**s open** die Ohren offenhalten; **to keep an** ~ **to the ground** die Ohren aufsperren *or* offenhalten; **to be all** ~**s** ganz Ohr sein; **your** ~**s must have been burning** Ihnen müssen die Ohren geklungen haben; **to lend an** ~ **to sb** jdm sein Ohr leihen; **if that came to** *or* **reached his** ~**s** wenn ihm das zu Ohren kommt; **he has the** ~ **of the king** der König hört auf ihn; **it goes in one** ~ **and out the other** das geht zum einen Ohr hinein und zum anderen wieder hinaus; **to be up to the** ~**s in debt** bis über die *or* über beide Ohren in Schulden stecken; **to set two people by the** ~**s** zwei Leute gegeneinander aufbringen; **he'll be out on his** ~ (*inf*) dann fliegt er raus (*inf*); **to bend sb's** ~ (*inf*) jdn vollquatschen (*inf*).

2. (*sense of hearing*) Gehör, Ohr *nt*. **to have a good** ~ **for music** ein feines Gehör für Musik haben; **to play by** ~ (*lit*) nach (dem) Gehör spielen; **to play it by** ~ (*fig*) improvisieren.

ear² *n* (*of grain, plant*) Ähre *f*; (*of maize*) Kolben *m*.

earache *n* Ohrenschmerzen *pl*; **earbashing** *n* (*inf*) **to give sb an** ~ jdm ein Ohr abreden; **ear drops** *npl* (*Med*) Ohrentropfen *pl*; **ear-drum** *n* Trommelfell *nt*.

-eared [-ɪəd] *adj suf* **long-/short-**~ lang-/kurzohrig.

ear flap *n* Ohrenschützer *m*; **earful** *n* (*inf*) **to get an** ~ mit einer Flut von Beschimpfungen überschüttet werden.

earl [ɜːl] *n* Graf *m*.

earldom [ˈɜːldəm] *n* (*land*) Grafschaft *f*; (*title*) Grafentitel *m*; (*rank*) Grafenstand *m*.

earlobe [ˈɪələʊb] *n* Ohrläppchen *nt*.

early [ˈɜːlɪ] **I** *adj* (+*er*) **1. it was** ~ **in the morning** es war früh am Morgen; **to be an** ~ **riser** ein Frühaufsteher sein; **the** ~ **bird catches the worm** (*Prov*) Morgenstund hat Gold im Mund (*Prov*); (*first come first served*) wer zuerst kommt, mahlt zuerst (*Prov*); ~ **to bed,** ~ **to rise (makes Jack healthy, wealthy and wise)** (*Prov*) früh ins Bett und früh heraus, frommt dem Leib, dem Geist, dem Haus (*Prov*); **in the** ~ **hours** in den frühen Morgenstunden; *see* **day**.

2. (*near to beginning of period of time*) **in the** ~ **morning/afternoon** am frühen Morgen/Nachmittag; **in** ~ **spring** zu Anfang des Frühjahrs; **in his earlier years he had ...** in jüngeren Jahren hatte er ...; **from an** ~ **age** von frühester Jugend *or* Kindheit an; **she's in her** ~ **forties** sie ist Anfang Vierzig; **in the** ~ **part of the century** Anfang des Jahrhunderts; **an** ~ **Baroque church** eine frühbarocke Kirche, eine Kirche aus dem Frühbarock.

3. (*first, primitive*) vor- *or* frühgeschichtlich. **E**~ **Church** Urkirche *f*; **the** ~ **masters** (*Art*) die frühen Meister; **this**

is an ~ form of writing das ist eine frühe Schriftform.

4. (*sooner than expected*) zu früh; *fruit, vegetable* Früh-.

5. (*in the future*) **at an ~ date** bald; **at an earlier date** früher, eher; **at the earliest possible moment** so bald wie (irgend) möglich; **to promise ~ delivery** baldige Lieferung versprechen.

II *adv* früh(zeitig). **you're ~ today** Sie sind heute ja früh dran; **I get up earlier in summer** im Sommer stehe ich früher *or* zeitiger auf; **I cannot come earlier than Thursday** ich kann nicht vor Donnerstag *or* eher als Donnerstag kommen; **he told me earlier on this evening** er hat es mir früher am Abend gesagt; **the earliest he can come is ...** er kann frühestens ... kommen; **~ in the morning** früh am Morgen; **~ in the year/in winter** Anfang des Jahres/Winters; **~ in May** Anfang Mai; **I learned that ~ in life** ich habe das früh im Leben gelernt; **too ~** zu früh; **as ~ as possible** so früh wie möglich, möglichst früh; **she left ten minutes ~** sie ist zehn Minuten früher gegangen; **he was half an hour ~ for the meeting** er kam eine halbe Stunde zu früh zur Versammlung.

early bird *n* (*in morning*) Frühaufsteher (in *f*) *m*; (*arriving*) Frühankömmling *m*; **early closing** *n* **it's ~ today** die Geschäfte haben *or* sind heute nachmittag geschlossen *or* zu (*inf*); **early retirement** *n* vorgezogener *or* vorzeitiger Ruhestand; **to take ~** vorzeitig in den Ruhestand gehen; **to have taken ~** Frührentner(in *f*) *m* sein; **early-retirement scheme** *n* Vorruhestandsregelung *f*; **early-warning system** *n* Frühwarnsystem *nt*.

earmark I *n* (*on animal*) Ohrmarke *f*; **II** *vt* (*fig*) vorsehen, bestimmen; **ear-muffs** *npl* Ohrenschützer *pl*.

earn [ɜːn] *vt money, praise, rest* verdienen; (*Fin*) *interest* bringen. **this ~ed him a lot of money/respect** das trug ihm viel Geld/große Achtung ein, damit verdiente er sich (*dat*) viel Geld/große Achtung; **~ed income** Arbeitseinkommen *nt*; **~ing capacity** Verdienstmöglichkeiten *pl*.

earner ['ɜːnəʳ] *n* **1.** (*person*) Verdiener(in *f*) *m*. **big ~s** Großverdiener *pl*. **2.** (*Brit sl*) Einnahmequelle *f*. **that video shop is a nice little ~** der Videoladen wirft ganz schön was ab (*inf*).

earnest ['ɜːnɪst] **I** *adj* **1.** (*serious, determined*) ernsthaft.

2. *hope* aufrichtig; *prayer, desire also* ernstgemeint.

3. ~ money Angeld *nt*.

II *n* **in ~** (*with determination*) ernsthaft; (*without joking*) im Ernst; **it is snowing in ~ now** jetzt schneit es richtig.

earnestly ['ɜːnɪstlɪ] *adv speak* ernsthaft; *beseech* ernstlich; *hope* aufrichtig.

earnestness ['ɜːnɪstnɪs] *n* Ernsthaftigkeit *f*; (*of voice*) Ernst *m*.

earnings ['ɜːnɪŋz] *npl* (*of person*) Verdienst *m*; (*of a business also*) Ertrag *m*.

ear, nose and throat *adj attr* Hals-Nasen-Ohren-; **ear-phones** *npl* Kopfhörer *pl*; **ear-piece** *n* Hörer *m*; **ear-piercing** *adj scream* ohrenbetäubend; **ear-plug** *n* Ohrwatte *f*, Ohropax ® *nt*; **ear-ring** *n* Ohrring *m*; **earshot** *n*: **out of/within ~** außer/in Hörweite; **ear-splitting** *adj sound, scream* ohrenbetäubend; *din* Höllen- (*inf*).

earth [ɜːθ] **I** *n* **1.** (*world*) Erde *f*. **the ~, E~** die Erde; **on ~** auf der Erde, auf Erden (*liter*); **to the ends of the ~** bis ans Ende der Welt; **where/who** *etc* **on ~?** (*inf*) wo/wer *etc* ... bloß?; **what on ~?** (*inf*) was in aller Welt (*inf*); **nothing on ~ will stop me now** keine Macht der Welt hält mich jetzt noch auf; **heaven on ~** der Himmel auf Erden; **it cost the ~** (*inf*) das hat eine schöne Stange Geld gekostet (*inf*); **it won't cost the ~** (*inf*) es wird schon nicht die Welt kosten (*inf*).

2. (*ground*) Erde *f*. **to fall to ~** zur Erde fallen; **to come back** *or* **down to ~ (again)** (*fig*) wieder auf den Boden der Tatsachen (zurück)kommen; **to bring sb down to ~ (with a bump)** (*fig*) jdn (unsanft) wieder auf den Boden der Tatsachen zurückholen.

3. (*soil*) Erde *f*.

4. (*Brit Elec*) Erde *f*.

5. (*of fox, badger*) Bau *m*. **to go to ~** (*fox*) im Bau verschwinden; (*criminal*) untertauchen; **to run sb/sth to ~** (*fig*) jdn/etw ausfindig machen *or* aufstöbern.

II *vt* (*Brit Elec*) erden.

◆**earth up** *vt sep plant* ausgraben.

earth-bound *adj* **1.** erdgebunden; **2. the spacecraft is on its ~ journey** das Raumschiff ist auf dem Rückflug zur Erde; **earth closet** *n* Trockenabort *m*.

earthen ['ɜːθən] *adj* irden.

earthenware ['ɜːθənwɛəʳ] **I** *n* (*material*) Ton *m*; (*dishes*) Tongeschirr *nt*. **II** *adj* aus Ton, Ton-.

earthiness ['ɜːθɪnɪs] *n* Derbheit *f*.

earthly ['ɜːθlɪ] **I** *adj* **1.** (*of this world*) irdisch.

2. (*inf: possible*) **for no ~ reason** ohne den geringsten Grund; **this thing is of no ~ use** das Ding hat nicht den geringsten Nutzen.

II *n* (*inf*) **she hasn't got an ~** sie hat nicht die geringste Chance.

earthman *n* (*Sci-Fi*) Erdenmensch, Terraner(in *f*) *m*; **earthmother** *n* (*Myth*) Erdmutter *f*; (*fig*) Urmutter *f*; **earth-moving equipment** *n* Maschinen *pl* für Erdbewegungen; **earth-orbit** *n* Erdumlaufbahn *f*; **earthquake** *n* Erdbeben *nt*; **earth sciences** *npl* Geowissenschaften *pl*; **earth-shattering** *adj* (*fig*) welterschütternd; **earth tremor** *n* Erdstoß *m*; **earthward(s)** *adv* auf die Erde zu, in Richtung Erde, erdwärts (*geh*); **earthwork** *n* (*Build*) Erdarbeiten *pl*; (*Mil*) Schanzwerk *nt*, Schanze *f*; **earthworm** *n* Regenwurm *m*.

earthy ['ɜːθɪ] *adj* (+*er*) **1.** *taste, smell* erdig. **2.** *person, humour* derb.

ear-trumpet *n* Hörrohr *nt*; **ear-wax** *n* Ohrenschmalz *nt*; **earwig** *n* Ohrwurm *m*.

ease [iːz] **I** *n* **1.** (*freedom from discomfort*) Behagen *nt*. **I am never at ~ in his company** in seiner Gesellschaft fühle ich mich immer befangen *or* fühle ich mich nie frei und ungezwungen; **to put** *or* **set sb at his ~** jdm die Befangenheit nehmen; **to put** *or* **set sb's mind at ~** jdn beruhigen; (*Mil*) **(stand) at ~!** rührt euch!

2. (*absence of difficulty*) Leichtigkeit *f*. **the ~ of his manners** seine Ungezwungenheit.

3. (*absence of work*) Muße *f*.

II *vt* **1.** (*relieve*) *pain* lindern; *mind* erleichtern. **to ~ sb of a burden/a few pounds** (*hum inf*) jdm eine Last von der Seele nehmen/jdn um ein paar Pfund erleichtern (*hum inf*).

2. (*make less, loosen*) *rope, strap* lokkern, nachlassen; *pressure, tension* verringern.

3. to ~ in the clutch (*Aut*) die Kupplung behutsam kommen lassen; **he ~d the car into gear** er legte behutsam einen Gang ein; **he ~d the lid off** er löste den Deckel behutsam ab; **he ~d his broken leg up onto the stretcher** er hob sein gebrochenes Bein behutsam auf die Trage.

III *vi* nachlassen; (*situation*) sich entspannen; (*prices also*) nachgeben.

◆**ease off** *or* **up** *vi* **1.** (*slow down, relax*) langsamer werden; (*driver*) verlangsamen; (*situation*) sich entspannen. **~ ~ a bit!** (etwas) langsamer!, sachte, sachte!; **the doctor told him to ~ ~ a bit at work** der Arzt riet ihm, bei der Arbeit etwas kürzer zu treten; **things usually ~ ~ a little just after Christmas** nach Weihnachten wird es normalerweise etwas ruhiger *or* geruhsamer.

2. (*pain, rain*) nachlassen.

easel ['iːzl] *n* Staffelei *f*.

easily ['iːzılı] *adv* **1.** (*without difficulty*) leicht. **he learnt to swim ~** er lernte mühelos schwimmen; **he can run 3 miles ~** er läuft leicht *or* mit Leichtigkeit drei Meilen.

2. (*without doubt*) gut und gerne. **he is ~ the best/winner** er ist mit Abstand der beste/der Sieger.

3. (*possibly*) leicht. **he may ~ change his mind** er kann es sich (*dat*) leicht noch anders überlegen.

4. (*calmly*) gelassen.

easiness ['iːzınıs] *n* Leichtigkeit *f*.

east [iːst] **I** *n* **1.** Osten *m*. **in/to the ~** im Osten/nach or gen (*old, poet*) Osten; **from the ~** von Osten; **to the ~ of** östlich von; **the wind is blowing from the ~** der Wind kommt von Ost(en) *or* aus (dem) Osten. **2.** (*Geog, Pol*) **the E~** der Osten; **from the E~** aus dem Osten.

II *adv* nach Osten, ostwärts. **~ of** östlich von.

III *adj* östlich, Ost-. **~ wind** Ostwind *m*.

East Africa *n* Ostafrika *nt*; **eastbound** *adj traffic, carriageway* (in) Richtung Osten; **East End** *n*: **the ~** der (Londoner) Osten.

Easter ['iːstə^r] **I** *n* Ostern *nt*. **at ~** an *or* zu Ostern. **II** *adj attr week, egg* Oster-. **~ Island** Osterinsel *f*; **~ Monday** Ostermontag *m*; **~ Sunday, ~ Day** Ostersonntag *m*.

easterly ['iːstəlı] *adj* östlich, Ost-. **in an ~ direction** in östlicher Richtung.

eastern ['iːstən] *adj* Ost-, östlich; *attitude* orientalisch. **the ~ bloc** der Ostblock; **the ~ states of Germany** die neuen Bundesländer.

easterner ['iːstənə^r] *n* (*esp US*) Oststaatler(in *f*) *m*. **he's an ~** er kommt aus dem Osten.

easternmost ['iːstənməʊst] *adj* östlichste(r, s).

East German I *adj* ostdeutsch, DDR-; **II** *n* Ostdeutsche(r) *mf*; **East Germany** *n* Ostdeutschland *nt*, die DDR; **East Indies** *npl* der Malaiische Archipel; **eastward, eastwardly I** *adj* östlich; **in an ~ direction** nach Osten, (in) Richtung Osten; **II** *adv* (*also* **eastwards**) ostwärts, nach Osten.

easy ['iːzı] **I** *adj* (+*er*) **1.** (*not difficult*) leicht. **it is as ~ as anything** das ist kinderleicht; **it is ~ to see that ...** es ist leicht zu sehen, daß ...; **it's ~ for you to say that** du hast leicht reden; **he was an ~ winner, he came in an ~ first** es war ihm ein leichtes zu gewinnen (*geh*), er hat mühelos gewonnen; **he is ~ to work with** man kann gut mit ihm arbeiten; **~ money** leicht verdientes Geld.

2. (*free from discomfort*) bequem, leicht; *manners, movement* ungezwungen; *style* flüssig. **in ~ stages** in bequemen Etappen; (*pay, persuade sb*) nach und nach; **on ~ terms** (*Comm*) zu günstigen Bedingungen; **I'm ~** (*inf*) mir ist alles recht; **at an ~ pace** in gemütlichem Tempo; **a colour which is ~ on the eyes** eine Farbe, die angenehm für die Augen ist.

3. (*St Ex*) *market* ruhig.

II *adv* **~!, ~ now!, ~ does it!** immer sachte!; **to take things** *or* **it ~** (*healthwise*) sich schonen; **take it ~!** (*don't worry*) nimm's nicht so schwer; (*don't get carried away, don't rush*) immer mit der Ruhe!; **to go ~ on** or **with sth** sparsam mit etw umgehen; **to go ~ on the brakes** die Bremsen schonen; **to go ~ on sb** nicht zu hart *or* streng mit jdm sein; **stand ~!** (*Mil*) rührt euch!

easy care *adj* (*Tex*) pflegeleicht; **easy chair** *n* Sessel *m*; **easy come easy go** *interj* wie gewonnen, so zerronnen (*Prov*); **easy-come easy-go** *adj* unbekümmert; **easy-going** *adj* (*not anxious*) gelassen; (*lax*) lax, lässig.

eat [iːt] (*vb*: *pret* **ate,** *ptp* **eaten**) **I** *vt* (*person*) essen, fressen (*pej inf*); (*animal*) fressen. **to ~ one's breakfast** frühstükken; **" ~ before July 2"** ,,zu verzehren bis: 2. Juli''; **he's ~ing us out of house and home** (*inf*) der (fr)ißt uns noch arm *or* die Haare vom Kopf (*inf*); **to ~ one's words** (alles,) was man gesagt hat, zurücknehmen; **he won't ~ you** (*inf*) er wird dich schon nicht fressen (*inf*); **what's ~ing you?** (*inf*) was hast du denn?

II *vi* essen, fressen (*pej inf*); (*animal*) fressen.

III *n* (*inf*) ~s *pl* Fressalien *pl* (*inf*).
◆**eat away** *vt sep* (*sea*) auswaschen; (*acid*) zerfressen.
◆**eat into** *vi +prep obj metal* anfressen; *capital* angreifen.
◆**eat out I** *vi* zum Essen ausgehen. **II** *vt sep* **to ~ one's heart ~** Trübsal blasen.
◆**eat up I** *vt sep* **1.** aufessen; (*animal*) auffressen. **2.** (*fig: use up, consume*) verbrauchen, fressen (*inf*). **this car ~s ~ the miles** der Wagen gibt ganz schön was her (*inf*). **3. he was ~en ~ with envy** der Neid nagte *or* zehrte an ihm.
II *vi* aufessen.
eatable ['i:təbl] *adj* eßbar, genießbar.
eat-by date ['i:tbaɪdeɪt] *n* Haltbarkeitsdatum *nt*.
eaten ['i:tn] *ptp of* **eat.**
eater ['i:təʳ] *n* **1.** Esser(in *f*) *m*. **2.** (*apple*) Eßapfel *m*.
eatery ['i:tərɪ] *n* (*hum inf: restaurant*) Eßlokal (*inf*) *nt*.
eating ['i:tɪŋ] *n* Essen *nt*. **to make good ~** gut zum Essen sein.
eating apple *n* Eßapfel *m*; **eating place** *n* Eßlokal *nt*.
eau de Cologne ['əudəkə'ləun] *n* Eau de Cologne *nt*.
eaves ['i:vz] *npl* Dachvorsprung *m*.
eavesdrop ['i:vzdrɒp] *vi* (heimlich) lauschen. **to ~ on a conversation** ein Gespräch belauschen.
eavesdropper ['i:vzdrɒpəʳ] *n* Lauscher(in *f*) *m*.
ebb [eb] **I** *n* Ebbe *f*. **~ and flow** Ebbe und Flut *f*; (*fig*) Auf und Ab *nt*; **~ tide** Ebbe; **at a low ~** (*fig*) auf einem Tiefstand. **II** *vi* **1.** (*tide*) zurückgehen. **to ~ and flow** (*lit, fig*) kommen und gehen. **2.** (*fig: also* **~ away**) (*enthusiasm*) ab- *or* verebben.
ebony ['ebənɪ] **I** *n* Ebenholz *nt*. **II** *adj colour* schwarz wie Ebenholz; *material* aus Ebenholz.
EB-Player *abbr of* **Electronic Book Player.**
ebullience [ɪ'bʌlɪəns] *n* Überschwenglichkeit *f*. **the ~ of youth** jugendlicher Überschwang.
ebullient [ɪ'bʌlɪənt] *adj person* überschwenglich; *spirits, mood* übersprudelnd.
EC *abbr of* **European Community** EG *f*.
eccentric [ɪk'sentrɪk] **I** *adj* **1.** *person* exzentrisch. **2.** *load* schief, ungleich; *orbit, curve, circles* exzentrisch. **II** *n* **1.** (*person*) Exzentriker(in *f*) *m*. **2.** (*Tech*) Exzenter *m*.
eccentrically [ɪk'sentrɪkəlɪ] *adv* exzentrisch.
eccentricity [ˌeksən'trɪsɪtɪ] *n* (*all senses*) Exzentrizität *f*.
ecclesiastic [ɪˌkli:zɪ'æstɪk] *n* Kleriker *m*.
ecclesiastical [ɪˌkli:zɪ'æstɪkəl] *adj* kirchlich.
ECG *abbr of* **electrocardiogram** EKG *nt*.
echelon ['eʃəlɒn] *n* (*Mil*) (*formation*) Staffelung *f*. **the higher ~s** die höheren Ränge *pl*.
echo ['ekəu] **I** *n* Echo *nt*, Widerhall *m*; (*fig*) Anklang *m* (*of* an *+acc*); (*Comput*) Rückmeldung *f*. **II** *vt sound* zurückwerfen; (*fig*) wiedergeben. **III** *vi* (*sounds*) widerhallen; (*room*) hallen. **to ~ with sth** von etw widerhallen; **it ~es in here** hier ist ein Echo.
echo chamber *n* Hallraum *m*; (*for electric guitar*) Nachhall- Erzeuger *m*; **echo-sounder** *n* Echolot *nt*.
éclair [eɪ'kleəʳ] *n* Eclair *nt*.
eclectic [ɪ'klektɪk] *adj* eklektisch.
eclecticism [ɪ'klektɪsɪzəm] *n* Eklektizismus *m*.
eclipse [ɪ'klɪps] **I** *n* (*Astron*) Eklipse (*spec*), Finsternis *f*; (*fig*) (*of fame, theory*) Verblassen *nt*; (*of person*) Niedergang *m*. **~ of the sun/moon** Sonnen-/Mondfinsternis *f*; **to be in ~** (*sun, moon*) verfinstert sein; (*fig*) in der Versenkung verschwunden sein.
II *vt* (*Astron*) verfinstern; (*fig*) in den Schatten stellen.
eco- ['i:kəu-] *pref* Öko-, öko-. **~-friendly** umweltfreundlich.
ecological [ˌi:kəu'lɒdʒɪkəl] *adj* ökologisch. **~ damage** Umweltbelastung *f*; **~ disaster** *n* Umweltkatastrophe *f*.
ecologically [ˌi:kəu'lɒdʒɪkəlɪ] *adv* ökologisch. **~ conscious** umweltbewußt; **~ harmful** umweltschädigend.
ecologist [ɪ'kɒlədʒɪst] *n* Ökologe *m*, Ökologin *f*.
ecology [ɪ'kɒlədʒɪ] *n* Ökologie *f*. **~ movement** *n* Ökologiebewegung *f*; **~ party** *n* Öko-Partei *f*; **~ tax** *n* Umweltsteuer *f*.
economic [ˌi:kə'nɒmɪk] *adj* wirtschaftlich, ökonomisch; *development, growth, system also, geography, miracle* Wirtschafts-.
economical [ˌi:kə'nɒmɪkəl] *adj* wirtschaftlich, ökonomisch; *person also* sparsam. **to be ~ with sth** mit etw haushalten *or* sparsam umgehen; **to be ~ (to run)** (*car*) (in der Haltung) wirtschaftlich sein.
economically [ˌi:kə'nɒmɪkəlɪ] *adv* wirtschaftlich; (*thriftily*) sparsam. **to use sth ~** mit etw wirtschaftlich *or* sparsam umgehen; etw sparsam verwenden.
economics [ˌi:kə'nɒmɪks] *n* **1.** *with sing or pl vb* Volkswirtschaft *f*, Wirtschaftswissenschaften *pl*; (*social ~*) Volkswirtschaft *f*; (*in management studies*) Betriebswirtschaft *f*.
2. *pl* (*economic aspect*) Wirtschaftlichkeit, Ökonomie *f*. **the ~ of the situation** die wirtschaftliche Seite der Situation.
economist [ɪ'kɒnəmɪst] *n see* **economics** Wirtschaftswissenschaftler(in *f*) *m*; Volkswirt(in *f*), Volkswirtschaftler(in *f*) *m*; Betriebswirt(in *f*), Betriebswirtschaftler(in *f*) *m*.
economize [ɪ'kɒnəmaɪz] *vi* sparen.
◆**economize on** *vi +prep obj* sparen.
economy [ɪ'kɒnəmɪ] *n* **1.** (*system*) Wirtschaft *f no pl*; (*from a monetary aspect*) Konjunktur *f*. **what is the state of the ~?** wie ist die Wirtschaftslage/Konjunktur?
2. (*in time, money*) Sparmaßnahme, Einsparung *f*. **an ~ in time** eine Zeitersparnis; **a false ~** falsche Sparsamkeit; **economies of scale** Einsparungen *pl* durch erhöhte Produktion.
3. (*thrift*) Sparsamkeit *f*. **his ~ of style**

sein knapper Stil; **with ~ of effort** mit sparsamem Kräfteaufwand.

economy class *n* Touristenklasse *f*; **economy drive** *n* Sparmaßnahmen *pl*; **economy price** *n* Sparpreis *m*; **economy size** *n* Sparpackung *f*.

ecosphere *n* Ökosphäre *f*; **eco system** *n* Ökosystem *nt*.

ecru [e'kru:] *adj* (*US*) naturfarben, ekrü.

ecstasy ['ekstəsɪ] *n* **1.** Ekstase, Verzückung *f*. **to go into/to be in ecstasies over sth** über etw (*acc*) in Ekstase *or* Verzückung geraten. **2.** (*sl*) (*drug*) Ecstasy, XTC *nt*.

ecstatic *adj*, **~ally** *adv* [eks'tætɪk, -əlɪ] ekstatisch, verzückt.

ECT *abbr of* **electro-convulsive therapy** Elektroschock *m*, Elektrokrampftherapie *f*.

ectopic [ek'tɒpɪk] *adj* ~ **pregnancy** ektopische *or* ektope Schwangerschaft.

Ecu ['eɪkju:] *abbr of* **European Currency Unit** Ecu *m*.

Ecuador ['ekwədɔ:ʳ] *n* Ecuador, Ekuador *nt*.

Ecuador(i)an [ˌekwə'dɔ:r(ɪ)ən] **I** *adj* ecuadorianisch, ekuadorianisch. **II** *n* Ecuadorianer(in *f*), Ekuadorianer(in *f*) *m*.

ecumenical [ˌi:kjʊ'menɪkəl] *adj* ökumenisch. **E~ Council** Ökumenischer Rat.

ecumenicism [ˌi:kjʊ'menɪsɪzm] *n* Ökumenismus *m*.

eczema ['eksɪmə] *n* Ekzem *nt*, (Haut)ausschlag *m*.

ed *abbr of* **editor** Verf., Verfasser(in *f*) *m*; **edition** Ausg., Ausgabe *f*; **edited** hg., herausgegeben.

Edam ['i:dæm] *n* Edamer (Käse) *m*.

eddy ['edɪ] **I** *n* Wirbel *m*; (*of water also*) Strudel *m*. **II** *vi* wirbeln; (*water also*) strudeln.

edelweiss ['eɪdlvaɪs] *n* Edelweiß *nt*.

edema [ɪ'di:mə] *n* (*esp US*) Ödem *nt*.

Eden ['i:dn] *n* (*also fig*): **Garden of ~** Garten *m* Eden.

edge [edʒ] **I** *n* **1.** (*of knife, razor*) Schneide *f*. **to put an ~ on a knife** ein Messer schleifen; **to take the ~ off a blade** eine Klinge stumpf machen; **to take the ~ off sth** (*fig*) *sensation* etw der Wirkung (*gen*) berauben; *pain* etw lindern; **that took the ~ off my appetite** das nahm mir erst einmal den Hunger; **the noise sets my teeth on ~** das Geräusch geht mir durch und durch; **to be on ~** nervös sein; **to have the ~ on sb/sth** jdm/etw überlegen sein; **it gives her/it that extra ~** darin besteht eben der kleine Unterschied.

2. (*outer limit*) Rand *m*; (*of cloth, table also, of brick, cube*) Kante *f*; (*of lake, river also, of sea*) Ufer *nt*; (*of estates*) Grenze *f*. **a book with gilt ~s** ein Buch mit Goldschnitt; **the trees at the ~ of the road** die Bäume am Straßenrand; **to be on the ~ of disaster** am Rande des Untergangs stehen.

II *vt* **1.** (*put a border on*) besetzen, einfassen **to ~ a coat with fur** einen Mantel mit Pelz verbrämen.

2. (*sharpen*) *tool, blade* schärfen, schleifen, scharf machen.

3. to ~ one's way towards sth (*slowly*) sich allmählich auf etw (*acc*) zubewegen; (*carefully*) sich vorsichtig auf etw (*acc*) zubewegen; **the prisoner ~d his way along the wall** der Gefangene schob sich langsam an der Wand entlang; **he ~d his chair nearer the door** er rückte mit seinem Stuhl allmählich auf die Tür zu.

III *vi* sich schieben. **to ~ out of a room** sich aus einem Zimmer stehlen; **to ~ away from sb/sth** sich allmählich immer weiter von jdm/etw entfernen; **to ~ up to sb** sich an jdn heranmachen.

◆**edge out I** *vt sep* (*of job, position*) beiseite drängen. **to ~ sb ~ of his job** jdn aus seiner Stelle drängen. **II** *vi* **she ~d ~ onto the balcony** sie tastete sich auf den Balkon vor; **the driver ~d ~ onto the main road** der Fahrer fuhr vorsichtig auf die Hauptstraße.

◆**edge up I** *vt sep prices* hochdrücken. **II** *vi* (*prices*) hochgehen.

edgeways ['edʒweɪz] *adv* mit der Schmalseite voran. **I couldn't get a word in ~** ich bin überhaupt nicht zu Wort gekommen.

edginess ['edʒɪnɪs] *n* Nervosität *f*.

edging ['edʒɪŋ] *n* Borte, Einfassung *f*; (*of ribbon, silk also*) Paspel *f*. **~-shears** Rasenschere *f*.

edgy ['edʒɪ] *adj* (+*er*) *person* nervös.

edibility [ˌedɪ'bɪlɪtɪ] *n* Eßbarkeit, Genießbarkeit *f*.

edible ['edɪbl] *adj* eßbar, genießbar.

edict ['i:dɪkt] *n* Erlaß *m*; (*Hist*) Edikt *nt*.

edification [ˌedɪfɪ'keɪʃən] *n* Erbauung *f*. **for the ~ of ...** zur Erbauung der ...

edifice ['edɪfɪs] *n* (*lit, fig*) Gebäude *nt*; (*fig also*) Gefüge *nt*.

edify ['edɪfaɪ] *vt* erbauen.

edifying ['edɪfaɪɪŋ] *adj* erbaulich.

edit ['edɪt] **I** *vt series, author, newspaper, magazine* herausgeben, edieren; *newspaper story, book, text* redigieren, bearbeiten; *film, tape* schneiden, cutten, montieren; (*Comput*) editieren. **II** *vi* redigieren, redaktionell arbeiten.

◆**edit out** *vt sep* herausnehmen; (*from film, tape*) herausschneiden; *character from story* herausstreichen.

editable ['edɪtəbl] *adj* (*Comput*) *file* editierbar.

editing ['edɪtɪŋ] *n see vt* Herausgabe *f*; Redaktion, Bearbeitung *f*; Schnitt *m*, Montage *f*; Editieren *nt*.

edition [ɪ'dɪʃən] *n* Ausgabe, Edition *f*; (*impression*) Auflage *f*.

editor ['edɪtəʳ] *n* (*of text, newspaper, magazine, series, author*) Herausgeber(in *f*) *m*; (*publisher's*) *fiction* (Verlags)lektor(in *f*) *m*; *non-fiction* (Verlags)redakteur(in *f*) *m*; (*Film*) Cutter(in *f*) *m*; (*Comput*) Editor *m*. **sports ~** Sportredakteur(in *f*) *m*; **~-in-chief** Herausgeber(in *f*) *m*; (*of newspaper*) Chefredakteur(in *f*) *m*; **the ~s in our educational department** die Redaktion unserer Schulbuchabteilung.

editorial [ˌedɪ'tɔ:rɪəl] **I** *adj* redaktionell, Redaktions-. **~ assistant** Redaktionsassistent(in *f*) *m*; **~ office** Redaktion *f*; (*Publishing also*) (Verlags)lektorat *nt*; **~ staff** Redaktion(sangestellte *pl*) *f*; **he**

is ~ **staff** er arbeitet in der Redaktion. **II** *n* Leitartikel *m*.

editorially [ˌedɪ'tɔːrɪəlɪ] *adv* redaktionell.

editorship ['edɪtəʃɪp] *n* (*of newspaper, magazine*) Chefredaktion, Schriftleitung *f*. **under the general ~ of ...** unter ... als Herausgeber.

EDP *abbr of* **electronic data processing** EDV *f*.

EDT (*US*) *abbr of* **Eastern Daylight Time** *östliche Sommerzeit in den USA und Kanada.*

educable ['edjʊkəbl] *adj* erziehbar; (*academically*) ausbildbar.

educate ['edjʊkeɪt] *vt* **1.** erziehen; *public* informieren. **he was ~d at Eton** er ist in Eton zur Schule gegangen.

2. *the mind* schulen; *one's tastes* (aus)bilden.

educated ['edjʊkeɪtɪd] *adj* gebildet. **to make an ~ guess** eine fundierte *or* wohlbegründete Vermutung anstellen.

education [ˌedjʊ'keɪʃən] *n* Erziehung *f*; (*studies, training*) Ausbildung *f*; (*knowledge, culture*) Bildung *f*. **Ministry of E~** Ministerium *nt* für Erziehung und Unterricht, Kultusministerium *nt*; **College of E~** Pädagogische Hochschule; (*for graduates*) Studienseminar *nt*; **(local) ~ authority** Schulbehörde *f*; **to study ~** Pädagogik *or* Erziehungswissenschaften studieren; **the ~ budget** der Etat für das Erziehungs- und Ausbildungswesen; **~ is free** die Schulausbildung ist kostenlos; **haven't you got any ~?** hast du denn überhaupt keine Bildung?

educational [ˌedjʊ'keɪʃənl] *adj* pädagogisch; *methods, work also* Erziehungs-; *films, games also* Lehr-; *role, function also* erzieherisch; *publisher also* Schulbuch-, Lehrbuch-. **a very ~ experience** eine sehr lehrreiche Erfahrung; **~ technology** Unterrichtstechnologie *f*.

education(al)ist [ˌedjʊ'keɪʃn(əl)ɪst] *n* Pädagoge *m*, Pädagogin *f*, Erziehungswissenschaftler(in *f*) *m*.

educationally [ˌedjʊ'keɪʃnəlɪ] *adj* pädagogisch. **~ subnormal** lernbehindert.

educative ['edjʊkətɪv] *adj* erzieherisch.

educator ['edjʊkeɪtə[r]] *n* Pädagoge *m*, Pädagogin *f*, Erzieher(in *f*) *m*.

Edwardian [ed'wɔːdɪən] **I** *adj* aus der Zeit Eduards VII. **in ~ days** unter Eduard VII, im ersten Jahrzehnt des 20. Jahrhunderts. **II** *n* Zeitgenosse *m* Eduards VII.

EEA *abbr of* **European Economic Area** EWR *m*.

EEG *abbr of* **electroencephalogram** EEG *nt*.

eel [iːl] *n* Aal *m*; *see* **slippery.**

EENT (*US Med*) *abbr of* **eye, ear, nose and throat. ~ specialist** Augen- und HNO-Arzt *m*/-Ärztin *f*.

eerie, eery *adj* (*+er*), **eerily** *adv* ['ɪərɪ, -lɪ] unheimlich.

EET *abbr of* **Eastern European Time** OEZ *f*.

efface [ɪ'feɪs] *vt* auslöschen. **to ~ oneself** sich zurückhalten.

effect [ɪ'fekt] **I** *n* **1.** (*result*) Wirkung *f*, Effekt *m*; (*repercussion*) Auswirkung *f*. **the ~ of an acid on metal** die Wirkung einer Säure auf Metall; **the ~ of this rule will be to prevent ...** diese Regelung wird die Verhinderung von ... bewirken *or* zur Folge haben; **to feel the ~s of an accident/of drink** die Folgen eines Unfalls/des Trinkens spüren; **to no ~** erfolglos, ergebnislos; **our warning was to no ~** unsere Warnung hatte keine Wirkung; **to such good ~ that ...** so wirkungsvoll, daß ...; **to have an ~ on sb/sth** eine Wirkung auf jdn/etw haben; **to have no ~** keine Wirkung haben; **to take ~** (*drug*) wirken.

2. (*impression*) Wirkung *f*, Effekt *m*. **to create an ~** eine Wirkung *or* einen Effekt erzielen; **to give a good ~** einen guten Effekt ergeben; **~s of light** (*Art*) Lichteffekte *pl*; **the sword was only for ~** der Degen war nur zum Effekt da.

3. (*meaning*) **his letter is to the ~ that ...** sein Brief hat zum Inhalt, daß ...; **we received his letter to the ~ that ...** wir erhielten sein Schreiben des Inhalts, daß ...; **he used words to that ~** sinngemäß drückte er sich so aus; ... **or words to that ~ ...** oder etwas in diesem Sinne *or* etwas ähnliches.

4. **~s** *pl* (*property*) Effekten *pl*.

5. (*reality*) **in ~** in Wirklichkeit, im Effekt.

6. (*of laws*) **to be in ~** gültig *or* in Kraft sein; **to come into ~** in Kraft treten; **to put sth into ~** etw in Kraft setzen; **to take ~** in Kraft treten.

II *vt* **1.** bewirken, herbeiführen. **to ~ an entry** (*form*) sich (*dat*) Zutritt verschaffen. **2.** (*form*) *sale, purchase* tätigen; *payment* leisten; *insurance* abschließen; *settlement* erzielen.

effective [ɪ'fektɪv] *adj* **1.** (*achieving a result*) wirksam, effektiv. **to become ~** (*law*) in Kraft treten, wirksam werden; (*drug*) wirken; **the ~ date of an insurance policy** der Vertragsbeginn einer Versicherungspolice.

2. (*creating a striking impression*) wirkungsvoll, effektvoll.

3. (*real*) *aid, contribution* tatsächlich; *profit, performance also* effektiv.

effectively [ɪ'fektɪvlɪ] *adv see adj* **1.** wirksam, effektiv. **2.** wirkungsvoll, effektvoll. **3.** effektiv. **but they are ~ the same** aber effektiv sind sie gleich.

effectiveness [ɪ'fektɪvnɪs] *n see adj* **1.** Wirksamkeit, Effektivität *f*. **2.** Wirkung *f*, Effekt *m*.

effectual *adj*, **~ly** *adv* [ɪ'fektjʊəl, -ɪ] wirksam.

effectuate [ɪ'fektjʊeɪt] *vt* bewirken.

effeminate [ɪ'femɪnɪt] *adj* (*of a man*) feminin.

effervesce [ˌefə'ves] *vi* sprudeln; (*fig: person*) überschäumen.

effervescence [ˌefə'vesns] *n* (*lit*) Sprudeln *nt*; (*fig*) Überschäumen *nt*; überschäumendes Temperament.

effervescent [ˌefə'vesnt] *adj* sprudelnd; (*fig*) überschäumend.

effete [ɪ'fiːt] *adj* schwach; *person* saft- und kraftlos.

efficacious [ˌefɪ'keɪʃəs] *adj* wirksam.

efficacy ['efɪkəsɪ] *n* Wirksamkeit *f.*

efficiency [ɪ'fɪʃənsɪ] *n* (*of person*) Fähigkeit, Tüchtigkeit *f*; (*of machine, engine, factory*) Leistungsfähigkeit *f*; (*of method, organization*) Rationalität, Effizienz (*geh*) *f.* **~-minded** leistungsorientiert; **when jobs are lost for the sake of ~** wenn Stellen wegrationalisiert werden.

efficient [ɪ'fɪʃənt] *adj person* fähig, effizient (*geh*); *worker, secretary also* tüchtig; *machine, engine, factory, company, department* leistungsfähig; *method, organization* rationell, effizient (*geh*). **to be ~ at sth/at doing sth** etw gut verstehen/es gut verstehen, etw zu tun, in etw (*dat*) tüchtig sein; **the ~ working of a mechanism** das gute Funktionieren eines Mechanismus.

efficiently [ɪ'fɪʃəntlɪ] *adv* gut, effizient (*geh*). **the new machines were installed smoothly and ~** die neuen Maschinen wurden glatt und reibungslos eingebaut.

effigy ['efɪdʒɪ] *n* Bildnis *nt.* **to burn sb in ~** jds Puppe verbrennen.

effing ['efɪŋ] (*euph vulg*) *adj* Scheiß- (*sl*).

efflorescent [ˌeflɔː'resnt] *adj* (*Chem*) ausblühend, effloreszierend (*spec*); (*Bot*) aufblühend.

effluence ['efluəns] *n* Abwasser *nt.*

effluent ['efluənt] **I** *adj* ausfließend; *gas* ausströmend. **II** *n* (*from a lake*) Ausfluß *m*; (*sewage*) Abwasser *nt.*

effluvium [e'fluːvɪəm] *n* Ausdünstung *f.*

◆**eff off** ['efɒf] *vi* (*euph vulg*) sich verpissen (*sl*).

effort ['efət] *n* **1.** (*attempt*) Versuch *m*; (*strain, hard work*) Anstrengung, Mühe *f*; (*Mech*) Leistung *f.* **to make an ~ to do sth** sich bemühen, etw zu tun; **to make every ~** *or* **a great ~ to do sth** sich sehr bemühen *or* anstrengen, etw zu tun; **he made no ~ to be polite** er machte sich (*dat*) nicht die Mühe, höflich zu sein; **it's an ~ (to get up in the morning)** es kostet einige Mühe *or* Anstrengung(, morgens aufzustehen); **with an ~** mühsam; **he had to double his ~s** er mußte seine Anstrengungen verdoppeln; **come on, make an ~** komm, streng dich an.
2. (*inf*) Unternehmen *nt.* **it was a pretty poor ~** das war eine ziemlich schwache Leistung; **it's not bad for a first ~** das ist nicht schlecht für den Anfang; **do you understand those rationalization ~s?** verstehen Sie diese Rationalisierungsbestrebungen?; **his first ~ at making a film** sein erster Versuch, einen Film zu drehen; **what's this peculiar cylinder ~?** was ist denn das Zylinder-Ding da? (*inf*).

effortless ['efətlɪs] *adj* mühelos, leicht; *style* leicht, flüssig.

effortlessly ['efətlɪslɪ] *adv* mühelos, leicht.

effrontery [ɪ'frʌntərɪ] *n* Unverschämtheit *f.*

effusion [ɪ'fjuːʒən] *n* (*lit, fig*) Erguß *m.*

effusive [ɪ'fjuːsɪv] *adj* überschwenglich; *person, character, style also* exaltiert.

effusively [ɪ'fjuːsɪvlɪ] *adv* überschwenglich.

effusiveness [ɪ'fjuːsɪvnɪs] *n* Überschwenglichkeit *f.*

EFL *abbr of* **English as a Foreign Language** Englisch als Fremdsprache.

EFTA ['eftə] *abbr of* **European Free Trade Association** EFTA *f.*

EFTPOS ['eftpɒs] *abbr of* **electronic funds transfer at point of sale.**

eg *abbr of* **for example** z.B.

EGA (*Comput*) *abbr of* **enhanced graphics adapter** EGA.

egalitarian [ɪˌgælɪ'tɛərɪən] **I** *n* Verfechter(in *f*) *m* des Egalitarismus. **II** *adj person* egalitär (*geh*); *principle also* Gleichheits-.

egalitarianism [ɪˌgælɪ'tɛərɪənɪzəm] *n* Egalitarismus *m.*

egg [eg] *n* Ei *nt.* **to put all one's ~s in one basket** (*prov*) alles auf eine Karte setzen; **as sure as ~s is ~s** (*inf*) so sicher wie das Amen in der Kirche (*inf*); **to have ~ all over one's face** (*fig inf*) dumm dastehen (*inf*).

◆**egg on** *vt sep* anstacheln.

egg and spoon race *n* Eierlauf *m*; **egg-beater** *n* Schneebesen *m*; **egg-cup** *n* Eierbecher *m*; **egg custard** *n* Eiercreme *f*; **egg-flip** *n* Ei-Flip *m*; **egghead** *n* (*pej inf*) Intellektuelle(r) *mf*, Eierkopf *m* (*inf*); **egg-plant** *n* Aubergine *f*; **egg roll** *n* Eibrötchen *nt*; **egg sandwich** *n* Sandwich *nt* mit Ei; **eggshell I** *n* Eierschale *f*; **II** *adj* Eierschalen-; **egg spoon** *n* Eierlöffel *m*; **egg-timer** *n* Eieruhr *f*; **egg-whisk** *n* Schneebesen *m*; **egg-white** *n* Eiweiß *nt*; **egg yolk** *n* Eidotter *m*, Eigelb *nt.*

eglantine ['egləntaɪn] *n* Weinrose *f.*

ego ['iːgəʊ] *n* (*Psych*) Ego, Ich *nt*; (*inf*) Selbstbewußtsein *nt*; (*conceit*) Einbildung *f.* **this will boost his ~** das wird sein Selbstbewußtsein stärken.

egocentric(al) [ˌegəʊ'sentrɪk(əl)] *adj* egozentrisch, ichbezogen.

egoism ['egəʊɪzəm] *n* Egoismus *m*, Selbstsucht *f.*

egoist ['egəʊɪst] *n* Egoist(in *f*) *m*, selbstsüchtiger Mensch.

egoistical [ˌegəʊ'ɪstɪkəl] *adj* egoistisch, selbstsüchtig, eigennützig.

egomania [ˌiːgəʊ'meɪnɪə] *n* Egomanie *f*, übersteigerte Ichbezogenheit.

egomaniac [ˌiːgəʊ'meɪnɪæk] *n* Egomane *m*, Egomanin *f.*

egotism ['egəʊtɪzəm] *n* Ichbezogenheit *f*, Egotismus *m.*

egotist ['egəʊtɪst] *n* Egotist(in *f*) *m*, Egozentriker(in *f*) *m*; ichbezogener Mensch.

egotistic(al) [ˌegəʊ'tɪstɪk(əl)] *adj* von sich eingenommen, ichbezogen, egotistisch.

ego-trip ['iːgəʊtrɪp] *n* (*inf*) Ego-Trip *m* (*inf*).

egregious [ɪ'griːdʒəs] *adj* ausgemacht, ungeheuerlich.

egret ['iːgrɪt] *n* (*Orn*) Reiher *m*; (*ornament*) Reiherfeder *f.*

Egypt ['iːdʒɪpt] *n* Ägypten *nt.*

Egyptian [ɪ'dʒɪpʃən] **I** *adj* ägyptisch. **II** *n* **1.** Ägypter(in *f*) *m.* **2.** (*language*) Ägyptisch *nt.*

Egyptology [ˌiːdʒɪp'tɒlədʒɪ] *n* Ägyptologie *f.*

eh [eɪ] *interj* **1.** (*in surprise, inviting repetition*) **I've found a gold mine — ~?** ich habe eine Goldmine entdeckt — was? *or* hä? (*inf*). **2.** (*inviting agreement*) **it's good, ~?** gut, nicht?

eider ['aɪdəʳ] *n* Eiderente *f*.

eiderdown ['aɪdədaʊn] *n* (*quilt*) Federbett *nt*, Daunendecke *f*; (*feathers*) Daunen, Flaumfedern *pl*.

eight [eɪt] **I** *adj* acht; *see* **six. II** *n* **1.** Acht *f*; *see* **six. 2.** (*Rowing*) Achter *m*. **3. to have had one over the ~** (*inf*) einen über den Durst getrunken haben (*inf*).

eighteen ['eɪ'tiːn] **I** *adj* achtzehn. **II** *n* Achtzehn *f*.

eighteenth ['eɪ'tiːnθ] **I** *adj* achtzehnte(r, s). **II** *n* (*fraction*) Achtzehntel *nt*; (*of series*) Achtzehnte(r, s); *see* **sixteenth.**

eighth [eɪtθ] **I** *adj* achte(r, s). **II** *n* (*fraction*) Achtel *nt*; (*of series*) Achte(r, s); *see* **sixth.**

eighth-note ['eɪtθnəʊt] *n* (*US Mus*) Achtelnote *f*, Achtel *nt*.

eightieth ['eɪtɪəθ] **I** *adj* achtzigste(r, s). **II** *n* (*fraction*) Achtzigstel *nt*; (*of series*) Achtzigste(r, s); *see* **sixtieth.**

eighty ['eɪtɪ] **I** *adj* achtzig. **II** *n* Achtzig *f*; *see* **sixty.**

Eire ['ɛərə] *n* Irland, Eire *nt*.

either ['aɪðəʳ, 'iːðəʳ] **I** *adj, pron* **1.** (*one or other*) eine(r, s) (von beiden). **there are two boxes on the table, take ~** auf dem Tisch liegen zwei Schachteln, nimm eine davon.

2. (*each, both*) jede(r, s), beide *pl*. **~ day would suit me** beide Tage passen mir; **which bus will you take? — ~ (will do)** welchen Bus wollen Sie nehmen? — das ist egal; **on ~ side of the street** auf beiden Seiten der Straße; **it wasn't in ~ (box)** es war in keiner der beiden (Kisten).

II *adv, conj* **1.** (*after neg statement*) auch nicht. **he sings badly and he can't act ~** er ist ein schlechter Sänger, und spielen kann er auch nicht; **I have never heard of him — no, I haven't ~** ich habe noch nie von ihm gehört — ich auch nicht.

2. ~ ... or entweder ... oder; (*after a negative*) weder ... noch; **he must be ~ lazy or stupid** er muß entweder faul oder dumm sein; **~ be quiet or go out!** entweder bist du ruhig oder du gehst raus!; **I have never been to ~ Paris or Rome** ich bin weder in Paris noch in Rom gewesen.

3. (*moreover*) **she inherited a sum of money and not such a small one ~** sie hat Geld geerbt, und (zwar) gar nicht so wenig.

ejaculate [ɪ'dʒækjʊleɪt] **I** *vi* (*cry out*) aufschreien; (*Physiol*) ejakulieren. **II** *vt* (*utter*) ausstoßen, ausrufen; (*Physiol*) ejakulieren, ausspritzen. **III** [ɪ'dʒækjʊlɪt] *n* Ejakulat *m*.

ejaculation [ɪˌdʒækjʊ'leɪʃən] *n* **1.** (*cry*) Ausruf *m*. **2.** (*Physiol*) Ejakulation *f*, Samenerguß *m*.

ejaculatory [ɪ'dʒækjʊlətərɪ] *adj style, language* stoßhaft; (*Physiol*) Ejakulations-.

eject [ɪ'dʒekt] **I** *vt* **1.** (*throw out*) *heckler, tenant* hinauswerfen. **2.** *cartridge* auswerfen; (*Tech*) ausstoßen, auswerfen; *pilot* herausschleudern. **II** *vi* (*pilot*) den Schleudersitz betätigen.

ejection [ɪ'dʒekʃən] *n* Hinauswurf *m*; (*of cartridge*) Auswerfen *nt*; (*Tech*) Ausstoß *m*. **~ is the pilot's last resort** Betätigung des Schleudersitzes ist die letzte Rettung für den Piloten.

ejector [ɪ'dʒektəʳ] *n* (*on gun*) Auswerfer, Ejektor *m*. **~ seat** (*Aviat*) Schleudersitz *m*.

◆**eke out** ['iːkaʊt] *vt sep food, supplies* strecken, verlängern; *money, income* aufbessern. **to ~ ~ a living** sich (recht und schlecht) durchschlagen.

el [el] *n* (*US*) *abbr of* **elevated railroad** Hochbahn *f*.

elaborate [ɪ'læbərɪt] **I** *adj design, hairstyle, pattern, drawing* kunstvoll, kompliziert; *style* (*of writing*) *also, document* ausführlich, detailliert; *plan* ausgefeilt, ausgeklügelt; *sculpture, style* kunstvoll; *preparations also* umfangreich; *clothes, meal* üppig; *joke* ausgeklügelt. **I could cook something a little more ~** ich könnte etwas Anspruchsvolleres kochen.

II [ɪ'læbəreɪt] *vt* (*work out in detail*) ausarbeiten; (*describe in detail*) ausführen.

III [ɪ'læbəreɪt] *vi* **could you ~?** könnten Sie das etwas näher ausführen?; **there's no need to ~** Sie brauchen nichts weiter zu sagen.

◆**elaborate on** *vi +prep obj* näher ausführen.

elaborately [ɪ'læbərɪtlɪ] *adv designed, drawn, structured* kunstvoll, kompliziert; *detailed* ausführlich; *worked out* detailliert; *prepared* umfangreich.

elaborateness [ɪ'læbərɪtnɪs] *n see adj* Kompliziertheit *f*; Ausführlichkeit, Detailliertheit *f*; Umfang *m*; Üppigkeit *f*.

elaboration [ɪˌlæbə'reɪʃən] *n* (*working out in detail*) (*of plan*) Ausfeilung *f*; (*description: of details*) nähere Ausführung; (*that which elaborates: details*) Ausschmückung *f*.

élan [eɪ'læn] *n* Elan *m*.

elapse [ɪ'læps] *vi* vergehen, verstreichen.

elastic [ɪ'læstɪk] **I** *adj* (*lit, fig*) elastisch. **~ band** (*Brit*) Gummiband *nt*; **~ stockings** Gummistrümpfe *pl*. **II** *n* Gummi(band *nt*) *m*; (*US: rubber band*) Gummi *m*.

elasticity [ˌiːlæs'tɪsɪtɪ] *n* Elastizität *f*.

Elastoplast ® [ɪ'læstəʊplɑːst] *n* (*Brit*) Hansaplast ® *nt*.

elate [ɪ'leɪt] *vt* begeistern, in Hochstimmung versetzen.

elated [ɪ'leɪtɪd] *adj* begeistert.

elation [ɪ'leɪʃən] *n* Begeisterung (*at* über *+acc*), Hochstimmung *f*; (*of crowd also*) Jubel *m*.

elbow ['elbəʊ] **I** *n* **1.** Ellbogen *m*. **to be up to the elbows with** *or* **in work** bis über die Ohren in der Arbeit stecken. **2.** (*of pipe, river, road*) Knie *nt*.

II *vt* **to ~ one's way forward** sich durchdrängen; **he ~ed his way through the crowd** er boxte sich durch die Menge; **to ~ sb aside** jdn beiseite stoßen; **he**

~ed me in the stomach er stieß mir *or* mich mit dem Ellbogen in den Magen.

◆**elbow out** *vt sep* (*fig*) hinausdrängeln.

elbow-grease *n* (*inf*) Muskelkraft *f*; **elbow-room** *n* (*inf: lit, fig*) Ellbogenfreiheit *f* (*inf*).

elder[1] ['eldəʳ] **I** *adj attr comp of* **old 1.** (*older*) *brother* ältere(r, s). **2.** (*senior*) **Pliny the ~** Plinius der Ältere, der ältere Plinius. **3. ~ statesman** (alt)erfahrener Staatsmann. **II** *n* **1. respect your ~s and betters** du mußt Respekt vor Älteren haben. **2.** (*of tribe, Church*) Älteste(r) *m*. **3.** (*Presbyterian*) Gemeindeälteste(r), Presbyter *m*.

elder[2] ['eldəʳ] *n* (*Bot*) Holunder *m*.

elderberry ['eldə,berı] *n* Holunderbeere *f*.

elderly ['eldəlı] *adj* ältlich, ältere(r, s) *attr*.

eldest ['eldıst] *adj attr superl of* **old** älteste(r, s). **their ~** ihr Ältester/ihre Älteste.

elec *abbr of* **1. electricity. 2. electric** elektr.

elect [ı'lekt] **I** *vt* **1.** wählen. **he was ~ed chairman/MP** er wurde zum Vorsitzenden/Abgeordneten gewählt; **to ~ sb to the Senate** jdn in den Senat wählen.

2. (*choose*) (er)wählen, sich entscheiden für. **to ~ to do sth** sich dafür entscheiden, etw zu tun.

II *adj* **the president ~** der designierte *or* künftige Präsident.

III *npl* (*esp Rel*) **the ~** die Auserwählten *pl*.

election [ı'lekʃən] *n* Wahl *f*.

election *in cpds* Wahl-; **election campaign** *n* Wahlkampf *m*.

electioneer [ı,lekʃə'nıəʳ] *vi* als Wahlhelfer arbeiten, Wahlhilfe leisten.

electioneering [ı,lekʃə'nıərıŋ] **I** *n* (*campaign*) Wahlkampf *m*; (*propaganda*) Wahlpropaganda *f*. **II** *adj campaign* Wahl-; *speech* Wahlkampf-.

elective [ı'lektıv] **I** *adj* **1.** Wahl-. **~ assembly** Wahlversammlung *f*. **2.** (*Chem*) **~-attraction** Wahlverwandtschaft *f*; (*fig*) **~-affinity** Wahlverwandtschaft *f*. **3.** (*US*) *class, course* wahlfrei. **II** *n* (*US*) Wahlfach *nt*.

elector [ı'lektəʳ] *n* **1.** Wähler(in *f*) *m*. **2.** (*Hist*) **E~** Kurfürst *m*. **3.** (*US*) Wahlmann *m*.

electoral [ı'lektərəl] *adj* Wahl-. **~ college** (*US*) Wahlmänner-gremium *nt*; **~ district** *or* **division** Wahlbezirk *m*; **~ roll** Wählerverzeichnis *nt*.

electorate [ı'lektərıt] *n* Wähler *pl*, Wählerschaft *f*.

electric [ı'lektrık] *adj appliance, current, wire* elektrisch; *generator* Strom-. **the atmosphere was ~** es herrschte große Spannung.

electrical [ı'lektrıkəl] *adj* Elektro-, elektrisch. **~ engineer** Elektrotechniker(in *f*) *m*; (*with Univ etc degree*) Elektroingenieur(in *f*) *m*; **~ engineering** Elektrotechnik *f*.

electric blanket *n* Heizdecke *f*; **electric blue I** *n* Stahlblau *nt*; **II** *adj* stahlblau; **electric chair** *n* elektrischer Stuhl; **electric charge** *n* elektrische Ladung; **electric cooker** *n* Elektroherd *m*; **electric current** *n* elektrischer Strom; **electric eel** *n* Zitteraal *m*; **electric eye** *n* Photozelle *f*; **electric fence** *n* Elektrozaun *m*; **electric field** *n* elektrisches Feld; **electric fire, electric heater** *n* elektrisches Heizgerät; **electric guitar** *n* elektrische Gitarre, E-Gitarre *f*.

electrician [ılek'trıʃən] *n* Elektriker(in *f*) *m*.

electricity [ılek'trısıtı] *n* Elektrizität *f*; (*electric power for use*) (elektrischer) Strom. **to turn on/off the ~** den Strom an-/abschalten.

electricity (generating) board (*Brit*) *n* Elektrizitätswerk *nt*; **electricity meter** *n* Stromzähler *m*; **electricity strike** *n* Streik *m* in den Elektrizitätswerken.

electric light *n* elektrisches Licht; **electric motor** *n* Elektromotor *m*; **electric organ** *n* elektrische Orgel; **electric ray** *n* (*Zool*) Zitterrochen *m*; **electric shock I** *n* elektrischer Schlag, Stromschlag *m*; (*Med*) Elektroschock *m*; **II** *adj attr* **~ treatment** Elektroschocktherapie *f*; **electric storm** *n* Gewitter *nt*.

electrification [ı,lektrıfı'keıʃən] *n* Elektrifizierung *f*.

electrify [ı'lektrıfaı] *vt* **1.** (*Rail*) elektrifizieren. **2.** (*charge with electricity*) unter Strom setzen. **3.** (*fig*) elektrisieren.

electrifying [ı'lektrıfaııŋ] *adj* (*fig*) elektrisierend.

electro- [ı'lektrəʊ-] *pref* Elektro-. **~cardiogram** Elektrokardiogramm *nt*; **~cardiograph** Elektrokardiograph *m*; **~convulsive therapy** Elektroschocktherapie *f*.

electrocute [ı'lektrəkju:t] *vt* durch einen (Strom)schlag töten; (*execute*) durch den *or* auf dem elektrischen Stuhl hinrichten.

electrocution [ı,lektrə'kju:ʃən] *n see vt* Tötung *f* durch Stromschlag; Hinrichtung *f* durch den elektrischen Stuhl.

electrode [ı'lektrəʊd] *n* Elektrode *f*.

electrodynamics *n* Elektrodynamik *f*; **electroencephalogram** *n* Elektroenzephalogramm *nt*; **electroencephalograph** *n* Elektroenzephalograph *m*.

electrolysis [ılek'trɒlısıs] *n* Elektrolyse *f*.

electrolyte [ı'lektrəʊlaıt] *n* Elektrolyt *m*.

electromagnet *n* Elektromagnet *m*; **electromagnetic** *adj* elektromagnetisch.

electron [ı'lektrɒn] *n* Elektron *nt*. **~ beam** Elektronenstrahl *m*; **~ camera** Elektronenkamera *f*; **~ gun** Elektronenkanone *f*; **~ microscope** Elektronenmikroskop *nt*.

electronic [ılek'trɒnık] *adj* elektronisch.

electronicbanking *n* elektronischer Geldverkehr; **Electronic Book Player** *n* Electronic Book Player *m*; **electronic brain** *n* Elektronen(ge)hirn *nt*; **electronic data processing** *n* elektronische Datenverarbeitung (EDV); **electronic mail** *n* elektronische Post; **electronic mailbox** *n* elektronischer Briefkasten.

electronics [ılek'trɒnıks] *n* **1.** *sing* (*subject*) Elektronik *f*. **2.** *pl* (*of machine*) Elektronik *f*.

electro [ı'lektrəʊ]: **electroplate I** *vt* galvanisieren; **II** *n, no pl* Galvanisierung *f*; **electroshock therapy** *n* Elektroschocktherapie *or* -behandlung *f*; **electrostatic** *adj* elektrostatisch.

elegance ['elɪgəns] *n* Eleganz *f*.

elegant *adj*, **~ly** *adv* ['elɪgənt, -lɪ] elegant.

elegiac [ˌelɪ'dʒaɪək] **I** *adj* elegisch. **II** *n* **~s** *pl* elegische Verse *pl*.

elegy ['elɪdʒɪ] *n* Elegie *f*.

element ['elɪmənt] *n* (*all senses*) Element *nt*; (*Chem also*) Grundstoff *m*; (*usu pl: of a subject also*) Grundbegriff *m*. **the ~s of mathematics** die Grundbegriffe *pl* der Mathematik; **an ~ of danger** ein Gefahrenelement *nt*; **the ~ of chance** das Zufallselement; **an ~ of truth** eine Spur *or* ein Element *nt* von Wahrheit; **undesirable ~s** unerwünschte Elemente *pl*; **the (four) ~s** die (vier) Elemente; **to be in one's ~** in seinem Element sein; **to be out of one's ~** (*with group of people*) sich fehl am Platze fühlen; (*with subject*) sich nicht auskennen.

elemental [ˌelɪ'mentl] *adj* **1.** (*concerning the four elements*) *force, power, gods* elementar. **2.** (*simple*) einfach, elementar. **3.** (*Chem, Phys*) Grundstoff-.

elementary [ˌelɪ'mentərɪ] *adj* **1.** (*simple*) einfach, simpel, elementar.
2. (*first, basic*) elementar, Grund-. **~ education** Elementarunterricht *m*; **~ particle** (*Phys*) Elementarteilchen *nt*; **still in the ~ stages** noch in den Anfängen; **~ school** Grundschule *f*.

elephant ['elɪfənt] *n* Elefant *m*; *see* **pink, white ~**.

elephantine [ˌelɪ'fæntaɪn] *adj* (*heavy, clumsy*) schwerfällig, wie ein Elefant; (*large*) mammuthaft, Mammut-.

elevate ['elɪveɪt] *vt* **1.** heben.
2. (*fig*) *mind* erbauen; *soul* erheben.
3. to ~ sb to the peerage jdn in den Adelsstand erheben.

elevated ['elɪveɪtɪd] *adj* **1.** *position* hoch(liegend), höher; *platform* erhöht. **~ railway** Hochbahn *f*; **~ motorway** (*Brit*) Hochstraße *f*. **2.** (*fig*) *position, style, language* gehoben; *thoughts* erhaben.

elevation [ˌelɪ'veɪʃən] *n* **1.** (*lit*) Hebung *f*; (*to higher rank*) Erhebung *f* (*to* in +*acc*); (*Eccl*) Elevation *f*.
2. (*of thought*) Erhabenheit *f*; (*of position, style*) Gehobenheit *f*.
3. (*above sea level*) Höhe *f* über dem Meeresspiegel *or* über N.N.; (*hill*) (Boden)erhebung, Anhöhe *f*.
4. angle of ~ Höhen- *or* Elevationswinkel *m*.
5. (*of gun*) Elevation, Erhöhung *f*.
6. (*Archit: drawing*) Aufriß *m*. **front ~** Frontansicht *f*, Fassadenaufriß *m*.

elevator ['elɪveɪtəʳ] *n* **1.** (*US*) Fahrstuhl, Lift, Aufzug *m*. **2.** (*storehouse*) Silo *m*. **3.** (*Aviat*) Höhenruder *nt*. **4.** (*with buckets*) Aufzug *m*; (*hoist*) Winde *f*.

eleven [ɪ'levn] **I** *n* **1.** (*number*) Elf *f*. **2.** (*Sport*) Elf *f*. **the German ~** die deutsche (National)elf; **the second ~** die zweite Mannschaft. **II** *adj* elf; *see also* **six**.

elevenses [ɪ'levnzɪz] *n sing or pl* (*Brit*) zweites Frühstück.

eleventh [ɪ'levnθ] **I** *adj* elfte(r, s). **at the ~ hour** (*fig*) in letzter Minute, fünf Minuten vor zwölf. **II** *n* (*fraction*) Elftel *nt*; Elfte(r, s); (*of series*) Elfte(r, s); *see also* **sixth.**

elf [elf] *n, pl* **elves** Elf *m*, Elfe *f*; (*mischievous*) Kobold *m*.

elfin ['elfɪn] *adj light, music* Elfen-, elfisch.

elfish ['elfɪʃ] *adj* elfisch; (*mischievous*) koboldhaft.

elicit [ɪ'lɪsɪt] *vt* entlocken (*from sb* jdm).

elide [ɪ'laɪd] **I** *vt* elidieren, auslassen. **II** *vi* elidiert werden, weg- *or* ausfallen.

eligibility [ˌelɪdʒə'bɪlɪtɪ] *n* **1.** Berechtigung *f*. **2.** Wählbarkeit *f*.

eligible ['elɪdʒəbl] *adj* **1.** in Frage kommend; (*for competition also*) teilnahmeberechtigt; (*for student flights, grants also*) berechtigt; (*for membership*) aufnahmeberechtigt. **to be ~ for a job/a pension** für einen Posten in Frage kommen/pensionsberechtigt sein; **an ~ bachelor** ein begehrter Junggeselle. **2.** (*able to be elected*) wählbar.

eliminate [ɪ'lɪmɪneɪt] *vt* **1.** ausschließen; *alternative also* ausscheiden; *possibility of error also, competitor* ausschalten; (*Physiol*) ausscheiden, eliminieren; (*Math*) eliminieren. **our team was ~d in the second round** unsere Mannschaft schied in der zweiten Runde aus. **2.** (*kill*) *enemy* ausschalten, eliminieren.

elimination [ɪˌlɪmɪ'neɪʃən] *n see vt* **1.** Ausschluß *m*; Ausscheidung *f*; Ausschaltung *f*; Elimination *f*. **by (a) process of ~** durch negative Auslese. **2.** Ausschaltung, Eliminierung *f*.

elision [ɪ'lɪʒən] *n* Elision *f*.

élite [eɪ'li:t] *n* Elite *f*.

élitism [eɪ'li:tɪzəm] *n* Elitedenken *nt*.

élitist [eɪ'li:tɪst] *adj* elitär.

elixir [ɪ'lɪksəʳ] *n* Elixier *nt*.

Elizabethan [ɪˌlɪzə'bi:θən] **I** *adj* elisabethanisch. **II** *n* Elisabethaner(in *f*) *m*.

elk [elk] *n* Elch *m*.

ellipse [ɪ'lɪps] *n* Ellipse *f*.

ellipsis [ɪ'lɪpsɪs] *n, pl* **ellipses** [ɪ'lɪpsi:z] (*Gram*) Ellipse *f*.

elliptic(al) [ɪ'lɪptɪk(əl)] *adj* (*Math, Gram*) elliptisch.

elm [elm] *n* Ulme *f*.

elocution [ˌelə'kju:ʃən] *n* Sprechtechnik *f*. **~ classes** Sprecherziehung *f*.

elongate ['i:lɒŋgeɪt] **I** *vt* verlängern; (*stretch out*) langziehen, strecken. **II** *vi* länger werden.

elongated ['i:lɒŋgeɪtɪd] *adj* (*extra length added*) verlängert; (*stretched*) *neck* ausgestreckt; *shape* länglich.

elongation [ˌi:lɒŋ'geɪʃən] *n* Verlängerung *f*; (*stretching*) Ausstrecken *nt*.

elope [ɪ'ləʊp] *vi* durchbrennen (*inf*), ausreißen (*inf*). **they've ~d** sie sind von zu Hause durchgebrannt *or* ausgerissen, um zu heiraten (*inf*).

elopement [ɪ'ləʊpmənt] *n* Durchbrennen, Ausreißen (*inf*) *nt*.

eloquence ['eləkwəns] *n see adj* Beredsamkeit, Eloquenz (*geh*), Wortgewandtheit *f*; Gewandtheit *f*; Wohlgesetztheit *f*; Beredtheit *f*. **phrased with such ~** mit einer solchen Eloquenz ausgedrückt.

eloquent ['eləkwənt] *adj person* beredt, beredsam, wortgewandt; *words* gewandt; *speech* wohlgesetzt; (*fig*) *look, gesture* beredt, vielsagend. **this is ~ proof of …** das spricht wohl deutlich dafür, daß …

eloquently ['eləkwəntlı] *adv* wortgewandt, mit beredten Worten.

else [els] *adv* **1.** (*after pron*) andere(r, s). **anybody ~ would have done it** jeder andere hätte es gemacht; **is there anybody ~ there?** (*in addition*) ist sonst (noch) jemand da?; **may I speak to somebody ~?** kann ich mit jemand anders *or* sonst jemand sprechen?; **I'd prefer anything ~** alles andere wäre mir lieber; **have you anything ~ to say?** haben Sie sonst noch etwas zu sagen?; **do you find this species anywhere ~?** findet man die Gattung sonstwo *or* auch anderswo?; **but they haven't got anywhere ~ to go** aber sie können sonst nirgends anders hingehen; **something ~** etwas anderes, sonst etwas; **if all ~ fails** wenn alle Stricke reißen; **will there be anything ~, sir?** (*in shop*) darf es sonst noch etwas sein?; (*butler*) haben Sie sonst noch Wünsche?

2. somewhere ~, someplace ~ (*esp US*) woanders, anderswo; (*with motion*) woandershin, anderswohin; **from somewhere ~** anderswoher, woandersher, von woanders.

3. (*after pron, neg*) **nobody ~, no one ~** sonst niemand, niemand anders; **nobody ~ understood** niemand anders hat es verstanden; **nothing ~** sonst nichts, nichts anderes; **nothing ~ would be good enough** alles andere wäre nicht gut genug; **what do you want? — nothing ~, thank you** was möchten Sie? — danke, nichts weiter; **nowhere ~** sonst nirgends *or* nirgendwo, nirgendwo anders; (*with motion*) sonst nirgendwohin, nirgendwo andershin; **there's nothing ~ for it but to …** da gibt es keinen anderen Ausweg, als zu …

4. (*after interrog*) **where ~?** wo sonst?, wo anders?; **who ~?** wer sonst?; **who ~ but John could have done a thing like that?** wer anders als John hätte so etwas tun können?; **what ~?** was sonst?; **what ~ could I have done?** was hätte ich sonst tun können?

5. (*adv of quantity*) **they sell books and toys and much ~** sie führen Bücher, Spielzeug und vieles andere; **there is little ~ to be done** da bleibt nicht viel zu tun übrig.

6. (*otherwise, if not*) sonst, andernfalls. **do it now (or) ~ you'll be punished** tu es jetzt, sonst setzt es Strafe *or* oder es setzt Strafe; **do it or ~ …!** mach das, sonst *or* oder …!

elsewhere [ˌels'wɛəʳ] *adv* woanders, anderswo; (*to another place*) woandershin, anderswohin. **from ~** von woanders (her), woandersher; **my mind was ~** ich war mit meinen Gedanken woanders.

ELT *abbr of* **English Language Teaching**.

elucidate [ɪ'lu:sɪdeɪt] *vt text* erklären; *mystery* aufklären, aufhellen.

elucidation [ɪˌlu:sɪ'deɪʃən] *n see vt* Erklärung *f*; Aufklärung, Aufhellung *f*.

elude [ɪ'lu:d] *vt observation, justice* sich entziehen (+*dat*); *sb's gaze* ausweichen (+*dat*); *police, enemy* entkommen (+*dat*), entwischen (+*dat*). **to ~ sb's grasp** sich nicht fassen lassen; **the name ~s me** der Name ist mir entfallen.

elusive [ɪ'lu:sɪv] *adj* schwer faßbar; *concept, meaning also* schwer definierbar; *thoughts, memory* flüchtig; *happiness* unerreichbar; *answer* ausweichend; *fox* schwer zu fangen. **he tried hard but success was** *or* **remained ~** er gab sich (*dat*) alle Mühe, aber der Erfolg wollte sich nicht einstellen.

elusively [ɪ'lu:sɪvlɪ] *adv answer* ausweichend. **this prospect of happiness which hovered ~ before him** diese Aussicht auf ein Glück, das so nah und doch nicht faßbar war.

elusiveness [ɪ'lu:sɪvnɪs] *n* (*of thoughts*) Flüchtigkeit *f*; (*of happiness*) Unerreichbarkeit *f*; (*of answer*) Ausweichen *nt*.

elves [elvz] *pl of* **elf.**

'em [əm] *pron* (*inf*) = **them.**

emaciated [ɪ'meɪsɪeɪtɪd] *adj* ab- *or* ausgezehrt, stark abgemagert.

emaciation [ɪˌmeɪsɪ'eɪʃən] *n* Auszehrung *f*, starke Abmagerung.

E-mail, e-mail ['i:meɪl] *n see* **electronic mail.**

emanate ['eməneɪt] *vi* ausgehen (*from* von); (*light also*) ausstrahlen (*from* von); (*odour also*) ausströmen (*from* von); (*documents, instructions*) stammen (*from* aus).

emanation [ˌemə'neɪʃən] *n see vi* Ausgehen *nt*; Ausstrahlung *f*; Ausströmen *nt*.

emancipate [ɪ'mænsɪpeɪt] *vt women* emanzipieren; *slaves* freilassen; (*fig*) emanzipieren, befreien, frei machen.

emancipated [ɪ'mænsɪpeɪtɪd] *adj woman, outlook* emanzipiert; *slave* freigelassen.

emancipation [ɪˌmænsɪ'peɪʃən] *n* (*lit, fig*) Emanzipation *f*; (*of slave*) Freilassung *f*.

emasculate [ɪ'mæskjʊleɪt] *vt* **1.** (*weaken*) entkräften. **2.** (*lit*) *man* entmannen.

emasculated [ɪ'mæskjʊleɪtɪd] *adj style* (saft- und) kraftlos.

embalm [ɪm'bɑ:m] *vt corpse* einbalsamieren. **~ing oil** Balsamieröl *nt*.

embankment [ɪm'bæŋkmənt] *n* (Ufer)-böschung *f*; (*along path, road*) Böschung *f*; (*for railway*) Bahndamm *m*; (*holding back water*) (Ufer)damm, Deich *m*; (*roadway beside a river*) Ufer(straße *f*) *nt*.

embargo [ɪm'bɑ:gəʊ] *n, pl* **-es 1.** Embargo *nt*. **to lay** *or* **place** *or* **put an ~ on sth** etw mit einem Embargo belegen, ein Embargo über etw (*acc*) verhängen. **2.** (*fig*) Sperre *f*. **to put an ~ on further spending** alle weiteren Ausgaben sperren.

embark [ɪm'bɑ:k] **I** *vt* einschiffen; *goods also* verladen. **II** *vi* **1.** (*Naut*) sich einschiffen; (*troops*) eingeschifft werden. **2.** (*fig*) **to ~ up(on) sth** etw anfangen, etw beginnen.

embarkation [ˌembɑ:'keɪʃən] *n* **1.** Einschiffung *f*. **~ officer** Verladeoffizier *m*;

~ **papers** Bordpapiere *pl.* **2.** (*of cargo*) Verladung, Übernahme *f.*

embarrass [ɪm'bærəs] *vt* **1.** in Verlegenheit bringen, verlegen machen; (*generosity*) beschämen. **to look ~ed** verlegen aussehen; **I feel so ~ed about it** das ist mir so peinlich.

2. to be ~ed by lack of money in einer finanziellen Verlegenheit sein.

embarrassed [ɪm'bærəst] *adj* verlegen.

embarrassing [ɪm'bærəsɪŋ] *adj* peinlich; *generosity* beschämend.

embarrassingly [ɪm'bærəsɪŋlɪ] *adv see adj.*

embarrassment [ɪm'bærəsmənt] *n* Verlegenheit *f*; (*through generosity also*) Beschämung *f.* **to cause ~ to sb** jdn in Verlegenheit bringen, jdn verlegen machen; **to be a source of ~ to sb** jdn ständig in Verlegenheit bringen; (*thing also*) jdm peinlich sein; **much to my ~ she ...** sie ..., was mir sehr peinlich war; **she's an ~ to her family** sie blamiert die ganze Familie (*inf*); **financial ~** finanzielle Verlegenheit.

embassy ['embəsɪ] *n* Botschaft *f.*

embattled [ɪm'bætld] *adj army* kampfbereit; *building* (mit Zinnen) bewehrt, befestigt.

embed [ɪm'bed] *vt* **1.** einlassen. **the screws/tyres were so firmly ~ded that ...** die Schrauben/Reifen steckten so fest, daß ...; **the bullet ~ded itself in the wall** die Kugel bohrte sich in die Wand; **to be ~ded in sth** (*fig*) fest in etw (*dat*) verwurzelt sein.

2. (*Comput*) **~ded commands** eingebettete Befehle.

3. (*Ling*) einschieben. **~ded clauses** eingeschobene Gliedsätze.

embellish [ɪm'belɪʃ] *vt* (*adorn*) schmükken, verschönern; (*fig*) *tale, account* ausschmücken; *truth* beschönigen.

embellishment [ɪm'belɪʃmənt] *n* Schmuck *m*; (*act also*) Verschönerung *f*; (*of story*) Ausschmückung *f*; (*of truth*) Beschönigung *f*; (*of handwriting*) Verzierung *f*; Schnörkel *m*; (*Mus*) Verzierung *f.*

embers ['embəz] *npl* Glut *f*; *see* **fan**[1].

embezzle [ɪm'bezl] *vt* unterschlagen, veruntreuen.

embezzlement [ɪm'bezlmənt] *n* Unterschlagung *f.*

embezzler [ɪm'bezlə^r] *n* jd, der eine Unterschlagung begangen hat.

embitter [ɪm'bɪtə^r] *vt person* verbittern; *relations* trüben, vergiften.

emblazon [ɪm'bleɪzən] *vt* **1.** (*Her*) schmücken, (ver)zieren. **2.** (*display boldly*) *name* stolz hervorheben. **the name "Jones" was ~ed on the cover** der Name „Jones" prangte auf dem Umschlag. **3.** (*extol*) überschwenglich preisen.

emblem ['embləm] *n* Emblem *nt*; (*of political party, trade also*) Wahrzeichen *nt.*

emblematic [ˌemblə'mætɪk] *adj* emblematisch (*of* für).

embodiment [ɪm'bɒdɪmənt] *n* **1.** Verkörperung *f.* **to be the ~ of virtue** die Tugend in Person sein. **2.** (*inclusion*) Aufnahme, Eingliederung *f.*

embody [ɪm'bɒdɪ] *vt* **1.** (*give form to*) *one's thoughts* ausdrücken, Ausdruck geben (+*dat*), in Worte kleiden. **2.** *one's ideal* verkörpern. **3.** (*include*) enthalten.

embolden [ɪm'bəʊldən] *vt* ermutigen, Mut machen (+*dat*). **to ~ sb to do sth** jdn dazu ermutigen, etw zu tun.

embolism ['embəlɪzəm] *n* (*Med*) Embolie *f.*

emboss [ɪm'bɒs] *vt metal, leather* prägen; *silk, velvet* gaufrieren. **~ed writing paper** Briefpapier mit geprägtem Kopf; **an ~ed silver tray** ein Silbertablett mit Relief.

embouchure ['ɒmbʊˌʃʊə^r] *n* (*Mus*) Mundstück *nt*; (*of player*) Mundstellung *f.*

embrace [ɪm'breɪs] **I** *vt* **1.** (*hug*) umarmen, in die Arme schließen.

2. (*seize eagerly*) *religion* annehmen; *opportunity* wahrnehmen, ergreifen; *cause* sich annehmen (+*gen*); *offer* annehmen, ergreifen. **he ~d the cause of socialism** er machte die Sache des Sozialismus zu seiner eigenen.

3. (*include*) umfassen, erfassen.

II *vi* sich umarmen.

III *n* (*hug*) Umarmung *f.*

embroider [ɪm'brɔɪdə^r] **I** *vt cloth* bestikken; *pattern* sticken; (*fig*) *facts, truth* ausschmücken. **II** *vi* sticken.

embroidery [ɪm'brɔɪdərɪ] *n* **1.** Stickerei *f.* **2.** (*fig*) Ausschmückungen *pl.*

embroidery frame *n* Stickrahmen *m*; **embroidery thread** *n* Stickgarn *nt.*

embroil [ɪm'brɔɪl] *vt* **to ~ sb in sth** jdn in etw (*acc*) hineinziehen.

embroilment [ɪm'brɔɪlmənt] *n* Verwicklung *f* (*in* in +*acc*).

embryo ['embrɪəʊ] *n* (*lit, fig*) Embryo *m*; (*fig also*) Keim *m.* **in ~** (*lit*) im Keim; (*animal*) als Embryo; (*fig*) im Keim.

embryologist [ˌembrɪ'ɒlədʒɪst] *n* Embryologe *m*, Embryologin *f.*

embryology [ˌembrɪ'ɒlədʒɪ] *n* Embryologie *f.*

embryonic [ˌembrɪ'ɒnɪk] *adj* (*lit, fig*) embryonisch; (*fig also*) keimhaft.

emend [ɪ'mend] *vt text* verbessern, korrigieren.

emendation [ˌiːmen'deɪʃən] *n* Verbesserung, Korrektur *f.*

emerald ['emərəld] **I** *n* **1.** (*stone*) Smaragd *m.* **2.** (*colour*) Smaragdgrün *nt.* **II** *adj* smaragden, Smaragd-; *colour also* smaragdgrün. **the E~ Isle** die Grüne Insel, (Irland).

emerge [ɪ'mɜːdʒ] *vi* **1.** auftauchen. **he ~d victorious/the winner** er ging als Sieger/siegreich hervor; **we ~d into the bright daylight** wir kamen heraus in das helle Tageslicht; **one arm ~d from beneath the blanket** ein Arm tauchte unter der Decke hervor.

2. (*come into being: life, new nation*) entstehen.

3. (*truth, nature of problem*) sich herausstellen, herauskommen (*from* bei); (*facts*) sich herausstellen, an den Tag kommen.

emergence [ɪ'mɜːdʒəns] *n* Auftauchen

nt; (*of new nation*) Entstehung *f*; (*of theory, school of thought*) Aufkommen *nt*.

emergency [ɪ'mɜːdʒənsɪ] **I** *n* Notfall *m*; (*state of* ~) Notlage *f*. **in case of ~, in an ~** im Notfall; **to declare a state of ~** den Notstand erklären *or* ausrufen; **to declare a state of ~ in an area** eine Gegend zum Notstandsgebiet erklären; **the doctor's been called out on an ~** der Arzt ist zu einem Notfall gerufen worden.

II *adj attr case, fund* Not-. **for ~ use only** nur für den Notfall.

emergency *in cpds* Not-; **emergency brake** *n* Notbremse *f*; **emergency call** *n* Notruf *m*; **emergency centre** *n* Rettungszentrum *nt* des Noteinsatzes; **emergency doctor** *n* Notarzt *m*/-ärztin *f*; **emergency exit** *n* Notausgang *m*; **emergency landing** *n* Notlandung *f*; **emergency power** *n* Notstrom *m*; **emergency power generator** *n* Notstromaggregat *nt*; **emergency powers** *npl* Notstandsvollmachten *pl*; **emergency rations** *npl* Notverpflegung *f*, eiserne Ration; **emergency room** *n* (*US*) Unfallstation *f*; **emergency service** *n* Not- *or* Hilfsdienst *m*; **emergency services** *npl* Notdienst *m*; **emergency stop** *n* (*Aut*) Vollbremsung *f*; **emergency telephone** *n* Notruftelefon *nt*; **emergency ward** *n* Unfallstation *f*.

emergent [ɪ'mɜːdʒənt] *adj nations* jung, aufstrebend.

emeritus [ɪ'merɪtəs] *adj* emeritiert.

emery ['emərɪ] *n* Schmirgel *m*.

emery board *n* Papiernagelfeile *f*; **emery paper** *n* Schmirgelpapier *nt*.

emetic [ɪ'metɪk] *n* Brechmittel *nt*.

emigrant ['emɪgrənt] **I** *n* Auswanderer(in *f*) *m*; (*esp for political reasons*) Emigrant(in *f*) *m*. **II** *adj attr* Auswanderer-; Emigranten-. **~ labourers** Arbeitsemigranten *pl*.

emigrate ['emɪgreɪt] *vi* auswandern; (*esp for political reasons*) emigrieren.

emigration [ˌemɪ'greɪʃən] *n* Auswanderung *f*; (*esp for political reasons*) Emigration *f*.

émigré ['emɪgreɪ] *n* Emigrant(in *f*) *m*.

eminence ['emɪnəns] *n* **1.** (*distinction*) hohes Ansehen. **2.** (*of ground*) Erhebung, Anhöhe *f*. **3.** (*Eccl*) **His/Your E~** Seine/Eure Eminenz.

eminent ['emɪnənt] *adj person* (hoch)angesehen, berühmt; *suitability, fairness* ausgesprochen, eminent.

eminently ['emɪnəntlɪ] *adv* ausgesprochen, außerordentlich.

emir [e'mɪəʳ] *n* Emir m.

emirate ['emɪrɪt] *n* Emirat *nt*.

emissary ['emɪsərɪ] *n* Abgesandte(r) *mf*.

emission [ɪ'mɪʃən] *n* Ausstrahlung, Abstrahlung *f*; (*of light also, of fumes, X-rays*) Emission *f* (*spec*); (*of heat also, of sound*) Abgabe *f*; (*of gas also, of smell*) Verströmen, Ausströmen *nt*; (*of liquid*) Ausströmen *nt*; (*gradual*) Absonderung, Abscheidung *f*; (*of vapour, smoke*) (*continuous*) Abgabe *f*; (*of lava*) Ausstoßen *nt*; (*of sparks*) Versprühen *nt*. **~ of semen** Samenerguß *m*.

emit [ɪ'mɪt] *vt* **1.** *light* ausstrahlen, abstrahlen; *radiation also* aussenden, emittieren; *heat also, sound* abgeben; *gas also, smell* verströmen, ausströmen; *vapour, smoke* (*continuous*) abgeben; *lava, cry* ausstoßen; *liquid* (*gradually*) absondern, abscheiden; *sparks* versprühen. **2.** *banknotes* ausgeben.

Emmy ['emɪ] *n* (*TV award*) Emmy *f*.

emollient [ɪ'mɒlɪənt] (*Med*) **I** *n* Linderungsmittel *nt*. **II** *adj* lindernd.

emolument [ɪ'mɒljʊmənt] *n* (*usu pl: form*) Vergütung *f*; (*fee*) Honorar *nt*; (*salary*) Bezüge *pl*.

emote [ɪ'məʊt] *vi* seine Gefühle ausdrükken; (*actor*) Gefühle mimen.

emotion [ɪ'məʊʃən] *n* **1.** Gefühl *nt*, Gefühlsregung, Emotion *f*.

2. *no pl* (*state of being moved*) (Gemüts)bewegung, Bewegtheit *f*. **to show no ~** unbewegt bleiben; **in a voice full of ~** mit bewegter Stimme.

emotional [ɪ'məʊʃənl] *adj* **1.** emotional, emotionell; *shock also* seelisch, Gefühls-; *story, film, speech also* gefühlsbetont; *moment, writing also* gefühlvoll; *decision also* gefühlsmäßig; *day, experience* erregend; *letter* erregt. **~ state** Zustand *m* der Erregung.

2. *person, character, disposition* (leicht) erregbar, emotional. **don't get so ~ about it** reg dich nicht so darüber auf.

emotionalism [ɪ'məʊʃnəlɪzəm] *n* Gefühlsbetontheit, Rührseligkeit *f*. **the article was sheer ~** der Artikel war reine Gefühlsduselei.

emotionally [ɪ'məʊʃnəlɪ] *adv behave, react* gefühlsmäßig, emotional; (*with feeling*) *speak* gefühlvoll; (*showing one is upset*) *respond* erregt. **to be ~ disturbed** seelisch gestört sein; **you're ~ deprived!** du bist ja total gefühlsarm!; **I don't want to get ~ involved** ich will mich nicht ernsthaft engagieren.

emotionless [ɪ'məʊʃənlɪs] *adj face* ausdruckslos; *person* gefühllos, emotionslos.

emotive [ɪ'məʊtɪv] *adj* gefühlsbetont; *word also* emotional gefärbt; *force of a word* emotional.

empathize ['empəθaɪz] *vi* sich hineinversetzen *or* einfühlen (*with* in +*acc*).

empathy ['empəθɪ] *n* Einfühlungsvermögen *nt*, Empathie *f*.

emperor ['empərəʳ] *n* Kaiser *m*; (*in Rome also*) Imperator *m*.

emperor penguin *n* Kaiserpinguin *m*.

emphasis ['emfəsɪs] *n* **1.** (*vocal stress*) Betonung *f*. **the ~ is on the first syllable** die Betonung *or* der Ton liegt auf der ersten Silbe; **to lay** *or* **put ~ on a word** ein Wort betonen; **to say sth with ~** etw mit Nachdruck *or* nachdrücklich betonen.

2. (*importance*) Betonung *f*, (Schwer)gewicht *nt*. **this year the ~ is on masculinity** dieses Jahr liegt der Akzent *or* die Betonung auf Männlichkeit; **there is too much ~ on ...** ... wird zu sehr betont.

emphasize ['emfəsaɪz] *vt word, syllable,*

hips betonen; *point, importance, need also* hervorheben.

emphatic [ɪm'fætɪk] *adj tone, manner* nachdrücklich, entschieden, emphatisch (*geh*); *denial also* energisch; *person* bestimmt, entschieden. **I am ~ about this point** ich bestehe auf diesem Punkt.

emphatically [ɪm'fætɪkəlɪ] *adv state* mit Nachdruck, ausdrücklich, emphatisch (*geh*); *deny, refuse* strikt, energisch.

empire ['empaɪəʳ] **I** *n* **1.** Reich *nt*; (*ruled by Kaiser, emperor also*) Kaiserreich *nt*; (*world-wide*) Weltreich, Imperium *nt*. **the Holy Roman E~** das Heilige Römische Reich (deutscher Nation); **the British E~** das Britische Weltreich, das Empire.

2. (*fig: esp Comm*) Imperium *nt*.

II *adj attr* **E~** *costume, furniture, style* Empire-.

empire-builder *n* (*fig*) jd, der sich ein kleines Imperium aufbaut.

empiric [em'pɪrɪk] **I** *adj see* **empirical. II** *n* Empiriker *m*.

empirical [em'pɪrɪkəl] *adj* empirisch, Erfahrungs-.

empirically [em'pɪrɪkəlɪ] *adv tested, testable* empirisch; *based* auf Erfahrung.

empiricism [em'pɪrɪsɪzəm] *n* Empirismus *m*; (*method*) Empirie *f*.

empiricist [em'pɪrɪsɪst] *n* Empiriker *m*.

emplacement [ɪm'pleɪsmənt] *n* (*Mil*) Stellung *f*.

employ [ɪm'plɔɪ] **I** *vt* **1.** *person* beschäftigen; (*take on*) anstellen; *private detective* beauftragen.

2. (*use*) *means, method, force, cunning* anwenden, einsetzen; *skill also, word, concept* verwenden; *time* verbringen.

3. to be ~ed in doing sth damit beschäftigt sein, etw zu tun.

II *n* **to be in the ~ of sb** (*form*) bei jdm beschäftigt sein, in jds Diensten stehen (*geh*).

employable [ɪm'plɔɪəbl] *adj person* anstellbar, zu beschäftigen *pred*; (*useable*) *method etc* anwendbar; *word* verwendbar.

employee [ˌɪmplɔɪ'iː] *n* Angestellte(r) *mf*. **~s and employers** Arbeitnehmer und Arbeitgeber; **the ~s** (*of one firm*) die Belegschaft, die Beschäftigten *pl*.

employer [ɪm'plɔɪəʳ] *n* Arbeitgeber(in *f*) *m*; (*Comm, industry also*) Unternehmer(in *f*) *m*; **~'s contribution** Arbeitgeberanteil *m*; **~s' federation** Arbeitgeberverband *m*; **~'s liability insurance** Arbeitgeberhaftpflichtversicherung *f*.

employment [ɪm'plɔɪmənt] *n* **1.** (An)stellung, Arbeit *f*. **to take up ~ with sb** eine Stelle bei jdm annehmen; **to be without ~** stellungslos *or* ohne Arbeit sein; **to seek ~** Arbeit *or* eine Stelle suchen; **how long is it since you were last in ~?** wann hatten Sie Ihre letzte Stellung?; **conditions/contract/place of ~** Arbeitsbedingungen *pl*/-vertrag *m*/-platz *m*; **what sort of ~ are you looking for?** welche Art von Tätigkeit suchen Sie?

2. (*act of employing*) Beschäftigung *f*; (*taking on*) Anstellung *f*, Einstellen *nt*.

3. (*use*) (*of means, method, force, cunning*) Anwendung *f*, Einsatz *m*; (*of skill also, word, concept*) Verwendung *f*.

employment agency *n* Stellenvermittlung *f*; **employment office** *n* Arbeitsamt *nt*.

emporium [em'pɔːrɪəm] *n* Warenhaus *nt*.

empower [ɪm'paʊəʳ] *vt* **to ~ sb to do sth** jdn ermächtigen *or* (*Jur*) jdm (die) Vollmacht erteilen, etw zu tun.

empress ['emprɪs] *n* Kaiserin *f*.

emptiness ['emptɪnɪs] *n* Leere, Leerheit *f*; (*of life*) Leere *f*.

empty ['emptɪ] **I** *adj* (+*er*) (*all senses*) leer; (*not occupied*) *house* leerstehend *attr*; *head* hohl. **~ of** ohne, bar (+*gen*) (*liter*); **to be taken on an ~ stomach** auf nüchternen Magen zu nehmen; **~ vessels make most noise** (*Prov*) die am wenigsten zu sagen haben, reden am meisten; **to look into ~ space** ins Leere blicken.

II *n usu pl* Leergut *nt no pl*.

III *vt* **1.** leeren, leer machen; *container* (ent)leeren; *box, room also* ausräumen; *house* räumen; *glass, bottle also* (*by drinking*) austrinken; *pond, tank also* ablassen; *lorry* abladen. **her singing emptied the hall in ten minutes flat** mit ihrem Singen schaffte sie es, daß der Saal innerhalb von zehn Minuten leer war.

2. *liquid, contents* ausgießen, leeren. **he emptied it into another container** er goß es in ein anderes Gefäß um.

IV *vi* (*water*) auslaufen, abfließen; (*rivers*) münden (*into* in +*acc*); (*theatre, streets*) sich leeren.

◆**empty out** *vt sep* ausleeren.

empty-handed *adj* **to return ~** mit leeren Händen zurückkehren, unverrichteterdinge zurückkehren; **empty-headed** *adj* strohdumm.

EMS *abbr of* **European Monetary System** EWS *nt*.

EMU *abbr of* **Economic and Monetary Union** WWU *f*.

emu ['iːmjuː] *n* Emu *m*.

emulate ['emjʊleɪt] *vt* **1.** nacheifern (+*dat*), nachstreben (+*dat*). **2.** (*Comput*) emulieren.

emulation [ˌemjʊ'leɪʃən] *n* **1.** Nacheiferung *f*. **in ~ of sb** in dem Bestreben, es jdm gleichzutun. **2.** (*Comput*) Emulation *f*.

emulsifier [ɪ'mʌlsɪfaɪəʳ] *n* Emulgator *m*.

emulsify [ɪ'mʌlsɪfaɪ] **I** *vt* emulgieren, zu einer Emulsion verbinden. **II** *vi* emulgieren.

emulsion [ɪ'mʌlʃən] *n* **1.** Emulsion *f*. **2.** (*also* **~ paint**) Emulsionsfarbe *f*.

enable [ɪ'neɪbl] *vt* **1.** (*make able*) **to ~ sb to do sth** es jdm ermöglichen *or* möglich machen, etw zu tun.

2. (*Jur: authorize*) **to ~ sb to do sth** jdn (dazu) ermächtigen, etw zu tun.

enabling act [ɪ'neɪblɪŋˌækt] *n* (*Parl*) Ermächtigungsgesetz *nt*.

enact [ɪ'nækt] *vt* **1.** (*Pol*) *law* erlassen. **it is hereby ~ed that ...** es wird hiermit verfügt, daß ... **2.** (*perform*) *play* aufführen; *rôle* darstellen, spielen. **the drama**

which was ~ed yesterday (*fig*) das Drama, das sich gestern abgespielt hat.

enactment [ɪ'næktmənt] *n* (*of law*) Erlaß *m*; (*law also*) Verordnung, Verfügung *f*.

enamel [ɪ'næməl] **I** *n* Email *nt*, Emaille *f* (*inf*); (*paint*) Email(le)lack *m*; (*of tiles*) Glasur *f*; (*of teeth*) Zahnschmelz *m*; (*nail* ~) Nagellack *m*. **II** *vt* emaillieren. **III** *adj pot, pan* Email(le)-.

enamelled [ɪ'næməld] *adj* emailliert; *tile* glasiert.

enamour, (*US*) **enamor** [ɪ'næməʳ] *vt* **to be ~ed of sb/sth** (*in love with*) in jdn/etw verliebt sein; (*taken by*) von jdm/etw angetan *or* entzückt sein; **she was not exactly ~ed of the idea** sie war von der Idee nicht gerade begeistert.

enc. *see* **enc(l).**

encamp [ɪn'kæmp] **I** *vi* das Lager aufschlagen. **II** *vt* **where the troops were ~ed** wo die Truppen ihr Lager bezogen hatten.

encampment [ɪn'kæmpmənt] *n* Lager *nt*.

encapsulate [ɪn'kæpsjʊleɪt] *vt* (*Pharm*) in Kapseln abfüllen; (*express in condensed form*) zusammenfassen.

encase [ɪn'keɪs] *vt* verkleiden (*in* mit); *wires* umgeben (*in* mit); *cake* überziehen (*in* mit).

encephalitis [ˌensefə'laɪtɪs] *n* Gehirnentzündung *f*.

enchain [ɪn'tʃeɪn] *vt* (*lit*) in Ketten legen. **to be ~ed** in Ketten liegen; (*fig*) gefangen sein.

enchant [ɪn'tʃɑːnt] *vt* **1.** (*delight*) bezaubern, entzücken. **to be ~ed with sth** von etw *or* über etw (*acc*) entzückt sein. **2.** (*put under spell*) verzaubern. **the ~ed wood** der Zauberwald.

enchanting *adj*, **~ly** *adv* [ɪn'tʃɑːntɪŋ, -lɪ] bezaubernd, entzückend.

enchantment [ɪn'tʃɑːntmənt] *n* **1.** (*delight*) Entzücken *nt*. **2.** (*charm*) Zauber *m*.

enchantress [ɪn'tʃɑːntrɪs] *n* Zauberin *f*; (*enchanting woman*) bezaubernde Frau.

encipher [ɪn'saɪfəʳ] *vt* chiffrieren.

encircle [ɪn'sɜːkl] *vt* (*surround*) umgeben, umfassen; (*wall, belt also*) umschließen; (*troops*) einkreisen, umfassen; *building* umstellen.

encirclement [ɪn'sɜːklmənt] *n* (*Mil*) Einkreisung, Umfassung *f*; (*in a valley also*) Einkesselung *f*; (*of building*) Umstellung *f*.

encircling [ɪn'sɜːklɪŋ] **I** *n* (*Mil*) Umfassung *f*, Einkreisen *nt*; (*in valley*) Einkesseln *nt*; (*of building*) Umstellung *f*. **II** *adj walls* umgebend; (*liter*) *night* alles umgebend *or* umfassend.

enc(l) *abbr of* **enclosure(s)** Anl.

enclave ['enkleɪv] *n* Enklave *f*.

enclose [ɪn'kləʊz] *vt* **1.** (*shut in*) einschließen; (*surround*) umgeben; (*with fence*) *ground* einzäunen. **the garden is completely ~d** der Garten ist völlig abgeschlossen.

2. (*in a parcel, envelope*) beilegen, beifügen. **please find ~d a cheque for £200** als Anlage *or* anbei übersenden wir Ihnen einen Scheck über £ 200; **to ~ sth in a letter** einem Brief etw beilegen; **the ~d cheque** der beiliegende Scheck.

enclosure [ɪn'kləʊʒəʳ] *n* **1.** (*ground enclosed*) eingezäuntes Grundstück *or* Feld; (*for animals*) Gehege *nt*. (*on racecourse*) **the ~** der Zuschauerbereich.

2. (*act*) Einzäunungung (*geh*) *f*.

3. (*fence*) Umzäunung *f*. **~ wall** Umfassungsmauer *f*.

4. (*document enclosed*) Anlage *f*.

encode [ɪn'kəʊd] *vt* (*also Comput*) kodieren.

encoder [ɪn'kəʊdəʳ] *n* (*also Comput*) Kodierer *m*, Kodiergerät *nt*.

encompass [ɪn'kʌmpəs] *vt* **1.** (*liter: surround*) umfassen (*with* mit). **2.** (*include*) umfassen. **3.** (*liter: bring about*) *downfall* herbeiführen.

encore ['ɒŋkɔːʳ] **I** *interj* da capo, Zugabe. **II** *n* Zugabe *f*, Dacapo *nt*. **to call for/give an ~** eine Zugabe verlangen/ machen (*inf*) *or* singen/spielen *etc*. **III** *vt artiste* um eine Zugabe bitten.

encounter [ɪn'kaʊntəʳ] **I** *vt enemy, opposition* treffen *or* stoßen auf (+*acc*); *difficulties* stoßen auf (+*acc*); *danger* geraten in (+*acc*); (*liter*) *person* begegnen (+*dat*), treffen.

II *n* Begegnung *f*, Treffen *nt*; (*in battle*) Zusammenstoß *m*. **~ group** (*Psych*) Encountergruppe *f*.

encourage [ɪn'kʌrɪdʒ] *vt person* ermutigen, ermuntern (*to* zu); (*motivate*) anregen; (*give confidence also*) Mut machen (+*dat*); *arts, industry, projects* fördern; (*Sport*) *team, competitor also* anfeuern, anspornen; *sb's bad habits* unterstützen. **to ~ sb in a belief** jdn in einem Glauben bestärken; **this ~s me to think that maybe ...** das läßt mich vermuten, daß vielleicht ...

encouragement [ɪn'kʌrɪdʒmənt] *n* Ermutigung, Ermunterung *f*; (*motivation*) Anregung *f*; (*support*) Unterstützung, Förderung *f*. **to give sb ~** jdn ermuntern; **it's an ~ to know ...** es ist ein Ansporn, zu wissen ...; **he doesn't need much ~** ihn braucht man nicht groß zu ermuntern.

encouraging [ɪn'kʌrɪdʒɪŋ] *adj* ermutigend, vielversprechend. **you are not very ~** du machst mir/uns *etc* nicht gerade Mut.

encouragingly [ɪn'kʌrɪdʒɪŋlɪ] *adv see adj*.

encroach [ɪn'krəʊtʃ] *vi* **to ~ (up)on** *land* vordringen in (+*acc*); *sphere, rights* eingreifen in (+*acc*); *privileges* übergreifen auf (+*acc*); *time* in Anspruch nehmen.

encroachment [ɪn'krəʊtʃmənt] *n see vi* Vordringen *nt*; Eingriff *m*; Übergriff *m*; Beanspruchung *f*.

encrust [ɪn'krʌst] *vi* (*with earth, cement*) überkrusten; (*with pearls, ice*) überziehen.

encumber [ɪn'kʌmbəʳ] *vt* beladen; (*with responsibility, debts also*) belasten. **~ed property** (*Fin*) belasteter Grundbesitz.

encumbrance [ɪn'kʌmbrəns] *n* (*also Jur*) Belastung *f*; (*person also*) Last *f*. **to be an ~ to sb** (*luggage*) jdn behindern; (*person*) eine Last für jdn sein; (*dependent, responsibility*) eine Belastung für jdn sein.

encyclical [ɪn'sɪklɪkəl] *n* Enzyklika *f*.

encyclop(a)edia [ɪn,saɪkləʊ'piːdɪə] *n* Lexikon *nt*, Enzyklopädie *f*.

encyclop(a)edic [ɪn,saɪkləʊ'piːdɪk] *adj* enzyklopädisch.

end [end] **I** *n* **1.** Ende *nt*; (*of finger*) Spitze *f*. **at the ~ of the procession** am Schluß *or* Ende der Prozession; **the fourth from the ~** der/die/das vierte von hinten; **to the ~s of the earth** bis ans Ende der Welt; **from ~ to ~** von einem Ende zum anderen; **to keep one's ~ up** (*inf*) (*stay cheerful*) sich nicht unterkriegen lassen (*inf*); (*do one's share*) das Seine tun; **to stand on ~** (*barrel, box*) hochkant stehen; (*hair*) zu Berge stehen; **for hours on ~** stundenlang ununterbrochen; **the ships collided ~-on** die Schiffe fuhren aufeinander auf; **~ to ~** mit den Enden aneinander; **to change ~s** (*Sport*) die Seiten wechseln; **to make (both) ~s meet** (*fig*) zurechtkommen (*inf*), sich über Wasser halten; **to see no further than the ~ of one's nose** nicht weiter sehen als seine Nase (reicht); **we've got some problems at this ~** wir haben hier *or* bei uns einige Probleme.

2. (*remnant*) (*of rope*) Ende *nt*, Rest *m*; (*of candle, cigarette*) Stummel *m*.

3. (*conclusion*) Ende *nt*. **the ~ of the month** das Monatsende; **at/towards the ~ of December** Ende/gegen Ende Dezember; **at the ~ of the war/the book** am Ende des Krieges/am Schluß des Buches; **at the ~ of three weeks** nach drei Wochen; **is there no ~ to this?** hört das denn nie auf?; **we shall never hear the ~ of it** das werden wir noch lange zu hören kriegen; **to be at an ~** zu Ende sein; **to be at the ~ of one's patience/strength** mit seiner Geduld/seinen Kräften am Ende sein; **to read a book to the ~** ein Buch bis zu Ende lesen; **that's the ~ of that** das ist damit erledigt; **to bring to an ~** zu Ende bringen, beenden; *relations* ein Ende setzen (+*dat*), beenden; **to come to an ~** zu Ende gehen; **to get to the ~ of the road/job/money** ans Ende der Straße/mit der Arbeit fertig werden/das Geld ausgegeben haben; **in the ~** schließlich, zum Schluß, **to put an ~ to sth** einer Sache (*dat*) ein Ende setzen; **to come to a bad ~** ein böses Ende nehmen; **to meet one's ~** den Tod finden.

4. (*inf phrases*) **we met no ~ of famous people** wir trafen viele berühmte Leute; **he's no ~ of a nice chap** er ist ein irrsinnig netter Kerl (*inf*); **to think no ~ of sb** große Stücke auf jdn halten; **you're the ~** (*annoying*) du bist der letzte Mensch (*inf*); (*funny*) du bist zum Schreien (*inf*).

5. (*purpose*) Ziel *nt*, Zweck *m*. **with this ~ in view** mit diesem Ziel vor Augen; **an ~ in itself** Selbstzweck *no art*; **the ~ justifies the means** (*prov*) der Zweck heiligt die Mittel (*prov*).

II *adj attr* letzte(r, s); *house also* End-.

III *vt* beenden; *speech, one's days also* beschließen. **the novel to ~ all novels** der größte Roman aller Zeiten; **to ~ it all** (*commit suicide*) Schluß machen.

IV *vi* enden. **we'll have to ~ soon** wir müssen bald Schluß machen; **we ~ed with a song** zum Schluß sangen wir ein Lied; **where's it all going to ~?** wo soll das nur enden?; **to ~ in an "s"** auf „s" enden; **an argument which ~ed in a fight** ein Streit, der mit einer Schlägerei endete.

◆**end off** *vt sep* abschließen, beschließen.

◆**end up** *vi* enden, landen (*inf*). **to ~ ~ doing sth** schließlich etw tun; **to ~ ~ as a lawyer/an alcoholic** schließlich Rechtsanwalt werden/als Alkoholiker enden; **you'll ~ ~ in trouble** Sie werden noch Ärger bekommen.

endanger [ɪn'deɪndʒə^r] *vt* gefährden.

endear [ɪn'dɪə^r] *vt* beliebt machen (*to* bei).

endearing [ɪn'dɪərɪŋ] *adj smile* lieb, gewinnend; *personality, characteristic also* liebenswert.

endearingly [ɪn'dɪərɪŋlɪ] *adv* lieb.

endearment [ɪn'dɪəmənt] *n* **term of ~** Kosename *m*, Kosewort *nt*; **words of ~** liebe Worte *pl*.

endeavour [ɪn'devə^r] **I** *n* (*attempt*) Anstrengung, Bemühung *f*; (*liter: striving*) (Be)streben *nt no pl* (*geh*). **to make an ~ to do sth** sich anstrengen *or* bemühen, etw zu tun; **to make every ~ to do sth** sich nach Kräften bemühen, etw zu tun.

II *vt* sich anstrengen, sich bemühen, bestrebt sein (*geh*)

endemic [en'demɪk] *adj* (*lit, fig*) endemisch.

end game *n* Endspiel *nt*.

ending ['endɪŋ] *n* (*of story, book, events*) Ausgang *m*; (*of day*) Abschluß *m*; (*last part*) Ende *nt*, Schluß *m*; (*of word*) Endung *f*. **a story with a happy ~** eine Geschichte mit einem Happy End; **the events had a happy ~** alles ging gut aus.

endive ['endaɪv] *n* (Winter)endivie *f*, Endiviensalat *m*.

endless ['endlɪs] *adj* endlos; *attempts also, times* unzählig; *possibilities* unendlich. **this job is ~** diese Arbeit nimmt kein Ende; **~ belt** endloses Transportband, Endlosband *nt*.

endlessly ['endlɪslɪ] *adv* endlos; *patient, generous* unendlich.

endocrine ['endəʊkraɪn] *adj* endokrin. **~ gland** endokrine Drüse.

endocrinology [,endəʊkraɪ'nɒlədʒɪ] *n* Endokrinologie *f*.

endorse [ɪn'dɔːs] *vt* **1.** *document, cheque* auf der Rückseite unterzeichnen, indossieren. **2.** (*Brit Jur*) *driving licence* eine Strafe vermerken auf (+*dat*). **I had my licence ~d** ich bekam einen Strafvermerk auf meinem Führerschein. **3.** (*approve*) billigen, unterschreiben (*inf*). **I ~ that** dem stimme ich zu, dem pflichte ich bei.

endorsee [ɪn,dɔː'siː] *n* (*Fin*) Indossat *m*.

endorsement [ɪn'dɔːsmənt] *n* **1.** (*on cheque, bill of exchange*) Indossament *nt*; (*on policy*) Zusatz, Nachtrag *m*. **2.** (*Brit Jur: on driving licence*) Strafvermerk *m* auf dem Führerschein. **3.** (*of opinion*) Billigung *f*.

endorser [ɪn'dɔːsə^r] *n* (*Fin*) Indossant(in

f) *m*.

endow [ɪn'daʊ] *vt* **1.** *institution, church* eine Stiftung machen an (*acc*); (*Univ, Sch*) *prize, chair* stiften.

2. (*fig*) *usu pass* **to ~ sb with sth** jdm etw geben *or* schenken; **to be ~ed with a natural talent for singing** ein sängerisches Naturtalent sein; **the poor lad is not very well ~ed** (*inf*) mit dem armen Bengel ist nicht viel los; **she's well ~ed** (*hum*) sie ist von der Natur reichlich ausgestattet (worden).

endowment [ɪn'daʊmənt] *n* **1.** Stiftung *f*. **~s** Stiftungsgelder *pl*. **2.** (*natural talent*) Begabung *f*. **his/her physical ~s** (*hum*) womit ihn/sie die Natur ausgestattet hat.

endowment assurance *n* Versicherung *f* auf den Erlebensfall, Erlebensversicherung *f*; **endowment mortgage** *n* Hypothek *f* mit Lebensversicherung.

endpapers *npl* Vorsatzblätter *pl*; **end product** *n* Endprodukt *nt*; (*fig*) Produkt *nt*; **end result** *n* Endergebnis *nt*.

endurable [ɪn'djʊərəbl] *adj* erträglich.

endurance [ɪn'djʊərəns] *n* Durchhaltevermögen *nt*. **what a feat of ~** welche Ausdauer!; **he was tried beyond ~** er wurde über die Maßen gereizt; **this is beyond ~** das ist ja nicht auszuhalten.

endurance test *n* Belastungsprobe *f*; (*fig also*) Durchhaltetest *m*.

endure [ɪn'djʊəʳ] **I** *vt* **1.** (*undergo*) *pain, insults, tribulations, hardship* (er)leiden. **2.** (*put up with*) ertragen; *pains also* aushalten. **she can't ~ being laughed at** sie kann es nicht vertragen *or* haben (*inf*), wenn man über sie lacht. **II** *vi* bestehen; (*work, memories also*) Bestand haben.

enduring [ɪn'djʊərɪŋ] *adj value, fame* bleibend, dauernd; *friendship, peace also* dauerhaft; *hardship* anhaltend.

end user *n* (*esp Comput*) Endbenutzer *m*.

endways ['endweɪz], **endwise** ['endwaɪz] *adv* mit dem Ende nach vorne *or* zuerst; (*end to end*) mit den Enden aneinander.

ENE *abbr of* **east-north-east** ONO.

enema ['enɪmə] *n* Klistier *nt*, Einlauf *m*; (*syringe*) Klistierspritze *f*.

enemy ['enəmɪ] **I** *n* (*lit, fig*) Feind *m*. **to make enemies** sich (*dat*) Feinde machen *or* schaffen; **to make an ~ of sb** sich (*dat*) jdn zum Feind(e) machen; **he is his own worst ~** er schadet sich (*dat*) selbst am meisten.

II *adj attr* feindlich; *position, advance, morale* des Feindes.

energetic [ˌenə'dʒetɪk] *adj* **1.** voller Energie, energiegeladen; (*active*) aktiv; *manager, government* tatkräftig, aktiv; *dancer, dancing, music, prose* schwungvoll. **if I'm feeling ~** wenn ich die Energie habe;

2. *denial, refusal, protest* energisch.

energetically [ˌenə'dʒetɪkəlɪ] *adv* voller Energie; *dance* schwungvoll; *express oneself* energisch, entschieden.

energize ['enədʒaɪz] *vt rocket motor, particle* Antrieb geben (+*dat*); (*Elec*) unter Strom setzen.

energy ['enədʒɪ] *n* Energie *f*. **to apply all one's energies to sth** seine ganze Energie *or* Kraft für etw einsetzen; **I haven't the ~** mir fehlt die Energie dazu; **to conserve one's energies** mit seinen Kräften haushalten *or* sparsam umgehen.

energy conservation *n* Energieeinsparung *f*; **energy crisis** *n* Energiekrise *f*; **energy-giving** *adj food* energiespendend; **energy-intensive** *adj* energieintensiv; **energy-saving** *adj* energiesparend; *measures also* Energiespar-; **energy supplies** *npl* Energievorräte *pl*.

enervate ['enɜːveɪt] *vt* (*physically*) entkräften, schwächen; (*mentally*) entnerven, enervieren (*geh*).

enervating ['enɜːveɪtɪŋ] *adj* strapazierend.

enfeeble [ɪn'fiːbl] *vt* schwächen.

enfeeblement [ɪn'fiːblmənt] *n* Schwächung *f*.

enfold [ɪn'fəʊld] *vt* einhüllen (*in* in +*acc*). **to ~ sb in one's arms** jdn in die Arme schließen.

enforce [ɪn'fɔːs] *vt* durchführen, Geltung verschaffen (+*dat*); *one's claims, rights* geltend machen; *silence, discipline* sorgen für, schaffen; *obedience* sich (*dat*) verschaffen. **the police ~ the law** die Polizei sorgt für die Einhaltung der Gesetze; **to ~ silence/obedience** Ruhe/Gehorsam erzwingen; **to ~ sth (up)on sb** jdm etw aufzwingen.

enforceable [ɪn'fɔːsəbl] *adj* durchsetzbar.

enforcement [ɪn'fɔːsmənt] *n* (*of law, policy, ruling*) Durchführung *f*; (*of obedience*) Erzwingung *f*.

enfranchise [ɪn'fræntʃaɪz] *vt* **1.** (*give vote to*) das Wahlrecht geben *or* erteilen (+*dat*). **to be ~d** wahlberechtigt sein. **2.** (*set free*) *slaves* freilassen.

enfranchisement [ɪn'fræntʃɪzmənt] *n* **1.** (*Pol*) Erteilung *f* des Wahlrechts. **2.** (*of slave*) Freilassung *f*.

engage [ɪn'geɪdʒ] **I** *vt* **1.** *servant, workers* an- *or* einstellen; *singer, performer* engagieren; *lawyer* sich (*dat*) nehmen.

2. *room* mieten, sich (*dat*) nehmen.

3. *the attention* in Anspruch nehmen; *interest also* fesseln. **to ~ sb in conversation** jdn in ein Gespräch verwickeln.

4. to ~ oneself to do sth (*form*) sich verpflichten, etw zu tun.

5. *the enemy* angreifen, den Kampf eröffnen gegen.

6. (*Tech*) *gear wheels* ineinandergreifen lassen. **to ~ a gear** (*Aut*) einen Gang einlegen; **to ~ the clutch** (ein)kuppeln.

II *vi* **1.** (*form: promise*) sich verpflichten (*to do* zu tun).

2. (*gear wheels*) ineinandergreifen; (*clutch*) fassen.

3. to ~ in sth sich an etw (*dat*) beteiligen; **to ~ in competition with sb** in Wettbewerb mit jdm treten.

4. (*Mil*) angreifen.

engaged [ɪn'geɪdʒd] *adj* **1.** verlobt. **to become ~** sich verloben (*to* mit); **the ~ couple** die Verlobten *pl*. **2.** (*occupied*) beschäftigt. **3. the parties ~ in this dispute** die streitenden *or* am Streit beteiligten Parteien. **4.** *seat, taxi, toilet,* (*Brit Telec*) besetzt. **~ tone** (*Brit Telec*) Besetztzeichen *nt*.

engagement [ɪn'geɪdʒmənt] *n* **1.** (*ap-*

pointment) Verabredung *f*; (*of actor*) Engagement *nt*. **public/social ~s** öffentliche/gesellschaftliche Verpflichtungen *pl*; **a dinner ~** eine Verabredung zum Essen. **2.** (*betrothal*) Verlobung *f*. **3.** (*form: undertaking*) Verpflichtung *f*. **4.** (*Mil*) Gefecht *nt*, Kampf *m*. **5.** (*of parts of machine*) Ineinandergreifen *nt*.

engagement ring *n* Verlobungsring *m*.

engaging [ɪn'geɪdʒɪŋ] *adj personality* einnehmend; *smile, look, tone* gewinnend.

engender [ɪn'dʒendə^r] *vt* (*fig*) erzeugen.

engenderment [ɪn'dʒendəmənt] *n* Erzeugung *f*.

engine ['endʒɪn] *n* **1.** Maschine *f*; (*of car, plane*) Motor *m*; (*of ship*) Maschine *f*. **2.** (*Rail*) Lokomotive, Lok *f*.

engine block *n* Motorblock *m*.

-engined [-'endʒɪnd] *adj suf* -motorig.

engine driver *n* (*Brit*) Lok(omotiv)führer(in *f*) *m*.

engineer [ˌendʒɪ'nɪə^r] **I** *n* **1.** Techniker(in *f*) *m*; (*with university degree*) Ingenieur(in *f*) *m*. **2.** (*Naut: on merchant ships*) Maschinist *m*; (*in Navy*) (Schiffs)ingenieur *m*. **~ officer** Technischer Offizier. **3.** (*US Rail*) Lokführer(in *f*) *m*. **4.** (*fig: of scheme*) Arrangeur(in *f*) *m*.

II *vt* **1.** konstruieren. **2.** (*fig*) *election, campaign* organisieren; *downfall, plot* arrangieren, einfädeln; *success, victory* in die Wege leiten; (*Sport*) *goal* einfädeln. **to ~ a scheme** einen Plan aushekken.

engineering [ˌendʒɪ'nɪərɪŋ] *n* **1.** Technik *f*; (*mechanical ~*) Maschinenbau *m*; (*engineering profession*) Ingenieurwesen *nt*. **the ~ of the Tay Bridge** die Konstruktion der Tay-Brücke; **a brilliant piece of ~** eine Meisterkonstruktion.

2. (*fig*) *see vt 2.* Organisation *f*; Arrangement *nt*; (*manoeuvring*) Arrangements *pl*.

engineering department *n* technische Abteilung; (*mechanical*) Abteilung *f* für Maschinenbau; **engineering faculty** *n* (*Univ*) Fakultät *f* für Maschinenbau; **engineering industries** *npl* Maschinenindustrie *f*; **engineering worker** *n* Techniker(in *f*) *m*; **engineering works** *n sing or pl* Maschinenfabrik *f*.

engine failure *n* (*tech*) Maschinenschaden *m*, (*Aut*) Motorschaden *m*; **engine oil** *n* Motoröl *nt*; **engine room** *n* (*Naut*) Maschinenraum *m*; **engine shed** *n* (*Brit*) Lokomotivschuppen *m*.

England ['ɪŋglənd] **I** *n* England *nt*. **II** *adj attr* **the ~ team** die englische Mannschaft.

English ['ɪŋglɪʃ] **I** *adj* englisch. **he is ~** er ist Engländer; **our ~ teacher** (*teaching ~*) unser(e) Englischlehrer(in); (*~ by nationality*) unser(e) englischer/(englische) Lehrer(in); **~ breakfast** englisches Frühstück.

II *n* **1. the ~** *pl* die Engländer *pl*.

2. Englisch *nt*; (*the ~ language in general, ~ grammar also*) das Englische; (*as university subject*) Anglistik *f*. **can you speak ~?** können Sie Englisch?; **he doesn't speak ~** er spricht kein Englisch; **"~ spoken"** „hier wird Englisch gesprochen"; **he speaks very clear ~** er spricht (ein) sehr klares Englisch; **in ~** auf *or* in (*inf*) Englisch *or* englisch; **in good ~** in gutem Englisch; **to translate sth into/from (the) ~** etw ins Englische/aus dem Englischen übersetzen; **~/teaching ~ as a foreign language** (*abbr* **EFL/TEFL**) Englisch als Fremdsprache; **King's/Queen's ~** die englische Hochsprache.

English Channel *n* Ärmelkanal *m*; **Englishman** *n* Engländer *m*; **an ~'s home is his castle** (*Prov*) für den Engländer ist sein Haus seine Burg; **English-speaker** *n* Englischsprachige(r) *mf*; **English-speaking** *adj* englischsprachig; **Englishwoman** *n* Engländerin *f*.

engorge [ɪn'gɔːdʒ] *vi* (an)schwellen.

engrave [ɪn'greɪv] *vt* eingravieren; (*on rock, stone*) einmeißeln; (*on wood*) einschnitzen, einkerben; (*fig*) einprägen.

engraver [ɪn'greɪvə^r] *n* Graveur(in *f*) *m*; (*on stone*) Steinhauer(in *f*) *m*; (*on wood*) Holzschneider(in *f*) *m*.

engraving [ɪn'greɪvɪŋ] *n* **1.** (*process*) *see vt* Gravieren *nt*; Einmeißeln *nt*; Einschnitzen, Einkerben *nt*. **~ needle** Graviernadel *f*. **2.** (*copy*) (Kupfer-/Stahl)stich *m*; (*from wood*) Holzschnitt *m*; (*design*) Gravierung *f*; (*on wood, stone*) eingemeißelte Verzierung/Schrift *etc*.

engross [ɪn'grəʊs] *vt person, attention* gefangennehmen. **to become ~ed in one's book** sich in sein Buch vertiefen.

engrossing [ɪn'grəʊsɪŋ] *adj* fesselnd.

engulf [ɪn'gʌlf] *vt* verschlingen. **he was ~ed by a pile of work** er war mit Arbeit überhäuft.

enhance [ɪn'hɑːns] *vt* verbessern; *chances also, price, value, attraction* erhöhen.

enigma [ɪ'nɪgmə] *n* Rätsel *nt*.

enigmatic *adj*, **~ally** *adv* [ˌenɪg'mætɪk, -əlɪ] rätselhaft.

enjambement [ɪn'dʒæmmənt] *n* (*Poet*) Enjambement *nt*.

enjoin [ɪn'dʒɔɪn] *vt* (*form*) **to ~ sb to silence/caution, to ~ silence/caution on sb** jdn eindringlich zur Ruhe/zur Vorsicht mahnen; **to ~ sb to do sth** jdn eindringlich mahnen, etw zu tun.

enjoy [ɪn'dʒɔɪ] **I** *vt* **1.** (*take pleasure in*) genießen. **he ~s swimming/reading** er schwimmt/liest gern, Lesen/Schwimmen macht ihm Spaß; **he ~s being rude to people** es macht ihm Spaß *or* ihm macht es Spaß, zu Leuten unhöflich zu sein; **he ~ed reading the book** er hat das Buch gern gelesen; **I ~ed the book/film** das Buch/der Film hat mir gefallen; **he ~ed the meal** das Essen hat ihm gut geschmeckt; **I've ~ed talking to you** es war mir eine Freude, mich mit Ihnen zu unterhalten; **to ~ life** das Leben genießen; **I ~ed a very pleasant weekend in the country** ich habe ein sehr angenehmes Wochenende auf dem Land verbracht.

2. *good health* sich erfreuen (+*gen*) (*geh*); *rights, advantages, respect, confidence also* genießen; *income also* haben.

II *vr* **to ~ oneself** sich amüsieren; **~ yourself!** viel Spaß!

enjoyable [ɪn'dʒɔɪəbl] *adj* nett; *film, book also* unterhaltsam, amüsant; *evening also, meal* angenehm.

enjoyably [ɪn'dʒɔɪəblɪ] *adv* angenehm.

enjoyment [ɪn'dʒɔɪmənt] *n* **1.** Vergnügen *nt*, Spaß *m* (*of* an +*dat*). **he got a lot of ~ from this book** das Buch machte ihm großen Spaß.

2. (*of rights, income, fortune*) Genuß *m*.

enlarge [ɪn'lɑːdʒ] **I** *vt* vergrößern; *hole, field of knowledge,* (*Med*) *organ, pore also* erweitern; *membership, majority also* erhöhen. **~d edition** erweiterte Ausgabe.

II *vi* **1.** *see vt* sich vergrößern; sich erweitern; sich erhöhen. **2. to ~ (up)on sth** sich über etw (*acc*) genauer äußern.

enlargement [ɪn'lɑːdʒmənt] *n* **1.** (*Phot*) Vergrößerung *f*. **2.** *see vt* Vergrößerung *f*; Erweiterung *f*; Erhöhung *f*.

enlarger [ɪn'lɑːdʒə[r]] *n* (*Phot*) Vergrößerungsapparat *m*.

enlighten [ɪn'laɪtn] *vt* aufklären (*on, as to, about* über +*acc*); (*spiritually*) erleuchten. **let me ~ you** darf ich es Ihnen erklären?

enlightened [ɪn'laɪtnd] *adj* aufgeklärt; (*spiritually*) erleuchtet.

enlightening [ɪn'laɪtnɪŋ] *adj* aufschlußreich.

enlightenment [ɪn'laɪtnmənt] *n* Aufklärung *f*; (*spiritual*) Erleuchtung *f*. **the E~** die Aufklärung.

enlist [ɪn'lɪst] **I** *vi* (*Mil*) sich melden (*in* zu).

II *vt soldiers* einziehen; *recruits also* einstellen; *supporters, collaborators* anwerben, gewinnen; *assistance, sympathy, support* gewinnen. **could I ~ your aid?** darf ich Sie um Hilfe bitten?; **~ed man** (*US*) gemeiner Soldat.

enlistment [ɪn'lɪstmənt] *n see vb* **1.** Meldung *f*. **2.** Einziehung *f*; Einstellung *f*; Anwerbung *f*; Gewinnung *f*.

enliven [ɪn'laɪvn] *vt* beleben.

enmesh [ɪn'meʃ] *vt* (*lit*) in einem Netz fangen; (*fig*) verstricken.

enmity ['enmɪtɪ] *n* Feindschaft *f*.

ennoble [ɪ'nəʊbl] *vt* (*lit*) adeln, in den Adelsstand erheben; (*fig*) *mind, person* erheben (*geh*).

enormity [ɪ'nɔːmɪtɪ] *n* **1.** *no pl* (*of action, offence*) ungeheures Ausmaß. **2.** (*crime*) Ungeheuerlichkeit *f*.

enormous [ɪ'nɔːməs] *adj* gewaltig, enorm; *person* enorm groß; *patience* enorm. **an ~ number of people** ungeheuer viele Menschen; **an ~ amount of money/time** eine Unsumme (*inf*), eine Unmenge Geld/Zeit.

enormously [ɪ'nɔːməslɪ] *adv* enorm, ungeheuer.

enough [ɪ'nʌf] **I** *adj* genug, genügend *attr*. **to be ~** genügen, reichen; **we have ~ to live on** wir haben genug zum Leben, es reicht uns zum Leben; **more than ~** mehr als genug; **I've had ~, I'm going home** mir reicht's *or* jetzt reicht's mir aber, ich gehe nach Hause; **I've had ~ of this novel** jetzt habe ich genug von diesem Roman; **one can never have ~ of this music** von dieser Musik kann man nie genug kriegen; **that's ~, thanks** danke, das ist genug *or* das reicht; **one song was ~ to show he couldn't sing** ein Lied genügte, um zu zeigen, daß er nicht singen konnte; **~ is as good as a feast** (*prov*) allzuviel ist ungesund (*prov*); **~ is ~** was zuviel ist, ist zuviel.

II *adv* **1.** (*sufficiently*) (+*adj*) genug; (+*vb also*) genügend. **not big ~** nicht groß genug; **that's a good ~ excuse** die Entschuldigung kann man gelten lassen; **he knows well ~ what I said** er weiß ganz genau, was ich gesagt habe.

2. (*tolerably*) **she is clever/pleasant ~** sie ist so weit ganz intelligent/nett; **he writes/sings well ~** er schreibt/singt ganz ordentlich; **I like it well ~** mir gefällt es ganz gut.

3. (*as intensifier*) **oddly/funnily ~, I saw him too** sonderbarerweise/komischerweise habe ich ihn auch gesehen; **and sure ~, he didn't come** und er kam auch prompt nicht.

enquire, inquire [ɪn'kwaɪə[r]] **I** *vt the time, a name, the way* sich erkundigen nach, fragen nach. **to ~ sth of sb** sich bei jdm nach etw erkundigen.

II *vi* sich erkundigen (*about* nach), fragen (*about* nach, wegen). **"~ within"** „Näheres im Geschäft".

◆**enquire after** *vi +prep obj person, sb's health* sich erkundigen nach.

◆**enquire for** *vi +prep obj person* fragen nach.

◆**enquire into** *vi +prep obj* untersuchen.

enquirer [ɪn'kwaɪərə[r]] *n* Fragende(r) *mf*.

enquiring [ɪn'kwaɪərɪŋ] *adj* fragend; *mind* forschend.

enquiry, inquiry [ɪn'kwaɪərɪ, (*US*) 'ɪnkwɪrɪ] *n* **1.** (*question*) Anfrage *f* (*about* über +*acc*); (*for tourist information, direction*) Erkundigung *f* (*about* über +*acc*, nach). **to make enquiries** Erkundigungen einziehen; (*police*) Nachforschungen anstellen (*about sb* über jdn, *about sth* nach etw); **all enquiries to ...** alle Anfragen an (+*acc*) ...; **Enquiries** (*office*) Auskunft *f*.

2. (*investigation*) Untersuchung *f*. **to hold an ~ into the cause of the accident** eine Untersuchung der Unfallursache durchführen; **court of ~** Untersuchungskommission *f*.

enrage [ɪn'reɪdʒ] *vt* wütend machen.

enrapture [ɪn'ræptʃə[r]] *vt* entzücken, bezaubern.

enrich [ɪn'rɪtʃ] *vt* bereichern; *soil, food* anreichern.

enrichment [ɪn'rɪtʃmənt] *n* Bereicherung *f*; (*of soil*) Anreicherung *f*.

enrol, (*US*) **enroll** [ɪn'rəʊl] **I** *vt* einschreiben; *members also* aufnehmen; *schoolchild* (*school, headmaster*) aufnehmen; (*parents*) anmelden; (*Univ*) immatrikulieren.

II *vi* sich einschreiben; (*in the army*) sich melden (*in* zu); (*as member also*) sich einschreiben lassen; (*for course *also, at school*) sich anmelden; (*Univ also*) sich immatrikulieren.

enrolment [ɪn'rəʊlmənt] *n* **1.** (*enrolling*) *see vt* Einschreibung *f*; Aufnahme *f*; Anmeldung *f*; Immatrikulation *f*.

2. (*being enrolled*) *see vi* Einschreibung *f*; Meldung *f*; Einschreibung *f*; Anmeldung *f*; Immatrikulation *f*.

3. an evening class/a university with a total ~ of ... ein Abendkurs mit einer (Gesamt)teilnehmerzahl von .../eine Universität mit ... immatrikulierten Studenten.

en route [ɒŋ'ru:t] *adv* unterwegs, en route (*geh*). **we can see it ~ to Paris** wir können es auf dem Weg nach Paris sehen.

ensconce [ɪn'skɒns] *vr* sich niederlassen, sich häuslich niederlassen (*in* in +*dat*).

ensemble [ɑ̃:n'sɑ̃:m bl] *n* (*Mus, Fashion*) Ensemble *nt*.

enshrine [ɪn'ʃraɪn] *vt* (*fig*) bewahren.

ensign ['ensaɪn] *n* **1.** (*flag*) Nationalflagge *f*. **2.** (*Mil Hist*) Fähnrich *m*. **3.** (*US Naut*) Fähnrich *m* zur See.

enslave [ɪn'sleɪv] *vt* zum Sklaven machen. **he is ~d by tradition** er ist der Tradition sklavisch verhaftet.

enslavement [ɪn'sleɪvmənt] *n* (*lit*) Versklavung *f*; (*fig*) sklavische Abhängigkeit.

ensnare [ɪn'snɛəʳ] *vt* (*lit*) fangen; (*fig*) umgarnen; (*charms*) berücken, bestricken.

ensue [ɪn'sju:] *vi* folgen (*from, on* aus). **what ~d?** was folgte darauf(hin)?

ensuing [ɪn'sju:ɪŋ] *adj year, day* folgend; *events* nachfolgend.

en suite ['ɒn'swi:t] *adj* **room with ~ bathroom** Zimmer *nt* mit eigenem Bad.

ensure [ɪn'ʃʊəʳ] *vt* sicherstellen; (*secure*) sichern.

ENT *abbr of* **ear, nose and throat. ~ department** HNO-Abteilung *f*.

entail [ɪn'teɪl] *vt* **1.** *expense, inconvenience* mit sich bringen; *risk, difficulty also* verbunden sein mit; (*involve*) *work stages also* erforderlich machen. **what is ~ed in buying a house?** was ist zum Hauskauf alles erforderlich?

2. (*Logic*) **if a = b, not a ~s not b** wenn a = b ist, so folgt daraus, daß nicht a = nicht b ist.

3. (*Jur*) **to ~ an estate** ein Gut als Fideikommiß vererben.

entangle [ɪn'tæŋgl] *vt* **1.** (*catch up*) verfangen. **to become ~d in sth** sich in etw (*dat*) verfangen.

2. (*get into a tangle*) *hair* verwirren; *wool, thread, ropes also* verwickeln. **to become ~d** sich verwirren; sich verwickeln *or* verheddern (*inf*); (*branches*) ineinanderwachsen.

3. (*fig: in affair etc*) verwickeln, verstricken (*in* in +*acc*). **he became ~d in his lies/explanations** er hat sich in Lügen verstrickt/sich bei seinen Erklärungen verheddert (*inf*).

entanglement [ɪn'tæŋglmənt] *n* **1.** (*lit*) (*no pl: enmeshing*) Verfangen *nt*; (*tangle*) (*of ropes*) Durcheinander *nt*; (*esp Mil: of barbed wire*) Verhau *m*.

2. (*fig*) (*in affair*) Verwicklung *f*. **legal ~** Rechtskonflikt *m*; **he wanted to avoid any ~ with the police** er wollte auf keinen Fall etwas mit der Polizei zu tun kriegen.

enter ['entəʳ] **I** *vt* **1.** (*towards speaker*) hereinkommen in (+*acc*); (*away from speaker*) hineingehen in (+*acc*); (*walk into*) *building also* betreten, eintreten in (+*acc*); (*drive into*) *car park, motorway* einfahren in (+*acc*); (*turn into*) *road* einbiegen in (+*acc*); (*flow into: river, sewage*) münden in (+*acc*); (*penetrate: bullet*) eindringen in (+*acc*); (*climb into*) *bus* einsteigen in (+*acc*); (*cross border of*) *country* einreisen in (+*acc*). **to ~ harbour** (in den Hafen) einlaufen; **he is ~ing his 60th year** er tritt ins sechzigste Lebensjahr ein; **the thought never ~ed my head** *or* **mind** so etwas wäre mir nie eingefallen.

2. (*join, become a member of*) eintreten in (+*acc*). **to ~ the Army** zum Heer gehen; **to ~ the Church** Geistlicher werden; **to ~ a school** in eine Schule eintreten; **to ~ a profession** einen Beruf ergreifen.

3. (*record*) eintragen (*in* in +*acc*); (*Comput*) *data* eingeben. **to ~ a/one's name** einen Namen/sich eintragen; **~ these purchases to me** (*Comm*) tragen Sie diese Käufe auf meinen Namen ein; **~ key** (*Comput*) Enter-Taste *f*.

4. (*enrol*) (*for school, exam, pupil*) anmelden; (*athlete, competitor also, horse, for race, contest*) melden.

5. (*go in for*) *race, contest* sich beteiligen an (+*dat*). **only amateurs could ~ the race** es konnten nur Amateure an dem Rennen teilnehmen.

6. (*submit*) *appeal, plea* einlegen. **to ~ an action against sb** (*Jur*) gegen jdn einen Prozeß anstrengen *or* einleiten.

II *vi* **1.** (*towards speaker*) hereinkommen; (*away from speaker*) hineingehen; (*walk in*) eintreten; (*into bus*) einsteigen; (*drive in*) einfahren; (*penetrate: bullet*) eindringen; (*cross into country*) einreisen. **2.** (*Theat*) auftreten. **3.** (*for race, exam*) sich melden (*for* zu).

III *n* (*Comput*) **hit ~** Enter drücken.

◆**enter into** *vi* +*prep obj* **1.** *relations, negotiations, discussions* aufnehmen; *contract, alliance* schließen, eingehen. **to ~ ~ conversation/a correspondence with sb** ein Gespräch mit jdm anknüpfen/mit jdm in Briefwechsel treten.

2. (*figure in*) eine Rolle spielen bei. **that possibility did not ~ ~ our calculations** diese Möglichkeit war in unseren Berechnungen nicht einkalkuliert *or* eingeplant.

◆**enter (up)on** *vi* +*prep obj career, duties* antreten; *new era* eintreten in (+*acc*); *subject* eingehen auf (+*acc*).

enteric [en'terɪk] *adj* Darm-.

enteritis [ˌentə'raɪtɪs] *n* Dünndarmentzündung *f*.

enterprise ['entəpraɪz] *n* **1.** *no pl* (*initiative, ingenuity*) Initiative *f*; (*adventurousness*) Unternehmungsgeist *m*.

2. (*project, undertaking, Comm: firm*) Unternehmen *nt*. **free/public/private ~** (*system*) freies/öffentliches Unternehmertum/Privatunternehmertum *nt*; ~ **Allowance Scheme** *n* (*Brit*) *Programm, wobei Arbeitslose, die eine Firma gründen wollen und bereit sind im ersten Jahr eine angegebene Summe darin zu investieren, wöchentlich eine Beihilfe erhalten;* ~ **zone** wirtschaftliches Fördergebiet.

enterprising ['entəpraɪzɪŋ] *adj person* (*with initiative, ingenious*) einfallsreich, erfindungsreich; (*adventurous*) unternehmungslustig; *idea, venture* kühn.

enterprisingly ['entəpraɪzɪŋlɪ] *adv see adj.*

entertain [,entə'teɪn] **I** *vt* **1.** (*offer hospitality to*) einladen; (*to meal*) bewirten. **2.** (*amuse*) unterhalten; (*humorously: joke*) belustigen. **3.** *thought, intention* sich tragen mit; *suspicion, doubt* hegen; *hope* nähren; *suggestion, proposal, offer* erwägen, in Erwägung ziehen. **II** *vi* **1.** (*have visitors*) Gäste haben. **2.** (*comedian, conjurer etc*) unterhalten.

entertainer [,entə'teɪnəʳ] *n* Unterhalter(in *f*), Entertainer(in *f*) *m*.

entertaining [,entə'teɪnɪŋ] **I** *adj* amüsant, unterhaltsam. **II** *n* **she does a lot of ~** sie hat sehr oft Gäste.

entertainingly [,entə'teɪnɪŋlɪ] *adv see adj.*

entertainment [,entə'teɪnmənt] *n* **1.** (*amusement*) Unterhaltung *f*; (*professional also*) Entertainment *nt*. **for my own ~** nur so zum Vergnügen, zu meinem Privatvergnügen; **he/the film is good ~** er/der Film ist sehr unterhaltend; **the world of ~** die Unterhaltungsbranche.
2. (*performance*) Darbietung *f*.

entertainment allowance *n* ≃ Aufwandspauschale *f*; **entertainment tax** *n* Vergnügungssteuer *f*; **entertainment value** *n* **to be good ~** großen Unterhaltungswert haben; (*person*) sehr unterhaltend sein.

enthral(l) [ɪn'θrɔːl] *vt* begeistern; (*exciting story also*) packen, fesseln.

enthralling [ɪn'θrɔːlɪŋ] *adj* spannend; *story also* packend.

enthrone [ɪn'θrəʊn] *vt* inthronisieren; *king also* auf den Thron erheben; *bishop also* feierlich einsetzen.

enthuse [ɪn'θjuːz] *vi* schwärmen (*over* von).

enthusiasm [ɪn'θjuːzɪæzəm] *n* Begeisterung *f*, Enthusiasmus *m* (*for* für). **I can't rouse** *or* **find any ~ for going out** ich kann mich gar nicht dafür begeistern, auszugehen.

enthusiast [ɪn'θjuːzɪæst] *n* Enthusiast *m*. **football/rock-and-roll ~** begeisterter Fußballfan *m*/Rock-'n'-Roll-Fan *m*.

enthusiastic [ɪn,θjuːzɪ'æstɪk] *adj* begeistert, enthusiastisch. **to be/get ~ about sth** von etw begeistert sein/sich für etw begeistern; **to become** *or* **get ~** in Begeisterung geraten.

enthusiastically [ɪn,θjuːzɪ'æstɪkəlɪ] *adv* begeistert, enthusiastisch, mit Begeisterung.

entice [ɪn'taɪs] *vt* locken; (*lead astray*) verführen, verleiten. **to ~ sb to do sth** *or* **into doing sth** jdn dazu verführen *or* verleiten, etw zu tun; **to ~ sb away** jdn weglocken.

enticement [ɪn'taɪsmənt] *n* (*act*) Lockung *f*; (*leading astray*) Verführung *f*; (*lure*) Lockmittel *nt*; (*fig*) Verlockung *f*.

enticing [ɪn'taɪsɪŋ] *adj* verlockend; *look* verführerisch.

entire [ɪn'taɪəʳ] *adj* **1.** ganz; *set, waste of time* vollständig. **2.** (*unbroken*) ganz, heil.

entirely [ɪn'taɪəlɪ] *adv* ganz. **the money was given ~ to charity** das gesamte Geld wurde für wohltätige Zwecke ausgegeben; **I'm not ~ surprised** das kommt für mich nicht ganz überraschend; **it's ~ different** es ist völlig *or* ganz anders.

entirety [ɪn'taɪərətɪ] *n* Gesamtheit *f*. **in its ~** in seiner Gesamtheit.

entitle [ɪn'taɪtl] *vt* **1.** *book* betiteln. **it is ~d ...** es hat den Titel ...
2. (*give the right*) **to ~ sb to sth/to do sth** jdn zu etw berechtigen/jdn dazu berechtigen, etw zu tun; (*to compensation, legal aid, taking holiday*) jdm den Anspruch auf etw (*acc*) geben/jdm den Anspruch darauf *or* das Anrecht dazu geben, etw zu tun; **to be ~d to sth/to do sth** das Recht auf etw (*acc*) haben/das Recht haben, etw zu tun; (*to compensation, legal aid, holiday*) Anspruch auf etw (*acc*) haben/Anspruch darauf haben, etw zu tun; **he is ~d to two weeks' holiday** ihm stehen zwei Wochen Urlaub zu.

entitlement [ɪn'taɪtlmənt] *n* Berechtigung *f* (*to* zu); (*to compensation, legal aid, holiday*) Anspruch *m* (*to* auf +*acc*). **what is your holiday ~?** wieviel Urlaub steht Ihnen zu?

entity ['entɪtɪ] *n* Wesen *nt*.

entomb [ɪn'tuːm] *vt* beisetzen, bestatten.

entomologist [,entə'mɒlədʒɪst] *n* Entomologe *m*, Entomologin *f*.

entomology [,entə'mɒlədʒɪ] *n* Entomologie, Insektenkunde *f*.

entourage [,ɒntʊ'rɑːʒ] *n* Gefolge *nt*.

entr'acte ['ɒntrækt] *n* Zwischenspiel *nt*.

entrails ['entreɪlz] *npl* (*lit*) Eingeweide *pl*; (*fig: of watch*) Innereien *pl* (*hum*).

entrain [ɪn'treɪn] **I** *vt troops* (in Eisenbahnwaggons) verladen. **II** *vi* (in den Zug) einsteigen.

entrance¹ [ɪn'trɑːns] *vt* in Entzücken *or* Verzückung versetzen. **to be ~d by/at sth** von etw entzückt sein.

entrance² ['entrəns] *n* **1.** (*way in*) Eingang *m*; (*for vehicles*) Einfahrt *f*; (*hall*) Eingangshalle *f*, Entree *nt* (*geh*).
2. (*entering*) Eintritt *m*; (*Theat*) Auftritt *m*. **on his ~** bei seinem Eintritt/Auftritt; **to make one's ~** (*Theat*) auftreten; (*fig also*) erscheinen.
3. (*admission*) Eintritt *m* (*to* in +*acc*); (*to club*) Zutritt *m* (*to* zu); (*to school*) Aufnahme *f* (*to* in +*acc*). **to gain ~ to a university** die Zulassung zu einer Universität erhalten.

entrance examination *n* Aufnahmeprüfung *f*; **entrance fee** *n* (*for museum*) Eintrittsgeld *nt*; (*for competition*) Teilnahmegebühr *f*; (*for club membership*) Aufnahmegebühr *f*; **entrance qualifications** *npl* Zulassungsanforderungen *pl*; **entrance ticket** *n* Eintrittskarte *f*; **entrance visa** *n* Einreisevisum *nt*.

entrancing *adj*, **~ly** *adv* [ɪn'trɑːnsɪŋ, -lɪ] bezaubernd.

entrant ['entrənt] *n* (*to profession*) Berufsanfänger(in *f*) *m* (*to* in +*dat*); (*in contest*) Teilnehmer(in *f*) *m*; (*in exam*) Prüfling *m*.

entreat [ɪn'triːt] *vt* inständig *or* dringend bitten, anflehen (*for* um).

entreatingly [ɪn'triːtɪŋlɪ] *adv* flehentlich.

entreaty [ɪn'triːtɪ] *n* dringende *or* flehentliche Bitte. **they remained deaf to my entreaties** sie blieben gegen alle meine Bitten taub; **a look of ~** ein flehender Blick.

entrecôte (steak) ['ɒntrəkəʊt(ˌsteɪk)] *n* Entrecote *nt*.

entrée ['ɒntreɪ] *n* Hauptgericht *nt*.

entrench [ɪn'trentʃ] *vt* **1.** (*Mil*) eingraben, verschanzen.
2. (*fig*) **to be/become ~ed in sth** (*word, custom*) sich in etw (*dat*) eingebürgert haben/einbürgern; (*idea, prejudice*) sich in etw (*dat*) festgesetzt haben/festsetzen; (*belief*) in etw (*dat*) verwurzelt sein/sich in etw (*dat*) verwurzeln.

entrepôt ['ɒntrəpəʊ] *n* (*warehouse*) Lagerhalle *f*; (*port*) Umschlaghafen *m*.

entrepreneur [ˌɒntrəprə'nɜːʳ] *n* Unternehmer(in *f*) *m*.

entrepreneurial [ˌɒntrəprə'nɜːrɪəl] *adj* unternehmerisch.

entropy ['entrəpɪ] *n* Entropie *f*.

entrust [ɪn'trʌst] *vt* anvertrauen (*to sb* jdm). **to ~ a child to sb's care** ein Kind jds Obhut anvertrauen.

entry ['entrɪ] *n* **1.** (*into* in +*acc*) (*coming or going in*) Eintritt *m*; (*by car*) Einfahrt *f*; (*into country*) Einreise *f*; (*into club, school*) Aufnahme *f*; (*Theat*) Auftritt *m*. **point of ~** (*of bullet*) Einschußstelle *f*; (*of inlet pipe*) Anschlußstelle *f*; **port of ~** Einreisehafen *m*; (*airport*) Landeflughafen *m*; **to make an/one's ~** auftreten; **"no ~"** (*on door*) „Zutritt verboten"; (*on one-way street*) „keine Einfahrt".
2. (*way in*) Eingang *m*; (*for vehicles*) Einfahrt *f*.
3. (*in diary, account book, dictionary*) Eintrag *m*. **the dictionary has 30,000 entries** das Wörterbuch enthält 30.000 Stichwörter; **to make an ~ against sb** einen Betrag von jds Konto abbuchen.
4. (*for race: competitor*) Meldung *f*.

entry form *n* Anmeldeformular *nt*; **entry-level** *adj prices* Einführungs-; (*Comput*) *model* für Einsteiger; **entry permit** *n* Passierschein *m*; (*into country*) Einreiseerlaubnis *f*; **entry phone** *n* Türsprechanlage *f*; **entry qualifications** *npl* Zulassungsanforderungen *pl*; **entryway** *n* (*US*) Eingang *m*; (*for vehicles*) Einfahrt *f*.

entwine [ɪn'twaɪn] **I** *vt* (*twist together*) *stems, ribbons* ineinanderschlingen. **II** *vi* sich ineinanderschlingen *or* -winden.

E number *n* E-Nummer *f*.

enumerate [ɪ'njuːməreɪt] *vt* aufzählen.

enumeration [ɪˌnjuːmə'reɪʃən] *n* Aufzählung *f*.

enunciate [ɪ'nʌnsɪeɪt] *vti* artikulieren.

enunciation [ɪˌnʌnsɪ'eɪʃən] *n* Artikulation *f*.

envelop [ɪn'veləp] *vt* einhüllen.

envelope ['envələʊp] *n* **1.** (Brief)umschlag *m*; (*large, for packets*) Umschlag *m*. **2.** (*of balloon, Biol*) Hülle *f*; (*of airship*) Außenhaut *f*; (*of insect*) Hautpanzer *m*.

enveloping [ɪn'veləpɪŋ] *adj* alles umhüllend.

envelopment [ɪn'veləpmənt] *n* Einhüllung *f*.

enviable *adj*, **-bly** *adv* ['envɪəbl, -ɪ] beneidenswert.

envious ['envɪəs] *adj* neidisch (*of* auf +*acc*).

enviously ['envɪəslɪ] *adv* neidisch.

environment [ɪn'vaɪərənmənt] *n* Umwelt *f*; (*of town, physical surroundings*) Umgebung *f*; (*social, cultural surroundings also*) Milieu *nt*. **Department of the E~** (*Brit*) Umweltministerium *nt*; **Secretary** (*US*) *or* **Minister** (*Brit*) **of the E~** Umweltminister(in *f*) *m*; **~ policy** Umweltpolitik *f*.

environmental [ɪnˌvaɪərən'mentl] *adj* Umwelt-; (*relating to social, cultural environment also*) Milieu-. **~ awareness** Umweltbewußtsein *nt*; **~ destruction** Umweltzerstörung *f*; **~ pollutant** Umweltgift *nt*; **~ pollution** Umweltverschmutzung *f*; **~ protection** Umweltschutz *m*; **~ studies** (*Sch*) Umweltkunde *f*.

environmentalism [ɪnˌvaɪərən'mentəlɪzəm] *n* Umweltbewußtsein *nt*.

environmentalist [ɪnˌvaɪərən'mentəlɪst] **I** *n* Umweltschützer(in *f*) *m*. **II** *adj issues, politics* Umwelt-.

environmentally [ɪnˌvaɪərən'mentəlɪ] *adv* im Hinblick auf die Umwelt. **~ beneficial/damaging** umweltfreundlich/-feindlich.

environment-friendly *adj* umweltfreundlich.

environs [ɪn'vaɪərənz] *npl* Umgebung *f*.

envisage [ɪn'vɪzɪdʒ] *vt* sich (*dat*) vorstellen. **do you ~ any price rises in the near future?** halten Sie Preisanstiege in nächster Zukunft für wahrscheinlich?

envoy ['envɔɪ] *n* (*diplomat*) Gesandte(r) *mf*.

envy ['envɪ] **I** *n* Neid *m*. **his house was the ~ of his friends** seine Freunde beneideten ihn um sein Haus; **a laboratory which would be the ~ of every scientist** ein Labor, das der Neid eines jeden Wissenschaftlers wäre. **II** *vt person* beneiden. **to ~ sb sth** jdn um *or* wegen etw beneiden.

enzyme ['enzaɪm] *n* Enzym, Ferment *nt*.

eon ['iːɒn] *n see* **aeon.**

EPA (*US*) *abbr of* **Environmental Protection Agency** *US-Umweltbehörde f*.

epaulette ['epɔːlet] *n* Epaulette *f*, Schulterstück *nt*.

ephemeral [ɪ'femərəl] *adj* ephemer (*geh, Zool*), kurzlebig; *happiness also* flüchtig.

epic ['epɪk] **I** *adj poetry* episch; *film, novel* monumental, Monumental-; *performance, match* gewaltig; *journey* lang und abenteuerlich. **II** *n* (*poem*) Epos, Heldengedicht *nt*; (*film, novel*) Epos *nt*, monumentaler Film/Roman; (*match*) gewaltiges Spiel.

epicentre, (*US*) **epicenter** ['epɪsentəʳ] *n* Epizentrum *nt*.

epicure ['epɪkjʊəʳ] *n* Feinschmecker(in *f*) *m*.

epicurean [ˌepɪkjʊə'riːən] **I** *adj* epikureisch (*geh*). **II** *n* Epikureer (*geh*), Genußmensch *m*.

epidemic [ˌepɪ'demɪk] **I** *n* Epidemie (*also fig*), Seuche *f*. **II** *adj* epidemisch.

epidemiological [ˌepɪdiːmɪə'lɒdʒɪkəl] *adj* epidemiologisch.

epidemiologist [ˌepɪdiːmɪ'ɒlədʒɪst] *n* Epidemiologe *m*, Epidemiologin *f*.

epidemiology [ˌepɪdiːmɪ'ɒlədʒɪ] *n* Epidemiologie *f*.

epidermis [ˌepɪ'dɜːmɪs] *n* Epidermis, Oberhaut *f*.

epidural [ˌepɪ'djʊərəl] **I** *adj* epidural. **II** *n* Epiduralanästhesie *f*.

epiglottis [ˌepɪ'glɒtɪs] *n* Kehldeckel *m*, Epiglottis *f* (*spec*).

epigram ['epɪgræm] *n* (*saying*) Epigramm, Sinngedicht *nt*.

epigrammatic(al) [ˌepɪgrə'mætɪk(əl)] *adj* epigrammatisch.

epigraph ['epɪgrɑːf] *n* Epigraph *nt*, Inschrift *f*; (*at beginning of book, chapter*) Motto *nt*, Sinnspruch *m*.

epilepsy ['epɪlepsɪ] *n* Epilepsie *f*.

epileptic [ˌepɪ'leptɪk] **I** *adj* epileptisch. **~ fit** epileptischer Anfall. **II** *n* Epileptiker(in *f*) *m*.

epilogue ['epɪlɒg] *n* Epilog *m*, Nachwort *nt*; (*Rad, TV*) Wort *nt* zum Tagesausklang.

Epiphany [ɪ'pɪfənɪ] *n* das Dreikönigs- *or* Erscheinungsfest.

episcopal [ɪ'pɪskəpəl] *adj* bischöflich, Bischofs-, episkopal (*spec*). **the E~ church** die Episkopalkirche.

episcopalian [ɪˌpɪskə'peɪlɪən] **I** *adj* zur Episkopalkirche gehörig. **II** *n* **E~** Mitglied *nt* der Episkopalkirche, Episkopale(r) *mf* (*form*).

episiotomy [əˌpiːzɪ'ɒtəmɪ] *n* Dammschnitt *m*, Episiotomie *f*.

episode ['epɪsəʊd] *n* Episode *f*; (*of story, TV, Rad*) Fortsetzung *f*; (*incident also*) Begebenheit *f*, Vorfall *m*.

episodic [ˌepɪ'sɒdɪk] *adj* episodenhaft, episodisch; *novel* in Episoden.

epistemology [ɪˌpɪstə'mɒlədʒɪ] *n* Erkenntnistheorie, Epistemologie (*spec*) *f*.

epistle [ɪ'pɪsl] *n* (*old, iro*) Epistel *f*; (*Bibl*) Brief *m* (*to* an +*acc*).

epistolary [ɪ'pɪstələrɪ] *adj* Brief-.

epitaph ['epɪtɑːf] *n* Epitaph *nt*; (*on grave also*) Grabinschrift *f*.

epithet ['epɪθet] *n* Beiname *m*.

epitome [ɪ'pɪtəmɪ] *n* (*of virtue, wisdom*) Inbegriff *m* (*of gen*, an +*dat*).

epitomize [ɪ'pɪtəmaɪz] *vt* verkörpern.

epoch ['iːpɒk] *n* Zeitalter *nt* (*also Geol*), Epoche *f*.

epoch-making ['iːpɒk'meɪkɪŋ] *adj* epochemachend, epochal.

EPOS ['iːpɒs] *abbr of* **electronic point of sale** elektronisches Kassenterminal.

epoxy resin [ɪ'pɒksɪ'rezɪn] *n* Epoxydharz *nt*.

Epsom salts ['epsəm'sɔːlts] *npl* (Epsomer) Bittersalz *nt*.

equable ['ekwəbl] *adj* gleichmäßig, ausgeglichen; *person* ausgeglichen.

equably ['ekwəblɪ] *adv* gleichmäßig.

equal ['iːkwəl] **I** *adj* **1.** gleich (*to* +*dat*). **the two groups were ~ in number** die beiden Gruppen waren zahlenmäßig gleich groß; **they are about ~ in value** sie haben ungefähr den gleichen Wert; **two halves are ~ to one whole** zwei Halbe sind gleich ein Ganzes; **to be on an ~ footing** *or* **on ~ terms** auf der gleichen Stufe stehen (*with* mit); **~ pay for ~ work** gleicher Lohn für gleiche Arbeit; **~ opportunities** Chancengleichheit *f*; **(all) other things being ~** wenn nichts dazwischenkommt; **now we're ~** jetzt sind wir quitt; **all men are ~, but some are more ~ than others** (*hum*) alle Menschen sind gleich, nur einige sind gleicher.

2. to be ~ to the situation/task der Situation/Aufgabe gewachsen sein; **to feel ~ to sth** sich zu etw imstande *or* in der Lage fühlen.

II *n* (*in rank*) Gleichgestellte(r) *mf*; (*in birth also*) Artgenosse *m*/-genossin *f*. **she is his ~** sie ist ihm ebenbürtig; **he has no ~** er hat nicht seinesgleichen; **our ~s** unseresgleichen.

III *vt* (*be same as, Math*) gleichen; (*match, measure up to*) gleichkommen (+*dat*). **three times three ~s nine** drei mal drei (ist) gleich neun; **let x ~ 3** wenn x gleich 3 ist; **he ~led his brother in generosity** er kam seinem Bruder an Großzügigkeit gleich; **this show is not to be ~led by any other** diese Show hat nicht ihresgleichen; **there is nothing to ~ it** nichts kommt dem gleich.

equality [ɪ'kwɒlɪtɪ] *n* Gleichheit *f*.

equalize ['iːkwəlaɪz] **I** *vt chances, opportunities* ausgleichen; *incomes* angleichen. **II** *vi* (*Sport*) ausgleichen.

equalizer ['iːkwəlaɪzəʳ] *n* **1.** (*Sport*) Ausgleich *m*; (*Ftbl also*) Ausgleichstor *nt or* -treffer *m*. **2.** (*US sl: gun*) Kanone (*inf*), Bleispritze (*sl*) *f*.

equally ['iːkwəlɪ] *adv* **1. ~ gifted** gleich begabt *pred*, gleichbegabt *attr*, gleichermaßen begabt; **~ paid** gleich bezahlt *pred*, gleichbezahlt *attr*. **2.** *divide, distribute* gleichmäßig. **3.** (*just as*) genauso. **4. but then, ~, one must concede ...** aber dann muß man ebenso zugestehen, daß ...

equals sign ['iːkwəlz'saɪn] *n* Gleichheitszeichen *nt*.

equanimity [ˌekwə'nɪmɪtɪ] *n* Gleichmut *m*, Gelassenheit *f*.

equate [ɪ'kweɪt] *vt* **1.** (*identify*) gleichsetzen, identifizieren (*with* mit); (*compare, treat as the same*) auf die gleiche Stufe stellen, als gleichwertig hinstellen *or* betrachten. **do not ~ physical beauty with moral goodness** du mußt *or* darfst Schönheit nicht mit gutem Charakter gleichsetzen.

2. (*Math*) gleichsetzen (*to* mit).

equation [ɪ'kweɪʒən] *n* (*Math, fig*) Gleichung *f*. **~ of supply and demand** Ausgleich *m* von Angebot und Nachfrage; **work and leisure, how to get the ~ right** wie man Arbeit und Freizeit ins rechte Gleichgewicht bringt.

equator [ɪ'kweɪtər] *n* Äquator *m*. **at the ~** am Äquator.

equatorial [ˌekwə'tɔːrɪəl] *adj* äquatorial, Äquatorial-.

equerry [ɪ'kwerɪ] *n* (*personal attendant*) persönlicher Diener (*eines Mitgliedes der königlichen Familie*); (*in charge of horses*) königlicher Stallmeister.

equestrian [ɪ'kwestrɪən] *adj* Reit-, Reiter-. **~ events** Reitveranstaltung *f*; (*tournament*) Reitturnier *nt*.

equestrianism [ɪ'kwestrɪənɪzəm] *n* Pferdesport *m*, Reiten *nt*.

equidistant ['iːkwɪ'dɪstənt] *adj* gleichweit entfernt (*from* von).

equilateral ['iːkwɪ'lætərəl] *adj* gleichseitig.

equilibrium [ˌiːkwɪ'lɪbrɪəm] *n* Gleichgewicht *nt*. **to keep/lose one's ~** das Gleichgewicht halten/verlieren.

equine ['ekwaɪn] *adj* Pferde-.

equinoctial [ˌiːkwɪ'nɒkʃəl] *adj gales, tides* äquinoktial.

equinox ['iːkwɪnɒks] *n* Tagundnachtgleiche *f*, Äquinoktium *nt*.

equip [ɪ'kwɪp] *vt ship, soldier, astronaut, army, worker* ausrüsten; *household, kitchen* ausstatten. **to ~ a room as a laboratory** ein Zimmer als Labor einrichten; **to ~ a boy for life** (*fig*) einem Jungen das (nötige) Rüstzeug fürs Leben mitgeben; **he is well ~ped for the job** (*fig*) er hat die nötigen Kenntnisse *or* das nötige Rüstzeug für die Stelle.

equipment [ɪ'kwɪpmənt] *n, no pl* **1.** (*objects*) (*of person*) Ausrüstung *f*. **electrical ~** Elektrogeräte *pl*; **kitchen/domestic ~** Küchen-/Haushaltsgeräte *pl*; **laboratory ~** Laborausstattung *f*; **office ~** Büroeinrichtung *f*.

2. (*action*) *see vt* Ausrüstung *f*; Ausstattung *f*.

3. (*mental, intellectual*) (geistiges) Rüstzeug *nt*.

equipoise ['ekwɪpɔɪz] *n* (*state*) Gleichgewicht *nt*; (*thing*) Gegengewicht *nt*.

equitable ['ekwɪtəbl] *adj* fair, gerecht, recht und billig.

equitableness ['ekwɪtəblnɪs] *n* Fairneß, Billigkeit *f*.

equitably ['ekwɪtəblɪ] *adv* fair, gerecht.

equity ['ekwɪtɪ] *n* **1.** Fairneß, Billigkeit *f*. **2.** (*Fin*) **equities** *pl* Stammaktien *pl*, Dividendenpapiere *pl*; **~ capital** Eigenkapital *nt*, Nettoanteil *m*; **~ stake** Kapitalbeteiligung *f*; **equities market** Aktienmarkt *m*. **3.** (*Jur*) Billigkeitsrecht *nt*, billiges Recht. **4.** (*Brit Theat*) **E~** Gewerkschaft *f* der Schauspieler.

equivalence [ɪ'kwɪvələns] *n* Äquivalenz, Entsprechung *f*.

equivalent [ɪ'kwɪvələnt] **I** *adj* **1.** (*equal*) gleich, gleichwertig, äquivalent. **that's ~ to saying ...** das ist gleichbedeutend damit, zu sagen ...

2. (*corresponding*) entsprechend, äquivalent. **the ~ institution in America** die entsprechende Einrichtung in Amerika, das amerikanische Äquivalent dazu; **it is ~ to £30** das entspricht £ 30; **... or the ~ value in francs** ... oder der Gegenwert in Francs.

3. (*Chem*) gleichwertig; (*Geometry*) äquivalent.

4. that's ~ to lying das ist soviel wie gelogen.

II *n* Äquivalent *nt*; (*counterpart*) (*thing also*) Gegenstück, Pendant *nt*; (*person also*) Pendant *nt*. **what is the ~ in German marks?** was ist der Gegenwert in DM?; **the American ~ of the British public school** das amerikanische Gegenstück *or* Pendant zur britischen Public School; **the German ~ of the English word** die deutsche Entsprechung des englischen Wortes.

equivocal [ɪ'kwɪvəkəl] *adj behaviour* zweideutig; *words* doppeldeutig; *outcome* nicht eindeutig; (*vague*) unklar, unbestimmt.

equivocally [ɪ'kwɪvəkəlɪ] *adv see adj.*

equivocate [ɪ'kwɪvəkeɪt] *vi* ausweichen, ausweichend antworten.

equivocation [ɪˌkwɪvə'keɪʃən] *n* Ausflucht *f*, doppelsinnige *or* ausweichende Formulierung/Antwort.

ER *abbr of* **Elizabeth Regina.**

ERA (*US*) *abbr of* **Equal Rights Amendment** *Verfassungsartikel m zur Gleichberechtigung.*

era ['ɪərə] *n* Ära, Epoche *f*; (*Geol*) Erdzeitalter *nt*. **the Christian ~** (die) christliche Zeitrechnung.

eradicate [ɪ'rædɪkeɪt] *vt* ausrotten.

eradication [ɪˌrædɪ'keɪʃən] *n* Ausrottung *f*.

erase [ɪ'reɪz] *vt* ausradieren; (*from tape, Comput*) löschen; (*from the mind*) streichen (*from* aus); (*sl: kill*) erledigen (*sl*). **~ head** (*on tape recorder*) Löschkopf *m*.

eraser [ɪ'reɪzər] *n* Radiergummi *nt or m*; (*for blackboard*) Schwamm *m*.

erasure [ɪ'reɪʒər] *n* (*act*) Auslöschen, Ausradieren *nt*; (*from tape*) Löschen *nt*; (*sth erased*) ausradierte Stelle, Radierstelle *f*; (*on tape*) gelöschte Stelle.

ere [ɛər] (*old, poet*) **I** *prep* ehe, bevor. **II** *conj* ehe, bevor.

erect [ɪ'rekt] **I** *adj* aufrecht, gerade; *penis* erigiert, steif. **he went forward, his head ~** er ging mit hocherhobenem Kopf nach vorn.

II *vt wall, flats, factory* bauen; *statue, altar* errichten (*to sb* jdm); *machinery, traffic signs, collapsible furniture* aufstellen; *scaffolding* aufstellen, aufbauen; *tent* aufschlagen; *mast, flagpole* aufrichten; (*fig*) *barrier* errichten, aufbauen; *theoretical system* aufstellen.

erectile [ɪ'rektaɪl] *adj* Schwell-, erektil.

erection [ɪ'rekʃən] *n* **1.** *see vt* (Er)bauen, Errichten *nt*; Bauen *nt*; Aufstellen *nt*; Aufbauen *nt*; Aufschlagen *nt*; Aufrichten *nt*. **2.** (*the building, structure*) Gebäude *nt*, Bau *m*. **3.** (*Physiol*) Erektion *f*.

erectly [ɪ'rektlɪ] *adv sit* gerade, aufrecht.

erg [ɜːg] *n* Erg *nt*.

ergonomic [ˌɜːgəʊ'nɒmɪk] *adj* ergonomisch.

ergonomics [ˌɜːgəʊ'nɒmɪks] *n sing* Arbeitswissenschaft, Ergonomik, Ergonomie *f*.

ERM *n abbr of* **exchange rate mechanism**.

ermine ['ɜːmɪn] *n* (*animal*) Hermelin *nt*; (*fur*) Hermelin *m*.

erode [ɪ'rəʊd] *vt* (*glacier, water, sea*) auswaschen, erodieren (*spec*); (*acid*) ätzen; (*rust*) wegfressen, anfressen; (*fig*) *confidence, sb's beliefs* untergraben; *differentials* aushöhlen.

erogenous [ɪ'rɒdʒənəs] *adj* erogen. ~ **zone** erogene Zone.

erosion [ɪ'rəʊʒən] *n* (*by water, glaciers, rivers*) Erosion, Abtragung *f*; (*by acid*) Ätzung *f*; (*fig: of love*) Schwinden *nt*; (*of differentials*) Aushöhlen *nt*. **an ~ of confidence in the pound** ein Vertrauensverlust *or* -schwund des Pfundes.

erosive [ɪ'rəʊzɪv] *adj effect of sea* abtragend; *effect of acid* ätzend.

erotic [ɪ'rɒtɪk] *adj* aufreizend; *literature, film* erotisch.

erotica [ɪ'rɒtɪkə] *npl* Erotika *pl*.

erotically [ɪ'rɒtɪkəlɪ] *adv* aufreizend; *written, photographed* erotisch.

eroticism [ɪ'rɒtɪsɪzəm] *n* Erotik *f*.

err [ɜːʳ] *vi* **1.** (*be mistaken*) sich irren. **to ~ is human(, to forgive divine)** (*Prov*) Irren ist menschlich(, Vergeben göttlich) (*Prov*); **it is better to ~ on the side of caution** man sollte im Zweifelsfall lieber zu vorsichtig sein.
2. (*sin*) sündigen, Verfehlungen begehen.
3. (*Rel: stray*) abgehen, in die Irre gehen.

errand ['erənd] *n* (*shopping*) Besorgung *f*; (*to give a message*) Botengang *m*; (*task*) Auftrag *m*. **to send sb on an ~** jdn auf Besorgungen/einen Botengang schikken; **to go on** *or* **run ~s (for sb)** (für jdn) Besorgungen/Botengänge machen; **to give sb an ~ to do** jdm etw auftragen; **~ of mercy** Rettungsaktion *f*; **~ boy** Laufbursche, Laufjunge *m*.

errant ['erənt] *adj* (*erring*) *ways* sündig, verfehlt; *husband* abtrünnig; (*hum*) *Marxist, Freudian* fehlgeleitet, auf Irrwegen.

errata [e'rɑːtə] *pl of* **erratum**.

erratic [ɪ'rætɪk] *adj* **1.** unberechenbar; *person also* sprunghaft; *moods also* schwankend; *results also* stark schwankend; *work, performance* ungleichmäßig, unregelmäßig; *working of machine, weather also* launisch. **2.** (*Geol*) erratisch.

erratically [ɪ'rætɪkəlɪ] *adv act* unberechenbar, launenhaft; *work* (*machine*) unregelmäßig; (*person*) ungleichmäßig; *drive* ungleichmäßig.

erratum [e'rɑːtəm] *n, pl* **errata** Erratum *nt*.

erring ['ɜːrɪŋ] *adj see* **errant**.

erroneous [ɪ'rəʊnɪəs] *adj* falsch; *assumption, belief* irrig.

erroneously [ɪ'rəʊnɪəslɪ] *adv* fälschlicherweise; *accuse* fälschlich. **~ known as ...** fälschlich als ... bekannt.

error ['erəʳ] *n* **1.** (*mistake*) Fehler *m*. **~ in calculation** Rechenfehler *m*; **compass ~** (magnetische) Abweichung; **~s and omissions excepted** (*Comm*) Irrtum vorbehalten; **a pilot ~** ein Fehler *m* des Piloten; **the ~ rate** die Fehlerquote, die Fehlerrate; **~ message/correction** (*Comput*) Fehlermeldung/-korrektur *f*.
2. (*wrongness*) Irrtum *m*. **to be in ~** im Irrtum sein, sich im Irrtum befinden; **in ~** (*wrongly, accidentally*) irrtümlicherweise; **to see the ~ of one's ways** seine Fehler einsehen.

ersatz ['ɛəzæts] **I** *adj* Ersatz-. **II** *n* Ersatz *m*.

erstwhile ['ɜːstwaɪl] **I** *adj* (*old, liter*) vormalig, einstig, ehemalig. **II** *adv* (*old, liter*) vormals, ehedem, einst.

eructate [ɪ'rʌkteɪt] *vi* (*hum, form*) aufstoßen.

erudite ['erʊdaɪt] *adj* gelehrt; *person also* gebildet, belesen.

eruditely ['erʊdaɪtlɪ] *adv* gelehrt.

erudition [ˌerʊ'dɪʃən] *n* Gelehrsamkeit *f*.

erupt [ɪ'rʌpt] *vi* (*volcano, war, quarrel*) ausbrechen; (*spots*) zum Vorschein kommen; (*fig: person*) explodieren. **she/her face ~s in spots** sie bekommt im ganzen Gesicht Pickel.

eruption [ɪ'rʌpʃən] *n* (*of volcano, anger, violence*) Ausbruch *m*; (*Med*) (*of spots, rash*) Eruption *f* (*spec*), Ausbruch *m*, Auftreten *nt*; (*rash*) Hautausschlag *m*.

escalate ['eskəleɪt] **I** *vt war* ausweiten, eskalieren; *costs* sprunghaft erhöhen. **II** *vi* sich ausweiten, um sich greifen, eskalieren; (*costs*) eskalieren, in die Höhe schnellen.

escalation [ˌeskə'leɪʃən] *n* Eskalation *f*.

escalator ['eskəleɪtəʳ] *n* Rolltreppe *f*.

escalator clause *n* Gleitklausel *f*.

escalope [ɪ'skæləp] *n* Schnitzel *nt*.

escapade [ˌeskə'peɪd] *n* Eskapade *f*.

escape [ɪ'skeɪp] **I** *vi* **1.** flüchten (*from* aus), entfliehen (*geh*) (*from dat*); (*from pursuers*) entkommen (*from dat*); (*from prison, camp, cage, stall*) ausbrechen (*from* aus); (*bird*) entfliegen (*from dat*); (*water*) auslaufen (*from* aus); (*gas*) ausströmen (*from* aus). **he was shot while trying to ~** er wurde bei einem Fluchtversuch erschossen; **in order to let the queen ~** (*Chess*) um die Königin davonkommen zu lassen; **an ~d prisoner/tiger** ein entsprungener Häftling/Tiger; **he ~d from the fire** er ist dem Feuer entkommen; **I just feel I have to ~ from this job/place** ich habe einfach das Gefühl, daß ich hier weg muß; **a room which I can ~ to** ein Zimmer, in das ich mich zurückziehen kann; **to ~ from oneself** vor sich (*dat*) selber fliehen; **it's no good trying to ~ from the world** es hat keinen Zweck, vor der Welt fliehen zu wollen.
2. (*get off, be spared*) davonkommen. **the others were killed, but he ~d** die anderen wurden getötet, aber er kam mit dem Leben davon.
II *vt* **1.** *pursuers* entkommen (+*dat*).
2. (*avoid*) *consequences, punishment, disaster* entgehen (+*dat*). **no department will ~ these cuts** keine Abteilung wird

von diesen Kürzungen verschont bleiben; **he narrowly ~d death** er ist dem Tod mit knapper Not entronnen; **he narrowly ~d being run over** er wäre um ein Haar *or* um Haaresbreite überfahren worden; **but you can't ~ the fact that ...** aber du kannst nicht leugnen *or* abstreiten, daß ...

3. (*be unnoticed, forgotten by*) **his name/the word ~s me** sein Name/das Wort ist mir entfallen; **nothing ~s him** ihm entgeht nichts; **to ~ observation** *or* **notice** unbemerkt bleiben; **it had not ~d her notice** es war ihr nicht entgangen.

4. the thoughtless words which ~d me die unbedachten Worte, die mir herausgerutscht *or* entfahren sind.

III *n* **1.** (*from prison*) Ausbruch *m*, Flucht *f*; (*attempted ~*) Ausbruchsversuch, Fluchtversuch *m*; (*from a country*) Flucht *f*; (*fig: from reality, one's family*) Flucht *f*. **to make an ~** ausbrechen, entfliehen; **the ~ was successful** der Ausbruchs- *or* Fluchtversuch glückte *or* war erfolgreich; **there's been an ~** jemand ist ausgebrochen; **with this security system ~ is impossible** dieses Sicherheitssystem macht Ausbrechen unmöglich; **what are their chances of ~?** wie sind ihre Fluchtmöglichkeiten?; **there's been an ~ at London Zoo** aus dem Londoner Zoo ist ein Löwe/Tiger ausgebrochen; **to have a miraculous ~** (*from accident, illness*) auf wunderbare Weise davonkommen; **an ~ from reality** eine Flucht vor der Realität; **fishing/music is his ~** Angeln/Musik ist seine Zuflucht; **otherwise I don't get any ~ from my routine life** sonst habe ich überhaupt keine Abwechslung von meiner Routine; **there's no ~** (*fig*) es gibt keinen Ausweg.

2. (*of water*) Ausfließen *nt*; (*of gas*) Ausströmen *nt*; (*of steam, gas, in a machine*) Entweichen *nt*. **due to an ~ of gas** auf Grund ausströmenden Gases.

3. (*Comput*) **hit ~** Escape drücken.

escape artist *n* Entfesselungskünstler(in *f*) *m*; **escape attempt, escape bid** *n* Fluchtversuch *m*; **escape chute** *n* (*on plane*) Notrutsche *f*; **escape clause** *n* (*Jur*) Befreiungsklausel *f*.

escapee [ɪskeɪ'piː] *n* entwichener Häftling.

escape hatch *n* (*Naut*) Notluke *f*; **escape key** *n* (*Comput*) Escape-Taste *f*; **escape mechanism** *n* Abwehrmechanismus *m*.

escapement [ɪ'skeɪpmənt] *n* (*of clock*) Hemmung *f*.

escape pipe *n* Überlaufrohr *nt*; (*for gas, steam*) Abzugsrohr *nt*; **escape-proof** *adj* ausbruchsicher; **escape road** *n* Ausweichstraße *f*; **escape route** *n* Fluchtweg *m*; **escape valve** *n* Sicherheitsventil *nt*; **escape velocity** *n* (*Space*) Fluchtgeschwindigkeit *f*.

escapism [ɪ'skeɪpɪzəm] *n* Wirklichkeitsflucht *f*, Eskapismus *m* (*spec*).

escapist [ɪ'skeɪpɪst] **I** *n* jd, der vor der Wirklichkeit flieht. **II** *adj* **~ visions** unrealistische Träume *pl*; **~ literature** unrealistische, eine Phantasiewelt vorgaukelnde Literatur; **~ phantasies** Phantasiegebilde *pl*.

escapologist [ˌeskə'pɒlədʒɪst] *n* Entfesselungskünstler(in *f*) *m*.

escarpment [ɪ'skɑːpmənt] *n* Steilhang *m*; (*Geol*) Schichtstufe *f*; (*as fortification*) Böschung *f*.

eschew [ɪs'tʃuː] *vt* (*old, liter*) scheuen, (ver)meiden; *wine* sich enthalten (*+gen*); *temptation* aus dem Wege gehen (*+dat*).

escort ['eskɔːt] **I** *n* **1.** Geleitschutz *m*; (*escorting vehicles, ships*) Eskorte *f*; Geleitschiff *nt*/-schiffe *pl*; (*police ~*) Begleitmannschaft, Eskorte *f*; (*guard of honour*) Eskorte *f*. **under ~** unter Bewachung.

2. (*male companion*) Begleiter *m*; (*hired female*) Hostess *f*.

II [ɪ'skɔːt] *vt* begleiten; (*Mil, Naut*) *general* eskortieren, Geleit(schutz) geben (*+dat*).

escort agency *n* Hostessenagentur *f*; **escort fighter** *n* (*Aviat*) Begleitjäger *m*; **escort party** *n* Eskorte *f*; **escort vessel** *n* (*Naut*) Geleitschiff *nt*.

escutcheon [ɪ'skʌtʃən] *n* Wappen *nt*. **it is a blot on his ~** das ist ein Fleck auf seiner weißen Weste.

ESE *abbr of* **east-south-east** OSO.

Eskimo ['eskɪməʊ] **I** *adj* Eskimo-, eskimoisch. **II** *n* **1.** Eskimo *m*, Eskimofrau *f*. **2.** (*language*) Eskimosprache *f*.

ESL *abbr of* **English as a Second Language.**

esophagus *n* (*esp US*) *see* **oesophagus.**

esoteric [ˌesəʊ'terɪk] *adj* esoterisch.

ESP *abbr of* **extra-sensory perception** ASW *f*.

espalier [ɪ'spæljə^r] *n* (*trellis*) Spalier *nt*; (*tree*) Spalierbaum *m*; (*method*) Anbau *m* von Spalierobst.

especial [ɪ'speʃəl] *adj* besondere(r, s).

especially [ɪ'speʃəlɪ] *adv* besonders. **everyone should come, ~ you** alle sollten kommen, vor allen Dingen du *or* du besonders; **you ~ ought to know** gerade du solltest wissen; **more ~ as** besonders da, zumal; **why me ~?** warum unbedingt *or* gerade ich/mich?; **I came ~ to see you** ich bin speziell *or* extra gekommen, um dich zu besuchen.

Esperanto [ˌespə'ræntəʊ] *n* Esperanto *nt*.

espionage [ˌespɪə'nɑːʒ] *n* Spionage *f*

esplanade [ˌesplə'neɪd] *n* (Strand)promenade *f*.

espousal [ɪ'spaʊzəl] *n* (*of cause*) Parteinahme *f* (*of* für).

espouse [ɪ'spaʊz] *vt* (*fig*) *cause* Partei ergreifen für, eintreten für.

espresso [e'spresəʊ] *n*, *pl* **~s** Espresso *m*.

esprit de corps [e'spriːdə'kɔː] *n* Korpsgeist *m*.

espy [ɪ'spaɪ] *vt* (*old, liter*) erspähen, erblicken.

esquire [ɪ'skwaɪə^r] *n* (*Brit: on envelope, abbr* **Esq**) *als Titel nach dem Namen, wenn kein anderer Titel angegeben wird.* **James Jones, Esq** Herrn James Jones.

essay[1] [e'seɪ] (*form*) **I** *vt* (*try*) (aus)probieren. **II** *n* Versuch *m*.

essay[2] ['eseɪ] *n* Essay *m or nt*; (*esp Sch*)

Aufsatz *m*.

essayist ['eseɪɪst] *n* Essayist *m*.

essence ['esəns] *n* **1.** (*Philos*) Wesen *nt*, Essenz *f*; (*substratum*) Substanz *f*.

2. (*most important quality*) Wesen, Wesentliche(s) *nt*, Kern *m*. **in ~ the theories are very similar** die Theorien sind im Wesentlichen *or* in ihrem Kern *or* essentiell (*geh*) sehr ähnlich; **well that's it, in ~** nun, das wäre es im wesentlichen; **good management is of the ~** gutes Management ist von entscheidender *or* ausschlaggebender Bedeutung; **the ~ of stupidity/tact** der Inbegriff der Dummheit/des Taktes.

3. (*extract: Chem, Cook*) Essenz *f*. **meat ~** Fleischextrakt *m*.

essential [ɪ'senʃəl] **I** *adj* **1.** (*necessary, vital*) (unbedingt *or* absolut) erforderlich *or* notwendig. **it is ~ that he come(s)** es ist absolut *or* unbedingt erforderlich, daß er kommt, er muß unbedingt kommen; **this is of ~ importance** dies ist von entscheidender Bedeutung; **sleep is ~ for a healthy life** Schlaf ist die wesentliche Voraussetzung für ein gesundes Leben; **she's become ~ to me** sie ist mir unentbehrlich geworden; **the ~ thing is to ...** wichtig ist vor allem, zu ...

2. (*of the essence, basic*) wesentlich, essentiell (*geh*); (*Philos*) essentiell, wesenhaft; *question* entscheidend. **he has an ~ honesty** er ist im Grunde (genommen) ehrlich; **the ~ feature of his personality** der Grundzug *or* der grundlegende Zug seiner Persönlichkeit.

3. (*Chem*) **~ oils** ätherische Öle *pl*.

II *n* **1.** (*necessary thing*) **an ice-axe is an ~ for mountain climbing** ein Eispikkel ist unbedingt notwendig zum Bergsteigen; **accuracy is an ~** *or* **one of the ~s in this type of work** Genauigkeit ist für diese Art (von) Arbeit unabdingbar; **with only the bare ~s** nur mit dem Allernotwendigsten ausgestattet.

2. ~s *pl* (*most important points*) wichtige Punkte *pl*; **the ~s of German grammar** die Grundlagen *or* Grundzüge der deutschen Grammatik.

essentially [ɪ'senʃəlɪ] *adv* (*basically*) im Grunde genommen, im Prinzip; (*in essence*) dem Wesen nach, im wesentlichen. **he's ~ a nervous person** im Grunde seines Wesens ist er ein nervöser Mensch; **our points of view are ~ similar** unsere Ansichten gleichen einander im Wesentlichen.

EST (*US*) *abbr of* **Eastern Standard Time** Ostküstenzeit *f*.

establish [ɪ'stæblɪʃ] **I** *vt* **1.** (*found, set up*) gründen; *government* bilden; *religion also* stiften; *laws* geben, schaffen; *custom, new procedure* einführen; *relations* herstellen, aufnehmen; *links* anknüpfen; *post* einrichten, schaffen; *power, authority* sich (*dat*) verschaffen; *peace* stiften; *order* (wieder)herstellen; *list* (*in publishing*) aufstellen, zusammenstellen; *reputation* sich (*dat*) verschaffen; *precedent* setzen; *committee* einsetzen. **once he had ~ed his power as Emperor** als er seine Macht als Kaiser begründet hatte; **his father ~ed him in business** sein Vater ermöglichte ihm den Start ins Geschäftsleben; **to ~ one's reputation as a scholar/writer** sich (*dat*) einen Namen als Wissenschaftler/Schriftsteller machen.

2. (*prove*) *fact, innocence* beweisen, nachweisen; *claim* unter Beweis stellen.

3. (*determine*) *identity, facts* ermitteln, feststellen.

4. (*gain acceptance for*) *product, theory, ideas* Anklang *or* Anerkennung finden für; *one's rights* Anerkennung finden für. **if we can ~ our product on the market** wenn wir unser Produkt auf dem Markt etablieren können; **we have tried to ~ our product as the number-one model** wir haben versucht, unser Produkt als das Spitzenmodell einzuführen.

II *vr* (*in business, profession*) sich etablieren, sich niederlassen. **he seems to have ~ed himself as an expert** er scheint sich (*dat*) einen Ruf als Experte verschafft zu haben.

established [ɪ'stæblɪʃt] *adj* **1.** (*on firm basis*) *reputation* gesichert, gefestigt. **well-~ business** gut eingeführte *or* alteingesessene Firma.

2. (*accepted*) *fact* feststehend, akzeptiert; *truth* akzeptiert, anerkannt; *custom* althergebracht; *procedure* anerkannt; *belief* überkommen, herrschend; *government* herrschend; *laws* bestehend, geltend; *order* bestehend, etabliert. **an ~ scientific fact** eine wissenschaftlich erwiesene Tatsache; **he deviated somewhat from the ~ procedure** er wich ein wenig vom üblichen Verfahren ab.

3. (*Eccl*) **the ~ Church** die Staatskirche.

establishment [ɪ'stæblɪʃmənt] *n* **1.** *see vt* **1.** Gründung *f*; Bildung *f*; Stiftung *f*; Schaffung *f*, Erlassen *nt*; Einführung *f*; Herstellung, Aufnahme *f*; Einrichtung *f*; (*of power, authority*) Festigung *f*; (Wieder)herstellung *f*; Aufstellung *f*, Zusammenstellen *nt*; (*of reputation*) Begründung *f*; Setzen *nt*; Einsetzen *nt*.

2. (*proving*) Beweis *m*. **the lawyer devoted a lot of time to the ~ of a few basic facts** der Rechtsanwalt verwandte viel Zeit darauf, ein paar Tatsachen unter Beweis zu stellen.

3. (*determining*) Ermittlung *f*. **~ of truth** Wahrheitsfindung *f*.

4. (*institution*) Institution *f*; (*hospital, school also*) Anstalt *f*. **that big house on the corner is a very dubious ~** das große Haus an der Ecke ist ein sehr zweifelhaftes Etablissement; **commercial ~** kommerzielles Unternehmen.

5. (*household*) Haus *nt*, Haushalt *m*.

6. (*Mil, Naut etc: personnel*) Truppenstärke *f*.

7. (*Brit*) **the E~** das Establishment.

estate [ɪ'steɪt] *n* **1.** (*land*) Gut *nt*. **country ~** Landgut *nt*; **family ~** Familienbesitz *m*.

2. (*Jur: possessions*) Besitz(tümer *pl*) *m*, Eigentum *nt*; (*of deceased*) Nachlaß *m*, Erbmasse *f*. **personal ~** persönliches Eigentum; *see* **real.**

3. (*esp Brit*) (*housing ~*) Siedlung *f*; (*trading ~*) Industriegelände *nt*.

4. (*order, rank*) Stand *m*. **the holy ~ of matrimony** (*Rel*) der heilige Stand der Ehe.

estate agent *n* (*Brit*) Grundstücks- *or* Immobilienmakler(in *f*) *m*; **estate car** *n* (*Brit*) Kombi(wagen) *m*.

esteem [ɪ'stiːm] **I** *vt* **1.** (*consider*) ansehen, betrachten. **2.** (*think highly of*) *person* hochschätzen; *qualities* schätzen. **my ~ed colleague** (*form*) mein verehrter Herr Kollege (*form*).

II *n* Wertschätzung *f*. **to hold sb/sth in (high) ~** jdn/etw (hoch)schätzen, von jdm/etw eine hohe Meinung haben; **to be held in low/great ~** wenig/sehr geschätzt werden; **he went down in my ~** er ist in meiner Achtung gesunken.

esthete *etc* (*esp US*) *see* **aesthete** *etc*.

Est(h)onia [e'stəʊnɪə] *n* Estland *nt*.

Est(h)onian [e'stəʊnɪən] **I** *adj* estnisch. **II** *n* **1.** Este *m*, Estin *f*. **2.** (*language*) Estnisch *nt*.

estimable ['estɪməbl] *adj* **1.** (*deserving respect*) schätzenswert. **2.** (*that can be estimated*) (ab)schätzbar.

estimate ['estɪmɪt] **I** *n* **1.** (*approximate calculation*) Schätzung *f*; (*valuation: by antique dealer*) Taxierung *f*. **what's your ~ of our chances of success?** wie schätzen Sie unsere Erfolgschancen ein?; **£100/it is just an ~** £ 100/das ist nur geschätzt; **at a rough ~** grob geschätzt, über den Daumen gepeilt (*inf*); **at the lowest ~** mindestens, wenigstens.

2. (*Comm: of cost*) (Kosten)voranschlag *m*. **to get an ~** einen (Kosten)voranschlag einholen.

3. (*government costs*) **~s** *pl* Haushalt *m*, Budget *nt*.

II ['estɪmeɪt] *vt cost, price* (ein)schätzen; *distance, speed* schätzen. **his wealth is ~d at ...** sein Vermögen wird auf ... geschätzt; **it's hard to ~** es läßt sich schwer (ab)schätzen; **I ~ she must be 40** ich schätze sie auf 40, ich schätze, daß sie 40 ist.

III ['estɪmeɪt] *vi* schätzen. **I'm just estimating** das schätze ich nur.

estimation [,estɪ'meɪʃən] *n* **1.** Einschätzung *f*. **in my ~** meiner Einschätzung nach. **2.** (*esteem*) Achtung *f*. **to hold sb in high ~** jdn hochachten, viel von jdm halten; **he went up/down in my ~** er ist in meiner Achtung gestiegen/gesunken.

estimator ['estɪmeɪtə^r] *n* (*Insur*) Schätzer(in *f*) *m*.

Estonia *etc see* **Est(h)onia** *etc*.

estrange [ɪ'streɪndʒ] *vt person* entfremden (*from +dat*). **to be/become ~d from sb** sich jdm entfremdet haben/entfremden; **they are ~d** (*married couple*) sie haben sich auseinandergelebt; **his ~d wife** seine von ihm getrennt lebende Frau.

estrangement [ɪ'streɪndʒmənt] *n* Entfremdung *f* (*from* von).

estrogen ['iːstrəʊdʒən] *n* (*US*) Östrogen *nt*.

estuary ['estjʊərɪ] *n* Mündung *f*.

ET (*US*) *abbr of* **Eastern Time** Ostküstenzeit *f*.

ETA *abbr of* **estimated time of arrival** voraussichtliche Ankunft.

et al [et'æl] *adv* et al.

etcetera [ɪt'setərə] *adv* (*abbr* **etc**) und so weiter, et cetera.

etch [etʃ] *vti* ätzen; (*in copper*) kupferstechen; (*in other metals*) radieren. **the event was ~ed** *or* **had ~ed itself on her mind** das Ereignis hatte sich ihr ins Gedächtnis eingegraben.

etching ['etʃɪŋ] *n see vb* **1.** Ätzen *nt*; Kupferstechen *nt*; Radieren *nt*. **2.** (*picture*) Ätzung *f*; Kupferstich *m*; Radierung *f*. **come up and see my ~s** (*hum*) wollen Sie noch mit heraufkommen und sich (*dat*) meine Briefmarkensammlung ansehen? (*hum*).

eternal [ɪ'tɜːnl] **I** *adj* **1.** ewig. **the E~ City** die Ewige Stadt; **the ~ triangle** (*fig*) das Dreiecksverhältnis. **2.** *complaints, gossiping* ewig. **II** *n* **the E~** das Ewige; (*God*) der Ewige.

eternally [ɪ'tɜːnəlɪ] *adv* ewig, immer.

eternity [ɪ'tɜːnɪtɪ] *n* (*lit, fig inf*) Ewigkeit *f*; (*Rel: the future life*) das ewige Leben. **from here to ~** bis in alle Ewigkeit; **~ ring** Memoire-Ring *m*.

ethane ['iːθeɪn] *n* Äthan *nt*.

ethanol ['eθənɒl] *n* Äthanol *nt*.

ether ['iːθə^r] *n* (*Chem, poet*) Äther *m*.

ethereal [ɪ'θɪərɪəl] *adj* **1.** (*light, delicate, spiritual*) ätherisch. **2.** (*of the upper air*) *regions* himmlisch.

ethic ['eθɪk] *n* Ethik *f*, Ethos *nt*.

ethical ['eθɪkəl] *adj* **1.** (*morally right*) ethisch *attr*; (*of ethics*) *judgement, philosophy* Moral-. **~ values** moralische Werte *pl*. **2.** *medicine* verschreibungspflichtig.

ethically ['eθɪkəlɪ] *adv* ethisch, moralisch.

ethics ['eθɪks] *n* **1.** *sing* (*study, system*) Ethik *f*. **2.** *pl* (*morality*) Moral *f*. **the ~ of abortion** die moralischen *or* ethischen Aspekte der Abtreibung.

Ethiopia [,iːθɪ'əʊpɪə] *n* Äthiopien *nt*.

Ethiopian [,iːθɪ'əʊpɪən] **I** *adj* äthiopisch. **II** *n* **1.** Äthiopier(in *f*) *m*. **2.** (*language*) Äthiopisch(e) *nt*.

ethnic ['eθnɪk] *adj* **1.** ethnisch, Volks-. **~ groups/minority** ethnische Gruppen *pl*/Minderheit *f*; **~ Germans** Volksdeutsche *pl*; **~ violence** Rassenkrawalle *pl*; **they import their own ~ food** sie importieren ihre eigenen einheimischen Nahrungsmittel. **2.** (*traditional, folksy*) *atmosphere, pub* urtümlich, urwüchsig; *clothes* folkloristisch; *food* einheimisch, landesüblich.

ethnographer [eθ'nɒgrəfə^r] *n* Völkerkundler(in *f*) *m*.

ethnography [eθ'nɒgrəfɪ] *n* (beschreibende) Völkerkunde, Ethnographie *f*.

ethnologist [eθ'nɒlədʒɪst] *n* Ethnologe *m*, Ethnologin *f*.

ethnology [eθ'nɒlədʒɪ] *n* (vergleichende) Völkerkunde, Ethnologie *f*.

ethologist [ɪ'θɒlədʒɪst] *n* Verhaltensforscher(in *f*) *m*.

ethology [ɪ'θɒlədʒɪ] *n* Verhaltensforschung, Ethologie *f*.

ethos ['i:θɒs] *n* Gesinnung *f*, Ethos *nt*.

ethyl ['i:θaɪl] *n* Äthyl *nt*.

ethylene ['eθɪli:n] *n* Äthylen *nt*.

etiolate ['i:tɪəʊleɪt] *vt* (*Bot*) etiolieren (*spec*); (*enfeeble*) auszehren.

etiology *etc* (*esp US*) *see* **aetiology** *etc*.

etiquette ['etɪket] *n* Etikette *f*. **court ~** Hofetikette *f*; **that's not in accordance with medical ~** das entspricht nicht dem Berufsethos eines Arztes.

Etruscan [ɪ'trʌskən] **I** *adj* etruskisch. **II** *n* **1.** Etrusker(in *f*) *m*. **2.** (*language*) Etruskisch *nt*.

ETV (*US*) *abbr of* **Educational Television** ≈ Schulfernsehen *nt*.

etymological *adj*, **~ly** *adv* [ˌetɪmə'lɒdʒɪkəl, -ɪ] etymologisch.

etymology [ˌetɪ'mɒlədʒɪ] *n* Etymologie *f*.

eucalyptus [ˌju:kə'lɪptəs] *n* Eukalyptus *m*.

Eucharist ['ju:kərɪst] *n* (*Eccl*) (*service*) Abendmahlsgottesdienst *m*.

eugenics [ju:'dʒenɪks] *n sing* Eugenik *f*.

eulogize ['ju:lədʒaɪz] *vt* eine Lobesrede halten auf (+*acc*).

eulogy ['ju:lədʒɪ] *n* Lobesrede *f*.

eunuch ['ju:nək] *n* Eunuch *m*.

euphemism ['ju:fəmɪzəm] *n* Euphemismus *m*, Hüllwort *nt*.

euphemistic *adj*, **~ally** *adv* [ˌju:fə'mɪstɪk, -əlɪ] euphemistisch, verhüllend.

euphonic [ju:'fɒnɪk], **euphonious** [ju:'fəʊnɪəs] *adj* euphonisch, wohlklingend.

euphonium [ju:'fəʊnɪəm] *n* Euphonium *nt*.

euphony ['ju:fənɪ] *n* (*Mus, Ling*) Euphonie *f*, Wohlklang *m*.

euphoria [ju:'fɔ:rɪə] *n* Euphorie *f*.

euphoric [ju:'fɒrɪk] *adj* euphorisch.

Eurasia [jʊə'reɪʃə] *n* Eurasien *nt*.

Eurasian [jʊə'reɪʃn] **I** *adj* eurasisch. **II** *n* Eurasier(in *f*) *m*.

Euratom [jʊə'rætəm] *abbr of* **European Atomic Energy Community** Euratom *f*.

eureka [jʊə'ri:kə] *interj* heureka.

eurhythmics [ju:'rɪðmɪks] *n sing* Eurhythmie *f*.

Eurocheque *n* Euroscheck *m*.

Eurobond ['jʊərəʊbɒnd] *n* Eurobond *m*.

Eurocrat ['jʊərəʊkræt] *n* Eurokrat(in *f*) *m*.

Eurodollar ['jʊərəʊdɒlə^r] *n* Eurodollar *m*.

Europe ['jʊərəp] *n* Europa *nt*.

European [ˌjʊərə'pi:ən] **I** *adj* europäisch. **~ Council** Europäischer Rat *m*; **~ Court of Justice** Europäischer Gerichtshof; **~ Community** Europäische Gemeinschaft; **~ Currency Unit** Europäische Währungseinheit *f*; **~ Economic Area** Europäischer Wirtschaftsraum; **~ Free Trade Association** Europäische Freihandelsassoziation *or* -zone; **~ Monetary System** Europäisches Währungssytem; **~ Monetary Union** Euröpaische Währungsunion; **~ Parliament** Europäisches Parlament, Europaparlament *nt*; **~ Single Market** Binnenmarkt *m*. **II** *n* Europäer(in *f*) *m*.

Eurovision ['jʊərəʊvɪʒn] *n* Eurovision *f*. **~ Song Contest** Eurovisions-Schlagerwettbewerb *m*.

euthanasia [ˌju:θə'neɪzɪə] *n* Euthanasie *f*.

evacuate [ɪ'vækjʊeɪt] *vt* **1.** (*leave*) *fort, house* räumen. **2.** (*clear*) *danger area* räumen; *civilians, women, children* evakuieren. **3.** *bowels* entleeren.

evacuation [ɪˌvækjʊ'eɪʃən] *n see vt* Räumung *f*; Evakuierung *f*.

evacuee [ɪˌvækjʊ'i:] *n* Evakuierte(r) *mf*.

evade [ɪ'veɪd] *vt* **1.** *blow* ausweichen (+*dat*); *pursuit, pursuers* sich entziehen (+*dat*), entkommen (+*dat*).

2. *obligation, justice* sich entziehen (+*dat*); *military service also* umgehen; *question, issue* ausweichen (+*dat*); *difficulty, person, sb's glance* ausweichen (+*dat*), (ver)meiden; *sb's vigilance* entgehen (+*dat*). **to ~ taxes** Steuern hinterziehen; **he successfully ~d the tax authorities for several years** mehrere Jahre kam das Finanzamt ihm nicht auf die Spur; **if you try to ~ paying import duty** wenn Sie versuchen, den Einfuhrzoll zu umgehen.

evaluate [ɪ'væljʊeɪt] *vt house, painting, worth* schätzen (*at* auf +*acc*); *damages* festsetzen (*at* auf +*acc*); *chances, effectiveness, usefulness* einschätzen, beurteilen; *evidence, results* auswerten; *pros and cons* (gegeneinander) abwägen; *contribution, achievement* bewerten, beurteilen. **to ~ sth at £100** etw auf £ 100 taxieren *or* schätzen.

evaluation [ɪˌvæljʊ'eɪʃən] *n see vt* (Ein)schätzung *f*; Festsetzung *f*; Einschätzung, Beurteilung *f*; Auswertung *f*; Abwägung *f*; Bewertung *f*. **in my ~** nach meiner Schätzung.

evangelic(al) [ˌi:væn'dʒelɪk(əl)] *adj* evangelisch.

evangelist [ɪ'vændʒəlɪst] *n* (*Bibl*) Evangelist *m*; (*preacher*) Prediger(in *f*) *m*; (*itinerant*) Wanderprediger(in *f*) *m*.

evangelize [ɪ'vændʒəlaɪz] **I** *vt* evangelisieren, bekehren. **II** *vi* das Evangelium predigen.

evaporate [ɪ'væpəreɪt] **I** *vi* **1.** (*liquid*) verdampfen, verdunsten. **2.** (*fig*) (*disappear*) sich in nichts *or* in Luft auflösen; (*hopes*) sich zerschlagen, schwinden. **II** *vt liquid* verdampfen *or* verdunsten (lassen). **~d milk** Kondens- *or* Büchsenmilch *f*; **evaporating dish** Abdampfschale *f*.

evaporation [ɪˌvæpə'reɪʃən] *n* Verdampfung *f*; (*fig*) Schwinden *nt*.

evasion [ɪ'veɪʒən] *n* **1.** (*of question*) Ausweichen *nt* (*of* vor +*dat*). **2.** (*evasive answer*) Ausflucht *f*.

evasive [ɪ'veɪzɪv] *adj answer* ausweichend; *meaning, truth* schwer zu fassen, schwer zu greifen; *prey* schwer zu fangen. **don't be so ~** weich nicht aus; **to take ~ action** (*Mil, fig*) ein Ausweichmanöver machen.

evasively [ɪ'veɪzɪvlɪ] *adv say, answer* ausweichend.

Eve [i:v] *n* Eva *f*.

eve [i:v] *n* Vorabend *m*. **on the ~ of** am Tage vor (+*dat*); am Vorabend (+*gen*, von).

even ['i:vən] **I** *adj* **1.** *surface, ground* eben.

to make sth ~ *ground, earth* etw ebnen; **the concrete has to be ~ with the ground** der Beton muß eben mit dem Boden abschließen.

2. (*regular*) *layer* gleichmäßig; *progress* stetig; *breathing, pulse also* regelmäßig; *temper* ausgeglichen.

3. *quantities, distances, values* gleich. **the score is ~** es steht unentschieden; **they are an ~ match** sie sind einander ebenbürtig; **I will get ~ with you for that** das werde ich dir heimzahlen; **that makes us ~** (*in game*) damit steht es unentschieden; (*fig*) damit sind wir quitt; **the odds** *or* **chances are about ~** die Chancen stehen etwa fifty-fifty; **to break ~** sein Geld wieder herausbekommen.

4. *number* gerade. **~ money** *Wette, bei der die doppelte Einsatzsumme als Gewinn ausgezahlt wird*; **~ parity** (*Comput*) gerade Parität.

5. (*exact*) genau. **let's make it an ~ hundred** nehmen wir eine runde Zahl und sagen 100.

II *adv* **1.** sogar, selbst. **~ for a fast car that's good going** sogar *or* selbst für ein schnelles Auto ist das allerhand; **it'll be difficult, impossible ~** das wird schwierig sein, oder sogar *or* wenn nicht (so)gar unmöglich.

2. (*with comp adj*) sogar noch. **that's ~ better/more beautiful** das ist sogar (noch) besser/schöner.

3. (*with neg*) **not ~** nicht einmal; **with not ~ a smile** ohne auch nur zu lächeln.

4. ~ if/though sogar *or* selbst wenn; **~ if you were a millionaire** sogar *or* selbst wenn du ein Millionär wärst; **but ~ then** aber sogar *or* selbst dann; **~ as I spoke someone knocked at the door** noch während ich redete, klopfte es an der Tür; **~ so** (aber) trotzdem.

III *vt surface* glatt *or* eben machen, glätten.

◆**even out I** *vi* **1.** (*prices*) sich einpendeln. **2.** (*ground*) eben werden, sich ebnen.

II *vt sep* **1.** *prices* ausgleichen. **2.** *ground, cement* ebnen, glätten; (*mechanically also*) planieren. **3.** *tax burden, wealth* gleichmäßig verteilen. **that should ~ things ~ a bit** dadurch müßte ein gewisser Ausgleich erzielt werden.

◆**even up I** *vt sep sum* aufrunden (*to* auf +*acc*). **that will ~ things ~** das wird die Sache etwas ausgleichen. **II** *vi* (*pay off debt*) Schulden begleichen (*with* bei). **can we ~ ~ later?** können wir später abrechnen?

evening ['i:vnɪŋ] *n* Abend *m*. **in the ~** abends, am Abend; **this/ tomorrow/ yesterday ~** heute/morgen/gestern abend; **that ~** an jenem Abend; **on the ~ of the twenty-ninth** am Abend des 29., am 29. abends; **one ~ as I ...** eines Abends, als ich ...; **every Monday ~** jeden Montagabend; **all ~** den ganzen Abend (lang *or* über).

evening *in cpds* Abend-; **evening class** *n* Abendkurs *m*; **to do ~es** *or* **an ~ in French** einen Abendkurs in Französisch besuchen; **evening dress** *n* (*men's*) Abendanzug, Gesellschaftsanzug *m*; (*women's*) Abendkleid *nt*; **evening gown** *n* Abendkleid *nt*.

evenly ['i:vənlɪ] *adv spread, breathe, space, distribute, divide* gleichmäßig; *say* gelassen. **the two contestants were ~ matched** die beiden Gegner waren einander ebenbürtig.

evenness ['i:vənnɪs] *n* **1.** (*of ground*) Ebenheit *f*. **2.** (*regularity*) Gleichmäßigkeit *f*; (*of progress*) Stetigkeit *f*; (*of breathing, pulse also*) Regelmäßigkeit *f*; (*of temper*) Ausgeglichenheit *f*.

evensong ['i:vənsɒŋ] *n* Abendgottesdienst *m*.

event [ɪ'vent] *n* **1.** (*happening*) Ereignis *nt*. **~s are taking place in Belfast which ...** in Belfast ereignen sich *or* geschehen Dinge, die ...; **in the normal course of ~s** normalerweise; **to be overtaken by ~s** von den Ereignissen überholt werden; **~s have proved us right** die Ereignisse haben uns recht gegeben; **it's easy to be wise after the ~** hinterher ist man immer klüger; *see* **happy.**

2. (*organized function*) Veranstaltung *f*; (*Sport*) Wettkampf *m*. **what is your best ~?** in welcher Disziplin sind Sie am besten?

3. (*case*) Fall *m*. **in the ~ of her death** im Falle ihres Todes; **in the ~ of war/fire** im Falle eines Krieges/Brandes, im Kriegs-/Brandfall; **he said he wouldn't come, but in the ~ he did** er sagte, er würde nicht kommen, aber er kam dann schließlich *or* im Endeffekt doch; **in the unlikely ~ that ...** falls, was sehr unwahrscheinlich ist, ...; **but in any ~ I can't give you my permission** aber ich kann dir jedenfalls nicht meine Erlaubnis geben; **in either ~** in jedem Fall; **at all ~s** auf jeden Fall.

even-tempered ['i:vən'tempəd] *adj* ausgeglichen.

eventer [ɪ'ventəʳ] *n* (*Sport*) Militaryreiter(in *f*) *m*.

eventful [ɪ'ventfʊl] *adj* ereignisreich; *life, period also* bewegt.

eventing [ɪ'ventɪŋ] *n* (*Sport*) Military *f*.

eventual [ɪ'ventʃʊəl] *adj* **he predicted the ~ fall of the government** er hat vorausgesagt, daß die Regierung am Ende *or* schließlich zu Fall kommen würde; **the ~ success of the project is not in doubt** es besteht kein Zweifel, daß das Vorhaben letzten Endes Erfolg haben wird.

eventuality [ɪˌventʃʊ'ælɪtɪ] *n* (möglicher) Fall, Eventualität *f*. **be ready for any ~** sei auf alle Eventualitäten gefaßt.

eventually [ɪ'ventʃʊəlɪ] *adv* schließlich, endlich. **it ~ turned out that ...** es hat sich schließlich *or* zum Schluß herausgestellt, daß ...; **he will get used to it ~** er wird sich schließlich daran gewöhnen.

ever ['evəʳ] *adv* **1.** je(mals). **not ~** nie; **nothing ~ happens** es passiert nie etwas; **it hardly ~ snows here** hier schneit es kaum (jemals); **if I ~ catch you doing that again** wenn ich dich noch einmal dabei erwische; **if you ~ see her** wenn Sie sie je sehen sollten; **seldom, if ~** selten, wenn überhaupt; **he's a rascal if ~ there was one** er ist ein richtiggehender kleiner Halunke; **as if I ~ would** als ob ich das jemals täte; **don't you ~ say that again!** sag das ja nie mehr!; **have you ~ ridden a horse?** bist du schon einmal (auf einem Pferd) geritten?; **have you ~ known him tell a lie?** haben Sie ihn (schon) jemals lügen hören?; **more beautiful than ~** schöner denn je; **the best soup I have ~ eaten** die beste Suppe, die ich je(mals) gegessen habe; **the first ~** der *etc* allererste; **the coldest night ~** die kälteste Nacht seit Menschengedenken.

2. (*at all times*) **~ since I was a boy** seit ich ein Junge war; **~ since I have lived here ...** seitdem ich hier lebe ...; **~ since then** seit der Zeit, seitdem; **for ~** für immer, für alle Zeit(en); **it seemed to go on for ~ (and ~)** es schien ewig zu dauern; **for ~ and a day** für alle Zeiten, ewig und drei Tage (*inf*); **~ increasing powers** ständig wachsende Macht; **an ~ present feeling** ein ständiges Gefühl; *see* **forever.**

3. (*intensive*) **come as quickly as ~ you can** komm so schnell du nur kannst; **she's the best grandmother ~** sie ist die beste Großmutter, die es gibt; **did you ~!** (*inf*) also so was!

4. what ~ shall we do? was sollen wir bloß machen?; **when ~ will they come?** wann kommen sie denn bloß *or* endlich?; **why ~ not?** warum denn bloß nicht?; *see* **whatever, wherever** *etc*.

5. (*inf*) **~ so/such** unheimlich; **~ so slightly drunk** ein ganz klein wenig betrunken; **he's ~ such a nice man** er ist ein ungemein netter Mensch; **I am ~ so sorry** es tut mir schrecklich leid; **thank you ~ so much** ganz herzlichen Dank.

6. (*old: always*) allzeit (*old, liter*).

7. (*in letters*) **yours ~/~ yours, Wendy** viele Grüße, Ihre Wendy.

Everest ['evərest] *n*: **(Mount) ~** der Mount Everest.

Everglades ['evəgleidz] *npl* (*in Florida*) *sumpfiges Flußgebiet.*

evergreen ['evəgriːn] **I** *adj trees, shrubs* immergrün; (*fig*) *topic* immer aktuell. **~ facility** (*Fin*) Revolving-Kredit *m*. **II** *n* Nadelbaum *m*; immergrüner Busch.

everlasting [ˌevə'lɑːstɪŋ] **I** *adj* **1.** *God* ewig; *gratitude* immerwährend; *glory* unvergänglich. **~ flower** Strohblume, Immortelle *f*. **2.** (*inf: constant*) ewig (*inf*). **II** *n*: **from ~ to ~ thou art God** Du bist Gott von Ewigkeit zu Ewigkeit.

everlastingly [ˌevə'lɑːstɪŋlɪ] *adv* ewig.

evermore [ˌevə'mɔːʳ] *adv* immer, stets. **for ~** auf alle Zeiten, in (alle) Ewigkeit (*esp Rel*), auf immer.

every ['evrɪ] *adj* **1.** jede(r, s). **you must examine ~ one** Sie müssen jeden (einzelnen) untersuchen; **~ man for himself** jeder für sich; **in ~ way** (*in all respects*) in jeder Hinsicht; (*by ~ means*) mit allen Mitteln; **he is ~ bit as clever as his brother** er ist ganz genauso schlau wie sein Bruder; **~ single time** jedes einzelne Mal.

2. (*all possible*) **I have ~ confidence in him** ich habe unbedingtes *or* uneingeschränktes Vertrauen zu ihm; **I have/there is ~ hope that ...** ich habe allen Grund/es besteht aller Grund zu der Hoffnung, daß ...; **we wish you ~ success/happiness** wir wünschen Ihnen alles (nur erdenklich) Gute/viel Glück und Zufriedenheit; **there was ~ prospect of success** es bestand alle Aussicht auf Erfolg.

3. (*indicating recurrence*) **~ fifth day, ~ five days** jeden fünften Tag, alle fünf Tage; **~ other day** jeden zweiten Tag, alle zwei Tage; **write on ~ other line** bitte eine Zeile Zwischenraum lassen; **once ~ week** einmal jede *or* pro Woche; **~ so often, ~ once in a while, ~ now and then** *or* **again** hin und wieder, ab und zu, gelegentlich.

4. (*after poss adj*) **his ~ word** jedes seiner Worte *or* jedes Wort, das er sagte.

everybody ['evrɪbɒdɪ], **everyone** *pron* jeder(mann), alle *pl*. **~ has finished** alle sind fertig; **~ knows ~ else here** hier kennt jeder jeden; **~ knows that** das weiß (doch) jeder.

everyday ['evrɪdeɪ] *adj* alltäglich; *language* Alltags-, Umgangs-. **words in ~ use** Wörter der Alltags- *or* Umgangssprache.

everyone ['evrɪwʌn] *pron see* **everybody.**

everything ['evrɪθɪŋ] *n* alles. **~ possible/old** alles Mögliche/Alte; **~ you have** alles, was du hast; **time is ~** Zeit ist kostbar; **money isn't ~** Geld ist nicht alles.

everywhere ['evrɪwɛəʳ] *adv* überall; (*with direction*) überallhin. **from ~** überallher *or* von überall; **~ you look there's a mistake** wo man auch hinsieht, findet man Fehler.

evict [ɪ'vɪkt] *vt tenants* zur Räumung zwingen (*from gen*). **they were ~ed** sie wurden zum Verlassen ihrer Wohnung gezwungen.

eviction [ɪ'vɪkʃən] *n* Ausweisung *f*. **~ order** Räumungsbefehl *m*.

evidence ['evɪdəns] *n* **1.** Beweis(e *pl*) *m*. **what ~ is there for this belief?** welche Anhaltspunkte gibt es für diese Annahme?; **show me your ~** welche Beweise haben Sie?; **the car bore ~ of having been in an accident** das Auto trug deutliche Spuren eines Unfalls.

2. (*Jur*) Beweismaterial *nt*; (*object, dagger also*) Beweisstück *nt*; (*testimony*) Aussage *f*. **the lawyers are still collecting ~** die Anwälte holen immer noch Beweise ein; **we haven't got any ~** wir haben keinerlei Beweise; **for lack of ~** aus Mangel an Beweisen, mangels Beweisen (*form*); **on the ~ available ...** auf Grund des vorhandenen Beweismaterials ...; **not admissible as ~** als Beweismittel nicht zulässig; **to give ~ (for/against sb)** (für/gegen jdn) aussagen; **the ~ for the defence/prosecution** die Beweisführung für die Verteidigung/für die Anklage; **piece of ~** (*statement*) Zeugenaussage *f*; (*object*) Beweisstück *or* -mittel *nt*; *see* **Queen's ~, State's ~.**

3. to be in ~ sichtbar sein; **political**

ideas which have been very much in ~ recently politische Ideen, die in letzter Zeit deutlich in Erscheinung getreten sind; **his father was nowhere in ~** sein Vater war nirgends zu sehen.

evident *adj*, **~ly** *adv* ['evɪdənt, -lɪ] offensichtlich.

evil ['iːvl] **I** *adj* böse; *person also, reputation, influence* schlecht; *consequence also, (inf) smell* übel. **to fall on ~ days** in eine unglückliche Lage geraten.

II *n* Böse(s) *nt*; (*evil thing, circumstance*) Übel *nt*. **the struggle of good against ~** der Kampf des Guten gegen das Böse *or* zwischen Gut und Böse; **the ~s of war and disease** die Übel von Krieg und Krankheit; **to choose the lesser of two ~s** von zwei Übeln das kleinere wählen; **social ~s** soziale Mißstände.

evil-doer *n* Übeltäter(in *f*) *m*; **evil eye** *n*: **the ~** der böse Blick; **evil-minded** *adj* bösartig; **evil-smelling** *adj* übelriechend.

evince [ɪ'vɪns] *vt* an den Tag legen; *surprise, desire also* bekunden.

eviscerate [ɪ'vɪsəreɪt] *vt* ausnehmen; (*person*) entleiben.

evocation [ˌevə'keɪʃən] *n* Heraufbeschwören, Wachrufen *nt*.

evocative [ɪ'vɒkətɪv] *adj* evokativ (*geh*). **an ~ style/scent** ein Stil/Geruch, der Erinnerungen/Gedanken *etc* wachruft *or* heraufbeschwört; **to be ~ of sth** etw heraufbeschwören.

evoke [ɪ'vəʊk] *vt* heraufbeschwören; *memory also* wachrufen; *admiration* hervorrufen.

evolution [ˌiːvə'luːʃən] *n* **1.** (*development, Biol*) Evolution, Entwicklung *f*. **theory of ~** Evolutionstheorie *f*.

2. *often pl* (*of troops*) Bewegung *f*; (*of dancers, skaters*) Figur, Bewegung *f*.

evolutionary [ˌiːvə'luːʃnərɪ] *adj* evolutionär; *theory* Evolutions-.

evolve [ɪ'vɒlv] **I** *vt system, theory, plan* entwickeln. **II** *vi* sich entwickeln, sich herausbilden.

ewe [juː] *n* Mutterschaf *nt*.

ex[1] [eks] *n* (*inf*) Verflossene(r) *mf* (*inf*).

ex[2] *abbr of* **example** Bsp., Beispiel *nt*.

ex- [eks-] *pref* **1.** ehemalig, Ex- (*inf*). **~-husband** früherer Mann, Exmann *m*; **~-president** frühere(r) Präsident(in *f*), Expräsident(in *f*) *m* (*inf*); **~-wife** frühere Frau, Exfrau *f* (*inf*). **2. ~-dividend** ohne Anrecht auf Dividende; **~-factory, ~-works** ab Werk; *see* **ex-officio.**

exacerbate [ek'sæsəbeɪt] *vt person* verärgern; *pain, disease* verschlimmern; *hate* vergrößern; *resentment, discontent* vertiefen; *situation* verschärfen.

exacerbation [ekˌsæsə'beɪʃən] *n* (*of pain, disease*) Verschlimmerung *f*; (*of situation*) Verschärfung *f*.

exact [ɪg'zækt] **I** *adj* genau; *figures, analysis also, science* exakt. **at that ~ moment** genau in dem Augenblick; **sorry I can't be more ~** leider kann ich es nicht genauer sagen; **47 to be ~** 47, um genau zu sein; **or, to be (more) ~ ...** oder, genauer gesagt ...

II *vt money, obedience* fordern (*from* von); *payment* eintreiben (*from* von); *care* erfordern; *promise* abverlangen (*from sb* jdm).

exacting [ɪg'zæktɪŋ] *adj person, work* anspruchsvoll. **to be too/very ~ with sb** zu viel/sehr viel von jdm verlangen; **he's very ~ about cleanliness** er legt großen Wert auf Sauberkeit.

exaction [ɪg'zækʃən] *n* **1.** (*act*) (*of money*) Eintreiben *nt*; (*of promises*) Abverlangen *nt*; (*of obedience*) Fordern *nt*. **2.** (*money exacted*) Forderung *f*; (*excessive demand*) übertriebene/überzogene Forderung.

exactitude [ɪg'zæktɪtjuːd] *n* Genauigkeit, Exaktheit *f*.

exactly [ɪg'zæktlɪ] *adv* **1.** (*with exactitude*) genau.

2. (*quite, precisely*) (ganz) genau. **I'm not ~ sure who he is** ich bin mir nicht ganz sicher, wer er ist; **that's ~ what I thought** genau das habe ich gedacht; **it is three o'clock ~** es ist genau *or* Punkt drei Uhr; **~ so!** ganz recht!, genau!; **not ~** nicht ganz; (*hardly*) nicht direkt *or* gerade.

exactness [ɪg'zæktnɪs] *n* Genauigkeit *f*.

exaggerate [ɪg'zædʒəreɪt] **I** *vt* **1.** (*overstate*) übertreiben. **2.** (*intensify*) *effect* verstärken; *similarity* hervorheben. **II** *vi* übertreiben.

exaggerated [ɪg'zædʒəreɪtɪd] *adj* übertrieben.

exaggeration [ɪgˌzædʒə'reɪʃən] *n* Übertreibung *f*. **a bit of an ~** eine leichte Übertreibung, leicht übertrieben.

exalt [ɪg'zɔːlt] *vt* **1.** (*in rank or power*) erheben. **2.** (*praise*) preisen.

exaltation [ˌegzɔːl'teɪʃən] *n* (*feeling*) Begeisterung, Exaltation (*liter*) *f*.

exalted [ɪg'zɔːltɪd] *adj* **1.** *position, style* hoch. **the ~ ranks of ...** die erhabenen Ränge der ... **2.** *mood, person* exaltiert.

exam [ɪg'zæm] *n* Prüfung *f*.

examination [ɪgˌzæmɪ'neɪʃən] *n* **1.** (*Sch*) Prüfung *f*; (*Univ also*) Examen *nt*. **geography ~** Geographieprüfung *f*.

2. (*study, inspection*) Prüfung, Untersuchung *f*; (*of machine, premises, passports*) Kontrolle *f*; (*of question*) Untersuchung *f*; (*of accounts*) Prüfung *f*. **on closer ~** bei genauer(er) Prüfung *or* Untersuchung, **the matter is still under ~** die Angelegenheit wird noch geprüft *or* untersucht.

3. (*Jur: of suspect, accused, witness*) Verhör *nt*; (*of case, documents*) Untersuchung *f*. **legal ~** Verhör *nt*.

examine [ɪg'zæmɪn] *vt* **1.** (*for* auf +*acc*) untersuchen; *documents, accounts* prüfen; *machine, passports, luggage* kontrollieren. **you want to have your head ~d** (*inf*) du solltest dich mal auf deinen Geisteszustand untersuchen lassen.

2. *pupil, candidate* prüfen (*in* in +*dat*, *on* über +*acc*).

3. (*Jur*) *suspect, accused, witness* verhören.

examinee [ɪgˌzæmɪ'niː] *n* (*Sch*) Prüfling *m*; (*Univ*) (Examens)kandidat(in *f*) *m*.

examiner [ɪg'zæmɪnə^r] *n* (*Sch, Univ*) Prüfer(in *f*) *m*. **board of ~s** Prüfungsausschuß *m*.

example [ɪg'zɑːmpl] *n* Beispiel *nt*. **for ~** zum Beispiel; **to set a good/bad ~** ein gutes/schlechtes Beispiel geben; **a leader who is an ~ to his men** ein Führer, der seinen Männern als Beispiel dient *or* mit leuchtendem Beispiel vorangeht; **to take sb as an ~** sich (*dat*) an jdm ein Beispiel nehmen; **to make an ~ of sb** an jdm ein Exempel statuieren; **to punish sb as an ~ to others** jdn exemplarisch bestrafen.

exasperate [ɪg'zɑːspəreɪt] *vt* zur Verzweiflung bringen. **to become *or* get ~d** verzweifeln (*with* an +*dat*), sich aufregen (*with* über +*acc*); **~d at *or* by his lack of attention** verärgert über seine mangelnde Aufmerksamkeit.

exasperating [ɪg'zɑːspəreɪtɪŋ] *adj* ärgerlich; *delay, difficulty, job* leidig *attr*. **it's so ~ not to be able to buy any petrol** es ist wirklich zum Verzweifeln, daß man kein Benzin bekommen kann; **you can be ~!** du kannst einen wirklich zur Verzweiflung *or* auf die Palme (*inf*) bringen!

exasperatingly [ɪg'zɑːspəreɪtɪŋlɪ] *adv* **this train is ~ slow** es ist zum Verzweifeln, wie langsam dieser Zug fährt.

exasperation [ɪgˌzɑːspə'reɪʃən] *n* Verzweiflung *f* (*with* über +*acc*). **he cried out in ~** er schrie verzweifelt auf; **the negotiations ended with everyone in a state of ~** am Ende der Verhandlungen waren alle völlig frustriert.

excavate ['ekskəveɪt] **I** *vt ground* ausschachten; (*machine*) ausbaggern; (*Archeol*) *remains* ausgraben; *trench* ausheben. **II** *vi* (*Archeol*) Ausgrabungen machen.

excavation [ˌekskə'veɪʃən] *n* **1.** (*Archeol*) (Aus)grabung *f*. **~s** (*site*) Ausgrabungsstätte *f*. **2.** (*of tunnel etc*) Graben *nt*.

excavator ['ekskəveɪtə^r] *n* (*machine*) Bagger *m*; (*Archeol: person*) Ausgräber(in *f*).

exceed [ɪk'siːd] *vt* **1.** (*in value, amount, length of time*) übersteigen, überschreiten (*by* um). **the guests ~ed 40 in number** die Zahl der Gäste überstieg 40; **to ~ 5 kilos in weight** das Gewicht von 5 kg übersteigen *or* überschreiten; **a fine not ~ing £500** eine Geldstrafe bis zu £ 500.

2. (*go beyond*) hinausgehen über (+*acc*); *expectations, desires also* übertreffen, übersteigen; *limits, powers also, speed limit* überschreiten.

exceedingly [ɪk'siːdɪŋlɪ] *adv* äußerst.

excel [ɪk'sel] **I** *vi* sich auszeichnen, sich hervortun. **II** *vt* übertreffen (*in* in +*dat*, an +*dat*). **to ~ oneself** (*often iro*) sich selbst übertreffen.

excellence ['eksələns] *n* **1.** (*high quality*) hervorragende Qualität, Vorzüglichkeit *f*. **2.** (*excellent feature*) Vorzug *m*, hervorragende Eigenschaft.

Excellency ['eksələnsɪ] *n* Exzellenz *f*. **Your/His ~** Eure/Seine Exzellenz.

excellent ['eksələnt] *adj* ausgezeichnet, hervorragend.

excellently ['eksələntlɪ] *adv see adj*.

except [ɪk'sept] **I** *prep* **1.** außer (+*dat*); (*after questions also*) (anders ...) als. **what can they do ~ wait?** was können sie anders tun als warten?; **who would have done it ~ him?** wer hätte es außer ihm denn getan?

2. **~ for** abgesehen von, bis auf (+*acc*); **~ that ...** außer *or* nur daß ...; **~ for the fact that** abgesehen davon, daß ...; **~ if** es sei denn(, daß), außer wenn; **~ when** außer wenn.

II *conj* (*only*) doch. **I'd refuse ~ I need the money** ich würde ablehnen, doch ich brauche das Geld.

III *vt* ausnehmen. **to ~ sb from sth** jdn bei etw ausnehmen; **none ~ed** ohne Ausnahme.

excepting [ɪk'septɪŋ] *prep* außer. **not *or* without ~ X** ohne X auszunehmen *or* auszuschließen, X nicht ausgenommen; **always ~ ...** natürlich mit Ausnahme (+*gen*).

exception [ɪk'sepʃən] *n* **1.** Ausnahme *f*. **to make an ~ of/for sb** eine Ausnahme bei jdm/für jdn machen; **without ~** ohne Ausnahme; **with the ~ of** mit Ausnahme von; **this case is an ~ to the rule** dieser Fall ist eine Ausnahme; **the ~ proves the rule** (*prov*) Ausnahmen bestätigen die Regel (*prov*); **with this ~** mit der einen Ausnahme.

2. **to take ~ to sth** Anstoß *m* an etw (*dat*) nehmen.

exceptional [ɪk'sepʃənl] *adj* außergewöhnlich. **apart from ~ cases** abgesehen von Ausnahmefällen.

exceptionally [ɪk'sepʃənəlɪ] *adv* (*as an exception*) ausnahmsweise; (*outstandingly*) außergewöhnlich.

excerpt ['eksɜːpt] *n* Auszug *m*, Exzerpt *nt*.

excess [ɪk'ses] *n* **1.** Übermaß *nt* (*of* an +*dat*). **an ~ of caution/details** allzuviel Vorsicht/allzu viele Einzelheiten; **to eat/drink to ~** übermäßig essen/trinken; **to carry sth to ~** etw übertreiben; **he does everything to ~** er übertreibt bei allem.

2. **~es** *pl* Exzesse *pl*; (*drinking, sex also*) Ausschweifungen *pl*; (*brutalities also*) Ausschreitungen *pl*.

3. (*amount left over*) Überschuß *m*.

4. **to be in ~ of** hinausgehen über (+*acc*), überschreiten; **a figure in ~ of ...** eine Zahl über (+*dat*).

5. (*Insur*) Selbstbeteiligung *f*.

excess *in cpds weight, production* Über-; *profit* Mehr-; **excess baggage** *n* Übergewicht *nt*; **excess charge** *n* zusätzliche Gebühr; (*for letter*) Nachgebühr *f*; **excess fare** *n* Nachlösegebühr *f*; **I had to pay ~** ich mußte nachlösen.

excessive [ɪk'sesɪv] *adj* übermäßig; *demands, price, praise also* übertrieben. **~ use of the brake** zu häufiger Gebrauch der Bremse; **isn't that rather ~?** ist das nicht etwas übertrieben?; **I think you're being ~** ich finde, Sie übertreiben.

excessively [ɪk'sesɪvlɪ] *adv* **1.** (*to excess*) (+*vb*) *eat, drink, spend* übermäßig, allzuviel; (+*adj*) *optimistic, worried, severe* allzu. **2.** (*extremely*) *ugly, boring* äußerst, ungemein.

excess postage *n* Nachgebühr *f*.

exchange [ɪks'tʃeɪndʒ] **I** *vt books, glances, seats* tauschen; *foreign currency* wechseln, umtauschen (*for* in +*acc*); *courtesies, ideas, experiences* austauschen. **to ~ words/letters/blows** einen Wortwechsel haben/einen Briefwechsel führen/sich schlagen; **to ~ one thing for another** eine Sache gegen eine andere austauschen *or* (*in shop*) umtauschen.

II *n* **1.** (*of goods, stamps*) Tausch *m*; (*of prisoners, views, secrets, diplomatic notes*) Austausch *m*; (*of one bought item for another*) Umtausch *m*. **in ~** dafür; **in ~ for money** gegen Geld *or* Bezahlung; **in ~ for a table/for lending me your car** für einen Tisch/dafür, daß Sie mir Ihr Auto geliehen haben; **fair ~ is no robbery** (*Prov*) Tausch ist kein Raub (*Prov*).

2. (*Fin*) (*act*) Wechseln *nt*; (*place*) Wechselstube *f*. **~ control** Devisenkontrolle *f*; **~ market** (*Fin*) Devisenmarkt *m*; **~ rate** Wechselkurs *m*; **~ rate mechanism** Wechselkursmechanismus *m*.

3. (*St Ex*) Börse *f*.

4. (telephone) ~ Fernvermittlungsstelle *f* (*form*), Fernamt *nt*; (*in office*) (Telefon)zentrale *f*.

5. (*altercation*) Wortwechsel *m*.

III *adj attr student, teacher* Austausch-. **~ value** Tauschwert *m*.

exchangeable [ɪks'tʃeɪndʒəbl] *adj* austauschbar (*for* gegen); *goods bought* umtauschbar (*for* gegen). **goods bought in the sale are not ~** Ausverkaufsware ist vom Umtausch ausgeschlossen.

exchequer [ɪks'tʃekəʳ] *n* Finanzministerium *nt*; (*esp in GB*) Schatzamt *nt*; (*inf: personal*) Finanzen *pl* (*inf*); *see* **chancellor**.

excisable [ek'saɪzəbl] *adj* steuerpflichtig.

excise¹ ['eksaɪz] *n* **1.** Verbrauchssteuer *f* (*on* auf +*acc*, für). **~ on beer/tobacco** Bier-/Tabaksteuer *f*. **2.** (*Brit: department*) *Verwaltungsabteilung f für indirekte Steuern*.

excise² [ek'saɪz] *vt* (*Med*) herausschneiden, entfernen (*also fig*).

excise ['eksaɪz]: **excise duties** *npl* Verbrauchssteuern *pl*.

excision [ek'sɪʒən] *n* (*Med, fig*) Entfernung *f*.

excitability [ɪkˌsaɪtə'bɪlɪtɪ] *n see adj* Erregbarkeit *f*; Reizbarkeit *f*.

excitable [ɪk'saɪtəbl] *adj* (leicht) erregbar; (*Physiol also*) reizbar.

excite [ɪk'saɪt] *vt* **1.** aufregen, aufgeregt machen; (*rouse enthusiasm in*) begeistern. **the news had clearly ~d him** er war wegen der Nachricht sichtlich aufgeregt; **the whole village was ~d by the news** das ganze Dorf war über die Nachricht in Aufregung.

2. (*Physiol*) *nerve* reizen; (*sexually*) erregen.

3. *sentiments, passion, admiration* erregen; *interest, curiosity also* wecken; *imagination, appetite* anregen.

excited [ɪk'saɪtɪd] *adj* aufgeregt; (*worked up, not calm also*) erregt; (*sexually*) erregt; (*enthusiastic*) begeistert. **don't get ~!** (*angry etc*) reg dich nicht auf!; **aren't you ~ about these developments?** finden Sie diese Entwicklungen nicht aufregend?; **aren't you ~ about what might happen?** sind Sie nicht gespannt, was passieren wird?

excitedly [ɪk'saɪtɪdlɪ] *adv see adj* aufgeregt; erregt. **we're waiting ~ to see what will happen** wir warten gespannt darauf, was passiert.

excitement [ɪk'saɪtmənt] *n* **1.** Aufregung *f*; (*not being calm also*) Erregung *f*. **a mood of ~** eine Spannung; **a shriek of ~** ein aufgeregter Schrei; **what's all the ~ about?** wozu die ganze Aufregung?; **to be in a state of great ~** in heller Aufregung sein.

2. (*Physiol*) Reizung *f*; (*sexual*) Erregung *f*.

exciting [ɪk'saɪtɪŋ] *adj moment, week, life, prospects, idea* aufregend; *story, film, event, adventure also* spannend; *author* sensationell; (*sexually*) erregend.

exclaim [ɪk'skleɪm] **I** *vi* **he ~ed in surprise when he saw it** er schrie überrascht auf, als er es sah. **II** *vt* ausrufen. **at last! she ~ed** endlich! rief sie (aus).

exclamation [ˌeksklə'meɪʃən] *n* Ausruf *m* (*also Gram*). **~ mark** *or* **point** (*US*) Ausrufezeichen *nt*; **an ~ of horror** ein Schreckensschrei *m*.

exclamatory [ɪk'sklæmətərɪ] *adj* Ausrufe-; *style* exklamatorisch.

exclude [ɪk'sklu:d] *vt* ausschließen, ausgrenzen. **to ~ sb from the team** jdn aus der Mannschaft ausschließen; **everything excluding petrol** alles außer *or* ausgenommen Benzin.

exclusion [ɪk'sklu:ʒən] *n* Ausschluß *m*, Ausgrenzung *f* (*from* von). **you can't just think about your job to the ~ of everything else** du kannst nicht ausschließlich an deine Arbeit denken; **~ clause** (*Insur*) Haftungsausschlußklausel *f*.

exclusive [ɪk'sklu:sɪv] **I** *adj* **1.** *group, club* exklusiv; *right, interview also* Exklusiv-. **this garage has ~ rights for VW** das ist eine VW-Vertragswerkstatt; **the two possibilities are mutually ~** die beiden Möglichkeiten schließen einander aus.

2. (*fashionable, sophisticated*) vornehm, elegant.

3. (*sole*) ausschließlich, einzig.

4. (*not including*) **from 15th to 20th June ~** vom 15. bis zum 20. Juni ausschließlich; **~ of** ausschließlich (+*gen*), exklusive (+*gen*); **£30 ~ of postage** £ 30 exklusive Porto.

II *n* (*Press, TV*) (*interview*) Exklusivinterview *nt*; (*report*) Exklusivbericht *m*.

exclusively [ɪk'sklu:sɪvlɪ] *adv* ausschließlich.

exclusivity [ˌɪksklu:'sɪvɪtɪ] *n* (*of dealership*) Alleinvertretung *f*. **to build ~ into a contract** die Exklusivrechte in einen Vertrag aufnehmen.

excommunicate [ˌekskə'mju:nɪkeɪt] *vt* exkommunizieren.

excommunication ['ekskəˌmju:nɪ-

'keɪʃən] *n* Exkommunikation *f*.

excrement ['ekskrɪmənt] *n* Kot *m*, Exkremente *pl*.

excrescence [ɪks'kresns] *n* Gewächs *nt*, Auswuchs *m* (*also fig*).

excreta [ɪk'skriːtə] *npl* Exkremente *pl*.

excrete [ɪk'skriːt] *vt* ausscheiden, absondern.

excretion [ɪk'skriːʃən] *n* (*act*) Ausscheidung, Exkretion *f*; (*substance*) Exkret *nt*.

excruciating [ɪk'skruːʃɪeɪtɪŋ] *adj pain, noise* gräßlich, fürchterlich, entsetzlich.

excruciatingly [ɪk'skruːʃɪeɪtɪŋlɪ] *adv see adj* **it was ~ painful** es hat scheußlich weh getan (*inf*); **~ funny** urkomisch.

exculpate ['ekskʌlpeɪt] *vt* (*form*) *person* freisprechen (*from* von). **to ~ oneself** sich rechtfertigen.

excursion [ɪk'skɜːʃən] *n* Ausflug *m*; (*fig: into a subject also*) Exkurs *m*. **to go on an ~** einen Ausflug machen.

excursion ticket *n* verbilligte Fahrkarte (zu einem Ausflugsort); **excursion train** *n* Sonderzug *m*.

excusable [ɪk'skjuːzəbl] *adj* verzeihlich, entschuldbar.

excuse [ɪk'skjuːz] **I** *vt* **1.** (*seek to justify*) *action, person* entschuldigen. **such rudeness cannot be ~d** so ein schlechtes Benehmen ist nicht zu entschuldigen; **to ~ oneself** sich entschuldigen (*for sth* für *or* wegen etw); **he ~d himself for being late** er entschuldigte sich, daß er zu spät kam.

2. (*pardon*) **to ~ sb** jdm verzeihen; **to ~ sb for having done sth** jdm verzeihen, daß er etwas getan hat; **well, I think I can be ~d for believing him** nun, man kann es mir wohl nicht übelnehmen, daß ich ihm geglaubt habe; **if you will ~ the expression** wenn Sie mir den Ausdruck gestatten; **~ me!** (*to get attention, sorry*) Entschuldigung!, entschuldigen Sie!; (*indignant*) erlauben Sie mal!

3. (*set free from obligation*) **to ~ sb from (doing) sth** jdn von einer Sache befreien, jdm etw erlassen; **you are ~d** (*to children*) ihr könnt gehen; **and now if you will ~ me I have work to do** und nun entschuldigen Sie mich bitte, ich habe zu arbeiten.

II [ɪks'kjuːs] *n* **1.** (*justification*) Entschuldigung *f*. **there's no ~ for it** dafür gibt es keine Entschuldigung; **to give sth as an ~** etw zu seiner Entschuldigung anführen *or* vorbringen.

2. (*pretext*) Ausrede, Entschuldigung *f*. **to make up ~s for sb** jdn herausreden; **to make ~s for sb** jdn entschuldigen; **I have a good ~ for not going** ich habe eine gute Ausrede *or* Entschuldigung, warum ich nicht hingehen kann; **~s, ~s!** nichts als Ausreden!; **you're full of ~s** du hast immer eine Ausrede; **he's only making ~s** er sucht nur nach einer Ausrede; **a good ~ for a party** ein guter Grund, eine Party zu feiern.

3. ~s *pl* (*apology*) Entschuldigung *f*; **to offer one's ~s** sich entschuldigen.

4. an ~ for steak/a heating system ein jämmerliches *or* armseliges Steak/eine jämmerliche Heizung.

ex-directory [ˌeksdaɪ'rektərɪ] *adj* (*Brit*) **to be ~** nicht im Telefonbuch stehen.

execrable *adj*, **-bly** *adv* ['eksɪkrəbl, -ɪ] scheußlich, abscheulich.

execrate ['eksɪkreɪt] *vt* **1.** (*hate*) verabscheuen.

2. (*curse*) verfluchen.

execration [ˌeksɪ'kreɪʃən] *n* **1.** (*hatred*) Abscheu *m*. **2.** (*curse*) Fluch *m*.

executant [ɪg'zekjʊtənt] *n* Ausführende(r) *mf*.

execute ['eksɪkjuːt] *vt* **1.** *plan, order, task* durchführen, ausführen; *movement, dance* ausführen; *duties* erfüllen, wahrnehmen; *purpose* erfüllen; (*Comput*) *command* abarbeiten, ausführen. **2.** (*Mus*) (*perform*) vortragen; *cadenza* ausführen. **3.** *criminal* hinrichten. **4.** (*Jur*) *will* vollstrecken, ausführen; *contract* ausfertigen; (*sign*) *document* unterzeichnen.

execution [ˌeksɪ'kjuːʃən] *n* **1.** *see vt 1.* Durchführung, Ausführung *f*; Erfüllung, Wahrnehmung *f*. **to put sth into ~** etw ausführen; **in the ~ of his duties** bei der Ausübung seines Amtes. **2.** (*Mus*) Vortrag *m*; (*musician's skill*) Ausführung *f*. **3.** (*as punishment*) Hinrichtung, Exekution *f*. **4.** (*Jur*) (*of will, judgement*) Vollstreckung *f*; (*of contract*) Ausfertigung *f*; (*signing*) Unterschreiben *nt*.

executioner [ˌeksɪ'kjuːʃnəʳ] *n* Henker(in *f*) *m*, Scharfrichter(in *f*) *m*.

executive [ɪg'zekjʊtɪv] **I** *adj* **1.** *powers, committee etc* exekutiv, Exekutiv-; (*Comm*) geschäftsführend. **~ position** leitende Stellung *or* Position; **I think he's ~ material** ich glaube, er hat das Zeug zum Manager. **2. ~ model** (*of car*) Modell *nt* für Anspruchsvolle.

II *n* **1.** (*of government*) Exekutive *f*; (*of association, trades union*) Vorstand *m*. **2.** (*person in business*) leitender Angestellter, leitende Angestellte, Manager *m*.

executive committee *n* Vorstand *m*; **executive director** *n* Vorstandsmitglied *nt*; **executive jet** *n* Privatjet *m* (für Manager); **executive officer** *n* Erster Offizier; **executive suite** *n* (*in office*) Vorstandsetage *f*.

executor [ɪg'zekjʊtəʳ] *n* (*of will*) Testamentsvollstrecker *m*.

executrix [ɪg'zekjʊtrɪks] *n* Testamentsvollstreckerin *f*.

exegesis [ˌeksɪ'dʒiːsɪs] *n* Exegese, Auslegung *f*.

exemplary [ɪg'zemplərɪ] *adj conduct, virtue, pupil* vorbildlich, beispielhaft. **~ punishment** exemplarische Strafe; **~ damages** *über den verursachten Schaden hinausgehende Entschädigung*, Bußgeld *nt*.

exemplification [ɪgˌzemplɪfɪ'keɪʃən] *n* Erläuterung, Veranschaulichung *f*.

exemplify [ɪg'zemplɪfaɪ] *vt* erläutern, veranschaulichen.

exempt [ɪg'zempt] **I** *adj* befreit (*from* von). **diplomats are ~** Diplomaten sind ausgenommen. **II** *vt person* befreien. **to**

~ **sb from doing sth** jdn davon befreien, etw zu tun.

exemption [ɪg'zempʃən] *n* Befreiung *f*. ~ **from taxes** Steuerfreiheit *f*.

exercise ['eksəsaɪz] **I** *n* **1.** *no pl* (*of right*) Wahrnehmung *f*; (*of physical, mental power*) Ausübung *f*; (*of patience, mental faculties*) Übung *f*; (*of imagination*) Anwendung *f*. **in the ~ of his duties** bei der Ausübung seiner Pflichten.

2. (*bodily or mental, drill, Mus*) Übung *f*. **to do one's ~s in the morning** Morgengymnastik machen.

3. *no pl* (*physical*) Bewegung *f*. **physical ~** (körperliche) Bewegung; **people who don't take** *or* **get enough ~** Leute, die sich nicht genug bewegen *or* die nicht genug Bewegung bekommen; **shall we go out and get some ~?** wollen wir rausgehen und uns ein wenig Bewegung verschaffen?; **what do you do for ~?** wie halten Sie sich fit?

4. (*Mil: usu pl*) Übung *f*. **to go on ~s** eine Übung machen.

5. **~s** *pl* (*US: ceremonies*) Feierlichkeiten *pl*.

II *vt* **1.** *body, mind* üben, trainieren; (*Mil*) *troops* exerzieren; *horse* bewegen; *dog* spazierenführen. **I'm not saying this just to ~ my voice** ich sage das nicht zum Spaß.

2. (*use*) *one's authority, control, power* ausüben; *a right also* geltend machen; *patience, tact, discretion* üben; *influence* ausüben (*on* auf *+acc*); *talents* Gebrauch machen von. **to ~ care in doing sth** Vorsicht walten lassen, wenn man etw tut.

III *vi* **if you ~ regularly ...** wenn Sie sich viel bewegen ...; **you don't ~ enough** du hast zuwenig Bewegung; **he was exercising on the parallel bars** er turnte (gerade) am Barren.

exercise bike *n* Heimtrainer *m*; **exercise book** *n* Heft *nt*.

exerciser ['eksəsaɪzə^r] *n* Trainingsgerät *nt*; (*bigger*) Fitneß-Center *nt*.

exert [ɪg'zɜːt] **I** *vt pressure* ausüben (*on* auf *+acc*); *influence also* aufbieten; *authority* aufbieten, einsetzen (*on* bei); *force* gebrauchen, anwenden. **II** *vr* sich anstrengen.

exertion [ɪg'zɜːʃən] *n* **1.** (*effort*) Anstrengung *f*.

2. (*of force, strength*) Anwendung *f*, Einsatz *m*; (*of authority*) Aufgebot *nt*, Einsatz *m*; (*of influence*) Aufgebot *nt*. **the ~ of force/pressure on sth** die Ausübung von Kraft/Druck auf etw (*acc*); **rugby requires a lot of ~** Rugby fordert viel Einsatz; **after the day's ~s** nach des Tages Mühen.

exeunt ['eksɪʌnt] (*in stage directions*) ab.

ex gratia [eks'greɪʃə] *adj payment* Sonder-.

exhale [eks'heɪl] **I** *vt* **1.** (*breathe out*) ausatmen. **2.** (*give off*) *smoke* abgeben; *gas, vapour also* ablassen. **II** *vi* ausatmen.

exhaust [ɪg'zɔːst] **I** *vt* **1.** (*use up completely*) erschöpfen. **my patience is ~ed** meine Geduld ist erschöpft *or* zu Ende.

2. (*tire*) erschöpfen. **the children are/this job is ~ing me** die Kinder sind/diese Arbeit ist eine Strapaze für mich.

II *n* **1.** (*Aut etc*) Auspuff *m*. **2.** *no pl* (*gases*) Auspuffgase *pl*.

exhausted [ɪg'zɔːstɪd] *adj* erschöpft.

exhaust fumes *npl* Auspuffgase, Abgase *pl*.

exhausting [ɪg'zɔːstɪŋ] *adj activity, work, person* anstrengend, strapaziös. **the climate is ~** das Klima erschöpft einen.

exhaustion [ɪg'zɔːstʃən] *n* Erschöpfung *f*.

exhaustive *adj*, **~ly** *adv* [ɪg'zɔːstɪv, -lɪ] erschöpfend.

exhaust pipe *n* Auspuffrohr *nt*; **exhaust system** *n* Auspuff *m*.

exhibit [ɪg'zɪbɪt] **I** *vt* **1.** *paintings* ausstellen; *goods also* auslegen; *membership card* vorzeigen, vorweisen. **2.** *skill, ingenuity* zeigen, beweisen.

II *vi* ausstellen.

III *n* **1.** (*in an exhibition*) Ausstellungsstück *nt*. **2.** (*Jur*) Beweisstück *nt*.

exhibition [ˌeksɪ'bɪʃən] *n* **1.** (*of paintings, furniture*) Ausstellung *f*; (*of articles for sale*) Auslage *f*.

2. (*act of showing: of a technique, film*) Vorführung *f*.

3. **what an ~ of bad manners!** was für schlechte Manieren!; **to make an ~ of oneself** ein Theater machen (*inf*); **am I making an ~ of myself?** benehm ich mich daneben?

4. (*Brit Univ: minor scholarship*) Stipendium *nt*.

exhibitioner [ˌeksɪ'bɪʃənə^r] *n* (*Brit Univ*) Stipendiat(in *f*) *m*.

exhibitionism [ˌeksɪ'bɪʃənɪzəm] *n* Exhibitionismus *m*.

exhibitionist [ˌeksɪ'bɪʃənɪst] **I** *n* Exhibitionist *m*. **she's a real ~** sie stellt sich gern zur Schau. **II** *adj* exhibitionistisch.

exhibitor [ɪg'zɪbɪtə^r] *n* Aussteller(in *f*) *m*.

exhilarate [ɪg'zɪləreɪt] *vt* in Hochstimmung versetzen; (*news also*) (freudig) erregen; (*sea air etc*) beleben, erfrischen.

exhilarated [ɪg'zɪləreɪtɪd] *adj laugh* erhebend. **to feel ~** in Hochstimmung sein.

exhilarating [ɪg'zɪləreɪtɪŋ] *adj sensation, speed* erregend, berauschend; *conversation, music, work* anregend; *air, wind* belebend, erfrischend.

exhilaration [ɪgˌzɪlə'reɪʃən] *n* Hochgefühl *nt*. **the ~ of flying** das Hochgefühl beim Fliegen.

exhort [ɪg'zɔːt] *vt* ermahnen.

exhortation [ˌegzɔː'teɪʃən] *n* Ermahnung *f*.

exhumation [ˌeks*h*juː'meɪʃən] *n* Exhumierung, Exhumation *f*.

exhume [eks'hjuːm] *vt* exhumieren.

exigence ['eksɪdʒəns], **exigency** [ɪg'zɪdʒənsɪ] *n* **1.** *usu pl* (*requirement*) (An)forderung *f*; (*of situation also*) Erfordernis *nt*. **2.** (*emergency*) Notlage *f*. **3.** (*urgency*) Dringlichkeit *f*.

exigent ['eksɪdʒənt] *adj* (*urgent*) zwingend, dringend; (*exacting*) *master* streng.

exiguous [ɪg'zɪgjʊəs] *adj* (*form*) *space* klein, winzig; *income* gering, dürftig.

exile ['eksaɪl] **I** *n* **1.** (*person*) Verbannte(r) *mf*. **2.** (*banishment*) Exil *nt*, Verbannung *f*. **to go into ~** ins Exil gehen; **in ~** im Exil. **II** *vt* verbannen (*from* aus), ins Exil schicken. **the ~d former president** der im Exil lebende frühere Präsident.

exist [ɪg'zɪst] *vi* **1.** (*to be*) existieren, bestehen. **I want to live, not just ~** ich möchte leben, nicht einfach nur existieren; **it doesn't ~** das gibt es nicht; **to continue to ~** fort- *or* weiterbestehen; **doubts still ~** noch bestehen Zweifel.

2. (*live*) existieren, leben. **we cannot ~ without water** wir können ohne Wasser nicht leben *or* existieren; **she ~s on very little** sie kommt mit sehr wenig aus; **we manage to ~** wir kommen gerade aus; **is it possible to ~ on such a small salary?** kann man denn von so einem kleinen Gehalt leben?

3. (*be found*) vorkommen.

existence [ɪg'zɪstəns] *n* **1.** Existenz *f*; (*of custom, tradition, institution also*) Bestehen *nt*. **to be in ~** existieren, bestehen; **to come into ~** entstehen; (*person*) auf die Welt kommen; **to go out of ~** verschwinden; **do you believe in the ~ of angels?** glauben Sie daran, daß es Engel gibt?; **the continued ~ of such a procedure** das Weiterbestehen *or* der Fortbestand eines solchen Verfahrens; **the only one in ~** der einzige, den es gibt.

2. (*life*) Leben, Dasein *nt*, Existenz *f*. **a miserable ~** ein elendes Leben, ein trostloses Dasein.

existent [ɪg'zɪstənt] *adj* existent; *conditions, laws* bestehend. **to be ~** existieren; **dinosaurs are no longer ~** Dinosaurier gibt es nicht mehr.

existential [ˌegzɪs'tenʃəl] *adj* existentiell.

existentialism [ˌegzɪs'tenʃəlɪzəm] *n* Existentialismus *m*.

existentialist [ˌegzɪs'tenʃəlɪst] **I** *n* Existentialist(in *f*) *m*. **II** *adj* existentialistisch.

existing [ɪg'zɪstɪŋ] *adj law* bestehend; *director* gegenwärtig.

exit ['eksɪt] **I** *n* **1.** (*from stage, life*) Abgang *m*; (*from room also*) Hinausgehen *nt* (*from* aus); (*from sb's life*) Scheiden *nt* (*geh*). **to make one's ~** (*from stage*) abgehen; (*from room*) hinausgehen; **he made a very dramatic ~** sein Abgang war sehr dramatisch.

2. (*way out*) Ausgang *m*; (*for vehicles*) Ausfahrt *f*.

II *vi* hinausgehen; (*from stage*) abgehen; (*Comput*) das Programm/die Datei *etc* verlassen, aussteigen (*inf*).

III *vt* (*US*) *bus etc* verlassen, aussteigen aus; (*Comput*) *program, file* verlassen, aussteigen aus (*inf*).

exit permit *n* Ausreisegenehmigung *f*; **exit poll** *bei Wahlen unmittelbar nach Verlassen der Wahllokale durchgeführte Umfrage*; **exit visa** *n* Ausreisevisum *nt*.

exodus ['eksədəs] *n* **1.** Auszug *m*; (*Bibl: of Hebrews, fig*) Exodus *m*. **general ~** allgemeiner Aufbruch. **2. ~ of capital** Kapitalabwanderung *f*. **3.** (*Bibl*) **E~** 2. Buch Mosis *or* Mose, Exodus *m*.

ex-officio [ˌeksə'fɪʃɪəʊ] **I** *adj* **to be ~ an ~ member** von Amts wegen Mitglied sein. **II** *adv* ex officio. **to act ~** kraft seines Amtes handeln.

exonerate [ɪg'zɒnəreɪt] *vt* entlasten (*from* von).

exoneration [ɪgˌzɒnə'reɪʃən] *n* Entlastung *f* (*from* von).

exorbitance [ɪg'zɔːbɪtəns] *n* (*of price*) Unverschämtheit *f*; (*of demands also*) Maßlosigkeit, Übertriebenheit *f*.

exorbitant [ɪg'zɔːbɪtənt] *adj price* astronomisch, unverschämt, exorbitant (*geh*); *demands* maßlos, übertrieben. **£50 for that is ~!** £ 50 dafür ist Wucher.

exorcism ['eksɔːsɪzəm] *n* Geisterbeschwörung *f*, Exorzismus *m*, Austreibung *f* böser Geister.

exorcist ['eksɔːsɪst] *n* Exorzist(in *f*) *m*.

exorcize ['eksɔːsaɪz] *vt* exorzieren; *evil spirit also* austreiben.

exoskeleton [ˌeksəʊ'skelɪtən] *n* Außenskelett *nt*.

exoteric [ˌeksəʊ'terɪk] *adj* exoterisch.

exotic [ɪg'zɒtɪk] **I** *adj* exotisch. **II** *n* (*Bot*) exotische Pflanze.

exoticism [ɪg'zɒtɪsɪzəm] *n* Exotik *f*, Exotische *nt*.

expand [ɪk'spænd] **I** *vt metal, gas, liquid, empire, chest* ausdehnen, expandieren; *business, trade, production also* erweitern, ausweiten; *knowledge, mind, algebraic formula* erweitern; *influence also, experience* vergrößern; *summary, notes* weiter ausführen; *ideas* entwickeln. **~ed polystyrene** Styropor ® *nt*.

II *vi* (*solids, gases, liquids, universe*) sich ausdehnen, expandieren; (*business, trade, empire*) expandieren, sich ausweiten, wachsen; (*volume of trade, exports, production*) zunehmen, expandieren; (*knowledge, experience, influence*) zunehmen, wachsen; (*fields of knowledge, study, mind*) breiter werden; (*horizons*) sich erweitern. **we want to ~** wir wollen expandieren *or* (uns) vergrößern; **the market is ~ing** der Markt wächst; **could you ~ on that?** könnten Sie das weiter ausführen?; **~ing watch-strap** Gliederarmband *nt*.

expandable [ɪk'spændəbl] *adj* erweiterbar.

expander [ɪk'spændə^r] *n* Expander *m*.

expanse [ɪk'spæns] *n* Fläche *f*; (*of ocean*) Weite *f no pl*. **an ~ of grass/woodland** eine Grasfläche/ein Waldgebiet *nt*.

expansion [ɪk'spænʃən] *n* (*of liquid, gas, metal, universe, property*) Ausdehnung, Expansion *f*; (*of business, trade, production*) Erweiterung, Ausweitung *f*; (*territorial, economic, colonial*) Expansion *f*; (*of subject, idea*) Entwicklung *f*; (*Math, of knowledge*) Erweiterung *f*; (*of experience, influence*) Vergrößerung *f*; (*of summary, notes*) Ausweitung *f*.

expansion (*Comput*): **expansion board** *n* Erweiterungsplatine *f*; **expansion card** *n* Erweiterungskarte *f*.

expansionism [ɪk'spænʃənɪzəm] *n* Expansionspolitik *f*.

expansionist [ɪk'spænʃənɪst] **I** *adj* expansionistisch, Expansions-. **II** *n* Expansionspolitiker(in *f*) *m*.

expansion slot *n* (*Comput*) Erweiterungssteckplatz *m*.
expansive [ɪk'spænsɪv] *adj* **1.** *person* mitteilsam. **to be in an ~ mood** mitteilsam sein. **2.** (*Phys*) expansiv.
expat ['eks,pæt] *see* **expatriate II, III.**
expatiate [ɪk'speɪʃɪeɪt] *vi* sich verbreiten (*on* über +*acc*).
expatiation [ɪk,speɪʃɪ'eɪʃən] *n* weitläufige Erörterung.
expatriate [eks'pætrɪeɪt] **I** *vt* ausbürgern, expatriieren.
II [eks'pætrɪət] *adj person* im Ausland lebend. **~ community** Auslandsgemeinde, Kolonie *f*; **there are a lot of ~ Englishmen/workers here** hier leben viele Engländer/ausländische Arbeitskräfte.
III [eks'pætrɪət] *n* im Ausland Lebende(r) *mf*. **the ~s in Abu Dhabi** die Ausländer in Abu Dhabi.
expect [ɪk'spekt] **I** *vt* **1.** (*anticipate*) erwarten; *esp sth bad also* rechnen mit. **that was to be ~ed** das war zu erwarten, damit war zu rechnen; **I know what to ~** ich weiß, was mich erwartet; **to ~ the worst** mit dem Schlimmsten rechnen; **I ~ed as much** das habe ich erwartet, damit habe ich gerechnet; **to ~ to do sth** erwarten *or* damit rechnen, etw zu tun; **he ~s to be elected** er rechnet damit, gewählt zu werden; **it is ~ed that ...** es wird erwartet, daß ..., man rechnet damit, daß ...; **it is hardly to be ~ed that** es ist kaum zu erwarten *or* damit zu rechnen, daß; **I was ~ing him to come** ich habe eigentlich erwartet, daß er kommt; **I'll ~ to see you tomorrow then** dann sehen wir uns also morgen.
2. (*suppose*) denken, glauben. **will they be on time? — yes, I ~ so** kommen sie pünktlich? — ja, ich glaube schon *or* denke doch; **this work is very tiring — yes, I ~ it is** diese Arbeit ist sehr anstrengend — (ja,) das glaube ich; **I ~ it will rain** höchstwahrscheinlich wird es regnen, es wird wohl regnen; **I ~ you'd like a drink** Sie möchten sicher etwas trinken; **I ~ he turned it down** er hat wohl abgelehnt; ich nehme an, er hat abgelehnt; **well, I ~ he's right** er wird schon recht haben.
3. (*demand*) **to ~ sth of** *or* **from sb** etw von jdm erwarten; **to ~ sb to do sth** erwarten, daß jd etw tut; **what do you ~ me to do about it?** was soll ich da tun?; **don't ~ me to feel sorry** erwarte von mir kein Mitleid; **are we ~ed to tip the waiter?** müssen wir dem Kellner Trinkgeld geben?
4. (*await*) *person, thing, action* erwarten; *baby also* bekommen. **I will be ~ing you tomorrow** ich erwarte dich morgen; **I am ~ing them for supper** ich erwarte sie zum Abendessen; **you'll have to ~ me when you see me** (*inf*) wenn ich da bin, bin ich da! (*inf*).
II *vi* **she's ~ing** sie ist in anderen Umständen, sie bekommt ein Kind.
expectancy [ɪk'spektənsɪ] *n* Erwartung *f*.
expectant [ɪk'spektənt] *adj* erwartungsvoll; *mother* werdend.
expectantly [ɪk'spektəntlɪ] *adv* erwartungsvoll. **to wait ~** gespannt warten.
expectation [,ekspek'teɪʃən] *n* **1.** (*act of expecting*) Erwartung *f*. **in ~ of** in Erwartung (+*gen*).
2. (*that expected*) Erwartung *f*. **contrary to all ~(s)** wider Erwarten; **beyond all ~(s)** über Erwarten, über alle Erwartung; **to come up to sb's ~s** jds Erwartungen (*dat*) entsprechen.
3. (*prospect*) Aussicht *f*.
4. ~ of life Lebenserwartung *f*.
expectorant [ɪk'spektərənt] *n* Expektorans *nt* (*spec*).
expectorate [ɪk'spektəreɪt] *vti* (*form*) ausspeien.
expedience [ɪk'spi:dɪəns], **expediency** [ɪk'spi:dɪənsɪ] *n* **1.** (*self-interest*) Zweckdenken *nt*, Berechnung *f*. **2.** (*of measure*) (*politic nature*) Zweckdienlichkeit *f*; (*advisability*) Ratsamkeit *f*.
expedient [ɪk'spi:dɪənt] **I** *adj* (*politic*) zweckdienlich; (*advisable*) angebracht, ratsam. **II** *n* Notbehelf *m*, Hilfsmittel *nt*.
expedite ['ekspɪdaɪt] *vt* **1.** (*hasten*) beschleunigen, vorantreiben. **2.** (*rare*) *letters* expedieren (*spec*).
expedition [,ekspɪ'dɪʃən] *n* Expedition *f*; (*scientific also*) Forschungsreise *f*; (*Mil*) Feldzug *m*. **to go on an ~/a shopping ~** auf (eine) Expedition *or* Forschungsreise gehen/eine Einkaufstour machen.
expeditionary [,ekspɪ'dɪʃənrɪ] *adj* Expeditions-. **~ force** (*Mil*) Expeditionskorps *nt*.
expeditious *adj*, **~ly** *adv* [,ekspɪ'dɪʃəs, -lɪ] schnell, prompt.
expel [ɪk'spel] *vt* **1.** vertreiben; (*officially: from country*) ausweisen (*from* aus); (*from school*) verweisen (*from* von, *gen*); (*from society*) ausstoßen, ausschließen. **2.** *gas, liquid* ausstoßen.
expend [ɪk'spend] *vt* **1.** (*spend, employ*) *money* ausgeben, verwenden; *time, energy, care* aufwenden (*on* für, *on doing sth* um etw zu tun), verwenden (*on* auf +*acc*, *on doing sth* darauf, etwas zu tun). **2.** (*use up*) *resources* verbrauchen.
expendable [ɪk'spendəbl] *adj* entbehrlich; *people also* überflüssig.
expenditure [ɪk'spendɪtʃə'] *n* **1.** (*money spent*) Ausgaben *pl*. **2.** (*spending*) (*of money*) Ausgabe *f*; (*of time, energy*) Aufwand *m* (*on* an +*dat*). **the ~ of money on ...** Geld auszugeben für ...; **~ of time/energy** Zeit-/Energieaufwand *m*.
expense [ɪk'spens] *n* **1.** Kosten *pl*. **at my ~** auf meine Kosten; **at the public ~** auf Staatskosten; **at little/great ~** mit geringen/hohen Kosten; **it's a big ~** es ist eine große Ausgabe; **to go to the ~ of buying a car** (viel) Geld für ein Auto anlegen; **to go to great ~ to repair the house** es sich (*dat*) etwas kosten lassen, das Haus instand zu setzen; **don't go to any ~ over our visit** stürz dich nicht in Unkosten wegen unseres Besuchs.
2. (*Comm: usu pl*) Spesen *pl*. **your ~s will be entirely covered** alle Unkosten werden Ihnen vergütet; **put it on ~s** schreiben Sie es auf die Spesenrechnung; **it's all on ~s** das geht alles auf

Spesen.

3. (*fig*) **at sb's ~/at the ~ of sth** auf jds Kosten (*acc*)/auf Kosten einer Sache (*gen*); **at somebody else's ~/at the ~ of others** auf Kosten eines anderen/anderer; **at the ~ of great personal suffering** unter großen persönlichen Verlusten.

expense account I *n* Spesenkonto *nt*; **this will go on his ~** das geht auf Spesen; **II** *adj attr* **~ lunch** Mittagessen *nt* auf Spesen; **expenses form** *n* Spesenrechnung *f*; **expenses-paid** *adj* auf Geschäftskosten.

expensive [ɪk'spensɪv] *adj* teuer; *goods, undertaking also* kostspielig.

expensively [ɪk'spensɪvlɪ] *adv* teuer.

expensiveness [ɪk'spensɪvnɪs] *n* (*of goods, travel, services*) hoher Preis, Kostspieligkeit *f*. **the ~ of her tastes** ihr teurer Geschmack; **the increasing ~ of basic commodities** die ständige Verteuerung von Grundbedarfsmitteln.

experience [ɪk'spɪərɪəns] **I** *n* **1.** (*knowledge, wisdom acquired*) Erfahrung *f*. **~ of life** Lebenserfahrung *f*; **~ shows** *or* **proves that ...** die Erfahrung lehrt, daß ...; **to know sth by** *or* **from ~** etw aus Erfahrung wissen; **from my own personal ~** aus eigener Erfahrung; **he has no ~ of real grief** er hat nie wirklichen Kummer erfahren *or* erlebt; **he has no ~ of living in the country** er kennt das Landleben nicht; **I gained a lot of useful ~** ich habe viele nützliche Erfahrungen gemacht; **to have an ~** eine Erfahrung machen.

2. (*practice, skill*) Erfahrung *f*. **he has had no practical ~** ihm fehlt die Praxis, er hat keine praktischen Kenntnisse, er hat keine Erfahrung; **to have ~ of a technique** Erfahrung in einer Methode haben; **have you had some ~ of driving a bus?** haben Sie Erfahrung im Busfahren?; **~ in a trade/in business** Berufs-/Geschäftserfahrung *f*; **to have a lot of teaching ~** große Erfahrung als Lehrer haben.

3. (*event experienced*) Erlebnis *nt*. **I had a nasty ~** mir ist etwas Unangenehmes passiert; **the trial was a very nasty ~** der Prozeß war eine sehr unangenehme Sache; **to go through some terrible ~s** viel durchmachen; **what an ~!** das war vielleicht was!; **it was a new ~ for me** es war völlig neu für mich.

II *vt* **1.** erleben; (*suffer, undergo*) *pain, grief, hunger also* erfahren; *difficult times also* durchmachen. **to ~ difficulties** auf Schwierigkeiten stoßen.

2. (*feel*) fühlen, spüren, empfinden.

experienced [ɪk'spɪərɪənst] *adj* erfahren; *eye, ear* geschult. **to be ~ in sth** erfahren in etw (*dat*) sein.

experiential [ɪkˌspɪərɪ'enʃəl] *adj* auf Erfahrung beruhend, Erfahrungs-.

experiment [ɪk'sperɪmənt] **I** *n* (*Chem, Phys, fig*) Versuch *m*, Experiment *nt*. **to do an ~** einen Versuch *or* ein Experiment machen; **as an ~** versuchsweise, als Versuch. **II** *vi* (*Chem, Phys, fig*) experimentieren (on *mit*).

experimental [ɪkˌsperɪ'mentl] *adj* **1.** (*based on experiments*) *research, method, science, evidence* experimentell, Experimental-. **2.** *laboratory, farm, engine, prototype, period* Versuchs-, Test-; *novel* experimentell; *theatre, cinema* Experimentier-, experimentell. **at the ~ stage** im Versuchsstadium; **on an ~ basis** auf Versuchsbasis.

experimentally [ɪkˌsperɪ'mentəlɪ] *adv* **1.** (*by experiment*) *test, discover* durch Versuche, experimentell. **2.** (*as an experiment*) versuchsweise, als Versuch.

experimentation [ɪkˌsperɪmen'teɪʃən] *n* Experimentieren *nt*.

expert ['ekspɜːt] **I** *n* Fachmann, Experte *m*, Expertin *f*; (*Jur*) Sachverständige(r) *mf*. **he is an ~ on the subject/at that sort of negotiation** er ist Fachmann *or* Experte auf diesem Gebiet/für solche Verhandlungen; **~ in geology** Geologieexperte *m*/-expertin *f*; **an ~ at chess** ein Schachexperte *m*; *f* **he's an ~ at saying the wrong thing** er versteht es meisterhaft, genau das Falsche zu sagen; **with the eye of an ~** mit fachmännischem Blick; **to get the advice of ~s** Experten *or* Fachleute zu Rate ziehen.

II *adj work* ausgezeichnet, geschickt; *driver* erfahren, geschickt; *approach, advice* fachmännisch; *opinion* eines Fachmanns/Sachverständigen. **to be ~ in an art/a science** sich in einer Kunst/Wissenschaft sehr gut auskennen; **~ witness** sachverständiger Zeuge; **what's your ~ opinion?** (*also iro*) was meinen Sie als Fachmann *or* Experte dazu?; **the ~ touch** die Meisterhand; **he is ~ in handling a boat** er kann meisterhaft mit einem Boot umgehen; **to cast an ~ eye over sth** etw fachmännisch begutachten.

expertise [ˌekspə'tiːz] *n* Sachverstand *m*, Sachkenntnis *f* (*in* in +*dat*, auf dem Gebiet +*gen*); (*manual skills*) Geschick *nt* (*in* bei).

expertly ['ekspɜːtlɪ] *adv* meisterhaft; *drive, dribble* geschickt, gekonnt; *judge, examine* sachverständig, mit Sachverstand.

expert system *n* (*Comput*) Expertensystem *nt*.

expiate ['ekspɪeɪt] *vt* sühnen.

expiration [ˌekspaɪə'reɪʃən] *n* **1.** *see* **expiry. 2.** (*of breath*) Ausatmen *nt*, Ausatmung *f*.

expire [ɪk'spaɪə^r] *vi* **1.** (*lease, passport*) ablaufen, ungültig werden; (*time limit*) ablaufen, zu Ende gehen. **2.** (*liter: die*) seinen Geist aufgeben (*liter*). **3.** (*breathe out*) ausatmen.

expiry [ɪk'spaɪərɪ] *n* Ablauf *m*. **on the ~ of** nach Ablauf (+*gen*); **date of ~, ~ date** Ablauftermin *m*; (*of voucher, special offer*) Verfallsdatum *nt*.

explain [ɪk'spleɪn] **I** *vt* erklären (*to sb* jdm); *motives, situation, thoughts also* erläutern; *mystery* aufklären. **that is easy to ~, that is easily ~ed** das läßt sich leicht erklären; **he wanted to see me but wouldn't ~ why** er wollte mich sehen, sagte aber nicht, warum *or* aus welchem Grunde; **that ~s everything** damit wird alles klar.

II *vr* (*justify*) sich rechtfertigen. **he'd better ~ himself** ich hoffe, er kann das erklären; **listen, my boy, I think you'd better start ~ing yourself** was hast du zu deiner Entschuldigung zu sagen, mein Junge?; **~ yourself!** was soll das?, kannst du es/das erklären?

III *vi* es/alles erklären. **please ~** bitte erklären Sie das; **I think you've got a little ~ing to do** ich glaube, Sie müssen da einiges erklären.

◆**explain away** *vt sep* eine Erklärung finden für.

explainable [ɪk'spleɪnəbl] *adj* erklärlich. **this is easily ~** das läßt sich leicht erklären.

explanation [ˌeksplə'neɪʃən] *n* **1.** *see vt* Erklärung *f*; Erläuterung *f*; Aufklärung *f*. **it needs some/a little ~** es bedarf einer/einer kurzen Erklärung, man muß das etwas/ein wenig erklären; **what is the ~ of this?** wie ist das zu erklären?

2. (*justification*) Erklärung, Rechtfertigung *f*. **has he anything to say in ~ of his conduct?** kann er irgend etwas zur Erklärung seines Verhaltens vorbringen?; **what is the ~ of this?** was soll das heißen?

explanatory [ɪk'splænətərɪ] *adj* erklärend; *remarks also* erläuternd. **a few ~ remarks** ein paar Worte zur Erklärung.

expletive [ɪk'spliːtɪv] **I** *n* (*exclamation*) Ausruf *m*; (*oath*) Kraftausdruck, Fluch *m*; (*Gram: filler word*) Füllwort *nt*. **II** *adj* **~ word** (*Gram*) Füllwort *nt*.

explicable [ɪk'splɪkəbl] *adj* erklärbar.

explicate ['eksplɪkeɪt] *vt* (*form*) erläutern, ausführen.

explication [ˌeksplɪ'keɪʃən] *n* (*form*) Erläuterung, Ausführung *f*.

explicit [ɪk'splɪsɪt] *adj* deutlich, explizit (*geh*); *text, meaning also* klar; *sex scene* deutlich, unverhüllt. **in ~ terms** klar und deutlich; **there's no need to be quite so ~** Sie brauchen nicht so deutlich zu werden.

explicitly [ɪk'splɪsɪtlɪ] *adv* deutlich, explizite (*geh*); (*clearly also*) klar.

explode [ɪk'spləʊd] **I** *vi* **1.** explodieren; (*powder, booby-trap, mine also*) in die Luft fliegen (*inf*).

2. (*fig: with anger*) explodieren, vor Wut platzen (*inf*), in die Luft gehen (*inf*). **to ~ with laughter** in schallendes Gelächter ausbrechen, losplatzen (*inf*).

II *vt* **1.** *bomb, plane* sprengen; *dynamite, gas* zur Explosion bringen. **2.** (*fig*) *theory* zu Fall bringen. **to ~ a popular fallacy** einen weitverbreiteten Irrtum aufdecken.

exploded [ɪk'spləʊdɪd] *adj* **~ diagram** Explosionszeichnung *f*.

exploit ['eksplɔɪt] **I** *n* (*heroic*) Heldentat *f*. **~s** (*adventures*) Abenteuer *pl*. **II** [ɪks'plɔɪt] *vt* **1.** (*use unfairly*) *workers* ausbeuten; *friend, sb's credulity, good nature* ausnutzen. **2.** (*make use of*) *talent, the situation* ausnutzen; *coal seam* ausbeuten; *land, natural resources* nutzen.

exploitation [ˌeksplɔɪ'teɪʃən] *n see vt* Ausbeutung *f*; Ausnutzung *f*; Nutzung *f*.

exploration [ˌeksplɔː'reɪʃən] *n* (*of country, area*) Erforschung *f*; (*of small area, town*) Erkundung *f*; (*of topic, possibilities*) Erforschung, Untersuchung, Sondierung *f*; (*Med*) Untersuchung, Exploration (*spec*) *f*. **a voyage of ~** (*lit, fig*) eine Entdeckungsreise; **on his ~s** auf seinen Forschungsreisen/Erkundungen.

exploratory [ɪk'splɒrətərɪ] *adj drilling* Probe-; *excursion* Forschungs-. **~ operation** (*Med*) Explorationsoperation *f*; **~ talks** Sondierungsgespräche *pl*.

explore [ɪk'splɔːʳ] **I** *vt* **1.** *country, forest, unknown territory* erforschen, erkunden; (*Med*) untersuchen.

2. (*fig*) *question, possibilities* erforschen, untersuchen, sondieren. **talks to ~ the ground** Sondierungsgespräche *pl*.

II *vi* **to go exploring** auf Entdeckungsreise gehen.

explorer [ɪk'splɔːrəʳ] *n* Forscher(in *f*) *m*, Forschungsreisende(r) *mf*.

explosion [ɪk'spləʊʒən] *n* **1.** Explosion *f*; (*noise also*) Knall *m*. **2.** (*fig: of anger*) Wutausbruch *m*. **3.** (*fig: in prices, figures*) Explosion *f*.

explosive [ɪk'spləʊzɪv] **I** *adj* **1.** *gas, matter, mixture, weapons, force* explosiv, Explosiv-, Spreng-. **~ device** Sprengkörper *m*. **2.** (*fig*) *situation, combination* explosiv; *temper also* leicht aufbrausend. **II** *n* Sprengstoff *m*.

expo ['ekspəʊ] *n abbr of* **exposition** Ausstellung *f*.

exponent [ɪk'spəʊnənt] *n* **1.** (*of theory*) Vertreter(in *f*), Exponent(in *f*) *m*. **2.** (*Math*) Exponent *m*, Hochzahl *f*.

exponential [ˌekspəʊ'nenʃəl] *adj* Exponential-.

export I [ɪk'spɔːt] *vti* exportieren (*also Comput*), ausführen. **countries which ~ oil** ölexportierende *or* Ölexport-Länder *pl*; **~ or die** wer nicht exportiert, geht unter.

II ['ekspɔːt] *n* Export *m*, Ausfuhr *f*. **ban on ~s** Exportverbot, Ausfuhrverbot *nt*.

III ['ekspɔːt] *adj attr* Export-, Ausfuhr-. **~ director** Exportdirektor *m*; **~ duty** Export- *or* Ausfuhrzoll *m*; **~ drive** Exportkampagne *f*; **~ licence** Ausfuhrgenehmigung *or* -lizenz, Exportgenehmigung *f*; **~ manager** Exportleiter(in *f*) *m*; **~ marketing** Auslandsmarketing *nt*; **~ trade** Exporthandel *m*.

exportable [ɪk'spɔːtəbl] *adj* exportfähig.

exportation [ˌekspɔː'teɪʃən] *n* Export *m*, Ausfuhr *f*.

exporter [ɪk'spɔːtəʳ] *n* (*person*) Exporteur(in *f*) *m* (*of* von); (*country also*) Exportland *nt* (*of* für).

expose [ɪk'spəʊz] *vt* **1.** (*uncover*) *rocks, remains* freilegen; *electric wire, nerve also* bloßlegen. **to be ~d to view** sichtbar sein; **~d position** (*Mil*) exponierte Stellung.

2. (*to danger, rain, sunlight, radiation*) aussetzen (*to dat*); *animal* aussetzen. **not to be ~d to heat** vor Hitze (zu) schützen.

3. (*display*) *one's ignorance* offenbaren; *one's wounds* (vor)zeigen; (*indecently*) *oneself* entblößen. **darling,**

you're exposing yourself du zeigst etwas viel, Liebling.

4. *abuse, treachery* aufdecken; *scandal, plot also* enthüllen; *person, imposter, murderer, thief* entlarven. **to ~ sb/sth to the press** jdn/etw der Presse ausliefern.

5. (*Phot*) belichten.

exposé [ek'spəʊzeɪ] *n* Exposé *nt*; (*of scandal*) Aufdeckung *f*.

exposed [ɪk'spəʊzd] *adj* **1.** (*to weather*) *place* ungeschützt. **~ to the wind** dem Wind ausgesetzt; **this house is very ~** dieses Haus steht sehr ungeschützt.

2. (*insecure*) **to feel ~** sich allen Blikken ausgesetzt fühlen.

3. (*to view*) sichtbar. **the ~ parts of a motor** die frei liegenden Teile eines Motors.

exposition [ˌekspə'zɪʃən] *n* **1.** (*of facts, theory*) Darlegung, Exposition (*geh*) *f*; (*explanatory*) Erklärung, Erläuterung *f*; (*of literature, text*) Kommentar *m* (*of* zu), Erläuterung *f*; (*Mus*) Exposition *f*. **2.** (*exhibition*) Ausstellung *f*.

expository [ɪk'spɒzɪtərɪ] *adj* darlegend.

expostulate [ɪk'spɒstjʊleɪt] *vi* protestieren. **to ~ with sb** mit jdm disputieren.

expostulation [ɪkˌspɒstjʊ'leɪʃən] *n* Protest *m*.

exposure [ɪk'spəʊʒə^r] *n* **1.** (*to sunlight, air, danger*) Aussetzung *f* (*to dat*). **to be suffering from ~** an Unterkühlung leiden; **to die of ~** erfrieren.

2. (*displaying*) Entblößung *f*. **indecent ~** Erregung *f* öffentlichen Ärgernisses.

3. (*unmasking: of person, thief, murderer*) Entlarvung *f*; (*of abuses, plots, vices, scandals, crime*) Aufdeckung *f*. **to threaten sb with ~** drohen, jdn zu entlarven.

4. (*position of building*) Lage *f*. **southern ~** Südlage *f*.

5. (*Phot*) Belichtung(szeit) *f*. **~ meter** Belichtungsmesser *m*.

6. (*Media*) Publicity *f*. **his new film has been given a lot of ~** sein neuer Film hat viel Publicity bekommen.

expound [ɪk'spaʊnd] *vt theory, one's views* darlegen, erläutern.

express [ɪk'spres] **I** *vt* **1.** ausdrücken, zum Ausdruck bringen; (*in words*) *wish, one's sympathy, appreciation also* aussprechen. **to ~ oneself** sich ausdrücken; **this ~es exactly the meaning of the word** das gibt genau die Bedeutung des Wortes wieder; **the thought/feeling which is ~ed here** der Gedanke, der/das Gefühl, das hier zum Ausdruck kommt.

2. (*be expressive of*) ausdrücken.

3. (*form*) *juice, milk* auspressen, ausdrücken.

4. *letter* per Expreß *or* als Eilsendung schicken.

II *adj* (*clear*) *instructions* ausdrücklich; *intention* bestimmt. **with the ~ purpose of seeing him** mit der bestimmten Absicht, ihn zu sprechen.

III *adv* **to send sth ~** etw per Expreß *or* als Eilgut schicken.

IV *n* **1.** (*train*) Schnellzug *m*.

2. to send goods by ~ Waren per Expreß schicken.

express company *n* (*US*) Spedition *f* (für Expreßgut); **express delivery** *n* (*Brit*) Eilzustellung *f*.

expression [ɪk'spreʃən] *n* **1.** (*expressing: of opinions, friendship, affection, joy*) Äußerung *f*, Ausdruck *m*. **as an ~ of our gratitude** zum Ausdruck unserer Dankbarkeit; **to give ~ to sth** etw zum Ausdruck bringen; **feelings which found ~ in tears** Gefühle, die sich in Tränen äußerten.

2. (*feeling: in music, art*) Ausdruck *m*. **you need to put more ~ into it/your voice** Sie müssen das ausdrucksvoller spielen/vortragen; **to play with ~** ausdrucksvoll spielen.

3. (*phrase*) Ausdruck *m*

4. (*of face*) (Gesichts)ausdruck *m*.

5. (*Math*) Ausdruck *m*.

expressionism [ɪk'spreʃənɪzəm] *n* Expressionismus *m*.

expressionist [ɪk'spreʃənɪst] **I** *n* Expressionist(in *f*) *m*. **II** *adj* expressionistisch.

expressionistic [ɪkˌspreʃə'nɪstɪk] *adj* expressionistisch.

expressionless [ɪk'spreʃənlɪs] *adj* ausdruckslos.

expressive [ɪk'spresɪv] *adj* ausdrucksvoll, expressiv (*geh*); *face also* ausdrucksfähig.

expressively [ɪk'spresɪvlɪ] *adv* ausdrucksvoll.

expressiveness [ɪk'spresɪvnɪs] *n* Ausdruckskraft *f*; (*of face also*) Ausdrucksfähigkeit *f*.

express letter *n* Eil- *or* Expreßbrief *m*.

expressly [ɪk'spreslɪ] *adv* **1.** (*explicitly*) *deny, prohibit* ausdrücklich. **2.** (*on purpose*) **he did it ~ to annoy me** er hat es absichtlich getan, um mich zu ärgern.

express train *n* Schnellzug *m*; **expressway** (*US*) *n* Schnellstraße *f*.

expropriate [eks'prəʊprɪeɪt] *vt* enteignen.

expropriation [eksˌprəʊprɪ'eɪʃən] *n* Enteignung *f*.

expulsion [ɪk'spʌlʃən] *n* (*from a country*) Ausweisung *f* (*from* aus); (*driving out*) Vertreibung *f* (*from* aus); (*from school*) Verweisung *f* (von der Schule). **~ order** Ausweisungsbefehl *m*.

expunge [ɪk'spʌndʒ] *vt* (*form*) ausstreichen (*from* aus).

expurgate ['ekspɜːgeɪt] *vt* zensieren, die anstößigen Stellen entfernen aus. **~d edition** gereinigte Fassung.

exquisite [ɪk'skwɪzɪt] *adj* **1.** (*excellent*) *workmanship, sewing* ausgezeichnet, vorzüglich; *woman, dress, painting* exquisit; *food, wine* exquisit, köstlich; *taste, wine* gepflegt; *view* einmalig, herrlich; *sensibility, politeness* fein, außerordentlich; *sense of humour* köstlich.

2. (*keenly felt*) *thrill, satisfaction, pleasure, pain* köstlich.

exquisitely [ɪk'skwɪzɪtlɪ] *adv* **1.** *paint, embroider, decorate, express* ausgezeichnet, vorzüglich; *dress, dine* exquisit, gepflegt. **she has the most ~ delicate hands** sie hat wunderbar zarte Hände. **2.** (*extremely*) äußerst.

ex-serviceman [eks'sɜːvɪsmən] *n, pl*

-men [-mən] ehemaliger Soldat, Veteran *m*.
ext *abbr of* **extension** App., Apparat *m*.
extant [ek'stænt] *adj* (noch) vorhanden.
extemporaneous [ɪkˌstempə'reɪnɪəs], **extemporary** [ɪk'stempərɪ] *adj* unvorbereitet, aus dem Stegreif.
extempore [ɪks'tempərɪ] **I** *adv speak* aus dem Stegreif, unvorbereitet. **II** *adj* **to give an ~ speech** eine Rede aus dem Stegreif halten, extemporieren (*geh*).
extemporize [ɪk'stempəraɪz] *vti* aus dem Stegreif sprechen, extemporieren (*geh*); (*Mus, with makeshift*) improvisieren.
extend [ɪk'stend] **I** *vt* **1.** (*stretch out*) *arms* ausstrecken. **to ~ one's hand to sb** jdm die Hand reichen; **to ~ a wire between two posts** einen Draht zwischen zwei Pfosten spannen.
2. (*prolong*) *street, line, visit, passport, holidays* verlängern. **~ed credit** verlängerter Kredit.
3. (*enlarge*) *research, powers, franchise* ausdehnen, erweitern; *knowledge* erweitern, vergrößern; *house* anbauen an (+*acc*); *property also* vergrößern; *limits* erweitern; *frontiers of a country* ausdehnen. **~ed play record** Schallplatte *f* mit verlängerter Spielzeit; **~ed family** Großfamilie *f*; **in an ~ed sense of the word** im weiteren Sinne des Wortes.
4. (*offer*) (*to sb* jdm) *help* gewähren; *hospitality, friendship* erweisen; *invitation, thanks, condolences, congratulations* aussprechen. **to ~ a welcome to sb** jdn willkommen heißen.
5. (*usu pass: make demands on*) *person, pupil, athlete* fordern. **in this job he is fully ~ed** in diesem Beruf wird sein ganzes Können gefordert.
II *vi* **1.** (*wall, estate, garden*) sich erstrecken, sich ausdehnen (*to, as far as* bis); (*ladder*) sich ausziehen lassen; (*meetings: over period of time*) sich ausdehnen *or* hinziehen.
2. (*reach to*) **enthusiasm which ~s even to the children** Begeisterung, die sich sogar auf die Kinder überträgt.
extendable [ɪk'stendɪbl], **extensible** [ɪk'stensɪbl] *adj telescope* ausziehbar; *time-limit* ausdehnbar.
extension [ɪk'stenʃən] *n* **1.** (*of property*) Vergrößerung *f*; (*of business, knowledge also*) Erweiterung *f*; (*of powers, franchise, research, frontiers*) Ausdehnung *f*; (*of road, line, period of time*) Verlängerung *f*; (*of house*) Anbau *m*; (*of time limit*) Verlängerung *f*, Aufschub *m*.
2. (*addition to length of sth: of road, line*) Verlängerung *f*; (*of table, holidays, leave*) Verlängerung *f*; (*of house*) Anbau *m*.
3. (*telephone in offices, in private houses*) (Neben)anschluß *m*. **~ 3714** Apparat 3714.
4. (*Logic: of word, concept*) Extension *f*.
extension cable *n* Verlängerungskabel *nt*; **extension course** *n* (*Univ*) weiterführender Kurs; **extension ladder** *n* Ausziehleiter *f*; **extension lead** *n* Verlängerungsschnur *f*.
extensive [ɪk'stensɪv] *adj land, forest* ausgedehnt, weit; *view* weit; *knowledge, press coverage* umfassend, umfangreich; *study, research, enquiries* umfangreich, ausgedehnt; *investments, operations, alterations* umfangreich; *damage* beträchtlich; *use* häufig; *plans, reforms, business, influence* weitreichend.
extensively [ɪk'stensɪvlɪ] *adv* weit; *study, investigate, cover* ausführlich; *altered, reformed, damaged* beträchtlich; *used* häufig, viel. **he has travelled ~ in the South of France** er ist viel in Südfrankreich herumgefahren.
extensor [ɪk'stensə^r] *n* Streckmuskel *m*.
extent [ɪk'stent] *n* **1.** (*length*) Länge *f*; (*size*) Ausdehnung *f*. **we could see the full ~ of the park** wir konnten den Park in seiner ganzen Ausdehnung sehen.
2. (*range, scope*) (*of knowledge, alterations, power, activities*) Umfang *m*; (*of damage, commitments, losses also*) Ausmaß *nt*. **debts to the ~ of £5,000** Schulden in Höhe von £ 5.000.
3. (*degree*) Grad *m*, Maß *nt*. **to some ~** bis zu einem gewissen Grade; **to what ~** inwieweit; **to a certain ~** in gewissem Maße; **to a large/slight ~** in hohem/ geringem Maße; **to such an ~ that ...** dermaßen *or* derart, daß ...; **such was the ~ of the damage** so groß war der Schaden.
extenuate [ɪk'stenjʊeɪt] *vt guilt* verringern, mindern; *offence, conduct* beschönigen. **extenuating circumstances** mildernde Umstände.
extenuation [ɪkˌstenjʊ'eɪʃən] *n* (*act*) Verringerung, Minderung *f*; Beschönigung *f*; (*extenuating factor*) mildernde Umstände *pl*. **he pleaded ... in ~ of his crime** (*form*) er führte ... als mildernden Umstand an.
exterior [ɪk'stɪərɪə^r] **I** *adj surface* äußere(r, s), Außen-; *decorating, angle* Außen-. **II** *n* **1.** (*of house, box*) Außenseite *f*, Äußere(s) *nt*; (*of person*) Äußere(s) *nt*. **on the ~** außen, an der Außenseite. **2.** (*Film*) Außenaufnahme *f*.
exterminate [ɪk'stɜːmɪneɪt] *vt* ausrotten, vernichten; *pests also* vertilgen; *disease, beliefs, ideas* ausrotten.
extermination [ɪkˌstɜːmɪ'neɪʃən] *n see vt* Ausrottung, Vernichtung *f*; Vertilgung *f*.
exterminator [ɪk'stɜːmɪneɪtə^r] *n* (*person*) (*of rats etc*) Entweser(in *f*) *m* (*form*); (*of pests*) Kammerjäger(in *f*) *m*; (*poison*) Vernichtungsmittel *nt*.
external [ek'stɜːnl] **I** *adj wall* äußere(r, s), Außen-; *factors, help* extern. **for ~ use only** (*Med*) nur äußerlich (anzuwenden); **~ examiner** (*Brit Univ*) externer Prüfer; **he has an ~ degree in Maths** er hat ein Fernstudium in Mathematik abgeschlossen; **the ~ world** (*Philos*) die Außenwelt *or* äußere Welt; **~ device** (*Comput*) Fremdgerät *nt*; **~ financing** Fremdfinanzierung *f*; **~ trade** Außenhandel *m*.
II *n* (*fig*) **~s** *pl* Äußerlichkeiten *pl*.

externalize [ek'stɜːnəlaɪz] *vt* externalisieren.

externally [ek'stɜːnəlɪ] *adv* äußerlich. **he remained ~ calm** er blieb äußerlich ruhig; **some of the work is done ~** ein Teil der Arbeit wird außer Haus erledigt.

extinct [ɪk'stɪŋkt] *adj volcano, love* erloschen; *species* ausgestorben. **to become ~** aussterben; *volcano* erlöschen.

extinction [ɪk'stɪŋkʃən] *n* (*of fire*) Löschen *nt*; (*of race, family*) Aussterben *nt*; (*annihilation*) Auslöschung, Vernichtung *f*. **~ of species** Artenschwund *m*.

extinguish [ɪk'stɪŋgwɪʃ] *vt fire, candle* (aus)löschen; *light* löschen; *hopes, passion* zerstören; *debt* tilgen.

extinguisher [ɪk'stɪŋgwɪʃəʳ] *n* Feuerlöscher *m*.

extirpate ['ekstɜːpeɪt] *vt* (*lit, fig*) (mit der Wurzel) ausrotten, (gänzlich) beseitigen.

extol [ɪk'stəʊl] *vt* preisen, rühmen.

extort [ɪk'stɔːt] *vt money* erpressen (*from* von); *confession also* erzwingen (*from* von); *secret* abpressen (*from dat*).

extortion [ɪk'stɔːʃən] *n* (*of money*) Erpressung *f*; (*of signature*) Erzwingung *f*. **this is sheer ~!** (*inf*) das ist ja Wucher!

extortionate [ɪk'stɔːʃənɪt] *adj prices* Wucher-; *tax, demand* ungeheuer.

extortioner [ɪk'stɔːʃənəʳ] *n* Erpresser(in *f*) *m*; (*charging high prices*) Wucherer(in *f*) *m*.

extra ['ekstrə] **I** *adj* **1.** (*additional*) zusätzlich; *bus* Einsatz-, zusätzlich. **we need an ~ chair** wir brauchen noch einen Stuhl; **to work ~ hours** Überstunden machen; **to make an ~ effort** sich besonders anstrengen; **to order an ~ helping** eine zusätzliche Portion *or* eine Portion extra bestellen; **~ charge** Zuschlag *m*; **to make an ~ charge** Zuschlag berechnen; **there is an ~ charge for wine** der Wein wird extra berechnet; **~ time** (*Brit Ftbl*) Verlängerung *f*; **we had to play ~ time** es gab eine Verlängerung, es wurde nachgespielt; **~ pay** eine Zulage; **for ~ safety** zur größeren Sicherheit; **we need an ~ 10 minutes** wir brauchen 10 Minuten mehr *or* extra; **could you give me an ~ £3?** könnten Sie mir £ 3 mehr *or* extra geben?

2. (*spare*) Reserve-, übrig. **I bought a few ~ tins** ich habe ein paar Dosen mehr *or* extra gekauft; **these copies are ~** diese Exemplare sind übrig; **are there any ~ helpings?** gibt es Nachschlag? (*inf*), kann man noch eine Portion haben?

II *adv* **1.** (*especially*) extra, besonders. **she was ~ kind that day** sie war besonders freundlich an diesem Tag.

2. (*in addition*) extra. **postage and packing ~** zuzüglich Porto- und Versandkosten; **the wine is ~** der Wein wird extra berechnet.

3. (*inf: more*) **to work ~** länger arbeiten.

III *n* **1.** (*perk*) Zusatzleistung *f*; (*for car*) Extra *nt*. **they regard it as an ~** sie betrachten es als Luxus; **singing and piano are (optional) ~s** Gesang- und Klavierunterricht sind Wahl- *or* Zusatzfächer *pl*.

2. ~s *pl* (*~ expenses*) zusätzliche Kosten *pl*, Nebenkosten *pl*; (*in restaurant*) Zusätzliches *nt*; (*food*) Beilagen *pl*.

3. (*Film, Theat*) Statist(in *f*).

4. (*remainder*) **what shall we do with the ~?** was sollen wir mit dem Rest machen?

extra- *pref* **1.** (*outside*) außer-; (*esp with foreign words*) extra-.

2. (*especially*) besonders, extra. **~dry** *wine* herb; *champagne* extra dry; **~fine** besonders fein, extrafein; *see also* **extra II 1.**

extract [ɪk'strækt] **I** *vt* **1.** herausnehmen; *cork* (heraus)ziehen (*from* aus); *juice, minerals, oil* gewinnen (*from* aus); *tooth* ziehen; *bullet, foreign body also* entfernen. **she ~ed herself from his arms** sie befreite sich aus seinen Armen.

2. (*fig*) *information, secrets, confession, money* herausholen (*from* aus); *permission also, promise* abringen, abnehmen, entlocken (*from dat*); *the meaning, moral of a book also* herausarbeiten (*from* aus). **to ~ sounds from an instrument** einem Instrument Töne entlocken.

3. (*Math*) *square root* ziehen.

4. *quotation, passage* herausziehen.

II ['ekstrækt] *n* **1.** (*from book etc*) Auszug *m*, Exzerpt *nt*. **2.** (*Med, Cook*) Extrakt *m*. **beef ~** Fleischextrakt *m*.

extraction [ɪk'strækʃən] *n* **1.** *see vt* Herausnehmen *nt*; (Heraus)ziehen *nt*; Gewinnung *f*; (Zahn)ziehen *nt*; Entfernung *f*; Herausholen *nt*; Abnahme, Entlockung *f*; Herausarbeiten *nt*; Wurzelziehen *nt*. **he had to have three ~s** ihm mußten drei Zähne gezogen werden.

2. (*descent*) Herkunft, Abstammung *f*. **of Spanish ~** spanischer Herkunft *or* Abstammung.

extractor [ɪk'stræktəʳ] *n* (*for juice*) Presse *f*, Entsafter *m*; (*for dust*) Sauganlage *f*; (*of gun*) Auszieher *m*. **~ fan** Sauglüfter *m*.

extracurricular ['ekstrəkə'rɪkjʊləʳ] *adj* außerhalb des Stundenplans.

extraditable ['ekstrədaɪtəbl] *adj offence* auslieferungsfähig; *person* auszuliefern *pred*, auszuliefernd *attr*.

extradite ['ekstrədaɪt] *vt* ausliefern.

extradition [ˌekstrə'dɪʃən] *n* Auslieferung *f*. **~ order** (*request*) Auslieferungsantrag *m*; **~ treaty** Auslieferungsvertrag *m*.

extramarital ['ekstrə'mærɪtl] *adj* außerehelich.

extramural ['ekstrə'mjʊərəl] *adj courses* ≃ Volkshochschul-.

extraneous [ɪk'streɪnɪəs] *adj* **1.** (*from outside*) *influence* von außen (her), extern. **2.** (*unrelated*) **~ to** irrelevant für, ohne Beziehung zu. **3.** (*not essential*) *detail* unwesentlich.

extraordinarily [ɪk'strɔːdnrɪlɪ] *adv* außerordentlich; *rude also* höchst.

extraordinary [ɪk'strɔːdnrɪ] *adj* **1.** (*beyond what is common*) außerordentlich; (*not usual*) ungewöhnlich. **there's nothing ~ about that** daran ist gar nichts Ungewöhnliches.

2. (*odd, peculiar*) sonderbar, seltsam. **it's ~ to think that ...** es ist (schon) seltsam *or* sonderbar, wenn man denkt, daß ...; **the ~ fact is that he succeeded** das Merkwürdige an der Sache ist, daß er Erfolg hatte; **it's ~ how much he resembles his brother** es ist erstaunlich, wie sehr er seinem Bruder ähnelt.

3. (*specially employed or arranged*) Sonder-. **envoy ~** Sonderbeauftragter *m*; **an ~ meeting** eine Sondersitzung; **~ general meeting** außerordentliche Hauptversammlung.

extrapolate [ek'stræpəleɪt] *vti* extrapolieren (*from* aus).

extrapolation [ek,stræpə'leɪʃən] *n* Extrapolation *f*.

extrasensory ['ekstrə'sensərɪ] *adj* außersinnlich. **~ perception** außersinnliche Wahrnehmung.

extra-special ['ekstrə'speʃəl] *adj* ganz besondere(r, s). **to take ~ care over sth** sich (*dat*) besonders viel Mühe mit etw geben.

extraterrestrial ['ekstrətɪ'restrɪəl] **I** *adj* außerirdisch, extraterrestrisch. **II** *n* außerirdisches Lebewesen.

extraterritorial ['ekstrə,terɪ'tɔːrɪəl] *adj* exterritorial.

extravagance [ɪk'strævəgəns] *n* **1.** Luxus *m no pl*. **her ~** ihre Verschwendungssucht; **the ~ of her tastes** ihr kostspieliger *or* teurer Geschmack; **a life of such ~** ein derart luxuriöser Lebensstil; **the ~ of this big wedding** der Aufwand einer solch großen Hochzeitsfeier.

2. (*wastefulness*) Verschwendung *f*.

3. (*of ideas, theories*) Extravaganz, Ausgefallenheit *f*; (*of claim, demand*) Übertriebenheit *f*.

4. (*extravagant action or notion*) Extravaganz *f*.

extravagant [ɪk'strævəgənt] *adj* **1.** (*with money*) *taste, habit* teuer, kostspielig; *wedding, lifestyle* aufwendig, luxuriös; *price* überhöht. **he is ~** er gibt das Geld mit vollen Händen aus; **I'll be ~ and treat myself to a new coat** ich leiste mir den Luxus und kaufe mir einen neuen Mantel; **go on, be ~** gönn dir doch den Luxus.

2. (*wasteful: in consumption*) verschwenderisch.

3. *behaviour* extravagant; *ideas, theories, tie, pattern also* ausgefallen; *claim, demand* übertrieben. **he was given to indulging in rather ~ talk** er neigte dazu, lose Reden zu führen; **it would be ~ of me to claim that ...** es wäre eine Anmaßung, wenn ich behauptete, daß ...

extravagantly [ɪk'strævəgəntlɪ] *adv* **1.** (*lavishly, with much expense*) *furnished* luxuriös; *spend* mit vollen Händen; *live* auf großem Fuß, luxuriös. **I rather ~ bought myself a gold watch** ich habe mir den Luxus einer goldenen Uhr geleistet.

2. (*wastefully*) *use, consume* verschwenderisch.

3. (*excessively, flamboyantly*) *furnish, dress* extravagant; *praise, act* überschwenglich; *demand, claim* übertrieben. **to talk ~** lose Reden führen.

extravaganza [ɪk,strævə'gænzə] *n* phantastische Dichtung *or* (*Mus*) Komposition; (*show*) Ausstattungsstück *nt*.

extreme [ɪk'striːm] **I** *adj* **1.** (*furthest off*) *limit* äußerste(r, s). **to the ~ right** ganz rechts; **at the ~ left of the photograph** ganz links im Bild; **at the ~ end of the path** ganz am Ende des Weges; **the ~ opposite** genau das Gegenteil; **they are ~ opposites** sie sind völlig gegensätzliche Charaktere.

2. (*of the highest degree*) *courage, pleasure, kindness, simplicity* äußerste(r, s); *rudeness also* maßlos, extrem; *urgency also* extrem; *penalty* höchste(r, s). **with ~ pleasure** mit größtem Vergnügen; **~ old age** ein äußerst hohes Alter; **in ~ danger** in größter *or* höchster Gefahr; **the most ~ poverty** die bitterste *or* größte Armut; **an ~ case** ein Extremfall *m*.

3. (*exaggerated, drastic, Pol*) extrem; *praise, flattery* übertrieben; *exaggeration, demands* maßlos. **to be ~ in one's opinions** extreme Ansichten haben; **he was rather ~ in his praise** er hat bei seinem Lob ziemlich übertrieben; **the ~ right/left** (*Pol*) die äußerste *or* extreme Rechte/Linke.

II *n* Extrem *nt*. **the ~s of happiness and despair** höchstes Glück und tiefste Verzweiflung; **~s of temperature** extreme Temperaturen *pl*; **in the ~** im höchsten Grade; **to go from one ~ to the other** von einem Extrem ins andere fallen; **to go to ~s** es übertreiben; **I wouldn't go to that ~** so weit würde ich nicht gehen; **to drive sb to ~s** jdn zum Äußersten treiben.

extremely [ɪk'striːmlɪ] *adv* äußerst, höchst, extrem. **was it difficult? — ~** war es schwierig? — sehr!

extremism [ɪk'striːmɪzəm] *n* Extremismus *m*.

extremist [ɪk'striːmɪst] **I** *adj view, opinion* extremistisch. **II** *n* Extremist(in *f*) *m*.

extremity [ɪk'stremɪtɪ] *n* **1.** (*furthest point*) äußerstes Ende. **at the northernmost ~ of the continent** am nordlichsten Zipfel des Kontinents.

2. (*extreme degree*) **in the ~ of his despair** in äußerster Verzweiflung; **the ~ to which he had taken the theory** die Entwicklung der Theorie bis zu ihrem Extrem.

3. (*state of need, distress*) Not *f*. **I haven't yet been reduced to that ~** es ist noch nicht so weit mit mir gekommen.

4. (*extreme actions*) **to resort to extremities** zu äußersten *or* extremen Mitteln greifen; **to drive sb to extremities** jdn zum Äußersten treiben.

5. extremities *pl* (*hands and feet*) Extremitäten *pl*.

extricate ['ekstrɪkeɪt] *vt object* befreien. **to ~ oneself from sth** sich aus etw befreien.

extrinsic [ek'strɪnsɪk] *adj value, qualities* äußerlich; *considerations* nicht hereinspielend.

extroversion [ˌekstrəʊ'vɜːʃən] *n* Extravertiertheit *f*.

extrovert ['ekstrəʊvɜːt] **I** *adj* extravertiert. **II** *n* extravertierter Mensch.

extrude [ɪk'struːd] **I** *vt sb, sth* ausstoßen; *metal* herauspressen; *plastic* extrudieren. **II** *vi* herausstehen (*from* aus), herausragen.

extrusion [ɪk'struːʒən] *n* (*Tech*) (*of metal*) Fließpressen *nt*; (*of plastic*) Extrudieren *nt*.

exuberance [ɪg'zuːbərəns] *n* **1.** (*of person*) Überschwenglichkeit *f*; (*of joy, youth, feelings*) Überschwang *m*; (*joy*) überschwengliche Freude (*at* über +*acc*). **in their youthful ~** (*high spirits*) in ihrem jugendlichen Überschwang.
2. (*vitality: of prose, style*) Vitalität *f*.
3. (*abundance*) Fülle *f*, Reichtum *m*.

exuberant [ɪg'zuːbərənt] *adj* überschwenglich; *imagination* übersprudelnd; *style* übersprudelnd, vital; *painting, colour* lebendig; *music, melody* mitreißend. **they were ~ after their victory** nach ihrem Sieg waren sie in Jubelstimmung.

exude [ɪg'zjuːd] **I** *vi* (*liquid*) austreten (*from* aus); (*blood, pus*) abgesondert werden (*from* von). **II** *vt* **1.** (*liquid*) ausscheiden; *dampness, sap also* ausschwitzen. **2.** (*fig: radiate*) *confidence* ausstrahlen; (*pej*) *charm* triefen vor.

exult [ɪg'zʌlt] *vi* frohlocken. **~ing at his own success** über seinen eigenen Erfolg jubelnd.

exultant [ɪg'zʌltənt] *adj* jubelnd; *shout also* Jubel-. **to be ~, to be in an ~ mood** jubeln, in Jubelstimmung sein; **exhausted but ~** erschöpft, aber triumphierend.

exultation [ˌegzʌl'teɪʃən] *n* Jubel *m*.

eye [aɪ] **I** *n* **1.** (*of human, animal, electronic*) Auge *nt*. **with tears in her ~s** mit Tränen in den Augen; **with one's ~s closed/open** mit geschlossenen/offenen Augen; (*fig*) blind/mit offenen Augen; **an ~ for an ~** Auge um Auge; **~s right!** (*Mil*) (die) Augen rechts!; **~s front!** (*Mil*) Augen geradeaus!; **to be all ~s** große Augen machen; **they were all ~s watching the magician** sie beobachteten den Zauberer mit großen Augen; **that's one in the ~ for him** (*inf*) da hat er eins aufs Dach gekriegt (*inf*); **to do sb in the ~** (*inf*) jdn übers Ohr hauen (*inf*); **to cast** *or* **run one's ~s over sth** etw überfliegen; **to cast one's ~s round a room** seine Blicke durch ein Zimmer wandern *or* schweifen lassen; **his ~ fell on a small door** sein Blick fiel auf eine kleine Tür; **to let one's ~ rest on sth** seine Augen *or* den Blick auf etw (*dat*) ruhen lassen; **to look sb (straight) in the ~** jdm in die Augen sehen; **to set** *or* **clap** (*inf*) **~s on sb/sth** jdn/etw zu Gesicht bekommen; **to have a keen ~** ein scharfes Auge haben, einen scharfen Blick haben; **a strange sight met our ~s** ein seltsamer Anblick bot sich uns; **(why don't you) use your ~s!** hast du keine Augen im Kopf?; **with one's own ~s** mit eigenen Augen; **before my very ~s** (direkt) vor meinen Augen; **it was there all the time right in front of my ~s** es lag schon die ganze Zeit da, direkt vor meiner Nase; **under the watchful ~ of the guard/their mother** unter der Aufsicht des Wächters/ihrer Mutter; **you need ~s in the back of your head** da muß man hinten und vorne Augen haben; **to keep an ~ on sb/sth** (*look after*) auf jdn/etw aufpassen; **the police are keeping an ~ on him** (*have him under surveillance*) die Polizei beobachtet ihn; **to keep one's ~ on the ball/main objective** sich auf den Ball/die Hauptsache konzentrieren; **to have one's ~s fixed on sth** etw nicht aus den Augen lassen; **never to take one's ~s off sb/sth** kein Auge von jdm/etw wenden; **to keep one's ~s open** *or* **peeled** (*inf*) *or* **skinned** (*inf*) die Augen offenhalten; **to keep an ~ open** *or* **out for a hotel** nach einem Hotel Ausschau halten; **to keep an ~ on expenditure** auf seine Ausgaben achten *or* aufpassen; **to open sb's ~s to sb/sth** jdm die Augen über jdn/etw öffnen; **to close one's ~s to sth** die Augen vor etw (*dat*) verschließen; **to see ~ to ~ with sb** mit jdm einer Meinung sein; **to make ~s at sb** jdm schöne Augen machen; **to catch sb's ~** jds Aufmerksamkeit erregen; **that colour caught my ~** die Farbe fiel *or* stach mir ins Auge; **he was a monster in their ~s** in ihren Augen war er ein Scheusal; **through somebody else's ~s** mit den Augen eines anderen; **in the ~s of the law** in den Augen des Gesetzes; **with a critical/an uneasy ~** mit kritischem/besorgtem Blick; **with an ~ to the future** im Hinblick auf die Zukunft; **with an ~ to buying sth** in der Absicht, etw zu kaufen; **to have an ~ to** *or* **for the main chance** jede Gelegenheit ausnutzen; **to take one's ~s off sb/sth** die Augen *or* den Blick von jdm/etw abwenden; **he couldn't take his ~s off her** er konnte einfach den Blick nicht von ihr lassen; **don't take your ~ off the ball** konzentrier dich auf den Ball; **don't take your ~s off the magician's left hand** lassen Sie die linke Hand des Zauberkünstlers nicht aus den Augen; **just watch it, my boy, I've got my ~ on you** paß bloß auf, mein Freund, ich beobachte dich genau; **to have one's ~ on sth** (*want*) auf etw (*acc*) ein Auge geworfen haben; **to have an ~ on sb for a job** jdn für eine Stelle im Auge haben; **I only have ~s for you** ich habe nur Augen für dich; **she has an ~ for a bargain** sie hat einen Blick *or* ein Auge für günstige Käufe; **he has no ~ for beauty** ihm fehlt der Blick für Schönheit; **you need an ~ for detail** man muß einen Blick fürs Detail haben; **to get one's ~ in** (*shooting*) sich einschießen; (*playing tennis etc*) sich einspielen; **to be up to the ~s in work** (*inf*) in Arbeit ersticken (*inf*); **he's in it up to the ~s** (*inf*) er steckt bis zum Hals drin (*inf*); **my ~!** (*inf*) Unsinn!
2. (*of needle*) Öhr *nt*; (*of potato, on peacock's tail*) Auge *nt*; (*of hurricane*) Auge *nt*. **in the ~ of the wind** (*Naut*) in *or* gegen den Wind; *see* **hook and eye.**

II *vt* anstarren. **to ~ sb up and down** jdn von oben bis unten mustern.

◆**eye up** *vt sep* mustern, begutachten.

eye *in cpds* Augen-; **eyeball** *n* Augapfel *m*; **to be/meet ~ to ~** sich direkt gegenüberstehen; **drugged up to the ~s** (*inf*) total breit (*sl*); **eyebath** *n* Augenbad *nt*; (*container*) Augenbadewanne *f*; **eyebrow** *n* Augenbraue *f*; **to raise one's ~s** die Augenbrauen hochziehen; **he never raised an ~** er hat sich nicht einmal gewundert; **that will raise a few ~s, there will be a few raised ~s (at that)** da werden sich einige wundern; **eyebrow pencil** *n* Augenbrauenstift *m*; **eyecatcher** *n* (*thing*) Blickfang *m*; **she's quite an ~** sie zieht alle Blicke auf sich; **eyecatching** *adj* auffallend; *publicity, poster also* auffällig, ins Auge springend *or* stechend; **that's rather ~** das fällt *or* springt ins Auge; **eye contact** *n* Blickkontakt *m*; **I wasn't getting any ~ from her** es kam zu keinem Blickkontakt zwischen ihr und mir; **eye-cup** *n* (*US*) Augenbadewanne *f*.

eye drops ['aɪdrɒps] *npl* Augentropfen *pl*.

eyeful ['aɪfʊl] *n* **he got an ~ of soda water** er bekam Selterswasser ins Auge; **she's quite an ~** (*inf*) sie hat allerhand zu bieten (*inf*).

eye glasses *npl* (*US: spectacles*) Brille *f*; **eyelash** *n* Augenwimper *f*; **eyelet** ['aɪlɪt] *n* Öse *f*; **eye-level** *adj attr grill* in Augenhöhe; **eyelid** *n* Augenlid *nt*; **eye liner** *n* Eyeliner *m*; **eye-opener** *n* **1. that was a real ~ to me** das hat mir die Augen geöffnet; **2.** (*US inf: drink*) (alkoholischer) Muntermacher; **eye patch** *n* Augenklappe *f*; **eyepiece** *n* Okular *nt*; **eyeshade** *n* Augenblende *f*, Schild *m*; **eyeshadow** *n* Lidschatten *m*; **eyesight** *n* Sehkraft *f*, Sehvermögen *nt*; **to have good ~** gute Augen haben; **to lose one's ~** das Augenlicht verlieren (*geh*), erblinden; **his ~ is failing** seine Augen lassen nach, sein Sehvermögen läßt nach; **eyesore** *n* Schandfleck *m*; **this carpet is a real ~** dieser Teppich sieht fürchterlich aus; **eyestrain** *n* Überanstrengung *or* Ermüdung *f* der Augen; **eye test** *n* Augentest *m or* -untersuchung *f*.

Eyetie ['aɪtaɪ] *n* (*sl*) Spaghettifresser (*pej inf*), Itaker (*pej sl*) *m*.

eye tooth *n* Eckzahn, Augenzahn *m*; **I'd give my eye teeth for that** darum würde ich alles geben; **eyewash** *n* (*Med*) Augenwasser *or* -bad *nt*; (*fig inf*) Gewäsch *nt* (*inf*); (*deception*) Augenwischerei *f*; **eyewitness** *n* Augenzeuge *m*/-zeugin *f*.

eyrie ['ɪərɪ] *n* Horst *m*.

F

F, f [ef] *n* F, f *nt.* ~ **sharp/flat** Fis, fis *nt*/ Fes, fes *nt*; *see also* **major, minor, natural.**

F *abbr of* **Fahrenheit** F.

f *abbr of* **1. foot, feet. 2. feminine** f.

FA *abbr of* **Football Association.**

fable ['feɪbl] *n* Fabel *f*; (*legend, body of legend*) Sage *f*; (*fig: lie*) Märchen *nt.*

fabled ['feɪbld] *adj* sagenhaft. **Cleopatra, ~ for her beauty** Kleopatra, berühmt für ihre Schönheit.

fabric ['fæbrɪk] *n* **1.** (*Tex*) Stoff *m.* **2.** (*basic structure*) **the ~ of the building was quite sound** das Gebäude als solches war ganz gut. **3.** (*fig: of society etc*) Gefüge *nt*, Struktur *f.*

fabricate ['fæbrɪkeɪt] *vt* **1.** (*invent*) *story* erfinden, ersinnen (*geh*). **2.** (*manufacture*) herstellen, fabrizieren.

fabrication [ˌfæbrɪ'keɪʃən] *n* **1.** (*act of inventing*) Erfindung *f*; (*story invented also*) Lügengeschichte *f*, Lügenmärchen *nt.* **2.** (*manufacture*) Herstellung, Fabrikation *f.*

Fabrikoid ® ['fæbrɪkɔɪd] *n* (*US*) Kunstleder, Skai ® *nt.*

fabulous ['fæbjʊləs] *adj* sagenhaft; (*inf: wonderful also*) toll (*inf*), fabelhaft.

fabulously ['fæbjʊləslɪ] *adv* sagenhaft.

façade [fə'sɑːd] *n* (*lit, fig*) Fassade *f.*

face [feɪs] **I** *n* **1.** Gesicht *nt.* **I don't want to see your ~ here again** ich möchte Sie hier nie wieder sehen; **we were standing ~ to ~** wir standen einander Auge in Auge gegenüber; **next time I see him ~ to ~** das nächste Mal, wenn ich ihm begegne; **to bring two people ~ to ~** zwei Leute einander gegenüberstellen; **to come ~ to ~ with sb/one's Maker/death** jdn treffen/Gott von Angesicht zu Angesicht sehen/dem Tod ins Auge sehen; **he told him so to his ~** er sagte ihm das (offen) ins Gesicht; **he shut the door in my ~** er schlug mir die Tür vor der Nase zu; **to look/be able to look sb in the ~** jdn ansehen/jdm in die Augen sehen können; **to fling** *or* **throw a remark back in sb's ~** jdm seine eigene Bemerkung wieder auftischen; **in the ~ of great difficulties/much opposition** angesichts *or* (*despite*) trotz größter Schwierigkeiten/starker Opposition; **courage in the ~ of the enemy** Tapferkeit vor dem Feind.

2. (*expression*) Gesicht(sausdruck *m*) *nt.* **to make** *or* **pull a ~** das Gesicht verziehen; **to make** *or* **pull ~s/a funny ~** Gesichter *or* Grimassen/eine Grimasse machen *or* schneiden (*at sb* jdm); **to put a good ~ on it** gute Miene zum bösen Spiel machen; **to put a brave ~ on it** sich (*dat*) nichts anmerken lassen; (*do sth one dislikes*) (wohl oder übel) in den sauren Apfel beißen; **he has set his ~ against that** er stemmt sich dagegen.

3. (*prestige*) **loss of ~** Gesichtsverlust *m*; **to save (one's)/lose ~** das Gesicht wahren/verlieren.

4. (*of clock*) Zifferblatt *nt*; (*rock ~*) (Steil)wand *f*; (*coal~*) Streb *m*; (*type~*) Schriftart *f*; (*of playing card*) Bildseite *f*; (*of coin*) Vorderseite *f*; (*of house*) Fassade *f.* **to put sth ~ up(wards)/down(wards)** etw mit der Vorderseite nach oben/unten legen; **to be ~ up(wards)/down(wards)** (*person*) mit dem Gesicht nach oben/unten liegen; (*thing*) mit der Vorderseite nach oben/unten liegen; (*book*) mit der aufgeschlagenen Seite nach oben/unten liegen; **to work at the (coal)~** vor Ort arbeiten; **to change the ~ of a town** das Gesicht *or* Aussehen einer Stadt verändern; **he/it vanished off the ~ of the earth** (*inf*) er/es war wie vom Erdboden verschwunden; **on the ~ of it** so, wie es aussieht.

5. (*inf: effrontery*) **to have the ~ to do sth** die Stirn haben, etw zu tun.

II *vt* **1.** (*be opposite, have one's face towards*) gegenübersein/-stehen/-liegen (+*dat*); (*window, door*) *north, south* gehen nach; *street, garden* liegen zu; (*building, room*) *north, south* liegen nach; *park, street* liegen zu. **to ~ the wall/light** zur Wand gekehrt/dem Licht zugekehrt sein; (*person*) mit dem Gesicht zur Wand/zum Licht stehen/sitzen; **sit down and ~ the front!** setz dich und sieh nach vorn!; **~ this way!** bitte sehen Sie hierher!; **the picture/wall facing you** das Bild/die Wand Ihnen gegenüber; **the picture facing page 16** die Abbildung gegenüber Seite 16; **to sit facing the engine/front of the bus** in Fahrtrichtung sitzen.

2. (*fig*) *possibility, prospect* rechnen müssen mit. **to be ~d with sth** sich einer Sache (*dat*) gegenübersehen; **the problem facing us** das Problem mit dem wir konfrontiert sind; **you'll ~ a lot of criticism if you do that** Sie setzen sich großer Kritik aus, wenn Sie das tun; **to be ~d with a bill for £100** eine Rechnung über £ 100 präsentiert bekommen; **he is facing/will ~ a charge of murder** er steht unter Mordanklage, er ist/wird wegen Mordes angeklagt.

3. (*meet confidently*) *situation, danger, criticism* sich stellen (+*dat*); *person, enemy* gegenübertreten (+*dat*). **he ~d defeat bravely** er hat sich tapfer mit der Niederlage abgefunden; **to ~ (the) facts** den Tatsachen ins Auge blicken *or* sehen; **let's ~ it** machen wir uns doch nichts vor; **you'd better ~ it, you're not going to get it** du mußt dich wohl damit abfinden, daß du das nicht bekommst.

4. (*inf: put up with, bear*) verkraften (*inf*); *another drink, cake* runterkriegen (*inf*). **to ~ doing sth** es fertigbringen (*inf*) *or* es über sich (*acc*) bringen, etw zu tun; **I can't ~ it** (*inf*) ich bringe es einfach nicht über mich.

5. *building, wall* verblenden, verkleiden; (*Sew*) *garment* (mit Besatz) verstürzen.

6. (*Cards*) aufdecken.

7. *stone* glätten, (plan) schleifen.

III *vi* (*house, room*) liegen (*towards park* dem Park zu, *onto road* zur Straße, *away from road* nicht zur Straße); (*window*) gehen (*onto, towards* auf +*acc*, zu, *away from* nicht auf +*acc*). **he was sitting facing away from me** er saß mit dem Rücken zu mir; **they were all facing towards the window** sie saßen alle mit dem Gesicht zum Fenster (hin); **the house ~s away from the sea** das Haus liegt nicht aufs Meer zu; **in which direction was he facing?** in welche Richtung stand er?; **you've parked facing in the wrong direction** Sie haben in der falschen Richtung geparkt; **the side of the house that ~s onto the road** die der Straße zugekehrte Seite des Hauses; **why was the house built facing away from the park?** warum wurde das Haus nicht mit Blick auf den Park gebaut?; **right ~!** (*Mil*) rechts um!

◆**face about** *vi* (*US Mil*) kehrtmachen.

◆**face out** *vt sep* durchstehen.

◆**face up to** *vi* +*prep obj fact, truth* ins Gesicht sehen (+*dat*); *danger* ins Auge sehen *or* blicken (+*dat*); *possibility* sich abfinden mit; *responsibility* auf sich (*acc*) nehmen. **he won't ~ ~ ~ the fact that ...** er will es nicht wahrhaben, daß ...

face *in cpds* Gesichts-; **face card** *n* Bild(er)karte *f*; **facecloth** *n* Waschlappen *m*; **face cream** *n* Gesichtscreme *f*; **face guard** *n* Schutzmaske *f*; **faceless** *adj drawing* gesichtslos; (*fig*) anonym; **facelift** *n* (*lit*) Gesichts(haut)straffung *f*, Facelift(ing) *nt*; (*fig: for car, building etc*) Verschönerung *f*; **to have a ~** sich (*dat*) das Gesicht liften *or* straffen lassen; (*fig*) ein neues Aussehen bekommen; **face-off** *n* **1.** (*US: confrontation*) Konfrontation *f*; **2.** (*Ice-hockey*) Bully *nt*; **face pack** *n* Gesichtspackung *f*.

facer ['feɪsəʳ] *n* (*Brit inf: difficulty*) harte Nuß (*inf*).

face-saver *n* Ausrede *f*, um das Gesicht zu wahren; **face-saving** *adj* **a ~ excuse/remark/tactic** eine Entschuldigung/Bemerkung/Taktik, um das Gesicht zu wahren.

facet ['fæsɪt] *n* (*lit*) Facette *f*; (*fig*) Seite *f*, Aspekt *m*.

faceted ['fæsɪtɪd] *adj* (*Zool*) Facetten-; (*Miner also*) facettiert.

faceting ['fæsɪtɪŋ] *n* (*Miner*) Facettenschliff *m*.

facetious [fə'siːʃəs] *adj remark, speech, tone* witzelnd, spöttisch, mokant. **to be ~ (about sth)** (über etw *acc*) Witze machen, sich (über etw *acc*) mokieren; **I was just being ~** das war doch nur ein Witz *or* so eine Blödelei (*inf*).

facetiously [fə'siːʃəslɪ] *adv see adj*.

face-to-face *adj* persönlich, von Angesicht zu Angesicht (*geh*); *confrontation* direkt; **face value** *n* (*Fin*) Nennwert, Nominalwert *m*; **to take sth at (its) ~** (*fig*) etw für bare Münze nehmen; **to take sb at ~** jdm unbesehen glauben; **face-worker** *n* (*Min*) Hauer *m*.

facial ['feɪʃəl] **I** *adj* Gesichts-. **II** *n* (*inf*) kosmetische Gesichtsbehandlung.

facile ['fæsaɪl] *adj* **1.** (*glib, superficial*) oberflächlich; *emotions, mind, piece of writing also* ohne Tiefgang. **he made a few ~ remarks** er hat einige nichtssagende Bemerkungen gemacht. **2.** (*flowing*) *style* flüssig, gewandt. **3.** (*easy*) *task, victory* leicht.

facilitate [fə'sɪlɪteɪt] *vt* erleichtern; (*make possible*) ermöglichen.

facility [fə'sɪlɪtɪ] *n* **1.** Einrichtung *f*. **to give sb every ~** jdm jede Möglichkeit bieten; **you will have every ~** *or* **all facilities for study** es wird Ihnen alles zur Verfügung stehen, was Sie zum Studium brauchen; **facilities for the disabled** Einrichtungen für Behinderte; **cooking facilities** Kochgelegenheit *f*.

2. *no pl* (*ease*) Leichtigkeit *f*; (*dexterity*) Gewandtheit *f*. **~ in learning** (leichte) Auffassungsgabe.

facing ['feɪsɪŋ] *n* **1.** (*on wall*) Verblendung, Verkleidung *f*. **2.** (*Sew*) Besatz *m*.

facsimile [fæk'sɪmɪlɪ] *n* Faksimile *nt*; (*Telec*) Faksimileübertragung *f*, Telefax *nt*.

fact [fækt] *n* **1.** Tatsache *f*, Faktum *nt* (*geh*); (*historical, geographical*) Faktum *nt*. **hard ~s** nackte Tatsachen *pl*; **the true ~s** der wahre Sachverhalt; **to know for a ~ that** (es) ganz genau *or* sicher wissen, daß; **the ~ is that ...** die Sache ist die, daß ...; **to stick to the ~s** bei den Tatsachen bleiben, sich an die Tatsachen *or* Fakten halten; (*not speculate also*) auf dem Boden der Tatsachen bleiben; **the ~s of the case** (*Jur*) der Tatbestand, der Sachverhalt; **... and that's a ~** darüber besteht kein Zweifel!, Tatsache! (*inf*); **is that a ~?** tatsächlich?, Tatsache? (*inf*); *see* **face II 3.**

2. *no pl* (*reality*) Wirklichkeit, Realität *f*. **~ and fiction** Dichtung und Wahrheit; **founded on ~** auf Tatsachen beruhend.

3. in (point of *or* **actual) ~** eigentlich; (*in reality*) tatsächlich, in Wirklichkeit; (*after all*) (dann) doch; (*to make previous statement more precise*) nämlich; **in ~, as a matter of ~** eigentlich; (*to intensify previous statement*) sogar; **I don't suppose you know him/you want it? — in (point of** *or* **actual) ~** *or* **as a matter of ~ I do** Sie kennen ihn/möchten das nicht zufällig? — doch, eigentlich schon; **do you know him/want it? — in (point of** *or* **actual) ~** *or* **as a matter of ~ I do** kennen Sie ihn/möchten Sie das? — jawohl; **but in (point of** *or* **actual) ~ he didn't do it/there were a lot more** aber in Wirklichkeit hat er es gar nicht getan/waren viel mehr da; **I'm going soon, in (point of** *or* **actual) ~ tomorrow** ich gehe bald, nämlich morgen; **does it hurt? — as a matter of ~ it's very painful** tut's weh? — ja, und sogar ganz schön; **I bet you haven't done that! — as a matter of ~ I have!** du hast das bestimmt nicht gemacht! — und ob, aber ja doch!; **as a matter of ~ we were just talking about you** wir haben (nämlich) eben von Ihnen geredet; **do you know Sir Charles? — as a matter of ~ he's my uncle/yes, in ~ he's my uncle** kennen Sie Sir Charles? — ja, und er ist sogar/ja, er ist nämlich mein Onkel.

4. (*Jur*) **to be an accessory before/after the ~** sich der Beihilfe/Begünstigung schuldig machen.

fact-finding ['fæktfaındıŋ] *adj commission* Untersuchungs-; *mission* Erkundungs-. **~ tour** Informationsreise *f*.

faction ['fækʃən] *n* **1.** (*group*) (Partei)gruppe *f*; (*Pol*) Fraktion *f*; (*splinter group*) Splittergruppe *f*. **2.** *no pl* (*strife*) interne Unstimmigkeiten *pl*; (*Pol also*) Parteihader *m*.

factious ['fækʃəs] *adj* (*liter*) streitsüchtig, händelsüchtig; *quarrelling* kleinlich.

factitious [fæk'tıʃəs] *adj* künstlich, unecht; *demand for goods* hochgespielt.

fact of life *n* **1.** (*reality*) harte Tatsache. **that's just a ~** so ist es nun mal im Leben. **2. ~s ~ ~** *pl* (*sexual*) Aufklärung *f*; **to tell/teach sb the ~s ~ ~** jdn aufklären; **to know the ~s ~ ~** aufgeklärt sein.

factor ['fæktə^r] **I** *n* **1.** Faktor *m*. **2.** (*Biol*) Erbfaktor *m*. **3.** (*agent*) Makler(in *f*) *m*. **4.** (*Comm: for debts*) Kommissionär(in *f*) *m*. **II** *vi* (*Comm*) Schulden aufkaufen.

factorize ['fæktəraız] *vt* in Faktoren zerlegen, faktorisieren.

factory ['fæktərı] *n* Fabrik *f*; (*plant also*) Werk *nt*.

Factory Act *n* Arbeitsschutzgesetz *nt*; **factory farm** *n* industrieller Viehzuchtbetrieb, Großmästerei *f*; **factory farming** *n* industriell betriebene Viehzucht; **factory hand** *n* Fabrikarbeiter(in *f*) *m*; **factory inspector** *n* Gewerbeaufsichtsbeamte(r) *m*/-beamtin *f*; **factory ship** *n* Fabrikschiff *nt*; **factory worker** *n* Fabrikarbeiter(in *f*) *m*.

factotum [fæk'təʊtəm] *n* Faktotum *nt*.

factsheet ['fæktʃi:t] *n* Informationsblatt *nt*.

factual ['fæktjʊəl] *adj* sachlich, Tatsachen-; (*real*) tatsächlich. **~ error** Sachfehler *m*.

factually ['fæktjʊəlı] *adv* sachlich.

faculty ['fækəltı] *n* **1.** (*power of mind*) Vermögen *nt*, Fähigkeit, Kraft *f*; (*ability, aptitude*) Begabung *f*, Talent *nt*. **~ of reason** Vernunft *f*; **~ of speech/thought/sight** Sprech-/Denk-/Sehvermögen *nt*; **the mental faculties** die Geisteskräfte *pl*; **to be in (full) possession of (all) one's faculties** im Vollbesitz seiner Kräfte sein; **to have a ~ for doing sth** ein Talent dafür haben, etw zu tun.

2. (*Univ*) Fakultät *f*. **the medical ~, the ~ of medicine** die medizinische Fakultät; **the F~** (*staff*) der Lehrkörper.

3. (*Eccl*) Vollmacht *f*.

fad [fæd] *n* Fimmel (*inf*), Tick (*inf*) *m*; (*fashion*) Masche *f* (*inf*). **it's just a ~** das ist nur ein momentaner Fimmel (*inf*) *or* Tick (*inf*).

faddish ['fædıʃ], **faddy** ['fædı] (*inf*) *adj* wählerisch.

fade [feıd] **I** *vi* **1.** verblassen; (*material, colour also*) verbleichen; (*on exposure to light*) verschießen; (*flower*) verblühen; (*lose shine*) seinen Glanz verlieren. **guaranteed non-~** *or* **not to ~** garantiert farbecht.

2. (*fig*) (*memory*) verblassen; (*sight, strength, inspiration, feeling*) nachlassen, schwinden (*geh*); (*hopes*) zerrinnen; (*smile*) verschwinden; (*beauty*) verblühen; (*sound*) verklingen, verhallen; (*radio signal*) schwächer werden.

3. (*Rad, TV, Film*) (*scene*) ausgeblendet werden; (*cameraman*) ausblenden. **to ~ to another scene** (allmählich) zu einer anderen Szene überblenden.

4. (*Tech: brakes*) nachlassen.

II *vt* **1.** (*cause to lose colour*) ausbleichen. **2.** (*Rad, TV, Film*) ausblenden. **to ~ one scene (in)to another** von einer Szene (allmählich) in eine andere überblenden.

III *n* (*Rad, TV, Film*) Abblende *f*.

◆**fade away** *vi* (*sight*) schwinden (*geh*); (*memory also*) verblassen; (*hopes also*) zerrinnen; (*interest, strength, inspiration also*) nachlassen; (*sound*) verklingen, verhallen; (*person*) immer weniger *or* schwächer werden; (*from memory of the public*) aus dem Gedächtnis schwinden.

◆**fade in** (*Rad, TV, Film*) **I** *vi* allmählich eingeblendet werden. **II** *vt sep* allmählich einblenden.

◆**fade out I** *vi* **1.** (*Rad, TV, Film*) abblenden. **2. to ~ ~ of sb's life** aus jds Leben verschwinden. **II** *vt sep* (*Rad, TV, Film*) abblenden.

◆**fade up** *vt sep* (*Rad, TV, Film*) aufblenden; *sound* lauter werden lassen, anschwellen lassen.

faded ['feıdıd] *adj* verblaßt, verblichen; *material* (*after exposure to light*) verschossen; *flowers, beauty* verblüht.

fade-in *n* (*Rad, TV, Film*) Aufblendung *f*; **fade-out** *n* (*Rad, TV, Film*) Abblende *f*.

faeces, (*US*) **feces** ['fi:si:z] *pl* Kot *m*.

faff about ['fæfə,baʊt] *vi* (*Brit inf*) herumwursteln (*inf*).

fag [fæg] (*inf*) **I** *n* **1.** *no pl* (*drudgery*) Schinderei, Plackerei *f*.

2. (*Brit: cigarette*) Kippe *f* (*inf*), Glimmstengel *m* (*inf*).

3. (*sl: homosexual*) Schwule(r) *m* (*inf*).

II *vt* (*also* **~ out**) (*inf*) erschöpfen, schlauchen (*inf*). **to ~ oneself (out)** sich abschinden, sich abrackern (*inf*); **to be ~ged (out)** kaputt *or* geschafft sein (*inf*).

III *vi* (*also* **~ away**) sich abrackern (*inf*).

fag end *n* **1.** (*Brit inf: cigarette end*) Kippe *f* (*inf*), Stummel *m*. **2.** (*inf: last part*) letztes Ende. **the ~ of a conversation** die letzten Fetzen einer Unterhaltung.

faggot, (*US*) **fagot** ['fægət] *n* **1.** Reisigbündel *nt*. **2.** (*Cook*) Frikadelle *f*. **3.** (*inf: person*) Blödmann *m* (*inf*). **4.** (*esp US sl: homosexual*) Schwule(r) *m* (*inf*).

Fahrenheit ['færənhaıt] *n* Fahrenheit *nt*.

fail [feıl] **I** *vi* **1.** (*be unsuccessful*) keinen

Erfolg haben; (*in mission, life*) versagen, scheitern; (*campaign, efforts, negotiations also, plan, experiment, marriage*) fehlschlagen, scheitern; (*undertaking, attempt*) fehlschlagen, mißlingen, mißglücken; (*applicant, application*) nicht angenommen werden; (*election candidate, Theat: play*) durchfallen; (*business*) eingehen; (*charm, attempts at persuasion also*) vergeblich *or* umsonst sein. **I/he/they** *etc* **~ed (in doing sth)** es gelang mir/ihm/ihnen *etc* nicht(, etw zu tun); **he ~ed in his attempt** sein Versuch schlug fehl *or* mißglückte; **to ~ in one's duty** seine Pflicht nicht tun; **to ~ by 5 votes** (*motion*) mit 5 Stimmen Mehrheit abgelehnt werden; (*person*) um 5 Stimmen geschlagen werden; **if all else ~s** wenn alle Stricke reißen.

2. (*not pass exam*) durchfallen.

3. (*fall short*) **where he/the essay ~s is in not being detailed enough** sein Fehler/der Fehler des Aufsatzes ist, daß er nicht ausführlich genug ist; **this report ~s in that it comes up with no clear proposals** dieser Bericht läßt es an klaren Vorschlägen fehlen.

4. (*grow feeble*) (*health*) sich verschlechtern; (*hearing, eyesight also*) nachlassen; (*invalid*) schwächer werden. **he is ~ing fast** sein Zustand verschlechtert sich zusehends.

5. (*stop working, be cut off*) (*generator, battery, radio, electricity*) ausfallen; (*pump, engine also, brakes*) versagen; (*supply, wind*) ausbleiben; (*heart*) versagen, aussetzen. **the crops ~ed** es gab ein Mißernte.

II *vt* **1.** *candidate* durchfallen lassen. **to ~ an exam** durch eine Prüfung fallen.

2. (*let down: person, memory*) im Stich lassen; (*not live up to sb's expectations*) enttäuschen. **words ~ me** mir fehlen die Worte.

3. to ~ to do sth etw nicht tun; (*neglect*) (es) versäumen, etw zu tun; **I ~ to see why ...** es ist mir schleierhaft, warum ...; (*indignantly*) ich sehe gar nicht ein, warum ....

III *n* **1. without ~** ganz bestimmt, auf jeden Fall; (*inevitably*) garantiert, grundsätzlich.

2. (*failed candidate, exam*) **there were ten ~s** zehn sind durchgefallen *or* durchgerasselt (*inf*); **she got a ~ in history** in Geschichte ist sie durchgefallen.

failing ['feɪlɪŋ] **I** *n* Schwäche *f*, Fehler *m*.

II *prep* **~ an answer** mangels (einer) Antwort (*geh*); **ask John if he knows, ~ him try Harry** fragen Sie John (danach), und wenn er es nicht weiß, versuchen Sie es bei Harry; **~ this/that** (oder) sonst, und wenn das nicht möglich ist.

fail-safe ['feɪlseɪf] *adj* (ab)gesichert; *method* hundertprozentig sicher.

failure ['feɪljəʳ] *n* **1.** (*lack of success*) Mißerfolg *m*; (*of campaign, efforts, negotiations also, of plan, experiment, marriage*) Scheitern *nt*; (*of undertaking, attempt*) Fehlschlag *m*; (*of application*) Ablehnung *f*; (*in exam, Theat: of play also*) Durchfall *m*; (*of business*) Eingehen *nt*. **~ to do sth** vergeblicher Versuch, etw zu tun; **~ rate** (*in exams*) Mißerfolgsquote *f*; (*of machine*) Fehlerquote *f*.

2. (*unsuccessful person*) Versager(in *f*) *m*, Niete *f* (*inf*) (*at* in *+dat*); (*unsuccessful thing*) Mißerfolg, Reinfall (*inf*) *m*, Pleite *f* (*inf*). **sb is a ~ at doing sth** jd ist in etw (*dat*) eine Niete (*inf*), es gelingt jdm nicht, etw zu tun.

3. (*omission, neglect*) **because of his ~ to reply/act** weil er nicht geantwortet/gehandelt hat, weil er es versäumt *or* unterlassen hat zu antworten/zu handeln; **his ~ to notice anything** weil er nichts bemerkt hat; **~ to appear** Nichterscheinen *nt* (*form*); **~ to observe a law** Nichtbeachtung *f* eines Gesetzes.

4. (*of health*) Verschlechterung *f*; (*of hearing, eyesight also*) Nachlassen *nt*; (*of invalid*) Nachlassen *nt* der Kräfte.

5. (*breakdown*) (*of generator, engine, electricity*) Ausfall *m*; (*of pump, engine also, of brakes*) Versagen *nt*; (*of supply, wind*) Ausbleiben *nt*; (*of heart*) Versagen *nt*. **~ of crops** Mißernte *f*; (*complete*) Ernteausfall *m*.

faint [feɪnt] **I** *adj* (*+er*) **1.** schwach; *colour, recollection also* blaß; *suspicion, hope, sound also, wish* leise *attr; smell, tracks, line, smile also, amusement* leicht *attr*; *resemblance also* entfernt; *voice* (*feeble*) matt, schwach; (*distant, not loud*) leise. **I haven't the ~est (idea)** ich habe keinen blassen Schimmer (*inf*); **I haven't the ~est idea about it** davon habe ich nicht die leiseste Ahnung.

2. (*pred: physically*) **she felt ~** ihr wurde schwach; **I feel ~ with hunger** mir ist (ganz) schwach vor Hunger.

II *n* Ohnmacht *f*. **to fall in a ~** in Ohnmacht fallen, ohnmächtig werden.

III *vi* ohnmächtig werden (*with, from* vor *+dat*).

faint-hearted [feɪnt'hɑːtɪd] *adj* zaghaft.

fainting fit ['feɪntɪŋfɪt] *n* Ohnmachtsanfall *m*.

faintly ['feɪntlɪ] *adv* schwach; *visible also* kaum; *suspect, hope, attempt, sound* leise; *smell, smile* leicht; *similar, resemble* entfernt; (*slightly*) *interested, disappointed* leicht.

faintness ['feɪntnɪs] *n* **1.** *see adj 1.* **such was the ~ of his voice/the colour/the smell/the resemblance** seine Stimme war so schwach/die Farbe war so blaß/der Geruch war so schwach/die Ähnlichkeit war so schwach *or* entfernt.

2. (*dizziness*) flaues Gefühl, Schwächegefühl *nt*.

fair[1] [fɛəʳ] **I** *adj* (*+er*) **1.** (*just*) gerecht, fair (*to/on sb* jdm gegenüber, gegen jdn). **to be ~ to/on sb** (*not unjust*) jdm gegenüber fair *or* gerecht sein *or* (*not mean*) anständig handeln; **he tried to be ~ to everybody** er versuchte, gegen alle gerecht zu sein *or* (*give everybody his due*) allen gerecht zu werden; **that's a ~ comment** das stimmt, das läßt sich nicht abstreiten; **it's only ~ for him to earn more than us** es ist doch nur gerecht *or* fair, daß er mehr verdient als wir; **it's only ~**

to ask him/to give him a hand man sollte ihn fairerweise fragen/ihm fairerweise helfen; ~ **enough!** na schön!, na gut!; **that's ~ enough** das ist nur recht und billig; **~'s ~!** wir wollen doch fair bleiben; **by ~ means or foul** ohne Rücksicht auf Verluste (*inf*); ~ **and square** offen und ehrlich, redlich; **that's a ~ sample of ...** das ist ziemlich typisch für ...

2. (*reasonable*) ganz ordentlich. **only ~** nur mäßig; ~ **to middling** gut bis mittelmäßig; **to have a ~ idea of sth** eine ungefähre Vorstellung von etw haben; **to have a ~ idea (of) what/how ...** sich (*dat*) ziemlich gut vorstellen können, was/wie ...; **to have a ~ idea that ...** den leisen Verdacht haben, daß ...; **a ~ chance of success** recht gute Erfolgsaussichten *pl*.

3. (*reasonably large, fast, strong*) *sum, number, speed* ziemlich, ansehnlich; *wind* frisch. **a ~ amount** ziemlich viel; **to go at a ~ pace** ziemlich schnell gehen/fahren *etc*, ein ganz schönes Tempo drauf haben (*inf*).

4. (*fine*) *weather* heiter, schön.

5. *person* (*light-haired*) blond; (*light-skinned*) hell.

6. (*old: beautiful*) hold (*old*). **the ~ sex** (*not old*) das schöne Geschlecht.

II *adv* **1. to play ~** (*Sport*) fair spielen; (*fig also*) fair sein.

2. ~ **and square** (*honestly*) offen und ehrlich; (*accurately, directly*) genau, direkt; **he struck him ~ and square in the face** er schlug ihm mitten ins Gesicht.

3. (*dial: pretty well*) ganz schön (*inf*), vielleicht (*inf*). **it ~ took my breath away** das hat mir glatt den Atem verschlagen.

fair² *n* (Jahr)markt *m*; (*fun~*) Volksfest *nt*; (*Comm*) Messe *f*.

fair copy *n* Reinschrift *f*; **to write out a ~ of sth** etw ins reine schreiben; **fair game** *n* (*lit*) jagdbares Wild; (*fig*) Freiwild *nt*; **fairground** *n see* **fair²** Markt(platz) *m*; Festplatz *m*; **fair-haired** *adj, comp* **fairer-haired** blond; **fair-haired boy** *n* (*US*) Lieblingskind *nt*, Liebling *m*.

fairly ['fɛəlɪ] *adv* **1.** (*justly*) gerecht. ~ **and squarely beaten** nach allen Regeln der Kunst geschlagen. **2.** (*rather*) ziemlich, recht. **3.** (*pretty well*) *see* **fair¹ II 3.**

fair-minded ['fɛəmaɪndɪd] *adj* gerecht.

fairness ['fɛənɪs] *n* **1.** (*justice*) Gerechtigkeit, Fairneß *f*. **in all ~** gerechterweise, fairerweise; **in (all) ~ to him we should wait** wir sollten fairerweise warten. **2.** (*lightness*) (*of hair*) Blondheit *f*; (*of skin*) Hellhäutigkeit *f*. **3.** (*of weather*) Schönheit *f*. **4.** (*old: beauty*) Liebreiz *m* (*old*).

fair play *n* (*Sport, fig*) faires Verhalten, Fair play *nt*; **fair-sized** *adj* recht groß; **fairway** *n* **1.** (*Naut*) Fahrwasser *nt or* -rinne *f*; **2.** (*Golf*) Fairway *nt*; **fair-weather** *adj friends* nur in guten Zeiten.

fairy ['fɛərɪ] *n* **1.** Fee *f*. **2.** (*pej inf: homosexual*) Homo (*inf*), Schwule(r) (*inf*) *m*.

fairy cycle *n* Kinderfahrrad *nt*; **fairy godmother** *n* (*lit, fig*) gute Fee; **fairyland** *n* Märchenland *nt*; **fairy lights** *npl* bunte Lichter *pl*; **fairy-like** *adj* feenhaft; **fairy queen** *n* Elfenkönigin *f*; **fairy ring** *n* Hexentanzplatz *m*; (*of mushrooms*) Hexenring *m*; **fairy story, fairy-tale** *n* (*lit, fig*) Märchen *nt*.

fait accompli [ˌfetə'kɒmpliː] *n* vollendete Tatsache, Fait accompli *nt* (*geh*). **to present sb with a ~** jdn vor vollendete Tatsachen stellen.

faith [feɪθ] *n* **1.** (*trust*) Vertrauen *nt* (*in* zu); (*in human nature, medicine, science, religious ~*) Glaube *m* (*in* an +*acc*). ~ **in God** Gottvertrauen *nt*; **to have ~ in sb** jdm (ver)trauen; **to have ~ in sth** Vertrauen in etw (*acc*) haben; **it was more an act of ~ than a rational decision** das war mehr auf gut Glück gemacht als eine rationale Entscheidung.

2. (*religion*) Glaube *m no pl*, Bekenntnis *nt*.

3. (*promise*) **to keep/break ~ with sb** jdm treu bleiben/untreu werden.

4. (*sincerity, loyalty*) Treue *f*. **to act in good/bad ~** in gutem Glauben/böser Absicht handeln.

faithful ['feɪθfʊl] **I** *adj* **1.** treu. ~ **to one's promise** seinem Versprechen getreu. **2.** (*accurate*) *account, translation* genau, getreu. **II** *npl* **the ~** (*Rel*) die Gläubigen *pl*.

faithfully ['feɪθfəlɪ] *adv* **1.** treu; *promise* fest, hoch und heilig (*inf*). **yours ~** mit freundlichen Grüßen; (*more formally*) hochachtungsvoll. **2.** *report* genau, getreu; *translate* wortgetreu, genau.

faithfulness ['feɪθfʊlnɪs] *n* (*loyalty*) Treue *f* (*to* zu); (*of servant, dog also*) Ergebenheit *f* (*to* gegenüber); (*of translation*) Genauigkeit *f*; (*of reproduction*) Originaltreue *f*.

faith healer *n* Gesundbeter(in *f*) *m*; **faith healing** *n* Gesundbeten *nt*; **faithless** *adj* treulos; **faithlessness** *n* Treulosigkeit *f*.

fake [feɪk] **I** *n* (*object*) Fälschung *f*; (*jewellery*) Imitation *f*; (*person*) (*trickster*) Schwindler(in *f*) *m*; (*feigning illness*) Simulant(in *f*) *m*.

II *vt* vortäuschen; *picture, document, results* fälschen; *burglary, crash* fingieren; *jewellery* imitieren, nachmachen; *elections* manipulieren.

◆**fake up** *vt sep story* erfinden; *picture, passport* fälschen; *jewellery* imitieren.

falcon ['fɔːlkən] *n* Falke *m*.

falconer ['fɔːlkənəʳ] *n* Falkner(in *f*) *m*.

falconry ['fɔːlkənrɪ] *n* Falknerei *f*; (*sport*) Falkenjagd *or* -beize *f*.

Falkland Islands ['fɔːklənd,aɪləndz], **Falklands** ['fɔːkləndz] *npl* Falkland-Inseln *pl*.

fall [fɔːl] (*vb: pret* **fell,** *ptp* **fallen**) **I** *n* **1.** Fall *no pl*, Sturz *m*; (*decline: of empire*) Untergang *m*. **the F~ (of Man)** (*Eccl*) der Sündenfall; **to break sb's ~** jds Fall auffangen; **to have a ~** (hin)fallen, stürzen; **to head** *or* **ride for a ~** in sein Verderben rennen.

2. (*defeat*) (*of town, fortress*) Einnahme, Eroberung *f*; (*of Troy*) Fall *m*; (*of country*) Zusammenbruch *m*; (*of government*) Sturz *m*.

3. ~ **of rain/snow** Regen-/Schneefall

m; ~ **of rock** Steinschlag *m*.

4. (*of night*) Einbruch *m*.

5. (*in gen*) (*lowering*) Sinken *nt;* (*of barometer*) Fallen *nt*; (*sudden*) Sturz *m*; (*in wind*) Nachlassen *nt*; (*in revs, population, membership*) Abnahme *f;* (*in graph*) Abfall *m;* (*in morals*) Verfall *m;* (*of prices, currency*) (*gradual*) Sinken *nt*; (*sudden*) Sturz *m*. ~ **in altitude** Höhenverlust *m*. ~ **in share prices** (*fin*) Kursrückgang *m*.

6. (*slope*) (*of roof, ground*) Gefälle *nt*; (*steeper*) Abfall *m*.

7. (*water~: also* ~**s**) Wasserfall *m*. **the Niagara F~s** der Niagarafall.

8. (*Wrestling*) Schultersieg *m*.

9. (*hang: of curtains etc*) Fall *m*.

10. (*US: autumn*) Herbst *m*.

II *vi* **1.** fallen; (*Sport, from a height, badly*) stürzen; (*object: to the ground*) herunter-/hinunterfallen. **to ~ to one's death** tödlich abstürzen; **to ~ into a trap** in die Falle gehen.

2. (*hang down: hair, clothes*) fallen.

3. (*drop*) (*temperature, price*) fallen, sinken; (*population, membership*) abnehmen; (*voice*) sich senken; (*wind*) sich legen, nachlassen; (*land*) abfallen; (*graph, curve, rate*) abnehmen; (*steeply*) abfallen. **her eyes fell** sie schlug die Augen nieder (*geh*); **his face fell** er machte ein langes Gesicht; **to ~ in sb's estimation** *or* **eyes** in jds Achtung (*dat*) sinken.

4. (*be defeated*) (*country*) eingenommen werden; (*city, fortress also*) fallen, erobert werden; (*government, ruler*) gestürzt werden. **to ~ to the enemy** vom Feind eingenommen werden; (*fortress, town also*) vom Feind erobert werden.

5. (*be killed*) fallen.

6. (*night*) hereinbrechen; (*silence*) eintreten.

7. (*Bibl*) den Sündenfall tun.

8. (*occur*) (*birthday, Easter etc*) fallen (*on* auf +*acc*); (*accent*) liegen (*on* auf +*dat*); (*be classified*) gehören (*under* in +*acc*), fallen (*under* unter +*acc*). **that ~s outside/within the scope ...** das fällt nicht in/in den Bereich ...

9. (*be naturally divisible*) zerfallen, sich gliedern (*into* in +*acc*). **to ~ into categories** sich in Kategorien gliedern lassen.

10. (*fig*) **not a word fell from his lips** kein Wort kam über seine Lippen; **her eyes fell on a strange object** ihr Blick fiel auf einen merkwürdigen Gegenstand; **the responsibility ~s on you** Sie tragen *or* haben die Verantwortung; **the blame for that ~s on him** ihn trifft die Schuld daran.

11. (*become*) werden. **to ~ asleep** einschlafen; **to ~ ill** krank werden, erkranken (*geh*); **to ~ in/out of love with sb** sich in jdn verlieben/aufhören, jdn zu lieben.

12. (*pass into a certain state*) **to ~ into despair** verzweifeln; **to ~ into a deep sleep** in tiefen Schlaf fallen *or* sinken; **to ~ into a state of unconsciousness/into a coma** das Bewußtsein verlieren, in Ohnmacht/in ein Koma fallen; **to ~ apart** *or* **to pieces** (*chairs, cars, book*) aus dem Leim gehen (*inf*); (*clothes, curtains*) sich auflösen; (*house*) verfallen; (*system, company, sb's life*) aus den Fugen geraten *or* gehen.

13. to ~ to doing sth (*start*) anfangen, etw zu tun.

14. (*in set constructions see also n, adj etc*) **to ~ into the hands of sb** jdm in die Hände fallen; **to ~ among thieves** unter die Räuber fallen *or* geraten.

III *vt* **to ~ prey/a victim to sb/sth** jdm/einer Sache zum Opfer fallen.

◆**fall about** (*also* ~ ~ **laughing**) *vi* sich krank lachen (*inf*).

◆**fall away** *vi* **1.** (*ground*) abfallen. **2.** (*come away, crumble: plaster, bricks, river bank*) abbröckeln (*from* von). **3.** *see* **fall off 2. 4.** (*anxiety, fears*) weichen (*geh*) (*from* von). **5.** (*from party, church*) abfallen.

◆**fall back** *vi* zurückweichen (*also Mil*).

◆**fall back (up)on** *vi +prep obj* zurückgreifen auf (+*acc*).

◆**fall behind** *vi* **1.** (*race, school*) zurückbleiben (*prep obj* hinter +*dat*), zurückfallen (*prep obj* hinter +*acc*). **2.** (*with rent, work*) in Rückstand *or* Verzug geraten.

◆**fall down** *vi* **1.** (*person*) hinfallen; (*statue, vase*) herunter-/hinunterfallen; (*collapse: house, scaffolding*) einstürzen.

2. (*down stairs, cliff face*) hinunterfallen (*prep obj acc*). **he fell right ~ to the bottom** er ist bis ganz nach unten gefallen.

3. (*fig: be inadequate: person, theory, plan*) versagen. **where he/the plan ~s ~ is ...** woran es ihm/dem Plan fehlt, ist ..., woran es bei ihm/dem Plan hapert, ist ... (*inf*); **that was where we fell ~** daran sind wir gescheitert.

◆**fall for** *vi +prep obj* **1. I really fell ~ him/that** er/das hatte es mir angetan. **2.** (*be taken in by*) *sales talk, propaganda* hereinfallen auf (+*acc*).

◆**fall in** *vi* **1.** (*into water etc*) hineinfallen. **to ~ ~(to) sth** in etw (*acc*) fallen. **2.** (*collapse*) einstürzen; (*building also*) zusammenbrechen. **3.** (*Mil*) (*troops*) (in Reih und Glied) antreten; (*one soldier*) ins Glied treten. **~ ~!** antreten!, **to ~ ~ beside** *or* **alongside sb** sich jdm anschließen.

◆**fall in with** *vi +prep obj* **1.** (*meet, join up with*) sich anschließen (+*dat*); *bad company* geraten in (+*acc*). **2.** (*agree to*) mitmachen bei; *request* unterstützen.

◆**fall off** *vi* **1.** (*lit*) (*person, cup*) herunter-/hinunterfallen (*prep obj* von). **2.** (*decrease*) zurückgehen, abnehmen; (*supporters*) abfallen; (*speed also*) sich verringern; (*support, enthusiasm*) nachlassen.

◆**fall on** *vi +prep obj* **1.** (*trip on*) *stone* fallen über (+*acc*). **2.** (*be the responsibility of, be borne by*) (*duty, decision, task*) zufallen (+*dat*); (*blame*) treffen (+*acc*). **3.** (*attack*) herfallen über (+*acc*). **4.** (*find*) stoßen auf (+*acc*).

◆**fall out** *vi* **1.** (*of bed, boat, window*) heraus-/hinausfallen. **to ~ ~ of sth** aus etw fallen. **2.** (*quarrel*) sich (zer)streiten. **3.** (*Mil*) wegtreten. **4.** (*happen*) sich ergeben. **just wait and see how things ~ ~** wart erst mal ab, wie alles wird.

◆**fall over** *vi* **1.** (*person*) hinfallen; (*collapse*) umfallen; (*statue, vase also*) umkippen.

2. *+prep obj* (*trip over*) *stone, sb's legs* fallen über (*+acc*). **he was always ~ing ~ himself** er stolperte ständig über seine eigenen Füße; **they were ~ing ~ each other to get the book** sie drängelten sich, um das Buch zu bekommen.

3. to ~ ~ oneself to do sth sich (fast) umbringen (*inf*) *or* sich (*dat*) die größte Mühe geben, etw zu tun; **to ~ ~ backwards to do sth** sich (förmlich) überschlagen, etw zu tun (*inf*).

◆**fall through** *vi* (*plan*) ins Wasser fallen, fehlschlagen.

◆**fall to** *vi* **1.** (*inf*) (*start eating, fighting, working*) loslegen (*inf*). **2.** (*be the responsibility of*) zufallen (*+dat*).

◆**fall upon** *vi +prep obj see* **fall on 2.-4.**

fallacious [fəˈleɪʃəs] *adj* irrig; *argument* trugschlüssig.

fallacy [ˈfæləsɪ] *n* Irrtum *m*; (*in logic*) Fehlschluß, Trugschluß *m*. **a popular ~** ein weitverbreiteter Irrtum.

fallen [ˈfɔːlən] **I** *ptp of* **fall. II** *adj women, soldier, angel* gefallen; *leaf* abgefallen. **III** *npl* **the F~** (*Mil*) die Gefallenen *pl*.

fallibility [ˌfælɪˈbɪlɪtɪ] *n* Fehlbarkeit *f*.

fallible [ˈfæləbl] *adj* fehlbar.

falling star [ˈfɔːlɪŋ staːʳ] *n* Sternschnuppe *f*.

fall line *n* (*Sci*) Fall-Linie *f*; **fall-off** *n* (*in gen*) Rückgang *m*, Abnahme *f*; (*in numbers, attendances*) Abfall *m*; (*in speed*) Verringerung *f*; (*in enthusiasm, support*) Nachlassen *nt*.

Fallopian tube [fəˈləʊpɪənˈtjuːb] *n* Eileiter *m*.

fall-out [ˈfɔːlaʊt] *n* radioaktiver Niederschlag. **~ shelter** Atombunker *m*.

fallow¹ [ˈfæləʊ] *adj land* brach. **to lie ~** brachliegen.

fallow² *adj* falb, gelbbraun. **~ deer** Damwild *nt*.

false [fɔːls] **I** *adj* falsch; *friend also, lover* treulos; *ceiling, floor* Einschub-, Zwischen-. **to put a ~ interpretation on sth** etw falsch auslegen *or* deuten; **~ labour** Vorwehen *pl*; **to sail under ~ colours** unter falscher Flagge segeln; **to bear ~ witness** (*Bibl*) falsch(es) Zeugnis reden (*Bibl*); **under ~ pretences** unter Vorspiegelung falscher Tatsachen; **a box with a ~ bottom** eine Kiste mit doppeltem Boden.

II *adv:* **to play sb ~** mit jdm ein falsches Spiel treiben.

false alarm *n* falscher *or* blinder Alarm; **false dawn** *n* Zodiakal- *or* Tierkreislicht *nt*; **false friend** *n* (*Ling*) falscher Freund; **false-hearted** *adj* falsch, treulos.

falsehood [ˈfɔːlshʊd] *n* **1.** (*lie*) Unwahrheit *f*. **2.** *no pl* (*of statement*) Unwahrheit *f*.

falsely [ˈfɔːlslɪ] *adv interpret, understand* falsch; *believe, claim, declare* fälschlicherweise; *accuse* zu Unrecht; *smile* unaufrichtig; *deceive, act* treulos.

falseness [ˈfɔːlsnɪs] *n* (*of statement*) Unrichtigkeit, Falschheit *f*; (*of promise*) Unaufrichtigkeit, Falschheit *f*; (*artificiality: of pearls, eyelashes*) Unechtheit *f*; (*unfaithfulness: of lover*) Untreue, Treulosigkeit *f*.

false rib *n* falsche Rippe; **false start** *n* Fehlstart *m*; **false teeth** *npl* (künstliches) Gebiß *nt*.

falsetto [fɔːlˈsetəʊ] **I** *n* (*voice*) Fistelstimme *f*; (*Mus*) Falsett *nt*; (*person*) Falsettist *m*. **II** *adj* Fistel-; (*Mus*) Falsett-. **III** *adv sing* im Falsett.

falsifiable [ˈfɒlsɪfaɪəbl] *adj* (*disprovable*) widerlegbar, falsifizierbar (*spec*).

falsification [ˌfɔːlsɪfɪˈkeɪʃən] *n* **1.** (Ver)-fälschung *f*. **2.** (*disproving*) Widerlegung *f*.

falsify [ˈfɔːlsɪfaɪ] *vt* **1.** *records, evidence* fälschen; *report* entstellen. **2.** (*disprove*) widerlegen, falsifizieren (*spec*).

falsity [ˈfɔːlsɪtɪ] *n* (*incorrectness*) Unrichtigkeit *f*; (*artificiality: of smile*) Falschheit *f*; (*unfaithfulness*) Treulosigkeit *f*.

falter [ˈfɔːltəʳ] *vi* (*speaking*) stocken; (*steps, horse*) zögern.

faltering [ˈfɔːltərɪŋ] *adj voice* stockend; (*hesitating, wavering*) zögernd; (*unsteady*) taumelnd.

falteringly [ˈfɔːltərɪŋlɪ] *adv see adj.*

fame [feɪm] *n* Ruhm *m*. **of ill ~** von üblem Ruf, berüchtigt; **to come to ~** Ruhm erlangen, zu Ruhm kommen; **to win ~ for oneself** sich (*dat*) einen Namen machen; **Borg of Wimbledon 1979 ~** Borg, der sich 1979 in Wimbledon einen Namen gemacht hat.

famed [feɪmd] *adj* berühmt.

familiar [fəˈmɪljəʳ] **I** *adj* **1.** (*usual, well-known*) *surroundings, sight, scene* gewohnt, vertraut; *street, person, feeling, title, song* bekannt; *complaint, event, protest* häufig. **his face is ~** das Gesicht ist mir bekannt; **among ~ faces** unter vertrauten Gesichtern; **to be/seem ~ to sb** jdm bekannt sein/vorkommen; **to sound ~** sich bekannt anhören (*to sb* jdm); **that sounds ~** das habe ich doch schon mal gehört; **to be on ~ ground** Bescheid wissen; **to be on ~ ground with sth** in etw (*dat*) zu Hause sein.

2. (*conversant*) **I am ~ with the word/the town/him** das Wort/die Stadt/er ist mir bekannt *or* (*more closely*) vertraut; **I am not ~ with Ancient Greek/computer language** ich kann kein Altgriechisch/ich bin mit der Computersprache nicht vertraut; **are you ~ with these modern techniques?** wissen Sie über diese modernen Techniken Bescheid?; **to make oneself ~ with sth** sich mit etw vertraut machen.

3. (*friendly*) *language* familiär; *greeting* freundschaftlich. **the ~ term of address** die Anrede für Familie und Freunde, die vertraute Anrede; **we're all on pretty ~ terms** wir haben ein ziemlich ungezwungenes Verhältnis zueinander; **~ language/expressions** Umgangssprache *f*/umgangssprachliche Ausdrücke *pl*; **there's no need to get ~** kein Grund, gleich (plump-)vertraulich zu werden.

II *n* **1.** (*liter: friend*) Vertraute(r) *mf* (*liter*). **2.** (*of witch*) Hausgeist *m*.

familiarity [fəˌmɪlɪ'ærɪtɪ] *n* **1.** *no pl* Vertrautheit *f*.

2. (*between people*) vertrautes Verhältnis; (*between colleagues*) ungezwungenes Verhältnis; (*of language*) Familiarität *f*; (*of greeting*) Freundschaftlichkeit *f*; (*of gesture*) Vertraulichkeit, Familiarität *f*; (*pej*) plumpe Vertraulichkeit, Familiarität *f*. **~ breeds contempt** (*Prov*) allzu große Vertrautheit erzeugt Verachtung.

3. *usu pl* (*overfriendly action*) (plumpe) Vertraulichkeit.

familiarization [fəˌmɪlɪəraɪ'zeɪʃən] *n* **process of ~** Gewöhnungsprozeß *m*; **he is responsible for the ~ of all new employees with ...** er ist dafür verantwortlich, daß alle neuen Angestellten mit ... vertraut gemacht werden.

familiarize [fə'mɪlɪəraɪz] *vt* **to ~ sb/oneself with sth** jdn/sich mit etw vertraut machen.

familiarly [fə'mɪljəlɪ] *adv speak, behave* vertraulich; (*pej*) plump-vertraulich. **~ known as** besser allgemein bekannt als; **more ~ known as** besser bekannt als.

family ['fæmɪlɪ] **I** *n* **1.** Familie *f*; (*including cousins, aunts*) Verwandtschaft *f*; (*lineage*) Familie *f*, Haus, Geschlecht (*geh*) *nt*. **to start a ~** eine Familie gründen; **they plan to add to their ~** sie planen Familienzuwachs; **has he any ~?** hat er Familie?; **it runs in the ~** das liegt in der Familie; **of good ~** aus guter Familie *or* gutem Hause; **he's one of the ~** er gehört zur Familie; **with just the immediate ~** im engsten Familienkreis.

2. (*of plants, animals, languages*) Familie *f*. **the ~ of man** die Menschheit.

II *attr* Familien-. **a ~ friend** ein Freund des Hauses *or* der Familie; **she's in the ~ way** (*inf*) sie ist in anderen Umständen.

family allowance *n* Kindergeld *nt*; **family conference** *n* Familienrat *m*; **family doctor** *n* Hausarzt *m*/-ärztin *f*; **family man** *n* (*home-loving*) häuslich veranlagter Mann; (*with a family*) Familienvater *m*; **family planning** *n* Familienplanung *f*; **family planning clinic** *n* Familienberatungsstelle *f*; **family resemblance** *n* Familienähnlichkeit *f*; **family-size** *adj* in Haushaltsgröße; *car, packets* Familien-; *house* Einfamilien-; *refrigerator* Haushalts-; **family tree** *n* Stammbaum *m*.

famine ['fæmɪn] *n* (*lit*) Hungersnot *f*; (*fig*) Knappheit *f*. **to die of ~** verhungern.

famish ['fæmɪʃ] *vi* (*inf*) verhungern.

famished ['fæmɪʃt] *adj* (*inf*) verhungert, ausgehungert. **I'm absolutely ~** ich sterbe vor Hunger (*inf*).

famous ['feɪməs] *adj* **1.** berühmt (*for* durch, für). **~ last words!** (*inf*) man soll es nicht beschreien. **2.** (*dated inf*) famos (*dated*).

famously ['feɪməslɪ] *adv* (*dated inf*) famos (*dated*), prächtig.

fan[1] [fæn] **I** *n* **1.** (*hand-held*) Fächer *m*; (*mechanical, extractor ~, Aut: to cool engine*) Ventilator *m*; (*on scooter*) Lüfterrad *nt*; (*Aut: booster*) Gebläse *nt*. **then the shit will really hit the ~** (*sl*) dann ist die Kacke echt am Dampfen (*sl*); **2.** (*of peacock, fig*) Fächer *m*.

II *vt* **1.** (*wind*) umwehen; (*person*) fächeln (+*dat*). **to ~ sb/oneself** jdm/sich (Luft) zufächeln; **to ~ the flames** (*fig*) Öl ins Feuer gießen. **2.** *cards* fächerförmig ausbreiten. **the peacock ~ned its tail** der Pfau schlug ein Rad.

♦fan out I *vi* (*searchers etc*) ausschwärmen.

II *vt sep feathers* fächerförmig aufstellen; *cards* fächerförmig ausbreiten.

fan[2] *n* (*supporter*) Fan, Anhänger(in *f*) *m*. **I'm quite a ~ of yours** ich bin ein richtiger Verehrer von Ihnen.

fan-assisted ['fænəˌsɪstɪd] *adj* mit Gebläse. **~ oven** Heißluftherd *m*.

fanatic [fə'nætɪk] *n* Fanatiker(in *f*) *m*.

fanatic(al) *adj*, **fanatically** *adv* [fə'nætɪk(əl), fə'nætɪkəlɪ] fanatisch.

fanaticism [fə'nætɪsɪzəm] *n* Fanatismus *m*.

fan belt *n* Keilriemen *m*.

fanciable ['fænsɪəbl] *adj* (*Brit: attractive*) attraktiv, anziehend.

fancied ['fænsɪd] *adj* (*imaginary*) eingebildet.

fancier ['fænsɪə[r]] *n* Liebhaber(in *f*) *m*.

fanciful ['fænsɪfʊl] *adj story, idea* phantastisch, abstrus; (*fancy*) *costume* reich verziert; *pattern* phantasievoll; (*unrealistic*) *plan* unrealistisch. **I think you're being somewhat ~** ich glaube, das ist etwas weit hergeholt.

fancifulness ['fænsɪfʊlnɪs] *n* (*of story*) Seltsamkeit *f*; (*of person*) blühende Phantasie; (*of costume*) reiche Verzierung; (*of pattern*) Phantasiereichtum *m*.

fan club *n* Fanclub *m*.

fancy ['fænsɪ] **I** *n* **1.** (*liking*) **to have a ~ for sth** Lust zu etw *or* (*to eat or drink*) auf etw (*acc*) haben; **a passing ~** nur so eine Laune; **he's taken a ~ to her/this car/the idea** sie/das Auto/die Idee hat es ihm angetan; **they took a ~ to each other** sie fanden sich sympathisch; **to take** *or* **catch sb's ~** jdn ansprechen, jdm gefallen; **to tickle sb's ~** jdn reizen; **just as the ~ takes me/you** ganz nach Lust und Laune; **he only works when the ~ takes him** er arbeitet nur, wenn ihm gerade danach ist.

2. (*no pl: imagination*) Phantasie *f*; (*thing imagined also*) Phantasievorstellung *f*. **that was just his ~** das hat er sich (*dat*) nur eingebildet.

3. (*notion, whim*) **he had a sudden ~ to go to Spain** ihn überkam eine plötzliche Laune, nach Spanien zu fahren.

II *vt* **1.** (*in exclamations*) **~ him doing that** nicht zu fassen, daß er das tut/getan hat!; **~ that!** (*inf*), **(just) ~!** (*inf*) (nein) so was!, denk mal an! (*inf*); **just ~, he ...** stell dir vor, er ...; **~ seeing you here!** so was, Sie hier zu sehen!; **~ him winning!** wer hätte gedacht, daß er gewinnt!

2. (*imagine*) meinen, sich (*dat*) einbilden; (*think*) glauben. **he fancied he heard footsteps** er meinte, Schritte zu hören.

3. (*like, be attracted by*) **he fancies that car/the idea/her** (*likes*) das Auto/die Idee/sie gefällt ihm *or* hat es ihm angetan; **he fancies a house on Crete/her as his MP** (*would like to have*) er hätte gern ein Haus auf Kreta/er hätte sie gern als seine Abgeordnete; **he fancies a steak** (*feels like*) er hat Appetit auf ein Steak; **(do you) ~ a walk?** hast du Lust zu einem Spaziergang?; **I don't ~ the idea, but I'll have to do it** ich habe gar keine Lust dazu, aber ich muß es ja wohl tun; **he fancies his chances** er meint, er hätte Chancen; **a bit of what you ~ does you good** man muß sich auch mal was Gutes gönnen.

III *vr* (*pej*) von sich eingenommen sein, sich für wunder was halten (*inf*). **he fancies himself as an actor/expert on that** er hält sich für einen (guten) Schauspieler/einen Experten auf dem Gebiet.

IV *adj* **1.** (+*er*) (*elaborate*) *hairdo, footwork* kunstvoll; (*unusual*) *food, pattern, furnishings* ausgefallen; *baking, cakes* fein; (*inf*) *gadget, car* toll, schick (*inf*). **nothing ~** etwas ganz Einfaches; (*dress, furniture also*) etwas ganz Schlichtes; **a big ~ car** ein toller Schlitten (*inf*); **he always uses these big ~ words** er drückt sich immer so geschwollen aus; **that was a ~ bit of driving** das war ein tolles Manöver; **that's too ~ for me** das ist mir etwas zu übertrieben; **you won't get me eating any of these ~ German sausages** du kriegst mich nicht dazu, diese komischen deutschen Würste zu essen.

2. (*fig pej*) *idea* überspannt, verstiegen; *cure* seltsam; *price* gepfeffert, stolz *attr*.

3. (*US: extra good*) *goods, foodstuffs* Delikateß-.

fancy dress *n* (Masken)kostüm *nt*; **they came in ~** sie kamen verkleidet *or* kostümiert; **fancy-dress ball/party** *n* Maskenball *m*/Kostümfest *nt*; **fancy-free** *adj* frei und ungebunden; **fancy goods** *npl* Geschenkartikel *pl*; **fancy man** *n* (*pimp*) Zuhälter *m*; (*lover*) Liebhaber *m*; **fancy woman** *n* Freundin *f*; **fancywork** *n* feine Handarbeit.

fanfare ['fænfɛəʳ] *n* Fanfare *f*. **bugle ~** Fanfarenstoß *m*.

fanfold paper ['fænfəʊld'peɪpəʳ] *n* (*Comput*) Endlospapier *nt*.

fang [fæŋ] *n* (*of snake*) Giftzahn *m*; (*of wolf, dog*) Fang *m*; (*of vampire*) Vampirzahn *m*; (*hum: of person*) Hauer *m* (*hum*).

fan heater *n* Heizlüfter *m*; **fanlight** *n* Oberlicht *nt*; **fan mail** *n* Verehrerpost *f*.

fanny ['fænɪ] *n* **1.** (*esp US inf*) Po *m* (*inf*). **2.** (*Brit vulg*) Möse *f* (*vulg*).

fan-shaped *adj* fächerförmig; **fantail** *n* (*pigeon*) Pfautaube *f*.

fantasia [fæn'teɪzjə] *n* Fantasie *f*.

fantasize ['fæntəsaɪz] *vi* phantasieren; (*dream*) Phantasievorstellungen haben (*about* von).

fantastic [fæn'tæstɪk] *adj* **1.** (*also* **~al**) phantastisch; *garment also* extravagant. **2.** (*incredible*) phantastisch, unwahrscheinlich. **3.** (*inf: wonderful*) toll (*inf*), phantastisch.

fantastically [fæn'tæstɪkəlɪ] *adv see adj*.

fantasy ['fæntəzɪ] *n* **1.** (*imagination*) Phantasie *f*. **2.** (*illusion*) Phantasie *f*, Hirngespinst *nt* (*pej*). **3.** (*Mus, Liter*) Fantasie *f*.

fanzine ['fænzi:n] *n* Fan-Magazin *nt*.

far [fɑ:ʳ] *comp* **further, farther,** *superl* **furthest, farthest I** *adv* **1.** (*in place*) weit. **we don't live ~** *or* **we live not ~ from here** wir wohnen nicht weit von hier; **I'll go with you as ~ as the gate** ich komme/gehe bis zum Tor mit; **~ and wide** weit und breit; **from ~ and near** *or* **wide** von nah und fern; **~ above** hoch *or* weit über (+*dat*); **~ away** weit entfernt *or* weg; **~ away in the distance** weit in der Ferne; **~ into the jungle** weit in den Dschungel hinein; **I won't be ~ off** *or* **away** ich bin ganz in der Nähe; **~ out** weit draußen; **have you come ~?** kommen Sie von weit her?

2. (*in time*) **as ~ back as I can remember** so weit ich (zurück)denken *or* mich erinnern kann; **as ~ back as 1945** schon (im Jahr) 1945; **~ into the night** bis spät in die Nacht; **~ into the future** bis weit in die Zukunft.

3. (*in degree, extent*) weit. **how ~ have you got with your plans?** wie weit sind Sie mit Ihren Plänen (gekommen)?; **~ longer/better** weit länger/besser; **it's ~ beyond what I can afford** das übersteigt meine Mittel bei weitem.

4. (*in set phrases*) **as** *or* **so ~ as I'm concerned** was mich betrifft; **it's all right as ~ as it goes** das ist soweit ganz gut; **in so ~ as** insofern als; **~ and away the best, by ~ the best, the best by ~** bei weitem *or* mit Abstand der/die/das Beste; **better by ~** weit besser; **~ from satisfactory** alles andere als befriedigend; **~ from it!** ganz und gar nicht, (ganz) im Gegenteil; **~ be it from me to ...** es sei mir ferne, zu ...; **so ~** (*up to now*) bisher, bis jetzt; (*up to this point*) soweit; **so ~ this week I've seen him once/three times/I haven't seen him at all** diese Woche habe ich ihn erst einmal/schon dreimal/noch nicht gesehen; **so ~ so good** so weit, so gut; **so ~ and no further** bis hierher und nicht weiter; **to go ~** (*money, supplies*) weit *or* (*last a long time also*) lange reichen; (*person: succeed*) es weit bringen; (*measures*) weit reichen; **these measures won't go very ~ towards stemming rising costs** diese Maßnahmen werden nicht viel dazu beitragen, die steigenden Kosten aufzuhalten; **I would go so ~ as to say ...** ich würde so weit gehen zu sagen ...; **that's going too ~** das geht zu weit; **to carry a joke too ~** einen Spaß zu weit treiben; **that's carrying a joke too ~** da hört der Spaß auf; **not ~ out** (*in guess*) nicht schlecht; **~ out** (*sl: fantastic*) einsame Klasse (*sl*); **not ~ off** (*in guess, aim*) fast (getroffen); (*almost*) nicht viel weniger; **~ gone** (*inf*) schon ziemlich hinüber (*inf*).

II *adj* **1.** (*more distant of two*) weiter entfernt, hintere(r, s). **the ~ end of the room** das andere Ende des Zimmers; **the ~ window/door/wall** das Fenster/die Tür/Wand am anderen Ende des Zimmers; **on the ~ side of** auf der anderen Seite von; **which bed will you have? — the ~ one** welches Bett möchtest du? — das da drüben.

2. (*~-off*) *country, land* weitentfernt *attr*. **in the ~ distance** in weiter Ferne; **it's a ~ cry from ...** (*fig*) das ist etwas ganz anderes als ...

faraway ['fɑːrəweɪ] *adj attr place* abgelegen; (*fig: dreamy*) verträumt, versonnen. **a ~ voice** (*distant*) eine Stimme in *or* aus der Ferne; (*dreamy*) eine verträumte Stimme.

farce [fɑːs] *n* (*Theat, fig*) Farce *f*.

farcemeat ['fɑːsmiːt] *n see* **forcemeat.**

farcical ['fɑːsɪkəl] *adj* (*Theat*) possenhaft; (*fig: absurd*) absurd, grotesk.

fare [fɛəʳ] **I** *n* **1.** (*charge*) Fahrpreis *m*; (*on plane*) Flugpreis *m*; (*on boat*) Preis *m* für die Überfahrt; (*money*) Fahrgeld *nt*. **what is the ~?** was kostet die Fahrt/der Flug/die Überfahrt?; **~s please!** noch jemand zugestiegen?

2. (*passenger*) Fahrgast *m*.

3. (*old, form: food*) Kost *f*.

II *vi* **he ~d well** es ging *or* erging (*geh*) ihm gut; **we all ~d the same** es ging uns allen gleich.

Far East *n* **the ~** der Ferne Osten.

Far Eastern *adj* fernöstlich. **~ politics** Fernostpolitik *f*; **~ travel** Fernostreisen *pl*.

fare stage *n* Fahrzone, Teilstrecke, Zahlgrenze *f*.

farewell [fɛə'wel] **I** *n* Abschied *m*. **to make one's ~s** sich verabschieden; (*before a longer absence*) Abschied nehmen; **to bid sb ~** jdm auf Wiedersehen *or* Lebewohl (*old*) sagen. **II** *interj* (*old*) lebt wohl (*old*); (*to friend, sweetheart*) leb(e) wohl (*old*).

farewell *in cpds* Abschieds-.

fare zone *n* Tarifzone *f*.

far-fetched *adj* weithergeholt *attr*, weit hergeholt *pred*, an den Haaren herbeigezogen; **far-flung** *adj* **1.** (*distant*) abgelegen; **2.** (*widely spread*) weit auseinandergezogen.

farinaceous [ˌfærɪ'neɪʃəs] *adj* mehlhaltig.

farm [fɑːm] **I** *n* Bauernhof *m*; (*bigger*) Gut(shof *m*) *nt*; (*in US, Australia, health ~*) Farm *f*; (*fish ~*) Fischzucht, Teichwirtschaft (*form*) *f*; (*mink ~ etc*) (Pelztier)zuchtfarm *f*.

II *attr house* Bauern-; *produce, buildings* Landwirtschafts-; *labourer* Land-. **~ animals** Tiere auf dem Bauernhof.

III *vt land* bebauen; *livestock* halten; *trout, mink* züchten.

IV *vi* Landwirtschaft betreiben.

◆**farm out** *vt sep work* vergeben (*on, to* an +*acc*); *children* in Pflege geben (*to dat*, bei).

farmer ['fɑːməʳ] *n* Bauer *m*/Bäuerin *f*, Landwirt(in *f*) *m*; (*in US, Australia*) Farmer *m*; (*mink ~*) Züchter(in *f*) *m*; (*fish ~*) Teichwirt(in *f*) *m* (*form*); (*gentleman ~*) Gutsherr(in *f*) *m*; (*tenant ~*) Pächter(in *f*) *m*.

farmhand *n* Landarbeiter(in *f*) *m*; **farmhouse** *n* Bauernhaus *nt*.

farming ['fɑːmɪŋ] *n* Landwirtschaft *f*; (*of crops also*) Ackerbau *m*; (*animals also*) Viehzucht *f*.

farm land *n* Ackerland *nt*; **farmstead** *n* Bauernhof *m*, Gehöft *nt*; **farmyard** *n* Hof *m*.

Far North *n* **the ~** der Hohe Norden.

Faroes ['fɛərəʊz], **Faroe Islands** ['fɛərəʊˌaɪləndz] *npl* Färöer *pl*.

far-off ['fɑːrɒf] *adj* (weit)entfernt.

far-reaching ['fɑːˌriːtʃɪŋ] *adj* weitreichend.

farrier ['færɪəʳ] *n* Hufschmied *m*.

farrow ['færəʊ] **I** *vt piglets* werfen. **II** *vi* ferkeln. **III** *n* Wurf *m*.

far-seeing *adj* weitblickend; **far-sighted** *adj* **1.** (*lit*) weitsichtig; **2.** (*fig*) *person* weitblickend; (*taking precautionary measures*) umsichtig; *measures* auf weite Sicht geplant; **far-sightedness** *n see adj* **1.** Weitsichtigkeit *f*; **2.** Weitblick *m*; Umsicht *f*.

fart [fɑːt] (*inf*) **I** *n* Furz *m* (*inf*). **II** *vi* furzen (*inf*).

◆**fart about** *or* **around** *vi* (*inf*) **1.** (*rush around*) hin und her sausen (*inf*). **2.** (*loaf around*) herumbummeln (*inf*). **3.** (*mess around*) herumalbern (*inf*). **to ~ ~ with sth** an etw (*dat*) herumfummeln (*inf*).

farther ['fɑːðəʳ] *comp of* **far I** *adv see* **further I 1. II** *adj* weiter entfernt, hintere(r, s). **at the ~ end** am anderen Ende.

farthermost ['fɑːðəməʊst] *adj see* **furthermost.**

farthest ['fɑːðɪst] *adj, adv superl of* **far** *see* **furthest I, II.**

farthing ['fɑːðɪŋ] *n* Farthing *m* (*ein Viertelpenny*).

farthingale ['fɑːðɪŋgeɪl] *n* Reifrock *m*.

fas *abbr of* **free alongside ship** frei Kai.

fascinate ['fæsɪneɪt] *vt* faszinieren (*geh*); (*enchant: skill, beauty, singer also*) begeistern, bezaubern; (*hold spellbound: book, film, magician also*) fesseln; (*snake*) hypnotisieren. **old houses ~/this subject ~s me** ich finde alte Häuser/dieses Gebiet hochinteressant *or* faszinierend (*geh*); **the audience watched/listened ~d** das Publikum sah/hörte gebannt zu.

fascinating ['fæsɪneɪtɪŋ] *adj* faszinierend (*geh*); *subject, book, speaker, facts also* hochinteressant; *beauty, display, rhythm also* bezaubernd; *idea, person* außerordentlich, interessant; *selection* erstaunlich.

fascinatingly ['fæsɪneɪtɪŋlɪ] *adv* faszinierend (*geh*); *talk, describe* hochinteressant, fesselnd; *beautiful* bezaubernd.

fascination [ˌfæsɪ'neɪʃən] *n* Faszination *f* (*geh*); (*fascinating quality also*) Reiz *m*. **to listen/watch in ~** gebannt zuhören/zusehen; **to have** *or* **hold a ~ for sb** auf jdn einen besonderen Reiz ausüben; **his ~ with the cinema** der Reiz, den das Kino für ihn hat.

fascism ['fæʃɪzəm] *n* Faschismus *m*.

fascist ['fæʃɪst] **I** *n* Faschist(in *f*) *m*. **II** *adj* faschistisch.

fashion ['fæʃən] **I** *n* **1.** *no pl* (*manner*) Art (und Weise) *f*. **(in the) Indian ~** auf indische Art; **in the usual ~** wie üblich; **after** *or* **in a ~** in gewisser Weise; **were you successful/have you translated it? — after a ~** hast du Erfolg gehabt/es übersetzt? — so einigermaßen; **after** *or* **in this ~** auf diese Weise, so.

2. (*in clothing, latest style*) Mode *f*. **in ~** modern; **it's the/all the ~** es ist Mode/große Mode; **to come into/go out of ~** in Mode/aus der Mode kommen; **the Paris ~s** die Pariser Mode; **~s in women's clothes** die Damenmode; **to set a ~** eine Mode aufbringen.

3. (*custom*) (*of society*) Sitte *f*, Brauch *m*; (*of individual*) Gewohnheit *f*. **it was the ~ in those days** das war damals Sitte *or* Brauch.

II *vt* formen, gestalten. **to ~ sth after sth** etw einer Sache (*dat*) nachbilden.

fashionable ['fæʃnəbl] *adj* (*stylish*) *clothes, person* modisch; *custom* modern; *illness, colour* Mode-; (*patronized by ~ people*) *area, address* vornehm; *pub, artist, author* in Mode. **all the ~ people go there** die Schickeria geht dahin; **a very ~ expression** ein Modeausdruck; **it's (very) ~** es ist (große) Mode.

fashionably ['fæʃnəblɪ] *adv* modisch; *behave* modern.

fashion *in cpds* Mode-; **fashion designer** *n* Modezeichner(in *f*) *m*; **fashion magazine** *n* Mode(n)heft *nt or* -zeitschrift *f*; **fashion model** *n* Mannequin *nt*; (*man*) Dressman *m*; **fashion plate** *n* Modezeichnung *f*; **she looked like a ~** sie sah aus wie aus der Modezeitung; **fashion show** *n* Mode(n)schau *f*.

fast[1] [fɑːst] **I** *adj* (*+er*) **1.** (*quick*) schnell. **he's a ~ worker** (*lit*) er arbeitet schnell; (*fig*) er geht mächtig ran (*inf*); **to pull a ~ one (on sb)** (*inf*) jdn übers Ohr hauen (*inf*).

2. to be ~/five minutes ~ (*clock, watch*) vorgehen/fünf Minuten vorgehen.

3. *tennis court, squash ball* schnell.

4. (*Phot*) *film* hochempfindlich; *lens* lichtstark.

5. (*fig*) *way of life* flott.

6. (*pej*) **a ~ woman** ein leichtes Mädchen.

II *adv* **1.** schnell. **2.** (*fig*) **to live ~** flott *or* locker leben.

fast[2] **I** *adj* **1.** (*film, secure*) fest. **is the rope ~?** ist das Tau fest(gemacht)?; **to make a boat ~** ein Boot festmachen. **2.** *colour, dye* farbecht; (*against light also*) lichtecht; (*against washing also*) waschecht. **3.** (*staunch*) *friend* gut.

II *adv* **1.** (*firmly, securely*) fest. **to stick ~** festsitzen; (*with glue*) festkleben; **to stand ~** standhaft *or* fest bleiben; **to hold ~ to sth** an etw (*dat*) festhalten; **to play ~ and loose with sb** mit jdm ein falsches Spiel treiben.

2. (*soundly*) **to be ~ asleep** tief *or* fest schlafen.

fast[3] **I** *vi* (*not eat*) fasten. **II** *n* Fasten *nt*; (*period of fasting*) Fastenzeit *f*. **to break one's ~** das Fasten brechen.

fastback *n* (Wagen *m* mit) Fließheck *nt*; **fast breeder reactor** *n* schneller Brüter.

fasten ['fɑːsn] **I** *vt* **1.** (*attach*) festmachen, befestigen (*to, onto* an *+dat*); (*do up*) *parcel* zuschnüren; *buttons, buckle, dress* zumachen; (*tighten*) *screw* anziehen; (*lock*) *door* (ab)schließen. **to ~ two things together** zwei Dinge aneinander befestigen; **~ one's seat belt** sich anschnallen.

2. (*fig*) *thoughts, attention* zuwenden (*on sb* jdm). **to ~ the blame on sb** die Schuld auf jdn schieben, jdm die Schuld in die Schuhe schieben (*inf*); **to ~ one's eyes on sth** die Augen *or* den Blick auf etw (*acc*) heften.

II *vi* sich schließen lassen. **the dress ~s at the back** das Kleid wird hinten zugemacht; **the door won't ~** die Tür läßt sich nicht schließen; **these two pieces ~ together** diese zwei Teile werden miteinander verbunden.

◆**fasten down** *vt sep* festmachen.

◆**fasten in** *vt sep* festschnallen (*+prep obj* in *+dat*).

◆**fasten on** **I** *vt sep* befestigen, festmachen (*+prep obj, -to* an *+dat*); *badge* anheften (*+prep obj, -to* an *+dat*). **II** *vi +prep obj* (*fig*) **the teacher always ~s ~ Smith** der Lehrer hackt immer auf Smith herum (*inf*).

◆**fasten onto** *vi +prep obj* (*fig*) **to ~ ~ sb** sich an jdn hängen.

◆**fasten up** *vt sep dress etc* zumachen.

fastener ['fɑːsnəʳ], **fastening** ['fɑːsnɪŋ] *n* Verschluß *m*.

fast food *n* Fast-Food *nt*.

fast food chain *n* Schnellimbißkette, Fast-Food-Kette *f*; **fast food outlet** *n* Schnellimbiß *m*; **fast food restaurant** *n* Schnell(imbiß)restaurant *nt*.

fast forward *n* (*on tape deck*) Vorspultaste *f*; **fast-forward** *vti* vorspulen.

fastidious [fæs'tɪdɪəs] *adj* genau (*about* in bezug auf *+acc*); (*pej*) pingelig (*inf*) (*about* in bezug auf *+acc*).

fastidiousness [fæs'tɪdɪəsnɪs] *n* Genauigkeit *f*; Pingeligkeit *f* (*inf*).

fast lane *n* Überholspur *f*. **life in the ~** (*fig*) Leben *nt* mit Tempo; **those in the ~ of life** diese dynamischen Erfolgstypen (*inf*).

fastness ['fɑːstnɪs] *n* **1.** (*stronghold*) Feste *f*. **2.** (*of colours*) Farbechtheit *f*; (*against light also*) Lichtechtheit *f*. **3.** (*immorality*) Liederlichkeit *f*.

fast train *n* D-Zug *m*.

fat [fæt] **I** *n* (*Anat, Cook, Chem*) Fett *nt*. **now the ~'s in the fire** jetzt ist der Teufel los (*inf*); **to live off the ~ of the land** (*fig*) wie Gott in Frankreich leben; **to put on ~** Speck ansetzen; **to run to ~** in die Breite gehen (*inf*).

II *adj* (*+er*) **1.** (*plump*) dick, fett (*pej*). **to get ~** dick werden; **she has got a**

lot ~ter sie hat ziemlich zugenommen.

2. (*containing fat*) *meat* fett.

3. (*fig*) *volume* dick, umfangreich; *wallet, cigar* dick; *salary, profit* üppig, fett (*inf*); *part in play* umfangreich.

4. (*iro inf*) **a ~ lot of good you are!** Sie sind ja 'ne schöne Hilfe! (*iro inf*); **a ~ lot he knows!** was der alles *or* nicht weiß (*iro inf*).

5. *land* fett.

fatal ['feɪtl] *adj* (*lit*) tödlich (*to* für); (*fig*) verheerend, fatal, verhängnisvoll; (*fateful*) *day, decision* schicksalsschwer. **that would be ~** das wäre das Ende (*to gen*), das wäre tödlich (*inf*); **to be a ~ blow to sb/sth** ein schwerer Schlag für jdn/etw sein; **~ error** (*Comput*) schwerer Fehler.

fatalism ['feɪtəlɪzəm] *n* Fatalismus *m*.

fatalist ['feɪtəlɪst] *n* Fatalist(in *f*) *m*.

fatalistic *adj*, **~ally** *adv* [ˌfeɪtə'lɪstɪk, -əlɪ] fatalistisch.

fatality [fə'tælɪtɪ] *n* **1.** Todesfall *m*; (*in accident, war*) (Todes)opfer *nt*. **2.** (*liter: inevitability*) Unabwendbarkeit *f*.

fatally ['feɪtəlɪ] *adv* *wounded* tödlich. **to be ~ attracted to sb** jdm hoffnungslos verfallen sein.

fat cat [fætkæt] *n* (*US sl*) Geldsack *m* (*besonders jemand, der eine Partie oder einen Wahlkampf finanziell unterstützt*).

fate [feɪt] *n* Schicksal *nt*. **the F~s** (*Myth*) die Parzen *pl*; **~ decided otherwise** das Schicksal wollte es anders; **the examiners meet to decide our ~ next week** die Prüfer kommen nächste Woche zusammen, um über unser Schicksal zu entscheiden; **to leave sb to his ~** jdn seinem Schicksal überlassen; **to go to meet one's ~** seinem Schicksal entgegentreten; **to meet one's ~** vom Schicksal heimgesucht werden.

fated ['feɪtɪd] *adj* unglückselig; *project, plan* zum Scheitern verurteilt. **to be ~** unter einem ungünstigen Stern stehen; **to be ~ to fail** *or* **be unsuccessful** zum Scheitern verurteilt sein; **they were ~ never to meet again** es war ihnen bestimmt, sich nie wiederzusehen.

fateful ['feɪtfʊl] *adj* (*disastrous*) verhängnisvoll; (*momentous*) schicksalsschwer.

fathead *n* (*inf*) Dummkopf, Blödian (*inf*) *m*.

father ['fɑːðə^r] **I** *n* **1.** (*lit, fig*) Vater *m* (*to sb* jdm). **from ~ to son** vom Vater auf den Sohn; **like ~ like son** der Apfel fällt nicht weit vom Stamm; **F~'s Day** Vatertag *m*; **(Old) F~ Time** die Zeit (*als Allegorie*).

2. ~s *pl* (*ancestors*) Väter *pl*.

3. (*founder*) Vater *m*; (*leader*) Führer, Vater (*liter*) *m*.

4. (*God*) **F~** Vater *m*.

5. (*priest*) Pfarrer *m*; (*monk*) Pater *m*. **good morning, ~** guten Morgen, Herr Pfarrer/Pater X; **the Holy F~** der Heilige Vater; **~ confessor** Beichtvater *m*.

II *vt* **1.** *child* zeugen; (*admit paternity*) die Vaterschaft anerkennen für; (*fig*) *idea, plan* Urheber (+*gen*) sein.

2. (*saddle with responsibility*) **to ~ sth on sb** jdm die Verantwortung für etw aufhalsen (*inf*) *or* aufbürden; **to ~ the blame on sb** jdm die Schuld in die Schuhe schieben (*inf*).

Father Christmas *n* der Weihnachtsmann; **father-figure** *n* Vaterfigur *f*; **fatherhood** *n* Vaterschaft *f*; **father-in-law** *n, pl* **fathers-in-law** Schwiegervater *m*; **fatherland** *n* Vaterland *nt*; **fatherless** *adj* vaterlos.

fatherly ['fɑːðəlɪ] *adj* väterlich, wie ein Vater.

fathom ['fæðəm] **I** *n* Faden *m*. **II** *vt* **1.** (*lit*) ausloten. **2.** (*understand*) ermessen (*geh*); (*inf: also* **~ out**) verstehen. **I just can't ~ him (out)** er ist mir ein Rätsel; **I couldn't ~ it (out)** ich kam der Sache nicht auf den Grund, ich kam nicht dahinter (*inf*).

fathomable ['fæðəməbl] *adj* (*fig*) faßbar. **not ~** unerforschlich.

fathomless ['fæðəmlɪs] *adj* (*lit*) abgrundtief; (*fig*) (*boundless*) unermeßlich; (*incomprehensible*) unergründlich.

fatigue [fə'tiːg] **I** *n* **1.** Erschöpfung, Ermüdung *f*. **2.** (*Tech: metal* **~**) Ermüdung *f*. **3.** (*Mil:* **~** *duty*) Arbeitsdienst *m*. **to be on ~** (*Mil*) Arbeitsdienst haben. **4. ~s** *pl* (*Mil*) *see* **~ dress. II** *vt* **1.** (*tire*) ermüden; (*exhaust*) erschöpfen. **2.** (*Tech*) *metal* ermüden. **III** *vi* ermüden.

fatigue dress *n* (*Mil*) Arbeitsanzug *m*; **fatigue duty** *n* (*Mil*) Arbeitseinsatz, Arbeitsdienst *m*; **fatigue party** *n* (*Mil*) Arbeitskommando *nt*.

fatiguing [fə'tiːgɪŋ] *adj* (*tiring*) ermüdend; (*exhausting*) erschöpfend.

fatness ['fætnɪs] *n see adj* **1.** Dicke, Fettheit (*pej*) *f*. **2.** Fettigkeit *f*. **3.** Umfang *m*; Dicke *f*; Üppigkeit, Fettheit (*inf*) *f*. **4.** (*fig: of land*) Fruchtbarkeit *f*.

fatso ['fætsəʊ] *n* (*pej sl*) Fettsack (*pej inf*) *m*.

fat stock *n* Mastvieh *nt*.

fatted ['fætɪd] *adj*: **to kill the ~ calf** einen Willkommensschmaus veranstalten.

fatten ['fætn] **I** *vt* (*also* **~ up**) *animals* mästen; *people* herausfüttern (*inf*).

II *vi* (*also* **~ up** *or* **out**) (*animal*) fett werden; (*person*) dick werden; (*through overeating*) sich mästen (*inf*).

fattening ['fætnɪŋ] *adj* *food* dick machend. **chocolate is ~** Schokolade macht dick.

fatty ['fætɪ] **I** *adj* fett; *food also* fetthaltig; (*greasy*) fettig; *acid, tissue* Fett-. **~ degeneration** (*Med*) Verfettung *f*; **~ tumour** Fettgeschwulst *f*. **II** *n* (*inf*) Dickerchen *nt* (*inf*).

fatuity [fə'tjuːɪtɪ] *n* Albernheit *f*.

fatuous ['fætjʊəs] *adj* albern.

faucet ['fɔːsɪt] *n* (*US*) (Wasser)hahn *m*.

fault [fɔːlt] **I** *n* **1.** (*mistake, defect*) Fehler *m*; (*Tech also*) Defekt *m*; (*in sth bought also*) Mangel *m*. **generous to a ~** übermäßig großzügig; **to find ~ with sb/sth** etwas an jdm/etw auszusetzen haben; **he/my memory was at ~** er war im Unrecht/mein Gedächtnis hat mich im Stich gelassen; **you were at ~ in not telling me** es war nicht recht von Ihnen, daß Sie mir das nicht gesagt haben.

2. *no pl* **it won't be my/his ~ if ...** es ist

nicht meine/seine Schuld, wenn ..., ich bin/er ist nicht schuld, wenn ...; **whose ~ is it?** wer ist schuld (daran)?; **it's all your own ~** Sie sind selbst schuld.

3. (*Geol*) Verwerfung *f*.

4. (*Tennis, Horseriding*) Fehler *m*.

II *vt* **1.** Fehler finden an (+*dat*), etwas auszusetzen haben an (+*dat*). **I can't ~ it** ich habe nichts daran auszusetzen; (*can't disprove it*) ich kann es nicht widerlegen. **2.** (*Geol*) eine Verwerfung verursachen in (+*dat*).

III *vi* (*Geol*) sich verwerfen.

fault-finder *n* Krittler(in *f*) *m*; **fault-finding I** *adj* krittelig; **II** *n* Krittelei *f*.

faultily ['fɔːltɪlɪ] *adv* falsch.

faultless ['fɔːltlɪs] *adj appearance* tadellos, einwandfrei; (*without mistakes*) fehlerlos; *English* fehlerfrei.

fault-tolerant *adj* (*Tech, Comput*) fehlertolerant.

faulty ['fɔːltɪ] *adj* (+*er*) (*Tech*) defekt; (*Comm*) fehlerhaft; *reasoning, logic* falsch, fehlerhaft.

faun [fɔːn] *n* (*Myth*) Faun *m*.

fauna ['fɔːnə] *n* Fauna *f*.

faux pas [fəʊ'pɑː] *n* Fauxpas *m*.

favour, (*US*) **favor** ['feɪvəʳ] **I** *n* **1.** *no pl* (*goodwill*) Gunst *f*, Wohlwollen *nt*. **to win/lose sb's ~** jds Gunst (*acc*) erlangen (*geh*)/verscherzen; **to find ~ with sb** bei jdm Anklang finden; **to be in ~ with sb** bei jdm gut angeschrieben sein; (*fashion, pop star, writer*) bei jdm beliebt sein; **to be/fall out of ~** in Ungnade (gefallen) sein/fallen; (*fashion, pop star, writer*) nicht mehr beliebt sein (*with* bei).

2. to be in ~ of sth für etw sein; **a point in his ~** ein Punkt zu seinen Gunsten, ein Punkt, der für ihn spricht; **all those in ~ raise their hands** alle, die dafür sind, Hand hoch; *see* **balance.**

3. (*partiality*) Vergünstigung *f*. **to show ~ to sb** jdn bevorzugen.

4. (*act of kindness*) Gefallen *m*, Gefälligkeit *f*. **to ask a ~ of sb** jdn um einen Gefallen bitten; **to do sb a ~** jdm einen Gefallen tun; **do me a ~!** (*inf*) sei so gut!; **would you do me the ~ of returning my library books?** wären Sie bitte so freundlich und würden meine Bücher in die Bücherei zurückbringen?; **as a ~** aus Gefälligkeit; **as a ~ to him** ihm zuliebe.

II *vt* **1.** *idea* (*be in ~ of*) für gut halten; (*prefer*) bevorzugen. **I don't ~ the idea** ich halte nichts von der Idee.

2. (*show preference*) bevorzugen; (*king*) begünstigen.

3. (*oblige, honour*) beehren (*form*). **to ~ sb with a smile** jdm gütigerweise ein Lächeln gewähren.

4. (*be favourable for*) begünstigen.

5. (*US: resemble*) ähneln (+*dat*).

favourable, (*US*) **favorable** ['feɪvərəbl] *adj* günstig, vorteilhaft (*for, to* für); (*expressing approval*) positiv.

favourableness, (*US*) **favorableness** ['feɪvərəblnɪs] *n* Günstigkeit *f*. **the ~ of his reply/report** seine positive Antwort/sein positiver Bericht.

favourably, (*US*) **favorably** ['feɪvərəblɪ] *adv see adj* vorteilhaft, positiv. **to be ~ inclined to sb/sth** sich positiv zu jdm/etw stellen.

favoured, (*US*) **favored** ['feɪvəd] *adj* **the/a ~ few** die wenigen Auserwählten/einige (wenige) Auserwählte; **a ~ friend** ein besonderer Freund.

favourite, (*US*) **favorite** ['feɪvərɪt] **I** *n* **1.** (*person*) Liebling *m*; (*Hist, pej*) Günstling *m*. **she is a universal ~** sie ist allgemein beliebt; **which of her children is her ~?** welches Kind mag sie am liebsten?

2. (*thing*) **this one is my ~** das habe ich am liebsten; **this film/dress is my ~** das ist mein Lieblingsfilm/-kleid; **we sang all the old ~s** wir haben all die alten Lieder gesungen.

3. (*Sport*) Favorit(in *f*) *m*.

II *adj attr* Lieblings-. **~ son** (*US Pol*) regionaler Spitzenkandidat.

favouritism, (*US*) **favoritism** ['feɪvərɪtɪzəm] *n* Vetternwirtschaft (*inf*), Günstlingswirtschaft *f*; (*in school*) Schätzchenwirtschaft (*inf*) *f*.

fawn¹ [fɔːn] **I** *n* **1.** Hirschkalb *nt*; (*of roe deer*) Rehkitz *nt*. **2.** (*colour*) Beige *nt*. **II** *adj colour* beige.

fawn² *vi* (*dog*) (mit dem Schwanz) wedeln; (*fig: person*) katzbuckeln (*on, upon* vor +*dat*), herumscharwenzeln (*pej inf*) (*on, upon* um).

fawning ['fɔːnɪŋ] *adj person, manner* kriecherisch, liebedienernd; *dog* schwanzwedelnd.

fax [fæks] **I** *n* **1.** (*also* **~ machine**) Fax, Telefax *nt*, Fernkopierer *m*. **to send sth by ~** etw per Fax senden, etw faxen. **2.** (*message*) Fax, Telefax *nt*.

II *vt* faxen, telefaxen, fernkopieren. **can you ~ us?** können Sie uns (*dat*) faxen?

◆**fax back** *vt sep document* zurückfaxen. **can you ~ me ~?** können Sie mir per Fax antworten?

fax board *n* Faxkarte *f*; **fax bureau** *n* Faxbüro *nt*; **fax card** *n see* **fax board; fax machine** *n see* **fax I 1.; fax message** *n* Fax, Telefax *nt*; **fax number** *n* (Tele)faxnummer *f*; **faxshot I** *n* Direktwerbung *f* per Fax; **to send out a ~** Werbemitteilungen per Fax senden; **II** *vt* Werbemitteilungen per Fax senden an (+*acc*).

fay [feɪ] *n* (*liter: fairy*) Fee *f*.

faze [feɪz] *vt* (*inf*) **1.** (*take aback*) verdattern (*inf*). **the question didn't ~ me** die Frage brachte mich nicht aus der Fassung. **2.** (*daunt*) entmutigen.

FBI (*US*) *abbr of* **Federal Bureau of Investigation** FBI *nt*.

FC *abbr of* **football club** FC *m*.

Feb *abbr of* **February** Febr.

fear [fɪəʳ] **I** *n* **1.** Angst, Furcht *f* (*for* vor +*dat*). **he has ~s for his sister's life** er fürchtet für *or* um das Leben seiner Schwester; **have no ~** (*old, hum*) fürchte dich nicht (*old, hum*); **in ~ and trembling** mit schlotternden Knien; **to be/go in ~ of sb/sth** Angst vor jdm/etw haben/in (ständiger) Angst vor jdm/etw leben; **to be/go in ~ of one's life** um sein/ständig um sein Leben bangen; **for ~ that ...** aus Angst, daß ...

2. *no pl* (*risk, likelihood*) **no ~!** (*inf*) nie im Leben! (*inf*); **there's no ~ of that happening again** keine Angst, das passiert so leicht nicht wieder.

3. (*awe: of God*) Scheu, Ehrfurcht *f*. **to put the ~ of God into sb** (*inf*) jdm gewaltig Angst einjagen (*inf*).

II *vt* **1.** (be)fürchten. **I ~ the worst** ich befürchte das Schlimmste; **he's a man to be ~ed** er ist ein Mann, vor dem man Angst haben muß.

2. (*feel awe for*) *God* Ehrfurcht haben vor (+*dat*).

III *vi* **to ~ for** fürchten für *or* um; **never ~!** keine Angst!

fearful ['fɪəfʊl] *adj* **1.** (*frightening, inf: terrible*) furchtbar, schrecklich. **2.** (*apprehensive*) ängstlich, bang. **to be ~ for one's/sb's life** um sein/jds Leben fürchten; **I was ~ of waking her** ich befürchtete, daß ich sie aufwecken würde.

fearfully ['fɪəfəlɪ] *adv see adj.*

fearless ['fɪəlɪs] *adj* furchtlos. **~ of sth** ohne Angst *or* Furcht vor etw (*dat*).

fearlessly ['fɪəlɪslɪ] *adv see adj.*

fearlessness ['fɪəlɪsnɪs] *n* Furchtlosigkeit *f*.

fearsome *adj*, **~ly** *adv* ['fɪəsəm, -lɪ] furchterregend.

feasibility [ˌfiːzə'bɪlɪtɪ] *n* **1.** (*of plan etc*) Durchführbarkeit, Machbarkeit *f*. **~ study** Machbarkeitsstudie *f*; **the ~ of doing sth** die Möglichkeit, etw zu tun.

2. (*plausibility: of story*) Wahrscheinlichkeit *f*.

feasible ['fiːzəbl] *adj* **1.** möglich, machbar; *plan also* durchführbar, realisierbar; *route* gangbar, möglich. **2.** (*likely, probable*) *excuse, story, theory* plausibel, wahrscheinlich.

feasibly ['fiːzəblɪ] *adv* **1. if it can ~ be done** wenn es machbar ist *or* praktisch möglich ist.

2. plausibel. **that could ~ be true** das könnte durchaus stimmen.

feast [fiːst] **I** *n* **1.** (*banquet*) Festmahl, Festessen *nt*; (*Hist*) Festgelage *nt*. **a ~ for the eyes** eine Augenweide.

2. (*Eccl, Rel*) Fest *nt*. **~ day** Festtag, Feiertag *m*; **movable/immovable ~** beweglicher/unbeweglicher Feiertag.

II *vi* (*lit*) Festgelage *pl*/ein Festgelage halten. **to ~ on sth** sich an etw (*dat*) gütlich tun; (*person also*) in etw (*dat*) schwelgen; (*fig*) sich an etw (*dat*) weiden.

III *vt* **1.** *guest* festlich bewirten. **to ~ oneself** sich gütlich tun (*on* an +*dat*); (*person also*) schwelgen (*on* in +*dat*).

2. to ~ one's eyes on sb/sth seine Augen an jdm/etw weiden.

feat [fiːt] *n* Leistung *f*; (*heroic, courageous*) Heldentat *f*; (*skilful*) Kunststück *nt*, Meisterleistung *f*.

feather ['feðə^r] **I** *n* Feder *f*. **~s** (*plumage*) Gefieder *nt*; (*on dart, arrow also*) Fiederung *f*; **as light as a ~** federleicht; **in fine ~** (*inf*) (*in a good mood*) (in) bester Laune; (*in top form*) in Hochform; **that's a ~ in his cap** das ist ein Ruhmesblatt *nt* für ihn; **you could have knocked me down with a ~** (*inf*) ich war wie vom Donner gerührt; **that'll make the ~s fly** das wird die Gemüter bewegen; **they are birds of a ~** sie sind vom gleichen Schlag; **birds of a ~ flock together** (*Prov*) gleich und gleich gesellt sich gern (*Prov*); *see* **white ~**.

II *vt* **1.** *arrow etc* mit Federn versehen. **to ~ one's nest** (*fig*) sein Schäfchen ins trockene bringen. **2.** (*Aviat*) *propeller* auf Segelstellung bringen. **3.** (*Rowing*) *oar* flachdrehen.

III *vi* (*Rowing*) das Ruderblatt flachdrehen.

feather-bed I *n* mit Federn gefüllte Matratze; **II** *vt* (*fig*) *person* verhätscheln; (*Ind*) (*with grants*) verhätscheln; (*by overmanning*) unnötige Arbeitskräfte zugestehen (+*dat*); **feather-bedding** *n* (*fig*) Hätschelung *f*; (*with subsidies also*) unnötige Subventionierung; **featherbrain** *n* Spatzenhirn *nt*; **featherbrained** *adj* dümmlich; **feather duster** *n* Staubwedel *m*.

feathered ['feðəd] *adj* gefiedert.

featherweight (*Boxing*) **I** *n* Federgewicht *nt*; (*fig*) Leichtgewicht *nt*; **II** *adj* Federgewicht-.

feathery ['feðərɪ] *adj* (+*er*) fed(e)rig.

feature ['fiːtʃə^r] **I** *n* **1.** (*facial*) (Gesichts)zug *m*.

2. (*characteristic*) Merkmal, Kennzeichen, Charakteristikum *nt*; (*of sb's character*) Grundzug *m*. **a ~ of his style is ...** sein Stil ist durch ... gekennzeichnet; **special ~** Besonderheit *f*; **new ~** Neuheit *f*; **this model has all the latest ~s** dieses Modell ist mit allen (technischen) Neuheiten *or* Raffinessen ausgestattet.

3. (*focal point: of room, building*) besonderes *or* herausragendes Merkmal. **to make a ~ of sth** etw besonders betonen, etw zur Geltung bringen; **the main ~ of the new shopping centre** die Hauptattraktion des neuen Einkaufszentrums; **the main ~ of the exhibition** (*central area of interest*) der Schwerpunkt der Ausstellung; **the old volcano, the dominant ~ of the island, ...** der die Insel dominierende alte Vulkan ...

4. (*Press*) (Sonder)beitrag *m*, Feature *nt*; (*Rad, TV*) (Dokumentar)bericht *m*, Feature *nt*.

5. (*film*) Spielfilm *m*.

II *vt* **1.** (*Press*) *story, picture* bringen.

2. this film ~s an English actress in diesem Film spielt eine englische Schauspielerin mit.

III *vi* **1.** (*occur*) vorkommen. **2.** (*Film*) (mit)spielen.

feature article *n* Sonderbeitrag *m*, Feature *nt*; **feature film** *n* Spielfilm *m*; **feature-length** *adj film* mit Spielfilmlänge; **feature story** *n* Sonderbericht *m*, Feature *nt*; **feature writer** *n* Feuilletonist(in *f*) *m*.

febrile ['fiːbraɪl] *adj* fiebrig, fieberhaft.

February ['februərɪ] *n* Februar *m*; *see* **September.**

feces ['fiːsiːz] *npl* (*US*) *see* **faeces.**

feckless ['feklɪs] *adj* nutzlos.

fecund ['fi:kənd] *adj* (*lit, fig*) fruchtbar.
fecundity [fɪ'kʌndɪtɪ] *n* (*lit, fig*) Fruchtbarkeit *f*.
fed[1] [fed] *pret, ptp of* **feed.**
fed[2] *n* (*US inf*) FBI-Agent(in *f*) *m*.
Fedayeen [fedɑ:'ji:n] *npl* Freischärler *pl*.
federal ['fedərəl] **I** *adj* Bundes-; *system* föderalistisch; (*US Hist*) föderalistisch. ~ **state** (*in US*) (Einzel)staat *m*; **the F~ Republic of Germany** die Bundesrepublik Deutschland. **II** *n* **F~** (*US Hist*) Föderalist *m*; (*US inf*) FBI-Agent(in *f*) *m*.
federalism ['fedərəlɪzəm] *n* Föderalismus *m*.
federalist ['fedərəlɪst] **I** *adj* föderalistisch. **II** *n* Föderalist(in *f*) *m*.
federate ['fedəreɪt] **I** *vt* zu einem Bund vereinigen *or* zusammenschließen, föderieren (*rare*). **II** *vi* sich zu einem Bund zusammenschließen. **III** ['fedərɪt] *adj* verbündet, föderiert.
federation [ˌfedə'reɪʃən] *n* **1.** (*act*) Zusammenschluß *m*, Föderation *f* (*rare*). **2.** (*league*) Föderation *f*, Bund *m*.
fed up *adj* (*inf*) **I'm ~** ich habe die Nase voll (*inf*); **I'm ~ with him/it** er/es hängt mir zum Hals heraus (*inf*), ich habe ihn/es satt.
fee [fi:] *n* Gebühr *f*; (*of doctor, lawyer, artist, tutor*) Honorar *nt*; (*of stage performer*) Gage *f*; (*of director, administrator*) Bezüge *pl*; (*membership ~*) Beitrag *m*. **(school) ~s** Schulgeld *nt*; **on payment of a small ~** gegen geringe Gebühr.
feeble ['fi:bl] *adj* (*+er*) schwach; *voice, smile also* matt; *attempt* kläglich.
feeble-minded *adj* dümmlich; **feebleness** *n see adj* Schwäche *f*; Mattheit *f*; Kläglichkeit *f*.
feebly ['fi:blɪ] *adv see adj*.
feed [fi:d] (*vb: pret, ptp* **fed**) **I** *n* **1.** (*meal*) (*of animals*) Fütterung *f*; (*of baby, inf: of person*) Mahlzeit *f*; (*food*) (*of animals*) Futter *nt*; (*inf: of person*) Essen *nt*. **when is the baby's next ~?** wann wird das Baby wieder gefüttert?
2. (*Theat*) Stichwort *nt*.
3. (*Tech*) (*to machine*) Versorgung *f* (*to gen*); (*to furnace*) Beschickung *f* (*to gen*); (*to computer*) Eingabe *f* (*into* in *+acc*).
II *vt* **1.** (*provide food for*) *person, army* verpflegen; *family also* ernähren. **to ~ oneself** sich selbst verpflegen.
2. (*give food to*) *baby, invalid, animal* füttern; (*breast-~*) stillen. **to ~ oneself** (*child*) allein essen können; **to ~ sth to sb/an animal** jdm/einem Tier etw zu essen/fressen geben.
3. (*supply*) *machine* versorgen; *furnace* beschicken; *computer* füttern; *meter* Geld einwerfen in (*+acc*), füttern (*hum*); (*fire*) unterhalten, etwas legen auf (*+acc*); (*fig*) *hope, imagination, rumour* nähren, Nahrung geben (*+dat*). **two rivers ~ this reservoir** dieses Reservoir wird von zwei Flüssen gespeist; **to ~ sth into a machine** etw in eine Maschine geben; **to ~ coolant into a machine** einer Maschine (*dat*) Kühlmittel zuführen; **to ~ information to sb, to ~ sb with information** jdn mit Informationen versorgen.
4. (*Tech: insert*) führen.
5. (*Theat, fig*) **to ~ sb (with) the right lines** jdm die richtigen Stichworte geben.
III *vi* (*animal*) fressen; (*baby*) gefüttert werden; (*hum: person*) futtern (*inf*).
◆**feed back** *vt sep facts, information* zurückleiten (*to* an *+acc*); (*Elec*) rückkoppeln. **by the time the information had been fed ~ to him** als die Informationen schließlich zu ihm zurückkamen; **to ~ sth ~ into the computer** dem Computer etw wieder eingeben.
◆**feed in** *vt sep tape, wire* einführen (*prep obj* in *+acc*); *facts, information* eingeben (*prep obj* in *+acc*).
◆**feed on I** *vi +prep obj* sich (er)nähren von; (*fig*) sich nähren von. **II** *vt sep +prep obj animal, baby* füttern mit; *person* ernähren mit.
◆**feed up** *vt sep animal* mästen. **to ~ sb ~** jdn aufpäppeln; *see also* **fed up.**
feedback *n* (*Psych, Comput*) Feedback *nt*, Rückmeldung *f*; (*Elec*) Rückkoppelung *f*; (*fig*) Reaktion *f*, Feedback *nt*; **~ of information** Rückinformation *f*; **to provide more ~ about sth** ausführlicher über etw (*acc*) berichten; **feedbag** *n* (*US*) Futtersack *m*.
feeder ['fi:dəʳ] **I** *n* **1.** (*person*) Versorger *m*; (*bottle*) Flasche *f*. **automatic ~** Futterautomat *m*.
2. (*eater*) Esser(in *f*) *m*. **the cow is a good ~** die Kuh frißt gut.
3. (*device supplying machine*) Zubringer *m*.
4. (*contributory source*) (*river*) Zu(bringer)fluß *m*; (*road*) Zubringer(straße *f*) *m*; (*air, bus, rail service*) Zubringerlinie *f*; (*Elec*) Speiseleitung *f*, Feeder *m*. **~ pipe** Zuleitungsrohr *nt*.
II *attr plane etc* Zubringer-.
feeding ['fi:dɪŋ]: **feeding bottle** *n* Flasche *f*; **feeding time** *n* (*for animal*) Fütterungszeit *f*; (*for baby*) Zeit *f* für die Mahlzeit.
feel [fi:l] (*vb: pret, ptp* **felt**) **I** *vt* **1.** (*touch*) fühlen; (*examining*) befühlen. **to ~ one's way** sich vortasten; **I'm still ~ing my way around** ich versuche noch, mich zu orientieren.
2. (*be aware of by touching, feeling*) *prick, sun* fühlen, spüren. **I can't ~ anything in my left leg** ich habe kein Gefühl im linken Bein.
3. (*be conscious of in oneself*) *regret, joy, fear* fühlen, empfinden; *effects* spüren. **I could ~ him getting angry** ich spürte, daß er wütend wurde; **he felt a sense of regret** er empfand Bedauern; **can't you ~ the sadness in this music?** können Sie nicht empfinden, wie traurig diese Musik ist?
4. (*be affected by*) *heat, cold, insult* leiden unter (*+dat*); *loss also* empfinden. **I don't ~ the cold as much as he does** die Kälte macht mir nicht so viel aus wie ihm; **she's fallen, I bet she felt that!** sie ist hingefallen, das hat bestimmt weh getan.
5. (*think*) glauben. **what do you ~ about him/it?** was halten Sie von ihm/

davon?; **it was felt that ...** man war der Meinung, daß ...

II *vi* **1.** (*indicating physical or mental state: person*) sich fühlen. **to ~ well/ill/ secure/apprehensive/relaxed/depressed** sich wohl/elend/sicher/unsicher/entspannt/deprimiert fühlen; **how do you ~ today?** wie fühlen Sie sich heute?; **to ~ convinced/certain** überzeugt/sicher sein; **to ~ hungry/thirsty/sleepy** hungrig/durstig/müde sein; **I ~ hot/cold** mir ist heiß/kalt; **I ~ much better** es geht mir viel besser; **you'll ~ all the better for a holiday** ein Urlaub wird Ihnen guttun; **he doesn't ~ quite himself today** er ist heute nicht ganz auf der Höhe; **I felt sad/strange** mir war traurig/komisch zumute; **I felt as though I'd never been away/I'd seen him before** mir war, als ob ich nie weggewesen wäre/als ob ich ihn schon mal gesehen hätte; **how do you ~ about him?** (*emotionally*) was empfinden Sie für ihn?

2. (**~** *to the touch: material, ground, bricks*) sich anfühlen. **to ~ hard/soft/ rough** sich hart/weich/rauh anfühlen; **the room/air ~s warm** das Zimmer/die Luft kommt einem warm vor.

3. (*think, have opinions*) meinen. **how do you ~ about him/the idea/going for a walk?** was halten Sie von ihm/der Idee/von einem Spaziergang?; **how do you ~ about these developments?** was meinen Sie zu dieser Entwicklung?; **that's just how I ~** ich bin genau derselben Meinung.

4. to ~ like (*have desire for*) Lust haben auf (+*acc*); (*for food also*) Appetit haben auf (+*acc*); **I ~ like eating something/going for a walk** ich könnte jetzt etwas essen/ich habe Lust spazierenzugehen; **I felt like screaming/ crying/giving up** ich hätte am liebsten geschrien/geheult/aufgegeben.

5. *impers* **what does it ~ like** *or* **how does it ~ to be all alone?** wie fühlt man sich *or* wie ist das so ganz allein?; **what does it ~ like** *or* **how does it ~ to be the boss?** wie fühlt man sich als Chef?

III *n, no pl* **1. let me have a ~ (of it)!** laß (mich) mal fühlen!

2. (*quality when touched*) **it has a velvety/scaly ~** es fühlt sich samten/schuppig an; **he recognizes things by their ~** er erkennt Dinge daran, wie sie sich anfühlen; **I don't like the ~ of wool against my skin** ich mag Wolle nicht auf der Haut.

3. (*fig*) **to get/have a ~ for sth** ein Gefühl für etw bekommen/haben; **to get the ~ for sth** ein Gefühl für etw bekommen; **you must get the ~ of the poem** Sie müssen sich in das Gedicht einfühlen.

◆feel about *or* **around** *vi* umhertasten; (*in drawer, bag*) herumsuchen, herumtasten.

◆feel for *vi* +*prep obj* **1.** (*sympathize with*) (mit)fühlen mit, Mitgefühl haben mit. **I ~ ~ you** Sie tun mir leid. **2.** (*search or grope for*) tasten nach; (*in pocket, bag*) kramen nach.

◆feel up *vt sep* (*inf: sexually*) befummeln (*inf*).

◆feel up to *vi* +*prep obj* sich gewachsen fühlen (+*dat*).

feeler ['fi:lə^r] *n* **1.** (*Zool*) Fühler *m*; (*of sea animal*) Tentakel *m or nt*. **2.** (*fig*) Fühler *m*. **to throw** *or* **put out ~s/a ~** seine Fühler ausstrecken. **3. ~s** *pl* (*also* **~ gauge**) Fühl(er)lehre *f*.

feeling ['fi:lɪŋ] *n* **1.** (*sense of touch*) Gefühl *nt*, Empfindung *f*. **I've lost all ~ in my right arm** ich habe kein Gefühl mehr im rechten Arm.

2. (*physical, mental sensation, emotion*) Gefühl *nt*. **a ~ of pain/warmth** ein Gefühl des Schmerzes/der Wärme; **I had a ~ of isolation** ich kam mir ganz isoliert vor.

3. (*presentiment*) (Vor)gefühl *nt*. **I've a funny ~ she won't come** ich hab so das Gefühl, daß sie nicht kommt.

4. (*opinion: also* **~s**) Meinung, Ansicht *f* (*on* zu). **there was a general ~ that ...** man war allgemein der Ansicht, daß ...; **there's been a lot of bad ~ about this decision** wegen dieser Entscheidung hat es viel böses Blut gegeben.

5. ~s Gefühle *pl*; **you've hurt his ~s** Sie haben ihn verletzt; **no hard ~s!** ich nehme es dir nicht übel.

feet [fi:t] *pl of* **foot.**

feign [feɪn] *vt* vortäuschen; *friendship, interest, sympathy, feelings also* heucheln. **to ~ illness/madness/death** simulieren, sich krank/verrückt/tot stellen; **to ~ urgent business** dringende Geschäfte vorgeben *or* vorschützen.

feigned [feɪnd] *adj* vorgeblich *attr*; *illness also* simuliert; *interest, sympathy also* vorgetäuscht, geheuchelt.

feint [feɪnt] **I** *n* (*Sport*) Finte *f*. **to make a ~** eine Finte anwenden (*at* gegenüber).

II *vi* (*Sport*) fintieren, eine Finte anwenden (*also fig*). **he ~ed with the left and hit with the right** er hat links angetäuscht und rechts zugeschlagen.

feint(-ruled) ['feɪnt(ru:ld)] *adj* fein liniert.

feisty ['faɪstɪ] (*adj*) (*US inf: lively*) lebendig.

felicitate [fɪ'lɪsɪteɪt] *vt* (*form*) beglückwünschen (*sb on sth* jdn zu etw), gratulieren (*sb on sth* jdm zu etw).

felicitation [fɪˌlɪsɪ'teɪʃən] *n usu pl* (*form*) Glückwunsch *m*.

felicitous *adj*, **~ly** *adv* [fɪ'lɪsɪtəs, -lɪ] (*form*) glücklich.

felicity [fɪ'lɪsɪtɪ] *n* (*form*) **1.** (*happiness*) Glück *nt*, Glückseligkeit *f* (*geh*). **2.** (*expression*) treffender Ausdruck; (*style*) gewählte Ausdrucksweise. **he expresses himself with ~** er drückt sich sehr gewählt aus.

feline ['fi:laɪn] **I** *adj* (*lit*) Katzen-; *species* der Katzen; (*fig*) *grace, suppleness* katzenartig, katzenhaft. **II** *n* Katze *f*.

fell¹ [fel] *pret of* **fall.**

fell² *n* (*skin*) Fell *nt*, Balg *m*.

fell³ *adj* (*liter*) fürchterlich. **with one ~ blow** (*not liter*) mit einem einzigen gewaltigen *or* mächtigen Hieb; *see* **swoop.**

fell⁴ *vt tree* fällen, schlagen; *person* niederstrecken, zu Boden strecken; *animal* zur Strecke bringen.

fell[5] *n* (*N Engl*) (*mountain*) Berg *m*; (*moor*) Moorland *nt*.
fellah ['felɑ:] *n* **1.** Fellache *m*, Fellachin *f*. **2.** *see* **fellow.**
fellatio [fɪ'leɪʃɪəʊ] *n* Fellatio *f*.
fellow[1] ['feləʊ] *n* **1.** Mann, Kerl (*often pej*), Typ (*sl*) *m*; (*inf: boyfriend*) Freund, Typ (*sl*) *m*. **a poor/nice/rude/an intelligent/a clever ~** ein armer/netter/unverschämter Kerl/ein kluger/ein gescheiter Bursche; **an old ~** ein alter Mann *or* Knabe (*inf*); **look here, old ~** hör mal her, alter Junge (*inf*); **young ~** junger Bursche; **this journalist ~** dieser komische Journalist; **my dear ~** mein lieber Freund *or* Mann (*inf*); **who is this ~?** wer ist denn der Typ (*sl*) *or* Kerl da?; **I'm not the sort of ~ who ...** ich bin nicht der Typ, der ...
2. (*comrade*) Kamerad, Kumpel (*inf*) *m*; (*colleague*) Kollege *m*, Kollegin *f*. **~s in misfortune** Leidensgenossen *pl*; **to get together with one's ~s** mit seinesgleichen zusammenkommen.
3. (*Univ*) Fellow *m*; *see* **research ~.**
4. (*of a society*) Mitglied *nt*.
5. (*of things: one of a pair*) Gegenstück *nt*.
fellow[2] *pref* **our ~ bankers/doctors** unsere Kollegen/Kolleginnen (im Bankwesen/in der Ärzteschaft); **~ writers** Schriftstellerkollegen; **she is a ~ lexicographer** sie ist auch Lexikographin; **our ~ communists/royalists** unsere kommunistischen/royalistischen Gesinnungsgenossen.
fellow being *n* Mitmensch *m*; **fellow citizen** *n* Mitbürger(in *f*) *m*; **fellow countryman** *n* Landsmann *m*/-männin *f*; **fellow countrymen** *npl* Landsleute *pl*; **fellow creature** *n* Mitmensch *m*; **fellow feeling** *n* Mitgefühl *nt*; (*togetherness*) Zusammengehörigkeitsgefühl *nt*; **fellow member** *n* (*in club*) Klubkamerad(in *f*) *m*; (*in party*) Parteigenosse *m*/-genossin *f*; **fellow men** *npl* Mitmenschen *pl*; **fellow passenger** *n* Mitreisende(r) *mf*.
fellowship ['feləʊʃɪp] *n* **1.** *no pl* Kameradschaft *f*; (*company*) Gesellschaft *f*; (*Eccl*) Gemeinschaft *f*. **there's no sense of ~ here** hier herrscht kein kameradschaftlicher Geist. **2.** (*Univ: scholarship*) Forschungsstipendium *nt*; (*job*) *Position f eines Fellow*.
fellow student *n* Kommilitone *m*, Kommilitonin *f*; **fellow sufferer** *n* Leidensgenosse *m*/-genossin *f*; **fellow traveller** *n* **1.** (*lit*) Mitreisende(r) *mf*; **2.** (*Pol*) Sympathisant(in *f*) *m*; **fellow worker** *n* Kollege *m*, Kollegin *f*, Mitarbeiter(in *f*) *m*.
felon ['felən] *n* (Schwer)verbrecher(in *f*) *m*.
felonious [fɪ'ləʊnɪəs] *adj* verbrecherisch.
felony ['felənɪ] *n* (schweres) Verbrechen.
felspar ['felspɑ:ʳ] *n* Feldspat *m*.
felt[1] [felt] *pret, ptp of* **feel.**
felt[2] **I** *n* Filz *m*; *see* **roofing. II** *adj attr hat etc* Filz-. **III** *vi* (*wool etc*) (ver)filzen.
felt-tip (pen) ['felttɪp('pen)] *n* Filzstift *m*.
female ['fi:meɪl] **I** *adj* **1.** weiblich; *labour, rights* Frauen-. **a ~ doctor/student** eine Ärztin/Studentin; **~ bear** Bärin *f*; **~ black bird** Amselweibchen *nt*; **a ~ companion** eine Gesellschafterin; **a ~ football team** eine Damenfußballmannschaft; **~ impersonator** Damen-Imitator *m*; **a typical ~ attitude** typisch Frau.
2. (*Tech*) *connector, plug* weiblich, Innen-. **~ screw** (Schrauben)mutter, Mutterschraube *f*; **~ thread** Mutter- *or* Innengewinde *nt*.
II *n* **1.** (*animal*) Weibchen *nt*. **2.** (*inf: woman*) Frau *f*; (*pej*) Weib (*pej*), Weibsbild (*pej inf*) *nt*.
feminine ['femɪnɪn] **I** *adj* (*also Gram*) feminin, weiblich; *rhyme* weiblich, klingend; (*effeminate*) feminin. **II** *n* (*Gram*) Femininum *nt*.
femininity [ˌfemɪ'nɪnɪtɪ] *n* Weiblichkeit *f*.
feminism ['femɪnɪzəm] *n* Feminismus *m*.
feminist ['femɪnɪst] **I** *n* Feminist(in *f*) *m*. **II** *adj* feministisch, Frauen-.
fen [fen] *n* Moor- *or* Sumpfland *nt*. **the F~s** *die Niederungen pl in East Anglia*.
fence [fens] **I** *n* **1.** Zaun *m*; (*Sport*) Hindernis *nt*. **to sit on the ~** (*fig*) (*neutral*) neutral bleiben, nicht Partei ergreifen; (*irresolute*) unschlüssig sein, zaudern; **on the right side of the ~** (*fig*) auf der richtigen Seite. **2.** (*inf: receiver of stolen goods*) Hehler(in *f*) *m*. **3.** (*Tech*) Anschlag *m*.
II *vt* **1.** (*also* **~ in**) *land* ein- *or* umzäunen. **2.** (*Sport*) fechten gegen. **3.** (*inf*) hehlen.
III *vi* **1.** (*Sport*) fechten. **2.** (*fig*) ausweichen. **3.** (*inf: receive stolen goods*) hehlen.
◆**fence in** *vt sep* **1.** ein- *or* umzäunen, mit einem Zaun umgeben. **2.** (*fig*) **to ~ sb ~** jds Freiheit beschneiden *or* einengen; **don't ~ me ~** laß mir meine Freiheit.
◆**fence off** *vt sep piece of land* abzäunen.
fencer ['fensəʳ] *n* Fechter(in *f*) *m*.
fencing ['fensɪŋ] *n* **1.** (*Sport*) Fechten *nt*. **2.** (*fences, material*) Zaun *m*, Einzäunung *f*.
fend [fend] *vi* **to ~ for oneself** (*provide*) für sich (selbst) sorgen, sich allein durchbringen; (*defend*) sich (selbst) verteidigen.
◆**fend off** *vt sep* abwehren; *attacker also* vertreiben.
fender ['fendəʳ] *n* **1.** (*in front of fire*) Kamingitter *nt*. **2.** (*US Aut*) Kotflügel *m*; (*of bicycle*) Schutzblech *nt*. **3.** (*Naut*) Fender *m*. **4.** (*US: on train, streetcar*) Puffer *m*.
fender-bender ['fendəˌbendəʳ] *n* (*US inf*) kleiner Blechschaden.
fennel ['fenl] *n* (*Bot*) Fenchel *m*.
feral ['ferəl] *adj* (*form*) (*wild*) wild.
ferment ['fɜ:ment] **I** *n* **1.** (*fermentation*) Gärung *f*; (*substance*) Ferment *nt*, Gärstoff *m*.
2. (*fig*) Unruhe, Erregung *f*. **the city/he was in a state of ~** es gärte in der Stadt/in ihm.
II [fə'ment] *vi* (*lit, fig*) gären.
III [fə'ment] *vt* (*lit*) fermentieren, zur Gärung bringen; (*fig*) anwachsen lassen.
fermentation [ˌfɜ:men'teɪʃən] *n* **1.** Gärung *f*; (*fig: of plan*) Ausreifen *nt*. **~ lock** Gärventil *nt*. **2.** (*fig: excitement*) Aufre-

gung, Unruhe *f*.

fern [fɜːn] *n* Farn(kraut *nt*) *m*.

ferocious [fə'rəʊʃəs] *adj appearance* wild, grimmig; *glance, look* böse, grimmig; *dog, animal* wild; *criticism, competition* scharf; *fight, resistance, temper* heftig; *attack* heftig, scharf; *virus* bösartig.

ferociously [fə'rəʊʃəslɪ] *adv* grimmig; *growl, bare teeth* wild; *fight, attack, resist* heftig; *criticize* scharf.

ferocity [fə'rɒsɪtɪ] *n see adj* Wildheit, Grimmigkeit *f*; Bissigkeit *f*; Schärfe *f*; Heftigkeit *f*; Bösartigkeit *f*.

ferret ['ferɪt] **I** *n* Frettchen *nt*.

II *vi* **1.** (*Sport: also* **go ~ing**) mit dem Frettchen jagen.

2. (*also* **~ about** *or* **around**) herumstöbern *or* -schnüffeln (*pej*). **she was ~ing (about** *or* **around) among my books** sie schnüffelte in meinen Büchern (herum).

◆**ferret out** *vt sep* aufstöbern, aufspüren.

ferric ['ferɪk] *adj* Eisen-, Eisen(III)- (*spec*).

Ferris wheel ['ferɪs,wiːl] *n* Riesenrad *nt*.

ferrite ['feraɪt] *n* Ferrit *m*. **~ rod** Ferritstab *m*; **~ rod aerial** Ferritantenne *f*.

ferroconcrete ['ferəʊ'kɒŋkriːt] *n* Eisen- *or* Stahlbeton *m*.

ferrous ['ferəs] *adj* Eisen-, Eisen(II)- (*spec*). **~ chloride** Eisenchlorid *nt*.

fer(r)ule ['feruːl] *n* (*of umbrella, cane*) Zwinge *f*, Ring *m*.

ferry ['ferɪ] **I** *n* Fähre *f*.

II *vt* **1.** (*by boat: also* **~ across** *or* **over**) übersetzen; (*by plane, car*) transportieren, bringen. **to ~ sb across** *or* **over a river** jdn über einen Fluß setzen; **to ~ sb/sth back and forth** jdn/etw hin- und herbringen.

2. (*deliver*) *plane* überführen.

ferryboat *n* Fährboot *nt*; **ferryman** *n* Fährmann *m*.

fertile ['fɜːtaɪl] *adj* (*lit, fig*) fruchtbar; *land, soil also* ertragreich. **the idea fell on ~ ground** der Gedanke fiel auf fruchtbaren Boden.

fertility [fə'tɪlɪtɪ] **I** *n* (*lit, fig*) Fruchtbarkeit *f*; (*of soil, seed also*) Ergiebigkeit *f*. **II** *attr cult, symbol* Fruchtbarkeits-. **~ drug** Fruchtbarkeitspille *f*.

fertilization [,fɜːtɪlaɪ'zeɪʃən] *n* Befruchtung *f*; (*of soil*) Düngung *f*.

fertilize ['fɜːtɪlaɪz] *vt animal, egg, flower* befruchten; *land, soil* düngen.

fertilizer ['fɜːtɪlaɪzə^r] *n* Dünger *m*, Düngemittel *nt*. **artificial ~** Kunstdünger *m*.

ferule ['feruːl] *n* **1.** Stock *m*. **2.** *see* **fer(r)ule.**

fervency ['fɜːvənsɪ] *n see* **fervour.**

fervent ['fɜːvənt], **fervid** ['fɜːvɪd] *adj* leidenschaftlich; *desire, wish, hope also* inbrünstig, glühend; *tone of voice, expression, prayer also* inbrünstig.

fervently ['fɜːvəntlɪ], **fervidly** ['fɜːvɪdlɪ] *adv see adj*.

fervour, (*US*) **fervor** ['fɜːvə^r] *n* Inbrunst *f*; (*of public speaker also*) Leidenschaft *f*; (*of lover*) Leidenschaftlichkeit *f*.

fester ['festə^r] *vi* eitern; (*fig: insult, resentment*) nagen, fressen.

festival ['festɪvəl] *n* **1.** (*Eccl etc*) Fest *nt*. **Church ~s** kirchliche Feste, kirchliche Feiertage *pl*; **F~ of Lights** Lichterfest *nt*. **2.** (*cultural*) Festspiele *pl*, Festival *nt*; (*lasting several days also*) Festwoche *f*. **the Edinburgh/Salzburg F~** das Edinburgh-Festival/die Salzburger Festspiele *pl*.

festive ['festɪv] *adj* festlich. **the ~ season** die Festzeit; **he was in (a) ~ mood** er war in festlicher Stimmung *or* in Festtagslaune.

festivity [fe'stɪvɪtɪ] *n* **1.** (*gaiety*) Feststimmung, Feiertagsstimmung *f*. **there was an air of ~ in the office** im Büro herrschte Feststimmung *f*. **2.** (*celebration*) Feier *f*. **festivities** *pl* (*festive proceedings*) Feierlichkeiten, Festivitäten (*hum*) *pl*.

festoon [fe'stuːn] **I** *n* Girlande *f*; (*in curtain, Archit*) Feston *m*. **II** *vt* **to ~ sb/sth with sth** jdn mit etw behängen/etw mit etw schmücken *or* verzieren.

fetal *adj* (*esp US*) *see* **foetal.**

fetch [fetʃ] **I** *vt* **1.** (*bring*) holen; (*collect*) *person, thing* abholen. **would you ~ a handkerchief for me** *or* **~ me a handkerchief?** kannst du mir ein Taschentuch holen (gehen)?; **I'll ~ her from the station** ich hole sie vom Bahnhof ab; **she ~ed in the washing** sie holte die Wäsche herein.

2. (*bring in*) *money* (ein)bringen.

3. (*inf*) **to ~ sb a blow/one** jdm eine langen (*inf*); (*accidentally: with rucksack etc*) jdn erwischen (*inf*).

II *vi* **1. to ~ and carry for sb** bei jdm Mädchen für alles sein.

2. (*Naut*) Kurs halten; (*change course*) Kurs nehmen.

◆**fetch up I** *vi* (*inf*) landen (*inf*). **II** *vt sep* (*Brit: vomit*) erbrechen.

fetching ['fetʃɪŋ] *adj* bezaubernd, reizend; *hat, dress also* entzückend; *smile also* gewinnend, einnehmend.

fête [feɪt] **I** *n* Fest *nt*. **village ~** Dorffest *nt*. **II** *vt* (*make much of*) *sb, sb's success* feiern. **to ~ sb** (*entertain*) zu jds Ehren ein Fest geben.

fetid ['fetɪd] *adj* übelriechend.

fetish ['fetɪʃ] *n* (*all senses*) Fetisch *m*. **to have a ~ about leather/cleanliness** einen Leder-/Sauberkeitstick haben (*inf*); **to make a ~ of sth** etw zum Fetisch machen *or* erheben.

fetishism ['fetɪʃɪzəm] *n* Fetischismus *m*.

fetishist ['fetɪʃɪst] *n* Fetischist *m*.

fetlock ['fetlɒk] *n* Fessel *f*; (*joint*) Fesselgelenk *nt*.

fetter ['fetə^r] **I** *vt prisoner* fesseln; *goat* anpflocken; (*fig*) in Fesseln legen. **II** *n* **~s** *pl* (Fuß)fesseln *pl*; (*fig*) Fesseln *pl*.

fettle ['fetl] *n* **to be in fine** *or* **good ~** in bester Form sein.

fetus *n* (*US*) *see* **foetus.**

feud [fjuːd] **I** *n* (*lit, fig*) Fehde *f*. **to have a ~ with sb** mit jdm in Fehde liegen. **II** *vi* (*lit, fig*) sich befehden, in Fehde liegen.

feudal ['fjuːdl] *adj* Feudal-, feudal, Lehns-.

feudalism ['fjuːdəlɪzəm] *n* Feudalismus *m*, Lehnswesen *nt*.

fever ['fiːvə^r] *n* **1.** Fieber *nt no pl*. **to have a ~** eine Fieberkrankheit haben; (*high* *temperature*) Fieber haben.

2. (*fig*) Aufregung, Erregung *f*, Fieber *nt*. **election ~** Wahlfieber *nt*, Wahlrausch *m*; **to go into a ~ of excitement** von fieberhafter Erregung ergriffen werden; **to reach ~ pitch** am Siedepunkt angelangt sein, den Siedepunkt erreichen; **to be working at ~ pitch** auf Hochtouren arbeiten.

feverish ['fi:vərɪʃ] *adj* (*Med*) fiebernd *attr*; (*fig*) *activity* fieberhaft; *atmosphere* fiebrig. **he's still ~** er hat noch Fieber.

feverishly ['fi:vərɪʃlɪ] *adv* fieberhaft.

few [fju:] **I** *adj* (*+er*) **1.** (*not many*) wenige. **~ people come to see him** nur wenige Leute besuchen ihn; **with ~ exceptions** mit wenigen Ausnahmen; **~ and far between** dünn gesät; **as ~ books as you** genauso wenig(e) Bücher wie du; **as ~ as six objections** bloß sechs Einwände; **how ~ they are!** wie wenige das sind!; **so ~ books** so wenige Bücher; **too ~ cakes** zu wenige Kuchen; **there were 3 too ~** es waren 3 zuwenig da; **10 would not be too ~** 10 wären nicht zuwenig; **he is one of the ~ people who ...** er ist einer der wenigen, die ...; **such occasions are ~** solche Gelegenheiten sind selten *or* rar; **its days are ~** es hat nur ein kurzes Leben.

2. a ~ ein paar; **a ~ more days** noch ein paar Tage; **a ~ times** ein paar Male; **there were quite a ~ waiting** ziemlich viele warteten; **he has quite a ~ girlfriends** er hat eine ganze Menge Freundinnen; **he's had a good ~ drinks** er hat ziemlich viel getrunken; **I saw a good ~** *or* **quite a ~ people** ich habe ziemlich viele Leute *or* eine ganze Menge Leute gesehen; **we'll go in a ~ minutes** wir gehen in ein paar Minuten; **in the next/past ~ days** in den nächsten/letzten paar Tagen; **every ~ days** alle paar Tage.

II *pron* **1.** (*not many*) wenige. **~ of them came** wenige von ihnen kamen; **the F~** *Kampfflieger, die an der Luftschlacht um England im zweiten Weltkrieg teilnahmen*; **the lucky ~** die wenigen Glücklichen; **how ~ there are!** wie wenige das sind!; **however ~ there may be** wie wenig auch immer da ist; **I've got so/too ~ as it is** ich habe sowieso schon so/zu wenig(e); **so ~ have been sold** so wenige sind bis jetzt verkauft worden; **there are too ~ of you** ihr seid zu wenige.

2. a ~ ein paar; **a ~ more** ein paar mehr; **quite a ~ did not believe him** eine ganze Menge Leute glaubten ihm nicht; **quite a ~** eine ganze Menge; **the ~ who knew him** die wenigen, die ihn kannten.

fewer ['fju:əʳ] *adj, pron comp of* **few** weniger. **no ~ than** nicht weniger als.

fewest ['fju:ɪst] *superl of* **few I** *adj* die wenigsten. **the ~ occasions possible** so wenig wie möglich, so selten wie möglich. **II** *pron* die wenigsten, am wenigsten.

fez [fez] *n* Fes *m*.

ff *abbr of* **following** ff.

fiancé [fɪ'ɑ̃:ŋseɪ] *n* Verlobte(r) *m*.

fiancée [fɪ'ɑ̃:ŋseɪ] *n* Verlobte *f*.

fiasco [fɪ'æskəʊ] *n, pl* **-s,** (*US also*) **-es** Fiasko *nt*. **what a ~ of a reception** was für ein Fiasko dieser Empfang ist/war.

fiat ['faɪæt] *n* **1.** (*decree*) Befehl, Erlaß *m*, Anordnung *f*. **2.** (*authorization*) Billigung *f*, Plazet *nt*.

fib [fɪb] (*inf*) **I** *n* Flunkerei (*inf*), Schwindelei (*inf*) *f*. **(that's a) ~!** das ist geflunkert! (*inf*); **don't tell ~s** flunker *or* schwindel nicht! (*inf*). **II** *vi* flunkern (*inf*), schwindeln *inf*).

fibber ['fɪbəʳ] *n* (*inf*) Flunkerer (*inf*), Schwindler (*inf*) *m*.

fibre, (*US*) **fiber** ['faɪbəʳ] *n* **1.** Faser *f*. **2.** (*fig*) **moral ~** Charakterstärke *f*; **he has no moral ~** er hat kein Rückgrat. (*roughage*) Ballaststoffe *mpl*.

fibreboard *n* Faserplatte *f*; **fibreglass I** *n* Fiberglas *nt*; **II** *adj* Fiberglas-, aus Fiberglas; **fibre-optic cable** *n* faseroptisches Kabel; **fibre optics** *n sing* Faseroptik *f*; **fibre-tip pen** *n* (*Brit*) Faserschreiber *m*.

fibroid ['faɪbrɔɪd] *adj* fibrös.

fibrositis [,faɪbrə'saɪtɪs] *n* (*Med*) Bindegewebsentzündung *f*.

fibrous ['faɪbrəs] *adj* faserig.

fickle ['fɪkl] *adj* unbeständig, launenhaft; *person also* wankelmütig; *weather also* wechselhaft.

fickleness ['fɪklnɪs] *n* Wechselhaftigkeit, Unbeständigkeit *f*; (*of person also*) Wankelmütigkeit *f*.

fiction ['fɪkʃən] *n* **1.** *no pl* (*Liter*) Erzähl- *or* Prosaliteratur *f*. **you'll find that under ~** das finden Sie unter Belletristik; **work of ~** Erzählung *f*; (*longer*) Roman *m*; **light ~** (leichte) Unterhaltungsliteratur; **romantic ~** Liebesromane *pl*.

2. (*invention*) (freie) Erfindung, Fiktion *f*. **that's pure ~** das ist frei erfunden.

3. legal ~ juristische Fiktion.

fictional ['fɪkʃənl] *adj* erdichtet, erfunden. **all these events are purely ~** alle diese Ereignisse sind frei erfunden; **a ~ character** eine Gestalt aus der Literatur.

fictitious [fɪk'tɪʃəs] *adj* **1.** (*imaginary*) fiktiv, frei erfunden. **all characters in this film are ~** alle Gestalten in diesem Film sind frei erfunden. **2.** (*false*) falsch. **3. ~ person** (*Jur*) juristische Person.

fiddle ['fɪdl] **I** *n* **1.** (*Mus inf*) Fiedel (*inf*), Geige *f*. **first ~** erste Geige; **to play second ~ (to sb)** (*fig*) in jds Schatten (*dat*) stehen; **he refuses to play second ~** (*fig*) er will immer die erste Geige spielen; **as fit as a ~** kerngesund; **he had a face as long as a ~** er machte ein Gesicht wie drei Tage Regenwetter.

2. (*Brit inf: cheat, swindle*) Manipulation, Schiebung *f*; (*with money*) faule Geschäfte *pl* (*inf*). **it's a ~** das ist Schiebung!; **there are so many ~s going on** es wird so viel getrickst (*inf*) *or* manipuliert; **tax ~** Steuermanipulation *f*; **to be on the ~** faule Geschäfte *or* krumme Dinger machen (*inf*).

II *vi* **1.** (*Mus inf*) fiedeln (*inf*), geigen.

2. (*fidget, play around*) herumspielen. **don't ~ with the engine if you don't know what you're doing** spiel nicht am Motor herum, wenn du dich damit nicht auskennst; **he sat there nervously fiddling with his tie/cigarette lighter** er saß da und spielte nervös an seinem Schlips/mit seinem Feuerzeug herum.

3. (*split hairs, be over-precise*) Haare spalten, pingelig sein (*inf*).

III *vt* (*inf*) **1.** *accounts, results* frisieren (*inf*); *election* manipulieren. **he ~d some money out of the firm** er hat der Firma ein bißchen Geld abgegaunert (*inf*); **he ~d it so that ...** er hat es so hingebogen *or* getrickst (*inf*), daß ...

2. *tune* fiedeln (*inf*), geigen.

IV *interj* ach du liebe Zeit.

◆**fiddle about** *or* **around** *vi* **to ~ ~ with sth** an etw (*dat*) herumspielen *or* herumfummeln (*inf*); (*fidget with*) mit etw herumspielen; **I'm not spending all day just fiddling ~ with this one little job!** ich werde doch nicht den ganzen Tag damit zubringen, an dieser einen Kleinigkeit rumzufummeln! (*inf*); **he wasn't really playing a tune, just fiddling ~** er spielte keine richtige Melodie, er spielte nur so rum (*inf*).

fiddler ['fɪdlə^r] *n* **1.** (*Mus inf*) Geiger *m*. **2. you little ~, now you've broken it** du mit deiner ewigen Herumspielerei, jetzt ist es kaputt. **3.** (*inf: cheat*) Schwindler, Betrüger *m*.

fiddler crab *n* Winkerkrabbe *f*.

fiddlesticks ['fɪdlstɪks] *interj* (*nonsense*) Unsinn, Quatsch (*inf*).

fiddliness ['fɪdlɪnɪs] *n* (*inf: intricacy*) Kniffligkeit *f* (*inf*).

fiddling ['fɪdlɪŋ] *adj* (*trivial*) läppisch.

fiddly ['fɪdlɪ] *adj* (+*er*) (*inf: intricate*) knifflig (*inf*).

fidelity [fɪ'delɪtɪ] *n* **1.** Treue *f* (*to* zu). **2.** (*of translation*) Genauigkeit *f*; (*Radio*) Klangtreue *f*.

fidget ['fɪdʒɪt] **I** *vi* (*be restless*) zappeln. **to ~ with sth** mit etw herumspielen *or* herumfummeln (*inf*); **don't ~** zappel nicht so rum; **he sat there ~ing on his chair** er rutschte auf seinem Stuhl hin und her.

II *n* **1.** (*person*) Zappelphilipp *m* (*inf*).

2. (*inf*) **to give sb the ~s** jdn zappelig *or* kribbelig machen.

fidgety ['fɪdʒɪtɪ] *adj* zappelig; *audience* unruhig.

fiduciary [fɪ'dju:ʃɪərɪ] **I** *adj* treuhänderisch; *currency* ungedeckt. **II** *n* Treuhänder(in *f*) *m*.

field [fi:ld] **I** *n* **1.** (*Agr*) Feld *nt*, Acker *m*; (*area of grass*) Wiese *f*; (*for cows, horses*) Weide *f*. **corn/wheat ~** Getreide-/Weizenfeld *nt*; **potato ~** Kartoffelacker *m*; **we had a picnic in a ~** wir machten auf einer Wiese Picknick; **he's working in the ~s** er arbeitet auf dem Feld *or* Acker; **the farm has 20 ~s** der Hof hat 20 Felder; **beasts of the ~** Feldtiere *pl*; **to cut across the ~s** quer über die Felder gehen.

2. (*coal~, ice~, oil~*) Feld *nt*.

3. (*for football: ground*) Platz *m*. **sports** *or* **games ~** Sportplatz *m*; **to take the ~** auf den Platz kommen, einlaufen.

4. (*Mil*) **~ of battle** Schlachtfeld *nt*; **noted for his bravery in the ~** für seine Tapferkeit im Feld bekannt; **to take the ~** zur Schlacht antreten; **to hold the ~** das Feld behaupten.

5. (*of study, work*) Gebiet, Feld *nt*. **to be first in the ~ with sth** (*Comm*) als erster etw auf den Markt bringen; **studies in the ~ of medicine** Studien auf dem Gebiet der Medizin; **this is, of course, a very broad ~** das ist natürlich ein weites Feld; **what ~ are you in?** auf welchem Gebiet arbeiten Sie?

6. (*area of practical observation or operation*) Praxis *f*. **work in the ~** Feldforschung *f*; (*of sales rep*) Außendienst *m*; **to test sth in the ~** etw in der Praxis *or* vor Ort ausprobieren.

7. (*Phys, Opt*) Feld *nt*. **~ of vision** Blick- *or* Gesichtsfeld *nt*; **gravitational ~** Gravitationsfeld, Schwerefeld *nt*; **~ of force** Kraftfeld *nt*; **magnetic ~** Magnetfeld *nt*, magnetisches Feld.

8. (*Sport: competitors*) Feld *nt*; (*Hunt also*) rotes Feld; (*Cricket, Baseball*) Fängerpartei *f*. **there's quite a strong ~ for this year's chess contest** das Teilnehmerfeld für den diesjährigen Schachwettbewerb ist ziemlich stark.

9. (*Comput*) Datenfeld *nt*; (*on punch card*) Feld *nt*.

10. (*on flag, Her*) Feld *nt*, Grund *m*.

II *vt* **1.** (*Cricket, Baseball*) *ball* auffangen und zurückwerfen; (*fig*) *question* abblocken, abwehren.

2. *team, side* aufs Feld *or* auf den Platz schicken.

III *vi* (*Cricket, Baseball*) als Fänger spielen. **when we go out to ~** wenn wir die Fänger(partei) stellen.

field ambulance *n* (*Mil*) Sanka, Sanitätskraftwagen *m*; **field artillery** *n* Feldartillerie *f*; **field day** *n* **1.** Manöver *nt*; **2.** (*fig*) **I had a ~** ich hatte meinen großen Tag.

fielder ['fi:ldə^r] *n* (*Cricket, Baseball*) Fänger(in *f*) *m*.

field event *n* (*Athletics*) *Disziplin, die nicht auf der Aschenbahn ausgetragen wird*; **field games** *npl* Feldspiele *pl*; **field glasses** *npl* Feldstecher *m*; **field goal** *n* (*US*) (*Basketball*) Korbwurf *m* aus dem Spielgeschehen; (*Ftbl*) Feldtor *nt*; **field gun** *n* (*Mil*) Feldgeschütz *nt*; **field hockey** *n* (*US*) Hockey *nt*; **field hospital** *n* (*Mil*) (Feld)lazarett *nt*; **field marshal** *n* (*Mil*) Feldmarschall *m*; **fieldmouse** *n* Feldmaus *f*; **field notes** *npl* Arbeitsnotizen *pl*.

fieldsman ['fi:ldzmən] *n*, *pl* **-men** [-mən] (*Cricket*) Fänger *m*.

field sports *npl* **1.** Sport *m* im Freien (*Jagen und Fischen*); **2.** *see* **field games**; **field study** *n* Feldforschung *f*; **a ~** eine Feldstudie; **field test** *n* Feldversuch *m*; **field-test** *vt* in einem Feldversuch/in Feldversuchen testen; **fieldwork** *n* **1.** (*of geologist, surveyor*) Arbeit *f* im Gelände; (*of sociologist*) Feldarbeit, Feldforschung *f*; **2.** (*Mil*) Feldbefestigung, Schanze *f*; **fieldworker** *n* Praktiker(in *f*) *m*.

fiend [fi:nd] *n* **1.** (*evil spirit*) Teufel, Dämon *m*; (*person*) Teufel *m*.

2. (*inf: addict*) Fanatiker(in *f*) *m*. **a fresh-air ~** Frischluftfanatiker(in *f*) *m*.

fiendish ['fi:ndɪʃ] *adj* teuflisch; *cruelty also*

unmenschlich; (*inf*) *pace, heat* höllisch (*inf*), Höllen- (*inf*); (*inf*) *problem* verteufelt (*inf*), verzwickt. **to take a ~ delight in doing sth** seine höllische Freude daran haben, etw zu tun (*inf*).

fiendishly ['fi:ndɪʃlɪ] *adv grin, chuckle* teuflisch; (*dated inf*) *difficult, complicated* verteufelt (*inf*).

fierce [fɪəs] *adj* (*+er*) *appearance* wild, grimmig; *glance, look* böse, grimmig; *dog* bissig; *lion, warrior* wild; *criticism, competition* scharf; *fight, resistance, temper* heftig; *attack* (*lit, fig*) heftig, scharf; *heat* glühend; *sun* grell, glühend.

fiercely ['fɪəslɪ] *adv see adj.*

fierceness ['fɪəsnɪs] *n see adj* Wildheit, Grimmigkeit *f*; Bissigkeit *f*; Schärfe *f*; Heftigkeit *f*; Glut *f*; Grellheit *f*.

fiery ['faɪərɪ] *adj* (*+er*) feurig, glühend; *sunset* rotglühend; (*fig*) *person, temper* feurig, hitzig; *curry* feurig. **to have a ~ temper/to be ~** ein Hitzkopf *m* sein.

FIFA ['fi:fə] *abbr of* **Federation of International Football Associations** FIFA *f*.

fife [faɪf] *n* (*Mus*) Querpfeife *f*.

fifteen ['fɪf'ti:n] **I** *adj* fünfzehn. **II** *n* **1.** Fünfzehn *f*. **2. a rugby ~** eine Rugbymannschaft; **the Welsh ~** die Rugbynationalmannschaft von Wales.

fifteenth ['fɪf'ti:nθ] **I** *adj* fünfzehnte(r, s). **II** *n* Fünfzehnte(r, s); (*part, fraction*) Fünfzehntel *nt*; *see also* **sixteenth.**

fifth [fɪfθ] **I** *adj* fünfte(r, s). **~ column** fünfte Kolonne; **~ columnist** Angehörige(r) *mf* der fünften Kolonne; **~ rate** fünftrangig. **II** *n* Fünfte(r, s); (*part, fraction*) Fünftel *nt*; (*Mus*) Quinte *f*. **to take the ~** (*US inf*) die Aussage verweigern; *see also* **sixth.**

fiftieth ['fɪftɪɪθ] **I** *adj* fünfzigste(r, s). **II** *n* Fünfzigste(r, s); (*part, fraction*) Fünfzigstel *nt*.

fifty ['fɪftɪ] **I** *adj* fünfzig. **II** *n* Fünfzig *f*; *see also* **sixty.**

fifty-fifty ['fɪftɪ,fɪftɪ] **I** *adj* halbe-halbe *pred inv*, fifty-fifty *pred inv*. **we have a ~ chance of success** unsere Chancen stehen fifty-fifty. **II** *adv* **to go ~ (with sb)** (mit jdm) halbe-halbe *or* fifty-fifty machen.

fig *abbr of* **figure(s)** Abb.

fig [fɪg] *n* Feige *f*. **I don't care/give a ~** (*inf*) das ist mir doch ganz egal; **not worth a ~** keinen Deut wert.

fight [faɪt] (*vb: pret, ptp* **fought**) **I** *n* **1.** (*lit, fig*) Kampf *m*; (*fist ~, scrap*) Rauferei, Prügelei, Schlägerei *f*; (*Mil*) Gefecht *nt*; (*argument, row*) Streit *m*. **to have a ~ with sb** sich mit jdm schlagen; (*argue*) sich mit jdm streiten; **to give sb a ~** (*lit, fig*) jdm einen Kampf liefern; **to put up a ~** (*lit, fig*) sich zur Wehr setzen; **to put up a good ~** (*lit, fig*) sich tapfer zur Wehr setzen, sich tapfer schlagen; **if he wants a ~, then ...** (*lit, fig*) wenn er Streit sucht, dann ...; **he won't give in without a ~** er ergibt sich nicht kampflos; **in the ~ against disease** im Kampf gegen die Krankheit.

2. (*~ing spirit*) Kampfgeist *m*. **there was no ~ left in him** sein Kampfgeist war erloschen; **to show ~** Kampfgeist zeigen.

II *vi* kämpfen; (*have punch-up*) raufen, sich prügeln, sich schlagen; (*argue*) sich streiten *or* zanken. **to ~ against disease** Krankheiten bekämpfen; **to ~ for sb/sth** um jdn/etw kämpfen; **to ~ for what one believes in** für seine Überzeugungen eintreten *or* streiten; **to ~ for one's life** um sein Leben kämpfen; **to go down ~ing** sich nicht kampflos ergeben; **to ~ shy of sth** einer Sache (*dat*) aus dem Weg gehen.

III *vt* **1.** *person* kämpfen mit *or* gegen; (*have punch-up with*) sich schlagen mit, sich prügeln mit; (*in battle*) kämpfen mit, sich (*dat*) ein Gefecht *nt* liefern mit. **I'm prepared to ~ him/the government** (*argue with, take on*) ich bin bereit, das mit ihm/der Regierung durchzukämpfen; **I'll ~ him on that one** dazu nehme ich es mit ihm auf.

2. *fire, disease, cuts, policy* bekämpfen; *decision* ankämpfen gegen.

3. to ~ a duel ein Duell *nt* austragen, sich duellieren; **to ~ an action at law** einen Prozeß vor Gericht durchkämpfen *or* durchfechten; **to ~ one's way out of the crowd** sich aus der Menge freikämpfen; *see* **battle.**

4. (*Mil, Naut: control in battle*) *army, ships* kommandieren.

◆**fight back I** *vi* (*in fight*) zurückschlagen; (*Mil*) sich verteidigen, Widerstand leisten; (*in argument*) sich wehren, sich zur Wehr setzen; (*after illness*) zu Kräften kommen; (*Sport*) zurückkämpfen.

II *vt sep tears* unterdrücken; *doubts also* zu besiegen versuchen. **he fought his way ~ into the match/to the top** er hat sich ins Spiel/wieder an die Spitze zurückgekämpft.

◆**fight down** *vt sep anxiety* unterdrükken, bezwingen.

◆**fight off** *vt sep* (*Mil, fig*) *attack, disease* abwehren; *sleep* ankämpfen gegen; **I'm still trying to ~ ~ this cold** ich kämpfe immer noch mit dieser Erkältung; **she has to keep ~ing men ~** sie muß dauernd Männer abwimmeln.

◆**fight on** *vi* weiterkämpfen.

◆**fight out** *vt sep* **to ~ it ~** es untereinander ausfechten.

fighter ['faɪtə^r] *n* **1.** Kämpfer, Streiter *m*; (*Boxing*) Fighter *m*. **he's a ~** (*fig*) er ist eine Kämpfernatur. **2.** (*Aviat: plane*) Jagdflugzeug *nt*, Jäger *m*.

fighter aircraft *n* Kampfflugzeug *nt*; **fighter-bomber** *n* Jagdbomber *m*; **fighter-pilot** *n* Jagdflieger *m*.

fighting ['faɪtɪŋ] **I** *n* (*Mil*) Kampf *m*, Gefecht *nt*; (*punch-ups, scrapping*) Prügeleien, Raufereien *pl*; (*arguments*) Streit, Zank *m*. **~ broke out** Kämpfe brachen aus; *see* **street ~. II** *adj attr person* kämpferisch, streitlustig; (*Mil*) *troops* Kampf-.

fighting chance *n* faire Chancen *pl*; **he's in with** *or* **he has a ~** er hat eine Chance, wenn er sich anstrengt; **fighting cock** *n* (*lit, fig*) Kampfhahn *m*; **fighting man** *n* Krieger, Kämpfer *m*; **fighting spirit** *n* Kampfgeist *m*; **fighting strength** *n* (*Mil*) Kampf- *or* Einsatzstärke *f*.

figleaf ['fɪgli:f] *n* (*lit, fig*) Feigenblatt *nt*.

figment ['fɪgmənt] *n* **a ~ of the imagination** pure Einbildung, ein Hirngespinst *nt*.

fig tree *n* Feigenbaum *m*.

figurative ['fɪgjʊrətɪv] *adj* **1.** *language* bildlich; *use, sense* übertragen, figürlich. **2.** (*Art*) gegenständlich.

figuratively ['fɪgjʊərətɪvlɪ] *adv* im übertragenen Sinne. **~ speaking, of course** natürlich nicht im wörtlichen Sinn.

figure ['fɪgə^{r}] **I** *n* **1.** (*number*) Zahl; (*digit also*) Ziffer *f*; (*sum*) Summe *f*. **could you put some sort of ~ on the salary?** können Sie mir ungefähr die Höhe meines Gehaltes angeben?; **name your ~** nennen Sie Ihren Preis; **he's good at ~s** er ist ein guter Rechner; **a mistake in the ~s** eine Unstimmigkeit in den Zahlen; **have you seen last year's ~s?** haben Sie die Zahlen vom Vorjahr gesehen?; **to get into double ~s** sich auf zweistellige Beträge belaufen, in die zweistelligen Zahlen gehen; **three-~ number** dreistellige Zahl; **to sell for a high ~** für eine hohe Summe verkauft werden; **she earns well into four ~s** sie hat gut und gern ein vierstelliges Einkommen; **the ~s work** (*inf*) es rechnet sich (*inf*).

2. (*in geometry, dancing, skating*) Figur *f*. **~ of eight** Acht *f*.

3. (*human form*) Gestalt *f*.

4. (*shapeliness*) Figur *f*. **she has a good ~** sie hat eine gute Figur; **she's a fine ~ of a woman** sie ist eine stattliche Frau; **he's a fine ~ of a man** er ist ein Bild von einem Mann.

5. (*personality*) Persönlichkeit *f*; (*character in novel*) Gestalt *f*. **a great public ~** eine bedeutende Persönlichkeit des öffentlichen Lebens; **~ of fun** Witzfigur *f*, lächerliche Erscheinung.

6. (*statuette, model*) Figur *f*.

7. (*Liter*) **~ of speech** Redensart, Redewendung *f*.

8. (*Mus*) Figur, Phrase *f*; (*notation*) Ziffer *f*.

9. (*illustration*) Abbildung *f*.

II *vt* **1.** (*decorate*) *silk etc* bemalen, mustern. **~d velvet** bedruckter Samt. **2.** (*Mus*) *bass* beziffern; *melody* verzieren. **3.** (*imagine*) sich (*dat*) vorstellen, sich (*dat*) denken. **4.** (*US inf: think, reckon*) glauben, schätzen (*inf*). **5.** (*US inf: ~ out*) schlau werden aus, begreifen.

III *vi* **1.** (*appear*) erscheinen, auftauchen. **where does pity ~ in your scheme of things?** wo rangiert Mitleid in deiner Weltordnung?; **he ~d prominently in the talks** er spielte eine bedeutende Rolle bei den Gesprächen.

2. (*inf: make sense*) hinkommen (*inf*), hinhauen (*inf*). **that ~s** das hätte ich mir denken können; **it doesn't ~** das paßt *or* stimmt nicht zusammen.

◆**figure on** *vi +prep obj* (*esp US*) rechnen mit.

◆**figure out** *vt sep* **1.** (*understand, make sense of*) begreifen, schlau werden aus. **I can't ~ it ~** ich werde daraus nicht schlau.

2. (*work out*) ausrechnen; *answer, how to do sth* herausbekommen; *solution* finden. **~ it ~ for yourself** das kannst du dir (leicht) selbst ausrechnen.

figure-conscious *adj* figurbewußt; **figurehead** *n* (*Naut, fig*) Galionsfigur *f*; **figure-hugging** *adj* figurbetont; **figure-skater** *n* Eiskunstläufer(in *f*) *m*.

figurine [fɪgə'ri:n] *n* Figurine *f*.

Fiji ['fi:dʒi:] *n* Fidschiinseln *pl*.

Fijian [fɪ'dʒi:ən] **I** *adj* fidschianisch. **II** *n* **1.** Fidschiinsulaner(in *f*) *m*. **2.** (*language*) Fidschianisch *nt*.

filament ['fɪləmənt] *n* (*Elec*) (Glüh- *or* Heiz)faden *m*; (*Bot*) Staubfaden *m*.

filch [fɪltʃ] *vt* (*inf*) mopsen, mausen.

file[1] [faɪl] **I** *n* (*tool*) Feile *f*. **II** *vt* feilen. **to ~ one's fingernails** sich (*dat*) die Fingernägel feilen.

◆**file away** *vt sep* abfeilen.

◆**file down** *vt sep* abfeilen.

file[2] **I** *n* **1.** (*holder*) (Akten)hefter, Aktenordner *m*; (*for card index*) Karteikasten *m*. **would you go to the ~s and get ...** könnten Sie bitte ... aus der Kartei holen; **it's in the ~s somewhere** das muß irgendwo bei den Akten sein.

2. (*documents, information*) Akte *f* (*on sb* über jdn, *on sth* zu etw). **on ~** aktenkundig, bei den Akten; **to open** *or* **start a ~ on sb/sth** eine Akte über jdn/zu etw anlegen; **to keep a ~ on sb/sth** eine Akte über jdn/zu etw führen; **to close the ~ on sb/sth** jds Akte schließen/die Akte zu einer Sache schließen; **the Kowalski ~** die Akte Kowalski.

3. (*Comput*) Datei *f*, File *m*. **data on ~** gespeicherte Daten; **to have sth on ~** etw im *or* auf Computer haben.

II *vt* **1.** (*put in ~*) *letters* ablegen, abheften. **it's ~d under "B"** das ist unter „B" abgelegt. **2.** (*Jur*) einreichen, erheben. **to ~ a petition at court** (*Jur*) ein Gesuch *nt* bei Gericht einreichen.

◆**file away** *vt sep papers* zu den Akten legen.

file[3] **I** *n* (*row*) Reihe *f*. **in Indian** *or* **single ~** im Gänsemarsch; (*Mil*) in Reihe.

II *vi* **to ~ in** hereinmarschieren *or* -kommen; **they ~d out of the classroom** sie gingen/kamen hintereinander *or* nacheinander aus dem Klassenzimmer; **they ~d through the turnstile** sie kamen nacheinander durch das Drehkreuz; **the troops ~d past the general** die Truppen marschierten *or* defilierten am General vorbei; **the children ~d past the headmaster** die Kinder gingen in einer Reihe am Direktor vorbei.

file cabinet *n* (*US*) Aktenschrank *m*; **file clerk** *n* (*US*) Angestellte(r) *mf* in der Registratur; **file management** *n* (*Comput*) Dateiverwaltung *f*; **file name** *n* (*Comput*) Dateiname *m*; **file server** *n* (*Comput*) File-server *m*; **file size** *n* (*Comput*) Dateigröße *f* *or* -umfang *m*.

filial ['fɪlɪəl] *adj* Kindes-.

filibuster ['fɪlɪbʌstə^{r}] (*esp US*) **I** *n* (*speech*) Obstruktion, Dauerrede *f*; (*person*) Dauerredner(in *f*) *m*. **II** *vi* filibustern, Obstruktion betreiben.

filibustering ['fɪlɪbʌstərɪŋ] *n* Verschleppungstaktik *f*, Obstruktionismus *m*.

filigree ['fɪlɪgriː] **I** *n* Filigran(arbeit *f*) *nt*. **II** *adj* Filigran-.

filing ['faɪlɪŋ] *n* **1.** (*of documents*) Ablegen, Abheften *nt*. **who does your ~?** wer ist bei Ihnen für die Ablage zuständig?; **have you done the ~?** haben Sie die Akten schon abgelegt? **2.** (*Jur*) Einreichung *f*.

filing cabinet *n* Aktenschrank *m or* -regal *nt*; **filing clerk** *n* (*Brit*) Angestellte(r) *mf* in der Registratur.

filings ['faɪlɪŋz] *npl* Späne *pl*.

filing tray *n* Ablagekorb *m*.

Filipina [fɪlɪ'piːnɑː] *n* Filipina *f*.

Filipino [fɪlɪ'piːnəʊ] **I** *n* Filipino *m*. **II** *adj* philippinisch.

fill [fɪl] **I** *vt* **1.** *bottle, bucket, hole* füllen; *pipe* stopfen; *teeth also* plombieren; (*wind*) *sails* blähen; (*fig*) (aus)füllen.

2. (*permeate*) erfüllen. **~ed with anger/admiration/longing** voller Zorn/Bewunderung/Verlangen; **the thought ~ed him with horror** der Gedanke erfüllte ihn mit Entsetzen.

3. *post, position* (*employer*) besetzen; (*employee*) (*take up*) einnehmen; (*be in*) innehaben; *need* entsprechen (+*dat*). **we are looking for a young man to ~ the post of ...** wir suchen einen jungen Mann, der den Posten eines ... einnehmen soll; **the position is already ~ed** die Stelle ist schon besetzt *or* vergeben.

II *vi* sich füllen.

III *n* **to drink one's ~** seinen Durst löschen; **to eat one's ~** sich satt essen; **to have had one's ~** gut satt sein; **I've had my ~ of him/it** (*inf*) ich habe von ihm/davon die Nase voll (*inf*), ich habe ihn/das satt; **a ~ of tobacco** eine Pfeife Tabak.

◆**fill in I** *vi* **to ~ ~ for sb** für jdn einspringen.

II *vt sep* **1.** *hole* auffüllen; *door, fireplace* zumauern. **to ~ ~ the gaps in one's knowledge** seine Wissenslücken stopfen; **he's just ~ing ~ time until he gets another job** er überbrückt nur die Zeit, bis er eine andere Stelle bekommt.

2. *form* ausfüllen; *name, address, missing word* eintragen.

3. to ~ sb ~ (on sth) jdn (über etw *acc*) aufklären *or* ins Bild setzen; **could you ~ ~ the details for me?** könnten Sie mir die Einzelheiten nennen?

◆**fill out I** *vi* **1.** (*sails*) sich blähen. **2.** (*person: become fatter*) fülliger werden; (*cheeks, face*) runder *or* voller werden. **II** *vt sep form* ausfüllen; *essay, article* strecken.

◆**fill up I** *vi* **1.** (*Aut*) (auf)tanken.

2. (*hall, barrel*) sich füllen.

II *vt sep* **1.** *tank, cup* vollfüllen; (*driver*) volltanken; *hole* füllen, stopfen. **he ~ed the glass ~ to the brim** er füllte das Glas randvoll; **~ her ~!** (*Aut inf*) volltanken bitte!; **you need something to ~ you ~** du brauchst was Sättigendes.

2. *form* ausfüllen.

filler ['fɪləʳ] *n* **1.** (*funnel*) Trichter *m*. **2.** (*Build: paste for cracks*) Spachtelmasse *f*. **3.** (*Press, TV*) Füllsel *nt*, (Lükken)füller *m*. **4.** (*Chem: for plastics*) Füllstoff *m*. **5.** (*Ling*) **~ (word)** Füllwort *nt*.

filler cap *n* Tankdeckel *m*.

fillet ['fɪlɪt] **I** *n* **1.** (*Cook: of beef, fish*) Filet *nt*. **~ steak** Filetsteak *nt*. **2.** (*for the hair*) (Haar)band *nt*. **II** *vt* (*Cook*) filetieren; *meat also* in Filets schneiden. **~ed sole** Seezungenfilet *nt*.

filling ['fɪlɪŋ] **I** *n* **1.** (*in tooth*) Füllung, Plombe *f*. **I had to have three ~s** ich mußte mir drei Zähne plombieren *or* füllen lassen. **2.** (*Cook: in pie, tart*) Füllung *f*. **II** *adj food* sättigend.

filling station *n* Tankstelle *f*.

fillip ['fɪlɪp] *n* (*fig*) Ansporn *m*, Aufmunterung *f*. **to give sb/sth a ~** jdn aufmuntern *or* anspornen/einer Sache (*dat*) (neuen) Schwung geben.

fill-up ['fɪlʌp] *n* (*inf*) **to give sb a ~** jdm nachschenken; **do you want a ~?** soll ich nachschenken?

filly ['fɪlɪ] *n* Stutfohlen *nt*.

film [fɪlm] **I** *n* **1.** Film *m*; (*of dust*) Schicht *f*; (*of ice on water*) Schicht *f*; (*of mist, on the eye*) Schleier *m*; (*thin membrane*) Häutchen *nt*; (*on teeth*) Belag *m*; (*fine web*) feines Gewebe.

2. (*Phot*) Film *m*. **I wish I'd got that on ~** ich wünschte, ich hätte das aufnehmen können; **to take a ~ of sth** einen Film über etw (*acc*) drehen.

3. (*motion picture*) Film *m*. **to make** *or* **shoot a ~** einen Film drehen *or* machen; **to make a ~** (*actor*) einen Film machen; **he's in ~s** er ist beim Film; **to go into ~s** zum Film gehen.

II *vt play* verfilmen; *scene* filmen; *people* einen Film machen von.

III *vi* **she ~s well** sie ist sehr fotogen; **the story ~ed very well** die Geschichte ließ sich gut verfilmen; **~ing starts tomorrow** die Dreharbeiten fangen morgen an.

◆**film over** *or* **up** *vi* (*mirror, glass*) anlaufen.

film camera *n* Filmkamera *f*; **film clip** *n* Filmausschnitt *m*; **film fan** *n* Filmliebhaber(in *f*) *m*, Filmfan *m*; **film festival** *n* Filmfestival *nt*, Filmfestspiele *pl*; **film library** *n* Cinemathek *f*; **film maker** *n* Filmemacher(in *f*) *m*; **film rights** *npl* Filmrechte *pl*; **film script** *n* Drehbuch *nt*; **film sequence** *n* Filmsequenz *f*; **film set** *n* Filmset *nt*, Filmdekoration *f*; **film-set** *vt* (*Brit Typ*) lichtsetzen, fotosetzen; **film-setting** *n* (*Brit Typ*) Lichtsatz, Fotosatz *m*; **filmstar** *n* Filmstar *m*; **filmstrip** *n* Filmstreifen *m*; **film studio** *n* Filmstudio *nt*; **film test** *n* Probeaufnahmen *pl*; **film version** *n* Verfilmung *f*.

filmy ['fɪlmɪ] *adj* (+*er*) *material* dünn, zart.

Filofax ® ['faɪləʊfæks] *n* Filofax ® *m*.

filter ['fɪltəʳ] **I** *n* **1.** Filter *m*; (*Phot, Rad, Mech*) Filter *nt or m*. **2.** (*Brit: for traffic*) grüner Pfeil (*für Abbieger*). **II** *vt liquids, air* filtern. **III** *vi* **1.** (*light*) durchscheinen, durchschimmern; (*liquid, sound*) durchsickern. **2.** (*Brit Aut*) sich einordnen. **to ~ to the left** sich links einordnen.

◆**filter back** *vi* (*refugees*) allmählich zurückkommen.

◆**filter in** *vi* (*people*) langsam *or* allmählich eindringen; (*news*) durchsickern.

◆**filter out I** *vi* (*people*) einer nach dem anderen herausgehen/ -kommen. **II** *vt sep*(*lit*) herausfiltern; (*fig*) heraussieben.

◆**filter through** *vi* (*liquid, sound, news*) durchsickern; (*light*) durchschimmern, durchscheinen.

filter bed *n* Klärbecken *nt*; **filter lane** *n* (*Brit*) Spur *f* zum Einordnen, Abbiegespur *f*; **filter paper** *n* Filterpapier *nt*; **filter tip** *n* Filter *m*; **filter-tipped** *adj cigarette* Filter-.

filth [fɪlθ] *n* (*lit*) Schmutz, Dreck *m*; (*fig*) Schweinerei, Sauerei (*sl*) *f*; (*people*) Dreckspack, (Lumpen)gesindel *nt*. **the** ~ (*pej sl: police*) die Bullen *pl* (*sl*); **to talk** ~ unflätig reden.

filthy ['fɪlθɪ] *adj* (+*er*) schmutzig, dreckig; (*inf*) *weather* Drecks- (*inf*), Sau- (*sl*); *day* Mist-; *temper* übel; (*obscene*) unanständig, schweinisch (*inf*). **he's got a** ~ **mind** er hat eine schmutzige *or* schweinische (*inf*) Phantasie; **don't be** ~ (*to child*) du Ferkel!; (*to grown-up*) Sie Schmutzfink!; **a** ~ **habit** eine widerliche Angewohnheit; ~ **rich** (*inf*) stinkreich (*inf*).

fin [fɪn] *n* **1.** (*of fish*) Flosse *f*. **2.** (*Aviat*) Seitenleitwerk *nt*, Seitenflosse *f*; (*of bomb, rocket, ship*) Stabilisierungsfläche *f*. **3.** (*Aut: of radiator*) Kühlrippe *f*. **4.** (*for swimming*) Schwimmflosse *f*.

final ['faɪnl] **I** *adj* **1.** (*last*) letzte(r, s); *instalment, chapter, act also, examination, chord* Schluß-.

2. (*ultimate*) *aim, result* letztendlich, End-; *version* endgültig, letzte(r, s); *offer* (aller)letzte(r, s). ~ **score** Schlußstand *m*, Endergebnis *nt*.

3. (*definite*) endgültig. ~ **word** letztes Wort; **you're not going and that's** ~ du gehst nicht, und damit basta (*inf*).

4. ~ **cause** (*Philos*) Urgrund *m*; ~ **clause** (*Gram*) Finalsatz *m*.

II *n* **1.** ~**s** *pl* (*Univ*) Abschlußprüfung *f*. **2.** (*Sport*) Finale, Endspiel *nt*; (*in quiz*) Finale *nt*, Endrunde *f*. **the** ~**s** das Finale. **3.** (*Press*) Spätausgabe *f*. **late-night** ~ letzte Nachtausgabe.

finale [fɪ'nɑːlɪ] *n* (*Mus, in opera*) Finale *nt*; (*Theat*) Schlußszene *f*; (*fig*) Finale *nt* (*geh*), (Ab)schluß *m*.

finalist ['faɪnəlɪst] *n* (*Sport*) Endrundenteilnehmer(in *f*), Finalist(in *f*) *m*; (*Univ*) Examenskandidat(in *f*) *m*.

finality [faɪ'nælɪtɪ] *n* (*of decision*) Endgültigkeit *f*; (*of tone of voice*) Entschiedenheit, Bestimmtheit *f*.

finalization [ˌfaɪnəlaɪ'zeɪʃən] *n see vt* Beendigung *f*; endgültige Festlegung; endgültiger Abschluß; endgültige Formgebung.

finalize ['faɪnəlaɪz] *vt* fertigmachen, beenden; (*determine*) *plans, arrangements* endgültig festlegen; *deal* zum Abschluß bringen; *draft* die endgültige Form geben (+*dat*). **to** ~ **a decision** eine endgültige Entscheidung treffen.

finally ['faɪnəlɪ] *adv* **1.** (*at last, eventually*) schließlich; (*expressing relief*) endlich.

2. (*at the end, lastly*) schließlich, zum Schluß.

3. (*in a definite manner*) endgültig. **he said it very** ~ er hat es in sehr bestimmtem *or* entschiedenem Ton gesagt.

4. we are, ~**, all human beings** wir sind doch letztlich alle Menschen.

finance [faɪ'næns] **I** *n* **1.** Finanzen *pl*, Finanz- *or* Geldwesen *nt*. **high** ~ Hochfinanz *f*; **to study** ~ (*academically*) Finanzwissenschaft studieren; (*as training*) eine Finanzfachschule besuchen.

2. (*money*) Geld *nt*, (Geld)mittel *pl*. **it's a question of** ~ das ist eine Geldfrage; ~**s** Finanzen *pl*, Finanz- *or* Einkommenslage *f*; **his** ~**s aren't sound** seine Finanzlage ist nicht gesund.

II *vt* finanzieren.

finance company *n* Finanz(ierungs)gesellschaft *f*; **finance director** *n* Leiter(in *f*) *m* der Finanzabteilung.

financial [faɪ'nænʃəl] *adj* finanziell; *crisis* Finanz-; *news, page* Wirtschafts-. **it makes good** ~ **sense** es ist finanziell sinnvoll; ~ **paper** Börsenblatt *nt*; ~ **planning** Finanzplanung *f*; **the** ~ **year** das Geschäftsjahr.

financially [faɪ'nænʃəlɪ] *adv* finanziell.

financier [faɪ'nænsɪə[r]] *n* Finanzier *m*.

finch [fɪntʃ] *n* Fink *m*.

find [faɪnd] (*vb: pret, ptp* **found**) **I** *vt* **1.** finden. **it's not to be found** es läßt sich nicht finden *or* auftreiben (*inf*); **to** ~ **sb out** *or* **away** jdn nicht (zu Hause) antreffen; **hoping this letter** ~**s you in good health** in der Hoffnung, daß Sie gesund sind; **we left everything as we found it** wir haben alles so gelassen, wie wir es vorgefunden haben; **he was found dead in bed** er wurde tot im Bett aufgefunden; **where am I going to** ~ **the money/ time?** wo nehme ich nur das Geld/die Zeit her?; **you must take us as you** ~ **us** Sie müssen uns so nehmen, wie wir sind; **if you can** ~ **it in you to ...** wenn Sie es irgend fertigbringen, zu ...

2. (*supply*) besorgen (*sb sth* jdm etw). **go and** ~ **me a needle** hol mir doch mal eine Nadel; **we'll have to** ~ **him a secretary** wir müssen eine Sekretärin für ihn finden.

3. (*discover, ascertain*) feststellen; *cause also* (heraus)finden. **we found the car wouldn't start** es stellte sich heraus, daß das Auto nicht ansprang; **I** ~ **I'm unable to ...** ich stelle fest, daß ich ... nicht kann; **you will** ~ **that I am right** Sie werden sehen, daß ich recht habe; **it has been found that this is so** es hat sich herausgestellt, daß es so ist.

4. (*consider to be*) finden. **I** ~ **Spain too hot** ich finde Spanien zu heiß; **I don't** ~ **it easy to tell you this** es fällt mir nicht leicht, Ihnen das zu sagen; **he always found languages easy/hard** ihm fielen Sprachen immer leicht/schwer; **I found all the questions easy** ich fand, daß die Fragen alle leicht waren; **I** ~ **it impossible to understand him** ich kann ihn einfach nicht verstehen.

5. I ~ **myself in an impossible situation** ich befinde mich in einer unmöglichen Situation; **one day he suddenly found**

himself a rich man/out of a job eines Tages war er plötzlich ein reicher Mann/ arbeitslos; **he awoke to ~ himself in hospital** er erwachte und fand sich im Krankenhaus wieder; **I found myself quite competent to deal with it** ich stellte fest, daß ich durchaus fähig war, damit zurechtzukommen; **I found myself unable/forced to ...** ich sah mich außerstande/gezwungen, zu ...

6. this flower is found all over England diese Blume findet man in ganz England; **you don't ~ bears here any more** man findet hier keine Bären mehr; **there wasn't one to be found** es war keine(r) *etc* zu finden.

7. £100 per week all found £ 100 pro Woche, (und freie) Kost und Logis *or* (*in institution*) bei freier Station.

8. (*Jur*) **to ~ sb guilty** jdn für schuldig befinden; **how do you ~ the accused?** wie lautet Ihr Urteil?; **the court has found that ...** das Gericht hat befunden, daß ...

9. (*Comput*) suchen. **~ and replace** suchen und ersetzen.

II *vi* (*Jur*) **to ~ for/against the accused** für/gegen den Angeklagten entscheiden.

III *n* Fund *m*.

◆find out I *vt sep* **1.** *answer, sb's secret* herausfinden. **to ~ ~ about sb/sth** (*discover existence of*) jdn/etw entdecken.

2. (*discover the misdeeds of*) *person* erwischen; (*come to know about*) auf die Schliche kommen (+*dat*) (*inf*). **his wife has found him ~** seine Frau ist dahintergekommen; **don't get found ~** laß dich nicht erwischen; **you've been found ~** du bist entdeckt *or* ertappt (*inf*).

II *vi* es herausfinden; (*discover misdeeds, dishonesty also*) dahinterkommen. **where is it? — ~ ~ for yourself!** wo ist es? — sieh doch selbst nach!

finder ['faındəʳ] *n* **1.** (*of lost object*) Finder(in *f*) *m*. **~s keepers** (*inf*) wer's findet, dem gehört's. **2.** (*of telescope*) Sucher *m*.

finding ['faındıŋ] *n* **1. ~s** *pl* Ergebnis(se *pl*) *nt*; (*medical*) Befund *m*; **the ~s of the commission of enquiry were as follows** die Untersuchungskommission kam zu folgendem Ergebnis. **2.** (*Jur: verdict*) Urteil(sspruch *m*) *nt*.

fine[1] [faın] *adv*: **in ~** (*liter*) kurz und gut.

fine[2] I *n* (*Jur*) Geldstrafe *f*; (*for less serious offences also*) Geldbuße *f*; (*driving also*) Bußgeld *nt*; (*for minor traffic offences*) (gebührenpflichtige) Verwarnung.

II *vt see n* zu einer Geldstrafe verurteilen, mit einer Geldstrafe/-buße belegen; Bußgeld verhängen gegen; eine (gebührenpflichtige) Verwarnung erteilen (+*dat*). **he was ~d £100** er mußte £ 100 Strafe bezahlen; **he was ~d for speeding** er hat einen Strafzettel für zu schnelles Fahren bekommen.

fine[3] I *adj* (+*er*) **1.** *weather* schön. **it's going to be ~ this afternoon** heute nachmittag wird es schön; **one ~ day** eines schönen Tages.

2. (*good*) gut; *example, selection, workmanship also, person, character* fein; *specimen, chap, woman* prächtig; *mind* fein, scharf; *pianist, novel, painting, shot* großartig; *complexion, holiday* schön; *holiday, meal, view* herrlich; (*elegant*) *clothes, manners* fein, vornehm. **our ~st hour** unsere größte Stunde; **he did a ~ job there** da hat er gute Arbeit geleistet; **a ~ time to ...** (*iro*) genau der richtige Zeitpunkt, zu ... (*iro*). **a ~ friend you are** (*iro*) du bist mir ja ein schöner Freund! (*iro*); **that's a ~ thing to say** (*iro*) das ist ja wirklich nett, so was zu sagen! (*iro*); **that's all very ~ but ...** das ist ja alles schön und gut, aber ...; **this is a ~ state of affairs!** (*iro*) das sind ja schöne Zustände! (*iro*); **she likes to play at being the ~ lady** sie spielt sich gern als feine Dame auf.

3. (*OK, in order*) gut, in Ordnung. **more soup? — no thanks, I'm ~** noch etwas Suppe? — nein danke, ich habe genug; **everything was ~ until he came along** alles ging gut, bis er kam; **that's ~ by me** ich habe nichts dagegen; **(that's) ~** gut *or* in Ordnung; **~, let's do that then** ja *or* gut, machen wir das.

4. (*healthwise, mentally*) **sb is** *or* **feels ~** jdm geht es gut; **I'm/he is ~ now** es geht mir/ihm wieder gut; **how are you? — ~** wie geht's? — gut.

5. (*delicate*) *workmanship* fein; *material, china also* zart. **~ feelings** Feingefühl *nt*; **to appeal to sb's ~r feelings** an jds besseres Ich appellieren.

6. *dust, sand* fein; *rain also* Niesel-.

7. (*thin*) fein, dünn; (*sharp*) scharf; *handwriting* fein, zierlich. **~ nib** spitze Feder; *see* **point.**

8. (*Metal*) Fein-.

9. (*discriminating*) *distinction, ear* fein. **there's a very ~ line between ...** es besteht ein feiner Unterschied zwischen ...

II *adv* **1.** (*well*) gut, prima (*inf*). **these ~-sounding adjectives** diese wohlklingenden Adjektive.

2. (+*er*) **to chop sth up ~** etw fein (zer)hacken; *see* **cut.**

◆fine down *vt sep wood* abhobeln/ -feilen; *text, novel* straffen (*to* zu); *theory* reduzieren (*to* auf +*acc*).

fine art *n* **1.** *usu pl* schöne Künste *pl*; **2.** (*skill*) Kunststück *nt*, echte Kunst; **he's got it down to a ~** er hat den Bogen heraus (*inf*); **fine-drawn** *adj* **1.** *thread* fein gesponnen *or* (*synthetic*) gezogen; *wire* fein gezogen; **2.** *features* fein (geschnitten); **fine-grained** *adj wood* fein gemasert; *photographic paper* feinkörnig.

finely ['faınlı] *adv* fein; *worked, made* schön; *detailed* genau; *sliced also* dünn.

fineness ['faınnıs] *n* **1.** Schönheit *f*.

2. (*of quality*) Güte *f*; (*of mind, novel*) Großartigkeit *f*; (*elegance*) Feinheit *f*.

3. (*of piece of work*) Feinheit *f*; (*of material, feelings*) Zartheit *f*.

4. (*of dust, sand*) Feinheit, Feinkörnigkeit *f*.

5. (*thinness*) Feinheit, Dünnheit, Dünne *f*; (*sharpness*) Schärfe *f*; (*of handwriting*) Feinheit *f*; (*of nib*) Spitze *f*.

6. (*of metal*) Feingehalt *m*.

7. (*of distinction*) Feinheit *f*.

finery ['faɪnərɪ] *n* **1.** (*of dress*) Staat *m*; (*liter: of nature also*) Pracht *f*. **2.** (*Metal: furnace*) Frischofen *m*.

finesse [fɪ'nes] **I** *n* **1.** (*skill, diplomacy*) Gewandtheit *f*, Geschick *nt*. **2.** (*cunning*) Schlauheit, Finesse *f*. **3.** (*Cards*) Schneiden *nt*.

II *vti* (*Cards*) schneiden.

fine-tooth comb ['faɪn'tu:θkəʊm] *n*: **to go through sth with a ~** etw genau unter die Lupe nehmen.

fine-tune *vt* (*engine, fig: projection etc*) feinabstimmen; **fine-tuning** *n* (*lit, fig*) Feinabstimmung *f*; (*fig also*) Detailarbeit *f*.

finger ['fɪŋgə^r] **I** *n* Finger *m*. **she can twist him round her little ~** sie kann ihn um den (kleinen) Finger wickeln; **to have a ~ in every pie** überall die Finger drin *or* im Spiel haben (*inf*); **I didn't lay a ~ on her** ich habe sie nicht angerührt; **he didn't lift a ~** er hat keinen Finger krumm gemacht (*inf*); **to point one's ~ at sb** mit dem Finger auf jdn zeigen; **to point the ~ at sb** (*fig*) mit Fingern auf jdn zeigen; **I can't put my ~ on it, but ...** ich kann es nicht genau ausmachen, aber ...; **you've put your ~ on it there** da haben Sie den kritischen Punkt berührt; **to get** *or* **pull one's ~ out** (*sl*) Nägel mit Köpfen machen (*sl*); **to give sb the ~** (*esp US inf*) ≃ jdm den Vogel zeigen; *see* **cross.**

II *vt* **1.** anfassen; (*toy, meddle with*) befingern, herumfingern an (+*dat*).

2. (*Mus: mark for ~ing*) mit einem Fingersatz versehen. **to ~ the keys/strings** in die Tasten/Saiten greifen.

finger alphabet *n* Fingeralphabet *nt*; **fingerbowl** *n* Fingerschale *f*.

fingering ['fɪŋgərɪŋ] *n* **1.** (*Mus*) (*in the notation*) Fingersatz *m*; (*of keys, strings*) (Finger)technik *f*. **the ~ is very difficult** die Griffe sind sehr schwierig. **2.** (*of goods in shop*) Anfassen, Berühren *nt*; (*toying, meddling*) Befingern *nt* (*of, with gen*), Herumfingern *nt* (*of, with* an +*dat*). **3.** (*Tex*) Strumpfwolle *f*.

fingermark *n* Fingerabdruck *m*; **fingernail** *n* Fingernagel *m*; **fingerprint I** *n* Fingerabdruck *m*; **II** *vt* **to ~ sb/sth** jdm die Fingerabdrücke *pl* abnehmen/von etw Fingerabdrücke *pl* abnehmen; **fingerstall** *n* Fingerling *m*; **fingertip** *n* Fingerspitze *f*; **to have sth at one's ~s** (*fig*) (*know very well*) etw aus dem Effeff kennen (*inf*); (*have at one's immediate disposal*) etw im kleinen Finger (*inf*) *or* parat haben; **to one's ~s** (*fig*) durch und durch; **fingertip control** *n* (*of steering wheel*) mühelose Steuerung.

finickiness ['fɪnɪkɪnɪs] *n* (*of person*) Pingeligkeit *f* (*inf*); (*about language also*) Wortklauberei, Haarspalterei *f*; (*of task*) Kniff(e)ligkeit *f* (*inf*).

finicky ['fɪnɪkɪ] *adj person* schwer zufriedenzustellen, pingelig (*inf*); (*about language also*) wortklauberisch, haarspalterisch; (*about food, clothes also*) wählerisch, heikel (*dial inf*); *work, job* kniff(e)lig (*inf*); *detail* winzig.

finish ['fɪnɪʃ] **I** *n* **1.** (*end*) Schluß *m*, Ende *nt*; (*of race*) Finish *nt*; (*~ing line*) Ziel *nt*. **they never gave up, right to the ~** sie haben bis zum Schluß nicht aufgegeben; **he's got a good ~** (*Sport*) er hat einen starken Endspurt; **to be in at the ~** (*fig*) beim Ende dabeisein; **to fight to the ~** bis zum letzten Augenblick kämpfen.

2. (*perfection: of manners*) Schliff *m*; (*of things*) Verarbeitung, Ausfertigung *f*. **it has a poor ~** die Verarbeitung *or* Ausfertigung ist nicht gut; **the style lacks ~** dem Stil fehlt der Schliff.

3. (*of industrial products*) Finish *nt*; (*final coat of paint*) Deckanstrich *m*; (*of material*) Appretur *f*; (*of paper*) Oberflächenfinish *nt*; (*of pottery*) Oberfläche *f*; (*ornamental work*) Verzierung *f*. **paper with a gloss/matt ~** Hochglanz-/Mattglanzpapier *nt*; **highly polished to give it a good ~** hoch poliert, um Glanz zu erzielen.

II *vt* **1.** beenden; *education, course also* abschließen; *work, business also* erledigen, abschließen. **he's ~ed the painting/novel/job** er hat das Bild/den Roman/die Arbeit fertig(gemalt/-geschrieben/-gemacht); **to ~/have ~ed doing sth** mit etw fertig werden/sein; **to ~ writing/reading sth** etw zu Ende schreiben/lesen; **let me ~ eating** laß mich zu Ende essen, laß mich fertigessen; **to have ~ed sth** etw fertig haben; *task, course* mit etw fertig sein, etw beendet haben; **when do you ~ work?** wann machen Sie Feierabend *or* Schluß?; **she never lets him ~ what he's saying** sie läßt ihn nie ausreden; **daddy, will you ~ (telling) that story?** Papa, erzählst du die Geschichte zu Ende *or* fertig?; **can I have that book when you've ~ed it?** kann ich das Buch haben, wenn du es ausgelesen hast?; **give me time to ~ my drink** laß mich erst austrinken; **~ what you're doing and we'll go** mach fertig, was du angefangen hast, und dann gehen wir; **that last kilometre nearly ~ed me** (*inf*) dieser letzte Kilometer hat mich beinahe geschafft (*inf*).

2. (*give ~ to*) den letzten Schliff geben (+*dat*); *piece of handiwork* verarbeiten; *surface* eine schöne Oberfläche geben (+*dat*); *industrial product* ein schönes Finish geben (+*dat*). **the paintwork isn't very well ~ed** der Lack hat keine besonders schöne Oberfläche; **to ~ sth with a coat of varnish** etw zum Schluß lackieren.

III *vi* **1.** zu Ende *or* aus sein; (*person: with task*) fertig sein; (*come to an end, ~ work*) aufhören; (*piece of music, story*) enden. **when does the film ~?** wann ist der Film aus?; **my holiday ~es this week** mein Urlaub geht diese Woche zu Ende; **we'll ~ by singing a song** wir wollen mit einem Lied schließen; **I've ~ed** ich bin fertig.

2. (*Sport*) das Ziel erreichen. **to ~ second** als zweiter durchs Ziel gehen.

◆**finish off I** *vi* **1.** aufhören, Schluß machen.

2. **to ~ ~ with a glass of brandy** zum (Ab)schluß ein Glas Weinbrand trinken; **we ~ed ~ by singing ...** wir sangen zum (Ab)schluß ...

II *vt sep* **1.** *piece of work* fertigmachen; *job also* erledigen. **to ~ ~ a painting/story** ein Bild zu Ende malen/ eine Geschichte zu Ende erzählen.

2. *food, meal* aufessen; *drink* austrinken.

3. (*kill*) *wounded animal, person* den Gnadenstoß geben (+*dat*); (*by shooting*) den Gnadenschuß geben (+*dat*).

4. (*do for*) *person* den Rest geben (+*dat*), erledigen (*inf*). **the last mile just about ~ed me ~** (*inf*) die letzte Meile hat mich ziemlich fertiggemacht (*inf*) *or* geschafft (*inf*).

◆**finish up I** *vi* **1.** *see* **finish off I 1., 2.**

2. (*end up in a place*) landen (*inf*). **he ~ed ~ a nervous wreck** er war zum Schluß ein Nervenbündel; **he ~ed ~ in third place** er landete auf dem dritten Platz (*inf*); **you'll ~ ~ wishing you'd never started** du wünscht dir bestimmt noch, du hättest gar nicht erst angefangen.

II *vt sep see* **finish off II 2.**

◆**finish with** *vi +prep obj* **1.** (*no longer need*) nicht mehr brauchen. **I've ~ed ~ the paper/book** ich habe die Zeitung/das Buch fertiggelesen; **I won't be ~ed ~ him/it for some time yet** ich werde noch eine Weile mit ihm/damit zu tun haben.

2. (*want no more to do with*) **I've ~ed ~ him** ich will nichts mehr mit ihm zu tun haben, ich bin fertig mit ihm (*inf*); (*with boyfriend*) ich habe mit ihm Schluß gemacht.

3. you wait till I've ~ed ~ you! (*inf*) wart nur, dich knöpfe ich mir noch vor (*inf*).

finished ['fɪnɪʃt] *adj* **1.** *item, product* fertig; *woodwork, metal* fertig bearbeitet; (*polished also*) poliert; (*varnished, lacquered also*) lackiert; *performance* ausgereift, makellos; *appearance* vollendet. **~ goods** Fertigprodukte *pl*; **beautifully ~ dolls** wunderschön gearbeitete Puppen.

2. to be ~ (*person, task*) fertig sein; (*exhausted, done for*) erledigt sein; **the wine is/the chops are ~** es ist kein Wein/ es sind keine Koteletts mehr da; **those days are ~** die Zeiten sind vorbei; **he's ~ as a politician** als Politiker ist er erledigt; **I'm ~ with him/this company** er/ diese Firma ist für mich erledigt *or* gestorben; **I'm ~ with politics/the theatre** mit der Politik/dem Theater ist es für mich vorbei; **it's all ~ (between us)** es ist alles aus (zwischen uns).

finishing ['fɪnɪʃɪŋ]: **finishing line** *n* Ziellinie *f*; **finishing school** *n* (Mädchen)pensionat *nt*.

finite ['faɪnaɪt] *adj* **1.** begrenzt. **a ~ number** eine endliche Zahl. **2. ~ verb** (*Gram*) finites Verb, Verbum finitum *nt* (*spec*).

fink [fɪŋk] (*US sl*) **I** *n* **1.** (*strikebreaker*) Streikbrecher(in *f*) *m*. **2.** (*contemptible person*) Saftsack *m* (*sl*). **II** *vi* **to ~ on sb** jdn verpfeifen (*inf*).

Finland ['fɪnlənd] *n* Finnland *nt*.

Finn [fɪn] *n* Finne *m*, Finnin *f*.

Finnish ['fɪnɪʃ] **I** *adj* finnisch. **II** *n* Finnisch *nt*.

Finno-Ugric ['fɪnəʊ'ju:grik], **Finno-Ugrian** ['fɪnəʊ'ju:grɪən] *adj* (*Ling*) finnisch-ugrisch, finnougrisch.

fiord [fjɔ:d] *n* Fjord *m*.

fir [fɜ:ʳ] *n* Tanne *f*; (~ *wood*) Tanne(nholz *nt*) *f*. **~ cone** Tannenzapfen *m*.

fire [faɪəʳ] **I** *n* **1.** Feuer *nt*. **the house was on ~** das Haus brannte; **to set ~ to sth, to set sth on ~** etw anzünden; (*so as to destroy*) etw in Brand stecken; **to catch ~** Feuer fangen; (*building, forest also*) in Brand geraten; **when man discovered ~** als der Mensch das Feuer entdeckte; **you're playing with ~** (*fig*) du spielst mit dem Feuer; **to fight ~ with ~** (*fig*) mit den gleichen Waffen kämpfen; **to go through ~ and water for sb** (*fig*) für jdn durchs Feuer gehen; *see* **house.**

2. (*house ~, forest ~*) Brand *m*. **there was a ~ next door** nebenan hat es gebrannt; **~!** Feuer!; **Glasgow has more ~s than any other city** in Glasgow brennt es häufiger als in anderen Städten.

3. (*in grate*) (Kamin)feuer *nt*; (*electric ~, gas ~*) Ofen *m*. **they have an open ~** sie haben einen offenen Kamin.

4. (*Mil*) Feuer *nt*. **~!** Feuer!; **to come between two ~s** (*lit, fig*) zwischen zwei Feuer geraten; **to come under ~** (*lit, fig*) unter Beschuß geraten; **to be in the line of ~** (*lit, fig*) in der Schußlinie stehen.

5. (*passion*) Feuer *nt*. **he spoke with ~** er sprach mit Leidenschaft.

II *vt* **1.** (*burn to destroy*) in Brand stecken.

2. *pottery* brennen.

3. *furnace* befeuern; *see* **oil-fired, gas-fired.**

4. (*fig*) *imagination* beflügeln; *passions* entzünden, entfachen (*geh*); *enthusiasm* befeuern. **to ~ sb with enthusiasm** jdn in Begeisterung versetzen.

5. *gun* abschießen; *shot* abfeuern, abgeben; *rocket* zünden, abfeuern. **to ~ a gun at sb** auf jdn schießen; **to ~ a salute** Salut schießen; **to ~ questions at sb** Fragen auf jdn abfeuern.

6. (*inf: dismiss*) feuern (*inf*).

III *vi* **1.** (*shoot*) feuern, schießen (*at* auf +*acc*). **~! (gebt)** Feuer! **2.** (*engine*) zünden. **the engine is only firing on three cylinders** der Motor läuft nur auf drei Zylindern.

◆**fire away** *vi* (*inf: begin*) losschießen (*inf*).

◆**fire off** *vt sep gun, round, shell, questions* abfeuern.

fire alarm *n* Feueralarm *m*; (*apparatus*) Feuermelder *m*; **firearm** *n* Feuer- *or* Schußwaffe *f*; **fireball** *n* **1.** (*of nuclear explosion*) Feuerball *m*; (*lightning*) Kugelblitz *m*; **2.** (*meteor*) Feuerkugel *f*; **3.** (*fig inf: person*) Energiebündel *nt* (*inf*); **firebomb I** *n* Brandbombe *f*. **II** *vt* einen Brandanschlag verüben; **firebrand** *n* **1.** Feuerbrand *m* (*old*); **2.** (*mischief-maker*) Unruhestifter, Aufwiegler *m*;

firebreak *n* (*strip of land*) Feuerschneise *f*; (*wall*) Brandmauer *f*; (*sandbags*) (Schutz)wall *m gegen die Ausbreitung eines Feuers*; **fire brigade** *n* Feuerwehr *f*; **firecracker** *n* Knallkörper *m*; **firedamp** *n* (*Min*) Grubengas *nt*, schlagende Wetter *pl*; **fire department** *n* (*US*) Feuerwehr *f*; **fire door** *n* Feuertür *f*; **fire drill** *n* Probealarm *m*; (*for firemen*) Feuerwehrübung *f*; **fire-eater** *n* Feuerfresser *or* -schlucker *m*; **fire-engine** *n* Feuerwehrauto *nt*; **fire escape** *n* (*staircase*) Feuertreppe *f*; (*ladder*) Feuerleiter *f*; **fire exit** *n* Notausgang *m*; (*external stairs*) Feuertreppe *f*; **fire extinguisher** *n* Feuerlöscher *m*; **fire-fighter** *n* (*fireman*) Feuerwehrmann *m*; (*voluntary help*) freiwilliger Helfer (bei der Feuerbekämpfung); **fire-fighting** *adj attr techniques* Feuerbekämpfungs-; *equipment* (Feuer)lösch-; **firefly** *n* Leuchtkäfer *m*; **fireguard** *n* (Schutz)gitter *nt* (*vor dem Kamin*); **fire hazard** *n* **to be a ~** feuergefährlich sein; **fire hose** *n* Feuerwehrschlauch *m*; **fire house** *n* (*US*) Feuerwache, Feuerwehrzentrale *f*; **fire hydrant** *n* Hydrant *m*; **firelight** *n* Schein *m* des Feuers *or* der Flammen; **firelighter** *n* Feueranzünder *m*; **fireman** *n* **1.** Feuerwehrmann *m*; **2.** (*Rail*) Heizer *m*; **fireplace** *n* Kamin *m*; **fireplug** *n* (*US*) Hydrant *m*; **firepower** *n* (*of guns, aircraft, army*) Feuerkraft *f*; **fire prevention** *n* Brandschutz *m*; **fireproof I** *adj* feuerfest; **II** *vt materials* feuerfest machen; **fire-raiser** *n* Brandstifter(in *f*) *m*; **fire-raising** *n* Brandstiftung *f*; **fire regulations** *npl* Brandschutzbestimmungen *pl*; **firescreen** *n* Ofenschirm *m*; **Fire Service** *n* Feuerwehr *f*; **fireside** *n* **to sit by the ~** am Kamin sitzen; **fireside chair** *n* Lehnsessel *m*; **fire station** *n* Feuerwache, Feuerwehrzentrale *f*; **firewall** *n* Brandmauer *f*; **firewarden** *n* Feuerwache *f*; **firewoman** *n* Feuerwehrfrau *f*; **firewood** *n* Brennholz *nt*; **fireworks** *npl* Feuerwerkskörper *pl*; (*display*) Feuerwerk *nt*; **there's going to be ~ at the meeting** (*fig inf*) bei dem Treffen werden die Funken fliegen.

firing ['faɪrɪŋ] *n* **1.** (*of pottery*) Brennen *nt*. **2.** (*Mil*) Feuer *nt*; (*of gun, shot, rocket*) Abfeuern *nt*. **the ~ of a salute** Salutschüsse *pl*. **3.** (*inf: dismissal*) Rausschmiß *m* (*inf*). **4.** (*Aut: of engine*) Zündung *f*.

firing line *n* (*Mil*) Feuer- *or* Schußlinie *f*; (*fig*) Schußlinie *f*; **firing pin** *n* Schlagbolzen *m*; **firing squad** *n* Exekutionskommando *nt*.

firm[1] [fɜːm] *n* Firma *f*. **~ of solicitors** Rechtsanwaltsbüro *nt*.

firm[2] **I** *adj* (*+er*) **1.** fest; *base also* stabil; *look also* entschlossen; *friendship also* beständig; *hold, basis also* sicher. **to be ~ with sb** jdm gegenüber bestimmt auftreten. **2.** (*Comm*) fest; *market* stabil. **II** *adv* **to stand ~ on sth** (*fig*) fest *or* unerschütterlich bei etw bleiben.

◆**firm up** *vt sep wall* (ab)stützen; *deal* unter Dach und Fach bringen.

firmament ['fɜːməmənt] *n* Firmament *nt*.

firmly ['fɜːmlɪ] *adv* fest. **no, she said ~** nein, sagte sie in bestimmtem *or* entschiedenem Ton.

firmness ['fɜːmnɪs] *n see adj* **1.** Festigkeit *f*; Stabilität *f*; Entschlossenheit *f*; Beständigkeit *f*; Sicherheit *f*. **~ of character** Charakterstärke *f*. **2.** Festigkeit *f*; Stabilität *f*.

firmware ['fɜːmwɛəʳ] *n* (*Comput*) Firmware *f*.

first [fɜːst] **I** *adj* erste(r, s). **he was ~ in the queue/in Latin/to do that** er war der erste in der Schlange/er war der Beste in Latein/er war der erste, der das gemacht hat; **who's ~?** wer ist der erste?; **I'm ~, I've been waiting longer than you** ich bin zuerst an der Reihe, ich warte schon länger als Sie; **(let's put) ~ things ~** eins nach dem anderen; **you have to put ~ things ~** du mußt wissen, was dir am wichtigsten ist; **he doesn't know the ~ thing about it/cars** davon/von Autos hat er keinen blassen Schimmer (*inf*); **we did it the very ~ time** wir haben es auf Anhieb geschafft; **in the ~ place** zunächst einmal; **why didn't you say so in the ~ place?** warum hast du denn das nicht gleich gesagt?

II *adv* **1.** zuerst; (*before all the others*) *arrive, leave* als erste(r, s). **~, take three eggs** zuerst *or* als erstes nehme man drei Eier; **~ come ~ served** (*prov*) wer zuerst kommt, mahlt zuerst (*Prov*); **women and children ~** Frauen und Kinder zuerst; **ladies ~** Ladies first!, den Damen der Vortritt; **he says ~ one thing then another** er sagt mal so, mal so; **that's not what you said ~** zuerst hast du etwas anderes gesagt; **you ~** du zuerst; **he always puts his job ~** seine Arbeit kommt bei ihm immer vor allem anderen.

2. (*before all else*) als erstes, zunächst; (*in listing*) erstens. **~ of all** (*before all else, mainly*) vor allem; **~ of all I am going for a swim** als erstes *or* zu(aller)erst gehe ich schwimmen; **why can't I? — well, ~ of all it's not yours and ...** warum denn nicht? — nun, zunächst einmal gehört es nicht dir und ...; **~ and foremost** zunächst, vor allem; **~ and last** in erster Linie.

3. (*for the ~ time*) zum ersten Mal, das erste Mal. **when did you ~ meet him?** wann haben Sie ihn das erste Mal getroffen?; **when this model was ~ introduced** zu Anfang *or* zuerst, als das Modell herauskam; **when it ~ became known that ...** als zuerst bekannt wurde, daß ...

4. (*before: in time*) (zu)erst. **I must finish this ~** ich muß das erst fertigmachen; **think ~ before you sign anything** überlegen Sie es sich, bevor Sie etwas unterschreiben.

5. (*in preference*) eher, lieber. **I'd die ~!** eher *or* lieber würde ich sterben!

III *n* **1. the ~** der/die/das Erste; **he was among the very ~ to arrive** er war unter den ersten, die ankamen; **he was the ~ home/finished** er war als erster zu Hause/fertig.

2. this is the ~ I've heard of it das ist mir ja ganz neu.

3. at ~ zuerst, zunächst; **from the ~** von Anfang an; **from ~ to last** von Anfang bis Ende.

4. (*Brit Univ*) Eins *f*, die Note „Eins". **he got a ~** er bestand (sein Examen) mit „Eins" *or* „sehr gut".

5. (*Aut*) **~ (gear)** der erste (Gang); **in ~** im ersten (Gang).

6. (*US: Baseball*) erstes Base *or* Mal; *see also* **sixth.**

first aid *n* Erste Hilfe; **to give ~** Erste Hilfe leisten; **first aid box** *n* Verbandskasten *m*; **first aid kit** *n* Erste-Hilfe-Ausrüstung *f*; **first aid post** *or* **station** *n* Sanitätswache *f*; **first-born I** *adj* erstgeboren; **II** *n* Erstgeborene(r) *mf*; **first-class I** *adj* **1.** erstklassig; **~ compartment** Erste(r)-Klasse-Abteil *nt*, Abteil *nt* erster Klasse; **~ carriage** Erste(r)-Klasse-Wagen *m*; **~ mail** *bevorzugt beförderte Post;* **~ ticket** Erster-Klasse-Fahrkarte *f*, Fahrkarte *f* für die erste Klasse; **2.** (*excellent*) erstklassig; **he's ~ at tennis/cooking** er ist ein erstklassiger Tennisspieler/Koch. **3.** (*Brit Univ*) **~ degree** sehr gutes Examen; **II** *adv travel* erster Klasse; **first cousin** *n* Cousin(e *f*) *m* ersten Grades; **first-day cover** *n* Ersttagsbrief *m*; **first edition** *n* Erstausgabe *f*; **first-foot** *vt* (*Scot*) einen Neujahrsbesuch abstatten (+*dat*); **first form** *n* (*Brit Sch*) erste Klasse; **first-former** *n* (*Brit Sch*) Erstkläßler(in *f*) *m*; **first-generation** *adj citizen, computer* der ersten Generation; **first-hand** *adj, adv* aus erster Hand; **First Lady** *n* First Lady *f*; **first lieutenant** *n* Oberleutnant *m*.

firstly ['fɜːstlɪ] *adv* erstens, zunächst (einmal).

first mate *n* (*Naut*) Erster Offizier; (*on small boats*) Bestmann *m*; **first name** *n* Vorname *m*; **they're on ~ terms** sie reden sich mit Vornamen an; **first night** *n* (*Theat*) Premiere *f*; **first offender** *n* Ersttäter(in *f*) *m*; **he is a ~** er ist nicht vorbestraft; **first officer** *n* (*Naut*) Erster Offizier; **first-past-the-post system** *n* (*Pol*) Mehrheitswahlrecht *nt*; **first person** *n* erste Person; **first-person** *adj narrative* Ich-; **first principles** *npl* Grundprinzipien *pl*; **to get down to ~** den Dingen auf den Grund gehen; **first-rate** *adj see* **first-class I 2.**; **~ strike** *n* (*Mil*) Erstschlag *m*; **first-strike weapon** *n* Erstschlagwaffe *f*; **first-time buyer** *n jd, der zum ersten Mal ein Haus/eine Wohnung kauft*; **first violin** *n* erste Geige.

firth [fɜːθ] *n* (*Scot*) Förde *f*, Meeresarm *m*.

fir tree *n* Tannenbaum *m*.

fiscal ['fɪskəl] **I** *adj* Finanz-; *measures* finanzpolitisch. **~ year** Steuerjahr *nt*. **II** *n* (*Scot Jur*) Staatsanwalt *m*.

fish [fɪʃ] **I** *n, pl* - *or* (*esp for different types*) **-es** Fisch *m*. **~ and chips** Fisch und Pommes frites; **to drink like a ~** (*inf*) wie ein Loch saufen (*inf*); **to have other ~ to fry** (*fig inf*) Wichtigeres zu tun haben; **like a ~ out of water** wie ein Fisch auf dem Trockenen; **neither ~ nor fowl** (*fig*) weder Fisch noch Fleisch; **he's a queer ~!** (*inf*) er ist ein komischer Kauz; **there are plenty more ~ in the sea** (*fig inf*) es gibt noch mehr (davon) auf der Welt; **a little ~ in a big pond** nur einer von vielen; **The F~es** (*Astron*) die Fische *pl*.

II *vi* fischen; (*with rod also*) angeln. **to go ~ing** fischen/angeln gehen; **to go salmon ~ing** auf Lachsfang gehen.

III *vt* fischen; (*with rod also*) angeln. **to ~ a river** in einem Fluß fischen/angeln.

◆**fish for** *vi* +*prep obj* **1.** fischen/angeln, fischen/angeln auf (+*acc*) (*spec*). **2.** (*fig*) *compliments* fischen nach. **they were ~ing ~ information** sie waren auf Informationen aus.

◆**fish out** *vt sep* herausfischen *or* -angeln (*of or from sth* aus etw).

◆**fish up** *vt sep* auffischen, herausziehen; (*fig: from memory*) hervorkramen.

fishbone *n* (Fisch)gräte *f*; **fish bowl** *n* Fischglas *nt*; **fishcake** *n* Fischfrikadelle *f*.

fisher ['fɪʃəʳ] *n* **1.** (*old: ~man*) Fischer *m*. **2.** (*animal*) Fischfänger *m*.

fisherman ['fɪʃəmən] *n, pl* **-men** [-mən] Fischer *m*; (*amateur*) Angler *m*; (*boat*) Fischereiboot *nt*.

fishery ['fɪʃərɪ] *n* (*area*) Fischereizone *f or* -gewässer *nt*; (*industry*) Fischerei *f*.

fish-eye lens *n* (*Phot*) Fischauge *nt*; **fish farm** *n* Fischzucht(anlage) *f*; **fish farmer** *n* Fischzüchter(in *f*) *m*; **fish farming** *n* Fischzucht *f*; **fish finger** *n* Fischstäbchen *nt*; **fish glue** *n* Fischleim *m*; **fishhook** *n* Angelhaken *m*.

fishing ['fɪʃɪŋ] *n* Fischen *nt*; (*with rod*) Angeln *nt*; (*as industry*) Fischerei *f*.

fishing boat *n* Fischerboot *nt*; **fishing fleet** *n* Fischereiflotte *f*; **fishing grounds** *npl* Fischgründe *pl*; **fishing industry** *n* Fischindustrie *f*; **fishing-line** *n* Angelschnur *f*; **fishing-net** *n* Fischnetz *nt*; **fishing port** *n* Fischereihafen *m*; **fishing-rod** *n* Angelrute *f*; **fishing tackle** *n* (*for sport*) Angelgeräte *pl*; (*for industry*) Fischereigeräte *pl*; **fishing village** *n* Fischerdorf *nt*.

fish ladder *n* Fischleiter *f*; **fish market** *n* Fischmarkt *m*; **fishmonger** *n* (*Brit*) Fischhändler(in *f*) *m*; **fishmonger's** *n* (*Brit*) Fischgeschäft *nt*; **fish-net stockings** *npl* Netzstrümpfe *pl*; **fish paste** *n* Fischpaste *f*; **fishplate** *n* (*Rail*) Lasche *f*; **fishpond** *n* Fischteich *m*; **fish slice** *n* (*for serving*) Fischvorlegemesser *nt*; **fish stick** *n* (*US*) *see* **fish finger; fish story** *n* (*US inf*) Seemannsgarn *nt*; **fish tank** *n* (*in house*) Aquarium *nt*; (*on fish farm*) Fischteich *m*; **fishwife** *n* Fischweib *nt* (*dated*); (*fig pej*) Marktweib *nt*.

fishy ['fɪʃɪ] *adj* (+*er*) **1.** *smell* Fisch-. **it smells rather ~** es riecht ziemlich nach Fisch. **2.** (*inf*) verdächtig; *excuse, story* faul (*inf*). **there's something ~ about his story** an der Geschichte ist was faul (*inf*).

fissile ['fɪsaɪl] *adj* spaltbar.

fission ['fɪʃən] *n* (*Phys*) Spaltung *f*; (*Biol*) (Zell)teilung *f*. **~ bomb** (konventionelle) Atombombe.

fissionable ['fɪʃnəbl] *adj* spaltbar.

fissure ['fɪʃəʳ] *n* Riß *m*; (*deep*) Kluft *f*; (*narrow*) Spalt(e *f*) *m*.

fissured ['fɪʃəd] *adj* rissig; (*with deep fissures*) zerklüftet.

fist [fɪst] *n* Faust *f*. **to put up one's ~s** die Fäuste hochnehmen, in (Box)kampfstellung gehen.

fistful ['fɪstfʊl] *n* Handvoll *f*.

fit¹ [fɪt] **I** *adj* (+*er*) **1.** (*suitable, suited for sth*) geeignet; *time, occasion also* günstig. **~ to eat** eßbar; **is this meat still ~ to eat?** kann man dieses Fleisch noch essen?; **to be ~ to be seen** sich sehen lassen können; **the coat is ~ for nothing but the dustbin** der Mantel taugt nur noch für den Mülleimer.

2. (*deserving*) **you're not ~ to be spoken to** du bist es nicht wert *or* verdienst es nicht, daß man sich mit dir unterhält.

3. (*right and proper*) richtig, angebracht. **I'll do as I think ~** ich handle so, wie ich es für richtig halte; **to see ~ to do sth** es für richtig *or* angebracht halten, etw zu tun; **as is only ~** wie es sich gebührt; **it is only ~** es ist nur recht und billig; **he did not see ~ to apologize** er hat es nicht für nötig gehalten, sich zu entschuldigen.

4. (*in health*) gesund; *sportsman* fit, in Form. **she is not yet ~ to travel** sie ist noch nicht reisefähig; **only the ~test survive** nur die Geeignetsten überleben; (*people*) nur die Gesunden überleben; (*in business*) nur die Starken können sich halten.

5. to laugh ~ to burst vor Lachen beinahe platzen; **to be ~ to drop (with tiredness)** zum Umfallen müde sein.

II *n* (*of clothes*) Paßform *f*. **it is a very good/bad ~** es sitzt *or* paßt wie angegossen/nicht gut; **it's a bit of a tight ~** (*clothes*) es ist etwas eng; (*suitcase, timing, parking*) es geht gerade (noch).

III *vt* **1.** (*cover, sheet, nut*) passen auf (+*acc*); (*key*) passen in (+*acc*); (*clothes*) passen (+*dat*). **this coat ~s you better** dieser Mantel paßt Ihnen besser *or* sitzt besser; **to make a ring ~ sb** jdm einen Ring anpassen.

2. (*be suitable for*) *sb's plans, a theory* passen in (+*acc*).

3. to ~ a dress on sb jdm ein Kleid anprobieren.

4. (*put on, attach*) anbringen (*to* an +*dat*); *tyre, lock also* montieren; *double-glazing also* einsetzen; (*put in*) einbauen (*in* in +*acc*); (*furnish, provide with*) ausstatten. **to ~ a key in the lock/a bulb in its socket** einen Schlüssel ins Schloß stecken/eine Glühbirne in die Fassung drehen *or* schrauben.

5. (*match*) *description, facts* entsprechen (+*dat*); (*person also*) passen auf (+*acc*). **to make the punishment ~ the crime** eine dem Vergehen angemessene Strafe verhängen.

6. to ~ oneself for a job/a hard winter sich für eine Stelle/einen strengen Winter rüsten.

IV *vi* **1.** passen.

2. (*correspond*) zusammenstimmen *or* -passen. **the facts don't ~** die Fakten sind widersprüchlich; **it all ~s** es paßt alles zusammen.

◆fit in I *vt sep* **1.** (*find space for*) unterbringen.

2. (*find time for*) *person* einen Termin geben (+*dat*); *meeting* unterbringen; (*squeeze in also*) einschieben; (*for treatment also*) drannehmen (*inf*). **Sir Charles could ~ you ~ at 3** um 3 Uhr hätte Sir Charles Zeit für Sie.

3. (*make harmonize*) **to ~ sth ~ with sth** etw mit etw in Einklang bringen.

4. (*fit, put in*) einsetzen, einbauen.

II *vi* **1.** (*go into place*) hineinpassen.

2. (*plans, ideas, word*) passen; (*facts*) übereinstimmen; (*match*) dazupassen. **there is one fact that doesn't ~ ~** da ist ein Punkt, der nicht ins Ganze paßt; **I see, it all ~s ~ now** jetzt paßt alles zusammen; **does that ~ ~ with your plans?** läßt sich das mit Ihren Plänen vereinbaren?; **he wants everybody to ~ ~ with him/his plans/his wishes** er will, daß sich jedermann nach ihm/seinen Plänen/Wünschen richtet.

3. (*people: harmonize*) **he doesn't ~ ~ here/with the others/with such a firm** er paßt hier nicht her/nicht zu den anderen/nicht in eine solche Firma; **she's the sort who ~s ~ easily in any group** sie ist der Typ, der sich in jede Gruppe leicht einfügt; **try to ~ ~ (with the others)** versuche, dich den anderen anzupassen.

◆fit on I *vi* **1.** passen. **will it ~ ~?** paßt es (darauf)? **2.** (*be fixed*) befestigt *or* angebracht sein. **where does this part ~ ~?** wo gehört dieses Teil drauf?, wo wird dieses Teil befestigt? **II** *vt sep* **1.** *dress* anprobieren; (*tailor*) anpassen (*prep obj dat*). **2.** (*put in place, fix on*) anbringen.

◆fit out *vt sep expedition, person* (*for an expedition*) ausrüsten; *person, ship* ausstatten.

◆fit up *vt sep* **1.** (*fix up*) anbringen; (*assemble*) zusammensetzen *or* -bauen. **2.** (*supply with*) ausstatten, mit allem Nötigen versehen; (*with clothes also*) ausstaffieren; (*with implements, weapons also*) ausrüsten. **to ~ sb/sth ~ with sth** jdn/etw mit etw versehen *or* ausstatten.

fit² *n* (*Med, fig*) Anfall *m*. **~ of coughing/anger** Husten-/Wutanfall *m*; **~ of energy/generosity** Anwandlung *f or* Anfall von Aktivität/Großzügigkeit; **in** *or* **by ~s and starts** stoßweise; **he wrote this novel in ~s and starts** er hat diesen Roman in mehreren Anläufen geschrieben; **to be in ~s of laughter** sich vor Lachen biegen *or* kugeln (*inf*); **he'd have a ~** (*fig inf*) er würde (ja) einen Anfall kriegen (*inf*).

fitful ['fɪtfʊl] *adj* unbeständig; *working, progress* stoßweise; *sleep* unruhig; *sun* launenhaft (*geh*); *enthusiasm* sporadisch.

fitfully ['fɪtfəlɪ] *adv progress* stoßweise; *work also, blow* sporadisch; *sleep* unruhig.

fitment ['fɪtmənt] *n* (*furniture*) Einrichtungsgegenstand *m*; (*of machine, car*) Zubehörteil *nt*.

fitness ['fɪtnɪs] *n* **1.** (*health*) Gesundheit *f*; (*condition*) Fitness, Fitneß, Kondition *f*. ~ **training** Fitneß- *or* Konditionstraining *nt*. **2.** (*suitability*) Geeignetheit *f*; (*for job also*) Eignung *f*; (*of remark*) Angemessenheit *f*.

fitted ['fɪtɪd] *adj* **1.** *garment* tailliert. ~ **carpet** Teppichboden *m*; ~ **kitchen/cupboards** Einbauküche *f*/Einbauschränke *pl*; ~ **sheet** Spannbettuch *nt*. **2.** *person* geeignet (*for* für).

fitter ['fɪtə^r] *n* **1.** (*for clothes*) Schneider(in *f*) *m*. **2.** (*Tech*) (*of engines*) Monteur *m*; (*for machines*) (Maschinen)schlosser *m*; (*not specially qualified*) Montagearbeiter(in *f*) *m*; (*of pipes*) Installateur(in *f*) *m*.

fitting ['fɪtɪŋ] **I** *adj* (*suitable*) passend; *expression also* angebracht; *time also* geeignet; (*seemly, becoming*) schicklich (*dated*). **it is not ~ for a young lady ...** es schickt sich nicht für eine junge Dame ...

II *n* **1.** Anprobe *f*. ~ **room** Anproberaum *m*; (*cubicle*) Anprobekabine *f*; **to go in for a ~** zur Anprobe gehen.

2. (*part*) Zubehörteil *nt*. **~s** Ausstattung *f*; (*furniture also*) Einrichtung *f*; (*pipes*) Installation *f*; **bathroom/office ~s** Badezimmer-/Büroeinrichtung *f*; **electrical ~s** Elektroinstallationen.

fittingly ['fɪtɪŋlɪ] *adv see adj*.

five [faɪv] **I** *adj* fünf. **II** *n* Fünf *f*; *see also* **six**.

five-and-ten *n* (*US*) billiges Kaufhaus; **fivefold** *adj, adv* fünffach; **five-o'clock shadow** *n nachmittäglicher Anflug von Bartstoppeln*.

fiver ['faɪvə^r] *n* (*inf*) Fünfpfund-/Fünfdollarschein *m*.

five-speed gearbox *n* Fünfganggetriebe *nt*; **fivespot** *n* (*US inf*) Fünfdollarschein *m*; **five-star hotel** *n* Fünf-Sterne-Hotel *nt*; **five-year plan** *n* Fünfjahresplan *m*.

fix [fɪks] **I** *vt* **1.** (*make firm*) befestigen, festmachen (*sth to sth* etw an/auf etw +*dat*); (*put on, install*) *new aerial, new dynamo* anbringen; (*fig*) *ideas, images* verankern. **to ~ a stake in the ground** einen Pfahl im Boden verankern; **to ~ the blame on sb** die Schuld auf jdn schieben; **to ~ sth in one's mind** sich (*dat*) etw fest einprägen; **to ~ bayonets** die Bajonette aufpflanzen.

2. *eyes, attention* richten (*on, upon* auf +*acc*). **she kept all eyes/everybody's attention ~ed on her** alle sahen sie wie gebannt an; **to ~ sb with an angry stare** (*liter*) jdn mit ärgerlichen Blicken durchbohren.

3. *date, price, limit* festsetzen, festlegen; (*agree on*) ausmachen, beschließen.

4. (*arrange*) arrangieren; *tickets, taxi* besorgen, organisieren (*inf*). **have you got anything ~ed for tonight?** haben Sie (für) heute abend schon etwas vor?

5. (*straighten out, sort out*) in Ordnung bringen, regeln. **don't worry I'll ~ things with him** mach dir keine Gedanken, ich regle das mit ihm.

6. (*inf: get even with, sort out*) **I'll ~ him** dem werd' ich's besorgen (*inf*); **the Mafia will ~ him** den wird sich (*dat*) die Mafia vornehmen (*inf*) *or* vorknöpfen (*inf*).

7. (*repair*) in Ordnung bringen, (ganz) machen (*inf*); (*put in good order, adjust*) machen (*inf*).

8. *drink, meal* machen. **to ~ one's hair** sich frisieren.

9. (*inf*) *race, fight* manipulieren; *jury also* bestechen. **the whole interview was ~ed** das Interview war gestellt; **the whole thing was ~ed** das war eine abgekartete Sache (*inf*).

10. (*US inf: intend*) vorhaben.

11. (*Chem, Phot*) fixieren.

12. (*Naut, Aviat*) *position* bestimmen; *submarine* orten.

II *n* **1.** (*inf: tricky situation*) Patsche (*inf*), Klemme (*inf*) *f*. **to be in a ~** in der Patsche *or* Klemme sitzen (*inf*); **to get oneself into a ~** sich (*dat*) eine schöne Suppe einbrocken (*inf*).

2. (*Naut*) Position *f*, Standort *m*. **to take a ~ on sth** etw orten; **to get a ~ on sth** (*fig: get clear about*) sich (*dat*) Klarheit über etw (*acc*) verschaffen.

3. (*sl: of drugs*) Fix *m* (*sl*). **to give oneself a ~** fixen (*sl*).

4. (*inf*) **the fight/competition was a ~** der Kampf/Wettbewerb war eine abgekartete Sache (*inf*).

◆**fix down** *vt sep* befestigen.

◆**fix on I** *vt sep* festmachen (*prep obj* auf +*dat*); *badge also* anheften, anstecken; (*fit on*) anbringen; (*by sewing*) annähen. **II** *vi* +*prep obj* (*decide on*) sich entscheiden für.

◆**fix together** *vt sep* zusammenmachen (*inf*).

◆**fix up** *vt sep* **1.** *shelves* anbringen; *tent* aufstellen.

2. (*arrange*) arrangieren; *holidays* festmachen; (*book*) *organized tour, hotel* buchen. **have you got anything ~ed ~ for this evening?** haben Sie (für) heute abend schon etwas vor?

3. to ~ sb ~ with sth jdm etw besorgen *or* verschaffen; **I stayed with him until I got myself ~ed ~ (with a room)** ich habe bei ihm gewohnt, bis ich ein Zimmer hatte.

4. (*straighten out, sort out*) in Ordnung bringen, regeln.

fixated [fɪk'seɪtɪd] *adj* fixiert (*on* auf +*acc*).

fixation [fɪk'seɪʃən] *n* **1.** (*Psych*) Fixierung *f*. **she has this ~ about cleanliness** sie hat einen Sauberkeitsfimmel (*inf*). **2.** (*Chem*) Fixierung *f*.

fixative ['fɪksətɪv] *n* Fixativ *nt*.

fixed [fɪkst] *adj* **1.** fest; *idea* fix; *smile* starr. ~ **assets** feste Anlagen *pl*; ~ **capital** Anlagevermögen, Anlagekapital *nt*; ~ **costs** Fixkosten *pl*; ~ **disk** (*Comput*) Festplatte *f*; ~ **menu** Tagesmenü *nt*; ~ **price** Festpreis *m*; (*Econ also*) gebundener Preis; ~ **rate of interest** Festzins(satz) *m*; ~ **star** Fixstern *m*; ~ **wing aircraft** Starrflügler *m*.

2. (*inf*) **how are you ~ for time/money?** wie sieht's bei dir mit der Zeit/dem Geld aus? (*inf*), wie steht's (denn) bei dir mit Zeit/Geld? (*inf*); **how are you ~ for tonight?** was hast du (für) heute abend vor?

fixedly ['fɪksɪdlɪ] *adv stare, look* starr, unbeweglich.

fixer ['fɪksəʳ] *n* (*Phot*) Fixiermittel *nt*; (*sl*) Schieber *m*.

fixing bath ['fɪksɪŋˌbɑːθ] *n* Fixierbad *nt*.

fixings ['fɪksɪŋz] *npl* (*US Cook*) Beilagen *pl*.

fixture ['fɪkstʃəʳ] *n* **1.** (*of a building*) **~s** Ausstattung *f*, unbewegliches Inventar (*form*); **~s and fittings** Anschlüsse und unbewegliches Inventar (*form*); **lighting ~s** elektrische Anschlüsse; **to be a ~** (*fig hum: person*) zum Inventar gehören.
 2. (*Brit Sport*) Spiel *nt*. **~ list** Spielplan *m*.

fizz [fɪz] **I** *vi* (*champagne etc*) perlen, sprudeln, moussieren. **II** *n* **1.** (*of champagne etc*) Perlen, Moussieren *nt*. **2.** (*drink*) Sprudel *m*; (*flavoured also*) (Brause)limonade, Brause *f*.

◆**fizz up** *vi* (auf)sprudeln.

fizzle ['fɪzl] *vi* zischen, spucken (*inf*).

◆**fizzle out** *vi* (*firework, enthusiasm*) verpuffen; (*rocket*) vorzeitig verglühen; (*plan*) im Sande verlaufen.

fizzy ['fɪzɪ] *adj* (+*er*) sprudelnd. **to be ~** sprudeln; **it's too ~** da ist zu viel Kohlensäure drin; **a ~ drink** eine Brause.

fjord [fjɔːd] *n* Fjord *m*.

flab [flæb] *n* (*inf*) Speck *m*. **to fight the ~** (*hum*) etwas für die schlanke Linie tun.

flabbergast ['flæbəgɑːst] *vt* (*inf*) verblüffen, umhauen (*inf*). **I was ~ed to see him/at the price** ich war platt (*inf*) *or* von den Socken (*sl*), als ich ihn sah/als ich den Preis erfuhr.

flabbily ['flæbɪlɪ] *adv see adj*.

flabbiness ['flæbɪnɪs] *n see adj* Schlaffheit *f*; Schwammigkeit *f*; Farblosigkeit *f*; Wabbeligkeit *f* (*inf*).

flabby ['flæbɪ] *adj* (+*er*) schlaff; *prose, argument, thesis* schwammig; *person, character* ohne Saft und Kraft, farblos; (*fat*) *stomach* schwammig, wabbelig (*inf*).

flaccid ['flæksɪd] *adj* (*liter*) schlaff; *prose* saft- und kraftlos.

flag¹ [flæg] **I** *n* **1.** Fahne *f*; (*small, on map, chart*) Fähnchen *nt*; (*national also, Naut*) Flagge *f*; (*for semaphore*) Signalflagge *or* -fahne *f*. **to go down with all ~s flying** (*lit*) bis zum letzten kämpfen; (*fig*) mit Glanz und Gloria untergehen; **to keep the ~ flying** (*lit, fig*) die Stellung halten; **to show the ~** seine Präsenz *or* (*fig also*) seine Anwesenheit dokumentieren; **~ of convenience** (*Naut*) Billigflagge *f*.
 2. (*for charity*) Fähnchen *nt*.
 3. (*of taxi*) **the ~ was down** das Taxi war besetzt.
 4. (*paper marker*) Kennzeichen *nt*.
 II *vt* beflaggen.

◆**flag down** *vt sep taxi* anhalten.

◆**flag up** *vt sep* (*inf: mark, indicate*) markieren.

flag² *vi* erlahmen; (*interest, enthusiasm, strength also*) nachlassen; (*person also*) ermüden; (*plant*) den Kopf/die Blätter hängen lassen.

flag³ *n* (*Bot*) Schwertlilie *f*; (*sweet ~*) Kalmus *m*.

flag⁴ **I** *n* (*also* **~stone**) Steinplatte *f*; (*for floor also*) Fliese *f*. **II** *vt* mit Steinplatten/Fliesen belegen; *floor also* fliesen.

flag day *n* **1.** (*Brit*) *Tag m, an dem eine Straßensammlung für einen wohltätigen Zweck durchgeführt wird*. **2. F~ D~** (*US*) *14. Juni, Gedenktag der Einführung der amerikanischen Nationalflagge*.

flagellate ['flædʒəleɪt] *vt* geißeln.

flagellation [ˌflædʒə'leɪʃən] *n* Geißelung *f*.

flag officer *n* (*Naut*) Flaggoffizier *m*.

flagon ['flægən] *n* (*bottle*) Flasche *f*; (*jug*) Krug *m*.

flagpole ['flægpəʊl] *n* Fahnenstange *f*.

flagrance ['fleɪgrəns], **flagrancy** ['fleɪgrənsɪ] *n* eklatante *or* krasse Offensichtlichkeit; (*of affair, defiance, disregard*) Unverhohlenheit *f*.

flagrant ['fleɪgrənt] *adj* eklatant, kraß; *injustice, crime also* himmelschreiend; *breach, violation also* flagrant (*geh*); *disregard, defiance also, affair* unverhohlen, offenkundig.

flagrantly ['fleɪgrəntlɪ] *adv* ganz eindeutig *or* offensichtlich; *abuse, flirt, disregard* unverhohlen, ganz offenkundig. **he ~ parked right outside the police station** er hat ganz unverfroren direkt vor der Polizeiwache geparkt.

flagship *n* (*lit, fig*) Flaggschiff *nt*; **flagstone** *n* (Stein)platte *f*; (*on floor also*) Fliese *f*; **flagwaving I** *n* Hurrapatriotismus, Chauvinismus *m*; **II** *adj speech* chauvinistisch.

flail [fleɪl] **I** *n* (Dresch)flegel *m*. **II** *vt* dreschen. **he wildly ~ed his arms about** er schlug (mit den Armen) wild um sich. **III** *vi* **to ~ about** herumfuchteln; **the dying deer with its legs ~ing in all directions** das verendende Reh, das mit seinen Läufen nach allen Richtungen ausschlug.

flair [flɛəʳ] *n* (*for selecting the best*) Gespür *nt*, (feine) Nase (*inf*), Riecher *m* (*inf*); (*talent*) Talent *nt*; (*stylishness*) Flair *nt*. **his great ~ for business** sein großes Geschäftstalent.

flak [flæk] *n* **1.** Flakfeuer *nt*. **~ jacket** kugelsichere Weste. **2.** (*fig*) **he's been getting a lot of ~** er ist mächtig unter Beschuß geraten (*inf*); **I'm not taking the ~ for this** ich laß mich deswegen nicht zur Sau machen (*inf*).

flake [fleɪk] **I** *n* (*of snow, soap*) Flocke *f*; (*of paint, rust*) Splitter *m*; (*of plaster*) abgebröckeltes Stückchen; (*of metal, wood*) Span *m*; (*of skin*) Schuppe *f*. **~s of paint were falling off the ceiling** die Farbe an der Decke blätterte ab.
 II *vi* (*stone, plaster*) abbröckeln; (*paint*) abblättern.
 III *vt* (*Cook*) *chocolate, almonds* raspeln.

◆**flake off** *vi* (*plaster*) abbröckeln; (*paint,*

rust) abblättern, absplittern; (*skin*) sich schälen, sich abschuppen.

◆**flake out** *vi* (*inf*) (*become exhausted*) abschlaffen (*inf*); (*pass out*) aus den Latschen kippen (*sl*); (*fall asleep*) einschlafen, einpennen (*sl*).

flaky ['fleɪkɪ] *adj* (+*er*) *potatoes* flockig; *paint, plaster* brüchig; *crust* blättrig; *skin* schuppig. ~ **pastry** Blätterteig *m*.

flamboyance [flæm'bɔɪəns] *n* Extravaganz *f*; (*of life style also*) Üppigkeit *f*; (*of colour*) Pracht *f*; (*of gesture*) Großartigkeit *f*.

flamboyant [flæm'bɔɪənt] *adj* extravagant; *life style also* üppig, aufwendig; *plumage* farbenprächtig; *colours* prächtig; *gesture* großartig.

flamboyantly [flæm'bɔɪəntlɪ] *adv* extravagant.

flame [fleɪm] **I** *n* **1.** Flamme *f*. **the house was in ~s** das Haus stand in Flammen. **2.** (*of passion*) Flamme *f* (*geh*), Feuer *nt no pl*. **the ~ of anger in his eyes** (*liter*) die Zornesglut in seinen Augen (*liter*). **3.** (*inf: sweetheart*) Flamme *f* (*inf*).

II *vi* (*fire*) lodern, flammen (*geh*); (*liter: colour*) leuchten; (*gem*) funkeln.

◆**flame up** *vi* **1.** (*fire*) auflodern. **2.** (*fig*) (*person*) in Wut *or* Rage geraten; (*anger*) aufflammen, auflodern.

flame red I *n* Feuerrot *nt*; **II** *adj* feuerrot; **flamethrower** *n* Flammenwerfer *m*.

flaming ['fleɪmɪŋ] *adj* **1.** brennend, lodernd; (*fig*) *colour* leuchtend; *rage* hell; *passion* glühend.

2. (*Brit sl: bloody*) verdammt (*inf*), Scheiß- (*sl*). **it's a ~ nuisance/waste of time** Mensch, das ist vielleicht ein Mist/das ist die reinste Zeitverschwendung (*inf*); **who does he ~ well think he is?** Mensch *or* verdammt noch mal, für wen hält der sich eigentlich? (*sl*).

flamingo [flə'mɪŋgəʊ] *n, pl* **-(e)s** Flamingo *m*.

flammable ['flæməbl] *adj* leicht entzündbar, feuergefährlich.

flan [flæn] *n* Kuchen *m*. **fruit ~** Obstkuchen *m*; **~ case** Tortenboden *m*.

Flanders ['flɑːndəz] *n* Flandern *nt*.

flange [flændʒ] *n* (*on wheel*) Spurkranz *m*; (*Tech: ring, collar*) Flansch *m*.

flanged [flændʒd] *adj* gebördelt; *tube also* geflanscht.

flank [flæŋk] **I** *n* (*of animal, Mil*) Flanke *f*; (*of mountain, building*) Seite, Flanke (*old*) *f*. **II** *vt* **1.** flankieren. **2.** (*Mil*) *the enemy* seitlich umgehen.

flannel ['flænl] **I** *n* **1.** Flanell *m*. **~s** *pl* (*trousers*) Flanellhose *f*. **2.** (*Brit: face-~*) Waschlappen *m*. **3.** (*Brit inf: waffle*) Geschwafel (*inf*), Gelaber (*inf*) *nt*.

II *adj trousers etc* Flanell-.

III *vi* (*Brit inf: waffle*) schwafeln (*inf*).

flannelette [ˌflænə'let] *n* Baumwollflanell *m*. **~ sheet** Biberbettuch *nt*.

flap [flæp] **I** *n* **1.** (*of pocket*) Klappe *f*; (*of table*) ausziehbarer Teil; (*Aviat*) (Lande)klappe *f*. **a ~ of skin** ein Hautfetzen *m*; (*Med*) ein Hautlappen *m*.

2. (*sound*) (*of sails, sheeting*) Flattern, Knattern *nt*; (*of wings*) Schlagen *nt*.

3. (*motion*) **to give sth a ~** leicht auf etw (*acc*) klatschen.

4. (*inf*) helle Aufregung, Panik *f*. **to get in(to) a ~** in helle Aufregung geraten, ins Flattern geraten (*inf*).

5. (*Phon*) geschlagener Laut.

II *vi* **1.** (*wings*) schlagen; (*door, shutters also*) klappern; (*sails, tarpaulin*) flattern. **his ears were ~ping** (*inf*) er spitzte die Ohren.

2. (*inf*) in heller Aufregung sein. **to start to ~** in helle Aufregung geraten; **don't ~** reg dich nicht auf; **there's no need to ~** (das ist) kein Grund zur Aufregung.

III *vt* **to ~ its wings** mit den Flügeln schlagen; **he ~ped the newspaper at the fly** er schlug *or* klatschte mit der Zeitung nach der Fliege.

◆**flap away** *vi* (*bird*) davonfliegen.

flapjack ['flæpdʒæk] *n* Pfannkuchen *m*.

flare [flɛəʳ] **I** *n* **1.** Auflodern *nt*; (*fig: of anger*) Aufbrausen *nt*.

2. (*signal*) Leuchtsignal *nt*; (*from pistol*) Leuchtrakete, Leuchtkugel *f*; (*fire, landing ~*) Leuchtfeuer *nt*.

3. (*Fashion*) ausgestellter Schnitt.

4. (*solar ~*) Sonneneruption, Fackel *f*.

5. (*Phot*) Reflexlicht *nt*.

II *vi* **1.** (*match, torch*) aufleuchten; (*sunspot also*) aufblitzen.

2. (*trousers, skirts*) ausgestellt sein.

3. (*nostrils*) sich blähen.

◆**flare up** *vi* (*lit, fig: situation, affair*) aufflackern, auflodern; (*fig*) (*person*) aufbrausen, auffahren; (*fighting, epidemic*) ausbrechen; (*anger*) zum Ausbruch kommen. **she ~d ~ at me** sie fuhr mich an.

flared [flɛəd] *adj trousers, skirt* ausgestellt.

flare path *n* (*Aviat*) Leuchtpfad *m*; **flare pistol** *n* Leuchtpistole *f*; **flare-up** *n see* **flare up** Aufflackern, Auflodern *nt*; Aufbrausen *nt*; Ausbruch *m*; (*sudden dispute*) (plötzlicher) Krach.

flash [flæʃ] **I** *n* **1.** Aufblinken *nt no pl*; (*very bright*) Aufblitzen *nt no pl*; (*of metal, jewels*) Blitzen, Blinken *nt no pl*; (*Mot*) Lichthupe *f no pl*. **to give sb a ~** (*Mot*) jdn (mit der Lichthupe) anblinken; **~ of lightning** Blitz *m*; **he gave two quick ~es with his torch** er blinkte zweimal kurz mit der Taschenlampe; **three short ~es are the Morse sign for S** dreimal kurz blinken ist *or* drei kurze Blinkzeichen sind das Morsezeichen für S.

2. (*fig*) (*news~*) Kurzmeldung *f*; (*interrupting programme also*) Zwischenmeldung *f*. **~ of wit/inspiration** Geistesblitz *m*; **in a ~** blitzartig, wie der Blitz; **as quick as a ~** blitzschnell; **a ~ in the pan** (*inf*) ein Strohfeuer *nt*.

3. (*Mil: on uniform*) Abzeichen *nt*.

4. (*Phot*) Blitz(licht *nt*) *m*.

5. (*US inf: torch*) Taschenlampe *f*.

II *vi* **1.** aufblinken; (*very brightly*) aufblitzen; (*repeatedly: indicators*) blinken; (*metal, jewels, eyes*) blitzen, blinken; (*Mot*) die Lichthupe benutzen.

2. (*move quickly*) (*vehicle*) sausen, schießen, flitzen (*all inf*); (*person also*) huschen. **to ~ in and out** rein und raus sausen *etc*; **a smile ~ed across his face** ein Lächeln huschte über sein Gesicht; **to ~ past** *or* **by** vorbeisausen *etc*; (*holidays*) vorbeifliegen; **the thought ~ed through my mind that ...** es schoß mir durch den Kopf, daß ...

III *vt* **1.** *light* aufblitzen *or* aufleuchten lassen; *SOS, message* blinken. **to ~ a torch on sb/sth** jdn/etw mit der Taschenlampe anleuchten; **to ~ one's headlights** die Lichthupe betätigen; **to ~ one's headlights at sb, to ~ sb** jdn mit der Lichthupe anblinken; **she ~ed him a look of contempt/gratitude** sie blitzte ihn verächtlich/dankbar an.

2. (*inf: show, wave: also* **~ around**) schwenken (*inf*), protzen mit; *diamond ring* blitzen lassen. **don't ~ all that money around** wedel nicht so mit dem vielen Geld herum (*inf*).

IV *adj* (*inf*) (*showy*) protzig (*pej*); (*smart*) schick.

◆**flash back** *vi* (*Film*) zurückblenden (*to* auf +*acc*).

flashback *n* (*Film*) Rückblende *f*; **flashbulb** *n* (*Phot*) Blitzbirne *f*; **flash burn** *n* Verbrennung *f* (*durch kurzzeitige Strahlungshitze*); **flash card** *n* (*Sch*) Leselernkarte *f*; **flashcube** *n* (*Phot*) Blitzwürfel *m*.

flasher ['flæʃəʳ] *n* **1.** (*Mot*) Lichthupe *f*. **2.** (*Brit inf: person exposing himself*) Exhibitionist *m*.

flash flood *n* flutartige Überschwemmung; **flash gun** *n* Elektronenblitzgerät *nt*.

flashing ['flæʃɪŋ] *n* (*Build*) Verwahrung *f*, Kehlblech *nt*.

flashlight *n* **1.** (*Phot*) Blitzlicht *nt*; **2.** (*esp US: torch*) Taschenlampe *f*; **3.** (*signal lamp*) Leuchtfeuer *nt*; **flash photography** *n* Blitz(licht)fotografie *f*; **flash point** *n* (*Chem*) Flammpunkt *m*; (*fig*) Siedepunkt *m*.

flashy ['flæʃɪ] *adj* (+*er*) auffallend, auffällig.

flask [flɑːsk] *n* Flakon *m*; (*Chem*) Glaskolben *m*; (*for spirits, carried in pocket*) Flachmann *m* (*inf*), Reiseflasche *f*; (*vacuum ~*) Thermosflasche *f*.

flat¹ [flæt] **I** *adj* (+*er*) **1.** flach; *countryside also, tyre, nose, feet* platt; *surface* eben. **he stood ~ against the wall** er stand platt gegen die Wand gedrückt; **as ~ as a pancake** (*inf*) (*tyre*) total platt; (*countryside*) total flach; (*girl*) flach wie ein (Plätt)brett, platt wie eine Flunder; **~ roof** Flachdach *nt*; **to fall ~ on one's face** auf die Nase fallen; **to lie ~** flach *or* platt liegen.

2. (*fig*) fad(e); *painting, photo also* flach, kontrastarm; *colour* matt, stumpf, glanzlos; *joke, remark* abgedroschen, öde, müde; *trade, market* lau, lahm, lustlos; (*stale*) *beer, wine* schal, abgestanden. **she felt a bit ~** sie hatte zu nichts Lust; **to fall ~** (*joke*) nicht ankommen.

3. *refusal, denial* glatt, deutlich. **and that's ~** und damit basta.

4. (*Mus*) *instrument* zu tief (gestimmt); *voice* zu tief.

5. (*Comm*) Pauschal-. **~ rate of pay** Pauschallohn *m*; **~ rate** Pauschale *f*; **to pay a ~ rate of income tax** eine Einkommenssteuerpauschale bezahlen; **~ fare** Einheitstarif *m*.

6. (*US inf: broke*) pleite (*inf*).

II *adv* (+*er*) **1.** *turn down, refuse* rundweg, kategorisch.

2. (*Mus*) **to sing/play ~** zu tief singen/spielen.

3. in ten seconds ~ in sage und schreibe (nur) zehn Sekunden.

4. ~ broke (*Brit inf*) total pleite (*inf*).

5. ~ out (*inf*) (*exhausted*) total erledigt (*inf*); (*asleep, drunk*) hinüber (*inf*); **to go ~ out** voll aufdrehen (*inf*); (*in car also*) Spitze fahren (*inf*); **to work** *or* **go ~ out** auf Hochtouren arbeiten; **to be lying ~ out** platt am Boden liegen.

III *n* **1.** (*of hand*) Fläche *f*; (*of blade*) flache Seite.

2. (*Geog*) Ebene *f*.

3. (*Mus*) Erniedrigungszeichen, b *nt*. **you played E natural instead of a ~** du hast e statt es gespielt.

4. (*Aut*) Platte(r) *m* (*inf*), (Reifen)panne *f*.

5. (*Theat*) Kulisse *f*.

6. (*Sport*) **the ~** das Flachrennen; (*season*) die Flachrennsaison.

flat² *n* (*Brit*) Wohnung *f*.

flat-bed lorry *n* Tieflader *m*; **flat-bottomed** ['flæt,bɒtəmd] *adj boat* flach; **flat-chested** *adj* flachbrüstig; **flatfish** *n* Plattfisch *m*; **flatfoot** *n* (*pej: policeman*) Polyp *m* (*inf*); **flat-footed** *adj* plattfüßig; **flat-hunting** *n* (*Brit*) Wohnungssuche *f*; **to go/be ~** auf Wohnungssuche gehen/sein; **flatlet** *n* (*Brit*) kleine Wohnung.

flatly ['flætlɪ] *adv deny, refuse* rundweg, kategorisch; *say* klipp und klar, schlankweg.

flatmate ['flætmeɪt] *n* (*Brit*) Mitbewohner(in *f*) *m*.

flatness ['flætnɪs] *n see adj 1.-3.* **1.** Flachheit *f*; Plattheit *f*; Ebenheit *f*. **2.** Fadheit *f*; Flachheit, Kontrastarmut *f*; Stumpfheit *f*; Abgedroschenheit *f*; Lustlosigkeit *f*; Schalheit *f*. **3.** Deutlichkeit, Direktheit *f*.

flat racing *n* Flachrennen *nt*; **flat screen** *n* (*Comput*) Flachbildschirm *m*; **flat season** *n* Flachrennsaison *f*.

flatten ['flætn] **I** *vt* **1.** *path, road, field* ebnen, planieren; *metal* flach *or* platt hämmern *or* schlagen; (*storm*) *crops* zu Boden drücken, niederdrücken; *trees* umwerfen; *town* dem Erdboden gleichmachen. **2.** (*inf: demoralize, snub*) zu nichts reduzieren. **that'll ~ him** das wird bei ihm die Luft rauslassen (*inf*).

II *vr* **to ~ oneself against sth** sich platt gegen *or* an etw drücken.

◆**flatten out I** *vi* (*countryside*) flach(er) *or* eben(er) werden; (*road*) eben(er) werden; (*Aviat*) ausschweben. **II** *vt sep path* ebnen; *metal* glatt hämmern; *map, paper, fabric* glätten.

flatter ['flætəʳ] *vt* schmeicheln (+*dat*). **it ~s your figure** das ist sehr vorteilhaft; **you can ~ yourself on being ...** Sie können sich (*dat*) etwas darauf einbilden, daß Sie ...; **he ~s himself he's a good musician** er schmeichelt sich (*dat*) *or* er bildet sich (*dat*) ein, ein guter Musiker zu sein.

flatterer ['flætərə^r] *n* Schmeichler(in *f*) *m*.

flattering ['flætərɪŋ] *adj* schmeichelhaft; *clothes* vorteilhaft.

flatteringly ['flætərɪŋlɪ] *adv see adj*.

flattery ['flætərɪ] *n* (*compliments*) Schmeicheleien *pl*. **~ will get you nowhere** mit Schmeicheln kommst du nicht weiter.

flat top *n* (*US inf: aircraft carrier*) Flugzeugträger *m*.

flatulence ['flætjʊləns] *n* Blähung(en *pl*) *f*.

flatulent ['flætjʊlənt] *adj* aufgebläht; *food* blähend.

flatware *n* (*US*) (*cutlery*) Besteck *nt*; (*plates etc*) Geschirr *nt*; **flatworm** *n* Plattwurm *m*.

flaunt [flɔːnt] *vt wealth, knowledge* zur Schau stellen, protzen mit. **she ~ed her independence at him** sie rieb ihm ihre Unabhängigkeit unter die Nase; **to ~ oneself** sich groß in Szene setzen.

flautist ['flɔːtɪst] *n* Flötist(in *f*) *m*.

flavour, (*US*) **flavor** ['fleɪvə^r] **I** *n* (*taste*) Geschmack *m*; (*flavouring*) Aroma *nt*; (*fig*) Beigeschmack *m*. **with a rum ~** mit Rumgeschmack; **20 different ~s** 20 verschiedene Geschmackssorten; **the film gives the ~ of Paris in the twenties** der Film vermittelt die Atmosphäre des Paris der zwanziger Jahre.

II *vt* Geschmack verleihen (*+dat*) *or* geben (*+dat*). **pineapple-~ed** mit Ananasgeschmack.

flavouring, (*US*) **flavoring** ['fleɪvərɪŋ] *n* (*Cook*) Aroma(stoff *m*) *nt*. **vanilla/rum ~** Vanille-/Rumaroma *nt*.

flavourless, (*US*) **flavorless** ['fleɪvəlɪs] *adj* fad(e), geschmacklos.

flaw [flɔː] **I** *n* (*lit*) Fehler *m*; (*fig also*) Mangel *m*; (*in sb's character also*) Mangel, Defekt *m*; (*Jur: in contract*) (Form)fehler *m*.

II *vt argument, plan* einen Fehler aufzeigen *or* finden in (*+dat*).

flawed [flɔːd] *adj* fehlerhaft.

flawless ['flɔːlɪs] *adj performance* fehlerlos; *behaviour* untadelig, tadellos; *complexion* makellos; *diamond* lupenrein.

flax [flæks] *n* (*Bot*) Flachs *m*.

flaxen ['flæksən] *adj hair* flachsfarben, Flachs-; (*Tex*) flächse(r)n.

flay [fleɪ] *vt* **1.** (*skin*) *animal* abziehen, häuten; (*beat*) verdreschen; (*whip*) auspeitschen. **to ~ sb alive** jdn gründlich verdreschen. **2.** (*fig: criticize*) kein gutes Haar lassen an (*+dat*).

flea [fliː] *n* Floh *m*. **to send sb off with a ~ in his/her ear** (*inf*) jdn wie einen begossenen Pudel abziehen lassen.

fleabag *n* **1.** (*US inf: hotel*) Flohbude (*inf*), Absteige *f*; **2.** (*Brit inf: person*) Schrulle *f* (*inf*); **flea-bitten** *adj* voller Flohbisse; (*inf*) vergammelt (*inf*); **flea collar** *n* Flohhalsband *nt*; **flea market** *n* Flohmarkt *m*; **fleapit** *n* (*Brit inf*) Flohkino *nt* (*inf*).

fleck [flek] **I** *n* (*of red etc*) Tupfen *m*; (*of mud, paint*) (*blotch*) Fleck(en) *m*; (*speckle*) Spritzer *m*; (*of fluff, dust*) Teilchen, Flöckchen *nt*.

II *vt* sprenkeln; (*with mud*) bespritzen. **~ed wool** melierte Wolle; **blue ~ed with white** blau mit weißen Tupfen *or* Punkten, blau und weiß gesprenkelt.

fled [fled] *pret, ptp of* **flee.**

fledged [fledʒd] *adj bird* flügge; *see* **fully-~.**

fledg(e)ling ['fledʒlɪŋ] *n* **1.** (*bird*) Jungvogel *m*. **2.** (*fig: inexperienced person*) Grünschnabel *m*.

flee [fliː] *pret, ptp* **fled I** *vi* fliehen, flüchten (*from* vor *+dat*). **she fled to answer the door** sie eilte zur Tür, um aufzumachen.

II *vt town, country* fliehen *or* flüchten aus; *temptation, danger* entfliehen (*+dat*).

fleece [fliːs] **I** *n* Vlies, Schaffell *nt*; (*fabric*) (*natural*) Schaffell *nt*; (*artificial*) Webpelz, Flausch *m*. **II** *vt* **1.** *sheep* scheren. **2.** (*fig inf*) **to ~ sb (of his money)** jdn schröpfen.

fleecy ['fliːsɪ] *adj* (*+er*) *blanket* flauschig; *snow* flockig.

fleet[1] [fliːt] *n* **1.** (*Naut*) Geschwader *nt*; (*entire naval force*) Flotte *f*. **F~ Air Arm** Marineluftwaffe *f*; **merchant ~** Handelsflotte *f*. **2.** (*of cars, coaches, buses*) (Fuhr)park *m*. **he owns a ~ of lorries** er hat einen Lastwagenpark; **~ business** Firmenwagengeschäft *nt*.

fleet[2] *adj* (*+er*) schnell, flink. **~ of foot, ~-footed** schnell- *or* leichtfüßig.

fleet admiral *n* (*US*) Großadmiral *m*.

fleeting ['fliːtɪŋ] *adj* flüchtig; *beauty* vergänglich. **a ~ visit** eine Stippvisite.

fleetingly ['fliːtɪŋlɪ] *adv see adj*.

Fleet Street *n* (*Brit*) Fleet Street *f*. **he had a job on ~** er war Journalist in Fleet Street.

Fleming ['flemɪŋ] *n* Flame *m*, Flamin, Flämin *f*.

Flemish ['flemɪʃ] **I** *adj* flämisch. **II** *n* **1. the ~** *pl* die Flamen *pl*. **2.** (*language*) Flämisch *nt*.

flesh [fleʃ] *n* **1.** Fleisch *nt*; (*of fruit*) (Frucht)fleisch *nt*; (*of vegetable*) Mark *nt*. **to put on ~** (*animals*) zunehmen; (*person also*) Fleisch auf die Rippen bekommen (*inf*).

2. (*fig*) **one's own ~ and blood** sein eigen(es) Fleisch und Blut; **it was more than ~ and blood could bear** das war einfach nicht zu ertragen; **I'm only ~ and blood** ich bin auch nur aus Fleisch und Blut; **in the ~** in Person, in natura; **he's gone the way of all ~** er ist den Weg allen Fleisches gegangen; **to press the ~** (*inf*) Hände drücken.

3. (*Rel*) Fleisch *nt*.

◆flesh out *vt sep idea, thesis* veranschaulichen, ausgestalten.

flesh colour *n* Fleischfarbe *f*; **flesh-coloured** *adj* fleischfarben; **flesh-eating** *adj* fleischfressend.

fleshings ['fleʃɪŋz] *npl* (*tights*) Trikotstrumpfhose(n *pl*) *f*.

fleshpots *npl* Fleischtöpfe *pl*; **flesh wound** *n* Fleischwunde *f*.

fleshy ['fleʃɪ] *adj* (*+er*) fleischig; *vegetable* Mark-.

flew [flu:] *pret of* **fly[2], fly[3]**.

flex [fleks] **I** *n* (*Brit*) Schnur *f*; (*heavy duty*) Kabel *nt*. **II** *vt body, knees* beugen. **to ~ one's muscles** (*lit, fig*) seine Muskeln spielen lassen.

flexibility [ˌfleksɪ'bɪlɪtɪ] *n see adj* **1.** Biegsamkeit *f*; Elastizität *f*. **2.** Flexibilität *f*.

flexible ['fleksəbl] *adj* **1.** *wire* biegsam; *material, plastic, branch also* elastisch. **2.** (*fig*) flexibel. **~ working hours** gleitende Arbeitszeit, Gleitzeit *f*.

flexion ['flekʃən] *n* (*Gram*) Flexion *f*.

flex(i)time ['fleks(ɪ)taɪm] *n* Gleitzeit *f*.

flexor (muscle) ['fleksə(mʌsl)] *n* Beuger *m*.

flick [flɪk] **I** *n* (*with finger*) Schnipsen *nt no pl*; (*of tail*) kurzer Schlag; (*with whip*) Schnalzen *nt no pl*. **with a ~ of his fingers/whip** mit einem Fingerschnalzen/Peitschenschnalzen; **a ~ of the wrist** eine schnelle Drehung des Handgelenks.

II *vt whip* schnalzen *or* knallen mit; *fingers* schnalzen mit; (*with whip*) *horse* leicht schlagen; (*with fingers*) *switch* anknipsen; *dust, ash* wegschnipsen; (*with cloth*) wegwedeln. **she ~ed her hair out of her eyes** sie strich sich (*dat*) die Haare aus den Augen; **he ~ed the pages of the book over** er blätterte flüchtig durch das Buch.

III *vi* **the snake's tongue ~ed in and out** die Schlange züngelte.

◆**flick off** *vt sep* wegschnippen; (*with duster*) wegwedeln.

◆**flick through** *vi +prep obj* (schnell) durchblättern.

flicker ['flɪkəʳ] **I** *vi* (*flame, candle*) flakkern; (*light, TV also*) flimmern; (*needle on dial*) zittern; (*smile*) zucken; (*eyelid*) flattern, zucken. **the snake's tongue ~ed in and out** die Schlange züngelte.

II *n see vi* Flackern *nt*; Flimmern *nt*; Zittern *nt*; Zucken *nt*; Flattern *nt*. **a ~ of hope** ein Hoffnungsschimmer *nt*; **without a ~** ohne mit der Wimper zu zucken; **with not so much as the ~ of a smile** ohne (auch nur) das geringste Anzeichen eines Lächelns; **~-free** *screen etc* flimmerfrei.

flick knife *n* Klappmesser *nt*.

flicks [flɪks] *npl* (*Brit inf*) Kintopp *m or nt* (*inf*). **to/at the ~** in den *or* ins Kintopp (*inf*)/im Kintopp (*inf*).

flier ['flaɪəʳ] *n* **1.** (*Aviat: pilot*) Flieger(in *f*) *m*. **to be a good/bad ~** (*person*) Fliegen gut/nicht vertragen; (*bird*) ein guter/schlechter Flieger sein.

2. (*US*) (*train*) Schnellzug *m*; (*fast coach*) Expreßbus *m*.

3. to take a ~ (*leap*) einen Riesensprung *or* -satz machen; (*fall*) der Länge nach hinfallen.

4. (*flying start*) fliegender Start.

5. (*leaflet*) Flugblatt *nt*.

flight[1] [flaɪt] *n* **1.** Flug *m*. **in ~** (*birds*) im Flug; (*Aviat*) in der Luft; **to take ~** (*bird*) davonfliegen, auffliegen; **the principles of ~** die Prinzipien des Fliegens.

2. (*group*) (*of birds*) Schwarm *m*, Schar *f*; (*of aeroplanes*) Geschwader *nt*, Formation *f*. **to be in the first** *or* **top ~** (*fig*) zur Spitze gehören; **the first** *or* **top ~ of scientists/novelists** die Spitzenwissenschaftler *pl*/-schriftsteller *pl*.

3. (*of fancy, imagination*) Höhenflug *m*. **~s of fancy** geistige Höhenflüge *pl*.

4. ~ (of stairs) Treppe *f*; **he lives six ~s up** er wohnt sechs Treppen hoch; **a ~ of hurdles** eine Gruppe von Hürden; **a ~ of terraces** (eine Gruppe von) Terrassen *pl*.

5. (*on dart, arrow*) Steuerfeder *f*.

flight[2] *n* Flucht *f*. **to put the enemy to ~** den Feind in die Flucht schlagen; **to take (to) ~** die Flucht ergreifen.

flight attendant *n* Flugbegleiter(in *f*) *m*; **flight crew** *n* Flugbesatzung *f*; **flight deck** *n* **1.** (*Naut*) Flugdeck *nt*; **2.** (*Aviat*) Cockpit *nt*; **flight engineer** *n* Bordingenieur *m*; **flight feather** *n* Schwungfeder *f*; **flight lieutenant** *n* (*Brit Aviat*) Oberleutnant *m* der Luftwaffe; **flight log** *n* Bordbuch *nt*; **flight mechanic** *n* Bordmechaniker *m*; **flight number** *n* Flugnummer *f*; **flight path** *n* Flugbahn *f*; (*route*) Flugroute *f*; **incoming/outgoing ~** Einflug-/Ausflugschneise *f*; **flight plan** *n* Flugablaufplan *m*; **flight recorder** *n* Flugschreiber *m*; **flight sergeant** *n* Haupt- *or* Oberfeldwebel *m* (der Luftwaffe); **flight simulator** *n* Simulator *m*; **flight-test I** *n* Flugtest *m*; **II** *vt* im Flug testen, flugtesten.

flighty ['flaɪtɪ] *adj* (*+er*) (*fickle*) unbeständig, flatterhaft; (*empty-headed*) gedankenlos.

flimsily ['flɪmzɪlɪ] *adv dressed* leicht; *built, constructed also* nicht solide.

flimsiness ['flɪmzɪnɪs] *n* **1.** *see adj 1.* Dünne *f*; Leichtigkeit, Dürftigkeit *f*; leichte *or* wenig solide Bauweise; (*of book*) schlechte *or* billige Aufmachung; schlechte Qualität. **2.** (*of excuse*) Fadenscheinigkeit *f*; (*of reasoning*) mangelnde Stichhaltigkeit, Dürftigkeit *f*.

flimsy ['flɪmzɪ] **I** *adj* (*+er*) **1.** *material* dünn; *clothing* leicht, dürftig; *house, aircraft* leicht gebaut, nicht stabil gebaut; *book* schlecht gebunden; *binding* schlecht.

2. *excuse* fadenscheinig, schwach; *reasoning also* nicht stichhaltig, dürftig.

II *n* (*paper*) Durchschlagpapier *nt*.

flinch [flɪntʃ] *vi* **1.** (*wince*) zurückzucken. **without ~ing** ohne mit der Wimper zu zucken. **2.** (*fig*) **to ~ from a task** vor einer Aufgabe zurückschrecken.

fling [flɪŋ] (*vb: pret, ptp* **flung**) **I** *n* **1.** (*act of ~ing*) Wurf *m*, Schleudern *nt no pl*.

2. (*fig inf*) Anlauf *m*. **to have a ~ at sth, to give sth a ~** sich an etw (*dat*) versuchen, etw (aus)probieren; **to have a** *or* **one's ~** sich austoben; **he'll drop her when he's had his ~** wenn er erst mal seinen Spaß gehabt hat, läßt er sie fallen; **to go on a ~** einen draufmachen (*inf*); (*in shops*) sehr viel Geld ausgeben.

3. *see* **Highland ~.**

II *vt* (*lit, fig*) schleudern. **to ~ the window open/shut** das Fenster aufstoßen/zuwerfen; **the door was flung**

open die Tür flog auf; **to ~ one's arms round sb's neck** jdm die Arme um den Hals werfen; **to ~ on one's coat** (sich *dat*) den Mantel überwerfen; **to ~ oneself out of the window/into a chair** sich aus dem Fenster stürzen/sich in einen Sessel werfen; **you shouldn't just ~ yourself at him** (*fig inf*) du solltest dich ihm nicht so an den Hals werfen.

◆**fling away** *vt sep* wegwerfen, wegschmeißen (*inf*); (*fig*) *money, time* vergeuden, verschwenden.

◆**fling back** *vt sep one's head* zurückwerfen.

◆**fling down** *vt sep* (*lit*) runterschmeißen (*inf*).

◆**fling off** *vt sep* (*lit*) *coat* abwerfen; *opponent* abschütteln; (*fig*) *remark* hinwerfen; *essay* hinhauen (*inf*); *restraints* von sich werfen.

◆**fling out** *vt sep unwanted object* wegwerfen, wegschmeißen (*inf*); *person* hinauswerfen, rausschmeißen (*inf*).

◆**fling up** *vt sep* **1.** hochwerfen. **to ~ one's arms ~ in horror** entsetzt die Hände über dem Kopf zusammenschlagen. **2.** (*fig inf*) **to ~ sth ~ at sb** jdm etw unter die Nase reiben.

flint [flɪnt] *n* **1.** (*for cigarette-lighter*) Feuerstein *m*. **2.** (*stone*) Feuerstein *m*.

flint glass *n* Flintglas *nt*; **flintlock** *n* Steinschloßgewehr *nt*.

flinty ['flɪntɪ] *adj soil, rocks* aus Feuerstein; (*like flint*) wie Feuerstein; (*fig*) *heart* steinern.

flip [flɪp] **I** *n* **1.** Schnipser *m*. **to give sth a ~** etw in die Luft schnellen. **2.** (*somersault*) Salto *m*. **3.** (*Aviat inf*) Rundflug *m*. **4.** (*drink*) Flip *m*.

II *adj* (*inf: flippant*) schnodderig (*inf*).

III *vt* schnippen, schnipsen; (*inf*) *record* rumdrehen (*inf*). **to ~ a book open** ein Buch aufklappen *or* aufschlagen; **to ~ one's lid** (*inf*) durchdrehen (*inf*).

IV *vi* (*sl*) durchdrehen (*inf*).

V *interj* (*Brit inf*) verflixt (*inf*).

◆**flip off** *vt sep* wegschnipsen; *ash from cigarette* abtippen; *top* aufklappen.

◆**flip over I** *vt sep* umdrehen; *pages of book* wenden. **II** *vi* sich (um)drehen; (*plane*) sich in der Luft (um)drehen.

◆**flip through** *vi +prep obj book* durchblättern.

flipchart ['flɪptʃɑːt] *n* Flip-Chart *nt*.

flip-flop ['flɪpflɒp] *n* **1.** (*Sport*) Flickflack *m*. **2.** (*Elec*) Flipflop *m*. **3.** (*sandal*) Gummilatsche *f* (*inf*).

flip pack *n* Klappschachtel *f*.

flippancy ['flɪpənsɪ] *n* Frivolität, Leichtfertigkeit *f*.

flippant ['flɪpənt] *adj* leichtfertig, schnodderig (*inf*); *remarks* unernst, schnodderig (*inf*).

flippantly ['flɪpəntlɪ] *adv see adj*.

flipper ['flɪpə^r] *n* Flosse *f*; (*of diver*) (Schwimm)flosse *f*.

flipping ['flɪpɪŋ] *adj, adv* (*Brit inf*) verflixt.

flipside *n* (*of record*) B-Seite *f*; **flip top** *n* Klappdeckel *m*.

flirt [flɜːt] **I** *vi* flirten. **to ~ with an idea** mit einem Gedanken liebäugeln *or* spielen; **to ~ with death/disaster** den Tod/das Unglück herausfordern. **II** *n* **I'm a bit of a ~** ich flirte (für mein Leben) gern; **he's a great ~** er ist ein großer Charmeur.

flirtation [flɜː'teɪʃən] *n* Flirt *m*. **his ~ with death** sein Spiel mit dem Tod.

flirtatious [flɜː'teɪʃəs] *adj woman* kokett.

flit [flɪt] **I** *vi* **1.** (*bats, butterflies etc*) flattern, huschen; (*ghost, person, image*) huschen. **to ~ in and out** (*person*) rein- und rausflitzen; **an idea ~ted through my mind** ein Gedanke schoß mir *or* huschte mir durch den Kopf.

2. (*Brit: move house secretly*) bei Nacht und Nebel ausziehen.

II *n* (*Brit inf*) **to do a (moonlight) ~** sich bei Nacht und Nebel davonmachen.

flitch [flɪtʃ] *n* Speckseite *f*; (*of halibut*) Heilbuttschnitte *f*.

float [fləʊt] **I** *n* **1.** (*on fishing-line, in cistern, carburettor, on aeroplane*) Schwimmer *m*; (*anchored raft*) (verankertes) Floß, Schwimmplattform *f*; (*as swimming aid*) Schwimmkork *m*; (*of fish*) Schwimmblase *f*; (*on trawl net*) Korken *m*.

2. (*vehicle*) (*in procession*) Festwagen *m*; (*for deliveries*) kleiner Elektrolieferwagen.

3. (*ready cash: in till*) Wechselgeld *nt no indef art* (*zu Geschäftsbeginn*); (*loan to start business*) Startkapital *nt*; (*advance on expenses*) Vorschuß *m*.

II *vi* **1.** (*on water*) schwimmen; (*move gently*) treiben; (*in air*) schweben. **it ~ed downriver** es trieb flußabwärts.

2. (*Comm: currency*) floaten.

III *vt* **1.** *boat* zu Wasser bringen. **they ~ed the logs downstream** sie flößten die Baumstämme flußabwärts.

2. (*Comm, Fin*) *company* gründen; *loan* lancieren; *shares* auf den Markt bringen; *bond issue* ausgeben; *currency* freigeben, floaten lassen; (*fig*) *ideas, suggestion* in den Raum stellen, zur Debatte stellen.

◆**float (a)round** *vi* (*rumour, news*) im Umlauf sein; (*person*) herumschweben (*inf*); (*things*) herumfliegen (*inf*).

◆**float away** *or* **off** *vi* (*on water*) abtreiben, wegtreiben; (*in air*) davonschweben; (*fig: person*) hinwegschweben.

floating ['fləʊtɪŋ] *adj* **1.** *raft, logs* treibend. **~ dock** Schwimmdock *nt*.

2. (*fig*) *population* wandernd. **~ voter** Wechselwähler *m*.

3. (*Fin*) *currency* freigegeben. **~ capital** Umlauf- *or* Betriebskapital *nt*; **~ debt** schwebende Schuld.

4. (*Math*) *decimal point* Gleit-. **~ accent** (*Comput*) fliegender Akzent; **~ point** (*Comput*) Gleitpunkt *m*, Gleitkomma *nt*.

5. (*Med*) *kidney* Wander-; *rib* frei.

flock[1] [flɒk] **I** *n* **1.** (*of sheep, geese, Eccl*) Herde *f*; (*of birds*) Schwarm *m*, Schar *f*.

2. (*of people*) Schar *f*, Haufen *m* (*inf*). **they came in ~s** sie kamen haufenweise (*inf*) *or* in hellen Scharen.

II *vi* in Scharen kommen. **to ~ in** hinein-/hereinströmen *or* -drängen; **to ~ together** zusammenströmen, sich versammeln; **to ~ around sb** sich um jdn scharen *or* drängen.

flock[2] *n* (*Tex*) Flocke *f*. **~ wallpaper** Velourstapete *f*.

floe [fləʊ] *n* Treibeis *nt*, Eisscholle *f*.

flog [flɒg] *vt* **1.** prügeln, schlagen; *thief, mutineer* auspeitschen. **you're ~ging a dead horse** (*inf*) Sie verschwenden Ihre Zeit; **to ~ sth to death** (*fig*) etw zu Tode reiten. **2.** (*Brit inf: sell*) verkloppen, verscherbeln, losschlagen (*all inf*).

◆**flog off** *vt sep* (*Brit inf*) verscheuern (*inf*), verkloppen (*inf*).

flogging ['flɒgɪŋ] *n* Tracht *f* Prügel; (*Jur*) Prügelstrafe *f*; (*of thief, mutineer*) Auspeitschen *nt*. **to bring back ~** die Prügelstrafe wiedereinführen.

flood [flʌd] **I** *n* **1.** (*of water*) Flut *f*. **~s** Überschwemmung *f*, Hochwasser *nt*; (*in several places*) Überschwemmungen *pl*, Hochwasser *nt*; **the F~** die Sintflut; **the river is in ~** der Fluß führt Hochwasser; **she had a ~ in the kitchen** ihre Küche stand unter Wasser.

2. (*fig*) Flut *f*, Schwall *m*. **she was in ~s of tears** sie war in Tränen gebadet.

3. (*also* **~-tide**) Flut *f*.

II *vt* **1.** *fields, town* überschwemmen, unter Wasser setzen. **the cellar was ~ed** der Keller stand unter Wasser; **to ~ the carburettor** den Motor absaufen lassen (*inf*).

2. (*storm, rain*) *river, stream* über die Ufer treten lassen.

3. (*fig*) überschwemmen, überfluten. **~ed with light** lichtdurchflutet.

4. (*Comm*) **to ~ the market** den Markt überschwemmen.

III *vi* **1.** (*river*) über die Ufer treten; (*bath*) überfließen, überlaufen; (*cellar*) unter Wasser stehen; (*garden, land*) überschwemmt werden.

2. (*people*) strömen.

◆**flood in** *vi* (*people, sunshine*) hinein-/hereinströmen; (*water also*) hinein-/hereinfließen. **the letters just ~ed ~** wir/sie hatten eine Flut von Briefen.

◆**flood out** *vt sep house* überfluten, unter Wasser setzen. **the villagers were ~ed ~** die Dorfbewohner wurden durch das Hochwasser obdachlos.

flood control *n* Hochwasserschutz *m*; **floodgate** *n* Schleusentor *nt*; **to open the ~s** (*fig*) Tür und Tor öffnen (*to dat*).

flooding ['flʌdɪŋ] *n* Überschwemmung *f*.

floodlight (*vb: pret, ptp* **floodlit**) **I** *vt buildings* anstrahlen; *football pitch* mit Flutlicht beleuchten; (*fig: light brightly*) beleuchten; **II** *n* (*device*) Scheinwerfer *m*; (*light*) Flutlicht *nt*; **floodlighting** *n* **1.** Flutlicht(anlage *f*) *nt*; **2.** (*of building etc*) Beleuchtung *f*; **floodlit I** *pret, ptp of* **floodlight**; **II** *adj* **~ football** Fußball bei *or* unter Flutlicht; **flood plain** *n* Schwemmebene *f*; **flood-tide** *n* Flut *f*.

floor [flɔːʳ] **I** *n* **1.** Boden *m*; (*of room*) (Fuß)boden *m*; (*dance-~*) Tanzboden *m*, Tanzfläche *f*. **stone/tiled ~** Stein-/Fliesenboden *m*; **to take the ~** (*dance*) aufs Parkett *or* auf den Tanzboden gehen; (*speak*) das Wort ergreifen; **to hold** *or* **have the ~** (*speaker*) das Wort haben.

2. (*storey: in apartment block*) Stock(werk *nt*) *m*. **first ~** (*Brit*) erster Stock; (*US*) Erdgeschoß *nt*; **on the second ~** (*Brit*) im zweiten Stock; (*US*) im ersten Stock.

3. (*of prices*) Minimum *nt*.

4. (*main part of chamber*) Plenar- *or* Sitzungssaal *m* (*also Parl*); (*of stock exchange*) Parkett *nt*; (*people present*) Zuhörerschaft *f*; (*Parl*) Abgeordnete *pl*, Haus *nt*. **a question from the ~ (of the House)** eine Frage aus der Zuhörerschaft; (*Parl*) eine Frage aus dem Haus; **~ of the House** Plenarsaal *m* des Unterhauses; **to cross the ~** (*Parl*) die Partei wechseln.

II *vt* **1.** *room* mit einem (Fuß)boden versehen.

2. (*knock down*) *opponent* zu Boden schlagen.

3. (*silence*) die Sprache verschlagen (*+dat*); (*bewilder*) verblüffen; (*defeat: question, problem*) schaffen (*inf*). **to be ~ed by a problem** mit einem Problem überhaupt nicht zu Rande kommen (*inf*).

floor area *n* Bodenfläche *f*; **floorboard** *n* Diele, Bohle *f*; **floorcloth** *n* Scheuer- *or* Putzlappen *m*; **floor manager** *n* (*in store*) Abteilungsleiter(in *f*) *m* (*im Kaufhaus*); (*TV*) Aufnahmeleiter(in *f*) *m*; **floor plan** *n* Grundriß *m* (eines Stockwerkes); **floor polish** *n* Bohnerwachs *nt*; **floor polisher** *n* (*tool*) Bohnerbesen *m*; **floor show** *n* Show, Vorstellung *f* (*im Nachtklub oder Kabarett*); **floorwalker** *n* (*Comm*) Ladenaufsicht *f*.

floozie, floozy ['fluːzɪ] *n* (*inf*) Flittchen *nt* (*inf*), Schickse *f* (*inf*).

flop [flɒp] **I** *vi* **1.** (lose) fallen; (*hard object*) knallen, plumpsen; (*inf: person*) sich fallenlassen, sich hinplumpsen lassen. **the fish ~ped feebly in the basket** der Fisch zappelte matt im Korb; **he ~ped down on the bed** er ließ sich aufs Bett plumpsen *or* fallen.

2. (*inf: fail*) (*play, book*) durchfallen; (*actor, artiste*) nicht ankommen; (*party, picnic, scheme*) ein Reinfall sein.

II *n* **1.** (*inf: failure*) Reinfall, Flop (*inf*) *m*; (*person*) Versager *m*, Niete *f*. **2.** (*movement, sound*) Plumps *m*.

III *adv* **the whole business went ~** (*inf*) das ganze Geschäft ging hops (*inf*).

◆**flop around** *vi* herumzappeln; (*person: in slippers*) herumschlappen.

flophouse ['flɒphaʊs] *n* billige Absteige *f*.

floppy ['flɒpɪ] **I** *adj* (*+er*) schlaff, schlapp; *hat, ears* Schlapp-; *movement* schlaksig; *clothes* weit. **~ disk** Floppy-disk, Diskette *f*. **II** *n* (*disk*) Floppy-disk, Diskette *f*.

flora ['flɔːrə] *n* Flora *f*.

floral ['flɔːrəl] *adj arrangement, perfume* Blüten-; *fabric, dress* geblümt, mit Blumenmuster.

Florence ['flɒrəns] *n* Florenz *nt*.

Florentine ['flɒrəntaɪn] *adj* florentinisch.

florescence [flə'resəns] *n* Blüte *f*.

floret ['flɒrət] *n* (*of flower*) (Einzel)blütchen *nt*; (*of cauliflower*) Röschen *nt*.

florid ['flɒrɪd] *adj* **1.** *complexion* kräftig. **2.**

(*overelaborate*) überladen; *style, writing* blumig, schwülstig; *architecture, music also* zu reich verziert.

florin ['flɒrɪn] *n* Florin *m*; (*Dutch*) Gulden *m*; (*dated Brit*) Zweishillingstück *nt*.

florist ['flɒrɪst] *n* Blumenhändler(in *f*), Florist(in *f*) *m*. **~'s shop** Blumengeschäft *nt*.

floss [flɒs] *n* Flockseide, Schappe *f*; (*thread*) Florettgarn *nt*, ungezwirntes Seidengarn; (*dental* ~) Zahnseide *f*.

flotation [fləʊ'teɪʃən] *n* (*of ship*) Flottmachen *nt*; (*of log*) Flößen *nt*; (*Comm: of firm*) Gründung *f*; (*Metal*) Flotation, Schwimmaufbereitung *f*. **~ collar** (*Space*) Schwimmkragen *m*.

flotilla [fləʊ'tɪlə] *n* Flotille *f*.

flotsam ['flɒtsəm] *n* Treibgut *nt*. **~ and jetsam** (*floating*) Treibgut *nt*; (*washed ashore*) Strandgut *nt*; **the ~ and jetsam of our society** das Strandgut unserer Gesellschaft.

flounce¹ [flaʊns] **I** *vi* stolzieren. **to ~ in/out/around** herein-/heraus-/herumstolzieren. **II** *n* **she left the room with a ~** sie stolzierte aus dem Zimmer.

flounce² **I** *n* (*frill*) Volant *m*, Rüsche *f*. **II** *vt* mit Volants *or* Rüschen besetzen.

flounced [flaʊnst] *adj skirt, dress* mit einem Volant/Volants *or* Rüschen besetzt.

flounder¹ ['flaʊndəʳ] *n* (*fish*) Flunder *f*.

flounder² *vi* **1.** sich abstrampeln, sich abzappeln. **a stranded whale ~ing on the beach** ein gestrandeter Wal, der sich am Strand abquält; **we ~ed along in the mud** wir quälten uns mühselig durch den Schlamm.

2. (*fig*) sich abzappeln (*inf*), sich abstrampeln (*inf*). **to start to ~** ins Schwimmen kommen; **he ~ed on** er wurstelte weiter.

flour ['flaʊəʳ] **I** *n* Mehl *nt*. **II** *vt* (*Cook*) mit Mehl bestäuben.

flour dredger *n* Mehlstreuer *m*.

flourish ['flʌrɪʃ] **I** *vi* (*plants, person*) (prächtig) gedeihen; (*business*) blühen, florieren; (*type of literature, painting*) seine Blütezeit haben; (*writer, artist*) großen Erfolg haben, erfolgreich sein.

II *vt* (*wave about*) *stick, book* herumwedeln *or* -fuchteln mit, schwenken.

III *n* **1.** (*curve, decoration*) Schnörkel *m*.

2. (*movement*) schwungvolle Bewegung, eleganter Schwung.

3. (*Mus*) (*fanfare*) Fanfare *f*; (*decorative passage*) Verzierung *f*. **with a ~ of trumpets** mit einem Fanfarenstoß.

flourishing ['flʌrɪʃɪŋ] *adj plant, person* blühend *attr*; *business* gutgehend *attr*, florierend *attr*.

flour mill *n* (Korn)mühle *f*; **flour shaker** *n* Mehlstreuer *m*.

floury ['flaʊərɪ] *adj potatoes* mehlig.

flout [flaʊt] *vt* sich hinwegsetzen über (+*acc*), mißachten; *convention, society* pfeifen auf (+*acc*).

flow [fləʊ] **I** *vi* **1.** (*lit, fig*) fließen; (*tears also*) strömen; (*prose*) flüssig sein. **where the river ~s into the sea** wo der Fluß ins Meer mündet; **tears were ~ing down her cheeks** Tränen strömten ihr übers Gesicht; **to keep the conversation ~ing** das Gespräch in Gang halten; **to keep the traffic ~ing** den Verkehr nicht ins Stocken kommen lassen; **try and keep the work ~ing smoothly** versuchen Sie, die Arbeit stetig vorangehen zu lassen; **to ~ in** (*water, people, money*) hinein-/hereinströmen; **to ~ out of** herausströmen aus.

2. (*dress, hair*) fließen, wallen.

3. (*tide*) steigen, hereinkommen.

II *n* **1.** Fluß *m*. **the ~ of blood/traffic/information** der Blut-/Verkehrs-/Informationsfluß; **against the ~ of the river** gegen den Strom. **2. the tide is on the ~** die Flut kommt. **3.** (*of words*) Redefluß *m*.

flow chart *n* Flußdiagramm *nt*.

flower ['flaʊəʳ] **I** *n* **1.** Blume *f*; (*blossom*) Blüte *f*. **in ~** in Blüte; **"say it with ~s"** „laßt Blumen sprechen"; **no ~s by request** wir bitten von Blumenspenden abzusehen.

2. *no pl* (*fig*) Blüte *f*. **to be in the ~ of youth** in der Blüte seiner Jugend stehen.

3. (*Chem*) **~s of sulphur** Schwefelblume *or* -blüte *f*.

II *vi* (*lit, fig*) blühen.

flower-arranging *n* Blumenstecken *nt*; **flowerbed** *n* Blumenbeet *nt*; **flower child** *n* Blumenkind *nt*.

flowered ['flaʊəd] *adj shirt, wallpaper* geblümt.

flower girl *n* **1.** (*seller*) Blumenmädchen *nt*; **2.** (*at wedding*) Streukind *nt*; **flowerhead** *n* Blütenkopf *m*.

flowering ['flaʊərɪŋ] *adj plant* Blüten-; *cherry, shrub* Zier-.

flower people *npl* Blumenkinder *pl*; **flowerpot** *n* Blumentopf *m*; **flower power** *n* Flower-power *f*; **flower shop** *n* Blumenladen *m*, Blumengeschäft *nt*; **flower show** *n* Blumenschau *f*; **flower tub** *n* Blumenkübel *m*.

flowery ['flaʊərɪ] *adj* **1.** *meadow* Blumen-, mit Blumen übersät; *perfume* blumig; *dress, material* geblümt. **2.** (*fig*) *language* blumig.

flowing ['fləʊɪŋ] *adj* fließend; *dress, hair also* wallend; *style of writing, painting* flüssig; *tide* auflaufend, hereinkommend.

flown [fləʊn] *ptp of* **fly², fly³**.

flu, 'flu [fluː] *n* Grippe *f*. **to have (the) ~** (die *or* eine) Grippe haben.

fluctuate ['flʌktjʊeɪt] *vi* schwanken; (*in number also*) fluktuieren.

fluctuation [ˌflʌktjʊ'eɪʃən] *n* Schwankung *f*, Schwanken *nt no pl*; (*in number also*) Fluktuation *f*; (*fig: of opinions*) Schwanken *nt no pl*.

flue [fluː] *n* Rauchfang, Rauchabzug *m*; (*Mus: of organ*) (*pipe*) Labialpfeife *f*; (*opening*) Kernspalt *m*. **~ gas** *n* Rauchgas *nt*; **~ gas desulphurisation** *n* Rauchgasentschwefelung *f*.

fluency ['fluːənsɪ] *n* Flüssigkeit *f*; (*of speaker*) Gewandtheit *f*.

fluent ['fluːənt] *adj style* flüssig; *speaker, writer* gewandt. **to be ~ in Italian, to speak ~ Italian** fließend Italienisch sprechen; **his ~ Italian** sein gutes Italienisch; **do you speak Greek? — yes, but I'm not ~** sprichst du Griechisch? — ja, aber nicht fließend.

fluently ['flu:əntlı] *adv speak a language* fließend; *write* flüssig, gewandt; *express oneself* gewandt.

fluff [flʌf] **I** *n, no pl* (*on birds, young animals*) Flaum *m*; (*from material*) Fusseln *pl*; (*dust*) Staubflocken *pl*. **a bit of ~** ein Fussel; (*hum inf*) eine Mieze (*inf*). **II** *vt* **1.** (*also* **~ out**) *feathers* aufplustern; *pillows* aufschütteln. **2.** *opportunity, lines in play, entrance* vermasseln (*inf*).

◆**fluff up** *vt sep pillow etc* aufschütteln.

fluffy ['flʌfı] *adj* (+*er*) *bird* flaumig; *material, toy also* kuschelig, weich; *hair* locker, duftig.

fluid ['flu:ıd] **I** *adj substance* flüssig; *drawing, outline* fließend; *style* flüssig; (*fig*) *situation* ungewiß. **~ ounce** flüssige Unze. **II** *n* Flüssigkeit *f*.

fluidity [flu:'ıdıtı] *n see adj* Flüssigkeit *f*; Fließende(s) *nt*; Ungewißheit *f*.

fluke[1] [flu:k] *n* (*inf*) Dusel *m* (*inf*), Schwein *nt* (*inf*). **by a ~** durch Dusel (*inf*); **it was a (pure) ~** das war (einfach) Dusel (*inf*).

fluke[2] *n* (*Naut*) Flunke *m*; (*of a whale's tail*) Fluke *f*; (*Fishing: flounder*) Flunder *f*; (*Zool: flatworm*) Plattwurm *m*.

fluky ['flu:kı] *adj* (*inf*) *wind* wechselnd. **that was a ~ shot** das war ein Zufallstreffer.

flummox ['flʌməks] *vt* (*inf*) *person* durcheinanderbringen, aus dem Konzept bringen (*inf*). **to be ~ed** durcheinander sein.

flung [flʌŋ] *pret, ptp of* **fling.**

flunk [flʌŋk] (*inf, esp US*) **I** *vi* durchfallen (*inf*), durchrasseln (*sl*), durch die Prüfung fliegen (*inf*). **II** *vt exam* verhauen (*inf*); *candidate* durchfallen (*inf*) *or* durchrasseln (*sl*) lassen. **to ~ German/an exam** in Deutsch/bei einer Prüfung durchfallen.

flunk(e)y ['flʌŋkı] *n* Lakai *m*; (*flatterer*) Radfahrer *m* (*inf*).

fluorescence [flʊə'resəns] *n* Fluoreszenz *f*.

fluorescent [flʊə'resənt] *adj* Leucht-, fluoreszierend (*spec*); *lighting, tube* Leuchtstoff-.

fluoridate ['flu:rıdeıt] *vt* mit Fluor versetzen, fluorieren.

fluoridation [ˌflʊərı'deıʃən] *n* Fluorzusatz *m* (*of* zu).

fluoride ['flʊəraıd] *n* Fluorid *nt*. **~ toothpaste** Fluorzahnpasta *f*.

fluorine ['flʊəri:n] *n* Fluor *nt*.

fluorocarbon [ˌflʊərəʊ'kɑ:bən] *n* Fluorkohlenwasserstoff *m*.

flurried ['flʌrıd] *adj* **to get ~** sich aufregen.

flurry ['flʌrı] **I** *n* **1.** (*of snow*) Gestöber *nt*; (*of rain*) Guß *m*; (*of wind*) Stoß *m*. **a ~ of blows** ein Hagel *m* von Schlägen.

2. (*fig*) Aufregung, Nervosität *f*. **all in a ~** ganz aufgescheucht.

II *vt* nervös machen, aufregen; *see* **flurried.**

flush[1] [flʌʃ] **I** *n* **1.** (*lavatory* **~**) (Wasser)spülung *f*; (*water*) Schwall *m*.

2. (*blush*) Röte *f*. **hot ~es** (*Med*) fliegende Hitze; **the ~ of blood to her cheeks** wie ihr das Blut in die Wangen schießt/schoß.

3. (*of beauty, youth*) Blüte *f*; (*of joy*) Anfall *m*; (*of excitement*) Welle *f*. **in the (first) ~ of victory** im (ersten) Siegestaumel; **in the first ~ of youth** in der ersten Jugendblüte.

II *vi* **1.** (*person, face*) rot werden, rot anlaufen (*with* vor +*dat*). **2.** (*lavatory*) spülen.

III *vt* **1.** spülen; (*also* **~ out**) *drain* durch- *or* ausspülen. **to ~ the lavatory** spülen, die Wasserspülung betätigen; **to ~ sth down the lavatory** etw die Toilette hinunterspülen. **2.** *face* röten.

◆**flush away** *vt sep waste matter* wegspülen.

◆**flush out** *vt sep* **1.** (*with water*) *sink, bottle* ausspülen, auswaschen; *dirt* wegspülen, wegschwemmen. **2.** *thieves, spies* aufstöbern, aufspüren.

flush[2] *adj pred* **1.** bündig; (*horizontally also*) in gleicher Ebene. **cupboards ~ with the wall** Schränke, die mit der Wand abschließen; **~ left/right** *text* links-/rechtsbündig.

2. (*inf*) **to be ~** gut bei Kasse sein (*inf*).

flush[3] *vt game, birds* aufstöbern, aufscheuchen.

flush[4] *n* (*Cards*) Flöte, Sequenz *f*; (*Poker*) Flush *m*.

flushed ['flʌʃt] *adj person* rot (*with* vor); *face also,* (*with fever*) gerötet. **he came out of the meeting rather ~** er kam mit rotem Kopf aus der Besprechung; **they were ~ with happiness/success** sie strahlten förmlich vor Glück/über ihren Erfolg.

fluster ['flʌstəʳ] **I** *vt* nervös machen; (*confuse*) durcheinanderbringen.

II *n* **in a (real) ~** (ganz) nervös *or* aufgeregt; (*confused*) (völlig) durcheinander.

flute [flu:t] **I** *n* (*Mus*) Querflöte *f*; (*organ stop*) Flötenregister *nt*. **II** *vt column, pillar* kannelieren.

fluted ['flu:tıd] *adj column, pillar* kanneliert; *border, edge* Bogen-, bogenförmig.

fluting ['flu:tıŋ] *n* (*Archit*) Kannelierung *f*, Kanneluren *pl*; (*of border, edge*) Bogenform *f*.

flutist ['flu:tıst] *n* (*US*) *see* **flautist.**

flutter ['flʌtəʳ] **I** *vi* **1.** flattern (*also Med*). **her heart ~ed as he entered the room** sie bekam Herzklopfen, als er das Zimmer betrat; **to ~ away** *or* **off** davonflattern.

2. (*person*) tänzeln; (*nervously*) flatterig sein.

II *vt fan, piece of paper* wedeln mit; (*birds*) *wings* flattern mit; *one's eyelashes* klimpern mit (*hum inf*). **to ~ one's eyelashes at sb** mit den Wimpern klimpern.

III *n* **1.** Flattern *nt* (*also Med*). **this caused a ~ among the audience** dies verursachte leichte Unruhe im Publikum.

2. (*nervousness*) **(all) in** *or* **of a ~** in heller Aufregung.

3. (*Brit inf: gamble*) **to have a ~** sein Glück (beim Wetten) versuchen.
4. (*Aviat*) Flattern *nt*.

flutter kick *n* Wechselschlag *m* (*beim Kraulen*).

fluvial ['flu:vɪəl] *adj* in Flüssen, fluvial (*spec*). **~ water** Flußwasser *nt*.

flux [flʌks] *n* **1.** (*state of change*) Fluß *m*. **things are in a state of ~** die Dinge sind im Fluß. **2.** (*Med: no pl*) Ausfluß *m*; (*Phys*) Fluß *m*. **3.** (*Metal*) Flußmittel *nt*.

fly[1] [flaɪ] *n* Fliege *f*. **the epidemic killed them off like flies** sie starben während der Epidemie wie die Fliegen; **he wouldn't hurt a ~** er könnte keiner Fliege etwas zuleide tun; **there's a ~ in the ointment** (*inf*) da ist ein Haar in der Suppe; **he's the ~ in the ointment** er ist Sand im Getriebe; **there are no flies on him** (*inf*) ihn legt man nicht so leicht rein (*inf*).

fly[2] (*vb: pret* **flew**, *ptp* **flown**) **I** *vi* **1.** fliegen.
2. (*move quickly*) (*time*) (ver)fliegen; (*people*) sausen (*inf*), fliegen; (*sparks*) stieben, fliegen. **time flies!** wie die Zeit vergeht!; **to ~ past** (*car, person*) vorbeisausen (*inf*) *or* -flitzen; **the door flew open** die Tür flog auf; **to ~ to sb's assistance** jdm zu Hilfe eilen; **to ~ into a rage** einen Wutanfall bekommen; **to ~ at sb** (*inf*) auf jdn losgehen; **to let ~ at sb** auf jdn losgehen; **he really let ~** er legte kräftig los; (*verbally also*) er zog kräftig vom Leder; **to knock** *or* **send sb/sth ~ing** jdn/etw umschmeißen (*inf*) *or* umwerfen; **to send a plate ~ing** einen Teller herunterschmeißen (*inf*).
3. to ~ in the face of authority sich über jede Autorität hinwegsetzen; **to ~ in the face of reason** (*person, organization*) sich über jede Vernunft hinwegsetzen; (*idea, theory*) jeder Vernunft entbehren. **4.** (*flag*) wehen.
II *vt* **1.** *aircraft* fliegen; *kite* steigen lassen.
2. *passengers, route, plane* fliegen; *Atlantic* überfliegen.
3. *flag* führen, wehen lassen; *see* **flag**[1].
III *n* **to go for a ~** fliegen.

◆**fly away** *vi* (*person, plane, bird*) weg- *or* fortfliegen; (*plane, person also*) abfliegen; (*fig: hopes, cares*) schwinden.

◆**fly in I** *vi* (*troops, president, rescue plane*) einfliegen. **she flew ~ from New York this morning** sie ist heute morgen mit dem Flugzeug aus New York angekommen. **II** *vt sep supplies, troops* einfliegen.

◆**fly off** *vi* **1.** (*plane, person*) abfliegen, wegfliegen; (*bird*) wegfliegen, fortfliegen. **to ~ ~ to the south** nach Süden fliegen; **a search plane flew ~ to look for them** ein Suchflugzeug flog los, um nach ihnen Ausschau zu halten.
2. (*come off: hat, lid*) wegfliegen; (*button*) abspringen.

◆**fly out I** *vi* (*troops, president, troopplane*) ausfliegen. **as we flew ~ of Heathrow** als wir von Heathrow abflogen.
II *vt sep troops* (*to an area*) hinfliegen; (*out of an area*) ausfliegen. **troops were flown ~ to the trouble area** Truppen wurden in das Krisengebiet geflogen.

◆**fly past** *vi* **1.** *+prep obj* **to ~ ~ sth** an etw (*dat*) vorbeifliegen. **2.** (*ceremonially*) vorbeifliegen. **3.** (*time*) verfliegen.

fly[3] *pret* **flew**, *ptp* **flown I** *vi* (*flee*) fliehen, flüchten. **to ~ for one's life** um sein Leben laufen/fahren *etc*. **II** *vt* **to ~ the country** aus dem Land flüchten.

fly[4] *n* **1.** (*on trousers: also* **flies**) (Hosen)schlitz *m*. **2.** *see* **flysheet. 3.** (*Theat*) **flies** *pl* Obermaschinerie *f*. **4.** *see* **flywheel.**

fly[5] *adj* (*inf*) clever, gerissen.

fly-by-night ['flaɪbaɪnaɪt] **I** *n* **1.** (*irresponsible man*) Windhund *m* (*inf*); (*woman*) leichtsinniges Ding (*inf*). **2.** (*decamping debtor*) flüchtiger Schuldner. **II** *adj* **1.** *person* unzuverlässig, unbeständig. **2.** (*Fin, Comm*) *firm, operation* zweifelhaft, windig (*inf*).

flycatcher *n* **1.** Fliegenschnäpper *m*; **2.** (*trap for flies*) Fliegenfänger *m*; **flyfishing** *n* Fliegenfischen *nt*; **fly-half** *n* (*Rugby*) Halbspieler *m*.

flying ['flaɪɪŋ] *n* Fliegen *nt*. **he likes ~** er fliegt gerne.

flying ambulance *n* (*helicopter*) Rettungshubschrauber *m*; (*plane*) Rettungsflugzeug *nt*; **flying boat** *n* Flugboot *nt*; **flying buttress** *n* (*Archit*) Strebebogen *m*; **flying colours** *npl* **to come through/pass** *etc* **with ~** glänzend abschneiden; **flying doctor** *n* fliegender Arzt (*esp in Australien*); **Flying Dutchman** *n*: **The ~** der Fliegende Holländer; **flying fish** *n* fliegender Fisch; **flying fox** *n* Flughund *m*; **flying officer** *n* (*Brit*) Oberleutnant *m*; **flying picket** *n* mobiler Streikposten; **flying saucer** *n* fliegende Untertasse; **flying squad** *n* Bereitschaftsdienst *m*; **flying start** *n* (*Sport*) fliegender Start; **to get off to a ~** (*Sport*) hervorragend wegkommen (*inf*); (*fig*) einen glänzenden Start haben; **flying suit** *n* Pilotenanzug *m*; **flying-time** *n* Flugzeit *f*; **flying trapeze** *n* Trapez, Schwebereck *nt*; **flying visit** *n* Blitzbesuch *m*, Stippvisite *f*.

flyleaf *n* Vorsatzblatt *nt*; **flyover** *n* Überführung *f*; **flypaper** *n* Fliegenfänger *m*; **fly-past** *n* Luftparade *f*; **fly-posting** *n* illegales Plakatekleben; **flysheet** *n* (*entrance*) Überdach *nt*; (*outer tent*) Überzelt *nt*; **fly-spray** *n* Fliegenspray *m*; **fly-swat(ter)** *n* Fliegenklatsche *f*; **fly-tipping** *n* illegales Müllabladen; **flyweight** *n* (*Boxing*) Fliegengewicht *nt*; **flywheel** *n* Schwungrad *nt*.

FO *abbr of* **Foreign Office.**

foal [fəʊl] **I** *n* Fohlen, Füllen *nt*. **in ~** trächtig. **II** *vi* fohlen.

foam [fəʊm] **I** *n* Schaum *m*; (*of sea also*) Gischt *f*. **II** *vi* schäumen. **to ~ at the mouth** (*lit*) Schaum vorm Mund/Maul haben; (*fig: person*) schäumen.

◆**foam up** *vi* (*liquid in container*) schäumen.

foam rubber *n* Schaumgummi *m*.

foamy ['fəʊmɪ] *adj* (*+er*) schäumend.

fob[1] ['efəʊbi:] *abbr of* **free on board.**

fob² [fɒb] **I** *vt* **to ~ sb off (with promises)** jdn (mit leeren Versprechungen) abspeisen; **to ~ sth off on sb, to ~ sb off with sth** jdm etw andrehen. **II** *n* (*old: also* **~ pocket**) Uhrtasche *f*. **~ watch** Taschenuhr *f*.

focal ['fəʊkəl] *adj* (*fig*) im Brennpunkt (stehend), fokal (*geh*).

focal length *n* Brennweite *f*; **focal plane** *n* Brennebene *f*; **focal point** *n* (*lit, fig*) Brennpunkt *m*; **his family is the ~ point of his life** sein ganzes Leben dreht sich um seine Familie.

fo'c'sle ['fəʊksl] *n see* **forecastle.**

focus ['fəʊkəs] **I** *n, pl* **foci** ['fəʊkɪ] (*Phys, Math, fig*) Brennpunkt *m*; (*of storm*) Zentrum *nt*; (*of earthquake, Med*) Herd *m*. **in ~** *camera* (scharf) eingestellt; *photo* scharf; **to bring into ~** (*lit*) klar *or* scharf einstellen; (*fig*) *topic* in den Brennpunkt rücken; **out of ~** (*lit*) *camera* unscharf eingestellt; *photo* unscharf; (*fig*) *ideas* vage; **to come into ~** ins Blickfeld rücken; **he was the ~ of attention** er stand im Mittelpunkt.

II *vt instrument* einstellen (*on* auf +*acc*); *light, heat rays* bündeln; (*fig*) *one's efforts* konzentrieren (*on* auf +*acc*). **to ~ one's eyes on sth** den Blick auf etw (*acc*) richten; **I should like to ~ your attention (up)on a new problem** ich möchte Ihre Aufmerksamkeit auf ein neues Problem lenken.

III *vi* (*light, heat rays*) sich bündeln. **to ~ on sth** sich auf etw (*acc*) konzentrieren; **his eyes ~ed on the book** sein Blick richtete sich auf das Buch; **I can't ~ properly** ich kann nicht mehr klar sehen.

fodder ['fɒdəʳ] *n* (*lit, fig*) Futter *nt*.

foe [fəʊ] *n* (*liter*) Feind *m*.

foetal, (*esp US*) **fetal** ['fiːtl] *adj* fötal.

foetid ['fiːtɪd] *adj see* **fetid.**

foetus, (*esp US*) **fetus** ['fiːtəs] *n* Fötus, Fetus *m*.

fog [fɒg] **I** *n* **1.** Nebel *m*. **2.** (*Phot*) (Grau)schleier *m*.

II *vt* **1.** (*also* **~ up** *or* **over**) *mirror, glasses* beschlagen. **2.** (*Phot*) verschleiern. **3.** (*fig*) **to ~ the issue** die Sache vernebeln.

III *vi* **1.** (*also* **~ up** *or* **over**) (*mirror, glasses*) beschlagen.

2. (*Phot: negative*) einen Grauschleier bekommen.

fog bank *n* Nebelbank *f*; **fogbound** *adj ship, plane* durch Nebel festgehalten; *airport* wegen Nebel(s) geschlossen; **the motorway is ~** auf der Autobahn herrscht dichter Nebel.

fogey ['fəʊgɪ] *n* (*inf*) **old ~** alter Kauz (*inf*); (*woman*) Schrulle *f* (*inf*).

foggy ['fɒgɪ] *adj* (+*er*) **1.** *landscape, weather* neb(e)lig. **2.** (*fig*) *ideas, reasoning* unklar, vage. **I haven't the foggiest (idea)** (*inf*) ich habe keinen blassen Schimmer (*inf*).

foghorn *n* (*Naut*) Nebelhorn *nt*; **a voice like a ~** (*inf*) eine dröhnende Stimme; **fog lamp, fog light** *n* Nebellampe *f*; (*Aut*) Nebelscheinwerfer *m*; **rear ~** (*Aut*) Nebelschlußleuchte *f*.

foible ['fɔɪbl] *n* Eigenheit *f*.

foil¹ [fɔɪl] *n* **1.** (*metal sheet*) Folie *f*; (*of a mirror*) Spiegelfolie *f*; *see* **cooking ~, kitchen ~. 2.** (*fig*) Hintergrund *m*.

foil² *n* (*Fencing*) Florett *nt*.

foil³ *vt plans* durchkreuzen; *attempts* vereiteln; *person* einen Strich durch die Rechnung machen (+*dat*). **~ed again!** (*hum*) wieder nichts!

foist [fɔɪst] *vt* **1. to ~ sth (off) on sb** *goods* jdm etw andrehen; *task* etw an jdn abschieben. **2. to ~ oneself on(to) sb** sich jdm aufdrängen.

fold¹ [fəʊld] **I** *n* Falte *f*; (*Geol: of the earth*) (Boden)falte *f*.

II *vt* **1.** (*bend into ~s*) *paper* (zusammen)falten; *blanket also* zusammenlegen. **to ~ a newspaper in two/four** eine Zeitung falten/zweimal falten.

2. to ~ one's arms die Arme verschränken.

3. (*wrap up*) einwickeln, einschlagen (*in* in +*acc*).

4. to ~ sb in one's arms jdn in die Arme schließen.

III *vi* **1.** (*chair, table*) sich zusammenklappen lassen; (*accidentally*) zusammenklappen. **how does this map ~?** wie wird die Karte gefaltet?

2. (*close down: business*) *see* **fold up.**

◆fold away I *vi* (*table, bed*) zusammenklappbar sein, sich zusammenlegen lassen. **II** *vt sep table, bed* zusammenklappen; *clothes* zusammenlegen; *newspaper* zusammenfalten.

◆fold back I *vt sep shutters, door* zurückfalten; *sheet, bedclothes* auf- *or* zurückschlagen. **II** *vi* (*door, shutters*) zurückfalten, sich zurückfalten lassen.

◆fold down *vt sep chair* zusammenklappen; *corner* kniffen.

◆fold in *vt sep* (*Cook*) *flour, sugar* unterziehen, unterheben.

◆fold over *vt sep paper* umknicken; *blanket* umschlagen.

◆fold up I *vi* **1.** (*newspaper, business venture*) eingehen (*inf*); (*Theat: play*) abgesetzt werden. **2. to ~ ~ with laughter** sich vor Lachen biegen. **II** *vt sep paper, blanket etc* zusammenfalten; *blanket also* zusammenlegen.

fold² *n* (*pen*) Pferch *m*; (*Eccl*) Herde, Gemeinde *f*. **to return to the ~** (*fig*) in den Schoß der Gemeinde zurückkehren.

folder ['fəʊldəʳ] *n* **1.** (*for papers*) Aktendeckel *m*, Aktenmappe *f*. **2.** (*brochure*) Informationsblatt *nt*.

folding ['fəʊldɪŋ] *adj attr* **~ boat** Faltboot *nt*; **~ chair** Klappstuhl *m*; **~ doors** Falttür *f*; (*concertina doors also*) Harmonikatür *f*; (*grille on lift*) Scherengittertür *f*.

foldout ['fəʊldaʊt] *adj section of book* ausklappbar.

foliage ['fəʊlɪɪdʒ] *n* Blätter *pl*; (*of tree also*) Laub(werk) *nt*.

foliation [ˌfəʊlɪ'eɪʃən] *n* **1.** (*Bot*) Blattanordnung *f*; (*development*) Blattbildung *f*. **2.** (*of book*) Foliierung, Blattzählung *f*. **3.** (*Geol*) Schichtung *f*. **4.** (*Archit*) Laubwerk *nt*.

folio ['fəʊlɪəʊ] *n* **1.** (*sheet*) Folio *nt*. **2.** (*volume*) Foliant *m*.

folk [fəʊk] *npl* **1.** (*also* **~s** *inf*) (*people*)

Leute *pl*; (*people in general*) die Leute, man. **a lot of ~(s) believe ...** viele (Leute) glauben ...; **come on ~s** (*inf*) na los, Leute!; **the young/old ~** die Jungen/ Alten.

2. (*inf: relatives: also* **~s**) **my ~s** meine Leute (*inf*).

folk-dance *n* Volkstanz *m*; **folklore** *n* Folklore, Volkskunde *f*; **folk-music** *n* Volksmusik *f*; **folk-singer** *n* Sänger(in *f*) *m* von Volksliedern/Folksongs; **folk-song** *n* Volkslied *nt*; (*modern*) Folksong *m*.

folksy ['fəʊksɪ] *adj* volkstümlich.

folk-tale ['fəʊkteɪl] *n* Volksmärchen *nt*.

follicle ['fɒlɪkl] *n* Follikel *nt*.

follow ['fɒləʊ] **I** *vt* **1.** folgen (+*dat*), nachgehen/-fahren *etc* (+*dat*); (*pursue also*) verfolgen; (*succeed*) folgen (+*dat*), kommen nach. **he ~ed me about** er folgte mir überallhin; **he ~ed me out** er folgte mir nach draußen; **~ me** folgen Sie mir; (*by car also*) fahren Sie mir nach; **we're being ~ed** wir werden verfolgt; **to have sb ~ed** jdn verfolgen lassen; **he arrived first, ~ed by the ambassador** er kam als erster, gefolgt vom Botschafter; **he ~ed his father into the business** er folgte seinem Vater im Geschäft; **the earthquake was ~ed by an epidemic** auf das Erdbeben folgte eine Epidemie; **the dinner will be ~ed by a concert** im Anschluß an das Essen findet ein Konzert statt; **the years ~ one another** ein Jahr folgt auf das andere; **to ~ the hounds** (mit den Hunden) auf die Jagd gehen; **~ that (if you can)!** (*said after a good performance*) das soll mir/ihm *etc* erst mal einer nachmachen!; **how do you ~ that?** das ist kaum zu überbieten.

2. *(keep to) road, path* folgen (+*dat*), entlanggehen/-fahren. **the boat ~ed the coast** das Boot fuhr die Küste entlang.

3. (*understand*) folgen (+*dat*). **do you ~ me?** können Sie mir folgen?

4. *profession* ausüben, nachgehen (+*dat*); *course of study, career* verfolgen.

5. (*conform to*) *fashion* mitmachen; *advice, instructions* befolgen, folgen (+*dat*); *party line* folgen (+*dat*).

6. (*read, watch regularly*) *serial* verfolgen; *strip cartoon* regelmäßig lesen; (*take an interest in*) *progress, development, news* verfolgen; *athletics, swimming* sich interessieren für; (*listen to attentively*) *speech* (genau) verfolgen.

II *vi* **1.** (*come after*) folgen (*on sth* auf etw *acc*). **as ~s** wie folgt; **his argument was as ~s** er argumentierte folgendermaßen; **to ~ in sb's footsteps** (*fig*) in jds Fußstapfen (*acc*) treten; **what is there to ~?** (*at meals*) was gibt es noch *or* (*planning the meal*) hinterher *or* anschließend?; **what ~s** das Folgende.

2. (*results, deduction*) folgen (*from* aus). **it ~s from this that ...** hieraus folgt, daß ...; **it doesn't ~ that ...** daraus folgt nicht, daß ...; **that doesn't ~** nicht unbedingt!

3. (*understand*) folgen. **I don't ~** das verstehe ich nicht.

◆**follow on** *vi* **1.** (*come after*) später folgen *or* kommen; (*person also*) nachkommen.

2. (*results*) folgen, sich ergeben (*from* aus).

3. (*continue*) **she will ~ ~ from where he left off** sie wird da weitermachen, wo er aufgehört hat.

4. (*Cricket*) zwei Innenrunden hintereinander spielen.

◆**follow out** *vt sep idea, plan* zu Ende verfolgen, durchziehen.

◆**follow through I** *vt sep argument* durchdenken, (zu Ende) verfolgen; *idea, plan, undertaking* (zu Ende) verfolgen, durchziehen. **II** *vi* (*Sport*) durchschwingen.

◆**follow up I** *vt sep* **1.** (*pursue, take further action on*) *request* nachgehen (+*dat*); *offer, suggestion also* aufgreifen.

2. (*investigate further*) sich näher beschäftigen *or* befassen mit; *suspect also* Erkundigungen einziehen über (+*acc*); *candidate also* in die engere Wahl nehmen; *matter also* weiterverfolgen; *rumour* nachgehen (+*dat*); *patient* nachuntersuchen.

3. (*reinforce*) *success, victory* fortsetzen, ausbauen. **to ~ ~ insults with threats** auf Beleidigungen Drohungen folgen lassen.

4. (*get further benefit from*) *advantage* ausnutzen.

II *vi* **1. to ~ ~ with sth** etw folgen lassen.

2. (*Sport*) nachziehen.

follower ['fɒləʊə^r] *n* (*disciple*) Anhänger(in *f*) *m*, Schüler(in *f*) *m*; (*old: servant*) Gefolgsmann *m*. **to be a ~ of fashion** sehr modebewußt sein; **a ~ of Rangers** ein Rangers-Anhänger *m*.

following ['fɒləʊɪŋ] **I** *adj* **1.** folgend. **the ~ day** der nächste *or* (darauf)folgende Tag; **he made the ~ remarks** er bemerkte folgendes. **2. a ~ wind** Rückenwind *m*.

II *n* **1.** (*followers*) Anhängerschaft, Gefolgschaft *f*.

2. he said the ~ er sagte folgendes; **see the ~ for an explanation** (*in documents*) Erläuterungen hierzu finden Sie im folgenden, Erklärungen im folgenden; **the ~ is/are of note** folgendes ist/folgende (Tatsachen *etc*) sind wichtig.

follow-up ['fɒləʊ,ʌp] *n* **1.** Weiterverfolgen, Weiterführen *nt*; (*event, programme coming after*) Fortsetzung *f* (*to gen*).

2. (*letter*) Nachfaßschreiben *nt*; (*Press*) Fortsetzung *f*.

3. (*Med*) Nachuntersuchung *f*.

folly ['fɒlɪ] *n* (*foolishness, foolish thing*) Torheit, Verrücktheit *f*; (*building*) *exzentrischer, meist völlig nutzloser Prachtbau*. **it is sheer ~ (to do that)** es ist der reinste Wahnsinn(, das zu tun).

foment [fəʊ'ment] *vt trouble, discord* schüren; (*Med*) mit feuchten Umschlägen behandeln.

fond [fɒnd] *adj* (+*er*) **1. to be ~ of sb** jdn gern haben *or* mögen; **to be ~ of sth** etw mögen; **to be ~ of doing sth** etw gern tun.

2. (*loving*) *husband, parent, look* liebevoll, zärtlich; *hope* sehnsüchtig, leise; *ambition* leise. **his ~est wish** sein Herzenswunsch *m*; **~est regards** mit lieben Grüßen, liebe Grüße.

3. (*indulgent*) *parent, husband* allzu nachsichtig.

4. (*unlikely to be realized*) *hope, ambition* (allzu) kühn.

fondant ['fɒndənt] *n* Fondant *m*.

fondle ['fɒndl] *vt* (zärtlich) spielen mit; (*stroke*) streicheln; *person* schmusen mit.

fondly ['fɒndlɪ] *adv see adj 1.-4.*

fondness ['fɒndnɪs] *n* Begeisterung *f*; (*for people*) Zuneigung, Liebe *f* (*for* zu); (*for food, place, writer*) Vorliebe *f* (*for* für). **his ~ for** *or* **of swimming** daß er gern schwimmen ging/geht.

fondue ['fɒndu:] *n* Fondue *nt*.

font [fɒnt] *n* **1.** (*Eccl*) Taufstein *m*. **2.** (*Typ*) Schrift *f*.

fontanel(le) [,fɒntə'nel] *n* (*Physiol*) Fontanelle *f*.

food [fu:d] *n* **1.** Essen *nt*; (*for animals*) Futter *nt*; (*nourishment*) Nahrung *f*; (*~stuff*) Nahrungsmittel *nt*; (*groceries*) Lebensmittel *pl*. **the ~ is awful here** das Essen hier ist scheußlich; **dog and cat ~** Hunde- und Katzenfutter; **~ and drink** Essen und Trinken; **canned ~s** Konserven *pl*; **I haven't any ~ in the house** ich habe nichts zu essen im Haus; **to be off one's ~** keinen Appetit haben; **the very thought of ~ made her ill** wenn sie nur ans Essen dachte, wurde ihr schon schlecht.

2. (*fig*) Nahrung *f*. **~ for thought** Stoff *m* zum Nachdenken.

foodchain ['fu:dtʃeɪn] *n* Nahrungskette *f*.

foodie ['fu:dɪ] *n* (*inf: food fanatic*) Kochkünstler(in *f*), Kochfreak (*inf*) *m*.

food parcel *n* Lebensmittelpaket *nt*; **food poisoning** *n* Lebensmittelvergiftung *f*; **food processor** *n* Küchenmaschine *f*; **foodstuff** *n* Nahrungsmittel *nt*; **food value** *n* Nährwert *m*.

fool¹ [fu:l] **I** *n* **1.** Dummkopf, Narr *m*. **don't be a ~!** sei nicht (so) dumm!; **some ~ of a civil servant** irgend so ein blöder *or* doofer (*inf*) Beamter; **he was a ~ not to accept** es war dumm von ihm, nicht anzunehmen; **to be ~ enough to ...** so dumm *or* blöd sein, zu ...; **to play** *or* **act the ~** Unsinn machen, herumalbern; **to make a ~ of sb** (*with ridicule*) jdn lächerlich machen; (*with a trick*) jdn zum besten *or* zum Narren haben; **he made a ~ of himself in the discussion** er hat sich in der Diskussion blamiert; **to go on a ~'s errand** einen nutzlosen Gang tun; **to live in a ~'s paradise** in einem Traumland leben; **there's no ~ like an old ~** (*Prov*) Alter schützt vor Torheit nicht (*Prov*); **~'s gold** Katzengold *nt*; **~s rush in (where angels fear to tread)** (*Prov*) blinder Eifer schadet nur (*Prov*); *see* **more, nobody.**

2. (*jester*) Narr *m*.

II *adj* (*esp US inf*) doof (*inf*), schwachsinnig (*inf*).

III *vi* herumalbern, Blödsinn machen. **I was only ~ing** das war doch nur Spaß.

IV *vt* zum Narren haben *or* halten; (*trick*) hereinlegen (*inf*); (*disguise, phoney accent*) täuschen. **I was completely ~ed** ich bin vollkommen darauf hereingefallen; **you had me ~ed** ich habe das tatsächlich geglaubt; **who are you trying to ~?** wem willst du das weismachen?; **they ~ed him into believing it** er hat es ihnen tatsächlich abgenommen.

◆**fool about** *or* **around** *vi* **1.** (*waste time*) herumtrödeln. **he spends his time ~ing ~ with the boys** er verschwendet seine ganze Zeit mit den Jungs. **2.** (*play the fool*) herumalbern. **3. to ~ ~ with sth** mit etw Blödsinn machen. **4.** (*sexually*) **he's just ~ing ~ with her** er treibt nur seine Spielchen mit ihr; **she was ~ing ~** sie hat sich mit anderen eingelassen.

fool² *n* (*Brit Cook*) *Sahnespeise f aus Obstpüree*.

foolery ['fu:lərɪ] *n* Albernheit *f*.

foolhardiness ['fu:l,hɑ:dɪnɪs] *n* Tollkühnheit *f*.

foolhardy ['fu:l,hɑ:dɪ] *adj* tollkühn.

foolish ['fu:lɪʃ] *adj* dumm, töricht. **it is ~ to believe him** es ist dumm, ihm zu glauben; **to look ~** dumm aussehen; **he's afraid of looking ~** er will sich nicht blamieren.

foolishly ['fu:lɪʃlɪ] *adv see adj*.

foolishness ['fu:lɪʃnɪs] *n* Dummheit, Torheit *f*.

foolproof ['fu:lpru:f] *adj* narrensicher, idiotensicher (*inf*).

foolscap ['fu:lskæp] *n* (*also* **~ paper**) ≃ Kanzleipapier *nt*, *britisches Papierformat* $13\frac{1}{4} \times 16\frac{1}{2}$ *Zoll*.

foot [fʊt] **I** *n*, *pl* **feet 1.** Fuß *m*. **to be on one's feet** (*lit, fig*) auf den Beinen sein; **to put sb (back) on his feet (again)** jdm (wieder) auf die Beine helfen; **on ~** zu Fuß; **to set ~ on dry land** den Fuß auf festen Boden setzen, an Land gehen; **I'll never set ~ here again!** hier kriegen mich keine zehn Pferde mehr her! (*inf*); **the first time he set ~ in the office** als er das erste Mal das Büro betrat; **to rise/jump to one's feet** aufstehen/aufspringen; **to put one's feet up** (*lit*) die Füße hochlegen; (*fig*) es sich (*dat*) bequem machen; **he never puts a ~ wrong** (*gymnast, dancer*) bei ihm stimmt jeder Schritt; (*fig*) er macht nie einen Fehler; **to catch sb on the wrong ~** (*Sport*) jdn auf dem falschen Fuß erwischen; (*fig*) jdn überrumpeln.

2. (*fig uses*) **to put one's ~ down** (*act with decision or authority*) ein Machtwort sprechen; (*forbid, refuse*) es strikt verbieten; (*Aut*) Gas geben; **to put one's ~ in it** ins Fettnäpfchen treten; **to put one's best ~ forward** (*hurry*) die Beine unter den Arm nehmen; (*do one's best*) sich anstrengen; **to find one's feet** sich eingewöhnen, sich zurechtfinden; **to fall on one's feet** auf die Beine fallen; **to have one's** *or* **both feet (firmly) on the ground** mit beiden Beinen (fest) auf der Erde stehen; **to have one ~ in the grave** mit einem Bein im Grabe stehen; **to get/be under sb's feet** jdm im Wege stehen *or* sein; (*children also*) jdm vor den Füßen herumlaufen; **to get off on the right/ wrong ~** einen guten/schlechten Start haben; **to have a/get one's** *or* **a ~ in the door** mit einem Fuß *or* Bein drin sein/ mit einem Fuß *or* Bein hineinkommen; **to stand on one's own feet** auf eigenen Füßen *or* Beinen stehen.

3. (*of stocking, list, page, stairs, hill*) Fuß *m*; (*of bed also*) Fußende *nt*; (*of sewing machine also*) Füßchen *nt*.

4. (*measure*) Fuß *m*. **3 ~** *or* **feet wide/long** 3 Fuß breit/lang.

5. (*Poet*) (Vers)fuß *m*.

6. *no pl* (*Mil*) Infanterie *f*. **the 15th ~** das 15. Infanterieregiment; **ten thousand ~** zehntausend Fußsoldaten *pl*.

II *vt* **1. to ~ it** (*inf*) (*walk*) marschieren (*inf*); (*dance*) tanzen.

2. *bill* bezahlen, begleichen.

footage ['fʊtɪdʒ] *n* Filmmaterial *nt*.

foot-and-mouth (disease) ['fʊtən'maʊθ(dɪˌzi:z)] *n* Maul- und Klauenseuche *f*.

football ['fʊtbɔ:l] *n* **1.** Fußball(spiel *nt*) *m*; (*American* ~) Football *m*, amerikanischer Fußball. **2.** (*ball*) Fußball *m*, Leder (*inf*) *nt*.

football boot *n* Fußballschuh, Fußballstiefel *m*; **football casual** *n* Fußballprolo *m* (*inf*); **football coupon** *n* (*Brit*) Tippzettel, Totoschein *m*.

footballer ['fʊtbɔ:ləʳ] *n* Fußball(spiel)er *m*; (*in American football*) Football-Spieler *m*.

football hooligan *n* Fußballrowdy *or* -hooligan *m*; **football hooliganism** *n* Fußballkrawalle *pl*; **football pools** *npl* Fußballtoto *m*; *see* **pool² 3.**

footbath *n* Fußbad *nt*; **footboard** *n* (*Rail, on coach*) Trittbrett *nt*; **foot brake** *n* Fußbremse *f*; **footbridge** *n* Fußgängerbrücke *f*.

footer ['fʊtər] *n* (*Comput*) Fußzeile *f*.

footfall *n* Schritt *m*; **foot fault** *n* (*Tennis*) Fußfehler *m*; **footgear** *n* Fußbekleidung *f*; **foothills** *npl* (Gebirgs)ausläufer *pl*; **foothold** *n* Stand, Halt *m*; (*fig*) sichere (Ausgangs)position; **to lose one's ~** (*lit, fig*) den Halt verlieren.

footing ['fʊtɪŋ] *n* **1.** (*lit*) Stand, Halt *m*. **to lose one's ~** den Halt verlieren; **to miss one's ~** danebentreten.

2. (*fig: foundation, basis*) Basis *f*; (*relationship*) Beziehung *f*, Verhältnis *nt*. **to be on a friendly ~ with sb** mit jdm auf freundschaftlichem Fuße stehen; **on an equal ~ (with each other)** auf gleicher Basis.

3. (*Archit*) Sockel *m*.

footle ['fu:tl] *vi* **to ~ about** (*inf*) herumpusseln.

footlights ['fʊtlaɪts] *npl* (*Theat*) Rampenlicht *nt*.

footling ['fu:tlɪŋ] *adj* albern, dumm, läppisch.

footloose *adj* ungebunden, unbeschwert; **~ and fancy-free** frei und ungebunden; **footman** *n* Lakai *m*; **footmark** *n* Fußabdruck *m*; **footnote** *n* Fußnote *f*; (*fig*) Anmerkung *f*; **footpath** *n* **1.** (*path*) Fußweg *m*; **2.** (*Brit: pavement*) Bürgersteig *m*; **footplate** *n* Führerstand *m*; **footplatemen, footplate workers** *npl* Lokomotivführer *pl*; **foot-pound** *n britische Maßeinheit für Drehmoment und Energie*; **footprint** *n* Fußabdruck *m*; (*fig: of machine*) Stellfläche, Grundfläche *f*; **footprints** *npl* Fußspuren *pl*; **foot pump** *n* Fußpumpe *f*, Blasebalg *m*; **footrest** *n* Fußstütze *f*; **footrot** *n* (*Vet*) Fußfäule *f*.

footsie ['fʊtsɪ] *n* (*inf*) **to play ~ with sb** mit jdm füßeln.

foot-slog *vi* (*inf*) latschen (*inf*), marschieren; **foot soldier** *n* Fußsoldat, Infanterist *m*; **footsore** *adj* **to be ~** wunde Füße haben; **footstep** *n* Schritt *m*; *see* **follow; footstool** *n* Schemel *m*, Fußbank *f*; **footwear** *n* Schuhe *pl*, Schuhwerk *nt*; **footwork** *n, no pl* (*Sport*) Beinarbeit *f*.

foppish ['fɒpɪʃ] *adj* geckenhaft, stutzerhaft (*dated*).

for¹ [fɔ:ʳ] **I** *prep* **1.** (*intention*) für; (*purpose also*) zu; (*destination*) nach. **a letter ~ me** ein Brief für mich; **clothes ~ children** Kleidung für Kinder, Kinderkleidung *f*; **destined ~ greatness** zu Höherem bestimmt; **he is eager ~ praise** er ist lobeshungrig; **what ~?** wofür?, wozu?; **what is this knife ~?** wozu dient dieses Messer?; **he does it ~ pleasure** er macht es zum *or* aus Vergnügen; **what did you do that ~?** warum *or* wozu haben Sie das getan?; **a room ~ working in/sewing** ein Zimmer zum Arbeiten/ Nähen; **a bag ~ carrying books (in)** eine Tasche, um Bücher zu tragen; **fit ~ nothing** zu nichts nutze *or* zu gebrauchen; **to get ready ~ a journey** sich für eine Reise fertigmachen; **ready ~ anything** zu allem bereit; **to go to Yugoslavia ~ one's holidays** nach Jugoslawien in Urlaub fahren; **train ~ Stuttgart** Zug nach Stuttgart; **to leave ~ the USA** in die USA *or* nach Amerika abreisen; **he swam ~ the shore** er schwamm auf die Küste zu; **to make ~ home** sich auf den Heimweg machen.

2. (*indicating suitability*) **it's not ~ you to blame him** Sie haben kein Recht, ihm die Schuld zu geben; **it's not ~ me to say** es steht mir nicht zu, mich dazu zu äußern; **she's the woman** *or* **the one ~ me** sie ist die (richtige) Frau für mich.

3. (*representing, instead of*) **I'll see her ~ you if you like** wenn Sie wollen, gehe ich an Ihrer Stelle *or* für Sie zu ihr; **to act ~ sb** für jdn handeln; **D ~ Daniel** D wie Daniel; **agent ~ Renault** Vertreter für Renault.

4. (*in defence, in favour of*) für. **are you ~ or against it?** sind Sie dafür oder dagegen?; **I'm all ~ it** ich bin ganz *or* sehr dafür; **I'm all ~ helping him** ich bin sehr dafür, ihm zu helfen.

5. (*with regard to*) **anxious ~ sb** um jdn besorgt; **~ my part** was mich betrifft; **as ~ him/that** was ihn/das betrifft; **warm/cold ~ the time of year** warm/kalt für die Jahreszeit; **young ~ (a) president** jung für einen Präsidenten; **it's all right**

or **all very well ~ you (to talk)** Sie haben gut reden.

6. (*because of*) aus. **~ this reason** aus diesem Grund; **he did it ~ fear of being left** er tat es aus Angst, zurückgelassen zu werden; **to shout ~ joy** aus *or* vor Freude jauchzen; **to go to prison ~ theft** wegen Diebstahls ins Gefängnis wandern; **to choose sb ~ his ability** jdn wegen seiner Fähigkeiten wählen; **if it were not ~ him** wenn er nicht wäre.

7. (*in spite of*) trotz (*+gen or* (*inf*) *+dat*). **~ all his wealth** trotz all seines Reichtums; **~ all that, you should have warned me** Sie hätten mich trotz allem warnen sollen.

8. (*in exchange*) für. **to pay four marks ~ a ticket** vier Mark für eine Fahrkarte zahlen; **he'll do it ~ ten pounds** er macht es für zehn Pfund.

9. (*in contrast*) **~ one man who would do it there are ten who wouldn't** auf einen, der es tun würde, kommen zehn, die es nicht tun würden.

10. (*in time*) seit; (*with future tense*) für. **I have not seen her ~ two years** ich habe sie seit zwei Jahren nicht gesehen; **he's been here ~ ten days** er ist seit zehn Tagen hier; **then I did not see her ~ two years** dann habe ich sie zwei Jahre lang nicht gesehen; **he walked ~ two hours** er ist zwei Stunden lang marschiert; **I am going away ~ a few days** ich werde (für *or* auf) ein paar Tage wegfahren; **I shall be away ~ a month** ich werde einen Monat (lang) weg sein; **he won't be back ~ a week** er wird erst in einer Woche zurück sein; **can you get it done ~ Monday?** können Sie es bis *or* für Montag fertig haben?; **~ a while/time** (für) eine Weile/einige Zeit.

11. (*distance*) **the road is lined with trees ~ two miles** die Straße ist auf *or* über zwei Meilen mit Bäumen gesäumt; **we walked ~ two miles** wir sind zwei Meilen weit gelaufen; **~ miles (ahead/around)** meilenweit (vor/um uns *etc*).

12. (*with verbs*) **to pray ~ peace** für den *or* um Frieden beten; **to hope ~ news** auf Nachricht hoffen; **to look ~ sth** (nach) etw suchen; *see vbs*.

13. (*after n indicating liking, aptitude*) für. **a weakness ~ sweet things** eine Schwäche für Süßigkeiten; **his genius ~ saying the wrong thing** sein Talent, das Falsche zu sagen.

14. (*with infin clauses*) **~ this to be possible** damit dies möglich wird/wurde; **it's easy ~ him to do it** für ihn ist es leicht, das zu tun, er kann das leicht tun; **I brought it ~ you to see** ich habe es mitgebracht, damit Sie es sich (*dat*) ansehen können; **the best would be ~ you to go** das beste wäre, wenn Sie weggingen; **there's still time ~ him to come** er kann immer noch kommen; **their one hope is ~ him to return** ihre einzige Hoffnung ist, daß er zurückkommt.

15. (*phrases*) **to do sth ~ oneself** etw alleine tun; **~ example** zum Beispiel; **you're ~ it!** (*inf*) jetzt bist du dran! (*inf*); **oh ~ a cup a tea!** jetzt eine Tasse Tee — das wäre schön!

II *conj* denn.

III *adj pred* (*in favour*) dafür. **17 were ~, 13 against** 17 waren dafür, 13 dagegen.

for² *abbr of* **free on rail** frei Bahn.

forage ['fɒrɪdʒ] **I** *n* **1.** (*fodder*) Futter *nt*. **2.** (*search for fodder*) Futtersuche *f*; (*Mil*) Überfall *m*. **II** *vi* nach Futter suchen; (*Mil*) einen Überfall/Überfälle machen; (*fig: rummage*) herumstöbern (*for* nach).

foray ['fɒreɪ] **I** *n* (Raub)überfall *m*; (*fig*) Exkurs *m* (*into* in *+acc*). **II** *vi* einen Raubüberfall/Raubüberfälle machen.

forbad(e) [fɔː'bæd] *pret of* **forbid.**

forbear¹ [fɔː'bɛəʳ] *pret* **forbore,** *ptp* **forborne** *vti* (*form*) **I forbore from expressing my opinion** ich verzichtete darauf *or* nahm Abstand davon, meine Meinung zu äußern; **he forbore to make any comment** er enthielt sich jeden Kommentars.

forbear² ['fɔːbɛəʳ] *n* (*form*) Vorfahr(in *f*), Ahn(e *f*) *m*.

forbearance [fɔː'bɛərəns] *n* Nachsicht *f*.

forbid [fə'bɪd] *pret* **forbad(e),** *ptp* **forbidden** *vt* **1.** (*not allow*) verbieten. **to ~ sb to do sth** jdm verbieten, etw zu tun; **to ~ sb alcohol** jdm Alkohol verbieten; **smoking ~den** Rauchen verboten; **it is ~den to ...** es ist verboten, zu ...

2. (*prevent*) verhindern, nicht erlauben. **my health ~s my attending the meeting** meine Gesundheit erlaubt es nicht, daß ich an dem Treffen teilnehme; **God ~!** Gott behüte *or* bewahre!

forbidden [fə'bɪdn] *adj* **~ fruit** verbotene Früchte *pl*.

forbidding [fə'bɪdɪŋ] *adj rocks, cliffs* bedrohlich, furchterregend; *sky* düster; *landscape* unfreundlich; *prospect* grauenhaft; *look, person* streng.

forbore [fɔː'bɔːʳ] *pret of* **forbear¹.**

forborne [fɔː'bɔːn] *ptp of* **forbear¹.**

force [fɔːs] **I** *n* **1.** *no pl* (*physical strength, power*) Kraft *f*; (*of blow also, of impact, collision*) Wucht *f*; (*physical coercion*) Gewalt *f*; (*Phys*) Kraft *f*. **to settle sth by ~** etw gewaltsam *or* durch Gewalt beilegen; **by sheer ~ of numbers** aufgrund zahlenmäßiger Überlegenheit; **there is a ~ 5 wind blowing** es herrscht Windstärke 5; **the ~ of the wind was so great he could hardly stand** der Wind war so stark, daß er kaum stehen konnte; **they were there in ~** sie waren in großer Zahl *or* Stärke da.

2. *no pl* (*fig*) (*of argument*) Überzeugungskraft *f*; (*of music, phrase*) Eindringlichkeit *f*; (*of character*) Stärke *f*; (*of words, habit*) Macht *f*. **by ~ of willpower** durch Willensanstrengung *or* Willenskraft; **(the) ~ of circumstances** (der) Druck der Verhältnisse.

3. (*powerful thing, person*) Macht *f*. **F~s of Nature** Naturgewalten *pl*; **there are various ~s at work here** hier sind verschiedene Kräfte am Werk; *see* **life ~.**

4. (*body of men*) **the ~s** (*Mil*) die Streitkräfte *pl*; **work ~** Arbeitskräfte *pl*;

sales ~ Verkaufspersonal *nt*; **the (police)** ~ die Polizei; **to join** *or* **combine** ~**s** sich zusammentun.

5. to come into/be in ~ in Kraft treten/sein.

II *vt* **1.** (*compel*) zwingen. **to** ~ **sb/oneself to do sth** jdn/sich zwingen, etw zu tun.

2. (*extort, obtain by* ~) erzwingen. **he** ~**d a confession out of** *or* **from me** er erzwang ein Geständnis von mir; **to** ~ **an error** (*Sport*) den Gegner/jdn ausspielen.

3. to ~ **sth (up)on sb** *present, one's company* jdm etw aufdrängen; *conditions, obedience* jdm etw auferlegen; *conditions, decision, war* jdm etw aufzwingen; **I don't want to** ~ **myself on you** ich möchte mich Ihnen nicht aufdrängen.

4. (*break open*) aufbrechen. **to** ~ **an entry** sich (*dat*) gewaltsam Zugang *or* Zutritt verschaffen.

5. (*push, squeeze*) **to** ~ **books into a box** Bücher in eine Kiste zwängen; **if it won't open/go in, don't** ~ **it** wenn es nicht aufgeht/paßt, wende keine Gewalt an; **to** ~ **one's way into sth** sich (*dat*) gewaltsam Zugang zu etw *or* in etw (*acc*) verschaffen; **to** ~ **one's way through** sich gewaltsam einen Weg bahnen; **to** ~ **a car off the road** ein Auto von der Fahrbahn drängen; **to** ~ **a bill through parliament** eine Gesetzesvorlage durch das Parlament peitschen.

6. *plants* treiben.

7. (*produce with effort*) **to** ~ **a smile** gezwungen lächeln; **to** ~ **the pace** das Tempo forcieren; **she can't sing top C without forcing her voice** sie kann das hohe C nur singen, wenn sie ihrer Stimme Gewalt antut; **don't** ~ **it** erzwingen Sie es nicht.

◆**force back** *vt sep* zurückdrängen; *tears* unterdrücken.

◆**force down** *vt sep food* sich (*dat*) hinunterquälen; *aeroplane* zur Landung zwingen; *price* drücken; *laugh* unterdrücken; *lid of suitcase* mit Gewalt zumachen.

◆**force off** *vt sep lid* mit Gewalt abmachen.

◆**force up** *vt sep prices* hochtreiben.

forced [fɔːst] *adj smile* gezwungen, gequält; *plant* getrieben; *wording, translation* gezwungen, unnatürlich. ~ **landing** Notlandung *f*; ~ **march** Gewaltmarsch *m*.

force-feed ['fɔːsfiːd] (*vb*: *pret, ptp* **force-fed**) **I** *vt* zwangsernähren. **II** *n* (*Tech*) Druckschmierung *f*.

forceful ['fɔːsfʊl] *adj person* energisch, kraftvoll; *manner* überzeugend; *character* stark; *language, style* eindringlich, eindrucksvoll; *argument* wirkungsvoll, stark; *reasoning* eindringlich.

forcefully ['fɔːsfəlɪ] *adv speak, write, argue, reason* eindringlich, eindrucksvoll; *behave* überzeugend.

forcefulness ['fɔːsfʊlnɪs] *n see adj* Durchsetzungsvermögen *nt*, energische *or* kraftvolle Art; überzeugende Art; Stärke *f*; Eindringlichkeit *f*.

force majeure [ˌfɔːsmæ'ʒɜːʳ] *n* höhere Gewalt. **to bow to** ~ sich höherer Gewalt (*dat*) beugen.

forcemeat ['fɔːsmiːt] *n* (*Cook*) Fleischfüllung, Farce *f*.

forceps ['fɔːseps] *npl* (*also* **pair of** ~) Zange *f*. ~ **delivery** Zangengeburt *f*.

forcible ['fɔːsəbl] *adj* **1.** *entry* gewaltsam. ~ **feeding** Zwangsernährung. **2.** *language, style* eindringlich, eindrucksvoll; *argument, reason* zwingend, überzeugend; *warning* eindringlich, nachdrücklich.

forcibly ['fɔːsəblɪ] *adv* **1.** (*by force*) mit Gewalt. **he was** ~ **fed** er wurde zwangsernährt. **2.** (*vigorously*) *warn, object* eindringlich, nachdrücklich; *argue, speak* überzeugend.

forcing house ['fɔːsɪŋhaʊs] *n* **1.** (*Agr etc*) Gewächshaus *nt*. **2.** (*fig: school*) Lernfabrik *f*.

ford [fɔːd] **I** *n* Furt *f*. **II** *vt* durchqueren; (*on foot also*) durchwaten.

fore [fɔːʳ] **I** *adj* (*esp Naut*) vordere(r, s), Vorder-. ~ **and aft sail** Schratsegel *nt*.

II *n* **1.** (*Naut*) Vorderteil *nt*, Bug *m*. **at the** ~ am Bug.

2. (*fig*) **to the** ~ im Vordergrund, an der Spitze; **to come to the** ~ ins Blickfeld geraten.

III *adv* (*Naut*) vorn. ~ **and aft** längsschiffs.

IV *interj* (*Golf*) Achtung.

forearm¹ ['fɔːrɑːm] *n* Unterarm *m*.

forearm² [fɔːr'ɑːm] *vt* vorbereiten. **to** ~ **oneself** sich wappnen; **he came** ~**ed** er kam vorbereitet; *see* **forewarn.**

forebear¹ ['fɔːbɛəʳ] *n* Vorfahr(in *f*), Ahn(e *f*) *m*.

forebear² [fɔː'bɛəʳ] *vti see* **forbear¹.**

foreboding [fɔː'bəʊdɪŋ] *n* (*presentiment*) (Vor)ahnung *f*, Vorgefühl *nt*; (*feeling of disquiet*) ungutes Gefühl.

forebrain ['fɔːbreɪn] *n* Vorderhirn *nt*.

forecast ['fɔːkɑːst] **I** *vt* vorhersehen, voraussagen; (*Met*) voraussagen, vorhersagen. **II** *n* Voraussage, Vorhersage, Prognose *f*; (*Met*) Voraus- *or* Vorhersage *f*.

forecaster ['fɔːkɑːstəʳ] *n* (*Met*) Meteorologe *m*, Meteorologin *f*. **economic** ~ Wirtschaftsprognostiker(in *f*) *m*.

forecastle ['fəʊksl] *n* (*Naut*) Vorschiff, Vorderdeck *nt*; (*in Merchant Navy*) Logis *nt*.

foreclose [fɔː'kləʊz] **I** *vt loan, mortgage* kündigen. **to** ~ **sb** jds Kredit/Hypothek kündigen. **II** *vi* (*on loan, mortgage*) ein Darlehen/eine Hypothek kündigen. **to** ~ **on sth** etw kündigen.

foreclosure [fɔː'kləʊʒəʳ] *n* Zwangsvollstreckung *f* (*on* bei).

forecourt ['fɔːkɔːt] *n* Vorhof *m*.

foredeck ['fɔːdek] *n* Vor(der)deck *nt*.

forefather ['fɔːˌfɑːðəʳ] *n* Ahn, Vorfahr *m*.

forefinger ['fɔːˌfɪŋgəʳ] *n* Zeigefinger *m*.

forefoot ['fɔːfʊt] *n* Vorderfuß *m*.

forefront ['fɔːfrʌnt] *n* **in the** ~ **of** an der Spitze (+*gen*).

foregather [fɔː'gæðəʳ] *vi* zusammentreffen.

forego [fɔː'gəʊ] *pret* **forewent,** *ptp* **fore-**

gone *vt* verzichten auf (+*acc*).

foregoing ['fɔːgəʊɪŋ] *adj* vorhergehend, vorangehend.

foregone [fɔː'gɒn] **I** *ptp of* **forego. II** ['fɔːgɒn] *adj*: **it was a ~ conclusion** es stand von vornherein fest.

foreground ['fɔːgraʊnd] *n* (*Art, Phot*) Vordergrund *m*. **in the ~** im Vordergrund.

forehand ['fɔːhænd] (*Sport*) **I** *n* Vorhand *f*. **II** *attr* Vorhand-.

forehead ['fɔːhed, 'fɒrɪd] *n* Stirn *f*.

foreign ['fɒrən] *adj* **1.** ausländisch; *customs, appearance* fremdartig, fremdländisch; *policy, trade* Außen-. **is he ~?** ist er Ausländer?; **~ person** Ausländer(in *f*) *m*; **~ countries** das Ausland; **he came from a ~ country** er kam aus dem Ausland.

2. (*not natural*) fremd. **lying is quite ~ to him/his nature** Lügen ist seiner Natur fremd.

foreign affairs *npl* Außenpolitik *f*; **spokesman on ~** außenpolitischer Sprecher; **foreign correspondent** *n* Auslandskorrespondent(in *f*) *m*; **foreign currency** *n* Devisen *pl*, Fremdwährung *f*.

foreigner ['fɒrənəʳ] *n* Ausländer(in *f*) *m*.

foreign exchange *n* Devisen *pl*; **foreign exchange market** *n* Devisenmarkt *m*; **foreign investment** *n* Auslandsinvestition *f*; **foreign language I** *n* Fremdsprache *f*; **it was a ~ to me** (*fig*) es war eine Sprache, die ich nicht verstand; **II** *attr* Fremdsprachen-; **foreign legion** *n* Fremdenlegion *f*; **Foreign Minister** *n* Außenminister *m*; **foreign national** *n* ausländische(r) Staatsangehörige(r) *mf*; **Foreign Office** *n* (*Brit*) Auswärtiges Amt; **Foreign Secretary** *n* (*Brit*) Außenminister *m*.

foreknowledge [ˌfɔː'nɒlɪdʒ] *n* vorherige Kenntnis.

foreland ['fɔːlənd] *n* Vorland *nt*; (*promontory*) Landspitze *f*.

foreleg ['fɔːleg] *n* Vorderbein *nt*.

forelimb ['fɔːlɪm] *n* Vorderglied *nt*.

forelock ['fɔːlɒk] *n* Stirnlocke *f*, Stirnhaar *nt*. **to touch** *or* **tug one's ~ (to sb)** jdm Reverenz erweisen.

foreman ['fɔːmən] *n, pl* **-men** [-mən] (*in factory*) Vorarbeiter *m*; (*on building site*) Polier *m*; (*Jur: of jury*) Obmann *m*.

foremast ['fɔːmɑːst] *n* (*Naut*) Fockmast *m*.

foremost ['fɔːməʊst] **I** *adj* (*lit*) erste(r, s), vorderste(r, s); (*fig*) *writer, politician* führend. **the problem/thought which was ~ in his mind** das Problem, das/der Gedanke, der ihn hauptsächlich beschäftigte. **II** *adv see* **first.**

forename ['fɔːneɪm] *n* Vorname *m*.

forensic [fə'rensɪk] *adj* forensisch; (*Med also*) gerichtsmedizinisch. **~ science** Kriminaltechnik *f*; **~ medicine** Gerichtsmedizin *f*, forensische Medizin; **~ expert** Spurensicherungsexperte *m*; **~ laboratory** Polizeilabor *nt*.

foreplay ['fɔːpleɪ] *n* Vorspiel *nt*.

forequarters ['fɔːˌkwɔːtəz] *npl* Vorderstücke *pl*.

forerunner ['fɔːˌrʌnəʳ] *n* Vorläufer, Vorreiter *m*. **a ~ of disaster** ein Vorbote *m* des Unglücks.

foresail ['fɔːseɪl] *n* (*Naut*) Focksegel *nt*.

foresee [fɔː'siː] *vt* vorhersehen, voraussehen.

foreseeable [fɔː'siːəbl] *adj* voraussehbar, absehbar. **in the ~ future** in absehbarer Zeit.

foreshadow [fɔː'ʃædəʊ] *vt* ahnen lassen, andeuten.

foreshore ['fɔːʃɔːʳ] *n* Küstenvorland *nt*; (*beach*) Strand *m*.

foreshorten [fɔː'ʃɔːtn] *vt* (*Art, Phot*) perspektivisch zeichnen/fotografieren.

foresight ['fɔːsaɪt] *n* Weitblick *m*.

foreskin ['fɔːskɪn] *n* Vorhaut *f*.

forest ['fɒrɪst] *n* Wald *m*; (*for lumber*) Forst *m*; (*fig*) (*of TV aerials*) Wald *m*; (*of ideas, suggestions*) Wust *m*, Menge *f*. **~ ranger** (*US*) Förster *m*.

forestall [fɔː'stɔːl] *vt sb, rival* zuvorkommen (+*dat*); *accident, eventuality* vorbeugen (+*dat*); *wish, desire* im Keim ersticken; *objection* vorwegnehmen.

forestation [fɒrɪ'steɪʃən] *n see* **afforestation.**

forested ['fɒrɪstɪd] *adj* bewaldet.

forester ['fɒrɪstəʳ] *n* Förster(in *f*) *m*.

forestry ['fɒrɪstrɪ] *n* Forstwirtschaft *f*. **F~ Commission** (*Brit*) Forstverwaltung *f*.

foretaste ['fɔːteɪst] *n* Vorgeschmack *m*.

foretell [fɔː'tel] *pret, ptp* **foretold** [fɔː'təʊld] *vt* vorhersagen.

forethought ['fɔːθɔːt] *n* Vorbedacht *m*.

forever [fər'evəʳ] *adv* **1.** (*constantly*) immer, ständig, ewig (*inf*). **2.** (*esp US: eternally*) = **for ever**; *see* **ever.**

forevermore [fərˌevə'mɔːʳ] *adv* (*esp US*) = **for evermore**; *see* **evermore.**

forewarn [fɔː'wɔːn] *vt* vorher warnen. **that should have ~ed him** das hätte ihm eine Vorwarnung sein sollen; **~ed is forearmed** (*Prov*) Gefahr erkannt, Gefahr gebannt (*Prov*).

forewent [fɔː'went] *pret of* **forego.**

forewing ['fɔːwɪŋ] *n* Vorderflügel *m*.

forewoman ['fɔːwʊmən] *n, pl* **-women** [-wɪmɪn] Vorarbeiterin *f*.

foreword ['fɔːwɜːd] *n* Vorwort *nt*.

forfeit ['fɔːfɪt] **I** *vt* **1.** (*esp Jur*) verwirken; *one's rights also* verlustig gehen (+*gen*). **2.** (*fig*) *one's life, health, honour, sb's respect* einbüßen. **to ~ the right to criticize sb** sich (*dat*) das Recht verscherzen, jdn zu kritisieren.

II *n* (*esp Jur*) Strafe, Buße *f*; (*fig*) Einbuße *f*; (*in game*) Pfand *nt*. **~s** *sing* (*game*) Pfänderspiel *nt*.

III *adj* **to be ~** (*Jur*) verfallen sein; (*fig*) verwirkt sein.

forfeiture ['fɔːfɪtʃəʳ] *n* (*Jur, fig*) Verlust *m*, Einbuße *f*; (*of claim*) Verwirkung *f*.

forgather [fɔː'gæðəʳ] *vi see* **foregather.**

forgave [fə'geɪv] *pret of* **forgive.**

forge [fɔːdʒ] **I** *n* (*workshop*) Schmiede *f*; (*furnace*) Esse *f*.

II *vt* **1.** *metal,* (*fig*) *friendship, plan* schmieden.

2. (*counterfeit*) *signature, banknote* fälschen.

III *vi* **to ~ ahead** Fortschritte machen,

vorwärtskommen; (*in career*) seinen Weg machen; (*Sport*) vorstoßen; **he ~d ahead of the rest of the field** er setzte sich weit vor die anderen.

forger ['fɔːdʒəʳ] *n* Fälscher(in *f*) *m*.

forgery ['fɔːdʒərɪ] *n* **1.** (*act*) Fälschen *nt*. **2.** (*thing*) Fälschung *f*.

forget [fə'get] *pret* **forgot,** *ptp* **forgotten I** *vt* vergessen; *ability, language also* verlernen. **never to be forgotten** unvergeßlich, unvergessen; **he never lets you ~ it either** er sorgt dafür, daß du auch immer daran denkst; **don't ~ the guide** vergessen Sie nicht, dem Führer ein Trinkgeld zu geben; **I was ~ting you knew him** ich habe ganz vergessen, daß Sie ihn kennen; **I ~ his name** sein Name ist mir entfallen; **I ~ what I wanted to say** es ist mir entfallen, was ich sagen wollte; **to ~ past quarrels** vergangene Streitigkeiten ruhen lassen; **~ it!** schon gut!; **you might as well ~ it** (*inf*) das kannst du vergessen (*inf*).

II *vi* es vergessen. **don't ~!** vergiß (es) nicht!; **I never ~** ich vergesse nie etwas.

III *vr* (*behave improperly*) sich vergessen, aus der Rolle fallen; (*act unselfishly*) sich selbst vergessen.

◆**forget about** *vi +prep obj* vergessen.

forgetful [fə'getfʊl] *adj* (*absent-minded*) vergeßlich; (*of one's duties*) achtlos, nachlässig (*of* gegenüber).

forgetfulness [fə'getfʊlnɪs] *n see adj* Vergeßlichkeit *f*; Achtlosigkeit, Nachlässigkeit *f* (*of* gegenüber). **in a moment of ~** in einem Augenblick geistiger Abwesenheit.

forget-me-not [fə'getmɪnɒt] *n* (*Bot*) Vergißmeinnicht *nt*.

forgettable [fə'getəbl] *adj* **an eminently ~ second novel** ein zweiter Roman, den man getrost vergessen kann.

forgivable [fə'gɪvəbl] *adj* verzeihlich, verzeihbar.

forgive [fə'gɪv] *pret* **forgave,** *ptp* **forgiven** [fə'gɪvn] *vti mistake, clumsiness* verzeihen, vergeben; *person* verzeihen (*+dat*), vergeben (*+dat*); (*esp Eccl*) *sin* vergeben, erlassen. **to ~ sb sth** jdm etw verzeihen *or* vergeben; **to ~ sb for sth** jdm etw verzeihen *or* vergeben; **to ~ sb for doing sth** jdm verzeihen *or* vergeben, daß er etw getan hat; **~ me, but ...** Entschuldigung, aber ...

forgiveness [fə'gɪvnɪs] *n, no pl* (*quality, willingness to forgive*) Versöhnlichkeit *f*. **to ask/beg (sb's) ~** (jdn) um Verzeihung *or* Vergebung (*esp Eccl*) bitten; **the ~ of sins** (*Eccl*) die Vergebung der Sünden.

forgiving [fə'gɪvɪŋ] *adj* versöhnlich, nicht nachtragend.

forgo *pret* **forwent,** *ptp* **forgone** *vt see* **forego.**

forgot [fə'gɒt] *pret of* **forget.**

forgotten [fə'gɒtn] *ptp of* **forget.**

fork [fɔːk] **I** *n* **1.** (*implement*) Gabel *f*. **2.** (*in tree*) Astgabel *f*; (*in road, railway*) Gabelung *f*. **take the left ~** nehmen Sie die linke Abzweigung. **II** *vt* **1.** *ground* mit einer Gabel umgraben; *hay* (*turn over*) wenden. **to ~ hay onto a cart** Heu mit einer Gabel auf einen Wagen werfen. **2.** *food* gabeln (*inf*). **III** *vi* (*roads, branches*) sich gabeln. **to ~ (to the) right** (*road*) nach rechts abzweigen; (*driver*) nach rechts abbiegen.

◆**fork out** *vti sep* (*inf*) blechen (*inf*).

◆**fork over** *vt sep ground* lockern; *hay* wenden.

◆**fork up** *vt sep soil* mit einer Gabel umgraben; *hay* hochheben; *food* gabeln (*inf*).

forked [fɔːkt] *adj branch, road* gegabelt; (*with lots of forks*) verästelt; *lightning* zickzackförmig; *tongue* gespalten.

fork-lift truck, fork-lift (*inf*) *n* Gabelstapler *m*.

forlorn [fə'lɔːn] *adj* (*deserted*) verlassen; *person* einsam und verlassen; (*desperate*) *attempt* verzweifelt; (*hope*) schwach.

form [fɔːm] **I** *n* **1.** Form *f*. **~ of government** Regierungsform *f*; **~ of life** Lebensform *f*; **the various ~s of energy** die verschiedenen Energieformen; **~ of address** Anrede *f*; **a ~ of apology/punishment** eine Art der Entschuldigung/eine Form *or* Art der Bestrafung.

2. (*condition, style, guise*) Form, Gestalt *f*. **in the ~ of** in Form von *or +gen*; (*with reference to people*) in Gestalt von *or +gen*; **medicine in tablet ~** Arznei in Tablettenform; **water in the ~ of ice** Wasser in Form von Eis; **their discontent took various ~s** ihre Unzufriedenheit äußerte sich in verschiedenen Formen.

3. (*shape*) Form *f*. **to take ~** (*lit, fig*) Form *or* Gestalt annehmen; **a ~ approached in the fog** eine Gestalt näherte sich im Nebel.

4. (*Art, Mus, Liter: structure*) Form *f*.

5. (*Philos*) Form *f*. **the world of ~s** die Ideenwelt.

6. (*Gram*) Form *f*. **the plural ~** die Pluralform, der Plural.

7. *no pl* (*etiquette*) (Umgangs)form *f*. **he did it for ~'s sake** er tat es der Form halber; **it's bad ~** so etwas tut man einfach nicht; **what's the ~?** (*inf*) was ist üblich?

8. (*document*) Formular *nt*, Vordruck *m*. **printed ~** vorgedrucktes Formular; **application ~** Bewerbungsbogen *m*.

9. (*physical condition*) Form, Verfassung *f*. **to be in fine/good ~** gut in Form sein, in guter Form *or* Verfassung sein; **to be on/off ~** in/nicht in *or* außer Form sein; **he was in great ~ that evening** er war an dem Abend in Hochform; **past ~** Papierform *f*; **on past ~** auf dem Papier.

10. (*esp Brit: bench*) Bank *f*.

11. (*Brit Sch*) Klasse *f*.

12. *no pl* (*sl: criminal record*) **to have ~** vorbestraft sein.

13. (*Tech: mould*) Form *f*.

14. (*US Typ*) *see* **forme.**

15. (*of hare*) Nest *nt*.

II *vt* **1.** (*shape*) formen, gestalten (*into* zu); (*Gram*) *plural, negative* bilden. **he ~s his sentences well** er bildet wohlgeformte Sätze *pl*.

2. (*train, mould*) *child, sb's character* formen.

3. (*develop*) *liking, desire, idea* entwickeln; *habit also* annehmen; *friendship* schließen, anknüpfen; *opinion* sich (*dat*) bilden; *impression* gewinnen; *plan* ausdenken, entwerfen.

4. (*set up, organize*) *government, committee* bilden; *company, society* gründen, ins Leben rufen.

5. (*constitute, make up*) *part, basis* bilden.

6. (*take the shape or order of*) *queue, circle, pattern* bilden.

III *vi* **1.** (*take shape*) Gestalt annehmen.

2. (*esp Mil: also* ~ **up**) sich aufstellen *or* formieren, antreten. **to ~ into a queue/into two lines** eine Schlange/zwei Reihen bilden.

formal ['fɔːməl] *adj* **1.** formell; *person, manner, language also* förmlich; *reception, welcome (for head of state)* feierlich; *education, training* offiziell. ~ **dance/dress** Gesellschaftstanz *m*/-kleidung *f*.

2. (*in form*) *distinction* formal (*also Philos*). ~ **grammar** formalisierte Grammatik; ~ **logic** formale Logik.

formaldehyde [fɔː'mældɪhaɪd] *n* Formaldehyd *m*.

formalin(e) ['fɔːməlɪn] *n* Formalin *nt*.

formalism ['fɔːməlɪzəm] *n* Formalismus *m*.

formality [fɔː'mælɪtɪ] *n* **1.** *no pl* (*of person, dress, greeting, language, ceremony*) Förmlichkeit *f*.

2. (*matter of form*) Formalität *f*. **it's a mere ~** es ist (eine) reine Formsache *or* Formalität.

formalize ['fɔːməlaɪz] *vt rules, grammar* formalisieren; *agreement, relationship* formell machen.

formally ['fɔːməlɪ] *adv* **1.** formell; *behave, talk, agree, permit, invite also* förmlich; *welcome officially also* feierlich; *educated, trained* offiziell. **to be ~ dressed** Gesellschaftskleidung tragen. **2.** (*in form*) *alike, different, analyzed* formal.

format ['fɔːmæt] **I** *n* (*as regards size*) Format *nt*; (*as regards content*) Aufmachung *f*; (*Rad, TV: of programme*) Struktur *f*. **page ~** Seitenformat *nt*. **II** *vt* (*Comput*) *disk, page, paragraph* formatieren

formation [fɔː'meɪʃən] *n* **1.** (*act of forming*) Formung, Gestaltung *f*; (*Gram: of plural*) Bildung *f*; (*of character*) Formung *f*; (*of government, committee*) Bildung *f*; (*of company, society*) Gründung *f*; (*of desire, idea, impression, habit*) Entwicklung *f*; (*of friendship*) Schließen *nt*, Anknüpfung *f*; (*of opinion*) Bildung *f*; (*of plan*) Entwurf *m*.

2. (*of aircraft, dancers*) Formation *f*; (*of troops also*) Aufstellung *f*. ~ **flying** Formationsflug *m*; ~ **dancing** Formationstanzen *nt*.

3. (*Geol*) Formation *f*.

formative ['fɔːmətɪv] **I** *adj* formend, bildend; (*Gram*) Bildungs-; (*Biol*) morphogenetisch. ~ **years** entscheidende Jahre *pl*. **II** *n* (*Gram*) Wortbildungselement, Formativ *nt*.

forme [fɔːm] *n* (*Brit Typ*) (Satz)form *f*.

former ['fɔːmə^r] **I** *adj* **1.** (*of an earlier period*) früher, ehemalig. **the ~ mayor** der ehemalige Bürgermeister; **in a ~ life** in einem früheren Leben; **in ~ times/days** früher.

2. (*first-mentioned*) erstere(r, s), erstgenannte(r, s).

II *n* **the ~** der/die/das erstere; **of these two theories I prefer the ~** von diesen beiden Theorien ziehe ich (die) erstere vor.

formerly ['fɔːməlɪ] *adv* früher. **we had ~ agreed that ...** wir hatten uns seinerzeit darauf geeinigt, daß ...; **~ known as ...** früher *or* ehemals als ... bekannt; **Mrs X, ~ Mrs Y** Frau X, die ehemalige *or* frühere Frau Y.

form feed *n* (*Comput*) Formularvorschub *m*.

formica ® [fɔː'maɪkə] *n* Resopal ® *nt*.

formic acid ['fɔːmɪk'æsɪd] *n* Ameisensäure *f*.

formidable ['fɔːmɪdəbl] *adj* **1.** *person, rock-face* furchterregend; *enemy, opponent also* bedrohlich, gefährlich; *height also* gewaltig; *opposition* übermächtig; *obstacles, debts, problems, task* gewaltig, enorm; *piece of work, theory* beeindruckend, beachtlich. **2.** *achievement* gewaltig, ungeheuer.

formless *adj* formlos; **formlessness** *n* Formlosigkeit *f*; **form letter** *n* (*Comput*) Formbrief *m*.

formula ['fɔːmjʊlə] *n, pl* **-s** *or* **-e** ['fɔːmjʊliː] Formel *f* (*also Sci*); (*for lotion, medicine, soap powder*) Rezeptur *f*. **there's no sure ~ for success** es gibt kein Patentrezept *nt* für Erfolg; **they changed the ~ of the programme** sie änderten die Aufmachung des Programms; **~ 1** (*Motor-racing*) Formel 1.

formulate ['fɔːmjʊleɪt] *vt* formulieren.

formulation [ˌfɔːmjʊ'leɪʃən] *n* Formulierung *f*.

fornicate ['fɔːnɪkeɪt] *vi* Unzucht treiben.

fornication [ˌfɔːnɪ'keɪʃən] *n* Unzucht *f*.

forsake [fə'seɪk] *pret* **forsook** [fə'sʊk], *ptp* **forsaken** [fə'seɪkn] *vt* verlassen; *bad habits* aufgeben, entsagen (+*dat*) (*geh*).

forswear [fɔː'swɛə^r] *pret* **forswore** [fɔː'swɔː^r], *ptp* **forsworn** [fɔː'swɔːn] *vt* **1.** (*renounce*) abschwören (+*dat*). **2.** (*deny*) unter Eid verneinen *or* leugnen.

forsythia [fɔː'saɪθɪə] *n* Forsythie *f*.

fort [fɔːt] *n* (*Mil*) Fort *nt*. **to hold the ~** (*fig*) die Stellung halten.

forte ['fɔːtɪ] *n* (*strong point*) Stärke *f*, starke Seite.

forth [fɔːθ] *adv* **1. to set ~** (*liter*) ausziehen (*liter*); **to stretch ~ one's hand** (*liter*) die Hand ausstrecken; *see vbs*. **2.** (*in time*) **from this/that day ~** (*liter*) von diesem/jenem Tag an. **3. and so ~** und so weiter.

forthcoming [fɔːθ'kʌmɪŋ] *adj* **1.** *event* bevorstehend; *book* in Kürze erscheinend; *film, play* in Kürze anlaufend. ~ **events/attractions** Programmvorschau *f*; ~ **books** *or* **titles** geplante Neuerscheinungen *pl*. **2. to be ~** (*money*) kommen; (*help, information*) erfolgen. **3.** (*esp*

Brit: frank, informative) mitteilsam.

forthright ['fɔːθraɪt] *adj* offen; *answer also* unverblümt; *manner also* direkt.

forthwith [ˌfɔːθ'wɪθ] *adv* (*form*) umgehend, unverzüglich.

fortieth ['fɔːtɪɪθ] **I** *adj* vierzigste(r, s). **II** *n* (*fraction*) Vierzigstel *nt*; (*in series*) Vierzigste(r, s).

fortification [ˌfɔːtɪfɪ'keɪʃən] *n* **1.** *see vt* (*act of fortifying*) Befestigung *f*; Vergärung *f*; Anreicherung *f*; Bestärkung *f*. **2.** (*often pl: Mil*) Befestigungen *pl*, Festungsanlagen *pl*.

fortify ['fɔːtɪfaɪ] *vt* (*Mil*) *town* befestigen; *wine* mit zuckerreichem Most vergären; *food* anreichern; *person* bestärken; (*food, drink*) stärken. **fortified wine** weinhaltiges Getränk, Südwein *m*; **have a drink to ~ you** nehmen Sie einen Schluck zur Stärkung.

fortitude ['fɔːtɪtjuːd] *n* (innere) Kraft *or* Stärke.

fortnight ['fɔːtnaɪt] *n* (*esp Brit*) vierzehn Tage, zwei Wochen. **a ~'s holiday** zwei Wochen *or* vierzehn Tage Urlaub.

fortnightly ['fɔːtnaɪtlɪ] (*esp Brit*) **I** *adj* vierzehntägig, zweiwöchentlich. **II** *adv* alle vierzehn Tage, alle zwei Wochen, vierzehntägig, zweiwöchentlich.

FORTRAN ['fɔːtræn] *abbr of* **formula translator** FORTRAN *nt*.

fortress ['fɔːtrɪs] *n* Festung *f*. **F~ Europe** Festung Europa.

fortuitous *adj*, **~ly** *adv* [fɔː'tjuːɪtəs, -lɪ] zufällig.

fortuitousness [fɔː'tjuːɪtəsnɪs], **fortuity** [fɔː'tjuːɪtɪ] *n* Zufall *m*.

fortunate ['fɔːtʃənɪt] *adj circumstances, coincidence etc* glücklich. **to be ~** (*person*) Glück haben; **you are very ~ or you're a ~ man to be alive still** du kannst von Glück reden *or* dich glücklich schätzen, daß du noch lebst; **it was ~ that ...** es war (ein) Glück, daß ...; **how ~!** welch ein Glück!

fortunately ['fɔːtʃənɪtlɪ] *adv* glücklicherweise, zum Glück. **he was more ~ situated** ihm ging es besser.

fortune ['fɔːtʃuːn] *n* **1.** (*fate*) Schicksal, Geschick *nt*; (*chance*) Zufall *m*. **he had the good ~ to have rich parents** er hatte das Glück, reiche Eltern zu haben; **by good ~** glücklicherweise, zum Glück; **by sheer good ~** rein zufällig.

2. (*money*) Reichtum *m*, Vermögen *nt*. **to come into/make a ~** ein Vermögen erben/machen; **to seek/make one's ~** sein Glück versuchen/machen; **it costs a ~** es kostet ein Vermögen; **she spends a (small) ~ on clothes** sie gibt ein (kleines) Vermögen für Kleidung aus.

fortune hunter *n* Mitgiftjäger *m*; **fortune-teller** *n* Wahrsager(in *f*) *m*.

forty ['fɔːtɪ] **I** *adj* vierzig. **to have ~ winks** (*inf*) ein Nickerchen machen (*inf*). **II** *n* Vierzig *f*; *see also* **sixty**.

forum ['fɔːrəm] *n* Forum *nt*.

forward ['fɔːwəd] **I** *adv* **1.** (*also* **~s**) (*onwards, ahead*) vorwärts; (*to the front, to particular point, out of line*) nach vorn. **please step ~** bitte vortreten; **to take two steps ~** zwei Schritte vortreten; **to rush ~** sich vorstürzen; **to go straight ~** geradeaus gehen; **~!** vorwärts!; **he went backward(s) and ~(s) between the station and the house** er ging/fuhr *etc* zwischen Haus und Bahnhof hin und her.

2. (*in time*) **from this time ~** (*from then*) seitdem; (*from now*) von jetzt an; **if we think ~ to the next stage** wenn wir an die vor uns liegende nächste Stufe denken.

3. (*into prominence*) **to come ~** sich melden; **to bring ~ new proof** neue Beweise *pl* vorlegen.

II *adj* **1.** (*in place*) vordere(r, s); (*in direction*) Vorwärts-. **~ march** Vormarsch *m*; **~ gears** (*Aut*) Vorwärtsgänge *pl*; **~ pass** (*Sport*) Vorwärtspaß *m*; **this seat is too far ~** dieser Sitz ist zu weit vorn.

2. (*in time*) *planning* Voraus-; (*Comm*) *buying, price* Termin-; (*well-advanced*) *season* (weit) fortgeschritten; *plants* Früh-, früh *pred*; *children* frühreif. **I'd like to be further ~ with my work** ich wollte, ich wäre mit meiner Arbeit schon weiter.

3. (*presumptuous, pert*) dreist.

III *n* (*Sport*) Stürmer(in *f*) *m*.

IV *vt* **1.** (*advance*) *plans etc* vorantreiben. **we'll ~ your suggestions to the committee** wir werden Ihre Vorschläge an den Ausschuß weiterleiten.

2. (*dispatch*) *goods* beförden, senden; (*send on*) *letter, parcel* nachsenden. **please ~** bitte nachsenden.

forwarding ['fɔːwədɪŋ]: **forwarding address** *n* Nachsendeadresse *f*; **forwarding agent** *n* Spediteur *m*; **forwarding instructions** *npl* (*for goods*) Lieferanweisungen *pl*; (*for sending on mail*) Nachsendeanweisungen *pl*.

forward-line *n* (*Sport*) Sturm *m*, Stürmerreihe *f*; **forward-looking** *adj person* fortschrittlich, progressiv; *plan* vorausblickend.

forwardness ['fɔːwədnɪs] *n* (*presumption*) Dreistigkeit *f*.

forwards ['fɔːwədz] *adv see* **forward I 1.**

forwent [fɔː'went] *pret of* **forgo.**

fossil ['fɒsl] **I** *n* (*lit*) Fossil *nt*. **he's an old ~!** (*inf*) er ist so verknöchert. **II** *adj* versteinert. **~ fuels** fossile Brennstoffe *pl*.

fossilized ['fɒsɪlaɪzd] *adj* versteinert; (*fig*) *person* verknöchert; *customs* verkrustet, starr.

foster ['fɒstə^r] *vt* **1.** *child* (*parents*) in Pflege nehmen; (*authorities:* **~ out**) in Pflege geben (*with* bei). **2.** (*encourage, promote*) fördern. **3.** (*have in one's mind*) *idea, thought* hegen.

◆**foster out** *vt sep* in Pflege geben (*with* bei).

foster-brother *n* **1.** Pflegebruder *m*; **2.** (*fed by same mother*) Milchbruder *m*; **foster-child** *n* Pflegekind *nt*; **foster-father** *n* Pflegevater *m*; **foster home** *n* Pflegeheim *nt*; **foster-mother** *n* **1.** (*Jur*) Pflegemutter *f*; **2.** (*wet-nurse*) Amme *f*; **3.** (*apparatus*) Brutkasten *m*; **foster-sister** *n* Pflegeschwester *f*.

fought [fɔːt] *pret, ptp of* **fight.**

foul [faʊl] **I** *adj* (*+er*) **1.** (*putrid, stinking*) *smell* übel, schlecht; *water* faulig; *air* schlecht, stinkig (*inf*); *food* übelriechend, verdorben. **~ deed** böse *or* schlechte Tat.

2. (*horrible*) *day, weather, mood* ekelhaft, mies (*inf*); *person, behaviour* gemein, fies (*inf*). **he has a ~ temper** er ist ein ganz übellauniger Mensch.

3. *language* unflätig.

4. (*Sport*) *serve, throw-in* ungültig; *punch* unerlaubt, verboten. **he was sent off for ~ play** er wurde wegen eines Fouls vom Platz gestellt.

5. the police suspect ~ play es besteht Verdacht auf einen unnatürlichen *or* gewaltsamen Tod.

6. (*entangled*) verwickelt. **to fall** *or* **run ~ of sb/the law** mit jdm/dem Gesetz in Konflikt geraten.

II *n* (*Sport*) Foul *nt*, Regelverstoß *m*; (*Boxing*) unerlaubter or verbotener Schlag.

III *vt* **1.** (*pollute*) *air* verpesten; (*clog*) *pipe, chimney, gun-barrel* verstopfen; (*dog*) *pavement* verunreinigen.

2. (*entangle*) *fishing line* verheddern; *propeller* (*seaweed etc*) sich verheddern in (+*dat*); (*collide with*) *ship* rammen.

3. (*Sport*) foulen.

IV *vi* **1.** (*Sport*) foulen, regelwidrig spielen.

2. (*rope, line*) sich verwickeln, sich verheddern.

◆**foul up** *vt sep* (*inf*) versauen (*inf*).

fouler ['faʊləʳ] *n* (*Sport*) Foulspieler(in *f*) *m*.

foully ['faʊlɪ] *adv* (*horribly*) übel, schlimm.

foul-mouthed ['faʊlmaʊðd] *adj* unflätig, vulgär.

foulness ['faʊlnɪs] *n* **1.** (*putridness, stink*) (*of water*) Fauligkeit *f*; (*of food*) Verdorbenheit *f*. **the ~ of the smell/air** der üble *or* schlechte Geruch/die schlechte Luft.

2. (*horribleness*) **the ~ of the weather/wine** das schlechte Wetter/der schlechte Wein.

3. (*of language*) Unflätigkeit *f*.

foul-smelling ['faʊlsmelɪŋ] *adj* übelriechend *attr*.

foul-tempered ['faʊl,tempəd] *adj* sehr übellaunig.

found[1] [faʊnd] *pret, ptp of* **find.**

found[2] *vt* **1.** (*set up*) gründen, *town, school, hospital also* errichten. **2. to ~ sth (up)on sth** *opinion, belief* etw auf etw (*dat*) gründen *or* stützen; **our society is ~ed on this** das ist die Grundlage unserer Gesellschaft; **the novel is ~ed on fact** der Roman beruht *or* basiert auf Tatsachen.

found[3] *vt* (*Metal*) *metal, glass* schmelzen und in eine Form gießen; *object* gießen.

foundation [faʊn'deɪʃən] *n* **1.** (*act of founding*) (*of business, colony*) Gründung *f*; (*of town, school also*) Errichtung *f*. **2.** (*institution*) Stiftung *f*. **3. ~s** *pl* (*Build*) (*of house*) Fundament *nt*; (*of road*) Unterbau *m*. **4.** (*fig: basis*) Grundlage *f*. **5.** (*make-up*) Grundierungscreme *f*.

foundation cream *n* Grundierungscreme *f*; **foundation garment** *n* Mieder *nt*; **foundation stone** *n* Grundstein *m*.

founder[1] ['faʊndəʳ] *n* (*of school, colony, organization*) Gründer(in *f*) *m*; (*of charity, museum*) Stifter(in *f*) *m*.

founder[2] *vi* **1.** (*ship: sink*) sinken, untergehen. **2.** (*horse: stumble*) straucheln, stolpern. **3.** (*fig: fail*) (*plan, project*) scheitern, fehlschlagen; (*hopes*) auf den Nullpunkt sinken.

founder[3] *n* (*Metal*) Gießer *m*.

Founding Fathers ['faʊndɪŋ,fɑːðəz] *npl* (*US*) Gründungsväter *pl*.

foundling ['faʊndlɪŋ] *n* Findling *m*, Findelkind *nt*.

foundry ['faʊndrɪ] *n* Gießerei *f*.

fount [faʊnt] *n* **1.** (*liter*) (*fountain*) Born *m* (*poet*), Quelle *f*; (*fig: source*) Quelle *f*. **2.** (*Typ*) Schrift *f*.

fountain ['faʊntɪn] *n* Brunnen *m*; (*with upward jets also*) Springbrunnen *m*; (*jet, spurt: of water, lava*) Fontäne *f*; (*drinking ~*) (Trinkwasser)brunnen *m*; (*fig: source*) Quelle *f*. **~ of youth** Jungbrunnen *m*.

fountain-head *n* (*of river*) Quelle *f*; (*fig*) Quelle *f*, Ursprung *m*; **fountain-pen** *n* Füllfederhalter, Füller *m*.

four [fɔːʳ] **I** *adj* vier. **open to the ~ winds** Wind und Wetter ausgesetzt.

II *n* Vier *f*. **on all ~s** auf allen vieren; *see also* **six.**

four-ball *n* (*Golf*) Vierer *m*; **four-colour** *adj* (*Typ*) Vierfarb-; **four-colour printing** *n* Vierfarbdruck *m*; **four-cycle** *adj* (*US*) *see* **four-stroke**; **four-dimensional** *adj* vierdimensional; **four-door** *attr* viertürig; **four-eyes** *n sing* (*hum inf*) Bebrillte(r) *mf* (*hum inf*); **four-figure** *attr* vierstellig; **fourfold I** *adj* vierfach; **II** *adv* um das Vierfache; **four-footed** *adj* vierfüßig; **four-four time** *n* (*Mus*) Viervierteltakt *m*; **four-handed** *adj* (*Mus*) vierhändig, für vier Hände, zu vier Händen; **four-leaf clover, four-leaved clover** *n* vierblättriges Kleeblatt; **four-letter word** *n* Vulgärausdruck *m*; **four-minute mile** *n* Vierminutenmeile *f*; **four-part** *attr serial, programme* vierteilig; (*Mus*) für vier Stimmen; **four-poster (bed)** *n* Himmelbett *nt*; **four score** *adj* (*obs*) achtzig; **four-seater I** *adj* viersitzig; **II** *n* Viersitzer *m*; **foursome** *n* Quartett *nt*; (*Sport*) Viererspiel *nt*; **to go out in a ~** zu viert ausgehen; **four square** *adj* **1.** (*square*) viereckig, quadratisch; **2.** (*firm, unyielding*) *attitude, decision* entschlossen, fest; **3.** (*forthright*) *account* offen und ehrlich, direkt; **four-star** *adj hotel, (US) general* Vier-Sterne-; (*Brit*) *petrol* Super-; **four-stroke** *adj engine* Viertakt-.

fourteen ['fɔː'tiːn] **I** *adj* vierzehn. **II** *n* Vierzehn *f*.

fourteenth ['fɔː'tiːnθ] **I** *adj* vierzehnte(r, s). **II** *n* (*fraction*) Vierzehntel *nt*; (*of series*) Vierzehnte(r, s); *see also* **sixteenth.**

fourth [fɔːθ] **I** *adj* vierte(r, s). **the ~ estate** die Presse.

II *n* (*fraction*) Viertel *nt*; (*in series*) Vierte(r, s). **to drive in ~** im vierten

Gang fahren; *see also* **sixth.**

fourthly ['fɔːθlɪ] *adv* viertens.

four-way *adj* zu viert; *valve* Vierwege-; **four-wheel drive** *n* Vierradantrieb *m*.

fowl [faʊl] **I** *n* **1.** (*poultry*) Geflügel *nt*; (*one bird*) Huhn *nt*; Gans *f*; Truthahn *m*. **2. the ~s of the air** (*liter*) die Vögel des Himmels. **II** *vi* (*also* **to go ~ing**) auf Vogeljagd gehen.

fowl pest *n* Hühnerpest *f*.

fox [fɒks] **I** *n* **1.** (*lit, fig*) Fuchs *m*. **a sly ~** (*fig*) ein schlauer Fuchs. **2.** (~ *fur*) Fuchs(pelz) *m*. **3.** (*US inf: sexy woman*) scharfes Weib (*inf*). **II** *vt* (*deceive*) täuschen, reinlegen (*inf*); (*bewilder*) verblüffen. **that's ~ed you, hasn't it?** da bist du baff, was? (*inf*).

fox cub *n* Fuchsjunge(s) *nt*, Fuchswelpe *m*; **foxglove** *n* (*Bot*) Fingerhut *m*; **foxhole** *n* **1.** Fuchsbau *m*; **2.** (*Mil*) Schützengraben *m*, Schützenloch *nt*; **foxhound** *n* Fuchshund *m*; **fox-hunt I** *n* Fuchsjagd *f*; **II** *vi* auf (die) Fuchsjagd gehen; **fox terrier** *n* Foxterrier *m*; **foxtrot** *n* Foxtrott *m*.

foxy ['fɒksɪ] *adj* (+*er*) (*wily*) listig, pfiffig, verschlagen. **~ lady** (*US inf*) scharfes Weib (*inf*).

foyer ['fɔɪeɪ] *n* (*in theatre*) Foyer *nt*; (*in hotel also*) Empfangshalle *f*; (*esp US: in apartment house*) Diele *f*.

fracas ['frækɑː] *n* Aufruhr, Tumult *m*.

fraction ['frækʃən] *n* **1.** (*Math*) Bruch *m*. **2.** (*fig*) Bruchteil *m*. **a ~ better/shorter** (um) eine Spur besser/kürzer; **for a ~ of a second** einen Augenblick lang; **it missed me by a ~ of an inch** es verfehlte mich um Haaresbreite.

fractional ['frækʃənl] *adj* **1.** (*Math*) Bruch-; (*fig*) geringfügig. **~ part** Bruchteil *m*. **2.** (*Chem*) *distillation* fraktioniert.

fractionally ['frækʃənəlɪ] *adv* geringfügig.

fractious ['frækʃəs] *adj* verdrießlich; *child* aufsässig.

fractiousness ['frækʃəsnɪs] *n see adj* Verdrießlichkeit *f*; Aufsässigkeit *f*.

fracture ['fræktʃəʳ] **I** *n* Bruch *m*; (*Med also*) Fraktur *f* (*spec*). **II** *vti* brechen. **he ~d his shoulder** er hat sich (*dat*) die Schulter gebrochen; **~d skull** Schädelbruch *m*.

fragile ['frædʒaɪl] *adj china, glass* zerbrechlich; *butterfly's wing also, material, plant, leaf, complexion* zart; (*through age*) brüchig; (*fig*) *person* (*in health*) gebrechlich; *health* anfällig; *self-confidence, ego* labil, wackelig (*inf*). **"~, handle with care"** „Vorsicht, zerbrechlich"; **he's feeling a bit ~ this morning** (*inf*) er fühlt sich heute morgen etwas angeschlagen.

fragility [frə'dʒɪlɪtɪ] *n see adj* Zerbrechlichkeit *f*; Zartheit *f*; Brüchigkeit *f*; Gebrechlichkeit *f*; Anfälligkeit *f*; Labilität, Wackeligkeit (*inf*) *f*.

fragment ['frægmənt] **I** *n* **1.** Bruchstück *nt*; (*of china, glass*) Scherbe *f*; (*of shell*) Stückchen *nt*; (*of paper, letter*) Schnipsel *m*; (*of programme, opera*) Bruchteil *m*. **~s of conversation** Gesprächsfetzen *pl*.

2. (*esp Liter, Mus: unfinished work*) Fragment *nt*.

II [fræg'ment] *vi* (*rock, glass*) (zer)brechen, in Stücke brechen; (*fig*) (*hopes*) sich zerschlagen; (*society*) zerfallen.

III [fræg'ment] *vt rock, glass* in Stükke brechen; (*with hammer etc*) in Stücke schlagen; (*fig*) *society, hopes* zerschlagen.

fragmentary ['frægməntərɪ] *adj* (*lit, fig*) fragmentarisch, bruchstückhaft.

fragmentation [ˌfrægmen'teɪʃən] *n see vb* Zerbrechen *nt*; Zerschlagung *f*.

fragmented [fræg'mentɪd] *adj* bruchstückhaft; (*broken up*) unzusammenhängend, ohne Zusammenhang.

fragrance ['freɪgrəns] *n* Duft, Wohlgeruch *m*.

fragrant ['freɪgrənt] *adj* duftend, wohlriechend; (*fig liter*) *memories* köstlich.

frail [freɪl] *adj* (+*er*) zart; *dried flowers, butterfly's wing, appearance also, old lady* zerbrechlich; *health also* anfällig; *old lace, old book* brüchig; (*fig*) *flesh, hope* schwach.

frailty ['freɪltɪ] *n see adj* Zartheit *f*; Zerbrechlichkeit *f*; Anfälligkeit *f*; Brüchigkeit *f*; Schwäche *f*.

frame [freɪm] **I** *n* **1.** (*basic structure, border of picture*) Rahmen *m*; (*of building*) (Grund)gerippe *nt*; (*of ship*) Gerippe *nt*; (*Typ*) Setzregal *nt*; (*Hort*) Mistbeet, Frühbeet *nt*; (*of spectacles: also* ~*s*) Gestell *nt*; (*Billiards*) (*single game*) Spiel *nt*; (*triangle*) Rahmen *m*.

2. (*of human, animal*) Gestalt *f*.

3. ~ of mind (*mental state*) Verfassung *f*; (*mood*) Stimmung, Laune *f*; **in a cheerful ~ of mind** in fröhlicher Stimmung *or* Laune.

4. (*fig: framework, system*) grundlegende Struktur. **~ of reference** (*lit, fig*) Bezugssystem *nt*; **within the ~ of ...** im Rahmen (+*gen*) ...

5. (*Film, Phot*) (Einzel)bild *nt*; (*in comic strip*) Bild(chen) *nt*.

6. (*TV*) Abtastbild, Rasterbild *nt*.

7. (*Telec, Comput*) Datenübertragungsblock *m*.

II *vt* **1.** *picture* rahmen; (*fig*) *face* einor umrahmen. **he appeared ~d in the door** er erschien im Türrahmen.

2. (*draw up, construct*) *constitution, law, plan* entwerfen; *idea* entwickeln; (*express*) *answer, excuse* formulieren; *sentence* bilden; *words* bilden, formen.

3. (*sl: incriminate falsely*) **he said he had been ~d** er sagte, man habe ihm die Sache angehängt (*inf*).

III *vi* (*develop*) sich entwickeln. **his plans are framing well/badly** seine Pläne machen gute/keine Fortschritte *pl*.

frame-house ['freɪmhaʊs] *n* Holzhaus, Haus *nt* mit Holzrahmen.

frame rucksack *n* Rucksack *m* mit Traggestell; **frame-saw** *n* Bügelsäge *f*; **frame-up** *n* (*inf*) Komplott *nt*; **framework** *n* (*lit*) Grundgerüst *nt*; (*fig*) (*of essay, novel also*) Gerippe *nt*; (*of society, government*) grundlegende Struktur; **within the ~ of ...** im Rahmen (+*gen*) ...

franc [fræŋk] *n* Franc *m*.
France [frɑːns] *n* Frankreich *nt*.
franchise ['fræntʃaɪz] *n* **1.** (*Pol*) Wahlrecht *nt*. **2.** (*Comm*) Lizenz, Franchise *f*.
franchisee [ˌfræntʃaɪ'ziː] *n* (*Comm*) Lizenz- *or* Franchisenehmer(in *f*) *m*.
franchisor ['fræntʃaɪzəʳ] *n* (*Comm*) Lizenz- *or* Franchisegeber(in *f*) *m*.
Francis ['frɑːnsɪs] *n* Franz *m*. **St ~ of Assisi** der heilige Franziskus von Assisi.
Franciscan [fræn'sɪskən] **I** *n* Franziskaner(in *f*) *m*. **II** *adj* Franziskaner-.
Franco- ['fræŋkəʊ-] *in cpds* Französisch-; **Franco-German** *adj* deutsch-französisch.
Franconia [fræŋ'kəʊnɪə] *n* Franken *nt*.
Franconian [fræŋ'kəʊnɪən] **I** *n* (*person*) Franke *m*, Fränkin *f*; (*dialect*) Fränkisch *nt*.
II *adj* fränkisch.
francophile *n* **he is a ~** er ist frankophil; **francophilia** *n* Frankophilie *f*; **francophobe** *n* Franzosenfeind *m*; **francophobia** *n* Frankophobie *f*; **francophone** *adj* französischsprechend.
Franglais ['frɑ̃ːŋgleɪ] *n* Französisch *nt* mit vielen englischen Ausdrücken.
frank¹ [fræŋk] *adj* (+*er*) offen; *opinion also* ehrlich; *desire, distaste, dislike* unverhohlen. **to be ~ with sb** mit jdm offen sein, zu jdm ehrlich sein; **to be (perfectly) ~** ehrlich gesagt.
frank² *vt letter* frankieren; (*postmark*) *letter* stempeln.
frankincense ['fræŋkɪnsens] *n* Weihrauch *m*.
franking-machine ['fræŋkɪŋmə'ʃiːn] *n* Frankiermaschine *f*.
Frankish ['fræŋkɪʃ] **I** *adj* fränkisch. **II** *n* (*Ling*) Fränkisch *nt*.
franklin ['fræŋklɪn] *n* (*Hist*) Freisasse *m*.
frankly ['fræŋklɪ] *adv* offen; (*to tell the truth*) ehrlich gesagt.
frankness ['fræŋknɪs] *n see adj* Offenheit *f*; Ehrlichkeit *f*; Unverhohlenheit *f*.
frantic ['fræntɪk] *adj effort, cry, scream* verzweifelt; *activity* fiebrig, rasend; *agitation* hell, höchste(r, s); *desire* übersteigert; *person* außer Fassung, außer sich. **~ with pain/worry** außer sich *or* rasend vor Schmerzen/außer sich vor Sorge(n); **to go ~** außer sich geraten; (*with worry*) am Rande der Verzweiflung sein; **to drive sb ~** jdn zur Verzweiflung treiben.
frantically ['fræntɪkəlɪ] *adv try, scream* verzweifelt; *gesticulate, rush around* wild, wie wildgeworden (*inf*); *busy, worried* rasend; (*inf: terribly*) rasend, furchtbar.
fraternal [frə'tɜːnl] *adj* brüderlich. **~ twins** zweieiige Zwillinge *pl*.
fraternity [frə'tɜːnɪtɪ] *n* **1.** *no pl* Brüderlichkeit *f*. **2.** (*community*) Vereinigung, Zunft *f*; (*Eccl*) Bruderschaft *f*; (*US Univ*) Verbindung *f*. **the legal/medical ~** die Juristen *pl*/Mediziner *pl*.
fraternization [ˌfrætənaɪ'zeɪʃən] *n* (freundschaftlicher) Umgang, Verbrüderung *f* (*pej*); (*Mil also*) Fraternisieren *nt*.
fraternize ['frætənaɪz] *vi* (freundschaftlichen) Umgang haben, sich verbrüdern (*pej*); (*Mil also*) fraternisieren.
fratricide ['frætrɪsaɪd] *n* Brudermord *m*; (*person*) Brudermörder(in *f*) *m*.
fraud [frɔːd] *n* **1.** (*no pl: trickery*) Betrug *m*; (*trick also*) Schwindel *m*. **~s** Betrügereien *pl*; **~ squad** Betrugsdezernat *nt*.
2. (*fraudulent person*) Betrüger(in *f*), Schwindler(in *f*) *m*; (*feigning illness*) Simulant(in *f*) *m*; (*fraudulent thing*) (reiner) Schwindel, fauler Zauber (*inf*). **to obtain sth by ~** sich (*dat*) etw erschwindeln.
fraudulence ['frɔːdjʊləns], **fraudulency** ['frɔːdjʊlənsɪ] *n* Betrügerei *f*; (*of action*) betrügerische Art.
fraudulent ['frɔːdjʊlənt] *adj* betrügerisch.
fraught [frɔːt] *adj* geladen (*with* mit). **~ with danger** gefahrvoll; **~ with meaning** bedeutungsvoll *or* -schwer; **~ with tension** spannungsgeladen; **the situation/atmosphere was a bit ~** (*inf*) die Situation/Atmosphäre war ein bißchen gespannt.
fray¹ [freɪ] *n* Schlägerei *f*; (*Mil*) Kampf *m*. **ready for the ~** (*lit, fig*) kampfbereit, zum Kampf bereit; **to be eager for the ~** (*lit, fig*) kampflustig sein.
fray² **I** *vt cloth* ausfransen; *cuff, rope* durchscheuern. **II** *vi* (*cloth*) (aus)fransen; (*cuff, trouser turn-up, rope*) sich durchscheuern. **tempers began to ~** die Gemüter begannen sich zu erhitzen.
frayed [freɪd] *adj* (*fig*) gereizt, angespannt. **my nerves are quite ~** ich bin mit den Nerven am Ende (*inf*); **tempers were ~** die Gemüter waren erhitzt.
frazzle ['fræzl] **I** *n* (*inf*) **worn to a ~** (*exhausted*) am Boden zerstört (*inf*); **burnt to a ~** (*toast, meat*) völlig verkohlt; (*sunburnt*) von der Sonne total verbrannt. **II** *vt* (*US inf*) **1.** (*fray*) ausfransen. **2.** (*fig: tire*) völlig erschöpfen *or* ermüden.
freak [friːk] **I** *n* **1.** (*abnormal plant*) Mißbildung *f*; (*person, animal also*) Mißgeburt *f*. **~ of nature** Laune *f* der Natur.
2. (*abnormal event*) außergewöhnlicher Zufall; (*snowstorm etc*) Anomalie *f*. **~ of fortune** Laune *f* des Zufalls.
3. (*sl: hippy*) ausgeflippter Typ (*sl*). **he's an acid ~** er ist ein Säurekopf *m* (*inf*), er nimmt LSD.
4. (*sl*) **jazz ~** Jazzfan *m*, **movie ~** Kinofan *m*; **health ~** Gesundheitsapostel *m* (*inf*).
5. (*inf: weird person*) Irre(r) *mf*.
II *adj weather, conditions* anormal, abnorm; *error* verrückt; (*Statistics*) *values* extrem; *victory* Überraschungs-.
◆**freak out** (*sl*) **I** *vi* ausflippen (*sl*); (*of society also*) aussteigen. **II** *vt sep* **it ~ed me ~** dabei bin ich ausgeflippt (*sl*).
freakish ['friːkɪʃ] *adj* **1.** *see* **freak II 2.** (*changeable*) *weather* verrückt (*inf*), launisch, unberechenbar; *person* ausgeflippt (*sl*); *hairstyle, idea* verrückt (*inf*), irre (*inf*).
freak-out *n* (*sl*) (*party*) Haschparty *f* (*inf*); (*drug trip*) (Wahnsinns)trip *m* (*sl*).
freaky ['friːkɪ] *adj* (+*er*) (*sl*) irre (*sl*).
freckle ['frekl] *n* Sommersprosse *f*.

freckled ['frekld], **freckly** ['freklɪ] *adj* sommersprossig.

Frederick ['fredrɪk] *n* Friedrich *m*.

free [friː] **I** *adj* (+*er*) **1.** (*at liberty, unrestricted*) *person, animal, state, activity, translation, choice* frei. **to set a prisoner ~** einen Gefangenen freilassen *or* auf freien Fuß setzen; **to go ~** (*not be imprisoned*) frei ausgehen; (*be set free*) freigelassen werden; **the fishing is ~ here** diese Stelle hier ist zum Fischen freigegeben; **you're ~ to choose** die Wahl steht Ihnen frei; **you're ~ to come too** Sie können ruhig auch kommen; **you're ~ to refuse** Sie können auch ablehnen; **you're ~ to go now** Sie können jetzt gehen(, wenn Sie wollen); **I'm not ~ to do it** es steht mir nicht frei, es zu tun; **do feel ~ to help yourself** nehmen Sie sich ruhig; **feel ~!** (*inf*) bitte, gerne!; **to give sb a ~ hand** jdm freie Hand lassen; **he left one end of the string ~** er ließ ein Ende des Bindfadens lose; **his arms were left ~** (*not tied*) seine Arme waren frei(gelassen); **~ and easy** ungezwungen.

2. (+*prep*) **~ from pain/worry** schmerzfrei/sorgenfrei *or* -los; **~ from blame/responsibility** frei von Schuld/Verantwortung; **~ of sth** frei von etw.

3. (*costing nothing*) kostenlos, Gratis-; *ticket also* frei, Frei-; (*Comm*) gratis. **it's ~** das kostet nichts; **admission ~** Eintritt frei; **to get sth ~** etw umsonst bekommen; **we got in ~** *or* **for ~** (*inf*) wir kamen umsonst rein; **I can tell you that for ~** (*inf*) das kann ich dir gratis sagen; **~ delivery** (porto)freier Versand; **~ gift** (Gratis)geschenk *nt*; **~ alongside ship** (*Comm*) frei Kai; **~ on board** (*Comm*) frei Schiff.

4. (*not occupied*) *room, seat, hour, person* frei. **there are two ~ rooms left** es sind noch zwei Zimmer frei; **I wasn't able to get ~ earlier** ich konnte mich nicht eher freimachen; **if you've got a ~ hand could you carry this?** wenn du eine Hand frei hast, kannst du mir das tragen?

5. (*lavish, profuse*) großzügig, freigebig; (*licentious, improper*) *language, behaviour* frei, lose; (*over-familiar*) plump-vertraulich. **to be ~ with one's money** großzügig mit seinem Geld umgehen.

II *vt prisoner* (*release*) freilassen; (*help escape*) befreien; *caged animal* freilassen; *nation* befreien; (*untie*) *person* losbinden; *tangle* (auf)lösen; *pipe* freimachen; *rusty screw, caught fabric* lösen. **to ~ sb from anxiety** jdn von seiner Angst befreien; **to ~ oneself from sth** sich von etw frei machen.

-free *adj suf* -frei.

freebie, freebee ['friːbiː] *n* (*inf: promotional gift*) Werbegeschenk *nt*.

freeboard *n* Freibord *nt*; **freebooter** *n* Freibeuter *m*; **free collective bargaining** *n* Tarifautonomie *f*.

freedom ['friːdəm] *n* **1.** Freiheit *f*. **~ of action/speech/worship** Handlungs-/Rede-/Religionsfreiheit *f*; **~ of assembly** Versammlungsfreiheit *f*; **~ of association** Vereinsfreiheit *f*; **~ of the press** Pressefreiheit *f*; **to give sb ~ to do as he wishes** jdm (völlige) Freiheit lassen, zu tun, was er will; **~ from sth** Freiheit von etw.

2. (*frankness*) Offenheit *f*; (*over-familiarity*) plumpe (*inf*) *or* zu große Vertraulichkeit.

3. (*permission to use freely*) **the ~ of the city** die (Ehren)bürgerrechte *pl*; **to give sb the ~ of one's house** jdm sein Haus zur freien Verfügung stellen.

freedom fighter *n* Freiheitskämpfer(in *f*) *m*.

free elections *npl* freie Wahlen *pl*; **free enterprise** *n* freies Unternehmertum; **free-fall I** *n* freier Fall; **in ~** (*Space*) in freiem Fall; **II** *vi* frei fallen.

freefone ['friːfəʊn] *n* **call ~ 0800** rufen Sie gebührenfrei *or* zum Nulltarif 0800 an.

free-for-all *n* Gerangel *nt* (*inf*); (*fight*) Schlägerei *f*; **free-hand I** *adj drawing* Freihand-; **II** *adv* freihand, aus der Hand; **free-handed** *adj* (*generous*) großzügig, freigebig; **freehold** *n* **to own sth ~** etw besitzen; **freehold property** *n* (freier) Grundbesitz; **free house** *n* (*Brit*) *Wirtshaus, das nicht an eine bestimmte Brauerei gebunden ist*; **free kick** *n* (*Sport*) Freistoß *m*; **free labour** *n* (*non-unionized*) nicht organisierte Arbeiter(schaft *f*) *pl*; **freelance I** *n* Freiberufler(in *f*) *m*, freischaffender *or* freier Journalist/Schriftsteller, freischaffende *or* freie Journalistin/Schriftstellerin; (*with particular firm*) freier Mitarbeiter, freie Mitarbeiterin; **II** *adj journalist, designer* frei(schaffend), freiberuflich tätig; **III** *adv* freiberuflich; **to work ~** *see vi*; **IV** *vi* freiberuflich tätig sein, frei arbeiten; (*with particular firm*) als freier Mitarbeiter/als freie Mitarbeiterin tätig sein; **freeload** *vi* (*inf*) schmarotzen (*on* bei); **freeloader** *n* (*inf*) Schmarotzer(in *f*) *m*; **free love** *n* freie Liebe.

freely ['friːlɪ] *adv* **1.** (*lavishly*) *give* reichlich, großzügig. **he spends his money ~** er gibt sein Geld mit vollen Händen aus. **2.** (*unrestrictedly*) *speak* frei; *move also* ungehindert.

freeman *n* **1.** (*not a slave*) Freie(r) *m*; **2. ~ of a city** Ehrenbürger *m* einer Stadt; **freemarket economy** *n* freie Marktwirtschaft *f*; **freemason** *n* Freimaurer *m*; **freemasonry** *n* Freimaurerei *f*; **free port** *n* Freihafen *m*; **free-range** *adj* (*Brit*) *chicken* Farmhof-; *eggs* von freilaufenden Hühnern; **free sample** *n* Gratisprobe *f*.

freesia ['friːzɪə] *n* (*Bot*) Freesie *f*.

free speech *n* Redefreiheit *f*; **free-standing** *adj* frei stehend; **freestyle I** *n* Kür *f*; (*Swimming*) Freistil *m*; **II** *attr* Kür-; *swimming, wrestling* Freistil-; **freethinker** *n* Freidenker, Freigeist *m*; **freethinking** *adj person* freidenkerisch, freigeistig; **free-trade** *n* Freihandel *m*; **free-trader** *n* Freihändler(in *f*) *m*; **freeway** *n* (*US*) Autobahn *f*; **freewheel I** *vi* im Freilauf fahren; **a ~ing discussion** eine offene Diskussion; **II** *n* Freilauf *m*;

free will *n* (*Philos*) freier Wille; **he did it of his own ~** er hat es aus freien Stücken getan; **Free World** *n* **the ~** die freie Welt.

freeze [fri:z] (*vb: pret* **froze,** *ptp* **frozen**) **I** *vi* **1.** (*Met*) frieren; (*water, liquids*) gefrieren; (*lakes, rivers*) zufrieren; (*pipes*) einfrieren. **it's freezing hard** es herrscht starker Frost, es friert stark (*inf*); **frozen solid** völlig gefroren/zugefroren/eingefroren; **I am/my hands are freezing** mir ist/meine Hände sind eiskalt; **to ~ to death** (*lit*) erfrieren; (*fig*) sich zu Tode frieren; *see* **frozen.**

2. (*fig*) (*blood*) erstarren, gerinnen; (*heart*) aussetzen; (*smile*) erstarren, gefrieren.

3. (*keep still*) in der Bewegung verharren *or* erstarren. **he froze in his tracks** er blieb wie angewurzelt stehen; **~!** keine Bewegung!

4. (*Cook*) **meat ~s well** Fleisch läßt sich gut einfrieren.

II *vt* **1.** *water* gefrieren; (*Med, Cook*) einfrieren. **2.** (*Econ*) *assets* festlegen; *credit, wages, bank account* einfrieren; (*stop*) *film* anhalten. **3.** (*Med*) *wound* vereisen. **4.** (*fig*) **to ~ sb with a look** jdm einen eisigen Blick zuwerfen.

III *n* **1.** (*Met*) Frost *m*. **the big ~** der harte Frost. **2.** (*Econ*) Stopp *m*. **a wages ~, a ~ on wages** ein Lohnstopp *m*.

◆**freeze off** *vt sep* die kalte Schulter zeigen (+*dat*).

◆**freeze onto** *vi* +*prep obj* (*US inf*) **to ~ ~ sb** sich wie eine Klette an jdn hängen *or* heften.

◆**freeze out** *vt sep* (*US inf*) *person* herausekeln (*inf*).

◆**freeze over** *vi* (*lake, river*) überfrieren; (*windscreen, windows*) vereisen.

◆**freeze up I** *vi* zufrieren; (*lock, car door also, pipes*) einfrieren; (*windscreen, windows*) vereisen. **II** *vt sep* **we were frozen ~ last winter** letztes Jahr waren alle unsere Leitungen eingefroren.

freeze-dry *vt* gefriertrocknen; **freeze frame** *n* (*Phot*) Standbild *nt*.

freezer ['fri:zəʳ] *n* Tiefkühltruhe *f*; (*upright*) Gefrierschrank *m*; (*ice compartment of fridge*) Eisfach, (Tief)kühlfach, Gefrierfach *nt*.

freeze-up ['fri:zʌp] *n* **1.** (*Met*) Dauerfrost *m*. **2.** (*esp US: of lakes, rivers*) **during the ~ a lot of birds perish** während Seen und Flüsse zugefroren sind, kommen viele Vögel ums Leben.

freezing ['fri:zɪŋ] **I** *adj weather* eiskalt. **II** *n* **1.** (*Cook*) Einfrieren *nt*. **2.** (**~** *point*) **below ~** unter Null, unter dem Gefrierpunkt.

freezing point *n* Gefrierpunkt *m*. **below ~** unter Null, unter dem Gefrierpunkt.

freight [freɪt] **I** *n* (*goods transported*) Fracht(gut *nt*) *f*; (*charge*) Frachtkosten *pl*, Fracht(gebühr) *f*. **to send sth ~** etw als Frachtgut verschicken; **~ charges** Frachtkosten *pl*; **~ forward** Fracht gegen Nachnahme.

II *vt* **1.** (*transport*) *goods* verfrachten. **2.** (*load*) *boat* beladen.

freightage ['freɪtɪdʒ] *n* (*charge*) Fracht(gebühr) *f*.

freight car *n* (*US Rail*) Güterwagen *m*.

freighter ['freɪtəʳ] *n* (*Naut*) Frachter *m*, Frachtschiff *nt*; (*Aviat*) Frachtflugzeug *nt*.

freight plane *n* Frachtflugzeug *nt*; **freight terminal** *n* Fracht- *or* Güterterminal *nt*; **freight train** *n* Güterzug *m*.

French [frentʃ] **I** *adj* französisch. **the ~ people** die Franzosen *pl*, das französische Volk. **II** *n* **1. the ~** *pl* die Franzosen *pl*. **2.** (*language*) Französisch *nt*; *see also* **English.**

French bean *n* grüne Bohne; **French-Canadian I** *adj* frankokanadisch, kanadisch-französisch; **II** *n* **1.** Frankokanadier(in *f*) *m*; **2.** (*language*) kanadisches Französisch; **French chalk** *n* Schneiderkreide *f*; **French doors** *npl* (*US*) *see* **French window(s)**; **French dressing** *n* Salatsoße, Vinaigrette *f*; **French fried potatoes, French fries** *npl* Pommes frites *pl*; **French Guiana** *n* Französisch-Guayana *nt*; **French Guianan** [-gaɪ'ænən] **I** *n* Französisch-Guayaner(in *f*) *m*; **II** *adj* französisch-guayanisch; **French horn** *n* (*Mus*) (Wald)horn *nt*.

frenchify ['frentʃɪfaɪ] *vt* französisieren; *clothes, restaurant also* auf französisch machen (*inf*).

French kiss *n* Zungenkuß *m*; **French leave** *n* **to take ~** sich (auf) französisch empfehlen; **French letter** *n* (*Brit inf*) Pariser *m* (*inf*); **French loaf** *n* Baguette *f*; **Frenchman** *n* Franzose *m*; **French polish I** *n* Möbelpolitur *f* mit Schellack; **II** *vt* lackieren; **French stick** *n* Baguette *f*, Stangenbrot *nt*; **French toast** *n nur auf einer Seite gerösteter Toast*; (*with egg*) *in Ei getunktes gebratenes Brot*; **French window(s** *pl*) *n* Verandatür *f*; **Frenchwoman** *n* Französin *f*.

frenetic [frə'netɪk] *adj* frenetisch, rasend.

frenzied ['frenzɪd] *adj* wahnsinnig; *applause, activity* rasend.

frenzy ['frenzɪ] *n* Raserei *f*, Rasen *nt*. **in a ~** in heller *or* wilder Aufregung; **~ of delight** Freudentaumel *m*.

frequency ['fri:kwənsɪ] *n* Häufigkeit *f*; (*Statistics also, Phys*) Frequenz *f*. **high/low ~** Hoch-/Niederfrequenz *f*.

frequency band *n* Frequenzband *nt*; **frequency distribution** *n* Häufigkeitsverteilung *f*.

frequent ['fri:kwənt] **I** *adj* häufig; *objection, criticism* häufig geäußert; *practice* landläufig. **he is a ~ visitor to our house** er kommt uns oft *or* häufig besuchen. **II** [frɪ'kwent] *vt* oft *or* häufig besuchen, frequentieren (*geh*).

frequenter [frɪ'kwentəʳ] *n* (*of a house*) häufig gesehener Gast; (*of a pub*) Stammgast *m*.

frequently ['fri:kwəntlɪ] *adv* oft, häufig.

fresco ['freskəʊ] *n* (*technique*) Freskomalerei *f*; (*painting*) Fresko(gemälde) *nt*.

fresh [freʃ] **I** *adj* (+*er*) **1.** (*newly made, not stale or dirty or tinned or tired*) frisch. **it's still ~ in my memory/mind** es ist mir noch frisch in Erinnerung *or* im Gedächtnis; **~ water** (*not salt*) Süßwasser *nt*; **in the ~ air** an der frischen Luft; *see* **daisy.**

2. (*new, different, original*) *supplies, sheet of paper, arrival, ideas, approach, courage* neu. **it needs a ~ coat of paint** das muß frisch gestrichen werden; **to make a ~ start** einen neuen Anfang machen, neu anfangen.

3. (*esp US: cheeky*) frech, mopsig (*inf*), pampig (*inf*). **don't get ~ with me!** werd nicht frech!, komm mir bloß nicht frech!

4. (*cool*) frisch. ~ **breeze** (*Met, Naut*) frische Brise.

II *adv* (+*er*) *baked, picked* frisch. ~ **from the oven** ofenfrisch, frisch aus dem Ofen; ~ **out of college** frisch von der Schule; ~ **off the presses** druckfrisch, frisch von der Presse; **to come ~ to sth** neu zu etw kommen; **sorry, we're ~ out** (*sl*) tut mir leid, davon ist leider nichts mehr da.

◆**fresh up** *vtir* (*US*) *see* **freshen up.**

freshen ['freʃn] **I** *vi* (*wind*) auffrischen; (*weather, air*) frisch werden. **II** *vt shirt* aufbügeln; *bread* aufbacken.

◆**freshen up I** *vir* **to ~ (oneself) ~** (*person*) sich frisch machen. **II** *vt sep* **1.** *child, invalid* frisch machen. **that will ~ you ~** das wird Sie erfrischen. **2.** *see* **freshen II.**

fresher ['freʃə^r] *n* (*Brit Univ inf*) Erstsemester *nt* (*inf*).

freshly ['freʃlɪ] *adv* frisch.

freshman ['freʃmən] *n, pl* **-men** [-mən] (*US*) *see* **fresher.**

freshness ['freʃnɪs] *n* **1.** (*of food, fruit, wind, dress*) Frische *f*; (*of approach also, of outlook*) Neuheit *f*. **2.** (*esp US: cheekiness*) Frechheit, Mopsigkeit (*inf*) *f*.

freshwater ['freʃwɔːtə^r] *adj attr* Süßwasser-.

fret[1] [fret] **I** *vi* **1.** (*become anxious*) sich (*dat*) Sorgen machen; (*baby*) unruhig sein. **don't ~** beruhige dich; **the child is ~ting for his mother** das Kind jammert nach seiner Mutter.

2. (*horse*) **to ~ (at the bit)** sich (am Biß) reiben *or* scheuern.

II *vt* nagen an (+*dat*).

III *vr* sich (*dat*) Sorgen machen, sich aufregen.

IV *n* **to be in a ~** sich (*dat*) Sorgen machen.

fret[2] *vt wood* laubsägen.

fret[3] *n* (*on guitar*) Bund *m*.

fretful ['fretfʊl] *adj* (*worried*) besorgt; (*peevish*) *child* quengelig; *baby* unruhig.

fretfulness ['fretfʊlnɪs] *n see adj* Besorgtheit *f*; Quengeligkeit *f*; Unruhe *f*.

fret saw *n* Laubsäge *f*; **fretwork** *n* (*in wood*) Laubsägearbeit *f*; (*Archit*) Mäander *m*.

Freudian ['frɔɪdɪən] **I** *adj* (*Psych, fig*) Freudsch *attr*, freudianisch. ~ **slip** Freudsche Fehlleistung; (*spoken also*) Freudscher Versprecher. **II** *n* Freudianer(in *f*) *m*.

FRG *abbr of* **Federal Republic of Germany** BRD *f*.

Fri *abbr of* **Friday** Fr.

friable ['fraɪəbl] *adj* bröckelig, krümelig.

friableness ['fraɪəblnɪs] *n* Bröckeligkeit, Krümeligkeit *f*.

friar ['fraɪə^r] *n* Mönch *m*. **F~ John** Bruder John.

friary ['fraɪərɪ] *n* Mönchskloster *nt*.

fricassee ['frɪkəsiː] **I** *n* Frikassee *nt*. **II** *vt* frikassieren.

fricative ['frɪkətɪv] **I** *adj* Reibe-. ~ **consonant** Reibelaut *m*. **II** *n* Reibelaut *m*.

friction ['frɪkʃən] *n* **1.** Reibung *f*; (*Phys also*) Friktion *f*. ~ **clutch** Friktionskupplung, Reibungskupplung *f*; ~ **feed** (*Comput*) Friktionsvorschub *m*; ~ **tape** (*US*) Isolierband *nt*. **2.** (*fig*) Reibung *f*, Reibereien *pl*.

Friday ['fraɪdɪ] *n* Freitag *m*; *see also* **Tuesday.**

fridge [frɪdʒ] *n* (*Brit*) Eisschrank, Kühlschrank *m*.

fridge-freezer ['frɪdʒ'friːzə^r] *n* Kühl- und Gefrierkombination *f*.

fried [fraɪd] *adj* Brat-; *egg* Spiegel-.

friend [frend] *n* **1.** Freund(in *f*) *m*; (*less intimate*) Bekannte(r) *mf*. **to make ~s with sb** sich mit jdm anfreunden, mit jdm Freundschaft schließen; **he makes ~s easily** er findet leicht Freunde; **a ~ of mine** ein Freund/eine Freundin von mir; ein Bekannter/eine Bekannte; **to be ~s with sb** mit jdm befreundet sein, jds Freund(in) sein; **we're just (good) ~s** da ist nichts, wir sind nur gut befreundet; **my honourable** (*Parl*)**/learned** (*Jur*) **~** mein verehrter (Herr) Kollege; **a ~ at court** (*fig*) ein einflußreicher Freund; **a ~ in need is a ~ indeed** (*Prov*) Freunde in der Not gehen tausend auf ein Lot (*Prov*).

2. (*helper, supporter*) Freund *m*. ~ **of the poor** Helfer *or* Freund der Armen; ~ **of the arts** Förderer der schönen Künste.

3. (*Rel*) **F~** Quäker(in *f*) *m*.

friendless ['frendlɪs] *adj* ohne Freunde.

friendliness ['frendlɪnɪs] *n see adj* Freundlichkeit *f*; Freundschaftlichkeit *f*.

friendly ['frendlɪ] **I** *adj* **1.** (+*er*) *person, smile, welcome* freundlich; *attitude also, advice, feelings* freundschaftlich; *breeze* angenehm. **to be ~ to sb** zu jdm freundlich sein; **to be ~ with sb** mit jdm befreundet sein.

2. (*Sport*) *match* Freundschafts-.

II *n* (*Sport*) Freundschaftsspiel *nt*.

Friendly Islands *npl* Freundschafts-Inseln *pl*.

friendship ['frendʃɪp] *n* Freundschaft *f*.

Friesian ['friːʒən] **I** *adj* **1.** friesisch. ~ **Islands** Friesische Inseln *pl*. **2.** *cattle* holstein-friesisch. **II** *n* **1.** Friese *m*, Friesin *f*. **2.** (*language*) Friesisch *nt*.

Friesland ['friːslənd] *n* Friesland *nt*.

frieze[1] [friːz] *n* (*Archit*) (*picture*) Fries *m*; (*thin band*) Zierstreifen *m*.

frieze[2] *n* (*Tex*) Fries *m*.

frigate ['frɪgɪt] *n* (*Naut*) Fregatte *f*.

frigging ['frɪgɪŋ] *adj, adv* (*sl*) *see* **fucking.**

fright [fraɪt] *n* **1.** Schreck(en) *m*. **to get** *or* **have a ~** sich erschrecken, einen Schreck bekommen; **to give sb a ~** jdm einen Schreck(en) einjagen, jdn erschrecken; **to take ~** es mit der Angst zu tun bekommen.

2. (*inf: person*) Vogelscheuche *f* (*inf*). **she looks a ~ in that hat** mit dem Hut sieht sie verboten aus (*inf*).

frighten ['fraɪtn] **I** *vt* (*give a sudden fright*) erschrecken, Angst einjagen (+*dat*); (*make scared*) Angst machen (+*dat*), Angst einjagen (+*dat*); (*idea, thought*) ängstigen, Angst *or* Furcht einflößen (+*dat*). **to be ~ed by sth** vor etw (*dat*) erschrecken; **to be ~ed of sth** vor etw (*dat*) Angst haben; **don't be ~ed** (hab) keine Angst; **to be ~ed of doing sth** Angst davor haben *or* sich davor fürchten, etw zu tun; **I was ~ed out of my wits/to death** ich war zu Tode erschrokken.

II *vi* **she doesn't ~ easily** so leicht fürchtet sie sich nicht; (*with threats etc*) so leicht kann man ihr keine Angst machen.

◆**frighten away** *or* **off** *vt sep* abschrekken; (*deliberately*) verscheuchen.

frightening ['fraɪtnɪŋ] *adj* furchterregend, schreckerregend.

frighteningly ['fraɪtnɪŋlɪ] *adv* schrecklich, fürchterlich.

frightful *adj*, **~ly** *adv* ['fraɪtfʊl, -fəlɪ] schrecklich, furchtbar.

frightfulness ['fraɪtfʊlnɪs] *n* Schrecklichkeit, Furchtbarkeit *f*.

frigid ['frɪdʒɪd] *adj manner, welcome* kühl, frostig; (*Physiol, Psych*) frigid(e); (*Geog*) arktisch.

frigidity [frɪ'dʒɪdɪtɪ] *n* Kühle *f*; (*Physiol, Psych*) Frigidität *f*.

frill [frɪl] *n* **1.** (*on dress, shirt*) Rüsche *f*; (*on animal, bird*) Kragen *m*; (*round meat, on plant pot*) Manschette *f*.

2. ~s *pl* (*fig: ornaments*) Kinkerlitzchen (*inf*), Verzierungen *pl*; **with all the ~s** mit allem Drum und Dran (*inf*).

frilly ['frɪlɪ] *adj* (+*er*) mit Rüschen, Rüschen-; (*fig*) *style* blumig.

fringe [frɪndʒ] **I** *n* **1.** (*on shawl*) Fransenkante *f*, Fransen *pl*.

2. (*Brit: hair*) Pony(fransen *pl*) *m*.

3. (*fig: periphery*) Rand *m*. **a ~ of the Labour Party** eine Randgruppe der Labour-Party; **the outer ~s of a town** die Randbezirke einer Stadt.

II *vt* mit Fransen versehen. **~d with silk** mit Seidenfransen; **a lawn ~d with trees** ein von Bäumen umsäumtes Rasenstück.

fringe benefits *npl* zusätzliche Leistungen *pl*; **fringe group** *n* Randgruppe *f*; **fringe theatre** *n* avantgardistisches Theater.

frippery ['frɪpərɪ] *n* (*pej*) (*cheap ornament*) Flitter *m*, Kinkerlitzchen *pl* (*inf*); (*on dress*) Tand, Flitterkram (*inf*) *m*.

frisbee ® ['frɪzbɪ] *n* Frisbee ® *nt*.

Frisian ['frɪsɪən] *adj, n see* **Friesian I 1., II 1., 2.**

frisk [frɪsk] **I** *vi* (*leap about*) umhertollen. **II** *vt suspect* durchsuchen, filzen (*inf*).

friskiness ['frɪskɪnɪs] *n* Verspieltheit *f*.

frisky ['frɪskɪ] *adj* (+*er*) verspielt.

fritter[1] ['frɪtə^r] *vt* (*also* **~ away**) *money, time* vertun (*inf*), vergeuden, verplempern (*inf*).

fritter[2] *n* (*Cook*) Beignet *m*.

frivolity [frɪ'vɒlɪtɪ] *n* Frivoltität *f*.

frivolous ['frɪvələs] *adj* frivol; *person, life, remark also* leichtsinnig, leichtfertig.

frivolously ['frɪvələslɪ] *adv* frivol; *remark also* leichtfertig.

frizz [frɪz] **I** *vt hair* kräuseln. **II** *vi* sich kräuseln, kraus werden.

frizzle ['frɪzl] **I** *vi* (*sizzle*) brutzeln. **II** *vt bacon etc* knusprig braten. **the meat was all ~d up** das Fleisch war ganz verbraten.

frizz(l)y ['frɪz(l)ɪ] *adj* (+*er*) *hair* kraus.

fro [frəʊ] *adv see* **to, to-ing and fro-ing.**

frock [frɒk] *n* Kleid *nt*; (*of monk*) Kutte *f*.

frock coat *n* Gehrock *m*.

frog [frɒg] *n* **1.** Frosch *m*. **to have a ~ in one's throat** einen Frosch im Hals haben. **2. F~** (*Brit pej sl: French person*) Franzmann (*inf*), Franzose *m*, Französin *f*.

frogman *n* Froschmann *m*; **frogmarch** *vt* (*Brit*) (ab)schleppen (*inf*), (weg)schleifen; (*carry*) zu viert wegtragen; **they ~ed him in** sie schleppten ihn herein (*inf*); **frogspawn** *n* Froschlaich *m*.

frolic ['frɒlɪk] (*vb: pret, ptp* **~ked**) **I** *vi* (*also* **~ about** *or* **around**) umhertollen, umhertoben. **II** *n* (*romp*) Herumtoben, Herumtollen *nt*; (*gaiety*) Ausgelassenheit *f*; (*prank*) Jux, Scherz, Spaß *m*.

frolicsome ['frɒlɪksəm] *adj* übermütig, ausgelassen.

from [frɒm] *prep* **1.** (*indicating starting place*) von (+*dat*); (*indicating place of origin*) aus (+*dat*). **he/the train has come ~ London** er/der Zug ist von London gekommen; **he/this wine comes** *or* **is ~ Germany** er/dieser Wein kommt *or* ist aus Deutschland; **where has he come ~ today?** von wo ist er heute gekommen?; **where does he come ~?, where is he ~?** woher kommt *or* stammt er?; **the train ~ Manchester** der Zug aus Manchester; **the train ~ Manchester to London** der Zug von Manchester nach London; **~ house to house** von Haus zu Haus.

2. (*indicating time*) (*in past*) seit (+*dat*); (*in future*) ab (+*dat*), von (+*dat*) ... an. **~ last week until** *or* **to yesterday** von letzter Woche bis gestern; **~ ... on** ab ...; **~ now on** von jetzt an, ab jetzt; **~ then on** von da an; (*in past also*) seither; **~ his childhood** von Kindheit an, von klein auf; **he comes ~ time to time** er kommt von Zeit zu Zeit.

3. (*indicating distance*) von (+*dat*) (... weg); (*from town also*) von (+*dat*) ... entfernt. **the house is 10 km ~ the coast** das Haus ist 10 km von der Küste entfernt; **to go away ~ home** von zu Haus weg- *or* fortgehen.

4. (*indicating sender, giver*) von (+*dat*). **tell him ~ me** richten Sie ihm von mir aus; **an invitation ~ the Smiths** eine Einladung von den Smiths; **"~ ..."** (*on envelope, parcel*) „Absender ...", „Abs. ...".

5. (*indicating removal*) von (+*dat*); (*out of: from pocket, cupboard*) aus (+*dat*). **to take/grab sth ~ sb** jdm etw wegnehmen/wegreißen; **to steal sth ~ sb**

jdm etw stehlen; **he took it ~ the top/middle/bottom of the pile** er nahm es oben vom Stapel/aus der Mitte des Stapels/unten vom Stapel weg.

6. (*indicating source*) von (+*dat*); (*out of*) aus (+*dat*). **where did you get that ~?** wo hast du das her?, woher hast du das?; **I got that ~ the corner shop/Kathy** ich habe das aus dem Laden an der Ecke/von Kathy; **to drink ~ a glass** aus einem Glas trinken; **quotation ~ Hamlet/the Bible/Shakespeare** Zitat *nt* aus Hamlet/aus der Bibel/nach Shakespeare; **translated ~ the English** aus dem Englischen übersetzt.

7. (*modelled on*) nach (+*dat*). **painted ~ life** nach dem Leben gemalt.

8. (*indicating lowest amount*) ab (+*dat*). **~ £2/the age of 16 (upwards)** ab £ 2/ab 16 Jahren (aufwärts); **dresses (ranging) ~ £60 to £80** Kleider *pl* zwischen £ 60 und £ 80; **there were ~ 10 to 15 people there** es waren zwischen 10 und 15 Leute da.

9. (*indicating escape*) **he fled ~ the enemy** er floh vor dem Feind; **he got away ~ his pursuers** er entkam seinen Verfolgern; **he ran away ~ home** er rannte von zu Hause weg; **he escaped ~ prison** er entkam aus dem Gefängnis.

10. (*indicating change*) **things went ~ bad to worse** es wurde immer schlimmer; **he went ~ office boy to director** er stieg vom Laufjungen zum Direktor auf; **a price increase ~ 1 mark to 1.50 marks** eine Preiserhöhung von 1 DM auf 1,50 DM.

11. (*indicating difference*) **he is quite different ~ the others** er ist ganz anders als die andern.

12. (*because of, due to*) **to act ~ conviction** aus Überzeugung handeln; **weak ~ hunger** schwach vor Hunger.

13. (*on the basis of*) **~ experience** aus Erfahrung; **to judge ~ appearances** nach dem Äußeren urteilen; **~ your point of view** von Ihrem Standpunkt aus (gesehen); **~ what I heard** nach dem, was ich gehört habe; **~ the look of things ...** (so) wie die Sache aussieht, ...

14. (*in set phrases*) *see also other element* **to prevent/stop sb ~ doing sth** jdn daran hindern/davor zurückhalten, etw zu tun; **he prevented me ~ coming** er hielt mich davon ab, zu kommen; **to shelter ~ the rain** sich vor dem Regen unterstellen.

15. (+*adv*) von. **~ inside/underneath** von innen/unten.

16. (+*prep*) **~ above** *or* **over/across sth** über etw (*acc*) hinweg; **~ beneath** *or* **underneath sth** unter etw (*dat*) hervor; **~ out of sth** aus etw heraus; **~ among the trees** zwischen den Bäumen hervor; **~ inside/outside the house** von drinnen/draußen; **~ beyond the grave** aus dem Jenseits.

frond [frɒnd] *n* (*of fern*) Farnwedel *m*; (*of palm*) Palmwedel *m*.

front [frʌnt] **I** *n* **1.** (*forward side, exterior*) Vorderseite *f*; (*forward part, including interior*) Vorderteil *nt*; (*of house: façade*) Vorderfront, Stirnseite *f*; (*of shirt, dress*) Vorderteil *nt*; (*dickey*) Hemdbrust *f*; (*Theat: auditorium*) Zuschauerraum *m*. **in ~** vorne; (*in line, race also*) an der Spitze; **in ~ of sb/sth** vor jdm/etw; **at the ~ of** (*inside*) vorne in (+*dat*); (*outside*) vor (+*dat*); (*at the head of*) an der Spitze (+*gen*); **to be in ~** vorne sein; (*Sport*) vorn(e) *or* an der Spitze liegen; **look in ~ of you** blicken Sie nach vorne; **in ~ of you you see ...** vor sich (*dat*) sehen Sie ...; **in** *or* **at the ~ of the train/class** vorne im Zug/Klassenzimmer; **he reached the ~ of the queue** er erreichte die Spitze der Schlange.

2. (*Mil, Pol, Met*) Front *f*. **they were attacked on all ~s** (*Mil*) sie wurden an allen Fronten angegriffen; (*fig*) sie wurden von allen Seiten angegriffen; **cold ~** (*Met*) Kalt(luft)front *f*; **we must present a united ~** wir müssen eine geschlossene Front bieten.

3. (*Brit*) (*of sea*) Strandpromenade *f*; (*of lake*) Uferpromenade *f*.

4. (*outward appearance*) Fassade *f*. **to put on a bold ~** eine tapfere Miene zur Schau stellen; **it's just a ~** das ist nur Fassade.

5. (*cover for illicit activity*) Tarnung, Fassade *f*.

6. (*US: figurehead of organization*) Strohmann *m*, Aushängeschild *nt*.

7. *no pl* (*effrontery*) Stirn *f*. **to have the ~ to do sth** die Stirn haben, etw zu tun.

II *adv* **up ~** vorne; **to move up ~** nach vorne rücken; **50% up ~** 50% Vorschuß; **eyes ~!** (*Mil*) Augen geradeaus!; *see also* **up-front.**

III *vi* **the windows ~ onto the street** die Fenster gehen auf die Straße hinaus.

IV *adj* vorderste(r, s); *row, page also* erste(r, s); *tooth, wheel, room, plan, elevation, view* Vorder-; (*Phon*) *vowel* Vorderzungen-. **~ seat** Platz *m* in der ersten Reihe; (*Aut*) Vordersitz *m*; (*fig*) Logenplatz *m*; **~ garden** Vorgarten *m*; **the ~ end of the train** die Spitze des Zuges; **~ view** Vorderansicht *f*; (*Tech*) Aufriß *m*.

frontage ['frʌntɪdʒ] *n* (*of building*) Front, Vorderseite *f*; (*ground in front of house*) Grundstück *or* Gelände *nt* vor dem Haus. **the shop has a ~ on two streets** der Laden hat Schaufenster auf *or* zu zwei Straßen hinaus.

frontal ['frʌntl] *adj* (*Mil*) Frontal-; (*Anat*) Stirn-; *see* **full ~.**

front bench *n* (*Parl*) vorderste *or* erste Reihe (*wo die führenden Politiker sitzen*); **front door** *n* Haustür *f*; **front end** *n* (*Comput*) Frontende *nt*.

frontier ['frʌntɪə^r] *n* Grenze, Landesgrenze *f*; (*boundary area*) Grenzgebiet *nt*; (*fig: of knowledge*) Grenze *f*. **to push back the ~s of science** auf wissenschaftliches Neuland vorstoßen.

frontier *in cpds post, town, zone* Grenz-; **frontier dispute** *n* Grenzstreitigkeiten *pl*.

frontier station *n* Grenzposten *m*.

frontispiece ['frʌntɪspiːs] *n* zweite Titelseite.

front line *n* Front(linie) *f*; **front-line** *adj troops* Front-; (*fig*) *management* in vorderster Front; **front loader** *n* Frontlader *m*; **front man** *n* Mann *m* an der Spitze; (*pej*) Strohmann *m*; **front money** *n* (*US: paid up-front*) Vorschuß *m*; **front organization** *n* Tarn- *or* Deckorganisation *f*; **front-page I** *adj news* auf der ersten Seite; **it's not exactly ~ news** das wird nicht gerade Schlagzeilen machen; **II** *n* **front page** erste Seite, Titelseite *f*; **to hit the front page** Schlagzeilen machen; **front rank** *n* **to be in the ~** (*fig*) zur Spitze zählen; **front-runner** *n* **1.** Läufer(in *f*) *m* an der Spitze; **2.** (*fig*) Spitzenreiter *m*; **front-wheel drive** *n* Vorderradantrieb *m*.

frost [frɒst] **I** *n* **1.** Frost *m*; (*on leaves*) Rauhreif *m*. **ten degrees of ~** zehn Grad Kälte. **2.** (*fig: cold manner*) Kühle, Kälte, Frostigkeit *f*.

II *vt* **1.** *glass* mattieren. **2.** (*esp US*) *cake* mit Zuckerguß überziehen, glasieren. **3.** (*quick-freeze*) einfrieren, tiefkühlen.

frostbite *n* Frostbeulen *pl*; (*more serious*) Erfrierungen *pl*; **to get ~ on one's hands** Frostbeulen an den Händen bekommen; sich (*dat*) die Hände erfrieren; **frostbitten** *adj hands, feet* erfroren; **frostbound** *adj ground* hartgefroren.

frosted ['frɒstɪd] *adj* **1. ~ glass** mattiertes Glas; (*textured*) geriffeltes Glas. **2.** (*esp US Cook*) *cake* mit Zuckerguß überzogen, glasiert. **~ icing** Zuckerguß *m*. **3.** (*quick-frozen*) *food* tiefgekühlt, Tiefkühl-. **4.** (*spoilt by frost*) *plants, vegetables* erfroren.

frostiness ['frɒstɪnɪs] *n* (*of weather, welcome*) Frostigkeit *f*.

frosting ['frɒstɪŋ] *n* (*esp US: icing*) Zuckerguß *m*.

frosty ['frɒstɪ] *adj* (*+er*) *weather* frostig; *window* bereift, mit Eisblumen bedeckt; (*fig*) *welcome* frostig; *look* eisig.

froth [frɒθ] **I** *n* **1.** (*on liquids, Med*) Schaum *m*.

2. (*light conversation, frivolities*) Firlefanz *m*.

II *vi* schäumen. **the beer ~ed over the edge of the glass** der Schaum floß über den Rand des Bierglases; **the dog was ~ing at the mouth** der Hund hatte Schaum vor dem Maul; **he was ~ing at the mouth (with rage)** er schäumte vor Wut.

frothy ['frɒθɪ] *adj* (*+er*) *beer, liquid, sea* schäumend *attr*; *cream* schaumig, lokker; *clouds* duftig; *talk* hohl, leer, seicht.

frown [fraʊn] **I** *n* Stirnrunzeln *nt no pl*. **to give a ~** die Stirn(e) runzeln; **worried ~** sorgenvoller Gesichtsausdruck.

II *vi* (*lit, fig*) die Stirn(e) runzeln (*at* über *+acc*).

◆frown (up)on *vi +prep obj* (*fig*) *suggestion, idea* mißbilligen, mit Stirnrunzeln betrachten.

frowning ['fraʊnɪŋ] *adj face, looks* finster; (*disapproving*) mißbilligend; (*fig*) *cliff* drohend, düster.

frowsy, frowzy ['fraʊzɪ] *adj* (*+er*) (*unkempt*) schlampig, schlud(e)rig.

froze [frəʊz] *pret of* **freeze.**

frozen ['frəʊzn] **I** *ptp of* **freeze.**

II *adj* **1.** *river* zugefroren, vereist; *North* eisig; *wastes* Eis-; *person* eiskalt; *body* erfroren; *pipes* eingefroren. **I am ~** mir ist eiskalt; **I'm absolutely ~ stiff** ich bin total steifgefroren; **my hands are ~** meine Hände sind eiskalt *or* steifgefroren.

2. ~ foods Tiefkühlkost *f*; **~ peas** tiefgekühlte *or* gefrorene Erbsen *pl*; **~ fish/meat** Gefrierfisch *m*/-fleisch *nt*.

3. (*pegged*) *prices, wages* eingefroren. **~ assets** (*Fin*) festliegendes Kapital, eingefrorene Guthaben *pl*.

fructify ['frʌktɪfaɪ] **I** *vt* (*lit, fig*) *seed, imagination* befruchten. **II** *vi* Früchte tragen.

frugal ['fru:gəl] *adj person* sparsam, genügsam; *meal* einfach, schlicht, frugal (*geh*).

frugality [fru:'gælɪtɪ] *n* (*thrift*) Sparsamkeit *f*; (*of meal*) Schlichtheit, Frugalität (*geh*) *f*.

fruit [fru:t] **I** *n* **1.** (*as collective*) Obst *nt*; (*fig*) Frucht *f*; (*Bot*) Frucht *f*. **is it a ~ or a vegetable?** ist es Obst oder Gemüse?; **what is your favourite ~?** welches Obst magst du am liebsten?; **southern ~s** Südfrüchte *pl*; **to bear ~** (*lit, fig*) Früchte tragen; **the ~(s) of my labour** die Früchte *pl* meiner Arbeit.

2. (*US inf: homosexual*) Süße(r) *m* (*inf*), warmer Bruder (*inf*).

II *vi* Früchte tragen.

fruit cake *n* englischer Kuchen; (*sl: eccentric*) Spinner(in *f*) *m* (*inf*); **as nutty as a ~** (*inf*) total verrückt; **fruit cup** *n* **1.** (*drink*) Cocktail *m* mit Früchten; **2.** (*US*) Frucht- *or* Früchtebecher *m*; **fruit dish** *n* Obstteller *m*; **fruit drop** *n* Drops *m*, Früchtebonbon *m or nt*.

fruiterer ['fru:tərə^r] *n* (*esp Brit*) Obsthändler(in *f*) *m*.

fruit farmer *n* Obstbauer *m*; **fruit farming** *n* Obstanbau *m*; **fruit fly** *n* Fruchtfliege, Taufliege *f*.

fruitful ['fru:tfʊl] *adj* **1.** *plant, soil* fruchtbar, ertragreich. **2.** (*fig*) *life, time at university, discussion* fruchtbar; *attempt* erfolgreich.

fruitfully ['fru:tfəlɪ] *adv see adj 2.*

fruitfulness ['fru:tfʊlnɪs] *n* (*lit, fig*) Fruchtbarkeit *f*.

fruition [fru:'ɪʃən] *n* (*of aims, plans, ideas*) Erfüllung, Verwirklichung *f*. **to come to ~** sich verwirklichen; **to bring sth to ~** etw verwirklichen.

fruitless ['fru:tlɪs] *adj* **1.** *plant* unfruchtbar. **2.** (*fig*) *attempt, discussion, investigation* fruchtlos, ergebnislos. **it would be ~ to try** ein Versuch wäre zwecklos.

fruit machine *n* (*Brit*) Spielautomat *m*; **fruit salad** *n* Obstsalat *m*; (*fig inf*) Lametta *nt*; **fruit tree** *n* Obstbaum *m*.

fruity ['fru:tɪ] *adj* (*+er*) **1.** (*like fruit*) fruchtartig, obstartig; *taste, smell* Frucht-, Obst-; *wine* fruchtig. **it has a ~ taste** es schmeckt nach Obst. **2.** (*esp Brit inf*) *story* gesalzen, gepfeffert (*inf*). **to get ~** keck werden. **3.** *voice* rauchig. **4.** (*US inf: homosexual*) schwul (*sl*).

frump [frʌmp] *n* (*pej*) Vogelscheuche *f* (*inf*).

frumpish ['frʌmpɪʃ] *adj* (*pej*) tuntig (*inf*), tantenhaft.

frustrate [frʌ'streɪt] *vt hopes* zunichte machen; *plans, plot* durchkreuzen, zerstören; *person* frustrieren.

frustrated [frʌ'streɪtɪd] *adj person* frustriert.

frustrating [frʌ'streɪtɪŋ] *adj* frustrierend.

frustratingly [frʌ'streɪtɪŋlɪ] *adv slow, complex* frustrierend.

frustration [frʌ'streɪʃən] *n* Frustration *f no pl*; (*of hopes, plans, plot*) Zerschlagung *f*.

fry[1] [fraɪ] *npl* (*fish*) kleine Fische *pl*. **small ~** (*unimportant people*) kleine Fische (*inf*); (*children*) Kroppzeug *nt* (*inf*).

fry[2] **I** *vt* **1.** *meat* (in der Pfanne) braten. **to ~ an egg** ein Spiegelei machen, ein Ei in die Pfanne schlagen; **fried eggs** Spiegeleier *pl*; **fried potatoes** Bratkartoffeln *pl*. **2.** (*US sl: electrocute*) auf dem elektrischen Stuhl hinrichten.

II *vi* **1.** braten. **2.** (*US sl*) auf dem elektrischen Stuhl hingerichtet werden.

III *n* (*US*) Barbecue *nt*.

◆fry up *vt sep* (auf)braten, in die Pfanne hauen (*inf*).

frying pan ['fraɪɪŋ,pæn] *n* Bratpfanne *f*. **to jump out of the ~ into the fire** (*Prov*) vom Regen in die Traufe kommen (*Prov*).

fry-up ['fraɪʌp] *n* Pfannengericht *nt*. **to have a ~** sich (*dat*) etwas zusammenbrutzeln (*inf*).

ft *abbr of* **foot** ft; **feet** ft.

FT *abbr of* **Financial Times.**

fuchsia ['fju:ʃə] *n* Fuchsie *f*.

fuck [fʌk] (*vulg*) **I** *vt* **1.** (*lit*) ficken (*vulg*). **2. ~ him!** der kann mich doch am Arsch lecken (*vulg*); **~ what he thinks!** ich scheiß was auf seine Meinung (*sl*); **~ this car!** dieses Scheißauto! (*sl*).

II *vi* ficken (*vulg*).

III *n* **1.** Fick *m* (*vulg*). **to have a ~** ficken (*vulg*). **2. I don't give** *or* **care a ~** ich kümmere mich einen Scheiß darum (*sl*); **who/what/where the ~ is that?** wer/was/wo ist denn das, verdammt noch mal? (*sl*).

IV *interj* (verdammte) Scheiße (*sl*), verdammt und zugenäht (*sl*).

◆fuck about *or* **around** (*vulg*) **I** *vi* rumgammeln (*inf*). **to ~ ~ with sb** jdn verarschen (*sl*); **someone's been ~ing ~ with the engine** verdammt, da hat irgend so ein Arsch am Motor rumgefummelt (*sl*). **II** *vt sep* verarschen (*sl*).

◆fuck off *vi* (*vulg*) sich verpissen (*sl*). **~ ~!** verpiß dich! (*sl*).

◆fuck up (*vulg*) **I** *vt sep* versauen (*sl*); *engine, piece of work also* Scheiße bauen mit (*sl*). **you've really ~ed me ~** (*let down, spoilt plans etc*) du hast mir die Sache echt versaut (*sl*); **she is really ~ed ~** (*psychologically*) sie ist total verkorkst (*inf*). **II** *vi* Scheiß machen (*sl*).

fuck-all ['fʌkɔ:l] (*vulg*) **I** *n* einen Scheiß (*sl*). **it's got ~ to do with him** einen Scheiß hat das mit ihm zu tun (*sl*); **there was ~ to drink** in dem ganzen Puff gab's nichts zu trinken (*sl*); **I've done ~ all day** ich hab den ganzen Tag nichts geschafft gekriegt (*inf*).

II *adj attr* **that's ~ use** das ist ja vielleicht ein Scheiß (*sl*) *or* total bekackt (*vulg*) *or* für'n Arsch (*vulg*); **he was ~ help** was der gemacht hat, war für'n Arsch (*vulg*).

fucker ['fʌkə^r] *n* (*vulg*) Arsch(loch *nt*) (*vulg*), Saftsack (*vulg*) *m*.

fucking ['fʌkɪŋ] (*vulg*) **I** *adj* verdammt (*sl*), Scheiß- (*sl*). **all the ~ time** die ganze verdammte Zeit (über) (*sl*); **it's a ~ nuisance** es ist eine verdammte Landplage (*sl*); **he's a ~ idiot/genius/millionaire** der ist ein verdammter Idiot/er ist ein Genie/Millionär, verdammt noch mal! (*all sl*).

II *adv* **it's ~ raining again** verdammte Scheiße, das regnet schon wieder (*sl*).

fuck-up ['fʌkʌp] *n* (*vulg*) **what a ~!** was für eine (totale) Scheiße! (*sl*); **there's been a ~** da hat einer Scheiße gebaut (*sl*).

fuddled ['fʌdld] *adj* (*muddled*) verwirrt, verdattert (*inf*); (*tipsy*) bedüdelt (*inf*), beschwipst, angesäuselt.

fuddy-duddy ['fʌdɪ,dʌdɪ] (*inf*) **I** *adj* verknöchert, verkalkt. **II** *n* komischer Kauz (*inf*).

fudge [fʌdʒ] **I** *n* **1.** (*Cook*) Fondant *m*. **2.** (*Press*) (*space for stop press*) Spalte *f* für letzte Meldungen; (*stop press news*) letzte Meldungen *pl*. **3. her answer was a ~** ihre Antwort war ein Ausweichmanöver.

II *vt* **1.** (*fake up*) *story, excuse* sich (*dat*) aus den Fingern saugen, (frei) erfinden. **2.** (*dodge*) *question, issue* ausweichen (*+dat*), aus dem Wege gehen (*+dat*).

fuel [fjʊəl] **I** *n* Brennstoff *m*, Brennmaterial *nt*; (*for vehicle*) Kraftstoff *m*; (*petrol*) Benzin *nt*; (*Aviat, Space*) Treibstoff *m*; (*fig*) Nahrung *f*. **lighter ~** Feuerzeugbenzin *nt*; **to add ~ to the flames** *or* **fire** (*fig*) Öl in die Flammen *or* ins Feuer gießen; *see* **solid ~**.

II *vt stove, furnace* (*fill*) mit Brennstoff versorgen; (*use for ~*) betreiben; *ships* (*fill*) auftanken, betanken; (*drive, propel*) antreiben; (*fig*) *debate* anfachen. **they are now ~led atomically** sie sind jetzt atomgetrieben.

III *vi* (*ship, engine, aircraft*) Brennstoff/Treibstoff *m etc* aufnehmen, (auf)tanken. **~ling station** (*US*) Tankstelle *f*; **~ling stop** Landung *f* zum Auftanken.

fuel cell *n* Brennstoffzelle *f*; **fuel gauge** *n* Benzinuhr, Tankuhr *f*; **fuel-injected** *adj* Einspritz-; **fuel injection** *n* (Benzin)einspritzung *f*; **engine with ~** Einspritzmotor *m*; **fuel oil** *n* Gasöl *nt*; **fuel pump** *n* Benzinpumpe *f*; **fuel rod** *n* Brennstab *m*; **fuel shortage** *n* Brennstoffknappheit *f*; **fuel tank** *n* Öltank *m*.

fugitive ['fju:dʒɪtɪv] **I** *n* Flüchtling *m*. **he is a ~ from the law** er ist auf der Flucht vor dem Gesetz. **II** *adj* **1.** (*runaway*) flüchtig, auf der Flucht. **2.** (*liter*) *thought, happiness, hour* flüchtig.

fugue [fju:g] *n* (*Mus*) Fuge *f*.

fulcrum ['fʌlkrəm] *n* Dreh- *or* Stützpunkt *m*; (*fig: of argument, plan, organization*) Angelpunkt *m*.

fulfil, (*US*) **fulfill** [fʊl'fɪl] *vt condition, desire, one's duties, hopes* erfüllen; *task, order* ausführen. **the prophecy was ~led** die Prophezeiung erfüllte sich; **to be** *or* **feel ~led** Erfüllung finden; **to ~ oneself** sich selbst verwirklichen.

fulfilling [fʊl'fɪlɪŋ] *adj* **a ~ job** ein Beruf, in dem man Erfüllung findet.

fulfilment, (*US*) **fulfillment** [fʊl'fɪlmənt] *n* Erfüllung *f*. **to come to ~** in Erfüllung gehen; (*life's work*) seine Erfüllung finden.

full [fʊl] **I** *adj* (*+er*) **1.** (*filled*) *room, theatre, train* voll. **to be ~ of ...** voller (*+gen*) *or* voll von ... sein, voll sein mit ...; **he's ~ of good ideas** er steckt voll(er) guter Ideen; **a look ~ of hate** ein haßerfüllter Blick, ein Blick voller Haß; **~ house** (*Theat*) (Vorstellung) ausverkauft; (*Cards*) Full house *nt*; **each night they played to ~ houses** sie spielten jeden Abend vor vollem Haus; **I am ~ (up)** (*inf*), ich bin (papp)satt, ich bin voll (bis obenhin) (*inf*); **we are ~ up for July** wir sind für Juli völlig ausgebucht.

2. (*maximum, complete*) voll; *description, report* vollständig; *understanding, sympathy* vollste(r, s). **at ~ speed** in voller Fahrt; **to fall ~ length** der Länge nach hinfallen; **roses in ~ bloom** Rosen in voller Blüte; **I waited two ~ hours** ich habe geschlagene zwei *or* zwei ganze Stunden gewartet; **the ~ particulars** die genauen *or* alle Einzelheiten; **~ employment** Vollbeschäftigung *f*; **~ member** Vollmitglied *nt*; **~ name** Vor- und Zuname *m*; **to go at ~ tilt** rasen, Volldampf (*inf*) *or* volle Pulle (*inf*) fahren; **it's in ~ colour** das ist in Farbe.

3. (*preoccupied*) **to be ~ of oneself** von sich (selbst) eingenommen sein, nur sich selbst im Kopf haben; **she was ~ of it** sie hat gar nicht mehr aufgehört, davon zu reden; **the papers were ~ of it for weeks** die Zeitungen waren wochenlang voll davon.

4. (*rounded*) *lips, face* voll; *figure, skirt* füllig; (*Naut*) *sails* voll, gebläht.

II *adv* **1.** (*at least*) **it is a ~ five miles from here** es sind volle *or* gute fünf Meilen von hier.

2. (*very, perfectly*) **I know it ~ well** ich weiß es sehr wohl.

3. (*directly*) **to hit sb ~ in the face** jdn voll ins Gesicht schlagen; **to look sb ~ in the face** jdm voll in die Augen sehen.

4. ~ out *work* auf Hochtouren; *drive* mit Vollgas.

III *n* **1. in ~** ganz, vollständig; **to write one's name in ~** seinen Namen ausschreiben; **to pay in ~** den vollen Betrag bezahlen.

2. to the ~ vollständig, total.

full-back *n* (*Sport*) Verteidiger(in *f*) *m*; **full-blooded** ['fʊlblʌdɪd] *adj* (*vigorous*) kräftig; *person also* Vollblut-; **full-blown** *adj* **1.** *flower* voll aufgeblüht; **~ Aids** Vollbild-Aids *nt*; **2.** (*fig*) *doctor, theory* richtiggehend, ausgewachsen (*inf*); **full-bodied** ['fʊl'bɒdɪd] *adj wine* schwer, vollmundig; **full-cream milk** *n* Vollmilch *f*.

full-dress ['fʊldres] *adj* **1.** *clothes* Gala-. **2.** (*fig: important, ceremonious*) **~ debate** wichtige Debatte.

fuller's earth ['fʊləz,ɜ:θ] *n* Fullererde, Bleicherde *f*.

full face *adj portrait* mit zugewandtem Gesicht; **~ helmet** Integralhelm *m*; **full-faced** ['fʊlfeɪst] *adj* rundgesichtig; **full-fledged** *adj* (*US*) *see* **fully-fledged**; **full frontal** *n* Nacktdarstellung *f*; *adj* oben und unten ohne (*inf*); **the ~ nudity in this play** die völlig nackten Schauspieler in diesem Stück; **full-grown** *adj* ausgewachsen; **full-length** *adj portrait* lebensgroß; *film* abendfüllend; **full-lipped** *adj* vollippig; **full moon** *n* Vollmond *m*.

ful(l)ness ['fʊlnɪs] *n* (*of detail*) Vollständigkeit *f*; (*of voice*) Klangfülle *f*; (*of colour*) Sattheit *f*; (*of sound*) Fülle *f*; (*of skirt*) Fülle, Weite *f*. **in the ~ of time** (*eventually*) zu gegebener Zeit; (*at predestined time*) da *or* als die Zeit gekommen war, da *or* als die Zeit erfüllt war.

full-page *adj advertisement* ganzseitig; **full-scale** *adj* **1.** *drawing, replica* in Originalgröße; **2.** *operation, search* groß angelegt; *revision, reorganization* umfassend, total; *retreat* auf der ganzen Linie; *war* richtiggehend, ausgewachsen (*inf*); **the factory starts ~ operation next month** die Fabrik nimmt den vollen Arbeitsbetrieb nächsten Monat auf; **full size(d)** *adj bicycle, violin* richtig (groß); **full-sized** *adj model, drawing* lebensgroß; **full stop** *n* Punkt *m*; **to come to a ~** zum völligen Stillstand kommen; **I'm not going, ~!** (*inf*) ich gehe nicht und damit basta (*inf*); **full-time I** *adv work* ganztags; **II** *adj employment* Ganztags-, ganztägig; **it's a ~ job** (*fig*) das kann einen den ganzen Tag *or* rund um die Uhr auf Trab halten (*inf*); **III** *n* (*Sport*) **to blow for ~** das Spiel abpfeifen.

fully ['fʊlɪ] *adv* **1.** (*entirely*) völlig, voll und ganz. **2.** (*at least*) **it is ~ two hours since he went out** es ist volle *or* gute zwei Stunden her, daß er weggegangen ist.

fully-fashioned ['fʊlɪ'fæʃnd] *adj stocking, jumper* mit Paßform; **fully-fledged** *adj* **1.** *bird* flügge; **2.** (*fig: qualified*) *doctor, architect* richtiggehend, ausgewachsen (*inf*); **fully paid-up** *adj member* (*lit*) ohne Beitragsrückstände; (*fig*) eingeschrieben; **fully-qualified** *adj* vollqualifiziert *attr*.

fulminate ['fʌlmɪneɪt] *vi* (*fig*) wettern, donnern.

fulsome ['fʊlsəm] *adj praise* übertrieben; (*very full*) uneingeschränkt; *manner* übertrieben.

fumble ['fʌmbl] **I** *vi* (*also* **~ about** *or* **around**) umhertasten *or* -tappen. **to ~ in one's pockets** in seinen Taschen wühlen; **to ~ (about) for sth** nach etw suchen *or* tasten; (*in case, pocket, drawer*) nach etw wühlen; **to ~ with sth** an etw (*dat*) herumfummeln; **to ~ for words** nach Worten suchen *or* ringen.

II *vt* vermasseln (*inf*), verpfuschen (*inf*).

fume [fju:m] *vi* **1.** (*liquids*) dampfen, rauchen; (*gases*) aufsteigen. **2.** (*fig inf: person*) wütend sein, kochen (*inf*).

fumes [fju:mz] *npl* Dämpfe *pl*; (*of car*) Abgase *pl*. **petrol ~** Benzindämpfe *pl*.

fumigate ['fju:mɪgeɪt] *vt* ausräuchern.

fun [fʌn] **I** *n* (*amusement*) Spaß *m*. **to have great ~ doing sth** viel Spaß daran haben, etw zu tun, viel Spaß an etw (*dat*) haben; **for** *or* **in ~** (*as a joke*) im *or* als Scherz; **this is ~!** das macht Spaß *or* Freude!; **I'm not doing it for the ~ of it** ich mache das nicht zu meinem Vergnügen; **we just did it for ~** wir haben das nur aus *or* zum Spaß gemacht; **to spoil the ~** den Spaß verderben; **it's ~ doing this** es macht Spaß, das zu tun; **it takes all the ~ out of life/work** das nimmt einem den Spaß *or* die Freude am Leben/an der Arbeit; **life's not much ~ sometimes** das Leben ist manchmal nicht gerade das reinste Vergnügen; **it's no ~ living on your own/being broke** es macht nicht gerade Spaß, allein zu leben/pleite (*inf*) zu sein; **he is great ~** man kriegt mit ihm viel Spaß (*inf*) *or* viel zu lachen (*inf*); **what ~!** was für ein Spaß!; **you're no ~ to be with any more** es macht keinen Spaß mehr, mit dir zusammen zu sein; **there'll be ~ and games over this decision** (*inf*) mit dieser Entscheidung wird es noch Spaß geben; **that should be ~ and games** das kann ja (noch) heiter werden (*inf*); **to make ~ of** *or* **poke ~ at sb/sth** sich über jdn/etw lustig machen; **like ~** (*US inf*) (ja,) Pustekuchen! (*inf*).

II *adj attr* (*sl*) **he's a real ~ person** er ist wirklich ein lustiger Kerl; **that sounds like a ~ idea** das hört sich prima an (*inf*); **~ run** Volkslauf *m* (*oft für wohltätige Zwecke durchgeführt*).

function ['fʌŋkʃən] **I** *n* **1.** (*of heart, tool, word*) Funktion *f*. **2.** (*of person*) Aufgaben, Pflichten *pl*. **in his ~ as judge** in seiner Eigenschaft als Richter; **his ~ in life** seine Lebensaufgabe. **3.** (*meeting*) Veranstaltung *f*; (*reception*) Empfang *m*; (*official ceremony*) Feier *f*. **4.** (*Math*) Funktion *f*.

II *vi* funktionieren; (*heart, kidney, brain also*) arbeiten. **to ~ as** fungieren als; (*person also*) die Rolle des/der ... spielen *or* ausfüllen; (*thing also*) dienen als.

functional ['fʌŋkʃənəl] *adj* **1.** (*able to operate*) funktionsfähig. **2.** (*utilitarian*) zweckmäßig, funktionell. **3.** (*Med*) Funktions-.

functionalism ['fʌŋkʃənəlɪzəm] *n* Funktionalismus *m*.

functionary ['fʌŋkʃənərɪ] *n* Funktionär *m*.

function key *n* (*Comput*) Funktionstaste *f*.

fund [fʌnd] **I** *n* **1.** (*Fin*) Fonds *m*. **to start a ~** einen Fonds einrichten *or* gründen.

2. ~s *pl* Mittel, Gelder *pl*; **the public ~s** die öffentlichen Mittel, die Staatsgelder *pl*; **no ~s** (*Banking*) keine Deckung; **to be in ~s** zahlungsfähig *or* bei Kasse (*inf*) sein; **to be pressed for** *or* **short of ~s** knapp bei Kasse sein (*inf*).

3. (*supply: of wisdom, humour*) Schatz (*of* von, *gen*), Vorrat (*of* an +*dat*) *m*.

4. ~s *pl* (*Brit: government securities*) Staatspapiere *pl*.

II *vt* **1.** *debt* ausgleichen, bezahlen; (*put up money for*) *scheme, project* finanzieren.

2. (*invest*) *money* anlegen, investieren.

fundamental [ˌfʌndə'mentl] **I** *adj* (*basic*) grundlegend; *presupposition, importance, error also, indifference, problem* grundsätzlich, fundamental; *role, characteristics also* wesentlich; (*elementary*) Grund-; *beliefs also, likes* elementar; *nature* eigentlich. **to be ~ to sth** für etw von grundlegender Bedeutung *or* Wichtigkeit sein; **his ~ ignorance of this subject** seine fundamentale Unkenntnis auf diesem Gebiet; **our ~ needs/beliefs** unsere Grundbedürfnisse *pl or* elementaren Bedürfnisse *pl*/unsere Grundüberzeugungen *pl*; **~ tone** (*Mus*) Grundton *m*; **~ research** Grundlagenforschung *f*.

II *n usu pl* Grundlage *f*.

fundamentalism [ˌfʌndə'mentəlɪzəm] *n* Fundamentalismus *m*.

fundamentalist [ˌfʌndə'mentəlɪst] **I** *adj* fundamentalistisch.

II *n* Fundamentalist(in *f*) *m*, Fundi *m* (*inf*).

fundamentally [ˌfʌndə'mentəlɪ] *adv* grundlegend; (*in essence*) im Grunde (genommen), im wesentlichen. **there is something ~ wrong with his argument** sein Argument enthält einen grundlegenden Fehler; **this is quite ~ important for us** dies ist von grundlegender Bedeutung für uns; **we differ quite ~ on this** wir sind uns hierzu von Grund auf uneinig.

fund-raiser *n* Spendenbeschaffer(in *f*) *or* -sammler(in *f*) *m*; **fund-raising** *n* Geldbeschaffung *f*; **~ campaign** Aktion *f* zur Geldbeschaffung; (*for donations*) Spendenaktion *f*.

funeral ['fju:nərəl] *n* Begräbnis *nt*, Beerdigung, Beisetzung (*form*) *f*. **were you at his ~?** waren Sie auf seiner Beerdigung?; **well that's your ~** (*inf*) na ja, das ist dein persönliches Pech (*inf*), das ist dein Problem (*inf*).

funeral director *n* Beerdigungsunternehmer *m*; **funeral home** *n* (*US*) Leichenhalle *f*; **funeral march** *n* Trauermarsch *m*; **funeral parlour** *n* Leichenhalle *f*; **funeral procession** *n* Leichenzug *m*; **funeral pyre** *n* Scheiterhaufen *m*; **funeral service** *n* Trauergottesdienst *m*.

funereal [fju:'nɪərɪəl] *adj* traurig, trübselig; *voice* Trauer-.

funfair ['fʌnfeə^r] *n* Kirmes *f*.

fungi ['fʌŋgaɪ] *pl of* **fungus.**

fungicide ['fʌŋgɪsaɪd] *n* Fungizid *nt*, pilztötendes Mittel.

fungoid ['fʌŋgɔɪd], **fungous** ['fʌŋgəs] *adj* schwammartig.

fungus ['fʌŋgəs] *n, pl* **fungi** (*Bot, Med*) Pilz *m*; (*hum sl: whiskers*) Sauerkohl *m*

(*inf*).

funicular (railway) [fju:ˈnɪkjʊlə(ˈreɪlweɪ)] *n* Seilbahn *f*.

funk [fʌŋk] **I** *n* **1.** (*esp Brit inf: fear*) Schiß (*inf*), Bammel (*inf*) *m*. **to be in a (blue) ~** (vor Angst) die Hosen voll haben (*inf*), mächtig *or* ganz schön Schiß *or* Bammel haben (*inf*).

2. (*Mus*) Funk *m*.

II *vt* kneifen vor (+*dat*) (*inf*). **he ~ed it** er hat (davor) gekniffen (*inf*).

funky [ˈfʌŋkɪ] *adj* (+*er*) **1.** (*esp Brit inf: cowardly*) feige, ängstlich. **2.** (*sl*) *music* irre (*sl*). **3.** (*US sl: terrified*) **to be ~** (fürchterlich) Schiß haben (*sl*).

fun-loving [ˈfʌnlʌvɪŋ] *adj* lebenslustig.

funnel [ˈfʌnl] **I** *n* **1.** (*for pouring*) Trichter *m*. **2.** (*Naut, Rail*) Schornstein *m*. **3.** (*US: ventilation shaft etc*) Luftschacht *m*. **II** *vt liquid, grain* leiten; *attention, energies also* schleusen, kanalisieren; *information, traffic also* schleusen.

funnily [ˈfʌnɪlɪ] *adv see adj*. **~ enough** komischerweise.

funny [ˈfʌnɪ] *adj* (+*er*) **1.** (*comic*) komisch, lustig. **are you trying to be ~?, are you being ~?** das soll wohl ein Witz sein?; **don't you get ~ with me!** komm du mir bloß nicht komisch (*inf*).

2. (*strange*) seltsam, komisch. **he is ~ that way** (*inf*) in der Beziehung ist er komisch; **don't get any ~ ideas** komm bloß nicht auf komische Gedanken; **~, it was here just now** komisch, gerade war es noch da.

3. (*inf: suspicious*) **~ business** faule Sache (*inf*); **there's something ~ going on here** hier ist doch was faul (*inf*).

4. (*inf: unwell*) **I felt all ~** mir war ganz komisch *or* mulmig.

funny bone *n* Musikantenknochen *m*; **funny farm** *n* (*inf*) Klapsmühle *f* (*inf*); **funny money** *n* ein Wahnsinnsgeld *nt* (*inf*); **house prices in the realms of ~** Haus-/Wohnungspreise, die Irrsinnssummen erreichen (*inf*); **funny paper** *n* (*US*) Witzseiten *pl*.

fur [fɜːʳ] **I** *n* **1.** (*on animal*) Fell *nt*, Pelz *m*; (*for clothing*) Pelz *m*. **that will really make the ~ fly** (*inf*) da werden die Fetzen fliegen (*inf*); **a ~-lined coat** ein pelzgefütterter Mantel. **2. ~s** *pl* Pelze *pl*. **3.** (*in kettle etc*) Kesselstein *m*; (*Med: on tongue*) Belag *m*. **II** *attr coat, stole* Pelz-; *rug* Fell-.

◆**fur up** *vi* (*kettle, boiler*) verkalken, Kesselstein ansetzen; (*tongue*) pelzig werden. **to be ~red ~** belegt *or* pelzig sein.

furbish [ˈfɜːbɪʃ] *vt* **1.** (*polish*) blank reiben, (auf)polieren. **2.** (*smarten up*) aufpolieren.

furious [ˈfjʊərɪəs] *adj person* wütend; *storm, sea* stürmisch, wild; *struggle* wild; *speed* rasend, rasant. **fast and ~** rasant; **the jokes/punches came fast and ~** die Witze kamen Schlag auf Schlag.

furiously [ˈfjʊərɪəslɪ] *adv see adj*.

furl [fɜːl] *vt sail, flag* einrollen; *umbrella* zusammenrollen.

furlong [ˈfɜːlɒŋ] *n* Achtelmeile *f*.

furlough [ˈfɜːləʊ] *n* (*Mil, Admin*) Urlaub *m*.

furnace [ˈfɜːnɪs] *n* Hochofen *m*; (*Metal*) Schmelzofen *m*.

furnish [ˈfɜːnɪʃ] *vt* **1.** *house* einrichten. **~ed room** möbliertes Zimmer; **~ing fabrics** Dekorationsstoffe *pl*. **2.** *information, reason, excuse* liefern, geben. **to ~ sb with sth** jdn mit etw versorgen, jdm etw liefern; *with reason, excuse* jdm etw liefern.

furnishings [ˈfɜːnɪʃɪŋz] *npl* Mobiliar *nt*; (*with carpets*) Einrichtung *f*.

furniture [ˈfɜːnɪtʃəʳ] *n* Möbel *pl*. **a piece of ~** ein Möbelstück *nt*; **I must buy some ~** ich muß Möbel kaufen; **one settee and three chairs were all the ~** die Einrichtung bestand nur aus einem Sofa und drei Stühlen; **if I stay here much longer, I'll become a part of the ~** wenn ich noch viel länger hier bleibe, gehöre ich bald zum Inventar.

furniture remover *n* Möbelspediteur *m*; **furniture van** *n* (*Brit*) Möbelwagen *m*.

furore [fjʊəˈrɔːrɪ], (*US*) **furor** [ˈfjʊrɔːʳ] *n* Protest(e *pl*) *m*. **to cause a ~** einen Skandal verursachen.

furred [fɜːd] *adj* (*tongue*) belegt, pelzig.

furrier [ˈfʌrɪəʳ] *n* Kürschner(in *f*) *m*.

furrow [ˈfʌrəʊ] **I** *n* (*Agr*) Furche *f*; (*Hort: for flowers*) Rinne *f*; (*on brow*) Runzel *f*; (*on sea*) Furche *f*.

II *vt earth* pflügen, Furchen ziehen in (+*dat*); *brow* runzeln; (*worries etc*) furchen; (*boats*) *sea* Furchen ziehen in (+*dat*).

furry [ˈfɜːrɪ] *adj* (+*er*) *animal* Pelz-; *toy* Plüsch-; *tongue* pelzig, belegt. **the little kitten is so soft and ~** das Kätzchen ist so weich und kuschelig; **it has a ~ feel** es fühlt sich wie Pelz *or* Fell an.

further [ˈfɜːðəʳ] **I** *adv, comp of* **far 1.** (*in place, time, fig*) weiter. **~ on** weiter, weiter entfernt; **~ back** (*in place, time*) weiter zurück; (*in time*) früher; **nothing could be ~ from the truth** nichts könnte weiter von der Wahrheit entfernt sein; **to get ~ and ~ away** sich immer weiter entfernen; **we're no ~ advanced now** viel weiter sind wir jetzt (auch) nicht; **nothing is ~ from my thoughts** nichts liegt mir ferner; **to make the soup go ~** die Suppe strecken.

2. (*more*) **he didn't question me ~** er hat mich nicht weiter *or* mehr gefragt; **until you hear ~** bis auf weiteres; **and ~ ...** und darüberhinaus ...; **~ I want to say that ...** darüberhinaus möchte ich sagen, daß ...; **~ to your letter of ...** (*Comm*) bezugnehmend auf *or* in bezug auf Ihren Brief vom ... (*form*).

II *adj* **1.** *see* **farther.**

2. (*additional*) weiter. **will there be anything ~?** kann ich sonst noch etwas für Sie tun?; **~ particulars** nähere *or* weitere Einzelheiten *pl*; **~ education** Weiterbildung, Fortbildung *f*.

III *vt one's interests, a cause* fördern.

furtherance [ˈfɜːðərəns] *n* Förderung *f*. **in ~ of sth** zur Förderung einer Sache (*gen*).

furthermore [ˈfɜːðəmɔːʳ] *adv* überdies, außerdem.

furthermost [ˈfɜːðəməʊst] *adj* äußerste(r,

s).

furthest ['fɜːðɪst] **I** *adv* **the ~ north you can go** soweit nach Norden wie möglich; **he went the ~** er ging am weitesten.

II *adj* **in the ~ depths of the forest** in den tiefsten Tiefen des Waldes; **5 km at the ~** höchstens 5 km; **the ~ way round** den längsten Weg; **at the ~ point from the centre** an dem vom Zentrum am weitesten entfernten Punkt.

furtive ['fɜːtɪv] *adj action* heimlich; *behaviour, person* heimlichtuerisch; (*suspicious*) verdächtig; *look* verstohlen.

furtively ['fɜːtɪvlɪ] *adv peer, creep, slink* verstohlen; (*suspiciously*) *behave* verdächtig.

furtiveness ['fɜːtɪvnɪs] *n see adj* Heimlichkeit *f*; Heimlichtuerei *f*; Verdachterregende(s) *nt*; Verstohlenheit *f*.

fury ['fjʊərɪ] *n* **1.** (*of person*) Wut *f*; (*of storm also*) Ungestüm *nt*; (*of struggle, wind, passion*) Heftigkeit *f*. **she flew into a ~** sie kam in Rage; **like ~** (*inf*) wie verrückt (*inf*). **2.** (*Myth*) **the Furies** die Furien *pl*.

fuse, (*US*) **fuze** [fjuːz] **I** *vt* **1.** *metals* verschmelzen. **2.** (*Brit Elec*) **to ~ the lights** die Sicherung durchbrennen lassen. **3.** (*fig*) vereinigen, verbinden; (*Comm*) fusionieren.

II *vi* **1.** (*metals*) sich verbinden; (*atoms*) verschmelzen. **2.** (*Brit Elec*) durchbrennen. **the toaster ~d** am Toaster war die Sicherung durchgebrannt. **3.** (*fig: also* **~ together**) sich vereinigen.

III *n* **1.** (*Elec*) Sicherung *f*. **to blow the ~s** die Sicherung durchbrennen lassen; **he'll blow a ~** (*fig inf*) bei dem brennen die Sicherungen durch (*inf*). **2.** (*Brit Elec: act of fusing*) **there's been a ~ somewhere** da ist irgendwo ein Kurzschluß *or* Kurzer (*inf*). **3.** (*in bombs, Min*) Zündschnur *f*.

fuse box *n* Sicherungskasten *m*.

fused [fjuːzd] *adj plug* gesichert.

fuselage ['fjuːzəlɑːʒ] *n* (Flugzeug)rumpf *m*.

fuse wire *n* Schmelzdraht *m*.

fusillade [ˌfjuːzɪ'leɪd] *n* Salve *f*.

fusion ['fjuːʒən] *n* (*of metal, fig*) Verschmelzung, Fusion *f*; (*Phys: also* **nuclear ~**) (Kern)fusion, Kernverschmelzung *f*. **~ reactor** Fusionsreaktor *m*.

fuss [fʌs] **I** *n* Theater *nt* (*inf*); (*bother also*) Umstände *pl* (*inf*), Aufheben(s) *nt*; (*lavish attention also*) Wirbel (*inf*), Wind (*inf*) *m*, Getue (*inf*) *nt* (*of* um). **don't go to a lot of ~** mach dir keine Umstände, mach nicht viel Theater (*inf*) *or* Aufhebens; **to make a ~, to kick up a ~** Krach schlagen (*inf*); **to make a ~ about** *or* **over sth** viel Aufhebens *or* Wind (*inf*) *or* Wirbel (*inf*) um etw machen; **to make a ~ of sb** um jdn viel Wirbel (*inf*) *or* Wind (*inf*) *or* Getue (*inf*) machen; **a lot of ~ about nothing** viel Wind *or* Lärm um nichts.

II *vi* sich (unnötig) aufregen; (*get into a ~*) Umstände *pl* machen. **don't ~, mother!** ist ja gut, Mutter!; **with a crowd of attendants ~ing busily around her** mit einer Menge Bediensteter, die eifrig um sie herumhuschten *or* herumfuhrwerkten (*inf*).

III *vt person* nervös machen; (*pester*) keine Ruhe lassen (+*dat*).

◆**fuss about** *or* **around** *vi* herumfuhrwerken (*inf*).

◆**fuss over** *vi* +*prep obj person* bemuttern; *guests* sich (*dat*) große Umstände machen mit.

fussbudget ['fʌsbʌdʒɪt] *n* (*US inf*) *see* **fusspot.**

fussily ['fʌsɪlɪ] *adv see adj.*

fussiness ['fʌsɪnɪs] *n see adj* **1.** Kleinlichkeit, Pingeligkeit (*inf*) *f*. **2.** Verspieltheit *f*; Ausgeklügeltheit *f*; Übergenauigkeit *f*.

fusspot ['fʌspɒt] *n* (*Brit inf*) Umstandskrämer *m* (*inf*); (*nag*) Nörgler(in *f*) *m*.

fussy ['fʌsɪ] *adj* (+*er*) **1.** (*finicky*) kleinlich, pingelig (*inf*). **she is very ~ about what she eats** sie ist sehr eigen, was das Essen angeht; **don't be so ~** seien Sie nicht so pingelig (*inf*) *or* kleinlich, stellen Sie sich nicht so an (*inf*); **what do you want to do? — I'm not ~** was willst du machen? — ist mir egal.

2. (*elaborate*) *dress, pattern, architecture etc* verspielt; *style of writing* ausgeklügelt; *distinction* übergenau.

fustian ['fʌstɪən] **I** *n* (*Tex*) Barchent *m*. **II** *adj* **1.** (*Tex*) Barchent-. **2.** (*fig: pompous*) schwülstig.

fusty ['fʌstɪ] *adj* (+*er*) (*lit, fig*) muffig.

futile ['fjuːtaɪl] *adj* sinnlos; *plan, idea* nutzlos; *effort, attempt* (*usu attr: in vain*) vergeblich.

futility [fjuː'tɪlɪtɪ] *n see adj* Sinnlosigkeit *f*; Nutzlosigkeit *f*; Vergeblichkeit *f*.

futon ['fuːtɒn] *n* Futon *m*.

future ['fjuːtʃə^r] **I** *n* **1.** Zukunft *f*. **in ~** in Zukunft, künftig; **in the near ~** bald, in der nahen Zukunft; **that is still very much in the ~** das liegt noch in weiter Ferne; **there's no ~ in this type of work** diese Art (von) Arbeit hat keine Zukunft.

2. (*Gram*) Zukunft *f*, Futur *nt*. **in the ~** in der Zukunft, im Futur; **~ perfect** vollendete Zukunft.

3. (*St Ex*) **~s** Termingeschäfte *pl*; **~s market** Terminmarkt *m*, Terminbörse *f*.

II *adj* **1.** zukünftig. **at some ~ date** zu *or* an einem zukünftigen *or* späteren Zeitpunkt.

2. the ~ tense (*Gram*) das Futur(um), die Zukunft.

futurism ['fjuːtʃərɪzəm] *n* Futurismus *m*.

futurist ['fjuːtʃərɪst] *n* Futurist(in *f*) *m*.

futuristic [ˌfjuːtʃə'rɪstɪk] *adj* futuristisch.

futurology [ˌfjuːtʃər'ɒlədʒɪ] *n* Futurologie *f*.

fuze *n* (*US*) *see* **fuse.**

fuzz [fʌz] *n* **1.** (*on peach, youth's chin etc*) Flaum *m*; (*inf*) (*bushy beard*) Gemüse *nt* (*inf*); (*frizzy hair*) Wuschelkopf *m*.

2. (*inf: blur, blurred sound*) Unschärfen *pl*.

3. (*sl: policeman*) Bulle (*pej sl*), Polyp (*sl*) *m*. **the ~** (*collective*) die Bullen (*sl*), die Polypen (*sl*) *pl*.

fuzzy ['fʌzɪ] *adj* (+*er*) **1.** *hair* kraus. **2.** (*blurred*) *picture, sound, memory etc* verschwommen.

fuzzy-headed ['fʌzɪˌhedɪd] *adj* (*inf*) **1.** (*not clear-thinking*) nicht (ganz) klar im Kopf; (*from headache, drugs, drink also*) benebelt. **2.** (*curly-haired*) wuschelköpfig.

fwd *abbr of* **forward.**

f-word *n verhüllende Umschreibung für das Wort „fuck“.*

G

G, g [dʒiː] *n* **1.** G, g *nt.* **2. g's** *pl* (*gravitational force*) g *nt.* **3. G** (*US sl: one thousand dollars*) tausend Dollar *pl.* **4.** (*Mus*) G, g *nt.* ~ **sharp/flat** Gis, gis *nt*/ Ges, ges *nt*; *see also* **major, minor, natural**.

G (*Australia*) (*Film*) jugendfrei.

g *abbr of* **gram(s), gramme(s)** g.

gab [gæb] (*inf*) **I** *n* Gequassel (*inf*), Geschwätz *nt.* **to have the gift of the** ~ (*talk a lot*) reden können, nicht auf den Mund gefallen sein. **II** *vi* quatschen (*inf*).

gabardine, gaberdine [ˌgæbəˈdiːn] *n* Gabardine *m.*

gabble [ˈgæbl] **I** *vi* (*person*) brabbeln (*inf*); (*geese*) schnattern.

II *vt poem, prayer* herunterrasseln (*inf*); *excuse, explanation* brabbeln (*inf*).

III *n* Gebrabbel *nt* (*inf*); (*of geese*) Geschnatter *nt.* **the speaker ended in a** ~ der Redner rasselte das Ende herunter (*inf*).

◆**gabble away** *vi* (*geese, people*) drauflosschnattern (*inf*).

◆**gabble on** *vi* reden und reden.

gabby [ˈgæbɪ] *adj* (*inf*) geschwätzig.

gable [ˈgeɪbl] *n* Giebel *m.* ~ **end** Giebelwand *or* -seite *f.*

gabled [ˈgeɪbld] *adj* Giebel-.

◆**gad about** *or* **around** *vi* herumziehen. **he's always ~ding** ~ er ist ständig auf Achse (*inf*); **to** ~ ~ **the country** im Land herumziehen *or* -reisen.

gadabout [ˈgædəbaʊt] (*inf*) *n* rastloser Geist; (*who likes travelling*) Reiseonkel *m*/-tante *f.* **she's a real ~, out somewhere every evening** sie ist sehr unternehmungslustig, jeden Abend ist sie irgendwo anders.

gadfly [ˈgædflaɪ] *n* (Vieh)bremse *f.*

gadget [ˈgædʒɪt] *n* Gerät *nt*, Vorrichtung *f*, Apparat *m.* **with a lot of ~s** mit allen Schikanen (*inf*).

gadgetry [ˈgædʒɪtrɪ] *n* Vorrichtungen, Geräte *pl*; (*superfluous equipment*) technische Spielereien, Kinkerlitzchen (*inf*) *pl.*

Gael [geɪl] *n* Gäle *m*, Gälin *f.*

Gaelic [ˈgeɪlɪk] **I** *adj* gälisch. ~ **coffee** Irish Coffee *m.* **II** *n* (*language*) Gälisch *nt.*

gaff[1] [gæf] **I** *n* **1.** (*Fishing*) Landungshaken *m*, Gaff *nt.* **2.** (*Naut*) Gaffel *f.* **II** *vt* (*Fishing*) mit dem (Landungs)haken *or* Gaff an Land ziehen.

gaff[2] *n*: **to blow the** ~ (*sl*) nicht dichthalten (*inf*); **to blow the** ~ **on sth** etw ausquatschen (*sl*).

gaffe [gæf] *n* Fauxpas *m*; (*verbal*) taktlose Bemerkung. **to make a** ~ einen Fauxpas begehen; (*by saying sth*) ins Fettnäpfchen treten (*inf*).

gaffer [ˈgæfəʳ] *n* (*inf*) **1.** (*Brit*) (*foreman*) Vorarbeiter, Vormann *m*; (*boss*) Chef, Boß (*inf*), Alte(r) (*inf*) *m.* **2.** (*old man*) Alte(r), Opa (*inf*) *m.*

gag [gæg] **I** *n* **1.** Knebel *m*; (*Med*) Mundsperre *f.*

2. (*joke*) Gag *m.*

II *vt* knebeln; (*Med*) die Mundsperre einlegen (+*dat*); (*fig*) *person* zum Schweigen bringen; *press etc* mundtot machen, knebeln.

III *vi* **1.** (*joke*) Witze machen; (*comedian*) Gags machen. **2.** (*esp US: retch*) würgen (*on* an +*dat*).

gaga [ˈgɑːˈgɑː] *adj* (*inf*) plemplem (*inf*), meschugge (*inf*); *old person* verkalkt (*inf*).

gage *n, vt* (*US*) *see* **gauge**.

gaggle [ˈgægl] **I** *n* (*of geese*) Herde *f*; (*hum: of girls, women*) Schar, Horde *f.* **II** *vi* schnattern.

gaiety [ˈgeɪɪtɪ] *n* (*cheerfulness*) Fröhlichkeit, Heiterkeit *f*; (*usu pl: merrymaking*) Vergnügung *f.*

gaily [ˈgeɪlɪ] *adv* fröhlich; (*fig*) unbekümmert; (*colourfully*) farbenfroh.

gain [geɪn] **I** *n* **1.** *no pl* (*advantage*) Vorteil *m*; (*profit*) Gewinn, Profit *m.* **it will be to your** ~ es wird zu Ihrem Vorteil sein; **the love of** ~ Profitgier *f* (*pej*); **to do sth for** ~ etw aus Berechnung (*dat*) *or* zum eigenen Vorteil tun; (*for money*) etw des Geldes wegen tun.

2. **~s** *pl* (*winnings*) Gewinn *m*; (*profits also*) Gewinne *pl.*

3. (*increase*) (*in gen*) Zunahme *f;* (*in speed also*) Erhöhung *f;* (*in wealth also*) Steigerung *f;* (*in health*) Besserung *f;* (*in knowledge*) Erweiterung, Vergrößerung *f.* ~ **in numbers** zahlenmäßiger Zuwachs; **a** ~ **in weight/productivity/height** eine Gewichtszunahme/eine Produktionssteigerung/ein Höhengewinn *m.*

II *vt* **1.** (*obtain, win*) gewinnen; *knowledge, wealth* erwerben; *advantage, respect, entry* sich (*dat*) verschaffen; *the lead* übernehmen; *marks, points* erzielen; *sum of money* (*in deal*) verdienen; *liberty* erlangen; (*achieve*) *nothing, a little* erreichen. **that ~ed something for us** damit haben wir etwas erreicht; **what does he hope to** ~ **by it?** was verspricht *or* erhofft er sich (*dat*) davon?; **to** ~ **sb's goodwill** jdn wohlwollend stimmen; **to** ~ **experience** Erfahrungen sammeln; **he ~ed a better view by climbing onto a wall** dadurch, daß er auf eine Mauer kletterte, hatte er einen besseren Ausblick; **they didn't** ~ **entry** sie wurden nicht eingelassen; **we ~ed an advantage over him** wir waren ihm gegenüber im Vorteil; **to** ~ **ground** (an) Boden gewinnen; (*disease*) um sich greifen, sich verbreiten; (*rumours*) sich verbreiten; **to** ~ **ground on sb** (*get further ahead*) den Vorsprung zu jdm vergrößern; (*catch *up*) jdm gegenüber aufholen; **how did he ~ such a reputation?** wie ist er zu diesem Ruf gekommen?

2. (*reach*) *other side, shore, summit* erreichen.

3. (*increase*) **to ~ height** (an) Höhe gewinnen, höher steigen; **to ~ speed** schneller werden; **she has ~ed weight/3 kilos** sie hat zugenommen/3 Kilo zugenommen; **as he ~ed confidence** als er sicherer wurde, als seine Selbstsicherheit wuchs *or* zunahm; **my watch ~s five minutes each day** meine Uhr geht fünf Minuten pro Tag vor.

III *vi* **1.** (*watch*) vorgehen.

2. (*get further ahead*) den Vorsprung vergrößern; (*close gap*) aufholen.

3. (*profit: person*) profitieren (*by* von). **you can only ~ by it** das kann nur Ihr Vorteil sein, Sie können dabei nur profitieren; **his reputation ~ed greatly by that** dadurch wuchs sein Ansehen enorm.

4. to ~ in knowledge/wealth mehr Wissen/Reichtum erwerben, sein Wissen/seinen Reichtum vergrößern; **to ~ in confidence** mehr Selbstvertrauen bekommen; **to ~ in speed** schneller werden; **to ~ in height** (an) Höhe gewinnen; **to ~ in weight** zunehmen; **to ~ in prestige** an Ansehen gewinnen.

◆**gain (up)on** *vi +prep obj* (*get further ahead*) den Vorsprung zu ... vergrößern; (*close gap*) einholen; (*catch up with*) *work, rust* fertigwerden mit. **it is ~ing/constantly ~ing ~ me** ich komme dagegen nicht (mehr)/immer weniger an; **the cold was ~ing ~ them, they could hardly move** die Kälte übermannte sie, und sie konnten sich kaum bewegen.

gainer ['geɪnəʳ] *n* **I/she** *etc* **was the ~** ich habe/sie hat *etc* dabei profitiert; **to be the ~ by doing sth** davon profitieren *or* einen Vorteil davon haben, daß man etw tut.

gainful ['geɪnfʊl] *adj occupation* einträglich. **to be in ~ employment** erwerbstätig sein.

gainsay [ˌgeɪn'seɪ] *vt pret, ptp* **gainsaid** ['geɪn'sed] widersprechen (*+dat*); *fact* (ab)leugnen, bestreiten; *evidence, argument* widerlegen. **there is no ~ing his honesty** seine Ehrlichkeit läßt sich nicht leugnen.

gait [geɪt] *n* Gang *m*; (*of horse*) Gangart *f*. **with unsteady ~** mit unsicheren Schritten.

gaiter ['geɪtəʳ] *n* Gamasche *f*.

gal *abbr of* **gallon(s).**

gala ['gɑːlə] *n* (*festive occasion*) großes Fest; (*Theat, Film, ball*) Galaveranstaltung *f*. **swimming/sports ~** großes Schwimm-/Sportfest; **~ day** Festtag *m*; (*for person*) großer Tag; **~ dress** Gala *f*; (*uniform also*) Galauniform *f or* -anzug *m*; **~ night** Galaabend *m*; **~ occasion** festliche Veranstaltung; **~ performance** Galavorstellung, Festvorstellung *f*.

galactic [gə'læktɪk] *adj* galaktisch.

galaxy ['gæləksɪ] *n* **1.** (*Astron*) Milchstraße *f*, Sternsystem *nt*, Galaxis *f* (*spec*). **the G~** die Milchstraße *or* Galaxis (*spec*). **2.** (*fig*) Schar *f*, Heer *nt*.

gale [geɪl] *n* **1.** Sturm *m*. **it was blowing a ~** es stürmte, ein Sturm tobte *or* wütete; **~ force 8** Sturmstärke 8; **~-force winds** stürmische Winde; **~ warning** Sturmwarnung *f*. **2.** (*fig*) **~s of laughter** Lachsalven *pl*, stürmisches Gelächter.

Galicia [gə'lɪsɪə] *n* **1.** (*in Eastern Europe*) Galizien *nt*. **2.** (*in Spain*) Galicien *nt*.

Galician [gə'lɪsɪən] *see* **Galicia I** *adj* **1.** galizisch. **2.** galicisch. **II** *n* **1.** Galizier(in *f*) *m*. **2.** Galicier(in *f*) *m*.

Galilean [ˌgælə'liːən] **I** *adj* galiläisch. **II** *n* Galiläer(in *f*) *m*.

Galilee ['gælɪliː] *n* Galiläa *nt*. **the Sea of ~** der See Genezareth, das Galiläische Meer.

gall [gɔːl] **I** *n* **1.** (*Physiol*) Galle(nsaft *m*) *f*. **2.** (*sore*) Wundstelle *f*; (*Bot*) Galle *f*; (*nut-shaped*) Gallapfel *m*. **3.** (*fig liter*) Bitternis *f* (*geh*). **4.** (*inf*) Frechheit *f*. **of all the ~!** so eine Frechheit *or* Unverschämtheit! **II** *vt* (*chafe*) wund reiben *or* scheuern; (*fig*) maßlos ärgern.

gallant ['gælənt] **I** *adj* (*brave*) tapfer; (*chivalrous, noble*) edel, ritterlich; *boat, appearance* stattlich; *sight, display* prächtig; (*attentive to women*) *person* galant, ritterlich; *poetry* galant.

II *n* (*dashing man*) schneidiger Kavalier; (*ladies' man also*) Charmeur *m*.

gallantly ['gæləntlɪ] *adv* (*bravely*) tapfer; (*nobly*) edelmütig; (*chivalrously, courteously*) galant.

gallantry ['gæləntrɪ] *n* **1.** (*bravery*) Tapferkeit *f*; (*chivalry*) Edelmut *m*. **2.** (*attentiveness to women*) Ritterlichkeit, Galanterie *f*. **3.** (*compliment*) Galanterie *f*.

gall bladder *n* Gallenblase *f*.

galleon ['gælɪən] *n* Galeone *f*.

gallery ['gælərɪ] *n* **1.** (*balcony, corridor*) Galerie *f*; (*in church*) Empore *f*; (*Theat*) oberster Rang, Balkon *m*, Galerie *f*. **to play to the ~** (*fig*) sich in Szene setzen. **2.** (*Art*) (Kunst)galerie *f*. **3.** (*underground*) Stollen *m*.

galley ['gælɪ] *n* **1.** (*Naut*) (*ship*) Galeere *f*; (*kitchen*) Kombüse *f*. **~ slave** Galeerensklave *m*. **2.** (*Typ*) (*tray*) (Setz)schiff *nt*; (*also* **~ proof**) Fahne(nabzug *m*) *f*.

Gallic ['gælɪk] *adj* gallisch.

gallicism ['gælɪsɪzəm] *n* Gallizismus *m*.

galling ['gɔːlɪŋ] *adj* äußerst ärgerlich; *person* unausstehlich.

gallivant [ˌgælɪ'vænt] *vi* sich amüsieren. **to ~ about** *or* **around** sich herumtreiben, herumzigeunern; **I was out ~ing last night** ich war gestern abend bummeln *or* auf Achse (*inf*).

gallon ['gælən] *n* Gallone *f*.

gallop ['gæləp] **I** *n* Galopp *m*. **at a ~** im Galopp; **at full ~** im gestreckten Galopp; **to go for a ~** ausreiten.

II *vi* galoppieren, im Galopp reiten. **to ~ away** davongaloppieren; **we ~ed through our work/the agenda** wir haben die Arbeit im Galopp erledigt (*inf*)/die Tagesordnung im Galopp abgehandelt (*inf*); **to ~ through a book/meal** ein Buch in rasendem Tempo lesen (*inf*)/

eine Mahlzeit hinunterschlingen.
III *vt horse* galoppieren lassen.

galloping ['gæləpɪŋ] *adj* (*lit, fig*) galoppierend.

gallows ['gæləʊz] *n* Galgen *m*. **to send/bring sb to the ~** jdn an den Galgen bringen; **~ bird** (*inf*) Galgenvogel *m* (*inf*); **~ humour** Galgenhumor *m*.

gallstone ['gɔːlstəʊn] *n* Gallenstein *m*.

Gallup poll ['gæləp,pəʊl] *n* Meinungsumfrage *f*.

galore [gə'lɔːʳ] *adv* in Hülle und Fülle.

galoshes [gə'lɒʃəz] *npl* Gummischuhe, Galoschen *pl*.

galumph [gə'lʌmf] *vi* (*inf*) trapsen (*inf*).

galvanic [gæl'vænɪk] *adj* **1.** (*Elec*) galvanisch. **2.** (*fig*) *movement* zuckend; (*stimulating*) mitreißend, elektrisierend.

galvanization [,gælvənaɪ'zeɪʃən] *n* Galvanisierung, Galvanisation *f*.

galvanize ['gælvənaɪz] *vt* **1.** (*Elec*) galvanisieren. **2.** (*fig*) elektrisieren. **to ~ sb into action** jdn plötzlich aktiv werden lassen; **to ~ sb into doing sth** jdm einen Stoß geben, etw sofort zu tun.

galvanized ['gælvənaɪzd] *adj* galvanisiert.

Gambia ['gæmbɪə] *n* **(the) ~** Gambia *nt*.

Gambian ['gæmbɪən] **I** *adj* gambisch. **II** *n* Gambier(in *f*) *m*.

gambit ['gæmbɪt] *n* **1.** (*Chess*) Gambit *nt*. **2.** (*fig*) (Schach)zug *m*. **his favourite ~ was to ...** was er am liebsten machte, war ...; **his favourite conversational ~ is ...** er fängt gern eine Unterhaltung mit ... an.

gamble ['gæmbl] **I** *n* **1.** (*lit*) **I like the occasional ~** ich versuche gern mal mein Glück (im Spiel/bei Pferdewetten/bei Hundewetten *etc*); **to have a ~ on the horses/dogs/stock exchange** auf Pferde/Hunde wetten/an der Börse spekulieren.
2. (*fig*) Risiko *nt*. **it's a ~** es ist riskant *or* eine riskante Sache; **I'll take a ~ on it** ich riskiere es; **he took a ~ in buying this house** bei dem Hauskauf ist er ein Risiko eingegangen.
II *vi* **1.** (*lit*) (um Geld) spielen (*with* mit), sich an Glücksspielen beteiligen, zocken (*inf*); (*on horses*) wetten. **to ~ on the horses/stock exchange** bei Pferderennen wetten/an der Börse spekulieren.
2. (*fig*) **to ~ on sth** sich auf etw (*acc*) verlassen; **she was gambling on his** *or* **him being late** sie hat sich darauf verlassen, daß er sich verspäten würde; **to ~ with sth** mit etw spielen, etw aufs Spiel setzen.
III *vt* **1.** *fortune* einsetzen. **to ~ sth on sth** etw auf etw (*acc*) setzen. **2.** (*fig*) aufs Spiel setzen.

◆**gamble away** *vt sep* verspielen.

gambler ['gæmbləʳ] *n* (*lit, fig*) Spieler(in *f*), Zocker(in *f*) (*inf*) *m*. **he's a born ~** er ist eine Spielernatur.

gambling ['gæmblɪŋ] *n* Spielen *nt* (um Geld); (*on horses etc*) Wetten *nt*. **~ debts** Spielschulden *pl*; **~ den** *or* **joint** Spielhölle *f*.

gambol ['gæmbəl] **I** *n* Tollen *nt*, Tollerei *f*; (*of lambs*) Herumspringen *nt*. **to have a ~** herumtollen; herumspringen. **II** *vi* herumtollen; herumspringen.

game¹ [geɪm] **I** *n* **1.** Spiel *nt*; (*sport*) Sport(art *f*) *m*; (*single ~*) (*of team sports, tennis*) Spiel *nt*; (*of table tennis*) Satz *m*; (*of billiards, board-games etc, informal tennis match*) Partie *f*. **to have or play a ~ of football/tennis/chess** Fußball/Tennis/Schach spielen; **do you fancy a quick ~ of football/cards/tennis/chess?** hättest du Lust, ein bißchen Fußball/Karten/Tennis/Schach zu spielen?, hättest du Lust auf eine Partie Tennis/Schach?; **he plays a good ~** er spielt gut; **to have a ~ with sb, to give sb a ~** mit jdm spielen; **winning the second set put him back in the ~ again** nachdem er den zweiten Satz gewonnen hatte, hatte er wieder Chancen; **to be off one's ~** nicht in Form sein; **~ of chance/skill** Glücksspiel *nt*/Geschicklichkeitsspiel *nt*; **~ set and match to X** Satz und Spiel (geht an) X; **~ to X** Spiel X; **that's ~** Spiel; **one ~ all** eins beide.
2. (*fig*) Spiel *nt*; (*scheme, plan*) Absicht *f*, Vorhaben *nt*. **to play the ~** sich an die Spielregeln halten; **to play ~s with sb** mit jdm spielen; **the ~ is up** das Spiel ist aus; **to play sb's ~** jdm in die Hände spielen; **two can play at that ~, that's a ~ (that) two can play** wie du mir, so ich dir (*inf*); **to beat sb at his own ~** jdn mit den eigenen Waffen schlagen; **to give the ~ away** alles verderben; **to see through sb's ~** jds Spiel durchschauen, jdm auf die Schliche kommen; **to spoil sb's little ~** jdm das Spiel verderben, jdm die Suppe versalzen (*inf*); **so that's your ~, is it?** darauf willst du also hinaus!
3. **~s** *pl* (*Sports event*) Spiele *pl*.
4. **~s** *sing* (*Sch*) Sport *m*; **to be good at ~s** gut in Sport sein.
5. (*inf: business, profession*) Branche *f*. **how long have you been in this ~?** wie lange machen Sie das schon?; **the publishing ~** das Verlagswesen; **he's in the second-hand car ~** er macht in Gebrauchtwagen (*inf*); **to be/go on the ~** auf den Strich gehen (*inf*).
6. (*inf: difficult time*) Theater *nt* (*inf*).
7. (*Hunt*) Wild *nt*; (*Cook also*) Wildbret *nt*.
II *vi* (um Geld) spielen.
III *vt* (*also* **~ away**) verspielen.

game² *adj* (*brave*) mutig. **to be ~ for sth** (bei) etw mitmachen; **to be ~ to do sth** bereit sein, etw zu tun; **to be ~ for anything** für alles zu haben sein.

game³ *adj* (*crippled*) lahm.

gamebag *n* Jagdtasche *f*; **game bird** *n* Federwild *nt no pl*; **the pheasant is a ~** der Fasan gehört zum Federwild; **Gameboy** ® ['geɪm,bɔɪ] *n* (*computer game*) Gameboy ® *m*; **gamecock** *n* Kampfhahn *m*; **game fish** *n* Sportfisch *m*; **gamekeeper** *n* Wildhüter *m*; **game laws** *npl* Jagdgesetz *nt*; **game licence** *n* Jagdschein *m*; **game park** *n* Wildpark *m*; **game plan** *n* (*Sport*) Spielplan *m*; (*fig*) Strategie *f*; **game pie** *n* Wildpastete *f*; **game point** *n* Spielpunkt *m*; **game**

preserve *n* Wildhegegebiet *nt*; **game reserve** *n* Wildschutzgebiet *or* -reservat *nt*; **game show** *n* (*TV*) Spielshow *f*.

games ['geɪmz]: **gamesmanship** *n* Ablenkungsmanöver *pl*; **gamesmaster** *n* Sportlehrer *m*; **gamesmistress** *n* Sportlehrerin *f*; **gamesport** *n* (*Comput*) Spieleport *nt or m;* **gamessoftware** *n* Software *f* für Computerspiele.

gamester ['geɪmstəʳ] *n* Spieler(in *f*) *m*.

game theory *n* (*in business studies*) Spieltheorie *f*; **gamewarden** *n* Jagdaufseher *m*.

gamin ['gæmɛ̃] **I** *n* Straßenjunge *m*. **II** *attr* jungenhaft, knabenhaft.

gaming ['geɪmɪŋ] *n see* **gambling.**

gamma ray ['gæmə'reɪ] *n* Gammastrahl *m*.

gammon ['gæmən] *n* (*bacon*) leicht geräucherter Vorderschinken; (*ham*) (gekochter) Schinken.

gamut ['gæmət] *n* (*Mus*) Noten- *or* Tonskala *f*; (*fig*) Skala *f*. **to run the (whole) ~ of emotion(s)** die ganze Skala der Gefühle durchlaufen.

gamy ['geɪmɪ] *adj* nach Wild schmeckend; (*high*) angegangen.

gander ['gændəʳ] *n* **1.** Gänserich, Ganter (*dial*) *m*. **2.** (*inf*) **to have** *or* **take a ~ at sth** auf etw (*acc*) einen Blick werfen; **let's have a ~!** gucken wir mal! (*inf*); (*let me/us look*) laß mal sehen.

gang [gæŋ] *n* Haufen *m*, Schar *f*; (*of workers, prisoners*) Kolonne *f*, Trupp *m*; (*of criminals, youths, terrorists*) Bande, Gang *f*; (*of friends, clique*) Clique *f*, Haufen *m* (*inf*). **there was a whole ~ of them** es war ein ganzer Haufen; **the G~ of Four** die Viererbande.

◆**gang up** *vi* sich zusammentun. **to ~ ~ against** *or* **on sb** sich gegen jdn verbünden *or* verschwören; (*to fight*) geschlossen auf jdn *or* gegen jdn losgehen.

gangbang ['gæŋbæŋ] (*inf*) **I** *n* (*rape*) Gruppenvergewaltigung *f (inf)*. **II** *vt* **she was ~ed** (*raped*) sie wurde Opfer einer Gruppenvergewaltigung.

ganger ['gæŋəʳ] *n* Vorarbeiter *m*.

Ganges ['gændʒi:z] *n* Ganges *m*.

ganglia ['gæŋglɪə] *pl of* **ganglion.**

gangling ['gæŋglɪŋ] *adj* schlaksig, hoch aufgeschossen.

ganglion ['gæŋglɪən] *n, pl* **ganglia 1.** (*Anat*) Ganglion *nt*; (*Med also*) Überbein *nt*. **2.** (*fig: of activity*) Zentrum *nt*.

gangplank ['gæŋplæŋk] *n* Laufplanke *f*, Landungssteg *m*.

gang rape *n* Gruppenvergewaltigung *f*.

gangrene ['gæŋgri:n] *n* Brand *m*.

gangrenous ['gæŋgrɪnəs] *adj* brandig.

gangster ['gæŋstəʳ] *n* Gangster, Verbrecher *m*.

gangway ['gæŋweɪ] **I** *n* **1.** (*Naut*) (*gangplank*) Landungsbrücke, Gangway *f*; (*ladder*) Fallreep *nt*. **2.** (*passage*) Gang *m*. **II** *interj* Platz da.

gannet ['gænɪt] *n* (*Zool*) Tölpel *m*.

gantry ['gæntrɪ] *n* (*for crane*) Portal *nt*; (*on motorway*) Schilderbrücke *f*; (*Rail*) Signalbrücke *f*; (*for rocket*) Abschußrampe *f*.

gaol [dʒeɪl] *n, vt see* **jail.**

gaoler ['dʒeɪləʳ] *n see* **jailer.**

gap [gæp] *n* (*lit, fig*) Lücke *f*; (*chink*) Spalt *m*; (*in surface*) Spalte *f*, Riß *m*; (*Geog*) Spalte *f*; (*Tech: spark ~*) Abstand *m*; (*fig*) (*in conversation, narrative*) Pause *f*; (*gulf*) Kluft *f*. **a ~ in sb's education/memory** eine Bildungs-/Gedächtnislücke.

gape [geɪp] *vi* **1.** (*open mouth wide*) (*person*) den Mund aufreißen *or* -sperren; (*bird*) den Schnabel aufsperren; (*chasm*) gähnen, klaffen; (*seam, wound*) klaffen.

2. (*stare: person*) starren, gaffen. **to ~ at sb/sth** jdn/etw (mit offenem Mund) anstarren; **to ~ up/down at sb/sth** zu jdm/etw hinaufstarren/auf jdn/etw hinunterstarren.

gaping ['geɪpɪŋ] *adj* **1.** klaffend; *chasm also* gähnend; *wound* weit geöffnet; *beaks* weit aufgesperrt. **2.** (*staring*) gaffend; (*astonished*) staunend.

gap-toothed *adj* mit weiter Zahnstellung; (*with teeth missing*) mit Zahnlücken.

garage ['gærɑ:ʒ, (*US*) gə'rɑ:ʒ] **I** *n* (*for parking*) Garage *f*; (*for petrol*) Tankstelle *f*; (*for repairs*) (Reparatur)werkstatt *f*. **~ mechanic** Kraftfahrzeug- *or* Kfz-Mechaniker *m*; **~ sale** *meist in einer Garage durchgeführter Verkauf von Haushaltsgegenständen und Trödel.* **II** *vt* (in einer Garage) ab- *or* unterstellen; (*drive into ~*) in die Garage fahren.

garaging ['gærɑ:ʒɪŋ, (*US*) gə'rɑ:ʒɪŋ] *n* Garagenplätze *pl*.

garb [gɑ:b] **I** *n* Gewand *nt*; (*inf*) Kluft *f* (*inf*). **II** *vt* kleiden.

garbage ['gɑ:bɪdʒ] *n* (*lit: esp US*) Abfall, Müll *m*; (*fig*) (*useless things*) Schund, Mist (*inf*) *m*; (*nonsense*) Blödsinn *m* (*inf*); (*Comput*) Garbage *m*. **~ in, ~ out** (*Comput*) garbage in, garbage out, Müll rein, Müll raus.

garbage can *n* (*US*) Müll- *or* Abfalleimer *m*; (*outside*) Mülltonne *f*; **garbage collector** *n* (*US*) Müllarbeiter(in *f*) *m*; **garbage collectors** *npl* Müllabfuhr *f*; **garbage disposal unit** *n* Müllschlucker *m*; **garbage man** *n* (*US*) *see* **garbage collector**.

garble ['gɑ:bl] *vt* (*deliberately*) *message* unverständlich machen. **to ~ one's words** sich beim Sprechen überschlagen.

garbled ['gɑ:bld] *adj* wirr. **the message got ~ on its way** die Nachricht kam völlig entstellt an; **the facts got a little ~** die Tatsachen sind etwas durcheinandergeraten.

garda ['gɑ:rdə] *n, pl* **gardaí** ['gɑ:rdi:] (*Ir*) (*police*) Polizei *f*; (*policeman*)Polizist *m*.

garden ['gɑ:dn] **I** *n* **1.** Garten *m*. **the G~ of Eden** der Garten Eden. **2.** (*often pl: park*) Park *m*, Gartenanlagen *pl*. **II** *vi* im Garten arbeiten, Gartenarbeit machen, gärtnern.

garden centre *n* Gartencenter *nt*, Gärtnereimarkt *m*.

gardener ['gɑ:dnəʳ] *n* Gärtner(in *f*) *m*.

garden flat *n* (*Brit*) Souterrainwohnung *f*.

gardenia [gɑ:'di:nɪə] *n* Gardenie *f*.

gardening ['gɑ:dnɪŋ] *n* Gartenarbeit *f*. **she loves ~** sie arbeitet gerne im Garten, sie gärtnert gerne; ~ **tools** Gartengeräte *pl*.

garden *in cpds* Garten-; **garden party** *n* Gartenparty *f or* -fest *nt*; **garden produce** *n* (*vegetables*) Gartengemüse *nt*; (*fruit*) Gartenobst *nt*; **garden shears** *npl* Heckenschere *f*.

gargantuan [gɑː'gæntjʊən] *adj* gewaltig, enorm.

gargle ['gɑːgl] **I** *vi* gurgeln. **II** *n* (*liquid*) Gurgelwasser *nt*. **to have a** ~ gurgeln.

gargoyle ['gɑːgɔɪl] *n* Wasserspeier *m*.

garish ['gɛərɪʃ] *adj lights, illuminations* grell; *colour, decorations also* knallig (*inf*); *colour also* schreiend; *clothes* knallbunt, auffallend.

garishly ['gɛərɪʃlɪ] *adv* in grellen *or* schreienden Farben; *colourful* auffallend, knallig (*inf*); *illuminated* grell.

garishness ['gɛərɪʃnɪs] *n* grelle *or* schreiende Farben; (*of colours, illuminations*) Grellheit *f*.

garland ['gɑːlənd] **I** *n* Kranz *m*; (*festoon*) Girlande *f*. **II** *vt* bekränzen.

garlic ['gɑːlɪk] *n* Knoblauch *m*. ~ **bread** Knoblauchbrot *nt*; ~ **press** Knoblauchpresse *f*.

garlicky ['gɑːlɪkɪ] *adj taste* Knoblauch-; *food* knoblauchhaltig. **she's got** ~ **breath** ihr Atem riecht nach Knoblauch.

garment ['gɑːmənt] *n* Kleidungsstück *nt*; (*robe*) Gewand *nt* (*liter*). **all her** ~**s** ihre ganzen Kleider; ~ **industry** (*US*) Bekleidungsindustrie *f*.

garner ['gɑːnəʳ] *vt* (*lit, fig*) (*gather*) sammeln; *knowledge* erwerben; (*store*) speichern.

garnet ['gɑːnɪt] *n* Granat *m*.

garnish ['gɑːnɪʃ] **I** *vt* garnieren, verzieren; (*fig*) *story also, style* ausschmücken. **II** *n* Garnierung *f*.

garnishing ['gɑːnɪʃɪŋ] *n* (*Cook*) Garnierung *f*; (*act also*) Garnieren *nt*; (*fig: of style, story*) Ausschmückung *f*.

garret ['gærət] *n* (*attic room*) Mansarde, Dachkammer *f*; (*attic*) Dachboden *m*.

garrison ['gærɪsən] **I** *n* Garnison *f*. **II** *vt troops* in Garnison legen; *town* mit einer Garnison belegen.

garrulity [gə'ruːlɪtɪ] *n* Geschwätzigkeit, Schwatzhaftigkeit *f*.

garrulous ['gærʊləs] *adj* geschwätzig, schwatzhaft.

garrulously ['gærʊləslɪ] *adv* **to talk/chat** ~ schwatzen, plappern.

garryowen [ˌgærɪ'əʊɪn] *n* (*Rugby*) hohe Selbstvorlage.

garter ['gɑːtəʳ] *n* Strumpfband *nt*; (*US: suspender*) Strumpfhalter *m*. **the (Order of the) G**~ der Hosenbandorden.

garter belt *n* (*US*) Strumpf- *or* Hüftgürtel *m*; **garter snake** *n* (*US*) Ringelnatter *f*.

gas [gæs] **I** *n* **1.** Gas *nt*. **to cook by** *or* **with** *or* **on** ~ mit Gas kochen.

2. (*US: petrol*) Benzin *nt*.

3. (*anaesthetic*) Lachgas *nt*. **to have** ~ Lachgas bekommen; **to have a tooth out with** ~ sich (*dat*) einen Zahn unter Lachgasnarkose ziehen lassen.

4. (*Mil*) (Gift)gas *nt*.

5. (*inf: talk*) leeres Gefasel (*inf*); (*boastful*) großspuriges Gerede, Angeberei *f*. **to have a good** ~ einen Schwatz halten.

6. (*sl*) **it's/he's a** ~ (*fantastic*) es/er ist Klasse *or* dufte *or* 'ne Wucht (*all sl*); (*hilarious*) es/er ist zum Schreien (*inf*).

II *vt* vergasen. **they were** ~**sed accidentally during their sleep** sie starben im Schlaf an Gasvergiftung; **to** ~ **oneself** den Gashahn aufdrehen, sich mit Gas vergiften.

III *vi* (*inf: talk*) schwafeln (*inf*).

gas *in cpds* Gas-; **gasbag** *n* (*inf*) Quasselstrippe *f* (*inf*); **gas bracket** *n* Gasanschluß(stelle *f*) *m*, Gaszuleitungsrohr *nt*; (*for light*) Wandarm *m*; **gas cooker** *n* Gasherd *m*.

gaseous ['gæsɪəs] *adj* gasförmig.

gas field *n* Erdgasfeld *nt*; **gas fire** *n* Gasofen *m*; **gas-fired** *adj* Gas-, gasbefeuert (*form*); **gas fitter** *n* Gasinstallateur *m*; **gas fittings** *npl* Gasgeräte *pl*; **gas fixture** *n* festinstalliertes Gasgerät; **gas guzzler** *n* (*US inf*) Säufer, Benzinschlucker (*inf*) *m*.

gash [gæʃ] **I** *n* (*wound*) klaffende Wunde; (*in earth, tree*) (klaffende) Spalte; (*slash*) tiefe Kerbe; (*in upholstery*) tiefer Schlitz. **II** *vt* aufschlitzen; *furniture, wood* tief einkerben. **he fell and** ~**ed his head/knee** er ist gestürzt und hat sich (*dat*) dabei den Kopf/das Knie aufgeschlagen.

gas heater *n* Gasofen *m*; **gas-holder** *n* Gasometer *m*, (Groß)gasbehälter *m*; **gas jet** *n* Gasdüse *f*.

gasket ['gæskɪt] *n* (*Tech*) Dichtung *f*.

gas lamp *n* Gaslampe *f*; (*in streets*) Gaslaterne *f*; **gaslight** *n* **1.** *see* **gas lamp**; **2.** *no pl* Gaslicht *nt or* -beleuchtung *f*; **gas lighter** *n* **1.** Gasanzünder *m*; **2.** (*for cigarettes*) Gasfeuerzeug *nt*; **gas lighting** *n* Gasbeleuchtung *f*; **gas-lit** *adj* mit Gasbeleuchtung; **gas main** *n* Gasleitung *f*; **gasman** *n* Gasmann *m* (*inf*); **gas mantle** *n* (Gas)glühstrumpf *m*; **gas mask** *n* Gasmaske *f*; **gas meter** *n* Gaszähler *m or* -uhr *f*.

gasoline ['gæsəʊliːn] *n* (*US*) Benzin *nt*.

gasometer [gæ'sɒmɪtəʳ] *n* Gasometer, (Groß)gasbehälter *m*.

gas oven *n* Gasherd *m*; (*gas chamber* (*NS*)) Gaskammer *f*. **to put one's head in the** ~ (*kill oneself*) den Gashahn aufdrehen.

gasp [gɑːsp] **I** *n* (*for breath*) tiefer Atemzug. **to give a** ~ **(of surprise/fear)** (vor Überraschung/Angst) die Luft anhalten *or* nach Luft schnappen (*inf*); **a** ~ **went up at his audacity** seine Verwegenheit verschlug den Leuten den Atem; **to be at one's last** ~ in den letzten Zügen liegen; (*exhausted*) auf dem letzten Loch pfeifen (*inf*).

II *vi* (*continually*) keuchen; (*once*) tief einatmen; (*with surprise*) nach Luft schnappen (*inf*). **to make sb** ~ (*lit, fig*) jdm den Atem nehmen; **to** ~ **for breath** nach Atem ringen, nach Luft schnappen (*inf*); **he** ~**ed with astonishment** er war so erstaunt, daß es ihm den Atem verschlug; **heavens, no!, she** ~**ed** um Himmels willen, nein!, stieß sie hervor.

◆**gasp out** *vt sep* hervorstoßen.

gasper ['gɑːspəʳ] *n* (*Brit sl*) Glimmstengel *m* (*inf*).

gas-permeable *adj lenses* gasdurchlässig; **gas pipe** *n* Gasrohr *nt or* -leitung *f*; **gas plasma I** *n* Gasplasma *nt*; **II** *adj screen* Gasplasma-; **gas pump** *n* (*US*) Zapfsäule *f*; **gas ring** *n* Gasbrenner *m*; (*portable*) Gaskocher *m*; **gas station** *n* (*US*) Tankstelle *f*; **gas stove** *n* Gasherd *m*; (*portable*) Gaskocher *m*.

gassy ['gæsɪ] *adj* (+*er*) **1.** (*Sci*) gasförmig. **it smells ~** es riecht nach Gas. **2.** *drink* kohlensäurehaltig. **3.** (*inf*) *person* geschwätzig.

gas tank *n* (*US*) Benzintank *m*; **gas tap** *n* Gashahn *m*; **gastight** *adj* gasdicht.

gastric ['gæstrɪk] *adj* Magen-, gastrisch (*spec*).

gastric flu *or* **influenza** *n* Darmgrippe *f*; **gastric juices** *npl* Magensäfte *pl*; **gastric ulcer** *n* Magengeschwür *nt*.

gastritis [gæs'traɪtɪs] *n* Magenschleimhautentzündung, Gastritis *f*.

gastro- ['gæstrəʊ-] *pref* Magen-, Gastro- (*spec*). **~enteritis** Magen-Darm-Entzündung, Gastroenteritis (*spec*) *f*.

gastronome ['gæstrənəʊm] *n* Feinschmecker(in *f*) *m*.

gastronomic [ˌgæstrə'nɒmɪk] *adj* gastronomisch, kulinarisch.

gastronomy [gæs'trɒnəmɪ] *n* Gastronomie *f*.

gastroscopy *n* Magenspiegelung *f*.

gasworks ['gæswɜːks] *n sing or pl* Gaswerk *nt*.

gate [geɪt] **I** *n* **1.** Tor *nt*; (*small, garden ~*) Pforte *f*; (*five-barred ~*) Gatter *nt*; (*in station*) Sperre *f*; (*in airport*) Flugsteig *m*; (*of level-crossing*) Schranke *f*; (*Sport: starting ~*) Startmaschine *f*; (*sports ground entrance*) Einlaß, Eingang *m*. **to open/shut the ~s** das Tor öffnen/schließen; **the ~s of heaven** das Himmelstor, die Himmelstür *or* -pforte.

2. (*Sport*) (*attendance*) Zuschauerzahl *f*; (*entrance money*) Einnahmen *pl*.

II *vt pupil, student* Ausgangssperre erteilen (+*dat*).

gateau ['gætəʊ] *n* Torte *f*.

gatecrash (*inf*) **I** *vt* **to ~ a party/meeting** in eine Party/Versammlung reinplatzen (*inf*); (*crowd: to disrupt it*) eine Party/Versammlung stürmen; **II** *vi* einfach so hingehen (*inf*); **gatecrasher** *n* ungeladener Gast; (*at meeting*) Eindringling *m*; **gatehouse** *n* Pförtnerhaus *or* -häuschen *nt*; **gate money** *n* (*Sport*) Einnahmen *pl*; **gatepost** *n* Torpfosten *m*; **between you, me and the ~** (*inf*) unter uns gesagt; **gateway** *n* (*lit, fig*) Tor *nt* (*to* zu); (*archway, gateframe*) Torbogen *m*.

gather ['gæðəʳ] **I** *vt* **1.** (*collect, bring together*) sammeln; *crowd, people* versammeln; *flowers, cultivated fruit* pflücken; *potatoes, corn* ernten; *harvest* einbringen; *taxes* einziehen; (*collect up*) *broken glass, pins* zusammenlegen, aufsammeln; *one's belongings, books, clothes* (zusammen)packen; *an impression* gewinnen. **to ~ one's strength/thoughts** Kräfte sammeln/seine Gedanken ordnen, sich sammeln; **it just sat there ~ing dust** es stand nur da und verstaubte.

2. (*increase*) **to ~ speed** schneller werden, an Geschwindigkeit gewinnen; **to ~ strength** stärker werden.

3. (*infer*) schließen (*from* aus). **I ~ed that** das dachte ich mir; **I ~ from the papers that he has ...** wie ich aus den Zeitungen ersehe, hat er ...; **as far as I can ~** (so) wie ich es sehe; **I ~ she won't be coming** ich nehme an, daß sie nicht kommt; **as you will have/might have ~ed ...** wie Sie bestimmt/vielleicht bemerkt haben ...

4. to ~ sb into one's arms jdn in die Arme nehmen *or* schließen.

5. (*Sew*) kräuseln, raffen; (*at seam*) fassen.

6. (*Typ*) zusammentragen.

II *vi* **1.** (*collect*) (*people*) sich versammeln; (*crowds also*) sich ansammeln; (*objects, dust*) sich (an)sammeln; (*clouds*) sich zusammenziehen; (*storm*) sich zusammenbrauen.

2. (*increase: darkness, force*) zunehmen (*in* an +*dat*).

3. (*abscess*) sich mit Eiter füllen; (*pus*) sich sammeln.

III *n* (*Sew*) Fältchen *nt*. **there were ~s at the waist (of the skirt)** der Rock war in der Taille gekräuselt *or* gerafft *or* gefaßt.

◆**gather in** *vt sep* **1.** einsammeln; *crops* einbringen; *taxes* einziehen; *animals* zusammentreiben. **2.** *cloth* fassen.

◆**gather round** *vi* zusammenkommen. **they ~ed ~ the fire** sie versammelten *or* scharten sich um das Feuer.

◆**gather together I** *vi* zusammenkommen, sich versammeln.

II *vt sep* einsammeln; *one's belongings, books* zusammenpacken; *people* versammeln; *team* zusammenstellen; *animals* zusammentreiben. **to ~ oneself ~** zu sich kommen; (*for jump*) sich bereit machen (*for* zu).

◆**gather up** *vt sep* aufsammeln; *one's belongings* zusammenpacken; *hair* hochstecken; *skirts* (hoch)raffen; (*fig*) *pieces* auflesen. **he ~ed himself ~ to his full height** er reckte sich zu voller Größe auf.

gathering ['gæðərɪŋ] *n* **1.** (*people at meeting*) Versammlung *f*; (*meeting*) Treffen *nt*; (*small group*) Gruppe *f*, Häufchen *nt*; (*of curious onlookers*) Ansammlung *f*. **2.** (*Sew: gathers*) Krause *f*.

GATT [gæt] *abbr of* **General Agreement on Tariffs and Trade** GATT.

gauche *adj*, **~ly** *adv* [gəʊʃ, -lɪ] (*socially*) unbeholfen, tölpelhaft; *remark* ungeschickt; (*clumsy*) linkisch, ungeschickt.

gaucheness ['gəʊʃnɪs] *n* Unbeholfenheit, Tölpelhaftigkeit *f*; Ungeschicktheit *f*.

gaucherie ['gəʊʃəriː] *n* **1.** *see* **gaucheness.** **2.** (*act*) Tölpelei *f*; (*remark*) ungeschickte Bemerkung.

gaudily ['gɔːdɪlɪ] *adv see adj.*

gaudiness ['gɔːdɪnɪs] *n* Buntheit *f*; Auffälligkeit *f*.

gaudy ['gɔːdɪ] *adj* (+*er*) knallig (*inf*), auffällig bunt; *colours* auffällig, knallig

(*inf*).

gauge [geɪdʒ] **I** *n* **1.** (*instrument*) Meßgerät *or* -instrument *nt*; (*to measure diameter, width*) (Meß)lehre *f*; (*for rings*) Ringmaß *nt*; (*to measure water level*) Pegel *m*. **pressure ~** Druckmesser *m*; **temperature ~** Temperaturanzeiger *m*; **petrol ~** Benzinuhr *f*; **oil ~** Ölstandsanzeiger *or* -messer *m*.
2. (*thickness, width*) (*of wire, sheet metal*) Stärke *f*; (*of bullet*) Durchmesser *m*, Kaliber *nt*; (*Rail*) Spurweite *f*. **standard/narrow ~** Normal- *or* Regel-/Schmalspur *f*.
3. (*fig*) Maßstab *m* (*of* für).
II *vt* **1.** (*Tech: measure*) messen. **2.** (*fig: appraise*) *person's capacities, character* beurteilen; *reaction, course of events* abschätzen; *situation* abwägen; (*guess*) schätzen.

Gaul [gɔːl] *n* (*country*) Gallien *nt*; (*person*) Gallier(in *f*) *m*.

gaunt [gɔːnt] *adj* (*+er*) hager; (*from suffering*) abgezehrt, ausgemergelt; *trees* dürr und kahl; *landscape* öde, karg.

gauntlet¹ ['gɔːntlɪt] *n* **1.** (*of armour*) Panzerhandschuh *m*. **to throw down/pick up** *or* **take up the ~** (*fig*) den Fehdehandschuh hinwerfen/aufnehmen. **2.** (*glove*) (Stulpen)handschuh *m*; (*part of glove*) Stulpe *f*.

gauntlet² *n*: **to run the ~** (*fig*) Spießruten laufen; **to (have to) run the ~ of sth** einer Sache (*dat*) ausgesetzt sein.

gauntness ['gɔːntnɪs] *n see adj* Hagerkeit *f*; Abgezehrtheit, Ausgemergeltheit *f*; Kahlheit *f*; Öde, Kargheit *f*.

gauze [gɔːz] *n* Gaze *f*; (*Med also*) (Verbands)mull *m*.

gave [geɪv] *pret of* **give.**

gavel ['gævl] *n* Hammer *m*.

gawk [gɔːk] (*inf*) **I** *n* Schlaks *m* (*inf*). **II** *vi see* **gawp.**

gawkily ['gɔːkɪlɪ] *adv see adj.*

gawkiness ['gɔːkɪnɪs] *n see adj* Schlaksigkeit, Staksigkeit (*inf*) *f*; Unbeholfenheit *f*.

gawky ['gɔːkɪ] *adj* (*+er*) *person, movement* schlaksig, staksig (*inf*), linkisch; *animal* unbeholfen, staksig (*inf*).

gawp [gɔːp] *vi* (*inf*) glotzen (*inf*), gaffen. **to ~ at sb/sth** jdn/etw anglotzen (*inf*).

gay [geɪ] **I** *adj* (*+er*) **1.** (*happy*) fröhlich; *colours also* bunt; *one colour also* lebhaft; *company, occasion* lustig. **with ~ abandon** hingebungsvoll. **2.** (*pleasure-loving*) lebenslustig; *life* flott. **~ dog** (*inf*) lockerer Vogel (*inf*). **3.** (*homosexual*) schwul (*inf*).
II *n* Schwule(r) *mf*. **G~ Lib** Schwulenbewegung *f*.

Gaza Strip ['gɑːzə'strɪp] *n* Gaza-Streifen *m*.

gaze [geɪz] **I** *n* Blick *m*. **II** *vi* starren. **to ~ at sb/sth** jdn/etw anstarren.

◆**gaze about** *or* **around** *vi* um sich blikken.

gazelle [gə'zel] *n* Gazelle *f*.

gazette [gə'zet] **I** *n* (*magazine*) Zeitung, Gazette (*dated*) *f*; (*government publication*) Staatsanzeiger *m*, Amtsblatt *nt*. **II** *vt* im Staatsanzeiger bekanntgeben.

gazetteer [ˌgæzɪ'tɪəʳ] *n* alphabetisches Ortsverzeichnis (*mit Ortsbeschreibung*).

GB *abbr of* **Great Britain** GB, Großbritannien *nt*.

GCE (*Brit*) *abbr of* **General Certificate of Education.**

GCHQ (*Brit*) *abbr of* **Government Communications Headquarters** *Zentralstelle f des britischen Nachrichtendienstes*.

GCSE (*Brit*) *abbr of* **General Certificate of Secondary Education.**

Gdns *abbr of* **Gardens.**

GDR *abbr of* **German Democratic Republic** (*Hist*) DDR *f*.

gear [gɪəʳ] **I** *n* **1.** (*Aut*) Gang *m*. **~s** *pl* (*mechanism*) Getriebe *nt*; (*on bicycle*) Gangschaltung *f*; **a bicycle with three-speed ~s** ein Fahrrad mit Dreigangschaltung; **to put the car into ~** einen Gang einlegen; **the car is/you're in/out of ~** der Gang ist eingelegt *or* drin (*inf*)/das Auto ist im Leerlauf, es ist kein Gang drin (*inf*); **to change ~** schalten; **to change into third ~** in den dritten Gang schalten, den dritten Gang einlegen; **the car jumps out of** *or* **won't stay in ~** der Gang springt heraus; **I am usually in bottom ~ in the mornings** morgens dauert bei mir alles länger.
2. (*inf*) (*equipment*) *f*, Zeug *nt* (*inf*); (*belongings*) Sachen *pl* (*inf*).
3. (*Tech*) Vorrichtung *f*; *see* **landing ~**.
II *vt* (*fig*) abstellen, ausrichten (*to* auf *+acc*). **to be ~ed to sth** auf etw (*acc*) abgestellt sein; (*person, ambition*) auf etw (*acc*) ausgerichtet sein; (*have facilities for*) auf etw (*acc*) eingerichtet sein.
III *vi* (*Tech*) eingreifen, im Eingriff sein.

◆**gear down I** *vi* (*driver*) herunterschalten, in einen niedrigeren Gang schalten. **II** *vt sep engine* niedertouriger auslegen *or* machen; (*fig*) drosseln.

◆**gear up I** *vi* heraufschalten, in einen höheren Gang schalten. **II** *vt sep engine* höhertourig auslegen *or* machen. **to ~ oneself ~** (*fig*) sich bereit machen; **to ~ oneself ~ for sth** (*fig*) sich auf etw (*acc*) einstellen.

gearbox *n* Getriebe *nt*; **gear change** *n* Schalten *nt*.

gearing ['gɪərɪŋ] *n* **1.** (*Aut*) Auslegung *f* (der Gänge). **2.** (*Fin: of company*) Verhältnis *nt* zwischen Eigen- und Fremdkapital.

gear lever *n* Schaltknüppel *m*; (*column-mounted*) Schalthebel *m*; **gear ratio** *n* Übersetzung(sverhältnis *nt*) *f*; **gear shift** (*US*), **gear stick** *n see* **gear lever**; **gear wheel** *n* Zahnrad *nt*.

gee [dʒiː] *interj* **1.** (*esp US inf*) Mensch (*inf*), Mann (*inf*). **~ whiz!** Mensch Meier! (*inf*). **2.** (*to horse*) **~ up!** hü!

geese [giːs] *pl of* **goose.**

Geiger counter ['gaɪgəˌkaʊntəʳ] *n* Geigerzähler *m*.

gel [dʒel] **I** *n* Gel *nt*. **II** *vi* gelieren; (*jelly also*) fest werden; (*fig: plan, idea*) Gestalt annehmen.

gelatin(e) ['dʒelətiːn] *n* Gelatine *f*.

gelatinous [dʒɪ'lætɪnəs] *adj* gelatine- *or* gallertartig.

geld [geld] *vt* kastrieren, verschneiden.

gelding ['geldɪŋ] *n* kastriertes Tier, Kastrat *m* (*spec*); (*horse*) Wallach *m*.

gelignite ['dʒelɪgnaɪt] *n* Plastiksprengstoff *m*.

gem [dʒem] *n* Edelstein *m*; (*cut also*) Juwel *nt* (*geh*); (*fig*) (*person*) Juwel *nt*; (*of collection*) Prachtstück *or* -exemplar *nt*. **be a ~ and ...** sei ein Schatz und ...; **that joke/story/this recording is a real ~** der Witz/die Geschichte/die Aufnahme ist Spitzenklasse (*inf*) *or* einmalig gut; **a ~ of a book/painting/watch** (*splendid*) ein meisterhaftes Buch/Gemälde/eine prachtvolle Uhr.

Gemini ['dʒemɪniː] *n* Zwillinge *pl*. **he's a ~** er ist Zwilling.

gemstone ['dʒemstəʊn] *n* Edelstein *m*.

Gen *abbr of* **General** Gen.

gen [dʒen] *n* (*Brit inf*) Informationen *pl*. **to give sb the ~ on** *or* **about sth** jdn über etw (*acc*) informieren.

◆**gen up** (*Brit inf*) **I** *vi* **to ~ ~ on sth** sich über etw (*acc*) informieren. **II** *vt sep* **to ~ sb ~/get ~ned ~ on sth** jdn/sich über etw (*acc*) informieren; **to be (all) ~ned ~ on** *or* **about sth** sich (sehr gut) auskennen in etw (*dat*).

gender ['dʒendə^r] *n* Geschlecht *nt*. **the feminine/masculine ~** das Femininum/Maskulinum.

gender-bender *n* (*inf*) **1.** (*Comput*) *see* **gender changer**; **2.** (*person*) **to be a ~** (*man*) feminin wirken; (*woman*) maskulin wirken; **gender changer** *n* (*Comput*) Stecker-Stecker-Adapter *m*; Buchse-Buchse-Adapter *m*; **gender issues** *npl* geschlechtsspezifische Fragen *pl*.

gene [dʒiːn] *n* Gen *nt*, Erbfaktor *m*. **~ bank** Gen-Bank *f*; **~ pool** Erbmasse *f*.

genealogical [ˌdʒiːnɪə'lɒdʒɪkəl] *adj* genealogisch. **~ tree** Stammbaum *m*.

genealogist [ˌdʒiːnɪ'ælədʒɪst] *n* Genealoge *m*, Genealogin *f*, Stammbaumforscher(in *f*) *m*.

genealogy [ˌdʒiːnɪ'ælədʒɪ] *n* Genealogie, Stammbaumforschung *f*; (*ancestry*) Stammbaum *m*.

genera ['dʒenərə] *pl of* **genus**.

general ['dʒenərəl] **I** *adj* **1.** allgemein; *view, enquiry, discussion also* generell; *manager, director, agent, agency* General-; *meeting* Voll-; (*of shareholders*) Haupt-; *user, reader* Durchschnitts-; *trader, dealer, store* Gemischtwaren-. **as a ~ rule, in the ~ way (of things)** im allgemeinen; **it is ~ practice** *or* **a ~ custom** es ist allgemein üblich; **for ~ use** für den allgemeinen *or* normalen Gebrauch; (*for use by everybody*) für die Allgemeinheit; **to be a ~ favourite** allgemein beliebt sein; **we just had a ~ chat** wir haben uns ganz allgemein unterhalten; **~ headquarters** Hauptquartier *nt*; (*Mil*) Generalhauptquartier *nt*; **~ editor** Allgemeinredakteur(in *f*) *m*; (*of particular book*) Herausgeber(in *f*) *m*; **to grant a ~ pardon** eine Generalamnestie erlassen (*to* für); **to explain sth in ~ terms** etw allgemein erklären; **the ~ plan** *or* **idea is that ...** wir/sie *etc* hatten uns/sich (*dat*) das so gedacht, daß ...; **the ~ idea of that is to ...** damit soll bezweckt werden *or* es geht dabei darum, daß ...; **that was the ~ idea** so war das (auch) gedacht; **the ~ idea is to wait and see** wir/sie *etc* wollen einfach mal abwarten; **I've got the ~ idea of it** ich habe eine Vorstellung *or* ich weiß so ungefähr, worum es geht; **to give sb a ~ idea/outline of a subject** jdm eine ungefähre Vorstellung von einem Thema geben/ein Thema in groben Zügen umreißen; **to be ~** (*not detailed or specific: wording, proposals*) allgemein gehalten sein; (*vague*) unbestimmt *or* vage sein; (*promises, clause*) unverbindlich sein; (*widespread: custom, weather*) weit verbreitet sein; (*customary*) allgemein üblich sein.

2. (*after official title*) Ober-. **Consul ~** Generalkonsul *m*.

II *n* **1. in ~** im allgemeinen.

2. (*Mil*) General *m*; (*Caesar, Napoleon*) Feldherr *m*.

General Agreement on Tariffs and Trade, GATT *n* Allgemeines Zoll- und Handelsabkommen, GATT; **general anaesthetic** *n* Vollnarkose *f*; **General Assembly** *n* (*of United Nations*) Voll- *or* Generalversammlung *f*; (*Eccl*) Generalsynode *f*; **General Certificate of Education** *n* (*Brit*) (*O-level*) ≈ Mittlere Reife; (*A-level*) ≈ Reifezeugnis, Abitur *nt*; **general degree** *n nicht spezialisierter Studienabschluß*; **general election** *n* Parlamentswahlen *pl*.

generalissimo [ˌdʒenərə'lɪsɪməʊ] *n* Generalissimus *m*.

generalist ['dʒenərəlɪst] *n* Generalist(in *f*) *m*.

generality [ˌdʒenə'rælɪtɪ] *n* **1. to talk in/of generalities** ganz allgemein sprechen/sich über Allgemeines *or* Allgemeinheiten unterhalten. **2.** (*general quality*) Allgemeinheit *f*; (*general applicability*) Allgemeingültigkeit *f*. **a rule of great ~** eine fast überall anwendbare Regel.

generalization [ˌdʒenərəlaɪ'zeɪʃən] *n* Verallgemeinerung *f*.

generalize ['dʒenərəlaɪz] *vti* verallgemeinern. **to ~ (a conclusion) from sth** allgemeine Schlüsse aus etw ziehen; **to ~ about sth** etw verallgemeinern.

general knowledge I *n* Allgemeinwissen *nt or* -bildung *f*. **II** *attr* zur Allgemeinbildung.

generally ['dʒenərəlɪ] *adv* (*usually*) im allgemeinen; (*for the most part also*) im großen und ganzen; (*widely, not in detail*) allgemein. **~ speaking** im allgemeinen, im großen und ganzen.

general manager *n* Hauptgeschäftsführer(in *f*) *m*; **General Post Office** *n* (*Brit*) (*building*) Hauptpost(amt *nt*) *f*; (*dated: organization*) Post *f*; **general practice** *n* (*Med*) Allgemeinmedizin *f*; **general practitioner** *n* Arzt *m*/Ärztin *f* für Allgemeinmedizin, praktischer Arzt, praktische Ärztin; **general public** *n* Öffentlichkeit, Allgemeinheit *f*; **general-purpose** *adj* Mehrzweck-.

generalship ['dʒenərəlʃɪp] *n* (*Mil*) **1.** (*office*) Generalsrang *m*; (*period of office*) Dienstzeit *f* als General. **under his ~** als er General war. **2.** (*skill*) Feldherrnkunst *f*.

general staff *n* (*Mil*) Generalstab *m*; **general store** *n* (*dated*) Gemischtwarenhandlung *f*; **general strike** *n* Generalstreik *m*.

generate ['dʒenəreɪt] *vt* (*lit, fig*) erzeugen; *heat, fumes also* entwickeln; (*Ling*) generieren. **generating station** Kraftwerk, Elektrizitätswerk *nt*.

generation [ˌdʒenə'reɪʃən] *n* **1.** (*lit, fig*) Generation *f*; (*period of time also*) Menschenalter *nt*. **~ gap** Generationsproblem *nt or* -konflikt *m*. **2.** (*act of generating*) Erzeugung *f*.

generative ['dʒenərətɪv] *adj* (*Ling*) generativ; (*Biol*) Zeugungs-, generativ (*spec*); (*Elec*) Erzeugungs-.

generator ['dʒenəreɪtə^r] *n* Generator *m*.

generic [dʒɪ'nerɪk] *adj* artmäßig; (*Biol*) Gattungs-. **~ name** *or* **term** Oberbegriff *m*; (*Biol*) Gattungsbegriff *or* -name *m*.

generically [dʒɪ'nerɪkəlɪ] *adv* (*Biol*) gattungsmäßig.

generosity [ˌdʒenə'rɒsɪtɪ] *n* Großzügigkeit f; (*nobleness*) Großmut *m*.

generous ['dʒenərəs] *adj* **1.** *person, action, gift* großzügig; (*noble-minded*) großmütig. **2.** (*large, plentiful*) reichlich; *figure* üppig. **a ~ size 14** eine groß ausgefallene Größe 14.

generously ['dʒenərəslɪ] *adv see adj*. **a ~ cut dress** ein großzügig geschnittenes Kleid.

generousness ['dʒenərəsnɪs] *n* **1.** *see* **generosity**. **2.** *see adj* **2.** Reichlichkeit *f*; Üppigkeit *f*.

genesis ['dʒenɪsɪs] *n, pl* **geneses** ['dʒenɪsi:z] Entstehung, Genese (*spec*) *f*. **(the Book of) G~** (die) Genesis, die Schöpfungsgeschichte.

genetic [dʒɪ'netɪk] *adj* genetisch. **~ information** Erbinformation *f*.

genetically [dʒɪ'netɪkəlɪ] *adv* genetisch. **~ harmful** erbgutschädigend.

genetic counselling *n* genetische Beratung; **genetic engineer** *n* Gentechniker(in *f*) *m*; **genetic engineering** *n* Gentechnologie *f*; **genetic fingerprint** *n* genetischer Fingerabdruck: **genetic fingerprinting** genetische Fingerabdrücke *pl*; **genetic information** *n* Erbinformation *f*; **genetic research** *n* Genforschung *f*; **genetic transfer** *n* Gentransfer *m*.

geneticist [dʒɪ'netɪsɪst] *n* Vererbungsforscher(in *f*), Genetiker(in *f*) *m*.

genetics [dʒɪ'netɪks] *n sing* Vererbungslehre, Genetik *f*.

Geneva [dʒɪ'ni:və] *n* Genf *nt*. **Lake ~** der Genfer See; **~ Convention** Genfer Konvention *f*.

genial ['dʒi:nɪəl] *adj* (*lit, fig*) freundlich; *person also* leutselig; *smile also* liebenswert; *atmosphere, climate also, company* angenehm; *warmth, influence* wohltuend.

geniality [ˌdʒi:nɪ'ælɪtɪ] *n* (*lit, fig*) Freundlichkeit *f*; (*of person also*) Leutseligkeit *f*; (*of company*) Angenehmheit *f*.

genially ['dʒi:nɪəlɪ] *adv see adj*.

genie ['dʒi:nɪ] *n* dienstbarer Geist.

genii ['dʒi:nɪaɪ] *pl of* **genius.**

genital ['dʒenɪtl] *adj* Geschlechts-, Genital-, genital. **~ herpes** Herpes genitalis *m*; **~ warts** Feigwarzen *pl*.

genitalia [ˌdʒenɪ'teɪlɪə] *npl* (*form*) Genitalien *pl*.

genitals ['dʒenɪtlz] *npl* Geschlechtsteile, Genitalien *pl*.

genitive ['dʒenɪtɪv] **I** *n* (*Gram*) Genitiv *m*. **in the ~** im Genitiv. **II** *adj* Genitiv-.

genius ['dʒi:nɪəs] *n, pl* **-es** *or* **genii 1.** Genie *nt*; (*mental or creative capacity also*) Genius *m*, Schöpferkraft *f*. **a man of ~** ein genialer Mensch, ein Genie *nt*; **to have a ~ for sth** eine besondere Gabe für etw haben; **his ~ for organization/languages** sein Organisationstalent *nt*/seine hohe Sprachbegabung.

2. (*spirit: of period, country*) (Zeit)geist *m*.

3. (*bad influence*) **evil ~** böser Geist.

Genoa ['dʒenəʊə] *n* Genua *nt*.

genocide ['dʒenəʊsaɪd] *n* Völkermord *m*, Genozid *nt* (*geh*).

Genoese [ˌdʒenəʊ'i:z] **I** *adj* genuesisch. **II** *n* Genuese *m*, Genuesin *f*.

genotype ['dʒenəʊtaɪp] *n* Genotyp(us) *m*, Erbgut *nt*.

genre ['ʒɑ̃:ŋrə] *n* Genre *nt* (*geh*), Gattung *f*; (*Art: also* **~ painting**) Genremalerei *f*.

gent [dʒent] *n* (*inf*) *abbr of* **gentleman. ~s' shoes/outfitter** (*Comm*) Herrenschuhe *pl*/-ausstatter *m*; **"G~s"** (*Brit: lavatory*) „Herren".

genteel [dʒen'ti:l] *adj* vornehm, fein; (*affected*) *manners* geziert.

genteelly [dʒen'ti:lɪ] *adv see adj*.

gentian ['dʒenʃɪən] *n* Enzian *m*.

Gentile ['dʒentaɪl] **I** *n* Nichtjude *m*. **II** *adj* nichtjüdisch.

gentility [dʒen'tɪlɪtɪ] *n* Vornehmheit *f*.

gentle ['dʒentl] *adj* (*+er*) sanft; (*not hard, vigorous*) *smack, breeze also, exercise* leicht; (*not loud*) *knock, sound* leise, zart; (*delicate*) *kiss, caress also, hint, reminder* zart; (*not harsh*) *words, humour* liebenswürdig, freundlich; *rebuke also, heat* mild; *person, disposition also* sanftmütig; *animal also* zahm; *heart* weich. **the ~ sex** das zarte Geschlecht; **to be ~ with sb** sanft *or* nett zu jdm sein; (*physically*) mit jdm sanft *or* behutsam umgehen; **to be ~ with sth** mit etw behutsam *or* vorsichtig umgehen.

gentleman ['dʒentlmən] *n, pl* **-men** [-mən] **1.** (*well-mannered, well-born*) Gentleman, Herr *m*; (*trustworthy also*) Ehrenmann *m*. **gentlemen's agreement** Gentlemen's Agreement *nt*; (*esp in business*) Vereinbarung *f* auf Treu und Glauben.

2. (*man*) Herr *m*. **gentlemen!** meine Herren!; (*in business letter*) sehr geehrte Herren!; **gentlemen of the jury/press!** meine Herren Geschworenen/von der Presse!

gentlemanly ['dʒentlmənlɪ] *adj person, manners* zuvorkommend, gentlemanlike *pred*; *appearance* eines Gentleman, gentlemanlike *pred*.

gentleness ['dʒentlnɪs] *n see adj* Sanftheit *f*; Leichtheit *f*; Zartheit *f*; Liebenswürdigkeit, Freundlichkeit *f*; Milde *f*; Sanftmut *f*; Zahmheit *f*; Weichheit *f*.

gently ['dʒentlɪ] *adv see adj*. **to handle sb/sth ~** mit jdm/etw behutsam umgehen; **~ does it!** sachte, sachte!

gentry ['dʒentrɪ] *npl* Gentry *f*, niederer Adel. **all the ~ were there** alles, was Rang und Namen hatte, war da.

genuflection, -flexion [ˌdʒenjʊ'flekʃən] *n* (*Rel*) Kniebeuge *f*.

genuine ['dʒenjʊɪn] *adj* echt; *manuscript* authentisch, Original-; *offer* ernstgemeint, ernsthaft; (*sincere*) *sorrow, joy, willingness, disbelief also, belief* aufrichtig; *laughter, person* natürlich, ungekünstelt. **the ~ article** (*not a copy*) das Original; **that's the ~ article!** das ist das Wahre!; (*not imitation*) das ist echt!; **she has a ~ belief in the supernatural** sie glaubt ernsthaft an das Übernatürliche.

genuinely ['dʒenjʊɪnlɪ] *adv* wirklich; (*sincerely also*) aufrichtig; (*authentically*) *old, antique* echt.

genuineness ['dʒenjʊɪnnɪs] *n see adj* Echtheit *f*; Ernsthaftigkeit *f*; Aufrichtigkeit *f*; Natürlichkeit, Ungekünsteltheit *f*.

genus ['dʒenəs] *n, pl* **genera** (*Biol*) Gattung *f*.

geochemistry [ˌdʒiːəʊ'kemɪstrɪ] *n* Geochemie *f*.

geographer [dʒɪ'ɒgrəfə^r] *n* Geograph(in *f*) *m*.

geographic(al) [dʒɪə'græfɪk(əl)] *adj*, **geographically** [dʒɪə'græfɪkəlɪ] *adv* geographisch.

geography [dʒɪ'ɒgrəfɪ] *n* Geographie *f*; (*Sch also*) Erdkunde *f*.

geological *adj*, **~ly** *adv* [dʒɪəʊ'lɒdʒɪkəl, -ɪ] geologisch.

geologist [dʒɪ'ɒlədʒɪst] *n* Geologe *m*, Geologin *f*.

geology [dʒɪ'ɒlədʒɪ] *n* Geologie *f*.

geometric(al) [dʒɪəʊ'metrɪk(əl)] *adj*, **geometrically** [dʒɪəʊ'metrɪkəlɪ] *adv* geometrisch.

geometrician [ˌdʒɪəmə'trɪʃən] *n* Fachmann/-frau *mf* für Geometrie, Geometer *m* (*old*).

geometry [dʒɪ'ɒmɪtrɪ] *n* (*Math*) Geometrie *f*. **~ set** (Reißzeug *nt or* Zirkelkasten *m* mit) Zeichengarnitur *f*.

geophysics [ˌdʒiːəʊ'fɪzɪks] *n sing* Geophysik *f*.

geopolitics [ˌdʒiːəʊ'pɒlɪtɪks] *n sing* Geopolitik *f*.

Geordie ['dʒɔːdɪ] *n* (*inf*) *Bewohner(in f) m/Dialekt m der Bewohner von Newcastle upon Tyne und Umgebung*.

George [dʒɔːdʒ] *n* Georg *m*.

georgette [dʒɔː'dʒet] *n* Georgette *f or m*.

Georgia ['dʒɔːdʒɪə] *n* (*US*) Georgia *nt*; (*kaukasischer Staat*) Georgien *nt*.

Georgian ['dʒɔːdʒɪən] *adj* (*Brit Hist*) georgianisch; (*US*) in/aus/von Georgia; (*kaukasischer Staat*) georgisch.

geostationary [ˌdʒiːəʊ'steɪʃənərɪ] *adj* geostationär.

geothermal [ˌdʒiːəʊ'θɜːməl] *adj* geothermal.

geranium [dʒɪ'reɪnɪəm] *n* Geranie *f*.

gerbil ['dʒɜːbɪl] *n* Wüstenspringmaus *f*.

geriatric [ˌdʒerɪ'ætrɪk] **I** *adj* geriatrisch, Greisen- (*often hum*); *nurse, nursing* Alten-; *home* Alters-; *patient* alt. **~ medicine** Altersheilkunde *f*; **~ ward** geriatrische Abteilung, Pflegestation *f*. **II** *n* alter Mensch, Greis *m* (*often hum*).

geriatrician [ˌdʒerɪə'trɪʃən] *n* Facharzt *m*/-ärztin *f* für Geriatrie, Geriater *m*.

geriatrics [ˌdʒerɪ'ætrɪks] *n sing* Geriatrie, Altersheilkunde *f*.

germ [dʒɜːm] *n* (*lit, fig*) Keim *m*; (*of particular illness also*) Krankheitserreger *m*; (*esp of cold*) Bazillus *m*. **don't spread your ~s around** behalte deine Bazillen für dich; **that contained the ~(s) of later conflict** darin lag der Keim für spätere Konflikte.

German ['dʒɜːmən] **I** *adj* deutsch. **II** *n* **1.** Deutsche(r) *mf*. **2.** (*language*) Deutsch *nt*; *see* **English.**

German Democratic Republic *n* (*Hist*) Deutsche Demokratische Republik.

germane [dʒɜː'meɪn] *adj* (*form*) von Belang (*geh*) (*to* für).

Germanic [dʒɜː'mænɪk] *adj* germanisch.

germanium [dʒɜː'meɪnɪəm] *n* (*Chem*) Germanium *nt*.

germanize ['dʒɜːmənaɪz] *vt* germanisieren; *word* eindeutschen.

German measles *n sing* Röteln *pl*; **German shepherd (dog)** *n* (*esp US*) deutscher Schäferhund; **German-speaking** *adj* deutschsprachig; **~ Switzerland** die deutschsprachige Schweiz, die Deutschschweiz.

Germany ['dʒɜːmənɪ] *n* Deutschland *nt*; (*Hist*) Germanien *nt*.

germ carrier *n* Bazillenträger *m*; **germ cell** *n* (*Biol*) Keimzelle *f*; **germ-free** *adj* keimfrei.

germicidal [ˌdʒɜːmɪ'saɪdl] *adj* keimtötend.

germicide ['dʒɜːmɪsaɪd] *n* keimtötendes Mittel.

germinal ['dʒɜːmɪnəl] *adj* (*fig*) aufkeimend (*geh*).

germinate ['dʒɜːmɪneɪt] **I** *vi* keimen; (*fig*) aufkeimen (*geh*). **II** *vt* (*lit, fig*) keimen lassen.

germination [ˌdʒɜːmɪ'neɪʃən] *n* (*lit*) Keimung *f*, (*fig*) Aufkeimen *nt* (*geh*).

germ warfare *n* bakteriologische Kriegsführung, Bakterienkrieg *m*.

gerontocracy [ˌdʒerɒn'tɒkrəsɪ] *n* Gerontokratie *f*.

gerontologist [ˌdʒerɒn'tɒlədʒɪst] *n* Gerontologe *m*, Gerontologin *f*.

gerontology [ˌdʒerɒn'tɒlədʒɪ] *n* Gerontologie *f*.

gerrymander ['dʒerɪmændə^r] (*US Pol*) **I** *vt* **to ~ election districts** Wahlkreisschiebungen vornehmen. **II** *n* Wahlkreisschiebung *f*.

gerund ['dʒerənd] *n* Gerundium *nt*.

gerundive [dʒɪ'rʌndɪv] *n* Gerundivum *nt*.

Gestapo [ge'stɑːpəʊ] *n* (*NS*) Gestapo *f*.

gestate [dʒe'steɪt] **I** *vi* (*lit form*) (*animal*) trächtig sein, tragen (*form*); (*human*) schwanger sein; (*fig*) reifen. **II** *vt* tragen;

(*fig*) in sich (*dat*) reifen lassen; *plan, idea* sich tragen mit (*geh*).

gestation [dʒe'steɪʃən] *n* (*lit*) (*of animals*) Trächtigkeit *f*; (*of humans*) Schwangerschaft *f*; (*fig*) Reifwerden *nt*.

gesticulate [dʒe'stɪkjʊleɪt] *vi* gestikulieren.

gesticulation [dʒe,stɪkjʊ'leɪʃən] *n* (*act*) Gestikulieren *nt*; (*instance*) Gebärde (*geh*), Geste *f*. **all his ~s** all sein Gestikulieren.

gesture ['dʒestʃər] **I** *n* (*lit, fig*) Geste *f*. **a ~ of denial/approval** eine verneinende/zustimmende Geste; **as a ~ of support** als Zeichen der Unterstützung; **his use of ~** seine Gestik. **II** *vi* gestikulieren. **III** *vt* **to ~ sb to do sth** jdm bedeuten, etw zu tun.

get [get] *pret, ptp* **got,** (*US*) *ptp* **gotten I** *vt* **1.** (*receive*) bekommen, kriegen (*inf*); *sun, light, full force of blow or anger* abbekommen, abkriegen (*inf*); *wound also* sich (*dat*) zuziehen; *wealth, glory* kommen zu; *time, personal characteristics* haben (*from* von). **where did you ~ it (from)?** woher hast du das?; **this country ~s very little rain** in diesem Land regnet es sehr wenig; **the car got it on one wing** (*inf*) das Auto hat am Kotflügel etwas abbekommen *or* abgekriegt (*inf*); **he got the idea for his book while he was abroad/from some old document** die Idee zu dem Buch kam ihm, als er im Ausland war/er hatte die Idee zu seinem Buch von einem alten Dokument; **where do you ~ that idea (from)?** wie kommst du denn auf die Idee?; **I got quite a surprise/shock** ich war ziemlich überrascht/ich habe einen ziemlichen Schock bekommen *or* gekriegt (*inf*); **you'll ~ it!** (*inf: be in trouble*) du wirst was erleben! (*inf*).

2. (*obtain by one's own efforts*) *object* sich (*dat*) besorgen; *visa, money also* sich (*dat*) beschaffen; (*find*) *staff, finances, partner, job* finden; (*buy*) kaufen; (*buy and keep*) *large item, car, cat* sich (*dat*) anschaffen. **not to be able to ~ sth** etw nicht bekommen *or* kriegen (*inf*); **to ~ sb/oneself sth, to ~ sth for sb/oneself** jdm/sich etw besorgen; *job* jdm/sich etw verschaffen; **she tried to ~ a partner for her friend** sie hat versucht, einen Partner für ihre Freundin zu finden; **to need to ~ sth** etw brauchen; **I've still three to ~** ich brauche noch drei; **he's been trying to ~ a house/job/partner** er hat versucht, ein Haus/eine Stelle/einen Partner zu bekommen; **why don't you ~ a flat of your own?** warum schaffen Sie sich (*dat*) nicht eine eigene Wohnung an?; (*rent*) warum nehmen Sie sich (*dat*) nicht eine eigene Wohnung?; **he got himself a fancy car/job** er hat sich ein tolles Auto angeschafft *or* zugelegt/einen tollen Job verschafft; **what are you ~ting her for Christmas?** was schenkst du ihr zu Weihnachten?; **I got her a doll for Christmas** ich habe für sie eine Puppe zu Weihnachten besorgt; **we could ~ a taxi** wir könnten (uns *dat*) ein Taxi nehmen; **could you ~ me a taxi?** könnten Sie mir ein Taxi rufen *or* besorgen?

3. (*fetch*) *person, doctor, object* holen. **to ~ sb from the station** jdn vom Bahnhof abholen; **I got him/myself a drink** ich habe ihm/mir etwas zu trinken geholt; **can I ~ you a drink?** möchten Sie etwas zu trinken?; **why don't you ~ a dictionary/the contract and look it up?** warum sehen Sie nicht in einem Wörterbuch/im Vertrag nach?

4. (*catch*) bekommen, kriegen (*inf*); *cold, illness also* sich (*dat*) holen; (*in children's game*) fangen. **to ~ sb by the arm/leg** jdn am Arm/Bein packen; **it** *or* **the pain ~s me here/when I move** (*inf*) es tut hier weh/es tut weh, wenn ich mich bewege; **he's got it bad** (*inf*) den hat's übel erwischt (*inf*); **~ him/it!** (*to dog*) faß!; **(I've) got him/it!** (*inf*) (ich) hab' ihn/ich hab's (*inf*); **got you!** (*inf*) hab' dich (erwischt)! (*inf*); **he's out to ~ you** (*inf*) er hat's auf dich abgesehen (*inf*); **we'll ~ them yet!** (*inf*) die werden wir schon noch kriegen! (*inf*); **I'll ~ you for that!** (*inf*) das wirst du mir büßen!; **you've got me there!** (*inf*) da bin ich auch überfragt (*inf*); **that'll/that question will ~ him** da/bei der Frage weiß er bestimmt auch nicht weiter.

5. (*hit*) treffen, erwischen (*inf*). **the car got the lamppost with the front wing** das Auto hat den Laternenpfahl mit dem vorderen Kotflügel erwischt (*inf*).

6. (*Rad, TV*) bekommen, kriegen (*inf*).

7. (*Telec*) (*contact*) erreichen; *number* bekommen; (*put through to, get for sb*) geben. **I'll ~ the number (for you)** ich wähle die Nummer (für Sie); (*switchboard*) ich verbinde Sie mit der Nummer; **~ me 339/Mr Johnston please** (*to secretary*) geben Sie mir bitte 339/Herrn Johnston; (*to switchboard*) verbinden Sie mich bitte mit 339/Herrn Johnston; **I must have got the wrong number** ich bin/war wohl falsch verbunden.

8. (*prepare*) *meal* machen. **I'll ~ you/myself some breakfast** ich mache dir/mir etwas zum Frühstück.

9. (*eat*) essen. **to ~ breakfast/lunch** frühstücken/zu Mittag essen.

10. (*send, take*) bringen. **to ~ sb to hospital** jdn ins Krankenhaus bringen; **to ~ sth to sb** jdm etw zukommen lassen; (*take it oneself*) jdm etw bringen; **where does that ~ us?** (*inf*) was bringt uns (*dat*) das? (*inf*); **this discussion isn't ~ting us anywhere** diese Diskussion führt zu nichts; **we'll ~ you there somehow** irgendwie kriegen wir dich schon dahin (*inf*).

11. (*manage to move*) kriegen (*inf*). **he couldn't ~ her/himself up the stairs** er kriegte sie nicht die Treppe rauf (*inf*)/er kam nicht die Treppe rauf.

12. (*understand*) kapieren (*inf*), mitbekommen; (*hear*) mitbekommen, mitkriegen (*inf*); (*make a note of*) notieren. **I don't ~ it/you** *or* **your meaning** (*inf*) da komme ich nicht mit (*inf*)/ich verstehe nicht, was du meinst; **~ it?** kapiert?

(*inf*).

13. (*profit, benefit*) **what do you ~ from that?** was hast du davon?, was bringt dir das? (*inf*); **I don't ~ much from his lectures** seine Vorlesungen geben mir nicht viel; **he's only in it for what he can ~** er will nur dabei profitieren.

14. (*iro inf*) **~ (a load of) that!** was sagst du dazu! (*inf*), hat man Töne! (*inf*); **~ her!** (*regarding looks*) was sagst du zu der da? (*inf*); (*iro*) sieh dir bloß die mal an! (*inf*); (*regarding ideas*) die ist ja ganz schön clever! (*inf*); (*iro*) hör dir bloß das mal an! (*inf*).

15. (*inf*) (*annoy*) ärgern, aufregen; (*upset*) an die Nieren gehen (+*dat*) (*inf*); (*thrill*) packen (*inf*); (*amuse*) amüsieren. **it ~s you there!** das packt einen so richtig! (*inf*).

16. to ~ sb to do sth (*have sth done by sb*) etw von jdm machen lassen; (*persuade sb*) jdn dazu bringen, etw zu tun; **I'll ~ him to phone you back** ich sage ihm, er soll zurückrufen; (*make him*) ich werde zusehen, daß er zurückruft; **you'll never ~ him to understand** du wirst es nie schaffen, daß er das versteht.

17. (+*ptp*) (*cause to be done*) lassen; (*manage to ~ done*) kriegen (*inf*). **to ~ sth made for sb/oneself** jdm/sich etw machen lassen; **to ~ one's hair cut** sich (*dat*) die Haare schneiden lassen; **I'll ~ the grass cut/house painted soon** der Rasen wird bald gemäht/das Haus wird bald gestrichen; (*by sb else*) ich lasse bald den Rasen mähen/das Haus streichen; **to ~ sth done** etw gemacht kriegen (*inf*); **to ~ the washing/dishes/some work done** die Wäsche waschen/abwaschen/ Arbeit erledigen; **I'm not going to ~ much done** ich werde nicht viel geschafft bekommen *or* kriegen (*inf*); **we ought to ~ it done soon** das müßte bald gemacht werden; **to ~ things done** was fertigkriegen (*inf*); **can you ~ these things done for me?** können Sie das für mich erledigen?; **did you ~ the fare paid/question answered?** haben Sie die Fahrtkosten bezahlt/eine Antwort auf die Frage bekommen *or* gekriegt? (*inf*); **you'll ~ me/yourself thrown out** du bringst es so weit, daß ich hinausgeworfen werde/du hinausgeworfen wirst; **that'll ~ him thrown out** da fliegt er hinaus.

18. (+*infin or prp: cause to be*) kriegen (*inf*). **he can't ~ the sum to work out/lid to stay open** er kriegt es nicht hin, daß die Rechnung aufgeht/daß der Dekkel aufbleibt (*inf*); **I can't ~ the car to start/door to open** ich kriege das Auto nicht an (*inf*)/die Tür nicht auf (*inf*); **how do I ~ these two parts to stick together?** wie kriege ich die beiden Teile zusammengeklebt? (*inf*); **once I've got this machine to work** wenn ich die Maschine erst einmal zum Laufen gebracht habe; **to ~ sb talking** jdn zum Sprechen bringen.

19. (*cause to be*) (+*adj*) machen; (*manage to make*) kriegen (*inf*); (+*adv phrase*) tun. **to ~ sb/sth/oneself ready** jdn/etw/sich fertigmachen; **to ~ sth clean/open/shut** (*person*) etw sauber-/ auf-/zukriegen (*inf*); **to ~ sb drunk** jdn betrunken machen/kriegen (*inf*); **has she got the baby dressed yet?** hat sie das Baby schon angezogen?; **to ~ one's hands dirty** sich (*dat*) die Hände schmutzig machen; **to ~ one's things packed** seine Sachen packen; **~ the cat back in its box/out of the room** tu die Katze ins Körbchen zurück/aus dem Zimmer (*inf*); **~ the children to bed** bring die Kinder ins Bett.

20. (*inf: to form passive*) werden. **when did it last ~ painted?** wann ist es zuletzt gestrichen worden?; **I got paid** ich wurde bezahlt.

21. to have got sth (*Brit: have*) etw haben.

22. *in set phrases see n, adj.*

II *vi* **1.** (*go, arrive*) kommen; gehen. **to ~ home/here** nach Hause kommen/ hier ankommen; **I've got as far as page 16** ich bin auf Seite 16; **to ~ far** (*lit*) weit kommen; (*fig*) es weit bringen; **~ (lost)!** verschwinde!

2. (*fig inf*) **to ~ there** (*succeed*) es schaffen (*inf*); (*understand*) dahinterkommen (*inf*); **now we're ~ting there** (*to the truth*) jetzt kommt's raus! (*inf*); **to ~ somewhere/nowhere** (*in job, career*) es zu etwas/nichts bringen; (*with work, in discussion*) weiterkommen/nicht weiterkommen; **to ~ somewhere/nowhere (with sb)** (bei jdm) etwas/nichts erreichen; **now we're ~ting somewhere** jetzt wird die Sache (*inf*); (*in interrogation, discussion etc*) jetzt kommen wir der Sache schon näher; **to ~ nowhere fast** (*inf*) absolut nichts erreichen.

3. (*become, be, to form passive*) werden. **to ~ old/tired/paid** alt/müde/ bezahlt werden; **I'm/the weather is ~ting cold/warm** mir wird es/es wird kalt/warm; **to ~ dressed/shaved/washed** sich anziehen/rasieren/waschen; **to ~ married** heiraten.

4. (+*infin*) **to ~ to know sb** jdn kennenlernen; **how did you ~ to know that?** wie hast du das erfahren?; **to ~ to like sb/sth** jdn sympathisch finden/an etw (*dat*) Gefallen finden; **after a time you ~ to realize ...** nach einiger Zeit merkt man ...; **to ~ to do sth** (*~ around to*) dazu kommen, etw zu tun; (*~ chance to*) die Möglichkeit haben, etw zu tun; **to ~ to be ...** (mit der Zeit) ... werden; **to ~ to see sb/sth** jdn/etw zu sehen bekommen; **to ~ to work** sich an die Arbeit machen.

5. (+*prp or ptp*) **to ~ working/ scrubbing** anfangen zu arbeiten/ schrubben; **I got talking to him** ich kam mit ihm ins Gespräch; **to ~ going** (*person*) (*leave*) aufbrechen; (*start working*) sich daran machen; (*start talking*) loslegen (*inf*); (*party*) in Schwung kommen; (*machine, fire etc*) in Gang kommen; **let's ~ started** fangen wir an!

6. (*inf: start*) **we got to talking about that** wir kamen darauf zu sprechen; **I got**

to thinking ... ich habe mir überlegt, ...

7. to have got to do sth (*be obliged to*) etw tun müssen; **I've got to** ich muß.

III *vr see also vt* **2., 3., 8., 11. 1.** (*convey oneself*) gehen; kommen. **I had to ~ myself to the hospital** ich mußte selbst ins Krankenhaus (gehen); **how did you ~ yourself home?** wie bist du nach Hause gekommen?; **~ yourself over here/out of here** komm hier rüber (*inf*)/mach, daß du hier rauskommst (*inf*).

2. (*+adj*) sich machen. **to ~ oneself dirty/clean** sich schmutzig machen/sich saubermachen; **to ~ oneself pregnant/fit** schwanger/fit werden.

3. (*+ptp*) **to ~ oneself washed/dressed** sich waschen/anziehen; **to ~ oneself married** heiraten; **he managed to ~ himself promoted** er hat es geschafft, daß er befördert wurde; **he got himself hit in the leg** er wurde am Bein getroffen.

◆**get about** *vi* (*prep obj* in *+dat*) **1.** sich bewegen können; (*to different places*) herumkommen. **2.** (*news*) sich herumsprechen; (*rumour*) sich verbreiten.

◆**get across I** *vi* **1.** (*cross*) hinüber-/herüberkommen; (*+prep obj*) *road, river* kommen über (*+acc*). **to ~ ~ to the other side** auf die andere Seite kommen.

2. (*communicate*) (*play, joke, comedian*) ankommen (*to* bei); (*teacher*) sich verständlich machen (*to dat*); (*idea, meaning*) klarwerden, verständlich werden (*to dat*).

II *vt always separate* **1.** (*transport*) hinüber-/herüberbringen; (*manage to ~ ~*) hinüber-/herüberbekommen; (*+prep obj*) (hinüber-/herüber)bringen über (*+acc*); (hinüber-/herüber)bekommen über (*+acc*).

2. (*communicate*) *play, joke* ankommen mit (*to* bei); *one's ideas, concepts* verständlich machen, klarmachen (*to sb* jdm).

◆**get ahead** *vi* (*make progress*) vorankommen (*in* in *+dat*); (*in race*) sich (*dat*) einen Vorsprung verschaffen; (*from behind*) nach vorn kommen. **to ~ ~ of sb** jdn überflügeln; (*in race*) einen Vorsprung zu jdm gewinnen; (*overtake*) jdn überholen.

◆**get along I** *vi* **1.** gehen. **I must be ~ting ~** ich muß jetzt gehen, ich muß mich auf den Weg machen; **~ ~ now!** nun geh/geht schon!; **~ ~ with you!** (*inf*) jetzt hör aber auf! (*inf*).

2. (*manage*) zurechtkommen. **to ~ ~ without sb/sth** ohne jdn/etw auskommen *or* zurechtkommen.

3. (*progress*) vorankommen; (*work, patient, wound*) sich machen.

4. (*be on good terms*) auskommen (*with* mit). **they ~ ~ quite well** sie kommen ganz gut miteinander aus.

II *vt always separate* **to ~ sb ~ to sb/sth** (*send*) jdn zu jdm/etw schicken; (*take*) jdn zu jdm/etw mitnehmen/mitbringen; **to ~ sth ~ to sb** jdm etw zukommen lassen; (*take*) jdm etw bringen.

◆**get around I** *vi see* **get about. II** *vti +prep obj see* **get round I 2., 4., II 3., 4.**

◆**get at** *vi +prep obj* **1.** (*gain access to, reach*) herankommen an (*+acc*); *town, house* erreichen, (hin)kommen zu; (*take, eat*) *food, money* gehen an (*+acc*). **put it where the dog/child won't ~ ~ it** stellen Sie es irgendwohin, wo der Hund/das Kind nicht drankommt (*inf*); **don't let him ~ ~ the whisky** laß ihn nicht an den Whisky (ran); **let me ~ ~ him!** (*inf*) na, wenn ich den erwische! (*inf*).

2. (*discover, ascertain*) *sb's wishes, ideas, truth* herausbekommen *or* -finden; *facts* kommen an (*+acc*).

3. (*inf: mean*) hinauswollen auf (*+acc*). **what are you ~ting ~?** worauf willst du hinaus?

4. to ~ ~ sb (*inf*) (*criticize*) an jdm etwas auszusetzen haben (*inf*); (*nag*) an jdm herumnörgeln (*inf*); **he had the feeling that he was being got ~** er hatte den Eindruck, daß ihm das galt *or* daß man ihm was am Zeug flicken wollte (*inf*).

5. (*inf: corrupt*) beeinflussen; (*by threats also*) unter Druck setzen (*inf*); (*by bribes also*) schmieren (*inf*).

6. (*inf: start work on*) sich machen an (*+acc*).

◆**get away I** *vi* (*leave*) wegkommen; (*for holiday also*) fortkommen; (*prisoner, thief*) entkommen, entwischen (*from sb* jdm, *from prison* aus dem Gefängnis); (*sportsman/-woman: from start*) loskommen (*inf*). **could I ~ ~ early today?** könnte ich heute früher gehen *or* weg (*inf*)?; **I just can't ~ ~ from him/my work** ich kann ihm/der Arbeit einfach nicht entrinnen; **you can't ~ ~** *or* **there's no ~ting ~ from the fact that ...** man kommt nicht um die Tatsache herum, daß ...; **to ~ ~ from it all** sich von allem frei- *or* losmachen; **~ ~ (with you)!** (*inf*) ach, hör auf! (*inf*).

II *vt always separate* **1.** (*remove*) wegbekommen; (*move physically*) *person* weg- *or* fortbringen; *objects* wegschaffen. **~ her ~ from here** sehen Sie zu, daß sie hier wegkommt; **~ them ~ from danger** bringen Sie sie außer Gefahr; **~ him ~ from the wall/propeller** sehen Sie zu, daß er von der Wand/dem Propeller weggeht; **~ him/that dog ~ from me** schaff ihn mir/mir den Hund vom Leib; **to ~ sth ~ from sb** (*take away*) jdm etw weg- *or* abnehmen.

2. (*post*) *letter* weg- *or* fortschicken.

◆**get away with** *vi +prep obj* **1.** (*abscond with*) entkommen mit.

2. (*inf: escape punishment for*) **you'll/he'll** *etc* **never ~ ~ ~ that** das wird nicht gutgehen; **he got ~ ~ it** er ist ungestraft *or* ungeschoren (*inf*) davongekommen, es ist gutgegangen; **the things he ~s ~ ~!** was er sich (*dat*) alles erlauben kann!; **to let sb ~ ~ ~ sth** jdm etw durchgehen lassen.

3. (*be let off with*) davonkommen mit.

◆**get back I** *vi* **1.** (*return*) zurückkommen; zurückgehen. **to ~ ~ (home)/to bed/to work** nach Hause kommen/wieder ins Bett gehen/wieder arbeiten; **I ought to be ~ting ~ (to the office/home)** ich sollte (ins Büro/nach Hause) zurück(gehen).

2. (*move backwards*) zurückgehen. **~ ~!** zurück(treten)!

II *vt sep* **1.** (*recover*) *possessions, person* zurückbekommen; *good opinion, strength* zurückgewinnen. **now that I've got you/it ~** jetzt, wo ich dich/es wiederhabe.

2. (*bring back*) zurückbringen; (*put back in place*) zurücktun.

◆**get back at** *vi +prep obj* (*inf*) sich rächen an (*+dat*). **to ~ ~ ~ sb for sth** jdm etw heimzahlen (*inf*).

◆**get back to** *vi +prep obj* (*esp Comm: recontact*) sich wieder in Verbindung setzen mit.

◆**get behind** *vi* **1.** (*+prep obj*) *tree, person* sich stellen hinter (*+acc*).

2. (*fig*) zurückbleiben; (*person*) ins Hintertreffen geraten; (*+prep obj*) zurückbleiben hinter (*+dat*); (*with schedule*) in Rückstand kommen. **to ~ ~ with one's work/payments** mit seiner Arbeit/den Zahlungen in Rückstand kommen.

◆**get by** *vi* **1.** (*move past*) vorbeikommen (*prep obj* an *+dat*). **to let sb/a vehicle ~ ~** jdn/ein Fahrzeug vorbeilassen.

2. (*fig: pass unnoticed*) durchrutschen (*inf*). **how did that film ~ ~ the censors?** wie ist der Film nur durch die Zensur gekommen?

3. (*inf: pass muster*) (*work, worker*) gerade noch annehmbar *or* passabel (*inf*) sein; (*knowledge*) gerade ausreichen. **I haven't got a tie, do you think I'll ~ ~ without one?** ich habe keine Krawatte, meinst du, es geht auch ohne?

4. (*inf: manage*) durchkommen (*inf*). **she ~s ~ on very little money** sie kommt mit sehr wenig Geld aus.

◆**get down I** *vi* **1.** (*descend*) hinunter-/heruntersteigen (*prep obj, from* von); (*manage to ~ ~, in commands*) herunter-/hinunterkommen (*prep obj, from acc*); (*from horse, bicycle*) absteigen (*from* von); (*from bus*) aussteigen (*from* aus). **to ~ ~ the stairs** die Treppe hinuntergehen/herunterkommen; **~ ~!** runter! (*inf*).

2. (*leave table*) aufstehen.

3. (*bend down*) sich bücken; (*to hide*) sich ducken. **to ~ ~ on one's knees** auf die Knie fallen; **to ~ ~ on all fours** sich auf alle viere begeben.

II *vt sep* **1.** (*take down*) herunternehmen; *trousers* herunterziehen; (*lift down*) herunterholen; (*carry down*) herunter-/hinunterbringen; (*manage to ~ ~*) herunterbringen *or* -kriegen (*inf*).

2. (*reduce*) (*to* auf *+acc*) beschränken; (*as regards length*) verkürzen; *temperature* herunterbekommen; *seller, price* herunterhandeln.

3. (*swallow*) *food* hinunterbringen. **~ this ~ (you)!** (*inf*) trink/iß das!

4. (*make a note of*) aufschreiben, notieren.

5. (*inf: depress*) fertigmachen (*inf*). **don't let it ~ you ~** laß dich davon nicht unterkriegen (*inf*).

◆**get down to** *vi +prep obj* sich machen an (*+acc*), in Angriff nehmen; (*find time to do*) kommen zu. **to ~ ~ ~ business** zur Sache kommen.

◆**get in I** *vi* **1.** (*enter*) hinein-/hereinkommen (*prep obj, -to* in *+acc*); (*into car, train*) einsteigen (*prep obj, -to* in *+acc*); (*into bath*) hinein-/hereinsteigen; (*into bed*) sich hineinlegen. **to ~ ~(to) the bath** in die Badewanne steigen; **to ~ ~to bed** sich ins Bett legen; **the smoke got ~(to) my eyes** ich habe Rauch in die Augen bekommen *or* gekriegt (*inf*); **he can't ~ ~** er kann (*inf*) *or* kommt nicht herein/hinein; **he got ~ between them** (*in car, bed*) er hat sich zwischen sie gesetzt/gelegt/gestellt.

2. (*arrive: train, bus*) ankommen (*-to* in *+dat, -to station* am Bahnhof).

3. (*be admitted*) hinein-/hereinkommen (*-to* in *+acc*); (*into school, profession*) ankommen, angenommen werden (*-to* in *+dat*).

4. (*Pol: be elected*) gewählt werden (*-to* in *+acc*), es schaffen (*inf*).

5. (*get home*) nach Hause kommen.

6. (*inf*) **he got ~ first/before me/him** er ist mir/ihm zuvorgekommen.

II *vt* **1.** *sep* (*bring in*) hinein-/hereinbringen (*prep obj, -to* in *+acc*); *crops, harvest* einbringen; *taxes, debts* eintreiben; (*fetch*) herein-/hineinholen (*-to* in *+acc*); (*help enter*) hinein-/hereinhelfen (*+dat*) (*prep obj, -to* in *+acc*). **I got the kids ~(to) bed** ich habe die Kinder ins Bett gebracht.

2. *sep* (*receive*) *forms* bekommen; (*submit*) *forms* einreichen; *homework* abgeben.

3. *sep* (*plant*) (*prep obj, -to* in *+acc*) *bulbs* einpflanzen; *seeds also* säen.

4. *always separate* (*get admitted to*) (*into club*) (*prep obj, to* in *+acc*) (*as member*) zur Aufnahme verhelfen (*+dat*); (*as guest*) mitnehmen. (*Sch, Univ*) angenommen werden; **his parents wanted to ~ him ~to a good school** seine Eltern wollten ihn auf eine gute Schule schicken.

5. *always separate* (*get elected*) *candidate* zu einem Sitz verhelfen (*+dat*) (*-to* in *+dat*); *party* zu einem Wahlsieg verhelfen (*+dat*).

6. *sep* (*fit, insert into, find room for*) hineinbringen *or* -bekommen *or* -kriegen (*inf*) (*-to* in *+acc*); (*fig*) *blow, punch, request, words* anbringen. **he always tries to ~ it ~to the conversation that ...** er versucht immer, es in die Unterhaltung einfließen zu lassen, daß ...

7. *sep* (*get a supply*) *groceries, coal* holen, ins Haus bringen. **to ~ ~ supplies** sich (*dat*) Vorräte zulegen.

8. *sep* (*send for*) *doctor, tradesman* holen, kommen lassen; *specialist, consultant* zuziehen.

9. *always separate* **to ~ one's eye/hand ~** in Übung kommen.

◆**get in on I** *vi +prep obj* (*inf*) mitmachen bei (*inf*), sich beteiligen an (*+dat*). **to ~ ~ ~ the act** mitmachen, mitmischen (*inf*). **II** *vt sep +prep obj* beteiligen an (+*dat*); (*let take part in*) mitmachen lassen bei; *specialist, consultant* zuziehen bei.

◆**get into I** *vi +prep obj see also* **get in I 1.-4. 1.** *rage, panic, debt, situation, company* geraten in (+*acc*); *trouble, difficulties also* kommen in (+*acc*); (*inf: devil, something*) fahren in (+*acc*) (*inf*). **what's got ~ him?** (*inf*) was ist mit ihm los? (*inf*).

2. *bad habits* sich (*dat*) angewöhnen. **to ~ ~ the way of (doing) sth** sich an etw (*acc*) gewöhnen; **to ~ ~ the habit of doing sth** sich (*dat*) angewöhnen, etw zu tun; **it's easy once you've got ~ the swing** *or* **way of it** es ist leicht, wenn Sie erst mal ein bißchen Übung darin haben.

3. (*get involved in*) *book* sich einlesen bei; *work* sich einarbeiten in (+*acc*).

4. (*put on*) anziehen, schlüpfen in (+*acc*); (*fit into*) hineinkommen *or* -passen in (+*acc*).

II *vt +prep obj always separate see also* **get in II 1., 3.-6. 1.** *rage, debt, situation* bringen in (+*acc*). **to ~ sb/oneself ~ trouble** jdn/sich in Schwierigkeiten (*acc*) bringen (*also euph*); **who got you ~ that?** wer hat dir das eingebrockt? (*inf*).

2. to ~ sb ~ bad habits jdm schlechte Angewohnheiten *pl* beibringen; **who/what got you ~ the habit of getting up early?** wer hat Ihnen das angewöhnt/wieso haben Sie es sich angewöhnt, früh aufzustehen?

3. to ~ sb ~ a dress jdm ein Kleid anziehen; (*manage to put on*) jdn in ein Kleid hineinbekommen *or* -kriegen (*inf*).

◆**get in with** *vi +prep obj* (*associate with*) Anschluß finden an (+*acc*); *bad company* geraten in (+*acc*); (*ingratiate oneself with*) sich gut stellen mit.

◆**get off I** *vi* **1.** (*descend*) (*from bus, train*) aussteigen (*prep obj* aus); (*from bicycle, horse*) absteigen (*prep obj* von). **to tell sb where to ~ ~** (*inf*) *or* **where he ~s ~** (*inf*) jdm gründlich die Meinung sagen (*inf*).

2. (*remove oneself*) (*prep obj* von) (*from premises*) weggehen, verschwinden; (*from lawn, ladder, sb's toes, furniture*) heruntergehen; (*stand up: from chair*) aufstehen. **~ ~!** (*let me go*) laß (mich) los!; **let's ~ ~ this subject** lassen wir das Thema! (*inf*).

3. (*leave*) weg- *or* loskommen; (*be sent away: letter*) wegkommen, abgeschickt werden. **to ~ ~ to an early start** früh wegkommen; **to ~ ~ to a good/bad start** (*Sport*) einen guten/schlechten Start haben; (*fig*) (*person*) einen guten/schlechten Anfang machen; (*campaign*) sich gut/schlecht anlassen.

4. (*be excused*) *homework, task* nicht machen müssen. **to ~ ~ work** nicht zur Arbeit gehen müssen.

5. (*fig: escape, be let off*) davonkommen (*inf*). **to ~ ~ lightly/with a fine** billig/mit einer Geldstrafe davonkommen.

6. (*fall asleep*) **to ~ ~ (to sleep)** einschlafen.

7. (*from work*) gehen können (*prep obj* in +*dat*). **I'll see if I can ~ ~ (work) early** ich werde mal sehen, ob ich früher (im Büro/von der Arbeit) wegkann (*inf*); **what time do you ~ ~ work?** wann hören Sie mit der Arbeit auf?

II *vt* **1.** *sep* (*remove*) wegbekommen *or* -bringen *or* -kriegen (*inf*) (*prep obj* von); *clothes, shoes* ausziehen; (*manage to ~ ~*) herunterbekommen *or* -kriegen (*inf*) (*prep obj* von); *cover, lid* heruntertun (*prep obj* von); (*manage to ~ ~*) abbekommen (*prep obj* von); *stains* herausmachen (*prep obj* aus); (*manage to ~ ~*) herausbekommen *or* -bringen *or* -kriegen (*inf*) (*prep obj* aus); (*take away from*) abnehmen (*prep obj dat*); *shipwrecked boat, stuck car* freibekommen *or* - kriegen (*inf*). **~ your dirty hands ~ that** nimm deine schmutzigen Hände davon *or* da weg!; **~ him ~ my property/chair/lawn!** vertreiben Sie ihn von meinem Grundstück/Stuhl/Rasen!; **can't you ~ him ~ that subject/topic?** können Sie ihn nicht von dem Thema abbringen?

2. *always separate* (*from bus*) aussteigen lassen (*prep obj* aus); (*manage to ~ ~*) herausbekommen *or* -bringen (*prep obj* aus); (*from boat, roof, ladder*) herunterholen (*prep obj* von); (*manage to ~ ~*) herunterbringen *or* -bekommen *or* -kriegen (*inf*) (*prep obj* von).

3. *+prep obj always separate* (*inf: obtain*) bekommen, kriegen (*inf*) (*prep obj* von). **I got that idea/pencil ~ John** ich habe die Idee/den Bleistift von John.

4. *sep* (*send away*) *mail, children* losschicken. **to ~ sb/sth ~ to a good start** jdm/einer Sache zu einem guten Start verhelfen; **to ~ sb/sth ~ to a bad start** jdn/etw schon schlecht anfangen lassen; **to ~ sb ~ to school** jdn für die Schule fertigmachen.

5. *always separate* (*let off*) **that got him ~ school for the afternoon/doing that** dadurch mußte er am Nachmittag nicht in die Schule/dadurch ist er darum herumgekommen, es machen zu müssen.

6. *sep* (*save from punishment*) *accused* (*lawyer*) freibekommen *or* -kriegen (*inf*); (*evidence*) entlasten.

7. *always separate* **to ~ sb ~ (to sleep)** jdn zum Schlafen bringen.

8. *sep* (*from work*) *day, afternoon* freibekommen.

◆**get off with** *vi +prep obj* (*inf*) **1.** (*start a relationship with*) aufreißen (*sl*); (*have sex with*) bumsen mit (*inf*). **2.** *see* **get away with 3.**

◆**get on I** *vi* **1.** (*climb on*) hinauf-/heraufsteigen; (+*prep obj*) (hinauf-/herauf)steigen auf (+*acc*); (*on bus, train*) einsteigen (*prep obj, -to* in +*acc*); (*on bicycle, horse*) aufsteigen (*prep obj, -to* auf +*acc*). **to ~ ~ sth** auf etw (*acc*) aufsteigen.

2. (*continue: with work*) weitermachen; (*manage to ~ ~*) weiterkommen.

3. (*get late, old*) **time is ~ting ~** es

wird langsam spät; **he is ~ting ~ (in years)** er wird langsam alt.

4. *see* **get along I 1.**

5. (*progress*) vorankommen; (*work also, patient, pupil*) Fortschritte machen; (*succeed*) Erfolg haben. **to ~ ~ in the world** es zu etwas bringen.

6. (*fare, cope: in exam*) zurechtkommen. **how are you ~ting ~?** wie geht's?; **to ~ ~ without sb/sth** ohne jdn/etw zurechtkommen.

7. (*have a good relationship*) sich verstehen, auskommen (*with* mit).

II *vt* **1.** *sep* (*prep obj* auf +*acc*) *clothes, shoes* anziehen; *hat, kettle* aufsetzen; *lid, cover* drauftun; *load* (*onto cart*) hinauftun; (*manage to ~ ~*) draufbekommen *or* -kriegen (*inf*).

2. *always separate* (*on train, bus*) hineinsetzen; (+*prep obj, -to*) setzen in (+*acc*); (*manage to ~ ~*) hineinbekommen *or* -kriegen (*inf*) (*prep obj, -to* in +*acc*); (*on bicycle, horse*) hinaufsetzen; (*prep obj, -to*) setzen auf (*acc*).

◆**get on for** *vi* +*prep obj* (*time, person in age*) zugehen auf (+*acc*). **he's ~ting ~ ~ 40** er geht auf die 40 zu.

◆**get on to** *vi* +*prep obj* (*inf*) **1.** (*trace, get on track of*) *person* auf die Spur *or* Schliche kommen (+*dat*) (*inf*); *dubious activity, double-dealing* aufdecken, herausfinden; *whereabouts* herausfinden.

2. (*move on to*) übergehen zu.

3. (*contact*) sich in Verbindung setzen mit. **I'll ~ ~ ~ him about it** ich werde ihn daraufhin ansprechen.

4. (*nag*) herumnörgeln an (+*dat*) (*inf*).

◆**get onto** *vti* +*prep obj see* **get on I 1., II 1., 2.**

◆**get on with** *vi* +*prep obj* (*continue*) weitermachen mit; (*manage to ~ ~ ~*) weiterkommen mit. **~ ~ ~ it!** nun mach schon! (*inf*); **~ ~ ~ what you're doing** mach weiter; **~ ~ ~ your meal, will you?** nun iß schon!; **this will do to be ~ting ~ ~** das tut's wohl für den Anfang (*inf*).

◆**get out I** *vi* **1.** heraus-/hinauskommen (*of* aus); (*walk out*) hinaus-/herausgehen (*of* aus); (*drive out*) hinaus-/herausfahren (*of* aus); (*climb out*) hinaus-/herausklettern *or* -steigen (*of* aus); (*of bus, train, car*) aussteigen (*of* aus); (*leave*) weggehen (*of* aus); (*fig*) (*of business, scheme, contract*) aussteigen (*inf*) (*of* aus); (*of job*) wegkommen (*of* von). **he has to ~ ~ of the country/town** er muß das Land/die Stadt verlassen; **let's ~ ~ (of here)!** bloß weg hier! (*inf*); **~ ~ !** raus! (*inf*); **~ ~ of my house/room!** verlassen Sie mein Haus/Zimmer!, raus aus meinem Haus/Zimmer! (*inf*); **he couldn't ~ ~ (of the hole)** er kam (aus dem Loch) nicht mehr heraus; **I might need to ~ ~ in a hurry** es kann sein, daß ich schnell raus- (*inf*) *or* hinausmuß; **to ~ ~ of bed** aufstehen; **to ~ ~ while the going's good** gehen *or* (*of contract, affair*) aussteigen (*inf*), solange man das noch kann.

2. (*go walking, shopping*) weggehen. **you ought to ~ ~ (of the house) more** Sie müßten mehr rauskommen (*inf*); **to ~ ~ and about** herumkommen.

3. (*lit, fig: escape, leak out*) (*of* aus) herauskommen; (*animal, prisoner also*) entkommen; (*poisonous liquid, gas also*) entweichen; (*news*) an die Öffentlichkeit dringen.

II *vt sep* **1.** (*remove*) (*of* aus) *cork, tooth, splinter, stain* herausmachen; *people* hinaus-/herausbringen; (*send out*) hinausschicken; (*manage to ~ ~*) heraus-/hinausbekommen *or* -kriegen (*inf*). **I couldn't ~ him/it ~** ich habe ihn/es nicht hinaus-/herausbekommen; **~ him ~ of my house/sight** schaff mir ihn aus dem Haus/aus den Augen!

2. (*bring, take out*) herausholen *or* -nehmen (*of* aus); *car, boat, horse* herausholen (*of* aus).

3. (*withdraw*) *money* abheben (*of* von).

4. (*produce*) *words, apology* herausbekommen *or* -bringen *or* -kriegen (*inf*).

5. (*publish, present*) *book, plans, list* herausbringen.

6. (*borrow from library*) ausleihen (*of* aus).

7. (*Sport*) *batsman* ausschlagen.

8. (*derive*) **you only ~ ~ what you put in** Sie bekommen nur das zurück, was Sie hineinstecken.

◆**get out of I** *vi* +*prep obj see also* **get out I 1., 3. 1.** (*avoid, escape*) *obligation, punishment* herumkommen um; *difficulty* herauskommen aus. **you can't ~ ~ ~ it now** jetzt kannst du nicht mehr anders.

2. (*become unaccustomed to*) **I've got ~ ~ the way of playing tennis** ich habe das Tennisspielen verlernt; **I'll ~ ~ ~ practice** ich verlerne es; **it's hard to ~ ~ ~ the habit of waking up early** es ist schwer, sich abzugewöhnen, früh aufzuwachen.

II *vt* +*prep obj always separate see also* **get out II 1.-3. 1.** (*extract*) *words, confession, truth* herausbekommen *or* -bringen *or* -kriegen (*inf*) aus. **nothing could be got ~ ~ him** aus ihm war nichts herauszubekommen.

2. (*gain from*) *profit* machen bei; *money* herausholen aus; *people* profitieren von; *benefit, knowledge, wisdom, much, little, nothing* haben von; *pleasure* haben an (+*dat*); *happiness* finden in (+*dat*). **to ~ the best/most ~ ~ sth** das Beste aus etw machen.

3. to ~ sb ~ ~ a habit/(the habit of) doing sth jdm eine Unsitte abgewöhnen/es jdm abgewöhnen, etw zu tun.

◆**get over I** *vi* **1.** (*cross*) hinüber-/herübergehen (*prep obj* über +*acc*); (*climb over*) hinüber-/herübersteigen *or* -klettern; (+*prep obj*) steigen *or* klettern über (+*acc*); (*manage to ~ ~*) hinüber-/herüberkommen; (+*prep obj*) kommen über (+*acc*). **they got ~ to the other side** sie kamen *or* gelangten auf die andere Seite.

2. +*prep obj* (*lit, fig: recover from*) *disappointment, loss, sb's cheek, fact,* *experience* (hin)wegkommen über (+*acc*); *shock, surprise, illness* sich erholen von. **I can't ~ ~ the fact that ...** ich komme gar nicht darüber hinweg, daß ...

3. +*prep obj* (*overcome*) *problem, nervousness, handicap, obstacle* überwinden.

4. (*communicate*) (*play, actor*) ankommen (*to* bei); (*speaker*) sich verständlich machen (*to dat*).

II *vt* **1.** *always separate* (*transport across*) *person, animal, vehicle* hinüber-/herüberbringen (*prep obj* über +*acc*); (*manage to ~ ~*) hinüber-/herüberbekommen (*prep obj* über +*acc*); (*send*) hinüber-/herüberschicken; (*fetch*) holen; (*help sb to cross, climb*) hinüber-/herüberhelfen (*sb* jdm) (*prep obj* über +*acc*).

2. *sep* (*make comprehensible*) *information, ideas* verständlich machen (*to dat*); (*impress upon*) klarmachen (*to dat*). **the actors got the scene ~ to the audience** die Schauspieler erreichten das Publikum mit dieser Szene; **she ~s her songs ~ well** sie kommt mit ihren Liedern gut an.

3. *see* **get over with.**

◆**get over with** *vt always separate* hinter sich (*acc*) bringen. **let's ~ it ~ (~)** bringen wir's hinter uns; **to ~ sth ~ and done ~** etw ein für allemal erledigen *or* hinter sich bringen.

◆**get past I** *vi see* **get by 1., 2. II** *vt sep* vorbeibringen (*prep obj* an +*dat*).

◆**get round I** *vi* **1.** (*drive, walk round*) herumkommen (*prep obj* um, *the shops* in den Geschäften).

2. +*prep obj* (*evade, circumvent*) herumkommen um; *difficulty also, law, regulations* umgehen.

3. +*prep obj* (*persuade*) herumkriegen (*inf*).

4. +*prep obj* **to ~ ~ the conference table** sich an einen Tisch setzen.

II *vt always separate* **1.** (*restore to consciousness*) zu Bewußtsein *or* zu sich bringen.

2. (*make agree*) herumbringen *or* -kriegen (*inf*). **I'm sure I can ~ her ~ to my way of thinking** ich bin sicher, daß ich sie überzeugen kann.

3. +*prep obj* **to ~ one's tongue ~ a word** ein Wort aussprechen können.

4. +*prep obj* **to ~ people (together) ~ the conference table** Leute an einem Tisch zusammenbringen.

◆**get round to** *vi* +*prep obj* (*inf*) **to ~ ~ ~ sth/doing sth** zu etw kommen/dazu kommen, etw zu tun.

◆**get through I** *vi* **1.** (*through gap, snow*) durchkommen (*prep obj* durch). **why don't you ~ ~ there?** warum gehst/fährst/schlüpfst du nicht da durch?

2. (*be accepted, pass*) durchkommen (*prep obj* bei). **to ~ ~ to the final** in die Endrunde kommen.

3. (*Telec*) durchkommen (*inf*) (*to sb* zu jdm, *to London/Germany* nach London/Deutschland).

4. (*communicate, be understood*) (*person*) durchdringen zu; (*idea*) klarwerden (*to dat*).

5. +*prep obj* (*finish*) *work* fertigmachen, erledigen; (*manage to ~ ~*) schaffen (*inf*); *book* fertig- *or* auslesen. **to ~ ~ doing sth** etw fertigmachen; **to ~ ~ writing/reading/cleaning sth** etw fertigschreiben/-lesen/-putzen; **when I've got ~ this** wenn ich damit fertig bin.

6. +*prep obj* (*survive*) *days, time* herumbekommen *or* -kriegen (*inf*).

7. +*prep obj* (*consume, use up*) verbrauchen; *clothes, shoes* abnutzen; *food* aufessen, verputzen (*inf*); *fortune* durchbringen (*inf*).

II *vt always separate* **1.** *person, vehicle, object* durchbekommen *or* -bringen *or* -kriegen (*inf*) (*prep obj* durch).

2. (*cause to succeed*) *candidate, proposal, bill* durchbekommen *or* -bringen (*prep obj* durch). **it was his English that got him ~** er hat das nur aufgrund seines Englisch geschafft (*inf*).

3. (*send*) *message* durchgeben (*to dat*); *supplies* durchbringen. **we eventually got supplies/a message ~ to them** wir konnten ihnen schließlich Vorräte/eine Nachricht zukommen lassen.

4. (*make understand*) **to ~ sth ~ (to sb)** jdm etw klarmachen.

◆**get through with** *vi* +*prep obj* (*inf: finish*) hinter sich bringen; *job also, formalities, subject* erledigen; *book* auslesen (*inf*), durchbekommen (*inf*); *person* fertig werden mit. **I'll never ~ ~ ~ that** ich werde das nie schaffen.

◆**get to** *vi* +*prep obj* **1.** (*lit, fig: arrive at*) kommen zu; *hotel, town also* ankommen in (+*dat*). **where have you got ~ in French/with that book?** wie weit seid ihr in Französisch/mit dem Buch?; **to ~ ~ a high position** auf einen hohen Posten kommen *or* gelangen.

2. I got ~ thinking/wondering ich hab mir überlegt/mich gefragt.

3. (*inf: annoy, upset*) aufregen. **don't let them ~ ~ you with their sarcasm** laß dich von ihrem Sarkasmus nicht rausbringen (*inf*).

◆**get together I** *vi* zusammenkommen; (*estranged couple*) sich versöhnen; (*combine forces*) sich zusammenschließen. **to ~ ~ about sth** zusammenkommen *or* sich zusammensetzen und etw beraten; **let's ~ ~ and decide ...** wir sollten uns zusammensetzen und entscheiden, ...; **why don't we ~ ~ later and have a drink?** warum treffen wir uns nicht später und trinken einen?

II *vt sep people, collection* zusammenbringen; *documents, papers* zusammentun *or* -suchen; *thoughts, ideas* sammeln. **to ~ one's things ~** seine Sachen zusammenpacken; **once I've got my thoughts ~** wenn ich meine Gedanken beisammen habe (*inf*); **to ~ it ~** (*sl*) es bringen (*sl*); **come on, ~ it ~** (*sl*) nun reiß dich mal am Riemen (*sl*).

◆**get under I** *vi* darunterkriechen; (*under umbrella*) daruntergehen/-kommen; (+*prep obj*) kriechen unter

(+*acc*); kommen unter (+*acc*); (*manage to* ~ ~) darunterkommen; (+*prep obj*) kommen unter (+*acc*). **II** *vt* +*prep obj always separate* bringen unter (+*acc*).

◆**get up I** *vi* **1.** (*stand up, get out of bed*) aufstehen.

2. (*climb up*) hinauf-/heraufsteigen *or* -klettern (*prep obj* auf +*acc*); (*on horse*) aufsteigen (*prep obj, on* auf +*acc*); (*manage to* ~ ~) hinauf-/heraufkommen (*prep obj, on* auf +*acc*); (*vehicle*) hinauf-/heraufkommen (*prep obj acc*). **to ~ ~ behind sb** hinter jdm aufsitzen; **~ting ~ is all right, coming down is much harder** hinauf *or* rauf (*inf*) kommt man leicht, nur hinunterzukommen ist schwieriger.

3. (*get stronger*) (*wind*) aufkommen; (*sea*) stürmisch werden.

II *vt* **1.** *always separate* (*get out of bed*) aus dem Bett holen; (*help to stand up*) aufhelfen (+*dat*); (*manage to* ~ ~) hochbringen.

2. *always separate* (*carry up*) hinauf-/heraufbringen (*prep obj acc*); (*manage to* ~ ~ *also*) hinauf-/heraufbekommen *or* -kriegen (*inf*) (*prep obj acc*); (*help climb up*) hinauf-/heraufhelfen (*dat*) (*prep obj* auf +*acc*); (*fetch*) hinauf-/heraufholen.

3. *sep* (*gather*) *steam* aufbauen. **to ~ ~ speed** sich beschleunigen; **to ~ one's strength ~, to ~ ~ one's strength** sich erholen, wieder neue Kräfte sammeln; **to ~ ~ an appetite/a thirst** (*inf*) Hunger/Durst bekommen *or* kriegen (*inf*).

4. *sep* (*organize*) organisieren.

5. *always separate* (*dress up, make attractive*) *person, oneself* zurechtmachen; *article for sale* aufmachen, herrichten. **to ~ oneself ~ as sb/sth** sich als jd/etw verkleiden; **to ~ sth ~ as sth** *or* **to look like sth** etw als etw aufmachen.

◆**get up against** *vi* +*prep obj* (*inf: come in conflict with*) sich anlegen mit (*inf*).

◆**get up to I** *vi* +*prep obj* **1.** (*lit, fig: reach*) erreichen; *standard* herankommen an (+*acc*), kommen auf (+*acc*); *page* kommen bis. **as soon as he got ~ ~ me** sobald er neben mir stand.

2. (*be involved in*) anstellen (*inf*). **to ~ ~ ~ mischief** etwas anstellen; **what have you been ~ting ~ ~?** was hast du getrieben? (*inf*).

II *vt* +*prep obj always separate* (*bring up to*) *top of mountain* hinauf-/heraufbringen auf (+*acc*); *standard* bringen auf (+*acc*).

get-at-able [ˌget'ætəbl] *adj* (*inf*) leicht erreichbar *or* zu erreichen *pred; house, person also* zugänglich; **it's not very ~** es ist schwer zu erreichen; **getaway I** *n* Flucht *f*; **to make one's/a quick ~** sich davonmachen (*inf*)/schnell abhauen (*inf*); **II** *adj attr car, plans* Flucht-.

Gethsemane [geθ'semənɪ] *n* Gethsemane, Gethsemani *no art*.

get-together *n* (*inf*) Treffen *nt*; **we have a ~ once a year** wir treffen uns einmal im Jahr; **get-up** *n* (*inf*) Aufzug *m* (*inf*), Aufmachung *f* (*inf*); **I want a new ~** ich möchte etwas Neues zum Anziehen; **get-up-and-go** *n* (*inf*) Elan *m*; **get-well card** *n* Karte *f* mit Genesungswünschen.

geyser ['gi:zəʳ] *n* **1.** (*Geol*) Geiser, Geysir *m*. **2.** (*domestic* ~) Durchlauferhitzer *m*.

G-force ['dʒi:fɔ:s] *n* g-Druck, Andruck *m*.

Ghana ['gɑ:nə] *n* Ghana *nt*.

Ghanaian [gɑ:'neɪən] **I** *adj* ghanaisch. **II** *n* (*person*) Ghanaer(in *f*) *m*.

ghastly ['gɑ:stlɪ] *adj* **1.** *crime, injuries, accident* entsetzlich, grauenerregend; *mistake, tale* schrecklich. **2.** (*inf: awful*) gräßlich (*inf*), schauderhaft (*inf*), scheußlich (*inf*). **to look ~** gräßlich aussehen (*inf*).

Ghent [gent] *n* Gent *nt*.

gherkin ['gɜ:kɪn] *n* Gewürz- *or* Essiggurke *f*.

ghetto ['getəʊ] *n* (*lit, fig*) G(h)etto *nt*.

ghetto-blaster ['getəʊblɑ:stəʳ] *n* (*inf*) Ghettoblaster *m* (*inf*), großes Kofferradio.

ghettoization [ˌgetəʊaɪ'zeɪʃən] *n* **the ~ of this district** die Ghettobildung in diesem Viertel.

ghettoize ['getəʊaɪz] *vt* zum Ghetto machen.

ghost [gəʊst] **I** *n* **1.** (*apparition*) Geist *m*, Gespenst *nt*; (*of sb*) Geist *m*.

2. (*fig*) **the ~ of a smile** der Anflug eines Lächelns; **she gave him the ~ of a smile** sie lächelte ihn zaghaft an; **to be a ~ of one's former self** nur noch ein Schatten seiner selbst sein; **I haven't the ~ of a chance** ich habe nicht die geringste Chance.

3. to give up the ~ (*old, inf*) seinen *or* den Geist aufgeben.

4. (*TV: also* **~ image**) Geisterbild *nt*.

5. (*writer*) Ghostwriter(in *f*) *m*.

II *vi* Ghostwriter sein (*for sb* jds).

III *vt* **to be ~ed** von einem Ghostwriter geschrieben sein; **to ~ sb's books/speeches** für jdn Bücher/Reden (als Ghostwriter) schreiben.

ghost driver *n* (*US inf*) Geisterfahrer(in *f*) *m* (*inf*).

ghosting ['gəʊstɪŋ] *n* (*TV*) Geisterbilder *pl*.

ghostly ['gəʊstlɪ] *adj* (+*er*) geisterhaft, gespenstisch.

ghost *in cpds* Geister-; **ghost story** *n* Geister- *or* Gespenstergeschichte *f*; **ghost town** *n* Geisterstadt *f*; **ghostwriter** *n* Ghostwriter(in *f*) *m*.

ghoul [gu:l] *n* (*evil spirit*) Ghul *m*; (*fig*) Mensch *m* mit schaurigen Gelüsten.

ghoulish ['gu:lɪʃ] *adj* makaber; *laughter, interest* schaurig.

ghoulishly ['gu:lɪʃlɪ] *adv see adj*.

GHQ *abbr of* **General Headquarters**.

G.I. (*US*) *abbr of* **government issue I** *n* GI, US-Soldat *m*. **II** *adj attr uniform, bride* GI-; *haircut, kitbag, shoes* (US-)Armee-.

giant ['dʒaɪənt] **I** *n* Riese *m*; (*star also*) Riesenstern *m*; (*fig*) (führende) Größe; (*company*) Gigant *m*.

II *adj* (*huge*) riesig, riesenhaft, Riesen-; *hill* enorm; (*in animal names*)

Riesen-; *publisher etc* Groß-, Riesen- (*inf*). **~(-size) packet** Riesenpackung *f*; **~ strength** Riesenkräfte *pl*.

giantess ['dʒaɪəntes] *n* Riesin *f*.

giant-killer *n* (*fig*) Goliathbezwinger *m*; **giant panda** *n* Großer Panda, Bambusbär *m*.

Gib [dʒɪb] *n abbr of* **Gibraltar.**

gibber ['dʒɪbəʳ] *vi* (*ape*) schnattern; (*foreigner also, idiot*) brabbeln. **he ~ed at me** er schnatterte drauflos (*inf*); **to ~ with rage/fear** vor Wut/Angst stammeln.

gibberish ['dʒɪbərɪʃ] *n* Quatsch *m* (*inf*); (*foreign language, baby's ~*) Kauderwelsch *nt*.

gibbet ['dʒɪbɪt] *n* Galgen *m*.

gibbon ['gɪbən] *n* Gibbon *m*.

gibbous ['gɪbəs] *adj moon* Dreiviertel-.

gibe [dʒaɪb] **I** *n* Spöttelei, Stichelei *f*. **II** *vi* spotten, sticheln. **to ~ at sb/sth** sich über jdn/etw lustig machen, spöttische Bemerkungen über jdn/etw machen.

giblets ['dʒɪblɪts] *npl* Geflügelinnereien *pl*.

Gibraltar [dʒɪ'brɔːltəʳ] *n* Gibraltar *nt*.

giddily ['gɪdɪlɪ] *adv* **1.** benommen. **2.** *climb* schwindelerregend; *spin* in schwindelerregendem Tempo. **3.** (*fig*) leichtfertig, unbesonnen.

giddiness ['gɪdɪnɪs] *n* **1.** (*dizziness*) Schwindelgefühl *nt*. **2.** (*fig*) Leichtfertigkeit, Unbesonnenheit *f*. **the ~ of the life they lead** der hektische Trubel ihres Lebens.

giddy ['gɪdɪ] *adj* (*+er*) **1.** (*lit: dizzy*) schwind(e)lig; *feeling* Schwindel-. **I feel ~** mir ist schwind(e)lig; **it makes me feel ~** mir wird (davon) schwind(e)lig.

2. (*causing dizziness*) *climb, speed* schwindelerregend; *heights also* schwindelnd (*also fig*); *spin* rasend schnell.

3. (*fig: heedless, not serious*) leichtfertig, flatterhaft. **their life was one ~ round of pleasure** ihr Leben bestand nur aus Jubel, Trubel, Heiterkeit.

gift [gɪft] **I** *n* **1.** (*thing given*) Geschenk *nt* (*inf*), Gabe *f* (*liter*); (*donation to charity*) Spende *f*; (*Jur*) Schenkung *f*. **to make sb a ~** jdm ein Geschenk machen; **to make a ~ of sth to sb** jdm etw zum Geschenk machen (*form*); **there is a free ~ with every purchase of ...** bei jedem Kauf von ... erhalten Sie ein Geschenk; **I wouldn't have it as a ~** ich möchte es nicht geschenkt haben; **that exam/question/goal was a ~** (*inf*) die Prüfung/die Frage/das Tor war ja geschenkt (*inf*).

2. (*form: right to give*) **sth is in the ~ of sb** jd kann etw vergeben.

3. (*talent*) Gabe *f*. **to have a ~ for sth** ein Talent für etw haben; **he has a ~ for languages/music** er ist sprachbegabt/musikalisch begabt; *see* **gab**.

II *vt* als Schenkung überlassen.

gifted ['gɪftɪd] *adj* begabt (*in* für). **he is very ~ in languages/music** er ist sehr sprachbegabt/musikalisch sehr begabt.

gift horse *n*: **don't look a ~ in the mouth** (*Prov*) einem geschenkten Gaul schaut man nicht ins Maul (*Prov*); **gift tax** *n* Schenkungssteuer *f*; **gift token** *or* **voucher** *n* Geschenkgutschein *m*; **gift-wrap** *vt* in *or* mit Geschenkpapier einwickeln.

gig [gɪg] *n* **1.** (*carriage, boat*) Gig *nt*. **2.** (*inf: concert*) Konzert *nt*, Gig *m* (*inf*). **to do a ~** ein Konzert geben, auftreten. **3.** (*US: temporary job*) Job *m*.

giga- ['gɪgə-] *pref* Giga-.

gigabyte ['gɪgəbaɪt] *n* (*Comput*) Gigabyte *nt*.

gigahertz ['gɪgəhɜːts] *n* Gigahertz *nt*.

gigantic [dʒaɪ'gæntɪk] *adj* riesig, riesengroß; *building, man, task also* gigantisch; *appetite, mistake also* gewaltig; *amount* riesenhaft, enorm, Riesen-; *yawn* kräftig, herzhaft.

giggle ['gɪgl] **I** *n* Gekicher, Kichern *nt no pl*. **we had a good ~ about it** (*inf*) wir haben uns darüber gekringelt (*inf*); **it was a bit of a ~** (*inf*) es war ganz lustig; **to get the ~s** anfangen herumzukichern. **II** *vi* kichern, gickeln (*inf*).

giggly ['gɪglɪ] *adj* (*+er*) albern, gickelig (*inf*).

GIGO ['gaɪgəʊ] (*Comput*) *abbr of* **garbage in garbage out.**

gigolo ['ʒɪgələʊ] *n* Gigolo *m*.

gild [gɪld] *pret* **~ed,** *ptp* **~ed** *or* **gilt** *vt* vergolden. **to ~ the lily** des Guten zuviel tun.

gilder ['gɪldəʳ] *n* Vergolder *m*.

gilding ['gɪldɪŋ] *n* Vergoldung *f*.

gill¹ [gɪl] *n* (*of fish*) Kieme *f*. **green about the ~s** (*inf*) blaß um die Nase (*inf*).

gill² [dʒɪl] *n* (*measure*) Gill *nt* (*0,148 l*).

gillie ['gɪlɪ] *n* (*Scot*) Jagdaufseher *m*.

gilt [gɪlt] **I** *ptp of* **gild. II** *n* (*material*) Vergoldung *f*. **a design in ~** ein vergoldetes Muster; **to take the ~ off the gingerbread** (*fig*) jdm die Freude verderben. **III** *adj* vergoldet.

gilt-edged [ˌgɪlt'edʒd] *adj* mit Goldrand, goldumrandet; (*Fin*) *securities, stocks* mündelsicher; (*fig*) solide.

gimcrack ['dʒɪmkræk] *adj* billig; *furniture, toys also* minderwertig.

gimlet ['gɪmlɪt] *n* Hand- *or* Vorbohrer *m*. **her eyes bored into him like ~s** ihre Augen durchbohrten ihn.

gimme ['gɪmɪ] (*sl*) = **give me**.

gimmick ['gɪmɪk] *n* Gag *m* (*inf*); (*in film*) effekthaschender Gag, Spielerei *f*; (*gadget*) Spielerei *f*. **changing the name and not the product is just a (sales) ~** den Namen, aber nicht das Produkt zu ändern, ist nur ein (Verkaufs)trick.

gimmickry ['gɪmɪkrɪ] *n* Effekthascherei *f*; (*in advertising, sales*) Gags *pl*; (*gadgetry*) Spielereien *pl*.

gimmicky ['gɪmɪkɪ] *adj* effekthascherisch.

gin¹ [dʒɪn] *n* (*drink*) Gin, Wacholder(schnaps) *m*. **~ and tonic** Gin Tonic *m*; **~ and it** *Gin m und (italienischer) Wermut*.

gin² *n* **1.** (*Hunt*) Falle *f*; (*snare*) Schlinge *f*. **2.** (*Tex: cotton ~*) (Baumwoll)entkernungsmaschine *f*.

ginger ['dʒɪndʒəʳ] **I** *n* **1.** Ingwer *m*. **2.** (*pej inf: address for person*) Rotkopf *or* -schopf *m*. **II** *adj* **1.** (*Cook*) *biscuit* Ingwer-. **2.** *hair* kupferrot; *cat* rötlichgelb.

◆**ginger up** *vt sep* (*inf*) in Schwung *or* auf Vordermann (*inf*) bringen; *person also* aufmöbeln (*inf*); *book* würzen.

ginger-ale *n* Ginger Ale *nt*; **ginger beer** *n* Ingwerlimonade *f*; **gingerbread I** *n* Leb- *or* Pfefferkuchen *m mit Ingwergeschmack;* **II** *adj attr* Lebkuchen-; **ginger group** *n* (*Parl*) Aktionsgruppe *f*; **ginger-haired** *adj* rothaarig.

gingerly ['dʒɪndʒəlɪ] *adv* vorsichtig, behutsam; (*because sth is dirty*) mit spitzen Fingern; (*because sth is cold, hot*) zaghaft.

ginger-nut *n* Ingwerplätzchen *nt*; **ginger-snap** *n* Ingwerwaffel *f*.

gingham ['gɪŋəm] *n* Gingan, Gingham *m*.

gingivitis [ˌdʒɪndʒɪ'vaɪtɪs] *n* Zahnfleischentzündung *f*.

ginormous [dʒaɪ'nɔːməs] *adj* (*sl: enormous*) riesig (*inf*); *sum also* Wahnsinns- (*inf*).

gin rummy *n* Rommé mit Zehn *nt*.

gippy tummy ['dʒɪpɪ'tʌmɪ] *n* (*inf*) Durchfall *m*.

gipsy, (*esp US*) **gypsy** ['dʒɪpsɪ] **I** *n* Zigeuner(in *f*) *m*. **II** *adj attr* Zigeuner-. ~ **moth** Schwammspinner *m*.

giraffe [dʒɪ'rɑːf] *n* Giraffe *f*.

gird [gɜːd] *prep, ptp* **~ed** *or* (*rare*) **girt** *vt* (*old*) gürten (*old*); (*fig*) umgeben. **to ~ oneself** sich gürten (*with* mit); (*fig: prepare*) sich wappnen.

◆**gird up** *vt sep* (*old*) *robe* gürten. **to ~ ~ one's loins** (*esp Bibl*) seine Lenden gürten (*Bibl*); **to ~ oneself ~** (*fig*) sich wappnen; **he ~ed himself ~ for action** er machte sich bereit (zum Handeln).

girder ['gɜːdə^r] *n* Träger *m*.

girdle[1] ['gɜːdl] **I** *n* **1.** (*belt, fig*) Gürtel *m*. **2.** (*corset*) Hüftgürtel *or* -halter *m*. **II** *vt* (*lit*) gürten; (*fig*) umgeben.

girdle[2] *n* (*Scot*) *see* **griddle.**

girl [gɜːl] *n* **1.** Mädchen *nt*; (*daughter also*) Tochter *f*. **an English ~** eine Engländerin; **they are hoping for a little ~** sie wünschen sich (*dat*) ein Töchterchen; **the Smith ~s** die Smith-Mädchen, die Mädchen von den Smiths; **my eldest ~** meine älteste Tochter, meine Älteste; **the ~s** (*colleagues*) die Damen; (*friends*) die/meine/ihre *etc* Freundinnen; **thank you, ~s** vielen Dank; **the old ~** die Alte (*inf*) *or* alte Frau; (*inf: wife, mother*) meine/seine *etc* Alte (*inf*).

2. (*employee*) Mädchen *nt*; (*in shop also*) Verkäuferin *f*; (*in factory*) Arbeiterin *f*.

girl Friday *n* Allround-Sekretärin *f*; **girlfriend** *n* Freundin *f*; **girl guide** *n* (*Brit*) Pfadfinderin *f*; **girlhood** *n* Mädchenzeit, Jugend *f*.

girlie ['gɜːlɪ] **I** *n* (*inf*) Mädchen *nt*. **II** *adj attr magazine* mit nackten Mädchen; *photos* von nackten Mädchen.

girlish ['gɜːlɪʃ] *adj behaviour, appearance* mädchenhaft; *laugh, confidences also* Mädchen-.

girlishly ['gɜːlɪʃlɪ] *adv* mädchenhaft.

girlishness ['gɜːlɪʃnɪs] *n* Mädchenhaftigkeit *f*.

girl scout *n* (*US*) Pfadfinderin *f*.

giro ['dʒaɪrəʊ] *n* (*Brit*) (*bank ~*) Giro(verkehr *m*) *nt*; (*post-office ~*) Postscheckverkehr *or* -dienst *m*. ~ **cheque** Postscheck *m*; (*social security*) Sozialhilfeüberweisung *f*; **to pay a bill by ~ (cheque)** eine Rechnung durch Giro/mit Postscheck bezahlen.

Girobank ['dʒaɪrəʊbæŋk] *n* Postsparkasse *f*. ~ **transfer** Postüberweisung *f*.

girt [gɜːt] (*rare*) *pret, ptp of* **gird**.

girth [gɜːθ] *n* **1.** (*circumference*) Umfang *m*. **in ~** im Umfang. **2.** (*harness*) (Sattel)gurt *m*.

gismo *n* (*inf*) *see* **gizmo**.

gist [dʒɪst] *n, no pl* (*of report, conversation, argument*) Wesentliche(s) *nt*. **that was the ~ of what he said** das war im wesentlichen, was er gesagt hat; **to give sb the ~ of sth** jdm sagen, worum es bei etw geht; **to get the ~ of sth/the conversation** im wesentlichen verstehen, worum es sich bei etw handelt/wovon geredet wird.

git [gɪt] *n* (*inf: stupid person*) Schwachkopf, Depp (*dial*) *m*.

give [gɪv] (*vb: pret* **gave,** *ptp* **given**) **I** *vt* **1.** geben (*sb sth, sth to sb* jdm etw); (*as present*) schenken (*sb sth, sth to sb* jdm etw); (*donate also*) spenden. **it was ~n to me by my uncle, I was ~n it by my uncle** ich habe es von meinem Onkel bekommen *or* (*as present also*) geschenkt bekommen; **she was ~n a sedative** sie hat ein Beruhigungsmittel bekommen, man hat ihr *or* ihr wurde ein Beruhigungsmittel gegeben; **he gave me a present of a book** *or* **a book as a present** er schenkte mir ein Buch, er machte mir ein Buch zum Geschenk; **they gave us roast beef for lunch** sie servierten uns Roastbeef zum (Mittag)essen; **to ~ sth for sth** (*sacrifice*) etw für etw (her)geben; (*exchange*) etw gegen etw tauschen; **what will you ~ me for it?** was gibst du mir dafür?; **what did you ~ for it?** was hast du dafür bezahlt?; **11 o'clock, ~ or take a few minutes** so gegen 11 Uhr; **six foot, ~ or take a few inches** ungefähr sechs Fuß; **to ~ as good as one gets** sich kräftig wehren; **he gave everything he'd got** (*fig*) er holte das Letzte aus sich heraus; **to ~ sb one's cold** (*inf*) jdn mit seiner Erkältung anstekken; **I'd ~ a lot/the world/anything to know ...** ich würde viel darum geben, wenn ich wüßte, ...

2. (*fig*) geben; *pleasure, joy* machen, bereiten; *pain* bereiten; *trouble* machen; *one's love, attention* schenken; *hospitality* erweisen; *punishment* erteilen; *favour* gewähren. **who/what gave you that idea** *or* **notion?** wer hat dich denn auf die Idee gebracht/wie kommst du denn auf die Idee?; **I wasn't ~n the choice** ich hatte keine (andere) Wahl; **to ~ sb pain** jdm weh tun (*also fig*), jdm Schmerzen bereiten; **it ~s me great pleasure to ...** es ist mir eine große Freude ...; **he gave the impression/appearance of being disturbed** er machte einen verstörten Eindruck; **to ~ sb help** jdm helfen *or* Hilfe leisten; **to ~ sb support** jdn unterstützen; **(God) ~ me strength to do it** Gott gebe mir die Kraft, es zu tun!; ~ **me strength/patience!** großer Gott! (*inf*); **he gave the child a spanking/100 lines** er gab *or* verabreichte dem Kind eine Tracht Prügel/er gab dem Kind 100 Zeilen als Strafarbeit auf; **to ~ sb five years** jdn zu fünf Jahren verurteilen, jdm fünf Jahre aufbrummen (*inf*); **he was ~n a spanking/five years** er hat eine Tracht Prügel/fünf Jahre bekommen; **to ~ sb to understand that ...** jdm zu verstehen geben, daß ...; **to ~ sb what for** (*inf*), **to ~ it to sb** (*inf*) jdm Saures geben (*inf*), es jdm geben (*inf*); **that will ~ you something to cry/think about** da hast du Grund zum Weinen/etwas, worüber du nachdenken kannst; **I'll ~ you something to cry about** ich werde schon zusehen, daß du weißt, warum du weinst; ~ **me Shakespeare/Spain (every time)!** (*inf*) es geht doch nichts über Shakespeare/Spanien.

3. (*allow*) *time* geben. ~ **yourself more time/half an hour** lassen Sie sich mehr Zeit/rechnen Sie mit einer halben Stunde; **I always ~ myself an extra hour in bed** ich genehmige mir eine extra Stunde im Bett; **how long do you ~ that marriage?** (*inf*) wie lange gibst du dieser Ehe? (*inf*); **I'll ~ you that** zugegeben.

4. (*report, tell, pass on*) *information, details, description, answer, advice* geben; *one's name, particulars* angeben; *suggestion* machen; (*let sb know by letter, phone*) *decision, opinion, results* mitteilen. **the court hasn't ~n a decision yet** das Gericht hat noch kein Urteil gefällt; **he wouldn't ~ me his decision/opinion** er wollte mir seine Meinung/Entscheidung nicht sagen; **they interrupted the programme to ~ the football results** sie unterbrachen das Programm, um die Fußballergebnisse zu bringen; ~ **him my compliments** *or* **regards/thanks** bestellen Sie ihm (schöne) Grüße/bestellen Sie ihm, daß ich ihm danke, richten Sie ihm (schöne) Grüße von mir/meinen Dank aus; **to ~ the right/no answer** richtig/nicht antworten; **he forgot to ~ us the date** er hat vergessen, uns das Datum anzugeben *or* (*verbally also*) zu sagen *or* (*by letter, phone etc also*) mitzuteilen; **who gave you that information?** wer hat Ihnen das gesagt *or* die Auskunft gegeben *or* erteilt?

5. (*yield, produce*) *milk, warmth, light* geben; *results* (er)bringen; *answer* liefern. **this tree doesn't ~ much fruit** dieser Baum trägt nicht gut.

6. (*hold, perform*) *party, dinner, play* geben; *speech* halten; *song* singen; *toast* ausbringen (*to sb* auf jdn). ~ **us a song** sing uns was vor; **I ~ you Mary** (*as toast*) auf Mary!, auf Marys Wohl!; (*as speaker*) ich gebe Mary das Wort.

7. (*devote*) widmen (*to dat*). **he has ~n himself entirely to medicine** er hat sich ganz der Medizin verschrieben.

8. to ~ a cry/groan/laugh/sigh (auf)schreien / (auf)stöhnen / (auf)lachen/(auf)seufzen; **he gave a shrug of his shoulders** er zuckte mit den Schultern; **to ~ sb a look/smile** jdn ansehen/anlächeln; **to ~ sb a blow** jdn schlagen, jdm einen Schlag versetzen; **to ~ sb a push/kick** jdm einen Stoß/Tritt geben, jdn stoßen/treten; **to ~ sb's hand a squeeze** jdm die Hand drücken; **to ~ one's hair a brush/ wash** sich (*dat*) die Haare bürsten/waschen.

9. *in set phrases see under n* **to ~ chase** die Verfolgung aufnehmen; **to ~ evidence** (*Jur*) aussagen.

II *vi* **1.** (*also* **~ way**) (*lit, fig: collapse, yield*) nachgeben; (*strength, health, nerve, voice*) versagen; (*break: rope, cable*) reißen; (*cold weather*) nachlassen. **when you're under as much strain as that, something is bound to ~** (*inf*) wenn man unter so viel Druck steht, muß es ja irgendwo aushaken (*inf*).

2. (*lit, fig: bend, be flexible*) nachgeben; (*bed*) federn; (*dress*) sich dehnen.

3. (~ *money*) geben, spenden. **it is more blessed to ~ than to receive** Geben ist seliger denn Nehmen; **you have to be prepared to ~ and take in marriage** (*fig*) man muß in der Ehe geben und nehmen.

4. (*sl*) **what ~s?** was gibt's? (*inf*), was ist los? (*inf*); **what ~s with him?** was ist los mit ihm? (*inf*).

5. (*US sl*) **OK, now ~!** also, raus mit der Sprache! (*inf*).

III *n* Nachgiebigkeit, Elastizität *f*; (*of floor, bed, chair*) Federung *f*. **it has a lot of ~** es gibt sehr stark nach; **he hasn't got enough ~** (*fig*) er ist nicht flexibel genug.

◆**give away** *vt sep* **1.** (*give without charge*) weggeben; (*as present*) verschenken. **at £5 I'm practically giving it ~** ich will £ 5 dafür, das ist fast geschenkt.

2. *bride* (*als Brautvater*) zum Altar führen.

3. (*hand out*) *prizes* vergeben, verteilen.

4. (*fig: betray*) verraten (*to sb* an jdn). **to ~ the game** *or* **show ~** (*inf*) alles verraten.

◆**give back** *vt sep* zurück- *or* wiedergeben; *echo* widerhallen lassen, zurückgeben; (*mirror*) *image* reflektieren.

◆**give in I** *vi* (*surrender*) sich ergeben (*to sb* jdm); (*in guessing game*) aufgeben; (*accede, back down*) nachgeben (*to dat*). **to ~ ~ to sb's views/the majority/blackmail** sich jds Meinung/der Mehrheit beugen/auf Erpressung eingehen; **to ~ ~ to temptation** der Versuchung erliegen *or* nicht widerstehen.

II *vt sep document, essay* einreichen; *parcel* abgeben. **to ~ ~ sb's/one's name** jdn/sich anmelden.

◆**give off** *vt insep heat, gas* abgeben; *smell* verbreiten, ausströmen; *rays* ausstrahlen.

◆**give on to** *vi +prep obj* (*window*) hinausgehen auf (+*acc*); (*door*) hinausführen auf (+*acc*); *garden* hinausführen in (+*acc*).

◆**give out I** *vi* (*supplies, patience, strength, road*) zu Ende gehen *or* (*in* *past tense*) sein; (*engine, feet*) versagen; (*inspiration*) versiegen. **my memory gave ~** mein Gedächtnis ließ mich im Stich. **II** *vt sep* **1.** (*distribute*) aus- *or* verteilen. **2.** (*announce*) bekanntgeben. **to ~ oneself ~ as sth** *or* **to be sth** sich als etw ausgeben. **III** *vt insep see* **give off.**

◆**give over I** *vt sep* **1.** (*hand over*) übergeben (*to dat*).

2. (*set aside, use for*) **to be ~n ~ to sth** für etw beansprucht werden.

3. to ~ oneself ~ to pleasure/despair sich ganz dem Vergnügen/der Verzweiflung hingeben.

II *vti* (*dial inf: stop*) aufhören.

◆**give up I** *vi* aufgeben.

II *vt sep* **1.** aufgeben; *claim also* verzichten auf (+*acc*). **to ~ ~ doing sth** aufhören *or* es aufgeben, etw zu tun; **I'm trying to ~ ~ smoking** ich versuche, das Rauchen aufzugeben; **I gave it/him ~ as a bad job** das/ihn habe ich abgeschrieben; **to ~ sb/sth ~ as lost** jdn/etw verloren geben; **to ~ sb ~ as dead** jdn für tot halten.

2. (*surrender*) *land, territory* abgeben, abtreten (*to dat*); *authority* abgeben, abtreten (*to* an +*acc*); *keys of city* übergeben (*to dat*); *seat, place* freimachen (*to* für), abtreten (*to dat*); *ticket* abgeben (*to* bei).

3. (*hand over to authorities*) übergeben (*to dat*). **to ~ oneself ~** sich stellen; (*after siege*) sich ergeben.

4. (*devote*) widmen. **to ~ ~ one's life to music** sein Leben der Musik widmen *or* verschreiben; **he's ~n himself ~ to vice** er ist dem Laster verfallen.

5. (*disclose, yield up*) *secret, treasure* enthüllen (*geh*).

◆**give way** *vi* **1.** (*lit*) *see* **give II 1.**

2. (*fig: yield*) nachgeben (*to dat*). **to ~ ~ to intimidation** sich einschüchtern lassen; **don't ~ ~ to despair** überlaß dich nicht der Verzweiflung; **she gave ~ to tears** sie ließ den Tränen freien Lauf.

3. (*be superseded*) **to ~ ~ to sth** von etw abgelöst werden; **tears gave ~ to smiles** die Tränen machten einem Lächeln Platz; **radio has almost ~n ~ to television** das Radio ist vom Fernsehen fast verdrängt worden.

4. (*Brit Mot*) **~ ~ to oncoming traffic** der Gegenverkehr hat Vorfahrt; **who has to ~ ~ here?** wer hat hier Vorfahrt?; **I was expecting him to ~ ~** ich nahm an, er würde mir die Vorfahrt lassen; **"~ ~"** „Vorfahrt (beachten)".

give and take *n* Entgegenkommen *nt*; (*in personal relationships*) (gegenseitiges) Geben und Nehmen.

give-away *n* **1. the expression on her face was a ~** ihr Gesichtsausdruck verriet alles; **it was a real ~ when he said ...** er verriet sich, als er sagte ...; **2.** (*inf*) **that exam question was a ~** diese Prüfungsfrage war geschenkt (*inf*); **3.** (*US Comm: gift*) Geschenk *nt*; **4.** (*US Rad, TV*) Preisraten *nt*; **~ price** *n* Schleuderpreis *m*.

given ['gɪvn] **I** *ptp of* **give.**

II *adj* **1.** (*with indef art*) bestimmt; (*with def art*) angegeben. **of a ~ size** von einer bestimmten Größe; **500 bottles of the ~ size** 500 Flaschen der angegebenen Größe.

2. ~ name (*esp US*) Vorname *m*.

3. (*having inclination*) **to be ~ to sth** zu etw neigen; **I'm ~/not ~ to doing that** ich tue das gern/es ist nicht meine Art, das zu tun; **I'm not ~ to drinking on my own** ich habe nicht die Angewohnheit, allein zu trinken.

III *conj* **~ sth** (*with*) vorausgesetzt, man/er *etc* hat etw, wenn man/er *etc* etw hat; (*in view of*) angesichts einer Sache (*gen*); **~ that he ...** (*in view of the fact*) angesichts der Tatsache, daß er ...; (*assuming*) vorausgesetzt *or* angenommen, (daß) er ...; **~ these circumstances/conditions** unter diesen Umständen/Voraussetzungen; **~ these premises you can work out the answer** anhand dieser Vorraussetzungen kannst du die Lösung finden; **~ the triangle ABC** (*Math*) gegeben ist *or* sei das Dreieck ABC.

giver ['gɪvəʳ] *n* Spender(in *f*) *m*. **he was a generous ~ to church funds** er hat großzügig für die Kirche gespendet.

give-way sign [gɪv'weɪˌsaɪn] *n* (*Brit*) Vorfahrtsschild *nt*.

gizmo ['gɪzməʊ] *n* (*inf*) Ding *nt* (*inf*).

gizzard ['gɪzəd] *n* Muskelmagen *m*.

glacé ['glæseɪ] *adj bun* mit Zuckerguß, glasiert; *fruit* kandiert; *leather* Glacé-.

glacial ['gleɪsɪəl] *adj* **1.** (*Geol*) Gletscher-, glazial (*spec*). **~ epoch** *or* **era** Eiszeit *f*, Glazial *nt* (*form*). **2.** (*cold*) *look, wind, temperature* eisig.

glaciated ['gleɪsɪeɪtɪd] *adj* (*covered with glaciers*) gletscherbedeckt, vergletschert; (*eroded by glaciers*) durch Gletschertätigkeit entstanden.

glacier ['glæsɪəʳ] *n* Gletscher *m*.

glad [glæd] *adj* (+*er*) **1.** (*pleased*) froh. **to be ~ at** *or* **about sth** sich über etw (*acc*) freuen; **to be ~ of sth** über etw (*acc*) froh sein; **to be ~ that ...** sich freuen, daß ...; (*relieved*) froh sein, daß ...; **I'm ~ to see you** ich freue mich, Sie zu sehen; (*relieved*) ich bin froh, Sie zu sehen; **I'm so ~!** das freut mich, da bin ich aber froh!; **you'll be ~ to hear that ...** es wird Sie sicher freuen, daß ...; **we would be ~ of your help** wir wären froh, wenn Sie helfen könnten; **I'd be ~ of your opinion on this** ich würde gerne Ihre Meinung dazu hören; **you'll be ~ of it later** du wirst später (noch) froh darüber sein; **I'd be ~ to** aber gern!

2. (*giving pleasure*) froh; *occasion, news also* freudig; *day also* Freuden-. **the ~ tidings** die frohe Botschaft (*old, hum*).

gladden ['glædn] *vt person, heart* erfreuen.

glade [gleɪd] *n* Lichtung *f*.

glad eye *n* **to give sb the ~** jdm schöne Augen machen (*inf*); **glad hand** *n* (*US*) **to give sb the ~** jdn überschwenglich begrüßen.

gladiator ['glædɪeɪtəʳ] *n* Gladiator *m*.

gladiolus [ˌglædɪ'əʊləs] *n, pl* **gladioli** [ˌglædɪ'əʊlaɪ] Gladiole *f*.

gladly ['glædlɪ] *adv* **1.** (*willingly*) gern. **2.** (*joyfully*) fröhlich.

gladness ['glædnɪs] *n* **1.** (*of person*) Freude *f*; (*relief*) Erleichterung *f*; (*of smile*) Fröhlichkeit *f*. **2.** (*of occasion, news*) Freudigkeit *f*.

gladrags ['glæd,rægz] *npl* (*inf*) Sonntagsstaat *m* (*inf*). **to put/have one's ~ on** (*inf*) sich in Schale werfen/in Schale sein (*inf*).

glam [glæm] *adj* (*inf*) schick.

glamor *n* (*US*) *see* **glamour.**

glamorize ['glæməraɪz] *vt* idealisieren, einen glamourösen Anstrich geben (+*dat*); *job, life-style also* einen besonderen Glanz *or* Reiz *or* eine besondere Faszination verleihen (+*dat*); *author, war* glorifizieren. **to ~ one's image** sein Image aufpolieren.

glamorous ['glæmərəs] *adj* bezaubernd, betörend; *film star, life* glamourös; *job* Traum-, glamourös; *clothes* flott; *state occasion* glanzvoll.

glamorously ['glæmərəslɪ] *adv* glamourös.

glamour ['glæməʳ] *n* Glamour *m*; (*of occasion, situation*) Glanz *m*. **she/the job doesn't have much ~** sie/dieser Beruf hat keinen besonderen Reiz.

glamour boy *n* (*inf*) Schönling *m* (*inf*); **glamour girl** *n* (*inf*) Glamourgirl *nt*.

glance [glɑːns] **I** *n* Blick *m*. **at a ~** auf einen Blick; **at first ~** auf den ersten Blick; **she gave him an angry/amorous ~** sie warf ihm einen wütenden/verliebten Blick zu; **to take a quick ~ at sth** einen kurzen Blick auf etw (*acc*) werfen; **he cast** *or* **had a quick ~ round the room** er sah sich kurz im Zimmer um.

II *vi* sehen, blicken, schauen (*esp S Ger*). **to ~ at sb/sth** jdn/etw kurz ansehen, einen kurzen Blick auf etw (*acc*) werfen; **to ~ at/through the newspaper/a report** einen kurzen Blick in die Zeitung/in einen Bericht werfen; **to ~ over sth** etw überfliegen; **to ~ across to sb** jdm einen Blick zuwerfen; **to ~ down/in** einen Blick hinunter-/hineinwerfen, kurz hinunter-/hineinsehen; **to ~ up/aside** aufsehen *or* -blicken (*from* von)/zur Seite sehen; **to ~ round** sich umblicken; **he ~d round the room** er sah sich im Zimmer um; **the book merely ~s at the problem** das Buch streift das Problem nur.

◆**glance off** *vi* (*prep obj* von) (*bullet*) abprallen; (*sword*) abgleiten; (*light*) reflektiert werden.

glancing ['glɑːnsɪŋ] *adj* **to strike sth a ~ blow** etw streifen; **she struck him a ~ blow** ihr Schlag streifte ihn; **it was only a ~ blow** ich/er wurde nur gestreift.

gland [glænd] *n* Drüse *f*; (*lymph ~*) Lymphdrüse *f or* -knoten *m*.

glandular ['glændjʊləʳ] *adj* Drüsen-. **~ fever** Drüsenfieber *nt*.

glans penis ['glænz'piːnɪs] *n* Glans, Eichel *f*.

glare [glɛəʳ] **I** *n* **1.** greller Schein; (*from sun, bulb, lamp also*) grelles Licht. **the ~ of the sun** das grelle Sonnenlicht; **to avoid the ~ of publicity** das grelle Licht der Öffentlichkeit scheuen.

2. (*stare*) wütender *or* stechender Blick. **there was a ~ of anger in her eyes** ihre Augen funkelten vor Zorn.

II *vi* **1.** (*light, sun*) grell scheinen; (*headlights*) grell leuchten; (*bulb*) grell brennen. **2.** (*stare*) (zornig) starren. **to ~ at sb/sth** jdn/etw zornig anstarren. **3.** (*fig*) **that mistake really ~s at you** dieser Fehler springt einem förmlich ins Gesicht.

III *vt* **1. to ~ defiance/hatred at sb** jdn trotzig *or* voller Trotz/haßerfüllt *or* voll von Haß anstarren. **2.** (*fig*) **to ~ sb in the face** jdm förmlich ins Gesicht springen.

glaring ['glɛərɪŋ] *adj* **1.** *sun, colour* grell. **2. her ~ eyes** ihr stechender Blick. **3.** (*fig*) *omission* eklatant; *mistake also* grob; *contrast* kraß; *injustice* (himmel)schreiend.

glaringly ['glɛərɪŋlɪ] *adv* **1.** *shine* grell. **~ bright** grell. **2.** (*fig*) **their words contrasted ~ with their deeds** ihre Worte standen in krassem Gegensatz zu ihren Taten; **it's ~ unjust/wrong** es ist eine himmelschreiende Ungerechtigkeit/das ist ein eklatanter Fehler; **it is ~ obvious that …** es liegt klar auf der Hand, daß …

glasnost ['glæznɒst] *n* Glasnost *f*.

glass [glɑːs] **I** *n* **1.** (*substance*) Glas *nt*. **a pane of ~** eine Glasscheibe.

2. (*object, vessel, contents, ~ware*) Glas *nt*; (*dated: mirror*) Spiegel *m*. **a ~ of wine** ein Glas Wein; **he gets quite cheerful when he's had a ~** (*inf*) er wird richtig fröhlich, wenn er ein Gläschen getrunken hat (*inf*).

3. (*spectacles*) **~es** *pl*, **pair of ~es** Brille *f*; **he wears thick ~es** er trägt eine starke Brille *or* starke Gläser.

4. (*instrument*) (*magnifying ~*) (Vergrößerungs)glas *nt*, Lupe *f*; (*telescope*) Teleskop, Fernrohr *nt*; (*barometer*) Barometer *nt*. **~es** *pl* (*binoculars*) (Fern)glas *nt*.

II *vt* verglasen.

III *attr* Glas-. **people who live in ~ houses shouldn't throw stones** (*Prov*) wer im Glashaus sitzt, soll nicht mit Steinen werfen (*Prov*).

glass *in cpds* Glas-; **glass-blower** *n* Glasbläser(in *f*) *m*; **glass-blowing** *n* Glasbläserei *f*; **glass-cutter** *n* (*tool*) Glasschneider *m*; (*person*) Glasschleifer(in *f*) *m*; **glass eye** *n* Glasauge *nt*; **glass fibre** *n* Glasfaser *f*; **glasshouse** *n* **1.** (*Brit Hort*) Gewächshaus *nt*; **2.** (*Mil sl*) Bau, Bunker *m* (*sl*); **glass-paper** *n* Glaspapier *nt*; **glassware** *n* Glaswaren *pl*; **glass wool** *n* Glaswolle *f*; **glassworks** *npl* Glashütte *f*.

glassy ['glɑːsɪ] *adj* (+*er*) *surface, sea* spiegelglatt; *eye, look* glasig. **~-eyed** *look* glasig; **to be ~-eyed** einen glasigen Blick haben.

Glaswegian [glæs'wiːdʒən] **I** *n* **1.** Glasgower(in *f*) *m*.

2. (*dialect*) Glasgower Dialekt *m*.

II *adj* Glasgower, von Glasgow.

glaucoma [glɔː'kəʊmə] *n* grüner Star, Glaukom *nt* (*form*).

glaucous ['glɔːkəs] *adj plums, grapes* mit einer weißlichen Schicht überzogen. ~ **blue/green** gräulich-blau/gräulich-grün.

glaze [gleɪz] **I** *n* (*on pottery, tiles, Cook*) Glasur *f*; (*on paper, fabric*) Appretur *f*; (*on painting*) Lasur *f*.

II *vt* **1.** *door, window* verglasen. **2.** *pottery, tiles* glasieren; *fabric, paper* appretieren; *painting* lasieren. **3.** (*Cook*) *cake* glasieren; *meat also* mit Gelee überziehen; *fruit* kandieren. **a ~d ham** Schinken in Aspik.

III *vi* (*eyes: also* ~ **over**) glasig werden.

glazier ['gleɪzɪə^r] *n* Glaser(in *f*) *m*.

glazing ['gleɪzɪŋ] *n* **1.** (*act*) Verglasen *nt*; (*glass*) Verglasung *f*; (*trade*) Glaserei *f*. **2.** *see* **glaze I.**

GLC *abbr of* **Greater London Council.**

gleam [gliːm] **I** *n* **1.** Schein, Schimmer *m*; (*of metal, water*) Schimmern *nt*. **a ~ of light/red** ein Lichtschimmer *m*/ein roter Schimmer.

2. (*fig*) **a ~ of hope** ein Hoffnungsschimmer *m*; **a ~ of humour/intelligence/sense** ein Anflug *m* von Humor/Intelligenz/ein Hauch *m* von Vernunft; **not a ~ of hope/humour/intelligence/sense** kein Funke *m* Hoffnung/Humor/Intelligenz/ Vernunft; **he had a ~/a dangerous ~ in his eye** seine Augen funkelten/funkelten gefährlich.

II *vi* schimmern; (*hair also*) glänzen; (*eyes*) funkeln.

gleaming ['gliːmɪŋ] *adj* schimmernd; *hair, silver, water also* glänzend; *eyes* funkelnd.

glean [gliːn] *vt* (*lit*) *corn, field* nachlesen; (*fig*) *facts, news* herausbekommen, ausfindig machen, erkunden (*geh*). **to ~ sth from sb/sth** etw von jdm erfahren/etw einer Sache (*dat*) entnehmen.

gleanings ['gliːnɪŋz] *npl* (*lit*) Nachlese *f*, aufgelesene Ähren *pl*. **the ~ of twenty years of study** die Ausbeute eines zwanzigjährigen Studiums; **a few ~ from the press conference** ein paar Informationen von der Pressekonferenz.

glebe [gliːb] *n* (*Eccl*) Pfarrland *nt*. ~ **house** pfarreigenes Haus; (*vicarage*) Pfarrhaus *nt*.

glee [gliː] *n* **1.** Freude *f*; (*malicious*) Schadenfreude *f*. **he/they shouted in** *or* **with ~** er stieß einen Freudenschrei aus/sie brachen in (ein) Freudengeheul aus; **he told the story with great ~** er erzählte die Geschichte mit großem Vergnügen; **his defeat caused great ~ among his enemies** seine Feinde freuten sich diebisch *or* hämisch über seine Niederlage.

2. (*Mus*) mehrstimmiges Lied. ~ **club** (*esp US*) Chor *m*.

gleeful ['gliːfʊl] *adj* fröhlich, vergnügt; (*maliciously*) hämisch, schadenfroh.

gleefully ['gliːfəlɪ] *adv see adj*.

glen [glen] *n* Tal *nt*.

glib [glɪb] *adj* (*pej*) gewandt; *talker also* zungenfertig; *person* glatt, zungenfertig, aalglatt (*inf*); *reply, remark* leichthin gemacht; *speech, style* glatt. **I don't want to sound ~** ich möchte nicht den Eindruck erwecken, das so leichthin zu sagen; **he gave a ~ reply** er war mit einer Antwort schnell bei der Hand; **he was always ready with a ~ explanation** er war immer schnell mit einer Erklärung bei der Hand.

glibly ['glɪblɪ] *adv* (*pej*) *speak* gewandt; *say, remark, reply* leichthin; *lie* geschickt. **he ~ produced a couple of excuses** er war schnell mit ein paar Ausreden bei der Hand.

glibness ['glɪbnɪs] *n* (*pej*) (*of speech, excuses, lies*) Gewandtheit *f*; (*of person*) Zungenfertigkeit *f*. **the ~ of his explanation/reply** seine leichthin gegebene Erklärung/Antwort.

glide [glaɪd] **I** *vi* **1.** gleiten; (*through the air also*) schweben. **to ~ into a room/in** in ein Zimmer schweben/hereinschweben; **to ~ off** *or* **away** davongleiten; (*person, ghost*) davonschweben.

2. (*Aviat, bird*) gleiten; (*plane*) im Gleitflug fliegen; (*glider*) gleiten, schweben; (*fly in a glider*) segelfliegen.

II *vt* gleiten lassen; *plane* im Gleitflug fliegen (lassen).

III *n* **1.** (*dancing*) Gleit- *or* Schleifschritt *m*. **2.** (*Mus*) Portamento *nt*; (*Phon*) Gleitlaut *m*. **3.** (*Aviat*) Gleitflug *m*.

glider ['glaɪdə^r] *n* (*Aviat*) Segelflugzeug *nt*. ~ **pilot** Segelflieger(in *f*) *m*.

gliding ['glaɪdɪŋ] *n* (*Aviat*) Segelfliegen *nt*. ~ **club** Segelfliegerklub *m*.

glimmer ['glɪmə^r] **I** *n* **1.** (*of light, candle*) Schimmer *m*; (*of fire*) Glimmen *nt*. **the ~ of the distant river** das Schimmern des Flusses in der Ferne.

2. (*fig: also* **~ing**) *see* **gleam I 2.**

II *vi* (*light, water*) schimmern; (*flame, fire*) glimmen.

glimpse [glɪmps] **I** *n* Blick *m*. **it was our last ~ of home** das war der letzte Blick auf unser Zuhause; **a ~ of life in 18th century London** ein (Ein)blick *m* in das Leben im London des 18. Jahrhunderts; **to catch a ~ of sb/sth** einen flüchtigen Blick auf jdn/etw werfen können *or* von jdm/etw erhaschen; (*fig*) eine Ahnung von etw bekommen.

II *vt* kurz sehen, einen Blick erhaschen von.

III *vi* **to ~ at sth** einen Blick auf etw (*acc*) werfen; **to ~ through a book** ein Buch überfliegen.

glint [glɪnt] **I** *n* (*of light, metal*) Glitzern, Blinken *nt no pl*; (*of cat's eyes*) Funkeln *nt no pl*. **a ~ of light** ein glitzernder Lichtstrahl; **brown hair with golden ~s in it** braunes Haar mit einem goldenen Schimmer; **he has a wicked/merry ~ in his eyes** seine Augen funkeln böse/lustig. **II** *vi* glitzern, blinken; (*eyes*) funkeln.

glissade [glɪ'seɪd] *n* (*in dancing*) Glissade *f*.

glisten ['glɪsn] **I** *vi* glänzen; (*dewdrops, eyes also, tears*) glitzern. **II** *n* Glänzen *nt*; Glitzern *nt*.

glitch [glɪtʃ] *n* (*Comput*) Funktionsstörung *f*.

glitter ['glɪtə^r] **I** *n* Glitzern *nt*; (*of eyes,* *diamonds*) Funkeln *nt*; (*for decoration*) Glitzerstaub *m*; (*fig*) Glanz, Prunk *m*. **the ~ of life in London** das glanzvolle Leben in London. **II** *vi* glitzern; (*eyes, diamonds*) funkeln. **all that ~s is not gold** (*Prov*) es ist nicht alles Gold, was glänzt (*Prov*).

glitterati [ˌglɪtəˈrɑːtɪ] *npl* (*inf*) Hautevolee *f*.

glittering [ˈglɪtərɪŋ] *adj* glitzernd; *eyes, diamonds* funkelnd; *occasion* glanzvoll; *career* glänzend; *prizes* verlockend.

glittery [ˈglɪtərɪ] *adj* (*inf*) glitzernd.

glitzy [ˈglɪtsɪ] *adj* (*inf*) *occasion* glanzvoll, schillernd; *dress* schick.

gloat [gləʊt] *vi* (*with pride at oneself*) sich großtun (*over, upon* mit); (*verbally also*) sich brüsten (*over, upon* mit); (*over sb's misfortune or failure*) sich hämisch freuen (*over, upon* über +*acc*). **to ~ over one's possessions/sb's misfortune** sich an seinen Reichtümern/jds Unglück weiden; **to ~ over one's successes** sich in seinen Erfolgen sonnen; **there's no need to ~!** das ist kein Grund zur Schadenfreude!

gloating [ˈgləʊtɪŋ] **I** *n* Selbstgefälligkeit *f*; (*over sb's misfortune or failure*) Schadenfreude *f*. **his ~ over his possessions** wie er sich genüßlich an seinem Besitz weidet; **a look of ~ in his eyes** ein selbstgefälliger/schadenfroher/ genüßlicher Blick; **their ~ over their own success** ihre selbstgefällige Freude über ihren Erfolg.

II *adj* (*self-satisfied*) selbstgefällig; (*malicious*) hämisch, schadenfroh.

gloatingly [ˈgləʊtɪŋlɪ] *adv see adj*.

glob [glɒb] *n* (*inf*) Klacks *m* (*inf*); (*of mud*) Klümpchen *nt*.

global [ˈgləʊbl] *adj* global; *peace, war* Welt-. **taking a ~ view of the matter ...** global gesehen ...; **a ~ figure of £2 million** eine Gesamtsumme von £ 2 Millionen; **the world is considered as a ~ village** die Welt wird als Dorf angesehen; **~ warming** Erwärmung *f* der Erdatmosphäre, globaler Temperaturanstieg.

globe [gləʊb] *n* (*sphere*) Kugel *f*; (*map*) Globus *m*; (*fish-bowl*) Glaskugel *f*. **terrestrial/celestial ~** Erd-/Himmelskugel *f*; **the ~** (*the world*) der Globus, der Erdball; **all over the ~** auf der ganzen Erde *or* Welt.

globe artichoke *n* Artischocke *f*; **globe-fish** *n* Kugelfisch *m*; **globe-trotter** *n* Globetrotter(in *f*), Welt(en)bummler(in *f*) *m*; **globe-trotting I** *n* Globetrotten *nt*; **II** *attr* Globetrotter-.

globular [ˈglɒbjʊləʳ] *adj* kugelförmig.

globule [ˈglɒbjuːl] *n* Klümpchen, Kügelchen *nt*; (*of oil, water*) Tröpfchen *nt*. **~s of grease floating on the soup** Fettaugen *pl* auf der Suppe.

gloom [gluːm] *n* **1.** (*darkness*) Düsterkeit *f*.

2. (*sadness*) düstere *or* gedrückte Stimmung. **an atmosphere of ~** eine düstere *or* gedrückte Atmosphäre; **a look of ~ on his face** seine düstere Miene; **to cast a ~ over sth** einen Schatten auf etw (*acc*) werfen.

gloomily [ˈgluːmɪlɪ] *adv* (*fig*) düster.

gloominess [ˈgluːmɪnɪs] *n see adj* Düsterkeit *f*; Finsterkeit *f*; Gedrücktheit *f*; Trübsinn *m*; Bedrückende(s) *nt*; Pessimismus *m*.

gloomster [ˈgluːmstəʳ] *n* (*inf*) Pessimist(in *f*), Schwarzmaler(in *f*) (*inf*) *m*.

gloomy [ˈgluːmɪ] *adj* (+*er*) düster; *streets, forest also* finster; *atmosphere also* gedrückt; *thoughts also, character* trübsinnig; *news also* bedrückend; *outlook on life* pessimistisch. **to take a ~ view of things** schwarzsehen; **to feel ~** niedergeschlagen *or* bedrückt sein; **he is very ~ about his chances of success** er beurteilt seine Erfolgschancen sehr pessimistisch; **to look ~ about sth** wegen etw ein trübsinniges Gesicht machen.

glorification [ˌglɔːrɪfɪˈkeɪʃən] *n* Verherrlichung *f*; (*of God also*) Lobpreis *m*; (*beautification*) Verschönerung *f*.

glorified [ˈglɔːrɪfaɪd] *adj* **this restaurant is just a ~ snack-bar** dieses Restaurant ist nur eine bessere Imbißstube.

glorify [ˈglɔːrɪfaɪ] *vt* verherrlichen; (*praise*) *God* lobpreisen.

glorious [ˈglɔːrɪəs] *adj* **1.** (*lit*) *saint, martyr* glorreich; *deed, victory also* ruhmreich. **2.** (*marvellous*) *weather, sky* herrlich, phantastisch. **a ~ mess** (*iro*) ein schönes *or* herrliches Durcheinander.

gloriously [ˈglɔːrɪəslɪ] *adv see adj*. **he was ~ drunk** (*inf*) er war herrlich betrunken (*inf*).

glory [ˈglɔːrɪ] **I** *n* **1.** (*honour, fame*) Ruhm *m*. **covered in ~** ruhmbedeckt.

2. (*praise*) Ehre *f*. **~ to God in the highest** Ehre sei Gott in der Höhe.

3. (*beauty, magnificence*) Herrlichkeit *f*. **the rose in all its ~** die Rose in ihrer ganzen Pracht *or* Herrlichkeit; **the glories of Nature** die Schönheiten *pl* der Natur; **Rome at the height of its ~** Rom in seiner Blütezeit.

4. (*source of pride*) Stolz *m*.

5. (*celestial bliss*) **the saints in ~** die Heiligen in der himmlischen Herrlichkeit.

II *vi* **to ~ in one's skill/strength/ability** sich (*dat*) viel auf sein Geschick/seine Kraft/Fähigkeit zugute tun; **to ~ in one's/sb's success** sich in seinem/jds Erfolg sonnen; **to ~ in the knowledge/fact that .../one's independence** das Wissen/ die Tatsache, daß .../seine Unabhängigkeit voll auskosten; **they gloried in showing me my mistakes** sie genossen es *or* kosteten es voll aus, mir meine Fehler zu zeigen.

glory-hole [ˈglɔːrɪˌhəʊl] *n* **1.** (*inf*) Rumpel- or Kramecke *f*; (*box*) Rumpelkiste *f*; (*drawer*) Kramschublade *f*. **2.** (*Naut*) Logis *nt*.

gloss[1] [glɒs] *n* (*shine, lip ~*) Glanz *m*; (*fig: of respectability*) Schein *m*. **paint with a high ~** Farbe mit Hochglanz; **to take the ~ off sth** (*lit*) etw stumpf werden lassen; (*fig*) einer Sache (*dat*) den Glanz nehmen; **to lose its ~** (*lit, fig*) seinen Glanz verlieren; **~ finish** (*Phot, on paper*) Glanz(beschichtung *f*) *m*; (*of paint*)

Lackanstrich *m*.

◆**gloss over** *vt sep* (*try to conceal*) vertuschen; (*make light of*) beschönigen. **he ~ed ~ the various points raised by the critics** er hat die verschiedenen Punkte der Kritiker einfach vom Tisch gewischt.

gloss² I *n* (*explanation*) Erläuterung *f*; (*note also*) Anmerkung, Glosse (*geh*) *f*. II *vt* erläutern.

glossary ['glɒsərɪ] *n* Glossar *nt*.

glossily ['glɒsɪlɪ] *adj* glänzend. **~ polished** blankpoliert.

glossiness ['glɒsɪnɪs] *n* Glanz *m*.

gloss (paint) *n* Glanzlack(farbe *f*) *m*.

glossy ['glɒsɪ] I *adj* (+*er*) glänzend; *paper, paint* Glanz-; (*Phot*) *print* (Hoch)glanz-. **to be ~** glänzen; **~ magazine** (Hochglanz)magazin *nt*. II *n* (*inf*) (Hochglanz)magazin *nt*.

glottal ['glɒtl] *adj* Stimmritzen-, glottal (*spec*). **~ stop** (*Phon*) Knacklaut, Stimmritzenverschlußlaut *m*.

glottis ['glɒtɪs] *n* Stimmritze *f*.

glove [glʌv] *n* (Finger)handschuh *m*; (*Sport*) Handschuh *m*. **to fit (sb) like a ~** (jdm) wie angegossen passen; (*job*) wie für jdn geschaffen sein; **with the ~s off** (*fig*) schonungslos, ohne Rücksicht auf Verluste (*inf*); **the ~s are off** mit der Rücksichtnahme ist es vorbei, die Schonzeit ist vorbei.

glove box *n* **1.** (*Tech*) Handschuh-Schutzkasten *m*. **2.** (*also* **glove compartment**) (*Aut*) Handschuhfach *nt*.

gloved [glʌvd] *adj* behandschuht.

glove puppet *n* Handpuppe *f*.

glover ['glʌvər] *n* Handschuhmacher(in *f*) *m*.

glow [gləʊ] I *vi* glühen; (*colour, hands of clock*) leuchten; (*lamp also, candle*) scheinen. **she/her cheeks ~ed with health** sie hatte ein blühendes Aussehen; **to ~ with pride/pleasure** vor Stolz glühen/vor Freude strahlen; **she ~ed with love** sie strahlte Liebe aus.

II *n* Glühen *nt*; (*of colour, clock hands*) Leuchten *nt*; (*of lamp, candle*) Schein *m*; (*of fire, sunset, passion*) Glut *f*. **her face had a healthy ~, there was a ~ of health on her face** ihr Gesicht hatte eine blühende Farbe; **she felt a ~ of satisfaction/affection** sie empfand eine tiefe Befriedigung/Zuneigung; **there was a sort of ~ about her** sie strahlte so.

glower ['glaʊər] I *vi* ein finsteres Gesicht machen. **to ~ at sb** jdn finster ansehen. II *n* finsterer Blick. **angry ~** zorniger Blick.

glowering *adj*, **~ly** *adv* ['glaʊərɪŋ, -lɪ] finster.

glowing ['gləʊɪŋ] *adj* **1.** glühend; *candle, colour, eyes* leuchtend; *cheeks, complexion* blühend.

2. (*fig*) (*enthusiastic*) *account, description* begeistert; *words also* leidenschaftlich; *praise, report* überschwenglich; *pride, admiration, enthusiasm* glühend. **to paint sth in ~ colours** (*fig*) etw in den leuchtendsten Farben schildern.

glowingly ['gləʊɪŋlɪ] *adv* (*fig*) begeistert; *describe* in glühenden Farben; *praise* überschwenglich.

glow-worm ['gləʊˌwɜːm] *n* Glühwürmchen *nt*.

glucose ['gluːkəʊs] *n* Glucose *f*, Traubenzucker *m*.

glue [gluː] I *n* Klebstoff *m*; (*from bones*) Leim *m*. **to stick to sb/sth like ~** an jdm/etw kleben (*inf*).

II *vt* kleben; leimen. **to ~ sth together** etw zusammenkleben/-leimen; **to ~ sth down/on** etw fest-/ankleben; **to ~ sth to sth** etw an etw (*acc*) kleben/leimen, etw an etw (*dat*) festkleben/-leimen; **her ear was ~d to the keyhole** ihr Ohr klebte am Schlüsselloch; **to keep one's eyes ~d to sb/sth** jdn/etw nicht aus den Augen lassen; **his eyes were ~d to the screen/her cleavage** seine Augen hingen an der Leinwand/ihrem Ausschnitt; **he stood there as if ~d to the spot** er stand wie angewurzelt da.

glue-pot *n* Leimtopf *m*; **glue-sniffer** *n* (Klebstoff-)Schnüffler(in *f*) *m*; **glue-sniffing** *n* (Klebstoff-)Schnüffeln *nt*.

gluey ['gluːɪ] *adj* klebrig.

glum [glʌm] *adj* (+*er*) niedergeschlagen, bedrückt; *atmosphere* gedrückt; *thoughts* schwarz. **to feel ~** bedrückt sein.

glumly ['glʌmlɪ] *adv* niedergeschlagen, bedrückt.

glut [glʌt] I *vt* **1.** (*Comm*) *market* (*manufacturer*) überschwemmen. **sugar is ~ting the world market** der Weltmarkt wird mit Zucker überschwemmt.

2. to ~ oneself (*with food*) schlemmen; **they ~ted themselves with strawberries** sie haben sich an den Erdbeeren gütlich getan; **that poor dog is ~ted with food** der arme Hund ist überfüttert.

II *n* Schwemme *f*; (*of manufactured goods also*) Überangebot *nt* (*of* an +*dat*). **a ~ of apples** eine Apfelschwemme.

gluteal ['gluːtɪəl] *adj* Gesäß-.

gluten ['gluːtən] *n* Kleber *m*, Gluten *nt*.

glutinous ['gluːtɪnəs] *adj* klebrig.

glutton ['glʌtn] *n* Vielfraß *m* (*also Zool*). **to be a ~ for work/punishment** ein Arbeitstier *nt* (*inf*)/Masochist *m* sein.

gluttonous ['glʌtənəs] *adj* (*lit, fig*) unersättlich; *person* gefräßig.

gluttony ['glʌtənɪ] *n* Völlerei, Fresserei (*inf*) *f*

glycerin(e) ['glɪsəriːn] *n* Glyzerin *nt*.

glycerol ['glɪsərɒl] *n* Glyzerin *nt*.

gm *abbr of* **gram(s), gramme(s)** g.

G-man ['dʒiːmæn] *n*, *pl* **-men** [-men] (*US inf*) FBI-Mann *m*.

gms *abbr of* **gram(me)s** g.

GMT *abbr of* **Greenwich Mean Time** WEZ.

gnarled [nɑːld] *adj wood, tree* knorrig; *hand* knotig.

gnash [næʃ] *vt* **to ~ one's teeth** mit den Zähnen knirschen.

gnat [næt] *n* (Stech)mücke *f*; *see* **strain¹**.

gnaw [nɔː] I *vt* nagen an (+*dat*); *fingernails also* kauen an (+*dat*); (*rust, disease*) fressen an (+*dat*); *hole* nagen; (*fig*) *conscience, sb* (*hunger, anxiety*) quälen; (*remorse*) verzehren. **to ~ sth off** etw abnagen; **the box had been ~ed by the rats** die Ratten hatten die Kiste angenagt. **II** *vi* nagen. **to ~ at sth** an etw (*dat*) nagen; (*rust, disease*) sich durch etw fressen; **to ~ at sb** (*fig*) jdn quälen; **to ~ on sth** an etw (*dat*) nagen.

◆**gnaw away I** *vi* nagen (*at, on* an +*dat*). **II** *vt sep* wegnagen.

gnawing ['nɔːɪŋ] *adj* (*lit*) *sound* nagend; (*fig*) quälend.

gneiss [naɪs] *n* Gneis *m*.

gnome [nəʊm] *n* **1.** Gnom *m*; (*in garden*) Gartenzwerg *m*. **2.** (*pej*) **the ~s of Zurich** die Zürcher Bankiers *pl*.

GNP *abbr of* **gross national product.**

gnu [nuː] *n* Gnu *nt*.

go [gəʊ] (*vb: pret* **went,** *ptp* **gone**) **I** *vi* **1.** (*proceed, move*) gehen; (*vehicle, by vehicle*) fahren; (*plane*) fliegen; (*travel*) reisen; (*road*) führen. **to ~ to France/on holiday** nach Frankreich fahren/in Urlaub gehen; **I have to ~ to the doctor/London** ich muß zum Arzt (gehen)/nach London; **to ~ on a journey/course** verreisen, eine Reise/einen Kurs machen; **to ~ for a walk/swim** spazierengehen/schwimmen gehen; **to ~ fishing/shopping/shooting** angeln/einkaufen/auf die Jagd gehen; **the dog/the doll ~es everywhere with her** der Hund geht überall mit ihr mit/sie nimmt die Puppe überallhin mit; **we can talk as we ~** wir können uns unterwegs unterhalten; **where do we ~ from here?** (*lit*) wo gehen wir anschließend hin?; (*fig*) und was (wird) jetzt?; **you're ~ing too fast for me** (*lit, fig*) du bist mir zu schnell; **to ~ looking for sb/sth** nach jdm/etw suchen; **to ~ for a doctor/newspaper** einen Arzt/eine Zeitung holen (gehen); **to ~ to sb for sth** (*ask sb*) jdn wegen etw fragen; (*fetch from sb*) bei jdm etw holen; **there he ~es!** da ist er ja!; **who ~es there?** (*guard*) wer da?; **you ~ first** geh du zuerst!; **you ~ next** du bist der nächste; **there you ~** (*giving sth*) bitte; (*I told you so*) na bitte; **there you ~ again!** (*inf*) du fängst ja schon wieder an!; **here we ~ again!** (*inf*) jetzt geht das schon wieder los! (*inf*); **to ~ to get sth, to ~ and get sth** etw holen gehen; **~ and shut the door/tell him** mach mal die Tür zu/sag's ihm; **he's gone and lost his new watch** (*inf*) er hat seine neue Uhr verloren; **don't ~ telling him, don't ~ and tell him** geh jetzt bitte nicht hin und erzähl ihm das (*inf*).

2. (*attend*) gehen. **to ~ to church/evening class** in die Kirche/in einen Abendkurs gehen, einen Abendkurs besuchen; **to ~ to work** zur Arbeit gehen; **he's ~ing as a pirate** er geht als Pirat; **what shall I ~ in?** was soll ich anziehen?

3. (*depart*) gehen; (*vehicle, by vehicle also*) (ab)fahren; (*plane, by plane also*) (ab)fliegen. **has he gone yet?** ist er schon weg?; **I must ~ now** ich muß jetzt gehen *or* weg; **after I ~** *or* **have gone** *or* **am gone** (*leave*) wenn ich weg bin; (*die*) wenn ich (einmal) nicht mehr (da) bin; **we must ~** *or* **be ~ing** *or* **get ~ing** (*inf*) wir müssen gehen *or* uns langsam auf den Weg machen (*inf*); **time I was gone** Zeit, daß ich gehe; **be gone!** (*old*) hinweg mit dir (*old*); **~!** (*Sport*) los!; **here ~es!** jetzt geht's los! (*inf*).

4. (*disappear, vanish*) verschwinden; (*pain, spot, mark also*) weggehen; (*be used up*) aufgebraucht werden; (*time*) vergehen. **it is** *or* **has gone** (*disappeared*) es ist weg; (*used up, eaten*) es ist alle (*inf*); **where has it gone?** wo ist es hin *or* geblieben?; **the trees have been gone for years** die Bäume sind schon seit Jahren nicht mehr da; **gone are the days when ...** die Zeiten sind vorbei, wo ...; **I don't know where the money ~es** ich weiß nicht, wo all das Geld bleibt; **all his money ~es on records** er gibt sein ganzes Geld für Schallplatten aus; **£50 a week ~es in** *or* **on rent** £ 50 die Woche sind für die Miete (weg); **the heat went out of the debate** die Debatte verlor an Hitzigkeit; **how is the time ~ing?** wie steht's mit der Zeit?; **it's just gone three** es ist gerade drei vorbei, es ist kurz nach drei; **two days to ~ till ...** noch zwei Tage bis ...; **only two more patients to ~** nur noch zwei Patienten; **two down and one to ~** zwei geschafft und noch eine(r, s) übrig; **there ~es another one!** und noch eine(r, s) weniger!

5. (*be dismissed*) gehen; (*be got rid of*) verschwinden; (*be abolished*) abgeschafft werden. **that minister will have to ~** der Minister wird gehen müssen; **that old settee will have to ~** das alte Sofa muß weg.

6. (*be sold*) **the hats aren't ~ing very well** die Hüte gehen nicht sehr gut (weg); **to ~ for nothing** umsonst sein; **to be ~ing cheap** billig sein; **it went for £5** es ging für £ 5 weg; **I won't let it ~ for less than that** billiger gebe ich es nicht her; **~ing, ~ing, gone!** zum ersten, zum zweiten, und zum dritten!

7. (*have recourse to*) gehen. **to ~ to the country** (*Brit Parl*) Wahlen ausrufen; **to ~ to law/war** vor Gericht gehen/Krieg führen (*over* wegen).

8. (*prize, 1st place*) gehen (*to* an +*acc*); (*inheritance*) zufallen (*to sb* jdm).

9. (*extend*) gehen. **the garden ~es down to the river** der Garten geht bis zum Fluß hinunter; **the difference between them ~es deep** der Unterschied zwischen ihnen geht tief; **I'll ~ to £100** ich gehe bis £ 100.

10. (*run, function*) (*watch*) gehen; (*car, machine also*) laufen; (*workers*) arbeiten. **to ~ slow** (*workers*) im Bummelstreik sein; (*watch*) nachgehen; **to get ~ing** in Schwung *or* Fahrt kommen; **to get sth ~ing, to make sth ~** etw in Gang bringen; *party* etw in Fahrt bringen; *business* etw auf Vordermann bringen; **to get sb ~ing** jdn in Fahrt bringen; **to get ~ing on** *or* **with sth** etw in Angriff nehmen; **once you get ~ing on it** wenn man erst mal damit angefangen hat; **to keep ~ing** (*person*) weitermachen; (*machine, engine*) weiterlaufen; (*car*) weiterfahren; (*business*) weiter laufen;

keep ~ing! weiter!; **this medicine/prospect kept her ~ing** dieses Medikament/diese Aussicht hat sie durchhalten lassen; **here's £50/some work to keep you ~ing** hier hast du erst mal £ 50/etwas Arbeit; **to keep sb ~ing in food** jdn mit Essen versorgen.

11. (*happen, turn out*) (*project, things*) gehen; (*event, evening*) verlaufen; (*voting, election*) ausgehen. **how does the story/tune ~?** wie war die Geschichte doch noch mal/wie geht die Melodie?; **how does his theory ~?** welche Theorie hat er?, was ist seine Theorie?; **the story** *or* **rumour ~es that ...** es geht das Gerücht, daß ...; **the election/decision went in his favour/against him** die Wahl/Entscheidung fiel zu seinen Gunsten/Ungunsten aus; **how's it ~ing?, how ~es it?** (*inf*) wie geht's (denn so)? (*inf*); **how did it ~?** wie war's?; **how did the exam/your holiday ~?** wie ging's in der Prüfung/wie war der Urlaub?; **if everything ~es well** wenn alles gutgeht; **all went well for him until ...** alles ging gut, bis ...; **we'll see how things ~** (*inf*) wir werden sehen, wie es läuft (*inf*) *or* geht; **you know the way things ~** Sie wissen ja, wie das so ist *or* geht; **the way things are ~ing I'll ...** so wie es aussieht, werde ich ...; **things have gone well/badly** es ist gut/schlecht gelaufen; **she has a lot ~ing for her** sie ist gut dran.

12. (*fail, break, wear out*) (*material, mechanism, bulb, zip*) kaputtgehen; (*through rust*) (durch)rosten; (*health, strength, eyesight*) nachlassen; (*brakes, steering*) versagen; (*button*) abgehen. **the jumper has gone at the elbows** der Pullover ist an den Ärmeln durch (*inf*); **his mind is ~ing** er läßt geistig sehr nach; **there ~es another bulb/button!** schon wieder eine Birne kaputt/ein Knopf ab!

13. (*be accepted: behaviour, dress*) gehen (*inf*). **anything ~es!** alles ist erlaubt; **what I say ~es!** was ich sage, gilt *or* wird gemacht!; **that ~es for me too** (*that applies to me*) das gilt auch für mich; (*I agree with that*) das meine ich auch.

14. (*be available*) **there are several houses/jobs ~ing** es sind mehrere Häuser/Stellen zu haben; **I'll have whatever is ~ing** ich nehme, was es gibt; **the best beer ~ing** das beste Bier, das es gibt.

15. (*be, become*) werden. **to ~ deaf/mad/grey** taub/verrückt/grau werden; **to ~ hungry** hungern; **I went cold** mir wurde kalt; **to ~ in rags** in Lumpen gehen; **to ~ to sleep/ruin** einschlafen/zerfallen; **to ~ Japanese/ethnic** auf japanisch/auf Folklore machen (*inf*); **to ~ Labour** Labour wählen.

16. (*be contained, fit*) gehen, passen; (*belong, be placed*) hingehören; (*in drawer, cupboard*) (hin)kommen. **it won't ~ in the box** es geht *or* paßt nicht in die Kiste; **the books ~ in that cupboard** die Bücher kommen *or* gehören in den Schrank dort; **4 into 12 ~es 3** 4 geht in 12 dreimal; **4 into 3 won't ~** 3 durch 4 geht nicht.

17. (*match*) dazu passen. **to ~ with sth** zu etw passen.

18. (*contribute*) **the money ~es to help the poor** das Geld soll den Armen helfen; **the money will ~ towards a new car** das ist Geld für ein neues Auto.

19. (*make a sound or movement*) machen. **to ~ bang/shh/tick-tock** peng/pst/ticktack machen; **~ like that (with your left foot)** mach so (mit deinem linken Fuß); **there ~es the bell** es klingelt.

20. (*US*) **food to ~** Essen zum Mitnehmen.

21. he's not bad as boys ~ verglichen mit anderen Jungen ist er nicht übel.

II *aux vb* (*forming future tense*) **I'm/I was/I had been ~ing to do it** ich werde/ich wollte es tun/ich habe es tun wollen; **I wasn't ~ing to do it (anyway)** ich hätte es sowieso nicht gemacht; **it's ~ing to rain** es wird wohl regnen; **he knew that he wasn't ~ing to see her again** er wußte, daß er sie nicht wiedersehen würde; **there's ~ing to be trouble** es wird Ärger geben.

III *vt* **1.** *route, way* gehen; (*vehicle, by vehicle*) fahren.

2. (*Cards*) *£5* gehen bis, mithalten bis.

3. (*inf*) **to ~ it** (*~fast*) ein tolles Tempo draufhaben (*inf*); (*live hard*) es toll treiben (*inf*); (*work hard*) sich hineinknien (*inf*); **to ~ it alone** sich selbständig machen.

4. my mind went a complete blank ich hatte ein Brett vor dem Kopf (*inf*).

5. (*inf*) **I could ~ a beer** ich könnte ein Bier vertragen.

IV *n, pl* **-es 1.** (*inf*) (*energy*) Schwung *m*. **to be full of ~** unternehmungslustig sein.

2. to be on the ~ auf Trab sein (*inf*); **to keep sb on the ~** jdn auf Trab halten; **he's got two women/books on the ~** er hat zwei Frauen gleichzeitig/er schreibt an zwei Büchern gleichzeitig; **it's all ~** es ist immer was los (*inf*).

3. (*attempt*) Versuch *m*. **it's your ~** du bist dran (*inf*) *or* an der Reihe; **you've had your ~** du warst schon dran (*inf*) *or* an der Reihe; **miss one ~** einmal aussetzen; **to have a ~** es versuchen, es probieren; **have a ~!** versuch's *or* probier's (*inf*) doch mal!; **to have a ~ at sb** (*criticize*) jdn runterputzen (*inf*); (*fight*) es mit jdm aufnehmen; **to have a ~ at doing sth** versuchen *or* probieren, etw zu tun; **at the first/second ~** auf Anhieb (*inf*)/beim zweiten Mal *or* Versuch; **at** *or* **in one ~** auf einen Schlag (*inf*); (*drink*) in einem Zug (*inf*); **she asked for a ~ on his bike** sie wollte mal sein Fahrrad ausprobieren; **can I have a ~?** darf ich mal?

4. (*success*) **to make a ~ of sth** in etw (*dat*) Erfolg haben; **(it's) no ~** (*inf*) das ist nicht drin (*inf*), da ist nichts zu machen; **it's all the ~** (*inf*) das ist der große Hit (*inf*).

5. from the word ~ von Anfang an.

V *adj* (*esp Space*) **you are ~ for take-off/landing** alles klar zum Start/zur ung; **all systems (are)** ~ (es ist) alles klar.

◆**go about I** *vi* **1.** (*move from place to place*) herumgehen, herumlaufen (*inf*); (*by vehicle*) herumfahren; (*in old clothes*) herumlaufen. **to ~ ~ in gangs** in Banden durch die Gegend ziehen; **to ~ ~ with sb** mit jdm zusammensein *or* herumziehen (*pej inf*); **she's ~ing ~ with John** sie geht mit John (*inf*); **you shouldn't ~ ~ doing that kind of thing** solche Sachen solltest du nicht machen.

2. (*be current: rumour, flu*) umgehen.

3. (*Naut: change direction*) wenden.

II *vi +prep obj* **1.** (*set to work at*) *task, problem* anpacken. **we must ~ ~ it carefully** wir müssen vorsichtig vorgehen; **how does one ~ ~ getting seats/finding a job?** wie bekommt man Plätze/eine Stelle?

2. (*be occupied with*) *work, jobs* erledigen. **to ~ ~ one's business** sich um seine eigenen Geschäfte kümmern.

◆**go across I** *vi +prep obj* überqueren; *street also* gehen über (*+acc*); *river also* fahren über (*+acc*). **to ~ ~ the sea to Ireland** übers Meer nach Irland fahren.

II *vi* hinübergehen; (*by vehicle*) hinüberfahren; (*by plane*) hinüberfliegen; (*to the enemy*) überlaufen (*to* zu).

◆**go after** *vi +prep obj* **1.** (*follow*) nachgehen (*+dat*), nachlaufen (*+dat*); (*in vehicle*) nachfahren (*+dat*). **the police went ~ the escaped criminal** die Polizei hat den entkommenen Verbrecher gejagt.

2. (*try to win or obtain*) anstreben, es abgesehen haben auf (*+acc*) (*inf*); *job* sich bemühen um, aussein auf (*+acc*) (*inf*); *goal* verfolgen, anstreben; (*Sport*) *record* einstellen wollen; *personal best* anstreben; *girl* sich bemühen um, nachstellen (*+dat*) (*pej*). **when he decides what he wants he really ~es ~ it** wenn er weiß, was er will, tut er alles, um es zu bekommen.

◆**go against** *vi +prep obj* **1.** (*be unfavourable to*) (*luck*) sein gegen; (*events*) ungünstig verlaufen für; (*evidence, appearance*) sprechen gegen.

2. (*be lost by*) **the verdict went ~ her** das Urteil fiel zu ihren Ungunsten aus; **the battle/first rounds went ~ him** er hat die Schlacht/die ersten Runden verloren.

3. (*contradict, be contrary to*) im Widerspruch stehen zu; *principles, conscience* gehen gegen; (*oppose: person*) handeln gegen, sich widersetzen (*+dat*).

◆**go ahead** *vi* **1.** (*go in front*) vorangehen; (*in race*) sich an die Spitze setzen; (*go earlier*) vorausgehen; (*in vehicle*) vorausfahren. **to ~ ~ of sb** vor jdm gehen; sich vor jdn setzen; jdm vorausgehen/-fahren.

2. (*proceed*) (*person*) es machen; (*work, project*) vorangehen. **he just went ~ and did it** er hat es einfach gemacht; **~ ~!** nur zu!; **to ~ ~ with sth** etw durchführen.

◆**go along** *vi* **1.** (*walk along*) entlanggehen, entlangspazieren (*inf*). **as one ~es ~** (*while walking*) unterwegs; (*bit by bit*) nach und nach; (*at the same time*) nebenbei, nebenher; **~ ~ with you!** (*inf*) jetzt hör aber auf! (*inf*).

2. (*accompany*) mitgehen, mitkommen (*with* mit).

3. (*agree*) zustimmen (*with dat*); (*not object*) sich anschließen (*with dat*).

◆**go around** *vi see* **go about I 1., 2., go round.**

◆**go at** *vi +prep obj* (*inf: attack*) *person* losgehen auf (*+acc*) (*inf*); *task* sich machen an (*+acc*). **to ~ ~ it** loslegen (*inf*).

◆**go away** *vi* (weg)gehen; (*for a holiday*) wegfahren; (*from wedding*) abreisen, wegfahren. **they went ~ together** (*illicitly*) sie sind miteinander durchgebrannt (*inf*); **"gone ~"** (*on letter*) „verzogen".

◆**go back** *vi* **1.** (*return*) zurückgehen; (*to a subject*) zurückkommen (*to* auf *+acc*); (*revert: to habits, methods*) zurückkehren (*to* zu). **they have to ~ ~ to Germany/school next week** nächste Woche müssen sie wieder nach Deutschland zurück/wieder zur Schule; **to ~ ~ to the beginning** wieder von vorn anfangen; **there's no ~ing ~ now** jetzt gibt es kein Zurück mehr; **he went ~ for his hat** er ging zurück, um seinen Hut zu holen.

2. (*be returned*) (*faulty goods*) zurückgehen; (*library books*) zurückgebracht werden.

3. (*date back*) zurückgehen, zurückreichen (*to* bis zu). **we ~ ~ a long way** wir kennen uns schon ewig.

4. (*clock: be put back*) zurückgestellt werden.

5. (*extend back: cave, garden*) zurückgehen, zurückreichen (*to* bis zu).

◆**go back on** *vi +prep obj* zurücknehmen; *decision* rückgängig machen; *friend* im Stich lassen. **I never ~ ~ ~ my promises** was ich versprochen habe, halte ich auch.

◆**go before I** *vi* (*live before*) in früheren Zeiten leben; (*happen before*) vorangehen.

II *vi +prep obj* **to ~ ~ the court/headmaster/committee** vor Gericht erscheinen/zum Rektor/vor den Ausschuß kommen.

◆**go below** *vi* (*Naut*) unter Deck gehen.

◆**go beyond** *vi +prep obj* (*exceed*) hinausgehen über (*+acc*); *orders, instructions also* überschreiten; *hopes, expectations also* übertreffen.

◆**go by I** *vi* (*person, opportunity*) vorbeigehen (*prep obj* an *+dat*); (*procession*) vorbeiziehen (*prep obj* an *+dat*); (*vehicle*) vorbeifahren (*prep obj* an *+dat*); (*time*) vergehen. **as time went ~** mit der Zeit.

II *vi +prep obj* **1.** (*base judgement or decision on*) gehen nach; (*be guided by*) *compass, watch, sb's example* sich richten nach; (*stick to*) *rules* sich halten an (*+acc*). **if that's anything to ~ ~** wenn man danach gehen kann; **~ing ~ what he said** nach dem, was er sagte; **that's not much to ~ ~** das will nicht viel heißen.

2. to ~ ~ the name of X X heißen.

◆**go down** *vi* **1.** hinuntergehen (*prep obj*

acc); (*by vehicle, lift*) hinunterfahren (*prep obj acc*); (*sun, moon: set*) untergehen; (*Theat: curtain*) fallen; (*fall*) (*boxer*) zu Boden gehen; (*horse*) stürzen. **to ~ ~ on one's knees** sich hinknien; (*to apologize, propose*) auf die Knie fallen; **this wine/cake ~es ~ rather well** dieser Wein/der Kuchen schmeckt gut.

2. (*ship, person: sink*) untergehen; (*be defeated*) geschlagen werden (*to* von); (*fail examination*) durchfallen.

3. (*Brit Univ*) die Universität verlassen; (*for vacation*) in die Semesterferien gehen.

4. (*inf: go to prison*) eingelocht werden (*inf*).

5. (*be accepted, approved*) ankommen (*with* bei). **that won't ~ ~ well with him** das wird er nicht gut finden.

6. (*be reduced, lessen*) (*floods, temperature, fever, supplies, swelling*) zurückgehen; (*taxes, value*) sich verringern, weniger werden; (*prices*) sinken, runtergehen (*inf*); (*barometer*) fallen; (*wind*) nachlassen; (*sea*) sich beruhigen; (*balloon, tyre*) Luft verlieren; (*deteriorate: neighbourhood*) herunterkommen. **he has gone ~ in my estimation** er ist in meiner Achtung gesunken; *see* **world.**

7. (*go as far as*) gehen (*to* bis). **I'll ~ ~ to the bottom of the page** ich werde die Seite noch fertig machen.

8. (*be noted, remembered*) vermerkt werden. **to ~ ~ to in history** in die Geschichte eingehen.

9. (*Bridge*) den Kontrakt nicht erfüllen. **they went five ~** sie blieben fünf unter dem gebotenen Kontrakt.

10. (*become ill*) **to ~ ~ with a cold** eine Erkältung bekommen.

11. (*Mus inf: lower pitch*) heruntergehen (*inf*), tiefer singen/spielen.

◆**go for** *vi +prep obj* **1.** (*inf: attack*) *person* losgehen auf (*+acc*) (*inf*); (*verbally*) herziehen über (*+acc*). **~ ~ him!** (*to dog*) faß!

2. (*inf: admire, like*) gut finden.

3. (*aim at*) zielen auf (*+acc*); (*fig*) aussein auf (*+acc*) (*inf*); (*in claim*) fordern. **~ ~ it!** nichts wie ran! (*inf*); **if I were you I'd ~ ~ it** an deiner Stelle würde ich zugreifen; **he was obviously ~ing ~ the ball** er hatte es offensichtlich auf den Ball abgesehen.

◆**go forth** *vi* (*old, liter*) (*person*) hingehen; (*order*) ergehen (*liter*).

◆**go forward** *vi* **1.** (*make progress: work*) vorangehen. **2.** (*proceed, go ahead*) **to ~ ~ with sth** etw durchführen, etw in die Tat umsetzen. **3.** (*be put forward: suggestion*) vorgelegt werden (*to dat*).

◆**go in** *vi* **1.** (*enter*) hineingehen; (*Cricket*) nach „innen" gehen. **I must ~ ~ now** ich muß jetzt hinein(gehen); **~ ~ and win!** (*inf*) jetzt zeig's ihnen aber! (*inf*).

2. (*sun, moon: go behind clouds*) weggehen, verschwinden.

3. (*fit in*) hineingehen, hineinpassen.

4. (*sink in, be assimilated*) jdm eingehen.

◆**go in for** *vi +prep obj* **1.** (*enter for*) teilnehmen an (*+dat*).

2. (*approve of, be interested in, practise*) zu haben sein für; (*as career*) sich entschieden haben für, gewählt haben. **to ~ ~ ~ sports/tennis** (*play oneself*) Sport treiben/Tennis spielen; (*be interested in*) sich für Sport/Tennis interessieren; **he's gone ~ ~ growing vegetables/breeding rabbits** er hat sich auf den Gemüseanbau/die Kaninchenzucht verlegt; **he ~es ~ ~ all these big words** all diese großartigen Wörter haben es ihm angetan.

◆**go into** *vi +prep obj* **1.** *drawer, desk* kramen in (*+dat*); *a house, hospital, politics, the grocery trade* gehen in (*+acc*); *the army, navy* gehen zu. **to ~ ~ digs** *or* **lodgings** sich (*dat*) ein Zimmer nehmen; **to ~ ~ publishing** ins Verlagswesen gehen; **to ~ ~ teaching/parliament/the Church** Lehrer/Abgeordneter/Geistlicher werden.

2. (*crash into*) *car* (hinein)fahren in (*+acc*); *wall* fahren gegen.

3. (*embark on*) *explanation, description* von sich (*dat*) geben, vom Stapel lassen (*inf*); *routine* verfallen in (*+acc*).

4. *trance, coma* fallen in (*+acc*); *convulsions, fit* bekommen. **to ~ ~ hysterics** hysterisch werden; **to ~ ~ peals of/a fit of laughter** laut loslachen/einen Lachanfall bekommen; **to ~ ~ mourning for sb** um jdn trauern.

5. (*start to wear*) tragen.

6. (*look into*) sich befassen mit; (*treat, explain at length*) abhandeln. **I don't want to ~ ~ that now** darauf möchte ich jetzt nicht (näher) eingehen.

◆**go in with** *vi +prep obj* sich zusammentun *or* zusammenschließen mit.

◆**go off I** *vi* **1.** (*leave*) weggehen; (*by vehicle*) abfahren, wegfahren (*on* mit); (*Theat*) abgehen. **he went ~ to the States** er fuhr in die Staaten; **to ~ ~ with sb/sth** mit jdm/etw weggehen; (*illicitly*) mit jdm/etw auf und davon gehen (*inf*).

2. (*stop operating*) (*light*) ausgehen; (*water, electricity, gas*) wegbleiben; (*telephones*) nicht funktionieren.

3. (*gun, bomb, alarm*) losgehen; (*alarm clock*) klingeln.

4. to ~ ~ into fits of laughter in schallendes Gelächter ausbrechen.

5. (*go bad*) (*food*) schlecht werden; (*milk also*) sauer werden; (*butter also*) ranzig werden; (*fig*) (*person, work, performance*) nachlassen, sich verschlechtern; (*sportsman, writer, actor*) abbauen (*inf*), schlechter werden.

6. (*inf*) (*go to sleep*) einschlafen; (*into trance*) in Trance verfallen.

7. (*take place*) verlaufen. **to ~ ~ well/badly** gut/schlecht gehen.

II *vi +prep obj* **1.** (*lose liking for*) nicht mehr mögen; *hobby also* das Interesse verlieren an (*+dat*). **I've gone ~ him/that** ich mache mir nichts mehr aus ihm/daraus, ich mag ihn/es nicht mehr; **it's funny how you ~ ~ people** so schnell kann einem jemand unsympathisch werden.

2. to ~ ~ the gold standard vom Goldstandard abgehen.

◆**go on I** *vi* **1.** (*fit*) passen (*prep obj* auf +*acc*). **my shoes won't ~ ~** ich komme nicht in meine Schuhe.

2. (*begin to operate*) (*light, power*) angehen.

3. (*walk on*) weitergehen; (*by vehicle*) weiterfahren; (*ahead of others*) vorausgehen.

4. (*carry on, continue*) (*talks, problems, war*) weitergehen; (*person*) weitermachen. **it ~es ~ and on** es hört nicht mehr auf; **to ~ ~ with sth** etw fortsetzen, mit etw weitermachen; **to ~ ~ working/coughing/trying** weiterarbeiten/weiterhusten/es weiter(hin) versuchen; **~ ~ with your work** arbeitet *or* macht weiter; **I want to ~ ~ being a teacher** ich möchte Lehrer bleiben; **to ~ ~ speaking** weitersprechen; (*after a pause*) fortfahren; **~ ~, tell me/try!** na, sag schon/na, versuch's doch!; **~ ~ (with you)!** (*iro inf*) na komm, komm! (*iro inf*); **to have enough/something to ~ ~ with** *or* **to be ~ing ~ with** fürs erste genug/mal etwas haben; **he went ~ to say that …** dann sagte er, daß …; **I can't ~ ~** ich kann nicht mehr; (*I'm stuck*) ich weiß nicht mehr weiter.

5. (*talk incessantly*) wie ein Buch (*inf*) *or* unaufhörlich reden; (*nag, harp on*) darauf herumhacken (*inf*). **she just ~es ~ and on** sie redet und redet; **don't ~ ~ (about it)** nun hör aber (damit) auf; **you do ~ ~ a bit** du weißt manchmal nicht, wann du aufhören solltest; **to ~ ~ about sb/sth** (*talk a lot*) stundenlang von jdm/etw erzählen; (*complain*) dauernd über jdn/etw klagen; **to ~ ~ at sb** an jdm herumnörgeln, auf jdm herumhacken (*inf*).

6. (*happen*) passieren, vor sich gehen; (*party, argument*) im Gange sein. **this has been ~ing ~ for a long time** das geht schon lange so.

7. (*time: pass*) vergehen. **as time ~es ~** im Laufe der Zeit.

8. (*pej: behave*) sich aufführen.

9. (*Theat: appear*) auftreten; (*Sport*) dran sein (*inf*), an der Reihe sein.

II *vi +prep obj* **1.** (*ride on*) *bus, bike, roundabout* fahren mit; *tour* machen; *horse, donkey* reiten auf (+*dat*). **to ~ ~ the swings/slide** schaukeln/rutschen.

2. (*be guided by*) gehen nach, sich verlassen auf (+*acc*); *evidence* sich stützen auf (+*acc*).

3. to ~ ~ short time/the dole kurzarbeiten/stempeln gehen (*inf*); **to ~ ~ a diet/the pill** eine Schlankheitskur machen/die Pille nehmen.

4. (*sl: like*) stehen auf (+*acc*) (*inf*); *see* **gone.**

5. (*approach*) *fifty etc* zugehen auf (+*acc*).

◆**go on for** *vi +prep obj fifty, one o'clock* zugehen auf (+*acc*). **there were ~ing ~ ~ twenty people there** es waren fast zwanzig Leute da.

◆**go out** *vi* **1.** (*leave*) hinausgehen. **to ~ ~ of a room** aus einem Zimmer gehen.

2. (*shopping*) weggehen; (*socially, to theatre*) ausgehen; (*with girl-/boyfriend*) gehen. **to ~ ~ riding** ausreiten; **to ~ ~ for a meal** essen gehen.

3. (*be extinguished: fire, light*) ausgehen.

4. (*become unconscious*) das Bewußtsein verlieren, wegsein (*inf*); (*fall asleep*) einschlafen, wegsein (*inf*).

5. (*become outmoded*) (*fashion*) unmodern werden; (*custom*) überholt sein.

6. to ~ ~ cleaning/to work putzen/arbeiten gehen.

7. (*Pol: leave office*) abgelöst werden.

8. (*emigrate, go overseas*) **the family went ~ to Australia** die Familie ging nach Australien.

9. (*strike*) streiken. **to ~ ~ on strike** in den Streik treten.

10. (*tide*) zurückgehen.

11. my heart went ~ to him ich fühlte mit ihm mit.

12. (*Sport: be defeated*) ausscheiden, herausfliegen (*inf*).

13. (*strive*) **to ~ all ~** sich ins Zeug legen (*for* für).

14. (*be issued*) (*pamphlet, circular*) (hinaus)gehen; (*Rad, TV: programme*) ausgestrahlt werden.

15. (*year, month: end*) enden, zu Ende gehen.

16. (*US: be a candidate for*) **to ~ ~ for** antreten für; (*Ftbl also*) spielen für.

◆**go over I** *vi* **1.** (*cross*) hinübergehen, rübergehen (*inf*); (*by vehicle*) hinüberfahren, rüberfahren (*inf*).

2. (*change allegiance, habit, diet*) übergehen (*to* zu); (*to another party*) überwechseln (*to* zu).

3. (*TV, Rad: to news desk, another studio*) umschalten.

4. (*vehicle: be overturned*) umkippen.

5. (*be received: play, remarks*) ankommen.

II *vi +prep obj* **1.** (*examine, check over*) *accounts, report* durchgehen; *house, luggage* durchsuchen; *person, car* untersuchen; (*see over*) *house* sich (*dat*) ansehen, besichtigen.

2. (*repeat, rehearse, review*) *lesson, role, facts* durchgehen. **to ~ ~ sth in one's mind** etw durchdenken *or* überdenken.

3. (*wash, dust*) *windows, room* schnell saubermachen.

4. (*redraw*) *outlines* nachzeichnen.

◆**go past** *vi* vorbeigehen (*prep obj* an +*dat*); (*vehicle*) vorbeifahren (*prep obj* an +*dat*); (*procession*) vorbeiziehen (*prep obj* an +*dat*); (*time*) vergehen.

◆**go round** *vi* **1.** (*turn, spin*) sich drehen.

2. (*make a detour*) außen herumgehen; (*by vehicle*) außen herumfahren. **to ~ ~ sth** um etw herumgehen/-fahren; **to ~ ~ the long way** ganz außen herumgehen/-fahren; **we went ~ by Winchester** wir fuhren über Winchester.

3. (*visit, call round*) vorbeigehen (*to* bei).

4. (*tour: round museum*) herumgehen (*prep obj* in +*dat*).

5. (*be sufficient*) langen, (aus)reichen. **there's enough food to ~ ~ (all these**

people) es ist (für all diese Leute) genügend zu essen da.

6. *+prep obj* (*encircle, reach round*) herumgehen um.

7. *see* **go about I 1., 2.**

◆**go through I** *vi* (*lit, fig*) durchgehen; (*business deal*) abgeschlossen werden; (*divorce*) durchkommen.

II *vi +prep obj* **1.** *hole, door, customs* gehen durch.

2. (*suffer, endure*) durchmachen.

3. (*examine, discuss, rehearse*) *list, subject, play, mail, lesson* durchgehen.

4. (*search*) durchsuchen.

5. (*use up*) aufbrauchen; *money* ausgeben, durchbringen (*inf*); *shoes* durchlaufen (*inf*); *food, ice-cream* aufessen. **this book has already gone ~ 13 editions** das Buch hat schon 13 Auflagen erlebt.

6. *formalities, apprenticeship, initiation* durchmachen; *course* absolvieren; *funeral, matriculation* mitmachen. **they went ~ the programme in two hours** sie haben das Programm in zwei Stunden durchgezogen.

◆**go through with** *vi +prep obj plan* durchziehen (*inf*); *crime* ausführen. **she realized that she had to ~ ~ ~ it** sie sah, daß es kein Zurück gab.

◆**go to** *vi +prep obj* (*make an effort*) **to ~ ~ it** sich ranhalten (*inf*); **~ ~ it!** los, ran!

◆**go together** *vi* **1.** (*harmonize: colours, ideas, people*) zusammenpassen. **2.** (*go hand in hand: events, conditions*) zusammen auftreten. **3.** (*go out together*) miteinander gehen.

◆**go under I** *vi* (*sink: ship, person*) untergehen; (*fail*) (*businessman*) scheitern (*because of* an *+dat*); (*company*) eingehen (*inf*).

II *vi +prep obj* **1.** (*pass under*) durchgehen unter (*+dat*); (*fit under*) gehen *or* passen unter (*+acc*).

2. to ~ ~ the name of X als X bekannt sein.

◆**go up** *vi* **1.** (*rise: price, temperature*) steigen. **to ~ ~ (and up) in price** (immer) teurer werden.

2. (*climb*) (*up stairs, hill*) hinaufgehen, hinaufsteigen (*prep obj acc*); (*up ladder*) hinaufsteigen (*prep obj acc*); (*up tree*) hinaufklettern (*prep obj* auf *+acc*). **to ~ ~ to bed** nach oben gehen.

3. (*lift*) hochfahren; (*balloon*) aufsteigen; (*Theat: curtain*) hochgehen; (*be built: new flats*) gebaut werden.

4. (*travel*) (*to the north*) hochfahren; (*to London*) fahren. **to ~ ~ (to university)** (*Brit*) auf die Universität gehen.

5. (*explode, be destroyed*) hochgehen (*inf*), in die Luft gehen. **to ~ ~ in flames** in Flammen aufgehen.

◆**go with** *vi +prep obj* **1.** *sb* gehen mit. **2.** (*go hand in hand with*) Hand in Hand gehen mit. **3.** (*be included or sold with*) gehören zu. **4.** (*harmonize with*) passen zu.

◆**go without I** *vi +prep obj* nicht haben. **to ~ ~ food/breakfast** nichts essen/nicht frühstücken; **to have to ~ ~ sth** ohne etw auskommen müssen, auf etw (*acc*) verzichten müssen. **II** *vi* darauf verzichten.

goad [gəʊd] **I** *n* (*stick*) Stachelstock *m*; (*fig*) (*spur*) Ansporn *m*; (*taunt*) aufstachelnde Bemerkung. **II** *vt* (*taunt*) aufreizen. **to ~ sb into sth** jdn zu etw anstacheln *or* treiben.

◆**goad on** *vt sep cattle* antreiben; (*fig*) anstacheln, aufstacheln.

go-ahead ['gəʊəhed] **I** *adj* fortschrittlich, progressiv. **II** *n* **to give sb/sth the ~** jdm/für etw grünes Licht *or* freie Fahrt geben.

goal [gəʊl] *n* **1.** (*Sport*) Tor *nt*. **to keep ~, to play in ~** im Tor stehen, im Tor spielen, das Tor hüten; **to score/kick a ~** ein Tor erzielen/schießen. **2.** (*aim, objective*) Ziel *nt*.

goal area *n* Torraum *m*.

goalie ['gəʊlɪ] *n* (*inf*) Torwart *m*.

goalkeeper *n* Torwart, Torhüter(in *f*) *m*; **goal-kick** *n* Abstoß *m* (vom Tor); **goal-line** *n* Torlinie *f*; **goalmouth** *n* unmittelbarer Torbereich; **goalpost** *n* Torpfosten *m*; **to move the ~s** (*fig inf*) die Spielregeln (ver)ändern.

goat [gəʊt] *n* Ziege *f*; (*inf*) (*silly person*) (*man*) Esel *m* (*inf*); (*woman*) Ziege *f* (*inf*); (*lecher*) Bock *m* (*inf*). **to get sb's ~** (*inf*) jdn auf die Palme bringen (*inf*).

goatee (beard) [gəʊ'tiː(ˌbiːəd)] *n* Spitzbart *m*.

goatherd *n* Ziegenhirte *m*; **goatskin** *n* Ziegenleder *nt*.

goat's milk *n* Ziegenmilch *f*.

gob[1] [gɒb] *n* (*lump*) Klumpen *m*.

gob[2] *n* (*Brit sl: mouth*) Schnauze *f* (*sl*). **shut your ~!** halt die Schnauze! (*sl*).

gob[3] *n* (*US sl: sailor*) blauer Junge (*inf*), Blaujacke *f* (*inf*).

gobbet ['gɒbɪt] *n* Brocken *m*.

gobble ['gɒbl] **I** *vt* verschlingen. **II** *vi* **1.** (*eat noisily*) schmatzen. **2.** (*turkey*) kollern. **III** *n* (*of turkey*) Kollern *nt*.

◆**gobble down** *vt sep* hinunterschlingen.

◆**gobble up** *vt sep* (*lit, fig*) verschlingen; (*company*) schlucken.

gobbledegook, gobbledygook ['gɒbldɪˌguːk] *n* (*inf*) Kauderwelsch *nt*.

gobbler ['gɒbləʳ] *n* Truthahn *m*.

go-between ['gəʊbɪˌtwiːn] *n, pl* **-s** Vermittler(in *f*), Mittelsmann *m*.

goblet ['gɒblɪt] *n* Pokal *m*; (*esp of glass*) Kelchglas *nt*.

goblin ['gɒblɪn] *n* Kobold *m*.

gob-smacked ['gɒbsmækt] *adj* (*inf: amazed*) platt (*inf*).

gobstopper ['gɒbˌstɒpəʳ] *n* (*Brit*) *Riesenbonbon m or nt mit verschiedenen Farbschichten*, ≃ Dauerlutscher *m*.

go-by *n* (*inf*) **to give sb the ~** jdn schneiden, jdn links liegenlassen (*inf*); **go-cart** *n* (*child's cart*) Seifenkiste *f*; (*Sport: kart*) Go-Kart *m*; (*US: walker*) Laufstuhl *m*; (*US: pushchair*) Sportwagen *m*.

god [gɒd] *n* **1. G~** Gott *m*; **G~ willing** so Gott will; **G~ forbid** (*inf*) Gott behüte *or* bewahre; **G~ (only) knows** (*inf*) wer weiß; **do you think he'll succeed? — G~ knows!** glaubst du, daß er Erfolg haben wird? — das wissen die Götter!; **(my)**

G~!, good G~!, G~ almighty! (*all inf*) O Gott! (*inf*), großer Gott! (*inf*); **for G~'s sake!** (*inf*) um Gottes *or* Himmels willen (*inf*); **what in G~'s name ...?** um Himmels willen, was ...?

2. (*non-Christian*) Gott *m*. **Mars, the ~ of war** Mars, der Kriegsgott; **to play ~** Gott *or* den Herrgott spielen; **money is his ~** das Geld ist sein Gott *or* Götze.

3. (*Brit Theat inf*) **the ~s** die Galerie, der Olymp (*inf*).

godawful *adj* (*inf*) beschissen (*sl*); **godchild** *n* Patenkind *nt*; **goddam(ned)** *adj* (*inf*) Scheiß- (*sl*), gottverdammt (*inf*); **goddaughter** *n* Patentochter *f*.

goddess ['gɒdɪs] *n* Göttin *f*.

godfather *n* (*lit, fig*) Pate *m*; **my ~** mein Patenonkel *m*; **god-fearing** *adj* gottesfürchtig; **godforsaken** *adj* (*inf*) gottverlassen; **godhead** *n* Gottheit *f*; **the G~** Gott *m*; **godless** *adj* gottlos; **godlessness** *n* Gottlosigkeit *f*; **godlike** *adj* göttergleich; *attitude* gottähnlich.

godliness ['gɒdlɪnɪs] *n* Frömmigkeit, Gottesfürchtigkeit *f*.

godly ['gɒdlɪ] *adj* (+*er*) fromm, gottesfürchtig.

godmother *n* Patin *f*; **my ~** meine Patentante *f*; *see* **fairy ~; godparent** *n* Pate *m*, Patin *f*; **godsend** *n* Geschenk *nt* des Himmels; **God slot** *n* (*Brit TV inf*) religiöse Sendungen *pl*, ≃ Wort *nt* zum Sonntag; **godson** *n* Patensohn *m*.

goer ['gəʊəʳ] *n* **1.** (*horse, runner*) Geher *m*. **to be a good/sweet ~** gut laufen. **2.** (*Austral inf: good idea*) **to be a ~** was taugen (*inf*).

-goer *n suf* -besucher(in *f*) *m*.

goes [gəʊz] *3rd pers sing present of* **go.**

gofer ['gəʊfəʳ] *n* (*inf*) Mädchen *nt* für alles (*inf*).

go-getter ['gəʊ'getəʳ] *n* (*inf*) Tatmensch, Ellbogentyp (*pej inf*) *m*.

goggle ['gɒgl] *vi* (*person*) staunen, starren, glotzen (*pej inf*); (*eyes*) weit aufgerissen sein. **to ~ at sb/sth** jdn/etw anstarren *or* anglotzen (*pej inf*), auf jdn/etw starren *or* glotzen (*pej inf*).

goggle-box *n* (*Brit inf*) Glotzkiste (*inf*), Glotze *f* (*inf*); **goggle-eyed** *adj* mit Kulleraugen, kulleräugig.

goggles ['gɒglz] *npl* Schutzbrille *f*; (*inf: glasses*) Brille *f*.

go-go ['gəʊgəʊ]: **go-go-dancer** *n* Go-go-Tänzer(in *f*) *m*, Go-go-girl *nt*; **go-go-dancing** *n* Go-go *nt*.

going ['gəʊɪŋ] **I** *n* **1.** (*departure*) Weggang *m*.

2. (*pace, conditions*) **it's slow ~** es geht nur langsam; **that is good** *or* **fast ~** das ist ein flottes Tempo; **the ~ is good/soft/hard** (*in racing*) die Bahn ist gut/weich/hart; **the road was heavy/rough ~** man kam auf der Straße nur schwer/mit Mühe voran; **it's heavy ~ talking to him** es ist sehr mühsam, sich mit ihm zu unterhalten; **while the ~ is good** solange es noch geht.

II *adj attr* **1.** (*viable*) *business* gutgehend. **to sell sth as a ~ concern** etw als ein bestehendes Unternehmen verkaufen.

2. (*current*) *price, rate* gängig.

going-over [ˌgəʊɪŋ'əʊvəʳ] *n* **1.** (*examination*) Untersuchung *f*. **to give a contract/painting/patient/house a good ~** einen Vertrag gründlich prüfen/ein Gemälde/einen Patienten gründlich untersuchen/ein Haus gründlich durchsuchen.

2. (*inf: beating-up*) Abreibung *f* (*inf*).

goings-on [ˌgəʊɪŋ'zɒn] *npl* (*inf: happenings*) Dinge *pl*. **there have been strange ~** da sind seltsame Dinge passiert; **fine ~!** schöne Geschichten!

go-kart ['gəʊˌkɑːt] *n* Go-Kart *m*.

gold [gəʊld] **I** *n* **1.** Gold *nt*; (*wealth*) Geld *nt*; (*inf: ~ medal*) Goldmedaille *f*. **2.** (*colour*) Goldton *m*. **II** *adj* golden; (*made of ~ also*) Gold-.

gold braid *n* Goldtresse *or* -litze *f*; **goldbrick** (*US*) **I** *n* **1.** (*inf*) (*gilded metal bar*) falscher Goldbarren; (*worthless object*) schöner Schund; **to sell sb a ~** jdm etwas andrehen (*inf*); **2.** (*sl: shirker*) Drückeberger *m* (*inf*); **II** *vi* (*sl*) sich drücken (*inf*); **goldbricker** *n* (*US sl*) *see* **goldbrick I 2.; Gold Coast** *n* Goldküste *f*; **goldcrest** *n* Goldhähnchen *nt*; **golddigger** *n* Goldgräber *m*; **she's a real little ~** (*inf*) sie ist wirklich nur aufs Geld aus (*inf*); **gold dust** *n* Goldstaub *m*.

golden ['gəʊldən] *adj* (*lit, fig*) golden; *opportunity* einmalig. **~ yellow/brown** goldgelb/goldbraun; **~ boy/girl** Goldjunge *m*/Goldmädchen *nt*; **to follow the ~ mean** die goldene Mitte wählen.

golden age *n* (*Myth*) Goldenes Zeitalter; (*fig*) Blütezeit *f*; **Golden Delicious** (*apple*) *n* Golden Delicious *m*; **golden eagle** *n* Steinadler *m*; **Golden Fleece** *n*: **the ~** das Goldene Vlies; **golden handcuffs** *npl* Vergünstigungen *pl für leitende Angestellte, um diese längerfristig an ein Unternehmen zu binden*; **golden handshake** *n* (*inf*) Abstandssumme *f*; **the director got a ~ of £50,000** der Direktor hat zum Abschied £ 50.000 bekommen; **golden hello** *n* (*inf*) Einstellungsprämie *f*; **golden jubilee** *n* goldenes Jubiläum; **golden labrador** *n* Goldener Labrador; **golden oriole** *n* Pirol *m*; **golden parachute** *n* (*US*) großzügige Entlassungsabfindung *f*; **golden pheasant** *n* Goldfasan *m*; **goldenrod** *n* Goldrute *f*; **golden rule** *n* goldene Regel; **I make it a ~ never to ...** ich mache es mir zu Regel, niemals zu ...; **golden syrup** *n* (*Brit*) (gelber) Sirup; **golden wedding (anniversary)** *n* goldene Hochzeit.

gold fever *n* Goldfieber *nt*; **goldfield** *n* Goldfeld *nt*; **goldfinch** *n* (*European*) Stieglitz, Distelfink *m*; (*US*) Amerikanischer Fink; **goldfish** *n* Goldfisch *m*; **goldfish bowl** *n* Goldfischglas *nt*; **it's like living in a ~** da ist man wie auf dem Präsentierteller; **gold foil** *n* Goldfolie *f*; **gold leaf** *n* Blattgold *nt*; **gold medal** *n* Goldmedaille *f*; **gold mine** *n* Goldbergwerk *nt*, Goldgrube *f* (*also fig*); **gold plate** *n* (*plating*) Goldüberzug *m*; (*plated articles*) vergoldetes Gerät; (*gold articles*) goldenes Gerät; **gold-plate** *vt* vergolden; **gold reserves** *npl* Goldreserven *pl*; **gold rush** *n* Goldrausch *m*; **goldsmith** *n* Goldschmied *m*; **gold standard** *n* Goldstandard *m*.

golf [gɒlf] **I** *n* Golf *nt*. **II** *vi* Golf spielen.

golf bag *n* Golftasche *f*; **golfball** *n* **1.** Golfball *m*; **2.** (*on typewriter*) Kugelkopf *m*; ~ **printer** Kugelkopfdrucker *m*; **golf club** *n* (*instrument*) Golfschläger *m*; (*association*) Golfklub *m*; **golf course** *n* Golfplatz *m*.

golfer ['gɒlfəʳ] *n* Golfer(in *f*), Golfspieler(in *f*) *m*.

golf links *npl* Golfplatz *m*.

Goliath [gəʊ'laɪəθ] *n* (*lit, fig*) Goliath *m*.

golly *interj* (*inf*) Menschenskind (*inf*).

goloshes [gə'lɒʃəz] *npl see* **galoshes.**

gonad ['gəʊnæd] *n* Gonade *f*.

gondola ['gɒndələ] *n* **1.** (*in Venice, of balloon, cable car*) Gondel *f*. **2.** (*US Rail: also* ~ **car**) offener Güterwagen. **3.** (*in supermarket*) Gondel *f*.

gondolier [,gɒndə'lɪəʳ] *n* Gondoliere *m*.

gone [gɒn] **I** *ptp of* **go. II** *adj pred* **1.** (*inf: enthusiastic*) **to be ~ on sb/sth** von jdm/etw (ganz) weg sein (*inf*); **I'm not ~ on ...** ich bin nicht verrückt auf (+*acc*) ... (*inf*). **2.** (*inf: pregnant*) **she was 6 months ~** sie war im 7. Monat. **3.** *see* **far. III** *prep* **it's just ~ three** es ist gerade drei Uhr vorbei.

goner ['gɒnəʳ] *n* (*inf*) **to be a ~** (*car*) kaputt sein (*inf*); (*patient*) es nicht mehr lange machen; (*socially, professionally: person, company*) weg vom Fenster sein (*inf*).

gong [gɒŋ] *n* **1.** Gong *m*. **2.** (*Brit sl: medal*) Blech *nt* (*inf*). **~s** Lametta *nt* (*inf*).

gonna ['gɒnə] (*incorrect*) = **going to. I'm not ~ tell you** das sage ich dir nicht.

gonorrhoea [,gɒnə'rɪə] *n* Gonorrhöe *f*, Tripper *m*.

goo [gu:] *n* (*inf*) (*sticky stuff*) Papp *m* (*inf*), Schmiere *f* (*inf*); (*fig: sentimentality*) Schmalz *m* (*inf*).

good [gʊd] **I** *adj, comp* **better,** *superl* **best 1.** gut. **that's a ~ one!** (*joke*) der ist gut!, das ist ein guter Witz (*also iro*); (*excuse*) wer's glaubt, wird selig! (*inf*); **you've done a ~ day's work there** da hast du gute Arbeit (für einen Tag) geleistet; **it's no ~ doing it like that** es hat keinen Sinn, das so zu machen; **that's no ~** das ist nichts; **a ~ fire was burning in the hearth** im Ofen brannte ein ordentliches *or* tüchtiges Feuer; **it's a ~ firm to work for** in der Firma läßt es sich gut arbeiten; **to be ~ at sport/languages** gut im Sport/in Sprachen sein; **to be ~ at sewing/typing** gut nähen/maschineschreiben können; **I'm not very ~ at that** das kann ich nicht besonders gut; **he's ~ at telling stories** er kann gut Geschichten erzählen; **he tells a ~ story** er erzählt gut; **to be ~ for sb** jdm guttun; (*be healthy also*) gesund sein; **to be ~ for toothache/one's health** gut gegen Zahnschmerzen/für die Gesundheit sein; **it's bound to be ~ for something** das muß doch zu *or* für etwas gut sein; **to drink more than is ~ for one** mehr trinken, als einem guttut; **she looks ~ enough to eat** (*hum*) sie sieht zum Anbeißen aus (*inf*); **to be ~ with people** mit Menschen umgehen können; **~ fortune** Glück *nt*; **~ nature** Gutmütigkeit *f*; **you've never had it so ~!** es ist euch noch nie so gut gegangen, ihr habt es noch nie so gut gehabt; **it's too ~ to be true** es ist zu schön, um wahr zu sein; **to feel ~** sich wohl fühlen; **I don't feel too ~** mir ist nicht gut, ich fühle mich nicht wohl; **I don't feel too ~ about that** mir ist nicht ganz wohl dabei; **to come in a ~ third** einen guten dritten Platz belegen; **that's (not) ~ enough** das reicht (nicht); **is his work ~? — not ~ enough, I'm afraid/~ enough, I suppose** ist seine Arbeit gut? — leider nicht gut genug/es geht; **that's not ~ enough, you'll have to do better than that** das geht so nicht, du mußt dich schon etwas mehr anstrengen; **if he gives his word, that's ~ enough for me** wenn er sein Wort gibt, reicht mir das; **it's just not ~ enough!** so geht das nicht!; **his attitude/work/behaviour is just not ~ enough** er hat einfach nicht die richtige Einstellung/seine Arbeit ist einfach nicht gut genug/sein Benehmen ist nicht akzeptabel.

2. (*favourable, opportune*) *moment, chance, opportunity* günstig, gut. **a ~ day for a picnic** ein guter Tag für ein Picknick; **it's a ~ thing** *or* **job I was there** (nur) gut, daß ich dort war.

3. (*enjoyable*) *holiday, evening* schön. **the ~ life** das süße Leben; **to have a ~ time** sich gut amüsieren; **have a ~ time!** viel Spaß *or* Vergnügen!; **did you have a ~ day?** wie war's heute?, wie ging's (dir) heute?

4. (*kind*) gut, lieb; *Samaritan* barmherzig. **to be ~ to sb** gut *or* lieb zu jdm sein; **that's very ~ of you** das ist sehr lieb *or* nett von Ihnen; **(it was) ~ of you to come** nett, daß Sie gekommen sind; **would you be ~ enough to tell me ...** könnten Sie mir bitte sagen ..., wären Sie so nett, mir zu sagen ... (*also iro*); **she was ~ enough to help us** sie war so gut und hat uns geholfen; **with every ~ wish** mit den besten Wünschen.

5. (*virtuous, honourable*) *name, manners, behaviour* gut; (*well-behaved, obedient*) artig, brav (*inf*). **the G~ Book** das Buch der Bücher; **the G~ Shepherd** der Gute Hirte; **(as) ~ as gold** mustergültig; **be a ~ girl/boy** sei artig *or* lieb *or* brav (*inf*); **be a ~ girl/boy and ...** sei so lieb und ...; **~ girl/boy!** das ist lieb!; (*well done*) gut!; **~ old Charles!** der gute alte Charles!

6. (*valid*) *advice, excuse* gut; *reason also* triftig; *ticket* gültig; (*Comm: sound*) *debt* gedeckt; *risk* sicher. **what** *or* **how much is he ~ for?** (*will he give us*) mit wieviel kann man bei ihm rechnen?; (*does he have*) wieviel hat er?; (*Comm*) wieviel Kredit hat er?; **he/the car is ~ for another few years** mit ihm kann man noch ein paar Jahre rechnen/das Auto hält *or* tut's (*inf*) noch ein paar Jahre.

7. (*handsome*) *looks, figure, features* gut; *legs also* schön. **a ~ appearance**

eine gute Erscheinung, ein gepflegtes Äußeres; **you look ~ in that** du siehst gut darin aus, das steht dir gut.

8. (*thorough*) gut, gründlich, tüchtig (*inf*). **to give sth a ~ clean** etw gut *or* gründlich reinigen; **to have a ~ cry/laugh** sich ausweinen/ordentlich *or* so richtig lachen (*inf*); **to take a ~ look at sth** sich (*dat*) etw gut ansehen.

9. (*considerable, not less than*) *hour, while* gut; *amount, distance, way also* schön. **it's a ~ distance** es ist ein ganz schönes Stück (*inf*) *or* eine ganz schöne Strecke; **it's a ~ 8 km** es sind gute 8 km; **a ~ deal of effort/money** beträchtliche Mühe/ziemlich viel Geld; **he ate a ~ half of the chocolates at once** er hat gut und gern die Hälfte der Pralinen auf einmal gegessen; **a ~ many/few people** ziemlich viele/nicht gerade wenig Leute.

10. as ~ as so gut wie; **as ~ as new/settled** so gut wie neu/abgemacht; **he was as ~ as his word** er hat sein Wort gehalten; **he as ~ as called me a liar/invited me to come** er nannte mich praktisch einen Lügner/er hat mich praktisch eingeladen.

11. (*in greetings*) gut. **~ morning** guten Morgen.

12. (*in exclamations*) gut, prima. **that's ~!** gut!, prima!; **(it's) ~ to see you/to be here** (es ist) schön, dich zu sehen/hier zu sein; **~, I think that'll be all** gut *or* fein, ich glaube das reicht; **~ enough!** (*OK*) schön!; **~ heavens** *or* **Lord** *or* **God!** um Himmels willen! (*inf*); **~ grief** *or* **gracious!** ach du liebe *or* meine Güte! (*inf*); **very ~, sir** jawohl, sehr wohl (*old*); **~ for** *or* **on** (*Austral*) **you/him** *etc*! gut!, prima!; (*iro also*) das ist ja toll!

II *adv* **1.** schön. **a ~ strong stick/old age** ein schön(er) starker Stock/ein schön(es) hohes Alter; **~ and hard/proper/strong** (*inf*) ganz schön fest/ganz anständig/schön stark (*inf*).

2. (*incorrect for* **well**) gut.

III *n* **1.** (*what is morally right*) Gute(s) *nt*. **~ and evil** Gut(es) und Böse(s); **to do ~** Gutes tun; **there's some ~ in everybody** in jedem steckt etwas Gutes; **to be up to no ~** (*inf*) etwas im Schilde führen (*inf*), nichts Gutes im Schilde führen (*inf*).

2. (*advantage, benefit*) Wohl *nt*. **the common ~** das Gemeinwohl; **for the ~ of the nation** zum Wohl(e) der Nation; **to stick to sb for ~ or ill** jdm in guten wie in schlechten Zeiten beistehen; **I did it for your own ~** ich meine es nur gut mit dir, es war nur zu deinem Besten; **for the ~ of one's health** *etc* seiner Gesundheit *etc* zuliebe; **we were 5 glasses/£5 to the ~** wir hatten 5 Glas zuviel/£ 5 plus; **that's all to the ~** auch gut!; **he'll come to no ~** mit ihm wird es noch ein böses Ende nehmen.

3. (*use*) **what's the ~ of hurrying?** wozu eigentlich die Eile?; **he's no ~ to us** er nützt uns (*dat*) nichts; **it's no ~ complaining to me** es ist sinnlos *or* es nützt nichts, sich bei mir zu beklagen; **it would be some ~** es wäre ganz nützlich; **if that is any ~ to you** wenn es dir hilft; **the applicant was no ~** der Bewerber war nicht gut; **he wasn't any ~ for the job** er eignete sich nicht für die Arbeit; **I'm no ~ at things like that** ich bin nicht gut in solchen Dingen.

4. to do (some) ~ (etwas) helfen *or* nützen; **to do sb (some) ~** jdm helfen; (*rest, drink, medicine*) jdm guttun; **what ~ will that do you?** was hast du davon?; **that won't do much/any ~** das hilft auch nicht viel/nichts; **that won't do you much/any ~** das hilft dir auch nicht viel/nichts; (*will be unhealthy*) das ist nicht gut für dich; **a (fat) lot of ~ that will do!** (*iro inf*) als ob das viel helfen würde! (*iro*).

5. (*for ever*) **for ~ (and all)** für immer (und ewig).

6. (*pl: people of virtue*) **the ~** die Guten *pl*.

goodbye, (*US*) **goodby I** *n* Abschied *m*, Lebewohl *nt* (*geh*); **to say ~, to make one's ~s** sich verabschieden, Lebewohl sagen (*geh*); **to wish sb ~, to say ~ to sb** sich von jdm verabschieden, von jdm Abschied nehmen; **to say ~ to sth** einer Sache (*dat*) Lebewohl sagen; **well, it's ~ to all that** damit ist es jetzt vorbei; **II** *interj* auf Wiedersehen, lebe wohl (*geh*); **III** *adj attr* Abschieds-; **good-for-nothing I** *n* Nichtsnutz, Taugenichts *m*; **II** *adj* nichtsnutzig; **his ~ brother** sein Nichtsnutz von Bruder; **Good Friday** *n* Karfreitag *m*; **good-hearted** *adj* gutherzig; **good-humoured,** (*US*) **good-humored** *adj* gut gelaunt; (*good-natured*) gutmütig.

goodish ['gʊdɪʃ] *adj* (*quite good*) ganz gut, anständig (*inf*); (*considerable*) ganz schön.

good-looker *n* (*inf*) **to be a real ~** wirklich gut *or* klasse (*inf*) aussehen; **good-looking** *adj* gutaussehend.

goodly ['gʊdlɪ] *adj* ansehnlich.

good-natured *adj* gutmütig; *joke* harmlos; **good-naturedly** *adv* gutmütig.

goodness ['gʊdnɪs] *n* **1.** Güte *f*; (*of person also*) Gütigkeit *f*; (*of food also*) Nährgehalt *m*. **~ of heart** Herzensgüte *f*; **would you have the ~ to ...** (*form*) hätten Sie bitte die Güte, zu ... (*geh*).

2. (*in exclamations*) **~ knows** weiß der Himmel (*inf*); **for ~' sake** um Himmels willen (*inf*); **I wish to ~ I had gone** wenn ich doch bloß gegangen wäre!; **(my) ~!** meine Güte! (*inf*); **~ gracious** *or* **me!** ach du liebe *or* meine Güte! (*inf*).

goodnight [gʊd'naɪt] *adj attr* Gutenacht-.

goods [gʊdz] *npl* Güter *pl* (*also Comm*); (*merchandise also*) Waren *pl*; (*possessions also*) Gut *nt* (*geh*), Habe *f* (*geh, liter*). **leather/manufactured ~** Leder-/Fertigwaren *pl*; **canned ~** Konserven *pl*; **stolen ~** gestohlene Waren *pl*, Diebesgut *nt*; **~ depot/train/wagon/yard** Güterdepot *nt*/-zug *m*/-wagen *m*/-bahnhof *m*; **one's ~ and chattels** sein Hab und Gut (*also Jur*), seine Siebensachen (*inf*); **it's the ~** (*esp US inf*) das ist große Klasse (*inf*); **to get/have the ~ on sb** (*esp US *inf*) gegen jdn etwas in die Hand bekommen/in der Hand haben; **if we don't produce the ~ on time** (*inf*) wenn wir es nicht rechtzeitig schaffen.

good-sized *adj* ziemlich groß; *building, room also* geräumig; **good-tempered** *adj person* verträglich; *animal* gutartig; *smile, look* gutmütig; **good-time girl** *n* Playgirl *nt*; **goodwill** *n* Wohlwollen *nt*; (*between nations, Comm*) Goodwill *m*; **a gesture of ~** ein Zeichen seines/ihres guten Willens; **~ mission/tour** Goodwillreise *f*/-tour *f*.

goody ['gʊdɪ] (*inf*) **I** *interj* toll, prima. **II** *n* **1.** (*person*) Gute(r) *m*. **2.** (*delicacy*) gute Sache (*inf*), Leckerbissen *m*; (*sweet*) Süßigkeit *f*. **3.** (*inf: good joke*) guter Witz.

goody-goody ['gʊdɪˌgʊdɪ] (*inf*) **I** *n* Tugendlamm, Musterkind (*inf*) *nt*. **II** *adj* tugendhaft, superbrav (*pej inf*); *attitude, behaviour also* musterhaft.

gooey ['gu:ɪ] *adj* (+*er*) (*inf*) **1.** (*sticky*) klebrig; *pudding* pappig, matschig; *toffees, centres of chocolates* weich und klebrig; *cake* üppig. **2.** (*sentimental*) schnulzig (*inf*), rührselig.

goof [gu:f] (*inf*) **I** *n* **1.** (*esp US: idiot*) Dussel (*inf*), Doofie (*inf*) *m*. **2.** (*mistake*) Schnitzer *m* (*inf*).

II *vi* **1.** (*blunder*) sich (*dat*) etwas leisten (*inf*), danebenhauen (*inf*). **2.** (*US: loiter*) (*also* **~ around**) (herum)trödeln, bummeln. **to ~ over/off** herüberschlendern abzwitschern (*inf*).

◆**goof up** *vt sep* (*inf*) vermasseln (*inf*).

goofy ['gu:fɪ] *adj* (+*er*) (*inf*) dämlich (*inf*), doof (*inf*).

googly ['gu:glɪ] *n* (*Cricket*) gedrehter Ball.

goon [gu:n] *n* **1.** (*inf: idiot*) Idiot, Dussel (*inf*) *m*. **2.** (*US sl: hired thug*) Schlägertyp *m* (*sl*).

goose [gu:s] **I** *n, pl* **geese** (*lit, inf*) Gans *f*. **to kill the ~ that lays the golden eggs** das Huhn schlachten, das die goldenen Eier legt. **II** *vt* (*inf*) einen Klaps auf den Hintern geben (+ *dat*) (*inf*).

gooseberry ['gʊzbərɪ] *n* (*plant, fruit*) Stachelbeere *f*. **~ bush** Stachelbeerstrauch *m*; **to play ~** (*inf*) Anstandswauwau spielen (*inf*), das fünfte Rad am Wagen sein.

gooseflesh *n see* **goosepimples**; **goosepimples** *npl* Gänsehaut *f*; **to come out in ~** eine Gänsehaut bekommen; **that gives me ~** da(bei) bekomme ich eine Gänsehaut; **goose-step I** *n* Stechschritt *m*; **II** *vi* im Stechschritt marschieren.

GOP (*US Pol*) *abbr of* **Grand Old Party.**

gopher ['gəʊfə^r] *n* Taschenratte *f*; (*squirrel*) Ziesel *m*.

gorblimey [ˌgɔ:'blaɪmɪ] *interj* (*Brit inf*) ich denk' mich laust der Affe (*inf*).

Gordian ['gɔ:dɪən] *adj Myth* gordisch. **to cut the ~ knot** den gordischen Knoten durchhauen.

gore[1] [gɔ:^r] *n* (*liter: blood*) Blut *nt*.

gore[2] *vt* aufspießen, durchbohren.

gore[3] *n* (*panel*) Bahn *f*; (*in sail*) Gehren *m*.

Gore-Tex ® ['gɔ:ˌtɛks] *n* (*Tex*) Gore-Tex *nt*.

gored [gɔ:d] *adj* mit Bahnen.

gorge [gɔ:dʒ] **I** *n* **1.** (*Geog*) Schlucht *f*. **2.** (*old: gullet*) Schlund *m*. **it stuck in my ~ to ...** (*fig*) es war mir zuwider, zu ...; **it makes my ~ rise** (*fig: make angry*) dabei kommt mir die Galle hoch.

II *vr* schlemmen, sich vollessen; (*animal*) gierig fressen, schlingen. **to ~ oneself on** *or* **with sth** etw in sich (*acc*) hineinschlingen, etw verschlingen.

III *vt* **they were ~d** sie hatten sich reichlich gesättigt (*with* an +*dat*); (*animals*) sie hatten sich vollgefressen (*with* an +*dat*).

gorgeous ['gɔ:dʒəs] *adj* herrlich, großartig, sagenhaft (*inf*); (*beautiful also*) *woman* hinreißend; (*richly coloured*) prächtig.

gorgeously ['gɔ:dʒəslɪ] *adv see adj*. **~ dressed in silks** in (farben)prächtigen Seidengewändern.

gorgeousness ['gɔ:dʒəsnɪs] *n* Großartigkeit, Pracht *f*; (*beauty*) hinreißende Schönheit; (*colourfulness*) (Farben)-pracht *f*.

Gorgon ['gɔ:gən] *n* (*Myth*) Gorgo *f*; (*inf*) Drachen *m* (*inf*).

gorgonzola [ˌgɔ:gən'zəʊlə] *n* Gorgonzola *m*.

gorilla [gə'rɪlə] *n* Gorilla *m*.

gormless ['gɔ:mlɪs] *adj* (*Brit inf*) doof (*inf*).

gorse [gɔ:s] *n* Stechginster *m*. **~ bush** Stechginsterstrauch *m*.

gory ['gɔ:rɪ] *adj* (+*er*) *battle* blutig; *person* blutbesudelt. **all the ~ details** all die blutrünstigen Einzelheiten; (*fig*) die peinlichsten Einzelheiten.

gosh [gɒʃ] *interj* Mensch (*inf*), Mann (*sl*).

goshawk ['gɒshɔ:k] *n* (Hühner)habicht *m*.

gosling ['gɒzlɪŋ] *n* junge Gans, Gänschen *nt*.

go-slow ['gəʊsləʊ] *n* Bummelstreik *m*.

gospel ['gɒspəl] *n* **1.** (*Bibl*) Evangelium *nt*. **the G~s** das Evangelium, die Evangelien *pl*; **the G~ according to St John** das Evangelium nach Johannes; **St John's G~** das Johannesevangelium.

2. (*fig: doctrine*) Grundsätze, Prinzipien *pl*; (*of ideology, religion*) Lehre *f*. **to preach/spread the ~ of temperance** Abstinenz predigen/sich für Abstinenz einsetzen; **to take sth for** *or* **as ~** etw für bare Münze nehmen (*inf*).

3. (*Mus*) Gospel *m*.

gospel song *n* Gospel(lied) *nt*; **gospel truth** *n* (*inf*) reine Wahrheit.

gossip ['gɒsɪp] **I** *n* **1.** Klatsch, Tratsch (*inf*) *m*; (*chat*) Schwatz *m*. **to have a ~ with sb** mit jdm schwatzen *or* plauschen (*inf*) *or* klönen (*N Ger*); **it started a lot of ~** es gab Anlaß zu vielem Gerede *or* Klatsch *or* Tratsch (*inf*); **office ~** Bürotratsch *m* (*inf*). **2.** (*person*) Klatschbase *f*.

II *vi* schwatzen, klönen (*N Ger*); (*maliciously*) klatschen, tratschen (*inf*).

gossip column *n* Klatschkolumne *or* -spalte *f*; **gossip columnist** *n* Klatschkolumnist(in *f*) *m*.

gossiping ['gɒsɪpɪŋ] **I** *adj* geschwätzig,

schwatzhaft; (*malicious*) klatschsüchtig.

II *n* Geschwätz *nt*; (*malicious*) Geklatsche, Getratsche (*inf*) *nt*.

gossipmonger *n* Klatschmaul *nt* (*inf*).

gossipy ['gɒsɪpɪ] *adj person* geschwätzig; *book, letter* im Plauderton geschrieben. **a long ~ phone call** ein langer Schwatz *or* Tratsch am Telefon (*inf*).

got [gɒt] *pret, ptp of* **get.**

Goth [gɒθ] *n* Gote *m*.

Gothic ['gɒθɪk] **I** *adj* **1.** *people, language* gotisch. **2.** *architecture* gotisch; (*fig*) vorsintflutlich. **~ revival** Neugotik *f*; **~ novel** (*Liter*) Schauerroman *m*. **3.** (*Typ*) gotisch; (*US*) grotesk.

II *n* **1.** (*language*) Gotisch *nt*.

2. (*type*) Gotisch *nt*; (*US*) Grotesk *f*.

gotten ['gɒtn] (*esp US*) *ptp of* **get.**

gouache [gʊ'ɑːʃ] *n* Guasch, Gouache *f*.

gouge [gaʊdʒ] **I** *n* (*tool*) Hohlmeißel *or* -beitel *m*; (*groove*) Rille, Furche *f*.

II *vt* bohren.

◆**gouge out** *vt sep* herausbohren.

goulash ['guːlæʃ] *n* Gulasch *nt*.

gourd [gʊəd] *n* Flaschenkürbis *m*; (*dried*) Kürbisflasche *f*.

gourmand ['gʊəmənd] *n* Schlemmer, Gourmand *m*.

gourmet ['gʊəmeɪ] *n* Feinschmecker(in *f*), Gourmet *m*.

gout [gaʊt] *n* (*Med*) Gicht *f*.

gouty ['gaʊtɪ] *adj* (*+er*) *person* gichtkrank; *symptoms* Gicht-.

Gov *abbr of* **governor.**

govern ['gʌvən] **I** *vt* **1.** (*rule*) *country* regieren; *province, colony, school* verwalten.

2. (*control*) (*rules, laws*) bestimmen; (*legislation*) regeln; (*determine, influence*) *choice, decision also, development, person, actions* beeinflussen; *life* beherrschen. **regulations ~ing the sale of spirits** Bestimmungen über den Verkauf von Spirituosen.

3. (*hold in check*) *passions* beherrschen; (*Mech*) *speed, engine* regulieren.

4. (*Gram*) *case* regieren. **the number of the verb is ~ed by the subject** das Verb richtet sich in der Zahl nach dem Subjekt.

II *vi* (*Pol*) regieren, an der Regierung sein.

governable ['gʌvənəbl] *adj* regierbar.

governess ['gʌvənɪs] *n* Gouvernante, Hauslehrerin *f*.

governing ['gʌvənɪŋ] *adj* **1.** (*ruling*) regierend. **the ~ party** die Regierungspartei; **~ body** Vorstand *m*. **2.** (*guiding, controlling*) beherrschend, entscheidend. **~ principle** Leitgedanke *m*; **money was the ~ passion of his life** die Geldgier beherrschte sein Leben.

government ['gʌvən mənt] *n* **1.** (*action of governing, body of administrators*) Regierung *f*.

2. (*system*) Regierungsform *f*.

government *in cpds* Regierungs-, der Regierung; *agency* staatlich. **~ action** Maßnahmen *pl* der Regierung; (*intervention*) staatlicher Eingriff.

governmental [ˌgʌvən'mentl] *adj* Regierungs-. **~ publication** Veröffentlichung *f* der Regierung.

government backing *n* staatliche Unterstützung; **government department** *n* Ministerium *nt*; **government grant** *n* (staatliche) Subvention; **Government House** *n* Gouverneursresidenz *f*; **government intervention** *n* staatlicher Eingriff; **government loan** *n* Staatsanleihe *f*; **government monopoly** *n* Staatsmonopol *nt*, staatliches Monopol; **government securities** *npl* Staatsanleihen *pl*; **government spending** *n* öffentliche Ausgaben *pl*; **government stocks** *npl* (*Fin*) Staatspapiere *or* -anleihen *pl*.

governor ['gʌvənə^r] *n* **1.** (*of colony, state*) Gouverneur(in *f*) *m*. **~-general** (*Brit*) Generalgouverneur *m*.

2. (*esp Brit: of bank, prison*) Direktor(in *f*) *m*; (*of school*) ≃ Mitglied *nt* des Schulbeirats. **the (board of) ~s** der Vorstand; (*of bank also*) das Direktorium; (*of school*) ≃ der Schulbeirat.

3. (*Brit inf*) (*boss*) Chef(in *f*) *m* (*inf*); (*father*) alter Herr (*inf*).

4. (*Mech*) Regler *m*.

governorship ['gʌvənəʃɪp] *n* (*office*) Gouverneursamt *nt*; (*period*) Amtszeit *f* als Gouverneur.

govt *abbr of* **government** Reg.

gown [gaʊn] **I** *n* **1.** Kleid *nt*; (*evening ~*) Robe *f*, Abendkleid *nt*; (*dressing ~*) Morgenmantel *m*. **2.** (*academic ~*) Robe *f*; (*of clergyman, judge*) Talar *m*.

II *vt* kleiden.

GP (*Brit*) *abbr of* **general practitioner.**

GPO *abbr of* **General Post Office.**

grab [græb] **I** *n* **1.** Griff *m*. **to make a ~ at** *or* **for sth** nach etw greifen *or* schnappen (*inf*).

2. (*Mech*) Greifer *m*.

3. (*inf*) **to be up for ~s** zu haben sein (*inf*); **~ bag** (*US*) Glücksbeutel, Krabbelsack *m*.

II *vt* **1.** (*seize*) packen; (*greedily also*) sich (*dat*) schnappen (*inf*); (*take, obtain*) wegschnappen (*inf*); *money* raffen; (*inf: catch*) *person* schnappen (*inf*); *chance* beim Schopf ergreifen (*inf*). **he ~bed my sleeve** er packte mich am Ärmel; **to ~ sth away from sb** jdm etw wegreißen.

2. (*inf: appeal to*) anmachen (*inf*). **it didn't ~ me** das hat mich nicht angemacht (*inf*); **how does that ~ you?** wie findest du das?, was meinst du dazu?

III *vi* (hastig) zugreifen *or* zupacken. **to ~ at** greifen *or* grapschen (*inf*) nach, packen (*+acc*); **he ~bed at the chance of promotion** er ließ sich die Chance, befördert zu werden, nicht entgehen.

grabby ['græbɪ] *adj* (*inf*) (*wanting possessions*) raffgierig, raffsüchtig; (*wanting more*) gierig. **the baby's going through a ~ phase** das Baby grapscht nach allem, was es sieht (*inf*).

grace [greɪs] **I** *n* **1.** *no pl* (*gracefulness, graciousness*) Anmut *f*; (*of movement also*) Grazie *f*; (*of monarch*) Würde *f*. **written with ~ and charm** reizend und charmant geschrieben; **to do sth with good/bad ~** etw anstandslos/widerwillig *or* unwillig tun; **he took it with good/bad**

~ er machte gute Miene zum bösen Spiel/er war sehr ungehalten darüber; **he had/didn't even have the ~ to apologize** er war so anständig/brachte es nicht einmal fertig, sich zu entschuldigen.

2. (*pleasing quality*) (angenehme) Eigenschaft. **social ~s** (gesellschaftliche) Umgangsformen *pl*.

3. (*favour*) **to be in sb's good/bad ~s** bei jdm gut/schlecht angeschrieben sein.

4. (*respite*) (*for payment*) Zahlungsfrist *f*. **a day's ~** ein Tag *m* Aufschub; **to give sb a few days' ~** jdm ein paar Tage Zeit lassen; **days of ~** (*Comm*) Respekttage *pl*.

5. (*prayer*) Tischgebet *nt*. **to say ~** das Tischgebet sprechen.

6. (*mercy*) Gnade *f*. **act of ~** Gnadenakt *m*; **by the ~ of God** durch die Gnade Gottes; **in a state of ~** (*Eccl*) im Zustand der Gnade; **to fall from ~** in Ungnade fallen.

7. (*title*) (*duke, duchess*) Hoheit *f*; (*archbishop*) Exzellenz *f*. **Your G~** Euer Gnaden.

8. (*Myth*) **the G~s** die Grazien *pl*.

9. (*Mus*) Verzierung *f*, Ornament *nt*. **~ note** Verzierung *f*.

II *vt* **1.** (*adorn*) zieren (*geh*).

2. (*honour*) beehren (*with* mit); *performance also, event* zieren (*geh*), sich (*dat*) die Ehre geben bei (+*dat*). **to ~ the occasion with one's presence** sich (*dat*) die Ehre geben.

graceful ['greɪsfʊl] *adj* anmutig; *outline, appearance also, behaviour* gefällig; *dancer also* graziös; *compliment* charmant, reizend; *letter* reizend. **with a ~ bow** mit einer eleganten *or* charmanten Verbeugung; **he made a ~ apology** er entschuldigte sich auf sehr charmante *or* nette Art.

gracefully ['greɪsfəlɪ] *adv see adj*. **he gave in ~** er gab großzügig(erweise) nach; **we cannot ~ refuse** wir haben keine annehmbare Entschuldigung.

gracefulness ['greɪsfʊlnɪs] *n* Anmut(igkeit) *f*; (*of movement also*) Grazie *f*.

graceless ['greɪslɪs] *adj* **1.** (*Eccl*) ruchlos, gottlos. **2.** (*rude*) schroff; *person, behaviour also* ungehobelt.

gracious ['greɪʃəs] **I** *adj* (*kind*) liebenswürdig; (*condescending*) huldvoll; (*lenient, merciful*) gütig, gnädig; *living, way of life, age* kultiviert.

II *interj* **(good) ~!, ~ me!** du meine Güte!, lieber Himmel!

graciously ['greɪʃəslɪ] *adv see adj*.

graciousness ['greɪʃəsnɪs] *n see adj* Liebenswürdigkeit *f* (*towards* gegenüber +*dat*); huldvolle Art; Güte, Gnädigkeit *f*; Kultiviertheit *f*.

gradate [grə'deɪt] *vt* abstufen.

gradation [grə'deɪʃən] *n* (*step, degree*) Abstufung *f*; (*mark on thermometer*) Gradeinteilung *f*.

grade [greɪd] **I** *n* **1.** (*level, standard*) Niveau *nt*; (*of goods*) (Güte)klasse *f*. **high-/low-~ goods** hoch-/minderwertige Ware; **this is ~ A** (*inf*) das ist I a (*inf*); **to make the ~** (*fig*) es schaffen (*inf*).

2. (*job ~*) Position, Stellung *f*; (*Mil*) Rang, (Dienst)grad *m* (*auch von Beamten*); (*salary ~*) Klasse, Stufe *f*.

3. (*Sch*) (*mark*) Note *f*; (*esp US: class*) Klasse *f*.

4. (*US*) *see* **gradient.**

5. (*US*) **at ~** auf gleicher Ebene; **an apartment at ~ (level)** eine Wohnung zu ebener Erde.

II *vt* **1.** *wool, milk, animals* klassifizieren; *eggs, goods also* sortieren; *colours* abstufen; *students* einstufen. **2.** (*Sch: mark*) benoten. **3.** (*level*) *road, slope* ebnen.

◆**grade down** *vt sep* (*put in lower grade*) niedriger einstufen; *exam paper* schlechter benoten.

◆**grade up** *vt sep* höher einstufen; *exam paper* höher benoten.

grade crossing *n* (*US*) Bahnübergang *m*; **grade school** *n* (*US*) ≃ Grundschule *f*.

gradient ['greɪdɪənt] *n* Neigung *f*; (*upward also*) Steigung *f*; (*downward also*) Gefälle *nt*. **a ~ of 1 in 10** eine Steigung/ein Gefälle von 10%; **what is the ~ of the hill?** welche Steigung/welches Gefälle hat der Berg?

gradual ['grædjʊəl] *adj* allmählich; *slope* sanft.

gradually ['grædjʊəlɪ] *adv* nach und nach, allmählich; *slope* sanft.

graduate[1] ['grædjʊɪt] *n* (*Univ*) (Hochschul)absolvent(in *f*) *m*; (*person with degree*) Akademiker(in *f*) *m*; (*US Sch*) Schulabgänger(in *f*) *m*. **high-school ~** ≃ Abiturient(in *f*) *m*.

graduate[2] ['grædjʊeɪt] **I** *vt* **1.** (*mark*) einteilen, graduieren (*form*). **2.** *colours* abstufen. **3.** (*US Sch*) als Absolventen haben; (*Univ also*) graduieren (*form*).

II *vi* **1.** (*Univ*) graduieren; (*US Sch*) die Abschlußprüfung bestehen (*from* an +*dat*). **to ~ from a hard school** (*fig*) eine harte Lehre durchmachen.

2. (*change by degrees*) allmählich übergehen.

graduate ['grædʊɪt-] *in cpds* für Akademiker; *unemployment* unter den Akademikern; **graduate course** *n Kurs m für Studenten mit abgeschlossenem Studium.*

graduated ['grædjʊeɪtɪd] *adj markings, flask* Meß-; *scale* mit Meßeinteilung, graduiert (*form*); *salary scale, tax* abgestuft.

graduate student ['grædʊɪt-] *n Student(in f) m mit abgeschlossenem Studium*, Jungakademiker(in *f*) *m*.

graduation [,grædjʊ'eɪʃən] *n* **1.** (*mark*) (Maß)einteilung *f*. **2.** (*Univ, US Sch: ceremony*) (Ab)schlußfeier *f (mit feierlicher Überreichung der Zeugnisse)*. **his ~ was delayed by illness** wegen Krankheit wurde ihm sein Zeugnis erst später überreicht.

graduation *in cpds* Abschluß-.

graffiti [grə'fi:tɪ] *npl* Graffiti, Wandschmierereien (*pej*) *pl*. **~ artist** Graffitikünstler(in *f*) *m*; **a (piece of) ~** eine Wandschmiererei, ein Graffito *nt*.

graft [grɑ:ft] **I** *n* **1.** (*Bot*) (Pfropf)reis *nt*; (*Med*) Transplantat *nt*. **2.** (*inf: corruption*) Mauschelei (*inf*), Schiebung *f*. **3.** (*inf: hard work*) Schufterei (*inf*), Plakkerei (*inf*) *f*.

II *vt* (*Bot*) (auf)pfropfen (*on* auf +*acc*); (ein)pfropfen (*in* in +*acc*); (*Med*) übertragen (*on* auf +*acc*), einpflanzen (*in* in +*acc*); (*fig: incorporate*) einbauen (*onto* in +*acc*); (*artificially*) aufpfropfen (*onto dat*).

III *vi* (*inf: work hard*) schuften (*at* an +*dat*) (*inf*).

◆**graft on** *vt sep see* **graft II.**

grafter ['grɑːftəʳ] *n* (*inf*) **1.** Gauner(in *f*), Halunke *m*. **2.** (*hard worker*) Arbeitstier *nt* (*inf*), Malocher(in *f*) *m* (*inf*).

graham ['greɪəm] *adj* (*US*) Graham-, Weizenschrot-. **~ flour** Weizenschrot(mehl) *nt*.

grail [greɪl] *n* Gral *m*.

grain [greɪn] **I** *n* **1.** *no pl* Getreide, Korn *nt*.

2. (*of corn, salt, sand*) Korn *nt*; (*fig*) (*of sense, malice*) Spur *f*; (*of truth also*) Körnchen *nt*; (*of hope also*) Funke *m*.

3. (*of leather*) Narben *m*; (*of cloth*) Strich *m*; (*of meat*) Faser *f*; (*of wood, marble*) Maserung *f*; (*of stone*) Korn, Gefüge *nt*; (*Phot*) Korn *nt*. **it goes against the ~ (with sb)** (*fig*) es geht jdm gegen den Strich.

4. (*weight*) Gran *nt*.

II *vt wood* masern; *leather, paper* narben.

grain alcohol *n* Äthylalkohol *m*.

grainy ['greɪnɪ] *adj* (+*er*) **1.** (*granular*) *texture* körnig; *surface* gekörnt. **2.** *leather* genarbt; *wood* maserig, gemasert.

gram, gramme [græm] *n* Gramm *nt*.

grammar ['græməʳ] *n* **1.** (*subject, book*) Grammatik, Sprachlehre *f*. **that is bad ~** das ist grammat(ikal)isch falsch. **2.** (*inf*) *see* **~ school.**

grammar book *n* Grammatik(buch *nt*) *f*, Sprachlehrbuch *nt*.

grammarian [grə'mɛərɪən] *n* Grammatiker(in *f*) *m*.

grammar school *n* (*Brit*) ≃ Gymnasium *nt*; (*US*) ≃ Grundschule *f*.

grammatical [grə'mætɪkəl] *adj* grammat(ikal)isch; *rules, mistakes also* Grammatik-. **this is not ~** das ist grammatisch *or* grammatikalisch falsch; **to speak ~ English** grammat(ikal)isch richtiges Englisch sprechen.

grammaticality [grəˌmætɪ'kælɪtɪ] *n* Grammatikalität *f*.

grammatically [grə'mætɪkəlɪ] *adv* grammat(ikal)isch; *write, speak* grammat(ikal)isch richtig.

gramme *n see* **gram**.

Grammy ['græmɪ] *n* (*US award*) Grammy *m* (*Schallplattenpreis*).

grampus ['græmpəs] *n* Rundkopf- *or* Rissosdelphin.

gran [græn] *n* (*inf*) Oma (*inf*), Omi (*inf*) *f*.

granary ['grænərɪ] *n* Kornkammer *f* (*also fig*), Kornspeicher *m*. **~ loaf** *n* Mehrkornbrot *nt*.

grand [grænd] **I** *adj* (+*er*) **1.** (*magnificent, imposing*) großartig (*also pej*); *building, display* prachtvoll; (*lofty*) *idea* großartig, hochfliegend; (*dignified*) *air, person* feierlich, hoheitsvoll, würdevoll; (*posh*) *dinner party, person* vornehm, protzig (*pej*); (*important, great*) *person* groß, bedeutend. **the ~ old man** der große Alte; **the G~ Old Party** (*US Pol: abbr* **GOP**) die Republikanische Partei; *see* **manner.**

2. (*main*) *question, room* groß; *staircase also* Haupt-.

3. (*complete, final*) *total, result, design* Gesamt-.

4. (*inf: splendid, fine*) fabelhaft, phantastisch (*inf*).

5. (*in titles*) Groß-. **~ master** Großmeister *m*.

II *n* **1.** (*sl*) ≃ Riese *m* (*inf*) (*1000 Dollar/Pfund*). **50 ~** 50 Riesen (*inf*). **2.** (*piano*) Flügel *m*.

Grand Canary *n* Gran Canaria *nt*.

Grand Canyon *n* Grand Canyon *m*.

grandchild *n* Enkel(kind *nt*) *m*; **grand(d)ad** *n* (*inf*), Opa (*inf*) Opi (*inf*) *m*; **granddaughter** *n* Enkelin *f*.

grandee [græn'diː] *n* (*of Spain*) Grande *m*; (*fig*) Fürst *m* (*inf*).

grandeur ['grændjəʳ] *n* Größe *f*; (*of scenery, music also*) Erhabenheit *f* (*of manner also*) Würde, Vornehmheit *f*.

grandfather *n* Großvater *m*; **grandfather clock** *n* Standuhr, Großvateruhr *f*; **grandfatherly** *adj* großväterlich.

grand finale *n* großes Finale.

grandiloquence [græn'dɪləkwəns] *n* (*of speech, style*) Schwülstigkeit *f*; (*of person*) gewählte Ausdrucksweise.

grandiloquent *adj*, **~ly** *adv* [græn'dɪləkwənt, -lɪ] hochtrabend.

grandiose ['grændɪəʊz] *adj* (*impressive*) *house, idea, speech* grandios (*also pej*), großartig; (*pej: pompous*) *person, style* schwülstig, bombastisch (*inf*); *idea* grandios, hochfliegend.

grandiosely ['grændɪəʊzlɪ] *adv see adj*.

grand jury *n* (*US Jur*) Großes Geschworenengericht; **grand larceny** *n* schwerer Diebstahl.

grandly ['grændlɪ] *adv* großartig; *decorated, built, situated* prachtvoll; (*with dignity*) feierlich, hoheitsvoll, würdevoll; (*in style*) vornehm.

grandma *n* (*inf*) Oma (*inf*), Omi (*inf*) *f*; **grandmother** *n* Großmutter *f*; **grandmotherly** *adj* großmütterlich.

Grand National *n* (*Brit horse race*) Grand National *nt*.

grandness ['grændnɪs] *n see adj 1.* Großartigkeit *f*; Pracht *f*; Feierlichkeit, Würde *f*; Vornehmheit, Protzigkeit (*pej*) *f*; Größe, Bedeutung *f*.

grand opera *n* große Oper; **grandpa** *n* (*inf*) Opa (*inf*), Opi (*inf*) *m;* **grandparent** *n* Großelternteil *m* (*form*), Großvater *m*/-mutter *f*; **grandparents** *npl* Großeltern *pl*; **grand piano** *n* Flügel *m*; **Grand Prix** *n* Grand Prix *m*; **Grand Slam** *n* (*Tennis*) Grand Slam *m*; **grandson** *n* Enkel(sohn) *m*; **grandstand** *n* Haupttribüne *f*.

grange [greɪndʒ] *n* Bauernhof *m*.

granite ['grænɪt] *n* Granit *m*.

granny, grannie ['grænɪ] *n* **1.** (*inf*) Oma (*inf*), Omi (*inf*) *f*. **2.** (*also* **~ knot**) Altweiberknoten *m*.

Granny bonds *npl* (*Brit Fin inf*) *indexgebundene staatliche Sparbriefe;* **granny flat** *n* (*Brit*) Einliegerwohnung *f*; **granny glasses** *npl* randlose Brille; **Granny Smith** *n* (*apple*) Granny Smith *m*.

grant [grɑːnt] **I** *vt* **1.** gewähren (*sb* jdm); *period of grace, privilege also* zugestehen (*sb* jdm); *prayer* erhören; *honour* erweisen (*sb* jdm); *permission* erteilen (*sb* jdm); *request* stattgeben (+*dat*) (*form*); *land, pension* zusprechen, bewilligen (*sb* jdm); *wish* (*give*) gewähren, freistellen (*sb* jdm); (*fulfil*) erfüllen.

2. (*admit, agree*) zugeben, zugestehen. **it must be ~ed that ...** man muß zugeben, daß ...; **~ing** *or* **~ed that this is true ...** angenommen, das ist wahr ...; **I ~ you that** da gebe ich dir recht; **to take sb/sb's love/one's wealth for ~ed** jdn/jds Liebe/seinen Reichtum als selbstverständlich hinnehmen; **to take it for ~ed that ...** es selbstverständlich finden *or* als selbstverständlich betrachten, daß ...

II *n* (*of money*) Subvention *f*; (*for studying*) Stipendium *nt*.

grant-aided *adj student* gefördert; *theatre, school, programme* subventioniert; **grant-in-aid** *n* Zuschuß *m*, Beihilfe *f*.

granular ['grænjʊləʳ] *adj* körnig, gekörnt, granular (*spec*); *leather* genarbt, narbig.

granulated sugar ['grænjʊleɪtɪd'ʃʊgəʳ] *n* Zuckerraffinade *f*.

granule ['grænjuːl] *n* Körnchen *nt*.

grape [greɪp] *n* (Wein)traube, Weinbeere *f*. **a pound of ~s** ein Pfund (Wein)trauben; **a bunch of ~s** eine (ganze) Weintraube.

grapefruit *n* Grapefruit, Pampelmuse *f*; **grapefruit juice** *n* Grapefruitsaft *m*; **grape harvest** *n* Weinlese *f*; **grape juice** *n* Traubensaft *m*; **grape-sugar** *n* Traubenzucker *m*; **grapevine** *n* Weinstock *m*; (*inf*) Nachrichtendienst *m* (*inf*); **I heard it on the ~** es ist mir zu Ohren gekommen.

graph [grɑːf] *n* Diagramm, Schaubild *nt*; (*Math: of a function*) Graph *m*, Schaubild *nt*. **~ paper** Millimeterpapier *nt*.

grapheme ['græfiːm] *n* Graphem *nt*.

graphic ['græfɪk] *adj* **1.** grafisch, graphisch. **~ arts** Grafik, Graphik *f*; **~ designer** Grafiker(in *f*), Graphiker(in *f*) *m*; **~ equalizer** (Graphic) Equalizer *m*. **2.** (*vivid*) *description* plastisch, anschaulich.

graphical ['græfɪkəl] *adj* grafisch, graphisch.

graphically ['græfɪkəlɪ] *adv see adj*.

graphics ['græfɪks] **I** *n* **1.** *sing* (*subject*) Zeichnen *nt*, zeichnerische *or* graphische Darstellung. **2.** *pl* (*drawings*) Zeichnungen, (graphische) Darstellungen *pl*. **3.** *pl* (*Comput*) Grafik *f*. **can your computer do ~?** ist Ihr Computer grafikfähig?

II *adj attr* (*Comput*) *software* Grafik-. **~ card** Grafikkarte *f*; **~ mode** Grafik-Mode *m*; **~ printer** Grafikdrucker *m*.

graphite ['græfaɪt] *n* Graphit *m*.

graphologist [græ'fɒlədʒɪst] *n* Graphologe *m*, Graphologin *f*.

graphology [græ'fɒlədʒɪ] *n* Graphologie, Handschriftendeutung *f*.

grapple ['græpl] **I** *n see* **grappling iron.**

II *vi* (*lit*) ringen, kämpfen. **to ~ with a problem/situation** sich mit einem Problem/einer Situation herumschlagen; **the wrestlers ~d with each other** die Ringer hielten sich in enger Umklammerung.

III *vt* festhaken; *enemy boat* die Enterhaken verwenden bei.

grappling ['græplɪŋ] *n* (*Sport inf*) Ringen *nt*.

grappling iron *n* Haken, Greifer *m*; (*Naut*) Enterhaken *m*.

grasp [grɑːsp] **I** *n* **1.** (*hold*) Griff *m*. **he held my arm in a strong ~** er hielt meinen Arm mit festem Griff; **just when safety/fame was within his ~** gerade als Sicherheit/Ruhm greifbar nahe war *or* in greifbare Nähe gerückt war.

2. (*fig: understanding*) Verständnis *nt*. **to have a good ~ of sth** etw gut beherrschen; **it is beyond/within his ~** das geht über seinen Verstand/das kann er verstehen *or* begreifen.

II *vt* **1.** (*catch hold of*) ergreifen, greifen nach; (*hold tightly*) festhalten. **to ~ a chance/sb's hand** eine Gelegenheit ergreifen/nach jds Hand greifen.

2. (*fig: understand*) begreifen, erfassen.

III *vi* **to ~ at sth** (*lit*) nach etw greifen; (*fig*) sich auf etw (*acc*) stürzen; **to ~ at an excuse/an opportunity** eine Entschuldigung begierig aufgreifen/eine Gelegenheit beim Schopfe packen.

grasping ['grɑːspɪŋ] *adj* (*fig*) habgierig.

grass [grɑːs] **I** *n* **1.** (*plant*) Gras *nt*. **blade of ~** Grashalm *m*; **to go to ~** verwildern, von Gras überwuchert werden; **to let the ~ grow under one's feet** etwas/die Sache auf die lange Bank schieben; **the ~ is always greener on the other side of the hill** (*Prov*) die Kirschen in Nachbars Garten schmecken immer viel besser (*Prov*).

2. *no pl* (*lawn*) Rasen *m*; (*pasture*) Weide(land *nt*) *f*. **to play on ~** (*Sport*) auf (dem) Rasen spielen; **the cattle are out at ~** das Vieh ist auf der Weide; **to put** *or* **turn out to ~** *cattle* auf die Weide führen *or* treiben; *old horses* das Gnadenbrot geben (+*dat*); (*inf*) *employee* aufs Abstellgleis schieben (*inf*).

3. (*sl: marijuana*) Gras *nt* (*sl*).

4. (*Brit sl: informer*) Spitzel *m*.

II *vt* (*also* **~ over**) *ground* mit Gras bepflanzen.

III *vi* (*Brit sl*) singen (*sl*) (*to* bei). **to ~ on sb** jdn verpfeifen (*inf*).

grass-green *adj* grasgrün; **grasshopper** *n* Heuschrecke *f*, Grashüpfer *m* (*inf*); **grassland** *n* Grasland *nt*; **grass-roots I** *npl* Volk *nt*; (*of a party*) Basis *f*, Fußvolk *nt* (*hum inf*); **II** *adj attr* des kleinen Mannes, an der Basis; *democracy* Basis-; **at ~ level** an der Basis; **a ~ movement to block planning permission** eine Bürgerinitiative zur Verhinderung der Baugenehmigung; **grass seed** *n* Grassamen *m*; **grass skirt** *n* Bastrock *m*; **grass**

snake *n* Ringelnatter *f*; **grass widow** *n* Strohwitwe *f*; (*US*) (*divorced*) geschiedene Frau; (*separated*) (von ihrem Mann) getrennt lebende Frau; **grass widower** *n* Strohwitwer *m*; (*US*) (*divorced*) geschiedener Mann; (*separated*) (von seiner Frau) getrennt lebender Mann.

grassy ['grɑːsɪ] *adj* (+*er*) grasig.

grate[1] [greɪt] *n* (*grid*) Gitter *nt*; (*in fire*) (Feuer)rost *m*; (*fireplace*) Kamin *m*.

grate[2] **I** *vt* **1.** (*Cook*) reiben; *vegetables also* raspeln.

2. (*bottom of car, boat: scrape*) streifen; (*person: make a grating noise with*) kratzen mit; *one's teeth* knirschen mit.

II *vi* (*scrape*) streifen (*against acc*); (*make a noise*) kratzen; (*rusty door*) quietschen; (*feet on gravel*) knirschen; (*fig*) weh tun (*on sb* jdm), krank machen (*on sb* jdn). **to ~ on sb's nerves/ears** jdm auf die Nerven gehen, jds Nerven/Ohren angreifen.

grateful ['greɪtfʊl] *adj* dankbar (*to sb* jdm).

gratefully ['greɪtfəlɪ] *adv* dankbar.

grater ['greɪtəʳ] *n* Reibe *f*; (*for vegetable also*) Raspel *f*.

gratification [ˌgrætɪfɪ'keɪʃən] *n* **1.** (*pleasure*) Genugtuung *f*. **it is a source of great ~ to me** ich empfinde große Genugtuung darüber. **2.** (*satisfying: of desires*) Befriedigung *f*.

gratify ['grætɪfaɪ] *vt* **1.** (*give pleasure*) erfreuen. **to be gratified at** *or* **by** *or* **with sth** über etw (*acc*) hoch erfreut sein; **I was gratified to hear that ...** ich habe mit Genugtuung gehört, daß ... **2.** (*satisfy*) befriedigen, zufriedenstellen.

gratifying ['grætɪfaɪɪŋ] *adj* (sehr) erfreulich.

gratifyingly ['grætɪfaɪɪŋlɪ] *adv* erfreulich.

grating[1] ['greɪtɪŋ] *n* Gitter *nt*.

grating[2] **I** *adj* kratzend; *sound* (*squeaking*) quietschend; (*rasping*) knirschend; (*on nerves*) auf die Nerven gehend; *voice* schrill. **II** *n* Kratzen *nt*; (*of rusty door*) Quietschen *nt*; (*of teeth, feet on gravel*) Knirschen *nt*.

gratis ['grætɪs] *adj, adv* gratis.

gratitude ['grætɪtjuːd] *n* Dankbarkeit *f* (*to* gegenüber).

gratuitous [grə'tjuːɪtəs] *adj* überflüssig, unnötig; (*unasked-for*) unerwünscht.

gratuitously [grə'tjuːɪtəslɪ] *adv* unnötig. **quite ~** ohne ersichtlichen Grund.

gratuity [grə'tjuːɪtɪ] *n* Gratifikation, (Sonder)zuwendung *f*; (*form: tip*) Trinkgeld *nt*.

grave[1] [greɪv] *n* (*lit, fig*) Grab *nt*. **silent as the ~** totenstill; **to turn in one's ~** sich im Grabe herumdrehen; **from beyond the ~** aus dem Jenseits; **to be brought to an early ~** einen frühen Tod finden; **to rise from the ~** von den Toten auferstehen; **to dig one's own ~** (*fig*) sein eigenes Grab graben *or* schaufeln.

grave[2] *adj* (+*er*) (*earnest, solemn*) ernst; (*serious, important*) schwer; *danger, risk* groß; *error* ernst, gravierend; *situation, matter* ernst, bedenklich; *symptoms* bedenklich, ernstzunehmend; *news* schlimm.

grave[3] [grɑːv] **I** *adj* **~ accent** Gravis, Accent grave *m*; (*in Greek*) Gravis *m*; **e ~, ~ e** e Accent grave. **II** *n* Gravis *m*.

grave-digger ['greɪvˌdɪgəʳ] *n* Totengräber(in *f*) *m*.

gravel ['grævəl] **I** *n* **1.** Kies *m*; (*large chippings*) Schotter *m*. **2.** (*Med*) Nierensand *or* -grieß *m*; (*in bladder*) Harngrieß *m*. **II** *adj attr* Kies-. **~ path** Kiesweg *m*; **~ pit** Kiesgrube *f*. **III** *vt path, lane* mit Kies bestreuen; schottern.

gravelled, (*US*) **graveled** ['grævəld] *adj path* Kies-.

gravelly ['grævəlɪ] *adj road* kiesbedeckt; schotterbedeckt; *soil* steinig; (*fig*) *voice* rauh.

gravely ['greɪvlɪ] *adv* ernst; *be mistaken* schwer.

grave mound *n* Grabhügel *m*.

grave robber *n* Grabschänder(in *f*) *m*; **graveside** *n* **at the ~** am Grabe; **gravestone** *n* Grabstein *m*; **graveyard** *n* Friedhof *m*.

gravitate ['grævɪteɪt] *vi* (*lit*) gravitieren (*form*) (*to(wards)* zu, auf +*acc*), angezogen werden (*to(wards)* von); (*fig*) hingezogen werden (*to(wards)* zu), angezogen werden (*to(wards)* von).

gravitation [ˌgrævɪ'teɪʃən] *n* (*Phys*) Gravitation, Schwerkraft *f*; (*fig*) Hinneigung *f* (*to* zu). **the hippies' ~ to San Francisco** die Anziehungskraft, die San Francisco auf die Hippies ausübt.

gravitational [ˌgrævɪ'teɪʃənl] *adj* Gravitations-. **~ field** Gravitations- *or* Schwerefeld *nt*; **~ force** Schwerkraft *f*; (*Space*) Andruck *m*; **~ pull** Anziehungskraft *f*.

gravity ['grævɪtɪ] *n* **1.** (*Phys*) Schwere, Schwerkraft *f*. **the law of ~** das Gravitationsgesetz; **centre of ~** Schwerpunkt *m*; **force of ~** Schwerkraft *f*; **~ feed** Fall- *or* Schwerkraftspeisung *f*; **specific ~** spezifisches Gewicht.

2. (*seriousness*) *see* **grave**[2] Ernst *m*; Schwere *f*; Größe *f*; Bedenklichkeit *f*. **the ~ of the news** die schlimmen Nachrichten.

gravlax ['grævlæks] *n Art Räucherlachs*.

gravy ['greɪvɪ] *n* **1.** (*Cook*) (*juice*) Fleisch- *or* Bratensaft *m*; (*sauce*) Soße *f*. **~ boat** Sauciere, Soßenschüssel *f*. **2.** (*US inf*) (*perks*) Spesen *pl*; (*corrupt money*) Schmiergelder *pl* (*inf*). **to get on the ~ train** auch ein Stück vom Kuchen abbekommen (*inf*); **to ride the ~ train** locker Geld machen (*inf*).

gray *n, adj, vti* (*esp US*) *see* **grey.**

graze[1] [greɪz] **I** *vi* (*cattle*) grasen, weiden. **II** *vt meadow, field* abgrasen, abweiden; *cattle* weiden lassen.

graze[2] **I** *vt* (*touch lightly*) streifen; (*scrape skin off*) aufschürfen.

II *vi* streifen.

III *n* Abschürfung, Schürfwunde *f*.

grazing ['greɪzɪŋ] *n* Weideland *nt*. **this land offers good ~** dies ist gutes Weideland; **~ land** Weideland *nt*.

grease [griːs] **I** *n* **1.** Fett *nt*; (*lubricant also*) Schmierfett *nt*, Schmiere *f*. **2.** (*also* **~ wool**) Schweißwolle *f*.

II *vt* fetten; *skin* einfetten, einschmieren (*inf*); (*Aut, Tech*) schmieren. **to ~ sb's palm** (*inf*) jdm etwas zustecken (*inf*), jdn schmieren (*inf*); **like ~d lightning** (*inf*) wie ein geölter Blitz.

grease-gun *n* Fettspritze *or* -presse *f*; **grease mark** *n* Fettfleck *m*; **grease monkey** *n* (*inf*) Mechanikerlehrling *m*; **grease nipple** *n* Schmiernippel *m*; **greasepaint** *n* (*Theat*) (Fett)schminke *f*; **greaseproof** *adj* fettdicht; **~ paper** Pergamentpapier *nt*.

greaser ['gri:səʳ] *n* **1.** (*sl: motorcyclist*) Motorradfahrer *m*; (*gang member*) Rokker *m* (*inf*). **2.** (*US pej: Latin American*) Latino *m* (*inf*). **3.** (*inf: motor mechanic*) Automechaniker *m*.

grease remover *n* Fettlösungsmittel *nt*, Entfetter *m*.

greasiness ['gri:sɪnɪs] *n* **1.** Fettigkeit *f*; (*of hands with engine grease*) Schmierigkeit *f*; (*slipperiness*) Schlüpfrigkeit *f*. **2.** (*pej inf: of manner*) Schmierigkeit *f* (*pej inf*).

greasy ['gri:sɪ] *adj* (+*er*) **1.** fettig; (*containing grease*) *food* fett; (*smeared with engine grease*) *machinery, axle* ölig, schmierig; *hands, clothes* schmierig, ölbeschmiert; (*slippery*) *road* glitschig, schlüpfrig. **~ spoon** (*US sl*) billiges Freßlokal (*sl*). **2.** (*fig pej*) *person* schmierig; *speech* salbungsvoll.

great [greɪt] **I** *adj* (+*er*) **1.** groß. **~ big** (*inf*) riesig, Mords- (*inf*); **a ~ friend of ours** ein guter Freund von uns; **of no ~ importance** ziemlich unwichtig; **a ~ deal of** sehr viel; **it annoyed her a ~ deal** es hat sie sehr geärgert; **a ~ number of, a ~ many** eine große Anzahl, sehr viele; **at a ~ pace** sehr schnell, in *or* mit schnellem Tempo; **he lived to a ~ age** er erreichte ein hohes Alter; **in ~ detail** ganz ausführlich; **with ~ care** ganz vorsichtig; **to take a ~ interest in** sich sehr interessieren für.

2. (*in achievement, character, importance*) *master, writer, statesman* groß; *mind* genial. **Frederick/Alexander the G~** Friedrich/Alexander der Große; **one of the ~ minds of our times** einer der großen Geister unserer Zeit; **the G~ Powers** (*Pol*) die Großmächte; **~ landowner/industrialist** Großgrundbesitzer *m*/Großindustrielle(r) *m*; **to live in ~ style** auf großem Fuß leben; **the ~ thing is ...** das Wichtigste ist ...; **~ minds think alike** (*inf*) große Geister denken gleich.

3. (*inf: splendid, excellent*) prima (*inf*), Klasse (*inf*), Spitze (*sl*). **to be ~ at football/at singing/on jazz** ein großer Fußballspieler/Sänger/Jazzkenner sein; **he's a ~ one for cathedrals** Kathedralen sind sein ein und alles; **he's a ~ one for criticizing others** im Kritisieren anderer ist er (ganz) groß.

II *n usu pl* (*~ person*) Größe *f*.

great-aunt *n* Großtante *f*; **Great Barrier Reef** *n* Großes Barriereriff; **Great Bear** *n* Großer Bär; **Great Britain** *n* Großbritannien *nt*; **greatcoat** *n* Überzieher, Paletot *m*; **Great Dane** *n* Deutsche Dogge; **Great Divide** *n* Rocky Mountains *pl*; (*fig: death*) Schwelle *f* des Todes (*liter*); **the great divide between ...** der Abgrund zwischen ... (*dat*).

greater ['greɪtəʳ] *adj, comp of* **great** größer. **to pay ~ attention** besser aufpassen; **of ~ importance is ...** noch wichtiger ist ...; **one of the ~ painters** einer der bedeutenderen Maler; **~ and ~** immer größer; **G~ London** Groß-London *nt*.

greatest ['greɪtɪst] *adj, superl of* **great** größte(r, s). **with the ~ (of) pleasure** mit dem größten Vergnügen; **he's the ~** (*inf*) er ist der Größte; **it's the ~** (*inf*) das ist das Größte (*sl*), das ist einsame Klasse (*sl*).

great-grandchild *n* Urenkel(in *f*) *m*; **great-grandparents** *npl* Urgroßeltern *pl*; **great-great-grandchild** *n* Ururenkel(in *f*) *m*; **great-great-grandparents** *npl* Ururgroßeltern *pl*; **great-hearted** *adj* (*brave*) beherzt; (*generous*) hochherzig; **Great Lakes** *npl*: **the ~** die Großen Seen *pl*.

greatly ['greɪtlɪ] *adv* außerordentlich, sehr; *admired also* stark; *annoyed also* höchst; *improved* bedeutend; *superior* bei weitem. **it is ~ to be feared** es ist stark zu befürchten.

great-nephew ['greɪtˌnefju:] *n* Großneffe *m*.

greatness ['greɪtnɪs] *n* Größe *f*; (*of size, height, degree also*) Ausmaß *nt*; (*importance also*) Bedeutung *f*. **~ of heart** Hochherzigkeit, Großmut *f*; **~ of mind** Geistesgröße *f*.

great-niece *n* Großnichte *f*; **great tit** *n* Kohlmeise *f*; **great-uncle** *n* Großonkel *m*; **Great Wall of China** *n* Chinesische Mauer; **Great War** *n*: **the ~** der Erste Weltkrieg.

grebe [gri:b] *n* (See)taucher *m*.

Grecian ['gri:ʃən] *adj* griechisch.

Greco- ['grekəʊ-] *pref* Gräko-, gräko-.

Greece [gri:s] *n* Griechenland *nt*.

greed [gri:d] *n* Gier *f* (*for* nach +*dat*); (*for material wealth also*) Habsucht, Habgier *f*; (*gluttony*) Gefräßigkeit *f*. **~ for money/power** Geldgier *f*/Machtgier *f*.

greedily ['gri:dɪlɪ] *adv* gierig.

greediness ['gri:dɪnɪs] *n* Gierigkeit *f*; (*gluttony*) Gefräßigkeit *f*.

greedy ['gri:dɪ] *adj* (+*er*) gierig (*for* auf +*acc*, nach); (*for material wealth also*) habgierig; (*gluttonous*) gefräßig. **~ for power/money** machtgierig/geldgierig; **to be ~ for praise** nach Lob gieren.

Greek [gri:k] **I** *adj* griechisch.

II *n* **1.** Grieche *m*, Griechin *f*. **2.** (*language*) Griechisch *nt*. **it's all ~ to me** (*inf*) das sind böhmische Dörfer für mich (*inf*).

green [gri:n] **I** *adj* (+*er*) **1.** (*in colour*) grün. **~ beans/peas/salad/vegetables** grüne Bohnen *pl*/Erbsen *pl*/grüner Salat/Grüngemüse *nt*; **to turn ~** (*lit*) grün werden; (*fig: person*) (ganz) grün im Gesicht werden; (*with envy*) blaß *or* grün *or* gelb vor Neid werden.

2. (*unripe*) *fruit, bacon, wood* grün; *meat* nicht abgehangen; *cheese* jung, unreif. **~ corn** frische Maiskolben *pl*.

3. (*fig*) (*inexperienced*) grün; (*gul-

lible) naiv, unerfahren.

4. (*new, fresh*) *memory* frisch.

5. (*Pol*) *issues* grün.

II *n* **1.** (*colour*) Grün *nt*. **decorated in ~s and blues** ganz in Grün und Blau gehalten.

2. (*piece of land*) Rasen *m*, Grünfläche *f*; (*Sport*) Rasen, Platz *m*; (*Golf*) Grün *nt*; (*village* ~) (Dorf)wiese *f*, Anger *m* (*old*).

3. **~s** *pl* (*Cook*) Grüngemüse *nt*; (*US: greenery*) Grün *nt*; (*foliage*) grüne Zweige *pl*.

4. (*Pol: person*) Grüne(r) *mf*. **the G~s** die Grünen *pl*.

III *adv* (*Pol*) *vote, think* grün.

greenback *n* (*US sl*) Lappen (*sl*), Geldschein *m*; **green belt** *n* Grüngürtel *m*; **Green Berets** *npl* (*US Mil*) Kommandotruppe *f* der US-Streitkräfte; **green card** *n* **1.** (*Mot Insur*) grüne Karte. **2.** (*US*) Aufenthalts- und Arbeitserlaubnis *f*.

greenery ['gri:nərɪ] *n* Grün *nt*; (*foliage*) grünes Laub, grüne Zweige *pl*.

green-eyed *adj* (*lit*) grünäugig; (*fig*) scheel(äugig), mißgünstig; **the ~ monster** (*fig*) der blasse Neid; **greenfield** *adj land* unerschlossen; **~ site** unerschlossenes Bauland; **greenfinch** *n* Grünfink *m*; **green fingers** *npl* gärtnerisches Geschick; **greenfly** *n* Blattlaus *f*; **greengage** (*plum*) *n* Reneklode, Reineclaude *f*; **greengrocer** *n* (*esp Brit*) (Obst- und) Gemüsehändler(in *f*) *m*; **greengrocery** *n* (*esp Brit*) (*articles*) Obst und Gemüse *nt*; **greenhorn** *n* (*inf*) (*inexperienced*) Greenhorn *nt*; (*gullible*) Einfaltspinsel *m*; **greenhouse** *n* Gewächshaus, Treibhaus *nt*; **greenhouse effect** *n* Treibhauseffekt *m*; **greenhouse gas** *n* Treibhausgas *nt*.

greenish ['gri:nɪʃ] *adj* grünlich.

green issue *n* Umweltfrage *f*; **green keeper** *n* (*Sport*) Platzwart *m*/-wärterin *f*.

Greenland ['gri:nlənd] *n* Grönland *nt*.

Greenlander ['gri:nləndəʳ] *n* Grönländer(in *f*) *m*.

green light *n* grünes Licht; **to give sb the ~** jdm grünes Licht *or* freie Fahrt geben; **green mail** *n* (spekulativer) Kauf eines Aktienpakets; **green man** *n* (*at street crossing*) grünes Licht; (*as said to children*) grünes Männchen.

greenness ['gri:nnɪs] *n see adj* **1.** Grün *nt*. **2.** Grünheit *f*; Unabgehangenheit *f*; Unreife *f*. **3.** Grünheit *f*; Naivität, Dummheit *f*. **4.** Frische *f*.

Green Paper *n* (*Brit Pol*) Vorlage *f* für eine Parlamentsdebatte; **Green Party** *n*: **the ~** die Grünen *pl*; **Greenpeace** *n* Greenpeace *nt*; **green pepper** *n* (grüne) Paprikaschote; **green policies** *npl* (*environmentally friendly*) grüne Politik; **green politics** *npl* Umweltpolitik *f*; **green-room** *n* (*Theat*) Garderobe *f*; **green tea** *n* grüner Tee; **green thumb** *n* (*US*) *see* **green fingers.**

Greenwich (Mean) Time ['grenɪdʒ('mi:n),taɪm] *n* westeuropäische Zeit, Greenwicher Zeit *f*.

greenwood ['gri:nwʊd] *n* grüner Wald.

greet [gri:t] *vt* (*welcome*) begrüßen; (*receive, meet*) empfangen; (*say hallo to*) grüßen; *news, decision* aufnehmen. **a terrible sight ~ed his eyes/him** ihm bot sich ein fürchterlicher Anblick; **to ~ sb's ears** an jds Ohr (*acc*) dringen.

greeting ['gri:tɪŋ] *n* Gruß *m*; (*act*) (*welcoming*) Begrüßung *f*; (*receiving, meeting*) Empfang *m*. **~s** Grüße *pl*; (*congratulations also*) Glückwünsche *pl*; **~s card/telegram** Grußkarte *f*/-telegramm *nt*; **to send ~s to sb** Grüße an jdn senden; (*through sb else*) jdn grüßen lassen.

gregarious [grɪ'gɛərɪəs] *adj animal, instinct* Herden-; *person* gesellig.

Gregorian [grɪ'gɔ:rɪən] *adj* Gregorianisch. **~ calendar/chant** Gregorianischer Kalender/Choral *or* Gesang.

gremlin ['gremlɪn] *n* (*hum*) böser Geist, Maschinenteufel *m* (*hum*).

Grenada [gre'neɪdə] *n* Grenada *nt*.

grenade [grɪ'neɪd] *n* Granate *f*.

Grenadian [gre'neɪdɪən] **I** *adj* grenadisch. **II** *n* Grenader(in *f*) *m*.

grenadier [ˌgrenə'dɪəʳ] *n* Grenadier *m*.

grenadine ['grenədi:n] *n* Grenadine *f*.

grew [gru:] *pret of* **grow.**

grey, (*esp US*) **gray** [greɪ] **I** *adj* (+*er*) (*lit, fig*) grau; *day, outlook, prospect also* trüb; *life also* öd(e). **to go** *or* **turn ~** grau werden, ergrauen (*geh*); **little ~ cells** (*inf*) kleine graue Zellen *pl* (*inf*); **a ~ area** (*fig*) eine Grauzone.

II *n* (*colour*) Grau *nt*; (*horse*) Grauschimmel *m*. **shades of ~** (*Comput*) Graustufen *pl*.

III *vt* grau werden lassen; *hair, person also* ergrauen lassen (*geh*).

IV *vi* grau werden; (*hair, person also*) ergrauen (*geh*). **his ~ing hair** sein angegrautes Haar.

greybeard *n* Graubart *m*; **Grey Friar** *n* Franziskanermönch *m*; **grey-haired** *adj* grauhaarig; **greyhound** *n* Windhund *m*, Windspiel *nt*.

greyish ['greɪɪʃ] *adj* gräulich.

greylag (goose) *n* Graugans, Wildgans *f*; **grey matter** *n* (*Med, inf*) graue Zellen *pl*.

greyness ['greɪnɪs] *n* (*lit*) Grau *nt*; (*fig*) Trübheit *f*; (*of life*) Öde *f*.

grey squirrel *n* Grauhörnchen *nt*.

grid [grɪd] *n* **1.** (*grating*) Gitter *nt*; (*in fireplace, on barbecue*) Rost *m*. **~ system** (*in road-building*) Rechteckschema *nt*.

2. (*on map*) Gitter, Netz *nt*.

3. (*electricity, gas network*) Verteilernetz *nt*. **the (national) ~** (*Elec*) das Überland(leitungs)netz.

4. (*Motor-racing: starting ~*) Start(platz) *m*; (*US Ftbl*) Spielfeld *nt*. **they're on the ~** sie sind auf den Startplätzen.

5. (*Elec: electrode*) Gitter *nt*.

6. (*Theat*) Schnürboden *m*.

griddle ['grɪdl] *n* (*Cook*) *gußeiserne Platte zum Pfannkuchenbacken.* **~-cake** kleiner Pfannkuchen.

gridiron ['grɪdˌaɪən] *n* **1.** (*Cook*) (Brat)rost *m*. **2.** (*US Ftbl*) Spielfeld *nt*.

gridlock ['grɪdˌlɒk] *n* (*Mot*) Verkehrsinfarkt *m*.

grief [gri:f] *n* Leid *nt*, Kummer, Gram (*geh*) *m*; (*because of loss*) große Trauer, Schmerz, Gram (*geh*) *m*. **to be a cause of ~ to sb** jdn zutiefst betrüben; (*death, loss also*) jdm großen Schmerz bereiten; (*failure, sb's behaviour also*) jdm großen Kummer bereiten; **to come to ~** Schaden erleiden; (*be hurt, damaged*) zu Schaden kommen; (*fail*) scheitern.

grief-stricken ['gri:f,strɪkən] *adj* untröstlich, tieftraurig; *look, voice* schmerzerfüllt, gramgebeugt (*geh*).

grievance ['gri:vəns] *n* Klage *f*; (*resentment*) Groll *m*. **~ procedure** Beschwerdeweg *m*; **I've no ~s against him** (*no cause for complaint*) ich habe an ihm nichts auszusetzen; (*no resentment*) ich nehme ihm nichts übel; **to harbour a ~ against sb for sth** jdm etw übelnehmen; **to air one's ~s** seine Beschwerden vorbringen, sich offen beschweren, sich beklagen.

grieve [gri:v] **I** *vt* Kummer bereiten (+*dat*), betrüben. **it ~s me to see that ...** es macht mich traurig, daß ...

II *vi* sich grämen (*geh*), trauern (*at, about* über +*acc*). **to ~ for sb/sth** um jdn/etw trauern; **to ~ for sb** (*sympathize with*) zutiefst mit jdm mitfühlen, jds Schmerz teilen; **to ~ over sb/sth** sich über jdn/etw grämen (*geh*), über jdn/etw zutiefst bekümmert sein; **she sat grieving over his body** sie saß trauernd bei seinem Leichnam.

grievous ['gri:vəs] *adj* (*severe*) *injury, blow, crime* schwer; *fault, error also* schwerwiegend; *wrong also* groß; (*distressing*) *news* betrüblich, schmerzlich; *pain* groß, schlimm; (*sorrowful*) *cry* schmerzlich, schmerzerfüllt. **~ bodily harm** (*Jur*) schwere Körperverletzung.

grievously ['gri:vəslɪ] *adv* schwer; *cry* schmerzlich. **he was ~ at fault in ...** er lud eine schwere Schuld auf sich (*acc*), als ...

griffin ['grɪfɪn], **griffon, gryphon** *n* (*Myth*) (Vogel) Greif *m*.

griffon ['grɪfən] *n* **1.** (*bird*) (Gänse)geier *m*. **2.** (*dog*) Griffon, Affenpinscher *m*. **3.** (*Myth*) *see* **griffin.**

grift [grɪft] (*US sl*) **I** *n* (*money*) ergaunertes *or* erschwindeltes Geld. **to make money on the ~** auf die krumme Tour zu Geld kommen (*sl*). **II** *vi* krumme Dinger drehen (*sl*).

grill [grɪl] **I** *n* **1.** (*Cook*) (*on cooker*) Grill *m*; (*gridiron also*) (Brat)rost *m*; (*food*) Grillgericht *nt*, Grillade *f*; (*restaurant*) Grill(room) *m*. **2.** *see* **grille.**

II *vt* **1.** (*Cook*) grillen. **2.** (*inf: interrogate*) in die Zange nehmen (*inf*). **to ~ sb about sth** jdn über etw (*acc*) ausquetschen (*inf*) *or* ins Verhör nehmen.

III *vi* **1.** (*food*) auf dem Grill liegen, gegrillt werden. **2.** (*inf: in sun*) schmoren (*inf*).

grille [grɪl] *n* Gitter *nt*; (*on window*) Fenstergitter *nt*; (*to speak through*) Sprechgitter *nt*; (*Aut*) Kühlergrill *m*.

grilling ['grɪlɪŋ] *n* strenges Verhör. **to give sb a ~/a ~ about sth** jdn in die Zange *or* die Kur nehmen (*inf*)/jdn über etw (*acc*) ausquetschen (*inf*) *or* ins Verhör nehmen.

grilse [grɪls] *n* junger Lachs.

grim [grɪm] *adj* (+*er*) **1.** (*cruel, fierce*) *battle, struggle* verbissen, erbittert, unerbittlich; *warrior* erbarmungslos, ingrimmig (*old*); (*stern*) *face, smile, silence* grimmig; *master, teacher* unerbittlich, hart; (*fig*) *landscape, town, prospects* trostlos; *news, joke, tale, task, job* grauenhaft, grausig (*inf*); *winter* hart; *weather* erbarmungslos; *times* hart, schwer; *determination, silence* eisern; *industriousness* verbissen; *necessity, truth* hart, bitter. **a ~ sense of humour** Galgenhumor *m*, ein grimmiger Humor; **to look ~** (*person*) ein grimmiges Gesicht machen; (*things, prospects*) schlimm *or* trostlos aussehen; **to hold on (to sth) like ~ death** sich verbissen (an etw *dat*) festhalten, sich verzweifelt (an etw *dat*) festklammern.

2. (*inf: unpleasant*) grausig (*inf*), schlimm.

grimace ['grɪməs] **I** *n* Grimasse *f*. **to make a ~** eine Grimasse machen *or* schneiden; (*with disgust, pain also*) das Gesicht verziehen. **II** *vi* Grimassen machen *or* schneiden; (*with disgust, pain also*) das Gesicht verziehen.

grime [graɪm] *n* Dreck, Schmutz *m*; (*sooty*) Ruß *m*.

grimly ['grɪmlɪ] *adv fight, struggle, hold on* verbissen; (*sternly*) mit grimmiger Miene; *smile, silent* grimmig; *bleak, barren* trostlos; *depressing* grauenhaft. **~ determined** verbissen.

grimness ['grɪmnɪs] *n see adj 1.* Verbissenheit, Erbittertheit, Unerbittlichkeit *f*; Erbarmungslosigkeit *f*; Grimmigkeit *f*; Härte *f*; Trostlosigkeit *f*; Grauenhaftigkeit *f*.

grimy ['graɪmɪ] *adj* (+*er*) schmutzig; *buildings also* verrußt; (*sooty also*) rußig.

grin [grɪn] **I** *n see vi* Lächeln, Strahlen *nt*; Grinsen *nt*.

II *vi (with pleasure)* lächeln, strahlen; (*in scorn, stupidly, cheekily*) grinsen. **to ~ and bear it** gute Miene zum bösen Spiel machen; (*tolerate pain*) die Zähne zusammenbeißen; **to ~ at sb** jdn anlächeln/angrinsen; **to ~ from ear to ear** über das ganze Gesicht strahlen.

grind [graɪnd] (*vb: pret, ptp* **ground**) **I** *vt* **1.** (*crush*) zerkleinern, zermahlen; *corn, coffee, pepper, flour* mahlen; (*in mortar*) zerstoßen. **to ~ one's teeth** mit den Zähnen knirschen.

2. (*polish, sharpen*) *gem, lens* schleifen; *knife also* wetzen.

3. (*turn*) *handle, barrel organ* drehen. **to ~ one's cigarette butt/heel into the earth** den Zigarettenstummel in die Erde treten/den Absatz in die Erde bohren.

4. ground down by poverty von Armut (nieder)gedrückt; **the tyrant ground the people into the dust** der Tyrann hat das Volk zu Tode geschunden.

II *vi* **1.** (*mill*) mahlen; (*brakes, teeth, gears*) knirschen. **to ~ to a halt** *or* **stand-**

still (*lit*) quietschend zum Stehen kommen; (*fig*) stocken; (*production*) zum Erliegen kommen; (*negotiations*) sich festfahren; **the process ~s slowly on** das Verfahren schleppt sich hin.

2. (*inf: study*) büffeln (*inf*).

III *n* **1.** (*sound*) Knirschen *nt*. **2.** (*fig inf: drudgery*) Schufterei *f* (*inf*); (*US inf: swot*) Streber(in *f*) *m* (*inf*). **the daily ~** der tägliche Trott; **it's a real ~** das ist ganz schön mühsam (*inf*).

◆**grind away** *vi* schuften (*inf*). **to ~ ~ at sth** an etw (*dat*) schuften (*inf*); **to ~ away at Latin** Latein büffeln.

◆**grind down** *vt sep* (*lit*) (*mill*) *pepper* zermahlen; (*sea*) *rocks* abschleifen; (*fig*) *people, resistance* zermürben.

◆**grind on** *vi* (*enemy, invasion*) unaufhaltsam vorrücken; (*fig: bureaucracy*) unaufhaltsam sein.

◆**grind out** *vt sep article, essay* sich (*dat*) abquälen; *propaganda* ausspucken (*inf*); *tune* orgeln (*inf*).

◆**grind up** *vt sep* zermahlen.

grinder ['graɪndəʳ] *n* **1.** (*meat~*) Fleischwolf *m*; (*coffee~*) Kaffeemühle *f*; (*for sharpening*) Schleifmaschine *f*; (*stone*) Schleifstein *m*. **2.** (*person*) Messer-/Glasschleifer(in *f*) *m*. **3.** (*tooth*) Backenzahn *m*; (*of animals also*) Mahlzahn *m*.

grinding ['graɪndɪŋ] *adj* knirschend; *poverty* drückend. **to come to a ~ halt** quietschend zum Stehen kommen.

grinding wheel *n* Schleifscheibe *f*, Schleifstein *m*.

grindstone ['graɪndstəʊn] *n*: **to keep one's/sb's nose to the ~** hart arbeiten/jdn hart arbeiten lassen; **back to the ~** wieder in die Tretmühle (*hum*).

grip [grɪp] **I** *n* **1.** Griff *m*; (*on rope also, on road*) Halt *m*. **to get a ~ on the road/rope** auf der Straße/am Seil Halt finden; **to get a ~ on oneself** (*inf*) sich zusammenreißen (*inf*); **he had a good ~ on himself** er hatte sich gut im Griff *or* in der Gewalt; **to let go** *or* **release one's ~** loslassen (*on sth* etw); **to lose one's ~** (*lit*) den Halt verlieren; (*fig*) nachlassen; **I must be losing my ~** mit mir geht's bergab; **to lose one's ~ on reality** den Bezug zur Wirklichkeit verlieren; **to lose one's ~ on a situation** eine Situation nicht mehr im Griff haben; **to have sb in one's ~** jdn in seiner Gewalt haben; **to be in the ~ of rage/terror** *etc* von Wut/Angst *etc* erfaßt sein; **the country is in the ~ of a general strike** das Land ist von einem Generalstreik lahmgelegt; **the country is in the ~ of winter** der Winter hat im Land seinen Einzug gehalten; **to get** *or* **come to ~s with sth** mit etw klarkommen (*inf*), etw in den Griff bekommen; **to get** *or* **come to ~s with sb** jdm zu Leibe rücken, zum Angriff gegen jdn übergehen.

2. (*handle*) Griff *m*.

3. (*hair~*) Klemmchen *nt*.

4. (*travelling-bag*) Reisetasche *f*.

II *vt* packen; *hand also*, (*fig: fear also*) ergreifen; (*film, story also*) fesseln. **the tyre ~s the road well** der Reifen greift gut; **fear ~ped his heart** Furcht ergriff *or* packte ihn.

III *vi* greifen.

gripe [graɪp] **I** *vt* (*US inf: annoy*) aufregen, fuchsen (*inf*).

II *vi* (*inf: grumble*) meckern (*inf*), nörgeln. **to ~ at sb** jdn anmeckern (*inf*).

III *n* **1. the ~s** *pl* Kolik *f*, Bauchschmerzen *pl*; **~ water** Kolikmittel *nt*. **2.** (*inf: complaint*) Meckerei *f* (*inf*).

gripping ['grɪpɪŋ] *adj story* spannend, packend, fesselnd.

grisly ['grɪzlɪ] *adj* (+*er*) grausig, gräßlich.

grist [grɪst] *n* **it's all ~ to his/the mill** das kann er/man alles verwerten; (*for complaint*) das ist Wasser auf seine Mühle.

gristle ['grɪsl] *n* Knorpel *m*.

gristly ['grɪslɪ] *adj* (+*er*) knorpelig.

grit [grɪt] **I** *n* **1.** (*dust, in eye*) Staub *m*; (*gravel*) Splitt *m*, feiner Schotter; (*for roads in winter*) Streusand *m*. **2.** (*courage*) Mut, Mumm (*inf*) *m*. **3.** (*US*) **~s** *pl* Grütze *f*. **II** *vt* **1.** *road* streuen. **2. to ~ one's teeth** die Zähne zusammenbeißen.

gritter ['grɪtəʳ] *n* Streuwagen *m*.

gritty ['grɪtɪ] *adj* (+*er*) **1.** Splitt-, Schotter-; *path also* mit Splitt *or* feinem Schotter bedeckt; (*like grit*) *coal, sweets* grobkörnig. **2.** (*inf: brave*) tapfer.

grizzle ['grɪzl] *vi* (*Brit inf*) quengeln.

grizzled ['grɪzld] *adj hair* ergraut; *person also* grauhaarig.

grizzly ['grɪzlɪ] *n* (*also* **~ bear**) Grisly(bär), Grizzly(bär) *m*.

groan [grəʊn] **I** *n* Stöhnen *nt no pl*; (*of pain also, of gate, planks*) Ächzen *nt no pl*. **to let out** *or* **give a ~** (auf)stöhnen.

II *vi* stöhnen (*with* vor +*dat*); (*with pain also, gate, planks*) ächzen (*with* vor +*dat*). **the table ~ed under** *or* **beneath the weight** der Tisch ächzte unter der Last.

groats [grəʊts] *npl* Schrot *nt or m*; (*porridge*) Grütze *f*.

grocer ['grəʊsəʳ] *n* Lebensmittelhändler, Kaufmann *m*. **at the ~'s** im Lebensmittelladen.

grocery ['grəʊsərɪ] *n* **1.** (*business, shop*) Lebensmittelgeschäft *nt*. **2. groceries** *pl* (*goods*) Lebensmittel *pl*.

grog [grɒg] *n* Grog *m*.

groggily ['grɒgɪlɪ] *adv* (*inf*) groggy (*inf*); *shake one's head, answer* schwach.

groggy ['grɒgɪ] *adj* (+*er*) (*inf*) angeschlagen (*inf*), groggy *pred inv* (*inf*).

groin [grɔɪn] *n* **1.** (*Anat*) Leiste *f*. **to kick sb in the ~** jdn in den Unterleib *or* die Leistengegend treten. **2.** (*Archit*) Grat *m*.

grommet ['grɒmɪt] *n* Öse *f*; (*Naut*) Taukranz *m*.

groom [gru:m] **I** *n* **1.** (*in stables*) Stallbursche *m*. **2.** (*bride~*) Bräutigam *m*.

II *vt* **1.** *horse* striegeln, putzen. **to ~ oneself** (*birds, animals*) sich putzen; (*people*) sich pflegen; **well/badly ~ed** gepflegt/ungepflegt.

2. (*prepare*) **he's being ~ed for the job of chairman/for the Presidency** er wird als zukünftiger Vorsitzender/Präsidentschaftskandidat aufgebaut.

grooming ['gru:mɪŋ] *n* ein gepflegtes Äußeres.

groove [gruːv] **I** *n* Rille *f*; (*in rock also*) Rinne, Furche *f*; (*in face*) Furche *f*; (*fig*) altes Gleis.

II *vt* Rillen machen in (+*acc*), rillen; (*water*) *stone* aushöhlen, Rinnen *pl or* Furchen *pl* machen in (+*acc*); *face* furchen.

groovy ['gruːvɪ] *adj* (+*er*) (*sl*) irr (*sl*), stark (*sl*).

grope [grəʊp] **I** *vi* (*also* ~ **around** *or* **about**) (herum)tasten (*for* nach); (*for words*) suchen (*for* nach). **to be groping in the dark** im dunkeln tappen; (*try things at random*) vor sich (*acc*) hin wursteln (*inf*).

II *vt* tasten nach; (*inf*) *girlfriend* befummeln (*inf*). **to ~ (one's way) in/out** sich hinein-/hinaustasten.

III *n* (*inf*) **to have a ~** fummeln (*inf*).

gropingly ['grəʊpɪŋlɪ] *adv* tastend.

gross¹ [grəʊs] *n no pl* Gros *nt*.

gross² **I** *adj* (+*er*) **1.** (*fat*) *person* dick, fett, plump.

2. (*coarse, vulgar*) *person, language, joke, indecency* grob, derb; *manners, tastes* roh; *food* grob; *eater, appetite* unmäßig.

3. (*extreme, flagrant*) kraß; *crime, impertinence* ungeheuerlich; *error, mistake also, negligence* grob.

4. (*luxuriant*) *vegetation* üppig.

5. (*total*) brutto; *income, weight* Brutto-. **he earns £2,500 ~** er verdient brutto £ 2.500, er hat einen Bruttolohn von £ 2.500; **~ national product** Bruttosozialprodukt *nt*; **~ ton** Bruttoregistertonne *f*.

II *vt* brutto verdienen; (*shop also*) brutto einnehmen.

grossly ['grəʊslɪ] *adv* **1.** (*coarsely*) *behave, talk* derb, rüde. **2.** (*extremely*) *indecent, fat, vulgar* ungeheuer, schrecklich.

grossness ['grəʊsnɪs] *n see adj 1.-4.* **1.** Körperfülle, Dicke, Fettheit *f*. **2.** Grobheit *f*; Derbheit *f*; Roheit *f*; Unmäßigkeit *f*. **3.** Kraßheit *f*; Ungeheuerlichkeit *f*; (*of negligence*) ungeheures Ausmaß. **4.** Üppigkeit *f*.

grot [grɒt] *n* (*sl*) Schrott *m*.

grotesque [grəʊ'tesk] **I** *adj* grotesk. **II** *n* **1.** (*Art*) Groteske *f*; (*figure*) groteske Figur. **2.** (*Typ*) Grotesk *f*.

grotesquely [grəʊ'tesklɪ] *adv see adj*.

grotesqueness [grəʊ'tesknɪs] *n* **the ~ of the shape/his appearance** diese groteske Form/seine groteske Erscheinung.

grotto ['grɒtəʊ] *n, pl* **-(e)s** Grotte *f*.

grotty ['grɒtɪ] *adj* (+*er*) (*inf*) grausig (*inf*); *person, pub, town, job also* mies (*inf*).

grouch [graʊtʃ] **I** *n* **1.** (*complaint*) Klage *f*. **to have a ~** (*grumble*) schimpfen (*about* über +*acc*). **2.** (*inf: person*) Miesepeter, Muffel *m* (*inf*). **II** *vi* schimpfen, mekkern (*inf*).

grouchiness ['graʊtʃɪnɪs] *n* schlechte Laune, Miesepetrigkeit (*inf*) *f*.

grouchy ['graʊtʃɪ] *adj* (+*er*) griesgrämig, miesepetrig (*inf*).

ground¹ [graʊnd] **I** *n* **1.** (*soil, terrain, fig*) Boden *m*. **snow on high ~** Schnee in höheren Lagen; **hilly ~** hügeliges Gelände; **how much ~ do you own?** wieviel Grund und Boden *or* wieviel Land besitzen Sie?; **there is common ~ between us** uns verbindet einiges; **to be on dangerous/firm** *or* **sure ~** (*fig*) sich auf gefährlichem Boden bewegen/festen *or* sicheren Boden unter den Füßen haben; **to meet sb on his own ~** zu jdm kommen; **to be beaten on one's own ~** auf dem eigenen Gebiet geschlagen werden; **to cut the ~ from under sb** *or* **sb's feet** jdm den Boden unter den Füßen wegziehen; **to gain/lose ~** Boden gewinnen/verlieren; (*disease, rumour*) um sich greifen/im Schwinden begriffen sein; **to lose ~ to sb/sth** gegenüber jdm/etw an Boden verlieren; **to give ~ to sb/sth** vor jdm/etw zurückweichen; **to break new** *or* **fresh ~** (*lit, fig*) neue Gebiete erschließen; (*person*) sich auf ein neues *or* unbekanntes Gebiet begeben; **to cover the/a lot of ~** (*lit*) die Strecke/eine weite Strecke zurücklegen; (*fig*) das Thema/eine Menge Dinge behandeln; **to hold** *or* **keep** *or* **stand one's ~** (*lit*) nicht von der Stelle weichen; (*fig*) seinen Mann stehen, sich nicht unterkriegen lassen; **to shift one's ~** (*fig*) seine Haltung ändern.

2. (*surface*) Boden *m*. **above/below ~** über/unter der Erde; (*Min*) über/unter Tage; (*fig*) unter den Lebenden/unter der Erde; **to fall to the ~** (*lit*) zu Boden fallen; (*fig: plans*) ins Wasser fallen, sich zerschlagen; **to sit on the ~** auf der Erde *or* dem Boden sitzen; **to burn/raze sth to the ~** etw niederbrennen/etw dem Erdboden gleichmachen; **it suits me down to the ~** das ist ideal für mich; **to get off the ~** (*plane*) abheben; (*plans, project*) sich realisieren; **to go to ~** (*fox*) im Bau verschwinden; (*person*) untertauchen (*inf*); **to run sb/sth to ~** jdn/etw aufstöbern, jdn/etw ausfindig machen; **to run sb/oneself into the ~** (*inf*) jdn/sich selbst fertigmachen (*inf*).

3. (*pitch*) Feld *nt*, Platz *m*; (*parade ~, drill~*) Platz *m*. **recreation ~** Spiel- *or* Sportplatz *m*; **hunting ~s** Jagdgebiete *pl*; **fishing ~s** Fischgründe *pl*.

4. **~s** *pl* (*premises, land*) Gelände *nt*; (*gardens*) Anlagen *pl*; **a house standing in its own ~s** ein von Anlagen umgebenes Haus.

5. **~s** *pl* (*sediment*) Satz *m*; **let the ~s settle** warten Sie, bis sich der Kaffee/die Flüssigkeit gesetzt hat.

6. (*background*) Grund *m*. **on a blue ~** auf blauem Grund.

7. (*US Elec*) Erde *f*.

8. (*sea-bed*) Grund *m*.

9. (*reason*) Grund *m*. **to have ~(s) for sth** Grund zu etw haben; **to be ~(s) for sth** Grund für *or* zu etw sein; **to give sb ~(s) for sth** jdm Grund zu etw geben; **~(s) for divorce** Scheidungsgrund *m*; **~s for suspicion** Verdachtsmomente *pl*; **on the ~(s) of/that ...** aufgrund (+*gen*), auf Grund von/mit der Begründung, daß ...

II *vt* **1.** *ship* auflaufen lassen, auf Grund setzen. **to be ~ed** aufgelaufen sein.

2. (*Aviat*) *plane* (*for mechanical rea-*

sons) aus dem Verkehr ziehen; *pilot* sperren, nicht fliegen lassen. **to be ~ed by bad weather/a strike** wegen schlechten Wetters/eines Streiks nicht starten *or* fliegen können.

3. (*US Elec*) erden.

4. (*base*) **to be ~ed on sth** sich auf etw (*acc*) gründen, auf etw (*dat*) basieren.

5. to ~ sb in a subject jdm die Grundlagen eines Faches beibringen; **to be well ~ed in English** gute Grundkenntnisse im Englischen haben.

6. (*US sl*) **Robert is grounded for a week because he came home too late** Robert darf eine Woche lang nicht ausgehen, weil er zu spät nach Hause gekommen ist.

III *vi* (*Naut*) auflaufen.

ground² **I** *pret, ptp of* **grind. II** *adj glass* matt; *coffee* gemahlen. **~ rice** Reismehl *nt*.

ground control *n* (*Aviat*) Bodenkontrolle *f*; **ground cover** *n* (*Hort*) Bodenvegetation *f*; **ground crew** *n* Bodenpersonal *nt*.

ground floor *n* Erdgeschoß *nt*; **to get in on the ~** (*fig*) gleich zu Anfang einsteigen (*inf*); **ground frost** *n* Bodenfrost *m*; **groundhog** *n* (*US*) Waldmurmeltier *nt*.

grounding ['graʊndɪŋ] *n* **1.** (*basic knowledge*) Grundwissen *nt*. **to give sb a ~ in English** jdm die Grundlagen *pl* des Englischen beibringen.

2. (*Aviat*) (*of plane*) Startverbot *nt* (*of* für); (*due to strike, bad weather*) Hinderung *f* am Start; (*of pilot*) Sperren *nt*.

ground ivy *n* Gundelrebe *f*, Gundermann *m*; **groundkeeper** *n* (*US*) *see* **groundsman**; **ground-launched** *adj missile* bodengestützt; **groundless** *adj* grundlos, unbegründet; **ground level** *n* Boden *m*; **below ~** unter dem Boden; **groundnut** *n* Erdnuß *f*; **ground plan** *n* Grundriß *m*; **ground rent** *n* Grundrente *f*; **ground rules** *npl* Grundregeln *pl*.

groundsel ['graʊnsl] *n* Kreuzkraut *nt*.

groundsheet ['graʊndʃi:t] *n* Zeltboden(plane *f*) *m*.

groundsman ['graʊndzmən] *n, pl* **-men** [-mən] (*esp Brit*) Platzwart *m*.

ground speed *n* Bodengeschwindigkeit *f*; **ground squirrel** *n* Erdhörnchen *nt*; **ground staff** *n* Bodenpersonal *nt*; **ground stroke** *n* (*Tennis*) nicht aus der Luft gespielter Ball; **groundswell** *n* Dünung *f*; (*fig*) Anschwellen *nt*, Zunahme *f*; **there was a growing ~ of public opinion against him** die Öffentlichkeit wandte sich zunehmend gegen ihn; **ground-to-air missile** *n* Boden-Luft-Rakete *f*; **ground-to-ground missile** *n* Boden-Boden-Flugkörper *m*; **ground troops** (*Mil*) *npl* Bodentruppen *fpl*; **ground water** *n* Grundwasser *nt*; **groundwire** *n* (*US Elec*) Erdleitung *f*; **groundwork** *n* Vorarbeit *f*; **to do the ~ for sth** die Vorarbeit für etw leisten.

group [gru:p] **I** *n* Gruppe *f*; (*Comm also*) Konzern *m*; (*theatre ~ also*) Ensemble *nt*. **a ~ of people/houses/trees** eine Gruppe Menschen/eine Häusergruppe/eine Baumgruppe.

II *attr* Gruppen-; *discussion, living, activities* in der Gruppe *or* Gemeinschaft.

III *vt* gruppieren. **to ~ together** (*in one ~*) zusammentun; (*in several ~s*) in Gruppen einteilen *or* anordnen; **it's wrong to ~ all criminals together** es ist nicht richtig, alle Verbrecher über einen Kamm zu scheren *or* in einen Topf zu werfen (*inf*); **~ the blue ones with the red ones** ordnen Sie die blauen bei den roten ein; **they ~ed themselves round him** sie stellten sich um ihn (herum) auf, sie gruppierten sich um ihn; **to ~ sth around sth** etw um etw herum anordnen.

group booking *n* Gruppenbuchung *or* -reservierung *f*; **group captain** *n* (*Aviat*) Oberst *m*; **group dynamics** *n* **1.** *pl* (*relationships*) Gruppendynamik *f*; **2.** *sing* (*subject*) Gruppendynamik *f*.

groupie ['gru:pɪ] *n* Groupie *nt* (*sl*).

grouping ['gru:pɪŋ] *n* Gruppierung *f*; (*group of things also*) Anordnung *f*.

group insurance *n* Gruppenversicherung *f*; **group practice** *n* Gemeinschaftspraxis *f*; **to be in a ~** in einem Ärztekollektiv arbeiten; **group therapy** *n* Gruppentherapie *f*.

grouse¹ [graʊs] *n, pl* - Waldhuhn, Rauhfußhuhn *nt*; (*red ~*) Schottisches Moor(schnee)huhn.

grouse² (*inf*) **I** *n* (*complaint*) Klage *f*. **to have a good ~** sich ausschimpfen (*inf*). **II** *vi* schimpfen, meckern (*inf*) (*about* über +*acc*).

grouser ['graʊsəʳ] *n* (*inf*) Meckerfritze *m*/-liese *f* (*inf*).

grout [graʊt] **I** *vt tiles* verfugen, verkitten; *bricks* mit Mörtel ausgießen. **II** *n* Vergußmaterial *nt*, Fugenkitt *m*; Mörtel *m*.

grove [grəʊv] *n* Hain *m*, Wäldchen *nt*.

grovel ['grɒvl] *vi* kriechen. **to ~ at sb's feet** vor jdm kriechen; (*dog*) sich um jdn herumdrücken.

groveller ['grɒvələʳ] *n* Kriecher(in *f*) (*inf*) *m*.

grovelling ['grɒvəlɪŋ] **I** *adj* kriecherisch (*inf*), unterwürfig. **II** *n* Kriecherei (*inf*) *f*.

grow [grəʊ] *pret* **grew,** *ptp* **grown I** *vt* **1.** *plants* ziehen; (*commercially*) *potatoes, wheat, coffee* anbauen, anpflanzen; (*cultivate*) *flowers* züchten. **2. to ~ one's beard/hair** sich (*dat*) einen Bart/die Haare wachsen lassen.

II *vi* **1.** wachsen; (*person, baby also*) größer werden; (*hair also*) länger werden; (*in numbers*) zunehmen; (*in size also*) sich vergrößern; (*fig: become more mature*) sich weiterentwickeln. **to ~ in stature/wisdom/authority** an Ansehen/Weisheit/Autorität zunehmen; **to ~ in popularity** immer beliebter werden; **my, how you've ~n** du bist aber groß geworden!; **it'll ~ on you** das wird dir mit der Zeit gefallen; **the habit grew on him** es wurde ihm zur Gewohnheit.

2. (*become*) werden. **to ~ to do/be sth** allmählich etw tun/sein; **to ~ to hate/love sb** jdn hassen/lieben lernen; **to ~ to enjoy sth** langsam Gefallen an etw (*dat*) finden; **I've ~n to expect him to be late** ich erwarte schon langsam, daß er zu spät kommt; **to ~ used to sth** sich an etw (*acc*) gewöhnen.

◆**grow apart** *vi* (*fig*) sich auseinanderentwickeln.

◆**grow away** *vi* (*fig*) **to ~ ~ from sb** sich jdm entfremden.

◆**grow from** *vi +prep obj see* **grow out of 2.**

◆**grow in** *vi* (*hair*) nachwachsen; (*teeth*) kommen; (*toenail*) einwachsen.

◆**grow into** *vi +prep obj* **1.** *clothes, job* hineinwachsen in (*+acc*). **2.** (*become*) sich entwickeln zu, werden zu. **to ~ ~ a man/woman** zum Mann/zur Frau heranwachsen.

◆**grow out** *vi* (*perm, colour*) herauswachsen.

◆**grow out of** *vi +prep obj* **1.** *clothes* herauswachsen aus. **to ~ ~ ~ a habit** eine Angewohnheit ablegen; **to ~ ~ ~ one's friends** sich von seinen Freunden entfernen. **2.** (*arise from*) entstehen aus, erwachsen aus (*geh*).

◆**grow together** *vi* (*lit, fig*) zusammenwachsen.

◆**grow up** *vi* (*spend childhood*) aufwachsen; (*become adult*) erwachsen werden; (*fig*) (*custom, hatred*) aufkommen; (*city*) entstehen. **what are you going to do when you ~ ~?** was willst du mal werden, wenn du groß bist?; **to ~ ~ into a liar/beauty** sich zu einem Lügner/einer Schönheit entwickeln; **when are you going to ~ ~?** werde endlich erwachsen!

grow bag *n* Tüte *f* mit Komposterde.

grower ['grəʊəʳ] *n* **1.** (*plant*) **to be a fast/good ~** schnell/gut wachsen. **2.** (*person*) (*of fruit, vegetables*) Anbauer(in *f*) *m*; (*of flowers*) Züchter(in *f*) *m*; (*of tobacco, coffee*) Pflanzer(in *f*) *m*.

growing ['grəʊɪŋ] **I** *adj* (*lit, fig*) wachsend; *child* heranwachsend, im Wachstum befindlich (*form*); *importance, interest, number also* zunehmend.

II *n* Wachstum, Wachsen *nt*. **~ pains** (*Med*) Wachstumsschmerzen *pl*; (*fig*) Kinderkrankheiten, Anfangsschwierigkeiten *pl*; **~ season** Zeit *f* des Wachstums, Vegetationszeit *f* (*spec*).

growl [graʊl] **I** *n* Knurren *nt no pl*; (*of bear*) (böses) Brummen *no pl*. **II** *vi* knurren; (*bear*) böse brummen. **to ~ at sb** jdn anknurren/anbrummen. **III** *vt answer* knurren.

grown [grəʊn] **I** *ptp of* **grow. II** *adj* erwachsen. **fully ~** ausgewachsen.

grown over *adj* überwachsen; *garden also* überwuchert; **grown-up I** *adj* erwachsen; *clothes, shoes* Erwachsenen-, wie Erwachsene, wie Große (*inf*); **II** *n* Erwachsene(r) *mf*.

growth [grəʊθ] *n* **1.** Wachstum *nt*; (*of person also*) Entwicklung *f*; (*of plant also*) Wuchs *m*; (*increase in quantity, fig: of love, interest*) Zunahme *f*, Anwachsen *nt*; (*increase in size also*) Vergrößerung *f*; (*of capital*) Zuwachs *m*; (*of business also*) Erweiterung *f*. **~ industry** Wachstumsindustrie *f*; **rate of export ~** Wachstums- *or* Zuwachsrate *f* im Export.

2. (*plants*) Vegetation *f*; (*of one plant*) Triebe *pl*. **covered with a thick ~ of weeds** von Unkraut überwuchert *or* überwachsen; **cut away the old ~** schneiden Sie die alten Blätter und Zweige aus; **with a two days' ~ on his face** mit zwei Tage alten Bartstoppeln.

3. (*Med*) Gewächs *nt*, Wucherung *f*.

groyne [grɔɪn] *n* Buhne *f*.

grub [grʌb] **I** *n* **1.** (*larva*) Larve *f*. **2.** (*inf: food*) Fressalien *pl* (*hum inf*).

II *vt* (*animal*) *ground, soil* aufwühlen.

III *vi* (*also* **~ about** *or* **around**) (*pig*) wühlen (*in* in *+dat*); (*person*) (herum)kramen, (herum)wühlen (*in* in *+dat, for* nach).

◆**grub out** *vt sep* ausgraben.

◆**grub up** *vt sep weeds* jäten; *potatoes, bush* ausgraben; *soil* wühlen in (*+dat*); (*bird*) *worms* aus dem Boden ziehen; (*fig*) *information, people* auftreiben.

grubbily ['grʌbɪlɪ] *adv* schmuddelig (*inf*).

grubbiness ['grʌbɪnɪs] *n* Schmuddeligkeit *f* (*inf*).

grubby ['grʌbɪ] *adj* (*+er*) schmuddelig (*inf*); *hands* dreckig (*inf*).

grudge [grʌdʒ] **I** *n* Groll *m* (*against* gegen). **to bear sb a ~, to have a ~ against sb** jdm böse sein, jdm grollen, einen Groll gegen jdn hegen (*geh*); **I bear him no ~** ich trage ihm das nicht nach, ich nehme ihm das nicht übel; **to bear ~s** nachtragend sein.

II *vt* **to ~ sb sth** jdm etw nicht gönnen, jdm etw neiden (*geh*); **I don't ~ you your success** ich gönne Ihnen Ihren Erfolg; **to ~ doing sth** etw äußerst ungern tun, etw mit Widerwillen tun; **I don't ~ doing it** es macht mir nichts aus, das zu tun; **I ~ spending money/time on it** es widerstrebt mir *or* es geht mir gegen den Strich, dafür Geld auszugeben/Zeit aufzuwenden; **I don't ~ the money/time** es geht mir nichts ums Geld/um die Zeit; **I do ~ the money/time for things like that** das Geld/meine Zeit für solche Dinge tut mir leid.

grudging ['grʌdʒɪŋ] *adj person, attitude* unwirsch; *contribution, gift* widerwillig gegeben; *admiration, praise, support* widerwillig. **in a ~ tone of voice** widerwillig; **to be ~ in one's support for sth** etw nur widerwillig unterstützen.

grudgingly ['grʌdʒɪŋlɪ] *adv* widerwillig.

gruel [grʊəl] *n* Haferschleim *m*.

gruelling, (*US*) **grueling** ['grʊəlɪŋ] *adj task, day* aufreibend, zermürbend; *march, climb, race* äußerst strapaziös.

gruesome ['gru:səm] *adj* grausig, schauerlich, schaurig; *sense of humour* schaurig, makaber.

gruesomely ['gru:səmlɪ] *adv* schauerlich.

gruff [grʌf] *adj* (*+er*) barsch, schroff.

gruffly ['grʌflɪ] *adv see adj*.

gruffness ['grʌfnɪs] *n* Barschheit, Schroffheit *f*.

grumble ['grʌmbl] **I** *n* (*complaint*) Murren, Schimpfen *nt no pl*; (*noise: of thunder, guns*) Grollen *nt*. **to do sth without a ~** etw ohne Murren *or* Widerspruch tun.

II *vi* murren, schimpfen (*about, over* über +*acc*); (*thunder, gunfire*) grollen. **to ~ at sb** jdm gegenüber schimpfen *or* klagen; **grumbling appendix** gereizter Blinddarm.

grumbler ['grʌmbləʳ] *n* Nörgler(in *f*) *m*, Brummbär *m* (*inf*).

grummet ['grʌmɪt] *n see* **grommet.**

grumpily ['grʌmpɪlɪ] *adv see adj.*

grumpy ['grʌmpɪ] *adj* (+*er*) brummig, mürrisch, grantig; *child* quengelig (*inf*).

grungy ['grʌndʒɪ] *adj* (*esp US inf*) mies (*inf*).

grunt [grʌnt] **I** *n* (*of pig, person*) Grunzen *nt no pl*; (*of pain, in exertion*) Ächzen *nt no pl*, Ächzer *m* (*inf*). **to give a ~** grunzen (*of* vor +*dat*); ächzen (*of* vor +*dat*). **II** *vi* (*animal, person*) grunzen; (*with pain, exertion*) ächzen, aufseufzen; (*in irritation also*) knurren. **III** *vt reply* brummen, knurren.

gryphon ['grɪfən] *n see* **griffin.**

gsm *abbr of* **gram(me)s per square metre** g/m^2.

G-string ['dʒiːstrɪŋ] *n* **1.** (*Mus*) G-Saite *f*. **Bach's Air on a ~** Bachs Air *nt*. **2.** (*clothing*) Minislip *m*, Tangahöschen *nt*.

Guadeloupe [ˌgwɑːdə'luːp] *n* Guadalupe, Guadelupe *nt*.

guano ['gwɑːnəʊ] *n* Guano *m*.

guarantee [ˌgærən'tiː] **I** *n* **1.** (*Comm*) Garantie *f*; (*~ slip also*) Garantieschein *m*. **to have** *or* **carry a 6-month ~** 6 Monate Garantie haben; **there is a year's ~ on this watch** auf der Uhr ist ein Jahr Garantie; **while it is under ~** solange noch Garantie darauf ist; **to sell sth with a money-back ~** volles Rückgaberecht beim Verkauf von etw garantieren.

2. (*promise*) Garantie *f* (*of* für). **that's no ~ that ...** das heißt noch lange nicht, daß ...; **it will be sent today, I give you my ~** *or* **you have my ~** es wird heute noch abgeschickt, das garantiere ich Ihnen.

3. (*Jur*) *see* **guaranty.**

II *vt* **1.** (*Comm*) garantieren. **to be ~d for three months** drei Monate Garantie haben; **to ~ sth against theft/fire** etw gegen Diebstahl/Feuer absichern.

2. (*promise, ensure*) garantieren (*sb sth* jdm etw); (*take responsibility for*) garantieren für. **I can't ~ (that) he will be any good** ich kann nicht dafür garantieren, daß er gut ist; **I ~ to come tomorrow** ich komme garantiert morgen.

3. (*Jur*) garantieren, gewährleisten; *loan, debt* bürgen für.

guaranteed [ˌgærən'tiːd] *adj* garantiert.

guarantor [ˌgærən'tɔːʳ] *n* Garant(in *f*) *m*; (*Jur also*) Bürge *m*. **to stand ~ for sb** für jdn eine Bürgschaft übernehmen.

guaranty ['gærəntɪ] *n* (*Jur*) Garantie *f*; (*pledge of obligation*) Bürgschaft *f*; (*security*) Sicherheit *f*.

guard [gɑːd] **I** *n* **1.** (*Mil*) Wache *f*; (*single soldier also*) Wachtposten *m*; (*no pl: squad also*) Wachmannschaft *f*. **the G~s** (*Brit*) die Garde, das Garderegiment; **~ of honour** Ehrenwache *f*; **to change ~** Wachablösung machen.

2. (*security ~*) Sicherheitsbeamte(r) *m*, Sicherheitsbeamtin *f*; (*at factory gates, in park*) Wächter(in *f*) *m*; (*esp US: prison ~*) Gefängniswärter(in *f*); (*Brit Rail*) Schaffner(in *f*), Zugbegleiter(in *f*) *m*.

3. (*watch, also Mil*) Wache *f*. **under ~** unter Bewachung; **to be under ~** bewacht werden; (*person also*) unter Bewachung *or* Aufsicht stehen; **to keep sb/sth under ~** jdn/etw bewachen; **to be on ~, to stand** *or* **keep** *or* **mount ~** Wache halten *or* stehen; **to keep** *or* **stand** *or* **mount ~ over sth** etw bewachen; **to go on/off ~** die Wache übernehmen/übergeben; **to put a ~ on sb/sth** jdn/etw bewachen lassen.

4. (*Boxing, Fencing*) Deckung *f*. **on ~!** (*Fencing*) en garde!; **take ~** in Verteidigungsstellung geh; (*Cricket*) in Schlagstellung gehen; **to drop** *or* **lower one's ~** (*lit*) seine Deckung vernachlässigen; (*fig*) seine Reserve aufgeben; **to have one's ~ down** (*lit*) nicht gedeckt sein; (*fig*) nicht auf der Hut sein; **to be on/off one's ~ (against sth)** (*lit*) gut/schlecht gedeckt sein; (*fig*) (vor etw *dat*) auf der/nicht auf der Hut sein; **to put sb on his ~ (against sth)** jdn (vor etw *dat*) warnen; **to throw** *or* **put sb off his ~** (*lit*) jdn seine Deckung vernachlässigen lassen; (*fig*) jdn einlullen.

5. (*safety device, for protection*) Schutz *m* (*against* gegen); (*on machinery also*) Schutzvorrichtung *f*; (*fire ~*) Schutzgitter *nt*; (*on foil*) Glocke *f*; (*on sword etc*) Korb *m*.

6. (*in basketball*) Verteidigungsspieler(in *f*) *m*.

II *vt prisoner, place, valuables* bewachen; *treasure also, secret, tongue* hüten; *machinery* beaufsichtigen; *luggage* aufpassen auf (+*acc*); (*protect*) (*lit*) *person, place* schützen (*from, against* vor +*dat*), abschirmen (*from, against* gegen); *one's life* schützen; *one's reputation* achten auf (+*acc*); (*fig*) *child* behüten, beschützen (*from, against* vor +*dat*).

◆**guard against** *vi +prep obj* (*take care to avoid*) *suspicion, being cheated etc* sich in acht nehmen vor (+*dat*); *hasty reaction, bad habit, scandal also* sich hüten vor (+*dat*); (*take precautions against*) *illness, misunderstandings* vorbeugen (+*dat*); *accidents* verhüten. **you must ~ ~ catching cold** Sie müssen aufpassen *or* sich in acht nehmen, daß Sie sich nicht erkälten.

guard dog *n* Wachhund *m*; **guard duty** *n* Wachdienst *m*; **to be on ~** auf Wache sein, Wache haben (*inf*).

guarded ['gɑːdɪd] *adj reply* vorsichtig, zurückhaltend; *smile* zurückhaltend, reserviert; (*under guard*) *prisoner* bewacht; *machinery* geschützt, abgesichert. **to be ~ in one's remarks** sich sehr vorsichtig *or* zurückhaltend ausdrücken.

guardedly ['gɑːdɪdlɪ] *adv* vorsichtig, zurückhaltend. **to be ~ optimistic** vorsichtigen Optimismus zeigen.

guardedness ['gɑːdɪdnɪs] *n* Vorsichtigkeit *f*; (*of smile*) Reserviertheit *f*.

guardhouse ['gɑːdhaʊs] *n* (*Mil*) (*for sol-*

diers) Wachlokal *nt*, Wachstube *f*; (*for prisoners*) Arrestlokal *nt*, Bunker *m* (*sl*).

guardian ['gɑːdɪən] *n* Hüter(in *f*), Wächter(in *f*) *m*; (*Jur*) Vormund *m*. **~ angel** Schutzengel *m*.

guardianship ['gɑːdɪənʃɪp] *n* Wachen *nt* (*of* über +*acc*); (*Jur*) Vormundschaft *f* (*of* über +*acc*).

guardrail *n* Schutzgeländer *nt*; (*around machinery*) Schutzleiste *f*; (*Rail*) Schutzschiene, Zwangsschiene *f*; **guardroom** *n* (*used by guard*) Wachstube *f*; **to put sb in the ~** jdn unter Bewachung stellen.

guardsman ['gɑːdzmən] *n*, *pl* **-men** [-mən] Wache *f*, Wachtposten *m*; (*member of guards regiment*) Gardist *m*; (*US: in National Guard*) Nationalgardist *m*.

guard's van ['gɑːdzvæn] *n* (*Brit Rail*) Schaffnerabteil *nt*, Dienstwagen *m*.

Guatemala [ˌgwɑːtɪ'mɑːlə] *n* Guatemala *nt*.

Guatemalan [ˌgwɑːtɪ'mɑːlən] **I** *adj* guatemaltekisch, aus Guatemala. **II** *n* Guatemalteke *m*, Guatemaltekin *f*.

guava ['gwɑːvə] *n* Guave *f*; (*tree also*) Guavenbaum *m*.

gudgeon ['gʌdʒən] *n* Gründling *m*.

guelder rose ['geldəˌrəʊz] *n* (*Bot*) Schneeball *m*.

guer(r)illa [gə'rɪlə] **I** *n* Guerilla *mf*, Guerillakämpfer(in *f*) *m*. **II** *attr* Guerilla-. **~ war/warfare** Guerillakrieg *m*.

Guernsey ['gɜːnzɪ] *n* **1.** Guernsey *nt*. **2.** (*sweater: also* **g~**) dicker Pullover (*von Fischern getragen*).

guess [ges] **I** *n* Vermutung, Annahme *f*; (*estimate*) Schätzung *f*. **to have** *or* **make a ~ (at sth)** (etw) raten; (*estimate*) (etw) schätzen; **it was just a ~** ich habe nur geraten; **his ~ was nearly right** er hat es fast erraten; er hat es gut geschätzt; **it's a good ~** gut geraten *or* geschätzt *or* getippt; **it was just a lucky ~** das war nur gut geraten, das war ein Zufallstreffer *m*; **I'll give you three ~es** dreimal darfst du raten; **50 people, at a ~** schätzungsweise 50 Leute; **at a rough ~** grob geschätzt, über den Daumen gepeilt (*inf*); **my ~ is that ...** ich tippe darauf (*inf*) *or* schätze *or* vermute, daß ...; **your ~ is as good as mine!** (*inf*) da kann ich auch nur raten!; **it's anybody's ~** (*inf*) das wissen die Götter (*inf*).

II *vi* **1.** raten. **how did you ~?** wie hast du das bloß erraten?; (*iro*) du merkst auch alles!; **to keep sb ~ing** jdn im ungewissen lassen; **you'll never ~!** das wirst du nie erraten; **to ~ at sth** etw raten.

2. (*esp US*) **I ~ not** wohl nicht; **he's right, I ~** er hat wohl recht; **is he coming? — I ~ so** kommt er? — (ich) schätze ja (*inf*), ich glaube schon; **that's all, I ~** das ist wohl alles, (ich) schätze, das ist alles (*inf*).

III *vt* **1.** (*surmise*) raten; (*surmise correctly*) erraten; (*estimate*) *weight, numbers, amount* schätzen. **I ~ed as much** das habe ich mir schon gedacht; **to ~ sb to be 20 years old/sth to be 10 lbs** jdn auf 20/etw auf 10 Pfund schätzen; **you'll never ~ who/what ...** das errätst du nie, wer/was ...; **~ who!** (*inf*) rat mal, wer!; **~ what!** (*inf*) stell dir vor! (*inf*), denk nur! (*inf*).

2. (*esp US*) schätzen (*inf*), vermuten, annehmen. **I ~ we'll buy it** wir werden es wohl *or* wahrscheinlich kaufen.

guessable ['gesəbl] *adj answer* erratbar, zu erraten *pred*; *age also, number* schätzbar, zu schätzen *pred*.

guessing game ['gesɪŋˌgeɪm] *n* (*lit, fig*) Ratespiel *nt*.

guesstimate ['gestɪmɪt] *n* grobe Schätzung.

guesswork ['geswɜːk] *n* (reine) Vermutung. **they did it all by ~** sie haben nur geraten; **it's all ~** das sind doch nur Vermutungen, das ist doch alles nur geraten.

guest [gest] *n* Gast *m*. **~ of honour** Ehrengast *m*; **be my ~** (*inf*) nur zu! (*inf*).

guest *in cpds* Gast-; **guest appearance** *n* Gastauftritt *m*; **to make a ~** als Gast auftreten; **guest artist** *n* Gast(star), Gastkünstler(in *f*) *m*; (*Theat*) Gastspieler(in *f*) *m*; **guest-house** *n* Gästehaus *nt*; (*boarding house*) (Fremden)pension *f*; **guest list** *n* Gästeliste *f*; **guest-room** *n* Gästezimmer *nt*.

guffaw [gʌ'fɔː] **I** *n* schallendes Lachen *no pl*. **~s of laughter** Lachsalven *pl*. **II** *vi* schallend (los)lachen.

Guiana [gaɪ'ænə] *n* Guayana *nt*.

guidance ['gaɪdəns] *n* (*direction*) Führung, Leitung *f*; (*counselling*) Beratung *f* (*on* über +*acc*); (*from superior, parents, teacher*) Anleitung *f*. **spiritual ~** geistiger Rat; **for your ~** zu Ihrer Orientierung *or* Hilfe; **to give sb ~ on sth** jdn bei etw beraten.

guidance system *n* (*on rocket*) Steuerungssystem *nt*.

guide [gaɪd] **I** *n* **1.** (*person*) Leiter(in *f*) *m*; (*fig: indication, pointer*) Anhaltspunkt *m* (*to* für); (*model*) Leitbild *nt*. **let reason/your conscience be your ~** lassen Sie sich von der Vernunft/Ihrem Gewissen leiten; **he is my spiritual ~** er ist mein geistiger Berater.

2. (*Tech*) Leitvorrichtung *f*.

3. (*Brit: girl* **~**) Pfadfinderin *f*.

4. (*instructions*) Anleitung *f*; (*manual*) Leitfaden *m*, Handbuch *nt* (*to gen*); (*travel* **~**) Führer *m*. **let this dictionary/this piece of work be your ~** orientieren Sie sich an diesem Wörterbuch/dieser Arbeit.

II *vt people, blind man* führen; *discussion also* leiten; *missile, rocket, sb's behaviour, studies, reading* lenken. **to ~ a plane in** ein Flugzeug einweisen; **to be ~d by sb/sth** (*person*) sich von jdm/etw leiten lassen; **to ~ sb on his way** jdm den Weg zeigen *or* weisen.

guide-book ['gaɪdbʊk] *n* (Reise)führer *m* (*to* von).

guided missile [ˌgaɪdɪd'mɪsaɪl] *n* ferngelenktes Geschoß, Lenkflugkörper *m*.

guide-dog ['gaɪddɒg] *n* Blindenhund *m*.

guided tour [ˌgaɪdɪd'tʊə[r]] *n* Führung *f* (*of* durch).

guideline *n* Richtlinie *f*; (*Typ, for writing*)

Leitlinie *f*; **guidepost** *n* Wegweiser *m*.
guider ['gaɪdəʳ] *n* (*Brit*) Pfadfinderinnenführerin *f*.
guide-rope ['gaɪdrəʊp] *n* Schlepptau *nt*.
guiding ['gaɪdɪŋ]: **guiding hand** *n* leitende Hand; **guiding principle** *n* Leitmotiv *nt*; **guiding star** *n* Leitstern *m*.
guild [gɪld] *n* (*Hist*) Zunft, Gilde *f*; (*association*) Verein *m*.
guilder ['gɪldəʳ] *n* Gulden *m*.
guile [gaɪl] *n* Tücke, (Arg)list *f*. **to have great ~** sehr tückisch *or* arglistig sein; **without ~** ohne Arg, ohne Falsch (*liter*).
guileful ['gaɪlfʊl] *adj* hinterhältig, tückisch.
guileless ['gaɪllɪs] *adj* arglos, harmlos.
guillemot ['gɪlɪmɒt] *n* Lumme *f*.
guillotine [,gɪlə'ti:n] **I** *n* **1.** Guillotine *f*, Fallbeil *nt*.

2. (*for paper*) (Papier)schneidemaschine *f*.

3. (*Parl*) Beschränkung *f* der Diskussionszeit. **to put a ~ on a bill** die Diskussionszeit für ein Gesetz einschränken.

II *vt* **1.** *person* mit der Guillotine *or* dem Fallbeil hinrichten. **2.** *paper* schneiden. **3.** (*Parl*) *bill* die Diskussionszeit einschränken für.
guilt [gɪlt] *n* Schuld *f* (*for, of* an +*dat*). **to feel ~ about sth** sich wegen etw schuldig fühlen, wegen etw Schuldgefühle haben; **~ complex** Schuldkomplex *m*.
guiltily ['gɪltɪlɪ] *adv* schuldbewußt; *act* verdächtig.
guiltiness ['gɪltɪnɪs] *n* Schuld *f*; (*feeling*) Schuldbewußtsein *nt*.
guiltless ['gɪltlɪs] *adj* schuldlos, unschuldig (*of* an +*dat*). **he is ~ of any crime** er ist keines Verbrechens schuldig.
guilty ['gɪltɪ] *adj* (+*er*) **1.** schuldig (*of gen*). **the ~ person/party** der/die Schuldige/die schuldige Partei; **verdict of ~** Schuldspruch *m*; **to find sb ~/not ~ (of a crime)** jdn (eines Verbrechens) für schuldig/nicht schuldig befinden; **~/not ~!** (*Jur*) schuldig/nicht schuldig!; (*fig*) das war ich/das war ich nicht.

2. *look, voice* schuldbewußt; *conscience, thought* schlecht; *intent, thought* böse.

3. (*in phrases*) **he was ~ of taking the book without permission** er hat das Buch ohne Erlaubnis genommen; **I've been ~ of that myself** den Fehler habe ich auch schon begangen; **I feel very ~ (about ...)** ich habe ein sehr schlechtes Gewissen wegen ...
Guinea ['gɪnɪ] *n* Guinea *nt*.
guinea ['gɪnɪ] *n* (*Brit old*) Guinee, Guinea *f* (*21 Shilling*).
guinea-fowl *n* Perlhuhn *nt*; **guinea-pig** *n* Meerschweinchen *nt*; (*fig*) Versuchskaninchen *nt*.
guise [gaɪz] *n* (*disguise*) Gestalt *f*; (*pretence*) Vorwand *m*. **in the ~ of a clown/swan** als Clown verkleidet/in Gestalt eines Schwans; **under the ~ of friendship** unter dem Deckmantel der Freundschaft.
guitar [gɪ'tɑ:ʳ] *n* Gitarre *f*.
guitarist [gɪ'tɑ:rɪst] *n* Gitarrist(in *f*) *m*.
gulch [gʌlʃ] *n* (*US*) Schlucht *f*.
gulf [gʌlf] *n* **1.** (*bay*) Golf, Meerbusen *m*. **G~ Stream** Golfstrom *m*; **the G~ of Mexico/Bothnia** der Golf von Mexico/der Bottnische Meerbusen; **the (Persian) G~** der (Persische) Golf; **the G~ States** die Golfstaaten *pl*; **G~ War** der Golfkrieg. **2.** (*lit, fig: chasm*) tiefe Kluft.
gull [gʌl] *n* (*sea~*) Möwe *f*.
gullet ['gʌlɪt] *n* Speiseröhre, Kehle *f*. **that really stuck in my ~** (*fig*) das ging mir sehr gegen den Strich (*inf*).
gullibility [,gʌlɪ'bɪlɪtɪ] *n* Leichtgläubigkeit *f*.
gullible *adj*, **-bly** *adv* ['gʌlɪbl, -ɪ] leichtgläubig.
gull wing door *n* (*Aut*) Flügeltür *f*; **gull-winged** *adj car* mit Flügeltüren.
gully ['gʌlɪ] *n* (*ravine*) Schlucht *f*; (*narrow channel*) Rinne *f*.
gulp [gʌlp] **I** *n* Schluck *m*. **at a/one ~** auf einen Schluck.

II *vt* (*also* **~ down**) *drink* runterstürzen; *food* runterschlingen; *medicine* hinunterschlucken. **to ~ back one's tears/a reply** die Tränen/eine Antwort hinunterschlucken.

III *vi* (*try to swallow*) würgen; (*eat fast*) schlingen; (*drink fast*) hastig trinken; (*from emotion*) trocken schlucken.
gum¹ [gʌm] *n* (*Anat*) Zahnfleisch *nt no pl*.
gum² **I** *n* **1.** Gummi *nt*; (*~-tree*) Gummibaum *m*; (*glue*) Klebstoff *m*. **2.** (*chewing ~*) Kaugummi *m*; (*sweet*) Weingummi *m*. **3.** (*US inf*) *see* **gum-shoe**. **II** *vt* (*stick together*) kleben; (*spread ~ on*) gummieren.
◆**gum down** *vt sep label* aufkleben; *envelope* zukleben.
◆**gum up** *vt sep* verkleben. **to ~ ~ the works** (*inf*) alles verkleben; (*fig*) die Sache vermasseln (*inf*); **to get ~med up** verkleben.
gumboil *n* Zahnfleischabszeß *m*; **gumboot** *n* Gummistiefel *m*; **gumdrop** *n* Weingummi *m*.
gummy ['gʌmɪ] *adj* (+*er*) gummiert; (*sticky*) klebrig.
gumption ['gʌmpʃən] *n* (*inf*) Grips *m* (*inf*). **to have the ~ to do sth** geistesgegenwärtig genug sein, etw zu tun.
gum-shield *n* Zahnschutz *m*; **gum-shoe** (*US*) **I** *n* **1.** (*dated*) (*overshoe*) Überschuh *m*, Galosche *f*; (*gym shoe*) Turnschuh *m*; **2.** (*sl: detective*) Schnüffler *m* (*inf*); **II** *vi* (*sl: move stealthily*) schleichen; **gum-tree** *n* Gummibaum *m*; **to be up a ~** (*Brit inf*) aufgeschmissen sein (*inf*).
gun [gʌn] **I** *n* **1.** (*cannon*) Kanone *f*, Geschütz *nt*; (*rifle*) Gewehr *nt*; (*pistol*) Pistole *f*, Kanone *f* (*sl*), Schießeisen *nt* (*sl*). **to carry a ~** (mit einer Schußwaffe) bewaffnet sein, eine Schußwaffe tragen (*form*); **to draw a ~ on sb** jdn mit einer Schußwaffe bedrohen; **to fire a 21-~ salute** 21 Salutschüsse abgeben; **the big ~s** die schweren Geschütze; **big ~** (*fig inf*) hohes *or* großes Tier (*inf*) (*in* in +*dat*); **to stick to one's ~s** nicht nachgeben, festbleiben; **to jump the ~** (*Sport*) Frühstart machen; (*fig*) voreilig sein *or* handeln; **to be going great ~s** (*inf*) (*team,*

person) toll in Schwung *or* Fahrt sein (*inf*); (*car*) wie geschmiert laufen (*inf*); (*business*) gut in Schuß sein (*inf*).

2. (*spray* ~) Pistole *f*. **grease** ~ Schmierpresse, Fettpresse *f*.

3. (*Hunt also*) Jäger(in *f*) *m*; (*inf esp US:* ~*man*) Pistolenheld *m* (*inf*). **he's the fastest ~ in the West** (*inf*) er zieht am schnellsten im ganzen Westen (*inf*).

II *vt* **1.** (*kill: also* ~ **down**) *person* erschießen, zusammenschießen; *pilot, plane* abschießen.

2. (*sl: rev*) *engine* aufheulen lassen.

III *vi* **1.** (*inf*) **to be ~ning for sb** (*lit*) Jagd auf jdn machen; (*fig*) jdn auf dem Kieker haben (*inf*); *for opponent* jdn auf die Abschußliste gesetzt haben. **2.** (*sl: speed*) schießen (*inf*).

gun barrel *n* (*on cannon*) Kanonen- *or* Geschützrohr *nt*; (*on rifle*) Gewehrlauf *m*; (*on pistol*) Pistolenlauf *m*; **gunboat** *n* Kanonenboot *nt*; ~ **diplomacy** Kanonenbootdiplomatie *f*; **gun carriage** *n* Lafette *f*; **gun crew** *n* Geschützbedienung *f*; **gun dog** *n* Jagdhund *m*; **gunfight** *n* Schießerei *f*; (*Mil*) Feuergefecht *nt*, Schußwechsel *m*; **gunfighter** *n* Revolverheld(in *f*) *m*; **gunfire** *n* Schießerei *f*, Schüsse *pl*; (*Mil*) Geschützfeuer *nt*.

gung ho ['gʌŋ'həʊ] *adj* (*inf*) übereifrig.

gunman *n* (mit einer Schußwaffe) Bewaffnete(r) *m*; **they saw the** ~ sie haben den Schützen gesehen; **gunmetal I** *n* Geschützmetall *nt*, Geschützbronze *f*; (*colour*) metallisches Blaugrau; **II** *adj attr* aus Geschützmetall *or* -bronze; *grey, colour* metallisch.

gunnel ['gʌnəl] *n see* **gunwale.**

gunner ['gʌnəʳ] *n* (*Mil*) Artillerist *m*; (*title*) Kanonier *m*; (*Naut*) Geschützführer *m*; (*in plane*) Bordschütze *m*. **to be in the ~s** (*Mil*) bei der Artillerie sein.

gunnery ['gʌnərɪ] *n* Schießkunst *f*. ~ **officer** Artillerieoffizier *m*.

gunny ['gʌnɪ] *n* Sackleinen *nt*.

gunpoint *n* **to hold sb at** ~ jdn mit einer Pistole/einem Gewehr bedrohen; **to force sb to do sth at** ~ jdn mit vorgehaltener Pistole/vorgehaltenem Gewehr zwingen, etw zu tun; **gunpowder** *n* Schießpulver *nt*; **gunroom** *n* Waffenkammer *f*; (*Naut*) Kadettenmesse *f*, **gunrunner** *n* Waffenschmuggler(in *f*) *or* -schieber(in *f*) *m*; **gunship** *n*: **helicopter** ~ Kampfhubschrauber *m*; **gunshot** *n* Schuß *m*; (*range*) Schußweite *f*; ~ **wound** Schußwunde *f*; **gunslinger** *n* (*inf*) Pistolenheld(in *f*) *m* (*inf*); **gunsmith** *n* Büchsenmacher(in *f*) *m*; **gunturret** *n* Geschützturm *m*; **gunwale** ['gʌnl] *n* Dollbord *nt*.

guppy ['gʌpɪ] *n* Guppy, Millionenfisch *m*.

gurgle ['gɜːgl] **I** *n* (*of liquid*) Gluckern *nt no pl*; (*of brook also*) Plätschern *nt no pl*; (*of baby*) Glucksen *nt no pl*. **II** *vi* (*liquid*) gluckern; (*brook also*) plätschern; (*person*) glucksen.

guru ['gʊruː] *n* (*lit, fig*) Guru *m*.

gush [gʌʃ] **I** *n* **1.** (*of liquid*) Strahl, Schwall *m*; (*of words*) Schwall *m*; (*of emotion*) Ausbruch *m*.

2. (*inf:* ~*ing talk*) Geschwärme *nt* (*inf*).

II *vi* **1.** (*also* ~ **out**) (*water*) herausschießen, heraussprudeln; (*smoke, blood, tears*) hervorquellen; (*flames*) herausschlagen.

2. (*inf: talk*) schwärmen (*inf*) (*about, over* von); (*insincerely*) sich ergehen (*about, over* über +*acc*).

III *vt* (*liter*) (*volcano*) ausstoßen. **the wound ~ed blood** aus der Wunde schoß *or* quoll Blut; **what a delightful hat, she ~ed** welch entzückender Hut, sagte sie überschwenglich.

gusher ['gʌʃəʳ] *n* (*oil well*) (natürlich sprudelnde) Ölquelle.

gushing ['gʌʃɪŋ] *adj* **1.** *water* sprudelnd, (heraus)schießend. **2.** (*fig*) überschwenglich; *talk also* schwärmerisch.

gushingly ['gʌʃɪŋlɪ] *adv* überschwenglich.

gusset ['gʌsɪt] *n* (*in garment*) Keil, Zwickel *m*.

gust [gʌst] **I** *n* (*of wind*) Stoß *m*, Bö(e) *f*; (*of rain*) Böe *f*; (*fig: of emotion*) Anfall *m*. **a ~ of smoke/flames** eine Rauchwolke/Stichflamme; **a ~ of laughter** eine Lachsalve. **II** *vi* böig *or* stürmisch wehen.

gustily ['gʌstɪlɪ] *adv* böig, stürmisch.

gusto ['gʌstəʊ] *n* Begeisterung *f*. **to do sth with** ~ etw mit Genuß tun.

gusty ['gʌstɪ] *adj* (+*er*) *wind, day, rain* böig, stürmisch.

gut [gʌt] **I** *n* **1.** (*alimentary canal*) Darm *m*; (*stomach, paunch*) Bauch *m*.

2. *usu pl* (*inf: stomach*) Eingeweide *nt*; (*fig*) (*essence: of problem, matter*) Kern *m*; (*contents*) Substanz *f*. **to sweat** *or* **work one's ~s out** (*inf*) wie blöd schuften (*inf*); **to hate sb's ~s** (*inf*) jdn auf den Tod nicht ausstehen können (*inf*); **I'll have his ~s for garters!** (*inf*) den mache ich zur Minna (*inf*) *or* zur Schnecke (*inf*); ~ **reaction** rein gefühlsmäßige Reaktion.

3. (*inf: courage*) **~s** *pl* Mumm (*inf*); **to have the ~ to do sth** den Mut haben, etw zu tun; **his style has got ~s/no ~s** sein Stil ist knallhart/windelweich (*inf*).

4. (*cat*~) Darm *m*; (*for racket, violin*) Darmsaiten *pl*.

II *vt* **1.** *animal, chicken, fish* ausnehmen.

2. (*fire*) ausbrennen; (*remove contents*) ausräumen.

gutless ['gʌtlɪs] *adj* (*fig inf*) feige.

gutsy ['gʌtsɪ] *adj* (+*er*) (*inf*) **1.** (*greedy*) verfressen (*inf*).

2. (*fig*) *prose, music, player* rasant; *resistance* hart, mutig.

gutter ['gʌtəʳ] **I** *n* (*on roof*) Dachrinne *f*; (*in street*) Gosse *f* (*also fig*), Rinnstein *m*. **to be born in the** ~ aus der Gosse kommen; **the language of the** ~ die Gossensprache. **II** *vi* (*candle, flame*) flakkern.

guttering ['gʌtərɪŋ] **I** *n* Regenrinnen *pl*. **II** *adj* flackernd.

gutter journalism *n* Kloakenjournalismus *m*; **gutter-press** *n* Boulevardpresse *f*; **guttersnipe** *n* Gassenkind *nt*.

guttural ['gʌtərəl] **I** *n* Guttural(laut), Kehllaut *m*. **II** *adj* guttural, kehlig.

guv [gʌv], **guv'nor** ['gʌvnəʳ] *n* (*Brit inf*) Chef *m* (*inf*).

guy¹ [gaɪ] **I** *n* **1.** (*inf: man*) Typ (*inf*), Kerl (*inf*) *m*. **hey you ~s** he Leute (*inf*); **great ~s** dufte Typen *pl* (*inf*); **are you ~s ready?** seid ihr fertig?
2. (*Brit: effigy*) (Guy-Fawkes-)Puppe *f*; **G~ Fawkes day** *Jahrestag m der Pulververschwörung (5. November)*.
II *vt* (*ridicule*) sich lustig machen über (+*acc*).

guy² *n* (*also* **~-rope**) Haltetau *or* -seil *nt*; (*for tent*) Zeltschnur *f*.

Guyana [gaɪ'ænə] *n* Guyana (*form*), Guayana *nt*.

Guyanese [ˌgaɪə'ni:z] *n* Guayaner(in *f*) *m*.

guzzle ['gʌzl] *vti* (*eat*) futtern (*inf*); (*drink*) schlürfen.

gym [dʒɪm] *n* (*gymnasium*) Turnhalle *f*; (*gymnastics*) Turnen *nt*.

gymkhana [dʒɪm'kɑ:nə] *n* Reiterfest *nt*.

gymnasium [dʒɪm'neɪzɪəm] *n*, *pl* **-s** *or* (*form*) **gymnasia** [dʒɪm'neɪzɪə] Turnhalle *f*.

gymnast ['dʒɪmnæst] *n* Turner(in *f*) *m*.

gymnastic [dʒɪm'næstɪk] *adj ability* turnerisch; *training, exercise also* Turn-.

gymnastics [dʒɪm'næstɪks] *n* **1.** *sing* (*discipline*) Gymnastik *f no pl*; (*with apparatus*) Turnen *nt no pl*. **2.** *pl* (*exercises*) Übungen *pl*. **verbal ~** Wortakrobatik *f*.

gym shoe *n* (*Brit*) Turnschuh *m*; **gymslip** *n* (*Brit*) Schulträgerrock *m*; **gym teacher** *n* Turnlehrer(in *f*) *m*.

gynaecological, (*US*) **gynecological** [ˌgaɪnɪkə'lɒdʒɪkəl] *adj* gynäkologisch.

gynaecologist, (*US*) **gynecologist** [ˌgaɪnɪ'kɒlədʒɪst] *n* Gynäkologe *m*, Gynäkologin *f*, Frauenarzt *m*/-ärztin *f*.

gynaecology, (*US*) **gynecology** [ˌgaɪnɪ'kɒlədʒɪ] *n* Gynäkologie, Frauenheilkunde *f*.

gyp [dʒɪp] *n* **1.** (*sl: swindle*) Gaunerei *f* (*inf*). **2.** (*sl: swindler*) Gauner *m*. **3.** (*inf*) **to give sb ~** jdn plagen (*inf*).

gypsum ['dʒɪpsəm] *n* Gips *m*.

gypsy *n, adj attr* (*esp US*) *see* **gipsy.**

gyrate [ˌdʒaɪə'reɪt] *vi* (*whirl*) (herum)wirbeln; (*rotate*) sich drehen, kreisen; (*dancer*) sich drehen und winden.

gyration [ˌdʒaɪə'reɪʃən] *n see vi* Wirbeln *nt no pl*; Drehung *f*, Kreisen *nt no pl*; Drehung und Windung *f usu pl*.

gyratory [ˌdʒaɪə'reɪtərɪ] *adj* (*whirling*) wirbelnd; (*revolving*) kreisend.

gyrocompass ['dʒaɪərəʊ'kʌmpəs] *n* Kreisel-Magnetkompaß *m*.

gyroscope ['dʒaɪərəˌskəʊp] *n* Gyroskop *nt*.

H

H, h [eɪtʃ] *n* H, h *nt*; *see* **drop.**
h *abbr of* **hour(s)** h.
habeas corpus ['heɪbɪəs'kɔːpəs] *n* (*Jur*) Habeaskorpusakte *f*. **to issue a writ of ~** einen Vorführungsbefehl erteilen; **the lawyer applied for ~** der Rechtsanwalt verlangte, daß sein Klient einem Untersuchungsrichter vorgeführt wurde.
haberdasher ['hæbədæʃəʳ] *n* (*Brit*) Kurzwarenhändler(in *f*) *m*; (*US*) Herrenausstatter(in *f*) *m*.
haberdashery [ˌhæbə'dæʃərɪ] *n* (*Brit*) (*articles*) Kurzwaren *pl*; (*shop*) Kurzwarengeschäft *nt or* -handlung *f*; (*US*) (*articles*) Herrenbekleidung *f*; Herrenartikel *pl*; (*shop*) Herrenmodengeschäft *nt*.
habit ['hæbɪt] *n* **1.** Gewohnheit *f*; (*esp undesirable also*) Angewohnheit *f*. **to be in the ~ of doing sth** die Angewohnheit haben, etw zu tun, etw gewöhnlich tun; **it became a ~** es wurde zur Gewohnheit; **out of** *or* **by (sheer) ~** aus (reiner) Gewohnheit, (rein) gewohnheitsmäßig; **from (force of) ~** aus Gewohnheit; **I don't make a ~ of asking strangers in** (für) gewöhnlich bitte ich Fremde nicht herein; **don't make a ~ of it** lassen Sie (sich *dat*) das nicht zur Gewohnheit werden; **to get into/to get sb into the ~ of doing sth** sich/jdm angewöhnen *or* sich/jdn daran gewöhnen, etw zu tun; **to get** *or* **fall into bad ~s** schlechte Gewohnheiten annehmen; **to get out of/to get sb out of the ~ of doing sth** sich/jdm abgewöhnen, etw zu tun; **you must get out of the ~ of biting your nails** du mußt dir das Nägelkauen abgewöhnen; **to have a ~ of doing sth** die Angewohnheit haben, etw zu tun.
2. (*costume*) Gewand *nt*; (*monk's also*) Habit *nt or m*. **(riding) ~** Reitkleid *nt*.
habitable ['hæbɪtəbl] *adj* bewohnbar.
habitat ['hæbɪtæt] *n* Heimat *f*; (*of animals*) Habitat *n*; (*of plants*) Standort *m*.
habitation [ˌhæbɪ'teɪʃən] *n* (Be)wohnen *nt*; (*place*) Wohnstätte, Behausung *f*. **to show signs of ~** bewohnt aussehen; **unfit for human ~** menschenunwürdig, für Wohnzwecke nicht geeignet.
habit-forming ['hæbɪtˌfɔːmɪŋ] *adj* **to be ~** zur Gewohnheit werden; **are those ~ drugs?** wird man davon abhängig?
habitual [hə'bɪtjʊəl] *adj* gewohnt; *smoker, drinker, gambler* Gewohnheits-, gewohnheitsmäßig; *liar* gewohnheitsmäßig, notorisch. **his ~ courtesy/cheerfulness** die ihm eigene Höflichkeit/Heiterkeit.
habitually [hə'bɪtjʊəlɪ] *adv* ständig.
habituate [hə'bɪtjʊeɪt] *vt* gewöhnen (*sb to sth* jdn an etw (*acc*), *sb to doing sth* jdn daran, etw zu tun).
hack[1] [hæk] **I** *n* **1.** (*cut*) (Ein)schnitt *m*, Kerbe *f*; (*action*) Hieb *m*. **to take a ~ at sth** mit der Axt auf etw (*acc*) schlagen; (*in rage*) auf etw (*acc*) einhacken.
2. (*kick*) Tritt *m*. **he had a ~ at his opponent's ankle** er versetzte seinem Gegner einen Tritt gegen den Knöchel; **he got a ~ on the shin** er bekam einen Tritt gegen das Schienbein.
3. (*cough*) trockener Husten.
II *vt* **1.** (*cut*) schlagen, hacken. **to ~ sb/sth to pieces** (*lit*) jdn zerstückeln/etw (in Stücke) (zer)hacken *or* schlagen; (*fig*) jdn/etw zerfetzen; **to ~ one's way out** sich einen Weg freischlagen; **to ~ one's way through (sth)** sich (*dat*) einen Weg (durch etw) schlagen.
2. (*Sport*) *ball* treten gegen, einen Tritt versetzen (+*dat*). **to ~ sb on the shin** jdn vors *or* gegen das Schienbein treten.
3. (*Comput*) hacken. **hack into a program, system** ein Program knacken, in ein System eindringen.
III *vi* **1.** (*chop*) hacken. **he ~ed at the branch with his axe** er schlug mit der Axt auf den Ast. **2.** (*cough*) trocken husten. **3.** (*Sport*) **he was booked for ~ing** er wurde wegen Holzerei verwarnt. **4.** (*Comput*) hacken. **to ~ into a mainframe** in einen Mainframe eindringen.
◆**hack about** *vt sep* (*fig*) *text* zerstückeln.
◆**hack down** *vt sep bushes* abhacken; *people also* niedermetzeln; *tree* umhauen.
◆**hack off** *vt sep* abhacken, abschlagen. **to ~ sth ~ sth** etw von etw abhacken *or* abschlagen.
◆**hack out** *vt sep clearing* schlagen; *hole* heraushacken.
◆**hack up** *vt sep* zerhacken; *bodies* zerstückeln.
hack[2] **I** *n* **1.** (*hired horse*) Mietpferd *nt*; (*worn-out horse*) Gaul, Klepper *m*. **2.** (*ride*) Ausritt *m*; **3.** (*pej: literary ~*) Schreiberling *m*; **the newspaper ~s** die Zeitungsschreiber(in *f*) *pl*; **paid ~** Soldschreiber(in *f*) *m*. **4.** (*pej inf*) **(party) ~** (Partei)heini (*inf*) *or* -typ (*inf*) *m*. **5.** (*US: taxi*) Taxi *nt*.
II *adj attr* (*pej*) *writing* stumpfsinnig. **~ writer** schreiberling *m*.
III *vi* einen Spazierritt machen. **to go ~ing** ausreiten.
hacker ['hækəʳ] *n* (*Comput*) Hacker(in *f*) *m*.
hackie ['hækɪ] *n* (*US inf*) Taxifahrer(in *f*) *m*.
hacking ['hækɪŋ] **I** *adj* **1. ~ cough** trockener Husten. **2. ~ jacket** Sportsakko *m or nt*; (*for riding*) Reitjacke *f*.
II *n* (*Comput*) Hacken *nt*.
hackle ['hækl] *n* (*Orn*) lange Nackenfeder; (*plumage also*) Nackengefieder *nt*; (*pl: of dog*) Fell *nt* im Nacken. **the dog's**

~s rose dem Hund sträubte sich das Fell; **his ~s rose at the very idea** bei dem bloßen Gedanken sträubte sich alles in ihm; **to get sb's ~s up** jdn reizen, jdn auf die Palme bringen (*inf*); **to have one's ~s up** auf (hundert)achtzig sein (*inf*).

hackneyed ['hæknɪd] *adj subject* abgedroschen, abgegriffen; *metaphor, turn of phrase also* abgenutzt.

hacksaw *n* Metallsäge *f*; **hackwork** *n* (*trivial writing*) Schmiererei *f* (*inf*); (*mindless editing*) Routinearbeit *f*.

had [hæd] *pret, ptp of* **have.**

haddock ['hædək] *n* Schellfisch *m*.

hadn't ['hædnt] *contr of* **had not.**

Hadrian ['heɪdrɪən] *n* Hadrian *m*. **~'s Wall** Hadrianswall *m*.

haematologist, (*US*) **hematologist** [ˌhiːmə'tɒlədʒɪst] *n* Hämatologe *m*, Hämatologin *f*.

haematology, (*US*) **hematology** [ˌhiːmə'tɒlədʒɪ] *n* Hämatologie *f*.

haemoglobin, (*US*) **hemoglobin** [ˌhiːməʊ'gləʊbɪn] *n* Hämoglobin *nt*, roter Blutfarbstoff.

haemophilia, (*US*) **hemophilia** [ˌhiːməʊ'fɪlɪə] *n* Bluterkrankheit *f*.

haemophiliac, (*US*) **hemophiliac** [ˌhiːməʊ'fɪlɪæk] *n* Bluter(in *f*) *m*.

haemorrhage, (*US*) **hemorrhage** ['hemərɪdʒ] **I** *n* Blutung *f*. **II** *vi* bluten.

haemorrhoids, (*US*) **hemorrhoids** ['hemərɔɪdz] *npl* Hämorrhoiden *pl*.

hafnium ['hæfnɪəm] *n* (*Chem*) Hafnium *nt*.

hag [hæg] *n* Hexe *f*.

haggard ['hægəd] *adj* ausgezehrt; (*from tiredness*) abgespannt; (*from worry*) abgehärmt, verhärmt. **he had a very ~ expression throughout the trial** er wirkte während der ganzen Verhandlung sehr mitgenommen.

haggis ['hægɪs] *n schottisches Gericht aus gehackten Schafsinnereien und Haferschrot, im Schafsmagen gekocht*.

haggle ['hægl] *vi* (*bargain*) feilschen (*about or over* um); (*argue also*) sich (herum)streiten (*over* um *or* wegen).

hag-ridden ['hægrɪdn] *adj* (*worried*) vergrämt, verhärmt; *atmosphere* drückend. **to be ~** (*hum: tormented by women*) unter Weiberherrschaft stehen.

Hague [heɪg] *n* **the ~** Den Haag *nt*; **in the ~** in Den Haag.

hail[1] [heɪl] **I** *n* Hagel *m*. **a ~ of rocks/blows/curses** ein Steinhagel *m or* Hagel *m* von Steinen/Schlägen/Flüchen; **in a ~ of bullets** im Kugel- *or* Geschoßhagel. **II** *vi* hageln.

◆**hail down I** *vi* (*stones*) niederprasseln, niederhageln (*on sb/sth* auf jdn/etw). **II** *vt sep blows* niederprasseln lassen. **she ~ed ~ curses on him** sie überschüttete ihn mit einem Schwall von Flüchen.

hail[2] **I** *vt* **1.** zujubeln (+*dat*), bejubeln. **to ~ sb/sth as sth** jdn/etw als etw feiern.

2. (*call loudly*) zurufen (+*dat*); *ship* anrufen, preien (*spec*); *taxi* (*by calling*) rufen; (*by making sign also*) anhalten, herbeiwinken, winken (+*dat*). **within ~ing distance** in Rufweite.

II *vi* **where does that boat ~ from?** was ist der Heimathafen dieses Schiffs?; **they ~ from all parts of the world** sie kommen *or* stammen aus allen Teilen der Welt.

III *interj* (*obs, liter*) sei gegrüßt (*liter*) heil (+*dat*) (*liter*). **~ Caesar** heil dir Cäsar; **the H~ Mary** das Ave Maria.

IV *n* (Zu)ruf *m*. **within ~** in Rufweite.

hail-fellow-well-met ['heɪlfeləʊˌwel'met] *adj* plump-vertraulich. **he tries to be ~ with everyone** er versucht, sich bei allen anzubiedern.

hailstone *n* Hagelkorn *nt*; **hailstorm** *n* Hagel(schauer) *m*.

hair [hɛəʳ] **I** *n* **1.** (*collective: on head*) Haare *pl*, Haar *nt*. **a fine head of ~** schönes volles Haar, schöne volle Haare; **to do one's ~** sich frisieren; **to have one's ~ cut/done** sich (*dat*) die Haare schneiden/frisieren lassen; **to let one's ~ down** (*lit*) sein Haar aufmachen *or* lösen (*geh*); (*fig*) aus sich (*dat*) herausgehen; **keep your ~ on!** (*inf*) ruhig Blut!; **to get in sb's ~** (*inf*) jdm auf den Wecker *or* auf die Nerven gehen (*inf*); **that film really made my ~ stand on end** bei dem Film lief es mir eiskalt den Rücken herunter.

2. (*single ~*) Haar *nt*. **not a ~ of his head was harmed** ihm wurde kein Haar gekrümmt; **not a ~ out of place** (*fig*) wie aus dem Ei gepellt; **to win/lose by a ~** ganz knapp gewinnen/verlieren; *see* **turn, split.**

3. (*on body*) Haar(e *pl*) *nt*; (*total body ~*) Behaarung *f*. **body ~** Körperbehaarung *f*.

4. (*of animal, plant*) Haar *nt*; (*of pig*) Borste *f*. **the best cure for a hangover is the ~ of the dog (that bit you)** einen Kater kuriert man am besten, wenn man mit dem anfängt, womit man aufgehört hat.

II *attr mattress, sofa* Roßhaar-.

hair ball *n* Haarknäuel *nt*; **hair-band** *n* Haarband *nt*; **hair-breadth, hair's breadth** *n* Haaresbreite *f*; **by a ~ breadth** um Haaresbreite; **to be within a ~ breadth of ruin** am Rande des Ruins stehen; **he was within a ~ breadth of dying** er wäre um ein Haar gestorben; **to escape by a ~ breadth** mit knapper Not entkommen; **hairbrush** *n* Haarbürste *f*; **hair clip** *n* Clip *m*; (*for pony-tail*) Haarspange *f*; **hair-clippers** *npl* elektrische Haarschneidemaschine; **hair conditioner** *n* Pflegespülung *f*; **hair cream** *n* Haarcreme, Pomade *f*; **hair curler** *n* Lockenwickler *m*; **haircut** *n* Haarschnitt *m*; (*act also*) Haarschneiden *nt*; (*hairdo*) Frisur *f*; **to have** *or* **get a ~** sich (*dat*) die Haare schneiden lassen; **I need a ~** ich muß zum Friseur, ich muß mir die Haare schneiden lassen; **hairdo** *n* (*inf*) Frisur *f*; **hairdresser** *n* Friseur *m*, Friseuse *f*; **the ~'s** der Friseur; **hairdressing salon** *n* Friseursalon *m*; **hair dryer** *n* Haartrockner *m*; (*hand-held also*) Fön ® *m*; (*over head also*) Trockenhaube *f*.

hair follicle *n* Haarfollikel *nt*, Haarbalg *m*; **hairgrip** *n* Haarklemme *f*, Klemmchen *nt*.

hairiness ['hɛərɪnɪs] *n* Behaartheit *f*. **is ~ a sign of virility?** ist starker Haarwuchs ein Zeichen von Männlichkeit?

hair lacquer *n* Haarspray *m or nt*; **hairless** *adj* unbehaart; *plant* haarlos; **hairline** *n* **1.** Haaransatz *m*; **2.** (*thin line*) haarfeine Linie; (*in telescope, on sight*) Faden *m*; (*Typ*) senkrechter Strich; **~s** Fadenkreuz *nt*; **hairline crack** *n* Haarriß *m*; **hairnet** *n* Haarnetz *nt*; **hairpiece** *n* Haarteil *nt*; (*for men*) Toupet *nt*; **hairpin** *n* Haarnadel *f*; **hairpin (bend)** *n* Haarnadelkurve *f*; **hair-raiser** *n* (*inf*) (*experience*) haarsträubendes *or* entsetzliches Erlebnis; (*film, story*) Horror- *or* Gruselfilm *m*/-geschichte *f*, Schocker *m* (*inf*); **hair-raising** *adj* haarsträubend; **hair remover** *n* Haarentferner *m*, Haarentfernungsmittel *nt*; **hair restorer** *n* Haarwuchsmittel *nt*; **hair roller** *n* Lokkenwickler *m*; **hair's breadth** *n see* **hair-breadth**; **hair slide** *n* Haarspange *f*; **hairsplitter** *n* Haarspalter *m*; **hairsplitting I** *n* Haarspalterei *f*; **II** *adj* haarspalterisch; **hair spray** *n* Haarspray *m or nt*; **hairspring** *n* Spiralfeder *f*; **hairstyle** *n* Frisur *f*; **hair stylist** *n* Coiffeur *m*, Coiffeuse *f*; **hair transplant** *n* Haartransplantation *f*; **hair trigger** *n* Stecher *m*.

hairy ['hɛərɪ] *adj* (*+er*) **1.** stark behaart; *parts of body also, monster* haarig. **the cat makes everything all ~** die Katze hinterläßt überall Haare; **some ~ freak** so ein behaarter Typ. **2.** (*Bot*) behaart. **3.** (*sl*) gefährlich, haarig (*inf*); *bridge, corner, driving* kriminell (*sl*); *situation also* brenzlig (*inf*).

Haiti ['heɪtɪ] *n* Haiti *nt*.

Haitian ['heɪʃɪən] **I** *adj* haitianisch, haitisch. **II** *n* **1.** Haitianer(in *f*) *m*. **2.** (*language*) Haitisch *nt*.

hake [heɪk] *n* See- *or* Meerhecht, Hechtdorsch *m*.

halcyon ['hælsɪən] *adj*: **~ days** glückliche Tage *pl*.

hale [heɪl] *adj* (*+er*) kräftig; *old man* rüstig. **~ and hearty** gesund und munter.

half [hɑːf] **I** *n, pl* **halves 1.** Hälfte *f*. **two halves make a whole** zwei Halbe machen ein Ganzes; **to cut in ~** halbieren; (*with knife also*) in zwei Hälften *or* Teile schneiden; *salary etc* um *or* auf die Hälfte kürzen; **to break/tear sth in ~** etw durchbrechen/ durchreißen; **~ of it/them** die Hälfte davon/von ihnen; **~ the book/money/my life** die Hälfte des Buches/Geldes/meines Lebens *or* das halbe Buch/Geld/mein halbes Leben; **he gave me ~** er gab mir die Hälfte; **~ a cup/an hour/a lifetime** eine halbe Tasse/ Stunde/ein halbes Leben; **he's not ~ the man he used to be** er ist längst nicht mehr das, was er einmal war; **~ a second!** (einen) Augenblick mal!; **to listen with ~ an ear** nur mit halbem Ohr zuhören; **to take ~ of sth** die Hälfte von etw nehmen; **that's only ~ the story** das ist nur die halbe Geschichte; **bigger by ~** anderthalbmal so groß; **he is too clever by ~** (*inf*) das ist ein richtiger Schlaumeier; **he's too cocky by ~** (*inf*) er hält sich für wer weiß was (*inf*); **not ~ enough** bei weitem nicht *or* längst nicht genug; **one and a ~** eineinhalb, anderthalb; **an hour and a ~** eineinhalb *or* anderthalb Stunden; **not to do things by halves** keine halben Sachen machen; **~ and ~** halb und halb; **that's a hill and a ~!** (*inf*) das ist vielleicht ein Berg!

2. (*Sport*) (*of match*) (Spiel)hälfte, Halbzeit *f*; (*player*) Läufer(in *f*) *m*.

3. (*of ticket*) Abschnitt *m* der Fahrkarte; (*travel, admission fee*) halbe Karte (*inf*). **return ~** Abschnitt *m* für die Rückfahrt; **two adults and one ~, please** zwei Erwachsene und ein Kind, bitte.

4. (*beer*) kleines Bier *nt*; (*Scot: whisky*) einfacher Whisky *m*.

II *adj* halb. **a ~ cup** eine halbe Tasse; **with ~ his usual strength** nur mit halber Kraft; **~ one thing ~ another** halb und halb, halb das eine und halb das andere; **~ man ~ beast** halb Mensch, halb Tier; **it's neither opera nor operetta but sort of ~ and ~** es ist so ein Zwischending *nt* zwischen Oper und Operette.

III *adv* **1.** halb. **I ~ thought ...** ich hätte fast gedacht ...; **I was ~ afraid that ...** ich habe fast befürchtet, daß ...; **~ melted** halbgeschmolzen *attr*, halb geschmolzen *pred*; **the work is only ~ done** die Arbeit ist erst halb *or* zur Hälfte erledigt; **~ crying he told me ...** mit einem lachenden und einem weinenden Auge erzählte er mir ...; **I ~ think** ich habe beinahe den Eindruck; **he only ~ understands** er begreift *or* versteht nur die Hälfte.

2. (*Brit inf*) **he's not ~ stupid/rich** er ist vielleicht *or* unheimlich dumm/reich; **it didn't ~ rain** es *hat* vielleicht geregnet; **not ~ bad** gar nicht schlecht; **not ~!** und wie! und ob!

3. it's ~ past three *or* **~ three** es ist halb vier.

4. he is ~ as big as his sister er ist halb so groß wie seine Schwester; **~ as big again** anderthalbmal so groß; **he earns ~ as much as you** er verdient halb so viel wie Sie; **he earns ~ as much again as you** er verdient die Hälfte mehr als du *or* anderthalbmal soviel wie du; **give me ~ as much again** gib mir noch die Hälfte dazu.

half-a-crown *n see* **half-crown**; **half-a-dozen** *n, adj see* **half-dozen**; **halfback** *n* (*Sport*) Läufer(in *f*) *m*; **half-baked** *adj* (*fig*) *person, plan* blödsinnig; **half-binding** *n* (*of book*) Halbband *m*; **half-breed I** *n* (*person*) Mischling *m*; (*esp Red Indian, dated*) Halbblut *nt*; (*animal*) Rassenmischung *f*; (*horse*) Halbblut *nt*, Halbblüter *m*; **II** *adj animal* gekreuzt; *horse* Halbblut-; **half-brother** *n* Halbbruder *m*; **half-caste I** *n* Mischling *m*; (*esp Red Indian, dated*) Halbblut *nt*; **II** *adj* Mischlings-; (*esp Red Indian, dated*) Halbblut-; **half-circle** *n* Halbkreis *m*; **half-closed** *adj* halbgeschlossen *attr*, halb geschlossen *pred*; **half-cock** *n*: **to go off at ~** (*inf*) ein Reinfall *m* sein (*inf*); **half-cocked** *adj pistol* in Vorderraststellung; **half-cooked** *adj* halbgar *attr*, halb gar *pred*; **half-crown** *n* (*in old*

Brit system) Half Crown *f*, Zweieinhalbschillingstück *nt*; **half-cut** *adj* (*Brit sl: drunk*) besoffen (*sl*); **half-day** (*holiday*) *n* halber freier Tag; **we've got a ~ (holiday)** wir haben einen halben Tag frei; **half-dead** *adj* (*lit, fig*) halbtot (*with* vor +*dat*); **half-dollar** *n* halber Dollar; **half-dozen** *n* halbes Dutzend; **half-dressed** *adj* halbbekleidet *attr*, halb bekleidet *pred*; **half-empty I** *adj* halbleer *attr*, halb leer *pred*; **II** *vt* zur Hälfte leeren *or* leermachen; **half-fare I** *n* halber Fahrpreis; **II** *adv* zum halben Preis; **half-forgotten** *adj* fast vergessen; **half-full** *adj* halbvoll *attr*, halb voll *pred*; **half-hearted** *adj* halbherzig; *attempt also* lustlos; *manner* lustlos, lau; *noises of approval also* lau; **he seems very ~ about it** er scheint sich dafür nicht so recht begeistern zu können; **half-heartedly** *adv agree* halben Herzens, mit halbem Herzen; **to do sth ~** etw ohne rechte Überzeugung *or* Lust tun; **half-heartedness** *n* Halbherzigkeit, Lustlosigkeit *f*; **the ~ of his attempts** seine halbherzigen *or* lustlosen Versuche *pl*; **half holiday** *n* halber Urlaubstag/Feiertag; **we've got a ~ holiday tomorrow morning** wir haben morgen vormittag frei; **half-hour** *n* halbe Stunde; **half-an-hour's** *or* **a ~ interval** eine halbstündige Pause, eine halbe Stunde Pause; **it strikes on the ~** sie schlägt die halben Stunden; **half-hourly I** *adv* jede *or* alle halbe Stunde, halbstündlich; **II** *adj* halbstündlich; **half-length** *adj* **~ portrait** Brustbild *nt*; **half-life** *n* (*Phys*) Halbwertszeit *f*; **half-light** *n* Dämmerlicht, Halbdunkel *nt*; **half-mast** *n*: **at ~** (*also hum*) (auf) halbmast; **with his trousers at ~** (*too short*) mit Hochwasserhosen; **half measure** *n* halbe Maßnahme; **we don't do things by ~ measures** wir machen keine halben Sachen; **half-monthly I** *adj* zweiwöchentlich, vierzehntäglich; *publication* zweimal im Monat erscheinend; **II** *adv* zweimal im Monat; **half-moon** *n* **1.** Halbmond *m*; **2.** (*of fingernails*) Mond *m*; **half-naked** *adj* halbnackt *attr*, halb nackt *pred*; **half-nelson** *n* (*Wrestling*) Halbnelson *m*; **half-note** *n* (*US Mus*) halbe Note; **half-open I** *adj* halboffen *attr*, halb offen *pred*; **II** *vt* halb öffnen *or* aufmachen; **half-pay** *n* halber Lohn; halbes Gehalt; **to be on ~/to be put on ~** den halben Lohn *etc* bekommen/auf halben Lohn gesetzt werden; **halfpenny** ['heɪpnɪ] (*Brit old*) **I** *n* halber Penny; **II** *attr stamp* Halbpenny-; **half-pint** *n* **1.** ≃ Viertelliter *m or nt*; (*of beer also*) kleines Bier; **2.** (*inf: person*) halbe Portion (*inf*), Knirps *m* (*inf*); **half-price I** *n* **at ~** zum halben Preis; **reduced to ~** auf den halben Preis heruntergesetzt; **II** *adj* zum halben Preis; **half rest** *n* (*US Mus*) halbe Pause; **half-serious** *adj* **I was only ~ about it** ich habe das nicht ganz ernst gemeint; **actually, I was ~ about it** ich habe das nicht nur im Scherz gesagt; **half-sister** *n* Halbschwester *f*; **half-size I** *n* Zwischengröße *f*; **II** *adj* halb so groß; **~ plate** kleiner Teller; **half term** *n* (*Brit*) Ferien *pl* in der Mitte des Trimesters; **we get three days for ~** wir haben drei Tage Ferien in der Mitte des Trimesters; **half-timbered** *adj* Fachwerk-; **half-timbering** *n* Fachwerkbauweise *f*; **half-time I** *n* **1.** (*Sport*) Halbzeit *f*; **at ~** bei *or* zur Halbzeit; **2.** (*Ind*) **to be/to be put on ~** auf Kurzarbeit sein/gesetzt werden; **II** *attr whistle, score* Halbzeit-, zur Halbzeit; **III** *adv* **to work ~** halbtags arbeiten *or* beschäftigt sein; **halftone** *n* (*Art, Phot, US Mus*) Halbton *m*; (*Phot*) (*process*) Halbtonverfahren *nt*; (*picture*) Halbtonbild *nt*; **halftone screen** *n* (*Typ*) Raster *m*; **half-track** *n* (*vehicle*) Halbkettenfahrzeug *nt*; **half-truth** *n* Halbwahrheit *f*; **half volley** (*Tennis*) **I** *n* Halfvolley, Halbflugball *m*.

II *vt ball* als Halfvolley schlagen.

halfway ['hɑːf,weɪ] **I** *adj attr measures* halb. **when we reached the ~ stage on our journey** als wir die Hälfte der Reise hinter uns (*dat*) hatten; **the project is at the ~ stage** das Projekt ist zur Hälfte abgeschlossen; **he was at the ~ stage of his musical career** er befand sich in der Mitte seiner musikalischen Karriere; **we're past the ~ stage** wir haben die Hälfte geschafft.

II *adv* **her hair reached ~ down her back** die Haare gingen ihr bis weit über die Schultern; **~way to** auf halbem Weg nach; **we drove ~ to London** wir fuhren die halbe Strecke *or* den halben Weg nach London; **~ between two points** (in der Mitte *or* genau) zwischen zwei Punkten; **I live ~ up the hill** ich wohne auf halber Höhe des Berges; **we went ~ up the hill** wir gingen den Berg halb hinauf; **~ through a book** halb durch ein Buch (durch); **to go ~** (*lit*) die halbe Strecke *or* die Hälfte des Weges zurücklegen; **this money will go ~ towards paying ...** diese Summe wird die Hälfte der Kosten für ... decken; **to meet sb ~** (*lit, fig*) jdm (auf halbem Weg) entgegenkommen.

III *attr* **~ house** Gasthaus *nt* auf halbem Weg; (*hostel*) offene Anstalt; (*fig*) Zwischending *nt*; **we could stop off at the King's Head, that's a ~ house** wir können im „King's Head" einkehren, das liegt auf halbem Wege.

halfwit *n* Schwachsinnige(r) *mf*; (*fig*) Schwachkopf *m*; **halfwitted** ['hɑːf,wɪtɪd] *adj* schwachsinnig; **half-year** *n* Halbjahr *nt*; **half-yearly I** *adj* halbjährlich.

II *adv* halbjährlich, jedes halbe Jahr.

halibut ['hælɪbət] *n* Heilbutt *m*.

halitosis [,hælɪ'təʊsɪs] *n* schlechter Mundgeruch.

hall [hɔːl] *n* **1.** (*entrance ~ of house*) Diele *f*, Korridor *m*.

2. (*large building*) Halle *f*; (*large room*) Saal *m*; (*Brit: of college*) Speisesaal *m*; (*Brit: college mealtime*) Essen *nt*; (*dance- ~*) Tanzdiele *f*; (*village ~*) Gemeindehalle *f*, Gemeindehaus *nt*; (*school assembly ~*) Aula *f*. **he will join the ~ of fame of ...** (*fig*) er wird in die

Geschichte des ... eingehen.

3. (*mansion*) Herrensitz *m*, Herrenhaus *nt*; (*students' residence: also* ~ **of residence**) Studenten(wohn)heim *nt*. **to live in** ~ im Wohnheim wohnen.

hallelujah [ˌhælɪ'luːjə] **I** *interj* halleluja. **II** *n* Halleluja *nt*.

hallmark [ˌhɔːlmɑːk] **I** *n* **1.** (*on gold, silver*) (Feingehalts)stempel *m*, Repunze *f*.

2. (*fig*) Kennzeichen *nt* (*of gen*, für). **a** ~ **of good quality** ein Gütesiegel *nt*; **this is the** ~ **of a true genius** daran erkennt man das wahre Genie.

II *vt gold, silver* stempeln.

hallo [hə'ləʊ] *interj, n see* **hello.**

hallow ['hæləʊ] *vt* heiligen; (*consecrate*) weihen.

Hallowe'en [ˌhæləʊ'iːn] *n* der Tag vor Allerheiligen.

hall porter *n* Portier *m*; **hall stand** *n* (Flur)garderobe *f*; (*tree-like*) Garderobenständer *m*.

hallucinate [hə'luːsɪneɪt] *vi* halluzinieren, Wahnvorstellungen haben.

hallucination [həˌluːsɪ'neɪʃən] *n* **1.** Halluzination, Wahnvorstellung *f*. **2.** (*inf: false idea*) Wahnvorstellung *f*.

hallucinatory [hə'luːsɪnətərɪ] *adj* halluzinatorisch; (*causing hallucinations*) Halluzinationen hervorrufend.

hallucinogenic [həˌluːsɪnə'dʒenɪk] *adj* Halluzinationen hervorrufend *attr*, halluzinogen (*spec*).

hallway ['hɔːlweɪ] *n* Flur, Korridor *m*.

halo ['heɪləʊ] **I** *n, pl* **-(e)s** (*of saint, fig iro*) Heiligenschein *m*; (*Astron*) Hof, Halo (*spec*) *m*. **his** ~ **never slips** nichts kann seinen Heiligenschein trüben.

II *vt* (*fig*) umrahmen.

halogen ['hæləʊdʒɪn] *n* Halogen *nt*. ~ **lamp** Halogenlampe *f*; (*Aut*) Halogenscheinwerfer *m*.

halt[1] [hɔːlt] **I** *n* **1.** (*stop*) Pause *f*; (*Mil*) Halt *m*; (*in production*) Stopp *m*. **to come to a** ~ zum Stillstand kommen; **to call a** ~ **to sth** einer Sache (*dat*) ein Ende machen *or* bereiten; ~ **sign** Stoppschild *nt*.

2. (*small station*) Haltepunkt *m*.

II *vi* zum Stillstand kommen; (*person*) anhalten, stehenbleiben; (*Mil*) halten.

III *vt* anhalten; *production, vehicles, traffic also* zum Stehen *or* Stillstand bringen; *troops* halten lassen.

IV *interj* halt; (*traffic sign*) stop

halt[2] *vi* (*obs*) hinken; (*in speech*) stockend sprechen.

halter ['hɔːltə^r] *n* **1.** (*horse's*) Halfter *nt*. **2.** (*for hanging*) Schlinge *f*.

halter-neck ['hɒltənek] **I** *n* rückenfreies Kleid/Top *nt* mit Nackenband.

II *adj* rückenfrei mit Nackenverschluß.

halting ['hɔːltɪŋ] *adj walk* unsicher; *speech* stockend; *admission* zögernd; *verse* holp(e)rig.

haltingly ['hɔːltɪŋlɪ] *adv see adj*.

halve [hɑːv] *vt* **1.** (*separate in two*) halbieren; (*Math also*) durch zwei teilen. **2.** (*reduce by one half*) auf die Hälfte reduzieren, halbieren.

halves [hɑːvz] *pl of* **half.**

halyard ['hæljəd] *n* (*Naut*) Fall *nt*; (*for flag*) Flaggleine *f*.

ham [hæm] **I** *n* **1.** (*Cook*) Schinken *m*.

2. (*Anat*) ~**s** (hintere) Oberschenkel *pl*; (*of animal*) (Hinter)keulen *pl*; **to squat on one's** ~**s** hocken, in der Hocke sitzen.

3. (*Theat*) Schmierenkomödiant(in *f*) *m*.

4. (*Rad inf*) Funkamateur *m*.

II *adj attr acting* übertrieben, zu dick aufgetragen. ~ **actor** Schmierenkomödiant(in *f*) *m*.

III *vi* (*Theat*) chargieren, übertrieben spielen.

◆**ham up** *vt sep* (*inf*) übertreiben. **to** ~ **it** ~ zu dick auftragen.

hamburger ['hæmˌbɜːgə^r] *n* (flache) Frikadelle *f*; (*with bread*) Hamburger *m*.

ham-fisted, ham-handed *adj* ungeschickt.

hamlet ['hæmlɪt] *n* Weiler *m*, kleines Dorf.

hammer ['hæmə^r] **I** *n* (*generally*) Hammer *m*; (*of gun*) Hahn *m*. **to go at it** ~ **and tongs** (*inf*) sich ins Zeug legen (*inf*), schwer rangehen (*sl*); (*work also*) schuften, daß die Fetzen fliegen (*inf*); (*quarrel*) sich in die Wolle kriegen (*inf*), sich streiten, daß die Fetzen fliegen; **to come under the** ~ (*auction*) unter den Hammer kommen; **throwing the** ~ (*Sport*) Hammerwerfen *nt*.

II *vt* **1.** *nail, metal* hämmern. **to** ~ **a nail into a wall** einen Nagel in die Wand schlagen; **to** ~ **sth into shape** *metal* etw zurechthämmern; (*fig*) *agreement* etw ausarbeiten.

2. (*inf: defeat badly*) eine Schlappe beibringen +*dat* (*inf*). **Chelsea were** ~**ed 6-1** Chelsea mußte eine 6:1-Schlappe einstecken (*inf*).

3. (*St Ex sl*) *stockbroker* für zahlungsunfähig erklären.

III *vi* hämmern.

◆**hammer away** *vi* (darauflos) hämmern. **to** ~ ~ **at a problem** sich (*dat*) über ein Problem den Kopf zerbrechen; **the pianist** ~**ed** ~ **at the keys** der Pianist hämmerte auf die Tasten.

◆**hammer down** *vt sep* festhämmern; *nail* einschlagen; *bump* flachhämmern.

◆**hammer home** *vt sep* **1.** *nail* fest hineinschlagen. **2.** *argument, point* Nachdruck verleihen (+*dat*), untermauern. **he tried to** ~ **it** ~ **to the pupils that ...** er versuchte, den Schülern einzubleuen (*inf*) *or* einzuhämmern, daß ...

◆**hammer in** *vt sep* **1.** *nail* einschlagen, einhämmern. **2.** *door* einschlagen. **3.** (*fig*) *fact* einhämmern, einbleuen (*inf*).

◆**hammer out** *vt sep* **1.** *metal* hämmern; *nail, bricks* (her)ausschlagen *or* -klopfen; *dent* ausbeulen. **2.** (*fig*) *plan, agreement, solution* ausarbeiten, aushandeln; *difficulties* beseitigen, bereinigen; *verse* schmieden; *tune* hämmern.

hammer and sickle *n sing* Hammer und Sichel *pl*.

hammer drill *n* Schlagbohrmaschine *f*; **hammerhead** *n* (*shark*) Hammerhai *m*; (*of hammer*) Hammerkopf *m*.

hammering ['hæmərɪŋ] *n* **1.** Hämmern,

Klopfen *nt*. **2.** (*inf: defeat*) Schlappe *f* (*inf*).

hammer toe *n* Hammerzehe *f or* -zeh *m*.

hammock ['hæmək] *n* Hängematte *f*.

hamper¹ ['hæmpəʳ] *n* (*basket*) Korb *m*; (*as present*) Geschenkkorb *m*.

hamper² *vt* behindern; *movement also* erschweren; *person also* Schwierigkeiten bereiten (+*dat*). **to be ~ed** gehandikapt sein; **the police were ~ed in their search by the shortage of clues** der Mangel an Hinweisen erschwerte der Polizei die Suche.

hamster ['hæmstəʳ] *n* Hamster *m*.

hamstring ['hæmstrɪŋ] (*vb: pret, ptp* **hamstrung** ['hæmstrʌŋ] **I** *n* (*Anat*) Kniesehne *f*; (*of animal*) Achillessehne *f*.

II *vt* **1.** (*lit*) *person, animal* die Kniesehne/Achillessehne durchschneiden (+*dat*).

2. (*fig*) *attempt* vereiteln, unterbinden; *person* handlungsunfähig machen. **to be hamstrung** aufgeschmissen sein (*inf*); (*project, undertaking*) lahmgelegt sein, lahmliegen.

hand [hænd] **I** *n* **1.** Hand *f*; (*of clock*) Zeiger *m*. **on ~s and knees** auf allen vieren; **to take/lead sb by the ~** jdn an die *or* bei der Hand nehmen/an der Hand führen; **~s up!** Hände hoch!; (*Sch*) meldet euch!; **~s off** (*inf*) Hände weg!; **keep your ~s off my wife** laß die Finger von meiner Frau!; **done** *or* **made by ~** handgearbeitet; **this sewing was done by ~** dies ist von Hand genäht worden; **"by ~"** „durch Boten"; **to raise an animal by ~** ein Tier von Hand *or* mit der Flasche aufziehen; **to live from ~ to mouth** von der Hand in den Mund leben; **I give you my ~ on it** ich gebe dir die Hand darauf, ich verspreche es dir in die Hand; **with a heavy/firm ~** (*fig*) mit harter/fester *or* starker Hand; *see* **hold, shake.**

2. (*side, direction, position*) Seite *f*. **on the right ~** auf der rechten Seite, rechts, rechter Hand; **on my right ~** rechts von mir, zu meiner Rechten (*geh*); **on every ~, on all ~s** auf allen Seiten, ringsum(her); **on the one ~ ... on the other ~ ...** einerseits *or* auf der einen Seite ..., andererseits *or* auf der anderen Seite ...

3. (*agency, possession*) **it's the ~ of God/fate** das ist die Hand Gottes/des Schicksals; **it's in your own ~s what you do now** Sie haben es selbst in der Hand, was Sie jetzt tun; **to put sth into sb's ~s** jdm etw in die Hand geben, etw in jds Hände legen; **to leave sb/sth in sb's ~s** jdn in jds Obhut lassen/jdm etw überlassen; **to put oneself in(to) sb's ~s** sich jdm anvertrauen, sich in jds Hände begeben (*geh*); **my life is in your ~s** mein Leben ist *or* liegt in Ihren Händen; **to fall into the ~s of sb** jdm in die Hände fallen; **to be in good ~s** in guten Händen sein; **I received some pretty rough treatment at her ~s** ich bin von ihr ganz schön grob behandelt worden; **he has too much time on his ~s** er hat zuviel Zeit zur Verfügung; **he has this problem/a lot of work/five children on his ~s** er hat ein Problem/viel Arbeit/fünf Kinder am Hals (*inf*); **I've got enough on my ~s already** ich habe schon genug um die Ohren (*inf*) *or* am Hals (*inf*); **to get sb/sth off one's ~s** jdn/etw loswerden; **to take sb/sth off sb's ~s** jdm jdn/etw abnehmen; **goods left on our ~s** (*Comm*) nicht abgesetzte Waren; *see* **die, change, free.**

4. (*applause*) Applaus, Beifall *m*. **they gave him a big ~** sie gaben ihm großen Applaus, sie klatschten ihm großen Beifall.

5. (*worker*) Arbeitskraft *f*; (*Naut*) Besatzungsmitglied *nt*. **to take on ~s** Leute einstellen; (*Naut*) Leute anheuern; **~s** Leute *pl*, Belegschaft *f*; **(ship's) ~s** Besatzung, Mannschaft *f*; **all ~s on deck!** alle Mann an Deck!

6. (*expert*) **to be a good ~ at sth/doing sth** (ein) Geschick *nt* für etw haben/ein Geschick dafür haben, etw zu tun; **to be an old ~ (at sth)** ein alter Hase (in etw *dat*) sein; *see* **dab³.**

7. (*Measure: of horse*) ≃ 10 cm.

8. (*handwriting*) Handschrift *f*. **he writes a good ~** er hat eine gute (Hand)schrift.

9. (*Cards*) Blatt *nt*; (*person*) Mann *m*; (*game*) Runde *f*. **3 ~s** (*people*) 3 Mann; **a ~ of bridge** eine Runde Bridge; **to show one's ~** seine Karten sehen lassen *or* aufdecken; (*fig*) sich (*dat*) in die Karten sehen lassen.

10. summer/Christmas is (close) at ~ der Sommer/Weihnachten steht vor der Tür, es ist bald Sommer/Weihnachten; **at first/second ~** aus erster/zweiter Hand; **according to the information at** *or* **on ~** gemäß *or* laut der vorhandenen *or* vorliegenden Informationen; **to keep sth at ~** etw in Reichweite haben; **it's quite close at ~** es ist ganz in der Nähe; **he had the situation well in ~** er hatte die Situation im Griff; **she took the child in ~** sie nahm die Erziehung des Kindes in die Hand; **to take sb in ~** (*discipline*) jdn in die Hand nehmen; (*look after*) jdn in Obhut nehmen, nach jdm sehen; **stock in ~** (*Comm*) Warenlager *nt*; **what stock have you in ~?** welche Waren haben Sie am Lager?; **he still had £600/a couple of hours in ~** er hatte £ 600 übrig/noch zwei Stunden Zeit; **the matter in ~** die vorliegende *or* (*in discussion*) die zur Debatte stehende Angelegenheit; **work in ~** Arbeit, die zur Zeit erledigt wird; **a matter/project is in ~** eine Sache/ein Projekt wird bearbeitet *or* ist in Bearbeitung; **to put sth in ~** zusehen, daß etw erledigt wird; **the children got out of ~** die Kinder gerieten außer Rand und Band; **the party got out of ~** die Party ist ausgeartet; **matters got out of ~** die Dinge sind außer Kontrolle geraten; **I don't have the letter to ~** ich habe den Brief gerade nicht zur Hand; **he seized the first weapon to ~** er ergriff die erstbeste Waffe; *see* **palm², cash.**

11. (*phrases*) **to keep one's ~ in** in Übung bleiben; **to eat out of sb's ~** (*lit,* *fig*) jdm aus der Hand fressen; **to force sb's ~** jdn zwingen, auf jdn Druck ausüben; **to wait on sb ~ and foot** jdn von vorne und hinten bedienen; **to have a ~ in sth** (*in decision*) an etw (*dat*) beteiligt sein; (*in crime*) die Hand bei etw im Spiel haben; **I had no ~ in it** ich hatte damit nichts zu tun; **to take a ~ in sth** an etw (*dat*) teilnehmen, sich an etw (+*dat*) beteiligen; **turn one's ~ to sth** sich einer Sache zuwenden; **try one's ~ at sth** etw probieren, etw versuchen; **to lend** *or* **give sb a ~** jdm behilflich sein, jdm zur Hand gehen; **give me a ~!** hilf mir mal!; **to give sb a ~ up** jdm hochhelfen; **to be ~ in glove with sb** mit jdm unter einer Decke stecken, mit jdm gemeinsame Sache machen; **to have one's ~s full with sth** mit etw alle Hände voll zu tun haben; **to win ~s down** mühelos *or* spielend gewinnen; **to hold** *or* **stay one's ~** abwarten; **he is making money ~ over fist** er scheffelt das Geld nur so; **we're losing money/staff ~ over fist** wir verlieren massenweise Geld/Personal; **to get** *or* **gain the upper ~ (of sb)** (über jdn) die Oberhand gewinnen; **to ask for a lady's ~ (in marriage)** um die Hand einer Dame anhalten.

II *vt* **1.** (*give*) reichen, geben (*sth to sb, sb sth* jdm etw). **you've got to ~ it to him** (*fig*) das muß man ihm lassen (*inf*).

2. he ~ed the lady into/out of the carriage er half der Dame in die/aus der Kutsche.

◆**hand back** *vt sep* zurückgeben.

◆**hand down** *vt sep* **1.** (*lit*) herunter-/hinunterreichen *or* -geben (*to sb* jdm).

2. (*fig*) weitergeben; *tradition, belief also* überliefern; *heirloom* vererben (*to dat*); *clothes also* vererben (*inf*) (*to dat*); *story* (*from sb to sb*) überliefern (*to* an +*acc*), weitergeben (*to* an +*acc*). **all his clothes were ~ed ~ from his elder brothers** er mußte die Kleidung seiner älteren Brüder auftragen.

3. (*Jur*) *sentence* fällen.

◆**hand in** *vt sep* abgeben; *forms, thesis also, resignation* einreichen.

◆**hand off** *vt sep* (*Rugby*) (mit der Hand) wegstoßen.

◆**hand on** *vt sep* weitergeben (*to* an +*acc*).

◆**hand out** *vt sep* austeilen, verteilen (*to sb* an jdn); *advice* geben, erteilen (*to sb* jdm); *heavy sentence* verhängen, austeilen.

◆**hand over I** *vt sep* (*pass over*) (herüber-/hinüber)reichen (*to dat*); (*hand on*) weitergeben (*to* an +*acc*); (*give up*) (her)geben (*to dat*); (*to third party*) (ab)geben (*to dat*); *criminal, prisoner* übergeben (*to dat*); (*from one state to another*) ausliefern; *leadership, authority, powers* abgeben, abtreten (*to* an +*acc*); *the controls, property, business* übergeben (*to dat*, an +*acc*). **~ ~ that gun!** Waffe her!

II *vi* **when the Conservatives ~ed ~ to Labour** als die Konservativen die Regierung an Labour abgaben; **come on, ~ ~, I saw you take it** gib schon her, ich habe gesehen, wie du's genommen hast; **I now ~ ~ to our sports correspondent ...** ich übergebe nun an unseren Sportberichterstatter ...

◆**hand round** *vt sep* herumreichen; *bottle also* herumgehen lassen; (*distribute*) *papers* austeilen, verteilen.

◆**hand up** *vt sep* hinauf-/heraufreichen.

handbag *n* Handtasche *f*; **hand baggage** *n* Handgepäck *nt*; **handball I** *n* **1.** (*game*) Handball *m*; **2.** (*Ftbl: foul*) Handspiel *nt*, Hand *f*; **II** *interj* (*Ftbl*) Hand; **handbarrow** *n* Schubkarre *f*; **hand basin** *n* Handwaschbecken *nt*; **handbell** *n* Schelle *f*, Glocke *f* (mit Stiel); **handbill** *n* Flugblatt *nt*, Handzettel *m*; **handbook** *n* Handbuch *nt*; (*tourist's*) Reiseführer *m*; **handbrake** *n* (*Brit*) Handbremse *f*.

h & c *abbr of* **hot and cold (water)** k.u.w., kalt und warm.

handcart *n* Handwagen *m*; **handclasp** *n* (*US*) Händedruck *m*; **hand controls** *npl* (*Aut*) Handbedienung *f*; **handcuff** *vt* Handschellen anlegen (+*dat*); **he ~ed himself to the railings** er machte sich mit Handschellen am Geländer fest; **to be ~ed** Handschellen angelegt bekommen; **handcuffs** *npl* Handschellen *pl*; **hand dryer** *n* Händetrockner *m*; **hand-eye coordination** *n* visuell-motorische Koordination.

handfeed ['hænd,fi:d] *pret, ptp* **handfed** ['hænd,fed] *vt animal* mit der Flasche aufziehen.

handful ['hændfʊl] *n* **1.** Handvoll *f*; (*of hair, fur*) Büschel *nt*. **by the ~, in ~s** händeweise; büschelweise.

2. (*small number*) Handvoll *f*.

3. (*fig*) **those children are a ~** die Kinder können einen ganz schön in Trab halten.

hand grenade *n* Handgranate *f*; **handgrip** *n* (Hand)griff *m*; (*handshake*) Händedruck *m*; **handgun** *n* Handfeuerwaffe *f*; **handhold** *n* Halt *m*.

handicap ['hændɪkæp] **I** *n* **1.** (*Sport*) Handikap *nt*; (*in horse racing, golf also*) Vorgabe *f*; (*race*) Vorgaberennen *nt*. **a ~ of 5lbs** eine (Gewichts)vorgabe von 5 Pfund.

2. (*disadvantage*) Handikap *nt*; (*for specific purpose also*) Nachteil *m*; (*physical, mental also*) Behinderung *f*. **to be under a great ~** sehr im Nachteil sein, stark gehandikapt sein.

II *vt* ein Handikap *nt* darstellen für; (*for a specific purpose also*) benachteiligen; *chances* beeinträchtigen. **he has always been ~ped by his accent** sein Akzent war immer ein Nachteil *m* für ihn; **to be (physically/mentally) ~ped** (körperlich/geistig) behindert sein; **~ped children** behinderte Kinder *pl*.

handicraft ['hændɪkrɑ:ft] *n* **1.** (*work*) Kunsthandwerk *nt*; (*needlework etc*) Handarbeit *f*; (*woodwork, modelling*) Werken *nt*, Bastelarbeit *f*. **2.** (*skill*) Geschick *nt*, Handfertigkeit, Geschicklichkeit *f*.

handily ['hændɪlɪ] *adv* **1.** *situated* günstig. **2.** (*US: easily*) *win* mit Leichtigkeit.

handiness ['hændɪnɪs] *n* **1.** (*skill*) Geschick *nt*, Geschicklichkeit *f*. **2.** (*nearness, accessibility: of shops*) günstige Lage. **3.** (*convenience, usefulness: of tool, car*) Nützlichkeit *f*; (*easiness to handle*) Handlichkeit *f*.

hand-in-hand ['hændɪn'hænd] *adv* (*lit, fig*) Hand in Hand.

handiwork ['hændɪwɜːk] *n, no pl* **1.** (*lit*) Arbeit *f*; (*Sch: subject*) Werken *nt*; (*needlework etc*) Handarbeit *f*. **to do ~** werken, handarbeiten; (*at home*) basteln.
2. (*fig*) Werk *nt*; (*pej*) Machwerk *nt*.

handkerchief ['hæŋkətʃɪf] *n* Taschentuch *nt*.

hand-knitted ['hænd,nɪtɪd] *adj* handgestrickt.

handle ['hændl] **I** *n* **1.** Griff *m*; (*of door also*) Klinke *f*; (*esp of broom, comb, saucepan*) Stiel *m*; (*esp of basket, bucket, casserole, cup, jug etc*) Henkel *m*; (*of handbag also*) Bügel *m*; (*of pump*) Schwengel *m*; (*of car: starting ~*) (Anlaß- *or* Start)kurbel *f*. **to fly off the ~** (*inf*) an die Decke gehen (*inf*).
2. (*fig: pretext*) Handhabe *f*.
3. (*inf*) Titel *m*.
II *vt* **1.** (*touch, use hands on*) anfassen, berühren; (*Ftbl*) *ball* mit der Hand berühren. **be careful how you ~ that** gehen Sie vorsichtig damit um; **please do not ~ the goods** Waren bitte nicht berühren; **"~ with care"** „Vorsicht — zerbrechlich".
2. (*deal with*) *person, animal, plant, tool, weapon, machine, words, numbers* umgehen mit; *legal or financial matters* erledigen; *legal case* handhaben, bearbeiten; *applicant, matter, problem* sich befassen mit; *material for essay* bearbeiten, verarbeiten; (*tackle*) *problem, interview* anfassen, anpacken; (*succeed in coping with*) *child, drunk, situation, problem* fertig werden mit; (*resolve*) *matter* erledigen; *vehicle, plane, ship* steuern. **how would you ~ the situation?** wie würden Sie sich in der Situation verhalten?; **a car that is easy to ~** ein Auto, das leicht zu fahren *or* zu steuern ist; **six children are too much for one woman to ~** mit sechs Kindern kann eine Frau allein nicht fertigwerden; **there's a salesman at the door — I'll ~ him** ein Vertreter ist an der Tür — ich werde ihn abfertigen; **you keep quiet, I'll ~ this** sei still, laß mich mal machen; **who's handling the publicity for this?** wer macht die Öffentlichkeitsarbeit dafür?
3. (*Comm*) *types of goods, items* handeln mit *or* in (+*dat*); *orders* bearbeiten; *prescriptions* ausführen; *shares, securities* handeln; *financial affairs* besorgen. **airport workers refused to ~ goods for Uganda** die Flughafenarbeiter weigerten sich, Waren nach Uganda abzufertigen; **we ~ tax problems for several big companies** wir bearbeiten die Steuerangelegenheiten mehrerer großer Firmen.
III *vi* (*ship, plane*) sich steuern lassen; (*car, motorbike*) sich fahren *or* lenken lassen; (*gun*) sich handhaben lassen.
IV *vr* **he ~s himself well in a fight** er kann sich in einer Schlägerei behaupten.

handlebar moustache *n* Schnauzbart, Schnäuzer (*inf*) *m*; **handlebar(s)** *n(pl)* Lenkstange *f*.

handler ['hændlər] *n* (*dog-~*) Hundeführer(in *f*) *m*.

handling ['hændlɪŋ] *n* **1.** (*touching*) Berühren *nt*.
2. (*of plant, animal, matter, problem*) Behandlung *f*; (*of person, patient also, tool, weapon, machine, vehicle, plane, ship, drug, explosive*) Umgang *m* (*of* mit); (*of tool, weapon, machine*) Handhabung *f*; (*of writer's material*) Verarbeitung, Bearbeitung *f*; (*of legal or financial matters*) Erledigung *f*; (*official ~ of matters, of legal case*) Bearbeitung *f*. **his skilful ~ of the class/troops/Senate** seine geschickte Art, mit der Klasse/den Truppen/dem Senat umzugehen; **his ~ of the matter/situation** die Art, wie er die Angelegenheit/die Situation angefaßt *or* behandelt hat; **his successful ~ of the difficulty/task** seine Bewältigung der Schwierigkeit/der Aufgabe; **the car/this parcel needs careful ~** man muß mit dem Auto vorsichtig umgehen/dieses Paket muß vorsichtig behandelt werden; **these goods were damaged in ~** (*Comm*) diese Waren wurden beschädigt; **~ charge** (*management fee*) Bearbeitungsgebühr *f*; (*in warehouse*) Umladekosten *pl*; (*in banking*) Kontoführungsgebühren *pl*.
3. (*of vehicle*) **what's its ~ like?** wie fährt es sich?

hand-loom *n* Handwebstuhl *m*; **hand luggage** *n* Handgepäck *nt*; **handmade** *adj* handgearbeitet; **hand-me-down** *n* (*inf*) abgelegtes Kleidungsstück; **hand-mirror** *n* Handspiegel *m*; **hand-off** *n* (*Rugby*) Wegstoß(en *nt*) *m* (mit der Hand); **hand-operated** *adj* von Hand bedient *or* betätigt, handbedient, handbetrieben; **handout** *n* (*inf: money*) Unterstützung, (Geld)zuwendung *f*; (*leaflet*) Flugblatt *nt*; (*with several pages*) Broschüre *f*; (*in school*) Arbeitsblatt *nt*; (*publicity ~*) Reklamezettel *m*; **Christmas ~s** Weihnachtsgeld *nt*, Weihnachtsgratifikation *f*; **hand-picked** *adj* von Hand geerntet; (*specially selected, fig*) handverlesen; **handrail** *n* (*of stairs*) Geländer *nt*; (*of ship*) Reling *f*; (*for bath*) Haltegriff *m*; **handsaw** *n* Handsäge *f*, Fuchsschwanz *m*; **handset I** *n* (*Telec*) Hörer *m*; **II** *vt* (*Typ*) (von Hand) setzen; **handshake** *n* **1.** Händedruck *m*; **2.** (*Comput*) Handshake, Quittungsaustausch *m*.

hands-off ['hændz'ɒf] *adj approach* passiv. **a ~ manager** ein Geschäftsführer, der die Zügel gern locker läßt.

handsome ['hænsəm] *adj* **1.** gutaussehend; *furniture* schön; *building* schön, ansehnlich. **he is ~/he has a ~ face** er sieht gut aus; **she is a ~ woman for her age** für ihr Alter sieht sie gut aus.
2. (*noble, generous*) großzügig, nobel (*inf*); *conduct* großmütig, nobel (*inf*); *apology* anständig. **~ is as ~ does** (*Prov*)

edel ist, wer edel handelt.

3. (*considerable*) *fortune, profit, price, inheritance* ansehnlich, stattlich, beträchtlich.

handsomely ['hænsəmlɪ] *adv* **1.** (*elegantly*) elegant; *dressed also* gut. **2.** (*generously*) großzügig; *apologize* anständig. **they were ~ rewarded for their patience** ihre Geduld wurde reichlich belohnt.

handsomeness ['hænsəmnɪs] *n* (*of looks*) gutes Aussehen; (*generosity*) Großzügigkeit *f*.

hands-on ['hændz'ɒn] *adj experience* praktisch; *approach* aktiv. **a ~ manager** ein Geschäftsführer, der die Zügel gern fest in der Hand hält.

handspring *n* (Handstand)überschlag *m*; **handstand** *n* Handstand *m*; **to do a ~** (einen) Handstand machen; **hand-stitched** *adj* handgenäht; **hand-to-hand I** *adv* im Nahkampf, Mann gegen Mann; **II** *adj* **~ fight/fighting** Nahkampf *m*; **hand-to-mouth** *adj existence* kümmerlich, armselig; **to lead a ~ existence** von der Hand in den Mund leben; **hand towel** *n* Händehandtuch *nt*; **handwork** *n* Handarbeit *f*; **handwriting** *n* Handschrift *f*; **handwritten** *adj* handgeschrieben, von Hand geschrieben.

handy ['hændɪ] *adj* (*+er*) **1.** *person* geschickt, praktisch. **to be ~ at doing sth** ein Geschick *nt* für etw haben; **to be ~ with a gun** gut mit einer Pistole umgehen können; **he's pretty ~ with his fists** er kann seine Fäuste gut gebrauchen.

2. *pred* (*close at hand*) in der Nähe. **to have** *or* **keep sth ~** etw griffbereit *or* zur Hand haben; **my apartment is ~ for the shops** meine Wohnung ist ganz in der Nähe der Geschäfte.

3. (*convenient, useful*) praktisch; (*easy to handle also*) handlich. **that would come in ~ for ...** das könnte man gut für ... gebrauchen; **my experience as a teacher comes in ~** meine Lehrerfahrung erweist sich als nützlich *or* kommt mir zugute; **he's very ~ about the house** er kann im Hause alles selbst erledigen.

handyman ['hændɪmæn] *n, pl* **-men** [-mən] (*servant*) Faktotum *nt*; (*do-it-yourself*) Bastler(in *f*), Heimwerker *m*. **I'm not much of a ~ myself** ich bin kein großer Bastler, Basteln ist nicht gerade meine Stärke.

hang [hæŋ] (*vb: pret, ptp* **hung**) **I** *vt* **1.** hängen; *painting* aufhängen; *door, gate* einhängen; (*Cook*) *game* abhängen lassen; *wallpaper* kleben. **to ~ wallpaper** tapezieren; **to ~ sth from sth** etw an etw (*dat*) aufhängen.

2. the walls were hung with tapestries die Wände waren mit Gobelins behängt; **they hung the windows/streets with bunting** sie schmückten die Fenster/Straßen mit Fahnen.

3. to ~ one's head den Kopf hängen lassen.

4. to ~ fire (*lit: guns*) das Feuer einstellen; (*fig*) (*people*) zögern.

5. *pret, ptp* **hanged** *criminal* hängen, aufhängen, henken (*form*). **hung, drawn and quartered** gehängt, gestreckt und gevierteilt; **to ~ oneself** sich erhängen *or* aufhängen (*inf*).

6. (I'm) ~ed if I will den Teufel werd' ich ... (*inf*); **(I'm) ~ed if I know** weiß der Henker (*inf*); **~ it!** so ein Mist (*inf*).

II *vi* **1.** hängen (*on* an (*+dat*), *from* von); (*drapery, clothes, hair*) fallen; (*inelegantly*) (herunter)hängen; (*pheasant etc*) abhängen.

2. (*gloom, fog etc*) hängen (*over* über *+dat*). **to ~ in the air** (*fig*) in der Schwebe sein; **time ~s heavy on my hands** die Zeit wird mir sehr lang.

3. (*criminal*) gehängt werden, hängen.

4. it/he can go ~! (*inf*) es/er kann mir gestohlen bleiben (*inf*).

III *n* **1.** (*of drapery*) Fall *m*; (*of suit*) Sitz *m*.

2. *no pl* (*inf*) **to get the ~ of doing sth** den Dreh herausbekommen, wie man etw macht (*inf*).

3. (*inf: damn*) **I don't give** *or* **care a ~** es ist mir völlig egal *or* Wurst (*inf*).

◆**hang about** *or* **around I** *vi* **1.** (*inf*) (*wait*) warten; (*loiter*) sich herumtreiben (*inf*), herumlungern. **to keep sb ~ing ~** jdn warten lassen.

2. (*Brit sl: wait*) warten. **~ about, I'm just coming** wart mal, ich komm ja schon.

II *vi +prep obj* **to ~ ~ sb/a place** um jdn herumstreichen/sich an einem Ort herumtreiben (*inf*), an einem Ort herumlungern.

◆**hang back** *vi* (*lit*) sich zurückhalten; (*fig: hesitate*) zögern. **one little boy was ~ing ~ at the edge of the group** ein kleiner Junge hielt sich immer im Hintergrund; **don't ~ ~, go and ask her** worauf wartest du denn, frag sie doch.

◆**hang behind** *vi* zurückbleiben; (*dawdle*) (hinterher)bummeln *or* -trödeln.

◆**hang down I** *vi* herunter-/hinunterhängen. **II** *vt sep* hinunter-/herunterhängen lassen.

◆**hang in** *vi* (*US sl*) **just ~ ~ there!** bleib am Ball (*inf*).

◆**hang on I** *vi* **1.** (*hold*) sich festhalten, sich festklammern (*to sth* an etw *dat*); (*wallpaper*) halten, kleben (bleiben).

2. (*hold out*) durchhalten; (*Telec*) am Apparat bleiben; (*inf: wait*) warten. **~ ~ (a minute)** wart mal, einen Augenblick (mal); **~ ~ tight, we're off!** festhalten, es geht los!

II *vi +prep obj* **1. to ~ ~ sb's arm** an jds Arm (*dat*) hängen; **to ~ ~ sb's words** *or* **lips** an jds Lippen hängen.

2. (*depend on*) **everything ~s ~ his decision/getting the cash** alles hängt von seiner Entscheidung ab/alles hängt davon ab, ob man das Geld bekommt.

◆**hang on to** *vi +prep obj* **1.** *hope* sich klammern an (*+acc*); *ideas* festhalten an (*+dat*). **2.** (*keep*) behalten. **could you ~ ~ ~ my seat until I get back?** können Sie mir den Platz so lange freihalten, bis ich zurück bin?

◆**hang out I** *vi* **1.** (*tongue, shirt tails*) heraushängen. **my tongue was ~ing ~ for a beer** ich lechzte nach einem Bier.

2. (*inf*) sich aufhalten; (*live also*) hausen, wohnen; (*be usually found also*) sich herumtreiben (*inf*), zu finden sein.

3. (*resist, endure*) nicht aufgeben. **they hung ~ for more pay** sie hielten an ihrer Lohnforderung fest; **the soldiers hung ~ for three more days** die Soldaten hielten noch drei Tage durch.

4. (*sl*) **to let it all ~ ~** die Sau rauslassen (*sl*); **come on now, let it all ~ ~** laß jucken (*sl*).

II *vt sep* hinaushängen; *washing also* (draußen) aufhängen.

◆**hang over** *vi* (*continue*) andauern.

◆**hang together** *vi* (*people*) zusammenhalten; (*argument*) folgerichtig *or* zusammenhängend sein; (*alibi*) keinen Widerspruch aufweisen *or* enthalten; (*story, report*) gut verknüpft *or* zusammenhängend sein; (*statements*) zusammenpassen, keine Widersprüche *pl* aufweisen.

◆**hang up I** *vi* (*Telec*) auflegen; aufhängen. **he hung ~ on me** er legte einfach auf. **II** *vt sep hat, picture* aufhängen; *telephone receiver* auflegen; aufhängen; *see* **hung-up.**

◆**hang upon** *vi +prep obj see* **hang on II 2.**

hangar ['hæŋəʳ] *n* Hangar *m*, Flugzeughalle *f*.

hangdog ['hæŋdɒg] *adj look, expression* (*abject*) niedergeschlagen, trübsinnig; (*ashamed*) zerknirscht, Armsünder-.

hanger ['hæŋəʳ] *n* (*for clothes*) (Kleider)bügel *m*; (*loop on garment*) Aufhänger *m*.

hanger-on [ˌhæŋər'ɒn] *n, pl* **hangers-on** (*to celebrity*) Trabant, Satellit *m*. **the film crew turned up with all its ~s-on** die Filmmannschaft erschien mit ihrem ganzen Anhang.

hang-glide *vi* drachenfliegen; **hang-glider** *n* (*device*) Drachen *m*; (*person*) Drachenflieger(in *f*) *m*; **hang-gliding** *n* Drachenfliegen *nt*.

hanging ['hæŋɪŋ] **I** *n* **1.** (*of criminal*) Tod *m* durch den Strang, Erhängen *nt*; (*event*) Hinrichtung *f* (durch den Strang). **he deserves ~** er sollte aufgehängt werden; **to bring back ~** die Todesstrafe wiedereinführen.

2. (*of wallpaper*) Anbringen, Kleben *nt*; (*of door*) Einhängen *nt*; (*of pictures*) (Auf)hängen *nt*. **the ~ of the wallpaper** das Tapezieren.

3. (*curtains*) **~s** *pl* Vorhänge *pl*; (*on wall*) Tapete *f*; (*tapestry*) Wandbehang *m or* -behänge *pl*.

II *attr* **1.** hängend; *bridge* Hänge-; *staircase* freischwebend; *sleeve* Flügel-. **~ door** (*of garage*) Schwingtor *nt*; (*sliding*) Schiebetür *f*; **the ~ gardens of Babylon** die Hängenden Gärten der Semiramis.

2. ~ judge Richter, der (zu) leicht das Todesurteil fällt.

3. ~ committee (*Art*) Hängekommission *f*.

hangman *n* Henker *m*; (*game*) Galgen *m*; **hangnail** *n* Niednagel *m*; **hang-out** *n* (*inf*) (*place where one lives*) Bude *f* (*inf*); (*pub, café etc*) Stammlokal *nt*; (*of group*) Treff *m* (*inf*); **hangover** *n* **1.** Kater *m* (*inf*); **2.** (*sth left over*) Überbleibsel *nt*; **hang-up** *n* (*inf*) Komplex *m* (*about* wegen); (*obsession*) Fimmel *m* (*inf*); **he has this ~ about people smoking** er stellt sich furchtbar an, wenn Leute rauchen (*inf*).

hank [hæŋk] *n* (*of wool*) Strang *m*; (*of hair, fur*) Büschel *nt*.

hanker ['hæŋkəʳ] *vi* sich sehnen, Verlangen haben (*for or after sth* nach etw). **to ~ after glory** ruhmsüchtig sein.

hankering ['hæŋkərɪŋ] *n* Verlangen *nt*, Sehnsucht *f*. **to have a ~ for sth** Verlangen *or* Sehnsucht nach etw haben.

hankie, hanky ['hæŋkɪ] *n* (*inf*) Taschentuch *nt*.

hanky-panky ['hæŋkɪ'pæŋkɪ] *n* (*inf*) **1.** (*dishonest dealings*) Mauscheleien *pl* (*inf*), Tricks *pl* (*inf*). **there's some ~ going on here** hier ist was faul (*inf*).

2. (*love affair*) Techtelmechtel *nt* (*inf*).

3. (*sexy behaviour*) Gefummel *nt* (*sl*), Knutscherei *f* (*inf*).

Hanover ['hænəʊvəʳ] *n* Hannover *nt*.

Hanoverian [ˌhænəʊ'vɪərɪən] **I** *adj* hannover(i)sch. **the ~ dynasty** das Haus Hannover. **II** *n* Hannoveraner(in *f*) *m*.

Hanseatic [ˌhænzɪ'ætɪk] *adj towns* Hanse-. **~ League** Hanse *f*, Hansebund *m*.

haphazard [ˌhæp'hæzəd] *adj* willkürlich, planlos. **the whole thing was very ~** das Ganze war ziemlich zufällig *or* planlos; **in a ~ way** planlos, wahllos; **to choose in a ~ way** auf gut Glück (aus)wählen.

haphazardly [ˌhæp'hæzədlɪ] *adv* wahllos, (ganz) willkürlich, planlos. **decisions are made ~** Entscheidungen werden willkürlich *or* auf gut Glück getroffen.

hapless ['hæplɪs] *adj* glücklos. **yet another misfortune in this ~ man's life** noch ein Unglück im Leben dieses vom Pech verfolgten Menschen.

happen ['hæpən] *vi* **1.** geschehen; (*somewhat special or important event also*) sich ereignen; (*esp unexpected, unintentional or unpleasant event also*) passieren; (*process also*) vor sich gehen. **it all ~ed like this ...** das Ganze geschah *or* war so ...; **the match/party/meeting never ~ed** das Spiel/die Party/das Treffen fand (gar) nicht statt; **it's all ~ing here today** heute ist hier ganz schön was los (*inf*); **where's it all ~ing tonight, where's the party?** wo ist denn heute abend etwas los, wo ist die Party?; **what's ~ing?** was läuft? (*inf*), was ist los?; **you can't just let things ~** du kannst die Dinge nicht einfach laufen lassen; **it's broken, how did it ~?** es ist kaputt, wie ist denn das passiert?; **it just ~ed all by itself** es ist ganz von allein passiert *or* gekommen; **as if nothing had ~ed** als ob nichts geschehen *or* gewesen wäre; **worse things have ~ed** es ist schon Schlimmeres passiert *or* vorgekommen; **don't let it ~ again** daß das nicht noch mal vorkommt *or* passiert!; **these things ~** so was kommt (schon mal) vor; **what has ~ed**

to him? was ist ihm passiert *or* geschehen?; (*what have they done to him*) was ist mit ihm passiert?; (*what's wrong with him*) was ist mit ihm los?; (*what has become of him*) was ist aus ihm geworden?; **if anything should ~ to me** wenn mir etwas zustoßen *or* passieren sollte; **it all ~ed so quickly** es ging alles so schnell.

2. (*chance*) **how does it ~ that ...?** (*cause*) wie kommt es, daß ...?; (*possibility*) wie ist es möglich, daß ...?; **to ~ to do sth** zufällig(erweise) etw tun; **do you ~ to know whether ...?** wissen Sie vielleicht *or* zufällig, ob ...?; **I just ~ed to come along when ...** ich kam zufällig (gerade) vorbei, als ...; **he ~ed to see me just as I ...** muß er mich doch gerade in dem Augenblick sehen, als ich ...; **it so ~s** *or* **as it ~s I (don't) like that kind of thing** so etwas mag ich nun einmal (nicht); **as it ~s I've been there too** zufällig(erweise) bin ich auch dort gewesen; **you don't want to come, do you? — it so ~s, I do** du möchtest doch sicher nicht kommen, oder? — doch, natürlich.

◆**happen along** *vi* zufällig (an)kommen.

◆**happen (up)on** *vi +prep obj* zufällig stoßen auf (+*acc*); *person* zufällig treffen *or* sehen.

happening ['hæpnɪŋ] *n* **1.** Ereignis *nt*; (*not planned*) Vorfall *m*. **there have been some peculiar ~s in that house** in dem Haus sind sonderbare Dinge vorgegangen.

2. (*Theat*) Happening *nt*.

happenstance ['hæpənstæns] *n* (*US inf*) Zufall *m*.

happily ['hæpɪlɪ] *adv* **1.** glücklich; (*cheerfully also*) fröhlich, vergnügt, heiter; (*contentedly also*) zufrieden. **they lived ~ ever after** (*in fairy-tales*) und wenn sie nicht gestorben sind, dann leben sie heute noch.

2. (*fortunately*) glücklicherweise, zum Glück.

3. (*felicitously*) glücklich, treffend.

happiness ['hæpɪnɪs] *n* Glück *nt*; (*feeling of contentment also*) Zufriedenheit *f*; (*disposition*) Heiterkeit, Fröhlichkeit *f*.

happy ['hæpɪ] *adj* (+*er*) **1.** glücklich; (*cheerful also*) fröhlich, vergnügt, heiter; (*glad about sth*) froh; (*contented also*) zufrieden; (*causing joy*) *thought, scene etc* erfreulich, freudig (*geh*). **a ~ event** ein frohes *or* freudiges Ereignis; **~ families** (*game*) Quartett *nt*; **yes, I'd be (only too) ~ to** ja, sehr gern(e) *or* das würde mich freuen; **to be ~ to do sth** sich freuen, etw tun zu können *or* dürfen; **not to be ~ with/about sth** mit etw nicht zufrieden sein/über etw (*acc*) nicht glücklich sein; **the ~ few** die wenigen (Aus)erwählten.

2. (*fortunate*) *solution* glücklich.

3. (*felicitous*) *phrase, words* glücklich, gut getroffen; *gesture* geglückt.

4. (*inf: slightly drunk*) angeheitert, beschwipst (*inf*).

5. ~ anniversary herzlichen Glückwunsch zum Hochzeitstag; **~ birthday!** herzlichen Glückwunsch *or* alles Gute zum Geburtstag!; **~ Christmas!** Frohe Weihnachten!; **~ New Year** ein glückliches *or* frohes neues Jahr.

happy-go-lucky ['hæpɪgəʊ'lʌkɪ] *adj* unbekümmert, sorglos; **to do sth in a ~ way** etw unbekümmert tun; **I wish you wouldn't be so ~ about things** ich wollte, du wärest nicht bei allem so sorglos *or* würdest nicht alles so lässig nehmen (*inf*).

harangue [hə'ræŋ] **I** *n* (*scolding*) (Straf)predigt *f*, Sermon *m*; (*lengthy also*) Tirade *f*; (*encouraging*) Appell *m*. **to give sb a ~** jdm eine (Straf)predigt halten; einen Appell an jdn richten.

II *vt see n person* eine (Straf)predigt *or* einen Sermon halten (+*dat*); eine Tirade loslassen auf (+*acc*) (*inf*); anfeuern, einen Appell richten an (+*acc*). **I don't like being ~d** ich kann es nicht leiden, wenn mir jemand lange Reden hält.

harass ['hærəs] *vt* belästigen; (*mess around*) schikanieren; (*Mil*) *the enemy* Anschläge verüben auf (+*acc*), immer wieder überfallen. **to ~ sb with complaints** jdn mit Klagen belästigen; **don't ~ me** dräng mich doch nicht so!; **they eventually ~ed him into resigning** sie setzten ihm so lange zu, bis er schließlich zurücktrat; **constant ~ing of the goalie eventually made him lose his nerve** der Torwart wurde ständig so hart bedrängt, daß er schließlich die Nerven verlor; **a lot of these people are ~ed by the police** viele dieser Leute werden ständig von der Polizei schikaniert.

harassed ['hærəst] *adj* abgespannt, angegriffen, mitgenommen; (*worried*) von Sorgen gequält. **a ~ family man** ein (viel)geplagter Familienvater; **she was very ~ that day** an dem Tag wußte sie nicht, wo ihr der Kopf stand.

harassment ['hærəsmənt] *n* (*act*) Belästigung, Bedrängung *f*; (*messing around*) Schikanierung *f*; (*state*) Bedrängnis *f*; (*Mil*) Kleinkrieg *m*.

harbinger ['hɑːbɪndʒəʳ] *n* (Vor)bote *m*.

harbour, (*US*) **harbor** ['hɑːbəʳ] **I** *n* Hafen *m*.

II *vt* **1.** *criminal etc* beherbergen, Unterschlupf gewähren (+*dat*); *goods* (bei sich) aufbewahren.

2. *suspicions, grudge* hegen.

3. (*conceal, contain*) **its fur ~s a lot of fleas** in seinem Fell nisten die Flöhe in Scharen; **dirt ~s germs** Schmutz ist eine Brutstätte für Krankheitserreger.

harbour bar *n* Sandbank *f* vor dem Hafen; **harbour dues** *npl* Hafengebühr(en *pl*) *f*; **harbour master** *n* Hafenmeister(in *f*) *m*.

hard [hɑːd] **I** *adj* (+*er*) **1.** (*generally*) hart; *see* **nail**.

2. (*difficult*) schwer; (*complicated also*) schwierig; (*~ to endure*) hart. **~ of hearing** schwerhörig; **I find it ~ to believe that ...** es fällt mir schwer zu glauben *or* ich kann es kaum glauben, daß ...; **these conditions are ~ to accept** mit diesen Bedingungen kann man sich nur schwer abfinden; **I know it's ~ for** *or* **on**

you, but ... ich weiß, es ist schwer *or* hart für Sie, aber ...; **he is ~ to get on with** es ist schwer *or* schwierig, mit ihm auszukommen; **~ to please** schwer zufriedenzustellen; **this novel is ~ going** durch diesen Roman muß man sich mühsam durchbeißen; **he had a ~ time of it** er hat es nicht leicht gehabt; (*in negotiations, boxing match*) es hat ihn einen harten Kampf gekostet; **she pulled through after the operation but she had a ~ time of it** sie erholte sich von der Operation, aber es war eine schwere Zeit für sie; **~ luck!, ~ lines!** (so ein) Pech!; *see* **cheese.**

3. (*severe, harsh*) hart; *voice, tone also* schroff, barsch; *frost* streng. **a ~ man** ein harter Mann; (*esp ruthless*) ein knallharter Typ (*sl*); **don't be ~ on the boy** sei nicht zu hart *or* streng zu dem Jungen; **he was (very) ~ on his staff** er war seinem Personal gegenüber sehr hart; **I'm all for speaking the truth but you were a bit ~ on her** ich bin dafür, die Wahrheit zu sagen, aber Sie sind ein bißchen zu hart mit ihr ins Gericht gegangen.

4. (*strenuous*) *fight, match, worker, work* hart. **getting on with him is ~ work** (*inf*) es gehört schon etwas dazu, mit ihm auszukommen (*inf*); **he's ~ work** (*inf*) er ist ziemlich anstrengend (*inf*); (*difficult to know or persuade*) er ist ein harter Brocken (*inf*); **it was ~ work for me not to swear at him** es hat mich große Mühe gekostet, ihn nicht zu beschimpfen.

5. to put the ~ word on sb (*Austral sl*) jdn um etw anhauen (*inf*).

II *adv* (*+er*) **1.** mit aller Kraft; (*with neg*) stark; (*violently*) heftig; *pull, push, hit also* kräftig; *hold also* fest; *drive* hart; *run* so schnell man kann; *breathe* schwer; *work* hart, schwer. **he worked ~ at clearing his name** er versuchte mit allen Mitteln, seinen Namen reinzuwaschen; **to listen ~** genau hinhören; **think ~** denk mal scharf *or* gut nach; **you're not thinking ~ enough** du denkst nicht angestrengt genug *or* richtig nach; **think ~er** denk mal ein bißchen besser nach; **think ~ before you ...** überlegen Sie sich's gut, bevor Sie ...; **if you try ~ you can ...** wenn du dich richtig bemühst *or* anstrengst, kannst du ...; **you're not trying ~ enough** du strengst dich nicht genügend an; **you're trying too ~** du bemühst dich zu sehr *or* zu krampfhaft; **he tried as ~ as he could** er hat sein Bestes getan *or* sich nach Kräften bemüht; **to look ~ at sb/sth** sich jdn/etw genau ansehen; (*critically*) jdn/etw scharf ansehen; **to be ~ at it** (*inf*) schwer am Werk *or* dabei sein (*inf*); **~ a port!** (*Naut*) hart Backbord!

2. (*in, with difficulty*) **to be ~ put to it to do sth** es sehr schwer finden *or* große Schwierigkeiten (damit) haben, etw zu tun; **I'd be ~ put to it ...** es würde mir schwerfallen ...; **to be ~ up** (*inf*) knapp bei Kasse sein (*inf*); **he's ~ up for ...** (*inf*) es fehlt ihm an (*+dat*) ...; **it will go ~ with him if he carries on this way** er wird noch Schwierigkeiten kriegen, wenn er so weitermacht; **it'll go ~ with him if he's found out** es kann ihn teuer zu stehen kommen, wenn das herauskommt; **to be ~ done by** übel dran sein; **he reckons he's ~ done by having to work on Saturdays** er findet es hart, daß er samstags arbeiten muß; **he took it pretty ~** es ging ihm ziemlich nahe, es traf ihn schwer; **old traditions die ~** alte Traditionen sterben nur langsam.

3. *rain, snow* stark. **it was freezing ~** es herrschte strenger Frost, es fror Stein und Bein.

4. (*close*) **~ by the mill** ganz nahe bei *or* ganz in der Nähe der Mühle.

hard and fast *adj* fest; *rules also* bindend, verbindlich; **hardback I** *adj* (*also* **~ed**) *book* gebunden; **II** *n* gebundene Ausgabe; **hardball** *n* (*US*) **1.** (*Baseball*) Hardball *m*; **2.** (*fig*) **to play ~** rücksichtslos sein *or* vorgehen; **hard-bitten** *adj person* abgebrüht; *manager* knallhart (*inf*); **hardboard** *n* Hartfaser- *or* Preßspanplatte *f*; **hard-boiled** *adj* **1.** *egg* hartgekocht; **2.** (*fig: shrewd*) gerissen, ausgekocht (*inf*), mit allen Wassern gewaschen (*inf*); **3.** (*fig: unsentimental*) kaltschnäuzig (*inf*); **4.** (*fig: realistic*) *approach, appraisal* nüchtern, sachlich; **hard cash** *n* Bargeld, Bare(s) (*inf*) *nt*; **hard copy** *n* Ausdruck *m*, Hardcopy *f*; **hard core** *n* **1.** (*for road*) Schotter *m*; **2.** (*fig*) harter Kern; (*pornography*) harter Porno (*inf*); **hard-core** *adj pornography* hart; **hard court** *n* Hartplatz *m*; **hard currency** *n* harte Währung; **hard disk** *n* (*Comput*) Festplatte *f*; **hard disk computer** *n* Festplattencomputer *m*; **hard disk drive** *n* Festplattenlaufwerk *nt*; **hard drinker** *n* starker Trinker; **hard drug** *n* harte Droge; **hard-earned** *adj wages* sauer verdient; *reward* redlich verdient; *victory* hart erkämpft.

harden ['hɑːdn] **I** *vt steel* härten; *body, muscles* kräftigen, stählen (*geh*); *person* (*physically*) abhärten; (*emotionally*) verhärten (*pej*), abstumpfen (*pej*); *clay* hart werden lassen. **this ~ed his attitude** dadurch hat sich seine Haltung verhärtet; **to ~ oneself to sth** (*physically*) sich gegen etw abhärten; (*emotionally*) gegen etw unempfindlich werden; **to ~ one's heart to sb** sein Herz gegen jdn verhärten (*geh*); *see* **hardened.**

II *vi* (*substance*) hart werden; (*fig: attitude*) sich verhärten; (*St Ex*) (*cease to fluctuate*) sich festigen, sich stabilisieren; (*rise*) anziehen. **his voice ~ed** seine Stimme wurde hart *or* bekam einen harten Klang.

◆**harden off** *vt sep plants* widerstandsfähig machen.

◆**harden up I** *vi* (*concrete, glue*) hart werden. **II** *vt sep* (*make hard*) härten, hart machen; (*fig: toughen*) abhärten.

hardened ['hɑːdnd] *adj steel* gehärtet; *criminal* Gewohnheits-; *troops* zäh, abgehärtet; *sinner* verstockt. **to be ~ to** *or* **against the cold/the climate/sb's insensitivity/life** gegen die Kälte/das Klima abgehärtet sein/an jds Gefühllosigkeit (*acc*) gewöhnt sein/vom Leben hart gemacht sein; **you become ~ to it after a while** daran gewöhnt man sich mit der Zeit.

hardening ['hɑːdnɪŋ] *n* (*of steel*) (Er)härten *nt*, Härtung *f*; (*fig*) Verhärten *nt*, Verhärtung *f*; (*St Ex*) Versteifung, Festigung *f*; (*rise*) Anziehen *nt*. **I noticed a ~ of his attitude** ich habe bemerkt, daß sich seine Einstellung verhärtet; **~ of the arteries** Arterienverkalkung *f*.

hard-fought *adj battle* erbittert; *boxing match, competition, game* hart; **hard hat** *n* Schutzhelm *m*; (*construction worker*) Bauarbeiter(in *f*) *m*; **hard-headed** *adj* nüchtern; **hardhearted** *adj* hartherzig (*towards sb* jdm gegenüber); **hardheartedness** *n* Hartherzigkeit *f*.

hardihood ['hɑːdɪhʊd] *n* Kühnheit *f*.

hardiness ['hɑːdɪnɪs] *n* **1.** (*toughness*) Zähigkeit, Widerstandsfähigkeit *f*; (*Bot also*) Frostunempfindlichkeit *f*; (*of people also*) Ausdauer *f*. **2.** (*courage*) Mut *m*.

hard labour *n* Zwangsarbeit *f*; **hard line** *n* harte Haltung, harte Linie; **to take a ~** eine harte Haltung einnehmen, eine harte Linie verfolgen; **hard-liner** *n* Vertreter(in *f*) *m* der harten Linie, Hardliner *m* (*esp Pol*); **hard liquor** *n* Schnaps *m*.

hardly ['hɑːdlɪ] *adv* (*scarcely*) kaum. **you've ~ eaten anything** du hast (ja) kaum etwas gegessen; **I need ~ tell you** ich muß Ihnen wohl kaum sagen; **I ~ know any French, I know ~ any French** ich kann kaum Französisch; **~ ever** kaum jemals, fast nie; **he had ~ gone** *or* **~ had he gone when ...** er war kaum gegangen, als ...; **you don't agree, do you?** — **~** Sie sind damit nicht einverstanden, oder? — nein, eigentlich nicht.

hardness ['hɑːdnɪs] *n* **1.** (*generally*) Härte *f*; (*of winter also*) Strenge *f*. **2.** *see adj 2.* Schwere *f*; Schwierigkeit *f*; Härte *f*. **~ of hearing** Schwerhörigkeit *f*. **3.** *see adj 3. Härte f*; Schroffheit, Barschheit *f*; Strenge *f*. **the ~ of his heart** seine Hartherzigkeit. **4.** (*St Ex*) Festigung *f*; (*rise*) Anziehen *nt*.

hard-on *n* (*sl*) Ständer *m* (*sl*); **to have a ~** einen hoch *or* stehen haben (*sl*); **hard-packed** *adj snow* festgetreten; **hard-pressed** *adj troops* hart bedrängt; (*with work*) stark beansprucht; **to be ~** unter großem Druck stehen *or* sein, in harter Bedrängnis sein (*geh*); **to be ~ for money** in Geldnot sein, knapp bei Kasse sein (*inf*); **hard sell I** *n* aggressive Verkaufstaktik, Hardsell *m*; **II** *attr* aggressiv, Hardsell-.

hardship ['hɑːdʃɪp] *n* (*condition*) Not *f*, Elend *nt*; (*instance*) Härte *f*; (*deprivation*) Entbehrung *f*. **a temporary ~** eine vorübergehende Notlage; **to suffer great ~s** große Not leiden; **the ~s of war** das Elend/die Entbehrungen des Kriegs; **is that such a great ~?** ist das wirklich ein solches Unglück?; **if it's not too much (of a) ~ for you ...** wenn es dir nichts ausmacht *or* nicht zuviel Mühe macht ...

hard shoulder *n* (*Brit*) Seitenstreifen *m*; **hardtop** *n* Hardtop *nt or m*; **hardware I** *n* **1.** Eisenwaren *pl*; (*household goods*) Haushaltswaren *pl*; **2.** (*Comput*) Hardware *f*; **3.** (*Mil*) (Wehr)material *nt*; **4.** (*US sl: gun*) Schießeisen *nt* (*sl*), Kanone *f* (*sl*); **II** *attr* **1. ~ shop** *or* **store** Eisenwarenhandlung *f*; (*including household goods*) Haushalt- und Eisenwarengeschäft *nt*; **2.** (*Comput*) Hardware-; **hard-wearing** *adj* widerstandsfähig; *cloth, clothes* strapazierfähig; **hard-wired** *adj* (*Comput*) festverdrahtet; **hard-won** *adj battle, fight, victory* hart *or* schwer erkämpft; **hardwood** *n* Hartholz *nt*; **hard-working** *adj person* fleißig; *engine* leistungsfähig.

hardy ['hɑːdɪ] *adj* (*+er*) **1.** (*tough*) zäh; *person also* abgehärtet; *plant* (frost)unempfindlich, winterhart; *tree* widerstandsfähig, kräftig. **that's pretty ~ of you not to wear a coat** du mußt ganz schön abgehärtet sein, daß du keinen Mantel anziehst; **~ annual/perennial** winterharte einjährige/mehrjährige Pflanze.

2. (*bold*) *person* kühn, unerschrokken.

hare [hɛəʳ] **I** *n* (Feld)hase *m*. **~ and hounds** (*game*) Schnitzeljagd *f*; **to run with the ~ and hunt with the hounds** (*prov*) auf beiden Schultern Wasser tragen (*prov*); *see* **mad**.

II *vi* (*inf*) sausen, flitzen (*inf*).

harebell *n* Glockenblume *f*; **harebrained** *adj person, plan* verrückt, behämmert (*inf*); **harelip** *n* Hasenscharte *f*.

harem [hɑːˈriːm] *n* Harem *m*.

haricot ['hærɪkəʊ] *n* **~ beans** weiße Bohnen *fpl*.

hark [hɑːk] *vi* **to ~ to sth** (*liter*) einer Sache (*dat*) lauschen (*liter*); **~!** (*liter*) horch(t)! (*liter*), höret!; **~ at him!** (*inf*) hör ihn dir nur an!, hör sich einer den an! (*inf*).

◆**hark back** *vi* zurückkommen (*to* auf *+acc*). **this custom ~s ~ to the days when ...** dieser Brauch geht auf die Zeit zurück, als ...; **he's always ~ing ~ to the good old days** er fängt immer wieder von der guten alten Zeit an.

Harlequin ['hɑːlɪkwɪn] **I** *n* (*Theat*) Harlekin, Hanswurst *m*.

II *attr costume* Harlekin(s)-.

harlot ['hɑːlət] *n* (*old*) Metze (*old*), Hure *f*.

harm [hɑːm] **I** *n* (*bodily*) Verletzung *f*; (*material damage, to relations, psychological*) Schaden *m*. **to do ~ to sb** jdm eine Verletzung zufügen/jdm schaden *or* Schaden zufügen; **to do ~ to sth** einer Sache (*dat*) schaden; **the blow didn't do him any ~** der Schlag hat ihm nichts getan *or* ihn nicht verletzt; **he didn't do himself any ~ in the crash** er wurde bei dem Unfall nicht verletzt, er erlitt keinerlei Verletzungen bei dem Unfall; **he did himself quite a lot of ~** *or* **he did quite a lot of ~ to himself with his TV broadcast** er hat sich (*dat*) (selbst) mit diesem Fernsehauftritt ziemlich geschadet; **you will come to no ~** es wird Ihnen nichts geschehen; **it will do more ~ than good** es wird mehr schaden als nützen; **I see no ~ in the odd cigarette** ich finde nichts dabei, wenn man ab und zu eine Zigarette raucht; **to mean no ~** es nicht böse meinen; **there's no ~ in asking/trying** es kann nicht schaden, zu fragen/es zu versuchen; **where's** *or* **what's the ~ in that?** was kann denn das schaden?, **to keep** *or* **stay out of ~'s way** die Gefahr meiden, der Gefahr (*dat*) aus dem Weg gehen; **you stay here out of ~'s way** du bleibst schön hier, in Sicherheit.

II *vt person* verletzen; *thing* schaden (+*dat*); *sb's interests, relations, reputation* schaden (+*dat*), abträglich sein (+*dat*). **don't ~ the children** tu den Kindern nichts (an); **it wouldn't ~ you to be a little more polite** es würde nicht(s) schaden, wenn du ein bißchen höflicher wärest.

harmful ['hɑːmfʊl] *adj* schädlich (*to* für); *remarks* verletzend. **~ to one's health** gesundheitsschädlich.

harmless ['hɑːmlɪs] *adj* **1.** harmlos; *animal, toy, weapon also* ungefährlich; *drugs also* unschädlich. **to make** *or* **render a bomb ~** eine Bombe entschärfen. **2.** (*innocent*) harmlos; *conversation, question also* unverfänglich.

harmlessly ['hɑːmlɪslɪ] *adv* harmlos, in aller Harmlosigkeit.

harmlessness ['hɑːmlɪsnɪs] *n see adj* Harmlosigkeit *f*; Ungefährlichkeit *f*; Unschädlichkeit *f*; Unverfänglichkeit *f*.

harmonic [hɑː'mɒnɪk] **I** *n* (*Mus*) Oberton *m*. **II** *adj* (*Mus, Phys*) harmonisch.

harmonica [hɑː'mɒnɪkə] *n* Harmonika *f*.

harmonics [hɑː'mɒnɪks] *n sing* Harmonik *f*.

harmonious *adj*, **~ly** *adv* [hɑː'məʊnɪəs, -lɪ] (*Mus, fig*) harmonisch.

harmonium [hɑː'məʊnɪəm] *n* Harmonium *nt*.

harmonization [ˌhɑːmənaɪ'zeɪʃən] *n* (*Mus, fig*) Harmonisierung *f*.

harmonize ['hɑːmənaɪz] **I** *vt* (*Mus, fig*) harmonisieren; *ideas also* miteinander in Einklang bringen; *plans, colours also* aufeinander abstimmen (*sth with sth* etw auf etw *acc*). **II** *vi* **1.** (*notes, colours, people*) harmonieren; (*facts*) übereinstimmen. **2.** (*sing in harmony*) mehrstimmig singen.

harmony ['hɑːmənɪ] *n* Harmonie *f*; (*of colours also*) harmonisches Zusammenspiel; (*fig: harmonious relations*) Eintracht *f*. **to live in perfect ~ with sb** in Harmonie *or* Eintracht mit jdm leben; **to be in/out of ~ with** (*lit*) harmonieren/nicht harmonieren mit; (*fig also*) in Einklang/nicht in Einklang stehen *or* sein mit; **to sing in ~** mehrstimmig singen; (*in tune*) rein singen.

harness ['hɑːnɪs] **I** *n* **1.** Geschirr *nt*. **to get back into ~** (*fig*) sich wieder an die Arbeit machen, wieder in den täglichen Trott verfallen; **to die in ~** (*fig*) (*often hum*) in den Sielen sterben.

2. (*of parachute*) Gurtwerk *nt*; (*for baby*) Laufgurt *m*.

3. (*Elec*) Kabelbaum *m*.

II *vt* **1.** *horse* anschirren, aufzäumen. **to ~ a horse to a carriage** ein Pferd vor einen Wagen spannen.

2. (*utilize*) *river* nutzbar machen; *resources* (aus)nutzen.

harp [hɑːp] *n* Harfe *f*.

◆**harp on** *vi* (*inf*) **to ~ ~ sth** auf etw (*dat*) herumreiten; **he's always ~ing ~ about the need for ...** er spricht ständig von der Notwendigkeit +*gen* ...; **she's always ~ing ~ about her troubles** sie lamentiert ständig über ihre Probleme, sie jammert einem dauernd die Ohren voll mit ihren Problemen (*inf*).

harpist ['hɑːpɪst] *n* Harfenspieler(in *f*), Harfenist(in *f*) *m*.

harpoon [hɑː'puːn] **I** *n* Harpune *f*. **~ gun** Harpunenkanone *f*. **II** *vt* harpunieren.

harpsichord ['hɑːpsɪkɔːd] *n* Cembalo *nt*.

harrier ['hærɪə^r] *n* **1.** (*Sport*) Querfeldeinläufer(in *f*), Geländeläufer(in *f*) *m*. **2.** (*Orn*) Weih *m*. **3.** (*dog*) *Hund m für die Hasenjagd.*

harrow ['hærəʊ] **I** *n* Egge *f*.

II *vt* **1.** eggen. **2.** (*fig: usu pass*) **to ~ sb** jdn quälen *or* peinigen (*geh*).

harrowed ['hærəʊd] *adj look* gequält.

harrowing ['hærəʊɪŋ] *adj story* entsetzlich, erschütternd, grauenhaft; *experience* qualvoll, grauenhaft.

harry ['hærɪ] *vt* **1.** bedrängen, zusetzen (+*dat*). **2.** (*old*) *country* plündern.

harsh [hɑːʃ] *adj* (+*er*) **1.** rauh; *colour, contrast, light, sound* grell, hart; *taste* herb. **it was ~ to the touch/taste/ear** es fühlte sich rauh an/es schmeckte herb/es gellte in den Ohren.

2. (*severe*) hart; *words, tone of voice also* barsch, schroff; *treatment also* rauh; (*too strict*) streng. **to be ~ with** *or* **on sb** jdn hart anfassen; **don't be too ~ with him** sei nicht zu streng *or* hart mit ihm.

harshly ['hɑːʃlɪ] *adv see adj*.

harshness ['hɑːʃnɪs] *n see adj* **1.** Rauheit *f*; Grelle, Härte *f*; Herbheit *f*. **2.** Härte *f*; Barschheit, Schroffheit *f*; Rauheit *f*; Strenge *f*.

harum-scarum ['hɛərəm'skɛərəm] **I** *adj* unbesonnen, unbedacht.

II *n* unbedachter Tollkopf.

harvest ['hɑːvɪst] **I** *n* Ernte *f*; (*of wines, berries also*) Lese *f*; (*of the sea*) Ausbeute *f*, Ertrag *m*; (*fig*) Frucht *f*, Ertrag *m*. **the ~ of their efforts** die Früchte *pl* ihrer Arbeit *or* Anstrengungen; **a large ~ of apples** eine reiche Apfelernte.

II *vt* (*reap, also fig*) ernten; *vines also* lesen; (*bring in*) einbringen.

III *vi* ernten.

harvester ['hɑːvɪstə^r] *n* (*person*) Erntearbeiter(in *f*) *m*; (*machine*) Mähmaschine *f*; (*cuts and binds*) Mähbinder, Bindemäher *m*; (*combine ~*) Mähdrescher *m*.

harvest festival *n* Erntedankfest *nt*; **harvest moon** *n* Herbstmond *m*, *heller Vollmond im September;* **harvest time** *n* Erntezeit *f*.

has [hæz] *3rd pers sing present of* **have.**

has-been ['hæzbiːn] *n* (*pej*) vergangene *or* vergessene Größe.

hash [hæʃ] **I** *n* **1.** (*Cook*) Haschee *nt*.

2. (*fig: mess*) Durcheinander *nt*, Kuddelmuddel *m* (*inf*); (*bad work*) Pfusch(erei *f*) *m* (*inf*). **to make a ~ of sth** etw verpfuschen *or* vermasseln (*inf*).

3. (*inf: hashish*) Hasch *nt* (*inf*).

II *vt* (*Cook*) hacken.

◆**hash up** *vt sep* **1.** (*Cook*) hacken, zerkleinern. **2.** (*inf: mess up*) verpfuschen, vermasseln (*inf*).

hashish ['hæʃɪʃ] *n* Haschisch *nt*.

hasn't ['hæznt] *contr of* **has not.**

hassle ['hæsl] (*inf*) **I** *n* Auseinandersetzung *f*; (*bother, trouble*) Mühe *f*, Theater *nt* (*inf*). **getting there is such a ~** es ist so umständlich, dorthin zu kommen; **it's always such a ~ getting him to do anything** es ist immer ein solches Theater, ihn dazu zu bringen, etwas zu tun (*inf*); **it's too much ~ cooking for myself** es ist mir zu umständlich *or* mühsam, für mich allein zu kochen; **all this security ~** dieser ganze Zirkus mit den Sicherheitsmaßnahmen (*inf*).

II *vt* **1.** (*mess around*) schikanieren. **2.** (*annoy*) ärgern, belästigen; **3.** (*keep on at*) bedrängen. **keep hassling them till they pay** bleib ihnen auf den Fersen, bis sie bezahlen; **she gets easily ~d** sie läßt sich leicht unter Druck setzen.

III *vi* **keep hassling** bleib ihm/ihnen auf den Fersen; **in a job like this you have to be prepared to ~** in diesem Job muß man (anderen) Dampf machen können.

hassler ['hæsləʳ] *n* aufdringlicher Typ.

hassock ['hæsək] *n* Betkissen, Kniekissen *nt*.

haste [heɪst] *n* Eile *f*; (*nervous*) Hast *f*. **to be in ~ to do sth** sich beeilen, etw zu tun; **in great ~** in großer Eile; **more ~ less speed** (*Prov*) eile mit Weile (*Prov*).

hasten ['heɪsn] **I** *vi* sich beeilen. **he ~ed to add that ...** er fügte schnell hinzu, daß ..., er beeilte sich, hinzuzufügen, daß ...; **she ~ed down the stairs** sie eilte *or* hastete die Treppe hinunter.

II *vt* beschleunigen. **the strain of office ~ed his death** die Belastung seines Amtes trug zu seinem vorzeitigen Tod bei; **to ~ sb's departure** jdn zum Aufbruch drängen.

◆**hasten away** *vi* forteilen *or* -hasten, eilig weggehen.

◆**hasten back** *vi* eilig *or* schnell zurückkehren, zurückeilen.

◆**hasten off** *vi* weg- *or* forteilen.

hastily ['heɪstɪlɪ] *adv* **1.** (*hurriedly*) hastig, eilig. **2.** (*rashly*) vorschnell.

hastiness ['heɪstɪnɪs] *n* **1.** (*hurriedness*) Eile *f*. **his ~ in resorting to violence** daß er so schnell gewalttätig wird.

2. (*rashness*) Voreiligkeit, Unbesonnenheit *f*.

3. (*dated: hot temper*) Hitzigkeit (*dated*), Heftigkeit *f*.

hasty ['heɪstɪ] *adj* (*+er*) **1.** (*hurried*) hastig, eilig. **they made a ~ exit** sie eilten hinaus, sie machten, daß sie hinauskamen (*inf*); **don't be so ~** nicht so hastig!; **I only had time for a ~ meal** ich hatte nur Zeit, hastig *or* schnell etwas zu essen.

2. (*rash*) vorschnell.

3. (*dated: hot-tempered*) hitzig, heftig.

hasty pudding *n* (*US*) Maismehlbrei *m*.

hat [hæt] *n* **1.** Hut *m*; (*of cook*) Mütze *f*. **to put on one's ~** den *or* seinen Hut aufsetzen; **to take one's ~ off** den Hut abnehmen; (*for greeting also*) den Hut ziehen (*to sb* vor jdm); **~s off!** Hut ab!; **my ~!** (*dated inf*) daß ich nicht lache! (*inf*).

2. (*fig phrases*) **I'll eat my ~ if ...** ich fresse einen Besen, wenn ... (*inf*); **I take my ~ off to him** Hut ab vor ihm!; **to talk through one's ~** (*inf*) dummes Zeug reden; **to keep sth under one's ~** (*inf*) etw für sich behalten; **at the drop of a ~** auf der Stelle, ohne weiteres; **to toss one's ~ in the ring** sich am politischen Reigen beteiligen; (*non-political*) sich einschalten; **that's old ~** (*inf*) das ist ein alter Hut (*inf*); **to pass round the ~ for sb** für jdn sammeln *or* den Hut rumgehen lassen (*inf*); **he wears several different ~s** (*inf*) er übt mehrere Funktionen aus.

hatband *n* Hutband *nt*; **hatbox** *n* Hutschachtel *f*.

hatch¹ [hætʃ] **I** *vt* (*also* **~ out**) ausbrüten; (*fig*) *plot, scheme also* aushecken. **II** *vi* (*also* **~ out**) (*bird*) ausschlüpfen. **when will the eggs ~?** wann schlüpfen die Jungen aus? **III** *n* (*act of* **~ing**) Ausbrüten *nt*; (*brood*) Brut *f*.

hatch² *n* **1.** (*Naut*) Luke *f*; (*in floor, ceiling*) Bodenluke *f*; (*half-door*) Halbtür, Niedertür *f*; (*turret ~*) Ausstiegsluke *f* (*in Turm*); *see* **batten down. 2. (service) ~** Durchreiche *f*. **3. down the ~!** (*inf*) hoch die Tassen! (*inf*).

hatchback ['hætʃbæk] *n* Hecktürmodell *nt*; (*door*) Hecktür *f*.

hatchery ['hætʃərɪ] *n* Brutplatz *m*.

hatchet ['hætʃɪt] *n* Beil *nt*; (*tomahawk*) Kriegsbeil *nt*. **to bury the ~** das Kriegsbeil begraben.

hatchet job *n* (*inf*) **to do a ~ job on sb** jdn fertigmachen (*inf*); **hatchet man** *n* (*hired killer*) gedungener Mörder; (*fig*) Vollstreckungsbeamte(r) *m*.

hatching ['hætʃɪŋ] *n* (*Art*) Schraffur, Schraffierung *f*.

hatchway ['hætʃweɪ] *n see* **hatch² 1.**

hate [heɪt] **I** *vt* hassen; (*detest also*) verabscheuen, nicht ausstehen können (*inf*); (*dislike also*) nicht leiden können. **to ~ the sound of sth** etw nicht hören können; **to ~ to do sth** *or* **doing sth** es hassen, etw zu tun; (*weaker*) etw äußerst ungern tun; **I ~ seeing her in pain** ich kann es nicht ertragen, sie leiden zu sehen; **I ~ the idea of leaving** der Gedanke, wegzumüssen, ist mir äußerst zuwider; **I ~ to bother you** es ist mir sehr unangenehm, daß ich Sie belästigen muß; **I ~ having to say it but ...** es fällt mir sehr schwer, das sagen zu müssen, aber ...; **I ~ being late** ich hasse es, zu spät zu kommen; **you'll ~ yourself for not thinking of the answer** du wirst dich schwarz ärgern, daß du nicht auf die Antwort gekommen bist (*inf*); **you'll ~ me for this but ...** du wirst es mir vielleicht übelnehmen, aber...; **don't ~ me for telling you the truth** nimm es mir nicht übel *or* sei mir nicht böse, daß ich dir die Wahrheit sage; **I should ~ to keep you waiting** ich möchte Sie auf keinen Fall warten lassen.

II *n* **1.** Haß *m* (*for, of* auf +*acc*). **~ mail** beleidigende Briefe *pl*.

2. (*object of hatred*) **one of his pet ~s is chrome furniture/having to queue up** Stahlmöbel sind/Schlangestehen ist ihm ein Greuel *or* gehören/gehört zu den Dingen, die er am meisten haßt *or* verabscheut.

hated ['heɪtɪd] *adj* verhaßt.

hateful ['heɪtfʊl] *adj* abscheulich; *remarks also* häßlich; *person* unausstehlich. **sth is ~ to sb** jd findet etw abscheulich/etw ist jdm verhaßt.

hatefully ['heɪtfəlɪ] *adv* abscheulich.

hatemongering ['heɪtmʌŋgərɪŋ] *n* das Schüren von Haß.

hatless *adj* ohne Hut; **hatpin** *n* Hutnadel *f*; **hatrack** *n* Hutablage *f*.

hatred ['heɪtrɪd] *n* Haß *m* (*for* auf +*acc*); (*of spinach, spiders etc*) Abscheu *m* (*of* vor +*dat*).

hatter ['hætəʳ] *n* Hutmacher(in *f*) *m*; (*seller*) Hutverkäufer(in *f*) *m*; *see* **mad**.

hat stand, hat tree (*US*) *n* Garderobenständer *m*; (*for hats only*) Hutständer *m*; **hat trick** *n* (*Sport*) Hat-Trick *m*.

haughtily ['hɔːtɪlɪ] *adv see adj* hochmütig, hochnäsig (*inf*), überheblich. **she stalked ~ out of the room** stolz erhobenen Hauptes verließ sie das Zimmer.

haughtiness ['hɔːtɪnɪs] *n see adj* Hochmut *m*, Hochnäsigkeit *f* (*inf*); Überheblichkeit *f*.

haughty ['hɔːtɪ] *adj* (+*er*) hochmütig, hochnäsig (*inf*); (*towards people*) überheblich. **with a ~ toss of her head** mit hochmütig zurückgeworfenem Kopf.

haul [hɔːl] **I** *n* **1.** (*hauling*) **a truck gave us a ~** ein Lastwagen schleppte uns ab *or* (*out of mud*) zog uns heraus; **they gave a good strong ~ at the rope** sie zogen mit aller Kraft am Seil.

2. (*journey*) Strecke *f*. **it's a long ~ to** es ist ein weiter Weg (bis) nach; **short/long/medium ~ aircraft** Kurz-/Lang-/Mittelstreckenflugzeug *nt*; **long-~ truck-driver** Fernfahrer(in *f*) *m*; **the long ~ through the courts** der lange Weg durch die Instanzen.

3. (*Fishing*) (Fisch)fang *m*; (*fig: booty, from robbery*) Beute *f*; (*inf: of presents*) Ausbeute *f* (*inf*). **our ~ on the last trawl was 500 kg of herring** bei unserer letzten Fahrt hatten wir eine Ausbeute von 500 kg Hering.

II *vt* **1.** ziehen; *heavy objects also* schleppen; *see* **coal.**

2. (*transport by lorry*) befördern, transportieren.

3. (*Naut*) den Kurs (+*gen*) ändern. **to ~ a boat into the wind** an den Wind segeln.

III *vi* (*Naut: also* **~ round**) den Kurs ändern. **the yacht ~ed into the wind** die Jacht segelte an den Wind.

◆**haul away** *vi* (*pull*) mit aller Kraft ziehen (*at, on* an +*dat*); (*rowers*) sich in die Riemen legen. **~ ~!** hau ruck!

◆**haul down** *vt sep* **1.** *flag, sail* ein- *or* niederholen.

2. (*with effort*) herunterschleppen; (*pull down*) herunterzerren.

◆**haul in** *vt sep* einholen; *rope* einziehen.

◆**haul off** *vi* (*Naut*) (ab)drehen, den Kurs ändern.

◆**haul round** *vi* (*Naut*) (*ship*) den Kurs ändern; (*wind*) drehen.

◆**haul up** *vt sep* **1.** (*carry*) hinauf- *or* hochschleppen; (*pull up*) hochzerren, hochziehen; *flag, sail* hissen; (*aboard ship*) (an Bord) hieven, hochziehen; (*onto beach*) schleppen, ziehen. **the dinghies were lying ~ed ~ on the beach for the winter** man hatte die Jollen für den Winter an Land gezogen.

2. (*fig inf*) **to ~ sb ~ before the magistrate/headmaster/brigadier** jdn vor den Kadi/Schulleiter/Brigadeführer schleppen (*inf*); **he's been ~ed ~ on a drugs charge** er wurde wegen einer Rauschgiftsache vor den Kadi gebracht.

haulage ['hɔːlɪdʒ] *n* **1.** (*road transport*) Transport *m*. **~ business** (*firm*) Transport- *or* Fuhrunternehmen *nt*, Spedition(sfirma) *f*; (*trade*) Speditionsbranche *f*, Fuhrwesen *nt*; **~ contractor** (*firm*) Transportunternehmen *nt*, Spedition(sfirma) *f*; (*person*) Transport- *or* Fuhrunternehmer(in *f*), Spediteur(in *f*) *m*.

2. (*transport charges*) Speditions- *or* Transportkosten *pl*.

haulier ['hɔːlɪəʳ] *n* Spediteur(in *f*), Fuhrunternehmer(in *f*) *m*; (*company*) Spedition *f*. **firm of ~s** Spedition(sfirma) *f*, Transportunternehmen *nt*.

haunch [hɔːntʃ] *n* (*of person*) Hüfte *f*; (*hip area*) Hüftpartie *f*; (*of animal*) (*hindquarters*) Hinterbacke *f*, (*top of leg*) Keule *f*; (*Cook*) Keule *f*, Lendenstück *nt*. **~es** Gesäß *nt*; (*of animal*) Hinterbakken *pl*; **to go down on one's ~es** in die Hocke gehen; **~ of venison** (*Cook*) Rehkeule *f*.

haunt [hɔːnt] **I** *vt* **1.** (*ghost*) *house, place* spuken in (+*dat*), umgehen in (+*dat*).

2. *person* verfolgen; (*memory also*) nicht loslassen; (*fear also*) quälen. **the nightmares which ~ed him** die Alpträume, die ihn heimsuchten.

3. (*frequent*) verkehren in (+*dat*), frequentieren, häufig besuchen; (*animal*) vorkommen, auftreten.

II *n* (*of person*) (*pub*) Stammlokal *nt*; (*favourite resort*) Lieblingsort *or* -platz *m*; (*of criminals*) Treff(punkt) *m*; (*of animal*) Heimat *f*. **the riverbank is the ~ of a variety of animals** eine Vielzahl von Tieren lebt an Flußufern; **to revisit the ~s of one's youth** die Stätten seiner Jugend wiederaufsuchen; **a ~ of tax dodgers** ein Refugium *nt* für Steuerflüchtlinge; **what are his ~s?** wo hält er sich vorwiegend *or* vorzugsweise auf?

haunted ['hɔːntɪd] *adj* **1.** Spuk-. **a ~ house** ein Spukhaus *nt*, ein Haus *nt*, in dem es spukt; **this place is ~** hier spukt es.

2. *look* gehetzt, gequält; *person* ruhelos.

haunting ['hɔːntɪŋ] *adj doubt* quälend, nagend; *tune, visions, poetry* eindringlich; *music* schwermütig. **these ~ final chords** diese Schlußakkorde, die einen nicht loslassen.

hauntingly ['hɔːntɪŋlɪ] *adv* eindringlich.

Havana [hə'vænə] *n* **1.** Havanna *nt*. **2.** Havanna(zigarre) *f*.

have [hæv] *pret, ptp* **had,** *3rd pers sing present* **has I** *aux vb* **1.** haben; (*esp with vbs of motion*) sein. **to ~ been** gewesen sein; **to ~ seen/heard/eaten** gesehen/gehört/gegessen haben; **to ~ gone/run** gegangen/gelaufen sein; **I ~ /had been** ich bin/war gewesen; **I ~ not/had not** *or* **I've not/I'd not** *or* **I ~n't/I hadn't seen him** ich habe/hatte ihn nicht gesehen; **had I seen him, if I had seen him** hätte ich ihn gesehen, wenn ich ihn gesehen hätte; **having seen him** (*since*) da *or* weil ich ihn gesehen habe/hatte; (*after*) als ich ihn gesehen hatte; **after having said that he left** nachdem *or* als er das gesagt hatte, ging er; **I ~ lived** *or* **~ been living here for 10 years/since January** ich wohne *or* lebe schon 10 Jahre/seit Januar hier; **you *have* grown** du bist aber gewachsen.

2. (*in tag questions*) **you've seen her, ~n't you?** du hast sie gesehen, oder nicht?; **you ~n't seen her, ~ you?** du hast sie nicht gesehen, oder?; **you ~n't seen her — yes, I ~** du hast sie nicht gesehen — doch *or* wohl (*inf*); **you've made a mistake — no I ~n't** du hast einen Fehler gemacht — nein(, hab' ich nicht *inf*); **you've dropped your book — so I ~** dir ist dein Buch hingefallen — stimmt *or* tatsächlich; **~ you been there? if you ~/~n't ...** sind Sie schon mal da gewesen? wenn ja/nein *or* nicht, ...; **I've lost it — you ~n't** (*disbelieving*) ich habe es verloren — nein!

II *modal aux* (*+infin: to be obliged*) **I ~ to do it, I ~ got to do it** (*Brit*) ich muß es tun *or* machen; **I don't ~ to do it, I ~n't got to do it** (*Brit*) ich muß es nicht tun, ich brauche es nicht zu tun; **do you ~ to go now?, ~ you got to go now?** (*Brit*) müssen Sie jetzt (wirklich) unbedingt gehen?; **do you ~ to make such a noise?** müssen Sie (unbedingt) so viel Lärm machen?; **you didn't ~ to tell her** das mußten Sie ihr nicht unbedingt sagen, das hätten Sie ihr nicht unbedingt sagen müssen *or* brauchen; **he doesn't ~ to work, he hasn't got to work** (*Brit*) er braucht nicht zu arbeiten, er muß nicht arbeiten; **we've had to go and see her twice this week** wir mußten diese Woche schon zweimal zu ihr (hin); **the letter will ~ to be written tomorrow** der Brief muß morgen unbedingt geschrieben werden; **it's got to be** *or* **it has to be the biggest scandal this year** das ist todsicher der (größte) Skandal des Jahres; **I'm afraid it has to be** das muß leider sein.

III *vt* **1.** (*possess*) haben. **she has (got** *esp Brit*) **blue eyes** sie hat blaue Augen; **~ you (got** *esp Brit*) *or* **do you ~ a suitcase?** hast du einen Koffer?; **I ~n't (got** *esp Brit*) *or* **I don't ~ a pen** ich habe keinen Kugelschreiber; **I must ~ more time** ich brauche mehr Zeit; **I ~ (got** *esp Brit*) **no German** ich kann kein (Wort) Deutsch; **he had her on the sofa** er nahm sie auf dem Sofa; **I ~ it!** ich hab's!; **what time do you ~?** (*US*) wieviel Uhr hast du? (*inf*), wie spät hast du es?

2. to ~ breakfast/lunch/dinner frühstücken/zu Mittag essen/zu Abend essen; **to ~ tea with sb** mit jdm (zusammen) Tee trinken; **will you ~ tea or coffee/a drink/a cigarette?** möchten Sie lieber Tee oder Kaffee/möchten Sie etwas zu trinken/eine Zigarette?, hätten Sie lieber Tee oder Kaffee/gern etwas zu trinken/gern eine Zigarette?; **he had a cigarette/a drink/a steak** er rauchte eine Zigarette/trank etwas/aß ein Steak; **how do you ~ your eggs?** wie hätten *or* möchten Sie die Eier gern(e)?; **will you ~ some more?** möchten Sie *or* hätten Sie gern(e) (noch etwas) mehr?; **~ another one** nimm noch eine/einen/eines; trink noch einen; rauch noch eine.

3. (*receive, obtain, get*) haben. **to ~ news from sb** von jdm hören; **I ~ it from my sister that ...** ich habe von meiner Schwester gehört *or* erfahren, daß ...; **to let sb ~ sth** jdm etw geben; **I must ~ something to eat at once** ich brauche dringend etwas zu essen, ich muß dringend etwas zu essen haben; **it's nowhere to be had** es ist nirgends zu haben *or* kriegen (*inf*); **it's to be had at the chemist's** es ist in der Apotheke erhältlich, man bekommt es in der Apotheke.

4. (*maintain, insist*) **he will ~ it that Paul is guilty** er besteht darauf, daß Paul schuldig ist; **he won't ~ it that Paul is guilty** er will nichts davon hören, daß Paul schuldig ist; **as gossip has it** dem Hörensagen nach; **as Professor James would ~ it** (*according to*) laut Professor James; (*as he would put it*) um mit Professor James zu sprechen.

5. (*neg: refuse to allow*) **I won't ~ this nonsense** dieser Unsinn kommt (mir) nicht in Frage!; **I won't ~ it!** das lasse ich mir nicht bieten!; **I won't ~ him insulted** ich lasse es nicht zu *or* dulde es nicht, daß man ihn beleidigt; **I won't ~ him insult his mother** ich lasse es nicht zu, daß er seine Mutter beleidigt; **we won't ~ women in our club** in unserem Klub sind Frauen nicht zugelassen; **I'm not having any of that!** (*inf*) mit mir nicht! (*inf*); **but she wasn't having any** (*sl*) aber sie wollte nichts davon wissen.

6. (*hold*) (gepackt) haben. **he had (got) me by the throat/the hair** er hatte *or* hielt mich am Hals/bei den Haaren gepackt; **I ~ (got) him where I want him** ich habe ihn endlich soweit; **I'll ~ you** (*inf*) dich krieg ich (beim Kragen); **you ~ me there** da bin ich überfragt.

7. to ~ a child ein Kind bekommen; **she is having a baby in April** sie bekommt *or* kriegt (*inf*) im April ein Kind.

8. (*wish*) mögen. **which one will you ~?** welche(n, s) möchten Sie haben *or* hätten Sie gern?; **as fate would ~ it, ...** wie es das Schicksal so wollte, ...; **what would you ~ me say?** was soll ich dazu sagen?

9. (*causative*) **to ~ sth done** etw tun lassen; **to ~ one's hair cut/a suit made** sich (*dat*) die Haare schneiden lassen/ einen Anzug machen lassen; **I had my luggage brought up** ich habe (mir) das Gepäck nach oben bringen lassen; **to ~ sb do sth** jdn etw tun lassen; **I'd ~ you understand ...** Sie müssen nämlich wissen ...; **he had the audience in hysterics** das Publikum kugelte sich vor Lachen; **he had the police baffled** die Polizei stand vor einem Rätsel.

10. (*experience, suffer*) **he had his car stolen** man hat ihm sein Auto gestohlen; **he had his arm broken** er hat/hatte einen gebrochenen Arm; **I had my friends turn against me** ich mußte es erleben, wie *or* daß sich meine Freunde gegen mich wandten.

11. *party* geben, machen; *meeting* abhalten. **are you having a reception?** gibt es einen Empfang?

12. (*phrases*) **let him ~ it!** gib's ihm! (*inf*); **he/that coat has had it** (*inf*) der ist weg vom Fenster (*inf*)/der Mantel ist im Eimer (*inf*); **if I miss the last bus, I've had it** (*inf*) wenn ich den letzten Bus verpasse, bin ich geliefert (*inf*); **~ it your own way** machen Sie es wie Sie wollen; **I didn't know he had it in him** ich hätte ihn dazu nicht für fähig gehalten; **to ~ a walk** einen Spaziergang machen, spazierengehen; **to ~ a dream** träumen; **to ~ a good time/a pleasant evening** Spaß haben, sich amüsieren/ einen netten Abend verbringen; **~ a good time!** viel Spaß!; **you've been had!** (*inf*) da hat man dich übers Ohr gehauen (*inf*); **thanks for having me** vielen Dank für Ihre Gastfreundschaft.

◆**have around** *vt always separate* **1.** (bei sich) zu Besuch haben; (*invite*) einladen. **2. he's a useful man to ~ ~** es ist ganz praktisch, ihn zur Hand zu haben.

◆**have away** *vt always separate*: **to ~ it ~ with sb** (*sl*) es mit jdm treiben (*inf*).

◆**have back** *vt sep* zurückhaben.

◆**have down I** *vt sep people, guests* (bei sich) zu Besuch haben. **II** *vt always separate* (*take down*) *scaffolding* herunterhaben; (*knock down*) *buildings* abreißen; *vase* herunterwerfen; (*put down*) *carpets* verlegen.

◆**have in** *vt separate* **1.** im Haus haben.

2. to ~ it ~ for sb (*inf*) jdn auf dem Kieker haben (*inf*).

3. (*make come in*) hereinrufen.

4. (*put in*) **he had the new engine ~ in a couple of hours** er hatte den neuen Motor in ein paar Stunden drin (*inf*).

◆**have off** *vt always separate* **1. to ~ it ~ with sb** (*sl*) es mit jdm treiben (*inf*). **2.** (*take off*) **he had the top ~ in a second** er hatte den Deckel in Sekundenschnelle (he)runter.

◆**have on I** *vt sep* (*wear*) anhaben; *radio* anhaben.

II *vt always separate* **1.** (*have arranged*) vorhaben; (*be busy with*) zu tun haben. **we've got a big job ~** wir haben ein großes Projekt in Arbeit.

2. (*inf: deceive, trick*) übers Ohr hauen (*inf*); (*tease*) auf den Arm nehmen (*inf*).

3. to ~ nothing ~ sb gegen jdn nichts in der Hand haben.

4. (*put on*) **they had new tyres ~ in no time** sie hatten die neuen Reifen im Nu drauf (*inf*).

◆**have out** *vt always separate* **1.** herausgenommen bekommen. **he was having his tonsils ~** er bekam seine Mandeln herausgenommen. **2.** (*discuss*) ausdiskutieren. **to ~ it ~ with sb** etw mit jdm ausdiskutieren; **I'll ~ it ~ with him** ich werde mit ihm reden.

◆**have over** *or* **round** *vt always separate* (bei sich) zu Besuch haben; (*invite*) (zu sich) einladen

◆**have up** *vt always separate* **1.** (*inf: cause to appear in court*) drankriegen (*inf*). **that's the second time he's been had ~ for drunken driving** jetzt haben sie ihn schon zum zweiten Mal wegen Trunkenheit am Steuer drangekriegt (*inf*); **he's been had ~ again** er war schon wieder vor dem Kadi (*inf*).

2. (*put up*) **when we had the tent/ shelves ~** als wir das Zelt aufgestellt/die Regale an der Wand hatten.

haven ['heɪvən] *n* (*fig*) Zufluchtsstätte *f*.

haven't ['hævnt] *contr of* **have not**.

haves [hævz] *npl* (*inf*) **the ~** die Betuchten (*inf*), die Begüterten *pl*; **the ~ and the have-nots** die Betuchten und die Habenichtse.

havoc ['hævək] *n* verheerender Schaden; (*devastation also*) Verwüstung *f*; (*chaos*) Chaos *nt*. **to wreak ~ in** *or* **with sth, to play ~ with sth** bei etw verheerenden Schaden anrichten; (*physical damage also*) etw verwüsten, etw verheerend zurichten; (*with health, part of the body*) für etw üble *or* schlimme Folgen haben, sich übel auf etw (*acc*) auswirken; **the tornado wreaked ~ all along the coast** der Tornado richtete entlang der ganzen Küste große Verwüstungen an; **his sense of guilt played ~ with his imagination** er stellte sich (*dat*) aufgrund seiner Schuldgefühle alles mögliche vor.

Hawaii [hə'waɪiː] *n* Hawaii *nt*; (*state also*) die Hawaii-Inseln *pl*.

Hawaiian [hə'waɪjən] **I** *adj* hawaiisch, Hawaii-. **~ guitar** Hawaiigitarre *f*. **II** *n* **1.** Hawaiianer(in *f*) *m*. **2.** (*language*) Hawaiisch *nt*.

hawk[1] [hɔːk] **I** *n* **1.** (*Orn*) Habicht *m*; (*sparrow ~*) Sperber *m*; (*falcon*) Falke *m*. **2.** (*fig: politician*) Falke *m*. **the ~s and the doves** die Falken und die Tauben. **II** *vi* mit Falken jagen.

hawk[2] *vt* hausieren (gehen) mit; (*in street*) verkaufen, feilhalten, feilbieten; (*by shouting out*) ausschreien.

◆**hawk about** *vi sep gossip etc* verbreiten, herumtratschen (*inf*).

◆**hawk up** *vt sep phlegm* aushusten.

hawker ['hɔːkəʳ] *n* **1.** (*hunter*) Falkner *m*. **2.** (*pedlar*) (*door-to-door*) Hausierer(in *f*) *m*; (*in street*) Straßenhändler(in *f*) *m*; (*at market*) Marktschreier(in *f*) *m*.

hawk-eyed ['hɔːkaɪd] *adj* scharfsichtig, adleräugig. **to be ~** Adleraugen haben.

hawking ['hɔːkɪŋ] *n* (Falken)beize, Falkenjagd *f.*

hawser ['hɔːzəʳ] *n* (*Naut*) Trosse *f.*

hawthorn ['hɔːθɔːn] *n* (*also* ~ **bush/tree**) Weiß- *or* Rot- *or* Hagedorn *m.* ~ **hedge** Weiß- *or* Rotdornhecke *f.*

hay [heɪ] *n* Heu *nt.* **to make** ~ Heu machen, heuen; **to hit the** ~ (*inf*) sich in die Falle hauen (*sl*); **to make** ~ **while the sun shines** (*Prov*) das Eisen schmieden, solange es heiß ist (*Prov*).

hay fever *n* Heuschnupfen *m*; **hayloft** *n* Heuboden *m*; **haymaker** *n* **1.** Heumacher(in *f*) *m*; **2.** (*Boxing inf*) knallharter Schlag, Schwinger *m*; **haymaking** *n* Heuen *nt*, Heuernte *f*; **hayrack** *n* (*for fodder*) (Heu)raufe *f*; (*US: on wagon*) Heuwagenaufbau *m*; **hayrick, haystack** *n* Heuhaufen *m.*

haywire ['heɪwaɪəʳ] *adj pred* (*inf*) **to be (all)** ~ (vollständig) durcheinander *or* ein Wirrwarr (*inf*) sein; **to go** ~ (*go crazy*) durchdrehen (*inf*); (*plans, arrangements*) durcheinandergeraten, über den Haufen geworfen werden (*inf*); (*machinery*) verrückt spielen (*inf*).

hazard ['hæzəd] **I** *n* **1.** (*danger*) Gefahr *f*; (*risk*) Risiko *nt.* **a typical translating** ~ eine typische Gefahr beim Übersetzen; **the** ~**s of war** die Gefahren des Krieges; **it's a fire** ~ es ist feuergefährlich.

2. (*chance*) **by** ~ durch Zufall; **game of** ~ Glücksspiel *nt.*

3. (*Sport: Golf, Show-jumping*) Hindernis *nt.*

4. ~s *pl* (*Aut: also* ~ **(warning) lights**) Warnblinklicht *nt.*

II *vt* **1.** (*risk*) *life, reputation* riskieren, aufs Spiel setzen.

2. (*venture to make*) wagen, riskieren. **if I might** ~ **a remark/suggestion** wenn ich mir eine Bemerkung/einen Vorschlag erlauben darf; **to** ~ **a guess** (es) wagen, eine Vermutung anzustellen.

hazardous ['hæzədəs] *adj* (*dangerous*) gefährlich, risikoreich, gefahrvoll; (*risky*) gewagt, riskant; (*exposed to risk*) unsicher. ~ **waste** Sondermüll *m.*

haze [heɪz] *n* **1.** Dunst *m.*

2. (*fig*) **I/his mind was in a** ~ (*daze*) ich/er war wie im Tran; (*confusion of thought*) ich/er war vollkommen verwirrt.

hazel I *n* (*Bot*) Haselnußstrauch, Haselbusch *m.*

II *adj* (*colour*) haselnuß- *or* hellbraun.

hazelnut ['heɪzlnʌt] *n* Haselnuß *f.*

hazily ['heɪzɪlɪ] *adv* **1. the island/hills loomed** ~ **through the mist** die Insel zeichnete/die Berge zeichneten sich verschwommen im Dunst ab. **2.** (*vaguely*) *remember* vage.

haziness ['heɪzɪnɪs] *n* **1. the** ~ **of the weather** das dunstige *or* diesige Wetter. **2.** (*of ideas*) Verschwommenheit, Unklarheit *f.*

hazy ['heɪzɪ] *adj* (+*er*) **1.** dunstig, diesig; *mountains* im Dunst (liegend). **2.** (*unclear*) unklar, verschwommen. **I'm** ~ **about what happened** ich kann mich nur vage *or* verschwommen daran erinnern, was geschah; **he's still a bit** ~ (*after anaesthetic etc*) er ist immer noch ein wenig benommen.

H-bomb ['eɪtʃbɒm] *n* H-Bombe *f.*

HDTV *abbr of* **high-definition television.**

HE *abbr of* **His Excellency** S.E; **His Eminence** S.E.

he [hiː] **I** *pers pron* **1.** er. **it is** ~ (*form*) er ist es, es ist er; **if I were** ~ (*form*) wenn ich er wäre; ~ **didn't do it, I did it** nicht er hat das getan, sondern ich; **so** ~**'s the one** der (*inf*) *or* er ist es also!; **Harry Rigg? who's** ~**?** Harry Rigg? wer ist das denn?

2. ~ **who** (*liter*) *or* **that** (*liter*) ... derjenige, der ...; (*in proverbs*) wer ...

II *n* (*of animal*) Männchen *nt.*

III *pref* männlich; (*of animals also*) -männchen *nt.*

head [hed] **I** *n* **1.** (*Anat*) Kopf *m*, Haupt *nt* (*geh*). **from** ~ **to foot** von Kopf bis Fuß; ~ **downwards** mit dem Kopf nach unten; **to stand on one's** ~ auf dem Kopf stehen, einen Kopfstand machen; **to stand sth on its** ~ etw auf den Kopf stellen; **you could do it standing on your** ~ (*inf*) das kann man ja im Schlaf machen; **to stand** *or* **be** ~ **and shoulders above sb** (*lit*) jdn um Haupteslänge überragen; (*fig*) jdm haushoch überlegen sein; **he can hold his** ~ **(up) high in any company** er kann sich in jeder Gesellschaft sehen lassen; **the condemned man held his** ~ **high as he went to the scaffold** der Verurteilte ging erhobenen Hauptes zum Schafott; **to turn** *or* **go** ~ **over heels** einen Purzelbaum machen *or* schlagen; **to fall** ~ **over heels in love with sb** sich bis über beide Ohren in jdn verlieben; **to fall** ~ **over heels down the stairs** kopfüber die Treppe herunterfallen; **to keep one's** ~ **above water** (*lit*) den Kopf über Wasser halten; (*fig*) sich über Wasser halten; **to talk one's** ~ **off** (*inf*) reden wie ein Wasserfall (*inf*) *or* wie ein Buch (*inf*); **to laugh one's** ~ **off** (*inf*) sich fast totlachen; **to shout one's** ~ **off** (*inf*) sich (*dat*) die Lunge aus dem Leib schreien (*inf*); **to scream one's** ~ **off** (*inf*) aus vollem Halse schreien; **to give a horse its** ~ einem Pferd die Zügel schießen lassen; **to give sb his** ~ jdn machen lassen; **on your (own)** ~ **be it** auf Ihre eigene Verantwortung *or* Kappe (*inf*); **you need a good** ~ **for heights** Sie müssen schwindelfrei sein; **he gave orders over my** ~ er hat über meinen Kopf (hin)weg Anordnungen gegeben; **to go over sb's** ~ etw über jds Kopf (*acc*) (hin)weg tun; **to be promoted over sb's** ~ vor jdm bevorzugt befördert werden; **to go to one's** ~ (*whisky, power*) einem in den *or* zu Kopf steigen; **I can't make** ~ **nor tail of it** daraus werde ich nicht schlau.

2. (*measure of length*) Kopf *m*; (*Racing also*) Kopflänge *f.* **taller by a** ~ (um) einen Kopf größer; **by a short** ~ (*Horseracing, fig*) um Nasenlänge.

3. (*mind, intellect*) Kopf, Verstand *m.* **use your** ~ streng deinen Kopf an; **to get sth into one's** ~ etw begreifen; **get this into your** ~ schreib dir das hinter die Ohren; **I can't get it into his** ~ ich kann ihm das nicht begreiflich machen; **to take it into one's ~ to do sth** sich (*dat*) in den Kopf setzen, etw zu tun; **it never entered his ~ that ...** es kam ihm nie in den Sinn, daß ...; **what put that idea into his ~?** wie kommt er denn darauf?; **to put** *or* **get sth out of one's ~** sich (*dat*) etw aus dem Kopf schlagen; **don't put ideas into his ~** bring ihn bloß nicht auf dumme Gedanken!; (*unrealistic wish etc*) setz ihm bloß keinen Floh ins Ohr!; **he has a good ~ for mathematics** er ist mathematisch begabt; **he has a good business ~** er hat einen ausgeprägten Geschäftssinn; **he has a good ~ on his shoulders** er ist ein heller *or* kluger Kopf; **he has an old ~ on young shoulders** er ist sehr reif für sein Alter; **two ~s are better than one** (*prov*) besser zwei als einer allein; (*in spotting things*) vier Augen sehen mehr als zwei; **we put our ~s together** wir haben unsere Köpfe zusammengesteckt; **to be above** *or* **over sb's ~** über jds Horizont (*acc*) gehen; **he talked above** *or* **over their ~s** er hat über ihre Köpfe weg geredet; **to keep one's ~** den Kopf nicht verlieren; **to lose one's ~** den Kopf verlieren; **he is off his ~** (*inf*) er ist (ja) nicht (ganz) bei Trost (*inf*), er hat ja den Verstand verloren; **to be weak** *or* **soft in the ~** (*inf*) einen (kleinen) Dachschaden haben (*inf*).

4. twenty ~ of cattle zwanzig Stück Vieh; **to pay 10 marks a** *or* **per ~** 10 Mark pro Kopf bezahlen.

5. (*of flower, lettuce, cabbage, asparagus, hammer, nail, page, pier*) Kopf *m*; (*of celery*) Staude *f*; (*of arrow, spear*) Spitze *f*; (*of bed*) Kopf(ende *nt*) *m*; (*on beer*) Blume *f*; (*of cane*) Knauf, Griff *m*; (*of corn*) Ähre *f*; (*Archit: of column*) Kapitell *nt*; (*of stream*) (*upper area*) Oberlauf *m*; (*source*) Ursprung *m*; (*Med: of abscess*) Eiterpfropf *m*. **~ of steam/water** (*pressure*) Dampf-/Wasserdruck *m*; **at the ~ of the lake** am Zufluß des Sees; **at the ~ of the page/stairs** oben auf der Seite/an der Treppe; **at the ~ of the queue/army** an der Spitze der Schlange/des Heeres.

6. (*fig: crisis*) Krise *f*, Höhepunkt *m*. **the illness has come to a ~** die Krise (der Krankheit) ist eingetreten; **to bring matters to a ~** die Sache auf die Spitze treiben; (*to decision*) die Entscheidung herbeiführen.

7. (*of family*) Oberhaupt *nt*; (*of business, organization*) Chef(in *f*) *m*; (*of department also*) Leiter(in *f*) *m*; (*of office, sub-department also*) Vorsteher(in *f*) *m*; (*Sch inf*) Schulleiter(in *f*) *m*; **~ of department** (*in business*) Abteilungsleiter(in *f*) *m*; (*Sch, Univ*) Fachbereichsleiter(in *f*) *m*; **~ of state** Staatsoberhaupt *nt*.

8. (*~ing, division in essay*) Rubrik *f*. **they should be treated/examined under separate ~s** sie müssen in verschiedenen Abschnitten behandelt werden/unter verschiedenen Aspekten untersucht werden.

9. (*of coin*) Kopfseite *f*. **~s or tails?** Kopf oder Zahl?; **~s I win** bei Kopf gewinne ich.

10. (*Naut*) (*bow*) Bug *m*; (*of mast*) Topp *m*; (*toilet*) Pütz *f*.

11. (*on tape-recorder*) Tonkopf *m*; (*Comput: read/write ~*) Kopf *m*.

12. (*sl*) Junkie *m* (*sl*).

II *vt* **1.** (*lead*) anführen; (*be in charge of also*) führen; *list, poll also* an oberster Stelle *or* an der Spitze stehen von.

2. (*direct*) steuern, lenken (*towards, for* in Richtung).

3. (*give a ~ing*) überschreiben, eine/die Überschrift geben (*+dat*). **in the chapter ~ed ...** in dem Kapitel mit der Überschrift ...; **~ed writing paper** Schreibpapier *nt* mit Briefkopf.

4. (*Ftbl*) köpfen.

III *vi* gehen; fahren. **where are you ~ing** *or* **~ed** (*inf*)? wo gehen/fahren Sie hin?; **are you ~ing my way?** gehen/fahren Sie in der gleichen Richtung wie ich?

◆**head back** *vi* zurückgehen/-fahren. **to be ~ing ~** auf dem Rückweg sein.

◆**head for** *vi +prep obj* **1.** *place, person* zugehen/zufahren auf (*+acc*); *town, country, direction* gehen/fahren in Richtung (*+gen*); (*with continuous tense also*) auf dem Weg sein zu/nach; *pub, bargain counter, prettiest girl also* zusteuern auf (*+acc*) (*inf*); (*ship also*) Kurs halten auf (*+acc*). **where are you ~ing** *or* **~ed ~?** wo gehen/fahren *or* steuern (*inf*) Sie hin?

2. (*fig*) zusteuern auf (*+acc*), auf dem Weg sein zu. **you're ~ing ~ trouble** du bist auf dem besten Weg, Ärger zu bekommen; **he is ~ing ~ a fall** er rennt in sein Verderben.

◆**head in I** *vt sep ball* hineinköpfen.

II *vi* köpfen.

◆**head off** *vt sep* **1.** abfangen. **2.** (*avert*) *quarrel, war, strike* abwenden; *person asking questions* ablenken; *questions* abbiegen.

◆**head up** *vt sep committee, delegation* führen, leiten.

head *in cpds* (*top, senior*) Ober-; **headache** *n* Kopfweh *nt*, Kopfschmerzen *pl*; (*inf: problem*) Problem *nt*; **this is a bit of a ~** das macht mir/uns ziemliches Kopfzerbrechen; **headband** *n* Stirnband *nt*; **head-banger** *n* (*sl: crazy person*) Bekloppte(r) *mf* (*sl*); **headboard** *n* Kopfteil *nt*; **head boy** *n vom Schulleiter bestimmter Schulsprecher*; **headcheese** *n* (*US*) Schweinskopfsülze *f*; **head clerk** *n* (*Comm*) Bürovorsteher(in *f*) *m*; (*Jur*) Kanzleivorsteher(in *f*) *m*; **head cold** *n* Kopfgrippe *f*; **head-count** *n* **to have a ~** abzählen; **headcrash** *n* (*Comput*) Headcrash *m*, Aufsitzen *nt or* Kratzen *nt* des Kopfes; **headdress** *n* Kopfschmuck *m*.

-headed [-hedɪd] *adj suf* -köpfig. **a curly-~ child** ein lockiges Kind, ein Kind mit lockigen Haaren.

header ['hedə^r] *n* **1.** (*dive*) Kopfsprung, Köpfer (*inf*) *m*. **to take a ~ into the water** einen Kopfsprung ins Wasser machen; (*fall*) kopfüber ins Wasser fallen.

2. (*Ftbl*) Kopfstoß, Kopfball *m*. 3. (*Typ*) Kopfzeile *f*.

headfirst *adv* (*lit, fig*) kopfüber; **headgear** *n* Kopfbedeckung *f*; (*of horse: bridle*) Zaumzeug *nt*; **head girl** *n vom Schulleiter bestimmte Schulsprecherin*; **headguard** *n* Kopfschutz *m*; **headhunt** *vt* abwerben; **I've been ~ed** ich bin abgeworben worden; (*have been approached*) man hat versucht, mich abzuwerben; **head-hunter** *n* (*lit, fig*) Kopfjäger *m*.

headiness ['hedɪnɪs] *n* **this wine is known for its ~** dieser Wein ist dafür bekannt, daß er einem schnell zu Kopf(e) steigt; **the ~ of this intellectual atmosphere** diese geistesgeladene Atmosphäre.

heading ['hedɪŋ] *n* **1.** Überschrift *f*; (*on letter, document*) Kopf *m*; (*in encyclopedia*) Stichwort *nt*. **2.** (*Ftbl*) Köpfen *nt*.

headlamp, headlight *n* Scheinwerfer *m*; **headland** *n* Landspitze *f*; **headless** *adj* ohne Kopf; **headline** *n* (*Press*) Schlagzeile *f*; **he is always in the ~s** er macht immer Schlagzeilen; **to hit** *or* **make the ~s** Schlagzeilen machen; **the news ~s** Kurznachrichten *pl*, das Wichtigste in Kürze; **headlong** *adj, adv fall* mit dem Kopf voran; *rush* überstürzt, Hals über Kopf; **headman** *n* (*of tribe*) Häuptling *m*, Stammesoberhaupt *nt*; **headmaster** *n* Schulleiter *m*; (*of secondary school also*) Direktor *m*; (*of primary school also*) Rektor *m*; **headmistress** *n* Schulleiterin *f*; (*of secondary school also*) Direktorin *f*; (*of primary school also*) Rektorin *f*; **head office** *n* Zentrale *f*; **head-on I** *adj collision* frontal; *confrontation* direkt; **II** *adv collide* frontal; **to tackle a problem ~** ein Problem geradewegs angehen; **headphones** *npl* Kopfhörer *pl*; **head post office** *n* Hauptpostamt *nt*; **headquarters** *n sing or pl* (*Mil*) Hauptquartier *nt*; (*of business*) Hauptstelle, Zentrale *f*; (*of political party*) Parteizentrale *f*, Hauptquartier *nt*; **police ~** Polizeipräsidium *nt*; **headrace** *n* Gerinne *nt*; **headrest, headrestraint** *n* Kopfstütze *f*; **headroom** *n* lichte Höhe; (*in car*) Kopfraum *m*; **headscarf** *n* Kopftuch *nt*; **headset** *n* Kopfhörer *pl*; **headshrinker** *n* (*lit*) Schrumpfkopfindianer *m*; (*sl: psychiatrist*) Seelenmasseur *m* (*inf*); **headsquare** *n* Kopftuch *nt*; **head start** *n* Vorsprung *m* (*on sb* jdm gegenüber); **headstone** *n* (*on grave*) Grabstein *m*; **headstrong** *adj* eigensinnig, dickköpfig; **head teacher** *n* (*Brit*) *see* **headmaster, headmistress**; **head waiter** *n* Oberkellner *m*; **head waitress** *n* Oberkellnerin *f*; **headwaters** *npl* Quellflüsse *pl*; **headway** *n* **to make ~** (*lit, fig*) vorankommen; **did you make any ~ with the unions?** haben Sie bei den Gewerkschaften etwas erreicht?; **headwind** *n* Gegenwind *m*; **headword** *n* Anfangswort *nt*; (*in dictionary*) Stichwort *nt*.

heady ['hedɪ] *adj* (+*er*) *scent, wine, (fig) atmosphere* berauschend; *person* impulsiv, unbedacht (*pej*); *atmosphere* geistesgeladen. **in those ~ days** in jenen Tagen der Begeisterung.

heal [hiːl] **I** *vi* (*Med, fig*) heilen. **II** *vt* **1.** (*Med*) heilen; *person also* gesund machen. **time ~s all wounds** (*Prov*) die Zeit heilt alle Wunden (*Prov*). **2.** (*fig*) *differences etc* beilegen; (*third party*) schlichten.

◆**heal over** *vi* zuheilen.

◆**heal up I** *vi* zuheilen. **II** *vt sep* zuheilen lassen.

healer ['hiːləʳ] *n* Heiler(in *f*) *m* (*geh*); (*herb*) Heilmittel *nt*.

healing ['hiːlɪŋ] **I** *n* Heilung *f*; (*of wound*) (Zu)heilen *nt*. **II** *adj* (*Med*) Heil-, heilend, heilsam (*old*); (*fig*) besänftigend.

health [helθ] *n* **1.** Gesundheit *f*; (*state of ~*) Gesundheitszustand *m*. **in good/poor ~** gesund/nicht gesund, bei guter/schlechter Gesundheit; **state of ~** Gesundheitszustand *m*, Befinden *nt*; **how is his ~?** wie geht es ihm gesundheitlich?; **to enjoy good ~/to have poor** *or* **bad ~** sich guter Gesundheit (*gen*) erfreuen/kränklich sein; **to be good/bad for one's ~** gesund/ungesund *or* gesundheitsschädlich sein, der Gesundheit (*dat*) zuträglich/nicht zuträglich sein; **~ and safety regulations** Arbeitsschutzvorschriften *pl*; **Ministry of H~** Gesundheitsministerium *nt*; **I'm not just doing it for the good of my ~** (*inf*) ich mache das doch nicht bloß aus Spaß (*inf*).
2. (*fig*) Gesundheit *f*.
3. to drink (to) sb's ~ auf jds Wohl (*acc*) *or* Gesundheit (*acc*) trinken; **your ~!, good ~!** zum Wohl!

health authority *n* Gesundheitsbehörde *f*; **health care** *n* Gesundheitsfürsorge *f*; **health centre** *n* **1.** (*Med*) Ärztezentrum *nt*; **2.** (*keep-fit*) Fitness-Center *nt*; **health certificate** *n* Gesundheitszeugnis *nt*; **health club** *n* Keep-fit-Verein *m*; (*place also*) Fitness-Center *nt*; **health education** *n* Hygiene *f*; **health farm** *n* Gesundheitsfarm *f*; **health food** *n* Reformkost *f*; **health food shop** (*Brit*) *or* **store** (*esp US*) *n* Reformhaus *nt*, Bioladen, Naturkostladen *m*.

healthful ['helθfʊl], **healthgiving** ['helθˌgɪvɪŋ] *adj* gesund.

health hazard *n* Gefahr *f* für die Gesundheit.

healthily ['helθɪlɪ] *adv* gesund.

healthiness ['helθɪnɪs] *n* Gesundheit *f*.

health inspector *n* Sozialarbeiter(in *f*) *m* (*in der Gesundheitsfürsorge*); **health insurance** *n* Krankenversicherung *f*; **health problem** *n* Gesundheitsgefährdung *f*; **he retired because of a ~** er trat aus gesundheitlichen Gründen in den Ruhestand; **health resort** *n* Kurort *m*; **Health Service** *n* (*Brit*) **the ~** das Gesundheitswesen; **~ doctor** Kassenarzt *m*/-ärztin *f*; **health studio** *n* Fitness-Studio *nt*; **health visitor** *n* Sozialarbeiter(in *f*) *m* (*in der Gesundheitsfürsorge*).

healthy ['helθɪ] *adj* (+*er*) (*lit, fig*) gesund.

heap [hiːp] **I** *n* **1.** Haufen *m*; (*inf: old car*) Klapperkiste *f* (*inf*). **(to be piled) in a ~** auf einem Haufen (liegen); **the building was reduced to a ~ of rubble** das Haus sank in Schutt und Asche; **he fell in a ~**

on the floor er sackte zu Boden.

2. ~s of (*inf*) ein(en) Haufen (*inf*); **it happens ~s of times** (*inf*) das kommt andauernd vor; **do you have any glasses? — yes, ~s** haben Sie Gläser? — (ja,) jede Menge (*inf*).

II *adv* **~s** (*inf*) (unheimlich) viel.

III *vt* häufen. **to ~ praises on sb/sth** über jdn/etw voll des Lobes sein (*geh*), jdn/etw über den grünen Klee loben (*inf*); (*in addressing*) jdn mit Lob überschütten; **to ~ insults on sb** sich über jdn sehr beleidigend äußern; (*in addressing*) jdm Beleidigungen an den Kopf werfen; **~ed spoonful** gehäufter Löffel.

◆**heap up I** *vt sep* aufhäufen.

II *vi* sich häufen.

hear [hɪəʳ] *pret, ptp* **heard I** *vt* **1.** (*also learn*) hören. **I ~d him say that ...** ich habe ihn sagen hören, daß ...; **I ~d somebody come in** ich habe jemanden (herein)kommen hören; **no sound was ~d** es war kein Laut zu hören, man hörte keinen Laut; **to make oneself ~d** sich (*dat*) Gehör verschaffen; **you're not going, do you ~ me!** du gehst nicht, hörst du (mich)!; **now ~ this!** Achtung, Achtung!; **to ~ him speak you'd think ...** wenn man ihn so reden hört, könnte man meinen, ...; **you play chess, I ~** ich höre, Sie spielen Schach; **have you ~d the one about ...**? (haben Sie) den schon gehört von ...?; **I ~ tell you're going away** ich höre, Sie gehen weg; **I've been ~ing things about you** von dir hört man ja schöne Dinge; **I must be ~ing things** ich glaube, ich höre nicht richtig.

2. (*listen to*) *lecture, programme* hören. **to ~ a case** (*Jur*) einen Fall verhandeln; **Lord, ~ our prayer/us** Herr, (er)höre unser Gebet/wir bitten dich, erhöre uns.

II *vi* **1.** hören. **he does not** *or* **cannot ~ very well** er hört nicht sehr gut. **~, ~!** (sehr) richtig!; (*Parl*) hört!, hört!

2. (*get news*) hören. **he's left his wife — yes, so I ~** er hat seine Frau verlassen — ja, ich habe es gehört; **I ~ from my daughter every week** ich höre jede Woche von meiner Tochter; **you'll be ~ing from me!** (*threatening*) Sie werden noch von mir hören!; **to ~ about sth** von etw hören *or* erfahren; **have you ~d about John? he's getting married** haben Sie gehört? John heiratet; **never ~d of him/it** nie (von ihm/davon) gehört; **I've ~d of him** ich habe schon von ihm gehört; **he was never ~d of again** man hat nie wieder etwas von ihm gehört; **I've never ~d of such a thing!** das ist ja unerhört!

◆**hear of** *vi +prep obj* (*fig: allow*) hören wollen von. **I won't ~ ~ it** ich will davon (gar) nichts hören.

◆**hear out** *vt sep person* ausreden lassen; *story* zu Ende hören.

heard [hɜːd] *pret, ptp of* **hear.**

hearer ['hɪərəʳ] *n* Hörer(in *f*) *m*.

hearing ['hɪərɪŋ] *n* **1.** Gehör *nt*. **to have a keen sense of ~** ein gutes Gehör haben.

2. within/out of ~ (distance) in/außer Hörweite; **he said that in/out of my ~** ich war in Hörweite/nicht in Hörweite, als er das sagte.

3. (*Pol*) Hearing *nt*, Anhörung *f*; (*Jur*) Verhandlung *f*. **preliminary ~** Voruntersuchung *f*; **~ of witnesses** (*Jur*) Zeugenvernehmung *f*; **he was refused a ~** er wurde nicht angehört; **the Minister gave the petitioners a ~** der Minister/die Ministerin hörte die Überbringer der Petition an; **to condemn sb without a ~** jdn verurteilen, ohne ihn (an)gehört zu haben; (*Jur*) jdn ohne Anhörung verurteilen.

hearing aid *n* Hörgerät *nt*, Hörhilfe *f*.

hearsay ['hɪəseɪ] *n* Gerüchte *pl*.

hearse [hɜːs] *n* Leichenwagen *m*.

heart [hɑːt] *n* **1.** (*Anat*) Herz *nt*.

2. (*fig: for emotion, courage*) Herz *nt*. **to break sb's ~** jdm das Herz brechen; **to break one's ~ over sth** sich über etw (*acc*) zu Tode grämen; **she thought her ~ would break** sie meinte, ihr würde das Herz brechen; **you're breaking my ~** (*iro*) ich fang' gleich an zu weinen (*iro*); **after my own ~** ganz nach meinem Herzen; **to have a change of ~** sich anders besinnen, seine Meinung ändern; **to learn/know/recite sth by ~** etw auswendig lernen/kennen/aufsagen; **to know sth by ~** (*through acquaintance*) etw (inund) auswendig wissen; **in my ~ of ~s** im Grunde meines Herzens; **with all my ~** von ganzem Herzen; **from the bottom of one's ~** aus tiefstem Herzen; **~ and soul** mit Leib und Seele; **to take sth to ~** sich (*dat*) etw zu Herzen nehmen; **we have your interests at ~** Ihre Interessen liegen uns am Herzen; **to set one's ~ on sth** sein Herz an etw (*acc*) hängen (*geh*); **it did my ~ good** es wurde mir warm ums Herz; **to set sb's ~ at rest** jds Gemüt *or* jdn beruhigen; **to one's ~'s content** nach Herzenslust; **most men are boys at ~** die meisten Männer sind im Grunde (ihres Herzens) noch richtige Kinder; **I couldn't find it in my ~ to say no** ich konnte es nicht übers Herz bringen, nein zu sagen; **his ~ isn't in his work/in it** er ist nicht mit dem Herzen bei der Sache/dabei; **to lose ~** den Mut verlieren; **to lose one's ~ (to sb/sth)** sein Herz (an jdn/etw) verlieren; **to take ~** Mut fassen; **he took ~ from his brother's example** das Beispiel seines Bruders machte ihm Mut; **they've taken him to their ~s** sie haben ihn ins Herz geschlossen; **to put new ~ into sb/sth** jdn mit neuem Mut erfüllen/etw mit neuem Leben füllen; **to be in good ~** (*liter*) guten Mutes sein (*geh*); **to have one's ~ in the right place** (*inf*) das Herz auf dem rechten Fleck haben (*inf*); **to have a ~ of stone** ein Herz aus Stein haben; **to wear one's ~ on one's sleeve** (*prov*) das Herz auf der Zunge tragen (*prov*); **my ~ was in my mouth** (*inf*) mir schlug das Herz bis zum Hals; **his ~ was in his boots** (*inf*) ihm ist das Herz in die Hose(n) gerutscht (*inf*); **have a ~!** (*inf*) gib deinem Herzen einen Stoß! (*inf*); **she has a ~ of gold** sie hat ein goldenes Herz; **my ~ sank** (*with apprehension*) mir rutschte das Herz in die Hose(n) (*inf*); (*with sad-*

ness) das Herz wurde mir schwer.

3. (*centre: of town, country, cabbage*) Herz *nt*. **in the ~ of winter/the forest** im tiefsten *or* mitten im Winter/Wald; **the ~ of the matter** der Kern der Sache; **artichoke ~** Artischockenboden *m*.

4. dear ~ (*old, liter*) liebes Herz (*liter*).

5. (*Cards*) **~s** *pl* Herz *nt*; (*Bridge*) Coeur *nt*; **queen of ~s** Herz-/Coeurdame *f*.

heartache *n* Kummer *m*, Herzeleid (*old liter*); **heart attack** *n* Herzanfall *m*; (*thrombosis*) Herzinfarkt *m*; **I nearly had a ~** (*fig inf*) (*shock*) ich habe fast einen Herzschlag gekriegt (*inf*); (*surprise also*) da hat mich doch fast der Schlag getroffen (*inf*); **heartbeat** *n* Herzschlag *m*; **heartbreak** *n* großer Kummer, Leid *nt*; **it was a ~ for him** es brach ihm (beinahe) das Herz; **heartbreaking** *adj* herzzerreißend; **it's a ~ job** es bricht einem das Herz; **heartbroken** *adj* untröstlich, todunglücklich; **she was ~ about it** sie war darüber todunglücklich; (*because of love, death also*) es hat ihr das Herz gebrochen; **heartburn** *n* Sodbrennen *nt*; **heart-case** *n* Herzpatient(in *f*) *m*; **heart complaint** *n* Herzbeschwerden *pl*; **heart condition** *n* Herzleiden *nt*; **heart disease** *n* Herzkrankheit *f*.

hearten ['hɑ:tn] *vt* ermutigen.

heartening ['hɑ:tnɪŋ] *adj news* ermutigend.

heart failure *n* Herzversagen *nt*; **heartfelt** *adj* von Herzen *or* tief empfunden; *sympathy* herzlichst.

hearth [hɑ:θ] *n* Feuerstelle *f*; (*whole fireplace*) Kamin *m*; (*fig: home*) (häuslicher) Herd. **~ and home** Haus und Herd.

heartily ['hɑ:tɪlɪ] *adv* **1.** *laugh, welcome* herzlich; *sing* kräftig; *eat* herzhaft, kräftig. **I ~ agree** ich stimme von Herzen *or* voll und ganz zu. **2.** (*very*) äußerst, herzlich.

heartland ['hɑ:tlænd] *n* Herzland *nt*, Herz *nt* des Landes. **in the Tory ~s** in den Hochburgen der Konservativen.

heartless *adj* herzlos; (*cruel also*) grausam; **heartlessness** *n see adj* Herzlosigkeit *f*; Grausamkeit *f*; **heart-lung machine** *n* Herz-Lungen-Maschine *f*; **heart murmur** *n* Herzgeräusche *pl*; **heart-rending** *adj* herzzerreißend; **heart-searching** *n* Selbstprüfung *f*; **heart-shaped** *adj* herzförmig; **heartsick** *adj* (*liter*) **to be ~** Herzeleid haben (*old liter*); **heartstrings** *npl* **to pull** *or* **tug at the/sb's ~** einen/jdn zu Tränen rühren, auf die/bei jdm auf die Tränendrüsen drücken (*inf*); **to play on sb's ~** mit jds Gefühlen spielen; **heart-throb** *n* (*inf*) Schwarm *m* (*inf*); **heart-to-heart** **I** *adj* ganz offen; **to have a ~ talk with sb** sich mit jdm ganz offen aussprechen; **II** *n* offene Aussprache; **heart transplant** *n* Herztransplantation, Herzverpflanzung *f*; **heart-trouble** *n* Herzbeschwerden *pl*; **heart-warming** *adj* herzerfreuend.

hearty ['hɑ:tɪ] **I** *adj* (+*er*) herzlich; *kick, slap also, meal, appetite* herzhaft, kräftig; *dislike* tief; *person* (*robust*) kernig; (*cheerful*) laut und herzlich, derbherzlich. **he is a ~ eater** er hat einen gesunden Appetit; *see* **hale.**

II *n* (*Naut inf*) **me hearties!** Jungs! (*inf*), Leute!

heat [hi:t] **I** *n* **1.** Hitze *f*; (*pleasant, Phys*) Wärme *f*; (*of curry*) Schärfe *f*; (*~ing*) Heizung *f*. **in the ~ of the day** wenn es heiß ist; **at 1. low ~** bei schwacher Hitze.

2. (*fig: of argument, discussion*) Hitze *f*. **in the ~ of the moment** in der Hitze des Gefechts; (*when upset*) in der Erregung; **to take the ~ out of the situation/an argument** die Situation/Diskussion entschärfen.

3. (*inf: pressure*) Druck *m*. **to put the ~ on** Druck machen (*inf*); **to put the ~ on sb** jdn unter Druck setzen; **the ~ is off** der Druck ist weg (*inf*); (*danger is past*) die Gefahr ist vorbei.

4. (*Sport*) Vorlauf *m*; (*Boxing etc*) Vorkampf *m*. **final ~** Ausscheidungskampf *m*.

5. (*Zool*) Brunst *f*; (*Hunt*) Brunft *f*; (*of dogs, cats*) Läufigkeit *f*. **on ~** brünstig; brunftig; läufig, heiß; (*inf: woman*) heiß (*inf*).

II *vt* erhitzen; *food also* aufwärmen, heiß *or* warm machen; *house, room* heizen; *pool* beheizen; (*provide with ~*) *house, town* beheizen.

III *vi* (*room*) sich erwärmen, warm werden; (*get very hot*) sich erhitzen, heiß werden.

◆**heat up** **I** *vi* sich erwärmen, warm werden; (*get very hot*) sich erhitzen; (*engine also*) heißlaufen. **II** *vt sep* erwärmen; *food* aufwärmen, warm *or* heiß machen; (*fig*) *discussion* anheizen.

heated ['hi:tɪd] *adj* **1.** (*lit*) geheizt; *pool* beheizt. **2.** (*fig*) *words, debate, discussion* hitzig, erregt. **to get ~** hitzig werden.

heatedly ['hi:tɪdlɪ] *adv* hitzig.

heater ['hi:tə^r] *n* Ofen *m*; (*electrical also*) Heizgerät *nt*; (*in car*) Heizung *f*; (*for fondue*) Rechaud *m*; (*US sl: gun*) Knarre *f* (*sl*).

heat exchanger *n* Wärme(aus)tauscher *m*; **heat exhaustion** *n* Hitzeschäden *pl*.

heath [hi:θ] *n* **1.** (*moorland*) Heide *f*; (*type of country also*) Heideland *nt*. **2.** (*plant*) Heidekraut *nt*, Erika *f*.

heat haze *n* Hitzeflimmern *nt*.

heathen ['hi:ðən] **I** *adj* heidnisch, Heiden-; (*fig*) unkultiviert, unzivilisiert. **II** *n* Heide *m*, Heidin *f*; (*fig*) unkultivierter *or* unzivilisierter Mensch. **the ~** (*collectively*) (*lit*) die Heiden; (*fig*) die Barbaren.

heather ['heðə^r] *n* Heidekraut *nt*, Erika, Heide *f*.

heating ['hi:tɪŋ] *n* Heizung *f*; (*act*) (*of room, house*) (Be)heizen *nt*; (*of substances*) Erwärmen, Erhitzen *nt*.

heating engineer *n* Heizungsinstallateur *m*; **heating system** *n* Heizungssystem *nt*; (*apparatus*) Heizungsanlage *f*.

heat loss *n* Wärmeverlust *m*; **heatproof** *adj* hitzebeständig; **heat pump** *n* Wärmepumpe *f*; **heat rash** *n* Hitzeausschlag *m*, Hitzepocken *pl*; **heat-resistant, heat-resisting** *adj* hitzebeständig; **heat shield** *n* (*protection*) Hitzeschild *m*; (*to retain heat*) Wärmeschutz *m*; **heat spot** *n* Hitzebläschen *nt*; **heatstroke** *n* Hitzschlag *m*; **heat treatment** *n* (*Metal, Med*) Wärmebehandlung *f*; **heat wave** *n* Hitzewelle *f*.

heave [hi:v] **I** *vt* **1.** (*lift*) (hoch)hieven, (hoch)heben, wuchten (*onto* auf *+acc*); (*drag*) schleppen. **he ~d himself out of bed** er hievte sich aus dem Bett (*inf*); **to ~ coal** Kohlen schleppen.
2. (*throw*) werfen, schmeißen (*inf*).
3. *sigh, sob* ausstoßen.
4. *pret, ptp* **hove** (*Naut*) wenden. **to ~ anchor** den Anker lichten.
II *vi* **1.** (*pull*) ziehen, hieven.
2. sich heben und senken; (*sea, waves, bosom also*) wogen (*liter*); (*stomach*) sich umdrehen; (*body*) sich krümmen. **the earthquake made the ground ~** bei dem Beben hob sich die Erde.
3. *pret, ptp* **hove** (*Naut*) **to ~ in(to) sight** in Sicht kommen; **to ~ alongside** längsseits gehen.
III *n* (*of sea, waves*) Auf und Ab, Wogen (*geh*) *nt*; (*of bosom, chest*) Wogen *nt*. **to lift sth with a great ~** etw mit großer Anstrengung hochhieven.

◆**heave to** (*Naut*) **I** *vi* beidrehen.
II *vt sep ship* stoppen.

◆**heave up I** *vi* (*inf: vomit*) brechen. **II** *vt sep* **1.** hochhieven, hochwuchten; (*push up also*) hochstemmen. **2.** (*inf: vomit*) ausbrechen, von sich geben (*inf*).

heaven ['hevn] *n* **1.** (*lit, fig inf*) Himmel *m*. **in ~** im Himmel; **to go to ~** in den Himmel kommen; **he is in (his seventh) ~** er ist im siebten Himmel; **to move ~ and earth** Himmel und Hölle in Bewegung setzen; **it was ~** es war einfach himmlisch; **the ~s opened** der Himmel öffnete seine Schleusen.
2. (*inf*) **(good) ~s!** (du) lieber Himmel! (*inf*), du liebe Zeit! (*inf*); **would you like to? — (good) ~s no!** möchten Sie? — um Gottes *or* Himmels willen, bloß nicht!; **~ knows what ...** weiß Gott *or* der Himmel, was ... (*inf*); **~ forbid!** bloß nicht, um Himmels willen! (*inf*); **for ~'s sake!** um Himmels *or* Gottes willen!

heavenly ['hevnlı] *adj* **1.** himmlisch, Himmels-. **~ body** Himmelskörper *m*; **~ host** himmlische Heerscharen *pl*. **2.** (*inf: delightful*) himmlisch, traumhaft.

heaven-sent ['hevn,sent] *adj opportunity* ideal. **it was ~** das kam wie gerufen.

heaves [hi:vz] *n sing* (*Vet*) Dämpfigkeit *f*.

heavily ['hevılı] *adv* **1.** *loaded, weigh (also fig), fall, breathe* schwer; *move, walk* schwerfällig. **~ built** kräftig gebaut; **time hung ~ on his hands** die Zeit verging ihm nur langsam.
2. *rain, smoke, drink, concentrate, rely, wooded, populated, disguised, influenced, overdrawn, in debt* stark; *defeated* schwer; *underlined* dick, fett; *lose, tax* hoch; *sleep* tief; *buy* in großem Umfang. **to be ~ drugged** unter starkem Drogeneinfluß stehen; **~ committed** stark engagiert.

heaviness ['hevınıs] *n see adj* **1.** Schwere *f*; Grobheit *f*. **~ of heart** schweres Herz. **2.** Schwere *f*; Stärke *f*; Höhe *f*; (*of buying*) Umfang *m*; Dicke *f*; Tiefe *f*; Reichheit *f*. **3.** Schwerfälligkeit *f*. **4.** Schwüle *f*; Bedecktheit *f*. **the ~ of the silence** die bedrückende Stille. **5.** Schwere *f*. **6.** Schwere *f*, Ernst *m*.

heavy ['hevı] **I** *adj* (*+er*) **1.** (*of great weight, Phys, fig*) schwer; *features* grob. **with a ~ heart** schweren Herzens, mit schwerem Herzen; **~ with young** (*Zool*) trächtig; **~ with sleep** *person* schläfrig; *eyes also* schwer; **~ goods vehicle** Lastkraftwagen *m*; **~ industry** Schwerindustrie *f*.
2. *tread, blow, gunfire, casualties, fog, clouds, sea, odour, music, book, wine, meal, sarcasm* schwer; *rain, cold also, traffic, eater, drinker, smoker* stark; *defeat, losses also, expenses, taxes* hoch; *buying* groß; *line* dick; *sleep* tief; *crop* reich. **~ buyer** Großabnehmer *m*; **~ type** (*Typ*) Fettdruck *m*; **to be ~ on petrol** viel Benzin brauchen.
3. (*~-handed*) *manner, style, sense of humour* schwerfällig.
4. (*oppressive*) *silence* bedrückend; *weather, air* drückend, schwül; *sky* bedeckt.
5. (*difficult*) *task, work, day* schwer. **the going was ~** wir kamen nur schwer voran; **the conversation was ~ going** die Unterhaltung war mühsam.
6. (*Theat*) *part* schwer, ernst.
7. (*inf: strict*) streng (*on* mit). **to play the ~ father** den gestrengen Vater spielen.
II *adv* schwer.
III *n* **1.** (*inf: thug*) Schlägertyp *m*.
2. (*Theat: villain*) Schurke *m*.
3. (*Scot: beer*) *dunkleres, obergäriges Bier.*

heavy-duty *adj clothes, tyres* strapazierfähig; *boots* Arbeits-; *machine* Hochleistungs-; **heavy-footed** *adj* schwerfällig; **heavy-handed** *adj* schwerfällig, ungeschickt; **heavy-hearted** *adj* mit schwerem Herzen, bedrückt; **heavy metal** *n* **1.** Schwermetall *nt*; **2.** (*Mus*) Heavy Metal *m*; **heavy water** *n* schweres Wasser; **heavy-water reactor** *n* Schwerwasserreaktor *m*; **heavyweight I** *n* (*Boxing*) Schwergewicht *nt*; (*fig inf*) hohes Tier (*inf*), Große(r) *m*; **the literary ~s** die literarischen Größen; **II** *adj attr* Schwergewichts-.

Hebrew ['hi:bru:] **I** *adj* hebräisch. **II** *n* **1.** Hebräer(in *f*) *m*. **2.** (*language*) Hebräisch *nt*; *see also* **English.**

Hebridean [,hebrı'di:ən] *adj* Hebriden-, der Hebriden.

Hebrides ['hebrıdi:z] *npl* Hebriden *pl*.

heck [hek] *interj* (*inf*) **oh ~!** zum Kuckuck! (*inf*); **ah, what the ~!** ach, was soll's! (*inf*); **what the ~ do you mean?** was zum Kuckuck soll das heißen? (*inf*);

I've a ~ of a lot to do ich habe irrsinnig viel zu tun (*inf*).

heckle ['hekl] **I** *vt speaker* (durch Zwischenrufe) stören.

II *vi* stören, Zwischenrufe machen.

heckler ['heklə^r] *n* Zwischenrufer, Störer (*pej*) *m*.

hectare ['hektɑː^r] *n* Hektar *m or nt*.

hectic ['hektɪk] *adj* hektisch.

he'd [hiːd] *contr of* **he would; he had.**

hedge [hedʒ] **I** *n* Hecke *f*; (*fig: protection*) Schutz *m*. **II** *vi* Fragen ausweichen, kneifen (*inf*) (*at* bei). **stop hedging and say what you think** weich nicht immer aus, sag, was du denkst! **III** *vt* **1.** *investment* absichern. **to ~ one's bets** (*lit, fig*) sich absichern, auf Nummer Sicher gehen (*inf*). **2.** *field, garden* (mit einer Hecke) umgeben.

◆**hedge about** *or* **around** *vt sep* (*with restrictions*) *life* einengen; *procedure* erschweren, behindern.

◆**hedge in** *or* **round** *vt sep* **1.** *field* mit einer Hecke umgeben *or* einfassen. **2.** (*fig*) *procedure* behindern, erschweren.

◆**hedge off** *vt sep* mit einer Hecke abgrenzen *or* abtrennen.

hedgehog ['hedʒhɒg] *n* Igel *m*.

hedgehop *vi* tief fliegen; **hedgerow** *n* Hecke *f*, Knick *m* (*N Ger*).

hedonism ['hiːdənɪzəm] *n* Hedonismus *m*.

hedonist ['hiːdənɪst] **I** *n* Hedonist(in *f*) *m*. **II** *adj* hedonistisch.

heebie-jeebies ['hiːbɪ'dʒiːbɪz] *npl* (*sl*) Gänsehaut *f* (*inf*). **it/he gives me the ~** dabei/wenn ich ihn sehe, bekomm' ich eine Gänsehaut (*inf*).

heed [hiːd] **I** *n* Beachtung *f*. **to take ~** achtgeben, aufpassen; **to give** *or* **pay ~/no ~ to sb/sth, to take ~/no ~ of sb/sth** jdn/etw beachten/nicht beachten, jdm/einer Sache Beachtung/keine Beachtung schenken.

II *vt* beachten, Beachtung schenken (+*dat*). **he never ~s my advice** er hört nie auf meinen Rat.

heedful ['hiːdfʊl] *adj* **to be ~ of sb's warning/advice** auf jds Warnung (*acc*)/Rat (*acc*) hören.

heedless ['hiːdlɪs] *adj* rücksichtslos; *extravagance* leichtsinnig. **to be ~ of sth** etw nicht beachten, auf etw (*acc*) nicht achten; **~ of their complaints** ohne sich um ihre Beschwerden zu kümmern.

heedlessly ['hiːdlɪslɪ] *adv* rücksichtslos.

heel [hiːl] **I** *n* **1.** Ferse *f*; (*of shoe*) Absatz *m*. **with his dog/the children at his ~s** gefolgt von seinem Hund/den Kindern; **to be right on sb's ~s** jdm auf den Fersen folgen; (*fig: chase*) jdm auf den Fersen sein; **to follow hard upon sb's ~s** jdm dicht auf den Fersen sein, sich an jds Fersen (*acc*) heften (*geh*); **to be down at ~** (*person*) abgerissen *or* heruntergekommen sein; (*shoes*) schiefe Absätze haben, abgelaufen sein; **to take to one's ~s** sich aus dem Staub(e) machen; **to show sb a clean pair of ~s** (*escape*) vor jdm davonlaufen, jdm die Fersen zeigen (*geh*); (*leave behind*) jdm weit voraus sein, jdn weit hinter sich lassen; **~!** (*to dog*) (bei) Fuß!; **he brought the dog to ~** er befahl dem Hund, bei Fuß zu gehen; **to bring sb to ~** jdn an die Kandare nehmen (*inf*); **to turn on one's ~** auf dem Absatz kehrtmachen; **to cool** *or* **kick one's ~s** (*inf*) (*wait*) warten; (*do nothing*) Däumchen drehen; **~ bar** Absatzbar *f*.

2. (*of golf club*) Ferse *f*; (*of loaf*) Kanten *m*; (*of mast*) Fuß *m*.

3. (*pej sl: person*) Schwein *nt* (*sl*), Scheißkerl *m* (*sl*).

II *vt* **1. to ~ shoes** auf Schuhe neue Absätze machen; **to be well ~ed** (*inf*) betucht sein (*inf*), sich gut stehen (*inf*).

2. (*Rugby*) *ball* hakeln.

hefty ['heftɪ] *adj* (+*er*) (*inf*) kräftig; *person also* gut beieinander (*inf*); *woman also* drall; *child also* stramm; *book* (*extensive*) dick; *object, workload* (schön) schwer; *stroke, blow also* saftig (*inf*); *sum of money, amount* saftig (*inf*), ganz schön (*inf*).

hegemony [hɪ'gemənɪ] *n* Hegemonie *f*.

heifer ['hefə^r] *n* Färse *f*.

height [haɪt] *n* **1.** (*of building, mountain, altitude*) Höhe *f*; (*of person*) Größe *f*. **to be six feet in ~** sechs Fuß groß *or* (*wall etc*) hoch sein; **what ~ are you?** wie groß sind Sie?; **he pulled himself up to his full ~** er richtete sich zu voller Größe auf.

2. (*high place*) **~s** *pl* Höhen *pl*; **fear of ~s** Höhenangst *f*; **to be afraid of ~s** nicht schwindelfrei sein.

3. (*fig*) Höhe *f*; (*of success, power, stupidity also*) Gipfel *m*. **at the ~ of his power** auf der Höhe seiner Macht; **that is the ~ of folly** das ist der Gipfel der Torheit; **that is the ~ of ill-manners!** das ist doch die Höhe!, das ist der Gipfel der Unverschämtheit!; **at the ~ of the season** in der Hauptsaison; **at the ~ of the storm** als der Sturm am heftigsten war; **the ~ of fashion** der letzte Schrei, große Mode; **at the ~ of summer** im Hochsommer.

heighten ['haɪtn] **I** *vt* (*raise*) höher stellen *or* machen; (*emphasize*) *colour* hervorheben; (*Med*) *fever* steigen lassen, erhöhen; *intensity* steigern; *colour, feelings, anger, love, ambition* verstärken; *passions, fear, fitness, effect* verstärken, erhöhen. **with ~ed colour** mit (hoch)rotem Gesicht.

II *vi* (*fig: increase*) wachsen, größer *or* stärker werden.

heinous ['heɪnəs] *adj* abscheulich, verabscheuungswürdig.

heinously ['heɪnəslɪ] *adv* auf abscheuliche Weise.

heinousness ['heɪnəsnɪs] *n* Abscheulichkeit *f*.

heir [ɛə^r] *n* Erbe *m* (*to gen*). **~ apparent** gesetzlicher Erbe; **~ to the throne** Thronfolger(in *f*) *m*.

heiress ['ɛəres] *n* Erbin *f*.

heirloom ['ɛəluːm] *n* Erbstück *nt*.

heist [haɪst] (*esp US sl*) **I** *n* Raubüberfall *m*. **II** *vt* rauben.

held [held] *pret, ptp of* **hold.**

Helen ['helɪn] *n* Helene *f*; (*Myth*) Helena *f*. **~ of Troy** die Schöne Helena.

helicopter ['helɪkɒptəʳ] **I** *n* Hubschrauber *m*. **II** *vt* **he was ~ed out of the area** er wurde per Hubschrauber aus dem Gebiet abtransportiert.

Heligoland ['helɪgəʊlænd] *n* Helgoland *nt*.

heliotrope ['hiːlɪətrəʊp] **I** *n* (*Bot, colour*) Heliotrop *nt*. **II** *adj* heliotrop(isch).

helipad ['helɪpæd] *n* Hubschrauberlandeplatz *m*.

heliport ['helɪpɔːt] *n* Hubschrauberflugplatz, Heliport *m*.

helium ['hiːlɪəm] *n* Helium *nt*.

hell [hel] *n* **1.** Hölle *f*. **to go to ~** (*lit*) in die Hölle kommen, zur Hölle fahren (*liter*).

2. (*fig uses*) **all ~ was let loose** die Hölle war los; **it's ~ working there** es ist die reine Hölle, dort zu arbeiten; **life was ~ on earth** das Leben dort war die reinste Hölle *or* die Hölle auf Erden; **she made his life ~** sie machte ihm das Leben zur Hölle; **to give sb ~** (*inf*) (*tell off*) jdm die Hölle heiß machen; (*make life unpleasant*) jdm das Leben zur Hölle machen; **you'll get ~ if he finds out** (*inf*) der macht dich zur Schnecke (*inf*) *or* Sau (*sl*), wenn er das erfährt; **there'll be (all) ~ when he finds out** wenn er das erfährt, ist der Teufel los (*inf*); **to play ~ with sth** etw total durcheinanderbringen; **I did it for the ~ of it** (*inf*) ich habe es nur zum Spaß *or* aus Jux gemacht; **~ for leather** was das Zeug hält.

3. (*inf: intensifier*) **a ~ of a noise** ein Höllen- *or* Heidenlärm *m* (*inf*); **to work like ~** arbeiten, was das Zeug hält, wie wild arbeiten (*inf*); **to run like ~** laufen, was die Beine hergeben; **we had a ~ of a time** (*bad, difficult*) es war grauenhaft; (*good*) wir haben uns prima amüsiert (*inf*); **a ~ of a lot** verdammt viel (*inf*); **she's a** *or* **one ~ of a girl** die ist schwer in Ordnung (*inf*); **that's one** *or* **a ~ of a problem/difference/bruise/climb** das ist ein verdammt (*inf*) *or* wahnsinnig (*inf*) schwieriges Problem/wahnsinniger (*inf*) Unterschied/Bluterguß/eine wahnsinnige (*inf*) Kletterei; **to ~ with you/him** hol dich/ihn der Teufel (*inf*), du kannst/der kann mich mal (*sl*); **to ~ with it!** verdammt noch mal (*inf*); **go to ~!** scher dich *or* geh zum Teufel! (*inf*); **what the ~ do you want?** was willst du denn, verdammt noch mal? (*inf*); **like ~ he will!** den Teufel wird er tun (*inf*); **pay that price for a meal? like ~** so viel für ein Essen bezahlen? ich bin doch nicht verrückt!; **~!** so'n Mist! (*inf*), verdammt noch mal! (*inf*); **~'s bells!** (*euph*) *or* **teeth!** (*euph*) (*surprise*) heiliger Strohsack (*inf*) *or* Bimbam (*inf*)!; (*anger*) zum Kuckuck noch mal! (*inf*); **where the ~ is it?** wo ist es denn, verdammt noch mal? (*inf*).

he'll [hiːl] *contr of* **he shall; he will.**

hell-bent *adj* versessen (*on* auf +*acc*).

Hellenic [he'liːnɪk] *adj* hellenisch. **a ~ cruise** eine Hellas-Kreuzfahrt.

hellfire *n* Höllenfeuer *nt*; (*punishment*) Höllenqualen *pl*; **hellhole** *n* gräßliches Loch; **the trenches were a real ~** die (Schützen)gräben waren die reine Hölle.

hellish ['helɪʃ] *adj* (*inf*) höllisch (*inf*). **the exams were ~** die Prüfungen waren verteufelt schwer (*inf*).

hellishly ['helɪʃlɪ] *adv* (*inf*) verteufelt (*inf*), verdammt (*inf*).

hello [hə'ləʊ] **I** *interj* (*all senses*) hallo. **say ~ to your parents (from me)** grüß deine Eltern (von mir); **~, ~, ~! what's going on here?** nanu *or* he! was ist denn hier los? **II** *n* Hallo *nt*.

hell's angels *npl* Hell's Angels *pl*.

helluva ['heləvə] *adj, adv* (*sl*) = **hell of a**; *see* **hell 3.**

helm [helm] *n* (*Naut*) Ruder, Steuer *nt*. **to be at the ~** (*lit, fig*) am Ruder sein.

helmet ['helmɪt] *n* Helm *m*; (*Fencing*) Maske *f*.

helmeted ['helmɪtɪd] *adj* behelmt.

helmsman ['helmzmən] *n, pl* **-men** [-mən] Steuermann *m*.

help [help] **I** *n, no pl* Hilfe *f*; (*person: with pl*) Hilfe *f*. **with his brother's ~** mit (der) Hilfe seines Bruders; **his ~ with the project** seine Mithilfe an dem Projekt; **with the ~ of a knife** mit Hilfe eines Messers; **we need all the ~ we can get** wir brauchen jede nur mögliche Hilfe; **he is beyond ~/beyond medical ~** ihm ist nicht mehr zu helfen/ihm kann kein Arzt mehr helfen; **to give ~** Hilfe leisten; **to go/come to sb's ~** jdm zu Hilfe eilen/kommen; **to be of ~ to sb** jdm helfen; (*person also*) jdm behilflich sein; (*thing also*) jdm nützen; **he isn't much ~ to me** er ist mir keine große Hilfe; **you're a great ~!** (*iro*) du bist mir eine schöne Hilfe!; **we are short of ~ in the shop** wir haben nicht genügend (Hilfs)kräfte im Geschäft; **there's no ~ for it** da ist nichts zu machen.

II *vt* **1.** helfen (+*dat*). **to ~ sb (to) do sth** jdm (dabei) helfen, etw zu tun; **to ~ sb with the washing-up/his bags** jdm beim Abwaschen/mit seinen Taschen helfen; **~!** Hilfe!; **so ~ me God!** so wahr mir Gott helfe!; **can I ~ you?** kann ich (Ihnen) helfen *or* behilflich sein?; (*in shop also*) womit kann ich dienen?; **that won't ~ you** das wird Ihnen nichts nützen; **this will ~ the pain/your headache** das wird gegen die Schmerzen/gegen Ihr Kopfweh helfen; **it will ~ the crops to grow** es wird das Wachstum des Getreides fördern; **God ~s those who ~ themselves** (*Prov*) hilf dir selbst, so hilft dir Gott (*Prov*); **a man is ~ing the police with their enquiries** (*form euph*) ein Mann wird zur Zeit von der Polizei vernommen.

2. (*with particle*) **to ~ sb down** jdm hinunter-/herunterhelfen; **take some water to ~ the pill down** trinken Sie etwas Wasser, damit die Tablette besser rutscht; **to ~ sb off with his coat** jdm aus dem Mantel helfen; **to ~ sb over the street** jdm über die Straße helfen; **to ~ sb through a difficult time** (*belief, hope, pills*) jdm in einer schwierigen Zeit durchhelfen; (*person also*) jdm in einer schwierigen Zeit beistehen; **to ~ sb up** (*from floor, chair*) jdm aufhelfen *or* (*up stairs*) hinaufhelfen.

3. she ~ed him to potatoes/meat sie gab ihm Kartoffeln/legte ihm Fleisch auf; **to ~ oneself to sth** sich mit etw bedienen; **~ yourself!** nehmen Sie sich doch!

4. (*with can or cannot*) **he can't ~ it!** (*hum inf: he's stupid*) (d)er ist nun mal so (doof); **I can't ~ being so clever** (ich kann nichts dafür,) ich bin nun mal ein Genie *or* so schlau (*inf*); **don't say more than you can ~** sagen Sie nicht mehr als unbedingt nötig; **not if I can ~ it** nicht, wenn es nach mir geht; **I couldn't ~ thinking/laughing** ich konnte mir nicht helfen, ich mußte (einfach) glauben/lachen; **I had to do it, I couldn't ~ it** *or* **myself** ich konnte mir nicht helfen, ich mußte es einfach tun; **one cannot ~ wondering whether ...** man muß sich wirklich fragen, ob ...; **it can't be ~ed** das läßt sich nicht ändern, das ist nun mal so; **I can't ~ it if he always comes late** ich kann nichts dafür, daß er immer zu spät kommt.

III *vi* helfen. **and forgetting to lock the door didn't ~ either** und daß die Tür nicht abgeschlossen wurde, hat natürlich die Sache auch nicht besser gemacht.

◆help out I *vi* aushelfen (*with* bei). **II** *vt sep* helfen (*+dat*) (*with* mit); (*in crisis also*) aufhelfen (*+dat*) (*with* bei). **will £3 ~ you ~?** helfen Ihnen £ 3 weiter?

helper ['helpəʳ] *n* Helfer(in *f*) *m*; (*assistant*) Gehilfe *m*, Gehilfin *f*.

helpful ['helpfʊl] *adj person* hilfsbereit, gefällig, hilfreich (*old*); (*useful*) *gadget, remark, knowledge* nützlich; *advice* nützlich, hilfreich. **you have been most ~ to me** Sie haben mir sehr geholfen; **you'll find these tablets most ~** diese Tabletten werden Ihnen sehr helfen *or* guttun.

helpfully ['helpfəlɪ] *adv* hilfreich.

helpfulness ['helpfʊlnɪs] *n see adj* Hilfsbereitschaft, Gefälligkeit *f*; Nützlichkeit *f*.

help function *n* (*Comput*) Hilfefunktion *f*.

helping ['helpɪŋ] **I** *n* (*at table*) Portion *f*. **to take a second ~ of sth** sich (*dat*) noch einmal von etw nehmen.

II *adj attr* **to give** *or* **lend a ~ hand to sb** jdm helfen, jdm behilflich sein.

helpless ['helplɪs] *adj* hilflos. **are you ~!** bist du aber hilflos!; **she was ~ with laughter** sie konnte sich vor Lachen kaum halten.

helplessly ['helplɪslɪ] *adv see adj*.

helplessness ['helplɪsnɪs] *n* Hilflosigkeit *f*.

helpline *n* (*for emergencies*) Notruf *m*; (*for information*) Informationsdienst *m*; **help screen** *n* (*Comput*) Hilfsbildschirm *m*.

helter-skelter ['heltə'skeltəʳ] **I** *adv* Hals über Kopf (*inf*). **II** *adj* wirr, wild. **III** *n* **1.** (*confusion*) Tohuwabohu *nt*, (wildes) Durcheinander. **2.** (*Brit: on fairground*) Rutschbahn *f*.

hem I *n* Saum *m*. **II** *vt* säumen.

◆hem about *or* **around** *vt sep* umgeben.

◆hem in *vt sep troops* einschließen, umgeben; (*fig*) einengen.

he-man ['hiːmæn] *n, pl* **-men** [-men] (*inf*) He-man *m*, sehr männlicher Typ, echter *or* richtiger Mann. **he fancies himself as a ~** er kommt sich unheimlich männlich vor (*inf*).

hemidemisemiquaver [ˌhemɪdemɪ'semɪˌkweɪvəʳ] *n* (*Mus*) Vierundsechzigstel(note *f*) *nt*.

hemiplegia [ˌhemɪ'pliːdʒɪə] *n* halbseitige Lähmung.

hemisphere ['hemɪsfɪəʳ] *n* Halbkugel, Hemisphäre *f*; (*of brain*) Hemisphäre, Gehirnhälfte *f*. **in the northern ~** auf der nördlichen Halbkugel, in der nördlichen Hemisphäre.

hemline ['hemlaɪn] *n* Saum *m*. **~s are lower this year** der Rocksaum ist dieses Jahr etwas tiefer gerutscht.

hemlock ['hemlɒk] *n* (*Bot: poisonous plant*) Schierling *m*; (*tree*) Schierlings- *or* Hemlocktanne *f*; (*poison*) Schierling(saft) *m*.

hemp [hemp] *n* **1.** (*Bot*) Hanf *m*. **~ seed** Hanfsamen *pl*. **2.** (*drug*) Hanf *m*. **3.** (*fibre*) Hanf(faser *f*) *m*.

hem-stitch ['hemstɪtʃ] **I** *vt* in Hohlsaum nähen. **II** *n* Hohlsaum *m*.

hen [hen] *n* **1.** Huhn *nt*, Henne *f*. **2.** (*female bird, lobster*) Weibchen *nt*. **3.** (*inf*) (*also* **mother ~**) Glucke *f* (*inf*).

hen battery *n* Legebatterie *f*.

hence [hens] *adv* **1.** (*for this reason*) also. **~ the name** daher der Name. **2.** (*from now*) **two years ~** in zwei Jahren.

henceforth [ˌhens'fɔːθ], **henceforward** [ˌhens'fɔːwəd] *adv* (*from that time on*) von da an, fortan (*liter*); (*from this time on*) von nun an, künftig.

henchman ['hentʃmən] *n, pl* **-men** [-mən] (*pej*) Spießgeselle, Kumpan *m*.

hen-coop ['henkuːp] *n* Hühnerstall *m*.

henhouse ['henhaʊs] *n* Hühnerhaus *nt*, Hühnerstall *m*.

henna ['henə] **I** *n* Henna *f*.

II *vt* mit Henna färben.

hen-party *n* (*inf*) Damenkränzchen *nt*, ≃ Kaffeeklatsch *m* (*inf*), reine Weibergesellschaft (*pej, inf*); (*before wedding*) *für die Braut vor der Hochzeit arrangierte Damengesellschaft*; **henpeck** *vt* unterm Pantoffel haben (*inf*); **a ~ed husband** ein Pantoffelheld *m* (*inf*).

Henry ['henrɪ] *n* Heinrich *m*.

hepatitis [ˌhepə'taɪtɪs] *n* Hepatitis *f*.

heptagon ['heptəgən] *n* Siebeneck, Heptagon *nt*.

heptathlon [hep'tæθlɒn] *n* Siebenkampf *m*.

her [hɜːʳ] **I** *pers pron* **1.** (*dir obj, with prep +acc*) sie; (*indir obj, with prep +dat*) ihr; (*when she is previously mentioned in clause*) sich. **with her books about ~** mit ihren Büchern um sich. **2.** (*emph*) sie. **it's ~** sie ist's; **who, ~?** wer, sie?

II *poss adj* ihr; *see also* **my.**

herald ['herəld] **I** *n* **1.** (*Hist*) Herold *m*; (*in newspaper titles*) Bote *m*. **2.** (*fig*) (Vor)bote *m* (*geh*). **~ of spring** Frühlingsbote *m*. **II** *vt arrival of summer* ankündigen, Vorbote(n) sein für. **to ~ (in) a new age** den Beginn eines neuen Zeitalters ankündigen.

heraldic [he'rældɪk] *adj* heraldisch, Wappen-. ~ **arms** Wappen *pl.*

heraldry ['herəldrɪ] *n* **1.** (*science*) Wappenkunde, Heraldik *f.* **2.** (*heraldic signs*) Wappen *pl.* **3.** (*ceremonial*) traditioneller höfischer Prunk.

herb [hɜːb] *n* Kraut *nt.* ~ **garden** Kräutergarten *m.*

herbaceous [hɜː'beɪʃəs] *adj* krautig. ~ **border** Staudenrabatte *f.*

herbal ['hɜːbəl] **I** *adj* Kräuter-.
II *n* Kräuterbuch *nt.*

herbalist ['hɜːbəlɪst] *n* Kräutersammler(in *f*) *m*; (*healer*) Naturheilkundige(r) *mf.*

herbivorous [hɜː'bɪvərəs] *adj* (*form*) pflanzenfressend.

herculean [ˌhɜːkjʊ'liːən] *adj* herkulisch; *strength* Bären-, Riesen-, herkulisch (*liter*); *proportions* riesenhaft; *effort* übermenschlich. **a** ~ **task** eine Herkulesarbeit.

Hercules ['hɜːkjuliːz] *n* (*lit, fig*) Herkules *m.*

herd [hɜːd] **I** *n* (*of cattle*) Herde *f*; (*of deer*) Rudel *nt*; (*fig pej: of people*) Herde, Schar *f.* **the common** ~ die breite Masse. **II** *vt* **1.** (*drive*) *cattle, prisoners* treiben. **2.** (*tend*) *cattle* hüten.

◆**herd together I** *vi* sich zusammendrängen. **II** *vt sep* zusammentreiben.

herd instinct *n* Herdentrieb *m.*

here [hɪəʳ] **I** *adv* **1.** hier; (*with motion*) hierher, hierhin. ~! (*at roll call*) hier!; (*to dog*) hierher!; ~ **I am** da *or* hier bin ich; **spring is** ~ der Frühling ist da; **this man** ~ dieser Mann (hier) ...; **this** ~ **notice** (*incorrect*) dieser Anschlag da (*inf*); ~ **and now** auf der Stelle, jetzt sofort; **this one** ~ der/die/das hier *or* da; **I won't be** ~ **for lunch** ich bin zum Mittagessen nicht da; **shall we wait till he gets** ~? sollen wir warten, bis er hier *or* da ist?; ~ **and there** hier und da; ~, **there and everywhere** überall; **around/about** ~ hier herum, ungefähr hier; **near** ~ (hier) in der Nähe; **up/down to** ~ bis hierher *or* hierhin; **it's in/over** ~ es ist hier (drin)/hier drüben; **put it in/over** ~ stellen Sie es hier herein/hierüber *or* hier herüber *or* hierher; **come in/over** ~ kommen Sie hier herein/hierüber *or* hier herüber *or* hierher; **from** ~ **on in** (*esp US*) von jetzt *or* nun an.
2. (*in phrases*) ~ **you are** (*giving sb sth*) hier (,bitte); (*on finding sb*) da bist du ja!, ach, hier bist du!; (*on finding sth*) da *or* hier ist es ja; ~ **we are, home again** so, da wären wir also wieder zu Hause; ~ **we are again, confronted by yet another crisis** so, da hätten wir also wieder eine neue Krise; ~ **he comes** da kommt *or* ist er ja; ~ **comes trouble** jetzt geht's los (*inf*); ~ **goes!** (*before attempting sth*) dann mal los; ~, **try this one** hier, versuch's mal damit; ~, **let me do that** komm, laß mich das mal machen; ~**'s to you!** (*in toasts*) auf Ihr Wohl!; ~**'s to the success of the venture!** auf den Erfolg des Vorhabens!; **it's neither** ~ **nor there** es spielt keine Rolle, tut nichts zur Sache.
II *n* **the** ~ **and now** das Hier und Heute; (*Rel, Philos*) das Diesseits.

hereabouts ['hɪərəbaʊts] *adv* hier herum, in dieser Gegend; **hereafter 1** *adv* (*in books, contracts: following this*) im folgenden; (*in the future also*) künftig, in Zukunft; (*after death*) im Jenseits; **II** *n* **the** ~ das Jenseits; **hereby** *adv* (*form*) hiermit.

hereditary [hɪ'redɪtərɪ] *adj* erblich, Erb-. ~ **enemies** Erbfeinde *pl*; ~ **disease** Erbkrankheit *f*; **to be** ~ (*also hum*) erblich sein.

heredity [hɪ'redɪtɪ] *n* Vererbung *f.* **the title is his by** ~ er hat den Titel geerbt/wird den Titel erben.

herein *adv* (*form*) hierin, darin; **hereof** *adv* (*form*) hiervon (*form*).

heresy ['herəsɪ] *n* Ketzerei.

heretic ['herətɪk] *n* Ketzer(in *f*).

heretical [hɪ'retɪkəl] *adj* ketzerisch.

hereto *adv* (*form*) **the documents attached** ~ die beigefügten Dokumente; **he gave his signature** ~ er setzte seine Unterschrift hinzu; **hereupon** *adv* daraufhin; **herewith** *adv* (*form*) hiermit.

heritable ['herɪtəbl] *adj* **1.** erblich.
2. (*Jur*) *person* erbfähig.

heritage ['herɪtɪdʒ] *n* (*lit, fig*) Erbe *nt*, Erbschaft *f.*

hermaphrodite [hɜː'mæfrədaɪt] **I** *n* Zwitter, Hermaphrodit (*geh*) *m.*
II *adj* zwittrig, hermaphroditisch (*geh*); *plants also* gemischtgeschlechtig.

hermetic [hɜː'metɪk] *adj* hermetisch.

hermetically [hɜː'metɪkəlɪ] *adv see adj.* ~ **sealed** hermetisch verschlossen *or* (*fig*) abgeriegelt.

hermit ['hɜːmɪt] *n* Einsiedler (*also fig*), Eremit *m.*

hermitage ['hɜːmɪtɪdʒ] *n* (*lit, fig*) Einsiedelei, Klause *f.*

hermit crab *n* Einsiedlerkrebs *m.*

hernia ['hɜːnɪə] *n* (Eingeweide)bruch *m*, Hernie *f* (*spec*).

hero ['hɪərəʊ] *n, pl* **-es** Held, Heros (*geh*) *m*; (*fig: object of hero-worship also*) Idol *nt*; (*Liter: of novel etc*) Held *m.* **the** ~ **of the hour** der Held des Tages.

Herod ['herəd] *n* Herodes *m.*

heroic [hɪ'rəʊɪk] **I** *adj* mutig, heldenhaft, heldenmütig; *behaviour, action, decision also* heroisch; (*daring*) kühn; *proportions, size* mächtig, gewaltig; *effort* gewaltig; *words* heroisch. ~ **age/deed** Heldenzeitalter *nt*/Heldentat *f.*
II *n* ~**s** *pl* hochtrabende *or* große Worte *pl*; **the actor's** ~**s** das übertriebene Pathos des Schauspielers.

heroically [hɪ'rəʊɪkəlɪ] *adv see adj.*

heroin ['herəʊɪn] *n* Heroin *nt.* ~ **addict** Heroinsüchtige(r) *mf.*

heroine ['herəʊɪn] *n* Heldin *f*; (*Theat also*) Heroine *f.*

heroism ['herəʊɪzəm] *n* Heldentum *nt*; (*heroic conduct*) (Helden)mut, Heroismus *m*; (*daring*) Kühnheit *f.* **I'm not one for** ~ ich bin kein Held.

heron ['herən] *n* Reiher *m.*

hero-worship ['hiːrəʊˌwɜːʃɪp] **I** *n* Verehrung *f* (*of gen*); (*in ancient tribe*) Heldenverehrung *f*; (*of popstar*) Schwärmerei *f* (*of* für). **the ~ of a boy for his older brother** die blinde Bewunderung eines Jungen für seinen älteren Bruder. **II** *vt* anbeten, verehren; *popstar* schwärmen für.

herring ['herɪŋ] *n* Hering *m*. *see* **red ~**.

herringbone ['herɪŋbəʊn] **I** *n* **1.** (*pattern*) Fischgrät *m*. **2.** (*Ski*) Grätenschritt *m*. **II** *adj attr* **~ pattern** Fischgrät(en)muster *nt*; **~ stitch** Hexenstich *m*.

hers [hɜːz] *poss pron* ihre(r, s). **~** (*on towels etc*) sie; *see also* **mine[1]**.

herself [hɜː'self] **I** *pers pron* **1.** (*dir and indir obj, with prep*) sich; *see also* **myself.** **2.** (*emph*) (sie) selbst.

II *n* (*Ir inf*) **it was ~ who told me** sie selbst hat es mir gesagt.

he's [hiːz] *contr of* **he is; he has.**

hesitancy ['hezɪtənsɪ] *n* Zögern, Zaudern (*geh*) *nt*.

hesitant ['hezɪtənt] *adj answer, smile* zögernd; *person also* unentschlossen, unschlüssig. **he was very ~ to accept** er zögerte lange *or* war sich (*dat*) sehr unschlüssig, ob er annehmen sollte.

hesitantly ['hezɪtəntlɪ] *adj accept* zögernd, zaudernd (*geh*).

hesitate ['hezɪteɪt] *vi* zögern, zaudern (*geh*); (*in speech*) stocken. **if they don't stop hesitating we'll be lost** wenn sie noch länger zögern, sind wir verloren; **he who ~s is lost** (*Prov*) dem Feigen kehrt das Glück den Rücken (*Prov*); **I ~ to ask him over** ich bin mir nicht schlüssig, ob ich ihn herüberbitten soll; **I'd ~ to take** *or* **at taking on such a task** ich würde es mir gut überlegen, ob ich so eine Aufgabe übernehmen würde; **he ~s at nothing** er macht vor nichts halt, er schreckt vor nichts zurück; **I am still hesitating about what I should do** ich bin mir immer noch nicht schlüssig, was ich tun soll; **I ~ to say it, but ...** es widerstrebt mir, das zu sagen, aber ...; **if I did think that, I wouldn't ~ to say so** wenn ich wirklich der Meinung (*gen*) wäre, hätte ich keine Hemmungen, es zu sagen; **don't ~ to ask me** fragen Sie ruhig; (*more formally*) zögern Sie nicht, mich zu fragen.

hesitation [ˌhezɪ'teɪʃən] *n* Zögern, Zaudern (*geh*) *nt*. **a moment's ~** ein Augenblick des Zögerns; **without the slightest ~** ohne auch nur einen Augenblick zu zögern; **I have no ~ in saying that ...** ich kann ohne weiteres sagen, daß ...

hessian ['hesɪən] **I** *n* Sackleinwand *f*, Rupfen *m*. **II** *attr* Rupfen-.

hetero ['hetərəʊ] *n* (*sl*) Hetero *m* (*inf*), Heterosexuelle(r) *mf*.

heterogeneity [ˌhetərəʊdʒɪ'neɪɪtɪ] *n* Heterogenität *f*.

heterogeneous [ˌhetərəʊ'dʒiːnɪəs] *adj* heterogen.

heterosexual [ˌhetərəʊ'seksjʊəl] **I** *adj* heterosexuell. **II** *n* Heterosexuelle(r) *mf*.

heterosexuality [ˌhetərəʊˌseksjʊ'ælɪtɪ] *n* Heterosexualität *f*.

het up ['hetˌʌp] *adj* (*inf*) aufgeregt. **to get ~ about/over sth** sich über etw (*acc*)/wegen einer Sache (*gen*) aufregen.

heuristic [hjʊə'rɪstɪk] **I** *adj* heuristisch. **II** *n* **~s** *sing* Heuristik *f*.

hew [hjuː] *pret* **~ed**, *ptp* **hewn** *or* **~ed** *vt* hauen; (*shape*) behauen. **to ~ into pieces/logs** in Stücke hauen/zu Klötzen hacken.

◆**hew down** *vt sep trees* fällen, umhauen; *persons* niederhauen; (*with machine gun also*) niedermähen.

◆**hew off** *vt sep* abhauen, abhacken, abschlagen.

◆**hew out** *vt sep* heraushauen, herausschlagen (*of* aus). **he's ~n ~ a career for himself** er hat sich (*dat*) seine Karriere erkämpft.

◆**hew up** *vt sep* zerstückeln; *wood* zerhacken.

hex [heks] (*esp US inf*) **I** *n* Fluch *m*. **there must be a ~ on this project** dieses Unternehmen muß verhext sein (*inf*); (*more serious*) auf dem Unternehmen muß ein Fluch liegen. **II** *vt* verhexen.

hexagon ['heksəgən] *n* Sechseck, Hexagon *nt*.

hexagonal [hek'sægənəl] *adj* sechseckig, hexagonal.

hexameter [hek'sæmɪtə^r] *n* Hexameter *m*.

hex code *n* (*Comput*) Hexadezimalzahl *f*.

hey [heɪ] *interj* (*to attract attention*) he (Sie/du); (*in surprise*) he, Mensch (*inf*). **~ presto** Hokuspokus (Fidibus).

heyday ['heɪdeɪ] *n* Glanzzeit, Blütezeit *f*. **in the ~ of its power** auf dem Höhepunkt seiner Macht; **in his ~** in seiner Glanzzeit.

HGV (*Brit*) *abbr of* **heavy goods vehicle** LKW *m*.

hi [haɪ] *interj* hallo.

hiatus [haɪ'eɪtəs] *n* Lücke *f*; (*Gram, Poet*) Hiatus *m*.

hibernate ['haɪbəneɪt] *vi* Winterschlaf halten *or* machen.

hibernation [ˌhaɪbə'neɪʃən] *n* (*lit, fig*) Winterschlaf *m*.

hibiscus [hɪ'bɪskəs] *n* Hibiskus, Eibisch *m*.

hiccough, hiccup ['hɪkʌp] **I** *n* Schluckauf *m*; (*fig inf: problem*) Problemchen *nt* (*inf*). **to have the ~s** den Schluckauf haben; **the computer had a slight ~** (*fig inf*) der Computer spielte leicht verrückt (*inf*); **without any ~s** ohne Störungen. **II** *vi* hicksen (*dial*). **he started ~ing** er bekam den Schluckauf.

hick [hɪk] *n* (*US inf*) Hinterwäldler *m* (*inf*); (*female*) Landpomeranze *f* (*inf*).

hickory ['hɪkərɪ] *n* (*tree*) Hickory(nußbaum) *m*; (*wood*) Hickory(holz) *nt*.

hide[1] [haɪd] (*vb: pret* **hid** [hɪd], *ptp* **hidden** ['hɪdn] *or* **hid**) **I** *vt* verstecken (*from* vor +*dat*); *truth, tears, grief, feelings, face* verbergen (*from* vor +*dat*); (*obstruct from view*) *moon, rust* verdekken. **hidden from view** nicht zu sehen, dem Blick *or* den Blicken entzogen; **he's hiding something in his pocket** er hat etwas in seiner Tasche versteckt; **I have nothing to ~** ich habe nichts zu verbergen; **his words had a hidden meaning** seine Worte hatten eine verborgene *or* versteckte Bedeutung; **you're hiding something from me** (*truth*) Sie verheimlichen mir etwas, Sie verbergen etwas vor mir.

II *vi* sich verstecken, sich verbergen (*from sb* vor jdm). **he was hiding in the cupboard** er hielt sich im Schrank versteckt *or* verborgen; **he's just hiding behind his boss/his reputation** er versteckt sich bloß hinter seinem Chef/Ruf.

III *n* Versteck *nt*.

◆**hide away I** *vi* sich verstecken, sich verbergen. **II** *vt sep* verstecken.

◆**hide out** *or* **up** *vi* sich verstecken; (*to be hiding also*) sich versteckt *or* verborgen halten.

hide² *n* (*of animal*) Haut *f*; (*on furry animal*) Fell *nt*; (*processed*) Leder *nt*; (*fig: of person*) Haut *f*, Fell *nt*. **the bags are made out of the finest ~** die Taschen sind aus feinstem Leder; **to save one's own ~** die eigene Haut retten; **I haven't seen ~ nor hair of him for weeks** (*inf*) den habe ich in den letzten Wochen nicht mal von weitem gesehen.

hide-and-seek *n* Versteckspiel *nt*; **to play ~** Verstecken spielen; **hideaway** *n* Versteck *nt*; (*refuge*) Zufluchtsort *m*; **hidebound** *adj person, views* engstirnig.

hideous ['hɪdɪəs] *adj* grauenhaft, scheußlich; *colour also, day, disappointment* schrecklich.

hideousness ['hɪdɪəsnɪs] *n see adj* Grauenhaftigkeit, Scheußlichkeit *f*; Schrecklichkeit *f*.

hide-out ['haɪdaʊt] *n* Versteck *nt*.

hiding¹ ['haɪdɪŋ] *n* **to be in ~** sich versteckt halten; **to go into ~** untertauchen, sich verstecken; **he came out of ~** er tauchte wieder auf, er kam aus seinem Versteck.

hiding² *n* **1.** (*beating*) Tracht *f* Prügel. **to give sb a good ~** jdm eine Tracht Prügel geben. **2.** (*inf: defeat*) Schlappe *f* (*inf*). **the team got a real ~** die Mannschaft mußte eine schwere Schlappe einstekken (*inf*).

hierarchic(al) [ˌhaɪə'rɑːkɪk(əl)] *adj*, **hierarchically** [ˌhaɪə'rɑːkɪkəlɪ] *adv* hierarchisch.

hierarchy ['haɪərɑːkɪ] *n* Hierarchie *f*.

hieroglyph ['haɪərəglɪf] *n* Hieroglyphe *f*.

hieroglyphic [ˌhaɪərə'glɪfɪk] **I** *adj* hieroglyphisch. **II** *n* **~s** *pl* Hieroglyphen(schrift *f*) *pl*.

hi-fi ['haɪˌfaɪ] **I** *n* **1.** Hi-Fi *nt*. **2.** (*system*) Hi-Fi-Anlage *f*. **II** *adj* Hi-Fi-. **~ equipment** Hi-Fi-Geräte *pl*.

higgledy-piggledy ['hɪgldɪ'pɪgldɪ] *adv* durcheinander.

high [haɪ] **I** *adj* (*+er*) **1.** *mountain, wall, forehead, building* hoch *pred*, hohe(r, s) *attr*. **a building 80 metres ~** ein 80 Meter hohes Gebäude; **a ~ dive** ein Kopfsprung *m* aus großer Höhe; **on one of the ~er floors** in einem der oberen Stockwerke; **he lives on a ~er floor** er wohnt weiter oben; **at ~ tide** *or* **water** bei Flut *or* Hochwasser; **the river is quite ~** der Fluß führt ziemlich viel Wasser; **~ and dry** (*boat*) auf dem Trockenen; **to be left ~ and dry** auf dem Trockenen sitzen (*inf*).

2. (*important, superior*) hoch *pred*, hohe(r, s) *attr*. **~ office** hohes Amt; **on the ~est authority** von höchster Stelle; **to be** *or* **act ~ and mighty** erhaben tun; **to be on one's ~ horse** (*fig*) auf dem hohen Roß sitzen.

3. (*considerable, extreme, great*) *opinion, speed, temperature, fever, pressure, salary, price, rate, density, sea* hoch *pred*, hohe(r, s) *attr*; *altitude* groß; *wind* stark; *complexion, colour* (hoch)rot. **in the ~ latitudes** in fernen Breiten; **to pay a ~ price for sth** (*lit, fig*) etw teuer bezahlen; **to set a ~ value on sth** etw hoch einschätzen; **the ~est common factor** der größte gemeinsame Teiler; **in the ~est degree** im höchsten Grad *or* Maß; **in (very) ~ spirits** in Hochstimmung, in äußerst guter Laune; **to have a ~ old time** (*inf*) sich prächtig amüsieren, mächtig Spaß haben (*inf*).

4. (*good, admirable*) *ideals* hoch. **a man of ~ character** ein Mann von Charakter.

5. (*of time*) **~ noon** zwölf Uhr mittags; **it's ~ time you went home/understood** es ist *or* wird höchste Zeit, daß du nach Hause gehst/endlich begreifst.

6. *sound, note* hoch; (*shrill*) schrill.

7. (*sl*) (*on drugs*) high (*sl*); (*on drink*) blau (*sl*).

8. *meat* angegangen; *game also* anbrüchig (*spec*).

9. (*Cards*) hoch *pred*, hohe(r, s) *attr*.

II *adv* (*+er*) **1.** hoch. **~ up** (*position*) hoch oben; (*motion*) hoch hinauf.

2. to go as ~ as £200 bis zu £ 200 (hoch)gehen; **feelings ran ~** die Gemüter erhitzten sich; **to search ~ and low** überall suchen.

III *n* **1. God on ~** Gott in der Höhe *or* im Himmel; **the orders have come from on ~** (*hum inf*) der Befehl kommt von oben.

2. unemployment has reached a new ~ die Arbeitslosenziffern haben einen neuen Höchststand erreicht.

3. (*Met*) Hoch *nt*.

4. (*sl: on drugs*) **he's still got his ~** er ist immer noch high.

5. (*US Aut: top gear*) **in ~** im höchsten Gang.

6. (*US inf: high school*) Penne *f* (*inf*).

high altar *n* Hochaltar *m*; **highball** *n* (*US*) Highball *m*; **high beam** *n* (*Aut*) Fernlicht *nt*; **highboy** *n* (*US*) hohe Kommode; **highbrow I** *n* Intellektuelle(r) *mf*; **II** *adj interests* intellektuell, hochgestochen (*pej*); *tastes, music* anspruchsvoll; **highchair** *n* Hochstuhl *m*; **High Church I** *n* Hochkirche *f*; **II** *adj* der Hochkirche; **high-class** *adj* hochwertig; *shop* Qualitäts-; **high commission** *n* Hochkommissariat *nt*; **high commissioner** *n* Hochkommissar(in *f*) *m*; **High Court** *n* (*Brit, N.Z.*) oberstes *or* höchstes Gericht; (*institution also*) oberster Gerichtshof; **high court judge** *n* Richter(in *f*) *m* am obersten Gerichtshof; **high definition television** *n* Fernsehen *nt* mit hoher Auflösung; **high-density** *adj* **1.** *housing* dicht; **2.** (*Comput*) *disk* mit hoher Schreibdichte; **high-diving** *n* Turmspringen *nt*; **high-energy** *adj particle, food* energiereich.

higher ['haɪəʳ] **I** *adj* **1.** *comp of* **high. 2.** *mathematics, education* höher; *animals, life-forms* höher (entwickelt). **H~ National Certificate** (*Brit*) ≃ Berufsschulabschluß *m*; **H~ National Diploma** (*Brit*) *Qualifikationsnachweis m in technischen Fächern.*

II *n* **H~** (*Scot*) ≃ Abschluß *m* der Sekundarstufe 2. **to take one's H~s** ≃ das Abitur machen; **III H~s** ein Schulabschluß *m* in drei Fächern.

high explosive *n* hochexplosiver Sprengstoff; **high-falutin** [ˌhaɪfə'luːtɪn], **high-faluting** [ˌhaɪfə'luːtɪŋ] *adj* (*inf*) *language, behaviour* hochtrabend, geschwollen; *people* aufgeblasen, hochgestochen; **high-fibre** *adj diet* ballaststoffreich; **high fidelity I** *n* High-Fidelity, Tontreue *f*; **II** *adj* High-Fidelity-; **high-flier** *n* (*inf*) (*successful person*) Senkrechtstarter *m*; (*ambitious*) Ehrgeizling *m* (*pej*); **he's a ~** er ist ein Erfolgstyp (*inf*); **high-flown** *adj style, speech* hochtrabend, geschwollen; *ambitions* hochgesteckt; *ideas, plans* hochfliegend; **high-flying** *adj aircraft* mit großer Flughöhe; (*fig*) *businessman* erfolgreich; *lifestyle* exklusiv; **high frequency I** *n* Hochfrequenz *f*; **II** *adj* Hochfrequenz-; **High German** *n* Hochdeutsch *nt*; **high-grade** *adj* hochwertig; *ore* gediegen; **high-handed** *adj* eigenmächtig; *character* überheblich; **high-hat** (*US inf*) **I** *adj* hochnäsig (*inf*); **II** *n* hochnäsiger Typ (*inf*); **III** *vt* herablassend behandeln, von oben herab behandeln; **high-heeled** *adj* mit hohen Absätzen, hochhackig; **high heels** *npl* hohe Absätze *pl*; **highjack** *vt, n see* **hijack**; **highjacker** *n see* **hijacker**; **high jinks** *npl* (*inf*) **they were having ~** bei denen war Highlife (*inf*); **high jump** *n* (*Sport*) Hochsprung *m*; **highland** *adj* Hochland-, hochländisch; **Highlander** *n* Bewohner(in *f*) *m* des schottischen Hochlands; **Highland fling** *n schottischer Volkstanz*; **Highland Games** *npl schottisches Volksfest mit traditionellen Wettkämpfen*; **Highlands** *npl* schottisches Hochland, (*generally*) Berg- *or* Hochland *nt*, **high-level** *adj talks, discussion* auf höchster Ebene; *road* Hoch-; (*Comput*) *language* höher; **high life** *n* Highlife *nt*, Leben *nt* in großem Stil; **highlight I** *n* **1.** (*Art, Phot*) Glanzlicht *nt*; (*in hair*) Strähne *f*; **~s** (*in hair*) Strähnchen *pl*; **2.** (*fig*) Höhepunkt *m*; **II** *vt* **1.** *need, problem* ein Schlaglicht werfen auf (+*acc*), hervorheben; **2.** *text* (*with ~er*) hervorheben, markieren; (*on computer screen*) markieren; *hair* Strähnen machen in (+*acc*); **highlighter** *n* **1.** (*pen*) Leuchtstift, Textmarker *m*; **2.** (*for hair*) Aufheller *m*; (*cosmetic*) Töner *m*.

highly ['haɪlɪ] *adv* hoch-. **~ spiced dishes** stark *or* (*hot*) scharf gewürzte Gerichte; **to be ~ paid** hoch bezahlt werden; **to think ~ of sb** eine hohe Meinung von jdm haben, große Stücke auf jdn halten; **to speak ~ of sb** sich sehr positiv über jdn äußern.

highly-coloured *adj* (*lit*) farbenfroh, sehr bunt; (*fig*) *report, description* (*one-sided*) stark gefärbt; (*detailed*) ausgeschmückt; **highly strung** *adj* nervös.

High Mass *n* Hochamt *nt*; **high-minded** *adj* hochgeistig; *ideals* hoch; **high-necked** *adj* hochgeschlossen.

highness ['haɪnɪs] *n* **1.** Höhe *f*. **2. Her/Your H~** Ihre/Eure Hoheit; **yes, Your H~** ja, Hoheit.

high-octane *adj* mit einer hohen Oktanzahl; **high-performance** *adj* Hochleistungs-; **high-pitched** *adj* **1.** *sound* hoch; **2.** (*Archit*) *roof* steil; **high point** *n* Höhepunkt *m*; **high-powered** *adj* **1.** *car* stark(motorig), Hochleistungs-; **2.** (*fig*) *businessman, politician* Vollblut-; *academic* Spitzen-; *conversation* sehr anspruchsvoll, hochintellektuell; **high-pressure** *adj* **1.** (*Tech, Met*) Hochdruck-; **~ area** Hochdruckgebiet *nt*; **2.** (*fig*) *salesman* aufdringlich; *sales technique* aggressiv; **high-priced** *adj* teuer; **high-protein** *adj* eiweißreich; **high-ranking** *adj* hoch(rangig), von hohem Rang; **high-resolution** *adj screen, graphics* hochauflösend; **high-rise** *adj* Hochhaus-; **high-rise flats** *npl* (Wohn)hochhaus *nt*; **high-risk** *adj* risikoreich; **high school** *n* (*US*) Oberschule *f*; **high seas** *npl* **the ~** die Meere *pl*; **on the ~** auf hoher See, auf offenem Meer; **high season** *n* Hochsaison *f*; **high-security prison** *n* Hochsicherheitsgefängnis *nt*; **high society** *n* High-Society *f*; **high-sounding** *adj* klangvoll; **high-speed** *adj* Schnell-; *printer also, train* Hochgeschwindigkeits-; *drill* mit hoher Umdrehungszahl; **~ lens** hochlichtstarkes Objektiv, lichtstarke Linse; **~ film** hoch(licht)empfindlicher Film; **high-spirited** *adj* temperamentvoll, lebhaft; **high spot** *n* Höhepunkt *m*; **to hit the ~s** (*inf*) auf den Putz hauen (*inf*); **high street** *n* (*Brit*) Hauptstraße *f*; **high street banks** *npl* Geschäftsbanken *pl*; **high-strung** *adj* (*US*) nervös; **high summer** *n* Hochsommer *m*.

hightail ['haɪteɪl] *vi* (*US sl*) **to ~ (it) out of a place** (aus einem Ort) abhauen (*inf*), (von *or* aus einem Ort) verduften (*sl*).

high tea *n* (frühes) Abendessen; **high-tech** ['haɪˌtek] *n, adj see* **hitech**, **high technology** *n* Hochtechnologie, Spitzentechnologie *f*; **high-tension** *adj* (*Elec*) Hochspannungs-; **high tide** *n* Flut *f*; **high treason** *n* Hochverrat *m*; **high-up I** *adj person* hochgestellt; **II** *n* (*inf*) hohes Tier (*inf*); **high-water mark** *n* (*lit*) Hochwasserstandsmarke *f*; (*fig*) höchster Stand; **highway** *n* Landstraße *f*; **public ~** öffentliche Straße; **the ~s and byways** Straßen und Wege; **Highway Code** *n* (*Brit*) Straßenverkehrsordnung *f*; **highwayman** *n* Räuber, Wegelagerer, Strauchdieb *m*; **highway robbery** *n* Straßenraub *m*; (*fig inf*) Nepp *m* (*inf*); **Highways Department** *n* Tiefbauamt *nt*; **high-yield** *adj* (*Agr*) Hochleistungs-.

hijack ['haɪdʒæk] **I** *vt* entführen; (*rob*)

lorry überfallen. **II** *n see vt* Entführung *f*; Überfall *m* (*of* auf +*acc*).

hijacker ['haɪdʒækəʳ] *n see vt* Entführer(in *f*) *m*; Räuber *m*.

hike [haɪk] **I** *vi* wandern. **II** *n* **1.** Wanderung *f*. **2.** (*in interest rates*) Erhöhung *f*.

◆**hike up** *vt sep* hochziehen.

hiker ['haɪkəʳ] *n* Wanderer *m*, Wanderin *f*.

hiking ['haɪkɪŋ] *n* Wandern *nt*. **~ boots** Wanderstiefel *pl*.

hilarious [hɪ'lɛərɪəs] *adj* sehr komisch *or* lustig, urkomisch (*inf*); (*loud and happy*) *mood* ausgelassen, übermütig.

hilariously [hɪ'lɛərɪəslɪ] *adv* **~ funny** zum Schreien.

hilarity [hɪ'lærɪtɪ] *n* (*of person, party*) übermütige Ausgelassenheit; (*of film*) Komik *f*. **his statement caused some ~** seine Behauptung löste einige Heiterkeit aus.

hill [hɪl] *n* **1.** Hügel *m*; (*higher*) Berg *m*; (*incline*) Hang *m*. **the castle stands on a ~** das Schloß steht auf einem Berg; **these flats are built on a ~** diese Wohnungen sind am Hang *or* Berg gebaut; **to park on a ~** am Berg parken; **up ~ and down dale** bergauf und bergab; **over ~ and dale** über Berg und Tal; **as old as the ~s** steinalt, uralt; **that joke's as old as the ~s** der Witz hat ja so einen langen Bart; **to be over the ~** (*fig inf*) seine beste Zeit *or* die besten Jahre hinter sich (*dat*) haben.
2. *see* **anthill, molehill.**

hillbilly ['hɪlbɪlɪ] (*US inf*) **I** *n* Hinterwäldler *m* (*pej*); (*female*) Landpomeranze *f* (*inf*). **II** *adj* hinterwäldlerisch (*pej*). **~ music** Hillbilly *no art*, Hillbilly-Musik *f*.

hilliness ['hɪlɪnɪs] *n* Hügeligkeit *f*; (*higher*) Bergigkeit *f*.

hillock ['hɪlək] *n* Hügel *m*, Anhöhe *f*.

hillside *n* Hang *m*; **hilltop** *n* Gipfel *m*; **hill-walker** *n* Bergwanderer *m*, Bergwanderin *f*; **hill-walking** *n* Bergwandern *nt*.

hilly ['hɪlɪ] *adj* (+*er*) hüg(e)lig; (*higher*) bergig.

hilt [hɪlt] *n* Heft *nt*; (*of dagger*) Griff *m*. **up to the ~** (*fig*) voll und ganz; (*involved, in debt also*) bis über beide Ohren (*inf*).

him [hɪm] *pers pron* **1.** (*dir obj, with prep +acc*) ihn; (*indir obj, with prep +dat*) ihm; (*when he is previously mentioned in clause*) sich. **with his things around ~** mit seinen Sachen um sich. **2.** (*emph*) er. **it's ~** er ist's; **who, ~?** wer, er?

Himalayan [,hɪmə'leɪən] *adj* Himalaya-, des Himalaya.

Himalayas [,hɪmə'leɪəz] *npl* Himalaya *m*.

himself [hɪm'self] *pers pron* **1.** (*dir and indir obj, with prep*) sich; *see also* **myself. 2.** (*emph*) (er) selbst.

hind¹ [haɪnd] *n* (*Zool*) Hirschkuh.

hind² *adj, superl* **hindmost** hintere(r, s). **~ legs** Hinterbeine *pl*; **to get up on one's ~ legs** (*inf: speak in public*) den Mund aufmachen (*inf*); **she could talk the ~ legs off a donkey** (*inf*) sie redet wie ein Buch (*inf*).

hinder ['hɪndəʳ] *vt* **1.** (*obstruct, impede*) behindern; (*delay*) *person* aufhalten; *arrival* verzögern. **2.** (*stop, prevent from happening*) **to ~ sb from doing sth** jdn daran hindern *or* davon abhalten, etw zu tun.

Hindi ['hɪndiː] *n* Hindi *nt*.

hindmost *adj superl of* **hind²** hinterste(r, s); **hindquarters** *npl* Hinterteil *nt*; (*of carcass*) Hinterviertel *nt*; (*of horse*) Hinterhand *f*.

hindrance ['hɪndrəns] *n* Behinderung *f*. **the rules/children are a ~** die Regeln/Kinder sind hinderlich; **he/it is more of a ~ than a help** er/es hindert mehr, als daß er/es hilft; *see* **let¹**.

hindsight ['haɪndsaɪt] *n*: **now with the benefit/wisdom of ~** jetzt, hinterher *or* im nachhinein ist man ja immer schlauer.

Hindu ['hɪnduː] **I** *adj customs, religion* hinduistisch, Hindu-. **~ people** Hindu(s) *pl*. **II** *n* Hindu *m*.

Hinduism ['hɪnduːɪzəm] *n* Hinduismus *m*.

Hindustan [,hɪndʊ'stɑːn] *n* Hindustan, Hindostan *nt*.

Hindustani [,hɪndʊ'stɑːnɪ] **I** *adj* hindustanisch. **II** *n* **1.** Bewohner(in *f*) *m* Hindustans. **2.** (*language*) Hindustani *nt*.

hinge [hɪndʒ] **I** *n* **1.** (*of door*) Angel *f*; (*of box*) Scharnier *nt*; (*of limb, shell*) Gelenk *nt*; (*fig*) Angelpunkt *m*. **the door/lid is off its ~s** die Tür ist aus den Angeln/das Scharnier des Deckels ist ab; **take the door off its ~s** häng die Tür aus!
2. (*also* **stamp ~**) (Klebe)falz *m*.
II *vt* **to ~ sth** etw mit Angeln/einem Scharnier an etw (*dat*) befestigen.
III *vi* (*fig*) abhängen (*on* von), ankommen (*on* auf +*acc*).

hinged [hɪndʒd] *adj* Scharnier-; *door* eingehängt; *lid also, box* mit einem Scharnier versehen.

hint [hɪnt] **I** *n* **1.** (*intimation, suggestion*) Andeutung *f*, Hinweis *m*. **to give a/no ~ of sth** etw ahnen lassen *or* andeuten/nicht ahnen lassen *or* andeuten; **to give** *or* **drop sb a ~** jdm einen Wink geben, jdm gegenüber eine Andeutung machen; **to throw out** *or* **let fall** *or* **drop a ~** eine Andeutung machen, eine Bemerkung fallenlassen; **to know how to take a ~** einen Wink verstehen; **OK, I can take a ~** schon recht, ich verstehe.
2. (*trace*) Spur *f*. **a ~ of garlic/irony** eine Spur Knoblauch/ein Hauch *m* von Spott; **with the ~ of a smile** mit dem Anflug eines Lächelns.
3. (*tip, piece of advice*) Tip *m*. **~s for travellers** Reisetips *pl*.
II *vt* andeuten (*to* gegenüber). **what are you ~ing at?** was wollen Sie damit sagen *or* andeuten?

◆**hint at** *vi +prep obj* **he ~ed ~ changes in the cabinet** er deutete an, daß es Umbesetzungen im Kabinett geben würde; **he ~ed ~ my involvement in the affair** er spielte auf meine Rolle in der Affäre an.

hinterland ['hɪntəlænd] *n* Hinterland *nt*.

hip¹ [hɪp] *n* Hüfte *f*. **with one's hands on one's ~s** die Arme in die Hüften gestemmt.

hip² *n* (*Bot*) Hagebutte *f*.

hip³ *interj*: **~! ~!, hurrah!** hipp hipp, hurra!

hip *in cpds* Hüft-; **hip bath** *n* Sitzbad *nt*; **hipbone** *n* (*Anat*) Hüftbein *nt*, Hüftknochen *m*; **hip-flask** *n* Taschenflasche *f*, Flachmann *m* (*inf*); **hip-hop** *n* (*Mus*) Hip-hop *m*; **hip joint** *n* (*Anat*) Hüftgelenk *nt*.

hippie *n see* **hippy**.

hippo ['hɪpəʊ] *n* (*inf*) Nilpferd *nt*.

hip pocket *n* Gesäßtasche *f*.

Hippocratic oath [ˌhɪpəʊˌkrætɪk'əʊθ] *n* hippokratischer Eid, Eid *m* des Hippokrates.

hippodrome ['hɪpədrəʊm] *n* Hippodrom *m or nt*; (*dated: music hall*) Varieté(theater) *nt*.

hippopotamus [ˌhɪpə'pɒtəməs] *n, pl* **-es** *or* **hippopotami** [ˌhɪpə'pɒtəmaɪ] Nilpferd, Flußpferd *nt*.

hippy, hippie ['hɪpɪ] *n* Hippie *m*.

hip replacement *n* Hüftoperation *f*; (*device*) Hüftprothese *f*.

hire [haɪəʳ] **I** *n* **1.** Mieten *nt*; (*of car also, suit*) Leihen *nt*; (*of servant*) Einstellen *nt*. **to have sth for ~** etw vermieten/verleihen; **for ~** (*taxi*) frei; **it's on ~** es ist geliehen/gemietet; **to let sth (out) on ~** etw vermieten.

2. (*wages*) Lohn *m*; (*of sailor*) Heuer *f*.

II *vt* **1.** mieten; *cars also, suits* leihen; *staff, person* einstellen. **~d assassin** gedungener Mörder; **~d car** Mietwagen, Leihwagen *m*; **~d hand** Lohnarbeiter *m*.

2. *see* **hire out I.**

◆**hire out I** *vt sep* vermieten, verleihen. **II** *vi* (*US*) sich verdingen.

hire purchase *n* (*Brit*) Ratenkauf, Teilzahlungskauf *m*. **on ~** auf Raten *or* Teilzahlung.

his [hɪz] **I** *poss adj* sein; *see also* **my**. **II** *poss pron* seine(r, s). **~** (*on towels*) er; *see also* **mine**[1].

Hispanic [hɪs'pænɪk] **I** *adj* hispanisch; *community* spanisch. **II** *n* Hispano-Amerikaner(in *f*) *m*.

hiss [hɪs] **I** *vi* zischen; (*cat*) fauchen. **II** *vt actor, speaker* auszischen. **come here, he ~ed** komm her, zischte er. **III** *n* Zischen *nt*; (*of cat*) Fauchen *nt*.

histamine ['hɪstəmiːn] *n* (*Med*) Histamin *nt*.

historian [hɪs'tɔːrɪən] *n* Historiker(in *f*) *m*; (*in ancient times*) Geschichtsschreiber(in *f*) *m*.

historic [hɪs'tɒrɪk] *adj* (*also Gram*) historisch.

historical [hɪs'tɒrɪkəl] *adj* historisch; *studies, investigation, method also* geschichtlich, Geschichts-.

historically [hɪs'tɒrɪkəlɪ] *adv* historisch, aus historischer Sicht.

history ['hɪstərɪ] *n* **1.** Geschichte *f*; (*study of ~ also*) Geschichtswissenschaft *f*. **~ will be our judge** die Geschichte wird ihr Urteil fällen; **~ has taught us that ...** die Geschichte lehrt uns, daß ...; **to make ~** Geschichte machen; **that's all ~ now** (*fig*) das gehört jetzt alles der Vergangenheit an.

2. (*personal record*) Geschichte *f*. **he has a ~ of violence** er hat eine Vorgeschichte als Gewalttäter; **the family/he has a ~ of heart disease** Herzleiden liegen in der Familie/er hat schon lange ein Herzleiden.

3. (*background*) Vorgeschichte *f*. **to know the inner ~ of an affair** die inneren Zusammenhänge einer Affäre kennen.

histrionic [ˌhɪstrɪ'ɒnɪk] *adj* **1.** (*overdone, affected*) theatralisch. **2.** (*relating to acting*) Schauspieler-; *art* Schauspiel-; *ability* schauspielerisch.

histrionics [ˌhɪstrɪ'ɒnɪks] *npl* **1.** theatralisches Getue. **to indulge in ~** sich theatralisch aufführen. **2.** Schauspielkunst *f*.

hit [hɪt] (*vb: pret, ptp* ~) **I** *n* **1.** (*blow*) Schlag *m*; (*on target, Fencing*) Treffer *m*; (*Baseball*) Schlag *m*; *see* **score**.

2. (*success, also Theat*) Erfolg, Knüller (*inf*) *m*; (*song*) Hit *m*. **to be** *or* **make a ~ with sb** bei jdm gut ankommen.

3. (*of sarcasm*) Spitze *f*.

4. (*sl: murder*) Mord *m*.

II *vt* **1.** (*strike*) schlagen; (*Comput*) *key* drücken. **to ~ sb a blow** jdm einen Schlag versetzen; **he ~ him a blow over the head** er gab ihm einen Schlag auf den Kopf; **to ~ one's head against sth** sich (*dat*) den Kopf an etw (*dat*) stoßen; **he ~ his head on the pavement** er schlug mit dem Kopf auf dem Pflaster auf; **the car ~ a tree** das Auto fuhr gegen einen Baum; **he was ~ by a stone** er wurde von einem Stein getroffen, ihn traf ein Stein; **the commandos ~ the town at dawn** die Kommandos griffen die Stadt im Morgengrauen an; **it ~s you (in the eye)** (*fig*) das fällt *or* springt einem ins Auge; **he didn't know what had ~ him** (*inf*) er wußte nicht, wie ihm geschah.

2. (*wound*) treffen. **he's been ~ in the leg** es hat ihn am Bein getroffen, er ist am Bein getroffen worden.

3. *mark, target,* (*Fencing*) treffen. **that ~ home** (*fig*) das hat getroffen, das saß (*inf*); **now you've ~ it** (*fig*) du hast es getroffen.

4. (*affect adversely*) betreffen. **the crops were ~ by the rain** der Regen hat der Ernte geschadet; **to be hard ~ by sth** von etw schwer getroffen werden; **how will this tax ~ you?** wie wird sich diese Steuer auf Sie auswirken?

5. (*achieve, reach*) *likeness, top C* treffen; *speed, level, top form etc* erreichen.

6. (*news, story*) **to ~ the papers** in die Zeitungen kommen; **the news ~ us/Wall Street like a bombshell** die Nachricht schlug bei uns/in Wall Street wie eine Bombe ein.

7. (*occur to*) **to ~ sb** jdm aufgehen; **has it ever ~ you how alike they are?** ist es Ihnen schon mal aufgefallen, wie ähnlich sie sich sind?

8. (*come to, arrive at*) *beaches* erreichen. **to ~ town** (*inf*) die Stadt erreichen; **we're going to ~ the rush hour** wir geraten *or* kommen direkt in den Stoßverkehr; **the driver ~ a patch of ice** der Fahrer geriet auf eine vereiste Stelle; **to ~ trouble/a problem** auf Schwierigkeiten/ein Problem stoßen.

9. (*score*) schlagen. **to ~ a century** hundert Läufe machen.

10. (*sl: murder*) killen (*sl*), umlegen (*sl*).

11. (*US inf*) **to ~ sb for $50** jdn um $ 50 anhauen (*inf*).

12. (*fig inf phrases*) **to ~ the bottle** zur Flasche greifen; **to ~ the ceiling** *or* **roof** an die Decke *or* in die Luft gehen (*inf*); **to ~ the deck** sich zu Boden werfen, sich hinwerfen; **the vase ~ the deck and shattered** die Vase schlug *or* knallte (*inf*) auf den Boden und zerschellte; **to ~ the road** *or* **trail** sich auf den Weg *or* die Socken (*inf*) machen.

III *vi* **1.** (*strike*) schlagen. **he ~s hard** er schlägt hart zu. **2.** (*collide*) zusammenstoßen. **3.** (*attack, go in*) losschlagen.

◆**hit back I** *vi* (*lit, fig*) zurückschlagen. **to ~ ~ at the enemy** zurückschlagen; **he ~ ~ at his critics** er gab seinen Kritikern Kontra. **II** *vt sep* zurückschlagen.

◆**hit off** *vt sep* **1. to ~ ~ a likeness** jdn/etw sehr gut treffen; **he ~ him ~ beautifully** er hat ihn ausgezeichnet getroffen.

2. to ~ it ~ with sb (*inf*) sich gut mit jdm verstehen, prima mit jdm auskommen (*inf*).

◆**hit out** *vi* (*lit*) einschlagen, losschlagen (*at sb* auf jdn); (*fig*) scharf angreifen, attackieren (*at or against sb* jdn).

◆**hit (up)on** *vi +prep obj* stoßen auf (+*acc*), finden.

hit-and-run ['hɪtən'rʌn] **I** *n* **there was a ~ here last night** hier hat heute nacht jemand einen Unfall gebaut und Fahrerflucht begangen. **II** *adj* **~ raid** (*Mil*) Blitzüberfall *m*; **~ accident/incident** Unfall *m* mit Fahrerflucht; **~ driver** unfallflüchtiger Fahrer, Fahrer, der Unfall- *or* Fahrerflucht begangen hat/begeht.

hitch [hɪtʃ] **I** *n* **1.** (*snag*) Haken *m*; (*in plan, proceedings, programme*) Schwierigkeit *f*, Problem *nt*. **without a ~** reibungslos, ohne Schwierigkeiten; **but there's one ~** aber die Sache hat einen Haken; **there's been a ~** es haben sich Schwierigkeiten ergeben, da ist ein Problem aufgetaucht.

2. (*quick pull*) Ruck *m*. **she gave it a quick ~** sie zog kurz daran.

3. (*knot*) Knoten *m*; (*Naut*) Ste(e)k *m*.

4. (*inf: lift*) **I got a ~ all the way to London** ich bin in einem Rutsch bis London (durch)getrampt (*inf*).

II *vt* **1.** (*fasten*) festmachen, anbinden (*sth to sth* etw an etw +*dat*). **~ing post** Pfosten *m* (*zum Anbinden von Pferden*).

2. (*inf*) **to get ~ed** heiraten.

3. to ~ a lift trampen, per Anhalter fahren; **she ~ed a lift from a lorry** ein Lastwagen nahm sie mit.

III *vi* trampen, per Anhalter fahren; *see also* **~-hike.**

◆**hitch up** *vt sep* **1.** *horses, oxen* anschirren, anspannen. **2.** *trousers* hochziehen.

hitcher ['hɪtʃəʳ] *n* (*inf*) Anhalter(in *f*), Tramper(in *f*) *m*.

hitch-hike *vi* per Anhalter fahren, trampen; **hitch-hiker** *n* Anhalter(in *f*), Tramper(in *f*) *m*; **hitch-hiking** *n* Trampen *nt*.

hi-tech ['haɪˌtek] **I** *n* Spitzentechnologie *f*, Hi-tech *nt*, Computertechnik *f*.

II *adj* Hi-tech-.

hither ['hɪðəʳ] *adv* (*obs*) hierher. **~ and thither** (*liter*) hierhin und dorthin.

hitherto [ˌhɪðə'tuː] *adv* bisher, bis jetzt.

hitlist *n* (*lit, fig*) Abschußliste *f*; **hitman** *n* (*sl*) Killer *m* (*sl*); **hit-or-miss** *adj* auf gut Glück *pred*, aufs Geratewohl *pred*; *methods, planning* schlampig, schludrig (*inf*); **hit record** *n* Hit *m*; **hit show** *n* erfolgreiche Show, Publikumserfolg *m*; **hit song** *n* Hit *m*; **hit squad, hit team** *n* Killerkommando *nt*; **hit tune** *n* Schlagermelodie *f*.

HIV *abbr of* **human immunodeficiency virus** HIV. **~ positive/negative** HIV-positiv/negativ.

hive [haɪv] **I** *n* **1.** (*bee~*) Bienenkorb, Bienenstock *m*; (*bees in a ~*) (Bienen)schwarm *m*, (Bienen)volk *nt*.

2. (*fig*) **what a ~ of industry** das reinste Bienenhaus; **the office was a ~ of activity** das Büro glich einem Bienenhaus.

II *vt bees, swarm* einfangen, in den Stock bringen.

III *vi* (*swarm*) in den (Bienen)stock (ein)fliegen, den/einen Stock beziehen.

◆**hive off I** *vt sep department* ausgliedern, abspalten; *work* vergeben (*to* an +*acc*). **II** *vi* **1.** (*branch out*) sich absetzen. **2.** (*sl: slip away*) abschwirren (*sl*).

hives [haɪvz] *npl* (*Med*) Nesselausschlag *m*, Nesselsucht *f*.

HM *abbr of* **His/Her Majesty** S.M./I.M.

HMG *abbr of* **His/Her Majesty's Government.**

HMI (*Brit*) *abbr of* **His/Her Majesty's Inspector** ≃ Schulrat *m*, Schulrätin *f*.

HMSO (*Brit*) *abbr of* **His/Her Majesty's Stationery Office** *Druckerei f für staatliche Drucksachen.*

HNC (*Brit*) *abbr of* **Higher National Certificate.**

HND (*Brit*) *abbr of* **Higher National Diploma.**

hoar [hɔːʳ] *n* Reif *m*.

hoard [hɔːd] **I** *n* Vorrat *m*; (*treasure*) Schatz, Hort *m*. **a ~ of weapons** ein Waffenlager *nt*; **the miser's ~** der Schatz des Geizhalses; **~ of money** Schatz *m*, gehortetes Geld.

II *vt* (*also* **~ up**) *food* hamstern; *money* horten.

hoarder ['hɔːdəʳ] *n* (*animal*) *Tier nt, das Vorräte anlegt;* (*person*) Hamsterer *m*.

hoarding[1] ['hɔːdɪŋ] *n* (*of food etc*) Hamstern *nt*; (*of capital*) Anhäufen *nt*, Anhäufung *f*.

hoarding[2] *n* (*Brit*) (*fence, board*) Bretterzaun *m*; (*at building sites also*) Bauzaun *m*. **(advertisement) ~** Plakatwand *f*.

hoarfrost ['hɔː'frɒst] *n* (Rauh)reif *m*.

hoarse [hɔːs] *adj* (+*er*) heiser. **you sound rather ~** deine Stimme klingt heiser.

hoarsely ['hɔːslɪ] *adv* mit heiserer Stimme.

hoarseness ['hɔːsnɪs] *n* (*of person*) Heiserkeit *f*.

hoary ['hɔːrɪ] *adj* (+*er*) **1.** *hair, old man* ergraut. **2.** (*fig: old*) uralt, altehrwürdig.

hoax [həʊks] **I** *n* (*practical joke*) Streich *m*; (*trick*) Trick *m*; (*false alarm*) blinder Alarm. **to play a ~ on sb** jdm einen Streich spielen; **~ caller** *see* **hoaxer**; **~ story** Zeitungsente *f*.

II *vt* anführen, hereinlegen (*inf*). **to ~ sb into believing sth** jdm etw weismachen; **we were completely ~ed** wir ließen uns anführen, wir fielen darauf herein.

hoaxer ['həʊksəʳ] *n* (*in bomb scares etc*) *jd, der einen blinden Alarm auslöst.*

hob [hɒb] *n* Kamineinsatz (zum Warmhalten) *m*; (*on modern cooker*) Kochfeld *nt*.

hobble ['hɒbl] **I** *vi* humpeln, hinken. **II** *vt horse* Fußfesseln anlegen (+*dat*), die Vorderbeine fesseln (+*dat*). **III** *n* (*for horses*) Fußfessel *f*.

hobby ['hɒbɪ] *n* Hobby, Steckenpferd (*dated*) *nt*.

hobby-horse ['hɒbɪhɔːs] *n* (*lit, fig*) Steckenpferd *nt*; (*lit: rocking horse*) Schaukelpferd *nt*. **to be on one's ~** (*fig*) bei seinem Lieblingsthema sein.

hobgoblin ['hɒbˌgɒblɪn] *n* Kobold, Butzemann *m*; (*bogey*) schwarzer Mann, Butzemann *m*.

hobnail ['hɒbneɪl] *n* Schuhnagel *m*, Schuhzwecke *f*.

hobnailed ['hɒbneɪld] *adj* genagelt. **~ boots** genagelte Schuhe, Nagelschuhe *pl*.

hobnob ['hɒbnɒb] *vi* **of course I'm not used to ~bing with the aristocracy** ich stehe *or* bin natürlich nicht mit dem Adel auf du und du; **who was that you were ~bing with last night?** mit wem hast du da gestern zusammengesessen?

hobo ['həʊbəʊ] *n* (*US*) **1.** (*tramp*) Penner(in *f*) *m* (*inf*). **2.** (*worker*) Wanderarbeiter(in *f*) *m*.

Hobson's choice ['hɒbsəns'tʃɔɪs] *n* **it's a case of ~** da habe ich (wohl) keine andere Wahl.

hock[1] [hɒk] *n* (*Anat: of animal*) Sprunggelenk *nt*.

hock[2] *n* (*wine*) weißer Rheinwein.

hock[3] (*sl*) **I** *vt* (*pawn*) versetzen, verpfänden.

II *n* **in ~** verpfändet, versetzt, im Leihhaus; **to get sth out of ~** etw auslösen.

hockey ['hɒkɪ] *n* Hockey *nt*; (*US*) Eishokkey *nt*. **~ pitch** Hockeyfeld *nt*; **~ player** Hockeyspieler(in *f*) *m*; (*US*) Eishokkeyspieler(in *f*) *m*; **~ stick** Hockeyschläger *m*.

hocus-pocus ['həʊkəs'pəʊkəs] *n* **1.** (*inf: trickery*) faule Tricks *pl* (*inf*), Hokuspokus *m*. **2.** (*formula*) Hokuspokus *m*.

hod [hɒd] *n* **1.** (*for bricks, mortar etc*) Tragmulde *f*. **2.** (*also coal ~*) Kohlenschütte(r *m*) *f*.

hoe [həʊ] **I** *n* Hacke *f*. **II** *vti* hacken.

hoedown ['həʊdaʊn] *n* (*US*) Schwof *m* (*inf*).

hog [hɒg] **I** *n* **1.** (Mast)schwein *nt*; (*US: pig*) Schwein *nt*.

2. (*pej inf: person*) Schwein *nt* (*inf*); (*greedy*) Vielfraß *m* (*inf*); (*selfish*) Saukerl *m* (*sl*); (*dirty*) Sau *f* (*sl*), Ferkel *nt* (*inf*); *see* **roadhog, whole ~.**

II *vt* (*inf*) sich (*dat*) aneignen, in Beschlag nehmen. **he ~ged all the biscuits for himself** er grapschte sich (*dat*) alle Kekse (*inf*); **she ~ged his attention all evening** sie belegte ihn den ganzen Abend lang mit Beschlag; **a lot of drivers ~ the middle of the road** viele Fahrer meinen, sie hätten die Straßenmitte gepachtet (*inf*).

Hogmanay [ˌhɒgmə'neɪ] *n* (*Scot*) Silvester *nt*.

hogtie *vt* (*US*) an allen vieren fesseln; (*inf*) handlungsunfähig machen; **we're ~d** uns (*dat*) sind Hände und Füße gebunden; **hogwash** *n* **1.** (*swill*) Schweinefutter *nt*; **2.** (*inf: nonsense*) Quatsch, Quark *m* (*inf*), blödes Zeug (*inf*).

hoi polloi [ˌhɔɪpə'lɔɪ] *n* (*pej*) Plebs *m*.

hoist [hɔɪst] **I** *vt* hochheben, hieven (*inf*); (*pull up*) hochziehen, hieven (*inf*); *flag* hissen; *sails* aufziehen, hissen. **to be ~ with one's own petard** (*prov*) in die eigene Falle gehen.

II *n* **1.** Hebezeug *nt*, Hebevorrichtung *f*; (*in ships also*) Hebewerk *nt*; (*lift*) (Lasten)aufzug *m*; (*block and tackle*) Flaschenzug *m*; (*winch*) Winde *f*; (*crane*) Kran *m*.

2. (*act of ~ing*) **to give sb a ~ (up)** jdn hochheben; (*pull up*) jdm hinauf-/heraufhelfen.

hoity-toity ['hɔɪtɪ'tɔɪtɪ] (*inf*) **I** *adj* hochnäsig, eingebildet. **she's gone all ~** sie markiert die feine Dame (*inf*).

II *interj* sieh mal einer an (*inf*).

hold [həʊld] (*vb: pret, ptp* **held**) **I** *n* **1.** Griff *m*; (*fig*) Einfluß *m* (*over* auf +*acc*), Gewalt *f* (*over* über +*acc*). **to seize** *or* **grab ~ of sb/sth** (*lit*) jdn/etw fassen *or* packen; **to get (a) ~ of sth** sich an etw (*dat*) festhalten; **to have/catch ~ of sth** (*lit*) etw festhalten/etw fassen *or* packen; **to keep ~ of sth** etw nicht loslassen; (*keep*) etw behalten; **to get ~ of sb** (*fig*) jdn finden *or* auftreiben (*inf*); (*on phone etc*) jdn erreichen; **to get** *or* **lay ~ of sth** (*fig*) etw finden *or* auftreiben (*inf*); **where did you get ~ of that idea?** wie kommst du denn auf die Idee?; **to have a firm ~ on sb** (*lit*) jdn festhalten; (*fig*) jdn fest im Griff haben; **he hasn't got any ~ on** *or* **over me** (*fig*) er kann mir nichts anhaben; **to have a ~ over** *or* **on sb** (*fig*) (großen) Einfluß auf jdn ausüben; *audience, followers* jdn in seiner Gewalt haben; **to get (a) ~ of oneself** (*fig*) sich in den Griff bekommen.

2. (*Mountaineering*) Halt *m no pl.*

3. (*Wrestling*) Griff *m*. **no ~s barred** (*lit*) alle Griffe (sind) erlaubt.

4. (*Naut, Aviat*) Laderaum, Frachtraum *m*.

5. (*Telec*) **to put sb on ~** jdn auf Wartestellung schalten; (*in larger organizations*) jdn auf die Warteschlange legen; **to be on ~** warten.

6. (*fig*) **to put sth on ~** *decision etc* etw auf Eis legen; **can we put this discussion on ~?** können wir diese Diskussion unterbrechen?

II *vt* **1.** (*grasp, grip*) halten. **to ~**

hands sich an der Hand halten, sich anfassen; (*lovers, children*) Händchen halten; **to ~ one's sides with laughter** sich (*dat*) den Bauch vor Lachen halten; **to ~ sb/sth tight** jdn/etw (ganz) festhalten; **this car ~s the road well** dieses Auto hat eine gute Straßenlage; **to ~ sth in place** etw (fest)halten.

2. (*carry, maintain*) halten. **to ~ oneself upright** sich gerade *or* aufrecht halten; **to ~ oneself/sth ready** *or* **in readiness** sich/etw bereithalten.

3. (*contain*) enthalten; (*have capacity of: bottle, tank*) fassen; (*have room for: bus, plane, hall*) Platz haben für. **this room ~s twenty people** in diesem Raum haben zwanzig Personen Platz; **the box will ~ all my books** in der Kiste ist Platz für alle meine Bücher; **my head can't ~ so much information at one time** soviel kann ich nicht auf einmal behalten; **what does the future ~?** was bringt *or* birgt (*geh*) die Zukunft?; **life ~s no fears/mystery for them** das Leben hat *or* birgt (*geh*) nichts Beängstigendes/Geheimnisvolles für sie.

4. (*believe*) meinen; (*maintain also*) behaupten. **to ~ sth to be true/false/immoral** *etc* etw für wahr/falsch/unmoralisch *etc* halten; **to ~ the belief that ...** glauben, daß...; **to ~ the view that ...** die Meinung vertreten, daß ...

5. (*consider*) **she held the memory of her late husband dear** sie hielt das Andenken an ihren verstorbenen Mann hoch.

6. (*restrain, retain, keep back*) *train* aufhalten; *one's breath* anhalten; *suspect, hostages* festhalten; *parcel, confiscated goods* zurückhalten; (*discontinue*) *fire* einstellen. **~ your fire!** (*don't shoot*) nicht schießen!; **to ~ sb (prisoner)** jdn gefangenhalten; **if she wants to leave you, you can't ~ her** wenn sie dich verlassen will, kannst du sie nicht (zurück)halten; **there's no ~ing him** er ist nicht zu bremsen (*inf*); **~ your horses** (*inf*) immer mit der Ruhe; **~ it!** (*inf*) Momentchen (*inf*), Moment mal (*inf*); **~ everything!** (*inf*) stop!; **~ it!** (*when taking photograph*) so ist gut; **~ it right there, buster** (*inf*) keine Bewegung, Freundchen (*inf*).

7. (*possess, occupy*) *post, position* innehaben, bekleiden (*form*); *passport, permit* haben; (*Fin*) *shares* besitzen; (*Sport*) *record* halten; (*Mil*) *position* halten; (*against attack*) behaupten, halten; (*Eccl*) *living* innehaben. **when Spain held vast territories in South America** als Spanien riesige Besitzungen in Südamerika hatte; **she ~s the key to the mystery** sie hat den Schlüssel zu dem Geheimnis; *see* **stage.**

8. (*keep, not let go*) **to ~ its value** seinen Wert behalten; **to ~ one's ground** *or* **own** sich behaupten (können); **to ~ course for** (*Naut*) Kurs halten auf (+*acc*); **to ~ one's course** die Richtung beibehalten; **I'll ~ you to your promise** *or* **that!** ich werde Sie beim Wort nehmen; **to ~ a note** (*Mus*) einen Ton halten.

9. he can't ~ his whisky/liquor er verträgt keinen Whisky/nichts; **she can ~ her drink** sie verträgt was.

10. *meeting, session, debate* abhalten; (*Eccl*) *service* (ab)halten. **services are held every Sunday at 11 am** Gottesdienst findet jeden Sonntag um 11 Uhr statt; **to ~ a check on sb/sth** jdn/etw kontrollieren; **to ~ a conversation** eine Unterhaltung führen *or* haben, sich unterhalten.

III *vi* **1.** (*rope, nail*) halten. **to ~ firm** *or* **fast** halten.

2. ~ still! halt (doch mal) still!; **~ tight!** festhalten!

3. (*continue*) **will the weather ~?** wird sich das Wetter wohl halten?; **if his luck ~s** wenn ihm das Glück treu bleibt.

4. (*be valid, apply to*) gelten. **to ~ good** (*rule, promise etc*) gelten.

◆**hold against** *vt always separate* **to ~ sth ~ sb** jdm etw übelnehmen *or* verübeln; *criminal record, past failings* jdm etw anlasten *or* zur Last legen.

◆**hold back I** *vi* (*stay back, hesitate, not perform fully*) sich zurückhalten; (*fail to act*) zögern. **I think he's ~ing ~, he knows more** ich glaube, er weiß mehr und rückt nur nicht mit der Sprache heraus.

II *vt sep* **1.** zurückhalten; *river, floods* (auf)stauen; *tears also* unterdrücken; *emotions* verbergen, unterdrücken. **to ~ sb ~ from doing sth** jdn daran hindern, etw zu tun.

2. (*prevent from making progress*) daran hindern, voranzukommen. **nothing can ~ him ~ now** jetzt ist er nicht mehr aufzuhalten.

3. (*withhold*) verheimlichen, verbergen; *information, report* geheimhalten; *pay increase* verzögern. **he was ~ing something ~ from me** er verheimlichte *or* verbarg mir etwas.

◆**hold down** *vt sep* **1.** (*keep on the ground*) niederhalten, unten halten; (*keep in its place*) (fest)halten; (*oppress*) *country, people* unterdrücken; (*keep in check*) unter Kontrolle haben; (*keep low*) *prices, costs, numbers, pressure* niedrig halten.

2. *job* haben. **he can't ~ any job ~ for long** er kann sich in keiner Stellung lange halten.

◆**hold forth I** *vi* sich ergehen (*geh*), sich auslassen (*on* über +*acc*).

II *vt sep* (*form: offer*) bieten.

◆**hold in** *vt sep stomach* einziehen; *emotions* zurückhalten; *horse* zurückhalten, zügeln. **to ~ ~ one's temper** seinen Ärger unterdrücken; **to ~ oneself ~** (*stomach*) den Bauch einziehen; (*emotionally*) sich beherrschen, an sich halten.

◆**hold off I** *vi* **1.** (*keep away*) sich fernhalten (*from* von); (*not act*) warten; (*enemy*) nicht angreifen.

2. (*rain, storm*) ausbleiben. **I hope the rain ~s ~** ich hoffe, daß es nicht regnet.

II *vt sep* (*keep back, resist*) *enemy, attack* abwehren; *inflation* eindämmen.

◆**hold on I** *vi* (*lit: maintain grip*) sich festhalten; (*endure, resist*) durchhalten, aushalten; (*wait*) warten. ~ ~! Moment!; (*Telec*) einen Moment bitte!; **now ~ ~ a minute!** Moment mal!

II *vt sep* (fest)halten. **to be held ~ by sth** mit etw befestigt sein; **this sellotape won't ~ it ~** mit dem Tesafilm hält das nicht.

◆**hold on to** *vi +prep obj* **1.** festhalten. **here, ~ ~ ~ this!** halt das mal (fest)!; **he was ~ing ~ ~ the ledge** er hielt *or* klammerte sich am Felsvorsprung fest.

2. *hope* nicht aufgeben; *idea* festhalten an (+*dat*).

3. (*keep*) behalten; *position* beibehalten. **to ~ ~ ~ the lead** in Führung bleiben.

◆**hold out I** *vi* **1.** (*supplies*) reichen.

2. (*endure, resist*) aushalten, durchhalten; (*refuse to yield*) nicht nachgeben. **to ~ ~ against sb/sth** sich gegen jdn/etw behaupten; **to ~ ~ for sth** auf etw (*dat*) bestehen.

II *vt sep* **1.** vorstrecken, ausstrecken. **to ~ ~ sth to sb** jdm etw hinhalten; **to ~ ~ one's hand** die Hand ausstrecken; **she held ~ her arms** sie breitete die Arme aus.

2. (*fig: offer*) *prospects* bieten; *offer* machen. **I held ~ little hope of his still being alive** ich hatte nur noch wenig Hoffnung, daß er noch lebte; **his case ~s ~ little hope** in seinem Fall besteht wenig Hoffnung.

◆**hold out on** *vi +prep obj* (*inf*) **you've been ~ing ~ ~ me** du verheimlichst mir doch was (*inf*).

◆**hold over** *vt sep question, matter* vertagen; *meeting also, decision* verschieben (*until* auf +*acc*).

◆**hold to** *vi +prep obj* festhalten an (+*dat*); bleiben bei. **I ~ ~ my belief that ...** ich bleibe dabei, daß ...

◆**hold together** *vti* zusammenhalten.

◆**hold under** *vt sep country, race* unterdrücken, knechten.

◆**hold up I** *vi* **1.** (*tent, wall*) stehen bleiben; (*light fitting, tile*) halten. **2.** (*belief*) standhalten; (*theory*) sich halten lassen.

II *vt sep* **1.** hochheben, hochhalten; *face* nach oben wenden. **~ ~ your hand** heb die Hand; **to ~ sth ~ to the light** etw gegen das Licht halten.

2. (*support*) (*from above*) halten; (*from the side*) stützen; (*from beneath*) tragen.

3. to ~ sb/sth ~ to ridicule/scorn jdn/etw lächerlich/verächtlich machen; **to ~ sb ~ as an example** jdn als Beispiel hinstellen.

4. (*stop*) anhalten; (*delay*) *people* aufhalten; *traffic, production* ins Stocken bringen; *talks, delivery* verzögern. **my application was held ~ by the postal strike** durch den Poststreik hat sich meine Bewerbung verspätet.

5. (*robbers*) *bank, person, vehicle* überfallen.

◆**hold with** *vi +prep obj* (*inf*) **I don't ~ ~ that** ich bin gegen so was (*inf*).

holdall ['həʊldɔːl] *n* Reisetasche *f*.

holder ['həʊldəʳ] *n* **1.** (*person*) Besitzer(in *f*), Inhaber(in *f*) *m*; (*of title, office, record, passport*) Inhaber(in *f*) *m*; (*of farm*) Pächter(in *f*) *m*. **2.** (*object*) Halter *m*; (*cigarette-~*) Spitze *f*; (*flowerpot-~*) Übertopf *m*.

holding ['həʊldɪŋ] *n* **1.** (*Boxing*) Festhalten *nt*. **2.** (*land*) Land *nt*; (*with buildings*) Gut *nt*. **~s** (Grund- *or* Land)besitz *m*; Gutsbesitz *m*. **3.** (*Fin*) **~s** *pl* Anteile *pl*; (*stocks*) Aktienbesitz *m*; **~ company** Dach- *or* Holdinggesellschaft *f*. **4.** (*Aviat*) **~ pattern** Warteschleife *f*.

hold-up ['həʊldʌp] *n* **1.** (*delay*) Verzögerung *f*; (*of traffic*) Stockung *f*. **what's the ~?** warum dauert das so lange?; **the strike caused a two-week ~ in production** der Streik brachte die Produktion zwei Wochen lang ins Stocken.

2. (*armed robbery*) bewaffneter Raubüberfall. **this is a ~!** Hände hoch, das ist ein Überfall!

hole [həʊl] **I** *n* **1.** Loch *nt*. **to make a ~ in sb's savings** ein Loch in jds Ersparnisse reißen; **the argument is full of ~s** Ihre Argumentation weist viele Mängel auf; **he's talking through a ~ in his head** (*inf*) er quatscht lauter Blödsinn (*inf*); **I need that like I need a ~ in the head** (*inf*) das ist das letzte, was ich gebrauchen kann.

2. (*inf: awkward situation*) Klemme (*inf*), Patsche (*inf*) *f*. **to be in a ~** in der Patsche *or* Klemme sitzen (*inf*).

3. (*rabbit's, fox's*) Bau *m*, Höhle *f*; (*mouse's*) Loch *nt*.

4. (*pej inf*) Loch *nt* (*inf*); (*town*) Kaff (*inf*), Nest (*inf*) *nt*.

5. (*Golf*) Loch *nt*. **an 18-~ course** ein 18-Löcher-Platz *m*.

II *vt* **1.** ein Loch machen in (+*acc*). **the ship was ~d by an iceberg** der Eisberg schlug das Schiff leck.

2. *ball* (*Golf*) einlochen, versenken; (*Billiards*) versenken.

III *vi* **1.** (*socks*) Löcher bekommen.

2. (*Golf*) einlochen.

◆**hole out** *vi* (*Golf*) das/ein Loch spielen.

◆**hole up** *vi* (*animal*) sich verkriechen; (*inf: gang etc*) (*hide*) sich verkriechen (*inf*) *or* verstecken; (*barricade themselves in*) sich verschanzen.

hole-and-corner ['həʊlən'kɔːnəʳ] *adj* obskur, zwielichtig.

hole-in-the-heart I *n* Loch *nt* in der Herzscheidewand.

II *adj attr operation* Herzfehler-.

holey ['həʊlɪ] *adj* (*inf*) löchrig.

holiday ['hɒlədɪ] **I** *n* **1.** (*day off*) freier Tag; (*public ~*) Feiertag *m*. **to take a ~** einen Tag frei nehmen.

2. (*esp Brit: period*) *often pl* Urlaub *m* (*esp for working people*), Ferien *pl*; (*Sch*) Ferien *pl*. **on ~** in den Ferien; auf *or* im Urlaub; **to go on ~** Ferien/Urlaub machen; **to take a ~** Urlaub nehmen *or* machen.

II *vi* (*esp Brit*) Ferien *or* Urlaub machen.

holiday *in cpds* Ferien-; Urlaubs-; **holiday camp** *n* Feriendorf *nt*; **holiday destination** *n* Ferien- *or* Reiseziel *nt*; **holiday home** *n* Ferienhaus *nt*/-wohnung *f*; **holidaymaker** *n* (*esp Brit*) Urlauber(in *f*) *m*; **holiday resort** *n* Ferienort *m*; **holiday traffic** *n* Reiseverkehr *m*.

holier-than-thou ['həʊlɪəðən'ðaʊ] *adj attitude* selbstgerecht, selbstgefällig.

holiness ['həʊlɪnɪs] *n* Heiligkeit *f*. **His/ Your H~** (*Eccl*) Seine/Eure Heiligkeit.

holistic [həʊ'lɪstɪk] *adj* holistisch.

Holland ['hɒlənd] *n* Holland *nt*.

Hollander ['hɒləndəʳ] *n* (*Typ*) Holländer *m*.

holler ['hɒləʳ] (*inf*) **I** *n* Schrei *m*.
II *vti* (*also* **~ out**) brüllen.

hollow ['hɒləʊ] **I** *adj* (+*er*) **1.** hohl. **I feel ~** ich habe ein Loch im Bauch (*inf*); (*emotionally empty*) ich fühle mich ausgehöhlt *or* (innerlich) leer.
2. *sound* hohl, dumpf; *voice* hohl, Grabes-.
3. (*fig*) hohl; *laughter also* unecht; *person* innerlich hohl; *life* inhaltslos, leer; *sympathy, praise* unaufrichtig; *promise* leer; *victory* wertlos.
4. *cheeks* hohl, eingefallen; *eyes* tiefliegend.
II *adv sound* hohl. **they beat us ~** (*inf*) sie haben uns haushoch geschlagen.
III *n* (*of tree*) hohler Teil, Hohlung *f*; (*in ground*) Vertiefung, Mulde *f*; (*valley*) Senke *f*. **a wooded ~** eine bewaldete Niederung; **the ~ of one's hand** die hohle Hand; **the ~ of one's back** das Kreuz; **in the ~ between two waves** im Wellental.

◆**hollow out** *vt sep* aushöhlen.

hollow-eyed ['hɒləʊaɪd] *adj* hohläugig.

holly ['hɒlɪ] *n* (*tree*) Stechpalme *f*.

hollyhock ['hɒlɪhɒk] *n* Malve *f*.

holmium ['hɒlmɪəm] *n* (*Chem*) Holmium *nt*.

holocaust ['hɒləkɔːst] *n* **1.** Inferno *nt*. **nuclear ~** Atominferno *nt*. **2.** (*mass extermination*) Massenvernichtung *f*; (*in Third Reich*) Holocaust *m*.

holograph ['hɒləgrɑːf] **I** *n* handschriftliches Dokument. **II** *adj* eigenhändig geschrieben, holographisch (*form*).

holography [hɒ'lɒgrəfɪ] *n* Holographie *f*.

holster ['həʊlstəʳ] *n* (Pistolen)halfter *nt or f*.

holy ['həʊlɪ] **I** *adj* (+*er*) **1.** heilig; *chastity, poverty* gottgefällig; *bread, ground* geweiht. **~ water** Weihwasser *nt*; **the H~ Bible** die Bibel; **H~ Communion** Heilige Kommunion; **H~ Father** Heiliger Vater; **H~ Ghost** *or* **Spirit** Heiliger Geist; **H~ Trinity** Heilige Dreieinigkeit; **H~ Week** Karwoche, Passionswoche *f*; **H~ Scripture(s)** die Heilige Schrift; **H~ Office** Inquisition *f*.
2. (*inf*) **~ smoke** *or* **cow** *or* **Moses!** heiliger Strohsack *or* Bimbam!, Kruzitürken! (*all inf*).
II *n* **the H~ of Holies** (*lit*) das Allerheiligste; (*fig*) ein Heiligtum.

homage ['hɒmɪdʒ] *n* Huldigung *f*; (*for elders*) Ehrerbietung *f*. **to pay** *or* **do ~ to sb** jdm huldigen; jdm seine Ehrerbietung erweisen; **to pay ~ to the dead king** um dem König die letzte Ehre zu erweisen.

home [həʊm] **I** *n* **1.** (*house*) Heim *nt*; (*country, area*) Heimat *f*. **his ~ is in Brussels** er ist in Brüssel zu Hause; **Bournemouth is his second ~** Bournemouth ist seine zweite Heimat (geworden); **haven't you got a ~ to go to?** hast du kein Zuhause?; **he invited us round to his ~** er hat uns zu sich (nach Hause) eingeladen; **away from ~** von zu Hause weg; **to live away from ~** nicht zu Hause wohnen; **he worked away from ~** er hat auswärts gearbeitet; **hasn't this hammer got a ~?** gehört der Hammer nicht irgendwohin?; **to have a ~ of one's own** ein eigenes Heim *or* Zuhause haben; **to find a ~ for sb/an animal/an object** ein Zuhause für jdn/ein Tier finden/einen Gegenstand irgendwo unterbringen; **I'll give that picture a ~** bei mir wird das Bild einen guten Platz finden *or* haben; **it's a ~ from ~** es ist wie zu Hause; **at ~** zu Hause; (*Comm*) im Inland; (*Sport*) auf eigenem Platz; **the next match will be at ~** das nächste Spiel ist ein Heimspiel; **Miss Hooper is not at ~ to anyone today** Frau Hooper *or* die gnädige Frau ist heute für niemanden zu Hause *or* zu sprechen; **to be** *or* **feel at ~ with sb** sich in jds Gegenwart (*dat*) wohl fühlen; **he doesn't feel at ~ in English** er fühlt sich im Englischen nicht sicher *or* zu Hause; **he is at ~ on anything to do with economics** er kennt sich bei allem aus, was mit Volkswirtschaft zu tun hat; **to make oneself at ~** es sich (*dat*) gemütlich *or* bequem machen; **to make sb feel at ~** es jdm gemütlich machen; **to leave ~** von zu Hause weggehen; **there's no place like ~** (*Prov*) eigner Herd ist Goldes wert (*Prov*); **~ sweet ~** (*Prov*) trautes Heim, Glück allein (*Prov*).
2. (*institution*) Heim *nt*; (*for orphans also*) Waisenhaus *nt*; (*for blind also*) Anstalt *f*; *see* **nursing ~**.
3. (*Zool, Bot*) Heimat *f*.
4. (*Sport: base*) Mal *nt*; (*Racing*) Ziel *nt*.
II *adv* **1.** (*position*) zu Hause, daheim; (*with verb of motion*) nach Hause, heim. **to go ~** (*to house*) nach Hause gehen/fahren, heimgehen/heimfahren; (*to country*) heimfahren; **on the way ~** auf dem Heim- *or* Nachhauseweg; **the first runner ~ will ...** wer als erster durchs Ziel geht ...; **to get ~** nach Hause kommen, heimkommen; (*in race*) durchs Ziel gehen; **I have to get ~ before ten** ich muß vor zehn zu Hause *or* daheim sein; **to return ~ from abroad** aus dem Ausland zurückkommen.
2. (*to the mark*) **to drive a nail ~** einen Nagel einschlagen; **to bring** *or* **get sth ~ to sb** jdm etw klarmachen *or* beibringen; **his words went ~** seine Worte hatten ihren Effekt; **to strike ~** ins Schwarze treffen, sitzen (*inf*); *see* **drive ~, hammer ~, hit, press, push.**
III *vi* (*pigeons*) heimkehren.

◆**home in** *vi* (*missiles*) sich ausrichten (*on sth* auf etw *acc*). **the missile will ~ ~** das Geschoß findet sein Ziel; **he immediately ~d ~ on the essential point** er hat sofort den wichtigsten Punkt herausgegriffen.

home address *n* Heimatadresse *or* -anschrift *f*; (*as opposed to business address*) Privatanschrift *f*; **home-baked** *adj* selbstgebacken; **home base** *n* (*Baseball*) Heimbase *nt*; **home birth** Hausgeburt *f*; **home-brew** *n* selbstgebrautes Bier, Selbstgebraute(s) *nt*; **home comforts** *npl* häuslicher Komfort; **homecoming** *n* Heimkehr *f*; **home computer** *n* Homecomputer, Heimcomputer *m*; **home cooking** *n* häusliche Küche, Hausmannskost *f*; **Home Counties** *npl Grafschaften, die an London angrenzen*; **home economics** *n sing* Hauswirtschaft(slehre) *f*; **home exercise machine** *n* Hometrainer *m*; **home front** *n* **on the ~** (*Mil, Pol*) im eigenen Land; (*in business contexts*) im eigenen Betrieb; (*in personal, family contexts*) zu Hause; **home game** *n* (*Sport*) Heimspiel *nt*; **home ground** *n* (*Sport*) eigener Platz; **to be on ~** (*fig*) sich auf vertrautem Terrain bewegen; **home-grown** *adj vegetables* selbstgezogen; (*not imported*) einheimisch; **Home Guard** *n* Bürgerwehr *f*; **home help** *n* Haushaltshilfe *f*; **home key** *n* (*Comput*) Home-Taste *f*; **homeland** *n* Heimat(land *nt*) *f*, Vaterland *nt*; **homeless** *adj* heimatlos; *tramp, vagrant etc* obdachlos; **home life** *n* Familienleben *nt*; **home loan** *n* Hypothek *f*.

homely ['həʊmlɪ] *adj* (+*er*) **1.** *food* Hausmacher-, bürgerlich; *person* (*home-loving*) häuslich, hausbakken (*pej*); *atmosphere* heimelig, gemütlich, behaglich; *style* anspruchslos, hausbacken (*pej*); *advice* einfach. **2.** (*US: plain*) *person* unscheinbar; *face* reizlos.

home-made *adj* selbstgemacht; **homemaker** *n* (*US*) Hausfrau *f*/Hausmann *m*; (*social worker*) Familienfürsorger(in *f*) *m*; **home market** *n* Inlandsmarkt *m*; **home match** *n* (*Sport*) Heimspiel *nt*; **home news** *n* Meldungen *pl* aus dem Inland; **Home Office** *n* (*Brit*) Innenministerium *nt*; (*with relation to aliens*) Einwanderungsbehörde *f*.

homeopath *etc* (*US*) *see* **homoeopath** *etc*.

home-owner *n* Haus-/Wohnungseigentümer(in *f*) *m*; **home-ownership** *n* Eigenbesitz *m* von Häusern/Wohnungen.

homer ['həʊməʳ] *n* **1.** (*homing pigeon*) Brieftaube *f*. **2.** (*Brit inf: job*) Nebenjob *m* (*inf*). **to do sth as a ~** etw privat *or* nebenher machen.

Homer ['həʊməʳ] *n* Homer *m*.

Home Rule *n* Selbstbestimmung, Selbstverwaltung *f*; (*in British contexts also*) Homerule *f*; **home run** *n* (*Baseball*) Lauf *m* um alle vier Male; **home sales** *npl* Inlandsumsatz *m*; **Home Secretary** *n* (*Brit*) Innenminister *m*; **homesick** *adj* heimwehkrank; **to be ~** Heimweh haben (*for* nach); **homesickness** *n* Heimweh *nt* (*for* nach); **home side** *n* (*Sport*) Gastgeber *pl*, Heimmannschaft *f*; **homespun I** *adj* **1.** *cloth* selbst- *or* handgesponnen; **2.** (*fig: simple*) einfach; (*pej*) hausbacken; **~ remedies** Hausmittel *pl*; **~ philosophies** Lebensweisheiten *pl*; **~ advice** altbewährter Rat; **II** *n* (*cloth*) Homespun *nt* (*grober, genoppter Wollstoff*); **homestead** *n* **1.** Heimstätte *f*; **2.** (*US*) Heimstätte *f* für Siedler; **home straight, home stretch** *n* (*Sport*) Zielgerade *f*; **we're on the ~ straight now** (*fig inf*) das Ende ist in Sicht; **home team** *n* (*Sport*) Gastgeber *pl*, Heimmannschaft *f*, Platzherren *pl* (*inf*); **home town** *n* Heimatstadt *f*; **home truth** *n* bittere Wahrheit; **to tell sb some ~s** jdm die Augen öffnen.

homeward ['həʊmwəd] *adj journey, flight* Heim-. **in a ~ direction** heim(wärts); (*to country also*) in Richtung Heimat.

homeward(s) ['həʊmwəd(z)] *adv* nach Hause, heim; (*to country also*) in Richtung Heimat.

home waters *npl* (*Naut*) heimatliche Gewässer *pl*; **homework** *n* (*Sch*) Hausaufgaben, Schulaufgaben *pl*; **to give sb sth for ~** jdm etw aufgeben; **what have you got for ~?** was hast du auf?; **the minister had not done his ~** (*inf*) der Minister hatte sich mit der Materie nicht vertraut gemacht; **homeworker** *n* Heimarbeiter(in *f*) *m*; **homeworking** *n* Heimarbeit *f*.

homey ['həʊmɪ] *adj* (+*er*) (*US inf*) gemütlich; *atmosphere also* heimelig, behaglich.

homicidal [ˌhɒmɪ'saɪdl] *adj* gemeingefährlich; *mood also* Mord-. **in his ~ fury** in seinem Mordrausch.

homicide ['hɒmɪsaɪd] *n* **1.** Totschlag *m*. **culpable ~** Mord *m*; **~ (squad)** Mordkommission *f*. **2.** (*person*) Mörder(in *f*) *m*; Totschläger(in *f*) *m*.

homily ['hɒmɪlɪ] *n* Predigt *f*; (*fig also*) Sermon *m* (*pej*).

homing ['həʊmɪŋ] *adj missile* mit Zielsucheinrichtung. **~ pigeon** Brieftaube *f*; **~ instinct** Heimfindevermögen *nt*; **~ device** Zielfluggerät *nt*, Zielsucheinrichtung *f*.

homoeopathic, (*US*) **homeopathic** [ˌhəʊmɪəʊ'pæθɪk] *adj* homöopathisch.

homoeopathy, (*US*) **homeopathy** [ˌhəʊmɪ'ɒpəθɪ] *n* Homöopathie *f*.

homogeneity [ˌhɒməʊdʒə'niːɪtɪ] *n* Homogenität *f*.

homogeneous [ˌhɒmə'dʒiːnɪəs] *adj* homogen.

homogenize [hə'mɒdʒənaɪz] *vt milk* homogenisieren.

homogenous [hə'mɒdʒɪnəs] *adj* homogen.

homograph ['hɒməʊgrɑːf] *n* Homograph *nt*.

homonym ['hɒmənɪm] *n* Homonym *nt*.

homonymous [hə'mɒnɪməs] *adj* homonym.

homophone ['hɒməfəʊn] *n* Homophon *nt*.

homosexual [ˌhɒməʊ'seksjʊəl] **I** *adj* homosexuell. **II** *n* Homosexuelle(r) *mf*.

homosexuality [ˌhɒməʊseksjʊ'ælɪtɪ] *n* Homosexualität *f*.

Hon *abbr of* **1. honorary**. **2. Honourable**.

Honduran [hɒn'djʊərən] **I** *adj* honduranisch. **II** *n* Honduraner(in *f*) *m*.

Honduras [hɒn'djʊərəs] *npl* Honduras *nt*.

hone [həʊn] **I** *n* Schleifstein, Wetzstein *m*.

II *vt blade* schleifen; (*fig*) schärfen.

◆**hone down** *vt sep* (*fig*) (zurecht)feilen (*to* auf +*acc*).

honest ['ɒnɪst] **I** *adj* **1.** ehrlich; (*respectable*) redlich; (*not cheating*) *businessman* redlich; *business, action also* anständig; *truth* rein. **be ~ with yourself** sei ehrlich gegen dich selbst, mach dir nichts vor (*inf*); **to be ~ with you, this is not good enough** um ehrlich zu sein, das ist nicht gut genug; **they are good ~ people** sie sind gute, rechtschaffene Leute; **~ to goodness** *or* **God!** (also) ehrlich! (*inf*); **he made an ~ woman of her** (*inf*) er machte sie zu seinem angetrauten Weibe (*hum*).

2. *money, profit* ehrlich *or* redlich erworben. **to earn an ~ penny** sein Geld ehrlich *or* redlich verdienen; **after an ~ day's work** nach einem ordentlichen Tagewerk; **he's never done an ~ day's work in his life** er ist in seinem ganzen Leben noch keiner ordentlichen Arbeit nachgegangen.

II *adv* (*inf*) ehrlich (*inf*), Ehrenwort (*inf*).

honestly ['ɒnɪstlɪ] *adv* **1.** *answer* ehrlich, aufrichtig; *earn money* ehrlich, auf ehrliche Weise. **2.** (*inf: really*) ehrlich (*inf*); (*in exasperation*) also ehrlich.

honest-to-goodness ['ɒnɪstə'gʊdnɪs] *adj* (*inf: genuine*) echt; *person, expression* waschecht.

honesty ['ɒnɪstɪ] *n* **1.** *see adj* Ehrlichkeit *f*; Redlichkeit *f*; Anständigkeit *f*. **in all ~** ganz ehrlich; **~ is the best policy** (*Prov*) ehrlich währt am längsten (*Prov*).

2. (*Bot*) Mondviole *f*, Silberblatt *nt*, Judassilberling *m* (*inf*).

honey ['hʌnɪ] *n* **1.** Honig *m*. **2.** (*inf: dear*) (*US*) Schätzchen *nt*. **she's a ~** sie ist ein (Gold)schatz (*inf*).

honey-bee *n* (Honig)biene *f*; **honeybunch** *n* (*inf*) (*US*) Schätzchen *nt*; **honeycomb I** *n* (Bienen)wabe *f*; (*filled with honey also*) Honigwabe *f*; **II** *vt usu pass* durchlöchern; **honeydew** *n* Honigtau *m*; **~ melon** Honigmelone *f*.

honeyed ['hʌnɪd] *adj words* honigsüß.

honeymoon ['hʌnɪmu:n] **I** *n* Flitterwochen *pl*; (*trip*) Hochzeitsreise *f*. **to be on one's ~** in den Flitterwochen/auf Hochzeitsreise sein; **where did you go for your ~?** wo habt ihr eure Flitterwochen verbracht?; wohin habt ihr eure Hochzeitsreise gemacht?; **six months in the jungle was no ~** sechs Monate im Dschungel war kein Zuckerlecken; **the ~ is over** (*fig inf*) jetzt werden andere Saiten aufgezogen (*inf*), die Schonzeit ist vorbei.

II *vi* seine Hochzeitsreise machen. **they are ~ing in Spain** sie sind in Spanien auf Hochzeitsreise.

honeymooner ['hʌnɪˌmu:nəʳ] *n* Hochzeitsreisende(r) *mf*; **honeysuckle** *n* Geißblatt *nt*.

Hong Kong ['hɒŋ'kɒŋ] *n* Hongkong *nt*.

honk [hɒŋk] **I** *n* (*of car*) Hupen *nt*; (*of goose*) Schrei *m*. **II** *interj* **~ ~** tut-tut, tüt, tüt. **III** *vi* **1.** (*car*) hupen, tuten. **2.** (*geese*) schreien. **IV** *vt horn* drücken auf (+*acc*).

honky ['hɒŋkɪ] *n* (*negro pej sl*) Weiße(r) *mf*.

honky-tonk [ˌhɒŋkɪ'tɒŋk] **I** *n* (*US sl: night-club*) Schuppen *m* (*sl*). **II** *adj music, piano* schräg.

Honolulu [ˌhɒnə'lu:lu:] *n* Honolulu *nt*.

honor *etc* (*US*) *see* **honour** *etc*.

honorary ['ɒnərərɪ] *adj secretary* ehrenamtlich; *member, president* Ehren-. **~ degree** *ehrenhalber verliehener akademischer Grad*; **~ doctor** Ehrendoktor, Doktor h.c.

honour, (*US*) **honor** ['ɒnəʳ] **I** *n* **1.** Ehre *f*. **sense of ~** Ehrgefühl *nt*; **he made it a point of ~** er betrachtete es als Ehrensache; **there is ~ among thieves** es gibt so etwas wie Ganovenehre; **~ where ~ is due** Ehre, wem Ehre gebührt; **I promise on my ~** ich gebe mein Ehrenwort; **you're on your ~** Sie haben Ihr Ehrenwort gegeben; **to put sb on his ~** jdm vertrauen; **he's put me on my ~ not to tell** ich habe ihm mein Ehrenwort gegeben, daß ich nichts sage; **man of ~** Ehrenmann *m*; **to lose one's ~** (*old*) seine Ehre verlieren (*old*); **to do ~ to sb** (*at funeral*) jdm die letzte Ehre erweisen; (*action, thought etc*) jdm zur Ehre gereichen; **to do ~ to sth, to be an ~ to sth** einer Sache (*dat*) Ehre machen; **in ~ of sb/sth** zu jds Ehren, zu Ehren von jdm/etw; (*of dead person, past thing*) in ehrendem Andenken an jdn/etw; **may I have the ~ (of the next dance)?** (*form*) darf ich (um den nächsten Tanz) bitten?; **if you would do me the ~ of accepting** (*form*) wenn Sie mir die Ehre erweisen würden anzunehmen (*geh*); **to whom do I have the ~ of speaking?** (*form, hum*) mit wem habe ich die Ehre? (*geh, hum*); **he is ~ bound to do it** es ist Ehrensache für ihn, das zu tun.

2. (*title*) **Your H~** Hohes Gericht; **His H~** das Gericht; **the case was up before His H~ Sir Charles** der Fall wurde unter dem Vorsitz des vorsitzenden Richters Sir Charles verhandelt.

3. (*distinction, award*) **~s** Ehren *pl*, Auszeichnung(en *pl*) *f*; **with full military ~s** mit militärischen Ehren; **New Year's H~** Titelverleihung *f* am Neujahrstag.

4. to do the ~s (*inf*) die Honneurs machen; (*on private occasions also*) den Gastgeber spielen.

5. (*Univ*) **~s** (*also* **~s degree**) *akademischer Grad mit Prüfung im Spezialfach*; **to do/take ~s in English** Englisch belegen, um den ,,Honours Degree" zu erwerben; **to get first-class ~s** das Examen mit Auszeichnung *or* ,,sehr gut" bestehen.

6. (*Cards*) *eine der (in Bridge) 5 or* (*in Whist*) *4 höchsten Karten einer Farbe.*

II *vt* **1.** *person* ehren. **to ~ sb with a title** jdm einen Titel verleihen; **I should be ~ed if you ...** ich würde mich geehrt fühlen, wenn Sie ...; **he ~ed us with his presence** (*also iro*) er beehrte uns mit seiner Gegenwart; **it's Angelika, we *are* ~ed** (*iro*) es ist Angelika, welche Ehre.

2. *cheque* annehmen, einlösen; *debt* begleichen; *bill of exchange* respektieren; *obligation* nachkommen (+*dat*);

commitment stehen zu; *credit card* anerkennen.

honourable, (*US*) **honorable** ['ɒnərəbl] *adj* **1.** ehrenhaft; *person also* ehrenwert (*geh*); *peace, discharge* ehrenvoll. **to receive ~ mention** rühmend *or* lobend erwähnt werden.

2. (*Parl*) *Anrede f von Abgeordneten innerhalb des Parlaments.* **the H~ member for X** der (Herr)/die (Frau) Abgeordnete für X; **the H~ member is wrong** der/die geschätzte *or* ehrenwerte (*iro*) (Herr) Kollege/(Frau) Kollegin täuscht sich.

3. (*title*) *Titel m der jüngeren Söhne von Grafen und der Kinder von Freiherren und Baronen.*

honourably, (*US*) **honorably** ['ɒnərəblɪ] *adv* in Ehren; *behave* ehrenhaft, wie ein Ehrenmann; *settle peace* ehrenvoll; *mention* rühmend, lobend.

honours ['ɒnəz-]: **honours board** *n* Ehrentafel *f*; **honours degree** *n see* **honour I 5.**; **honours list** *n* Liste *f* der Titel- und Rangverleihungen (*, die zweimal im Jahr veröffentlicht wird*); (*Univ*) *Liste der Kandidaten, die den ,,Honours Degree" verliehen bekommen.*

hooch [huːtʃ] *n* (*US sl*) Getränke *pl*, Stoff *m* (*sl*).

hood [hʊd] **I** *n* **1.** Kapuze *f*; (*thief's*) Maske *f*; (*hawk's*) Kappe *f*.

2. (*Aut: roof*) Verdeck *nt*; (*US Aut*) (Motor)haube *f*; (*on fireplace etc*) Abzug *m*; (*on cooker*) Abzugshaube *f*.

3. (*of cobra*) Brillenzeichnung *f*.

4. (*esp US sl*) Gangster (*inf*), Ganove (*inf*) *m*; (*young ruffian*) Rowdy, Rüpel *m*.

II *vt* eine Kapuze aufsetzen (+*dat*); *hawk* eine Kappe aufsetzen (+*dat*).

hooded ['hʊdɪd] *adj* **the ~ executioner/monk/robber** der Scharfrichter/Mönch mit seiner Kapuze/der maskierte Räuber; **their ~ heads** ihre Köpfe mit den Kapuzen; **~ crow** Nebelkrähe *f*; **~ eyes** Augen mit schweren Lidern.

hoodlum ['huːdləm] *n* Rowdy *m*; (*member of gang*) Ganove (*inf*), Gangster (*inf*) *m*.

hoodwink ['hʊdwɪŋk] *vt* (*inf*) (he)reinlegen (*inf*). **to ~ sb into doing sth** jdn dazu verleiten, etw zu tun.

hooey ['huːɪ] *n* (*US sl*) Gelabere *nt* (*sl*), Quatsch *m* (*inf*).

hoof [huːf] **I** *n, pl* **-s** *or* **hooves** Huf *m*. **hooves** (*hum inf: feet*) Quadratlatschen *pl* (*sl*). **II** *vt*: **to ~ it** (*inf*) (*go on foot*) latschen (*inf*).

hook [hʊk] **I** *n* **1.** Haken *m*.

2. (*Boxing*) Haken *m*; (*Golf*) Kurvball *m* (*nach links*).

3. (*Geog*) (gekrümmte) Landzunge.

4. (*fig uses*) **he swallowed the story ~, line and sinker** er hat die Geschichte tatsächlich mit Stumpf und Stiel geschluckt (*inf*); **he fell for it/her ~, line and sinker** er ging auf den Leim/er war ihr mit Haut und Haaren verfallen; **by ~ or by crook** auf Biegen und Brechen; **to get sb off the ~** (*inf*) jdn herausreißen (*inf*); (*out of trouble also*) jdn herauspauken (*inf*); **that gets him off the ~ every time** damit kommt er jedesmal wieder davon; **to get oneself off the ~** sich aus der Schlinge ziehen; **that lets me off the ~** (*inf*) damit bin ich aus dem Schneider (*inf*); **to leave the phone off the ~** nicht auflegen.

II *vt* **1.** (*fasten with ~*) **he ~ed the door back/open** er hakte die Tür fest/er öffnete die Tür und hakte sie fest; **to ~ a trailer to a car** einen Anhänger an ein Auto hängen.

2. to ~ one's arm/feet around sth seinen Arm/seine Füße um etw schlingen; **his car got its bumper ~ed around mine** sein Auto hat sich mit der Stoßstange in meiner verhakt.

3. *fish* an die Angel bekommen; *husband* sich (*dat*) angeln. **to be ~ed** an der Angel hängen; **the helicopter ~ed him clean out of the water** der Hubschrauber zog *or* angelte (*inf*) ihn aus dem Wasser.

4. (*Boxing*) einen Haken versetzen (+*dat*) *or* geben (+*dat*).

5. to be/get ~ed (on sth) (*sl: addicted*) (*on drugs*) (von etw) abhängig sein/werden; (*on film, food, place*) auf etw (*acc*) stehen (*sl*); **he's ~ed on the idea** er ist von der Idee besessen.

6. (*Rugby*) hakeln.

7. (*Sport*) *ball* einen Linksdrall geben (+*dat*).

8. (*sl: clear off*) **to ~ it** Mücke machen (*sl*).

III *vi* (*dress*) zugehakt werden.

◆**hook on I** *vi* (an)gehakt werden (*to* an +*acc*); (*with tow-bar*) angekoppelt *or* angehängt werden (*to* an +*acc*); (*burrs*) sich festhaken (*to* an +*dat*). **he ~ed ~ to him** (*fig*) er hängte *or* klammerte sich an ihn.

II *vt sep* anhaken (*to* an +*acc*), mit Haken/einem Haken befestigen (*to* an +*dat*); (*with tow-bar*) ankoppeln, anhängen. **to ~ sth ~to sth** etw an etw (*acc*) (an)haken.

◆**hook up I** *vi* **1.** (*dress*) mit Haken zugemacht werden. **2.** (*Rad, TV*) gemeinsam ausstrahlen. **to ~ ~ with sb** sich jdm anschließen.

II *vt sep* **1.** *dress* zuhaken. **~ me** *or* **the dress ~, please** mach mir bitte die Haken zu, mach an dem Kleid bitte die Haken zu. **2.** (*Rad, TV*) anschließen (*with* an +*acc*). **3.** *trailer, caravan* ankoppeln, anhängen; *broken-down car* abschleppen; (*by recovery vehicle*) auf den Haken nehmen.

hookah ['hʊkɑː] *n* Wasserpfeife, Huka *f*.

hook and eye *n* Haken und Öse *no art, pl vb*.

hooked [hʊkt] *adj* **1.** *beak* Haken-, gebogen. **~ nose** Hakennase *f*. **2.** (*equipped with hooks*) mit Haken versehen.

hooker[1] ['hʊkər] *n* (*US inf*) Nutte *f* (*inf*).

hooker[2] *n* (*Rugby*) Hakler *m*.

hook-nosed *adj* mit einer Hakennase, hakennasig; **hook-up** *n* (*Rad, TV*) gemeinsame Ausstrahlung; **there will be a ~ between the major European networks** die größeren europäischen Sender übertragen gemeinsam; **hookworm** *n* Hakenwurm *m*; (*disease*) Hakenwurmkrankheit *f*.

hooky ['hʊkɪ] *n* (*US inf*) Schuleschwänzen *nt* (*inf*). **to play ~** (die) Schule schwänzen (*inf*).

hooligan ['hu:lɪgən] *n* Rowdy *m*.

hooliganism ['hu:lɪgənɪzəm] *n* Rowdytum *nt*.

hoop [hu:p] **I** *n* Reifen *m*; (*in croquet*) Tor *nt*; (*on bird's plumage*) Kranz *m*; (*on animal*) Ring *m*. **to put sb through the ~s** (*fig inf*) jdn durch die Mangel drehen (*inf*).

II *vt barrel* bereifen. **~(ed) skirt** Reifrock *m*.

hoop-la ['hu:plɑ:] *n* Ringwerfen *nt*.

hooray [hə'reɪ] *interj see* **hurrah.**

Hooray Henry *n junger Angehöriger der Oberschicht mit auffälligem Gehabe.*

hoot [hu:t] **I** *n* **1.** (*of owl*) Ruf, Schrei *m*. **~s of derision** verächtliches Gejohle; **~s of laughter** johlendes Gelächter; **I don't care a ~** *or* **two ~s** (*inf*) das ist mir piepegal (*inf*) *or* völlig schnuppe (*inf*); **to be a ~** (*inf*) (*person, event etc*) zum Schreien (komisch) sein, zum Schießen sein (*inf*).

2. (*Aut*) Hupen *nt no pl*; (*of train, hooter*) Pfeifen *nt no pl*.

II *vi* **1.** (*owl*) schreien, rufen; (*person: derisively*) johlen, buhen. **to ~ with derision** verächtlich johlen; **to ~ with laughter** in johlendes Gelächter ausbrechen.

2. (*Aut*) hupen; (*train, factory hooter*) pfeifen.

III *vt actor, speaker* auspfeifen, ausbuhen. **he was ~ed off the stage** er wurde mit Buhrufen von der Bühne verjagt.

◆**hoot down** *vt sep* niederschreien.

hooter ['hu:tər] *n* **1.** (*Aut*) Hupe *f*; (*at factory*) Sirene *f*. **2.** (*Brit sl: nose*) Zinken *m* (*sl*).

hoover ® ['hu:vər] **I** *n* Staubsauger *m*. **II** *vt* (staub)saugen; *carpet also* (ab)saugen. **III** *vi* (staub)saugen.

hooves [hu:vz] *pl of* **hoof**.

hop¹ [hɒp] **I** *n* **1.** (kleiner) Sprung; (*of bird, insect also*) Hüpfer *m*; (*of deer, rabbit also*) Satz *m*; (*of person also*) Hüpfer, Hopser (*inf*) *m*. **to catch sb on the ~** (*fig inf*) jdn überraschen *or* überrumpeln; **to keep sb on the ~** (*fig inf*) jdn in Trab halten.

2. (*inf: dance*) Tanz *m*, Hopserei *f* (*pej inf*).

3. (*Aviat inf*) Sprung, Satz (*inf*) *m*. **a short ~** ein kleiner Satz (*inf*), ein Katzensprung *m* (*inf*).

II *vi* (*animal*) hüpfen, springen; (*rabbit*) hoppeln; (*person*) (auf einem Bein) hüpfen, hopsen (*inf*). **~ in, said the driver** steigen Sie ein, sagte der Fahrer; **she'd ~ into bed with anyone** die steigt mit jedem ins Bett (*inf*); **to ~ off** aussteigen; (*from moving vehicle*) abspringen; **he ~ped off his bicycle** er sprang vom Fahrrad; **to ~ on** aufsteigen; (*onto moving vehicle*) aufspringen; **he ~ped on his bicycle** er schwang sich auf sein Fahrrad; **to ~ out** heraushüpfen; **he ~ped over the wall** er sprang über die Mauer.

III *vt* **1.** *ditch* springen über (*+acc*); *train* schwarzfahren in (*+dat*) *or* mit.

2. (*inf*) **~ it!** verschwinde, zieh Leine (*inf*); **I ~ped it quick** ich habe mich schnell aus dem Staub gemacht (*inf*).

◆**hop off** *vi* (*inf*) sich verdrücken (*inf*), sich aus dem Staub machen (*inf*) (*with sth* mit etw).

hop² *n* (*Bot*) Hopfen *m*. **~ picker** Hopfenpflücker(in *f*) *m*; **~ picking** Hopfenernte *f*, Hopfenpflücken *nt*.

hope [həʊp] **I** *n* (*also person*) Hoffnung *f*. **past** *or* **beyond all ~** hoffnungslos, aussichtslos; **the patient is beyond all ~** für den Patienten besteht keine Hoffnung mehr; **to be full of ~** hoffnungsvoll *or* voller Hoffnung sein; **my ~ is that ...** ich hoffe nur, daß ...; **in the ~ of doing sth** in der Hoffnung, etw zu tun; **to have ~s of doing sth** hoffen, etw zu tun; **to live in ~ of sth** in der Hoffnung auf etw (*acc*) leben; **to place one's ~ in sb/sth** seine Hoffnungen in *or* auf jdn/etw setzen; **we have some ~ of success** es besteht die Hoffnung, daß wir Erfolg haben; **there's no ~ of that** da braucht man sich gar keine Hoffnungen zu machen; **where there's life there's ~** es ist noch nicht aller Tage Abend; (*said of invalid*) solange er/sie sich noch regt, besteht auch noch Hoffnung; **to lose ~ of doing sth** die Hoffnung aufgeben, etw zu tun; **what a ~!** (*inf*), **some ~(s)!** (*inf*) schön wär's! (*inf*); **~ springs eternal** (*prov*) wenn die Hoffnung nicht wäre!

II *vi* hoffen (*for* auf *+acc*). **to ~ for the best** das Beste hoffen; **you can't ~ for anything else from him** man kann sich doch von ihm nichts anderes erhoffen; **one might have ~d for something better** man hätte (eigentlich) auf etwas Besseres hoffen dürfen, man hätte sich eigentlich Besseres erhoffen dürfen; **I ~ so/not** hoffentlich/hoffentlich nicht, ich hoffe es/(es) nicht; **to ~ against hope that ...** trotz allem die Hoffnung nicht aufgeben, daß ..., wider alle Hoffnung hoffen, daß ...

III *vt* hoffen. **I ~ to see you** hoffentlich sehe ich Sie, ich hoffe, daß ich Sie sehe; **hoping to hear from you** ich hoffe, von Ihnen zu hören, in der Hoffnung (*form*), von Ihnen zu hören.

hope chest *n* (*US*) Aussteuertruhe *f*.

hopeful ['həʊpfʊl] **I** *adj* **1.** hoffnungsvoll. **don't be too ~** machen Sie sich (*dat*) keine zu großen Hoffnungen; **they weren't very ~** sie hatten keine große Hoffnung; **they continue to be ~** sie hoffen weiter, sie geben die Hoffnung nicht auf; **to be ~ that ...** hoffen, daß ...; **I'm ~ of a recovery** ich hoffe auf Besserung; **boy, you're ~** du bist vielleicht ein Optimist (*inf*).

2. *situation, response, sign* vielversprechend, aussichtsreich. **it looks ~** es sieht vielversprechend aus.

II *n* (*inf*) **a young ~** (*seems likely to succeed*) eine junge Hoffnung; (*hopes to succeed*) ein hoffnungsvoller junger Mensch.

hopefully ['həʊpfəlɪ] *adv* **1.** hoffnungsvoll. **2.** hoffentlich.

hopeless ['həʊplɪs] *adj situation, outlook*

aussichtslos, hoffnungslos; *liar, drunkard* unverbesserlich; *weather, food* unmöglich (*inf*). **you're ~** du bist ein hoffnungsloser Fall; **he's ~ at maths/a ~ teacher** in Mathematik/als Lehrer ist er ein hoffnungsloser Fall.

hopelessly ['həʊplɪslɪ] *adv* hoffnungslos.

hopelessness ['həʊplɪsnɪs] *n* (*of situation*) Hoffnungslosigkeit *f*; (*of task*) Aussichtslosigkeit *f*.

hopper ['hɒpəʳ] *n* **1.** (*Tech*) Einfülltrichter *m*; (*for coal also*) Speisetrichter *m*. **2.** (*young locust*) junge Heuschrecke.

hopping mad ['hɒpɪŋ'mæd] *adj* (*inf*) fuchsteufelswild (*inf*).

hopscotch *n* Himmel-und-Hölle(-Spiel) *nt*, Hopse *f* (*inf*); **hop, step** *or* **skip and jump** *n* Dreisprung *m*.

horde [hɔːd] *n* **1.** (*of nomads, wild animals*) Horde *f*; (*of insects*) Schwarm *m*. **2.** (*inf*) Masse *f*; (*of football fans, children*) Horde *f* (*pej*).

horizon [hə'raɪzn] *n* Horizont *m*. **on the ~** am Horizont.

horizontal [ˌhɒrɪ'zɒntl] *adj* waag(e)recht, horizontal.

horizontal bar *n* Reck *nt*; **horizontal hold** *n* (*TV*) Zeilenfang, Bildfang *m*.

horizontally [ˌhɒrɪ'zɒntəlɪ] *adv see adj*.

hormonal [hɔː'məʊnəl] *adj* hormonal, hormonell.

hormone ['hɔːməʊn] *n* Hormon *nt*. **~ treatment** Hormonbehandlung *f*.

horn [hɔːn] **I** *n* **1.** (*of cattle, substance, container, Mus*) Horn *nt*; (*sl: trumpet, saxophone*) Kanne (*sl*), Tüte (*sl*) *f*. **~s** (*of deer*) Geweih *nt*; **caught on the ~s of a dilemma** in einer Zwickmühle; **~ of plenty** Füllhorn *nt*; **to lock ~s** (*lit*) beim Kampf die Geweihe verhaken; (*fig*) die Klingen kreuzen.

2. (*Aut*) Hupe *f*; (*Naut*) (Signal)horn *nt*. **to sound** *or* **blow the ~** (*Aut*) hupen, auf die Hupe drücken (*inf*); (*Naut*) tuten, das Horn ertönen lassen.

3. (*of snail, insect*) Fühler *m*. **to draw in one's ~s** (*fig*) einen Rückzieher machen; (*spend less*) den Gürtel enger schnallen.

4. (*of crescent moon*) Spitze *f* (der Mondsichel).

II *vt* (*gore*) mit den Hörnern aufspießen; (*butt*) auf die Hörner nehmen.

◆**horn in** *vi* (*sl*) (*interfere*) mitmischen (*inf*) (*on* bei); (*muscle in*) sich hineindrängen (*on* in +*acc*).

horn *in cpds* Horn-; **hornbeam** *n* (*Bot*) Hain- *or* Weißbuche *f*; **hornbill** *n* (*Orn*) (Nas)hornvogel *m*.

horned [hɔːnd] *adj* gehörnt, mit Hörnern. **~ owl** Ohreule *f*; **~ toad** Krötenechse *f*.

hornet ['hɔːnɪt] *n* Hornisse *f*. **to stir up a ~'s nest** (*fig*) in ein Wespennest stechen.

hornless ['hɔːnlɪs] *adj* ohne Hörner, hornlos.

hornpipe *n englischer Seemannstanz*; **horn-rimmed** *adj spectacles* Horn-.

horny ['hɔːnɪ] *adj* (+*er*) **1.** (*like horn*) hornartig; *hands etc* schwielig; *soles* hornig. **2.** (*inf: randy*) scharf (*inf*), geil (*inf*).

horoscope ['hɒrəskəʊp] *n* Horoskop *nt*.

horrendous [hɒ'rendəs] *adj crime* abscheulich, entsetzlich; *prices, lie* horrend.

horrendously [hɒ'rendəslɪ] *adv see adj*.

horrible ['hɒrɪbl] *adj* fürchterlich, schrecklich. **don't be so ~ to your sister** sei nicht so gemein zu deiner Schwester (*inf*).

horribly ['hɒrɪblɪ] *adv see adj*.

horrid ['hɒrɪd] *adj* entsetzlich, fürchterlich, schrecklich. **don't be so ~** sei nicht so gemein (*inf*).

horridly ['hɒrɪdlɪ] *adv see adj*.

horrific [hɒ'rɪfɪk] *adj* entsetzlich, schrecklich; *documentary* erschreckend; *price increase also* horrend.

horrify ['hɒrɪfaɪ] *vt* entsetzen. **he was horrified by** *or* **at the suggestion** er war über den Vorschlag entsetzt; **it horrifies me to think what ...** ich denke (nur) mit Entsetzen daran, was ...

horrifying *adj*, **~ly** *adv* ['hɒrɪfaɪɪŋ, -lɪ] schrecklich, fürchterlich, entsetzlich.

horror ['hɒrəʳ] **I** *n* **1.** Entsetzen, Grauen *nt*; (*strong dislike*) Horror *m* (*of* vor +*dat*). **to have a ~ of doing sth** einen Horror davor haben, etw zu tun; **he has a ~ of growing old** er hat eine panische Angst vor dem Altwerden, ihm graut vor dem Altwerden; **she shrank back in ~** sie fuhr entsetzt zurück; **a scene of ~** ein Bild des Grauens.

2. *usu pl* (*horrifying thing; of war*) Schrecken, Greuel *m*.

3. (*inf*) **to be a real ~** furchtbar sein (*inf*).

4. (*inf usages*) **to have the ~s** (*in delirium tremens*) weiße Mäuse sehen (*inf*); **that gives me the ~s** da läuft's mir kalt den Rücken runter (*inf*).

II *attr books, comics, films* Horror-.

horror-stricken, horror-struck *adj* von Entsetzen *or* Grauen gepackt. **I was ~ when he told me** mir grauste es *or* ich war hell entsetzt, als er es mir erzählte.

hors d'oeuvre [ɔː'dɜːv] *n* Hors d'oeuvre *nt*, Vorspeise *f*.

horse [hɔːs] *n* **1.** Pferd, Roß (*liter, pej*) *nt*.

2. (*fig usages*) **wild ~s would not drag me there** keine zehn Pferde würden mich dahin bringen; **to eat like a ~** wie ein Scheunendrescher *m* essen *or* fressen (*inf*); **I could eat a ~** ich könnte ein ganzes Pferd essen; **to work like a ~** wie ein Pferd arbeiten; **information straight from the ~'s mouth** Informationen *pl* aus erster Hand; **to back the wrong ~** aufs falsche Pferd setzen; **but that's a ~ of a different colour** aber das ist wieder was anderes.

3. (*Gymnastics*) Pferd *nt*; (*saw~*) Sägebock *m*.

4. (*Mil*) *collective sing* Reiterei, Kavallerie *f*. **a thousand ~** tausend Reiter *or* Berittene.

◆**horse about** *or* **around** *vi* (*inf*) herumalbern (*inf*).

horseback *n* **on ~** zu Pferd, zu Roß (*liter*); **to go/set off on ~** reiten/wegreiten; **horsebox** *n* (*van*) Pferdetransporter *m*; (*trailer*) Pferdetransportwagen *m*; (*in stable*) Box *f*; **horse brass** *n* Zaumzeugbeschlag *m*; **horse breeder** *n* Pferdezüchter(in *f*) *m*; **horse chestnut** *n* (*tree, fruit*) Roßkastanie *f*; **horse-doctor** *n* (*inf*) Viehdoktor *m* (*inf*); **horse-drawn** *adj* von Pferden gezogen; *hearse, milk-cart* pferdebespannt *attr*; ~ **cart** Pferdewagen *m*; **horseflesh** *n* (*meat of horse*) Pferdefleisch *nt*; (*horses collectively*) Pferde *pl*; **a good judge of ~** ein guter Pferdekenner; **horsefly** *n* (Pferde)bremse *f*; **Horse Guards** *npl* berittene Garde, Gardekavallerie *f*; **horsehair I** *n* Roßhaar *nt*; **II** *adj attr* Roßhaar-; **horseman** *n* Reiter *m*; **horsemanship** *n* Reitkunst *f*; **horsemeat** *n* Pferdefleisch *nt*; **horseplay** *n* Alberei, Balgerei *f*; **to have a bit of ~ with sb** mit jdm herumbalgen; **horsepower** *n* Pferdestärke *f*; **a twenty ~ car** ein Auto mit zwanzig PS *or* Pferdestärken; **horse-race** *n* Pferderennen *nt*; **horse-racing** *n* Pferderennsport *m*; (*races*) Pferderennen *pl*; **horseradish** *n* Meerrettich *m*; **horse-riding** *n* Reiten *nt*; **horse sense** *n* gesunder Menschenverstand; **horseshoe I** *n* Hufeisen *nt*; **II** *attr* hufeisenförmig, Hufeisen-; **horse show** *n* Pferdeschau *f*; **horse trading** *n* (*fig*) Kuhhandel *m*; **horsewhip I** *n* Reitpeitsche *f*; **II** *vt* auspeitschen; **horsewoman** *n* Reiterin *f*.

hors(e)y ['hɔːsɪ] *adj* (*+er*) (*inf*) (*fond of horses*) pferdenärrisch; *appearance* pferdeähnlich.

horticultural [ˌhɔːtɪ'kʌltʃərəl] *adj* Garten(bau)-. ~ **show** Gartenschau.

horticulture ['hɔːtɪkʌltʃə^r] *n* Gartenbau(kunst *f*) *m*.

hose¹ [həʊz] **I** *n* (*also* ~**pipe**) Schlauch *m*. **II** *vt* (*also* ~ **down**) abspritzen.

◆**hose out** *vt sep* ausspritzen.

hose² *n, no pl* **1.** (*Comm: stockings*) Strümpfe, Strumpfwaren *pl*. **2.** (*Hist: for men*) (Knie)hose *f*.

hosier ['həʊʒə^r] *n* Strumpfwarenhändler(in *f*) *m*.

hosiery ['həʊʒərɪ] *n* Strumpfwaren *pl*.

hospice ['hɒspɪs] *n* (*for terminally ill*) Pflegeheim *nt* (*für unheilbar Kranke*).

hospitable *adj*, **-bly** *adv* [hɒs'pɪtəbl, -blɪ] gastfreundlich, gastlich.

hospital ['hɒspɪtl] *n* Krankenhaus *nt*, Klinik *f*, Hospital *nt* (*old, Sw*). **in** *or* (*US*) **in the ~** im Krankenhaus; **he's got to go to** *or* (*US*) **to the ~** er muß ins Krankenhaus (gehen).

hospital *in cpds* Krankenhaus-; **hospital bed** *n* Krankenhausbett *nt*; **hospital case** *n* Fall, der im Krankenhaus behandelt werden muß; **hospital facilities** *npl* (*equipment*) Krankenhauseinrichtung (en *pl*) *f*; (*hospitals*) Kranken(heil)anstalten *pl*.

hospitality [ˌhɒspɪ'tælɪtɪ] *n* Gastfreundschaft, Gastlichkeit *f*.

hospitalization [ˌhɒspɪtəlaɪ'zeɪʃən] *n* **1.** Einweisung *f* ins Krankenhaus; (*stay in hospital*) Krankenhausaufenthalt *m*. **2.** (*US: ~ insurance*) Versicherung *f* für Krankenhauspflege.

hospitalize ['hɒspɪtəlaɪz] *vt* ins Krankenhaus einweisen. **he was ~d for three months** er lag drei Monate lang im Krankenhaus.

hospital nurse *n* Krankenschwester *f* (im Krankenhaus); **hospital porter** *n* Pfleger(in *f*) *m*; (*doorman*) Pförtner(in *f*) *m* (im Krankenhaus); **hospital ship** *n* Lazarett- *or* Krankenschiff *nt*.

host¹ [həʊst] **I** *n* **1.** Gastgeber *m*; (*in own home also*) Hausherr *m*. **to be ~ to sb** jds Gastgeber sein; (*in own home also*) jdn zu Besuch *or* Gast haben; ~ **country** Gastland *nt*.

2. (*in hotel*) Wirt *m*, Herr *m* des Hauses (*form*). **your ~s are Mr and Mrs X** Ihre Wirtsleute sind Herr und Frau X.

3. (*Bot*) Wirt(spflanze *f*) *m*; (*Zool*) Wirt(stier *nt*) *m*.

4. (*TV programme*) Showmaster *m*.

5. (*also* ~ **computer**) Host(-Rechner) *m*.

II *vt TV programme, games* Showmaster sein bei.

host² *n* **1.** Menge, Masse (*inf*) *f*. **he has a ~ of friends** er hat massenweise (*inf*) *or* eine Menge Freunde; **a whole ~ of reasons** eine ganze Menge *or* Anzahl von Gründen.

2. (*obs, liter*) Heerschar *f* (*obs, liter*). **a ~ of angels** eine Engelschar; **the Lord of H~s** der Herr der Heerscharen.

Host [həʊst] *n* (*Eccl*) Hostie *f*.

hostage ['hɒstɪdʒ] *n* Geisel *f*. **to take sb ~** jdn als Geisel nehmen; **to take ~s** Geiseln nehmen.

hostage-taker *n* Geiselnehmer(in *f*); **hostage-taking** *n* Geiselnahme *f*.

hostel ['hɒstəl] **I** *n* (*for students, workers etc*) (Wohn)heim *nt*. **Youth H~** Jugendherberge *f*.

II *vi*: **to go ~ling** in Jugendherbergen übernachten.

hosteller ['hɒstələ^r] *n* Heimbewohner(in *f*) *m*; (*in Youth Hostel*) Herbergsgast *m*.

hostess ['həʊstes] *n* **1.** (*person*) Gastgeberin *f*; (*in own home also*) Hausherrin *f*. **to be ~ to sb** jds Gastgeberin sein; (*in own home also*) jdn zu Besuch *or* Gast haben.

2. (*in hotels*) Wirtin *f*.

3. (*in night-club*) Hosteß *f*.

4. (*air-~*) Stewardeß *f*; (*at exhibition*) Hosteß *f*.

5. (*on TV programme etc*) Gastgeberin *f*.

hostile ['hɒstaɪl] *adj* **1.** (*of an enemy*) feindlich. **2.** (*showing enmity*) feindlich (gesinnt); *reception, looks* feindselig; *takeover bid* feindlich. **to be ~ to sth** einer Sache (*dat*) feindlich gegenüberstehen; ~ **to technology** technikfeindlich.

hostility [hɒs'tɪlɪtɪ] *n* **1.** Feindseligkeit *f*; (*between people*) Feindschaft *f*. **to show ~ to sb** sich jdm gegenüber feindselig verhalten; **to show ~ to sth** einer Sache (*dat*) feindlich gegenüberstehen; **feelings of ~** feindselige Gefühle *pl*; **he feels no ~ towards anybody** er ist niemandem feindlich gesinnt; ~ **to foreigners** Ausländerfeindlichkeit *f*.

2. hostilities *pl* (*warfare*) Feindseligkeiten *pl*.

hot [hɒt] **I** *adj* (*+er*) **1.** heiß; *meal, tap,*

drink warm. **I am** *or* **feel ~** mir ist (es) heiß; **with ~ and cold water** mit warm und kalt Wasser; **it was a ~ and tiring climb** der Aufstieg machte warm und müde; **the weather is ~** es ist heißes Wetter; **Egypt is a ~ country** in Ägypten ist es heiß; **to get ~** (*things*) heiß werden; **you're getting ~** (*fig: when guessing*) jetzt wird's schon wärmer (*inf*).

2. (*to taste*) *curry, spices* scharf.

3. (*inf: radioactive material*) radioaktiv, heiß (*inf*).

4. (*sl*) *stolen goods* heiß (*inf*). **it's too ~ to sell** so heiße Ware läßt sich nicht verkaufen (*inf*).

5. (*inf: in demand*) *product* zugkräftig.

6. (*inf: good, competent*) stark (*inf*); *person also* fähig. **he/it isn't (all) that ~** so umwerfend ist er/das auch wieder nicht (*inf*); **he's pretty ~ at maths** in Mathe ist er ganz schön stark (*inf*); **I'm not feeling too ~** mir geht's nicht besonders (*inf*).

7. (*fig*) **to be 1. ~ favourite** hoch favorisiert sein, der große Favorit sein; **~ tip** heißer Tip; **~ news** das Neuste vom Neuen; **~ from the press** gerade erschienen; **the pace was so ~** das Tempo war so scharf; **she has a ~ temper** sie braust leicht auf, sie hat ein hitziges Wesen; **it's too ~ to handle** (*inf*) (*stolen goods*) das ist heiße Ware (*inf*); (*political issue, in journalism*) das ist ein heißes Eisen; **to get into ~ water** in Schwulitäten kommen (*inf*), in (des) Teufels Küche kommen (*inf*); **to be/get (all) ~ and bothered** (*inf*) ganz aufgeregt sein/werden (*about* wegen); **to get ~ under the collar about sth** wegen etw in Rage geraten; (*embarrassed*) wegen etw verlegen werden; **I went ~ and cold all over** (*inf*) (*illness*) mir wurde abwechselnd heiß und kalt; (*emotion*) mir wurde es ganz anders (*inf*); **things started getting ~ in the tenth round/the discussion** (*inf*) in der zehnten Runde wurde es langsam spannend *or* ging's los (*inf*)/bei der Diskussion ging's heiß her (*inf*); **to make a place** *or* **things too ~ for sb** (*inf*) jdm die Hölle heiß machen (*inf*), jdm einheizen (*inf*); **it's getting too ~ for me here** (*inf*) hier wird mir der Boden unter den Füßen zu heiß; *see* **trail I 2.**.

II *adv* (+*er*) **the engine's running ~** der Motor läuft heiß; **he keeps blowing ~ and cold** er sagt einmal hü und einmal hott.

III *n* **to have the ~s for sb** (*inf*) auf jdn scharf sein (*inf*).

◆**hot up** (*inf*) **I** *vi* **the pace is ~ting ~** das Tempo wird schneller; **things are ~ting ~ in the Middle East** die Lage im Nahen Osten spitzt sich zu *or* verschärft sich; **things are ~ting ~** es geht langsam los (*inf*); (*party also*) die Sache kommt in Schwung.

II *vt sep* (*fig*) *music* verpoppen (*inf*); *pace* steigern; *engine* frisieren.

hot air *n* (*fig*) leeres Gerede, Gewäsch *nt*; **hot-air** *adj attr balloon* Heißluft-; **hotbed** *n* **1.** (*fig*) Brutstätte *f*, Nährboden *m* (*of* für); **2.** (*Hort*) Mist- *or* Frühbeet *nt*; **hot-blooded** *adj* heißblütig.

hotchpotch ['hɒtʃpɒtʃ] *n* Durcheinander *nt*, Mischmasch *m*.

hot cross bun *n Rosinenbrötchen nt mit kleinem Teigkreuz, das in der Karwoche gegessen wird*; **hot dog** *n* Hot dog *m or nt*.

hotel [həʊ'tel] *n* Hotel *nt*.

hotel industry *n* Hotelgewerbe *nt*, Hotellerie *f*; **hotel keeper** *n* Hotelbesitzer(in *f*) *m*; **hotel manager** *n* Hoteldirektor(in *f*) *m*; **hotel porter** *n* Haus- *or* Hoteldiener *m*; **hotel room** *n* Hotelzimmer *nt*.

hotfoot I *adv* eilig; **II** *vt* (*inf*) **he ~ed it back home/out of town** er ging schleunigst nach Hause/er verließ schleunigst die Stadt; **hothead** *n* Hitzkopf *m*; **hotheaded** *adj* hitzköpfig, unbeherrscht; **hothouse I** *n* (*lit, fig*) Treibhaus *nt*; **II** *adj attr* (*lit*) *plant* Treibhaus-; (*fig*) *atmosphere* spannungsgeladen, angespannt; **hot line** *n* (*Pol*) heißer Draht; (*TV etc*) Hotline *f*; **to get on the ~** (*Pol*) sich an den heißen Draht hängen (*inf*).

hotly ['hɒtlı] *adv contested* heiß; *say, argue, deny* heftig. **he was ~ pursued by two policemen** zwei Polizisten waren ihm dicht auf den Fersen.

hot metal (*Typ*) **I** *n* Blei *nt*; (*setting*) Bleisatz *m*; **II** *adj attr setting* Blei-; **hot pants** *npl* heiße Höschen, Hot Pants *pl*; **hotplate** *n* **1.** (*of stove*) Koch- *or* Heizplatte *f*; **2.** (*plate-warmer*) Warmhalteplatte, Wärmplatte *f*; **hotpot** *n* (*esp Brit Cook*) Fleischeintopf *m* mit Kartoffeleinlage; **hot potato** *n* (*fig inf*) heißes Eisen; **hot pursuit** *n* (*Mil*) Nacheile *f*; **to set off/be in ~ ~ of sb/sth** jdm/einer Sache nachjagen; **in ~ ~ of the thief** in wilder Jagd auf den Dieb; **hot rod** *n* (*Aut*) hochfrisiertes Auto; **hot seat** *n* Schleudersitz *m*; (*US sl: electric chair*) elektrischer Stuhl; **hotshot** (*US sl*) **I** *n* Kanone *f* (*inf*), As *nt* (*inf*); **II** *adj attr* Spitzen- (*inf*), erstklassig; **hot spot** *n* (*Pol*) Krisenherd *m*; **hot spring** *n* heiße Quelle, Thermalquelle *f*; **hot stuff** *n* (*inf*) **it's ~ ~** (*very good*) das ist große Klasse (*inf*); (*provocative*) das ist Zündstoff; **hot-tempered** *adj* leicht aufbrausend, jähzornig.

hot-water bottle [ˌhɒt'wɔːtəˌbɒtl] *n* Wärmflasche *f*.

hound [haʊnd] **I** *n* **1.** (*Hunt*) (Jagd)hund *m*. **the ~s lost the scent** die Meute verlor die Spur; **to ride to ~s** (*person*) mit der Meute jagen. **2.** (*any dog*) Hund *m*, Tier *nt*. **II** *vt* hetzen, jagen.

◆**hound down** *vt sep* Jagd machen auf (+*acc*), niederhetzen (*form*); (*criminal also*) zur Strecke bringen.

◆**hound out** *vt sep* verjagen, vertreiben (*of* aus).

hound's-tooth (check) ['haʊndztuːθ(ˌtʃek)] *n* Hahnentritt(muster *nt*) *m*.

hour ['aʊə^r] *n* **1.** Stunde *f*; (*time of day also*) Zeit *f*. **half an ~, a half ~** eine halbe Stunde; **three-quarters/a quarter of an ~** eine dreiviertel Stunde, dreiviertel Stunden/eine Viertelstunde; **an ~ and a**

half anderthalb *or* eineinhalb Stunden; **it's two ~s' walk from here** von hier geht man zwei Stunden, von hier sind es zu Fuß zwei Stunden; **two ~s' walk from here there is ...** nach einem Weg von zwei Stunden kommt man an (+*acc*) *or* zu ...; **at 1500/1530 ~s,** (*spoken*) **at fifteen hundred/fifteen thirty ~s** um 15[00]/15[30] Uhr, (*gesprochen*) um fünfzehn Uhr/fünfzehn Uhr dreißig; **~ by ~** mit jeder Stunde, stündlich; **on the ~** zur vollen Stunde; **every ~ on the ~** jede volle Stunde; **20 minutes past the ~** 20 Minuten nach; **at the ~ of his death** in der Stunde seines Todes, in seiner Todesstunde; **at an early/a late ~** früh/spät, zu früher/später Stunde (*geh*); **at all ~s (of the day and night)** zu jeder (Tages- und Nacht)zeit; **what! at this ~ of the night!** was! zu dieser nachtschlafenden Zeit!; **to walk/drive at 10 kilometres an ~** zu Fuß 10 Kilometer in der Stunde zurücklegen/10 Kilometer in der Stunde *or* 10 Stundenkilometer fahren; **a 30 mile(s) an** *or* **per ~ limit** eine Geschwindigkeitsbegrenzung von 30 Meilen in der Stunde; **to be paid by the ~** stundenweise bezahlt werden.

2. ~s *pl* (*inf: a long time*) Stunden *pl*; **for ~s** stundenlang; **~s and ~s** Stunden und aber Stunden.

3. ~s *pl* (*of banks, shops*) Geschäftszeit(en *pl*) *f*; (*of shops also, pubs, park*) Öffnungszeiten *pl*; (*of post office*) Schalterstunden *pl*; (*office ~s*) Dienststunden *pl*; (*working ~s etc*) Arbeitszeit *f*; (*of doctor*) Sprechstunde *f*; **out of/after ~s** (*in pubs*) außerhalb der gesetzlich erlaubten Zeit/nach der Polizeistunde; (*in shops*) außerhalb der Geschäftszeit(en)/nach Laden- *or* Geschäftsschluß; (*in office*) außerhalb der Arbeitszeit/nach Dienstschluß; (*of doctor*) außerhalb/nach der Sprechstunde; **what are your ~s?** (*shops, pubs*) wann haben Sie geöffnet *or* offen?; (*employee*) wie ist Ihre Arbeitszeit?; **to work long ~s** einen langen Arbeitstag haben, lange arbeiten.

4. (*fig*) **his ~ has come** seine Stunde ist gekommen; (*death also*) sein (letztes) Stündchen hat geschlagen; **the man of the ~** der Mann der Stunde; **the problems of the ~** die aktuellen Probleme.

hourglass I *n* Sanduhr *f*, Stundenglas *nt* (*old*); **II** *adj figure* kurvenreich; **hour hand** *n* Stundenzeiger *m*, kleiner Zeiger.

hourly ['aʊəlɪ] **I** *adj* stündlich. **at ~ intervals** jede Stunde, stündlich; **~ rate/wage** Stundensatz/-lohn *m*. **II** *adv* stündlich, jede Stunde; (*hour by hour*) mit jeder Stunde.

house [haʊs] **I** *n, pl* **houses** ['haʊzɪz] **1.** Haus *nt*; (*household also*) Haushalt *m*. **at/to my ~** bei mir (zu Hause)/zu mir (nach Hause); **to set up ~** einen eigenen Hausstand gründen; (*in particular area*) sich niederlassen; **they set up ~ together** sie gründeten einen gemeinsamen Hausstand; **to put** *or* **set one's ~ in order** (*fig*) seine Angelegenheiten in Ordnung bringen; **he's getting on like a ~ on fire** (*inf*) (*in new job*) er macht sich prächtig (*inf*); (*with building, project etc*) er kommt prima *or* prächtig voran (*inf*); **they get on like a ~ on fire** (*inf*) sie kommen ausgezeichnet miteinander aus; **as safe as ~s** (*Brit*) bombensicher (*inf*); **H~ of God** *or* **the Lord** Haus Gottes, Gotteshaus *nt*; **a ~ of worship** ein Ort des Gebets, ein Haus der Andacht.

2. (*Pol*) **the upper/lower ~** das Ober-/Unterhaus; **H~ of Commons/Lords** (*Brit*) (britisches) Unter-/Oberhaus; **the H~** (*Brit inf*) das Parlament; (*as address also*) das Hohe Haus; **H~ of Representatives** (*US*) Repräsentantenhaus *nt*; **the H~s of Parliament** das Parlament(sgebäude).

3. (*family, line*) Haus, Geschlecht *nt*.

4. (*firm*) Haus *nt*. **on the ~** auf Kosten des Hauses; (*on the company*) auf Kosten der Firma.

5. (*Theat*) Haus *nt*; (*performance*) Vorstellung *f*. **to bring the ~ down** (*inf*) ein Bombenerfolg (beim Publikum) sein (*inf*).

6. (*in boarding school*) Gruppenhaus *nt*; (*in day school*) *eine von mehreren Gruppen verschiedenaltriger Schüler, die z.B. in Wettkämpfen gegeneinander antreten*.

7. (*in debate*) **H~** Versammlung *f*; **the motion before the H~** das Diskussionsthema, das zur Debatte *or* Diskussion stehende Thema.

8. full ~ (*Cards*) Full House *nt*; (*bingo*) volle Karte.

9. (*Astrol*) Haus *nt*.

II [haʊz] *vt people, goods* unterbringen; (*Tech also*) einbauen. **this building ~s three offices/ten families** in diesem Gebäude sind drei Büros/zehn Familien untergebracht, dieses Gebäude beherbergt drei Büros/zehn Familien.

house *in cpds* Haus-; **house arrest** *n* Hausarrest *m*; **houseboat** *n* Hausboot *nt*; **housebound** *adj* ans Haus gefesselt; (*Jur*) **housebreaker** *n* Einbrecher *m*; (*Jur*) **housebreaking** *n* Einbruch(sdiebstahl) *m*; **house-broken** *adj* (*US: house-trained*) stubenrein; **housecoat** *n* Morgenrock *or* -mantel *m*; **housedress** *n* (*US*) Schürzenkleid *nt*; **housefly** *n* Stubenfliege *f*; **house guest** *n* (Haus)gast *m*.

household ['haʊshəʊld] **I** *n* Haushalt *m*. **H~ Cavalry** Gardekavallerie *f*. **II** *attr* Haushalts-; *furniture* Wohn-. **~ chores** häusliche Pflichten *pl*, Hausarbeit *f*.

householder ['haʊsˌhəʊldə^r] *n* Haus-/Wohnungsinhaber(in *f*) *m*.

household goods *npl* Hausrat *m*; **household linen** *n* Tisch- und Bettwäsche *f*; **household name** *n* **to be/become a ~** ein Begriff sein/zu einem Begriff werden; **household word** *n* Begriff *m*; **to be/become a ~ for sth** ein (In)begriff für etw sein/zu einem (In)begriff für etw werden.

house-hunt *vi* auf Haussuche sein; **they have started ~ing** sie haben angefangen, nach einem Haus zu suchen; **househusband** *n* Hausmann *m*; **housekeeper** *n* Haushälter(in *f*), Wirtschafter(in *f*) *m*; (*in institution also*) Wirtschaftsleiter(in *f*) *m*; **his wife is a good ~** seine Frau ist eine gute Hausfrau; **housekeeping** *n* **1.** Haushalten *nt*; **2.** (*also* **~ money**) Haushalts- *or* Wirtschaftsgeld *nt*; **house lights** *npl* Lichter *pl* im Saal; **housemaid** *n* Dienstmädchen *nt*; **housemaid's knee** *n* Schleimbeutelentzündung *f*; **houseman** *n* (*Brit*) Assistenzarzt *m*/-ärztin *f*; **house martin** *n* Mehlschwalbe *f*; **housemaster/housemistress** *n* (*Brit*) Erzieher(in *f*) *m*; (*on teaching staff*) Lehrer(in *f*) *m*, *der/die für ein Gruppenhaus zuständig ist*; **house party** *n* mehrtägige Einladung; (*group invited*) Gesellschaft *f*; **house physician** *n* im (Kranken)haus wohnende(r) Arzt/Ärtzin *f*; (*in private clinic etc*) Haus- *or* Anstaltsarzt *m*/-ärztin *f*; **house plant** *n* Zimmerpflanze *f*; **house-proud** *adj* **she is ~** sie ist eine penible Hausfrau; **house rule** *n* (Bestimmung der) Hausordnung *f*; **house-sit** *vi* **to ~ for sb** *während jds Abwesenheit in dessen Haus/Wohnung einziehen, um darauf aufzupassen;* **house surgeon** *n* im (Kranken)haus wohnende(r) Chirurg(in *f*) *m*; (*in private clinic*) Haus- *or* Anstaltschirurg(in *f*) *m*; **house-to-house** *adj collection* Haus-; **a ~ search** eine Suche *or* Fahndung von Haus zu Haus; **to conduct ~ enquiries** von Haus zu Haus gehen und fragen; **housetop** *n* (Haus)dach *nt*; **house-train** *vt* stubenrein machen; **house-trained** *adj* stubenrein; **house-warming (party)** *n* Einzugsparty *f*; **to have a ~ (party)** Einzug feiern; **housewife** *n* (*person*) Hausfrau *f*; **housework** *n* Hausarbeit *f*.

housing ['haʊzɪŋ] *n* **1.** (*act*) Unterbringung *f*. **2.** (*houses*) Wohnungen *pl*; (*temporary*) Unterkunft *f*. **3.** (*provision of houses*) Wohnungsbeschaffung *f*; (*building of houses*) Wohnungsbau *m*. **4.** (*Tech*) Gehäuse *nt*.

housing *in cpds* Wohnungs-; **housing association** *n* Wohnungsbaugesellschaft *f*; **housing benefit** *n* Wohngeld *nt*; **housing conditions** *npl* Wohnbedingungen *or* verhältnisse *pl*; **housing development** *or* (*Brit also*) **estate** *n* Wohnsiedlung *f*; **housing programme** *n* Wohnungsbeschaffungsprogramm *nt*; **housing scheme** *n* (*estate*) Siedlung *f*; (*project*) Siedlungsbauvorhaben *nt*.

hove [həʊv] *pret, ptp of* **heave I 4., II 3.**

hovel ['hɒvəl] *n* armselige Hütte; (*fig pej*) Bruchbude *f*, Loch *nt* (*inf*). **my humble ~** (*hum*) meine bescheidene Hütte.

hover ['hɒvəʳ] *vi* **1.** schweben; (*bird also*) stehen.

2. (*fig*) **a smile ~ed on her lips** ein Lächeln lag auf ihren Lippen; **she ~ed on the verge of tears/of a decision** sie war den Tränen nahe/sie schwankte in ihrer Entscheidung; **to ~ on the brink of disaster** am Rande des Ruins stehen.

3. (*fig: stand around*) herumstehen. **to ~ over sb** jdm nicht von der Seite weichen; **he's always ~ing over me** ich habe ihn ständig auf der Pelle (*inf*).

◆**hover about** *or* **around I** *vi* (*persons*) herumlungern, herumhängen; (*helicopter, bird*) (in der Luft) kreisen.

II *vi +prep obj* **to ~ ~ sb/sth** um jdn/etw herumschleichen *or* -streichen, sich um jdn/etw herumdrücken; **the hostess ~ed ~ her guests** die Gastgeberin umsorgte ihre Gäste mit (über) großer Aufmerksamkeit.

hovercraft *n* Luftkissenfahrzeug, Hovercraft *nt*; **hoverport** *n* Anlegestelle *f* für Hovercrafts; **hovertrain** *n* Schwebezug *m*.

how¹ [haʊ] *adv* **1.** (*in what way*) wie. **~ will we ever survive?** wie sollen *or* können wir nur *or* bloß überleben?; **~ so?, ~'s that?, ~ come?** (*inf*) wieso (denn das)?, wie kommt (denn) das?; **~ is it that ...?** wie kommt es, daß ...?; **I see ~ it is** ich verstehe (schon); **~ do you know that?** woher wissen Sie das?; **to learn/know ~ to do sth** lernen/wissen, wie man etw macht; **I'd like to learn ~ to swim/drive** *etc* ich würde gerne schwimmen/Auto fahren *etc* lernen.

2. (*in degree, quantity*) wie. **~ much** (*+n, adj, adv*) wieviel; (*+vb*) wie sehr; (*+vbs of physical action*) wieviel; **~ much do you visit them/go out?** wie oft besuchen Sie sie/gehen Sie aus?; **~ many** wieviel, wie viele.

3. (*regarding health, general situation*) **~ do you do?** (*on introduction*) Guten Tag/Abend!, angenehm! (*form*); **~ are you?** wie geht es Ihnen?; **~'s work/the pound?** *etc* was macht die Arbeit/das Pfund? (*inf*); **~ are things at school/in the office?** wie geht's in der Schule/im Büro? *etc*.

4. ~ about ...? wie wäre es mit ...?; **~ about going for a walk?** wie wär's mit einem Spaziergang?

5. and ~! und ob *or* wie!; **~ he's grown!** er ist aber *or* vielleicht groß geworden.

how² *interj* (*Indian greeting*) hugh.

howdy ['haʊdɪ] *interj* (*esp US inf*) Tag (*inf*).

how-d'ye-do ['haʊdjə'du:] (*inf*) **I** *interj* Tag (*inf*), Tagchen (*inf*). **II** *n* (*palaver, fuss*) Theater *nt*; (*argument also*) Krach *m*. **a fine** *or* **pretty ~** eine schöne Bescherung (*inf*).

however [haʊ'evəʳ] **I** *conj* **1.** jedoch, aber. **~, we finally succeeded** wir haben es schließlich doch noch geschafft.

2. (*inf: oh well*) na ja (*inf*), nun ja (*inf*).

II *adv* **1.** (*no matter how*) wie ... auch, egal wie (*inf*); (*in whatever way*) wie. **~ strong he is** wie stark er auch ist, egal wie stark er ist (*inf*); **~ you do it** wie immer du es machst, wie du es auch machst; **do it ~ you like** mach's, wie du willst; **buy it ~ expensive it is** kaufen Sie es, egal, was es kostet; **~ that may be** wie dem auch sei.

2. (*in question*) wie ... bloß *or* nur. **~ did you manage it?** wie hast du das bloß *or* nur geschafft?

howitzer ['haʊɪtsəʳ] *n* Haubitze *f*.

howl [haʊl] **I** *n* **1.** Schrei *m*; (*of animal, wind*) Heulen *nt no pl*. **the dog let out a ~** der Hund heulte auf *or* jaulte; **a ~ of pain** ein Schmerzensschrei; **~s of excitement/rage** aufgeregtes/wütendes Geschrei *or* Gebrüll; **~s of laughter** brüllendes Gelächter; **~s (of protest)** Protestgeschrei *nt*.
2. (*from loudspeaker*) Pfeifen *nt no pl*, Rückkopp(e)lung *f*.
II *vi* **1.** (*person*) brüllen, schreien; (*animal*) heulen, jaulen; (*wind*) heulen. **to ~ with laughter** in brüllendes Gelächter ausbrechen.
2. (*weep noisily*) heulen; (*baby*) schreien, brüllen (*inf*).
3. (*Elec: loudspeaker*) rückkoppeln, pfeifen.
III *vt* hinausbrüllen, hinausschreien. **they ~ed their disapproval** sie äußerten lautstark ihr Mißfallen.

◆**howl down** *vt sep* niederbrüllen, niederschreien.

howler ['haʊləʳ] *n* (*inf*) Hammer (*sl*), Schnitzer (*inf*) *m*. **stylistic ~** Stilblüte *f* (*hum*).

howling ['haʊlɪŋ] **I** *n* (*of person*) Gebrüll, Geschrei *nt*; (*noisy crying, of animal*) Heulen, Geheul *nt*; (*of wind*) Heulen *nt*. **II** *adj* **1.** (*lit*) heulend. **2.** (*inf: tremendous*) enorm; *success also* Riesen-.

HP, hp *abbr of* **1. hire purchase.**
2. horse power PS.

HQ *abbr of* **headquarters.**

HRH *abbr of* **His/Her Royal Highness** S.M./I.M.

ht *abbr of* **height.**

hub [hʌb] *n* **1.** (*of wheel*) (Rad)nabe *f*. **2.** (*fig*) Zentrum *nt*, Mittelpunkt *m*. **the ~ of the universe** der Nabel der Welt.

hubbub ['hʌbʌb] *n* Tumult *m*. **a ~ (of noise)** ein Radau *m*; **a ~ of voices** ein Stimmengewirr *nt*.

hubby ['hʌbɪ] *n* (*inf*) Mann *m*.

hubcap ['hʌbkæp] *n* Radkappe *f*.

huckleberry ['hʌklbərɪ] *n* amerikanische Heidelbeere.

huckster ['hʌkstəʳ] *n* **1.** (*hawker*) Straßenhändler(in *f*) *m*. **2.** (*US inf*) Reklamefritze *m* (*inf*).

huddle ['hʌdl] **I** *n* (wirrer) Haufen *m*; (*of people*) Gruppe *f*. **in a ~** dicht zusammengedrängt; **to go into a ~** (*inf*) die Köpfe zusammenstecken.
II *vi* (*also* **to be ~d**) (sich) kauern.

◆**huddle down** *vi* sich kuscheln.

◆**huddle together** *vi* sich aneinanderkauern. **to be ~d ~** aneinanderkauern.

◆**huddle up** *vi* sich zusammenkauern. **to be ~d ~** zusammenkauern; **to ~ ~ against sb/sth** sich an jdn/etw kauern.

hue¹ [hju:] *n* (*colour*) Farbe *f*; (*shade*) Schattierung *f*; (*fig: political leaning*) Schattierung, Färbung, Couleur (*geh*) *f*.

hue² *n*: **~ and cry** Zeter und Mordio (*against* gegen); **to set up** *or* **raise a ~ and cry** Zeter und Mordio schreien.

huff [hʌf] **I** *n* **to be/go off in a ~** beleidigt *or* eingeschnappt sein/abziehen (*inf*); **to get into a ~** einschnappen (*inf*), den Beleidigten spielen. **II** *vi* **to ~ and puff** (*inf*) schnaufen und keuchen.

huffily ['hʌfɪlɪ] *adv* beleidigt.

huffiness ['hʌfɪnɪs] *n* Beleidigtsein *nt*; (*touchiness*) Empfindlichkeit *f*.

huffy ['hʌfɪ] *adj* (+*er*) (*in a huff*) beleidigt; (*touchy*) empfindlich. **to get/be ~ about sth** wegen etw eingeschnappt (*inf*) *or* beleidigt sein.

hug [hʌg] **I** *n* Umarmung *f*. **to give sb a ~** jdn umarmen.
II *vt* **1.** (*hold close*) umarmen; (*bear etc also*) umklammern; (*fig*) *hope, belief* sich klammern an (+*acc*). **to ~ sb/sth to oneself** jdn/etw an sich (*acc*) pressen *or* drücken.
2. (*keep close to*) sich dicht halten an (+*acc*); (*car, ship etc also*) dicht entlangfahren an (+*dat*).
III *vr* **1. to ~ oneself to keep warm** die Arme verschränken, damit einem warm ist. **2. to ~ oneself about sth** (*fig*) sich zu etw beglückwünschen.

huge [hju:dʒ] *adj* (+*er*) riesig, gewaltig; *cheek, lie, mistake, appetite, thirst, town also* Riesen-.

hugely ['hju:dʒlɪ] *adv* ungeheuer; *enjoy, be pleased also* riesig.

hugeness ['hju:dʒnɪs] *n* Größe *f*, (gewaltiges/riesiges) Ausmaß.

Huguenot ['hju:gənəʊ] **I** *adj* hugenottisch, Hugenotten-.
II *n* Hugenotte *m*, Hugenottin *f*.

hulk [hʌlk] *n* **1.** (*Naut: body of ship*) (Schiffs)rumpf *m*. **2.** (*inf: person*) Klotz *m* (*inf*). **3.** (*wrecked vehicle*) Wrack *nt*; (*building etc*) Ruine *f*.

hulking ['hʌlkɪŋ] *adj*: **~ great, great ~** massig; **a great ~ wardrobe** ein Ungetüm *nt* von einem Kleiderschrank.

hull¹ [hʌl] *n* (*Naut*) Schiffskörper *m*; (*Aviat*) Rumpf *m*.

hull² **I** *n* Hülse *f*; (*of peas also*) Schote *f*; (*of barley, oats also*) Spelze *f*; (*of strawberries*) Blättchen *nt*. **II** *vt* schälen; *beans, peas* enthülsen, ausmachen (*inf*); *strawberries etc* entstielen.

hullabaloo [ˌhʌləbəˈlu:] *n* (*inf*) Spektakel *m*.

hum [hʌm] **I** *n* **1.** *see vi 1.* Summen *nt*; Brausen *nt*; Brummen *nt*; Surren *nt*; (*of voices*) Gemurmel *nt*.
2. (*inf: smell*) Gestank *m* (*inf*). **to give off a ~** stinken (*inf*).
II *vi* **1.** (*insect, person*) summen; (*traffic*) brausen; (*engine, electric tool, wireless, top etc*) brummen; (*small machine, camera etc*) surren. **the lines were/the office was ~ming with the news** (*fig*) die Drähte liefen heiß/im Büro sprach man von nichts anderem.
2. (*fig inf: party, concert*) in Schwung kommen. **the headquarters was ~ming with activity** im Hauptquartier ging es zu wie in einem Bienenstock.
3. to ~ and haw (*inf*) herumdrucksen (*inf*) (*over, about* um).
4. (*inf: smell*) stinken (*inf*).
III *vt music, tune* summen.
IV *interj* hm.

human ['hju:mən] **I** *adj* menschlich. **~ race** menschliche Rasse, Menschengeschlecht *nt* (*liter*); **she's only ~** sie ist auch nur ein Mensch; **that's only ~** das ist doch menschlich; **~ interest** die menschliche Seite; **~ chain** Menschenkette *f*; **~ error: the accident was caused through ~ error** das Unglück wurde durch menschliches Versagen verursacht; **~ nature** die menschliche Natur; **the ~ touch** die menschliche Wärme; **~ rights** Menschenrechte *pl*; **this is a ~ rights issue** das ist eine Frage der Menschenrechte; **~ rights activist** Menschenrechtler(in *f*) *m*.

II *n* (*also* **~ being**) Mensch *m*.

humane [hju:'meɪn] *adj* human, menschlich. **~ killer** Mittel *nt* zum schmerzlosen Töten; **~ society** *Gesellschaft f zur Verhinderung von Grausamkeiten an Mensch und Tier*.

humanely [hju:'meɪnlɪ] *adv see adj*.

humanism ['hju:mənɪzəm] *n* Humanismus *m*.

humanist ['hju:mənɪst] **I** *n* Humanist(in *f*) *m*. **II** *adj* humanistisch.

humanistic [ˌhju:mə'nɪstɪk] *adj* humanistisch.

humanitarian [hju:ˌmænɪ'tɛərɪən] **I** *n* Vertreter(in *f*) *m* des Humanitätsgedankens. **II** *adj* humanitär.

humanity [hju:'mænɪtɪ] *n* **1.** (*mankind*) die Menschheit. **2.** (*human nature*) Menschlichkeit, Menschenhaftigkeit *f*. **3.** (*humaneness*) Humanität, Menschlichkeit *f*. **4. humanities** *pl* Geisteswissenschaften *pl*; (*Latin and Greek*) Altphilologie *f*.

humanize ['hju:mənaɪz] *vt* humanisieren.

humankind [ˌhju:mən'kaɪnd] *n* die Menschheit.

humanly ['hju:mənlɪ] *adv* menschlich. **to do all that is ~ possible** alles menschenmögliche tun.

humble ['hʌmbl] **I** *adj* (*+er*) (*unassuming*) bescheiden; (*meek, submissive, Rel*) demütig; *apology also* zerknirscht; (*lowly*) einfach, bescheiden. **my ~ apologies!** ich bitte inständig um Verzeihung!; **of ~ birth** *or* **origin** von niedriger Geburt *or* Herkunft; **in my ~ opinion** meiner bescheidenen Meinung nach; **to eat ~ pie** klein beigeben; *see* **servant.**

II *vt* demütigen. **to ~ oneself** sich demütigen *or* erniedrigen.

humble-bee ['hʌmblˌbi:] *n* Hummel *f*.

humbleness ['hʌmblnɪs] *n* Bescheidenheit *f*; (*lowliness also*) Einfachheit *f*; (*meekness, submissiveness*) Demut *f*.

humbly ['hʌmblɪ] *adv* (*unassumingly, with deference*) demütig (*esp Rel*), bescheiden; (*in a lowly way*) einfach, bescheiden. **I ~ submit this little work** in aller Bescheidenheit überreiche ich diese kleine Arbeit.

humbug ['hʌmbʌg] *n* **1.** (*Brit: sweet*) Pfefferminzbonbon *m or nt*. **2.** (*inf: talk*) Humbug, Mumpitz *m* (*inf*). **3.** (*inf: person*) Gauner, Halunke *m*.

humdinger ['hʌmdɪŋə^r] *n* (*sl: person, thing*) **to be a ~** Spitze *or* große Klasse sein (*sl*).

humdrum ['hʌmdrʌm] *adj* stumpfsinnig.

humid ['hju:mɪd] *adj* feucht.

humidifier [hju:'mɪdɪfaɪə^r] *n* Luftbefeuchter *m*; (*humidification system*) Luftbefeuchtungsanlage *f*.

humidify [hju:'mɪdɪfaɪ] *vt* befeuchten.

humidity [hju:'mɪdɪtɪ] *n* (Luft)feuchtigkeit *f*.

humiliate [hju:'mɪlɪeɪt] *vt see n* demütigen, erniedrigen; beschämen.

humiliation [hju:ˌmɪlɪ'eɪʃən] *n* Demütigung, Erniedrigung *f*; (*because of one's own actions*) Beschämung *f no pl*. **much to my ~** sehr zu meiner Schande *or* Beschämung.

humility [hju:'mɪlɪtɪ] *n* Demut *f*; (*unassumingness*) Bescheidenheit *f*.

humming ['hʌmɪŋ] *n see vi II 1.* Summen *nt*; Brausen *nt*; Brummen *nt*; Surren *nt*; (*of voices*) Murmeln, Gemurmel *nt*.

hummingbird *n* Kolibri *m*; **humming top** *n* Brummkreisel *m*.

hummock ['hʌmək] *n* (kleiner) Hügel.

humor *etc* (*US*) *see* **humour** *etc*.

humorist ['hju:mərɪst] *n* Humorist(in *f*) *m*.

humorous ['hju:mərəs] *adj person* humorvoll; *book, story also, situation* lustig, komisch; *speech also* launig; *idea, thought* witzig; *smile, programme* lustig, heiter.

humorously ['hju:mərəslɪ] *adv* humorvoll, witzig; *reflect, smile* heiter.

humour, (*US*) humor ['hju:mə^r] **I** *n* **1.** Humor *m*. **a sense of ~** (Sinn *m* für) Humor *m*; **I don't see the ~ in that** ich finde das gar nicht komisch.

2. (*mood*) Stimmung, Laune *f*. **to be in a good/in high ~** in guter/ausgezeichneter Stimmung sein, gute/glänzende *or* ausgezeichnete Laune haben; **with good ~** gutgelaunt; **to be out of ~** schlechte Laune haben, schlecht gelaunt sein.

II *vt* **to ~ sb** jdm seinen Willen lassen *or* tun; **do it just to ~ him** tu's doch, damit er seinen Willen hat; **to ~ sb's wishes** jdm seinen Willen lassen.

humourless, (*US*) humorless ['hju:məlɪs] *adj* humorlos, ohne jeden Humor; *speech, book also* trocken.

hump [hʌmp] **I** *n* **1.** (*Anat*) Buckel *m*; (*of camel*) Höcker *m*.

2. (*hillock*) Hügel, Buckel (*esp S Ger*) *m*. **we're over the ~ now** (*fig*) wir sind jetzt über den Berg.

II *vt* **1. to ~ one's back** einen Buckel machen.

2. (*inf: carry*) schleppen; (*on back, shoulders*) auf dem Rücken/den Schultern tragen *or* schleppen.

humpback *n* (*person*) Buck(e)lige(r) *mf*; (*back*) Buckel *m*; **humpbacked** *adj person* buck(e)lig; *bridge* gewölbt.

humpy ['hʌmpɪ] *adj* (*+er*) *country* hügelig, buckelig (*esp S Ger*).

humus ['hju:məs] *n* Humus *m*.

Hun [hʌn] *n* **1.** (*Hist*) Hunne *m*, Hunnin *f*. **2.** (*pej inf*) Teutone *m* (*pej*), Teutonin *f* (*pej*), Boche *m* (*pej*).

hunch [hʌntʃ] **I** *n* **1.** (*hump on sb's back*) Buckel *m*.

2. (*premonition*) Gefühl *nt*, Ahnung *f*.

II *vt* (*also* **~ up**) *back* krümmen;

shoulders hochziehen. **to ~ (up) one's back** einen Buckel machen, den Rücken krümmen; **he was ~ed (up) over his desk** er saß über seinen Schreibtisch gebeugt; **~ed up with pain** vor Schmerzen gekrümmt.

hunchback *n* (*person*) Buck(e)lige(r) *mf*; (*back*) Buckel *m*.

hundred ['hʌndrɪd] **I** *adj* hundert. **a** *or* **one ~ years** (ein)hundert Jahre; **two/several ~ years** zweihundert/mehrere hundert Jahre; **a** *or* **one ~ and one** (*lit*) (ein)hundert(und)eins; (*fig*) tausend; **(one) ~ and first/second** *etc* hundert(und)erste(r, s)/-zweite(r, s) *etc*; **a** *or* **one ~ thousand** (ein)hunderttausend; **a ~-mile walk** ein Hundertmeilenmarsch; **a** *or* **one ~ per cent** hundert Prozent; **I'm not a** *or* **one ~ per cent fit** ich bin nicht hundertprozentig fit; **a** *or* **one ~ per cent inflation** eine Inflationsrate von hundert Prozent; **never in a ~ years!** nie im Leben!

II *n* hundert *num*; (*written figure*) Hundert *f*. **~s** (*lit, fig*) Hunderte *pl*; (*Math: figures in column*) Hunderter *pl*; **to count in ~s/up to a** *or* **one ~** in Hunderten/bis hundert zählen; **one in a ~** einer unter hundert; **eighty out of a ~** achtzig von hundert; **an audience of a** *or* **one/two ~** hundert/zweihundert Zuschauer; **~s of times** hundertmal, Hunderte von Malen; **~s and ~s** Hunderte und aber Hunderte; **~s of** *or* **and thousands** Hunderttausende *pl*; **he earned nine ~ a month** er verdiente neunhundert im Monat; **I'll lay (you) a ~ to one** ich wette hundert gegen eins; **to sell sth by the ~** (*lit, fig*) etw im Hundert verkaufen; **it'll cost you a ~** das wird dich einen Hunderter kosten; **to live to be a ~** hundert Jahre alt werden; **they came in (their) ~s** *or* **by the ~** sie kamen zu Hunderten.

hundredfold ['hʌndrɪdfəʊld] *adj, adv* hundertfach.

hundredth ['hʌndrɪdθ] **I** *adj* (*in series*) hundertste(r, s); (*of fraction*) hundertstel. **II** *n* Hundertste(r, s) *decl as adj*; (*fraction*) Hundertstel *nt*; *see also* **sixth.**

hundredweight ['hʌndrɪdweɪt] *n* Zentner *m*; (*Brit*) 50,8 kg; (*US*) 45,4 kg.

hung [hʌŋ] **I** *pret, ptp of* **hang. II** *adj* **1. ~ parliament** Parlament *nt* ohne klare Mehrheitsverhältnisse; **the election resulted in a ~ parliament** die Wahl führte zu einem parlamentarischen Patt. **2. the way he's ~** (*inf: sexually*) wie er ausgestattet ist (*inf*).

Hungarian [hʌŋ'gɛərɪən] **I** *adj* ungarisch. **II** *n* **1.** (*person*) Ungar(in *f*) *m*. **2.** (*language*) Ungarisch *nt*.

Hungary ['hʌŋgərɪ] *n* Ungarn *nt*.

hunger ['hʌŋgəʳ] *n* **1.** (*lit*) Hunger *m*. **to die of ~** verhungern; **to go on (a) ~ strike** in (den) Hungerstreik treten; **~ march** Hungermarsch *m*. **2.** (*fig*) Hunger *m* (*for* nach).

◆**hunger after** *or* **for** *vi +prep obj* (*liter*) hungern nach; *news* sehnsüchtig warten auf (*+acc*).

hung over *adj* **to be ~** einen Kater haben (*inf*).

hungrily ['hʌŋgrɪlɪ] *adv* (*lit, fig*) hungrig.

hungry ['hʌŋgrɪ] *adj* (*+er*) **1.** (*lit*) hungrig. **to be** *or* **feel/get ~** Hunger haben/bekommen; **to go ~** hungern.

2. (*fig*) hungrig; *soil* mager, karg. **~ for knowledge/love/power** bildungs-/liebes-/machthungrig; **to be ~ for news** sehnsüchtig auf Nachricht warten; **to be ~ for fame/riches/company** sich nach Ruhm/Reichtum/Gesellschaft sehnen.

hung-up [ˌhʌŋ'ʌp] *adj* (*inf*) **to be/get ~ (about sth)** (*be neurotic*) (wegen etw) einen Knacks weghaben (*inf*)/(wegen etw) durchdrehen (*inf*); (*have complex*) Komplexe (wegen etw) haben/kriegen; **he's really ~ about things like that** wenn es darum geht, hat er einen richtigen Knacks weg (*inf*); **he's ~ on drugs** (*sl*) er kommt von den Drogen nicht mehr los; **he's ~ on her** (*sl*) er steht auf sie (*sl*).

hunk [hʌŋk] *n* **1.** Stück *nt*. **2.** (*fig inf: man*) **a gorgeous ~ (of a man)** ein *Mann*! (*inf*).

hunky-dory ['hʌŋkɪ'dɔːrɪ] *adj* (*inf*) **that's ~** das ist in Ordnung.

hunt [hʌnt] **I** *n* Jagd *f*; (*huntsmen*) Jagd(gesellschaft) *f*; (*fig: search*) Suche *f*. **the ~ is on** *or* **up** die Suche hat begonnen; **to have a ~ for sth** eine Suche nach etw veranstalten; **to be on the ~ for sth** (*for animal*) etw jagen, auf etw (*acc*) Jagd machen; (*fig*) auf der Suche *or* Jagd nach etw sein (*inf*).

II *vt* **1.** (*Hunt*) jagen; (*search for*) *criminal also* fahnden nach; *missing article etc* suchen; *missing person* suchen, fahnden nach.

2. to ~ on horse/to hounds zu Pferd/mit Hunden jagen.

III *vi* **1.** (*Hunt*) jagen. **to go ~ing** jagen, auf die Jagd gehen.

2. (*to search*) suchen (*for, after* nach). **to ~ for an animal** auf ein Tier Jagd machen.

◆**hunt about** *or* **around** *vi* herumsuchen *or* -kramen (*for* nach).

◆**hunt down** *vt sep animal, person* (unerbittlich) Jagd machen auf (*+acc*); (*capture*) zur Strecke bringen.

◆**hunt out** *vt sep* heraussuchen, hervorkramen (*inf*); *person, facts* ausfindig machen, aufstöbern (*inf*).

◆**hunt up** *vt sep history, origins* Nachforschungen anstellen über (*+acc*), forschen nach (*+dat*); *person also, facts* auftreiben (*inf*), ausfindig machen; *old clothes, records etc* kramen nach (*+dat*), hervorkramen.

hunter ['hʌntəʳ] *n* **1.** (*person*) Jäger *m*; (*horse*) Jagdpferd *nt*; (*dog*) Jagdhund *m*. **2.** (*watch*) Sprungdeckeluhr *f*. **3.** (*Astron*) **the H~** Orion *m*.

hunter-killer *n* Jagd-U-Boot *nt*.

hunting ['hʌntɪŋ] *n* **1.** die Jagd, das Jagen. **2.** (*fig: search*) Suche *f* (*for* nach).

hunting *in cpds* Jagd-; **hunting box** *n* Jagdhütte *f*; **hunting lodge** *n* Jagdhütte *f*; (*larger*) Jagdschloß *nt*; **hunting pink** *n* (*colour*) Rot *nt* (*des Reitrockes*); (*clothes*) roter (Jagd)rock.

huntress ['hʌntrɪs] *n* Jägerin *f*.

huntsman ['hʌntsmən] *n, pl* **-men** [-mən]

Jagdreiter *m*.

huntswoman ['hʌntswʊmən] *n, pl* **-women** [-wɪmɪn] Jagdreiterin *f*.

hurdle ['hɜːdl] **I** *n* (*Sport, fig*) Hürde *f*. **~s** *sing* (*race*) Hürdenlauf *m*; (*Horseracing*) Hürdenrennen *nt*.

II *vt fence* nehmen.

III *vi* Hürdenlauf machen.

hurdler ['hɜːdləʳ] *n* (*Sport*) Hürdenläufer(in *f*) *m*.

hurdy-gurdy ['hɜːdɪˌgɜːdɪ] *n* Leierkasten *m*, Drehorgel; (*musical instrument*) Drehleier *f*.

hurl [hɜːl] *vt* schleudern. **to ~ oneself at sb/into the fray** sich auf jdn/in das Getümmel stürzen; **to ~ insults at sb** jdm Beleidigungen entgegenschleudern.

hurly-burly ['hɜːlɪ'bɜːlɪ] *n* Getümmel *nt*, Rummel *m* (*inf*).

hurrah [hʊ'rɑː], **hurray** [hʊ'reɪ] *interj* hurra. **~ for the king!** ein Hoch dem König!

hurricane ['hʌrɪkən] *n* Orkan *m*; (*tropical*) Hurrikan *m*. **~ force** Orkanstärke *f*; **~ lamp** Sturmlaterne *f*.

hurried ['hʌrɪd] *adj* eilig; *letter, essay* eilig *or* hastig geschrieben; *ceremony* hastig durchgeführt, abgehaspelt (*inf*); *work* in Eile gemacht; (*with little preparation*) *departure, wedding etc* überstürzt.

hurriedly ['hʌrɪdlɪ] *adv* eilig.

hurry ['hʌrɪ] **I** *n* Eile *f*. **it was rather a ~ (for us) to be ready** es war eine ziemliche Hetze, bis wir fertig waren; **in my ~ to get it finished ...** vor lauter Eile, damit fertig zu werden ...; **to do sth in a ~** etw schnell *or* (*too fast*) hastig tun; **I need it in a ~** ich brauche es schnell *or* eilig *or* dringend; **to be in a ~** es eilig haben, in Eile sein; **I won't do that again in a ~!** (*inf*) das mache ich so schnell nicht wieder!; **what's the/your ~?** was soll die Eile *or* Hast/warum (hast du's) so eilig?; **there's no ~** es eilt nicht, es hat Zeit.

II *vi* sich beeilen; (*run/go quickly*) laufen, eilen (*geh*). **there's no need to ~** kein Grund zur Eile; **don't ~!** laß dir Zeit!, immer mit der Ruhe! (*inf*); **I must ~ back** ich muß schnell zurück.

III *vt person* (*make act quickly*) (zur Eile) antreiben; (*make move quickly*) scheuchen (*inf*); *work etc* beschleunigen, schneller machen; (*do too quickly*) überstürzen. **troops were hurried to the spot** es wurden schleunigst Truppen dorthin gebracht; **don't ~ me** hetz mich nicht so!

◆**hurry along I** *vi* sich beeilen. **~ ~ there, please!** schnell weitergehen, bitte!; **to ~ ~ the road** die Straße entlanglaufen. **II** *vt sep person* weiterdrängen; (*with work*) zur Eile antreiben; *things, work* vorantreiben, beschleunigen.

◆**hurry away** *or* **off I** *vi* schnell weggehen, forteilen (*geh*). **II** *vt sep* schnell wegbringen.

◆**hurry on I** *vi* weiterlaufen; (*verbally, with work*) weitermachen. **II** *vt sep person* weitertreiben; (*with work*) antreiben.

◆**hurry out I** *vi* hinauslaufen *or* -eilen. **II** *vt sep* schnell hinausbringen *or* -treiben.

◆**hurry up I** *vi* sich beeilen. **~ ~!** Beeilung!, beeil dich! **II** *vt sep person* zur Eile antreiben; *work* vorantreiben, beschleunigen.

hurt [hɜːt] (*vb: pret, ptp* **~**) **I** *vt* **1.** (*lit, fig*) (*cause pain*) *person, animal* weh tun (+*dat*); (*injure*) verletzen. **to ~ oneself** sich (*dat*) weh tun; **to ~ one's arm** sich (*dat*) am Arm weh tun; (*injure*) sich (*dat*) den Arm verletzen; **my arm is ~ing me** mein Arm tut mir weh, mir tut der Arm weh.

2. (*harm*) schaden (+*dat*). **it won't ~ him to wait** es schadet ihm gar nicht(s), wenn er etwas wartet *or* warten muß.

II *vi* **1.** (*be painful*) weh tun; (*fig also*) verletzend sein. **that ~s!** (*lit, fig*) das tut weh!

2. (*do harm*) schaden. **but surely a little drink won't ~** aber ein kleines Gläschen kann doch wohl nicht schaden.

III *n* Schmerz *m*; (*to feelings*) Verletzung *f* (*to gen*); (*to reputation*) Schädigung *f* (*to gen*).

IV *adj limb, feelings* verletzt; *tone, look* gekränkt.

hurtful ['hɜːtfʊl] *adj words, action* verletzend.

hurtfully ['hɜːtfəlɪ] *adv see adj*.

hurtle ['hɜːtl] *vi* rasen. **the car was hurtling along** das Auto sauste *or* brauste dahin; **he came hurtling round the corner** er kam um die Ecke gerast.

husband ['hʌzbənd] **I** *n* Ehemann *m*. **my/her** *etc* **~** mein/ihr *etc* Mann. **II** *vt strength, resources* haushalten mit, sparsam umgehen mit.

husbandry ['hʌzbəndrɪ] *n* **1.** (*management*) Haushalten, Wirtschaften *nt*. **2.** (*farming*) Landwirtschaft *f*.

hush [hʌʃ] **I** *vt person* zum Schweigen bringen; (*soothe*) *fears etc* beschwichtigen. **II** *vi* still sein. **III** *n* Stille *f*. **IV** *interj* pst.

◆**hush up** *vt sep* vertuschen.

hushed [hʌʃt] *adj voices* gedämpft; *words* leise. **in ~ tones** mit gedämpfter Stimme.

hush-hush ['hʌʃ'hʌʃ] *adj* (*inf*) streng geheim.

hush-money ['hʌʃmʌnɪ] *n* Schweigegeld *nt*.

husk [hʌsk] **I** *n* Schale *f*; (*of wheat*) Spelze *f*; (*of maize*) Hüllblatt *nt*; (*of rice also*) Hülse *f*. **II** *vt* schälen.

huskily ['hʌskɪlɪ] *adv* mit rauher Stimme; (*hoarsely*) heiser, mit heiserer Stimme.

huskiness ['hʌskɪnɪs] *n* Rauheit *f*; (*hoarseness*) Heiserkeit *f*.

husky¹ ['hʌskɪ] *adj* (+*er*) **1.** rauh, belegt; *singer's voice also* rauchig; (*hoarse*) heiser. **2.** (*sturdy*) *person* stämmig.

husky² *n* (*dog*) Schlittenhund *m*.

hussy ['hʌsɪ] *n* (*pert girl*) Fratz *m* (*inf*), (freche) Göre (*inf*); (*whorish woman*) Flittchen *nt* (*pej*).

hustings ['hʌstɪŋz] *npl* (*Brit*) (*campaign*) Wahlkampf *m*; (*meeting*) Wahlveranstaltung *f*.

hustle ['hʌsl] **I** *n* (*jostling*) Gedränge *nt*; (*hurry*) Hetze, Eile *f*. **the ~ (and bustle) of the city centre** das geschäftige Treiben *or* das Gewühl (*inf*) in der Innenstadt.

II *vt* **1. to ~ sb into a room** *etc*/**out of the building** jdn schnell in einen Raum *etc*/aus einem Gebäude bringen *or* befördern (*inf*).

2. (*fig*) drängen. **I won't be ~d into a decision** ich lasse mich nicht zu einer Entscheidung drängen.

III *vi* **1.** hasten, eilen; (*through crowd*) sich (durch)drängeln. **2.** (*solicit*) auf den Strich gehen (*inf*). **3.** (*US inf: work quickly*) sich ins Zeug legen (*inf*).

hustler ['hʌsləʳ] *n* **1.** (*prostitute*) Straßenmädchen, Strichmädchen (*inf*) *nt*; (*male*) Strichjunge *m* (*inf*). **2.** (*US inf: crook*) Gauner *m*.

hustling ['hʌslɪŋ] *n* (Straßen)prostitution *f*, der Strich (*inf*).

hut [hʌt] *n* Hütte *f*; (*Mil*) Baracke *f*.

hutch [hʌtʃ] *n* Verschlag, Stall *m*.

hyacinth ['haɪəsɪnθ] *n* Hyazinthe *f*.

hyaena, hyena [haɪ'iːnə] *n* Hyäne *f*. **to laugh like a ~** wiehernd lachen.

hybrid ['haɪbrɪd] **I** *n* (*Ling*) hybride Bildung *or* Form; (*Bot, Zool*) Kreuzung *f*, Hybride *mf* (*form*); (*fig*) Mischform *f*. **II** *adj* (*Ling*) hybrid (*spec*); (*Bot, Zool*) Misch-.

hybridize ['haɪbrɪdaɪz] *vt* (*Ling*) hybridisieren (*spec*); (*Bot, Zool also*) kreuzen; (*fig*) mischen, kreuzen.

hydra ['haɪdrə] *n* (*Zool, Myth*) Hydra *f*.

hydrangea [haɪ'dreɪndʒə] *n* Hortensie *f*.

hydrant ['haɪdrənt] *n* Hydrant *m*.

hydrate ['haɪdreɪt] **I** *n* Hydrat *nt*. **II** [haɪ'dreɪt] *vt* hydratisieren.

hydrated [haɪ'dreɪtɪd] *adj* wasserhaltig.

hydraulic [haɪ'drɒlɪk] *adj* hydraulisch.

hydraulics [haɪ'drɒlɪks] *n sing* Hydraulik *f*.

hydro ['haɪdrəʊ] *n* Kurhotel *nt* (*mit Hydrotherapie*).

hydro- ['haɪdrəʊ-] *pref* (*concerning water*) Hydro-, hydro-, Wasser-, wasser-; (*Chem*) (*+n*) -wasserstoff *m*. **hydrocarbon** *n* Kohlenwasserstoff *m*; **hydrocephalic** [ˌhaɪdrəʊse'fælɪk] *adj* wasserköpfig, mit einem Wasserkopf; **hydrocephalus** [ˌhaɪdrəʊ'sefələs] *n* Wasserkopf *m*; **hydrochloric acid** *n* Salzsäure *f*; **hydrodynamics** *n sing or pl* Hydrodynamik *f*; **hydroelectric** *adj* hydroelektrisch; **hydroelectric power** *n* durch Wasserkraft erzeugte Energie; **hydroelectric power station** *n* Wasserkraftwerk *nt*; **hydroelectricity** *n* durch Wasserkraft erzeugte Energie; **hydrofoil** *n* (*boat*) Tragflächen- *or* Tragflügelboot *nt*; (*fin*) Tragfläche *f or* -flügel *m*.

hydrogen ['haɪdrɪdʒən] *n* Wasserstoff *m*, Hydrogenium *nt* (*spec*). **~ bomb** Wasserstoffbombe *f*; **~ bond** Wasserstoffbrücke(nbindung) *f*; **~ sulphide** (*gas*) Schwefelwasserstoff *m*.

hydrology [haɪ'drɒlədʒɪ] *n* Hydrologie *f*.

hydrolysis [haɪ'drɒlɪsɪs] *n* Hydrolyse *f*.

hydrometer [haɪ'drɒmɪtəʳ] *n* Hydrometer *nt*.

hydrophobia *n* Hydrophobie (*spec*), Wasserscheu *f*; (*rabies*) Tollwut *f*; **hydroplane** *n* **1.** (*Aviat: aircraft*) Wasserflugzeug, Flugboot *nt*; (*float*) Schwimmer *m*; **2.** (*Naut*) (*boat*) Gleitboot *nt*; (*of submarine*) Tiefenruder *nt*; **hydrotherapeutics** *n sing* Wasserheilkunde *f*; **hydrotherapy** *n* Wasserbehandlung *f*.

hydroxide [haɪ'drɒksaɪd] *n* Hydroxyd, Hydroxid *nt*.

hyena [haɪ'iːnə] *n see* **hyaena.**

hygiene ['haɪdʒiːn] *n* Hygiene *f*. **personal ~** Körperpflege *f*.

hygienic *adj*, **hygienically** *adv* [haɪ'dʒiːnɪk, -əlɪ] hygienisch.

hygro- ['haɪgrəʊ-] *pref* Hygro-, hygro-, (Luft)feuchtigkeits-. **~meter** ['haɪ'grɒmɪtəʳ] Hygrometer *nt*.

hymen ['haɪmen] *n* Hymen (*spec*), Jungfernhäutchen *nt*.

hymn [hɪm] *n* Kirchenlied *nt*.

hymnbook ['hɪmbʊk] *n* Gesangbuch *nt*.

hymn-singing ['hɪmˌsɪŋɪŋ] *n* Singen *nt* (von Chorälen).

hype [haɪp] (*inf*) **I** *n* Publicity *f*. **the concept is largely ~** das Konzept beruht im wesentlichen auf Publicity.

II *vt* (*also* **~ up**) *product etc* Publicity machen für.

hyped up ['haɪpt'ʌp] *adj* (*sl: on drugs*) high (*sl*).

hyper- ['haɪpəʳ] *pref* Hyper-, hyper-, Über-, über-, Super-, super-. **hyperacidity** *n* Übersäuerung, Hyperazidität (*spec*) *f*; **hyperactive** *adj* überaktiv, sehr *or* äußerst aktiv; **a ~ thyroid** eine Überfunktion der Schilddrüse.

hyperbola [haɪ'pɜːbələ] *n* (*Math*) Hyperbel *f*.

hyperbole [haɪ'pɜːbəlɪ] *n* (*Liter*) Hyperbel *f*.

hyperbolic(al) [ˌhaɪpə'bɒlɪk(əl)] *adj* (*Liter, Math*) hyperbolisch; (*Math also*) Hyperbel-.

hypercritical *adj* übertrieben kritisch; **hypermarket** *n* Großmarkt, Verbrauchermarkt *m*; **hypersensitive** *adj* überempfindlich; **hypertension** *n* Hypertonie *f*, erhöhter Blutdruck; **hypertrophy** *n* Hypertrophie *f*.

hyphen ['haɪfən] *n* Bindestrich, Divis (*spec*) *m*; (*at end of line*) Trenn(ungs-)strich *m*; (*Typ*) Divis *nt*.

hyphenate ['haɪfəneɪt] *vt* mit Bindestrich schreiben; (*Typ*) koppeln (*spec*).

hypno- [hɪpnəʊ-] *pref* Hypno-, hypno-.

hypnosis [hɪp'nəʊsɪs] *n* Hypnose *f*.

hypnotic [hɪp'nɒtɪk] **I** *adj* hypnotisch; (*hypnotizing, fig*) hypnotisierend. **II** *n* **1.** (*drug*) Hypnotikum (*spec*), Schlafmittel *nt*. **2.** (*person*) (*easily hypnotized*) leicht hypnotisierbarer Mensch; (*under hypnosis*) Hypnotisierte(r) *mf*.

hypnotism ['hɪpnətɪzəm] *n* Hypnotismus *m*; (*act*) Hypnotisierung *f*.

hypnotist ['hɪpnətɪst] *n* Hypnotiseur *m*, Hypnotiseuse *f*.

hypnotize ['hɪpnətaɪz] *vt* hypnotisieren.

hypo- [haɪpəʊ-] *pref* Hypo-, hypo.

hypochondriac [ˌhaɪpəʊ'kɒndrɪæk] **I** *n* Hypochonder(in *f*) *m*. **II** *adj* (*also* **~al** [-əl]) hypochondrisch.

hypocrisy [hɪ'pɒkrɪsɪ] *n* (*hypocritical behaviour*) Heuchelei *f*; (*sanctimony*) Scheinheiligkeit *f*.

hypocrite ['hɪpəkrɪt] *n* Heuchler(in *f*) *m*; Scheinheilige(r) *mf*.

hypocritical *adj*, **~ly** *adv* [ˌhɪpə'krɪtɪkəl, -ɪ] heuchlerisch, scheinheilig.

hypodermic [ˌhaɪpə'dɜːmɪk] **I** *adj injection* subkutan. ~ **syringe/needle** Subkutanspritze *f*/-nadel *f*; (*loosely*) Spritze *f*/Nadel *f*. **II** *n* **1.** (*syringe*) subkutane Spritze. **2.** (*injection*) subkutane Injektion.

hypothermia [ˌhaɪpəʊ'θɜːmɪə] *n* Unterkühlung *f*; Kältetod *m*.

hypothesis [haɪ'pɒθɪsɪs] *n*, *pl* **hypotheses** [haɪ'pɒθɪsiːz] Hypothese, Annahme *f*.

hypothetical [ˌhaɪpəʊ'θetɪkəl] *adj* hypothetisch, angenommen. **purely** ~ reine Hypothese.

hysterectomy [ˌhɪstə'rektəmɪ] *n* Hysterektomie (*spec*), Totaloperation *f*.

hysteria [hɪ'stɪərɪə] *n* Hysterie *f*. **mass** ~ Massenhysterie *f*.

hysterical [hɪ'sterɪkəl] *adj* hysterisch; (*inf: very funny*) wahnsinnig komisch (*inf*).

hysterically [hɪ'sterɪkəlɪ] *adv* hysterisch. **to laugh** ~ hysterisch lachen; (*fig*) vor Lachen brüllen; ~ **funny** (*inf*) irrsinnig komisch (*inf*).

hysterics [hɪ'sterɪks] *npl* Hysterie *f*, hysterischer Anfall. **to stop sb's** ~ jds Hysterie (*dat*) ein Ende machen; **to go into** ~ hysterisch werden, einen hysterischen Anfall bekommen; (*fig inf: laugh*) sich totlachen, sich nicht mehr halten können vor Lachen; **we were in** ~ **about it** (*inf*) wir haben uns darüber (halb) totgelacht (*inf*).

I

I¹, i [aɪ] *n* I, i *nt*; *see* **dot.**

I² *abbr of* **Island, Isle.**

I³ *pers pron* ich. **it is ~** (*form*) ich bin es.

iambic [aɪ'æmbɪk] **I** *adj* jambisch. **~ pentameter** fünffüßiger Jambus. **II** *n* Jambus *m*.

IATA [aɪ'ɑːtə] *abbr of* **International Air Transport Association** IATA *f*.

IBA (*Brit*) *abbr of* **Independent Broadcasting Authority** *Aufsichtsgremium nt der Fernsehanstalt ITV.*

Iberia [aɪ'bɪərɪə] *n* Iberien *nt*.

Iberian [aɪ'bɪərɪən] **I** *adj* iberisch. **~ Peninsula** Iberische Halbinsel. **II** *n* **1.** Iberer(in *f*) *m*. **2.** (*language*) Iberisch *nt*.

ib(id) *abbr of* **ibidem** ib., ibd.

ibis ['aɪbɪs] *n* Ibis *m*.

ICBM *abbr of* **intercontinental ballistic missile** Interkontinentalrakete *f*.

ice [aɪs] **I** *n* **1.** Eis *nt*; (*on roads*) (Glatt)eis *nt*. **to be as cold as ~** eiskalt sein; **my hands are like ~** ich habe eiskalte Hände; **to keep** *or* **put sth on ~** (*lit*) etw kalt stellen; (*fig*) etw auf Eis legen; **to break the ~** (*fig*) das Eis brechen; **to be** *or* **be treading** *or* **be skating on thin ~** (*fig*) sich aufs Glatteis begeben/begeben haben; **to cut no ~ with sb** (*inf*) auf jdn keinen Eindruck machen; **that cuts no ~ with me** (*inf*) das kommt bei mir nicht an.

2. (*Brit: ice-cream*) (Speise)eis *nt*, Eiskrem *f*.

3. *no pl* (*US sl: diamond*) Klunker *m* (*sl*).

II *vt* **1.** (*make cold*) (mit Eis) kühlen; (*freeze*) tiefkühlen.

2. *cake* glasieren, mit Zuckerguß überziehen.

◆**ice over** *vi* zufrieren; (*windscreen*) vereisen.

◆**ice up** *vi* (*aircraft wings, rail points, windscreen*) vereisen; (*pipes etc*) einfrieren.

ice *in cpds* Eis-; **ice age** *n* Eiszeit *f*; **ice axe** *n* Eispickel *m*; **iceberg** *n* (*lit, fig*) Eisberg *m*; **ice-blue** *adj* eisblau; **iceboat** *n* **1.** (*Sport*) Segelschlitten *m*; **2.** *see* **icebreaker**; **icebound** *adj port* zugefroren, vereist; *ship* vom Eis eingeschlossen; *road* vereist; **icebox** *n* (*Brit: in refrigerator*) Eisfach *nt*; (*US*) Eisschrank *m*; (*insulated box*) Eisbox, Kühltasche *f*; **icebreaker** *n* Eisbrecher *m*; **ice bucket** *n* Eiskühler *m*; **icecap** *n* Eisdekke, Eisschicht *f*; (*polar*) Eiskappe *f*; **ice-cold** *adj* eiskalt; **icecream** *n* Eis *nt*, Eiskrem *f*; **ice-cream parlour** *n* Eisdiele *f*; **ice cube** *n* Eiswürfel *m*.

iced [aɪst] *adj* **1.** (*cooled*) eisgekühlt; (*covered with ice*) vereist, mit Eis bedeckt. **~ coffee** Eiskaffee *m*; **2.** *cake* glasiert, mit Zuckerguß überzogen.

ice floe *n* Eisscholle *f*; **ice hockey** *n* Eishockey *nt*.

Iceland ['aɪslənd] *n* Island *nt*.

Icelander ['aɪsləndəʳ] *n* Isländer(in *f*) *m*.

Icelandic [aɪs'lændɪk] **I** *adj* isländisch. **II** *n* (*language*) Isländisch *nt*.

ice lolly *n* (*Brit*) Eis *nt* am Stiel; **ice pack** *n* Packeis *nt*; (*on head*) Eisbeutel *m*; **ice pick** *n* Eispickel *m*; **ice rink** *n* (Kunst)eisbahn, Schlittschuhbahn *f*; **ice sheet** *n* Eisschicht *f*; **ice-skate** *vi* Schlittschuh laufen *or* fahren; **ice skate** *n* Schlittschuh *m*; **ice-skating** *n* Eislauf *m*, Schlittschuhlaufen *nt*; (*figure-skating*) Eiskunstlauf *m*.

icicle ['aɪsɪkl] *n* Eiszapfen *m*.

icily ['aɪsɪlɪ] *adv* (*lit, fig*) eisig. **the wind blew ~** es wehte ein eisiger Wind; **to look ~ at sb** jdm einen eisigen Blick zuwerfen.

iciness ['aɪsɪnɪs] *n* Eiseskälte *f*, eisige Kälte; (*of road*) Vereisung *f*.

icing ['aɪsɪŋ] *n* **1.** (*Cook*) Zuckerguß *m*. **~ sugar** (*Brit*) Puderzucker *m*. **2.** (*on aircraft, rail points*) Eisbildung, Vereisung *f*.

icon ['aɪkɒn] *n* **1.** Ikone *f*. **2.** (*Comput*) Ikon *nt*, ikonisches Zeichen.

iconoclasm [aɪ'kɒnəklæzəm] *n* (*lit, fig*) Bilderstürmerei *f*.

iconoclast [aɪ'kɒnəklæst] *n* (*lit, fig*) Bilderstürmer *m*.

icy ['aɪsɪ] *adj* (+*er*) (*lit, fig*) eisig; (*covered with ice*) *road* vereist; *ground* gefroren.

I'd [aɪd] *contr of* **I would; I had.**

id [ɪd] *n* (*Psych*) Es *nt*.

ID *n* (*abbr of* **identification; identity**) **~ card** Ausweis *m*; (*state-issued*) Personalausweis *m*.

idea [aɪ'dɪə] *n* **1.** Idee *f* (*also Philos*); (*sudden also*) Einfall *m*. **good ~!** gute Idee!; **that's not a bad ~** das ist keine schlechte Idee; **what an ~!** so eine *or* was für eine Idee!; **man of ~s** Denker *m*; **the very ~!** (nein,) so was!; **the very ~ of eating horsemeat revolts me** der bloße Gedanke an Pferdefleisch ekelt mich; **the ~ never entered my head!** auf den Gedanken bin ich überhaupt nicht gekommen; **he is full of (bright) ~s** ihm fehlt es nie an (guten) Ideen; **to hit upon the ~ of doing sth** den plötzlichen Einfall haben, etw zu tun; **that gives me an ~, we could ...** da fällt mir ein, wir könnten ...; **he got the ~ for his novel while he was having a bath** die Idee zu seinem Roman kam ihm in der Badewanne; **to lack ~s** phantasielos *or* einfallslos sein; **whose bright ~ was that?** (*iro*) wer hat denn diese glänzende Idee gehabt?; **he hasn't an ~ in his head** er ist völlig ideenlos; **he's somehow got the ~ into his head that ...** er bildet sich (*dat*) irgendwie ein, daß ...; **don't get ~s** *or* **don't you go getting ~s about promotion**

machen Sie sich (*dat*) nur keine falschen Hoffnungen auf eine Beförderung; **to put ~s into sb's head** jdm einen Floh ins Ohr setzen, jdn auf dumme Gedanken bringen.

2. (*purpose*) **the ~ was to meet at 6** wir wollten uns um 6 treffen; **what's the ~ of keeping him waiting?** was soll denn das, ihn warten zu lassen?; **what's the big ~?** (*inf*) was soll das denn?; **the ~ is to ...** es ist beabsichtigt, zu ...; **that's the ~** so ist es richtig, genau (das ist's)!; **you're getting the ~** Sie verstehen langsam, worum es geht.

3. (*opinion*) Meinung, Ansicht *f*; (*conception*) Vorstellung *f*. **if that's your ~ of fun** wenn Sie das lustig finden, wenn das Ihre Vorstellung von Spaß ist; **he has some very strange ~s** er hat manchmal merkwürdige Vorstellungen; **he has no ~ of right and wrong** er kann zwischen Gut und Böse nicht unterscheiden.

4. (*knowledge*) Ahnung *f*. **you've no ~ how worried I've been** du kannst dir nicht vorstellen, welche Sorgen ich mir gemacht habe; **to have some ~ of art** ein bißchen von Kunst verstehen; **(I've) no ~** (ich habe) keine Ahnung; **I haven't the least** *or* **slightest** *or* **faintest ~** ich habe nicht die leiseste *or* geringste Ahnung; **I have an ~ that ...** ich habe so das Gefühl, daß ...; **I had no ~ that ...** ich hatte ja keine Ahnung, daß ...; **could you give me an ~ of how long ...?** könnten Sie mir ungefähr sagen, wie lange ...?; **to give you an ~ of how difficult it is** um Ihnen eine Vorstellung davon zu vermitteln, wie schwierig es ist.

ideal [aɪ'dɪəl] **I** *adj* ideal, vollkommen.
II *n* Idealvorstellung *f*, Ideal *nt* (*also Philos*).

idealism [aɪ'dɪəlɪzəm] *n* Idealismus *m*.

idealist [aɪ'dɪəlɪst] *n* Idealist(in *f*) *m*.

idealistic [aɪˌdɪə'lɪstɪk] *adj* idealistisch.

idealize [aɪ'dɪəlaɪz] *vt* idealisieren.

ideally [aɪ'dɪəlɪ] *adv* ideal. **they are ~ suited for each other** sie passen ausgezeichnet zueinander; **~, the house should have four rooms** idealerweise *or* im Idealfall sollte das Haus vier Zimmer haben.

identical [aɪ'dentɪkəl] *adj* (*exactly alike*) identisch, (völlig) gleich; (*same*) derselbe/dieselbe/dasselbe. **~ twins** eineiige Zwillinge *pl*; **we have ~ views** wir haben die gleichen Ansichten.

identically [aɪ'dentɪkəlɪ] *adv* identisch.

identifiable [aɪ'dentɪˌfaɪəbl] *adj* erkennbar; (*esp in scientific contexts*) identifizierbar.

identification [aɪˌdentɪfɪ'keɪʃən] *n* **1.** (*of criminal, dead person etc*) Identifizierung *f*, Feststellung *f* der Identität. **a system of fingerprint ~** ein erkennungsdienstliches System auf der Basis von Fingerabdrücken.

2. (*papers*) Ausweispapiere *pl*, Legitimation *f*. **because he had no (means of) ~** weil er sich nicht ausweisen konnte.

3. (*considering as identical, equation*) Gleichsetzung, Identifizierung *f*.

4. (*association*) Identifikation *f*.

identification papers *npl* Ausweispapiere *pl*; **identification parade** *n* Gegenüberstellung *f* (zur Identifikation des Täters); **identification tag** *n* (*US*) Erkennungsmarke *f*.

identifier [aɪ'dentɪfaɪəʳ] *n* (*Comput*) Kennzeichnung *f*.

identify [aɪ'dentɪfaɪ] **I** *vt* **1.** (*establish identity of*) identifizieren, die Identität (*+gen*) feststellen; *plant, species* bestimmen; (*mark identity of*) kennzeichnen; (*recognize, pick out*) erkennen. **to ~ sb/sth by sth** jdn/etw an etw (*dat*) erkennen.

2. (*consider as the same*) gleichsetzen (*with* mit).

3. (*associate with*) assoziieren.

II *vr* **1. to ~ oneself** sich ausweisen.

2. to ~ oneself with sb/sth sich mit jdm/etw identifizieren.

III *vi* (*with film hero*) sich identifizieren (*with* mit).

Identikit ® [aɪ'dentɪkɪt] *n*: **~ (picture)** Phantombild *nt*.

identity [aɪ'dentɪtɪ] *n* **1.** Identität *f*. **to prove one's ~** sich ausweisen; **proof of ~** (*permit*) Legitimation *f*; *see* **mistaken.**

2. (*identicalness*) Gleichheit, Übereinstimmung, Identität *f*.

identity card *n* Ausweis *m*; (*state-issued*) Personalausweis *m*; **identity crisis** *n* Identitätskrise *f*; **identity disc** *n* (*Mil*) Erkennungsmarke *f*; (*for dogs*) Hundemarke *f*; **identity papers** *npl* Ausweispapiere *pl*; **identityparade** *n* Gegenüberstellung *f*.

ideological *adj*, **~ly** *adv* [ˌaɪdɪə'lɒdʒɪkəl, -ɪ] weltanschaulich, ideologisch (*often pej*).

ideologist [ˌaɪdɪ'ɒlədʒɪst] *n* Ideologe *m*, Ideologin *f*.

ideology [ˌaɪdɪ'ɒlədʒɪ] *n* Weltanschauung, Ideologie *f*.

ides [aɪdz] *npl* Iden *pl*. **the ~ of March** die Iden *pl* des März.

idiocy ['ɪdɪəsɪ] *n* **1.** *no pl* Idiotie *f*, Schwachsinn *m*. **2.** (*stupid act, words*) Dummheit, Blödheit *f*.

idiom ['ɪdɪəm] *n* **1.** (*special phrase, group of words*) idiomatische Wendung, Redewendung *f*. **2.** (*language*) Sprache *f*, Idiom *nt*; (*of region*) Mundart *f*, Dialekt *m*; (*of author*) Ausdrucksweise, Diktion *f*. **... to use the modern ~** ... um es modern auszudrücken.

idiomatic [ˌɪdɪə'mætɪk] *adj* idiomatisch. **to speak ~ German** idiomatisch richtiges Deutsch sprechen; **an ~ expression** eine Redensart, eine idiomatische Redewendung.

idiomatically [ˌɪdɪə'mætɪkəlɪ] *adv see adj*.

idiosyncrasy [ˌɪdɪə'sɪŋkrəsɪ] *n* Eigenheit, Eigenart, Besonderheit *f*; (*Ling, Med*) Idiosynkrasie *f*.

idiosyncratic [ˌɪdɪəsɪŋ'krætɪk] *adj* eigenartig; (*Ling, Med*) idiosynkratisch.

idiot ['ɪdɪət] *n* Idiot, Dummkopf, Schwachkopf *m*; (*old Med*) Idiot(in *f*) *m*, Schwachsinnige(r) *mf*. **what an ~!** so ein Idiot *or* Dummkopf!; **you (stupid) ~!** du Idiot!; **where's that ~ waiter?** wo ist dieser blöde Ober, wo ist dieser Idiot von Ober?

idiot card *n* (*TV*) Neger *m*.

idiotic [ˌɪdɪ'ɒtɪk] *adj* blöd(sinnig), idiotisch.

idiotically [ˌɪdɪ'ɒtɪkəlɪ] *adv* blödsinnig, idiotisch; *expensive* lachhaft, absurd; *exaggerated* lächerlich.

idle ['aɪdl] **I** *adj* **1.** (*not working*) *person* müßig, untätig. **the ~ rich** die reichen Müßiggänger; **in my ~ moments** in ruhigen *or* stillen Augenblicken; **money lying ~** totes Kapital; **we don't want to let the money lie ~** wir wollen das Geld nicht ungenutzt liegen lassen; **his car was lying ~ most of the time** sein Auto stand meistens unbenutzt herum.

2. (*lazy*) faul, träge.

3. (*in industry*) *person* unbeschäftigt; *machine* stillstehend *attr*, stilliegend *attr*, außer Betrieb. **500 men have been made ~ by the strike** durch den Streik mußten 500 Leute ihre Arbeit einstellen; **the machine stood ~** die Maschine stand still *or* arbeitete nicht *or* war außer Betrieb; **~ capacity** freie *or* brachliegende Kapazität.

4. *promise, threat, words* leer; *speculation, talk* müßig; (*useless*) nutzlos, vergeblich, eitel (*old*). **it would be ~ to go on trying** es wäre nutzlos *or* zwecklos, (es) weiter zu versuchen; **~ curiosity** pure *or* bloße Neugier.

II *vi* **1.** (*person*) untätig sein, faulenzen, nichts tun. **a day spent idling on the river** ein Tag, den man untätig auf dem Wasser verbringt. **2.** (*engine*) leerlaufen. **when the engine is idling** wenn der Motor im Leerlauf ist.

◆**idle about** *or* **around** *vi* herumtrödeln, bummeln; (*loiter*) herumlungern. **we were idling ~ on the beach** wir faulenzten am Strand.

◆**idle away** *vt sep one's time* vertrödeln, verbummeln.

idleness ['aɪdlnɪs] *n* **1.** (*state of not working*) Untätigkeit *f*; (*pleasurable*) Muße *f*, Müßiggang (*liter*) *m*. **to live in ~** ein untätiges Leben führen.

2. (*laziness*) Faulheit, Trägheit *f*.

3. *see adj* (*d*) Leere *f*; Müßigkeit *f*; Nutzlosigkeit, Vergeblichkeit, Eitelkeit *f*.

idler ['aɪdləʳ] *n* **1.** (*person not working*) Müßiggänger(in *f*) *m*; (*lazy person*) Faulenzer(in *f*) *m*, Faulpelz *m*. **2.** (*Tech*) (*wheel*) Zwischenrad *nt*; (*pulley*) Spannrolle *f*.

idly ['aɪdlɪ] *adv* **1.** (*without working*) untätig; (*pleasurably*) müßig. **2.** (*lazily*) faul, träge. **3.** (*without thinking*) *say, suggest* ohne sich/mir *etc* etwas dabei zu denken; (*vainly*) *speculate* müßig.

idol ['aɪdl] *n* (*lit*) Götze *m*, Götzenbild *nt*; (*fig*) Idol *nt*, Abgott *m*; (*Film, TV etc*) Idol *nt*.

idolater [aɪ'dɒlətəʳ] *n* Götzendiener *m*.

idolatress [aɪ'dɒlətrɪs] *n* Götzendienerin *f*.

idolatrous [aɪ'dɒlətrəs] *adj* (*lit*) Götzen-; (*fig*) abgöttisch.

idolatry [aɪ'dɒlətrɪ] *n* (*lit*) Götzendienst *m*, Götzenverehrung *f*; (*fig*) Vergötterung *f*, abgöttische Verehrung.

idolize ['aɪdəlaɪz] *vt* abgöttisch lieben *or* verehren, vergöttern.

I'd've ['aɪdəv] *contr of* **I would have.**

idyll ['ɪdɪl] *n* **1.** (*Liter*) Idylle *f*. **2.** (*fig*) Idyll *nt*.

idyllic *adj*, **~ally** *adv* [ɪ'dɪlɪk, -lɪ] idyllisch.

i.e. *abbr of* **id est** i.e., d.h.

if [ɪf] **I** *conj* wenn; (*in case also*) falls, für den Fall, daß ...; (*whether, in direct clause*) ob. **~ it rains tomorrow** wenn es *or* falls es morgen regnet; **I wonder ~ he'll come** ich bin gespannt, ob er kommt; **do you know ~ they have gone?** wissen Sie, ob sie gegangen sind?; **I'll let you know when or ~ I come to a decision** ich werde Ihnen mitteilen, ob und wenn ich mich entschieden habe; **~ I asked him he helped me** er half mir immer, wenn ich ihn darum bat; **(even) ~** auch wenn; **(even) ~ they are poor, at least they are happy** sie sind zwar arm, aber wenigstens glücklich; **~ only** wenn (doch) nur; **~ only I had known!** wenn ich das nur gewußt hätte!; **as ~** als ob; **he acts as ~ he were** *or* **was** (*inf*) **rich** er tut so, als ob er reich wäre; **as ~ by chance** wie zufällig; **~ necessary** falls nötig, im Bedarfsfall; **~ so** wenn ja; **~ not** falls nicht; **~ not, why not?** falls nicht, warum?; **~ I were you/him** wenn ich Sie/er wäre, an Ihrer/seiner Stelle; **~ I know Pete, he'll ...** so wie ich Pete kenne, wird er ...; **well, ~ it isn't old Jim!** (*inf*) ich werd' verrückt, das ist doch der Jim (*inf*).

II *n* Wenn *nt*. **it's a big ~** das ist noch sehr fraglich, das ist die große *or* noch sehr die Frage; **~s and buts** Wenn und Aber *nt*.

iffy ['ɪfɪ] *adj* (+*er*) (*inf*) strittig, fraglich, zweifelhaft.

igloo ['ɪglu:] *n* Iglu *m or nt*.

igneous ['ɪgnɪəs] *adj* (*Geol*) **~ rock** Eruptivgestein *nt*.

ignite [ɪg'naɪt] **I** *vt* entzünden, anzünden; (*Aut*) zünden. **II** *vi* sich entzünden, Feuer fangen; (*Aut*) zünden.

ignition [ɪg'nɪʃən] *n* **1.** Entzünden, Anzünden *nt*. **2.** (*Aut*) Zündung *f*. **we have ~** (*of rocket*) „Zündung".

ignition (*Aut*) *in cpds* Zünd-; **ignition coil** *n* Zündspule *f*; **ignition key** *n* Zündschlüssel *m*.

ignoble [ɪg'nəʊbl] *adj* schändlich, unwürdig, unehrenhaft.

ignominious [ˌɪgnə'mɪnɪəs] *adj* schmachvoll, entwürdigend, schmählich; *behaviour* schändlich, unehrenhaft.

ignominiously [ˌɪgnə'mɪnɪəslɪ] *adv see adj*.

ignominy ['ɪgnəmɪnɪ] *n* Schmach, Schande *f*, Schimpf *m* (*old*).

ignoramus [ˌɪgnə'reɪməs] *n* Ignorant(in *f*) *m*.

ignorance ['ɪgnərəns] *n* (*general lack of knowledge, education*) Unwissenheit *f*, Mangel *m* an Bildung, Ignoranz *f*; (*of particular subject, language, plan*) Unkenntnis *f*. **to keep sb in ~ of sth** jdn in Unkenntnis über etw (*acc*) lassen, jdn etw nicht wissen lassen; **to be in ~ of sth** etw nicht wissen *or* kennen.

ignorant ['ɪgnərənt] *adj* **1.** (*generally uneducated*) unwissend, ungebildet, ignorant; (*of particular subject*) unwissend; (*of plan, requirements etc*) nicht informiert (*of* über *+acc*). **I am not exactly ~ of what has been going on** es ist nicht so, als wüßte ich nicht, was los ist; **to be ~ of the facts** die Tatsachen nicht kennen; **they are ~ of** *or* **about what happened** sie wissen nicht, was geschehen ist.
2. (*ill-mannered*) unhöflich, ungeschliffen, ungehobelt. **you ~ fool** du ungehobelter Patron.

ignorantly ['ɪgnərəntlɪ] *adv* unwissentlich; *behave* unhöflich, ungeschliffen, ungehobelt.

ignore [ɪg'nɔːʳ] *vt* ignorieren; (*deliberately overlook also*) hinwegsehen über (*+acc*); (*pass over, pay no attention to*) nicht beachten, unbeachtet lassen; *remark also* überhören, übergehen; *person also* übersehen, nicht beachten. **but I can't ~ the fact that ...** aber ich kann mich der Tatsache nicht verschließen, daß ...

iguana [ɪ'gwɑːnə] *n* Leguan *m*.

ikon ['aɪkɒn] *n see* **icon.**

ilex ['aɪleks] *n* **1.** (*holm oak*) Steineiche, Immergrüneiche *f*. **2.** (*holly*) Ilex, Stechpalme *f*.

ilk [ɪlk] *n* **people of that ~** solche Leute; **all things of that ~** dergleichen Dinge.

ill [ɪl] **I** *adj* **1.** *pred* (*sick*) krank. **to fall** *or* **take** (*inf*) *or* **be taken ~** erkranken (*with sth* an etw *dat*), krank werden; **to feel ~** sich unwohl *or* krank fühlen; **I feel (terribly) ~** mir ist gar nicht gut; **he is ~ with fever/a cold** er hat Fieber/eine Erkältung; **~ with anxiety/jealousy** krank vor Angst/Eifersucht.
2. *comp* **worse,** *superl* **worst** (*bad*) schlecht, schlimm, übel. **~ feeling** böses Blut; **no ~ feeling?** ist es wieder gut?; **no ~ feeling!** ist schon vergessen; **due to ~ health** aus Gesundheitsgründen; **~ humour** *or* (*US*) **humor** schlechte Laune; **~ luck** Pech *nt*; **as ~ luck would have it** wie es der Teufel so will; **~ will** böses Blut; **I don't bear them any ~ will** ich trage ihnen nichts nach; **it's an ~ wind (that blows nobody any good)** (*Prov*) so hat alles seine guten Seiten.
II *n* **1. to think ~ of sb** schlecht *or* Schlechtes von jdm *or* über jdn denken; **to speak ~ of sb** schlecht über jdn reden.
2. ~s *pl* (*misfortunes*) Mißstände, Übel *pl*; (*miseries*) Mißgeschicke *pl*.
III *adv* schlecht. **to take sth ~** (*old*) etw übelnehmen; **he can ~ afford to refuse** er kann es sich (*dat*) schlecht leisten abzulehnen.

I'll [aɪl] *contr of* **I will; I shall.**

ill-advised *adj person* unklug; *action also* unratsam; **you would be ~ to trust her** Sie wären schlecht beraten, wenn Sie ihr trauten; **ill-assorted** *adj group, bunch* schlecht zusammenpassend; **ill-at-ease** *adj* unbehaglich; **I always felt ~ in his presence** ich habe mich in seiner Gegenwart nie wohl gefühlt; **ill-bred** *adj* ungezogen, schlecht erzogen; **ill-breeding** *n* schlechte Erziehung, Unerzogenheit *f*; **ill-considered** *adj action, words* unüberlegt, unbedacht; **ill-disposed** *adj* **to be ~ to(wards) sb** jdm übel gesinnt sein.

illegal [ɪ'liːgəl] *adj* unerlaubt; (*against a specific law*) gesetzwidrig; *trade, immigration, possession* illegal; (*Sport*) regelwidrig.

illegality [ˌɪliː'gælɪtɪ] *n see adj* Ungesetzlichkeit *f*; Gesetzwidrigkeit *f*; Illegalität *f*.

illegally [ɪ'liːgəlɪ] *adv* **~ imported** illegal eingeführt; **to act ~** sich gesetzwidrig verhalten.

illegibility [ɪˌledʒɪ'bɪlɪtɪ] *n* Unleserlichkeit *f*.

illegible *adj*, **-bly** *adv* [ɪ'ledʒəbl, -ɪ] unleserlich.

illegitimacy [ˌɪlɪ'dʒɪtɪməsɪ] *n see adj* **1.** Unehelichkeit *f*. **2.** Unzulässigkeit *f*; Unrechtmäßigkeit *f*. **3.** Unzulässigkeit *f*.

illegitimate [ˌɪlɪ'dʒɪtɪmɪt] *adj* **1.** *child* unehelich.
2. (*contrary to law*) unzulässig, unerlaubt; *government* unrechtmäßig. **the ~ use of drugs** (der) Drogenmißbrauch.
3. *argument, conclusion, inference* unzulässig, nicht folgerichtig, illegitim.

illegitimately [ˌɪlɪ'dʒɪtɪmɪtlɪ] *adv see adj* **1.** unehelich.
2. unzulässig, unerlaubt; *parked* an verbotener Stelle; *use* unrechtmäßigerweise, unzulässigerweise.
3. unzulässig, nicht folgerichtig.

ill-fated *adj* **1.** (*unfortunate, unlucky*) *person* vom Unglück verfolgt, unglücklich; **2.** (*doomed, destined to fail*) unglückselig, verhängnisvoll; **ill-founded** *adj* unbegründet, unerwiesen, fragwürdig; **ill-gotten gains** *npl* unrechtmäßiger Gewinn, Sündengeld *nt* (*hum*); **ill-humoured,** (*US*) **ill-humored** *adj* schlecht *or* übel gelaunt, schlecht aufgelegt, verstimmt.

illiberal [ɪ'lɪbərəl] *adj* **1.** (*narrow-minded*) engstirnig, intolerant, engherzig. **2.** (*niggardly*) knauserig, geizig.

illicit [ɪ'lɪsɪt] *adj* verboten; (*illegal also*) illegal; *spirits* schwarz hergestellt *or* gebrannt. **~ trade** *or* **sale** Schwarzhandel *m*.

illicitly [ɪ'lɪsɪtlɪ] *adv* verbotenerweise; (*illegally*) illegal(erweise). **~ acquired** unrechtmäßig erworben.

ill-informed ['ɪlɪnˌfɔːmd] *adj person* schlecht informiert *or* unterrichtet; *attack, criticism, speech* wenig sachkundig.

illiteracy [ɪ'lɪtərəsɪ] *n* Analphabetentum *nt*. **~ rate** Analphabetismus *m*.

illiterate [ɪ'lɪtərət] **I** *adj* des Schreibens und Lesens unkundig; (*badly-educated, uncultured*) *person* ungebildet, unwissend; (*handwriting*) ungeübt, krakelig (*inf*); *letter* voller Fehler. **he's ~** er ist Analphabet. **II** *n* Analphabet(in *f*) *m*.

ill-judged *adj* unklug, wenig bedacht; **ill-mannered** *adj* unhöflich; **ill-matched** *adj* nicht zusammenpassend.

illness ['ɪlnɪs] *n* Krankheit *f*.

illogical *adj*, **~ly** *adv* [ɪ'lɒdʒɪkəl, -ɪ] unlogisch.

illogicality [ɪ,lɒdʒɪ'kælɪtɪ] *n* mangelnde Logik, Unlogik *f*.

ill-omened ['ɪl,əʊmənd] *adj* unter einem unglücklichen Stern *or* unter einem Unstern stehend; **ill-prepared** *adj* schlecht vorbereitet; **ill-starred** *adj person* vom Unglück *or* Pech verfolgt; *day, undertaking* unter einem ungünstigen Stern (stehend), Unglücks-; **ill-suited** *adj* (*to one another*) nicht zusammenpassend; (*to sth*) ungeeignet (*to* für); **ill-tempered** *adj* (*habitually*) mißmutig, übellaunig; (*on particular occasion*) schlecht gelaunt *pred*; (*violently*) schlechtgelaunt *attr*; **ill-timed** *adj* ungelegen, unpassend; *move, speech* zeitlich schlecht abgestimmt; **ill-treat** *vt* schlecht behandeln, mißhandeln; **ill-treatment** *n* Mißhandlung *f*, schlechte Behandlung.

illuminate [ɪ'lu:mɪneɪt] *vt* **1.** (*light up*) *room, building* erhellen, erleuchten, beleuchten; (*spotlight*) anstrahlen; (*decorate with lights*) festlich beleuchten, illuminieren. **~d sign** Leuchtzeichen *nt*. **2.** (*Art*) *manuscript* illuminieren. **~d letters** (verzierte) Initialen *pl*. **3.** (*fig*) *subject* erhellen, erläutern.

illuminating [ɪ'lu:mɪneɪtɪŋ] *adj* (*instructive*) aufschlußreich.

illumination [ɪ,lu:mɪ'neɪʃən] *n* **1.** (*of street, room, building*) Beleuchtung *f*. **2.** (*decorative lights*) **~s** *pl* festliche Beleuchtung, Illumination *f*. **3.** (*Art: of manuscript*) Illumination *f*; (*subject also*) Buchmalerei *f*. **4.** (*fig*) Erläuterung *f*.

ill-use [,ɪl'ju:z] *vt* schlecht behandeln, schlecht umgehen mit; (*physically*) mißhandeln.

illusion [ɪ'lu:ʒən] *n* Illusion *f*; (*hope also*) trügerische Hoffnung; (*misperception*) Täuschung *f*. **to be under an ~** einer Täuschung (*dat*) unterliegen, sich (*dat*) Illusionen machen; **to be under the ~ that ...** sich (*dat*) einbilden, daß ...; **to have** *or* **be under no ~s** sich (*dat*) keine Illusionen machen, sich (*dat*) nichts vormachen (*about* über *+acc*); **it gives the ~ of space** es vermittelt die Illusion von räumlicher Weite; *see* **optical.**

illusionist [ɪ'lu:ʒənɪst] *n* Illusionist(in *f*) *m*.

illusive [ɪ'lu:sɪv], **illusory** [ɪ'lu:sərɪ] *adj* illusorisch, trügerisch.

illustrate ['ɪləstreɪt] *vt* **1.** *book, story* illustrieren, bebildern. **~d (magazine)** Illustrierte *f*. **2.** (*fig*) erläuˈtutern, veranschaulichen, illustrieren.

illustration [,ɪləs'treɪʃən] *n* **1.** (*picture*) Abbildung *f*, Bild *nt*, Illustration *f*. **2.** (*fig*) (*of problem, subject*) Erklärung, Erläuterung *f*; (*of rule*) (*act*) Veranschaulichung *f*; (*thing*) Beispiel *nt*. **by way of ~** als Beispiel.

illustrative ['ɪləstrətɪv] *adj* veranschaulichend, erläuternd, verdeutlichend. **~ of** bezeichnend *or* beispielhaft für.

illustrator ['ɪləstreɪtə^r] *n* Illustrator(in *f*) *m*.

illustrious [ɪ'lʌstrɪəs] *adj* glanzvoll, gefeiert; *deeds* glorreich.

ILO *abbr of* **International Labour Organization** Internationale Arbeitsorganisation.

I'm [aɪm] *contr of* **I am.**

image ['ɪmɪdʒ] *n* **1.** (*carved, sculpted figure*) Standbild *nt*, Figur *f*; (*painted figure*) Bild, Bildnis (*geh*) *nt*.

2. (*likeness*) Ebenbild, Abbild *nt*. **he is the living** *or* **spitting ~ of his father** (*inf*) er ist seinem Vater wie aus dem Gesicht geschnitten.

3. (*Opt*) Bild *nt*. **~ converter** (*Elec*) Bildwandler *m*; **~ enhancement** Bildverstärkung *f*; **~ processing** Bildverarbeitung *f*.

4. (*mental picture*) Vorstellung *f*, Bild *nt*.

5. (*public face*) Image *nt*. **brand ~** Markenimage *nt*.

imagery ['ɪmɪdʒərɪ] *n* Metaphorik *f*. **visual ~** Bildersymbolik *f*.

imaginable [ɪ'mædʒɪnəbl] *adj* vorstellbar, denkbar, erdenklich. **the best thing ~** das denkbar Beste; **the easiest/fastest way ~** der denkbar einfachste/schnellste Weg.

imaginary [ɪ'mædʒɪnərɪ] *adj danger* eingebildet, imaginär; *characters* frei ersonnen, erfunden. **an ~ case** ein konstruierter Fall; **~ number** imaginäre Zahl.

imagination [ɪ,mædʒɪ'neɪʃən] *n* (*creative*) Phantasie, Vorstellungskraft, Einbildungskraft *f*; (*self-deceptive*) Einbildung *f*. **to have (a lively** *or* **vivid) ~** (eine lebhafte *or* rege) Phantasie haben; **use your ~** lassen Sie Ihre Phantasie spielen; **to lack ~** phantasielos *or* einfallslos sein; **it's only (your) ~!** das bilden Sie sich (*dat*) nur ein!; **it's all in your ~** das ist alles Einbildung.

imaginative *adj*, **~ly** *adv* [ɪ'mædʒɪnətɪv, -lɪ] phantasievoll.

imaginativeness [ɪ'mædʒɪnətɪvnɪs] *n* Phantasiereichtum *m*; (*of person also*) Phantasie *f*.

imagine [ɪ'mædʒɪn] *vt* **1.** (*picture to oneself*) sich (*dat*) vorstellen, sich (*dat*) denken. **you can ~ how I felt** Sie können sich vorstellen *or* denken, wie mir zumute war; **you can't ~ how ...** Sie machen sich kein Bild *or* Sie können sich nicht vorstellen *or* denken, wie ...

2. (*be under the illusion that*) sich (*dat*) einbilden. **don't ~ that ...** bilden Sie sich nur nicht ein, daß ..., denken Sie nur nicht, daß ...; **you're (just) imagining things** (*inf*) Sie bilden sich das alles nur ein.

3. (*suppose, conjecture*) annehmen, vermuten. **are you tired? — well, what do you ~!** bist du müde? — na, was glaubst du wohl?; **is it time now? — I would ~ so** ist es soweit? — ich denke schon.

imbalance [ɪm'bæləns] *n* Unausgeglichenheit *f*.

imbecile ['ɪmbəsi:l] **I** *adj* **1.** *person* beschränkt, schwachsinnig, geistig minderbemittelt (*inf*); *laugh, trick, book* schwachsinnig, dumm, blöd(e); *idea, word* dumm, töricht.

2. (*Med*) schwachsinnig.
II *n* **1.** Dummkopf, Idiot *m*.
2. (*Med*) Schwachsinnige(r) *mf*.

imbecility [ˌɪmbəˈsɪlɪtɪ] *n* **1.** Beschränktheit, Idiotie *f*, Schwachsinn *m*. **2.** (*Med*) Schwachsinn *m*.

imbibe [ɪmˈbaɪb] **I** *vt* **1.** (*form, hum*) trinken, bechern (*hum*). **2.** (*fig*) *ideas, information* in sich (*acc*) aufnehmen. **II** *vi* (*hum: drink*) viel trinken.

imbue [ɪmˈbjuː] *vt* (*fig*) durchdringen, erfüllen.

IMF *abbr of* **International Monetary Fund** IWF *m*.

imitable [ˈɪmɪtəbl] *adj* nachahmbar, imitierbar.

imitate [ˈɪmɪteɪt] *vt* **1.** (*copy*) *person, accent* imitieren, nachmachen, nachahmen. **2.** (*counterfeit*) nachmachen, imitieren.

imitation [ˌɪmɪˈteɪʃən] **I** *n* Imitation, Nachahmung *f*. **II** *adj* unecht, künstlich, falsch. ~ **pearl/brick** Perlen-/Ziegelimitation *f*; ~ **leather** Kunstleder *nt*; ~ **fur** Webpelz *m*.

imitative [ˈɪmɪtətɪv] *adj* nachahmend, imitierend.

imitator [ˈɪmɪteɪtəʳ] *n* Nachahmer(in *f*), Imitator(in *f*) *m*.

immaculate [ɪˈmækjʊlɪt] *adj* **1.** untadelig, tadellos; *behaviour* tadellos, mustergültig; *manuscript* fehlerfrei, einwandfrei.
2. (*Eccl*) **the I~ Conception** die Unbefleckte Empfängnis.

immaculately [ɪˈmækjʊlɪtlɪ] *adv* tadellos; *behave also* untadelig.

immanent [ˈɪmənənt] *adj* innewohnend, immanent (*also Philos*). **to be ~ in sth** einer Sache (*dat*) eigen sein *or* innewohnen.

immaterial [ˌɪməˈtɪərɪəl] *adj* **1.** (*unimportant*) *objection, question* nebensächlich, unwesentlich, bedeutungslos. **it is quite ~ to me (whether) ...** es ist für mich ohne Bedeutung *or* unwichtig, (ob) ...; **that's (quite) ~** das spielt keine Rolle, das ist egal.
2. (*Philos*) immateriell. **ghosts are ~** Gespenster sind körperlos.

immature [ˌɪməˈtjʊəʳ] *adj* (*lit, fig*) unreif; *wine* nicht ausreichend gelagert; *plans, ideas also* unausgegoren. **don't be so ~** sei nicht so kindisch!

immaturely [ˌɪməˈtjʊəlɪ] *adv react, behave* unreif.

immaturity [ˌɪməˈtjʊərɪtɪ] *n* Unreife *f*.

immeasurable [ɪˈmeʒərəbl] *adj* unermeßlich, grenzenlos; *amount, distances* unmeßbar, riesig.

immeasurably [ɪˈmeʒərəblɪ] *adv* unermeßlich, grenzenlos.

immediacy [ɪˈmiːdɪəsɪ] *n* Unmittelbarkeit, Direktheit *f*; (*urgency*) Dringlichkeit *f*.

immediate [ɪˈmiːdɪət] *adj* **1.** *successor, knowledge, future, object, need* unmittelbar; *cause, successor also* direkt; *neighbour, vicinity also* nächste. **only the ~ family were invited** nur die engste Familie wurde eingeladen; **our ~ plan is to go to France** wir fahren zuerst einmal nach Frankreich.
2. (*instant*) *reply, reaction* sofortig, umgehend, prompt; *thought, conclusion* unmittelbar. **to take ~ action** sofort handeln; **this had the ~ effect of ...** das hatte prompt zur Folge, daß ...; **for ~ delivery** zur sofortigen Lieferung.

immediately [ɪˈmiːdɪətlɪ] **I** *adv* **1.** (*at once*) sofort, gleich; *reply, return, depart also* umgehend. **~ after/before that** unmittelbar danach/davor. **2.** (*directly*) direkt, unmittelbar. **II** *conj* (*Brit*) sobald, sofort, als ...

immemorial [ˌɪmɪˈmɔːrɪəl] *adj* uralt. **from time ~** seit undenklichen Zeiten, seit Urzeiten.

immense [ɪˈmens] *adj difficulty, fortune, sum of money, possibilities* riesig, enorm, immens; *problem, difference also, ocean, heat* gewaltig *self-confidence, success* ungeheuer, enorm; *achievement* großartig.

immensely [ɪˈmenslɪ] *adv* unheimlich (*inf*), enorm.

immensity [ɪˈmensɪtɪ] *n* ungeheure Größe, Unermeßlichkeit *f*. **the ~ of this task** das gewaltige Ausmaß dieser Aufgabe; **the ~ of space** die Unendlichkeit des (Welt)alls.

immerse [ɪˈmɜːs] *vt* **1.** eintauchen (*in* in +acc). **to be ~d in water** unter Wasser sein.
2. (*fig*) **to ~ oneself in one's work** sich in seine Arbeit vertiefen *or* stürzen (*inf*); **to be ~d in one's reading** in seine Lektüre versunken *or* vertieft sein.
3. (*Eccl*) untertauchen.

immersion [ɪˈmɜːʃən] *n* **1.** Eintauchen, Untertauchen *nt*. **after two hours' ~ in this solution** nach zwei Stunden in dieser Flüssigkeit; **~ heater** (*Brit*) Boiler, Heißwasserspeicher *m* **2.** (*fig*) Vertieftsein, Versunkensein *nt*; **~ course** Intensivkurs *m*. **3.** (*Eccl*) Taufe *f* durch Untertauchen.

immigrant [ˈɪmɪgrənt] **I** *n* Einwanderer *m*, Einwanderin *f*, Immigrant(in *f*) *m*.
II *attr* **~ labour/workers** ausländische Arbeitnehmer *pl*; (*esp in Germany*) Gastarbeiter *pl*; (*in Switzerland*) Fremdarbeiter *pl*; **... has an ~ population of 50,000** ... hat einen ausländischen Bevölkerungsanteil von 50.000; **~ schools** Schulen mit hohem Anteil an Ausländern.

immigrate [ˈɪmɪgreɪt] *vi* einwandern, immigrieren (*to* in +dat).

immigration [ˌɪmɪˈgreɪʃən] *n* Einwanderung, Immigration *f*; (*at airport*) Einwanderungsstelle *f*. **~ authorities/department** Einwanderungsbehörde *f*; **~ officer** Beamte(r) *m* der Einwanderungsbehörde; (*at customs*) Grenzbeamte(r) *m*.

imminence [ˈɪmɪnəns] *n* nahes Bevorstehen. **he hadn't appreciated the ~ of war** er war sich (*dat*) nicht bewußt, daß der Krieg so unmittelbar bevorstand.

imminent [ˈɪmɪnənt] *adj* nahe bevorstehend. **to be ~** nahe bevorstehen.

immobile [ɪˈməʊbaɪl] *adj* (*not moving*) unbeweglich; (*not able to move*) *person* (*through injury*) bewegungslos;

(*through lack of transport*) unbeweglich, immobil. **the car was completely ~** das Auto rührte sich nicht (von der Stelle).

immobility [ˌɪməʊ'bɪlɪtɪ] *n see adj* Unbeweglichkeit *f*; Bewegungslosigkeit *f*; Immobilität *f*.

immobilize [ɪ'məʊbɪlaɪz] *vt traffic* lahmlegen, zum Erliegen bringen; *car, broken limb* stillegen; *army* bewegungsunfähig machen; *enemy tanks* außer Gefecht setzen; (*Fin*) *capital* festlegen.

immoderate [ɪ'mɒdərɪt] *adj desire, appetite* übermäßig, unmäßig, maßlos; *views* übertrieben, übersteigert, extrem. **to be ~ in one's demands** maßlose Forderungen stellen.

immoderately [ɪ'mɒdərɪtlɪ] *adv see adj.*

immodest [ɪ'mɒdɪst] *adj* unbescheiden; (*indecent*) unanständig.

immodestly [ɪ'mɒdɪstlɪ] *adv see adj.*

immodesty [ɪ'mɒdɪstɪ] *n see adj* Unbescheidenheit *f*; Unanständigkeit *f*.

immoral [ɪ'mɒrəl] *adj action* unmoralisch; *behaviour also* unsittlich; *person also* sittenlos. **~ earnings** (*Jur*) Einkünfte *pl* aus gewerbsmäßiger Unzucht.

immorality [ˌɪmə'rælɪtɪ] *n* Unmoral *f*; (*of behaviour also*) Unsittlichkeit *f*; (*of person also*) Sittenlosigkeit *f*; (*immoral act*) Unsittlichkeit *f*.

immorally [ɪ'mɒrəlɪ] *adv see adj.*

immortal [ɪ'mɔːtl] **I** *adj person, God* unsterblich; *fame also* unvergänglich, ewig; *life* ewig. **II** *n* Unsterbliche(r) *mf*.

immortality [ˌɪmɔː'tælɪtɪ] *n see adj* Unsterblichkeit *f*; Unvergänglichkeit, Ewigkeit *f*.

immortalize [ɪ'mɔːtəlaɪz] *vt* verewigen. **the film which ~d her** der Film, der sie unsterblich machte.

immovable [ɪ'muːvəbl] *adj* **1.** (*lit*) unbeweglich; (*fig*) *obstacle* unüberwindlich, unbezwinglich. **2.** (*fig: steadfast*) fest.

immune [ɪ'mjuːn] *adj* **1.** (*Med*) immun (*against, from, to* gegen). **~ system** Immunsystem *nt*; **~ deficiency syndrome** Immunschwächekrankheit *f*.

2. (*fig*) sicher (*from* vor +*dat*); (*from temptation also*) geschützt, gefeit (*from* gegen); (*not susceptible: to criticism*) unempfindlich, immun (*to* gegen).

immunity [ɪ'mjuːnɪtɪ] *n* **1.** (*Med, diplomatic*) Immunität *f* (*to, against* gegen). **2.** (*fig*) *see adj 2.* Sicherheit *f*; Geschütztheit, Gefeitheit *f*; Unempfindlichkeit, Immunität *f*.

immunization [ˌɪmjʊnaɪ'zeɪʃən] *n* Immunisierung *f*.

immunize ['ɪmjʊnaɪz] *vt* immunisieren, immun machen.

immunodeficiency [ˌɪmjʊnəʊdɪ'fɪʃənsɪ] *n* (*Med*) Immunschwäche *f*.

immunologist [ˌɪmjʊ'nɒlədʒɪst] *n* (*Med*) Immunologe *m*, Immunologin *f*.

immunology [ˌɪmjʊ'nɒlədʒɪ] *n* (*Med*) Immunologie *f*.

immutability [ɪˌmjuːtə'bɪlɪtɪ] *n* Unveränderlichkeit, Unwandelbarkeit *f*.

immutable [ɪ'mjuːtəbl] *adj* unveränderlich, unwandelbar.

imp [ɪmp] *n* Kobold *m*; (*inf: child also*) Racker *m* (*inf*).

impact ['ɪmpækt] *n* Aufprall *m* (*on, against* auf +*acc*); (*of two moving objects*) Zusammenprall *m*, Aufeinanderprallen *nt*; (*of bomb*) (*on house, factory*) Einschlag *m* (*on* in +*acc*); (*on roof, ground*) Aufschlag *m* (*on* auf +*dat*); (*of light, rays*) Auftreffen *nt* (*on* auf +*acc*); (*force*) Wucht *f*; (*fig*) (Aus)wirkung *f* (*on* auf +*acc*). **on ~ (with)** beim Aufprall (auf +*acc*)/Zusammenprall (mit); **he staggered under the ~ of the blow** er taumelte unter der Wucht des Schlages; **his speech had a great ~ on his audience** seine Rede machte großen Eindruck auf seine Zuhörer.

impacted [ɪm'pæktɪd] *adj* eingeklemmt, eingekeilt; *tooth also* impaktiert (*spec*).

impact printer *n* Impact-Drucker *m*.

impair [ɪm'pɛəʳ] *vt* beeinträchtigen; *hearing, sight also* verschlechtern; *relations also, health* schaden (+*dat*).

impale [ɪm'peɪl] *vt* aufspießen (*on* auf +*dat*).

impalpable [ɪm'pælpəbl] *adj* (*lit*) nicht fühlbar; (*fig*) nicht greifbar, vage.

imparity [ɪm'pærɪtɪ] *n* Ungleichheit *f*.

impart [ɪm'pɑːt] *vt* **1.** (*make known*) *information, news* mitteilen, übermitteln; *knowledge* vermitteln; *secret* preisgeben. **2.** (*bestow*) verleihen, geben (*to dat*).

impartial [ɪm'pɑːʃəl] *adj person, attitude* unparteiisch, unvoreingenommen; *decision, judgement also* gerecht.

impartiality [ɪmˌpɑːʃɪ'ælɪtɪ], **impartialness** [ɪm'pɑːʃəlnɪs] *n see adj* Unparteilichkeit, Unvoreingenommenheit *f*; Gerechtigkeit *f*.

impartially [ɪm'pɑːʃəlɪ] *adv see adj.*

impassable [ɪm'pɑːsəbl] *adj* unpassierbar.

impasse [ɪm'pɑːs] *n* (*fig*) Sackgasse *f*. **to have reached an ~** sich festgefahren haben, einen toten Punkt erreicht haben.

impassioned [ɪm'pæʃnd] *adj* leidenschaftlich.

impassive *adj*, **~ly** *adv* [ɪm'pæsɪv, -lɪ] gelassen.

impassiveness [ɪm'pæsɪvnɪs], **impassivity** [ɪmpæ'sɪvɪtɪ] *n* Gelassenheit *f*.

impatience [ɪm'peɪʃəns] *n* Ungeduld *f*; (*intolerance*) Unduldsamkeit *f*.

impatient [ɪm'peɪʃənt] *adj* ungeduldig; (*intolerant*) unduldsam (*of* gegenüber). **to be ~ to do sth** unbedingt etw tun wollen.

impatiently [ɪm'peɪʃəntlɪ] *adv see adj.*

impeach [ɪm'piːtʃ] *vt* **1.** (*Jur: accuse*) *public official* (eines Amtsvergehens) anklagen; (*US*) *president also* ein Impeachment einleiten gegen. **to ~ sb for** *or* **with sth/for doing sth** jdn wegen einer Sache anklagen/jdn anklagen, etw getan zu haben.

2. (*challenge*) *sb's character, motives* in Frage stellen, anzweifeln; *witness's testimony also* anfechten.

impeachable [ɪm'piːtʃəbl] *adj person* (eines Amtsvergehens) anzuklagen; *action* als Amtsvergehen verfolgbar.

impeachment [ɪm'piːtʃmənt] *n see vt* **1.** (*Jur*) Anklage *f* (wegen eines Amtsvergehens); Impeachment *nt*. **2.** Infragestellung, Anzweiflung *f*; Anfechtung *f*.

impeccable *adj*, **-bly** *adv* [ɪm'pekəbl, -ɪ] untadelig, tadellos.

impecunious [ˌɪmpɪ'kjuːnɪəs] *adj* mittellos, unbemittelt.

impede [ɪm'piːd] *vt person* hindern; *action, success* behindern, erschweren; *movement, traffic* behindern.

impediment [ɪm'pedɪmənt] *n* **1.** Hindernis *nt*. **2.** (*Med*) Behinderung *f*. **speech ~** Sprachfehler *m*, Sprachstörung *f*.

impedimenta [ɪmˌpedɪ'mentə] *npl* **1.** (*inf*) (unnötiges) Gepäck. **2.** (*Mil*) Troß *m*.

impel [ɪm'pel] *vt* **1.** (*force*) nötigen. **to ~ sb to do sth** jdn (dazu) nötigen, etw zu tun. **2.** (*drive on*) (voran)treiben.

impending [ɪm'pendɪŋ] *adj* bevorstehend; *death also* nahe; *storm also* heraufziehend; (*threatening*) drohend.

impenetrability [ɪmˌpenɪtrə'bɪlɪtɪ] *n see adj* Undurchdringlichkeit *f*; Uneinnehmbarkeit *f*; Undurchlässigkeit *f*; Unergründlichkeit *f*; Undurchschaubarkeit, Undurchsichtigkeit *f*.

impenetrable [ɪm'penɪtrəbl] *adj* undurchdringlich; *fortress* uneinnehmbar; *enemy lines* undurchlässig; *mind, character also, mystery* unergründlich; *theory* undurchschaubar, undurchsichtig.

impenitent [ɪm'penɪtənt] *adj* reuelos.

impenitently [ɪm'penɪtəntlɪ] *adv* ohne Reue.

imperative [ɪm'perətɪv] **I** *adj* **1.** *need, desire* dringend. **to be ~** unbedingt nötig *or* erforderlich sein. **2.** *manner* gebieterisch, befehlend, herrisch; *order* strikt. **3.** (*Gram*) imperativisch, Imperativ-, befehlend, Befehls-. **II** *n* (*Gram*) Imperativ, Befehl *m*.

imperceptible [ˌɪmpə'septəbl] *adj* nicht wahrnehmbar; *difference, movement also* unmerklich; *sight also* unsichtbar; *sound also* unhörbar.

imperceptibly [ˌɪmpə'septəblɪ] *adv see adj*.

imperfect [ɪm'pɜːfɪkt] **I** *adj* **1.** (*faulty*) unvollkommen, mangelhaft; (*Comm*) *goods* fehlerhaft. **2.** (*incomplete*) unvollständig, unvollkommen. **3.** (*Gram*) Imperfekt-, Vergangenheits-. **II** *n* (*Gram*) Imperfekt *nt*, Vergangenheit *f*.

imperfection [ˌɪmpə'fekʃən] *n* **1.** *no pl see adj* Unvollkommenheit, Mangelhaftigkeit *f*; Fehlerhaftigkeit *f*; Unvollständigkeit *f*. **2.** (*fault, defect*) Mangel *m*.

imperfectly [ɪm'pɜːfɪktlɪ] *adv see adj*.

imperial [ɪm'pɪərɪəl] *adj* **1.** (*of empire*) Reichs-; (*of emperor*) kaiserlich, Kaiser-.
2. (*of British Empire*) Empire-, des Empire.
3. (*lordly, majestic*) majestätisch, gebieterisch.
4. *weights, measures* englisch.

imperialism [ɪm'pɪərɪəlɪzəm] *n* Imperialismus *m* (*often pej*), Weltmachtpolitik *f*.

imperialist [ɪm'pɪərɪəlɪst] *n* Imperialist(in *f*) *m*.

imperially [ɪm'pɪərɪəlɪ] *adv* majestätisch, gebieterisch.

imperil [ɪm'perɪl] *vt* gefährden, in Gefahr bringen.

imperious *adj*, **~ly** *adv* [ɪm'pɪərɪəs, -lɪ] herrisch, gebieterisch.

imperishable [ɪm'perɪʃəbl] *adj* (*lit*) unverderblich; (*fig*) unvergänglich.

impermanence [ɪm'pɜːmənəns] *n* Unbeständigkeit *f*.

impermanent [ɪm'pɜːmənənt] *adj* unbeständig.

impermeable [ɪm'pɜːmɪəbl] *adj* undurchlässig.

impersonal [ɪm'pɜːsnl] *adj* unpersönlich (*also Gram*).

impersonate [ɪm'pɜːsəneɪt] *vt* **1.** (*pretend to be*) sich ausgeben als (*+nom*). **2.** (*take off*) imitieren, nachahmen.

impersonation [ɪmˌpɜːsə'neɪʃən] *n see vt* **1.** Verkörperung *f* **his ~ of an officer** sein Auftreten *nt* als Offizier. **2.** Imitation, Nachahmung *f*. **he does ~s of politicians** er imitiert Politiker.

impersonator [ɪm'pɜːsəneɪtə[r]] *n* (*Theat*) Imitator(in *f*) *m*.

impertinence [ɪm'pɜːtɪnəns] *n* Unverschämtheit *f*. **what ~!, the ~ of it!** so eine Unverschämtheit!

impertinent [ɪm'pɜːtɪnənt] *adj* **1.** (*impudent*) unverschämt (*to* zu, gegenüber) **2.** (*form: irrelevant*) irrelevant.

impertinently [ɪm'pɜːtɪnəntlɪ] *adv see adj*.

imperturbability ['ɪmpəˌtɜːbə'bɪlɪtɪ] *n* Unerschütterlichkeit *f*.

imperturbable [ˌɪmpə'tɜːbəbl] *adj* unerschütterlich.

impervious [ɪm'pɜːvɪəs] *adj* **1.** *substance* undurchlässig. **~ to water** wasserundurchlässig; *coat, material* regen-/wasserdicht.
2. (*fig*) unzugänglich (*to* für); (*to people's feelings also, criticism*) unberührt (*to* von).

impetuosity [ɪmˌpetjʊ'ɒsɪtɪ] *n* **1.** *see adj* Ungestüm *nt*; Impulsivität *f*; Stürmische(s) *nt*. **2.** (*impetuous behaviour*) ungestümes Handeln.

impetuous [ɪm'petjʊəs] *adj act, person* ungestüm, stürmisch; *decision* impulsiv; (*liter*) *attack, wind* stürmisch.

impetuously [ɪm'petjʊəslɪ] *adv see adj*.

impetuousness [ɪm'petjʊəsnɪs] *n see* **impetuosity**.

impetus ['ɪmpɪtəs] *n* (*lit, fig*) Impuls *m*; (*force*) Kraft *f*; (*momentum*) Schwung, Impetus (*geh*) *m*. **to give an ~ to sth** (*fig*) einer Sache (*dat*) Impulse geben.

impiety [ɪm'paɪətɪ] *n* **1.** *see* **impious** Gottlosigkeit, Ungläubigkeit *f*; Pietätlosigkeit *f*; Ehrfurchtslosigkeit *f*; Respektlosigkeit *f*. **2.** (*act*) Pietätlosigkeit *f*; Respektlosigkeit *f*.

impinge [ɪm'pɪndʒ] *vi* **1.** (*have effect: on sb's life, habits*) sich auswirken (*on* auf *+acc*), beeinflussen (*on acc*); (*infringe: on sb's rights also*) einschränken (*on acc*). **to ~ on sb/sb's consciousness** *or* **mind** jdm zu Bewußtsein kommen. **2.** (*strike*) (auf)treffen, fallen (*on* auf *+acc*).

impingement [ɪm'pɪndʒmənt] *n* **1.** Auswirkung *f*, Einfluß *m* (*on* auf *+acc*). **2.** (*striking*) Auftreffen *nt* (*on* auf *+dat*).

impious ['ɪmpɪəs] *adj* (*not pious*) gottlos, ungläubig; (*irreverent*) pietätlos; (*to God*) ehrfurchtslos; (*to superior*) respektlos.

impiously ['ɪmpɪəslɪ] *adv see adj.*

impish ['ɪmpɪʃ] *adj remark* schelmisch; *smile, look also* verschmitzt; *child also* lausbübisch.

impishly ['ɪmpɪʃlɪ] *adv see adj.*

impishness ['ɪmpɪʃnɪs] *n see adj* Schelmische(s) *nt*; Verschmitztheit *f*; Lausbubenhaftigkeit *f*.

implacable [ɪm'plækəbl] *adj opponent, enemy, hatred* unerbittlich, erbittert.

implacably [ɪm'plækəblɪ] *adv see adj.*

implant [ɪm'plɑːnt] **I** *vt* **1.** (*fig*) einimpfen (*in sb* jdm). **to be deeply ~ed in sb** (tief) in jdm verwurzelt sein. **2.** (*Med*) implantieren, einpflanzen. **II** ['ɪmplɑːnt] *n* (*Med*) Implantat *nt*.

implantation [ˌɪmplɑːn'teɪʃən] *n see vt* Einpflanzung *f*; Implantation, Einpflanzung *f*.

implausibility [ɪmˌplɔːzə'bɪlɪtɪ] *n see adj* mangelnde Plausibilität; Unglaubhaftigkeit, Unglaubwürdigkeit *f*; Ungeschicktheit *f*.

implausible [ɪm'plɔːzəbl] *adj* nicht plausibel; *story, tale, excuse also* unglaubhaft, unglaubwürdig; *lie* wenig überzeugend, ungeschickt.

implement ['ɪmplɪmənt] **I** *n* **1.** Gerät *nt*; (*tool also*) Werkzeug *nt*. **2.** (*fig: agent*) Werkzeug *nt*. **II** [ɪmplɪ'ment] *vt law* vollziehen; *contract, promise* erfüllen; (*carry out, put into effect*) *plan* durchführen, ausführen.

implementation [ˌɪmplɪmen'teɪʃən] *n see vt* Vollzug *m*; Erfüllung *f*; Ausführung, Durchführung *f*.

implicate ['ɪmplɪkeɪt] *vt* **to ~ sb in sth** jdn in etw verwickeln.

implication [ˌɪmplɪ'keɪʃən] *n* **1.** Implikation *f*; (*of law, agreement also*) Auswirkung *f*; (*of events also*) Bedeutung *f no pl*. **the possible ~s of his decision** die ganze Tragweite seiner Entscheidung; **by ~** implizit. **2.** (*in crime*) Verwicklung *f* (*in* in *+acc*).

implicit [ɪm'plɪsɪt] *adj* **1.** (*implied*) implizit; *threat also* indirekt, unausgesprochen; *agreement, recognition also* stillschweigend. **to be ~ in sth** durch etw impliziert werden; (*in contract*) in etw (*dat*) impliziert sein.

2. (*unquestioning*) *belief, confidence* absolut, unbedingt.

implicitly [ɪm'plɪsɪtlɪ] *adv see adj.*

implied [ɪm'plaɪd] *adj* impliziert; *threat also* indirekt.

implode [ɪm'pləʊd] **I** *vi* implodieren. **II** *vt* (*Ling*) als Verschlußlaut *or* Explosivlaut sprechen.

implore [ɪm'plɔːʳ] *vt person* anflehen, inständig bitten; *forgiveness* erbitten, erflehen.

imploring *adj*, **~ly** *adv* [ɪm'plɔːrɪŋ, -lɪ] flehentlich, flehend.

implosion [ɪm'pləʊʒən] *n* Implosion *f*.

imply [ɪm'plaɪ] *vt* **1.** andeuten, implizieren. **are you ~ing *or* do you mean to ~ that ...?** wollen Sie damit vielleicht sagen *or* andeuten, daß ...?

2. (*indicate, lead to conclusion*) schließen lassen auf (*+acc*).

3. (*involve*) bedeuten.

impolite *adj*, **~ly** *adv* [ˌɪmpə'laɪt, -lɪ] unhöflich.

impoliteness [ˌɪmpə'laɪtnɪs] *n* Unhöflichkeit *f*.

imponderable [ɪm'pɒndərəbl] **I** *adj* unberechenbar, unwägbar. **II** *n* unberechenbare *or* unwägbare Größe. **~s** Unwägbarkeiten, Imponderabilien (*geh*) *pl*.

import ['ɪmpɔːt] **I** *n* **1.** (*Comm*) Import *m*, Einfuhr *f*. **2.** (*of speech, document*) (*meaning*) Bedeutung *f*; (*significance also*) Wichtigkeit *f*. **II** [ɪm'pɔːt] *vt* **1.** (*Comm*) *goods* einführen, importieren. **2.** (*mean, imply*) bedeuten, beinhalten. **3.** (*Comput*) importieren.

importable [ɪm'pɔːtəbl] *adj* einführbar.

importance [ɪm'pɔːtəns] *n* Wichtigkeit *f*; (*significance also*) Bedeutung *f*; (*influence also*) Einfluß *m*. **to be of no (great) ~** nicht (besonders) wichtig sein; **to be without ~** unwichtig sein; **to attach the greatest ~ to sth** einer Sache (*dat*) größten Wert *or* größte Wichtigkeit beimessen.

important [ɪm'pɔːtənt] *adj* wichtig; (*significant also*) bedeutend; (*influential*) einflußreich, bedeutend. **that's not ~** das ist unwichtig; **it's not ~** (*doesn't matter*) das macht nichts.

importantly [ɪm'pɔːtəntlɪ] *adv* **1.** (*usu pej*) wichtigtuerisch (*pej*). **2. it is ~ different** das ist entscheidend anders.

importation [ˌɪmpɔː'teɪʃən] *n* Einfuhr *f*, Import *m*.

import *in cpds* Einfuhr-, Import-; **import duty** *n* Einfuhrzoll, Importzoll *m*.

imported [ɪm'pɔːtɪd] *adj* importiert, eingeführt, Import-.

importer [ɪm'pɔːtəʳ] *n* Importeur(in *f*) *m* (*of* von); (*country also*) Importland *nt* (*of* für).

import-export trade *n* Import-Export-Handel *m*, Ein- und Ausfuhr *f*; **import licence** *n* Einfuhrlizenz, Importlizenz *f*; **import permit** *n* Einfuhr- *or* Importerlaubnis *f*.

importunate [ɪm'pɔːtjʊnɪt] *adj* aufdringlich; *salesman also, creditor, demand* hartnäckig, beharrlich.

importunately [ɪm'pɔːtjʊnɪtlɪ] *adv see adj.*

importune [ˌɪmpɔː'tjuːn] *vt* belästigen; (*creditor, with questions*) zusetzen (*+dat*); (*visitor*) zur Last fallen (*+dat*).

impose [ɪm'pəʊz] **I** *vt* **1.** *task, conditions* aufzwingen, auferlegen (*on sb* jdm); *sanctions, fine, sentence* verhängen (*on* gegen); *tax* erheben. **to ~ a tax on sth** etw mit einer Steuer belegen, etw besteuern. **2. to ~ oneself *or* one's presence on sb** sich jdm aufdrängen.

II *vi* zur Last fallen (*on sb* jdm). **to ~ on sb's kindness** jds Freundlichkeit ausnützen *or* mißbrauchen.

imposing [ɪm'pəʊzɪŋ] *adj* beeindruckend, imponierend; *person, appearance, building also* stattlich, imposant.

imposition [ˌɪmpə'zɪʃən] *n* **1.** *no pl see vt*

1. Aufzwingen *nt*, Auferlegung *f*; Verhängung *f*; Erhebung *f*.

2. (*tax*) Steuer *f* (*on* für, auf +*dat*).

3. (*taking advantage*) Zumutung *f* (*on* für). **I'd love to stay if it's not too much of an ~** ich würde liebend gern bleiben, wenn ich Ihnen nicht zur Last falle.

impossibility [ɪm,pɒsə'bɪlɪtɪ] *n* Unmöglichkeit *f*.

impossible [ɪm'pɒsəbl] **I** *adj* unmöglich. **it is ~ for him to leave/do that** er kann unmöglich gehen/das unmöglich tun.

II *n* Unmögliche(s) *nt*. **to ask for the ~** Unmögliches verlangen; **to do the ~** (*in general*) Unmögliches tun; (*in particular case*) das Unmögliche tun.

impossibly [ɪm'pɒsəblɪ] *adv* unmöglich.

impostor [ɪm'pɒstə^r] *n* Betrüger(in *f*), Schwindler(in *f*) *m*; (*assuming higher position also*) Hochstapler(in *f*) *m*.

imposture [ɪm'pɒstʃə^r] *n see* **impostor** Betrug *m*, Schwindelei *f*; Hochstapelei *f*.

impotence ['ɪmpətəns] *n see adj* Schwäche, Kraftlosigkeit *f*; Impotenz *f*; Schwäche, Machtlosigkeit *f*; Ohnmacht *f*.

impotent ['ɪmpətənt] *adj* (*physically*) schwach, kraftlos; (*sexually*) impotent; (*fig*) schwach, machtlos; *grief, rage* ohnmächtig.

impound [ɪm'paʊnd] *vt* **1.** (*seize*) *goods, contraband* beschlagnahmen. **2.** *cattle* einsperren; *car* abschleppen (lassen).

impoverish [ɪm'pɒvərɪʃ] *vt person, country* verarmen lassen; *soil* auslaugen, erschöpfen; (*fig*) *culture* verarmen lassen.

impoverished [ɪm'pɒvərɪʃt] *adj* arm; *person, conditions also* ärmlich; (*having become poor*) verarmt; *soil* ausgelaugt, erschöpft; *supplies* erschöpft; (*fig*) dürftig.

impoverishment [ɪm'pɒvərɪʃmənt] *n see vt* Verarmung *f*; Auslaugung, Erschöpfung *f*.

impracticability [ɪm,præktɪkə'bɪlɪtɪ] *n see adj* Impraktikabilität *f*; Unbrauchbarkeit *f*; schlechte Befahrbarkeit.

impracticable [ɪm'præktɪkəbl] *adj* impraktikabel; *plan also* in der Praxis nicht anwendbar, praktisch unmöglich; *design, size* unbrauchbar; *road* schwer befahrbar.

impractical [ɪm'præktɪkəl] *adj* unpraktisch; *scheme also* unbrauchbar.

impracticality [ɪm,præktɪ'kælɪtɪ] *n* (*of person*) unpraktische Art; (*of scheme, idea*) Unbrauchbarkeit *f*.

imprecation [,ɪmprɪ'keɪʃən] *n* Verwünschung *f*, Fluch *m*.

imprecise *adj*, **~ly** *adv* [,ɪmprɪ'saɪs, -lɪ] ungenau, unpräzis(e).

imprecision [,ɪmprɪ'sɪʒən] *n* Ungenauigkeit *f*.

impregnable [ɪm'pregnəbl] *adj* (*Mil*) *fortress, defences* uneinnehmbar; (*fig*) *position* unerschütterlich; *argument* unwiderlegbar, unumstößlich.

impregnate ['ɪmpregneɪt] *vt* **1.** (*saturate*) tränken. **2.** (*fig*) erfüllen; *person also* durchdringen. **3.** (*Biol: fertilize*) befruchten; *humans also* schwängern.

impregnation [,ɪmpreg'neɪʃən] *n see vt* Tränkung *f*; Erfüllung *f*; Durchdringung *f*; Befruchtung *f*; Schwängerung *f*.

impresario [,ɪmpre'sɑːrɪəʊ] *n* Impresario *m*; Theater-/ Operndirektor *m*.

impress [ɪm'pres] **I** *vt* **1.** beeindrucken; (*favourably, memorably also*) Eindruck machen auf (+*acc*); (*arouse admiration in*) imponieren (+*dat*). **he/it ~ed me favourably/unfavourably** er/das hat einen/keinen guten *or* günstigen Eindruck auf mich gemacht; **I am not ~ed** das beeindruckt mich nicht, das imponiert mir gar nicht; **he is not easily ~ed** er läßt sich nicht so leicht beeindrucken.

2. (*fix in mind of*) einschärfen (*on sb* jdm); *idea, danger, possibility* (deutlich) klarmachen (*on sb* jdm).

3. (*press to make mark*) **to ~ a pattern onto/into sth** ein Muster auf etw (*acc*) aufdrücken *or* aufprägen/in etw (*acc*) eindrücken *or* einprägen.

II *vi* Eindruck machen; (*person: deliberately*) Eindruck schinden (*inf*).

III ['ɪmpres] *n* Abdruck *m*.

impression [ɪm'preʃən] *n* **1.** Eindruck *m*. **to make a good/bad ~ on sb** einen guten/schlechten Eindruck auf jdn machen; **first ~s are usually right** der erste Eindruck ist gewöhnlich richtig.

2. (*idea*) Eindruck *m*; (*feeling*) Gefühl *nt*. **to give sb the ~ that ...** jdm den Eindruck vermitteln, daß ...; **I was under the ~ that ...** ich hatte den Eindruck, daß ...; **he had the ~ of falling** er hatte das Gefühl, zu fallen.

3. (*on wax*) Abdruck *m*; (*of engraving*) Prägung *f*.

4. (*of book*) Nachdruck *m*. **first ~** Erstdruck *m*.

5. (*take-off*) Nachahmung, Imitation *f*. **to do an ~ of sb** jdn imitieren *or* nachahmen.

impressionable [ɪm'preʃnəbl] *adj* für Eindrücke empfänglich, leicht zu beeindrukken *pred* (*pej*). **at an ~ age** in einem Alter, in dem man für Eindrücke besonders empfänglich ist.

impressionism [ɪm'preʃənɪzəm] *n* Impressionismus *m*.

impressionist [ɪm'preʃənɪst] *n* Impressionist(in *f*) *m*.

impressive [ɪm'presɪv] *adj* beeindrukkend; *performance, speech, ceremony, personality also* eindrucksvoll; (*in size*) *building, person also* imposant.

impressively [ɪm'presɪvlɪ] *adv see adj.*

imprint [ɪm'prɪnt] **I** *vt* **1.** (*mark*) *leather* prägen; *paper* bedrucken; *seal, paper* aufprägen (*on* auf +*acc*); (*on paper*) aufdrucken (*on* auf +*acc*).

2. (*fig*) einprägen (*on sb* jdm). **to ~ itself on sb's mind/ memory** sich jdm/sich in jds Gedächtnis (*acc*) einprägen.

II ['ɪmprɪnt] *n* **1.** (*lit*) (*on leather, wax*) Abdruck *m*; (*on paper*) (Auf)-druck *m*; (*fig*) Spuren, Zeichen *pl*, bleibender Eindruck.

2. (*Typ*) Impressum *nt*. **under the Collins ~** mit dem Collins-Impressum.

imprison [ɪm'prɪzn] *vt* (*lit*) inhaftieren, einsperren (*inf*); (*fig*) gefangenhalten. **to be/keep ~ed** (*lit, fig*) gefangen sein/

gefangenhalten.

imprisonment [ɪm'prɪznmənt] *n* (*action*) Inhaftierung *f*; (*state*) Gefangenschaft *f*. **to sentence sb to one month's/life ~** jdn zu einem Monat Gefängnis *or* Freiheitsstrafe/zu lebenslänglicher Freiheitsstrafe verurteilen.

improbability [ɪm,prɒbə'bɪlɪtɪ] *n* Unwahrscheinlichkeit *f*.

improbable [ɪm'prɒbəbl] *adj* unwahrscheinlich.

impromptu [ɪm'prɒmptju:] **I** *adj* improvisiert. **II** *adv* improvisiert; *perform* aus dem Stegreif. **to speak/sing/act ~** improvisieren. **III** *n* (*Mus*) Impromptu *nt*.

improper [ɪm'prɒpəʳ] *adj* (*unsuitable*) unpassend, unangebracht; (*unseemly*) unschicklich; (*indecent*) unanständig; (*wrong*) *diagnosis, interpretation* unzutreffend; *use* unsachgemäß; (*dishonest*) *practice* unlauter; (*not professional*) *conduct* unehrenhaft. **it is ~ to do that** es gehört sich nicht, das zu tun; **~ use of tools/one's position** Zweckentfremdung *f* von Geräten/Amtsmißbrauch *m*.

improperly [ɪm'prɒpəlɪ] *adv see adj.*

impropriety [,ɪmprə'praɪətɪ] *n* Unschicklichkeit *f*; (*of behaviour, language, remark*) Ungehörigkeit *f*; (*indecency: of jokes*) Unanständigkeit *f*.

improve [ɪm'pru:v] **I** *vt* verbessern; *area, appearance* verschönern; *sauce, food also* verfeinern; *production, value also* erhöhen, steigern; *knowledge also* erweitern; *low salaries also* aufbessern. **to ~ one's mind** sich weiterbilden.

II *vi see vt* sich verbessern, sich bessern; schöner werden; sich erhöhen, steigen. **he has ~d in maths** er hat sich in Mathematik gebessert; **to ~ with use** mit Gebrauch besser werden; **wine ~s with age** je älter der Wein desto besser; **the invalid is improving** dem Kranken geht es besser; **I'll try to ~** ich werde versuchen, mich zu bessern; **things are improving** es sieht schon besser aus, die Lage bessert sich langsam.

III *vr* **to ~ oneself** an sich (*dat*) arbeiten.

♦**improve (up)on** *vi +prep obj* **1.** übertreffen, besser machen. **2.** (*Comm, Fin*) *offer* überbieten, gehen über (+*acc*).

improved [ɪm'pru:vd] *adj* besser, verbessert; *offer also* höher.

improvement [ɪm'pru:vmənt] *n see vt* Verbesserung *f*, Besserung *f*; Verschönerung *f*; Verfeinerung *f*; Erhöhung, Steigerung *f*; Erweiterung *f*; Aufbesserung *f*; (*in health*) Besserung *f*; (*in studies also*) Fortschritte *pl*. **an ~ in pay** eine Gehaltsaufbesserung; **to be open to ~** verbesserungsfähig sein; **an ~ on the previous one** eine Verbesserung/Besserung *etc* gegenüber dem Früheren; **to make ~s** Verbesserungen machen *or* durchführen (*to* an +*dat*); **to carry out ~s to a house** Ausbesserungs- *or* (*to appearance*) Verschönerungsarbeiten an einem Haus vornehmen.

improvident [ɪm'prɒvɪdənt] *adj* sorglos.

improvidently [ɪm'prɒvɪdəntlɪ] *adv see adj.*

improving [ɪm'pru:vɪŋ] *adj* informativ, lehrreich; *book, also* bildend; (*morally ~*) erbaulich.

improvisation [,ɪmprəvaɪ'zeɪʃən] *n* Improvisation, Improvisierung *f*; (*object improvised*) Provisorium *nt*.

improvise ['ɪmprəvaɪz] *vti* improvisieren.

imprudence [ɪm'pru:dəns] *n* Unklugheit *f*.

imprudent *adj*, **~ly** *adv* [ɪm'pru:dənt, -lɪ] unklug.

impudence ['ɪmpjʊdəns] *n* Unverschämtheit, Frechheit *f*. **he had the ~ to ask me** er hatte die Stirn *or* er besaß die Frechheit, mich zu fragen.

impudent *adj*, **~ly** *adv* ['ɪmpjʊdənt, -lɪ] unverschämt, dreist.

impugn [ɪm'pju:n] *vt person* angreifen; *sb's behaviour also* scharfe Kritik üben an (+*dat*); *sb's honesty, motives* in Zweifel ziehen; *statement, evidence, veracity of witness* bestreiten, anfechten.

impulse ['ɪmpʌls] *n* Impuls *m*; (*driving force*) (Stoß- *or* Trieb)kraft *f*. **nerve ~** nervöser Reiz *or* Impuls; **to give an ~ to business** dem Handel neue Impulse geben; **to yield to a sudden** *or* **rash ~** einem Impuls nachgeben *or* folgen; **on ~** aus einem Impuls heraus, impulsiv.

impulsion [ɪm'pʌlʃən] *n* (*lit: act of impelling*) Antrieb *m*; (*lit, fig: driving force also*) Antriebskraft *f*; (*fig*) (*impetus*) Impuls *m*; (*compulsion*) Trieb, Drang *m*.

impulsive [ɪm'pʌlsɪv] *adj* **1.** impulsiv; *action, remark also* spontan. **2.** (*Phys, Tech*) *force* Trieb-, (an)treibend.

impulsively [ɪm'pʌlsɪvlɪ] *adv see adj 1.*

impulsiveness [ɪm'pʌlsɪvnɪs] *n see adj 1.* Impulsivität *f*; Spontaneität *f*.

impunity [ɪm'pju:nɪtɪ] *n* Straflosigkeit *f*. **with ~** ungestraft.

impure [ɪm'pjʊəʳ] *adj water, drugs* unrein; *food* verunreinigt; *thoughts, mind also, motives* unsauber; *style* nicht rein.

impurity [ɪm'pjʊərɪtɪ] *n see adj* Unreinheit *f*; Verunreinigung *f*; Unsauberkeit *f*; Unreinheit *f*.

imputation [,ɪmpjʊ'teɪʃən] *n* (*of crime*) Bezichtigung *f*; (*of lie also*) Unterstellung *f*.

impute [ɪm'pju:t] *vt* zuschreiben (*to sb/sth* jdm/einer Sache). **to ~ a crime to sb** jdn eines Verbrechens bezichtigen.

in [ɪn] **I** *prep* **1.** (*position*) in (+*dat*); (*with motion*) in (+*acc*). **it was ~ the lorry/pocket/car** es war auf dem Lastwagen/in der Tasche/im Auto; **he put it ~ the lorry/car/pocket** er legte es auf den Lastwagen/ins Auto/steckte es in die Tasche; **~ here/there** hierin/darin, hier/da drin (*inf*); (*with motion*) hier/da hinein/herein, hier/da rein (*inf*); **go ~ that direction** gehen Sie in diese *or* dieser Richtung; **~ the street** auf der/die Straße; **~ Thompson Street** in der Thompsonstraße; **he lives ~ a little village** er wohnt auf *or* in einem kleinen Dorf; **~ (the) church** in der Kirche; **to stay ~ the house** im Haus *or* (*at home*) zu Hause bleiben; **~ bed/prison/town** im Bett/Gefängnis/in der Stadt; **~ Germany/Iran/Switzerland /the United States** in Deutschland/im

Iran/in der Schweiz/in den Vereinigten Staaten; **the best ~ the class** der Beste der Klasse, der Klassenbeste.

2. (*people, works*) bei. **we find it ~ Dickens** wir finden das bei Dickens *or* in Dickens' Werken; **rare ~ a child of that age** selten bei einem Kind in diesem Alter; **you have a great leader ~ him** in ihm habt ihr einen großen Führer.

3. (*time: with dates, during*) in (+*dat*). **~ 1974** (im Jahre) 1974; **~ the sixties** in den sechziger Jahren; **~ June** im Juni; **~ (the) spring** im Frühling; **~ the morning(s)** morgens, am Morgen, am Vormittag; **~ the daytime** tagsüber, während des Tages; **three o'clock ~ the afternoon** drei Uhr nachmittags; **~ those days** damals, zu jener Zeit; **~ the beginning** am Anfang, anfangs.

4. (*time: interval*) in (+*dat*); (*within*) innerhalb von. **~ a moment** *or* **minute** sofort, gleich; **~ a short time** in kurzer Zeit; **~ a week('s time)** in einer Woche; **I haven't seen him ~ years** ich habe ihn seit Jahren *or* jahrelang nicht mehr gesehen.

5. (*manner, state, condition*) **to speak ~ a loud/soft voice** mit lauter/leiser Stimme sprechen, laut/leise sprechen; **to speak ~ a whisper** flüstern, flüsternd sprechen; **to speak ~ German** Deutsch *or* deutsch reden; **the background is painted ~ red** der Hintergrund ist rot (gemalt); **to pay ~ dollars** mit *or* in Dollar bezahlen; **to stand ~ a row/~ groups** in einer Reihe/in Gruppen *or* gruppenweise stehen; **~ this way** so, auf diese Weise; **to walk ~ twos** zu zweit *or* zu zweien gehen; **to count ~ fives** in Fünfern zählen; **she squealed ~ delight** sie quietschte vor Vergnügen; **~ a good state** in gutem Zustand; **to live ~ luxury/poverty** im Luxus/in Armut leben.

6. (*dress*) in (+*dat*). **~ one's best clothes** in Sonntagskleidung; **~ his shirt/slippers** im Hemd/in Hausschuhen; **dressed ~ white** weiß gekleidet.

7. (*substance, material*) **she was dressed ~ silk** sie war in Seide gekleidet; **to paint ~ oils** in Öl malen; **to write ~ ink** mit Tinte schreiben; **~ marble** in Marmor.

8. (*ratio*) **there are 12 inches ~ a foot** ein Fuß hat 12 Zoll; **one book/child ~ ten** jedes zehnte Buch/Kind, ein Buch/Kind von zehn; **fifteen pence ~ the pound discount** fünfzehn Prozent Rabatt.

9. (*degree, extent*) **~ large/small quantities** in großen/ kleinen Mengen; **~ part** teilweise, zum Teil; **to die ~ hundreds** zu Hunderten sterben.

10. (*in respect of*) **blind ~ the left eye** auf dem linken Auge *or* links blind; **weak ~ maths** in Mathematik schwach; **a rise ~ prices** ein Preisanstieg *m*, ein Anstieg *m* der Preise; **ten feet ~ height** zehn Fuß hoch; **five ~ number** fünf an der Zahl; **the latest thing ~ hats** der letzte Schrei bei Hüten.

11. (*occupation, activity*) **he is ~ the army** er ist beim Militär; **he is ~ banking/the motor business** er ist im Bankwesen/in der Autobranche (tätig).

12. (+*prp*) **~ saying this, I ...** wenn ich das sage, ... ich; **~ trying to escape** beim Versuch zu fliehen, beim Fluchtversuch; **but ~ saying this** aber indem ich dies sage.

13. **~ that** insofern als.

II *adv* **1.** da; (*at home also*) zu Hause. **there is nobody ~** es ist niemand da/zu Hause; **the train is ~** der Zug ist da *or* angekommen; **we were asked ~** wir wurden hereingebeten; *see vbs.*

2. (*fig*) **strawberries are ~** es ist Erdbeerzeit; **miniskirts are ~** Miniröcke sind in (*inf*) *or* in Mode; **the Socialists are ~** die Sozialisten sind an der Regierung; **our candidate is ~** unser Kandidat ist gewählt *or* reingekommen (*inf*).

3. (*phrases*) **he's ~ for a surprise/disappointment** ihm steht eine Überraschung/Enttäuschung bevor, er kann sich auf eine Überraschung/Enttäuschung gefaßt machen; **we are ~ for rain** uns (*dat*) steht Regen bevor; **he's ~ for it!** der kann sich auf was gefaßt machen (*inf*), der kann sich freuen (*iro*); **you don't know what you are ~ for/letting yourself ~ for** Sie wissen nicht, was Ihnen bevorsteht/auf was Sie sich da einlassen; **he is ~ for the post of manager** er hat sich um die Stelle des Managers beworben; **it's not ~ him to ...** er hat einfach nicht das Zeug dazu, zu ...; **to have it ~ for sb** (*inf*) es auf jdn abgesehen haben (*inf*); **to be ~ on sth** an einer Sache beteiligt sein; (*on secret*) über etw (*acc*) Bescheid wissen; **to be (well) ~ with sb** sich gut mit jdm verstehen; **my luck is ~** ich habe einen Glückstag.

III *adj attr* **1.** **"~" door** Eingangstür *f*; *see* **in-patient.**

2. (*inf*) in *inv* (*inf*). **an ~ subject** ein Modefach *nt*; **the ~ thing is to ...** es ist zur Zeit in (*inf*) *or* Mode, zu ...

IV *n* **to know the ~s and outs of a matter** bei einer Sache genau Bescheid wissen.

inability [ˌɪnəˈbɪlɪtɪ] *n* Unfähigkeit *f*. **~ to pay** Zahlungsunfähigkeit *f*.

inaccessibility [ˈɪnækˌsesəˈbɪlɪtɪ] *n see adj* Unzugänglichkeit *f*; Unerreichbarkeit *f*.

inaccessible [ˌɪnækˈsesəbl] *adj information, person* unzugänglich; *place also* unerreichbar.

inaccuracy [ɪnˈækjʊrəsɪ] *n see adj* Ungenauigkeit *f*; Unrichtigkeit *f*.

inaccurate [ɪnˈækjʊrɪt] *adj* (*lacking accuracy*) ungenau; (*not correct*) unrichtig. **she was ~ in her judgement of the situation** ihre Beurteilung der Lage traf nicht zu.

inaccurately [ɪnˈækjʊrɪtlɪ] *adv see adj.*

inaction [ɪnˈækʃən] *n* Untätigkeit, Tatenlosigkeit *f*.

inactive [ɪnˈæktɪv] *adj* untätig; *person, life, hands also* müßig (*geh*); *mind* träge, müßig (*geh*); *volcano* erloschen, untätig.

inactivity [ˌɪnækˈtɪvɪtɪ] *n* Untätigkeit *f*; (*of mind*) Trägheit *f*; (*Comm*) Stille,

Flaute *f*.

inadequacy [ɪn'ædɪkwəsɪ] *n see adj* Unzulänglichkeit *f*; Unangemessenheit *f*.

inadequate [ɪn'ædɪkwɪt] *adj* unzulänglich, inadäquat (*geh*); *supplies, resources, punishment, reasons, proposals also* unzureichend; *measures* unangemessen. **he is ~ for such a job/responsibility** er ist für eine solche Stelle nicht geeignet/er ist einer solchen Verantwortung nicht gewachsen.

inadequately [ɪn'ædɪkwɪtlɪ] *adv* unzulänglich, inadäquat (*geh*); *equipped, explained, documented also* unzureichend.

inadmissibility ['ɪnəd,mɪsə'bɪlɪtɪ] *n* Unzulässigkeit *f*.

inadmissible [,ɪnəd'mɪsəbl] *adj* unzulässig.

inadvertence [,ɪnəd'vɜːtəns] *n* Ungewolltheit *f*. **through ~** aus Versehen.

inadvertent [,ɪnəd'vɜːtənt] *adj* unbeabsichtigt, ungewollt.

inadvertently [,ɪnəd'vɜːtəntlɪ] *adv* versehentlich.

inadvisability ['ɪnəd,vaɪzə'bɪlɪtɪ] *n* Unratsamkeit *f* (*of doing sth* etw zu tun).

inadvisable [,ɪnəd'vaɪzəbl] *adj* unratsam, nicht zu empfehlen *pred*, nicht zu empfehlend *attr*.

inalienable [ɪn'eɪlɪənəbl] *adj rights* unveräußerlich.

inane [ɪ'neɪn] *adj* dumm; *suggestion also* hirnverbrannt.

inanely [ɪ'neɪnlɪ] *adv* dumm.

inanimate [ɪn'ænɪmɪt] *adj* leblos, tot; *nature* unbelebt.

inanity [ɪ'nænɪtɪ] *n see adj* Dummheit *f*; Hirnverbranntheit *f*.

inapplicable [ɪn'æplɪkəbl] *adj answer* unzutreffend; *laws, rules* nicht anwendbar (*to sb* auf jdn).

inappropriate [,ɪnə'prəʊprɪɪt] *adj* unpassend, unangebracht; *action also* unangemessen; *time* unpassend, ungelegen, ungünstig. **you have come at a most ~ time** Sie kommen sehr ungelegen.

inappropriately [,ɪnə'prəʊprɪɪtlɪ] *adv see adj*.

inappropriateness [,ɪnə'prəʊprɪɪtnɪs] *n see adj* Unpassende(s) *nt*, Unangebrachtheit *f*; Unangemessenheit *f*; Ungünstigkeit *f*.

inapt [ɪn'æpt] *adj* ungeschickt; *remark also* unpassend.

inaptitude [ɪn'æptɪtjuːd] *n* (*of person*) Unfähigkeit *f*; (*for work*) Untauglichkeit *f*; (*of remark*) Ungeschicktheit *f*.

inarticulate [,ɪnɑː'tɪkjʊlɪt] *adj* **1.** *essay* schlecht *or* unklar ausgedrückt, inartikuliert (*geh*); *speech also* schwerfällig. **she's very ~** sie kann sich kaum *or* nur schlecht ausdrücken; **a brilliant but ~ scientist** ein glänzender, aber wenig wortgewandter Wissenschaftler; **~ with rage** sprachlos vor Zorn.
2. (*Zool*) nicht gegliedert.

inasmuch [ɪnəz'mʌtʃ] *adv*: **~ as** da, weil; (*to the extent that*) insofern als.

inattention [,ɪnə'tenʃən] *n* Unaufmerksamkeit *f*. **~ to detail** Ungenauigkeit *f* im Detail.

inattentive *adj*, **~ly** *adv* [,ɪnə'tentɪv, -lɪ] unaufmerksam.

inattentiveness [,ɪnə'tentɪvnɪs] *n* Unaufmerksamkeit *f*.

inaudibility [ɪn,ɔːdə'bɪlɪtɪ] *n* Unhörbarkeit *f*.

inaudible *adj*, **-bly** *adv* [ɪn'ɔːdəbl, -ɪ] unhörbar.

inaugural [ɪ'nɔːgjʊrəl] **I** *adj lecture* Antritts-; *meeting, address, speech* Eröffnungs-. **II** *n* (*speech*) Antritts-/Eröffnungsrede *f*.

inaugurate [ɪ'nɔːgjʊreɪt] *vt* **1.** *president, official* (feierlich) in sein/ihr Amt einsetzen *or* einführen, inaugurieren (*geh*). **2.** *policy* einführen; *building* einweihen; *exhibition* eröffnen; *era* einleiten.

inauguration [ɪ,nɔːgjʊ'reɪʃən] *n see vt* **1.** Amtseinführung, Inauguration (*geh*) *f*.
2. Einführung *f*; Einweihung *f*; Eröffnung *f*; Beginn, Anfang *m*.

inauspicious [,ɪnɔːs'pɪʃəs] *adj* unheilverheißend; *circumstances, omen also* unheilträchtig.

inauspiciously [,ɪnɔːs'pɪʃəslɪ] *adv see adj*.

in-between [ɪnbɪ'twiːn] (*inf*) **I** *n*: **the ~s** wer/was dazwischenliegt *or* -kommt. **II** *adj* Mittel-, Zwischen-. **it is sort of ~** es ist so ein Mittelding; **~ stage** Zwischenstadium *nt*; **~ times** *adv* zwischendurch, dazwischen.

inboard ['ɪnbɔːd] (*Naut*) **I** *adj* Innenbord-. **II** *adv* binnenbords. **III** *n* Innenbordmotor *m*.

inborn ['ɪn'bɔːn] *adj* angeboren.

inbred ['ɪn'bred] *adj* **1. they look very ~** sie sehen nach Inzucht aus. **2.** *quality* angeboren.

inbreeding ['ɪn'briːdɪŋ] *n* Inzucht *f*.

inbuilt ['ɪnbɪlt] *adj safety features, error detection* integriert; *dislike, fear* angeboren, instinktiv; *predisposition, fondness* natürlich.

Inc (*US*) *abbr of* **Incorporated.**

Inca ['ɪŋkə] **I** *n* Inka *mf*. **II** *adj* (*also* **~n**) Inka-, inkaisch.

incalculable [ɪn'kælkjʊləbl] *adj* **1.** *amount* unschätzbar, unermeßlich; *damage, harm also, consequences* unabsehbar. **2.** (*Math*) nicht berechenbar. **3.** *character, mood* unberechenbar, unvorhersehbar.

incandescence [,ɪnkæn'desns] *n* (Weiß)-glühen *nt*, (Weiß)glut *f*.

incandescent [,ɪnkæn'desnt] *adj* (*lit*) (weiß)glühend; (*fig liter*) hell leuchtend, strahlend. **~ lamp** Glühlampe, Glühbirne *f*.

incantation [,ɪnkæn'teɪʃən] *n* Zauber(spruch) *m*, Zauberformel *f*; (*act*) Beschwörung *f*.

incapability [ɪn,keɪpə'bɪlɪtɪ] *n* Unfähigkeit *f* (*of doing sth* etw zu tun).

incapable [ɪn'keɪpəbl] *adj* **1.** *person* unfähig; (*physically*) hilflos. **to be ~ of doing sth** unfähig *or* nicht imstande sein, etw zu tun, etw nicht tun können; **drunk and ~** volltrunken; **~ of working** arbeitsunfähig.
2. (*form*) **~ of improvement** nicht verbesserungsfähig.

incapacitate [,ɪnkə'pæsɪteɪt] *vt* **1.** unfähig machen (*for* für, *from doing sth* etw zu tun). **physically ~d** körperlich behindert. **2.** (*Jur*) entmündigen.

incapacity [ˌɪnkəˈpæsɪtɪ] *n* **1.** Unfähigkeit *f* (*for* für). **~ for work** Arbeitsunfähigkeit *f*. **2.** (*Jur*) mangelnde Berechtigung (*for* zu). **~ of a minor** Geschäftsunfähigkeit *f* eines Minderjährigen.

in-car [ˈɪnkɑːʳ] *adj attr phone, hi-fi* Auto-; *entertainment* während der Fahrt.

incarcerate [ɪnˈkɑːsəreɪt] *vt* einkerkern.

incarceration [ˌɪnkɑːsəˈreɪʃən] *n* (*act*) Einkerkerung *f*; (*period*) Kerkerhaft *f*.

incarnate [ɪnˈkɑːnɪt] **I** *adj* (*Rel*) fleischgeworden, menschgeworden; (*personified*) leibhaftig *attr*, in Person. **he's the devil ~** er ist der leibhaftige Teufel *or* der Teufel in Person.

II [ˈɪnkɑːneɪt] *vt* (*make real*) Gestalt *or* Form geben (+*dat*); (*be embodiment of*) verkörpern.

incarnation [ˌɪnkɑːˈneɪʃən] *n* (*Rel*) Inkarnation (*geh*); (*fig*) Inbegriff *m*, Verkörperung, Inkarnation (*geh*) *f*.

incautious *adj*, **~ly** *adv* [ɪnˈkɔːʃəs, -lɪ] unvorsichtig, unbedacht.

incendiary [ɪnˈsendɪərɪ] **I** *adj* **1.** (*lit*) *bomb* Brand-. **~ device** Brandsatz *m*. **2.** (*fig*) *speech* aufwiegelnd, aufhetzend. **II** *n* **1.** (*bomb*) Brandbombe *f*. **2.** (*person*) (*lit*) Brandstifter(in *f*) *m*; (*fig*) Aufrührer(in *f*), Unruhestifter(in *f*) *m*.

incense¹ [ɪnˈsens] *vt* wütend machen, erbosen, erzürnen. **~d** wütend, erbost (*at, by* über +*acc*).

incense² [ˈɪnsens] *n* (*Eccl*) Weihrauch *m*; (*fig*) Duft *m*.

incentive [ɪnˈsentɪv] *n* Anreiz *m*. **~ bonus** Leistungszulage *f*; **~ scheme** (*Ind*) Anreizsystem *nt*.

inception [ɪnˈsepʃən] *n* Beginn, Anfang *m*.

incertitude [ɪnˈsɜːtɪtjuːd] *n* Ungewißheit, Unsicherheit *f*.

incessant [ɪnˈsesnt] *adj* unaufhörlich, unablässig; *complaints also* nicht abreißend; *noise* ununterbrochen.

incessantly [ɪnˈsesntlɪ] *adv see adj*.

incest [ˈɪnsest] *n* Inzest *m*, Blutschande *f*.

incestuous [ɪnˈsestjʊəs] *adj* blutschänderisch, inzestuös (*geh*).

inch [ɪntʃ] **I** *n* Zoll, Inch *m*. **3.5 ~ disk** 3,5 Zoll-Diskette *f*; **because of his lack of ~es** weil er ein bißchen klein ist/war; **she's gained a few ~es** sie hat in der Taille ein paar Zentimeter zugenommen; **she's grown a few ~es** sie ist ein paar Zentimeter gewachsen; **~ by ~** Zentimeter um Zentimeter; **he came within an ~ of winning/victory** er hätte um ein Haar *or* beinahe gewonnen; **he came within an ~ of being killed** er ist dem Tod um Haaresbreite entgangen; **he was within an ~ of death** sein Leben stand auf des Messers Schneide; **he knows every ~ of the area** er kennt die Gegend wie seine Westentasche; **he is every ~ a soldier** er ist jeder Zoll ein Soldat; **they searched every ~ of the room** sie durchsuchten das Zimmer Zentimeter für Zentimeter; **give him an ~ and he'll take a mile** (*prov*) wenn man ihm den kleinen Finger gibt, nimmt er die ganze Hand (*prov*).

II *vi* **to ~ forward/out/in** sich millimeterweise *or* stückchenweise vorwärts-/hinaus-/heraus-/hinein-/hereinschieben; **because prices are ~ing up** weil die Preise allmählich ansteigen.

III *vt* langsam manövrieren. **he ~ed his way forward** er schob sich langsam vorwärts.

incidence [ˈɪnsɪdəns] *n* **1.** (*Opt*) Einfall *m*. **angle of ~** Einfallswinkel *m*. **2.** (*of crime, disease*) Häufigkeit *f*. **a high ~ of crime** eine hohe Verbrechensquote.

incident [ˈɪnsɪdənt] **I** *n* **1.** (*event*) Ereignis *nt*, Begebenheit *f*, Vorfall *m*. **a life full of ~s** ein ereignisreiches Leben; **an ~ from his childhood** ein Kindheitserlebnis *nt*.

2. (*diplomatic*) Zwischenfall *m*; (*disturbance in pub*) Vorfall *m*. **without ~** ohne Zwischenfälle; **~ room** Einsatzzentrale *f*.

3. (*in book, play*) Episode *f*.

II *adj* **1. ~ to** (*form*) verbunden mit.

2. (*Opt*) *ray* einfallend.

incidental [ˌɪnsɪˈdentl] **I** *adj* **1. ~ music** Begleitmusik *f*; **~ expenses** Nebenkosten *pl*. **2.** (*unplanned*) *event* zufällig. **3.** (*secondary*) nebensächlich; *remark* beiläufig.

II *n* Nebensächlichkeit, Nebensache *f*. **~s** (*expenses*) Nebenausgaben *pl*.

incidentally [ˌɪnsɪˈdentəlɪ] *adv* übrigens. **it's only ~ important** das ist nur von nebensächlicher Bedeutung.

incinerate [ɪnˈsɪnəreɪt] *vt* verbrennen; (*cremate*) einäschern.

incineration [ɪnsɪnəˈreɪʃən] *n see vt* Verbrennung *f*; Einäscherung *f*.

incinerator [ɪnˈsɪnəreɪtəʳ] *n* (Müll)verbrennungsanlage *f*; (*garden ~*) Verbrennungsofen *m*; (*in crematorium*) Feuerbestattungsofen *m*.

incipient [ɪnˈsɪpɪənt] *adj* anfangend, beginnend; *disease, difficulties also* einsetzend.

incise [ɪnˈsaɪz] *vt* **1.** (ein)schneiden (*into* in +*acc*). **2.** (*Art*) (*in wood*) (ein)schnitzen; (*in metal, stone*) eingravieren, einritzen.

incision [ɪnˈsɪʒən] *n* Schnitt *m*; (*Med*) Einschnitt *m*.

incisive [ɪnˈsaɪsɪv] *adj style, tone, words* prägnant; *criticism* treffend, scharfsinnig; *mind* scharf; *person* scharfsinnig.

incisively [ɪnˈsaɪsɪvlɪ] *adv speak, formulate, put* prägnant; *argue, criticize, reason* treffend, scharfsinnig.

incisiveness [ɪnˈsaɪsɪvnɪs] *n see adj* Prägnanz *f*; Treffende *nt*, Scharfsinnigkeit *f*; Schärfe *f*.

incisor [ɪnˈsaɪzəʳ] *n* Schneidezahn *m*.

incite [ɪnˈsaɪt] *vt* aufhetzen; *masses also* aufwiegeln; *racial hatred* aufhetzen zu. **to ~ the masses/sb to violence** die Massen/jdn zu Gewalttätigkeiten aufhetzen.

incitement [ɪnˈsaɪtmənt] *n* **1.** *no pl see vt* Aufhetzung *f*; Aufwieg(e)lung *f*. **2.** (*incentive*) Anreiz, Ansporn *m* (*to* zu).

incivility [ˌɪnsɪˈvɪlɪtɪ] *n* Unhöflichkeit *f*.

incl *abbr of* **inclusive(ly)** incl., inkl.; **including** incl., inkl.

inclement [ɪn'klemənt] *adj weather, wind* rauh, unfreundlich; *judge, attitude* unbarmherzig, unerbittlich.

inclination [ˌɪnklɪ'neɪʃən] *n* **1.** (*tendency, wish*) Neigung *f*. **he follows his (own) ~s** er tut das, wozu er Lust hat; **my (natural) ~ is to carry on** ich neige dazu, weiterzumachen; **to have an ~ towards rudeness** zur Unhöflichkeit neigen; **I have no ~ to see him again** ich habe keinerlei Bedürfnis, ihn wiederzusehen; **my immediate ~ was to refuse** mein erster Gedanke war abzulehnen; **he showed no ~ to leave** er schien nicht gehen zu wollen.
2. (*of head, body*) Neigung *f*.
3. (*of hill, slope*) Neigung *f*, Gefälle, Abfallen *nt*.

incline [ɪn'klaɪn] **I** *vt* **1.** *head, body, roof* neigen. **this ~s me to think that he must be lying** das läßt mich vermuten, daß er lügt.
2. (*dispose*) veranlassen, bewegen. **the news ~s me to stay** aufgrund der Nachricht würde ich gern bleiben; *see* **inclined.**
II *vi* **1.** (*slope*) sich neigen; (*ground also*) abfallen.
2. (*be disposed, tend towards*) neigen. **to ~ to a point of view** zu einer Ansicht neigen *or* tendieren.
III ['ɪnklaɪn] *n* Neigung *f*; (*of hill*) Abhang *m*; (*gradient: Rail*) Gefälle *nt*.

inclined [ɪn'klaɪnd] *adj* **1. to be ~ to do sth** (*feel that one wishes to*) Lust haben, etw zu tun, etw tun wollen; (*have tendency to*) dazu neigen, etw zu tun; **I am ~ to think that ...** ich neige zu der Ansicht, daß ...; **if you feel ~** wenn Sie Lust haben *or* dazu aufgelegt sind; **to be well ~ towards sb** jdm geneigt *or* gewogen sein; **if you're ~ that way** wenn Ihnen so etwas liegt; **I'm ~ to disagree** ich möchte da doch widersprechen; **I'm ~ to believe you** ich möchte Ihnen gern glauben; **it's ~ to break** das bricht leicht.
2. *plane* geneigt, schräg.

inclose [ɪn'kləʊz] *vt see* **enclose.**

include [ɪn'klu:d] *vt* einschließen, enthalten; (*on list, in group etc*) aufnehmen, einbeziehen. **the tip is not ~d in the bill** Trinkgeld ist in der Rechnung nicht inbegriffen; **all ~d** alles inklusive *or* inbegriffen; **the invitation ~s everybody** die Einladung betrifft alle; **the children ~d** mit(samt) den Kindern, einschließlich der Kinder; **does that ~ me?** gilt das auch für mich?; **shut up! you ~d** *or* **that ~s you** Ruhe! Sie sind auch gemeint; **I think we should ~ a chapter on ...** ich finde, wir sollten auch ein Kapitel über ... dazunehmen.

◆**include out** *vt sep* (*hum inf*) auslassen. **~ me ~** ohne mich.

including [ɪn'klu:dɪŋ] *prep* einschließlich, inklusive, inbegriffen, mit. **that makes seven ~ you** mit Ihnen sind das sieben; **that comes to 200 marks ~ packing** das kommt auf 200 DM inklusive *or* einschließlich Verpackung; **there were six rooms ~ kitchen** mit Küche waren es sechs Zimmer; **~ the service charge** inklusive Bedienung, Bedienung (mit) inbegriffen; **not ~ service** exklusive Bedienung, Bedienung nicht inbegriffen *or* eingeschlossen; **up to and ~ chapter V** bis inklusive *or* einschließlich Kapitel V.

inclusion [ɪn'klu:ʒən] *n* Aufnahme *f*. **with the ~ of John that makes seven** mit John macht das sieben.

inclusive [ɪn'klu:sɪv] *adj* inklusive, einschließlich; *price* Inklusiv-, Pauschal-. **~ sum** Pauschale, Pauschalsumme *f*; **~ terms** Pauschalpreis *m*; **to be ~ of** einschließlich (+*gen*) sein, einschließen (+*acc*); **from 1st to 6th May ~** vom 1. bis einschließlich *or* inklusive 6. Mai.

inclusively [ɪn'klu:sɪvlɪ] *adv* inklusive, einschließlich. **from 7 to 10 ~** von 7 bis einschließlich *or* inklusive 10.

incognito [ˌɪnkɒg'ni:təʊ] **I** *adv* inkognito. **II** *n* Inkognito *nt*. **III** *adj traveller* Inkognito-. **to remain ~** inkognito bleiben.

incoherence [ˌɪnkəʊ'hɪərəns] *n* (*of style, prose*) Zusammenhanglosigkeit *f*, mangelnder Zusammenhang. **with each further drink his ~ grew** seine Worte wurden mit jedem Glas wirrer *or* zusammenhangloser.

incoherent [ˌɪnkəʊ'hɪərənt] *adj style, argument* zusammenhanglos, unzusammenhängend, inkohärent (*geh*); *speech, conversation also* wirr; *person* sich unklar *or* undeutlich ausdrückend; *drunk* schwer verständlich. **he was ~ with rage** seine wütenden Worte waren kaum zu verstehen.

incoherently [ˌɪnkəʊ'hɪərəntlɪ] *adv talk, write* zusammenhanglos, unzusammenhängend, wirr.

incombustible [ˌɪnkəm'bʌstəbl] *adj* unbrennbar.

income ['ɪnkʌm] *n* Einkommen *nt*; (*receipts*) Einkünfte *pl*.

incomebracket *n* Einkommensklasse *f*; **incomegroup** *n* Einkommensgruppe *f*.

incomer ['ɪnˌkʌmə^r] *n* (*new arrival*) Neuankömmling *m*; (*successor*) Nachfolger(in *f*) *m*.

incomes policy *n* Lohnpolitik *f*; **income tax** *n* Lohnsteuer *f*; (*on private income*) Einkommensteuer *f*; **income tax return** *n* Steuererklärung *f*.

incoming ['ɪnˌkʌmɪŋ] *adj* ankommend; *train also* einfahrend; *ship also* einlaufend; (*succeeding*) *president* nachfolgend, neu; *mail, orders* eingehend. **~ tide** Flut *f*.

incommensurable [ˌɪnkə'menʃərəbl] *adj* nicht zu vergleichend *attr*, nicht vergleichbar; (*Math*) inkommensurabel.

incommensurate [ˌɪnkə'menʃərɪt] *adj* **1. to be ~ with sth** in keinem Verhältnis zu etw stehen. **2.** (*inadequate*) unzureichend (*to* für).

incommunicado [ˌɪnkəmjʊnɪ'kɑ:dəʊ] *adj pred* ohne jede Verbindung zur Außenwelt, abgesondert. **he was held ~** er hatte keinerlei Verbindung zur Außenwelt; **to be ~** (*fig*) für niemanden zu sprechen sein.

incomparable [ɪn'kɒmpərəbl] *adj* nicht vergleichbar (*with* mit); *beauty, skill* unvergleichlich.

incomparably [ɪn'kɒmpərəblɪ] *adv* unvergleichlich.

incompatibility ['ɪnkəm,pætə'bɪlɪtɪ] *n see adj* Unvereinbarkeit *f*; Unverträglichkeit *f*.

incompatible [,ɪnkəm'pætəbl] *adj characters, ideas, propositions, temperaments* unvereinbar; *technical systems* nicht kompatibel; *drugs, blood groups, colours* nicht miteinander verträglich. **the drugs are ~** die Arzneimittel vertragen sich nicht miteinander; **we are ~, she said** wir passen überhaupt nicht zusammen *or* zueinander, sagte sie.

incompetence [ɪn'kɒmpɪtəns], **incompetency** [ɪn'kɒmpɪtənsɪ] *n* **1.** Unfähigkeit *f*; (*for job*) Untauglichkeit *f*. **2.** (*Jur*) Unzuständigkeit *f*.

incompetent [ɪn'kɒmpɪtənt] **I** *adj* **1.** *person* unfähig; (*for sth*) untauglich; *piece of work* unzulänglich.
2. (*Jur*) unzuständig, nicht zuständig.
II *n* Nichtskönner *m*, Niete *f* (*inf*).

incompetently [ɪn'kɒmpɪtəntlɪ] *adv* schlecht, stümperhaft.

incomplete [,ɪnkəm'pli:t] *adj collection, series* unvollkommen, unvollständig; (*referring to numbers*) unvollständig, nicht vollzählig; (*not finished also*) *painting, novel* unfertig.

incompletely [,ɪnkəm'pli:tlɪ] *adv see adj.*

incompleteness [,ɪnkəm'pli:tnɪs] *n see adj* Unvollkommenheit *f*; Unvollständigkeit *f*; Unfertigkeit *f*.

incomprehensible [ɪn,kɒmprɪ'hensəbl] *adj* unverständlich; *act also* unbegreiflich, unfaßbar.

incomprehensibly [ɪn,kɒmprɪ'hensəblɪ] *adv see adj.*

inconceivable [,ɪnkən'si:vəbl] *adj* unvorstellbar, undenkbar; (*hard to believe also*) unfaßbar, unbegreiflich.

inconceivably [,ɪnkən'si:vəblɪ] *adv see adj.*

inconclusive [,ɪnkən'klu:sɪv] *adj* (*not decisive*) *result* unbestimmt, zu keiner Entscheidung führend; *action, discussion, investigation* ohne (schlüssiges) Ergebnis, ergebnislos; (*not convincing*) *evidence, argument* nicht überzeugend, nicht schlüssig.

inconclusively [,ɪnkən'klu:sɪvlɪ] *adv* (*without result*) ergebnislos; *argue* nicht überzeugend, nicht schlüssig. **his speech ended rather ~** seine Rede kam zu keinem überzeugenden Schluß.

incongruity [,ɪnkɒŋ'gru:ɪtɪ] *n* **1.** *no pl* (*of remark, sb's presence*) Unpassende(s), Unangebrachtsein *nt*; (*of dress*) Unangemessenheit *f*, Mißverhältnis *nt* (*of sth with sth* zwischen etw *dat* und etw *dat*); (*of juxtaposition, mixture*) Mißklang *m*. **he commented on the ~ of the Rolls parked in the slums** er bemerkte, wie fehl am Platz sich der im Slum geparkte Rolls Royce ausmachte; **because of the ~ of this Spanish-style villa in a Scottish setting** weil diese Villa im spanischen Stil so gar nicht in die schottische Landschaft paßte/paßt.
2. (*incongruous thing*) Unstimmigkeit *f*.

incongruous [ɪn'kɒŋgrʊəs] *adj couple, juxtaposition, mixture* wenig zusammenpassend *attr*; *thing to do, remark* unpassend; (*out of place*) fehl am Platz. **he uses these ~ images** er benutzt diese unstimmigen Bilder; **it seems ~ that ...** es scheint abwegig *or* widersinnig, daß ...

inconsequent [ɪn'kɒnsɪkwənt] *adj* unlogisch, nicht folgerichtig; *remark* nicht zur Sache gehörend *attr*, beziehungslos.

inconsequential [ɪn,kɒnsɪ'kwenʃəl] *adj* beziehungslos, irrelevant; (*not logical*) unlogisch, nicht folgerichtig; (*unimportant*) unbedeutend, unwichtig.

inconsequentially [ɪn,kɒnsɪ'kwenʃəlɪ] *adv* unlogisch.

inconsiderable [,ɪnkən'sɪdərəbl] *adj* unbedeutend, unerheblich. **a not ~ amount** ein nicht unbedeutender Betrag.

inconsiderate [,ɪnkən'sɪdərɪt] *adj* rücksichtslos; (*in less critical sense, not thinking*) unaufmerksam.

inconsiderately [,ɪnkən'sɪdərɪtlɪ] *adv see adj.*

inconsistency [,ɪnkən'sɪstənsɪ] *n* **1.** (*contradictoriness*) Widersprüchlichkeit, Ungereimtheit *f*. **2.** (*unevenness: of work, in quality*) Unbeständigkeit *f*.

inconsistent [,ɪnkən'sɪstənt] *adj* **1.** (*contradictory*) *action, speech* widersprüchlich, ungereimt. **to be ~ with sth** zu etw im Widerspruch stehen, mit etw nicht übereinstimmen.
2. (*uneven, irregular*) *work* unbeständig, ungleich; *person* inkonsequent. **but you're ~, sometimes you say ...** aber da sind Sie nicht konsequent, manchmal sagen Sie ...

inconsistently [,ɪnkən'sɪstəntlɪ] *adv* **1.** *argue* widersprüchlich.
2. *work, perform* unbeständig, ungleichmäßig.

inconsolable [,ɪnkən'səʊləbl] *adj* untröstlich.

inconspicuous [,ɪnkən'spɪkjʊəs] *adj* unauffällig. **to make oneself ~** so wenig Aufsehen wie möglich erregen.

inconspicuously [,ɪnkən'spɪkjʊəslɪ] *adv* unauffällig.

inconstancy [ɪn'kɒnstənsɪ] *n see adj* Unbeständigkeit *f*; Wankelmut *m*; Unstetigkeit *f*; Veränderlichkeit *f*.

inconstant [ɪn'kɒnstənt] *adj person* (*in friendship*) unbeständig, wankelmütig; (*in love*) unstet, wankelmütig; (*variable*) *weather, quality* veränderlich, unbeständig.

incontestable [,ɪnkən'testəbl] *adj* unbestreitbar, unanfechtbar. **it is ~ that ...** es ist unbestritten, daß ...

incontestably [,ɪnkən'testəblɪ] *adv see adj.*

incontinence [ɪn'kɒntɪnəns] *n* (*Med*) Inkontinenz *f* (*spec*), Unfähigkeit *f*, Stuhl und/oder Harn zurückzuhalten; (*of desires*) Zügellosigkeit, Hemmungslosigkeit *f*.

incontinent [ɪn'kɒntɪnənt] *adj* (*Med*) unfähig, Stuhl und/oder Harn zurückzuhalten; *desires* zügellos, hemmungslos.

incontrovertible [ɪnˌkɒntrə'vɜːtəbl] *adj* unstreitig, unbestreitbar, unwiderlegbar.

inconvenience [ˌɪnkən'viːnɪəns] **I** *n* **1.** Unannehmlichkeit *f*. **was something of an ~ not having a car** es war eine ziemlich lästige *or* leidige Angelegenheit, kein Auto zu haben.

2. *no pl* Unannehmlichkeit(en *pl*) *f* (*to sb* für jdn). **I don't want to cause you any ~** ich möchte Ihnen keine Umstände bereiten *or* machen; **to put sb to great ~** jdm große Umstände bereiten; **at considerable personal ~** trotz beträchtlicher persönlicher Unannehmlichkeiten; **because of the ~ of the time/date** weil die Uhrzeit/der Termin ungelegen war.

II *vt* Unannehmlichkeiten *or* Umstände bereiten (+*dat*); (*with reference to time*) ungelegen kommen (+*dat*). **don't ~ yourself** machen Sie keine Umstände.

inconvenient [ˌɪnkən'viːnɪənt] *adj time* ungelegen, ungünstig; *house, design* unbequem, unpraktisch; *location* ungünstig; *shops* ungünstig *or* ungeschickt gelegen; *journey* beschwerlich, lästig. **3 o'clock is very ~ for me** 3 Uhr kommt mir sehr ungelegen *or* ist sehr ungünstig für mich; **you couldn't have chosen a more ~ time** einen ungünstigeren Zeitpunkt hätten Sie kaum wählen können.

inconveniently [ˌɪnkən'viːnɪəntlɪ] *adv see adj.*

inconvertibility ['ɪnkənˌvɜːtɪ'bɪlɪtɪ] *n* (*Fin*) Uneinlösbarkeit, Inkonvertibilität *f*.

inconvertible [ˌɪnkən'vɜːtəbl] *adj* uneinlösbar, inkonvertibel.

incorporate [ɪn'kɔːpəreɪt] *vt* **1.** (*integrate*) aufnehmen, einbauen, integrieren (*into* in +*acc*). **the chemicals are ~d with** *or* **in the blood** die Chemikalien werden ins Blut aufgenommen.

2. (*contain*) (in sich *dat*) vereinigen, enthalten. **the tax is ~d in the price** (die) Steuer ist im Preis enthalten; **all the tribes are now ~d in one state** alle Stämme sind jetzt zu einem Staat zusammengeschlossen.

3. (*Jur, Comm*) gesellschaftlich organisieren; (*US*) (amtlich) als Aktiengesellschaft eintragen, registrieren. **to ~ a company** eine Gesellschaft gründen; **~d company** (*US*) (handelsgerichtlich) eingetragene Gesellschaft.

incorporation [ɪnˌkɔːpə'reɪʃən] *n see vt* **1.** Aufnahme, Einfügung, Integration *f* (*into, in* in +*acc*). **2.** Verbindung, Vereinigung *f*. **3.** (*Jur, Comm*) Gründung, Errichtung *f*.

incorporeal [ˌɪnkɔː'pɔːrɪəl] *adj* nicht körperlich, körperlos.

incorrect [ˌɪnkə'rekt] *adj* **1.** (*wrong*) falsch; *wording, calculation also* fehlerhaft; *statement, assessment also* unzutreffend, unrichtig, unwahr; *opinion also* irrig; *text* ungenau, fehlerhaft. **you are ~** Sie irren sich, Sie haben unrecht; **that is ~** das stimmt nicht, das ist nicht richtig *or* wahr; **you are ~ in thinking that ...** Sie haben unrecht, wenn Sie denken, daß ...

2. (*improper*) *behaviour* inkorrekt, nicht einwandfrei; *dress* inkorrekt, falsch.

incorrectly [ˌɪnkə'rektlɪ] *adv see adj.*

incorrigible [ɪn'kɒrɪdʒəbl] *adj* unverbesserlich.

incorruptible [ˌɪnkə'rʌptəbl] *adj* **1.** *person* charakterstark; (*not bribable*) unbestechlich. **she's ~** man kann sie nicht verderben. **2.** *material, substance* unzerstörbar.

increase [ɪn'kriːs] **I** *vi* zunehmen; (*taxes*) erhöht werden; (*pain also*) stärker werden; (*amount, number, noise, population also*) anwachsen; (*possessions, trade, riches also*) sich vermehren, (an)wachsen; (*pride also, strength, friendship*) wachsen; (*price, sales, demand*) steigen; (*supply, joy, rage*) sich vergrößern, größer werden; (*business firm, institution, town*) sich vergrößern, wachsen; (*rain, wind*) stärker werden. **to ~ in volume/weight** umfangreicher/schwerer werden, an Umfang/Gewicht zunehmen; **to ~ in width/size/number** sich erweitern/vergrößern/vermehren, weiter/größer/mehr werden; **to ~ in height** höher werden.

II *vt* vergrößern; *rage, sorrow, joy, possessions, riches also* vermehren; *darkness, noise, love, resentment also, effort* verstärken; *trade, sales, business firm also* erweitern; *numbers, taxes, price, speed, demand* erhöhen. **he ~d his efforts** er strengte sich mehr an, er machte größere Anstrengungen; **then to ~ our difficulties** was die Dinge noch schwieriger machte; **~d demand** erhöhte *or* verstärkte Nachfrage; **~d standard of living** höherer Lebensstandard; **~d efficiency** Leistungssteigerung *f*; **we ~d output to ...** wir erhöhten den Ausstoß auf ...

III *n* Zunahme, Erhöhung, Steigerung *f*; (*in size*) Vergrößerung, Erweiterung *f*; (*in number*) Vermehrung *f*, Zuwachs *m*, Zunahme *f*; (*in speed*) Erhöhung, Steigerung *f* (*in gen*); (*of business*) Erweiterung, Vergrößerung *f*; (*in sales*) Aufschwung *m*; (*in expenses*) Vermehrung, Steigerung *f* (*in gen*); (*of effort*) Vermehrung, Steigerung, Verstärkung *f*; (*of demand*) Verstärkung *f*, Steigen *nt*; (*of work*) Mehr *nt* (*of* an +*dat*), Zunahme *f*; (*of violence*) Zunahme *f*, Anwachsen *nt*; (*of salary*) Gehaltserhöhung *or* -aufbesserung *f*; (*of noise*) Zunahme, Verstärkung *f*. **an ~ in the population of 10% per year** ein jährlicher Bevölkerungszuwachs von 10%; **to get an ~ of £5 per week** eine Lohnerhöhung von £ 5 pro Woche bekommen; **to be on the ~** ständig zunehmen; **~ in value** Wertzuwachs *m*, Wertsteigerung *f*; **rent ~** Mieterhöhung *f*.

increasing [ɪn'kriːsɪŋ] *adj* zunehmend, steigend, (an)wachsend. **an ~ number of people are changing to ...** mehr und mehr Leute steigen auf (+*acc*) ... um.

increasingly [ɪn'kriːsɪŋlɪ] *adv* zunehmend, immer mehr. **he became ~ angry** er wurde immer *or* zunehmend ärgerlicher; **this is ~ the case** dies ist immer häufiger der Fall.

incredible [ɪn'kredəbl] *adj* unglaublich; (*inf: amazing also*) unwahrscheinlich (*inf*).

incredibly [ɪn'kredəblɪ] *adv see adj.*

incredulity [ˌɪnkrɪ'dju:lɪtɪ] *n* Ungläubigkeit, Skepsis *f*.

incredulous *adj*, **~ly** *adv* [ɪn'kredjʊləs, -lɪ] ungläubig, skeptisch; *look also* zweifelnd.

increment ['ɪnkrɪmənt] *n* Zuwachs *m*, Steigerung *f*; (*in salary*) Gehaltserhöhung *or* -zulage *f*; (*on scale*) Stufe *f*.

incriminate [ɪn'krɪmɪneɪt] *vt* belasten.

incriminating [ɪn'krɪmɪneɪtɪŋ], **incriminatory** [ɪn'krɪmɪneɪtərɪ] *adj* belastend.

incrimination [ɪnˌkrɪmɪ'neɪʃən] *n* Belastung *f*.

incrust [ɪn'krʌst] *vt see* **encrust.**

incubate ['ɪnkjʊbeɪt] **I** *vt egg* ausbrüten; *bacteria* züchten; *plan, idea* ausbrüten (*inf*), ausreifen lassen. **II** *vi* (*lit*) ausgebrütet *or* bebrütet werden; (*fig*) (aus)reifen, sich formen.

incubation [ˌɪnkjʊ'beɪʃən] *n see vb* Ausbrüten *nt*; Züchten *nt*; Ausreifen *nt*. **~ period** (*Med*) Inkubationszeit *f*.

incubator ['ɪnkjʊbeɪtə^r] *n* (*for babies*) Brutkasten, Inkubator *m*; (*for chicks*) Brutapparat *m*; (*for bacteria*) Brutschrank *m*.

inculcate ['ɪnkʌlkeɪt] *vt* einimpfen, einprägen (*in sb* jdm).

inculcation [ˌɪnkʌl'keɪʃən] *n* Einimpfen *nt*, Einimpfung *f*.

incumbency [ɪn'kʌmbənsɪ] *n* **1.** (*Eccl*) Pfründe *f*. **2.** (*form: tenure of office*) Amtszeit *f*. **3.** (*form: obligation*) Obliegenheit (*form*), Verpflichtung *f*.

incumbent [ɪn'kʌmbənt] (*form*) **I** *adj* **1. to be ~ upon sb** jdm obliegen (*form*), jds Pflicht sein (*to do sth* etw zu tun). **2. the ~ mayor** der amtierende Bürgermeister. **II** *n* Amtsinhaber(in *f*) *m*.

incur [ɪn'kɜ:^r] *vt* **1.** *anger, injury, displeasure* sich (*dat*) zuziehen, auf sich (*acc*) ziehen; *risk* eingehen, laufen. **2.** (*Fin*) *loss* erleiden; *debts, expenses* machen. **other expenses ~red** weitere Auslagen *or* Ausgaben *pl*.

incurable [ɪn'kjʊərəbl] **I** *adj* (*Med*) unheilbar; (*fig*) unverbesserlich. **II** *n* (*Med*) unheilbar Kranke(r) *mf*.

incurably [ɪn'kjʊərəblɪ] *adv see adj.*

incurious [ɪn'kjʊərɪəs] *adj* (*not curious*) nicht wißbegierig, nicht neugierig; (*uninterested*) gleichgültig, uninteressiert.

incursion [ɪn'kɜ:ʃən] *n* Einfall *m*, Eindringen *nt* (*into* in +*acc*); (*fig*) Ausflug *m* (*into* in +*acc*); (*of darkness*) Einbruch *m*.

indebted [ɪn'detɪd] *adj* **1.** (*fig*) verpflichtet. **to be ~ to sb for sth** jdm für etw (zu Dank) verpflichtet sein, für etw in jds Schuld (*dat*) stehen.

2. (*Fin*) verschuldet (*to sb* bei jdm).

indebtedness [ɪn'detɪdnɪs] *n* (*fig*) Verpflichtung *f* (*to* gegenüber); (*Fin*) Verschuldung *f*.

indecency [ɪn'di:snsɪ] *n* Unanständigkeit, Anstößigkeit *f*. **act of ~** (*Jur*) unsittliches Verhalten.

indecent [ɪn'di:snt] *adj* unanständig, anstößig; (*Jur*) *act* unsittlich, unzüchtig; *joke* schmutzig, unanständig, zotig. **with ~ haste** mit ungebührlicher Eile *or* Hast; *see* **assault.**

indecently [ɪn'di:sntlɪ] *adv see adj.*

indecipherable [ˌɪndɪ'saɪfərəbl] *adj* nicht zu entziffern *pred*, nicht zu entziffernd *attr*; *handwriting* unleserlich.

indecision [ˌɪndɪ'sɪʒən] *n* Unentschlossenheit, Unschlüssigkeit *f*.

indecisive [ˌɪndɪ'saɪsɪv] *adj* **1.** *person, manner* unschlüssig, unentschlossen. **2.** *discussion* ergebnislos; *argument, battle* nicht(s) entscheidend *attr*.

indecisively [ˌɪndɪ'saɪsɪvlɪ] *adv see adj.*

indeclinable [ˌɪndɪ'klaɪnəbl] *adj* (*Gram*) nicht deklinierbar.

indecorous *adj*, **~ly** *adv* [ɪn'dekərəs, -lɪ] unschicklich, ungehörig.

indeed [ɪn'di:d] *adv* **1.** (*really, in reality, in fact*) tatsächlich, wirklich, in der Tat. **I feel, ~ I know he is right** ich habe das Gefühl, ja ich weiß (sogar), daß er recht hat.

2. (*confirming*) **isn't that wrong? — ~ (it is)** ist das nicht falsch? — allerdings; **are you coming? — ~ I am!** kommst du? — aber sicher *or* natürlich; **is that Charles? — ~** ist das Charles? — ganz recht.

3. (*as intensifier*) wirklich. **very ... ~** wirklich sehr ...; **thank you very much ~** vielen herzlichen Dank.

4. (*showing interest, irony, surprise*) wirklich, tatsächlich. **did you/is it ~?** nein wirklich?, tatsächlich?; **his wife, ~!** seine Frau ..., daß ich nicht lache!; **~?** ach so?, ach wirklich?

5. (*admittedly*) zwar. **there are ~ mistakes in it, but ...** es sind zwar Fehler darin, aber ...

6. (*expressing possibility*) **if ~ ...** falls ... wirklich; **if ~ he were wrong** falls er wirklich unrecht haben sollte; **I may ~ come** es kann gut sein, daß ich komme.

indefatigable *adj*, **-bly** *adv* [ˌɪndɪ'fætɪgəbl, -ɪ] unermüdlich, rastlos.

indefensible [ˌɪndɪ'fensəbl] *adj* **1.** *behaviour, remark* unentschuldbar, nicht zu rechtfertigend *attr or* rechtfertigen *pred*. **2.** *town* nicht zu verteidigend *attr or* verteidigen *pred*, unhaltbar. **3.** *cause, theory* unhaltbar, unvertretbar.

indefinable [ˌɪndɪ'faɪnəbl] *adj word, colour, charm* unbestimmbar, undefinierbar; *feeling, impression* unbestimmt.

indefinite [ɪn'defɪnɪt] *adj* **1.** *number, length*, (*Gram*) unbestimmt. **~ leave** Urlaub *m* auf unbestimmte Zeit. **2.** (*vague*) unklar, undeutlich.

indefinitely [ɪn'defɪnɪtlɪ] *adv* **1.** *wait* unbegrenzt (lange), unendlich lange, endlos; *postpone* auf unbestimmte Zeit. **2.** (*vaguely*) unklar, undeutlich.

indelible [ɪn'deləbl] *adj stain* nicht zu entfernen; *ink also* wasserunlöslich; (*fig*) *impression* unauslöschlich. **~ ink** Wäschetinte *f*; **~pencil** Kopierstift, Tintenstift *m*.

indelibly [ɪn'delɪblɪ] *adv* (*fig*) unauslöschlich.

indelicacy [ɪn'delɪkəsɪ] *n* Taktlosigkeit, Ungehörigkeit *f*; (*of person*) Mangel *m* an Feingefühl, Taktlosigkeit *f*; (*crudity*) Geschmacklosigkeit *f*.

indelicate [ɪn'delɪkət] *adj person* taktlos; *act, remark also* ungehörig; (*crude*) geschmacklos.

indelicately [ɪn'delɪkətlɪ] *adv see adj*.

indemnification [ɪn,demnɪfɪ'keɪʃən] *n* **1.** (*compensation*) Schadensersatz *m*, Entschädigung *f* (*for* für); (*sum received*) Schadensersatz(summe *f*) *m*, Entschädigung(ssumme) *f*; (*for expenses*) Erstattung *f* (*for gen*). **2.** (*for against* gegen) (*safeguard*) Absicherung *f*; (*insurance*) Versicherung *f*.

indemnify [ɪn'demnɪfaɪ] *vt* **1.** (*compensate*) entschädigen, Schadensersatz *m* leisten (*for* für); (*for expenses*) erstatten (*sb for sth* jdm etw). **2.** (*safeguard*) absichern (*from, against* gegen); (*insure*) versichern (*against, from* gegen).

indemnity [ɪn'demnɪtɪ] *n* **1.** (*compensation*) (*for damage, loss*) Schadensersatz *m*, Entschädigung, Abfindung *f*; (*after war*) Wiedergutmachung *f*. **2.** (*insurance*) Versicherung(sschutz *m*) *f*.

indent [ɪn'dent] **I** *vt border, edge* einkerben; *coast* zerklüften, einbuchten; (*Typ*) *word, line* einrücken, einziehen; (*leave dent in*) *metal* einbeulen.

II *vi* **to ~ on sb for sth** (*Brit Comm*) etw bei jdm ordern.

III ['ɪndent] *n* (*in border*) Einkerbung, Kerbe *f*; (*in coast*) Einbuchtung *f*; (*Typ: of line*) Einrückung *f*, Einzug *m*; (*dent: in metal*) Beule, Delle *f*.

indentation [,ɪnden'teɪʃən] *n* **1.** *no pl see vt* Einkerben *nt*; Zerklüften *nt*; Einrükken, Einziehen *nt*; Einbeulen *nt*.

2. (*notch, dent*) (*in border, edge*) Kerbe *f*, Einschnitt *m*; (*in coast*) Einbuchtung *f*; (*Typ*) Einrückung *f*, Einzug *m*; (*in metal*) Delle, Vertiefung *f*.

indenture [ɪn'dentʃəʳ] **I** *n* **~s** *pl* (*of apprentice*) Ausbildungs- *or* Lehrvertrag *m*.

II *vt apprentice* in die Lehre nehmen.

independence [,ɪndɪ'pendəns] *n* Unabhängigkeit *f* (*of* von); (*of person: in attitude, spirit also*) Selbständigkeit *f*. **to achieve ~** die Unabhängigkeit erlangen; **I~ Day** (*US*) der Unabhängigkeitstag.

independent [,ɪndɪ'pendənt] **I** *adj* **1.** unabhängig (*of* von) (*also Pol*); *person* (*in attitude, spirit also*) selbständig; *school* frei, unabhängig (vom Staat); *income* eigen, privat. **a man of ~ means** eine Person mit Privateinkommen, ein Privatmann *m*.

2. (*unconnected, unrelated to work of others*) *reports, research, thinker* unabhängig. **the two explosions were ~** die beide Explosionen hatten nichts miteinander zu tun *or* keine gemeinsame Ursache; **~ suspension** (*Aut*) Einzel(rad)aufhängung *f*.

3. ~ clause (*Gram*) übergeordneter Satz, Hauptsatz *m*.

II *n* (*Pol*) Unabhängige(r) *mf*.

independently [,ɪndɪ'pendəntlɪ] *adv* unabhängig; (*in attitude, spirit also*) selbständig; (*on own initiative also*) von allein(e). **they each came ~ to the same conclusion** sie kamen unabhängig voneinander zur gleichen Schlußfolgerung.

in-depth ['ɪndepθ] *adj* eingehend, gründlich.

indescribable [,ɪndɪ'skraɪbəbl] *adj* unbeschreiblich; (*inf: terrible*) fürchterlich, schrecklich, unglaublich.

indescribably [,ɪndɪ'skraɪbəblɪ] *adv see adj*.

indestructibility ['ɪndɪ,strʌktə'bɪlɪtɪ] *n* Unzerstörbarkeit *f*.

indestructible *adj*, **-bly** *adv* [,ɪndɪ'strʌktəbl, -ɪ] unzerstörbar.

indeterminable [,ɪndɪ'tɜːmɪnəbl] *adj* unbestimmbar, nicht zu bestimmend *attr or* bestimmen *pred*.

indeterminate [,ɪndɪ'tɜːmɪnɪt] *adj amount, length* unbestimmt; *duration also* ungewiß; *meaning, concept* unklar, vage.

indeterminately [,ɪndɪ'tɜːmɪnɪtlɪ] *adv see adj*.

indetermination ['ɪndɪ,tɜːmɪ'neɪʃən] *n* (*indecisiveness*) Entschlußlosigkeit, Unschlüssigkeit, Unentschiedenheit *f*.

index ['ɪndeks] **I** *n* **1.** *pl* **-es** (*in book*) Register *nt*, Index *m*; (*of sources*) Quellenverzeichnis *nt*; (*in library*) (*of topics*) (Schlagwort)katalog *m*; (*of authors*) (Verfasser)katalog *m*; (*card ~*) Kartei *f*. **I~** (*Eccl*) Index *m*.

2. *pl* **indices** (*pointer*) (*Typ*) Hinweiszeichen, Handzeichen *nt*; (*on scale*) (An)zeiger *m*, Zunge *f*. **to provide a useful ~ to** *or* **of the true state of affairs** nützlichen Aufschluß über den wahren Stand der Dinge geben.

3. *pl* **-es** *or* **indices** (*number showing ratio*) Index *m*, Meßzahl, Indexziffer *f*. **cost-of-living ~** Lebenshaltungskosten-Index *m*.

4. *pl* **indices** (*Math*) Index *m*; (*exponent*) Wurzelexponent *m*.

II *vt* mit einem Register *or* Index versehen; *word* in das Register *or* in den Index aufnehmen. **the book is well ~ed** das Buch hat ein gutes Register *or* einen guten Index.

index card *n* Karteikarte *f*.

indexed ['ɪndekst] *adj* (*Econ*) dynamisch.

indexfinger *n* Zeigefinger *m*; **index-linked** *adj rate, salaries* der Inflationsrate (*dat*) angeglichen; *pensions* dynamisch.

India ['ɪndɪə] *n* Indien *nt*. **~ ink** (*US*) Tusche *f*.

Indian ['ɪndɪən] **I** *adj* **1.** indisch. **2.** (*American ~*) indianisch, Indianer-. **II** *n* **1.** Inder(in *f*) *m*. **2.** (*American ~*) Indianer(in *f*) *m*.

Indian club *n* Keule *f*; **Indian corn** *n* Mais *m*; **Indian file** *n* Gänsemarsch *m*; **Indian giver** *n* (*US inf*) jd, der etwas Geschenktes zurückfordert; **Indian ink** *n* Tusche *f*; **Indian Ocean** *n* Indischer Ozean *m*; **Indian summer** *n* Altweibersommer, Nachsommer *m*; (*fig*) zweiter Frühling; **Indian wrestling** *n* Armdrükken *nt*.

India paper *n* Dünndruckpapier *nt*; **India rubber I** *n* Gummi, Kautschuk *m*; (*eraser*) Radiergummi *m*; **II** *attr* Gummi-.

indicate ['ɪndɪkeɪt] **I** *vt* **1.** (*point out, mark*) zeigen, bezeichnen, deuten auf (+*acc*). **large towns are ~d in red** Großstädte sind rot eingezeichnet *or* gekennzeichnet.

2. (*person: gesture, express*) andeuten, zeigen, zu verstehen geben. **~ your intention to turn right** zeigen Sie Ihre Absicht an, nach rechts abzubiegen.

3. (*be a sign of, suggest*) erkennen lassen, schließen lassen auf (+*acc*), (hin)deuten auf (+*acc*). **what does it ~ to you?** was erkennen Sie daraus, welche Schlüsse ziehen Sie daraus?

4. (*register and display*) *temperature, speed* (an)zeigen.

5. (*Med*) *treatment* indizieren; *illness* Anzeichen sein für, anzeigen.

II *vi* (*Aut*) (Richtungswechsel) anzeigen (*form*), blinken, den Blinker setzen. **to ~ right** rechts blinken, Richtungswechsel nach rechts anzeigen (*form*).

indication [ˌɪndɪ'keɪʃən] *n* **1.** (*sign*) (An)zeichen *nt* (*also Med*) (*of* für), Hinweis *m* (*of* auf +*acc*). **there is every/no ~ that he is right** alles/nichts weist darauf hin *or* läßt darauf schließen, daß er recht hat; **he gave a clear ~ of his intentions** er ließ seine Absichten deutlich erkennen; **what are the ~s that it will happen?** was deutet darauf hin *or* welchen Hinweis gibt es dafür, daß es geschieht?; **we had no ~ that ...** es gab kein Anzeichen dafür, daß ...; **that is some ~ of what we can expect** das gibt uns einen Vorgeschmack auf das, was wir zu erwarten haben.

2. (*showing, marking*) (*by gesturing, facial expression*) Anzeigen, Erkennenlassen *nt*; (*by pointing, drawing*) Anzeigen, Bezeichnen *nt*.

3. (*on gauge*) Anzeige *f*. **what is the pressure ~?** wie ist die Druck- *or* Manometeranzeige?

indicative [ɪn'dɪkətɪv] **I** *adj* **1.** bezeichnend (*of* für). **to be ~ of sth** auf etw (*acc*) schließen lassen, auf etw (*acc*) hindeuten; *of sb's character* für etw bezeichnend sein.

2. (*Gram*) indikativisch. **~ mood** Indikativ *m*, Wirklichkeitsform *f*.

II *n* (*Gram*) Indikativ *m*, Wirklichkeitsform *f*.

indicator ['ɪndɪkeɪtə^{r}] *n* (*instrument, gauge*) Anzeiger *m*; (*needle*) Zeiger *m*; (*Aut*) Richtungsanzeiger *m* (*form*); (*flashing*) Blinker *m*; (*Chem*) Indikator *m*; (*fig: of economic position*) Meßlatte *f*. **altitude/pressure ~** Höhen-/Druckmesser *m*; **(arrival/departure) ~ board** (*Rail, Aviat*) Ankunfts-/Abfahrts(anzeige)tafel *f*.

indices ['ɪndɪsiːz] *pl of* **index.**

indict [ɪn'daɪt] *vt* (*charge*) anklagen, beschuldigen (*on a charge of sth* einer Sache *gen*), unter Anklage stellen; (*US Jur*) Anklage erheben gegen (*for* wegen +*gen*). **to ~ sb as a murderer** jdn unter Mordanklage stellen, jdn des Mordes anklagen.

indictable [ɪn'daɪtəbl] *adj person* strafrechtlich verfolgbar; *offence* strafbar.

indictment [ɪn'daɪtmənt] *n* (*of person*) (*accusation*) Beschuldigung, Anschuldigung *f*; (*charge sheet*) Anklage *f* (*for, on a charge of* wegen); (*US: by grand jury*) Anklageerhebung *f*. **to bring an ~ against sb** gegen jdn Anklage erheben, jdn unter Anklage stellen; **to be an ~ of sth** (*fig*) ein Armutszeugnis *nt* für etw sein.

indifference [ɪn'dɪfrəns] *n see adj* **1.** Gleichgültigkeit, Indifferenz (*geh*) *f* (*to, towards* gegenüber). **it's a matter of complete ~ to me** das ist mir völlig egal *or* gleichgültig. **2.** Mittelmäßigkeit, Durchschnittlichkeit *f*.

indifferent [ɪn'dɪfrənt] *adj* **1.** (*lacking interest*) gleichgültig, indifferent (*geh*) (*to, towards* gegenüber). **he is quite ~ about it/to her** es/sie ist ihm ziemlich gleichgültig. **2.** (*mediocre*) mittelmäßig, durchschnittlich.

indifferently [ɪn'dɪfrəntlɪ] *adv* **1.** *see adj 1.* **2.** (*mediocrely*) (mittel)mäßig (gut), nicht besonders (gut).

indigence ['ɪndɪdʒəns] *n* Bedürftigkeit, Armut *f*.

indigenous [ɪn'dɪdʒɪnəs] *adj* einheimisch (*to* in +*dat*); *customs* landeseigen; *language* Landes-. **plants ~ to Canada** in Kanada heimische *or* beheimatete Pflanzen; **~ tribes** einheimische *or* eingeborene Volksstämme.

indigent ['ɪndɪdʒənt] *adj* bedürftig, arm, ärmlich.

indigestible [ˌɪndɪ'dʒestəbl] *adj* (*Med*) unverdaulich; (*fig*) schwer verdaulich, schwer zu ertragend *attr or* ertragen *pred*.

indigestion [ˌɪndɪ'dʒestʃən] *n* Magenverstimmung *f*.

indignant [ɪn'dɪgnənt] *adj* entrüstet, empört (*at, about, with* über +*acc*), unwillig (*at, about* wegen). **to be ~ with sb** über jdn empört sein; **to make sb ~** jds Unwillen *or* Entrüstung erregen.

indignantly [ɪn'dɪgnəntlɪ] *adv see adj*.

indignation [ˌɪndɪg'neɪʃən] *n* Entrüstung *f* (*at, about, with* über +*acc*), Unwillen *m* (*at, about* wegen).

indignity [ɪn'dɪgnɪtɪ] *n* Demütigung *f*.

indigo ['ɪndɪgəʊ] **I** *n* Indigo *nt or m*. **II** *adj* indigofarben. **~ blue** indigoblau.

indirect [ˌɪndɪ'rekt] *adj* **1.** indirekt; *consequence, result also* mittelbar. **by ~ means** auf Umwegen; **by an ~ route/path/road** auf Umwegen *or* einem Umweg; **to make an ~ reference to sb/sth** auf jdn/etw anspielen *or* indirekt Bezug nehmen.

2. (*Gram*) indirekt. **~ object** Dativobjekt *nt*; **~ speech** *or* (*US*) **discourse** indirekte Rede.

indirectly [ˌɪndɪ'rektlɪ] *adv see adj 1.*

indirectness [ˌɪndɪ'rektnɪs] *n* Indirektheit *f*.

indiscernible [ˌɪndɪ'sɜːnəbl] *adj* nicht erkennbar *or* sichtbar; *improvement, change also* unmerklich; *noise* nicht wahrnehmbar. **to be almost ~** kaum zu erkennen sein; (*noise*) kaum wahrzunehmen sein.

indiscernibly [ˌɪndɪ'sɜːnɪblɪ] *adv see adj*.

indiscipline [ɪn'dɪsɪplɪn] *n* Mangel *m* an Disziplin, Undiszipliniertheit, Disziplinlosigkeit *f*.

indiscreet [ˌɪndɪ'skriːt] *adj* indiskret; (*tactless*) taktlos, ohne Feingefühl.

indiscreetly [ˌɪndɪ'skriːtlɪ] *adv see adj*.

indiscreetness [ˌɪndɪ'skriːtnɪs] *n see* **indiscretion.**

indiscretion [ˌɪndɪ'skreʃən] *n see adj* Indiskretion *f*; Taktlosigkeit *f*, Mangel *m* an Feingefühl; (*affair*) Abenteuer *nt*.

indiscriminate [ˌɪndɪ'skrɪmɪnɪt] *adj* wahllos; *spending also* unüberlegt; *reading also* kritiklos, unkritisch; *mixture also* kunterbunt; *choice* willkürlich; *reader, shopper* kritiklos, unkritisch; *tastes* unausgeprägt. **you shouldn't be so ~ in the friends you make** du solltest dir deine Freunde etwas sorgfältiger aussuchen; **he was completely ~ in whom he punished** er verteilte seine Strafen völlig wahllos *or* willkürlich.

indiscriminately [ˌɪndɪ'skrɪmɪnɪtlɪ] *adv see adj*.

indispensability ['ɪndɪˌspensɪ'bɪlɪtɪ] *n* Unentbehrlichkeit *f*, unbedingte Notwendigkeit (*to* für).

indispensable [ˌɪndɪ'spensəbl] *adj* unentbehrlich, unbedingt notwendig *or* erforderlich (*to* für). **~ to life** lebensnotwendig; **to make oneself ~ to sb** sich für jdn unentbehrlich machen.

indispensably [ˌɪndɪ'spensəblɪ] *adv* **it is ~ necessary to them** es ist unbedingt notwendig *or* erforderlich für sie.

indisposed [ˌɪndɪ'spəʊzd] *adj* **1.** (*unwell*) unwohl, indisponiert (*geh*), unpäßlich (*geh*). **2.** (*disinclined*) **to be ~ to do sth** nicht gewillt *or* geneigt sein, etw zu tun.

indisposition [ˌɪndɪspə'zɪʃən] *n see adj* **1.** Unwohlsein *nt*, Indisposition (*geh*), Unpäßlichkeit (*geh*) *f*. **2.** Unwilligkeit *f*.

indisputable [ˌɪndɪ'spjuːtəbl] *adj* unbestreitbar, unstrittig, nicht zu bestreitend *attr or* bestreiten *pred*; *evidence* unanfechtbar.

indisputably [ˌɪndɪ'spjuːtəblɪ] *adv* unstrittig, unbestreitbar.

indissolubility ['ɪndɪˌsɒljʊ'bɪlɪtɪ] *n* (*Chem*) Unlöslichkeit, Unlösbarkeit *f*; (*fig*) Unauflöslichkeit, Unauflösbarkeit *f*.

indissoluble *adj*, **-bly** *adv* [ˌɪndɪ'sɒljʊbl, -ɪ] (*Chem*) unlöslich, unlösbar; (*fig*) unauflöslich, unauflösbar, unlöslich.

indistinct [ˌɪndɪ'stɪŋkt] *adj object, shape, words* verschwommen, unklar, undeutlich; *noise* schwach, unklar; *memory* undeutlich; *voice* undeutlich, unklar.

indistinctly [ˌɪndɪ'stɪŋktlɪ] *adv see* nicht deutlich, verschwommen; *speak* undeutlich; *remember* schwach, dunkel.

indistinguishable [ˌɪndɪ'stɪŋgwɪʃəbl] *adj* **1.** nicht unterscheidbar, nicht zu unterscheidend *attr or* unterscheiden *pred* (*from* von).

2. (*indiscernible*) nicht erkennbar *or* sichtbar; *improvement, change, difference also* unmerklich; *noise* nicht wahrnehmbar.

individual [ˌɪndɪ'vɪdjʊəl] **I** *adj* **1.** (*separate*) einzeln. **~ cases** Einzelfälle *pl*; **to give ~ help** jedem einzeln helfen, Einzelhilfe leisten.

2. (*own*) eigen; (*for one person*) *portion* einzeln, Einzel-. **our own ~ plates** unsere eigenen Teller.

3. (*distinctive, characteristic*) eigen, individuell.

II *n* Individuum *nt*, Einzelne(r) *mf*, Einzelperson *f*; (*inf*) Individuum *nt*, Mensch *m*, Person *f*. **the freedom of the ~** die Freiheit des einzelnen, die individuelle Freiheit; *see* **private.**

individualism [ˌɪndɪ'vɪdjʊəlɪzəm] *n* Individualismus *m*.

individualist [ˌɪndɪ'vɪdjʊəlɪst] *n* Individualist(in *f*) *m*.

individuality ['ɪndɪˌvɪdjʊ'ælɪtɪ] *n* Individualität *f*, (eigene) Persönlichkeit.

individualize [ˌɪndɪ'vɪdjʊəlaɪz] *vt* individualisieren; (*treat separately*) einzeln behandeln; (*give individuality to*) *book, author's style, performance* eine persönliche *or* individuelle *or* eigene Note verleihen (+*dat*).

individually [ˌɪndɪ'vɪdjʊəlɪ] *adv* individuell; (*separately*) einzeln.

indivisible *adj*, **-bly** *adv* [ˌɪndɪ'vɪzəbl, -ɪ] unteilbar (*also Math*), untrennbar.

Indo- ['ɪndəʊ-] *pref* Indo-. **Indo-China** *n* Indochina *nt*.

indoctrinate [ɪn'dɒktrɪneɪt] *vt* indoktrinieren.

indoctrination [ɪnˌdɒktrɪ'neɪʃən] *n* Indoktrination *f*.

Indo-European **I** *adj* indogermanisch, indoeuropäisch; **II** *n* **1.** Indogermane *m*, Indogermanin *f*, Indoeuropäer(in *f*) *m*; **2.** (*language*) Indogermanisch, Indoeuropäisch *nt*.

indolence ['ɪndələns] *n* Trägheit *f*.

indolent *adj*, **-ly** *adv* ['ɪndələnt, -lɪ] träge.

indomitable [ɪn'dɒmɪtəbl] *adj person, courage* unbezähmbar, unbezwingbar; *will* unbeugsam, eisern, unerschütterlich. **his ~ pride** sein nicht zu brechender Stolz.

Indonesia [ˌɪndəʊ'niːzɪə] *n* Indonesien *nt*.

Indonesian [ˌɪndəʊ'niːzɪən] **I** *adj* indonesisch. **II** *n* **1.** Indonesier(in *f*) *m*. **2.** (*language*) Indonesisch *nt*.

indoor ['ɪndɔː[r]] *adj aerial* Zimmer-, Innen-; *plant* Zimmer-, Haus-; *clothes* Haus-; *photography* Innen-; *sport* Hallen-; *swimming pool* Hallen-; (*private*) überdacht. **~ games** Spiele *pl* fürs Haus; (*Sport*) Hallenspiele *pl*.

indoors [ɪn'dɔːz] *adv* drin(nen) (*inf*), innen; (*at home*) zu Hause. **to stay ~** im Haus bleiben, drin bleiben (*inf*); **to go ~** ins Haus gehen, nach drinnen gehen; **~ and outdoors** im und außer Haus, drinnen und draußen, im Haus und im Freien.

indubitable [ɪn'djuːbɪtəbl] *adj* zweifellos, unzweifelhaft.

indubitably [ɪn'djuːbɪtəblɪ] *adv* zweifellos, zweifelsohne.

induce [ɪn'djuːs] *vt* **1.** (*persuade*) dazu bewegen *or* bringen *or* veranlassen.

2. *reaction, hypnosis* herbeiführen, bewirken, hervorrufen; *sleep* herbeiführen; *illness* verursachen, führen zu; *labour, birth* einleiten. **this drug ~s sleep** dieses Mittel hat eine einschläfernde Wirkung; **she had to be ~d** die Geburt mußte eingeleitet werden; **(artificially) ~d sleep** künstlicher Schlaf.

3. (*Philos*) induktiv *or* durch Induktion erarbeiten.

4. (*Elec*) *current, magnetic effect* induzieren.

inducement [ɪn'dju:smənt] *n* **1.** (*no pl: persuasion*) Überredung *f*; (*motive, incentive*) Anreiz *m*, Ansporn *m no pl*. **he can't work without ~s** er kann nicht arbeiten, ohne daß man ihn dazu anspornt; **cash ~s** finanzielle Anreize *pl*. **2.** *see* **induction 2..**

induct [ɪn'dʌkt] *vt* **1.** *bishop, president* in sein Amt einsetzen *or* einführen. **2.** (*US Mil*) einziehen, einberufen.

inductee [ɪndʌk'ti:] *n* (*US Mil*) (zum Wehrdienst) Eingezogene(r) *or* Einberufene(r) *mf*.

induction [ɪn'dʌkʃən] *n* **1.** (*of bishop, president*) Amtseinführung *f*; (*US Mil*) Einberufung, Einziehung *f*. **~ course** Einführungskurs *m*. **2.** (*of sleep, reaction*) Herbeiführen *nt*; (*of labour, birth*) Einleitung *f*. **3.** (*Philos, Math, Elec*) Induktion *f*. **~ coil** (*Elec*) Induktionsspule *f*; **~ loop** Induktionsschleife *f*.

inductive *adj*, **-ly** *adv* [ɪn'dʌktɪv, -lɪ] (*all senses*) induktiv.

indulge [ɪn'dʌldʒ] **I** *vt* **1.** *appetite, desires* nachgeben (+*dat*); *person also* nachsichtig sein mit; (*over~*) *children* verwöhnen, verhätscheln; *one's imagination* frönen (+*dat*). **to ~ oneself in sth** sich (*dat*) etw gönnen, in etw schwelgen.

2. *debtor* Zahlungsaufschub gewähren (+*dat*).

II *vi* **to ~ in sth** sich (*dat*) etw gönnen *or* genehmigen (*inf*); (*in vice, drink, daydreams*) einer Sache (*dat*) frönen, sich einer Sache (*dat*) hingeben; **to ~ in sth to excess** etw bis zum Exzeß treiben; **will you ~?** (*inf*) (*offering drink*) genehmigen Sie sich auch einen/eine? (*inf*); **I don't ~** ich trinke/rauche nicht.

indulgence [ɪn'dʌldʒəns] *n* **1.** Nachsicht *f*; (*of appetite*) Nachgiebigkeit *f* (*of* gegenüber), (*over~*) Verwöhnung, Verhätschelung *f*. **the ~ of his wishes** das Erfüllen seiner Wünsche.

2. (*in activity, drink*) **~ in drink** übermäßiges Trinken; **too much ~ in sport is bad for your studies** übermäßiges Sporttreiben wirkt sich schlecht auf das Lernen aus.

3. (*thing indulged in*) Luxus *m*; (*food, drink, pleasure*) Genuß *m*. **such are his little ~s** das sind die kleinen Genüsse, die er sich (*dat*) gönnt.

4. (*Eccl*) Ablaß *m*.

indulgent [ɪn'dʌldʒənt] *adj* (*to* gegenüber) nachsichtig; *mother also* nachgiebig; (*to one's own desires*) zu nachgiebig.

indulgently [ɪn'dʌldʒəntlɪ] *adv see adj*.

industrial [ɪn'dʌstrɪəl] **I** *adj production, designer, diamond, worker, equipment, state, archeology* Industrie-; *production also, expansion* industriell; *research, training, medicine, experience, accident* Betriebs-; *medicine, psychology* Arbeits-. **~ action** Arbeitskampfmaßnahmen *pl*; **to take ~ action** in den Ausstand treten; **~ dispute** Auseinandersetzungen *pl* zwischen Arbeitgebern und Arbeitnehmern; (*about pay also*) Tarifkonflikt *m*; (*strike*) Streik *m*; **~ estate** (*Brit*) Industriegebiet *nt*; **~ injury** Arbeitsunfall *m*; **~ insurance** Unfallversicherung *f*; **~ park** (*US*) Industriegelände *nt*; **~ relations** Beziehungen *pl* zwischen Arbeitgebern und Gewerkschaften; **I~ Revolution** Industrielle Revolution; **~ robot** Industrieroboter *m*; **~ tribunal** Arbeitsgericht *nt*; **~ trouble** *or* **unrest** Arbeitsunruhen *pl*; **~ waste** Industrieabfälle *pl*, Industriemüll *m*.

II *npl* **~s** (*St Ex*) Industrieaktien *pl*.

industrialism [ɪn'dʌstrɪəlɪzəm] *n* Industrie *f*.

industrialist [ɪn'dʌstrɪəlɪst] *n* Industrielle(r) *mf*.

industrialization [ɪn,dʌstrɪəlaɪ'zeɪʃən] *n* Industrialisierung *f*.

industrialize [ɪn'dʌstrɪəlaɪz] *vti* industrialisieren. **~d nation** Industrieland *nt*.

industrious *adj*, **~ly** *adv* [ɪn'dʌstrɪəs, -lɪ] arbeitsam, fleißig.

industriousness [ɪn'dʌstrɪəsnɪs] *n* Arbeitsamkeit *f*, Fleiß *m*.

industry ['ɪndəstrɪ] *n* **1.** (*trade, branch of ~*) Industrie *f*. **heavy/light ~** Schwer-/Leichtindustrie *f*; **hotel ~** Hotelgewerbe *nt*; **tourist ~** Touristik, Tourismusbranche *or* -industrie *f*; **in certain industries** in einigen Branchen. **2.** (*industriousness*) Fleiß *m*.

inebriate [ɪ'ni:brɪɪt] **I** *n* (*form*) Trinker(in *f*) *m*.

II *adj see* **inebriated 1.**

III [ɪ'ni:brɪeɪt] *vt* (*lit*) betrunken machen; (*fig*) trunken machen; (*success, popularity*) berauschen.

inebriated [ɪ'ni:brɪeɪtɪd] *adj* **1.** (*form*) betrunken, unter Alkoholeinfluß (*form*). **2.** (*fig*) berauscht.

inebriation [ɪ,ni:brɪ'eɪʃən], **inebriety** [,ɪni:'braɪətɪ] *n* (*form*) betrunkener Zustand.

inedible [ɪn'edɪbl] *adj* nicht eßbar; (*unpleasant*) *meal etc* ungenießbar.

ineffable *adj*, **-bly** *adv* [ɪn'efəbl, -ɪ] (*liter*) unsäglich (*liter*), unsagbar, unaussprechlich.

ineffective [,ɪnɪ'fektɪv] *adj* unwirksam, ineffektiv; *attempt also* fruchtlos, nutzlos; *person* unfähig, untauglich.

ineffectively [,ɪnɪ'fektɪvlɪ] *adv see adj*.

ineffectiveness [,ɪnɪ'fektɪvnɪs] *n see adj* Unwirksamkeit, Ineffektivität *f*; Fruchtlosigkeit, Nutzlosigkeit *f*; Unfähigkeit, Untauglichkeit *f*.

ineffectual [,ɪnɪ'fektjʊəl] *adj* ineffektiv.

inefficacious [,ɪnefɪ'keɪʃəs] *adj* unwirksam, wirkungslos, ohne Wirkung; *policy* erfolglos, fruchtlos.

inefficacy [ɪn'efɪkəsɪ] *n see* **inefficacious**

Unwirksamkeit, Wirkungslosigkeit *f*; Erfolglosigkeit, Fruchtlosigkeit *f*.

inefficiency [ˌɪnɪˈfɪʃənsɪ] *n see* **inefficient** Unfähigkeit, Ineffizienz (*geh*) *f*; Inkompetenz *f*; Leistungsunfähigkeit *f*; Unproduktivität *f*.

inefficient [ˌɪnɪˈfɪʃənt] *adj person* unfähig, ineffizient (*geh*); *worker, secretary also* inkompetent; *machine, engine, factory, company* leistungsunfähig; *method, organization* unrationell, unproduktiv, ineffizient (*geh*). **to be ~ at doing sth** etw schlecht machen.

inefficiently [ˌɪnɪˈfɪʃəntlɪ] *adv* schlecht.

inelastic [ˌɪnɪˈlæstɪk] *adj* (*lit*) unelastisch; (*fig*) starr, nicht flexibel.

inelegance [ɪnˈelɪgəns] *n see adj* Uneleganz *f*; Mangel *m* an Schick *or* Eleganz; Schwerfälligkeit, Unausgewogenheit *f*; Ungeschliffenheit, Plumpheit *f*; Derbheit, Unschönheit *f*.

inelegant [ɪnˈelɪgənt] *adj* unelegant; *clothes also* ohne Schick *or* Eleganz; *person also* ohne Eleganz; *style also* schwerfällig, unausgewogen; *prose, phrase also* ungeschliffen, plump, schwerfällig; *dialect* derb, unschön, schwerfällig.

inelegantly [ɪnˈelɪgəntlɪ] *adv see adj*.

ineligibility [ɪnˌelɪdʒəˈbɪlɪtɪ] *n see adj* Nichtberechtigtsein *nt*; Unwählbarkeit *f*; mangelnde Eignung, Untauglichkeit *f*.

ineligible [ɪnˈelɪdʒəbl] *adj* (*for benefits, grant*) nicht berechtigt (*for* zu Leistungen +*gen*); (*for election*) nicht wählbar; (*for job, office, as husband*) ungeeignet, untauglich. **to be ~ for a pension** nicht pensionsberechtigt sein.

ineloquent [ɪnˈeləkwənt] *adj* nicht wortgewandt.

inept [ɪˈnept] *adj behaviour* ungeschickt, linkisch, unbeholfen; *remark* unpassend, unangebracht, ungeschickt; *compliment, refusal, attempt* plump; *comparison* ungeeignet, unpassend; *person* (*clumsy*) ungeschickt, ungelehrig, unbeholfen; (*slow at learning*) begriffsstutzig, unverständig.

ineptitude [ɪˈneptɪtjuːd], **ineptness** [ɪˈneptnɪs] *n see adj* Ungeschicktheit, Unbeholfenheit *f*; Unangebrachtheit *f*; Plumpheit *f*; Ungeeignetheit *f*; Ungeschick *nt*, Ungelehrigkeit *f*; Begriffsstutzigkeit *f*.

inequality [ˌɪnɪˈkwɒlɪtɪ] *n* (*lack of equality*) Ungleichheit *f*; (*instance of* ~) Unterschied *m*. **great inequalities in wealth** große Unterschiede *pl* in der Verteilung von Reichtum; **~ of opportunity** Chancenungleichheit *f*.

inequitable [ɪnˈekwɪtəbl] *adj* ungerecht.

inequity [ɪnˈekwɪtɪ] *n* Ungerechtigkeit *f*.

ineradicable [ˌɪnɪˈrædɪkəbl] *adj mistake, failing* unabänderlich, unwiderruflich; *feeling of guilt, hatred* tiefsitzend, unauslöschlich; *disease, prejudice* unausrottbar.

inert [ɪˈnɜːt] *adj* unbeweglich; (*Phys*) *matter* träge; (*Chem*) *substance* inaktiv. **~ gas** Edelgas *nt*.

inertia [ɪˈnɜːʃə] *n* (*lit, fig*) Trägheit *f*. **~-reel seat belt** Automatikgurt *m*.

inescapable [ˌɪnɪsˈkeɪpəbl] *adj* unvermeidlich; *consequence also* unausweichlich; *conclusion also* zwangsläufig.

inescapably [ˌɪnɪsˈkeɪpəblɪ] *adv see adj*.

inessential [ˌɪnɪˈsenʃəl] **I** *adj* unwesentlich, unerheblich, unwichtig. **II** *n* Unwesentliche(s) *nt no pl*, Nebensächlichkeit *f*.

inestimable [ɪnˈestɪməbl] *adj* unschätzbar.

inevitability [ɪnˌevɪtəˈbɪlɪtɪ] *n* Unvermeidlichkeit *f*.

inevitable [ɪnˈevɪtəbl] *adj* unvermeidlich, unvermeidbar; *result also* zwangsläufig. **victory/defeat seemed ~** der Sieg/die Niederlage schien unabwendbar.

inevitably [ɪnˈevɪtəblɪ] *adv* **if it's ~ the case that ...** wenn es notgedrungenermaßen *or* zwangsläufig so sein muß, daß ...; **as ~ happens on these occasions** wie es bei solchen Anlässen immer ist.

inexact *adj*, **~ly** *adv* [ˌɪnɪgˈzækt, -lɪ] ungenau.

inexactitude [ˌɪnɪgˌzæktɪtjuːd] *n* Ungenauigkeit *f*.

inexcusable *adj*, **-bly** *adv* [ˌɪnɪksˈkjuːzəbl, -ɪ] unverzeihlich, unentschuldbar.

inexhaustible [ˌɪnɪgˈzɔːstəbl] *adj* unerschöpflich; *curiosity* unstillbar, unendlich; *person, talker* unermüdlich.

inexorable [ɪnˈeksərəbl] *adj* (*relentless*) erbarmungslos, unerbittlich; (*not to be stopped*) unaufhaltsam; *truth, facts* unumstößlich.

inexorably [ɪnˈeksərəblɪ] *adv see adj*.

inexpediency [ˌɪnɪkˈspiːdɪənsɪ] *n see adj* Ungeeignetheit, Unzweckmäßigkeit *f*; Unratsamkeit, Unklugheit *f*.

inexpedient [ˌɪnɪkˈspiːdɪənt] *adj plan, measures, action, decision* ungeeignet, unzweckmäßig; *policy* unratsam, unklug.

inexpensive [ˌɪnɪkˈspensɪv] *adj* billig, preisgünstig.

inexpensively [ˌɪnɪkˈspensɪvlɪ] *adv* billig.

inexperience [ˌɪnɪkˈspɪərɪəns] *n* Unerfahrenheit *f*, Mangel *m* an Erfahrung.

inexperienced [ˌɪnɪkˈspɪərɪənst] *adj* unerfahren; *woodworker, skier* ungeübt, nicht so versiert. **to be ~ in doing sth** wenig Erfahrung mit etw haben, in etw (*dat*) wenig geübt sein.

inexpert [ɪnˈekspɜːt] *adj* unfachmännisch, laienhaft; *treatment also* unsachgemäß; (*untrained*) ungeübt. **to be ~ in doing sth** ungeübt darin sein, etw zu tun.

inexpertly [ɪnˈekspɜːtlɪ] *adv see adj*.

inexpertness [ɪnˈekspɜːtnɪs] *n see adj* Laienhaftigkeit *f*; Unsachgemäßheit *f*; Ungeübtheit *f*.

inexplicability [ˌɪnɪksplɪkəˈbɪlɪtɪ] *n* Unerklärlichkeit, Unerklärbarkeit *f*.

inexplicable [ˌɪnɪkˈsplɪkəbl] *adj* unerklärlich, unerklärbar.

inexplicably [ˌɪnɪkˈsplɪkəblɪ] *adv* (+*adj*) unerklärlich; (+*vb*) unerklärlicherweise.

inexplicit [ɪnɪkˈsplɪsɪt] *adj* unklar, ungenau.

inexpressible [ˌɪnɪkˈspresəbl] *adj thoughts, feelings* unbeschreiblich, unbeschreibbar; *pain, joy also* unsagbar.

inexpressive [ˌɪnɪk'spresɪv] *adj face* ausdruckslos; *word* blaß, nichtssagend; *style* blaß, ohne Ausdruckskraft.

inextinguishable [ˌɪnɪk'stɪŋgwɪʃəbl] *adj fire* unlöschbar; *love, hope* unerschütterlich, beständig; *passion* unbezwinglich.

inextricable [ˌɪnɪk'strɪkəbl] *adj tangle* unentwirrbar; *confusion* unüberschaubar; *difficulties* verwickelt, unlösbar.

inextricably [ˌɪnɪk'strɪkəblɪ] *adv entangled* unentwirrbar; *linked* untrennbar. **he has become ~ involved with her** er kommt nicht mehr von ihr los.

infallibility [ɪnˌfælə'bɪlɪtɪ] *n* Unfehlbarkeit *f*.

infallible [ɪn'fæləbl] *adj* unfehlbar.

infallibly [ɪn'fæləblɪ] *adv* unfehlbar; *work* fehlerfrei.

infamous ['ɪnfəməs] *adj* (*notorious*) berüchtigt, verrufen; (*shameful*) *person* niederträchtig, gemein; *deed, conduct* niederträchtig, infam, schändlich (*geh*).

infamy ['ɪnfəmɪ] *n* **1.** *see adj* Verrufenheit *f*; Niedertracht, Gemeinheit *f*; Infamie, Schändlichkeit (*geh*) *f*. **2.** (*public disgrace*) Schande *f*.

infancy ['ɪnfənsɪ] *n* frühe Kindheit, Kindesalter *nt*; (*Jur*) Minderjährigkeit *f*; (*fig*) Anfangsstadium *nt*. **data processing is no longer in its ~** die Datenverarbeitung steckt nicht mehr in den Kinderschuhen.

infant ['ɪnfənt] *n* (*baby*) Säugling *m*; (*young child*) Kleinkind *nt*; (*Jur*) Minderjährige(r) *mf*. **~ class** (*Brit*) *erste und zweite Grundschulklasse*; **~ mortality** Säuglingssterblichkeit *f*; **~ school** (*Brit*) *Grundschule f für die ersten beiden Jahrgänge*; **she teaches ~s** sie unterrichtet Grundschulkinder.

infanticide [ɪn'fæntɪsaɪd] *n* Kindesmord *m*, Kindestötung *f*; (*person*) Kindesmörder(in *f*) *m*.

infantile ['ɪnfəntaɪl] *adj* **1.** (*childish*) kindisch, infantil. **2.** (*Med*) Kinder-.

infantry ['ɪnfəntrɪ] *n* (*Mil*) Infanterie, Fußtruppe (*Hist*) *f*.

infantryman ['ɪnfəntrɪmən] *n, pl* **-men** [-mən] Infanterist, Fußsoldat (*Hist*) *m*.

infarction [ɪn'fɑːkʃən] *n* Infarkt *m*.

infatuated [ɪn'fætjʊeɪtɪd] *adj* vernarrt, verknallt (*inf*) (*with* in *+acc*). **to become ~ with sb** sich in jdn vernarren.

infatuation [ɪnˌfætjʊ'eɪʃən] *n* **1.** (*state*) Vernarrtheit *f* (*with* in *+acc*). **2.** (*object of ~*) Angebetete(r) *mf*.

infect [ɪn'fekt] *vt* **1.** *wound* infizieren; (*lit*) *person also* anstecken; *water* verseuchen, verunreinigen; *meat* verderben; *comput* infizieren. **to be ~ed with** *or* **by an illness** sich mit einer Krankheit infiziert *or* angesteckt haben; **his wound became ~ed** seine Wunde entzündete sich.
2. (*fig*) (*with enthusiasm*) anstecken.

infection [ɪn'fekʃən] *n* **1.** (*illness*) Infektion, Entzündung *f*. **2.** (*act of infecting*) Infektion *f*; (*of person also*) Ansteckung *f*; (*of water*) Verseuchung, Verunreinigung *f*.

infectious [ɪn'fekʃəs] *adj* **1.** (*Med*) *disease* ansteckend, infektiös. **2.** (*fig*) *enthusiasm, laugh* ansteckend; *idea* zündend.

infectiousness [ɪn'fekʃəsnɪs] *n* **1.** (*Med*) **the ~ of this disease** die Ansteckungs- *or* Infektionsgefahr bei dieser Krankheit.
2. (*fig*) **the ~ of his laughter/enthusiasm** sein ansteckendes Lachen/seine mitreißende Begeisterung.

infer [ɪn'fɜːʳ] *vt* **1.** schließen, folgern (*from* aus). **nothing can be ~red from this** daraus kann man nichts schließen *or* folgern. **2.** (*imply*) andeuten, zu verstehen geben.

inferable [ɪn'fɜːrəbl] *adj* ableitbar, zu folgern *pred*, zu schließen *pred*.

inference ['ɪnfərəns] *n* Schluß(folgerung *f*) *m*. **by ~ he said that ...** implizit sagte er, daß ...

inferential [ˌɪnfə'renʃəl] *adj* schlußfolgernd; *proof* Indizien-.

inferior [ɪn'fɪərɪəʳ] **I** *adj* **1.** (*in quality*) minderwertig; *quality also* minder, geringer; *person* unterlegen; (*in rank*) untergeordnet, niedriger; *court* untergeordnet. **to be ~ to sth** (*in quality*) von minderer *or* geringerer Qualität sein als etw; **to be ~ to sb** jdm unterlegen sein; (*in rank*) jdm untergeordnet *or* nachgestellt sein; **he feels ~** er kommt sich (*dat*) unterlegen *or* minderwertig vor.
2. (*Typ*) **~ letter** tiefstehender Buchstabe.
3. (*Biol*) *order, species* niedriger.
II *n* **one's ~s** (*in social standing*) Leute *or* Personen *pl* aus einer niedrigeren Schicht; (*in rank*) seine Untergebenen *pl*.

inferiority [ɪnˌfɪərɪ'ɒrɪtɪ] *n* (*in quality*) Minderwertigkeit *f*; (*of person*) Unterlegenheit *f* (*to* gegenüber); (*in rank*) untergeordnete Stellung, niedrigere Stellung, niedrigerer Rang (*to* als). **~ complex** Minderwertigkeitskomplex *m*.

infernal [ɪn'fɜːnl] *adj* (*lit*) Höllen-; (*fig*) *cruelty, scheme* teuflisch; *weather* gräßlich; (*inf*) *impudence, nuisance* verteufelt; *noise* höllisch.

infernally [ɪn'fɜːnəlɪ] *adv* (*inf*) teuflisch, verdammt (*inf*).

inferno [ɪn'fɜːnəʊ] *n* (*hell*) Hölle *f*, Inferno *nt*; (*blazing house*) Flammenmeer *nt*. **it's like an ~ in here** (*fig*) hier ist es wie in einem Brutofen.

infertile [ɪn'fɜːtaɪl] *adj soil, womb* unfruchtbar; *mind* unergiebig, ideenlos.

infertility [ˌɪnfɜː'tɪlɪtɪ] *n see adj* Unfruchtbarkeit *f*; Unergiebigkeit, Ideenlosigkeit *f*.

infest [ɪn'fest] *vt* (*rats, lice*) herfallen über (*+acc*); (*plague also*) befallen; (*fig: unwanted people*) heimsuchen, verseuchen. **to be ~ed with rats** mit Ratten verseucht sein.

infestation [ˌɪnfes'teɪʃən] *n* Verseuchung *f*.

infidel ['ɪnfɪdəl] *n* (*Hist, Rel*) Ungläubige(r) *mf*.

infidelity [ˌɪnfɪ'delɪtɪ] *n* Untreue *f*.

in-fighting ['ɪnfaɪtɪŋ] *n* (*Boxing*) Nahkampf *m*; (*fig*) interner Machtkampf.

infill ['ɪnfɪl] *n* (*Build*) Füllmaterial *nt*, Ausfüllung *f*.

infiltrate ['ɪnfɪltreɪt] **I** *vt* **1.** *troops* infiltrieren; *enemy lines also* eindringen in

(+*acc*); (*Pol*) *organization also* unterwandern; *spies, informer* einschleusen.

2. (*liquid*) einsickern in (+*acc*), durchsickern in (+*acc*), durchdringen. **to ~ a liquid into a substance** eine Flüssigkeit in eine Substanz eindringen lassen.

II *vi* **1.** (*Mil*) eindringen (*into* in +*acc*); (*spy, informer also*) sich einschleusen (*into* in +*acc*), unterwandern (*into acc*); (*fig: ideas*) infiltrieren, eindringen (*into* in +*acc*).

2. (*liquid*) **to ~ into a substance** in eine Substanz eindringen *or* einsickern; **to ~ through sth** durch etw durchsickern.

infiltration [ˌɪnfɪl'treɪʃən] *n* **1.** (*Mil*) Infiltration *f*; (*Pol also*) Unterwanderung *f*. **the ~ of spies** das Einschleusen von Spionen; **by ~ of the enemy's lines** durch Eindringen in die feindlichen Linien.

2. (*of liquid*) Eindringen, Durchsickern, Einsickern *nt*.

infiltrator ['ɪnfɪlˌtreɪtə^r] *n* (*Mil*) Eindringling *m*; (*Pol*) Unterwanderer(in *f*) *m*. **~s** (*Mil*) Sickertruppe *f*.

infinite ['ɪnfɪnɪt] **I** *adj* (*lit*) unendlich; (*fig also*) *care, trouble, joy, pleasure* grenzenlos; *knowledge* grenzenlos, unendlich groß. **an ~ amount of time/space** unendlich viel Zeit/unbegrenzt viel Platz.

II *n*: **the ~** (*space*) das Unendliche; (*God*) der Unendliche.

infinitely ['ɪnfɪnɪtlɪ] *adv* unendlich; (*fig also*) grenzenlos; *improved* ungeheuer; *better, worse* unendlich viel.

infinitesimal [ˌɪnfɪnɪ'tesɪməl] *adj* unendlich klein, winzig; (*Math*) infinitesimal, unendlich klein. **~ calculus** Infinitesimalrechnung *f*.

infinitesimally [ˌɪnfɪnɪ'tesɪməlɪ] *adv smaller, better, different* nur ganz geringfügig; *small* zum Verschwinden.

infinitive [ɪn'fɪnɪtɪv] (*Gram*) **I** *adj* Infinitiv-, infinitivisch. **II** *n* Infinitiv *m*, Grundform *f*. **in the ~** im Infinitiv.

infinitude [ɪn'fɪnɪtju:d] *n* (*infinite number*) unbegrenztes Maß (*of* an +*dat*); (*of facts, possibilities*) unendliches Maß (*of* an +*dat*); (*of space*) unendliche Weite (*of gen*).

infinity [ɪn'fɪnɪtɪ] *n* (*lit*) Unendlichkeit *f*; (*fig also*) Grenzenlosigkeit *f*; (*Math*) das Unendliche. **to ~** (bis) ins Unendliche; **in ~** in der Unendlichkeit/im Unendlichen; **to focus on ~** (*Phot*) (auf) Unendlich einstellen; **composed of an ~ of parts** aus unendlich vielen Teilen zusammengesetzt.

infirm [ɪn'fɜ:m] *adj* gebrechlich, schwach. **~ of purpose** (*liter*) willensschwach.

infirmary [ɪn'fɜ:mərɪ] *n* (*hospital*) Krankenhaus *nt*; (*in school*) Krankenzimmer *nt or* -stube *f*; (*in prison, barracks*) (Kranken)revier *nt*, Krankenstation *f*.

infirmity [ɪn'fɜ:mɪtɪ] *n* Gebrechlichkeit *f*. **the infirmities of old age** die Altersgebrechen *pl*.

infix I [ɪn'fɪks] *vt idea* einprägen; (*Ling*) einfügen.

II ['ɪnfɪks] *n* (*Ling*) Infix *nt*, Einfügung *f*.

inflame [ɪn'fleɪm] *vt* **1.** (*Med*) entzünden. **to become ~d** (*wound, eyes*) sich entzünden.

2. *person* erzürnen, aufbringen; *feelings* entflammen, entfachen; *anger* erregen, entfachen. **his speech ~d the people** seine Rede brachte die Menge in Harnisch *or* auf; **he was ~d with rage/desire** er glühte vor Zorn/Begierde.

inflammable [ɪn'flæməbl] **I** *adj* (*lit*) feuergefährlich, (leicht) entzündbar, inflammabel (*form*); (*fig*) *temperament* explosiv, leicht reizbar; *situation* brisant, gereizt. **"highly ~"** „Vorsicht Feuergefahr", „feuergefährlich". **II** *n* feuergefährlicher *or* leicht brennbarer Stoff.

inflammation [ˌɪnflə'meɪʃən] *n* **1.** (*Med*) Entzündung *f*. **2.** (*fig: of passion, anger*) Aufstacheln *nt*, Aufstachelung *f*.

inflammatory [ɪn'flæmətərɪ] *adj speech, pamphlet* aufrührerisch, aufwieglerisch, Hetz-.

inflatable [ɪn'fleɪtɪbl] **I** *adj* aufblasbar; *dinghy* Schlauch-. **II** *n* (*boat*) Gummiboot *nt*.

inflate [ɪn'fleɪt] **I** *vt* **1.** aufpumpen; (*by mouth*) aufblasen.

2. (*Econ*) *prices, bill* steigern, hochtreiben. **to ~ the currency** die Inflation anheizen, den Geldumlauf steigern.

3. (*fig*) steigern, erhöhen; *sb's ego also* aufblähen. **~d with pride** mit *or* vor Stolz geschwollen.

II *vi* sich mit Luft füllen.

inflated [ɪn'fleɪtɪd] *adj prices* überhöht, inflationär; *pride* übersteigert, übertrieben; *style, rhetoric* geschwollen, hochtrabend. **to have an ~ opinion of oneself** ein übertriebenes Selbstbewußtsein haben.

inflation [ɪn'fleɪʃən] *n* **1.** (*Econ*) Inflation *f*. **to fight ~** die Inflation bekämpfen. **2.** (*act of inflating*) *see vt* Aufpumpen *nt*; Aufblasen *nt*; Steigern, Hochtreiben *nt*; Steigern, Erhöhen *nt*; Aufblähen *nt*.

inflationary [ɪn'fleɪʃənərɪ] *adj politics, demands* inflationär, inflationistisch (*pej*); *spiral* Inflations-.

inflation-proof [ɪn'fleɪʃənˌpru:f] *adj* inflationssicher, inflationsgeschützt.

inflect [ɪn'flekt] **I** *vt* **1.** (*Gram*) flektieren, beugen. **2.** *voice* modulieren. **II** *vi* (*Gram*) flektierbar sein, gebeugt werden.

inflected [ɪn'flektɪd] *adj word* flektiert, gebeugt; *language* flektierend.

inflection [ɪn'flekʃən] *n see* **inflexion.**

inflexibility [ɪnˌfleksɪ'bɪlɪtɪ] *n* (*lit*) Unbiegsamkeit, Starrheit *f*; (*fig*) Unbeugsamkeit, Sturheit (*pej*) *f*.

inflexible [ɪn'fleksəbl] *adj* (*lit*) *substance, object* unbiegsam, starr; (*fig*) *person, attitude, opinion* unbeugsam, inflexibel, stur (*pej*).

inflexion [ɪn'flekʃən] *n* **1.** (*Gram: of word, language*) Flexion, Beugung *f*. **2.** (*of voice*) Tonfall *m*.

inflexional [ɪn'flekʃənl] *adj* (*Gram*) *ending* Flexions-.

inflict [ɪn'flɪkt] *vt punishment, fine* verhängen (*on, upon* gegen), auferlegen (*on or* *upon sb* jdm); *suffering* zufügen (*on or upon sb* jdm); *wound* zufügen, beibringen (*on or upon sb* jdm). **to ~ oneself** *or* **one's company on sb** sich jdm aufdrängen.

infliction [ɪn'flɪkʃən] *n* **1.** (*act*) *see vt* Verhängung (*on, upon* gegen), Auferlegung *f*; Zufügen *nt*; Beibringen *nt*. **2.** (*misfortune*) Plage *f*, Kreuz *nt*.

in-flight ['ɪnflaɪt] *adj entertainment* während des Fluges.

inflorescence [ˌɪnflɔː'resəns] *n* Blütenstand *m*.

inflow ['ɪnfləʊ] *n* **1.** (*of water, air*) (*action*) Zustrom *m*, Einfließen, Zufließen *nt*; (*quantity*) Zufluß(menge *f*), Einfluß(menge *f*) *m*; (*place*) Zufluß *m*. **~ pipe** Zuflußrohr *nt*.

2. (*fig*) (*of foreign currency, goods*) Zustrom *m*; (*of people also*) Andrang *m*; (*of ideas*) Eindringen *nt*.

influence ['ɪnflʊəns] **I** *n* Einfluß *m* (*over* auf +*acc*). **to have an ~ on sb/sth** (*person*) Einfluß auf jdn/etw haben; (*fact, weather also*) Auswirkungen *pl* auf jdn/etw haben; **the weather had a great ~ on the number of voters** das Wetter beeinflußte die Zahl der Wähler stark; **to have a great deal of ~ with sb** großen Einfluß bei jdm haben; **he's been a bad ~ on you** er war ein schlechter Einfluß für Sie; **to exert an ~ on sb** Einfluß auf jdn ausüben; **you have to have ~ to get a job here** Sie müssen schon einigen Einfluß haben, wenn Sie hier eine Stelle haben wollen; **a man of ~** eine einflußreiche Person; **under the ~ of drink/drugs** unter Alkohol-/Drogeneinfluß, unter Alkohol-/Drogeneinwirkung; **under the ~** (*inf*) betrunken.

II *vt* beeinflussen. **to be easily ~d** leicht beeinflußbar *or* zu beeinflussen sein.

influential [ˌɪnflʊ'enʃəl] *adj* einflußreich. **these factors were ~ in my decision** diese Faktoren haben meine Entscheidung beeinflußt.

influenza [ˌɪnflʊ'enzə] *n* Grippe *f*.

influx ['ɪnflʌks] *n* **1.** (*of capital, shares, foreign goods*) Zufuhr *f*; (*of people*) Zustrom, Andrang *m*; (*of ideas*) Zufluß *m*. **2.** *see* **inflow 1.**

info ['ɪnfəʊ] *n* (*inf*) *see* **information.**

inform [ɪn'fɔːm] **I** *vt person* benachrichtigen, informieren (*about* über +*acc*); unterrichten. **to ~ sb of sth** jdn von etw unterrichten, jdn über etw informieren; **I am pleased to ~ you that ...** ich freue mich, Ihnen mitteilen zu können, daß ...; **to ~ the police** die Polizei verständigen *or* benachrichtigen *or* informieren; **to keep sb/oneself ~ed** jdn/sich auf dem laufenden halten (*of* über +*acc*); **until we are better ~ed** bis wir Näheres wissen *or* besser Bescheid wissen *or* genauer informiert sind; **why was I not ~ed?** warum wurde mir das nicht mitgeteilt?, warum wurde ich nicht (darüber) informiert?

II *vi* **to ~ against** *or* **on sb** jdn anzeigen *or* denunzieren (*pej*).

informal [ɪn'fɔːməl] *adj* (*esp Pol: not official*) *meeting, talks* nicht formell, nicht förmlich; *visit* inoffiziell, nicht förmlich; *arrangement* inoffiziell; (*simple, without ceremony*) *meeting, gathering, party* zwanglos, ungezwungen; *manner, tone also* leger; *language, speech* ungezwungen, informell; *restaurant* gemütlich. **the ~ use of "du"** die vertraute Anrede „du"; **"dress ~"** „zwanglose Kleidung"; **he is very ~** er ist sehr leger.

informality [ˌɪnfɔː'mælɪtɪ] *n see adj* nicht formeller *or* förmlicher Charakter; inoffizieller Charakter; Zwanglosigkeit *f*; Ungezwungenheit *f*; informeller Charakter *or* Ton; Gemütlichkeit *f*; legere Art. **the ~ of his behaviour** sein legeres Benehmen.

informally [ɪn'fɔːməlɪ] *adv* (*unofficially*) inoffiziell; (*casually, without ceremony*) zwanglos, ungezwungen.

informant [ɪn'fɔːmənt] *n* Informant(in *f*), *m*.

informatics [ˌɪnfə'mætɪks] *n sing* Informatik *f*.

information [ˌɪnfə'meɪʃən] *n* **1.** Auskunft *f*, Informationen *pl*. **a piece of ~** eine Auskunft *or* Information; **for your ~** zu Ihrer Information *or* Kenntnisnahme (*form*); (*indignantly*) damit Sie es wissen; **his ~ on the subject is most extensive** sein Wissen auf diesem Gebiet ist äußerst umfassend; **to give sb ~ about** *or* **on sb/sth** jdm Auskunft *or* Informationen über jdn/etw geben; **to get ~ about** *or* **on sb/sth** sich über jdn/etw informieren, über jdn/etw Erkundigungen einziehen; **to ask for ~ on** *or* **about sb/sth** um Auskunft *or* Informationen über jdn/etw bitten; **"~"** „Auskunft"; **until further ~ is available** bevor wir nichts Näheres wissen; **where did you get your ~?** woher haben Sie diese Kenntnisse *or* Informationen?; **detailed ~** Einzelheiten *pl*.

2. (*Comput*, *~ content*) Information *f*.

informational [ˌɪnfə'meɪʃənl] *adj* informationell.

information bureau *n* Auskunft(sbüro *nt*) *f*, Verkehrsbüro *nt*; **information content** *n* Informationsgehalt *m*; **information officer** *n* Auskunftsbeamte(r) *m*, Auskunftsbeamtin *f*; **information processing** *n* Informationsverarbeitung *f*; **information retrieval** *n* Informations- *or* Datenabruf *m*; **information sciences** *npl* Informatik *f*; **information scientist** *n* Informatiker(in *f*) *m*; **information storage** *n* Datenspeicherung *f*; **information technology** *n* Informationstechnik *f*; **information theory** *n* Informationstheorie *f*.

informative [ɪn'fɔːmətɪv] *adj* aufschlußreich, informativ (*geh*); *book, lecture also* lehrreich. **he's not very ~ about his plans** er ist nicht sehr mitteilsam, was seine Pläne betrifft.

informed [ɪn'fɔːmd] *adj* (*having information*) *observers* informiert, (gut) unterrichtet; (*educated*) gebildet.

informer [ɪn'fɔːməʳ] *n* Informant(in *f*), Denunziant(in *f*) *m* (*pej*). **police ~** Polizeispitzel *m*; **to turn ~** seine Mittäter verraten.

infra dig ['ɪnfrə'dɪg] *adj* (*inf*) unter meiner/seiner *etc* Würde.

infra-red ['ɪnfrə'red] *adj* infrarot.

infrastructure ['ɪnfrə,strʌktʃəʳ] *n* Infrastruktur *f*.

infrequency [ɪn'fri:kwənsɪ] *n* Seltenheit *f*.

infrequent [ɪn'fri:kwənt] *adj* selten. **at ~ intervals** in großen Abständen.

infrequently [ɪn'fri:kwəntlɪ] *adv see adj.*

infringe [ɪn'frɪndʒ] **I** *vt* verstoßen gegen; *law also* verletzen, übertreten; *copyright also* verletzen. **II** *vi* **to ~ (up)on sb's rights/privacy** in jds Rechte/Privatsphäre (*acc*) eingreifen, jds Rechte/ Privatsphäre verletzen.

infringement [ɪn'frɪndʒmənt] *n* **1. an ~ (of a rule)** ein Regelverstoß *m*; **~ of the law** Gesetzesverletzung *or* -übertretung *f*; **~ of a patent/copyright** Patentverletzung *f*/Verletzung *f* des Urheberrechts. **2.** (*of privacy*) Eingriff *m* (*of* in +*acc*).

infuriate [ɪn'fjʊərɪeɪt] *vt* wütend *or* rasend machen, zur Raserei bringen. **to be/get ~d** wütend *or* rasend sein/werden.

infuriating [ɪn'fjʊərɪeɪtɪŋ] *adj* (äußerst) ärgerlich. **an ~ person** ein Mensch, der einen zur Raserei bringen kann.

infuriatingly [ɪn'fjʊərɪeɪtɪŋlɪ] *adv* aufreizend. **she's ~ slow** sie ist zum Verzweifeln langsam.

infuse [ɪn'fju:z] **I** *vt* **1.** *courage, enthusiasm* einflößen, geben (*into sb* jdm). **~d with new hope** von neuer Hoffnung erfüllt. **2.** (*Cook*) *tea, herbs* aufbrühen, aufgießen. **II** *vi* ziehen.

infuser [ɪn'fju:zəʳ] *n* Tee-Ei *nt*.

infusion [ɪn'fju:ʒən] *n* **1.** (*of hope*) Einflößen *nt*. **2.** (*Cook*) Aufguß *m*; (*tea-like*) Tee *m*. **3.** (*Med*) Infusion *f*.

ingenious [ɪn'dʒi:nɪəs] *adj* genial; *person also* erfinderisch, geschickt, findig; *idea, method also* glänzend; *device, instrument also* raffiniert.

ingeniously [ɪn'dʒi:nɪəslɪ] *adv* genial, glänzend.

ingeniousness [ɪn'dʒi:nɪəsnɪs] *n see* **ingenuity**.

ingénue [,ænʒeɪ'nju:] *n* naives Mädchen; (*Theat*) Naive *f*.

ingenuity [,ɪndʒɪ'nju:ɪtɪ] *n* Genialität *f*; (*of person also*) Einfallsreichtum *m*, Findigkeit *f*; (*of idea, method also*) Brillanz *f*; (*of device, instrument also*) Raffiniertheit *f*.

ingenuous [ɪn'dʒenjʊəs] *adj* **1.** (*candid*) offen, aufrichtig, unbefangen. **2.** (*naive*) naiv.

ingenuously [ɪn'dʒenjʊəslɪ] *adv see adj.*

ingenuousness [ɪn'dʒenjʊəsnɪs] *n see adj* **1.** Offenheit, Aufrichtigkeit, Unbefangenheit *f*. **2.** Naivität *f*.

ingest [ɪn'dʒest] *vt* (*Biol*) zu sich nehmen, aufnehmen.

ingestion [ɪn'dʒestʃən] *n* (*Biol*) Nahrungsaufnahme *f*.

inglorious [ɪn'glɔ:rɪəs] *adj* unrühmlich, unehrenhaft; *defeat* schmählich, ruhmlos.

ingoing ['ɪngəʊɪŋ] *adj mail* eingehend, einlaufend. **~ tenant** neuer/neue Mieter(in *f*), Nachmieter(in *f*) *m*.

ingot ['ɪŋgət] *n* Barren *m*. **steel ~** Stahlblock *m*.

ingrained [,ɪn'greɪnd] *adj* **1.** (*fig*) *habit* fest, eingefleischt; *prejudice* tief verwurzelt *or* eingewurzelt; *belief* fest verankert, unerschütterlich. **to be ~** fest verwurzelt sein.
2. *dirt* tief eingedrungen, tiefsitzend (*attr*). **the dirt was deeply ~ in the carpet** der Schmutz hatte sich tief im Teppich festgesetzt.

ingratiate [ɪn'greɪʃɪeɪt] *vr* **to ~ oneself with sb** sich bei jdm einschmeicheln.

ingratiating [ɪn'greɪʃɪeɪtɪŋ] *adj person, speech* schmeichlerisch, schöntuerisch; *smile* schmeichlerisch süßlich.

ingratiatingly [ɪn'greɪʃɪeɪtɪŋlɪ] *adv see adj.*

ingratitude [ɪn'grætɪtju:d] *n* Undank *m*. **sb's ~** jds Undankbarkeit *f*.

ingredient [ɪn'gri:dɪənt] *n* Bestandteil *m*; (*for recipe*) Zutat *f*. **all the ~s of success** alles, was man zum Erfolg braucht; **the ~s of a man's character** alles, was den Charakter eines Menschen ausmacht.

in-group ['ɪngru:p] *n* maßgebliche Leute *pl*, Spitze *f*; (*Sociol*) In-Group *f*.

ingrowing ['ɪngrəʊɪŋ] *adj* (*Med*) *toenail* eingewachsen.

inhabit [ɪn'hæbɪt] *vt* bewohnen; (*animals*) leben in (+*dat*).

inhabitable [ɪn'hæbɪtəbl] *adj* bewohnbar.

inhabitant [ɪn'hæbɪtənt] *n* (*of house, burrow*) Bewohner(in *f*) *m*; (*of island, town also*) Einwohner(in *f*) *m*.

inhalation [,ɪnhə'leɪʃən] *n* (*Med*) Inhalation *f*.

inhale [ɪn'heɪl] **I** *vt* einatmen; (*Med*) inhalieren. **II** *vi* (*in smoking*) Lungenzüge machen, inhalieren.

inhaler [ɪn'heɪləʳ] *n* Inhalationsapparat *m*.

inharmonious [,ɪnhɑ:'məʊnɪəs] *adj* unharmonisch.

inherent [ɪn'hɪərənt] *adj* innewohnend, eigen, inhärent (*esp Philos*) (*to, in dat*). **the ~ hardness of diamonds** die den Diamanten eigene Härte; **instincts ~ in all animals** allen Tieren inhärente *or* eigene Instinkte.

inherently [ɪn'hɪərəntlɪ] *adv* von Natur aus.

inherit [ɪn'herɪt] **I** *vt* (*lit, fig*) erben. **the problems which we ~ed from the last government** die Probleme, die uns die letzte Regierung hinterlassen *or* vererbt hat. **II** *vi* erben. **to ~ from sb** jdn beerben.

inheritable [ɪn'herɪtəbl] *adj* (*lit, fig*) erblich; *goods, shares* vererbbar.

inheritance [ɪn'herɪtəns] *n* Erbe *nt* (*also fig*), Erbschaft *f*.

inherited [ɪn'herɪtɪd] *adj qualities, disease* ererbt.

inhibit [ɪn'hɪbɪt] *vt* hemmen (*also Psych, Sci*). **to ~ sb from doing sth** jdn daran hindern, etw zu tun; **don't let me ~ you** haben Sie meinetwegen keine Hemmungen.

inhibited [ɪn'hɪbɪtɪd] *adj* gehemmt. **to be ~** Hemmungen haben, gehemmt sein.

inhibition [,ɪnhɪ'bɪʃən] *n* Hemmung *f* (*also Psych, Sci*). **a feeling of ~** Hemmungen *pl*; **he has no ~s about speaking French** er hat keine Hemmungen, Französisch zu sprechen.

inhibitory [ɪn'hɪbɪtərɪ] *adj* (*Psych*) hemmend; (*Physiol also*) behindernd.

inhospitable [ˌɪnhɒ'spɪtəbl] *adj* ungastlich; *climate, region* unwirtlich.

inhospitably [ˌɪnhɒ'spɪtəblɪ] *adv* ungastlich.

inhospitality ['ɪnˌhɒspɪ'tælɪtɪ] *n* Ungastlichkeit *f*, mangelnde Gastfreundschaft; (*of climate*) Unwirtlichkeit *f*.

in-house ['ɪnhaʊs] **I** *adj jobs, work* im Hause zu erledigend *attr or* zu erledigen *pred*; *project* intern. **II** [ɪn'haʊs] *adv* im Hause; intern.

inhuman [ɪn'hjuːmən] *adj* (*lit*) *monster, shape* nicht menschlich; (*fig*) unmenschlich.

inhumane [ˌɪnhjuː'meɪn] *adj* inhuman; (*to people also*) menschenunwürdig.

inhumaneness [ˌɪnhjuː'meɪnnɪs] *n see adj* Inhumanität *f*; Menschenunwürdigkeit *f*.

inhumanity [ˌɪnhjuː'mænɪtɪ] *n* Unmenschlichkeit *f*. **the ~ of man to man** die Unmenschlichkeit der Menschen untereinander.

inimical [ɪ'nɪmɪkəl] *adj* (*hostile*) feindselig (*to* gegen); (*injurious*) abträglich (*to dat*).

inimitable [ɪ'nɪmɪtəbl] *adj* unnachahmlich.

iniquitous [ɪ'nɪkwɪtəs] *adj* ungeheuerlich.

iniquity [ɪ'nɪkwɪtɪ] *n* (*no pl: wickedness*) Ungeheuerlichkeit *f*; (*sin*) Missetat *f*; (*crime*) Greueltat *f*; *see* **den**.

initial [ɪ'nɪʃəl] **I** *adj* **1.** anfänglich, Anfangs-. **my ~ reaction** meine anfängliche Reaktion; **in the ~ stages** im Anfangsstadium. **2.** (*Ling*) Anlaut-, anlautend. **3.** (*Typ*) **~ letter** Anfangsbuchstabe *m*, Initiale *f*.

II *n* Initiale *f*; (*Typ also*) Anfangsbuchstabe *m*. **to sign a letter with one's ~s** seine Initialen *or* (*Pol*) Paraphe unter einen Brief setzen; (*Comm*) einen Brief abzeichnen.

III *vt letter, document* mit seinen Initialen unterzeichnen; (*Comm*) abzeichnen; (*Pol*) paraphieren.

initialization [ɪˌnɪʃəlaɪ'zeɪʃən] *n* (*Comput*) Initialisierung *f*.

initialize [ɪ'nɪʃəlaɪz] *vt* (*Comput*) initialisieren.

initially [ɪ'nɪʃəlɪ] *adv* anfangs, zu *or* am Anfang; (*Ling*) im Anlaut.

initiate [ɪ'nɪʃɪeɪt] **I** *vt* **1.** (*set in motion*) den Anstoß geben zu, initiieren; *negotiations also* einleiten; *legislation* einbringen **to ~ proceedings against sb** (*Jur*) gegen jdn einen Prozeß anstrengen.

2. (*formally admit: into club*) feierlich aufnehmen; (*in tribal society*) *adolescents* initiieren.

3. (*instruct: in knowledge, skill*) einweihen.

II *n* (*in club*) Neuaufgenommene(r) *mf*; (*in tribal society*) Initiierte(r) *mf*; (*in knowledge*) Eingeweihte(r) *mf*.

initiation [ɪˌnɪʃɪ'eɪʃən] *n* **1.** (*of project, fashion*) Initiierung *f*; (*of negotiations also*) Einleitung *f*. **2.** (*into society*) Aufnahme *f*; (*as tribal member*) Initiation *f*. **~ ceremony** Aufnahmezeremonie *f*. **3.** (*into branch of knowledge*) Einweihung *f*.

initiative [ɪ'nɪʃətɪv] *n* Initiative *f*. **to take the ~** die Initiative ergreifen; **on one's own ~** aus eigener Initiative.

initiator [ɪ'nɪʃɪetə[r]] *n* Initiator(in *f*) *m*.

inject [ɪn'dʒekt] *vt* (ein)spritzen; (*fig*) *comment* einwerfen; *money into economy* pumpen. **to ~ sb with sth** (*Med*) jdm etw spritzen *or* injizieren; **to ~ sb with enthusiasm, to ~ enthusiasm into sb** jdn mit Begeisterung erfüllen; **he ~ed new life into the club** er brachte neues Leben in den Verein.

injection [ɪn'dʒekʃən] *n* (*act*) Einspritzung *f*; (*of gas*) Einblasen *nt*; (*that injected*) Injektion, Spritze *f*. **to give sb an ~** jdm eine Injektion *or* Spritze geben; **the ~ of more money into the economy** eine größere Finanzspritze für die Wirtschaft; **engine with fuel ~** Einspritzmotor *m*.

injector [ɪn'dʒektə[r]] *n* Einspritzpumpe *f*.

injudicious *adj*, **~ly** *adv* [ˌɪndʒʊ'dɪʃəs, -lɪ] unklug.

injunction [ɪn'dʒʌŋkʃən] *n* Anordnung *f*; (*Jur*) gerichtliche Verfügung.

injure ['ɪndʒə[r]] *vt* **1.** (*lit*) verletzen. **to ~ one's leg** sich (*dat*) das Bein verletzen, sich (*acc*) am Bein verletzen; **how many were ~d?, how many ~d were there?** wie viele Verletzte gab es?; **the ~d** die Verletzten *pl*.

2. (*fig*) (*offend*) *sb, sb's feelings* verletzen, kränken; (*damage*) *reputation* schaden (+*dat*). **his ~d reputation** sein geschädigter Ruf; **the ~d party** (*Jur*) der/die Geschädigte.

injurious [ɪn'dʒʊərɪəs] *adj* schädlich. **to be ~ to sb/sth** jdm/einer Sache schaden *or* schädlich sein; **~ to health** gesundheitsschädigend *or* -schädlich.

injury ['ɪndʒərɪ] *n* Verletzung *f* (*to gen*); (*fig also*) Kränkung *f* (*to gen*). **to do sb/oneself an ~** jdn/sich verletzen; **to play ~ time** (*Brit Sport*) nachspielen, Nachspielzeit haben.

injustice [ɪn'dʒʌstɪs] *n* (*unfairness, inequality*) Ungerechtigkeit *f*; (*violation of sb's rights*) Unrecht *nt no pl*. **to do sb an ~** jdm Unrecht tun.

ink [ɪŋk] **I** *n* Tinte (*also Zool*) *f*; (*Art*) Tusche *f*; (*Typ*) Druckfarbe *f*; (*for newsprint*) Druckerschwärze *f*. **written in ~** mit Tinte geschrieben; **a sketch in ~** eine Tuschzeichnung. **II** *vt* mit Tinte beschmieren; (*Typ*) einfärben.

◆**ink in** *vt sep outline, writing* mit Tinte *or* (*Art*) Tusche ausziehen *or* nachziehen; (*fill in*) *shape* mit Tinte *or* (*Art*) Tusche ausmalen *or* ausfüllen.

◆**ink out** *vt sep* mit Tinte übermalen.

◆**ink over** *vt sep* mit Tinte *or* (*Art*) Tusche nachzeichnen.

ink *in cpds* Tinten-; (*Art*) Tusch-; **ink bag** *n* (*Zool*) Tintenbeutel *m*; **inkblot** *n* Tintenklecks *m*; **~ test** (*Psych*) Rorschachtest *m*; **ink-jet (printer)** *n* Tintenstrahldrucker *m*.

inkling ['ɪŋklɪŋ] *n* (*vague idea*) dunkle Ahnung. **he hadn't an ~** er hatte nicht die leiseste Ahnung *or* keinen blassen Schimmer (*inf*); **to give sb an ~** jdm eine andeutungsweise Vorstellung geben; **there was no ~ of the disaster to come** nichts deutete auf die bevorstehende Katastrophe hin.

ink pad *n* Stempelkissen *nt*; **inkpot** *n* Tintenfaß *nt*; **inkstain** *n* Tintenfleck *m*; **ink-stained** *adj* tintenbeschmiert; **inkwell** *n* (*in eine Tischplatte eingelassenes*) Tintenfaß *nt*.

inky ['ɪŋkɪ] *adj* (+*er*) **1.** (*lit*) tintenbeschmiert, voller Tinte, tintig; *fingers also* Tinten-. **2.** (*fig*) *darkness* tintenschwarz; *blue, black* tintig.

inlaid [ɪn'leɪd] **I** *ptp of* **inlay. II** *adj* eingelegt (*with* mit). **~ table** Tisch mit Einlegearbeit; **~ work** Einlegearbeit *f*.

inland ['ɪnlænd] **I** *adj* **1.** *waterway, navigation, sea* Binnen-. **~ town** Stadt *f* im Landesinneren.

2. (*domestic*) *mail* Inland(s)-; *trade* Binnen-. **~ produce** inländisches Erzeugnis, inländische Erzeugnisse *pl*, Inlandserzeugnis(se *pl*) *nt*; **I~ Revenue** (*Brit*) ≃ Finanzamt *nt*.

II *adv* landeinwärts.

inlaw ['ɪnlɔː] *n* angeheirateter Verwandter, angeheiratete Verwandte. **~s** (*parents-in-law*) Schwiegereltern *pl*.

inlay [ɪn'leɪ] (*vb: pret, ptp* **inlaid**) **I** *n* (*in table, box*) Einlegearbeit *f*, Intarsien *pl*; (*Dentistry*) Plombe, Füllung *f*; (*of gold*) Inlay *nt*. **II** *vt* einlegen (*with* mit).

inlet ['ɪnlet] *n* **1.** (*of sea*) Meeresarm *m*; (*of river*) Flußarm *m*. **2.** (*Tech*) Zuleitung *f*; (*of ventilator*) Öffnung *f*.

inlet pipe *n* Zuleitung(srohr *nt*) *f*; **inlet valve** *n* Einlaßventil *nt*.

inmate ['ɪnmeɪt] *n* Insasse *m*, Insassin *f*.

inmost ['ɪnməʊst] *adj see* **innermost.**

inn [ɪn] *n* **1.** Gasthaus *nt*; (*old: hotel*) Herberge *f* (*old*); (*old: tavern*) Schenke *f*. **2.** (*Jur*) **the I~s of Court** die vier englischen Juristenverbände.

innards ['ɪnədz] *npl* Innereien *pl* (*also fig*), Eingeweide *pl*.

innate [ɪ'neɪt] *adj* angeboren.

inner ['ɪnəʳ] **I** *adj* **1.** innere(r, s); *side, surface, door, court, city,* (*Anat*) *ear also* Innen-. **~ harbour** Innenbecken *nt*.

2. (*fig*) *emotions* innere(r, s); *meaning* verborgen; *life* Seelen-.; **he wasn't one of the ~ circle** er gehörte nicht zum engeren Kreise; **the needs of the ~ man** die inneren Bedürfnisse; **to satisfy the ~ man** für sein leibliches Wohl sorgen.

II *n* (*Archery*) Schwarze(s) *nt*.

inner-city ['ɪnə'sɪtɪ] *adj attr* Innenstadt-; *housing* in der Innenstadt; (*of cities generally*) in den Innenstädten; *decay, renewal, problem* der Innenstadt/der Innenstädte.

innermost ['ɪnəməʊst] *adj* innerst. **~ in sb** zuinnerst in jdm; **in the ~ recesses of the mind** in den hintersten Winkeln des Gehirns.

inner tube *n* Schlauch *m*.

inning ['ɪnɪŋ] *n* (*Baseball*) Inning *nt*.

innings ['ɪnɪŋz] *n* (*Cricket*) Innenrunde *f*. **to have one's ~** (*fig inf*) an der Reihe sein; **he has had a long** *or* **a good ~** (*fig inf*) er war lange an der Reihe; (*life*) er hatte ein langes, ausgefülltes Leben.

innkeeper ['ɪn,kiːpəʳ] *n* (Gast)wirt(in *f*) *m*.

innocence ['ɪnəsəns] *n* **1.** Unschuld *f*. **to pretend ~** vorgeben, unschuldig zu sein, unschuldig tun; **in all ~** in aller Unschuld. **2.** (*liter: ignorance*) Unkenntnis *f*.

innocent ['ɪnəsənt] **I** *adj* **1.** unschuldig; *mistake, misrepresentation* unabsichtlich. **she is ~ of the crime** sie ist an dem Verbrechen unschuldig; **to put on an ~ air** eine Unschuldsmiene aufsetzen.

2. ~ of (*liter: ignorant*) nicht vertraut mit; (*devoid of*) frei von, ohne.

II *n* Unschuld *f*.

innocently ['ɪnəsəntlɪ] *adv* unschuldig; (*in all innocence*) in aller Unschuld.

innocuous *adj*, **~ly** *adv* [ɪ'nɒkjʊəs, -lɪ] harmlos.

innovate ['ɪnəʊveɪt] **I** *vt* neu einführen. **II** *vi* Neuerungen einführen.

innovation [,ɪnəʊ'veɪʃən] *n* Innovation *f*; (*introduction also*) Neueinführung *f* (*of gen*); (*thing introduced also*) Neuerung *f*.

innovative [ɪnə'veɪtɪv] *adj* auf Neuerungen aus, innovativ.

innovator ['ɪnəʊveɪtəʳ] *n* Neuerer *m*, Neuerin *f*; (*of reform*) Begründer(in *f*) *m*.

innuendo [,ɪnjʊ'endəʊ] *n, pl* **-es** versteckte Andeutung. **to make ~es about sb** über jdn Andeutungen fallenlassen.

innumerable [ɪ'njuːmərəbl] *adj* unzählig.

innumeracy [ɪ'njuːmərəsɪ] *n* Nicht-Rechnen-Können *nt*.

innumerate [ɪ'njuːmərɪt] *adj* **to be ~** nicht rechnen können.

inoculate [ɪ'nɒkjʊleɪt] *vt person* impfen (*against* gegen).

inoculation [ɪ,nɒkjʊ'leɪʃən] *n* Impfung *f*. **to give sb an ~ (against smallpox)** jdn (gegen Pocken) impfen.

inoffensive [,ɪnə'fensɪv] *adj* harmlos.

inoperable [ɪn'ɒpərəbl] *adj disease, tumour* inoperabel, nicht operierbar; *policy* undurchführbar.

inoperative [ɪn'ɒpərətɪv] *adj* **1.** (*ineffective*) *law, rule* außer Kraft, ungültig. **to become ~** außer Kraft treten, ungültig werden. **2.** (*not working*) außer Betrieb. **to be ~** (*machine, radio*) nicht funktionieren; **to render sth ~** etw außer Betrieb setzen.

inopportune [ɪn'ɒpətjuːn] *adj* inopportun; *demand, visit, moment also* ungelegen; *words* unpassend, nicht angebracht. **to be ~** ungelegen *or* zur Unzeit kommen.

inopportunely [ɪn'ɒpətjuːnlɪ] *adv* zur Unzeit.

inordinate [ɪ'nɔːdɪnɪt] *adj* unmäßig; *number of people, size, sum of money* ungeheuer.

inordinately [ɪ'nɔːdɪnɪtlɪ] *adv see adj*.

inorganic [,ɪnɔː'gænɪk] *adj* anorganisch; (*fig*) unorganisch.

in-patient ['ɪnpeɪʃnt] *n* stationär behandelter Patient/behandelte Patientin.

input ['ɪnpʊt] **I** *n* **1.** (*into computer*) Eingabe *f*, Input *m or nt*; (*of capital*) Investition *f*; (*of manpower*) (Arbeits)-aufwand *m*; (*power* ~) Energiezufuhr *f*; (*of project*) Beitrag *m*. **their ~ into the project** ihr Beitrag zum Projekt; **~ port** (*Comput*) Eingabeport *m*. **2.** (*point of* ~, ~ *terminal*) Eingang *m*.

II *vt* (*Comput*) *data, text* eingeben.

inquest ['ɪnkwest] *n* (*into death*) gerichtliche Untersuchung der Todesursache; (*fig*) Manöverkritik *f*.

inquire [ɪn'kwaɪəʳ] *etc* (*esp US*) *see* **enquire**.

inquisition [ˌɪnkwɪ'zɪʃən] *n* **1.** (*Hist Eccl*) **the I~** die Inquisition. **2.** (*Jur*) Untersuchung *f*. **3.** (*fig*) Inquisition *f*, Verhör *nt*.

inquisitive [ɪn'kwɪzɪtɪv] *adj* neugierig; (*for knowledge*) wißbegierig. **he's very ~ about my friends** er will alles über meine Freunde wissen.

inquisitively [ɪn'kwɪzɪtɪvlɪ] *adv see adj*.

inquisitiveness [ɪn'kwɪzɪtɪvnɪs] *n* (*of person*) Neugier *f*; (*for knowledge*) Wißbegier (de) *f*.

inquisitorial [ɪnˌkwɪzɪ'tɔːrɪəl] *adj* inquisitorisch.

inroad ['ɪnrəʊd] *n* **1.** (*Mil*) Einfall *m* (*into* in +*acc*).

2. (*fig*) **to make ~s upon** *or* **into sb's rights** in jds Rechte (*acc*) eingreifen; **the Japanese are making ~s into the British market** die Japaner dringen in den britischen Markt ein; **these expenses are making heavy ~s into my bank account** diese Ausgaben greifen mein Bankkonto stark an; **extra work has made ~s (up)on** *or* **into my spare time** zusätzliche Arbeit hat meine Freizeit sehr eingeschränkt.

inrush ['ɪnrʌʃ] *n* Zustrom *m*; (*of water*) Einbruch *m*. **there was a sudden ~ of tourists** die Touristen kamen plötzlich in Strömen.

ins *abbr of* **1. insurance** Vers. **2. inches.**

insane [ɪn'seɪn] **I** *adj* **1.** geisteskrank, wahnsinnig; (*fig*) wahnsinnig, irrsinnig. **you must be ~!** du bist wohl geisteskrank *or* wahnsinnig!; **that's ~!** das ist Wahnsinn *or* Irrsinn! **2.** (*esp US*) **~ asylum/ward** Anstalt *f*/Abteilung *f* für Geisteskranke. **II** *npl* **the ~** die Geisteskranken *pl*.

insanely [ɪn'seɪnlɪ] *adv* irr; (*fig*) verrückt; *jealous* irrsinnig.

insanitary [ɪn'sænɪtərɪ] *adj* unhygienisch.

insanity [ɪn'sænɪtɪ] *n* Geisteskrankheit *f*, Wahnsinn *m*; (*fig*) Irrsinn, Wahnsinn *m*.

insatiability [ɪnˌseɪʃə'bɪlɪtɪ] *n see adj* Unersättlichkeit *f*; Unstillbarkeit *f*.

insatiable [ɪn'seɪʃəbl], **insatiate** [ɪn'seɪʃɪɪt] (*liter*) *adj* unersättlich; *curiosity, desire also* unstillbar.

inscribe [ɪn'skraɪb] *vt* **1.** (*sth on sth* etw in etw *acc*) *words, symbols* (*engrave*) (*on ring*) eingravieren; (*on rock, stone, wood*) einmeißeln; (*on tree*) einritzen.

2. *book* eine Widmung schreiben in (+*acc*).

3. to ~ sth in sb's memory etw in jds Gedächtnis (*dat*) verankern.

4. (*Math*) einbeschreiben (*in a circle* einem Kreis).

5. (*Fin*) **~d stock** Namensaktien *pl*.

inscription [ɪn'skrɪpʃən] *n* **1.** (*on monument*) Inschrift *f*; (*on coin*) Aufschrift *f*. **2.** (*in book*) Widmung *f*.

inscrutability [ɪnˌskruːtə'bɪlɪtɪ] *n* Unergründlichkeit *f*.

inscrutable [ɪn'skruːtəbl] *adj* unergründlich. **~ face** undurchdringlicher Gesichtsausdruck.

insect ['ɪnsekt] *n* Insekt *nt*.

insect bite *n* Insektenstich *m*; **insect eater** *n* Insektenfresser *m*; **insect-eating plant** *n* fleischfressende Pflanze.

insecticide [ɪn'sektɪsaɪd] *n* Insektenbekämptungsmittel, Insektizid (*form*) *nt*.

insectivorous [ˌɪnsek'tɪvərəs] *adj* insektenfressend.

insect-powder *n* Insektenpulver *nt*; **insect-repellent I** *adj* insektenvertreibend; **II** *n* Insektenbekämpfungsmittel *nt*.

insecure [ˌɪnsɪ'kjʊəʳ] *adj* unsicher. **if they feel ~ in their jobs** wenn sie sich an ihrem Arbeitsplatz nicht sicher fühlen.

insecurely [ˌɪnsɪ'kjʊəlɪ] *adv* nicht sicher.

insecurity [ˌɪnsɪ'kjʊərɪtɪ] *n* Unsicherheit *f*.

inseminate [ɪn'semɪneɪt] *vt* inseminieren (*spec*), befruchten; *cattle* besamen; (*fig*) *beliefs* einimpfen.

insemination [ɪnˌsemɪ'neɪʃən] *n see vt* Insemination (*spec*), Befruchtung *f*; Besamung *f*; Einimpfung *f*; (*fig: of knowledge*) Vermittlung *f*.

insensibility [ɪnˌsensə'bɪlɪtɪ] *n* **1.** (*bodily*) Unempfindlichkeit *f* (*to* gegenüber); (*unconsciousness*) Bewußtlosigkeit *f*. **2.** (*lack of feeling*) Gefühllosigkeit *f* (*to* gegenüber).

insensible [ɪn'sensəbl] *adj* **1.** (*bodily*) unempfindlich (*to* gegen); (*unconscious*) bewußtlos. **his hands became ~ to any feeling** seine Hände verloren jegliches Gefühl.

2. (*liter: of beauty, music*) unempfänglich (*of, to* für).

3. (*liter: unaware*) **~ of** *or* **to sth** einer Sache (*gen*) nicht bewußt.

4. (*form: imperceptible*) unmerklich.

insensitive [ɪn'sensɪtɪv] *adj* **1.** (*emotionally*) gefühllos.

2. (*unappreciative*) unempfänglich. **to be ~ to the beauties of nature** für Schönheiten der Natur unempfänglich sein.

3. (*physically*) unempfindlich. **~ to pain/light** schmerz-/lichtunempfindlich.

insensitivity [ɪnˌsensɪ'tɪvɪtɪ] *n* **1.** (*emotional*) Gefühllosigkeit *f* (*towards* gegenüber).

2. (*unappreciativeness*) Unempfänglichkeit *f* (*to* für). **his ~ towards the reasons behind the demands** seine Verständnislosigkeit *or* sein Unverständnis für die Gründe, die hinter den Forderungen stehen.

3. (*physical*) Unempfindlichkeit *f*.

inseparability [ɪnˌsepərə'bɪlɪtɪ] *n see adj* Untrennbarkeit *f*; Unzertrennlichkeit *f*.

inseparable [ɪn'sepərəbl] *adj* untrennbar; *friends* unzertrennlich.

inseparably [ɪn'sepərəblɪ] *adv* untrennbar.

insert [ɪn'sɜːt] **I** *vt* (*stick into*) hineinstecken; (*place in*) hineinlegen; (*place between*) einfügen; *zip, pocket* einsetzen; *thermometer, suppository* einführen; *coin* einwerfen; *injection needle* einstechen; (*Comput*) *disk* einlegen; *text* einfügen. **to ~ sth in sth** etw in etw (*acc*) stecken; **to ~ an extra paragraph in a chapter** einen weiteren Absatz in ein Kapitel einfügen; **to ~ an advert in a paper** eine Anzeige in eine Zeitung setzen, in einer Zeitung inserieren; **~ mode** (*Comput*) Einfügemodus *m*.

II ['ɪnsɜːt] *n* (*in book*) Einlage *f*; (*word*) Beifügung, Einfügung *f*; (*in magazine*) Beilage *f*; (*advertisement*) Inserat *nt*.

insertion [ɪn'sɜːʃən] *n* **1.** *see vt* Hineinstecken *nt*; Hineinlegen *nt*; Einfügen *nt*; Einsetzen *nt*; Einführen *nt*; Einwerfen *nt*; Einstechen *nt*; (*of an advert*) Aufgeben *nt*; (*by printer*) Einrücken *nt*.

2. *see* **insert 2.**

3. (*Sew*) Einsatz *m*.

in-service ['ɪnˌsɜːvɪs] *adj attr* **~ training** (berufsbegleitende) Fortbildung; (*in firm also*) innerbetriebliche Fortbildung; (*course also*) Fortbildungslehrgang *m*.

inset ['ɪnset] (*vb: pret, ptp* ~) **I** *vt map, illustration* einfügen; (*Sew*) einsetzen. **II** [ɪn'set] *n* **1.** (*pages*) Einlage, Beilage *f*; (*also* **~ map**) Nebenkarte *f*; (*on diagram*) Nebenbild *nt*. **2.** (*Sew*) Einsatz *m*.

inshore ['ɪn'ʃɔːʳ] **I** *adj* Küsten-. **~ fishing** Küstenfischerei *f*. **II** *adv fish, be* in Küstennähe; *blow, flow* auf die Küste zu.

inside ['ɪn'saɪd] **I** *n* **1.** Innere(s) *nt*; (*of pavement*) Innenseite *f*. **the car overtook on the ~** das Auto überholte innen; **it's painted on the ~** es ist innen bemalt; **you'll have to ask someone on the ~** Sie müssen einen Insider *or* Eingeweihten fragen; **to know a company from the ~** interne Kenntnisse über eine Firma haben; **locked from** *or* **on the ~** von innen verschlossen.

2. the wind blew the umbrella ~ out der Wind hat den Schirm umgestülpt; **your jumper's ~ out** du hast deinen Pullover links *or* verkehrt herum an; **to turn sth ~ out** etw umdrehen; (*fig*) *flat* etw auf den Kopf stellen; **to know sth ~ out** etw in- und auswendig kennen.

3. (*inf*) (*stomach: also* **~s**) Eingeweide, Innere(s) *nt*. **to have pains in one's ~s** Bauch- *or* Leibschmerzen haben.

II *adj* Innen-, innere(r, s). **~ information** Insider-Informationen *pl*, interne Informationen *pl*; **it is an ~ job** (*done in office*) das wird betriebsintern gemacht; **it looks like an ~ job** (*crime*) es sieht nach dem Werk von Insidern aus (*inf*); **~ lane** (*Sport*) Innenbahn *f*; (*Aut*) Innenspur *f*; **~ leg measurement** innere Beinlänge; **~ pocket** Innentasche *f*; **~ story** (*Press*) Inside-Story *f*; **~ track** Innenbahn *f*; **~ forward** Halbstürmer *m*; **~ left** Halblinke(r) *m*; **~ right** Halbrechte(r) *m*.

III *adv* innen; (*indoors*) drin(nen); (*direction*) nach innen, hinein/herein. **look ~** sehen Sie hinein; (*search*) sehen Sie innen nach; **come ~!** kommen Sie herein!; **let's go ~** gehen wir hinein; **there is something ~** es ist etwas (innen) drin; **to be ~** (*inf*) (*in prison*) sitzen (*inf*).

IV *prep* (*also esp US:* **~ of**) **1.** (*place*) innen in (+*dat*); (*direction*) in (+*acc*) ... (hinein). **don't let him come ~ the house** lassen Sie ihn nicht ins Haus (herein); **he was waiting ~ the house** er wartete im Haus; **once ~ the door he ...** wenn er erst einmal im Haus ist/war ...

2. (*time*) innerhalb. **he was 5 secs ~ the record** er ist 5 Sekunden unter dem Rekord geblieben.

insider [ɪn'saɪdəʳ] *n* Insider, Eingeweihte(r) *mf*. **~ dealing** (*Fin*) Insiderhandel *m*.

insidious *adj*, **~ly** *adv* [ɪn'sɪdɪəs, -lɪ] heimtückisch.

insight ['ɪnsaɪt] *n* **1.** *no pl* Verständnis *nt*. **his ~ into my problems** sein Verständnis für meine Probleme; **~ into human nature** Menschenkenntnis *f*.

2. Einblick *m* (*into* in +*acc*). **to gain an ~ into sth** in etw (einen) Einblick gewinnen *or* bekommen.

insignia [ɪn'sɪgnɪə] *npl* Insignien *pl*.

insignificance [ˌɪnsɪg'nɪfɪkəns] *n see adj* Belanglosigkeit *f*; Geringfügigkeit *f*; Unscheinbarkeit *f*.

insignificant [ˌɪnsɪg'nɪfɪkənt] *adj* belanglos; *sum, difference also* unbedeutend; *little man, person* unscheinbar.

insincere [ˌɪnsɪn'sɪəʳ] *adj* unaufrichtig; *person, smile also* falsch.

insincerely [ˌɪnsɪn'sɪəlɪ] *adv see adj*.

insincerity [ˌɪnsɪn'serɪtɪ] *n see adj* Unaufrichtigkeit *f*; Falschheit *f*.

insinuate [ɪn'sɪnjʊeɪt] *vt* **1.** (*hint, suggest*) andeuten (*sth to sb* etw jdm gegenüber). **what are you insinuating?** was wollen Sie damit sagen?; **are you insinuating that I am lying?** willst du damit sagen, daß ich lüge? **2. to ~ oneself into sb's favour** sich bei jdm einschmeicheln.

insinuating [ɪn'sɪnjʊeɪtɪŋ] *adj remark* anzüglich; *article also* voller Anzüglichkeiten; *tone of voice* spitz, bedeutungsvoll. **he said it in such an ~ way** er sagte es auf eine so anzügliche Art.

insinuation [ɪnˌsɪnjʊ'eɪʃən] *n* Anspielung *f* (*about* auf +*acc*). **he objected strongly to any ~ that ...** er wehrte sich heftig gegen jede Andeutung, daß ...

insipid [ɪn'sɪpɪd] *adj* fad; *person, novel, lyrics also* geistlos.

insist [ɪn'sɪst] *vti* bestehen. **I ~!** ich bestehe darauf!; **but he still ~ed that ...** aber er beharrte *or* bestand trotzdem darauf, daß ...; **if you ~** wenn Sie darauf bestehen; (*if you like*) wenn's unbedingt sein muß; **I must ~ that you stop** ich muß darauf bestehen, daß Sie aufhören; **I must ~ that I am right** ich muß doch nachdrücklich betonen, daß ich recht habe; **he ~s on his innocence** *or* **that he is**

innocent er behauptet beharrlich, unschuldig zu sein; **to ~ (up)on a point** auf einem Punkt beharren; **to ~ on silence** auf absoluter Ruhe bestehen; **I ~ on the best** ich bestehe auf bester Qualität; **to ~ on doing sth/on sb doing sth** darauf bestehen, etw zu tun/daß jd etw tut; **if you will ~ on smoking that foul tobacco** wenn Sie schon unbedingt diesen scheußlichen Tabak rauchen müssen.

insistence [ɪn'sɪstəns] *n* Bestehen *nt* (*on* auf *+dat*). **the accused's ~ on his innocence** die Unschuldsbeteuerungen des Angeklagten; **in spite of his ~ that he was right** trotz seiner beharrlichen Behauptung, recht zu haben; **I did it at his ~** ich tat es, weil er darauf bestand.

insistent [ɪn'sɪstənt] *adj* **1.** *person* beharrlich, hartnäckig; *salesman* aufdringlich. **I didn't want to but he was ~** ich wollte eigentlich nicht, aber er bestand *or* beharrte darauf.
2. (*urgent*) *demand, tone, rhythm* nachdrücklich, penetrant (*pej*).

insistently [ɪn'sɪstəntlɪ] *adv* mit Nachdruck.

insofar [ˌɪnsəʊ'fɑːʳ] *adv*: **~ as** soweit.

insole ['ɪnsəʊl] *n* Einlegesohle *f*; (*part of shoe*) Brandsohle *f*.

insolence ['ɪnsələns] *n* Unverschämtheit, Frechheit *f*.

insolent *adj*, **~ly** *adv* ['ɪnsələnt, -lɪ] unverschämt, frech.

insolubility [ɪnˌsɒljʊ'bɪlɪtɪ] *n see adj* **1.** Unlöslichkeit *f*. **2.** Unlösbarkeit *f*.

insoluble [ɪn'sɒljʊbl] *adj* **1.** *substance* unlöslich. **2.** *problem* unlösbar.

insolvency [ɪn'sɒlvənsɪ] *n* Zahlungsunfähigkeit, Insolvenz (*geh*) *f*.

insolvent [ɪn'sɒlvənt] *adj* zahlungsunfähig, insolvent (*geh*).

insomnia [ɪn'sɒmnɪə] *n* Schlaflosigkeit *f*.

insomniac [ɪn'sɒmnɪæk] *n* **to be an ~** an Schlaflosigkeit leiden.

insomuch [ˌɪnsəʊ'mʌtʃ] *adv see* **inasmuch.**

inspect [ɪn'spekt] *vt* **1.** (*examine*) kontrollieren, prüfen. **to ~ sth for sth** etw auf etw (*acc*) (hin) prüfen *or* kontrollieren. **2.** (*Mil: review*) inspizieren.

inspection [ɪn'spekʃən] *n* **1.** Kontrolle, Prüfung *f*; (*medical*) Untersuchung *f*; (*of school*) Inspektion *f*. **on ~** bei näherer Betrachtung *or* Prüfung; **for your ~** zur Prüfung *or* (*documents also*) Einsicht; **~ copy** Ansichtsexemplar *nt*. **2.** (*Mil*) Inspektion *f*.

inspector [ɪn'spektəʳ] *n* (*factory ~, on buses, trains*) Kontrol- leur(in *f*) *m*; (*of schools*) Schulrat *m*, Schulrätin *f*; (*of police*) Polizeikommissar(in *f*) *m*; (*higher*) Kommissar(in *f*) *m*; (*of taxes*) Steuerinspektor(in *f*) *m*.

inspectorate [ɪn'spektərɪt] *n* Inspektion *f*.

inspiration [ˌɪnspə'reɪʃən] *n* Inspiration (*for* zu *or* für), Eingebung (*for* zu) *f*. **he gets his ~ from ...** er läßt sich von ... inspirieren; **to have a sudden ~** eine plötzliche Inspiration *or* Erleuchtung haben; **you are my ~** du inspirierst mich.

inspirational [ˌɪnspə'reɪʃənl] *adj* inspirativ.

inspire [ɪn'spaɪəʳ] *vt* **1.** *respect, trust, awe* einflößen (*in sb* jdm); *hope, confidence* (er)wecken (*in* in *+dat*); *hate* hervorrufen (*in* bei). **to ~ sb with hope/confidence/hate** jdn mit Hoffnung/Vertrauen/Haß erfüllen.
2. (*be inspiration to*) *person* inspirieren. **I was ~d by his example** sein Vorbild hat mich inspiriert; **whatever ~d you to change it?** (*iro*) was hat dich bloß dazu inspiriert, es zu ändern?

inspired [ɪn'spaɪəd] *adj* genial; *work also* voller Inspiration; *author also* inspiriert. **in an ~ moment** in einem Augenblick der Inspiration; (*iro*) in einem lichten Moment; **it was an ~ guess** das war genial geraten.

inspiring [ɪn'spaɪərɪŋ] *adj speech* inspirierend. **this subject/translation isn't particularly ~** (*inf*) dieses Thema/diese Übersetzung reißt einen nicht gerade vom Stuhl (*inf*).

Inst *abbr of* **Institute** Inst.

inst *abbr of* **instant** d.M.

instability [ˌɪnstə'bɪlɪtɪ] *n* Instabilität *f*; (*of character also*) Labilität *f*.

install [ɪn'stɔːl] *vt* installieren; *telephone also* anschließen; *bathroom, fireplace* einbauen; *person also* (in ein Amt) einsetzen *or* einführen; *priest* investieren. **to have electricity ~ed** ans Elektrizitätsnetz angeschlossen werden; **when you've ~ed yourself in your new office** wenn Sie sich in Ihrem neuen Büro installiert *or* eingerichtet haben; **he ~ed himself in the best armchair** (*inf*) er pflanzte sich auf den besten Sessel (*inf*).

installation [ˌɪnstə'leɪʃən] *n* **1.** *see vt* Installation *f*; Anschluß *m*; Einbau *m*; Amtseinsetzung *or* -einführung *f*; Investitur *f*. **~ program** (*Comput*) Installationsprogramm *nt*.
2. (*machine*) Anlage, Einrichtung *f*.
3. military ~ militärische Anlage.

instalment, (*US*) **installment** [ɪn'stɔːlmənt] *n* **1.** (*of story, serial*) Fortsetzung *f*; (*Rad, TV*) (Sende)folge *f*. **2.** (*Fin, Comm*) Rate *f*. **monthly ~** Monatsrate *f*; **to pay in** *or* **by ~s** in Raten *or* ratenweise bezahlen.

installment plan *n* (*US*) Ratenzahlung *f*. **to buy on the ~** auf Raten kaufen.

instance ['ɪnstəns] **I** *n* **1.** (*example*) Beispiel *nt*; (*case*) Fall *m*. **for ~** zum Beispiel; **as an ~ of** als (ein) Beispiel für; **in many ~s** in vielen Fällen; **in the first ~** zuerst *or* zunächst (einmal).
2. at the ~ of (*form*) auf Ersuchen *or* Betreiben (*+gen*) (*form*), auf Veranlassung von.
3. (*Jur*) **court of first ~** erste Instanz.
II *vt* **1.** (*exemplify*) Beispiele anführen für.
2. (*cite*) *cost, example* anführen.

instant ['ɪnstənt] **I** *adj* **1.** unmittelbar; *relief, result, reply, success also* sofortig *attr*. **~ camera** Sofortbildkamera *f*; **~ replay** (*TV*) Wiederholung *f*.
2. (*Cook*) Instant-. **~ coffee** Pulver- *or* Instantkaffee *m*; **~ milk** Trockenmilch *f*; **~ food** Fertiggerichte, Schnellgerichte

pl; ~ **potatoes** fertiger Kartoffelbrei.

II *n* Augenblick *m*. **this (very)** ~ sofort, auf der Stelle; **I'll be ready in an** ~ ich bin sofort fertig; **he left the** ~ **he heard the news** er ging sofort, als er die Nachricht hörte; **at that very** ~ ... genau in dem Augenblick ...

instantaneous [ˌɪnstən'teɪnɪəs] *adj* unmittelbar. **death was** ~ der Tod trat sofort *or* unmittelbar ein.

instantaneously [ˌɪnstən'teɪnɪəslɪ] *adv* sofort, unverzüglich.

instantly ['ɪnstəntlɪ] *adv* sofort.

instead [ɪn'sted] **I** *prep* ~ **of** statt (+*gen or* (*inf*) +*dat*), anstelle von. ~ **of going to school** (an)statt zur Schule zu gehen; ~ **of that** statt dessen; **his brother came** ~ **of him** sein Bruder kam an seiner Stelle *or* statt ihm (*inf*); **he accidentally hit Jim** ~ **of John** er traf aus Versehen Jim (an)statt John; **this is** ~ **of a Christmas present** das ist anstelle eines Weihnachtsgeschenks.

II *adv* statt dessen, dafür. **if he doesn't want to go, I'll go** ~ wenn er nicht gehen will, gehe ich (statt dessen).

instep ['ɪnstep] *n* **1.** (*Anat*) Spann, Rist *m*. **to have high** ~**s** einen hohen Rist haben. **2.** (*of shoe*) Blatt *nt*.

instigate ['ɪnstɪgeɪt] *vt* anstiften; *rebellion, strike also* anzetteln; *new idea, reform* initiieren.

instigation [ˌɪnstɪ'geɪʃən] *n see vt* Anstiftung *f*; Anzettelung *f*; Initiierung *f*. **at sb's** ~ auf jds Betreiben *or* Veranlassung.

instigator ['ɪnstɪgeɪtəʳ] *n* (*of crime*) Anstifter(in *f*) *m*; (*of new idea, reform*) Initiator(in *f*) *m*.

instil [ɪn'stɪl] *vt* einflößen, einprägen (*into sb* jdm); *knowledge, attitudes* beibringen (*into sb* jdm).

instinct ['ɪnstɪŋkt] *n* Instinkt *m*. **the sex/survival** ~ der Geschlechtstrieb/Überlebenstrieb; **by** *or* **from** ~ instinktiv; **to have an** ~ **for business, to have a good business** ~ einen ausgeprägten Geschäftssinn *or* -instinkt haben.

instinctive [ɪn'stɪŋktɪv] *adj* instinktiv; *behaviour also* Instinkt-, instinktgesteuert.

instinctively [ɪn'stɪŋktɪvlɪ] *adv* instinktiv.

institute ['ɪnstɪtjuːt] **I** *vt* **1.** *new laws, custom, reforms* einführen; (*found*) *organization* einrichten; *search* einleiten.

2. (*Jur*) *enquiry* einleiten; *an action* einleiten (*against sb* gegen jdn); *proceedings* anstrengen (*against* gegen). **to** ~ **divorce proceedings** die Scheidung einreichen.

II *n* Institut *nt*; (*home*) Anstalt *f*. **I** ~ **of Technology/Education** technische Hochschule/pädagogische Hochschule; **educational** ~ pädagogische Einrichtung; **women's** ~ Frauenverein *m*.

institution [ˌɪnstɪ'tjuːʃən] *n see vt* **1.** Einführung *f*; Einrichtung *f*; Einleitung *f*.

2. Einleitung *f*; Anstrengung *f*; Einreichung *f*.

3. (*organization*) Institution, Einrichtung *f*.

4. (*building, home*) Anstalt *f*.

5. (*custom*) Institution *f*. **he's been here so long he's become an** ~ er ist schon so lange hier, daß er zur Institution geworden ist.

institutional [ˌɪnstɪ'tjuːʃənl] *adj* **1.** *life* Anstalts-. ~ **care in hospital/an old folk's home** stationäre Versorgung *or* Pflege im Krankenhaus/in einem Altenheim. **2.** (*US*) ~ **advertising** Prestigewerbung *f*. **3.** (*Fin*) ~ **buying** Käufe *pl* durch institutionelle Anleger; ~ **investors** institutionelle Anleger *pl*.

institutionalize [ˌɪnstɪ'tjuːʃənəlaɪz] *vt* (*all senses*) institutionalisieren.

in-store ['ɪnstɔːʳ] *adj attr* im Laden. ~ **surveillance system** geschäftsinternes Überwachungssystem.

instruct [ɪn'strʌkt] *vt* **1.** (*teach*) *person* unterrichten.

2. (*tell, direct*) *person* anweisen; (*command*) die Anweisung erteilen (+*dat*); (*Brit Jur*) *solicitor* (*give information to*) unterrichten, instruieren; (*appoint*) *lawyer* beauftragen; *jury* instruieren, belehren. **I've been** ~**ed to report to you** ich habe (An)weisung, Ihnen Meldung zu erstatten; **what were you** ~**ed to do?** welche Instruktionen *or* Anweisungen haben Sie bekommen?

3. (*form: inform*) in Kenntnis setzen.

instruction [ɪn'strʌkʃən] *n* **1.** (*teaching*) Unterricht *m*. **course of** ~ Lehrgang *m*; **to give sb** ~ **in fencing** jdm Fechtunterricht erteilen.

2. (*order, command*) Anweisung, Instruktion *f*; (*of jury*) Belehrung, Instruktion *f*. **on whose** ~**s did you do that?** auf wessen Anweisung *or* Anordnung haben Sie das getan?; ~**s for use** Gebrauchsanweisung, Gebrauchsanleitung *f*; ~ **manual** (*Tech*) Bedienungsanleitung *f*.

instructive [ɪn'strʌktɪv] *adj* instruktiv, aufschlußreich; (*of educational value*) lehrreich.

instructor [ɪn'strʌktəʳ] *n* (*also Sport*) Lehrer *m*; (*US*) Dozent *m*; (*Mil*) Ausbilder *m*.

instructress [ɪn'strʌktrɪs] *n* (*also Sport*) Lehrerin *f*; (*US*) Dozentin *f*; (*Mil*) Ausbilderin *f*.

instrument ['ɪnstrʊmənt] **I** *n* **1.** (*Mus, Med, Tech*) Instrument *nt*; (*domestic*) Gerät *nt*. **to fly an aircraft by** *or* **on** ~**s** ein Flugzeug nach den (Bord)instrumenten fliegen. **2.** (*person*) Werkzeug *nt*. **3.** (*Jur*) Urkunde *f*, Dokument *nt*.

II ['ɪnstrʊˌment] *vt* **1.** (*Mus*) instrumentieren.

2. (*put into effect*) durch- *or* ausführen.

instrument *in cpds* (*Aviat*) Instrumenten-.

instrumental [ˌɪnstrʊ'mentl] **I** *adj* **1. he was** ~ **in getting her the job** er hat ihr zu dieser Stelle verholfen; **he was** ~ **in bringing about the downfall of the government** er war am Sturz der Regierung beteiligt. **2.** (*Mus*) *music, accompaniment* Instrumental-.

II *n* (*Mus*) Instrumentalstück *nt*.

instrumentalist [ˌɪnstrʊ'mentəlɪst] *n* Instrumentalist(in *f*) *m*.

instrumentation [ˌɪnstrumen'teɪʃən] *n* Instrumentation *f*.

instrument board *or* **panel** *n* (*Aviat, Aut*) Armaturenbrett *nt*.

insubordinate [ˌɪnsə'bɔːdənɪt] *adj* aufsässig.

insubordination ['ɪnsəˌbɔːdɪ'neɪʃən] *n* Aufsässigkeit *f*; (*Mil*) Gehorsamsverweigerung *f*.

insubstantial [ˌɪnsəb'stænʃəl] *adj* wenig substantiell; *fear, hopes, accusation also* gegenstandslos; *dreams* immateriell; *ghost* nicht körperhaft *or* wesenhaft; *amount* gering(fügig); *meal, plot also* dürftig.

insufferable *adj*, **-bly** *adv* [ɪn'sʌfərəbl, -ɪ] unerträglich.

insufficiency [ˌɪnsə'fɪʃənsɪ] *n* (*of supplies*) Knappheit *f*, unzureichende Menge; (*of sb's work*) Unzulänglichkeit *f*.

insufficient [ˌɪnsə'fɪʃənt] *adj* nicht genügend, ungenügend *pred*; *work, insulation also* unzulänglich.

insufficiently [ˌɪnsə'fɪʃəntlɪ] *adv* ungenügend; unzulänglich.

insular ['ɪnsjələʳ] *adj* **1.** (*narrow*) engstirnig. **2.** *administration, climate* Insel-, insular.

insularity [ˌɪnsjʊ'lærɪtɪ] *n see adj* **1.** Engstirnigkeit *f*. **2.** insulare Lage, Insellage, Insularität *f*.

insulate ['ɪnsjʊleɪt] *vt* **1.** *room,* (*Elec*) isolieren. **2.** (*fig: from unpleasantness*) abschirmen (*from* gegen).

insulating ['ɪnsjʊleɪtɪŋ]: **insulating material** *n* (*Brit*) Isoliermaterial *nt*; **insulating tape** *n* (*Brit*) Isolierband *nt*.

insulation [ˌɪnsjʊ'leɪʃən] *n* **1.** Isolierung, Isolation *f*; (*material also*) Isoliermaterial *nt*. **2.** (*fig*) Geschütztheit *f* (*from* gegen).

insulator ['ɪnsjʊleɪtəʳ] *n* (*Elec: device*) Isolator *m*; (*material also*) Isolierstoff *m*; (*for heat*) Wärmeschutzisolierung *f*.

insulin ['ɪnsjʊlɪn] *n* Insulin *nt*.

insult [ɪn'sʌlt] **I** *vt* beleidigen; (*by words also*) beschimpfen.

II ['ɪnsʌlt] *n* Beleidigung *f*; (*with words also*) Beschimpfung *f*. **an ~ to the profession** eine Beleidigung für den ganzen Berufsstand; **an ~ to my intelligence** eine Beleidigung meiner Intelligenz; **to add ~ to injury** das Ganze noch schlimmer machen.

insulting [ɪn'sʌltɪŋ] *adj* beleidigend; *question* unverschämt. **to use ~ language to sb** jdm gegenüber beleidigende Äußerungen machen, jdn beschimpfen.

insultingly [ɪn'sʌltɪŋlɪ] *adv* beleidigend; *behave* in beleidigender *or* unverschämter Weise.

insuperable [ɪn'suːpərəbl] *adj* unüberwindlich.

insuperably [ɪn'suːpərəblɪ] *adv* **it was ~ difficult** es hat unüberwindliche Schwierigkeiten bereitet.

insupportable [ˌɪnsə'pɔːtəbl] *adj* unerträglich.

insurable [ɪn'ʃʊərəbl] *adj* versicherbar.

insurance [ɪn'ʃʊərəns] *n* Versicherung *f*; (*amount paid out*) Versicherungssumme *f or* -betrag *m*. **to take out ~** eine Versicherung abschließen (*against* gegen).

insurance agent *n* Versicherungsvertreter(in *f*) *m*; **insurance broker** *n* Versicherungsmakler(in *f*) *m*; **insurance company** *n* Versicherungsgesellschaft *f*; **insurance cover** *n* Versicherungsschutz *m*; **insurance policy** *n* Versicherungspolice *f*; (*fig*) Sicherheitsvorkehrung *f*; **to take out an ~** eine Versicherung abschließen; (*fig*) Sicherheitsvorkehrungen treffen; **as an ~** (*fig*) für alle Fälle, sicherheitshalber; **insurance premium** *n* Versicherungsprämie *f*; **insurance scheme** *n* Versicherung *f*; **insurance stamp** *n* (*Brit*) Versicherungsmarke *f*.

insure [ɪn'ʃʊəʳ] *vt car, house* versichern (lassen). **to ~ oneself** *or* **one's life** eine Lebensversicherung abschließen; **to ~ oneself against poverty/failure** (*fig*) sich gegen Armut/einen Fehlschlag (ab)sichern.

insured [ɪn'ʃʊəd] **I** *adj* versichert. **II** *n* **the ~ (party)** der/die Versicherungsnehmer(in), der/die Versicherte.

insurer [ɪn'ʃʊərəʳ] *n* Versicherer, Versicherungsgeber(in *f*) *m*.

insurgent [ɪn'sɜːdʒənt] **I** *adj* aufständisch. **II** *n* Aufständische(r) *mf*.

insurmountable [ˌɪnsə'maʊntəbl] *adj* unüberwindlich.

insurrection [ˌɪnsə'rekʃən] *n* Aufstand *m*.

insurrectionary [ˌɪnsə'rekʃənərɪ] **I** *adj* aufständisch. **II** *n* Aufständische(r) *mf*.

insurrectionist [ˌɪnsə'rekʃənɪst] *n* Aufständische(r) *mf*.

intact [ɪn'tækt] *adj* (*not damaged*) unversehrt, intakt; (*whole, in one piece*) intakt. **not one window was left ~** kein einziges Fenster blieb ganz *or* heil; **his confidence remained ~** sein Vertrauen blieb ungebrochen *or* unerschüttert.

intake ['ɪnteɪk] *n* **1.** (*act*) (*of water, electric current*) Aufnahme *f*; (*of steam*) Ansaugen *nt*; (*amount*) (*of water, electricity*) Aufnahme *f*, aufgenommene Menge; (*of steam*) angesaugte *or* einströmende Menge; (*pipe*) (*for water*) Zuflußrohr, Einführungsrohr *nt*; (*for steam*) Einströmungsöffnung, Ansaugöffnung *f*, Einführungsrohr *nt*. **air ~** Luftzufuhr *f*; **food ~** Nahrungsaufnahme *f*.

2. (*Sch*) Aufnahme *f*; (*Mil*) Rekrutierung *f*.

intangible [ɪn'tændʒəbl] *adj* **1.** nicht greifbar. **2.** *fears, longings* unbestimmbar. **3.** (*Jur, Comm*) **~ property** immaterielle Güter *pl*; **~ assets** immaterielle Werte *pl*.

integer ['ɪntɪdʒəʳ] *n* ganze Zahl.

integral ['ɪntɪgrəl] **I** *adj* **1.** *part* wesentlich, integral (*geh*). **2.** (*whole*) vollständig, vollkommen. **3.** (*Math*) *calculus* Integral-.

II *n* (*Math*) Integral *nt*.

integrate ['ɪntɪgreɪt] **I** *vt* (*all senses*) integrieren. **to ~ sth into sth** etw in etw (*acc*) integrieren; **to ~ sth with sth** etw auf etw (*acc*) abstimmen; **to ~ a school/college** (*US*) eine Schule/ein College auch für Schwarze zugänglich machen. **II** *vi* (*US: schools*) auch für Schwarze zugänglich werden.

integrated ['ɪntɪgreɪtɪd] *adj plan* einheitlich; *piece of work* einheitlich, ein organisches Ganzes bildend; *school, town* ohne Rassentrennung. **a fully ~ personality** eine in sich ausgewogene Persönlichkeit; **~ circuit** integrierter Schaltkreis.

integration [ˌɪntɪ'greɪʃən] *n* (*all senses*) Integration, Eingliederung *f* (*into* in *+acc*). **(racial) ~** Rassenintegration *f*.

integrity [ɪn'tegrɪtɪ] *n* **1.** (*honesty*) Integrität *f*. **2.** (*wholeness*) Einheit *f*.

intellect ['ɪntɪlekt] *n* **1.** Intellekt *m*. **a man of such ~** ein Mann mit einem solchen Intellekt; **his powers of ~** seine intellektuellen Fähigkeiten. **2.** (*person*) großer Geist.

intellectual [ɪntɪ'lektjʊəl] **I** *adj* intellektuell; *interests also* geistig. **something a little more ~** etwas geistig Anspruchsvolleres. **II** *n* Intellektuelle(r) *mf*.

intellectualism [ɪntɪ'lektjʊəlɪzəm] *n* Intellektualismus *m*.

intellectualize [ɪntɪ'lektjʊəlaɪz] *vt* intellektualisieren.

intellectually [ɪntɪ'lektjʊəlɪ] *adv* intellektuell.

intelligence [ɪn'telɪdʒəns] *n* **1.** Intelligenz *f*. **a man of little ~** ein Mensch von geringer Intelligenz; **if he hasn't got the ~ to wear a coat** wenn er nicht gescheit genug ist, einen Mantel anzuziehen.

2. (*news, information*) Informationen *pl*. **according to our latest ~** unseren letzten Meldungen *or* Informationen zufolge.

3. (*Mil etc*) Geheim- *or* Nachrichtendienst *m*.

intelligence corps *n* (*Mil*) Geheim- *or* Nachrichtendienst *m*; **intelligence officer** *n* (*Mil*) Nachrichtenoffizier *m*; **intelligence quotient** *n* Intelligenzquotient *m*; **intelligence service** *n* (*Pol*) Geheim- *or* Nachrichtendienst *m*; **intelligence test** *n* Intelligenztest *m*.

intelligent [ɪn'telɪdʒənt] *adj* intelligent.

intelligently [ɪn'telɪdʒəntlɪ] *adv* intelligent.

intelligentsia [ɪnˌtelɪ'dʒentsɪə] *n* Intelligenz, Intelligenzija *f*.

intelligibility [ɪnˌtelɪdʒə'bɪlɪtɪ] *n* Verständlichkeit *f*; (*of handwriting*) Leserlichkeit *f*.

intelligible [ɪn'telɪdʒəbl] *adj* zu verstehen *pred*, verständlich; *handwriting* leserlich (*to sb* für jdn).

intelligibly [ɪn'telɪdʒəblɪ] *adv* deutlich.

intemperance [ɪn'tempərəns] *n* (*lack of moderation*) Maßlosigkeit, Unmäßigkeit *f*; (*drunkenness*) Trunksucht *f*.

intemperate [ɪn'tempərɪt] *adj* **1.** *person* (*lacking moderation*) unmäßig, maßlos; (*addicted to drink*) trunksüchtig. **2.** *climate* extrem; *wind* heftig; *zeal, haste* übermäßig.

intend [ɪn'tend] *vt* **1.** (*+n*) beabsichtigen, wollen. **I ~ him to go with me** ich beabsichtige *or* habe vor, ihn mitzunehmen; (*insist*) er soll mit mir mitkommen; **I ~ed no harm** es war (von mir) nicht böse gemeint; (*with action*) ich hatte nichts Böses beabsichtigt; **did you ~ that?** hatten Sie das beabsichtigt?, war das Ihre Absicht?; **I didn't ~ it as an insult** das sollte keine Beleidigung sein; **it was ~ed as a compliment** das sollte ein Kompliment sein; **he is ~ed for the diplomatic service** er soll einmal in den diplomatischen Dienst; **this park is ~ed for the general public** dieser Park ist für die Öffentlichkeit gedacht *or* bestimmt; **that remark was ~ed for you** diese Bemerkung war auf Sie gemünzt; **this water is not ~ed for drinking** dieses Wasser ist nicht zum Trinken (gedacht); **games ~ed for young children** Spiele, die für kleine Kinder gedacht sind.

2. (*+vb*) beabsichtigen, fest vorhaben. **he ~s to win** er hat fest vor, zu gewinnen; **I ~ to leave next year** ich beabsichtige *or* habe vor, nächstes Jahr zu gehen; **what do you ~ to do about it?** was beabsichtigen Sie, dagegen zu tun?; **I fully ~ to punish him** ich habe fest vor *or* bin fest entschlossen, ihn zu bestrafen; **did you ~ that to happen?** hatten Sie das beabsichtigt?

intended [ɪn'tendɪd] **I** *adj* **1.** *effect* beabsichtigt, geplant. **2.** *husband, wife* zukünftig, in spe *pred*. **II** *n* **my ~** (*inf*) mein Zukünftiger (*inf*)/meine Zukünftige (*inf*).

intense [ɪn'tens] *adj* **1.** intensiv; *joy, anxiety, disappointment* äußerst groß. **2.** *person* ernsthaft; *study, life* intensiv. **he suddenly looked very ~** er sah plötzlich ganz ernst aus.

intensely [ɪn'tenslɪ] *adv cold, hot, disappointed, angry, difficult* äußerst; *study* intensiv, ernsthaft. **he spoke so ~ that none could doubt his sincerity** er sprach mit einer solchen Intensität, daß niemand an seiner Aufrichtigkeit zweifeln konnte.

intenseness [ɪn'tensnɪs] *n see* **intensity.**

intensification [ɪnˌtensɪfɪ'keɪʃən] *n* Intensivierung *f*; (*Phot*) Verstärkung *f*.

intensifier [ɪn'tensɪfaɪə^r] *n* (*Gram*) Verstärkungspartikel *f*.

intensify [ɪn'tensɪfaɪ] **I** *vt* intensivieren; *meaning* verstärken. **II** *vi* zunehmen; (*pain, heat also*) stärker werden; (*fighting also*) sich verschärfen.

intensity [ɪn'tensɪtɪ] *n* Intensität *f*; (*of feeling, storm also*) Heftigkeit *f*. **~ of a negative** (*Phot*) Dichte *f* eines Negativs.

intensive [ɪn'tensɪv] *adj* intensiv, Intensiv-. **to be in ~ care** (*Med*) auf der Intensivstation sein; **~ care unit** Intensivstation *f*; **they came under ~ fire** sie kamen unter heftigen Beschuß; **~ livestock farming** Massentierhaltung *f*.

intensively [ɪn'tensɪvlɪ] *adv* intensiv.

intent [ɪn'tent] **I** *n* Absicht *f*. **with good ~** in guter Absicht; **to all ~s and purposes** im Grunde; **with ~ to** (*esp Jur*) in der Absicht *or* mit dem Vorsatz zu; **to do sth with ~** etw vorsätzlich tun; *see* **loiter.**

II *adj* **1.** *look* durchdringend, forschend.

2. to be ~ on achieving sth fest entschlossen sein, etw zu erreichen; **he was so ~ on catching the bus that he didn't**

notice the lorry coming er war so darauf bedacht, den Bus zu kriegen, daß er den Lastwagen nicht kommen sah; **to be ~ on one's work** auf seine Arbeit konzentriert sein.

intention [ɪn'tenʃən] *n* **1.** Absicht, Intention *f*. **what was your ~ in saying that?** mit welcher Absicht haben Sie das gesagt?; **it is my ~ to punish you severely** ich beabsichtige, Sie streng zu bestrafen; **I have every ~ of doing that** ich habe die feste Absicht, das zu tun; **with good ~s** mit guten Vorsätzen; **with the best of ~s** in der besten Absicht; **with the ~ of ...** in der Absicht zu ..., mit dem Vorsatz zu ...

2. ~s (*inf*) (Heirats)absichten *pl*; **his ~s are honourable** er hat ehrliche Absichten *pl*.

intentional [ɪn'tenʃənl] *adj* absichtlich, vorsätzlich (*esp Jur*). **it wasn't ~** das war keine Absicht, es war unabsichtlich.

intentionally [ɪn'tenʃnəlɪ] *adv* absichtlich.

intently [ɪn'tentlɪ] *adv listen, gaze* konzentriert.

inter [ɪn'tɜːʳ] *vt* (*form*) bestatten.

inter- ['ɪntəʳ-] *pref* zwischen-, Zwischen-.

interact [ˌɪntər'ækt] *vi* aufeinander wirken; (*Phys*) wechselwirken; (*Psychol, Sociol*) interagieren.

interaction [ˌɪntər'ækʃən] *n see vi* gegenseitige Einwirkung, Wechselwirkung *f* (*also Phys*); Interaktion *f*.

interactive [ˌɪntər'æktɪv] *adj* interaktiv.

inter alia ['ɪntər'eɪlɪə] *adv* unter anderem.

interbank ['ɪntə'bæŋk] *adj* (*Fin*) **~ deposits** Bank-bei-Bank-Einlagen *pl*; **~ loan** Bank-an-Bank-Kredit *m*.

interbreed ['ɪntə'briːd] **I** *vt* kreuzen. **II** *vi* (*crossbreed*) sich kreuzen; (*inbreed*) sich untereinander vermehren.

intercede [ˌɪntə'siːd] *vi* sich einsetzen, sich verwenden (*with* bei, *for, on behalf of* für); (*in argument*) vermitteln.

intercept [ˌɪntə'sept] *vt message, person, plane, pass* abfangen; (*Math*) abschneiden. **they ~ed the enemy** sie schnitten dem Feind den Weg ab.

interception [ˌɪntə'sepʃən] *n see vt* Abfangen *nt*; Sektion *f*. **point of ~** (*Math*) Schnittpunkt *m*.

interceptor [ˌɪntə'septəʳ] *n* (*Aviat*) Abfangjäger *m*.

intercession [ˌɪntə'seʃən] *n* Fürsprache *f*; (*in argument*) Vermittlung *f*.

interchange ['ɪntəˌtʃeɪndʒ] **I** *n* **1.** (*of roads*) Kreuzung *f*; (*of motorways*) (Autobahn)kreuz *nt*. **2.** (*exchange*) Austausch *m*. **II** [ˌɪntə'tʃeɪndʒ] *vt* **1.** (*switch round*) (miteinander) vertauschen, (aus)tauschen. **2.** *ideas* austauschen (*with* mit).

interchangeable [ˌɪntə'tʃeɪndʒəbl] *adj* austauschbar.

interchangeably [ˌɪntə'tʃeɪndʒəblɪ] *adv* austauschbar.

inter-city [ˌɪntə'sɪtɪ] *adj* Intercity-. **~ train** Intercity(zug) *m*.

intercollegiate ['ɪntəkə'liːdʒɪɪt] *adj* zwischen Colleges.

intercom ['ɪntəkɒm] *n* (Gegen)sprechanlage *f*; (*in ship, plane*) Bordverständigungsanlage *f*; (*in schools*) Lautsprecheranlage *f*.

intercommunicate [ˌɪntəkə'mjuːnɪkeɪt] *vi* (*departments, people*) miteinander in Verbindung stehen; (*rooms*) miteinander verbunden sein.

intercommunication ['ɪntəkəˌmjuːnɪ'keɪʃən] *n* gegenseitige Verbindung, Verbindung *f* untereinander.

interconnect [ˌɪntəkə'nekt] **I** *vt* miteinander verbinden; *parts* schlüssig verbinden; *loudspeakers, circuits also* zusammenschalten. **~ed facts/results** zueinander in Beziehung stehende Tatsachen *pl*/Ergebnisse *pl*; **are these events ~ed in any way?** besteht irgendein Zusammenhang zwischen diesen Vorfällen?

II *vi* (*parts*) sich schlüssig verbinden; (*rooms*) miteinander verbunden sein; (*facts, events*) in Zusammenhang stehen.

interconnection [ˌɪntəkə'nekʃən] *n* Verbindung *f*; (*of parts*) schlüssige Verbindung; (*of circuits*) Zusammenschaltung *f*; (*of facts, events*) Verbindung *f*, Zusammenhang *m*.

intercontinental ['ɪntəˌkɒntɪ'nentl] *adj* interkontinental, Interkontinental-.

intercourse ['ɪntəkɔːs] *n* **1.** Verkehr *m*. **human/social ~** Verkehr *m* mit Menschen/gesellschaftlicher Verkehr.

2. **(sexual) ~** (Geschlechts)verkehr *m*.

interdenominational ['ɪntədɪˌnɒmɪ'neɪʃənl] *adj* interkonfessionell.

interdepartmental ['ɪntəˌdiːpɑːt'mentl] *adj relations, quarrel* zwischen den Abteilungen; *conference, projects* mehrere Abteilungen betreffend.

interdependence [ˌɪntədɪ'pendəns] *n* wechselseitige Abhängigkeit, Interdependenz *f* (*geh*); (*Econ, Pol*) Verflechtung *f*.

interdependent [ˌɪntədɪ'pendənt] *adj* wechselseitig voneinander abhängig, interdependent (*geh*).

interdict ['ɪntədɪkt] **I** *vt* **1.** (*Jur*) untersagen, verbieten. **2.** (*Eccl*) *person, place* mit dem Interdikt belegen; *priest* suspendieren. **II** *n* **1.** (*Jur*) Verbot *nt*. **2.** (*Eccl*) Interdikt *nt*.

interdiction [ˌɪntə'dɪkʃən] *n* (*Jur*) Verbot *nt*, Untersagung *f*; (*Eccl*) Interdikt *nt*.

interest ['ɪntrɪst] **I** *n* **1.** Interesse *nt*. **do you have any ~ in chess?** interessieren Sie sich für Schach?; **to take/feel an ~ in sb/sth** sich für jdn/etw interessieren; **after that he took no further ~ in us/it** danach war er nicht mehr an uns (*dat*)/daran interessiert; **to show (an) ~ in sb/sth** Interesse für jdn/etw zeigen; **is it of any ~ to you?** (*do you want it*) sind Sie daran interessiert?; **he has lost ~** er hat das Interesse verloren; **what are your ~s?** was sind Ihre Interessen?; **his ~s are ...** er interessiert sich für ...

2. (*importance*) Interesse *nt* (*to* für). **matters of vital ~ to the economy** Dinge *pl* von lebenswichtiger Bedeutung *or* lebenswichtigem Interesse für die Wirtschaft.

3. (*advantage, welfare*) Interesse *nt*. **to act in sb's/one's own ~(s)** in jds/im eigenen Interesse handeln; **in the ~(s) of sb/sth** in jds Interesse (*dat*)/im Interesse einer Sache (*gen*); **the public ~** das öffentliche Wohl.

4. (*Fin*) Zinsen *pl*. **~ on an investment** Zinsen aus einer Kapitalanlage; **rate of ~, ~ rate** Zinssatz *m*; **to bear ~ at 4%** 4% Zinsen tragen, mit 4% verzinst sein; **loan with ~** verzinstes Darlehen; **to repay a loan with ~** ein Darlehen mit Zins und Zinseszins zurückzahlen; **to return sb's kindness with ~** (*fig*) jds Freundlichkeit vielfach erwidern.

5. (*Comm*) (*share, stake*) Anteil *m*; (*~ group*) Kreise *pl*, Interessentengruppe *f*. **shipping/oil ~s** (*shares*) Reederei-/Ölanteile *pl*; (*people*) Reeder, Reedereikreise *pl*/Vertreter *pl* von Ölinteressen; **he has a financial ~ in the company** er ist finanziell an der Firma beteiligt; **German ~s in Africa** deutsche Interessen *pl* in Afrika.

II *vt* interessieren (*in* für, an +*dat*). **to ~ sb in doing sth** jdn dafür interessieren, etw zu tun; **can I ~ you in a little drink?** kann ich Sie zu etwas Alkoholischem überreden?; **to ~ oneself in sb/sth** sich für jdn/etw interessieren.

interest-bearing ['ɪntrɪst,bɛərɪŋ] *adj loan* verzinslich; *account, investment* mit Zinsertrag, zinsbringend.

interested ['ɪntrɪstɪd] *adj* **1.** interessiert (*in* an +*dat*). **I'm not ~** ich habe kein Interesse (daran), ich bin nicht (daran) interessiert; **... and I'm not even ~ either** ... und es interessiert mich auch gar nicht; **to be ~ in sb/sth** sich für jdn/etw interessieren, an jdm/etw interessiert sein; **would you be ~ in a game of cards?** hätten Sie Interesse, Karten zu spielen?; **I'm going to the cinema, are you ~ (in coming)?** ich gehe ins Kino, haben Sie Interesse daran *or* Lust mitzukommen?; **I'd be ~ to know how ...** es würde mich ja schon interessieren, wie ...; **she was ~ to see what he would do** sie war gespannt, was er wohl tun würde.

2. (*having personal or financial interest*) befangen; (*involved*) beteiligt. **he is an ~ party** er ist befangen/daran beteiligt.

interest-free ['ɪntrɪst,friː] *adj, adv* zinslos, zinsfrei.

interesting ['ɪntrɪstɪŋ] *adj* interessant.

interestingly ['ɪntrɪstɪŋlɪ] *adv see adj*.

interface ['ɪntəfeɪs] **I** *n* Grenzfläche, Grenzschicht *f*; (*Comput*) Schnittstelle *f*, Interface *nt*. **the man/machine ~ in society** die Interaktion von Mensch und Maschine in der Gesellschaft.

II [ɪntə'feɪs] *vt* koppeln.

interfacing ['ɪntəfeɪsɪŋ] *n* (*Sew*) Einlage *f*.

interfere [,ɪntə'fɪəʳ] *vi* **1.** (*meddle*) (*in argument, sb's affairs*) sich einmischen (*in* in +*acc*); (*with machinery, sb's property*) sich zu schaffen machen (*with* an +*dat*); (*euph: sexually*) sich vergehen (*with* an +*dat*). **don't ~ with the machine** laß die Finger von der Maschine; **who's been interfering with my books?** wer war an meinen Büchern?; **the body has been ~d with** jemand hatte sich an der Leiche zu schaffen gemacht; (*sexually*) die Leiche zeigte Spuren eines Sittlichkeitsverbrechens.

2. (*thing, event: disrupt, obstruct*) **to ~ with sth** etw stören (*also Rad*); **to ~ with sb's plans** jds Pläne durchkreuzen.

interference [,ɪntə'fɪərəns] *n* **1.** (*meddling*) Einmischung *f*. **I don't want any ~ with my papers** ich will nicht, daß jemand an meine Papiere geht. **2.** (*disruption, Rad, TV*) Störung *f* (*with gen*).

interfering [,ɪntə'fɪərɪŋ] *adj person* sich ständig einmischend. **don't be so ~** misch dich nicht immer ein.

interferon [,ɪntə,fɪərɒn] *n* (*Chem*) Interferon *nt*.

interim ['ɪntərɪm] **I** *n* Zwischenzeit *f*, Interim *nt* (*geh*). **in the ~** in der Zwischenzeit. **II** *adj* vorläufig; *agreement, arrangements, solution also* Übergangs-, Interims- (*geh*); *report, payment* Zwischen-; *government* Übergangs-, Interims- (*geh*).

interior [ɪn'tɪərɪəʳ] **I** *adj* (*inside*) Innen-; (*inland*) Binnen-; (*domestic*) Inlands-, Binnen-.

II *n* (*of country*) Innere(s) *nt*; (*Art*) Interieur *nt*; (*of house*) Innenausstattung *f*, Interieur *nt* (*geh*); (*Phot*) Innenaufnahme *f*. **deep in the ~** tief im Landesinneren; **Department of the I~** (*US*) Innenministerium *nt*; **the ~ of the house has been newly decorated** das Haus ist innen neu gemacht.

interior angle *n* Innenwinkel *m*; **interior decoration** *n* Innenausstattung *f*; (*decor also*) Interieur *nt*; **interior decorator** *n* Innenausstatter(in *f*) *m*; **interior design** *n* Innenarchitektur *f*; **interior designer** *n* Innenarchitekt(in *f*) *m*; **interior monologue** *n* innerer Monolog; **interior-sprung** *adj mattress* Feder-kern-.

interject [,ɪntə'dʒekt] *vt remark, question* einwerfen. ..., **he ~ed** ..., rief er dazwischen.

interjection [,ɪntə'dʒekʃən] *n* (*exclamation*) Ausruf *m*; (*Ling also*) Interjektion *f*; (*remark*) Einwurf *m*.

interlace [,ɪntə'leɪs] **I** *vt threads* verflechten; (*in cloth also*) verweben; *cloth* (*with thread*) durchwirken; *fingers* verschlingen; (*fig*) *scenes, styles* verflechten. **II** *vi* sich ineinander verflechten; (*twigs*) verschlungen sein.

interleave [,ɪntə'liːv] *vt* mit Zwischenblättern versehen, durchschießen (*spec*).

interlink [,ɪntə'lɪŋk] **I** *vt* ineinanderhängen; (*fig*) *theories* miteinander verknüpfen *or* verbinden. **II** *vi* ineinanderhängen; (*fig: theories*) zusammenhängen.

interlock [,ɪntə'lɒk] **I** *vt* (fest) zusammen- *or* ineinanderstecken. **II** *vi* ineinandergreifen; (*one piece*) fest stecken *or* sitzen (*with* in +*dat*); (*antlers, chariot wheels*) sich verfangen; (*antlers*) sich verhaken; (*fig: destinies*) verkettet sein.

interlocutor [,ɪntə'lɒkjʊtəʳ] *n* Gesprächspartner(in *f*) *m*; (*asking questions*) Fragesteller(in *f*) *m*.

interloper [ˈɪntələʊpəʳ] *n* Eindringling *m*.

interlude [ˈɪntəluːd] *n* Periode *f*; (*Theat*) (*interval*) Pause *f*; (*performance*) Zwischenspiel *nt*; (*Mus*) Interludium *nt*; (*episode*) Intermezzo *nt*, Episode *f*.

intermarriage [ˌɪntəˈmærɪdʒ] *n* (*between groups*) Mischehen *pl*; (*within the group*) Heirat *f* untereinander.

intermarry [ˌɪntəˈmærɪ] *vi* (*marry within the group*) untereinander heiraten; (*two groups: marry with each other*) sich durch Heirat vermischen, Mischehen eingehen.

intermediary [ˌɪntəˈmiːdɪərɪ] **I** *n* (Ver)mittler(in *f*) *m*, Mittelsperson *f*, Mittelsmann *m*. **II** *adj* (*intermediate*) Zwischen-; (*mediating*) Vermittlungs-, vermittelnd.

intermediate [ˌɪntəˈmiːdɪət] *adj* Zwischen-; *French, maths* für fortgeschrittene Anfänger. **an ~ student** ein(e) fortgeschrittene(r) Anfänger(in *f*); **~-range missile** Mittelstreckenrakete *f*.

interment [ɪnˈtɜːmənt] *n* Beerdigung, Bestattung *f*.

intermezzo [ˌɪntəˈmetsəʊ] *n* Intermezzo *nt*.

interminable [ɪnˈtɜːmɪnəbl] *adj* endlos.

interminably [ɪnˈtɜːmɪnəblɪ] *adv* endlos.

intermingle [ˌɪntəˈmɪŋgl] **I** *vt* vermischen. **II** *vi* sich mischen (*with* unter +*acc*). **people from many countries ~d at the conference** Menschen aus vielen Ländern bekamen bei der Konferenz Kontakt miteinander.

intermission [ˌɪntəˈmɪʃən] *n* **1.** Unterbrechung, Pause *f*. **2.** (*Theat, Film*) Pause *f*.

intermittent [ˌɪntəˈmɪtənt] *adj* periodisch auftretend; (*Tech*) intermittierend. **~ fever** Wechselfieber *nt*.

intermittently [ˌɪntəˈmɪtəntlɪ] *adv* periodisch; (*Tech*) intermittierend.

intermix [ˌɪntəˈmiks] **I** *vt* vermischen. **II** *vi* sich vermischen.

intern[1] [ɪnˈtɜːn] *vt person* internieren; *ship* festhalten.

intern[2] [ˈɪntɜːn] (*US*) **I** *n* Assistenzarzt *m*/-ärztin *f*. **II** *vi* das Medizinalpraktikum absolvieren.

internal [ɪnˈtɜːnl] *adj* (*inner*) innere(r, s); (*Math*) *angle, diameter* Innen-; (*within country also*) *trade* Binnen-, im Inland; (*within organization*) *policy, mail examination, examiner* intern; *telephone* Haus-. **~ combustion engine** Verbrennungsmotor *m*; **~ medicine** Innere Medizin; **~ rhyme** Binnenreim *m*; **I~ Revenue Service** (*US*) Steueramt, Finanzamt *nt*; **~ affairs** innere Angelegenheiten *pl*, Inneres *nt*.

internalize [ɪnˈtɜːnəlaɪz] *vt* verinnerlichen.

internally [ɪnˈtɜːnəlɪ] *adv* innen, im Inneren; (*in body*) innerlich; (*in country*) landesintern; (*in organization*) intern. **he is bleeding ~** er hat innere Blutungen *pl*; **"not to be taken ~"** „nicht zur inneren Anwendung“, „nicht zum Einnehmen“.

international [ˌɪntəˈnæʃnəl] **I** *adj* international. **I~ Court of Justice** Internationaler Gerichtshof; **~ date line** Datumsgrenze *f*; **~ law** Völkerrecht *nt*, internationales Recht; **I~ Monetary Fund** Internationaler Währungsfonds; **~ money order** Auslandsanweisung *f*; **I~ Olympic Committee** Internationales Olympisches Komitee.

II *n* **1.** (*Sport*) (*match*) Länderspiel *nt*; (*player*) Nationalspieler(in *f*) *m*. **2.** (*Pol*) **I~** Internationale *f*.

Internationale [ˌɪntəˌnæʃəˈnɑːl] *n* Internationale *f*.

internationalism [ˌɪntəˈnæʃnəlɪzəm] *n* Internationalismus *m*.

internationalist [ˌɪntəˈnæʃnəlɪst] *n* Internationalist(in *f*) *m*.

internationalize [ˌɪntəˈnæʃnəlaɪz] *vt* internationalisieren.

internationally [ˌɪntəˈnæʃnəlɪ] *adv* international.

internecine [ˌɪntəˈniːsaɪn] *adj* (*mutually destructive*) für beide Seiten verlustreich; (*bloody*) mörderisch. **~ war** gegenseitiger Vernichtungskrieg; **~ strife** innere Zerrissenheit.

internee [ˌɪntɜːˈniː] *n* Internierte(r) *mf*.

internist [ɪnˈtɜːnɪst] *n* (*US*) Internist(in *f*) *m*.

internment [ɪnˈtɜːnmənt] *n* Internierung *f*.

internship [ˈɪntɜːnʃɪp] *n* (*US*) Medizinalpraktikum *nt*.

interplanetary [ˌɪntəˈplænɪtərɪ] *adj* interplanetar.

interplay [ˈɪntəpleɪ] *n* Zusammenspiel *nt*.

Interpol [ˈɪntəpɒl] *n* Interpol *f*.

interpolate [ɪnˈtɜːpəleɪt] *vt remark* einwerfen; *matter into book* interpolieren, einfügen; (*Math*) interpolieren.

interpolation [ɪnˌtɜːpəˈleɪʃən] *n* (*of remark*) Einwerfen *nt*; (*remark made*) Einwurf *m*; (*in text*) Interpolation, Einfügung *f*; (*Math*) Interpolation *f*.

interpose [ˌɪntəˈpəʊz] **I** *vt* **1.** *object* dazwischenbringen *or* -stellen/-legen. **to ~ sth between two things** etw zwischen zwei Dinge bringen *or* stellen/legen; **to be ~d between two things** zwischen zwei Dingen stehen/liegen; **to ~ oneself between two people** sich zwischen zwei Leute stellen.

2. (*interject*) *remark, question* einwerfen; *objection* vorbringen (*into* in +*dat*).

II *vi* (*intervene*) eingreifen.

interpret [ɪnˈtɜːprɪt] **I** *vt* **1.** (*translate orally*) dolmetschen. **2.** (*explain, understand*) auslegen, interpretieren; *omen, dream* deuten; (*Theat, Mus*) interpretieren. **how would you ~ what he said?** wie würden Sie seine Worte verstehen *or* auffassen? **II** *vi* dolmetschen.

interpretation [ɪnˌtɜːprɪˈteɪʃən] *n* **1.** *see vt* *2.* Auslegung, Interpretation *f*; Deutung *f*; Interpretation *f*. **what ~ do they put on his speech?** wie legen sie seine Rede aus?, wie interpretieren sie seine Rede? **2.** (*Admin: interpreting*) Dolmetschen *nt*.

interpretative [ɪnˈtɜːprɪtətɪv] *adj* interpretierend.

interpreter [ɪnˈtɜːprɪtəʳ] *n* **1.** Dolmetscher(in *f*) *m*; (*Theat, Mus*) Interpret(in *f*) *m*; (*of dreams*) Traumdeuter(in *f*) *m*. **2.** (*Comput*) Interpreter *m*.

interpretive [ɪn'tɜːprɪtɪv] *adj see* **interpretative.**

interracial [ˌɪntə'reɪʃəl] *adj* (*between races*) zwischen den *or* verschiedenen Rassen; (*multiracial*) gemischtrassig. ~ **tensions** Rassenspannungen *pl*.

interregnum [ˌɪntə'regnəm] *n, pl* **-s** *or* **interregna** [ˌɪntə'regnə] Interregnum *nt*.

interrelate [ˌɪntərɪ'leɪt] *vt two things* zueinander in Beziehung bringen, eine Beziehung herstellen zwischen (+*dat*). **to ~ one thing with another** eine Sache in Beziehung zu einer anderen bringen; **to be ~d** zueinander in Beziehung stehen, zusammenhängen; **~d facts** zusammenhängende Tatsachen *pl*.

interrelation [ˌɪntərɪ'leɪʃən] *n* Beziehung *f* (*between* zwischen +*dat*).

interrogate [ɪn'terəgeɪt] *vt* verhören; (*father, headmaster*) regelrecht verhören.

interrogation [ɪnˌterə'geɪʃən] *n* Verhör *nt*. **why should I submit to your ~?** warum soll ich mich von dir verhören lassen?

interrogative [ˌɪntə'rɒgətɪv] **I** *adj look, tone* fragend; (*Gram*) Frage-, Interrogativ-. **II** *n* (*Gram*) (*pronoun*) Interrogativpronomen, Fragefürwort *nt*; (*mood*) Interrogativ *m*, Frageform *f*. **in the ~** in der Frageform.

interrogatively [ˌɪntə'rɒgətɪvlɪ] *adv* fragend; (*Gram also*) interrogativ.

interrogator [ɪn'terəgeɪtə^r] *n* Vernehmungsbeamte(r) *mf* (*form*). **my/his ~s** die, die mich/ihn verhörten/verhören.

interrogatory [ˌɪntə'rɒgətərɪ] *adj* fragend.

interrupt [ˌɪntə'rʌpt] **I** *vt* (*break the continuity of*) unterbrechen (*also Elec*); (*in conversation: rudely also*) ins Wort fallen (+*dat*); *activity, work also* stören; *traffic flow also* aufhalten, stören; (*obstruct*) *view* versperren. ~ **function** (*Comput*) Unterbrechungsfunktion *f*.

II *vi* (*in conversation*) unterbrechen; (~ *sb's work etc*) stören. **stop ~ing!** fall mir/ihm *etc* nicht dauernd ins Wort!

interrupter [ˌɪntə'rʌptə^r] *n* (*Elec*) Unterbrecher *m*.

interruption [ˌɪntə'rʌpʃən] *n* Unterbrechung *f*; (*of work, activity, traffic flow also*) Störung *f*; (*of view*) Versperrung *f*.

intersect [ˌɪntə'sekt] **I** *vt* durchschneiden; (*Geometry*) schneiden. **II** *vi* sich kreuzen; (*Geometry, in set theory*) sich schneiden. **~ing sets** Schnittmengen *pl*.

intersection [ˌɪntə'sekʃən] *n* (*crossroads*) Kreuzung *f*; (*Geometry*) Schnittpunkt *m*. **point of ~** Schnittpunkt *m*.

intersperse [ˌɪntə'spɜːs] *vt* (*scatter*) verteilen. **~d with sth** mit etw dazwischen; **a speech ~d with quotations** eine mit Zitaten gespickte Rede.

interstate [ˌɪntə'steɪt] *adj* (*US*) zwischen den (US-Bundes)staaten, zwischenstaatlich. ~ **highway** Bundesautobahn *f*.

interstellar [ˌɪntə'stelə^r] *adj* interstellar.

interstice [ɪn'tɜːstɪs] *n* Zwischenraum *m*; (*in wall also*) Sprung, Riß *m*; (*between panels also*) Fuge *f*.

intertribal [ˌɪntə'traɪbl] *adj* zwischen den *or* verschiedenen Stämmen.

intertwine [ˌɪntə'twaɪn] **I** *vt* verschlingen; (*fig*) *destinies also* verknüpfen; *stories* verweben. **II** *vi* (*branches, arms*) sich ineinander verschlingen; (*threads*) verschlungen sein; (*fig: destinies*) sich verbinden.

interurban [ˌɪntə'ɜːbən] *adj* (*US*) *railroad* städteverbindend.

interval ['ɪntəvəl] *n* **1.** (*space, time*) Abstand *m*. **at ~s** in Abständen; **sunny ~s** (*Met*) Aufheiterungen *pl*. **2.** (*Sch, Theat*) Pause *f*. **3.** (*Mus*) Intervall *nt*.

intervene [ˌɪntə'viːn] *vi* (*person*) einschreiten (*in* bei), intervenieren; (*event, fate*) dazwischenkommen. **if nothing ~s** wenn nichts dazwischenkommt.

intervening [ˌɪntə'viːnɪŋ] *adj period of time* dazwischenliegend. **in the ~ weeks** in den Wochen dazwischen, in den dazwischenliegenden Wochen.

intervention [ˌɪntə'venʃən] *n* Eingreifen *nt*, Eingriff *m*, Intervention *f*.

interventionist [ˌɪntə'venʃənɪst] **I** *n* Interventionist(in *f*) *m*. **II** *adj* interventionistisch.

interview ['ɪntəvjuː] **I** *n* **1.** (*for job*) Vorstellungsgespräch *nt*; (*with authorities, employer*) Gespräch *nt*; (*for grant*) Auswahlgespräch *nt*. **2.** (*Press, TV*) Interview *nt*. **3.** (*formal talk*) Gespräch *nt*, Unterredung *f*.

II *vt* **1.** *job applicant* ein/das Vorstellungsgespräch führen mit; *applicant for grant* Fragen stellen (+*dat*). **he is being ~ed on Monday for the job** er hat am Montag sein Vorstellungsgespräch. **2.** (*Press, TV*) interviewen.

III *vi* **1.** das Vorstellungsgespräch/die Vorstellungsgespräche führen. **2.** (*Press, TV*) interviewen.

interviewee [ˌɪntəvjuː'iː] *n* (*for job*) Kandidat(in *f*) *m* (für die Stelle); (*Press, TV*) Interviewte(r) *mf*.

interviewer ['ɪntəvjuːə^r] *n* (*for job*) Leiter(in *f*) *m* des Vorstellungsgesprächs; (*Press, TV*) Interviewer(in *f*) *m*.

interweave [ˌɪntə'wiːv] **I** *vt* (*lit, fig*) verweben; *branches, fingers* verschlingen, ineinanderschlingen. **II** *vi* sich verweben; (*branches*) sich ineinanderschlingen.

intestate [ɪn'testɪt] *adj* (*Jur*) nicht testamentarisch vermacht. **to die ~** ohne Testament sterben.

intestinal [ɪn'testɪnl] *adj* Darm-.

intestine [ɪn'testɪn] *n* Darm *m*. **small/large ~** Dünn-/Dickdarm *m*.

intimacy ['ɪntɪməsɪ] *n* Vertrautheit, Intimität *f*; (*euph: sexual ~*) Intimität *f*. **acts of ~** Vertraulichkeiten *pl*; **~ took place** (*form euph*) es kam zu Intimitäten.

intimate[1] ['ɪntɪmɪt] **I** *adj* **1.** *friend* eng, vertraut, intim (*geh*); (*sexually*) intim. **to be on ~ terms with sb** mit jdm auf vertraulichem Fuß stehen; **he was a bit too ~ with my wife** er war ein bißchen zu vertraulich mit meiner Frau; **to be/become ~ with sb** mit jdm vertraut sein/werden; (*sexually*) mit jdm intim sein/

werden.

2. (*fig*) intim (*geh*); *feelings, thoughts also* geheim; *connection also* eng; *knowledge* gründlich.

3. *freshness* intim, im Intimbereich. **~ deodorant** Intimspray *m or nt*.

II *n* Vertraute(r) *mf*.

intimate² ['ɪntɪmeɪt] *vt* andeuten. **he ~d to them that they should stop** er gab ihnen zu verstehen, daß sie aufhören sollten.

intimately ['ɪntɪmɪtlɪ] *adv acquainted* bestens; *behave, speak* vertraulich; *related, connected* eng; *know* genau, gründlich. **we know each other but not ~** wir kennen uns, aber nicht besonders gut.

intimation [ˌɪntɪ'meɪʃən] *n* Andeutung *f*.

intimidate [ɪn'tɪmɪdeɪt] *vt* einschüchtern. **they ~d him into not telling the police** sie schüchterten ihn so ein, daß er der Polizei nichts erzählte; **we won't be ~d** wir lassen uns nicht einschüchtern.

intimidation [ɪnˌtɪmɪ'deɪʃən] *n* Einschüchterung *f*.

into ['ɪntʊ] *prep* **1.** in (*+acc*); (*against*) *crash, drive* gegen. **to translate sth ~ French** etw ins Französische übersetzen; **to divide 3 ~ 9** 9 durch 3 teilen *or* dividieren; **3 ~ 9 goes 3** 3 geht dreimal in 9; **they worked far ~ the night** sie arbeiteten bis tief in die Nacht hinein; **it turned ~ a nice day** es wurde ein schöner Tag.

2. (*inf*) **to be ~ sb/sth** (*like*) auf jdn/etw (*acc*) stehen (*inf*); (*be interested in*) sich für jdn/etw interessieren; **to be ~ sth** (*use*) *drugs* etw nehmen; **I'm not really ~ the job yet** ich bin noch nicht ganz drin im Job (*inf*); **he's ~ local politics in a big way** (*actively involved*) er ist schwer in der Lokalpolitik aktiv (*inf*); **she's ~ getting up early/health food** sie ist passionierte Frühaufsteherin/sie steht auf Gesundheitskost (*inf*); **he's ~ wine** (*likes*) er ist Weinliebhaber; (*is expert*) er ist Weinkenner; **he's ~ computers** er ist Computerfan (*inf*); **we're ~ IT at work** (*use it*) wir haben im Büro Informationstechnik eingeführt.

intolerable *adj*, **-bly** *adv* [ɪn'tɒlərəbl, -ɪ] unerträglich.

intolerance [ɪn'tɒlərəns] *n* **1.** Intoleranz *f* (*of* gegenüber). **2.** (*esp Med*) Überempfindlichkeit *f* (*to, of* gegen).

intolerant [ɪn'tɒlərənt] *adj* intolerant (*of* gegenüber); (*Med*) überempfindlich (*to, of* gegen).

intolerantly [ɪn'tɒlərəntlɪ] *adv* intolerant; *refuse* intoleranterweise.

intonate ['ɪntəʊneɪt] *vt* (*Ling*) intonieren.

intonation [ˌɪntəʊ'neɪʃən] *n* Intonation *f*; (*Ling also*) Satzmelodie *f*. **~ pattern** Intonationsmuster *nt*.

intone [ɪn'təʊn] *vt* intonieren.

intoxicant [ɪn'tɒksɪkənt] *n* Rauschmittel *nt*.

intoxicate [ɪn'tɒksɪkeɪt] *vt* (*lit, fig*) berauschen.

intoxicated [ɪn'tɒksɪkeɪtɪd] *adj* betrunken, berauscht (*also fig*), im Rausch (*also fig*). **~ by drugs/with success** im Drogenrausch/vom Erfolg berauscht.

intoxication [ɪnˌtɒksɪ'keɪʃən] *n* Rausch *m* (*also fig*), (Be)trunkenheit *f*; (*Med: poisoning*) Vergiftung *f*.

intra- [ˌɪntrə-] *pref* intra-.

intractable [ɪn'træktəbl] *adj metal* unnachgiebig; *problem, illness* hartnäckig; *child* widerspenstig; *temper* unlenksam.

intramural [ˌɪntrə'mjʊərəl] *adj* (*esp Univ*) (*course*) innerhalb der Universität; *activities* studienspezifisch.

intransigence [ɪn'trænsɪdʒəns] *n* Unnachgiebigkeit *f*.

intransigent [ɪn'trænsɪdʒənt] *adj* unnachgiebig.

intransitive [ɪn'trænsɪtɪv] **I** *adj verb* intransitiv, Intransitiv-. **II** *n* Intransitiv *nt*.

intrastate [ˌɪntrə'steɪt] *adj* (*US*) innerhalb des (Bundes)staates.

intra-uterine device [ˌɪntrə'juːtəraɪndɪˌvaɪs] *n* Intrauterinpessar *nt*.

intravenous [ˌɪntrə'viːnəs] *adj* intravenös.

in-tray ['ɪntreɪ] *n* Ablage *f* für Eingänge.

intrepid *adj*, **~ly** *adv* [ɪn'trepɪd, -lɪ] unerschrocken, kühn.

intricacy ['ɪntrɪkəsɪ] *n* Kompliziertheit *f*; (*intricate part: of law, chess*) Feinheit *f*.

intricate ['ɪntrɪkɪt] *adj* kompliziert; (*involved also*) verwickelt.

intricately ['ɪntrɪkɪtlɪ] *adv* kompliziert.

intrigue [ɪn'triːg] **I** *vi* intrigieren.

II *vt* (*arouse interest of*) faszinieren; (*arouse curiosity of*) neugierig machen. **I would be ~d to know why ...** es würde mich schon interessieren, warum ...

III ['ɪntriːg] *n* (*plot*) Intrige *f*; (*no pl: plotting*) Intrigen(spiel *nt*) *pl*.

intriguer [ɪn'triːgə^r] *n* Intrigant(in *f*) *m*.

intriguing [ɪn'triːgɪŋ] **I** *adj* faszinierend, interessant.

II *n* Intrigen(spiel *nt*) *pl*.

intriguingly [ɪn'triːgɪŋlɪ] *adv* auf faszinierende Weise.

intrinsic [ɪn'trɪnsɪk] *adj merit, value* immanent; (*essential*) wesenhaft, wesentlich.

intrinsically [ɪn'trɪnsɪkəlɪ] *adv* an sich.

introduce [ˌɪntrə'djuːs] *vt* **1.** (*make acquainted*) (*to person*) vorstellen (*to sb* jdm), bekannt machen (*to* mit); (*butler*) ankündigen; (*to subject*) einführen (*to* in *+acc*). **have you two been ~d?** hat man Sie bekannt gemacht?; **I don't think we've been ~d** ich glaube nicht, daß wir uns kennen; **to ~ oneself** sich vorstellen; **he was ~d to drink at an early age** er hat schon früh Bekanntschaft mit dem Alkohol gemacht; **he was ~d to flying by a friend** er ist durch einen Freund zum Fliegen gekommen; **to ~ sb/sth into sb's presence** jdn/etw vor jdn bringen.

2. *fashion, practice, reform, invention* einführen; (*Parl*) *bill* einbringen; *mood* bringen (*into* in *+acc*); *book, subject, era* einleiten; (*announce*) *speaker* vorstellen, ankündigen; *programme* ankündigen. **to ~ sth onto the market** etw auf den Markt bringen, etw auf dem Markt einführen.

3. (*insert*) einführen (*into* in *+acc*).

introduction [ˌɪntrə'dʌkʃən] *n* **1.** (*to person*) Vorstellung *f*. **since his ~ to Lord X** seit er Lord X vorgestellt worden ist; **to make** *or* **perform the ~s** die Vorstellung übernehmen; **letter of ~** Einführungsbrief *m or* -schreiben *nt*.

2. (*introductory part*) (*to book, music*) Einleitung *f* (*to* zu).

3. (*elementary course, book*) Einführung *f*. **an ~ to French** eine Einführung ins Französische.

4. (*introducing, being introduced*) (*to subject*) Einführung *f* (*to* in +*acc*); (*to habit, hobby*) Bekanntschaft *f* (*to* mit); (*of fashion, practice, reform*) Einführung *f*; (*of bill*) Einbringen *nt*; (*announcing*) (*of speaker*) Vorstellung, Ankündigung *f*; (*of programme*) Ankündigung *f*; (*bringing or carrying in*) Einführung *f* (*into* in +*dat*); (*insertion*) Einführung *f* (*into* in +*acc*). **our next guest needs no ~** unser nächster Gast braucht nicht vorgestellt zu werden.

introductory [ˌɪntrəˈdʌktərɪ] *adj page, paragraph, chapter* einleitend; *words, remarks* einführend; *talk* Einführungs-.

introspection [ˌɪntrəʊˈspekʃən] *n* Selbstbeobachtung, Introspektion (*geh*) *f*.

introspective [ˌɪntrəʊˈspektɪv] *adj person* selbstbeobachtend, introspektiv (*geh*); *novel, remarks* introspektiv.

introspectiveness [ˌɪntrəʊˈspektɪvnɪs] *n* (*of novel, remarks*) introspektiver Charakter; (*of person*) Neigung *f* zur Selbstbeobachtung *or* Introspektion (*geh*).

introversion [ˌɪntrəʊˈvɜːʃən] *n* (*Psych*) Introversion *f*.

introvert [ˈɪntrəʊvɜːt] **I** *n* (*Psych*) Introvertierte(r) *mf*. **to be an ~** introvertiert sein. **II** *vt* (*Psych*) nach innen wenden; (*Biol*) nach innen stülpen.

introverted [ˈɪntrəʊvɜːtɪd] *adj* introvertiert, in sich gekehrt.

intrude [ɪnˈtruːd] **I** *vi* sich eindrängen. **to ~ in sb's affairs** sich in jds Angelegenheiten (*acc*) einmischen; **am I intruding?** störe ich?; **to ~ on sb's privacy/grief** jds Privatsphäre verletzen/jdn in seinem Kummer stören; **to ~ on a conversation** sich in eine Unterhaltung (ein)mischen.

II *vt remark* einwerfen. **to ~ oneself into sb's affairs** sich in jds Angelegenheiten (*acc*) mischen.

intruder [ɪnˈtruːdəʳ] *n* Eindringling *m*.

intrusion [ɪnˈtruːʒən] *n* **1.** Störung *f*; (*on sb's privacy also*) Verletzung, *f* (*on gen*). **forgive the ~** entschuldigen Sie, wenn ich hier so eindringe; **the ~ of his work on his free time** daß seine Arbeit immer mehr von seiner Freizeit beanspruchte; **they regarded her advice as an ~** sie betrachteten ihren Rat als eine Einmischung.

2. (*forcing: of opinions, advice, one's presence*) Aufdrängen *nt*.

intrusive [ɪnˈtruːsɪv] *adj person* aufdringlich; (*Phon*) intrusiv.

intuition [ˌɪntjuːˈɪʃən] *n* Intuition *f*; (*of future events*) (Vor)ahnung *f* (*of* von). **to know sth by ~** etw intuitiv wissen.

intuitive [ɪnˈtjuːɪtɪv] *adj* intuitiv; *guess, feeling, assessment* instinktiv.

intuitively [ɪnˈtjuːɪtɪvlɪ] *adv* intuitiv.

inundate [ˈɪnʌndeɪt] *vt* (*lit, fig*) überschwemmen, überfluten; (*with work*) überhäufen. **have you a lot of work? — I'm ~d** haben Sie viel Arbeit? — ich ersticke darin.

inundation [ˌɪnʌnˈdeɪʃən] *n* (*lit, fig*) (*with invitations, offers*) Überschwemmung *f*; (*with work*) Überhäufung *f*. **an ~ of tourists/letters** eine Flut von Touristen/Briefen.

inure [ɪnˈjʊəʳ] *vt* gewöhnen (*to* an +*acc*); (*physically*) abhärten (*to* gegen); (*to danger*) stählen (*to* gegen). **to become ~d to sth** sich an etw (*acc*) gewöhnen/sich gegen etw abhärten/stählen.

invade [ɪnˈveɪd] *vt* (*Mil*) *country* einmarschieren in (+*acc*); (*fig*) überfallen, heimsuchen; *privacy* eindringen in (+*acc*), stören.

invader [ɪnˈveɪdəʳ] *n* (*Mil*) Invasor *m*; (*fig*) Eindringling *m* (*of* in +*acc*).

invading [ɪnˈveɪdɪŋ] *adj* einmarschierend; *Huns, Vikings* einfallend; *army, troops also* Invasions-.

invalid¹ [ˈɪnvəlɪd] **I** *adj* **1.** krank; (*disabled*) invalide, körperbehindert. **2.** (*for invalids*) Kranken-; Invaliden-. **~ chair** Roll- *or* Krankenstuhl *m*; **~ car** Invaliden(kraft)fahrzeug *nt*.

II *n* Kranke(r) *mf*; (*disabled person*) Invalide, Körperbehinderte(r) *mf*. **he's been an ~ all his life** er hat sein ganzes Leben lang ein körperliches Leiden gehabt.

◆**invalid out** *vt sep* dienstuntauglich *or* -unfähig schreiben *or* erklären. **to be ~ed ~ of the army** wegen Dienstuntauglichkeit aus dem Heer entlassen werden.

invalid² [ɪnˈvælɪd] *adj* (*esp Jur*) ungültig; *deduction, argument* nicht schlüssig *or* stichhaltig; *assumption* nicht zulässig. **it makes the argument ~** es entkräftet das Argument.

invalidate [ɪnˈvælɪdeɪt] *vt* ungültig machen; *theory* entkräften.

invalidation [ɪnˌvælɪˈdeɪʃən] *n* (*of document*) Ungültigmachung *f*; (*of theory*) Entkräftung *f*.

invalidity [ɪnvəˈlɪdɪtɪ] *n see* **invalid²** Ungültigkeit *f*; mangelnde Schlüssigkeit *or* Stichhaltigkeit; Unzulässigkeit *f*.

invaluable [ɪnˈvæljʊəbl] *adj* unbezahlbar; *service, role* unschätzbar; *jewel, treasure* von unschätzbarem Wert.

invariable [ɪnˈvɛərɪəbl] **I** *adj* (*also Math*) unveränderlich; *bad luck* konstant, ständig. **II** *n* (*Math*) Konstante *f*.

invariably [ɪnˈvɛərɪəblɪ] *adv* ständig, unweigerlich; (*not changing*) unveränderlich. **do you trust his judgement? — ~!** trauen Sie seinem Urteil? — ausnahmslos!

invasion [ɪnˈveɪʒən] *n* (*lit, fig*) Invasion *f*, Einmarsch *m*; (*of privacy*) Eingriff *m* (*of* in +*acc*). **the German ~ of Poland** der Einmarsch *or* Einfall (*pej*) der Deutschen in Polen.

invasive [ɪnˈveɪsɪv] *adj* **1.** (*Med*) invasiv. **2.** (*Mil*) *war* Invasions-.

invective [ɪnˈvektɪv] *n* Beschimpfungen (*against gen*), Schmähungen (*geh*) (*against* gegen) *pl*.

inveigh [ɪnˈveɪ] *vi* **to ~ against sb/sth** (*liter*) sich in Schimpfreden gegen jdn/etw ergehen (*geh*).

inveigle [ɪn'vi:gl] *vt* (*liter*) verleiten (*into* zu); (*lure*) locken. **to ~ sb into doing sth** jdn dazu verleiten *or* verlocken, etw zu tun.

invent [ɪn'vent] *vt* erfinden.

invention [ɪn'venʃən] *n* **1.** Erfindung *f*. **of one's own ~** selbsterfunden. **2.** (*inventiveness*) Phantasie *f*.

inventive [ɪn'ventɪv] *adj* (*creative*) *powers, skills, mind* schöpferisch; *novel, design* einfallsreich; (*resourceful*) erfinderisch.

inventiveness [ɪn'ventɪvnɪs] *n* Einfallsreichtum *m*.

inventor [ɪn'ventər] *n* Erfinder(in *f*) *m*.

inventory ['ɪnvəntrɪ] **I** *n* Inventar *nt*, Bestandsaufnahme *f*. **to make** *or* **take an ~ of sth** Inventar von etw *or* den Bestand einer Sache (*gen*) aufnehmen; **~ control** Bestandskontrolle *f*. **II** *vt* (*Comm*) inventarisieren.

inverse ['ɪn'vɜ:s] **I** *adj* umgekehrt, entgegengesetzt. **in ~ order** in umgekehrter Reihenfolge; **to be in ~ proportion to ...** im umgekehrten Verhältnis zu ... stehen; (*Math*) umgekehrt proportional zu ... sein. **II** *n* Gegenteil *nt*.

inversion [ɪn'vɜ:ʃən] *n* Umkehrung *f*; (*Mus also, Gram*) Inversion *f*; (*fig: of roles, values*) Verkehrung, Umkehrung *f*.

invert [ɪn'vɜ:t] *vt* umkehren; *object also* auf den Kopf stellen; *order also* umdrehen; (*Gram*) *subject and object* umstellen; *word order* umkehren. **~ed commas** (*Brit*) Anführungszeichen *pl*; **that's just ~ed snobbery** das ist auch eine Art Snobismus.

invertebrate [ɪn'vɜ:tɪbrɪt] **I** *n* Wirbellose(r), Invertebrat (*spec*) *m*. **II** *adj* wirbellos.

invert sugar ['ɪnvɜ:t'ʃʊgər] *n* Invertzucker *m*.

invest [ɪn'vest] **I** *vt* **1.** (*Fin, fig*) investieren (*in* in *+acc or dat*); (*Fin also*) anlegen (*in* in *+dat*).

2. (*form: with rank or authority*) *president* einsetzen, investieren (*old*). **to ~ sb/sth with sth** jdm/einer Sache etw verleihen.

II *vi* investieren, Geld anlegen (*in* in *+acc or dat, with* bei). **to ~ in shares** in Aktien investieren, sein Geld in Aktien anlegen; **to ~ in a new car** sich (*dat*) ein neues Auto anschaffen.

investigate [ɪn'vestɪgeɪt] **I** *vt* untersuchen; (*doing scientific research also*) erforschen; *sb's political beliefs, an insurance claim, business affairs* überprüfen; *complaint* nachgehen (*+dat*); *motive, reason* erforschen; *crime* untersuchen; (*by police also*) Ermittlungen anstellen über (*+acc*). **to ~ a case** in einem Fall ermitteln *or* Ermittlungen anstellen.

II *vi* nachforschen; (*police*) ermitteln, Ermittlungen anstellen.

investigation [ɪn,vestɪ'geɪʃən] *n* **1.** (*to determine cause*) Untersuchung *f* (*into gen*); (*official enquiry also*) Ermittlung *f*. **on ~ it turned out that ...** bei näherer Untersuchung stellte (es) sich heraus, daß ...

2. (*looking for sth*) Nachforschung *f*; (*by police*) Ermittlungen *pl*; (*of affairs, applicants, political beliefs*) Überprüfung *f*. **to be under ~** überprüft werden; **he is under ~** (*by police*) gegen ihn wird ermittelt; **new methods of criminal ~** neue polizeiliche Ermittlungsmethoden; **(private) ~ agency** Detektei *f*, Detektivbüro *nt*.

3. (*scientific research*) (*in field*) Forschung *f*; (*of bacteria, object*) Erforschung *f* (*into gen*). **recent scientific ~ has shown ...** die neuesten wissenschaftlichen Untersuchungen haben gezeigt ...

investigative [ɪn'vestɪgətɪv] *adj journalism* Enthüllungs-; *technique* Forschungs-; *mind* Forscher-.

investigator [ɪn'vestɪgeɪtər] *n* Ermittler(in *f*) *m*; (*private ~*) (Privat)detektiv(in *f*) *m*; (*insurance ~*) (Schadens)ermittler(in *f*) *m*; (*from government department*) Untersuchungs- *or* Ermittlungsbeamte(r) *m*/-beamtin *f*. **a team of ~s** ein Untersuchungsausschuß *m*, eine Untersuchungskommission.

investiture [ɪn'vestɪtʃər] *n* (*of president*) (feierliche) Einsetzung, Amtseinführung *f*; (*of royalty*) Investitur *f*; (*of honour*) Verleihung *f*; (*occasion*) Auszeichnungsfeier *f*.

investment [ɪn'vestmənt] *n* **1.** (*Fin*) Investition *f*; (*act also*) Anlage *f*. **industry needs more ~** die Industrie braucht mehr Investitionen; **to make an ~** investieren (*of sth* etw); **oil is a good ~** Öl ist eine gute (Kapital)anlage; **learning languages is a good ~** es macht sich bezahlt, wenn man Sprachen lernt.

2. (*investiture*) (*as sth*) (Amts)einsetzung *f*; (*with sth*) Verleihung *f* (*+gen*).

investment company *n* Investmentgesellschaft *f*; **investment fund** *n* Investmentfonds *m*; **investment incentive** *n* Investitionsanreiz *m*; **investment income** *n* Kapitalerträge *pl*; **investment management** *n* Vermögensverwaltung *f*; **investment trust** *n* Investmenttrust *m*.

investor [ɪn'vestər] *n* Kapitalanleger(in *f*) *m*. **the small ~** die Kleinanleger *pl*.

inveterate [ɪn'vetərɪt] *adj dislike, hatred* tief verwurzelt, abgrundtief; *opposition, prejudice* hartnäckig; *enemies, hatred* unversöhnlich; *criminal, smoker* Gewohnheits-; *liar, gambler* unverbesserlich.

invidious [ɪn'vɪdɪəs] *adj remark* gehässig, boshaft; *task, position* unerfreulich, unangenehm; *behaviour, conduct* gemein; *distinctions, comparison* ungerecht.

invigilate [ɪn'vɪdʒɪleɪt] (*Brit*) **I** *vt exam* Aufsicht führen bei. **II** *vi* Aufsicht führen.

invigilation [ɪn,vɪdʒɪ'leɪʃən] *n* (*Brit*) Aufsicht *f*. **to do the ~** Aufsicht führen.

invigilator [ɪn'vɪdʒɪleɪtər] *n* (*Brit*) Aufsicht *f*, Aufsichtführende(r) *mf*.

invigorate [ɪn'vɪgəreɪt] *vt* beleben; (*tonic, cure*) kräftigen.

invigorating [ɪn'vɪgəreɪtɪŋ] *adj climate* gesund; *sea air, shower* erfrischend, belebend; *tonic, cure* kräftigend, stärkend; (*fig*) *attitude, frankness* (herz)erfrischend.

invincibility [ɪnˌvɪnsɪ'bɪlɪtɪ] *n* Unbesiegbarkeit *f*.

invincible [ɪn'vɪnsəbl] *adj army* unbesiegbar, unschlagbar; *courage, determination* unerschütterlich.

inviolability [ɪnˌvaɪələ'bɪlɪtɪ] *n see adj* Unantastbarkeit *f*; Unverletzlichkeit *f*; Heiligkeit *f*.

inviolable [ɪn'vaɪələbl] *adj* unantastbar; *frontiers also* unverletzlich; *law, oath* heilig.

inviolate [ɪn'vaɪəlɪt] *adj* (*form*) *honour* unbeschadet; *rights* unangetastet; *virgin* unberührt.

invisibility [ɪnˌvɪzə'bɪlɪtɪ] *n* Unsichtbarkeit *f*.

invisible [ɪn'vɪzəbl] *adj* unsichtbar. **~ earnings/exports** (*Econ*) unsichtbare Einkünfte *pl*/Exporte *pl*; **~ ink** Geheimtinte *f*; **~ mending** Kunststopfen *nt*.

invisibly [ɪn'vɪzəblɪ] *adv* unsichtbar.

invitation [ˌɪnvɪ'teɪʃən] *n* Einladung *f*. **by ~ (only)** nur auf Einladung; **at sb's ~** auf jds Aufforderung (*acc*) (hin); **an ~ to burglars** eine Aufforderung zum Diebstahl.

invite [ɪn'vaɪt] **I** *vt* **1.** *person* einladen. **to ~ sb to do sth** jdn auffordern *or* bitten, etw zu tun; **he ~d me to try for myself** er bot mir an, es doch selbst zu versuchen.

2. (*ask for, attract*) *suggestions, questions* bitten um; (*behaviour*) *ridicule, contempt, trouble* auslösen, führen zu. **written in such a way as to ~ further discussion** so geschrieben, daß es zu weiteren Diskussionen auffordert; **you're inviting defeat/an accident by ...** das muß ja zu einer Niederlage/einem Unglück führen, wenn du ...; **you're inviting ridicule/criticism** du machst dich lächerlich/setzt dich der Kritik aus; **there's no need to ~ trouble** man muß es ja nicht auf Ärger anlegen.

II ['ɪnvaɪt] *n* (*inf*) Einladung *f*.

◆**invite in** *vt sep* hereinbitten, ins Haus bitten.

◆**invite out** *vt sep* einladen. **I ~d her ~** ich habe sie gefragt, ob sie mit mir ausgehen möchte; **to ~ sb ~ for a meal** jdn in ein Restaurant einladen.

◆**invite round** *vt sep* (zu sich) einladen.

◆**invite up** *vt sep* heraufbitten.

inviting [ɪn'vaɪtɪŋ] *adj* einladend; *prospect, idea, meal* verlockend.

invitingly [ɪn'vaɪtɪŋlɪ] *adv* einladend; (*temptingly*) verlockend.

in vitro [ɪn'viːtrəʊ] (*Biol*) **I** *adj* künstlich, In-vitro-(*spec*). **II** *adv fertilize* künstlich, in vitro (*spec*). **~ fertilization** *n* In-vitro-Fertilisation *f*.

invocation [ˌɪnvəʊ'keɪʃən] *n* Beschwörung *f*; (*Eccl*) Invokation *f*.

invoice ['ɪnvɔɪs] **I** *n* (*bill*) (Waren)-rechnung *f*; (*list*) Lieferschein *m*. **II** *vt goods* in Rechnung stellen, berechnen. **to ~ sb for sth** jdm für etw eine Rechnung ausstellen; **has he been ~d for these yet?** hat er dafür schon eine Rechnung bekommen?

invoicing ['ɪnvɔɪsɪŋ] *n* Fakturierung *f*; (*of goods also*) Berechnung, Inrechnungstellung *f*; (*invoiced sales*) Fakturierungen *pl*.

invoke [ɪn'vəʊk] *vt* **1.** (*appeal to, call for*) *God, the law, muse* anrufen; *evil spirits* beschwören. **to ~ the name of Marx** Marx ins Feld führen; **to ~ God's blessing** Gottes Segen erbitten.

2. (*call into operation*) *treaty* sich berufen auf (+*acc*). **to ~ sb's help** an jds Hilfsbereitschaft (*acc*) appellieren.

involuntarily [ɪn'vɒləntərɪlɪ] *adv* unbeabsichtigt, unabsichtlich; (*automatically*) unwillkürlich. **he found himself ~ involved** er sah sich unfreiwilligerweise verwickelt.

involuntary [ɪn'vɒləntərɪ] *adj* unbeabsichtigt, ungewollt; *muscle movement* unwillkürlich. **I found myself an ~ listener** ich wurde zum unfreiwilligen Zuhörer.

involve [ɪn'vɒlv] *vt* **1.** (*entangle*) verwickeln (*sb in sth* jdn in etw *acc*); (*include*) beteiligen (*sb in sth* jdn an etw *dat*); (*concern*) betreffen. **don't ~ yourself in any unnecessary expense** machen Sie sich keine unnötigen Ausgaben; **the book doesn't ~ the reader** das Buch fesselt *or* packt den Leser nicht; **I was watching TV but I wasn't really ~d in it** ich habe ferngesehen, war aber gar nicht richtig dabei; **to be ~d in sth** etwas mit etw zu tun haben; (*have part in also*) an etw (*dat*) beteiligt sein; (*in sth bad also*) in etw (*acc*) verwickelt sein; **to get ~d in sth** in etw (*acc*) verwickelt werden; (*in quarrel, crime also*) in etw (*acc*) hineingezogen werden; **I didn't want to get ~d** ich wollte damit/mit ihm *etc* nichts zu tun haben; **I didn't want to get too ~d** ich wollte mich nicht zu sehr engagieren; **a matter of principle is ~d** es geht ums Prinzip; **the person ~d** die betreffende Person; **we are all ~d in the battle against inflation** der Kampf gegen die Inflation geht uns alle an; **to be/get ~d with sth** etwas mit etw zu tun haben; (*have part in*) an etw (*dat*) beteiligt sein; (*work*) mit etw beschäftigt sein; **he got ~d with local politics** er hat sich lokalpolitisch engagiert; **to be ~d with sb** zu jdm eine enge Beziehung haben; (*sexually*) mit jdm ein verhältnis haben; **to get ~d with sb** mit jdm Kontakt bekommen, sich mit jdm einlassen (*pej*); **I don't want to get ~d with them** ich will mit ihnen nichts zu tun haben; **he got ~d with a girl** er hat eine Beziehung mit einem Mädchen angefangen.

2. (*entail*) mit sich bringen, zur Folge haben; (*encompass*) umfassen; (*mean*) bedeuten. **what does your job ~?** worin besteht Ihre Arbeit?; **it's involving too much of my time** es beansprucht zuviel Zeit, es kostet mich zuviel Zeit; **he doesn't understand what's ~d in this sort of work** er weiß nicht, worum es bei dieser Arbeit geht; **do you realize what's ~d in raising a family?** weißt du denn, was es bedeutet, eine Familie großzuziehen?; **about £1,000 was ~d** es ging dabei um etwa £ 1.000; **the job ~d 50 workmen** für die Arbeit wurden 50 Arbeiter gebraucht; **it would ~ moving to Germany** das würde bedeuten, nach Deutschland umzuziehen; **finding the oil ~d the use of a special drill** um das Öl zu finden, brauchte man einen Spezialbohrer.

involved [ɪn'vɒlvd] *adj* kompliziert; *regulations also* verwirrend; *story also* verwickelt; *style* komplex, umständlich (*pej*).

involvement [ɪn'vɒlvmənt] *n* (*being concerned with*) Beteiligung *f* (*in* an *+dat*); (*in quarrel, crime*) Verwicklung *f* (*in* in *+acc*); (*commitment*) Engagement *nt*; (*sexually*) Verhältnis *nt*; (*complexity*) Kompliziertheit, Verworrenheit (*pej*) *f*. **his ~ with shady characters** sein Umgang *m* mit zwielichtigen Gestalten; **the extent of his ~ with her** das Maß, in dem er sich bei ihr engagiert hat; **we don't know the extent of his ~ in the plan** wir wissen nicht, wie weit er an dem Plan beteiligt ist/war.

invulnerability [ɪn,vʌlnərə'bɪlɪtɪ] *n see adj* Unverwundbarkeit, Unverletzbarkeit *f*; Uneinnehmbarkeit *f*; Unangreifbarkeit *f*.

invulnerable [ɪn'vʌlnərəbl] *adj* unverwundbar, unverletzbar; *fortress* uneinnehmbar; (*lit, fig*) *position* unangreifbar.

inward ['ɪnwəd] *adj* **1.** (*inner*) innere(r, s); *smile, life* innerlich; *thoughts* innerste(r, s). **2.** *curve* nach innen gehend; *mail* eintreffend. **3.** (*Fin*) **~ investment** Investitionen *pl* aus dem Ausland.

inwardly ['ɪnwədlɪ] *adv* innerlich, im Inneren.

inward(s) ['ɪnwəd(z)] *adv* nach innen.

I/O *abbr of* **input/output.**

IOC *abbr of* **International Olympic Committee** IOK *nt*.

iodine ['aɪədiːn] *n* Jod *nt*.

ion ['aɪən] *n* Ion *nt*.

Ionian [aɪ'əʊnɪən] *adj* **~ Sea** Ionisches Meer.

Ionic [aɪ'ɒnɪk] *adj* ionisch.

ionic [aɪ'ɒnɪk] *adj* Ionen-.

ionize ['aɪənaɪz] *vti* ionisieren.

ionosphere [aɪ'ɒnəsfɪər] *n* Ionosphäre *f*.

Iota [aɪ'əʊtə] *n* Jota. **not an** *or* **one ~** nicht ein jota.

IOU [,aɪəʊ'juː] *abbr of* **I owe you** Schuldschein *m*. **to give sb an ~** jdm einen Schuldschein ausschreiben.

IPA *abbr of* **International Phonetic Alphabet** internationale Lautschrift.

ipso facto ['ɪpsəʊ'fæktəʊ] *adv* eo ipso.

IQ *abbr of* **intelligence quotient** IQ, Intelligenzquotient *m*. **~ test** Intelligenztest, IQ-Test *m*.

IRA *abbr of* **Irish Republican Army** IRA *f*.

Iran [ɪ'rɑːn] *n* (der) Iran.

Iranian [ɪ'reɪnɪən] **I** *adj* iranisch. **II** *n* **1.** Iraner(in *f*) *m*. **2.** (*language*) Iranisch *nt*.

Iraq [ɪ'rɑːk] *n* (der) Irak.

Iraqi [ɪ'rɑːkɪ] **I** *adj* irakisch. **II** *n* **1.** Iraker(in *f*) *m*. **2.** (*dialect*) Irakisch *nt*.

irascibility [ɪ,ræsɪ'bɪlɪtɪ] *n* Reizbarkeit *f*, Jähzorn *m*.

irascible [ɪ'ræsɪbl] *adj* reizbar, erregbar, jähzornig; *temperament also* jähzornig, heftig, aufbrausend.

irascibly [ɪ'ræsɪblɪ] *adv* gereizt.

irate [aɪ'reɪt] *adj* zornig; *crowd* wütend.

irately [aɪ'reɪtlɪ] *adv* zornig.

Ireland ['aɪələnd] *n* Irland *nt*. **Northern ~** Nordirland *nt*. **Republic of ~** Republik *f* Irland.

iridescence [,ɪrɪ'desəns] *n see adj* (*liter*) Irisieren *nt*; Schillern *nt*; Schimmern *nt*.

iridescent [,ɪrɪ'desənt] *adj* (*liter*) irisierend; *plumage also, water* schillernd; *opals, silk* schimmernd.

iris ['aɪərɪs] *n* **1.** (*of eye*) Regenbogenhaut, Iris *f*. **2.** (*Bot*) Iris, Schwertlilie *f*.

Irish ['aɪərɪʃ] **I** *adj* **1.** irisch. **~ coffee** Irish Coffee *m*; **~ joke** Irenwitz, ≈ Ostfriesenwitz *m*; **~man** Ire *m*; **~ Republican Army** Irisch-Republikanische Armee; **~ Sea** Irische See; **~ setter** Irish Setter *m*; **~ stew** Irish Stew *nt*; **~woman** Irin *f*.

2. (*hum inf: illogical*) unlogisch, blödsinnig.

II *n* **1.** *pl* **the ~** die Iren, die Irländer *pl*.

2. (*language*) Irisch *nt*, irisches Gälisch.

irksome ['ɜːksəm] *adj* lästig.

iron ['aɪən] **I** *n* **1.** Eisen *nt*. **old ~** Alteisen *nt*; **a will of ~** ein eiserner Wille; **to rule with a rod of ~** mit eiserner Rute *or* Hand herrschen.

2. (*electric ~, flat~*) Bügeleisen *nt*. **to have more than one ~ in the fire** (*fig*) mehrere Eisen im Feuer haben; **he has too many ~s in the fire** er macht zuviel auf einmal; **to strike while the ~ is hot** (*Prov*) das Eisen schmieden, solange es heiß ist (*Prov*).

3. (*Golf*) Eisen *nt*.

4. (*fetters*) **~s** *pl* Hand- und Fußschellen *pl*.

II *adj* **1.** (*Chem*) Eisen-; (*made of ~*) Eisen-, eisern, aus Eisen.

2. (*fig*) *constitution, hand* eisern; *will* eisern, stählern; *rule* streng, unbarmherzig. **to rule with an ~ hand** mit eiserner Faust regieren; **they soon discovered that here was an ~ fist in a velvet glove** es wurde ihnen bald klar, daß mit ihm *etc* nicht zu spaßen war, obwohl er *etc* so sanft wirkte.

III *vt clothes* bügeln.

IV *vi* (*person*) bügeln; (*cloth*) sich bügeln lassen.

◆iron out *vt sep* (*lit, fig*) ausbügeln; *differences also* ausgleichen; *problems, difficulties also* aus dem Weg räumen.

Iron Age *n* Eisenzeit *f*; **Iron Chancellor** *n* Eiserne(r) Kanzler; **Iron Curtain** *n* Eiserne(r) Vorhang.

ironic(al) [aɪ'rɒnɪk(əl)] *adj* ironisch; *smile also* spöttisch; *position* paradox, witzig (*inf*). **it's really ~ that now he's got a car he's not allowed to drive** es ist doch paradox *or* wirklich witzig (*inf*), daß er jetzt, wo er ein Auto hat, nicht fahren darf.

ironically [aɪ'rɒnɪkəlɪ] *adv* ironisch. **and then, ~ enough, he turned up** komischerweise *or* witzigerweise (*inf*) tauchte er dann auf; **and then, ~, it was he himself who ...** und dann hat ausgerechnet er …, und dann hat paradoxerweise er …

ironing ['aɪənɪŋ] *n* (*process*) Bügeln *nt*; (*clothes*) Bügelwäsche *f*. **to do the ~** (die Wäsche) bügeln; **~ board** Bügelbrett *nt*.

Iron Lady *n* (*Brit Pol*) eiserne Lady; **iron lung** *n* eiserne Lunge; **ironmonger** *n* (*Brit*) Eisen(waren)händler(in *f*) *m*; **iron ore** *n* Eisenerz *nt*; **iron rations** *npl* eiserne Ration; **ironwork** *n* Eisen *nt*; (*on chest, cart*) Eisenbeschläge *pl*; **to do ~** Eisenarbeiten machen; **ironworks** *n sing or pl* Eisenhütte *f*.

irony ['aɪərənɪ] *n* Ironie *f no pl*. **the ~ of it is that …** das Ironische daran ist, daß …, die Ironie liegt darin, daß …; **one of the ironies of fate** die Ironie des Schicksals.

irradiate [ɪ'reɪdɪeɪt] *vt* **1.** (*emit*) *heat, light rays* ausstrahlen. **2.** (*liter: illumine*) erhellen (*liter*). **3.** (*treat by irradiating*) bestrahlen. **~d food** strahlungsbehandelte Lebensmittel *pl*.

irrational [ɪ'ræʃənl] *adj* **1.** (*illogical, Math, Psych*) irrational; *fear, belief also* unsinnig; (*not sensible*) unvernünftig. **if you maintain X, then it is ~ to deny Y** wenn Sie X behaupten, ist es widersinnig *or* unlogisch, Y zu leugnen.

2. (*not having reason*) *animal* vernunftlos.

irrationality [ɪ,ræʃə'nælɪtɪ] *n see adj* Irrationalität *f*; Unsinnigkeit *f*; Unvernünftigkeit *f*.

irrationally [ɪ'ræʃnəlɪ] *adv* irrational; (*not sensibly*) unvernünftig. **quite ~, he believed …** er glaubte gegen jede Vernunft *or* völlig unsinnigerweise …

irreconcilable [ɪ,rekən'saɪləbl] *adj* **1.** *enemy, hatred* unversöhnlich. **2.** *belief, opinion, differences* unvereinbar.

irreconcilably [ɪ,rekən'saɪləblɪ] *adv see adj*.

irrecoverable [,ɪrɪ'kʌvərəbl] *adj* endgültig *or* für immer verloren, unwiederbringlich verloren; *loss* unersetzlich, unersetzbar; *debt* nicht eintreibbar, uneinbringlich. **the company's losses are ~** die Verluste der Firma können nicht mehr wettgemacht werden.

irrecoverably [,ɪrɪ'kʌvrəblɪ] *adv* **~ lost** für immer verloren.

irredeemable [,ɪrɪ'di:məbl] *adj* **1.** *currency, pawned object* nicht einlösbar; *bonds* unkündbar, untilgbar; *annuity, debt* nicht ablösbar.

2. (*fig*) *sinner* (rettungslos) verloren; *loss* unwiederbringlich; *fault* unverbesserlich; *transgression* unverzeihlich. **a period of ~ gloom** eine Zeit völliger Hoffnungslosigkeit.

irredeemably [,ɪrɪ'di:məblɪ] *adv lost* rettungslos; *confused* hoffnungslos.

irreducible [,ɪrɪ'dju:səbl] *adj* (*Chem, Math*) nicht reduzierbar. **the ~ minimum** das Allermindeste.

irrefutability [,ɪrɪfju:tə'bɪlɪtɪ] *n* Unwiderlegbarkeit *f*.

irrefutable [,ɪrɪ'fju:təbl] *adj* unwiderlegbar, unbestreitbar.

irrefutably [,ɪrɪ'fju:tɪblɪ] *adv* unwiderlegbar; *demonstrate also* eindeutig.

irregular [ɪ'regjʊlə^r] **I** *adj* **1.** (*uneven*) unregelmäßig; *intervals, teeth also, shape, coastline* ungleichmäßig; *surface* uneben. **to be ~ in one's attendance** unregelmäßig erscheinen; **the windows are deliberately ~** die Fenster sind bewußt uneinheitlich; **to keep ~ hours** ein ungeregeltes Leben führen, keine festen Zeiten haben.

2. (*not conforming*) unstatthaft; (*contrary to rules*) unvorschriftsmäßig; (*contrary to law*) ungesetzlich; *marriage* ungültig; *behaviour* ungebührlich, ungehörig. **well, it's a bit ~, but I'll …** eigentlich dürfte ich das nicht tun, aber ich …; **this is most ~!** das ist äußerst ungewöhnlich!; **because of ~ procedures, the contract was not valid** wegen einiger Formfehler war der Vertrag ungültig.

3. (*Gram*) unregelmäßig.

4. *troops* irregulär.

II *n* (*Mil*) Irreguläre(r) *m*.

irregularity [ɪ,regjʊ'lærɪtɪ] *n see adj* **1.** Unregelmäßigkeit *f*; Ungleichmäßigkeit *f*; Unebenheit *f*; Uneinheitlichkeit *f*; Ungeregeltheit *f*.

2. Unstatthaftigkeit *f*; Unvorschriftsmäßigkeit *f*; Ungesetzlichkeit *f*; (*of marriage*) unvorschriftsmäßige Durchführung; Ungebührlichkeit, Ungehörigkeit *f*. **a slight ~ in the proceedings** ein kleiner Formfehler.

3. (*Gram*) Unregelmäßigkeit *f*.

irregularly [ɪ'regjʊləlɪ] *adv see adj* **1.** unregelmäßig; ungleichmäßig; uneben. **2.** unstatthaft; unvorschriftsmäßig; ungesetzlich; ungebührlich, ungehörig.

irrelevance [ɪ'reləvəns], **irrelevancy** [ɪ'relɪvənsɪ] *n* Irrelevanz *f no pl*; (*of details also*) Unwesentlichkeit, Nebensächlichkeit *f*; (*of titles, individuals*) Bedeutungslosigkeit *f*. **his speech was full of irrelevancies** vieles in seiner Rede war irrelevant *or* nebensächlich *or* unwesentlich; **it's become something of an ~** es ist ziemlich irrelevant geworden.

irrelevant [ɪ'reləvənt] *adj* irrelevant; *details also, information* unwesentlich, nebensächlich; *titles* bedeutungslos. **it is ~ whether he agrees or not** es ist irrelevant *or* belanglos, ob er zustimmt; **it's ~ to the subject** das ist für das Thema irrelevant; **don't be ~** (*in discussion*) bleib bei der Sache; (*in essay writing*) bleiben Sie beim Thema.

irrelevantly [ɪ'reləvəntlɪ] *adv* belanglos. **…, he said ~** …, sagte er, obwohl das gar nicht zur Sache gehörte.

irreligious [,ɪrɪ'lɪdʒəs] *adj* unreligiös, irreligiös; *youth, savages* gottlos; (*lacking respect*) pietätlos.

irremediable [,ɪrɪ'mi:dɪəbl] *adj character defects, errors* nicht behebbar; *situation* nicht mehr zu retten *pred or* rettend *attr*.

irremediably [,ɪrɪ'mi:dɪəblɪ] *adv* hoffnungslos.

irreparable [ɪ'repərəbl] *adj damage* irreparabel, nicht wiedergutzumachen *pred or* wiedergutzumachend *attr*; *loss* unersetzlich; *harm also* bleibend.

irreparably [ɪ'repərəblɪ] *adv* irreparabel.

irreplaceable [,ɪrɪ'pleɪsəbl] *adj* unersetzlich.

irrepressible [ˌɪrɪˈpresəbl] *adj urge, curiosity* unbezähmbar; *optimism* unerschütterlich, unverwüstlich; *person* nicht unter- *or* kleinzukriegen; *child* sonnig; *delight* unbändig. **he has an ~ disposition** er ist eine Frohnatur.

irreproachable [ˌɪrɪˈprəʊtʃəbl] *adj manners* tadellos, einwandfrei; *conduct also* untadelig.

irreproachably [ˌɪrɪˈprəʊtʃəblɪ] *adv* tadellos.

irresistible [ˌɪrɪˈzɪstəbl] *adj* unwiderstehlich.

irresistibly [ˌɪrɪˈzɪstəblɪ] *adv see adj.*

irresolute [ɪˈrezəluːt] *adj* unentschlossen.

irresolutely [ɪˈrezəluːtlɪ] *adv see adj.*

irresoluteness [ɪˈrezəluːtnɪs], **irresolution** [ɪˌrezəˈluːʃən] *n* Unentschiedenheit, Unentschlossenheit *f.*

irrespective [ˌɪrɪˈspektɪv] *adj*: ~ **of** ungeachtet (*+gen*), unabhängig von; **candidates should be chosen ~ of sex** bei der Auswahl der Kandidaten sollte das Geschlecht keine Rolle spielen; **~ of whether they want to or not** egal *or* gleichgültig, ob sie wollen oder nicht.

irresponsibility [ˈɪrɪˌspɒnsəˈbɪlɪtɪ] *n see adj* Unverantwortlichkeit *f*; Verantwortungslosigkeit *f.*

irresponsible [ˌɪrɪˈspɒnsəbl] *adj action, behaviour* unverantwortlich; *person* verantwortungslos.

irresponsibly [ˌɪrɪˈspɒnsəblɪ] *adv* unverantwortlich; *behave also* verantwortungslos.

irretrievable [ˌɪrɪˈtriːvəbl] *adj* nicht mehr wiederzubekommen; *past, happiness* unwiederbringlich; *loss* unersetzlich. **the erased information is ~** die gelöschte Information kann nicht mehr abgerufen werden; **~ breakdown of marriage** (unheilbare) Zerrüttung der Ehe.

irretrievably [ˌɪrɪˈtriːvəblɪ] *adv* **~ lost** für immer verloren; **~ broken down** (unheilbar) zerrüttet.

irreverence [ɪˈrevərəns] *n see adj* Unehrerbietigkeit *f*; Respektlosigkeit, Despektierlichkeit *f*; Pietätlosigkeit *f.*

irreverent [ɪˈrevərənt] *adj behaviour* unehrerbietig; *remark* respektlos, despektierlich, *novel, author* respektlos; (*towards religion, the dead*) pietätlos.

irreverently [ɪˈrevərəntlɪ] *adv see adj.*

irreversible [ˌɪrɪˈvɜːsəbl] *adj* nicht rückgängig zu machen; *judgment* unwiderruflich; (*Med, Phys, Chem*) irreversibel; *damage* bleibend; *decision* unumstößlich.

irrevocable *adj*, **-bly** *adv* [ɪˈrevəkəbl, -ɪ] unwiderruflich.

irrigate [ˈɪrɪgeɪt] *vt* **1.** *land, crop* bewässern. **2.** (*Med*) spülen.

irrigation [ˌɪrɪˈgeɪʃən] *n* **1.** (*Agr*) Bewässerung *f.* **~ canal** Bewässerungskanal *m.* **2.** (*Med*) Spülung, Irrigation *f.*

irritability [ˌɪrɪtəˈbɪlɪtɪ] *n* Reizbarkeit *f*; Gereiztheit *f.*

irritable [ˈɪrɪtəbl] *adj* (*as characteristic*) reizbar; (*on occasion*) gereizt.

irritably [ˈɪrɪtəblɪ] *adv* gereizt.

irritant [ˈɪrɪtənt] **1.** *n* (*Med*) Reizerreger, Reizstoff *m*; (*person*) Nervensäge *f* (*inf*); (*noise*) Ärgernis *nt.* **2.** *adj* Reiz-.

irritate [ˈɪrɪteɪt] *vt* **1.** (*annoy*) ärgern, aufregen; (*deliberately*) reizen; (*get on nerves of*) irritieren. **to get ~d** ärgerlich werden; **she's easily ~d** sie ist sehr reizbar *or* schnell verärgert; **I get ~d at** *or* **with him** er reizt *or* ärgert mich, er regt mich auf. **2.** (*Med*) reizen.

irritating [ˈɪrɪteɪtɪŋ] *adj* ärgerlich; *cough* lästig. **I find his jokes most ~** seine Witze regen mich wirklich auf; **you really are the most ~ person** du kannst einem wirklich auf die Nerven gehen; **how ~ for you!** wie ärgerlich!

irritatingly [ˈɪrɪteɪtɪŋlɪ] *adv* ärgerlich.

irritation [ˌɪrɪˈteɪʃən] *n* **1.** (*state*) Ärger *m*, Verärgerung *f*; (*act*) Ärgern *nt*; (*deliberate*) Reizen *nt*; (*thing that irritates*) Ärgernis *nt*, Unannehmlichkeit *f.* **to avoid the ~ of a long delay** um eine ärgerliche *or* lästige Verzögerung zu vermeiden.

2. (*Med*) Reizung *f.*

irrupt [ɪˈrʌpt] *vi* eindringen, hereinstürzen; (*water also*) hereinbrechen.

irruption [ɪˈrʌpʃən] *n* Eindringen, Hereinstürzen *nt*; (*of water also*) Hereinbrechen *nt.*

Is *abbr of* **Island(s), Isle(s).**

is [ɪz] *3rd person sing present of* **be.**

ISBN *abbr of* **International Standard Book Number** ISBN-Nummer *f.*

-ise [-aɪz] *vb suf* -isieren.

-ish [-ɪʃ] *adj suf* (*+adj*) -lich; (*+n*) -haft; (*esp Brit: approximately*) um ... herum, zirka. **green~** grünlich; **cold~** ziemlich kalt; **boy~** jungenhaft; **forty~** um vierzig herum, zirka vierzig.

Islam [ˈɪzlɑːm] *n* (*religion*) der Islam; (*Moslems collectively*) Mohammedaner *pl.*

Islamic [ɪzˈlæmɪk] *adj* islamisch.

island [ˈaɪlənd] *n* (*lit, fig*) Insel *f.*

islander [ˈaɪləndəʳ] *n* Insulaner(in *f*), Inselbewohner(in *f*) *m.*

isle [aɪl] *n* (*poet*) Eiland *nt* (*poet*). **the I~ of Man** die Insel Man.

islet [ˈaɪlɪt] *n* kleines Eiland (*poet*), Inselchen *nt.*

isn't [ˈɪznt] *contr of* **is not.**

isobar [ˈaɪsəʊbɑːʳ] *n* Isobare *f.*

isolate [ˈaɪsəʊleɪt] *vt* **1.** (*separate*) absondern, isolieren; (*Med, Chem*) isolieren. **the causes of crime cannot be ~d from social conditions** man kann die Gründe für kriminelles Verhalten nicht von den gesellschaftlichen Verhältnissen gesondert *or* isoliert betrachten.

2. (*cut off*) abschneiden, isolieren. **to ~ oneself from other people** sich (von anderen) abkapseln; **to ~ oneself from the world** sich isolieren.

3. (*pinpoint*) herausfinden; *problem also, essential factor* herauskristallisieren.

isolated [ˈaɪsəʊleɪtɪd] *adj* **1.** (*cut off*) abgeschnitten, isoliert; (*remote*) abgelegen; *existence* zurückgezogen; (*Med*) isoliert. **2.** (*single*) einzeln.

isolating [ˈaɪsəʊleɪtɪŋ] *adj*: **~ language** isolierende Sprache.

isolation [ˌaɪsəʊˈleɪʃən] *n* **1.** (*act*) (*separa-*

tion, cutting-off) Absonderung, Isolierung (*esp Med, Chem*) *f*; (*pinpointing*) Herausfinden *nt*; (*of problem also, of essential factor*) Herauskristallisierung *f*.

2. (*state*) Isoliertheit, Abgeschnittenheit *f*; (*remoteness*) Abgelegenheit, Abgeschiedenheit *f*. **his ~ from the world** seine Abgeschiedenheit von der Welt; **he felt a sense of ~** er fühlte sich isoliert; **Splendid I~** (*Hist*) Splendid Isolation *f*; **he lived in splendid ~ in a bedsitter in the suburbs** (*iro*) er wohnte, weitab vom Schuß (*inf*) in einem möblierten Zimmer am Stadtrand; **to keep a patient in ~** einen Patienten isolieren; **to live in ~** zurückgezogen leben; **to consider sth in ~** etw gesondert *or* isoliert betrachten.

isolation hospital *n* Isolierspital *nt*.

isolationism [ˌaɪsəʊˈleɪʃənɪzəm] *n* Isolationismus *m*.

isolationist [ˌaɪsəʊˈleɪʃənɪst] **I** *adj* isolationistisch. **II** *n* Isolationist(in *f*) *m*.

isolation ward *n* Isolierstation *f*.

isometrics [ˌaɪsəʊˈmetrɪks] *n sing* Isometrie *f*.

isosceles [aɪˈsɒsɪliːz] *adj*: **~ triangle** gleichschenkliges Dreieck.

isotherm [ˈaɪsəʊθɜːm] *n* (*Met*) Isotherme *f*.

isotope [ˈaɪsəʊtəʊp] *n* Isotop *nt*.

Israel [ˈɪzreɪl] *n* Israel *nt*.

Israeli [ɪzˈreɪlɪ] **I** *adj* israelisch. **II** *n* Israeli *mf*.

Israelite [ˈɪzrɪəlaɪt] *n* (*Bibl*) Israelit(in *f*) *m*.

issue [ˈɪʃuː] **I** *vt* **1.** (*give, send out*) *passport, documents, certificate, driving licence* ausstellen; *tickets, library books* ausgeben; *shares, banknotes* ausgeben, emittieren; *stamps* herausgeben; *coins* ausgeben; *order, warning* ergehen lassen (*to* an +*acc*), erteilen (*to dat*); *warning* aussprechen; *proclamation* erlassen; *details* bekanntgeben. **the issuing authorities** die ausstellende Behörde; **to ~ sb with a visa, to ~ a visa to sb** jdm ein Visum ausstellen; **a warrant for his arrest was ~d** gegen ihn wurde Haftbefehl erlassen; **~d capital** (*Fin*) ausgegebenes Kapital.

2. (*publish*) *book, newspaper* herausgeben.

3. (*supply*) *rations, rifles, ammunition* ausgeben. **to ~ sth to sb/to ~ sb with sth** etw an jdn ausgeben.

II *vi* (*liquid, gas*) austreten; (*smoke*) (heraus)quellen; (*sound*) (hervor- *or* heraus)dringen; (*people*) (heraus)strömen. **his actions ~ from a desire to help** seine Handlungen entspringen dem Wunsch zu helfen; **the sewage/river ~s into the sea** das Abwasser fließt/der Fluß mündet ins Meer.

III *n* **1.** (*question*) Frage *f*; (*matter also*) Angelegenheit *f*; (*problematic*) Problem *nt*. **the factual ~s** die Tatsachen *pl*; **the ~ is whether ...** es geht darum *or* die Frage ist, ob ...; **the whole future of the country is at ~** es geht um die Zukunft des Landes; **what is at ~?** worum geht es?; **to take ~ with sb over sth** jdm in etw (*dat*) widersprechen; **this has become something of an ~** das ist zu einem Problem geworden; **to make an ~ of sth** etw aufbauschen; **do you want to make an ~ of it?** (*inf*) du willst dich wohl mit mir anlegen?; **to avoid the ~** ausweichen; (*in reply also*) ausweichend antworten.

2. (*outcome, result*) Ergebnis *nt*. **that decided the ~** das war entscheidend *or* ausschlaggebend; **to force the ~** eine Entscheidung erzwingen.

3. (*giving out, that given out*) (*of banknotes, shares, coins, stamps*) Ausgabe *f*; (*of shares also*) Emission *f*. **place of ~** (*of tickets*) Ausgabestelle *f*; (*of passports*) Ausstellungsort *m*; **date of ~** (*of tickets*) Ausstellungsdatum *nt*; (*of stamps*) Ausgabetag *m*; **~ desk** Ausgabe(schalter *m*) *f*.

4. (*handing-out*) Ausgabe *f*; (*supplying, thing supplied*) Lieferung *f*. **the ~ of blankets/guns to the troops** die Versorgung der Truppen mit Decken/die Ausrüstung der Truppen mit Gewehren; **it's part of the clothing ~** es ist Teil der Ausstattung.

5. (*of book*) Herausgabe *f*; (*book*) Ausgabe *f*.

6. (*of liquid, gas*) Ausströmen *nt*. **~ of pus** Eiterabsonderung *f*; **an ~ of blood from the cut** eine Blutung der Wunde.

7. (*Jur: offspring*) Nachkommenschaft *f*.

Istanbul [ˌɪstænˈbuːl] *n* Istanbul *nt*.

isthmus [ˈɪsməs] *n* Landenge *f*, Isthmus *m*.

IT *abbr of* **information technology.**

it [ɪt] **I** *pron* **1.** (*when replacing German noun*) (*subj*) er/sie/es; (*dir obj*) ihn/sie/es; (*indir obj*) ihm/ihr/ihm. **of ~** davon; **behind/over/under** *etc* **~** dahinter/darüber/darunter *etc*; **who is ~? — ~'s me** *or* **I** (*form*) wer ist da? — ich (bin's); **who is ~? — ~'s the Browns!** wer ist da? — die Browns!; **what is ~?** was ist es *or* das?; (*matter*) was ist los?; **that's not ~** (*not the trouble*) das ist es (gar) nicht; (*not the point*) darum geht's gar nicht; **the cheek of ~!** so eine Frechheit!; **the worst of ~ is that ...** das Schlimmste daran ist, daß ...

2. (*indef subject*) es. **~'s raining** es regnet; **yes, ~ is a problem** ja, das ist ein Problem; **~ seems simple to me** mir scheint das ganz einfach; **if ~ hadn't been for her, we would have come** wenn sie nicht gewesen wäre, wären wir gekommen; **why is ~ always me who has to ...?** warum muß (ausgerechnet) immer ich ...?; **~ wasn't me** *ich* war's nicht; **~ was the Italians/10 miles** es waren die Italiener/10 Meilen; **I don't think ~ (is) wise of you ...** ich halte es für unklug, wenn du ...

3. (*emph*) **~ was him** *or* **he** (*form*) **who asked her** *er* hat sie gefragt; **~ was a cup that he dropped and not ...** er hat eine *Tasse* fallen lassen und nicht ...; **~'s his appearance I object to** ich habe nur etwas gegen sein Äußeres; **~ was for his sake that she lied** nur um seinetwillen hat sie gelogen.

4. (*inf phrases*) **that's ~!** (*agreement*) ja, genau!; (*annoyed*) jetzt reicht's mir!; **that's ~ (then)!** (*achievement*) (so,) das wär's!, geschafft!; (*disappointment*) ja, das war's dann wohl; **this is ~!** (*before action*) jetzt geht's los!; *see* **at, in, with-it.**

II *n* (*inf*) **1.** (*in children's games*) **you're ~!** du bist!

2. this is really ~! das ist genau das richtige, *das* ist es; **he really thinks he's ~** er bildet sich (*dat*) ein, er sei sonst wer.

3. my cat's an ~ meine Katze ist ein Neutrum.

ita *abbr of* **initial teaching alphabet** *Lautschrift f für den Anfangsunterricht im Lesen.*

Italian [ɪ'tæljən] **I** *adj* italienisch. **II** *n* **1.** Italiener(in *f*) *m*. **2.** (*language*) Italienisch *nt*.

italic [ɪ'tælɪk] **I** *adj* kursiv. **~ type** Kursivdruck *m*; **~ script** Kurrentschrift *f*. **II** *n* **~s** *pl* Kursivschrift, Kursive *f*; **in ~s** kursiv (gedruckt); **my ~s** Hervorhebung von mir.

italicize [ɪ'tælɪsaɪz] *vt* kursiv schreiben/drucken.

Italy ['ɪtəlɪ] *n* Italien *nt*.

ITC (*Brit*) *abbr of* **Independent Television Commission.**

itch [ɪtʃ] **I** *n* **1.** Jucken *nt*, Juckreiz *m*. **I have an ~** mich juckt es, ich habe einen Juckreiz.

2. (*inf: urge*) Lust *f*. **I have an ~ to do sth/for sth** es reizt *or* juckt (*inf*) mich, etw zu tun/etw reizt *or* juckt (*inf*) mich.

II *vi* **1.** jucken. **my back ~es** mein Rücken juckt (mich), mir *or* mich juckt der Rücken.

2. (*inf*) **he is ~ing to ...** es reizt *or* juckt (*inf*) ihn, zu ...; **he's ~ing for a fight** er ist auf Streit aus.

itching ['ɪtʃɪŋ] **I** *adj* juckend. **to have an ~ palm** (*fig*) gern die Hand aufhalten (*inf*). **II** *n* Jucken *nt*, Juckreiz *m*.

itchy ['ɪtʃɪ] *adj* (+*er*) **1.** (*itching*) juckend. **it is ~** es juckt; **I've got ~ feet** (*inf*) ich will hier weg (*inf*); (*want to travel also*) mich packt das Fernweh; **he's got ~ fingers/an ~ palm** (*inf*) er macht lange Finger/er hält gern die Hand auf (*inf*).

2. (*causing itching*) *cloth* kratzig.

it'd ['ɪtəd] *contr of* **it would; it had.**

item ['aɪtəm] *n* **1.** (*in programme, on agenda*) Punkt *m*; (*Comm: in account book*) (Rechnungs)posten *m*; (*article*) Stück, Ding *nt*, Gegenstand *m*; (*in catalogue*) Artikel *m*; (*Brit: in variety show*) Nummer *f*. **~s of furniture** Möbelstücke *pl*; **he went through it ~ by ~** er ging die Sache Punkt für Punkt durch; **petrol is one of the most expensive ~s I have to buy** Benzin gehört zu den teuersten Dingen, die ich kaufe.

2. (*of news*) Bericht *m*; (*short, Rad, TV also*) Meldung *f*.

itemization [ˌaɪtəmaɪ'zeɪʃən] *n* detaillierte Aufstellung, Einzelaufführung *f*.

itemize ['aɪtəmaɪz] *vt* spezifizieren, einzeln aufführen.

itinerant [ɪ'tɪnərənt] *adj* umherziehend, wandernd, Wander-; *preacher* Wander-; *minstrel* fahrend; *worker* Saison-, Wander-; *judge* Reise-. **~ theatre group** Wandertruppe *f*.

itinerary [aɪ'tɪnərərɪ] *n* (*route*) (Reise)route *f*, Reiseplan *m*; (*map*) Straßenkarte *f*, Wegeverzeichnis *nt*.

it'll ['ɪtl] *contr of* **it will.**

its [ɪts] *poss adj* sein(e)/ihr(e)/sein(e).

it's [ɪts] *contr of* **it is; it has** (*as aux*).

itself [ɪt'self] *pron* **1.** (*reflexive*) sich.

2. (*emph*) selbst. **and now we come to the text ~** und jetzt kommen wir zum Text selbst; **the frame ~ is worth £1,000** der Rahmen allein *or* schon der Rahmen ist £ 1.000 wert; **in ~, the actual amount is not important** der Betrag an sich ist unwichtig; **enthusiasm is not enough in ~** Begeisterung allein genügt nicht.

3. by ~ (*alone*) allein; (*automatically*) von selbst, selbsttätig; **seen by ~** einzeln betrachtet; **the bomb went off by ~** die Bombe ging von selbst los.

ITV (*Brit*) *abbr of* **Independent Television** *britische Fernsehanstalt.*

IUD *abbr of* **intra-uterine device.**

I've [aɪv] *contr of* **I have.**

IVF *abbr of* **in vitro fertilization** IVF *f*.

ivory ['aɪvərɪ] **I** *n* **1.** (*also colour*) Elfenbein *nt*. **2.** (*Art*) Elfenbeinschnitzerei *f*. **3.** (*inf*) **ivories** (*piano keys*) Tasten *pl*; (*billiard balls*) Billardkugeln *pl*; (*dice*) Würfel *pl*; (*dated: teeth*) Beißer *pl* (*inf*). **II** *adj* **1.** elfenbeinern. **2.** *colour* elfenbeinfarben.

Ivory Coast *n* Elfenbeinküste *f*.

ivory tower I *n* (*fig*) Elfenbeinturm *m*. **II** *adj attr* weltfremd.

ivy ['aɪvɪ] *n* Efeu *m*.

Ivy League *n* (*US*) Eliteuniversitäten *pl* der USA.

J

J, j [dʒeɪ] *n* J, j *nt.*

jab [dʒæb] **I** *vt* **1.** (*with stick, elbow*) stoßen; (*with knife also*) stechen. **he ~bed his elbow into my side** er stieß mir den *or* mit dem Ellbogen in die Seite; **he ~bed his finger** er stach sich (*dat*) in den Finger; **he ~bed his finger at the map** er tippte mit dem Finger auf die Karte; **a sharp ~bing pain** ein scharfer, stechender Schmerz.

2. (*inf: give injection to*) eine Spritze geben *or* verpassen (*inf*) (+*dat*).

II *vi* stoßen (*at sb with sth* mit etw nach jdm); (*Boxing*) eine (kurze) Gerade schlagen (*at* auf +*acc*).

III *n* **1.** (*with stick, elbow*) Stoß *m*; (*with needle, knife*) Stich *m*. **he got a nasty ~ in the eye when she opened her umbrella** sie stach ihn ins Auge, als sie den Regenschirm öffnete.

2. (*inf: injection*) Spritze *f.*

3. (*Boxing*) (kurze) Gerade.

jabber ['dʒæbəʳ] **I** *vt* (daher)plappern (*inf*); *poem, prayers* herunterrasseln, abhaspeln (*inf*). **II** *vi* (*also* ~ **away**) plappern, schwätzen, quasseln (*inf*). **they sat there ~ing away in Spanish** sie saßen da und quasselten (*inf*) Spanisch. **III** *n* Geplapper, Gequassel (*inf*), Geschnatter *nt.*

jabbering ['dʒæbərɪŋ] *n* Geplapper, Plappern, Geschnatter *nt.*

Jack [dʒæk] *n dim of* **John** Hans *m*. **I'm all right ~** das kann mich überhaupt nicht jucken (*inf*).

jack [dʒæk] *n* **1.** Hebevorrichtung *f*; (*Aut*) Wagenheber *m.*

2. (*Cards*) Bube *m.*

3. (*Naut: flag*) Gösch, Bugflagge *f*; *see* **Union J~.**

4. (*Bowling*) Zielkugel *f.*

5. every man ~ (of them) (*inf*) alle ohne Ausnahme, (alle) geschlossen.

◆**jack in** *vt sep* (*sl*) *university, job etc* stecken (*sl*), aufgeben; *girlfriend* Schluß machen mit (*inf*). ~ **it ~!** (*stop it*) hör auf damit!, steck's (*sl*).

◆**jack up** *vt sep* **1.** *car* aufbocken. **2.** (*sl*) *prices, wages* (in die Höhe) treiben.

jackal ['dʒækɔːl] *n* Schakal *m.*

jackass ['dʒækæs] *n* (*donkey*) Eselhengst *m*; (*inf: person*) Esel (*inf*), Dummkopf (*inf*) *m.*

jackboot ['dʒækbuːt] *n* Schaftstiefel *m.*

jackdaw ['dʒækdɔː] *n* Dohle *f.*

jacket ['dʒækɪt] *n* **1.** (*garment*) Jacke *f*; (*man's tailored ~ also*) Jackett *nt*; (*life ~*) Schwimmweste *f*. **2.** (*of book*) Schutzumschlag *m*, Buchhülle *f*; (*US: of record*) Plattenhülle *f*. **3.** (*esp US: for papers*) Umschlag *m*. **4.** ~ **potatoes, potatoes (baked) in their ~s** (in der Schale) gebackene Kartoffeln *pl*. **5.** (*Tech: of boiler*) Mantel *m*, Ummantelung *f.*

Jack Frost *n* der Frost, der Reif (*personifiziert*); **jack-in-the-box** *n* Schachtel- *or* Kastenteufel *m*; **he was up and down like a ~** er sprang immer wieder auf, der reinste Hampelmann.

jackknife ['dʒæknaɪf] **I** *n* **1.** (großes) Taschenmesser. **2.** (*also* ~ **dive**) gehechteter Sprung. **II** *vi* **the lorry ~d** der Auflieger *or* Anhänger hat sich quergestellt.

jack-of-all-trades *n* Alleskönner *m*; **to be 1. ~ (and master of none)** (*prov*) ein Hansdampf *m* in allen Gassen sein; **jack plug** *n* Bananenstecker *m*; (*for telephone*) Klinkenstecker *m.*

jackpot ['dʒækpɒt] *n* Pott *m* (*inf*); (*Cards also*) Jackpot *m*; (*in lottery*) Hauptgewinn *m*. **the ~ this week stands at £20,000** diese Woche ist der Höchstgewinn £ 20.000; **to hit the ~** (*lit*) einen Treffer haben; (*in lottery*) den Hauptgewinn bekommen; (*fig*) das große Los ziehen.

jack rabbit *n* Eselhase *m*; **Jack Robinson** [ˌdʒæk'rɒbɪnsən] *n*: **before you could say ~** (*inf*) im Nu, im Handumdrehen.

Jacob ['dʒeɪkəb] *n* Jakob *m.*

Jacobean [ˌdʒækə'biːən] *adj* aus der Zeit Jakobs I.

Jacobite ['dʒækəbaɪt] *n* Jakobit *m.*

jacuzzi [dʒə'kuːzɪ] *n* Whirlpool *m.*

jade [dʒeɪd] **I** *n* (*stone*) Jade *m or f*; (*colour*) Jadegrün *nt*. **II** *adj* Jade-; (*colour*) jadegrün. ~ **green** jadegrün.

jaded ['dʒeɪdɪd] *adj* (*physically*) matt, abgespannt; (*permanently*) verbraucht, abgelebt; (*mentally dulled*) stumpfsinnig, abgestumpft; (*from overindulgence*) übersättigt; *appearance* verlebt, verbraucht; *palate* abgestumpft.

jag [dʒæg] *n* **1.** (*of rock*) Zacke, Spitze *f*; (*of saw*) Zacke *f*. **2. to go on a ~** (*sl*) einen draufmachen (*sl*).

Jag [dʒæg] *n* (*inf: car*) Jaguar *m* ®.

jagged ['dʒægɪd] *adj* zackig; *edge, hole also* schartig, (aus)gezackt; *wound, tear* ausgefranst; *coastline* zerklüftet.

jaguar ['dʒægjʊəʳ] *n* Jaguar *m.*

jail [dʒeɪl] **I** *n* Gefängnis *nt*. **in ~** im Gefängnis; **to go to ~** eingesperrt werden, ins Gefängnis kommen. **II** *vt* einsperren, ins Gefängnis sperren.

jailbait *n* (*inf*) **she's ~** die ist noch minderjährig, laß lieber die Finger von ihr (*inf*); **jailbird** *n* (*inf*) Knastbruder *m* (*inf*); **jailbreak** *n* Ausbruch *m* (*aus dem Gefängnis*); **jailbreaker** *n* Ausbrecher(in *f*) *m* (*inf*).

jailer ['dʒeɪləʳ] *n* Gefängniswärter(in *f*) *or* -aufseher(in *f*) *m.*

jail house *n* (*US*) Gefängnis *nt.*

jalop(p)y [dʒə'lɒpɪ] *n* (*inf*) alte (Klapper)kiste *or* Mühle (*inf*).

jam¹ [dʒæm] *n* Marmelade, Konfitüre *f.*

jam² **I** *n* **1.** (*crowd*) Gedränge, Gewühl *nt.*

2. (*traffic* ~) (Verkehrs)stau *m*, Stauung *f*.

3. (*blockage in machine, of logs*) Stockung, Stauung *f*. **there's a ~ in the pipe** das Rohr ist verstopft.

4. (*inf: tight spot*) Klemme (*inf*), Patsche (*inf*) *f*. **to be in a ~** in der Klemme *or* Patsche sitzen (*inf*); **to get into a ~** ins Gedränge kommen (*inf*); **to get sb out of a ~** jdm aus der Klemme helfen (*inf*), jdn aus der Patsche ziehen (*inf*).

II *vt* **1.** (*make stick*) *window, drawer* verklemmen, verkanten; *gun, brakes* blockieren; (*wedge*) (*to stop rattles*) festklemmen; (*between two things*) einklemmen. **be careful not to ~ the lock** paß auf, daß sich das Schloß nicht verklemmt; **it's ~med** es klemmt; **the ship was ~med in the ice** das Schiff saß im Eis fest; **he got his finger ~med** *or* **he ~med his finger in the door** er hat sich (*dat*) den Finger in der Tür eingeklemmt.

2. (*cram, squeeze*) (*into* in +*acc*) *things* stopfen, hineinzwängen, quetschen; *people* quetschen, pferchen. **to be ~med together** (*things*) zusammengezwängt sein; (*people*) zusammengedrängt sein; (*in train also*) zusammengepfercht sein.

3. (*crowd, block*) *street, town etc* verstopfen, blockieren; (*people also*) sich drängen in (+*dat*). **a street ~med with cars** eine verstopfte Straße; **the passage was ~med with people** Menschen verstopften *or* versperrten den Durchgang.

4. (*move suddenly*) **to ~ one's foot on the brake** eine Vollbremsung machen; **he ~med his knees into the donkey's flanks** er preßte dem Esel die Knie in die Flanken; *see also* **~ on.**

5. (*Rad*) *station, broadcast* stören.

III *vi* **1. the crowd ~med into the bus** die Menschenmenge zwängte sich in den Bus.

2. (*become stuck*) (*brake*) sich verklemmen; (*gun*) Ladehemmung haben; (*door, window*) klemmen.

◆jam in I *vt sep* **1.** (*wedge in*) einkeilen. **he was ~med ~ by the crowd** er war in der Menge eingekeilt. **2.** (*press in*) (herein)stopfen in (+*acc*). **II** *vi* (*crowd in*) sich herein-/hineindrängen.

◆jam on I *vt sep* **1. to ~ ~ the brakes** eine Vollbremsung machen. **2. to ~ ~ one's hat** sich (*dat*) den Hut aufstülpen. **II** *vi* (*brakes*) klemmen.

◆jam up *vt sep* **1.** *see* **jam² II 1.. 2.** (*block*) *roads, entrance* blockieren, versperren; *drain, pipe* verstopfen, blockieren.

Jamaica [dʒəˈmeɪkə] *n* Jamaika *nt*.

Jamaican [dʒəˈmeɪkən] **I** *adj* jamaikanisch. **~ rum** Jamaikarum *m*. **II** *n* Jamaikaner(in *f*) *m*.

jamb [dʒæm] *n* (Tür-/Fenster)pfosten *m*.

jamboree [ˌdʒæmbəˈriː] *n* (*Scouts'*) Jamboree, (Pfadfinder)treffen *nt* **village ~** Dorffest *nt*.

James [dʒeɪmz] *n* Jakob *m*.

jam-full *adj container* vollgestopft, gepfropft voll; *room, bus* überfüllt, knallvoll (*inf*), proppenvoll (*inf*); **~ of people** vollgestopft mit Leuten; **jam jar** *n* Marmeladenglas *nt*.

jamming [ˈdʒæmɪŋ] *n* (*Rad*) Störung *f*. **~ station** Störsender *m*.

jammy [ˈdʒæmɪ] *adj* (+*er*) (*Brit sl: lucky*) Glücks-. **a ~ shot** ein Glückstreffer *m*; **the ~ bugger won three in a row** der mit seinem Schweineglück hat dreimal nacheinander gewonnen (*inf*).

jam-packed *adj* überfüllt, proppenvoll (*inf*); **jam roll** *n* Biskuitrolle *f*.

Jan *abbr of* **January** Jan.

jangle [ˈdʒæŋgl] **I** *vi* (*keys, money*) klimpern (*inf*); (*bells*) bimmeln (*inf*); (*chains, harness*) klirren, rasseln. **II** *vt money* klimpern mit; *bell* bimmeln lassen; *keys also, chains* rasseln mit. **it ~d my nerves** das ist mir durch Mark und Bein gegangen. **III** *n see* **jangling II.**

jangling [ˈdʒæŋglɪŋ] **I** *adj keys, money* klimpernd; *bells* bimmelnd; *chains, harness* klirrend, rasselnd. **II** *n see vi* Klimpern, Geklimper (*inf*) *nt*; Bimmeln *nt*; Klirren, Rasseln *nt*.

janitor [ˈdʒænɪtəʳ] *n* Hausmeister *m*; (*of block of flats also*) Hauswart *m*.

janitress [ˈdʒænɪtrɪs] *n* Hausmeisterin *f*.

jankers [ˈdʒæŋkəz] *npl* (*Mil sl: prison*) Bau *m* (*Mil sl*).

January [ˈdʒænjʊərɪ] *n* Januar *m*; *see also* **September.**

japan [dʒəˈpæn] **I** *n* schwarzer Lack, Japanlack *m*. **II** *vt* mit Japanlack überziehen.

Japan [dʒəˈpæn] *n* Japan *nt*.

Japanese [ˌdʒæpəˈniːz] **I** *adj* japanisch. **II** *n* **1.** Japaner(in *f*) *m*. **2.** (*language*) Japanisch *nt*.

jar¹ [dʒɑːʳ] *n* **1.** (*for jam*) Glas *nt*; (*without handle*) Topf *m*, Gefäß *nt*; (*with handle*) Krug *m*. **2.** (*inf: drink*) Bierchen *nt* (*inf*).

jar² **I** *n* **1.** (*jolt*) Ruck *m*. **he/his neck got quite a ~ in the accident** er/sein Hals hat bei dem Autounfall einen schweren Stoß abbekommen. **2.** (*fig*) Schock *m*.

II *vi* **1.** (*grate: metal*) kreischen, quietschen. **to ~ on** *or* **against sth** auf etw (*dat*) quietschen *or* kreischen.

2. (*be out of harmony*) (*note*) schauerlich klingen; (*colours, patterns*) sich beißen (*inf*), nicht harmonieren (*with* mit); (*ideas, opinions*) sich nicht vertragen, nicht harmonieren (*with* mit).

III *vt building* erschüttern; *back, knee* sich (*dat*) stauchen; (*jolt continuously*) durchrütteln; (*fig*) einen Schock versetzen (+*dat*). **someone ~red my elbow** jemand hat mir an den *or* mich am Ellbogen gestoßen.

◆jar (up)on *vi* +*prep obj* Schauer über den Rücken jagen (+*dat*). **this noise ~s ~ my nerves** dieser Lärm geht mir auf die Nerven.

jargon [ˈdʒɑːgən] *n* Jargon *m* (*pej*), Fachsprache *f*.

jarring [ˈdʒɑːrɪŋ] *adj sound* gellend, kreischend; *accent* störend; *colour, pattern* sich beißend *attr* (*inf*), nicht zusammenpassend *attr*.

jasmin(e) [ˈdʒæzmɪn] *n* Jasmin *m*. **winter ~** gelber Jasmin.

jasper [ˈdʒæspəʳ] *n* Jaspis *m*.

jaundice ['dʒɔːndɪs] *n* Gelbsucht *f.*
jaundiced ['dʒɔːndɪst] *adj* **1.** (*lit*) gelbsüchtig. **2.** *attitude* verbittert, zynisch. **to take a ~ view of sth** in bezug auf etw (*acc*) zynisch sein.
jaunt [dʒɔːnt] *n* Trip *m*, Spritztour *f.* **to go for** *or* **on a ~** einen Ausflug *or* eine Spritztour machen.
jauntily ['dʒɔːntɪlɪ] *adv* munter, fröhlich, unbeschwert; *walk also* schwungvoll. **with his hat perched ~ over one ear** den Hut keck aufgesetzt, den Hut keck auf einem Ohr.
jauntiness ['dʒɔːntɪnɪs] *n* Unbeschwertheit, Sorglosigkeit *f*; (*of singing*) Munterkeit, Fröhlichkeit, Heiterkeit *f.*
jaunty ['dʒɔːntɪ] *adj* (+*er*) munter, fröhlich; *tune also, hat* flott; *attitude* unbeschwert, sorglos; *steps also* schwungvoll. **he wore his hat at a ~ angle** er hatte den Hut keck aufgesetzt.
Java ['dʒɑːvə] *n* Java *nt.*
Javanese [ˌdʒɑːvə'niːz] **I** *adj* (*also* **Javan**) javanisch. **II** *n* **1.** Javaner(in *f*) *m.* **2.** (*language*) Javanisch *nt.*
javelin ['dʒævlɪn] *n* Speer *m.* **throwing the ~, ~ throwing** Speerwerfen *nt.*
jaw [dʒɔː] **I** *n* **1.** Kiefer *m*, Kinnlade *f.* **the lion opened its ~s** der Löwe riß seinen Rachen auf; **with its prey between its ~s** mit der Beute im Maul.
2. ~s *pl* (*fig*) (*of valley*) Mündung, Öffnung *f*; **the ~s of death** die Klauen *pl* des Todes; **like walking into the ~s of death** wie ein Gang zum Schafott.
3. (*of pincer, vice*) (Klemm)backe *f.*
4. (*sl*) (*chatting*) Gerede, Geschwätz *nt*; (*chat*) Schwatz *m*, Schwätzchen *nt.*
5. (*sl*) (*sermonizing*) (Moral)predigen *nt* (*inf*); (*sermon*) Moralpredigt *f* (*inf*).
II *vi* **1.** (*sl: chat*) quatschen (*inf*), quasseln (*inf*).
2. (*sl: moralize*) predigen (*inf*).
jawbone *n* Kieferknochen *m*, Kinnbacke *f.*
jay [dʒeɪ] *n* Eichelhäher *m.*
jaywalk *vi* sich als Fußgänger(in) unachtsam verhalten; **jaywalker** *n* unachtsame(r) Fußgänger(in).
jazz [dʒæz] **I** *n* **1.** (*Mus*) Jazz *m.*
2. (*inf: talk*) Getön (*inf*), Gewäsch (*pej*) *nt.* **he gave me a lot of ~ about his marvellous job** er schwärmte mir was von seinem tollen Job vor (*inf*); **... and all that ~** ... und all so 'n Zeug (*inf*), ... und das ganze Drum und Dran (*inf*).
II *attr band, music* Jazz-.
◆**jazz up** *vt sep* aufmöbeln (*inf*), aufpeppen (*inf*). **to ~ ~ the classics** klassische Musik verjazzen.
jazzman ['dʒæzmæn] *n, pl* **-men** [-men] Jazzer *m.*
jazzy ['dʒæzɪ] *adj* (+*er*) *colour* knallig (*inf*), auffallend, schreiend (*pej*); *pattern* wild, stark gemustert, auffallend; *dress, tie* poppig (*inf*), knallig (*inf*).
JC *abbr of* **Jesus Christ** J. Chr.
JCB ® [dʒeɪsiː'biː] *n* Erdräummaschine *f.*
jealous ['dʒeləs] *adj* **1.** *husband, lover, child* eifersüchtig; (*envious: of sb's possessions, success*) neidisch, mißgünstig. **to be ~ of sb** auf jdn eifersüchtig sein/jdn beneiden; **I'm not at all ~ of his success** ich bin nicht neidisch auf seinen Erfolg, ich beneide ihn nicht um seinen Erfolg.
2. (*watchful, careful*) sehr besorgt (*of* um), bedacht (*of* auf +*acc*). **to keep a ~ watch over** *or* **a ~ eye on sb** jdn mit Argusaugen bewachen.
jealously ['dʒeləslɪ] *adv* **1.** *see adj* **1.. 2.** (*carefully*) sorgsam, sorgfältig.
jealousy ['dʒeləsɪ] *n see adj* (*of* auf +*acc*) Eifersucht *f*; Neid *m*, Mißgunst *f.* **their small-minded, petty jealousies** ihre engstirnigen, kleinlichen Eifersüchteleien *pl.*
jeans [dʒiːnz] *npl* Jeans *pl.* **a pair of ~** (ein Paar) Jeans *pl.*
Jeep ® [dʒiːp] *n* Jeep ® *m.*
jeer [dʒɪə^r] **I** *n* (*remark*) höhnische Bemerkung; (*shout, boo*) Buhruf *m*, Johlen *nt no pl*; (*laughter*) Hohngelächter *nt.*
II *vi see n* höhnische Bemerkungen machen; johlen, buhen; höhnisch lachen. **to ~ at sb** jdn (laut) verhöhnen.
jeering ['dʒɪərɪŋ] *see* **jeer 1 I** *adj* höhnisch; johlend; höhnisch lachend. **II** *n* höhnische Bemerkungen *pl*; Johlen, Gejohle *nt*; Hohngelächter *nt.*
Jehovah [dʒɪ'həʊvə] *n* Jehova, Jahwe *m.* **~'s witness** Zeuge *m*/Zeugin *f* Jehovas.
jell [dʒel] *vi see* **gel.**
jello ['dʒeləʊ] *n* (*US*) Wackelpeter *m* (*inf*).
jelly ['dʒelɪ] **I** *n* **1.** Gelee *nt*; (*esp Brit: dessert*) (rote) Grütze, Wackelpeter *m* (*inf*); (*esp US: jam*) Marmelade *f*; (*round meat*) Aspik, Gallert(e *f*) *m.* **it forms a kind of ~** es bildet eine gelee- *or* gallertartige Masse. **2.** (*sl: gelignite*) Dynamit *nt.* **II** *vt* in Aspik einlegen. **jellied eels** Aal in Aspik, Sülzaale *pl.*
jellybaby *n* (*Brit*) Gummibärchen *nt*; **jellybean** *n* Geleebonbon *m or nt*; **jellyfish** *n* Qualle *f.*
jemmy ['dʒemɪ], (*US*) **jimmy** *n* Brecheisen, Stemmeisen *nt.*
jeopardize ['dʒepədaɪz] *vt* gefährden, in Gefahr bringen.
jeopardy ['dʒepədɪ] *n* Gefahr *f.* **in ~** in Gefahr, gefährdet; **to put sb/sth in ~** jdn/etw gefährden *or* in Gefahr bringen; **to be in ~ of one's life** in Lebensgefahr schweben *or* sein.
jerbil *n see* **gerbil.**
Jericho ['dʒerɪkəʊ] *n* Jericho *nt.*
jerk [dʒɜːk] **I** *n* **1.** Ruck *m*; (*jump*) Satz *m*; (*spasm, twitch*) Zuckung *f*, Zucken *nt no pl.* **to give sth a ~** einer Sache (*dat*) einen Ruck geben; *rope, fishing line* an etw (*dat*) ruckartig ziehen; **to give a ~** (*car*) rucken, einen Satz machen; (*twitch*) (*person*) zusammenzukken; (*knee*) zukken; (*head*) zurückzucken; **the train stopped with a ~/a series of ~s** der Zug hielt mit einem Ruck/ruckweise an.
2. *see* **physical ~s.**
3. (*US sl: person*) Trottel (*inf*) *m.*
II *vt* rucken *or* ruckeln (*inf*) an (+*dat*). **the impact ~ed his head forward/back** beim Aufprall wurde sein Kopf nach vorn/hinten geschleudert; **he**

~ed the fish out of the water er zog den Fisch mit einem Ruck aus dem Wasser; **he ~ed his head back** er riß den Kopf zurück **he ~ed the book away/out of my hand** er riß das Buch weg/er riß mir das Buch aus der Hand.

III *vi* (*rope, fishing line*) rucken; (*move jerkily*) ruckeln (*inf*); (*body, muscle*) zucken, zusammenzucken; (*head*) zurückzucken. **he ~ed away from me** er sprang mit einem Satz von mir weg; **his head ~ed forward** sein Kopf wurde nach vorne geschleudert; **the car ~ed forward** der Wagen machte einen Satz *or* Ruck nach vorn; **the car ~ed to a stop** das Auto hielt ruckweise an; **to ~ out/open** heraus-/aufspringen.

◆**jerk off** *vi* (*sl: masturbate*) sich (*dat*) einen runterholen (*sl*).

jerkily ['dʒɜːkɪlɪ] *adv* ruckartig; (*over cobbles*) holpernd, rüttelnd; *write, speak* holprig.

jerkin ['dʒɜːkɪn] *n* Jacke *f*; (*Hist*) (Leder)wams *nt*.

jerky ['dʒɜːkɪ] *adj* (*+er*) ruckartig; *way of speaking also* abgehackt; *style* sprunghaft, abgehackt. **a ~ ride over cobbles/in an old bus** eine holprige Fahrt über Kopfsteinpflaster/in einem alten Bus.

Jerome [dʒə'rəʊm] *n* Hieronymus *m*.

jerry ['dʒerɪ] *n* (*Brit sl: chamberpot*) Pott (*inf*), Thron (*inf*) *m*.

Jerry ['dʒerɪ] *n* (*esp Mil sl*) (*German soldier*) deutscher Soldat, Deutsche(r) *m*; (*the Germans*) die Deutschen *pl*.

jerry-building *n* schlampige Bauweise; **jerry-built** *adj* schlampig gebaut; **jerry can** *n* großer (Blech)kanister.

jersey ['dʒɜːzɪ] *n* Pullover *m*; (*Cycling, Ftbl*) Trikot *nt*; (*cloth*) Jersey *m*. **~ wool** Wolljersey *m*.

Jersey ['dʒɜːzɪ] *n* **1.** Jersey *nt*. **2.** (*cow*) Jersey(rind) *nt*.

Jerusalem [dʒə'ruːsələm] *n* Jerusalem *nt*.

jest [dʒest] **I** *n* (*no pl: fun*) Spaß *m*; (*joke also*) Scherz, Witz *m*. **in ~** im Spaß. **II** *vi* scherzen, spaßen. **to ~ about sth** über etw (*acc*) Scherze *or* Witze machen.

jester ['dʒestəʳ] *n* **1.** (*Hist*) Narr *m*. **the King's ~** der Hofnarr. **2.** (*joker*) Spaßvogel, Witzbold (*inf*) *m*.

jesting ['dʒestɪŋ] **I** *adj* spaßend, scherzhaft. **it's no ~ matter** darüber macht man keine Späße. **II** *n* Spaßen, Scherzen *nt*.

jestingly ['dʒestɪŋlɪ] *adv* im Spaß, scherzhaft.

Jesuit ['dʒezjʊɪt] *n* Jesuit *m*.

Jesuitic(al) [ˌdʒezjʊ'ɪtɪk(əl)] *adj* jesuitisch, Jesuiten-.

Jesus ['dʒiːzəs] **I** *n* Jesus *m*. **~ Christ** Jesus Christus. **II** *interj* (*sl*) Mensch (*inf*). **~ Christ!** Herr Gott, (noch mal)! (*inf*); (*surprised*) Menschenskind! (*inf*).

jet¹ [dʒet] **I** *n* **1.** (*of water, vapour*) Strahl *m*. **a thin ~ of water** ein dünner Wasserstrahl; **a ~ of gas** (aus einer Düse) austretendes Gas. **2.** (*nozzle*) Düse *f*. **3.** (*engine*) Düsentriebwerk, Strahltriebwerk *nt*; (*also* **~ plane**) Düsenflugzeug *nt*, Jet *m*.

II *vi* **1.** (*water*) schießen. **2.** (*Aviat*) jetten (*inf*).

III *attr* (*Aviat*) Düsen-.

jet² *n* (*Miner*) Jet(t) *m or nt*, Gagat *m*. **~ black** kohl(/pech)rabenschwarz, pechschwarz.

jet engine *n* Düsentriebwerk, Strahltriebwerk *nt*; **jet-engined** *adj* Düsen-, mit Düsenantrieb; **jet fighter** *n* Düsenjäger *m*; **jetfoil** *n* Tragflügelboot *nt*; **jet lag** *n* Jet-lag *nt*, Schwierigkeiten *pl* durch den Zeitunterschied; **he's suffering from ~** er hat Jet-lag, er ist durch den Zeitunterschied völlig aus dem Rhythmus gekommen; **jet-lagged** *adj* **to be ~** an Jetlag leiden; **jet plane** *n* Düsenflugzeug *nt*; **jet-powered, jet-propelled** *adj* mit Strahl- *or* Düsenantrieb, Düsen-; **jet propulsion** *n* Düsen- *or* Strahlantrieb *m*.

jetsam ['dʒetsəm] *n* über Bord geworfenes Gut; (*on beach*) Strandgut *nt*; *see* **flotsam.**

jet set *n* Jet-set *m*; **jet-set** *vi* **he ~ted off to Rio** er ist im Jet nach Rio gedüst; **jet-setter** *n* **he has become a real ~** der ist voll in den Jet-set eingestiegen (*inf*); **jet-setting** *n* Jet-set-Leben *nt*.

jettison ['dʒetɪsn] *vt* **1.** (*Naut, Aviat*) (als Ballast) abwerfen *or* über Bord werfen. **2.** (*fig*) *plan* über Bord werfen; *person* abhängen, aufgeben; *unwanted articles* wegwerfen.

jetty ['dʒetɪ] *n* (*breakwater*) Mole *f*, Hafendamm *m*; (*landing pier*) Landesteg, Pier *m*, Landungsbrücke *f*.

Jew [dʒuː] *n* **1.** Jude *m*, Jüdin *f*. **~-baiting** Judenverfolgung, Judenhetze *f*. **2.** (*pej inf*) Geizkragen, Geizhals (*inf*) *m*.

jewel ['dʒuːəl] *n* **1.** (*gem*) Edelstein *m*, Juwel *nt* (*geh*); (*piece of jewellery*) Schmuckstück *nt*. **~ box, ~ case** Schmuckkästchen *nt*, Schmuckkasten *m*. **2.** (*of watch*) Stein *m*. **3.** (*fig: person*) Juwel, Goldstück (*inf*) *nt*.

jewelled, (*US*) **jeweled** ['dʒuːəld] *adj* mit Juwelen (*geh*) *or* Edelsteinen besetzt; *watch* mit Steinen.

jeweller, (*US*) **jeweler** ['dʒuːələʳ] *n* (*shop*) Juwelier, (*person*) Schmuckhändler(in *f*) *m*; (*making jewellery*) Goldschmied(in *f*).

jewellery, (*US*) **jewelry** ['dʒuːəlrɪ] *n* Schmuck *m no pl*. **a piece of ~** ein Schmuckstück *nt*.

Jewess ['dʒuːɪs] *n* Jüdin *f*.

Jewish ['dʒuːɪʃ] *adj* jüdisch; (*pej inf: mean*) knickerig (*inf*).

Jewry ['dʒʊərɪ] *n* die Juden *pl*.

Jezebel ['dʒezəbel] *n* (*Bibl*) Isebel *f*; (*fig*) verruchtes Weib.

jib [dʒɪb] **I** *n* **1.** (*of crane*) Ausleger, Dreharm *m*. **2.** (*Naut*) Klüver *m*. **~-boom** Klüverbaum *m*.

II *vi* (*horse*) scheuen, bocken (*at* vor +*dat*). **to ~ at sth** (*person*) sich gegen etw sträuben.

jibe [dʒaɪb] *n, vi see* **gibe.**

jiffy ['dʒɪfɪ], **jiff** [dʒɪf] *n* (*inf*) Minütchen *nt* (*inf*). **I won't be a ~** ich komme sofort *or* gleich; (*back soon*) ich bin sofort *or* gleich wieder da; **half a ~/wait a ~!** Augenblick(chen)! (*inf*); **in a ~** sofort, gleich.

Jiffy bag ® ['dʒɪfɪˌbæg] *n* (gepolsterte) Versandtasche.

jig [dʒɪg] **I** *n* **1.** (*dance*) Jig. **she did a little ~** (*fig*) sie vollführte einen Freudentanz. **2.** (*Tech*) Spannvorrichtung *f*.
II *vi* (*dance*) tanzen; (*fig: also* **~ about**) herumhüpfen. **to ~ up and down** Sprünge machen, herumspringen.
III *vt* **he was ~ging his foot up and down** er wippte mit dem Fuß; **to ~ a baby up and down on one's knees** ein Kind auf den Knien reiten lassen *or* schaukeln.

jigger ['dʒɪgə^r] *n* **1.** (*sieve*) Schüttelsieb *nt*. **2.** (*US: measure*) *Meßbecher m für Alkohol: 1½ Unzen*. **3.** (*sandflea*) Sandfloh *m*.

jiggered ['dʒɪgəd] *adj* (*inf*) **well, I'm ~!** da bin ich aber platt (*inf*) *or* baff (*inf*); **I'm ~ if I'll do it** den Teufel werde ich tun (*inf*); **to be ~** (*tired*) kaputt sein (*inf*).

jiggery-pokery ['dʒɪgərɪ'pəʊkərɪ] *n* (*inf*) Schmu *m* (*inf*). **I think there's been some ~ going on here** ich glaube, hier ist was faul (*inf*).

jiggle ['dʒɪgl] *vt* wackeln mit; *door handle* rütteln an (+*dat*).

jigsaw ['dʒɪgsɔː] *n* **1.** (*Tech*) Tischler-Bandsäge *f*. **2.** (*also* **~ puzzle**) Puzzle(spiel) *nt*.

jilt [dʒɪlt] *vt lover* den Laufpaß geben (+*dat*); *girl* sitzenlassen. **~ed** verschmäht.

Jim [dʒɪm] *n dim of* **James.**

Jim Crow I *n* (*pej: negro*) Nigger (*pej*), Schwarze(r) *m*; (*discrimination*) Rassendiskriminierung *f*. **II** *attr law, policy* (gegen Schwarze) diskriminierend; *saloon* Neger-.

jiminy ['dʒɪmɪnɪ] *interj* (*US*) Menschenskind (*inf*).

jim-jams ['dʒɪmdʒæmz] *n* (*sl*) **1.** (*nervousness*) **it gives me the ~** da kriege ich Muffensausen (*sl*). **2.** (*the creeps*) **he gives me the ~** bei dem kriege ich das große Grausen (*inf*).

jimmy ['dʒɪmɪ] *n (US) see* **jemmy.**

Jimmy ['dʒɪmɪ] *n dim of* **James.**

jingle ['dʒɪŋgl] **I** *n* **1.** (*of keys, coins*) Geklimper, Klimpern *nt*; (*of bells*) Bimmeln *nt*. **2.** (*catchy verse*) Spruch *m*, (*for remembering*) Merkvers *m*. **(advertising) ~** Jingle *m*.
II *vi* (*keys, coins*) klimpern; (*bells*) bimmeln.
III *vt keys, coins* klimpern mit; *bells* bimmeln lassen.

jingoism ['dʒɪŋgəʊɪzəm] *n* Hurrapatriotismus, Chauvinismus *m*.

jingoistic [ˌdʒɪŋgəʊ'ɪstɪk] *adj* hurrapatriotisch, chauvinistisch.

jinks [dʒɪŋks] *npl* (*inf*) *see* **high ~**.

jinx [dʒɪŋks] *n* **there must be** *or* **there's a ~ on it** das ist verhext; **he's been a ~ on us** er hat uns nur Unglück gebracht; **to put a ~ on sth** etw verhexen.

jinxed [dʒɪŋkst] *adj* verhext.

jitterbug ['dʒɪtəbʌg] **I** *n* **1.** (*dance*) Jitterbug *m*. **2.** (*inf: panicky person*) Nervenbündel *nt* (*inf*). **II** *vi* Jitterbug tanzen.

jitters ['dʒɪtəz] *npl* (*inf*) **the ~** das große Zittern (*inf*) *or* Bibbern (*inf*); **his ~** sein Bammel *m* (*inf*); **to give sb the ~** jdn ganz rappelig machen (*inf*).

jittery ['dʒɪtərɪ] *adj* (*inf*) nervös, rappelig (*inf*).

jive [dʒaɪv] **I** *n* **1.** (*dance*) Swing *m*. **2.** (*US inf: nonsense*) **don't give me that ~** hör bloß mit dem Quatsch auf (*inf*). **II** *vi* swingen, Swing tanzen.

Joan [dʒəʊn] *n* Johanna *f*. **~ of Arc** Johanna von Orleans, Jeanne d'Arc.

Job [dʒəʊb] *n* (*Bibl*) Hiob, Job *m*. **the Book of ~** das Buch Hiob; **he/that would try the patience of ~** bei ihm/da muß man eine Engelsgeduld haben; **you're a real ~'s comforter** du bist vielleicht ein schöner *or* schwacher Trost.

job [dʒɒb] **I** *n* **1.** (*piece of work*) Arbeit *f*; (*Comput*) Job *m*. **I have a ~ to do** ich habe zu tun; **I have several ~s to do** ich habe verschiedene Sachen zu erledigen; **I have a little ~ for you** ich habe da eine kleine Arbeit *or* Aufgabe für Sie; **it's quite a ~ to paint the house** das ist vielleicht eine Arbeit, das Haus zu streichen; **the car's in for a spray ~** (*inf*) der Wagen ist zum Lackieren in der Werkstatt; **the plumbers have a lot of ~s on just now** die Klempner haben zur Zeit viele Aufträge; **to be paid by the ~** für (die) geleistete Arbeit bezahlt werden, pro Auftrag bezahlt werden; **he's on the ~** (*inf: at work*) er ist bei *or* an der Arbeit; (*sl: having sex*) er ist zu Gange (*inf*); **to make a good/bad ~ of sth** bei etw gute/schlechte Arbeit leisten; **he knows his ~** er versteht sein Handwerk; *see* **odd.**
2. (*employment*) Stelle *f*, Job *m* (*inf*). **the nice thing about a teaching ~ is ...** das Schöne am Lehrberuf *or* an einer Anstellung als Lehrer ist ...; **he had a vacation ~** *or* **a ~ for the vacation** er hatte eine Ferienarbeit *or* einen Ferienjob (*inf*); **500 ~s lost** 500 Arbeitsplätze verlorengegangen; **to bring new ~s to a region** in einer Gegend neue Arbeitsplätze schaffen.
3. (*duty*) Aufgabe *f*. **that's not my ~** dafür bin ich nicht zuständig; **it's not my ~ to tell him** es ist nicht meine Aufgabe, ihm das zu sagen; **I'll do my ~ and you do yours** ich mache meine Arbeit, und Sie Ihre; **I had the ~ of breaking the news to her** es fiel mir zu, ihr die Nachricht beizubringen; **he's not doing his ~** er erfüllt seine Aufgabe(n) nicht.
4. that's a good ~! so ein Glück; **what a good ~** *or* **it's a good ~ I brought my cheque book, I brought my cheque book and a good ~ too!** nur gut, daß ich mein Scheckbuch mitgenommen habe; **it's a bad ~** schlimme Sache (*inf*); **to give sb/sth up as a bad ~** jdn/etw aufgeben; **that should do the ~** das müßte hinhauen (*inf*); **this is just the ~** das ist goldrichtig *or* genau das richtige; **double whisky? — just the ~** einen doppelten Whisky? — prima Idee (*inf*).
5. (*difficulty*) **I had a ~ doing it** *or* **to do it** das war gar nicht so einfach; **she has a ~ getting up the stairs** es ist gar

nicht einfach für sie, die Treppe raufzukommen (*inf*); **it was quite a ~** das war ganz schön schwer (*inf*) *or* schwierig.

6. (*sl: crime*) Ding *nt* (*sl*). **we're going to do a ~ next week** wir drehen nächste Woche ein Ding (*sl*).

7. (*inf: person, thing*) Ding *nt*. **his new car's a lovely little ~** sein neues Auto ist wirklich große Klasse (*inf*) *or* eine Wucht (*inf*); **that blonde's a gorgeous little ~** die Blondine (da) sieht wirklich klasse aus (*inf*).

8. (*baby-talk*) **to do a (big/little) ~** ein (großes/kleines) Geschäft machen (*inf*), Aa/Pipi machen (*baby-talk*).

II *vi* **1.** (*do casual work*) Gelegenheitsarbeiten tun *or* verrichten, jobben (*sl*). **a graphic designer who ~s for various advertising firms** ein(e) Graphiker(in *f*), der/die für verschiedene Werbeagenturen Aufträge *or* Arbeiten ausführt.

2. (*St Ex*) als Makler(in *f*) tätig sein, Maklergeschäfte betreiben.

3. (*profit from public position*) sein Amt (zu privatem Nutzen) mißbrauchen.

III *vt* (*also* **~ out**) *work* in Auftrag geben, auf Kontrakt *or* auf feste Rechnung vergeben.

job advertisement *n* Stellenanzeige *f*.

jobber ['dʒɒbəʳ] *n* **1.** (*St Ex*) Makler(in *f*), Börsenhändler(in *f*), Effektenhändler(in *f*) *m*. **2.** (*casual worker*) Gelegenheitsarbeiter (in *f*) *m*.

jobbing ['dʒɒbɪŋ] **I** *adj worker, gardener* Gelegenheits-; *printer* Akzidenz-. **II** *n* **1.** (*casual work*) Gelegenheitsarbeit *f*. **2.** (*St Ex*) Börsen- *or* Effektenhandel *m*.

jobcentre *n* (*Brit*) Arbeitsamt *nt*; **job creation** *n* Arbeitsbeschaffung *f*; **~ creation scheme** Beschäftigungsprogramm *nt*; **job cuts** *npl* Arbeitsplatzabbau *m*; **job description** *n* Tätigkeitsbeschreibung *f*; **job evaluation** *n* Arbeitsplatzbewertung *f*; **job holder** *n* Arbeitnehmer(in *f*) *m*; **job hopper** *n* (*inf*) *jd, der häufig seine Arbeitsstelle wechselt*; **job hunter** *n* Arbeitssuchende(r) *mf*; **job hunting** *n* Arbeitssuche, Stellenjagd (*inf*) *f*; **to be ~** auf Arbeitssuche *or* Stellenjagd (*inf*) sein; **job interview** *n* Bewerbungs-, Vorstellungsgespräch *nt*; **jobless I** *adj* arbeitslos, stellungslos; **II** *n* **the ~** *pl* die Arbeitslosen *pl*; **job loss** *n* **there were 1,000 ~es** 1000 Arbeitsplätze gingen verloren; **job lot** *n* (*Comm*) (Waren)posten *m*; **job printer** *n* Akzidenzdrucker(in *f*) *m*; **job profile** *n* Stellenbeschreibung *f*, Stellenprofil *nt*; **job satisfaction** *n* Zufriedenheit *f* am Arbeitsplatz; **I've got ~** ich bin mit meiner Arbeit zufrieden; **job security** *n* Sicherheit *f* des Arbeitsplatzes; **we can offer no ~ guarantees** wir können die Sicherheit des Arbeitsplatzes/der Arbeitsplätze nicht garantieren; **job sharer** *n* *jd, der seinen Arbeitsplatz mit anderen teilt;* **job sharing I** *n* Arbeitsplatzteilung *f*, Job-sharing *nt*; **II** *attr scheme* zur Arbeitsplatzteilung.

Jock [dʒɒk] *n* (*inf*) Schotte *m*.

jockey ['dʒɒkɪ] **I** *n* Jockei, Jockey, Rennreiter(in *f*) *m*.

II *vi* **to ~ for position** (*lit*) sich in eine gute Position zu drängeln versuchen, sich gut plazieren wollen; (*fig*) rangeln; **they were all ~ing for office in the new government** sie rangelten alle um ein Amt in der neuen Regierung.

III *vt* (*force by crafty manoeuvres*) **to ~ sb into doing sth** jdn dazu bringen, etw zu tun; **to ~ sb out of a job** jdn aus seiner Stellung hinausbugsieren (*inf*).

jockstrap ['dʒɒkstræp] *n* Suspensorium *nt*.

jocose [dʒə'kəʊs] *adj* scherzend.

jocular ['dʒɒkjʊləʳ] *adj* lustig, spaßig, witzig.

jocularity [ˌdʒɒkjʊ'lærɪtɪ] *n* Spaßigkeit, Witzigkeit, Scherzhaftigkeit *f*.

jocularly ['dʒɒkjʊləlɪ] *adv* scherzhaft; (*as a joke*) im Scherz.

jocund ['dʒɒkənd] *adj* heiter, fröhlich.

jodhpurs ['dʒɒdpəz] *npl* Reithose(n *pl*) *f*.

Joe [dʒəʊ] *n dim of* **Joseph** Sepp (*S Ger*), Jupp (*dial*) *m*.

Joe Bloggs [ˌdʒəʊ'blɒgz] *n* (*inf: ordinary person*) Otto Normalverbraucher *m* (*inf*).

jog [dʒɒg] **I** *vt* stoßen an (*+acc*) *or* gegen; *person* anstoßen. **he ~ged the child up and down on his knee** er ließ das Kind auf seinem Knie reiten; **to ~ sb's memory** jds Gedächtnis (*dat*) nachhelfen *or* auf die Sprünge helfen.

II *vi* trotten, zuckeln (*inf*); (*Sport*) Dauerlauf machen, joggen. **to ~ up and down** auf und ab hüpfen.

III *n* **1.** (*push, nudge*) Stoß, Schubs, Stups *m*. **to give sb's memory a ~** jds Gedächtnis (*dat*) nachhelfen.

2. (*run*) trabender Lauf, Trott *m*; (*Sport*) Dauerlauf *m*. **he broke into a ~** er fing an zu traben; **to go for a ~** (*Sport*) einen Dauerlauf machen, joggen (gehen).

◆jog about *or* **around I** *vi* hin und her gerüttelt werden. **II** *vt sep* durchschütteln, durchrütteln.

◆jog along *vi* **1.** (*go along: person, vehicle*) entlangzuckeln. **2.** (*fig*) (*person, worker, industry*) vor sich (*acc*) hin wursteln (*inf*); (*work*) seinen Gang gehen.

jogger ['dʒɒgəʳ] *n* **1.** (*person*) Jogger(in *f*) *m*.

2. (*shoe*) Joggingschuh, Freizeitstiefel *m*.

jogging ['dʒɒgɪŋ] *n* Jogging, Joggen *nt*. **~ suit** Jogging-Anzug *m*.

joggle ['dʒɒgl] **I** *vt* schütteln, rütteln. **II** *n* Schütteln, Rütteln *nt*.

jog-trot ['dʒɒgtrɒt] *n* Trott *m*.

John [dʒɒn] *n* Johannes *m*. **~ the Baptist** Johannes der Täufer; **~ Bull** ein typischer Engländer, John Bull *m*; (*the English*) die Engländer *pl*; **~ Doe** (*US*) Otto Normalverbraucher *m* (*inf*); **~ Thomas** (*vulg: penis*) Schwanz *m*.

john [dʒɒn] *n* (*esp US inf*) (*toilet*) Klo *nt* (*inf*).

Johnny ['dʒɒnɪ] *n dim of* **John** Hänschen *nt*, Hänsel *m* (*old*). **j~** (*Brit sl*) (*man*) Typ *m* (*inf*); (*condom*) Pariser *m* (*inf*).

join [dʒɔɪn] **I** *vt* **1.** (*lit, fig: connect, unite*) verbinden (*to* mit); (*attach also*) anfügen (*to* an +*acc*). **to ~ two things together** zwei Dinge (miteinander) verbinden; (*attach also*) zwei Dinge zusammenfügen *or* aneinanderfügen; **to ~ hands** (*lit, fig*) sich (*dat*) *or* einander die Hände reichen; **~ed in marriage** durch das heilige Band der Ehe verbunden *or* vereinigt.

2. (*become member of*) *army* gehen zu; *one's regiment* sich anschließen (+*dat*), sich begeben zu; *political party, club* beitreten (+*dat*), Mitglied werden von *or* bei *or* in (+*dat*), eintreten in (+*acc*); *religious order* eintreten in (+*acc*), beitreten (+*dat*); *university* (*as student*) anfangen an (+*dat*); (*as staff*) *firm* anfangen bei; *group of people, procession* sich anschließen (+*dat*). **to ~ the queue** sich in die Schlange stellen *or* einreihen; **he has been ordered to ~ his ship at Liverpool** er hat Order bekommen, sich in Liverpool auf seinem Schiff einzufinden; **Dr Morris will be ~ing us for a year as guest professor** Dr Morris wird ein Jahr bei uns Gastprofessor sein.

3. he ~ed us in France er stieß in Frankreich zu uns; **I ~ed him at the station** wir trafen uns am Bahnhof, ich traf mich mit ihm am Bahnhof; **I'll ~ you in five minutes** ich bin in fünf Minuten bei Ihnen; (*follow you*) ich komme in fünf Minuten nach; **may I ~ you?** kann ich mich Ihnen anschließen?; (*sit with you*) darf ich Ihnen Gesellschaft leisten?, darf ich mich zu Ihnen setzen?; (*in game, plan*) kann ich mitmachen?; **will you ~ me in a drink?** trinken Sie ein Glas mit mir?; **Paul ~s me in wishing you ...** Paul schließt sich meinen Wünschen für ... an; **they ~ed us in singing ...** sie sangen mit uns zusammen ...

4. (*river*) *another river, the sea* einmünden *or* fließen in (+*acc*); (*road*) *another road* (ein)münden in (+*acc*). **his estates ~ ours** seine Ländereien grenzen an unsere (an).

II *vi* **1.** (*also* **~ together**) (*two parts*) (*be attached*) (miteinander) verbunden sein; (*be attachable*) sich (miteinander) verbinden lassen; (*grow together*) zusammenwachsen; (*meet, be adjacent*) zusammenstoßen, zusammentreffen; (*estates*) aneinander (an)grenzen; (*rivers*) zusammenfließen, sich vereinigen; (*roads*) sich treffen. **let us all ~ together in the Lord's Prayer** wir wollen alle zusammen das Vaterunser beten; **he ~s with me in wishing you ...** er schließt sich meinen Wünschen für ... an; **to ~ together in doing sth** etw zusammen *or* gemeinsam tun; **the bones wouldn't ~ properly** die Knochen wollten nicht richtig zusammenheilen; **they all ~ed together to get her a present** sie taten sich alle zusammen, um ihr ein Geschenk zu kaufen.

2. (*club member*) beitreten, Mitglied werden.

III *n* Naht(stelle) *f*; (*in pipe, knitting*) Verbindungsstelle *f*.

◆**join in** *vi* (*in activity*) mitmachen (*prep obj* bei); (*in game also*) mitspielen (*prep obj* bei); (*in demonstration also, in protest*) sich anschließen (*prep obj* +*dat*); (*in conversation*) sich beteiligen (*prep obj* an +*dat*). **~ ~, everybody!** (*in song*) alle (mitmachen)!; **everybody ~ed ~ the chorus** sie sangen alle zusammen den Refrain; **he didn't want to ~ ~ the fun** er wollte nicht mitmachen.

◆**join on I** *vi* (*be attachable*) sich verbinden lassen (*prep obj, -to* mit), sich anfügen lassen (*prep obj, -to* an +*acc*); (*be attached*) verbunden sein (*prep obj, -to* mit); (*people: in procession*) sich anschließen (*prep obj, -to* +*dat*, an +*acc*).

II *vt sep* verbinden (*prep obj, -to* mit); (*extend with*) ansetzen (*prep obj, -to* an +*acc*).

◆**join up I** *vi* **1.** (*Mil*) Soldat werden, zum Militär gehen. **2.** (*meet: road*) sich treffen, aufeinanderstoßen; (*join forces*) sich zusammenschließen, sich zusammentun (*inf*). **II** *vt sep* (miteinander) verbinden.

joiner ['dʒɔɪnəʳ] *n* Tischler(in *f*), Schreiner(in *f*) *m*.

joinery ['dʒɔɪnərɪ] *n* (*trade*) Tischlerei *f*, Tischlerhandwerk *nt*; (*piece of ~*) Tischlerarbeit *f*.

joint [dʒɔɪnt] **I** *n* **1.** (*Anat, tool, in armour*) Gelenk *nt*. **he's feeling a bit stiff in the ~s** (*inf*) er fühlt sich ein bißchen steif (in den Knochen); **the times are out of ~** (*fig liter*) die Zeit *or* Welt ist aus den Fugen; *see* **nose.**

2. (*join*) (*in woodwork*) Fuge *f*; (*in pipe*) Verbindung(sstelle) *f*; (*welded*) Naht(stelle) *f*; (*junction piece*) Verbindungsstück *nt*.

3. (*Cook*) Braten *m*. **a ~ of beef** ein Rindsbraten *m*.

4. (*sl: place*) Laden *m* (*inf*); (*for gambling*) Spielhölle *f*.

5. (*sl: of marijuana*) Joint *m* (*sl*).

II *vt* **1.** (*Cook*) (in Stücke) zerlegen *or* zerteilen.

2. *boards, pipes* verbinden.

III *adj attr* gemeinsam; (*in connection with possessions also*) gemeinschaftlich; *action, work, decision also* Gemeinschafts-; (*co-*) *ruler, owner* Mit-; *rulers, owners* gemeinsam; (*total, combined*) *influence, strength* vereint. **~ account** gemeinsames Konto; **~ agreement** *Lohnabkommen nt mehrerer Firmen mit einer Gewerkschaft*; **~ committee** gemeinsamer *or* gemischter Ausschuß; **it was a ~ effort** das ist in Gemeinschaftsarbeit entstanden; **it took the ~ efforts of six strong men to move it** es waren die vereinten Anstrengungen von sechs starken Männern nötig, um es von der Stelle zu bewegen; **~ estate** Gemeinschaftsbesitz *m*; **~ heir** Miterbe *m*, Miterbin *f*; **~ ownership** Miteigentum *nt*, Mitbesitz *m*; **~ partner** Teilhaber *m*; **~ resolution** (*US Pol*) gemeinsamer Beschluß (beider gesetzgebender Versammlungen); **~ stock** Aktienkapital *nt*; **~ -stock company/bank** Aktiengesellschaft *f*/-bank *f*; **~ venture** Gemeinschaftsunternehmen, Joint-venture

(*Comm*) *nt.*

jointed ['dʒɔɪntɪd] *adj* (*articulated*) mit Gelenken versehen, gegliedert.

jointly ['dʒɔɪntlɪ] *adv* gemeinsam; *decide, work, rule also* zusammen, miteinander.

joist [dʒɔɪst] *n* Balken *m*; (*of metal, concrete*) Träger *m.*

joke [dʒəʊk] **I** *n* Witz *m*; (*hoax*) Scherz *m*; (*prank*) Streich *m*; (*inf: pathetic person or thing*) Witz *m*; (*laughing stock*) Gespött, Gelächter *nt.* **for a ~** zum Spaß, zum *or* aus Jux (*inf*); **I don't see the ~** ich möchte wissen, was daran so lustig ist *or* sein soll; **he can/can't take a ~** er versteht Spaß/keinen Spaß; **what a ~!** zum Totlachen! (*inf*), zum Schießen! (*inf*); **it's no ~** das ist nicht witzig; **the ~ is that ...** das Witzige *or* Lustige daran ist, daß ...; **this is getting beyond a ~** das geht (langsam) zu weit; **the ~ was on me** der Spaß ging auf meine Kosten; **I'm not in the mood for ~s** ich bin nicht zu(m) Scherzen aufgelegt; **to play a ~ on sb** jdm einen Streich spielen; **to make ~s about sb/sth** sich über jdn/etw lustig machen, über jdn/etw Witze machen *or* reißen (*inf*).

II *vi* Witze machen, scherzen (*geh*) (*about* über +*acc*); (*pull sb's leg*) Spaß machen. **I'm not joking** ich meine das ernst; **you must be joking!** das ist ja wohl nicht Ihr Ernst, das soll wohl ein Witz sein.

joker ['dʒəʊkəʳ] *n* **1.** (*person*) Witzbold, Spaßvogel *m.* **2.** (*sl*) Typ (*inf*), Kerl (*inf*) *m.* **3.** (*Cards*) Joker *m.*

jokey *adj see* **joky.**

jokily ['dʒəʊkɪlɪ] *adv* lustig; *say* scherzhaft, im Scherz.

joking ['dʒəʊkɪŋ] **I** *adj tone* scherzhaft, spaßend. **I'm not in a ~ mood** ich bin nicht zu Scherzen *or* Späßen aufgelegt. **II** *n* Witze *pl.* **~ apart** *or* **aside** Spaß *or* Scherz beiseite.

jokingly ['dʒəʊkɪŋlɪ] *adv* im Spaß; *say, call also* scherzhaft.

joky ['dʒəʊkɪ] *adj* lustig.

jollification [ˌdʒɒlɪfɪ'keɪʃən] *n* (*hum*) Festivität *f* (*hum*); (*merrymaking: also* **~s**) Festlichkeiten *pl.*

jollity ['dʒɒlɪtɪ] *n* Fröhlichkeit, Ausgelassenheit *f.*

jolly ['dʒɒlɪ] **I** *adj* (+*er*) **1.** (*merry*) fröhlich, vergnügt.

2. (*inf: tipsy*) angeheitert (*inf*).

II *adv* (*Brit inf*) ganz schön (*inf*), vielleicht (*inf*); *nice, warm, happy, pleased* mächtig (*inf*). **you are ~ lucky** Sie haben vielleicht Glück *or* ein Mordsglück (*inf*); **~ good/well** prima (*inf*); **it's getting ~ late** es wird langsam spät; **you ~ well will go!** und ob du gehst!; **so you ~ well should be!** das will ich schwer meinen! (*inf*).

III *vt* **to ~ sb into doing sth** jdn bereden, etw zu tun; **to ~ sb along** jdm aufmunternd zureden; **to ~ sb up** jdn aufmuntern.

jolly boat *n* Beiboot *nt*; **Jolly Roger** *n* Totenkopfflagge, Piratenflagge *f.*

jolt [dʒəʊlt] **I** *vi* (*vehicle*) holpern, rüttelnd fahren; (*give one ~*) einen Ruck machen. **to ~ along** rüttelnd entlangfahren; **to ~ to a halt** ruckweise anhalten.

II *vt* (*lit*) (*shake*) durchschütteln, durchrütteln; (*once*) einen Ruck geben *or* versetzen (+*dat*); (*fig*) aufrütteln. **it ~ed him into action** das hat ihn aufgerüttelt.

III *n* **1.** (*jerk*) Ruck *m.* **2.** (*fig inf*) Schock *m.*

jolting ['dʒəʊltɪŋ] *n* Rütteln, Schütteln, Holpern *nt.*

jolty ['dʒəʊltɪ] *adj* (+*er*) *cart etc* holp(e)rig, rüttelnd; *road* holp(e)rig, uneben.

Jonah ['dʒəʊnə] *n* Jona(s) *m.*

Jordan ['dʒɔːdn] *n* (*country*) Jordanien *nt*; (*river*) Jordan *m.*

Joseph ['dʒəʊzɪf] *n* Joseph, Josef *m.*

Josephine ['dʒəʊzɪfiːn] *n* Josephine *f.*

josh [dʒɒʃ] (*US inf*) **I** *vt* aufziehen, veräppeln, verulken (*all inf*). **II** *vi* Spaß machen (*inf*). **III** *n* Neckerei, Hänselei *f.*

Joshua ['dʒɒʃjʊə] *n* Josua *m.*

joss stick ['dʒɒsstɪk] *n* Räucherstäbchen *nt.*

jostle ['dʒɒsl] **I** *vi* drängeln. **he ~d against me** er rempelte mich an.

II *vt* anrempeln, schubsen. **they ~d him out of the room** sie drängten *or* schubsten ihn aus dem Zimmer.

III *n* Gedränge *nt*, Rempelei *f.*

jot [dʒɒt] *n* (*inf*) (*of truth, sense*) Funken *m*, Fünkchen, Körnchen *nt.* **it won't do a ~ of good** das nützt gar nichts *or* nicht das geringste bißchen; **not one ~ or tittle** (*inf*) aber auch nicht das kleinste bißchen (*inf*), keinen Deut.

◆jot down *vt sep* sich (*dat*) notieren, sich (*dat*) eine Notiz machen von. **to ~ ~ notes** Notizen machen.

jotter ['dʒɒtəʳ] *n* (*note pad*) Notizblock *m*; (*notebook*) Notizheft(chen) *nt.*

jottings ['dʒɒtɪŋz] *npl* Notizen *pl.*

joule [dʒuːl] *n* (*Phys*) Joule *nt.*

journal ['dʒɜːnl] *n* **1.** (*magazine*) Zeitschrift *f*; (*newspaper*) Zeitung *f.* **2.** (*diary*) Tagebuch *nt.* **to keep a ~** Tagebuch führen. **3.** (*Naut*) Logbuch, Bordbuch *nt*; (*Comm*) Journal *nt*; (*daybook*) Tagebuch *nt*; (*Jur*) Gerichtsakten *pl.* **4.** (*Mech*) Achszapfen, Achsschenkel *m.* **5.** (*Comput*) Protokoll.

journalese [ˌdʒɜːnə'liːz] *n* Zeitungs- *or* Pressejargon *m.*

journalism ['dʒɜːnəlɪzəm] *n* Journalismus *m.*

journalist ['dʒɜːnəlɪst] *n* Journalist(in *f*) *m.*

journalistic [ˌdʒɜːnə'lɪstɪk] *adj* journalistisch.

journalistically [ˌdʒɜːnə'lɪstɪkəlɪ] *adv* im Zeitungsstil.

journey ['dʒɜːnɪ] **I** *n* Reise *f*; (*by car, train also*) Fahrt *f.* **to go on a ~** eine Reise machen, verreisen; **they have gone on a ~** sie sind verreist; **to set out on one's/a ~** abreisen/eine Reise antreten; **it is a ~ of 50 miles** *or* **a 50 mile ~** es liegt 50 Meilen entfernt; **a two-day ~** eine Zwei-Tage-Reise; **it's a two-day ~ to get to ... from here** man braucht zwei Tage, um von hier nach ... zu kommen; **a bus/**

train ~ eine Bus-/Zugfahrt; **the** ~ **home** die Heimreise, die Heimfahrt; **he has quite a** ~ **to get to work** er muß ziemlich weit fahren, um zur Arbeit zu kommen; **his** ~ **through life** sein Lebensweg *m*.
II *vi* reisen. **to** ~ **on** weiterreisen.
journeyman ['dʒɜːnɪmən] *n, pl* **-men** [-mən] Geselle *m*.
joust [dʒaʊst] **I** *vi* im Turnier kämpfen. **II** *n* Zweikampf *m* im Turnier.
jousting ['dʒaʊstɪŋ] *n* Turnier(kämpfe *pl*) *nt*.
Jove [dʒəʊv] *n* Jupiter *m*. **by** ~! (*dated*) Donnerwetter!
jovial ['dʒəʊvɪəl] *adj* fröhlich, jovial (*esp pej*); *welcome* freundlich, herzlich.
joviality [ˌdʒəʊvɪ'ælɪtɪ] *n see adj* Fröhlichkeit, Jovialität (*esp pej*) *f*; Herzlichkeit *f*.
jovially ['dʒəʊvɪəlɪ] *adv see adj*.
jowl [dʒaʊl] *n* (*jaw*) (Unter)kiefer *m*; (*often pl*) (*cheek*) Backe *f*; (*fold of flesh*) Hängebacke *f*; *see* **cheek**.
joy [dʒɔɪ] *n* **1.** Freude *f*. **to my great** ~ zu meiner großen Freude; **the garden is a** ~ **to behold** *or* **to the eye** der Garten ist eine Augenweide; **it's a** ~ **to hear him** es ist eine wahre Freude *or* ein Genuß, ihn zu hören; **to wish sb** ~ jdm Glück (und Zufriedenheit) wünschen; **I wish you** ~ **(of it)**! (*iro*) na dann viel Spaß *or* viel Vergnügen!; **one of the** ~**s of this job is ...** eine der erfreulichen Seiten dieses Berufs ist ...; **that's the** ~ **of this system** das ist das Schöne an diesem System; *see* **jump II 1.**
2. *no pl* (*Brit inf: success*) Erfolg *m*. **I didn't get much/any** ~ ich hatte nicht viel/keinen Erfolg; **any** ~? hat es geklappt? (*inf*).
joyful ['dʒɔɪfʊl] *adj* freudig, froh.
joyfully ['dʒɔɪfəlɪ] *adv* freudig.
joyfulness ['dʒɔɪfʊlnɪs] *n* Fröhlichkeit *f*; (*of person also*) Frohsinn *m*, Heiterkeit *f*.
joyless ['dʒɔɪlɪs] *adj* freudlos; *person also* griesgrämig.
joyous ['dʒɔɪəs] *adj* (*liter*) freudig, froh.
joyride *n* Spritztour *f*, Vergnügungsfahrt *f* (*in einem gestohlenen Auto*); **to go for a** ~ (ein Auto stehlen und damit) eine Spritztour *or* Vergnügungsfahrt machen; **joystick** *n* (*Aviat*) Steuerknüppel *m*; (*Comput*) Joystick *m*.
JP (*Brit*) *abbr of* **Justice of the Peace**.
Jr *abbr of* **junior** jr., jun.
jubilant ['dʒuːbɪlənt] *adj* überglücklich; (*expressing joy*) jubelnd *attr*; *voice* jubelnd *attr*, frohlockend *attr*; *face* strahlend *attr*; (*at sb's failure*) triumphierend *attr*. **to be** ~ überglücklich sein; jubeln; strahlen; triumphieren.
jubilation [ˌdʒuːbɪ'leɪʃən] *n* Jubel *m*.
jubilee ['dʒuːbɪliː] *n* Jubiläum *nt*.
Judaea [dʒuː'diːə] *n* Judäa *nt*.
Judah ['dʒuːdə] *n* Juda *m*.
Judaic [dʒuː'deɪɪk] *adj* judaisch.
Judaism ['dʒuːdeɪɪzəm] *n* Judaismus *m*.
Judas ['dʒuːdəs] *n* **1.** (*Bibl, fig*) Judas *m*.
2. j~ **(hole)** Guckloch *nt*.
judder ['dʒʌdər] (*Brit*) **I** *n* Erschütterung *f*; (*in car*) Ruckeln *nt*. **to give a** ~ *see vi*.
II *vi* erzittern; (*person*) zucken; (*car*) ruckeln. **the train** ~**ed to a standstill** der Zug kam ruckartig zum Stehen.
Judea *n see* **Judaea**.
judge [dʒʌdʒ] **I** *n* **1.** (*Jur*) Richter(in *f*) *m*; (*of competition*) Preisrichter(in *f*) *m*; (*Sport*) Punktrichter(in *f*), Kampfrichter(in *f*) *m*. ~**-advocate** (*Mil*) Beisitzer *m* bei einem Kriegsgericht, Kriegsgerichtsrat *m*.
2. (*fig*) Kenner(in *f*) *m*. **to be a good/bad** ~ **of character** ein guter/schlechter Menschenkenner sein; **to be a good/no** ~ **of wine/horses** ein/kein Weinkenner/Pferdekenner sein; **to be a good** ~ **of quality** Qualität gut beurteilen können; **I'll be the** ~ **of that** das müssen Sie mich schon selbst beurteilen lassen.
3. (*Bibl*) **(the Book of) J**~**s** (das Buch der) Richter.
II *vt* **1.** (*Jur*) *person* die Verhandlung führen über (+*acc*); *case* verhandeln; (*God*) richten.
2. *competition* beurteilen, bewerten; (*Sport*) Punktrichter(in *f*) *or* Kampfrichter(in *f*) sein bei.
3. (*fig: pass judgement on*) ein Urteil fällen über (+*acc*). **you shouldn't** ~ **people by appearances** Sie sollten Menschen nicht nach ihrem Äußeren beurteilen.
4. (*consider, assess, deem*) halten für, erachten für (*geh*). **you can** ~ **for yourself which is better/how upset I was** Sie können selbst beurteilen, was besser ist/Sie können sich (*dat*) denken, wie bestürzt ich war; **I can't** ~ **whether he was right or wrong** ich kann nicht beurteilen, ob er recht oder unrecht hatte; **how would you** ~ **him**? wie würden Sie ihn beurteilen *or* einschätzen?
5. (*estimate*) *speed, width, distance* einschätzen. **he** ~**d the moment well** er hat den richtigen Augenblick abgepaßt.
III *vi* **1.** (*Jur*) Richter(in *f*) sein; (*God*) richten; (*at competition*) Preisrichter(in *f*) sein; (*Sport*) Kampfrichter (in *f*) *or* Punktrichter(in *f*) sein.
2. (*fig*) (*pass judgement*) ein Urteil fällen; (*form an opinion*) (be)urteilen. **who am I to** ~? ich kann mir dazu kein Urteil erlauben; **judging by** *or* **from sth** nach etw zu urteilen; **judging by appearances** dem Aussehen nach; **to** ~ **by appearances** nach dem Äußeren urteilen; **(you can)** ~ **for yourself** beurteilen Sie das selbst.
judg(e)ment ['dʒʌdʒmənt] *n* **1.** (*Jur*) (Gerichts)urteil *nt*; (*Eccl*) Gericht *nt*; Richterspruch *m*; (*divine punishment*) Strafe *f* Gottes. **to await** ~ (*Jur*) auf sein *or* das Urteil warten; (*Eccl*) auf das Gericht *or* den Richterspruch (Gottes) warten; **the Day of J**~ der Tag des Jüngsten Gerichtes; **to pass** (*also fig*) *or* **give** *or* **deliver** ~ ein Urteil fällen, das Urteil sprechen (*on* über +*acc*); **to sit in** ~ **on sb** über jdn zu Gericht sitzen; (*Jur also*) die Verhandlung über jdn führen; **I don't want to sit in** ~ **on you** ich möchte mich nicht zu Ihrem Richter aufspielen; **it's a** ~ **on him for being so lazy** das ist die Strafe Gottes dafür, daß er so faul war/ist.

2. (*opinion*) Meinung, Ansicht *f*, Urteil *nt*; (*moral ~, value ~*) Werturteil *nt*; (*estimation: of distance, speed*) Einschätzung *f*. **to give one's ~ on sth** sein Urteil über etw (*acc*) abgeben, seine Meinung zu etw äußern; **an error of ~** eine falsche Einschätzung, eine Fehleinschätzung; **in my ~** meines Erachtens, meiner Meinung nach.

3. (*discernment*) Urteilsvermögen *nt*. **a man of ~** ein Mensch *m* mit gutem Urteilsvermögen; **it's all a question of ~** das ist Ansichtssache.

judg(e)mental [dʒʌdʒ'mentl] *adj* wertend. **don't be so ~** bewerte nicht immer gleich alles.

Judg(e)ment Day *n* Tag *m* des Jüngsten Gerichts.

judicature ['dʒu:dɪkətʃə^r] *n* (*judges*) Richterstand *m*; (*judicial system*) Gerichtswesen *nt*, Gerichtsbarkeit *f*.

judicial [dʒu:'dɪʃəl] *adj* **1.** (*Jur*) gerichtlich, Justiz-; *power* richterlich. **~ function** Richteramt *nt*; **to take ~ proceedings against sb** ein Gerichtsverfahren *nt* gegen jdn anstrengen *or* einleiten; **~ murder** Justizmord *m*.

2. (*critical*) *mind* klar urteilend *attr*, kritisch.

judiciary [dʒu:'dɪʃɪərɪ] *n* (*branch of administration*) Gerichtsbehörden *pl*; (*legal system*) Gerichtswesen *nt*; (*judges*) Richterstand *m*.

judicious *adj*, **~ly** *adv* [dʒu:'dɪʃəs, -lɪ] klug, umsichtig.

judo ['dʒu:dəʊ] *n* Judo *nt*.

Judy ['dʒu:dɪ] *n abbr of* **Judith;** (*in Punch and ~*) Gretel *f*.

jug¹ [dʒʌg] **I** *n* **1.** (*for milk, coffee*) (*with lid*) Kanne *f*; (*without lid*) Krug *m*; (*small*) Kännchen *nt*.

2. (*sl: prison*) Kittchen *nt* (*sl*), Knast *m* (*sl*).

II *vt* (*Cook*) schmoren. **~ged hare** ≃ Hasenpfeffer *m*.

jug² *n* (*of nightingale*) Flöten *nt*.

juggernaut ['dʒʌgənɔ:t] *n* **1.** (*Brit: lorry*) Schwerlaster *m*.

2. (*Rel*) **J~** Dschagannath, Jagannath *m*.

3. (*fig: destructive force*) verheerende Gewalt. **the ~ of war** der Moloch des Krieges.

juggle ['dʒʌgl] **I** *vi* jonglieren. **to ~ with the facts/figures** die Fakten/Zahlen so hindrehen, daß sie passen.

II *vt balls* jonglieren (mit); *facts, figures* so hindrehen, daß sie passen.

juggler ['dʒʌglə^r] *n* **1.** (*lit*) Jongleur(in *f*) *m*. **2.** (*fig: trickster*) Schwindler(in *f*) *m*.

juggling ['dʒʌglɪŋ] *n* **1.** (*lit*) Jonglieren *nt*.

2. (*fig*) Verdrehen *nt* (*with* von). **~ with words/figures** Wort-/Zahlenakrobatik *f*; (*falsification*) Wortverdrehung *f*/Frisieren *nt* von Zahlen.

Jugoslav ['ju:gəʊˌslɑ:v] **I** *adj* jugoslawisch. **II** *n* Jugoslawe *m*, Jugoslawin *f*.

Jugoslavia [ˌju:gəʊ'slɑ:vɪə] *n* Jugoslawien *nt*.

jugular ['dʒʌgjʊlə^r] *adj*: **~ vein** Drosselvene, Jugularvene *f*.

juice [dʒu:s] *n* **1.** (*of fruit, meat*) Saft *m*. **2.** *usu pl* (*of body*) Körpersäfte *pl*. **3.** (*sl: electricity, petrol*) Saft *m* (*sl*).

juiciness ['dʒu:sɪnɪs] *n* (*lit*) Saftigkeit *f*; (*fig*) Pikanterie, Schlüpfrigkeit *f*, gewisser Reiz; (*of scandal*) Saftigkeit *f* (*inf*).

juicy ['dʒu:sɪ] *adj* (*+er*) *fruit* saftig; (*inf*) *profit* saftig (*inf*); *squelch* schmatzend, quatschend; *story* pikant, schlüpfrig; *scandal* gepfeffert (*inf*), saftig (*inf*); (*inf*) *girl* knackig (*inf*).

jujitsu [ˌdʒu:'dʒɪtsu:] *n* Jiu-Jitsu *nt*.

jukebox ['dʒu:kbɒks] *n* Musikbox *f*, Musikautomat *m*.

Jul *abbr of* **July**.

Julian ['dʒu:lɪən] **I** *n* Julian *m*. **II** *adj* julianisch. **~ calendar** Julianischer Kalender.

Julius ['dʒu:lɪəs] *n* Julius *m*. **~ Caesar** Julius Caesar *m*.

July [dʒu:'laɪ] *n* Juli *m*; *see also* **September**.

jumble ['dʒʌmbl] **I** *vt* (*also* **~ up**) **1.** (*lit*) durcheinanderwerfen, kunterbunt vermischen. **~d up** durcheinander, kunterbunt vermischt; **to ~ everything up** alles durcheinanderbringen *or* in Unordnung bringen.

2. (*fig*) *facts, details* durcheinanderbringen, verwirren.

II *n* **1.** Durcheinander *nt*; (*of ideas also*) Wirrwarr *m*.

2. *no pl* (*for ~ sale*) gebrauchte Sachen *pl*. **~ sale** (*Brit*) ≃ Flohmarkt *m*; (*for charity*) Wohltätigkeitsbasar *m*.

jumbo ['dʒʌmbəʊ] *n* **1.** (*inf*) Jumbo *m* (*inf*). **2.** (*~ jet*) Jumbo (-Jet) *m*.

jump [dʒʌmp] **I** *n* **1.** (*lit*) Sprung *m*; (*of animal also*) Satz *m*; (*with parachute*) Absprung *m*; (*on race-course*) Hindernis *nt*. **this horse is no good over the ~s** dieses Pferd taugt bei den Hindernissen nichts.

2. (*fig*) (*of prices*) (plötzlicher *or* sprunghafter) Anstieg; (*in narrative*) Sprung *m*, abrupter Übergang. **to take a sudden ~** (*prices, temperature*) ruckartig *or* sprunghaft ansteigen (*to* auf *+acc*), in die Höhe schnellen; **he's always one ~ ahead** er ist immer einen Schritt voraus.

3. (*start*) **to give sb a ~** jdn erschrekken, jdn zusammenzucken lassen; **you gave me such a ~** du hast mich aber erschreckt.

4. to have the ~ on sb (*sl*) jdm gegenüber im Vorteil sein.

II *vi* **1.** (*leap*) springen, einen Satz machen; (*Sport*) springen; (*parachutist*) (ab)springen. **to ~ into a river** in einen Fluß springen; **this horse ~s well** dieses Pferd springt gut *or* nimmt die Hindernisse gut; **to ~ for joy** Freudensprünge *pl*/einen Freudensprung machen; (*heart*) vor Freude hüpfen; **to ~ up and down on the spot** auf der Stelle hüpfen; **to ~ to conclusions** vorschnelle Schlüsse ziehen.

2. (*typewriter*) Buchstaben überspringen *or* auslassen.

3. (*fig*) springen, unvermittelt übergehen; (*prices, shares*) in die Höhe schnellen, sprunghaft ansteigen. **~ to it!** los schon!, mach schon!; **if you keep ~ing from one thing to another** wenn Sie nie an einer Sache bleiben; **let's offer £200 and see which way they ~** (*inf*) machen wir ihnen doch (einfach) ein Angebot von £ 200 und sehen dann, wie sie darauf reagieren.

4. (*start*) zusammenfahren, zusammenzucken. **the shout made him ~** er zuckte *or* fuhr bei dem Schrei zusammen; **you made me ~** du hast mich (aber) erschreckt; **his heart ~ed when ...** sein Herz machte einen Satz, als ...

III *vt* **1.** *ditch* überspringen, hinüberspringen über (+*acc*); (*horses also*) (hinüber)setzen über (+*acc*).

2. *horse* springen lassen.

3. (*skip*) überspringen, auslassen; *pages also* überblättern.

4. (*pick-up*) *groove* überspringen. **to ~ the rails** (*train*) entgleisen; **to ~ a man** (*Draughts*) einen überspringen.

5. (*inf usages*) (*Jur*) **to ~ bail** abhauen (*inf*) (*während man auf Kaution freigelassen ist*); **to ~ the lights** bei Rot drüberfahren (*inf*) *or* über die Kreuzung fahren; **to ~ the queue** (*Brit*) sich vordrängeln; **to ~ ship** (*Naut*) (*passenger*) das Schiff vorzeitig verlassen; (*sailor*) heimlich abheuern; **to ~ a train** (*get on*) auf einen Zug aufspringen; (*get off*) von einem Zug abspringen; **they ~ed a train to Acapulco** sie fuhren schwarz nach Acapulco; **to ~ sb** jdn überfallen.

◆**jump about** *or* **around** *vi* herumhüpfen *or* -springen.

◆**jump at** *vi* +*prep obj person* (*lit*) anspringen; (*fig*) anfahren; *object* zuspringen auf (+*acc*); *offer* sofort zugreifen bei, sofort ergreifen; *suggestion* sofort aufgreifen; *chance* sofort beim Schopf ergreifen.

◆**jump down** *vi* hinunter-/herunterhüpfen *or* -springen (*from* von). **to ~ ~ sb's throat** jdn anfahren, jdm dazwischenfahren (*inf*); **~ ~!** spring *or* hüpf (runter)!

◆**jump in** *vi* hineinspringen/hereinspringen. **~ ~!** (*to car*) steig ein!; (*at swimming pool*) spring *or* hüpf (hinein/herein)!

◆**jump off** *vi* **1.** herunterspringen (*prep obj* von); (*from train, bus*) aussteigen (*prep obj* aus); (*when moving*) abspringen (*prep obj* von); (*from bicycle, horse*) absteigen (*prep obj* von). **2.** (*Show-jumping*) den Wettbewerb durch ein Stechen entscheiden. *See also* **jump-off**.

◆**jump on I** *vi* (*lit*) (*onto vehicle*) einsteigen (*prep obj, -to* in +*acc*); (*onto moving train, bus*) aufspringen (*prep obj, -to* auf +*acc*); (*onto bicycle, horse*) aufsteigen (*prep obj, -to* auf +*acc*). **to ~ ~(to) sb/sth** auf jdn/etw springen; **he ~ed ~(to) his bicycle** er schwang sich auf sein Fahrrad.

II *vi* +*prep obj* (*inf*) *person* anfahren; *suggestion* kritisieren, heruntermachen (*inf*).

◆**jump out** *vi* hinaus-/herausspringen; (*from vehicle*) aussteigen (*of* aus); (*when moving*) abspringen (*of* von). **to ~ ~ of bed** aus dem Bett springen; **to ~ ~ of the window** aus dem Fenster springen, zum Fenster hinausspringen.

◆**jump up** *vi* hochspringen; (*from sitting or lying position also*) aufspringen; (*onto sth*) hinaufspringen (*onto* auf +*acc*).

jump ball *n* Schiedsrichterball *m*.

jumped-up ['dʒʌmpt'ʌp] *adj* (*inf*) **this new ~ manageress** dieser kleine Emporkömmling von einer Abteilungsleiterin.

jumper ['dʒʌmpə^r] *n* **1.** (*garment*) (*Brit*) Pullover *m*; (*US: dress*) Trägerkleid *nt*. **2.** (*person, animal*) Springer (in *f*) *m*. **3.** (*Comput*) Steckbrücke, Drahtbrücke *f*.

jumper cables *n* (*US*) *see* **jump leads.**

jumpiness ['dʒʌmpɪnɪs] *n see adj* (*inf*) Nervosität *f*; Schreckhaftigkeit *f*.

jumping bean *n* Springbohne *f*; **jumping jack** *n* **1.** Hampelmann *m*. **2.** (*firework*) Knallfrosch *m*.

jump jet *n* Senkrechtstarter *m*; **jump leads** *npl* (*Brit Aut*) Starthilfekabel *nt*; **jump-off** *n* (*Show-jumping*) Stechen *nt*; **jump seat** *n* Notsitz, Klappsitz *m*; **jump-start** (*Aut*) *vt* kurzschließen; **jump suit** *n* Overall *m*.

jumpy ['dʒʌmpɪ] *adj* (+*er*) **1.** (*inf*) *person* nervös; (*easily startled*) schreckhaft; *market* unsicher. **2.** *motion* ruckartig.

Jun *abbr of* **June; junior** jr., jun.

junction ['dʒʌŋkʃən] *n* **1.** (*Rail*) Gleisanschluß *m*; (*of roads*) Anschlußstelle, Kreuzung *f*; (*of rivers*) Zusammenfluß *m*. **a very sharp ~** eine sehr scharfe Abzweigung; **Hamm is a big railway ~** Hamm ist ein großer Eisenbahnknotenpunkt. **2.** (*Elec*) Anschlußstelle *f*. **3.** (*act*) Verbindung *f*.

junction box *n* (*Elec*) Verteilerkasten, Kabelkasten *m*.

juncture ['dʒʌŋktʃə^r] *n*: **at this ~** zu diesem Zeitpunkt.

June [dʒu:n] *n* Juni *m*; *see also* **September.**

jungle ['dʒʌŋgl] *n* Dschungel (*also fig*), Urwald *m*. **~ juice** (*hum sl: alcohol*) Feuerwasser *nt* (*inf*).

junior ['dʒu:nɪə^r] **I** *adj* **1.** (*younger*) jünger. **he is ~ to me** er ist jünger als ich; **Smith, ~** (*at school*) Smith II, der kleine Smith; **the ~ miss** die kleine Dame; **~ classes** (*Sch*) Unterstufe *f*; **~ school** (*Brit*) Grundschule *f*; **~ college** (*US Univ*) *College, an dem man die ersten zwei Jahre eines 4jährigen Studiums absolviert*; **~ high (school)** (*US*) ≃ Mittelschule *f*.

2. (*subordinate*) *employee* untergeordnet; *officer* rangniedriger. **to be ~ to sb** unter jdm stehen; **~ clerk** zweite(r) Buchhalter(in *f*); **he's just some ~ clerk** er ist bloß ein kleiner Angestellter; **~ Minister** Staatssekretär(in *f*) *m*; **~ partner** jüngere(r) Teilhaber(in *f*); (*in coalition*) kleinerer (Koalitions)partner.

3. (*Sport*) Junioren-, der Junioren. **~ team** Juniorenmannschaft *f*.

II *n* **1.** Jüngere(r) *mf*, Junior *m*. **he is my ~ by two years, he is two years my ~** er ist zwei Jahre jünger als ich.

2. (*Brit Sch*) (*at primary school*) Grundschüler(in *f*) *m*; (*at secondary school*) Unterstufenschüler(in *f*) *m*.

3. (*US Univ*) *Student(in f) m im*

vorletzten Studienjahr.

4. (*Sport*) **the ~s** die Junioren *pl.*

juniper ['dʒu:nɪpəʳ] *n* Wacholder *m.* **~ berry** Wacholderbeere *f.*

junk¹ [dʒʌŋk] *n* **1.** (*discarded objects*) Trödel *m*, altes Zeug, Gerümpel *nt.* **2.** (*inf: trash*) Ramsch, Plunder, Schund *m.* **3.** (*sl: drugs*) Stoff *m* (*sl*).

junk² *n* (*boat*) Dschunke *f.*

junk bond *n* (*Fin*) *niedrig eingestuftes Wertpapier mit hohen Ertragschancen bei erhöhtem Risiko.*

junket ['dʒʌŋkɪt] *n* (*Cook*) Dickmilch *f.*

junketing ['dʒʌŋkɪtɪŋ] *n* (*US: trip at public expense*) (Vergnügungs)reise *f* auf Staatskosten.

junk food *n* Junk food(s *pl*) *nt* (*inf*), ungesundes Essen; **junk heap** *n* (*also inf: car*) Schrotthaufen *m* (*inf*); **you'll end up on the ~** du wirst in der Gosse landen.

junkie ['dʒʌŋkɪ] *n* (*sl*) Fixer(in *f*) (*sl*), Junkie (*sl*) *m.* **chocolate/ice-cream ~** Schokoladen-/Eisfreak *m* (*sl*).

junk mail *n* (Post)wurfsendungen *pl*, Reklame *f*; **junk room** *n* Rumpelkammer *f*; **junk shop** *n* Trödelladen *m*; **junk yard** *n* (*for metal*) Schrottplatz *m*; (*for discarded objects*) Schuttabladeplatz *m*; (*of rag and bone merchant*) Trödellager(platz *m*) *nt.*

junta ['dʒʌntə] *n* Junta *f.*

Jupiter ['dʒu:pɪtəʳ] *n* Jupiter *m.*

juridical [dʒʊə'rɪdɪkəl] *adj* (*of law*) juristisch, Rechts-; (*of court*) gerichtlich.

jurisdiction [ˌdʒʊərɪs'dɪkʃən] *n* Gerichtsbarkeit *f*; (*range of authority*) Zuständigkeit(sbereich *m*) *f.* **this court has no ~ over him** er untersteht diesem Gericht nicht; **that's not (in) my ~** dafür bin ich nicht zuständig.

jurisprudence [ˌdʒʊərɪs'pru:dəns] *n* Jura *nt*, Rechtswissenschaft, Jurisprudenz (*old*) *f*; *see* **medical.**

jurist ['dʒʊərɪst] *n* Jurist(in *f*), Rechtswissenschaftler(in *f*) *m.*

juror ['dʒʊərəʳ] *n* Schöffe *m*, Schöffin *f*; (*for capital crimes*) Geschworene(r) *mf*; (*in competition*) Preisrichter(in *f*) *m*, Jury-Mitglied *nt.*

jury ['dʒʊərɪ] *n* **1.** (*Jur*) **the ~** die Schöffen *pl*; (*for capital crimes*) die Geschworenen *pl*; **to sit on the ~** Schöffe/Schöffin *or* Geschworene(r) sein.

2. (*for examination*) Prüfungsausschuß *m*; (*for exhibition, competition*) Jury *f*, Preisgericht *nt.*

jury box *n* Schöffen-/Geschworenenbank *f*; **juryman** *n* Schöffe *m*; Geschworene(r) *m*; **jury service** *n* Schöffenamt *nt*; Amt *nt* des/der Geschworenen; **to do ~** Schöffe/Schöffin *or* Geschworene(r) sein; **jurywoman** *n* Schöffin *f*; Geschworene *f.*

just¹ [dʒʌst] *adv* **1.** (*immediate past*) gerade, (so)eben. **they have ~ left** sie sind gerade *or* (so)eben gegangen; **she left ~ before I came** sie war, gerade *or* kurz bevor ich kam, weggegangen; **I met him ~ after lunch** ich habe ihn direkt *or* gleich nach dem Mittagessen getroffen.

2. (*at this/that very moment*) gerade. **he's ~ coming** er kommt gerade *or* eben; **I'm ~ coming** ich komme ja schon; **I was ~ going to ...** ich wollte gerade ...; **~ as I was going** genau in dem Moment *or* gerade, als ich gehen wollte.

3. (*barely, almost not*) gerade noch, mit knapper Not. **he (only) ~ escaped being run over** er wäre um ein Haar überfahren worden; **it ~ missed** es hat fast *or* beinahe getroffen; **I've got only ~ enough to live on** mir reicht es gerade so *or* so eben noch zum Leben; **I arrived ~ in time** ich bin gerade (noch) zurecht gekommen.

4. (*exactly*) genau, gerade. **it is ~ five o'clock** es ist genau fünf Uhr; **that's ~ like you** das sieht dir ähnlich; **it happened ~ as I expected** es passierte genau so, wie ich es erwartet hatte; **that's ~ it!** das ist's ja gerade *or* eben!; **that's ~ what I was going to say** genau das wollte ich (auch) sagen; **~ what do you mean by that?** was wollen Sie damit sagen?; **~ what does this symbol mean?** was bedeutet dieses Zeichen genau?; **it was ~ there** genau da war es; **everything has to be ~ so** es muß alles seine Ordnung haben.

5. (*only, simply*) nur, bloß. **I can stay ~ a minute** ich kann nur *or* bloß eine Minute bleiben; **~ you and me** nur wir beide, wir beide allein; **this is ~ to show you how it works** dies soll Ihnen lediglich zeigen, wie es funktioniert; **this is ~ to confirm ...** hiermit bestätigen wir, daß ...; **he's ~ a boy** er ist doch noch ein Junge; **why don't you want to/like it? — I ~ don't** warum willst du nicht/magst du es nicht? — ich will/mag's eben *or* halt (*inf*) nicht; **~ like that** (ganz) einfach so; **I don't know, I ~ don't** ich weiß (es) nicht, beim besten Willen nicht; **you can't ~ assume ...** Sie können doch nicht ohne weiteres annehmen ...; **it's ~ not good enough** es ist einfach nicht gut genug.

6. (*a small distance, with position*) gleich. **~ round the corner** gleich um die Ecke; **~ above the trees** direkt über den Bäumen; **~ here** (genau) hier.

7. (*absolutely*) einfach, wirklich. **it was ~ fantastic** es war einfach prima; **it's ~ terrible** das ist ja schrecklich!

8. **~ as** genauso, ebenso; **she didn't understand you — it's ~ as well!** sie hat Sie nicht verstanden — das ist vielleicht auch besser so; **it's ~ as well you didn't go out** nur gut, daß Sie nicht weggegangen sind; **come ~ as you are** kommen Sie so, wie Sie sind; **~ as I thought!** ich habe es mir doch gedacht!

9. **~ about** in etwa, so etwa; **I am ~ about ready** ich bin so gut wie fertig; **it's ~ about here** es ist (so) ungefähr hier; **will this do? — ~ about** ist das recht so? — so in etwa.

10. im Moment. **~ now** (*in past*) soeben (erst), gerade erst; **not ~ now** im Moment nicht; **~ now?** jetzt gleich?

11. (*other uses*) **~ think** denk bloß; **~ listen** hör mal; **~ try** versuch's doch mal; **~ taste this** probier das mal; (*it's awful*) probier bloß das mal; ~ **wait here a moment** warten Sie hier mal (für) einen Augenlick; ~ **a moment** *or* **minute!** Moment mal!; **I can ~ see him as a soldier** ich kann ihn mir gut als Soldat vorstellen; **can I ~ finish this?** kann ich das eben noch fertigmachen?; **don't I ~!** und ob (ich ...); ~ **watch it** nimm dich bloß in acht; ~ **you dare** wehe, wenn du's wagst.

just[2] *adj* (+*er*) **1.** *person, decision* gerecht (*to* gegenüber). **2.** *punishment, reward* gerecht; *anger* berechtigt; *suspicion* gerechtfertigt, begründet. **a ~ cause** eine gerechte Sache; **I had ~ cause to be alarmed** ich hatte guten Grund, beunruhigt zu sein; **as (it) is only ~** wie es recht und billig ist.

justice ['dʒʌstɪs] *n* **1.** (*Jur*) (*quality*) Gerechtigkeit *f*; (*system*) Gerichtsbarkeit, Justiz *f*. **British ~** britisches Recht; **is this the famous British ~?** ist das die berühmte britische Gerechtigkeit?; **to bring a thief to ~** einen Dieb vor Gericht bringen; **court of ~** Gerichtshof *m*, Gericht *nt*; **to administer ~** Recht sprechen; *see* **poetic.**

2. (*fairness*) Gerechtigkeit *f*; (*of claims*) Rechtmäßigkeit *f*. **to do him ~** um ihm gegenüber gerecht zu sein, um mal fair zu sein (*inf*); **this photograph doesn't do me ~** auf diesem Foto bin ich nicht gut getroffen; **that's not true, you're not doing yourself ~** das stimmt nicht, Sie unterschätzen sich; **you didn't do yourself ~ in the exams** Sie haben im Examen nicht gezeigt, was Sie können; **and with ~** und (zwar) zu Recht; **there's no ~, is there?** das ist doch nicht gerecht.

3. (*judge*) Richter *m*. **Lord Chief J~** *oberster Richter in England*; **J~ of the Peace** Friedensrichter *m*; **Mr J~ Plod** Richter Plod.

justifiable [ˌdʒʌstɪ'faɪəbl] *adj* gerechtfertigt, berechtigt.

justifiably [ˌdʒʌstɪ'faɪəblɪ] *adv* zu Recht, berechtigterweise.

justification [ˌdʒʌstɪfɪ'keɪʃən] *n* **1.** Rechtfertigung *f* (*of gen, for* für). **it can be said in his ~ that ...** zu seiner Verteidigung *or* Entschuldigung kann gesagt werden, daß ...; **he had no ~ for lying** er hatte keine Rechtfertigung *or* Entschuldigung für seine Lüge.

2. (*Typ*) Justieren *nt*; (*Comput*) Randausgleich *m*.

justify ['dʒʌstɪfaɪ] *vt* **1.** (*show to be right*) rechtfertigen, verteidigen (*sth to sb* etw vor jdm *or* jdm gegenüber). **you don't need to ~ yourself** Sie brauchen sich nicht zu rechtfertigen *or* verteidigen; **am I justified in thinking that ...?** gehe ich recht in der Annahme, daß ...?

2. (*be good reason for*) rechtfertigen, ein Grund sein für. **this does not ~ his being late** das ist kein Grund für sein Zuspätkommen; **he was justified in doing that** es war gerechtfertigt, daß er das tat.

3. (*Typ*) justieren; (*Comput*) ausrichten. **right/left justified** rechts-/links bündig.

justly ['dʒʌstlɪ] *adv* zu Recht, mit Recht; *treat, try* gerecht; *condemn* gerechterweise.

justness ['dʒʌstnɪs] *n* (*of cause*) Gerechtigkeit, Billigkeit (*liter*) *f*; (*of character*) Gerechtigkeit *f*.

jut [dʒʌt] *vi* (*also* ~ **out**) hervorstehen, hervorragen, herausragen. **he saw a gun ~ting (out) from behind the wall** er sah ein Gewehr hinter der Mauer (her)-vorragen; **the cliff ~s out into the sea** die Klippen ragen ins Meer hinaus; **to ~ out over the street** über die Straße vorstehen *or* hinausragen.

jute [dʒuːt] *n* Jute *f*.

Jutland ['dʒʌtlənd] *n* Jütland *nt*.

juvenile ['dʒuːvənaɪl] **I** *n* (*Admin*) Jugendliche(r) *mf*. **II** *adj* (*youthful*) jugendlich; (*for young people*) Jugend-, für Jugendliche; (*pej*) kindisch, unreif.

juvenile court *n* Jugendgericht *nt*; **juvenile delinquency** *n* Jugendkriminalität *f*, Kriminalität *f* bei Jugendlichen; **juvenile delinquent** *n* jugendliche(r) Straftäter(in); **juvenile lead** *n* (*actor*) jugendliche(r) Hauptdarsteller(in).

juxtapose ['dʒʌkstəˌpəʊz] *vt* nebeneinanderstellen; *ideas also* gegeneinanderhalten; *colours* nebeneinandersetzen.

juxtaposition [ˌdʒʌkstəpə'zɪʃən] *n* (*act*) Nebeneinanderstellung *f*. **in ~** (direkt) nebeneinander.

K

K, k [keɪ] *n* K, k *nt.*

K *abbr* (*in salaries*) -tausend. **15~** 15.000.

k *n* (*Comput*) *abbr of* **kilobyte** KB.

Kaffir ['kæfəʳ] *n* Kaffer *m.*

kale, kail [keɪl] *n* Grünkohl *m.*

kaleidoscope [kə'laɪdəskəʊp] *n* Kaleidoskop *nt.*

kaleidoscopic [kə,laɪdə'skɒpɪk] *adj* kaleidoskopisch.

Kampuchea [,kæmpʊ'tʃɪə] *n* Kampuchea *nt.*

kangaroo [,kæŋgə'ruː] *n* Känguruh *nt.* **~ court** inoffizielles Gericht, Femegericht *nt.*

kaolin ['keɪəlɪn] *n* Kaolin *m or nt*, Porzellanerde *f.*

kapok ['keɪpɒk] *n* Kapok *m.*

Kaposi's sarcoma [kæ'pəʊsɪz 'sɑː'kəʊmə] *n* (*med*) Kaposi-Sarkom *nt.*

kaput [kə'pʊt] *adj* (*sl*) kaputt (*inf*).

karat ['kærət] *n see* **carat.**

karate [kə'rɑːtɪ] *n* Karate *nt.* **~ chop** Karateschlag *or* -hieb *m.*

karma ['kɑːmə] *n* Karma *nt.*

kart [kɑːt] *n* Go-Kart *m.*

karting ['kɑːtɪŋ] *n* Go-Kart-Fahren *nt.*

Kashmir [kæʃ'mɪəʳ] *n* Kaschmir *nt.*

Kate [keɪt] *n dim of* **Catherine** Käthe, Kathi *f.*

katydid ['keɪtɪdɪd] *n* Laubheuschrecke *f.*

kayak ['kaɪæk] *n* Kajak *m or nt.*

Kazakhstan [,kɑːzɑːk'stæn] *n* Kasachstan *nt.*

KC (*Brit*) *abbr of* **King's Counsel.**

kc *abbr of* **kilocycle.**

kebab [kə'bæb] *n* Kebab *m.*

keel [kiːl] *n* (*Naut*) Kiel *m.* **to be on an even ~ again** (*lit*) sich wieder aufgerichtet haben; **he put the business back on an even ~** er brachte das Geschäft wieder wieder auf die Beine (*inf*).

◆**keel over** *vi* (*ship*) kentern; (*fig inf*) umkippen.

keelhaul ['kiːlhɔːl] *vt* kielholen.

keen¹ [kiːn] *adj* (+*er*) **1.** (*sharp*) *blade, wind* scharf.

2. (*acute, intense*) *appetite* kräftig; *interest* groß, stark; *pleasure* groß; *feeling* stark, tief; *desire, pain* heftig, stark; *sight, eye, hearing, ear* gut, scharf; *mind, wit* scharf; (*esp Brit*) *prices* günstig; *competition* scharf. **he has a ~ sense of history** er hat ein ausgeprägtes Gefühl für Geschichte.

3. (*enthusiastic*) begeistert; *football fan, golf player also, supporter* leidenschaftlich; (*eager, interested*) *applicant, learner* stark interessiert; (*hardworking*) eifrig. **~ to learn/know** lernbegierig/begierig zu wissen; **try not to seem too ~** versuchen Sie, Ihr Interesse nicht zu sehr zu zeigen; **he is terribly ~** seine Begeisterung/sein Interesse/sein Eifer kennt kaum Grenzen; **to be ~ on sb** von jdm sehr angetan sein, scharf auf jdn sein (*inf*); *on pop group, actor, author* von jdm begeistert sein; **to be ~ on sth** etw sehr gern mögen; *classical music, Italian cooking also, football* sehr viel für etw übrig haben; **to be ~ on doing sth** (*like to do*) etw gern *or* mit Begeisterung tun; **to be ~ to do sth** (*want to do*) sehr darauf erpicht sein *or* scharf darauf sein (*inf*), etw zu tun; **to be ~ on mountaineering/dancing** begeisterter *or* leidenschaftlicher Bergsteiger/Tänzer sein, leidenschaftlich gern bergsteigen/tanzen; **I'm not very ~ on him/that idea** ich bin von ihm/dieser Idee nicht gerade begeistert; **he's very ~ on getting the job finished** ihm liegt sehr viel daran, daß die Arbeit fertig wird; **he's not ~ on her coming** er legt keinen (gesteigerten) Wert darauf, daß sie kommt.

4. (*US sl: very good*) Spitze (*sl*).

keen² (*Ir*) **I** *n* Totenklage *f.* **II** *vi* die Totenklage halten.

keenly ['kiːnlɪ] *adv* **1.** (*sharply*) scharf, schneidend. **2.** (*intensely, acutely*) *feel* leidenschaftlich, tief, stark; *interested, wish, desire* stark, sehr, leidenschaftlich. **the competition was ~ contested** im Wettbewerb wurde hart gekämpft. **3.** (*enthusiastically*) mit Begeisterung.

keenness ['kiːnnɪs] *n* **1.** (*of blade, mind, wind, sight*) Schärfe *f.* **2.** *see adj* **3.** Begeisterung *f*; Leidenschaftlichkeit *f*; starkes Interesse; Eifer *m.*

keep [kiːp] (*vb: pret, ptp* **kept**) **I** *vt* **1.** (*retain*) behalten. **to ~ one's temper** sich beherrschen; **to ~ sb/sth in mind** an jdn/etw denken; **please ~ me in mind for the job** bitte denken Sie an mich bei der Vergabe des Postens; **to ~ a place for sb** einen Platz für jdn freihalten; **to ~ one's place in a book** sich (*dat*) die Stelle im Buch markieren; **I can't ~ that number in my head** ich kann die Nummer nicht behalten *or* mir die Nummer nicht merken; **to ~ a note of sth** sich (*dat*) etw notieren; **you can ~ it!** (*inf*) das kannst du behalten *or* dir an den Hut stecken (*inf*).

2. *shop, hotel, restaurant* haben, unterhalten, führen; *bees, pigs* halten. **to ~ house for sb** jdm den Haushalt führen; **to ~ servants/a car** sich (*dat*) Diener/ein Auto halten.

3. (*support*) versorgen, unterhalten. **I earn enough to ~ myself** ich verdiene genug für mich (selbst) zum Leben; **I have six children to ~** ich habe sechs Kinder zu unterhalten; **to ~ sb in clothing** (*person*) für jds Kleidung sorgen; **I couldn't afford to ~ you in drink** ich könnte deine Getränke nicht bezahlen.

4. (*maintain in a certain state or place or position*) halten. **to ~ one's dress clean** sein Kleid nicht schmutzig machen; **to ~ sb quiet** zusehen *or* dafür sorgen, daß jd still ist; **that'll ~ them quiet for a while** das wird für eine Weile Ruhe schaffen; **it kept her in bed for a week** sie mußte deswegen eine Woche im Bett bleiben; **he kept his hands in his pockets** er hat die Hände in der Tasche gelassen; **just to ~ her happy** damit sie zufrieden ist; **to ~ sb alive** jdn am Leben halten; **to ~ sb waiting** jdn warten lassen; **can't you ~ him talking?** können Sie ihn nicht in ein Gespräch verwickeln?; **~ (your) cool!** reg' dich nicht auf!; **~ your hands to yourself!** nehmen Sie Ihre Hände weg!; **the garden was well kept** der Garten war (gut) gepflegt; **to ~ the traffic moving** den Verkehr in Fluß *or* am Fließen halten; **to ~ the conversation going** das Gespräch in Gang halten.

5. (*in a certain place, look after*) aufbewahren; (*put aside*) aufheben. **where do you ~ your spoons?** wo sind die Löffel?; **I've been ~ing it for you** ich habe es für Sie aufgehoben.

6. (*be faithful to, observe, fulfil*) *promise* halten; *law, rule* einhalten, befolgen; *treaty* einhalten; *obligations* nachkommen (+*dat*), erfüllen; *appointment* einhalten. **to ~ a vow** einen Schwur halten, ein Gelübde erfüllen.

7. (*celebrate*) **to ~ Lent/the Sabbath** das Fasten/die Sonntagsruhe *or* den Sabbat (ein)halten.

8. (*guard, protect*) (be)hüten; *sheep* hüten, aufpassen auf (+*acc*). (*old*); **to ~ goal** (*Ftbl*) im Tor sein *or* stehen, das Tor hüten; *see* **keep from I 2.**

9. *accounts, diary* führen (*of* über +*acc*).

10. (*Comm: stock*) führen, (zu verkaufen) haben.

11. (*detain*) aufhalten, zurückhalten. **I mustn't ~ you** ich will Sie nicht aufhalten; **what kept you?** wo waren Sie denn so lang?; **what's ~ing him?** wo bleibt er denn?; **illness kept her at home** Krankheit fesselte sie ans Haus; **to ~ sb prisoner** jdn gefangenhalten.

12. (*not disclose*) **can you ~ this from your mother?** können Sie das vor Ihrer Mutter geheimhalten *or* verbergen?; **~ it to yourself** behalten Sie das für sich; *see* **secret.**

13. (*US: continue to follow*) *road, path* weitergehen *or* -fahren, folgen (+*dat*); *direction* einhalten. **to ~ one's course** (den) Kurs (ein)halten.

14. (*esp US: remain in*) **to ~ one's bed/one's room** im Bett/auf seinem Zimmer bleiben; **to ~ one's seat** sitzenbleiben.

15. to ~ late hours lange aufbleiben.

II *vi* **1.** (*continue in a specified direction*) **to ~ (to the) left/right** sich links/rechts halten; **to ~ to the left** (*Aut*) auf der linken Seite bleiben, links fahren; **~ on this road** bleiben Sie auf dieser Straße.

2. (*continue*) **to ~ doing sth** (*not stop*) etw weiter tun; (*repeatedly*) etw immer wieder tun; (*constantly*) etw dauernd tun; **to ~ walking** weitergehen; **if you ~ complaining** wenn Sie sich weiter beschweren; **she ~s talking about you all the time** sie redet dauernd von Ihnen; **~ going** machen Sie weiter; **I ~ thinking ...** ich denke immer ...

3. (*remain in a certain state, position*) bleiben. **to ~ quiet** still sein; **to ~ silent** schweigen; **to ~ calm** ruhig bleiben, Ruhe bewahren.

4. (*food*) sich halten.

5. (*be in a certain state of health*) **how are you ~ing?** und wie geht es Ihnen denn so?; **to ~ well** gesund bleiben; **to ~ fit** fit bleiben, sich in Form halten; **he's ~ing better now** es geht ihm wieder besser.

6. (*wait*) **that business can ~** das kann warten; **will it ~?** kann das warten?

III *n* **1.** (*livelihood, food*) Unterhalt *m*. **I got £100 a week and my ~** ich bekam £ 100 pro Woche und freie Kost und Logis.

2. (*in castle*) Bergfried *m*; (*as prison*) Burgverlies *nt*.

3. for ~s (*inf*) für immer; **it's yours for ~s** das darfst du behalten.

◆**keep ahead** *vi* vorne bleiben. **to ~ ~ of one's rivals** seinen Konkurrenten vorausbleiben; **to ~ one step ~ of the others** den anderen einen Schritt voraus sein.

◆**keep at I** *vi* +*prep obj* **1.** (*continue with*) weitermachen mit. **~ ~ it** machen Sie weiter so. **2.** (*nag*) herumnörgeln an (+*dat*). **~ ~ him until he says yes** laß ihm so lange keine Ruhe, bis er ja sagt.
II *vt* +*prep obj* **to ~ sb ~ a task** jdn nicht mit einer Arbeit aufhören lassen; **to ~ sb ~ it** jdn hart hernehmen (*inf*).

◆**keep away I** *vi* (*lit*) wegbleiben; (*not approach*) nicht näher herankommen (*from* an +*acc*). **~ ~!** nicht näherkommen!; **~ ~ from that place** gehen Sie da nicht hin; **I just can't ~ ~** es zieht mich immer wieder hin; **~ ~ from him** lassen Sie die Finger von ihm.

II *vt always separate person, children, pet* fernhalten (*from* von). **to ~ sth ~ from sth** etw nicht an etw (*acc*) kommen lassen; **~ your hand ~ from the cutting edge** kommen Sie mit Ihrer Hand nicht an die Schneide; **~ them ~ from each other** halten Sie sie auseinander; **what's been ~ing you ~?** wo waren Sie denn so lange?

◆**keep back I** *vi* zurückbleiben, nicht näherkommen. **~ ~!** bleiben Sie, wo Sie sind!, treten Sie zurück!; **please ~ ~ from the edge** bitte gehen Sie nicht zu nahe an den Rand.

II *vt sep* **1.** (*hold back*) *person, hair, crowds, enemy* zurückhalten; *water* stauen; *tears* unterdrücken. **to ~ sb/sth ~ from sb** jdn/etw von jdm abhalten.

2. (*withhold*) *money, taxes* einbehalten; *information, facts* verschweigen (*from sb* jdm); (*from parent, husband*) verheimlichen, verschweigen (*from sb* jdm). **they are ~ing ~ the names of the victims** die Namen der Opfer werden nicht bekanntgegeben.

3. (*make late*) aufhalten; *pupil* dabehalten.

4. (*hold up, slow down*) behindern. **being with the slower learners is ~ing him ~** weil er mit schwächeren Schülern zusammen ist, kommt er nicht so schnell voran.

◆**keep down I** *vi* unten bleiben. **~ ~!** duck dich!, bleib unten!

II *vt sep* **1.** (*lit*) unten lassen; (*hold down*) unten halten; *head* ducken. **~ your voices ~** reden Sie leise *or* nicht so laut.

2. *people, revolt, one's anger* unterdrücken; *dog* bändigen; *rebellious person* im Zaum *or* unter Kontrolle halten; *rabbits, weeds etc* in Grenzen *or* unter Kontrolle halten. **you can't ~ a good man ~** der Tüchtige läßt sich nicht unterkriegen.

3. *taxes, rates, prices* niedrig halten; *spending* einschränken. **to ~ one's weight ~** nicht zunehmen.

4. *food* bei sich behalten.

5. (*Sch*) wiederholen lassen.

◆**keep from I** *vt +prep obj* **1.** *sb* hindern an (*+dat*); (*from going, doing sth also*) abhalten von. **I couldn't ~ him ~ doing it/going there** ich konnte ihn nicht daran hindern *or* davon abhalten(, das zu tun)/, dort hinzugehen; **to ~ sb ~ falling** jdn am Fallen hindern; **to ~ oneself ~ doing sth** sich (davor) hüten, etw zu tun; **to ~ sb ~ school** jdn nicht in die Schule (gehen) lassen; **~ them ~ getting wet** verhindern Sie es, daß sie naß werden; **you shouldn't ~ them ~ their work** Sie sollten sie nicht von der Arbeit abhalten.

2. (*protect*) **to ~ sb ~ sth** jdn vor etw (*dat*) bewahren.

3. (*withhold*) **to ~ sth ~ sb** jdm etw verschweigen; *piece of news also* jdm etw vorenthalten.

II *vi +prep obj* **to ~ ~ doing sth** etw nicht tun; (*avoid doing also*) es vermeiden, etw zu tun; **she couldn't ~ ~ laughing** sie mußte einfach lachen.

◆**keep in I** *vt sep* **1.** *fire* nicht ausgehen lassen; *feelings* zügeln. **2.** *schoolboy* nachsitzen lassen. **his mummy's kept him ~** seine Mutti hat ihn nicht weggelassen *or* gehen lassen. **3.** *stomach* einziehen. **~ your tummy ~!** Bauch rein!

II *vi* **1.** (*fire*) anbleiben. **2.** (*stay indoors*) drinnen bleiben.

◆**keep in with** *vi +prep obj* sich gut stellen mit.

◆**keep off I** *vi* (*person*) wegbleiben. **if the rain ~s ~** wenn es nicht regnet; **"~ ~!"** ,,Betreten verboten!"

II *vt sep* **1.** *dog, person* fernhalten (*prep obj* von); *one's hands* wegnehmen, weglassen (*prep obj* von). **"~ ~ the grass"** ,,Betreten des Rasens verboten"; **~ him ~ me** halten Sie ihn mir vom Leib; **~ your hands ~** Hände weg!

2. *jacket* ausbehalten; *hat* abbehalten.

III *vi +prep obj* vermeiden.

◆**keep on I** *vi* **1.** weitermachen, nicht aufhören. **to ~ ~ doing sth** etw weiter tun; (*repeatedly*) etw immer wieder tun; (*incessantly*) etw dauernd tun; **~ ~ talking!** reden Sie weiter!; **~ ~ trying** versuchen Sie es weiter; **I ~ ~ telling you** ich sage dir ja immer; **the rain kept ~ all night** es regnete die ganze Nacht durch.

2. (*keep going*) weitergehen *or* -fahren. **~ ~ past the church** fahren Sie immer weiter an der Kirche vorbei; **~ straight ~** immer geradeaus.

3. to ~ ~ at sb (*inf*) dauernd an jdm herummeckern (*inf*); **they kept ~ at him until he agreed** sie haben ihm so lange keine Ruhe gelassen, bis er zustimmte.

4. to ~ ~ about sth (*inf*) unaufhörlich von etw reden.

II *vt sep* **1.** *servant, employee* weiterbeschäftigen, behalten.

2. *coat etc* anbehalten; *hat* aufbehalten.

◆**keep out I** *vi* (*of room, building*) draußen bleiben; (*of property, land, area*) etw nicht betreten. **~ ~ of my room!** geh/komm nicht in mein Zimmer; **"~ ~"** ,,Zutritt verboten"; **to ~ ~ of the rain/cold/sun** nicht in den Regen/die Kälte/die Sonne gehen; **to ~ ~ of sight** sich nicht zeigen; (*hiding*) in Deckung bleiben; **to ~ ~ of danger** Gefahr meiden; **to ~ ~ of debt** keine Schulden machen; **that child can never ~ ~ of mischief** das Kind stellt dauernd etwas an; **you ~ ~ of this!** halten Sie sich da *or* hier raus!

II *vt sep* **1.** *person* nicht hereinlassen (*of* in *+acc*); *light, cold, rain, enemy* abhalten. **this screen ~s the sun ~ of your eyes** diese Blende schützt Ihre Augen vor Sonne; **how can I ~ the rabbits ~/~ of my garden?** was kann ich tun, daß die Kaninchen nicht in meinen Garten kommen?

2. to ~ sb ~ of danger/harm jdn vor Gefahr/Gefahren schützen; **I wanted to ~ him ~ of this** ich wollte nicht, daß er da mit hereingezogen wurde; **to ~ sb's name ~ of the papers** jds Namen nicht in der Zeitung erwähnen; **~ the plants ~ of the sun/cold** schützen Sie die Pflanzen vor Sonne/Kälte; **~ him ~ of my way** halte ihn mir vom Leib.

◆**keep to I** *vi +prep obj* **1. to ~ ~ one's promise** sein Versprechen halten, zu seinem Wort stehen; **to ~ ~ one's bed/one's room** im Bett/in seinem Zimmer bleiben; **~ ~ the main road** bleiben Sie auf der Hauptstraße; **to ~ ~ the schedule/plan** den Zeitplan einhalten, sich an den Zeitplan/Plan halten; **to ~ ~ the subject/point** bei der Sache *or* beim Thema bleiben.

2. to ~ (oneself) ~ oneself nicht sehr gesellig sein, ein Einzelgänger sein; **they ~ (themselves) ~ themselves** (*as a group*) sie bleiben unter sich.

II *vt +prep obj* **to ~ sb ~ his word/promise** jdn beim Wort nehmen; **to ~ sth ~ a minimum** etw auf ein Minimum beschränken.

◆**keep together I** *vi* (*stay together*) zusammenbleiben; (*as friends*) zusammenhalten; (*singers, oarsmen*) im Einklang *or* Takt sein. **II** *vt sep* zusammen aufbewahren; (*fix together, unite*) *things, people* zusammenhalten; (*conductor*) *orchestra* im Takt halten.

◆**keep under I** *vt sep fire* unter Kontrolle halten; *anger, feelings, people, race* unterdrücken; *passions* zügeln; *subordinates* streng behandeln, an der Kandare haben; (*keep under anaesthetic*) unter Narkose halten. **you won't ~ him ~** der läßt sich nicht unterkriegen *or* kleinkriegen.

II *vi* (*under water etc*) unter Wasser bleiben.

◆**keep up I** *vi* **1.** (*tent, pole*) stehen bleiben.

2. (*rain*) (an)dauern; (*weather, hurricane*) anhalten; (*prices, output, standard*) gleich hoch bleiben; (*moral, strength, determination*) nicht nachlassen.

3. to ~ ~ (with sb/sth) (*in race, work, with prices*) (mit jdm/etw) Schritt halten, (mit jdm/etw) mithalten können (*inf*); (*in comprehension*) (jdm/einer Sache) folgen können; **they bought it just to ~ ~ with the Joneses** sie kauften es nur, um den Nachbarn nicht nachzustehen; **to ~ ~ with the times** mit der Zeit gehen; **to ~ ~ with the news** sich auf dem laufenden halten.

4. (*keep in touch with*) **to ~ ~ with sb** mit jdm in Kontakt bleiben.

II *vt sep* **1.** *pole, tent* aufrecht halten. **the lifebelt kept him ~** der Rettungsring hielt ihn über Wasser; **to ~ his trousers ~** damit die Hose nicht herunterrutscht.

2. (*not stop*) nicht aufhören mit; *study* fortsetzen, weitermachen; *quality, prices, output, friendship, tradition, custom* aufrechterhalten; *subscription* beibehalten; *payments* weiterbezahlen; *workrate, speed* (*maintain*) halten; (*endure*) durchhalten. **I try to ~ ~ my Latin** ich versuche, mit meinem Latein nicht aus der Übung zu kommen; **to ~ ~ a correspondence** in Briefwechsel bleiben; **to ~ one's morale ~** den Mut nicht verlieren; **~ it ~!** (machen Sie) weiter so!

3. (*prevent from going to bed*) am Schlafengehen hindern. **that child kept me ~ all night** das Kind hat mich die ganze Nacht nicht schlafen lassen.

keeper ['ki:pəʳ] *n* (*in asylum, zoo*) Wärter(in *f*), Pfleger(in *f*), Betreuer(in *f*) *m*; (*of museum*) Kustos *m*; (*guard*) Wächter(in *f*), Aufseher(in *f*), Aufpasser(in *f*) *m*. **am I my brother's ~?** soll ich meines Bruders Hüter sein?

keeping ['ki:pɪŋ] *n* **1.** (*care*) **to put sb in sb's ~** jdn in jds Obhut (*acc*) geben; **to put sth in sb's ~** jdm etw zur Aufbewahrung übergeben; *see* **safe-keeping.**

2. (*of rule*) Beachten, Einhalten *nt*.

3. in ~ with in Übereinstimmung *or* Einklang mit; **her behaviour was out of ~ with the dignity of the occasion** ihr Benehmen entsprach nicht der Feierlichkeit des Anlasses.

keepsake ['ki:pseɪk] *n* Andenken *nt*.

keg [keg] *n* **1.** (*barrel*) kleines Faß, Fäßchen *nt*. **2.** (*also* **~ beer**) Bier *nt* vom Faß.

kelp [kelp] *n* Seetang *m*.

ken [ken] **I** *n* **that is beyond** *or* **outside my ~** das entzieht sich meiner Kenntnis. **II** *vti* (*Scot*) *see* **know.**

kennel ['kenl] *n* **1.** Hundehütte *f*. **2. ~s** (*cage*) Hundezwinger *m*; (*for breeding*) Hundezucht *f*; (*boarding*) (Hunde)heim, Tierheim *nt*; **to put a dog in ~s** einen Hund in Pflege geben.

Kenya ['kenjə] *n* Kenia *nt*.

Kenyan ['kenjən] **I** *n* Kenianer(in *f*) *m*. **II** *adj* kenianisch.

kepi ['keɪpɪ] *n* Käppi *nt*.

kept [kept] **I** *pret, ptp of* **keep. II** *adj* **~ woman** Mätresse *f*; **he's/she's a ~ man/woman** er/sie läßt sich aushalten.

kerb [kɜ:b] *n* (*Brit*) Bordkante *f*, Randstein *m*.

kerb crawler *n* Freier *m* im Autostrich (*inf*); **kerb crawling** *n* Autostrich *m*; **kerb drill** *n* Verkehrserziehung *f*; **kerbstone** *n* Bordstein, Randstein *m*.

kernel ['kɜ:nl] *n* (*lit, fig*) Kern *m*.

kerning ['kɜ:nɪŋ] *n* (*Comput*) Kerning *nt*.

kerosene ['kerəsi:n] *n* Kerosin *nt*.

kestrel ['kestrəl] *n* Turmfalke *m*.

ketch [ketʃ] *n* Ketsch *f*.

ketchup ['ketʃəp] *n* Ketchup *nt or m*.

kettle ['ketl] *n* Kessel *m*. **I'll put the ~ on** ich setze mal eben (Kaffee-/Tee)wasser auf; **the ~'s boiling** das Wasser kocht; **this is a pretty ~ of fish** (*inf*) das ist eine schöne Bescherung; **this is a different ~ of fish** (*inf*) das ist doch was ganz anderes.

kettledrum ['ketldrʌm] *n* (Kessel)pauke *f*.

key [ki:] **I** *n* **1.** Schlüssel *m*.

2. (*fig: solution*) Schlüssel *m*. **education is the ~ to success** Bildung ist der Schlüssel zum Erfolg.

3. (*answers*) Lösungen *pl*, Schlüssel *m*; (*Sch*) Schlüssel *m*, Lehrerheft *nt*; (*Math*) Lösungsheft *nt*; (*for maps*) Zeichenerklärung *f*.

4. (*of piano, typewriter, Comput*) Taste *f*.

5. (*Mus*) Tonart *f*. **to sing off ~** falsch singen; **change of ~** Tonartwechsel *m*, Modulation *f*; **in the ~ of C** in C-Dur/c-Moll.

6. (*Build*) Untergrund *m*.

II *adj attr* (*vital*) Schlüssel-, wichtigste(r, s). **~ figure** Schlüsselfigur *f*; **~ industry** Schlüsselindustrie *f*; **~ man** Schlüsselfigur *f*; **~ point** springender Punkt; **~ position** Schlüsselposition *or* -stellung *f*; **~ question** Schlüsselfrage *f*; **~ role** Schlüsselrolle *f*;

III *vt* **1.** *speech etc* (*to or for one's audience*) (auf jdn) abstimmen *or* zuschneiden (*to, for* auf *+acc*), anpassen (*to, for dat*).

2. (*Comput*) (*input*) *text, data* eingeben; (*hit*) *character, F7 etc* drücken.

IV *vi* (*Comput*) Text/Daten eingeben.

◆**key in** *vt sep* (*Comput*) eingeben.

◆**key up** *vt sep* **1. she was (all) ~ed ~ about the interview** sie war wegen des Interviews ganz aufgedreht (*inf*); **he was all ~ed ~ for the big race** er hatte sich schon ganz auf das große Rennen eingestellt. **2.** (*Comput*) eingeben.

keyboard I *n* (*of piano*) Klaviatur, Tastatur *f*; (*of organ*) Manual *nt*; (*of typewriter, Comput*) Tastatur *f*; ~ **operator** Texterfasser(in *f*) *m*; ~ **template** Tastaturschablone *f*; **II** *vti* (*Typ, Comput*) eingeben; **keyboarder** *n* (*Typ, Comput*) Texterfasser(in *f*) *m*; **keyboarding** *n* (*Comput*) Texteingabe *f*; ~ **skills** Fähigkeiten *pl* bei der Texterfassung; **keyhole** *n* Schlüsselloch *nt*.

keying ['ki:ɪŋ] *n* (*Comput*) Texteingabe *f*.

key money *n* Kaution *f*, Schlüsselgeld *nt*; **keynote** *n* (*Mus*) Grundton *m*; (*of a speech*) Leitgedanke, Tenor *m*; ~ **speech** (*Pol etc*) programmatische Rede; **keypad** *n* (*Comput*) Tastenfeld *nt*; **key signature** *n* (*Mus*) Tonartbezeichnung *f*; **keystone** *n* (*Archit*) Schlußstein *m*; (*fig*) Grundpfeiler *m*; **keystroke** *n* Anschlag *m*.

kg *abbr of* **kilogramme(s), kilogram(s)** kg.

khaki ['kɑ:kɪ] **I** *n* K(h)aki *nt*. **II** *adj* k(h)aki(braun *or* -farben).

Khmer Rouge [k'mɛə'ru:ʒ] *npl* Rote Khmer *pl*.

kick [kɪk] **I** *n* **1.** (*act of* ~*ing*) Tritt, Stoß, Kick (*inf*) *m*. **to take a ~ at sb/sth** nach jdm/etw treten; **he gave the ball a tremendous ~** er trat mit Wucht gegen den Ball; **to give the door a ~** gegen die Tür treten; **give it a ~** tritt mal dagegen; **it's better than a ~ in the pants** (*inf*) das ist besser als ein Tritt in den Hintern (*inf*); **what he needs is a good ~ up the backside** (*inf*) er braucht mal einen kräftigen Tritt in den Hintern (*inf*).

2. (*inf: thrill*) **she gets a ~ out of it** es macht ihr einen Riesenspaß (*inf*); **to do sth for ~s** etw zum Spaß *or* Jux (*inf*) *or* Fez (*inf*) tun; **just for ~s** nur aus Jux und Tollerei (*inf*).

3. *no pl* (*power to stimulate*) Feuer *nt*, Pep *m* (*inf*). **this drink has plenty of ~ in it** dieses Getränk hat es in sich.

4. (*of gun*) Rückstoß *m*.

II *vi* (*person*) treten; (*struggle*) um sich treten; (*baby, while sleeping*) strampeln; (*animal*) austreten, ausschlagen; (*dancer*) das Bein hochwerfen; (*gun*) zurückstoßen *or* -schlagen, Rückstoß haben; (*inf: engine*) stottern (*inf*).

III *vt* **1.** (*person, horse*) *sb* treten, einen Tritt versetzen (+*dat*); *door, ball* treten gegen; *ball* kicken (*inf*); *object* einen Tritt versetzen (+*dat*), mit dem Fuß stoßen. **to ~ sb's behind** jdn in den Hintern treten; **to ~ a goal** ein Tor schießen; **to ~ the bucket** (*inf*) abkratzen (*inf*), ins Gras beißen (*inf*); **I could have ~ed myself** (*inf*) ich hätte mich selbst *or* mir in den Hintern treten können (*inf*).

2. (*sl: stop*) **to ~ heroin** vom Heroin runterkommen (*sl*); **to ~ the habit** es sich (*dat*) abgewöhnen.

◆**kick about** *or* **around I** *vi* (*sl*) (*person*) rumhängen (*sl*) (*prep obj* in +*dat*); (*thing*) rumliegen (*inf*) (*prep obj* in +*dat*).

II *vt sep* **to ~ a ball ~** (herum)bolzen (*inf*), den Ball herumkicken (*inf*); **you shouldn't let them ~ you ~** Sie sollten sich nicht so herumschubsen lassen; **to ~ an idea ~** (*sl*) eine Idee durchdiskutieren.

◆**kick against** *vi +prep obj* treten gegen.

◆**kick at** *vi +prep obj* treten nach.

◆**kick away** *vt sep* wegstoßen; (*knock down*) niedertreten.

◆**kick back I** *vi* **1.** zurücktreten. **if you annoy him he'll ~ ~** (*fig*) wenn Sie ihn ärgern, gibt er es Ihnen zurück. **2.** (*gun*) zurückstoßen, einen Rückstoß haben. **II** *vt sep blanket* wegstrampeln; *ball* zurückspielen *or* -schießen *or* -kicken (*inf*).

◆**kick in** *vt sep door* eintreten. **to ~ sb's teeth ~** jdm die Zähne einschlagen.

◆**kick off I** *vi* (*Ftbl*) anstoßen; (*player also*) den Anstoß ausführen; (*fig inf*) losgehen (*inf*), beginnen. **who's going to ~ ~?** (*fig inf*) wer fängt an? **II** *vt sep* wegtreten; *shoes* von sich schleudern.

◆**kick out I** *vi* (*horse*) ausschlagen; (*person*) um sich treten. **to ~ ~ at sb** nach jdm treten. **II** *vt sep* hinauswerfen (*of* aus).

◆**kick over** *vi +prep obj*: **to ~ ~ the traces** über die Stränge schlagen.

◆**kick up** *vt sep* **1.** *dust* aufwirbeln. **2.** (*fig inf*) **to ~ ~ a row** *or* **a din** Krach machen (*inf*); **to ~ ~ a fuss** Krach schlagen (*inf*).

kickback *n* (*inf*) (*reaction*) Auswirkung *f*; (*as bribe*) Provision *f*; (*perk*) Nebeneinnahme *f*; **kickdown** *n* Kickdown *m*.

kicker ['kɪkə^r] *n Spieler, der Strafstöße etc ausführt*, Strafstoßexperte *m*.

kick-off *n* **1.** (*Sport*) Anpfiff, Anstoß *m*; **the ~ is at 3 o'clock** Anpfiff ist um 3 Uhr; **2.** (*sl: of ceremony etc*) Start, Anfang *m*; **the ~ is at 3 o'clock** um 3 geht's los (*inf*); **kick-start(er)** *n* Kickstarter *m*; **kickturn** *n* (*Ski*) Kehre *f*.

kid [kɪd] **I** *n* **1.** (*young goat*) Kitz, Zicklein (*liter*) *nt*.

2. (*leather*) Ziegen- *or* Glacéleder *nt*.

3. (*inf: child*) Kind *nt*. **when I was a ~** als ich klein war; **it's ~'s stuff** (*for children*) das ist was für kleine Kinder (*inf*); (*easy*) das ist doch ein Kinderspiel.

4. (*inf*) (*man*) Junge, Bursche (*inf*) *m*; (*woman*) Kleine *f* (*inf*). **listen ~, you keep out of this** hör mal Kleiner, du hältst dich hier raus (*inf*); **come on ~s!** los Jungs! (*inf*).

II *adj attr* ~ **brother** kleiner Bruder, Brüderchen *nt*; ~ **gloves** Glacéhandschuhe *pl*; **to handle sb with ~ gloves** (*fig*) jdn mit Samthandschuhen *or* Glacéhandschuhen anfassen.

III *vt* (*inf*) **to ~ sb (on)** (*tease*) jdn aufziehen (*inf*); (*deceive*) jdm etw vormachen, jdn an der Nase rumführen (*inf*).

IV *vi* (*inf*) Jux machen (*inf*). **no ~ding** im Ernst, ehrlich (*inf*).

◆**kid on** *vt sep see* **kid III.**

kidnap ['kɪdnæp] *vt* entführen, kidnappen.

kidnapper ['kɪdnæpə^r] *n* Entführer(in *f*), Kidnapper(in *f*) *m*.

kidnapping ['kɪdnæpɪŋ] *n* Entführung *f*, Kidnapping *nt*.

kidney ['kɪdnɪ] *n* (*Anat, Cook*) Niere *f*.

kidney bean *n* Kidney Bohne *f*; **kidney dish** *n* Nierenschale *f*; **kidney donor** *n* Nierenspender(in *f*) *m*; **kidney**

machine *n* künstliche Niere; **kidney-shaped** *adj* nierenförmig; **kidney stone** *n* (*Med*) Nierenstein *m.*

kill [kɪl] **I** *vt* **1.** töten, umbringen; (*by beating*) totschlagen, erschlagen; (*by shooting*) erschießen, totschießen; (*by stabbing*) erstechen, erdolchen; *animals* töten; (*Hunt*) erlegen; (*slaughter*) schlachten; (*shock*) umbringen; *pains* beseitigen; *weeds* vernichten. **to be ~ed in action/in battle/in the war** fallen/im Kampf fallen/im Krieg fallen; **too many people are being ~ed on the roads** zu viele Menschen sterben auf der Straße *or* kommen auf der Straße um; **her brother was ~ed in a car accident** ihr Bruder ist bei einem Autounfall ums Leben gekommen; **how many were ~ed?** wieviel Todesopfer gab es?; **the frost has ~ed my geraniums** meine Geranien sind erfroren; **she ~ed herself** sie brachte sich um, sie nahm sich (*dat*) das Leben; **many people were ~ed by the plague** viele Menschen sind der Pest zum Opfer gefallen; **he was ~ed with poison/a knife/a hammer** er wurde vergiftet/(mit einem Messer) erstochen/mit einem Hammer erschlagen; **each man ~s the thing he loves** jeder zerstört das, was er liebt; **the bullet ~ed him** die Kugel traf ihn tödlich *or* tötete ihn.

2. (*fig uses*) *feelings, love* töten, zerstören. **to ~ time** die Zeit totschlagen; **to ~ two birds with one stone** (*Prov*) zwei Fliegen mit einer Klappe schlagen (*Prov*); **these stairs/the children are ~ing me** (*inf*) diese Treppe bringt/die Kinder bringen mich (noch mal) um (*inf*); **she was ~ing herself (laughing)** (*inf*) sie hat sich totgelacht *or* kaputtgelacht (*inf*); **this one'll ~ you** (*inf*) da lachst du dich tot (*inf*); **this heat is ~ing me** (*inf*) ich vergehe vor Hitze; **my feet are ~ing me** (*inf*) mir brennen die Füße; **don't ~ yourself** (*iro*) übernehmen Sie sich nicht.

3. (*spoil the effect of*) *taste, performance* verderben, überdecken; *hopes* vernichten, zunichte machen.

4. (*defeat*) *parliamentary bill, proposal* zu Fall bringen.

5. *sound* schlucken. **~ that light!** (*inf*) Licht aus!

6. (*Press*) *paragraph, story* streichen, abwürgen (*sl*).

7. (*Tech*) *engine* abschalten, ausschalten; (*Elec*) *circuit* unterbrechen.

8. (*inf*) *bottle* leermachen, auf den Kopf stellen (*inf*).

II *vi* töten. **cigarettes can ~** Zigaretten können tödlich sein *or* tödliche Folgen haben; **he was dressed to ~** er hatte sich in Schale geworfen (*inf*).

III *n* **1.** (*Hunt*) Erlegen *nt*, Abschuß *m*; (*at bullfight*) Todesstoß *m.* **to be in at the ~** (*lit*) beim Abschuß dabei sein; (*fig*) den Schlußakt miterleben.

2. (*Hunt: animals killed*) Beute *f no pl.*

◆**kill off** *vt sep* vernichten, töten; *whole race* ausrotten, vernichten; *cows, pigs, elephants* abschlachten; *weeds* vertilgen; *character in TV series* sterben lassen.

killer ['kɪləʳ] *n* (*person*) Mörder(in *f*). **this disease is a ~** diese Krankheit ist tödlich; **it's a ~** (*inf: race, job*) das ist der glatte Mord (*inf*); *see* **lady-killer, weed-killer.**

killer instinct *n*: **the ~** (*lit*) der Tötungsinstinkt; **a successful businessman needs the ~** ein erfolgreicher Geschäftsmann muß über Leichen gehen können; **killer satellite** *n* Killersatellit *m*; **killer whale** *n* Schwertwal, Mordwal *m.*

killing ['kɪlɪŋ] **I** *n* **1.** (*of animals*) (*Hunt*) Erlegen *nt*; (*at abattoir*) (Ab)schlachten *nt.* **2.** (*of person*) Töten *nt*, Tötung *f.* **three more ~s in Belfast** drei weitere Morde *or* Todesopfer in Belfast. **3.** (*fig*) **to make a ~** einen Riesengewinn machen.

II *adj* **1.** *blow* tödlich. **2.** (*exhausting*) *work* mörderisch (*inf*). **3.** (*funny*) urkomisch (*inf*).

killingly ['kɪlɪŋlɪ] *adv*: **~ funny** zum Totlachen (*inf*).

killjoy ['kɪldʒɔɪ] *n* Spielverderber(in *f*) *m.*

kiln [kɪln] *n* (*for baking, burning*) (Brenn)ofen *m*; (*for minerals*) Röst- *or* Kiesofen *m*; (*for drying bricks*) Trockenofen *m*; (*for hops*) Darre *f*, Darrofen *m.*

kilo ['ki:ləʊ] *n* Kilo *nt.*

kilobyte ['ki:ləʊbaɪt] *n* Kilobyte *nt.*

kilocycle ['kɪləʊˌsaɪkl] *n* Kilohertz *nt.*

kilogramme, (*US*) **kilogram** ['kɪləʊgræm] *n* Kilogramm *nt.*

kilohertz ['kɪləʊhɜ:ts] *n* Kilohertz *nt.*

kilometre, (*US*) **kilometer** ['kɪləʊˌmi:təʳ] *n* Kilometer *m.*

kilowatt ['kɪləʊwɒt] *n* Kilowatt *nt.* **~ hour** Kilowattstunde *f.*

kilt [kɪlt] *n* Kilt, Schottenrock *m.*

kimono [kɪ'məʊnəʊ] *n* Kimono *m.*

kin [kɪn] **I** *n* Familie *f*, Verwandte *pl*, Verwandschaft *f. see* **kith, next of ~. II** *adj* verwandt (*to* mit).

kind[1] [kaɪnd] *n* **1.** (*class, variety, nature*) Art *f*; (*of coffee, sugar, paint*) Sorte *f.* **several ~s of flour** mehrere Mehlsorten; **this ~ of book** diese Art Buch; **what ~ of ...?** was für ein(e) ...?; **what ~ of people does he think we are?** für wen hält er uns denn?; **the only one of its ~** das einzige seiner Art; **a funny ~ of person** ein komischer Mensch *or* Typ; **he's not that ~ of person** so ist er nicht; **they're two of a ~** die beiden sind vom gleichen Typ *or* von der gleichen Art; (*people*) sie sind vom gleichen Schlag; **I know your ~** deinen Typ kenne ich; **this ~ of thing** so etwas; **you know the ~ of thing I mean** Sie wissen, was ich meine; **... of all ~s** alle möglichen ...; **something of the ~** so etwas ähnliches; **nothing of the ~** nichts dergleichen; **you'll do nothing of the ~** du wirst das schön bleiben lassen!; **it's not my ~ of holiday** solche Ferien sind nicht mein Fall (*inf*) *or* nach meinem Geschmack.

2. a ~ of ... eine Art ..., so ein(e) ...; **a ~ of box** so (etwas wie) eine Schachtel, eine Art Schachtel; **in a ~ of way I'm sorry** (*inf*) irgendwie tut es mir leid; **I ~ of thought that he ...** (*inf*) (*and he* *didn't*) ich habe eigentlich gedacht, daß er ...; (*and he did*) ich habe es mir beinahe gedacht, daß er ...; **are you nervous? — ~ of** (*inf*) bist du nervös? — ja, schon (*inf*).

3. (*goods, as opposed to money*) Ware *f.* **payment in ~** Bezahlung in Waren; **I shall pay you back in ~** (*fig*) ich werde es Ihnen in gleicher Münze zurückzahlen.

kind² *adj* (*+er*) liebenswürdig, nett, freundlich (*to* zu). **he's ~ to animals** er ist gut zu Tieren; **would you be ~ enough to open the door** wären Sie (vielleicht) so nett *or* freundlich *or* lieb, die Tür zu öffnen; **it was very ~ of you to help me** es war wirklich nett *or* lieb von Ihnen, mir zu helfen.

kindergarten ['kɪndəˌgɑːtn] *n* Kindergarten *m.*

kind-hearted ['kaɪnd'hɑːtɪd] *adj* gutherzig, gütig.

kind-heartedness ['kaɪnd'hɑːtɪdnɪs] *n* Gutherzigkeit, Güte *f.*

kindle ['kɪndl] **I** *vt fire* entfachen, anzünden, entzünden; *passions, desire* entfachen, wecken. **II** *vi* (*fire, wood*) brennen; (*passions, enthusiasm*) entbrennen, aufflammen.

kindliness ['kaɪndlɪnɪs] *n* Freundlichkeit, Güte, Liebenswürdigkeit *f.*

kindling ['kɪndlɪŋ] *n* (*wood*) Anzündholz, Anmachholz *nt.*

kindly ['kaɪndlɪ] **I** *adv* **1.** *speak, act* freundlich, nett; *treat* liebenswürdig, freundlich.

2. will you ~ do it now tun Sie das sofort, wenn ich bitten darf; **~ shut the door** machen Sie doch bitte die Tür zu.

3. I don't take ~ to his smoking sein Rauchen ist mir gar nicht angenehm; **he won't take at all ~ to that** das wird ihm gar nicht gefallen; **I don't take ~ to not being asked** es ärgert mich, wenn ich nicht gefragt werde; **she didn't take it ~ when I said ...** sie hat es nicht gut aufgenommen, als ich sagte ...

II *adj* (*+er*) *person* lieb, nett, freundlich; *advice* gut gemeint, freundlich; *voice* sanft, gütig.

kindness ['kaɪndnɪs] *n* **1.** *no pl* Freundlichkeit, Liebenswürdigkeit *f* (*towards* gegenüber); (*goodness of heart*) Güte *f* (*towards* gegenüber). **to treat sb with ~, to show sb ~** freundlich *or* liebenswürdig zu jdm sein; **out of the ~ of one's heart** aus reiner Nächstenliebe.

2. (*act of ~*) Gefälligkeit, Aufmerksamkeit *f.* **to do sb a ~** jdm eine Gefälligkeit erweisen; **it would be a ~ to tell him** man würde ihm einen Gefallen tun, wenn man es ihm sagen würde.

kindred ['kɪndrɪd] **I** *n, no pl* (*relatives*) Verwandtschaft *f.* **II** *adj* (*related*) verwandt. **~ spirit** Gleichgesinnte(r) *mf.*

kinetic [kɪ'netɪk] *adj* kinetisch.

kinfolk ['kɪnfəʊk] *n see* **kinsfolk.**

king [kɪŋ] *n* **1.** (*lit*) König *m.* **K~'s Counsel** (*Jur*) Kronanwalt *m* (*Staatsanwalt, der in höheren Strafsachen die Krone vertritt*); **the it must have cost a ~'s ransom** das muß eine stolze Summe *or* ein Vermögen gekostet haben.

2. (*fig*) König *m.* **an oil ~** ein Ölkönig *or* -magnat *m.*

3. (*Chess, Cards*) König *m*; (*Draughts*) Dame *f.*

king bolt *n* (*US*) *see* **~pin.**

kingdom ['kɪŋdəm] *n* **1.** (*lit*) Königreich *nt.* **2.** (*Rel*) **~ of heaven** Himmelreich *nt*; **to send sb to ~ come** (*inf*) jdn ins Jenseits befördern (*inf*); **you can go on doing that till ~ come** (*inf*) Sie können (so) bis in alle Ewigkeit weitermachen.

kingfisher ['kɪŋfɪʃəʳ] *n* Eisvogel *m.* **~-blue** eisblau, gletscherblau.

kingly ['kɪŋlɪ] *adj* königlich, majestätisch.

kingmaker *n* (*lit, fig*) Königsmacher *m*; **kingpin** *n* (*Tech*) Königsbolzen, Drehzapfen *m*; (*Aut*) Achsschenkelbolzen *m*; (*fig: person*) Stütze *f*; **he's the ~ of the whole organization** mit ihm steht und fällt die ganze Organisation; **king-size(d)** *adj* (*inf*) in Großformat, großformatig; *cigarettes* King-size; *bed* extra groß.

kink [kɪŋk] **I** *n* **1.** (*in rope*) Knick *m*, Schlaufe *f*; (*in hair*) Welle *f.* **2.** (*mental peculiarity*) Schrulle *f*, Tick *m* (*inf*); (*sexual*) abartige Veranlagung. **II** *vi* (*rope*) Schlaufen bilden, sich verdrehen; (*hair*) sich wellen.

kinky ['kɪŋkɪ] *adj* (*+er*) **1.** *hair* wellig. **2.** (*inf*) *person, ideas, mind* verdreht (*inf*), schrullig, spleenig (*inf*); *boots, fashion* verrückt (*inf*), irr (*sl*); (*sexually*) abartig.

kinsfolk ['kɪnzfəʊk] *n* Verwandtschaft *f*, Verwandte(n) *pl.*

kinship ['kɪnʃɪp] *n* Verwandtschaft *f.*

kinsman ['kɪnzmən] *n, pl* **-men** [-mən] Verwandte(r) *m.*

kinswoman ['kɪnzwʊmən] *n, pl* **-women** [-wɪmɪn] Verwandte *f.*

kiosk ['kiːɒsk] *n* **1.** Kiosk, Verkaufsstand *m*, Bude *f.* **2.** (*Brit Telec*) (Telefon)zelle *f.*

kip [kɪp] (*Brit sl*) **I** *n* (*sleep*) Schläfchen *nt*, Ratzer(chen *nt*) *m* (*sl*). **II** *vi* (*also* **~ down**) pennen (*sl*).

kipper ['kɪpəʳ] *n* Räucherhering, Bückling *m.*

Kirghizia [kɜː'gɪzɪə] *n* Kirgisien *nt.*

kiss [kɪs] **I** *n* Kuß *m.* **~ of life** Mund-zu-Mund-Beatmung *f*; **that will be the ~ of death for them** das wird ihnen den Todesstoß versetzen.

II *vt* küssen; (*fig: touch gently*) sanft berühren. **to ~ sb's cheek** jdn auf die Wange küssen; **to ~ sb's hand** jdm die Hand küssen; (*woman's hand: in greeting*) jdm einen Handkuß geben; **they ~ed each other** sie gaben sich einen Kuß, sie küßten sich; **to ~ sb good night/goodbye** jdm einen Gute-Nacht-Kuß/Abschiedskuß geben; **come here and I'll ~ it better** komm her, ich werde mal blasen, dann tut's nicht mehr weh.

III *vi* küssen; (*~ each other*) sich küssen. **to ~ and make up** sich mit einem Kuß versöhnen.

◆**kiss away** *vt sep* **she ~ed ~ the child's tears** sie küßte dem Kind die Tränen fort.

kiss-and-tell *attr das Ausplaudern von in-*

timen Einzelheiten nach einer Affäre mit einer berühmten Persönlichkeit.

kissogram ['kɪsəgræm] *n durch eine spärlich bekleidete Angestellte einer Agentur persönlich übermittelter Geburtstagsgruß.*

kiss-off ['kɪsɒf] *n* (*US inf*) **to give sb the ~** jdn in die Wüste schicken (*inf*); (*boyfriend*) jdm den Laufpaß geben (*inf*).

kit [kɪt] *n* **1.** (*equipment*) (*for fishing, photography*) Ausrüstung *f*; (*Mil also*) Montur *f* (*old*).

2. (*Sport: clothes*) Ausrüstung *f*, Zeug *nt* (*inf*), Sachen *pl* (*inf*). **gym ~** Sportzeug *nt*, Sportsachen *pl*.

3. (*belongings, luggage*) Sachen *pl*; *see* **caboodle.**

4. (*set of items*) (*tools*) Werkzeug *nt*; (*in box*) Werkzeugkasten *m*; (*puncture repair ~*) Flickzeug *nt*.

5. (*for self-assembly*) Bastelsatz *m*.

◆**kit out** *or* **up** *vt sep* ausrüsten (*esp Mil*), ausstatten; (*clothe*) einkleiden.

kitbag ['kɪtbæg] *n* Seesack *m*.

kitchen ['kɪtʃɪn] **I** *n* Küche *f*. **II** *attr* Küchen-; *scales also, soap* Haushalts-.

kitchenette [ˌkɪtʃɪ'net] *n* (*separate room*) kleine Küche; (*part of one room*) Kochnische *f*.

kitchenfoil *n* Haushaltsfolie *f*; **kitchen garden** *n* Gemüsegarten, Küchengarten *m*; **kitchen maid** *n* Küchenmagd *f*; **kitchen range** *n* Küchenherd *m*; **kitchen roll** *n* Küchenrolle *f*; **kitchen sink** *n* Spüle *f*, Ausguß, Spülstein *m*; **I've packed everything but the ~** (*inf*) ich habe den ganzen Hausrat eingepackt; **kitchen-sink drama** *n* Alltagsdrama, Wohnküchendrama *nt*; **kitchen unit** *n* Küchenschrank *m*; **kitchenware** *n* Küchengeräte *pl*.

kite [kaɪt] *n* **1.** (*Orn*) Milan *m*. **2.** (*toy*) Drachen *m*. **K~ mark** (*Brit*) *dreieckiges Gütezeichen*; **to fly a ~** (*fig*) einen Versuchsballon steigen lassen. **3.** (*Aviat sl*) Vogel *m* (*sl*).

kith [kɪθ] *n*: **~ and kin** Blutsverwandte *pl*; **they came with ~ and kin** sie kamen mit Kind und Kegel.

kitsch [kɪtʃ] *n* Kitsch *m*.

kitten ['kɪtn] *n* kleine Katze, Kätzchen *nt*. **to have ~s** (*fig inf*) Junge *or* Zustände kriegen (*inf*).

kittiwake ['kɪtɪweɪk] *n* Dreizehenmöwe *f*.

kitty ['kɪtɪ] *n* **1.** (*shared money*) (gemeinsame) Kasse; (*Cards etc also*) Spielkasse *f*. **we'll have a ~ for the drinks** wir machen eine Umlage für die Getränke; **I've nothing left in the ~** die Kasse ist leer. **2.** (*inf: cat*) Mieze *f*.

kiwi ['ki:wi:] *n* **1.** Kiwi *m*. **2.** (*also* **~ fruit**) Kiwi(frucht) *f*. **3.** (*inf: New Zealander*) Neuseeländer(in *f*) *m*, Kiwi *mf* (*inf*).

klaxon ['klæksn] *n* Horn *nt*, Hupe *f*.

Kleenex ® ['kli:neks] *n* Tempo(taschentuch) ® *nt*.

kleptomania [ˌkleptəʊ'meɪnɪə] *n* Kleptomanie *f*.

kleptomaniac [ˌkleptəʊ'meɪnɪæk] **I** *n* Kleptomane *m*, Kleptomanin *f*. **II** *adj* kleptomanisch.

km *abbr of* **kilometre(s)** km.

km/h, kmph *abbr of* **kilometres per hour** km/h.

knack [næk] *n* Trick, Kniff *m*; (*talent*) Talent, Geschick *nt*. **there's a (special) ~ to opening it** da ist ein Trick *or* Kniff dabei, wie man das aufbekommt; **to learn** *or* **get the ~ of doing sth** (es) herausbekommen, wie man etw macht; **you'll soon get the ~ of it** Sie werden den Dreh bald rausbekommen *or* raushaben; **I've lost the ~** ich bekomme *or* kriege (*inf*) das nicht mehr hin *or* fertig; **she's got a ~ of saying the wrong thing** sie hat ein Geschick *or* Talent, immer das Falsche zu sagen.

knacker ['nækəʳ] *n* (*Brit*) (*of horses*) Abdecker, Schinder *m*; (*of boats, houses*) Abbruchunternehmer *m*.

knackered ['nækəd] *adj* (*Brit sl*) kaputt (*inf*), total geschafft (*sl*).

knapsack ['næpsæk] *n* Rucksack, Tornister (*esp Mil*) *m*.

knead [ni:d] *vt wax* kneten; (*massage*) *muscles* massieren, durchkneten (*inf*).

knee [ni:] **I** *n* Knie *nt*. **to be on one's ~s** (*lit, fig*) auf den Knien liegen; **on one's ~s, on bended ~(s)** (*liter, hum*) kniefällig; **to go (down) on one's ~s** (*lit*) niederknien, (sich) hinknien; (*fig*) sich auf die Knie werfen; **to go down on one's ~s to sb** (*lit, fig*) sich vor jdm auf die Knie werfen, vor jdm einen Kniefall machen; **to bring sb to his ~s** (*lit, fig*) jdn in die Knie zwingen; **he sank in up to the** *or* **his ~s** er sank knietief *or* bis zu den Knien ein.

II *vt* mit dem Knie stoßen.

knee breeches *npl* Kniehose, Bundhose *f*; **kneecap I** *n* Kniescheibe *f*; **II** *vt* die Kniescheibe(n) durchschießen (+ *dat*); **knee-deep** *adj* knietief; **knee-high** *adj* kniehoch, in Kniehöhe; **knee jerk** *n* (*Med*) Kniesehnenreflex *m*; **knee-jerk reaction** spontane Reaktion *f*; **knee joint** *n* (*Med, Tech*) Kniegelenk *nt*.

kneel [ni:l] *pret, ptp* **knelt** *or* **kneeled** *vi* (*before* vor +*dat*) knien; (*also* **~ down**) niederknien, (sich) hinknien.

knee-length ['ni:leŋθ] *adj skirt* knielang; *boots* kniehoch.

kneepad *n* Knieschützer *m*, Knieleder *nt*.

knell [nel] *n* Geläut *nt*, (Toten)glocke *f*. **to sound the ~** die (Toten)glocke läuten.

knelt [nelt] *pret, ptp of* **kneel.**

knew [nju:] *pret of* **know.**

knickerbockers ['nɪkəbɒkəz] *npl* Knikkerbocker *pl*.

knickers ['nɪkəz] *npl* **1.** Schlüpfer *m*. **to get one's ~ in a twist** (*sl*) sich (*dat*) ins Hemd machen (*sl*). **2.** (*old*) *see* **knickerbockers.**

knick-knack ['nɪknæk] *n* nette Kleinigkeit, Kinkerlitzchen *nt*. **~s** Krimskrams *m*; (*esp figurines*) Nippes, Nippsachen *pl*.

knife [naɪf] **I** *n, pl* **knives** Messer *nt*. **~, fork and spoon** Besteck *nt*; **he's got his ~ into me** (*inf*) der hat es auf mich abgesehen (*inf*); **to be/go under the ~** (*Med inf*) unterm Messer sein (*inf*)/unters Messer kommen (*inf*); **to turn** *or* **twist the ~ (in the wound)** (*fig*) Salz in die Wunde streuen.

II *vt* einstechen auf (+*acc*); (*fatally*) erstechen, erdolchen.

knife edge *n* (*lit*) (Messer)schneide *f*; **to be balanced on a ~** (*fig*) auf Messers Schneide stehen; **knife grinder** *n* (*person*) Scherenschleifer(in *f*) *m*; (*thing*) Schleifrad *nt or* -stein *m*; **knife pleat** *n* einfache Falte; **knife-point** *n* **to hold sb at ~** jdn mit einem Messer bedrohen; **knife sharpener** *n* Messerschärfer *m*.

knight [naɪt] **I** *n* (*title, Hist*) Ritter *m*; (*Chess*) Springer *m*, Pferd(chen), Rössel *nt*. **K~ of the Garter** Träger *m* des Hosenbandordens. **II** *vt* adeln, zum Ritter schlagen.

knighthood ['naɪthʊd] *n* **1.** (*knights collectively*) Ritterschaft *f*. **2.** (*rank*) Ritterstand *m*. **to receive a ~** in den Adelsstand erhoben werden.

knightly ['naɪtlɪ] *adj* (+*er*) ritterlich.

knit [nɪt] *pret, ptp* **knitted** *or* **knit I** *vt* **1.** strikken. **the wool is then ~ted into ...** aus der Wolle wird dann ... gestrickt; **~ three, purl two** drei rechts, zwei links. **2. to ~ one's brow** die Stirn runzeln. **II** *vi* **1.** stricken. **2.** (*bones: also* **~ together, ~ up**) verwachsen, zusammenwachsen.

◆**knit together I** *vt sep* **1.** *stitches* zusammenstricken. **2.** (*unite*) *threads of story* (miteinander) verknüpfen; *people* eng verbinden. **II** *vi* **1.** *see* **knit II 2. 2.** (*unite*) miteinander verwachsen.

◆**knit up I** *vi* **1.** (*wool*) sich stricken. **2.** *see* **knit II 2.. II** *vt sep jersey* stricken.

knitted ['nɪtɪd] *adj* gestrickt; *cardigan, dress* Strick-. **~ goods** Strickwaren *or* -sachen *pl*.

knitter ['nɪtəʳ] *n* Stricker(in *f*) *m*.

knitting ['nɪtɪŋ] *n* **1.** Stricken *nt*; (*material being knitted*) Strickzeug *nt*, Strickarbeit *f*; (*knitted goods*) Gestrickte(s) *nt*, Stricksachen *pl*. **she was doing her ~** sie strickte.

2. (*of bones etc*) Verwachsen, Zusammenwachsen *nt*.

knitting machine *n* Strickmaschine *f*; **knitting needle** *n* Stricknadel *f*; **knitting wool** *n* (Strick)wolle *f*, Strickgarn *nt*.

knitwear ['nɪtwɛəʳ] *n* Strickwaren, Strick- *or* Wollsachen *pl*.

knives [naɪvz] *pl of* **knife**.

knob [nɒb] *n* **1.** (*on walking stick*) Knauf *m*; (*on door also*) Griff *m*; (*on instrument*) Knopf *m*. **2.** (*swelling*) Beule *f*, Knubbel *m* (*inf*); (*on tree*) Knoten, Auswuchs *m*. **3.** (*small piece*) Stückchen *nt*.

knobbly ['nɒblɪ] *adj* (+*er*) *wood* knorrig, verwachsen; *surface* uneben, höckrig, knubbelig (*inf*). **~ knees** Knubbelknie *pl* (*inf*).

knock [nɒk] **I** *n* **1.** (*blow*) Stoß *m*; (*esp with hand, tool*) Schlag *m*. **to get a ~** einen Stoß/Schlag abbekommen; **my head got a ~, I got a ~ on the head** (*was hit*) ich habe einen Schlag auf den Kopf bekommen; (*hit myself*) ich habe mir den Kopf angeschlagen *or* angestoßen; **he had a bit of a ~** er hat etwas abbekommen (*inf*); **the car got a few ~s** das Auto ist ein paarmal gerammt worden, mit dem Auto hat es ein paarmal gebumst (*inf*); **the furniture has had a few ~s** die Möbel haben ein paar Schrammen abbekommen; **he gave himself a nasty ~** er hat sich böse angeschlagen *or* angestoßen.

2. (*noise*) Klopfen, Pochen (*liter*) *nt no pl*; (*in engine*) Klopfen *nt no pl*, Klopfgeräusch *nt*. **there was a ~ at the door** es hat (an der Tür) geklopft; **I heard a ~** ich habe es klopfen hören; **I'll give you a ~ at 7 o'clock** (*Brit*) ich klopfe um 7 Uhr (an deine Tür).

3. (*fig: setback*) (Tief)schlag *m*. **~s** (*inf: criticism*) Kritik *f*; **to (have to) take a lot of ~s** viele Tiefschläge einstecken (müssen); (*be criticized*) unter starken Beschuß kommen; **to take a ~** (*self-confidence, pride*) erschüttert werden; (*person*) einen Tiefschlag erleben.

II *vt* **1.** (*hit, strike*) stoßen; (*with hand, tool, racket*) schlagen; *one's knee, head* anschlagen, anstoßen (*on* an +*dat*); (*nudge, jolt*) stoßen gegen; (*collide with*) (*car, driver*) rammen. **to ~ one's head/elbow** *etc* sich (*dat*) den Kopf/Ellbogen *etc* anschlagen *or* anstoßen; **he ~ed his foot against a stone** er stieß mit dem Fuß gegen einen Stein; **to ~ sb on the head** jdn an *or* auf den Kopf schlagen; **that ~ed his plans on the head** (*inf*) das hat all seine Pläne über den Haufen geworfen (*inf*); **to ~ sb to the ground** jdn zu Boden werfen; **to ~ sb unconscious** jdn bewußtlos werden lassen; (*person*) jdn bewußtlos schlagen; **he ~ed some holes in the side of the box** er machte ein paar Löcher in die Seite der Kiste; **to ~ holes in an argument** ein Argument zerpflükken; **to ~ sb/sth out of the way** jdn/etw beiseite stoßen; **he ~ed it as he went past** er ist beim Vorbeigehen dagegengestoßen; (*deliberately*) er hat ihm/ihr *etc* beim Vorbeigehen einen Stoß versetzt *or* gegeben; **don't ~ your glass off the table** werfen *or* stoßen Sie Ihr Glas nicht vom Tisch; **to ~ the nonsense out of sb** jdm den Unsinn austreiben; **to ~ some sense into sb *or* sb's head** jdn zur Vernunft bringen.

2. (*inf: criticize*) (he)runtermachen (*inf*). **if you don't know it, don't ~ it** verdamme doch nicht etwas, was du überhaupt nicht kennst.

III *vi* **1.** klopfen, pochen (*liter*); (*engine*) klopfen. **to ~ at the door/window** an die Tür klopfen, anklopfen.

2. (*bump, collide*) stoßen (*into, against* gegen). **he ~ed into *or* against the gatepost** er rammte den Türpfosten.

3. his knees were ~ing ihm zitterten *or* schlotterten (*inf*) die Knie.

IV *interj* **~ ~!** klopf, klopf.

◆**knock about** *or* **around I** *vi* (*inf*) **1.** (*person*) herumziehen (*prep obj* in +*dat*). **he has ~ed ~ a bit** er ist schon (ganz schön) (he)rumgekommen (*inf*).

2. (*object*) herumliegen (*prep obj* in +*dat*).

II *vt sep* **1.** (*ill-treat*) verprügeln, schlagen. **he was badly ~ed ~ in the**

crash er ist beim Unfall ziemlich zugerichtet worden.

2. (*damage*) ramponieren (*inf*), beschädigen.

3. to ~ a ball ~ ein paar Bälle schlagen.

◆**knock back** *vt sep* (*inf*) **1. he ~ed ~ his whisky** er kippte sich (*dat*) den Whisky hinter die Binde (*inf*).

2. (*cost*) **this watch ~ed me ~ £20** ich habe für die Uhr £ 20 hingelegt, die Uhr hat mich £ 20 gekostet; **what did they ~ you ~ for it**? was mußten Sie dafür hinlegen *or* blechen? (*inf*).

3. (*shock*) schocken, erschüttern.

4. (*reject*) zurückweisen.

◆**knock down** *vt sep* **1.** *person, thing* umwerfen, zu Boden werfen; *opponent* (*by hitting*) niederschlagen; (*car, driver*) anfahren, umfahren; (*fatally*) überfahren; *building* abreißen, niederreißen; *tree* fällen, umhauen; *door* einschlagen; *obstacle, fence* niederreißen; (*car*) umfahren. **she was ~ed ~ and killed** sie wurde überfahren; **he ~ed him ~ with one blow** er schlug *or* streckte (*geh*) ihn mit einem Schlag zu Boden.

2. *price* (*buyer*) herunterhandeln (*to* auf +*acc*); (*seller*) heruntergehen mit. **I managed to ~ him ~ a pound** ich konnte ein Pfund herunterhandeln; **I ~ed him ~ to £15** ich habe es auf £ 15 heruntergehandelt.

3. (*at auction*) zuschlagen (*to sb* jdm). **to be ~ed ~ at £1** für ein Pfund versteigert werden.

4. *machine, furniture* zerlegen, auseinandernehmen.

◆**knock in** *vt sep nail* einschlagen.

◆**knock off I** *vi* (*inf*) aufhören, Feierabend *or* Schluß machen (*inf*). **to ~ ~ for lunch** Mittag machen.

II *vt sep* **1.** (*lit*) *vase, cup, person* hinunterstoßen; *nose off statue* abschlagen; *insect* abschütteln; *high jump bar* reißen.

2. (*inf: reduce price by*) nachlassen (*for sb* jdm), runtergehen (*inf*). **he ~ed £5 ~ the bill/price** er hat £ 5 von der Rechnung/vom Preis nachgelassen.

3. (*inf: do quickly*) *essay, painting* hinhauen (*inf*); (*with good result*) aus dem Ärmel schütteln (*inf*).

4. (*Brit sl: steal*) klauen (*inf*).

5. (*sl: kill*) umlegen (*inf*).

6. (*inf: stop*) aufhören mit; *smoking, criticizing* stecken (*sl*). **to ~ ~ work** Feierabend machen; **~ it ~!** nun hör schon auf!

◆**knock out** *vt sep* **1.** *tooth* ausschlagen; *nail* herausschlagen (*of* aus); *pipe* ausklopfen; *contents* herausklopfen (*of* aus).

2. (*stun*) bewußtlos werden lassen; (*by hitting*) bewußtlos schlagen, k.o. schlagen; (*Boxing*) k.o. schlagen; (*drink*) umhauen (*inf*).

3. (*from competition*) besiegen (*of* in +*dat*). **to be ~ed ~** ausscheiden, rausfliegen (*inf*) (*of* aus).

4. (*inf: stun, shock*) (*good news*) umwerfen, umhauen (*inf*); (*bad news, sb's death*) schocken.

5. (*sl: bowl over*) hinreißen (*inf*), umhauen (*inf*).

6. (*inf: exhaust*) schaffen (*inf*), kaputtmachen (*inf*).

◆**knock over** *vt sep* umwerfen, umstoßen; (*car*) anfahren; (*fatally*) überfahren.

◆**knock together I** *vi* **his knees were ~ing ~** seine Knie zitterten *or* schlotterten (*inf*). **II** *vt sep* **1.** (*make hurriedly*) *shelter, object* zusammenzimmern; *meal, snack* auf die Beine stellen (*inf*). **2.** (*lit*) aneinanderstoßen. **I'd like to ~ their heads ~** man sollte die beiden zur Räson bringen.

◆**knock up I** *vi* **1.** (*Brit Sport*) sich einspielen, ein paar Bälle schlagen. **2.** (*US sl*) bumsen (*inf*).

II *vt sep* **1.** (*hit upwards*) hochschlagen.

2. (*Brit: wake*) (auf)wecken.

3. (*make hurriedly*) *meal* auf die Beine stellen (*inf*); *building* hochziehen, hinstellen; *shelter* zusammenzimmern.

4. (*Brit sl: exhaust*) kaputtmachen (*inf*), schaffen (*inf*); (*experience, shock*) schaffen (*inf*).

5. (*sl*) (*make pregnant*) ein Kind anhängen (+*dat*) (*inf*), ein Kind machen (+*dat*) (*inf*); (*US: have sex with*) bumsen mit (*inf*).

6. (*Cricket*) **to ~ ~ 20 runs** 20 Läufe machen.

7. (*inf: do*) *mileage* fahren; *overtime* machen.

knock-down *adj attr furniture etc* zerlegbar; **~ price** Schleuderpreis *m*; (*at auction*) Mindestpreis *m*; **~ blow** (*Boxing*) Niederschlag *m*.

knocker ['nɒkə^r] *n* **1.** (*door ~*) (Tür)-klopfer *m*.

2. (pair of) ~s (*Brit sl: breasts*) Vorbau *m* (*inf*).

3. (*inf: critic*) Kritikaster *m* (*inf*).

knock-for-knock ['nɒkfə'nɒk] *adj* (*Insur*) **~ agreement** *Vereinbarung, bei der jede Versicherungsgesellschaft den Schaden des von ihr versicherten Fahrzeugs übernimmt.*

knocking ['nɒkɪŋ] *n* **1.** Klopfen, Pochen (*liter*) *nt*; (*in engine*) Klopfen *nt*. **2.** (*inf*) Kritik *f* (*of* an +*dat*). **he has taken** *or* **had a lot of ~** er ist ziemlich unter Beschuß gekommen.

knocking copy *n* (*in advertising*) Negativwerbung *f*; **knocking-off time** *n* (*inf*) Feierabend *m*.

knock-kneed [nɒk'niːd] *adj* X-beinig; **to be ~** X-Beine haben; **knock-on effect** *n* Folgewirkungen *pl* (*on* auf +*acc*); **knockout I** *n* (*Boxing*) Knockout, K.o. *m*; (*inf: person, thing*) Wucht *f* (*inf*); **II** *attr* **1.** (*Boxing, fig*) **~ blow** K.o.-Schlag *m*; **2. ~ competition** Ausscheidungskampf *m*; **knock-up** *n* (*Brit Sport*) **to have a ~** ein paar Bälle schlagen.

knoll [nəʊl] *n* Hügel *m*, Kuppe *f*.

knot [nɒt] **I** *n* **1.** (*in string, tie, fig*) Knoten *m*; (*in muscle*) Verspannung *f*. **to tie/undo** *or* **untie a ~** einen Knoten machen/aufmachen *or* lösen; **to tie the ~** (*fig*) den Bund fürs Leben schließen; **to**

tie oneself (up) in ~s (*fig*) sich immer mehr verwickeln *or* tiefer verstricken; **his stomach was in a ~** sein Magen krampfte sich zusammen.

2. (*Naut: speed*) Knoten *m*. **to make 20 ~s** 20 Knoten machen; *see* **rate[1] I 1.**

3. (*in wood*) Ast *m*, Verwachsung *f*.

4. (*group*) Knäuel *m*.

II *vt* einen Knoten machen in (+*acc*); (~ *together*) verknoten, verknüpfen. **to ~ sth to sth** etw mit etw verknoten; **get ~ted!** (*sl*) du kannst mich mal! (*inf*).

III *vi* sich verknoten, Knoten bilden.

◆knot together *vt sep* verknoten.

knotty ['nɒtɪ] *adj* (+*er*) *wood* astreich, knorrig; *veins, rope* knotig; *problem* verwickelt, verzwickt (*inf*).

know [nəʊ] (*vb: pret* **knew,** *ptp* **known) I** *vti* **1.** (*have knowledge about*) wissen; *answer, facts, dates, details, results also* kennen; *French, English* können. **to ~ how to do sth** (*in theory*) wissen, wie man etw macht; (*in practice*) etw tun können; **he ~s a thing or two** (*inf*) er weiß Bescheid, er weiß ganz schön viel (*inf*); **she ~s all the answers** sie weiß Bescheid, sie kennt sich aus; (*pej*) sie weiß immer alles besser; **do you ~ the difference between ...**? wissen Sie, was der Unterschied zwischen ... ist?; **to ~ that/why ...** wissen, daß/warum ...; **to let sb ~ sth** (*not keep back*) jdn etw wissen lassen; (*tell, inform*) jdm von etw Bescheid sagen *or* geben; **he soon let me ~ what he thought of it** er hat mich schnell wissen lassen, was er davon hielt; **when can you let me ~?** wann können Sie es mich wissen lassen?, wann können Sie mir Bescheid sagen?; **that's what *I'd* like to ~ (too)** das möchte ich auch wissen; ***that's* what I'd like to ~** das möchte ich wirklich wissen; **that's worth ~ing** das ist ja interessant; **as far as I ~** soviel ich weiß, meines Wissens; **he might even be dead for all I ~** vielleicht ist er sogar tot, was weiß ich; **not that I ~** nicht daß ich wüßte; **who ~s?** wer weiß?, weiß ich's; **there's no ~ing** (*inf*) das kann keiner sagen, das weiß niemand; **there's no ~ing what he'll do** man weiß nie, was er noch tut; **I'd have you ~ that ...** ich möchte doch sehr betonen, daß ...; **to ~ what one is talking about** wissen, wovon man redet; **to ~ one's own mind** wissen, was man will; **before you ~ where you are** ehe man sich's versieht; **I've been a fool and don't I ~ it!** (*inf*) ich seh's ja ein, ich war doof (*inf*), ich war vielleicht doof (*inf*); **she's angry! — don't I ~ it!** (*inf*) sie ist wütend! — wem sagst du das! (*inf*); **he just didn't want to ~** er wollte einfach nicht hören; **he didn't want to ~ me** er wollte nichts mit mir zu tun haben; **I ~!** ich weiß!, weiß ich (doch)!; (*having a good idea*) ich weiß was!, ich habe eine Idee!; **I wouldn't ~** (*inf*) weiß ich (doch) nicht (*inf*); **don't you ~?** weißt du das denn nicht?; **how should I ~?** wie soll ich das wissen?; **what do you ~!** (*inf*) sieh mal einer an!; **you never ~** man kann nie wissen.

2. you ~, we could/there is ... weißt du, wir könnten/da ist ...; **if you come back later, she might be back, you ~** (wissen Sie,) wenn Sie später noch einmal kommen, ist sie vielleicht da; **then there was this man, you ~, and ...** und da war dieser Mann, nicht (wahr), und ...; **it's long and purple and, you ~, sort of crinkly** es ist lang und lila und, na ja, so kraus.

3. (*be acquainted with*) *people, places, book, author* kennen. **I ~ Bavaria well** ich kenne Bayern gut, ich kenne mich gut in Bayern aus; **to get to ~ sb/sth** jdn/etw kennenlernen; **do you ~ him to speak to?** kennen Sie ihn näher?; **if I ~ John, he'll already be there** wie ich John kenne, ist er schon da; *see* **name I 1., sight I 2.**

4. to get to ~ sb/a place jdn/einen Ort kennenlernen; **to get to ~ sth** *methods, techniques, style, pronunciation* etw lernen; *habits, faults, shortcuts* etw herausfinden.

5. (*recognize*) erkennen. **to ~ sb by his voice/walk** *etc* jdn an der Stimme/am Gang *etc* erkennen; **would you ~ him again?** würden Sie ihn wiedererkennen?; **he ~s a good thing when he sees it** er weiß, was gut ist.

6. (*be able to distinguish*) unterscheiden können. **don't you ~ your right from your left?** können Sie rechts und links nicht unterscheiden?; **you wouldn't ~ him from his brother** Sie könnten ihn nicht von seinem Bruder unterscheiden; **he wouldn't ~ the difference** das merkt er nicht; **he doesn't ~ one end of a horse from the other** er hat keine Ahnung von Pferden (*inf*).

7. (*experience*) erleben. **I've never ~n it to rain so heavily** so einen starken Regen habe ich noch nie erlebt; **I've never ~n him to smile** ich habe ihn noch nie lächeln sehen, ich habe es noch nie erlebt, daß er lächelt; **you have never ~n me to tell a lie** Sie haben mich noch nie lügen hören.

8. (*in passive*) **to be ~n (to sb)** (jdm) bekannt sein; **it is (well) ~n that ...** es ist (allgemein) bekannt, daß ...; **is he/that ~n here?** ist er/das hier bekannt?, kennt man ihn/das hier?; **he is ~n to have been here** man weiß, daß er hier war; **he is ~n as Mr X** man kennt ihn als Herrn X; **to make sb/sth ~n** jdn/etw bekanntmachen; **to make oneself ~n** sich melden (*to sb* bei jdm); (*introduce oneself*) sich vorstellen (*to sb* jdm); (*become well-known*) sich (*dat*) einen Namen machen; **to become ~n** bekannt werden.

9. I ~ better than that ich bin ja nicht ganz dumm; **I ~ better than to say something like that** ich werde mich hüten, so etwas zu sagen; **he/you ought to have ~n better** das war dumm (von ihm/dir); **he ought to have** *or* **should have ~n better than to do that** es war dumm von ihm, das zu tun; **you ought to ~ better at your age** in deinem Alter müßte man das aber (besser) wissen; **they don't ~ any better** sie kennen's nicht anders; **he says he didn't do it, but I ~ better** er sagt, er war es nicht, aber ich weiß, daß das nicht stimmt; **mother always ~s best** Mutter weiß es am besten; **OK, you ~ best** o.k., Sie müssen's wissen.

10. (*obs, Bibl: sexually*) erkennen.

II *n* (*inf*) **to be in the ~** eingeweiht sein, im Bild sein (*inf*), Bescheid wissen (*inf*); **the people in the ~ say ...** Leute, die darüber Bescheid wissen, sagen ..., die Fachleute sagen ...

◆**know about I** *vi +prep obj* (*have factual knowledge, experience of*) *history, maths, politics* sich auskennen in (+*dat*); *Africa* Bescheid wissen über (+*acc*); *women, cars, horses* sich auskennen mit; (*be aware of, have been told about*) wissen von. **I ~ ~ that** das weiß ich; **I didn't ~ ~ that** das wußte ich nicht; **I only knew ~ it yesterday** ich habe erst gestern davon gehört; **I ~ ~ John, but is anyone else absent?** John, das weiß ich, aber fehlt sonst noch jemand?; **to get to ~ ~ sb/sth** von jdm/etw hören; **I don't ~ ~ that** davon weiß ich nichts; (*don't agree*) da bin ich aber nicht so sicher.

II *vt sep +prep obj* **to ~ a lot/nothing/something ~ sth** (*have factual knowledge*) viel/nichts/etwas über etw (*acc*) wissen; (*in history, maths*) in etw (*dat*) gut/nicht/etwas Bescheid wissen; (*about women, cars, horses*) viel/nichts/etwas von etw verstehen; (*be aware of, have been told about*) viel/nichts/etwas von etw wissen; **that was the first I knew ~ it** davon hatte ich nichts gewußt; **not much is ~n ~ that** darüber weiß man nicht viel; **I ~ all ~ that** da kenne ich mich aus; (*I'm aware of that*) das weiß ich; (*I've been told about it*) ich weiß Bescheid; **that's all you ~ ~ it!** (*iro*) das meinst auch nur du!

◆**know of** *vi +prep obj café, better method* kennen; (*have heard of*) *sb, sb's death* gehört haben von. **not that I ~ ~** nicht, daß ich wüßte.

know-all *n* Alleswisser, Besserwisser *m*; **know-how** *n* praktische Kenntnis, Know-how *nt*; **he hasn't got the ~ for the job** er hat nicht die nötige Sachkenntnis für diese Arbeit.

knowing ['nəʊɪŋ] *adj look, smile* wissend; *person* verständnisvoll.

knowingly ['nəʊɪŋlɪ] *adv* **1.** (*consciously*) bewußt, absichtlich, wissentlich. **2.** *look, smile* wissend.

know-it-all ['nəʊɪtɔːl] *n* (*US*) *see* **know-all**.

knowledge ['nɒlɪdʒ] *n* **1.** (*understanding, awareness*) Wissen *nt*, Kenntnis *f*. **to have ~ of** Kenntnis haben *or* besitzen von, wissen von; **to have no ~ of** keine Kenntnis haben von, nichts wissen von; **to (the best of) my ~** soviel ich weiß, meines Wissens; **to the best of my ~ and belief** nach bestem Wissen und Gewissen; **not to my ~** nicht, daß ich wüßte; **without the ~ of her mother** ohne Wissen ihrer Mutter, ohne daß ihre Mutter es wußte/weiß; **it has come to my ~ that ...** ich habe erfahren, daß ...

2. (*learning, facts learnt*) Kenntnisse *pl*, Wissen *nt*. **my ~ of English** meine Englischkenntnisse *pl*; **my ~ of D.H. Lawrence** was ich von D.H. Lawrence kenne; **I have a thorough ~ of this subject** auf diesem Gebiet weiß ich gründlich Bescheid; **the police have no ~ of him/his activities** die Polizei weiß nichts über ihn/seine Aktivitäten; **the advance of ~** der Fortschritt der Wissenschaft.

knowledgeable ['nɒlɪdʒəbl] *adj person* kenntnisreich; *report* gut fundiert. **to be ~** viel wissen (*about* über +*acc*).

known [nəʊn] **I** *ptp of* **know**. **II** *adj* bekannt; *expert also* anerkannt. **it is a ~ fact that ...** es ist (allgemein) bekannt, daß ...; **~ quantity** bekannte Größe.

knuckle ['nʌkl] *n* (Finger)knöchel *m*; (*of meat*) Hachse, Haxe *f*; *see* **near II 1., rap**.

◆**knuckle down** *vi* (*inf*) sich dahinterklemmen (*inf*), sich dranmachen (*inf*). **to ~ ~ to work** sich hinter die Arbeit klemmen (*inf*), sich an die Arbeit machen.

◆**knuckle under** *vi* (*inf*) spuren (*inf*), sich fügen.

knucklebone *n* Knöchelbein *nt*; **knucklebones** *npl see* **jacks**; **knuckleduster** *n* Schlagring *m*; **knuckle joint** *n* (*Anat*) Knöchel- *or* Fingergelenk *nt*; (*Tech*) Kardan- *or* Kreuzgelenk *nt*.

KO I *n* K.o.(-Schlag) *m*. **II** *vt* (*Boxing*) k.o. schlagen.

koala [kəʊ'ɑːlə] *n* (*also* **~ bear**) Koala(bär) *m*.

kookaburra ['kʊkəˌbʌrə] *n* Rieseneisvogel *m*, Lachender Hans.

kooky ['kuːkɪ] *adj* (+*er*) (*US inf*) komisch (*inf*), verrückt (*inf*).

Koran [kɒ'rɑːn] *n* Koran *m*.

Korea [kə'rɪə] *n* Korea *nt*.

Korean [kə'rɪən] **I** *adj* koreanisch. **~ war** Koreakrieg *m*. **II** *n* **1.** Koreaner(in *f*) *m*. **2.** (*language*) Koreanisch *nt*.

kosher ['kəʊʃə^r] *adj* **1.** koscher. **2.** (*inf*) in Ordnung. **there's something not quite ~ about that deal** an dem Geschäft ist etwas faul (*inf*).

kowtow ['kaʊtaʊ] *vi* einen Kotau machen, dienern. **to ~ to sb** vor jdm dienern *or* katzbuckeln (*inf*).

kph *abbr of* **kilometres per hour** kph.

kraal [krɑːl] *n* (*S. African*) Kral *m*.

Kraut [kraʊt] *n, adj als Schimpfwort gebrauchte Bezeichnung für Deutsche und Deutsches.*

Kremlin ['kremlɪn] *n*: **the ~** der Kreml.

kremlinology [ˌkremlɪ'nɒlədʒɪ] *n* Kremlforschung *f*.

krypton ['krɪptɒn] *n* Krypton *nt*.

kudos ['kjuːdɒs] *n* Ansehen *nt*, Ehre *f*. **he only did it for the ~** er tat es nur der Ehre wegen.

kung fu ['kʌŋ'fuː] *n* Kung-Fu *nt*.

Kurd [kɜːd] *n* Kurde *m*, Kurdin *f*.

Kurdish ['kɜːdɪʃ] **I** *adj* kurdisch. **II** *n* Kurdisch *nt*.

Kuwait [kʊ'weɪt] *n* Kuwait *nt*.

Kuwaiti [kʊ'weɪtɪ] **I** *adj* kuwaitisch. **II** *n* Kuwaiter(in *f*) *m*.

kw *abbr of* **kilowatt(s)** kW.

kWh, kwh *abbr of* **kilowatt hour(s)** kWh.

L

L, l [el] *n* L, l *nt*.

L *abbr of* **1.** (*Brit Mot*) **Learner. 2. Lake. 3. large.**

l *abbr of* **1. litre(s)** l. **2. left** l.

LA *abbr of* **Los Angeles.**

lab [læb] *abbr of* **laboratory.**

Lab (*Brit Pol*) *abbr of* **Labour.**

label ['leɪbl] **I** *n* **1.** Etikett *nt*; (*showing contents, instructions*) Aufschrift, Beschriftung *f*; (*on specimen, cage*) Schild *nt*; (*tied on*) Anhänger *m*; (*adhesive*) Aufkleber *m*, Aufklebeetikett *nt*; (*on parcel*) Paketadresse *f*; (*of record company*) Schallplattengesellschaft, Plattenfirma *f*. **on the Pye ~** von Pye herausgegeben. **2.** (*fig*) Etikett *nt* (*usu pej*).

II *vt* **1.** etikettieren, mit einem Schild/Anhänger/Aufkleber versehen; (*write on*) beschriften. **the bottle was ~led "poison"** die Flasche trug die Aufschrift „Gift".

2. (*fig*) *ideas* bezeichnen; (*pej*) abstempeln. **to ~ sb (as) sth** jdn als etw abstempeln.

labia ['leɪbɪə] *pl of* **labium.**

labial ['leɪbɪəl] **I** *adj* (*Anat, Phon*) labial, Lippen-. **II** *n* (*Phon*) Labial, Lippenlaut *m*.

labiodental [ˌleɪbɪəʊ'dentəl] (*Phon*) **I** *adj* labiodental. **II** *n* Labiodental *m*.

labium ['leɪbɪəm] *n, pl* **labia** (*Anat*) Schamlippe *f*, Labium *nt* (*spec*).

labor *etc* (*US*) *see* **labour** *etc*. **~ union** (*US*) Gewerkschaft *f*.

laboratory [lə'bɒrətərɪ, (*US*) 'læbrəˌtɔːrɪ] *n* Labor(atorium) *nt*. **~ assistant** Laborant(in *f*) *m*; **~ results** Laborwerte *pl*; **the project was abandoned at the ~ stage** das Projekt wurde im Versuchsstadium abgebrochen.

laborious [lə'bɔːrɪəs] *adj task, undertaking* mühsam, mühselig; *style* schwerfällig, umständlich.

laboriously [lə'bɔːrɪəslɪ] *adv* mühsam; *speak* umständlich.

labour, (*US*) **labor** ['leɪbəʳ] **I** *n* **1.** (*work in general*) Arbeit *f*; (*toil*) Anstrengung, Mühe *f*. **they succeeded by their own ~s** sie haben es aus eigener Kraft geschafft.

2. (*task*) Aufgabe *f*. **it was a ~ of love** ich/er *etc* tat es aus Liebe zur Sache; **the ~s of Hercules** die Arbeiten *pl* des Herkules.

3. (*Jur*) *see* **hard ~.**

4. (*persons*) Arbeiter, Arbeitskräfte *pl*. **to withdraw one's ~** die Arbeit verweigern; **organized ~** die organisierte Arbeiterschaft.

5. (*Brit Pol*) **L~** die Labour Party; **this district is L~** dies ist ein Labourbezirk *m*.

6. (*Med*) Wehen *pl*. **to be in ~** in den Wehen liegen, die Wehen haben.

II *vt point, subject* auswalzen, breittreten (*inf*). **I won't ~ the point** ich will nicht darauf herumreiten.

III *vi* **1.** (*in fields*) arbeiten; (*work hard*) sich abmühen (*at, with* mit). **to ~ for** *or* **in a cause** sich für eine Sache einsetzen; **to ~ under a delusion/misapprehension** sich einer Täuschung/Illusion (*dat*) hingeben; **to ~ under difficulties** mit Schwierigkeiten zu kämpfen haben.

2. (*move with effort or difficulty*) sich quälen. **the engine is ~ing** der Motor hört sich gequält an; (*in wrong gear*) der Motor läuft untertourig; **his breathing became ~ed** er begann, schwer zu atmen.

labour camp *n* Arbeitslager *nt;* **Labour Day** *n* der Tag der Arbeit.

laboured, (*US*) **labored** ['leɪbəd] *adj* schwerfällig; *breathing* schwer.

labourer, (*US*) **laborer** ['leɪbərəʳ] *n* (Hilfs)arbeiter(in *f*) *m*; (*farm ~*) Landarbeiter(in *f*) *m*; (*day-~*) Tagelöhner *m*. **a ~ in the cause of justice** ein Kämpfer *m* für die Gerechtigkeit.

labour force *n* Arbeiterschaft *f*; (*of company*) Belegschaft *f*.

labouring, (*US*) **laboring** ['leɪbərɪŋ] *adj class* Arbeiter-, arbeitend; *job* Aushilfs-.

labour-intensive, (*US*) **labor-intensive** *adj* arbeitsintensiv.

labourite ['leɪbəraɪt] *n* (*pej*) Labour-Anhänger(in *f*) *m*.

labour-market *n* Arbeitsmarkt *m*; **labour movement** *n* Arbeiterbewegung *f*; **labour pains** *npl* Wehen *pl*; **Labour Party** *n* Labour Party *f*; **labour relations** *npl* die Beziehungen *pl* zwischen Unternehmern und Arbeitern *or* Gewerkschaften; **labour-saving** *adj* arbeitssparend; **labour shortage** *n* Arbeitskräftemangel *m*; **labour supply** *n* Angebot *nt* an Arbeitskräften; **labour ward** *n* Kreißsaal *m*.

Labrador ['læbrədɔːʳ] *n* Labradorhund *m*.

laburnum [lə'bɜːnəm] *n* Goldregen *m*.

labyrinth ['læbɪrɪnθ] *n* (*lit, fig*) Labyrinth *nt*.

lace [leɪs] **I** *n* **1.** (*fabric*) Spitze *f*; (*as trimming*) Spitzenborte *f or* -besatz *m*; (*of gold, silver*) Tresse, Litze *f*.

2. (*of shoe*) (Schuh)band *nt*, Schnürsenkel *m*.

II *vt* **1.** schnüren; *shoe also* zubinden; (*fig*) *fingers* ineinander verschlingen.

2. to ~ a drink einen Schuß Alkohol in ein Getränk geben.

III *vi* (*shoes etc*) (zu)geschnürt werden.

◆**lace into** *vi +prep obj* **to ~ ~ sb** (*verbally*) jdm eine Standpauke halten, jdn anschnauzen (*inf*); (*physically*) auf jdn losgehen, jdn verprügeln.

◆**lace up I** *vt sep* (zu)schnüren. **II** *vi* geschnürt werden.

lacerate ['læsəreɪt] *vt* **1.** verletzen; (*by glass*) zerschneiden; (*by thorns*) zerkratzen, aufreißen; (*by claws, whip*) zerfetzen; *painting* aufschlitzen. **he ~d his arm** er zog sich (*dat*) tiefe Wunden am Arm zu.

2. (*fig*) *feeling, pride* zutiefst verletzen.

laceration [ˌlæsə'reɪʃən] *n* Verletzung, Fleischwunde *f*; (*tear*) Rißwunde *f*; (*from blow*) Platzwunde *f*; (*from whip*) Striemen *m*; (*from glass*) Schnittwunde *f*; (*from claws*) Kratzwunde *f*.

lachrymose ['lækrɪməʊs] *adj* (*liter*) *person* weinerlich; *story, film* rührselig, ergreifend.

lacing ['leɪsɪŋ] *n* (*of shoe*) Schnürsenkel, Schuhbänder *pl*; (*of corset*) Schnürung *f*.

lack [læk] **I** *n* Mangel *m*. **for** *or* **through ~ of sth** aus Mangel an etw (*dat*); **~ of water/time** Wasser-/Zeitmangel *m*; **there is no ~ of money in that family** in dieser Familie fehlt es nicht an Geld.

II *vt* **they ~ the necessary equipment/talent** es fehlt ihnen an der notwendigen Ausrüstung/am richtigen Talent.

III *vi* **1. to be ~ing** fehlen; **his sense of humour is sadly ~ing** mit seinem Sinn für Humor ist es nicht weit her.

2. he is ~ing in confidence ihm fehlt es an Selbstvertrauen; **he is completely ~ing in any sort of decency** er besitzt überhaupt keinen Anstand.

3. he ~ed for nothing es fehlte ihm an nichts.

lackadaisical [ˌlækə'deɪzɪkəl] *adj* (*lacking energy*) lustlos, desinteressiert; (*careless*) nachlässig, lasch.

lackey ['lækɪ] *n* (*lit, fig*) Lakai *m*.

lacking ['lækɪŋ] *adj* **1. to be found ~** sich nicht bewähren, der Sache (*dat*) nicht gewachsen sein.

2. (*inf*) geistig minderbemittelt (*inf*), beschränkt.

lacklustre ['lækˌlʌstəʳ] *adj surface* stumpf, glanzlos; *style* farblos, langweilig; *eyes also* trübe.

laconic [lə'kɒnɪk] *adj* lakonisch; *prose, style* knapp.

lacquer ['lækəʳ] **I** *n* Lack *m*; (*hair ~*) Haarspray *nt*; (*nail ~*) Nagellack *m*. **II** *vt* lackieren; *hair* sprayen.

lacquered ['lækəd] *adj* lackiert; *hair* gesprayt; *wood* Lack-.

lacrosse [lə'krɒs] *n* Lacrosse *nt*.

lactate ['lækteɪt] *vi* Milch absondern.

lactation [læk'teɪʃən] *n* Milchabsonderung, *f*; (*period*) Stillzeit *f*.

lactic ['læktɪk] *adj* **~ acid** Milchsäure *f*.

lactose ['læktəʊs] *n* Milchzucker *m*, Laktose *f*.

lacuna [lə'kjuːnə] *n, pl* **-e** [lə'kjuːniː] Lakune *f*.

lacy ['leɪsɪ] *adj* (*+er*) Spitzen-; (*like lace*) spitzenartig.

lad [læd] *n* Junge *m*; (*in stable*) Bursche *m*. **he's only a ~** er ist (doch) noch jung, er ist (doch) noch ein Junge; **a simple country ~** ein einfacher Bauernjunge, ein einfacher Junge vom Land; **all together, ~s, push!** alle zusammen, Jungs, anschieben!; **he's a bit of a ~** (*inf*) er ist ein ziemlicher Draufgänger; **he's a bit of a ~ with the girls** (*inf*) er ist ein ganz schöner Frauentyp (*inf*); **he likes a night out with the ~s** (*inf*) er geht gern mal mit seinen Kumpels weg (*inf*).

ladder ['lædəʳ] **I** *n* **1.** Leiter *f*.

2. (*fig*) (Stufen)leiter *f*. **social ~** Leiter des gesellschaftlichen Erfolges; **it's a first step up the ~** das ist ein Anfang; **a big step up the ~** ein großer Schritt nach vorn; *see* **top**.

3. (*Brit: in stocking*) Laufmasche *f*. **~proof** maschenfest, laufmaschensicher.

II *vt* (*Brit*) *stocking* zerreißen. **I've ~ed my stocking** ich habe mir eine Laufmasche geholt.

III *vi* (*Brit: stocking*) Laufmaschen bekommen.

lade [leɪd] *pret* **~d,** *ptp* **laden I** *vt ship* beladen; *cargo* verladen. **II** *vi* Ladung übernehmen *or* an Bord nehmen.

laden ['leɪdn] *adj* (*lit, fig*) beladen (*with* mit). **bushes ~ with flowers** blütenschwere Büsche *pl*.

la-di-da ['lɑːdɪ'dɑː] *adj* (*inf*) affektiert, affig (*inf*).

lading ['leɪdɪŋ] *n* (*cargo*) Ladung *f*.

ladle ['leɪdl] **I** *n* (Schöpf- *or* Suppen)kelle *f*, Schöpflöffel *m*. **II** *vt* schöpfen.

◆ladle out *vt sep soup, praise* austeilen.

ladleful ['leɪdlfʊl] *n* **one ~** eine Kelle (voll); **each pan holds ten ~s** in jeden Topf paßt der Inhalt von zehn Schöpfkellen.

lady ['leɪdɪ] *n* **1.** Dame *f*. **"Ladies"** (*lavatory*) „Damen"; **where is the ladies** *or* **the ladies' room?** wo ist die Damentoilette?; **ladies and gentlemen!** sehr geehrte *or* meine (sehr verehrten) Damen und Herren!; **~ of the house** Dame des Hauses; **the minister and his ~** der Minister und seine Gattin; **your good ~** (*hum, form*) Ihre Frau Gemahlin (*hum, form*); **the old ~** (*inf*) (*mother*) die alte Dame (*inf*); (*wife*) meine/deine/seine Alte (*inf*) *or* Olle (*N Ger inf*); **young ~** junge Dame; (*scoldingly*) mein Fräulein; **ladies' man** Charmeur, Frauenheld *m*.

2. (*noble*) Adlige *f*. **L~** (*as a title*) Lady *f*; **dinner is served, my ~** es ist angerichtet, Mylady *or* gnädige Frau; **to live like a ~** wie eine große Dame leben.

3. Our L~ die Jungfrau Maria, Unsere Liebe Frau; **Church of Our L~** (Lieb)frauenkirche *f*.

ladybird, (*US*) **ladybug** *n* Marienkäfer *m*; **Lady Day** *n* Mariä Verkündigung *no art*; **lady doctor** *n* Ärztin *f*; **lady-in-waiting** *n* Ehrendame, Hofdame *f*; **lady-killer** *n* (*inf*) Herzensbrecher *m*; **ladylike** *adj* damenhaft, vornehm; **it's not ~** es ist nicht ladylike, es gehört sich nicht für eine Dame/ein Mädchen; **lady mayoress** *n Titel der Frau des Lord Mayor,* Frau *f* (Ober)bürgermeister (*dated*); **ladyship** *n*: **certainly, Your L~** gewiß, Euer Gnaden; **lady's maid** *n* (Kammer)zofe *f*.

lag[1] [læg] **I** *n* (*time-~*) Zeitabstand *m*, Zeitdifferenz *f*; (*delay*) Verzögerung *f*. **after a ~ of 15 minutes** nach 15 Minuten, nachdem 15 Minuten vergangen *or* verstrichen waren; **the cultural ~ is very apparent** der kulturelle Rückstand ist offensichtlich.

II *vi* (*time*) langsam vergehen, dahinkriechen; (*in pace*) zurückbleiben.

◆**lag behind** *vi* zurückbleiben. **we ~ ~ in space exploration** in der Raumforschung liegen wir (weit) zurück *or* hinken wir hinterher (*inf*); **why don't you walk beside me instead of always ~ging ~?** warum läufst du nicht neben mir, anstatt immer hinterherzutrödeln?

lag[2] *vt boiler, pipe* umwickeln, isolieren.

lager ['lɑːgəʳ] *n* helles Bier. **a glass of ~** ein (Glas) Helles; **~ lout** (*Brit inf*) betrunkener Rowdy; (*causing damage also*) betrunkener Randalierer.

laggard ['lægəd] **I** *n* (*sb who has fallen behind*) Nachzügler(in *f*) *m*; (*idler*) Trödler(in *f*) *m*. **II** *adj student, worker* faul.

lagging ['lægɪŋ] *n* Isolierschicht *f*; (*material*) Isoliermaterial *nt*.

lagoon [lə'guːn] *n* Lagune *f*.

laid [leɪd] *pret, ptp of* **lay**[4].

laid-back [ˌleɪd'bæk] *adj* (*inf*) gelassen, cool (*inf*).

lain [leɪn] *ptp of* **lie**[2].

lair [lɛəʳ] *n* Lager *nt*; (*cave*) Höhle *f*; (*den*) Bau *m*.

laird [lɛəd] *n* (*Scot*) Gutsherr *m*.

laissez-faire ['leɪseɪ'fɛəʳ] **I** *n* Laisser-faire *nt*. **II** *adj* (*Econ*) Laisser-faire-; (*fig*) leger, lax.

laity ['leɪɪtɪ] *n* **1.** (*laymen*) Laienstand *m*, Laien *pl*. **2.** (*those outside a profession*) Laien *pl*.

lake[1] [leɪk] *n* See *m*.

lake[2] *n* (*colour*) Karm(es)inrot *nt*.

Lake District *n* Lake District *m* (*Seengebiet nt im NW Englands*); **lakeside I** *n* Seeufer *nt*; **II** *attr* am See.

lama ['lɑːmə] *n* (*Rel*) Lama *m*.

lamb [læm] **I** *n* **1.** (*young sheep*) Lamm *nt*. **2.** (*meat*) Lamm(fleisch) *nt*. **3.** (*person*) Engel *m*. **the little ~s** (*children*) die lieben Kleinen; **she took it like a ~** sie ertrug es geduldig wie ein Lamm; **like a ~ to the slaughter** wie das Lamm zur Schlachtbank, wie ein Opferlamm. **4. the L~ of God** das Lamm Gottes.

II *vi* lammen. **the ~ing season** die Lammungszeit.

lambast [læm'bæst], **lambaste** [læm'beɪst] *vt* fertigmachen (*inf*), es tüchtig geben (+*dat*) (*inf*).

lamb chop *n* Lammkotelett *nt*; **lambskin** *n* Lammfell *nt*; **lamb's tail** *n* (*Bot*) Haselkätzchen *nt*; **lambswool** *n* Lammwolle *f*.

lame [leɪm] **I** *adj* (+*er*) **1.** lahm; (*as result of stroke*) gelähmt. **to be ~ in one foot** einen lahmen Fuß haben; **to be ~ in one leg** auf einem Bein lahm sein; **the horse went ~** das Pferd fing an zu lahmen. **2.** (*fig*) *excuse* lahm, faul; *argument* schwach, wenig überzeugend; *metre* holprig. **~ duck** Niete *f* (*inf*); **~ duck company** unwirtschaftliche Firma.

II *vt* lähmen; *horse* lahm machen.

lamely ['leɪmlɪ] *adv argue, say* lahm. **~ he mumbled an excuse** er murmelte eine lahme Entschuldigung vor sich hin.

lameness ['leɪmnɪs] *n* **1.** Lähmung *f* (*in, of gen*). **his ~** sein Gelähmtsein *nt*. **2.** (*fig*) *see adj* **2.** Lahmheit *f*; Schwäche *f*, mangelnde Überzeugungskraft; Holprigkeit *f*.

lament [lə'ment] **I** *n* **1.** Klage(n *pl*), Wehklage *f*. **in ~** (weh)klagend. **2.** (*Liter, Mus*) Klagelied *nt*.

II *vt* beklagen; *misfortune also* bejammern. **to ~ sb** jds Tod beklagen, um jdn trauern; **it is much to be ~ed that ...** es ist sehr zu beklagen, daß ...

III *vi* (weh)klagen.

lamentable ['læməntəbl] *adj* beklagenswert; *piece of work* jämmerlich schlecht, erbärmlich.

lamentably ['læməntəblɪ] *adv* erbärmlich, beklagenswert. **he failed ~** er scheiterte kläglich; **she was ~ ignorant of politics** es war traurig *or* zum Weinen, wie wenig sie von Politik wußte.

lamentation [ˌlæmən'teɪʃən] *n* (Weh)klage *f*; (*act*) Klagen, Jammern *nt*; (*poem, song*) Klagelied *nt*.

laminated ['læmɪneɪtɪd] *adj* geschichtet; *windscreen* Verbundglas-; *book cover* laminiert. **~ glass** Verbundglas *nt*; **~ wood** Sperrholz *nt*; **~ plastic** Resopal ® *nt*; **~ working surfaces** Arbeitsflächen aus Resopal.

lamp [læmp] *n* Lampe *f*; (*in street*) Laterne *f*; (*Aut, Rail*) Scheinwerfer *m*; (*rear~*) Rücklicht *nt*; (*torch*) Taschenlampe *f*; (*sun~*) Höhensonne *f*; (*fig*) Licht *nt*.

lamp bracket *n* Lampenhalterung *f*; **lamp chimney, lamp glass** *n* Zylinder *m*; **lamplight** *n* Lampenlicht *nt*, Schein *m* der Lampe(n); (*in street*) Licht *nt* der Laterne(n); **by ~** bei Lampenlicht; **in the ~** im Schein der Lampe(n).

lampoon [læm'puːn] **I** *n* Spott- *or* Schmähschrift *f*. **II** *vt* verspotten, verhöhnen.

lamppost ['læmppəʊst] *n* Laternenpfahl *m*.

lampshade *n* Lampenschirm *m*; **lamp standard** *n see* **lamppost.**

LAN [læn] (*Comput*) *abbr of* **local area network** LAN *nt*.

lance [lɑːns] **I** *n* Lanze *f*. **~ corporal** Obergefreite(r) *m*. **II** *vt* (*Med*) öffnen, aufschneiden.

lancet ['lɑːnsɪt] *n* **1.** (*Med*) Lanzette *f*. **2.** (*Archit*) **~ arch** Spitzbogen *m*.

land [lænd] **I** *n* **1.** (*not sea*) Land *nt*. **by ~** auf dem Landweg; **by ~ and by sea** zu Land und zu Wasser; **as they approached ~** als sie sich dem Land näherten; **to see how the ~ lies** (*lit*) das Gelände erkunden *or* auskundschaften; (*fig*) die Lage sondieren *or* peilen; **the lay** *or* **lie of the ~** (*lit*) die Beschaffenheit des Geländes; **until I've seen the lay** *or* **lie of the ~** (*fig*) bis ich die Lage sondiert habe; *see* **dry land**.

2. (*nation, region, fig*) Land *nt*. **to be in the ~ of the living** unter den Lebenden sein.

3. (*as property*) Grund und Boden *m*; (*estates*) Ländereien *pl*. **to own ~** Land besitzen.

4. (*Agr*) Land *nt*; (*soil*) Boden *m*. **to live off the ~** (*grow own food*) sich vom Lande ernähren, von den Früchten des Landes leben (*liter*); (*forage*) sich aus der Natur ernähren.

II *vt* **1.** (*Naut*) *passengers* absetzen, von Bord gehen lassen; *troops* landen; *goods* an Land bringen, löschen; *fish at port* anlanden; *boat* an Land ziehen. **he ~ed the boat on the beach** er zog das Boot an den Strand.

2. (*Aviat*) *passengers* absetzen, von Bord gehen lassen; *troops* landen; *goods* abladen. **to ~ a plane** (mit einem Flugzeug) landen; **the helicopter ~ed a doctor on the ship** der Hubschrauber setzte einen Arzt auf dem Schiff ab; **scientists will ~ a space probe on the moon** Wissenschaftler werden eine Raumsonde auf dem Mond landen.

3. *fish on hook* an Land ziehen.

4. (*inf: obtain*) kriegen (*inf*); *contract* sich (*dat*) verschaffen; *prize* (sich *dat*) holen (*inf*). **she finally ~ed him** sie hat sich (*dat*) ihn schließlich geangelt (*inf*).

5. (*inf*) *blow* landen (*inf*).

6. (*inf: place*) bringen. **behaviour like that will ~ you in trouble/jail** bei einem solchen Betragen wirst du noch mal Ärger bekommen/im Gefängnis landen; **I've ~ed myself in a real mess** ich bin (ganz schön) in die Klemme geraten (*inf*).

7. (*inf: lumber*) **to ~ sb with sth** jdm etw aufhalsen (*inf*) *or* andrehen (*inf*); **I got ~ed with the job** man hat mir die Arbeit aufgehalst (*inf*).

III *vi* **1.** (*from ship*) an Land gehen.

2. (*Aviat*) landen; (*bird, insect*) landen, sich setzen. **as it ~ed** (*Aviat*) bei der Landung; **we're coming in to ~** wir setzen zur Landung an.

3. (*fall, be placed, strike*) landen. **the bomb ~ed on the building** die Bombe fiel auf das Gebäude; **to ~ on one's feet** (*lit*) auf den Füßen landen; (*fig*) auf die Füße fallen.

◆**land up** *vi* (*inf*) landen (*inf*). **you'll ~ ~ in trouble** du wirst noch mal Ärger bekommen; **I ~ed ~ with only £2** (*had left*) ich hatte noch ganze £ 2 in der Tasche (*inf*); (*obtained only*) ich habe nur £ 2 herausgeschlagen (*inf*).

land-agent ['lænd,eɪdʒənt] *n* Gutsverwalter(in *f*) *m*.

land army *n* Landstreitkräfte *pl*.

land-based *adj missiles* landgestützt.

landed ['lændɪd] *adj* **the ~ class** die Großgrundbesitzer *pl*; **~ gentry** Landadel *m*; **~ property** Grundbesitz *m*.

landfall *n* Sichten *nt* von Land; (*land sighted*) gesichtetes Land; **to make ~** Land sichten; **landfill (site)** *n* Mülldeponie *f*; **land forces** *npl* Landstreitkräfte *pl*; **land-holder** *n* (*land-owner*) Grundbesitzer(in *f*) *m*; (*tenant*) Pächter(in *f*) *m*.

landing ['lændɪŋ] *n* **1.** (*Naut*) (*of person*) Landung *f*; (*of ship also*) Anlegen *nt*; (*of goods*) Löschen *nt*. **2.** (*Aviat*) Landung *f*. **3.** (*on stairs*) (*inside house*) Flur, Gang *m*; (*outside flat door*) Treppenabsatz *m*; (*corridor outside flat doors*) Gang, Etagenabsatz *m*.

landing-card *n* Einreisekarte *f*; **landing craft** *n* Landungsboot *nt*; **landing field** *n* Landeplatz *m*; **landing gear** *n* Fahrgestell *nt*; **landing net** *n* Kescher *m*; **landing-party** *n* Landetrupp *m*; **landing-place** *n* (*Naut*) Anlegeplatz *m*; **landing stage** *n* (*Naut*) Landesteg *m*, Landungsbrücke *f*; **landing strip** *n* Landebahn *f*; **landing wheels** *npl* (Lauf)räder *pl*.

landlady *n* Vermieterin, Hauswirtin *f*; (*in pub*) Wirtin *f*; **land law** *n* Bodenrecht *nt*; **landlocked** *adj* von Land eingeschlossen; **a ~ country** ein Land ohne Zugang zum Meer, ein Binnenstaat *m*; **landlord** *n* (*of land*) Grundbesitzer *m*; (*of flat etc*) Vermieter, Hauswirt *m*; (*of pub*) Wirt *m*; **~!** Herr Wirt!; **landlubber** ['lændlʌbəʳ] *n* Landratte *f* (*inf*); **landmark** *n* (*Naut*) Landmarke *f*; (*boundary mark*) Grenzstein, Grenzpfahl *m*; (*well-known thing*) Wahrzeichen *nt*; (*fig*) Meilenstein, Markstein *m*; **land-owner** *n* Grundbesitzer *m*; **land reform** *n* Boden(rechts)reform *f*; **land route** *n* Landweg *m*; **landscape** ['lændskeɪp] **I** *n* Landschaft *f*; **II** *vt big area, natural park* landschaftlich gestalten; *garden, grounds* gärtnerisch gestalten, anlegen; **landscape gardener** *n* (*for big areas*) Landschaftsgärtner(in *f*) *m*; (*for gardens etc*) Gartengestalter(in *f*) *m*; **landscape gardening** *n* Landschaftsgärtnerei *or* -gestaltung *f*; Gartengestaltung *f*; **landslide** *n* (*lit, fig*) Erdrutsch *m*; **a ~ victory** ein überwältigender Sieg, ein Erdrutschsieg *m*; **landslip** *n* Erdrutsch *m*; **landward** *adj view* zum (Fest)land; **they were sailing in a ~ direction** sie fuhren in Richtung Land *or* auf das Land zu; **landward(s)** *adv* landwärts; **to ~** in Richtung Land.

lane [leɪn] *n* (*in country*) (*for walking*) (Feld)weg *m*; (*for driving*) Sträßchen *nt*; (*in town*) Gasse *f*, Weg *m*; (*Sport*) Bahn *f*; (*motorway*) Spur *f*; (*shipping ~*) Schiffahrtsweg *m or* -linie *f*; (*air ~*) (Flug)route, Luftstraße *f*. **"get in ~"** „bitte einordnen".

language ['læŋgwɪdʒ] *n* Sprache *f*. **the ~ of flowers** die Blumensprache; **to study ~s** Sprachen studieren; **your ~ is disgusting** deine Ausdrucksweise ist abscheulich, du drückst dich abscheulich aus; **that's no ~ to use to your mother!** so spricht man nicht mit seiner Mutter!; **bad ~** Kraftausdrücke *pl*; **strong ~** Schimpfwörter, derbe Ausdrücke *pl*; (*forceful ~*) starke Worte *pl*; **the request/complaint was couched in rather strong ~** die Aufforderung/Beschwerde hörte sich ziemlich kraß an; **putting it into plain ~ ...** (*simply*) einfach ausgedrückt ...; (*bluntly*) um es ganz direkt *or* ohne Umschweife zu sagen, ...; **to talk sb's ~** jds Sprache sprechen; **to talk the same ~ (as sb)** die gleiche Sprache (wie jd) sprechen.

language course *n* Sprachkurs(us) *m*; **language lab(oratory)** *n* Sprachlabor *nt*; **language-learning I** *n* Spracherlernung *f*; **II** *adj* Sprachlern-; **language teacher** *n* Sprachlehrer(in *f*) *m*.

languid ['læŋgwɪd] *adj* träge; *gesture* müde, matt; *manner* lässig, gelangweilt; *walk* lässig, schlendernd; *voice* müde.

languidly ['læŋgwɪdlɪ] *adv* träge, lässig.

languidness ['læŋgwɪdnɪs] *n see adj* Trägheit *f*; Mattigkeit *f*; Lässigkeit *f*.

languish ['læŋgwɪʃ] *vi* schmachten; (*flowers*) dahinwelken; (*pine*) sich sehnen (*for* nach). **the panda merely ~ed in its new home** der Panda wurde in seiner neuen Heimat immer apathischer *or* stumpfer; **the child ~ed during his mother's absence** das Kind verzehrte sich nach seiner Mutter (*geh*); **I'm ~ing away in this boring town** ich verkümmere in dieser langweiligen Stadt.

languishing ['læŋgwɪʃɪŋ] *adj* schmachtend; *death* langsam und qualvoll.

languor ['læŋgəʳ] *n* (*indolence*) Trägheit, Schläfrigkeit *f*; (*weakness*) Mattigkeit, Schlappheit *f*; (*emotional*) Stumpfheit, Apathie *f*. **the ~ of the tropical days** die schläfrige Schwüle der tropischen Tage.

languorous ['læŋgərəs] *adj* träge, schläfrig; *heat* schläfrig, wohlig; *feeling* wohlig; *music* schmelzend; *rhythm, metre* gleitend, getragen; *tone, voice* schläfrig.

languorously ['læŋgərəslɪ] *adv* träge; *speak* mit schläfriger Stimme. **she stretched out ~** sie räkelte sich verführerisch.

lank [læŋk] *adj person, body* dürr, hager; *hair* strähnig, kraftlos; *grass* dürr, mager.

lanky ['læŋkɪ] **I** *adj* (+*er*) schlaksig. **II** *n* (*inf*) Lange(r) *mf* (*inf*).

lanolin(e) ['lænəʊlɪn] *n* Lanolin *nt*.

lantern ['læntən] *n* (*also Archit*) Laterne *f*; *see* **Chinese.**

lanyard ['lænjəd] *n* (*cord*) Kordel *f* (*an der Pfeife oder Messer getragen wird*); (*Naut*) Taljereep *nt*.

Laos [laʊs] *n* Laos *nt*.

Laotian ['laʊʃɪən] **I** *adj* laotisch. **II** *n* Laote *m*, Laotin *f*.

lap[1] [læp] *n* Schoß *m*. **on her ~** auf dem/ihrem Schoß; **his opponent's mistake dropped victory into his ~** durch den Fehler seines Gegners fiel ihm der Sieg in den Schoß; **it's in the ~ of the gods** es liegt im Schoß der Götter; **to live in the ~ of luxury** ein Luxusleben führen.

lap[2] (*over~*) **I** *n* Überlappung *f*. **II** *vt* überlappen. **III** *vi* sich überlappen.

lap[3] *vt* (*wrap*) wickeln.

lap[4] (*Sport*) **I** *n* (*round*) Runde *f*; (*fig: stage*) Etappe, Strecke *f*, Abschnitt *m*. **~ of honour** Ehrenrunde *f*; **we're on the last ~ now** (*fig*) wir haben es bald geschafft. **II** *vt* überrunden. **III** *vi* **to ~ at 90 mph** mit einer Geschwindigkeit von 90 Meilen pro Stunde seine Runden drehen.

lap[5] **I** *n* (*lick*) Schlecken, Lecken *nt*; (*of waves*) Klatschen, Schlagen, Plätschern *nt*. **the cat took a cautious ~ at the milk** die Katze leckte *or* schleckte vorsichtig an der Milch.

II *vt* **1.** (*lick*) lecken, schlecken.

2. (*water*) **the waves ~ped the shore** die Wellen rollten an *or* plätscherten an *or* klatschten gegen das Ufer.

III *vi* (*waves, water*) plätschern (*against* an +*acc*), klatschen (*against* gegen). **to ~ over sth** schwappen über etw (*acc*).

◆**lap up** *vt sep* **1.** *liquid* auflecken, aufschlecken, aufschlabbern (*inf*). **the children hungrily ~ped ~ their soup** die Kinder löffelten hungrig ihre Suppe.

2. *praise, compliments* genießen; *nonsense* schlucken. **she ~ped it ~** das ging ihr runter wie Honig (*inf*).

laparotomy [ˌlæpə'rɒtəmɪ] *n* Laparotomie *f*.

lap-dog ['læpdɒg] *n* Schoßhund *m*.

lapel [lə'pel] *n* Aufschlag *m*, Revers *nt or m*.

lapidary ['læpɪdərɪ] **I** *adj* **~ art** (Edel)steinschneidekunst *f*; **~ inscription** in Stein gehauene Inschrift. **II** *n* Steinschneider *m*.

lapis lazuli ['læpɪs'læzjʊlaɪ] *n* Lapislazuli *m*.

Lapland ['læplænd] *n* Lappland *nt*.

Laplander ['læplændəʳ], **Lapp** [læp] *n* Lappländer(in *f*) *m*, Lappe *m*, Lappin *f*.

lapping ['læpɪŋ] *n* (*of water*) Plätschern, Schlagen *nt*.

Lappish ['læpɪʃ] *n* Lappländisch, Lappisch *nt*.

lapse [læps] **I** *n* **1.** (*error*) Fehler *m*; (*moral*) Fehltritt *m*, Verfehlung *f*. **~ of justice** Justizirrtum *m*; **to suffer from ~s of memory** an Gedächtnisschwäche leiden; **~ of good taste** Geschmacksverirrung *f*.

2. (*decline*) Absinken, Abgleiten *nt no pl*. **a ~ in confidence** ein Vertrauensschwund *m*.

3. (*expiry*) Ablauf *m*; (*of claim*) Verfall *m*, Erlöschen *nt*; (*cessation*) Aussterben, Schwinden *nt*.

4. (*of time*) Zeitspanne *f*, Zeitraum *m*. **after a ~ of 4 months** nach (einem Zeitraum von) 4 Monaten.

II *vi* **1.** (*make mistake*) einen Fehler begehen, etwas falsch machen; (*morally*) fehlen (*liter*), einen Fehltritt begehen, Unrecht tun. **to ~ from one's faith** von seinem Glauben abfallen, seinem Glauben abtrünnig werden; **to ~ from duty** seine Pflicht vernachlässigen.

2. (*decline*) verfallen (*into* in +*acc*); abgleiten (*from sth into sth* von etw in etw *acc*). **to ~ into one's old ways** wieder in seine alten Gewohnheiten verfallen; **he ~d into the vernacular** er verfiel (wieder) in seinen Dialekt; **he ~d into silence** er versank in Schweigen; **he ~d into a coma** er sank in ein Koma.

3. (*expire*) ablaufen; (*claims*) verfallen, erlöschen; (*cease to exist*) aussterben; (*friendship, correspondence*) einschlafen. **the plan ~d because of lack of support** der Plan wurde mangels Unterstützung fallengelassen.

lapsed [læpst] *adj Catholic* abtrünnig, vom Glauben abgefallen; *insurance* *policy* abgelaufen, verfallen.

laptop ['læptɒp] (*Comput*) **I** *n* Laptop *m*. **II** *attr* Laptop-.

lapwing ['læpwɪŋ] *n* Kiebitz *m*.

larceny ['lɑːsənɪ] *n* (*Jur*) Diebstahl *m*.

larch [lɑːtʃ] *n* (*also* ~ **tree**) Lärche *f*; (*wood*) Lärche(nholz *nt*) *f*.

lard [lɑːd] **I** *n* Schweineschmalz *nt*. **II** *vt* mit Schweineschmalz bestreichen; (*with strips of bacon, fig*) spicken.

larder ['lɑːdəʳ] *n* (*room*) Speisekammer *f*; (*cupboard*) Speiseschrank *m*.

large [lɑːdʒ] **I** *adj* (+*er*) **1.** (*big*) groß; *person* stark, korpulent; *meal* reichlich, groß; *list* lang. **a ~ land-owner** ein Großgrundbesitzer *m*; **there he/it was as ~ as life** da war er/es in voller Lebensgröße.

2. (*extensive*) *interests, power* weitreichend, bedeutend. **taking the ~ view** global betrachtet.

3. (*old: generous, tolerant*) großzügig. **a ~ understanding** ein großes Verständnis.

II *adv* groß. **guilt was written ~ all over his face** die Schuld stand ihm deutlich im Gesicht geschrieben.

III *n* **1.** (*in general*) **people** *or* **the world at ~** die Allgemeinheit; **he wanted to tell his story to the world at ~** er wollte der ganzen Welt seine Geschichte erzählen.

2. to be at ~ (*esp of criminal or wild animal*) (*free*) frei herumlaufen.

3. at ~ (*in detail, at length*) ausführlich, lang und breit.

4. strewn at ~ (*at random*) kreuz und quer verstreut; **scattering accusations at ~** mit Anschuldigungen um sich werfend.

5. ambassador at ~ Sonderbotschafter *m*.

large-hearted ['lɑːdʒˌhɑːtɪd] *adj* großherzig.

largely ['lɑːdʒlɪ] *adv* (*mainly*) zum größten Teil.

large-minded ['lɑːdʒˌmaɪndɪd] *adj* aufgeschlossen.

largeness ['lɑːdʒnɪs] *n see adj* **1.** Größe *f*; Umfang *m*; Reichlichkeit *f*; Länge *f*. **2.** Bedeutung *f*, Umfang *m*. **3.** Großzügigkeit *f*.

large-scale *adj* Groß-, groß angelegt; *reception, party, changes* in großem Rahmen; **a ~ producer of food** ein Großhersteller *m* von Nahrungsmitteln; **~ rioting** Massenaufruhr *m*, Massenunruhen *pl*; **a ~ map** eine (Land)karte in großem Maßstab; **~ integration** (*Comput*) Großintegration *f*; **large-sized** *adj* groß.

largesse [lɑː'ʒes] *n* Großzügigkeit, Freigebigkeit; (*gift*) (großzügige) Gabe.

largish ['lɑːdʒɪʃ] *adj* ziemlich groß.

largo ['lɑːgəʊ] *n* Largo *nt*.

lark¹ [lɑːk] *n* (*Orn*) Lerche *f*. **to get up with the ~** mit den Hühnern aufstehen; **as happy as a ~** quietschfidel.

lark² *n* (*inf*) **1.** (*joke, fun, frolic*) Jux (*inf*), Spaß *m*. **let's go to the party, it'll be a bit of a ~** gehen wir zu der Party, das wird bestimmt lustig; **what a ~!** das ist (ja) zum Schreien *or* Schießen!; **to do sth for a ~** etw (nur) zum Spaß *or* aus Jux machen.

2. (*business, affair*) **this whole agency ~ is ...** die ganze Geschichte mit der Agentur ist ... (*inf*); **I wouldn't get involved in that ~** auf so was *or* so 'ne Sache würde ich mich nicht einlassen (*inf*); **this dinner-jacket ~** dieser Blödsinn mit dem Smoking (*inf*).

◆lark about *or* **around** *vi* (*inf*) herumblödeln, herumalbern. **to ~ ~ with sth** mit etw herumspielen.

larkspur ['lɑːkspɜːʳ] *n* Rittersporn *m*.

larva ['lɑːvə] *n*, *pl* **-e** ['lɑːvɪ] Larve *f*.

larval ['lɑːvəl] *adj* Larven-, larvenartig.

laryngitis [ˌlærɪn'dʒaɪtɪs] *n* Kehlkopfentzündung, Laryngitis (*spec*) *f*.

larynx ['lærɪŋks] *n* Kehlkopf, Larynx (*spec*) *m*.

lascivious [lə'sɪvɪəs] *adj* lasziv (*geh*); *movements, person, look, behaviour also* lüstern; *book* schlüpfrig.

lasciviously [lə'sɪvɪəslɪ] *adv* lüstern.

lasciviousness [lə'sɪvɪəsnɪs] *n see adj* Laszivität *f* (*geh*); Lüsternheit *f*; Schlüpfrigkeit *f*.

laser ['leɪzəʳ] **I** *n* Laser *m*; (*Comput: printer*) Laserdrucker *m*. **II** *attr* Laser-.

laser beam *n* Laserstrahl *m*; **laser gun** *n* Laserkanone *f*; **laser printer** *n* Laserdrucker *m*; **laser surgery** *n* Laserchirurgie *f*; **laser technology** *n* Lasertechnik *f*; **laser weapon** *n* Laserwaffe *f*.

lash¹ [læʃ] *n* (*eye~*) Wimper *f*. **she fluttered her ~es at him** sie machte ihm schöne Augen.

lash² **I** *n* **1.** (*thong*) Schnur *f*. **2.** (*stroke, as punishment*) (Peitschen)schlag *m*. **3.** (*~ing*) (*of tail*) Schlagen *nt*; (*of waves, rain also*) Peitschen *nt*. **4.** (*fig*) Schärfe *f*. **the ~ of her tongue** ihre scharfe Zunge.

II *vt* **1.** (*beat*) peitschen; (*as punishment*) auspeitschen; (*hail, rain, waves*) peitschen gegen; (*tail*) schlagen mit. **to ~ the crowd into a fury** die Menge aufpeitschen; **his speech ~ed his audience into a passion of enthusiasm** seine Rede riß die Zuhörer zu Begeisterungsstürmen hin.

2. (*fig: criticize*) heruntermachen (*inf*), abkanzeln.

3. (*tie*) festbinden (*to* an +*dat*). **to ~ sth together** etw zusammenbinden.

III *vi* **to ~ against** peitschen gegen.

◆lash about *or* **around** *vi* (wild) um sich schlagen.

◆lash along *vt sep see* **lash on.**

◆lash around *vi see* **lash about.**

◆lash back *vt sep* festbinden.

◆lash down **I** *vt sep* (*tie down*) festbinden *or* -zurren. **II** *vi* (*rain etc*) niederprasseln.

◆lash into *vi* +*prep obj* **to ~ ~ sb** (*physically*) auf jdn einschlagen; (*with words*) jdn anfahren *or* anbrüllen (*inf*).

◆lash on *or* **along** *vt sep horse, slaves* mit der Peitsche antreiben.

◆lash out **I** *vi* **1.** (*physically*) (wild) um sich schlagen *or* hauen; (*horse*) ausschlagen. **to ~ ~ at sb** auf jdn losgehen.

2. (*in words*) vom Leder ziehen (*inf*). **to ~ ~ against** *or* **at sb/sth** gegen jdn/etw wettern; **"TUC boss ~es ~"** „Gewerkschaftsboß holt zum Schlag aus".

3. (*inf: with money*) sich in Unkosten stürzen. **to ~ ~ on sth** sich (*dat*) etw was kosten lassen (*inf*); **now we can really ~ ~** jetzt können wir uns wirklich mal etwas leisten.

II *vt insep sum of money* springen lassen.

◆**lash up** *vt sep* verschnüren.

lashing ['læʃɪŋ] *n* **1.** (*beating*) Prügel *pl*; (*punishment*) Auspeitschung *f*.

2. (*tying*) Verschnürung *f*; (*of prisoner*) Fesseln *pl*; (*Naut*) Tau *nt*, Zurring *m*.

3. **~s** *pl* (*inf*) eine Unmenge (*inf*); **~s of money/cream** eine Unmenge *or* massenhaft Geld/Schlagsahne (*inf*).

lass [læs] *n* (junges) Mädchen, Mädel *nt* (*dial*); (*country ~*) Mädchen *nt* vom Land; (*sweetheart*) Freundin *f*, Schatz *m*.

lassitude ['læsɪtjuːd] *n* Mattigkeit, Trägheit *f*.

lasso [læ'suː] **I** *n, pl* **-(e)s** Lasso *m or nt*. **II** *vt* mit dem Lasso einfangen.

last[1] [lɑːst] **I** *adj* **1.** letzte(r, s). **he was ~ to arrive** er kam als letzter an; **the ~ person** der letzte; **the ~ but one, the second ~ (one)** der/die/das vorletzte; **the third ~ house** das drittletzte Haus; **~ Monday, on Monday ~** letzten Montag; **~ year** letztes Jahr, im vorigen Jahr; **~ but not least** nicht zuletzt, last not least.

2. (*most unlikely, unsuitable etc*) **that's the ~ thing I worry about** das ist das letzte, worüber ich mir Sorgen machen würde; **that was the ~ thing I expected** damit hatte ich am wenigsten gerechnet; **he's the ~ person I want to see** er ist der letzte, den ich sehen möchte.

II *n* **1.** (*final one or part, one before*) der/die/das letzte. **he was the ~ of the visitors to leave** er ging als letzter der Besucher; **he withdrew the ~ of his money from the bank** er hob sein letztes Geld von der Bank ab; **each one is better than the ~** eins ist besser als das andere; **this is the ~ of the cake** das ist der Rest des Kuchens; **I hope this is the ~ we'll hear about it** ich hoffe, damit ist die Sache erledigt; **the ~ we heard of him was ...** das letzte, was wir von ihm hörten, war ...; **that was the ~ we heard of it/him** seitdem haben wir nichts mehr darüber/von ihm gehört; **I shall be glad to see the ~ of this/him** ich bin froh, wenn ich das hinter mir habe/wenn ich den los bin (*inf*) *or* nicht mehr sehe; **we shall never hear the ~ of it** das werden wir noch lange zu hören kriegen.

2. **at ~** endlich; **at long ~** schließlich und endlich; **to the ~** bis zum Schluß.

III *adv* **I ~ heard from him a month ago** vor einem Monat habe ich das letztemal von ihm gehört; **he spoke ~** er sprach als letzter; **the horse came in ~** das Pferd ging als letztes durchs Ziel.

last[2] **I** *vt* **it will ~ me a lifetime** das hält ein Leben lang *or* ewig (*inf*); **these cigarettes will ~ me a week** diese Zigaretten reichen mir eine Woche.

II *vi* (*continue*) dauern; (*remain intact: cloth, flowers, marriage*) halten. **it can't ~** es hält nicht an; **it won't ~** es wird nicht lange anhalten *or* so bleiben; **it's too good to ~** das ist zu schön, um wahr zu sein; **will this material ~?** ist dieses Material haltbar *or* dauerhaft?; **he won't ~ long in this job** er wird in dieser Stelle nicht alt werden (*inf*); **the previous boss ~ed only a week** der letzte Chef blieb nur eine Woche.

◆**last out** **I** *vt sep* ausreichen für; (*people*) durchhalten. **II** *vi* (*money, resources*) ausreichen; (*person*) durchhalten.

last[3] *n* Leisten *m*.

Last Day *n* **the L~ Day** der Jüngste Tag; **last-ditch** *adj* allerletzte(r, s); *attempt* in letzter Minute.

lasting ['lɑːstɪŋ] *adj relationship* dauerhaft; *material also* haltbar; *shame* anhaltend.

lastly ['lɑːstlɪ] *adv* schließlich, zum Schluß.

last-minute *adj* in letzter Minute; **last number redial** *n* (*Telec*) Letztnummernspeicher *m*; **last post** (*Brit mil*) *n* Zapfenstreich *m*; **last rites** *npl* Letzte Ölung; **Last Supper** *n* **the ~** das (Letzte) Abendmahl; **last word** *n* **the ~** (*in fashion*) der letzte Schrei; **to have the ~** das letzte Wort haben; **the ~ on biochemistry/on this subject** das maßgebende Werk über Biochemie/auf diesem Gebiet.

lat *abbr of* **latitude** Br.

latch [lætʃ] **I** *n* Riegel *m*. **to be on the ~** nicht verschlossen sein, nur eingeklinkt sein; **to drop the ~** den Riegel vorschieben, die Tür verriegeln. **II** *vt* verriegeln.

◆**latch on** *vi* (*inf*) **1.** (*get hold*) sich festhalten; (*with teeth*) sich festbeißen (*to sth* an etw *dat*). **he ~ed ~ to the idea of coming with us** er hat es sich (*dat*) in den Kopf gesetzt, mitzukommen.

2. (*attach oneself*) sich anschließen (*to dat*). **she ~ed ~ to me at the party** sie hängte sich auf der Party an mich (*inf*).

3. (*understand*) kapieren (*inf*).

latchkey ['lætʃˌkiː] *n* Haus-/Wohnungsschlüssel *m*. **~ child** Schlüsselkind *nt*.

late [leɪt] **I** *adj* (*+er*) **1.** spät. **to be ~ (for sth)** (zu etw) zu spät kommen; **the trains tend to be ~** die Züge haben oft Verspätung; **dinner will be ~ tonight** wir essen heute abend später; (*in hotels*) es wird heute abend später serviert; **I was ~ in getting up this morning** ich bin heute morgen zu spät aufgestanden; **he is always ~ with his rent** er bezahlt seine Miete immer zu spät; **you'll make me ~** Ihretwegen werde ich mich verspäten; **I don't want to make you ~ for work** ich möchte nicht, daß du zu spät zur Arbeit kommst; **that made the coach ~** dadurch hatte der Bus Verspätung; **that made the harvest ~** dadurch verzögerte sich die Ernte; **due to the ~ arrival of ...** wegen der verspäteten Ankunft ... (*+gen*).

2. **it's ~** es ist spät; **it's getting ~** es ist schon spät.

3. *hour* spät; *opening hours* lang; *bus, train* Spät-. **at this ~ hour** zu so später

Stunde, so spät; **he keeps very ~ hours** er geht sehr spät ins Bett; **they had a ~ dinner yesterday** sie haben gestern spät zu Abend gegessen; **~ potato/summer/edition/programme** Spätkartoffel *f*/-sommer *m*/-ausgabe *f*/-programm *nt*; **~ entrants to the examination will be charged £10 extra** für Nachmeldungen zur Prüfung wird eine Gebühr von £ 10 erhoben; **this essay was a ~ entry for the competition** dieser Aufsatz wurde verspätet für den Wettbewerb eingereicht; (*last-minute*) dieser Aufsatz wurde in letzter Minute eingereicht; **it happened in the ~ eighties** es geschah Ende der achtziger Jahre; **a man in his ~ eighties** ein Mann hoch in den Achtzigern, ein Endachtziger; **in the ~ morning** am späten Vormittag; **a ~ 18th-century building** ein Gebäude aus dem späten 18. Jahrhundert; **he came in ~ June** er kam Ende Juni; **L~ Stone Age** Jungsteinzeit *f*; **Easter is ~ this year** Ostern liegt *or* ist dieses Jahr spät; **spring is ~ this year** wir haben dieses Jahr einen späten Frühling.

4. *attr* (*deceased*) verstorben. **the ~ John F. Kennedy** John F. Kennedy.

5. (*former*) **the ~ Prime Minister** der/die frühere *or* vorige Premierminister(in).

6. (*recent*) jüngst. **in the ~ war** im letzten Krieg.

7. **~ of No 13 White St** ehemals *or* bis vor kurzem White St Nr. 13.

II *adv* spät. **to come ~** zu spät kommen; **I'll be home ~ today** ich komme heute spät nach Hause, es wird heute spät; **the train arrived eight minutes ~** der Zug hatte acht Minuten Verspätung; **better ~ than never** lieber *or* besser spät als gar nicht; **to sit** *or* **stay up ~** lange aufbleiben; **don't wait up ~ for me** warte nicht zu lange auf mich; **to work ~ at the office** länger im Büro arbeiten; **~ at night** spät abends; **~ in the night** spät in der Nacht; **~ into the night** bis spät in die Nacht; **~ in the afternoon** am späten Nachmittag; **he took up the piano rather ~ in life** er begann ziemlich spät mit dem Klavierspielen; **Goethe was still active even ~ in life** Goethe war auch im hohen Alter noch aktiv; **of ~** in letzter Zeit; **until as ~ as 1900** noch bis 1900; **it was as ~ as 1900 before child labour was abolished** erst 1900 wurde die Kinderarbeit abgeschafft.

latecomer ['leɪtkʌmə^r] *n* Zuspätkommende(r) *mf*, Nachzügler(in *f*) *m* (*inf*). **the firm is a ~ to the industry** die Firma ist neu in der Industrie.

lately ['leɪtlɪ] *adv* in letzter Zeit. **till ~** bis vor kurzem.

latency ['leɪtənsɪ] *n* Latenz *f*. **the ~ of his artistic abilities** seine verborgenen *or* latenten künstlerischen Fähigkeiten.

lateness ['leɪtnɪs] *n* (*being late at work*) Zuspätkommen *nt*; (*of train, payments*) Verspätung *f*; (*of meal*) späte Zeit; (*of harvest, seasons*) spätes Eintreten.

latent ['leɪtənt] *adj* latent; *strength also* verborgen; *artistic talent, ability also* verborgen, versteckt; *heat also* gebunden; *energy* ungenutzt; (*Med*) *period* Latenz-.

later ['leɪtə^r] **I** *adj* später. **at a ~ hour, at a ~ time** später, zu einer späteren Zeit; **this version is ~ than that one** diese Version ist neuer als die andere; **in his ~ years** in vorgerücktem Alter, in seinem späteren Leben.

II *adv* später. **Mr Smith, ~ to become Sir John** Mr Smith, der spätere Sir John; **the weather cleared up ~ in the day** das Wetter klärte sich im Laufe des Tages auf; **~ that night/week/day** später in der Nacht/Woche/an dem Tag; **see you ~!** bis nachher, bis später; **come at 7 o'clock and no ~** komm um 7 Uhr und nicht *or* keine Minute später; **not ~ than 1995** spätestens 1995; **~ on** nachher.

lateral ['lætərəl] *adj* seitlich; *view, window* Seiten-. **~ thinking** laterales Denken.

laterally ['lætərəlɪ] *adv* seitlich.

latest ['leɪtɪst] **I** *adj* **1.** späteste(r,s).

2. (*most recent*) *fashion, version* neu(e)ste(r, s). **the ~ news** das Neu(e)ste.

3. *people* letzte(r, s).

II *adv* am spätesten. **he came ~** er kam zuletzt *or* als letzter.

III *n* **1.** **what's the ~ (about John)?** was gibt's Neues (über John)?; **wait till you hear the ~!** warte, bis du das Neueste gehört hast!; **have you seen John's ~?** (*girl*) hast du Johns Neu(e)ste schon gesehen?

2. **at the (very) ~** spätestens.

latex ['leɪteks] *n* Latex (*spec*), Milchsaft *m*.

lath [læθ] *n* Latte *f*. **~s** *pl* (*structure*) Lattenwerk *nt*.

lathe [leɪð] *n* Drehbank *f*. **~ operator** Dreher(in *f*) *m*.

lather ['lɑːðə^r] **I** *n* (Seifen)schaum *m*; (*sweat*) Schweiß *m*. **the horse/athlete was in a ~** das Pferd/der Sportler war schweißnaß; **to get into a ~ (about sth)** (*inf*) sich (über etw *acc*) aufregen, (wegen etw *dat*) durchdrehen (*inf*).

II *vt* einschäumen.

III *vi* schäumen.

Latin ['lætɪn] **I** *adj* **1.** (*Roman*) *civilization, world* römisch; *poets, literature also* lateinisch. **~ language** lateinische Sprache; (*of ancient Latium*) latinische Sprache.

2. (*of Roman origin*) romanisch; *temperament, charm* südländisch. **~ Quarter** Quartier Latin *nt*.

3. (*Rel*) römisch-katholisch.

II *n* **1.** (*inhabitant of ancient Latium*) Latiner(in *f*) *m*; (*Roman*) Römer(in *f*) *m*; (*a member of any Latin race*) Südländer(in *f*), Romane *m*, Romanin *f*.

2. (*language*) Latein(isch) *nt*.

Latin America *n* Lateinamerika *nt*.

Latin-American ['lætɪnə'merɪkən] **I** *adj* lateinamerikanisch. **II** *n* Lateinamerikaner(in *f*) *m*.

latinism ['lætɪnɪzəm] *n* Latinismus *m*.

latinize ['lætɪnaɪz] *vt* latinisieren.

latish ['leɪtɪʃ] **I** *adj* ziemlich spät; *applicant, letter* verspätet; *amendment* neuer, später. **II** *adv* ziemlich spät.

latitude ['lætɪtju:d] *n* Breite *f*; (*fig*) Freiheit *f*, Spielraum *m*.

latitudinal [ˌlætɪ'tju:dɪnl] *adj* Breiten-. **~ lines** Breitengrade *pl*.

latrine [lə'tri:n] *n* Latrine *f*.

latter ['lætəʳ] **I** *adj* **1.** (*second of two*) letztere(r, s).

2. (*at the end*) **the ~ part of the book/story is better** gegen Ende wird das Buch/die Geschichte besser; **the ~ part/half of the week/year/century** die zweite Hälfte der Woche/des Jahres/des Jahrhunderts; **in the ~ years** in den letzten Jahren; **in his ~ years** in den späteren Jahren seines Lebens.

II *n* **the ~** der/die/das/letztere; die letzteren.

latter-day ['lætə'deɪ] *adj* modern. **the L~ Saints** die Heiligen der Letzten Tage.

latterly ['lætəlɪ] *adv* in letzter Zeit.

lattice ['lætɪs] *n* Gitter *nt*.

latticed ['lætɪst] *adj* vergittert.

Latvia ['lætvɪə] *n* Lettland *nt*.

Latvian ['lætvɪən] **I** *adj* lettisch. **II** *n* **1.** Lette *m*, Lettin *f*. **2.** (*language*) Lettisch *nt*.

laudable ['lɔ:dəbl] *adj* lobenswert.

laudably ['lɔ:dəblɪ] *adv* lobenswerterweise.

laudanum ['lɔ:dnəm] *n* Laudanum *nt*.

laudatory ['lɔ:dətərɪ] *adj* lobend. **a ~ speech** eine Lobrede *or* Laudatio (*geh*).

laugh [lɑ:f] **I** *n* **1.** Lachen *nt*. **no, she said, with a ~** nein, sagte sie lachend; **she let out** *or* **gave a loud ~** sie lachte laut auf; **what a ~ (she's got)!** die hat vielleicht 'ne Lache! (*inf*); **to have a good ~ over** *or* **about sth** sich köstlich über etw (*acc*) amüsieren; **you'll have a good ~ about it one day** eines Tages wirst du darüber lachen können; **the ~ was on me** der Witz ging auf meine Kosten; **to have the last ~ (over** *or* **on sb)** es jdm zeigen (*inf*); **to play for ~s** Lacherfolge haben wollen; **he played Hamlet for ~s** er machte aus Hamlet eine komische Figur.

2. (*inf: fun*) **what a ~** (das ist ja) zum Totlachen *or* zum Schreien (*inf*)!; **just for a ~** nur (so) aus Spaß; **it'll be a good ~** es wird bestimmt lustig; **he's a ~** er ist zum Schreien (*inf*); **to be good for a ~** ganz lustig sein.

II *vi* lachen (*about, at, over* über +*acc*). **to ~ at sb** sich über jdn lustig machen; **to ~ up one's sleeve** sich (*dat*) ins Fäustchen lachen; **it's nothing to ~ about** das ist nicht zum Lachen; **it's all very well for you to ~** du hast gut lachen; **you'll be ~ing on the other side of your face soon** dir wird das Lachen noch vergehen; **to ~ out loud** laut auflachen; **to ~ in sb's face** jdm ins Gesicht lachen; **he who ~s last ~s longest** (*Prov*) wer zuletzt lacht, lacht am besten (*Prov*); **don't make me ~!** (*iro inf*) daß ich nicht lache! (*inf*); **you've got your own house, you're ~ing** (*inf*) du hast ein eigenes Haus, du hast es gut.

III *vt* **to ~ oneself silly** sich tot- *or* kaputtlachen (*inf*); **he was ~ed out of court** er wurde ausgelacht.

◆**laugh away I** *vt sep* mit Humor tragen, sich lachend hinwegsetzen über (+*acc*). **my father ~ed ~ my fears** mein Vater nahm mir mit einem Lachen die Angst. **II** *vi* **he sat there ~ing ~** er saß da und lachte und lachte.

◆**laugh down** *vt sep* auslachen, mit Gelächter übertönen.

◆**laugh off** *vt* **1.** *always separate* **to ~ one's head ~** sich tot- *or* kaputtlachen (*inf*). **2.** *sep* (*dismiss*) lachen über (+*acc*), mit einem Lachen abtun.

laughable ['lɑ:fəbl] *adj* lachhaft, lächerlich.

laughably ['lɑ:fəblɪ] *adv* lächerlich.

laughing ['lɑ:fɪŋ] **I** *adj* lachend. **it's no ~ matter** das ist nicht zum Lachen, das ist gar nicht komisch. **II** *n* Lachen *nt*. **the sound of hysterical ~** der Klang hysterischen Gelächters.

laughing gas *n* Lachgas *nt*; **laughing hy(a)ena** *n* Tüpfel- *or* Fleckenhyäne *f*.

laughingly ['lɑ:fɪŋlɪ] *adv see adj*.

laughing stock *n* Witzfigur *f*. **his visionary ideas made him a ~** mit seinen phantastischen Ideen machte er sich lächerlich *or* zum allgemeinen Gespött.

laughter ['lɑ:ftəʳ] *n* Gelächter *nt*. **~ broke out among the audience** das Publikum brach in Gelächter aus; **children's ~** Kinderlachen *nt*; **he shook with silent ~** er schüttelte sich vor Lachen.

launch [lɔ:ntʃ] **I** *n* **1.** (*vessel*) Barkasse *f*.

2. (*~ing*) (*of ship*) Stapellauf *m*; (*of lifeboat*) Aussetzen *nt*; (*of rocket*) Abschuß *m*.

3. (*~ing*) (*of company*) Gründung, Eröffnung *f*; (*of new product*) Einführung *f*; (*with party, publicity: of film, play, book*) Lancierung *f*; (*bringing out*) (*of film, play*) Premiere *f*; (*of book*) Herausgabe *f*; (*of shares*) Emission *f*.

II *vt* **1.** *new vessel* vom Stapel lassen; (*christen*) taufen; *lifeboat* zu Wasser lassen, aussetzen; *rocket* abschießen; *plane* katapultieren. **Lady X ~ed the new boat** der Stapellauf fand in Anwesenheit von Lady X statt; **the rocket was ~ed into space** die Rakete wurde in den Weltraum geschossen.

2. *company, newspaper* gründen; *new product* einführen, auf den Markt bringen; (*with party, publicity*) *film, play, book* lancieren, (*bring out*) *film* anlaufen lassen; *play* auf die Bühne bringen; *book* herausbringen; *plan* in die Wege leiten; *programme, trend* einführen; *policy* in Angriff nehmen; *shares* emittieren, ausgeben. **to ~ an offensive** *or* **an attack against the enemy** zum Angriff gegen den Feind übergehen; **to ~ sb into society** jdn in die Gesellschaft einführen; **to ~ sb on his way** jdm einen guten Start geben; **he helped ~ his son into the City** er brachte seinen Sohn in Finanzkreisen unter; **once he is ~ed on this subject ...** wenn er einmal mit diesem Thema angefangen hat *or* bei diesem Thema gelandet ist, ...

3. (*hurl*) schleudern. **he ~ed himself into the crowd** er stürzte sich in die Menge.

◆**launch forth** *vi see* **launch out 1., 4.**

◆**launch into** *vi +prep obj* (*question, attack vigorously*) angreifen. **the author ~es straight ~ his main theme** der Autor kommt gleich zum Hauptthema.

◆**launch out** *vi* **1.** (*also* ~ **forth**) **the astronauts ~ed ~ into the unknown** die Astronauten starteten ins Unbekannte.

2. (*diversify*) sich verlegen (*in* auf +*acc*). **the company ~ ed ~ in several new directions** die Firma stieg in einige neue Branchen ein.

3. (*inf: spend a lot*) **now we can afford to ~ ~ a bit** jetzt können wir es uns leisten, etwas mehr auszugeben (*on* für).

4. (*start: also* ~ **forth**) anfangen (*into sth* mit etw, etw *acc*). **to ~ ~ into a new career** eine neue Karriere starten; **he ~ed ~ into a description of ...** er legte mit einer Schilderung der/des ... los (*inf*).

launching ['lɔːntʃɪŋ] *n see* **launch I 2., 3.**

launching pad *n* Start- *or* Abschußrampe *f*; (*fig*) Sprungbrett *nt*; **launching party** *n* (*of film, play*) Premierenfeier *f*; **launching site** *n* Abschußbasis *f*.

launch pad *n see* **launching pad**; **launch vehicle** *n* (*Space*) Booster *m*, Startrakete *f*.

launder ['lɔːndəʳ] **I** *vt* waschen und bügeln; (*fig*) *money* waschen. **II** *vi* waschen und bügeln. **modern fabrics ~ easily** moderne Gewebe lassen sich leicht reinigen *or* sind pflegeleicht.

launderette [ˌlɔːndə'ret] *n* Waschsalon *m*.

laundress ['lɔːndrɪs] *n* Waschfrau, Wäscherin *f*.

laundromat ['lɔːndrəʊmæt] *n* (*US*) Waschsalon *m*.

laundry ['lɔːndrɪ] *n* (*establishment*) Wäscherei *f*; (*clothes*) (*dirty*) schmutzige Wäsche; (*washed*) Wäsche *f*. **to do the ~** (Wäsche) waschen.

laurel ['lɒrəl] *n* Lorbeer *m*. **to look to one's ~s** sich behaupten (müssen); **to rest on one's ~s** sich auf seinen Lorbeeren ausruhen; **to win** *or* **gain one's ~s** Lorbeeren ernten.

lava ['lɑːvə] *n* Lava *f*.

lavatory ['lævətrɪ] *n* Toilette *f*. **~ attendant** Toilettenfrau *f*/-mann *m*; **~ seat** Toilettensitz *m*, Brille *f* (*inf*).

lavender ['lævɪndəʳ] **I** *n* (*flower*) Lavendel *m*; (*colour*) Lavendel *nt*. **II** *adj* (*colour*) lavendelfarben.

lavish ['lævɪʃ] **I** *adj gifts* großzügig, üppig; *praise, affection* überschwenglich; *banquet* üppig; *party* feudal; (*pej*) verschwenderisch; *expenditure* verschwenderisch. **to be ~ in** *or* **with sth** mit etw verschwenderisch sein *or* umgehen; **he was ~ in his help to others** er half anderen großzügig; **he's ~ in giving money to good causes** für gute Zwecke spendet er großzügig Geld; **you were very ~ with the cream** du hast ja mit der Sahne nicht gespart.

II *vt* **to ~ sth on sb** jdn mit etw überhäufen *or* überschütten; **she ~ed food and drink on them** sie bewirtete sie fürstlich; **to ~ care on sth** viel Sorgfalt auf etw (*acc*) verwenden.

lavishly ['lævɪʃlɪ] *adv give* großzügig; *praise* überschwenglich; *put paint on, spread* reichlich; *entertain* üppig, reichlich. **they entertain ~** sie geben feudale Feste; **~ furnished** luxuriös *or* aufwendig eingerichtet; **to spend (money) ~** das Geld mit vollen Händen ausgeben (*on* für).

lavishness ['lævɪʃnɪs] *n* (*of gifts*) Großzügigkeit, Üppigkeit *f*; (*of praise, affection*) Überschwenglichkeit *f*; (*of banquet*) Üppigkeit *f*; (*of person*) Großzügigkeit *f*; (*pej*) Verschwendungssucht *f*.

law [lɔː] *n* **1.** (*rule, Jewish, Sci*) Gesetz *nt*. **~ of nature** Naturgesetz *nt*; **it's the ~** das ist Gesetz; **his word is ~** sein Wort ist Gesetz; **to become ~** rechtskräftig werden; **is there a ~ against it?** ist das verboten?; **there is no ~ against asking, is there?** (*inf*) man darf doch wohl noch fragen, oder? **he/his behaviour is a ~ unto himself/itself** er macht, was er will, er/sein Benehmen ist (recht) eigenwillig.

2. (*body of laws*) Gesetz *nt no pl*; (*system*) Recht *nt*. **in** *or* **under French ~** nach französischem Recht; **he is above/outside the ~** er steht über dem Gesetz/außerhalb des Gesetzes; **what is the ~ on drugs?** wie sind die Drogengesetze?; **to keep within the ~** sich im Rahmen des Gesetzes bewegen; **in ~** vor dem Gesetz; **by ~** gesetzlich.

3. (*as study*) Jura *no art*, Recht(swissenschaft *f*) *nt*.

4. (*Sport*) Regel *f*; (*Art*) Gesetz *nt*. **the ~s of harmony** die Harmonielehre.

5. (*operation of ~*) **to practise ~** eine Anwaltspraxis haben; **to go to ~** vor Gericht gehen, den Rechtsweg beschreiten; **to take sb to ~, to go to ~ with** *or* **against sb** gegen jdn gerichtlich vorgehen, jdn vor Gericht bringen; **to take the ~ into one's own hands** das Recht selbst in die Hand nehmen; **~ and order** Ruhe *or* Recht und Ordnung, Law and Order; **the forces of ~ and order** die Ordnungskräfte *pl*.

6. the ~ (*inf*) die Polente (*sl*); **I'll have the ~ on you** ich hole die Polizei.

law-abiding *adj* gesetzestreu; **lawbreaker** *n* Rechtsbrecher(in *f*) *m*; **law court** *n* Gerichtshof *m*, Gericht *nt*; **law enforcement** *n* **the duty of the police is ~** Aufgabe der Polizei ist es, dem Gesetz Geltung zu verschaffen.

lawful ['lɔːfʊl] *adj* rechtmäßig. **~ wedded wife** rechtmäßig angetraute Frau; **will you take this man to be your ~ wedded husband?** willst du mit diesem Mann den Bund der Ehe eingehen?

lawfully ['lɔːfəlɪ] *adv see adj*. **he is ~ entitled to compensation** er hat einen Rechtsanspruch *or* rechtmäßigen Anspruch auf Entschädigung; **he was careful to carry on his activities ~** er achtete darauf, daß seine Handlungen im Rahmen des Gesetzes blieben.

lawgiver ['lɔːgɪvəʳ] *n* Gesetzgeber(in *f*) *m*.

lawless ['lɔːlɪs] *adj act* gesetzwidrig; *person* gesetzlos; *country* ohne Gesetzgebung.

lawlessness ['lɔːlɪsnɪs] *n* Gesetzwidrigkeit *f*. ~ **among young people** gesetzwidriges Verhalten unter Jugendlichen; **after the coup, the country reverted to** ~ nach dem Staatsstreich fiel das Land in einen Zustand der Gesetzlosigkeit zurück.

Law Lord *n* (*Brit*) *Mitglied nt des Oberhauses mit besonderem Verantwortungsbereich in Rechtsfragen.*

lawn¹ [lɔːn] *n* (*grass*) Rasen *m no pl*.

lawn² *n* (*Tex*) Batist, Linon *m*.

lawn mower *n* Rasenmäher *m*; **lawn tennis** *n* Rasentennis, Lawn-Tennis *nt*.

law reports *npl* Entscheidungs- *or* Fallsammlung *f*; (*journal*) Gerichtszeitung *f*; **law school** *n* (*US*) juristische Fakultät; **law student** *n* Jurastudent(in *f*) *m*, Student(in *f*) *m* der Rechte (*form*); **lawsuit** *n* Prozeß *m*, Klage *f*; **he brought a** ~ **for damages** er strengte eine Schadenersatzklage an.

lawyer ['lɔːjəʳ] *n* (Rechts)anwalt *m*, (Rechts)anwältin *f*.

lax [læks] *adj* (*+er*) lax; *discipline also* lasch; *morals also* locker, lose. **to be** ~ **about sth** etw vernachlässigen; **he's** ~ **about washing/imposing discipline** er nimmt's mit dem Waschen/der Disziplin nicht so genau; **things are very** ~ **at the school** in der Schule geht es sehr lax *or* undiszipliniert zu.

laxative ['læksətɪv] **I** *adj* abführend, laxativ (*spec*). **II** *n* Abführmittel, Laxativ(um) (*spec*) *nt*.

laxity ['læksɪtɪ], **laxness** ['læksnɪs] *n* (*lack of vigour, discipline*) Laxheit *f*; (*carelessness also*) Nachlässigkeit *f*. **his moral** ~ seine lockeren *or* laxen moralischen Einstellungen; **sexual** ~ lockere Sitten *pl*, sexuelle Freizügigkeit.

lay¹ [leɪ] *n* (*Liter, Mus*) Ballade *f*, Lied *nt*.

lay² *adj* Laien-. ~ **opinion** die öffentliche Meinung, die Öffentlichkeit; **a** ~ **opinion** die Meinung eines Laien.

lay³ *pret of* **lie.**

lay⁴ (*vb: pret, ptp* **laid**) **I** *n* **1.** Lage *f*; *see* **land I 1.**

2. (*sl*) **she's an easy** ~ sie läßt jeden ran (*sl*); **she's a good** ~ sie ist gut im Bett (*inf*).

II *vt* **1.** (*place, put*) legen (*sth on sth* etw auf etw *acc*). **to** ~ **(one's) hands on** (*get hold of*) erwischen, fassen; (*find*) finden; **to** ~ **a hand on sb** jdm etwas tun, Hand an jdn legen (*geh*); **he grabs all the money he can** ~ **his hands on** er rafft alles Geld an sich, das ihm unter die Finger kommt.

2. *bricks, foundations, track* legen; *concrete* gießen; *cable, mains, pipes* verlegen; *road* bauen, anlegen; *carpet, lino* (ver)legen. **to** ~ **a floor with carpets** einen Boden mit Teppichen auslegen.

3. (*prepare*) *fire* herrichten; (*Brit*) *table* decken; *mines, ambush* legen; *trap* aufstellen; *plans* schmieden. **to** ~ **breakfast/lunch** den Frühstücks-/Mittagstisch decken; **to** ~ **a trap for sb** jdm eine Falle stellen.

4. (*non-material things*) *burden* auferlegen (*on sb* jdm). **to** ~ **the blame for sth on sb/sth** jdm/einer Sache die Schuld an etw (*dat*) geben; **to** ~ **responsibility for sth on sb** jdn für etw verantwortlich machen; **the stress which he** ~**s on it** der Nachdruck, den er darauf legt.

5. (*bring forward*) *complaint* vorbringen (*before* bei); *accusation* erheben. **the police laid a charge of murder against him** die Polizei erstattete gegen ihn Anzeige wegen Mordes; **he laid his case before them** er trug ihnen seinen Fall vor.

6. *dust* binden; *ghost* austreiben; *fear* zerstreuen; *doubts* beseitigen. **to** ~ **waste** verwüsten; *see* **low¹, open** *etc.*

7. *eggs* (*hen*) legen; (*fish, insects*) ablegen.

8. *bet* abschließen; *money* setzen. **to** ~ **a bet on sth** auf etw (*acc*) wetten.

9. he just wants to get laid er will nur bumsen (*inf*).

III *vi* (*hen*) legen.

◆**lay about I** *vi* um sich schlagen. **II** *vt sep* losschlagen gegen.

◆**lay aside** *or* **away** *vt sep, work* weglegen, zur Seite legen; (*keep in reserve, save*) beiseite *or* auf die Seite legen; (*cast away*) ablegen; *doubts* aufgeben; *plans* auf Eis legen.

◆**lay back** *vt sep ears* anlegen; *person* zurücklegen.

◆**lay before** *vt +prep obj* **to** ~ **sth** ~ **sb** *plan* jdm etw vorlegen; *ideas also* jdm etw unterbreiten; *claim, complaint* etw bei jdm vorbringen.

◆**lay by** *vt sep* beiseite *or* auf die Seite legen.

◆**lay down** *vt sep* **1.** *book, pen* hinlegen. **he laid his bag** ~ **on the table** er legte seine Tasche auf den Tisch.

2. (*give up*) *burden* ablegen; *office* niederlegen. **to** ~ ~ **one's arms** die Waffen niederlegen; **to** ~ ~ **one's life** sein Leben geben *or* opfern.

3. (*impose, establish*) *condition* festsetzen *or* -legen; *policy* festsetzen, bestimmen; *rules* aufstellen, festlegen; *price* festsetzen, vorschreiben. **it is laid** ~ **that** es wurde festgelegt, daß; **to** ~ ~ **the law** (*inf*) Vorschriften machen (*to sb* jdm).

4. (*store*) lagern.

5. *ship* auf Stapel legen.

6. *deposit* hinterlegen.

◆**lay in** *vt sep food* einlagern; *supplies also* anlegen.

◆**lay into** *vi +prep obj* (*inf*) **to** ~ ~ **sb** auf jdn losgehen; (*verbally*) jdn fertigmachen (*inf*) *or* runterputzen (*inf*).

◆**lay off I** *vi* (*inf: stop*) aufhören (*prep obj* mit). ~ ~**, will you?** hör (mal) auf, ja?; ~ ~ **it!** hör auf damit!, laß das!; **you'll have to** ~ ~ **smoking** du wirst das Rauchen aufgeben müssen (*inf*); ~ ~ **my little brother, will you!** laß bloß meinen kleinen Bruder in Ruhe!

II *vt sep workers* Feierschichten machen lassen; (*permanently*) entlassen. **to be laid** ~ Feierschichten einlegen müssen; entlassen werden.

◆**lay on** *vt sep* **1.** (*apply*) *paint* auftragen; *see* **thick.**

2. (*prepare, offer*) *hospitality* bieten (*for sb* jdm); (*supply*) *entertainment* sorgen für; *excursion* veranstalten; *extra buses* einsetzen; *water, electricity* anschließen. **if you ~ ~ the drinks I'll get the food** wenn du die Getränke stellst, besorge ich das Essen; **an extra flight was laid ~** eine Sondermaschine wurde eingesetzt *or* bereitgestellt.

3. (*impose*) **to ~ a tax ~ sth** etw mit einer Steuer belegen, etw besteuern.

4. **he laid it ~ me** (*esp US sl: tell off*) er hat mich zur Sau gemacht (*sl*).

◆**lay out I** *vt sep* **1.** ausbreiten. **the vast plain laid ~ before us** die weite Ebene, die sich vor uns ausbreitete.

2. (*prepare*) *clothes* zurechtlegen; *corpse* (waschen und) aufbahren.

3. (*design, arrange*) anlegen, planen; *garden also* gestalten; *room* aufteilen; *rooms in house* verteilen, anordnen; *office* aufteilen, anordnen; *book* gestalten; *page* umbrechen; (*in magazines*) das Layout (+*gen*) machen.

4. *money* (*spend*) ausgeben; (*invest*) investieren.

5. (*knock out*) **to ~ sb ~** jdn k.o. schlagen; **he laid himself ~ cold when he fell downstairs** er verlor das Bewußtsein, als er die Treppe hinunterfiel.

II *vr* (*dated: take trouble*) sich bemühen, sich (*dat*) Mühe geben.

◆**lay over** *vi* (*US*) Aufenthalt haben.

◆**lay to** *vi* (*Naut*) beidrehen.

◆**lay up** *vt sep* **1.** (*store*) lagern; *supply* anlegen; (*amass, save*) anhäufen, ansammeln. **he's ~ing ~ trouble for himself in the future** er wird später noch (viel) Ärger bekommen.

2. (*immobilize*) *ship* auflegen; *boat* aufbocken; *car* stilllegen, einmotten (*inf*). **to be laid ~ (in bed)** auf der Nase (*inf*) *or* im Bett liegen.

layabout *n* Nichtstuer, Arbeitsscheue(r) *m*; **lay brother** *n* Laienbruder *m*; **lay-by** *n* (*Brit*) (*in town*) Parkbucht *f*; (*in country*) Parkplatz *m*; (*big*) Rastplatz *m*.

layer ['leɪəʳ] **I** *n* **1.** Schicht (*also Geol*), Lage *f*. **to arrange the meat in ~s** das Fleisch lagenweise anordnen; **we climbed through ~ upon ~ of cloud** wir stiegen durch eine Wolkenschicht nach der anderen auf; **~ cake** Schichttorte *f*.

2. (*Hort*) Ableger *m*.

3. (*hen*) Legehenne *f*.

II *vt* **1.** (*Hort*) absenken. **2.** *hair* abstufen. **this layered cut suits you well** dieser Stufenschnitt steht dir gut.

layette [leɪ'et] *n* Babyausstattung *f*.

lay figure *n* Gliederpuppe *f*; (*fig*) Marionette *f*.

laying ['leɪɪŋ] *n*: **~ on of hands** Handauflegen *nt*.

layman *n* Laie *m*; **lay-off** *n* **further ~s were unavoidable** weitere Arbeiter mußten Feierschichten einlegen *or* (*permanent*) mußten entlassen werden; **layout** *n* Anordnung, Anlage *f*; (*Typ*) Layout *nt*; **we have changed the ~ of this office** wir haben dieses Büro anders aufgeteilt; **our house has a different ~** unser Haus hat eine andere Zimmerverteilung *or* ist anders angelegt; **layover** *n* (*US*) Aufenthalt *m*; **layperson** *n* Laie *m*; **lay sister** *n* Laienschwester *f*; **laywoman** *n* Laie *m*.

laze [leɪz] **I** *n* **to have a ~** faulenzen; **to have a long ~ in bed** lange faul im Bett (liegen) bleiben. **II** *vi* faulenzen.

◆**laze about** *or* **around** *vi* faulenzen, auf der faulen Haut liegen.

◆**laze away** *vt sep* verbummeln.

lazily ['leɪzɪlɪ] *adv* faul; (*languidly, unhurriedly*) träge.

laziness ['leɪzɪnɪs] *n* Faulheit *f*; (*languor*) Trägheit *f*.

lazy ['leɪzɪ] *adj* (+*er*) (*not inclined to work*) faul; (*slow-moving*) langsam, träge; (*lacking activity*) träge. **~ little streams** träge fließende kleine Bäche *pl*; **we had a ~ holiday** wir haben im Urlaub nur gefaulenzt.

lazybones ['leɪzɪˌbəʊnz] *n sing* (*inf*) Faulpelz *m*, Faultier *nt*.

lb *n* (*weight*) ≃ Pfd.

lc (*Typ*) *abbr of* **lower case**.

LCD *abbr of* **liquid crystal display** LCD *nt*. **~ screen** LCD-Bildschirm *m*.

leach [liːtʃ] *vt* (durch)filtern; (*extract*) auslaugen.

lead¹ [led] **I** *n* **1.** (*metal*) Blei *nt*. **they filled him full of ~** (*inf*) sie pumpten ihn mit Blei voll (*sl*). **2.** (*in pencil*) Graphit *nt*; (*single ~*) Mine *f*. **3.** (*Naut*) Lot *nt*. **4. ~s** *pl* (*on roof*) Bleiplatten *pl*; (*in window*) Bleifassung *f*. **II** *vt* (*weight with ~*) mit Blei beschweren.

lead² [liːd] (*vb: pret, ptp* **led**) **I** *n* **1.** (*front position*) Spitzenposition *f*; (*leading position, Sport*) Führung, Spitze *f*; (*in league etc*) Tabellenspitze *f*. **to be in the ~** führend sein, in Führung liegen; (*Sport*) in Führung *or* vorn liegen, führen; **to take the ~, to move into the ~** in Führung gehen, die Führung übernehmen; (*in league*) Tabellenführer werden; **Japan took the ~ from Germany in exports** Japan lief Deutschland auf dem Exportmarkt den Rang ab.

2. (*distance, time ahead*) Vorsprung *m*. **to have two minutes' ~ over sb** zwei Minuten Vorsprung vor jdm haben.

3. (*example*) Beispiel *nt*. **to give sb a ~** jdm etw vormachen; **to take the ~, to show a ~** mit gutem Beispiel vorangehen.

4. (*clue*) Indiz *nt*, Anhaltspunkt *m*; (*in guessing etc*) Hinweis, Tip *m*. **the police have a ~** die Polizei hat eine Spur.

5. (*Cards*) **it's my ~** ich fange an.

6. (*Theat*) (*part*) Hauptrolle *f*; (*person*) Hauptdarsteller(in *f*) *m*.

7. (*leash*) Leine *f*. **on a ~** an der Leine.

8. (*Elec*) Leitung(skabel *nt*) *f*, Kabel *nt*; (*from separate source*) Zuleitung *f* (*form*).

II *vt* **1.** (*conduct*) *person, animal* führen; *water* leiten. **that road will ~ you back to the station** auf dieser Straße kommen Sie zum Bahnhof zurück; **to ~ the way** (*lit, fig*) vorangehen; (*fig: be superior*) führend sein; **all this talk is ~ing us nowhere** dieses ganze Gerede bringt uns nicht weiter.

2. (*be the leader of, direct*) (an)führen; *expedition, team* leiten; *regiment* führen; *movement, revolution* anführen; *orchestra* (*conductor*) leiten; (*first violin*) führen. **to ~ a government** an der Spitze einer Regierung stehen, Regierungschef sein; **to ~ a party** Parteivorsitzender sein, den Parteivorsitz führen.

3. (*be first in*) anführen. **they led us by 30 seconds** sie lagen mit 30 Sekunden vor uns (*dat*); **Britain ~s the world in textiles** Großbritannien ist auf dem Gebiet der Textilproduktion führend in der Welt.

4. *card* ausspielen.

5. *life* führen. **to ~ a life of luxury/misery** in Luxus/im Elend leben, ein Luxusleben/elendes Leben führen; **to ~ sb a wretched life** jdm das Leben schwermachen.

6. (*influence*) **to ~ sb to do sth** jdn dazu bringen, etw zu tun; **what led him to change his mind?** wie kam er dazu, seine Meinung zu ändern?; **to ~ sb to believe that ...** jdm den Eindruck vermitteln, daß ..., jdn glauben machen, daß ... (*geh*); **I am led to believe that ...** ich habe Grund zu der Annahme, daß ...; **to ~ sb into trouble** jdn in Schwierigkeiten bringen; **he is easily led** er läßt sich leicht beeinflussen; (*deceive*) er läßt sich leicht täuschen *or* sich (*dat*) leicht etwas weismachen; **I am led to the conclusion that ...** ich komme zu dem Schluß, daß ...; **what ~s you to think that?** woraus schließen Sie das?

7. *wire, flex* legen, entlangführen.

III *vi* **1.** (*go in front*) vorangehen; (*in race*) in Führung liegen. **to ~ by 10 metres** einen Vorsprung von 10 Metern haben, mit 10 Metern in Führung liegen; **he always follows where his brother ~s** er macht alles nach, was sein Bruder macht; **the "Times" led with a story about the financial crisis** die „Times" berichtete auf der ersten Seite ausführlich über die Finanzkrise; **he ~s with his right** (*Boxing*) er ist Rechtsausleger.

2. (*be a leader, also in dancing*) führen. **he had shown the ability to ~** er hat gezeigt, daß er Führungsqualitäten besitzt.

3. (*Cards*) ausspielen (*with sth* etw). **who ~s?** wer spielt aus?, wer fängt an?

4. (*street*) führen, gehen. **it ~s into that room** es führt zu diesem Raum; **this road ~s nowhere** diese Straße führt nirgendwohin *or* geht nicht weiter.

5. (*result in, cause*) führen (*to* zu). **all this talk is ~ing nowhere** dieses ganze Gerede führt zu nichts; **remarks like that could ~ to trouble** solche Bemerkungen können unangenehme Folgen haben; **what will all these strikes ~ to?** wo sollen all diese Streiks hinführen?

◆**lead along** *vt sep* führen. **he led him ~ the street** er führte ihn die Straße entlang.

◆**lead aside** *vt sep* auf die Seite *or* beiseite nehmen.

◆**lead away I** *vt sep* wegführen *or* -bringen; *criminal, prisoner* abführen. **we must not allow this argument to ~ us ~ from the matter in hand** wir dürfen uns durch dieses Argument nicht vom eigentlichen Thema abbringen lassen. **II** *vi* wegführen. **this is ~ing ~ from the subject** das führt vom Thema ab.

◆**lead off I** *vt sep* abführen. **a policeman led the drunk man ~ the pitch** ein Polizist führte den Betrunkenen vom Platz.

II *vi* **1.** (*go off from*) abgehen. **several streets led ~ the square** mehrere Straßen gingen von dem Platz ab.

2. (*start*) beginnen.

◆**lead on I** *vi usu imper* **~ ~, sergeant!** führen Sie an, Feldwebel!; **~ ~, John!** geh vor, John!

II *vt sep* (*deceive*) anführen (*inf*), hinters Licht führen; (*tease*) aufziehen, auf den Arm nehmen (*inf*). **he led us ~ to believe that we would get the money** er hat uns vorgemacht, wir würden das Geld bekommen; **she's just ~ing him ~** sie führt ihn nur an der Nase herum.

◆**lead out I** *vt sep* hinausführen. **he led his wife ~ onto the dance floor** er führte seine Frau auf die Tanzfläche. **II** *vi* hinausgehen.

◆**lead up I** *vt sep* hinaufführen (*to* auf +*acc*); (*lead across*) führen (*to* zu). **to ~ sb ~ the garden path** (*fig*) jdm etwas vormachen, jdn an der Nase herumführen.

II *vi* **1.** (*come before*) **the events/years that led ~ to the war** die Ereignisse/Jahre, die dem Krieg voran- *or* vorausgingen.

2. (*introduce*) **his speech was obviously ~ing ~ to an important announcement** seine Rede war offensichtlich die Einleitung zu einer wichtigen Ankündigung; **what are you ~ing ~ to?** worauf willst du hinaus?

leaded ['ledɪd] *adj window* bleiverglast, Bleiglas-; *petrol* verbleit.

leaden ['ledn] *adj* **1.** (*old: of lead*) bleiern (*geh*), Blei-. **2.** *sky, colour* bleiern (*geh*); *heart, limbs* bleischwer.

leader ['liːdər] *n* **1.** Führer(in *f*) *m*; (*of union, party also*) Vorsitzende(r) *mf*; (*military also*) Befehlshaber *m*; (*of gang, rebels*) Anführer(in *f*) *m*; (*of expedition, project*) Leiter(in *f*) *m*; (*Sport*) (*in league*) Tabellenführer *m*; (*in race*) der/die/das Erste; (*Mus*) (*of orchestra*) Konzertmeister(in *f*) *m*; (*of choir*) Leiter(in *f*) *m*; (*of band*) erster Bläser; (*of jazz band, pop group*) Leader *m*. **to be the ~** (*in race, competition*) in Führung liegen; **the ~s** (*in race, competition*) die Spitzengruppe; **~ of the opposition** Oppositionsführer(in *f*) *m*; **the ~s of fashion** die Modemacher *pl*; **the product is a ~ in its field** dieses Produkt ist auf diesem Gebiet führend; **has he the qualities to be a ~ of men?** hat er Führungsqualitäten?

2. (*Brit Press*) Leitartikel *m*. **~ writer** Leitartikler(in *f*) *m*.

leaderless ['liːdəlɪs] *adj* führerlos, ohne Führer; *party, union* führungslos.

leadership ['liːdəʃɪp] *n* **1.** Führung, Leitung *f*; (*office also*) Vorsitz *m*. **under the ~ of** unter (der) Führung von. **2.** (*quality*) Führungsqualitäten *pl*.

lead-free ['ledfri:] **I** *adj* bleifrei; *petrol also* unverbleit. **II** *n* (*petrol*) unverbleites *or* bleifreies Benzin.

lead-in ['li:dɪn] *n* Einführung, Einleitung *f* (*to* in +*acc*).

leading¹ ['ledɪŋ] *n* (*Typ*) Durchschuß *m*.

leading² ['li:dɪŋ] *adj* **1.** (*first*) vorderste(r, s); *runner, horse, car also* führend. **the ~ car in the procession** das die Kolonne anführende Auto.

2. (*most important*) *person, company* führend; *sportsman, product* Spitzen-; *issue* Haupt-, wichtigste(r, s); *part, role (Theat)* tragend, Haupt-; (*fig*) führend. **we are a ~ company in ...** unsere Firma ist führend auf dem Gebiet ... (+*gen*).

leading article *n* Leitartikel *m*; **leading edge** *n* (*Aviat*) (Flügel)vorderkante *f*; **leading-edge** *adj company, technology* Spitzen-; (*in hi-tech*) Hi-Tech-; **leading lady** *n* Hauptdarstellerin *f*; **leading light** *n* Nummer eins *f*; (*person also*) Leuchte *f*; **leading man** *n* Hauptdarsteller *m*; **leading question** *n* Suggestivfrage *f*.

lead [led-]: **lead pencil** *n* Bleistift *m*; **lead poisoning** *n* Bleivergiftung *f*; **lead shot** *n* Schrot *m or nt*.

lead ['li:d]: **lead singer** *n* Leadsänger(in *f*) *m*; **lead story** *n* Hauptartikel *m*; **lead time** *n* (*for production*) Produktionszeit *f*; (*for delivery*) Lieferzeit *f*.

leaf [li:f] **I** *n, pl* **leaves 1.** Blatt *nt*. **to be in ~** grün sein; **he swept the leaves into a pile** er fegte das Laub auf einen Haufen.

2. (*of paper*) Blatt *nt*. **to take a ~ out of sb's book** sich (*dat*) von jdm eine Scheibe abschneiden; **to turn over a new ~** einen neuen Anfang machen.

3. (*of table*) Ausziehplatte *f*. **pull the leaves out** zieh den Tisch aus!

4. (*of metal*) Folie *f*. **gold/silver ~** Blattgold/-silber *nt*.

II *vi* **to ~ through a book** ein Buch durchblättern.

leaf bud *n* Blattknospe *f*; **leafless** *adj* blattlos, kahl.

leaflet ['li:flɪt] **I** *n* **1.** Prospekt *m*; (*single page*) Hand- *or* Reklamezettel *m*; (*with instructions*) Merkblatt *nt*; (*handout*) Flugblatt *nt*; (*brochure for information*) Broschüre *f*, Informationsblatt *nt*. **2.** (*young leaf*) Blättchen *nt*. **II** *vt area* Flugblätter verteilen in (+*dat*); (*Comm*) Werbematerial verteilen in (+*dat*).

leafleting ['li:flətɪŋ] *n* Flugblattaktionen *pl*; (*Comm*) Verteilen *nt* von Werbematerial. **~ campaign** Flugblattaktion *f*.

leaf mould, (*US*) **leaf mold** *n* (Laub)-kompost *m*.

leafy ['li:fɪ] *adj branch, tree* grün, belaubt; *bower, lane* grün.

league¹ [li:g] *n* (*measure*) Wegstunde *f*.

league² *n* **1.** (*treaty*) Bündnis *nt*, Bund *m*; (*organization*) Verband *m*, Liga *f*. **L~ of Nations** Völkerbund *m*; **to enter into a ~** einen Bund schließen; **to be in ~ with sb** mit jdm gemeinsame Sache machen; **these two boys must be in ~ with each other** diese beiden Jungen stecken sicher unter einer Decke (*inf*); **to be in ~ against sb** sich gegen jdn verbündet haben.

2. (*Sport*) Liga *f*. **the club is top of the ~** der Klub ist Tabellen- *or* Ligaführer; **he was not in the same ~** (*fig*) er hatte nicht das gleiche Format.

league game *n* Ligaspiel *nt*; **league leaders** *npl* Tabellenführer *m*; **league table** *n* Tabelle *f*.

leak [li:k] **I** *n* **1.** (*hole*) undichte Stelle; (*in container*) Loch *nt*; (*Naut*) Leck *nt*. **to have a ~** undicht sein; (*bucket*) laufen, lecken; **my biro has a ~** mein Kugelschreiber läuft aus.

2. (*escape of liquid*) Leck *nt*. **a gas ~** eine undichte Stelle in der Gasleitung; **a faulty joint caused a ~ of gas** durch die fehlerhafte Verbindung strömte Gas aus.

3. (*fig*) undichte Stelle. **there was a ~ of information** es sind Informationen durchgesickert; **a security/news ~** eine undichte Stelle; **a ~ to the press** eine Indiskretion der Presse gegenüber; **they wanted to break the news gently by a series of ~s to the press** sie wollten die Nachricht langsam an die Presse durchsickern lassen.

4. (*sl*) **to go for** *or* **have a ~** pissen gehen (*sl*).

II *vt* **1.** durchlassen. **that tank is ~ing acid** aus diesem Tank läuft Säure aus.

2. (*fig*) *information, story, plans* zuspielen (*to sb* jdm).

III *vi* **1.** (*ship, receptacle, pipe*) lekken; (*roof*) undicht *or* nicht dicht sein; (*pen*) auslaufen, undicht sein.

2. (*gas*) ausströmen, entweichen; (*liquid*) auslaufen; (*ooze out*) tropfen (*from* aus). **water is ~ing (in) through the roof** Wasser tropft *or* sickert durch das Dach, es regnet durch (das Dach durch); **to ~ away** auslaufen.

◆**leak out I** *vt sep news* zuspielen (*to sb* jdm). **II** *vi* **1.** (*liquid*) auslaufen, durchsickern. **2.** (*news*) durchsickern.

leakage ['li:kɪdʒ] *n* **1.** (*act*) Auslaufen *nt*; (*of body fluids*) Austreten *nt*. **there's a ~ of water into the oil** da läuft *or* tropft Wasser ins Öl; **there's still a slight ~** es ist immer noch etwas undicht; **the ground was polluted by a ~ of chemicals** der Boden war durch auslaufende Chemikalien verunreinigt.

2. (*fig*) **~ of information** (*act*) Durchsickern *nt* von Informationen.

leakproof ['li:kpru:f] *adj* dicht, lecksicher (*spec*).

leaky ['li:kɪ] *adj* (+*er*) undicht; *boat* leck.

lean¹ [li:n] **I** *adj* (+*er*) **1.** (*thin*) mager, dünn; *face, person* schmal; (*through lack of food*) hager; *meat* mager. **2.** *year, harvest* mager.

II *n* mageres Fleisch.

lean² (*vb: pret, ptp* **leaned** *or* **leant**) **I** *n* Neigung *f*.

II *vt* **1.** (*put in sloping position*) lehnen (*against* gegen, an +*acc*). **to ~ one's head on sb's shoulder** seinen Kopf an jds Schulter (*acc*) lehnen.

2. (*rest*) aufstützen (*on* auf +*dat or acc*). **to ~ one's elbow on sth** sich mit dem Ellbogen auf etw (*acc*) stützen.

III *vi* **1.** (*be off vertical*) sich neigen (*to* nach); (*trees*) sich biegen. **the box was ~ing dangerously on its side** die Kiste neigte sich gefährlich auf die Seite; **he ~t across the counter** er beugte sich über den Ladentisch.

2. (*rest*) sich lehnen. **to ~ against sth** sich gegen etw lehnen; **~ing against the bar** an die Bar gelehnt; **she ~t on my arm** sie stützte sich auf meinen Arm; **he ~t on the edge of the table** er stützte sich auf die Tischkante.

3. (*tend in opinion*) **to ~ towards the left/socialism** nach links/zum Sozialismus tendieren; **to ~ towards sb's opinion** zu jds Ansicht neigen *or* tendieren; **which way does he ~?** in welche Richtung tendiert er?; **he started to ~ away from the party line** er entfernte sich allmählich von der Parteilinie; **at least they're ~ing in the direction of reform** sie neigen immerhin Reformen (*dat*) zu.

◆**lean back** *vi* sich zurücklehnen.

◆**lean forward** *vi* sich vorbeugen.

◆**lean on** *vi* **1.** (*depend*) **to ~ ~ sb** sich auf jdn verlassen. **2.** (*inf: put pressure on*) **to ~ ~ sb** jdn bearbeiten (*inf*) *or* beknien (*inf*); **they ~t ~ him too hard** sie haben ihn zu sehr unter Druck gesetzt (*inf*).

◆**lean out** *vi* sich hinauslehnen (*of* aus).

◆**lean over** *vi* **1.** (*be off vertical*) sich (vor)neigen.

2. sich vorbeugen. **he ~t ~ her shoulder** er beugte sich über ihre Schulter; *see* **backwards.**

lean-burn ['li:nbɜ:n] *adj* **~ engine** Magermotor *m*.

leaning ['li:nɪŋ] **I** *adj* schräg, schief.

II *n* Hang *m*, Neigung *f*. **he had a ~ towards the left** er hatte einen Hang nach links; **artistic ~s** künstlerische Neigungen *pl*.

leanness ['li:nnɪs] *n* Magerkeit *f*. **the ~ of his face** sein schmales Gesicht; (*through lack of food*) sein hageres Gesicht.

leant [lent] *pret, ptp of* **lean**[2].

lean to ['li:ntu:] **I** *n* Anbau *m*; (*shelter*) Wetterschutz *m or* -schirm *m*. **II** *adj* angebaut.

leap [li:p] (*vb: pret, ptp* **~ed** *or* **leapt**) **I** *n* Sprung, Satz (*inf*) *m*. **in one ~, at a ~** mit einem Satz; **to take a ~ at sth** einen Satz über etw (*acc*) machen, über etw (*acc*) setzen; **a great ~ forward** (*fig*) ein großer Sprung nach vorn; **a ~ in the dark** (*fig*) ein Sprung ins Ungewisse; **by ~s and bounds** (*fig*) sprunghaft.

II *vt* springen *or* setzen über (+*acc*).

III *vi* springen. **to ~ about** herumspringen; **to ~ for joy** vor Freude hüpfen, Freudensprünge machen; **to ~ to one's feet** aufspringen; **he ~t to her assistance** er sprang ihr zu Hilfe; *see* **look.**

◆**leap at** *vt insep* **to ~ ~ a chance** eine Gelegenheit beim Schopf packen, sofort zugreifen; **to ~ ~ an offer** sich (förmlich) auf ein Angebot stürzen.

◆**leap out** *vi* **1.** (*jump out*) hinaus-/herausspringen (*of* aus +*dat*).

2. (*colours*) ins Auge springen, hervorstechen. **the bright colours ~ ~ at you** die hellen Farben springen einem ins Auge.

◆**leap up** *vi* (*person, animals*) aufspringen; (*flames*) hochschlagen; (*prices*) sprunghaft ansteigen, emporschnellen. **he ~t ~ from behind the wall** er sprang hinter der Mauer hervor; **to ~ ~ into the air** in die Höhe springen.

leapfrog ['li:pfrɒg] **I** *n* Bockspringen *nt*. **to play ~** Bockspringen spielen *or* machen (*inf*).

II *vi* bockspringen. **the children ~ged over one another** die Kinder spielten *or* machten (*inf*) Bocksprünge.

III *vt* **he ~ged his way to the top of the company** er machte in der Firma eine Blitzkarriere.

leap year *n* Schaltjahr *nt*.

leapt [lept] *pret, ptp of* **leap**.

learn [lɜ:n] *pret, ptp* **~ed** *or* **learnt I** *vt* **1.** (*gain knowledge, skill*) lernen; *language also* erlernen. **where did you ~ that habit?** wo hast du dir das angewöhnt?; **I ~t (how) to swim** ich habe schwimmen gelernt.

2. (*be informed*) erfahren.

II *vi* **1.** (*gain knowledge*) lernen. **he'll never ~!** er lernt es nie!; **some people never ~!** manche lernen's nie!; **to ~ from experience** aus der *or* durch Erfahrung lernen.

2. (*find out*) hören, erfahren (*about, of* von).

◆**learn off** *vt sep* lernen.

◆**learn up** *vt sep* (*learn by study*) lernen, pauken (*inf*); (*memorize*) (auswendig) lernen.

learned ['lɜ:nɪd] *adj* gelehrt; *book also, journal* wissenschaftlich; *society also, profession* akademisch. **a ~ man** ein Gelehrter *m*; **my ~ colleague** mein geschätzter Kollege.

learnedly ['lɜ:nɪdlɪ] *adv* gelehrt.

learner ['lɜ:nəʳ] *n* Anfänger(in *f*), Lerner(in *f*) (*esp Ling*) *m*; (*student*) Lernende(r) *mf*; (*~ driver*) Fahrschüler(in *f*) *m*. **special classes for slow ~s** Sonderklassen *pl* für lernschwache Schüler.

learning ['lɜ:nɪŋ] *n* **1.** (*act*) Lernen *nt*. **difficulties encountered during the ~ of geometry/English** Schwierigkeiten beim Erlernen der Geometrie/beim Englischlernen.

2. (*erudition*) Gelehrsamkeit, Gelehrtheit *f*. **a man of ~** ein Gelehrter *m*; **the ~ contained in these volumes** das in diesen Bänden enthaltene Wissen.

learningcurve *n* Lernkurve *f*; **learning disability** *n* Lernbehinderung *f*.

learnt [lɜ:nt] *pret, ptp of* **learn**.

lease [li:s] **I** *n* (*of land, farm, business premises*) Pacht *f*; (*contract*) Pachtvertrag *m*; (*of house, flat, office*) Miete *f*; (*contract*) Mietvertrag *m*; (*of equipment*) Leasing *nt*; (*contract*) Leasing-Vertrag *m*. **to take a ~ on a house** ein Haus mieten; **to take a ~ on business premises** ein Geschäft(sgrundstück) *nt* pachten; **to occupy a house on a 99-year ~** ein Haus auf 99 Jahre pachten; **we have the house/farm on a ~** wir haben das Haus gemietet/den Bauernhof gepachtet; **to give sb/sth a new ~ of life** jdm/einer Sache (neuen) Aufschwung geben.

II *vt* (*take*) pachten (*from* von), in Pacht nehmen (*from* bei); mieten (*from* von); mieten, leasen (*from von*); (*give: also* **~ out**) verpachten (*to* an +*acc*), in Pacht geben (*to sb* jdm); vermieten (*to* an +*acc*); vermieten, leasen (*to* an +*acc*).

leaseback I *n* Verkauf und Rückmiete *pl*; **II** *attr arrangement* Rückmiet-; **leasehold I** *n* (*property*) Pachtbesitz *m*; (*land also*) Pachtgrundstück *nt*; (*building also*) gepachtetes Gebäude; (*contract, tenure*) Pachtvertrag *m*; **II** *adj* gepachtet, in Pacht; *property* Pacht-; **leaseholder** *n* Pächter(in *f*) *m*.

leash [liːʃ] *n* Leine *f*. **on a ~** an der Leine; *see* **strain**[1].

least [liːst] **I** *adj* **1.** (*slightest, smallest*) geringste(r, s).

2. (*with uncountable nouns*) wenigste(r, s). **he has the ~ money** er hat am wenigsten Geld.

II *adv* **1.** (+*vb*) am wenigsten.

2. (+*adj*) **~ possible expenditure** möglichst geringe Kosten; **the ~ expensive car** das billigste *or* preiswerteste Auto; **of all my worries that's the ~ important** *das* ist meine geringste Sorge; **the ~ known** der/die/das Unbekannteste; **the ~ interesting** der/die/das Uninteressanteste; **not the ~ bit drunk** kein bißchen *or* nicht im geringsten betrunken.

III *n* **the ~** der/die/das Geringste *or* Wenigste; **that's the ~ of my worries** darüber mache ich mir die wenigsten Sorgen; **I have many worries, and money is the ~ of them** ich habe viele Sorgen, und Geld kümmert mich am wenigsten; **it's the ~ one can do** es ist das wenigste, was man tun kann; **at ~, I think so** ich glaube wenigstens; **at ~ it's not raining** wenigstens *or* zumindest regnet es nicht; **we can at ~ try** wir können es wenigstens versuchen; **there were eight at ~** es waren mindestens acht da; **we need three at the very ~** allermindestens brauchen wir drei; **at the very ~ you could apologize** du könntest dich wenigstens *or* zumindest entschuldigen; **and that's the ~ of it** und das ist noch das wenigste; **not in the ~!** nicht im geringsten!, ganz und gar nicht!; **he was not in the ~ upset** er war kein bißchen *or* nicht im geringsten verärgert; **to say the ~** um es milde zu sagen; **the ~ said, the better, ~ said, soonest mended** (*Prov*) je weniger man darüber spricht, desto besser.

leastways ['liːstweɪz] *adv* (*inf*) zumindest, wenigstens.

leather ['leðə^r] **I** *n* Leder *nt*. **~neck** (*US sl*) Ledernacken *m*. **II** *adj* Leder-, ledern. **III** *vt* (*inf*) versohlen (*inf*), ein paar überziehen (+*dat*) (*inf*).

leatherette [ˌleðə'ret] *n* Kunstleder *nt*.

leathering ['leðərɪŋ] *n* (*inf*) Tracht *f* Prügel.

leathery ['leðərɪ] *adj material* lederartig; *smell* Leder-; *skin* ledern; *meat* zäh.

leave [liːv] (*vb: pret, ptp* **left**) **I** *n* **1.** (*permission*) Erlaubnis *f*. **by your ~** (*form*) mit Ihrer (gütigen) Erlaubnis (*form*); **to ask sb's ~ to do sth** jdn um Erlaubnis bitten, etw zu tun; **he borrowed my car without so much as a by your ~** er hat sich (*dat*) so einfach *or* so mir nichts, dir nichts mein Auto geliehen.

2. (*permission to be absent, Mil*) Urlaub *m*. **to be on ~** auf Urlaub sein, Urlaub haben; **to be on ~ from sth** von etw beurlaubt sein; **I've got ~ to attend the conference** ich habe freibekommen, um an der Konferenz teilzunehmen; **~ of absence** Beurlaubung *f*; **to be on ~ of absence** beurlaubt sein.

3. to take one's ~ sich verabschieden; **to take ~ of one's senses** den Verstand verlieren; **~-taking** Abschied *m*; (*act*) Abschiednehmen *nt*.

II *vt* **1.** (*depart from, quit*) *place, person* verlassen. **the train left the station** der Zug fuhr aus dem Bahnhof; **when the plane left Rome** als das Flugzeug von Rom abflog; **when he left Rome** als er von Rom wegging/wegfuhr/abflog *etc*; **you may ~ us** Sie können gehen; **may I ~ the room?** darf ich mal raus?; **to ~ home** von zu Hause weggehen/wegfahren; (*permanently*) von zu Hause weggehen; **to ~ school** die Schule verlassen; (*prematurely also*) (von der Schule) abgehen; **to ~ the table** vom Tisch aufstehen; **to ~ one's job** seine Stelle aufgeben; **to ~ the road** (*crash*) von der Straße abkommen; (*turn off*) von der Straße abbiegen; **to ~ the rails** entgleisen; **the rocket left the ground** die Rakete hob (vom Boden) ab; **I'll ~ you at the station** (*in car*) ich setze dich am Bahnhof ab.

2. (*allow or cause to remain*) lassen; *bad taste, dirty mark, message, scar, impression* hinterlassen. **I'll ~ the key with the neighbours** ich hinterlege *or* lasse den Schlüssel bei den Nachbarn; **to ~ one's supper** sein Abendessen stehenlassen; **the postman left three letters for you** der Briefträger hat drei Briefe für dich gebracht.

3. (**~** *in a certain condition*) lassen. **who left the window open?** wer hat das Fenster offengelassen?; **to ~ two pages blank** zwei Seiten freilassen; **this ~s me free for the afternoon/free to go shopping** dadurch habe ich den Nachmittag frei/Zeit zum Einkaufen; **the death of her uncle left her with no financial worries** nach dem Tod ihres Onkels hatte sie keine finanziellen Probleme mehr; **~ the dog alone** laß den Hund in Ruhe; **~ me alone**! laß mich (in Ruhe)!; **to ~ well alone** die Finger davonlassen (*inf*); **to ~ sb to himself** jdn allein lassen; **to ~ go** *or* **hold of** loslassen; **let's ~ it at that** lassen wir es dabei (bewenden).

4. (*forget*) liegen- *or* stehenlassen.

5. (*after death*) *person, money* hinterlassen. **he left his wife very badly off** er ließ seine Frau fast mittellos zurück.

6. to be left (*remain, be over*) übrigbleiben; **all I have left** alles, was ich noch habe; **how many are there left?** wie viele sind noch da *or* übrig?; **3 from 10 ~s 7** 10 minus 3 ist *or* (ist) gleich 7; **what does that ~?** wieviel bleibt übrig?; (*Math*) wieviel gibt *or* ist das?; **nothing was left for me but to sell it** mir blieb nichts anderes übrig, als es zu verkaufen.

7. (*entrust*) überlassen (*up to sb* jdm). **~ it to me** laß mich nur machen; **I ~ it to you to judge** es bleibt dir überlassen, zu urteilen; **to ~ sth to chance** etw dem Zufall überlassen.

8. (*stop*) **let's ~ this now** lassen wir das jetzt mal.

III *vi* (weg)gehen; abfahren; abfliegen; (*train, bus, ship*) abfahren; (*plane*) abfliegen. **we ~ for Sweden tomorrow** wir fahren morgen nach Schweden; **which flight did he ~ on?** welchen Flug hat er genommen?

◆**leave about** *or* **around** *vt sep* herumliegen lassen.

◆**leave aside** *vt sep* beiseite lassen.

◆**leave behind** *vt sep* **1.** *the car, the children* dalassen, zurücklassen. **we've left all that ~ us** das alles liegt hinter uns; **we've left all our worries ~ us** (*settled*) wir sind alle Sorgen los; (*forgotten*) wir haben all unsere Sorgen vergessen.

2. (*outstrip*) hinter sich (*dat*) lassen. **he left all his fellow-students ~** er stellte alle seine Kommilitonen in den Schatten.

3. (*forget*) liegen- *or* stehenlassen.

◆**leave in** *vt sep sentence, scene in play* lassen, nicht herausnehmen, drinlassen (*inf*). **how long should the meat be left ~?** wie lange muß das Fleisch im Ofen bleiben *or* gelassen werden?

◆**leave off I** *vt sep clothes* nicht anziehen; *lid* nicht darauftun, ablassen (*inf*); *radio, lights* auslassen; *umlaut* weglassen. **don't ~ the top ~ your pen** laß den Füllhalter nicht offen *or* ohne Kappe liegen; **you left her name ~ the list** Sie haben ihren Namen nicht in die Liste aufgenommen.

II *vi +prep obj* (*inf*) aufhören. **we left ~ work after lunch** wir haben nach dem Mittagessen Feierabend gemacht.

III *vi* (*inf*) aufhören. **~ ~!** laß das!

◆**leave on** *vt sep clothes* anbehalten, anlassen (*inf*); *lights, fire etc* anlassen.

◆**leave out** *vt sep* **1.** (*not bring in*) draußen lassen.

2. (*omit*) auslassen; (*exclude*) *people* ausschließen (*of* von). **he was instructed to ~ ~ all references to politics** er bekam Anweisung, alle Hinweise auf Politik wegzulassen; **you ~ my wife/politics ~ of this** lassen Sie meine Frau/die Politik aus dem Spiel.

3. (*leave available*) dalassen. **I'll ~ the books ~ on my desk** ich lasse die Bücher auf meinem Schreibtisch; **will you ~ the tools ~ ready?** legen Sie bitte das Werkzeug zurecht.

4. (*not put away*) nicht wegräumen, liegen lassen.

◆**leave over** *vt sep* **1.** (*leave surplus*) übriglassen. **to be left ~** übrig(geblieben) sein. **2.** (*postpone*) verschieben, vertagen.

leaven ['levn] **I** *n* (*also* **leavening** [-ɪŋ]) Treibmittel *nt*; (*fermenting dough*) Sauerteig *m*; (*fig*) Auflockerung *f*.

II *vt* (auf)gehen lassen, treiben; (*fig*) auflockern.

leaves [liːvz] *pl of* **leaf**.

leaving ['liːvɪŋ] *n* Fortgang, Weggang *m*.

leaving certificate *n* Abgangszeugnis *nt*; **leaving-party** *n* Abschiedsfeier *or* -party *f*; **leaving present** *n* Abschiedsgeschenk *nt*.

leavings ['liːvɪŋz] *npl* (*food*) (Über)reste *pl*; (*rubbish*) Abfälle *pl*.

Lebanese [ˌlebə'niːz] **I** *adj* libanesisch. **II** *n* Libanese *m*, Libanesin *f*.

Lebanon ['lebənən] *n* **the ~** der Libanon.

lecher ['letʃəʳ] **I** *n* Lüstling, Wüstling *m*; (*hum*) Lustmolch *m*. **II** *vi* lüstern sein. **to ~ after sb** (*chase*) jdm nachstellen; (*in mind*) sich lüsterne Vorstellungen *pl* über jdn machen.

lecherous ['letʃərəs] *adj* lüstern; *man, behaviour also* geil.

lecherously ['letʃərəslɪ] *adv see adj*.

lechery ['letʃərɪ] *n* Lüsternheit, Geilheit *f*. **his reputation for ~** sein Ruf *m* als Wüstling.

lectern ['lektɜːn] *n* Pult *nt*.

lecture ['lektʃəʳ] **I** *n* **1.** Vortrag *m*; (*Univ*) Vorlesung *f*. **to give a ~** einen Vortrag/eine Vorlesung halten (*to* für, *on sth* über etw *acc*).

2. (*scolding*) (Straf)predigt *f*. **to give sb a ~** jdm eine Strafpredigt *or* Standpauke (*inf*) halten (*about* wegen).

II *vt* **1.** (*give a ~*) **to ~ sb on sth** jdm einen Vortrag/eine Vorlesung über etw (*acc*) halten; **he ~s us in French** wir hören bei ihm (Vorlesungen in) Französisch.

2. (*scold*) tadeln, abkanzeln. **to ~ sb** jdm eine Strafpredigt halten (*on* wegen).

III *vi* einen Vortrag halten; (*Univ*) (*give ~*) eine Vorlesung halten; (*give ~ course*) lesen, Vorlesungen halten (*on* über *+acc*). **he ~s in English** er ist Dozent für Anglistik; **he ~s on Victorian poetry** er liest über Viktorianische Dichtung; **have you ever heard him ~?** hast du schon mal eine Vorlesung bei ihm gehört?; **he ~s at Princeton** er lehrt in Princeton.

lecture course *n* Vorlesungs-/Vortragsreihe *f*; **lecture hall** *n* Hörsaal *m*; **lecture notes** *npl* (*professor's*) Manuskript *nt*; (*student's*) Vorlesungsnotizen *pl*; (*handout*) Vorlesungsskript *nt*.

lecturer ['lektʃərəʳ] *n* Dozent(in *f*) *m*; (*speaker*) Redner(in *f*) *m*. **assistant ~** ≃ Assistent(in *f*) *m*; **senior ~** *Dozent(in f) m in höherer Position*.

lecture room *n* Hörsaal *m*.

lectureship ['lektʃəʃɪp] *n* Stelle *f* als Dozent(in), Lehrauftrag *m*.

lecture theatre *n* Hörsaal *m*; **lecture tour** *n* Vortragsreise *f*.

led [led] *pret, ptp of* **lead²**.

ledge [ledʒ] *n* **1.** Leiste, Kante *f*; (*along*

wall) Leiste *f*; (*of window*) (*inside*) Fensterbrett *nt*; (*outside*) (Fenster)sims *nt or m*; (*shelf*) Ablage *f*, Bord *nt*; (*mountain* ~) (Fels)vorsprung *m*. **2.** (*ridge of rocks*) Riff *nt*.

ledger ['ledʒəʳ] *n* Hauptbuch *nt*. ~ **line** (*Mus*) Hilfslinie *f*.

lee [liː] **I** *adj* Lee-. **II** *n* **1.** (*Naut*) Lee *f*. **2.** (*shelter*) Schutz, Windschatten *m*.

leech [liːtʃ] *n* Blutegel *m*; (*fig*) Blutsauger *m*.

leek [liːk] *n* Porree, Lauch *m*.

leer [lɪəʳ] **I** *n* (*knowing, sexual*) anzügliches Grinsen; (*evil*) heimtückischer Blick. **II** *vi* anzüglich grinsen; einen heimtückischen *or* schrägen Blick haben.

leeward ['liːwəd] **I** *adj* Lee-. **II** *adv* leewärts. **III** *n* Lee(seite) *f*. **to** ~ an der Leeseite; **steer to** ~ nach der Leeseite steuern, leewärts steuern.

leeway ['liːweɪ] *n* **1.** (*Naut*) Abtrift *f*, Leeweg *m*.

2. (*fig*) (*flexibility*) Spielraum *m*; (*time lost*) Zeitverlust *m*. **there's a lot of** ~ **to make up** es gibt viel nachzuarbeiten, ein großer Rückstand muß aufgeholt werden.

left¹ [left] *pret, ptp of* **leave**.

left² **I** *adj* (*also Pol*) linke(r, s). **no** ~ **turn** Linksabbiegen verboten; **he's got two** ~ **hands** (*inf*) er hat zwei linke Hände (*inf*).

II *adv* links (*of* von). **turn** ~ (*Aut*) links abbiegen; **keep** ~ sich links halten, links fahren; **move** ~ **a little** rücken Sie ein bißchen nach links; ~, **right**, ~, **right** links, rechts, links, rechts; ~ **turn!** (*Mil*) links um!

III *n* **1.** Linke(r, s). **on the** ~ links (*of* von), auf der linken Seite (*of* +*gen*); **on** *or* **to your** ~ links (von Ihnen), auf der linken Seite; **his wife sat on my** ~ seine Frau saß links von mir *or* zu meiner Linken (*form*); **to keep to the** ~ sich links halten; links fahren.

2. (*Pol*) Linke *f*. **to be on the** ~ links stehen; **to be on** *or* **to the** ~ **of the party** dem linken Flügel der Partei angehören.

3. (*Boxing*) Linke *f*.

left back *n* linker Verteidiger; **left half** *n* linker Vorstopper; **left-hand** *adj* ~ **drive** Linkssteuerung *f*; ~ **side** linke Seite; **he stood on the** ~ **side of the king** er stand zur Linken des Königs; ~ **turn** linke Abzweigung; **take the** ~ **turn** bieg links ab; **left-handed** *adj* linkshändig; *tool* für Linkshänder; (*fig*) *compliment* zweifelhaft; **a** ~ **blow** ein linker Treffer; **left-hander** *n* Linkshänder(in *f*) *m*.

leftie ['leftɪ] *n* (*pej*) linker Typ (*pej*).

leftish ['leftɪʃ] *adj* linksliberal, links angehaucht (*inf*).

leftist ['leftɪst] **I** *adj* linke(r, s), linksgerichtet. **his views are** ~ er ist linksgerichtet, er steht links. **II** *n* Linke(r) *mf*.

left-luggage (office) *n* Gepäckaufbewahrung *f*; **left-luggage locker** *n* Gepäckschließfach *nt*; **leftover I** *adj* übriggeblieben; **II** *n* ~**s** (Über)reste *pl*; **left-wing I** *adj* (*Pol*) linke(r, s); *politician also* linksgerichtet; **II** *n* **left wing** linker Flügel (*also Sport*); (*player*) Linksaußen *m*; **left-winger** *n* (*Pol*) Linke(r) *mf*; (*Sport*) Linksaußen *m*.

leg [leg] **I** *n* **1.** (*also of trousers*) Bein *nt*. **to be on one's last** ~**s** in den letzten Zügen liegen (*inf*); (*person*) auf dem letzten Loch pfeifen (*inf*); **this dress/carpet is on its last** ~**s** dieses Kleid/dieser Teppich hält *or* macht's (*inf*) nicht mehr lange; **he hasn't a** ~ **to stand on** (*fig*) (*no excuse*) er kann sich nicht herausreden; (*no proof*) das kann er nicht belegen; **to walk one's** ~**s off** sich (*dat*) die Füße wund laufen; **to walk sb's** ~**s off** jdn (ganz schön) scheuchen (*inf*), jdm davonlaufen; **to run sb's** ~**s off** (*fig*) jdn herumscheuchen (*inf*); **break a** ~! (*US sl*) Hals- und Beinbruch!

2. (*as food*) Keule, Hachse *f*. ~ **of lamb** Lammkeule *f*.

3. (*of furniture*) Bein *nt*; (*of bed also*) Fuß *m*.

4. (*stage*) Etappe *f*.

II *vt*: **to** ~ **it** (*inf: go on foot*) laufen, zu Fuß gehen.

legacy ['legəsɪ] *n* (*lit, fig*) Erbschaft *f*, Vermächtnis *nt*; (*fig also*) Erbe *nt*; (*fig pej*) Hinterlassenschaft *f*. **our** ~ **to future generations must not be a polluted world** wir dürfen den zukünftigen Generationen keine verschmutzte Welt hinterlassen.

legal ['liːgl] *adj* **1.** (*lawful*) legal, rechtlich zulässig; *claim* Rechts-, rechtmäßig; (*according to the law*) *tender, restrictions, obligation, limit* gesetzlich; (*allowed by law*) *fare, speed* zulässig; (*valid before law*) *will, purchase* rechtsgültig. **to become** ~ rechtskräftig werden; **to make sth** ~ etw legalisieren; **the** ~ **age for marriage** das gesetzliche Heiratsalter, die Ehemündigkeit; **it is not** ~ **to sell drink to children** es ist gesetzlich verboten, Alkohol an Kinder zu verkaufen; ~ **separation** gesetzliche Trennung; ~ **rights** gesetzlich verankerte Rechte *pl*; **they don't know what their** ~ **rights are** sie kennen ihre eigenen Rechte nicht; **the** ~ **custody of the children** das Sorgerecht für die Kinder; **women had no** ~ **status** Frauen waren nicht rechtsfähig; **he made** ~ **provision for his ex-wife** er hat die Versorgung seiner geschiedenen Frau rechtlich geregelt.

2. (*relating to the law*) *matters, affairs* juristisch, rechtlich, Rechts-; *advice, journal, mind* juristisch; *fees, charges* Gerichts-; *dictionary, act, protection, adviser* Rechts-; *decision* richterlich, Gerichts-; *inquiry, investigation* gerichtlich. ~ **action** Klage *f*; **to take** ~ **action against sb** gegen jdn Klage erheben, jdn verklagen; **what's his** ~ **position?** wie ist seine rechtliche Stellung?; ~ **aid** Rechtshilfe *f*; **to take** ~ **advice** juristischen Rat einholen; ~ **department** Rechtsabteilung *f*, juristische Abteilung; ~ **offence** strafbare Handlung; **drug-peddling is a** ~ **offence** der Handel mit Drogen ist strafbar; **the** ~ **profession** der Anwaltsstand, die Anwaltschaft; (*including jud-*

ges) die Juristenschaft; ~ **representative** gesetzlicher Vertreter; (*counsel*) (Rechts)anwalt/-anwältin, Verteidiger(in *f*) *m*; ~ **tender** gesetzliches Zahlungsmittel.

legality [liːˈgælɪtɪ] *n* Legalität *f*; (*of claim*) Rechtmäßigkeit *f*; (*of tender*) Gesetzlichkeit *f*; (*of restrictions, obligation*) Gesetzmäßigkeit *f*; (*of fare, speed*) Zulässigkeit *f*; (*of contract also, of will, marriage, purchase, decision, limit*) rechtliche Gültigkeit, Rechtsgültigkeit *f*.

legalization [ˌliːgəlaɪˈzeɪʃən] *n* Legalisierung *f*.

legalize [ˈliːgəlaɪz] *vt* legalisieren.

legally [ˈliːgəlɪ] *adv* (*lawfully*) *transacted* legal; *married* rechtmäßig; *guaranteed, obliged, set down* gesetzlich; (*relating to the law*) *advise* juristisch; *indefensible* rechtlich. **what's the position ~?** wie ist die Lage rechtlich gesehen?; ~ **speaking** vom rechtlichen Standpunkt aus, juristisch gesehen; ~ **responsible** vor dem Gesetz verantwortlich; **to be ~ entitled to sth** einen Rechtsanspruch auf etw (*acc*) haben; ~ **binding** rechtsverbindlich; ~ **valid** rechtsgültig.

legate [ˈlegɪt] *n* Legat *m*.

legatee [ˌlegəˈtiː] *n* Vermächtnisnehmer(in *f*) *m*.

legation [lɪˈgeɪʃən] *n* (*diplomats*) Gesandtschaft, Vertretung *f*; (*building*) Gesandtschaftsgebäude *nt*.

legend [ˈledʒənd] *n* **1.** Legende *f*; (*fictitious*) Sage *f*. **to become a ~ in one's lifetime** schon zu Lebzeiten zur Legende werden.

2. (*inscription, caption*) Legende *f*.

legendary [ˈledʒəndərɪ] *adj* **1.** legendär; *person also* sagenumwoben. **2.** (*famous*) berühmt.

legerdemain [ˌledʒədəˈmeɪn] *n* Taschenspielerei *f*.

-legged [-ˈlegd, -ˈlegɪd] *adj suf* -beinig. **bare-~** ohne Strümpfe.

leggings [ˈlegɪŋz] *npl* (hohe *or* lange) Gamaschen *pl*; (*fireman's, yachtsman's*) Beinlinge *f*; (*Fashion*) Leggings *pl*.

leggy [ˈlegɪ] *adj* (+*er*) langbeinig; (*gawky*) staksig.

Leghorn [ˈleghɔːn] *n* (*Geog*) Livorno *nt*.

legibility [ˌledʒɪˈbɪlɪtɪ] *n* Lesbarkeit *f*; Leserlichkeit *f*.

legible [ˈledʒɪbl] *adj* lesbar, *handwriting also* leserlich.

legibly [ˈledʒɪblɪ] *adv see adj*.

legion [ˈliːdʒən] *n* **1.** Armee *f*; (*Foreign L~*) Legion *f*.

2. (*Roman*) Legion *f*.

3. (*organization*) **L~** Legion *f*; **L~ of Honour** Ehrenlegion *f*.

4. (*fig: large number*) Legion *f*.

legionary [ˈliːdʒənərɪ] **I** *adj* Legions-. **II** *n* (*also* **legionnaire**) Legionär *m*.

legionnaire [ˌliːdʒəˈnɛəʳ] *n* Legionär *m*. **~'s disease** Legionärskrankheit *f*.

legislate [ˈledʒɪsleɪt] **I** *vi* **1.** Gesetze/ein Gesetz erlassen. **2.** (*fig*) **to ~ for sth** etw berücksichtigen; (*give ruling on*) für etw Regeln aufstellen.

II *vt* **attempts to ~ the trade unions into submission** Versuche *pl*, die Gewerkschaften durch Gesetz zu unterwerfen.

legislation [ˈledʒɪsˈleɪʃən] *n* (*making laws*) Gesetzgebung, Legislatur (*geh*) *f*; (*laws*) Gesetze *pl*.

legislative [ˈledʒɪslətɪv] *adj* gesetzgebend, legislativ (*geh*).

legislator [ˈledʒɪsleɪtəʳ] *n* Gesetzgeber(in *f*) *m*.

legislature [ˈledʒɪsleɪtʃəʳ] *n* Legislative *f*.

legit [lɪˈdʒɪt] *adj* (*sl*) O.K. (*inf*).

legitimacy [lɪˈdʒɪtɪməsɪ] *n* Rechtmäßigkeit, Legitimität *f*; (*of birth*) Ehelichkeit *f*; (*of conclusion*) Berechtigung *f*. **I don't doubt the ~ of your excuse/reason** ich bezweifle nicht, daß Ihre Entschuldigung/Ihr Grund gerechtfertigt ist.

legitimate [lɪˈdʒɪtɪmət] *adj* **1.** (*lawful*) rechtmäßig, legitim. **2.** (*reasonable*) berechtigt; *excuse* begründet. **3.** (*born in wedlock*) ehelich.

legitimately [lɪˈdʒɪtɪmətlɪ] *adv* (*lawfully*) legitim; (*with reason*) berechtigterweise, mit Recht.

legitimatize [lɪˈdʒɪtɪmətaɪz], **legitimize** [lɪˈdʒɪtɪmaɪz] *vt* legitimieren; *children* für ehelich erklären.

legless *adj* (*without legs*) ohne Beine; (*sl: drunk*) sternhagelvoll (*sl*); **legman** *n* (*US*) *kleiner Reporter, der Informationsquellen abklappert;* (*who runs errands*) Laufbursche, Bote *m*; **leg-pull** *n* (*inf*) Scherz, Bluff (*inf*) *m*; **legroom** *n* Platz *m* für die Beine, Beinfreiheit *f*.

leg up *n* **to give sb a ~** jdm hochhelfen; **legwarmer** *n* Legwarmer *m*; **legwork** *n* Lauferei *f*.

leisure [ˈleʒəʳ] *n* Freizeit *f*. **to lead a life of ~** ein Leben in *or* der Muße führen (*geh*), sich dem (süßen) Nichtstun ergeben; **the Prime Minister is seldom at ~** der Premierminister hat selten Zeit für sich *or* hat selten freie Zeit; **do it at your ~** (*in own time*) tun Sie es, wenn Sie Zeit *or* Ruhe dazu haben; (*at own speed*) lassen Sie sich (*dat*) Zeit damit; **to have the ~ to do sth** die Zeit *or* Muße haben, etw zu tun; **~ hours** Freizeit *f*.

leisure activities *npl* Hobbys, Freizeitbeschäftigungen *pl*; **leisure centre** *n* Freizeitzentrum *nt*; **leisure clothes** *npl* Freizeitkleidung *f*.

leisurely [ˈleʒəlɪ] *adj* geruhsam. **to walk at a ~ pace** gemächlich *or* langsam gehen.

leisure suit *n* Jogginganzug *m*; **leisure time** *n* Freizeit *f*; **leisurewear** *n* Freizeitbekleidung *f*.

lemming [ˈlemɪŋ] *n* Lemming *m*.

lemon [ˈlemən] **I** *n* **1.** Zitrone *f*; (*colour*) Zitronengelb *nt*; (*tree*) Zitrone(nbaum *m*) *f*. **2.** (*inf: fool*) Dussel *m* (*inf*). **3.** (*US inf: poor-quality product*) schlechte Ware. **II** *adj* Zitronen-. **~ yellow** Zitronengelb *nt*.

lemonade [ˌleməˈneɪd] *n* Limonade *f*; (*with lemon flavour*) Zitronenlimonade *f*.

lemon cheese *or* **curd** *n zähflüssiger Brotaufstrich mit Zitronengeschmack;* **lemon juice** *n* Zitronensaft *m*; **lemon meringue pie** *n mit Baisermasse gedeckter Mürbeteig mit einer Zitronencre-*

mefüllung; **lemon sole** *n* Seezunge *f*; **lemon squash** *n* Zitronensaft *m*; (*in bottle*) Zitronensirup *m*; **lemon squeezer** *n* Zitronenpresse *f*; **lemon tea** *n* Zitronentee *m*.

lemur ['liːməʳ] *n* Lemur, Maki *m*.

lend [lend] *pret, ptp* **lent I** *vt* **1.** (*loan*) leihen (*to sb* jdm); (*banks*) *money* verleihen (*to* an +*acc*).

2. (*fig: give*) verleihen (*to dat*); *name* geben. **I am not going to ~ my name to this** dafür gebe ich meinen (guten) Namen nicht her; **to ~ a hand** helfen, mit anfassen.

II *vr* **to ~ oneself to sth** sich für etw hergeben; (*be suitable*) sich für etw eignen.

◆**lend out** *vt sep* verleihen; *books also* ausleihen.

lender ['lendəʳ] *n* (*professional*) Geldverleiher(in *f*) *m*.

lending ['lendıŋ] *adj library* Leih-. **~ bank** kreditierende Bank; **~ business** Kreditgeschäft *nt*; **~ country** Gläubigerland *nt*; **~ policy** (*of bank etc*) Kreditpolitik *f*; **~ rate** (Darlehens)zinssatz *m*; **~ rights** Verleihrecht *nt*; (*for author*) Anspruch *m* auf Leihbücherei-Tantiemen.

lend-lease ['lend'liːs] *n*: **~ agreement** Leih-Pacht-Abkommen *nt*.

length [leŋθ] *n* **1.** Länge *f*. **a journey of incredible ~** eine unglaublich lange *or* weite Reise; **to be 4 metres in ~** 4 Meter lang sein; **what ~ is it?** wie lang ist es?; **of some ~** ziemlich lang; **along the whole ~ of the river/lane** den ganzen Fluß/Weg entlang; **the pipe, for most of its ~, ...** fast das ganze Rohr ...; **over all the ~ and breadth of England** in ganz England; (*travelling*) kreuz und quer durch ganz England; **the ~ of skirts** die Rocklänge; **at full ~** in voller Länge.

2. (*section*) (*of cloth, rope, pipe*) Stück *nt*; (*of wallpaper*) Bahn *f*; (*of road*) Abschnitt *m*; (*of pool*) Bahn, Länge *f*.

3. (*of time*) Dauer *f*; (*great ~*) lange Dauer. **of some ~** ziemlich lange, von einiger Dauer; **we didn't stay any (great) ~ of time** wir sind nicht lange geblieben; **the ~ of time needed** die Zeit, die man dazu braucht; **for any ~ of time** für längere Zeit; **for what ~ of time?** für wie lange?; **~ of life** (*of people*) Lebenserwartung *f*; (*of animals*) Lebensalter *nt*; (*of machine*) Lebensdauer *f*; **~ of service with a company** Betriebszugehörigkeit *f*; **~ of service with the army** Dienstjahre *pl* bei der Armee; **at ~** (*finally*) schließlich; (*for a long time*) lange, ausführlich, lang und breit (*pej*).

4. (*Phon, Poet, Sport*) Länge *f*. **to win by half a ~** mit einer halben Länge siegen.

5. to go to any ~s to do sth vor nichts zurückschrecken, um etw zu tun; **to go to great ~s** sich (*dat*) sehr viel Mühe geben, alles mögliche versuchen; **to go to the ~ of ...** so weit gehen, daß ...

lengthen ['leŋθən] **I** *vt* verlängern; *clothes* länger machen. **II** *vi* länger werden.

lengthily ['leŋθılı] *adv* ausführlich, langatmig (*pej*).

lengthways ['leŋθweız], **lengthwise** ['leŋθwaız] **I** *adj* Längen-, Längs-. **II** *adv* der Länge nach.

lengthy ['leŋθı] *adj* (+*er*) lange; (*dragging on*) langwierig; *speech* ausführlich, langatmig (*pej*).

lenience ['liːnıəns], **leniency** ['liːnıənsı] *n see adj* Nachsicht *f*; Milde *f*.

lenient ['liːnıənt] *adj* nachsichtig (*towards* gegenüber); *judge, attitude* milde.

leniently ['liːnıəntlı] *adv* nachsichtig; *judge* milde.

lens [lenz] *n* (*Anat, Opt, Phot*) Linse *f*; (*in spectacles*) Glas *nt*; (*camera part containing ~*) Objektiv *nt*; (*eyeglass*) Klemmlupe *f*; (*for stamps*) Vergrößerungsglas *nt*, Lupe *f*.

lens cap *n* Schutzkappe *f*; **lens hood** *n* Sonnenblende, Gegenlichtblende *f*.

lent [lent] *pret, ptp of* **lend.**

Lent [lent] *n* Fastenzeit *f*.

lentil ['lentl] *n* Linse *f*. **~ soup** Linsensuppe *f*.

Leo ['liːəʊ] *n* (*Astrol*) Löwe *m*.

leonine ['liːənaın] *adj* Löwen-, löwenartig.

leopard ['lepəd] *n* Leopard *m*. **the ~ never changes its spots** (*Prov*) die Katze läßt das Mausen nicht (*Prov*).

leotard ['liːətɑːd] *n* Trikot *nt*; (*Gymnastics*) Gymnastikanzug *m*.

leper ['lepəʳ] *n* Leprakranke(r), Leprösе(r) (*spec*), Aussätzige(r) (*old, fig*) *mf*. **~ colony** Leprasiedlung *f*, Lepradorf *nt*.

leprechaun ['leprəkɔːn] *n* Gnom, Kobold *m*.

leprosy ['leprəsı] *n* Lepra *f*, Aussatz *m* (*old*).

leprous ['leprəs] *adj* leprös, Lepra-, aussätzig (*old*).

lesbian ['lezbıən] **I** *adj* lesbisch. **II** *n* Lesbierin, Lesbe (*inf*) *f*.

lesbianism ['lezbıənızəm] *n* (*in general*) lesbische Liebe; (*of one person*) Lesbiertum *nt*.

lesion ['liːʒən] *n* Verletzung *f*; (*structural change*) krankhafte Gewebsveränderung.

less [les] **I** *adj, adv, n* weniger. **of ~ importance** von geringerer Bedeutung, weniger bedeutend; **~ noise, please!** nicht so laut, bitte!; **no ~ a person than the bishop** kein Geringerer als der Bischof; **he did it in ~ time** er hat es in kürzerer Zeit *or* schneller getan; **to grow ~** weniger werden; (*grow at slow rate*) langsamer wachsen; (*decrease*) abnehmen; **his problem is ~ one of money than of enthusiasm** sein Problem ist weniger das Geld als vielmehr mangelnde Begeisterung; **~ and ~** immer weniger; **she saw him ~ and ~ (often)** sie sah ihn immer seltener; **a sum ~ than £1** eine Summe unter £ 1; **it's nothing ~ than disgraceful/than a disaster** es ist wirklich eine Schande/ein Unglück *nt*; **this is nothing ~ than blackmail** das ist ja direkt Erpressung; **it was little ~ than blackmail** das war schon fast *or* so gut wie Erpressung; **he was ~ frightened than angry** er war nicht so sehr ängstlich, sondern eher ärgerlich; **~**

quickly nicht so schnell; **he works ~ than I (do)** er arbeitet weniger als ich; **still** *or* **even ~** noch weniger; **none the ~** trotzdem, nichtsdestoweniger; **I don't love her any the ~** ich liebe sie nicht weniger; **can't you let me have it for ~?** können Sie es mir nicht etwas billiger lassen?; **I hope you won't think (any the) ~ of me** ich hoffe, du denkst nicht schlecht von mir; **~ of that!** komm mir nicht so!

II *prep* weniger; (*Comm*) abzüglich. **6 ~ 4 is 2** 6 weniger *or* minus 4 ist 2.

lessee [le'siː] *n* Pächter(in *f*) *m*; (*of house, flat*) Mieter(in *f*) *m*; (*of equipment*) Leasingnehmer(in *f*) *m*.

lessen ['lesn] **I** *vt* **1.** (*make less*) verringern; *cost* senken, vermindern; *effect* vermindern, abschwächen.

2. (*make seem less important*) herabsetzen, herabwürdigen; *a person's contribution, services also* schmälern.

II *vi* nachlassen; (*danger, wind, enthusiasm, difficulty also*) abnehmen; (*value of money*) sich verringern, abnehmen.

lessening ['lesnɪŋ] *n* Nachlassen *nt* (*in sth +gen*). **~ of value** Wertabnahme *f*.

lesser ['lesəʳ] *adj* geringer; (*in names*) klein. **to a ~ extent** in geringerem Maße; **a ~ amount** ein kleinerer Betrag; **the ~ weight** das leichtere Gewicht.

lesson ['lesn] *n* **1.** (*Sch*) Stunde *f*; (*unit of study*) Lektion *f*. **~s** Unterricht *m*; (*homework*) (Haus)aufgaben *pl*; **his ~s are boring** sein Unterricht ist *or* seine Stunden sind langweilig; **~s begin at 9** der Unterricht *or* die Schule beginnt um 9; **a French ~** eine Französischstunde; **a driving ~** eine Fahrstunde; **to give** *or* **teach a ~** eine Stunde geben, unterrichten; **we're having a French ~ now** wir haben jetzt Französisch.

2. (*fig*) Lehre *f*. **to be a ~ to sb** jdm eine Lehre sein; **he has learnt his ~** er hat seine Lektion gelernt; **to teach sb a ~** jdm eine Lektion erteilen; **what ~ can we learn from this story?** was können wir von dieser Geschichte lernen?

3. (*Eccl*) Lesung *f*. **to read the ~** die Lesung halten.

lessor [le'sɔːʳ] *n* (*form*) Verpächter(in *f*) *m*; (*of flat*) Vermieter(in *f*) *m*; (*of equipment*) Leasinggeber(in *f*) *m*.

lest [lest] *conj* (*form*) **1.** (*for fear that*) aus Furcht, daß; (*in order that ... not*) damit ... nicht; (*in case*) für den Fall, daß. **~ we forget** damit wir nicht vergessen.

2. (*after fear, be afraid*) daß. **I was frightened ~ he should fall** ich hatte Angst, daß er fallen könnte.

let¹ [let] *n* **1.** (*Tennis*) Netz(ball *m*) *nt*. **2. without ~ or hindrance** (*Jur*) ungehindert.

let² *n* **they are looking for a ~ in this area** sie wollen eine Wohnung/ein Haus in dieser Gegend mieten.

let³ *pret, ptp* **~** *vt* **1.** (*permit*) lassen. **to ~ sb do sth** jdn etw tun lassen; **she ~ me borrow the car** sie lieh mir das Auto, ich durfte ihr Auto nehmen; **we can't ~ that happen** wir dürfen das nicht zulassen; **he wants to but I won't ~ him** er möchte gern, aber ich lasse ihn nicht *or* erlaube es ihm nicht; **oh please ~ me** bitte, bitte, laß mich doch (mal)!; **~ me help you** darf ich Ihnen helfen *or* behilflich sein?; **~ me know what you think** sagen Sie mir (Bescheid) *or* lassen Sie mich wissen (*form*), was Sie davon halten; **to ~ sb be** jdn (in Ruhe) lassen; **to ~ sb/sth go, to ~ go of sb/sth** jdn/etw loslassen; **to ~ sb go** (*depart*) jdn gehen lassen; **~ me go!** lassen Sie mich los!, loslassen!; **to ~ oneself go** (*neglect oneself*) sich gehenlassen; (*relax*) aus sich herausgehen; **to ~ sth go** (*neglect*) etw vernachlässigen; **to ~ it go at that** es dabei bewenden lassen; **to ~ sb pass** jdn vorbeilassen; **we'll ~ it pass** *or* **go this once** (*disregard*) *error* wir wollen es mal durchgehen lassen; *see* **drop, fly², slip.**

2. (*old: causative*) lassen. **~ it be known, that ...** alle sollen wissen, daß ...

3. to ~ sb/sth alone jdn/etw in Ruhe lassen; **we can't improve it any more, we'd better ~ it alone** wir können es nicht mehr verbessern, also lassen wir es lieber so; **we'd better ~ well alone** wir lassen besser die Finger davon; **please ~ me by/past** bitte, lassen Sie mich vorbei/durch; **to ~ sb/sth through** jdn/etw durchlassen.

4. ~ alone (*much less*) geschweige denn.

5. ~'s go home komm, wir gehen nach Hause; **~'s go!** gehen wir!; **~'s get out of here** bloß weg von hier!; **yes, ~'s** oh ja!; **~'s not** lieber nicht; **don't ~'s** *or* **~'s not fight** wir wollen uns doch nicht streiten; **~'s be happy** laß uns glücklich sein; **~'s be friends** wir wollen Freunde sein; **~ him try (it)!** das soll er nur *or* mal versuchen!; **~ me think** *or* **see, where did I put it?** warte mal *or* Moment mal, wo habe ich das nur hingetan?; **~ X be 60** X sei 60; **~ there be music** laßt Musik erklingen; **~ there be peace** es soll Friede sein; **~ there be light** es werde Licht; **~ us pray** laßt uns beten; **~ us suppose ...** nehmen wir (mal) an, daß ...

6. (*esp Brit: hire out*) vermieten. **"to ~"** „zu vermieten".

7. to ~ blood einen Aderlaß machen; **they ~ so much of his blood** sie nahmen ihm so viel Blut ab.

◆**let away** *vt sep* **to ~ sb (get) ~ with sth** jdm etw durchgehen lassen; **I'll ~ you (get) ~ with it just this once** diesmal drücke ich noch ein Auge zu (*inf*).

◆**let down** *vt sep* **1.** (*lower*) *rope, person* hinunter-/herunterlassen; *seat* herunterklappen; *hair, window* herunterlassen. **to ~ sb ~ gently** (*fig*) jdm etw/das schonend beibringen.

2. (*lengthen*) *dress* länger machen.

3. (*deflate*) **to ~ a tyre ~** die Luft aus einem Reifen lassen.

4. (*fail to help*) **to ~ sb ~** jdn im Stich lassen (*over* mit); **the weather ~ us ~** das Wetter machte uns einen Strich durch die Rechnung; **to ~ the side ~** die anderen im Stich lassen.

5. (*disappoint*) enttäuschen. **to feel ~ ~** enttäuscht sein.

6. **to ~ the school/oneself ~** die Schule/sich blamieren *or* in Verruf bringen.

◆**let in I** *vt sep* **1.** *water* durchlassen.

2. (*admit*) *air, cat, visitor* hereinlassen; (*to club*) zulassen (*to* zu). **he ~ himself ~ to the flat** er ging in die Wohnung hinein; **just ~ yourself ~** geh einfach hinein; **I was just ~ting myself ~** ich schloß gerade die Tür auf.

3. (*involve in*) **to ~ sb ~ for a lot of work** jdm eine Menge Arbeit aufhalsen; **see what you've ~ me ~ for now** da hast du mir aber was eingebrockt! (*inf*); **to ~ oneself ~ for sth** sich auf etw (*acc*) einlassen; **to ~ oneself/sb ~ for trouble** sich/jdm Ärger einbringen *or* einhandeln.

4. (*allow to know*) **to ~ sb ~ on sth, to ~ sb ~ to sth** jdn in etw (*acc*) einweihen; **she ~ me ~ on the secret** sie hat es mir verraten.

5. (*Sew*) **to ~ ~ a panel** eine Bahn einsetzen.

II *vi* (*shoes, tent*) Wasser durchlassen, undicht sein.

◆**let off I** *vt sep* **1.** *also vt* (*fire*) *arrow* abschießen; *gun, shot* abfeuern.

2. (*explode*) *firework, bomb* hochgehen lassen.

3. (*emit*) *vapour* von sich geben; *gases* absondern; *smell* verbreiten. **to ~ ~ steam** (*lit*) Dampf ablassen; (*fig also*) sich abreagieren.

4. (*forgive*) **to ~ sb ~** jdm etw durchgehen lassen; **I'll ~ you ~ this time** diesmal drücke ich noch ein Auge zu; **to ~ sb ~ sth** jdm etw erlassen; **to ~ sb ~ with a warning/fine** jdn mit einer Verwarnung/Geldstrafe davonkommen lassen; **to be ~ ~ lightly** glimpflich davonkommen.

5. (*allow to go*) gehen lassen.

6. (*from car*) herauslassen (*inf*), aussteigen lassen.

II *vi* (*inf: fart*) einen fahren lassen (*inf*).

◆**let on** *vi* **1.** *also vt* (*inf: tell, give away*) **he ~ ~ that he had known all the time** er kam damit heraus (*inf*), daß er es schon die ganze Zeit gewußt hatte; **don't ~ ~ about our meeting with John** sag nichts über unser Treffen mit John.

2. (*pretend*) **to ~ ~ that ...** vorgeben, daß ...

◆**let out** *vt sep* **1.** (*allow to go out*) *cat, smell, air* hinaus-/herauslassen; (*from car*) absetzen. **to ~ oneself ~** sich (*dat*) die Tür aufmachen; **I'll ~ myself ~** ich finde alleine hinaus.

2. *prisoner* entlassen, rauslassen (*inf*); (*divulge*) *news* bekanntgeben *or* -machen; *secret* verraten, ausplaudern (*inf*).

3. (*emit*) *yell* ausstoßen. **to ~ ~ a laugh** auflachen; **to ~ ~ a yawn** (laut) gähnen.

4. (*make larger*) *dress* weiter machen, auslassen.

5. *fire* ausgehen lassen.

6. (*free from responsibility*) **that ~s me ~ (of it)** da komme ich (schon mal) nicht in Frage.

7. (*rent*) vermieten.

◆**let up** *vi* **1.** (*cease*) aufhören. **2.** (*ease up*) nachlassen. **3. to ~ ~ on sb** jdn in Ruhe lassen; **the trainer didn't ~ ~ on them until they were perfect** der Trainer hat so lange nicht locker gelassen, bis sie perfekt waren.

let-down ['letdaʊn] *n* (*inf: disappointment*) Enttäuschung *f*.

lethal ['li:θəl] *adj* tödlich.

lethargic [lɪ'θɑ:dʒɪk] *adj* **1.** *appearance, person* träge, lethargisch; *atmosphere also* schläfrig; *animal* träge; *pace of music* schleppend; (*uninterested*) lethargisch, teilnahmslos, lustlos.

2. (*Med*) schlafsüchtig, lethargisch.

lethargically [lɪ'θɑ:dʒɪkəlɪ] *adv see adj*.

lethargy ['leθədʒɪ] *n* **1.** Lethargie, Trägheit *f*. **an atmosphere of ~** eine schläfrige *or* träge Atmosphäre. **2.** (*Med*) Schlafsucht, Lethargie *f*.

let's [lets] *contr of* **let us.**

Lett [let] *adj, n see* **Latvian.**

letter ['letə[r]] **I** *n* **1.** (*of alphabet*) Buchstabe *m*. **the ~ of the law** der Buchstabe des Gesetzes; **to the ~** buchstabengetreu, genau; **did he do it? — to the ~** hat er es getan? — ganz nach Vorschrift.

2. (*written message*) Brief *m*; (*Comm etc*) Schreiben *nt* (*form*) (*to* an +*acc*). **by ~** schriftlich, brieflich; **~ of credit** Akkreditiv *nt*; **~s patent** Patent(urkunde *f*) *nt*.

3. (*Liter*) **~s** Literatur *f*; **man/woman of ~s** Belletrist(in *f*) *m*; (*writer*) Literat(in *f*) *m*.

4. (*US: award*) *als Auszeichnung verliehenes Schulabzeichen.*

II *vt sign, label* beschriften.

letter bomb *n* Briefbombe *f*; **letter box** *n* Briefkasten *m*; **letter card** *n* Briefkarte *f*.

lettered ['letəd] *adj* **1.** (*rare*) *person* gelehrt. **2.** *object* beschriftet.

letterhead ['letəhed] *n* Briefkopf *m*; (*writing paper*) Geschäfts(brief)papier *nt*.

lettering ['letərɪŋ] *n* Beschriftung *f*.

letterpress *n* Hochdruck *m*; **letter-quality** *adj printer* Schönschreib-; *script* korrespondenzfähig; *printout* in Korrespondenz- *or* Briefqualität.

letting ['letɪŋ] *n* Vermieten *nt*.

Lettish ['letɪʃ] *adj, n see* **Latvian.**

lettuce ['letɪs] *n* Kopfsalat *m*; (*genus*) Lattich *m*.

let-up ['letʌp] *n* (*inf*) Pause *f*; (*easing up*) Nachlassen *nt*. **if there is a ~ in the rain** wenn der Regen aufhört/nachläßt.

leukaemia, leukemia [lu:'ki:mɪə] *n* Leukämie *f*.

Levantine ['levəntaɪn] **I** *adj* levantinisch. **II** *n* (*person*) Levantiner(in *f*) *m*.

levee[1] ['leveɪ] *n* (*Hist*) (*on awakening*) Lever *nt*; (*at British court*) Nachmittagsempfang *m*.

levee[2] ['levɪ] *n* Damm, Deich *m*.

level ['levl] **I** *adj* **1.** (*flat*) *ground, surface, floor* eben; *spoonful* gestrichen. **try to keep the boat ~** versuchen Sie, das Boot waagerecht zu halten.

2. (*at the same height*) auf gleicher

Höhe (*with* mit); (*parallel*) parallel (*with* zu). **the bedroom is ~ with the ground** das Schlafzimmer liegt ebenerdig *or* zu ebener Erde.

3. (*equal*) *race* Kopf-an-Kopf-; (*fig*) gleich gut. **the two runners are absolutely** *or* **dead ~** die beiden Läufer liegen *or* sind genau auf gleicher Höhe; **Jones was almost ~ with the winner** Jones kam fast auf gleiche Höhe mit dem Sieger.

4. (*steady*) *tone of voice* ruhig; (*well-balanced*) ausgeglichen; *judgement* ab- *or* ausgewogen; *head* kühl.

5. I'll do my ~ best ich werde mein möglichstes tun.

II *adv* **~ with** in Höhe (+*gen*); **the pipe runs ~ with the ground** das Rohr verläuft zu ebener Erde; (*parallel*) das Rohr verläuft parallel zum Boden; **they're running absolutely ~** sie laufen auf genau gleicher Höhe; **the value of the shares stayed ~ for some time** der Wert der Aktien blieb für einige Zeit gleich; **to draw ~ with sb** jdn einholen, mit jdm gleichziehen; (*in league etc*) punktegleich mit jdm sein.

III *n* **1.** (*instrument*) Wasserwaage *f*.

2. (*altitude*) Höhe *f*. **on a ~ (with)** auf gleicher Höhe (mit); **water always finds its own ~** Wasser kehrt immer in die Waagerechte zurück; **at eye ~** in Augenhöhe; **the trees were very tall, almost at roof ~** die Bäume waren sehr hoch, sie reichten fast bis zum Dach; **to be on a ~ with the ground** in Bodenhöhe *or* zu ebener Erde sein *or* liegen.

3. (*flat place*) ebene Fläche, ebenes Stück.

4. (*storey*) Geschoß *nt*.

5. (*position on scale*) Niveau *nt*, Ebene *f*. **they're on a different ~** sie haben ein unterschiedliches Niveau; **to descend** *or* **sink** *or* **come down to that ~** auf ein so tiefes Niveau absinken; **he expects everyone to come down to his ~** er erwartet von jedem, daß er sich auf sein Niveau herabbegibt; **to be on a ~ with** auf gleichem Niveau sein wie; **they are on a ~ as far as salaries are concerned** sie bekommen das gleiche Gehalt; **he tried to raise the ~ of the conversation** er versuchte, der Unterhaltung etwas mehr Niveau zu geben; **if profit keeps on the same ~** wenn sich der Gewinn auf dem gleichen Stand hält; **he maintains his high ~ of excellence** er hält sein äußerst hohes Niveau; **a high ~ of intelligence** ein hoher Intelligenzgrad; **the very high ~ of production** das hohe Produktionsniveau; **a low ~ of sales** ein sehr geringer Absatz; **a high ~ of civilization** eine hohe Kulturstufe; **the higher ~s of academic research** die höheren Stufen der wissenschaftlichen Forschung; **the talks were held at a very high ~** die Gespräche fanden auf hoher Ebene statt; **to reduce sth to a more comprehensible ~** etw auf eine etwas verständlichere Ebene bringen; **he reduces everything to the commercial ~** er reduziert alles auf eine rein kommerzielle Basis; **on a purely personal ~** rein persönlich, auf rein persönlicher Ebene.

6. (*amount, degree*) **a high ~ of hydrogen** ein hoher Wasserstoffanteil *or* Anteil an Wasserstoff; **the ~ of alcohol in the blood** der Alkoholspiegel im Blut.

7. (*inf: straightforward, honest*) **it's on the ~** (*business*) es ist reell; (*proposition*) es ist ehrlich gemeint; **is he on the ~?** meint er es ehrlich?; **to be on the ~ with sb** jdm gegenüber ehrlich *or* aufrichtig sein.

IV *vt* **1.** *ground, site* einebnen, planieren; *building* abreißen; *town* dem Erdboden gleichmachen. **to ~ sth to** *or* **with the ground** etw dem Erdboden gleichmachen.

2. *blow* versetzen, verpassen (*inf*) (*at sb* jdm); *weapon* richten (*at* auf +*acc*); *accusation* erheben (*at* gegen); *remark* richten (*at* gegen). **to ~ a charge against sb** Anklage gegen jdn erheben, jdn anklagen.

V *vi* (*sl*) **to ~ with sb** jdm keinen Quatsch *or* Scheiß erzählen (*sl*); **I'll ~ with you** ich werd ehrlich mit dir sein (*inf*).

◆**level down** *vt sep* (*lit*) einebnen; (*fig*) auf ein tieferes Niveau bringen *or* herabsetzen; *salaries* nach unten angleichen.

◆**level out I** *vi* (*also* **level off**) **1.** (*ground*) eben *or* flach werden; (*fig*) sich ausgleichen, sich einpendeln. **2.** (*Aviat*) (*pilot*) das Flugzeug abfangen; (*plane*) sich fangen; (*after rising*) horizontal fliegen. **II** *vt sep site* planieren, einebnen; (*fig*) *differences* ausgleichen.

◆**level up** *vt sep* (*lit*) ausgleichen; *salaries* angleichen; (*fig*) auf ein höheres Niveau bringen.

level crossing *n* (*Brit*) (beschrankter) Bahnübergang; **level-headed** *adj person* ausgeglichen; *attitude, reply, decision* ausgewogen; *reply, decision also* überlegt.

leveller ['levlər] *n* Gleichmacher(in *f*) *m* (*pej*).

levelly ['levəlɪ] *adv* (*calmly*) ruhig; *gaze* gerade.

level pegging ['levl'pegɪŋ] *adj* (*Brit inf*) punktgleich. **with 30 votes each they are ~** mit jeweils 30 Stimmen liegen sie auf gleicher Höhe.

lever ['liːvər, (*US*) 'levər] **I** *n* Hebel *m*; (*crowbar*) Brechstange *f*; (*fig*) Druckmittel *nt*. **that should give us a ~** das können wir als Druckmittel benutzen.

II *vt* (hoch)stemmen, mit einem Hebel/einer Brechstange (an- *or* hoch)heben. **he ~ed the machine-part into place** er hob das Maschinenteil durch Hebelwirkung an seinen Platz; **he ~ed the box open** er stemmte die Kiste auf; **he ~ed himself onto the ledge** er hievte sich auf den Felsvorsprung (hoch).

◆**lever out** *vt sep* herausstemmen *or* -brechen. **we'll never ~ him ~ of such a comfortable job** aus diesem bequemen Job werden wir ihn nie herausholen *or* -lotsen können (*inf*); **he ~ed himself ~ of the armchair** er hievte sich aus dem Sessel (hoch).

◆**lever up** *vt sep* mit einem Hebel/einer Brechstange hochheben, aufstemmen.

leverage ['li:vərɪdʒ] *n* Hebelkraft *f*; (*fig*) Einfluß *m*. **this spanner can exert considerable ~** dieser Schraubenschlüssel kann eine beträchtliche Hebelwirkung ausüben; **to use sth as ~** (*fig*) etw als Druckmittel benutzen; (*to one's own advantage*) etw zu seinem Vorteil ausnützen; **this gave us a bit of ~ with the authorities** dadurch konnten wir etwas Druck auf die Behörden ausüben; **his approval gives us a bit of ~ with them** seine Zustimmung verstärkt unsere Position ihnen gegenüber; **~ buyout** *Aufkauf m einer Kapitalgesellschaft durch das eigene Management mit Hilfe externer Finanzierung*.

lever-arch file ['li:vərɑ:tʃ'faɪl] *n* Leitz-Ordner ® *m*.

leveret ['levərɪt] *n* junger Hase, Häschen *nt*.

leviathan [lɪ'vaɪəθən] *n* Leviathan *m*, Meerungeheuer *nt*; (*fig*) Gigant *m*; (*state*) Leviathan *m*.

Levis, levis ® ['li:vaɪz] *npl* Levis ® *f*, Jeans *pl*.

levitate ['levɪteɪt] **I** *vt* schweben lassen. **II** *vi* schweben.

levitation [ˌlevɪ'teɪʃən] *n* Levitation *f*, freies Schweben.

levity ['levɪtɪ] *n* Leichtfertigkeit *f*. **sounds of ~** Gelächter *nt*.

levy ['levɪ] **I** *n* (*act*) (Steuer)einziehung *or* -eintreibung *f*; (*tax*) Steuer *f*, Abgaben *pl*; (*Mil*) Aushebung *f*; (*of supplies*) Einziehung, Beschlagnahme *f*.

II *vt* **1.** (*raise*) *tax* einziehen, erheben; *fine* auferlegen (*on sb* jdm); (*Mil*) *army, troops* ausheben; *supplies* einziehen, beschlagnahmen. **to ~ a tax on beer** Bier mit einer Steuer belegen, Steuern *pl* auf Bier erheben.

2. (*wage*) *war* führen (*against, on* gegen).

lewd [lu:d] *adj* (+*er*) unanständig; (*lustful*) lüstern; *remark* anzüglich; *joke, song* unanständig, anstößig, anzüglich; *imagination* schmutzig.

lewdly ['lu:dlɪ] *adv* anzüglich.

lewdness ['lu:dnɪs] *n* (*being indecent*) Anstößigkeit, Unanständigkeit *f*; (*being lustful*) Lüsternheit *f*; (*of remark*) Anzüglichkeit *f*; (*of imagination*) Schmutzigkeit *f*.

lexical ['leksɪkəl] *adj* lexikalisch.

lexicographer [ˌleksɪ'kɒgrəfə^r] *n* Lexikograph(in *f*) *m*.

lexicographic(al) [ˌleksɪkəʊ'græfɪk(əl)] *adj* lexikographisch.

lexicography [ˌleksɪ'kɒgrəfɪ] *n* Lexikographie *f*.

lexicology [ˌleksɪ'kɒlədʒɪ] *n* Lexikologie *f*.

lexicon ['leksɪkən] *n* Wörterbuch, Lexikon *nt*; (*in linguistics*) Lexikon *nt*.

l.h.d. *abbr of* **left-hand drive.**

liability [ˌlaɪə'bɪlɪtɪ] *n* **1.** (*burden*) Belastung *f*.

2. (*being subject to*) **one's ~ for tax** jds Steuerpflicht *f*; **~ to pay damages** Schadensersatzpflicht *f*.

3. (*proneness*) Anfälligkeit *f* (*to* für). **our economy's ~ to inflation** die Inflationsanfälligkeit unserer Wirtschaft.

4. (*responsibility*) Haftung *f*. **we accept no ~ for ...** wir übernehmen keine Haftung für ...; **that is not my ~** dafür hafte ich nicht.

5. (*Fin*) **liabilities** Verbindlichkeiten, Verpflichtungen *pl*.

liable ['laɪəbl] *adj* **1.** (*subject to*) **to be ~** unterliegen (*for sth* einer Sache *dat*); **to be ~ for tax** (*things*) besteuert werden; (*person*) steuerpflichtig sein; **people earning over £X are ~ for surtax** wer mehr als £ X verdient, unterliegt einer Zusatzsteuer *or* ist zusatzsteuerpflichtig; **~ to penalty** strafbar.

2. (*prone to*) anfällig. **he's always been ~ to bronchitis** er war schon immer anfällig für Bronchitis; **~ to inflation** inflationsanfällig.

3. (*responsible*) **to be ~ for** haftbar sein *or* haften für, aufkommen müssen für.

4. (*likely to*) **we are ~ to get shot here** wir können hier leicht beschossen werden; **the pond is ~ to freeze** der Teich friert leicht zu; **is he ~ to come?** ist anzunehmen, daß er kommt?; **he's ~ to tell the police** es wäre ihm zuzutrauen, daß er es der Polizei meldet; **if you don't write it down I'm ~ to forget it** wenn Sie das nicht aufschreiben, kann es durchaus sein, daß ich es vergesse; **the plan is ~ to changes** der Plan wird möglicherweise geändert; **I don't think it's ~ to happen tonight** ich halte es für nicht wahrscheinlich, daß es heute nacht passiert; **if you tell him that, he's ~ to lose his temper** wenn Sie ihm das sagen, wird er bestimmt wütend.

liaise [li:'eɪz] *vi* (*be the contact person*) als Verbindungsperson fungieren; (*get in contact*) sich in Verbindung setzen (*with* mit). **he has a sort of liaising job** er ist eine Art Verbindungsmann.

liaison [li:'eɪzɒn] *n* **1.** (*coordination*) Verbindung, Zusammenarbeit *f*; (*person*) Verbindungsperson *f*, V-Mann (*inf*) *m*; (*Mil*) Verbindung *f*; (*person*) Verbindungsmann *or* -offizier *m*. **2.** (*affair*) Liaison *f*.

liaison interpreting *n* Verhandlungsdolmetschen *nt*.

liaison officer *n* Verbindungsperson *f*; (*Mil*) Verbindungsoffizier *m*. **the firm's ~** der Firmensprecher(in *f*).

liar ['laɪə^r] *n* Lügner(in *f*) *m*.

Lib (*Pol*) *abbr of* **Liberal.**

libel ['laɪbəl] **I** *n* (schriftlich geäußerte) Verleumdung (*on gen*).

II *vt* verleumden.

libellous, (*US*) **libelous** ['laɪbələs] *adj* verleumderisch.

liberal ['lɪbərəl] **I** *adj* **1.** (*generous*) *offer, supply* großzügig; *helping of food* reichlich. **2.** (*broad-minded*) liberal. **3. ~ education** Allgemeinbildung *f*; **the ~ arts** die geisteswissenschaftlichen Fächer. **4.** (*Pol*) liberal.

II *n* (*Pol*: **L~**) Liberale(r) *mf*. **L~ Democrat** *n* (*Brit*) Abgeordnete/r oder

Anhänger/in der Social and Liberal Democrat Party.

liberalism ['lıbərəlızəm] *n* Liberalität *f*; (*Pol:* **L~**) der Liberalismus.

liberality [,lıbə'rælıtı] *n* **1.** (*generosity*) Großzügigkeit *f*. **2.** *see* **liberal-mindedness.**

liberalize ['lıbərəlaız] *vt* liberalisieren.

liberally ['lıbərəlı] *adv* liberal; (*generously*) großzügig. **he applies the paint very ~** er trägt die Farbe dick *or* reichlich auf.

liberal-minded *adj person* liberal (eingestellt); *views* liberal; **liberal-mindedness** *n* (*of person*) liberale Einstellung *or* Gesinnung; (*of views*) Liberalität *f*.

liberate ['lıbəreıt] *vt* **1.** (*free*) *prisoner, country* befreien. **2.** *gas etc* freisetzen.

liberated ['lıbəreıtıd] *adj women, times* emanzipiert.

liberation [,lıbə'reıʃən] *n* Befreiung *f*; (*of gases*) Freisetzung *f*.

liberator ['lıbəreıtə^r] *n* Befreier(in *f*) *m*.

Liberia [laı'bıərıə] *n* Liberia *nt*.

Liberian [laı'bıərıən] **I** *adj* liberianisch, liberisch. **II** *n* Liberianer(in *f*), Liberier(in *f*) *m*.

liberty ['lıbətı] *n* **1.** Freiheit *f*. **basic liberties** Grundrechte *pl*; **to restore sb to ~** jdm die Freiheit wiedergeben; **to be at ~** (*criminal etc*) frei herumlaufen; (*having time*) Zeit haben; **to be at ~ to do sth** (*be permitted*) etw tun dürfen; **I am not at ~ to comment** es ist mir nicht gestattet, darüber zu sprechen; **you are at ~ to go** es steht Ihnen frei zu gehen.

2. (*presumptuous action, behaviour*) **I have taken the ~ of giving your name** ich habe mir erlaubt, Ihren Namen anzugeben; **to take liberties with sb** sich jdm gegenüber Freiheiten herausnehmen; **what a ~!** (*inf*) so eine Frechheit.

libidinous [lı'bıdınəs] *adj* lüstern; *person, behaviour also* triebhaft; (*Psych*) libidinös.

libido [lı'bi:dəʊ] *n* Libido *f*.

LIBOR ['li:bɔ^r] *n abbr of* **London Inter-Bank Offer Rate** *bankeninterner Wechselkurs*.

Libra ['li:brə] *n* Waage *f*.

librarian [laı'brɛərıən] *n* Bibliothekar(in *f*) *m*.

librarianship [laı'brɛərıənʃıp] *n* **1.** (*subject*) Bibliothekswesen *nt or* -lehre *f*. **2.** (*job*) Bibliothekarsstelle *f*.

library ['laıbrərı] *n* **1.** (*public*) Bibliothek, Bücherei *f*. **2.** (*private*) Bibliothek *f*. **3.** (*collection of books/records*) (Bücher)-sammlung/(Schallplatten)sammlung *f*. **4.** (*series of books*) Buchreihe, Bibliothek *f*.

library book *n* Leihbuch *nt*; **library edition** *n* Leihbuchausgabe *f*; **library ticket** *n* Leserausweis *m*.

librettist [lı'bretıst] *n* Librettist(in *f*) *m*.

libretto [lı'bretəʊ] *n* Libretto *nt*.

Libya ['lıbıə] *n* Libyen *nt*.

Libyan ['lıbıən] **I** *adj* libysch. **II** *n* Libyer(in *f*) *m*.

lice [laıs] *pl of* **louse.**

licence, (*US*) **license** ['laısəns] *n* **1.** (*permit*) Genehmigung, Erlaubnis *f*; (*by authority*) behördliche Genehmigung, Konzession *f*; (*Comm*) Lizenz *f*; (*driving ~*) Führerschein *m*; (*road ~*) Kfz-Steuer *f*; (*gun ~*) Waffenschein *m*; (*hunting ~*) Jagdschein *m*; (*marriage ~*) Eheerlaubnis *f*; (*radio ~, television ~*) (Rundfunk-/Fernseh)genehmigung *f*; (*dog ~*) Hundemarke *f*. **he hasn't paid his (dog) ~** er hat seine Hundesteuer nicht bezahlt; **you have to have a (television) ~** man muß Fernsehgebühren bezahlen; **a ~ to practise medicine** die Approbation, die staatliche Zulassung als Arzt; **the restaurant has lost its ~ (to sell drinks)** das Restaurant hat seine Schankerlaubnis *or* Konzession verloren; **to manufacture sth under ~** etw in Lizenz herstellen.

2. (*freedom*) Freiheit *f*. **translated with a good deal of ~** sehr frei übersetzt.

3. (*excessive freedom*) Zügellosigkeit *f*. **there is too much ~ in sexual matters/the cinema nowadays** in sexuellen Dingen/im Kino geht es heutzutage zu freizügig zu.

licence number *n* (*Aut*) Kraftfahrzeug- *or* Kfz-Kennzeichen *nt*; **licence plate** *n* (*Aut*) Nummernschild *nt*.

license ['laısəns] **I** *n* (*US*) *see* **licence. II** *vt* eine Lizenz/Konzession vergeben an (+*acc*). **a car must be ~d every year** die Kfz-Steuer muß jedes Jahr bezahlt werden; **to ~ a pub** einer Gaststätte Schankerlaubnis *or* eine Schankkonzession erteilen; **to be ~d to do sth** die Genehmigung haben, etw zu tun; **he is ~d to practise medicine** er ist approbierter Arzt, er ist als Arzt zugelassen; **we are not ~d to sell alcohol** wir haben keine Schankerlaubnis *or* Konzession.

licensed ['laısənst] *adj* **~ house/premises** Lokal *nt* mit Schankerlaubnis; **fully ~** mit voller Schankkonzession *or* -erlaubnis; **~ trade** (konzessionierter) Alkoholhandel; **I used to be in the ~ trade** ich war früher Gastwirt.

licensee [,laısən'si:] *n see* **licence** Konzessions-/Lizenzinhaber(in *f*) *m*; Inhaber(in *f*) *m* eines Waffenscheins *etc*; (*of bar*) Inhaber(in *f*) *m* einer Schankerlaubnis. **the ~ of our local pub** der Wirt unserer Stammkneipe; **postage paid by ~** Gebühr bezahlt Empfänger.

licensing ['laısənsıŋ] *adj* **~ hours** Ausschankzeiten *pl*; **after ~ hours** über die Polizeistunde *or* Sperrzeit hinaus; **~ laws** Schankgesetze *pl*.

licentiate [laı'senʃııt] *n* Lizentiat *m*; (*degree*) Lizentiat *nt*.

licentious [laı'senʃəs] *adj* ausschweifend, lasterhaft; *behaviour* unzüchtig; *book* sehr freizügig; *look* lüstern.

licentiousness [laı'senʃəsnıs] *n* Unmoral, Unzüchtigkeit *f*; (*of book*) Freizügigkeit *f*; (*of look*) Lüsternheit *f*.

lichen ['laıkən] *n* Flechte *f*.

licit ['lısıt] *adj* erlaubt, gesetzlich.

lick [lık] **I** *n* **1.** (*with tongue*) Lecken, Schlecken (*dial*) *nt*. **to give sth a ~** an etw (*dat*) lecken.

2. (*salt ~*) (Salz)lecke *f*; (*artificial*)

Leckstein *m*.

3. (*inf: small quantity*) **it's time we gave the kitchen a ~ of paint** die Küche könnte auch mal wieder etwas Farbe vertragen (*inf*).

4. (*inf: pace*) **the project is coming along at a good ~** das Projekt geht ganz gut voran (*inf*); **to go/drive at a good ~** einen (ganz schönen) Zahn drauf haben (*inf*).

II *vt* **1.** (*with tongue*) lecken. **he ~ed the stamp** er leckte an der Briefmarke; **he ~ed the ice-cream** er leckte am Eis; **to ~ one's lips** sich (*dat*) die Lippen lekken; (*fig*) sich (*dat*) die Finger lecken; **to ~ one's wounds** (*fig*) seine Wunden lekken; **to ~ sb's boots** (*fig*) vor jdm kriechen (*inf*), jds Stiefel lecken; **to ~ sb into shape** (*fig*) jdn auf Vordermann bringen (*inf*).

2. (*waves*) plätschern an (+*acc*); (*flames*) züngeln an (+*dat*).

3. (*inf: beat, defeat*) in die Pfanne hauen (*sl*), einseifen (*inf*). **this ~s everything!** das haut dem Faß den Boden aus! (*inf*); **I think we've got it ~ed** ich glaube, wir haben die Sache jetzt im Griff.

III *vi* **to ~ at sth** an etw (*dat*) lecken; **flames ~ed round the building** Flammen züngelten an dem Gebäude empor.

◆**lick off** *vt sep* ablecken. **to ~ sth ~ sth** etw von etw ablecken.

◆**lick up** *vt sep* auflecken.

lickety-split ['lɪkɪtɪ'splɪt] *adv* (*US inf*) blitzschnell, mit Volldampf (*inf*).

licking ['lɪkɪŋ] *n* (*inf*) (*beating*) Tracht *f* Prügel; (*defeat*) Niederlage *f*. **to give sb a ~** (*beating*) jdm eine Abreibung geben (*inf*); (*defeat*) jdn in die Pfanne hauen (*sl*) *or* einseifen (*inf*).

licorice *n see* **liquorice.**

lid [lɪd] *n* **1.** Deckel *m*. **that puts the (tin) ~ on it** (*inf*) das ist doch die Höhe, das schlägt dem Faß den Boden aus; **a documentary that really takes the ~ off Hollywood** ein Dokumentarfilm, der das wahre Gesicht Hollywoods zeigt; **the press took the ~ off the whole plan** die Presse hat den Plan enthüllt *or* aufgedeckt.

2. (*eye~*) Lid *nt*.

3. (*sl: hat*) Deckel *m* (*inf*).

lidless ['lɪdlɪs] *adj* **1.** ohne Deckel. **2.** *eyes* ohne Lider.

lido ['li:dəʊ] *n* Freibad *nt*.

lie[1] [laɪ] **I** *n* Lüge *f*. **it's a ~!** das ist eine Lüge!, das ist gelogen!; **to tell a ~** lügen; **~ detector** Lügendetektor *m*.

II *vi* lügen. **to ~ to sb** jdn belügen *or* anlügen.

III *vt* **to ~ one's way out of sth** sich aus etw herauslügen.

lie[2] (*vb: pret* **lay,** *ptp* **lain**) **I** *n* (*position*) Lage, Position *f*. **the ~ of the land** die Beschaffenheit des Geländes, (*fig*) die Lage.

II *vi* **1.** (*in horizontal or resting position*) liegen; (*~ down*) sich legen. **he lay where he had fallen** er blieb liegen, wo er hingefallen war; **~ on your back** leg dich auf den Rücken; **the snow didn't ~** der Schnee blieb nicht liegen.

2. (*be buried*) ruhen. **to ~ at rest** zur letzten Ruhe gebettet sein (*geh*).

3. (*be situated*) liegen. **the runner who is lying third** der Läufer, der auf dem dritten Platz liegt; **Uganda ~s far from the coast** Uganda liegt weit von der Küste ab *or* entfernt; **our road lay along the river** unsere Straße führte am Fluß entlang; **you are young and your life ~s before you** du bist jung, und das Leben liegt noch vor dir.

4. (*be, remain in a certain condition*) liegen. **to ~ asleep** (daliegen und) schlafen; **to ~ helpless** hilflos daliegen; **to ~ dying** im Sterben liegen; **he lay resting on the sofa** er ruhte sich auf dem Sofa aus; **the snow lay deep** es lag tiefer Schnee; **the book lay unopened** das Buch lag ungeöffnet da; **to ~ low** untertauchen, sich nicht mehr sehen lassen; **how do things ~?** wie steht die Sache?; **to ~ heavy on the conscience** schwer auf dem Gewissen lasten.

5. (*immaterial things*) liegen. **where does the difficulty ~?** wo liegt die Schwierigkeit?; **it ~s with you to solve the problem** es liegt bei dir, das Problem zu lösen; **he did everything that lay in his power to help us** er tat alles in seiner Macht stehende, um uns zu helfen; **that responsibility ~s with your department** dafür ist Ihre Abteilung verantwortlich.

◆**lie about** *or* **around** *vi* herumliegen.

◆**lie back** *vi* **1.** (*recline*) sich zurücklehnen.

2. (*fig: take no action*) es sich gemütlich machen, sich ausruhen.

◆**lie down** *vi* **1.** sich hinlegen. **he lay ~ on the bed** er legte sich aufs Bett; **~ ~!** (*to a dog*) leg dich!, hinlegen!

2. (*fig: accept, submit*) **to ~ ~ under sth** sich (*dat*) etw gefallen *or* bieten lassen; **he won't take that lying ~!** das läßt er sich nicht gefallen *or* bieten!; **he didn't take defeat lying ~** er nahm die Niederlage nicht tatenlos hin.

◆**lie in** *vi* (*stay in bed*) im Bett bleiben.

◆**lie off** *vi* (*Naut: be anchored nearby*) vor Anker liegen.

◆**lie over** *vi* vertagt *or* zurückgestellt werden.

◆**lie to** *vi* (*Naut*) **1.** (*be anchored*) vor Anker liegen, ankern. **2.** (*come into a position for anchoring*) beidrehen.

◆**lie up** *vi* **1.** (*rest after illness*) im Bett bleiben. **2.** (*hide*) untertauchen. **3.** (*be out of use*) nicht benutzt werden, unbenutzt stehen; (*car*) abgestellt sein.

Liechtenstein ['li:xtən,ʃtaɪn] *n* Liechtenstein *nt*.

lie-down ['laɪdaʊn] *n* **to have a ~** ein Schläfchen *or* Nickerchen machen (*inf*).

lie-in ['laɪɪn] *n* (*inf*) **to have a ~** (sich) ausschlafen.

lien [lɪən] *n* Zurückbehaltungsrecht, Pfandrecht *nt*.

lieu [lu:] *n* (*form*) **money in ~** statt dessen Geld; **in ~ of X** an Stelle von X; **in ~ of that** statt dessen.

Lieut. (*Mil*) *abbr of* **lieutenant** Lt.

lieutenancy [lef'tenənsɪ, (*US*) lu:'tenənsɪ] *n* Leutnantsrang *m*. **he gained his ~** er ist zum Leutnant befördert worden.

lieutenant [lef'tenənt, (*US*) lu:'tenənt] *n* **1.** Leutnant *m*; (*Brit*) Oberleutnant *m*. **first** (*US*)/**second** ~ Oberleutnant/Leutnant. **2.** (*governor*) Statthalter, Gouverneur *m*.

lieutenant-colonel *n* Oberstleutnant *m*; **lieutenant-commander** *n* Fregattenkapitän *m*; **lieutenant-general** *n* Generalleutnant *m*; **lieutenant-governor** *n* Vizegouverneur *m*.

life [laɪf] *n, pl* **lives 1.** Leben *nt*. **bird/plant** ~ die Vogel-/Pflanzenwelt; **there is not much insect** ~ **here** hier gibt es nicht viele Insekten; **drawn from** ~ lebensnah; **to the** ~ lebensecht; **the battle resulted in great loss of** ~ bei der Schlacht kamen viele ums Leben; **this is a matter of** ~ **and death** hier geht es um Leben und Tod; ~ **begins at 40** das Leben fängt mit 40 (erst richtig) an; **to bring sb back to** ~ jdn wiederbeleben, jdn ins Leben zurückrufen; **his book brings history to** ~ sein Buch läßt die Geschichte lebendig werden; **to come to** ~ (*fig*) lebendig werden; **I'm the sort of person who comes to** ~ **in the evenings** ich bin ein Typ, der erst abends munter wird; **after half an hour the discussion came to** ~ nach einer halben Stunde kam Leben in die Diskussion; **to put new** ~ **into sb** jdm wieder Auftrieb geben; **for dear** ~ verzweifelt; **they looked at him in the oxygen tent fighting for dear** ~ sie sahen, wie er im Sauerstoffzelt um sein Leben kämpfte; **at my time of** ~ in meinem Alter; **marriage should be for** ~ eine Ehe sollte fürs Leben geschlossen werden; **he's got a job for** ~ er hat eine Stelle auf Lebenszeit; **the murderer was imprisoned for** ~ der Mörder wurde zu lebenslänglicher Freiheitsstrafe verurteilt; **he got** ~ (*inf*) er hat lebenslänglich gekriegt (*inf*).

2. (*individual life*) **how many lives were lost?** wie viele (Menschen) sind ums Leben gekommen?; **the lives of the prisoners** das Leben der Gefangenen; **to take sb's** ~ jdn umbringen; **to take one's own** ~ sich (*dat*) das Leben nehmen; **to save sb's** ~ (*lit*) jdm das Leben retten; (*fig*) jdn retten; **early/later in** ~, **in early/later** ~ in frühen Jahren/in späteren Jahren *or* später im Leben; **she began (her working)** ~ **as a teacher** sie begann ihr Berufsleben als Lehrerin; **all his** ~ sein ganzes Leben lang; **I've never been to London in my** ~ ich war in meinem ganzen Leben noch nicht in London; **run for your lives!** rennt um euer Leben!; **I can't for the** ~ **of me ...** (*inf*) ich kann beim besten Willen nicht ...; **never in my** ~ **have I heard such nonsense** ich habe noch nie im Leben so einen Unsinn gehört; **not on your life!** (*inf*) ich bin doch nicht verrückt! (*inf*); **would you ever disobey him? — not on your** ~! (*inf*) würdest du je seine Befehle mißachten? — nie im Leben!

3. (*the world, social activity*) **to see** ~ die Welt sehen; **there isn't much** ~ **here in the evenings** hier ist abends nicht viel Leben *or* nicht viel los.

4. (*liveliness*) Leben *nt*. **those children are full of** ~! diese Kinder stecken voller Leben *or* sind sehr lebhaft!; **the performance of the play was full of** ~ die Aufführung war sehr lebendig; **he's still got so much** ~ **in him** er ist noch so vital *or* steckt noch voller Leben; **there's** ~ **in the old girl yet** (*inf*) sie ist noch schwer aktiv (*inf*); (*of car*) die Kiste bringt's noch (*sl*); **he is the** ~ **and soul of every party** er bringt Leben in jede Party; **wherever John goes, he wants to be the** ~ **and soul of the party** John will überall im Mittelpunkt stehen.

5. (*way of life*) Leben *nt*. **village** ~ das Leben auf dem Dorf; **this is the** ~! ja, ist das ein Leben!; **what a** ~! was für ein Leben!; **such is** ~ so ist das Leben; **to lead the** ~ **of Riley** wie Gott in Frankreich leben; **the good** ~ das süße Leben.

6. (*useful or active life of sth*) Lebensdauer *f*. **during the** ~ **of the present Parliament** während der Legislaturperiode des gegenwärtigen Parlaments; **there's not much** ~ **left in the battery** die Batterie macht's nicht mehr lange (*inf*).

7. (*book*) (*biography*) Biographie *f*; (*of saint, king*) Lebensbeschreibung *f*.

life annuity *n* Leib- *or* Lebensrente *f*; **life assurance** *n* Lebensversicherung *f*; **life belt** *n* Rettungsgürtel *m*; **lifeblood** *n* Blut *nt*; (*fig*) Lebensnerv *m*; **to drain away sb's** ~ (*fig*) jdn ausbluten lassen; **lifeboat** *n* (*from shore*) Rettungsboot *nt*; (*from ship also*) Beiboot *nt*; **life buoy** *n* Rettungsring *m*; **life cycle** *n* Lebenszyklus *m*; **life expectancy** *n* Lebenserwartung *f*; **life force** *n* Lebenskraft *f*; **life-giving** *adj* lebenspendend; **lifeguard** *n* **1.** (*on beach*) Rettungsschwimmer(in *f*) *m*; (*in baths*) Bademeister(in *f*) *m*; **2.** (*Mil*) Leibwache *f*; **life history** *n* Lebensgeschichte *f*; (*Biol*) Entwicklungsgeschichte *f*; **life imprisonment** *n* lebenslängliche Freiheitsstrafe; **life insurance** *n see* **life assurance**; **life jacket** *n* Schwimmweste *f*.

lifeless ['laɪflɪs] *adj* **1.** (*inanimate*) leblos, tot; *planet* unbelebt, ohne Leben. **2.** (*dead, as if dead*) leblos. **3.** (*fig*) (*listless, dull*) lahm (*inf*), langweilig; *people also* teilnahmslos.

lifelessly ['laɪflɪslɪ] *adv* leblos; (*fig*) teilnahmslos.

lifelessness ['laɪflɪsnɪs] *n* Leblosigkeit *f*; (*fig*) Teilnahmslosigkeit *f*.

lifelike *adj* lebensecht; *imitation also* naturgetreu; **lifeline** *n* **1.** Rettungsleine *f*; (*of diver*) Signalleine *f*; (*fig*) Rettungsanker *m*; **the telephone is a** ~ **for many old people** das Telefon ist für viele alte Leute lebenswichtig; **2.** (*Palmistry*) Lebenslinie *f*; **lifelong** *adj* lebenslang; **they are** ~ **friends** sie sind schon ihr Leben lang Freunde; **we became** ~ **friends** wir wurden Freunde fürs Leben; **his** ~ **devotion to the cause** die Sache, in deren Dienst er sein Leben gestellt hat; **her** ~ **fear of water** ihre angeborene Angst vor Wasser; **life membership** *n* Mitgliedschaft *f* auf Lebenszeit; **life peer** *n* Peer *m* auf Lebenszeit; **life preserver** *n* **1.**

(*Brit*) Totschläger *m*; **2.** (*US*) Schwimmweste *f*.

lifer ['laɪfəʳ] *n (sl)* Lebenslängliche(r) *mf* (*inf*).

life raft *n* Rettungsfloß *nt*; **life-saver** *n* **1.** Lebensretter(in *f*) *m*; (*lifeguard*) Rettungsschwimmer(in *f*) *m*; **2.** (*fig*) Retter(in *f*) *m* in der Not; **it was a real ~!** das hat mich gerettet; **life-saving I** *n* Lebensrettung *f*; (*saving people from drowning*) Rettungsschwimmen *nt*; **II** *adj techniques, apparatus* Rettungs-; *phone call, drug* lebensrettend; *drop of whisky* rettend; **~ certificate** Rettungsschwimmabzeichen *nt*; **life science** *n Medizin, Biologie etc;* **life sentence** *n* lebenslängliche Freiheitsstrafe; **life-size(d)** *adj* in Lebensgröße, lebensgroß; **life span** *n* (*of people*) Lebenserwartung *f*; (*of animals, plants*) Leben(sdauer *f*) *nt*; **life story** *n* Lebensgeschichte *f*; **life style** *n* Lebensstil *m*; **life-support system** *n* Lebenserhaltungssystem *nt*; **life-threatening** *adj* lebensbedrohend; **lifetime** *n* **1.** Lebenszeit *f*; (*of battery, machine, animal*) Lebensdauer *f*; **once in a ~** einmal im Leben; **during** *or* **in my ~** während meines Lebens; **in his ~ there were no buses** zu seiner Zeit gab es keine Busse; **the chance of a ~** eine einmalige Chance, *die* Chance (*inf*); **the work of a ~** ein Lebenswerk *nt*; **2.** (*fig*) Ewigkeit *f*; **life work** *n* Lebenswerk *nt*.

lift [lɪft] **I** *n* **1.** (*~ing*) Heben *nt*. **the haughty ~ of her head** ihre hochmütige Kopfhaltung; **give me a ~ up** heb mich mal hoch.

2. (*Weightlifting*) **that was a good ~** das war eine gute Leistung; **different types of ~** mehrere verschiedene Hebearten *pl*.

3. (*emotional uplift*) **to give sb a ~** jdn aufmuntern; (*drug*) jdn aufputschen; (*prospect*) jdm Auftrieb geben.

4. (*in car etc*) Mitfahrgelegenheit *f*. **to give sb a ~** (*take along*) jdn mitnehmen; (*as special journey*) jdn fahren; **to get a ~ from sb** von jdm mitgenommen werden/von jdm gefahren werden; **don't take ~s from strangers** laß dich nicht von Fremden mitnehmen; **want a ~?** möchten Sie mitkommen/soll ich dich fahren?

5. (*Brit: elevator*) Fahrstuhl, Aufzug, Lift *m*; (*for goods*) Aufzug *m*. **he took the ~** er fuhr mit dem Fahrstuhl *etc*.

6. (*Aviat*) Auftrieb *m*.

II *vt* **1.** (*also* **~ up**) hochheben; *window* hochschieben; *feet, head* heben; *eyes* aufschlagen; *hat* lüften, ziehen; *potatoes etc* ernten; *child etc* hochheben. **not to ~ a finger** (*fig*) keinen Finger krümmen. **to ~ one's hand to sb** die Hand gegen jdn erheben.

2. (*fig also* **~ up**) heben; *voice* erheben. **~ (up) your hearts to God** erhebt eure Herzen zu Gott; **the news ~ed him out of his depression** durch die Nachricht verflog seine Niedergeschlagenheit; **the excellence of his style ~s him far above his contemporaries** sein ausgezeichneter Stil stellt ihn weit über seine Zeitgenossen.

3. (*remove*) *restrictions* aufheben.

4. (*inf: steal*) mitgehen lassen (*inf*), klauen (*inf*); (*plagiarize*) abschreiben, klauen (*sl*).

5. to have one's face ~ed sich (*dat*) das Gesicht straffen *or* liften lassen.

6. (*sl: arrest*) schnappen (*inf*).

III *vi* **1.** (*be lifted*) sich hochheben lassen. **that chair is too heavy (for you) to ~** dieser Stuhl ist zu schwer zum Hochheben. **2.** (*mist*) sich lichten. **3.** (*rocket, plane*) abheben. **it ~ed slowly into the sky** es stieg langsam zum Himmel auf.

◆**lift down** *vt sep* herunterheben.

◆**lift off** *vti sep* abheben.

◆**lift up I** *vt sep see* **lift II 1., 2. to ~ ~ one's head** (*fig*) den Kopf hochhalten; **I'll never ~ ~ my head again** ich kann niemandem mehr in die Augen blicken. **II** *vi* hochgeklappt werden.

lift attendant *n* (*Brit*) Fahrstuhlführer(in *f*) *m*; **liftboy** *n* (*Brit*) Liftboy *m*; **lift cage** *n* Fahrstuhl *m*; **lift-off** *n* (*Space*) Abheben *nt*, Start *m*; **we have ~** der Start ist erfolgt; **lift-off correction tape** *n* (*for typewriter*) (Lift-off-)Korrekturband *nt*; **liftshaft** *n* Aufzugsschacht *m*.

ligament ['lɪgəmənt] *n* Band, Ligament *nt*. **he's torn a ~ in his shoulder** er hat einen Bänderriß in der Schulter.

ligature ['lɪgətʃəʳ] *n* (*Med, Mus, Typ*) Ligatur *f*; (*bandage*) Binde *f*; (*Med: thread or cord*) Abbindungsschnur *f*/-draht *m*.

light¹ [laɪt] (*vb: pret, ptp* **lit** *or* **~ed**) **I** *n* **1.** (*in general*) Licht *nt*. **~ and shade** Licht und Schatten; **at first ~** bei Tagesanbruch; **to cast** *or* **shed** *or* **throw ~ on sth** (*lit*) etw beleuchten; (*fig also*) Licht in etw (*acc*) bringen; **to cast a new** *or* **fresh ~ on sth** neues Licht auf etw (*acc*) werfen; **to stand in sb's ~** (*lit*) jdm im Licht stehen; **in the cold ~ of day** (*fig*) bei Licht besehen; **this story shows his character in a bad ~** diese Geschichte wirft ein schlechtes Licht auf seinen Charakter; **it revealed him in a different ~** es ließ ihn in einem anderen Licht erscheinen; **to see sth in a new ~** etw mit anderen Augen betrachten; **in the ~ of** angesichts (+*gen*); **in the ~ of what you say** in Anbetracht dessen, was Sie sagen; **to bring to ~** ans Tageslicht bringen; **to see the ~** (*liter: be born*) das Licht der Welt erblicken (*liter*); (*liter: be made public*) veröffentlicht werden; **finally I saw the ~** (*inf*) endlich ging mir ein Licht auf (*inf*); (*morally*) endlich wurden mir die Augen geöffnet; **to go out like a ~** sofort weg sein (*inf*).

2. Licht *nt*; (*lamp*) Lampe *f*; (*fluorescent ~*) Neonröhre *f*. **put out the ~/~s before you go to bed** mach das Licht aus, bevor du ins Bett gehst; **(traffic) ~s** Ampel *f*; **the ~s** (*of a car*) die Beleuchtung; **all ships must show a ~ while at sea** alle Schiffe müssen auf See Lichter führen; **~s out** (*Mil*) Zapfenstreich *m*; **~s out!** Licht aus(machen)!; **to hide one's ~ under a bushel** (*prov*) sein Licht unter den Scheffel stellen (*prov*).

3. (*flame*) **have you a ~?** haben Sie Feuer?; **to put a ~ to sth, to set ~ to sth** etw anzünden.

4. (*Archit*) (Dach)fenster *nt*; (*skylight*) Oberlicht *nt*.

5. (*in eyes*) Leuchten *nt*.

6. (*standards*) **according to his ~s** nach bestem Wissen und Gewissen.

II *adj* (+*er*) hell. **a ~ green dress** ein hellgrünes Kleid; **it is ~ now** es ist jetzt hell *or* Tag.

III *vt* **1.** (*illuminate*) beleuchten; *lamp, light* anmachen. **electricity ~s the main streets** die Hauptstraßen werden elektrisch beleuchtet; **a smile lit her face** ein Lächeln erhellte ihr Gesicht; **to ~ the way for sb** jdm leuchten; (*fig*) jdm den Weg weisen.

2. anzünden; *cigarette also* anstecken; *fire also* anmachen.

IV *vi* (*begin to burn*) brennen. **this fire won't ~** das Feuer geht nicht an.

◆**light up I** *vi* **1.** (*be lit*) aufleuchten. **the shop signs ~ ~ after dark** die Leuchtreklamen werden nach Einbruch der Dunkelheit eingeschaltet; **the room suddenly lit ~** plötzlich ging das Licht im Zimmer an.

2. (*face*) sich erhellen; (*eyes*) aufleuchten. **his face lit ~ with joy** sein Gesicht strahlte vor Freude.

3. (*smoke*) **the men took out their pipes and lit ~** die Männer holten ihre Pfeifen hervor und zündeten sie an.

II *vt sep* **1.** (*illuminate*) beleuchten; (*from inside also*) erhellen; *lights* anmachen. **Piccadilly Circus was all lit ~** der Piccadilly Circus war hell erleuchtet.

2. *cigarette* anzünden.

3. (*fig sl*) **to be lit ~** angesäuselt (*inf*) *or* beduselt (*sl*) sein.

◆**light (up)on** *vi* + *prep obj* (*inf*) entdecken, stoßen auf (+*acc*).

light² **I** *adj* (+*er*) leicht; *taxes* niedrig; *punishment* milde. **~ lorry/railway** Kleinlastwagen *m*/Kleinbahn *f*; **to give sb ~ weight** jdm zuwenig abwiegen; **to be a ~ eater** wenig essen, kein großer Esser sein; **~ comedy** Lustspiel *nt*, Schwank *m*; **~ opera** Operette *f*; **~ reading** Unterhaltungslektüre *f*; **with a ~ heart** leichten Herzens; **as ~ as air** *or* **a feather** federleicht; **a bit ~ in the head** (*crazy*) nicht ganz richtig im Kopf; (*tipsy*) angeheitert; (*dizzy*) benommen; **to be ~ on one's feet** sich leichtfüßig bewegen; **to make ~ of one's difficulties** seine Schwierigkeiten auf die leichte Schulter nehmen; **you shouldn't make ~ of her problems** du solltest dich über ihre Probleme nicht lustig machen; **to make ~ work of** spielend fertigwerden mit.

II *adv* **to travel ~** mit wenig *or* leichtem Gepäck reisen.

light bulb *n* Glühlampe *or* -birne *f*; **light-coloured** *adj*, *comp* **lighter-coloured,** *superl* **lightest-coloured** hell.

lighten¹ ['laɪtn] **I** *vt* erhellen; *colour, hair* aufhellen; *gloom* aufheitern. **II** *vi* hell werden, sich aufhellen. **to thunder and ~** (*Met*) donnern und blitzen.

lighten² **I** *vt load* leichter machen. **to ~ a ship/a ship's cargo** ein Schiff leichtern; **to ~ sb's burden** jds Lage erleichtern; **to ~ sb's workload** jdm etwas Arbeit abnehmen; **the good news ~ed her heart** die gute Nachricht machte ihr das Herz leichter.

II *vi* (*load*) leichter werden.

lighter¹ ['laɪtəʳ] *n* Feuerzeug *nt*.

lighter² *n* (*Naut*) Leichter *m*.

light-fingered [ˌlaɪt'fɪŋgəd] *adj* langfingerig; **light fitting, light fixture** *n* (*lightbulb holder*) Fassung *f*; (*bracket*) (Lampen)halterung *f*; **light-footed** *adj* leichtfüßig; **light-haired** *adj* hellhaarig; *animals also* mit hellem Fell; **light-headed** *adj* benebelt (*inf*); (*dizzy also*) benommen; (*tipsy also*) angeheitert; (*with fever*) wirr (im Kopf); (*frivolous*) oberflächlich, leichtfertig; **wine makes me ~** Wein steigt mir in den Kopf; **light-headedness** *n see adj* Benommenheit *f*; angeheiterter Zustand; Verwirrtsein *nt*; Oberflächlichkeit, Leichtfertigkeit *f*; Ausgelassenheit *f*, Übermut *m*; **light-hearted** *adj* unbeschwert, unbekümmert; *chat* zwanglos; *reply* scherzhaft; *book, film* fröhlich, vergnüglich; *look at life* heiter, unbekümmert; *comedy* leicht; **light-heartedly** *adv* unbekümmert, leichten Herzens; *reply* scherzhaft; **light-heartedness** *n see adj* Unbeschwertheit, Unbekümmertheit *f*; Zwanglosigkeit *f*; Scherzhaftigkeit *f*; Fröhlichkeit, Vergnüglichkeit *f*; Heiterkeit *f*; **light heavyweight** *n* Halbschwergewicht *nt*; (*boxer*) Halbschwergewichtler *m*; **lighthouse** *n* Leuchtturm *m*; **lighthouse keeper** *n* Leuchtturmwärter(in *f*) *m*.

lighting ['laɪtɪŋ] *n* Beleuchtung *f*.

lighting-up time [ˌlaɪtɪŋ'ʌptaɪm] *n* *Zeitpunkt m, zu dem Straßen- und Fahrzeugbeleuchtung eingeschaltet werden muß*. **when is ~?** wann wird die Beleuchtung angemacht?

lightish ['laɪtɪʃ] *adj colour* hell. **a ~ brown** ein helleres Braun.

lightless ['laɪtlɪs] *adj* dunkel, lichtlos.

lightly ['laɪtlɪ] *adv* **1.** *touch, rain, eat, wounded, stressed* leicht; *walk, tread* leise. **to sleep ~** einen leichten Schlaf haben; **to get off ~** glimpflich davonkommen; **to touch ~ on a subject** ein Thema nur berühren *or* streifen.

2. (*casually*) *say* leichthin. **to speak ~ of sb/sth** sich abfällig *or* geringschätzig über jdn/etw äußern; **he spoke ~ of his illness** er nahm seine Krankheit auf die leichte Schulter; **don't take her problems so ~** nimm ihre Probleme etwas ernster; **to treat sth too ~** etw nicht ernst genug nehmen; **a responsibility not to be ~ undertaken** eine Verantwortung, die man nicht unüberlegt auf sich nehmen sollte.

light meter *n* Belichtungsmesser *m*.

lightness¹ ['laɪtnɪs] *n* Helligkeit *f*.

lightness² *n* **1.** geringes Gewicht, Leichtheit *f*; (*of task, step, movements*) Leichtigkeit *f*; (*of taxes*) Niedrigkeit *f*; (*of pu-*

nishment) Milde *f*; (*of soil, cake*) Lokkerheit *f*. **the ~ of the breeze/wound/music** *etc* die leichte Brise/Verletzung/Musik *etc*; **a feeling of ~ came over him** ein Gefühl der Erleichterung überkam ihn.

2. (*lack of seriousness*) mangelnder Ernst. **a certain ~ in your attitude towards the authorities** eine gewisse Leichtfertigkeit den Behörden gegenüber.

lightning ['laɪtnɪŋ] **I** *n* Blitz *m*. **a flash of ~** ein Blitz *m*; (*doing damage*) ein Blitzschlag *m*; **struck by ~** vom Blitz getroffen; **we had some ~ an hour ago** vor einer Stunde hat es geblitzt; **as quick as ~, like (greased) ~** wie der Blitz, wie ein geölter Blitz; **~ conductor** *or* (*US*) **rod** Blitzableiter *m*.

II *attr* blitzschnell, Blitz-. **~ attack** Überraschungs- *or* Blitzangriff *m*; **~ strike** spontaner Streik; **with ~ speed** blitzschnell, mit Blitzesschnelle.

light pen *n* (*Comput*) Lichtgriffel, Lichtstift *m*.

lightship *n* Feuerschiff *nt*; **light-skinned** *adj* hellhäutig; **light water reactor** *n* Leichtwasserreaktor *m*; **light wave** *n* (Licht)welle *f*; **lightweight I** *adj* leicht; (*boxer*) Leichtgewichts-; (*fig*) schwach; **II** *n* Leichtgewicht *nt*; (*boxer*) Leichtgewichtler *m*; (*fig*) Leichtgewicht *nt*; **he is regarded as a ~ in academic circles** er wird in akademischen Kreisen nicht für voll genommen; **light year** *n* Lichtjahr *nt*.

ligneous ['lɪgnɪəs] *adj* hölzern, holzartig.

lignite ['lɪgnaɪt] *n* Lignit *m*.

likable *adj see* **lik(e)able**.

like¹ [laɪk] **I** *adj* **1.** (*similar*) ähnlich. **the two boys are very ~** die beiden Jungen sind sich (*dat*) sehr ähnlich.

2. (*same*) **of ~ origin** gleicher Herkunft.

II *prep* wie. **to be ~ sb** jdm ähnlich sein; **who(m) is he ~?** wem sieht er ähnlich?, wem gleicht er?; **what's he ~?** wie ist er?; **what's your new coat ~?** wie sieht dein neuer Mantel aus?; **she was ~ a sister to me** sie war wie eine Schwester zu mir; **that's just ~ him!** das sieht ihm ähnlich!, das ist typisch!; **it's not ~ him** es ist nicht seine Art; **I never saw anything ~ it** so (et)was habe ich noch nie gesehen; **that's just ~ a woman!** typisch Frau!; **that's more ~ it!** so ist es schon besser!; **that hat's nothing ~ as nice as this one** der Hut ist bei weitem nicht so hübsch wie dieser; **there's nothing ~ a nice cup of tea!** es geht nichts über eine schöne Tasse Tee!; **there's nothing ~ it** das ist einmalig; **is this what you had in mind? — it's something/nothing ~ it** hattest du dir so etwas vorgestellt? — ja, so ähnlich/nein, überhaupt nicht; **the Americans are ~ that** so sind die Amerikaner; **people ~ that** solche Leute; **a car ~ that** so ein Auto, ein solches Auto; **I found one ~ it** ich habe ein ähnliches gefunden; **one exactly ~ it** eines, das genau gleich ist; **it will cost something ~ £10** es wird etwa *or* so ungefähr £ 10 kosten; **I was thinking of something ~ a doll** ich habe an so etwas wie eine Puppe gedacht; **that sounds ~ a good idea** das hört sich gut an; **~ a man** wie ein Mann; **~ mad** (*inf*), **~ anything** (*inf*) wie verrückt (*inf*) *or* wild (*inf*); **it wasn't ~ that at all** so war's doch gar nicht; **he thinks ~ us** er denkt wie wir; **A, ~ B, thinks that ...** A wie (auch) B meinen, daß ...

III *adv* (*inf*) **it's nothing ~** es ist nichts dergleichen; **as ~ as not, very ~, ~ enough** höchst wahrscheinlich, sehr wahrscheinlich.

IV *conj* (*strictly incorrect*) **~ I said** wie ich schon sagte, wie gesagt; **it's just ~ I say** das sage ich ja immer; **~ we used to (do)** wie früher.

V *n* (*equal*) **we shall not see his ~ again** einen Mann *or* so etwas (*inf*) wie ihn bekommen wir nicht wieder; **did you ever see the ~?** (*inf*) hast du so was schon gesehen?; **I've no time for the ~s of him** (*inf*) mit solchen Leuten gebe ich mich nicht ab (*inf*).

like² **I** *n usu pl* (*taste*) Geschmack *m*. **she tried to find out his ~s and dislikes** sie wollte herausbekommen, was er mochte und was nicht.

II *vt* **1.** *person* mögen, gern haben. **how do you ~ him?** wie gefällt er dir?; **I don't ~ him** ich kann ihn nicht leiden, ich mag ihn nicht; **he is well ~d here** er ist hier sehr beliebt.

2. (*find pleasure in*) **I ~ black shoes** ich mag *or* mir gefallen schwarze Schuhe; **I ~ it** das gefällt mir; **I ~ chocolate** ich mag Schokolade, ich esse gern Schokolade; **I ~ football** (*playing*) ich spiele gerne Fußball; (*watching*) ich finde Fußball gut; **we ~ it here** es gefällt uns hier; **how do you ~ your coffee?** wie trinken Sie Ihren Kaffee?; **I ~ wine but wine doesn't ~ me** (*inf*) ich trinke gern Wein, aber er bekommt mir nicht; **how would you ~ a walk?** was hältst du von einem Spaziergang?; **how would you ~ a black eye?** du willst dir wohl ein blaues Auge holen!; **well, I ~ that!** (*inf*) das ist ein starkes Stück! (*inf*); **I ~ your nerve!** (*inf*) du hast Nerven! (*inf*).

3. (*wish, wish for*) **I should ~ more time** ich würde mir gerne noch etwas Zeit lassen; **I should ~ to know why** ich wüßte (gerne), warum; **I should ~ you to do it** ich möchte, daß du es tust; **whether he ~s it or not** ob es ihm paßt oder nicht, ob er will oder nicht; **I didn't ~ to disturb him** ich wollte ihn nicht stören; **what would you ~?** was hätten *or* möchten Sie gern?, was darf es sein?; **would you ~ to go to Seville?** würden Sie gern nach Sevilla fahren?

III *vi* **he is free to act as he ~s** es steht ihm frei, zu tun, was er will; **as you ~** wie Sie wollen; **if you ~** wenn Sie wollen.

lik(e)able ['laɪkəbl] *adj* sympathisch, liebenswert.

lik(e)ableness ['laɪkəblnɪs] *n* liebenswertes Wesen. **there's a certain ~ about him** er hat etwas Sympathisches an sich.

likelihood ['laɪklɪhʊd] *n* Wahrscheinlichkeit *f*. **in all ~** aller Wahrscheinlichkeit nach; **there is no ~ of that** das ist nicht wahrscheinlich; **is there any ~ of him coming?** besteht die Möglichkeit, daß er kommt?; **what's the ~ of you coming out with me tonight?** wie sind die Chancen, daß du heute abend mit mir ausgehst?

likely ['laɪklɪ] **I** *adj* (*+er*) **1.** (*probable*) wahrscheinlich. **he is not ~ to come** es ist unwahrscheinlich, daß er kommt; **is it ~ that I would do that?** trauen Sie mir das zu?; **the plan most ~ to succeed** der erfolgversprechendste Plan; **an incident ~ to cause trouble** ein Zwischenfall, der möglicherweise Ärger nach sich zieht; **a ~ explanation** eine mögliche *or* wahrscheinliche Erklärung; (*iro*) wer's glaubt, wird selig! (*inf*); **a ~ story!** (*iro*) das soll mal einer glauben!

2. (*inf: suitable*) **a ~ spot for a picnic** ein geeignetes *or* prima (*inf*) Plätzchen für ein Picknick; **he is a ~ person for the job** er kommt für die Stelle in Frage; **~ candidates** aussichtsreiche Kandidaten; **a ~ lad** ein vielversprechender junger Mann.

II *adv* **not ~!** (*inf*) wohl kaum (*inf*); **as ~ as not** höchstwahrscheinlich; **very ~ they've lost it** höchstwahrscheinlich haben sie es verloren; **it's more ~ to be early than late** es wird eher früh als spät werden.

like-minded ['laɪk'maɪndɪd] *adj* gleichgesinnt. **~ people** Gleichgesinnte *pl*.

liken ['laɪkən] *vt* vergleichen (*to* mit).

likeness ['laɪknɪs] *n* (*resemblance*) Ähnlichkeit *f*; (*portrait*) Bild(nis) *nt*. **the ghost appeared in the ~ of a monk** der Geist erschien in der Gestalt eines Mönchs; **the god took on the ~ of a bull** der Gott nahm die Form eines Stiers an.

likewise ['laɪkwaɪz] *adv* ebenso, gleichermaßen. **he did ~** er machte es ebenso, er tat das gleiche; **have a nice weekend — ~** schönes Wochenende! — danke gleichfalls!

liking ['laɪkɪŋ] *n* **1.** (*for particular person*) Zuneigung *f*; (*for types*) Vorliebe *f*. **to have a ~ for sb** Zuneigung für jdn empfinden, jdn gern haben; **she took a ~ to him** sie mochte ihn (gut leiden), er war ihr sympathisch.

2. (*for thing*) Vorliebe *f*. **to take a ~ to sth** eine Vorliebe für etw bekommen; **to be to sb's ~** nach jds Geschmack *nt* sein.

lilac ['laɪlək] **I** *n* **1.** (*plant*) Flieder *m*. **2.** (*colour*) (Zart)lila *nt*. **II** *adj* fliederfarben, (zart)lila.

Lilliputian [ˌlɪlɪ'pjuːʃɪən] **I** *adj* (*lit*) Liliputaner-; (*fig*) winzig, liliputanerhaft. **II** *n* (*lit, fig*) Liliputaner(in *f*) *m*.

lilo ® ['laɪˌləʊ] *n* Luftmatratze *f*.

lilt [lɪlt] **I** *n* **1.** (*of song*) munterer Rhythmus; (*of voice*) singender Tonfall.

2. (*song*) fröhliches *or* munteres Lied.

II *vt song* trällern.

III *vi* **I love the way her voice ~s** ich mag ihren singenden Tonfall; **the tune ~s merrily along** die Melodie plätschert munter dahin.

lilting ['lɪltɪŋ] *adj accent* singend; *ballad, tune, melody* beschwingt, munter.

liltingly ['lɪltɪŋlɪ] *adv see adj*.

lily ['lɪlɪ] *n* Lilie *f*; (*water ~*) Seerose *f*. **~ of the valley** Maiglöckchen *nt*.

lily-livered ['lɪlɪˌlɪvəd] *adj* feige; **lily pad** *n* Seerosenblatt *nt*; **lily-white** *adj* schnee- *or* blütenweiß; (*fig*) tugendhaft.

limb [lɪm] *n* **1.** (*Anat*) Glied *nt*. **~s** *pl* Glieder, Gliedmaßen *pl*; **life and ~** Leib und Leben.

2. (*of tree*) Ast *m*. **to be out on a ~** (*fig*) (ganz) allein (da)stehen; **he had left himself out on a ~** er hatte sich in eine prekäre Lage gebracht.

3. (*of cross*) Balken *m*; (*of organization etc*) Glied *nt*.

limber¹ ['lɪmbəʳ] *n* (*Mil*) Protze *f*.

limber² *adj* beweglich, gelenkig.

◆**limber up** *vi* Lockerungsübungen machen; (*fig*) sich vorbereiten. **~ ~ with a few easy exercises** machen Sie sich mit ein paar einfachen Übungen warm.

limbless ['lɪmlɪs] *adj tree* astlos. **a ~ person** ein Versehrter; (*with no limbs*) ein Mensch *m* ohne Gliedmaßen.

limbo¹ ['lɪmbəʊ] *n* **1.** (*Rel*) Vorhölle *f*, Limbus *m* (*spec*).

2. (*fig*) Übergangs- *or* Zwischenstadium *nt*. **our expansion plans are in ~ because of lack of money** unsere Erweiterungspläne sind wegen Geldmangels in der Schwebe; **I'm in a sort of ~** ich hänge in der Luft (*inf*).

limbo² *n* (*dance*) Limbo *m*.

lime¹ [laɪm] **I** *n* **1.** (*Geol*) Kalk *m*. **2.** (*bird~*) (Vogel)leim *m*. **II** *vt* mit Kalk düngen.

lime² *n* (*Bot: linden, also* **~ tree**) Linde(nbaum *m*) *f*.

lime³ **I** *n* (*Bot: citrus fruit*) Limone(lle) *f*; (*tree*) Limonenbaum *m*. **~ juice** Limonensaft *m*. **II** *adj* (*colour*) hellgrün.

lime kiln *n* Kalkofen *m*.

limelight ['laɪmlaɪt] *n* Rampenlicht *nt*. **to be in the ~** im Rampenlicht *or* im Licht der Öffentlichkeit stehen.

limerick ['lɪmərɪk] *n* Limerick *m*.

limestone ['laɪmstəʊn] *n* Kalkstein *m*.

limit ['lɪmɪt] **I** *n* **1.** Grenze *f*; (*limitation*) Beschränkung, Begrenzung *f*; (*speed ~*) Geschwindigkeitsbegrenzung *f*; (*Comm*) Limit *nt*. **the city ~s** die Stadtgrenzen *pl*; **a 40-mile ~** eine Vierzigmeilengrenze, (*speed ~*) eine Geschwindigkeitsbegrenzung von 40 Meilen pro Stunde; **is there any ~ on the size?** gibt es irgendwelche Größenbeschränkungen?, ist die Größe begrenzt *or* beschränkt?; **to put a ~ on sth, to set a ~ to** *or* **on sth** etw begrenzen, etw beschränken; **that's beyond my financial ~s** das übersteigt meine finanziellen Möglichkeiten; **I am at the ~ of my patience** meine Geduld ist am Ende; **we're constantly working at the ~s of our abilities** unsere Arbeit bringt uns ständig an die Grenzen unserer Leistungsfähigkeit; **there's a ~!** alles hat seine Grenzen!; **there is a ~ to what one person can do** ein Mensch kann nur so viel tun und nicht mehr; **there is no ~ to his stupidity** seine Dummheit kennt keine Grenzen; **there's a ~ to the amount of money we can spend** unseren

Ausgaben sind Grenzen gesetzt, wir können nicht unbegrenzt Geld ausgeben; **there are ~s!** es gibt (schließlich) Grenzen!; **it is true within ~s** es ist bis zu einem gewissen Grade richtig; **without ~s** unbegrenzt, unbeschränkt; **off ~s to military personnel** Zutritt für Militär verboten, für Militär gesperrt; **to know no ~s** keine Grenzen kennen; **over the ~** zuviel; (*in time*) zu lange; **you are** *or* **your baggage is over the ~** Ihr Gepäck hat Übergewicht; **you shouldn't drive, you're over the ~** du solltest dich nicht ans Steuer setzen, du hast zuviel getrunken; **he had more than the legal ~ (of alcohol) in his blood** er hatte mehr Promille als gesetzlich erlaubt; **I'll offer £400, that's my ~** ich biete £ 400, das ist mein Limit *or* höher kann ich nicht gehen.

2. (*inf*) **it's the (very) ~!** das ist die Höhe (*inf*) *or* das letzte (*inf*); **that child is the ~!** dieses Kind ist eine Zumutung! (*inf*); **he's the ~!, isn't he the ~?** das ist 'ne Type! (*inf*).

II *vt* begrenzen, beschränken; *freedom, spending, possibilities* einschränken; *imagination* hemmen. **to ~ sth to sth** etw auf etw (*acc*) beschränken; **are you ~ed for time?** ist Ihre Zeit begrenzt?; **to ~ oneself to a few remarks** sich auf einige (wenige) Bemerkungen beschränken; **time is the ~ing factor** wir sind zeitlich gebunden.

limitation [ˌlɪmɪ'teɪʃən] *n* Beschränkung *f*; (*of freedom, spending*) Einschränkung *f*. **poor education is a great ~** eine schlechte Schulbildung ist ein großes Handikap; **there is no ~ on exports of coal** es gibt keine Beschränkungen für den Kohleexport; **to have one's/its ~s** seine Grenzen haben.

limited ['lɪmɪtɪd] *adj improvement, knowledge* begrenzt; *edition, means also* beschränkt; *intelligence, knowledge also* mäßig; *person* beschränkt. **in a more ~ sense** in engerem Sinn; **~ liability company** (*Brit*) Gesellschaft *f* mit beschränkter Haftung; **~ partner** Kommanditist(in *f*) *m*.

limitless ['lɪmɪtlɪs] *adj* grenzenlos.

limousine ['lɪməziːn] *n* Limousine *f*.

limp¹ [lɪmp] **I** *n* Hinken, Humpeln *nt*. **to walk with a ~** hinken, humpeln; **he has a bad ~** er hinkt *or* humpelt sehr stark.

II *vi* hinken, humpeln. **the ship managed to ~ into port** das Schiff kam gerade noch *or* mit Müh und Not in den Hafen.

limp² *adj* (*+er*) schlapp, schlaff; *flowers* welk; *material, cloth* weich; *voice* matt, müde; (*of homosexual*) süßlich. **let your body go ~** alle Muskeln entspannen, alles locker lassen.

limpet ['lɪmpɪt] *n* Napfschnecke *f*. **to stick to sb like a ~** (*inf*) wie eine Klette an jdm hängen; **~ mine** Haftmine *f*.

limpid ['lɪmpɪd] *adj* klar; *liquid also* durchsichtig.

limply ['lɪmplɪ] *adv* schlapp, schlaff.

limpness ['lɪmpnɪs] *n see adj* Schlaffheit, Schlappheit *f*; Welkheit *f*; Weichheit *f*; Mattigkeit *f*; Süßlichkeit *f*.

limy ['laɪmɪ] *adj* (*+er*) kalkhaltig.

linchpin ['lɪntʃpɪn] *n* Achs(en)nagel *m*, Lünse *f*; (*fig*) Stütze *f*. **accurate timing is the ~ of the entire operation** das ganze Unternehmen steht und fällt mit genauer Zeiteinteilung.

linden ['lɪndən] *n* (*also* **~ tree**) Linde(nbaum *m*) *f*.

line¹ [laɪn] **I** *n* **1.** (*rope, washing ~, fishing ~*) Leine *f*.

2. (*Math etc, on tennis court, on paper, palm*) Linie *f*; (*on face*) Falte *f*. **drawn in a few bold ~s** mit wenigen kühnen Strichen gezeichnet; **all along the ~** (*fig*) auf der ganzen Linie; *see* **hard.**

3. (*boundary, outline*) **the ~** die Linie, der Äquator; **the state ~** die Staatsgrenze; **the ~ between right and wrong** die Grenze zwischen Recht und Unrecht; **the snow/tree ~** die Schnee-/Baumgrenze.

4. (*row*) Reihe *f*; (*of people, cars also*) Schlange *f*; (*of hills*) Kette *f*; (*Sport*) Linie *f*. **in (a) ~** in einer Reihe; **in a straight ~** geradlinig; **a ~ of traffic** eine Autoschlange; **a single ~ of traffic** einspuriger Verkehr; **John is next in ~ for promotion** John ist als nächster mit der Beförderung an der Reihe; **to be out of ~ with sb/sth** (*fig*) mit jdm/etw nicht übereinstimmen *or* in Einklang stehen; **to be in ~ (with)** (*fig*) in Einklang stehen (mit), übereinstimmen (mit); **to bring sb into ~ with sth** (*fig*) jdn auf die gleiche Linie wie etw (*acc*) bringen; **it's time these rebels were brought into ~** es wird Zeit, daß die Rebellen zurückgepfiffen werden; **to fall** *or* **get into ~** (*abreast*) sich in Reih und Glied aufstellen; (*behind one another*) sich hintereinander *or* in einer Reihe aufstellen; **he refused to fall into ~ with the new proposals** er weigerte sich, mit den neuen Vorschlägen konform zu gehen; **it's time these rebels fell into ~** es ist Zeit, daß sich diese Rebellen anpassen *or* daß diese Rebellen spuren (*inf*); **to keep the party in ~** die Einheit der Partei wahren; **to step out of ~** (*lit*) aus der Reihe treten; (*fig*) aus der Reihe tanzen.

5. (*US: queue*) Schlange *f*. **to stand in ~** Schlange stehen.

6. (*in factory*) Band *nt*.

7. (*company: of aircraft, liners, buses*) Gesellschaft, Linie *f*; (*shipping company also*) Reederei *f*.

8. (*of descent*) **in the male ~** in der männlichen Linie; **he was descended from a long ~ of farmers** er stammte aus einem alten Bauerngeschlecht; **royal ~** königliche Familie; **who is fourth in ~ to the throne?** wer steht an vierter Stelle der Thronfolge?

9. (*Rail*) (*in general*) Strecke, Bahnlinie *f*; (*section of track*) Strecke *f*. **~s** *pl* Gleise *pl*; **to reach the end of the ~** (*fig*) am Ende sein.

10. (*Telec: cable*) Leitung *f*. **the firm has 52 ~s** die Firma hat 52 Anschlüsse; **this is a very bad ~** die Verbindung ist sehr schlecht; **to be on the ~ to sb** mit jdm telefonieren; **get off the ~!** gehen Sie aus der Leitung!; **hold the ~** bleiben Sie am Apparat!; **can you get me a ~ to Chicago?** können Sie mir eine Verbindung nach Chicago geben?

11. (*written*) Zeile *f*. **~s** (*Sch*) Strafarbeit *f*; **the teacher gave me 200 ~s** der Lehrer ließ mich 200mal ... schreiben; **~s** (*Theat*) Text *m*; **he gets all the funny ~s** er bekommt immer die lustigen Stellen; **to drop sb a ~** jdm ein paar Zeilen *or* Worte schreiben; **to read between the ~s** zwischen den Zeilen lesen.

12. (*direction, course*) **we tried a new ~ of approach to the problem** wir versuchten, an das Problem anders heranzugehen; **~ of argument** Argumentation *f*; **~ of attack** (*fig*) Taktik *f*; **what's your ~ of attack?** wie wollen Sie an die Sache herangehen?; **the police refused to reveal their ~s of inquiry** die Polizei weigerte sich zu sagen, in welcher Richtung sie ermittelte; **~ of thought** Denkrichtung *f*; **~ of vision** Blickrichtung *f*; **to be on the right ~s** (*fig*) auf dem richtigen Weg sein, richtig liegen (*inf*); **we must take a firm** *or* **strong ~ with these people** wir müssen diesen Leuten gegenüber sehr bestimmt auftreten; **the government will take a strong ~ over inflation** die Regierung wird gegen die Inflation energisch vorgehen; **the ~ of least resistance** der Weg des geringsten Widerstandes; **he took the ~ that ...** er vertrat den Standpunkt, daß ...; **I've heard that ~ before** (*inf*) die Platte kenn' ich schon (*inf*); **to be along the ~s of** ungefähr so etwas wie ... sein; **to be on the same ~s as** in der gleichen Richtung liegen wie; **along rather general ~s** in ziemlich groben Zügen; **the story developed along these ~** die Geschichte hat sich so *or* folgendermaßen entwickelt; **along these ~s** ungefähr so; **something along these ~s** etwas in dieser Richtung *or* Art; **I was thinking along the same ~s** ich hatte etwas ähnliches gedacht; **it's all in the ~ of duty** das gehört zu meinen/seinen *etc* Pflichten.

13. (*Mil*) **~ of battle** Kampflinie *f*; **to draw up the ~s of battle** (*fig*) (Kampf)stellung beziehen; **enemy ~s** feindliche Stellungen *or* Linien *pl*; **~s of communication** Verbindungswege *pl*; **to keep one's ~s of retreat open** sich (*dat*) den Rückzug offenhalten; *see* **fire**.

14. (*fig: business*) Branche *f*. **what ~ is he in?, what's his ~?** was ist er von Beruf?, was macht er beruflich?; **that's not in my ~ of business** damit habe ich nichts zu tun; **we're in the same ~ of business** wir sind in der gleichen Branche tätig; **that's not in my ~** das liegt mir nicht; **fishing's more in my ~** Angeln liegt mir mehr *or* gefällt mir besser.

15. (*range of items*) **the best in its ~** das beste seiner Art; **we have a new ~ in spring hats** wir haben eine neue Kollektion Frühjahrshüte; **that ~ did not sell at all** dieses Modell ließ sich überhaupt nicht verkaufen.

16. (*clue, information*) **to give sb a ~ on sth** jdm einen Hinweis auf etw (*acc*) geben; **the police eventually managed to get a ~ on him** die Polizei konnte ihm schließlich etwas nachweisen; **once a journalist has got a ~ on a story ...** wenn ein Journalist einer Geschichte erst einmal auf der Spur ist ...

17. (*inf*) **to lay it on the ~** (*inf*) die Karten auf den Tisch legen (*inf*); **to lay it on the ~ to sb** jdm reinen Wein einschenken (*inf*).

18. to put one's life/job on the ~ (*inf*) sein Leben/seine Stelle riskieren.

II *vt* **1.** (*cross with ~s*) linieren, liniieren. **worry had ~d his face** sein Gesicht war von Sorgen gezeichnet.

2. *streets* säumen. **an avenue ~d with trees** eine von Bäumen gesäumte Straße; **the streets were ~d with cheering crowds** eine jubelnde Menge säumte die Straßen; **portraits ~d the walls** an den Wänden hing ein Porträt neben dem andern.

◆**line up I** *vi* (*stand in line*) sich aufstellen, antreten; (*queue*) sich anstellen. **the teams ~d ~ like this** die Mannschaften hatten folgende Aufstellung; **the party ~d ~ behind their leader** (*fig*) die Partei stellte sich hinter ihren Vorsitzenden.

II *vt sep* **1.** *troops, pupils, prisoners* antreten lassen; *boxes, books* in einer Reihe *or* nebeneinander aufstellen. **they ~d the prisoners ~ along the wall** die Gefangenen mußten sich an der Wand entlang aufstellen.

2. (*prepare, arrange*) *entertainment* sorgen für, auf die Beine stellen (*inf*); *speakers* bekommen, verpflichten; *support* mobilisieren. **what have you got ~d ~ for me today?** was haben Sie heute für mich geplant?; **I've ~d ~ a meeting with the directors** ich habe ein Treffen mit den Direktoren arrangiert.

line[2] *vt clothes* füttern; *pipe* auskleiden, innen beziehen; *floor of attic* auslegen. **~ the box with paper** den Karton mit Papier auskleiden *or* ausschlagen; **to ~ brakes** Bremsbeläge *pl* erneuern (lassen); **to ~ one's own pockets** (*fig*) sich bereichern, in die eigene Tasche arbeiten *or* wirtschaften (*inf*).

lineage ['lɪnɪɪdʒ] *n* (*descent*) Abstammung *f*; (*descendants*) Geschlecht *nt*.

lineal ['lɪnɪəl] *adj descent* direkt.

lineament ['lɪnɪəmənt] *n* (*form*) Lineament *nt* (*rare*). **~s** *pl* (*of face*) Gesichtszüge *pl*.

linear ['lɪnɪəʳ] *adj motion* linear, geradlinig; *design* Linien-; *measure* Längen-.

line command *n* (*Comput*) Zeilenbefehl *m*.

lined [laɪnd] *adj face etc* (*of old people*) faltig; (*through worry, tiredness*) gezeichnet; *paper* liniert, liniiert. **to become ~ with age** Altersfalten bekommen.

line drawing *n* Zeichnung *f*; **line editor** *n* (*Comput*) Zeileneditor *m*; **line feed** *n* (*Comput*) Zeilenvorschub *m*; **line judge** *n* (*Tennis*) Linienrichter(in *f*) *m*; **line manager** *m* leitender Angestellter, leitende Angestellte.

linen ['lɪnɪn] **I** *n* Leinen *nt*; (*table* ~) Tischwäsche *f*; (*sheets, garments etc*) Wäsche *f*. ~ **closet,** ~ **cupboard** Wäscheschrank *m*. **II** *adj* Leinen-.

line-out *n* (*Rugby*) Gasse *f*; **line printer** *n* (*Comput*) Zeilendrucker *m*; **line printout** *n* (*Comput*) Zeilenausdruck *m*.

liner ['laɪnəʳ] *n* (*ship*) Passagierschiff *nt*, Liniendampfer *m*; (*plane*) Verkehrsflugzeug *nt*.

linesman ['laɪnzmən], (*US also*) **lineman** ['laɪnmən] *n*, *pl* **-men** [-mən] (*Sport*) Linienrichter *m*; (*Rail*) Streckenwärter *m*; (*Elec, Telec*) Leitungsmann *m*; (*for faults*) Störungssucher *m*.

lineswoman ['laɪnzwʊmən], (*US also*) **linewoman** ['laɪnwʊmən] *n*, *pl* **-men** (*Sport*) Linienrichterin *f*.

line-up ['laɪnʌp] *n* (*Sport*) Aufstellung *f*; (*cast*) Besetzung *f*; (*alignment*) Gruppierung *f*; (*US: queue*) Schlange *f*. **she picked the thief out of the** ~ sie erkannte den Dieb bei der Gegenüberstellung.

linger ['lɪŋgəʳ] *vi* **1.** (*also* ~ **on**) (zurück)bleiben, verweilen (*liter*); (*in dying*) zwischen Leben und Tod schweben; (*custom*) fortbestehen, sich halten; (*doubts, suspicions*) zurückbleiben; (*feeling, emotion, pain*) anhalten, bleiben; (*memory*) fortbestehen, bleiben; (*chords*) nachklingen; (*scent*) sich halten. **the party was over, but many of the guests ~ed in the hall** die Party war vorbei, aber viele Gäste standen noch im Flur herum.

2. (*delay*) sich aufhalten, verweilen (*liter*). **I mustn't** ~ **or I'll miss the bus** ich darf mich nicht lange aufhalten, sonst verpasse ich den Bus.

3. (*dwell*) **to** ~ **on a subject** bei einem Thema verweilen (*geh*); **I let my eyes** ~ **on the scene** ich ließ meinen Blick auf der Szene ruhen; **to** ~ **over a meal** sich (*dat*) bei einer Mahlzeit Zeit lassen, sich bei einer Mahlzeit lange aufhalten; **we ~ed over a glass of wine** wir tranken gemächlich ein Glas Wein.

lingerie ['lænʒəriː] *n* (Damen)unterwäsche *f*.

lingering ['lɪŋgərɪŋ] *adj* lang, ausgedehnt; *death* langsam; *illness* langwierig, schleppend; *doubt* zurückbleibend; *look* sehnsüchtig; *chords* lange (nach)klingend; *kiss* innig. **I've still got one** ~ **doubt** es bleibt noch ein Zweifel (zurück); **the customs officer gave him a long** ~ **look** der Zollbeamte sah ihn lange prüfend an.

lingo ['lɪŋgəʊ] *n* (*inf*) Sprache *f*; (*specialist jargon*) Kauderwelsch *nt* (*inf*).

lingua franca ['lɪŋgwə'fræŋkə] *n* Verkehrssprache, Lingua franca *f*; (*official language*) Amtssprache *f*.

lingual ['lɪŋgwəl] *adj* Zungen-.

linguist ['lɪŋgwɪst] *n* **1.** (*speaker of languages*) Sprachkundige(r) *mf*. **he's a good** ~ er ist sehr sprachbegabt. **2.** (*specialist in linguistics*) Linguist(in *f*), Sprachforscher(in *f*) *m*.

linguistic [lɪŋ'gwɪstɪk] *adj* **1.** (*concerning language*) sprachlich; *competence* Sprach-. **2.** (*of science*) linguistisch, sprachwissenschaftlich.

linguistically [lɪŋ'gwɪstɪkəlɪ] *adv see adj* sprachlich; linguistisch.

linguistics [lɪŋ'gwɪstɪks] *n sing* Linguistik, Sprachwissenschaft *f*.

liniment ['lɪnɪmənt] *n* Einreibemittel.

lining ['laɪnɪŋ] *n* (*of clothes etc*) Futter *nt*; (~ *material*) Futterstoff *m*; (*of brake*) (Brems)belag *m*; (*of pipe*) Auskleidung *f*; (*of attic floor*) Belag *m*. **the** ~ **of the stomach** die Magenschleimhaut.

link [lɪŋk] **I** *n* **1.** (*of chain, fig*) Glied *nt*; (*person*) Verbindungsmann *m*, Bindeglied *nt*.

2. (*connection*) Verbindung *f*. **a new rail** ~ **for the village** eine neue Zug- *or* Bahnverbindung zum Dorf; **cultural ~s** kulturelle Beziehungen *pl*; **the strong ~s between Britain and Australia** die starken Bindungen *or* engen Beziehungen zwischen Großbritannien und Australien; **are there any ~s between the two phenomena?** besteht zwischen diesen beiden Phänomenen ein Zusammenhang *or* eine Beziehung *or* eine Verbindung?

3. (*Measure*) Link *nt*.

II *vt* verbinden; *spaceships also* aneinanderkoppeln. **to** ~ **arms** sich unterhaken (*with* bei); **the police ~ed arms** die Polizisten bildeten einen Kordon; **we are ~ed by telephone to ...** wir sind telefonisch verbunden mit ...; **the two companies are now ~ed** die beiden Firmen haben sich zusammengeschlossen; **do you think these two murders are ~ed?** glauben Sie, daß zwischen den beiden Morden eine Verbindung besteht?; **his name is closely ~ed with several reforms** sein Name ist mit mehreren Reformen eng verbunden.

III *vi* **to** ~ **(together)** (*parts of story*) sich zusammenfügen lassen; (*parts of machine*) verbunden werden; (*railway lines*) sich vereinigen, zusammenlaufen.

◆**link up I** *vi* zusammenkommen; (*people*) sich zusammentun; (*facts*) übereinstimmen, zusammenpassen; (*companies*) sich zusammenschließen. **to** ~ ~ **in space** ein Kopplungsmanöver im Weltraum durchführen.

II *vt sep* miteinander verbinden; *bits of evidence* miteinander in Verbindung bringen; *spaceships* koppeln.

linkman *n*, *pl* **-men** [-men] Verbindungsmann *m*; (*Rad, TV*) Moderator *m*.

links [lɪŋks] *npl* **1.** Dünen *pl*. **2.** (*golf course*) Golfplatz *m*.

link-up ['lɪŋkʌp] *n* (*Telec, general*) Verbindung *f*; (*of spaceships*) Kopplung(smanöver *nt*) *f*.

linkwoman *n*, *pl* [-women] Verbindungsfrau *f*; (*Rad, TV*) Moderatorin *f*.

linnet ['lɪnɪt] *n* (Blut)hänfling *m*.

lino ['laɪnəʊ] *n* Linoleum *nt*. ~ **cut** Linolschnitt *m*.

linoleum [lɪ'nəʊlɪəm] *n* Linoleum *nt*.

linseed ['lɪnsiːd] *n* Leinsamen *m*. ~ **oil** Leinöl *nt*.

lint [lɪnt] *n* Scharpie *f*, Mull *m*.

lintel ['lɪntl] *n* (*Archit*) Sturz *m*.

lion ['laɪən] *n* Löwe *m*. **the ~'s share** der Löwenanteil.

lioness ['laɪənɪs] *n* Löwin *f*.

lionhearted ['laɪən,hɑːtɪd] *adj* unerschrocken, furchtlos.

lionize ['laɪənaɪz] *vt* **to ~ sb** jdn feiern, jdn zum Helden machen.

lip [lɪp] *n* **1.** (*Anat*) Lippe *f*. **he wouldn't open his ~s** er wollte den Mund nicht aufmachen; **to hang on sb's ~s** an jds Lippen (*dat*) hängen; **to keep a stiff upper ~** Haltung bewahren; **to lick** *or* **smack one's ~s** sich (*dat*) die Lippen lecken.

2. (*of jug*) Schnabel *m*; (*of cup, crater*) Rand *m*.

3. (*inf: cheek*) Frechheit(en *pl*) *f*. **to give sb a lot of ~** jdm gegenüber eine (dicke *or* freche) Lippe riskieren (*inf*); **none of your ~!** sei nicht so frech.

lip gloss *n* Lip-Gloss *m*.

liposuction [lɪpəʊ,sʌkʃən] *n* Fettabsaugen *nt*.

lip-read I *vt* **I could ~ what he said** ich konnte ihm von den Lippen *or* vom Mund ablesen, was er sagte; **II** *vi* von den Lippen *or* vom Mund ablesen; **lip-reading** *n* **deaf people use/learn ~** Taube lesen vom Mund ab/lernen, vom Mund abzulesen; **lip salve** *n* Lippen-Fettstift *m*; **lip service** *n* **to pay ~ to an idea** ein Lippenbekenntnis zu einer Idee ablegen; **lipstick** *n* Lippenstift *m*.

liquefaction [,lɪkwɪ'fækʃən] *n* Verflüssigung *f*.

liquefy ['lɪkwɪfaɪ] **I** *vt* verflüssigen. **II** *vi* sich verflüssigen.

liqueur [lɪ'kjʊəʳ] *n* Likör *m*.

liquid ['lɪkwɪd] **I** *adj* **1.** flüssig; *measure* Flüssigkeits-; (*fig*) *eyes* blank, glänzend; (*fig*) *notes, song* perlend.

2. (*Comm*) *asset* (frei) verfügbar, flüssig.

3. (*Phon*) **~ consonant** Liquida *f*, Fließlaut *m*.

II *n* **1.** Flüssigkeit *f*. **she can only take ~s** sie kann nur Flüssiges zu sich nehmen. **2.** (*Phon*) Liquida *f*, Fließlaut *m*.

liquidate ['lɪkwɪdeɪt] *vt* **1.** (*Comm*) liquidieren; *assets also* flüssig machen; *company also* auflösen. **to ~ a debt** eine Schuld/Schulden tilgen. **2.** *enemy etc* liquidieren.

liquidation [,lɪkwɪ'deɪʃən] *n* **1.** (*Comm*) Liquidation, Liquidierung *f*; (*of company also*) Auflösung *f*; (*of debts*) Tilgung *f*. **2.** Liquidierung *f*.

liquidator ['lɪkwɪdeɪtəʳ] *n* Liquidator(in *f*), Abwickler(in *f*) *m*.

liquid-crystal ['lɪkwɪd'krɪstəl] *adj* Flüssigkristall-. **~ display** Flüssigkristall-Anzeige *f*.

liquidity [lɪ'kwɪdɪtɪ] *n* Liquidität *f*.

liquidize ['lɪkwɪdaɪz] *vt* (im Mixer) pürieren *or* zerkleinern.

liquidizer ['lɪkwɪdaɪzəʳ] *n* Mixgerät *nt*.

liquor ['lɪkəʳ] *n* **1.** (*whisky, brandy etc*) Spirituosen *pl*; (*alcohol*) Alkohol *m*. **he can't take his ~** er verträgt nichts.

2. (*juice*) Flüssigkeit *f*.

◆**liquor up** *vt sep* (*US sl*) **to get ~ed ~** sich besaufen (*sl*).

liquorice, licorice ['lɪkərɪs] *n* (*plant*) Süßholz *nt*; (*root*) Süßholzwurzel *f*; (*flavouring, sweetmeat*) Lakritze *f*.

liquor store *n* (*US*) ≃ Wein- und Spirituosengeschäft *nt*.

lira ['lɪərə] *n* Lira *f*. **500 ~(s)** 500 Lire.

Lisbon ['lɪzbən] *n* Lissabon *nt*.

lisle [laɪl] *n* (*also* **~ thread**) Florgarn *nt*. **~ stockings** Baumwollstrümpfe *pl*.

lisp [lɪsp] **I** *n* Lispeln *nt*. **to speak with a ~, to have a ~** lispeln. **II** *vti* lispeln.

lissom(e) ['lɪsəm] *adj* geschmeidig; *person also* gelenkig.

list¹ [lɪst] **I** *n* **1.** Liste *f*; (*shopping ~*) Einkaufszettel *m*. **it's not on the ~** es steht nicht auf der Liste; **~ of names** Namensliste *f*; (*esp in book*) Namensregister, Namensverzeichnis *nt*; **~ of prices** Preisliste *f*, Preisverzeichnis *nt*; **~ of applicants** Bewerberliste *f*; **there's a long ~ of people waiting for houses** für Häuser besteht eine lange Warteliste.

2. (*publisher's ~*) Programm *nt*.

II *vt* aufschreiben, notieren; *single item* in die Liste aufnehmen; (*verbally*) aufzählen. **it is not ~ed** es ist nicht aufgeführt.

list² (*Naut*) **I** *n* Schlagseite, Krängung (*spec*) *f*. **to have a ~ of 20°** sich um 20° auf die Seite neigen; **a ~ to port** Schlagseite nach Backbord.

II *vi* Schlagseite haben, krängen (*spec*). **to ~ badly** schwere Schlagseite haben.

listed ['lɪstɪd] *adj* (*Brit*) *building* unter Denkmalschutz (stehend *attr*). **it's a ~ building** es steht unter Denkmalschutz.

listen ['lɪsn] *vi* **1.** (*hear*) hören (*to sth* etw *acc*). **to ~ to the radio** Radio hören; **if you ~ hard, you can hear the sea** wenn du genau horchst *or* hinhörst, kannst du das Meer hören; **she ~ed carefully to everything he said** sie hörte ihm genau zu; **to ~ for sth** auf etw (*acc*) horchen; **to ~ for sb** horchen *or* hören, ob jd kommt.

2. (*heed*) zuhören. **~ to me!** hör mir zu!; **~, I know what we'll do** paß auf, ich weiß, was wir machen; **~, I'm warning you** hör mal, ich warne dich!; **don't ~ to him** hör nicht auf ihn.

◆**listen in** *vi* (im Radio) hören (*to sth* etw *acc*); (*listen secretly*) mithören (*on sth* etw *acc*). **I'd like to ~ ~ on** *or* **to your discussion** ich möchte mir Ihre Diskussion mit anhören.

listener ['lɪsnəʳ] *n* Zuhörer(in *f*) *m*; (*Rad*) Hörer(in *f*) *m*. **to be a good ~** gut zuhören können.

listing ['lɪstɪŋ] *n* Auflistung *f*, Verzeichnis *nt*.

listing paper *n* (*Comput*) Endlospapier *nt*.

listless ['lɪstlɪs] *adj* lustlos; *patient* teilnahmslos.

listlessly ['lɪstlɪslɪ] *adv see adj*.

listlessness ['lɪstlɪsnɪs] *n see adj* Lustlosigkeit *f*; Teilnahmslosigkeit *f*.

list price *n* Listenpreis *m*.

lists [lɪsts] *npl* (*Hist*) Schranken *pl*. **he entered the ~ after the first ballot** er trat nach dem ersten Wahlgang in den Wahlkampf ein.

lit [lɪt] *pret, ptp of* **light¹, light³.**

litany ['lɪtənɪ] *n* Litanei *f*.

liter *n* (*US*) *see* **litre.**

literacy ['lɪtərəsɪ] *n* Fähigkeit *f*, lesen und schreiben zu können. **~ campaign** Kampagne *f* gegen das Analphabetentum, Alphabetisierungskampagne *f*; **the ~ rate in Slobodia is only 30%** die Analphabetenquote in Slobodia beträgt 70%; **~ test** Lese- und Schreibtest *m*.

literal ['lɪtərəl] **I** *adj* **1.** (*esp Typ*) **~ error** Schreib-/Tipp-/Druck- fehler *m*.

2. *translation* wörtlich; *meaning, sense also* eigentlich.

3. (*real*) **that is the ~ truth** das ist die reine Wahrheit; **it was a ~ disaster** es war im wahrsten Sinne des Wortes eine Katastrophe; **the ~ impossibility of working there** die völlige *or* buchstäbliche Unmöglichkeit, dort zu arbeiten.

4. (*prosaic*) nüchtern, prosaisch.

II *n* Schreib-/Tipp-/Druckfehler *m*.

literally ['lɪtərəlɪ] *adv* **1.** (*word for word, exactly*) (wort)wörtlich. **to take sth ~** etw wörtlich nehmen.

2. (*really*) buchstäblich, wirklich. **he was ~ a giant** er war im wahrsten Sinne des Wortes ein Riese.

literary ['lɪtərərɪ] *adj* literarisch. **he has ~ tastes** er interessiert sich für Literatur; **~ criticism** (*as subject*) Literaturwissenschaft *f*; (*reviews*) Literaturkritik *f*; **~ historian** Literaturhistoriker(in *f*) *m*.

literate ['lɪtərɪt] *adj* **1. to be ~** lesen und schreiben können.

2. (*well-educated*) gebildet. **his style is not very ~** er schreibt einen ungeschliffenen Stil.

literati [ˌlɪtə'rɑːtiː] *npl* Literaten *pl*.

literature ['lɪtərɪtʃəʳ] *n* Literatur *f*; (*inf: brochures etc*) Informationsmaterial *nt*; (*specialist ~*) (Fach)literatur *f*.

lithe [laɪð] *adj* (*+er*) geschmeidig; *person, body also* gelenkig.

lithium ['lɪθɪəm] *n* Lithium *nt*.

lithograph ['lɪθəʊgrɑːf] **I** *n* Lithographie *f*, Steindruck *m*. **II** *vt* lithographieren.

lithographer [lɪ'θɒgrəfəʳ] *n* Lithograph(in *f*) *m*.

lithographic [ˌlɪθəʊ'græfɪk] *adj* lithographisch, Steindruck-.

lithography [lɪ'θɒgrəfɪ] *n* Lithographie *f*, Steindruck(verfahren *nt*) *m*.

Lithuania [ˌlɪθjʊ'eɪnɪə] *n* Litauen *nt*.

Lithuanian [ˌlɪθjʊ'eɪnɪən] **I** *adj* litauisch. **II** *n* **1.** Litauer(in *f*) *m*. **2.** (*language*) Litauisch *nt*.

litigant ['lɪtɪgənt] *n* prozeßführende Partei.

litigate ['lɪtɪgeɪt] *vi* einen Prozeß führen *or* anstrengen.

litigation [ˌlɪtɪ'geɪʃən] *n* Prozeß, Rechtsstreit *m*.

litigious [lɪ'tɪdʒəs] *adj* prozeßsüchtig.

litmus ['lɪtməs] *n* Lackmus *m or nt*. **~ paper** Lackmuspapier *nt*.

litre, (*US*) **liter** ['liːtəʳ] *n* Liter *m or nt*.

litter ['lɪtəʳ] **I** *n* **1.** Abfälle *pl*; (*papers, wrappings*) Papier *nt*. **the park was strewn with ~** der Park war mit Papier und Abfällen übersät; **a ~ of books** ein Haufen *m* Bücher.

2. (*Zool*) Wurf *m*.

3. (*vehicle*) Sänfte *f*; (*Med*) Tragbahre, Trage *f*.

4. (*bedding for animals*) Streu *f*, Stroh *nt*; (*for plants*) Stroh *nt*; (*cat ~*) Katzenstreu *f*.

II *vt* **1. to be ~ed with sth** (*lit, fig*) mit etw übersät sein; **old cans ~ed the countryside** alte Dosen verschandelten die Landschaft; **to ~ a room with papers** Papier(e) im Zimmer verstreuen.

2. (*give birth to*) werfen.

3. *plant* abdecken; *animal* Streu geben (*+dat*).

III *vi* **1.** (*have young*) werfen. **2.** (*esp US*) Abfall wegwerfen.

litter basket *n* Abfallkorb *m*; **litter bin** *n* Abfalleimer *m*; (*hooked on*) Abfallkorb *m*; (*bigger*) Abfalltonne *f*; **litter bug** (*inf*), **litter lout** (*inf*) *n* Dreckspatz (*inf*), Schmutzfink (*inf*) *m*.

little ['lɪtl] **I** *adj* klein. **a ~ house** ein Häuschen *nt*, ein kleines Haus; **a funny ~ nose** ein lustiges (kleines) Näschen; **the ~ ones** die Kleinen *pl*; **a nice ~ profit** ein hübscher Gewinn; **the ~ people** *or* **folk** die Elfen; **he will have his ~ joke** er will auch einmal ein Witzchen machen; **to worry about ~ things** sich (*dat*) über Kleinigkeiten Gedanken machen; **~ things please ~ minds** so kann man auch mit kleinen Sachen Kindern eine Freude machen; **a ~ while ago** vor kurzem, vor kurzer Zeit; **in a ~ while** bald.

II *adv, n* **1.** wenig. **of ~ importance/interest** von geringer Bedeutung/geringem Interesse; **~ better than** kaum besser als; **~ more than a month ago** vor kaum einem Monat; **~ short of** fast schon, beinahe; **~ did I think that ...** ich hätte kaum gedacht, daß ...; **~ does he know that ...** er hat keine Ahnung, daß ...; **to think ~ of sb/sth** nicht viel von jdm/etw halten; **I walk as ~ as possible** ich laufe so wenig wie möglich; **to spend ~ or nothing** so gut wie (gar) nichts ausgeben; **every ~ helps** Kleinvieh macht auch Mist (*Prov*); **please donate, every ~ helps** auch die kleinste Spende hilft; **he had ~ to say** er hatte nicht viel zu sagen; **I see very ~ of her nowadays** ich sehe sie in letzter Zeit sehr selten; **there was ~ we could do** wir konnten nicht viel tun; **the ~ of his book that I have read** das wenige *or* bißchen, was ich von seinem Buch gelesen habe; **she did what ~ she could** sie tat das Wenige, das sie tun konnte; **~ by ~** nach und nach; **~ by ~, he dragged himself across the room** Stückchen für Stückchen schleppte er sich durch das Zimmer; **to make ~ of sth** etw herunterspielen *or* bagatellisieren; **I could make ~ of this book** ich konnte mit diesem Buch nicht viel anfangen.

2. a ~ ein wenig, ein bißchen; **with a ~ effort** mit etwas Anstrengung; **I'll give you a ~ advice** ich gebe dir einen kleinen Tip; **a ~ after five** kurz nach fünf; **I was not a ~ surprised** ich war einigermaßen überrascht; **after a ~** nach einer Weile; **for a ~** für ein Weilchen.

littleness ['lɪtlnɪs] *n* Kleinheit *f*, geringe Größe; (*of contribution*) Geringfügigkeit *f*; (*of mind*) Beschränktheit *f*.

littoral ['lɪtərəl] (*form*) **I** *adj* litoral (*spec*), Litoral- (*spec*); (*of lake also*) Ufer-; (*of sea also*) Küsten-. **II** *n* Litorale *nt*; Uferland *nt*; Küstenstrich *m or* -region *f*.

liturgical [lɪ'tɜːdʒɪkəl] *adj* liturgisch.

liturgy ['lɪtədʒɪ] *n* Liturgie *f*.

livable, liveable ['lɪvəbl] *adj life* erträglich.

livable-in *adj* (*inf*) **the house is ~** in dem Haus kann man *or* läßt es sich wohnen; **livable-with** *adj* (*inf*) **John's too moody to be ~** John ist zu launisch, mit ihm kann man nicht zusammen leben; **arthritis can't be cured, but it can be made ~** Arthritis ist unheilbar, kann aber erträglich gemacht werden.

live[1] [lɪv] **I** *vt life* führen. **to ~ a part** in einer Rolle aufgehen; **he had been living a lie** sein Leben war eine Lüge; **to ~ one's own life** sein eigenes Leben leben.

II *vi* **1.** leben. **there is no man living who can equal him** es gibt niemanden, der es ihm gleichtun könnte; **will he ~, doctor?** wird er (über)leben, Herr Doktor?; **long ~ Queen Anne!** lang lebe Königin Anne!; **we ~ and learn** man lernt nie aus; **to ~ and let ~** leben und leben lassen; **to ~ like a king** *or* **lord** fürstlich *or* wie Gott in Frankreich leben; **not many people ~ to be a hundred** nicht viele Menschen werden hundert (Jahre alt); **to ~ to a ripe old age** ein hohes Alter erreichen; **his name will ~ for ever** sein Ruhm wird nie vergehen; **his poetry will ~ for ever** seine Dichtung ist unvergänglich; **we will ~ again after death** wir werden nach dem Tode wiedergeboren werden; **to ~ by one's wits** sich (so) durchschlagen; **to ~ by one's pen** von seinen Büchern *or* vom Schreiben leben; **he ~d through two wars** er hat zwei Kriege miterlebt; **to ~ through an experience** eine Erfahrung durchmachen; **the patient was not expected to ~ through the night** man rechnete nicht damit, daß der Patient die Nacht überstehen *or* überleben würde; **to ~ within/beyond one's income** nicht über/über seine Verhältnisse leben; **you'll ~ to regret it** das wirst du noch bereuen.

2. (*experience real living*) **I want to ~** ich will leben *or* was erleben (*inf*); **you've never skied? you haven't ~d!** du bist noch nie Ski gefahren? du weißt gar nicht, was du versäumt hast!; **before she met him she hadn't ~d** sie begann erst zu leben, als sie ihn kennenlernte.

3. (*reside*) wohnen; (*in town, in country also, animals*) leben. **he ~s at 19 Marktstraße** er wohnt in der Marktstraße Nr. 19; **who ~s in that big house?** wer bewohnt das große Haus?, wer wohnt in dem großen Haus?; **he ~s with his parents** er wohnt bei seinen Eltern; **a house not fit to ~ in** ein unbewohnbares Haus, ein Haus, in dem man nicht wohnen kann.

4. (*inf: belong*) **where does this jug ~?** wo gehört der Krug hin?

5. the other athletes couldn't ~ with him/the pace die anderen Läufer konnten mit ihm/mit dem Tempo nicht mithalten.

◆**live down** *vt sep scandal, humiliation* hinwegkommen über (+*acc*), verwinden; (*actively*) *scandal, mistake* Gras wachsen lassen über (+*acc*). **he'll never ~ it ~** das wird man ihm nie vergessen.

◆**live in** *vi* im Haus/im Wohnheim *etc* wohnen, nicht außerhalb wohnen.

◆**live off** *vi +prep obj* **to ~ ~ one's estates** von seinem Besitz leben; **to ~ ~ one's relations** auf Kosten seiner Verwandten leben.

◆**live on I** *vi* (*continue to live*) weiterleben.

II *vi +prep obj* **to ~ ~ eggs** sich von Eiern ernähren, von Eiern leben; **he doesn't earn enough to ~ ~** er verdient nicht genug, um davon zu leben; **to ~ ~ hope** (nur noch) von der Hoffnung leben; **to ~ ~ one's reputation** von seinem Ruf zehren.

◆**live out I** *vi* außerhalb (des Hauses/des Wohnheims *etc*) wohnen. **II** *vt sep life* verbringen; *winter* überleben.

◆**live together** *vi* (*cohabit*) zusammenleben; (*share a room, flat etc*) zusammenwohnen.

◆**live up** *vt always separate*: **to ~ it ~** (*inf*) die Puppen tanzen lassen (*inf*); (*extravagantly*) in Saus und Braus leben (*inf*); **in my young days we really knew how to ~ it ~** in meiner Jugend wußten wir noch, wie man sich so richtig auslebt.

◆**live up to** *vi +prep obj* **the holidays ~d ~ ~ expectations/the advertiser's claims** der Urlaub hielt, was ich mir davon versprochen hatte/was die Werbung versprochen hatte; **to ~ ~ ~ standards/one's reputation** den Anforderungen/seinem Ruf gerecht werden; **the reality never ~s ~ ~ the anticipation** die Wirklichkeit kommt nie an die Erwartungen heran; **the holiday didn't ~ ~ ~ our hopes** der Urlaub entsprach nicht dem, was wir uns (*dat*) erhofft hatten; **he's got a lot to ~ ~ ~** in ihn werden große Erwartungen gesetzt; **I doubt whether he can ~ ~ ~ his brother** ich bezweifle, daß er seinem Bruder das Wasser reichen kann.

live[2] [laɪv] **I** *adj* **1.** (*alive*) lebend; *issue, question* aktuell. **a real ~ duke** ein waschechter Herzog; **~ births** Lebendgeburten *pl*; **~-cell therapy** Frischzellentherapie *f*.

2. (*having power or energy*) *coal* glühend; *match* ungebraucht; *cartridge, shell* scharf; (*Elec*) geladen. **"danger, ~ wires!"** „Vorsicht Hochspannung!"; **she's a real ~ wire** (*fig*) sie ist ein richtiges Energiebündel.

3. (*Rad, TV*) live. **~ broadcast** Livesendung *f*.

II *adv* (*Rad, TV*) live, direkt.

liveable ['lɪvəbl] *adj see* **livable.**

lived-in ['lɪvdɪn] *adj feel* gemütlich, behaglich.

live-in ['lɪvɪn] *adj cook, maid* in Haus

wohnend.

livelihood ['laɪvlɪhʊd] *n* Lebensunterhalt *m*. **rice is their ~** sie verdienen ihren Lebensunterhalt mit Reis; **to earn a ~** sich (*dat*) seinen Lebensunterhalt verdienen.

liveliness ['laɪvlɪnɪs] *n see adj* Lebhaftigkeit *f*; Lebendigkeit *f*; Dynamik *f*; Schnelligkeit *f*; Aufgewecktheit *f*.

lively ['laɪvlɪ] *adj* (+*er*) lebhaft; *scene, account* lebendig; *campaign* dynamisch; *pace* flott; *mind* wach, aufgeweckt. **things are getting ~** es geht hoch her (*inf*); **at 8 things will start to get ~** um 8 wird es dann lebhafter; **to look ~** (*speed up*) schnell machen.

liven up ['laɪvən'ʌp] **I** *vt sep* beleben, Leben bringen in (+*acc*) (*inf*). **II** *vi* in Schwung kommen; (*person*) aufleben.

liver¹ ['lɪvəʳ] *n* **clean ~** solider Mensch; **he's a fast ~** er führt ein flottes Leben (*inf*).

liver² *n* (*Anat, Cook*) Leber *f*. **~ pâté** Leberpastete *f*; **~ sausage, ~ wurst** Leberwurst *f*.

liveried ['lɪvərɪd] *adj* livriert.

liverish ['lɪvərɪʃ] *adj* **1. to be ~** etwas mit der Leber haben; **I felt a bit ~ after the party** mir ging es nach der Party ziemlich mies (*inf*). **2.** (*bad-tempered*) mürrisch.

livery ['lɪvərɪ] *n* Livree *f*; (*fig liter*) Kleid *nt*.

livery company *n* Zunft *f*; **livery stable** *n* Mietstall *m*.

lives [laɪvz] *pl of* **life.**

livestock ['laɪvstɒk] *n* Vieh *nt*; (*number of animals*) Viehbestand *m*.

livid ['lɪvɪd] *adj* **1.** (*inf*) wütend, fuchsteufelswild (*inf*). **he got ~ with us** er hatte eine Stinkwut auf uns (*inf*). **2.** bleifarben.

living ['lɪvɪŋ] **I** *adj* lebend; *example, faith* lebendig. **a ~ creature** ein Lebewesen *nt*; **not a ~ soul** keine Menschenseele; **(with)in ~ memory** seit Menschengedenken; **he is ~ proof of ...** er ist der lebende Beweis für ...; **her existence was a ~ death** ihr Leben war eine einzige Qual; **~ or dead** tot oder lebendig.

II *n* **1. the ~** *pl* die Lebenden *pl*.

2. (*way of ~*) **the art of ~** Lebenskunst *f*; **he is fond of good ~** er lebt gern gut; **gracious ~** die vornehme Lebensart; **loose ~** lockerer Lebenswandel; *see* **standard.**

3. (*livelihood*) Lebensunterhalt *m*. **to earn** *or* **make a ~** sich (*dat*) seinen Lebensunterhalt verdienen; **they made a bare ~ out of the soil** sie hatten mit dem Ertrag des Bodens ihr Auskommen; **to work for one's ~** arbeiten, um sich (*dat*) seinen Lebensunterhalt zu verdienen; **some of us have to work for a ~** es gibt auch Leute, die arbeiten müssen.

4. (*Eccl*) Pfründe *f*.

living conditions *npl* Wohnverhältnisse *pl*; **living quarters** *npl* Wohnbereich *m*; **living room** *n* Wohnzimmer *nt*; **living space** *n* (*in house*) Wohnraum *m*; (*for a nation*) Lebensraum *m*; **living wage** *n* ausreichender Lohn.

lizard ['lɪzəd] *n* Eidechse *f*; (*including larger forms also*) Echse *f*.

llama ['lɑːmə] *n* Lama *nt*.

LMT (*US*) *abbr of* **local mean time** Ortszeit *f*.

load [ləʊd] **I** *n* **1.** (*sth carried, burden*) Last *f*; (*cargo*) Ladung *f*; (*on girder, axle etc, fig*) Belastung, Last *f*. **what sort of ~ was the ship/lorry carrying?** was hatte das Schiff/der Lastwagen geladen?; **to put a ~ on sth** etw belasten; **to put too heavy a ~ on sth** etw überlasten; **the maximum ~ for that bridge is 10 tons** die maximale Tragkraft *or* -fähigkeit dieser Brücke beträgt 10 Tonnen; **an arm-~ of shopping** ein Armvoll Einkäufe; **a train-~ of passengers** ein Zug voll Reisender; **(work) ~** (Arbeits)pensum *nt*; **he has a heavy teaching ~ this term** er hat in diesem Semester eine hohe Stundenzahl; **that's a ~ off my mind!** da fällt mir ein Stein vom Herzen!; **to take a ~ off sb's mind** jdm eine Last von der Seele nehmen.

2. (*Elec*) (*supplied*) Leistung *f*; (*carried*) Spannung *f*.

3. (*inf usages*) **~s of, a ~ of** massenhaft (*inf*), jede Menge (*inf*); **it's a ~ of old rubbish** das ist alles Blödsinn (*inf*) *or* Quatsch (*inf*); (*film, book, translation*) das ist alles Mist! (*inf*); **get a ~ of this!** (*listen*) hör dir das mal an!; (*look*) guck dir das mal an! (*inf*).

II *vt* **1.** *goods* laden; *lorry etc* beladen. **the ship was ~ed with bananas** das Schiff hatte Bananen geladen.

2. (*burden, weigh down*) beladen. **the branch was ~ed with pears** der Ast war mit Birnen überladen.

3. (*fig*) überhäufen. **to ~ sb with honours** jdn mit Ehrungen überschütten *or* -häufen; **the whole matter is ~ed with problems** die Angelegenheit steckt voller Probleme.

4. *gun* laden. **to ~ a camera** einen Film (in einen Fotoapparat) einlegen.

5. *dice* fälschen, präparieren. **to ~ the dice** (*fig*) mit gezinkten Karten spielen; **to ~ the dice against sb** (*fig*) jdn übervorteilen.

6. (*Comput*) laden.

III *vi* **1.** laden. **~ing bay** Ladeplatz *m*; **"~ing and unloading"** „Be- und Entladen".

2. (*~ gun*) laden; (*~ camera*) einen Film einlegen. **~!** Gewehr(e) laden!

3. (*Comput*) laden.

◆**load down** *vt sep* (schwer) beladen; (*fig*) überladen. **he is ~ed ~ with sorrows** Sorgen lasten schwer auf ihm *or* drücken ihn.

◆**load up I** *vi* aufladen. **II** *vt sep* **1.** lorry beladen; *goods* aufladen. **2.** (*Comput*) laden.

load-bearing *adj wall* tragend; **load capacity** *n* (*Elec*) Belastung(sfähigkeit) *f*; (*of lorry*) maximale Nutzlast.

loaded ['ləʊdɪd] *adj* beladen; *dice* falsch, präpariert; *camera* mit eingelegtem Film; *gun* geladen. **a ~ question** eine Fangfrage; **he's ~** (*inf: rich*) er ist stink- *or* steinreich (*inf*), er schwimmt im Geld (*inf*); (*sl: drunk*) der hat ganz schön geladen (*inf*).

load line *n* Ladelinie *f*; **loadstar** *n see* **lodestar**; **loadstone** *n see* **lodestone.**

loaf [ləʊf] *n, pl* **loaves** Brot *nt*; (*unsliced*) (Brot)laib *m*; (*meat* ~) Hackbraten *m*. **a ~ of bread** ein (Laib) Brot; **a small white ~** ein kleines Weißbrot; **half a ~ is better than none** *or* **than no bread** (*Prov*) (wenig ist) besser als gar nichts; **use your ~!** (*sl*) streng deinen Grips an (*inf*); **use your ~, show some tact** (*sl*) denk mal ein bißchen, und sei etwas taktvoller (*inf*).

◆**loaf about** *or* **around** *vi* (*inf*) faulenzen. **he ~ed ~ the house all day** er hing den ganzen Tag zu Hause herum (*inf*).

loafer ['ləʊfəʳ] *n* **1.** (*inf: idler*) Faulenzer(in *f*), Nichtstuer(in *f*) *m*. **2.** (*US: casual shoe*) Halbschuh, Trotteur *m*.

loam [ləʊm] *n* Lehmerde *f*.

loamy ['ləʊmɪ] *adj* (+*er*) lehmig. **~ soil** Lehmboden *m*.

loan [ləʊn] **I** *n* **1.** (*thing lent*) Leihgabe *f*; (*from bank etc*) Darlehen *nt*; (*public* ~) Anleihe *f*. **my friend let me have the money as a ~** mein Freund hat mir das Geld geliehen; **it's not a gift, it's a ~** es ist nicht geschenkt, sondern nur geliehen; **government ~s** Regierungsdarlehen *nt*; (*borrowings*) Staatsanleihen *pl*.

2. I asked for the ~ of the bicycle ich bat darum, das Fahrrad ausleihen zu dürfen; **he gave me the ~ of his bicycle** er hat mir sein Fahrrad geliehen; **it's on ~** es ist geliehen; (*out on* ~) es ist verliehen *or* ausgeliehen; **the machinery is on ~ from the American government** die Maschinen sind eine Leihgabe der amerikanischen Regierung; **to have sth on ~** etw geliehen haben (*from* von).

II *vt* leihen (*to sb* jdm).

loan account *n* Darlehenskonto, Kreditkonto *nt*; **loanback facility** *n* (*Insur*) Beleihungsmöglichkeit *f*; **loan capital** *n* Anleihekapital *nt*; **loan collection** *n* Leihgaben *pl*; **loan shark** *n* (*inf*) Kredithai *m* (*inf*); **loan word** *n* Lehnwort *nt*.

loath, loth [ləʊθ] *adj* **to be ~ to do sth** etw ungern tun.

loathe [ləʊð] *vt thing, person* verabscheuen; *modern art, spinach, jazz* nicht ausstehen können. **I ~ doing it** (*in general*) ich hasse es, das zu tun; (*on particular occasion*) es ist mir zuwider, das zu tun.

loathing ['ləʊðɪŋ] *n* Abscheu *m*.

loathsome ['ləʊðsəm] *adj thing, person* abscheulich, widerlich; *task* verhaßt; *deformity* abstoßend; *wound* ekelerregend.

loathsomeness ['ləʊðsəmnɪs] *n see adj* Abscheulichkeit, Widerlichkeit *f*; Verhaßtheit *f*; abstoßender Anblick.

loaves [ləʊvz] *n, pl of* **loaf.**

lob [lɒb] **I** *n* (*Tennis*) Lob *m*. **II** *vt ball* im Lob spielen, lobben. **he ~bed the grenade over the wall** er warf die Granate im hohen Bogen über die Mauer; **to ~ sth over to sb** jdm etw zuwerfen. **III** *vi* (*Tennis*) lobben.

lobby ['lɒbɪ] **I** *n* (*entrance hall*) Vor- *or* Eingangshalle *f*; (*of hotel, theatre*) Foyer *nt*; (*corridor*) Flur, Korridor *m*; (*anteroom, waiting room*) Vorzimmer *nt*; (*place in Parliament*) Lobby *f*; (*Pol*) Lobby, Interessengruppe *f or* -verband *m*. **the railway ~** die Eisenbahnlobby.

II *vt* **to ~ one's Member of Parliament** auf seinen Abgeordneten Einfluß nehmen; **to ~ a bill through parliament** als Interessengruppe ein Gesetz durchs Parlament bringen.

III *vi* auf die Abgeordneten Einfluß nehmen, Lobbyist sein. **they are ~ing for this reform** die Lobbyisten versuchen, diese Reform durchzubringen.

lobbying ['lɒbɪɪŋ] *n* Beeinflussung *f* von Abgeordneten (durch Lobbies).

lobe [ləʊb] *n* (*Anat*) (*of ear*) Ohrläppchen *nt*; (*of lungs, brain*) Lappen, Lobus (*spec*) *m*; (*of leaf*) Ausbuchtung *f*.

lobed [ləʊbd] *adj* gelappt.

lobelia [ləʊ'bi:lɪə] *n* Lobelie *f*.

lobotomy [ləʊ'bɒtəmɪ] *n* (*Med*) Lobotomie *f*.

lobster ['lɒbstəʳ] *n* Hummer *m*. **~ pot** Hummer(fang)korb *m*.

local ['ləʊkəl] **I** *adj* **1.** Orts-, örtlich; (*in this area*) hiesig; (*in that area*) dortig; *radio station* Regional-; *newspaper also* Lokal-; *train* Nahverkehrs-; *politician* Kommunal-; *anaesthetic* lokal, örtlich. **all the ~ residents** alle Ortsansässigen *pl*; **he's a ~ man** er ist ein Ortsansässiger, er ist von hier (*inf*); **~ authorities** städtische Behörden *pl*; (*council*) Gemeindeverwaltung *f*; Stadtverwaltung *f*; Stadt- und Kreisverwaltung *f*; **~ government** Kommunal- *or* Gemeindeverwaltung *f*; Kreisverwaltung *f*; **~ opinion is against the change** die öffentliche Meinung am Ort ist gegen die Änderung; **the latest ~ gossip** der neueste Klatsch (hier/dort); **~ bus** Stadtbus *m*; (*serving the immediate locality*) Nahverkehrsbus *m*; **~ colour** Lokalkolorit *nt*; **go into your ~ branch** gehen Sie zu Ihrer Zweigstelle; **accents with the usual ~ variations** Dialekte mit den üblichen regionalen Unterschieden; **our village hasn't got a ~ butcher** unser Dorf hat keinen eigenen Schlachter; **there are two ~ grocers** es gibt zwei Lebensmittelhändler am Ort; **the ~ shops aren't very good** die dortigen/hiesigen Geschäfte sind nicht sehr gut; **our ~ doctor back home in Canada** unser Arzt zu Hause in Kanada; **what are their main ~ products there?** was wird dort hauptsächlich erzeugt?; **our best ~ wine** der beste hiesige Wein.

2. ~ anaesthetic örtliche Betäubung, Lokalanästhesie *f*. **~ area network** (*Comput*) lokales Rechnernetz, LAN *nt*.

II *n* **1.** (*pub*) **the ~** (*in village*) der Dorfkrug, die Dorfkneipe (*inf*); (*in community*) das Stammlokal; **our ~** unsere Stammkneipe (*inf*), unser Stammlokal *nt*.

2. (*born in*) Einheimische(r) *mf*; (*living in*) Einwohner(in *f*) *m*.

locale [ləʊ'kɑ:l] *n* Schauplatz *m*.

locality [ləʊ'kælɪtɪ] *n* Gegend *f*.

localize ['ləʊkəlaɪz] *vt* **1.** (*detect*) lokalisieren. **2. this custom, once widespread, has**

now become very ~d die einst weitverbreitete Sitte ist jetzt auf wenige Orte begrenzt.

locally ['ləʊkəlɪ] *adv* am Ort; (*Med*) örtlich. **I prefer to shop ~** ich kaufe lieber im Ort ein; **the shops are situated ~** die Geschäfte befinden sich in günstiger Lage; **do you live ~?** wohnen Sie am Ort?; **I work in Glasgow but I don't live ~** ich arbeite in Glasgow, wohne aber nicht hier/da; **was she well-known ~?** war sie in dieser Gegend sehr bekannt?; **the plant grows ~** die Pflanze wächst in dieser Gegend.

locate [ləʊ'keɪt] *vt* **1.** (*position*) legen; *headquarters* einrichten; (*including act of building*) bauen, errichten; *sportsground, playground* anlegen; *road* bauen, anlegen. **to be ~d at** *or* **in** sich befinden in (+*dat*); **the hotel is centrally ~d** das Hotel liegt zentral.

2. (*find*) ausfindig machen; *submarine, plane* orten.

location [ləʊ'keɪʃən] *n* **1.** (*position, site*) Lage *f*; (*of building also*) Standort *m*; (*of road*) Führung *f*; (*of ship*) Position *f*. **this would be an ideal ~ for the road/airport** das wäre ein ideales Gelände für die Straße/den Flughafen; **the precise ~ of the earthquake** wo das Erdbeben genau stattgefunden hat; **the doctors haven't determined the precise ~ of the tumour** die Ärzte haben den Tumor noch nicht genau lokalisiert.

2. (*positioning, siting*) (*of building, road*) Bau *m*; (*of park*) Anlage *f*; (*of headquarters*) (*removal*) Einrichtung *f*; (*building*) Errichtung *f*. **they discussed the ~ of the road/airport** sie diskutierten, wo die Straße/der Flughafen gebaut werden soll.

3. (*finding*) Auffinden *nt*; (*of tumour*) Lokalisierung *f*; (*of star, ship*) Ortung, Positionsbestimmung *f*. **the ~ of oil in the North Sea** die Entdeckung von Erdöl in der Nordsee.

4. (*Film*) Drehort *m*. **to be on ~ in Mexico** (*person*) bei Außenaufnahmen in Mexiko sein.

locative ['lɒkətɪv] *n* Lokativ *m*.

loc cit ['lɒk'sɪt] *abbr of* **loco citato** l.c., a.a.O.

loch [lɒx] *n* (*Scot*) See *m*; (*sea ~*) Meeresarm *m*.

loci ['lɒki:] *pl of* **locus.**

lock[1] [lɒk] *n* (*of hair*) Locke *f*.

lock[2] **I** *n* **1.** (*on door, box, gun*) Schloß *nt*. **to put sb/sth under ~ and key** jdn hinter Schloß und Riegel bringen/etw wegschließen; **to keep money under ~ and key** Geld unter Verschluß halten; **he offered me the house ~, stock and barrel** er bot mir das Haus mit allem Drum und Dran an (*inf*); **they destroyed it ~, stock and barrel** sie haben es total zerstört; **to condemn sth ~, stock and barrel** etw in Grund und Boden verdammen.

2. (*canal ~*) Schleuse *f*.

3. (*hold*) Fesselgriff *m*.

4. (*Aut*) Wendekreis *m*. **the steering wheel was on** *or* **at full ~** das Lenkrad war voll eingeschlagen.

II *vt door* ab- *or* zuschließen; *steering wheel* sperren, arretieren; *wheel* blockieren; (*Comput*) *keyboard* verriegeln. **to ~ sb in a room** jdn in einem Zimmer einschließen; **the armies were ~ed in combat** die Armeen waren in Kämpfe verwickelt; **they were ~ed in each other's arms** sie hielten sich fest umschlungen; **he ~ed my arm in a firm grip** er umklammerte meinen Arm mit festem Griff; **this bar ~s the wheel in position** diese Stange hält das Rad fest; *see* **stable[2].**

III *vi* schließen; (*wheel*) blockieren. **a suitcase that ~s** ein verschließbarer Koffer; **his jaw had ~ed fast** er hatte Mundsperre.

◆**lock away** *vt sep* wegschließen; *person* einsperren. **he ~ed the money ~ in his safe** er schloß das Geld in seinem Safe ein.

◆**lock in** *vt sep* **1.** einschließen. **to be ~ed ~** eingesperrt sein. **2. we're ~ed ~to this supplier** wir sind an diesen Lieferanten gebunden; **I don't want to get myself ~ed ~** ich will mich nicht zu sehr binden.

◆**lock on I** *vi* (*spaceship*) gekoppelt werden (*to* mit). **the radio automatically ~s ~to a channel** das Radio hat automatische Feineinstellung; **his mind has ~ed ~ to one way of thinking** er hat sich auf eine Denkart festgefahren.

II *vt sep radio, scanner* einstellen (*to* auf +*acc*). **with a padlock he ~ed the extra piece ~** er befestigte das zusätzliche Stück mit einem Anhängeschloß.

◆**lock out** *vt sep* aussperren.

◆**lock together I** *vi* (*rockets*) (miteinander) gekoppelt werden; (*pieces of jigsaw*) sich zusammenstecken lassen.

II *vt sep rockets* (miteinander) koppeln; *pieces of jigsaw* zusammenstecken. **~ed ~ in a passionate embrace** in einer leidenschaftlichen Umarmung fest umschlungen.

◆**lock up I** *vt sep* **1.** *thing, house* abschließen; *person* einsperren. **to ~ sth ~ in sth** etw in etw (*dat*) einschließen; **he ought to be ~ed ~!** den müßte man einsperren! **2.** (*Comm*) *capital* fest anlegen. **II** *vi* abschließen.

locker ['lɒkə[r]] *n* Schließfach *nt*; (*Naut, Mil*) Spind *m*. **~ room** Umkleideraum *m*.

locket ['lɒkɪt] *n* Medaillon *nt*.

lock gate *n* Schleusentor *nt*; **lockjaw** *n* Wundstarrkrampf *m*; **lock keeper** *n* Schleusenwärter(in *f*) *m*; **locknut** *n* Gegenmutter *f*; **lockout** *n* Aussperrung *f*; **locksmith** *n* Schlosser(in *f*) *m*; **lockstitch** *n* Steppstich *m*; **lock-up** *n* **1.** (*shop*) Laden *m*, Geschäft *nt*; (*garage*) Garage *f*; **2.** (*prison*) Gefängnis *nt*.

loco[1] *n* (*Rail inf*) Lok *f* (*inf*).

loco[2] *adj* (*esp US sl*) bekloppt (*sl*).

loco citato [ˌlɒkəʊsɪ'tɑ:təʊ] *see* **loc cit.**

locomotion [ˌləʊkə'məʊʃən] *n* Fortbewegung *f*. **means of ~** Fortbewegungsmittel *nt*.

locomotive [ˌləʊkə'məʊtɪv] **I** *adj* Fortbewegungs-. **~ power** Fortbewegungsfähigkeit *f*. **II** *n* Lokomotive *f*.

locum (tenens) ['ləʊkəm('tenenz)] *n* Vertreter(in *f*) *m*.

locus ['lɒkəs] *n*, *pl* **loci** geometrischer Ort.

locust ['ləʊkəst] *n* Heuschrecke *f*. ~ **tree** Robinie *f*.

locution [lə'kju:ʃən] *n* Ausdrucksweise *f*; (*expression*) Ausdruck *m*.

lode [ləʊd] *n* Ader *f*.

lodestar *n* Leitstern *m*; Polarstern *m*; (*fig*) (*person*) Leitbild *nt*; (*principle*) Leitstern *m*; **lodestone** *n* Magnetit, Magneteisenstein *m*.

lodge [lɒdʒ] **I** *n* (*in grounds*) Pförtnerhaus *nt*; (*of Red Indian*) Wigwam *m*; (*shooting* ~, *skiing* ~) Hütte *f*; (*porter's* ~) Pförtnerloge *f*; (*in school, Univ*) Pedellzimmer *nt*; (*masonic* ~) Loge *f*; (*of beaver*) Bau *m*.

II *vt* **1.** *person* unterbringen.

2. *complaint* einlegen (*with* bei); *charge* einreichen.

3. (*insert*) *spear* stoßen. **to be ~d** (fest)stecken.

4. *jewellery, money* deponieren, hinterlegen.

III *vi* **1.** (*live*) (zur *or* in Untermiete) wohnen (*with sb, at sb's* bei jdm); (*at boarding house*) wohnen (*in* in +*dat*).

2. (*object, bullet*) steckenbleiben.

lodger ['lɒdʒə^r] *n* Untermieter(in *f*) *m*. **she takes ~s** sie vermietet (Zimmer), sie nimmt Untermieter auf.

lodging ['lɒdʒɪŋ] *n* **1.** Unterkunft *f*. **they gave me a night's** ~ sie gaben mir Unterkunft *or* ein Zimmer für die Nacht.

2. **~s** *pl* ein möbliertes Zimmer; möblierte Zimmer *pl*; **we took ~s with Mrs B** wir mieteten uns bei Frau B ein; ~ **house** Pension *f*.

loess ['ləʊɪs] *n* Löß *m*.

loft [lɒft] **I** *n* **1.** Dachboden, Speicher *m*; (*hay*~) Heuboden *m*. **in the** ~ auf dem Dachboden *or* Speicher. **2.** (*organ* ~, *choir* ~) Empore *f*. **II** *vt* (*Sport*) hochschlagen.

loftily ['lɒftɪlɪ] *adv* hoch; *say, speak* stolz, hochmütig.

loftiness ['lɒftɪnɪs] *n* **1.** (*of tree, mountain*) Höhe *f*. **2.** (*of sentiments*) Erhabenheit *f*; (*of prose*) erlesener *or* gehobener *or* hochtrabender (*pej*) Stil.

lofty ['lɒftɪ] **I** *adj* (+*er*) **1.** (*high*) hoch. **2.** (*noble*) *ideals* hoch(fliegend); *ambitions* hochfliegend; *sentiments* erhaben; *prose, style* erlesen, gehoben, hochtrabend (*pej*). **II** *n* (*inf*) Lange(r) *mf* (*inf*).

log¹ [lɒg] *n* Baumstamm *m*; (*short length of tree trunk*) Block, Klotz *m*; (*for a fire*) Scheit *nt*. **to sleep like a** ~ wie ein Stein schlafen; ~ **cabin** Blockhaus *nt or* -hütte *f*.

log² **I** *n* **1.** (*Naut: apparatus*) Log *nt*. **2.** (*record*) Aufzeichnungen *pl*; (*Naut*) Logbuch *nt*. **to make** *or* **keep a** ~ **of sth** über etw (*acc*) Buch führen. **II** *vt* **1.** Buch führen über (+*acc*); (*Naut*) (ins Logbuch) eintragen. **2.** (*travel*) zurücklegen.

◆**log in** *vi* (*Comput*) einloggen.

◆**log off** (*Comput*) **I** *vi* ausloggen. **II** *vt* ausloggen, abmelden.

◆**log on** (*Comput*) **I** *vi* einloggen. **II** *vt* einloggen, anmelden.

◆**log out** *vi* (*Comput*) ausloggen.

◆**log up** *vt sep* (*Naut*) (ins Logbuch) eintragen; (*clock up*) *distance* zurücklegen; (*fig*) *successes* einheimsen (*inf*).

log³ *abbr of* **logarithm** log. ~ **tables** Logarithmentafel *f*.

loganberry ['ləʊgənbərɪ] *n* (*fruit*) Loganbeere *f*; (*bush*) Loganbeerbusch *m*.

logarithm ['lɒgərɪθəm] *n* Logarithmus *m*.

logarithmic [,lɒgə'rɪθmɪk] *adj* logarithmisch.

log book *n* (*Naut*) Logbuch *nt*; (*Aviat*) Bordbuch *nt*; (*of lorries*) Fahrtenbuch *nt*; (*Aut: registration book*) Kraftfahrzeug- *or* Kfz-Brief *m*; (*in hospitals, police stations*) Dienstbuch *nt*.

loggerheads ['lɒgəhedz] *npl*: **to be at** ~ **(with sb)** Streit (mit jdm) haben, sich (*dat*) (mit jdm) in den Haaren liegen (*inf*); **they were constantly at** ~ **with the authorities** sie standen mit den Behörden dauernd auf Kriegsfuß.

loggia ['lɒdʒɪə] *n* Loggia *f*.

logging ['lɒgɪŋ] *n* Holzfällen *nt*.

logic ['lɒdʒɪk] *n* Logik *f*. ~ **analyzer** (*Comput*) Logikanalysator *m*.

logical ['lɒdʒɪkəl] *adj* logisch; *conclusion also* folgerichtig.

logically ['lɒdʒɪkəlɪ] *adv think, argue* logisch.

logician [lɒ'dʒɪʃən] *n* Logiker(in *f*) *m*.

logistic [lɒ'dʒɪstɪk] *adj* logistisch.

logistics [lɒ'dʒɪstɪks] *n sing* Logistik *f*.

logo ['ləʊgəʊ, 'lɒgəʊ] *n* Logo, Emblem *nt*.

loin [lɔɪn] *n* Lende *f*. ~ **cloth** Lendenschurz *m*; *see* **gird up**.

loiter ['lɔɪtə^r] **I** *vt* **to** ~ **away the time** die Zeit verbummeln (*inf*).

II *vi* **1.** (*waste time*) trödeln, bummeln.

2. (*hang around suspiciously*) sich herumtreiben, herumlungern. **"no ~ing"** „unberechtigter Aufenthalt verboten"; **to** ~ **with intent** sich verdächtig machen, sich auffällig verhalten.

◆**loiter about** *or* **around** *vi* herumlungern.

loiterer ['lɔɪtərə^r] *n* Herumtreiber(in *f*) *m*; (*straggler*) Nachzügler(in *f*), Bummelant *m* (*inf*).

loll [lɒl] *vi* lümmeln. **stand up straight, don't** ~ stell dich gerade hin, laß dich nicht so hängen (*inf*), **he was ~ing in an easy chair** er hing (*inf*) *or* räkelte sich im Sessel; **to** ~ **against sth** sich (lässig) gegen *or* an etw (*acc*) lehnen.

◆**loll about** *or* **around** *vi* herumlümmeln, herumhängen (*inf*).

◆**loll back** *vi* sich zurücklehnen.

◆**loll out** *vi* heraushängen.

lollipop ['lɒlɪpɒp] *n* Lutscher *m*; (*iced* ~) Eis *nt* am Stiel. ~ **man/woman** (*Brit inf*) ≃ Schülerlotse *m*.

lollop ['lɒləp] *vi* (*also* ~ **along**) (*animal*) trotten, zotteln; (*puppy, rabbit*) hoppeln; (*person*) zockeln. **he ran with a ~ing stride** er rannte in großen, schlaksigen Sätzen.

lolly ['lɒlɪ] *n* **1.** (*inf: lollipop*) Lutscher *m*. **an ice(d)** ~ ein Eis *nt* am Stiel. **2.** (*sl: money*) Mäuse (*sl*), Piepen (*sl*) *pl*.

Lombard ['lɒmbɑːd] **I** *adj* lombardisch. **II** *n* Lombarde *m*, Lombardin *f*.

Lombardy ['lɒmbədɪ] *n* Lombardei *f*.

London ['lʌndən] **I** *n* London *nt*. **II** *adj* Londoner.

Londoner ['lʌndənəʳ] *n* Londoner(in *f*) *m*.

lone [ləʊn] *adj* einzeln, einsam; (*only*) einzig. **he prefers to play a ~ hand** er macht lieber alles im Alleingang; **~ wolf** (*fig*) Einzelgänger *m*.

loneliness ['ləʊnlɪnɪs] *n* Einsamkeit *f*.

lonely ['ləʊnlɪ] *adj* (+*er*) einsam. **~ hearts ad** Kontaktanzeige *f*.

loner ['ləʊnəʳ] *n* Einzelgänger(in *f*) *m*.

lonesome ['ləʊnsəm] *adj* (*esp US*) einsam.

long[1] *abbr of* **longitude** L.

long[2] [lɒŋ] **I** *adj* (+*er*) **1.** (*in size*) lang; *glass* hoch; *journey* weit. **it is 6 metres ~** es ist 6 Meter lang; **to be ~ in the leg** lange Beine haben; **to pull a ~ face** ein langes Gesicht machen; **it's a ~ way** das ist weit; **it's a ~ way to Hamburg** nach Hamburg ist es weit; **to have a ~ memory** ein gutes Gedächtnis haben; **to be ~ in the tooth** (*inf*) nicht mehr der/die Jüngste sein.

2. (*in time*) lang; *job* langwierig. **it's a ~ time since I saw her** ich habe sie schon lange *or* seit längerer Zeit nicht mehr gesehen; **he's been here (for) a ~ time** er ist schon lange hier; **she was abroad for a ~ time** sie war lange *or* (eine) lange Zeit im Ausland; **~ time no see** (*inf*) sieht man dich auch mal wieder? (*inf*); **to take a ~ look at sth** etw lange *or* ausgiebig betrachten; **how ~ is the film?** wie lange dauert der Film?; **a year is 12 months ~** ein Jahr hat 12 Monate; **how ~ are your holidays?** wie lange haben Sie Urlaub?; **to take the ~ view** etw auf lange Sicht betrachten.

3. (*Poet, Phon*) *vowel, syllable* lang.

4. a ~ drink (*mixed*) ein Longdrink *m*; **I'd like something ~ and cool** ich möchte einen kühlen Longdrink.

II *adv* **1.** lang(e). **to be ~ in** *or* **about doing sth** lange zu etw brauchen; **don't be ~!** beeil dich!; **don't be too ~ about it** laß dir nicht zuviel Zeit, mach nicht zu lange (*inf*); **I shan't be ~** (*in finishing*) ich bin gleich fertig; (*in returning*) ich bin gleich wieder da; **all night ~** die ganze Nacht; **~ ago** vor langer Zeit; **not ~ ago** vor kurzem; **~ before** lange vorher; **~ before now** viel früher; **~ before they arrived** lange bevor sie ankamen; **not ~ before I met you** kurz bevor ich dich kennenlernte; **not ~ before that** kurz davor; **those days are ~ (since) past** diese Tage sind schon lange vorbei; **at the ~est** höchstens; **as ~ as** so lange wie; **we waited as ~ as we could** wir haben gewartet, solange wir konnten; **as ~ as, so ~ as** (*provided that*) solange; *see also* **ago, since.**

2. (*in comp*) **how much ~er can you stay?** wie lange können Sie noch bleiben?; **I can't wait any ~er** (*from then*) länger kann ich nicht warten; (*from now*) ich kann nicht mehr länger warten; **if that noise goes on any ~er** wenn der Lärm weitergeht; **no ~er** (*not any more*) nicht mehr.

3. so ~! (*inf*) tschüs! (*inf*), bis später!

III *n* **1. the ~ and the short of it is that ...** kurz gesagt ..., der langen Rede kurzer Sinn, ...; **that's the ~ and the short of it** und damit hat sich's (*inf*); **before ~** bald; **are you going for ~?** werden Sie länger weg sein?; **I won't stay for ~** ich bleibe nicht lange; **it won't take ~** das dauert nicht lange; **I won't take ~** ich brauche nicht lange (dazu). **2.** (*Poet*) lange Silbe.

long[3] *vi* sich sehnen (*for* nach); (*less passionately*) herbeisehnen, kaum erwarten können (*for sth* etw *acc*). **he ~ed for his love to return** er wartete sehnsüchtig auf die Rückkehr seiner Liebsten; **I'm ~ing for him to resign** ich warte ungeduldig auf seinen Rücktritt; **the children were ~ing for the bell to ring** die Kinder warteten sehnsüchtig auf das Klingeln *or* konnten das Klingeln kaum erwarten; **he is ~ing for me to make a mistake** er möchte zu gern, daß ich einen Fehler mache; **I am ~ing to go abroad** ich brenne darauf, ins Ausland zu gehen; **I'm ~ing to see that film** ich will den Film unbedingt sehen; **I'm ~ing to hear his reaction** ich bin sehr auf seine Reaktion gespannt; **how I ~ for a cup of tea/a shower** wie ich mich nach einer Tasse Tee/einer Dusche sehne; **~ed-for** ersehnt; **the much ~ed-for cup of tea** die heißersehnte Tasse Tee.

longboat *n* großes Beiboot; (*of Vikings*) Wikingerboot *nt*; **longbow** *n* (Lang)bogen *m*; **longcase clock** *n* Großvateruhr *f*; **long-distance I** *adj lorry, call* Fern-; *flight also, race, runner* Langstrecken-; **~ bus** (Fern)reisebus, Überlandbus *m*; **II** *adv* **to call ~** ein Ferngespräch führen; **long division** *n* schriftliche Division; **long-drawn-out** *adj speech, argument* langatmig; *meeting* ausgedehnt, in die Länge gezogen.

longevity [lɒn'dʒevɪtɪ] *n* Langlebigkeit *f*.

long-forgotten *adj* längst vergessen; **long-haired** *adj person* langhaarig; *dog* Langhaar-; **longhand I** *n* Langschrift *f*; **II** *adv* in Langschrift; **long-headed** *adj* (*fig*) klug, weitblickend; **longhorn** *n* Longhorn *nt*.

longing ['lɒŋɪŋ] **I** *adj look* sehnsüchtig; *eyes* sehnsuchtsvoll.

II *n* Sehnsucht *f* (*for* nach). **to have a ~ to do sth** sich danach sehnen, etw zu tun.

longingly ['lɒŋɪŋlɪ] *adv* sehnsüchtig.

longish ['lɒŋɪʃ] *adj* ziemlich lang.

longitude ['lɒŋgɪtjuːd] *n* Länge *f*. **lines of ~** Längengrade *pl*.

longitudinal [ˌlɒŋgɪ'tjuːdɪnəl] *adj* Längen-; *stripes, cut* Längs-.

longitudinally [ˌlɒŋgɪ'tjuːdɪnəlɪ] *adv* der Länge nach.

long johns *npl* (*inf*) lange Unterhosen *pl*; **long jump** *n* Weitsprung *m*; **long jumper** *n* Weitspringer(in *f*) *m*; **long-legged** *adj* langbeinig; **long-life** *adj battery* mit langer Lebensdauer; **long-life milk** H-Milch *f*; **long-limbed** *adj* langglied(e)rig; **long-lived** ['lɒŋlɪvd] *adj* langlebig; *success* dauerhaft, von Dauer; *anger* anhaltend, von Dauer; **~ trees** Bäume, die lange leben; **long-lost** *adj person* verloren geglaubt; *ideals, enthusiasm* verlorengegangen; **long-playing** *adj* Langspiel-; **long-range** *adj gun* weittragend; *missile, aircraft* Langstrecken-; *forecast, plane* langfristig; **~ study** Langzeitstudie *f*; **longship** *n* Wikingerboot *nt*; **longshoreman** *n* (*US*) Hafenarbeiter *m*; **long shot** *n* **1.** (*Phot*) Fernaufnahme *f*; **2.** (*inf*) **it's a ~, but it may pay off** es ist gewagt, aber es könnte sich auszahlen; **it was a ~, but it proved to be true** die Vermutung war weit hergeholt, hat sich aber als wahr erwiesen; **not by a ~** bei weitem nicht, noch lange nicht; **long-sighted** *adj* (*lit, fig*) weitsichtig; **long-sightedness** *n* Weitsichtigkeit *f*; (*fig*) Weitsicht *f*; **long-standing I** *adj* alt; *friendship also* langjährig; *interest, invitation* schon lange bestehend; **II** *n* **of long standing** *see adj*; **long-suffering** *adj* schwer geprüft; **long suit** *n* (*Cards*) lange Reihe; (*fig*) Trumpf *m*; **long-tailed** *adj* langschwänzig; **long-term** *adj plans, investment* langfristig; *memory, effect* Langzeit-; **the ~ unemployed** die Langzeitarbeitslosen *pl*; **long term** *n* **in the ~** langfristig gesehen; **to plan for the ~** auf lange Sicht planen; **long vacation** *n* (*Univ*) (Sommer)semesterferien *pl*; (*Sch*) große Ferien *pl*; **long-wave I** *adj* Langwellen-; **II** *n* Langwelle *f*.

long-winded *adj* umständlich; *story* langatmig; **long-windedness** *n* Langatmigkeit *f*.

loo [lu:] *n* (*Brit inf*) Klo *nt* (*inf*). **to go to the ~** aufs Klo gehen (*inf*); **in the ~** auf dem Klo (*inf*).

loofah ['lu:fə] *n* Luffa *f*; (*as sponge*) Luffa(schwamm) *m*.

look [lʊk] **I** *n* **1.** (*glance*) Blick *m*. **she gave me a dirty ~, I got a dirty ~ from her** sie warf mir einen vernichtenden Blick zu; **she gave me a ~ of disbelief** sie sah mich ungläubig an; **we got some very odd ~s** wir wurden komisch angesehen; **to have** *or* **take a ~ at sth** sich (*dat*) etw ansehen; **he had a quick ~ at his watch** er sah kurz auf die Uhr; **can I have a ~?** darf ich mal sehen *or* gucken (*inf*)?; **have a ~ at this!** sieh *or* guck (*inf*) dir das mal an!; **is it in the dictionary? — have a ~ (and see)** steht das im Wörterbuch? — sieh *or* guck (*inf*) mal nach; **let's have a ~** laß mal sehen, zeig mal her; **do you want a ~?** willst du mal sehen?; (*at the paper*) willst du mal hineinsehen *or* einen Blick hineinwerfen?; **to take a good ~ at sth** sich (*dat*) etw genau ansehen; **take** *or* **have a good ~** sehen *or* gucken (*inf*) Sie genau hin; **to have a ~ for sth** sich nach etw umsehen; **I can't find it — have another ~** ich finde es nicht — sieh *or* guck (*inf*) noch mal nach; **to have a ~ round** sich umsehen; **shall we have a ~ round the town?** sollen wir uns (*dat*) die Stadt ansehen?

2. (*air, appearances*) Aussehen *nt*. **there was a ~ of despair in his eyes** ein verzweifelter Blick war in seinen Augen; **he had the ~ of a sailor** er sah wie ein Seeman aus; **I don't like the ~ of him/this wound** er/die Wunde gefällt mir gar nicht; **by the ~ of him** so, wie er aussieht; **to give sth a new ~** einer Sache (*dat*) ein neues Aussehen verleihen *or* Gesicht geben.

3. ~s *pl* Aussehen *nt*; **good ~s** gutes Aussehen; **~s aren't everything** auf das Aussehen allein kommt es nicht an; **you can't go by ~s alone** man kann nicht nur nach dem Aussehen *or* Äußeren gehen.

II *vt* **he is ~ing his age** man sieht ihm sein Alter an; **he's not ~ing himself these days** er sieht in letzter Zeit ganz verändert aus; **he's ~ing his old self again** er ist wieder ganz der alte; **to ~ one's best** sehr vorteilhaft aussehen; **she ~s her best in red** Rot steht ihr am besten; **~ what you've done!** sieh *or* guck (*inf*) dir mal an, was du da angestellt hast!; **~ what you've done, now she's offended** jetzt hast du's geschafft, nun ist sie beleidigt; **can't you ~ what you're doing!** kannst du nicht aufpassen, was du machst?; **~ where you're going!** paß auf, wo du hintrittst!; **~ who's here!** guck (*inf*) *or* schau (*dial*) mal *or* sieh doch, wer da ist!

III *vi* **1.** (*see, glance*) gucken, schauen (*liter, dial*); (*with prep also*) sehen. **to ~ round** sich umsehen; **he ~ed in(to) the chest** er sah *or* schaute (*dial*) *or* guckte (*inf*) in die Kiste (hinein); **to ~ carefully** genau hinsehen; **to ~ and see** nachsehen; **~ here!** hör (mal) zu!; **now ~ here, it wasn't my fault** Moment mal, das war aber nicht meine Schuld; **just ~!** guck mal!; **to ~ over sb's shoulder** jdm über die Schulter sehen; **~ before you leap** (*Prov*) erst wägen, dann wagen (*Prov*).

2. (*search*) suchen, nachsehen.

3. (*seem*) aussehen. **it ~s all right to me** es scheint mir in Ordnung zu sein; **it ~s suspicious to me** es kommt mir verdächtig vor, es sieht verdächtig aus; **how does it ~ to you?** was meinst du dazu?; **the car ~s about 10 years old** das Auto sieht so aus, als ob es 10 Jahre alt wäre; **it ~s well on you** es steht dir gut.

4. to ~ like aussehen wie; **the picture doesn't ~ like him** das Bild sieht ihm nicht ähnlich; **it ~s like rain, it ~s as if it will rain** es sieht nach Regen aus; **it ~s like cheese to me** (ich finde,) das sieht wie Käse aus; **it ~s as if we'll be late** es sieht (so) aus, als würden wir zu spät kommen.

5. (*face*) gehen nach. **this window ~s (towards the) north** dieses Fenster geht nach Norden; **the village ~s towards the forest** das Dorf liegt dem Wald zugewendet.

◆**look about** *vi* sich umsehen (*for sth* nach etw). **to ~ ~ one** sich umsehen.

◆**look after** *vi +prep obj* **1.** (*take care of*) sich kümmern um. **to ~ ~ oneself** (*cook*) für sich selbst sorgen, sich selbst versorgen; (*be capable, strong*) auf sich (*acc*) aufpassen; **he's only ~ing ~ his own**

interests (*acc*) er handelt nur im eigenen Interesse. **2.** (*temporarily*) sehen nach; *children also* aufpassen auf (+*acc*). **3.** (*follow with eyes*) nachsehen (+*dat*).

◆**look ahead** *vi* **1.** nach vorne sehen *or* gucken (*inf*).

2. (*fig*) vorausschauen. **when we ~ ~ to the next 30 years/the future of this country** wenn wir die nächsten 30 Jahre/die Zukunft dieses Landes betrachten; **a good manager is one who can ~ ~** ein guter Manager muß Weitblick haben.

◆**look around** *vi* **1.** sich umsehen. **2.** (*in shop*) sich umsehen; (+*prep obj*) sich (*dat*) ansehen *or* angucken (*inf*).

◆**look at** *vi* +*prep obj* **1.** ansehen, anschauen (*dial*), angucken (*inf*). **just ~ ~ him!** sieh *etc* dir den mal an!; **he ~ed ~ his watch** er sah *etc* auf die Uhr; **don't ~ directly ~ the sun** sehen *etc* Sie nicht direkt in die Sonne; **I can't ~ ~ him without feeling ...** wenn ich ihn ansehe *etc*, habe ich immer das Gefühl, daß ...; **he/it isn't much to ~ ~** (*not attractive*) er/es sieht nicht besonders (gut) aus; (*nothing special*) er/es sieht nach nichts aus; **to ~ ~ him ...** wenn man ihn sieht ...

2. (*examine*) sich (*dat*) ansehen *or* -schauen (*dial*) *or* -gucken (*inf*); *offer* prüfen. **we'll have to ~ ~ the financial aspect** wir müssen die finanzielle Seite betrachten.

3. (*view*) betrachten, sehen. **they ~ ~ life in a different way** sie haben eine andere Einstellung zum Leben.

4. (*consider*) *possibilities* sich (*dat*) überlegen; *suggestions, offer* in Betracht ziehen.

◆**look away** *vi* **1.** wegsehen. **2. the house ~s ~ from the sea** das Haus liegt vom Meer abgewendet.

◆**look back** *vi* sich umsehen; (*fig*) zurückblicken (*on sth, to sth* auf etw *acc*). **he's never ~ed ~** (*inf*) es ist ständig mit ihm bergauf gegangen.

◆**look down** *vi* hinunter-/heruntersehen *or* -schauen (*dial*) *or* -gucken (*inf*). **we ~ed ~ the hole** wir sahen *etc* ins Loch hinunter.

◆**look down on** *vi* +*prep obj* herabsehen auf (+*acc*).

◆**look for** *vi* +*prep obj* **1.** (*seek*) suchen. **he's ~ing ~ trouble** er wird sich (*dat*) Ärger einhandeln; (*actively*) er sucht Streit. **2.** (*expect*) erwarten.

◆**look forward to** *vi* +*prep obj* sich freuen auf (+*acc*). **I'm so ~ing ~ ~ seeing you again** ich freue mich so darauf, dich wiederzusehen; **I ~ ~ ~ hearing from you** ich hoffe, bald von Ihnen zu hören.

◆**look in** *vi* **1.** hinein-/hereinsehen *or* -schauen (*dial*) *or* -gucken (*inf*). **2.** (*visit*) vorbeikommen (*on sb* bei jdm). **would you ~ ~ at Smith's and collect my dress?** kannst du bei Smith vorbeigehen und mein Kleid abholen? **3.** (*watch TV*) fernsehen.

◆**look into** *vi* +*prep obj* untersuchen; *complaint* prüfen.

◆**look on** *vi* **1.** (*watch*) zusehen, zugucken (*inf*).

2. to ~ ~to (*window*) (hinaus)gehen auf (+*acc*); (*building*) liegen an (+*dat*).

3. +*prep obj* (*also* **look upon**) betrachten, ansehen. **to ~ ~ sb as a friend** jdn als Freund betrachten; **I ~ ~ him as a good doctor** ich halte ihn für einen guten Arzt; **to ~ ~ sb with respect** Achtung *or* Respekt vor jdm haben.

◆**look out I** *vi* **1.** hinaus-/heraussehen *or* -schauen (*dial*) *or* -gucken (*inf*). **to ~ ~ (of) the window** zum Fenster hinaussehen *etc*, aus dem Fenster sehen *etc*. **2.** (*building*) **to ~ ~ on** *or* **over sth** einen Blick auf etw (*acc*) haben. **3.** (*take care*) aufpassen.

II *vt sep* heraussuchen.

◆**look out for** *vi* +*prep obj* **1.** (*keep watch for*) **we'll ~ ~ ~ you at the station/after the meeting** wir werden auf dem Bahnhof/nach der Versammlung nach dir Ausschau halten; **~ ~ ~ pickpockets** nimm dich vor Taschendieben in acht, paß auf Taschendiebe auf; **you must ~ ~ ~ spelling mistakes/snakes** Sie müssen auf Rechtschreibfehler/Schlangen achten.

2. (*seek*) *new job* sich umsehen nach; *new staff also, ideas* suchen.

◆**look over** *vt sep papers, notes* durchsehen; *house* sich (*dat*) ansehen.

◆**look round** *vi see* **look around.**

◆**look through I** *vi* durchsehen *or* -schauen (*dial*) *or* -gucken (*inf*) (*prep obj* durch). **he stopped at the window and ~ed ~** er blieb am Fenster stehen und sah *etc* hinein/herein; **he ~ed ~ the window** er sah *etc* zum Fenster hinein/herein/hinaus/heraus; **to ~ straight ~ sb** durch jdn hindurchgucken.

II *vt sep* (*examine*) durchsehen.

◆**look to** *vi* +*prep obj* **1.** (*look after*) sich kümmern um. **~ ~ it that ...** sieh zu, daß ...

2. (*rely on*) sich verlassen auf (+*acc*). **we ~ ~ you for support/to lead the country** wir rechnen auf Ihre *or* mit Ihrer Hilfe/wir rechnen damit *or* zählen darauf, daß Sie das Land führen; **there's no point in ~ing ~ him for help** es ist sinnlos, von ihm Hilfe zu erwarten; **we ~ ~ you for guidance** wir wenden uns an Sie um Rat.

◆**look up I** *vi* **1.** aufsehen *or* -blicken. **2.** (*improve*) besser werden; (*shares, prices*) steigen. **things are ~ing ~** es geht bergauf.

II *vt sep* **1. to ~ sb ~ and down** jdn von oben bis unten ansehen *or* mustern. **2.** (*visit*) **to ~ sb ~** bei jdm vorbeischauen, jdn besuchen. **3.** (*seek*) *word* nachschlagen.

◆**look upon** *vi* +*prep obj see* **look on 3..**

◆**look up to** *vi* +*prep obj* **to ~ ~ ~ sb** zu jdm aufsehen.

lookalike *n* Doppelgänger(in *f*) *m*; **it's not just another ~** es sieht nicht wie all die anderen aus; **look-around** *n* **to have** *or* **take a ~** sich umsehen.

looked-for ['lʊktfɔːʳ] *adj* (*expected*) (lang)ersehnt.

looker ['lʊkəʳ] *n* (*inf*) **to be a (good** *or* **real)**

~ klasse aussehen (*inf*).
looker-on ['lʊkə'(r)ɒn] *n* Zuschauer(in *f*) *m*, Schaulustige(r) *mf* (*pej*).
look-in ['lʊkɪn] *n* (*inf*) Chance *f*. **he didn't get a ~** er hatte keine Chance.
looking glass *n* Spiegel *m*.
lookout *n* **1.** (*tower*) (*Mil*) Ausguck *m*; **~ post/station/tower** Beobachtungsposten *m*/-station *f*/-turm *m*; **2.** (*person*) (*Mil*) Wacht- *or* Beobachtungsposten *m*; **the thieves had a ~ on the building opposite** einer der Diebe stand auf dem gegenüberliegenden Gebäude Wache *or* Schmiere (*inf*); **3. to be on the ~ for, to keep a ~ for** *see* **look out for**; **4.** (*prospect*) Aussichten *pl*; **it's a grim ~ for us** es sieht schlecht aus für uns; **5.** (*inf: worry*) **that's his ~!** das ist sein Problem!; **look-see** *n* (*inf*) **to have a ~** nachgucken (*inf*) *or* -schauen (*dial*) *or* -sehen; **look-through** *n* (*inf*) Durchsicht *f*; **would you have a ~?** können Sie sich das mal durchsehen?
loom¹ [lu:m] *n* Webstuhl *m*.
loom² *vi* (*also* **~ ahead** *or* **up**) (*lit, fig*) sich abzeichnen; (*storm*) heraufziehen; (*disaster*) sich zusammenbrauen; (*danger*) drohen; (*difficulties*) sich auftürmen; (*exams*) bedrohlich näherrücken. **the ship ~ed (up) out of the mist** das Schiff tauchte undeutlich/bedrohlich aus dem Nebel (auf); **the threat of unemployment was ~ing on the horizon** Arbeitslosigkeit zeichnete sich drohend ab; **to ~ large** eine große Rolle spielen; **the skyscraper ~s over the city** der Wolkenkratzer ragt über die Stadt.
loon¹ [lu:n] *n* (*Orn*) Seetaucher *m*.
loon² *n* (*sl*) Blödmann *m* (*sl*).
loony ['lu:nɪ] (*sl*) **I** *adj* (*+er*) bekloppt (*sl*). **II** *n* Verrückte(r) (*inf*), Irre(r) *mf*. **~ bin** Klapsmühle *f* (*sl*).
loop [lu:p] **I** *n* **1.** (*curved shape*) Schlaufe *f*; (*of wire*) Schlinge *f*; (*of river, Rail*) Schleife *f*; (*Med*) Spirale *f*.
2. (*Aviat*) Looping *m*. **to ~ the ~** einen Looping machen.
3. (*Comput*) Schleife *f*.
II *vt rope* schlingen (*round* um). **to ~ a rope through a ring** ein Seil durch einen Ring ziehen.
III *vi* (*rope*) sich schlingen; (*line, road*) eine Schleife machen.
◆**loop back I** *vt sep* **~ the wire ~ around the lid** biegen Sie den Draht zurück um den Deckel. **II** *vi* **1.** (*road*) eine Schleife machen; (*person*) in einem Bogen zurückkehren. **this wire has to ~ ~** dieser Draht muß zurückgebogen werden. **2.** (*Comput*) **the program then ~s ~ to ...** die Programmschleife wird dann ab ... nochmals durchlaufen.
loophole *n* (*Mil*) Schießscharte *f*; (*fig*) Hintertürchen *nt*; **a ~ in the law** eine Lücke im Gesetz; **loopline** *n* (*Rail*) Schleife *f*.
loopy ['lu:pɪ] *adj* (*+er*) (*sl*) bekloppt (*sl*).
loose [lu:s] **I** *adj* (*+er*) **1.** (*not tight, movable*) lose; *dress, collar* weit; *tooth, bandage, knot, screw, soil, weave* locker; *limbs* beweglich, locker. **~ change** Kleingeld *nt*; **a ~ connection** (*Elec*) ein Wackelkontakt *m*; **to come** *or* **work ~** (*screw, handle*) sich lockern; (*sole, cover*) sich (los)lösen; (*button*) abgehen; **to hang ~** lose herunterhängen; **her hair hung ~** sie trug ihr Haar offen; **to have ~ bowels** Durchfall haben; **just hang ~** (*sl*) bleib cool (*sl*).
2. (*free*) **to break** *or* **get ~** (*person, animal*) sich losreißen (*from* von); (*ship*) sich (von der Vertäuung) losreißen; (*from group of players*) sich trennen, sich lösen; (*break out*) ausbrechen; (*from commitment, parental home*) sich freimachen (*from* von); **to run ~** frei herumlaufen; (*of children*) unbeaufsichtigt herumlaufen; **to be at a ~ end** (*fig*) nichts mit sich anzufangen wissen; **to turn** *or* **let** *or* **set ~** frei herumlaufen lassen; *prisoner* freilassen; *imagination* freien Lauf lassen (*+dat*); **to tie up the ~ ends** (*fig*) ein paar offene *or* offenstehende Probleme lösen.
3. (*not exact, vague*) *translation* frei; *account, thinking, planning* ungenau; *connection* lose.
4. (*too free, immoral*) *conduct* lose; *morals* locker; *person* unmoralisch, lose. **a ~ life** ein lockerer Lebenswandel; **in that bar you get ~ women** in der Bar findest du lose Mädchen; **to have a ~ tongue** nichts für sich behalten können.
II *n* (*inf*) **to be on the ~** (*prisoners, dangerous animals*) frei herumlaufen; **he was on the ~ in Paris** er machte Paris unsicher; **the troops were on the ~ in the city** die Truppen wüteten in der Stadt.
III *vt* **1.** (*free*) befreien. **2.** (*untie*) losmachen. **3.** (*slacken*) lockern.
◆**loose off I** *vt sep* loslassen; *shot, bullet* abfeuern. **II** *vi* Feuer eröffnen (*at* auf *+acc*). **to ~ ~ at sb** (*fig inf*) eine Schimpfkanonade auf jdn loslassen (*inf*).
loosebox *n* Box *f*; **loose covers** *npl* Überzüge *pl*; **loose-fitting** *adj* weit; **loose-leaf binder** *n* Ringbuch *nt*; **loose-leaf book** *n* Loseblattausgabe *f*; **loose-leaf pad** *n* Ringbucheinlage *f*; **loose-limbed** *adj* (*lithe*) gelenkig, beweglich; (*gangling*) schlaksig; **loose-living** *adj* verkommen, lose.
loosely ['lu:slɪ] *adv* **1.** lose, locker. **his hands dangled ~ from his wrists** er ließ seine Hände locker baumeln.
2. ~ speaking grob gesagt; **~ translated** frei übersetzt; **I was using the word rather ~** ich habe das Wort ziemlich frei gebraucht; **they are ~ connected** sie hängen lose zusammen.
3. *behave* unmoralisch. **he lives ~** er führt ein loses *or* lockeres Leben.
loosen ['lu:sn] **I** *vt* **1.** (*free*) befreien; *tongue* lösen. **2.** (*untie*) losmachen, lösen. **3.** (*slacken*) lockern; *belt also* weitermachen; *soil* auflockern; *collar* aufmachen. **II** *vi* sich lockern.
◆**loosen up I** *vt sep muscles* lockern; *soil* auflockern. **II** *vi* (*muscles*) locker werden; (*athlete*) sich (auf)lockern; (*relax*) auftauen.
looseness ['lu:snɪs] *n* Lockerheit *f*; (*of clothes*) Weite *f*; (*of thinking*) Unge-

nauigkeit *f*; (*of translation*) Freiheit *f*. ~ **of the bowels** zu rege Darmtätigkeit; **the ~ of this way of life** ein solch lockerer Lebenswandel.

loot [lu:t] **I** *n* Beute *f*; (*inf: money*) Zaster *m* (*sl*). **II** *vti* plündern.

looter ['lu:tə^r] *n* Plünderer *m*.

lop [lɒp] *vt* (*also* ~ **off**) abhacken.

lope [ləʊp] *vi* in großen Sätzen springen; (*hare*) hoppeln. **he ~d along by her side** er lief mit großen Schritten neben ihr her.

lop-eared ['lɒpˌɪəd] *adj* mit Hängeohren.

lop ears *npl* Hänge- *or* Schlappohren (*inf*) *pl*.

lopsided ['lɒp'saɪdɪd] *adj* schief; (*fig*) einseitig.

loquacious [lə'kweɪʃəs] *adj* redselig.

loquacity [lə'kwæsɪtɪ] *n* Redseligkeit *f*.

lord [lɔ:d] **I** *n* **1.** (*master, ruler*) Herr *m*. **~ and master** Herr und Meister *m*; (*hum: husband*) Herr und Gebieter *m*; **tobacco ~s** Tabakkönige *pl*.

2. (*Brit: nobleman*) Lord *m*. **the (House of) L~s** das Oberhaus; **my ~** (*to bishop*) Exzellenz; (*to noble*) (*in English contexts*) Mylord; (*to baron*) Herr Baron; (*to earl, viscount*) Euer Erlaucht; (*to judge*) Euer Ehren.

3. (*Brit: important official*) **First L~ of the Admiralty** Stabschef *m* der Marine; **L~ Chancellor** Lordsiegelbewahrer, Lordkanzler *m*; **L~ Mayor** ≈ Oberbürgermeister *m*; **L~ Justice** *Richter m an einem Berufungsgericht*.

4. (*Rel*) **L~** Herr *m*; **the L~ (our) God** Gott, der Herr; **the L~'s day** der Tag des Herrn; **the L~'s prayer** das Vaterunser; **the L~'s supper** das (Heilige) Abendmahl; **(good) L~!** (*inf*) ach, du lieber Himmel! (*inf*), (ach,) du meine Güte! (*inf*); (*annoyed*) mein Gott! (*inf*); **L~ knows** (*inf*) wer weiß; **L~ knows I've tried often enough** ich hab's weiß Gott oft genug versucht.

II *vt* **to ~ it** das Zepter schwingen; **to ~ it over sb** jdn herumkommandieren.

lordliness ['lɔ:dlɪnɪs] *n* Vornehmheit *f*; (*haughtiness*) Überheblichkeit, Arroganz *f*.

lordly ['lɔ:dlɪ] *adj* (+*er*) **1.** (*magnificent*) vornehm; *house also* (hoch)herrschaftlich. **2.** (*proud, haughty*) hochmütig, arrogant; *tone of voice* herrisch, gebieterisch.

lordship ['lɔ:dʃɪp] *n* (*Brit: title*) Lordschaft *f*. **his/your ~** seine/Eure Lordschaft; (*to bishop*) seine/Eure Exzellenz; (*to judge*) seine/Euer Ehren *or* Gnaden.

lore [lɔ:^r] *n* Überlieferungen *pl*. **gypsy ~** Sagengut *nt or* Überlieferungen *pl* der Zigeuner; **plant ~** Pflanzenkunde *f*.

lorgnette [lɔ:'njet] *n* Lorgnette *f*.

lorry ['lɒrɪ] *n* (*Brit*) Last(kraft)wagen, Lkw, Laster (*inf*) *m*. **it fell off the back of a ~** (*hum inf*) ich hab das „gefunden" (*hum inf*); **~ driver** Last(kraft)wagenfahrer(in *f*), Lkw-Fahrer(in *f*) *m*.

lose [lu:z] *pret, ptp* **lost I** *vt* **1.** verlieren; *pursuer* abschütteln; *one's French* vergessen, verlernen; *prize* nicht bekommen. **many men ~ their hair** vielen Männern gehen die Haare aus; **the cat has lost a lot of hair** die Katze hat viel Haar verloren; **the shares have lost 15% in a month** die Aktien sind in einem Monat um 15% gefallen; **that mistake lost him his job/her friendship/the game** dieser Fehler kostete ihn die Stellung/ihre Freundschaft/den Sieg; **he lost himself in his work** er ging ganz in seiner Arbeit auf; **to ~ no time in doing sth** etw sofort tun.

2. my watch lost three hours meine Uhr ist drei Stunden nachgegangen.

3. you've lost me now with all this abstract argument bei dieser abstrakten Argumentation komme ich nicht mehr mit.

4. (*not catch*) *train, opportunity* verpassen; *words* nicht mitbekommen.

5. (*passive usages*) **to be lost** (*things*) verschwunden sein; (*people*) sich verlaufen haben; (*fig*) verloren sein; (*words*) untergehen; **I can't follow the reasoning, I'm lost** ich kann der Argumentation nicht folgen, ich verstehe nichts mehr; **he was soon lost in the crowd** er hatte sich bald in der Menge verloren; **to be lost at sea** auf See geblieben sein; (*of ship*) auf See vermißt sein; **all is lost!** alles verloren!; **to get lost** sich verlaufen; **I got lost after the second chapter** nach dem zweiten Kapitel kam ich nicht mehr mit; **get lost!** (*inf*) hau ab!, verschwinde! (*inf*); **to look lost** (ganz) verloren aussehen; (*fig*) ratlos *or* hilflos aussehen; **to give sb/sth up for lost** jdn verloren geben/etw abschreiben; **he was lost to science** er war für die Wissenschaft verloren; **I'm lost without my watch** ohne meine Uhr bin ich verloren *or* aufgeschmissen (*inf*); **classical music is lost on him** er hat keinen Sinn für klassische Musik; **good wine is lost on him** er weiß guten Wein nicht zu schätzen; **the joke was lost on her** der Witz kam bei ihr nicht an.

II *vi* verlieren; (*watch*) nachgehen. **you can't ~** du kannst nichts verlieren; **the novel ~s a lot in the film** der Roman verliert in der Verfilmung sehr.

◆**lose out** *vi* (*inf*) schlecht wegkommen (*inf*), den kürzeren ziehen (*on* bei).

loser ['lu:zə^r] *n* Verlierer(in *f*) *m*. **he's a born ~** er ist der geborene Verlierer.

losing ['lu:zɪŋ] *adj team* Verlierer-; (*causing to lose*) die Niederlage entscheidend, verhängnisvoll. **a ~ battle** ein aussichtsloser Kampf; **to be on the ~ side** verlieren.

loss [lɒs] *n* **1.** Verlust *m*. **~ of confidence** Vertrauensschwund *m*; **~ of memory** Gedächtnisverlust *m*; **progressive ~ of memory** Gedächtnisschwund *m*; **the ~ of the last three games upset the team** die letzten drei Niederlagen brachten die Mannschaft aus der Fassung; **~ of speed/time** Geschwindigkeits-/Zeitverlust *m*; **there was a heavy ~ of life** viele kamen ums Leben.

2. (*amount, sth lost*) Verlust *m*. **the army suffered heavy ~es** die Armee erlitt schwere Verluste; **to sell sth at a ~**

etw mit Verlust verkaufen; **it's your ~** es ist deine Sache; **he's no ~** er ist kein (großer) Verlust; **you're a great ~ to the civil service** (*should have been a civil servant*) an dir ist ein Beamter verlorengegangen; **a dead ~** (*inf*) ein böser Reinfall (*inf*); (*person*) ein hoffnungsloser Fall (*inf*); **total ~** Totalverlust *m*.

3. to be at a ~ nicht mehr weiterwissen; **we are at a ~ with this problem** wir stehen dem Problem ratlos gegenüber; **we are at a ~ what to do** wir wissen nicht mehr aus noch ein; **we are at a ~ to say why** wir haben keine Ahnung, warum; **to be at a ~ for words** nicht wissen, was man sagen soll; **he's never at a ~ for words/an excuse** er ist nie um Worte/eine Ausrede verlegen.

loss leader *n* Lockvogelangebot *nt*; **loss-making** *adj* **a ~ company** ein Unternehmen, das mit Verlust arbeitet.

lost [lɒst] **I** *pret, ptp of* **lose.**

II *adj* verloren; *art* ausgestorben; *cause* aussichtslos; *child* verschwunden, vermißt; *civilisation* untergegangen, versunken; *opportunity* verpaßt. **he is mourning his ~ wife** er betrauert den Verlust seiner Frau; **~-and-found (department)** (*US*), **~ property (office)** Fundbüro *nt*.

lot¹ [lɒt] *n* **1.** (*for deciding*) Los *nt*. **by ~** durch Losentscheid, durch das Los; **to cast** *or* **draw ~s** losen, Lose ziehen; **to cast** *or* **draw ~s for sth** etw verlosen; **to cast** *or* **draw ~s for a task** eine Aufgabe auslosen; **they drew ~s to see who would begin** sie losten aus, wer anfangen sollte.

2. (*destiny*) Los *nt*. **it falls to my ~ to tell him** mir fällt die Aufgabe zu, es ihm zu sagen; **to throw in one's ~ with sb** sich mit jdm zusammentun.

3. (*plot*) Parzelle *f*; (*Film*) Filmgelände *nt*. **building ~** Bauplatz *m*; **parking ~** (*US*) Parkplatz *m*.

4. (*articles of same kind*) Posten *m*; (*at auction*) Los *nt*.

5. (*group of things*) **where shall I put this ~?** wo soll ich das hier *or* das Zeug (*inf*) hintun?; **can you carry that ~ by yourself?** kannst du das (alles) alleine tragen?; **divide the books up into three ~s** teile die Bücher in drei Teile *or* Stapel ein; **I'd just finished marking the papers when he gave me another ~** ich war gerade mit dem Korrigieren fertig, da gab er mir einen neuen Packen *or* Stoß *or* noch eine Ladung (*inf*).

6. he/she is a bad ~ (*inf*) er/sie taugt nichts, er/sie ist eine miese Type (*sl*).

7. (*inf: group*) Haufen *m*. **that ~ in the next office** die *or* die Typen (*sl*) vom Büro nebenan (*inf*); **I'm fed up with you ~** ich hab' die Nase voll von euch allen (*inf*); **are you ~ coming to the pub?** kommt ihr (alle) in die Kneipe?

8. the ~ (*inf*) alle; alles; **that's the ~** das ist alles, das wär's (*inf*); **the whole ~ of them** sie alle; (*people also*) die ganze Mannschaft (*inf*); **big ones, little ones, the ~!** Große, Kleine, alle!

lot² **I** *n* **a ~, ~s** viel; **a ~ of money** viel *or* eine Menge Geld; **a ~ of books, ~s of books** viele *or* eine Menge Bücher; **such a ~** so viel; **what a ~!** was für eine Menge!; **what a ~ you've got** du hast aber viel; **how much has he got? — ~s** *or* **a ~** wieviel hat er? — jede Menge (*inf*) *or* viel; **quite a ~ of books** ziemlich viele *or* eine ganze Menge Bücher; **an awful ~ of things to do** furchtbar viel zu tun; **I want ~s and ~s** ich will jede Menge (*inf*); **we see a ~ of John these days** wir sehen John in letzter Zeit sehr oft; **I'd give a ~ to know ...** ich würde viel drum geben, wenn ich wüßte ...

II *adv*: **a ~, ~s** viel; **things have changed a ~** es hat sich vieles geändert; **I feel ~s** *or* **a ~ better** es geht mir sehr viel besser; **a ~ you care!** dich interessiert das überhaupt nicht!

loth *adj see* **loath.**

lotion ['ləʊʃən] *n* Lotion *f*.

lottery ['lɒtərɪ] *n* Lotterie *f*.

lotus ['ləʊtəs] *n* Lotos *m*.

loud [laʊd] **I** *adj* (+*er*) **1.** laut. **~ and clear** laut und deutlich. **2.** *behaviour* aufdringlich; *colour* grell, schreiend; (*in bad taste*) auffällig.

II *adv* laut. **to say sth out ~** etw laut sagen.

loudhailer [ˌlaʊd'heɪləʳ] *n* Megaphon *nt*, Flüstertüte *f* (*inf*); (*not hand-held*) Lautsprecher *m*.

loudly ['laʊdlɪ] *adv see adj*.

loud-mouth *n* (*inf*) Großmaul *nt* (*inf*); **loud-mouthed** ['laʊdˌmaʊðd] *adj* (*inf*) großmäulig (*inf*).

loudness ['laʊdnɪs] *n see adj* Lautstärke *f*; Aufdringlichkeit *f*; Grellheit *f*; Auffälligkeit *f*.

loudspeaker [ˌlaʊd'spiːkəʳ] *n* Lautsprecher *m*; (*of hi-fi also*) Box *f*.

lough [lɒx] *n* (*Ir*) See *m*; (*sea* ~) Meeresarm *m*.

lounge [laʊndʒ] **I** *n* (*in house*) Wohnzimmer *nt*; (*in hotel*) Gesellschaftsraum *m*; (~ *bar, on liner*) Salon *m*; (*at airport*) Warteraum *m*.

II *vi* faulenzen. **to ~ about** *or* **around** herumliegen/-sitzen/-stehen; **to ~ against a wall** sich lässig gegen eine Mauer lehnen; **to ~ back in a chair** sich in einem Stuhl zurücklehnen; **to ~ up to sb** auf jdn zuschlendern.

loungebar *n* Salon *m* (*vornehmerer Teil einer Gaststätte*).

lounger ['laʊndʒəʳ] *n* Nichtstuer, Faulenzer *m*.

lounge suit *n* Straßenanzug *m*.

lour, lower ['laʊəʳ] *vi* (*person*) ein finsteres Gesicht machen; (*clouds*) sich türmen. **to ~ at sb** jdn finster *or* drohend ansehen.

louring ['laʊərɪŋ] *adj* finster.

louse [laʊs] **I** *n, pl* **lice 1.** (*Zool*) Laus *f*. **2.** (*sl*) fieser Kerl (*sl*). **II** *vt* (*sl*) **to ~ sth up** etw vermasseln (*sl*); *friendship* kaputtmachen (*inf*).

lousy ['laʊzɪ] *adj* **1.** verlaust. **he is ~ with money** (*sl*) er hat Geld wie Dreck (*sl*).

2. (*sl: very bad*) saumäßig (*sl*), beschissen (*sl*); *trick* fies (*sl*). **I'm ~ at arithmetic** in Mathe bin ich miserabel (*inf*) *or* saumäßig (*sl*); **a ~ $3** popelige *or* lausige 3 Dollar (*inf*).

lout [laʊt] *n* Rüpel, Flegel *m*.

loutish ['laʊtɪʃ] *adj* rüpelhaft, flegelhaft.

louvre, louver ['luːvər] *n* Jalousie *f*.

lovable ['lʌvəbl] *adj* liebenswert.

love [lʌv] **I** *n* **1.** (*affection*) Liebe *f*. **~ is ...** die Liebe ist ...; **to have a ~ for** *or* **of sb/sth** jdn/etw sehr lieben; **he has a great ~ of swimming** er schwimmt sehr gerne; **~ of learning** Freude *f* am Lernen; **~ of adventure** Abenteuerlust *f*; **~ of books** Liebe *f* zu Büchern; **~ of (one's) country** Vaterlandsliebe *f*; **for ~** aus Liebe; (*free*) umsonst; (*without stakes*) nur zum Vergnügen; **for ~ nor money** nicht für Geld und gute Worte; **for the ~ of** aus Liebe zu; **for the ~ of God!** um Himmels willen!; **he studies history for the ~ of it** er studiert Geschichte aus Liebe zur Sache; **to be in ~ (with sb)** (in jdn) verliebt sein; **to fall in ~ (with sb)** sich (in jdn) verlieben; **there is no ~ lost between them** sie können sich nicht ausstehen; **to make ~** (*dated: flirt*) flirten (*to sb* mit jdm); (*dated: court*) den Hof machen (*dated*) (*to sb* jdm); (*sexually*) sich lieben, miteinander schlafen; **to make ~ to sb** (*sexually*) mit jdm schlafen; **I've never made ~** ich habe noch mit keinem/keiner geschlafen; **make ~ to me** liebe mich; **make ~ not war** Liebe, nicht Krieg, make love not war.

2. (*greetings, in letters*) **with my ~** mit herzlichen Grüßen; **give him my ~** grüß ihn von mir; **to send one's ~ to sb** jdn grüßen lassen.

3. (*sb/sth causing fondness*) Liebe *f*. **yes, (my) ~** ja, Liebling *or* Schatz.

4. (*inf: form of address*) mein Lieber/meine Liebe.

5. (*Tennis*) null. **fifteen ~** fünfzehn null; **Rosewall lost 3 ~ games** Rosewall verlor 3 Spiele zu null.

II *vt* lieben; (*like*) *thing* gern mögen. **I ~ tennis** ich mag Tennis sehr gern; (*to play*) ich spiele sehr gern Tennis; **he ~s swimming, he ~s to swim** er schwimmt sehr *or* für sein Leben gern; **I'd ~ to be with you all the time** ich wäre so gerne die ganze Zeit mit dir zusammen; **I'd ~ a cup of tea** ich hätte (liebend) gern(e) eine Tasse Tee; **I'd ~ to come** ich würde sehr *or* liebend gerne kommen; **we'd all ~ you to come with us** wir würden uns alle sehr freuen, wenn du mitkommen würdest.

III *vi* lieben.

love affair *n* Liebschaft *f*, Verhältnis *nt*; **lovebird** *n* (*Orn*) Unzertrennliche(r) *m*; (*fig inf*) Turteltaube *f*; **love bite** *n* Knutschfleck *m* (*inf*); **love game** *n* (*Tennis*) Zu-Null-Spiel *nt*; **love-hate relationship** *n* Haßliebe *f*; **loveless** *adj* ohne Liebe; *home also* lieblos; **love letter** *n* Liebesbrief *m*; **love life** *n* Liebesleben *nt*.

loveliness ['lʌvlɪnɪs] *n* Schönheit *f*; (*of weather, view also*) Herrlichkeit *f*.

lovelorn ['lʌvlɔːn] *adj* (*liter*) *person* liebeskrank (*liter*); *song, poem* liebesweh (*liter*).

lovely ['lʌvlɪ] **I** *adj* (+*er*) (*beautiful*) schön; *object also* hübsch; *baby* niedlich, reizend; (*delightful*) herrlich, wunderschön; *joke* herrlich; (*charming, likeable*) liebenswürdig, nett. **we had a ~ time** es war sehr schön; **it's ~ and warm in this room** es ist schön warm in diesem Zimmer; **how ~ of you to remember!** wie nett *or* lieb, daß Sie daran gedacht haben; **what a ~ thing to say!** wie nett, so was zu sagen!

II *n* (*inf: person*) Schöne *f*. **yes, my ~** ja, mein schönes Kind.

love-making *n* (*sexual*) Liebe *f*; **his expert ~** sein gekonntes Liebesspiel; **love match** *n* Liebesheirat *f*; **love nest** *n* Liebesnest *nt*; **love potion** *n* Liebestrank *m*.

lover ['lʌvər] *n* **1.** Liebhaber, Geliebte(r) (*old, liter*) *m*, Geliebte *f*. **the ~s** die Liebenden *pl*, das Liebespaar; **we were ~s for two years** wir waren zwei Jahre lang eng *or* intim befreundet; **so she took a ~** da nahm sie sich (*dat*) einen Liebhaber.

2. a ~ of books ein Bücherfreund *m*, ein Liebhaber *m* von Büchern; **music ~** Musikliebhaber *or* -freund *m*; **football ~s** Fußballanhänger *or* -begeisterte *pl*.

loverboy ['lʌvəbɔɪ] *n* (*sl*) unser Freund hier (*inf*); (*boyfriend*) Freund *m*.

love seat *n* S-förmiges Sofa, Tête-à-Tête *nt*; **love set** *n* (*Tennis*) Zu-Null-Satz *m*; **lovesick** *adj*: **to be ~** Liebeskummer *m* haben; **love song** *n* Liebeslied *nt*; **love story** *n* Liebesgeschichte *f*.

loving ['lʌvɪŋ] *adj* liebend; *look, disposition* liebevoll. **~ kindness** Herzensgüte *f*; (*of God*) Barmherzigkeit *f*; **~ cup** Pokal *m*; **your ~ son ...** in Liebe Euer Sohn ...

lovingly ['lʌvɪŋlɪ] *adv* liebevoll.

low¹ [ləʊ] **I** *adj* (+*er*) **1.** niedrig; *form of life, musical key* nieder; *bow, note* tief; *density, intelligence* gering; *food supplies* knapp; *pulse* schwach; *quality* gering; (*pej*) minderwertig (*pej*); *light* gedämpft, schwach; (*Ling*) *vowel* offen; (*Math*) *denominator* klein. **the lamp was ~** die Lampe brannte schwach; **the sun was ~ in the sky** die Sonne stand tief am Himmel; **her dress was ~ at the neck** ihr Kleid hatte einen tiefen Ausschnitt; **that punch was a bit ~** der Schlag war etwas tief; **the river is ~** der Fluß hat *or* führt wenig Wasser; **a ridge of ~ pressure** ein Tiefdruckkeil *m*; **a ~-calorie diet** eine kalorienarme Diät; **~ density housing** aufgelockerte Bauweise; **activity on the stock exchange is at its ~est** die Börsentätigkeit hat ihren Tiefstand erreicht; **to be ~ in funds** knapp bei Kasse sein (*inf*).

2. (*not loud or shrill*) **to speak in a ~ voice** leise sprechen.

3. (*socially inferior, vulgar*) *birth* nieder, niedrig; *rank, position also* untergeordnet; *tastes, manners* gewöhnlich, ordinär (*pej*); *character, company* schlecht; *joke, song* geschmacklos; *trick* gemein. **how ~ can you get!** wie kann man nur so tief sinken!; **~ cunning** Gerissenheit *f*.

4. (*weak in health or spirits*) *resistance* schwach, gering; *morale* schlecht. **to be**

in ~ spirits in gedrückter Stimmung sein, bedrückt *or* niedergeschlagen sein; **to feel ~** sich nicht wohl *or* gut fühlen; (*emotionally*) niedergeschlagen sein; **to make sb feel ~** (*events*) jdn mitnehmen, jdm zu schaffen machen; (*people*) jdn mitnehmen *or* bedrücken.

II *adv aim* nach unten; *speak, sing* leise; *fly, bow* tief. **they turned the lamps down ~** sie drehten die Lampen herunter; **a dress cut ~ in the back** ein Kleid mit tiefem Rückenausschnitt; **to fall ~** (*morally*) tief sinken; **I would never sink so ~ as to ...** so tief würde ich nie sinken, daß ich ...; **share prices went so ~ that ...** die Aktienkurse fielen so sehr, daß ...; **to buy ~ and sell high** billig kaufen und teuer verkaufen; **to lay sb ~** (*punch*) jdn zu Boden strecken; (*disease*) jdn befallen; **he's been laid ~ with the flu** er liegt mit Grippe im Bett; **to play ~** (*Cards*) um einen niedrigen *or* geringen Einsatz spielen; **to run** *or* **get ~** knapp werden; **we are getting ~ on petrol** uns (*dat*) geht das Benzin aus.

III *n* **1.** (*Met*) Tief *nt*; (*fig also*) Tiefpunkt, Tiefstand *m*. **to reach a new ~** einen neuen Tiefstand erreichen.

2. (*Aut: ~ gear*) niedriger Gang.

low[2] **I** *n* (*of cow*) Muh *nt*. **II** *vi* muhen.

lowborn *adj* von niedriger Geburt; **lowboy** *n* (*US*) niedrige Kommode; **lowbrow I** *adj* (geistig) anspruchslos; *person also* ungebildet; **II** *n* Kulturbanause *m* (*inf*); **low-budget** *adj film* mit kleinem Budget produziert; **low-calorie** *adj* kalorienarm; **low comedy** *n* Schwank *m*, Klamotte *f* (*pej*); **low-cost** *adj* preiswert; **Low Countries** *npl*: **the ~** die Niederlande *pl*; **low-cut** *adj dress* tief ausgeschnitten; **low-down** (*inf*) **I** *n* Informationen *pl*; **what's the ~ on Kowalski?** was wissen *or* haben (*inf*) wir über Kowalski?; **to get the ~ on sth** über etw (*acc*) aufgeklärt werden; **II** *adj* (*esp US*) gemein, fies (*sl*).

lower[1] ['ləʊəʳ] **I** *adj see* **low**[1] niedriger; tiefer *etc*; (*Geog*) *Austria* Nieder-; *jaw, arm* Unter-; *limbs, storeys, latitudes* untere(r, s). **the ~ school** die unteren Klassen, die Unter- und Mittelstufe; **hemlines are ~ this year** die Röcke sind dieses Jahr länger; **the ~ classes** die unteren Schichten; **the ~ deck** das Unterdeck; (*men*) Unteroffiziere und Mannschaft.

II *adv* tiefer; leiser. **~ down the mountain** weiter unten am Berg; **~ down the list** weiter unten auf der Liste.

III *vt* **1.** (*let down*) *boat, injured man, load* herunter-/hinunterlassen; *eyes, gun* senken; *mast* umlegen; *sail, flag* einholen; *bicycle saddle* niedriger machen. **"~ the life-boats!"** „Rettungsboote aussetzen!"

2. (*reduce*) *pressure* verringern; *voice, price, tone* senken; *morale, resistance* schwächen; *standard* herabsetzen. **~ your voice** sprich leiser; **his behaviour ~ed him in my opinion** sein Benehmen ließ ihn in meiner Achtung sinken; **to ~ oneself** sich hinunterlassen; (*socially*) sich unter sein Niveau begeben; **he ~ed himself into an armchair** er ließ sich in einen Sessel nieder; **to ~ oneself to do sth** sich herablassen, etw zu tun.

IV *vi* sinken, fallen.

lower[2] ['laʊəʳ] *vi see* **lour**.

Lower Austria *n* Niederösterreich *nt*; **lower case I** *n* Kleinbuchstaben, Gemeine (*spec*) *pl*; **II** *adj* klein, gemein (*spec*); **Lower Chamber** *n* Unterhaus *nt*, zweite Kammer; **lower-class** *adj* Unterschicht-; *pub, habit, vocabulary* der unteren *or* niederen Schichten.

lowering ['laʊərɪŋ] *adj see* **louring**.

Lower Saxony *n* Niedersachsen *nt*.

low-flying *adj* tieffliegend; **~ plane** Tiefflieger *m*; **low frequency** *n* Niederfrequenz *f*; **Low German** *n* Platt(deutsch) *nt*; (*Ling*) Niederdeutsch *nt*; **low-grade** *adj* minderwertig; **low-grade petrol** *n* Benzin mit niedriger Oktanzahl; **low-heeled** *adj shoes* mit flachem *or* niedrigem Absatz.

lowing ['ləʊɪŋ] *n* Muhen *nt*.

low key I *n* zurückhaltender Ton; **II** *adj approach* gelassen; *handling* besonnen; *production, film's treatment* einfach gehalten, unaufdringlich; *reception* reserviert; *colours* gedämpft; **lowland I** *n* Flachland *nt*; **the L~s of Scotland** das schottische Tiefland; **the ~s of Northern Europe** die Tiefebenen *pl* Mitteleuropas; **II** *adj* Flachland-; (*of Scotland*) Tiefland-; **lowlander** *n* Flachlandbewohner(in *f*) *m*; **Lowlander** *n* (*in Scotland*) Bewohner(in *f*) *m* des schottischen Tieflandes; **low-level** *adj infection* leicht; *radioactivity* mit niedrigem Strahlungswert; (*Comput*) *language* nieder.

lowliness ['ləʊlɪnɪs] *n* Bescheidenheit *f*; (*of position, birth also*) Niedrigkeit *f*.

low-loader ['ləʊˌləʊdəʳ] *n* Tieflader *m*.

lowly ['ləʊlɪ] *adj* (*+er*) *see n* bescheiden; niedrig.

low-lying *adj* tiefgelegen; **low-minded** *adj* gemein; **low-necked** *adj* tief ausgeschnitten.

lowness ['ləʊnɪs] *n see* **low**[1] **1.** Niedrigkeit *f*; Tiefe *f*; Knappheit *f*; Schwäche *f*; Minderwertigkeit *f*; Gedämpftheit *f*; (*of sun, shares*) niedriger Stand. **~ of neckline** tiefer Ausschnitt; **~ of a river** niedriger Wasserstand eines Flusses.

2. the ~ of her voice ihre leise Stimme.

3. Niedrigkeit *f*; Gewöhnlichkeit *f*; Schlechtheit, Schlechtigkeit *f*; Geschmacklosigkeit *f*; Gemeinheit *f*.

4. Schwäche *f*. **his present ~** seine gegenwärtige Niedergeschlagenheit.

low-pitched *adj* tief; **low-pollution** *adj* schadstoffarm; **low-pressure** *adj* (*Tech*) Niederdruck-; (*Met*) Tiefdruck-; **low-priced** *adj* günstig; **low-profile** *adj* wenig profiliert; **a deliberately ~ sort of person** ein Mensch, der sich bewußt im Hintergrund hält; **low-rise** *attr* niedrig (gebaut); **low season** *n* Nebensaison *f*; **low-slung** *adj* **to have ~ hips** kurze Beine haben; **low-spirited** *adj*, **low-spiritedly** *adv* niedergeschlagen; **low-**

tech *adj* nicht mit Hi-Tech ausgestattet; **it's pretty ~** es ist nicht gerade hitech; **low-tension** *adj* (*Elec*) Niederspannungs-; **low tide, low water** *n* Niedrigwasser *nt*; **at ~** bei Niedrigwasser; **low-water mark** *n* Niedrigwassergrenze *f*.

loyal ['lɔɪəl] *adj* (+*er*) **1.** treu. **he was very ~ to his friends** er hielt (treu) zu seinen Freunden. **2.** (*without emotional involvement*) loyal. **he's too ~ to say anything against the party** er ist zu loyal, um etwas gegen seine Partei zu sagen.

loyalist ['lɔɪəlɪst] **I** *n* Loyalist *m*. **II** *adj* loyal; *army, troops* regierungstreu.

loyally ['lɔɪəlɪ] *adv see adj* **1.** treu. **2.** loyal.

loyalty ['lɔɪəltɪ] *n see adj* **1.** Treue *f*. **conflicting loyalties** nicht zu vereinbarende Treuepflichten.
2. Loyalität *f*. **his changing political loyalties** seine wechselnden politischen Bekenntnisse.

lozenge ['lɒzɪndʒ] *n* **1.** (*Med*) Pastille *f*. **2.** (*shape*) Raute *f*, Rhombus *m*.

LP *abbr of* **long player, long-playing record** LP *f*.

L-plate ['elpleɪt] *n Schild nt mit der Aufschrift „L" (für Fahrschüler)*.

LSD *abbr of* **lysergic acid diethylamide** LSD *nt*.

Lt *abbr of* **Lieutenant** Lt.

Ltd *abbr of* **Limited** GmbH.

lubricant ['lu:brɪkənt] **I** *adj* Schmier-; (*Med*) Gleit-. **II** *n* Schmiermittel *nt*; (*Med*) Gleitmittel *nt*.

lubricate ['lu:brɪkeɪt] *vt* (*lit, fig*) schmieren, ölen. **~d sheath** Kondom *m* mit Gleitsubstanz; **well-~d** (*hum*) bezecht.

lubrication [ˌlu:brɪ'keɪʃən] *n* Schmieren, Ölen *nt*; (*fig*) reibungslose Gestaltung.

lubricator ['lu:brɪkeɪtəʳ] *n* Schmiervorrichtung *f*.

Lucerne [lu:'sɜ:n] *n* Luzern *nt*. **Lake ~** Vierwaldstätter See *m*.

lucid ['lu:sɪd] *adj* (+*er*) **1.** (*clear*) klar; *account, statement also* präzise; *explanation* einleuchtend, anschaulich. **2.** (*sane*) **~ intervals** lichte Augenblicke; **he was ~ for a few minutes** ein paar Minuten lang war er bei klarem Verstand.

lucidity [lu:'sɪdɪtɪ] *n* Klarheit *f*; (*of explanation*) Anschaulichkeit *f*.

lucidly ['lu:sɪdlɪ] *adv* klar; *explain* einleuchtend, anschaulich; *write* verständlich.

luck [lʌk] *n* Glück *nt*. **his life was saved by ~** sein Leben wurde durch einen glücklichen Zufall gerettet; **bad ~** Unglück, Pech *nt*; **bad ~!** so ein Pech!; **good ~!** viel Glück!; **good ~ to them!** (*iro*) na dann viel Glück!; **it was his good ~ to be chosen** er hatte das Glück, gewählt zu werden; **no such ~!** schön wär's! (*inf*); **just my ~!** Pech (gehabt), wie immer!; **it's the ~ of the draw** man muß es eben nehmen, wie's kommt; **with any ~** mit etwas Glück; **worse ~!** leider, wie schade; **better ~ next time!** vielleicht klappt's beim nächsten Mal!; **to be in ~** Glück haben; **to be out of ~** kein Glück haben; **he was a bit down on his ~** er hatte eine Pechsträhne; **to bring sb bad ~** jdm Unglück bringen; **as ~ would have it** wie es der Zufall wollte; **for ~** als Glücksbringer *or* Talisman; **to keep sth for ~** etw als Glücksbringer aufheben; **one for ~** und noch eine(n, s); **to try one's ~** sein Glück versuchen.

◆**luck out** *vi* (*US inf*) Schwein haben (*inf*).

luckily ['lʌkɪlɪ] *adv* glücklicherweise. **~ for me** zu meinem Glück.

luckless ['lʌklɪs] *adj* glücklos; *attempt also* erfolglos.

lucky ['lʌkɪ] *adj* (+*er*) **1.** (*having luck*) Glücks-. **a ~ shot** ein Glückstreffer *m*; **that was a ~ move** (*fig*) das war ein Glückstreffer!; **you ~ thing!, ~ you!** du Glückliche(r) *mf*; **who's the ~ man?** wer ist der Glückliche?; **to be ~** Glück haben; **I was ~ enough to meet him** ich hatte das (große) Glück, ihn kennenzulernen; **you are ~ to be alive** du kannst von Glück sagen, daß du noch lebst; **you were ~ to catch him** du hast Glück gehabt, daß du ihn erwischt hast; **you're a ~ man** du bist ein Glückspilz; **you'll be ~ to make it in time** wenn du das noch schaffst, hast du (aber) Glück; **to be ~ at cards** Glück im Spiel haben; **to be born ~** ein Glücks- *or* Sonntagskind sein; **to be ~ in that ...** Glück haben, daß ...
2. (*bringing luck*) *star, day, number* Glücks-. **~ charm** Glücksbringer, Talisman *m*; **~ dip** ≈ Glückstopf *m*; **it must be my ~ day** ich habe wohl heute meinen Glückstag; **to be ~** Glück bringen.
3. (*happening fortunately*) *coincidence* glücklich. **it was ~ I stopped him in time** ein Glück, daß ich ihn rechtzeitig aufgehalten habe, zum Glück habe ich ihn rechtzeitig aufgehalten; **that was very ~ for you** da hast du aber Glück gehabt; **he had a ~ escape in the accident** bei dem Unfall ist er glücklich *or* noch einmal davongekommen; **that was a ~ escape** da habe ich/hast du *etc* noch mal Glück gehabt.

lucrative ['lu:krətɪv] *adj* einträglich, lukrativ.

lucrativeness ['lu:krətɪvnɪs] *n* Einträglichkeit *f*.

Luddite ['lʌdaɪt] (*Hist, fig*) **I** *n* Maschinenstürmer *m*. **II** *adj* maschinenstürmerisch.

ludicrous ['lu:dɪkrəs] *adj* grotesk; *sight, words also* lächerlich; *suggestion also* haarsträubend; *prices, wages* (*low*), *speed* (*slow*) lächerlich, lachhaft; *prices, wages* (*high*), *speed* (*fast*) haarsträubend.

ludicrously ['lu:dɪkrəslɪ] *adv see adj* grotesk; lächerlich; haarsträubend. **prices are ~ high/low** die Preise sind haarsträubend *or* absurd hoch/lächerlich *or* grotesk niedrig.

ludicrousness ['lu:dɪkrəsnɪs] *n see adj* Groteskheit *f*; Lächerlichkeit *f*; Lachhaftigkeit *f*; Absurdität *f*.

ludo ['lu:dəʊ] *n* Mensch, ärgere dich nicht *nt*.

lug¹ [lʌg] *n* **1.** (*earflap*) Klappe *f*; (*Tech*) Haltevorrichtung *f*. **2.** (*sl: ear*) Ohr *nt*.

lug² *vt* schleppen; (*towards one*) zerren. **to**

~ **sth about with one** etw mit sich herumschleppen.
luggage ['lʌgɪdʒ] *n* (*esp Brit*) Gepäck *nt*.
luggage carrier *n* Gepäckträger *m*; **luggage locker** *n* Gepäckschließfach *nt*; **luggage rack** *n* (*Rail etc*) Gepäcknetz *nt or* -ablage *f*; (*Aut*) Gepäckträger *m*; **luggage trolley** *n* Kofferkuli *m*; **luggage van** *n* (*Rail*) Gepäckwagen *m*.
lugubrious [luː'guːbrɪəs] *adj person, song* schwermütig; *smile, tune* wehmütig; *face, expression* kummervoll.
lugubriously [luː'guːbrɪəslɪ] *adv* traurig, kummervoll.
Luke [luːk] *n* Lukas *m*.
lukewarm ['luːkwɔːm] *adj* (*lit, fig*) lauwarm; *applause, support also* lau, mäßig; *friendship* lau, oberflächlich.
lull [lʌl] **I** *n* Pause *f*; (*Comm*) Flaute *f*. **a ~ in the wind** eine Windstille; **a ~ in the conversation** eine Gesprächspause.
II *vt baby* beruhigen; (*fig*) einlullen; *fears* zerstreuen, beseitigen. **to ~ a baby to sleep** ein Baby in den Schlaf wiegen; **he ~ed them into a sense of false security** er wiegte sie in trügerische Sicherheit.
lullaby ['lʌləbaɪ] *n* Schlaflied, Wiegenlied *nt*.
lumbago [lʌm'beɪgəʊ] *n* Hexenschuß *m*.
lumbar ['lʌmbəʳ] *adj* Lenden-.
lumber[1] ['lʌmbəʳ] **I** *n* **1.** (*timber*) (Bau)holz *nt*.
2. (*junk*) Gerümpel *nt*.
II *vt* **1.** (*also* ~ **up**) *space, room* vollstopfen *or* -pfropfen.
2. (*Brit inf*) **to ~ sb with sth** jdm etw aufhalsen (*inf*); **I got ~ed with her for the evening** ich hatte sie den ganzen Abend auf dem Hals (*inf*).
3. (*US*) *hillside, forest* abholzen.
III *vi* Holz fällen, holzen.
lumber[2] *vi* (*cart*) rumpeln; (*tank*) walzen; (*elephant, person*) trampeln; (*bear*) tapsen. **a big fat man came ~ing into the room** ein dicker, fetter Mann kam ins Zimmer gewalzt.
lumbering[1] ['lʌmbərɪŋ] *adj see* **lumber**[2] rumpelnd; trampelnd; tapsig; *tank* schwer, klobig; *gait* schwerfällig.
lumbering[2] *n* Holzfällen *nt*, Holzfällerei *f*.
lumberjack, lumberman *n* Holzfäller *m*; **lumberjacket** *n* Lumberjack *m*; **lumber mill** *n* Sägemühle *f or* werk *nt*; **lumber room** *n* Rumpelkammer *f*; **lumberyard** *n* (*US*) Holzlager *nt*.
luminary ['luːmɪnərɪ] *n* **1.** (*form*) Himmelskörper *m*, Gestirn *nt*. **2.** (*fig*) Koryphäe, Leuchte (*inf*) *f*.
luminosity [ˌluːmɪ'nɒsɪtɪ] *n* (*form*) Helligkeit *f*; (*emission of light*) Leuchtkraft *f*; (*fig*) Brillanz *f*.
luminous ['luːmɪnəs] *adj* **1.** leuchtend; *paint, dial* Leucht-. **2.** (*fig liter*) *writings* brillant, luzid (*liter*).
lummox ['lʌməks] *n* (*US inf*) Trottel *m* (*inf*).
lump [lʌmp] **I** *n* **1.** Klumpen *m*; (*of sugar*) Stück *nt*.
2. (*swelling*) Beule *f*; (*inside the body*) Geschwulst *f*; (*in breast*) Knoten *m*; (*on surface*) Huppel *m* (*inf*), kleine Erhebung. **with a ~ in one's throat** (*fig*) mit einem Kloß im Hals, mit zugeschnürter Kehle.
3. (*inf: person*) Klotz *m*, Trampel *mf or nt* (*inf*). **a big *or* great fat ~ (of a man)** ein Fettkloß *m* (*inf*).
4. you can't judge them in the ~ like that du kannst sie doch nicht so pauschal beurteilen *or* alle über einen Kamm scheren; **to pay money in a ~** (*at once*) auf einmal bezahlen; (*covering different items*) pauschal bezahlen.
II *vt* (*inf: put up with*) **to ~ it** sich damit abfinden; **if he doesn't like it he can ~ it** wenn's ihm nicht paßt, hat er eben Pech gehabt (*inf*).
III *vi* (*sauce, flour*) klumpen.
◆**lump together** *vt sep* **1.** (*put together*) zusammentun; *books* zusammenstellen; *expenses, money* zusammenlegen. **2.** (*judge together*) *persons, topics* in einen Topf werfen, über einen Kamm scheren.
lumpish ['lʌmpɪʃ] *adj person* klobig, plump.
lump payment *n* (*at once*) einmalige Bezahlung; (*covering different items*) Pauschalbezahlung *f*; **lump sugar** *n* Würfelzucker *m*; **lump sum** *n* Pauschalbetrag *m or* -summe *f*.
lumpy ['lʌmpɪ] *adj* (+*er*) *liquid, mattress, cushion* klumpig; *figure* pummelig, plump.
lunacy ['luːnəsɪ] *n* Wahnsinn *m*.
lunar ['luːnəʳ] *adj* Mond-, lunar (*spec*).
lunatic ['luːnətɪk] **I** *adj* verrückt, wahnsinnig. ~ **fringe** Extremisten *pl*, radikale *or* extremistische Randgruppe. **II** *n* Wahnsinnige(r), Irre(r) *mf*. ~ **asylum** Irrenanstalt *f*.
lunch [lʌntʃ] **I** *n* Mittagessen *nt*. **to have ~** (zu) Mittag essen; **to invite sb to ~** jdn zum Mittagessen einladen; **how long do you get for ~?** wie lange haben Sie Mittagspause?; **he's at ~** er ist beim Mittagessen; **to have ~ out** auswärts *or* im Restaurant (zu Mittag) essen; **out to ~** (*sl: crazy*) weggetreten (*inf*).
II *vt* zum Mittagessen einladen.
III *vi* (zu) Mittag essen. **we ~ed on a salad** zum (Mittag)essen gab es einen Salat.
◆**lunch out** *vi* auswärts *or* im Restaurant (zu) Mittag essen.
lunch break *n* Mittagspause *f*.
luncheon ['lʌntʃən] *n* (*form*) Lunch *nt or m*, Mittagessen *nt*.
luncheon meat *n* Frühstücksfleisch *nt*; **luncheon voucher** *n* Essen(s)bon *m or* -marke *f*.
lunch hour *n* Mittagsstunde *f*; (~ *break*) Mittagspause *f*; **lunchroom** *n* (*US*) Imbißstube *f*; (*canteen*) Kantine *f*; **lunchtime** *n* Mittagspause *f*; **they arrived at ~** sie kamen um die Mittagszeit *or* gegen Mittag an.
lung [lʌŋ] *n* Lunge *f*; (*iron* ~) eiserne Lunge. **that baby has plenty of ~ power** das Baby hat eine kräftige Lunge; **he has weak ~s** er hat keine gute Lunge; ~ **cancer** Lungenkrebs *m*.
lunge [lʌndʒ] **I** *n* Satz *m* nach vorn; (*esp Fencing*) Ausfall *m*. **he made a ~ at his**

opponent er stürzte sich auf seinen Gegner; (*Fencing*) er machte einen Ausfall.

II *vi* (sich) stürzen; (*esp Fencing*) einen Ausfall machen. **to ~ at sb** sich auf jdn stürzen.

◆**lunge out** *vi* ausholen. **to ~ ~ at sb** sich auf jdn stürzen.

lupin, (*US*) **lupine** ['lu:pɪn] *n* Lupine *f*.

lupine ['lu:paɪn] *adj* wölfisch.

lurch¹ [lɜ:tʃ] *n*: **to leave sb in the ~** (*inf*) jdn im Stich lassen, jdn hängenlassen (*inf*).

lurch² **I** *n* Ruck *m*; (*of boat*) Schlingern *nt*. **with a drunken ~ he started off down the road** betrunken taumelte er die Straße hinunter; **to give a ~** einen Ruck machen; (*boat*) schlingern.

II *vi* **1.** *see* **to give a ~.**

2. (*move with ~es*) ruckeln, sich ruckartig bewegen; (*boat*) schlingern; (*person*) taumeln, torkeln. **the train ~ed to a standstill** der Zug kam mit einem Ruck zum Stehen; **to ~ about** hin und her schlingern/hin und her taumeln *or* torkeln; **the economy still manages to ~ along** die Wirtschaft schlittert gerade so eben dahin.

lure [ljʊəʳ] **I** *n* (*bait*) Köder *m*; (*person, for hawk*) Lockvogel *m*; (*general*) Lockmittel *nt*; (*fig: of city, sea*) Verlockungen *pl*. **the ~ of the wild** der lockende Ruf der Wildnis; **he resisted all her ~s** er widerstand all ihren Verführungskünsten.

II *vt* anlocken. **to ~ sb away from sth** jdn von etw weg- *or* fortlocken; **to ~ sb/an animal into a trap** jdn/ein Tier in eine Falle locken; **to ~ sb/an animal out** jdn/ein Tier herauslocken.

◆**lure on** *vt sep* (*inf*) spielen mit.

lurid ['ljʊərɪd] *adj* (+*er*) **1.** *colour, sky* grell; *dress* grellfarben, in grellen Farben; *posters also* schreiend.

2. (*fig*) *language* reißerisch, blutrünstig; *account* reißerisch aufgemacht, sensationslüstern; *detail* blutig, grausig; (*sordid*) widerlich, peinlich. **all the love scenes are presented in ~ detail** die Liebesszenen werden bis in die allerletzten Einzelheiten dargestellt.

luridly ['ljʊərɪdlɪ] *adv* **1.** grell. **the sky glowed ~** der Himmel leuchtete in grellen Farben. **2.** reißerisch.

luridness ['ljʊərɪdnɪs] *n see adj* **1.** Grellheit *f*.

2. (*of account*) reißerische *or* sensationslüsterne Aufmachung; (*of details*) grausige/peinliche Darstellung.

lurk [lɜ:k] *vi* lauern. **a nasty suspicion ~ed at the back of his mind** er hegte einen fürchterlichen Verdacht; **the fears which still ~ in the unconscious** Ängste, die noch im Unterbewußtsein lauern; **a doubt still ~ed in his mind** ein Zweifel plagte ihn noch.

◆**lurk about** *or* **around** *vi* herumschleichen.

lurking ['lɜ:kɪŋ] *adj* heimlich; *doubt also* nagend.

luscious ['lʌʃəs] *adj* köstlich, lecker; *fruit also* saftig; *colour* satt; *girl* zum Anbeißen (*inf*), knusprig (*inf*); *figure* (*full*) üppig; (*pleasing*) phantastisch.

lusciously ['lʌʃəslɪ] *adv* köstlich.

lusciousness ['lʌʃəsnɪs] *n* Köstlichkeit *f*; (*of fruit also*) Saftigkeit *f*; (*of colour*) Sattheit *f*; (*of girl*) knuspriges *or* appetitliches Aussehen (*inf*); (*of figure*) Üppigkeit *f*.

lush [lʌʃ] **I** *adj grass, meadows* saftig, satt; *vegetation* üppig. **II** *n* (*US sl*) Säufer(in *f*) *m* (*inf*).

lushness ['lʌʃnɪs] *n see adj* Saftigkeit *f*; Üppigkeit *f*.

lust [lʌst] **I** *n* (*inner sensation*) Wollust, Sinneslust *f*; (*wanting to acquire*) Begierde *f* (*for* nach); (*greed*) Gier *f* (*for* nach). **the ~s of the flesh** die fleischlichen (Ge)lüste, die Fleischeslust; **~ for power** Machtgier *f*; **his uncontrollable ~** seine ungezügelte Gier/fleischliche Begierde.

II *vi* **to ~ after, to ~ for** (*old, hum: sexually*) begehren (+*acc*); (*greedily*) gieren nach.

luster *n* (*US*) *see* **lustre.**

lustful *adj*, **~ly** *adv* ['lʌstfʊl, -fəlɪ] lüstern.

lustfulness ['lʌstfʊlnɪs] *n* Lüsternheit, Begierde *f*.

lustily ['lʌstɪlɪ] *adv* kräftig; *work* mit Schwung und Energie; *eat* herzhaft; *sing* aus voller Kehle; *cry* aus vollem Hals(e).

lustre ['lʌstəʳ] *n* **1.** Schimmer *m*, schimmernder Glanz; (*in eyes*) Glanz *m*. **2.** (*fig*) Glanz, Ruhm *m*.

lustreless ['lʌstəlɪs] *adj* glanzlos; *eyes, hair also* stumpf.

lustrous ['lʌstrəs] *adj* schimmernd, glänzend.

lusty ['lʌstɪ] *adj* (+*er*) *person* gesund und munter, voller Leben; *man also, life* kernig, urwüchsig; *appetite* herzhaft, kräftig; *cheer, cry* laut, kräftig; *push, kick etc* kräftig, kraftvoll.

lute [lu:t] *n* Laute *f*.

lutenist ['lu:tənɪst] *n* Lautenist(in *f*), Lautenspieler(in *f*) *m*.

Luther ['lu:θəʳ] *n* Luther *m*.

Lutheran ['lu:θərən] **I** *adj* lutherisch. **II** *n* Lutheraner(in *f*) *m*.

Lutheranism ['lu:θərənɪzəm] *n* Luthertum *nt*.

Luxembourg ['lʌksəmbɜ:g] **I** *n* Luxemburg *nt*. **II** *adj attr* Luxemburger.

Luxembourger ['lʌksəmbɜ:gəʳ] *n* Luxemburger(in *f*) *m*.

luxuriance [lʌg'zjʊərɪəns] *n* Üppigkeit *f*; (*of hair also*) Fülle, Pracht *f*.

luxuriant *adj*, **~ly** *adv* [lʌg'zjʊərɪənt, -lɪ] üppig.

luxuriate [lʌg'zjʊərɪeɪt] *vi* **to ~ in sth** (*people*) sich in etw (*dat*) aalen; (*plants*) in etw (*dat*) prächtig gedeihen.

luxurious [lʌg'zjʊərɪəs] *adj* luxuriös, Luxus-; *carpet, seats, hotel also* feudal; *food* üppig.

luxuriously [lʌg'zjʊərɪəslɪ] *adv* luxuriös. **to live ~** ein Luxusleben *or* ein Leben im Luxus führen.

luxury ['lʌkʃərɪ] **I** *n* **1.** (*in general*) Luxus *m*; (*of car, house*) luxuriöse *or* feudale Ausstattung, Komfort *m*. **to live a life of ~** ein Luxusleben *or* ein Leben im Luxus führen.

2. (*article*) Luxus *m no pl.* **we can't allow ourselves many luxuries** wir können uns (*dat*) nicht viel Luxus leisten; **little luxuries** Luxus *m*; (*to eat*) kleine Genüsse *pl.*

II *adj* (*cruise, tax*) Luxus-.

LV (*Brit*) *abbr of* **luncheon voucher.**

LW *abbr of* **long wave** LW.

lychee ['laɪtʃiː] *n* Litschi *f.*

lychgate *n see* **lichgate.**

lye [laɪ] *n* Lauge *f.*

lying ['laɪɪŋ] **I** *adj* lügnerisch, verlogen. **II** *n* Lügen *nt.* **that would be ~** das wäre gelogen.

lymph [lɪmf] *n* Lymphe, Gewebsflüssigkeit *f.* **~ node/gland** Lymphknoten *m*/-drüse *f.*

lymphatic [lɪm'fætɪk] **I** *adj* lymphatisch, Lymph-. **II** *n* Lymphgefäß *nt.*

lynch [lɪntʃ] *vt* lynchen.

lynching ['lɪntʃɪŋ] *n* Lynchen *nt.*

lynch law *n* Lynchjustiz *f.*

lynx [lɪŋks] *n* Luchs *m.*

lynx-eyed ['lɪŋks,aɪd] *adj* mit Luchsaugen.

lyre ['laɪəʳ] *n* Leier, Lyra (*geh*) *f.* **~-bird** Leierschwanz *m.*

lyric ['lɪrɪk] **I** *adj* lyrisch. **II** *n* (*poem*) lyrisches Gedicht; (*genre*) Lyrik *f*; (*often pl: words of pop song*) Text *m.*

lyrical ['lɪrɪkəl] *adj* lyrisch; (*fig*) schwärmerisch. **to get** *or* **wax ~ about sth** über etw (*acc*) ins Schwärmen geraten.

lyrically ['lɪrɪkəlɪ] *adv* lyrisch; (*fig*) schwärmerisch; *sing* melodisch.

lyricism ['lɪrɪsɪzəm] *n* Lyrik *f.*

lyricist ['lɪrɪsɪst] *n* **1.** (*poet*) Lyriker(in *f*) *m.* **2.** (*Mus*) Texter(in *f*) *m.*

lysergic acid diethylamide [laɪ'sɜːdʒɪk,æsɪd,daɪə'θɪləmaɪd] *n* Lysergsäurediäthylamid *nt.*

lysol ® ['laɪsɒl] *n* Lysol ® *nt.*

M

M, m [em] *n* M, m *nt*.
M *abbr of* **medium.**
m *abbr of* **million(s)** Mill., Mio.; **metre(s)** m; **mile(s); minute(s)** min; **married** verh.; **masculine** m.
MA *abbr of* **Master of Arts** M.A.
ma [mɑː] *n* (*inf*) Mama (*inf*), Mutti (*inf*) *f*.
ma'am [mæm] *n* gnä' Frau *f* (*form*); *see* **madam 1..**
mac¹ [mæk] *n* (*Brit inf*) Regenmantel *m*.
mac² *n* (*esp US inf*) Kumpel *m* (*inf*).
macabre [mə'kɑːbrə] *adj* makaber.
macadam [mə'kædəm] *n* Schotter, Splitt *m*, Makadam *m or nt*.
macaroni [ˌmækə'rəʊnɪ] *n* Makkaroni *pl*.
macaroon [ˌmækə'ruːn] *n* Makrone *f*.
macaw [mə'kɔː] *n* Ara *m*.
mace¹ [meɪs] *n* (*weapon*) Streitkolben *m*, Keule *f*; (*mayor's*) Amtsstab *m*.
mace² *n* (*spice*) Muskatblüte *f*, Mazis *m*.
Macedonia [ˌmæsɪ'dəʊnɪə] *n* Makedonien, Mazedonien *nt*.
Macedonian [ˌmæsɪ'dəʊnɪən] **I** *n* Makedonier(in *f*), Mazedonier(in *f*) *m*. **II** *adj* makedonisch, mazedonisch.
Mach [mæk] *n* Mach *nt*. ~ **number** Mach-Zahl *f*; **the jet was approaching ~ 2** das Flugzeug näherte sich (einer Geschwindigkeit von) 2 Mach.
machete [mə'tʃeɪtɪ] *n* Machete *f*, Buschmesser *nt*.
machination [ˌmækɪ'neɪʃən] *n usu pl* Machenschaften *pl*.
machine [mə'ʃiːn] **I** *n* Maschine *f*, Apparat *m*; (*vending* ~) Automat *m*; (*car*) Wagen *m*; (*cycle, plane*) Maschine *f*; (*Pol*) Partei-/Regierungsapparat *m*; (*fig: person*) Maschine *f*, Roboter *m*.
II *vt* (*Tech*) maschinell herstellen; (*treat with* ~) maschinell bearbeiten; (*Sew*) mit der Maschine nähen.
machine age *n*: **the** ~ das Maschinenzeitalter; **machine code** *n* Maschinencode *m*; **machine gun I** *n* Maschinengewehr *nt*; **II** *vt* mit dem Maschinengewehr beschießen/erschießen; **machine intelligence** *n* künstliche Intelligenz; **machine language** *n* (*Comput*) Maschinensprache *f*; **machine-made** *adj* maschinell hergestellt; **machine operator** *n* Maschinenarbeiter(in *f*) *m*; (*skilled*) Maschinist(in *f*) *m*; **machine-readable** *adj* (*Comput*) maschinenlesbar.
machinery [mə'ʃiːnərɪ] *n* (*machines*) Maschinen *pl*, Maschinerie *f*; (*mechanism*) Mechanismus *m*; (*fig*) Maschinerie *f*. **the ~ of government** der Regierungsapparat.
machine shop *n* Maschinensaal *m*; **machine stitch** *vt* maschinell *or* mit der Maschine nähen; **machine time** *n* Betriebszeit *f*; (*computing time*) Rechenzeit *f*; **the relationship between cost and ~** das Verhältnis der Kosten zur Betriebszeit der Maschine(n); **machine tool** *n* Werkzeugmaschine *f*; **machine translation** *n* maschinelle Übersetzung; **machine-washable** *adj* waschmaschinenfest.
machinist [mə'ʃiːnɪst] *n* (*Tech*) (*operator*) Maschinist(in *f*) *m*; (*constructor, repairer*) Maschinenschlosser(in *f*) *m*; (*Sew*) Näherin *f*.
machismo [mæ'kɪzməʊ, mæ'tʃɪzməʊ] *n* Machismo *m*.
macho ['mætʃəʊ] **I** *adj* macho *pred*, Macho-. **II** *n* Macho *m*.
mackerel ['mækrəl] *n* Makrele *f*.
mackintosh ['mækɪntɒʃ] *n* Regenmantel *m*.
macramé [mə'krɑːmɪ] *n* Makramée *nt*.
macro ['mækrəʊ] *n* (*Comput*) Makro *nt*.
macro- *pref* makro-, Makro-.
macrobiotic ['mækrəʊ'baɪɒtɪk] *adj* makrobiotisch.
macrocosm ['mækrəʊˌkɒzəm] *n* Makrokosmos *m*.
macroeconomics [ˌmækrəʊˌiːkə'nɒmɪks] *n sing or pl* Makroökonomie *f*.
macro lens *n* Makroobjektiv *nt*.
macron ['mækrɒn] *n* (*Typ*) Querbalken *m*, Längezeichen *nt*.
mad [mæd] **I** *adj* (+*er*) **1.** wahnsinnig, verrückt; *dog* tollwütig; *idea* verrückt. **to go ~** verrückt *or* wahnsinnig werden; **to drive sb ~** jdn wahnsinnig *or* verrückt machen; **it's enough to drive you ~** es ist zum Verrücktwerden; **he's as ~ as a hatter** *or* **a March hare** (*prov*) er ist ein komischer Vogel *or* Kauz; **you must be ~!** du bist ja wahnsinnig!; **~ cow disease** Rinderwahnsinn *m*.
2. (*inf: angry*) böse, sauer (*inf*). **to be ~ at sb** auf jdn böse *or* sauer (*inf*) sein; **to be ~ about** *or* **at sth** über etw (*acc*) wütend *or* sauer (*inf*) sein.
3. (*stupid, rash*) verrückt. **you ~ fool!** du bist ja wahnsinnig *or* verrückt!; **that was a ~ thing to do** das war Wahnsinn (*inf*).
4. (*inf: very keen*) **to be ~ about** *or* **on sth** auf etw (*acc*) verrückt sein; **I'm not exactly ~ about this job** ich bin nicht gerade versessen auf diesen Job; **I'm (just) ~ about you** ich bin (ganz) verrückt nach dir!
5. (*wild*) wahnsinnig. **the prisoner made a ~ dash for freedom** der Gefangene unternahm einen verzweifelten Ausbruchsversuch; **to be ~ with joy** sich wahnsinnig freuen.
II *adv* (*inf*) **to be ~ keen on sb/sth** ganz scharf auf jdn/etw sein (*inf*); **to be ~ keen to do sth** ganz versessen darauf sein, etw zu tun; **like ~** wie verrückt; **he ran like ~** er rannte wie wild.
Madagascan [ˌmædə'gæskən] **I** *adj* made-

gassisch. **II** *n* Madegasse *m*, Madegassin *f*.

Madagascar [ˌmædəˈgæskəʳ] *n* Madagaskar *nt*.

madam [ˈmædəm] *n* **1.** gnädige Frau (*old, form*). **yes, ~** sehr wohl, gnädige Frau (*old, form*), ja (wohl); **can I help you, ~?** kann ich Ihnen behilflich sein?; **dear ~** sehr geehrte gnädige Frau; **Dear Sir or M~** Sehr geehrte Damen und Herren.
2. (*inf: girl*) kleine Prinzessin.
3. (*of brothel*) Bordellwirtin, Puffmutter (*inf*) *f*.

madcap [ˈmædkæp] **I** *adj idea* versponnen; *youth* stürmisch; *tricks* toll. **II** *n* impulsiver Mensch.

madden [ˈmædn] *vt* (*make mad*) verrückt machen; (*make angry*) ärgern, fuchsen (*inf*).

maddening [ˈmædnɪŋ] *adj* unerträglich, zum Verrücktwerden; *delay also* lästig; *habit* aufreizend. **isn't it ~?** ist das nicht ärgerlich?

maddeningly [ˈmædnɪŋlɪ] *adv* unerträglich.

madder [ˈmædəʳ] *n* (*plant*) Krapp *m*, Färberröte *f*; (*dye*) Krapprot *nt*, Krappfarbstoff *m*.

made [meɪd] *pret, ptp of* **make.**

Madeira [məˈdɪərə] *n* Madeira *nt*; (*wine*) Madeira *m*. **~ cake** Sandkuchen *m*.

made-to-measure [ˈmeɪdtəˈmeʒəʳ] *adj* maßgeschneidert. **~ suit** Maßanzug *m*.

made-up [ˈmeɪdˈʌp] *adj story* erfunden; *face* geschminkt.

madhouse [ˈmædhaʊs] *n* (*lit, fig*) Irrenhaus *nt*.

madly [ˈmædlɪ] *adv* **1.** wie verrückt.
2. (*inf: extremely*) wahnsinnig. **to be ~ in love (with sb)** bis über beide Ohren (in jdn) verliebt sein, total (in jdn) verschossen sein (*inf*).

madman [ˈmædmən] *n, pl* **-men** [-mən] Irre(r), Verrückte(r) *m*.

madness [ˈmædnɪs] *n* Wahnsinn *m*. **it's sheer ~!** das ist heller *or* reiner Wahnsinn!

Madonna [məˈdɒnə] *n* Madonna *f*; (*picture also*) Madonnenbild *nt*; (*statue also*) Madonnenfigur *f*.

Madrid [məˈdrɪd] *n* Madrid *nt*.

madrigal [ˈmædrɪgəl] *n* Madrigal *nt*.

maestro [ˈmaɪstrəʊ] *n* Maestro *m*.

Mafia [ˈmæfɪə] *n* Maf(f)ia *f*.

mafioso [ˌmæfɪˈəʊsəʊ] *n, pl* **-sos** *or* **-si** Mafioso *m*.

mag [mæg] *n* (*inf*) Magazin *nt*; (*glossy also*) Illustrierte *f*.

magazine [ˌmægəˈziːn] *n* **1.** (*journal*) Zeitschrift *f*, Magazin *nt*. **2.** (*in gun*) Magazin *nt*. **3.** (*Mil: store*) Magazin (*Hist*), Depot *nt*.

magenta [məˈdʒentə] **I** *n* Fuchsin *nt*. **II** *adj* tiefrot.

maggot [ˈmægət] *n* Made *f*.

maggoty [ˈmægətɪ] *adj* madig.

Magi [ˈmeɪdʒaɪ] *npl*: **the ~** die Heiligen Drei Könige, die drei Weisen aus dem Morgenland.

magic [ˈmædʒɪk] **I** *n* **1.** Magie, Zauberei, Zauberkunst *f*. **he entertained them with a display of ~** er unterhielt sie mit ein paar Zauberkunststücken; **he made the spoon disappear by ~** er zauberte den Löffel weg; **you don't expect the essay to write itself by ~?** glaubst du, daß der Aufsatz sich von alleine schreibt?; **as if by ~** wie durch Zauberei, wie durch ein Wunder; **it worked like ~** (*inf*) es klappte *or* lief wie am Schnürchen (*inf*).
2. (*mysterious charm*) Zauber *m*.
II *adj* **1.** Zauber-; *powers* magisch; *moment* zauberhaft. **the witch cast a ~ spell on her** die Hexe verzauberte sie; **the ~ word** (*having special effect*) das Stichwort; (*making sth possible*) das Zauberwort; **the ~ touch** ein geschicktes Händchen; **a pianist who really had the ~ touch** ein begnadeter Pianist; **he gave it his ~ touch and it worked** er hat es nur angefaßt, und schon funktionierte es; **"The M~ Flute"** „Die Zauberflöte".
2. (*sl: fantastic*) toll (*inf*).

magical [ˈmædʒɪkəl] *adj* magisch.

magically [ˈmædʒɪkəlɪ] *adv* wunderbar. **~ transformed** auf wunderbare Weise verwandelt; **her headache disappeared ~** ihre Kopfschmerzen waren auf einmal wie weggeblasen.

magic carpet *n* fliegender Teppich; **magic circle** *n* Magischer Zirkel *m*; **magic eye** *n* magisches Auge.

magician [məˈdʒɪʃən] *n* Magier, Zauberer *m*; (*conjuror*) Zauberkünstler *m*. **I'm not a ~!** ich kann doch nicht hexen!

magic wand *n* Zauberstab *m*.

magisterial [ˌmædʒɪˈstɪərɪəl] *adj* **1.** (*imperious*) gebieterisch. **2.** (*lit*) *powers, office, robes* eines Friedensrichters.

magisterially [mædʒɪˈstɪərɪəlɪ] *adv* gebieterisch.

magistracy [ˈmædʒɪstrəsɪ] *n* (*position*) Amt *nt* des Friedensrichters; (*judges*) Friedensrichter *pl*.

magistrate [ˈmædʒɪstreɪt] *n* Friedensrichter, Schiedsmann *m*. **~s' court** Friedens- *or* Schiedsgericht *nt*.

maglev *n* Magnetschwebebahn *f*, Maglev *m*.

magnanimity [ˌmægnəˈnɪmɪtɪ] *n* Großherzigkeit, Großmut *f*. **he acted with great ~** er handelte sehr großherzig.

magnanimous *adj*, **magnanimously** *adv* [mægˈnænɪməs, -lɪ] großmütig, großherzig.

magnate [ˈmægneɪt] *n* Magnat *m*.

magnesium [mægˈniːzɪəm] *n* Magnesium *nt*.

magnet [ˈmægnɪt] *n* (*lit, fig*) Magnet *m*.

magnetic [mægˈnetɪk] *adj* (*lit*) magnetisch; *charms* unwiderstehlich. **he has a ~ personality** er hat eine große Ausstrahlung *or* ein sehr anziehendes Wesen.

magnetically [mægˈnetɪkəlɪ] *adv* magnetisch.

magnetic attraction *n* magnetische Anziehungskraft; **magnetic card reader** *n* Magnetkartenleser *m*; **magnetic compass** *n* Magnetkompaß *m*; **magnetic disk** *n* (*Comput*) Magnetplatte *f*; **magnetic field** *n* Magnetfeld *nt*; **magnetic mine** *n* Magnetmine *f*;

magnetic needle *n* Magnetnadel *f*; **magnetic north** *n* nördlicher Magnetpol; **magnetic pole** *n* Magnetpol *m*; **magnetic storm** *n* (erd)magnetischer Sturm; **magnetic strip, magnetic stripe** *n* Magnetstreifen *m*; **magnetic tape** *n* Magnetband *nt*.

magnetism ['mægnɪtɪzəm] *n* Magnetismus *m*; (*fig: of person*) Anziehungskraft, Ausstrahlung *f*.

magnetize ['mægnɪtaɪz] *vt* magnetisieren. **the audience was ~d by this incredible performance** das Publikum folgte dieser unglaublichen Darstellung wie gebannt.

magneto [mæg'ni:təʊ] *n* Magnetzünder *m*.

magnification [,mægnɪfɪ'keɪʃən] *n* Vergrößerung *f*. **high/low ~** starke/geringe Vergrößerung; **seen at 300 ~s** in 300facher Vergrößerung, 300fach vergrößert.

magnificence [mæg'nɪfɪsəns] *n* **1.** (*excellence*) Großartigkeit, Größe *f*. **2.** (*splendid appearance*) Pracht *f*, Glanz *m*. **3. his M~** Seine Magnifizenz.

magnificent [mæg'nɪfɪsənt] *adj* **1.** (*wonderful, excellent*) großartig; *food, meal* hervorragend, ausgezeichnet. **2.** (*of splendid appearance*) prachtvoll, prächtig.

magnificently [mæg'nɪfɪsəntlɪ] *adv see adj* **1.** großartig. **you did ~** das hast du großartig gemacht; **a ~ rousing finale** ein glanzvolles (und) mitreißendes Finale. **2.** prachtvoll, prächtig.

magnify ['mægnɪfaɪ] *vt* **1.** vergrößern. **to ~ sth 7 times** etw 7fach vergrößern; **~ing glass** Vergrößerungsglas *nt*, Lupe *f*.
2. (*exaggerate*) aufbauschen.

magnitude ['mægnɪtju:d] *n* **1.** Ausmaß *nt*, Größe *f*; (*importance*) Bedeutung *f*. **in operations of this ~** bei Vorhaben dieser Größenordnung; **a matter of the first ~** eine Angelegenheit von äußerster Wichtigkeit.
2. (*Astron*) Größenklasse *f*.

magnolia [mæg'nəʊlɪə] *n* Magnolie *f*; (*also* **~ tree**) Magnolienbaum *m*.

magnum ['mægnəm] *n* ≃ Anderthalbliterflasche *f* (*esp von Sekt*). **~ opus** Hauptwerk *nt*.

magpie ['mægpaɪ] *n* Elster *f*.

Magyar ['mægjɑ:ʳ] **I** *adj* madjarisch, magyarisch. **II** *n* Madjar(in *f*), Magyar(in *f*) *m*.

mahogany [mə'hɒgənɪ] **I** *n* Mahagoni *nt*; (*tree*) Mahagonibaum *m*. **II** *adj* Mahagoni-; (*colour*) mahagoni(farben).

Mahomet [mə'hɒmɪt] *n* Mohammed, Mahomet (*liter*) *m*.

Mahometan [mə'hɒmɪtən] **I** *adj* mohammedanisch. **II** *n* Mohammedaner(in *f*) *m*.

mahout [mə'haʊt] *n* Mahaut, Elefantenführer *m*.

maid [meɪd] *n* **1.** (*servant*) (Dienst) mädchen *nt*, Hausangestellte *f*; (*in hotel*) Zimmermädchen *nt*; (*lady's ~*) Zofe *f*. **2.** (*old*) (*maiden*) Jungfer (*obs*), Maid (*old, poet*) *f*; (*young girl*) Mägdelein *nt* (*poet*). **the M~ of Orleans** die Jungfrau von Orleans. **3.** *see* **old maid.**

maiden ['meɪdn] **I** *n* (*liter*) Maid *f* (*old, poet*), Mädchen *nt*. **II** *adj flight, voyage etc* Jungfern-.

maiden aunt *n* unverheiratete, ältere Tante; **maidenhair** *n* Frauenhaar *nt*; **maidenhead** *n* (*Anat*) Jungfernhäutchen *nt*; **maidenhood** *n* Jungfräulichkeit, Unschuld *f*; (*time*) Jungmädchenzeit *f*.

maidenly ['meɪdnlɪ] *adj* jungfräulich; (*modest*) mädchenhaft.

maiden name *n* Mädchenname *m*; **maiden over** *n* (*Cricket*) *6 Würfe ohne einen Lauf*; **maiden speech** *n* Jungfernrede *f*; **maiden voyage** *n* Jungfernfahrt *f*.

maid of all work *n* (*person*) Mädchen *nt* für alles; (*machine*) Allzweckgerät *nt*; **maid of honour** *n* Brautjungfer *f*; **maidservant** *n* Hausangestellte *f*, Hausmädchen *nt*.

mail[1] [meɪl] **I** *n* Post *f*. **to send sth by ~** etw mit der Post versenden *or* schikken; **is there any ~ for me?** ist Post für mich da? **II** *vt* aufgeben; (*put in letterbox*) einwerfen; (*send by ~*) mit der Post schikken.

mail[2] **I** *n* (*Mil*) Kettenpanzer *m*. **II** *vt* **the ~ed fist of imperialism** die gepanzerte Faust des Imperialismus.

mailbag *n* Postsack *m*; **mailboat** *n* Postdampfer *m*; **mail bomb** *n* (*US*) Briefbombe *f*; **mailbox** *n* **1.** (*US*) Briefkasten *m*; **2.** (*Comput*) Mailbox *f*, (elektronischer) Briefkasten; **mail car** *n* (*US Rail*) Postwagen *m*; **mail coach** *n* (*Hist*) Postkutsche *f*; (*Rail*) Postwagen *m*; **mail drop** *n* (*US*) Briefeinwurf (*form*), Briefschlitz *m*; **Mailgram** ® *n* (*US*) *auf elektronischem Wege an ein Postamt im Bezirk des Empfängers übermittelte Nachricht, die dann als normale Briefsendung zugestellt wird*.

mailing ['meɪlɪŋ] *n* Rundschreiben *nt*. **~ list** Anschriftenliste *f*.

mailman *n* (*US*) Briefträger, Postbote *m*; **mailmerge** *n* (*Comput*) Mailmerge *nt*; **~ program** Dateimischprogramm *nt*; **mail-order catalogue** *n* Versandhauskatalog *m*; **mail-order firm, mail-order house** *n* Versandhaus, Versandgeschäft *nt*; **mailshot I** *n* Direktwerbung *f* (per Post); **to send out a ~** Werbebriefe verschicken; **II** *vt* Werbebriefe verschicken an (+*acc*); **mail train** *n* Postzug *m*; **mail van** *n* (*on roads*) Postauto *nt*; (*Brit Rail*) Postwagen *m*.

maim [meɪm] *vt* (*mutilate*) verstümmeln; (*cripple*) zum Krüppel machen. **the wounded and the ~ed** die Verletzten und Versehrten; **he will be ~ed for life** er wird sein Leben lang ein Krüppel bleiben; **he was ~ed in the bomb attack** der Bombenanschlag machte ihn zum Krüppel.

main [meɪn] **I** *adj attr* Haupt-. **the ~ idea in this book** der Haupt- *or* Leitgedanke in diesem Buch; **what is the ~ thing in life?** was ist die Hauptsache im Leben?; **the ~ thing is to ...** die Hauptsache ist, daß ...; **the ~ thing is you're still alive** Hauptsache, du lebst noch; *see* **part.**

II *n* **1.** (*pipe*) Hauptleitung *f*. **the ~s** (*of town*) das öffentliche Versorgungsnetz; (*electricity*) das Stromnetz; (*of house*) der Haupthahn; (*for electricity*) der Hauptschalter; **the machine is run directly off the ~s** das Gerät wird direkt ans Stromnetz angeschlossen; **~s operated** für Netzbetrieb, mit Netzanschluß; **the water/gas/electricity was switched off at the ~s** der Haupthahn/Hauptschalter für Wasser/Gas/Elektrizität wurde abgeschaltet.

2. in the ~ im großen und ganzen.

3. *see* **might**[2].

mainbrace *n* (*Naut*) Großbrasse *f*; **to splice the ~** Rum an die Mannschaft ausgeben; **main course** *n* Hauptgericht *nt*; **main deck** *n* Hauptdeck *nt*; **mainframe (computer)** *n* Großrechner, Mainframe *m*; **mainland** *n* Festland *nt*; **on the ~ of Europe** auf dem europäischen Festland; **mainline I** *n* Hauptstrecke *f*; **~ train** Schnellzug *m*; **II** *vi* (*sl*) fixen (*sl*).

mainly ['meɪnlɪ] *adv* hauptsächlich, in erster Linie. **the meetings are held ~ on Tuesdays** die Besprechungen finden meistens dienstags statt; **the climate is ~ wet** das Klima ist vorwiegend *or* überwiegend feucht.

mainmast *n* Haupt- *or* Großmast *m*; **main road** *n* Hauptstraße *f*; **mainsail** *n* Haupt- *or* Großsegel *nt*; **mainspring** *n* (*Mech, fig*) Triebfeder *f*; **mainstay** *n* (*Naut*) Haupt- *or* Großstag *nt*; (*fig*) Stütze *f*; **mainstream I** *n* **1.** Hauptrichtung *f*; **to be in the ~ of sth** der Hauptrichtung (+*gen*) angehören; **2.** (*Jazz*) Mainstream *m*; **II** *adj* **1.** *politician* der Mitte (*gen*); *philosophy etc* vorherrschend; **2.** *jazz* Mainstream-.

maintain [meɪn'teɪn] *vt* **1.** (*keep up*) aufrechterhalten; *law and order, peace etc also* wahren; *quality also, speed, attitude* beibehalten; *prices* halten; *life* erhalten.

2. (*support*) *family* unterhalten.

3. (*keep in good condition*) *machine* warten; *roads, building* instand halten; *car* pflegen.

4. (*claim*) behaupten. **he still ~ed he was innocent** er beteuerte immer noch seine Unschuld.

5. (*defend*) *theory* vertreten; *rights* verteidigen.

maintenance ['meɪntɪnəns] *n see vt* **1.** Aufrechterhaltung *f*; Wahrung *f*; Beibehaltung *f*; Erhaltung *f*.

2. (*of family*) Unterhalt *m*; (*social security*) Unterstützung *f*. **he has to pay ~** er ist unterhaltspflichtig.

3. Wartung *f*; Instandhaltung *f*; Pflege *f*; (*cost*) Unterhalt *m*.

maintenance contract *n* Wartungsvertrag *m*; **maintenance costs** *npl* Unterhaltskosten *pl*; **maintenance crew** *n* Wartungsmannschaft *f*.

maisonette [ˌmeɪzə'net] *n* (*small flat*) Appartement *nt*; (*small house*) Häuschen *nt*.

maître d' [ˌmetrəˌdiː] *n* (*US: head waiter*) Oberkellner *m*.

maize [meɪz] *n* Mais *m*.

Maj *abbr of* **major.**

majestic [mə'dʒestɪk] *adj* majestätisch; *proportions* stattlich; *movement* gemessen; *music* getragen; (*not slow*) erhaben.

majestically [mə'dʒestɪkəlɪ] *adv move* majestätisch.

majesty ['mædʒɪstɪ] *n* (*stateliness*) Majestät *f*; (*of movements*) Würde *f*. **His/Her M~** Seine/Ihre Majestät; **Your M~** Eure Majestät.

Maj Gen *abbr of* **major general.**

major ['meɪdʒə[r]] **I** *adj* **1.** Haupt-; (*of great importance*) bedeutend; (*of great extent*) groß. **a ~ road** eine Hauptverkehrsstraße; **of ~ importance** von großer *or* größerer Bedeutung; **a ~ operation** eine größere Operation; **a ~ work of art** ein bedeutendes Kunstwerk.

2. (*Mus*) *key, scale* Dur-. **A/A flat/G sharp ~** A-/As-/Gis-Dur *nt*; **~ third** große Terz.

II *n* **1.** (*Mil*) Major *m*.

2. (*Mus*) Dur *nt*. **in the ~** in Dur.

3. (*Jur*) **to become a ~** volljährig *or* mündig werden.

4. (*US*) (*subject*) Hauptfach *nt*. **he's a psychology ~** Psychologie ist/war sein Hauptfach.

III *vi* (*US*) **to ~ in French** Französisch als Hauptfach studieren.

Majorca [mə'jɔːkə] *n* Mallorca *nt*.

Majorcan [mə'jɔːkən] **I** *adj* mallorquinisch. **II** *n* Mallorquiner(in *f*) *m*.

major domo [ˌmeɪdzə'dəʊməʊ] *n* Haushofmeister, Majordomus *m*.

major general *n* Generalmajor *m*.

majority [mə'dʒɒrɪtɪ] *n* **1.** Mehrheit *f*. **the ~ of cases** die Mehrheit *or* Mehrzahl der Fälle; **to be in a ~** in der Mehrzahl sein; **to be in a ~ of 3** eine Mehrheit von 3 Stimmen haben; **to have/get a ~** die Mehrheit haben/bekommen; **what was his ~?** wie groß war seine Mehrheit?; **a two-thirds ~** die Zweidrittelmehrheit; **by a small ~** mit knapper Mehrheit.

2. (*Jur*) Volljährigkeit, Mündigkeit *f*. **to attain one's ~, to reach the age of ~** volljährig *or* mündig werden.

majority decision *n* Mehrheitsbeschluß *m*; **majority holding** *n* (*Fin*) Mehrheitsbeteiligung *f*; **majority rule** *n* Mehrheitsregierung *f*.

make [meɪk] (*vb: pret, ptp* **made**) **I** *vt* **1.** (*produce, prepare*) machen; *bread* backen; *cars* herstellen; *dress* nähen; *coffee* kochen; *house* bauen; *peace* stiften; *the world* erschaffen. **she made it into a suit** sie machte einen Anzug daraus; **it's made of gold** es ist aus Gold; **made in Germany** in Deutschland hergestellt; **to show what one is made of** zeigen, was in einem steckt; **they're made for each other** sie sind wie geschaffen füreinander; **this car wasn't made to carry 8 people** dieses Auto ist nicht dazu gedacht, 8 Leute zu transportieren; **I'm not made for running** ich bin nicht zum Laufen *or* zum Läufer geschaffen.

2. (*do, execute*) *bow, journey, mistake, attempt, plan, remarks, suggestions* machen; *speech* halten; *choice, arrangements* treffen; *decision* fällen, treffen. **to**

~ an application/a guess sich bewerben/raten; **to ~ sb a present of sth** jdm etw schenken *or* zum Geschenk machen (*geh*).

3. (*cause to be or become*) machen; (*appoint*) machen zu. **to ~ sb happy/angry** jdn glücklich/wütend machen; **to ~ sb one's wife** jdn zu seiner Frau machen; **to ~ one's voice heard** mit seiner Stimme durchdringen; **he was made a judge** man ernannte ihn zum Richter; **they'll never ~ a soldier of him** *or* **out of him** aus ihm wird nie ein Soldat; **I'll ~ it easy for you** ich mache es dir leicht *or* es leicht für dich; **to ~ a success/a mess of a job** etw glänzend erledigen/etw vermasseln (*inf*); **it ~s the room look smaller** es läßt den Raum kleiner wirken; **to ~ good one's losses** seine Verluste wettmachen; **we decided to ~ a day/night of it** wir beschlossen, den ganzen Tag dafür zu nehmen/(die Nacht) durchzumachen; **let's ~ it Monday** sagen wir Montag; **do you want to ~ something of it?** (*inf*) hast du was dagegen? (*inf*), stört's dich etwa? (*inf*).

4. (*cause to do or happen*) lassen, (dazu) bringen; (*compel*) zwingen. **it all ~s me think that ...** das alles läßt mich denken, daß ...; **to ~ sb laugh** jdn zum Lachen bringen; **onions ~ your eyes water** von Zwiebeln tränen einem die Augen; **what ~s you say that?** warum sagst du das?; **I'll ~ him suffer for this** dafür soll er mir büßen!; **to ~ sb do sth** jdn dazu bringen *or* veranlassen (*geh*), etw zu tun; (*force*) jdn zwingen, etw zu tun; **~ me!** (*challenging*) versuch mal, mich zu zwingen!; **I'll ~ him** den zwing ich!; **to ~ sth do, to ~ do with sth** sich mit etw begnügen; **to ~ do with less money/on a small income** mit weniger Geld/einem niedrigen Gehalt auskommen; **you can't ~ things happen** man kann die Dinge nicht zwingen; **how can I ~ you understand?** wie kann ich es Ihnen verständlich machen?; **that made the cloth shrink** dadurch ging der Stoff ein; **what ~s the engine go?** was treibt den Motor an?, wie wird der Motor angetrieben?; **that certainly made him think again** das hat ihm bestimmt zu denken gegeben; **what ~s you think you can do it?** was macht Sie glauben, daß Sie es schaffen können?; **the chemical ~s the plant grow faster** die Chemikalie bewirkt, daß die Pflanze schneller wächst; **that will ~ the pain go** dies wird den Schmerz vertreiben; **if I could ~ your doubts disappear** wenn ich (nur) Ihre Zweifel beseitigen könnte; **what made you come to this town?** was hat Sie dazu veranlaßt, in diese Stadt zu kommen?; **what will ~ you change your mind?** was wird Sie dazu bringen, Ihre Meinung zu ändern?

5. (*earn*) *money* verdienen; *profit, loss, fortune* machen (*on* bei); *name, reputation* sich (*dat*) verschaffen; *name* sich (*dat*) machen. **how much do you stand to ~?** wieviel verdienst du (dabei)?, was bringt dir das ein? (*inf*).

6. (*reach, achieve, also Sport*) schaffen (*inf*), erreichen; *train, plane also* erwischen (*inf*); *connection* schaffen; *summit, top, shore* es schaffen zu (*inf*); (*ship*) *20 knots* machen. **to ~ land/port** (*Naut*) anlegen/in den Hafen einlaufen; **we made good time** wir kamen schnell voran; **he just made it** er hat es gerade noch geschafft; **sorry I couldn't ~ your party last night** tut mir leid, ich habe es gestern abend einfach nicht zu deiner Party geschafft; **to ~ it** *or* **~ good (as a writer)** es (als Schriftsteller) schaffen (*inf*) *or* zu etwas bringen; **we've made it!** wir haben es geschafft!; **he'll never ~ it through the winter** er wird den Winter nie überstehen; **we'll never ~ the airport in time** wir schaffen es garantiert nicht mehr zum Flughafen; **he made colonel in one year** er brachte es in einem Jahr zum Obersten; **he made university/the first eleven** er schaffte es, an die Universität/in die erste Mannschaft zu kommen; **the story made the front page** die Geschichte kam auf die Titelseite.

7. (*cause to succeed*) *stars* berühmt machen, zum Erfolg verhelfen (+*dat*). **this film made her** mit diesem Film schaffte sie es (*inf*) *or* den Durchbruch; **his performance ~s the play** das Stück lebt von seiner schauspielerischen Leistung; **you'll be made for life** Sie werden ausgesorgt haben; **he's got it made** (*inf*) er hat ausgesorgt; **he's a made man** er ist ein gemachter Mann; **that ~s my day!** das freut mich unheimlich!; (*iro*) das hat mir gerade noch gefehlt!; **seeing the Queen made her day** sie war selig, als sie die Königin gesehen hatte; **you've made my day** ich könnte dir um den Hals fallen! (*inf*); **he can ~ or break you** er hat dein Schicksal in der Hand.

8. (*equal*) sein, (er)geben; (*constitute also*) machen, (ab)geben. **2 plus 2 ~s 4** 2 und 2 ist 4; **1760 yards ~ 1 mile** 1760 Yards sind eine Meile; **this ~s the fifth time** das ist nun das fünfte Mal; **that ~s £55 you owe me** Sie schulden mir damit (nun) £ 55; **how much does that ~ altogether?** was macht das insgesamt?; **it ~s good television/publicity** es ist sehr fernsehwirksam/werbewirksam; **he'll never ~ a soldier/an actor** aus dem wird nie ein Soldat/Schauspieler; **you'd ~ someone a good wife** Sie würden eine gute Ehefrau abgeben; **she made him a good wife** sie war ihm eine gute Frau; **he'd ~ a fantastic Hamlet/a good teacher** er wäre ein fantastischer Hamlet/guter Lehrer **they ~ a good/an odd couple** sie sind ein gutes/ungleiches Paar; **it made a very strange sight** es war ein sehr merkwürdiger Anblick.

9. (*estimate*) *distance, total* schätzen auf. **what time do you ~ it?, what do you ~ the time?** wie spät hast du es?, wie spät ist es bei dir?; **I ~ it 3.15** ich habe 3^{15}, auf meiner Uhr ist es 3^{15}; **I ~ it 3 miles** ich schätze 3 Meilen; **how many do you ~ it?** wie viele sind es nach deiner Zählung?

10. (*Cards*) (*fulfil*) *contract* erfüllen;

(*win*) *trick* machen; (*shuffle*) *pack* mischen; *see* **bid.**

11. (*Elec*) *circuit* schließen; *contact* herstellen.

12. (*inf*) **to ~ a woman** mit einer Frau schlafen; **to ~ it (with sb)** mit jdm schlafen.

13. (*Naut: signal*) senden, funken.

II *vi* **1.** (*go*) **to ~ towards a place** auf einen Ort zuhalten; (*ship*) Kurs auf einen Ort nehmen; **to ~ after sb** jdm nachsetzen; **he made at me with a knife** er ging mit einem Messer auf mich los; *see* **make for, make off.**

2. to ~ on a deal bei einem Geschäft verdienen.

3. (*begin*) **to ~ as if to do sth** Anstalten machen, etw zu tun; (*as deception*) so tun, als wolle man etw tun; **I made to run** ich machte Anstalten loszulaufen, ich wollte loslaufen.

4. (*sl*) **to ~ like** so tun, als ob; **he made like he was dying** er tat so, als ob er am Sterben wäre, er markierte (*inf*) *or* spielte den Sterbenden.

III *vr* **1. to ~ oneself useful** sich nützlich machen; **to ~ oneself comfortable** es sich (*dat*) bequem machen; **~ yourself small** mach dich klein; **to ~ oneself conspicuous** auffallen; **you'll ~ yourself ill!** du machst dich damit krank!; **to ~ oneself heard/understood** sich (*dat*) Gehör verschaffen/sich verständlich machen.

2. to ~ oneself do sth sich dazu zwingen, etw zu tun.

IV *n* **1.** (*brand*) Marke *f*, Fabrikat *nt*. **what ~ of car do you run?** welche (Auto)marke fahren Sie?; **it's a good ~** das ist eine gute Marke.

2. (*pej inf*) **on the ~** (*for profit*) profitgierig (*inf*), auf Profit aus; (*ambitious*) karrieresüchtig (*inf*), auf Karriere aus; (*sexually*) sexhungrig (*inf*), auf sexuelle Abenteuer aus.

◆**make away** *vi see* **make off.**

◆**make away with** *vi +prep obj* **to ~ ~ ~ sb/oneself** jdn beseitigen, jdn/sich umbringen.

◆**make for** *vi +prep obj* **1.** (*head for*) zuhalten auf (*+acc*); (*crowd also*) zuströmen (*+dat*, auf *+acc*); (*attack*) losgehen auf (*+acc*); (*vehicle*) losfahren auf (*+acc*). **where are you making ~?** wo willst du hin?; **we are making ~ London** wir wollen nach London; (*by vehicle also*) wir fahren Richtung London; (*by ship also*) wir halten Kurs auf London.

2. (*promote*) führen zu; *happy marriage, successful parties* den Grund legen für. **such tactics don't ~ ~ good industrial relations** solche Praktiken wirken sich nicht gerade günstig auf das Arbeitsklima aus; **the trade figures ~ ~ optimism** die Handelsziffern geben Anlaß zum Optimismus.

◆**make of** *vi +prep obj* halten von. **I didn't ~ much ~ it** ich konnte nicht viel dabei finden; **well, what do you ~ ~ that?** nun, was halten Sie davon?, was sagen Sie dazu?; **don't ~ too much ~ it** überbewerten Sie es nicht.

◆**make off** *vi* sich davonmachen (*with sth* mit etw).

◆**make out I** *vt sep* **1.** (*write out*) *cheque, receipt* ausstellen (*to* auf *+acc*); *list, bill* aufstellen, zusammenstellen; (*fill out*) *form* ausfüllen. **to ~ ~ a case for sth** für etw argumentieren.

2. (*see, discern*) ausmachen; (*decipher*) entziffern; (*understand*) verstehen; *person, actions* schlau werden aus. **I can't ~ ~ what he wants** ich komme nicht dahinter, was er will; **how do you ~ that ~?** wie kommst du darauf?

3. (*claim*) behaupten.

4. (*imply*) **to ~ ~ that ...** es so hinstellen, als ob ...; **he made ~ that he was hurt** er tat, als sei er verletzt; **to ~ sb ~ to be clever/a genius** jdn als klug/Genie hinstellen; **she's not as rich as he ~s ~** sie ist nicht so reich, wie er es hinstellt; **he tried to ~ ~ it was my fault** er versuchte, es so hinzustellen, als wäre ich daran schuld.

II *vi* **1.** (*inf*) (*get on*) zurechtkommen; (*with people*) auskommen; (*succeed*) es schaffen. **he eventually made ~** er hat es schließlich geschafft.

2. (*US inf: pet*) knutschen (*inf*), fummeln (*inf*).

◆**make over** *vt sep* **1.** (*bequeath*) *property, money* vermachen (*to sb dat*). **2.** (*convert*) umändern, umarbeiten; *house* umbauen.

◆**make up I** *vt sep* **1.** (*constitute*) bilden. **to be made ~ of** bestehen aus, sich zusammensetzen aus; **he made ~ the four at bridge** er war der vierte Mann zum *or* beim Bridge.

2. (*put together*) *food, medicine, bed* zurechtmachen; *parcel also* zusammenpacken; *list, accounts* zusammenstellen, aufstellen; *team* zusammenstellen; (*Typ*) *page* umbrechen; (*design layout*) aufmachen. **to ~ material ~ into sth** Material zu etw verarbeiten.

3. *quarrel* beilegen, begraben. **to ~ it ~ (with sb)** sich (mit jdm) wieder vertragen, sich (mit jdm) aussöhnen; **come on, let's ~ it ~** komm, wir wollen uns wieder vertragen.

4. *face, eyes* schminken.

5. to ~ ~ one's mind (to do sth) sich (dazu) entschließen(, etw zu tun); **~ ~ your mind!** entschließ dich!; **my mind is quite made ~** mein Entschluß steht fest; **I can't ~ ~ your mind for you** ich kann das nicht für dich entscheiden; **to ~ ~ one's mind about sb/sth** sich (*dat*) eine Meinung über jdn/etw bilden; **I can't ~ ~ my mind about him** ich weiß nicht, was ich von ihm halten soll.

6. (*invent*) erfinden, sich (*dat*) ausdenken. **you're making that ~!** jetzt schwindelst du aber! (*inf*); **he ~s it ~ as he goes along** (*storyteller*) er macht das aus dem Stegreif; (*child playing*) er macht das, wie es ihm gerade einfällt; (*making excuses, telling lies*) er saugt sich (*dat*) das nur so aus den Fingern.

7. (*complete*) *crew* vollständig *or* komplett (*inf*) machen. **I'll ~ ~ the other £20** ich komme für die restlichen £ 20 auf; **add water to ~ it ~ to one litre** mit

Wasser auf einen Liter auffüllen.

8. (*compensate for*) *loss* ausgleichen; *time* einholen, aufholen; *sleep* nachholen. **to ~ it ~ to sb (for sth)** (*compensate*) jdn (für etw) entschädigen; (*emotionally, return favour*) jdm etw wiedergutmachen.

9. *fire* (wieder) anschüren *or* anfachen.

II *vi* **1.** (*after quarrelling*) sich versöhnen, sich wieder vertragen. **let's kiss and ~ ~** komm, gib mir einen Kuß und wir vertragen uns wieder.

2. (*material*) **this material will ~ ~ nicely/into a nice coat** dieser Stoff wird sich gut verarbeiten lassen/wird sich als Mantel gut machen.

3. (*catch up*) aufholen. **to ~ ~ on sb** jdn einholen, an jdn herankommen; **you've a lot of making ~ to do** du hast viel nachzuholen *or* aufzuarbeiten.

◆**make up for** *vi +prep obj* **to ~ ~ ~ sth** etw ausgleichen; **to ~ ~ ~ lost time** verlorene Zeit aufholen; **to ~ ~ ~ the loss of sb/lack of sth** jdn/etw ersetzen; **that still doesn't ~ ~ ~ the fact that you were very rude** das macht noch lange nicht ungeschehen, daß du sehr unhöflich warst.

◆**make up to** *vi +prep obj* (*inf*) sich heranmachen an (*+acc*).

◆**make with** *vi +prep obj* (*esp US sl*) **he started making ~ his trumpet** er legte mit seiner Trompete los (*inf*); **OK, let's ~ ~ the paint brushes** na dann, schnappen wir uns die Pinsel (*inf*).

make-believe ['meɪkbɪˌliːv] **I** *adj attr* Phantasie-, imaginär; *world also* Schein-. **II** *n* Phantasie *f*. **a world of ~** eine Phantasiewelt; **don't be afraid, it's only ~** hab keine Angst, das ist doch nur eine Geschichte. **III** *vt* sich (*dat*) vorstellen.

make-or-break ['meɪkɔː'breɪk] *adj attr* (*inf*) kritisch, entscheidend.

maker ['meɪkəʳ] *n* (*manufacturer*) Hersteller(in *f*) *m*. **our M~** unser Schöpfer *m*; **to go to meet one's M~** zum Herrn eingehen (*geh*).

make-ready *n* (*Typ*) Zurichtung *f*; **make-ready time** *n* (*Ind*) Vorbereitungszeit *f*; **makeshift I** *adj* improvisiert; *repairs* Not-, behelfsmäßig; **II** *n* Übergangslösung *f*, Notbehelf *m*; *see* **shift I 4.**; **make-up** *n* **1.** Make-up *nt*; (*cosmetics also*) Schminke *f*; (*Theat also*) Maske *f*; **the star does his own ~** der Star schminkt sich selbst/macht seine Maske selbst; **2.** (*composition*) (*of team, party*) Zusammenstellung *f*; (*character*) Veranlagung *f*; **psychological ~** Psyche *f*; **it's part of their national ~** das gehört zu ihrem Nationalcharakter; **3.** (*Typ*) Umbruch *m*; (*layout*) Aufmachung *f*; **make-up artist** *n* Visagist(in *f*) *m*; **make-up bag** *n* Kosmetiktasche *f*; **make-up girl** *n* Maskenbildnerin *f*; **make-up man** *n* Maskenbildner *m*; **make-up mirror** *n* Schminkspiegel *m*; **makeweight** *n* **1.** (*lit*) **he added a few more as ~s** er gab noch ein paar dazu, um das Gewicht vollzumachen; **2.** (*fig: person*) Lückenbüßer *m*; **to use sth as a ~** etw in die Waagschale werfen.

making ['meɪkɪŋ] *n* **1.** (*production*) Herstellung *f*; (*of food*) Zubereitung *f*. **in the ~** im Werden, im Entstehen; **his reputation was still in the ~** er war noch dabei, sich (*dat*) einen Ruf zu schaffen; **here you can see history in the ~** hier hat man den Finger am Puls der Geschichte (*liter*); **the mistake was not of my ~** der Fehler war nicht mein Werk; **it was the ~ of him** das hat ihn zum Mann gemacht; (*made him successful*) das hat ihn zu dem gemacht, was er (heute) ist.

2. ~s *pl* Voraussetzungen (*of* zu) *pl*; **he has the ~s of an actor/a general** er hat das Zeug zu einem Schauspieler/General; **the situation has all the ~s of a strike** die Situation bietet alle Voraussetzungen für einen Streik.

maladjusted [ˌmælə'dʒʌstɪd] *adj* (*Psych, Sociol*) verhaltensgestört. **pschologically ~** verhaltensgestört; **socially ~** verhaltensgestört, umweltgestört; **~ youths** fehlangepaßte *or* nicht angepaßte Jugendliche *pl*.

maladjustment [ˌmælə'dʒʌstmənt] *n* (*Psych, Sociol*) Verhaltensstörung *f*.

maladroit *adj*, **maladroitly** *adv* [ˌmælə'drɔɪt, -lɪ] ungeschickt.

maladroitness [ˌmælə'drɔɪtnɪs] *n* Ungeschicklichkeit *f*.

malady ['mælədɪ] *n* Leiden *nt*, Krankheit *f*. **social ~** gesellschaftliches Übel.

malaise [mæ'leɪz] *n* Unwohlsein *nt*; (*fig*) Unbehagen *nt*.

malaria [mə'lɛərɪə] *n* Malaria *f*.

Malawi [mə'lɑːwɪ] *n* Malawi *nt*.

Malay [mə'leɪ] **I** *adj* malaiisch. **II** *n* **1.** Malaie *m*, Malaiin *f*. **2.** (*language*) Malaiisch *nt*.

Malaya [mə'leɪə] *n* Malaya *nt*.

Malayan [mə'leɪən] **I** *adj* malaiisch. **II** *n* Malaie *m*, Malaiin *f*.

Malaysia [mə'leɪzɪə] *n* Malaysia *nt*.

Malaysian [mə'leɪzɪən] **I** *adj* malaysisch. **II** *n* Malaysier(in *f*) *m*.

Maldive Islands ['mɔːldaɪv'aɪləndz], **Maldives** ['mɔːldaɪvz] *npl* Malediven *pl*.

male [meɪl] **I** *adj* **1.** männlich. **~ child** Junge *m*; **~ nurse** Krankenpfleger *m*; **~ sparrow/crocodile** Spatzen-/Krokodilmännchen *nt*; **~ chauvinism** Chauvinismus *m*; **~ chauvinist pig** (*inf pej*) Chauvi (*inf*), Chauvinist *nt* (*pej*); **~ menopause** (*hum*) Wechseljahre *pl* (des Mannes).

2. *choir, voice* Männer-. **an all-~ club** ein reiner Männerverein; **that's a typical ~ attitude** das ist typisch männlich.

3. (*manly*) männlich.

4. (*Mech*) **~ screw** Schraube *f*; **~ plug** Stecker *m*.

II *n* (*animal*) Männchen *nt*; (*inf: man*) Mann *m*, männliches Wesen. **the ~ of the species** das männliche Tier, das Männchen; **that's typical of a ~** (*inf*) das ist typisch Mann (*inf*).

malediction [ˌmælɪ'dɪkʃən] *n* Fluch *m*, Verwünschung *f*.

malefactor ['mælɪfæktəʳ] *n* Übeltäter(in *f*), Missetäter(in *f*) *m*.

malevolence [mə'levələns] *n* Boshaftigkeit *f*; (*of action*) Böswilligkeit *f*. **to feel ~ towards sb** einen Groll gegen jdn hegen.

malevolent [mə'levələnt] *adj* boshaft; *gods* übelwollend; *action* böswillig.

malformation [ˌmælfɔː'meɪʃən] *n* Mißbildung *f*.

malformed [mæl'fɔːmd] *adj* mißgebildet.

malfunction [ˌmæl'fʌŋkʃən] **I** *n* (*of liver*) Funktionsstörung *f*; (*of machine*) Defekt *m*.

II *vi* (*liver*) nicht richtig arbeiten; (*machine*) defekt sein, nicht richtig funktionieren; (*system*) versagen, nicht richtig funktionieren. **the ~ing part** das defekte Teil.

Mali [mɑːlɪ] *n* Mali *nt*.

malice ['mælɪs] *n* **1.** Bosheit, Bösartigkeit *f*; (*of action*) Böswilligkeit *f*. **out of ~** aus Bosheit; **to bear sb ~** einen Groll gegen jdn hegen; **I bear him no ~** ich bin ihm nicht böse. **2.** (*Jur*) **with ~ aforethought** in böswilliger Absicht, vorsätzlich.

malicious [mə'lɪʃəs] *adj* **1.** *person, words* boshaft; *behaviour* bösartig, böswillig; *crime* gemein, arglistig; *slander* böswillig. **2.** (*Jur*) *damage* mutwillig, böswillig.

maliciously [mə'lɪʃəslɪ] *adv see adj*.

malign [mə'laɪn] **I** *adj* (*liter*) *intent* böse; *influence* unheilvoll; *see also* **malignant.**
II *vt* verleumden; (*run down*) schlechtmachen. **to ~ sb's character** jdm Übles nachsagen.

malignancy [mə'lɪgnənsɪ] *n* Bösartigkeit *f*; (*fig: evil thing*) Übel *nt*.

malignant [mə'lɪgnənt] *adj* bösartig; **a ~ growth** (*Med, fig*) ein bösartiges Geschwür.

malignity [mə'lɪgnɪtɪ] *n* Bösartigkeit *f*.

malinger [mə'lɪŋgə^r] *vi* simulieren, krank spielen.

malingerer [mə'lɪŋgərə^r] *n* Simulant(in *f*) *m*.

mall [mɔːl, mæl] *n* (*US*: *also* **shopping ~**) Einkaufszentrum *nt*.

mallard ['mælɑːd] *n* Stockente *f*.

malleability [ˌmælɪə'bɪlɪtɪ] *n* Formbarkeit *f*.

malleable ['mælɪəbl] *adj* formbar (*also fig*), weich.

mallet ['mælɪt] *n* Holzhammer *m*; (*croquet*) (Krocket)hammer *m*; (*polo*) (Polo)schläger *m*.

mallow ['mæləʊ] *n* Malve *f*.

malnutrition [ˌmælnjʊ'trɪʃən] *n* Unterernährung *f*.

malpractice [ˌmæl'præktɪs] *n* Berufsvergehen *nt*, Verstoß *m* gegen das Berufsethos, Amtsvergehen *nt* (*eines Beamten*).

malt [mɔːlt] **I** *n* Malz *nt*. **~ extract** Malzextrakt *m*; **~ liquor** *aus Malz gebrautes alkholisches Getränk;* (*US: beer*) Starkbier *nt*; **~ loaf** ≃ Rosinenbrot *nt*; **~ whisky** Malt Whisky *m*. **II** *vt barley* malzen, mälzen; *drink* mit Malz versetzen *or* mischen. **~ed milk** Malzmilch *f*.

Malta ['mɔːltə] *n* Malta *nt*.

Maltese [ˌmɔːl'tiːz] **I** *adj* maltesisch. **~ cross** Malteserkreuz *nt*. **II** *n* **1.** Malteser(in *f*) *m*. **2.** (*language*) Maltesisch *nt*.

maltreat [ˌmæl'triːt] *vt* schlecht behandeln; (*using violence*) mißhandeln.

maltreatment [ˌmæl'triːtmənt] *n* schlechte Behandlung; Mißhandlung *f*.

mamba ['mæmbə] *n* Mamba *f*.

mambo ['mæmbəʊ] *n* Mambo *m*.

mam(m)a [mə'mɑː] *n* (*inf*) Mama *f* (*inf*).

mammal ['mæməl] *n* Säugetier *nt*, Säuger *m*.

mammary ['mæmərɪ] *adj* Brust-. **~ gland** Brustdrüse *f*.

mammon ['mæmən] *n* Mammon, Reichtum *m*. **M~** der Mammon.

mammoth ['mæməθ] **I** *n* Mammut *nt*. **II** *adj* Mammut-; *cost, enterprise* kolossal.

mammy ['mæmɪ] *n* (*inf*) Mami *f* (*inf*); (*US*) (schwarze) Kinderfrau, Negermami (*inf*) *f*.

man [mæn] **I** *n, pl* **men 1.** (*adult male*) Mann *m*. **to make a ~ out of sb** einen Mann aus jdm machen; **this incident made a ~ out of him** dieses Ereignis hat ihn zum Mann gemacht; **he's only half a ~** er ist kein richtiger Mann; **I'm only half a ~ without you** ohne dich bin ich nur ein halber Mensch; **he took it like a ~** er hat es wie ein Mann *or* mannhaft ertragen; **that's just like a ~** das ist typisch Mann; **her ~** (*inf*) ihr Mann; **~ and boy** von Kindheit/Jugend an; **they are ~ and wife** sie sind Mann und Frau; **the ~ in the street** der Mann auf der Straße, der kleine Mann; **you're a ~ about town, you know where ...** du kennst dich aus, du weißt, wo ...; **he used to be something of a ~ about town** er hatte früher ein reges gesellschaftliches Leben; **a suit for the ~ about town** ein Anzug für den feinen Herrn; **a ~ of the world** ein Mann von Welt; **~'s bicycle/jacket** Herrenfahrrad *nt*/-jacke *f*.

2. (*human race: also* **M~**) der Mensch; die Menschen.

3. (*person*) man. **no ~** keiner, niemand; **any ~** jeder; **any ~ who believes that ...** wer das glaubt, ...; **sometimes a ~ needs a change** (*inf*) manchmal braucht man einfach etwas Abwechslung; **men say that ...** die Leute sagen, daß ...; **that ~!** dieser Mensch!; **that ~ Jones** dieser *or* der Jones!; **the strong ~ of the government** der starke Mann (in) der Regierung; **as one ~** geschlossen, wie ein Mann; **they are communists to a ~** sie sind allesamt Kommunisten.

4. (*type*) **the right/wrong ~** der Richtige/Falsche; **you've come to the right ~** da sind *or* liegen (*inf*) Sie bei mir richtig; **he's not the ~ for the job** er ist nicht der Richtige für diese Aufgabe; **he's not the ~ to make a mistake like that** so etwas würde ihm bestimmt nicht passieren; **he's not a ~ to ...** er ist nicht der Typ, der ...; **he's not a ~ to meddle with** mit ihm ist nicht gut Kirschen essen; **family ~** Familienvater *m*; **he's a family ~** (*home-loving*) er ist sehr häuslich; **it's got to be a local ~** es muß jemand von hier *or* aus dieser Gegend sein; **I'm not a drinking ~** ich bin kein großer Trinker; **I'm a whisky ~ myself** ich bin mehr für Whisky; **I'm not a foot-**

ball ~ ich mache mir nicht viel aus Fußball.

5. (*sl: interj*) Mensch (*inf*), Mann (*inf*). **see you, ~!** bis später; **are you coming with us, ~?** du, kommst du noch mit?

6. (*employee, soldier etc*) Mann *m*; (*servant also*) Bedienstete(r) *m*. **she has a ~ to do the garden** sie hat jemanden, der den Garten macht; **officers and men** Offiziere und Mannschaften.

7. (*Chess*) Figur *f*; (*in draughts*) Stein *m*.

8. the M~ (*US sl*) (*boss*) der Boß (*inf*), der Alte (*inf*); (*police*) die Bullen *pl* (*sl*); (*white man*) die Weißen *pl*.

II *vt ship* bemannen; *fortress* besetzen; *power station, pump, gun, telephone* bedienen. **the ship is ~ned by a crew of 30** das Schiff hat 30 Mann Besatzung; **a fully ~ned ship** ein vollbemanntes Schiff; **he left 10 soldiers behind to ~ the fortress** er ließ 10 Soldaten als Besatzung für die Festung zurück; **~ the guns/pumps!** an die Geschütze/Pumpen!

manacle ['mænəkl] **I** *n usu pl* Handfesseln, Ketten *pl*. **II** *vt person* in Ketten legen; *hands* (mit Ketten) fesseln. **they were ~d together** sie wurden/waren aneinandergekettet.

manage ['mænɪdʒ] **I** *vt* **1.** *company, organization* leiten; *property* verwalten; *affairs* in Ordnung halten, regeln; *football team, pop group* managen. **he ~d the election** er war Wahlleiter; **the election was ~d** (*pej*) die Wahl war manipuliert; **~d fund** Investmentfonds *m mit gelegentlicher Umschichtung des Aktienbestandes*.

2. (*handle, control*) *person, child, animal* zurechtkommen mit, fertigwerden mit; *car, ship* zurechtkommen mit, handhaben. **she can't ~ children** sie kann nicht mit Kindern umgehen; **I can ~ him** mit dem werde ich schon fertig.

3. *task* bewältigen, zurechtkommen mit; *another portion* bewältigen, schaffen (*inf*). **£5 is the most I can ~** ich kann mir höchstens £ 5 leisten; **I'll ~ it** das werde ich schon schaffen; **he ~d it very well** er hat das sehr gut gemacht; **can you ~ the cases?** kannst du die Koffer (allein) tragen?; **thanks, I can ~ them** danke, das geht schon; **can you ~ two more in the car?** kriegst du noch zwei Leute in dein Auto? (*inf*); **can you ~ 8 o'clock?** 8 Uhr, ginge *or* geht das?; **could you ~ (to be ready by) 8 o'clock?** kannst du um 8 Uhr fertig sein?; **could you ~ another whisky?** schaffst du noch einen Whisky?; **I think I could ~ another cake** ich glaube, ich könnte noch ein Stück Kuchen vertragen.

4. to ~ to do sth es schaffen, etw zu tun; **we have ~d to reduce our costs** es ist uns gelungen, die Kosten zu senken; **I hope you'll ~ to come** ich hoffe, Sie können kommen; **how did you ~ to get a salary increase?** wie hast du es geschafft *or* angestellt, eine Gehaltserhöhung zu bekommen?; **he ~d to control himself** es gelang ihm, sich zu beherrschen; **could you possibly ~ to close the door?** (*iro*) wäre es vielleicht möglich, die Tür zuzumachen?

II *vi* zurechtkommen, es schaffen. **can you ~?** geht es?; **thanks, I can ~** danke, es geht schon *or* ich komme schon zurecht; **she ~s well enough** sie kommt ganz gut zurecht; **how do you ~?** wie schaffen *or* machen Sie das bloß?; **to ~ without sth** ohne etw auskommen, sich (*dat*) ohne etw behelfen; **to ~ without sb** ohne jdn auskommen *or* zurechtkommen; **I can ~ by myself** ich komme (schon) allein zurecht; **how do you ~ on £20 a week?** wie kommen Sie mit £ 20 pro Woche aus?

manageable ['mænɪdʒəbl] *adj child* folgsam, fügsam; *horse* fügsam; *amount, job* zu bewältigen; *hair* leicht frisierbar, geschmeidig; *number* überschaubar; *car* leicht zu handhaben. **this company is just not ~** es ist unmöglich, dieses Unternehmen (erfolgreich) zu leiten; **pieces of a more ~ size** Stücke, die leichter zu handhaben sind, Stücke *pl* in handlicher Größe; **a job of ~ size** eine überschaubare Aufgabe; **the staircase isn't ~ for an old lady** die Treppe ist für eine alte Dame zu beschwerlich.

management ['mænɪdʒmənt] *n* **1.** (*act*) (*of company*) Leitung, Führung *f*, Management *nt*; (*of non-commercial organization*) Leitung *f*; (*of estate, assets, money*) Verwaltung *f*; (*of affairs*) Regelung *f*. **losses due to bad ~** Verluste, die auf schlechtes Management zurückzuführen sind; **crisis ~** Krisenmanagement *nt*.

2. (*persons*) Unternehmensleitung *f*; (*of single unit or smaller factory*) Betriebsleitung *f*; (*non-commercial*) Leitung *f*; (*Theat*) Intendanz *f*. **"under new ~"** „neuer Inhaber"; (*shop*) „neu eröffnet"; (*pub*) „unter neuer Bewirtschaftung".

management accounting *n* Kosten- und Leistungsrechnung *f*; **management accounts** *npl* Geschäftsbilanz *f*; **management buy-out** *n Aufkauf m eines Unternehmens durch Mitglieder der Geschäftsleitung*, Management-buyout *nt*; **management consultancy** *n* Unternehmensberatung *f*; **management consultant** *n* Unternehmensberater(in *f*) *m*; **management fee** *n* Verwaltungsgebühr *f*; **management skills** *npl* Führungsqualitäten *pl*; **management studies** *n* Betriebswirtschaft *f*; **management style** *n* Führungsstil *m*.

manager ['mænɪdʒə^r] *n* (*Comm*) Geschäftsführer, Manager *m*; (*of restaurant*) Geschäftsführer *m*; (*of smaller firm or factory*) Betriebsleiter *m*; (*of bank, chain store*) Filialleiter *m*; (*of department*) Abteilungsleiter *m*; (*of estate*) Verwalter *m*; (*Theat*) Intendant *m*; (*of private theatre*) Theaterdirektor *m*; (*of pop group, boxer*) Manager *m*; (*of team*) Trainer *m*. **sales/publicity ~** Verkaufsleiter *m*/Werbeleiter *m*; **business ~** (*for theatre*) Verwaltungsdirektor *m*; (*of pop* *star*) Manager *m*.

manageress [ˌmænɪdʒə'res] *n* Geschäftsführerin *f*, Leiterin *f* eines Unternehmens/Hotels *etc*; (*of department*) Abteilungsleiterin *f*; (*of chain store*) Filialleiterin *f*.

managerial [ˌmænə'dʒɪərɪəl] *adj* geschäftlich; (*executive*) Management-; *post* leitend. **at ~ level** auf der Führungsebene; **he has no ~ skills** er ist für leitende Funktionen ungeeignet.

managing director ['mænɪdʒɪŋdɪ'rektəʳ] *n* Geschäftsführer(in *f*) *m*.

Manchuria [mæn'tʃʊərɪə] *n* die Mandschurei.

Manchurian [mæn'tʃʊərɪən] **I** *adj* mandschurisch. **II** *n* **1.** Mandschu *m*. **2.** (*language*) Mandschu *nt*.

Mancunian [mæŋ'kju:nɪ ən] **I** *n* Bewohner(in *f*) *m* Manchesters. **he's a ~** er kommt *or* ist aus Manchester. **II** *adj* aus Manchester.

mandarin ['mændərɪn] *n* **1.** (*Chinese official*) Mandarin *m*; (*official*) hoher Funktionär. **2.** (*language*) **M~** Hochchinesisch *nt*. **3.** (*fruit*) Mandarine *f*.

mandate ['mændeɪt] **I** *n* Auftrag *m*; (*Pol also*) Mandat *nt*; (*territory*) Mandat(sgebiet) *nt*. **to give sb a ~ to do sth** jdm den Auftrag geben *or* jdn damit beauftragen, etw zu tun; **we have a clear ~ from the country to …** wir haben den eindeutigen Wählerauftrag, zu …

II *vt* **to ~ a territory to sb** ein Gebiet jds Verwaltung (*dat*) unterstellen *or* als Mandat an jdn vergeben.

mandatory ['mændətərɪ] *adj* obligatorisch; (*Pol*) mandatorisch. **the ~ nature of this ruling** der Zwangscharakter dieser Regelung; **union membership is ~** Mitgliedschaft in der Gewerkschaft ist Pflicht.

man-day ['mæn'deɪ] *n* Manntag *m*.

mandible ['mændɪbl] *n* (*of vertebrates*) Unterkiefer(knochen) *m*, Mandibel *f* (*spec*). **~s** (*of insects*) Mundwerkzeuge, Mundgliedmaßen *pl*, Mandibel *f* (*spec*); (*of birds*) Schnabel *m*.

mandolin(e) ['mændəlɪn] *n* Mandoline *f*.

mandrake ['mændreɪk] *n* Mandragore *f*. **~ root** Alraune *f*.

mandrill ['mændrɪl] *n* Mandrill *m*.

mane [meɪn] *n* (*lit*, *fig*) Mähne *f*.

maneater *n* Menschenfresser *m*; (*shark*) Menschenhai *m*; (*inf: woman*) männermordendes Weib (*inf*); **man-eating shark** *n* Menschenhai *m*; **man-eating tiger** *n* Menschenfresser *m*.

maneuver *n*, *vti* (*US*) *see* **manoeuvre.**

manganese [ˌmæŋgə'ni:z] *n* Mangan *nt*.

mange [meɪndʒ] *n* Räude *f*; (*of man*) Krätze *f*.

mangel(-wurzel) ['mæŋgl(ˌwɜ:zl)] *n* Runkel- *or* Futterrübe *f*.

manger ['meɪndʒəʳ] *n* Krippe *f*.

mangetout ['mɑ̃:ʒ'tu:] *n* (*also* **~ pea**) Zuckererbse *f*.

mangle[1] ['mæŋgl] **I** *n* Mangel *f*. **II** *vt clothes* mangeln.

mangle[2] *vt* (*also* **~ up**) (übel) zurichten.

mango ['mæŋgəʊ] *n* (*fruit*) Mango *f*; (*tree*) Mangobaum *m*.

mangold(-wurzel) ['mæŋgəld(ˌwɜ:zl)] *n see* **mangel(-wurzel).**

mangrove ['mæŋgrəʊv] *n* Mangrove(n)baum *m*. **~ swamp** Mangrove *f*.

mangy ['meɪndʒɪ] *adj* (+*er*) *dog* räudig; *carpet* schäbig; *hotel* schäbig, heruntergekommen.

manhandle *vt* **1.** grob *or* unsanft behandeln; **he was ~d into the back of the van** er wurde recht unsanft *or* gewaltsam in den Laderaum des Wagens verfrachtet; **2.** *piano* hieven; **manhole** *n* Kanal- *or* Straßenschacht *m*; (*in boiler*) Mannloch *nt*, Einsteigöffnung *f*.

manhood ['mænhʊd] *n* **1.** (*state*) Mannesalter *nt*. **2.** (*manliness*) Männlichkeit *f*. **3.** (*men*) Männer *pl*.

man-hour *n* Arbeitsstunde *f*; **manhunt** *n* Fahndung *f*; (*for criminal also*) Verbrecherjagd *f*; (*hum: of woman*) Männerfang *m*.

mania ['meɪnɪə] *n* **1.** (*madness*) Manie *f*. **persecution ~** Verfolgungswahn *m*.

2. (*inf: enthusiasm*) Manie *f*, Tick (*inf*), Fimmel (*inf*) *m*. **he has this ~ for collecting stuff** er hat einen Sammeltick (*inf*) *or* -fimmel (*inf*); **it has become a ~ with him** das ist bei ihm zur Manie geworden.

maniac ['meɪnɪæk] **I** *adj* wahnsinnig. **II** *n* **1.** Wahnsinnige(r), Irre(r) *mf*. **2.** (*fig*) **these sports ~s** diese Sportfanatiker *pl*.

manic-depressive ['mænɪkdɪ'presɪv] **I** *adj* manisch-depressiv. **II** *n* Manisch-Depressive(r) *mf*.

manicure ['mænɪˌkjʊəʳ] **I** *n* Maniküre *f*. **~ set** Nagelnecessaire, Nagel- *or* Maniküreetui *nt*. **II** *vt* maniküren. **his well-~d hands** seine gepflegten *or* sorgfältig manikürten Hände.

manicurist ['mænɪˌkjʊərɪst] *n* Maniküre *f*.

manifest ['mænɪfest] **I** *adj* offenkundig, offenbar; (*definite also*) eindeutig. **I think it's ~ that …** es liegt doch wohl auf der Hand, daß …; **to make sth ~** etw klar *or* deutlich machen.

II *n* (*Naut*) Manifest *nt*.

III *vt* zeigen, bekunden.

IV *vr* sich zeigen; (*Sci*, *Psych*) sich manifestieren; (*ghost*) erscheinen; (*guilt*) sich offenbaren, offenbar werden.

manifestation [ˌmænɪfe'steɪʃən] *n* (*act of showing*) Ausdruck *m*, Manifestierung, Bekundung *f*; (*sign*) Anzeichen *nt*, Manifestation *f*; (*of spirit*) Erscheinung *f*.

manifestly ['mænɪfestlɪ] *adv* eindeutig, offensichtlich. **it's so ~ obvious** es ist so völlig offensichtlich.

manifesto [ˌmænɪ'festəʊ] *n*, *pl* **-(e)s** Manifest *nt*.

manifold ['mænɪfəʊld] **I** *adj* mannigfaltig (*geh*), vielfältig. **~ uses** vielseitige Anwendung; **it's a ~ subject** das ist ein sehr komplexes Thema; **his ~ experience** seine reichhaltigen Erfahrungen. **II** *n* (*Aut*) (*inlet ~*) Ansaugrohr *nt*; (*exhaust ~*) Auspuffrohr *nt*.

manikin ['mænɪkɪn] *n* (*dwarf*) Männchen *nt*, Knirps *m*; (*Art*) Modell *nt*, Gliederpuppe *f*.

manila, manilla [mə'nɪlə] *n* **1.** (*~ paper*)

Hartpapier *nt.* ~ **envelopes** braune Umschläge. **2.** (~ *hemp*) Manilahanf *m.*

manioc ['mænɪɒk] *n* Maniok *m.*

manipulate [mə'nɪpjʊleɪt] *vt* **1.** *machine* handhaben, bedienen; *bones* einrenken; (*after fracture*) zurechtrücken. **2.** *public opinion, person, prices* manipulieren; *accounts, figures also* frisieren (*inf*).

manipulation [məˌnɪpjʊ'leɪʃən] *n* Manipulation *f.*

manipulator [mə'nɪpjʊleɪtə^r] *n* Manipulator, Manipulant *m.*

mankind [mæn'kaɪnd] *n* die Menschheit.

manlike ['mænlaɪk] *adj* menschlich; (*like a male*) männlich; *robot* menschenähnlich.

manliness ['mænlɪnɪs] *n* Männlichkeit *f.*

manly ['mænlɪ] *adj* (+*er*) männlich. **to behave in a ~ fashion** sich als Mann erweisen.

man-made ['mæn'meɪd] *adj* künstlich, Kunst-. ~ **fibres** Kunstfasern, synthetische Fasern *pl.*

manna ['mænə] *n* Manna *nt.*

manned [mænd] *adj satellite* bemannt.

mannequin ['mænɪkɪn] *n* (*fashion*) Mannequin *nt*; (*Art*) Modell *nt*; (*dummy*) Gliederpuppe *f.*

manner ['mænə^r] *n* **1.** (*mode*) Art, Weise, Art und Weise *f.* **in** *or* **after this ~** auf diese Art und Weise; **in** *or* **after the ~ of Petrarch** im Stile Petrarcas; **in the Spanish ~** im spanischen Stil; **in such a ~ that ...** so ..., daß ...; **a ball in the grand ~** ein Ball alten Stils *or* im alten Stil; **in a ~ of speaking** sozusagen, gewissermaßen; **it's just a ~ of speaking** (*of idiom*) das ist nur so eine Redensart; **as to the ~ born** als sei er/sie dafür geschaffen; **a horseman as to the ~ born** ein geborener Reiter.

2. (*behaviour*) Art *f.* **he has a very kind ~** er hat ein sehr freundliches Wesen; **his ~ to his parents** sein Verhalten gegenüber seinen Eltern; **I don't like his ~** ich mag seine Art nicht.

3. ~s *pl* (*good, bad*) Manieren *pl*, Benehmen *nt*, Umgangsformen *pl*; **that's bad ~s** das *or* so etwas gehört sich nicht; **~s!** benimm dich!; **it's bad ~s to ...** es gehört sich nicht *or* es ist unanständig, zu ...; **to have bad ~s** schlechte Manieren haben; **he has no ~s** er hat keine Manieren, er kann sich nicht benehmen; **have you forgotten your ~s?** wo hast du denn deine Manieren gelassen?; **to teach sb some ~s** jdm Manieren beibringen.

4. ~s *pl* (*of society*) Sitten (und Gebräuche) *pl*; **a novel of ~s** ein Sittenroman *m.*

5. (*class, type*) Art *f.* **all ~ of birds** die verschiedensten Arten von Vögeln; **we saw all ~ of interesting things** wir sahen allerlei Interessantes *or* so manches Interessante; **I've got all ~ of things to do yet** ich habe noch allerlei *or* tausenderlei zu tun; **by no ~ of means** keineswegs, in keinster Weise (*inf*).

mannered ['mænəd] *adj style* manieriert; *friendliness, subservience* betont.

mannerism ['mænərɪzəm] *n* **1.** (*in behaviour, speech*) Angewohnheit, Eigenheit *f.* **2.** (*of style*) Manieriertheit *f.*

mannerliness ['mænəlɪnɪs] *n* Wohlerzogenheit *f.*

mannerly ['mænəlɪ] *adj* wohlerzogen.

manoeuvrability [məˌnuːvrə'bɪlɪtɪ] *n* Manövrierfähigkeit, Wendigkeit *f.*

manoeuvrable [mə'nuːvrəbl] *adj* manövrierfähig, wendig.

manoeuvre, (*US*) **maneuver** [mə'nuːvə^r] **I** *n* **1.** (*Mil*) Feldzug *m.*

2. (*Mil*) **~s** Manöver *nt or pl*, Truppenübung *f*; **the troops were out on ~s** die Truppen befanden sich im Manöver.

3. (*clever plan*) Manöver *nt*, Winkelzug, Schachzug *m.* **rather an obvious ~** ein ziemlich auffälliges Manöver.

II *vt* manövrieren. **he ~d his troops out onto the plain** er dirigierte *or* führte seine Truppen hinaus auf die Ebene; **to ~ a gun into position** ein Geschütz in Stellung bringen; **to ~ sb into doing sth** jdn dazu bringen, etw zu tun.

III *vi* manövrieren; (*Mil*) (ein) Manöver durchführen. **to ~ for position** (*lit, fig*) sich in eine günstige Position manövrieren; **room to ~** Spielraum *m*, Manövrierfähigkeit *f.*

manor ['mænə^r] *n* Gut(shof *m*), Landgut *nt.* **lord/lady of the ~** Gutsherr *m*/-herrin *f*; **~ house** Herrenhaus *nt.*

manpower ['mænˌpaʊə^r] *n* Leistungs- *or* Arbeitspotential *nt*; (*Mil*) Stärke *f.* **we haven't got the ~** wir haben dazu nicht genügend Personal *or* Arbeitskräfte *pl*; **M~ Services Commission** (*Brit*) *Behörde f für Arbeitsbeschaffung, Arbeitsvermittlung und Berufsausbildung.*

manqué ['mɒŋkeɪ] *adj pred* (*failed*) gescheitert; (*unfulfilled*) verkannt. **an artist ~** ein verkannter Künstler; **he's a novelist ~** an ihm ist ein Schriftsteller verlorengegangen.

manse [mæns] *n* Pfarrhaus *nt.*

manservant ['mænsɜːvənt] *n, pl* **menservants** ['mensɜːvənts] Diener *m.*

mansion ['mænʃən] *n* Villa *f*; (*of ancient family*) Herrenhaus *nt.*

man-sized *adj steak* Riesen-; **manslaughter** *n* Totschlag *m.*

manta (ray) ['mæntə(reɪ)] *n* Teufelsrochen, Manta *m.*

mantelpiece ['mæntlpiːs] *n*, **mantelshelf** ['mæntlʃelf] *n, pl* **-shelves** [-ʃelvz] (*above fireplace*) Kaminsims *nt or m*; (*around fireplace*) Kaminverkleidung *or* -einfassung *f.*

mantle ['mæntl] **I** *n* **1.** Umhang *m*; (*fig*) Deckmantel *m.* **a ~ of snow** eine Schneedecke. **2.** (*gas ~*) Glühstrumpf *m.* **II** *vt* (*liter*) bedecken.

man-to-man *adj, adv* von Mann zu Mann; **a ~ talk** ein Gespräch *nt* von Mann zu Mann; **mantrap** *n* Fußangel *f.*

manual ['mænjʊəl] **I** *adj* manuell; *control also* von Hand; *work also* Hand-; *labour* körperlich. **~ labourer** Schwerarbeiter *m*; **~ worker** (manueller *or* Hand)arbeiter *m*; **~ skill** Handwerk *nt*; **he was trained in several ~ skills** er hatte verschiedene Handwerksberufe *pl* erlernt; **~ gear change** Schaltgetriebe *nt*, Schaltung *f* von Hand.

II *n* **1.** (*book*) Handbuch *nt*. **2.** (*Mus*) Manual *nt*. **3.** (~ *operation*) Handbetrieb *m*, manueller Betrieb. **to run on** ~ im Handbetrieb laufen; **to put a machine on** ~ eine Maschine auf Handbetrieb stellen.

manually ['mænjʊəlɪ] *adv* von Hand, manuell.

manufacture [ˌmænjʊ'fæktʃəʳ] **I** *n* (*act*) Herstellung *f*; (*pl: products*) Waren, Erzeugnisse *pl*. **articles of foreign** ~ ausländische Erzeugnisse *pl*.

II *vt* **1.** herstellen. **~d goods** Fertigware *f*, Fertigerzeugnisse *pl*. **2.** (*fig*) *excuse* erfinden.

III *vi* **we started manufacturing ...** wir begannen mit der Herstellung ...

manufacturer [ˌmænjʊ'fæktʃərəʳ] *n* Hersteller *m*.

manufacturing [ˌmænjʊ'fæktʃərɪŋ] **I** *adj techniques* Herstellungs-; *capacity* Produktions-; *industry* verarbeitend. **II** *n* Erzeugung, Herstellung *f*.

manure [mə'njʊəʳ] **I** *n* Dung, Mist *m*; (*esp artificial*) Dünger *m*. **liquid** ~ Jauche *f*; **artificial** ~ Kunstdünger *m*. **II** *vt field* düngen.

manuscript ['mænjʊskrɪpt] *n* Manuskript *nt*; (*ancient also*) Handschrift *f*. **the novel is still in** ~ der Roman ist noch in Manuskriptform; **I read it first in** ~ **form** ich habe es zuerst als Manuskript gelesen.

Manx [mæŋks] **I** *adj* der Insel Man. ~ **cat** Manx-Katze *f* (*stummelschwänzige Katze*). **II** *n* (*language*) Manx *nt*.

Manxman ['mænksmən] *n, pl* **-men** [-mən] Bewohner *m* der Insel Man.

many ['menɪ] **I** *adj, pron* viele. ~ **people** viele (Menschen *or* Leute); **she has** ~ sie hat viele (davon); **he hasn't got** ~ er hat nicht viele (davon); **there were as** ~ **as 20** es waren sogar 20 da; **fifty went to France and as** ~ **to Germany** fünfzig gingen nach Frankreich und ebenso viele nach Deutschland; **as** ~ **again** noch einmal so viele; **there's one too** ~ einer ist zuviel; **he's had one too** ~ er hat einen zuviel *or* einen über den Durst getrunken; **a good/great** ~ **houses** eine (ganze) Reihe *or* Anzahl Häuser; ~ **a good soldier** so mancher gute Soldat; ~ **a time** so manches Mal; **~'s the time I've heard that old story** ich habe diese alte Geschichte so manches Mal gehört.

II *n* **the** ~ die (große) Masse.

many-coloured *adj* bunt, vielfarbig; **many-sided** *adj* vielseitig; **it's a** ~ **problem** das Problem hat sehr viele verschiedene Aspekte.

Maoist ['maʊɪst] *n* Maoist(in *f*) *m*.

Maori ['maʊrɪ] **I** *adj* Maori-. **II** *n* **1.** Maori *mf*. **2.** (*language*) Maori *nt*.

map [mæp] **I** *n* (Land)karte *f*; (*of streets, town*) Stadtplan *m*; (*showing specific item*) Karte *f*. **a** ~ **of the stars/rivers** eine Stern-/Flußkarte; **is it on the** ~**?** ist das auf der Karte (eingezeichnet)?; **this will put Cheam on the** ~ (*fig*) das wird Cheam zu einem Namen verhelfen; **it's right off the** ~ (*fig*) das liegt (ja) am Ende der Welt *or* hinter dem Mond (*inf*); **entire cities were wiped off the** ~ ganze Städte wurden ausradiert.

II *vt* (*measure*) vermessen; (*make a map of*) eine Karte anfertigen von.

◆**map out** *vt sep* **1.** (*lit*) *see* **map II.**

2. (*fig: plan*) entwerfen. **the essay is well ~ped** ~ der Aufsatz ist gut angelegt; **our holiday schedule was all ~ped** ~ **in advance** der Zeitplan für unsere Ferien war schon im voraus genau festgelegt.

maple ['meɪpl] *n* (*wood, tree*) Ahorn *m*.

maple leaf *n* Ahornblatt *nt*; **maple sugar** *n* Ahornzucker *m*; **maple syrup** *n* Ahornsirup *m*.

mapmaker *n* Kartograph(in *f*) *m*; **mapmaking** *n* Kartographie *f*.

mapping ['mæpɪŋ] *n* (*Comput*) Abbildung *f*, Mapping *nt*.

mapreader *n* Kartenleser(in *f*) *m*; **mapreading** *n* Kartenlesen *nt*.

Mar *abbr of* **March** Mrz.

mar [mɑːʳ] *vt* verderben; *happiness* trüben; *beauty* mindern. **not a cloud to** ~ **the sky** kein Wölkchen trübte den Himmel; **his essay was ~red by careless mistakes** durch seine Flüchtigkeitsfehler verdarb er (sich) den ganzen Aufsatz; *see* **make.**

maraschino [ˌmærə'skiːnəʊ] *n* (*drink*) Maraschino *m*; (~ *cherry*) Maraschinokirsche *f*.

marathon ['mærəθən] **I** *n* **1.** (*lit*) Marathon(lauf) *m*. **2.** (*fig*) Marathon *nt*. **this film is a real** ~ das ist wirklich ein Marathonfilm *m*. **II** *adj speech, film, meeting* Marathon-.

maraud [mə'rɔːd] *vti* plündern.

marauder [mə'rɔːdəʳ] *n* Plünderer *m*; (*animal*) Räuber *m*.

marble ['mɑːbl] **I** *n* **1.** Marmor *m*. **2.** (*work in* ~) Marmorplastik *f*. **3.** (*glass ball*) Murmel *f*, Klicker *m* (*inf*). **he hasn't got all his ~s** (*inf*) er hat nicht mehr alle Tassen im Schrank (*inf*). **II** *adj* Marmor-.

marble cake *n* Marmorkuchen *m*.

marbled ['mɑːbld] *adj surface, pages* marmoriert.

March [mɑːtʃ] *n* März *m*; *see also* **September.**

march [mɑːtʃ] **I** *n* **1.** (*Mil, Mus*) Marsch *m*; (*demonstration*) Demonstration *f*; (*fig. long walk*) Weg *m*. **we had been five days on the** ~ wir waren fünf Tage lang marschiert; **it's two days'** ~ es ist ein Zwei-Tage-Marsch; **he went for a good** ~ **across the moors** er ist durchs Moorland marschiert.

2. (*of time, history, events*) Lauf *m*.

3. to steal a ~ **on sb** jdm zuvorkommen.

II *vt soldiers* marschieren lassen; *distance* marschieren. **to** ~ **sb off** jdn abführen.

III *vi* marschieren. **forward** ~**!** vorwärts(, marsch)!; **quick** ~**!** im Laufschritt, marsch!; **to** ~ **in** einmarschieren; **she just ~ed into the room** sie marschierte einfach (ins Zimmer) hinein; **time ~es on** die Zeit bleibt nicht stehen; **to** ~ **out** abmarschieren, ausrücken; **to** ~ **past sb**

an jdm vorbeimarschieren.

marcher ['mɑːtʃə] *n* (*in demo*) Demonstrant(in *f*) *m*.

marching ['mɑːtʃɪŋ]: **marching orders** *npl* (*Mil*) Marschbefehl *m*; (*inf*) Entlassung *f*; **the new manager got his ~** der neue Manager ist gegangen worden (*inf*); **she gave him his ~** sie hat ihm den Laufpaß gegeben.

marchioness ['mɑːʃənɪs] *n* Marquise *f*.

march past *n* Vorbeimarsch, Aufmarsch *m*, Defilee *nt*.

Mardi gras ['mɑːdɪ'grɑː] *n* Karneval *m*.

mare [mɛəʳ] *n* (*horse*) Stute *f*; (*donkey*) Eselin *f*.

mare's nest ['mɛəznest] *n* Windei *nt*, Reinfall *m*.

Margaret ['mɑːgərɪt] *n* Margarete *f*.

margarine [ˌmɑːdʒə'riːn], **marge** [mɑːdʒ] (*inf*) *n* Margarine *f*.

margin ['mɑːdʒɪn] *n* **1.** (*on page*) Rand *m*. **a note (written) in the ~** eine Randbemerkung, eine Bemerkung am Rand.

2. (*extra amount*) Spielraum *m*. **~ of error** Fehlerspielraum *m*; **he left a safety ~ of one hour** sicherheitshalber kalkulierte er einen Spielraum von einer Stunde ein; **by a narrow ~** knapp; **it's within the safety ~** das ist noch sicher.

3. (*Comm: also* **profit ~**) Gewinnspanne, Verdienstspanne *f*.

marginal ['mɑːdʒɪnl] *adj* **1.** *note* Rand-. **2.** *improvement, difference* geringfügig, unwesentlich; *constituency, seat* mit knapper Mehrheit. **this is a ~ constituency for the Tories** die Tories haben in diesem Wahlkreis nur eine knappe Mehrheit.

marginalization [ˌmɑːdʒɪnəlaɪ'zeɪʃən] *n* Marginalisierung *f* (*geh*).

marginalize ['mɑːdʒɪnəlaɪz] *vt* marginalisieren (*geh*).

marginally ['mɑːdʒɪnəlɪ] *adv* geringfügig, unwesentlich, nur wenig. **is that better? — ~** ist das besser? — etwas *or* ein wenig; **but only just ~** nur ganz knapp.

margin release *n* Randlöser *m*; **margin stop** *n* Randsteller *m*.

marguerite [ˌmɑːgə'riːt] *n* Margerite *f*.

marigold ['mærɪgəʊld] *n* (*African or French* ~) Tagetes, Studentenblume *f*; (*common or pot* ~) Ringelblume *f*.

marihuana, marijuana [ˌmærɪ'hwɑːnə] *n* Marihuana *nt*.

marina [mə'riːnə] *n* Yacht- *or* Jachthafen *m*.

marinade [ˌmærɪ'neɪd] *n* Marinade *f*.

marinate ['mærɪneɪt] *vt* marinieren.

marine [mə'riːn] **I** *adj* Meeres-, See-. **~ insurance** Seeversicherung *f*; **~ underwriter** Seeversicherer *m*; **~ life** Meeresfauna und -flora *f*.

II *n* **1.** (*fleet*) Marine *f*. **merchant ~** Handelsmarine *f*.

2. (*person*) Marineinfanterist *m*. **the ~s** die Marineinfanterie, die Marinetruppen *pl*; **tell that to the ~s!** (*inf*) das kannst du deiner Großmutter erzählen! (*inf*).

mariner ['mærɪnəʳ] *n* Seefahrer, Seemann *m*.

marionette [ˌmærɪə'net] *n* Marionette *f*.

marital ['mærɪtl] *adj* ehelich. **~ status** Familienstand *m*; **~ vows** Ehegelübde *nt*; **~ bliss** Eheglück *nt*.

maritime ['mærɪtaɪm] *adj warfare, law* See-. **~ regions** Küstenregionen *pl*.

marjoram ['mɑːdʒərəm] *n* Majoran *m*.

Mark [mɑːk] *n* Markus *m*.

mark[1] [mɑːk] *n* (*Fin*) Mark *f*.

mark[2] **I** *n* **1.** (*stain, spot*) Fleck *m*; (*scratch*) Kratzer *m*, Schramme *f*. **to make a ~ on sth** einen Fleck auf etw (*acc*) machen/etw beschädigen; **dirty ~s** Schmutzflecken *pl*; **with not a ~ on it** in makellosem Zustand; **the ~s of violence** die Spuren der Gewalt; **he left the ring without a ~ on him/his body** er verließ den Ring, ohne auch nur eine Schramme abbekommen zu haben.

2. (*~ing*) (*on animal*) Fleck *m*; (*on person*) Mal *nt*; (*on plane, football pitch etc*) Markierung *f*; (*sign: on monument*) Zeichen *nt*.

3. (*in exam*) Note *f*. **high** *or* **good ~s** gute Noten *pl*; **the ~s are out of 100** insgesamt kann/konnte man 100 Punkte erreichen; **you get no ~s at all as a cook** (*fig*) in puncto Kochen bist du ja nicht gerade eine Eins (*inf*); **there are no ~s for guessing** (*fig*) das ist ja wohl nicht schwer zu erraten; **he gets full ~s for punctuality** (*fig*) in Pünktlichkeit verdient er eine Eins.

4. (*sign, indication*) Zeichen *nt*. **he had the ~s of old age** er war vom Alter gezeichnet; **it bears the ~s of genius** das trägt geniale Züge; **it's the ~ of a gentleman** daran erkennt man den Gentleman.

5. (*instead of signature*) **to make one's ~** drei Kreuze (als Unterschrift) machen.

6. (*level*) **expenses have reached the £100 ~** die Ausgaben haben die 100-Pfund-Grenze erreicht; **the temperature reached the 35° ~** die Temperatur stieg bis auf 35° an.

7. (*model*) **Cooper M~ II** Cooper, II.

8. (*phrases*) **to be quick off the ~** (*Sport*) einen guten Start haben; (*fig*) blitzschnell handeln *or* reagieren; **you were quick off the ~** du warst aber fix!; **to be slow off the ~** (*Sport*) einen schlechten Start haben; (*fig*) nicht schnell genug schalten *or* reagieren; (*as characteristic*) eine lange Leitung haben (*inf*); **to be up to the ~** den Anforderungen entsprechen; **his work is not up to the ~** seine Arbeit ist unter dem Strich; **I'm not feeling quite up to the ~** ich bin *or* fühle mich nicht ganz auf dem Posten; **to leave one's ~ (on sth)** einer Sache (*dat*) seinen Stempel aufdrücken; **to make one's ~** sich (*dat*) einen Namen machen; **on your ~s!** auf die Plätze!; **to be wide of the ~** (*shooting*) danebentreffen, danebenschießen; (*fig: in guessing, calculating*) danebentippen, sich verhauen (*inf*); **your calculations were wide of the ~** mit deiner Kalkulation hast du dich ganz schön verhauen (*inf*); **to hit the ~** (*lit, fig*) ins Schwarze treffen.

9. (*Rugby*) Freifang *m*. **"~!"** „Marke!"

II *vt* **1.** (*adversely*) beschädigen; (*stain*) schmutzig machen, Flecken machen auf (+*acc*); (*scratch*) zerkratzen. **her face was ~ed for life** sie hat bleibende Narben im Gesicht zurückbehalten; **the experience ~ed him for life** das Erlebnis hat ihn für sein Leben gezeichnet.

2. (*for recognition, identity*) markieren, bezeichnen; (*label*) beschriften; (*price*) auszeichnen; *playing cards* zinken. **~ed with the name and age of the exhibitor** mit Namen und Alter des Ausstellers versehen; **the bottle was ~ed "poison"** die Flasche trug die Aufschrift „Gift"; **the chair is ~ed at £20** der Stuhl ist mit £ 20 ausgezeichnet; **the picture/cage isn't ~ed** das Bild ist ohne Angaben/der Käfig hat keine Aufschrift; **~ where you have stopped in your reading** machen Sie sich (*dat*) ein Zeichen, bis wohin Sie gelesen haben; **X ~s the spot** X markiert *or* bezeichnet die Stelle; **the teacher ~ed him absent** der Lehrer trug ihn als fehlend ein; **it's not ~ed on the map** es ist nicht auf der Karte eingezeichnet; **it's ~ed with a blue dot** es ist mit einem blauen Punkt gekennzeichnet.

3. (*characterize*) kennzeichnen. **a decade ~ed by violence** ein Jahrzehnt, das im Zeichen der Gewalt stand; **the new bill ~s a change of policy** das neue Gesetz deutet auf einen politischen Kurswechsel hin; **it ~ed the end of an era** damit ging eine Ära zu Ende; **a month ~ed by inactivity** ein Monat, der sich durch Untätigkeit auszeichnete.

4. (*usu pass*) zeichnen. **~ed with grief** von Schmerz gezeichnet; **a beautifully ~ed bird** ein schön gezeichneter Vogel.

5. *exam, paper* korrigieren (und benoten). **to ~ a paper A** eine Arbeit mit (einer) Eins benoten; **to ~ a candidate** einem Kandidaten/einer Kandidatin eine Note geben; **we ~ed him A** wir haben ihm eine Eins gegeben; **to ~ sth wrong** etw anstreichen.

6. (*heed*) hören auf (+*acc*). **~ my words** eins kann ich dir sagen; (*threatening, warning also*) lassen Sie sich das gesagt sein!; **~ you, he may have been right** er könnte gar nicht so unrecht gehabt haben.

7. (*Sport*) *player, opponent* decken.

8. to ~ time (*Mil, fig*) auf der Stelle treten.

III *vi* **1.** (*get dirty*) schmutzen, schmutzig werden; (*scratch*) Kratzer bekommen. **2.** (*Sport*) decken.

◆**mark down** *vt sep* **1.** (*note down*) (sich *dat*) notieren. **2.** *prices* herab- *or* heruntersetzen.

◆**mark off** *vt sep* kennzeichnen; *boundary* markieren; *football pitch* abgrenzen; *danger area* absperren.

◆**mark out** *vt sep* **1.** *tennis court* abstecken.

2. (*note*) bestimmen (*for* für). **the area has been ~ed ~ for special government grants** für das Gebiet sind besondere staatliche Zuschüsse vorgesehen.

3. (*identify*) **his speeches have ~ed him ~ as a communist** aus seinen Reden geht hervor *or* kann man schließen, daß er Kommunist ist.

◆**mark up** *vt sep* **1.** (*Typ*) auszeichnen. **2.** *price* heraufsetzen, erhöhen.

marked [mɑːkt] *adj* **1.** *contrast* merklich, deutlich; *accent* stark, deutlich; *improvement* spürbar, merklich. **it is becoming more ~** es wird immer deutlicher *or* tritt immer deutlicher zutage. **2. he's a ~ man** er steht auf der schwarzen Liste.

markedly ['mɑːkɪdlɪ] *adv* merklich. **it is ~ better** es ist wesentlich *or* bedeutend besser; **not ~ so** nicht, daß es auffallen würde; **they are not ~ different** es besteht kein besonderer *or* großer Unterschied zwischen ihnen.

marker ['mɑːkəʳ] *n* **1.** Marke *f*; (*to turn at*) Wendemarke *f*, Wendepunkt *m*; (*on road*) Schild *nt*, Wegweiser *m*; (*in book*) Lesezeichen *nt*. **2.** (*for exams*) Korrektor(in *f*) *m*; (*scorekeeper in games*) Punktezähler(in *f*) *m*. **will you be the ~?** schreibst du (die Punkte) auf? **3.** (*Ftbl*) Beschatter(in *f*) *m*. **4.** (*pen*) Markierstift, Marker *m*.

market ['mɑːkɪt] **I** *n* **1.** Markt *m*. **at the ~** auf dem Markt; **to go to ~** auf den/zum Markt gehen.

2. (*trade*) Markt *m*. **world ~** Weltmarkt *m*; **open ~** offener Markt; **to be in the ~ for sth** an etw (*dat*) interessiert sein; **to be on the ~** auf dem Markt sein; **to come on(to) the ~** auf den Markt kommen; **to put on the ~** auf den Markt bringen; *house* zum Verkauf anbieten.

3. (*area, demand*) (Absatz)markt *m*; (*area also*) Absatzgebiet *nt*. **to create a ~** Nachfrage erzeugen; **to find a ready ~** guten Absatz finden.

4. (*stock ~*) Börse *f*. **to play the ~** (an der Börse) spekulieren.

II *vt* vertreiben. **to ~ a (new) product** ein (neues) Produkt auf den Markt bringen; **it's a nice idea, but we can't ~ it** das ist eine gute Idee, sie läßt sich nur nicht verkaufen *or* vermarkten; **the reason it didn't sell was simply that it wasn't properly ~ed** es fand wegen unzureichenden Marketings keinen Absatz.

III *vi* sich verkaufen, Absatz finden.

marketability [ˌmɑːkɪtə'bɪlɪtɪ] *n* Marktfähigkeit *f*.

marketable ['mɑːkɪtəbl] *adj* absetzbar, marktfähig.

market analysis *n* Marktanalyse *f*; **market behaviour** *n* Marktverhalten *nt*; **market day** *n* Markttag *m*.

marketeer [ˌmɑːkə'tɪəʳ] *n* (*Pol*) **(Common) M~** Anhänger(in *f*) *or* Befürworter(in *f*) *m* der EG; **black ~** Schwarzhändler(in *f*) *m*.

market economy *n* Marktwirtschaft *f*; **market forces** *npl* Marktkräfte *pl*; **market garden** *n* Gemüseanbaubetrieb *m*, Gärtnerei *f*; **market gardener** *n* Gärtner(in *f*) *m*; **market gardening** *n* (gewerbsmäßiger) Anbau von Gemüse.

marketing ['mɑːkɪtɪŋ] *n* Marketing *nt*. **~ manager** Marketing-manager(in *f*) *m*.

market leader *n* Marktführer *m*; **market niche** *n* Marktnische *f*; **marketplace** *n* Marktplatz *m*; (*world of trade*) Markt *m*; **in/on the** ~ auf dem Markt(platz); **market price** *n* Marktpreis *m*; **market research** *n* Marktforschung *f*; **market researcher** *n* Marktforscher(in *f*) *m*; **market share** *n* Marktanteil *m*; **market survey** *n* Marktuntersuchung *f*; **market town** *n* Marktstädtchen *nt*; **market trends** *npl* Markttendenzen *pl*; **market value** *n* Marktwert *m*.

marking ['mɑːkɪŋ] *n* **1.** Markierung *f*; (*on aeroplane also*) Kennzeichen *nt*; (*on animal*) Zeichnung *f*. ~ **ink** Wäschetinte *f*. **2.** (*of exams*) (*correcting*) Korrektur *f*; (*grading*) Benotung *f*. **3.** (*Sport*) Decken *nt*, Deckung *f*.

marksman ['mɑːksmən] *n*, *pl* **-men** [-mən] Schütze *m*; (*police etc*) Scharfschütze *m*.

marksmanship ['mɑːksmənʃɪp] *n* Treffsicherheit *f*.

markswoman ['mɑːkswumən] *n*, *pl* **-women** [-wimɪn] Schützze *f*.

mark-up ['mɑːkʌp] *n* **1.** Handelsspanne *f*; (*amount added*) Preiserhöhung *f or* -aufschlag *m*. ~ **price** Verkaufspreis *m*. **2.** (*Typ*) Auszeichnung *f*.

marlin ['mɑːlɪn] *n* Fächerfisch, Marlin *m*.

marmalade ['mɑːməleɪd] *n* Marmelade *f* aus Zitrusfrüchten. **(orange)** ~ Orangenmarmelade *f*.

marmoset ['mɑːməʊzet] *n* Krallenaffe *m*, Pinseläffchen *nt*.

marmot ['mɑːmət] *n* Murmeltier *nt*.

maroon¹ [mə'ruːn] **I** *adj* kastanienbraun, rötlichbraun. **II** *n* (*colour*) Kastanienbraun *nt*; (*firework*) Leuchtkugel *f*.

maroon² *vt* aussetzen. ~**ed** von der Außenwelt abgeschnitten; ~**ed by floods** vom Hochwasser eingeschlossen.

marquee [mɑː'kiː] *n* **1.** Festzelt *nt*. **2.** (*US: of theatre*) Vordach, Canopy *nt*. **his name's on all the** ~**s** sein Name ist auf allen Anzeigetafeln zu sehen.

marquess ['mɑːkwɪs] *n* Marquis *m*.

marquetry ['mɑːkɪtrɪ] *n* Marketerie, Einlegearbeit *f*.

marquis ['mɑːkwɪs] *n see* **marquess**.

marram grass ['mærəm,grɑːs] *n* Strandhafer *m*, Dünengras *nt*.

marriage ['mærɪdʒ] *n* **1.** (*state*) die Ehe; (*wedding*) Hochzeit, Heirat *f*; (~ *ceremony*) Trauung *f*. **civil** ~ Zivilehe *f*/standesamtliche Trauung; ~ **of convenience** Vernunftehe *f*; **relations by** ~ angeheiratete Verwandte; **to be related by** ~ (*in-laws*) miteinander verschwägert sein; (*others*) miteinander verwandt sein; **to give sb in** ~ **to sb** jdn jdm zur Frau geben; **to give sb in** ~ jdn verheiraten; **an offer of** ~ ein Heiratsantrag *m*.

2. (*fig*) Verbindung *f*. **a** ~ **of two minds** eine geistige Ehe.

marriageable ['mærɪdʒəbl] *adj* heiratsfähig. **of** ~ **age** im heiratsfähigen Alter.

marriage bureau *n* Eheanbahnungsinstitut *nt*; **marriage ceremony** *n* Trauzeremonie *f*; **marriage certificate** *n* Heiratsurkunde *f*; **marriage guidance** *n* Eheberatung *f*; **marriage guidance counsellor** *n* Eheberater(in *f*) *m*; **marriage licence** *n* Eheerlaubnis *f*; **marriage settlement** *n* Ehevertrag *m*; **marriage vow** *n* Ehegelübde *nt*.

married ['mærɪd] *adj life, state* Ehe-; *man, woman* verheiratet. ~ **couple** Ehepaar *nt*; ~ **quarters** Unterkünfte für Eheleute.

marrow ['mærəʊ] *n* **1.** (*Anat*) (Knochen)mark *nt*. ~**bone** Markknochen *m*; **he's a Scot to the** ~ er ist durch und durch Schotte; **to be frozen to the** ~ völlig durchgefroren sein. **2.** (*fig: of statement*) Kern *m*, Wesentliche(s) *nt*. **3.** (*Bot*) (*also* **vegetable** ~) Gartenkürbis *m*.

marry ['mærɪ] **I** *vt* **1.** heiraten. **to** ~ **money** reich heiraten; **will you** ~ **me?** willst du mich heiraten?

2. (*priest*) trauen.

3. (*father*) verheiraten.

II *vi* **1.** (*also* **get married**) heiraten, sich verheiraten; (*of couple*) heiraten, sich vermählen (*geh*). **to** ~ **into a rich family** in eine reiche Familie einheiraten; **to** ~ **into money** reich heiraten; **he married into a small fortune** durch die Heirat ist er an ein kleines Vermögen gekommen; **he's not the** ~**ing kind** er ist nicht der Typ, der heiratet; ~ **in haste, repent at leisure** (*prov*) Heiraten in Eile bereut man in Weile (*prov*).

2. (*fig: of two pieces of wood*) ineinanderpassen.

◆**marry off** *vt sep* an den Mann/die Frau bringen (*inf*); *girl also* unter die Haube bringen (*inf*). **he has married** ~ **his daughter to a rich young lawyer** er hat dafür gesorgt, daß seine Tochter einen reichen jungen Anwalt heiratet.

Mars [mɑːz] *n* Mars *m*.

Marseillaise [,mɑːsə'leɪz] *n*: **the** ~ die Marseillaise.

Marseilles [mɑː'seɪlz] *n* Marseille *nt*.

marsh [mɑːʃ] *n* Sumpf *m*.

marshal ['mɑːʃəl] **I** *n* (*Mil, of royal household*) Marschall *m*; (*at sports meeting*) Platzwärter *m*; (*at demo*) Ordner *m*; (*US*) Bezirkspolizeichef *m*. **II** *vt facts, arguments* ordnen; *soldiers* antreten lassen; (*lead*) geleiten, führen.

marshalling yard ['mɑːʃəlɪŋ'jɑːd] *n* Rangier- *or* Verschiebebahnhof *m*.

marsh gas *n* Methangas, Sumpf- *or* Grubengas *nt*; **marshland** *n* Marschland, Sumpfgebiet *nt*; **marshmallow** *n* (*sweet*) Marshmallow *nt*; (*Bot*) Eibisch *m*; **marsh marigold** *n* Sumpfdotterblume *f*.

marshy ['mɑːʃɪ] *adj* (+*er*) sumpfig.

marsupial [mɑː'suːpɪəl] **I** *adj* ~ **animal** Beuteltier *nt*. **II** *n* Beuteltier *nt*.

marten ['mɑːtɪn] *n* Marder *m*.

martial ['mɑːʃəl] *adj music* kriegerisch, Kampf-; *bearing* stramm, soldatisch. **the** ~ **arts** die Kampfsportarten; **the** ~ **art of judo** der Kampfsport Judo; ~ **law** Kriegsrecht *nt*; **the state was put under** ~ **law** über den Staat wurde (das) Kriegsrecht verhängt.

Martian ['mɑːʃɪən] **I** *adj atmosphere, exploration* des Mars; *invaders* vom

Mars. **II** *n* Marsbewohner(in *f*), Marsmensch *m*.

martin ['mɑːtɪn] *n* Schwalbe *f*.

martinet [ˌmɑːtɪ'net] *n* (strenger) Zuchtmeister. **he's a real ~** er führt ein strenges Regiment.

martini [mɑː'tiːnɪ] *n* Martini *m*.

Martinique [ˌmɑːtɪ'niːk] *n* Martinique *nt*.

Martinmas ['mɑːtɪnməs] *n* Martinstag *m*, Martini *nt*.

martyr ['mɑːtəʳ] **I** *n* Märtyrer(in *f*) *m*. **he was a ~ to the cause of civil rights** er wurde zum Märtyrer für die Sache der Bürgerrechtsbewegung; **to be a ~ to arthritis** entsetzlich unter Arthritis zu leiden haben; **there's no need to make a ~ of yourself** (*inf*) du brauchst hier nicht den Märtyrer zu spielen (*inf*).

II *vt* martern, (zu Tode) quälen. **thousands of Christians were ~ed** Tausende von Christen starben den Märtyrertod.

martyrdom ['mɑːtədəm] *n* (*suffering*) Martyrium *nt*; (*death*) Märtyrertod *m*.

marvel ['mɑːvəl] **I** *n* Wunder *nt*. **the ~s of modern science** die Wunder der modernen Wissenschaft; **if he ever gets there it will be a ~** (*inf*) wenn er jemals dort ankommt, ist das ein Wunder; **you're a ~!** (*inf*) du bist ein Engel!; (*clever*) du bist ein Genie!

II *vi* staunen (*at* über +*acc*). **to ~ at a sight** einen Anblick bestaunen.

marvellous, (*US*) **marvelous** ['mɑːvələs] *adj* wunderbar, phantastisch, fabelhaft. **isn't it ~?** ist das nicht herrlich?; (*iro*) gut, nicht! (*iro*).

marvellously, (*US*) **marvelously** ['mɑːvələslɪ] *adv* (*with adj*) herrlich; (*with vb*) großartig, fabelhaft.

Marxian ['mɑːksɪən] *adj* Marxisch.

Marxism ['mɑːksɪzəm] *n* der Marxismus.

Marxist ['mɑːksɪst] **I** *adj* marxistisch. **II** *n* Marxist(in *f*) *m*.

Mary ['mɛərɪ] *n* Maria *f*.

marzipan [ˌmɑːzɪ'pæn] *n* Marzipan *nt or m*.

mascara [mæ'skɑːrə] **I** *n* Wimperntusche, Maskara *f*. **II** *vt* tuschen.

mascot ['mæskət] *n* Maskottchen *nt*.

masculine ['mæskjʊlɪn] **I** *adj* männlich; *woman* maskulin. **II** *n* (*Gram*) Maskulinum *nt*.

masculinity [ˌmæskjʊ'lɪnɪtɪ] *n* Männlichkeit *f*.

mash [mæʃ] **I** *n* Brei *m*; (*for animals*) Futterbrei *m*, Schlempe *f*; (*potatoes*) Püree *nt*; (*in brewing*) Maische *f*. **II** *vt* zerstampfen.

MASH *n* (*US*) *abbr of* **Mobile Army Surgical Hospital** mobiles Lazarett.

mashed [mæʃt] *adj* **~ potatoes** Kartoffelbrei *m or* -püree *nt*.

masher ['mæʃəʳ] *n* Stampfer *m*; (*for potatoes*) Kartoffelstampfer *m*.

mask [mɑːsk] **I** *n* (*lit, fig, Comput*) Maske *f*. **the ~ slipped** (*fig*) er/sie *etc* ließ die Maske fallen; **surgeon's ~** Mundschutz *m*. **II** *vt* maskieren; (*clouds, trees*) verdecken; *feelings* verbergen; *intentions* maskieren.

masked [mɑːskt] *adj* maskiert. **~ ball** Maskenball *m*.

masochism ['mæsəʊkɪzəm] *n* Masochismus *m*.

masochist ['mæsəʊkɪst] *n* Masochist(in *f*) *m*.

masochistic [ˌmæsəʊ'kɪstɪk] *adj* masochistisch.

mason ['meɪsn] *n* **1.** (*builder*) Steinmetz *m*; (*in quarry*) Steinhauer *m*; *see* **monumental**. **2.** (*free~*) Freimaurer *m*.

masonic [mə'sɒnɪk] *adj* Freimaurer-.

masonry ['meɪsnrɪ] *n* **1.** (*stonework*) Mauerwerk *nt*. **2.** (*free~*) Freimaurerei *f*, Freimaurertum *nt*.

masquerade [ˌmæskə'reɪd] **I** *n* Maskerade *f*. **that's just a ~** (*fig*) das ist alles nur Theater.

II *vi* **to ~ as ...** sich verkleiden als ...; (*fig*) sich ausgeben als ..., vorgeben, ... zu sein.

mass[1] [mæs] *n* (*Eccl*) Messe *f*. **high ~** Hochamt *nt*; **to go to ~** zur Messe gehen; **to hear ~** die Messe feiern; **to say ~** die *or* eine Messe lesen.

mass[2] **I** *n* **1.** (*general, Phys*) Masse *f*; (*of people*) Menge *f*. **a ~ of snow/rubble** eine Schneemasse/ein Schutthaufen *m*; **the ~ of rubble** der Haufen Schutt; **a ~ of cold air** eine kalte Luftmasse; **a ~ of red hair** ein Wust roter Haare; **a ~ of flames** ein einziges Flammenmeer; **he's a ~ of bruises** er ist voller blauer Flecken; **the garden is a ~ of yellow/colour** der Garten ist ein Meer *nt* von Gelb/ein Farbenmeer *nt*; **the ~es** die Masse(n *pl*); **the great ~ of the population** die (breite) Masse der Bevölkerung.

2. (*bulk*) **the great ~ of the mountains** das riesige Bergmassiv.

3. (*inf*) **~es** massenhaft, eine Masse (*inf*); **he has ~es of money/time** er hat massenhaft *or* massig (*inf*) *or* eine Masse (*inf*) Geld/Zeit; **the factory is producing ~es of cars** die Fabrik produziert Unmengen von Autos; **I've got ~es of things to do** ich habe noch massig (*inf*) zu tun.

II *vt troops* massieren, zusammenziehen. **the ~ed bands of the Royal Navy** die vereinigten Militärkapellen der königlichen Marine.

III *vi* (*Mil*) sich massieren; (*Red Indians*) sich versammeln; (*clouds*) sich (zusammen)ballen. **they're ~ing for an attack** sie sammeln sich zum Angriff.

mass *in cpds* Massen-.

massacre ['mæsəkəʳ] **I** *n* Massaker *nt*. **II** *vt* niedermetzeln, massakrieren. **last Saturday they ~d us 6-0** (*inf*) letzten Samstag haben sie uns mit 6:0 fertiggemacht (*inf*).

massage ['mæsɑːʒ] **I** *n* Massage *f*. **~ parlour** Massagesalon *m*; (*euph*) Bordell *nt*. **II** *vt* massieren.

masseur [mæ'sɜːʳ] *n* Masseur *m*.

masseuse [mæ'sɜːz] *n* Masseuse *f*.

massif [mæ'siːf] *n* (*Geog*) (Gebirgs)massiv *nt*.

massive ['mæsɪv] *adj* riesig, enorm; *structure, wall* massiv, wuchtig; *forehead* breit, wuchtig; *boxer* wuchtig, massig; *task* gewaltig; *support, heart attack* massiv. **the ship was designed on a ~ scale**

das Schiff hatte riesenhafte Ausmaße; **space research is financed on a ~ scale** Raumforschung wird in ganz großem Rahmen finanziert.

massively ['mæsɪvlɪ] *adv* wuchtig. **a ~ built man** ein Schrank *m* von einem Mann; **~ in debt** enorm verschuldet.

massiveness ['mæsɪvnɪs] *n* (*of expanse of land, plane, ship, hotel*) riesige *or* gewaltige Ausmaße *pl*; (*of fortune, expenditure, orchestra*) enorme Größe; (*of structure, wall*) Wuchtigkeit, Massivität *f*; (*of boxer, forehead*) Wuchtigkeit *f*.

mass marketing *n* Massenabsatzstrategie *f*; **mass media** *npl* Massenmedien *pl*; **mass meeting** *n* Massenveranstaltung *f*; (*of trade union*) Vollversammlung *f*; (*Pol*) Massenkundgebung *f*; **mass murderer** *n* Massenmörder(in *f*) *m*; **mass murders** *npl* Massenmord *m*; **mass number** *n* (*Phys*) Massenzahl *f*; **mass-produce** *vt* in Massenproduktion herstellen; *cars, engines* serienweise herstellen; **mass-produced** *adj* **~ items** Massenartikel *pl*; **it looks as though it was ~** das sieht sehr nach Massenware aus; **mass-production** *n* Massenproduktion *f*; **mass psychology** *n* Massenpsychologie *f*; **mass storage (device)** *n* (*Comput*) Massenspeicher *m*; **mass unemployment** *n* Massenarbeitslosigkeit *f*.

mast¹ [mɑːst] *n* (*Naut*) Mast(baum) *m*; (*Rad*) Sendeturm *m*. **10 years before the ~** 10 Jahre auf See.

mast² *n* (*Bot*) Mast *f*.

mastectomy [mæ'stektəmɪ] *n* Brustamputation *f*.

master ['mɑːstəʳ] **I** *n* **1.** (*of the house, dog, servants*) Herr *m*. **M~** (*Christ*) der Herr; (*in address*) Meister; **I am (the) ~ now** jetzt bin ich der Herr; **to be ~ in one's own house** (*also fig*) Herr im eigenen Hause sein; **to be one's own ~** sein eigener Herr sein.

2. (*Naut*) Kapitän *m*. **~'s certificate** Kapitänspatent *nt*.

3. (*musician, painter*) Meister *m*.

4. (*teacher*) Lehrer *m*; (*of apprentice*) Meister *m*.

5. to be ~ of sth etw beherrschen; **to be ~ of the situation** Herr *m* der Lage sein, die Situation im Griff haben; **to be the ~ of one's fate** sein Schicksal in der Hand haben; *see* **past ~.**

6. (*boy's title*) Master *m*.

7. (*of college*) Leiter, Rektor *m*.

8. (*~ copy*) Original *nt*.

II *vt* meistern; *one's emotions* unter Kontrolle bringen; *technique, method* beherrschen. **to ~ the violin** das Geigenspiel beherrschen.

master *in cpds* (*with trades*) -meister *m*; **master-at-arms** *n* Bootsmann *m* mit Polizeibefugnis; **master bedroom** *n* großes Schlafzimmer; **master builder** *n* Baumeister *m*; **master copy** *n* Original *nt*; **master disk** *n* Hauptplatte *f*; **master file** *n* (*Comput*) Stammdatei *f*.

masterful ['mɑːstəfʊl] *adj* meisterhaft; *ball control* gekonnt; (*dominating*) *personality* gebieterisch. **he said in a ~ tone** sagte er in bestimmtem Ton; **we were amazed at his ~ control of the meeting** wir staunten darüber, wie überlegen *or* souverän er die Sitzung in der Hand hatte.

masterfully ['mɑːstəfəlɪ] *adv* meisterhaft; *control* überlegen, souverän; *play, kick* gekonnt.

master key *n* Haupt- *or* Generalschlüssel *m*.

masterly ['mɑːstəlɪ] *adj* meisterhaft, gekonnt.

master mason *n* Steinmetzmeister *m*; **mastermind I** *n* (führender) Kopf; **who's the ~ who planned all these operations?** wer ist der Kopf, der hinter der Planung dieser Unternehmungen steckte? **II** *vt* **who ~ed the robbery?** wer steckt hinter dem Raubüberfall?; **Master of Arts/Science** *n* ≃ Magister *m* (der philosophischen/naturwissenschaftlichen Fakultät); **master of ceremonies** *n* (*at function*) Zeremonienmeister *m*; (*on stage*) Conférencier *m*; (*on TV*) Showmaster *m*; **master of (fox)hounds** *n* Master *m*; **masterpiece** *n* Meisterwerk *nt*; **master race** *n* Herrenvolk *nt*; **master sergeant** *n* (*US*) Oberfeldwebel *m;* **master stroke** *n* Meister- *or* Glanzstück *nt*; **master switch** *n* Hauptschalter *m*; **master tape** *n* Originalband *nt*; (*Comput*) Stammband *nt*.

mastery ['mɑːstərɪ] *n* (*control: of language, technique, instrument etc*) Beherrschung *f*; (*skill*) Können *nt*; (*over competitors*) Oberhand *f*. **~ of the seas** Herrschaft *f* über die Meere; **the painter's ~ of colour and form** des Malers meisterhafter Gebrauch von Form und Farbe.

masthead ['mɑːsthed] *n* (*Naut*) Mars, Mastkorb *m*; (*US: in magazines*) Impressum *nt*.

mastic ['mæstɪk] *n* (*Build*) Mastix *m*.

masticate ['mæstɪkeɪt] *vti* kauen; (*for young*) vorkauen.

mastication [ˌmæstɪ'keɪʃən] *n* Kauen *nt*; Vorkauen *nt*.

mastiff ['mæstɪf] *n* Dogge *f*.

mastitis [mæ'staɪtɪs] *n* Brust(drüsen)entzündung, Mastitis *f*.

mastoid ['mæstɔɪd] **I** *adj* warzenförmig. **II** *n* Warzenfortsatz *m*.

masturbate ['mæstəbeɪt] *vi* masturbieren, onanieren.

masturbation [ˌmæstə'beɪʃən] *n* Masturbation, Onanie, Selbstbefriedigung *f*.

mat¹ [mæt] **I** *n* Matte *f*; (*door ~*) Fußmatte *f*; (*on table*) Untersetzer *m*; (*of cloth*) Deckchen *nt*; (*of hair*) Gewirr *nt*. **place ~** Set *nt*. **II** *vt* **the sea-water had ~ted his hair** durch das Salzwasser waren seine Haare verfilzt geworden. **III** *vi* verfilzen.

mat² *adj see* **matt.**

match¹ [mætʃ] *n* Streich- *or* Zündholz *nt*.

match² I *n* **1.** (*sb/sth similar, suitable*) **to be** *or* **make a good ~** gut zusammenpassen; **the skirt is a good ~ for the jumper** der Rock paßt gut zum Pullover.

2. (*equal*) **to be a/no ~ for sb** (*be able to compete with*) sich mit jdm messen/

nicht messen können; (*be able to handle*) jdm gewachsen/nicht gewachsen sein; **he's a ~ for anybody** er kann es mit jedem aufnehmen; **A was more than a ~ for B** A war B weit überlegen; **to meet one's ~** seinen Meister finden.

3. (*marriage*) Heirat *f*. **who thought up this ~?** wer hat die beiden zusammengebracht?; **she made a good ~** sie hat eine gute Partie gemacht.

4. (*Sport*) (*general*) Wettkampf *m*; (*team game*) Spiel *nt*; (*Tennis*) Match *nt*, Partie *f*; (*Boxing, Fencing*) Kampf *m*; (*quiz*) Wettkampf, Wettbewerb *m*. **athletics ~** Leichtathletikkampf *m*; **we must have another ~ some time** wir müssen wieder einmal gegeneinander spielen; **that's ~** (*Tennis*) Match!

II *vt* **1.** (*pair off*) **they're well ~ed** die beiden passen gut zusammen; **the two boxers were well ~ed** die beiden Boxer waren einander ebenbürtig; **the teams are well ~ed** die Mannschaften sind gleichwertig; **~ each diagram with its counterpart** ordnen Sie die Schaubilder einander zu.

2. (*equal*) gleichkommen (+*dat*) (*in* an +*dat*). **nobody can ~ him in argument** niemand kann so gut argumentieren wie er; **a quality that has never been ~ed since** eine Qualität, die bislang unerreicht ist *or* noch ihresgleichen sucht (*geh*); **I can't ~ him in chess** im Schach kann ich es mit ihm nicht aufnehmen; **~ that if you can!** das soll erst mal einer nachmachen, das macht so leicht keiner nach!; **this whisky can't be ~ed anywhere in the world** so einen Whisky gibt es nicht noch einmal.

3. (*correspond to*) entsprechen (+*dat*). **the results did not ~ our hopes** die Ergebnisse entsprachen nicht unseren Hoffnungen.

4. (*clothes, colours*) passen zu. **to ~ colours and fabrics so that ...** Farben und Stoffe so aufeinander abstimmen, daß ...; **the colour of his face ~ed the red of his jumper** sein Gesicht war so rot wie sein Pullover.

5. (*pit*) **to be ~ed against sb** gegen jdn antreten; **to ~ one's wits/strength against sb** sich geistig mit jdm messen/ seine Kräfte mit jdm messen.

III *vi* zusammenpassen. **it doesn't ~** das paßt nicht (zusammen); **with a skirt to ~** mit (dazu) passendem Rock.

◆**match up I** *vi* **1.** (*correspond*) zusammenpassen. **2.** (*be equal*) **he ~ed ~ to the situation** er war der Situation gewachsen. **II** *vt sep colours* aufeinander abstimmen. **to ~ sth ~ with sth** das Passende zu etw finden.

matchbox ['mætʃbɒks] *n* Streichholzschachtel *f*.

matching ['mætʃɪŋ] *adj* (dazu) passend. **they form a ~ pair** sie passen *or* gehören zusammen; **a ~ set of wine glasses** ein Satz *m* Weingläser; **~ funds** (*US*) *Geldmittel pl, die von der Regierung oder einem Unternehmen zur Verfügung gestellt werden, um von privater Seite aufgebrachte Spenden etc zu verdoppeln.*

matchless ['mætʃlɪs] *adj* einzigartig, unvergleichlich.

matchmaker *n* Ehestifter(in *f*), Kuppler(in *f*) (*pej*) *m*; **matchmaking** *n* **she loves ~** sie verkuppelt die Leute gern (*inf*); **match point** *n* (*Tennis*) Matchball *m*; **matchstick** *n* Streichholz *nt*; **matchwood** *n Holz nt zur Herstellung von Streichhölzern*; **smashed to ~** (*fig*) zu Kleinholz gemacht (*inf*).

mate[1] [meɪt] (*Chess*) **I** *n* Matt *nt*. **II** *vt* matt setzen. **III** *vi* **white ~s in two** Weiß setzt den Gegner in zwei Zügen matt.

mate[2] **I** *n* **1.** (*fellow worker*) Arbeitskollege *m*/-kollegin *f*, Kumpel *m*.

2. (*helper*) Gehilfe, Geselle *m*.

3. (*Naut*) Maat *m*.

4. (*of animal*) (*male*) Männchen *nt*; (*female*) Weibchen *nt*. **his ~** das Weibchen.

5. (*inf: friend*) Freund(in *f*), Kamerad(in *f*) *m*.

6. (*hum inf: husband, wife*) Mann *m*/ Frau *f*.

7. (*of pair*) **here's one sock, where's its ~?** hier ist eine Socke, wo ist die andere *or* zweite?

II *vt animals* paaren; *female animal* decken lassen; (*fig hum*) verkuppeln.

III *vi* (*Zool*) sich paaren.

material [mə'tɪərɪəl] **I** *adj* **1.** (*of matter, things*) materiell. **~ damage** Sachschaden *m*.

2. (*of physical needs*) *needs, comforts* materiell.

3. (*esp Jur: important*) *evidence, witness* wesentlich; *difference also* grundlegend. **that's not ~** das ist nicht relevant.

II *n* **1.** Material *nt*; (*for report, novel*) Stoff *m*; (*esp documents*) Material *nt*. **~s** Material *nt*; **building ~s** Baustoffe *pl or* -material *nt*; **raw ~s** Rohstoffe *pl*; **writing ~s** Schreibzeug *nt*; **he's good editorial ~** er hat das Zeug zum Redakteur.

2. (*cloth*) Stoff *m*, Material *nt*.

materialism [mə'tɪərɪəlɪzəm] *n* der Materialismus.

materialist [mə'tɪərɪəlɪst] *n* Materialist(in *f*) *m*.

materialistic *adj*, **materialistically** *adv* [məˌtɪərɪə'lɪstɪk, -əlɪ] materialistisch.

materialize [mə'tɪərɪəlaɪz] *vi* **1.** (*idea, plan*) sich verwirklichen; (*promises, hopes*) wahr werden. **this idea will never ~** aus dieser Idee wird nie etwas; **the meeting never ~d** das Treffen kam nie zustande; **the money he'd promised me never ~d** von dem Geld, das er mir versprochen hatte, habe ich nie etwas gesehen.

2. (*ghost*) erscheinen; (*indistinct object also*) auftauchen.

materially [mə'tɪərɪəlɪ] *adv* grundlegend, wesentlich.

matériel [məˌtɪərɪ'el] *n* (*US*) Ausrüstung *f*.

maternal [mə'tɜːnl] *adj* mütterlich. **~ grandfather** Großvater mütterlicherseits; **~ instincts** Mutterinstinkte.

maternity [mə'tɜːnɪtɪ] *n* Mutterschaft *f*.

maternity benefit *n* Mutterschaftsgeld

nt; **maternity dress** *n* Umstandskleid *nt*; **maternity home, maternity hospital** *n* Entbindungsheim *nt*; **maternity leave** *n* Mutterschaftsurlaub *m*; **maternity unit** *n* Entbindungsstation *f*; **maternity ward** *n* Entbindungsstation *f*.

matey ['meɪtɪ] (*Brit inf*) **I** *adj* (+*er*) *person* freundlich, kollegial; (*pej*) vertraulich; *atmosphere* freundschaftlich, kollegial; *gathering* vertraulich. **careful what you say, he's ~ with the director** sei vorsichtig mit dem, was du sagst, er steht mit dem Direktor auf du und du.
II *n* Kumpel *m*; (*warningly*) Freundchen *nt* (*inf*).

math [mæθ] *n* (*US inf*) Mathe *f* (*inf*).

mathematical *adj*, **mathematically** *adv* [,mæθə'mætɪkəl, -ɪ] mathematisch.

mathematician [,mæθəmə'tɪʃən] *n* Mathematiker(in *f*) *m*.

mathematics [,mæθə'mætɪks] *n* **1.** *sing* Mathematik *f*. **2.** *pl* **the ~ of this are complicated** das ist mathematisch kompliziert.

maths [mæθs] *n sing* (*Brit inf*) Mathe *f* (*inf*).

matinée ['mætɪneɪ] *n* Matinee *f*; (*in the afternoon also*) Frühvorstellung *f*. **~ coat** (*for baby*) Ausfahrjäckchen *nt*.

mating ['meɪtɪŋ] *n* Paarung *f*.

mating call *n* Lockruf *m*; (*of birds also*) Balzlaut *m*; (*of deer also*) Brunstschrei *m*; **mating dance** *n* Paarungstanz *m*; **mating season** *n* Paarungszeit *f*.

matins ['mætɪnz] *n sing* (*Catholic*) Matutin *f*, Morgenlob *nt*; (*Anglican*) Morgenandacht *f*.

matriarch ['meɪtrɪɑːk] *n* Matriarchin *f*.

matriarchal [,meɪtrɪ'ɑːkl] *adj* matriarchalisch.

matriarchy ['meɪtrɪɑːkɪ] *n* Matriarchat *nt*.

matrices ['meɪtrɪsiːz] *pl of* **matrix**.

matricide ['meɪtrɪsaɪd] *n* (*act*) Muttermord *m*; (*person*) Muttermörder(in *f*) *m*.

matriculate [mə'trɪkjʊleɪt] **I** *vi* sich immatrikulieren. **II** *vt* immatrikulieren.

matriculation [mə,trɪkjʊ'leɪʃən] *n* Immatrikulation *f*; (*ceremony*) Immatrikulationsfeier *f*.

matrimonial [,mætrɪ'məʊnɪəl] *adj vows, problems* Ehe-.

matrimony ['mætrɪmənɪ] *n* (*form*) Ehe *f*. **to enter into holy ~** in den heiligen Stand der Ehe treten.

matrix ['meɪtrɪks] *n*, *pl* **matrices** *or* **-es 1.** (*mould*) Matrize, Mater *f*. **2.** (*Geol, Math*) Matrix *f*. **~ printer** Matrixdrukker *m*.

matron ['meɪtrən] *n* **1.** (*in hospital*) Oberin, Oberschwester *f*; (*in school*) Schwester *f*. **2.** (*married woman*) Matrone *f*.

matronly ['meɪtrənlɪ] *adj* matronenhaft.

matron-of-honour ['meɪtrənəv'ɒnə^r] *n*, *pl* **matrons-of-honour** *verheiratete Frau, die als Brautjungfer fungiert.*

matt [mæt] *adj* matt, mattiert.

matted ['mætɪd] *adj* verfilzt.

matter ['mætə^r] **I** *n* **1.** (*substance, not mind*) die Materie. **organic/inorganic ~** organische/anorganische Stoffe *pl*.
2. (*particular kind*) Stoff *m*. **advertising ~** Reklame, Werbung *f*; **printed ~** Drucksache(n *pl*) *f*.
3. (*Med: pus*) Eiter *m*.
4. (*Typ*) (*copy*) Manuskript *nt*; (*type set up*) Satz *m*.
5. (*content*) Inhalt *m*.
6. (*question, affair*) Sache, Angelegenheit *f*; (*topic*) Thema *nt*, Stoff *m*. **can I talk to you on a ~ of great urgency?** kann ich Sie in einer äußerst dringenden Angelegenheit sprechen?; **this is a ~ I know little about** darüber weiß ich wenig; **in the ~ of ...** was ... (+*acc*) anbelangt, hinsichtlich ... (+*gen*); **in the ~ of clothes** in puncto Kleidung; **there's the ~ of my expenses** da ist (noch) die Sache *or* Frage mit meinen Ausgaben; **that's quite another ~** das ist etwas (ganz) anderes; **that's another ~ altogether, that's a very different ~** das ist etwas völlig anderes; **it will be no easy ~ (to) ...** es wird nicht einfach sein, zu ...; **it's a serious ~** das ist eine ernste Angelegenheit, die Sache ist ernst; **the ~ is closed** die Sache *or* der Fall ist erledigt.
7. ~s *pl* Angelegenheiten *pl*; **business ~s** geschäftliche Angelegenheiten *or* Dinge *pl*, Geschäftliche(s) *nt*; **money ~s** Geldangelegenheiten *or* -fragen *pl*; **as ~s stand** wie die Dinge liegen; **to make ~s worse** zu allem Unglück (noch).
8. for that ~ eigentlich.
9. a ~ of eine Frage (+*gen*), eine Sache von; **it's a ~ of form/time** das ist eine Formsache/Zeitfrage *or* Frage der Zeit; **it's a ~ of taste/opinion** das ist Geschmacks-/Ansichtssache; **it's a ~ of adjusting this part exactly** es geht darum, dieses Teil genau einzustellen; **it will be a ~ of a few weeks** es wird ein paar Wochen dauern; **it's a ~ of 10 miles from ...** es sind 10 Meilen von ...; **if it's just a ~ of another 10 minutes, then I'll wait** wenn es sich nur noch um 10 Minuten handelt, dann warte ich so lange; **in a ~ of minutes** innerhalb von Minuten; **it's a ~ of great concern to us** die Sache ist für uns von großer Bedeutung; **it's not just a ~ of increasing the money supply** es ist nicht damit getan, die Geldzufuhr zu erhöhen; **it's just a ~ of trying harder** man muß sich ganz einfach etwas mehr anstrengen; **as a ~ of course** selbstverständlich; **it's a ~ of course with us** für uns ist das eine Selbstverständlichkeit; **earthquakes happen as a ~ of course in that part of the world** Erdbeben sind in der Gegend an der Tagesordnung.
10. no ~! macht nichts; **I've decided to leave tomorrow, no ~ what** ich gehe morgen, egal was passiert; **no ~ how/what/when/where** *etc* **...** egal, wie/was/wann/wo *etc* ...; **no ~ how you do it** wie du es auch machst, egal, wie du es machst; **no ~ how hot it was** auch *or* selbst bei der größten Hitze; **no ~ how hard he tried** so sehr er sich auch anstrengte.
11. sth is the ~ with sb/sth etw ist mit jdm/etw los; (*ill*) etw fehlt jdm; **what's**

the ~? — nothing's the ~ was ist (denn) los?, was ist (denn)?, was hast du (denn)? — gar nichts (ist los); **what's the ~ with having a little fun?** was ist denn schon dabei, wenn man ein bißchen Spaß hat?; **something's the ~ with the lights** mit dem Licht ist irgend etwas nicht in Ordnung; **as if nothing was the ~** als ob nichts (los) wäre.

II *vi* **it doesn't ~** (es *or* das) macht nichts, ist schon gut; **what does it ~?** was macht das schon?; **does it ~ to you if I go?** macht es dir etwas aus, wenn ich gehe?; **doesn't it ~ to you at all if I leave you?** macht es dir denn gar nichts aus, wenn ich dich verlasse?; **why should it ~ to me?** warum sollte mir das etwas ausmachen?; **why should it ~ to me if people are starving?** was geht es mich an, wenn Menschen verhungern?; **it doesn't ~ to me what you do** es ist mir (ganz) egal, was du machst; **the things which ~ in life** was im Leben wichtig ist *or* zählt; **poverty ~s** Armut geht jeden etwas an.

matter-of-fact ['mætərəv'fækt] *adj* sachlich, nüchtern. **he was very ~ about it** er blieb sehr sachlich *or* nüchtern.

Matthew ['mæθjuː] *n* Matthias *m*; (*Bibl*) Matthäus *m*.

matting ['mætɪŋ] *n* Matten *pl*; (*material*) Mattenmaterial *nt*.

mattress ['mætrɪs] *n* Matratze *f*.

maturation [ˌmætjʊ'reɪʃən] *n* Reifeprozeß *m*, Reifung *f*.

mature [mə'tjʊə^r] **I** *adj* (+*er*) **1.** *person, mind* reif; *child* verständig, vernünftig. **his mind is very ~** geistig ist er schon sehr reif; **of ~ years** im reiferen *or* vorgerückten Alter.

2. *wine* ausgereift; *sherry, port, cheese* reif; *fruit* reif, ausgereift; *plant* ausgewachsen; *plans* ausgereift. **his ~r poems** seine reiferen Gedichte.

3. (*Comm*) *bill, debt* fällig.

II *vi* **1.** (*person*), reifer werden; (*animal*) auswachsen. **his character ~d during the war years** der Krieg ließ ihn reifer werden *or* machte ihn reifer. **2.** (*wine, cheese*) reifen, reif werden. **3.** (*Comm*) fällig werden.

III *vt* **1.** *person* reifer machen. **2.** *wine, cheese* reifen lassen.

maturely [mə'tjʊəlɪ] *adv behave* verständig, vernünftig.

maturity [mə'tjʊərɪtɪ] *n* **1.** Reife *f*. **to reach ~** (*person*) erwachsen werden; (*legally*) volljährig werden; (*animal*) ausgewachsen sein; **he's somewhat lacking in ~** ihm fehlt die nötige Reife. **2.** (*Comm*) Fälligkeit *f*; (*date*) Fälligkeitsdatum *nt*.

maudlin ['mɔːdlɪn] *adj story* rührselig; *person* sentimental, gefühlsselig.

maul [mɔːl] *vt* übel zurichten; (*fig*) *writer, play* verreißen.

Maundy ['mɔːndɪ] *n*: **~ money** *Almosen, die an Gründonnerstag verteilt werden*; **~ Thursday** Gründonnerstag *m*.

Mauritius [mə'rɪʃəs] *n* Mauritius *nt*.

mausoleum [ˌmɔːsə'lɪəm] *n* Mausoleum *nt*.

mauve [məʊv] **I** *adj* mauve, malvenfarben. **II** *n* Mauvein *nt*.

maverick ['mævərɪk] *n* **1.** (*US Agr*) herrenloses Kalb/Rind *nt* ohne Brandzeichen. **2.** (*dissenter*) Abtrünnige(r) *mf*. **3.** (*independent person*) Alleingänger(in *f*), Einzelgänger(in *f*) *m*.

maw [mɔː] *n* **1.** (*Anat*) Magen *m*; (*of cow*) (Lab)magen *m*; (*of bird*) Hals *m*. **2.** (*liter*) Maul *nt*; (*fig*) Rachen, Schlund *m*.

mawkish ['mɔːkɪʃ] *adj* rührselig, kitschig; *taste* unangenehm *or* widerlich süß.

mawkishness ['mɔːkɪʃnɪs] *n see adj* Rührseligkeit, Sentimentalität *f*; widerliche Süße.

max *abbr of* **maximum** max.

maxi ['mæksɪ] *n* (*dress*) Maxirock *m*/-kleid *nt*/-mantel *m*.

maxim ['mæksɪm] *n* Maxime *f*.

maximal ['mæksɪməl] *adj* maximal.

maximization [ˌmæksɪmaɪ'zeɪʃən] *n* Maximierung *f*.

maximize ['mæksɪmaɪz] *vt* maximieren.

maximum ['mæksɪməm] **I** *adj attr* Höchst-; *size, height, costs, length* maximal. **he scored ~ points** er hat die höchste Punktzahl erreicht; **a ~ speed of ...** eine Höchstgeschwindigkeit von ...; **we are producing at ~ speed** wir produzieren mit maximaler Geschwindigkeit; **5 is the ~ number allowed in a taxi** maximal *or* höchstens 5 Leute dürfen in ein Taxi; **~ security wing/prison** Hochsicherheitstrakt *m*.

II *n, pl* **-s** *or* **maxima** ['mæksɪmə] Maximum *nt*. **up to a ~ of £8** bis zu maximal *or* höchstens £ 8; **temperatures reached a ~ of 34°** die Höchsttemperatur betrug 34°; **is that the ~ you can offer?** ist das Ihr höchstes Angebot?

maxiskirt ['mæksɪˌskɜːt] *n* Maxirock *m*.

May [meɪ] **I** *n* Mai *m*. **II** *vi*: **to go m~ing** den Mai feiern.

may [meɪ] *vi pret* **might** (*see also* **might**[1]) **1.** (*possibility: also* **might**) können. **it ~ rain** es könnte regnen, vielleicht regnet es; **it ~ be that ...** vielleicht ..., es könnte sein, daß ...; **although it ~ have been useful** obwohl es hätte nützlich sein können; **he ~ not be hungry** vielleicht hat er keinen Hunger; **I ~ have said so** es kann *or* könnte sein, daß ich das gesagt habe; **you ~ be right** Sie könnten recht haben. **there ~ not be a next time** vielleicht gibt's gar kein nächstes Mal; **they ~ be brothers for all I know** es kann *or* könnte sein, daß sie Brüder sind; **yes, I ~** ja, das ist möglich *or* das kann sein; **I ~ just do that** vielleicht tue ich das wirklich; **that's as ~ be** (*not might*) das mag ja sein, (aber ...); **one ~ well wonder why ...** die Frage wäre wohl berechtigt, warum ...; **you ~ well ask** das kann man wohl fragen.

2. (*permission*) dürfen. **~ I go now?** darf ich jetzt gehen?; **yes, you ~** ja, Sie dürfen.

3. ~ succeed ich hoffe, daß es ihm gelingt; **I had hoped he might succeed this time** ich hatte gehofft, es würde ihm diesmal gelingen; **we ~ *or* might as well go** ich glaube, wir können (ruhig) gehen;

you ~ *or* **might as well go now** du kannst jetzt ruhig gehen; **if they don't have it we ~ *or* might as well go to another firm** wenn sie es nicht haben, gehen wir am besten zu einer anderen Firma; **if they won't help we ~ *or* might just as well give up** wenn sie uns nicht helfen, können wir (ja) gleich aufgeben.

4. (*in wishes*) ~ **you be successful!** (ich wünsche Ihnen) viel Erfolg!; ~ **your days be full of joy** mögen Ihnen glückliche Tage beschieden sein; ~ **you be very happy together** ich wünsche euch, daß ihr sehr glücklich miteinander werdet; ~ **the Lord have mercy on your soul** der Herr sei deiner Seele gnädig; ~ **I be struck dead if I lie!** ich will auf der Stelle tot umfallen, wenn das nicht stimmt.

5. (*in questions*) **who ~ *or* might you be?** und wer sind Sie?, wer sind Sie denn?

Maya ['meɪjə] *n* **1.** Maya *mf*. **2.** (*language*) Maya *nt*, Mayasprache *f*.

Mayan ['meɪjən] **I** *adj* Maya-. **II** *n* **1.** Maya *mf*. **2.** (*language*) Maya(sprache *f*) *nt*.

maybe ['meɪbiː] *adv* vielleicht, kann sein(, daß ...).

May Day *n* der 1. Mai, der Maifeiertag; **Mayday** *n* (*distress call*) Maydaysignal *nt*, SOS-Ruf *m*; (*said*) Mayday.

mayfly ['meɪflaɪ] *n* Eintagsfliege *f*.

mayhem ['meɪhem] *n* **1.** (*US Jur*) (schwere) Körperverletzung. **2.** (*havoc*) Chaos *nt*.

mayo ['meɪəʊ] *n* (*US inf*) Mayonnaise, Mayo (*inf*) *f*.

mayonnaise [ˌmeɪə'neɪz] *n* Mayonnaise *f*.

mayor [mɛəʳ] *n* Bürgermeister(in *f*) *m*.

mayoral ['mɛərəl] *adj* des Bürgermeisters/der Bürgermeisterin.

mayoralty ['mɛərəltɪ] *n* (*office*) Bürgermeisteramt *nt*, Amt *nt* des Bürgermeisters/der Bürgermeisterin.

mayoress ['mɛəres] *n* Frau *f* Bürgermeister; (*lady mayor*) Bürgermeisterin *f*.

maypole *n* Maibaum *m*; **May queen** *n* Maikönigin *f*.

maze [meɪz] *n* Irrgarten *m*; (*puzzle*) Labyrinth *nt*; (*fig*) Wirrwarr *m*, Gewirr *nt*.

MBA *abbr of* **Master of Business Administration. he's doing/he has an ~** er studiert Betriebswirtschaft/er ist Betriebswirt.

MBE *abbr of* **Member of the Order of the British Empire** *britischer Verdienstorden.*

MC *abbr of* **1. Master of Ceremonies. 2. Military Cross.**

McCoy [mə'kɔɪ] *n see* **real**.

MCP *abbr of* **male chauvinist pig**.

MD *abbr of* **1. Doctor of Medicine** Dr. med. **2. managing director.**

m.d. *abbr of* **mentally deficient.**

me [miː] *pron* **1.** (*dir obj, with prep +acc*) mich; (*indir obj, with prep +dat*) mir. **with my books about ~** mit meinen Büchern um mich herum; **he's older than ~** er ist älter als ich. **2.** (*emph*) ich. **who, ~?** wer, ich?; **it's ~** ich bin's.

mead [miːd] *n* (*drink*) Met *m*.

meadow ['medəʊ] *n* Wiese, Weide *f*. **in the ~** auf der Wiese *etc*.

meadowland *n* Weideland *nt*; **meadowsweet** *n* Mädesüß *nt*.

meagre, (*US*) **meager** ['miːgəʳ] *adj* spärlich; *amount* kläglich; *meal* dürftig, kärglich.

meagrely, (*US*) **meagerly** ['miːgəlɪ] *adv* spärlich; *live* kärglich.

meagreness, (*US*) **meagerness** ['miːgənɪs] *n see adj* Spärlichkeit *f*; Kläglichkeit *f*; Dürftigkeit, Kärglichkeit *f*.

meal¹ [miːl] *n* Schrot(mehl *nt*) *m*.

meal² *n* Mahlzeit *f*; (*food*) Essen *nt*. **come round for a ~** komm zum Essen (zu uns); **to go for a ~** essen gehen; **to have a (good) ~** (gut) essen; **hot ~s** warme Mahlzeiten *pl*, warmes Essen; **I haven't had a ~ for two days** ich habe seit zwei Tagen nichts Richtiges mehr gegessen; **to make a ~ of sth** (*inf*) etw auf sehr umständliche Art machen; **don't make a ~ of it** (*inf*) nun übertreib's mal nicht (*inf*).

meals on wheels *n* Essen *nt* auf Rädern; **meal-ticket** *n* (*US: lit*) Essensbon *m or* -marke *f*; **mealtime** *n* Essenszeit *f*; **you shouldn't smoke at ~s** Sie sollten während des Essens nicht rauchen.

mealy ['miːlɪ] *adj* mehlig.

mealy-mouthed ['miːlɪ'maʊðd] *adj* unaufrichtig; *politician* schönfärberisch. **let's not be ~ about it** wir wollen doch mal nicht so um den heißen Brei herumreden.

mean¹ [miːn] *adj* (*+er*) **1.** (*miserly*) geizig, knauserig. **you ~ thing!** du Geizhals *or* Geizkragen!

2. (*unkind, spiteful*) gemein. **don't be ~!** sei nicht so gemein *or* fies! (*inf*); **you ~ thing!** du gemeines *or* fieses (*sl*) Stück!, du Miststück! (*sl*).

3. (*base, inferior*) *birth, motives* niedrig.

4. (*shabby, unimpressive*) *shack, house* schäbig, armselig.

5. (*vicious*) bösartig; *look* gehässig, hinterhältig; *criminal* niederträchtig, abscheulich.

6. he is no ~ player er ist ein beachtlicher Spieler; **that's no ~ feat** diese Aufgabe ist nicht zu unterschätzen *or* nicht von Pappe (*inf*); **a sportsman of no ~ ability** ein sehr fähiger Sportler.

mean² **I** *n* (*middle term*) Durchschnitt *m*; (*Math*) Durchschnitt, Mittelwert *m*, Mittel *nt*. **the golden *or* happy ~** die goldene Mitte. **II** *adj* mittlere(r, s). **~ sea level** Normalnull *nt*.

mean³ *pret, ptp* **meant** *vt* **1.** bedeuten; (*person: refer to, have in mind*) meinen. **what do you ~ by that?** was willst du damit sagen?; **the name ~s nothing to me** der Name sagt mir nichts; **it ~s starting all over again** das bedeutet *or* das heißt, daß wir wieder ganz von vorne anfangen müssen; **your friendship/he ~s a lot to me** deine Freundschaft/er bedeutet mir viel; **you ~ everything to me** du bist alles für mich.

2. (*intend*) beabsichtigen. **to ~ to do sth** etw tun wollen; (*do on purpose*) etw absichtlich tun; **to be ~t for sb/sth** für jdn/etw bestimmt sein; **to ~ sb to do sth**

wollen, daß jd etw tut; **sth is ~t to be sth** etw soll etw sein; **what do you ~ to do?** was wirst du tun?, was hast du vor?; **I only ~t to help** ich wollte nur helfen; **of course it hurt, I ~t it to** *or* **it was ~t to** natürlich tat das weh, das war Absicht; **without ~ing to sound rude** ich möchte nicht unverschämt klingen(, aber ...); **I ~t it as a joke** das sollte ein Witz sein; **I ~t you to have it** das solltest du haben; **I was ~t to do that** ich hätte das tun sollen; **you are ~t to be on time** du solltest pünktlich sein; **he wasn't ~t to be a leader** er war nicht zum Führer bestimmt; **I ~ to be obeyed** ich verlange, daß man mir gehorcht; **I ~ to have it** ich bin fest entschlossen, es zu bekommen; **this pad is ~t for drawing** dieser Block ist zum Zeichnen gedacht *or* da (*inf*); **if he ~s to be awkward ...** wenn er vorhat, Schwierigkeiten zu machen, ...; **this present was ~t for you** dieses Geschenk sollte für dich sein *or* war für dich gedacht; *see* **business, mischief**.

3. (*be serious about*) ernst meinen. **I ~ it!** das ist mein Ernst!; **do you ~ to say you're not coming?** willst du damit sagen *or* soll das heißen, daß du nicht kommst?; **I ~ what I say** ich sage das im Ernst.

4. he ~s well/no harm er meint es gut/nicht böse; **to ~ well by sb** es gut mit jdm meinen; **to ~ sb no harm** es gut mit jdm meinen, jdm nichts Böses wollen; (*physically*) jdm nichts tun; (*in past tense*) jdm nichts tun wollen; **I ~t no harm by what I said** was ich da gesagt habe, war nicht böse gemeint.

meander [mɪ'ændəʳ] *vi* (*river*) sich (dahin)schlängeln, mäandern; (*person*) wirr sein; (*go off subject*) (vom Thema) abschweifen; (*walking*) schlendern.

meanderings [mɪ'ændərɪŋz] *npl* (*of river*) Windungen *pl*, Mäander *m*; (*talk*) Gefasel *nt*; (*off subject*) Abschweifungen, Exkurse *pl*.

meaning ['mi:nɪŋ] **I** *adj look* vielsagend, bedeutsam.

II *n* Bedeutung *f*; (*sense: of words, poem also*) Sinn *m*. **a look full of ~** ein bedeutungsvoller *or* bedeutsamer Blick; **what's the ~ of (the word) "hick"?** was soll das Wort „hick" heißen *or* bedeuten?; **to mistake sb's ~** jdn mißverstehen; **do you get my ~?** haben Sie mich (richtig) verstanden?; **you don't know the ~ of love/hunger** du weißt ja gar nicht, was Liebe/Hunger ist *or* bedeutet; **what's the ~ of this?** was hat denn das zu bedeuten?, was soll denn das (heißen)?

meaningful ['mi:nɪŋfʊl] *adj* **1.** (*semantically*) *word, symbol* mit Bedeutung, sinntragend; (*Ling*) *unit* bedeutungstragend; *poem, film* bedeutungsvoll. **to be ~** eine Bedeutung haben; **the statistics only become ~ when ...** die Zahlen ergeben nur dann einen Sinn, wenn ...

2. (*purposeful*) *job, negotiations* sinnvoll; *relationship* tiefergehend.

meaningless ['mi:nɪŋlɪs] *adj* **1.** (*semantically*) *word, symbol* ohne Bedeutung, bedeutungslos. **2.** sinnlos. **my life is ~** mein Leben hat keinen Sinn.

meanness ['mi:nnɪs] *n see adj* **1.** Geiz *m*, Knauserigkeit *f*. **2.** Gemeinheit *f*. **3.** Niedrigkeit *f*. **4.** Schäbigkeit, Armseligkeit *f*. **5.** Bösartigkeit *f*; Gehässigkeit, Hinterhältigkeit *f*; Niedertracht *f*.

means [mi:nz] *n* **1.** *sing* (*method*) Möglichkeit *f*; (*instrument*) Mittel *nt*. **a ~ of transport** ein Beförderungsmittel *nt*; **a ~ of escape** eine Fluchtmöglichkeit; **a ~ to an end** ein Mittel *nt* zum Zweck; **I have/there is no ~ of doing it** es ist mir/es ist unmöglich, das zu tun; **we've no ~ of knowing** wir können nicht wissen; **they used him as the ~ of getting the heroin across the border** sie benutzten ihn, um das Heroin über die Grenze zu bringen; **all known ~ have been tried** man hat alles Mögliche versucht; **by ~ of sth** durch etw, mittels einer Sache (*gen*) (*form*); **by ~ of doing sth** dadurch, daß man etw tut; **by this ~** dadurch, auf diese Weise; **by some ~ or other** auf irgendeine Art und Weise, irgendwie.

2. *sing* **by all ~!** (aber) selbstverständlich *or* natürlich!; **by all ~ take one** nehmen Sie sich ruhig (eins); **by no ~, not by any ~** keineswegs, durchaus nicht; (*under no circumstances*) auf keinen Fall.

3. *pl* (*wherewithal*) Mittel *pl*; (*financial ~ also*) Gelder *pl*. **a man of ~** ein vermögender Mann; **private ~** private Mittel; **that is within/beyond my ~** das kann ich mir leisten/nicht leisten; **to live beyond/within one's ~** über seine Verhältnisse leben/seinen Verhältnissen entsprechend leben; **~ test** Einkommens- *or* Vermögensveranlagung *f*.

meant [ment] *pret, ptp of* **mean³**.

meantime ['mi:ntaɪm] **I** *adv* inzwischen. **II** *n* **for the ~** vorerst, im Augenblick, einstweilen; **in the ~** in der Zwischenzeit, inzwischen.

meanwhile ['mi:nwaɪl] *adv* inzwischen.

measles ['mi:zlz] *n sing* Masern *pl*.

measly ['mi:zlɪ] *adj* (*+er*) (*inf*) mick(e)rig (*inf*), poplig (*inf*).

measurable ['meʒərəbl] *adj* meßbar; (*perceptible*) erkennbar.

measurably ['meʒərəblɪ] *adv see adj* meßbar; deutlich.

measure ['meʒəʳ] **I** *n* **1.** (*unit of measurement*) Maß(einheit *f*) *nt*. **a ~ of length** ein Längenmaß *nt*; **beyond ~** grenzenlos; **her joy was beyond** *or* **knew no ~** ihre Freude kannte keine Grenzen; *see* **weight.**

2. (*object for measuring*) Maß *nt*; (*graduated for length*) Maßstab *m*; (*graduated for volume*) Meßbecher *m*.

3. (*amount ~d*) Menge *f*. **a small ~ of flour** ein wenig Mehl; **wine is sold in ~s of 1/4 litre** Wein wird in Vierteln ausgeschenkt; **to give sb full/short ~** (*barman*) richtig/zuwenig ausschenken; (*grocer*) richtig/zu wenig abwiegen; **in full ~** in höchstem Maße; **for good ~** zur Sicherheit, sicherheitshalber; **... and another one for good ~** ... und noch eines obendrein.

4. (*fig: yardstick*) Maßstab *m* (*of* für). **can we regard this exam as a ~ of intelligence?** kann diese Prüfung als Intelligenzmaßstab gelten?; **please consider this as a ~ of my esteem for ...** bitte betrachten Sie dies als Ausdruck meiner Anerkennung für ...; **it gave us some ~ of the difficulty** es gab uns einen Begriff von der Schwierigkeit.

5. (*extent*) **in some ~** in gewisser Hinsicht *or* Beziehung; **some ~ of** ein gewisses Maß an; **to a** *or* **in large ~** in hohem Maße; **to get the ~ of sb/sth** jdn/etw (richtig) einschätzen.

6. (*step*) Maßnahme *f*. **to take ~s to do sth** Maßnahmen ergreifen, um etw zu tun.

7. (*Poet*) Versmaß *nt*.

8. (*US Mus*) Takt *m*.

II *vt* messen; *length also* abmessen; *room also* ausmessen; (*take sb's measurements*) Maß nehmen bei; (*fig*) beurteilen, abschätzen; *words* abwägen. **a ~d mile** genau eine Meile; **to ~ one's length** (*fig*) der Länge nach hinfallen.

III *vi* messen. **what does it ~?** wieviel mißt es?, wie groß ist es?

◆**measure off** *vt sep area, length of cloth* abmessen.

◆**measure out** *vt sep* abmessen; *weights also* abwiegen.

◆**measure up I** *vt sep* **1.** (*take measurements of*) *wood, room* abmessen; *person for suit etc* Maß nehmen bei.

2. (*fig: assess*) *situation* abschätzen; *person* einschätzen.

II *vi* **1.** (*be good enough, compare well*) **he didn't ~ ~** er hat enttäuscht; **to ~ ~ to sth** an etw (*acc*) herankommen; **it's a hard job, but he should ~ ~** das ist eine schwierige Aufgabe, aber er sollte ihr gewachsen sein.

2. (*take measurements*) Maß nehmen, messen.

measured ['meʒəd] *adj tread* gemessen (*liter*); *tone* bedacht, bedächtig; *words* wohlüberlegt, durchdacht.

measureless ['meʒəlɪs] *adj* unermeßlich.

measurement ['meʒəmənt] *n* **1.** (*act*) Messung *f*. **the metric system of ~** das metrische Maßsystem. **2.** (*measure*) Maß *nt*; (*figure*) Meßwert *m*; (*fig*) Maßstab *m*. **to take sb's ~s** an *or* bei jdm Maß nehmen.

measuring ['meʒərɪŋ] *n* Messen *nt*. **~ jug** Meßbecher *m*.

meat [miːt] *n* **1.** Fleisch *nt*. **cold ~** kalter Braten; (*sausage*) Wurst *f*; **assorted cold ~s** Aufschnitt *m*.

2. (*old: food*) Essen *nt*. **~ and drink** Speise und Trank; **one man's ~ is another man's poison** (*Prov*) des einen Freud, des andern Leid (*Prov*).

3. (*fig: of argument, book*) Substanz *f*. **a book with some ~ in it** ein aussagestarkes Buch.

meat *in cpds* Fleisch-; **meatball** *n* Fleischkloß *m*; **meathead** *n* (*US sl*) Dummkopf *m*; **meat loaf** *n* ≃ Fleischkäse *m*; **meat products** *npl* Fleisch- und Wurstwaren *pl*.

meaty ['miːtɪ] *adj* (*+er*) **1.** *taste* Fleisch-.

2. (*fig*) *book* aussagestark.

Mecca ['mekə] *n* (*lit, fig*) Mekka *nt*.

mechanic [mɪ'kænɪk] *n* Mechaniker(in *f*) *m*.

mechanical [mɪ'kænɪkəl] *adj* (*lit, fig*) mechanisch; *toy* technisch. **~ engineer/engineering** Maschinenbauingenieur(in *f*) *m*/Maschinenbau *m*; **a ~ device** ein Mechanismus *m*.

mechanically [mɪ'kænɪkəlɪ] *adv* (*lit, fig*) mechanisch. **~-minded** technisch begabt.

mechanics [mɪ'kænɪks] *n* **1.** *sing* (*subject*) (*engineering*) Maschinenbau *m*; (*Phys*) Mechanik *f*. **home ~ for the car-owner** kleine Maschinenkunde für den Autobesitzer.

2. *pl* (*technical aspects*) Mechanik *f*, Mechanismus *m*; (*fig: of writing*) Technik *f*. **there is something wrong with the ~ of the car** das Auto ist mechanisch nicht in Ordnung; **I don't understand the ~ of parliamentary procedure** ich verstehe den Mechanismus parlamentarischer Abläufe nicht.

mechanism ['mekənɪzəm] *n* Mechanismus *m*.

mechanization [ˌmekənaɪ'zeɪʃən] *n* Mechanisierung *f*.

mechanize ['mekənaɪz] *vt* mechanisieren.

Mecklenburg-West Pomerania ['mɛklən-ˌbɜːgˌwɛstˌpɒməreɪnɪə] *n* Mecklenburg-Vorpommern *nt*.

med *abbr of* **medium.**

medal ['medl] *n* Medaille *f*; (*decoration*) Orden *m*.

medalist *n* (*US*) *see* **medallist.**

medallion [mɪ'dæljən] *n* Medaillon *nt*; (*medal*) Medaille *f*.

medallist, (*US*) **medalist** ['medəlɪst] *n* Medaillengewinner(in *f*) *m*.

meddle ['medl] *vi* (*interfere*) sich einmischen (*in* in *+acc*); (*tamper*) sich zu schaffen machen, herumfummeln (*inf*) (*with* an *+dat*). **to ~ with sb** sich mit jdm einlassen; **he's not a man to ~ with** mit ihm ist nicht gut Kirschen essen; **he's always meddling** er mischt sich in alles ein.

meddlesome ['medlsəm] *adj*, **meddling** ['medlɪŋ] *adj attr* **she's a ~ old busybody** sie mischt sich dauernd in alles ein.

media ['miːdɪə] *n, pl of* **medium** Medien *pl*. **he works in the ~** er ist im Mediensektor tätig *or* beschäftigt; **~ studies** Medienwissenschaft *f*; **~ event** Medienereignis *nt*; **~ coverage** Berichterstattung *f* in den Medien; **to get too much ~ coverage** zuviel Publicity bekommen.

medial ['miːdɪəl] *adj* (*situated in the middle*) mittlere(r, s).

median ['miːdɪən] **I** *adj* mittlere(r, s). **~ strip** (*US*) Mittelstreifen *m*. **II** *n* (*Math*) Zentralwert *m*.

mediaperson ['miːdɪəˌpɜːsn] *n*, *pl* **mediapeople** ['miːdɪəˌpiːpl] (*well-known*) Medienstar *m*.

mediate ['miːdɪeɪt] **I** *vi* vermitteln. **II** *vt settlement* aushandeln, herbeiführen.

mediation [ˌmiːdɪ'eɪʃən] *n* Vermittlung *f*.

mediator ['miːdɪeɪtə^r] *n* Vermittler(in *f*) *m*.

mediatory ['mi:dɪətərɪ] *adj* vermittelnd **in a ~ capacity** als Vermittler(in *f*).

medic ['medɪk] *n* (*inf*) Mediziner(in *f*) *m* (*inf*).

Medicaid ['medɪ,keɪd] *n* (*US*) *staatliche Krankenversicherung und Gesundheitsfürsorge für Einkommensschwache in den USA.*

medical ['medɪkəl] **I** *adj* medizinisch; (*in military contexts*) Sanitäts-; *test, examination, treatment* ärztlich; *authority, board, inspector* Gesundheits-; *student* Medizin-. **~ school** ≃ medizinische Fakultät; **the ~ world** die Ärzteschaft; **I'm not a ~ man** ich bin kein Arzt *or* Doktor; **her ~ history** ihre Krankengeschichte; **that made ~ history** das hat in der Medizin Geschichte gemacht; **~ card** (*Brit*) ≃ Krankenversicherungsschein *m*; **~ jurisprudence** Gerichtsmedizin *f*; **~ ward** Innere Abteilung.

II *n* (ärztliche) Untersuchung. **have you had your ~?** bist du zur Untersuchung gewesen?

medically ['medɪkəlɪ] *adv* medizinisch; *examine* ärztlich.

medicament [me'dɪkəmənt] *n* Medikament, Mittel *nt*.

Medicare ['medɪ,kɛə^r] *n* (*US*) *staatliche Krankenversicherung und Gesundheitsfürsorge für ältere Bürger in den USA.*

medicate ['medɪkeɪt] *vt* (medizinisch) behandeln. **~d** medizinisch.

medication [,medɪ'keɪʃən] *n* (*act*) (medizinische) Behandlung; (*drugs*) Verordnung *f*, Medikamente *pl*.

medicinal [me'dɪsɪnl] *adj* Heil-, heilend. **for ~ purposes** zu medizinischen Zwekken; **the ~ properties of various herbs** die Heilkraft verschiedener Kräuter.

medicinally [me'dɪsɪnəlɪ] *adv use, take* zu Heilzwecken, zu medizinischen Zwekken; *valuable* medizinisch.

medicine ['medsɪn, 'medɪsɪn] *n* **1.** Arznei, Medizin (*inf*) *f*; (*one particular preparation*) Medikament *nt*. **to take one's ~** (*lit*) seine Arznei einnehmen; (*fig*) die bittere Pille schlucken, in den sauren Apfel beißen; **to give sb a taste of his own ~** (*fig*) es jdm mit gleicher Münze heim- *or* zurückzahlen.

2. (*science*) Medizin *f*. **to practise ~** den Arztberuf ausüben.

medicine ball *n* Medizinball *m*; **medicine chest** *n* Hausapotheke *f*, Arzneischränkchen *nt*; **medicine-man** *n* Medizinmann *m*.

medieval [,medɪ'i:vəl] *adj* mittelalterlich.

mediocre [,mi:dɪ'əʊkə^r] *adj* mittelmäßig.

mediocrity [,mi:dɪ'ɒkrɪtɪ] *n* **1.** (*quality*) Mittelmäßigkeit *f*. **2.** (*person*) kleines Licht.

meditate ['medɪteɪt] **I** *vt*: **to ~ revenge** auf Rache sinnen (*liter*). **II** *vi* nachdenken (*upon, on* über +*acc*); (*Rel, Philos*) meditieren.

meditation [,medɪ'teɪʃən] *n* Nachdenken *nt*; (*Rel, Philos*) Meditation *f*. **"A M~ on Life"** „Betrachtungen über das Leben".

meditative ['medɪtətɪv] *adj* nachdenklich; (*Rel, Philos*) Meditations-.

meditatively ['medɪtətɪvlɪ] *adv see adj* nachdenklich; meditierend.

Mediterranean [,medɪtə'reɪnɪən] **I** *n* Mittelmeer *nt*. **in the ~** (*in sea*) im Mittelmeer; (*in region*) am Mittelmeer, im Mittelmeerraum. **II** *adj climate, nations* Mittelmeer-; *scenery, character, person* südländisch. **the ~ Sea** das Mittelmeer; **~ fruit** Südfrüchte *pl*.

medium ['mi:dɪəm] **I** *adj quality, size* mittlere(r, s); *steak* halbdurch, medium; *brown, sized* mittel-. **of ~ height/ difficulty** mittelgroß/-schwer.

II *n, pl* **media** *or* **-s 1.** (*means*) Mittel *nt*; (*TV, Rad, Press*) Medium *nt*; (*Art, Liter*) Ausdrucksmittel *nt*. **~ of exchange** Tauschmittel *nt*; **through the ~ of the press** durch die Presse; **advertising ~** Werbeträger *m*.

2. (*surrounding substance*) (*Phys*) Medium *nt*; (*environment*) Umgebung *f*; (*air, water*) Element *nt*.

3. (*midpoint*) Mitte *f*. **happy ~** goldener Mittelweg.

4. (*spiritualist*) Medium *nt*.

medium *in cpds* mittel-; **medium-dry** *adj wine, sherry* halbtrocken; **medium-priced** *adj* **a ~ hotel** ein Hotel *nt* mittlerer Preislage; **in the ~ range** mittlerer *or* in der mittleren Preislage; **medium-range** *adj rocket, missile, aircraft* Mittelstrecken-; **medium-rare** *adj* rosa, englisch; **medium-sized** *adj* mittelgroß; **medium wave** *n* Mittelwelle *f*.

medley ['medlɪ] *n* Gemisch *nt*; (*Mus*) Potpourri, Medley *nt*.

meek [mi:k] *adj* (+*er*) sanft(mütig), lammfromm (*inf*); (*pej*) duckmäuserisch; (*uncomplaining*) duldsam, geduldig. **don't be so ~ and mild** laß dir doch nicht (immer) alles gefallen!

meekly ['mi:klɪ] *adv see adj.*

meekness ['mi:knɪs] *n see adj* Sanftmut *f*; (*pej*) Duckmäuserei *f*; Duldsamkeit *f*.

meerschaum ['mɪəʃəm] *n* Meerschaum *m*; (*pipe*) Meerschaumpfeife *f*.

meet (*vb: pret, ptp* **met**) **I** *vt* **1.** (*encounter*) *person* treffen, begegnen (+*dat*); (*by arrangement*) treffen, sich treffen mit; *difficulty* stoßen auf (+*acc*); (*Sport*) treffen auf (+*acc*). **I'll ~ you outside** ich treffe euch draußen; **he met his guests at the door** er empfing seine Gäste an der Tür; **he met his death in 1800** im Jahre 1800 fand er den Tod; **to ~ death calmly** dem Tod gefaßt entgegentreten; **to arrange to ~ sb** sich mit jdm verabreden; **to ~ a challenge** sich einer Herausforderung (*dat*) stellen; **his eyes** *or* **gaze met mine** unsere Blicke trafen sich; **I could not ~ his eye** ich konnte ihm nicht in die Augen sehen; **there's more to it than ~s the eye** da steckt mehr dahinter, als man auf den ersten Blick meint.

2. (*get to know*) kennenlernen; (*be introduced to*) bekannt gemacht werden mit. **come and ~ him** komm, ich mache dich mit ihm bekannt; **pleased to ~ you!** guten Tag/Abend, sehr angenehm! (*form*).

3. (*await arrival, collect*) abholen (*at* an +*dat*, von); (*connect with*) *train, boat*

Anschluß haben an (+*acc*). **I'll ~ your train** ich hole dich vom Zug ab.

4. (*join, run into*) treffen *or* stoßen auf (+*acc*); (*converge with*) sich vereinigen mit; (*river*) münden *or* fließen in (+*acc*); (*intersect*) schneiden; (*touch*) berühren. **where East ~s West** (*fig*) wo Ost und West sich treffen.

5. *expectations, target, obligations, deadline* erfüllen; *requirement, demand, wish* entsprechen (+*dat*), gerecht werden (+*dat*); *deficit, expenses, needs* dekken; *debt* bezahlen, begleichen; *charge, objection, criticism* begegnen (+*dat*).

II *vi* **1.** (*encounter*) (*people*) sich begegnen; (*by arrangement*) sich treffen; (*society, committee*) zusammenkommen, tagen; (*Sport*) aufeinandertreffen; **until we ~ again!** bis zum nächsten Mal!; **to ~ halfway** einen Kompromiß schließen.

2. (*become acquainted*) sich kennenlernen; (*be introduced*) bekannt gemacht werden. **we've met before** wir kennen uns bereits; **haven't we met before somewhere?** sind wir uns nicht schon mal begegnet?, kennen wir uns nicht irgendwoher?

3. (*join*) *see vt 4. sich treffen, aufeinanderstoßen; sich vereinigen; ineinanderfließen; sich schneiden; sich berühren;* (*fig: come together*) sich treffen. **our eyes met** unsere Blicke trafen sich; **the skirt wouldn't ~ round her waist** der Rock ging an der Taille nicht zu.

III *n* (*Hunt*) Jagd(veranstaltung) *f*; (*US Sport*) Sportfest *nt*. **swimming ~** Schwimmfest *nt*.

◆**meet up** *vi* sich treffen.

◆**meet with** *vi +prep obj* **1.** (*encounter, experience*) *hostility, opposition, problems* stoßen auf (+*acc*); *success, accident* haben; *disaster, loss, shock* erleiden; *setback* erleben; *approval, encouragement, an untimely death* finden. **to ~ ~ praise/blame** gelobt/getadelt werden; **to ~ ~ kindness/a warm welcome** freundlich behandelt/herzlich empfangen werden.

2. *person* treffen; (*esp US: have a meeting with*) (zu einer Unterredung) zusammenkommen mit.

meeting ['mi:tɪŋ] *n* **1.** Begegnung *f*, Zusammentreffen *nt*; (*arranged*) Treffen *nt*; (*business ~*) Besprechung, Konferenz *f*. **the minister had a ~ with the ambassador** der Minister traf zu Gesprächen mit dem Botschafter zusammen.

2. (*of committee, board of directors, council*) Sitzung *f*; (*of members, employees, citizens*) Versammlung *f*, Meeting *nt*. **at the last ~** bei der letzten Sitzung; **the committee has three ~s a year** der Ausschuß tagt dreimal im Jahr; **Mr Jones is at/in a ~** Herr Jones ist (gerade) in einer Sitzung.

3. (*Sport*) Veranstaltung *f*; (*between teams, opponents*) Begegnung *f*.

4. (*of rivers*) Zusammenfluß *m*.

meeting place *n* Treffpunkt *m*; **meeting point** *n* Treffpunkt *m*; (*of rivers*) Zusammenfluß *m*; (*of lines*) Schnitt-/Berührungspunkt *m*.

mega *adj* (*sl*) geil (*sl*).

mega- ['megə-] *pref* Mega-. **megabucks** *n* (*inf*) **he's making ~** er verdient ein Schweinegeld (*inf*); **megabyte** ['megə,baɪt] *n* (*Comput*) Megabyte *nt*. **a 40-~ memory** ein 40-Megabyte-Speicher *m*; **megahertz** *n* Megahertz *nt*.

megalith ['megəlɪθ] *n* Megalith *m*.

megalithic [,megə'lɪθɪk] *adj* megalithisch.

megalomania [,megələʊ'meɪnɪə] *n* Größenwahn *m*, Megalomanie *f* (*spec*).

megalomaniac [,megələʊ'meɪnɪæk] *n* Größenwahnsinnige(r) *mf*. **he's a ~** er leidet an Größenwahn, er ist größenwahnsinnig.

megaphone ['megəfəʊn] *n* Megaphon *nt*.

megavolt *n* Megavolt *nt*; **megawatt** *n* Megawatt *nt*.

melamine ['meləmi:n] *n* Melamin *nt*.

melancholia [,melən'kəʊlɪə] *n* Schwermut, Melancholie *f*.

melancholic [,melən'kɒlɪk] *adj* melancholisch, schwermütig.

melancholy ['melənkəlɪ] **I** *adj* melancholisch, schwermütig; *duty, sight* traurig. **II** *n* Melancholie, Schwermut *f*.

mêlée ['meleɪ] *n* (*confused struggle*) Gedränge, Gewühl *nt*; (*fighting*) Handgemenge *nt*.

mellifluous [me'lɪflʊəs] *adj* wohltönend *or* -klingend.

mellifluously [me'lɪflʊəslɪ] *adv* klangvoll.

mellow ['meləʊ] **I** *adj* (+*er*) **1.** *fruit* ausgereift, saftig; *wine* ausgereift, lieblich; *colour, light* warm; *sound* voll, rund, weich; *voice* weich, sanft.

2. *person* abgeklärt, gesetzt; (*fig: slightly drunk*) heiter, angeheitert.

II *vt* reifen, heranreifen lassen; (*relax*) heiter stimmen; *sounds, colours* dämpfen, abschwächen; *taste* mildern.

III *vi* (*wine, fruit*) reif werden, (heran)reifen; (*colours, sounds*) weicher werden; (*person*) (*become gentler*) abgeklärter *or* gesetzter werden; (*relax*) umgänglicher werden.

mellowness ['meləʊnɪs] *n see adj* **1.** Ausgereiftheit, Saftigkeit *f*; lieblicher Geschmack; Wärme *f*; Weichheit *f*; weicher *or* sanfter Klang. **2.** Abgeklärtheit, Gesetztheit *f*; heitere *or* angeheiterte Stimmung.

melodic [mɪ'lɒdɪk] *adj* melodisch.

melodious [mɪ'ləʊdɪəs] *adj* melodiös, melodisch, wohlklingend.

melodiously [mɪ'ləʊdɪəslɪ] *adv* melodiös, melodisch.

melodiousness [mə'ləʊdɪəsnɪs] *n* Wohlklang *m*, Melodik *f*.

melodrama ['meləʊ,drɑ:mə] *n* Melodrama *nt*.

melodramatic *adj*, **melodramatically** *adv* [,meləʊdrə'mætɪk, -əlɪ] melodramatisch.

melody ['melədɪ] *n* Melodie *f*; (*fig: of poetry*) Melodik *f*.

melon ['melən] *n* Melone *f*.

melt [melt] **I** *vt* **1.** schmelzen; *snow also* zum Schmelzen bringen; *butter* zergehen lassen, zerlassen; *sugar, grease* auflösen.

2. (*fig*) *heart* erweichen.

II *vi* **1.** schmelzen; (*butter also*) zergehen; (*sugar, grease*) sich (auf)lösen. **it just ~s in the mouth** es zergeht einem nur so auf der Zunge. **2.** (*fig*) (*person*) dahinschmelzen; (*anger*) verfliegen. **... and then his heart ~ed** ... und dann ließ er sich erweichen; **to ~ into tears** in Tränen zerfließen (*liter*).

◆**melt away** *vi* **1.** (*lit*) (weg)schmelzen. **2.** (*fig*) sich auflösen; (*person*) dahinschmelzen; (*anger, anxiety*) verfliegen; (*suspicion, money*) zerrinnen.

◆**melt down I** *vt sep* einschmelzen. **II** *vi* (*reactor core*) schmelzen.

meltdown ['meltdaʊn] *n* Kernschmelze *f*.

melting ['meltɪŋ]: **melting point** *n* Schmelzpunkt *m*; **what is the ~ of iron?** welchen Schmelzpunkt hat Eisen?; **melting pot** *n* (*lit, fig*) Schmelztiegel *m*; **to be in the ~** in der Schwebe sein.

member ['membəʳ] *n* **1.** Mitglied *nt*; (*of tribe, species*) Angehörige(r) *mf*. **"~s only"** „nur für Mitglieder"; **~ of the family** Familienmitglied *nt*; **~ of the audience** Zuschauer(in *f*)/Zuhörer(in *f*); **you have to be a ~** Sie müssen Mitglied sein; **the ~ countries** die Mitgliedsstaaten *pl*.

2. (*Parl*) Abgeordnete(r) *mf*. **~ of parliament** Parlamentsmitglied *nt*; (*in GB*) Abgeordnete(r) *mf* des Unterhauses; (*in BRD*) Bundestagsabgeordnete(r) *mf*; **the ~ for Woodford** der/die Abgeordnete für den Wahlkreis Woodford; **M~ of the European Parliament** Abgeordnete(r) *mf* des Europäischen Parlaments.

3. (*Math, Logic*) Glied *nt*.

membership ['membəʃɪp] *n* Mitgliedschaft *f* (*of* in +*dat*); (*number of members*) Mitgliederzahl *f*. **when I applied for ~ of the club** als ich mich um die Clubmitgliedschaft bewarb; **~ list** Mitgliederkartei *f*.

membrane ['membreɪn] *n* Membran(e) *f*.

memento [mə'mentəʊ] *n, pl* **-(e)s** Andenken *nt* (*of* an +*acc*).

memo ['meməʊ] *n abbr of* **memorandum** Mitteilung, Notiz *f*, Memo *nt*. **~ pad** Notizblock *m*.

memoir ['memwɑːʳ] *n* **1.** Kurzbiographie *f*. **2. ~s** *pl* Memoiren *pl*.

memorable ['memərəbl] *adj* unvergeßlich; (*important*) denkwürdig.

memorably ['memərəblɪ] *adv* bemerkenswert.

memorandum [ˌmemə'rændəm] *n, pl* **memoranda** [ˌmemə'rændə] **1.** (*in business*) Mitteilung *f*; (*personal reminder*) Notiz *f*, Vermerk *m*. **2.** (*Pol*) Memorandum *nt*.

memorial [mɪ'mɔːrɪəl] **I** *adj plaque, service* Gedenk-. **~ park** (*US: cemetery*) Friedhof *m*. **II** *n* Denkmal *nt* (*to* für). **M~ Day** (*US*) ≃ Volkstrauertag *m*.

memorize ['meməraɪz] *vt* sich (*dat*) einprägen.

memory ['memərɪ] *n* **1.** Gedächtnis *nt*; (*faculty*) Erinnerungsvermögen *nt*. **from ~** aus dem Kopf; **to commit sth to ~** sich (*dat*) etw einprägen; *poem* etw auswendig lernen; **I have a bad ~ for names** ich habe ein schlechtes Namensgedächtnis; **if my ~ serves me right** wenn ich mich recht entsinne.

2. (*that remembered*) Erinnerung *f* (*of* an +*acc*). **I have no ~ of it** ich kann mich nicht daran erinnern; **to take a trip** *or* **to walk down ~ lane** in Erinnerungen schwelgen.

3. (*Comput*) Speicher *m*.

4. to honour sb's ~ jds Andenken *nt* ehren; **in ~ of** zur Erinnerung *or* zum Gedenken (*form*) an (+*acc*).

memory (*Comput*): **memory bank** *n* Datenbank *f*; **memory chip** *n* Speicherchip *m*; **memory expansion card** *n* Speichererweiterungskarte *f*; **memory management** *n* Speicherverwaltung *f*; **memory protection** *n* Speicherschutz *m*; **memory-resident** *adj* speicherresident.

men [men] *pl of* **man.**

menace ['menɪs] **I** *n* **1.** Bedrohung *f* (*to gen*); (*issued by a person*) Drohung *f*; (*imminent danger*) drohende Gefahr. **2.** (*inf: nuisance*) (Land)plage *f*. **she's a ~ on the roads** sie gefährdet den ganzen Verkehr.

II *vt* bedrohen.

menacing ['menɪsɪŋ] *adj* drohend.

menacingly ['menɪsɪŋlɪ] *adv see adj*.

menagerie [mɪ'nædʒərɪ] *n* Menagerie *f*.

mend [mend] **I** *n* (*in shoe*) reparierte Stelle; (*in piece of metal, cloth also*) Flickstelle *f*; (*in roof, fence also*) ausgebesserte Stelle. **the ~ is almost invisible** man sieht kaum, daß es repariert/geflickt/ausgebessert worden ist; **to be on the ~** (*lit: person, fig*) sich (langsam) erholen, sich auf dem Wege der Besserung befinden (*form*); **the fracture is on the ~** der Bruch heilt schon wieder *or* ist am Verheilen (*inf*).

II *vt* **1.** (*repair*) reparieren; *roof, fence also* ausbessern; *hole, clothes* flicken.

2. (*improve*) **to ~ one's ways** sich bessern; **to ~ matters** eine Angelegenheit bereinigen; **that won't ~ matters** das macht die Sache auch nicht besser.

III *vi* (*bone*) (ver)heilen. **the patient is ~ing nicely** der Patient macht gute Fortschritte; **make do and ~** (*prov*) aus alt mach neu (*prov*).

mendacious [men'deɪʃəs] *adj* lügnerisch, verlogen.

mendaciously [men'deɪʃəslɪ] *adv* unwahrheitsgemäß.

mendacity [men'dæsɪtɪ] *n* Verlogenheit *f*.

mending ['mendɪŋ] *n* (*articles to be mended*) Flickarbeit *f*.

menfolk ['menfəʊk] *npl* Männer *pl*, Mannsvolk *nt* (*old*).

menial ['miːnɪəl] **I** *adj* niedrig, untergeordnet. **she regards no task as too ~ for her** sie betrachtet keine Arbeit für unter ihrer Würde; **the ~ staff** die (unteren) Dienstboten, das Gesinde. **II** *n* (*pej*) Dienstbote *m*.

meningitis [ˌmenɪn'dʒaɪtɪs] *n* Hirnhautentzündung, Meningitis *f*.

meniscus [mɪ'nɪskəs] *n, pl* **menisci** [mɪ'nɪsaɪ] Meniskus *m*.

menopause ['menəʊpɔːz] *n* Wechseljahre *pl*, Menopause *f* (*spec*).

men's room ['menzruːm] *n* (*esp US*) Herrentoilette *f*.

menstrual ['menstrʊəl] *adj* Menstruations-, menstrual (*spec*). ~ **bleeding** Monatsblutung *f*.

menstruate ['menstrʊeɪt] *vi* menstruieren (*spec*), die Menstruation haben.

menstruation [ˌmenstrʊ'eɪʃən] *n* Menstruation *or* Periode *f*.

mental ['mentl] *adj* **1.** geistig; *cruelty* seelisch. **he has a ~ age of ten** er ist auf dem geistigen Entwicklungsstand eines Zehnjährigen; **to make a ~ note of sth** sich (*dat*) etw merken; **to have a ~ blackout** eine Bewußtseinsstörung haben, geistig weggetreten sein (*inf*); (*due to alcohol*) einen Filmriß haben (*inf*); (*in exam*) ein Brett vor dem Kopf haben (*inf*); ~ **breakdown** Nervenzusammenbruch *m*; ~ **arithmetic** Kopfrechnen *nt*; ~ **health** Geisteszustand *m*; ~ **home** (Nerven)heilanstalt *f*; ~ **hospital** psychiatrische Klinik, Nervenklinik *f*; ~ **illness** Geisteskrankheit *f*; ~ **patient** Geisteskranke(r) *mf*; ~ **reservation** (stille) Bedenken, Vorbehalte *pl*; **the causes are ~ not physical** die Ursachen sind eher psychischer als physischer Natur; **he still shows great ~ agility** er ist geistig noch immer sehr rege.

2. (*sl: mad*) übergeschnappt (*inf*).

mentality [men'tælɪtɪ] *n* Mentalität *f*.

mentally ['mentəlɪ] *adv* **1.** geistig. ~ **handicapped/deficient** geistig behindert/geistesschwach; **he is ~ ill** er ist geisteskrank. **2.** (*in one's head*) im Kopf.

menthol ['menθɒl] *n* Menthol *nt*.

mentholated ['menθəleɪtɪd] *adj* Menthol-, mit Menthol.

mention ['menʃən] **I** *n* Erwähnung *f*. **to get** *or* **receive a ~** erwähnt werden; **he received a ~ for bravery** er erhielt eine Auszeichnung *or* Belobigung für seine Tapferkeit; **to give sth a ~** etw erwähnen; **there is a/no ~ of it** es wird erwähnt/nicht erwähnt; **I can't find any ~ of his name** ich kann seinen Namen nirgendwo finden; **~ should also be made of ...** ... sollte Erwähnung finden (*form*); **it's hardly worth a ~** es ist kaum erwähnenswert, es lohnt sich kaum, das zu erwähnen; **at the ~ of his name/the police ...** als sein Name/das Wort Polizei fiel *or* erwähnt wurde ...

II *vt* erwähnen (*to sb* jdm gegenüber). **not to ~ ...** nicht zu vergessen ..., geschweige denn ...; **France and Germany, not to ~ Holland** Frankreich und Deutschland, von Holland ganz zu schweigen *or* ganz abgesehen von Holland; **too numerous to ~** zu zahlreich, um sie einzeln erwähnen zu können; **don't ~ it!** (das ist doch) nicht der Rede wert!, (bitte,) gern geschehen!; **if I may ~ it** wenn ich das einmal sagen darf; **to ~ sb in one's will** jdn in seinem Testament berücksichtigen; **~ me to your parents!** empfehlen Sie mich Ihren Eltern! (*form*), viele Grüße an Ihre Eltern!

mentor ['mentɔːʳ] *n* Mentor *m*.

menu ['menjuː] *n* **1.** (*bill of fare*) Speisekarte *f*; (*dishes served*) Menü *nt*. **may we see the ~?** können *or* würden Sie uns bitte die Karte bringen?, können wir bitte die Karte sehen?; **what's on the ~?** was steht heute auf dem Speisezettel?, was gibt es heute (zu essen)?; **they have a very good ~ there** man kann dort ausgezeichnet essen; **the typical British ~ consists of ...** ein typisches britisches Essen besteht aus ...

2. (*Comput*) Menü *nt*.

menu (*Comput*): **menu-driven** *adj* menügesteuert; **menu line** *n* Menüzeile *f*.

MEP *abbr of* **Member of the European Parliament** Mitglied *nt* des Europäischen Parlaments.

mercantile ['mɜːkəntaɪl] *adj* Handels-; *nation also* handeltreibend.

mercenary ['mɜːsɪnərɪ] **I** *adj* **1.** *person* geldgierig. **don't be so ~** sei doch nicht so hinter dem Geld her (*inf*); **he's got a rather ~ attitude** bei ihm spielt nur das Geld eine Rolle. **2.** (*Mil*) *troops* Söldner-. **II** *n* Söldner *m*.

merchandise ['mɜːtʃəndaɪz] *n* (Handels)ware *f*.

merchandiser ['mɜːtʃəndaɪzəʳ] *n* Verkaufsförderungsexperte *m*.

merchandising ['mɜːtʃəndaɪzɪŋ] *n* Verkaufsförderung *f*.

merchant ['mɜːtʃənt] *n* **1.** Kaufmann *m*. **corn/fruit/diamond ~** Getreide-/Obst-/Diamantenhändler(in *f*) *m*. **2.** (*Brit sl*) Typ *m* (*sl*). **gossip ~** Klatschmaul *nt* (*inf*); (*woman also*) Klatschtante *f* (*inf*).

merchant *in cpds* Handels-; **merchant bank** *n* Handelsbank *f*; **merchantman** *n* Handelsschiff *nt*; **merchant navy** *n* Handelsmarine *f*; **merchant seaman** *n* Matrose *m* in der Handelsmarine; **merchant ship** *n* Handelsschiff *nt*.

merciful ['mɜːsɪfʊl] *adj* gnädig. **O Lord be ~!** Gott, sei uns (*dat*) gnädig!; **his death was a ~ release from pain** sein Tod war für ihn eine Erlösung.

mercifully ['mɜːsɪfəlɪ] *adv act* barmherzig; *treat sb* gnädig; (*fortunately*) glücklicherweise. **his suffering was ~ short** es war eine Gnade, daß er nicht lange leiden mußte.

merciless ['mɜːsɪlɪs] *adj* unbarmherzig, erbarmungslos; *destruction* schonungslos.

mercilessly ['mɜːsɪlɪslɪ] *adv* erbarmungslos.

mercurial [mɜː'kjʊərɪəl] *adj* (*Chem*) Quecksilber-; (*containing mercury*) quecksilberhaltig; (*fig*) (*volatile*) sprunghaft, wechselhaft; (*lively*) quicklebendig.

Mercury ['mɜːkjʊrɪ] *n* Merkur *m*.

mercury ['mɜːkjʊrɪ] *n* Quecksilber *nt*.

mercy ['mɜːsɪ] *n* **1.** *no pl* (*feeling of compassion*) Erbarmen *nt*; (*action, forbearance from punishment*) Gnade *f*; (*God's ~*) Barmherzigkeit *f*. **to beg for ~** um Gnade bitten *or* flehen; **to have ~/no ~ on sb** mit jdm Erbarmen/kein Erbarmen haben; **Lord have ~ upon us** Herr, erbarme dich unser; **to show sb ~/no ~** Erbarmen/kein Erbarmen mit jdm haben; **to throw oneself on sb's ~** sich jdm auf Gnade und Ungnade ausliefern; **to be at the ~ of sb** jdm (auf Gedeih und Verderb) ausgeliefert sein; **to be at the ~ of sth** einer Sache (*dat*) ausgeliefert sein; **we're at your ~** wir sind in Ihrer Gewalt *or* Hand; **a mission of ~** eine Hilfsaktion.

2. (*inf: blessing*) Segen *m*, Glück *nt*. **it's a ~ nobody was hurt** man kann von Glück sagen, daß niemand verletzt wurde; **we must be thankful for small mercies** man muß schon mit wenigem zufrieden *or* für weniges dankbar sein.

mercy killing *n* Euthanasie *f*, Töten *nt* aus Mitleid.

mere *adj* bloß; *formality also, nonsense* rein. **he's a ~ clerk** er ist bloß ein kleiner Angestellter; **a ~ 3%/2 hours** bloß *or* lediglich 3%/2 Stunden; **a ~ nothing** eine (bloße) Lappalie; **but she's a ~ child** aber sie ist doch noch ein Kind!

merely ['mɪəlɪ] *adv* lediglich, bloß.

meretricious [ˌmerɪ'trɪʃəs] *adj* trügerisch.

merge [mɜːdʒ] **I** *vi* **1.** zusammenkommen; (*colours*) ineinander übergehen; (*roads*) zusammenlaufen *or* -führen. **to ~ with sth** mit etw verschmelzen, sich mit etw vereinen; (*colour*) in etw (*acc*) übergehen; (*road*) in etw (*acc*) einmünden; **to ~ (in) with/into the crowd** in der Menge untergehen/untertauchen; **to ~ into sth** in etw (*acc*) übergehen; **the bird ~d into *or* in with its background of leaves** der Vogel verschmolz mit dem Laubwerk im Hintergrund; **"motorways ~"** „Autobahneinmündung".

2. (*Comm*) fusionieren, sich zusammenschließen.

II *vt* **1.** miteinander vereinen *or* verbinden *or* verschmelzen; *colours also* ineinander übergehen lassen; *metals* legieren; (*Comput*) *files* mischen.

2. (*Comm*) zusammenschließen, fusionieren. **they were ~d into one company** sie wurden zu einer Firma zusammengeschlossen; **they were ~d with ...** sie haben mit ... fusioniert.

merger ['mɜːdʒəʳ] *n* (*Comm*) Fusion *f*.

meridian [mə'rɪdɪən] *n* (*Astron, Geog*) Meridian *m*; (*fig*) Höhepunkt, Gipfel *m*.

meringue [mə'ræŋ] *n* Meringe *f*, Baiser *nt*.

merino [mə'riːnəʊ] *n* **1.** (*sheep*) Merino(schaf *nt*) *m*. **2.** (*wool*) Merinowolle *f*.

merit ['merɪt] **I** *n* (*achievement*) Leistung *f*, Verdienst *nt*; (*advantage*) Vorzug *m*. **to look *or* inquire into the ~s of sth** etw auf seine Vorteile *or* Vorzüge untersuchen; **men of ~** verdiente Leute *pl*; **a work of great literary ~** ein Werk von großem literarischem Wert; **judged on ~ alone** ausschließlich nach Leistung(en) *or* ihren Verdiensten beurteilt; **there's no particular ~ in coming early** es ist keine besondere Leistung *or* kein besonderes Verdienst, früh zu kommen; **to treat a case on its ~s** einen Fall für sich selbst *or* gesondert behandeln; **to pass an exam with ~** ein Examen mit Auszeichnung bestehen.

II *vt* verdienen. **it ~s your consideration** das ist es wert, daß Sie sich damit beschäftigen.

meritocracy [ˌmerɪ'tɒkrəsɪ] *n* Leistungsgesellschaft *f*.

meritocratic [ˌmerɪtə'krætɪk] *adj* leistungsorientiert.

mermaid ['mɜːmeɪd] *n* Nixe, See- *or* Meerjungfrau *f*.

merman ['mɜːmæn] *n, pl* **-men** [-men] Nix, Wassergeist *m*.

merrily ['merɪlɪ] *adv* vergnügt.

merriment ['merɪmənt] *n* Heiterkeit, Fröhlichkeit *f*; (*laughter*) Gelächter *nt*.

merry ['merɪ] *adj* (+*er*) **1.** (*cheerful*) fröhlich, vergnügt, lustig; *song, tune* fröhlich. **to make ~** lustig und vergnügt sein; **M~ Christmas!** Fröhliche *or* Frohe Weihnachten!; **M~ England** das gute alte England; **to give sb ~ hell** (*inf*) jdm einheizen (*inf*).

2. (*inf: tipsy*) beschwipst, angeheitert (*inf*). **to get ~** sich (*dat*) einen anpicheln (*inf*).

merry-go-round *n* Karussell *nt*; **merrymaker** *n* Festgast *m*, Feiernde(r) *mf*; **merrymaking** *n* Feiern *nt*, Belustigung, Lustbarkeit (*liter*) *f*.

mescalin(e) ['meskəlɪn] *n* Meskalin *nt*.

mesh [meʃ] **I** *n* **1.** (*hole*) Masche *f*; (*size of hole*) Maschenweite *f*. **the broad ~ of this material makes it ideal** die Grobmaschigkeit dieses Materials ist ideal; **a 5mm ~ screen** ein 5 mm Maschendraht.

2. (*material*) (*wire ~*) Maschendraht *m*; (*network of wires*) Drahtgeflecht *nt*; (*Tex*) Gittergewebe *nt*.

3. (*Mech*) **out of/in ~** nicht im/im Eingriff; **the tight ~ of the cogwheels** die enge Verzahnung der Räder.

4. (*fig*) **to catch *or* entangle sb in one's ~es** jdn umgarnen, jdn in sein Netz lokken; **to be caught in sb's ~es** jdm ins Netz gegangen sein.

II *vi* **1.** (*Mech*) eingreifen (*with* in +*acc*). **the gears ~ (together)** die Zahnräder greifen ineinander.

2. (*fig: views, approach*) sich vereinen lassen. **he tried to make the departments ~ (together)** er versuchte, die einzelnen Abteilungen miteinander zu koordinieren.

III *vt see* **enmesh.**

mesmeric [mez'merɪk] *adj* hypnotisch; *movement* hypnotisierend.

mesmerize ['mezməraɪz] *vt* hypnotisieren; (*fig*) faszinieren, fesseln. **the audience sat ~d** die Zuschauer saßen wie gebannt.

Mesopotamia [ˌmesəpə'teɪmɪə] *n* Mesopotamien *nt*.

mess[1] [mes] **I** *n* **1.** Durcheinander *nt*; (*untidy also*) Unordnung *f*; (*dirty*) Schweinerei *f*. **to be (in) a ~** unordentlich sein, in einem fürchterlichen Zustand sein; (*disorganized*) ein einziges Durcheinander sein; (*fig: one's life, marriage, career*) verkorkst sein (*inf*); **to be a ~** (*piece of work*) eine Schweinerei sein; (*disorganized*) ein einziges *or* heilloses Durcheinander sein; (*person*) (*in appearance*) unordentlich aussehen; (*psychologically*) verkorkst sein (*inf*); **to**

look a ~ (*person*) unmöglich aussehen; (*untidy also*) schlampig *or* unordentlich aussehen; (*dirty also*) völlig verdreckt sein; (*room, piece of work*) unordentlich *or* schlimm aussehen; **to make a ~** (*be untidy*) Unordnung machen; (*be dirty*) eine Schweinerei machen; **to make a ~ of sth** (*make untidy*) etw in Unordnung bringen, etw durcheinanderbringen; (*make dirty*) etw verdrecken; (*bungle, botch*) etw verpfuschen, bei etw Mist bauen (*inf*); *one's life* etw verkorksen (*inf*) *or* verpfuschen; **you've really made a ~ of things** du hast alles total vermasselt (*inf*); **a fine ~ you've made of that** da hast du was Schönes angerichtet; **what a ~!** wie sieht das denn aus!, das sieht ja vielleicht aus!; (*fig*) ein schöner Schlamassel! (*inf*); **I'm not tidying up your ~** ich räume nicht für dich auf.

2. (*awkward predicament*) Schwierigkeiten *pl*, Schlamassel *m* (*inf*). **cheating got him into a ~** durch seine Mogelei ist er in ziemliche Schwierigkeiten geraten; **he got into a ~ with the police** er hat Ärger mit der Polizei bekommen.

3. (*euph: excreta*) Dreck *m*. **the cat has made a ~ on the carpet** die Katze hat auf den Teppich gemacht.

II *vi see* **mess about II 3., 4.**

◆**mess about** *or* **around** (*inf*) **I** *vt sep* (*fiddle, tinker with*) herumpfuschen an (*+dat*) (*inf*); *plans* durcheinanderbringen; *person* an der Nase herumführen (*inf*); (*boss, person in authority*) herumschikanieren; (*by delaying decision*) hinhalten.

II *vi* **1.** (*play the fool*) herumalbern *or* -blödeln (*inf*).

2. (*do nothing in particular*) herumgammeln (*inf*).

3. (*tinker, fiddle*) herumfummeln (*inf*) *or* -spielen (*with* an *+dat*); (*as hobby*) herumbasteln (*with* an *+dat*) (*inf*).

4. to ~ ~ with sb (*associate with*) sich mit jdm einlassen *or* abgeben; (*not take seriously*) jdn zum Narren haben.

◆**mess up** *vt sep* durcheinanderbringen; (*make dirty*) verdrecken; (*botch, bungle*) verpfuschen, verhunzen (*inf*); *marriage* kaputtmachen (*inf*), ruinieren; *life, person* verkorksen (*inf*); *person* (*as regards looks*) übel zurichten. **missing the connection ~ed ~ the whole journey** dadurch, daß wir den Anschluß verpaßten, lief die ganze Reise schief; **that's really ~ed things ~** das hat wirklich alles verdorben *or* vermasselt (*inf*).

mess[2] (*Mil*) **I** *n* Kasino *nt*; (*on ships*) Messe *f*; (*food*) Essen *nt*. **II** *vi* essen, das Essen einnehmen.

message ['mesɪdʒ] *n* **1.** Mitteilung, Nachricht, Botschaft (*old, form*) *f*; (*radio ~*) Funkspruch *m or* -meldung *f*; (*report, police ~*) Meldung *f*. **to take a ~ to sb** jdm eine Nachricht überbringen; **to give sb a ~** (*verbal*) jdm etwas ausrichten; (*written*) jdm eine Nachricht geben; **would you give John a ~ (for me)?** könnten Sie John etwas (von mir) ausrichten?; **have you given him my ~ yet?** hast du es ihm schon ausgerichtet?; **to send a ~ to sb** jdn benachrichtigen; **to leave a ~ for sb** (*written*) jdm eine Nachricht hinterlassen; (*verbal*) jdm etwas ausrichten lassen; **can I take a ~ (for him)?** (*on telephone*) kann ich (ihm) etwas ausrichten?; **the Queen's ~ to the people** die (Fernseh)ansprache der Königin.

2. (*moral*) Botschaft *f*. **the ~ of the play is ...** die Aussage des Stückes ist ..., das Stück will folgendes sagen ...; **a pop song with a ~** ein Popsong, der einem etwas zu sagen hat.

3. to get the ~ (*fig inf*) kapieren (*inf*).

4. (*Scot: errand*) *usu pl* Einkauf *m*. **to do** *or* **get one's ~s** einkaufen.

messaging ['mesɪdʒɪŋ] *n* Datentransfer *m*.

message switching *n* (*Comput*) Speichervermittlung *f*.

messenger ['mesɪndʒə^r] *n* Bote (*old, form*), Überbringer(in *f*) *m* (einer Nachricht); (*Mil*) Kurier *m*. **~ boy** Botenjunge, Laufbursche *m*; **bank/post office ~** Bank-/Postbote *m*.

mess hall *n* Kasino *nt*.

Messiah [mɪ'saɪə] *n* Messias *m*.

messianic [ˌmesɪ'ænɪk] *adj* messianisch.

Messrs ['mesəz] *pl of* **Mr** *abbr of* **Messieurs. to ~ ...** an die Herren ...

mess-up ['mesʌp] *n* Kuddelmuddel *nt* (*inf*). **there's been a bit of a ~** da ist etwas schiefgelaufen (*inf*).

messy ['mesɪ] *adj* (*+er*) (*dirty*) dreckig, schmutzig; (*untidy*) unordentlich; (*confused*) durcheinander; (*fig: unpleasant*) unschön. **~ writing** fürchterliche Klaue (*inf*); **he's a ~ eater** er kann nicht ordentlich essen, er ißt wie ein Schwein.

met[1] [met] *pret, ptp of* **meet**[2].

met[2] *abbr of* **meteorological.**

meta- ['metə-] *pref* meta-, Meta-.

metabolic [ˌmetə'bɒlɪk] *adj* Stoffwechsel-, metabolisch.

metabolism [me'tæbəlɪzəm] *n* Stoffwechsel, Metabolismus *m*.

metal ['metl] **I** *n* Metall *nt*; (*Brit: on road*) Asphalt *m*. **~s** *pl* (*Rail*) Schienen *pl*. **II** *vt road* asphaltieren. **~led road** Asphaltstraße *f*.

metallic [mɪ'tælɪk] *adj* metallisch.

metallurgist [me'tælədʒɪst] *n* Metallurg(in *f*) *m*.

metallurgy [me'tælədʒɪ] *n* Hüttenkunde, Metallurgie *f*.

metal *in cpds* Metall-; **metal plating** *n* Metallschicht *f*; (*act*) Plattierung *f*; **metal polish** *n* Metallpolitur *f*; **metalwork** *n* Metall *nt*; **we did ~ at school** wir haben in der Schule Metallarbeiten gemacht; **metalworker** *n* Metallarbeiter(in *f*) *m*.

metamorphosis [ˌmetə'mɔːfəsɪs] *n, pl* **metamorphoses** [ˌmetə'mɔːfəsiːz] Metamorphose *f*; (*fig*) Verwandlung *f*.

metaphor ['metəfə^r] *n* Metapher *f*.

metaphorical [ˌmetə'fɒrɪkəl] *adj* metaphorisch.

metaphorically [ˌmetə'fɒrɪkəlɪ] *adv see adj*. **~ speaking** metaphorisch ausgedrückt, bildlich gesprochen.

metaphysical *adj*, **~ly** *adv* [ˌmetə'fɪzɪkəl, -ɪ] metaphysisch.

metaphysics [ˌmetə'fɪzɪks] *n sing* Metaphysik *f*.

metastasis [mɪ'tæstəsɪs] *n, pl* **metastases** [mɪ'tæstəsi:z] *n* Metastasenbildung, Metastasierung *f*.

mete [mi:t] *vt*: **to ~ out** zuteil werden lassen (*to sb* jdm); *praise* austeilen; *rewards* verteilen; **to ~ out a punishment to sb** jdn bestrafen; **the function of the courts is to ~ out justice** es ist Aufgabe der Gerichte zu richten.

meteor ['mi:tɪəʳ] *n* Meteor *m*. **~ shower** Meteorregen *m*.

meteorite ['mi:tɪəraɪt] *n* Meteorit *m*.

meteoroid ['mi:tɪərɔɪd] *n* Sternschnuppe *f*.

meteorological [ˌmi:tɪərə'lɒdʒɪkəl] *adj* Wetter-, meteorologisch. **the M~ Office** (*Brit*) das Wetteramt.

meteorologist [ˌmi:tɪə'rɒlədʒɪst] *n* Meteorologe *m*, Meteorologin *f*.

meteorology [ˌmi:tɪə'rɒlədʒɪ] *n* Meteorologie, Wetterkunde *f*.

meter[1] ['mi:təʳ] **I** *n* Zähler *m*; (*gas ~ also*) Gasuhr *f*; (*water ~*) Wasseruhr *f*; (*parking ~*) Parkuhr *f*; (*exposure or light ~*) Belichtungsmesser *m*; (*slot ~*) Münzzähler *m*. **the ~ has run out** die Parkuhr ist abgelaufen/es ist kein Geld mehr im Zähler. **II** *vt* messen.

meter[2] *n* (*US*) *see* **metre.**

meter maid *n* (*inf*) Politesse *f*.

methane ['mi:θeɪn] *n* Methan *nt*.

method ['meθəd] *n* Methode *f*; (*process*) Verfahren *nt*; (*Cook*) Zubereitung *f*; (*in experiment*) Vorgehens- *or* Verfahrensweise *f*. **~ of payment/application** Zahlungs-/Anwendungsweise *f*; **there's ~ in his madness** sein Wahnsinn hat Methode.

methodical *adj*, **~ly** *adv* [mɪ'θɒdɪkəl, -ɪ] methodisch.

Methodism ['meθədɪzəm] *n* Methodismus *m*.

Methodist ['meθədɪst] **I** *adj* methodistisch. **II** *n* Methodist(in *f*) *m*.

methodology [ˌmeθə'dɒlədʒɪ] *n* Methodik, Methodologie *f*.

meths [meθs] *n sing abbr of* **methylated spirits** Spiritus *m*.

Methuselah [mə'θu:zələ] *n* Methusalem *m*. **as old as ~** so alt wie Methusalem.

methyl alcohol ['mi:θaɪl'ælkəhɒl] *n* Methylalkohol *m*.

methylated spirits ['meθɪleɪtɪd'spɪrɪts] *n sing* Äthylalkohol, (Brenn)spiritus *m*.

meticulous [mɪ'tɪkjʊləs] *adj* sorgfältig, (peinlich) genau, exakt. **to be ~ about sth** es mit etw sehr genau nehmen.

meticulously [mɪ'tɪkjʊləslɪ] *adv see adj*. **~ clean** peinlich sauber.

métier ['meɪtɪeɪ] *n* Metier *nt*.

Met Office ['metˌɒfɪs] *n* (*Brit*) Wetteramt *nt*.

metre, (*US*) **meter** ['mi:təʳ] *n* **1.** (*Measure*) Meter *m or nt*. **2.** (*Poet*) Metrum *nt*.

metric ['metrɪk] *adj* metrisch. **the ~ system** das metrische Maßsystem; **~ ton** Metertonne *f*; **to go ~** auf das metrische Maßsystem umstellen.

metrical ['metrɪkəl] *adj* (*Poet*) metrisch.

metrication [ˌmetrɪ'keɪʃən] *n* Umstellung *f* auf das metrische Maßsystem.

metronome ['metrənəʊm] *n* Metronom *nt*.

metropolis [mɪ'trɒpəlɪs] *n* Metropole, Weltstadt *f*; (*capital*) Hauptstadt *f*.

metropolitan [ˌmetrə'pɒlɪtən] **I** *adj* weltstädtisch, weltoffen; der Hauptstadt; (*Eccl*) Metropolitan-; *diocese* Erz-; *bishop* Diözesan-. **a ~ city** eine Weltstadt; **M~ Police** Londoner/New Yorker Polizei.

II *n* Weltbürger(in *f*) *m*; (*citizen*) Großstädter(in *f*) *m*; Hauptstädter(in *f*) *m*; (*Eccl*) Metropolit *m*.

mettle ['metl] *n* (*spirit*) Courage *f*, Stehvermögen *nt*; (*of horse*) Zähigkeit *f*; (*temperament*) Feuer *nt*. **to show one's ~** zeigen, was in einem steckt; **to test sb's ~** herausfinden, was in jdm steckt; **to be on one's ~** auf dem Posten sein; **to put sb on his ~** jdn fordern.

mew [mju:] **I** *n* Miau(en) *nt*. **II** *vi* miauen.

mews [mju:z] *n sing or pl* (*houses*) *Siedlung f ehemaliger, zu modischen Wohnungen umgebautern Kutscherhäuschen*; (*street*) Gasse *f*.

Mexican ['meksɪkən] **I** *adj* mexikanisch. **II** *n* Mexikaner(in *f*) *m*.

Mexico ['meksɪkəʊ] *n* Mexiko *nt*. **~ City** Mexiko City *nt*.

mezzanine ['mezəni:n] *n* Mezzanin *nt*.

mezzo-soprano [ˌmetsəʊsə'prɑ:nəʊ] *n* Mezzosopran *m*.

mfd *abbr of* **manufactured** hergest.

mg *abbr of* **milligram(s), milligramme(s)** mg.

MI *abbr of* **machine intelligence.**

MI5 (*Brit*) *abbr of* **Military Intelligence, section 5** *Spionageabwehrdienst m der britischen Regierung*.

MI6 (*Brit*) *abbr of* **Military Intelligence, section 6** *britischer Geheimdienst*.

miaow [mi:'aʊ] **I** *n* Miau(en) *nt*. **II** *vi* miauen.

mica ['maɪkə] *n* Muskovit *m*.

mice [maɪs] *pl of* **mouse.**

Michaelmas ['mɪklməs] *n* Michaeli(s) *nt*. **~ daisy** Herbstaster *f*; **~ Day** Michaelis(tag *m*) *nt*.

mickey ['mɪkɪ] *n* (*sl*): **to take the ~ (out of sb)** jdn auf den Arm *or* auf die Schippe nehmen (*inf*), jdn veräppeln (*inf*).

Mickey Finn ['mɪkɪ'fɪn] *n* (*inf*) Betäubungsmittel *nt*; (*drink*) präparierter Drink.

Mickey Mouse **I** *n* Mickymaus *f*. **II** *adj attr* (*inf*) *company* lachhaft, Witz- (*inf*).

micro ['maɪkrəʊ] *n* (*Comput*) Mikro (computer) *m*.

micro- *pref* mikro-, Mikro-.

microbe ['maɪkrəʊb] *n* Mikrobe *f*.

microbiology *n* Mikrobiologie *f*; **microchannel architecture** *n* (*Comput*) Microchannel-Architektur *f*; **microchip** *n* Mikrochip *nt*; **microcircuit** *n* Mikroschaltung *f*; **microcircuitry** *n* Mikroschaltung(saufbau *m*) *f*; **microclimate** *n* Mikroklima *nt*; **microcomputer** *n* Mikrorechner, Mikrocomputer *m*; **microcosm** *n* Mikrokosmos *m*; **microdiskette** *n* Mikrofloppy, Mikrodiskette *f*; **microdot** *n* Mikrobild *nt*; **microeco-**

nomics *n* Mikroökonomie *f*; **microelectronics** *n* Mikroelektronik *f*; **microfiche** *n* Mikrofiche *m or nt*, Mikrokarte *f*; **microfilm I** *n* Mikrofilm *m*; **II** *vt* auf Mikrofilm aufnehmen; **microlight** *n* Ultraleichtflugzeug *nt*; **micrometer** [maɪ'krɒmɪtə^r] *n* (*gauge*) Mikrometerschraube, Meßschraube *f*; **micrometre**, (*US*) **micrometer** *n* Mikrometer *m or nt*.

micron ['maɪkrɒn] *n* Mikron, Mikrometer *nt*.

microorganism *n* Mikroorganismus *m*; **microphone** *n* Mikrophon *nt*; **microprocessor** *n* Mikroprozessor *m*; **microscope** *n* Mikroskop *nt*.

microscopic [ˌmaɪkrə'skɒpɪk] *adj details, print* mikroskopisch. **~ creature** mikroskopisch kleines Lebewesen.

microscopically [ˌmaɪkrə'skɒpɪkəlɪ] *adv* mikroskopisch.

microsecond *n* Mikrosekunde *f*; **microspacing** *n* (*Comput*) Feinausgleich *m*; **microsurgery** *n* Mikrochirurgie *f*; **microtransmitter** *n* Mikrosender *m*.

microwave ['maɪkrəʊˌweɪv] *n* Mikrowelle *f*. **~ oven** Mikrowellenherd *m*.

micturate ['mɪktjʊreɪt] *vi* (*Med: urinate*) urinieren, harnen (*form*).

micturition [ˌmɪktjʊ'rɪʃən] *n* (*Med: urinating*) Urinieren *nt*, Miktion *f* (*spec*).

mid [mɪd] **I** *prep* (*poet*) *see* **amid(st)**.

II *adj* mittel-, Mittel-. **in ~ January/June** Mitte Januar/Juni; **in the ~ 1950s** Mitte der fünfziger Jahre; **in the ~ 20th century** Mitte des 20. Jahrhunderts; **temperatures in the ~ eighties** Temperaturen um 85° Fahrenheit; **in ~ morning/afternoon** am Vormittag/Nachmittag; **a ~-morning/-afternoon break** eine Frühstücks-/Nachmittagspause; **a ~-morning/-afternoon snack** ein zweites Frühstück/ein Imbiß *m* am Nachmittag; **~-Altantic** *accent* anglo-amerikanisch; **in ~ channel** in der Mitte des Kanals; **in ~ ocean** mitten auf dem Meer; **in ~ air** in der Luft; **~-flight course corrections** Kurskorrekturen während des Flugs; **in ~ course** mittendrin (*inf*).

Midas ['maɪdəs] *n* Midas *m*. **the ~ touch** eine glückliche Hand, Glück *nt*; **he has the ~ touch** er macht aus Dreck Geld (*inf*).

midday ['mɪd'deɪ] **I** *n* Mittag *m*. **at ~** mittags, gegen Mittag, um die Mittagszeit. **II** *adj attr* mittäglich. **~ meal** Mittagessen *nt*; **~ sun/heat** Mittagssonne/-hitze *f*.

middle ['mɪdl] **I** *n* Mitte *f*; (*central section: of book, film*) Mittelteil *m*, mittlerer Teil; (*inside of fruit, nut*) Innere(s) *nt*; (*stomach*) Bauch, Leib *m*; (*waist*) Taille *f*. **in the ~ of the table** mitten auf dem Tisch; (*in exact centre*) in der Mitte des Tisches; **in the ~ of the night/morning** mitten in der Nacht/am Vormittag; **in the ~ of the day** mitten am Tag; (*around midday*) gegen Mittag; **in the ~ of nowhere** j.w.d. (*inf*), am Ende der Welt; **in the ~ of summer/winter** mitten im Sommer/Winter; (*height of summer season*) im Hochsommer; **in *or* about the ~ of May** Mitte Mai; **in the ~ of the century** um die Jahrhundertmitte, Mitte des Jahrhunderts; **we were in the ~ of lunch** wir waren mitten beim Essen; **in the ~ of my back** im Kreuz; **to be in the ~ of doing sth** mitten dabei sein, etw zu tun; **down the ~** in der Mitte.

II *adj* mittlere(r, s); *part, point, finger* Mittel-. **the ~ house** das mittlere Haus, das Haus in der Mitte.

middle *in cpds* Mittel-, mittel-; **middle age** *n* mittleres Lebensalter; **middle-aged** *adj* in den mittleren Jahren, mittleren Alters; *feeling, appearance* alt; *attitudes* spießig (*pej*), altmodisch; **Middle Ages** *npl* Mittelalter *nt*; **Middle America** *n* **1.** (*Geog*) Mittelamerika *nt*; **2.** (*class*) die amerikanische Mittelschicht; **middlebrow I** *adj* für den (geistigen) Normalverbraucher; *tastes* Durchschnitts-, des Normalverbrauchers; **II** *n* (geistiger) Normalverbraucher; **middle C** *n* (eingestrichenes) C; **middle-class** *adj* bürgerlich, spießig (*pej*); (*Sociol*) Mittelstands-, mittelständisch; **he's so typically ~** er ist ein typischer Vertreter der Mittelklasse, er ist ein richtiger Spießer (*pej*); **middle class(es)** *n* Mittelstand *m or* -schicht *f*; **middle distance** *n* mittlere Entfernung; (*Art*) Mittelgrund *m*; **middledistance runner** *n* Mittelstreckenläufer(in *f*) *m*; **middle ear** *n* Mittelohr *nt*; **Middle East** *n* Naher Osten; **Middle English** *n* Mittelenglisch *nt*; **Middle High German** *n* Mittelhochdeutsch *nt*; **Middle Low German** *n* Mittelniederdeutsch *nt*; **middleman** *n* Mittelsmann *m*; (*Comm*) Zwischenhändler *m*; **middlemanagement** *n* mittlere(s) Management; **middle name** *n* zweiter (Vor)name; **modesty is my ~** (*fig*) ich bin die Bescheidenheit in Person; **middle-of-the-road** *adj* gemäßigt; *policy, politician* der gemäßigten Mitte; **middle-of-the-roader** *n* Vertreter(in *f*) *m* der gemäßigten Mitte; **middle school** *n* (*Brit, esp private school*) *Schule für 9- bis 13jährige*; **middle watch** *n* Mittelwache *f*; **middleweight** (*Sport*) **I** *n* Mittelgewicht *nt*; (*person also*) Mittelgewichtler *m*; **II** *adj* Mittelgewichts-; **~ champion** Meister *m* im Mittelgewicht.

middling ['mɪdlɪŋ] *adj* mittelmäßig; (*of size*) mittlere(r, s). **how are you? — ~** wie geht es dir? — einigermaßen; **what was the weather like? — ~** wie war das Wetter? — so lala (*inf*) *or* durchwachsen.

Middx *abbr of* **Middlesex.**

midfield [ˌmɪd'fiːld] **I** *n* Mittelfeld *nt*. **II** *adj player* Mittelfeld-.

midge [mɪdʒ] *n* Mücke *f*.

midget ['mɪdʒɪt] **I** *n* kleiner Mensch, Liliputaner *m*; (*child*) Knirps *m*. **II** *adj* winzig; *submarine* Kleinst-.

midi (system) ['mɪdɪ(ˌsɪstəm)] *n* Midi-System *nt or* -Anlage *f*.

midland I *adj attr* im Landesinneren (gelegen); **II** *n* Landesinnere(s) *nt*; **the M~s** die Midlands; **midlife crisis** *n* Midlifecrisis *f*, Krise *f* in der Mitte des Lebens; **he's having his ~** er befindet sich in der

Midlife-crisis; **midnight I** *n* Mitternacht *f*; **at ~** um Mitternacht; **II** *adj attr* mitternächtlich; *walk also, feast, hour* Mitternachts-; **the ~ sun** die Mitternachtssonne; **midpoint** *n* mittlerer Punkt; (*Geom*) Mittelpunkt *m*; **to reach ~** die Hälfte hinter sich (*dat*) haben.

midriff ['mɪdrɪf] *n* Taille *f*. **a punch to the ~** ein Schlag in die Magengegend *or* -grube.

midshipman *n* Fähnrich *m* zur See; **midships** *adv* mittschiffs.

midst [mɪdst] *n* Mitte *f*. **in the ~ of** mitten in; **and in the ~ of our troubles Grandpa died** und zu allem Unglück starb noch Großvater; **in our ~** unter uns, in unserer Mitte (*geh*).

midstream *n* **in ~** (*lit*) in der Mitte des Flusses; (*fig*) auf halber Strecke, mittendrin; **midsummer I** *n* Hochsommer *m*; **M~'s Day** Sommersonnenwende *f*, Johanni(stag *m*) *nt*; **II** *adj days, nights* Hochsommer-; **~ madness** Sommerkoller *m* (*inf*); **mid-term I** *n* **in ~** mitten im Trimester/Schulhalbjahr; **II** *adj* **~ elections** (*Pol*) Zwischenwahlen *pl*; **~ examinations** *Prüfungen in der Mitte eines Trimesters/Schulhalbjahres;* **midway I** *adv* auf halbem Weg; **~ through sth** mitten in etw (*dat*); **we are now ~** die Hälfte haben wir hinter uns (*dat*); **II** *adj* **X is the ~ point between A and B** X liegt auf halbem Wege zwischen A und B; **we've now reached the ~ point/stage in the project** das Projekt ist jetzt zur Hälfte fertig; **III** *n* (*US: at fair*) *Mittelweg m eines Jahrmarkts, an dem sich die Hauptattraktionen befinden*; **midweek I** *adv* mitten in der Woche; **by ~** Mitte der Woche; **II** *adj attr* Mitte der Woche; **he booked a ~ flight** er buchte einen Flug für Mitte der Woche; **Midwest** *n* Mittelwesten *m*; **Midwestern** *adj* mittelwestlich; *songs, dialect also* des Mittelwestens.

midwife ['mɪdwaɪf] *n, pl* **-wives** Hebamme *f*.

midwifery [ˌmɪd'wɪfərɪ] *n* Geburtshilfe *f*.

midwinter [ˌmɪd'wɪntə^r] **I** *n* Mitte *f* des Winters, Wintermitte *f*. **II** *adj* um die Mitte des Winters, mittwinterlich.

midwives ['mɪdwaɪvz] *pl of* **midwife**.

miff [mɪf] *vt* (*inf*) **to be ~ed at sth** (*annoyed*) über etw (*acc*) verärgert sein; (*offended*) sich wegen etw auf den Schlips getreten fühlen (*inf*); **to get ~ed at sth** sich über etw (*acc*) erhitzen.

might[1] [maɪt] *pret of* **may**. **they ~ be brothers, they look so alike** sie könnten Brüder sein, sie sehen sich so ähnlich; **as you ~ expect** wie zu erwarten war; **you ~ try Smith's** Sie könnten es ja mal bei Smiths versuchen; **he ~ at least have apologized** er hätte sich wenigstens entschuldigen können; **she was thinking of what ~ have been** sie dachte an das, was hätte sein können.

might[2] *n* Macht *f*. **with ~ and main** mit aller Macht; **with all one's ~** mit aller Kraft; **superior ~** Übermacht, Überlegenheit *f*; **~ is right** (*Prov*) Macht geht vor Recht (*Prov*).

mightily ['maɪtɪlɪ] *adv* **1.** mit aller Macht; (*fig: majestically, imposingly*) gewaltig. **2.** (*inf: extremely*) mächtig (*inf*).

mightiness ['maɪtɪnɪs] *n* Macht *f*; (*of wave, shout, scream*) Gewalt *f*; (*of warrior, noise, cheer*) Stärke *f*; (*of ship, tree*) gewaltige Ausmaße *pl*.

mightn't ['maɪtnt] *contr of* **might not**.

mighty ['maɪtɪ] **I** *adj* (+*er*) gewaltig; (*wielding power*) mächtig; *warrior* stark. **II** *adv* (*inf*) mächtig (*inf*).

migraine ['miːgreɪn] *n* Migräne *f*.

migrant ['maɪgrənt] **I** *adj* Wander-. **~ bird** Zugvogel *m*; **~ worker** Wanderarbeiter(in *f*) *m*; (*esp in EC*) Gastarbeiter(in *f*) *m*. **II** *n* Zugvogel *m*; Wanderarbeiter(in *f*) *m*; Gastarbeiter(in *f*) *m*.

migrate [maɪ'greɪt] *vi* (*animals, workers*) (ab)wandern; (*birds*) nach Süden ziehen; (*fig: townsfolk*) ziehen. **do these birds ~?** sind das Zugvögel?

migration [maɪ'greɪʃən] *n* **1.** Wanderung *f*; (*of birds also*) (Vogel)zug *m*; (*fig: of people*) Abwanderung *f*; (*seasonal*) Zug *m*. **2.** (*number*) Schwarm *m*.

migratory [maɪ'greɪtərɪ] *adj life* Wander-. **~ birds** Zugvögel; **~ instinct** Wandertrieb *m*; **~ worker** Wanderarbeiter(in *f*) *m*.

mike [maɪk] *n* (*inf*) Mikro (*inf*), Mikrophon *nt*.

Mike [maɪk] *n dim of* **Michael**. **for the love of ~!** (*inf*) um Himmels willen (*inf*).

milady [mɪ'leɪdɪ] *n* Mylady *f*, gnädige Frau.

milage *n see* **mileage**.

Milan [mɪ'læn] *n* Mailand *nt*.

mild [maɪld] **I** *adj* (+*er*) **1.** (*gentle*) *climate, weather, punishment, spring day* mild; *breeze, criticism, rebuke* leicht, sanft; *medicine* leicht; *person, character* sanft. **a detergent which is ~ to your hands** ein Waschmittel, das Ihre Hände schont.

2. (*in flavour*) *taste, cigar, cheese* mild; *cigarettes also, whisky* leicht. **~ ale** leichtes dunkles Bier.

3. (*slight*) leicht.

II *n* (*beer*) leichtes dunkles Bier.

mildew ['mɪldjuː] **I** *n* Schimmel *m*; (*on plants*) Mehltau *m*. **II** *vi* verschimmeln, Schimmel ansetzen; (*plants*) von Mehltau befallen sein.

mildewy ['mɪldjuːɪ] *adj* schimmelig, verschimmelt; *plants* von Mehltau befallen.

mildly ['maɪldlɪ] *adv* leicht; *scold, say* sanft; *scold, rebuke* milde. **to put it ~** gelinde gesagt; **... and that's putting it ~** ... und das ist noch milde ausgedrückt.

mildness ['maɪldnɪs] *n see adj* **1.** Milde *f*; Sanftheit *f*; Leichtigkeit *f*; Sanftmütigkeit *f*. **2.** Milde *f*; Leichtigkeit *f*.

mile [maɪl] *n* Meile *f*. **how many ~s per gallon does your car do?** wieviel verbraucht Ihr Auto?; **a fifty-~ journey** eine Fahrt von fünfzig Meilen; **~s (and ~s)** (*inf*) meilenweit; **~ upon ~ of yellow beaches** meilenweite Sandstrände *pl*; **they live ~s away** sie wohnen meilenweit weg; **you can tell it a ~ off/it stands** *or* **sticks out a ~** das sieht ja ein Blinder (mit Krückstock) (*inf*); **you were ~s off**

the target du hast meilenweit danebengetroffen; **he's ~s better at tennis than she is** er spielt hundertmal besser Tennis als sie (*inf*).

mileage ['maɪlɪdʒ] *n* Meilen *pl*; (*on odometer*) Meilenstand *m*, Meilenzahl *f*. **what ~ did you do yesterday?** wie viele Meilen seid ihr gestern gefahren?; **~ per gallon** Benzinverbrauch *m*; **~ allowance** ≃ Kilometerpauschale *f*; **~ recorder** Meilenzähler, ≃ Kilometerzähler *m*; **we got a lot of ~ out of it** (*fig inf*) das war uns (*dat*) sehr dienlich; **it's still got a lot of ~ left in it** (*fig inf*) da steckt noch einiges drin (*inf*).

mileometer [maɪ'lɒmɪtəʳ] *n* ≃ Kilometerzähler *m*.

milepost ['maɪlpəʊst] *n* Meilenanzeiger *or* -pfosten *m*.

miler ['maɪləʳ] *n* 1500-Meter-Läufer(in *f*) *m*.

milestone ['maɪlstəʊn] *n* (*lit, fig*) Meilenstein *m*.

milieu ['mi:ljɜ:] *n* Milieu *nt*.

militant ['mɪlɪtənt] **I** *adj* militant. **II** *n* militantes Mitglied/militante(r) Student(in *f*)/Gewerkschaftler(in *f*)/Politiker(in *f*).

militarily ['mɪlɪtrɪlɪ] *adv* militärisch (gesehen), auf militärischem Gebiet.

militarism ['mɪlɪtərɪzəm] *n* Militarismus *m*.

militarist ['mɪlɪtərɪst] **I** *adj* militaristisch. **II** *n* Militarist *m*.

militarize ['mɪlɪtəraɪz] *vt* militarisieren.

military ['mɪlɪtərɪ] **I** *adj* militärisch; *government, band* Militär-. **~ police** Militärpolizei *f*; **~ service** Militärdienst, Wehrdienst *m*; **to do one's ~ service** seinen Wehr- *or* Militärdienst ableisten *or* machen (*inf*); **he's doing his ~ service** er ist gerade beim Militär *or* (*BRD inf*) Bund; **the ~-industrial complex** (*US*) der militärisch-industrielle Komplex.
II *n*: **the ~** das Militär.

militate ['mɪlɪteɪt] *vi* **to ~ against/in favour of sth** für/gegen etw sprechen.

militia [mɪ'lɪʃə] *n* Miliz, Bürgerwehr *f*.

militiaman [mɪ'lɪʃəmən] *n, pl* **-men** [-mən] Milizsoldat *m*.

milk [mɪlk] **I** *n* Milch *f*. **~ of magnesia** Magnesiamilch *f*; **the land of ~ and honey** das Land, wo Milch und Honig fließt; **she was not exactly flowing over with the ~ of human kindness** sie strömte nicht gerade über vor Freundlichkeit; **it's** *or* **there's no use crying over spilt ~** (*prov*) was passiert ist, ist passiert.
II *vt* (*lit, fig*) melken.
III *vi* Milch geben, milchen (*dial*).

milk *in cpds* Milch-; **milk-and-water** *adj* (*fig*) seicht, verwässert; **milk bar** *n* Milchbar *f*; **milk chocolate** *n* Vollmilchschokolade *f*; **milk churn** *n* Milchkanne *f*; **milk float** *n* Milchauto *nt*.

milking ['mɪlkɪŋ] *n* Melken *nt*. **~ machine** Melkmaschine *f*; **~ stool** Melkschemel *m*.

milkmaid *n* Milchmädchen *nt*; **milkman** *n* Milchmann *m*; **milkproduct** *n* Milchprodukt *nt*; **milkpudding** *n* Milchspeise *f*; **milkrun** *n* (*Aviat inf*) Routineflug *m*; **milkshake** *n* Milchmixgetränk *nt*, Milchshake *m*; **milksop** *n* Milchbart *m*, Milchgesicht *nt*; **milk tooth** *n* Milchzahn *m*; **milkweed** *n* (*US*) Schwalbenwurzgewächs *nt*; **milk-white** *adj* milchig-weiß, milchweiß.

milky ['mɪlkɪ] *adj* (*+er*) milchig. **~ coffee** Milchkaffee *m*.

Milky Way [ˌmɪlkɪ'weɪ] *n* Milchstraße *f*.

mill [mɪl] **I** *n* **1.** (*building*) Mühle *f*.
2. (*machine*) Mühle *f*. **the poor man really went through the ~** (*inf*) der Arme hat wirklich viel durchmachen müssen; (*was questioned hard*) der Arme wurde wirklich durch die Mangel gedreht (*inf*); **in training you're really put through the ~** (*inf*) im Training wird man ganz schön hart rangenommen (*inf*).
3. (*paper, steel ~*) Fabrik *f*; (*cotton ~*) (*for thread*) Spinnerei *f*; (*for cloth*) Weberei *f*. **saw ~** Sägemühle *f or* -werk *nt*.
II *vt flour, coffee* mahlen; *metal, paper* walzen; (*with milling machine*) *metal* fräsen; *coin* rändeln.

◆**mill about** *or* **around** *vi* umherlaufen. **people were ~ing ~ the office** es herrschte ein Kommen und Gehen im Büro; **the crowds ~ing ~ the stalls in the market place** die Menschenmenge, die sich zwischen den Marktständen einherschob.

milled [mɪld] *adj grain* gemahlen; *coin, edge* gerändelt.

millennial [mɪ'lenɪəl] *adj* tausendjährig.

millennium [mɪ'lenɪəm] *n, pl* **-s** *or* **millennia** [mɪ'lenɪə] (*1,000 years*) Jahrtausend, Millennium *nt*; (*state of perfection*) Tausendjähriges Reich, Millennium *nt*.

millepede ['mɪlɪpi:d] *n see* **millipede.**

miller ['mɪləʳ] *n* Müller *m*.

millet ['mɪlɪt] *n* Hirse *f*.

milli- ['mɪlɪ-] *pref* Milli-.

millibar *n* Millibar *nt*; **milligram(me)** *n* Milligramm *nt*; **millilitre,** (*US*) **milliliter** *n* Milliliter *m or nt*; **millimetre,** (*US*) **millimeter** *n* Millimeter *m or nt*.

milliner ['mɪlɪnəʳ] *n* Hutmacher *m*, Hut- *or* Putzmacherin, Modistin *f*. **at the ~'s (shop)** im Hutgeschäft *or* -laden.

millinery ['mɪlɪnərɪ] *n* (*trade*) Hut- *or* Putzmacherhandwerk *nt*; (*articles*) Hüte *pl*.

milling machine ['mɪlɪŋməˌʃi:n] *n* (*for coins*) Rändel(eisen) *nt*; (*for metal*) Fräse, Fräsmaschine *f*.

million ['mɪljən] *n* Million *f*. **4 ~ people** 4 Millionen Menschen; **for ~s and ~s of years** für Millionen und aber Millionen von Jahren; **the starving ~s** die Millionen, die Hunger leiden; **she's one in a ~** (*inf*) so jemanden wie sie findet man so bald nicht wieder, sie ist einsame Klasse (*sl*); **I've done it ~s of times** (*inf*) das habe ich schon tausendmal gemacht; **to feel like a ~ dollars** (*inf*) sich pudelwohl fühlen.

millionaire [ˌmɪljə'nɛəʳ] *n* Millionär *m*.

millionairess [ˌmɪljə'nɛəres] *n* Millionärin *f*.

millionth ['mɪljənθ] **I** *adj* (*fraction*) millionstel; (*in series*) millionste(r, s). **II** *n*

Millionstel *nt.*

millipede ['mɪlɪpiːd] *n* Tausendfüßler *m.*

millpond *n* Mühlteich *m*; **millrace** *n* Mühlbach *or* -graben *m*; **millstone** *n* Mühlstein, Mahlstein *m*; **she's/it's a ~ round his neck** sie/das ist für ihn ein Klotz am Bein; **millstream** *n* Mühlbach *m*; **millwheel** *n* Mühlrad *nt.*

milord [mɪ'lɔːd] *n* (*person*) Mylord, Lord *m*; (*as address*) Mylord *m.*

milt [mɪlt] *n* (*Fishing*) Milch *f.*

mime [maɪm] **I** *n* (*acting*) Pantomime *f*; (*actor*) Pantomime *m*; (*ancient play, actor*) Mimus *m.* **the art of ~** die Pantomimik, die Kunst der Pantomime; **to do a ~** eine Pantomime darstellen. **II** *vt* pantomimisch darstellen. **III** *vi* Pantomimen spielen.

mimeograph ['mɪmɪəgrɑːf] **I** *n* Vervielfältigungsapparat *m.* **II** *vt* vervielfältigen, abziehen (*inf*).

mimic ['mɪmɪk] **I** *n* Imitator *m.* **he's a very good ~** er kann sehr gut Geräusche/andere Leute nachahmen *or* -machen. **II** *vt* nachahmen *or* -machen; (*ridicule*) nachäffen.

mimicry ['mɪmɪkrɪ] *n* Nachahmung *f*; (*Biol*) Mimikry *f.* **protective ~** Schutzfärbung, Tarnfarbe *f*; **his talent for ~** sein Talent dafür, andere nachzuahmen.

mimosa [mɪ'məʊzə] *n* Mimose *f.*

Min *abbr of* **Minister** Min; **Ministry** Min.

min *abbr of* **minute(s)** min; **minimum** min.

minaret [ˌmɪnə'ret] *n* Minarett *nt.*

mince [mɪns] **I** *n* (*Brit*) Hackfleisch, Gehackte(s) *nt.*

II *vt meat* hacken, durch den Fleischwolf drehen. **he doesn't ~ his words** er nimmt kein Blatt vor den Mund; **not to ~ matters ...** um es mal ganz deutlich *or* brutal (*inf*) zu sagen ...

III *vi* (*walk*) tänzeln, trippeln, scharwenzeln; (*behave/speak*) sich geziert benehmen/ausdrücken.

mincemeat *n süße Gebäckfüllung aus Dörrobst und Sirup;* **to make ~ of sb** (*inf*) (*physically*) Hackfleisch aus jdm machen (*inf*); (*verbally*) jdn zur Schnecke machen (*inf*); **to make ~ of sth** (*inf*) keinen guten Faden an etw (*dat*) lassen; **mince pie** *n mit Mincemeat gefülltes Gebäck.*

mincer ['mɪnsə[r]] *n* Fleischwolf *m.*

mincing ['mɪnsɪŋ] *adj* geziert; *steps* tänzelnd, trippelnd.

mind [maɪnd] **I** *n* **1.** (*intellect*) Geist (*also Philos*), Verstand *m.* **things of the ~** Geistiges; **it's a question of ~ over matter** es ist eine Willenssache *or* -frage; **a triumph of ~ over matter** ein Triumph des Geistes *or* Willens über den Körper; **the conscious and unconscious ~** das Bewußte und das Unbewußte; **it's all in the ~** das ist alles Einbildung; **in one's ~'s eye** vor seinem geistigen Auge, im Geiste; **to blow sb's ~** (*sl*) jdn umwerfen (*inf*); (*drugs*) jdn high machen (*sl*).

2. (*person*) Geist *m.* **one of the finest ~s of our times** einer der großen Geister unserer Zeit; *see* **great.**

3. (*type of ~*) Geist, Kopf *m*; (*way of thinking*) Denkweise *f.* **to have a good ~** ein heller Kopf sein; **he has that kind of ~** er ist so veranlagt; **to have a literary/logical ~** literarisch/logisch veranlagt sein; **to the child's/Victorian ~** in der Denkweise des Kindes/der viktorianischen Zeit; **state** *or* **frame of ~** (seelische) Verfassung, (Geistes)zustand *m.*

4. (*thoughts*) Gedanken *pl.* **to be clear in one's ~ about sth** sich (*dat*) über etw im klaren sein; **he had something on his ~** ihn beschäftigte etwas; **you are always on my ~** ich denke ständig an dich; **to put** *or* **set** *or* **give one's ~ to sth** (*try to do*) sich anstrengen, etw zu tun; (*think about sth*) sich auf etw (*acc*) konzentrieren; **if you put** *or* **set your ~ to it** wenn du dich anstrengst; **keep your ~ on the job** bleib mit den Gedanken *or* dem Kopf bei der Arbeit; **she couldn't get** *or* **put the song/him out of her ~** das Lied/er ging ihr nicht aus dem Kopf; **you can put that idea out of your ~!** den Gedanken kannst du dir aus dem Kopf schlagen!; **to take sb's ~ off things/sth** jdn auf andere Gedanken bringen/jdn etw vergessen lassen; **he can't keep his ~ off sex** er denkt nur an Sex *or* an nichts anderes als Sex; **the idea never entered my ~** daran hatte/hätte ich überhaupt nicht gedacht; **it's been going through my ~** es ging mir im Kopf herum.

5. (*memory*) Gedächtnis *nt.* **to bear** *or* **keep sth in ~** etw nicht vergessen; *facts also, application* etw im Auge behalten; **to bear** *or* **keep sb in ~** an jdn denken; *applicant also* jdn im Auge behalten; **it went right out of my ~** daran habe ich überhaupt nicht mehr gedacht; **to bring** *or* **call sth to ~** etw in Erinnerung rufen, an etw (*acc*) erinnern; **it puts me in ~ of sb/sth** es weckt in mir Erinnerungen an jdn/etw.

6. (*inclination*) Lust *f*; (*intention*) Sinn *m*, Absicht *f.* **to have sb/sth in ~** an jdn/etw denken; **to have in ~ to do sth** vorhaben *or* im Sinn haben, etw zu tun; **to have it in ~ to do sth** beabsichtigen *or* sich (*dat*) vorgenommen haben, etw zu tun; **I've half a ~/a good ~ to ...** ich hätte Lust/große *or* gute Lust, zu ...; **to be of a ~ to do sth** geneigt sein, etw zu tun (*geh*); **nothing was further from my ~** nichts lag mir ferner; **his ~ is set on that** er hat sich (*dat*) das in den Kopf gesetzt.

7. (*opinion*) Meinung, Ansicht *f.* **to change one's ~** seine Meinung ändern (*about* über +*acc*), es sich (*dat*) anders überlegen; **to be in two ~s about sth** sich (*dat*) über etw (*acc*) nicht im klaren sein; **I'm of the same ~ as you** ich denke wie du, ich bin deiner Meinung; **with one ~** wie ein Mann; **to my ~ he's wrong** meiner Ansicht nach *or* nach meiner Meinung irrt er sich; **to have a ~ of one's own** (*person*) (*think for oneself*) eine eigene Meinung haben; (*not conform*) seinen eigenen Kopf haben; (*hum: machine*) seine Mucken haben (*inf*).

8. (*sanity*) Verstand *m*, Sinne *pl.* **his ~ is wandering** er ist nicht ganz klar im Kopf; **to go out of** *or* **lose one's ~** verrückt werden, den Verstand verlieren;

to drive sb out of his ~ jdn um den Verstand bringen, jdn wahnsinnig machen; **to be out of one's ~** verrückt *or* nicht bei Verstand sein; (*with worry etc*) ganz *or* völlig aus dem Häuschen sein (*inf*); **nobody in his right ~** kein normaler Mensch; **while the balance of his ~ was disturbed** (*Jur*) wegen Verlusts des seelischen Gleichgewichts.

II *vt* **1.** (*look after*) aufpassen auf (+*acc*); *sb's chair, seat* freihalten. **I'm ~ing the shop** (*fig*) ich sehe nach dem Rechten.

2. (*be careful of*) aufpassen (auf +*acc*); (*pay attention to*) achten auf (+*acc*); (*act in accordance with*) beachten. **~ what you're doing!** paß (doch) auf!; **~ what I say!** laß dir das gesagt sein; (*do as I tell you*) hör auf das, was ich dir sage; **~ your language!** drück dich anständig aus!; **~ the step!** Vorsicht Stufe!; **~ your head!** Kopf einziehen (*inf*), Vorsicht! niedrige Tür/Decke; **~ your feet!** (*when sitting*) zieh die Füße ein!; (*when moving*) paß auf, wo du hintrittst!; **~ your own business** kümmern Sie sich um Ihre eigenen Angelegenheiten; **~ you do it!** sieh zu, daß du das tust.

3. (*care, worry about*) sich kümmern um; (*object to*) etwas haben gegen. **she ~s/doesn't ~ it** es macht ihr etwas/nichts aus; (*is/is not bothered, annoyed by*) es stört sie/stört sie nicht; (*is not/is indifferent to*) es ist ihr nicht egal/ist ihr egal; **I don't ~ what he does** es ist mir egal, was er macht; **I don't ~ four but six is too many** ich habe nichts gegen vier, aber sechs sind zuviel; **do you ~ coming with me?** würde es dir etwas ausmachen mitzukommen?; **would you ~ opening the door?** wären Sie so freundlich, die Tür aufzumachen?; **do you ~ my smoking?** macht es Ihnen etwas aus *or* stört es Sie *or* haben Sie etwas dagegen, wenn ich rauche?; **never ~ the expense** (es ist) egal, was es kostet; **never ~ that now** das ist jetzt nicht wichtig, laß das doch jetzt; **never ~ him** kümmere dich *or* achte nicht auf ihn; **don't ~ me** laß dich (durch mich) nicht stören; (*iro*) nimm auf mich keine Rücksicht; **I wouldn't ~ a cup of tea** ich hätte nichts gegen eine Tasse Tee.

III *vi* **1.** (*be careful*) aufpassen. **~ you get that done** sieh zu, daß du das fertigbekommst.

2. ~ you allerdings; **~ you, I'd rather not go** ich würde eigentlich *or* allerdings lieber nicht gehen; **~ you** allerdings hat es da geregnet; **~ you, he did try/ask** er hat es immerhin versucht/hat immerhin gefragt; **he's quite good, ~ you** er ist eigentlich ganz gut; **I'm not saying I'll do it, ~** ich will damit aber nicht sagen, daß ich es tue.

3. (*care, worry*) sich kümmern, sich (*dat*) etwas daraus machen; (*object*) etwas dagegen haben. **he doesn't seem to ~ about anything** ihn scheint nichts zu kümmern; **nobody seemed to ~** es schien keinem etwas auszumachen, niemand schien etwas dagegen zu haben; **do you ~?** macht es Ihnen etwas aus?; **do you ~!** (*iro*) na hör mal!, ich möchte doch sehr bitten!; **do you ~ if I open** *or* **would you ~ if I opened the window?** macht es Ihnen etwas aus, wenn ich das Fenster öffne?; **I don't ~ if I do** ich hätte nichts dagegen; **never you ~!** kümmere du dich mal nicht darum; (*none of your business*) das geht dich überhaupt nichts an!

4. never ~ macht nichts, ist doch egal; (*in exasperation*) ist ja auch egal, schon gut; **never ~, you'll find another** mach dir nichts draus, du findest bestimmt einen anderen; **oh, never ~, I'll do it myself** ach, laß (es) *or* schon gut, ich mache es selbst; **never ~ about that now!** laß das doch jetzt!, das ist doch nicht wichtig; **never ~ about that mistake** mach dir nichts aus dem Fehler; **never ~ about your back** (*in exasperation*) dein Rücken ist mir doch egal.

◆**mind out** *vi* aufpassen (*for* auf +*acc*). **~ ~!** paß (doch) auf!

mind-bending, mind-blowing *adj* (*sl*) irre (*sl*); **mind-boggling** *adj* (*inf*) irrsinnig (*inf*), verrückt (*inf*).

minded ['maɪndɪd] *adj* gesonnen (*geh*), gewillt.

minder ['maɪndə^r] *n* (*inf*) Aufpasser(in *f*) *m*.

mind-expanding ['maɪndiks,pændɪŋ] *adj* bewußtseinserweiternd.

mindful ['maɪndfʊl] *adj* **to be ~ of sth** etw berücksichtigen *or* bedenken.

mindless *adj* (*stupid*) hirnlos, ohne Verstand; (*senseless*) *destruction, crime* sinnlos; *occupation* geistlos; **mind-reader** *n* Gedankenleser(in *f*) *m*.

mine[1] [maɪn] *poss pron* meine(r, s). **this car is ~** das ist *mein* Auto, dieses Auto gehört mir; **is this ~?** gehört das mir?, ist das meine(r, s)?; **his friends and ~** seine und meine Freunde; **a friend of ~** ein Freund von mir; **that cook of ~!** dieser Koch!; **a favourite expression of ~** einer meiner Lieblingsausdrücke.

mine[2] **I** *n* **1.** (*Min*) Bergwerk *nt*; (*copper ~, gold~, silver-~ also*) Mine *f*; (*coal~ also*) Grube, Zeche *f*. **to work down the ~s** unter Tage arbeiten.

2. (*Mil, Naut*) Mine *f*. **to lay ~s** Minen legen.

3. (*fig*) **the book is a ~ of information** das Buch ist eine wahre Fundgrube; **he is a ~ of information** er ist ein wandelndes Lexikon (*inf*).

II *vt* **1.** *coal, metal* fördern, abbauen; *area* Bergbau betreiben *or* Bodenschätze abbauen in (+*dat*).

2. (*Mil, Naut*) *channel, road* verminen; *ship* eine Mine befestigen an (+*dat*); (*blow up*) (mit einer Mine) sprengen.

III *vi* Bergbau betreiben. **to ~ for sth** nach etw graben.

mine-detector *n* Minensuchgerät *nt*; **minefield** *n* Minenfeld *nt*; **to enter a (political) ~** sich auf (politisch) gefährliches Terrain begeben; **it's an absolute ~!** das ist Sprengstoff!; **minehunter** *n* Minensuchboot *nt*; **minelayer** *n* Minenleger

m.

miner ['maɪnəʳ] *n* Bergarbeiter, Bergmann *m*. **~'s lamp** Grubenlampe *f*.

mineral ['mɪnərəl] **I** *n* Mineral *nt*. **II** *adj* mineralisch; *deposit, resources, kingdom* Mineral-. **~ ores** Erze *pl*.

mineralogical [ˌmɪnərə'lɒdʒɪkəl] *adj* mineralogisch.

mineralogist [ˌmɪnə'rælədʒɪst] *n* Mineraloge *m*, Mineralogin *f*.

mineralogy [ˌmɪnə'rælədʒɪ] *n* Mineralogie *f*.

mineral oil *n* Mineralöl *nt*; **mineral water** *n* Mineralwasser *nt*.

mineshaft ['maɪnʃɑːft] *n* Schacht *m*.

minestrone [ˌmɪnɪ'strəʊnɪ] *n* Minestrone *f*.

minesweeper *n* Minenräumboot *or* -suchboot *nt or* -sucher *m*; **mine workings** *npl* Stollen *pl*.

mingle ['mɪŋgl] **I** *vi* sich vermischen; (*people, groups*) sich untereinander vermischen. **to ~ with the crowd** sich unters Volk mischen.

II *vt* mischen (*with* mit); (*liter*) *waters* vermischen. **love ~d with hate** mit Haß ver- *or* gemischte Liebe.

mini- ['mɪnɪ-] *pref* Mini-.

miniature ['mɪnɪtʃəʳ] **I** *n* Miniatur- *or* Kleinausgabe *f*; (*Art*) Miniatur *f*; (*bottle*) Miniflasche *f*. **in ~** en miniature, im kleinen. **II** *adj attr* Miniatur-.

miniature camera *n* Kleinbildkamera *f*; **miniature golf** *n* Mini- *or* Kleingolf *nt*; **miniature poodle** *n* Zwergpudel *m*; **miniature railway** *n* Liliputbahn *f*; **miniature submarine** *n* Kleinst-U-Boot *nt*.

mini-budget *n Etat m, der nur Teilbereiche bzw. nur einen Teil des Rechnungsjahres abdeckt*, Zwischenetat *m*; **minibus** *n* Kleinbus *m*; **minicab** *n* Minicar *m*, Kleintaxi *nt*; **minicassette** *n* Minikassette *f;* **minicomputer** *n* Minicomputer, Kleinrechner *m*.

minim ['mɪnɪm] *n* (*Brit Mus*) halbe Note.

minimal *adj*, **minimally** *adv* ['mɪnɪml, -ɪ] minimal.

minimalism ['mɪnɪməlɪzəm] *n* Minimalismus *m*.

minimalist ['mɪnɪməlɪst] *adj* minimalistisch.

minimize ['mɪnɪmaɪz] *vt* **1.** (*reduce*) *expenditure, time lost* auf ein Minimum reduzieren. **2.** (*belittle, underestimate*) schlechtmachen, herabsetzen.

minimum ['mɪnɪməm] **I** *n* Minimum *nt*. **the temperature reached a ~ of 5 degrees** die Tiefsttemperatur betrug 5 Grad; **with a ~ of inconvenience** mit einem Minimum an Unannehmlichkeiten; **what is the ~ you will accept?** was ist für Sie das Minimum *or* der Mindestbetrag?; **a ~ of 2 hours/£50/10 people** mindestens 2 Stunden/£ 50/10 Leute; **to reduce sth to a ~** etw auf ein Minimum *or* Mindestmaß reduzieren.

II *adj attr* Mindest-. **to achieve maximum possible profits from ~ possible expenditure** möglichst hohe Gewinne mit möglichst geringen Ausgaben erzielen; **the ~ expenditure will be ...** das wird mindestens ... kosten; **~ lending rate** Diskontsatz *m*. **~ temperature** Tiefsttemperatur *f*; **~ wage** Mindestlohn *m*.

mining ['maɪnɪŋ] *n* **1.** (*Min*) Bergbau *m*; (*work at the face*) Arbeit *f* im Bergwerk. **2.** (*Mil*) (*of area*) Verminen *nt*; (*of ship*) Befestigung *f* einer Mine (*of* an +*dat*); (*blowing-up*) Sprengung *f* (mit einer Mine).

mining area *n* Bergbaugebiet, Revier *nt*; **mining disaster** *n* Grubenunglück *nt*; **mining engineer** *n* Berg(bau)ingenieur(in *f*) *m*; **mining industry** *n* Bergbau *m*; **mining town** *n* Bergarbeiterstadt *f*.

minipill *n* Minipille *f*; **miniskirt** *n* Minirock *m*.

minister ['mɪnɪstəʳ] **I** *n* **1.** (*Pol*) Minister(in *f*) *m*.

2. (*Eccl*) Pfarrer, Pastor *m*, protestantischer Geistlicher.

II *vi* **to ~ to sb** sich um jdn kümmern; **to ~ to sb's needs/wants** jds Bedürfnisse/Wünsche (*acc*) befriedigen.

ministerial [ˌmɪnɪ'stɪərɪəl] *adj* (*Pol*) ministeriell, Minister-. **~ post** Ministerposten *m*; **his ~ duties** seine Pflichten als Minister.

ministration [ˌmɪnɪ'streɪʃən] *n usu pl* Pflege, Fürsorge *f*.

ministry ['mɪnɪstrɪ] *n* **1.** (*Pol*) Ministerium *nt*. **~ of defence/agriculture** Verteidigungs-/Landwirtschaftsministerium; **during his ~** in *or* während seiner Amtszeit (als Minister); **during the ~ of X** als X Minister(in *f*) war.

2. (*Eccl*) geistliches Amt. **to join** *or* **enter** *or* **go into the ~** Pfarrer *or* Geistlicher werden.

3. (*ministering*) Sendungsbewußtsein *nt*.

mink [mɪŋk] *n* Nerz *m*. **~ coat** Nerzmantel *m*.

minnow ['mɪnəʊ] *n* Elritze *f*.

minor ['maɪnəʳ] **I** *adj* **1.** (*of lesser extent*) kleiner; (*of lesser importance*) unbedeutend, unwichtig; *offence, operation, injuries* leicht; *interest, importance* geringer; *poet, position* unbedeutend; *prophet, planet* klein; *road* Neben-. **a ~ role** eine Nebenrolle, eine kleinere Rolle.

2. (*Mus*) *key, scale* Moll-. **G/E flat/C sharp ~** g-/es-/cis-Moll *nt*; **~ third** kleine Terz.

3. (*Sch sl*) **Smith ~** Smith der Jüngere.

II *n* **1.** (*Mus*) **the ~** Moll *nt*.

2. (*Jur*) Minderjährige(r) *mf*.

3. (*US Univ*) Nebenfach *nt*.

III *vi* (*US Univ*) im Nebenfach studieren (*in acc*).

Minorca [mɪ'nɔːkə] *n* Menorca *nt*.

Minorcan [mɪ'nɔːkən] **I** *adj* menorkinisch. **II** *n* Menorkiner(in *f*) *m*.

minority [maɪ'nɒrɪtɪ] **I** *n* **1.** Minderheit, Minorität *f*. **to be in a ~** in der Minderheit sein. **2.** (*Jur*) Minderjährigkeit *f*.

II *adj attr* Minderheits-. **~ group** Minderheit, Minorität *f*; **~ programme** (*Rad, TV*) Programm, das nur einen kleinen Hörerkreis/Zuschauerkreis anspricht; ~ **holding,** ~ **interest** (*Fin*) Minderheitsbeteiligung *f*.

minster ['mɪnstəʳ] *n* Münster *nt*.

minstrel ['mɪnstrəl] *n* (*medieval*) Spielmann *m*; (*wandering*) (fahrender) Sänger; (*ballad-singer*) Bänkelsänger *m*; (*singer of love songs*) Minnesänger *m*; (*esp US: modern*) *weißer, als Neger zurechtgemachter Sänger und Komiker*.

mint[1] [mɪnt] **I** *n* Münzanstalt *or* -stätte, Münze *f*. **(Royal) M~** (Königlich-) Britische Münzanstalt; **to be worth a** ~ Gold wert *or* unbezahlbar sein; **he earns a** ~ **(of money)** er verdient ein Heidengeld (*inf*).

II *adj stamp* postfrisch, ungestempelt. **in** ~ **condition** in tadellosem Zustand.

III *vt coin, phrase* prägen.

mint[2] *n* (*Bot*) Minze *f*; (*sweet*) Pfefferminz *nt*. ~ **sauce** Minzsoße *f*.

minuet [ˌmɪnjʊ'et] *n* Menuett *nt*.

minus ['maɪnəs] **I** *prep* **1.** minus, weniger. **£100** ~ **taxes** £ 100 abzüglich (der) Steuern.

2. (*without, deprived of*) ohne. **he returned from the war** ~ **an arm** er kam mit einem Arm weniger aus dem Krieg zurück.

II *adj quantity, value* negativ; *sign* Minus-, Subtraktions-; *temperatures* Minus-, unter Null. ~ **three degrees centigrade** drei Grad minus; **an alpha** ~ (*in grading*) eine Eins minus.

III *n* (*sign*) Minus(zeichen) *nt*. **II** ~**es make a plus** minus mal minus gibt plus; **if the result is a** ~ ... wenn das Ergebnis negativ *or* eine negative Größe ist ...

minuscule ['mɪnɪskjuːl] *adj* winzig.

minute[1] ['mɪnɪt] **I** *n* **1.** (*of time, degree*) Minute *f*. **in a** ~ gleich, sofort; **this (very)** ~**!** auf der Stelle!; **at this very** ~ gerade jetzt *or* in diesem Augenblick; **I shan't be a** ~**, it won't take a** ~ es dauert nicht lang; **any** ~ jeden Augenblick; **let me know the** ~ **it stops** sagen Sie mir Bescheid, sobald es aufhört; **at 6 o'clock to the** ~ genau um 6 Uhr, um Punkt 6 Uhr, um 6 Uhr auf die Minute; **have you got a** ~**?** hast du mal eine Minute *or* einen Augenblick Zeit?; **it won't take a** ~ es dauert keine Minute; **I enjoyed every** ~ **of it** ich habe es von Anfang bis Ende genossen; **at the last** ~ in letzter Minute.

2. (*official note*) Notiz *f*. ~**s** Protokoll *nt*; **to take the** ~**s** das Protokoll führen.

II *vt meeting* protokollieren; *remark, fact* zu Protokoll nehmen.

minute[2] [maɪ'njuːt] *adj* (*small*) winzig; *resemblance* ganz entfernt; (*detailed, exact*) minuziös; *detail* kleinste(r, s).

minute[3] ['mɪnɪt]: **minute book** *n* Protokollbuch *nt*; **minute hand** *n* Minutenzeiger *m*.

minutely [maɪ'njuːtlɪ] *adv* (*by a small amount*) ganz geringfügig; (*in detail*) genauestens.

minute steak ['mɪnɪt-] *n* Minutensteak *nt*.

minutiae [mɪ'njuːʃiiː] *npl* genaue Einzelheiten *pl*.

minx [mɪŋks] *n* Biest *nt* (*inf*).

miracle ['mɪrəkəl] *n* Wunder *nt*. **to work** *or* **perform** ~**s** (*lit*) Wunder tun *or* wirken *or* vollbringen; **I can't work** ~**s** ich kann nicht hexen *or* zaubern; **by a** ~**, by some** ~ (*fig*) wie durch ein Wunder; **it will be a** ~ **if ...** das wäre ein Wunder, wenn...; **it's a** ~ **he ...** es ist ein Wunder, daß er ...

miracle drug *n* Wunderdroge *f*; **miracle play** *n* Mirakelspiel *nt*, geistliches Drama; **miracle worker** *n* Wundertäter(in *f*) *m*.

miraculous [mɪ'rækjʊləs] *adj* wunderbar, wundersam (*liter*); *powers* Wunder-. **that is nothing short of** ~ das grenzt an ein Wunder.

miraculously [mɪ'rækjʊləslɪ] *adv* (*lit*) auf wunderbare Weise; (*fig*) wie durch ein Wunder. **she was somehow** ~ **changed** es war nicht zu fassen, wie verändert sie war.

mirage ['mɪrɑːʒ] *n* Fata Morgana, Luftspiegelung *f*; (*fig*) Trugbild *nt*, Illusion *f*.

mire ['maɪəʳ] *n* Morast (*also fig*), Schlamm *m*. **to drag sb through the** ~ (*fig*) jds Namen in den Schmutz ziehen.

mirror ['mɪrəʳ] **I** *n* Spiegel *m*. **a** ~ **of 19th century life** ein Spiegel(bild) des Lebens im 19. Jahrhundert; **to hold a** ~ **up to sb/sth** jdm den Spiegel vorhalten/etw widerspiegeln.

II *vt* widerspiegeln, spiegeln.

mirth [mɜːθ] *n* Freude *f*, Frohsinn *m*; (*laughter*) Heiterkeit *f*.

mirthful ['mɜːθfʊl] *adj* froh, heiter, fröhlich.

mirthless ['mɜːθlɪs] *adj* freudlos; *laughter* unfroh.

mirthlessly ['mɜːθlɪslɪ] *adv* unfroh.

misadventure [ˌmɪsəd'ventʃəʳ] *n* Mißgeschick *nt*. **death by** ~ Tod *m* durch Unfall.

misalliance [ˌmɪsə'laɪəns] *n* Mesalliance *f*.

misanthrope ['mɪzənθrəʊp], **misanthropist** [mɪ'zænθrəpɪst] *n* Misanthrop, Menschenfeind *m*.

misanthropic [ˌmɪzən'θrɒpɪk] *adj* misanthropisch, menschenfeindlich.

misanthropy [mɪ'zænθrəpɪ] *n* Misanthropie, Menschenfeindlichkeit *f*.

misapply ['mɪsə'plaɪ] *vt* falsch anwenden; *funds* falsch verwenden; *one's energy* verschwenden.

misapprehend ['mɪsˌæprɪ'hend] *vt* mißverstehen.

misapprehension ['mɪsˌæprɪ'henʃən] *n* Mißverständnis *nt*. **he was under the** ~ **that ...** er hatte fälschlicherweise *or* irrtümlicherweise angenommen, daß ...

misappropriate ['mɪsə'prəʊprɪeɪt] *vt* entwenden; *money* veruntreuen.

misappropriation ['mɪsəˌprəʊprɪ'eɪʃən] *n* *see vt* Entwendung *f*; Veruntreuung *f*.

misbegotten ['mɪsbɪ'gɒtn] *adj* (*liter: illegitimate*) unehelich; (*fig: ill-conceived*) schlecht konzipiert.

misbehave ['mɪsbɪ'heɪv] *vi* sich schlecht *or* unanständig benehmen; (*child also*) ungezogen sein.

misbehaviour, (*US*) **misbehavior** ['mɪsbɪ'heɪvjəʳ] *n* schlechtes Benehmen; (*of child also*) Ungezogenheit *f*. **sexual** ~ sexuelles Fehlverhalten.

misbelief ['mɪsbɪ'li:f] *n* irrige Annahme; (*Rel*) Irrglaube *m*.

miscalculate ['mɪs'kælkjʊleɪt] **I** *vt* falsch berechnen; (*misjudge*) falsch einschätzen. **to ~ a distance/a jump** sich in der Entfernung/bei einem Sprung verschätzen.

II *vi* sich verrechnen; (*estimate wrongly*) sich verkalkulieren; (*misjudge*) sich verschätzen.

miscalculation ['mɪs,kælkjʊ'leɪʃən] *n* Rechenfehler *m*; (*wrong estimation*) Fehlkalkulation *f*; (*misjudgement*) Fehleinschätzung *f*. **to make a ~ in sth** bei etw einen Rechenfehler machen/etw falsch kalkulieren/etw falsch einschätzen.

miscall ['mɪs'kɔ:l] *vt* (*Sport*) *shot* falsch bewerten *or* aufrufen.

miscarriage ['mɪs,kærɪdʒ] *n* **1.** (*Med*) Fehlgeburt *f*. **2. ~ of justice** Justizirrtum *m*.

miscarry [,mɪs'kærɪ] *vi* **1.** (*Med*) eine Fehlgeburt haben. **2.** (*fail: plans*) fehllaufen *or* -schlagen.

miscast ['mɪs'kɑ:st] *pret, ptp* ~ *vt play* falsch *or* schlecht besetzen, fehlbesetzen.

miscellaneous [,mɪsɪ'leɪnɪəs] *adj* verschieden; *poems* vermischt, verschiedenerlei; *collection, crowd* bunt. "~" „Verschiedenes".

miscellaneously [,mɪsɪ'leɪnɪəslɪ] *adv* verschieden; *grouped, collected* bunt, wahllos.

miscellany [mɪ'selənɪ] *n* (*collection*) (bunte) Sammlung, (buntes) Gemisch; (*variety*) Vielfalt *f*; (*of writings*) vermischte Schriften *pl*; (*of poems, articles*) Sammelband *m*, Auswahl *f*.

mischance [,mɪs'tʃɑ:ns] *n* unglücklicher Zufall. **by some ~** durch einen unglücklichen Zufall.

mischief ['mɪstʃɪf] *n* **1.** (*roguery*) Schalk *m*, Verschmitztheit *f*; (*naughty, foolish behaviour*) Unsinn, Unfug *m*. **she's full of ~** sie hat nur Unfug im Kopf; **he's up to some ~** er führt etwas im Schilde; **there's some ~ going on** irgend etwas geht hier vor; **he's always getting into ~** er stellt dauernd etwas an; **to keep sb out of ~** aufpassen, daß jd keine Dummheiten macht; **to keep out of ~** keinen Unfug machen; **that'll keep you out of ~** dann kommst du wenigstens auf keine dummen Gedanken.

2. (*trouble*) **to mean/make ~** Unfrieden stiften wollen/stiften; **to make ~ for sb** jdm Unannehmlichkeiten bereiten, jdn in Schwierigkeiten bringen; **~-maker** Unruhestifter(in *f*) *m*.

3. (*damage, physical injury*) Schaden *m*. **to do sb a ~** jdm Schaden zufügen; (*physically*) jdm etwas (an)tun, jdn verletzen; **to do ~ to sth** Schaden bei etw anrichten.

4. (*person*) Schlawiner *m*; (*child, puppy also*) Racker *m*.

mischievous ['mɪstʃɪvəs] *adj* **1.** (*roguish, playful*) *expression, smile* schelmisch, verschmitzt, spitzbübisch. **a ~ person/child** ein Schlawiner/Schlingel *or* Rakker; **her son is really ~** ihr Sohn ist ein Schlingel *or* hat nur Unfug im Sinn.

2. (*troublemaking*) *rumour* bösartig; *person* boshaft; *strike* schädlich; (*physically disabling*) *blow* verletzend.

mischievously ['mɪstʃɪvəslɪ] *adv see adj*.

mischievousness ['mɪstʃɪvəsnɪs] *n* (*roguery*) Verschmitztheit *f*.

misconceive ['mɪskən'si:v] *vt* (*understand wrongly*) verkennen, eine falsche Vorstellung haben von; (*base on false assumption*) von einer falschen Voraussetzung ausgehen bei.

misconception ['mɪskən'sepʃən] *n* fälschliche *or* irrtümliche Annahme; (*no pl: misunderstanding*) Verkennung *f*.

misconduct [,mɪs'kɒndʌkt] **I** *n* **1.** (*improper behaviour*) schlechtes Benehmen; (*professional*) Berufsvergehen *nt*; Verfehlung *f* im Amt; (*sexual*) Fehltritt *m*.

2. (*mismanagement*) schlechte Verwaltung.

II [,mɪskən'dʌkt] *vt* schlecht verwalten.

III [,mɪskən'dʌkt] *vr* **to ~ oneself** sich schlecht benehmen; (*professionally*) sich falsch verhalten.

misconstruction ['mɪskən'strʌkʃən] *n* falsche Auslegung, Fehlinterpretation, Mißdeutung *f*.

misconstrue ['mɪskən'stru:] *vt* mißverstehen, mißdeuten, falsch auslegen. **you have ~d my meaning** Sie haben mich falsch verstanden; **to ~ sth as sth** etw irrtümlicherweise für etw halten.

miscount ['mɪs'kaʊnt] **I** *n* **there was a ~** da hat sich jemand verzählt. **II** *vt* falsch (aus)zählen. **III** *vi* sich verzählen.

misdate [,mɪs'deɪt] *vt letter* falsch datieren.

misdeal ['mɪs'di:l] *pret, ptp* **misdealt** ['mɪs'delt] **I** *vt cards* falsch (aus)geben. **II** *vi* sich vergeben, falsch geben.

misdeed ['mɪs'di:d] *n* Missetat *f* (*old*).

misdemeanour, (*US*) **misdemeanor** [,mɪsdɪ'mi:nə^r] *n* schlechtes Betragen *or* Benehmen; (*Jur*) Vergehen *nt*, Übertretung *f*.

misdirect ['mɪsdɪ'rekt] *vt* **1.** *letter* falsch adressieren; *energies* falsch einsetzen, vergeuden; *person (send astray)* in die falsche Richtung schicken; (*misinform*) falsch informieren, eine falsche Auskunft geben (+*dat*); (*Jur*) *jury* falsch belehren.

2. *campaign, operation* schlecht durchführen.

misdirection ['mɪsdɪ'rekʃən] *n see vt* **1.** falsche Adressierung; falscher Einsatz, Vergeudung *f*; falsche Richtungsweisung; falsche Information; falsche Unterrichtung. **2.** schlechte Durchführung.

miser ['maɪzə^r] *n* Geizhals *or* -kragen *m*.

miserable ['mɪzərəbl] *adj* **1.** (*unhappy*) unglücklich; *colour* trist. **~ with hunger/cold** elend vor Hunger/Kälte; **to make sb ~** jdm Kummer machen *or* bereiten, jdn unglücklich machen; **to make life ~ for sb** jdm das Leben schwer machen.

2. (*wretched, causing distress*) *headache, cold, weather* gräßlich, fürchterlich; *existence, hovels, spectacle* erbärmlich, elend, jämmerlich.

3. (*contemptible*) miserabel, jämmerlich, erbärmlich; *person* gemein, erbärmlich; *treatment, behaviour* gemein; *failure* kläglich, jämmerlich. **a ~ £3** miese £ 3 (*inf*).

miserably ['mɪzərəblɪ] *adv* **1.** (*unhappily*) unglücklich; *say also* kläglich.

2. (*wretchedly, distressingly*) *hurt, ache, rain* gräßlich, fürchterlich; *live, die* elend, jämmerlich; *poor* erbärmlich.

3. (*contemptibly*) *pay, feed* miserabel; *play also* erbärmlich; *fail* kläglich, jämmerlich; *treat, behave* gemein.

miserliness ['maɪzəlɪnɪs] *n* Geiz *m*.

miserly ['maɪzəlɪ] *adj* geizig; *hoarding* kleinlich.

misery ['mɪzərɪ] *n* **1.** (*sadness*) Kummer *m*, Trauer *f*. **she looked the picture of ~** sie war ein Bild des Jammers.

2. (*suffering*) Qualen *pl*; (*wretchedness*) Elend *nt*. **to make sb's life a ~** jdm das Leben zur Qual *or* zur Hölle machen; **to put an animal out of its ~** ein Tier von seinen Qualen erlösen; **to put sb out of his ~** (*fig*) jdn nicht länger auf die Folter spannen.

3. (*inf: person*) Miesepeter *m* (*inf*).

misfire ['mɪs'faɪər] *vi* (*engine*) fehlzünden, eine Fehlzündung haben; (*plan*) fehlschlagen; (*joke, trick*) danebengehen.

misfit ['mɪsfɪt] *n* (*person*) Außenseiter(in *f*) *m*; (*social ~ also*) Nichtangepaßte(r) *mf*. **he's always been a ~ here** er hat nie richtig hierher gepaßt, er hat sich hier nie angepaßt; **I felt a ~** ich fühlte mich fehl am Platze.

misfortune [mɪs'fɔːtʃuːn] *n* (*ill fortune, affliction*) (schweres) Schicksal *or* Los *nt*; (*bad luck*) Pech *nt no pl*; (*unlucky incident*) Mißgeschick *nt*. **it was my ~** *or* **I had the ~ to ...** ich hatte das Pech, zu ...

misgiving [mɪs'gɪvɪŋ] *n* Bedenken *pl*. **I had (certain) ~s about the scheme/about lending him the money** mir war bei dem Vorhaben/dem Gedanken, ihm das Geld zu leihen, nicht ganz wohl.

misgovern ['mɪs'gʌvən] *vt* schlecht regieren, schlecht verwalten.

misgovernment ['mɪs'gʌvənmənt] *n* Mißwirtschaft *f* (*of* in +*dat*).

misguided ['mɪs'gaɪdɪd] *adj* töricht; *decision also, opinions* irrig; (*misplaced*) *kindness, enthusiasm, solicitude* unangebracht, fehl am Platz. **I think it was ~ of you** *or* **you were ~ to accept his proposal** meiner Ansicht nach waren Sie schlecht beraten *or* war es töricht, seinen Vorschlag anzunehmen.

misguidedly ['mɪs'gaɪdɪdlɪ] *adv* töricht; *teach, believe* irrigerweise.

mishandle ['mɪs'hændl] *vt case* falsch *or* schlecht handhaben.

mishap ['mɪshæp] *n* Mißgeschick *nt*. **without (further) ~** ohne (weitere) Zwischenfälle.

mishear ['mɪs'hɪər] *pret, ptp* **misheard** ['mɪs'hɜːd] **I** *vt* falsch hören. **II** *vi* sich verhören.

mishmash ['mɪʃmæʃ] *n* Mischmasch *m*.

misinform ['mɪsɪn'fɔːm] *vt* falsch informieren *or* unterrichten. **you've been ~ed** man hat Sie *or* Sie sind falsch informiert.

misinterpret ['mɪsɪn'tɜːprɪt] *vt* falsch auslegen *or* deuten; *play, novel* fehlinterpretieren; (*interpreter*) falsch wiedergeben *or* verdolmetschen. **it could easily be ~ed as implying ingratitude** es könnte (mir/dir *etc*) leicht als Undankbarkeit ausgelegt werden; **he ~ed her silence as agreement** er deutete ihr Schweigen fälschlich als Zustimmung.

misinterpretation ['mɪsɪn,tɜːprɪ'teɪʃən] *n* Fehldeutung *f*, falsche Auslegung; (*of play, novel*) Fehlinterpretation *f*; (*by interpreter*) falsche Wiedergabe.

misjudge ['mɪs'dʒʌdʒ] *vt* falsch einschätzen, sich verschätzen in (+*dat*); *person also* falsch beurteilen.

misjudgement [,mɪs'dʒʌdʒmənt] *n* Fehleinschätzung *f*; (*of person also*) falsche Beurteilung.

mislay [,mɪs'leɪ] *pret, ptp* **mislaid** [,mɪs'leɪd] *vt* verlegen.

mislead [,mɪs'liːd] *pret, ptp* **misled** *vt* **1.** (*give wrong idea*) irreführen. **don't be misled by appearances** lassen Sie sich nicht durch Äußerlichkeiten täuschen.

2. (*lead into bad ways*) verleiten (*into* zu).

3. (*in guiding*) in die Irre *or* falsche Richtung führen.

misleading [,mɪs'liːdɪŋ] *adj* irreführend.

misleadingly [,mɪs'liːdɪŋlɪ] *adv* irreführenderweise.

misled [,mɪs'led] *pret, ptp of* **mislead.**

mismanage ['mɪs'mænɪdʒ] *vt company, finances* schlecht verwalten; *affair, deal* schlecht abwickeln *or* handhaben.

mismanagement ['mɪs'mænɪdʒmənt] *n* Mißwirtschaft *f*. **his ~ of the matter** seine schlechte Abwicklung der Angelegenheit.

misnomer ['mɪs'nəʊmər] *n* unzutreffende Bezeichnung.

misogynist [mɪ'sɒdʒɪnɪst] *n* Frauenfeind *m*.

misogyny [mɪ'sɒdʒɪnɪ] *n* Frauenhaß *m*.

misplace ['mɪs'pleɪs] *vt* **1.** *document, file* falsch einordnen; (*mislay*) verlegen. **2. to be ~d** (*confidence, trust, affection*) fehl am Platz *or* unangebracht sein; **her ~d affection** ihre törichte Zuneigung.

misplay [,mɪs'pleɪ] *vt* verschießen.

misprint ['mɪsprɪnt] **I** *n* Druckfehler *m*. **II** [,mɪs'prɪnt] *vt* verdrucken.

mispronounce ['mɪsprə'naʊns] *vt* falsch aussprechen.

mispronunciation ['mɪsprə,nʌnsɪ'eɪʃən] *n* falsche *or* fehlerhafte Aussprache.

misquotation ['mɪskwəʊ'teɪʃən] *n* falsches Zitat.

misquote ['mɪs'kwəʊt] *vt* falsch zitieren. **he was ~d as having said ...** man unterstellte ihm, gesagt zu haben ...

misread ['mɪs'riːd] *pret, ptp* **misread** ['mɪs'red] *vt* falsch *or* nicht richtig lesen; (*misinterpret*) falsch verstehen.

misrepresent ['mɪs,reprɪ'zent] *vt* falsch darstellen; *facts also* verdrehen; *ideas* verfälschen. **he was ~ed in the papers** seine Worte *etc* wurden von der Presse verfälscht *or* entstellt wiedergegeben; **he**

was ~ed as having said ... ihm wurde unterstellt, gesagt zu haben ...

misrepresentation ['mɪsˌreprɪzen'teɪʃən] *n* falsche Darstellung; (*of facts also*) Verdrehung *f*; (*of theory*) Verfälschung *f*. **to be accused of ~** der Verdrehung (*gen*) von Tatsachen beschuldigt werden.

misrule ['mɪs'ruːl] **I** *n* schlechte Regierung; (*by government also*) Mißwirtschaft *f*. **II** *vt* schlecht regieren.

miss¹ [mɪs] **I** *n* **1.** (*shot*) Fehltreffer *or* -schuß *m*; (*failure*) Mißerfolg *m*, Pleite *f* (*inf*), Reinfall *m* (*inf*). **his first shot was a ~** sein erster Schuß ging daneben; **it was a near ~** das war eine knappe Sache; (*shot*) das war knapp daneben; **it was a near ~ with that car** das Auto haben wir aber um Haaresbreite verfehlt; **a ~ is as good as a mile** (*prov*) knapp vorbei ist auch daneben.

2. to give sth a ~ (*inf*) sich (*dat*) etw schenken.

II *vt* **1.** (*fail to hit, catch, reach, find, attend*) (*by accident*) verpassen; *chance, appointment, bus, concert also* versäumen; (*deliberately not attend*) nicht gehen zu *or* in (+*acc*); (*not hit, find*) *target, ball, way, step, vocation, place, house* verfehlen; (*shot, ball*) verfehlen, vorbeigehen an (+*dat*). **to ~ breakfast** nicht frühstücken; (*be too late for*) das Frühstück verpassen; **you haven't ~ed much!** da hast du nichts *or* nicht viel verpaßt *or* versäumt!; **they ~ed each other in the crowd** sie verpaßten *or* verfehlten sich in der Menge; **to ~ the boat** *or* **bus** (*fig*) den Anschluß verpassen; **he ~ed school for a week** er hat eine Woche lang die Schule versäumt; **~ a turn** einmal aussetzen; **have I ~ed my turn?** bin ich übergangen worden?

2. (*fail to experience*) verpassen; (*deliberately*) sich (*dat*) entgehen lassen; (*fail to hear or perceive also*) nicht mitbekommen; (*deliberately*) überhören/-sehen. **I ~ed that** das ist mir entgangen; **he doesn't ~ much** (*inf*) ihm entgeht so schnell nichts.

3. (*fail to achieve*) *prize* nicht bekommen *or* schaffen (*inf*). **he narrowly ~ed being first/becoming president** er wäre beinahe auf den ersten Platz gekommen/Präsident geworden.

4. (*avoid*) *obstacle* (noch) ausweichen können (+*dat*); (*escape*) entgehen (+*dat*). **to ~ doing sth** etw fast *or* um ein Haar tun.

5. (*leave out*) auslassen; (*overlook, fail to deal with*) übersehen. **my heart ~ed a beat** mir stockte das Herz.

6. (*notice or regret absence of*) (*person*) *people, things* vermissen. **I ~ him/my old car** er/mein altes Auto fehlt mir; **he won't be ~ed** keiner wird ihn vermissen; **he'll never ~ it** er wird es nie merken(, daß es ihm fehlt).

III *vi* **1.** nicht treffen; (*punching also*) danebenschlagen; (*shooting also*) danebenschießen; (*not catch*) danebengreifen; (*not be present, not attend*) fehlen; (*ball, shot, punch also*) danebengehen; (*Aut: engine*) aussetzen.

2. (*inf: fail*) **you can't ~** da kann nichts schiefgehen; **he never ~es** er schafft es immer.

◆**miss out I** *vt sep* auslassen; (*accidentally not see*) übersehen; *last line or paragraph* weglassen. **my name was ~ed ~ from the list** mein Name fehlte auf der Liste.

II *vi* (*inf*) zu kurz kommen. **to ~ ~ on sth** etw verpassen; (*get less*) bei etw zu kurz kommen.

miss² *n* **1. M~** Fräulein *nt*, Frl. *abbr*; **M~ Germany 1980** (die) Miß Germany von 1980.

2. (*girl*) **a proper little ~** ein richtiges Dämchen *or* kleines Fräulein.

3. (*term of address*) mein Fräulein; (*to waitress*) Fräulein; (*to teacher*) Fräulein *or* Frau X.

misshapen ['mɪs'ʃeɪpən] *adj* mißgebildet; *plant, tree also* verwachsen; *chocolates* unförmig, mißraten.

missile ['mɪsaɪl] *n* **1.** (*stone, javelin*) (Wurf)geschoß *nt*.

2. (*rocket*) Rakete *f*, Flugkörper *m* (*form*). **~ base** *or* **site** Raketenbasis *f*; **~ defence system** Raketenabwehrsystem *nt*; **~ launcher** Abschuß- *or* Startrampe *f*; (*vehicle*) Raketenwerfer *m*.

missilry ['mɪsɪlrɪ] *n* (*science*) Raketentechnik *f*; (*missiles*) Raketen(waffen) *pl*.

missing ['mɪsɪŋ] *adj* (*not able to be found*) *person, soldier, aircraft, boat* vermißt; *object* verschwunden; (*not there*) fehlend. **to be ~/to have gone ~** fehlen; (*mountaineer, aircraft, boat*) vermißt werden; **the coat has two buttons ~** an dem Mantel fehlen zwei Knöpfe; **~ in action** vermißt; **~ person** Vermißte(r) *mf*; **~ link** fehlendes Glied; (*Biol*) Missing link *nt*, Übergangs- *or* Zwischenform *f*.

mission ['mɪʃən] *n* **1.** (*business, task*) Auftrag *m*; (*calling*) Aufgabe, Berufung *f*; (*Mil*) Befehl *m*; (*operation*) Einsatz *m*. **what is their ~?** welchen Auftrag haben sie?; wie lauten ihre Befehle?; **our ~ is to ...** wir sind damit beauftragt, zu ...; **he's on a secret ~** er ist in geheimer Mission unterwegs; **~ accomplished** (*Mil, fig*) Befehl ausgeführt; (*without military overtones*) Auftrag ausgeführt.

2. (*journey*) Mission *f*. **trade ~** Handelsreise *f*; **~ of inquiry** Erkundungsreise *f*; **~ control** (*Space*) Kontrollzentrum *nt*, Flugleitung *f*; **~ controller** (*Space*) Flugleiter(in *f*) *m*.

3. (*people on ~*) Gesandtschaft, Delegation *f*; (*Pol*) Mission *f*. **trade ~** Handelsdelegation *f*.

4. (*Rel*) Mission *f*.

missionary ['mɪʃənrɪ] **I** *n* Missionar(in *f*) *m*. **II** *adj* missionarisch. **~ position** (*fig inf*) Missionarsstellung *f*.

missis ['mɪsɪz] *n* (*Brit inf*) (*wife*) bessere Hälfte (*hum inf*), Alte (*pej inf*), Olle (*sl*) *f*; (*mistress of household*) Frau *f* des Hauses.

Mississippi [mɪsɪ'sɪpɪ] *n* Mississippi *m*.

Missouri [mɪ'zuːrɪ] *n* (*river*) Missouri *m*; (*state*) Missouri *nt*.

misspell ['mɪs'spel] *pret, ptp* **misspelled** *or* **misspelt** *vt* verkehrt *or* falsch schreiben.

misspelling ['mɪs'spelɪŋ] *n* (*act*) falsches Schreiben; (*spelling mistake*) Rechtschreib(e)fehler *m*.

misspelt ['mɪs'spelt] *pret, ptp of* **misspell.**

misspent [ˌmɪs'spent] *adj* vergeudet, verschwendet. **I regret my ~ youth** ich bedaure es, meine Jugend so vergeudet *or* vertan zu haben.

misstate ['mɪs'steɪt] *vt* falsch darlegen *or* darstellen.

misstatement ['mɪs'steɪtmənt] *n* falsche Darstellung.

missus ['mɪsɪz] *n* (*inf*) *see* **missis.**

missy ['mɪsɪ] *n* (*inf*) Fräuleinchen *nt* (*inf*), kleines Fräulein.

mist [mɪst] *n* **1.** Nebel *m*; (*in liquid*) Trübung *f*; (*haze*) Dunst *m*; (*on glass*) Beschlag *m*.

2. (*fig*) **through a ~ of tears** durch einen Tränenschleier; **it is lost in the ~s of time/antiquity** das liegt im Dunkel der Vergangenheit.

◆**mist over I** *vi* (*become cloudy*) sich trüben; (*glass, mirror: also* **mist up**) (sich) beschlagen. **her eyes ~ed ~ with tears** Tränen verschleierten ihren Blick (*liter*).

II *vt sep* **the condensation is ~ing ~ the windows** durch den Dampf beschlagen die Fensterscheiben.

mistakable [mɪ'steɪkəbl] *adj* **the twins are easily ~** man kann die Zwillinge leicht miteinander verwechseln.

mistake [mɪ'steɪk] **I** *n* Fehler *m*. **to make a ~** (*in writing, calculating*) einen Fehler machen; (*be mistaken*) sich irren; **you're making a big ~ in marrying him** Sie machen einen schweren Fehler, wenn Sie ihn heiraten; **by ~** aus Versehen, versehentlich; **there must be some ~** da muß ein Fehler *or* Irrtum vorliegen; **the ~ is mine** der Fehler liegt bei mir; **there's no ~ about it, ...** (es besteht) kein Zweifel, ...; **let there be no ~ about it, make no ~ (about it)** ein(e)s *or* das steht fest: ...; **make no ~, I mean what I say** damit wir uns nicht falsch verstehen: mir ist es Ernst; **it's freezing and no ~!** (*inf*) (ich kann dir sagen,) das ist vielleicht eine Kälte! (*inf*).

II *vt pret* **mistook,** *ptp* **mistaken 1.** *words, meaning, remarks* falsch auffassen *or* verstehen; *seriousness, cause* verkennen, nicht erkennen; *house, road, time of train* sich irren *or* vertun (*inf*) in (+*dat*). **to ~ sb's meaning** jdn falsch verstehen; **there's no mistaking the urgency of the situation** die Dringlichkeit der Situation steht außer Frage; **there's no mistaking what he meant** er hat sich unmißverständlich ausgedrückt.

2. to ~ A for B A mit B verwechseln, A für B halten.

3. to be ~n sich irren; **you are badly ~n there** da irren Sie sich aber gewaltig!

mistaken [mɪ'steɪkən] *adj* (*wrong*) *idea* falsch; (*misplaced*) *loyalty, kindness* unangebracht, fehl am Platz; *affection, trust* töricht. **a case of ~ identity** eine Verwechslung.

mistakenly [mɪ'steɪkənlɪ] *adv* fälschlicherweise, irrtümlicherweise; (*by accident*) versehentlich.

mister ['mɪstə^r] *n* **1.** (*abbr* **Mr**) Herr *m*; (*on envelope*) Herrn; (*with politicians' names*) *not translated*. **2.** (*inf: sir*) *not translated*. **please, ~, can you tell me ...?** können Sie mir bitte sagen ...?; **now listen here, ~** hören Sie mal her.

mistime ['mɪs'taɪm] *vt* **1.** (*act*) einen ungünstigen Zeitpunkt wählen für. **2.** *race* falsch *or* fehlerhaft stoppen.

mistle thrush ['mɪslˌθrʌʃ] *n* Misteldrossel *f*.

mistletoe ['mɪsltəʊ] *n* Mistel *f*; (*sprig*) Mistelzweig *m*.

mistook [mɪ'stʊk] *pret of* **mistake.**

mistranslate ['mɪstrænz'leɪt] *vt* falsch übersetzen.

mistranslation ['mɪstrænz'leɪʃən] *n* (*act*) falsche Übersetzung; (*error also*) Übersetzungsfehler *m*.

mistreat [ˌmɪs'triːt] *vt* schlecht behandeln; (*violently*) mißhandeln.

mistreatment [ˌmɪs'triːtmənt] *n* schlechte Behandlung; (*violent*) Mißhandlung *f*.

mistress ['mɪstrɪs] *n* **1.** (*of house, horse, dog*) Herrin *f*. **she is now ~ of the situation** sie ist jetzt Herr der Lage. **2.** (*lover*) Geliebte, Mätresse (*old*) *f*. **3.** (*teacher*) Lehrerin *f*.

mistrial [ˌmɪs'traɪəl] *n* **it was declared a ~** das Urteil wurde wegen Verfahrensmängeln aufgehoben.

mistrust ['mɪs'trʌst] **I** *n* Mißtrauen *nt* (*of* gegenüber). **II** *vt* mißtrauen (+*dat*).

mistrustful [ˌmɪs'trʌstfʊl] *adj* mißtrauisch. **to be ~ of sb/sth** jdm/einer Sache mißtrauen *or* gegenüber mißtrauisch sein.

misty ['mɪstɪ] *adj* (+*er*) **1.** *day, morning* neblig; (*hazy*) dunstig; *mountain peaks* in Nebel/Dunst gehüllt; *colour* gedeckt. **~ weather** Nebel(wetter *nt*) *m*.

2. (*fig*) *memory* verschwommen. **her eyes grew ~, a ~ look came into her eyes** ihr Blick verschleierte sich; **~-eyed** mit verschleiertem Blick.

3. *glasses* (*misted up*) beschlagen; (*opaque*) milchig; *liquid* trübe. **the window is getting ~** das Fenster beschlägt.

misunderstand ['mɪsʌndə'stænd] *pret, ptp* **misunderstood I** *vt* falsch verstehen, mißverstehen. **don't ~ me ...** verstehen Sie mich nicht falsch ... **II** *vi* **I think you've misunderstood** ich glaube, Sie haben das mißverstanden *or* falsch verstanden.

misunderstanding ['mɪsʌndə'stændɪŋ] *n* **1.** Mißverständnis *nt*. **there must be some ~** da muß ein Mißverständnis vorliegen; **let there be no ~ (about it) ...** damit keine Mißverständnisse entstehen: ..., damit wir uns nicht mißverstehen: ...

2. (*disagreement*) Meinungsverschiedenheit *f*.

misunderstood ['mɪsʌndə'stʊd] **I** *ptp of* **misunderstand. II** *adj* unverstanden; *artist, playwright* verkannt.

misuse ['mɪs'juːs] **I** *n* Mißbrauch *m*; (*of*

words) falscher Gebrauch; (*of funds*) Zweckentfremdung *f*. **~ of power/authority** Macht-/Amtsmißbrauch *m*. **II** ['mɪs'juːz] *vt see n* mißbrauchen; falsch gebrauchen; zweckentfremden.

misword ['mɪs'wɜːd] *vt contract etc* falsch formulieren.

MIT (*US*) *abbr of* **Massachusetts Institute of Technology.**

mite[1] [maɪt] *n* (*Zool*) Milbe *f*.

mite[2] **I** *n* **1.** (*Hist: coin*) Scherf, Heller *m*.
2. (*small amount*) bißchen *nt*.
3. (*child*) Würmchen *nt* (*inf*). **poor little ~!** armes Wurm!
II *adv* (*inf*) **a ~ surprised/disappointed/early** etwas *or* ein bißchen überrascht/enttäuscht/früh dran.

miter *n* (*US*) *see* **mitre.**

mitigate ['mɪtɪgeɪt] *vt pain* lindern; *punishment* mildern. **mitigating circumstances** mildernde Umstände *pl*.

mitigation [ˌmɪtɪ'geɪʃən] *n see vt* Linderung *f*; Milderung *f*. **to say a word in ~** etwas zu jds/seiner Verteidigung anführen.

mitre, (*US*) **miter** ['maɪtəʳ] **I** *n* **1.** (*Eccl*) Mitra *f*. **2.** (*Tech: also* **~-joint**) Gehrung, Gehrfuge *f*. **II** *vt* (*Tech*) gehren.

mitt [mɪt] *n* **1.** *see* **mitten 1. 2.** (*baseball glove*) Fang- *or* Baseballhandschuh *m*. **3.** (*sl: hand*) Pfote *f* (*inf*).

mitten ['mɪtn] *n* **1.** Fausthandschuh, Fäustling *m*; (*with bare fingers*) Handschuh *m* ohne Finger *or* mit halben Fingern. **2. ~s** *pl* (*Boxing*) Boxhandschuhe *pl*.

mix [mɪks] **I** *n* Mischung *f*. **a good social ~ at the party** ein gutgemischtes Publikum; **cake ~** Backmischung *f*; **product ~** Produkt-Mix *m*.
II *vt* **1.** (ver)mischen; *drinks* (*prepare*) mischen, mixen; (*Cook*) *ingredients* verrühren; *dough* zubereiten; *salad* untermengen, wenden. **you shouldn't ~ your drinks** man sollte nicht mehrere Sachen durcheinander trinken; **to ~ sth into sth** etw unter etw (*acc*) mengen *or* mischen.
2. (*confuse*) durcheinanderbringen.
3. to ~ it (*sl*) sich prügeln *or* kloppen (*sl*).
III *vi* **1.** sich mischen lassen; (*chemical substances, races*) sich vermischen.
2. (*go together*) zusammenpassen. **business and pleasure don't ~** Arbeit und Vergnügen lassen sich nicht verbinden.
3. (*people*) (*get on*) miteinander auskommen; (*mingle*) sich vermischen; (*associate*) miteinander verkehren. **to ~ with sb** mit jdm auskommen; sich unter jdn mischen; mit jdm verkehren; **to ~ well** kontaktfreudig *or* gesellig sein; **he ~es in high society** er verkehrt in den besseren Kreisen.

◆**mix in** *vt sep egg, water* unterrühren.

◆**mix up** *vt sep* **1.** vermischen; *ingredients* verrühren; *medicine* mischen.
2. (*get in a muddle*) durcheinanderbringen; (*confuse with sb/sth else*) verwechseln.
3. (*involve*) **to ~ sb ~ in sth** jdn in etw (*acc*) hineinziehen; (*in crime also*) jdn in etw (*acc*) verwickeln; **to be ~ed ~ in sth** in etw (*acc*) verwickelt sein.
4. to ~ it ~ (*US inf*) sich prügeln (*with* mit); (*non-physically*) sich anlegen (*with* mit).

mixed [mɪkst] *adj* **1.** (*assorted*) gemischt. **~ nuts/biscuits** Nuß-/Keksmischung *f*.
2. (*both sexes*) *choir, bathing, school* gemischt.
3. (*varied*) gemischt; (*both good and bad*) unterschiedlich. **a ~ set of people** eine bunt zusammengewürfelte Gruppe; **I have ~ feelings about him/it** ich habe ihm gegenüber zwiespältige Gefühle/ich betrachte die Sache mit gemischten Gefühlen.

mixed blessing *n* **it's a ~** das ist ein zweischneidiges Schwert; **children are a ~** Kinder sind kein reines Vergnügen; **mixed doubles** *npl* (*Sport*) gemischtes Doppel; **mixed economy** *n* gemischte Wirtschaftsform; **mixed farming** *n* Ackerbau und Viehzucht (*+pl vb*); **mixed grill** *n* Grillteller *m*; **mixed marriage** *n* Mischehe *f*; **mixed metaphor** *n* gemischte Metapher, Bildervermengung *f*; **mixed pickles** *npl* Mixed Pickles, Mixpickles *pl*; **mixed-up** *adj* durcheinander *pred*; (*muddled*) *person also, ideas* konfus; **I'm all ~** ich bin völlig durcheinander; **she's just a crazy ~ kid** sie ist total verdreht.

mixer ['mɪksəʳ] *n* **1.** (*food ~*) Mixer *m*, Mixgerät *nt*; (*cement ~*) Mischmaschine *f*.
2. (*for drink*) *Cola, Ginger Ale, Tonic etc zum Auffüllen von alkoholischen Mixgetränken.*
3. (*Rad*) (*person*) Toningenieur, Mixer *m*; (*thing*) Mischpult *nt*.
4. (*sociable person*) **to be a good ~** kontaktfreudig sein.
5. (*US inf*) Party *f* zum Kennenlernen; (*for new students*) Erstsemesterfete *f*.

mixer tap *n* (*Brit*) Mischbatterie *f*.

mixture ['mɪkstʃəʳ] *n* Mischung *f*; (*Med*) Mixtur *f*; (*Cook*) Gemisch *nt*; (*cake ~, dough*) Teig *m*. **~ of tobaccos/teas** Tabak-/Teemischung *f*; **~ of gases** Gasgemisch *nt*.

mix-up ['mɪksʌp] *n* Durcheinander *nt*. **there seemed to be some ~ about which train ...** es schien völlig unklar, welchen Zug ...; **there must have been a ~** da muß irgend etwas schiefgelaufen sein (*inf*).

MLR (*Brit*) *abbr of* **minimum lending rate.**

mm *abbr of* **millimetre(s)** mm.

mnemonic [nɪ'mɒnɪk] **I** *adj* **1.** Gedächtnis-. **~ trick** *or* **device** Gedächtnisstütze *f*; **~ rhyme** Eselsbrücke *f* (*inf*). **2.** (*Comput*) mnemotechnisch. **II** *n* Gedächtnisstütze *or* -hilfe, Eselsbrücke (*inf*) *f*.

MO *abbr of* **1. money order. 2. medical officer. 3. modus operandi.**

mo [məʊ] *n* (*inf*) *abbr of* **moment. just a ~!** Moment mal!

moan [məʊn] **I** *n* **1.** (*groan*) Stöhnen *nt* (*of wind*) Seufzen, Raunen (*geh*) *nt*. (*of trees etc*) Raunen *nt* (*geh*).
2. (*grumble*) Gejammer *nt no pl* (*inf*).

to have a ~ about sth über etw (*acc*) jammern *or* schimpfen.

II *vi* **1.** (*groan*) stöhnen; (*wind, trees*) raunen (*geh*).

2. (*grumble*) jammern, schimpfen (*about* über +*acc*).

III *vt* **…, he ~ed** … stöhnte er; **he ~ed a sigh of relief** er stöhnte erleichtert auf.

moaner ['məʊnəʳ] *n* (*inf*) Miesepeter *m* (*inf*); Mäkelliese *f* (*inf*).

moaning ['məʊnɪŋ] *n* **1.** Stöhnen *nt*; (*of wind also*) Seufzen *nt*; (*of trees etc*) Raunen *nt* (*geh*). **2.** (*grumbling*) Gestöhn(e) *nt*.

moat [məʊt] *n* Wassergraben *m*; (*of castle also*) Burggraben *m*.

mob [mɒb] **I** *n* **1.** (*crowd*) Horde, Schar *f*; (*riotous, violent*) Mob *m no pl*. **an undisciplined ~** ein undisziplinierter Haufen; **the crowd became a ~** das Volk wurde zur wütenden Menge; **they went in a ~ to the town hall** sie stürmten zum Rathaus.

2. (*inf*) (*criminal gang*) Bande *f*.

3. the ~ (*pej: the masses*) die Masse(n *pl*).

II *vt* herfallen über (+*acc*), sich stürzen auf (+*acc*); *actor, pop star also* belagern.

mobbing ['mɒbɪŋ] *n* Mobbing *nt*.

mobile ['məʊbaɪl] **I** *adj* **1.** *person* beweglich, mobil; (*having means of transport*) beweglich, motorisiert; (*Sociol*) mobil. **the patient is ~ already** der Patient kann schon aufstehen.

2. *X-ray unit* fahrbar. **~ canteen** Kantine *f* auf Rädern, mobile Küche; **~ home** Wohnwagen *m*, Wohnmobil *nt*; **~ library** Fahrbücherei *f*; **~ shop** (*Brit*) Verkaufswagen *m*; **~ walkway** (*US*) Rollsteg *m*.

3. *mind* wendig, beweglich; *face, expression, features* lebhaft, beweglich.

II *n* Mobile *nt*.

mobility [məʊ'bɪlɪtɪ] *n* (*of person*) Beweglichkeit *f*; (*of work force, Sociol*) Mobilität *f*; (*of mind also*) Wendigkeit *f*; (*of features, face also*) Lebhaftigkeit *f*.

mobilization [ˌməʊbɪlaɪ'zeɪʃən] *n* Mobilisierung *f*; (*Mil also*) Mobilmachung *f*.

mobilize ['məʊbɪlaɪz] **I** *vt* mobilisieren; (*Mil also*) mobil machen. **II** *vi* mobil machen.

mob rule *n* Herrschaft *f* des Pöbels.

mobster ['mɒbstəʳ] *n* (*esp US*) Gangster, Bandit *m*.

mob violence *n* Massenausschreitungen *pl*.

moccasin ['mɒkəsɪn] *n* Mokassin *m*.

mocha ['mɒkə] *n* Mokka *m*.

mock [mɒk] **I** *n* **to make a ~ of sth** etw ad absurdum führen; (*put an end to*) etw vereiteln *or* zunichte machen.

II *adj attr emotions* gespielt; *attack, battle, fight* Schein-; *crash, examination* simuliert; *Tudor, Elizabethan* Pseudo-.

III *vt* **1.** (*ridicule*) sich lustig machen über (+*acc*), verspotten. **2.** (*mimic*) nachmachen *or* -äffen. **3.** (*defy*) trotzen (+*dat*); *law* sich hinwegsetzen über (+*acc*); (*set at nought*) *plans, efforts* vereiteln, zunichte machen.

IV *vi* **to ~ at sb/sth** sich über jdn/etw lustig machen *or* mokieren; **don't ~** mokier dich nicht!, spotte nicht! (*geh*).

mocker ['mɒkəʳ] *n* **1.** Spötter(in *f*) *m*, spöttischer Mensch. **2. to put the ~s on sth** (*Brit sl*) etw vermasseln (*inf*).

mockery ['mɒkərɪ] *n* **1.** (*derision*) Spott *m*.

2. (*object of ridicule*) Gespött *nt*. **they made a ~ of him** sie machten ihn zum Gespött der Leute; **to make a ~ of sth** etw lächerlich machen; (*prove its futility*) etw ad absurdum führen; **inflation will make a ~ of our budget** durch die Inflation wird unser Haushaltsplan zur Farce.

3. this is a ~ of justice das spricht jeglicher Gerechtigkeit hohn; **it was a ~ of a trial** der Prozeß war eine einzige Farce.

mock-heroic *adj* (*Liter*) heroisch-komisch; **~ poem** komisches Epos; **mock-heroics** *npl* (*Liter*) heroisch-komische Passage(n *pl*).

mocking ['mɒkɪŋ] **I** *adj* spöttisch. **II** *n* Spott *m*.

mockingbird ['mɒkɪŋˌbɜːd] *n* Spottdrossel *f*.

mockingly ['mɒkɪŋlɪ] *adv* spöttisch, voller Spott.

mock orange *n* falscher Jasmin, Pfeifenstrauch *m*; **mock turtle soup** *n* Mockturtlesuppe *f*; **mock-up** *n* Modell *nt* in Originalgröße.

MOD (*Brit*) *abbr of* **Ministry of Defence.**

mod [mɒd] (*dated sl*) **I** *adj* modern, pop(p)ig (*inf*). **II** *n modisch gekleideter Halbstarker in den 60er Jahren*.

modal ['məʊdl] *adj* modal. **~ verb** Modalverb *nt*.

modality [məʊ'dælɪtɪ] *n* Modalität *f*.

mod cons ['mɒd'kɒnz] *abbr of* **modern conveniences** mod. Komf., (moderner) Komfort.

mode [məʊd] *n* **1.** (*Gram*) Modus *m*; (*Mus*) Tonart *f*; (*Philos*) Modalität *f*. **2.** (*way*) Art *f* (und Weise); (*form*) Form *f*. **~ of transport** Transportmittel *nt*; **~ of life** Lebensweise *f*; (*Biol*) Lebensform *f*. **3.** (*Fashion*) Mode *f*. **to be the ~** in Mode sein. **4.** (*Comput*) Modus, Mode *m*.

model ['mɒdl] **I** *n* **1.** Modell *nt*. **it is built on the ~ of the Doge's Palace** es ist eine Nachbildung des Dogenpalastes; **our democracy is based on the ~ of Greece** unsere Demokratie ist nach dem Vorbild Griechenlands aufgebaut.

2. (*perfect example*) Muster *nt* (*of* an +*dat*). **to hold sb up as a ~** jdn als Vorbild hinstellen.

3. (*artist's, photographer's*) Modell *nt*; (*fashion ~*) Mannequin *nt*; (*male ~*) Dressman *m*.

4. (*of car, dress, machine*) Modell *nt*.

II *adj* **1.** *railway, town* Modell-; *house, home* Muster-.

2. (*perfect*) vorbildlich, Muster-, mustergültig.

III *vt* **1. to ~ X on Y** Y als Vorlage *or* Muster für X benützen; **X is ~led on Y** Y dient als Vorlage *or* Muster für X; **this**

building is ~led on the Parthenon dieses Gebäude ist dem Parthenon nachgebildet; **the system was ~led on the American one** das System war nach amerikanischem Muster aufgebaut; **it's not ~led on anything** es ist frei entstanden, dafür gibt es keine Vorlage; **to ~ oneself/one's life on sb** sich (*dat*) jdn zum Vorbild nehmen.

2. (*make a ~*) modellieren, formen. **her delicately ~led features** (*fig*) ihre feingeschnittenen Gesichtszüge.

3. *dress etc* vorführen.

IV *vi* **1.** (*make ~s*) modellieren.

2. (*Art, Phot*) als Modell arbeiten *or* beschäftigt sein; (*fashion*) als Mannequin/Dressman arbeiten. **to ~ for sb** jdm Modell stehen/jds Kreationen vorführen.

modelling, (*US*) **modeling** ['mɒdlɪŋ] *n* **1.** (*of statue etc*) Modellieren *nt*; (*fig: of features*) Schnitt *m*. **2. to do some ~** (*Phot, Art*) als Modell arbeiten; (*Fashion*) als Mannequin/Dressman arbeiten.

modem ['məʊdem] *n* Modem *nt*. **~ card** Modem-Karte *f*.

moderate ['mɒdərɪt] **I** *adj* gemäßigt (*also Pol*); *language also, appetite, enjoyment, lifestyle, speed* mäßig; *demands also, price* vernünftig, angemessen; *drinker, eater* maßvoll; *income, success* (mittel)mäßig, bescheiden; *punishment, winter* mild. **a ~ amount** einigermaßen viel; **~-sized, of ~ size** mittelgroß.

II *n* (*Pol*) Gemäßigte(r) *mf*.

III ['mɒdəreɪt] *vt* **1.** mäßigen. **to have a moderating influence on sb** mäßigend auf jdn wirken. **2.** *meeting, discussion* den Vorsitz führen bei; (*TV, Rad*) moderieren.

IV ['mɒdəreɪt] *vi* **1.** nachlassen, sich mäßigen; (*wind*) nachlassen, sich abschwächen; (*demands*) gemäßigter werden. **2.** den Vorsitz führen; (*TV, Rad*) moderieren.

moderately ['mɒdərɪtlɪ] *adv* einigermaßen. **a ~ expensive suit** ein nicht allzu *or* übermäßig teurer Anzug; **the house was ~ large** das Haus war mäßig groß.

moderation [ˌmɒdə'reɪʃən] *n* Mäßigung *f*. **in ~** mit Maß(en).

moderator ['mɒdəreɪtə^r] *n* (*Eccl*) Synodalpräsident *m*.

modern ['mɒdən] **I** *adj* modern (*also Art, Liter*); *times, world also* heutig; *history* neuere und neueste. **~ languages** neuere Sprachen, moderne Fremdsprachen *pl*; (*Univ*) Neuphilologie *f*; **M~ Greek** Neugriechisch *nt*.

II *n* Anhänger(in *f*) *m* der Moderne.

modernism ['mɒdənɪzəm] *n* Modernismus *m*.

modernist ['mɒdənɪst] **I** *adj* modernistisch. **II** *n* Modernist *m*.

modernistic [ˌmɒdə'nɪstɪk] *adj* modernistisch.

modernity [mɒ'dɜːnɪtɪ] *n* Modernität *f*.

modernization [ˌmɒdənaɪ'zeɪʃən] *n* Modernisierung *f*.

modernize ['mɒdənaɪz] *vt* modernisieren.

modernly ['mɒdənlɪ] *adv* (*fashionably*) modern. **more ~ known as ...** in neuerer Zeit als ... bekannt.

modernness ['mɒdənnɪs] *n see* **modernity.**

modest ['mɒdɪst] *adj* **1.** (*unboastful*) bescheiden.

2. (*moderate*) bescheiden; *person also* genügsam; *requirements also* gering; *price* mäßig. **a ~ crowd turned out for the occasion** die Veranstaltung war (nur) mäßig besucht.

3. (*chaste, proper*) schamhaft; (*in one's behaviour*) anständig, sittsam (*geh*), züchtig (*old*). **to be ~ in one's dress** sich unauffällig *or* dezent kleiden.

modestly ['mɒdɪstlɪ] *adv* **1.** (*unassumingly, moderately*) bescheiden. **2.** (*chastely, properly*) schamhaft; *behave* anständig; *dress* unauffällig, dezent.

modesty ['mɒdɪstɪ] *n see adj* **1.** Bescheidenheit *f*. **in all ~** bei aller Bescheidenheit.

2. Bescheidenheit *f*; Genügsamkeit *f*; Mäßigkeit *f*.

3. Schamgefühl *nt*; Anstand *m*, Sittsamkeit (*geh*) *f*; Unauffälligkeit, Dezentheit *f*.

modicum ['mɒdɪkəm] *n* ein wenig *or* bißchen. **a ~ of hope/decorum/confidence** ein Funke (von) Hoffnung/Anstand/Vertrauen; **a ~ of truth** ein Körnchen Wahrheit.

modifiable ['mɒdɪfaɪəbl] *adj* modifizierbar.

modification [ˌmɒdɪfɪ'keɪʃən] *n* (Ver)änderung *f*; (*of design*) Abänderung *f*; (*of terms, contract, wording*) Modifizierung, Modifikation *f*. **to make ~s to sth** (Ver)änderungen an etw (*dat*) vornehmen; etw abändern; etw modifizieren.

modifier ['mɒdɪfaɪə^r] *n* (*Gram*) Bestimmungswort *nt*, nähere Bestimmung.

modify ['mɒdɪfaɪ] *vt* **1.** (*change*) (ver)ändern; *design* abändern; *terms, contract, wording* modifizieren. **2.** (*moderate*) mäßigen. **3.** (*Gram*) näher bestimmen.

modish ['məʊdɪʃ] *adj* (*fashionable*) modisch; (*stylish*) schick.

modishly ['məʊdɪʃlɪ] *adv see adj.*

modular ['mɒdjʊlə^r] *adj* aus Elementen zusammengesetzt; (*Comput*) modular. **the ~ design of their furniture** ihre als Bauelemente konzipierten Möbel.

modulate ['mɒdjʊleɪt] *vti* (*Mus, Rad*) modulieren. **the key ~d from major to minor** die Tonart wechselte von Dur nach Moll.

modulation [ˌmɒdjʊ'leɪʃən] *n* (*Mus, Rad*) Modulation *f*.

module ['mɒdjuːl] *n* (Bau)element *nt*; (*in education*) Kurs *m*; (*Comput*) Modul *nt*; (*Space*) Raumkapsel *f*. **command ~** Kommandokapsel *f*; **lunar ~** Mondlandefähre *f or* -fahrzeug *nt*; **service ~** Betriebseinheit *f*.

modus operandi ['məʊdəsˌɒpə'rændɪ] *n* Modus operandi *m*.

modus vivendi ['məʊdəsˌvɪ'vendɪ] *n* Modus vivendi *m*; (*way of life*) Lebensstil *m or* -weise *f*.

mog *or* **moggy** ['mɒgɪ] *n* (*Brit inf*) Mieze *f* (*inf*).

mogul ['məʊgəl] *n* Mogul *m*.

mohair ['məʊhɛəʳ] *n* Mohair *m*.

Mohammed [məʊ'hæmed] *n* Mohammed *m*.

Mohammedan [məʊ'hæmɪdən] (*dated*) **I** *adj* mohammedanisch. **II** *n* Mohammedaner(in *f*) *m*.

Mohammedanism [mə'hæmədənɪzəm] *n* (*dated*) Islam *m*.

Mohican [məʊ'hiːkən] *n* **1.** Mohikaner(in *f*) *m*. **2. m~** (*haircut*) Irokesenschnitt *m*.

moist [mɔɪst] *adj* (+*er*) feucht (*from, with* vor +*dat*).

moisten ['mɔɪsn] **I** *vt* anfeuchten. **to ~ sth with sth** etw mit etw befeuchten. **II** *vi* feucht werden.

moistness ['mɔɪstnɪs] *n* Feuchtigkeit *f*.

moisture ['mɔɪstʃəʳ] *n* Feuchtigkeit *f*.

moisturize ['mɔɪstʃəraɪz] *vt skin* mit einer Feuchtigkeitscreme behandeln; (*cosmetic*) geschmeidig machen, Feuchtigkeit verleihen (+*dat*); *air* befeuchten.

moisturizer ['mɔɪstʃəraɪzəʳ], **moisturizing cream** ['mɔɪstʃəraɪzɪŋ'kriːm] *n* Feuchtigkeitscreme *f*.

molar (tooth) ['məʊləʳ(ˌtuːθ)] *n* Backenzahn *m*.

molasses [məʊ'læsɪz] *n* Melasse *f*.

mold *etc* (*US*) *see* **mould** *etc*.

Moldavia [mɒl'deiviə] *n* Moldawien *nt*.

molt *n, vti* (*US*) *see* **moult.**

mole¹ [məʊl] *n* (*Anat*) Pigmentmal *nt* (*form*), Leberfleck *m*.

mole² *n* (*Zool*) Maulwurf *m*; (*inf: secret agent*) Spion(in *f*) *m*.

mole³ *n* (*Naut*) Mole *f*.

molecular [məʊ'lekjʊləʳ] *adj* molekular, Molekular-.

molecule ['mɒlɪkjuːl] *n* Molekül *nt*.

molehill *n* Maulwurfshaufen *or* -hügel *m*; **moleskin** *n* (*fur*) Maulwurfsfell *nt*; (*garment*) Mantel/Jacke *etc* aus Maulwurfsfell; (*fabric*) Moleskin *m or nt*.

molest [məʊ'lest] *vt* belästigen.

molestation [ˌməʊles'teɪʃən] *n* Belästigung *f*.

mollify ['mɒlɪfaɪ] *vt* besänftigen, beschwichtigen.

mollusc ['mɒləsk] *n* Molluske *f* (*spec*), Weichtier *nt*.

mollycoddle ['mɒlɪˌkɒdl] **I** *vt* verhätscheln, verpäppeln, verzärteln. **to ~ oneself** sich päppeln. **II** *n* Weichling *m*.

Molotov cocktail ['mɒlətɒf'kɒkteɪl] *n* Molotowcocktail *m*.

molten ['məʊltən] *adj* geschmolzen; *glass, lava* flüssig.

mom [mɒm] *n* (*US inf*) *see* **mum².**

mom-and-pop store ['mɒmən'pɒpˌstɔːʳ] *n* (*US inf*) Tante-Emma-Laden *m* (*inf*).

moment ['məʊmənt] *n* **1.** Augenblick, Moment *m*. **from ~ to ~** zusehends, von Minute zu Minute; **any ~ now, (at) any ~** jeden Augenblick; **at any ~** (*any time*) jederzeit; **at the ~** im Augenblick, momentan; **at the ~ when ...** zu dem Zeitpunkt, als ...; **not at the** *or* **this ~** im Augenblick *or* zur Zeit nicht; **at the last ~** im letzten Augenblick; **at this (particular) ~ in time** momentan, augenblicklich; **for the ~** im Augenblick, vorläufig; **for a ~** (für) einen Moment; **for one ~ it seemed to have stopped** einen Augenblick lang schien es aufgehört zu haben; **not for a** *or* **one ~ ...** nie(mals) ...; **I didn't hesitate for a ~** ich habe keinen Augenblick gezögert; **in a ~** gleich; **in a ~ of madness** in einem Anflug von geistiger Umnachtung; **it was all over in a ~** *or* **a few ~s** das ganze dauerte nur wenige Augenblicke *or* war im Nu geschehen; **to leave things until the last ~** alles erst im letzten Moment erledigen *or* machen (*inf*); **half a ~/one ~!** Momentchen/einen Moment!; **just a ~!, wait a ~!** Moment mal!; **I shan't be a ~** ich bin gleich wieder da; (*nearly ready*) ich bin gleich soweit; **do it this very ~!** tu das auf der Stelle!; **I have just this ~ heard of it** ich habe es eben *or* gerade erst erfahren; **we haven't a ~ to lose** wir haben keine Minute zu verlieren; **not a ~ too soon** keine Minute zu früh, in letzter Minute; **not a ~'s peace** *or* **rest** keine ruhige Minute; **the ~ I saw him I knew ...** als ich ihn sah, wußte ich sofort ...; **the ~ he arrives there's trouble** sobald er auftaucht, gibt es Ärger; **tell me the ~ he comes** sagen Sie mir sofort Bescheid, wenn er kommt; **the ~ of truth** die Stunde der Wahrheit; **he is the man of the ~** er ist der Mann des Tages.

2. (*Phys*) Moment *nt*. **~ of acceleration/inertia** Beschleunigungs-/Trägheitsmoment *nt*.

3. (*importance*) Bedeutung *f*. **of little ~** bedeutungslos, unwichtig.

momentarily ['məʊməntərɪlɪ] *adv* **1.** (für) einen Augenblick *or* Moment. **2.** (*US*) (*very soon*) jeden Augenblick *or* Moment; (*from moment to moment*) zusehends.

momentary ['məʊməntərɪ] *adj* kurz; *glimpse also* flüchtig. **there was a ~ silence** einen Augenblick lang herrschte Stille.

momentous [məʊ'mentəs] *adj* (*memorable, important*) bedeutsam, bedeutungsvoll; (*of great consequence*) von großer Tragweite. **of ~ significance** von entscheidender Bedeutung.

momentousness [məʊ'mentəsnɪs] *n* Bedeutsamkeit *f*; (*of decision*) Tragweite *f*.

momentum [məʊ'mentəm] *n* (*of moving object*) Schwung *m*; (*at moment of impact*) Wucht *f*; (*Phys*) Impuls *m*; (*fig*) Schwung *m*. **to gather** *or* **gain ~** (*lit*) sich beschleunigen, in Fahrt kommen (*inf*); (*fig: idea, movement, plan*) in Gang kommen; **to keep going under its own ~** (*lit*) sich aus eigener Kraft weiterbewegen; (*fig*) eine Eigendynamik entwickelt haben; **to lose ~** (*lit, fig*) Schwung verlieren.

Mon *abbr of* **Monday** Mo.

Monaco ['mɒnəkəʊ] *n* Monaco *nt*.

monarch ['mɒnək] *n* Monarch(in *f*), Herrscher(in *f*) *m*; (*fig*) König *m*. **absolute ~** Alleinherrscher(in *f*) *m*.

monarchic(al) [mɒ'nɑːkɪk(əl)] *adj* monarchisch; (*favouring monarchy*) monarchistisch.

monarchism ['mɒnəkɪzəm] *n* (*system*) Monarchie *f*; (*advocacy of monarchy*)

Monarchismus *m*.

monarchist ['mɒnəkɪst] **I** *adj* monarchistisch. **II** *n* Monarchist(in *f*) *m*, Anhänger(in *f*) *m* der Monarchie.

monarchy ['mɒnəkɪ] *n* Monarchie *f*.

monastery ['mɒnəstərɪ] *n* (Männer- *or* Mönchs)kloster *nt*.

monastic [mə'næstɪk] *adj* mönchisch, klösterlich; *architecture* Kloster-; *life* Ordens-, Kloster-. ~ **vows** Ordensgelübde *nt*; **he leads a ~ existence** (*fig*) er lebt wie ein Mönch.

Monday ['mʌndɪ] *n* Montag *m*; *see also* **Tuesday.**

Monegasque [mɒnə'gæsk] **I** *n* Monegasse *m*, Monegassin *f*. **II** *adj* monegassisch.

monetarism ['mʌnɪtərɪzəm] *n* Monetarismus *m*.

monetarist ['mʌnɪtərɪst] **I** *n* Monetarist(in *f*) *m*. **II** *adj* monetaristisch.

monetary ['mʌnɪtərɪ] *adj* **1.** (*pertaining to finance or currency*) währungspolitisch, monetär; *talks, policy, reform, system* Währungs-; *reserves, institutions* Geld-; *unit* Geld-, Währungs-. ~ **union** *n* Währungsunion *f*. **2.** (*pecuniary*) Geld-; *considerations* geldlich.

money ['mʌnɪ] *n* Geld *nt*; (*medium of exchange*) Zahlungsmittel *nt*. **to make ~** (*person*) (viel) Geld verdienen; (*business*) etwas einbringen, sich rentieren; **to lose ~** (*person*) Geld verlieren; (*business*) Verluste machen *or* haben; **there's ~ in it** das ist sehr lukrativ; **if you help me, there's ~ in it** wenn du mir hilfst, springt für dich auch etwas dabei heraus (*inf*); **that's the one for my ~!** ich tippe auf ihn/sie *etc*; **it's ~ for jam** (*inf*) *or* **old rope** (*inf*) da wird einem das Geld ja nachgeworfen (*inf*); **to be in the ~** (*inf*) Geld wie Heu haben; **what's the ~ like in this job?** wie wird der Job bezahlt?; **to earn good ~** gut verdienen; **to get one's ~'s worth** etwas für sein Geld bekommen; **I've really had my ~'s worth** *or* **~ out of that car** der Wagen hat sich wirklich bezahlt gemacht *or* war wirklich sein Geld wert; **do you think I'm made of ~?** (*inf*) ich bin doch kein Krösus!; **that's throwing good ~ after bad** das ist rausgeschmissenes Geld (*inf*); **your ~ or your life!** Geld oder Leben!; **to put one's ~ where one's mouth is** (*inf*) (nicht nur reden, sondern) Taten sprechen lassen; **~ talks** (*inf*) mit Geld geht alles; **~ isn't everything** (*prov*) Geld (allein) macht nicht glücklich (*prov*).

money bag *n* Geldsack *m*; **moneybags** *n sing* (*inf*) Geldsack *m*; **moneybox** *n* Sparbüchse *f*; **moneychanger** *n* (Geld)wechsler(in *f*) *m*; (*US: change machine*) Geldwechselautomat *m*.

moneyed ['mʌnɪd] *adj* begütert.

moneygrubber *n* (*inf*) Raffke *m* (*inf*); **moneygrubbing** (*inf*) **I** *adj* geld- *or* raffgierig; **II** *n* Geld- *or* Raffgier *f*; **moneylender** *n* Geld(ver)leiher(in *f*) *m*; **moneylending** *n* Geldverleih *m*; **moneymaker** *n* (*idea*) einträgliche Sache; (*product*) Verkaufserfolg *m*; (*company*) gewinnbringendes *or* gutgehendes Unternehmen; **moneymaking** **I** *adj idea, plan* gewinnbringend, einträglich; **II** *n* Geldverdienen *nt*; **money market** *n* Geldmarkt *m*; **money matters** *npl* Geldangelegenheiten *or* -dinge *pl*; **money order** *n* Post- *or* Zahlungsanweisung *f*; **money prize** *n* Geldpreis *m*; **money spider** *n kleine Spinne, die Glück bringen soll*; **moneyspinner** *n* (*inf*) Verkaufsschlager (*inf*) *or* -hit (*inf*) *m*; **money supply** *n* Geldvolumen *nt*.

Mongol ['mɒŋgəl] **I** *adj* **1.** mongolisch. **2.** (*Med*) **m~** mongoloid. **II** *n* **1.** *see* **Mongolian 2. 2.** (*Med*) **he's a m~** er ist mongoloid.

Mongolia [mɒŋ'gəʊlɪə] *n* Mongolei *f*.

Mongolian [mɒŋ'gəʊlɪən] **I** *adj* mongolisch; *features, appearance* mongolid. **II** *n* **1.** Mongole *m*, Mongolin *f*. **2.** (*language*) Mongolisch *nt*.

mongolism ['mɒŋgəlɪzəm] *n* (*Med*) Mongolismus *m*.

Mongoloid ['mɒŋgəlɔɪd] *adj* **1.** mongolid. **2.** (*Med*) **m~** mongoloid.

mongoose ['mɒŋguːs] *n, pl* **-s** Mungo *m*.

mongrel ['mʌŋgrəl] **I** *adj race* Misch-. **II** *n* (*also* ~ **dog**) Promenadenmischung *f*; (*pej*) Köter *m*; (*pej: person*) Mischling *m*.

monitor ['mɒnɪtə[r]] **I** *n* **1.** (*Sch*) *Schüler(in f) m mit besonderen Pflichten*.

2. (*TV, Tech: screen*) Monitor *m*.

3. (*control, observer*) Überwacher *m*; (*of telephone conversations*) Abhörer *m*; (*Rad*) Mitarbeiter(in *f*) *m* am Monitor-Dienst.

4. (*also* ~ **lizard**) Waran(echse *f*) *m*.

II *vt* **1.** *foreign station, telephone conversation* abhören; *TV programme* mithören. **2.** (*control, check*) überwachen; *personal expenditure etc* kontrollieren.

monitoring ['mɒnɪtərɪŋ] **I** *n see vt* Abhören *nt*; Mithören *nt*; Überwachung *f*; Kontrolle *f*. **II** *adj attr function* Überwachungs-, Kontroll-. ~ **body** Kontrollorgan *nt*.

monk [mʌŋk] *n* Mönch *m*.

monkey ['mʌŋkɪ] **I** *n* Affe *m*; (*fig: child*) Strolch, Schlingel *m*. **to make a ~ out of sb** (*inf*) jdn verhohnepipeln (*inf*); **well, I'll be a ~'s uncle** (*inf*) (ich glaub,) mich laust der Affe (*inf*); **to have a ~ on one's back** (*US sl*) an der Nadel hängen (*sl*); **I don't give a ~'s** (*sl*) das ist mir scheißegal (*sl*) *or* schnurzpiepe (*hum inf*).

II *vi* **to ~ about** (*inf*) herumalbern; **to ~ about with sth** an etw (*dat*) herumspielen *or* -fummeln (*inf*).

monkey business *n* (*inf*) **there's some ~ going on here** da ist doch irgend etwas faul (*inf*); **what ~ have you been up to?** was hast du jetzt schon wieder angestellt?; **monkey-nut** *n* Erdnuß *f*; **monkey-puzzle (tree)** *n* Andentanne, Araukarie (*spec*) *f*; **monkey suit** *n* (*inf: tails*) Frack *m*; **monkey-tricks** *npl* Unfug *m*, dumme Streiche *pl*; **none of your ~!** mach(t) mir keinen Unfug!; **monkey-wrench** *n* verstellbarer Schraubenschlüssel, Engländer *m*.

monkish ['mʌŋkɪʃ] *adj* mönchisch; (*fig pej*) pastorenhaft.

mono ['mɒnəʊ] **I** *n* Mono *nt*. **II** *adj* mono-

attr; *record also* in Mono *pred*.

mono- *pref* Mono-, mono-.

monochrome ['mɒnəkrəʊm] **I** *adj* monochrom, einfarbig; *television* Schwarzweiß-; (*Comput*) monochrom, monochromatisch; ~ **screen** Monochrom-Bildschirm *m*. **II** *n* (*Art*) monochrome *or* in einer Farbe gehaltene Malerei; (*TV*) Schwarz-weiß *nt*.

monocle ['mɒnəkəl] *n* Monokel *nt*.

monogamous [mɒ'nɒgəməs] *adj* monogam.

monogamy [mɒ'nɒgəmɪ] *n* Monogamie *f*.

monogram ['mɒnəgræm] *n* Monogramm *nt*.

monograph ['mɒnəgrɑːf] *n* Monographie *f*.

monolingual [ˌmɒnə'lɪŋgwəl] *adj* einsprachig.

monolith ['mɒnəʊlɪθ] *n* Monolith *m*.

monolithic [ˌmɒnəʊ'lɪθɪk] *adj* (*lit*) monolithisch; (*fig*) gigantisch, riesig.

monologue ['mɒnəlɒg] *n* Monolog *m*.

monomania *n* Monomanie *f*; **monoplane** *n* Eindecker *m*.

monopolist [mə'nɒpəlɪst] *n* Monopolist *m*.

monopolization [məˌnɒpəlaɪ'zeɪʃən] *n* (*lit*) Monopolisierung *f*; (*fig*) (*of bathroom, best seat*) Beschlagnahme *f*; (*of person, sb's time*) völlige Inanspruchnahme; (*of conversation*) Beherrschung *f*.

monopolize [mə'nɒpəlaɪz] *vt* (*lit*) *market* monopolisieren, beherrschen; (*fig*) *person, place, sb's time* mit Beschlag belegen, in Beschlag nehmen; *conversation, discussion* beherrschen, an sich (*acc*) reißen. **to ~ the supply/distribution of ...** eine Monopolstellung für die Lieferung/den Vertrieb von ... haben.

monopoly [mə'nɒpəlɪ] *n* **1.** (*lit*) Monopol *nt*. ~ **position** Monopolstellung *f*; **coal is a government ~** der Staat hat das Kohlenmonopol *or* das Monopol für Kohle; **Monopolies and Mergers Commission** (*Brit*) *britisches Kartellamt*.

2. (*fig*) **to have the** *or* **a ~ on** *or* **of sth** etw für sich gepachtet haben (*inf*); **you haven't got a ~ on me** ich bin doch nicht dein Eigentum.

3. M~ ® (*game*) Monopoly ® *nt*.

monorail *n* Einschienenbahn *f*; **monosyllabic** *adj* (*lit, fig*) einsilbig, monosyllabisch (*Ling*); **monosyllable** *n* einsilbiges Wort, Einsilber *m*; **monotheism** *n* Monotheismus *m*; **monotheistic** *adj* monotheistisch.

monotone ['mɒnətəʊn] *n* monotoner Klang; (*voice*) monotone Stimme.

monotonous [mə'nɒtənəs] *adj* (*lit, fig*) eintönig, monoton. **it's getting ~** es wird allmählich langweilig.

monotony [mə'nɒtənɪ] *n* (*lit, fig*) Eintönigkeit, Monotonie *f*.

monotype ® ['mɒnəʊtaɪp] *n* Monotype-Verfahren ® *nt*. ~ **machine** Monotype ® *f*.

monoxide [mɒ'nɒksaɪd] *n* Monoxyd *nt*.

Monsignor [mɒn'siːnjə^r] *n* Monsignore *m*.

monsoon [mɒn'suːn] *n* Monsun *m*.

monster ['mɒnstə^r] **I** *n* **1.** (*big animal, thing*) Ungetüm, Monstrum *nt*; (*animal also*) Ungeheuer *nt*. **a real ~ of a fish** ein wahres Monstrum *or* Ungeheuer von (einem) Fisch; **a ~ of a book** ein richtiger Schinken (*inf*), ein Mammutwerk.

2. (*abnormal animal*) Ungeheuer, Monster, Monstrum *nt*; (*legendary animal*) (groteskes) Fabelwesen.

3. (*cruel person*) Unmensch *m*, Ungeheuer *nt*.

II *attr* **1.** (*enormous*) Riesen-; *film* Mammut-.

2. (*to do with ~s*) Monster-.

monstrosity [mɒn'strɒsɪtɪ] *n* (*quality*) Ungeheuerlichkeit, Monstrosität *f*; (*thing*) Monstrosität *f*; (*cruel deed*) Greueltat *f*. **it's a ~ that ...** es ist unmenschlich *or* schändlich, daß ...

monstrous ['mɒnstrəs] *adj* **1.** (*huge*) ungeheuer (groß), riesig. **2.** (*shocking, horrible*) abscheulich; *crime, thought, colour also* gräßlich; *suggestion* ungeheuerlich. **it's ~ that ...** es ist einfach ungeheuerlich *or* schändlich, daß ...

monstrously ['mɒnstrəslɪ] *adv* schrecklich, fürchterlich.

montage [mɒn'tɑːʒ] *n* Montage *f*.

month [mʌnθ] *n* Monat *m*. **in the ~ of October** im Oktober; **six ~s** ein halbes Jahr, sechs Monate; **for ~s** seit langem; **it went on for ~s** es hat sich monatelang hingezogen; **one ~'s salary** ein Monatsgehalt; **paid by the ~** monatlich bezahlt.

monthly ['mʌnθlɪ] **I** *adj* monatlich; *magazine, ticket, instalment* Monats-. **they have ~ meetings** sie treffen sich einmal im Monat. **II** *adv* monatlich. **twice ~** zweimal im *or* pro Monat. **III** *n* Monats(zeit)schrift *f*.

monument ['mɒnjʊmənt] *n* Denkmal *nt*; (*big also*) Monument *nt*; (*small, on grave*) Gedenkstein *m*; (*fig*) Zeugnis *nt* (*to gen*).

monumental [ˌmɒnjʊ'mentl] *adj* **1.** ~ **inscription** Grabinschrift *f*; ~ **mason** Steinmetz, Steinbildhauer *m*; ~ **sculptures** Steinfiguren *pl*. **2.** (*very great*) enorm, monumental (*geh*); *proportions, achievement* gewaltig; *ignorance, stupidity, error* kolossal, ungeheuer.

moo [muː] **I** *n* **1.** Muhen *nt*. **2.** (*sl: woman*) Kuh *f* (*inf*). **II** *vi* muhen, „muh" machen (*inf*).

mooch [muːtʃ] (*inf*) **I** *vi* tigern (*inf*). **I spent all day just ~ing about** *or* **around the house** ich habe den ganzen Tag zu Hause herumgegammelt (*inf*). **II** *vt* (*US inf*) abstauben (*inf*).

mood[1] [muːd] *n* **1.** (*of party, town*) Stimmung *f*; (*of one person also*) Laune *f*. **he was in a good/bad/foul ~** er hatte gute/schlechte/eine fürchterliche Laune, er war gut/schlecht/fürchterlich gelaunt; **to be in a cheerful ~** gut aufgelegt sein; **to be in a generous ~** in Geberlaune sein; **I'm in no laughing ~** *or* **in no ~ for laughing** mir ist nicht nach *or* zum Lachen zumute; **to be in the ~ for sth/to do sth** zu etw aufgelegt sein/dazu aufgelegt sein, etw zu tun; **I'm not in the ~ for**

work *or* **to work/for chess** ich habe keine Lust zum Arbeiten/zum Schachspielen; **I'm not in the ~ for this type of music** ich bin nicht in der Stimmung für diese Musik; **I'm not in the ~** ich bin nicht dazu aufgelegt; (*to do sth also*) ich habe keine Lust; (*for music etc*) ich bin nicht in der richtigen Stimmung.

2. (*bad ~*) schlechte Laune. **he's in one of his ~s** er hat mal wieder eine seiner Launen; **he's in a ~** er hat schlechte Laune; **he has ~s** er ist sehr launisch.

mood² *n* (*Gram*) Modus *m*. **indicative/imperative/subjunctive ~** Indikativ/Imperativ/Konjunktiv *m*.

moodily ['mu:dɪlɪ] *adv see adj.*

moodiness ['mu:dɪnɪs] *n see adj* Launenhaftigkeit *f*; schlechte Laune; Verdrossenheit *f*.

moody ['mu:dɪ] *adj* (+*er*) launisch, launenhaft; (*bad-tempered*) schlechtgelaunt *attr*, schlecht gelaunt *pred*; *look, answer* verdrossen, übellaunig.

moon [mu:n] **I** *n* Mond *m*. **is there a ~ tonight?** scheint heute der Mond?; **the man in the ~** der Mann im Mond; **you're asking for the ~!** du verlangst Unmögliches!; **to promise sb the ~** jdm das Blaue vom Himmel versprechen; **to be over the ~** (*inf*) überglücklich sein. **II** *vi* **1.** (vor sich *acc* hin) träumen. **2.** (*sl*: *with backside*) seinen nackten Hintern herausstrekken.

◆**moon about** *or* **around** *vi* (vor sich *acc* hin) träumen. **to ~ ~ (in) the house** zu Hause hocken.

◆**moon away** *vt sep time* verträumen.

moon beam *n* Mondstrahl *m*; **moonboots** *npl* Moonboots *pl*; **moonbuggy** *n* Mondauto *or* -fahrzeug *nt*.

Moonie ['mu:nɪ] *n* (*inf*) Anhänger(in *f*) *m* der Mun-Sekte, Moonie *m* (*inf*).

moonlanding *n* Mondlandung *f*; **moonlight I** *n* Mondlicht *nt or* -schein *m*; **it was ~** der Mond schien; **a ~ walk** ein Mondscheinspaziergang *m*; *see* **flit; II** *vi* (*inf*) schwarzarbeiten; **moonlighter** *n* (*inf*) Schwarzarbeiter(in *f*) *m*; **moonlighting** *n* (*inf*) Schwarzarbeit *f*; **moonlit** *adj object* mondbeschienen; *night, landscape, lawn* mondhell; **moonshine** *n* **1.** (*moonlight*) Mondschein *m*; **2.** (*inf: nonsense*) Unsinn *m*; **3.** (*inf: illegal whisky*) *illegal gebrannter Whisky*; **moonshot** *n* Mondflug *m*; **moonstone** *n* Mondstein *m*; **moonstruck** *adj* (*mad*) verrückt; (*fig*) vernarrt.

moony ['mu:nɪ] *adj* (+*er*) (*inf: dreamy*) verträumt.

Moor [mʊəʳ] *n* Maure *m*; (*old: black man*) Moor *m*.

moor¹ [mʊəʳ] *n* (Hoch- *or* Heide)moor *nt*; (*Brit: for game*) Moorjagd *f*. **a walk on the ~s** ein Spaziergang *m* übers Moor.

moor² **I** *vt* festmachen, vertäuen; (*at permanent moorings*) muren. **II** *vi* festmachen, anlegen.

moorage ['mʊərɪdʒ] *n* (*place*) Anlegeplatz *m*; (*charge*) Anlegegebühren *pl*.

moorhen ['mʊəhen] *n* Teichhuhn *nt*.

mooring ['mʊərɪŋ] *n* (*act of ~*) Anlegen *nt*; (*place*) Anlegeplatz *m*. **~s** (*ropes, fixtures*) Verankerung, Muring *f*.

Moorish ['mʊərɪʃ] *adj* maurisch; *invasion* der Mauren.

moorland ['mʊərlənd] *n* Moor- *or* Heideland(schaft *f*) *nt*.

moose [mu:s] *n, pl* - Elch *m*.

moot [mu:t] **I** *adj*: **a ~ point** *or* **question** eine fragliche Sache; **it's a ~ point** *or* **question whether ...** es ist noch fraglich *or* die Frage (*inf*), ob ... **II** *vt* aufwerfen; *suggestion* vorbringen. **it has been ~ed whether ...** es wurde zur Debatte gestellt, ob ...

mop [mɒp] **I** *n* (*floor ~*) (Naß)mop *m*; (*dish ~*) Spülbürste *f*; (*sponge ~*) Schwammop *m*; (*inf: hair*) Mähne *f*, Zotteln *pl* (*inf*).

II *vt floor, kitchen* wischen. **to ~ one's face** sich (*dat*) den Schweiß vom Gesicht wischen.

◆**mop down** *vt sep walls* abwischen; *floor* wischen.

◆**mop up I** *vt sep* **1.** aufwischen. **2.** (*Mil*) säubern (*inf*). **to ~ ~ (what's left of) the enemy** ein Gebiet von feindlichen Truppen säubern (*inf*); **~ping-~ operations** Säuberungsaktion *f*; (*hum*) Aufräumungsarbeiten *pl*. **II** *vi* (auf)wischen.

mope [məʊp] *vi* Trübsal blasen (*inf*).

◆**mope about** *or* **around** *vi* mit einer Jammermiene herumlaufen. **to ~ ~ the house** zu Hause hocken und Trübsal blasen (*inf*).

moped ['məʊped] *n* Moped *nt*; (*very small*) Mofa *nt*.

mopy ['məʊpɪ] *adj* (+*er*) (*inf*) trübselig.

moraine [mɒ'reɪn] *n* Moräne *f*.

moral ['mɒrəl] **I** *adj* **1.** moralisch, sittlich; *principles, philosophy* Moral-; *support, victory, obligation* moralisch. **~ values** sittliche Werte, Moralvorstellungen *pl*; **~ standards** Moral *f*; **~ sense** Gefühl *nt* für Gut und Böse, moralisches Bewußtsein; **~ courage** Charakter *m*; **M~ Majority** (*US Pol*) Moralische Mehrheit.

2. (*virtuous*) integer, moralisch einwandfrei; (*sexually*) tugendhaft; (*moralizing*) *story, book* moralisch.

3. it's a ~ certainty that ... es ist mit Sicherheit anzunehmen, daß ...; **to have a ~ right to sth** jedes Recht auf etw (*acc*) haben.

II *n* **1.** (*lesson*) Moral *f*. **to draw a ~ from sth** eine Lehre aus etw ziehen.

2. ~s *pl* (*principles*) Moral *f*; **his ~s are different from mine** er hat ganz andere Moralvorstellungen als ich; **she's a girl of loose ~s** sie hat eine recht lockere Moral; **do your ~s allow you to do this?** kannst du das moralisch vertreten?

morale [mɒ'rɑ:l] *n* Moral *f*. **to boost sb's ~** jdm (moralischen) Auftrieb geben; **to destroy sb's ~** jdn entmutigen.

moralist ['mɒrəlɪst] *n* (*Philos, fig*) Moralist(in *f*) *m*.

moralistic [ˌmɒrə'lɪstɪk] *adj* moralisierend; (*Philos*) moralistisch.

morality [mə'rælɪtɪ] *n* Moralität *f*; (*moral system*) Moral, Ethik *f*. **~ play** Moralität *f*.

moralize ['mɒrəlaɪz] *vi* moralisieren. **to ~ about** *or* **upon sb/sth** sich über jdn/etw moralisch entrüsten; **stop your moralizing!** hör mit deinen Moralpredigten auf!

morally ['mɒrəlɪ] *adv* **1.** (*ethically*) moralisch. **2.** (*virtuously*) integer, moralisch einwandfrei; (*sexually*) tugendhaft.

morass [mə'ræs] *n* Morast, Sumpf (*also fig*) *m*. **to sink** *or* **be sucked into the ~ (of vice)** sich immer tiefer (im Laster) verstricken.

moratorium [ˌmɒrə'tɔːrɪəm] *n* Stopp *m*; (*Mil*) Stillhalteabkommen *nt*; (*on treaty*) Moratorium *nt*; (*Fin*) Zahlungsaufschub *m*. **a ~ on nuclear armament** ein Atomwaffenstopp *m*.

morbid ['mɔːbɪd] *adj* **1.** *idea, thought, jealousy* krankhaft; *interest, attitude also* unnatürlich; *imagination, mind also, sense of humour, talk* makaber; (*gloomy*) *outlook, thoughts* düster; *person* trübsinnig; (*pessimistic*) schwarzseherisch; *poet, novel, music* morbid. **that's ~!, that's a ~ thought** *or* **idea!** das ist ja makaber; **don't be so ~!** sieh doch nicht alles so schwarz!

2. (*Med*) morbid; *growth* krankhaft.

morbidity [mɔː'bɪdɪtɪ] *n see adj* **1.** Krankhaftigkeit *f*; Unnatürlichkeit *f*; Düsterkeit *f*; Hang *m* zu düsteren Gedanken; Morbidität *f*.

2. Morbidität *f*; Krankhaftigkeit *f*.

morbidly ['mɔːbɪdlɪ] *adv* **to talk/think ~** krankhafte *or* düstere *or* morbide (*geh*) Gedanken äußern/haben; **a ~ humorous story** eine Geschichte von makabrem Humor; **he is ~ interested in bad crashes** er hat ein krankhaftes Interesse an schweren Unfällen.

mordacious [mɔː'deɪʃəs] *adj see* **mordant**.

mordacity [mɔː'dæsɪtɪ], **mordancy** ['mɔːdənsɪ] *n* beißender Humor.

mordant ['mɔːdənt] *adj* beißend, ätzend.

more [mɔːʳ] **I** *n, pron* **1.** (*greater amount*) mehr; (*a further or additional amount*) noch mehr; (*of countable things*) noch mehr *or* welche. **~ and ~** immer mehr; **I want a lot ~** ich will viel mehr; (*in addition*) ich will noch viel mehr; **three/a few ~** noch drei/noch ein paar; **a little ~** etwas mehr; (*in addition*) noch etwas mehr; **many/much ~** viel mehr; **not many/much ~** nicht mehr viele/viel; **no ~** nichts mehr; (*countable*) keine mehr; **some ~** noch etwas; (*countable*) noch welche; **any ~?** noch mehr *or* etwas?; (*countable*) noch mehr *or* welche?; **there isn't/aren't any ~** mehr gibt es nicht; (*here, at the moment, left over*) es ist nichts mehr da/es sind keine mehr da; **is/are there any ~?** gibt es noch mehr?; (*left over*) ist noch etwas da/sind noch welche da?; **even ~** noch mehr; **let's say no ~ about it** reden wir nicht mehr darüber; **we shall hear/see ~ of you** wir werden öfter von dir hören/dich öfter sehen; **there's ~ to come** da kommt noch etwas, das ist noch nicht alles; **what ~ do you want?** was willst du denn noch?; **what ~ could one want?** mehr kann man sich doch nicht wünschen; **there's ~ to it** da steckt (noch) mehr dahinter; **there's ~ to bringing up children than just ...** zum Kindererziehen gehört mehr als nur ...; **and what's ~, he ...** und außerdem *or* obendrein hat er ... (noch) ...; **they are ~ than we are** sie sind in der Mehrzahl.

2. (all) the ~ um so mehr; **the ~ you give him, the ~ he wants** je mehr du ihm gibst, desto mehr verlangt er; **it makes me (all) the ~ ashamed** das beschämt mich um so mehr; **the ~ the merrier** je mehr, desto *or* um so (*inf*) besser.

II *adj* mehr; (*in addition*) noch mehr. **two/five ~ bottles** noch zwei/fünf Flaschen; **one ~ day, one day ~** noch ein Tag; **~ and ~ money/friends** immer mehr Geld/Freunde; **a lot/a little ~ money** viel/etwas mehr Geld; (*in addition*) noch viel/noch etwas mehr Geld; **a few ~ friends/weeks** noch ein paar Freunde/Wochen; **no ~ money/friends** kein Geld mehr/keine Freunde mehr; **no ~ singing/quarrelling!** Schluß mit der Singerei/mit dem Zanken!; **do you want some ~ tea/books?** möchten Sie noch etwas Tee/noch ein paar Bücher?; **is there any ~ wine in the bottle?** ist noch (etwas) Wein in der Flasche?; **there isn't any ~ wine** es ist kein Wein mehr da; **there aren't any ~ books** mehr Bücher gibt es nicht; (*here, at the moment*) es sind keine Bücher mehr da; **(the) ~ fool you!** du bist ja vielleicht ein Dummkopf!; **the ~ fool you for giving him** *or* **to give him the money** daß du auch so dumm bist, und ihm das Geld gibst.

III *adv* **1.** mehr. **~ and ~** immer mehr; **it will weigh/grow a bit ~** es wird etwas mehr wiegen/noch etwas wachsen; **will it weigh/grow any ~?** wird es mehr wiegen/noch wachsen?; **to like/want sth ~** etw lieber mögen/wollen; **~ than** mehr als; **£5/2 hours ~ than I thought** £ 5 mehr/2 Stunden länger, als ich dachte; **it will ~ than meet the demand** das wird die Nachfrage mehr als genügend befriedigen; **he's ~ lazy than stupid** er ist eher faul als dumm; **no ~ than** nicht mehr als; **no ~ a duchess than I am** genausowenig eine Herzogin wie ich (eine bin); **nothing ~ than ignorance** reine Unkenntnis; **he has resigned — that's no ~ than I expected** er hat gekündigt — das habe ich ja erwartet.

2. (*again*) **once ~** noch einmal, noch mal (*inf*); **never ~** nie mehr *or* wieder.

3. (*longer*) mehr. **no ~, not any ~** nicht mehr; **to be no ~** (*person*) nicht mehr sein *or* leben; (*thing*) nicht mehr existieren; **if he comes here any ~ ...** wenn er noch weiter *or* länger hierher kommt ...

4. (*to form comp of adj, adv*) -er (*than* als). **~ beautiful/beautifully** schöner; **~ and ~ beautiful** immer schöner; **no ~ stupid than I am** (auch) nicht dümmer als ich.

5. ~ or less mehr oder weniger; **neither ~ nor less, no ~, no less** nicht mehr und nicht weniger.

moreish ['mɔːrɪʃ] *adj* (*inf*) **these biscuits are very ~** diese Plätzchen schmecken nach mehr (*inf*).

morello [mɒ'reləʊ] *n* Sauerkirsche, Morelle *f*.

moreover [mɔː'rəʊvəʳ] *adv* überdies, zudem, außerdem.

mores ['mɔːreɪz] *npl* Sittenkodex *m*.

morgue [mɔːg] *n* **1.** (*mortuary*) Leichenschauhaus *nt*. **to be like a ~** wie ausgestorben sein. **2.** (*Press*) Archiv *nt*.

MORI ['mɔːrɪ] (*Brit*) *abbr of* **Market and Opinion Research Institute** *britisches Meinungsforschungsinstitut*. **~ poll** Meinungsumfrage *f*.

moribund ['mɒrɪbʌnd] *adj person* todgeweiht (*geh*), moribund (*spec*); *species* im Aussterben begriffen; (*fig*) *plan, policy* zum Scheitern verurteilt; *customs, way of life* zum Aussterben verurteilt.

Mormon ['mɔːmən] **I** *adj* mormonisch, Mormonen-; *doctrine* der Mormonen. **II** *n* Mormone *m*, Mormonin *f*.

Mormonism ['mɔːmənɪzəm] *n* Mormonentum *nt*.

mornay ['mɔːneɪ] *adj sauce* Käse-.

morning ['mɔːnɪŋ] **I** *n* Morgen *m*; (*as opposed to afternoon also*) Vormittag *m*; (*fig*) (*of life*) Frühling *m* (*liter*); (*of an era*) Anfänge *pl*, Beginn *m*. **~ dawned** der Morgen *or* es dämmerte; **in the ~** morgens, am Morgen; vormittags, am Vormittag; (*tomorrow*) morgen früh; **early in the ~** früh(morgens), in der Frühe, am frühen Morgen; (*tomorrow*) morgen früh; **very early in the ~** in aller Frühe, ganz früh (am Morgen); (*tomorrow*) morgen ganz früh; **late (on) in the ~** am späten Vormittag, gegen Mittag; **(at) 7 in the ~** (um) 7 Uhr morgens *or* früh; (*tomorrow*) morgen (früh) um 7; **this/yesterday/tomorrow ~** *adv* heute morgen/gestern morgen/morgen früh, heute/gestern/morgen vormittag; **on the ~ of November 28th** am Morgen des 28. November, am 28. November morgens; **the ~ after** am nächsten *or* anderen Tag *or* Morgen; **the ~ after the night before, the ~-after feeling** der Katzenjammer *or* die Katerstimmung am nächsten Morgen; **~-after pill** die Pille danach.

II *attr* Morgen-; (*regularly in the ~*) morgendlich; *train, service* Vormittags-; (*early ~*) *train, news* Früh-. **what time is ~ coffee?** (*at work*) wann ist morgens die Kaffeepause?; (*in café*) ab wann wird vormittags Kaffee serviert?

morning coat *n* Cut(away) *m*; **morning gown** *n* Hauskleid *nt*; **morning-room** *n* Frühstückszimmer *nt*; **morning sickness** *n* (Schwangerschafts)übelkeit *f*.

Moroccan [mə'rɒkən] **I** *adj* marokkanisch. **II** *n* Marokkaner(in *f*) *m*.

Morocco [mə'rɒkəʊ] *n* Marokko *nt*.

morocco [mə'rɒkəʊ] *n* (*also* **~ leather**) Maroquin *nt*.

moron ['mɔːrɒn] *n* (*Med*) Geistesschwache(r), Debile(r) (*spec*) *mf*; (*inf*) Trottel (*inf*), Schwachkopf (*inf*) *m*.

moronic [mə'rɒnɪk] *adj* (*Med*) geistesschwach, debil (*spec*); (*inf*) idiotisch (*inf*).

morose *adj*, **~ly** *adv* [mə'rəʊs, -lɪ] verdrießlich, mißmutig.

moroseness [mə'rəʊsnɪs] *n* Verdrießlichkeit *f*, Mißmut *m*.

morpheme ['mɔːfiːm] *n* Morphem *nt*.

morphia ['mɔːfɪə], **morphine** ['mɔːfiːn] *n* Morphium, Morphin (*spec*) *nt*.

morphological [ˌmɔːfə'lɒdʒɪkəl] *adj* morphologisch.

morphology [mɔː'fɒlədʒɪ] *n* Morphologie *f*.

morris dance ['mɒrɪs'dɑːns] *n* Moriskentanz *m*, *alter englischer Volkstanz*.

morse [mɔːs] *n* (*also* **M~ code**) Morsezeichen *pl*, Morseschrift *f*. **~ alphabet** Morsealphabet *nt*.

morsel ['mɔːsl] *n* (*of food*) Bissen, Happen *m*; (*fig*) bißchen *nt*; (*of information*) Brocken *m*.

mortal ['mɔːtl] **I** *adj* **1.** (*liable to die*) sterblich; (*causing death*) *injury, combat* tödlich. **2.** (*extreme*) *agony, fear* tödlich, Todes-; *sin, enemy* Tod-; (*inf*) *hurry* irrsinnig (*inf*). **3.** (*inf: conceivable*) **no ~ use** überhaupt kein Nutzen. **4.** (*inf: tedious*) *hours, boredom* tödlich (*inf*).

II *n* Sterbliche(r) *mf*.

mortality [mɔː'tælɪtɪ] *n* **1.** (*mortal state*) Sterblichkeit *f*.

2. (*number of deaths*) Todesfälle *pl*; (*rate*) Sterblichkeit(sziffer), Mortalität (*form*) *f*. **~ rate, rate of ~** Sterbeziffer, Sterblichkeitsziffer, Mortalität (*form*) *f*.

mortally ['mɔːtəlɪ] *adv* (*fatally*) tödlich; (*fig: extremely*) *shocked etc* zu Tode; *wounded* zutiefst; *offended* tödlich.

mortar[1] ['mɔːtəʳ] *n* **1.** (*bowl*) Mörser *m*. **2.** (*cannon*) Minenwerfer *m*.

mortar[2] **I** *n* (*cement*) Mörtel *m*. **II** *vt* mörteln.

mortgage ['mɔːgɪdʒ] **I** *n* Hypothek *f* (*on* auf *+acc/dat*). **a ~ for £50,000/for that amount** eine Hypothek über *or* von £ 50.000/über diesen Betrag; **~ rate** Hypothekenzinssatz *m*. **II** *vt house, land* hypothekarisch belasten. **to ~ one's future** (*fig*) sich (*dat*) die *or* seine Zukunft verbauen.

mortgagee [ˌmɔːgə'dʒiː] *n* Hypothekar(in *f*) *m*.

mortgagor [ˌmɔːgə'dʒɔːʳ] *n* Hypothekenschuldner(in *f*) *m*.

mortice *n, vt see* **mortise.**

mortician [ˌmɔː'tɪʃən] *n* (*US*) Bestattungsunternehmer(in *f*) *m*.

mortification [ˌmɔːtɪfɪ'keɪʃən] *n* **1.** Beschämung *f*; (*embarrassment*) äußerste Verlegenheit; (*humiliation*) Demütigung *f*. **much to his ~, she ...** er empfand es als sehr beschämend, daß sie ...; (*embarrassment*) es war ihm äußerst peinlich, daß sie ...; (*humiliation*) er empfand es als eine Schmach, daß sie ...; **I discovered to my ~ that I had made a mistake** ich stellte zu meiner größten Verlegenheit fest, daß ich einen Fehler gemacht hatte.

2. (*Rel*) Kasteiung *f*.

3. (*Med*) Brand *m*.

mortify ['mɔːtɪfaɪ] **I** *vt usu pass* **1.** beschämen; (*embarrass*) äußerst peinlich sein (*+dat*). **he was mortified** es war ihm äußerst peinlich; **embarrassed? I was mortified!** peinlich?, ich wäre am liebsten im Boden versunken!

2. (*Rel*) kasteien.

3. (*Med*) absterben lassen. **to be mortified** abgestorben sein.

II *vi* (*Med*) absterben.

mortifying *adj*, **mortifyingly** *adv* ['mɔːtɪfaɪɪŋ, -lɪ] beschämend; (*embarrassing*) peinlich.

mortise, mortice ['mɔːtɪs] **I** *n* Zapfenloch *nt*. **~ lock** (Ein)steckschloß *nt*. **II** *vt* verzapfen (*into* mit).

mortuary ['mɔːtjʊərɪ] *n* Leichenhalle *f*.

Mosaic [məʊ'zeɪɪk] *adj* mosaisch.

mosaic [məʊ'zeɪɪk] **I** *n* Mosaik *nt*. **II** *attr* Mosaik-.

Moscow ['mɒskəʊ] *n* Moskau *nt*.

Moselle [məʊ'zel] *n* Mosel *f*; (*also* **~ wine**) Mosel(wein) *m*.

Moses ['məʊzɪz] *n* Mose(s) *m*. **~ basket** Körbchen *nt*.

Moslem ['mɒzlem] **I** *adj* mohammedanisch. **II** *n* Moslem *m*.

mosque [mɒsk] *n* Moschee *f*.

mosquito [mɒ'skiːtəʊ] *n*, *pl* **-es** Stechmücke *f*; (*in tropics*) Moskito *m*. **~ net** Moskitonetz *nt*.

moss [mɒs] *n* Moos *nt*.

mossy ['mɒsɪ] *adj* (*+er*) (*moss-covered*) moosbedeckt, bemoost; *lawn* vermoost; (*mosslike*) moosig, moosartig.

most [məʊst] **I** *adj superl* **1.** meiste(r, s); (*greatest*) *satisfaction, pleasure* größte(r, s); (*highest*) *speed etc* höchste(r, s). **who has (the) ~ money?** wer hat am meisten *or* das meiste Geld?; **that gave me (the) ~ pleasure** das hat mir am meisten Freude *or* die größte Freude gemacht; **for the ~ part** größtenteils, zum größten Teil; (*by and large*) im großen und ganzen.

2. (*the majority of*) die meisten. **~ men/people** die meisten (Menschen/Leute).

II *n, pron* (*uncountable*) das meiste; (*countable*) die meisten. **~ of it/them** das meiste/die meisten; **~ of the money/his friends** das meiste Geld/die meisten seiner Freunde; **~ of the winter/day** fast den ganzen Winter/Tag über; **~ of the time** die meiste *or* fast die ganze Zeit; (*usually*) meist(ens); **at (the) ~/the very ~** höchstens/allerhöchstens; **to make the ~ of sth** (*make good use of*) etw voll ausnützen; (*enjoy*) etw in vollen Zügen genießen; **to make the ~ of one's looks** *or* **oneself** das Beste aus sich machen; **the girl with the ~** (*inf*) die Superfrau (*inf*).

III *adv* **1.** *superl* (*+vbs*) am meisten; (*+adj*) -ste(r, s); (*+adv*) am -sten. **the ~ beautiful/difficult** *etc* der/die/das schönste/schwierigste *etc;* **which one did it ~ easily?** wem ist es am leichtesten gefallen?; **what ~ displeased him ..., what displeased him ~ ...** was ihm am meisten mißfiel ...; **~ of all** am allermeisten; **~ of all because ...** vor allem, weil ...

2. (*very*) äußerst, überaus. **~ likely** höchstwahrscheinlich.

most-favoured-nation clause [ˌməʊst'feɪvəd'neɪʃn,klɔːz] *n* (*Pol*) Meistbegünstigungsklausel *f*.

mostly ['məʊstlɪ] *adv* (*principally*) hauptsächlich; (*most of the time*) meistens; (*by and large*) zum größten Teil. **they are ~ women/over fifty** die meisten sind Frauen/über fünfzig; **~ because ...** hauptsächlich, weil ...

MOT (*Brit*) **1.** *abbr of* **Ministry of Transport. 2. ~ (test)** ≃ TÜV *m*. **it failed its ~** es ist nicht durch den TÜV gekommen.

mote [məʊt] *n* (*old*) Staubkorn, Stäubchen *nt*. **to see the ~ in one's neighbour's eye (and not the beam in one's own)** den Splitter im Auge des anderen (und nicht den Balken im eigenen Auge) sehen.

motel [məʊ'tel] *n* Motel *nt*.

moth [mɒθ] *n* Nachtfalter *m*; (*wool-eating*) Motte *f*.

mothball *n* Mottenkugel *f*; **to put in ~s** (*lit, fig*) einmotten; *ship* stillegen, außer Dienst stellen; **moth-eaten** *adj* (*lit*) mottenzerfressen; (*fig*) ausgedient, vermottet (*inf*).

mother ['mʌðə[r]] **I** *n* **1.** Mutter *f*; (*animal also*) Muttertier *nt*; (*address to elderly lady*) Mütterchen. **M~ of God** Muttergottes, Mutter Gottes *f*; **M~'s Day** Muttertag *m*; **~'s help** Haus(halts)hilfe *f*; **a ~'s love** Mutterliebe *f*; **shall I be ~?** (*inf*) (*pour tea*) soll ich eingießen?; (*serve food*) soll ich austeilen?

2. (*US vulg*) Saftsack *m* (*vulg*). **a real ~ of a ...** ein/eine Scheiß- ... (*sl*).

II *attr church, plant* Mutter-; *bear, bird etc* -mutter *f*. **~ hen** Glucke *f*.

III *vt* (*care for*) *young* auf- *or* großziehen; (*give birth to*) zur Welt bringen; (*cosset*) bemuttern.

motherboard *n* (*Comput*) Mutterplatine, Hauptplatine *f*; **mother country** *n* (*native country*) Vaterland *nt*, Heimat *f*; (*head of empire*) Mutterland *nt*; **mothercraft** *n* Kinderpflege *f*; **motherfigure** *n* Mutterfigur *f*; **mother-fucker** *n* (*US vulg*) Saftsack *m* (*vulg*), Arschloch *nt* (*vulg*); **motherfucking** *adj* (*US vulg*) Scheiß- (*vulg*); **motherhood** *n* Mutterschaft *f*.

Mothering Sunday ['mʌðərɪŋ'sʌndɪ] *n* ≃ Muttertag *m*.

mother-in-law *n*, *pl* **mothers-in-law** Schwiegermutter *f*; **motherland** *n* (*native country*) Vaterland *nt*, Heimat *f*; (*ancestral country*) Land *nt* der Väter *or* Vorfahren.

motherly ['mʌðəlɪ] *adj* mütterlich.

mother-of-pearl I *n* Perlmutt *nt*, Perlmutter *f*; **II** *adj* Perlmutt-; **Mother Superior** *n* Mutter Oberin *f*; **mother-to-be** *n*, *pl* **mothers-to-be** werdende Mutter; **mother tongue** *n* Muttersprache *f*.

moth-hole *n* Mottenloch *nt*; **moth-proof I** *adj* mottenfest; **II** *vt* mottenfest machen.

motif [məʊ'tiːf] *n* (*Art, Mus*) Motiv *nt*; (*Sew*) Muster *nt*.

motion ['məʊʃən] **I** *n* **1.** *no pl* (*movement*) Bewegung *f*. **to be in ~** sich bewegen; (*engine, machine etc*) laufen; (*train, bus etc*) fahren; **to set** *or* **put sth in ~** etw in Gang bringen *or* setzen.

2. (*gesture*) Bewegung *f*. **to go through the ~s (of doing sth)** (*because protocol, etiquette demands it*) etw pro forma *or* der Form halber tun; (*pretend*) so tun, als ob (man etw täte), den Anschein erwecken(, etw zu tun); (*do mechanically*) etw völlig mechanisch tun.

3. (*proposal*) Antrag *m*. **to propose** *or* **make** (*US*) **a ~** einen Antrag stellen.

4. (*in debate*) Thema *nt*.

5. (*bowel ~*) Stuhlgang *m*; (*faeces*) Stuhl *m*.

II *vti* **to ~ (to) sb to do sth** jdm bedeuten, etw zu tun (*geh*), jdm ein Zeichen geben, daß er etw tun solle; **he ~ed me in/away** er winkte mich herein/er gab mir ein Zeichen, wegzugehen.

motionless *adj* unbeweglich, reg(ungs)los; **motion picture** *n* Film *m*; **motion-picture** *attr* Film-.

motivate ['məʊtɪveɪt] *vt* motivieren. **he's just not ~d enough** es fehlt ihm einfach die nötige Motivation.

motivation [ˌməʊtɪ'veɪʃən] *n* Motivation *f*.

motive ['məʊtɪv] **I** *n* **1.** (*incentive, reason*) Motiv *nt*, Beweggrund *m*; (*for crime*) (Tat)motiv *nt*. **the profit ~** Gewinnstreben *nt*; **my ~s were of the purest** ich hatte die besten Absichten. **2.** *see* **motif. II** *adj power, force* Antriebs-, Trieb-.

motiveless ['məʊtɪvlɪs] *adj* grundlos, ohne Motiv, unmotiviert.

motley ['mɒtlɪ] **I** *adj* kunterbunt; (*varied also*) bunt(gemischt); (*multicoloured also*) bunt (gescheckt). **II** *n* Narrenkostüm *or* -kleid *nt*.

motocross ['məʊtəkrɒs] *n* Moto-Cross *nt*.

motor ['məʊtə^r] **I** *n* **1.** Motor *m*. **2.** (*inf: car*) Auto *nt*.

II *vi* (*dated*) (mit dem Auto) fahren.

III *attr* **1.** (*Physiol*) motorisch. **2.** (*~-driven*) Motor-.

motor-assisted *adj* mit Hilfsmotor; **motorbike** *n* Motorrad *nt*; **motorboat** *n* Motorboot *nt*.

motorcade ['məʊtəˌkeɪd] *n* Fahrzeug- *or* Wagenkolonne *f*.

motorcar *n* (*dated, form*) Automobil (*dated*), Kraftfahrzeug (*form*) *nt*; **motorcycle** *n* Motorrad, Kraftrad (*form*) *nt*; **~ combination** Motorrad mit Beiwagen; **motor-cycling** *n* Motorradfahren *nt*; (*Sport*) Motorradsport *m*; **motorcyclist** *n* Motorradfahrer(in *f*) *m*; **motor-driven** *adj* Motor-, mit Motorantrieb.

motoring ['məʊtərɪŋ] **I** *adj attr accident, offence* Verkehrs-; *news, correspondent* Auto-. **~ skills** Fahrkünste *pl*; **the ~ public** die Autofahrer *pl*. **II** *n* Autofahren *nt*. **school of ~** Fahrschule *f*.

motorist ['məʊtərɪst] *n* Autofahrer(in *f*) *m*.

motorization [ˌməʊtəraɪ'zeɪʃən] *n* Motorisierung *f*.

motorize ['məʊtəraɪz] *vt* motorisieren. **to be ~d** motorisiert sein; (*private person also*) ein Auto haben.

motorman *n* (*of train*) Zugführer *m*; (*of tram*) Straßenbahnfahrer *m*; **motor mechanic** *n* Kraftfahrzeugmechaniker(in *f*), Kfz-Mechaniker(in *f*) *m*; **motor nerve** *n* motorischer Nerv; **motor race** *n* (Auto)rennen *nt*; **motor racing** *n* Autorennen *nt*, Rennsport *m*; **motor scooter** *n* (*form*) Motorroller *m*; **motor show** *n* Automobilausstellung *f*; **motor sport** *n* Motorsport *m*; (*with cars also*) Automobilsport *m*; **motor truck** *n* (*US*) Lastwagen *m*; **motor vehicle** *n* (*form*) Kraftfahrzeug *nt*; **motorvehicle licensing centre** *n* Kraftfahrzeugzulassungsstelle *f*; **motorway** *n* (*Brit*) Autobahn *f*; **~ madness** Geschwindigkeitsrausch *m*; **~ driving** das Fahren auf der Autobahn, das Autobahnfahren.

mottled ['mɒtld] *adj* gesprenkelt; *complexion* fleckig. **~ brown and white** braun und weiß gesprenkelt.

motto ['mɒtəʊ] *n, pl* **-es** Motto *nt*, Wahlspruch *m*; (*personal also*) Devise *f*; (*Her also*) Sinnspruch *m*; (*in cracker, on calendar*) Spruch *m*. **the school ~** das Motto der Schule.

mould[1], (*US*) **mold** [məʊld] **I** *n* **1.** (*hollow form*) (Guß)form *f*; (*Typ also*) Mater *f*; (*shape, Cook*) Form *f*.

2. (*jelly, blancmange*) Pudding, Wackelpeter (*inf*) *m*.

3. (*fig: character, style*) **to be cast in the same/a different ~** (*people*) vom gleichen/von einem anderen Schlag sein, aus dem gleichen/einem anderen Holz geschnitzt sein; **to break the ~** (*fig*) mit der Tradition brechen; **to fit sb/sth into a ~** jdn/etw in ein Schema zwängen.

II *vt* **1.** (*lit*) (*fashion*) formen (*into* zu); (*cast*) gießen.

2. (*fig*) *character, person* formen. **to ~ sb into sth** etw aus jdm machen; **it/the hero is ~ed on ...** es orientiert sich an (+*dat*)/der Held ist nach dem Vorbild (+*gen*) geschaffen.

III *vr* **to ~ oneself on sb** sich (*dat*) jdn zum Vorbild nehmen; **to ~ oneself on an ideal** sich an einem Ideal orientieren.

mould[2], (*US*) **mold** *n* (*fungus*) Schimmel *m*.

mould[3], (*US*) **mold** *n* (*soil*) Humus(boden *m or* -erde *f*) *m*.

moulder[1], (*US*) **molder** ['məʊldə^r] *n* (*Tech*) Former, (Form)gießer *m*.

moulder[2], (*US*) **molder** *vi* (*lit*) vermodern; (*leaves also*) verrotten; (*food*) verderben; (*carcass*) verwesen; (*fig*) (*mental faculties, building*) zerfallen; (*equipment*) vermodern, vergammeln (*inf*); (*person*) verkümmern.

mouldiness, (*US*) **moldiness** ['məʊldɪnɪs] *n* Schimmel *m* (*of* auf +*dat*), Schimmligkeit *f*. **a smell of ~** ein Modergeruch *m*.

moulding, (*US*) **molding** ['məʊldɪŋ] *n* **1.** (*act*) Formen *nt*; (*of metals*) Gießen *nt*. **2.** (*cast*) Abdruck *m*; (*of metal*) (Ab)guß *m*; (*ceiling ~*) Deckenfries *or* -stuck *m*. **3.** (*fig*) Formen *nt*.

mouldy, (*US*) **moldy** ['məʊldɪ] *adj* (+*er*) **1.** (*covered with mould*) verschimmelt, schimmelig; (*musty*) mod(e)rig. **2.** (*dated inf*) (*pathetic, contemptible*) miserabel (*inf*); (*mean*) *person* schäbig; *amount* lumpig (*inf*).

moult, (*US*) **molt** [məʊlt] **I** *n* (*of birds*) Mauser *f* (*also Comput*); (*of mammals*) Haarwechsel *m*; (*of snakes*) Häutung *f*. **II** *vt hairs* verlieren; *feathers, skin* abstreifen. **III** *vi* (*bird*) sich mausern;

(*mammals*) sich haaren; (*snake*) sich häuten.

mound [maʊnd] *n* **1.** (*hill, burial ~*) Hügel *m*; (*earthwork*) Wall *m*; (*Baseball*) Wurfmal *nt*. **2.** (*pile*) Haufen *m*; (*of books, letters*) Stoß, Stapel *m*.

mount¹ [maʊnt] *n* **1.** (*poet: mountain, hill*) Berg *m*. **2.** (*in names*) **M~ Etna/Kilimanjaro** *etc* der Ätna/Kilimandscharo *etc*; **M~ Everest** Mount Everest *m*; **on M~ Sinai** auf dem Berg(e) Sinai.

mount² **I** *n* **1.** (*horse etc*) Pferd, Reittier, Roß (*old, liter*) *nt*.

2. (*support, base*) (*of machine*) Sockel, Untersatz *m*; (*of colour slide*) Rahmen *m*; (*of microscope slide*) Objektträger *m*; (*of jewel*) Fassung *f*; (*of photo, picture*) Passepartout *nt*; (*backing*) Unterlage *f*, Rücken *m*; (*stamp ~*) Falz *m*.

II *vt* **1.** (*climb onto*) besteigen, steigen auf (+*acc*).

2. (*place in/on ~*) montieren; *picture, photo* mit einem Passepartout versehen; (*on backing*) aufziehen; *colour slide* rahmen; *microscope slide, specimen, animal* präparieren; *jewel* (ein)fassen; *stamp* aufkleben.

3. (*organize*) *play* inszenieren; *attack, expedition, exhibition* organisieren, vorbereiten; *army* aufstellen.

4. to ~ a guard eine Wache aufstellen (*on* vor +*dat*); **to ~ guard** Wache stehen *or* halten (*on* vor +*dat*).

5. (*mate with*) bespringen; (*birds, inf: person*) besteigen.

6. (*provide with horse*) mit Pferden/einem Pferd versorgen.

III *vi* **1.** (*get on*) aufsteigen; (*on horse also*) aufsitzen.

2. (*increase: also ~* **up**) sich häufen.

mountain ['maʊntɪn] *n* (*lit, fig*) Berg *m*. **in the ~s** im Gebirge, in den Bergen; **to make a ~ out of a molehill** aus einer Mücke einen Elefant(en) machen (*inf*).

mountain *in cpds* Berg-; (*alpine, Himalayan*) Gebirgs-; **mountain ash** *n* Eberesche *f*; **mountain bike** *n* Mountain-Bike *nt*; **mountain chain** *n* Berg- *or* Gebirgskette *f*, Gebirgszug *m*; **mountain dew** *n* (*inf*) *illegal gebrannter Whisky*.

mountaineer [ˌmaʊntɪ'nɪəʳ] **I** *n* Bergsteiger(in *f*) *m*. **II** *vi* bergsteigen.

mountaineering [ˌmaʊntɪ'nɪərɪŋ] **I** *n* Bergsteigen *nt*. **II** *attr* Bergsteiger-.

mountain lion *n* Puma, Silberlöwe *m*.

mountainous ['maʊntɪnəs] *adj* bergig, gebirgig; (*fig: huge*) riesig.

mountain range *n* Gebirgszug *m or* -kette *f*; **mountain sheep** *n* Dickhornschaf *nt*; **mountainside** *n* (Berg)hang *m*.

mountebank ['maʊntɪbæŋk] *n* Quacksalber, Scharlatan *m*.

mounted ['maʊntɪd] *adj* (*on horseback*) beritten; (*Mil: with motor vehicles*) motorisiert.

mounting ['maʊntɪŋ] *n* **1.** *see* **mount² II 2.** Montage *f*; Versehen *nt* mit einem Passepartout; Aufziehen *nt*; Rahmen *nt*; Präparieren *nt*; (Ein)fassen *nt*; Aufkleben *nt*. **2.** (*frame etc*) see **mount² I 2.**. **engine ~s** Motoraufhängung *f*.

mourn [mɔːn] **I** *vt person* trauern um, betrauern; *sb's death* beklagen, betrauern; (*with wailing*) beklagen; (*fig*) nachtrauern (+*dat*). **who is she ~ing?** um wen trauert sie?; (*wear ~ing for*) warum trägt sie Trauer?; **what is to become of us?, she ~ed** was soll aus uns werden?, klagte sie.

II *vi* trauern; (*wear ~ing*) Trauer tragen, in Trauer gehen. **to ~ for** *or* **over sb/sth** um jdn trauern, jds Tod (*acc*) betrauern/einer Sache (*dat*) nachtrauern.

mourner ['mɔːnəʳ] *n* Trauernde(r) *mf*; (*non-relative at funeral*) Trauergast *m*.

mournful ['mɔːnfʊl] *adj* (*sad*) *person, occasion, atmosphere* traurig, trauervoll; *person* (*as character trait*), *voice* weinerlich; *look also* jammervoll, Jammer-; *sigh, appearance* kläglich, jämmerlich; *sound, cry* klagend.

mournfully ['mɔːnfəlɪ] *adv see adj*.

mournfulness ['mɔːnfʊlnɪs] *n see adj* Traurigkeit *f*; Weinerlichkeit *f*; Jämmerlichkeit *f*; klagender Laut.

mourning ['mɔːnɪŋ] *n* (*act*) Trauer *f*, Trauern *nt* (*of* um); (*with wailing*) Wehklage *f*; (*period*) Trauerzeit *f*; (*dress*) Trauer(kleidung) *f*. **to be in ~ for sb** um jdn trauern; (*wear ~*) Trauer tragen; **to come out of ~** die Trauer ablegen; **to go**

mourning ['mɔːnɪŋ] *n* (*act*) Trauer *f*, Trauern *nt* (*of* um); (*with wailing*) Wehklage *f*; (*period*) Trauerzeit *f*; (*dress*) Trauer(kleidung) *f*. **to be in ~ for sb** um jdn trauern; (*wear ~*) Trauer tragen; **to come out of ~** die Trauer ablegen; **to go** **into ~** trauern; (*wear ~*) Trauer anlegen; **next Tuesday has been declared a day of national ~** für den kommenden Dienstag wurde Staatstrauer angeordnet.

mouse [maʊs] **I** *n, pl* **mice 1.** Maus *f* (*also Comput*). **2.** (*inf: person*) (*shy*) schüchternes Mäuschen; (*nondescript*) graue Maus. **II** *vi* Mäuse fangen, mausen. **to go mousing** auf Mäusejagd gehen.

mouse *in cpds* Mause-; **mouse-coloured** *adj* mausgrau.

mousetrap ['maʊstræp] *n* Mausefalle *f*.

mousey *adj see* **mousy**.

moussaka [mʊ'sɑːkə] *n* Moussaka *f*.

mousse [muːs] *n* **1.** Creme(speise) *f*. **2.** (*also* **styling ~**) Schaumfestiger *m*.

moustache, (*US*) **mustache** [mə'stɑːʃ] *n* Schnurrbart *m*.

mousy, mousey ['maʊsɪ] *adj* (+*er*) (*timid, shy*) schüchtern; (*nondescript*) farblos, unscheinbar; *colour, hair* mausgrau.

mouth [maʊθ] **I** *n* (*of person*) Mund *m*; (*of animal*) Maul *nt*; (*of bird*) Rachen *m*; (*of bottle, cave, vice*) Öffnung *f*; (*of river*) Mündung *f*; (*of harbour*) Einfahrt *f*. **to be down in the ~** (*inf*) deprimiert *or* niedergeschlagen sein; **to keep one's (big) ~ shut** (*inf*) den Mund *or* die Klappe (*inf*) halten; **to have a foul ~** ein grobes *or* ungewaschenes Maul haben (*inf*); **he has three ~s to feed** er hat drei Mäuler zu ernähren *or* stopfen (*inf*); *see* **word.**

II [maʊð] *vt* (*say affectedly*) (über) deutlich artikulieren; (*articulate soundlessly*) mit Lippensprache sagen.

mouthful ['maʊθfʊl] *n* (*of drink*) Schluck *m*; (*of food*) Bissen, Happen (*inf*) *m*; (*fig*) (*difficult word*) Zungenbrecher *m*; (*long word*) Bandwurm *m*. **I got a ~ of salt water** ich habe einen ganzen Schwall Salzwasser geschluckt; **you said a ~** (*US inf*) das kann man wohl sagen.

mouth *in cpds* Mund-; **mouth-organ** *n* Mundharmonika *f*; **mouthpiece** *n* Mundstück *nt*; (*of telephone*) Sprechmuschel *f*; (*fig: spokesman, publication*) Sprachrohr *nt*; **mouth-to-mouth** *adj* Mund-zu-Mund-; **mouth-to-mouth resuscitation** *n* Mund-zu-Mund-Beatmung *f*; **mouthwash** *n* Mundwasser *nt*; **mouth-watering** *adj* lecker; **that smells/looks really ~** da läuft einem ja das Wasser im Mund(e) zusammen!

movability [ˌmu:və'bɪlɪtɪ] *n see adj* Beweglichkeit *f*; Transportfähigkeit *f*.

movable ['mu:vəbl] **I** *adj* beweglich (*auch Jur, Eccl*); (*transportable*) transportierbar, transportfähig. **II** *n* **1.** (*portable object*) bewegliches Gut. **~s** Mobiliar *nt*, Mobilien *pl*. **2.** *usu pl* (*Jur*) bewegliches Vermögen, Mobiliarvermögen *nt*.

move [mu:v] **I** *n* **1.** (*in game*) Zug *m*; (*fig*) (*step, action*) Schritt *m*; (*measure taken*) Maßnahme *f*. **it's my** *etc* **~** (*lit, fig*) ich *etc* bin am Zug *or* dran (*inf*); **to have first/to make a ~** (*lit*) den ersten Zug/einen Zug machen; **to make a/the first ~** (*fig*) etwas *or* Schritte unternehmen/den ersten Schritt tun; **that was a false** *or* **bad/good/clever ~** (*lit*) das war ein schlechter/guter/raffinierter Zug; (*fig*) das war taktisch falsch *or* unklug/das war ein guter/geschickter Schachzug.

2. (*movement*) Bewegung *f*. **to be on the ~** (*things, people*) in Bewegung sein; (*fig: things, developments*) im Fluß sein; (*person: in different places*) unterwegs *or* auf Achse (*inf*) sein; (*vehicle*) fahren; (*country, institutions etc*) sich im Umbruch befinden; **to watch sb's every ~** jdn nicht aus den Augen lassen; **to get a ~ on (with sth)** (*inf*) (*hurry up*) zumachen (*inf*) *or* sich beeilen (mit etw); (*make quick progress*) (mit etw) vorankommen; **get a ~ on!** nun mach schon! (*inf*), mach mal zu! (*inf*); **to make a ~ to do sth** (*fig*) Anstalten machen, etw zu tun; **nobody had made a ~ (towards going)** keiner hatte Anstalten gemacht zu gehen; **it's time we made a ~** es wird Zeit, daß wir gehen *or* daß wir uns auf den Weg machen.

3. (*of house*) Umzug *m*; (*to different job*) Stellenwechsel *m*; (*to different department*) Wechsel *m*.

II *vt* **1.** (*make sth ~*) *leaves, pointer, part* bewegen; *wheel, windmill* (an)treiben; (*shift*) *objects, furniture* woanders hinstellen; (*~ away*) wegstellen; (*shift about*) umstellen, umräumen; *chest, chair* rücken; *vehicle* (*engine*) von der Stelle bewegen; (*driver*) wegfahren; (*transport*) befördern; (*remove*) *soil, dirt, rubble* wegschaffen; *obstacle* aus dem Weg räumen; *rock* von der Stelle bewegen; *chess piece* ziehen mit, einen Zug machen mit; (*out of the way*) wegnehmen. **to ~ sth to a different place** etw an einen anderen Platz stellen; **to be unable to ~ sth** (*lift*) etw nicht von der Stelle *or* vom Fleck (*inf*) bringen; *screw, nail* etw nicht losbekommen; **I can't ~ this lid/handle** der Deckel/Griff läßt sich nicht bewegen; **you'll have to ~ these books/your car (out of the way)** Sie müssen diese Bücher wegräumen/Ihr Auto wegfahren.

2. *parts of body* bewegen; (*take away*) *arm* wegnehmen; *one's foot, hand* wegziehen. **not to ~ a muscle** sich nicht rühren; **could you ~ your head a little to the side?** können Sie vielleicht Ihren Kopf ein wenig zur Seite drehen?; **he ~d his face a little closer** er ging mit dem Gesicht etwas näher heran; **~ yourself, can't you?** können Sie nicht mal etwas Platz machen?; **to ~ the** *or* **one's bowels** (*form*) Stuhlgang haben.

3. (*change location of*) *offices, troops, production* verlegen; (*Comput*) *text block* verschieben. **to ~ house/office** umziehen/(in ein anderes Büro) umziehen.

4. *enemy, demonstrators* vertreiben; *patient* bewegen; (*transport*) transportieren; (*transfer*) verlegen; *refugees* transportieren; (*out of area*) evakuieren; *employee* (*to different department*) versetzen; (*upgrade*) befördern (*to* zu); *pupil* (*by authorities*) versetzen. **~ those people** schicken Sie die Leute da weg; **to ~ sb to a hospital** jdn ins Krankenhaus einliefern; **to ~ soldiers into the city** in der Stadt Soldaten einsetzen; **I'm going to ~ you to sales manager/goalkeeper** *etc* ich werde Sie jetzt als Verkaufsleiter/Torwart *etc* einsetzen; **his parents ~d him to another school** seine Eltern haben ihn in eine andere Schule getan *or* gegeben.

5. (*fig: sway*) **to ~ sb from an opinion** *etc* jdn von einer Meinung *etc* abbringen; **to ~ sb to do sth** jdn veranlassen *or* bewegen (*geh*) *or* dazu bringen, etw zu tun; **I am not to be ~d, I shall not be ~d** ich bleibe hart, ich bleibe dabei.

6. (*cause emotion in*) rühren, bewegen; (*upset*) erschüttern, ergreifen. **to be ~d** gerührt sein; erschüttert sein; **to ~ sb to tears/anger/pity** jdn zu Tränen rühren/jds Zorn/Mitleid erregen.

7. (*form: propose*) beantragen. **she ~d an amendment to the motion** sie stellte einen Abänderungsantrag; **I ~ that we adjourn** ich beantrage eine Vertagung.

8. (*Comm: sell*) absetzen.

III *vi* **1.** sich bewegen. **nothing/nobody ~d** nichts/niemand rührte sich; **the wheel/vehicle began to ~** das Rad/Fahrzeug setzte sich in Bewegung; **she ~s gracefully/like a cat** ihre Bewegungen sind anmutig/katzenhaft; **don't ~!** stillhalten!

2. (*not be stationary*) (*vehicle, ship*) fahren; (*traffic*) vorankommen. **to keep moving** nicht stehenbleiben; **to keep sb/sth moving** jdn/etw in Gang halten; **keep those people moving!** sorgen Sie dafür, daß die Leute weitergehen!; **things are moving at last** endlich kommen die Dinge in Gang *or* geschieht etwas; **~!** na los, wird's bald! (*inf*).

3. (*~ house*) umziehen. **we ~d to London/to a bigger house** wir sind nach London/in ein größeres Haus umgezogen; **they ~d from London** sie sind von London weggezogen.

4. (*change place*) gehen; (*in car*) fahren. **let's ~ into the garden** gehen wir in den Garten; **he has ~d to room 52** er ist jetzt in Zimmer 52; **he has ~d to another department/a different company** er hat die Abteilung/Firma gewechselt; **he has ~d to Brown's** er ist zu Brown gegangen; **have the troops ~d?** sind die Truppen abgezogen?; **don't ~** gehen Sie nicht weg; **I won't ~ from here** ich rühre mich nicht von der Stelle.

5. (*progress*) **to ~ (away) from/closer to** *or* **towards sth** sich von etw entfernen/sich einer Sache (*dat*) nähern; **which way are events/is civilization moving?** in welche Richtung entwickeln sich die Dinge/entwickelt sich unsere Zivilisation?; **to ~ with the times** mit der Zeit gehen.

6. (*inf*) (*go fast*) einen Zahn *or* ein Tempo draufhaben (*inf*); (*hurry up*) zumachen (*inf*), einen Zahn zulegen (*sl*). **he can ~** der ist unheimlich schnell (*inf*); **150? that's moving!** 150? das ist aber ein ganz schönes Tempo! (*inf*).

7. to ~ in high society/in yachting circles in den besseren Kreisen/in Seglerkreisen *etc* verkehren.

8. (*in games*) (*make a ~*) einen Zug machen, ziehen; (*have one's turn*) am Zug sein, ziehen.

9. (*fig: act*) etwas unternehmen, Maßnahmen ergreifen. **they must ~ first** sie müssen den ersten Schritt tun.

10. (*form: propose, request*) **to ~ for sth** etw beantragen.

11. (*sell*) sich absetzen lassen, gehen (*inf*).

◆**move about I** *vt sep* (*place in different positions*) umarrangieren; *furniture, ornaments* umstellen, umräumen; *parts of body* (hin und her) bewegen; (*fiddle with*) herumspielen mit; *employee* versetzen; (*make travel*) umher- *or* herumschicken. **the families of servicemen get ~d ~ a lot** die Familien von Militärpersonal müssen oft umziehen.

II *vi* sich (hin und her) bewegen; (*fidget*) herumzappeln; (*travel*) unterwegs sein; (*move house*) umziehen. **I can hear him moving ~** ich höre ihn herumlaufen.

◆**move along I** *vt sep* weiterrücken; *car* vorfahren; *bystanders* zum Weitergehen veranlassen. **II** *vi* (*along seat*) auf- *or* durchrücken; (*along pavement, bus*) weitergehen; (*cars*) weiterfahren. **I'd better be moving ~** (*inf*) ich glaube, ich muß weiter *or* los (*inf*).

◆**move around** *vti sep see* **move about**.

◆**move aside I** *vt sep* zur Seite *or* beiseite rücken *or* schieben; *person* beiseite drängen. **II** *vi* zur Seite gehen, Platz machen.

◆**move away I** *vt sep* wegräumen; *car* wegfahren; *person* wegschicken; (*to different town, job etc*) versetzen; *troops* abziehen; *pupil* wegsetzen. **to ~ sb ~ from sb/sth** jdn von jdm/etw entfernen.

II *vi* **1.** (*move aside*) aus dem Weg gehen, weggehen; (*leave*) (*people*) weggehen; (*vehicle*) losfahren; (*move house*) fort- *or* wegziehen (*from* aus, von); (*firm*) wegziehen (*from* von, aus),

◆**move away I** *vt sep* wegräumen; *car* wegfahren; *person* wegschicken; (*to different town, job etc*) versetzen; *troops* abziehen; *pupil* wegsetzen. **to ~ sb ~ from sb/sth** jdn von jdm/etw entfernen.

II *vi* **1.** (*move aside*) aus dem Weg gehen, weggehen; (*leave*) (*people*) weggehen; (*vehicle*) losfahren; (*move house*) fort- *or* wegziehen (*from* aus, von); (*firm*) wegziehen (*from* von, aus), verziehen; (*person*) (*from department*) verlassen (*from acc*); (*from job*) wechseln (*from acc*).

2. (*fig*) abkommen (*from* von); (*from policy, aims also*) sich entfernen (*from* von).

◆**move back I** *vt sep* **1.** (*to former place*) zurückstellen; *people* zurückbringen; (*into old house, town*) wieder unterbringen (*into* in +*dat*); (*to job*) zurückversetzen; *soldiers* zurückbeordern.

2. (*to the rear*) *things* zurückschieben *or* -rücken; *car* zurückfahren; *chess piece* zurückziehen, zurückgehen mit; *people* zurückdrängen; *troops* zurückziehen.

II *vi* **1.** (*to former place*) zurückkommen; (*into one's house*) wieder einziehen (*into* in +*acc*); (*into old job*) zurückgehen (*to* zu); (*fig: to theory, ideology*) zurückkehren (*to* zu).

2. (*to the rear*) zurückweichen; (*troops*) sich zurückziehen; (*car*) zurückfahren.

◆**move down I** *vt sep* (*downwards*) (weiter) nach unten stellen; (*along*) (weiter) nach hinten stellen; (*Sch*) zurückstufen; (*Sport*) absteigen lassen. **to ~ sb ~ (the line/the bus)** jdn weiter hinten hinstellen/jdn (im Bus) aufrücken lassen.

II *vi* (*downwards*) nach unten rücken *or* rutschen; (*along*) weiterrücken *or* -rutschen; (*in bus*) nach hinten aufrükken; (*Sch*) zurückgestuft werden; (*team*) absteigen, zurückfallen (*to* auf +*acc*). **~ (right) ~ the bus, please!** rücken Sie bitte (ans hintere Ende des Busses) auf!; **to ~ ~ the social scale** gesellschaftlich absteigen; **he had to ~ ~ a year** (*Sch*) er mußte eine Klasse zurück.

◆**move forward I** *vt sep* **1.** *person* vorgehen lassen; *chair, table* vorziehen *or* -rücken; *chess piece* vorziehen, vorgehen mit; *car* vorfahren; *troops* vorrücken lassen.

2. (*fig: advance*) *event, date* vorverlegen. **to ~ the hands of a clock ~** den Zeiger *or* die Uhr vorstellen.

II *vi* (*person*) vorrücken; (*crowd*) sich vorwärts bewegen; (*car*) vorwärtsfahren; (*troops*) vorrücken; (*hands of clock*) vor- *or* weiterrücken.

◆**move in I** *vt sep* **1.** *police, troops, extra staff* einsetzen (*-to* in *+dat*); (*march/drive in*) einrücken lassen (*-to* in *+acc*); (*take inside*) *luggage* herein-/hineinstellen (*-to* in *+acc*); *car* hineinfahren (*-to* in *+acc*).

2. the council/removal firm hasn't ~d us ~(to the house) yet die Stadt hat uns noch nicht im Haus untergebracht/die Spedition hat unseren Umzug noch nicht gemacht.

II *vi* **1.** (*into accommodation*) einziehen (*-to* in *+acc*).

2. (*come closer*) sich nähern (*on dat*), näher herankommen (*on* an *+acc*); (*camera*) näher herangehen (*on* an *+acc*); (*police, troops*) anrücken; (*start operations*) (*workers*) (an)kommen, anfangen; (*hooligans, firms*) auf den Plan treten. **to ~ ~ on sb** (*police, troops*) gegen jdn vorrücken; (*guests*) jdm auf den Leib rücken; **the big concerns ~d ~ on the market/the casinos** die großen Konzerne etablierten sich auf dem Markt/im Kasinogeschäft.

◆**move off I** *vt sep people* wegschicken.

II *vi* **1.** (*go away*) (*people*) weggehen; (*troops*) abziehen.

2. (*start moving*) sich in Bewegung setzen; (*train, car also*) los- *or* abfahren.

◆**move on I** *vt sep hands of clock* vorstellen. **the policeman ~d them ~** der Polizist forderte sie auf weiterzugehen/weiterzufahren; **he ~d the discussion ~ to the next point** er leitete die Diskussion zum nächsten Punkt über.

II *vi* (*people*) weitergehen; (*vehicles*) weiterfahren. **it's about time I was moving ~** (*fig*) es wird Zeit, daß ich (mal) etwas anderes mache; **to ~ ~ to a more responsible job** zu einem verantwortungsvolleren Posten aufsteigen; **I've got to be moving ~ or I'll miss my train** ich muß unbedingt weiter, sonst verpasse ich noch den Zug; **let's ~ ~ to the next point** gehen wir zum nächsten Punkt über; **time is moving ~** die Zeit vergeht.

◆**move out I** *vt sep* **1.** *car* herausfahren (*of* aus). **we had to ~ ~ the furniture** wir mußten die Möbel hinausräumen *or* -stellen.

2. (*withdraw*) *troops* abziehen. **they are being ~d ~ (of their house)** sie müssen (aus ihrem Haus) ausziehen; **they ~d everybody ~ of the danger zone** alle mußten die Gefahrenzone verlassen *or* räumen.

II *vi* **1.** (*leave accommodation*) ausziehen; (*withdraw: troops*) abziehen. **to ~ ~ of an area** ein Gebiet räumen.

2. (*leave: train*) abfahren.

◆**move over I** *vt sep* herüber-/hinüberschieben. **~ your bottom ~** (*inf*) rück *or* rutsch mal ein Stück zur Seite (*inf*); **he ~d the car ~ to the side** er fuhr an die Seite heran.

II *vi* zur Seite rücken *or* rutschen. **~ ~, we all want to sit down** rück *or* rutsch mal ein Stück, wir wollen uns auch hinsetzen (*inf*).

◆**move up I** *vt sep* **1.** (weiter) nach oben stellen; (*promote*) befördern; (*Sch*) versetzen; (*Sport*) aufsteigen lassen. **they ~d him ~ two places** sie haben ihn zwei Plätze vorgerückt; **the general ~d his men ~ onto the hill** der General beorderte seine Leute auf den Hügel hinauf; **to ~ sb ~ (the line/the bus)** jdn weiter nach vorne stellen/jdn (im Bus) aufrükken lassen.

2. *troops* (*into battle area*) aufmarschieren lassen; (*to front line*) vorrücken lassen; *guns, artillery* auffahren.

II *vi* **1.** (*fig*) aufsteigen; (*shares, rates*) steigen; (*be promoted*) befördert werden; (*Sch*) versetzt werden. **to ~ ~ the social scale** die gesellschaftliche Leiter hinaufklettern.

2. (*move along*) auf- *or* weiterrücken. **~ ~ the bus!** rücken Sie auf *or* weiter!

moveable *adj, n see* **movable.**

movement ['mu:vmənt] *n* **1.** (*motion*) Bewegung *f*; (*fig: trend*) Trend *m* (*towards* zu); (*of events*) Entwicklung *f*; (*of prices/rates*) Preis-/Kursbewegung *f*; (*of troops*) Truppenbewegung *f*. **a slight downward/upward ~** eine leichte Abwärts-/Aufwärtsbewegung; **the novel lacks ~** dem Roman fehlt die Handlung; **~ (of the bowels)** (*Med*) Stuhlgang *m*; **there was a ~ towards the door** alles drängte zur Tür; **a marked ~ to the right** ein merklicher *or* deutlicher Rechtsruck.

2. (*political, artistic ~*) Bewegung *f*.

3. (*transport: of goods*) Beförderung *f*.

4. (*Mus*) Satz *m*.

5. (*mechanism*) Antrieb(smechanismus) *m*, Getriebe *nt*; (*of clock*) Uhrwerk *nt*.

mover ['mu:vər] *n* **1.** (*of proposition*) Antragsteller(in *f*) *m*. **2.** (*remover*) Möbelpacker *m*. **3.** (*walker, dancer*) **he is a good/poor** *etc* **~** seine Bewegungen sind schön/plump. **4. to be a fast ~** (*inf*) von der schnellen Truppe sein (*inf*).

movie ['mu:vı] *n* (*esp US*) Film *m*. **(the) ~s** der Film; **to go to the ~s** ins Kino gehen.

movie *in cpds* Film-; **movie camera** *n* Filmkamera *f*; **moviegoer** *n* Kinogänger(in *f*) *m*; **movie-house** *n* Kino, Filmtheater *nt*; **moviestar** *n* Filmstar *m*; **movietheater** *n* (*US*) Kino *nt*.

moving ['mu:vıŋ] *adj* **1.** (*that moves*) beweglich. **~ staircase** *or* **stairs** Rolltreppe *f*. **2.** (*Tech: motive*) *power* Antriebs-; (*fig: instigating*) *force* treibend. **3.** (*causing emotion*) ergreifend; *movement also* bewegend; *tribute* rührend.

movingly ['mu:vıŋlı] *adv* ergreifend.

mow[1] [məʊ] *pret* **mowed,** *ptp* **mown** *or* **mowed** *vti* mähen.

◆**mow down** *vt sep* abmähen; (*fig: slaughter*) niedermähen.

mow[2] *n* (*US*) Heuhaufen *m*; (*storing place*) Heuboden *m*.

mower ['məʊəʳ] *n* (*person*) Mäher(in *f*) *m*; (*machine*) (*on farm*) Mähmaschine *f*; (*lawn~*) Rasenmäher *m*.

mowing ['məʊɪŋ] *n* Mähen *nt*. ~ **machine** Mähmaschine *f*.

mown [məʊn] *ptp of* **mow**[1].

Mozambique [,məʊzəm'bi:k] *n* Mozambique, Moçambique *nt*.

MP *abbr of* **1. Member of Parliament. 2. Military Police. 3. Metropolitan Police.**

mpg *abbr of* **miles per gallon.**

mph *abbr of* **miles per hour.**

Mr ['mɪstəʳ] *abbr of* **Mister** Herr *m*.

MRP *abbr of* **manufacturer's recommended price** empf. Preis.

Mrs ['mɪsɪz] *abbr of* **Mistress** Frau *f*.

MS *n abbr of* **multiple sclerosis.**

Ms [mɪz] *n* Frau *f* (*auch für Unverheiratete*).

ms *abbr of* **manuscript** Ms, Mskr.

MSc *abbr of* **Master of Science.**

MSC (*Brit*) *abbr of* **Manpower Services Commission**.

Msg *abbr of* **Monsignor** Msgr., Mgr.

Mt *abbr of* **Mount.**

MT *abbr of* **machine translation**.

much [mʌtʃ] **I** *adj, n* **1.** viel *inv*. **how** ~ wieviel *inv*; **not** ~ nicht viel; **that** ~ so viel; **but that ~ I do know** aber *das* weiß ich; ~ **of this is true** viel *or* vieles daran ist wahr; **we don't see ~ of each other** wir sehen uns nicht oft *or* nur selten; **he/it isn't up to** ~ (*inf*) er/es ist nicht gerade berühmt (*inf*); **I'm not ~ of a musician/cook/player** ich bin nicht sehr musikalisch/keine große Köchin/kein (besonders) guter Spieler; **not ~ of a gain** kein großer Gewinn; **that wasn't ~ of a dinner/party** das Essen/die Party war nicht gerade besonders; **I find that a bit (too) ~ after all I've done for him** nach allem was ich für ihn getan habe, finde ich das ein ziemlich starkes Stück (*inf*).

2. too ~ (*in quantity, money, inf: more than one can take*) zuviel *inv*; (*with emphatic too*) zu viel; (*sl*) (*marvellous, hilarious*) Spitze (*sl*); (*ridiculous*) das Letzte (*inf*); **to be too ~ for sb** (*in quantity*) zuviel für jdn sein (*too expensive*) jdm zuviel *or* zu teuer sein; **this job is too ~ for me** ich bin der Arbeit nicht gewachsen; **he'd be too ~ for anybody** er wäre für jeden eine Zumutung; **he doesn't do too** ~ er tut nicht übermäßig viel; **far too ~, too ~ by half** viel zu viel.

3. (just) as ~ ebensoviel *inv*, genausoviel *inv*; **about/not as** ~ ungefähr/nicht soviel; **three times as** ~ dreimal soviel; **I have twice** *or* **three times as ~ as I can eat** das kann ich nie im Leben aufessen; **as ~ as you want/can** *etc* soviel du willst/kannst; **he spends as ~ as he earns** er gibt (genau)soviel aus, wie er verdient; **as ~ again** noch einmal soviel; **I feared/thought as** ~ (genau) das habe ich befürchtet/mir gedacht; **it's as ~ as I can do to stand up** es fällt mir schwer genug aufzustehen; **as ~ as to say ...** was soviel heißt *or* bedeutet wie ...

4. so ~ soviel *inv*; (*emph so, with following that*) so viel; **it's not so ~ a problem of modernization as ...** es ist nicht so sehr ein Problem der Modernisierung, als ...; **at so ~ a pound** zu soundsoviel Mark/Pfund *etc* pro Pfund; **you know so** ~ du weißt so viel; *see also* **so.**

5. to make ~ of sb/sth viel Wind um jdn/etw machen; **Glasgow makes ~ of its large number of parks** Glasgow rühmt sich seiner vielen Parks; **I couldn't make ~ of that chapter** mit dem Kapitel konnte ich nicht viel anfangen (*inf*).

II *adv* **1.** (*with adj, adv*) viel; (*with vb*) sehr; (*with vb of physical action*) *drive, sleep, think, talk, laugh* viel; *come, visit, go out* oft, viel (*inf*). **a ~-admired/-married woman** eine vielbewunderte/oft verheiratete Frau; **he was ~ dismayed/embarrassed** er war sehr bestürzt/verlegen; **so ~/too** ~ soviel/zuviel; so sehr/zu sehr; **I like it very/so** ~ es gefällt mir sehr gut/so gut *or* so sehr; **I don't like him/it too** ~ ich kann ihn/es nicht besonders leiden; **thank you very/(ever) so** ~ vielen Dank/ganz *or* vielen herzlichen Dank; **I don't ~ care** *or* **care** ~ es ist mir ziemlich egal; **however ~ he tries** sosehr *or* wie sehr er sich auch bemüht; ~ **to my astonishment** sehr zu meinem Erstaunen; ~ **as I should like to** so gern ich möchte; ~ **as I like him** sosehr ich ihn mag; *see also* **so.**

2. (*by far*) weitaus, bei weitem. ~ **the biggest** weitaus *or* bei weitem der/die/das größte, der/die/das weitaus größte; **I would ~ prefer to** *or* ~ **rather stay** ich würde viel lieber bleiben.

3. (*almost*) beinahe. **they are ~ of an age** *or* ~ **the same age** sie sind fast *or* beinahe gleichaltrig; **they're (fairly) ~ the same size** sie sind beinahe *or* so ziemlich gleich groß.

muchness ['mʌtʃnɪs] *n* **they're much of a** ~ (*inf*) (*things*) das ist eins wie das andere; (*people*) sie sind einer wie der andere.

muck [mʌk] *n* **1.** (*dirt*) Dreck *m*; (*euph: cat's/dog's* ~) Kot *m*; (*manure*) Dung, Mist *m*; (*liquid manure*) Jauche *f*. **where there's ~, there's brass** *or* **money** (*Prov*) Dreck und Geld liegen nahe beisammen (*prov*).

2. (*fig*) (*rubbish*) Mist *m*; (*obscenities*) Schund *m*; (*food*) Zeug *nt* (*inf*). **Lord/Lady** ~ Graf Rotz (*inf*)/die feine Dame.

◆**muck about** *or* **around** (*inf*) **I** *vt sep* **1. to ~ sb** ~ mit jdm machen, was man will, jdn verarschen (*sl*); (*by not committing oneself*) jdn hinhalten; **that applicant/the travel agents really ~ed us** ~ das war ein ewiges Hin und Her mit dem Bewerber/dem Reisebüro (*inf*).

2. (*fiddle around with, spoil*) herumpfuschen an (+*dat*) (*inf*). **to ~ things** ~ alles durcheinanderbringen.

II *vi* **1.** (*lark about*) herumalbern *or* -blödeln (*inf*); (*do nothing in particular*) herumgammeln (*inf*). **to ~ ~ in boats** sich mit Booten beschäftigen; **to ~ ~ at sth/(at) doing sth** Zeit mit etw vertrödeln (*inf*)/Zeit damit vertrödeln, etw zu tun.

2. (*tinker with*) herumfummeln (*with* an +*dat*).

3. to ~ ~ with sb jdn an der Nase herumführen (*inf*).

◆**muck in** *vi* (*inf*) mit anpacken (*inf*).

◆**muck out** *vti sep* (aus)misten.

◆**muck up** *vt sep* (*inf*) **1.** (*dirty*) dreckig machen (*inf*). **2.** (*spoil*) vermasseln (*inf*); *person* (*emotionally*) verkorksen (*inf*).

muck-rake *vi* (*fig inf*) im Schmutz wühlen; **muck-raker** *n* (*fig inf*) Sensationshai *m* (*inf*); **muck-raking I** *n* (*fig inf*) Sensationsmache(rei) *f* (*inf*); **II** *adj* (*fig inf*) *person* sensationslüstern; **a ~ newspaper** ein Skandalblatt *nt*; **muck-spread** *vi* Mist streuen *or* (aus)breiten; **muck-spreading** *n* Miststreuen *nt*; **muck-up** *n* (*inf*) Durcheinander *nt*; (*fiasco*) Katastrophe *f*; **there's been a ~ with the invitations** bei den Einladungen hat jemand/habe ich *etc* Mist gemacht (*inf*).

mucky ['mʌkɪ] *adj* (*+er*) dreckig (*inf*), schmutzig; *soil* matschig. **to get oneself/sth all ~** sich/etw ganz dreckig (*inf*) *or* schmutzig machen; **you ~ thing** *or* **pup!** (*inf*) du Ferkel! (*inf*).

mucous ['mjuːkəs] *adj* schleimig; *deposits, secretions* Schleim-. **~ membrane** Schleimhaut *f*.

mucus ['mjuːkəs] *n* Schleim *m*.

mud [mʌd] *n* **1.** Schlamm *m*; (*on roads*) Matsch *m*.

2. (*fig*) **his name is ~** (*inf*) er ist unten durch (*inf*); **to drag sb/sb's name** *or* **reputation through the ~** jdn/jds guten Namen in den Schmutz zerren *or* ziehen; **to throw** *or* **sling ~** im Schmutz *or* Dreck (*inf*) wühlen; **to throw** *or* **sling ~ at sb/sth** jdn mit Schmutz bewerfen/etw in den Dreck (*inf*) *or* Schmutz ziehen; **~ sticks** etwas bleibt immer hängen.

mud-bath *n* Schlammbad *nt*.

muddle ['mʌdl] **I** *n* Durcheinander *nt*. **to get in(to) a ~** (*things*) durcheinandergeraten; (*person*) konfus werden; **to get in(to) a ~ with sth** mit etw nicht klarkommen (*inf*); **to get sb/sth in(to) a ~** jdn/etw völlig durcheinanderbringen; **to be in a ~** völlig durcheinander sein.

II *vt* durcheinanderbringen; *two things or people also* verwechseln; (*make confused*) *person also* verwirren, konfus machen. **you're only muddling the issue** du machst die Sache nur verworrener.

◆**muddle along** *or* **on** *vi* vor sich (*acc*) hinwursteln (*inf*).

◆**muddle through** *vi* durchkommen, sich (irgendwie) durchwursteln (*inf*) *or* durchschlagen.

◆**muddle up** *vt sep see* **muddle II.**

muddled ['mʌdld] *adj* konfus; *person also* durcheinander *pred*; *thoughts, ideas also* verworren, wirr. **he has/this is a rather ~ way of doing things** er macht alles/das ist ja ziemlich kompliziert.

muddle-headed ['mʌdl,hedɪd] *adj person* zerstreut; *ideas* konfus, verworren.

muddler ['mʌdlər] *n* (*person*) Tölpel, Dussel (*inf*) *m*.

muddy ['mʌdɪ] **I** *adj* (*+er*) **1.** *floor, shoes, hands* schmutzig, schlammbeschmiert; *road, ground* schlammig, matschig; *liquid* schlammig, trübe.

2. (*fig*) *complexion* gräulich schimmernd; *style* verworren.

II *vt* schmutzig machen, mit Schlamm beschmieren. **his explanation only helped to ~ the waters** durch seine Erklärung ist die Sache nur noch verworrener geworden.

mudflap *n* Schmutzfänger *m*; **mudflat** *n* Watt(enmeer) *nt no pl*; **mudguard** *n* (*on cycles*) Schutzblech *nt*; (*on cars*) Kotflügel *m*; **mud hut** *n* Lehmhütte *f*; **mud pack** *n* Schlammpackung *f*; **mud pie** *n* Kuchen *m* (*aus Sand, Erde*); **mud-slinger** *n* Dreckschleuder *f* (*inf*); **mud-slinging I** *n* Schlechtmacherei, Schlammschlacht (*fig*) *f*; **all that ~ before every election** diese Schlammschlacht vor jeder Wahl; **we've had enough ~** es ist genug im Schmutz *or* Dreck (*inf*) gewühlt worden; **II** *adj* **a ~ politician** ein Politiker, der andere mit Schmutz bewirft.

muesli ['mjuːzlɪ] *n* Müsli *nt*.

muezzin [muː'ezɪn] *n* Muezzin *m*.

muff¹ [mʌf] *n* Muff *m*.

muff² (*inf*) **I** *n* **to make a ~ of sth** *see vt*.

II *vt* vermasseln (*inf*), verpatzen (*inf*); *exam also* verhauen (*inf*); *question* danebenhauen *or* sich verhauen bei (*inf*); *kick, shot, ball* danebensetzen (*inf*); *lines, text, passage* verpatzen (*inf*). **to ~ a catch** danebengreifen (*inf*), schlecht fangen.

muffle ['mʌfl] *vt* **1.** (*wrap warmly: also* **~ up**) *person* einmummen. **2.** (*deaden*) *sound, shot* dämpfen; *noise* abschwächen; *shouts* ersticken; *bells, oars, drum* umwickeln.

muffled ['mʌfld] *adj sound* gedämpft; *shouts* erstickt; *drum, bells, oars* umwickelt.

muffler ['mʌflər] *n* **1.** (*scarf*) (dicker) Schal. **2.** (*Tech*) Schalldämpfer *m*; (*US Aut*) Auspuff(topf) *m*.

mug [mʌg] **I** *n* **1.** (*cup*) Becher *m*; (*for beer*) Krug *m*.

2. (*inf: dupe*) Trottel *m*. **to take sb for a ~** jdn für blöd halten; **that's a ~'s game** das ist doch schwachsinnig.

3. (*sl: face*) Visage *f* (*sl*). **~ shot** Verbrecherfoto *nt* (*inf*).

II *vt* **1.** (*attack and rob*) überfallen.

2. (*US sl: photograph*) fotografieren.

◆**mug up** *vt sep* **1.** (*also:* **~ ~ on**) (*inf*) **to ~ sth/one's French ~, to ~ ~ on sth/one's French** etw/Französisch pauken (*inf*). **2. to ~ it ~** (*US inf*) zu dick auftragen.

mugger ['mʌgər] *n* Straßenräuber *m*.

mugging ['mʌgɪŋ] *n* Straßenraub *m no pl*.

muggins ['mʌgɪnz] *n sing* (*Brit inf*) Blödmann *m* (*inf*) **and ~ here forgot ...** und ich Blödmann vergesse (*inf*) ...

muggy ['mʌgɪ] *adj* (*+er*) schwül; *heat* drückend.

mugwump ['mʌgwʌmp] *n* (*US Pol*) Unabhängige(r) *mf*.

Mujaheddin [,muːdʒəhe'diːn] *n* Mudschaheddin *m*.

mulatto [mjuː'lætəʊ] **I** *adj* Mulatten-; *features* eines Mulatten/einer Mulattin.

II *n, pl* **-es** Mulatte *m*, Mulattin *f*.

mulberry ['mʌlbərɪ] *n* (*fruit*) Maulbeere *f*; (*tree*) Maulbeerbaum *m*; (*colour*) Aubergine *nt*, dunkles Violett.

mule[1] [mju:l] *n* **1.** (*of donkey and mare*) Maultier *nt*; (*of stallion and donkey*) Maulesel *m*. ~ **skinner** (*US inf*) Maultiertreiber *m*. **2.** (*inf: person*) Maulesel *m*. **(as) stubborn as a** ~ (so) störrisch wie ein Maulesel. **3.** (*Tech*) Selfaktor *m*.

mule[2] *n* (*slipper*) Schlappen *m* (*dial*), Pantoffel *m*.

mulish ['mju:lɪʃ] *adj* stur, starrsinnig; *person also* störrisch.

mulishly ['mju:lɪʃlɪ] *adv* stur, starrsinnig.

mulishness ['mju:lɪʃnɪs] *n* Starrsinn *m*, Sturheit *f*.

mull [mʌl] *vt mit Zucker und Gewürzen ansetzen und erhitzen*. **to** ~ **wine** Glühwein zubereiten; ~**ed wine** Glühwein *m*.

♦**mull over** *vt sep* sich (*dat*) durch den Kopf gehen lassen.

Mullah ['mʌlə] *n* Mullah *m*.

mullet ['mʌlɪt] *n* Meeräsche *f*.

mulligatawny [,mʌlɪgə'tɔ:nɪ] *n* Currysuppe *f*.

multi ['mʌltɪ] *n* (*inf: company*) Multi *m* (*inf*).

multi- *pref* mehr-, Mehr-; (*with Latin stem in German*) Multi-, multi-.

multi-access *adj* (*Comput*) *system* Mehrplatz-; **multi-band** *adj* (*Telec*) Mehrband-; **multi-cellular** *adj* viel- *or* mehrzellig; **multichannel** *adj* (*TV*) mehrkanalig, Mehrkanal-; **multicoloured** *adj* mehrfarbig; *material also, lights, decorations* bunt; *bird* buntgefiedert; *fish* buntschillernd; **multicultural** *adj* multikulturell; **multifaceted** *adj* vielseitig.

multifarious [,mʌltɪ'fɛərɪəs] *adj* vielfältig, mannigfaltig.

multiform *adj* vielgestaltig; **multifunctional** *adj* (*Comput*) Multifunktions-; ~ **keyboard** Multifunktionstastatur *f*; **multigrade** *adj oil* Mehrbereichs-; **multilateral** *adj* (*Pol*) multilateral; (*Math*) mehrseitig; **multilevel** *adj shopping centre etc* terrassenartig angelegt; **multilingual** *adj* mehrsprachig; **multimedia** *adj* multimedial; **multimillionaire** *n* Multimillionär(in *f*) *m*; **multinational I** *n* multinationaler Konzern, Multi *m* (*inf*); **II** *adj* multinational; **multipack** *n* Großpackung *f*, Multipack *nt*; **multi-party** *adj* **1.** (*Pol*) Mehrparteien-; **2.** (*Telec*) Konferenz-.

multiple ['mʌltɪpl] **I** *adj* **1.** (*with sing n: of several parts*) mehrfach. ~ **birth** Mehrlingsgeburt *f*; ~ **choice** Multiple Choice *nt*; ~ **collision** Massenkarambolage *f*; ~ **cropping** mehrfache Bebauung; ~ **personality** (*Psych*) alternierende Persönlichkeit, Persönlichkeitsspaltung *f*; ~ **star** Sternhaufen *m*; ~**-unit** (*train*) Triebwagen *m*; ~ **voting** mehrfache Stimmberechtigung.

2. (*with pl n: many*) mehrere.

II *n* **1.** (*Math*) Vielfache(s) *nt*. **eggs are usually sold in** ~**s of six** Eier werden gewöhnlich in Einheiten zu je sechs verkauft.

2. (*Brit: also* ~ **store**) Ladenkette *f*.

multiple sclerosis *n* multiple Sklerose.

multiplexer, multiplexor ['mʌltɪpleksəʳ] *n* (*Telec*) Multiplexer *m*.

multiplicand [,mʌltɪplɪ'kænd] *n* Multiplikand *m*.

multiplication [,mʌltɪplɪ'keɪʃən] *n* **1.** (*Math*) Multiplikation *f*; (*act also*) Multiplizieren, Malnehmen (*inf*) *nt*. ~ **table** Multiplikationstabelle *f*. **2.** (*fig*) Vervielfachung, Vermehrung *f*.

multiplicity [,mʌltɪ'plɪsɪtɪ] *n* Vielzahl, Fülle *f*.

multiplier ['mʌltɪplaɪəʳ] *n* (*Math*) Multiplikator *m*.

multiply ['mʌltɪplaɪ] **I** *vt* **1.** (*Math*) multiplizieren, malnehmen (*inf*). **to** ~ **8 by 7** 8 mit 7 multiplizieren *or* malnehmen (*inf*); **4 multiplied by 6 is 24** 4 mal 6 ist 24. **2.** (*fig*) vervielfachen, vermehren.

II *vi* **1.** (*Math*) (*person*) multiplizieren; (*numbers*) sich multiplizieren lassen. **2.** (*fig*) zunehmen, sich vermehren *or* vervielfachen. **3.** (*breed*) sich vermehren.

multi-purpose *adj* Mehrzweck-; **multiracial** *adj* gemischtrassig; ~ **policy** Politik *f* der Rassenintegration; ~ **school** Schule *f* ohne Rassentrennung; **multi-stage** *adj* Mehrstufen-; **multi-stor(e)y** *adj* mehrstöckig; ~ **flats** (Wohn)hochhäuser *pl*; ~ **car-park** (*Brit*) Park(hoch)haus *nt*; **multistrike** *adj* **1.** *ribbon* Multistrike-; **2.** (*Mil*) ~ **capability** Fähigkeit *f* zum Angriff auf mehrere Ziele; **multitasking** *n* (*Comput*) Multitasking *nt*; **multitrack** *adj* mehrspurig; ~ **recording** Mehrspuraufzeichnung *f*.

multitude ['mʌltɪtju:d] *n* Menge *f*. **a** ~ **of** eine Vielzahl von, eine Menge; (*of people also*) eine Schar (von).

multitudinous [,mʌltɪ'tju:dɪnəs] *adj* zahlreich.

multi-user ['mʌltɪ'ju:zəʳ] *adj* (*Comput*) *system* Mehrplatz-, Mehrbenutzer-.

mum[1] [mʌm] *n, adj* (*inf*) ~**'s the word!** nichts verraten! (*inf*); **to keep** ~ den Mund halten (*about* über +*acc*) (*inf*).

mum[2] *n* (*Brit inf: mother*) Mutter *f*; (*as address*) Mutti *f* (*inf*).

mumble ['mʌmbl] **I** *n* Gemurmel, Murmeln *nt*.

II *vt* murmeln. **he** ~**d the words** er nuschelte.

III *vi* vor sich hin murmeln; (*speak indistinctly*) nuscheln. **don't** ~ **(into your beard)** murm(e)le doch nicht so in deinen Bart.

mumbler ['mʌmbləʳ] *n* **he's a real** ~ er nuschelt so.

mumblingly ['mʌmblɪŋlɪ] *adv* undeutlich.

mumbo jumbo ['mʌmbəʊ'dʒʌmbəʊ] *n* (*empty ritual, superstition*) Hokuspokus *m*; (*gibberish*) Kauderwelsch *nt*; (*idol*) Wodugott *m*.

mummification [,mʌmɪfɪ'keɪʃən] *n* Mumifizierung *f*.

mummify ['mʌmɪfaɪ] *vti* mumifizieren.

mummy[1] ['mʌmɪ] *n* (*corpse*) Mumie *f*.

mummy[2] *n* (*Brit inf: mother*) Mami, Mama *f* (*inf*).

mumps [mʌmps] *n sing* Mumps *m or f*

(*inf*) no art.

munch [mʌntʃ] *vti* mampfen (*inf*).

◆**munch away** *vi* vor sich hin mampfen (*inf*).

munchies ['mʌnʃɪz] *npl* (*US inf*) Knabberei *f* (*inf*).

mundane [ˌmʌn'deɪn] *adj* (*worldly*) weltlich, irdisch; (*fig*) schlicht und einfach; (*pej: humdrum*) profan, banal.

mundanely [ˌmʌn'deɪnlɪ] *adv* weltlich; (*in a down-to-earth way*) *remark, describe* nüchtern; *dressed* schlicht und einfach; (*pej*) banal.

mundaneness [ˌmʌn'deɪnnɪs] *n see adj* Weltlichkeit *f*; Schlichtheit *f*; Banalität *f*.

Munich ['mjuːnɪk] **I** *n* München *nt*. **II** *adj attr* Münchner.

municipal [mjuː'nɪsɪpəl] *adj* städtisch; *baths also* Stadt-; *administration, council, elections* Stadt-, Gemeinde-.

municipality [mjuːˌnɪsɪ'pælɪtɪ] *n* (*place*) Ort *m*, Gemeinde *f*; (*council*) Stadt, Gemeinde *f*.

municipalization [ˌmjuːnɪsɪpəlaɪ'zeɪʃən] *n* Übernahme *f* durch die Stadt *or* durch die Gemeinde.

municipalize [ˌmjuː'nɪsɪpəlaɪz] *vt bus service, baths* unter städtische Verwaltung *or* Gemeindeverwaltung bringen.

municipally [mjuː'nɪsɪpəlɪ] *adv* von der Stadt *or* Gemeinde.

munificence [mjuː'nɪfɪsns] *n* (*form*) Großzügigkeit, Generosität (*geh*) *f*.

munificent [mjuː'nɪfɪsnt] *adj* (*form*) großzügig; *person also* generös (*geh*).

munition [mjuː'nɪʃən] *n usu pl* Kriegsmaterial *nt no pl*, Waffen *pl* und Munition *f*. **~s dump** (Waffen- und) Munitionslager *or* -depot *nt*.

mural ['mjʊərəl] **I** *n* Wandgemälde *nt*. **II** *adj* Wand-.

murder ['mɜːdə^r] **I** *n* **1.** Mord *m*. **the ~ of John F. Kennedy** der Mord an John F. Kennedy, die Ermordung John F. Kennedys; **to stand accused of ~** unter Mordverdacht stehen.

2. (*fig inf*) **it was ~** es war mörderisch; **to cry ~, to scream blue ~** Zeter und Mordio schreien, ein Mordsspektakel *or* -theater machen (*inf*); **to get away with ~** sich (*dat*) alles erlauben können.

II *vt* **1.** ermorden, umbringen (*inf*); (*slaughter*) morden; (*inf*) *opponents* haushoch schlagen. **2.** (*inf: ruin*) *music, play* verhunzen (*inf*).

murderer ['mɜːdərə^r] *n* Mörder *m*.

murderess ['mɜːdərɪs] *n* Mörderin *f*.

murderous ['mɜːdərəs] *adj villain, soldiers etc* mordgierig, blutrünstig; *deed, intent, plot* Mord-; (*fig*) mörderisch. **~ attack** Mordanschlag *m*.

murderously ['mɜːdərəslɪ] *adv* mordgierig, blutdürstig; (*fig*) mörderisch.

murkily ['mɜːkɪlɪ] *adv* trübe. **the wreck could be seen ~ through the muddy water** das Wrack zeichnete sich undeutlich im schlammigen Wasser ab.

murkiness ['mɜːkɪnɪs] *n see adj* Trübheit, Unklarheit, Unschärfe *f*; Finsterkeit *f*; Dunkel *nt*.

murky ['mɜːkɪ] *adj* (*+er*) trübe; *fog* dicht; *photo, outline* unscharf, unklar; (*shady*) *character, deed* finster; *past* dunkel. **it's really ~ outside** draußen ist es so düster.

murmur ['mɜːmə^r] **I** *n* (*soft speech*) Murmeln, Raunen (*liter*) *nt*; (*of discontent*) Murren *nt*; (*of water, wind, leaves, traffic*) Rauschen *nt*. **there was a ~ of approval/disagreement** ein beifälliges/abfälliges Murmeln erhob sich; **a soft ~ of voices** gedämpftes Stimmengemurmel; **..., she said in a ~** ..., murmelte sie; **not a ~** kein Laut; **without a ~** ohne zu murren.

II *vt* murmeln; (*with discontent*) murren.

III *vi* murmeln; (*with discontent*) murren (*about, against* über *+acc*); (*fig*) rauschen.

murmuring ['mɜːmərɪŋ] *n see vi* Murmeln *nt no pl*; Murren *nt no pl*; Rauschen *nt no pl*. **~s (of discontent)** Unmutsäußerungen (*from gen*).

Murphy's Law ['mɜːfɪzˌlɔː] *n* (*hum inf*) „*Gesetz“ nt, demzufolge eine Sache, die schiefgehen kann, auch bestimmt schiefgehen wird*.

muscadel(le) [ˌmʌskə'del] *n see* **muscatel.**

muscat ['mʌskət] *n* (*grape*) Muskatellertraube *f*.

muscatel [ˌmʌskə'tel] *n* (*wine*) Muskateller *m*.

muscle ['mʌsl] *n* Muskel *m*; (*fig: power*) Macht *f*. **he's all ~** er besteht nur aus Muskeln *or* ist sehr muskulös (gebaut); **to have financial ~** finanzstark *or* -kräftig sein; **he never moved a ~** er rührte sich nicht.

◆**muscle in** *vi* (*sl*) mitmischen (*sl*) (*on* bei). **to ~ ~ on sb's territory** jdm dazwischenfunken (*inf*).

muscle-bound *adj* (*inf: muscular*) muskulös; **to be ~** eine überentwickelte Muskulatur haben; **muscleman** *n* Muskelmann *or* -protz (*pej*) *m*.

Muscovite ['mʌskəvaɪt] **I** *adj* Moskauer. **II** *n* Moskauer(in *f*) *m*.

muscular ['mʌskjʊlə^r] *adj* Muskel-, muskulär (*form*); (*having strong muscles*) muskulös. **~ dystrophy** Muskeldystrophie *f*.

musculature ['mʌskjʊlətʃə^r] *n* Muskulatur *f*.

Muse [mjuːz] *n* (*Myth*) Muse *f*.

muse [mjuːz] **I** *vi* nachgrübeln, nachsinnen (*liter*) (*about, on* über *+acc*). **II** *vt* grüblerisch *or* sinnierend (*liter*) sagen.

museum [mjuː'zɪəm] *n* Museum *nt*. **~ piece** (*lit, hum*) Museumsstück *nt*.

mush [mʌʃ] *n* **1.** Brei *m*; (*of fruit also*) Mus *nt*. **the snow became a soft ~** der Schnee wurde matschig. **2.** (*inf*) Schmalz *m*.

mushroom ['mʌʃrʊm] **I** *n* (eßbarer) Pilz; (*button ~*) Champignon *m*; (*atomic ~*) Pilz *m*. **a great ~ of smoke** ein großer Rauchpilz; **to grow like ~s** wie die Pilze aus dem Boden schießen.

II *attr* **1.** (*~-shaped*) pilzförmig. **~ cloud** Atompilz *m*.

2. (*made of ~s*) Pilz-; Champignon-.

3. (*rapid and ephemeral*) *growth* sprunghaft; *fame, success* über Nacht erlangt, schlagartig. ~ **town** Stadt, die aus dem Boden geschossen ist.

III *vi* **1. to go ~ing** in die Pilze gehen, Pilze sammeln (gehen).

2. (*grow rapidly*) wie die Pilze aus dem Boden schießen. **his fame/success ~ed** er wurde schlagartig berühmt/ erfolgreich.

3. (*become ~-shaped*) **the smoke ~ed in the still air** der Rauch breitete sich pilzförmig in der Luft aus.

mushy ['mʌʃɪ] *adj* (+*er*) **1.** matschig; *liquid, consistency* breiig. ~ **snow** Schneematsch *m*; ~ **peas** Erbsenmus *nt*. **2.** (*inf: maudlin*) schmalzig.

music ['mju:zɪk] *n* Musik *f*; (*of voice*) Musikalität *f*; (*written score*) Noten *pl*. **do you use ~?** spielen/singen Sie nach Noten?; **to set** *or* **put sth to** ~ etw vertonen; **it was (like)** ~ **to my ears** das war Musik für mich *or* in meinen Ohren; **to face the** ~ (*fig*) für etw gradestehen.

musical ['mju:zɪkəl] **I** *adj* **1.** (*of music*) musikalisch; *instrument, evening* Musik-. ~ **box** Spieluhr *or* -dose *f*; ~ **chairs** *sing* Reise *f* nach Jerusalem. **2.** (*tuneful*) melodisch. **3.** (*musically-minded*) musikalisch.

II *n* Musical *nt*.

musicality [ˌmju:zɪ'kælɪtɪ] *n* Musikalität *f*.

musically ['mju:zɪkəlɪ] *adv* **1.** musikalisch. **2.** (*tunefully*) melodisch.

music *in cpds* Musik-; **music box** *n* (*esp US*) Spieldose *or* -uhr *f*; **music centre** *n* Kompaktanlage *f*, Musik-Center *nt*; **music drama** *n* Musikdrama *nt*; **music hall** *n* Varieté *nt*.

musician [mju:'zɪʃən] *n* Musiker(in *f*) *m*.

musicianship [mju:'zɪʃənʃɪp] *n* musikalisches Können.

musicologist [ˌmju:zɪ'kɒlədʒɪst] *n* Musikwissenschaftler(in *f*) *m*.

musicology [ˌmju:zɪ'kɒlədʒɪ] *n* Musikwissenschaft *f*.

music-paper *n* Notenpapier *nt*; **music stand** *n* Notenständer *m*; **music-stool** *n* Klavierstuhl *or* -hocker *m*.

musing ['mju:zɪŋ] **I** *adj* grüblerisch, nachdenklich, sinnierend (*liter*); *philosopher, book, article* gedankenvoll. **II** *n* Überlegungen *pl* (*on* zu).

musk [mʌsk] *n* **1.** (*secretion, smell*) Moschus *m*. **2.** (*Bot*) Moschuskraut *nt*.

musk deer *n* Moschustier *nt*, Moschushirsch *m*.

musket ['mʌskɪt] *n* Muskete *f*.

musketeer [ˌmʌskɪ'tɪəʳ] *n* Musketier *m*.

musk-melon *n* Zucker- *or* Gartenmelone *f*; **musk-ox** *n* Moschusochse *m*; **muskrat** *n* Bisamratte *f*; **musk-rose** *n* Moschusrose *f*.

musky ['mʌskɪ] *adj* (+*er*) moschusartig; *smell* Moschus-; *aftershave etc* nach Moschus riechend.

Muslim ['mʊzlɪm] *adj, n see* **Moslem.**

muslin ['mʌzlɪn] **I** *n* Musselin *m*. **II** *adj* Musselin-, aus Musselin.

musquash ['mʌskwɒʃ] *n* Bisamratte *f*.

muss [mʌs] (*US inf*) **I** *n* Durcheinander *nt*. **to be in a** ~ durcheinander (*inf*) *or* unordentlich sein. **II** *vt* (*also* ~ **up**) in Unordnung bringen; *hair, room also* durcheinanderbringen (*inf*). **to get ~ed (up)** in Unordnung geraten.

mussel ['mʌsl] *n* (Mies)muschel *f*. ~ **bed** Muschelbank *f*.

mussy ['mʌsɪ] *adj* (+*er*) (*US inf*) unordentlich, durcheinander *pred* (*inf*).

must¹ [mʌst] **I** *vb aux present tense only* **1.** müssen. **you ~ (go and) see this church** Sie müssen sich (*dat*) diese Kirche unbedingt ansehen; **do it if you ~** tu, was du nicht lassen kannst; ~ **you/I?** (*really?*) ja (wirklich)?; (*do you/I have to?*) muß das sein?; **we ~ away** (*old*) wir müssen fort.

2. (*in neg sentences*) dürfen. **I ~n't forget that** ich darf das nicht vergessen.

3. (*be certain to*) **he ~ be there by now** er ist wohl inzwischen da; (*is bound to*) er ist inzwischen bestimmt da, er muß (wohl) inzwischen da sein; **he (surely) ~ be there by now** er *muß* doch inzwischen da sein; **I ~ have lost it** ich habe es wohl verloren, ich muß es wohl verloren haben; (*with stress on* ~) ich muß es verloren haben; **you ~ have heard of him** Sie haben bestimmt schon von ihm gehört; (*with stress on* ~) Sie müssen doch schon von ihm gehört haben; **it ~ be about 3 o'clock** es wird wohl (so) etwa 3 Uhr sein, es muß so gegen 3 Uhr sein; **I ~ have been dreaming** da habe ich wohl geträumt; **I ~ have been mad** ich muß (wohl) wahnsinnig gewesen sein; **you ~ be crazy!** du bist ja *or* wohl wahnsinnig!

4. (*showing annoyance*) müssen. **he ~ come just now** natürlich muß er gerade jetzt kommen.

II *n* (*inf*) Muß *nt*. **a sense of humour/ an umbrella is a ~** man braucht unbedingt Humor/einen Schirm, Humor/ein Schirm ist unerläßlich; **tighter security is a ~** bessere Sicherheitskontrollen sind unerläßlich; **this novel/programme is a ~ for everyone** diesen Roman/dieses Programm muß man einfach *or* unbedingt gelesen/gesehen haben.

must² *n* (*mustiness*) Muffigkeit *f*.

must³ *n* (*Winemaking*) Most *m*.

mustache *n* (*US*) *see* **moustache.**

mustachio [mʌ'stæʃɪəʊ] *n, pl* **-s** Schnauzbart *m*.

mustang ['mʌstæŋ] *n* Mustang *m*.

mustard ['mʌstəd] **I** *n* Senf *m*; (*colour*) Senfgelb *nt*. **to be as keen as** ~ Feuer und Flamme sein; **to cut the** ~ (*US inf*) es bringen (*sl*). **II** *attr flavour, smell* Senf-; (*yellow*) senffarben.

mustard *in cpds* Senf-; **mustard yellow I** *n* Senfgelb *nt*; **II** *adj* senfgelb.

muster ['mʌstəʳ] **I** *n* (*esp Mil: assembly*) Appell *m*; (*cattle* ~) Zusammentreiben *nt* der Herde. **to pass** ~ (*fig*) den Anforderungen genügen.

II *vt* **1.** (*summon*) versammeln, zusammenrufen; (*esp Mil*) antreten lassen; *cattle* zusammentreiben.

2. (*manage to raise: also* ~ **up**) zusammenbekommen, aufbringen; (*fig*) *intelligence, strength* aufbieten; *strength, courage* aufbringen; *all one's strength, courage* zusammennehmen.

III *vi* sich versammeln; (*esp Mil*) (zum

Appell) antreten.

◆**muster in** *vt sep* (*US*) *troops, recruits* einziehen.

◆**muster out** *vt sep* (*US*) *troops* entlassen.

mustiness ['mʌstɪnɪs] *n* Muffigkeit *f*.

mustn't ['mʌsnt] *contr of* **must not.**

musty ['mʌstɪ] *adj* (+*er*) *air* muffig; *books* moderig.

mutability [ˌmju:tə'bɪlɪtɪ] *n* Wandlungsfähigkeit, Mutabilität (*spec*) *f*.

mutable ['mju:təbl] *adj* variabel, veränderlich; (*Biol*) mutabel.

mutant ['mju:tənt] **I** *n* Mutante (*spec*), Mutation *f*. **II** *adj* Mutations-.

mutate [mju:'teɪt] **I** *vi* sich verändern; (*Biol*) mutieren (*to* zu); (*Ling*) sich verwandeln (*to* in +*acc*). **II** *vt* wandeln; (*Biol*) zu einer Mutation führen bei.

mutation [mju:'teɪʃən] *n* (*process*) Veränderung *f*; (*result*) Variante *f*; (*Biol*) Mutation *f*; (*Ling*) Wandel *m* (*to* zu).

mute [mju:t] **I** *adj* stumm (*also Ling*); *amazement, rage* sprachlos. **II** *n* **1.** (*dumb person*) Stumme(r) *mf*. **2.** (*hired mourner*) Totenkläger *m*; (*woman*) Klageweib *nt*. **3.** (*Mus*) Dämpfer *m*. **III** *vt* dämpfen.

muted ['mju:tɪd] *adj* gedämpft; (*fig*) *criticism* leise, leicht.

mutilate ['mju:tɪleɪt] *vt person, animal, story, play* verstümmeln; *painting, building etc* verschandeln (*inf*).

mutilation [ˌmju:tɪ'leɪʃən] *n see vt* Verstümmelung *f*; Verschandelung *f* (*inf*).

mutineer [ˌmju:tɪ'nɪəʳ] *n* Meuterer *m*.

mutinous ['mju:tɪnəs] *adj* (*Naut*) meuterisch, aufrührerisch; (*fig*) rebellisch.

mutiny ['mju:tɪnɪ] (*Naut, fig*) **I** *n* Meuterei *f*. **II** *vi* meutern.

mutt [mʌt] *n* (*pej sl*) (*dog*) Köter *m*; (*idiot*) Dussel *m* (*inf*).

mutter ['mʌtəʳ] **I** *n* Murmeln, Gemurmel *nt*. **a ~ of discontent** ein unzufriedenes Murren.

II *vt* murmeln, brummeln. **they ~ed their discontent** sie murrten unzufrieden.

III *vi* murmeln; (*with discontent*) murren.

muttering ['mʌtərɪŋ] *n* (*act*) Gemurmel *nt*; (*with discontent*) Murren *nt*; (*remark*) Gemurmel *nt no pl*; Meckerei *f* (*inf*).

mutton ['mʌtn] *n* Hammel(fleisch *nt*) *m*. **she's ~ dressed as lamb** (*inf*) sie macht auf jung (*inf*).

mutual ['mju:tjʊəl] *adj* (*reciprocal*) *trust, respect, affection* gegenseitig; (*bilateral*) *troop withdrawals, efforts, détente, satisfaction* beiderseitig; (*shared, in common*) *friends, dislikes* gemeinsam. **it would be for our ~ benefit** es wäre für uns beide von Vorteil *or* zu unser beider Nutzen (*form*); **the feeling is ~** das beruht (ganz) auf Gegenseitigkeit; **I hate you! — the feeling is ~** ich hasse dich! — ganz meinerseits (*inf*); **~ insurance** Versicherung *f* auf Gegenseitigkeit.

mutuality [ˌmju:tjʊ'ælɪtɪ] *n* Gegenseitigkeit *f*.

mutually ['mju:tjʊəlɪ] *adv* beide; (*reciprocally*) *distrust* gegenseitig; *satisfactory, beneficial* für beide Seiten; *agreed, rejected* von beiden Seiten.

muzak ® ['mju:zæk] *n* Berieselungsmusik *f* (*inf*).

muzzle ['mʌzl] **I** *n* **1.** (*snout, mouth*) Maul *nt*. **2.** (*for dog*) Maulkorb *m*. **3.** (*of gun*) Mündung *f*; (*barrel*) Lauf *m*. **II** *vt animal* einen Maulkorb um- *or* anlegen (+*dat*); (*fig*) *critics, the press* mundtot machen; *criticism, protest* ersticken.

muzzy ['mʌzɪ] *adj* (+*er*) (*dizzy, dazed*) benommen, benebelt; (*blurred*) *view, memory* verschwommen; *noise* verzerrt.

MW *abbr of* **medium wave** MW.

my [maɪ] **I** *poss adj* mein. **I've hurt ~ leg/arm** ich habe mir das Bein/den Arm verletzt; **~ father and mother** mein Vater und meine Mutter; **in ~ country** bei uns, in meinem Land (*form*).

II *interj* (*surprise*) (du) meine Güte, du liebe Zeit; (*delight*) ach, oh. **~, ~, hasn't she grown!** nein so was, die ist vielleicht groß geworden.

Myanmar ['maiænmɑ:] *n* (*former Burma*) Myanmar *nt*.

myna(h) bird ['maɪnəˌbɜ:d] *n* Hirtenstar *m*.

myopia [maɪ'əʊpɪə] *n* Kurzsichtigkeit, Myopie (*spec*) *f*.

myopic [maɪ'ɒpɪk] *adj* kurzsichtig.

myriad ['mɪrɪəd] **I** *n* Myriade *f*. **a ~ of** Myriaden von. **II** *adj* (*innumerable*) unzählige.

myrrh [mɜ:ʳ] *n* Myrrhe *f*.

myrtle ['mɜ:tl] *n* Myrte *f*.

myself [maɪ'self] *pers pron* **1.** (*dir obj, with prep* +*acc*) mich; (*indir obj, with prep* +*dat*) mir. **I said to ~** ich sagte mir; **singing to ~** vor mich hin singend; **I wanted to see (it) for ~** ich wollte es selbst *or* selber sehen; **I tried it out on ~** ich habe es an mir selbst *or* selber ausprobiert; **I addressed the letter to ~** ich habe den Brief an mich selbst adressiert.

2. (*emph*) (ich) selbst. **my wife and ~** meine Frau und ich; **I did it ~** ich habe es selbst gemacht; **I thought so ~** das habe ich auch gedacht; **... if I say so** *or* **it ~** ... auch wenn ich es selbst sage; **(all) by ~** (ganz) allein(e); **I ~ believe that ...** ich persönlich *or* ich selbst bin der Ansicht, daß ...; **I ~ doubt it** ich persönlich *or* ich für meinen Teil bezweifle das.

3. (*one's normal self*) **I'm not (feeling) ~ today** mit mir ist heute etwas nicht in Ordnung *or* irgend etwas los; (*healthwise also*) ich bin heute nicht ganz auf der Höhe; **I tried to be (just) ~** ich versuchte, mich ganz natürlich zu benehmen.

mysterious [mɪ'stɪərɪəs] *adj* (*puzzling*) rätselhaft, mysteriös; (*secretive*) geheimnisvoll; *atmosphere, stranger* geheimnisvoll. **she is being quite ~ about it/him** sie macht ein großes Geheimnis daraus/um ihn; **why are you being so ~?** warum tust du so geheimnisvoll?

mysteriously [mɪ'stɪərɪəslɪ] *adv vague, unwilling, pleased* sonderbar; (*puzzlingly*) *vanish, change* auf rätselhafte *or* geheimnisvolle *or* mysteriöse Weise;

disappointed, missing unerklärlicherweise; (*secretively*) geheimnisvoll.

mystery ['mɪstərɪ] *n* (*puzzle*) Rätsel *nt*; (*secret*) Geheimnis *nt*. **to be shrouded** *or* **veiled** *or* **surrounded in ~** von einem Geheimnis umwittert *or* umgeben sein; **there's no ~ about it** da ist überhaupt nichts Geheimnisvolles dabei; **it's a ~ to me** das ist mir schleierhaft *or* ein Rätsel; **don't make a great ~ out of it!** mach doch kein so großes Geheimnis daraus!; **why all the ~?** was soll denn die Geheimnistuerei?

mystery novel *n see* **mystery story**; **mystery story** *n* Kriminalgeschichte *f*, Krimi *m* (*inf*); **mystery tour** *n* Fahrt *f* ins Blaue; **mystery writer** *n* Kriminalschriftsteller(in *f*) *m*.

mystic ['mɪstɪk] **I** *adj* mystisch; *writing, words, beauty also* geheimnisvoll. **II** *n* Mystiker(in *f*) *m*.

mystical ['mɪstɪkəl] *adj* mystisch.

mysticism ['mɪstɪsɪzəm] *n* Mystizismus *m*; (*of poetry*) Mystik *f*, Mystische(s) *nt*.

mystification [ˌmɪstɪfɪ'keɪʃən] *n* (*bafflement*) Verwunderung, Verblüffung *f*; (*act of bewildering*) Verwirrung *f*.

mystify ['mɪstɪfaɪ] *vt* vor ein Rätsel stellen. **his explanation mystified us all** seine Erklärung blieb uns allen ein Rätsel; **I was completely mystified by the whole business** die ganze Sache war mir ein völliges Rätsel *or* völlig schleierhaft (*inf*); **the conjurer's tricks mystified the audience** die Kunststücke des Zauberers verblüfften das Publikum; **~ing** unerklärlich, rätselhaft.

mystique [mɪ'sti:k] *n* geheimnisvoller Nimbus.

myth [mɪθ] *n* Mythos *m*; (*fig*) Märchen *nt*. **it's a ~** (*fig*) das ist doch ein Gerücht *or* Märchen.

mythical ['mɪθɪkəl] *adj* mythisch, sagenhaft; (*fig*) erfunden. **~ figure/character** Sagengestalt *f*; **~ story** Mythos *m*, Sage *f*.

mythological [ˌmɪθə'lɒdʒɪkəl] *adj* mythologisch.

mythology [mɪ'θɒlədʒɪ] *n* Mythologie *f*.

myxomatosis [ˌmɪksəʊmə'təʊsɪs] *n* Myxomatose *f*.

N

N, n [en] *n* N, n *nt*.
N *abbr of* **north** N.
n 1. (*Math*) n. **2. 'n** (*inf*) = **and. 3.** (*inf: many*) x (*inf*). **~ times** x-mal (*inf*).
n *abbr of* **1. noun** Subst. **2. neuter** nt.
n/a *abbr of* **not applicable** entf.
NAACP (*US*) *abbr of* **National Association for the Advancement of Colored People** *Vereinigung f zur Förderung Farbiger*.
Naafi ['næfɪ] *abbr of* **Navy, Army and Air Force Institutes** (*shop*) *Laden m der britischen Armee*; (*canteen*) *Kantine f der britischen Armee*.
nab [næb] *vt* (*inf*) **1.** (*catch*) erwischen; (*police also*) schnappen (*inf*).
2. (*take for oneself*) sich (*dat*) grapschen (*inf*). **somebody had ~bed my seat** mir hatte jemand den Platz geklaut (*inf*).
nadir ['neɪdɪəʳ] *n* **1.** (*Astron*) Nadir, Fußpunkt *m*. **2.** (*fig*) Tiefstpunkt *m*. **the ~ of despair** tiefste Verzweiflung.
naff [næf] *adj* (*Brit sl*) **1.** (*stupid*) *idea, thing to do, suggestion* blöd (*inf*). **2.** (*not much use*) *management, company* lahm (*inf*); *computer, gadget also* nutzlos. **this new monitor's a bit ~** dieser neue Monitor bringt's nicht (*inf*) *or* ist nicht das Wahre (*inf*). **3.** (*not perceived as good style*) *colour, jacket, tie, decoration, design, book cover, car* ordinär. **it looks a bit ~, doesn't it?** es sieht nicht gerade schick aus, oder?
♦naff off *vi* (*Brit sl*) verschwinden (*inf*). **~ ~!** (*expressing refusal*) du spinnst wohl!
nag¹ [næg] **I** *vt* (*find fault with*) herumnörgeln an (+*dat*); (*pester*) keine Ruhe lassen (+*dat*) (*for* wegen). **don't ~ me** nun laß mich doch in Ruhe!; **to ~ sb to do sth** jdm schwer zusetzen *or* die Hölle heiß machen, damit er etw tut; **she kept on ~ging him until he did it** sie hat ihm solange zugesetzt *or* keine Ruhe gelassen, bis er es machte; **one thing that's been ~ging me for some time is ...** was mich schon seit einiger Zeit plagt *or* nicht in Ruhe läßt, ist ...
II *vi* (*find fault*) herumnörgeln, meckern (*inf*); (*be insistent*) keine Ruhe geben. **to ~ at sb** an jdm herumnörgeln, jdm keine Ruhe lassen; **stop ~ging** hör auf zu meckern (*inf*).
III *n* (*fault-finder*) Nörgler(in *f*) *m*; (*woman also*) Meckerliese, Meckerziege *f* (*inf*); (*man also*) Meckerfritze *m* (*inf*); (*pestering*) Quälgeist *m*. **don't be a ~** nun meckre nicht immer (*inf*).
nag² *n* (*old horse*) Klepper *m*, Mähre *f*; (*inf: horse*) Gaul *m*.
nagger ['nægəʳ] *n see* **nag¹ III.**
nagging ['nægɪŋ] **I** *adj* **1.** *wife, husband* meckernd (*inf*), nörglerisch; (*pestering*) ewig drängend. **2.** *pain* dumpf; *worry, doubt* quälend. **II** *n* (*fault-finding*) Meckern *nt* (*inf*), Nörgelei *f*; (*pestering*) ewiges Drängen.
nail [neɪl] **I** *n* **1.** (*Anat*) Nagel *m*.
2. (*Tech*) Nagel *m*. **as hard as ~s** knallhart (*inf*), (unheimlich) hart; (*physically*) zäh wie Leder; **on the ~** (*fig inf*) auf der Stelle, sofort; **cash on the ~** (*inf*) Bargeld *nt*; **to hit the ~ (right) on the head** (*fig*) den Nagel auf den Kopf treffen; **to drive a ~ into sb's coffin, to be a ~ in sb's coffin** (*fig*) ein Nagel zu jds Sarg sein.
II *vt* **1.** (*fix with ~s, put ~s into*) nageln. **to ~ sth to the floor/door/wall** etw an den Boden/an die Tür/Wand nageln, etw auf dem Boden/an der Tür/Wand festnageln; **he ~ed his opponent to the canvas** er pinnte seinen Gegner auf die Matte (*inf*).
2. (*fig*) *person* festnageln. **fear ~ed him to the spot** er war vor Furcht wie auf der Stelle festgenagelt; **they ~ed the contract** sie haben den Vertrag unter Dach und Fach gebracht.
3. (*inf*) **to ~ sb** sich (*dat*) jdn schnappen (*inf*); (*charge also*) jdn drankriegen (*inf*).
♦nail down *vt sep* **1.** (*lit*) *box* zunageln; *carpet, lid* festnageln. **2.** (*fig*) *person* festnageln (*to* auf +*acc*).
♦nail up *vt sep picture* annageln; *door, window* vernageln; *box* zunageln; *goods* in Kisten verpacken und vernageln.
nail *in cpds* Nagel-; **nail-biting I** *n* Nägelkauen *nt*; **II** *adj* (*inf*) *terror* atemberaubend; *suspense also* atemlos; *match* spannungsgeladen; **nail-brush** *n* Nagelbürste *f*; **nail-clippers** *npl* Nagelzwicker *m*; **nail-file** *n* Nagelfeile *f*; **nail polish** *n* Nagellack *m*; **nail polish remover** *n* Nagellackentferner *m*; **nail scissors** *npl* Nagelschere *f*; **nail varnish** *n* (*Brit*) Nagellack *m*.
naïve [naɪ'i:v] *adj* (+*er*) naiv; *person, remark also* einfältig.
naïvely [naɪ'i:vlɪ] *adv* naiv. **he ~ believed me** er war so naiv, mir zu glauben, in seiner Einfalt glaubte er mir.
naïveté [naɪ'i:vteɪ], **naïvety** [naɪ'i:vɪtɪ] *n* Naivität *f*; (*of person also*) Einfalt *f*.
naked ['neɪkɪd] *adj* **1.** *person* nackt, unbekleidet, bloß (*liter*). **to go ~** nackt *or* nackend gehen; **I feel ~ without my wristwatch/make-up** ich fühle mich ohne meine Armbanduhr unangezogen/ohne Make-up nackt und bloß; **(as) ~ as the day (that) he was born** splitterfasernackt (*hum*).
2. *branch* nackt, kahl; *countryside* kahl; *sword* bloß, blank, nackt; *flame, light* ungeschützt; *truth, facts* nackt. **the ~ eye** das bloße Auge; **a room with one ~ light** ein Zimmer, in dem nur eine

Glühbirne hing.

nakedness ['neɪkɪdnɪs] *n* Nacktheit, Blöße *f* (*liter*).

NALGO ['nælgəʊ] (*Brit*) *abbr of* **National and Local Government Officers' Association** *Gewerkschaft f der staatlichen und kommunalen Verwaltungsangestellten.*

Nam [næm] *n* (*US*) *abbr of* **Vietnam**.

namby-pamby ['næmbɪ'pæmbɪ] (*inf*) **I** *n* Mutterkind *nt*; (*boy also*) Muttersöhnchen *nt*. **II** *adj person* verweichlicht, verzärtelt (*inf*); (*indecisive*) unentschlossen.

name [neɪm] **I** *n* **1.** Name *m*. **what's your ~?** wie heißen Sie?, wie ist Ihr Name? (*form*); **my ~ is ...** ich heiße ..., mein Name ist ... (*form*); **a man by the ~ of Gunn** ein Mann namens *or* mit Namen Gunn; **I know him only by ~** ich kenne ihn nur dem Namen nach; **he knows all his customers by ~** er kennt alle seine Kunden bei Namen; **to refer to sb/sth by ~** jdn/etw namentlich *or* mit Namen nennen; **in ~ alone** *or* **only** nur dem Namen nach; **a marriage in ~ only** *or* **in ~ alone** eine nur auf dem Papier bestehende Ehe; **I won't mention any ~s** ich möchte keine Namen nennen; **he writes under the ~ of X** er schreibt unter dem Namen X; **fill in your ~(s) and address(es)** Namen und Adresse eintragen; **what ~ shall I say?** wie ist Ihr Name, bitte?; (*on telephone*) wer ist am Apparat?; (*before showing sb in*) wen darf ich melden?; **to have one's ~ taken** (*Ftbl, Police etc*) aufgeschrieben werden; **in the ~ of** im Namen (*+gen*); **stop in the ~ of the law** halt, im Namen des Gesetzes; **in the ~ of goodness/God** um Himmels/Gottes willen; **I'll put my/your ~ down** (*on list, in register*) ich trage mich/dich ein; (*for school, class, excursion, competition*) ich melde mich/dich an (*for* zu, *for a school* in einer Schule); (*for tickets, goods*) ich lasse mich/dich vormerken; (*on waiting list*) ich lasse mich *or* meinen Namen/dich *or* deinen Namen auf die Warteliste setzen; **to put one's ~ down for a vacancy** sich um *or* für eine Stelle bewerben; **I'll put your ~ down, Sir/Madam** ich werde Sie vormerken, mein Herr/meine Dame; **to call sb ~s** jdn beschimpfen; **you can call me all the ~s you like ...** du kannst mich nennen, was du willst ...; **not to have a penny/cent to one's ~** völlig pleite sein (*inf*), keinen roten Heller haben (*dated*); **what's in a ~?** was ist *or* bedeutet schon ein Name?, Name ist Schall und Rauch (*Prov*); **in all but ~** praktisch; **that's the ~ of the game** (*inf*) darum geht es; **I'll do it or my ~'s not Bob Brown** ich mache das, so wahr ich Bob Brown heiße.

2. (*reputation*) Name, Ruf *m*. **to have a good/bad ~** einen guten/schlechten Ruf *or* Namen haben; **to get a bad ~** in Verruf kommen; **to give sb a bad ~** jdn in Verruf bringen; **to protect one's good ~** seinen Ruf *or* guten Namen wahren; **to make one's ~ as, to make a ~ for oneself as** sich (*dat*) einen Namen machen als; **to make one's ~** berühmt werden; **to have a ~ for sth** für etw bekannt sein.

II *vt* **1.** (*call by a ~, give a ~ to*) *person* nennen; *plant, new star etc* benennen, einen Namen geben (*+dat*); *ship* taufen, einen Namen geben (*+dat*). **I ~ this child/ship X** ich taufe dieses Kind/Schiff auf den Namen X; **a person ~d Smith** jemand namens *or* mit Namen Smith; **the child is ~d Peter** das Kind hat den *or* hört auf den Namen Peter; **to ~ a child after** *or* (*US*) **for sb** ein Kind nach jdm nennen; **he was ~d as the thief/culprit/victim** er wurde als der Dieb/der Schuldige/das Opfer genannt *or* bezeichnet; **to ~ names** Namen nennen.

2. (*appoint, nominate*) ernennen. **to ~ sb mayor/as leader** jdn zum/zur Bürgermeister(in)/Führer(in) ernennen; **to ~ sb for the post of mayor** jdn für das Amt des/der Bürgermeister(in)s vorschlagen; **he has been ~d as Nobel Prize winner** ihm wurde der Nobelpreis verliehen; **they ~d her as the winner of the award** sie haben ihr den Preis verliehen; **to ~ sb as an heir** jdn zu seinem Erben bestimmen.

3. (*describe, designate*) **to ~ sb (as) sth** jdn als etw bezeichnen.

4. (*specify, list*) nennen. **~ the main plays by Shakespeare** nenne mir die wichtigsten Dramen Shakespeares; **~ your price** nennen Sie Ihren Preis; **to ~ the day** (*inf*) den Hochzeitstag festsetzen; **you ~ it, they have it/he's done it** es gibt nichts, was sie nicht haben/was er noch nicht gemacht hat.

name-calling ['neɪm,kɔːlɪŋ] *n* Beschimpfung(en *pl*), Schimpferei(en *pl*) *f*.

name-day *n* Namenstag *m*; **name-drop** *vi* (*inf*) berühmte Bekannte in die Unterhaltung einfließen lassen; **she's always ~ping** sie muß dauernd erwähnen, wen sie alles kennt; **name-dropping** *n* (*inf*) Angeberei *f* mit berühmten Bekannten; **nameless** *adj* **1.** (*unknown*) *person* unbekannt; *author also* namenlos; **2.** (*undesignated*) namenlos; **a person who shall be/remain ~** jemand, der nicht genannt werden soll/der ungenannt bleiben soll; **3.** (*undefined*) *sensation, emotion* unbeschreiblich; *longing, terror, suffering also* namenlos; **4.** (*shocking*) *vice, crime* unaussprechlich.

namely ['neɪmlɪ] *adv* nämlich.

name-plate *n* Namensschild *nt*; (*on door also*) Türschild *nt*; (*on business premises*) Firmenschild *nt*; **namesake** *n* Namensvetter(in *f*) *m*; **name-tape** *n* Wäschezeichen *nt*.

Namibia [næ'mɪbɪə] *n* Namibia *nt*.

Namibian [næ'mɪbɪən] *adj* namibisch.

nan bread ['nɑːn'bred] *n warm serviertes, fladenförmiges Weißbrot als Beilage zu indischen Fleisch- und Gemüsegerichten.*

nancy-boy ['nænsɪ,bɔɪ] *n* (*dated Brit inf*) Schwule(r) *m*.

nankeen [næn'kiːn] *n, no pl* (*cloth*) Nanking(stoff *m*) *m or nt*.

nanny ['nænɪ] *n* **1.** Kindermädchen *nt*. **2.** (*inf: also* **nana**) Oma, Omi *f* (*inf*). **3.** (*also* **~-goat**) Geiß, Ziege *f*.

nanosecond ['nænəʊˌsekənd] *n* Nanosekunde *f.*

nap¹ [næp] **I** *n* Schläfchen, Nickerchen *nt.* **afternoon ~** Nachmittagsschläfchen *nt*; **to have** *or* **take a ~** ein Schläfchen *or* ein Nickerchen machen.

II *vi* **to catch sb ~ping** (*fig*) jdn überrumpeln.

nap² *n* (*Tex*) Flor *m*; (*Sew*) Strich *m.*

nap³ (*Racing*) **I** *vt winner, horse* setzen auf (+*acc*). **II** *n* Tip *m.* **to select a ~** auf ein bestimmtes Pferd setzen.

napalm ['neɪpɑːm] **I** *n* Napalm *nt.*

II *vt* mit Napalm bewerfen.

napalm bomb *n* Napalmbombe *f*; **napalm bombing** *n* Abwurf *m* von Napalmbomben.

nape [neɪp] *n* (*usu:* **~ of the/one's neck**) Nacken *m*, Genick *nt.*

naphthalene ['næfθəliːn] *n* Naphthalin *nt.*

napkin ['næpkɪn] *n* **1.** (*table ~*) Serviette *f.* **ring** Serviettenring *m.* **2.** (*for baby*) Windel *f*; (*US: sanitary ~*) (Damen)binde *f.*

Naples ['neɪplz] *n* Neapel *nt.*

nappy ['næpɪ] *n* (*Brit*) Windel *f.* **~ rash** Wundsein *nt.*

narc [nɑːk] *n* (*US sl*) Rauschgiftfahnder(in *f*) *m.*

narcissi [nɑː'sɪsaɪ] *pl of* **narcissus 1.**

narcissism [nɑː'sɪsɪzəm] *n* Narzißmus *m.*

narcissistic [ˌnɑːsɪ'sɪstɪk] *adj* narzißtisch.

narcissus [nɑː'sɪsəs] *n* **1.** *pl* **narcissi** (*Bot*) Narzisse *f.* **2.** (*Myth*) **N~** Narziß *m.*

narcosis [nɑː'kəʊsɪs] *n* Narkose *f.*

narcotic [nɑː'kɒtɪk] **I** *adj* **1. ~ substance/drug** Rauschgift *nt.* **2.** (*Med*) narkotisch. **II** *n* **1.** Rauschgift *nt.* **~s agent** Rauschgiftfahnder(in *f*) *m*; **the ~s squad** das Rauschgiftdezernat. **2.** (*Med*) Narkotikum *nt.*

nark [nɑːk] (*Brit*) **I** *vt* (*inf*) ärgern. **to get/feel ~ed** wütend werden/sich ärgern.
II *n* (*sl*) Spitzel *m.*

narky ['nɑːkɪ] *adj* (+*er*) (*Brit inf*) gereizt.

narrate [nə'reɪt] *vt* erzählen; *events, journey* schildern.

narration [nə'reɪʃən] *n* Erzählung *f*; (*of events, journey*) Schilderung *f.*

narrative ['nærətɪv] **I** *n* **1.** (*story*) Erzählung *f*; (*account*) Schilderung *f*; (*text*) Text *m.* **2.** (*act of narrating*) Erzählen *nt*; (*of events, journey*) Schilderung *f.* **II** *adj* erzählend; *ability* erzählerisch. **~ poem** Ballade *f*; (*modern*) Erzählgedicht *nt.*

narrator [nə'reɪtə^r] *n* Erzähler(in *f*) *m.*

narrow ['nærəʊ] **I** *adj* (+*er*) **1.** eng; *road, path, passage, valley also, shoulders, hips* schmal. **to become ~** eng werden; (*road*) sich verengen.

2. (*fig*) *person, attitudes, ideas* engstirnig, beschränkt; *views also, sense, meaning, interpretation* eng; *existence* beschränkt; *majority, victory* knapp; *scrutiny* peinlich genau. **to have a ~ mind** engstirnig sein; **to have a ~ escape** mit knapper Not davonkommen, gerade noch einmal davonkommen; **that was a ~ escape/squeak** (*inf*) das war knapp, das wäre beinahe ins Auge gegangen (*inf*).

3. (*Ling*) *vowel* geschlossen.

II *n* **~s** *pl* enge Stelle.

III *vt road etc* enger machen, verengen.

◆**narrow down** (*to* auf +*acc*) **I** *vi* sich beschränken; (*be concentrated*) sich konzentrieren. **the question ~s ~ to this** die Frage läuft darauf hinaus.

II *vt sep* (*limit*) beschränken, einschränken; *possibilities etc* beschränken; (*concentrate*) konzentrieren. **that ~s it ~ a bit** dadurch wird die Auswahl kleiner.

narrow-gauge *adj* schmalspurig, Schmalspur-.

narrowly ['nærəʊlɪ] *adv* **1.** (*by a small margin*) *escape* mit knapper Not. **he ~ escaped being knocked down** er wäre um ein Haar *or* beinahe überfahren worden; **you ~ missed (seeing) him** du hast ihn gerade verpaßt. **2.** *interpret* eng; *examine* peinlich genau. **she looks at things/life much too ~** sie sieht die Dinge/das Leben viel zu eng.

narrow-minded *adj*, **narrow-mindedly** *adv* engstirnig; **narrow-mindedness** *n* Engstirnigkeit *f*; **narrowness** *n* Enge *f.*

NASA ['næsə] *abbr of* **National Aeronautics and Space Administration** NASA *f.*

nasal ['neɪzəl] **I** *adj* **1.** (*Anat*) Nasen-. **2.** *sound* nasal, Nasal-; *accent, voice, intonation* näselnd. **to speak in a ~ voice** durch die Nase sprechen, näseln.

II *n* (*Ling*) Nasal(laut) *m.*

nasalize ['neɪzəlaɪz] *vt* nasalieren.

nasally ['neɪzəlɪ] *adv pronounce* nasal; *speak* durch die Nase, näselnd.

nascent ['næsnt] *adj* **1.** (*liter*) *republic, world, culture* werdend, im Entstehen begriffen; *state* Entwicklungs-; *doubt, hope, pride* aufkommend. **2.** (*Chem*) naszierend.

nastily ['nɑːstɪlɪ] *adv* **1.** (*unpleasantly*) scheußlich; *speak, say* gehässig, gemein; *behave also* gemein. **to speak ~ to sb** zu jdm gehässig sein, jdn angiften (*inf*). **2.** (*awkwardly, dangerously*) *fall, cut oneself* böse, schlimm; *skid, veer* gefährlich.

nastiness ['nɑːstɪnɪs] *n, no pl* **1.** *see adj 1.* Scheußlichkeit *f*; Ekelhaftigkeit *f*; Abscheulichkeit *f*; Schmutzigkeit *f*; Gefährlichkeit *f.*

2. (*of behaviour*) Gemeinheit *f*; (*of person also*) Bosheit *f*; (*of remarks also*) Gehässigkeit *f*; (*behaviour*) gemeines *or* scheußliches Benehmen (*to* gegenüber); (*remarks*) Gehässigkeit(en *pl*) *f* (*to(wards)* gegenüber).

3. *see adj 3.* *Anstößigkeit f*; Ekelhaftigkeit *f.* **the ~ of his mind** seine üble/schmutzige Phantasie.

nasturtium [nəs'tɜːʃəm] *n* (Kapuziner)kresse *f*, Kapuziner *m.*

nasty ['nɑːstɪ] *adj* (+*er*) **1.** (*unpleasant*) scheußlich; *smell, taste also, medicine* ekelhaft, widerlich; *weather, habit also* abscheulich, übel; *surprise also* böse, unangenehm; (*serious*) *break, cough, wound also* böse, schlimm; (*objectionable*) *crime, behaviour, language, word, names* abscheulich; (*dirty*) schmutzig; (*dangerous*) *virus, disease* böse, gefährlich; *corner, bend, fog* böse, übel, gefährlich. **that's a ~-looking cut** der Schnitt sieht böse aus; **she had a ~ fall** sie ist böse *or* schlimm gefallen; **he has a ~ look in his eyes** sein Blick verheißt nichts Gutes; **to turn ~** (*situation, person*) unangenehm werden; (*animal*) wild werden; (*weather*) schlecht werden, umschlagen; **events took a ~ turn** die Dinge nahmen eine Wendung zum Schlechten.

2. *person, behaviour* gemein, fies (*inf*); *trick* gemein, übel; (*spiteful*) *remark, person also* gehässig; *rumour* gehässig, übel. **he has a ~ temper** er kann richtig jähzornig werden; **that was a ~ thing to say/do** das war gemein *or* fies (*inf*); **you ~ little boy (you)!** du böser Junge; **what a ~ man** was für ein ekelhafter Mensch; **he's a ~ bit** *or* **piece of work** (*inf*) er ist ein übler Kunde (*inf*) *or* Typ (*inf*).

3. (*offensive*) anstößig; *film, book also* ekelhaft, schmutzig. **to have a ~ mind** eine üble Phantasie haben; (*obsessed with sex*) eine schmutzige Phantasie haben.

Natal [nə'tæl] *n* Natal *nt.*

natal ['neɪtl] *adj* Geburts-.

natality [nə'tælɪtɪ] *n* (*esp US*) Geburtenziffer *f.*

nation ['neɪʃən] *n* Volk *nt*; (*people of one country*) Nation *f.* **people of all ~s** Menschen aller Nationen; **the voice of the ~** die Stimme des Volkes; **to address the ~** zum Volk sprechen; **the whole ~ watched him do it** das ganze Land sah ihm dabei zu; **the Sioux ~** die Siouxindianer *pl*, das Volk der Sioux(indianer).

national ['næʃənəl] **I** *adj* national; *problem, affairs also* das (ganze) Land betreffend, des Landes, des Staates; *interest, debt, income* Staats-, öffentlich; *strike, scandal* landesweit; *economy* Volks-; *security* Staats-; *character* National-; *defence, language, religion* Landes-; *custom, monument* Volks-; (*not local*) *agreement, radio station, press etc* überregional; (*in names*) Staats-, staatlich. **~ status** Landeszugehörigkeit *f.*

II *n* **1.** (*person*) Staatsbürger(in *f*) *m.* **foreign ~** Ausländer(in *f*) *m*; **Commonwealth ~s** Angehörige *pl* des Commonwealth.

2. (*inf: newspaper*) überregionale Zeitung.

3. (*Sport*) *see* **Grand N~.**

national anthem *n* Nationalhymne *f*; **national assistance** *n* Sozialhilfe *f*; **to be on ~** Sozialhilfe erhalten; **national costume, national dress** *n* National- *or* Landestracht *f*; **national economy** *n* Volkswirtschaft *f*; **National Front** *n* (*Brit*) *rechtsradikale Partei*; **National Guard** *n* (*esp US*) Nationalgarde *f*; **National Health** *adj attr* ≃ Kassen-; **National Health (Service)** *n* (*Brit*) Staatlicher Gesundheitsdienst; **I got it on the ≃** ≃ das hat die Krankenkasse bezahlt; **national holiday** *n* gesetzlicher *or* staatlicher Feiertag; **national insurance** *n* (*Brit*) Sozialversicherung *f*; **~ benefits** Arbeitslosen- und Krankengeld *nt.*

nationalism ['næʃnəlɪzəm] *n* Nationalismus *m.* **feeling of ~** Nationalgefühl *nt.*

nationalist ['næʃnəlɪst] **I** *adj* nationalistisch. **II** *n* Nationalist(in *f*) *m.*

nationalistic [ˌnæʃnə'lɪstɪk] *adj* nationalistisch.

nationality [ˌnæʃə'nælɪtɪ] *n* Staatsangehörigkeit, Nationalität *f.* **what ~ is he?** welche Staatsangehörigkeit hat er?; **she is of German ~** sie hat die deutsche Staatsangehörigkeit; **the many nationalities present** die Menschen verschiedener Nationalitäten, die anwesend sind/waren.

nationalization [ˌnæʃnəlaɪ'zeɪʃən] *n* Verstaatlichung *f.*

nationalize ['næʃnəlaɪz] *vt industries* verstaatlichen.

nationally ['næʃnəlɪ] *adv* (*as a nation*) als Nation; (*nation-wide*) im ganzen Land, landesweit.

national park *n* Nationalpark *m*; **national savings certificate** *n* (*Brit*) *festverzinsliches öffentliches Sparpapier;* **national service** *n* Wehrdienst *m*; **National Socialism** *n* der Nationalsozialismus; **National Socialist I** *n* Nationalsozialist(in *f*) *m.*

II *adj* nationalsozialistisch.

nation-wide ['neɪʃənˌwaɪd] *adj, adv* landesweit.

native ['neɪtɪv] **I** *adj* **1.** *land, country, town* Heimat-; *language* Mutter-; *product, costume, customs, habits, plants* einheimisch; (*associated with natives*) *question, quarters, labour* Eingeborenen-. **the ~ inhabitants** die Einheimischen *pl*; (*in colonial context*) die Eingeborenen *pl*; (*original inhabitants*) die Ureinwohner *pl*; **the ~ habitat of the tiger** die Heimat des Tigers; **my ~ Germany** mein Heimatland *nt or* meine Heimat Deutschland; **a ~ German** ein gebürtiger Deutscher, eine gebürtige Deutsche; **an animal/tree ~ to India** ein in Indien beheimatetes Tier; **to go ~** wie die Eingeborenen leben.

2. (*inborn*) *wit, quality* angeboren.

3. *metal* gediegen.

II *n* **1.** (*person*) Einheimische(r) *mf*; (*in colonial contexts*) Eingeborene(r) *mf*; (*original inhabitant*) Ureinwohner(in *f*) *m.* **a ~ of Britain/Germany** ein gebürtiger Brite/Deutscher, eine gebürtige Britin/Deutsche.

2. to be a ~ of ... (*plant, animal*) in ... beheimatet sein.

native-born *adj attr* gebürtig; **native country** *n* Heimatland, Vaterland *nt*; **native land** *n* Vaterland *nt*; **native speaker** *n* Muttersprachler(in *f*) *m*; **I'm not a ~ of English** Englisch ist nicht meine Muttersprache.

nativity [nə'tɪvɪtɪ] *n* Geburt *f.* **the N~** Christi Geburt *f*; (*picture*) die Geburt Christi; **~ play** Krippenspiel *nt.*

NATO ['neɪtəʊ] *abbr of* **North Atlantic Treaty Organization** NATO *f.* **~ Alliance** das Nordatlantische Verteidigungsbündnis.

natter ['nætəʳ] (*Brit inf*) **I** *vi* (*gossip*) schwatzen (*inf*); (*chatter also*) quasseln (*inf*). **to ~ away in German** deutsch quasseln (*inf*); **to ~ on about sth** über etw (*acc*) quasseln (*inf*). **II** *n* Schwatz *m* (*inf*). **to have a ~** einen Schwatz halten (*inf*).

natty ['nætɪ] *adj* (*+er*) **1.** (*neat*) *dress* schick; *person also* adrett. **2.** (*handy*) *tool, gadget* handlich.

natural ['nætʃrəl] **I** *adj* **1.** natürlich; *rights* naturgegeben, Natur-; *laws, forces, phenomena, religion, silk, sponge* Natur-. **it is ~ for you/him to think ...** es ist nur natürlich, daß Sie denken/er denkt ...; **~ resources** Naturschätze *pl*; **the ~ world** die Natur; **in its ~ state** im Naturzustand; **~ childbirth** natürliche Geburt; (*method*) die schmerzlose Geburt; **to die a ~ death** *or* **of ~ causes** eines natürlichen Todes sterben; **death from ~ causes** (*Jur*) Tod durch natürliche Ursachen; **to be imprisoned for the rest of one's ~ life** (*Jur*) eine lebenslängliche Gefängnisstrafe verbüßen.

2. (*inborn*) *gift, ability, quality* angeboren. **to have a ~ talent for sth** eine natürliche Begabung für etw haben; **he is a ~ artist/comedian** er ist der geborene Künstler/Komiker; **it is ~ for birds to fly** Vögel können von Natur aus fliegen.

3. (*unaffected*) *manner* natürlich, ungekünstelt.

4. (*Math*) *number* natürlich.

5. *parents* leiblich; (*old*) *child* natürlich.

II *n* **1.** (*Mus*) (*sign*) Auflösungszeichen *nt*; (*note*) Note *f* ohne Vorzeichen; (*note with a ~ sign*) Note *f* mit Auflösungszeichen. **B ~/D ~** H, h/D, d; **you played F sharp instead of a ~** Sie haben fis statt f gespielt; *see also* **major, minor.**

2. (*inf: person*) Naturtalent *nt*. **he's a ~ for this part** diese Rolle ist ihm wie auf den Leib geschrieben.

3. (*inf: life*) Leben *nt*. **I've never heard the like in all my ~** ich habe so was mein Lebtag noch nicht gehört (*inf*).

natural gas *n* Erdgas *nt*; **natural history** *n* Naturkunde *f*; (*concerning evolution*) Naturgeschichte *f*.

naturalism ['nætʃrəlɪzəm] *n* Naturalismus *m*.

naturalist ['nætʃrəlɪst] *n* **1.** Naturforscher(in *f*) *m*. **2.** (*Art, Liter*) Naturalist(in *f*) *m*.

naturalistic [ˌnætʃrə'lɪstɪk] *adj* (*Art, Liter*) naturalistisch.

naturalization [ˌnætʃrəlaɪ'zeɪʃən] *n* Naturalisierung, Einbürgerung *f*. **~ papers** Einbürgerungsurkunde *f*.

naturalize ['nætʃrəlaɪz] *vt* **1.** *person* einbürgern, naturalisieren. **to become ~d** eingebürgert werden. **2.** *animal, plants* heimisch machen; *word* einbürgern. **to become ~d** heimisch werden/sich einbürgern.

naturally ['nætʃrəlɪ] *adv* **1.** von Natur aus. **2.** (*not taught*) natürlich, instinktiv. **it comes ~ to him** das fällt ihm leicht. **3.** (*unaffectedly*) *behave, speak* natürlich, ungekünstelt. **4.** (*of course*) natürlich.

naturalness ['nætʃrəlnɪs] *n* Natürlichkeit *f*.

natural philosophy *n* Naturwissenschaft, Naturlehre (*old*) *f*; **natural science** *n* Naturwissenschaft *f*; **the ~s** die Naturwissenschaften *pl*; **natural selection** *n* natürliche Auslese; **natural wastage** *n* natürliche Personalreduzierung.

nature ['neɪtʃəʳ] *n* **1.** Natur *f*. **N~** die Natur; **laws of ~** Naturgesetze *pl*; **against ~** gegen die Natur; **in a state of ~** (*uncivilized, inf: naked*) im Naturzustand; **to return to ~** (*person*) zur Natur zurückkehren; (*garden*) in den Naturzustand zurückkehren; **to paint from ~** nach der Natur malen.

2. (*of person*) Wesen(sart *f*) *nt*, Natur *f*. **cruel by ~** von Natur aus grausam.

3. (*of object, material*) Beschaffenheit *f*. **it's in the ~ of things** das liegt in der Natur der Sache.

4. (*type, sort*) Art *f*. **things of this ~** derartiges; **... or something of that ~ ...** oder etwas in der Art.

nature conservancy *n* Naturschutz *m*; **nature cure** *n* Naturheilverfahren *nt*; **nature-lover** *n* Naturfreund(in *f*) *m*; **nature poet** *n* Naturdichter(in *f*) *m*; **nature reserve** *n* Naturschutzgebiet *nt*; **nature study** *n* Naturkunde *f*; **nature trail** *n* Naturlehrpfad *m*; **nature worship** *n* Naturreligion *f*.

naturism ['neɪtʃərɪzəm] *n* Freikörperkultur *f*, FKK *no art*.

naturist ['neɪtʃərɪst] **I** *n* Anhänger(in *f*) *m* der Freikörperkultur, FKK-Anhänger(in *f*) *m*.

II *adj* FKK-, Freikörperkultur-.

naught [nɔːt] *n* (*old, form*) *see* **nought 2.**

naughtily ['nɔːtɪlɪ] *adv* frech, dreist; (*esp of child*) *say, remark* ungezogen, frech; *behave* unartig, ungezogen.

naughtiness ['nɔːtɪnɪs] *n see adj* **1.** Frechheit, Dreistigkeit *f*; Unartigkeit *f*; Ungezogenheit *f*; Ungehorsam *m*.

2. Unanständigkeit *f*.

naughty ['nɔːtɪ] *adj* (*+er*) **1.** frech, dreist; *child* unartig, ungezogen; *dog* unartig, ungehorsam. **you ~ boy/dog!** du böser *or* unartiger Junge/Hund!; **~, ~!** aber, aber!

2. (*shocking*) *joke, word, story* unanständig. **the ~ nineties** die frechen neunziger Jahre.

nausea ['nɔːsɪə] *n* (*Med*) Übelkeit *f*; (*fig*) Ekel *m*.

nauseate ['nɔːsɪeɪt] *vt* **to ~ sb** (*Med*) (bei) jdm Übelkeit verursachen, in jdm Übelkeit erregen; (*fig*) jdn anwidern.

nauseating ['nɔːsɪeɪtɪŋ] *adj sight, smell, violence, food* ekelerregend; *film, book, style* gräßlich; *overpoliteness* widerlich; *person* ekelhaft, widerlich. **that is a ~ attitude** bei der Einstellung kann einem übel werden.

nauseatingly ['nɔːsɪeɪtɪŋlɪ] *adv* widerlich.

nauseous ['nɔːsɪəs] *adj* **1.** (*Med*) **that made me (feel) ~** dabei wurde mir übel. **2.** (*fig*) widerlich.

nautical ['nɔːtɪkəl] *adj* nautisch; *chart also* See-; *prowess, superiority* zur See, seefahrerisch; *distance* zur See; *stories* von der Seefahrt; *language, tradition,* *appearance* seemännisch. **a ~ nation** eine Seefahrernation; **~ mile** Seemeile *f*.

nautically ['nɔːtɪkəlɪ] *adv superior* in bezug auf die Seefahrt.

naval ['neɪvəl] *adj* Marine-; *base, agreement, parade* Flotten-; *battle, forces* See-.

naval academy *n* Marineakademie *f*; **naval architect** *n* Schiffsbauingenieur(in *f*) *m*; **naval architecture** *n* Schiffsbau *m*; **naval aviation** *n* Seeflugwesen *nt*; **naval power** *n* Seemacht *f*; **naval warfare** *n* Seekrieg *m*.

nave [neɪv] *n* **1.** (*of church*) Haupt- *or* Mittel- *or* Längsschiff *nt*. **2.** (*of wheel*) (Rad)nabe *f*.

navel ['neɪvəl] *n* **1.** (*Anat*) Nabel *m*.
2. (*also* **~ orange**) Navelorange *f*.

navigable ['nævɪgəbl] *adj* **1.** schiffbar. **in a ~ condition** (*ship*) seetüchtig.
2. *balloon, airship* lenkbar.

navigate ['nævɪgeɪt] **I** *vi* (*in plane, ship*) navigieren; (*in car*) den Fahrer dirigieren; (*in rally*) der Beifahrer sein. **who was navigating?** (*in plane, ship*) wer war für die Navigation zuständig?; (*in car*) wer war der Beifahrer?; **I don't know the route, you'll have to ~** ich kenne die Strecke nicht, du mußt mir sagen, wie ich fahren muß *or* du mußt mich dirigieren.
II *vt* **1.** *aircraft, ship, spaceship* navigieren. **to ~ sth through sth** etw durch etw (hindurch)navigieren; (*fig*) etw durch etw hindurchschleusen; **he ~d his way through the crowd** er bahnte sich (*dat*) einen Weg durch die Menge.
2. (*journey through*) durchfahren; (*plane, pilot*) durchfliegen.

navigation [ˌnævɪ'geɪʃən] *n* **1.** (*act of navigating*) Navigation *f*. **2.** (*shipping*) Schiffsverkehr *m*. **3.** (*skill*) (*in ship, plane*) Navigation *f*. **how's your ~?** (*in car*) bist du als Beifahrer gut zu gebrauchen?; **his ~ was lousy, we got lost** (*in car*) er hat mich so schlecht dirigiert, daß wir uns verirrt haben.

navigator ['nævɪgeɪtə^r] *n* (*Naut*) Navigationsoffizier *m*; (*Aviat*) Navigator(in *f*) *m*; (*Mot*) Beifahrer(in *f*) *m*.

navvy ['nævɪ] *n* (*Brit*) Bauarbeiter *m*; (*on road also*) Straßenarbeiter *m*.

navy ['neɪvɪ] **I** *n* **1.** (Kriegs)marine *f*. **to serve in the ~** in der Marine dienen; **N~ Department** (*US*) Marineministerium *nt*. **2.** (*also* **~ blue**) Marineblau *nt*.
II *adj* **1.** *attr* Marine-. **2.** (*also* **~ blue**) marineblau.

nay [neɪ] *adv* (*obs, dial*) nein.

Nazi ['nɑːtsɪ] **I** *n* Nazi *m*; (*fig pej*) Faschist *m*. **II** *adj* Nazi-.

Nazism ['nɑːtsɪzəm] *n* Nazismus *m*.

NB *abbr of* **nota bene** NB.

NCB (*Brit old*) *abbr of* **National Coal Board** *Verband m der britischen Kohleindustrie*.

NCO *abbr of* **non-commissioned officer** Unteroffizier, Uffz. *m*.

NE *abbr of* **north-east** NO.

Neanderthal [nɪ'ændətɑːl] *adj* Neandertaler *attr*. **~ man** der Neandertaler.

neap [niːp] *n* (*also* **~-tide**) Nippflut, Nippzeit, Nipptide (*N Ger*) *f*.

Neapolitan [nɪə'pɒlɪtən] **I** *adj* neapolitanisch. **~ ice-cream** Fürst-Pückler-Eis *nt*. **II** *n* Neapolitaner(in *f*) *m*.

near [nɪə^r] (+*er*) **I** *adv* **1.** (*close in space and time*) nahe. **to be ~** (*person, object*) in der Nähe sein; (*event, departure, festival*) bevorstehen; (*danger, end, help*) nahe sein; **to be very ~** ganz in der Nähe sein; (*in time*) nahe *or* unmittelbar bevorstehen; (*danger etc*) ganz nahe sein; **to be ~er/~est** näher/am nächsten sein; (*event etc*) zeitlich näher liegen/zeitlich am nächsten liegen; **to be ~ at hand** zur Hand sein; (*shops*) in der Nähe sein; (*help*) ganz nahe sein; (*event*) unmittelbar bevorstehen; **he lives quite ~** er wohnt ganz in der Nähe; **don't sit/stand so ~** setzen Sie sich/stehen Sie nicht so nahe (daran); **you live ~er/~est** du wohnst näher/am nächsten; **to move/come ~er** näherkommen; **could you get** *or* **move ~er together?** könnten Sie näher *or* enger *or* mehr zusammenrükken?; **this is the ~est I can get to solving the problem** besser kann ich das Problem nicht lösen; **that's the ~est I ever got to being fired** da hätte nicht viel gefehlt, und ich wäre rausgeworfen worden.
2. (*closely, exactly, accurately*) genau. **as ~ as I can judge** soweit ich es beurteilen kann; **they're the same length or as ~ as makes no difference** sie sind so gut wie gleich lang; **(that's) ~ enough** so geht's ungefähr, das haut so ungefähr hin (*inf*); **... no, but ~ enough ...** nein, aber es war nicht weit davon entfernt.
3. (*almost*) fast, beinahe; *impossible also, dead* nahezu.
4. it's nowhere *or* **not anywhere ~ enough/right** das ist bei weitem nicht genug/das ist weit gefehlt; **we're nowhere** *or* **not anywhere ~ finishing the book** wir haben das Buch noch lange nicht fertig; **nowhere ~ as much** lange *or* bei weitem nicht soviel.
II *prep* (*also adv:* **~ to**) **1.** (*close to*) (*position*) nahe an (+*dat*), nahe (+*dat*); (*with motion*) nahe an (+*acc*); (*in the vicinity of*) in der Nähe von *or* +*gen*; (*with motion*) in die Nähe von *or* +*gen*. **to be/get ~ (to) the church** in der Nähe der Kirche sein/in die Nähe der Kirche kommen; **the hotel is very ~ (to) the station** das Hotel liegt ganz in der Nähe des Bahnhofs; **move the chair ~/~er (to) the table** rücken Sie den Stuhl an den/näher an den Tisch; **to come** *or* **get ~/~er (to) sb/sth** nahe/näher an jdn/etw herankommen; **to stand ~/~er (to) the table** am *or* neben dem *or* nahe am/näher am Tisch stehen; **he won't go ~ anything illegal** mit Ungesetzlichem will er nichts zu tun haben; **when we are ~er home** wenn wir nicht mehr so weit von zu Hause weg sind; **keep ~ me** bleib in meiner Nähe; **~ here/there** hier/dort in der Nähe; **don't come ~ me** komm mir nicht zu nahe; **to be ~est to sth** einer Sache (*dat*) am nächsten sein; **take the chair ~est**

(to) you/the table nehmen Sie den Stuhl direkt neben Ihnen/dem Tisch; **to be ~ (to) sb's heart** *or* **sb** jdm am Herzen liegen; **to be ~ the knuckle** *or* **bone** (*inf*) (*joke*) gewagt sein; (*remark*) hart an der Grenze sein.

2. (*close in time: with time stipulated*) gegen. **~ (to) death/her confinement** dem Tode/der Geburt nahe; **she is ~ her time** es ist bald so weit (bei ihr); **~ (to) the appointed time** um die ausgemachte Zeit herum; **phone again ~er (to) Christmas** rufen Sie vor Weihnachten noch einmal an; **come back ~er (to) 3 o'clock** kommen Sie gegen 3 Uhr wieder; **to be ~er/~est (to) sth** einer Sache (*dat*) zeitlich näher liegen/am nächsten liegen; **~ (to) the end of my stay/the play/book** gegen Ende meines Aufenthalts/des Stücks/des Buchs; **I'm ~ (to) the end of the book/my stay** ich habe das Buch fast zu Ende gelesen/mein Aufenthalt ist fast zu Ende *or* vorbei; **her birthday is ~ (to) mine** ihr und mein Geburtstag liegen nahe beieinander; **it is drawing ~ (to) Christmas** es geht auf Weihnachten zu; **as it drew ~/~er (to) his departure** als seine Abreise heranrückte/näher heranrückte.

3. (*on the point of*) **to be ~ (to) doing sth** nahe daran sein, etw zu tun; **to be ~ (to) tears/despair** *etc* den Tränen/der Verzweiflung *etc* nahe sein; **the project is ~/~er (to) completion** das Projekt steht vor seinem Abschluß/ist dem Abschluß nähergekommen; **he came ~ to ruining his chances** er hätte sich seine Chancen beinahe verdorben; **we were ~ to being drowned** wir waren dem Ertrinken nahe, wir wären beinahe ertrunken.

4. (*similar to*) ähnlich (+*dat*). **German is ~er (to) Dutch than English is** Deutsch ist dem Holländischen ähnlicher als Englisch; **nobody comes anywhere ~ him at swimming** (*inf*) im Schwimmen kann es niemand mit ihm aufnehmen (*inf*).

III *adj* **1.** (*close in space*) nahe. **it looks very ~** es sieht so aus, als ob es ganz nah wäre; **our ~est neighbours are 5 miles away** unsere nächsten Nachbarn sind 5 Meilen entfernt.

2. (*close in time*) nahe. **these events are still very ~** diese Ereignisse liegen noch nicht lange zurück.

3. (*closely related, intimate*) *relation* nah; *friend* nah, vertraut. **my ~est and dearest** meine Lieben *pl*; **a ~ and dear friend** ein lieber und teurer Freund.

4. *escape* knapp; *resemblance* groß, auffallend. **a ~ disaster/accident** beinahe ein Unglück *nt*/ein Unfall *m*; **a ~ race/contest** ein Rennen *nt*/Wettkampf *m* mit knappem Ausgang; **that was a ~ guess** Sie haben es beinahe erraten, das war nicht schlecht geraten; **to be in a state of ~ collapse/hysteria** am Rande eines Zusammenbruchs/der Hysterie sein; **round up the figure to the ~est pound** runden Sie die Zahl auf das nächste Pfund auf; **£50 or ~est offer** (*Comm*) Verhandlungsbasis £ 50; **we'll sell it for £50, or ~est offer** wir verkaufen es für £50 oder das nächstbeste Angebot; **this is the ~est equivalent** das kommt dem am nächsten; **that is the ~est (thing) you'll get to a compliment/an answer** ein besseres Kompliment/eine bessere Antwort kannst du kaum erwarten.

IV *vt place* sich nähern (+*dat*). **he was ~ing his end** sein Leben neigte sich dem Ende zu; **to be ~ing sth** (*fig*) auf etw (*acc*) zugehen; **to ~ completion** kurz vor dem Abschluß stehen.

nearby [nɪə'baɪ] **I** *adv* (*also* **near by**) in der Nähe. **II** *adj* nahe gelegen.

Near East *n* Naher Osten. **in the ~** im Nahen Osten.

near letter-quality *n* Schönschrift, Korrespondenz- *or* Briefqualität *f*.

nearly ['nɪəlɪ] *adv* **1.** (*almost*) beinahe, fast. **I ~ laughed** ich hätte fast *or* beinahe gelacht; **she was ~ crying** *or* **in tears** sie war den Tränen nahe. **2. not ~** bei weitem nicht, nicht annähernd; **not ~ enough** bei weitem nicht genug.

near miss *n* (*Aviat*) Beinahezusammenstoß *m*; *see also* **miss I 1.**

nearness ['nɪənɪs] *n* Nähe *f*.

nearside I *adj* auf der Beifahrerseite, linke(r, s)/rechte(r, s); **II** *n* Beifahrerseite *f*; **near-sighted** *adj* kurzsichtig; **near-sightedness** *n* Kurzsichtigkeit *f*; **near thing** *n* **that was a ~** das war knapp.

neat [niːt] *adj* (+*er*) **1.** (*tidy*) *person, house, hair-style* ordentlich; *worker, work, handwriting, sewing also* sauber; *hair, appearance also* gepflegt. **to make a ~ job of sth** etwas tadellos machen; *see* **pin**.

2. (*pleasing*) nett; *clothes also* adrett; *person, figure also* hübsch; *ankles* schlank; *car, ship, house also* schmuck (*dated*). **she has a ~ figure** sie hat ein nettes Figürchen.

3. (*skilful*) *gadget, speech* gelungen; *style* gewandt; *solution* sauber, elegant; *trick* schlau. **that's very ~** das ist sehr schlau.

4. (*undiluted*) *spirits* pur; *wines* unverdünnt. **to drink one's whisky ~** Whisky pur trinken.

5. (*US inf: excellent*) prima (*inf*), klasse *inv* (*inf*).

neaten ['niːtn] *vt* (*also* **~ up**) in Ordnung bringen; *phrasing* glätten.

neatly ['niːtlɪ] *adv see adj 1.-3.* **1.** ordentlich; sauber. **2.** nett; adrett; hübsch. **a ~ turned ankle** eine hübsche schlanke Fessel. **3.** gelungen; gewandt; sauber, elegant; schlau. **~ put** treffend ausgedrückt.

neatness ['niːtnɪs] *n see adj 1.-3.* **1.** Ordentlichkeit *f*; Sauberkeit *f*. **2.** Nettheit *f*, nettes Aussehen; Adrettheit *f*; hübsches Aussehen; Schlankheit *f*. **3.** Gelungenheit *f*; Gewandtheit *f*; Sauberkeit, Eleganz *f*; Schlauheit *f*.

nebula ['nebjʊlə] *n*, *pl* **-e** ['nebjʊliː] **1.** (*Astron*) Nebel *m*, Nebelfleck *m*.

2. (*Med*) Trübung *f*.

nebulous ['nebjʊləs] *adj* **1.** (*Astron*) Nebel-. **2.** (*fig*) unklar, verworren, nebulös.

necessarily ['nesɪsərɪlɪ] *adv* notwendigerweise (*also Logic*), unbedingt. **not ~** nicht unbedingt; **if that is true, then it is ~ the case that ...** wenn das wahr ist, dann folgt notwendigerweise daraus, daß ...

necessary ['nesɪsərɪ] **I** *adj* **1.** notwendig, nötig, erforderlich (*to, for* für). **it is ~ to ...** man muß ...; **is it ~ for me to come too?** muß ich auch kommen?; **it's not ~ for you to come** Sie brauchen nicht zu kommen; **it is ~ for him to be there** es ist nötig *or* notwendig, daß er da ist, er muß (unbedingt) da sein; **all the ~ qualifications** alle erforderlichen Qualifikationen; **~ condition** Voraussetzung *f*; (*Logic*) notwendige Voraussetzung; **to make it ~ for sb to do sth** es erforderlich machen, daß jd etw tut; **if ~** wenn nötig, nötigenfalls; **to do everything ~, to do what is ~** alles Nötige tun; **good food is ~ to health** gutes Essen ist für die Gesundheit notwendig; **to do no more than is ~** nicht mehr tun, als unbedingt notwendig *or* nötig ist.

2. (*unavoidable*) *conclusion, change, result* unausweichlich. **we drew the ~ conclusions** wir haben die entsprechenden Schlüsse daraus gezogen; **a ~ evil** ein notwendiges Übel.

II *n* **1.** (*inf: what is needed*) **the ~** das Notwendige; **will you do the ~?** wirst du das Notwendige *or* Nötige erledigen?

2. (*inf: money*) **the ~** das nötige Kleingeld.

3. *usu pl* **the ~** *or* **necessaries** das Notwendige.

necessitate [nɪ'sesɪteɪt] *vt* notwendig *or* erforderlich machen, erfordern (*form*). **the heat ~d our staying indoors** die Hitze zwang uns, im Haus zu bleiben.

necessity [nɪ'sesɪtɪ] *n* **1.** *no pl* Notwendigkeit *f*. **from** *or* **out of ~** aus Not; **of ~** notgedrungen, notwendigerweise; **it is a case of absolute ~** es ist unbedingt notwendig; **there is no ~ for you to do that** es besteht nicht die geringste Notwendigkeit, daß Sie das tun; **in case of ~** im Notfall; **~ is the mother of invention** (*Prov*) Not macht erfinderisch (*Prov*).

2. *no pl* (*poverty*) Not, Armut *f*.

3. (*necessary thing*) Notwendigkeit *f*. **the bare necessities (of life)** das Notwendigste (zum Leben).

neck [nek] **I** *n* **1.** Hals *m*. **to break one's ~** sich (*dat*) das Genick *or* den Hals brechen; **to risk one's ~** Kopf und Kragen riskieren; **to save one's ~** seinen Hals aus der Schlinge ziehen; **a stiff ~** ein steifer Hals *or* Nacken; **to win by a ~** um eine Kopflänge gewinnen; **to have sb round one's ~** (*fig inf*) jdn auf dem *or* am Halse haben; **to be up to one's ~ in work** bis über den Hals *or* über die Ohren in der Arbeit stecken; **he's in it up to his ~** (*inf*) er steckt bis über den Hals drin; **to get it in the ~** (*inf*) eins aufs Dach bekommen (*inf*); **to stick one's ~ out** seinen Kopf riskieren; **in this ~ of the woods** (*inf*) in diesen Breiten; *see* **breathe.**

2. (*Cook*) **~ of lamb** Halsstück *nt* vom Lamm.

3. (*of bottle, vase, violin, bone*) Hals *m*; (*of land*) Landenge *f*.

4. (*of dress*) Ausschnitt *m*. **it has a high ~** es ist hochgeschlossen.

5. (*also* **~ measurement**) Halsweite *f*.

II *vi* (*inf*) knutschen (*inf*), schmusen (*inf*).

neck and neck (*lit, fig*) **I** *adj attr* Kopf-an-Kopf-; **II** *adv* Kopf an Kopf; **neckband** *n* Besatz *m*; (*of shirt*) Kragensteg *m*; (*of pullover*) Halsbündchen *nt*.

necklace ['neklɪs] *n* (Hals)kette *f*.

necklet ['neklɪt] *n* Kettchen *nt*.

neckline *n* Ausschnitt *m*; **necktie** *n* (*esp US*) Krawatte *f*, Binder, Schlips *m*.

necrology [ne'krɒlədʒɪ] *n* (*form*) Totenverzeichnis, Nekrologium *nt*; (*obituary*) Nachruf, Nekrolog *m*.

necromancer ['nekrəʊ,mænsə^r] *n* Toten- *or* Geisterbeschwörer(in *f*), Nekromant *m*.

necromancy ['nekrəʊ,mænsɪ] *n* Toten- *or* Geisterbeschwörung, Nekromantie *f*.

necrophilia [,nekrəʊ'fɪlɪə] *n* Leichenschändung, Nekrophilie *f*.

necropolis [ne'krɒpəlɪs] *n* Totenstadt, Nekropole, Nekropolis *f*.

nectar ['nektə^r] *n* (*lit, fig*) Nektar *m*.

nectarine ['nektərɪn] *n* (*fruit*) Nektarine *f*; (*tree*) Nektarine(nbaum *m*) *f*.

ned [ned] *n* (*inf*) Rowdy *m*; (*criminal type*) Halunke *m*.

née [neɪ] *adj* **Mrs Smith, ~ Jones** Frau Smith, geborene Jones.

need [ni:d] **I** *n* **1.** *no pl* (*necessity*) Notwendigkeit *f* (*for gen*). **if ~ be** nötigenfalls, wenn nötig; **in case of ~** notfalls, im Notfall; **(there is) no ~ for sth** etw ist nicht nötig; **(there is) no ~ to do sth** etw braucht nicht *or* muß nicht unbedingt getan werden; **there's no ~ to get angry** du brauchst nicht gleich wütend zu werden; **to be (badly) in ~ of sth** (*person*) etw (dringend) brauchen; **those most in ~ of help** diejenigen, die Hilfe am nötigsten brauchen; **to be in ~ of repair/an overhaul** reparaturbedürftig sein/(dringend) überholt werden müssen; **to have no ~ of sth** etw nicht brauchen; **to have no ~ to do sth** etw nicht zu tun brauchen.

2. *no pl* (*misfortune*) Not *f*. **in time(s) of ~** in schwierigen Zeiten, in Zeiten der Not; **do not fail me in my hour of ~** (*usu iro*) verlaß mich nicht in der Stunde der Not.

3. *no pl* (*poverty*) Not *f*. **to be in great ~** große Not leiden; **those in ~** die Notleidenden *pl*.

4. (*requirement*) Bedürfnis *nt*. **the body's ~ for oxygen** das Sauerstoffbedürfnis des Körpers; **my ~s are few** ich stelle nur geringe Ansprüche; **your ~ is greater than mine** Sie haben es nötiger als ich; **there is a great ~ for ...** es besteht ein großer Bedarf an (+*dat*) ...

II *vt* **1.** (*require*) brauchen. **he ~ed no second invitation** man mußte ihn nicht zweimal bitten; **to ~ no introduction** keine spezielle Einführung brauchen; **much ~ed** dringend notwendig; **what I ~ is a**

good drink ich brauche etwas zu trinken; **just what I ~ed** genau das richtige; **that's/you're all I ~ed** (*iro*) das hat/du hast mir gerade noch gefehlt; **this situation ~s some explanation** diese Situation bedarf einer Erklärung (*gen*); **it ~s a service/a coat of paint/careful consideration** es muß gewartet/gestrichen/gründlich überlegt werden; **is a visa ~ed to enter the USA?** braucht man für die Einreise in die USA ein Visum?; **it ~ed an accident to make him drive carefully** er mußte erst einen Unfall haben, bevor er vernünftig fuhr.

2. (*in verbal constructions*) **sth ~s doing** *or* **to be done** etw muß gemacht werden; **he ~s watching/cheering up** man muß ihn beobachten/aufheitern, er muß beobachtet/aufgeheitert werden; **to ~ to do sth** (*have to*) etw tun müssen; **not to ~ to do sth** etw nicht zu tun brauchen; **he doesn't ~ to be told** man braucht es ihm nicht zu sagen; **you shouldn't ~ to be told** das müßte man dir nicht erst sagen müssen; **it doesn't ~ me to tell you that** das brauche ich dir ja wohl nicht zu sagen.

III *v aux* **1.** (*indicating obligation*) (*in positive contexts*) müssen. **~ he go?** muß er gehen?; **~ I say more?** mehr brauche ich ja wohl nicht zu sagen; **I ~ hardly say that ...** ich brauche wohl kaum zu erwähnen, daß ...; **no-one ~ go** *or* **~s to go home yet** es braucht noch keiner nach Hause zu gehen; **you only ~ed (to) ask** du hättest nur (zu) fragen brauchen.

2. (*indicating obligation*) (*in negative contexts*) brauchen. **you ~n't wait** du brauchst nicht (zu) warten; **we ~n't have come/gone** wir hätten gar nicht kommen/gehen brauchen; **I/you ~n't have bothered** das war nicht nötig.

3. (*indicating logical necessity*) **that ~n't be the case** das muß nicht unbedingt der Fall sein; **it ~ not follow that ...** daraus folgt nicht unbedingt, daß ...

needful ['ni:dfʊl] **I** *adj* (*old*) notwendig, nötig (*for, to* für, zu). **II** *n* (*inf*) (*what is necessary*) **to do the ~** das Nötige tun; **to supply the ~** (*money*) das nötige Kleingeld zur Verfügung stellen.

neediness ['ni:dɪnɪs] *n* Armut, Bedürftigkeit *f*.

needle ['ni:dl] **I** *n* (*all senses*) Nadel *f*. **it's like looking for a ~ in a haystack** es ist, als ob man eine Stecknadel im Heuhaufen *or* Heuschober suchte; **to give sb the ~** (*inf*) jdn reizen.

II *vt* **1.** (*inf: goad*) ärgern, piesacken (*inf*). **what's needling him?** was ist ihm über die Leber gelaufen? (*inf*).

2. (*US inf*) **to ~ a drink** einen Schuß Alkohol in ein Getränk geben.

needlecraft *n* handarbeitliches Geschick; **needle match** *n* spannendes Spiel; **needle-sharp** *adj* (*inf*) clever (*inf*), schwer auf Zack (*inf*).

needless ['ni:dlɪs] *adj* unnötig; *remark also* überflüssig. **~ to say, he didn't come** er kam natürlich nicht.

needlessly ['ni:dlɪslɪ] *adv* unnötig(erweise), überflüssig(erweise).

needlessness ['ni:dlɪsnɪs] *n* Unnötigkeit *f*.

needlewoman *n* Näherin *f*; **needlework** *n* Handarbeit *f*; **a piece of ~** eine Handarbeit.

needy ['ni:dɪ] **I** *adj* (+*er*) ärmlich, bedürftig. **II** *n* **the ~** die Bedürftigen *pl*.

ne'er-do-well ['nɛədu:ˌwel] (*dated*) **I** *n* Tunichtgut, Taugenichts (*dated*) *m*.

II *adj* nichtsnutzig.

nefarious [nɪ'fɛərɪəs] *adj* verrucht, ruchlos (*liter*).

negate [nɪ'geɪt] *vt* (*nullify*) zunichte machen; (*deny*) verneinen (*also Gram*), negieren (*geh*).

negation [nɪ'geɪʃən] *n* Verneinung *f*; (*of statement, negative form also*) Negation *f*.

negative ['negətɪv] **I** *adj* negativ; *answer* verneinend; (*Gram*) *form* verneint. **~ sign** (*Math*) Minuszeichen *nt*, negatives Vorzeichen; **~ ion** Anion *nt*; **~ cash flow** (*Fin*) Überhang *m* der Zahlungsausgänge; **I got a ~ reply to my request** ich habe auf meinen Antrag einen abschlägigen Bescheid bekommen.

II *n* **1.** (*also Gram*) Verneinung *f*. **to answer in the ~** eine verneinende Antwort geben; (*say no*) mit Nein antworten; (*refuse*) einen abschlägigen Bescheid geben; **his answer was a curt ~** er antwortete mit einem knappen Nein; **put this sentence into the ~** verneinen Sie diesen Satz.

2. (*Gram: word*) Verneinungswort *nt*, Negation *f*; (*Math*) negative Zahl. **two ~s make a positive** (*Math*) zweimal minus gibt plus.

3. (*Phot*) Negativ *nt*.

4. (*Elec*) negativer Pol.

III *interj* nein.

negatively ['negətɪvlɪ] *adv* negativ; (*in the negative*) verneinend.

negativity [negə'tɪvɪtɪ] *n* negative Einstellung.

neglect [nɪ'glekt] **I** *vt* vernachlässigen; *promise* nicht einhalten; *opportunity* versäumen; *advice* nicht befolgen. **to ~ to do sth** es versäumen *or* unterlassen, etw zu tun.

II *n see vt* Vernachlässigung *f*; Nichteinhalten *nt*; Versäumen *nt*; Nichtbefolgung *f*; (*negligence*) Nachlässigkeit *f*. **~ of one's duties** Pflichtvergessenheit *f*, Pflichtversäumnis *nt*; **to be in a state of ~** verwahrlost sein, völlig vernachlässigt sein.

neglected [nɪ'glektɪd] *adj* vernachlässigt; *area, garden also* verwahrlost. **to feel ~** sich vernachlässigt fühlen.

neglectful [nɪ'glektfʊl] *adj* nachlässig; *father, government* pflichtvergessen. **to be ~ of sb/sth** sich nicht um jdn/etw kümmern, jdn/etw vernachlässigen.

neglectfully [nɪ'glektfəlɪ] *adv see adj*.

négligé(e) ['neglɪʒeɪ] *n* Negligé *nt*.

negligence ['neglɪdʒəns] *n* (*carelessness*) Nachlässigkeit *f*; (*causing danger, Jur*) Fahrlässigkeit *f*.

negligent ['neglɪdʒənt] *adj* **1.** nachlässig; (*causing danger, damage*) fahrlässig. **to be ~ of sb/sth** jdn/etw vernachlässigen; **to be ~ of one's duties** pflichtvergessen sein.

2. (*off-hand*) lässig.

negligently ['neglɪdʒəntlɪ] *adv see adj* **1.** nachlässig; fahrlässig. **he very ~ forgot** in seiner Nachlässigkeit vergaß er es, nachlässig, wie er war, vergaß er es.

2. lässig.

negligible ['neglɪdʒəbl] *adj* unwesentlich, unbedeutend; *quantity, amount, sum also* geringfügig, unerheblich. **the opposition in this race is ~** in diesem Rennen gibt es keinen ernstzunehmenden Gegner.

negotiable [nɪ'gəʊʃɪəbl] *adj* **1.** (*Comm*) (*can be sold*) verkäuflich, veräußerlich; (*can be transferred*) übertragbar. **not ~** nicht verkäuflich/übertragbar. **2. these terms are ~** über diese Bedingungen kann verhandelt werden. **3.** *road* befahrbar; *river, mountain pass* passierbar; *obstacle, difficulty* überwindbar.

negotiate [nɪ'gəʊʃɪeɪt] **I** *vt* **1.** (*discuss*) verhandeln über (+*acc*); (*bring about*) aushandeln. **2.** *bend in road, (horse) fence* nehmen; *river, mountain, rapids* passieren; *obstacle, difficulty* überwinden. **3.** (*Comm*) *shares* handeln mit; *sale* tätigen (*form*).

II *vi* verhandeln (*for* über +*acc*).

negotiation [nɪˌgəʊʃɪ'eɪʃən] *n* **1.** *siehe vt 1.* Verhandlung *f*; Aushandlung *f*. **the matter is still under ~** über diese Sache wird noch verhandelt; **it's a matter for ~** darüber muß verhandelt werden; **by ~** auf dem Verhandlungsweg.

2. *usu pl* (*talks*) Verhandlung *f*. **to begin ~s with sb** Verhandlungen *pl* mit jdm aufnehmen; **to be in ~(s) with sb** mit jdm in Verhandlungen stehen.

3. (*of river, mountain, rapids*) Passage *f*, Passieren *nt*; (*of obstacle, difficulty*) Überwindung *f*.

negotiator [nɪ'gəʊʃɪeɪtəʳ] *n* Unterhändler(in *f*) *m*.

Negress ['ni:gres] *n* Negerin *f*.

Negro ['ni:grəʊ] **I** *adj* Neger-.

II *n* Neger *m*.

Negroid ['ni:grɔɪd] *adj* negroid.

neigh [neɪ] **I** *vi* wiehern. **II** *n* Wiehern *nt*.

neighbour, (*US*) **neighbor** ['neɪbəʳ] **I** *n* **1.** Nachbar(in *f*) *m*; (*at table*) Tischnachbar(in *f*) *m*; *see* **next-door.**

2. (*Bibl*) Nächste(r) *mf*.

II *vt* (*adjoin*) *country, river* angrenzen an (+*acc*).

III *vi* **1. to ~ on** (*adjoin*) (an)grenzen an (+*acc*); (*approach*) grenzen an (+*acc*). **2.** (*US inf*) **to ~ with sb** gutnachbarliche Beziehungen *pl* zu jdm haben.

neighbourhood, (*US*) **neighborhood** ['neɪbəhʊd] *n* (*district*) Gegend *f*, Viertel *nt*; (*people*) Nachbarschaft *f*. **all the children from the ~** all die Kinder aus der Nachbarschaft *or* der Gegend; **she is very popular with the whole ~** sie ist bei allen Nachbarn *or* in der ganzen Nachbarschaft sehr beliebt; **in the ~ of sth** in der Nähe von etw; (*fig: approximately*) um etw herum; **~ watch** *Vereinigung f von Bürgern, die durch Straßenwachen etc in ihrem Bezirk die Polizei bei der Verbrechensbekämpfung unterstützen.*

neighbouring, (*US*) **neighboring** ['neɪbərɪŋ] *adj house(s), village* benachbart, angrenzend, Nachbar-; *fields, community* angrenzend, Nachbar-.

neighbourly, (*US*) **neighborly** ['neɪbəlɪ] *adj person* nachbarlich; *action, relations* gutnachbarlich. **they are ~ people** sie sind gute Nachbarn; **to behave in a ~ way** sich als guter Nachbar/gute Nachbarin erweisen.

neighing ['neɪɪŋ] *n* Wiehern *nt*.

neither ['naɪðəʳ] **I** *adv* **~ ... nor** weder ... noch; **he ~ knows nor cares** er weiß es nicht und will es auch nicht wissen.

II *conj* auch nicht. **I'm not going — ~ am I** ich gehe nicht — ich auch nicht; **I can't go, ~ do I want to** ich kann und will auch nicht gehen.

III *adj* keine(r, s) (der beiden). **~ one of them** keiner von beiden.

IV *pron* keine(r, s). **~ of them** keiner von beiden; **which will you take? — ~** welches nehmen Sie? — keines (von beiden).

nelly ['nelɪ] *n*: **not on your ~** (*Brit hum inf*) nie im Leben.

nelson ['nelsən] *n* (*Wrestling*) **full ~** Doppelnelson *m*, doppelter Nackenheber; **half ~** Nelson *m*, einfacher Nackenheber.

neo- ['ni:əʊ-] *pref* neo-, Neo-. **~classical** klassizistisch; **~classicism** Klassizismus *m*; **~colonial** neokolonialistisch; **~colonialism** Neokolonialismus *m*.

neodymium [ˌni:əʊ'dɪmɪəm] *n* (*Chem*) Neodym *nt*.

neofascism *n* Neofaschismus *m*; **neofascist I** *adj* neofaschistisch.

II *n* Neofaschist(in *f*) *m*.

neolithic [ˌni:əʊ'lɪθɪk] *adj* jungsteinzeitlich, neolithisch.

neologism [nɪ'ɒlədʒɪzəm] *n* (*Ling*) (Wort)neubildung *f*, Neologismus *m*.

neon ['ni:ɒn] **I** *n* (*Chem*) Neon *nt*.

II *adj attr lamp, lighting, tube* Neon-. **~ sign** (*name*) Neon- *or* Leuchtschild *nt*; (*advertisement*) Neon- *or* Leuchtreklame *f no pl*.

neo-Nazi [ˌni:əʊ'nɑ:tsɪ] **I** *n* Neonazi *m*. **II** *adj* neonazistisch.

Nepal [nɪ'pɔ:l] *n* Nepal *nt*.

Nepalese [ˌnepə'li:z], **Nepali** [nɪ'pɔ:lɪ] **I** *adj* nepalesisch, nepalisch.

II *n* **1.** Nepalese *m*, Nepalesin *f*. **2.** (*language*) Nepalesisch *nt*.

nephew ['nevju:, 'nefju:] *n* Neffe *m*.

nephritis [ne'fraɪtɪs] *n* Nierenentzündung, Nephritis (*spec*) *f*.

nepotism ['nepətizəm] *n* Vetternwirtschaft *f*, Nepotismus *m*.

Neptune ['neptju:n] *n* (*Astron, Myth*) Neptun *m*.

neptunium [nep'tju:nɪəm] *n* (*Chem*) Neptunium *nt*.

nerd [nɜ:d] *n* (*sl*) Schwachkopf *m*.

nerve [nɜ:v] **I** *n* **1.** (*Anat*) Nerv *m*. **to suffer from ~s** nervös sein; **to have an attack** *or* **fit of ~s** in Panik geraten, durchdrehen (*inf*); (*before exam also*) Prüfungsangst haben; **to be in a terrible state of ~s** mit den Nerven völlig fertig *or* herunter sein; **it's only ~s** du bist/er ist *etc* nur nervös; **to be all ~s** ein Nervenbündel sein; **to get on sb's ~s** (*inf*) jdm auf die Nerven gehen *or* fallen; **to live on one's ~s** nervlich angespannt sein, völlig überreizt sein; **to have ~s of steel** Nerven wie Drahtseile haben.

2. *no pl* (*courage*) Mut *m*. **to lose/keep one's ~** die Nerven verlieren/nicht verlieren; **to regain one's ~, to get one's ~ back** seine Angst überwinden; **his ~ failed him** ihn verließ der Mut, er bekam Angst; **to have the ~ to do sth** sich trauen, etw zu tun; **a test of ~** eine Nervenprobe.

3. *no pl* (*inf: impudence*) Frechheit, Unverschämtheit *f*. **to have the ~ to do sth** die Frechheit besitzen, etw zu tun; **he's got a ~!** der hat Nerven! (*inf*); **what a ~!, the ~ of it!** so eine Frechheit!

4. (*Bot*) Ader *f*, Nerv *m*.

II *vtr* **to ~ oneself for sth/to do sth** sich seelisch und moralisch auf etw (*acc*) vorbereiten/darauf vorbereiten, etw zu tun; **I can't ~ myself to do it** ich bringe einfach den Mut nicht auf, das zu tun; **to ~ sb to do sth** jdm den Mut geben, etw zu tun.

nerve *in cpds* Nerven-; **nerve cell** *n* Nervenzelle *f*; **nerve centre** (*Brit*), **nerve center** (*US*) *n* (*Anat*) Nervenzentrum *nt*; (*fig also*) Schaltstelle *or* -zentrale *f*; **nerve ending** *n* Nervende *nt*; **nerve gas** *n* Nervengas *nt*.

nerveless ['nɜːvlɪs] *adj* **1.** (*without nerves*) ohne Nerven; *plant also* ohne Adern, ungeädert. **2.** (*confident*) *person* gelassen, seelenruhig.

nerve-racking ['nɜːvrækɪŋ] *adj* nervenaufreibend.

nervous ['nɜːvəs] *adj* **1.** (*Anat*) *structure* Nerven-; (*related to the nerves*) *problem, disorder also* nervös (bedingt); *exhaustion, reflex* nervös. **~ tension** Nervenanspannung *f*.

2. (*apprehensive, timid*) nervös; (*overexcited, tense also*) aufgeregt. **to feel ~** nervös sein; **I am ~ about the exam/him** mir ist bange vor dem Examen/um ihn; **I am rather ~ about diving** ich habe einen ziemlichen Bammel vor dem Tauchen (*inf*); **to be in a ~ state** nervös *or* aufgeregt sein.

nervous *in cpds* Nerven-; **nervous breakdown** *n* Nervenzusammenbruch *m*; **nervous energy** *n* Vitalität *f*; **after the exam I still had a lot of ~** nach dem Examen war ich noch ganz aufgedreht.

nervously ['nɜːvəslɪ] *adv* nervös; (*excitedly, tensely also*) aufgeregt.

nervous Nellie *n* (*US inf*) Flattermann *m* (*inf*).

nervousness ['nɜːvəsnɪs] *n* Nervosität *f*; (*tension also*) Aufgeregtheit *f*. **his ~ about flying** seine Angst vor dem Fliegen.

nervous system *n* Nervensystem *nt*; **nervous wreck** *n* (*inf*) **to be/look a ~** mit den Nerven völlig am Ende *or* fertig sein.

nervy ['nɜːvɪ] *adj* (+*er*) **1.** (*Brit: tense*) nervös, unruhig. **2.** (*US inf: cheeky*) frech, unverschämt.

nest [nest] **I** *n* **1.** (*of birds, bees, ants*) Nest *nt*. **to leave the ~** (*lit, fig*) das Nest verlassen.

2. (*of boxes*) Satz *m*.

3. (*fig: den*) Schlupfwinkel *m*. **a ~ of thieves/crime** ein Diebes-/Verbrechernest.

II *vi* **1.** (*bird*) nisten.

2. to go ~ing Nester ausheben *or* ausnehmen.

nest-egg ['nesteg] *n* (*lit*) Nestei *nt*; (*fig*) Notgroschen *m*. **to have a nice little ~** (*fig*) sich (*dat*) einen Notgroschen zurückgelegt haben.

nesting-box ['nestɪŋbɒks] *n* Nistkasten *m*.

nestle ['nesl] *vi* **to ~ down in bed** sich ins Bett kuscheln; **the village nestling in the hills** das Dorf, das zwischen den Bergen eingebettet liegt.

nestling ['neslɪŋ] *n* Nestling *m*.

net[1] [net] **I** *n* **1.** (*lit, fig*) Netz *nt*. **to make ~s** Netze knüpfen; **to walk into the police ~** (*fig*) der Polizei ins Netz *or* Garn gehen; **to be caught in the ~** (*fig*) in die Falle gehen; **he felt the ~ closing round him** (*fig*) er fühlte, wie sich die Schlinge immer enger zog.

2. (*Sport*) Netz *nt*. **to come up to the ~** ans Netz gehen; **the ball's in the ~** der Ball ist im Tor *or* Netz.

3. (*Tex*) Netzgewebe *nt*; (*for curtains, clothes*) Tüll *m*.

II *vt* **1.** *fish, game, butterfly* mit dem Netz fangen; (*fig*) *criminal* fangen. **the police have ~ted the criminal** der Verbrecher ist der Polizei ins Netz gegangen.

2. (*Sport*) *ball* ins Netz schlagen.

net[2] **I** *adj* **1.** *price, income, weight* netto, Netto-. **~ assets** Nettovermögen *nt*; **~ disposable income** verfügbares Nettoeinkommen; **~ profit** Reingewinn, Nettoertrag *m*; **it costs £15 ~** es kostet £ 15 netto.

2. (*fig*) *result* End-, letztendlich.

II *vt* netto einnehmen; (*in wages, salary*) netto verdienen; (*show, deal etc*) einbringen.

netball *n* (*Brit*) Korbball *m*. **net curtain** *n* Tüllgardine *f*, Store *m*.

nether ['neðəʳ] *adj* (*liter*) untere(r, s). **~ regions** Unterwelt *f*.

Netherlander ['neðəˌlændəʳ] *n* Niederländer(in *f*) *m*.

Netherlands ['neðələndz] *npl* **the ~** die Niederlande *pl*.

nett *see* **net[2]**.

netting ['netɪŋ] *n* Netz *nt*; (*wire ~*) Maschendraht *m*; (*fabric*) Netzgewebe *nt*; (*for curtains*) Tüll *m*.

nettle ['netl] **I** *n* (*Bot*) Nessel *f*. **to grasp the ~** (*fig*) in den sauren Apfel beißen. **II** *vt* (*fig inf*) *person* ärgern, wurmen (*inf*), fuchsen (*inf*).

nettle rash *n* Nesselausschlag *m*; **nettle sting** *n* Brennesselstich *m*.

network ['netwɜːk] **I** *n* **1.** (*lit, fig*) Netz *nt*. **2.** (*Rad, TV*) Sendenetz *nt*; (*Elec, Comput*) Netzwerk *nt*. **~ card/driver/server** (*Comput*) Netzwerkkarte *f*/-

treiber/-server *m*. **II** *vt* (*inf*) *programme* im ganzen Netzbereich ausstrahlen.

networking ['netwɜːkɪŋ] *n* (*Comput*) Netzwerkbetrieb *m*, Netzwerkverlegung *f*.

neural ['njʊərəl] *adj* Nerven-.

neuralgia [njʊə'rældʒə] *n* Neuralgie *f*, Nervenschmerzen *pl*.

neuritis [njʊə'raɪtɪs] *n* Neuritis, Nervenentzündung *f*.

neurological [ˌnjʊərə'lɒdʒɪkəl] *adj* neurologisch.

neurologist [njʊə'rɒlədʒɪst] *n* Neurologe *m*, Neurologin *f*, Nervenarzt *m*/-ärztin *f*.

neurology [njʊə'rɒlədʒɪ] *n* Neurologie *f*.

neuron ['njʊərɒn] *n* Neuron *nt*.

neuropath ['njʊərəpæθ] *n* Nervenkranke(r) *mf*.

neuropathic [njʊərəʊ'pæθɪk] *adj* neuropathisch.

neuropathology [ˌnjʊərəʊpə'θɒlədʒɪ] *n* Neuropathologie *f*, Lehre *f* von den Nervenkrankheiten.

neurosis [njʊə'rəʊsɪs] *n*, *pl* **neuroses** [njʊə'rəʊsiːz] Neurose *f*.

neurosurgeon ['njʊərəʊˌsɜːdʒən] *n* Neurochirurg(in *f*) *m*.

neurosurgery ['njʊərəʊˌsɜːdʒərɪ] *n* Neurochirurgie *f*.

neurotic [njʊə'rɒtɪk] **I** *adj* neurotisch. **to be ~ about sth** (*inf*) in bezug auf etw (*acc*) neurotisch sein.
II *n* Neurotiker(in *f*) *m*.

neurotically [njʊə'rɒtɪkəlɪ] *adv* neurotisch.

neuter ['njuːtə^r] **I** *adj* **1.** (*Gram*) sächlich. **this word is ~** dieses Wort ist sächlich *or* ein Neutrum. **2.** *animal, person* geschlechtslos; (*castrated*) kastriert; *plant* ungeschlechtlich.
II *n* **1.** (*Gram*) Neutrum *nt*; (*noun also*) sächliches Hauptwort. **in the ~** in der sächlichen Form, im Neutrum.
2. (*animal*) geschlechtsloses Wesen; (*castrated*) kastriertes Tier; (*plant*) ungeschlechtliche Pflanze.
III *vt cat, dog* kastrieren; *female* sterilisieren.

neutral ['njuːtrəl] **I** *adj* (*all senses*) neutral.
II *n* **1.** (*person*) Neutrale(r) *mf*; (*country*) neutrales Land.
2. (*Aut*) Leerlauf *m*. **to be in ~** im Leerlauf sein; **to put the car/gears in ~** den Gang herausnehmen.

neutralism ['njuːtrəlɪzəm] *n* Neutralismus *m*.

neutrality [njuː'trælɪtɪ] *n* Neutralität *f*.

neutralization [ˌnjuːtrəlaɪ'zeɪʃən] *n* Neutralisation *f*; (*fig*) Aufhebung *f*.

neutralize ['njuːtrəlaɪz] *vt* neutralisieren; (*fig*) aufheben; *the force of an argument* die Spitze nehmen (+*dat*).

neutron ['njuːtrɒn] *n* Neutron *nt*.

neutron bomb *n* Neutronenbombe *f*; **neutron star** *n* Neutronenstern *m*.

never ['nevə^r] *adv* **1.** (*not ever*) nie, niemals (*geh*). **I ~ eat it** das esse ich nie; **I have ~ seen him** ich habe ihn (noch) nie gesehen; **~ again** nie wieder; **~ before** noch nie; **I had ~ seen him before today** ich hatte ihn (vor heute) noch nie gesehen; **~ ever** gar *or* absolut *or* garantiert nie; **I have ~ ever been so insulted** ich bin noch nie so beleidigt worden; **I have ~ yet been able to find ...** ich habe ... bisher noch nicht finden können.
2. (*emph: not*) **that will ~ do!** das geht ganz und gar nicht!; **he ~ so much as smiled** er hat nicht einmal gelächelt; **you've ~ left it behind!** (*inf*) du hast es doch wohl nicht etwa liegenlassen! (*inf*); **you've ~ done that!** hast du das wirklich gemacht?; **would you do it again? — ~!** würdest du das noch einmal machen? — bestimmt nicht; **Spurs were beaten — ~!** (*inf*) Spurs ist geschlagen worden — das ist doch nicht möglich *or* nein! *or* nein wirklich? (*iro*); **well I ~ (did)!** (*inf*) nein, so was!; **~ fear** keine Angst.

never-ending *adj* endlos, unaufhörlich; *discussions, negotiations also* nicht enden wollend *attr*; **it seemed ~** es schien kein Ende nehmen zu wollen; **a ~ job** eine Arbeit ohne Ende; **never-failing** *adj method* unfehlbar; *source, spring* unversieglich; **nevermore** *adv* (*liter*) nimmermehr (*liter*), niemals wieder; **never-never** *n* (*Brit inf*) **on the ~** auf Pump (*inf*); **never-never land** *n* Wunsch- *or* Traumwelt *f*.

nevertheless [ˌnevəðə'les] *adv* trotzdem, dennoch, nichtsdestoweniger (*geh*).

new [njuː] *adj* (+*er*) **1.** neu. **there's a ~ moon tonight** heute nacht ist Neumond; **the ~ people at number five** die Neuen in Nummer fünf; **that's nothing ~** das ist nichts Neues; **what's ~?** (*inf*) was gibt's Neues? (*inf*); **to make sth (look) like ~** etw wie neu machen; **as ~** wie neu; **this system is ~ to me** dieses System ist mir neu; **he is a ~ man** (*fig*) er ist ein neuer Mensch; **that's a ~ one on me** (*inf*) das ist mir ja ganz neu; (*joke*) den kenne ich noch nicht; **a ~ kind of engine** ein neuartiger Motor.
2. (*fresh*) *potatoes* neu; *wine* neu, jung; *bread* frisch.
3. (*modern, novel*) modern; *fashion, style* neu. **the ~ woman** die moderne Frau; **the ~ diplomacy** die neue Diplomatie; **the ~ look** (*Fashion*) der New Look.
4. (*lately arrived, inexperienced*) *person, pupil, recruit* neu. **the ~ boys/girls** die Neuen *pl*, die neuen Schüler; **I'm quite ~ to this job/to the company** ich bin neu in dieser Stelle/Firma; **to be ~ to business** ein Neuling im Geschäftsleben sein; **are you ~ here?** sind Sie neu hier?

New Age *n* New Age nt.

new-born *adj* neugeboren; **the ~ babies** die Neugeborenen; **newcomer** *n* (*who has just arrived*) Neuankömmling *m*; (*in job, subject*) Neuling *m* (*to* in +*dat*); **they are ~s to this town** sie sind neu in dieser Stadt, sie sind Zuzügler; **for the ~s I will recap** für diejenigen, die neu dazugekommen sind, fasse ich kurz zusammen.

New Delhi [ˌnjuː'delɪ] *n* Neu-Delhi *nt*.

newel ['njuːəl] *n* (*of spiral staircase*) Spindel *f*; (*supporting banister*) Pfosten *m*.

New England *n* Neuengland *nt*; **newfangled** *adj* neumodisch; **new-fashioned** *adj* modisch, modern; **newfound** *adj friend, happiness* neu(gefunden); *confidence, hope* neugeschöpft; **Newfoundland** ['nju:fəndlənd] **I** *n* Neufundland *nt*; **II** *adj attr* neufundländisch; **dog** Neufundländer *m*; **Newfoundlander** *n* Neufundländer(in *f*) *m*; **New Guinea** *n* Neuguinea *nt*.

newish ['nju:ɪʃ] *adj* ziemlich neu.

new-laid *adj* frisch; **new-look** *adj* (*inf*) neu; **New Man** *n* der Neue Mann.

newly ['nju:lɪ] *adv* frisch. **~-made** ganz neu; *bread, cake* frisch gebacken; *road, gardens* neuangelegt; *grave* frisch.

newly industrializing countries Schwellenländer *fpl*.

newlyweds ['nju:lɪwedz] *npl* (*inf*) Neu- *or* Frischvermählte *pl*.

New Mexico *n* New Mexico *nt*; **new-mown** *adj* frisch gemäht.

newness ['nju:nɪs] *n* Neuheit *f*; (*of bread, cheese*) Frische *f*. **his ~ to this job/the trade/this town** die Tatsache, daß er neu in dieser Arbeit ist/daß er Neuling ist/daß er erst seit kurzem in dieser Stadt ist.

New Orleans [ˌnju:ɔ:'li:nz] *n* New Orleans *nt*.

news [nju:z] *n, no pl* **1.** (*report, information*) Nachricht *f*; (*recent development*) Neuigkeit(en *pl*) *f*. **a piece of ~** eine Neuigkeit; **I have ~/no ~ of him** ich habe von ihm gehört/nicht von ihm gehört, ich weiß Neues/nichts Neues von ihm; **there is no ~** es gibt nichts Neues zu berichten; **have you heard the ~ about Fred?** haben Sie schon das Neueste über Fred gehört?; **tell us your ~** erzähl uns die Neuigkeiten *or* das Neueste; **let us have** *or* **send us some ~ of yourself** lassen Sie mal von sich hören; **what's your ~?** was gibt's Neues?; **is there any ~?** gibt es etwas Neues?; **I have ~ for you** (*iro*) ich habe eine Überraschung für dich; **bad/sad/good ~** schlimme *or* schlechte/traurige/gute Nachricht(en); **when the ~/the ~ of his death broke** als es/sein Tod bekannt wurde; **who will break the ~ to him?** wer wird es ihm sagen *or* beibringen?; **that is ~/no ~ (to me)!** das ist (mir) ganz/nicht neu!; **that isn't exactly ~** das ist nichts Neues; **it will be ~ to him that ...** er wird staunen, daß ...; **~ travels fast** wie sich doch alles herumspricht; **bad ~ travels fast** schlechte Nachrichten verbreiten sich schnell; **no ~ is good ~** keine Nachricht ist gute Nachricht.

2. (*Press, Film, Rad, TV*) Nachrichten *pl*. **~ in brief** Kurznachrichten *pl*; **financial ~** Wirtschaftsbericht *m*; **sports ~** Sportnachrichten *pl*; **it was on the ~** das kam in den Nachrichten; **to be in the ~** von sich reden machen.

news agency *n* Nachrichtenagentur *f*, Nachrichtendienst *m*; **newsagent** *n* (*Brit*) Zeitungshändler(in *f*) *m*; **newsboy** *n* (*US*) Zeitungsjunge *m*; **news bulletin** *n* Bulletin *nt*; **newscast** *n* Nachrichtensendung *f*; **newscaster** *n* Nachrichtensprecher(in *f*) *m*; **news cinema** *n* Aktualitätenkino *nt*; **news dealer** *n* (*US*) Zeitungshändler *m*; **news desk** *n* Nachrichtenredaktion *f*; **news editor** *n* Nachrichtenredakteur(in *f*) *m*; **newsflash** *n* Kurzmeldung *f*; **news hawk, news hound** *n* (*inf*), Reporter(in *f*) *m*; **news headlines** *npl* Kurznachrichten *pl*; (*recap*) Nachrichten *pl* in Kürze; **news item** *n* Neuigkeit, Nachricht *f*; **the three main ~s today** die drei Hauptpunkte der Nachrichten; **a short ~** (*in paper*) eine Pressenotiz, eine Zeitungsnotiz; **newsletter** *n* Rundschreiben, Mitteilungsblatt *nt*; **newsmaker** *n jd/etw, der/das Schlagzeilen macht*; **newsmonger** *n* Klatschmaul *nt*; (*in paper*) Klatschspaltenschreiber *m*.

New South Wales *n* Neusüdwales *nt*.

newspaper ['nju:zˌpeɪpə^r] *n* Zeitung *f*. **daily/weekly ~** Tageszeitung/Wochenzeitung; **he works on a ~** er ist bei einer Zeitung beschäftigt.

newspaper article *n* Zeitungsartikel *m*; **newspaper boy** *n* Zeitungsausträger *m*; **newspaper cutting** *n* Zeitungsausschnitt *m*; **newspaper girl** *n* Zeitungsausträgerin *f* **newspaper man** *n* Zeitungsverkäufer(in *f*); (*journalist*) Journalist(in *f*) *m*; **newspaper office** *n* Redaktion *f*; **newspaper report** *n* Zeitungsbericht *m*.

newsprint *n* Zeitungspapier *nt*; **newsreader** *n* Nachrichtensprecher(in *f*) *m*; **newsreel** *n* Wochenschau *f*; **newsroom** *n* (*of newspaper*) Nachrichtenredaktion *f*; (*TV, Rad also*) Nachrichtenstudio *nt or* -zentrale *f*; **news satellite** *n* Nachrichtensatellit *m*; **news sheet** *n* Informationsblatt *nt*; **news stand** *n* Zeitungsstand *m*; **news story** *n* Bericht *m*; **news theatre** *n* Aktualitätenkino *nt*.

new-style ['nju:staɪl] *adj* im neuen Stil.

news vendor *n* Zeitungsverkäufer(in *f*) *m*; **newsworthy** *adj* **to be ~** Neuigkeitswert haben.

newsy ['nju:zɪ] *adj* (+*er*) (*inf*) voller Neuigkeiten.

newt [nju:t] *n* Wassermolch *m*. **as drunk as a ~** voll wie eine Strandhaubitze.

New Testament I *n* **the ~** das Neue Testament; **II** *adj attr* des Neuen Testaments; **new wave I** *n* (*in films*) neue Welle.

II *adj attr* der neuen Welle; **New World** *n* **the ~** die Neue Welt.

New Year *n* neues Jahr; (*~'s Day*) Neujahr *nt*. **to bring in** *or* **see in the ~** das neue Jahr begrüßen; **Happy ~!** (ein) glückliches *or* gutes neues Jahr!; **over/at ~** über/an Neujahr; **~'s Day,** (*US also*) **~'s** Neujahr *nt*, Neujahrstag *m*; **~'s Eve** Silvester *nt*; **~ resolution** (guter) Vorsatz für das neue Jahr.

New York I *n* New York *nt*; **II** *adj attr* New Yorker; **New Yorker** *n* New Yorker(in *f*) *m*; **New Zealand I** *n* Neuseeland *nt*; **II** *adj attr* Neuseeländer *attr*, neuseeländisch; **New Zealander** *n* Neuseeländer(in *f*) *m*.

next [nekst] **I** *adj* **1.** (*in place*) nächste(r, s).

2. (*in time*) nächste(r, s). **he came back the ~ day/week** er kam am nächsten Tag/in der nächsten Woche wieder; **(the) ~ time I see him** wenn ich ihn das nächste Mal sehe; **(the) ~ moment he was gone** im nächsten Moment war er weg; **from one moment to the ~** von einem Moment zum anderen; **this time ~ week** nächste Woche um diese Zeit; **the year/week after ~** übernächstes Jahr/übernächste Woche; **the ~ day but one** der übernächste Tag.

3. (*order*) nächste(r, s). **who's ~?** wer ist der nächste?; **you're ~** Sie sind dran (*inf*) *or* an der Reihe; **~ please!** der nächste bitte!; **I'll ask the very ~ person (I see)** ich frage den nächsten(, den ich sehe); **my name is ~ on the list** mein Name kommt als nächster auf der Liste; **the ~ but one** der/die/das übernächste; **the ~ thing to do is (to) polish it** als nächstes poliert man (es); **the ~ size smaller/bigger** die nächstkleinere/nächstgrößere Größe.

II *adv* **1.** (*the ~ time*) das nächste Mal; (*afterwards*) danach. **what shall we do ~?** und was sollen wir als nächstes machen?; **whatever ~?** (*in surprise*) Sachen gibt's! (*inf*); (*despairingly*) wo soll das nur hinführen?

2. ~ to sb/sth neben jdm/etw; (*with motion*) neben jdn/etw; **the ~ to last row** die vorletzte Reihe; **he was ~ to last** er war der vorletzte; **~ to the skin** (direkt) auf der Haut; **~ to nothing/nobody** so gut wie nichts/niemand; **~ to impossible** nahezu unmöglich; **the thing ~ to my heart** (*most important*) was mir am meisten am Herzen liegt; (*dearest*) das mir liebste.

3. the ~ best der/die/das nächstbeste; **the ~ tallest/oldest boy** (*second in order*) der zweitgrößte/zweitälteste Junge.

III *n* nächste(r) *mf*; (*child*) nächste(s) *nt*.

IV *prep* (*old*) neben (+*dat*).

next door ['neks'dɔːʳ] *adv* nebenan. **they live ~ to us** sie wohnen (direkt) neben uns *or* (gleich) nebenan; **we live ~ to each other** wir wohnen Tür an Tür; **the boy ~** der Junge von nebenan; **it's ~ to madness** das grenzt an Wahnsinn.

next-door ['neks'dɔːʳ] *adj* **the ~ neighbour/house** der direkte Nachbar/das Nebenhaus; **we are ~ neighbours** wir wohnen Tür an Tür.

next of kin *n, pl* - nächster Verwandter, nächste Verwandte; nächste Verwandte *pl*.

nexus ['neksəs] *n* Verknüpfung, Verkettung *f*.

NF (*Brit*) *abbr of* **National Front**.

NFL (*US*) *abbr of* **National Football League** *amerikanische Fußball-Nationalliga*.

NFU (*Brit*) *abbr of* **National Farmers' Union** *Bauerngewerkschaft f*.

NG (*US*) *abbr of* **National Guard.**

NHS (*Brit*) *abbr of* **National Health Service.**

niacin ['naɪəsɪn] *n* Nikotinsäure *f*, Niacin *nt* (*spec*).

Niagara [naɪ'ægrə] *n* Niagara *m*. **~ Falls** die Niagarafälle *pl*.

nib [nɪb] *n* Feder *f*; (*point of ~*) (Feder)spitze *f*.

nibble ['nɪbl] **I** *vt* knabbern; (*pick at*) *food* nur anessen, herumnagen an (+*dat*) (*inf*).

II *vi* (*at* an +*dat*) knabbern; (*pick at*) herumnagen; (*fig*) sich interessiert zeigen.

III *n* **I think I've got a ~** ich glaube, bei mir beißt einer an; **I feel like a ~** (*inf*) ich habe Appetit auf etwas, ich brauche etwas zwischen die Zähne (*hum inf*).

nibs [nɪbz] *n* (*hum inf*): **his ~** der hohe Herr (*hum*), Seine Herrlichkeit (*hum inf*).

NIC *abbr of* **newly industrializing countries** Schwellenländer *fpl*.

Nicaragua [ˌnɪkə'rægjʊə] *n* Nicaragua *nt*.

Nicaraguan [ˌnɪkə'rægjʊən] **I** *adj* nicaraguanisch. **II** *n* Nicaraguaner(in *f*) *m*.

nice [naɪs] *adj* (+*er*) **1.** nett; *person, ways, voice also* sympathisch; (*~-looking*) *girl, dress, looks also* hübsch; *weather* schön, gut; *taste, smell, meal, whisky* gut; *warmth, feeling, car* schön; *food* gut, lecker; (*skilful*) *workmanship, work* gut, schön, fein. **that's not ~!** das ist aber nicht nett; **be a ~ girl and ...** sei lieb und ...; **to have a ~ time** sich gut amüsieren; **I had a ~ rest** ich habe mich gut *or* schön ausgeruht; **that's a ~ one** der/die/das ist toll (*inf*) *or* prima (*inf*).

2. (*intensifier*) schön. **a ~ long holiday** schön lange Ferien; **~ and warm/near/quickly** schön warm/nahe/schnell; **~ and easy** ganz leicht; **take it ~ and easy** überanstrengen Sie sich nicht; **~ and easy does it** immer schön sachte.

3. (*respectable*) nett; *district* fein; *words* schön; (*refined*) *manners* gut, fein. **not a ~ word/district/book** gar kein schönes Wort/Viertel/Buch.

4. (*iro*) nett, schön, sauber (*all iro*). **you're in a ~ mess** du sitzt schön im Schlamassel (*inf*); **that's a ~ way to talk to your mother** das ist ja eine schöne Art, mit deiner Mutter zu sprechen, wie sprichst du denn mit deiner Mutter?

5. (*subtle*) *distinction, shade of meaning* fein, genau. **one or two ~ points** ein paar brauchbare *or* gute Gedanken *or* Bemerkungen.

nice-looking ['naɪs'lʊkɪŋ] *adj* schön; *woman also, man* gutaussehend; *face, dress* nett; *hotel, village also* hübsch. **to be ~** gutaussehen.

nicely ['naɪslɪ] *adv* **1.** (*pleasantly*) nett; (*well*) *go, speak, behave, placed* gut. **to go ~** wie geschmiert laufen (*inf*); **eat up/say thank you ~!** iß mal schön auf/sag mal schön danke!; **that will do ~** das reicht vollauf; **how's it going? — ~, thank you** wie geht es so? — danke, ganz gut; **to be ~ spoken** sich gepflegt ausdrücken.

2. (*carefully*) *distinguish* genau, fein.

niceness ['naɪsnɪs] *n* **1.** (*pleasantness*) (*of person, behaviour*) Nettigkeit *f*; (*nice appearance*) nettes *or* hübsches Ausse-

hen; (*skilfulness*) Qualität, Feinheit *f*.
2. (*subtlety*) Feinheit, Genauigkeit *f*.
3. (*fastidiousness*) anspruchsvolle Art, Pingeligkeit (*inf*), Heikelkeit (*dial*) *f*.

nicety ['naɪsɪtɪ] *n* **1.** (*subtlety*) Feinheit *f*; (*of judgement also*) Schärfe *f*; (*precision*) (peinliche) Genauigkeit. **to a ~** äußerst *or* sehr genau; **a point/question of some ~** ein feiner *or* subtiler Punkt/eine subtile Frage. **2. niceties** *pl* Feinheiten, Details *pl*.

niche [niːʃ] *n* (*Archit*) Nische *f*; (*fig*) Plätzchen *nt*.

Nicholas ['nɪkələs] *n* Nikolaus *m*.

Nick [nɪk] *n abbr of* **Nicholas. Old ~** (*inf*) der Böse, der Leibhaftige (*old*).

nick[1] [nɪk] **I** *n* **1.** Kerbe *f*. **I got a little ~ on my chin** ich habe mich leicht am Kinn geschnitten. **2. in the ~ of time** gerade noch (rechtzeitig). **3.** (*Brit inf: condition*) **in good/bad ~** gut/nicht gut in Schuß (*inf*).
II *vt* **1.** *wood, stick* einkerben. **to ~ oneself/one's chin** (*inf*) sich schneiden/sich am Kinn schneiden. **2.** (*bullet*) *person, wall, arm* streifen.

nick[2] (*Brit*) **I** *vt* (*inf*) **1.** (*arrest*) einsperren (*inf*), einlochen (*inf*); (*catch*) schnappen (*inf*). **he got ~ed** den haben sie sich (*dat*) gekascht (*sl*) *or* geschnappt (*inf*).
2. (*steal*) klauen (*inf*).
II *n* (*sl*) (*prison*) Kittchen *nt* (*inf*), Knast *m* (*sl*); (*police station*) Wache *f*, Revier *nt*.

nick[3] *vt* (*US sl*) **to ~ sb for sth** jdm etw abknöpfen (*inf*).

nickel ['nɪkl] *n* **1.** (*metal*) Nickel *nt*. **~ silver** Neusilber *nt*. **2.** (*US*) Nickel *m*, Fünfcentstück *nt*.

nickel-and-dime ['nɪklən'daɪm] *adj* (*US inf*) klein, Pfennig- (*inf*).

nickel-plated ['nɪkl,pleɪtɪd] *adj* vernikkelt.

nicker ['nɪkəʳ] *n, pl* - (*Brit sl*: *pound*) **50 ~** 50 Eier (*sl*).

nickname ['nɪkneɪm] **I** *n* Spitzname *m*. **II** *vt person* betiteln, taufen (*inf*).

nicotine ['nɪkətiːn] *n* Nikotin *nt*.

nicotine poisoning *n* Nikotinvergiftung *f*; **nicotine-stained** *adj* gelb von Nikotin; *fingers also* nikotingelb.

niece [niːs] *n* Nichte *f*.

Nielsen rating ['niːlsən,reɪtɪŋ] *n* (*US*) Zuschauerquote *f*.

niff [nɪf] *n* (*Brit inf*) Mief *m* (*inf*).

niffy ['nɪfɪ] *adj* (*+er*) (*Brit inf*) muffig (*inf*).

nifty ['nɪftɪ] *adj* (*+er*) (*inf*) (*smart*) flott (*inf*); *gadget, tool* schlau (*inf*); (*quick*) *person* flott (*inf*), fix (*inf*). **a ~ piece of work** gute Arbeit; **he's pretty ~ with a gun** er hat ein lockeres Händchen mit dem Schießeisen (*inf*); **you'd better be ~ about it!** und ein bißchen dalli (*inf*).

Niger ['naɪdʒəʳ] *n* Niger *m*.

Nigeria [naɪ'dʒɪərɪə] *n* Nigeria *nt*.

Nigerian [naɪ'dʒɪərɪən] **I** *adj* nigerianisch. **II** *n* Nigerianer(in *f*) *m*.

niggardliness ['nɪgədlɪnɪs] *n see adj* Knaus(e)rigkeit *f*; Armseligkeit, Kümmerlichkeit *f*.

niggardly ['nɪgədlɪ] *adj person* knaus(e)rig; *amount, portion also* armselig, kümmerlich.

nigger ['nɪgəʳ] *n* (*pej*) Nigger *m* (*pej inf*). **there's a ~ in the woodpile** irgend jemand schießt quer (*inf*); (*snag*) da ist ein Haken dran (*inf*).

niggle ['nɪgl] **I** *vi* (*complain*) (herum)kritteln (*inf*), herumkritisieren (*about* an *+dat*). **II** *vt* (*worry*) plagen, quälen, zu schaffen machen (*+dat*).

niggling ['nɪglɪŋ] **I** *adj person* kritt(e)lig (*inf*), überkritisch; *question, doubt, pain* bohrend, quälend; *detail* pingelig (*inf*); *feeling* ungut.
II *n* Kritteln, Meckern (*inf*) *nt*.

nigh [naɪ] **I** *adj* (*old, liter*) nahe.
II *adv* **1.** (*old, liter*) **to draw ~** sich nahen (*old, geh*).

night [naɪt] **I** *n* **1.** Nacht *f*; (*evening*) Abend *m*. **I saw him last ~** ich habe ihn gestern abend gesehen; **I'll see him tomorrow ~** ich treffe ihn morgen abend; **I stayed with them last ~** ich habe heute *or* letzte Nacht bei ihnen übernachtet; **I'll stay with them tomorrow ~** ich übernachte morgen nacht bei ihnen; **on Friday ~** Freitag abend/nacht; **on the ~ of (Saturday) the 11th** am (Samstag, dem) 11. nachts; **11/6 o'clock at ~** 11 Uhr nachts/6 Uhr abends; **to travel/see Paris by ~** nachts reisen/Paris bei Nacht sehen; **far into the ~** bis spät in die Nacht, bis in die späte Nacht; **in/during the ~** in/während der Nacht; **the ~ before they were ...** am Abend/die Nacht zuvor waren sie ...; **the ~ before last they were ...** vorgestern abend/vorletzte Nacht waren sie ...; **to have a good/bad ~** *or* **~'s sleep** gut/schlecht schlafen; (*patient also*) eine gute/schlechte Nacht haben; **I need a good ~'s sleep** ich muß mal wieder ordentlich schlafen; **night-night!** (*inf*) gut Nacht! (*inf*); **~ after ~** jede Nacht, Nacht um Nacht (*geh*); **all ~ (long)** die ganze Nacht; **~ and day** (*lit, fig*) Tag und Nacht; **to have a ~ out** (abends) ausgehen; **a ~ out with the lads** ein Abend mit den Kumpeln; **to make a ~ of it** durchmachen (*inf*); **to have/get a late/an early ~** spät/früh ins Bett kommen, spät/früh schlafen gehen; **too many late ~s!** zuwenig Schlaf!; **to work ~s** nachts arbeiten; **to be on ~s** Nachtdienst haben (*shift worker*) Nachtschicht haben.
2. (*Theat*) Abend *m*. **last three ~s of ...** die letzten drei Abende von ...; **a Mozart ~** ein Mozartabend *m*; *see* **first ~**.
II *adv* **~s** (*esp US*) nachts.

night *in cpds* Nacht-; **night-bird** *n* Nachtvogel *m*; (*fig*) Nachteule *f* (*inf*), Nachtschwärmer *m*; **night blindness** *n* Nachtblindheit *f*; **nightcap** *n* **1.** (*garment*) Nachtmütze *f*; (*for woman*) Nachthaube *f*; **2.** (*drink*) Schlaftrunk *m* (*inf*); **nightclothes** *npl* Nachtzeug *nt*, Nachtwäsche *f* (*esp Comm*); **nightclub** *n* Nachtlokal *nt or* -klub *m*; **nightdress** *n* Nachthemd *nt*; **nightfall** *n* Einbruch *m* der Dunkelheit; **at ~** bei Einbruch der

Dunkelheit; **night flight** *n* Nachtflug *m*; **nightgown** *n* Nachthemd *nt*; **nighthawk** *n* (*US*) (*lit*) Amerikanischer Ziegenmelker; (*fig*) Nachtschwärmer *m*.

nightie ['naɪtɪ] *n* (*inf*) Nachthemd *nt*.

nightingale ['naɪtɪŋgeɪl] *n* Nachtigall *f*.

nightjar *n* Ziegenmelker *m*, Nachtschwalbe *f*; **night letter** *n* (*US*) (*zu billigem Tarif gesandtes*) Nachttelegramm *nt*; **nightlife** *n* Nachtleben *nt*; **night-light** *n* **1.** (*for child*) Nachtlicht *nt*; **2.** (*for teapot*) Teelicht *nt*; **nightlong** *adj* sich über die ganze Nacht hinziehend; (*lasting several nights*) nächtelang; **after their ~ vigil** nachdem sie die ganze Nacht gewacht hatten.

nightly ['naɪtlɪ] **I** *adj* (*every night*) (all)nächtlich, Nacht-; (*every evening*) (all)abendlich, Abend-.

II *adv* (*every night*) jede Nacht/jeden Abend. **twice ~** zweimal pro Abend.

nightmare ['naɪtmɛəʳ] *n* (*lit, fig*) Alptraum *m*.

nightmarish ['naɪtmɛərɪʃ] *adj* grauenhaft.

night nurse *n* Nachtschwester *f*; (*man*) Nachtpfleger *m*; **night owl** *n* (*inf*) Nachteule *f* (*inf*); **night-porter** *n* Nachtportier *m*; **night safe** *n* Nachtsafe *m*; **night school** *n* Abendschule *f*.

nightshade ['naɪtʃeɪd] *n* Nachtschatten *m*; *see* **deadly ~.**

night shift *n* Nachtschicht *f*; **to be** *or* **work on ~** Nachtschicht haben *or* arbeiten; **nightshirt** *n* (Herren)nachthemd *nt*; **night sky** *n* nächtlicher Himmel; **nightspot** *n* Nachtlokal *nt*; **night stand** *n* (*US*) Nachttisch *m*; **night stick** *n* (*US*) Schlagstock *m*; **night-storage heater** *n* Nachtspeicherofen *m*; **night table** *n* (*US*) Nachttisch *m*; **night-time I** *n* Nacht *f*; **at ~** nachts; **in the ~** während der Nacht, nachts; **II** *adj attr* nächtlich, Nacht-; **night vision aid** *n* Nachtsichtgerät *nt*; **night watch** *n* Nachtwache *f*; **night watchman** *n* Nachtwächter *m*; **nightwear** *n* Nachtzeug *nt*, Nachtwäsche *f* (*esp Comm*).

nihilism ['naɪɪlɪzəm] *n* Nihilismus *m*.

nihilist ['naɪɪlɪst] *n* Nihilist(in *f*) *m*.

nihilistic [ˌnaɪɪ'lɪstɪk] *adj* nihilistisch.

nil [nɪl] *n* (*zero*) null (*also Sport*); (*nothing*) nichts. **the score was one-~** es stand eins zu null; **the response** *etc* **was ~** die Reaktion *etc* war gleich Null.

Nile [naɪl] *n* Nil *m*.

nimble ['nɪmbl] *adj* (*+er*) (*quick*) *fingers, feet* flink; (*agile*) gelenkig, wendig, beweglich; (*skilful*) geschickt; *mind* beweglich. **she is still ~** sie ist noch sehr rüstig.

nimble-fingered *adj* fingerfertig; **nimble-footed** *adj* leichtfüßig.

nimbleness ['nɪmblnɪs] *n see adj* Flinkheit *f*; Gelenkigkeit, Wendigkeit, Beweglichkeit *f*; Geschicklichkeit *f*, Geschick *nt*.

nimble-witted ['nɪmblˌwɪtɪd] *adj* schlagfertig.

nimbly ['nɪmblɪ] *adv work, respond* flink; *dance* leicht(füßig); *jump, climb* gelenkig, behende (*geh*). **her fingers moved ~** ihre Finger bewegten sich leicht und flink.

nimbus ['nɪmbəs] *n* **1.** (*Liter: halo*) Nimbus (*geh*), Heiligenschein *m*. **2.** (*Met*) Nimbostratus *m*.

nincompoop ['nɪŋkəmpuːp] *n* (*inf*) Trottel (*inf*), Simpel (*inf*) *m*.

nine [naɪn] **I** *adj* neun. **~ times out of ten** in neun Zehntel der Fälle, so gut wie immer; **to have ~ lives** ein zähes Leben haben; **a ~ days' wonder** eine Eintagsfliege (*inf*).

II *n* Neun *f*. **dressed up to the ~s** in Schale (*inf*); *see also* **six**.

ninepins ['naɪnpɪnz] *n* (*game*) Kegeln *nt*. **to go down like ~** (*fig*) wie die Fliegen umfallen (*inf*).

nineteen ['naɪn'tiːn] **I** *adj* neunzehn. **II** *n* Neunzehn *f*. **she talks ~ to the dozen** sie redet wie ein Wasserfall (*inf*).

nineteenth ['naɪn'tiːnθ] **I** *adj* (*in series*) neunzehnte(r, s); (*as fraction*) neunzehntel. **the ~ (hole)** (*Golf inf*) das neunzehnte Loch (*Bar im Clubhaus*). **II** *n* Neunzehnte(r, s); Neunzehntel *nt*; *see also* **sixteenth.**

ninetieth ['naɪntɪɪθ] **I** *adj* (*in series*) neunzigste(r, s); (*as fraction*) neunzigstel. **II** *n* Neunzigste(r, s); Neunzigstel *nt*.

nine-to-five [ˌnaɪntə'faɪv] *adj job, mentality* Büro-. **he has a ~ job** er arbeitet seine acht Stunden am Tag.

ninety ['naɪntɪ] **I** *adj* neunzig.

II *n* Neunzig *f*; *see also* **sixty.**

ninny ['nɪnɪ] *n* (*inf*) Dussel *m* (*inf*).

ninth [naɪnθ] **I** *adj* (*in series*) neunte(r, s); (*as fraction*) neuntel. **II** *n* Neunte(r, s); Neuntel *nt*; (*Mus*) None *f*; *see also* **sixth**.

niobium [naɪ'əʊbɪəm] *n* (*Chem*) Niob *nt*.

Nip [nɪp] *n* (*pej*) Japs(e) *m* (*pej inf*).

nip[1] [nɪp] **I** *n* **1.** (*pinch*) Kniff *m*; (*bite from animal*) Biß *m*. **to give sb a ~ in the arm** jdn in den Arm zwicken *or* kneifen; (*dog*) jdn in den Arm zwicken; **the dog gave him a ~** der Hund hat kurz zugeschnappt; **it was ~ and tuck** (*esp US inf*) das war eine knappe Sache.

2. there's a ~ in the air today es ist ganz schön frisch heute.

II *vt* **1.** (*bite*) zwicken; (*pinch also*) kneifen. **the dog ~ped his ankle** der Hund hat ihn am Knöchel gezwickt; **to ~ oneself/one's finger in sth** sich (*dat*) den Finger in etw (*dat*) klemmen.

2. (*Hort*) *bud, shoot* abknipsen. **to ~ sth in the bud** (*fig*) etw im Keim ersticken.

3. (*cold, frost*) *plants* angreifen. **the cold air ~ped our faces** die Kälte schnitt uns ins Gesicht; **the plants had been ~ped by the frost** die Pflanzen hatten Frost abbekommen.

III *vi* (*Brit inf*) sausen (*inf*), flitzen (*inf*). **to ~ up(stairs)/down(stairs)** hoch-/runtersausen (*inf*) *or* -flitzen (*inf*); **I'll just ~ down to the shops** ich gehe mal kurz einkaufen (*inf*); **I'll ~ on ahead** ich gehe schon mal voraus (*inf*).

◆**nip along** *vi* (*Brit inf*) entlangsausen (*inf*) *or* -flitzen (*inf*). **~ ~ to Joan's house** lauf *or* saus mal schnell zu Joan rüber (*inf*).

◆**nip in** *vi* (*Brit inf*) hinein-/hereinsausen

(*inf*); (*call in*) auf einen Sprung vorbeikommen/-gehen. **I've just ~ped ~ for a minute** ich bin nur für ein Minütchen vorbeigekommen (*inf*); **he just ~ped ~ to the pub for a drink** er ging auf einen Sprung *or* nur mal kurz in die Kneipe (*inf*).

◆**nip off I** *vi* (*Brit inf*) davonsausen (*inf*). **II** *vt sep twig* abknicken; (*with clippers*) abzwicken.

◆**nip out** *vi* (*Brit inf*) hinaus-/heraussausen (*inf*); (*out of house etc*) kurz weggehen (*inf*).

nip[2] *n* (*inf: drink*) Schlückchen *nt*.

nipper ['nɪpəʳ] *n* **1.** (*Zool*) Schere, Zange *f*. **2.** (*Brit inf: child*) Steppke *m* (*inf*).

nipple ['nɪpl] *n* **1.** (*Anat*) Brustwarze *f*, Nippel *m* (*inf*); (*US: on baby's bottle*) Sauger, Schnuller (*inf*) *m*. **2.** (*Tech*) Nippel *m*.

nippy ['nɪpɪ] *adj* (+*er*) **1.** (*Brit inf*) flink, flott; *car, motor* spritzig. **be ~ about it** ein bißchen zack zack (*inf*) *or* dalli dalli (*inf*). **2.** (*sharp, cold*) *weather* frisch; *wind also* beißend.

Nirvana [nɪə'vɑːnə] *n* Nirwana *nt*.

Nissen hut ['nɪsn,hʌt] *n* (*Brit*) Nissenhütte *f*.

nit [nɪt] *n* **1.** (*Zool*) Nisse, Niß *f*. **2.** (*Brit inf*) Dummkopf, Blödmann (*inf*) *m*.

niter *n* (*US*) *see* **nitre**.

nit-picking ['nɪtpɪkɪŋ] *adj* (*inf*) kleinlich, pingelig (*inf*).

nitrate ['naɪtreɪt] *n* Nitrat *nt*.

nitration [naɪ'treɪʃən] *n* Nitrierung *f*.

nitre, (*US*) **niter** ['naɪtəʳ] *n* Salpeter *m or nt*.

nitric ['naɪtrɪk] *adj* (*of nitrogen*) Stickstoff-; (*of nitre*) Salpeter-.

nitric acid *n* Salpetersäure *f*; **nitric oxide** *n* Stick(stoffmon)oxyd *nt*.

nitrogen ['naɪtrədʒən] *n* Stickstoff *m*.

nitrogen *in cpds* Stickstoff-.

nitroglycerin(e) ['naɪtrəʊ'glɪsəriːn] *n* Nitroglyzerin *nt*.

nitrous ['naɪtrəs]: **nitrous acid** *n* salpetrige Säure; **nitrous oxide** *n* Distickstoffmonoxyd, Lachgas *nt*.

nitty-gritty ['nɪtɪ'grɪtɪ] *n* (*inf*) **to get down to the ~** zur Sache kommen.

nitwit ['nɪtwɪt] *n* (*inf*) Dummkopf, Schwachkopf (*inf*) *m*.

nix [nɪks] **I** *n* (*sl*) nix (*inf*). **II** *vt* (*US inf*) *proposal* über den Haufen werfen (*inf*).

NLQ *abbr of* **near-letter quality** NLQ. **in ~ mode** im NLQ-Druckmodus.

NNE *abbr of* **north-north-east** NNO.

NNW *abbr of* **north-north-west** NNW.

No, no *abbr of* **1. north** N. **2. number** Nr.

no [nəʊ] **I** *adv* **1.** (*negative*) nein. **oh ~!** o nein!; **to answer ~** (*to question*) mit Nein antworten, verneinen; (*to request*) nein sagen; **she can't say ~** sie kann nicht nein sagen; **the answer is ~** da muß ich nein sagen; (*as emphatic reply also*) nein (und noch mal nein).

2. (*not*) nicht. **whether he comes or ~** ob er kommt oder nicht.

3. (*with comp*) nicht. **I have ~ more money** ich habe kein Geld mehr; **he has ~ more than anyone else** er hat auch nicht mehr als jeder andere; **~ later than Monday** spätestens Montag; **~ longer ago than last week** erst letzte Woche.

II *adj* **1.** (*not any: also with numerals and "other"*) kein. **a person of ~ intelligence** ein Mensch ohne jede Intelligenz; **~ one person could do it** keiner könnte das allein tun; **~ two men could be less alike** zwei verschiedenere Menschen könnte es nicht geben; **~ other man** kein anderer; **it's of ~ interest/importance** das ist belanglos/unwichtig; **it's ~ use** *or* **good** das hat keinen Zweck.

2. (*forbidding*) **~ parking/smoking** Parken/Rauchen verboten.

3. (*with gerund*) **there's ~ saying** *or* **telling what he'll do next** man kann nie wissen, was er als nächstes tun wird; **there's ~ denying it** es läßt sich nicht leugnen; **there's ~ pleasing him** ihm kann man es auch nie recht machen.

4. (*emph*) **she's ~ genius/beauty** sie ist nicht gerade ein Genie/eine Schönheit; **president or ~ president** Präsident oder nicht; **this is ~ place for children** das ist hier nichts für Kinder; **I'm ~ expert, but ...** ich bin ja kein Fachmann, aber ...; **in ~ time** im Nu; **it's ~ small matter** das ist keine Kleinigkeit; **theirs is ~ easy task** sie haben keine leichte Aufgabe; **there is ~ such thing** so etwas gibt es nicht; **we did ~ such thing** wir haben nichts dergleichen getan; **I'll do ~ such thing** ich werde mich hüten.

III *n, pl* **-es** Nein *nt*; (*~ vote*) Neinstimme *f*. **I won't take ~ for an answer** ich bestehe darauf, ich lasse nicht lokker.

no-account ['nəʊə,kaʊnt] (*US inf*) **I** *adj* (*no use*) nutzlos; (*up to no good*) nichtsnutzig. **II** *n* (*no use*) Niete *f* (*inf*); (*up to no good*) Nichtsnutz *m*.

Noah ['nəʊə] *n* Noah *m*. **~'s ark** die Arche Noah.

nob [nɒb] *n* (*inf*) einer der besseren Leute (*inf*).

no-ball ['nəʊ'bɔːl] *n* (*Cricket*) *wegen Übertreten ungültiger Ball*.

nobble ['nɒbl] *vt* (*Brit inf*) **1.** *horse, dog* lahmlegen (*inf*). **2.** (*catch*) sich (*dat*) schnappen (*inf*). **3.** (*obtain dishonestly*) *votes etc* (sich *dat*) kaufen; *money* einsacken (*inf*).

nobelium [nəʊ'biːlɪəm] *n* Nobelium *nt*.

Nobel prize ['nəʊbel'praɪz] *n* Nobelpreis *m*; **~ winner** Nobelpreisträger(in *f*) *m*.

nobility [nəʊ'bɪlɪtɪ] *n, no pl* **1.** (*people*) (Hoch)adel *m*. **she is one of the ~** sie ist eine Adlige.

2. (*quality*) Adel *m*, Edle(s) *nt*. **~ of mind/thought** geistiger Adel; **~ of feelings/sentiment** edle Gefühle *pl*/edles Gefühl.

noble ['nəʊbl] **I** *adj* (+*er*) **1.** (*aristocratic*) *person, rank* adlig. **to be of ~ birth** adlig sein, von edler *or* adliger Geburt sein.

2. (*fine*) *person, deed, thought* edel, nobel; *appearance* vornehm; *soul, mind also* adlig; (*brave*) *resistance* heldenhaft, wacker. **that was a ~ attempt** das war ein löblicher Versuch.

3. *monument* stattlich, prächtig; *stag also* kapital.

4. (*inf: selfless*) edel, großmütig, edelmütig. **how ~ of you!** (*iro*) zu gütig.
5. *metal* edel, Edel-.
II *n* Adlige(r) *mf*.

nobleman *n* Adlige(r) *m*; **noble-minded** *adj* edel gesinnt, vornehm.

nobleness ['nəʊblnɪs] *n* **1.** (*of person*) Adligkeit *f*; (*of birth, rank*) Vornehmheit *f*.
2. (*of deed, thought*) Vornehmheit *f*; (*of person*) edle *or* noble

nobleness ['nəʊblnɪs] *n* **1.** (*of person*) Adligkeit *f*; (*of birth, rank*) Vornehmheit *f*.
2. (*of deed, thought*) Vornehmheit *f*; (*of person*) edle *or* noble Gesinnung; (*of soul, mind also*) Adel *m*; (*braveness*) Heldenhaftigkeit *f*.
3. (*impressiveness*) Stattlichkeit *f*.
4. (*inf: selflessness*) Großmütigkeit *f*; (*of person also*) Großmut, Edelmut *m*.

noblesse oblige [nəʊ'blesəʊ'bliːʒ] Adel verpflichtet, noblesse oblige.

noblewoman ['nəʊblwʊmən] *n, pl* **-women** [-wɪmɪn] Adlige *f*.

nobly ['nəʊblɪ] *adv* **1.** (*aristocratically*) vornehm. **~ born** von edler Geburt.
2. (*finely*) edel, vornehm; (*bravely*) wacker, heldenhaft. **you've done ~** du hast dich wacker geschlagen (*inf*).
3. (*impressively*) *proportioned* prächtig, prachtvoll.
4. (*inf: selflessly*) nobel, edel(mütig), großmütig.

nobody ['nəʊbədɪ] **I** *pron* niemand, keiner. **who saw him? — ~** wer hat ihn gesehen? — niemand; **~ knows better than I** niemand *or* keiner weiß besser als ich; **there was ~ else** da war niemand anderes *or* sonst niemand; **~ else could have done it** es kann niemand anders *or* kein anderer gewesen sein; **~ else but you can do it** nur du kannst das, außer dir kann das niemand; **like ~'s business** wie nichts; **the speed he works at is ~'s business** er arbeitet wie kein anderer, er arbeitet mit einem Affentempo (*inf*); **he's ~'s fool** er ist nicht auf den Kopf gefallen.
II *n* Niemand *m no pl*, Nichts *nt no pl*. **he's a mere ~** er ist überhaupt nichts, er ist doch ein Niemand *or* Nichts; **I worked with him when he was (a) ~** ich habe mit ihm gearbeitet, als er noch ein Niemand war.

no-claim(s) bonus ['nəʊˌkleɪm(z)'bəʊnəs] *n* Schadenfreiheitsrabatt *m*.

nocturnal [nɒk'tɜːnl] *adj* nächtlich; *sound also* der Nacht; *animal, bird* Nacht-. **~ flowers** Nachtblüher *pl*.

nocturne ['nɒktɜːn] *n* (*Mus*) Nokturne *f*.

nod [nɒd] **I** *n* **1.** Nicken *nt*. **he gave a quick ~** er nickte kurz; **to give sb a ~** jdm zunikken; **a ~ is as good as a wink (to a blind man)** (*inf*) schon verstanden; das wird er schon verstehen; **to go through on the ~** (*inf*) ohne Einwände angenommen werden.
2. (*inf: sleep*) **the land of N~** das Land der Träume.
II *vi* **1.** (*person, flowers*) nicken (*plumes*) wippen. **to ~ to sb** jdm zunikken; **to ~ in agreement/welcome** zustimmend/zur Begrüßung nicken.
2. (*doze*) ein Nickerchen machen (*inf*).
III *vt* **1. to ~ one's head** mit dem Kopf nicken; **to ~ one's agreement/approval** zustimmend nicken; **to ~ a greeting/welcome to sb** jdm zum Gruß/zur Begrüßung zunicken.
2. (*Sport*) *ball* köpfen.

◆**nod off** *vi* einnicken (*inf*).

nodal ['nəʊdl] *adj* knotenartig, Knoten-; (*fig*) *point* Knoten-.

nodding ['nɒdɪŋ] *adj* **to have a ~ acquaintance with sb** jdn flüchtig kennen.

noddle ['nɒdl] *n* (*Brit inf: head*) Dez (*inf*), Schädel (*inf*) *m*.

node [nəʊd] *n* (*all senses*) Knoten *m*.

nodular ['nɒdjʊləʳ] *adj* knötchenartig, Knötchen-.

nodule ['nɒdjuːl] *n* (*Med, Bot*) Knötchen *nt*; (*Geol*) Klümpchen *nt*.

no-fault ['nəʊˌfɔːlt] (*US*) **I** *adj* **1.** *divorce* in gegenseitigem Einvernehmen.
2. (*Insur*) *coverage* mit garantierter Entschädigungssumme.
II *n* (*also* **~ insurance**) *Kraftfahrzeugversicherung f mit garantierter Auszahlung einer Entschädigungssumme ohne vorherige Klärung der Unfallschuld.*

no-fly zone ['nəʊ'flaɪzəʊn] *n* Flugverbotszone *f*.

no-frills ['nəʊ'frɪlz] *adj attr package, deal etc* ohne (alle) Extras; *style, decor etc* (schlicht und) einfach.

noggin ['nɒgɪn] *n* **1.** (*inf: head*) Birne *f* (*inf*). **2.** (*Measure*) Becher *m* (*ca. 0,15 Liter*). **let's have a ~** (*inf*) wie wär's mit 'nem Gläschen? (*inf*).

no-go area ['nəʊˌgəʊ'ɛərɪə] *n* Sperrgebiet *nt*.

no-good **I** *adj person* nichtsnutzig; **II** *n* (*person*) Nichtsnutz *m*; **no-growth** *adj attr* nicht wachstumsorientiert; (*preventing growth*) wachstumshemmend; **the company's in a ~ situation** die Firma zeigt kein Wachstum.

noise [nɔɪz] **I** *n* Geräusch *nt*; (*loud, irritating sound*) Lärm, Krach *m*; (*Elec: interference*) Rauschen *nt*. **what was that ~?** was war das für ein Geräusch?; **a hammering ~** ein hämmerndes Geräusch; **the ~ of the traffic/bells** der Straßenlärm/der Lärm der Glocken; **~s in the ears** (*Med*) Ohrensausen *nt*; **it made a lot of ~** es war sehr laut, es hat viel Krach gemacht; **don't make a ~!** sei leise!; **stop making such a (loud) ~** hör auf, solchen Lärm *or* Krach zu machen; **he's always making ~s about resigning** er redet dauernd davon, daß er zurücktreten will; **to make a lot of ~ about sth** (*inf*) viel Geschrei um etw machen; **to make a ~ in the world** Aufsehen erregen, von sich reden machen; **a big ~** (*fig inf*) ein großes Tier (*inf*); **~ abatement** Lärmbekämpfung *f*; **~ barrier** Lärmschutzwand *f*; **~ level** Geräuschpegel *m*; **a low ~-level engine** ein geräuscharmer Motor; **~ pollution** Lärmbelästigung *f*;

~ **prevention** Lärmbekämpfung *f*.

II *vt* **to ~ sth abroad** *or* **about** (*old, hum*) etw verbreiten; **it was ~d about that ...** es ging das Gerücht (um), daß ...

noiseless ['nɔɪzlɪs] *adj* geräuschlos; *tread, step also* lautlos.

noiselessly ['nɔɪzlɪslɪ] *adv* geräuschlos; *move also* lautlos.

noisily ['nɔɪzɪlɪ] *adv see adj*.

noisiness ['nɔɪzɪnɪs] *n* Lärm *m*; (*of protest, welcome, debate*) Lautstärke *f*. **the ~ of these pupils/this car** der Lärm *or* Krach, den diese Schüler machen/dieses Auto macht.

noisome ['nɔɪsəm] *adj* **1.** *smell* widerlich, eklig. **2.** (*noxious*) giftig, (gesundheits)schädlich.

noisy ['nɔɪzɪ] *adj* (+*er*) laut; *traffic, child also* lärmend; *machine, behaviour, work also* geräuschvoll; *protest, welcome, debate* lautstark. **don't be so ~** sei nicht so laut, mach nicht so viel Lärm; **this is a ~ house** in dem Haus ist es laut.

no-jump ['nəʊdʒʌmp] *n* Fehlsprung *m*.

nomad ['nəʊmæd] *n* Nomade *m*, Nomadin *f*.

nomadic [nəʊ'mædɪk] *adj* nomadisch, Nomaden-; *tribe, race* Nomaden-.

no-man's-land ['nəʊmænzlænd] *n* (*lit, fig*) Niemandsland *nt*.

nom de plume ['nɒmdə'pluːm] *n* Pseudonym *nt*.

nomenclature [nəʊ'menklətʃə[r]] *n* Nomenklatur *f*.

nominal ['nɒmɪnl] *adj* **1.** (*in name*) nominell. **~ value** (*of shares*) Nenn- *or* Nominalwert *m*; **~ shares** Stamm- *or* Gründungsaktien *pl*. **2.** (*small*) *salary, fee, amount, rent* nominell, symbolisch. **3.** (*Gram*) Nominal-.

nominally ['nɒmɪnəlɪ] *adv* nominell.

nominate ['nɒmɪneɪt] *vt* **1.** (*appoint*) ernennen. **he was ~d chairman** er wurde zum Vorsitzenden ernannt. **2.** (*propose*) nominieren, aufstellen.

nomination [ˌnɒmɪ'neɪʃən] *n* **1.** (*appointment*) Ernennung *f*. **2.** (*proposal*) Nominierung *f*, Kandidatenvorschlag *m*.

nominative ['nɒmɪnətɪv] (*Gram*) **I** *n* Nominativ, Werfall *m*. **II** *adj* **(the) ~ case** der Nominativ, der Werfall.

nominee [ˌnɒmɪ'niː] *n* Kandidat(in *f*) *m*.

non- [nɒn-] *pref* nicht-.

non-acceptance *n* (*Comm, Fin*) Nichtannahme, Annahmeverweigerung *f*; **non-adjustable** *adj* nichtverstellbar *attr*, nicht verstellbar *pred*, unverstellbar; **non-affiliated** *adj* (*to* an +*acc*) *business, industry* nichtangeschlossen *attr*, nicht angeschlossen *pred*.

nonagenarian [ˌnɒnədʒɪ'nɛərɪən] **I** *n* Neunziger(in *f*) *m*.

II *adj* in den Neunzigern.

non-aggression [nɒnə'greʃən] *n* Nichtangriff *m*. **~ pact** Nichtangriffspakt *m*; **non-alcoholic** *adj* nichtalkoholisch, alkoholfrei; **non-aligned** *adj* (*Pol*) blockfrei, bündnisfrei; **non-alignment** *n* (*Pol*) Blockfreiheit, Bündnisfreiheit *f*; **~ policy** Neutralitätspolitik *f*; **non-appearance** *n* Nichterscheinen *nt*; **non-arrival** *n* Ausbleiben *nt*; (*of train, plane, letter also*) Nichteintreffen *nt*; **non-attendance** *n* Nichtteilnahme *f* (*at* an +*dat*); **non-availability** *n see adj* Unerhältlichkeit *f*; Unabkömmlichkeit *f*; **non-breakable** *adj* unzerbrechlich, nicht zerbrechlich; **non-cash** *adj* (*Fin*) *payment* bargeldlos; **~ assets** Sachwerte *pl*.

nonce-word ['nɒnswɜːd] *n* Ad-hoc-Bildung *f*.

nonchalance ['nɒnʃələns] *n* Lässigkeit, Nonchalance *f*.

nonchalant *adj*, **nonchalantly** *adv* ['nɒnʃələnt, -lɪ] lässig, nonchalant.

non-Christian **I** *n* Nichtchrist(in *f*) *m*; **II** *adj* nichtchristlich; **non-com** *n* (*Mil inf*) Uffz *m* (*sl*); **non-combatant** **I** *n* Nichtkämpfer, Nonkombattant (*spec*) *m*; **II** *adj* nicht am Kampf beteiligt; **non-commissioned** *adj* (*Mil*): **~ officer** Unteroffizier *m*; **non-committal** *adj* zurückhaltend; *answer also* unverbindlich; **to be ~ about whether ...** sich nicht festlegen, ob ...; **non-committally** *adv answer, say* unverbindlich; **non-completion** *n* Nichtbeendung *f*; (*of work also, contract*) Nichtabschluß *m*; **non-compliance** *n* (*with regulations*) Nichteinhaltung, Nichterfüllung *f* (*with gen*); (*with wishes, orders*) Zuwiderhandlung *f*, Zuwiderhandeln *nt* (*with gegen*).

non compos mentis ['nɒnˌkɒmpəs'mentɪs] *adj* nicht zurechnungsfähig, unzurechnungsfähig. **to look/be ~** (*inf*) etwas geistesabwesend aussehen/nicht ganz dasein (*inf*).

nonconformism *n* Nonkonformismus *m*; **his social ~** seine mangelnde Anpassung an die Gesellschaft; **the ~ of his views** seine nonkonformistischen Ansichten; **nonconformist** **I** *n* Nonkonformist(in *f*) *m*; **II** *adj* nonkonformistisch; **non-conformity** *n* (*with rules*) Nichteinhaltung *f* (*with gen*), Nichtkonformgehen *nt* (*form*) (*with* mit); **non-contributory** *adj benefits, insurance, pension scheme* ohne Eigenbeteiligung; *member* beitragsfrei; **non-convertible** *adj* (*Fin*) nicht konvertierbar; **non-cooperation** *n* unkooperative Haltung; **non-cooperative** *adj* unkooperativ; **non-denominational** *adj* bekenntnisfrei, konfessionslos.

nondescript ['nɒndɪskrɪpt] *adj taste, colour* unbestimmbar; *person, appearance* unauffällig, unscheinbar (*pej*).

non-drinker *n* Nichttrinker(in *f*) *m*; **she is a ~** sie trinkt keinen Alkohol; **non-driver** *n* Nichtfahrer(in *f*) *m*; **~s are ...** wer selbst nicht (Auto) fährt, ist ...

none [nʌn] **I** *pron* keine(r, s); keine; (*on form*) keine. **~ of the boys/them/the girls** keiner der Jungen/von ihnen/keines der Mädchen; **~ of this/the cake** nichts davon/von dem Kuchen; **~ of this is any good** das ist alles nicht gut; **~ of this money is mine** von dem Geld gehört mir nichts; **do you have any bread/apples? — ~ (at all)** haben Sie Brot/Äpfel? — nein, gar keines/keine; **there is ~ left** es ist nichts übrig; **~ but he/the best** nur er/nur das Beste; **their guest was ~ other than ...** ihr Gast war kein anderer als ...; **but ~ of your silly jokes** aber laß bitte deine dummen Witze; **I want ~ of your excuses** und ich will keine Entschuldigungen hören; **(we'll have) ~ of that!** jetzt reicht's aber!; **I want ~ of this/this nonsense** ich will davon/von diesem Unsinn nichts hören; **he would have ~ of it** er wollte davon nichts wissen.

II *adv* **to be ~ the wiser** auch nicht *or* um nichts schlauer sein; **it's ~ too warm** es ist nicht *or* keineswegs zu warm; **~ too sure/easy** durchaus nicht sicher/einfach.

nonentity [nɒ'nentɪtɪ] *n* (*person*) unbedeutende Figur.

non-essential [nɒnɪ'senʃəl] **I** *adj* unnötig; *workers* nicht unbedingt nötig; *services* nicht lebenswichtig. **II** *n* **~s** *pl* nicht (lebens)notwendige Dinge *pl*.

nonetheless [ˌnʌnðə'les] *adv* nichtsdestoweniger, trotzdem.

non-event *n* (*inf*) Reinfall *m* (*inf*), Pleite *f* (*inf*), Schlag *m* ins Wasser (*inf*); **non-executive** *adj* **in a ~ capacity** ohne Entscheidungsbefugnis; **~ director** ≃ Aufsichtsratsmitglied *nt* (*ohne Entscheidungsbefugnis*); **non-existence** *n* Nichtvorhandensein *nt*; (*Philos*) Nicht-Existenz *f*; **non-existent** *adj* nichtvorhanden *attr*, nicht vorhanden *pred*; (*Philos*) nicht existent; **his accent is practically ~** er hat praktisch keinen Akzent; **non-fat** *adj diet* fettlos; **non-fat creamer** *n* milch- freier Kaffeeweißer; **non-fat milk** *n* Milchersatz *m auf pflanzlicher Basis*; **non-fattening** *adj* nicht dickmachend *attr*; **fruit is ~** Obst macht nicht dick; **non-ferrous** *adj* nicht eisenhaltig; **non-fiction I** *n* Sachbücher *pl*; **II** *adj* **~ book/publication** Sachbuch *nt*; **non-finite** *adj* (*Gram*) infinit; **non-impact printer** *n* Non-impact-Drucker *m*, anschlagfreier Drucker; **non-interference** *n* Nichteinmischung *f* (*in* in *+acc*); **non-intervention** *n* (*Pol etc*) Nichteinmischung *f*, Nichteingreifen *nt* (*in* in *+acc*); **non-iron** *adj* bügelfrei; **non-member** *n* Nichtmitglied *nt*; (*of society also*) Nichtangehörige(r) *mf*; **open to ~s** Gäste willkommen; **non-member countries** Drittländer *fpl*; **non-migratory** *adj* **~ bird** Standvogel, Nichtzieher (*spec*) *m*; **non-milk** *adj*: **~ fat(s)** nichttierische Fette *pl*; **non-negotiable** *adj ticket* nicht übertragbar.

no-no ['nəʊnəʊ] *n* (*inf*) **that's/she's a ~!** das/sie kommt nicht in Frage! (*inf*); **that's a ~!** (*you mustn't do it*) das gibt's nicht!

non-obligatory *adj* freiwillig, nicht Pflicht *pred*, freigestellt *pred*; **non-observance** *n* Nicht(be)achtung *f*.

no-nonsense ['nəʊˌnɒnsəns] *adj* (kühl und) sachlich, nüchtern.

non-payment *n* Nichtzahlung, Zahlungsverweigerung *f*; **non-perishable** *adj* dauerhaft, haltbar; **non-person** *n* Unperson *f*.

nonplus ['nɒn'plʌs] *vt* verblüffen. **utterly ~sed** völlig verdutzt *or* verblüfft.

non-polluting *adj* umweltschonend; **non-productive** *adj* **~ industries** Dienstleistungssektor *m*; **~ worker** Angestellte(r) *mf* im Dienstleistungssektor; **non-profit** (*US*), **non-profit-making** *adj* keinen Gewinn anstrebend *attr; charity also* gemeinnützig; **non-proliferation** *n* Nichtverbreitung *f* von Atomwaffen; **~ treaty** Atomsperrvertrag *m*; **non-radioactive** *adj substance* nicht radioaktiv, strahlenfrei; **non-reader** *n* Analphabet(in *f*) *m*; **there are still five ~s in this class** in dieser Klasse können fünf Schüler noch nicht lesen; **non-recognition** *n* Nichtanerkennung *f*; **non-refillable** *adj* Wegwerf-; **non-resident I** *adj* nicht ansässig; (*in hotel*) nicht im Hause wohnend; **II** *n* Nicht(orts)ansässige(r) *mf*; (*in hotel*) nicht im Haus wohnender Gast; **open to ~s** auch für Nichthotelgäste; **non-returnable** *adj bottle* Einweg-; **non-scheduled** *adj flight, train* außerplanmäßig; **non-sectarian** *adj* nichtkonfessionell; *assembly* nicht konfessionsgebunden.

nonsense ['nɒnsəns] *n, no pl* (*also as interjection*) Unsinn, Quatsch (*inf*), Nonsens (*geh*) *m*; (*verbal also*) dummes Zeug; (*silly behaviour*) Dummheiten *pl*. **a piece of ~** ein Unsinn *or* Quatsch (*inf*) *m*; **that's a lot of ~!** das ist (ja) alles dummes Zeug!; **I've had enough of this ~** jetzt reicht's mir aber; **to make (a) ~ of sth** etw ad absurdum führen, etw unsinnig *or* sinnlos machen; **no more of your ~!** Schluß mit dem Unsinn!; **and no ~** und keine Dummheiten; **I will stand** *or* **have no ~ from you** ich werde keinen Unsinn *or* keine Dummheiten dulden; **he won't stand any ~ over that** was das betrifft, verträgt er keinen Spaß; **a man with no ~ about him** ein nüchterner *or* kühler und sachlicher Mensch; *see* **stuff.**

nonsense verse *n* Nonsens-Vers, Unsinnsvers *m*; (*genre*) Nonsens-Verse, Unsinnsverse *pl*.

nonsensical [nɒn'sensɪkəl] *adj idea, action* unsinnig.

nonsensically [nɒn'sensɪkəlɪ] *adv argue etc* unsinnigerweise.

non sequitur [ˌnɒn'sekwɪtə^r] *n* unlogische (Schluß)folgerung.

non-shrink *adj* nichteinlaufend *attr*; **to be ~** nicht einlaufen; **non-skid** *adj* rutschsicher; **non-slip** *adj* rutschfest; **non-smoker** *n* **1.** (*person*) Nichtraucher(in *f*) *m*; **2.** (*Rail*) Nichtraucher(abteil *nt*) *m*; **non-smoking** *adj area* Nichtraucher-; **non-standard** *adj sizes* nicht der Norm entsprechend; (*of clothes, shoes*) Sonder-; (*not usually supplied*) *fittings* nicht üblich, Sonder-; **~ use of language** unüblicher *or* ungewöhnlicher Sprachgebrauch; **non-starter** *n* **1.** (*in race*) (*person*) Nichtstartende(r) *mf*; (*horse*) nichtstartendes Pferd; **there were two ~s** zwei traten nicht an; **2.** (*fig: person, idea*) Blindgänger *m*; **non-stick** *adj pan, surface* kunststoffbeschichtet, Teflon-®; **non-stop I** *adj train* durchgehend; *journey* ohne Unterbrechung; *flight,* *performances* Nonstop-; **II** *adv talk* ununterbrochen; *fly* nonstop; *travel* ohne Unterbrechung, nonstop; **non-swimmer** *n* Nichtschwimmer(in *f*) *m*; **non-taxable** *adj* nichtsteuerpflichtig; **non-technical** *adj language etc* für den Laien verständlich; *subject* nichttechnisch; **non-toxic** *adj* ungiftig; **non-U** *adj* (*Brit*) *charakteristisch für die Gewohnheiten, Sprechweise etc des Kleinbürgertums,* nicht vornehm; **non-union** *adj worker, labour* nichtorganisiert; **non-verbal** *adj communication* nichtverbal, wortlos, ohne Worte; **non-violence** *n* Gewaltlosigkeit *f*; **non-violent** *adj* gewaltlos; **non-vocational** *adj subject, course* nicht berufsorientiert; **non-voter** *n* Nichtwähler(in *f*) *m*; **non-voting** *adj* ~ **shares** stimmrechtslose Aktien *pl*; **non-white I** *n* Farbige(r) *mf*; **II** *adj* farbig.

noodle ['nu:dl] *n* **1.** (*Cook*) Nudel *f*. **2.** (*US inf: head*) Birne *f* (*inf*). **use your** ~ streng deinen Grips an (*inf*).

nook [nʊk] *n* (*corner*) Ecke *f*, Winkel *m*; (*remote spot*) Winkel *m*. **in every ~ and cranny** in jedem Winkel.

nooky, nookie ['nʊkɪ] *n* (*inf*) **to have a bit of** ~ bumsen (*inf*).

noon [nu:n] **I** *n* Mittag *m*. **at** ~ um 12 Uhr mittags. **II** *adj* 12-Uhr-, Mittags- (*inf*).

noonday ['nu:ndeɪ] *adj attr* Mittags-.

no-one ['nəʊwʌn] *pron see* **nobody I.**

noontime, noontide (*liter*) *n* Mittagszeit, Mittagsstunde (*geh*) *f*; **at ~time** *or* ~ um die Mittagsstunde (*geh*).

noose [nu:s] *n* Schlinge *f*. **to put one's head in the** ~ (*prov*) den Kopf in die Schlinge stecken.

nope [nəʊp] *adv* (*inf*) ne(e) (*dial*), nein.

nor [nɔ:ʳ] *conj* **1.** noch. **neither ... ~** weder ... noch.

2. (*and not*) und ... auch nicht. **I shan't go, ~ will you** ich gehe nicht, und du auch nicht; **~ do/have/am I** ich auch nicht; **~ was this all** und das war noch nicht alles.

Nordic ['nɔ:dɪk] *adj* nordisch.

nor'-east [nɔ:'ri:st] (*Naut*) *see* **north-east.**

norm [nɔ:m] *n* Norm *f*. **our ~ is ...** unsere Norm liegt bei ...

normal ['nɔ:məl] **I** *adj* **1.** *person, situation, conditions* normal; *procedure, practice, routine also, customary* üblich. **it's a perfectly** *or* **quite a ~ thing** das ist völlig normal; **~ temperature/consumption** Normaltemperatur *f*/-verbrauch *m* **he is not his ~ self today** er ist heute so anders.

2. (*Math*) senkrecht.

3. (*Chem*) *solution* Normal-.

II *n, no pl* (*of temperature*) Normalwert, Durchschnitt *m*; (*Math*) Senkrechte *f*; (*to tangent*) Normale *f*. **temperatures below ~** Temperaturen unter dem Durchschnitt; **her temperature is above/below ~** sie hat erhöhte Temperatur/sie hat Untertemperatur; **when things/we are back to ~** wenn sich alles wieder normalisiert hat.

normalcy ['nɔ:məlsɪ] *n see* **normality.**

normality [nɔ:'mælɪtɪ] *n* Normalität *f*. **the return to ~ after war** die Normalisierung (des Lebens) *or* die Wiederaufnahme eines normalen Lebens nach dem Krieg; **to return to ~** sich wieder normalisieren.

normalization [ˌnɔ:məlaɪ'zeɪʃən] *n* Normalisierung *f*.

normalize ['nɔ:məlaɪz] *vt* normalisieren; *relations* wiederherstellen. **to be ~d** sich normalisiert haben.

normally ['nɔ:məlɪ] *adv* (*usually*) normalerweise, gewöhnlich; (*in normal way*) normal.

Norman ['nɔ:mən] **I** *adj* normannisch. **the ~ Conquest** der normannische Eroberungszug.

II *n* Normanne *m*, Normannin *f*.

Normandy ['nɔ:məndɪ] *n* Normandie *f*.

nor'-nor'-east [ˌnɔ:nɔ:'ri:st] (*Naut*) *see* **north-north-east.**

nor'-nor'-west [ˌnɔ:nɔ:'west] (*Naut*) *see* **north-north-west.**

Norse [nɔ:s] **I** *adj mythology* altnordisch. **II** *n* (*Ling*) **Old ~** Altnordisch *nt*.

Norseman ['nɔ:smən] *n, pl* **-men** [-mən] (*Hist*) Wikinger *m*.

north [nɔ:θ] **I** *n* **1.** Norden *m*. **in/from the ~** im/aus dem Norden; **to live in the ~** im Norden leben; **to the ~ of** nördlich von, im Norden von; **to veer/go to the ~** in nördliche Richtung *or* nach Norden drehen/gehen; **the wind is in the ~** es ist Nordwind; **the N~ (of Scotland/ England)** Nordschottland/Nordengland *nt*.

2. (*US Hist*) **the N~** der Norden, die Nordstaaten.

II *adj attr* Nord-.

III *adv* (*towards N~*) nach Norden, gen Norden (*liter*), nordwärts (*liter, Naut*); (*Met*) in nördliche Richtung. **~ of** nördlich *or* im Norden von.

north *in cpds* Nord-; **North Africa** *n* Nordafrika *nt*; **North African I** *adj* nordafrikanisch; **II** *n* Nordafrikaner(in *f*) *m*; **North America** *n* Nordamerika *nt*; **North American I** *adj* nordamerikanisch; **II** *n* Nordamerikaner(in *f*) *m*.

Northants [nɔ:'θænts] *abbr of* **Northamptonshire.**

northbound *adj carriageway* nach Norden (führend); *traffic* in Richtung Norden; **north country** *n*: **the ~** Nordengland *nt*; **north-country** *adj* nordenglisch; **north-east I** *n* Nordosten, Nordost (*esp Naut*) *m*; **in/from the ~** im Nordosten/ von Nordost; **II** *adj* Nordost-, nordöstlich; **III** *adv* nach Nordosten; **~ of** nordöstlich von; **north-easterly I** *adj* nordöstlich; **II** *n* (*wind*) Nordostwind *m*; **north-eastern** *adj provinces* nordöstlich, im Nordosten; **north-eastwards** *adv* nordostwärts, nach Nordost(en).

northerly ['nɔ:ðəlɪ] **I** *adj wind, direction, latitude* nördlich. **II** *adv* nach Norden, nordwärts (*liter, Naut*). **III** *n* Nordwind *m*.

northern ['nɔ:ðən] *adj hemisphere, counties* nördlich; *Germany, Italy etc* Nord-. **the ~ lights** das Nordlicht; **N~ Ireland** Nordirland *nt*.

northerner ['nɔ:ðənəʳ] *n* **1.** Bewohner(in

f) *m* des Nordens; Nordengländer(in *f*) *m*/-deutsche(r) *mf etc.* **2.** (*US*) Nordstaatler(in *f*) *m*.

northernmost ['nɔːðənməʊst] *adj area* nördlichste(r, s).

North Korea *n* Nordkorea *nt*; **North Korean I** *adj* nordkoreanisch; **II** *n* Nordkoreaner(in *f*) *m*; **north-north-east I** *n* Nordnordosten, Nordnordost (*esp Naut*) *m*; **II** *adj* Nordnordost-, nordnordöstlich; **III** *adv* nach Nordnordost(en); **north-north-west I** *n* Nordnordwesten, Nordnordwest (*esp Naut*) *m*; **II** *adj* Nordnordwest-, nordnordwestlich; **III** *adv* nach Nordnordwest(en); **North Pole** *n* Nordpol *m*; **North Sea I** *n* Nordsee *f*; **II** *adj* Nordsee-; ~ **gas/oil** Nordseegas *nt*/-öl *nt*; **north-south divide** *n* Nord-Süd-Gefälle *nt*; **North Star** *n* Nordstern *m*; **North Vietnam** *n* Nordvietnam *nt*; **North Vietnamese I** *adj* nordvietnamesisch; **II** *n* Nordvietnamese *m*/-vietnamesin *f*; **northward, northwardly I** *adj* nördlich; **in a ~ direction** nach Norden, (in) Richtung Norden; **II** *adv* (*also* **northwards**) nach Norden, nordwärts; **north-west I** *n* Nordwesten, Nordwest (*esp Naut*) *m*; **II** *adj* Nordwest-, nordwestlich; **the N~ Passage** die Nordwestliche Durchfahrt; **III** *adv* nach Nordwest(en); **north-westerly I** *adj* nordwestlich; **II** *n* Nordwestwind *m*.

Norway ['nɔːweɪ] *n* Norwegen *nt*.

Norwegian [nɔː'wiːdʒən] **I** *adj* norwegisch. **II** *n* **1.** Norweger(in *f*) *m*. **2.** (*language*) Norwegisch *nt*.

nor'-west [nɔː'west] (*Naut*) *see* **north-west.**

Nos., nos. *abbr of* **numbers** Nrn.

nose [nəʊz] **I** *n* **1.** Nase *f*. **to hold one's ~** sich (*dat*) die Nase zuhalten; **to speak through one's ~** durch die Nase sprechen; **the tip of one's ~** die Nasenspitze; **my ~ is bleeding** ich habe Nasenbluten; **follow your ~** immer der Nase nach; **she always has her ~ in a book** sie hat dauernd den Kopf in einem Buch (vergraben); **to do sth under sb's very ~** etw vor jds Augen tun; **to find sth under one's ~** praktisch mit der Nase auf etw (*acc*) stoßen; **it was right under his ~ all the time** er hatte es die ganze Zeit direkt vor der Nase; **she leads him by the ~** er tanzt ganz nach ihrer Pfeife (*inf*); **don't let him lead you by the ~** laß dich von ihm nicht unterbuttern!; **to poke** *or* **stick one's ~ into sth** (*fig*) seine Nase in etw (*acc*) stecken; **you keep your ~ out of this** (*inf*) halt du dich da raus (*inf*); **to cut off one's ~ to spite one's face** (*prov*) sich ins eigene Fleisch schneiden; **to get up sb's ~** jdm auf den Keks gehen **to look down one's ~ at sb/sth** auf jdn/etw herabblicken; **with one's ~ in the air** mit hocherhobenem Kopf, hochnäsig; **to pay through the ~** (*inf*) viel blechen (*inf*), sich dumm und dämlich zahlen (*inf*); **to win by a ~** (*horse*) um eine Nasenlänge gewinnen; **to put sb's ~ out of joint** jdn vor den Kopf stoßen; **to keep one's ~ clean** (*inf*) sauber bleiben (*inf*), eine saubere Weste behalten (*inf*); **to pay on the ~** sofort bezahlen.

2. (*sense of smell*) Nase *f*; (*fig also*) Riecher *m* (*inf*). **to have a ~ for sth** (*fig*) eine Nase *or* einen Riecher (*inf*) für etw haben.

3. (*of wines*) Blume *f*.

4. (*of plane*) Nase *f*; (*of car*) Schnauze *f*; (*of boat also*) Bug *m*; (*of torpedo*) Kopf *m*. **~ to tail** (*cars*) Stoßstange an Stoßstange.

II *vti* **the car/ship ~d (its way) through the fog** das Auto/Schiff tastete sich durch den Nebel; **the car ~d (its way) into the stream of traffic** das Auto schob sich in den fließenden Verkehr vor; **to ~ into sb's affairs** (*fig*) seine Nase in jds Angelegenheiten (*acc*) stecken (*inf*).

◆**nose about** *or* **around** *vi* herumschnüffeln (*inf*); (*person also*) herumspionieren (*inf*).

◆**nose out I** *vt sep* aufspüren; *secret, scandal* ausspionieren (*inf*), ausschnüffeln (*inf*). **II** *vi* (*car*) sich vorschieben.

nosebag *n* Futtersack *m*; **noseband** *n* Nasenriemen *m*; **nosebleed** *n* Nasenbluten *nt*; **nose cone** *n* (*Aviat*) Raketenspitze *f*.

nosedive I *n* (*Aviat*) Sturzflug *m*; **to go into a ~** zum Sturzflug ansetzen; **the car/he took** *or* **made a ~ into the sea** das Auto stürzte vornüber/er stürzte kopfüber ins Meer; **the company's affairs took a ~** mit der Firma ging es rapide bergab; **II** *vi* (*plane*) im Sturzflug herabgehen; **to ~ off sth** vornüber von etw stürzen; (*person*) kopfüber von etw stürzen; **nosedrops** *npl* Nasentropfen *pl*; **nosegay** *n* (Biedermeier)sträußchen *nt*; **nose job** *n* (*inf*) Nasenkorrektur *f*; **to have a ~** sich einer Nasenkorrektur unterziehen; **nose ring** *n* Nasenring *m*; **nose-wheel** *n* Bugrad *nt*.

nosey *adj see* **nosy.**

nosey parker [ˌnəʊzɪ'pɑːkə^r] *n* (*inf*) Schnüffler(in *f*) *m* (*inf*). **I don't like ~s** ich mag Leute nicht, die ihre Nase in alles stecken (*inf*); **~!** sei doch nicht so neugierig!

nosh [nɒʃ] (*Brit sl*) **I** *n* (*food*) Futter *nt* (*inf*); (*meal*) Schmaus *m*. **to have some ~** was essen *or* futtern (*inf*). **II** *vi* futtern (*inf*).

no-show ['nəʊʃəʊ] *n* (*Aviat*) No-show *m*, fehlender Flugpassagier.

nosh-up ['nɒʃʌp] *n* (*Brit sl*) Schmaus *m*, Freßgelage *nt* (*sl*).

nostalgia [nɒ'stældʒɪə] *n* Nostalgie *f* (*for* nach).

nostalgic [nɒ'stældʒɪk] *adj* nostalgisch, wehmütig. **to feel/be ~ for sth** sich nach etw zurücksehnen.

no-strike ['nəʊstraɪk] *adj attr deal, agreement* Streikverzicht-.

nostril ['nɒstrəl] *n* Nasenloch *nt*; (*of horse, zebra*) Nüster *f*.

nosy ['nəʊzɪ] *adj* (+*er*) (*inf*) neugierig.

not [nɒt] *adv* **1.** nicht. **he told me ~ to come/to do that** er sagte, ich solle nicht kommen/ich solle das nicht tun; **do ~** *or* **don't come** kommen Sie nicht; **that's how ~ to do it** so sollte man es nicht machen; **he was wrong in ~ making a protest** es war falsch von ihm, nicht zu protestieren; **~ wanting to be heard, he ...** da er nicht gehört werden wollte, ... er ...

2. (*emphatic*) nicht. **~ a sound/word** kein Ton/Wort, nicht *ein* Ton/Wort; **~ a bit** kein bißchen; **~ one of them** kein einziger, nicht einer; **~ a thing** überhaupt nichts; **~ any more** nicht mehr.

3. (*in tag or rhetorical questions*) **it's hot, isn't it** *or* **is it ~?** (*form*) es ist heiß, nicht wahr *or* nicht? (*inf*); **isn't it hot?** (es ist) heiß, nicht wahr?, ist das vielleicht heiß!; **isn't he cheeky!** ist er nicht frech?, (er ist) ganz schön frech, nicht! (*inf*); **you are coming, aren't you** *or* **are you ~?** Sie kommen doch, oder?; **you like it, don't you** *or* **do you ~?** (*form*) das gefällt dir, nicht (wahr)?; **you are ~ angry — or are you?** Sie sind doch nicht etwa böse?

4. (*as substitute for clause*) nicht. **is he coming? — I hope/I believe ~** kommt er? — ich hoffe/glaube nicht; **it would seem** *or* **appear ~** anscheinend nicht; **he's decided not to do it — I should think/hope ~** er hat sich entschlossen, es nicht zu tun — das möchte ich auch meinen/hoffen.

5. (*elliptically*) **are you cold? — ~ at all** ist dir kalt? — überhaupt *or* gar nicht; **thank you very much — ~ at all** vielen Dank — keine Ursache *or* gern geschehen; **~ in the least** überhaupt *or* gar nicht, nicht im geringsten; **~ that I care** nicht, daß es mir etwas ausmacht(e); **~ that I know of** nicht, daß ich wüßte; **it's ~ that I don't believe him** ich glaube ihm ja, es ist ja nicht so, daß ich ihm nicht glaube.

notability [ˌnəʊtə'bɪlɪtɪ] *n* **1.** (*person*) bedeutende Persönlichkeit.

2. (*eminence*) Berühmtheit, Bedeutung *f*.

notable ['nəʊtəbl] **I** *adj* (*eminent*) *person* bedeutend; (*worthy of note*) *success, fact, event also* bemerkenswert, beachtenswert, denkwürdig; (*big*) *difference, improvement* beträchtlich, beachtlich; (*conspicuous*) auffallend. **he was ~ by his absence** er glänzte durch Abwesenheit. **II** *n see* **notability 1.**

notably ['nəʊtəblɪ] *adv* **1.** (*strikingly*) auffallend; *improved, different* beträchtlich. **to be ~ absent** durch Abwesenheit glänzen. **2.** (*in particular*) hauptsächlich, vor allem.

notarial [nəʊ'tɛərɪəl] *adj seal, deed, style* notariell; *fees* Notar-.

notary (public) ['nəʊtərɪ('pʌblɪk)] *n* Notar(in *f*) *m*.

notate [nəʊ'teɪt] *vt* (*Mus*) in Notenschrift schreiben.

notation [nəʊ'teɪʃən] *n* **1.** (*system*) Zeichensystem *nt*, Notation *f* (*Sci*); (*symbols*) Zeichen *pl*; (*phonetic also*) Schrift *f*; (*Mus*) Notenschrift, Notation *f*. **2.** (*note*) Notiz, Anmerkung *f*.

notch [nɒtʃ] **I** *n* Kerbe *f*; (*of handbrake, for adjustment*) Raste *f*; (*in belt*) Loch *nt*; (*on damaged blade*) Scharte *f*; (*US Geog*) Schlucht *f*. **our team is a ~ above theirs** unsere Mannschaft ist eine Klasse besser als ihre; *see* **top-notch.**

II *vt* einkerben, einschneiden.

◆notch up *vt sep score, points* erzielen, einheimsen (*inf*); *record* erringen, verzeichnen; *success* verzeichnen können.

note [nəʊt] **I** *n* **1.** Notiz, Anmerkung *f*; (*foot~*) Anmerkung, Fußnote *f*; (*official: in file*) Vermerk *m*; (*diplomatic ~*) Note *f*; (*informal letter*) Briefchen *nt*, paar Zeilen *pl*. **~s** (*summary*) Aufzeichnungen *pl*; (*plan, draft*) Konzept *nt*; **a few rough ~s** ein paar Stichworte *pl*; **lecture ~s** (*professor's*) Manuskript *nt*; (*student's*) Vorlesungsnotizen *pl*; (*handout*) Vorlesungsskript *nt*; **to speak without ~s** frei sprechen, ohne Vorlage sprechen; **to send sb a ~** jdm ein paar Zeilen schicken; **to take** *or* **make ~s** Notizen machen; (*in lecture also, in interrogation*) mitschreiben; **to make ~s on a text** (sich *dat*) Notizen zu einem Text machen; **to take** *or* **make a ~ of sth** sich (*dat*) etw notieren.

2. *no pl* (*notice*) **to take ~ of sth** von etw Notiz nehmen, etw zur Kenntnis nehmen; (*heed*) einer Sache (*dat*) Beachtung schenken; **take ~ of what I tell you** hören Sie auf das, was ich zu sagen habe; **worthy of ~** beachtenswert, erwähnenswert.

3. *no pl* (*importance*) **a man of ~** ein bedeutender Mann; **nothing of ~** nichts Beachtens- *or* Erwähnenswertes.

4. (*Mus*) (*sign*) Note *f*; (*sound, on piano*) Ton *m*; (*song of bird etc*) Lied *nt*, Gesang *m*. **to give the ~** den Ton angeben; **to play/sing the right/wrong ~** richtig/falsch spielen/singen; **to strike the right ~** (*fig*) den richtigen Ton treffen; **it struck a wrong** *or* **false ~** (*fig*) da hat er *etc* sich im Ton vergriffen; (*wasn't genuine*) es klang nicht echt.

5. (*quality, tone*) Ton, Klang *m*. **his voice had a ~ of desperation** aus seiner Stimme klang Verzweiflung, seine Stimme hatte einen verzweifelten Klang; **a ~ of nostalgia** eine nostalgische Note; **there was a ~ of warning in his voice** seine Stimme hatte einen warnenden Unterton.

6. (*Fin*) Note *f*, Schein *m*. **a £5 ~, a five-pound ~** eine Fünfpfundnote, ein Fünfpfundschein *m*.

II *vt* **1.** bemerken; (*take note of*) zur Kenntnis nehmen; (*pay attention to*) beachten. **2.** *see* **~ down.**

◆note down *vt sep* notieren, aufschreiben; (*as reminder*) sich (*dat*) notieren *or* aufschreiben.

notebook *n* Notizbuch *or* -heft *nt*; **notecase** *n* Brieftasche *f*.

noted ['nəʊtɪd] *adj* bekannt, berühmt (*for* für, wegen).

notepad *n* Notizblock *m*; **notepaper** *n* Briefpapier *nt*.

noteworthy ['nəʊtwɜːðɪ] *adj* beachtenswert, erwähnenswert.

nothing ['nʌθɪŋ] **I** *n, pron, adv* **1.** nichts. **~ pleases him** nichts gefällt ihm, ihm gefällt nichts; **~ could be easier** nichts wäre einfacher; **she is five foot ~** (*inf*) sie ist genau fünf Fuß.

2. (*with vb*) nichts. **she is** *or* **means ~ to him** sie bedeutet ihm nichts; **she is ~ (compared) to her sister** sie ist nichts im Vergleich zu ihrer Schwester; **that came to ~** da ist nichts draus geworden; **I can make ~ of it** das sagt mir nichts, ich werde daraus nicht schlau; **he thinks ~ of doing that** er findet nichts dabei(, das zu tun); **think ~ of it** keine Ursache!; **will you come? — ~ doing!** (*inf*) kommst du? — ausgeschlossen! *or* kein Gedanke (*inf*); **there was ~ doing at the club** (*inf*) im Club war nichts los; **I tried, but there's ~ doing** (*inf*) ich hab's versucht, aber da ist nichts drin (*sl*) *or* aber da ist nichts zu machen.

3. (*with prep*) **all his fame stood** *or* **counted for ~** sein Ruhm galt nichts; **for ~** (*free, in vain*) umsonst; **it's not for ~ that he's called X** er heißt nicht umsonst *or* ohne Grund X; **there's ~ (else) for it but to leave** da bleibt einem nichts übrig als zu gehen; **there's ~ (else) for it, we'll have to ...** da hilft alles nichts, wir müssen ...; **there was ~ in it for me** das hat sich für mich nicht gelohnt, ich hatte nichts davon; (*financially also*) dabei sprang nichts für mich heraus (*inf*); **there's ~ in the rumour** das Gerücht ist völlig unfundiert *or* aus der Luft gegriffen, an dem Gerücht ist nichts (Wahres); **that is ~ to you** für dich ist das doch gar nichts; (*isn't important*) das kümmert *or* berührt dich nicht, das ist dir egal; **there's ~ to it** (*inf*) das ist kinderleicht (*inf*).

4. (*with adj, adv*) **~ but** nur; **he does ~ but eat** er ißt nur *or* ständig, er tut nichts anderes als essen; **~ else** sonst nichts; **~ more** sonst nichts; **I'd like ~ more than that** ich möchte nichts lieber als das; **I'd like ~ more than to go to Canada** ich würde (nur) zu gern nach Kanada gehen; **~ much** nicht viel; **~ less than** nur; **~ if not polite** äußerst *or* überaus höflich; **~ new** nichts Neues; **it was ~ like so big as we thought** es war lange nicht so groß, wie wir dachten.

5. (*US inf*) **in ~ flat** in Null Komma nichts (*inf*); **you don't know from ~** du hast (überhaupt) keine Ahnung (*inf*); **he has ~ on her** (*also Brit*) er kann ihr nicht das Wasser reichen (*inf*).

II *n* **1.** (*Math*) Null *f*.

2. (*thing, person of no value*) Nichts *nt*. **don't apologize, it's ~** entschuldige dich nicht, es ist nicht der Rede wert; **what's wrong with you? — it's ~** was ist mit dir los? — nichts; **to whisper sweet ~s to sb** jdm Zärtlichkeiten ins Ohr flüstern.

nothingness [ˈnʌθɪŋnɪs] *n* Nichts *nt*.

no through road *n* **it's a ~** es ist keine Durchfahrt.

no-throw [ˈnəʊˈθrəʊ] *n* Fehlwurf *m*.

notice [ˈnəʊtɪs] **I** *n* **1.** (*warning, communication*) Bescheid *m*, Benachrichtigung *f*; (*written notification*) Mitteilung *f*; (*of forthcoming event, film*) Ankündigung *f*. **~ to pay** (*Comm*) Zahlungsaufforderung *f*; **final ~** letzte Aufforderung; **to give ~ of sth** von etw Bescheid geben; (*of film, change*) etw ankündigen; (*of arrival*) etw melden; **to give sb one week's ~ of sth** jdn eine Woche vorher von etw benachrichtigen, jdm eine Woche vorher über etw (*acc*) Bescheid geben; **to give ~ of appeal** (*Jur*) Berufung einlegen; **we must give advance ~ of the meeting** wir müssen das Treffen ankündigen; **to give official ~ that ...** öffentlich bekanntgeben, daß ...; (*referring to future event*) öffentlich ankündigen, daß ...; **without ~** ohne Ankündigung; (*of arrival also*) unangemeldet; **he didn't give us much ~, he gave us rather short ~** er hat uns nicht viel Zeit gelassen *or* gegeben; **to have ~ of sth** von etw Kenntnis haben; **to serve ~ on sb** (*Jur: to appear in court*) jdn vorladen; **at short ~** kurzfristig; **at a moment's ~** jederzeit, sofort; **at three days' ~** binnen drei Tagen, innerhalb von drei Tagen; **until further ~** bis auf weiteres.

2. (*public announcement*) (*on ~-board*) Bekanntmachung *f*, Anschlag *m*; (*poster also*) Plakat *nt*; (*sign*) Schild *nt*; (*in newspaper*) Mitteilung, Bekanntmachung *f*; (*short*) Notiz *f*; (*of birth, wedding, vacancy*) Anzeige *f*. **the ~ says ...** da steht ...; **to post a ~** einen Anschlag machen, ein Plakat *nt* aufhängen; **public ~** öffentliche Bekanntmachung; **birth/marriage/death ~** Geburts-/Heirats-/Todesanzeige *f*; **I saw a ~ in the paper about the concert** ich habe das Konzert in der Zeitung angekündigt gesehen.

3. (*prior to end of employment, residence*) Kündigung *f*. **~ to quit** Kündigung *f*; **to give sb ~** (*employer, landlord*) jdm kündigen; (*lodger, employee also*) bei jdm kündigen; **to hand in one's ~** kündigen; **I am under ~ (to quit), I got my ~** mir ist gekündigt worden; **a month's ~** eine einmonatige Kündigungsfrist; **I have to give (my landlady) a week's ~** ich habe eine einwöchige Kündigungsfrist; **she gave me** *or* **I was given a month's ~** mir wurde zum nächsten Monat gekündigt.

4. (*review*) Kritik, Rezension *f*.

5. (*attention*) **to take ~ of sth** von etw Notiz nehmen; (*heed*) etw beachten, einer Sache (*dat*) Beachtung schenken; **to take no ~ of sb/sth** jdn/etw ignorieren, von jdm/etw keine Notiz nehmen, jdm/etw keine Beachtung schenken; **take no ~!** kümmern Sie sich nicht darum!; **a lot of ~ he takes of me!** als ob er mich beachten würde!; **to attract ~** Aufmerksamkeit erregen; **that has escaped his ~** das hat er nicht bemerkt; **to bring sth to sb's ~** jdn auf etw (*acc*) aufmerksam machen; (*in letter*) jdn von etw in Kenntnis setzen; **it came to his ~ that ...** er erfuhr, daß ..., es ist ihm zu Ohren gekommen, daß ...

II *vt* bemerken; (*feel, hear, touch also*) wahrnehmen; (*recognize, acknowledge existence of*) zur Kenntnis nehmen; *difference* feststellen; (*realize also*) merken. ~ **the beautiful details** achten Sie auf die schönen Einzelheiten; **without my noticing it** ohne daß ich etwas gemerkt *or* bemerkt habe, von mir unbemerkt; **I ~d her hesitating** ich bemerkte *or* merkte, daß sie zögerte; **did he wave? — I never ~d** hat er gewinkt? — ich habe es nicht bemerkt *or* gesehen; **I ~ you have a new dress** ich stelle fest, du hast ein neues Kleid, wie ich sehe, hast du ein neues Kleid; **to get oneself ~d** Aufmerksamkeit erregen, auf sich (*acc*) aufmerksam machen; (*negatively*) auffallen.

noticeable ['nəʊtɪsəbl] *adj* erkennbar, wahrnehmbar; (*visible*) sichtbar; (*obvious, considerable*) deutlich; *relief, pleasure, disgust*) sichtlich, merklich. **the stain is very ~** der Fleck fällt ziemlich auf; **the change was ~** man konnte eine Veränderung feststellen; **it is hardly ~, it isn't really ~** man merkt es kaum; (*visible also*) man sieht es kaum; **it is ~ that ...** man merkt, daß ...

noticeably ['nəʊtɪsəblɪ] *adv* deutlich, merklich; *relieved, pleased, annoyed etc* sichtlich.

notice-board ['nəʊtɪsbɔːd] *n* (*Brit*) Anschlagbrett *nt*; (*in school etc also*) Schwarzes Brett; (*sign*) Schild *nt*, Tafel *f*.

notifiable ['nəʊtɪfaɪəbl] *adj* meldepflichtig.

notification [ˌnəʊtɪfɪ'keɪʃən] *n* Benachrichtigung, Mitteilung *f*; (*of disease, crime, loss, damage*) Meldung *f*; (*written ~: of birth*) Anzeige *f*. **~ of the authorities** (die) Benachrichtigung der Behörden; **to send written ~ of sth to sb** jdm etw schriftlich mitteilen.

notify ['nəʊtɪfaɪ] *vt person, candidate* benachrichtigen, unterrichten (*form*); *change of address, loss, disease etc* melden. **to ~ sb of sth** jdn von etw benachrichtigen, jdm etw mitteilen; *authorities, insurance company* jdm etw melden; **to be notified of sth** über etw (*acc*) informiert werden, von etw benachrichtigt *or* unterrichtet (*form*) werden.

notion ['nəʊʃən] *n* **1.** (*idea, thought*) Idee *f*; (*conception also*) Vorstellung *f*; (*vague knowledge also*) Ahnung *f*; (*opinion*) Meinung, Ansicht *f*. **I haven't the foggiest** (*inf*) *or* **slightest ~ (of what he means)** ich habe keine Ahnung *or* nicht die leiseste Ahnung(, was er meint); **I have no ~ of time** ich habe überhaupt kein Zeitgefühl; **where did you get the ~** *or* **what gave you the ~ that I ...?** wie kommst du denn auf die Idee, daß ich ...?; **he got the ~ (into his head)** *or* **he somehow got hold of the ~ that she wouldn't help him** irgendwie hat er sich (*dat*) eingebildet, sie würde ihm nicht helfen; **I have a ~ that ...** ich habe den Verdacht, daß ...

2. (*whim*) Idee *f*. **to get/have a ~ to do sth** Lust bekommen/haben, etw zu tun; **if he gets a ~ to do something, nothing can stop him** wenn er sich (*dat*) etwas in den Kopf gesetzt hat, kann ihn keiner davon abhalten; **she has some strange ~s** sie kommt manchmal auf seltsame Ideen *or* Gedanken.

3. (*esp US inf*) **~s** *pl* Kurzwaren *pl*.

notional ['nəʊʃənl] *adj* **1.** (*hypothetical*) fiktiv, angenommen; (*nominal*) *payment* nominell, symbolisch. **2.** (*esp US*) versponnen, verträumt. **3.** (*Philos*) spekulativ.

notoriety [ˌnəʊtə'raɪətɪ] *n* traurige Berühmtheit.

notorious [nəʊ'tɔːrɪəs] *adj person, fact* berüchtigt, berühmt-berüchtigt; *place also* verrufen, verschrieen; (*well-known*) *gambler, criminal, liar* notorisch. **a ~ woman** eine Frau von schlechtem Ruf; **to be ~ for sth** für etw berüchtigt sein; **it is a ~ fact that ...** es ist leider nur allzu bekannt, daß ...

notoriously [nəʊ'tɔːrɪəslɪ] *adv* notorisch. **to be ~ inefficient/violent** *etc* für seine Untüchtigkeit/Gewalttätigkeit berüchtigt *or* bekannt sein.

no-trump ['nəʊ'trʌmp] (*Cards*) **I** *adj* Sans-Atout-, Ohne-Trumpf-. **II** *n* (*also* **~s**) Sans-Atout, Ohne-Trumpf-Spiel *nt*.

Notts [nɒts] *abbr of* **Nottinghamshire.**

notwithstanding [ˌnɒtwɪθ'stændɪŋ] (*form*) **I** *prep* ungeachtet (+*gen*) (*form*), trotz (+*gen*). **II** *adv* dennoch, trotzdem, nichtsdestotrotz (*form*). **III** *conj* **~ that ...** obwohl *or* obgleich ...

nougat ['nuːgɑː] *n* Nougat *m*.

nought [nɔːt] *n* **1.** (*number*) Null *f*. **~s and crosses** (*Brit*) *Kinderspiel nt mit Nullen und Kreuzen*. **2.** (*liter: nothing*) Nichts *nt*. **to come to ~** sich zerschlagen.

noun [naʊn] *n* Substantiv(um), Hauptwort *nt*. **proper/common/abstract/collective ~** Name *m*/Gattungsname *or* -begriff *m*/Abstraktum *nt*/Sammelbegriff *m*; **~ phrase** Nominalphrase *f*.

nourish ['nʌrɪʃ] **I** *vt* **1.** nähren; *person also* ernähren; *leather* pflegen. **2.** (*fig*) *hopes etc* nähren, hegen. **II** *vi* nahrhaft sein.

nourishing ['nʌrɪʃɪŋ] *adj food, diet, drink* nahrhaft.

nourishment ['nʌrɪʃmənt] *n* (*food*) Nahrung *f*.

nous [naʊs] *n* (*inf*) Grips *m* (*inf*).

nouveau riche [ˌnuːvəʊ'riːʃ] **I** *n, pl* **-x -s** [ˌnuːvəʊ'riːʃ] Neureiche(r) *mf*.

II *adj* typisch neureich.

Nov *abbr of* **November** Nov.

nova ['nəʊvə] *n, pl* **-e** ['nəʊviː] *or* **-s** Nova *f*.

Nova Scotia ['nəʊvə'skəʊʃə] *n* Neuschottland *nt*.

novel[1] ['nɒvəl] *n* Roman *m*.

novel[2] *adj* neu(artig).

novelette [ˌnɒvə'let] *n* (*pej*) Romänchen *nt*, Kitschroman *m*.

novelist ['nɒvəlɪst] *n* Romanschriftsteller(in *f*).

novella [nə'velə] *n* Novelle *f*.

novelty ['nɒvəltɪ] *n* **1.** (*newness*) Neuheit *f*. **once the ~ has worn off** wenn der Reiz des Neuen *or* der Neuheit vorbei ist. **2.** (*innovation*) Neuheit *f*, Novum *nt*. **it was quite a ~** das war etwas ganz Neues, das war ein Novum. **3.** (*Comm: trinket*) Krimskrams *m*.

November [nəʊ'vembər] *n* November *m*;

see also **September.**

novice ['nɒvɪs] *n* (*Eccl*) Novize *m*, Novizin *f*; (*fig*) Neuling, Anfänger(in *f*) *m* (*at* bei, in +*dat*).

noviciate, novitiate [nəʊ'vɪʃɪɪt] *n* (*Eccl*) **1.** (*state*) Noviziat *nt*.
2. (*place*) Novizenhaus *nt*.

now [naʊ] **I** *adv* **1.** jetzt, nun; (*immediately*) jetzt, sofort, gleich; (*at this very moment*) gerade, (so)eben; (*nowadays*) heute, heutzutage. **she ~ realized why ...** nun *or* da erkannte sie, warum ...; **just ~** gerade; (*immediately*) gleich, sofort; **~ is the time to do it** jetzt ist der richtige Moment dafür; **I'll do it just** *or* **right ~** ich mache es jetzt gleich *or* sofort; **it's ~ or never** jetzt oder nie; **even ~ it's not right** es ist immer noch nicht richtig; **~ for it** los!; **what is it ~?** was ist denn jetzt *or* nun schon wieder?; **by ~** (*present, past*) inzwischen, mittlerweile; **they have/had never met before ~** sie haben sich bis jetzt/sie hatten sich bis dahin noch nie getroffen; **before ~ it was thought ...** früher dachte man, daß ...; **we'd have heard before ~** das hätten wir (inzwischen) schon gehört; **for ~** (jetzt) erst einmal, im Moment, vorläufig; **even ~** auch *or* selbst jetzt noch; **from ~ on(wards)** von nun an; **between ~ and the end of the week** bis zum Ende der Woche; **in three days from ~** (heute) in drei Tagen; **from ~ until then** bis dahin; **up to ~, till ~, until ~** bis jetzt.
2. (*alternation*) **~ ... ~** bald ... bald; **(every) ~ and then, ~ and again** ab und zu, von Zeit zu Zeit, gelegentlich.
II *conj* **1. ~ (that) you've seen him** jetzt, wo Sie ihn gesehen haben, nun, da Sie ihn gesehen haben (*geh*).
2. (*in explanation*) nun.
III *interj* also. **~, ~!** na, na!; **well ~** also; **~ then** also (jetzt); **stop that ~!** Schluß jetzt!; **come ~, don't exaggerate** nun übertreib mal nicht; **~, why didn't I think of that?** warum habe ich bloß nicht daran gedacht?

nowadays ['naʊədeɪz] *adv* heute, heutzutage.

no way ['nəʊ'weɪ] *adv see* **way I 8.**

nowhere ['nəʊwɛə^r] *adv* nirgendwo, nirgends; (*with verbs of motion*) nirgendwohin. **~ special** irgendwo; (*with motion*) irgendwohin; **it's ~ you know** du kennst den Ort nicht; **to appear from** *or* **out of ~** ganz plötzlich *or* aus heiterem Himmel auftauchen; **to come ~** (*Sport*) unter „ferner liefen" kommen *or* enden; **to come from ~ and win** (*Sport*) überraschend siegen; **we're getting ~ (fast)** wir machen keine Fortschritte, wir kommen nicht weiter; **rudeness will get you ~** Grobheit bringt dir gar nichts ein, mit Grobheit bringst du es auch nicht weiter; *see* **near.**

noxious ['nɒkʃəs] *adj* schädlich; *habit* übel; *influence also* verderblich.

nozzle ['nɒzl] *n* Düse *f*; (*of syringe*) Kanüle *f*.

nr *abbr of* **near** b., bei.

NSB (*Brit*) *abbr of* **National Savings Bank** ≃ Postsparkasse *f*.

NSPCC (*Brit*) *abbr of* **National Society for the Prevention of Cruelty to Children** ≃ Kinderschutzbund *m*.

NT *abbr of* **New Testament** NT *nt*.

nth [enθ] *adj* **the ~ power** *or* **degree** die n-te Potenz; **for the ~ time** zum x-ten Mal (*inf*).

nuance ['njuːɑ̃ːns] *n* Nuance *f*; (*of colour also*) Schattierung *f*.

nub [nʌb] *n* **1.** (*piece*) Stückchen, Klümpchen *nt*. **2.** (*fig*) **the ~ of the matter** der springende Punkt, der Kernpunkt.

nubile ['njuːbaɪl] *adj girl* heiratsfähig; (*attractive*) gut entwickelt.

nuclear ['njuːklɪə^r] *adj* Kern-, Atom- (*esp Mil*); *fusion, fission, reaction, research* Kern-; *fuel, disarmament* nuklear, atomar; *attack, test, testing* Kernwaffen-, Atomwaffen-; *propulsion* Atom-; *submarine, missile* atomgetrieben, Atom-.

nuclear deterrent *n* nukleares Abschreckungsmittel; **nuclear energy** *n see* **nuclear power**; **nuclear family** *n* Klein- *or* Kernfamilie *f*; **nuclear-free** *adj* atomwaffenfrei; **nuclear non-proliferation treaty** *n* Atomwaffensperrvertrag *m*; **nuclear physicist** *n* Kernphysiker(in *f*) *m*; **nuclear physics** *n* Kernphysik *f*; **nuclear pile** *n* Atommeiler *m*; **nuclear power** *n* Atomkraft, Kernenergie *f*; (*Pol*) Atommacht; **nuclear-powered** *adj* atomgetrieben; **nuclear power station** *n* Kern- *or* Atomkraftwerk *nt*; **nuclear reactor** *n* Kern- *or* Atomreaktor *m*; **nuclear submarine** *n* Atom-U-Boot *nt*; **nuclear technology** *n* Kerntechnik *f*; **nuclear test** *n* Atom(waffen)test *m*; **nuclear test ban** *n* Atomteststop(p) *m*; **nuclear war** *n* Atomkrieg *m*; **nuclear warfare** *n* Atomkrieg *m*; **nuclear warhead** *n* Atomsprengkopf *m*; **nuclear waste** *n* Atommüll *m*; **nuclear weapon** Atomwaffe *f*; **nuclear winter** *n* nuklearer Winter.

nuclei ['njuːklɪaɪ] *pl of* **nucleus.**

nucleic acid [njuː'kleɪɪk'æsɪd] *n* Nukleinsäure *f*.

nucleus ['njuːklɪəs] *n, pl* **nuclei** (*Phys, Astron, fig*) Kern *m*; (*Biol: of cell also*) Nukleus *m*. **atomic ~** Atomkern *m*.

nude [njuːd] **I** *adj* nackt; (*Art*) Akt-. **~ figure/portrait** Akt *m*. **II** *n* (*person*) Nackte(r) *mf*; (*Art*) (*painting, sculpture*) Akt *m*; (*model*) Aktmodell *nt*. **in the ~** nackt.

nudge [nʌdʒ] **I** *vt* stupsen, anstoßen. **to ~ sb's memory** (*fig*) jds Gedächtnis (*dat*) (ein wenig) nachhelfen. **II** *n* Stups *m*, kleiner Stoß. **to give sb a ~** jdm einen Stups geben, jdn stupsen.

nudie ['njuːdɪ] *adj* (*inf*) *picture* Nackt-. **~ magazine** Porno- *or* Nacktmagazin *nt*.

nudism ['njuːdɪzəm] *n* Freikörperkultur *f*, Nudismus *m*.

nudist ['njuːdɪst] *n* Anhänger(in *f*) *m* der Freikörperkultur, FKK-Anhänger(in *f*), Nudist(in *f*) *m*. **beach** FKK-strand *m*, Nacktbadestrand *m*.

nudity ['njuːdɪtɪ] *n* Nacktheit *f*.

nugget ['nʌgɪt] *n* (*of gold*) Klumpen *m*; (*fig: of information, knowledge*) Brokken *m*, Bröckchen *nt*.

nuisance ['nju:sns] *n* **1.** (*person*) Plage *f*; (*esp pestering*) Nervensäge *f*; (*esp child*) Quälgeist *m*. **he can be a ~** er kann einen aufregen, er kann einem auf die Nerven *or* den Geist (*inf*) gehen; **to make a ~ of oneself** lästig werden; **to have ~ value** als Störfaktor wirken; **he's/that's good ~ value** er/das sorgt für Umtrieb.
2. (*thing, event*) **to be a ~** lästig sein; (*annoying*) ärgerlich sein; **what a ~, having to do it again** wie ärgerlich *or* lästig, das noch einmal machen zu müssen; **to become a ~** lästig werden; **this wind is a ~** dieser Wind ist eine Plage.
3. (*Jur*) **public ~** öffentliches Ärgernis.

NUJ (*Brit*) *abbr of* **National Union of Journalists** *Journalistengewerkschaft f*.

nuke [nju:k] (*US sl*) **I** *n* **1.** (*power plant*) Kern- *or* Atomkraftwerk *nt*. **2.** (*bomb*) Atombombe *f*. **II** *vt* (*attack*) mit Atomwaffen angreifen; (*destroy*) atomar vernichten.

null [nʌl] *adj* (*Jur*) *act, decree* (null und) nichtig, ungültig. **to render sth ~ and void** etw null und nichtig machen.

nullification [ˌnʌlɪfɪ'keɪʃən] *n* **1.** Annullierung, Aufhebung *f*. **2.** (*US*) unterlassene Amts- *or* Rechtshilfe.

nullify ['nʌlɪfaɪ] *vt* annullieren, für (null und) nichtig erklären.

nullity ['nʌlɪtɪ] *n* (*Jur*) Ungültigkeit, Nichtigkeit *f*.

NUM (*Brit*) *abbr of* **National Union of Mineworkers** *Bergarbeitergewerkschaft f*.

numb [nʌm] **I** *adj* (+*er*) taub, empfindungslos, gefühllos; *feeling* taub; (*emotionally*) benommen, wie betäubt. **~ with grief** starr *or* wie betäubt vor Schmerz.
II *vt* (*cold*) taub *or* gefühllos machen; (*injection, fig*) betäuben. **~ed with fear/grief** starr vor Furcht/Schmerz, vor Furcht erstarrt/wie betäubt vor Schmerz.

number ['nʌmbəʳ] **I** *n* **1.** (*Math*) Zahl *f*; (*numeral*) Ziffer *f*. **the ~ of votes cast** die abgegebenen Stimmen.
2. (*quantity, amount*) Anzahl *f*. **a ~ of problems/applicants** eine (ganze) Anzahl von Problemen/Bewerbern; **large ~s of people/books** eine große Anzahl von Leuten, (sehr) viele Leute/eine ganze Menge Bücher; **on a ~ of occasions** des öfteren; **boys and girls in equal ~s** ebenso viele Jungen wie Mädchen, Jungen und Mädchen zu gleicher Zahl (*geh*); **in a small ~ of cases** in wenigen Fällen; **ten in ~** zehn an der Zahl; **they were few in ~** es waren nur wenige; **to be found in large ~s** zahlreich vorhanden sein, häufig zu finden sein; **in small/large ~s** in kleinen/großen Mengen; **many in ~** zahlreich; **a fair ~ of times** ziemlich oft; **any ~ can play** beliebig viele Spieler können teilnehmen; **I've told you any ~ of times** ich habe es dir zigmal *or* x-mal gesagt (*inf*); **to win by force of ~s** aufgrund zahlenmäßiger Überlegenheit gewinnen; **they have the advantage of ~s** sie sind zahlenmäßig überlegen.
3. (*of house, room, phone*) Nummer *f*; (*of page*) Seitenzahl *f*; (*of car*) (Auto)nummer *f*; (*Mil: of soldier*) Kennummer *f*. **at ~ 4** (in) Nummer 4; **N~ Ten (Downing Street)** Nummer zehn (Downing Street); **I've got the wrong ~** ich habe mich verwählt; **it was a wrong ~** ich/er war falsch verbunden; **the ~ one pop star/footballer** (*inf*) der Popstar/Fußballer Nummer eins (*inf*); **to take care of** *or* **look after ~ one** (*inf*) (vor allem) an sich (*acc*) selbst denken; **he's my ~ two** (*inf*) er ist mein Vize (*inf*) *or* Stellvertreter *m*; **I'm (the) ~ two in the department** ich bin die Nummer zwei in der Abteilung; **his ~'s up** (*inf*) er ist dran (*inf*); **to do ~ one/two** (*baby-talk*) klein/groß machen (*baby-talk*); **to get sb's ~** (*US inf*) jdn einschätzen *or* einordnen *or* durchschauen; **to do sth by (the *US*) ~s** etw nach Schema F (*esp pej*) *or* rein mechanisch erledigen.
4. (*song, act*) Nummer *f*; (*issue of magazine also*) Ausgabe *f*, Heft *nt*; (*dress*) Kreation *f*. **the June ~** das Juniheft, die Juniausgabe *or* -nummer; **she's a nice little ~** das ist eine tolle Mieze (*inf*).
5. (*Gram*) Numerus *m*.
6. (*Eccl*) **The Book of N~s** das Vierte Buch Mose, Numeri *pl*.
7. (*company*) **one of their/our ~** eine(r) aus ihren/unseren Reihen.
8. ~s *pl* (*arithmetic*) Rechnen *nt*.
II *vt* **1.** (*give a number to*) numerieren. **~ed account** Nummernkonto *nt*.
2. (*include*) zählen (*among* zu).
3. (*amount to*) zählen. **the group ~ed 50** es waren 50 (Leute in der Gruppe); **the library ~s 30,000 volumes** die Bibliothek hat 30.000 Bände.
4. (*count*) zählen. **to be ~ed** (*limited*) begrenzt sein; **his days are ~ed** seine Tage sind gezählt.
III *vi* (*Mil: also* **~ off**) abzählen.

number cruncher ['nʌmbə'krʌntʃəʳ] *n* (*Comput*) Number Cruncher, Supercomputer *m*.

number crunching ['nʌmbə'krʌn*t*ʃɪŋ] *n* (*Comput*) Number Crunching *nt*.

numbering ['nʌmbərɪŋ] *n* (*of houses*) Numerierung *f*. **~ machine** Nummernstempel *m*; **~ system** Numeriersystem *nt*.

numberless *adj* zahllos, unzählig; **number-plate** *n* (*Brit*) Nummernschild, Kennzeichen *nt*; **numbers lock** *n* (*Comput*) Zahlenverriegelung *f*.

numbness ['nʌmnɪs] *n* (*of limbs*) Taubheit, Starre *f*; (*fig: of mind, senses*) Benommenheit, Betäubung *f*.

num(b)skull ['nʌmskʌl] *n* (*inf*) Holzkopf *m* (*inf*).

numeracy ['nju:mərəsɪ] *n* Rechnen *nt*.

numeral ['nju:mərəl] *n* Ziffer *f*.

numerate ['nju:mərɪt] *adj* rechenkundig. **to be (very) ~** (gut) rechnen können.

numeration [ˌnju:mə'reɪʃən] *n* Numerierung *f*.

numerator ['nju:məreɪtəʳ] *n* (*Math*) Zähler, Dividend *m*.

numeric [nju:'merɪk] *adj* **~ keypad** Zehnertastatur *f*, numerisches Tastenfeld.

numerical [nju:'merɪkəl] *adj equation, order* numerisch; *symbols, value* Zahlen-; *superiority* zahlenmäßig.

numerically [nju:'merɪkəlɪ] *adv* zahlenmäßig.

numerous ['nju:mərəs] *adj* zahlreich; *family* kinderreich.

numismatics [ˌnju:mɪz'mætɪks] *n sing* Münzkunde, Numismatik *f*.

numismatist [nju:'mɪzmətɪst] *n* Numismatiker(in *f*) *m*.

numskull *n see* **num(b)skull.**

nun [nʌn] *n* Nonne *f*.

nuncio ['nʌnʃɪəʊ] *n* (*Papal* ~) Nuntius *m*.

nunnery ['nʌnərɪ] *n* (*old*) (Nonnen)-kloster *nt*.

NUPE ['nju:pɪ] (*Brit*) *abbr of* **National Union of Public Employees** *Gewerkschaft f der Angestellten im öffentlichen Dienst*.

nuptial ['nʌpʃəl] **I** *adj bliss* ehelich, Ehe-; *feast, celebration* Hochzeits-; *vow* Ehe-. **II** *n* **the** ~**s** *pl* (*hum, liter*) die Hochzeit *f*.

NUR (*Brit*) *abbr of* **National Union of Railwaymen** *Eisenbahnergewerkschaft f*.

nurd *n* (*US sl*) *see* **nerd**.

Nuremberg ['njʊərəmˌbɜ:g] *n* Nürnberg *nt*.

nurse [nɜ:s] **I** *n* Schwester *f*; (*as professional title*) Krankenschwester *f*; (*nanny*) Kindermädchen *nt*, Kinderfrau *f*; (*wet-*~) Amme *f*. **male** ~ Krankenpfleger *m*.

II *vt* **1.** pflegen; *plant also, (fig) plan* hegen; *hope, wrath* hegen, nähren (*geh*); *fire* bewachen; (*treat carefully*) schonen; *business* sorgsam verwalten. **to** ~ **sb back to health** jdn gesundpflegen; **to** ~ **sb through an illness** jdn während *or* in einer Krankheit pflegen; **to** ~ **a cold** an einer Erkältung herumlaborieren (*inf*); **to** ~ **the economy** die Wirtschaft hegen und pflegen.

2. (*suckle*) *child* stillen; (*cradle*) (in den Armen) wiegen.

nursemaid ['nɜ:smeɪd] *n* (*nanny, hum: servant*) Kindermädchen *nt*.

nursery ['nɜ:sərɪ] *n* **1.** (*room*) Kinderzimmer *nt*; (*in hospital*) Säuglingssaal *m*. **2.** (*institution*) Kindergarten *m*; (*all-day*) Kindertagesstätte *f*, Hort *m*. **3.** (*Agr, Hort*) (*for plants*) Gärtnerei *f*; (*for trees*) Baumschule *f*; (*fig*) Zuchtstätte *f*.

nurseryman *n* Gärtner *m*; **nursery nurse** *n* Kindermädchen *nt*, Kindergärtnerin *f*; **nursery rhyme** *n* Kinderreim *m*; **nursery school** *n* Kindergarten *m*; **nursery school teacher** *n* Kindergärtner(in *f*) *m*; (*higher qualified*) Erzieher(in *f*) *m*; **nursery slope** *n* (*Ski*) Idiotenhügel (*hum*), Anfängerhügel *m*; **nursery woman** *n* Gärtnerin *f*.

nursing ['nɜ:sɪŋ] **I** *n* **1.** (*care of invalids*) Pflege *f*, Pflegen *nt*.

2. (*profession*) Krankenpflege *f*.

3. (*feeding*) Stillen *nt*.

II *adj attr staff* Pflege-; *abilities* pflegerisch. **the** ~ **profession** die Krankenpflege; (*nurses collectively*) die pflegerischen Berufe.

nursing auxiliary *n* Schwesternhelferin *f*; **nursing bottle** *n* (*US*) Flasche *f*, Fläschchen *nt*; **nursing care** *n* Pflege *f*; **nursing home** *n* Privatklinik *f*; (*Brit: maternity hospital*) Entbindungsklinik *f*; (*convalescent home*) Pflegeheim *nt*; **nursing mother** *n* stillende Mutter; **nursing officer** *n* (*Brit*) Oberpfleger *m*, Oberschwester *f*.

nurture ['nɜ:tʃə^r] **I** *n* (*nourishing*) Hegen *nt*; (*upbringing*) Erziehung, Bildung *f*. **II** *vt* **1.** (*lit, fig*) **to** ~ **sb on sth** jdn mit etw aufziehen. **2.** (*fig: train*) hegen und pflegen.

NUS (*Brit*) *abbr of* **National Union of Students** *Studentengewerkschaft f*; **National Union of Seamen** *Seeleutegewerkschaft f*.

NUT (*Brit*) *abbr of* **National Union of Teachers.**

nut [nʌt] *n* **1.** (*Bot*) Nuß *f*; (*of coal*) kleines Stück. **a packet of** ~**s and raisins** eine Tüte Studentenfutter; **a hard** ~ **to crack** (*fig*) eine harte Nuß.

2. (*inf: head*) Nuß (*inf*), Birne (*inf*) *f*. **use your** ~**!** streng deinen Grips an! (*inf*); **to be off one's** ~ nicht ganz bei Trost sein (*inf*), spinnen (*inf*); **to go off one's** ~ durchdrehen (*inf*); *see also* **nuts.**

3. (*inf: person*) Spinner(in *f*) *m* (*inf*). **he's a tough** ~ (*inf*) er ist ein harter *or* zäher Brocken (*inf*).

4. (*Mech*) (Schrauben)mutter *f*; **the** ~**s and bolts of a theory** die Grundbestandteile einer Theorie.

5. ~**s** *pl* (*US sl: testicles*) Eier *pl* (*sl*).

nut-brown *adj* nußbraun; **nut-case** *n* (*inf*) Spinner(in *f*) *m* (*inf*); **nutcracker(s** *pl***)** *n* Nußknacker *m*; **nuthatch** *n* Kleiber *m*; **nut-house** *n* (*inf*) (*lit, fig*) Irrenhaus *nt* (*inf*); (*lit also*) Klapsmühle *f* (*inf*); **nutmeg** *n* (*spice*) Muskat(nuß *f*) *m*; (*also* ~ **tree**) Muskatnußbaum *m*.

nutrient ['nju:trɪənt] **I** *adj substance* nahrhaft; *properties* Nähr-. **II** *n* Nährstoff *m*.

nutriment ['nju:trɪmənt] *n* (*form*) Nahrung *f*.

nutrition [nju:'trɪʃən] *n* (*diet, science*) Ernährung *f*.

nutritional [nju:'trɪʃənl] *adj value, content* Nähr-. ~ **contents/information** Nährwertangaben *pl*.

nutritionist [nju:'trɪʃənɪst] *n* Ernährungswissenschaftler(in *f*) *m*.

nutritious [nju:'trɪʃəs] *adj* nahrhaft.

nutritiousness [nju:'trɪʃəsnɪs] *n* Nahrhaftigkeit *f*.

nutritive ['nju:trɪtɪv] *adj* nahrhaft.

nuts [nʌts] *adj pred* (*inf*) **to be** ~ spinnen (*inf*); **to go** ~ durchdrehen (*inf*), anfangen zu spinnen (*inf*); **to be** ~ **about sb/sth** ganz verrückt nach jdm/auf etw (*acc*) sein (*inf*); ~**!** (*US*) Quatsch! (*inf*); (*in annoyance*) Mist (*inf*)!; ~ **to him!** (*US*) er kann mich mal (gern haben)! (*inf*).

nutshell ['nʌtʃel] *n* Nußschale *f*. **in a** ~ (*fig*) kurz gesagt, mit einem Wort.

nutter ['nʌtə^r] *n* (*Brit sl*) Spinner(in *f*) *m* (*inf*); (*dangerous*) Verrückte(r) *mf*.

nutty ['nʌtɪ] *adj* (+*er*) **1.** *flavour* Nuß-; *cake also* mit Nüssen. **2.** (*inf: crazy*) bekloppt (*inf*). **to be** ~ **about sb/sth** ganz verrückt nach jdm/auf etw (*acc*) sein (*inf*).

nuzzle ['nʌzl] **I** *vt* (*pig*) aufwühlen; (*dog*) beschnüffeln, beschnuppern.
II *vi* **to ~ (up) against sb, to ~ up to sb** (*person, animal*) sich an jdn schmiegen *or* drücken.

NW *abbr of* **north-west** NW.

nylon ['naɪlɒn] **I** *n* **1.** (*Tex*) Nylon *nt*. **2.** **~s** *pl* Nylonstrümpfe *pl*.
II *adj* Nylon-. **~ material** Nylon *nt*.

nymph [nɪmf] *n* **1.** (*Myth*) Nymphe *f*. **2.** (*Zool*) Nymphe *f*.

nympho ['nɪmfəʊ] *n* (*inf*) Nymphomanin *f*.

nymphomania [ˌnɪmfəʊ'meɪnɪə] *n* Nymphomanie *f*.

nymphomaniac [ˌnɪmfəʊ'meɪnɪæk] *n* Nymphomanin *f*.

NZ *abbr of* **New Zealand.**

O

O, o [əʊ] *n* **1.** O, o *nt.* **2.** [(*Brit*) əʊ, (*US*) 'zɪərəʊ] (*Telec*) Null *f.*

O *interj* **1.** (*Poet*) o. ~ **my people** o du mein Volk!

2. (*expressing feeling*) oh, ach. ~ **for a bit of fresh air!** ach, wenn es doch nur ein bißchen frische Luft gäbe!; *see also* **oh.**

o' [ə] *prep abbr of* **of.**

oaf [əʊf] *n, pl* **-s** *or* **oaves** Flegel, Lümmel *m.* **you clumsy ~!** du altes Trampel! (*inf*).

oafish ['əʊfɪʃ] *adj* flegelhaft, lümmelhaft; (*clumsy*) tölpelhaft.

oak [əʊk] *n* Eiche *f*; (*wood also*) Eichenholz *nt.* **he has a heart of ~** er hat ein unerschütterliches Gemüt.

oak *in cpds* Eichen-; **oak apple** *n* Gallapfel *m.*

oaken ['əʊkən] *adj* (*liter*) Eichen-, eichen.

oakum ['əʊkəm] *n* Werg *nt.*

OAP (*Brit*) *abbr of* **old-age pensioner.**

OAPEC [əʊ'eɪpek] *abbr of* **Organization of Arab Petroleum Exporting Countries**.

oar [ɔːʳ] *n* **1.** Ruder *nt,* Riemen *m* (*spec*). **to pull at the ~s** sich in die Riemen legen; **to be** *or* **pull a good ~** ein guter Ruderer/eine gute Ruderin sein; **he always has to put his ~ in** (*fig inf*) er muß (aber auch) immer mitmischen (*inf*); **to rest on one's ~s** (*fig*) langsamer treten (*inf*).

2. (*person*) Ruderer *m*, Ruderin *f.*

oarlock *n* (*US*) (Ruder)dolle *f*; **oarsman** *n* Ruderer *m*; **oarsmanship** *n* Rudertechnik *or* -kunst *f*; **oarswoman** *n* Ruderin *f.*

OAS *abbr of* **Organization of American States** OAS *f.*

oasis [əʊ'eɪsɪs] *n, pl* **oases** [əʊ'eɪsiːz] (*lit, fig*) Oase *f.*

oast [əʊst] *n* Darre *f*, Trockenboden *m.* **~-house** Trockenschuppen *m or* -haus *nt.*

oat [əʊt] *n usu pl* Hafer *m.* **~s** *pl* (*Cook*) Haferflocken *pl*; **to sow one's wild ~s** (*fig*) sich (*dat*) die Hörner abstoßen; **to be off one's ~s** (*hum sl*) keinen Appetit haben; **he hasn't had his ~s for some time** (*hum sl*) der hat schon lange keine mehr vernascht (*hum sl*).

oatcake ['əʊtkeɪk] *n* Haferkeks *m.*

oath [əʊθ] *n* **1.** Schwur *m*; (*Jur*) Eid *m.* **to take** *or* **make** *or* **swear an ~** schwören; (*Jur*) einen Eid ablegen *or* leisten; **to be under ~** (*Jur*) unter Eid stehen; **to break one's ~** seinen Schwur brechen; **to put sb on ~** (*Jur*) jdn vereidigen; **to take the ~** (*Jur*) vereidigt werden; **he refused to take the ~** (*Jur*) er verweigerte den Eid.

2. (*curse, profanity*) Fluch *m.*

oatmeal ['əʊtmiːl] **I** *n, no pl* Haferschrot *m*, Hafermehl *nt.* **II** *adj colour, dress* hellbeige.

OAU *abbr of* **Organization of African Unity** OAU *f.*

oaves [əʊvz] *pl of* **oaf.**

obduracy ['ɒbdjʊrəsɪ] *n see adj* Hartnäckigkeit *f*; Verstocktheit, Halsstarrigkeit *f*; Unnachgiebigkeit *f.*

obdurate ['ɒbdjʊrɪt] *adj* (*stubborn*) hartnäckig; *sinner* verstockt, halsstarrig; (*hardhearted*) unnachgiebig, unerbittlich.

obedience [ə'biːdɪəns] *n, no pl* Gehorsam *m.* **in ~ to the law** dem Gesetz entsprechend; **to teach sb ~** jdn gehorchen lehren.

obedient [ə'biːdɪənt] *adj* gehorsam; *child, dog also* folgsam. **to be ~** gehorchen (*to dat*); (*child, dog also*) folgen (*to dat*); (*steering, controls, car also*) reagieren, ansprechen (*to* auf +*acc*).

obediently [ə'biːdɪəntlɪ] *adv see adj.*

obeisance [əʊ'beɪsəns] *n* (*form: homage, respect*) Ehrerbietung, Reverenz (*geh*), Huldigung (*liter*) *f.* **to do** *or* **make** *or* **pay ~ (to sb)** (jdm) seine Huldigung darbringen, jdm huldigen.

obelisk ['ɒbɪlɪsk] *n* **1.** (*Archit*) Obelisk *m.* **2.** (*Typ*) Kreuz *nt.*

obese [əʊ'biːs] *adj* fettleibig (*form, Med*), feist (*pej*).

obeseness [əʊ'biːsnɪs], **obesity** [əʊ'biːsɪtɪ] *n* Fettleibigkeit (*form, Med*), Feistheit (*pej*) *f.*

obey [ə'beɪ] **I** *vt* gehorchen (+*dat*); *conscience also,* (*child, dog also*) folgen (+*dat*); *law, rules* sich halten an (+*acc*), befolgen; *order* befolgen; (*Jur*) *summons* nachkommen (+*dat*), Folge leisten (+*dat*); (*machine, vehicle*) *controls* reagieren *or* ansprechen auf (+*acc*); *driver* gehorchen (+*dat*). **to ~ sb implicitly** jdm absoluten Gehorsam leisten; **I like to be ~ed** ich bin (es) gewohnt, daß man meine Anordnungen befolgt.

II *vi* gehorchen; (*child, dog also*) folgen; (*machine, vehicle also*) reagieren. **the troops refused to ~** die Truppen verweigerten den Gehorsam.

obituary [ə'bɪtjʊərɪ] *n* Nachruf *m.* **~ notice** Todesanzeige *f*; **~ column** Sterberegister *nt.*

object[1] ['ɒbdʒɪkt] *n* **1.** (*thing*) Gegenstand *m*, Ding *nt*; (*Philos, abstract etc*) Objekt, Ding *nt.* **she became an ~ of pity** mit ihr mußte man Mitleid haben; **he was an ~ of scorn** er war die Zielscheibe der Verachtung; **the cat is the sole ~ of her love** ihre ganze Liebe gilt ihrer Katze.

2. (*aim*) Ziel *nt*, Absicht *f*, Zweck *m.* **with the sole ~ (of doing)** mit dem einzigen Ziel *or* nur in der Absicht(, zu ...); **he has no ~ in life** er hat kein Ziel im Leben *or* kein Lebensziel; **what's the ~ (of**

staying here)? wozu *or* zu welchem Zweck (bleiben wir hier)?; **the ~ of the exercise** der Zweck *or* (*fig also*) Sinn der Übung; **to defeat one's own ~** sich (*dat*) selber schaden, sich (*dat*) ins eigene Fleisch schneiden (*inf*); **that defeats the ~** das macht es sinnlos, das verfehlt seinen Sinn *or* Zweck.

3. (*obstacle*) Hinderungsgrund *m*. **money/distance (is) no ~** Geld/ Entfernung spielt keine Rolle *or* (ist) nebensächlich.

4. (*Gram*) Objekt *nt*. **direct/indirect ~** direktes/indirektes Objekt, Akkusativ-/ Dativobjekt.

5. (*inf: odd thing*) Ding, Dings (*inf*) *nt*; (*odd person*) Subjekt *nt*, Vogel *m* (*inf*).

object[2] [əb'dʒekt] **I** *vi* dagegen sein; (*make objection, protest*) protestieren; (*be against: in discussion*) Einwände haben (*to* gegen); (*raise objection*) Einwände erheben; (*disapprove*) Anstoß nehmen (*to* an +*dat*), sich stören (*to* an +*dat*). **to ~ to sth** (*disapprove*) etw ablehnen *or* mißbilligen; **I don't ~ to that** ich habe nichts dagegen (einzuwenden); **if you don't ~** wenn es (Ihnen) recht ist, wenn Sie nichts dagegen haben; **do you ~ to my smoking?** stört es (Sie), wenn ich rauche?, haben Sie etwas dagegen, wenn ich rauche?; **he ~s to my drinking** er nimmt daran Anstoß *or* er hat etwas dagegen, daß ich trinke; **I ~ to your tone/to people smoking in my living room** ich verbitte mir diesen Ton/ ich verbitte mir, daß in meinem Wohnzimmer geraucht wird; **I ~ most strongly to what he says/to his argument** ich protestiere energisch gegen seine Behauptung/ich lehne seine Argumentation energisch ab; **I ~ to him bossing me around** ich wehre mich dagegen, daß er mich (so) herumkommandiert; **she ~s to all that noise** sie stört sich an dem vielen Lärm; **I ~!** ich protestiere!, ich erhebe Einspruch (*form*); **to ~ to a witness** (*Jur*) einen Zeugen ablehnen.

II *vt* einwenden.

object clause *n* Objektsatz *m*.

objection [əb'dʒekʃən] *n* **1.** (*reason against*) Einwand *m* (*to* gegen). **to make or raise an ~** einen Einwand machen *or* erheben (*geh*); **I have no ~ to his going away** ich habe nichts dagegen (einzuwenden), daß er weggeht; **what are your ~s to it/him?** was haben Sie dagegen/ gegen ihn (einzuwenden)?, welche Einwände haben Sie dagegen/gegen ihn?; **~!** (*Jur*) Einspruch!

2. (*dislike*) Abneigung *f*; (*disapproval*) Einspruch, Widerspruch *m*. **I have a strong ~ to dogs** ich habe eine starke Abneigung gegen Hunde; **I have no ~ to him** (*as a person*) ich habe nichts gegen ihn.

objectionable [əb'dʒekʃənəbl] *adj* störend; *conduct* anstößig, nicht einwandfrei; *remark, language* anstößig, unanständig; *smell* unangenehm, übel. **he's a most ~ person** er ist unausstehlich *or* ekelhaft; **he became ~** er wurde unangenehm.

objectionably [əb'dʒekʃənəblɪ] *adv* unangenehm.

objective [əb'dʒektɪv] **I** *adj* **1.** (*impartial*) *person, article* objektiv, sachlich. **2.** (*real*) objektiv. **~ fact** Tatsache *f*.

II *n* **1.** (*aim*) Ziel *nt*; (*esp Comm*) Zielvorstellung *f*; (*Mil*) Angriffsziel *nt*. **in establishing our ~s** bei unserer Zielsetzung.

2. (*Opt, Phot*) Objektiv *nt*.

objectively [əb'dʒektɪvlɪ] *adv* **1.** (*unemotionally*) objektiv, sachlich. **2.** (*in real life*) tatsächlich, wirklich.

objectivism [əb'dʒektɪvɪzəm] *n* Objektivismus *m*.

objectivity [ˌɒbdʒek'tɪvɪtɪ] *n* Objektivität *f*.

object lesson *n* **1.** (*fig*) Paradebeispiel, Musterbeispiel *nt* (*in, on* für, *gen*). **2.** (*Sch*) Anschauungsunterricht *m*.

objector [əb'dʒektə^r] *n* Gegner(in *f*) *m* (*to gen*).

objet d'art ['ɒbʒeɪ'dɑː] *n* Kunstgegenstand *m*.

oblate[1] ['ɒbleɪt] *adj* (*Math*) abgeplattet.

oblate[2] *n* (*Eccl*) Oblate *m*.

oblation [əʊ'bleɪʃən] *n* (*Eccl*) Opfergabe *f*, Opfer *nt*.

obligate ['ɒblɪgeɪt] *vt* verpflichten (*sb to do sth* jdn, etw zu tun).

obligation [ˌɒblɪ'geɪʃən] *n* Verpflichtung, Pflicht *f*. **to be under an ~ to do sth** verpflichtet sein *or* die Pflicht haben, etw zu tun; **to be under an ~ to sb** jdm verpflichtet sein; **without ~** (*Comm*) unverbindlich, ohne Obligo (*form*); **with no ~ to buy** ohne Kaufzwang.

obligatory [ɒ'blɪgətərɪ] *adj* obligatorisch; *rule* verbindlich; *subject* Pflicht-. **biology is ~** Biologie ist Pflicht; **attendance is ~** es besteht Anwesenheitspflicht; **it's ~ to pay taxes** jeder ist steuerpflichtig; **to make it ~ to do sth/for sb to do sth** vorschreiben, daß etw getan wird/daß jd etw tut; **identity cards were made ~** Personalausweise wurden Vorschrift; **with the ~ piper** mit dem obligaten Dudelsackpfeifer.

oblige [ə'blaɪdʒ] **I** *vt* **1.** (*compel*) zwingen; (*because of duty*) verpflichten (*sb to do sth* jdn, etw zu tun); (*Jur*) vorschreiben (*sb to do sth* jdm, etw zu tun). **to feel ~d to do sth** sich verpflichtet fühlen, etw zu tun; **I was ~d to go** ich sah mich gezwungen zu gehen; **you are not ~d to do it** Sie sind nicht dazu verpflichtet; **you are not ~d to answer this question** Sie brauchen diese Frage nicht zu beantworten.

2. (*do a favour to*) einen Gefallen tun (+*dat*), gefällig sein (+*dat*). **could you ~ me with a light?** wären Sie so gut, mir Feuer zu geben?; **please ~ me by opening a window** würden Sie mir bitte den Gefallen tun und ein Fenster öffnen?; **he ~d us with a song** er gab uns ein Lied zum besten; **would you ~ me by not interrupting** hätten Sie die Güte, mich nicht zu unterbrechen; **anything to ~ a friend** was tut man nicht alles für einen Freund!

3. much ~d! herzlichen Dank!; **I am**

much ~d to you for this! ich bin Ihnen dafür sehr verbunden *or* dankbar.

II *vi* **she is always ready to ~** sie ist immer sehr gefällig *or* hilfsbereit; (*hum*) sie ist niemals abgeneigt; **they called for a song, but no-one ~d** sie verlangten nach einem Lied, aber niemand kam der Aufforderung nach; **anything to ~** stets zu Diensten!

obliging [ə'blaɪdʒɪŋ] *adj* entgegenkommend, gefällig; *personality* zuvorkommend.

obligingly [ə'blaɪdʒɪŋlɪ] *adv* entgegenkommenderweise, freundlicherweise, liebenswürdigerweise.

oblique [ə'bli:k] **I** *adj* **1.** *line* schief, schräg, geneigt; *angle* schief; (*Gram*) *case* abhängig. **~ stroke** Schrägstrich *m*.

2. (*fig*) *look* schief, schräg; *course* schräg; *method, style, reply* indirekt; *hint, reference* indirekt, versteckt. **he achieved his goal by rather ~ means** er erreichte sein Ziel auf Umwegen *or* (*dishonestly*) auf krummen Wegen.

II *n* Schrägstrich *m*.

obliquely [ə'bli:klɪ] *adv* **1.** schräg. **2.** (*fig*) indirekt.

obliterate [ə'blɪtəreɪt] *vt* (*erase, abolish*) auslöschen; *past, memory also* tilgen (*geh*); *city also, (inf) opposite team etc* vernichten; (*hide from sight*) *sun, view* verdecken. **the coffee stain has ~d most of the design/text** der Kaffeefleck hat das Muster/den Text fast ganz unkenntlich/unleserlich gemacht.

obliteration [əˌblɪtə'reɪʃən] *n see vt* Auslöschen *nt*; Vernichtung *f*; Verdecken *nt*.

oblivion [ə'blɪvɪən] *n* **1.** Vergessenheit *f*, Vergessen *nt*. **to sink** *or* **fall into ~** in Vergessenheit geraten, der Vergessenheit anheimfallen (*geh*); **to rescue sb/sth from ~** jdn/etw wieder ins Bewußtsein *or* ans Tageslicht bringen; **he drank himself into ~** er trank bis zur Bewußtlosigkeit.

2. (*unawareness*) *see* **obliviousness.**

oblivious [ə'blɪvɪəs] *adj* **to be ~ of sth** sich (*dat*) etw nicht bewußt machen, sich (*dat*) einer Sache (*gen*) nicht bewußt sein; **he was quite ~ of his surroundings** er nahm seine Umgebung gar nicht wahr; **they are ~ of** *or* **to the beauty of their surroundings** sie haben für die Schönheit ihrer Umgebung keinen Sinn; **he was totally ~ of what was going on in his marriage** er (be)merkte gar nicht, was in seiner Ehe vor sich ging; **~ of the traffic lights** ohne die Ampel zu bemerken; **~ of the world** weltvergessen.

obliviously [ə'blɪvɪəslɪ] *adv* **to carry on ~** einfach (unbeirrt) weitermachen.

obliviousness [ə'blɪvɪəsnɪs] *n* **because of his ~ of the danger he was in** weil er sich (*dat*) nicht der Gefahr bewußt war, in der er schwebte; **because of his ~ of what was happening** weil er gar nicht bemerkte, was vorging; **a state of blissful ~ to the world** ein Zustand seliger Weltvergessenheit.

oblong ['ɒblɒŋ] **I** *adj* rechteckig. **II** *n* Rechteck *nt*.

obloquy ['ɒbləkwɪ] *n* (*liter*) **1.** (*blame, abuse*) Schmähung (*liter*), Beschimpfung *f*. **2.** (*disgrace*) Schande, Schmach *f*.

obnoxious [ɒb'nɒkʃəs] *adj* widerlich, widerwärtig; *person also, behaviour* unausstehlich. **an ~ person** ein Ekel *nt* (*inf*); **don't be so ~ to her** sei nicht so gemein *or* fies (*inf*) zu ihr.

obnoxiously [ɒb'nɒkʃəslɪ] *adv see adj.*

obnoxiousness [ɒb'nɒkʃəsnɪs] *n see adj* Widerlichkeit, Widerwärtigkeit *f*; Unausstehlichkeit *f*.

oboe ['əʊbəʊ] *n* Oboe *f*.

oboist ['əʊbəʊɪst] *n* Oboist(in *f*) *m*.

obscene [əb'si:n] *adj* obszön; *word, picture, book also* unzüchtig; *language, joke also* zotig; *gesture, posture, thought also* schamlos, unzüchtig; (*non-sexually, repulsive*) ekelerregend; *prices, demands* unverschämt.

obscenely [əb'si:nlɪ] *adv* obszön; (*repulsively*) ekelerregend.

obscenity [əb'senɪtɪ] *n* Obszönität *f*. **the ~ of these crimes** diese ekelerregenden Verbrechen; **he used an ~** er benutzte *or* gebrauchte einen ordinären Ausdruck.

obscure [əb'skjʊə^r] **I** *adj* (*+er*) **1.** (*hard to understand*) dunkel; *style* unklar, undurchsichtig; *argument* verworren; *book, poet, poem* schwer verständlich.

2. (*indistinct*) *feeling, memory* dunkel, undeutlich, unklar. **for some ~ reason** aus einem unerfindlichen Grund.

3. (*unknown, little known, humble*) obskur; *poet, village also* unbekannt; *beginnings* (*humble*) unbedeutend; (*not known also*) dunkel; *life* wenig beachtenswert. **of ~ birth** von unbekannter Herkunft.

4. (*rare: dark*) düster, finster.

II *vt* **1.** (*hide*) *sun, view* verdecken. **the tree ~d the bay from our view** der Baum nahm uns (*dat*) die Sicht auf die Bucht.

2. (*confuse*) verworren *or* unklar machen; *mind* verwirren.

obscurely [əb'skjʊəlɪ] *adv* **1.** *written, presented, argued, remember* undeutlich, unklar. **2. a movement which began ~ in the depths of Russia** eine Bewegung mit obskuren Anfängen im tiefsten Rußland. **3.** *lit* schwach.

obscurity [əb'skjʊərɪtɪ] *n* **1.** *no pl* (*of a wood, night*) Dunkelheit, Finsternis *f*, Dunkel *nt*.

2. (*of style, ideas, argument*) Unklarheit, Unverständlichkeit, Verworrenheit *f*. **to lapse into ~** verworren *or* unklar werden.

3. *no pl* (*of birth, origins*) Dunkel *nt*. **to live in ~** zurückgezogen leben; **to rise from ~** aus dem Nichts auftauchen; **in spite of the ~ of his origins** trotz seiner unbekannten Herkunft; **to sink into ~** in Vergessenheit geraten.

obsequies ['ɒbsɪkwɪz] *npl* (*form*) Beerdigungsfeier *f*, Leichenbegängnis *nt* (*liter*).

obsequious *adj*, **obsequiously** *adv* [əb'si:kwɪəs, -lɪ] unterwürfig, servil (*geh*) (*to*(*wards*) gegen, gegenüber).

obsequiousness [əb'si:kwɪəsnɪs] *n*

Unterwürfigkeit, Servilität (*geh*) *f*.

observable [əb'zɜːvəbl] *adj* sichtbar, erkennbar. **as is ~ in rabbits** wie bei Kaninchen zu beobachten ist *or* beobachtet wird.

observance [əb'zɜːvəns] *n* **1.** (*of law*) Befolgung, Beachtung *f*, Beachten *nt*.
2. (*Eccl*) (*keeping of rites*) Einhalten *nt*, Einhaltung *f*, Beachten *nt*; (*celebration*) Kirchenfest *nt*; (*in a convent*) (Ordens)regel, Observanz *f*. **~ of the Sabbath** Einhaltung *f* des Sabbats *or* (*non-Jewish*) des Sonntagsgebots; **religious ~s** religiöse *or* (*Christian also*) kirchliche Feste.

observant [əb'zɜːvənt] *adj* **1.** (*watchful*) *person* aufmerksam, wach(sam), achtsam. **if you'd been a little more ~** wenn du etwas besser aufgepaßt hättest.
2. (*strict in obeying rules*) **you should be a little more ~ of the law** Sie sollten sich etwas mehr an das Gesetz halten.

observantly [əb'zɜːvəntlɪ] *adv* aufmerksam. **... which he very ~ spotted** ..., wie er sehr gut bemerkt hat.

observation [ˌɒbzə'veɪʃən] *n* **1.** Beobachtung *f*; (*act also*) Beobachten *nt*. **to keep sb/sth under ~** jdn/etw unter Beobachtung halten; (*by police*) jdn/etw überwachen *or* observieren (*form*); **~ of nature** Naturbeobachtung *f*; **to take an ~** (*Naut*) das Besteck nehmen; **powers of ~** Beobachtungsgabe *f*; **he's in hospital for ~** er ist zur Beobachtung im Krankenhaus; **to escape sb's ~** (von jdm) unbemerkt bleiben, jdm entgehen.
2. (*of rules, Sabbath*) Einhalten *nt*.
3. (*remark*) Bemerkung, Äußerung *f*. **~s on Kant** Betrachtungen über *or* zu Kant.

observational [ˌɒbzə'veɪʃənəl] *adj* empirisch, auf Grund von Beobachtungen gewonnen.

observation car *n* (*US Rail*) Aussichtswagen, Panoramawagen *m*; **observation lounge** *n* Aussichtsrestaurant *nt*; **observation post** *n* Beobachtungsposten *m*; **observation tower** *n* Aussichtsturm *m*; **observation ward** *n* Beobachtungsstation *f*.

observatory [əb'zɜːvətrɪ] *n* Observatorium *nt*, Sternwarte *f*; (*Met*) Observatorium *nt*, Wetterwarte *f*.

observe [əb'zɜːv] **I** *vt* **1.** (*see, notice*) beobachten, bemerken; *difference, change also* wahrnehmen. **did you actually ~ him do it?** haben Sie ihn wirklich dabei beobachtet?
2. (*watch carefully, study*) beobachten; (*by police*) überwachen.
3. (*remark*) bemerken, feststellen, äußern.
4. (*obey*) achten auf (+*acc*); *rule, custom, ceasefire, Sabbath* einhalten; *anniversary etc* begehen, feiern. **to ~ a minute's silence** eine Schweigeminute einlegen; **failure to ~ the law** ein Verstoß gegen das Gesetz.
II *vi* **1.** (*watch*) zusehen; (*act as an observer*) beobachten.
2. (*remark*) bemerken, feststellen (*on* zu, über +*acc*).

observer [əb'zɜːvə^r] *n* (*watcher*) Zuschauer(in *f*) *m*; (*Mil, Aviat, Pol*) Beobachter(in *f*) *m*.

obsess [əb'ses] *vt* **to be ~ed by** *or* **with sb/sth** von jdm/etw besessen sein; **sth ~es sb** jd ist von etw besessen; **his one ~ing thought** der ihn ständig verfolgende Gedanke; **don't become ~ed by it** laß das nicht zum Zwang *or* zur Manie werden.

obsession [əb'seʃən] *n* **1.** (*fixed idea*) fixe Idee, Manie *f*; (*fear*) Zwangsvorstellung, Obsession (*spec*) *f*. **the cat was an ~ with her** die Katze war ihre ganze Leidenschaft; **it's an ~ with him** das ist eine fixe Idee von ihm; (*hobby*) er ist davon besessen.
2. (*state*) Besessenheit (*with* von), Monomanie *f*. **this ~ with order/tidiness/accuracy** dieser Ordnungs-/Aufräumungs-/Genauigkeitswahn *m*; **because of his ~ with her** weil er ihr gänzlich verfallen ist/war.

obsessive [əb'sesɪv] *adj* zwanghaft, obsessiv (*spec*). **to become ~** zum Zwang *or* zur Manie werden; **an ~ thought/memory** ein Gedanke, der/eine Erinnerung, die einen nicht losläßt; **an ~ desire for wealth** eine Sucht nach Reichtum; **he is an ~ reader** er liest wie besessen, er hat die Lesewut (*inf*); **~ neurosis** (*Psych*) Zwangsneurose *f*.

obsessively [əb'sesɪvlɪ] *adv* wie besessen. **she is ~ preoccupied with cleanliness** sie huldigt einem Sauberkeitswahn.

obsolescence [ˌɒbsə'lesns] *n* Veralten *nt*; *see* **planned.**

obsolescent [ˌɒbsə'lesnt] *adj* allmählich außer Gebrauch kommend. **to be ~** anfangen zu veralten; (*machine, process*) technisch (fast) überholt sein.

obsolete ['ɒbsəliːt] *adj* veraltet, überholt. **to become ~** veralten.

obstacle ['ɒbstəkl] *n* (*lit, fig*) Hindernis *nt*. **~ race** (*Sport, fig*) Hindernisrennen *nt*; **to be an ~ to sb/sth** jdm/einer Sache im Weg(e) stehen, jdn/etw (be)hindern; **if they put any ~ in the way of our plans** wenn man uns Steine in den Weg legt *or* unsere Pläne behindert; **all the ~s to progress/peace** *etc* alles, was den Fortschritt/Frieden *etc* behindert.

obstetric(al) [ɒb'stetrɪk(əl)] *adj* (*Med*) *techniques etc* Geburtshilfe-. **~ ward** Entbindungs- *or* Wöchnerinnenstation *f*.

obstetrician [ˌɒbstə'trɪʃən] *n* Geburtshelfer(in *f*) *m*.

obstetrics [ɒb'stetrɪks] *n sing* Geburtshilfe, Obstetrik (*spec*) *f*; (*ward*) Wöchnerinnenstation *f*.

obstinacy ['ɒbstɪnəsɪ] *n* **1.** (*of person*) Hartnäckigkeit *f*, Starrsinn *m*. **his ~ in doing sth** die Hartnäckigkeit, mit der er etw tut. **2.** (*of illness*) Hartnäckigkeit *f*; (*of resistance also*) Verbissenheit *f*.

obstinate ['ɒbstɪnɪt] *adj* **1.** *person* hartnäckig, starrsinnig; *stain* hartnäckig; *nail etc* widerspenstig. **to remain ~** stur bleiben. **2.** *resistance, illness* hartnäckig.

obstinately ['ɒbstɪnɪtlɪ] *adv* hartnäckig, stur.

obstreperous [əb'strepərəs] *adj* aufmüpfig (*inf*); *child* aufsässig. **the drunk became ~** der Betrunkene fing an zu randalieren; **it's not a real complaint, he's just being ~** es ist keine echte Beschwerde, er will nur Schwierigkeiten machen.

obstreperously [əb'strepərəslı] *adv see adj.*

obstruct [əb'strʌkt] **I** *vt* **1.** (*block*) blockieren; *passage, road also, view* versperren; (*Med*) *artery, pipe also* verstopfen.

2. (*hinder*) (be)hindern; *navigation* behindern; *traffic, progress also* aufhalten, hemmen; (*Sport*) behindern; (*in possession of ball*) sperren. **to ~ a bill** (*Parl*) einen Gesetzentwurf blockieren; **to ~ the course of justice** die Rechtsfindung behindern.

II *vi* (*be obstructionist*) obstruieren, Obstruktion treiben; (*Sport*) sperren.

obstruction [əb'strʌkʃən] *n* **1.** *see vt 1.* Blockierung *f*; (*of view*) Versperren *nt*; Verstopfung *f*.

2. *see vt 2.* Behinderung *f*; Hemmung *f*; Sperren *nt*. **to cause an ~** den Verkehr behindern.

3. (*obstacle*) Hindernis, Hemmnis (*esp fig*) *nt*. **there is an ~ in the pipe** das Rohr ist blockiert *or* verstopft.

4. (*Pol*) Obstruktion, Behinderung *f*.

obstructionism [əb'strʌkʃənızəm] *n* Obstruktionspolitik *f*.

obstructionist [əb'strʌkʃənıst] *n* Obstruktionspolitiker(in *f*) *m*.

obstructive [əb'strʌktıv] *adj* obstruktiv (*esp Pol*), behindernd. **~ politician** Obstruktionspolitiker(in *f*) *m*; **to be ~** (*person*) Schwierigkeiten machen, sich querstellen (*inf*); **to be ~ to progress** dem Fortschritt hinderlich sein.

obtain [əb'teın] **I** *vt* erhalten, bekommen; *result, votes also* erzielen; *knowledge* erwerben. **to ~ sth by hard work** etw durch harte Arbeit erreichen; *possession* sich (*dat*) etw mühsam erarbeiten; **can food be ~ed from seawater?** können aus Meer(es)wasser Nahrungsmittel gewonnen werden?; **to ~ sth for sb** jdm etw be- *or* verschaffen.

II *vi* (*form*) gelten; (*rules also*) in Kraft sein; (*customs*) bestehen, herrschen.

obtainable [əb'teınəbl] *adj* erhältlich.

obtrude [əb'tru:d] **I** *vt* **1. to ~ oneself (up)on others** sich anderen aufdrängen; **to ~ one's opinion(s) (up)on sb** jdm seine Meinung aufzwingen.

2. (*push out*) hervorstrecken, hervorschieben.

II *vi* **1.** (*intrude*) sich aufdrängen. **not to ~ upon sb's private grief** jdn nicht in seinem Schmerz belästigen.

2. (*protrude*) (her)vorstehen; (*fig*) hervortreten.

obtrusion [əb'tru:ʒən] *n* **1.** Aufdrängen *nt*. **because of this ~ of himself/his ideas upon others** weil er sich/seine Ideen anderen aufdrängen will. **2.** (*pushing out*) Hervorstrecken *nt*. **3.** (*sticking out*) Herausragen *nt*.

obtrusive [əb'tru:sıv] *adj person* aufdringlich; *smell also* penetrant; *building, furniture* zu auffällig.

obtrusively [əb'tru:sıvlı] *adv see adj.*

obtrusiveness [əb'tru:sıvnıs] *n see adj* Aufdringlichkeit *f*; Penetranz *f*; Auffälligkeit *f*.

obtuse [əb'tju:s] *adj* **1.** (*Geometry*) stumpf. **2.** *person* begriffsstutzig, beschränkt. **are you just being ~?** tust du nur so beschränkt?

obtuseness [əb'tju:snıs] *n* Begriffsstutzigkeit, Beschränktheit *f*.

obverse ['ɒbvɜ:s] **I** *adj side* Vorder-. **II** *n* **1.** (*of coin*) Vorderseite *f*. **2.** (*of statement, truth*) andere Seite, Kehrseite *f*.

obviate ['ɒbvıeıt] *vt* vermeiden, umgehen; *objection, need* vorbeugen (+*dat*).

obvious ['ɒbvıəs] *adj* offensichtlich, deutlich; (*visually also*) augenfällig; (*not subtle*) plump; *proof* klar, eindeutig; *difference, fact* eindeutig, offensichtlich, offenkundig; *statement* naheliegend, selbstverständlich; *reason* (leicht) ersichtlich; *dislike, reluctance, surprise* sichtlich. **an ~ truth** eine offenkundige Tatsache; **because of the ~ truth of what he maintains** da es so eindeutig *or* offensichtlich wahr ist, was er sagt; **that's the ~ translation/solution** das ist die naheliegendste Übersetzung/Lösung; **he was the ~ choice** es lag nahe, ihn zu wählen; **to be ~** auf der Hand liegen; **it was ~ he didn't want to come** er wollte offensichtlich nicht kommen; **it's quite ~ he doesn't understand** man merkt doch (sofort) *or* es ist doch klar, daß er nicht versteht; **there's no need to make it so ~** man braucht das (doch) nicht so deutlich werden zu lassen; **do I have to make it even more ~?** muß ich denn noch deutlicher werden?; **we must not be too ~ about it** wir dürfen es nicht zu auffällig machen; **with the ~ exception of ...** natürlich mit Ausnahme von ...; **even if I am stating the ~** selbst wenn ich hier etwas längst Bekanntes sage; **don't just state the ~, try to be original** sagen/schreiben Sie nicht, was sich von selbst versteht, sondern bemühen Sie sich um Originalität; **what's the ~ thing to do?** was ist das Naheliegendste?, was bietet sich am ehesten an?

obviously ['ɒbvıəslı] *adv* offensichtlich, offenbar; (*noticeably*) (offen)sichtlich. **he's ~ French** er ist eindeutig ein Franzose; **~!** natürlich!, selbstverständlich!; **is he there? — well, ~ not** ist er da? — offensichtlich nicht; **~ he's not going to like it** das wird ihm natürlich nicht gefallen; **he's ~ not going to get the job** er bekommt die Stelle nicht, das ist ja klar (*inf*).

obviousness ['ɒbvıəsnıs] *n* Offensichtlichkeit, Deutlichkeit *f*. **amused by the ~ of his approach** belustigt über die Eindeutigkeit *or* Plumpheit seines Annäherungsversuchs.

OC *n abbr of* **Officer Commanding** (*Mil*) Oberbefehlshaber *m*.

occasion [ə'keıʒən] **I** *n* **1.** (*point in time*) Gelegenheit *f*, Anlaß *m*. **on that ~** damals, bei *or* zu jener Gelegenheit *or* jenem Anlaß (*geh*); **on another ~** ein anderes Mal, bei einer anderen Gelegenheit *etc*; **on several ~s** mehrmals, bei *or* zu mehreren Gelegenheiten *etc*; **(on) the first ~** beim ersten Mal, das erste Mal; **on ~** gelegentlich; (*if need be*) wenn nötig; **to rise to the ~** sich der Lage gewachsen zeigen.

2. (*special time*) Ereignis *nt*. **~s of state** Staatsanlässe *pl*; **on the ~ of his birthday** anläßlich *or* aus Anlaß seines Geburtstages (*geh*); **one's 18th birthday should be something of an ~** ein 18. Geburtstag sollte schon ein besonderes Ereignis sein.

3. (*opportunity*) Gelegenheit, Möglichkeit *f*. **I never had the ~ to congratulate him** es bot sich mir keine *or* nicht die Gelegenheit *or* ich hatte nicht die Möglichkeit, ihm zu gratulieren; **I would like to take this ~ to ...** (*form*) ich möchte diese Gelegenheit ergreifen, um ...

4. (*reason*) Grund, Anlaß *m*, Veranlassung *f*. **should the ~ arise** sollte es nötig sein *or* werden; **to give ~ to sth** (*form*) zu etw Anlaß geben; **if you have ~ to ...** sollten Sie Veranlassung haben, zu ...; **not an ~ for merriment** kein Grund zur Freude.

II *vt* (*form*) verursachen, Anlaß geben zu, zeitigen (*geh*). **to ~ sb to do sth** jdn dazu veranlassen, etw zu tun.

occasional [ə'keɪʒənl] *adj* **1. he likes an** *or* **the ~ cigar** er raucht hin und wieder ganz gerne *or* gelegentlich ganz gern eine Zigarre.

2. (*designed for special event*) *poem, music* zu der Gelegenheit *or* dem Anlaß verfaßt/komponiert. **~ table** Beistelltisch.

occasionally [ə'keɪʒənəlɪ] *adv* gelegentlich, hin und wieder, zuweilen (*geh*). **very ~** sehr selten, nicht sehr oft.

occident ['ɒksɪdənt] *n* (*liter*) Abendland *nt*, Okzident *m* (*geh*). **the O~** (*Pol*) der Westen.

occidental [ˌɒksɪ'dentəl] *adj* (*liter*) abendländisch.

occult [ɒ'kʌlt] **I** *adj* okkult; (*of occultism*) okkultistisch; (*secret*) geheimnisvoll. **II** *n* Okkulte(s) *nt*.

occultism ['ɒkəltɪzəm] *n* Okkultismus *m*.

occultist [ɒ'kʌltɪst] *n* Okkultist(in *f*) *m*.

occupancy ['ɒkjʊpənsɪ] *n* Bewohnen *nt*; (*period*) Wohndauer *f*. **a change of ~** ein Besitzerwechsel *m*; (*of rented property*) ein Mieterwechsel *m*; **levels of hotel ~** Übernachtungsziffern *pl*.

occupant ['ɒkjʊpənt] *n* (*of house*) Bewohner(in *f*) *m*; (*of post*) Inhaber(in *f*) *m*; (*of car*) Insasse *m*, Insassin *f*.

occupation [ˌɒkjʊ'peɪʃən] **I** *n* **1.** (*employment*) Beruf *m*, Tätigkeit *f*. **what is his ~?** was ist er von Beruf?, welche Tätigkeit übt er aus?; **he is a joiner by ~** er ist Tischler von Beruf.

2. (*pastime*) Beschäftigung, Betätigung, Tätigkeit *f*.

3. (*Mil*) Okkupation *f*; (*act also*) Besetzung *f* (*of* von); (*state also*) Besatzung *f* (*of* in +*dat*). **army of ~** Besatzungsarmee *f*.

4. (*of house etc*) Besetzung *f*. **to be in ~ of a house** ein Haus bewohnen; **ready for ~** bezugsfertig, schlüsselfertig; **we found them already in ~** wir sahen, daß sie schon eingezogen waren.

II *adj attr troops* Besatzungs-, Okkupations-.

occupational [ˌɒkjʊ'peɪʃənl] *adj* Berufs-, beruflich. **~ accident** Berufsunfall *m*; **~ disease** Berufskrankheit *f*; **~ hazard** Berufsrisiko *nt*; **~ pension scheme** betriebliche Altersversorgung; **~ risk** *see* **~ hazard**; **~ therapy** Beschäftigungstherapie *f*.

occupier ['ɒkjʊpaɪəʳ] *n* (*of house, land*) Bewohner(in *f*) *m*; (*of post*) Inhaber(in *f*) *m*.

occupy ['ɒkjʊpaɪ] *vt* **1.** *house* bewohnen; *seat, room* belegen, besetzen; *hotel room* belegen. **is this seat occupied?** ist dieser Platz belegt?; **you ~ a special place in my memories** du hast einen besonderen Platz in meinem Herzen (inne).

2. (*Mil etc*) besetzen; *country also* okkupieren.

3. *post, position* innehaben, bekleiden (*geh*).

4. (*take up*) beanspruchen; *space also* einnehmen; *time also* in Anspruch nehmen; (*help pass*) ausfüllen; *attention also* in Anspruch nehmen. **can't you find some better way of ~ing your time?** kannst du mit deiner Zeit nicht etwas Besseres anfangen?

5. (*busy*) beschäftigen. **to be occupied (with)** beschäftigt sein (mit); **to ~ oneself** sich beschäftigen; **to keep sb occupied** jdn beschäftigen; **that'll keep him occupied** dann hat er was zu tun *or* ist er beschäftigt; **he kept his mind occupied** er beschäftigte sich geistig; **a thought which has been ~ing my mind** ein Gedanke, der mich beschäftigt.

occur [ə'kɜːʳ] *vi* **1.** (*take place*) (*event*) geschehen, sich ereignen, vorkommen; (*difficulty*) sich ergeben; (*change*) stattfinden. **should the case ~** sollte der Fall eintreten; **if the opportunity ~s** wenn sich die Gelegenheit bietet *or* ergibt.

2. (*be found: disease*) vorkommen.

3. (*come to mind*) einfallen, in den Sinn kommen (*geh*) (*to sb* jdm). **it ~s to me that ...** ich habe den Eindruck, daß ...; **the idea just ~red to me** es ist mir gerade eingefallen; **it never ~red to me** darauf bin ich noch nie gekommen; **it didn't even ~ to him to ask** er kam erst gar nicht auf den Gedanken, zu fragen; **did it ever ~ to you to apologize?** hast du eigentlich je daran gedacht, dich zu entschuldigen?

occurrence [ə'kʌrəns] *n* **1.** (*event*) Ereignis, Begebenheit *f*. **2.** (*presence, taking place*) Auftreten *nt*; (*of minerals*) Vorkommen *nt*. **further ~s of this nature must be avoided** weitere Vorkommnisse dieser Art müssen vermieden werden.

ocean ['əʊʃən] *n* **1.** Ozean *m*, Meer *nt*. **2. an ~ of flowers** ein Blumenmeer *nt*; **~s of** (*inf*) jede Menge (*inf*), massenhaft.

ocean bed *n* Meeresboden *or* -grund *m*;

ocean climate *n* Meeresklima *nt*, maritimes Klima; **ocean-going** *adj* hochseetauglich; **~ tug** Hochseeschlepper *m*.

Oceania [ˌəʊʃɪ'eɪnɪə] *n* Ozeanien *nt*.

Oceanian [ˌəʊʃɪ'eɪnɪən] **I** *adj* ozeanisch. **II** *n* Ozeanier(in *f*) *m*.

oceanic [ˌəʊʃɪ'ænɪk] *adj* Meeres-; (*fig*) riesenhaft.

ocean liner *n* Ozeandampfer *m*.

oceanographer [ˌəʊʃə'nɒgrəfəʳ] *n* Ozeanograph(in *f*), Meereskundler(in *f*) *m*.

oceanography [ˌəʊʃə'nɒgrəfɪ] *n* Ozeanographie, Meereskunde *f*.

Ocean State *n* **the ~** (*US*) Rhode Island *nt*; **ocean voyage** *n* Schiffsreise, Seereise *f*.

ocelot ['ɒsɪlɒt] *n* Ozelot *m*.

ochre, (*US*) **ocher** ['əʊkəʳ] **I** *n* Ocker *m or nt*. **red ~** roter *or* rotes Ocker; **yellow ~** (*substance*) Ocker *m or nt*; (*colour*) Okker(gelb *nt*) *m or nt*. **II** *adj* ockerfarben.

o'clock [ə'klɒk] *adv* **1. at 5 ~** um 5 Uhr. **2. aircraft approaching at 5 ~** Flugzeug aus Südsüdost.

OCR *abbr of* **optical character reader; optical character recognition. ~ font** OCR-Schrift *f*.

Oct *abbr of* **October** Okt.

octagon ['ɒktəgən] *n* Achteck, Oktogon, Oktagon *nt*.

octagonal [ɒk'tægənl] *adj* achteckig, oktogonal.

octane ['ɒkteɪn] *n* Oktan *nt*. **high-~ petrol** Benzin mit hoher Oktanzahl; **~ number, ~ rating** Oktanzahl *f*.

octave ['ɒktɪv] *n* **1.** (*Mus*) Oktave *f*. **2.** (*of sonnet*) Oktett *nt*.

octet [ɒk'tet] *n* (*Mus, Poet*) Oktett *nt*.

October [ɒk'təʊbəʳ] *n* Oktober *m*. **the ~ Revolution** die Oktoberrevolution; *see also* **September.**

octogenarian [ˌɒktəʊdʒɪ'nɛərɪən] **I** *n* Achtziger(in *f*) *m*, Achtzigjährige(r) *mf*. **II** *adj* achtzigjährig.

octopus ['ɒktəpəs] *n* Tintenfisch *m*, Krake *f*.

ocular ['ɒkjʊləʳ] *adj* (*form*) Augen-.

OD (*sl*) **I** *n* Überdosis *f*. **II** *vi* eine Überdosis nehmen. **to ~ on heroin** eine Überdosis Heroin nehmen.

odd [ɒd] *adj* (*+er*) **1.** (*peculiar*) merkwürdig, seltsam, sonderbar; *person, thing, idea also* eigenartig, absonderlich. **how ~ that we should meet him** (wie) eigenartig *etc*, daß wir ihn trafen; **the ~ thing about it is that ...** das Merkwürdige *etc* daran ist, daß ...

2. *number* ungerade.

3. (*one of a pair or a set*) *shoe, glove* einzeln. **he/she is (the) ~ man** *or* **one out** er/sie ist übrig *or* überzählig *or* das fünfte Rad am Wagen; (*in character*) er/sie steht (immer) abseits *or* ist ein Außenseiter/eine Außenseiterin; **in each group underline the word/picture which is the ~ man** *or* **one out** unterstreichen Sie in jeder Gruppe das nicht dazugehörige Wort/Bild.

4. (*about*) **600 ~ marks** so um die 600 Mark, ungefähr *or* etwa 600 Mark.

5. (*surplus, extra*) übrig, restlich.

6. (*not regular or specific*) *moments, times* zeitweilig; (*Comm*) *size* ausgefallen. **any ~ piece of wood** irgendein Stück(chen) Holz; **at ~ moments** *or* **times** ab und zu; **at ~ moments during the day** zwischendurch; **~ job** (gelegentlich) anfallende Arbeit; **he does all the ~ jobs** er macht alles, was an Arbeit anfällt; **~ job man** *jd der alle anfallenden kleinen Arbeiten verrichtet*.

oddball ['ɒdbɔːl] (*inf*) **I** *n* Spinner *m*; (*more harmless*) komischer Kauz; (*less harmless, weirdo*) Verrückte(r) *mf*. **II** *adj ideas, friends* komisch.

oddbod ['ɒdbɒd] *n* (*inf*) komischer Kauz.

oddity ['ɒdɪtɪ] *n* **1.** (*strangeness: of person*) Wunderlichkeit, Absonderlichkeit, Eigenartigkeit *f*; (*of thing*) Ausgefallenheit *f*. **2.** (*odd person*) komischer Kauz; (*who doesn't fit*) Kuriosität *f*.

oddly ['ɒdlɪ] *adv speak, behave* eigenartig, sonderbar, merkwürdig. **I find her ~ attractive** ich finde sie auf (eine) seltsame Art anziehend; **~ enough she was at home** merkwürdigerweise *or* seltsamerweise war sie zu Hause; **~ enough you are right** Sie werden überrascht sein, aber das stimmt.

oddment ['ɒdmənt] *n usu pl* Restposten *m*; (*of cloth also*) Rest *m*; (*single piece also*) Einzelstück *nt*.

oddness ['ɒdnɪs] *n* Merkwürdigkeit, Seltsamkeit *f*.

odds [ɒdz] *npl* **1.** (*Betting*) Gewinnquote *f*; (*Horseracing also*) Odds *pl* (*spec*); (*of bookmaker also*) (feste) Kurse *pl*. **the ~ are 6 to 1** die Chancen stehen 6 zu 1 (*written*: 6:1); **long/short ~** geringe/hohe Gewinnchancen; **fixed ~** feste Kurse; **to lay** *or* **give ~ of 2 to 1 (against/in favour of sb)** den Kurs mit 2 zu 1 (*written*: 2:1) (gegen/für jdn) angeben; **I'll lay ~ (of 3 to 1) that ...** (*fig*) ich wette (3 gegen 1), daß ...

2. (*chances for or against*) Chance(n *pl*) *f*. **the ~ were against us** alles sprach gegen uns; **the ~ were in our favour** alles sprach für uns; **against all the ~ he won** wider Erwarten *or* entgegen allen Erwartungen gewann er; **what are the ~ on/against ...?** wie sind *or* stehen die Chancen, daß .../daß ... nicht?; **to fight against heavy/overwhelming ~** (*Mil*) gegen eine große/überwältigende gegnerische Übermacht ankämpfen; **to struggle against impossible ~** so gut wie keine Aussicht auf Erfolg haben; **the ~ are that he will come** es sieht ganz so aus, als ob er käme *or* kommen würde.

3. (*inf*) **to pay over the ~** einiges mehr bezahlen.

4. (*difference*) **what's the ~?** was macht das schon (aus)?; **it makes no ~** es spielt keine Rolle; **it makes no ~ to me** es ist mir (völlig) einerlei.

5. (*variance*) **to be at ~ with sb over sth** mit jdm in etw (*dat*) nicht übereinstimmen; **to be at ~ with oneself** mit sich selbst nicht klarkommen.

odds and ends *npl* Krimskrams, Kram *m*; (*of food*) Reste *pl*; (*of cloth*) Reste, Flicken *pl*.

odds and sods *npl* (*hum inf*) Kleinkram

m. **a few ~** (*people*) ein paar Leute.

odds-on ['ɒdzɒn] **I** *adj* **the ~ favourite** der klare Favorit; **he's ~ favourite for the post** er hat die größten Aussichten, die Stelle zu bekommen. **II** *adv* **it's ~ that he'll come** es ist so gut wie sicher, daß er kommt.

ode [əʊd] *n* Ode *f* (*to, on* an +*acc*).

odious ['əʊdɪəs] *adj person* abstoßend, ekelhaft; *action* abscheulich, verabscheuenswürdig. **an ~ person** ein Ekel *nt*; **what an ~ thing to say** wie abscheulich, so etwas zu sagen.

odium ['əʊdɪəm] *n* (*being hated*) Haß *m*; (*repugnance*) Abscheu *m*.

odometer [ɒ'dɒmɪtə^{r}] *n* Kilometerzähler *m*.

odontologist [ˌɒdɒn'tɒlədʒɪst] *n* Odontologe *m*, Odontologin *f*, Facharzt *m*/-ärztin *f* für Zahnheilkunde.

odontology [ˌɒdɒn'tɒlədʒɪ] *n* Odontologie, Zahnheilkunde *f*.

odor *etc* (*US*) *see* **odour** *etc*.

odoriferous [ˌəʊdə'rɪfərəs] *adj* (*form*) wohlriechend, duftend.

odorous ['əʊdərəs] *adj* (*esp poet*) duftend, wohlriechend.

odour, (*US*) **odor** ['əʊdə^{r}] *n* **1.** (*lit, fig*) Geruch *m*; (*sweet smell*) Duft, Wohlgeruch *m*; (*bad smell*) Gestank *m*. **2. to be in good/bad ~ with sb** gut/schlecht bei jdm angeschrieben sein.

odourless, (*US*) **odorless** ['əʊdəlɪs] *adj* geruchlos.

Odyssey ['ɒdɪsɪ] *n* (*Myth, fig*) Odyssee *f*.

OE *abbr of* **Old English**.

OECD *abbr of* **Organization for Economic Cooperation and Development** OECD *f*.

oecumenical [ˌiːkjuː'menɪkəl] *adj see* **ecumenical.**

oedema, (*US*) **edema** [ɪ'diːmə] *n* Ödem *nt*.

Oedipus ['iːdɪpəs] *n* Ödipus *m*. **~ complex** Ödipuskomplex *m*.

o'er ['əʊə^{r}] *prep, adv* (*poet*) *contr of* **over.**

oesophagus, (*US*) **esophagus** [iː'sɒfəgəs] *n* Speiseröhre *f*.

of [ɒv, əv] *prep* **1.** (*indicating possession or relation*) von (+*dat*), *use of gen.* **the wife ~ the doctor** die Frau des Arztes, die Frau vom Arzt; **a friend ~ ours** ein Freund von uns; **a painting ~ the Queen** ein Gemälde der *or* von der Königin; **a painting ~ the Queen's** (*belonging to her*) ein Gemälde (im Besitz) der Königin; (*painted by her*) ein Gemälde (von) der Königin; **~ it** davon; **the first ~ May** der erste Mai; **the first ~ the month** der Erste (des Monats), der Monatserste; **that damn dog ~ theirs** ihr verdammter Hund; **it is very kind ~ you** es ist sehr freundlich von Ihnen.

2. (*indicating separation in space or time*) **south ~ Paris** südlich von Paris; **within a month ~ his death** einen Monat nach seinem Tod; **a quarter ~ six** (*US*) Viertel vor sechs.

3. (*indicating cause*) **he died ~ poison/cancer** er starb an Gift/Krebs; **he died ~ hunger** er verhungerte, er starb Hungers (*geh*); **it tastes ~ garlic** es schmeckt nach Knoblauch; **she is proud ~ him** sie ist stolz auf ihn; **I am ashamed ~ it** ich schäme mich dafür.

4. (*indicating deprivation, riddance*) **he was cured ~ the illness** er wurde von der Krankheit geheilt; **trees bare ~ leaves** Bäume ohne Blätter; **free ~ charge** kostenlos.

5. (*indicating material*) aus. **dress made ~ wool** Wollkleid *nt*, Kleid *nt* aus Wolle.

6. (*indicating quality, identity etc*) **house ~ ten rooms** Haus *nt* mit zehn Zimmern; **man ~ courage** mutiger Mensch, Mensch *m* mit Mut; **girl ~ ten** zehnjähriges Mädchen, Mädchen *nt* von zehn Jahren; **a question ~ no importance** eine Frage ohne Bedeutung; **the city ~ Paris** die Stadt Paris; **person ~ swarthy complexion** dunkelhäutige Person; **where is that rascal ~ a boy?** wo ist dieser verflixte Bengel?; **that idiot ~ a waiter** dieser Idiot von Kellner.

7. (*objective genitive*) **fear ~ God** Gottesfurcht *f*; **his love ~ his father** die Liebe zu seinem Vater; **he is a leader ~ men** er hat die Fähigkeit, Menschen zu führen; **writer ~ legal articles** Verfasser von juristischen Artikeln; **love ~ money** Liebe zum Geld.

8. (*subjective genitive*) **love ~ God for man** Liebe Gottes zu den Menschen.

9. (*partitive genitive*) **the whole ~ the house** das ganze Haus; **half ~ the house** das halbe Haus; **how many ~ them do you want?** wie viele möchten Sie (davon)?; **there were six ~ us** wir waren zu sechst, wir waren sechs; **he is not one ~ us** er gehört nicht zu uns; **one ~ the best** einer der Besten; **he asked the six ~ us to lunch** er lud uns sechs zum Mittagessen ein; **~ the ten only one was absent** von den zehn fehlte nur einer; **today ~ all days** ausgerechnet heute; **you ~ all people ought to know** gerade Sie sollten das wissen; **they are the best ~ friends** sie sind die besten Freunde; **the best ~ teachers** der (aller)beste Lehrer; **the bravest ~ the brave** der Mutigste der Mutigen.

10. (*concerning*) **what do you think ~ him?** was halten Sie von ihm?; **what has become ~ him?** was ist aus ihm geworden?; **he warned us ~ the danger** er warnte uns vor der Gefahr; **doctor ~ medicine** Doktor der Medizin; **what ~ it?** ja und?

11. (*in temporal phrases*) **he's become very quiet ~ late** er ist letzlich *or* seit neuestem so ruhig geworden; **they go out ~ an evening** (*inf*) sie gehen abends (schon mal) aus (*inf*).

off [ɒf] **I** *adv* **1.** (*distance*) **the house is 5 km ~** das Haus ist 5 km entfernt; **some way ~ (from here)** in einiger Entfernung (von hier); **it's a long way ~** das ist weit weg; (*time*) das liegt in weiter Ferne; **August isn't/the exams aren't very far ~** es ist nicht mehr lang bis August/bis zu den Prüfungen; **Christmas is only a week ~** es ist nur noch eine Woche bis Weihnachten; **noises ~** (*Theat*) Geräusche *pl* hinter den Kulissen.

2. (*departure*) **to be/go ~** gehen; **he's ~ to school** er ist zur Schule gegangen; **(be) ~ with you!** mach, daß du wegkommst!; **I must be ~** ich muß (jetzt) gehen *or* weg (*inf*); **it's time I was ~** es wird *or* ist (höchste) Zeit, daß ich gehe; **where are you ~ to?** wohin gehen Sie denn?, wohin geht's denn (*inf*)?; **~ we go!** los!, auf los geht's los!, na denn man los! (*inf*); **he's ~ playing tennis** *or* **he goes ~ playing tennis every evening** er geht jeden Abend Tennis spielen; **they're ~** (*Sport*) sie sind vom Start; **she's ~** (*inf: complaining*) sie legt schon wieder los (*inf*); *see vbs*.

3. (*removal*) **he had his coat ~** er hatte den Mantel aus; **he helped me ~ with my coat** er half mir aus dem Mantel; **with his trousers ~** ohne Hose; **~ with those wet clothes!** raus aus den nassen Kleidern!; **the handle is ~** *or* **has come ~** der Griff ist abgegangen; **there are two buttons ~** es fehlen zwei Knöpfe; **~ with his head!** Kopf ab!; **he had the back of the TV ~** er hatte die Rückwand des Fernsehers abgenommen; **the lid is ~** der Deckel ist nicht drauf.

4. (*discount*) **3% ~** (*Comm*) 3% Nachlaß *or* Abzug; **3% ~ for cash** (*Comm*) 3% Skonto, bei Barzahlung 3%; **to give sb £5/something ~** jdm £ 5 Ermäßigung/eine Ermäßigung geben; **he let me have £5 ~** er gab es mir (um) £ 5 billiger.

5. (*not at work*) **to have time ~ to do sth** (Zeit) freibekommen haben, um etw zu tun; **I've got a day ~** ich habe einen Tag frei; **she's nearly always ~ on Tuesdays** dienstags hat sie fast immer frei; **to be ~ sick** wegen Krankheit fehlen.

6. (*in phrases*) **~ and on, on and ~** ab und zu, ab und an; **it rained ~ and on** es regnete mit Unterbrechungen; **right** *or* **straight ~** gleich; **3 days straight ~** 3 Tage hintereinander.

II *adj* **1.** *attr* (*substandard*) *year, day etc* schlecht. **I'm having an ~ day today** ich bin heute nicht in Form.

2. *pred* (*not fresh*) verdorben, schlecht; *milk also* sauer; *butter also* ranzig.

3. *pred* (*cancelled*) *match, party, talks* abgesagt; (*not available: in restaurant*) aus. **the bet/agreement is ~** die Wette/Abmachung gilt nicht (mehr); **their engagement is ~** ihre Verlobung ist gelöst.

4. *TV, light, machine* aus(geschaltet); *tap* zu(gedreht). **the gas/electricity was ~** das Gas/der Strom war abgeschaltet; **the handbrake was ~** die Handbremse war gelöst.

5. they are badly *or* **poorly/well** *or* **comfortably ~** sie sind nicht gut/(ganz) gut gestellt, sie stehen sich schlecht/(ganz) gut; **I am badly ~ for money/time** mit Geld/Zeit sieht es bei mir nicht gut aus; **how are we ~ for time?** wie sieht es mit der Zeit aus?, wieviel Zeit haben wir noch?; **he is better/worse ~ staying in England** er steht sich in England besser/schlechter.

6. *pred* (*wide of the truth*) **he was quite badly ~ in his calculations** er hatte sich in seinen Berechnungen ziemlich *or* schwer (*inf*) vertan; **the high notes were a bit ~** die hohen Töne waren etwas schief (*inf*) *or* unsauber.

7. *pred* (*inf*) **that's a bit ~!** das ist ein dicker Hund! (*inf*); **his behaviour was rather ~** er hat sich ziemlich danebenbenommen; **she's been a bit ~ with me all week** sie hat sich die ganze Woche mir gegenüber etwas komish verhalten; (*has been angry*) sie war die ganze Woche über etwas sauer auf mich (*inf*).

III *prep* **1.** (*indicating motion, removal etc*) von (+*dat*). **he jumped ~ the roof** er sprang vom Dach; **once you are ~ the premises** sobald Sie vom Gelände (herunter) sind; **he borrowed money ~ his father** (*inf*) er lieh sich (*dat*) von seinem Vater Geld; **I'll take something ~ the price for you** ich lasse Ihnen vom *or* im Preis etwas nach; **he got £2 ~ the shirt** er bekam das Hemd £ 2 billiger; **the lid had been left ~ the tin** jemand hatte den Deckel nicht wieder auf die Büchse getan; **the coat has two buttons ~ it** am Mantel fehlen zwei Knöpfe.

2. (*distant from*) ab(gelegen) von (+*dat*); (*in a sidestreet from*) in einer Nebenstraße von (+*dat*); (*Naut*) vor (+*dat*). **the house was ~/1 mile ~ the main road** das Haus lag von der Hauptstraße ab/lag eine Meile von der Hauptstraße weg *or* entfernt; **height ~ the ground** Höhe vom Boden (weg); **just ~ Piccadilly** in der Nähe von Piccadilly, gleich bei Piccadilly; **a road ~ Bank Street** eine Querstraße von *or* zu Bank Street.

3. ~ the map nicht auf der Karte; **I just want it ~ my hands** ich möchte das nur loswerden.

4. I'm ~ sausages/beer/him (*don't like at the moment*) Wurst/Bier/er kann mich zur Zeit nicht reizen.

offal ['ɒfəl] *n, no pl* Innereien *pl*; (*fig*) Abfall, Ausschuß *m*.

offbeat I *adj* **1.** (*unusual*) unkonventionell, ausgefallen, ungewöhnlich; **2.** *jazz* synkopiert; **II** *n* unbetonte Taktzeit; **off-Broadway I** *adj in New York außerhalb des Broadway aufgeführt/gelegen*; **II** *adv in New York außerhalb des Broadway*; **off-centre,** (*US*) **off-center** *adj* (*lit*) nicht in der Mitte; *construction* asymmetrisch; **his translation/explanation was a bit ~** seine Übersetzung/Erklärung war schief *or* ging an der Sache vorbei; **off-chance** *n* **I just did it on the ~** ich habe es auf gut Glück getan; **to do sth on the ~ that ...** etw auf den Verdacht hin *or* in der unbestimmten Hoffnung tun, daß ...; **I came on the ~ of seeing her** ich kam in der Hoffnung, sie vielleicht zu sehen; **off-colour,** (*US*) **off-color** *adj* **1.** (*unwell*) unwohl; **to feel/be ~** sich nicht wohl fühlen; **2.** (*indecent*) schlüpfrig, gewagt.

offence, (*US*) **offense** [ə'fens] *n* **1.** (*Jur: crime*) Straftat *f*, Delikt *nt*; (*minor also*) Vergehen *nt*. **to commit an ~** sich strafbar machen; **it is an ~ to ...** ... ist bei Strafe verboten; **first ~** erste Straftat, erstes Vergehen; **second ~** Rückfall *m*; **an ~ against ...** ein Verstoß *m* gegen ...

2. (*fig*) **an ~ against good taste** eine Beleidigung des guten Geschmacks; **an ~ against common decency** eine Erregung öffentlichen Ärgernisses; **it is an ~ to the eye** das beleidigt das Auge.

3. *no pl* (*to sb's feelings*) Kränkung, Beleidigung *f*; (*to sense of decency, morality*) Anstoß *m*. **to cause** *or* **give ~ to sb** jdn kränken *or* beleidigen; **without giving ~** ohne kränkend zu sein; **to take ~ at sth** wegen etw gekränkt *or* beleidigt sein; **she is quick to take ~** sie ist leicht gekränkt *or* beleidigt; **I meant no ~** ich habe es nicht böse gemeint; **no ~ (meant)** nichts für ungut; **no ~ (taken)** ich nehme dir das nicht übel.

4. (*Eccl: sin*) Sünde *f*.

5. [ɒ'fens] (*attack, US: attacking part of team*) Angriff *m*.

offend [ə'fend] **I** *vt* **1.** (*hurt feelings of*) kränken; (*be disagreeable to*) Anstoß erregen bei. **don't be ~ed** seien Sie (doch) nicht beleidigt, nehmen Sie mir *etc* das nicht übel; **this novel would ~ a lot of people** dieser Roman würde bei vielen Leuten Anstoß erregen.

2. *ear, eye* beleidigen; *reason* verstoßen gegen; *sense of justice* verletzen.

II *vi* **1.** (*give offence*) beleidigend sein.

2. (*do wrong*) Unrecht tun.

◆**offend against** *vi +prep obj task, common sense* verstoßen gegen; *God* sündigen gegen.

offender [ə'fendəʳ] *n* (*law-breaker*) (Straf)täter(in *f*) *m*; (*against traffic laws*) Verkehrssünder(in *f*) *m*. **young ~** jugendlicher Straffälliger *or* Straftäter; **home for young ~s** Jugendstrafanstalt *f*; *see* **first ~**.

offending [ə'fendɪŋ] *adj remark* kränkend, beleidigend. **the ~ party** (*Jur*) die schuldige Partei; (*fig*) der/die Schuldige; **the ~ object** der Stein des Anstoßes.

offense *n* (*US*) *see* **offence.**

offensive [ə'fensɪv] **I** *adj* **1.** *weapon* (*Jur*) Angriffs-; (*Mil also*) Offensiv-.

2. (*unpleasant*) *smell, sight* übel, abstoßend, widerlich; *language, film, book* anstößig, Anstoß erregend; (*insulting, abusive*) *remark, gesture, behaviour* beleidigend, unverschämt. **his language was ~ to his parents** seine Ausdrucksweise erregte Anstoß bei seinen Eltern; **to find sb/sth ~** jdn/etw abstoßend finden; *behaviour, language* Anstoß an etw (*dat*) nehmen.

II *n* (*Mil, Sport*) Angriff *m*, Offensive *f*. **to take the ~** in die Offensive gehen; **to go over to the ~** zum Angriff übergehen; **on the ~** in der Offensive.

offensively [ə'fensɪvlɪ] *adv* **1.** (*unpleasantly*) übel, widerlich; (*in moral sense*) anstößig; (*abusively*) beleidigend; (*obscenely*) unflätig. **2.** (*Mil, Sport*) offensiv.

offensiveness [ə'fensɪvnɪs] *n see adj* (*b*) Widerlichkeit *f*; Anstößigkeit *f*; Unverschämtheit *f*.

offer ['ɒfəʳ] **I** *n* Angebot *nt*; (*also* **~ of marriage**) (Heirats)antrag *m*. **did you have many ~s of help?** haben Ihnen viele Leute ihre Hilfe angeboten?; **any ~s?** ist jemand interessiert?; **he made me an ~ (of £50)** er machte mir ein Angebot (von £ 50); **an ~ I couldn't refuse** ein Angebot, zu dem ich nicht nein sagen konnte; **on ~** (*Comm*) (*on special ~*) im Angebot; (*for sale also*) verkäuflich; *see* **near III 4.**

II *vt* **1.** anbieten; *reward, prize* aussetzen. **to ~ to do sth** anbieten, etw zu tun; **he ~ed to give me £5 for it** er bot mir dafür £ 5 an; **he ~ed to help** er bot seine Hilfe an; **to ~ one's services** sich anbieten; **he was ~ed the job** ihm wurde die Stelle angeboten; **he's got nothing to ~** er hat nichts zu bieten.

2. *advice* anbieten; *plan, suggestion* unterbreiten; *remark* beisteuern; *excuse* vorbringen; *consolation* spenden; *condolences* aussprechen. **to ~ an opinion** sich (dazu) äußern.

3. (*present in worship or sacrifice*) *prayers, homage, sacrifice* darbringen; *one's life* opfern.

4. (*put up, attempt to inflict*) *resistance* bieten. **to ~ violence** gewalttätig werden (*to* gegen); *see* **battle.**

5. (*afford, make available*) *sleeping accommodation etc* bieten.

6. *subject* (*for exam*) machen.

III *vi* **whenever the opportunity ~s** wann immer sich die Gelegenheit bietet *or* ergibt; **did he ~?** hat er es angeboten?

◆**offer up** *vt sep prayers, sacrifice* darbringen (*to sb* jdm).

offering ['ɒfərɪŋ] *n* Gabe *f*; (*Rel*) (*collection*) Opfergabe *f*; (*sacrifice*) Opfer *nt*; (*iro: essay, play*) Vorstellung *f*.

offer price *n* Angebotspreis *m*.

offertory ['ɒfətərɪ] *n* (*Eccl*) (*part of service*) Opferung *f*, Offertorium *nt*; (*collection*) Kollekte, Geldsammlung *f*. **~ box** Opferstock *m*.

offhand [ˌɒf'hænd] **I** *adj* (*also* **off-handed**) (*casual*) *remark, manner* lässig. **to be ~ to sb** sich jdm gegenüber lässig benehmen; **to be ~ about sth** etw leichthin abtun.

II *adv* so ohne weiteres, aus dem Stand (*inf*). **I couldn't tell you ~** das könnte ich Ihnen auf Anhieb *or* so ohne weiteres nicht sagen.

offhandedly [ˌɒf'hændɪdlɪ] *adv* lässig, leichthin.

offhandedness [ˌɒf'hændɪdnɪs] *n* Lässigkeit *f*.

office ['ɒfɪs] *n* **1.** Büro *nt*; (*of lawyer*) Kanzlei *f*; (*part of organization*) Abteilung *f*; (*branch also*) Geschäftsstelle *f*. **at the ~** im Büro; **O~ of Fair Trading** (*Brit*) Behörde *f* gegen unlauteren Wettbewerb; **local government ~s** Gemeindeverwaltung *f*.

2. (*public position*) Amt *nt*. **to take ~** sein *or* das Amt antreten; (*political party*) an die Regierung kommen; **to be in** *or* **hold ~** im Amt sein; (*party*) an der Regierung sein; **to be out of ~** nicht mehr an der Regierung sein; (*person*) nicht im Amt sein.

3. (*duty*) Aufgabe, Pflicht *f*.

4. *usu pl* (*attention, help*) **through his good ~s** durch seine guten Dienste; **through the ~s of ...** durch Vermittlung von ...

5. (*Eccl*) Gottesdienst *m*. **~ for the dead** Totenamt *nt*; (*RC*) Totenmesse *f*.

6. (*Comm*) **"usual ~s"** „übliche Nebenräume".

office automation *n* Büroautomation *f*; **office bearer** *n* Amtsträger(in *f*), Amtsinhaber(in *f*) *m*; **office block** *n* Bürohaus *or* -gebäude *nt*; **office boy** *n* Laufjunge *m*; **office furniture** *n* Büromöbel *pl*; **office hours** *npl* Arbeitsstunden *pl*, Dienstzeit *f*; (*on sign*) Geschäfts- *or* Öffnungszeiten *pl*; **to work ~** normale Arbeitszeiten haben; **office job** *n* Stelle *f* im Büro; **office junior** *n* Bürogehilfe *m*/-gehilfin *f*; **office manager(ess)** *n* Büroleiter(in *f*) *m*.

officer ['ɒfɪsəʳ] *n* **1.** (*Mil, Naut, Aviat*) Offizier *m*. **~ of the day** diensthabender Offizier, Offizier *m* vom Dienst; **~s' mess** Offizierskasino *nt*; **O~s' Training Corps** (*Brit*) *Verband m zur Offiziersausbildung*.

2. (*official*) Beamte(r) *m*, Beamtin *f*; (*police ~*) Polizeibeamte(r), Polizist *m*; (*of club, society*) Vorstandsmitglied *nt*, Funktionär *m*. **medical ~ of health** Amtsarzt *m*.

office supplies *npl* Büroartikel *pl*, Bürobedarf *m*; **office-worker** *n* Büroangestellte(r) *mf*.

official [ə'fɪʃəl] **I** *adj* offiziell; *report, duties, meeting also* amtlich; *robes, visit* Amts-; *uniform* Dienst-; (*formal*) *ceremony, style* förmlich, formell. **~ statement** amtliche Verlautbarung; **is that ~?** ist das amtlich?; (*publicly announced*) ist das offiziell?; **~ secret** Dienstgeheimnis, Amtsgeheimnis *nt*; **O~ Secrets Act** Gesetz *nt* zur amtlichen Schweigepflicht; **~ strike** offizieller Streik, gewerkschaftlich genehmigter Streik; **acting in one's ~ capacity** in Ausübung seiner Amtsgewalt; **~ seal** Dienstsiegel, Amtssiegel *nt*.

II *n* (*railway ~, post office ~*) Beamte(r) *m*, Beamtin *f*; (*of club, at race-meeting*) Funktionär *m*.

officialdom [ə'fɪʃəldəm] *n* (*pej*) Bürokratie *f*, Beamtentum *nt*.

officialese [ə,fɪʃə'li:z] *n* Beamtensprache, Amtssprache *f*.

officially [ə'fɪʃəlɪ] *adv* offiziell.

officiate [ə'fɪʃɪeɪt] *vt* amtieren, fungieren (*at* bei).

officious [ə'fɪʃəs] *adj* (dienst)beflissen, übereifrig.

officiousness [ə'fɪʃəsnɪs] *n* (Dienst)beflissenheit *f*, Übereifer *m*.

offing ['ɒfɪŋ] *n*: **in the ~** in Sicht; **there's a pay rise in the ~ for us** uns steht eine Gehaltserhöhung bevor, wir haben Aussicht auf eine Gehaltserhöhung.

off key *adj* (*Mus*) falsch; **off-licence** *n* (*Brit*) **1.** (*shop*) Wein- und Spirituosenhandlung *f*; **2.** (*permit*) Lizenz *f* zum Alkoholvertrieb *or* -verkauf; **off line** (*Comput*) **I** *adj* Off-line-; **II** *adv* off line; **to go ~** auf Off-line-Betrieb schalten; **to put a printer ~** einen Drucker auf Off-line-Betrieb schalten; **off-load** *vt goods* ausladen, entladen; *passengers* aussteigen lassen; **off-peak** *adj* **~ central heating** Nacht(strom)speicherheizung *f*; **~ electricity** Strom *m* außerhalb der Hauptabnahmezeit, Nachtstrom *m*; **~ charges** verbilligter Tarif; (*Elec*) ≃ Nachttarif *m*; **~ ticket** verbilligte Fahrkarte/Flugkarte außerhalb der Stoßzeit; **off-piste** *adj, adv* abseits der Piste; **offprint** *n* Sonderabdruck *m*; **off-putting** *adj* (*Brit*) *smell, behaviour* abstoßend; *sight also, meal* wenig einladend; *thought, idea, story* wenig ermutigend; (*daunting*) entmutigend; *interviewer* wenig entgegenkommend; *job* unsympathisch; **it can be rather ~ to see how sausages are made** es kann einem den Appetit verderben *or* die Lust am Essen nehmen, wenn man sieht, wie Wurst gemacht wird; **off-sales** *n* (*Brit*) **1.** *pl* Verkauf *m* aus dem Haus; **2.** *sing see* **off-licence 1.**; **off season I** *n* (*in tourism*) Nebensaison *f*; **in the ~** außerhalb der Saison; **II** *adj travel, prices* außerhalb der Saison.

offset ['ɒfset] (*vb: pret, ptp ~*) **I** *vt* **1.** (*financially, statistically*) ausgleichen; (*make up for*) wettmachen, aufwiegen.

2. [ɒf'set] (*place non-centrally*) versetzen.

II *n* **1.** (*Typ*) **~ (lithography/printing)** Offsetdruck *m*.

2. (*Hort*) Ableger *m*.

3. (*fig: counterbalancing factor*) Ausgleich *m*. **as an ~** zum Ausgleich, als Ausgleich (*to* für).

offshoot *n* **1.** (*of plant*) Ausläufer, Ableger *m*; (*of tree*) Schößling, Sproß *m*; **2.** (*fig*) (*of family*) Nebenlinie *f*; (*of organization*) Nebenzweig *m*; (*of discussion, action*) Randergebnis *nt*; **offshore I** *adj fisheries* Küsten-; *island* küstennah; *wind* ablandig; *oilfield, installations* Off-shore-, im Meer; *investment* im Ausland; **~ drilling rig** Bohrinsel *f*; **the ~ industry/business** (*oil*) die Off-shore-Erdölindustrie; **II** *adv drill, explore* im Meer; *work, live* auf einer Bohrinsel; **the wind blew ~** der Wind kam vom Land; **the ship anchored ~** das Schiff ankerte vor der Küste; **50% of our oil comes from ~** 50% unseres Erdöls kommt *or* stammt aus dem Meer; **offside I** *adj* **1.** (*Sport*) im Abseits; **to be ~** im Abseits sein *or* stehen; **~ trap** Abseitsfalle *f*; **2.** (*Aut*) auf der Fahrerseite, rechte(r, s)/linke(r, s); **II** *n* (*Aut*) Fahrerseite *f*; **III** *adv* (*Sport*) abseits, im Abseits; **offspring** *n* **1.** *sing* Sprößling *m*, Kind *nt*, Abkömmling *m*; (*of animal*) Junge(s) *nt*; **2.** *pl* (*form, hum: of people*) Nachwuchs *m* (*hum*), Nachkommen *pl*; (*of animals*) (die/ihre) Jungen *pl*; **offstage** *adv* hinter den Kulissen, hinter der Bühne; **off-street parking** *n* **there isn't much ~ in this area** in dieser Gegend gibt es wenige Parkhäuser und Parkplätze; **off-the-cuff** *adj remark, speech* aus dem Stegreif; **off-the-job**

training *n* außerbetriebliche Weiterbildung; **off-the-peg** *attr*, **off the peg** *pred* (*Brit*), **off-the-rack** *attr*, **off the rack** *pred* (*US*) *dress, suit* von der Stange, Konfektions-; **off-the-wall** *adj* (*US inf: zany*) irre (*inf*), verrückt; **off-white I** *adj* gebrochen weiß; **II** *n* gebrochenes Weiß.

oft [ɒft] *adv* (*liter*) oft.

often ['ɒfən] *adv* oft, häufig. **he went there ~, he ~ went there** er ging oft *or* häufig da hin; **you have been there as ~ as I have** Sie sind schon (eben)sooft wie ich dort gewesen; **do you go there as ~ as twice a week?** gehen Sie tatsächlich zweimal in der Woche dahin?; **not as ~ as twice a week** weniger als zweimal in der Woche; **as ~ as I ask you ...** jedesmal wenn *or* sooft ich Sie frage ...; **more ~ than not, as ~ as not** meistens; **every so ~** öfters, von Zeit zu Zeit; **he did it once too ~** er hat es einmal zu oft *or* zuviel getan; **how ~?** wie oft?; **it is not ~ that ...** es kommt selten vor, daß ..., es geschieht nicht oft, daß ...

ogle ['əʊgl] *vt* kein Auge lassen *or* wenden von, begaffen (*pej*); (*flirtatiously*) liebäugeln mit, schöne Augen machen (+*dat*); *legs, girls* schielen nach, beäuge(l)n (*esp hum*), beaugapfeln (*hum*); (*hum*) *cream cakes etc* schielen nach.

O grade ['əʊgreɪd] *n* (*Scot*) = **O level**.

ogre ['əʊgəʳ] *n* Menschenfresser *m*; (*fig*) Unmensch *m*.

oh [əʊ] *interj* ach; (*admiring, surprised, disappointed*) oh; (*questioning, disinterested, in confirmation*) tatsächlich, wahrhaftig. **~ good!** au *or* Mensch prima! (*inf*); **~ well** na ja!; **~ bother/damn!** Mist! (*inf*)/verdammt! (*sl*); **~ dear!** o je!; **~ yes?** (*interested*) ach ja?; (*disbelieving*) so, so; **~ yes, that's right** ach ja, das stimmt; **~ yes, of course there'll be room** o ja, klar haben wir Platz; **~ my God!** o Gott!, ach du lieber Gott!

ohm [əʊm] *n* Ohm *nt*. **O~'s law** Ohmsches Gesetz.

OHMS *abbr of* **On His/Her Majesty's Service** *Aufdruck auf amtlichen Postsendungen*.

oi(c)k [ɔɪk] *n* (*Brit pej sl*) Prolet *m*.

oil [ɔɪl] **I** *n* **1.** Öl *nt*. **to pour ~ on troubled waters** die Wogen glätten, Öl auf die Wogen gießen.

2. (*petroleum*) (Erd)öl *nt*. **to strike ~** (*lit*) auf Öl stoßen; (*fig*) einen guten Fund machen; (*get rich*) das große Los ziehen.

3. (*Art*) (*painting*) Ölgemälde *nt*. **to paint in ~s** in Öl malen.

II *vt* ölen, schmieren; *table, furniture* einölen. **to ~ sb's tongue** (*fig*) jdm die Zunge ölen *or* schmieren; **to ~ the wheels** (*fig*) die Dinge erleichtern.

oil *in cpds* Öl-; **oil-based** *adj* auf Ölbasis; **~ paint** Ölfarbe *f*; **oil-burning** *adj lamp, stove* Öl-; **oilcake** *n* Ölkuchen *m*; **oilcan** *n* Ölkanne *f*; (*for lubricating also*) Ölkännchen *nt*; **oil change** *n* Ölwechsel *m*; **to do an ~** einen Ölwechsel machen; **I took the car in for an ~** ich habe den Wagen zum Ölwechsel(n) gebracht; **oil-cloth** *n* Wachstuch *nt*; **oil company** *n* Ölkonzern *m*.

oiled [ɔɪld] *adj* **1. ~ silk** Ölhaut *f*. **2.** (*sl: drunk*) **he's well-~** der ist ganz schön voll (*inf*), der hat ganz schön getankt (*inf*).

oil-exporting *adj* ölexportierend; **~ country** Ölexportland *nt*; **oilfield** *n* Ölfeld *nt*; **oilfired** *adj* Öl-, mit Öl befeuert; **oil industry** *n* Ölindustrie *f*.

oiliness ['ɔɪlɪnɪs] *n* **1.** ölige Beschaffenheit; (*of food*) Fettigkeit *f*. **2.** (*fig*) (*of person*) aalglattes Wesen. **the ~ of his voice** seine aalglatte Stimme.

oil lamp *n* Öllampe *f*; **oil level** *n* Ölstand *m*; **oil paint** *n* Ölfarbe *f*; **oil painting** *n* (*picture*) Ölgemälde *nt*; (*art*) Ölmalerei *f*; **she's no ~** (*inf*) sie ist nicht gerade eine Schönheit; **oilpan** *n* Ölwanne *f*; **oil-producing** *adj* ölproduzierend; **~ country** Ölförderland *nt*; **oil production** *n* Ölförderung *f*; **oil rig** *n* (Öl)bohrinsel *f*; **oil sheik** *n* Ölscheich *m*; **oilskin** *n* (*cloth*) Öltuch *nt*; **oilskins** *npl* (*clothing*) Ölzeug *nt*; **oil slick** *n* Ölteppich *m*; **oilstone** *n* geölter Wetzstein; **oil stove** *n* Ölofen *m*; **oil tanker** *n* (*ship*) (Öl)tanker *m*, Tankschiff *nt*; (*lorry*) Tankwagen *m*; **oil terminal** *n* Ölhafen *m*; **oil well** *n* Ölquelle *f*.

oily ['ɔɪlɪ] *adj* (+*er*) **1.** ölig; *food* fettig; *clothes, fingers* voller Öl. **2.** (*fig*) aalglatt, schleimig, ölig.

ointment ['ɔɪntmənt] *n* Salbe *f*.

OK, okay ['əʊ'keɪ] (*inf*) **I** *interj* okay (*inf*); (*agreed also*) einverstanden, in Ordnung. **~, ~!** ist ja gut! (*inf*).

II *adj* in Ordnung, okay (*inf*). **that's ~ with** *or* **by me** (*that's convenient*) das ist mir recht; (*I don't mind that*) von mir aus, mir soll's recht sein; **is it ~ with you if ...?** macht es (dir) was aus, wenn ...?; **how's your mother? — she's ~** wie geht's deiner Mutter? — gut *or* (*not too well*) so la la (*inf*), so einigermaßen; **to be ~ (for time/money)** (noch) genug (Zeit/Geld) haben; **what do you think of him? — he's ~** was halten Sie von ihm? — der ist in Ordnung (*inf*); **he's an ~ guy** (*esp US*) er ist ein prima Kerl (*inf*).

III *adv* **1.** (*well*) gut; (*not too badly*) einigermaßen (gut); (*for sure*) schon. **can you mend/manage it ~?** kannst du das reparieren/kommst du damit klar?; **he'll come ~** der kommt schon. **2.** (*inf: admittedly*) **~ it's difficult but ...** zugegeben, es ist schwer, aber ...

IV *vt order, plan, suggestion* gutheißen, billigen; *document, proposed expenses* genehmigen.

V *n* Zustimmung *f*. **to give sth one's ~** seine Zustimmung zu etw geben.

okapi [əʊ'kɑːpɪ] *n, pl* **-s,** *or* **-** Okapi *nt*.

okey-doke ['əʊkɪ'dəʊk], **okey-dokey** ['əʊkɪ'dəʊkɪ] *interj* (*inf*) okay (*inf*).

okra ['ɒkrə] *n* Okra *f*.

old [əʊld] **I** *adj* (+*er*) **1.** alt. **~ people** *or* **folk(s)** alte Leute, die Alten *pl*; **if I live to be that ~** wenn ich (je) so alt werde; **~ Mr Smith, ~ man Smith** (*esp US*) der alte (Herr) Smith; **he is 40 years ~** er ist 40 (Jahre alt); **two-year-~** Zweijährige(r) *mf*; **the ~ part of Ulm** die Ulmer Altstadt; **the ~ (part of) town** die Altstadt; **my ~ school** meine alte *or* ehemalige Schule.

2. (*inf: as intensifier*) **she dresses any ~ how** die ist vielleicht immer angezogen (*inf*); **any ~ thing** irgendwas, irgendein Dings (*inf*); **any ~ bottle/blouse** *etc* irgendeine Flasche/Bluse *etc* (*inf*); **~ Mike** der Michael (*inf*); **the same ~ excuse** die gleiche alte Entschuldigung; **we had a great ~ time** wir haben uns prächtig amüsiert.

II *n* **in days of ~** in alten *or* früheren Zeiten; **I know him of ~** ich kenne ihn von früher; **as of ~** wie in alten Zeiten.

old age *n* das Alter; **to reach ~** ein hohes Alter erreichen; **in one's ~** im Alter, auf seine alten Tage (*also hum*); **old age pension** *n* (Alters)rente *f*; **old age pensioner** *n* Rentner(in *f*) *m*; **Old Bill** *npl* (*Brit sl*): **the ~** die Bullen *pl* (*sl*); **old boy** *n* **1.** (*Brit Sch*) ehemaliger Schüler, Ehemalige(r) *m*; **the ~ network** Beziehungen *pl* (von der Schule her); **2.** (*inf: old man*) **the ~ next door** der Alte von nebenan; **3.** (*dated inf: as address*) alter Junge (*inf*); **old country** *n* Mutterland *nt*, alte Heimat.

olden ['əʊldən] *adj* (*liter*) alt. **in ~ times** *or* **days** früher, in alten Zeiten.

Old English I *n* Altenglisch *nt*; **II** *adj* altenglisch; **old-established** *adj family, firm* alteingesessen; *custom* seit langem bestehend, alt.

olde-worlde ['əʊldɪ'wɜːldɪ] *adj* altertümlich; (*pej*) auf alt gemacht.

old-fashioned ['əʊld'fæʃnd] **I** *adj* altmodisch; **II** *n* (*US: cocktail*) *Cocktail m aus Whiskey, Bitterlikör, Zucker und Früchten*; **old girl** *n* (*Brit Sch*) Ehemalige *f*, ehemalige Schülerin; **Old Glory** *n* (*US*) die Flagge der USA; **old gold** *n* Altgold *nt*; **old guard** *n* (*fig*) alte Garde; **Old High German** *n* Althochdeutsch *nt*.

oldie ['əʊldɪ] *n* (*inf*) (*joke*) alter Witz; (*song*) Oldie *m*. **the ~s** (*people*) die Alten *pl*, die Oldies *pl* (*inf*); **that's a real ~** (*joke*) der hat so einen Bart (*inf*).

oldish ['əʊldɪʃ] *adj* ältlich.

old lady *n* (*inf*) **the/my ~** (*wife*) die/meine Alte (*inf*) *or* Olle (*inf*); (*mother*) die/meine alte Dame (*inf*); **old-line** *adj* (*following tradition*) der alten Schule; (*long-established*) alteingesessen; **old maid** *n* alte Jungfer; **old man** *n* (*inf*) **my/the ~** (*husband*) mein/dein *etc* Alter (*inf*) *or* Oller (*inf*); (*father*) mein Alter/der Alte (*inf*), mein alter/der alte Herr (*inf*); **the ~** (*boss*) der Alte; **old master** *n* alter Meister; **old people's home** *n* Altersheim *nt*; **old salt** *n* (alter) Seebär; **old school** *n* (*fig*) alte Schule; **old school tie** *n* (*lit*) Schulschlips *m*; (*fig*) *Gehabe, das von Ehemaligen einer Public School erwartet wird*; **Old South** *m* *Südstaaten der USA vor dem amerikanischen Bürgerkrieg*; **old stager** *n* (*inf*) alter Hase (*inf*).

oldster ['əʊldstə^r] *n* (*US inf*) älterer Mann.

old-style *adj* im alten Stil; **Old Testament** *n* Altes Testament; **old-timer** *n* Altgediente(r), Veteran *m*; **old wives' tale** *n* Ammenmärchen *nt*; **old woman** *n* **1.** *see* **old lady**; **2. he's an ~** er ist wie ein altes Weib; **Old World** *n* alte Welt; **old-world** *adj* **1.** (*quaint*) *politeness, manners* altväterlich; *cottage, atmosphere* altehrwürdig, heimelig; **2.** (*esp US: European*) zur alten Welt gehörend.

oleaginous [ˌəʊlɪ'ædʒɪnəs] *adj* (*form*) *consistency* ölig, Öl-; (*containing oil*) ölhaltig.

oleander [ˌəʊlɪ'ændə^r] *n* Oleander *m*.

oleo- ['əʊlɪəʊ-] *pref* Öl-. **~margarine** (*esp US*) Margarine *f*.

O level ['əʊlevl] *n* (*Brit*) Abschluß *m* der Sekundarstufe 1, ≃ mittlere Reife. **to do one's ~s** ≃ die mittlere Reife machen; **to have English ~** bis zur mittleren Reife Englisch gelernt haben; **he failed his English ~** er fiel durch die O-level-Prüfung in Englisch; **3 ~s** die mittlere Reife in 3 Fächern.

olfactory [ɒl'fæktərɪ] *adj* Geruchs-.

oligarchy ['ɒlɪgɑːkɪ] *n* Oligarchie *f*.

olive ['ɒlɪv] **I** *n* **1.** Olive *f*; (*also* **~ tree**) Olivenbaum *m*; (*also* **~ wood**) Olive(nholz *nt*) *f*. **2.** (*colour*) Olive *nt*. **II** *adj* (*also* **~-coloured**) olivgrün; *complexion* dunkel.

olive branch *n* (*lit, fig*) Ölzweig *m*; **to hold out the ~ to sb** (*fig*) jdm seinen Willen zum Frieden bekunden; **olive-green I** *adj cloth* olivgrün; **II** *n* Olivgrün *nt*; **olive oil** *n* Olivenöl *nt*.

Olympian [əʊ'lɪmpɪən] *adj* olympisch.

Olympic [əʊ'lɪmpɪk] **I** *adj games, stadium* olympisch. **~ champion** Olympiasieger(in *f*) *m*; **~ flame** *or* **torch** olympisches Feuer. **II** *n* **the ~s** *pl* die Olympiade, die Olympischen Spiele.

Olympus [əʊ'lɪmpəs] *n* (*also* **Mount ~**) der Olymp.

Oman [əʊ'mɑːn] *n* Oman *nt*.

Omani [əʊ'mɑːnɪ] **I** *adj* omanisch. **II** *n* Omaner(in *f*) *m*.

omasum [əʊ'mɑːsəm] *n* Blättermagen *m*.

ombudsman ['ɒmbʊdzmən] *n, pl* **-men** [-mən] Ombudsmann *m*.

omelette, (*US*) **omelet** ['ɒmlɪt] *n* Omelett(e) *nt*. **you can't make an ~ without breaking eggs** (*Prov*) wo gehobelt wird, da fallen Späne (*Prov*).

omen ['əʊmen] *n* Omen, Zeichen *nt*. **it is an ~ of success** das bedeutet Erfolg; **a bird of ill ~** ein Unglücksvogel *m*.

ominous ['ɒmɪnəs] *adj* bedrohlich; *event, appearance also* drohend; *look, voice also* unheilverkündend, unheilschwanger; *sign also* verhängnisvoll. **that's ~** das läßt nichts Gutes ahnen; **that sounds ~** das verspricht nichts Gutes.

ominously ['ɒmɪnəslɪ] *adv* bedrohlich; *say* in einem unheilverkündenden Ton.

omission [əʊ'mɪʃən] *n* (*omitting: of word, detail etc*) Auslassen *nt*; (*word, thing left out*) Auslassung *f*; (*failure to do sth*) Unterlassung *f*. **with the ~ of ...** unter Auslassung (+*gen*) ...; **sin of ~** (*Eccl, fig*) Unterlassungssünde *f*.

omit [əʊ'mɪt] *vt* **1.** (*leave out*) auslassen.

please ~ all reference to me bitte erwähnen Sie mich nicht. **2.** (*fail*) (*to do sth* etw zu tun) es unterlassen; (*accidentally also*) versäumen.

omnibus ['ɒmnɪbəs] **I** *n* **1.** (*form: bus*) Omnibus, Autobus *m*. **2.** (*book*) Sammelband *m*. **II** *adj* (*esp US*) allgemein, umfassend. **~ bill** (*Parl*) Sammelgesetz *nt*.

omnidirectional [ˌɒmnɪdɪ'rekʃənl] *adj* Rundstrahl-.

omnipotence [ɒm'nɪpətəns] *n, no pl* Allmacht, Omnipotenz *f*.

omnipotent [ɒm'nɪpətənt] **I** *adj* allmächtig. **II** *n* **The O~** der Allmächtige.

omnipresence ['ɒmnɪ'prezəns] *n* Allgegenwart *f*.

omnipresent ['ɒmnɪ'prezənt] *adj* allgegenwärtig.

omniscience [ɒm'nɪsɪəns] *n* Allwissenheit *f*.

omniscient [ɒm'nɪsɪənt] *adj* allwissend.

omnivore ['ɒmnɪˌvɔːr] *n* Allesfresser, Omnivore (*spec*) *m*.

omnivorous [ɒm'nɪvərəs] *adj* (*lit*) allesfressend, omnivor (*spec*).

on [ɒn] **I** *prep* **1.** (*indicating place, position*) auf (+*dat*); (*with vb of motion*) auf (+*acc*); (*on vertical surface, part of body*) an (+*dat/acc*). **the book is ~ the table** das Buch ist auf dem Tisch; **he put the book ~ the table** er legte das Buch auf den Tisch; **it was ~ the blackboard** es stand an der Tafel; **he hung it ~ the wall/nail** er hängte es an die Wand/den Nagel; **a ring ~ his finger** ein Ring am Finger; **he hit his head ~ the table/~ the ground** er hat sich (*dat*) den Kopf am Tisch/auf dem *or* am Boden angeschlagen; **they came ~(to) the stage** sie kamen auf die Bühne; **they made an attack ~ us** sie griffen uns an; **he turned his back ~ us** er kehrte uns (*dat*) den Rücken zu; **~ the right** rechts; **~ my right** rechts von mir, zu meiner Rechten; **~ TV/the radio** im Fernsehen/Radio; **I have no money ~ me** ich habe kein Geld bei mir; **to count sth ~ one's fingers** etw an den Fingern abzählen; **we had something to eat ~ the train** wir haben im Zug etwas gegessen; **a house ~ the coast/main road** ein Haus am Meer/an der Hauptstraße; **~ the bank of the river** am Flußufer; *see also* **onto.**

2. (*indicating means of travel*) **we went ~ the train/bus** wir fuhren mit dem Zug/Bus; **~ a bicycle** mit dem (Fahr)rad; **~ foot/horseback** zu Fuß/Pferd.

3. (*indicating means*) **he lives ~ his income** er lebt von seinem Einkommen; **I could live ~ that** davon könnte ich leben; **they live ~ potatoes** sie ernähren sich von Kartoffeln; **the heating works ~ oil** die Heizung wird mit Öl betrieben.

4. (*about, concerning*) über (+*acc*). **a book ~ German grammar** ein Buch über deutsche Grammatik.

5. (*in expression of time*) an (+*dat*). **~ Sunday** (am) Sonntag; **~ Sundays** sonntags; **~ December the first** am ersten Dezember; **stars visible ~ clear nights** Sterne, die in klaren Nächten sichtbar sind; **~ or about the twentieth** um den Zwanzigsten herum; **~ and after the twentieth** am Zwanzigsten und danach.

6. (*at the time of*) bei (+*dat*). **~ my arrival** bei meiner Ankunft; **~ examination** bei der Untersuchung; **~ request** auf Wunsch; **~ hearing this he left** als er das hörte, ging er; **~ (receiving) my letter** nach Erhalt meines Briefes.

7. (*as a result of*) auf (+*acc*) ... hin. **~ receiving my letter** auf meinen Brief hin.

8. (*indicating membership*) in (+*dat*). **he is ~ the committee** er gehört dem Ausschuß an, er sitzt im Ausschuß; **he is ~ the "Evening News"** er ist bei der „Evening News"; **he is ~ the teaching staff** er gehört zum Lehrpersonal.

9. (*engaged upon*) **I am working ~ a new project** ich arbeite gerade an einem neuen Projekt; **he was away ~ an errand** er war auf einem Botengang unterwegs; **I am ~ overtime** ich mache Überstunden; **we're ~ the past tense** (*Sch*) wir sind bei der Vergangenheit; **we were ~ page 72** wir waren auf Seite 72.

10. (*at the expense of*) **this round is ~ me** diese Runde geht auf meine Kosten; **have it ~ me** das spendiere ich (dir/Ihnen), ich gebe (dir/Ihnen) das aus.

11. (*as against*) im Vergleich zu. **prices are up ~ last year('s)** im Vergleich zum letzten Jahr sind die Preise gestiegen.

12. (*Mus*) **he played (it) ~ the violin/trumpet** er spielte (es) auf der Geige/Trompete; **~ drums/piano** am Schlagzeug/Klavier; **Roland Kirk ~ tenor sax** Roland Kirk, Tenorsaxophon.

13. (*according to*) nach (+*dat*).

14. (*in phrases*) *see also n, vb etc* **I'm ~ £8,000 a year** ich bekomme £ 8.000 im Jahr; **he retired ~ a good pension** er trat mit einer guten Rente in den Ruhestand; **to be ~ a course** (*Sch, Univ*) an einem Kurs teilnehmen; **to be ~ drugs/pills** Drogen/Pillen nehmen; **he has nothing ~ me** (*not as good as*) er kann mir nicht das Wasser reichen; (*no hold over*) er hat nichts gegen mich in der Hand.

II *adv see also vb + on* **1.** (*indicating idea of covering*) **he put his hat ~** er setzte seinen Hut auf; **he put his coat ~** er zog seinen Mantel an; **he screwed the lid ~** er schraubte den Deckel drauf; **try it ~** probieren Sie es an; **she had nothing ~** sie hatte nichts an.

2. (*indicating advancing movement*) **move ~!** gehen Sie weiter!, weitergehen!; **~! ~!** weiter! weiter!; **to pass a message ~** eine Nachricht weitergeben.

3. (*indicating time*) **from that day ~** von diesem Tag an; **later ~** später; **it was well ~ in the night** es war zu vorgerückter Stunde, es war spät in der Nacht; **well ~ in the morning/afternoon** später am Morgen/Nachmittag; **it was well ~ into September** es war spät im September; *see* **get ~.**

4. (*indicating continuation*) **to keep ~ talking** immer weiterreden, in einem fort reden; **go ~ with your work** machen Sie Ihre Arbeit weiter; **life still goes ~** das Leben geht weiter; **she went ~ and ~** sie hörte gar nicht mehr auf.

5. (*indicating position towards one*) **put it this way ~** stellen/legen Sie es so herum (darauf); **lengthways ~** längs.

6. (*in phrases*) **he's always ~ at me** er hackt dauernd auf mir herum, er mekkert dauernd an mir herum (*inf*); **he's always (going) ~ at me to get my hair cut** er liegt mir dauernd in den Ohren, daß ich mir die Haare schneiden lassen soll; **he's been ~ at me about that several times** er ist mir ein paarmal damit gekommen; **she's always ~ about her experiences in Italy** sie kommt dauernd mit ihren Italienerfahrungen; **what's he ~ about?** wovon redet er nun schon wieder?

III *adj* **1.** (*switched on*) *lights, TV, radio* an; *brake* angezogen; *electricity, gas* an(gestellt). **the ~ switch** der Einschalter; **in the ~ position** auf „ein" gestellt; **to leave the engine ~** den Motor laufen lassen.

2. *pred* (*in place*) *lid, cover* drauf. **his hat/tie was ~ crookedly** sein Hut saß/sein Schlips hing schief; **his hat was already ~** er hatte den Hut schon auf.

3. to be ~ (*being performed*) (*in theatre, cinema*) gegeben *or* gezeigt werden; (*on TV, radio*) gesendet *or* gezeigt werden; **who's ~ tonight?** (*Theat, Film*) wer spielt heute abend?, wer tritt heute abend auf?; (*TV*) wer kommt heute abend (im Fernsehen)?; **you're ~ now** (*Theat, Rad, TV*) Ihr Auftritt!, Sie sind (jetzt) dran (*inf*); **is that programme still ~?** läuft das Programm immer noch?; **the play is still ~** (*running*) das Stück wird immer noch gegeben *or* gespielt; **what's ~ tonight?** was ist *or* steht heute abend auf dem Programm?; **tell me when the English team is ~** sagen Sie mir, wenn die englische Mannschaft dran ist *or* drankommt; **I have nothing ~ tonight** ich habe heute abend nichts vor; **there's a tennis match ~ tomorrow** morgen findet ein Tennismatch statt; **there's a tennis match ~ at the moment** ein Tennismatch ist gerade im Gang; **what's ~ in London?** was läuft in London?

4. (*valid*) **to be ~** (*bet, agreement*) gelten; **you're ~!** abgemacht!; **you're/he's not ~** (*inf*) das ist nicht drin (*inf*); **it's just not ~** (*not acceptable*) das ist einfach nicht drin (*inf*), das gibt es einfach nicht; **his behaviour was really not ~** sein Benehmen war unmöglich; **are you ~?** (*inf: are you with us*) machst du mit?

onanism ['əʊnənɪzəm] *n* (*form*) Coitus interruptus *m*; (*masturbation*) Onanie *f*.

once [wʌns] **I** *adv* **1.** (*on one occasion*) einmal. **~ only** nur einmal; **~ again** *or* **more** noch einmal; **~ again we find that ...** wir stellen wiederum *or* erneut fest, daß ...; **~ or twice** (*lit*) ein- oder zweimal; (*fig*) nur ein paarmal; **~ and for all** ein für allemal; **(every) ~ in a while, ~ in a way** ab und zu mal; **you can come this ~** dieses eine Mal können Sie kommen; **for ~** ausnahmsweise einmal; **I never ~ wondered where you were** ich habe mich kein einziges Mal gefragt, wo Sie wohl waren; **if ~ you begin to hesitate** wenn Sie erst einmal anfangen zu zögern; **~ is enough** einmal reicht.

2. (*in past*) einmal. **he was ~ famous** er war früher einmal berühmt; **~ upon a time there was ...** es war einmal ...

3. at ~ (*immediately*) sofort, auf der Stelle; (*at the same time*) auf einmal, gleichzeitig; **all at ~** auf einmal; (*suddenly*) ganz plötzlich; **they came all at ~** sie kamen alle zur gleichen Zeit; **don't spend it all at ~** gib es nicht alles auf einmal aus.

II *conj* wenn; (*with past tense*) als. **~ you understand, it's easy** wenn Sie es einmal verstehen, ist es einfach; **~ learnt, it isn't easily forgotten** was man einmal gelernt hat, vergißt man nicht so leicht.

once-over ['wʌnsəʊvə^r] *n* (*inf*) (*quick look*) flüchtige Überprüfung, kurze Untersuchung. **to give sb/sth the** *or* **a ~** (*appraisal*) jdn/etw mal begucken (*inf*) *or* kurz überprüfen *or* inspizieren; (*clean*) mal kurz über etw (*acc*) gehen (*inf*); **to give sb the** *or* **a ~** (*beat up*) jdn in die Mache nehmen (*inf*).

oncologist [ɒŋ'kɒlədʒɪst] *n* Onkologe *m*, Onkologin *f*.

oncology [ɒŋ'kɒlədʒɪ] *n* Onkologie *f*.

oncoming ['ɒnkʌmɪŋ] **I** *adj car, traffic* entgegenkommend; *danger* nahend, drohend. **the ~ traffic** der Gegenverkehr. **II** *n* (*of winter etc*) Nahen, Kommen *nt*.

OND (*Brit*) *abbr of* **Ordinary National Diploma**.

one [wʌn] **I** *adj* **1.** (*number*) ein/eine/ein; (*counting*) eins. **~ man in a thousand** einer von tausend; **there was ~ person too many** da war einer zuviel; **~ girl was pretty, the other was ugly** das eine Mädchen war hübsch, das andere häßlich; **the baby is ~ (year old)** das Kind ist ein Jahr (alt); **it is ~ (o'clock)** es ist eins, es ist ein Uhr; **~ hundred pounds** hundert Pfund; (*on cheque etc*) einhundert Pfund; **that's ~ way of doing it** so kann man's (natürlich) auch machen.

2. (*indefinite*) **~ morning/day** *etc* **he realized ...** eines Morgens/Tages bemerkte er ...; **~ day next week/soon** nächste Woche einmal/bald einmal; **~ sunny summer's day** an einem sonnigen Sommertag.

3. (*a certain*) **~ Mr Smith** ein gewisser Herr Smith.

4. (*sole, only*) **no ~ man could do it** niemand konnte es allein tun; **my ~ (and only) hope** meine einzige Hoffnung; **the ~ and only Brigitte Bardot** die unvergleichliche Brigitte Bardot.

5. (*same*) **they all came in the ~ car** sie kamen alle in dem einen Auto; **they are ~ and the same person** das ist ein und dieselbe Person; **it is ~ and the same thing** das ist ein und dasselbe; **it's all ~** das ist einerlei.

6. (*united*) **God is ~** Gott ist unteilbar; **are they ~ with us?** sind sie mit uns eins?; **we are ~ on the subject** wir sind uns über dieses Thema einig.

II *pron* **1.** eine(r s). **the ~ who ...** der(jenige), der .../die(jenige), die .../das(jenige), das ...; **he/that was the ~** er/das war's; **do you have ~?** haben Sie einen/eine/ein(e)s?; **the red/big** *etc* **~** der/die/das rote/große *etc*; **he has very fine ~s** er hat sehr schöne; **my/his ~** (*inf*) meiner/meine/mein(e)s/seiner/seine/sein(e)s; **not (a single) ~ of them** nicht eine(r, s) von ihnen, kein einziger/keine einzige/kein einziges; **no ~ of these people** keiner dieser Leute; **any ~** irgendeine(r, s); **every ~** jede(r, s); **this ~** diese(r, s); **that ~** der/die/das, jene(r, s) (*geh*); **which ~?** welche(r, s)?; **the little ~s** (*children*) die Kleinen *pl*; (*animals*) die Jungen *pl*; **that's a good ~** (*inf*) der (Witz) ist gut; (*iro: excuse*) (das ist ein) guter Witz; **I'm not ~ to go out often** ich bin nicht der Typ, der oft ausgeht; **I am not much of a ~ for cakes** (*inf*) ich bin kein großer Freund von Kuchen (*inf*); **she was never ~ to cry** Weinen war noch nie ihre Art; (*but she did*) sonst weinte sie nie; **he's never ~ to say no** er sagt nie nein; **what a ~ he is for the girls!** der ist vielleicht ein Schwerenöter! (*inf*); **he's a great ~ for discipline/turning up late** der ist ganz groß, wenn's um Disziplin/ums Zuspätkommen geht; **ooh, you are a ~!** (*inf*) oh, Sie sind mir vielleicht eine(r)! (*inf*); **she is a teacher, and he/her sister wants to be ~ too** sie ist Lehrerin, und er möchte auch gern Lehrer werden/ihre Schwester möchte auch gern eine werden; **I, for ~, think otherwise** ich, zum Beispiel, denke anders; **they came ~ and all** sie kamen alle (ohne Ausnahme); **~ by ~** einzeln; **~ after the other** eine(r, s) nach dem/der/dem anderen; **take ~ or the other** nehmen Sie das eine oder das andere/den einen oder den anderen/die eine oder die andere; **~ or other of them will do it** der/die eine oder andere wird es tun; **he is ~ of us** er ist einer von uns; **~ who knows the country** jemand, der das Land kennt; **in the manner of ~ who ...** in der Art von jemandem, der ...; **like ~ demented/possessed** wie verrückt/besessen.

2. (*impers*) (*nom*) man; (*acc*) einen; (*dat*) einem. **~ must learn to keep quiet** man muß lernen, still zu sein; **to hurt ~'s foot** sich (*dat*) den Fuß verletzen; **to wash ~'s face/hair** sich (*dat*) das Gesicht/die Haare waschen; **~ likes to see ~'s** *or* **his** (*US*) **friends happy** man sieht seine Freunde gern glücklich.

III *n* (*written figure*) Eins *f*. **Chapter ~** Kapitel eins; **in ~s and twos** in kleinen Gruppen; **to be at ~ (with sb)** sich (*dat*) (mit jdm) einig sein; **he was at ~ with the world** er war mit der Welt im Einklang; **he is not at ~ with himself** er ist mit sich selbst nicht im reinen; **it was bedroom and sitting-room (all) in ~** es war Schlaf- und Wohnzimmer in einem; **jumper and trousers all in ~** Pullover und Hose in einem Stück; **I landed him ~** (*inf*) dem habe ich eine(n) *or* eins verpaßt (*inf*); **to be ~ up on sb** (*inf*) (*know more*) jdm eins voraussein; (*have more*) jdm etwas voraushaben; **Rangers were ~ up after the first half** Rangers hatten nach der ersten Halbzeit ein Tor Vorsprung.

one-acter ['wʌn,æktəʳ], **one-act play** ['wʌnækt'pleɪ] *n* Einakter *m*.

one another = **each other**; *see* **each II 2.**

one-armed *adj* einarmig; **one-armed bandit** *n* (*inf*) Spielautomat; **one-eyed** *adj* einäugig; **one-handed I** *adj person* einhändig; **II** *adv* mit einer Hand; **one-horse** *adj* **1.** *vehicle* einspännig; **2.** (*sl: inferior*) **~ town** Kuhdorf *nt* (*inf*); **one-legged** *adj person* einbeinig; **one-line** *adj message* einzeilig; **one-liner** *n* (*inf*) witzige Bemerkung; **one-man** *adj* Einmann-; **~ band** Einmannkapelle *f*; (*fig inf*) Einmannbetrieb *m*; **~ job** Arbeit *f* für einen einzelnen; **~ show** (*Art*) Ausstellung *f* eines (einzigen) Künstlers; (*Theat*) Einmannshow *f*; **she's a ~ woman** ihr liegt nur an einem Mann etwas.

oneness ['wʌnnɪs] *n* Einheit *f*; (*of personality, thought*) Geschlossenheit *f*; (*concord: with nature, fellow men*) Einklang *m*.

one-night stand *n* (*Theat*) einmalige Vorstellung; (*fig*) einmalige Angelegenheit; **he's just after a ~ stand** er sucht nur eine für eine Nacht; **one-off** (*Brit inf*) **I** *adj* einmalig; **II** *n* **a ~** etwas Einmaliges; **that mistake** *etc* **was just a ~** dieser Fehler *etc* war eine Ausnahme; **one-one** *adj* (*US*) *see* **one-to-one; one-party** *adj* (*Pol*) *system* Einparteien-; **one-piece I** *adj* einteilig; **II** *n* (*bathing costume*) (einteiliger) Badeanzug, Einteiler *m*; **one-room** *attr*, **one-roomed** *adj* Einzimmer-.

onerous ['ɒnərəs] *adj responsibility* schwer(wiegend); *task, duty* beschwerlich, schwer.

oneself [wʌn'self] *pron* **1.** (*dir and indir, with prep*) sich; (*~ personally*) sich selbst *or* selber. **2.** (*emph*) (sich) selbst; *see also* **myself.**

one-shot *adj, n* (*US*) *see* **one-off**; **one-sided** *adj* einseitig; *judgement, account also* parteiisch; **one-time** *adj* ehemalig; **one-to-one** *adj correspondence, correlation* sich Punkt für Punkt entsprechend; **~ teaching** Einzelunterricht *m*; **one-track** *adj* **he's got a ~ mind** der hat immer nur das eine im Sinn *or* Kopf; **one-upmanship** [,wʌn'ʌpmənʃɪp] *n* **that's just a form of ~** damit will er *etc* den anderen nur um eine Nasenlänge voraus sein; **one-way** *adj traffic, street* Einbahn-; **~ ticket** (*US Rail*) einfache Fahrkarte.

ongoing ['ɒngəʊɪŋ] *adj* (*in progress*) *research, project* im Gang befindlich, laufend; (*long-term, continuing*) *development, relationship* andauernd.

onion ['ʌnjən] *n* Zwiebel *f*. **he knows his ~s** (*Brit inf*) er kennt seinen Kram (*inf*).

onion dome *n* Zwiebelturm *m*; **onion-shaped** *adj* zwiebelförmig; **onionskin** *n*

Zwiebelschale *f*; (*paper*) Florpost *f*; **onion soup** *n* Zwiebelsuppe *f*.

on-line ['ɒnlaɪn] **I** *adj* On-line-. **II** [ɒn'laɪn] *adv* on line. **to go ~** auf On-line-Betrieb schalten; **to put a printer ~** einen Drucker auf On-line-Betrieb schalten; **to be ~ to sb/sth** mit jdm/etw verbunden sein.

onlooker ['ɒnlʊkə^r] *n* Zuschauer(in *f*) *m*.

only ['əʊnlɪ] **I** *adj attr* einzige(r, s). **he's an/my ~ child** er ist ein Einzelkind *nt*/mein einziges Kind; **the ~ one** *or* **person/ones** *or* **people** der/die einzige/die einzigen; **he was the ~ one to leave** *or* **who left** er ist als einziger gegangen; **the ~ thing** das einzige; **that's the ~ thing for it/the ~ thing to do** das ist die einzige Möglichkeit; **the ~ thing I have against it is that ...** ich habe nur eins dagegen einzuwenden, nämlich, daß ...; **the ~ thing** *or* **problem is ...** nur ...; **the ~ thing is (that) it's too late** es ist bloß *or* nur schon zu spät; **my ~ wish/regret** das einzige, was ich mir wünsche/was ich bedaure; **her ~ answer was a grin** *or* **to grin** ihre Antwort bestand nur aus einem Grinsen; *see* **one I 4.**

II *adv* **1.** nur. **it's ~ five o'clock** es ist erst fünf Uhr; **~ yesterday/last week** erst gestern/letzte Woche; **"members ~"** ,,(Zutritt) nur für Mitglieder"; **~ think of it!** stellen Sie sich das nur (mal) vor!; **~ to think of it made him ill** der bloße Gedanke *or* schon der Gedanke daran machte ihn krank.

2. (*in constructions*) **~ too true/easy** *etc* nur (all)zu wahr/leicht *etc*; **I'd be ~ too pleased to help** ich würde nur zu gerne helfen; **if ~ that hadn't happened** wenn das bloß *or* nur nicht passiert wäre; **we ~ just caught the train** wir haben den Zug gerade noch gekriegt; **he has ~ just arrived** er ist gerade erst angekommen; **I've ~ just got enough** ich habe gerade genug; **not ~ ... but also ...** nicht nur ..., sondern auch ...

III *conj* bloß, nur. **I would do it myself, ~ I haven't time** ich würde es selbst machen, ich habe bloß *or* nur keine Zeit.

ono *abbr of* **or near(est) offer.**

on-off switch ['ɒn'ɒfswɪtʃ] *n* Ein- und Ausschalter *m*.

onomatopoeia [ˌɒnəʊmætəʊ'piːə] *n* Lautmalerei, Onomatopöie (*spec*) *f*.

onrush ['ɒnrʌʃ] *n* (*of people*) Ansturm *m*; (*of water*) Schwall *m*.

onset ['ɒnset] *n* Beginn *m*; (*of cold weather also*) Einbruch *m*; (*of illness*) Ausbruch *m*. **at the first ~ of winter** bei Einbruch *or* Beginn des Winters; **the ~ of this illness is quite gradual** diese Krankheit kommt nur allmählich zum Ausbruch; **with the ~ of old age he ...** als er alt zu werden begann ...

onshore ['ɒnʃɔː^r] **I** *adj* Land-; *wind* See-, auflandig. **to be ~** an Land sein. **II** [ɒn'ʃɔː^r] *adv* (*also* **on shore**) an Land; *blow* landwärts, küstenwärts.

onside [ɒn'saɪd] *adv* nicht im Abseits.

on-site [ɒn'saɪt] *adj supervision, maintenance, personnel etc* Vor-Ort-.

onslaught ['ɒnslɔːt] *n* (*Mil*) (heftiger) Angriff (*on* auf +*acc*); (*fig also*) Attacke *f* (*on* auf +*acc*). **to make an ~ on sb/sth** (*fig*) (*verbally*) jdn/etw angreifen *or* attackieren; (*on work*) einer Sache (*dat*) zu Leibe rücken; **the initial ~ of the storm** das Losbrechen des Sturms.

on-the-job training ['ɒnðəˌdʒɒb'treɪnɪŋ] *n* Ausbildung *f* am Arbeitsplatz, innerbetriebliche Ausbildung.

onto ['ɒntʊ] *prep* **1.** (*upon, on top of*) auf (+*acc*); (*on sth vertical*) an (+*acc*). **to clip sth ~ sth** etw an etw (*acc*) anklemmen; **to get ~ the committee** in den Ausschuß kommen.

2. (*in verbal expressions*) *see also vb* + *on* **to get/come ~ a subject** auf ein Thema zu sprechen kommen; **are you ~ the next chapter already?** sind Sie schon beim nächsten Kapitel?; **when will you get ~ the next chapter?** wann kommen Sie zum nächsten Kapitel?; **to be/get ~** *or* **on to sb** (*find sb out*) jdm auf die Schliche gekommen sein/kommen (*inf*); (*police*) jdm auf der Spur sein/jdm auf die Spur kommen; **to get ~** *or* **on to sb** (*in contact with*) sich mit jdm in Verbindung setzen.

ontological [ˌɒntə'lɒdʒɪkəl] *adj* ontologisch.

ontology [ɒn'tɒlədʒɪ] *n* Ontologie *f*.

onus ['əʊnəs] *n, no pl* Pflicht *f*; (*burden*) Last, Bürde (*geh*) *f*. **to shift the ~ for sth onto sb** jdm die Verantwortung für etw zuschieben; **the ~ to do it is on** *or* **lies with him** es liegt an ihm, das zu tun.

onward ['ɒnwəd] **I** *adj* **the ~ march of time/progress** das Fortschreiten der Zeit/der Vormarsch des Fortschritts.

II *adv* (*also* **~s**) voran, vorwärts; *march* weiter. **from today/this time ~** von heute/der Zeit an.

III *interj* (*also* **~s**) voran, vorwärts.

onyx ['ɒnɪks] **I** *n* Onyx *m*. **II** *adj* Onyx-.

oodles ['uːdlz] *npl* (*inf*) jede Menge (*inf*). **~ (and ~s) of money** Geld wie Heu (*inf*).

oomph [ʊmf] *n* (*sl*) **1.** (*energy*) Pep (*inf*), Schwung *m*. **2.** (*sex appeal*) Sex *m* (*inf*). **to have ~** sexy sein (*inf*).

ooze [uːz] **I** *n* **1.** (*of mud, glue, resin*) Quellen *nt*; (*of water, blood*) Sickern, Triefen *nt*. **2.** (*mud*) Schlamm *m*.

II *vi* **1.** triefen; (*water, blood also*) sickern; (*wound*) nässen; (*resin, mud, glue*) (heraus)quellen.

2. (*fig*) **to ~ with sth** *see vt 2.*; **he stood there, sweat/charm oozing out of** *or* **from every pore** er stand da, förmlich triefend vor Schweiß/Liebenswürdigkeit.

III *vt* **1.** (aus)schwitzen, absondern.

2. (*fig*) *kindness, charm, culture* triefen von (*pej*), verströmen; *vanity, pride* strotzen von; *money, wealth* stinken vor (+*dat*) (*inf*). **the house ~s money** *or* **wealth/culture** das Haus verströmt eine Atmosphäre von Reichtum/Kultur.

◆ooze away *vi* wegsickern; (*into ground*) versickern; (*fig*) (*courage, pride, affection*) schwinden.

◆ooze out *vi* herausquellen; (*water, blood*) heraussickern.

op¹ *abbr of* **opus** op.
op² [ɒp] *n* (*inf*) *see* **operation.**
opacity [əʊ'pæsɪtɪ] *n* **1.** Undurchsichtigkeit, Lichtundurchlässigkeit *f*; (*of paint*) Deckkraft *f*. **2.** (*fig: of essay, meaning*) Undurchsichtigkeit *f*.
opal ['əʊpəl] **I** *n* (*stone*) Opal *m*; (*colour*) beige-graue Farbe. **II** *adj* Opal-; (*in colour*) opalen (*liter*), beige-grau schimmernd.
opalescence [ˌəʊpə'lesns] *n* Schimmern *nt*, Opaleszenz *f*.
opaline ['əʊpəliːn] *adj* opalen (*liter*).
opaque [əʊ'peɪk] *adj* **1.** opak; *glass also, liquid* trüb; *paper* undurchsichtig. **2.** (*fig*) *essay, prose* undurchsichtig, unklar.
op art ['ɒp'ɑːt] *n* Op-art *f*.
OPEC ['əʊpek] *abbr of* **Organization of Petroleum Exporting Countries** OPEC *f*.
open ['əʊpən] **I** *adj* **1.** *door, bottle, book, eye, flower* offen, auf *pred*, geöffnet; *circuit* offen; *lines of communication* frei; *wound* offen. **to keep/hold the door ~** die Tür offen- *or* auflassen/offen- *or* aufhalten; **to fling** *or* **throw the door ~** die Tür aufstoßen *or* aufwerfen; **I can't keep my eyes ~** ich kann die Augen nicht offen- *or* aufhalten; **the window flew ~** das Fenster flog auf; **his head was laid ~ when he fell** er schlug sich beim Fallen schwer den Kopf auf; **~ door policy** Politik *f* der offenen Tür; **a shirt ~ at the neck** ein am Hals offenes Hemd.

2. (*~ for business: shop, bank*) geöffnet. **the baker/baker's shop is ~** der Bäcker hat/der Bäckerladen ist *or* hat geöffnet *or* hat auf (*inf*) *or* hat offen (*inf*).

3. (*not enclosed*) offen; *country, ground also, view* frei; *carriage, car also* ohne Verdeck. **~ sandwich** belegtes Brot; **in the ~ air** im Freien; **on ~ ground** auf offenem *or* freiem Gelände; (*waste ground*) auf unbebautem Gelände.

4. (*not blocked, Ling*) offen; *road, canal, pores also* frei (*to* für), geöffnet; *rail track, river* frei (*to* für); (*Mus*) *string* leer; *pipe* offen. **~ note** Grundton *m*; **have you had your bowels ~ today?** (*Med form*) haben Sie heute Stuhlgang gehabt?; **~ to traffic/shipping** für den Verkehr/die Schiffahrt freigegeben; **"road ~ to traffic"** „Durchfahrt frei"; **~ cheque** (*Brit*) Barscheck *m*.

5. (*officially in use*) *building* eingeweiht; *road, bridge also* (offiziell) freigegeben; *exhibition* eröffnet. **to declare sth ~** etw einweihen/freigeben/für eröffnet erklären.

6. (*not restricted, accessible*) *letter, scholarship* offen; *market, competition also* frei; (*public*) *meeting, trial* öffentlich. **to be ~ to sb** (*competition, membership, possibility*) jdm offenstehen; (*admission*) jdm freistehen; (*place*) für jdn geöffnet sein; (*park*) jdm zur Verfügung stehen; **~ day** Tag *m* der offenen Tür; **in ~ court** (*Jur*) in öffentlicher Verhandlung; **~ to the public** der Öffentlichkeit zugänglich; **park ~ to the public** öffentlicher Park; **~ shop** (*Ind*) Open Shop *m*; **we have an ~ shop** wir haben keinen Gewerkschaftszwang.

7. to be ~ to advice/suggestions/ideas Ratschlägen/Vorschlägen/Ideen zugänglich sein *or* gegenüber offen sein; **I'm ~ to persuasion/correction** ich lasse mich gern überreden/verbessern; **I'm ~ to offers** ich lasse gern mit mir handeln *or* reden.

8. (*not filled*) *evening, time* frei; *job, post also* offen.

9. (*not concealed*) *campaign, secret, resistance* offen; *hostility also* unverhohlen, unverhüllt.

10. (*not decided or settled*) *question* offen, ungeklärt, ungelöst. **they left the matter ~** sie ließen die Angelegenheit offen *or* ungeklärt; **to have an ~ mind on sth** einer Sache (*dat*) aufgeschlossen gegenüberstehen; **keep your mind ~ to new suggestions** verschließen Sie sich neuen Vorschlägen nicht.

11. (*exposed, not protected*) (*Mil*) *town* offen; *coast also* ungeschützt. **~ to the elements** Wind und Wetter ausgesetzt; **to be ~/lay oneself ~ to criticism/attack** der Kritik/Angriffen ausgesetzt sein/sich der Kritik/Angriffen aussetzen; **a theory ~ to criticism** eine anfechtbare Theorie.

12. *weave* locker; *fabric, pattern* durchbrochen.

13. (*frank*) *character, face, person* offen, aufrichtig.

II *n* **in the ~** (*outside*) im Freien; (*on ~ ground*) auf freiem Feld; **it's all out in the ~** nun ist alles heraus (*inf*), nun ist es alles zur Sprache gekommen; **to bring sth out into the ~** mit etw nicht länger hinterm Berg halten; **to come out into the ~** (*fig*) (*person*) Farbe bekennen, sich erklären; (*affair*) herauskommen; **to force sb out into the ~** jdn zwingen, sich zu stellen; (*fig*) jdn zwingen, Farbe zu bekennen; **to force sth out into the ~** etw zur Sprache bringen.

III *vt* **1.** *door, mouth, bottle, letter etc* öffnen, aufmachen (*inf*); *book also, newspaper* aufschlagen; *throttle, circuit* öffnen. **he didn't ~ his mouth once** er hat kein einziges Mal den Mund aufgemacht; **to ~ ranks** (*Mil*) weg- *or* abtreten.

2. (*officially*) *exhibition* eröffnen; *building* einweihen; *motorway* (für den Verkehr) freigeben.

3. *region* erschließen. **they ~ed a road through the mountains** durch die Berge wurde eine Straße gebaut.

4. (*reveal, unfold*) öffnen. **to ~ one's heart to sb** sich jdm eröffnen (*geh*) **it had ~ed new horizons for him** dadurch erschlossen sich ihm neue Horizonte.

5. (*start*) *case, trial* eröffnen; *account also* einrichten; *debate, conversation also* beginnen.

6. (*set up*) *shop* eröffnen, aufmachen (*inf*); *school* einrichten.

7. (*Med*) *pores* öffnen. **to ~ the bowels** (*person*) Stuhlgang haben; (*medicine*) abführen.

8. to ~ fire (*Mil*) das Feuer eröffnen

(*on* auf +*acc*).

IV *vi* **1.** aufgehen; (*door, flower, book, wound, pores also*) sich öffnen. **I couldn't get the bonnet/bottle to ~** ich habe die Motorhaube/Flasche nicht aufbekommen; **it won't ~** es geht nicht auf.

2. (*shop, museum*) öffnen, aufmachen.

3. (*afford access: door*) führen (*into* in +*acc*). **the two rooms ~ into one another** diese zwei Zimmer sind durch eine Tür verbunden; *see also* **~ on to.**

4. (*start*) beginnen (*with* mit); (*Cards, Chess*) eröffnen. **the play ~s next week** das Stück wird ab nächster Woche gegeben; **when we ~ed in Hull** bei unserer ersten Vorstellung in Hull.

◆**open on to** *vi +prep obj* (*window*) gehen auf (+*acc*); (*door also*) führen auf (+*acc*).

◆**open out I** *vi* **1.** (*become wider: river, street*) sich verbreitern (*into* zu); (*valley also, view*) sich weiten, sich öffnen.

2. (*flower*) sich öffnen, aufgehen.

3. (*map*) sich ausfalten lassen.

4. (*fig*) (*person*) aus sich herausgehen; (*business*) sich ausdehnen (*into* auf +*acc*); (*new horizons*) sich auftun.

II *vt sep* **1.** (*unfold*) *map, newspaper etc* auseinanderfalten, aufmachen (*inf*). **2.** (*make wider*) erweitern, vergrößern. **3.** (*fig*) (*make expansive*) *person* aus der Reserve locken; (*develop*) *business* ausdehnen, erweitern.

◆**open up I** *vi* **1.** (*flower*) sich öffnen, aufgehen; (*fig*) (*prospects*) sich eröffnen, sich ergeben, sich erschließen; (*field, new horizons*) sich auftun, sich erschließen.

2. (*become expansive*) gesprächiger werden. **to ~ ~ about sth** über etw (*acc*) sprechen *or* reden.

3. (*inf: accelerate*) aufdrehen (*inf*).

4. (*unlock doors: of house, shop*) aufschließen, aufmachen.

5. (*start up: new shop*) aufmachen.

6. (*start firing: guns, enemy*) das Feuer eröffnen.

7. (*Sport: game*) sich auflockern.

II *vt sep* **1.** (*make accessible*) *territory, mine, prospects* erschließen; *new horizons, field of research also* auftun; (*unblock*) *disused tunnel etc* freimachen.

2. (*cut, make*) *passage* bauen; *gap* schaffen; *hole* machen; (*make wider*) *hole* größer *or* weiter machen, vergrößern.

3. (*unlock*) *house, shop, car* aufschließen, aufmachen.

4. (*start*) *business* eröffnen; *shop also* aufmachen.

5. (*Sport*) *game* auflockern.

open-air *adj* im Freien; **open-air swimming pool** *n* Freibad *nt*; **open-air theatre** *n* Freilichtbühne *f*, Freilichttheater *nt*; **open-and-shut** *adj* simpel; **it's an ~ case** es ist ein glasklarer Fall; **open-cast** *adj coal-mine* über Tage *pred*; **~ mining** Tagebau *m*; **open-door asylum policy** *n* Politik *f* der Offenen Tür; **open-ended** *adj* (*fig*) *contract* offen, zeitlich nicht begrenzt; *offer* unbegrenzt; *commitment* Blanko-; *discussion* alles offen lassend *attr*; *subject, category* endlos, uferlos; **open enrollment** *n* (*US Univ*) *Einschreibung f ohne Zulassungsvoraussetzungen*.

opener ['əʊpnəʳ] *n* **1.** Öffner *m*. **2. for ~s** (*inf*) für den Anfang.

open-eyed *adj* mit weit offenen Augen; **open-handed** *adj* freigebig, großzügig; **open-hearted** *adj* offen, offenherzig; **open-hearth** *adj* (*Tech*) Herdofen-; *process* (Siemens-)Martin-; **open-heart surgery** *n* Eingriff *m* am offenen Herzen; **open house** *n* **to keep ~** ein offenes Haus führen; **open housing** *n* (*US*) *Wohnraumvergabe f ohne (Rassen)diskriminierung*.

opening ['əʊpnɪŋ] **I** *n* **1.** Öffnung *f*; (*in hedge, branches, clouds, wall also*) Loch *nt*; (*cleft also*) Spalt *m*; (*in traffic stream*) Lücke *f*; (*forest clearing*) Lichtung *f*; (*fig: in conversation*) Anknüpfungspunkt *m*.

2. (*beginning, initial stages*) Anfang *m*; (*of debate, speech, trial also, Chess, Cards*) Eröffnung *f*.

3. (*official ~*) (*of exhibition, stores*) Eröffnung *f*; (*of building also*) Einweihung *f*; (*of motorway*) Freigabe *f* (für den Verkehr). **O~ of Parliament** Parlamentseröffnung *f*.

4. (*action*) (*of door, mouth, bottle, letter, pub, shop*) Öffnen *nt*; (*by sb also*) Öffnung *f*; (*of flower also*) Aufgehen *nt*; (*of account*) Eröffnung *f*; (*setting up: of shop, school*) Eröffnen, Aufmachen *nt*. **hours of ~** Öffnungszeiten *pl*.

5. (*opportunity*) Möglichkeit, Chance *f*; (*for career also*) Start *m*; (*job vacancy*) (freie) Stelle. **he gave his adversary an ~** er bot seinem Gegner eine Blöße.

II *attr* (*initial, first*) erste(r, s); *speech, move, gambit also* Eröffnungs-; *remarks* einführend.

opening ceremony *n* Eröffnungsfeierlichkeiten *pl*; **opening night** *n* Eröffnungsvorstellung *f* (am Abend); **opening price** *n* (*St Ex*) Eröffnungs- *or* Anfangskurs *m*; **opening time** *n* Öffnungszeit *f*.

openly ['əʊpənlɪ] *adv* (*without concealment*) offen; *speak also* freiheraus; (*publicly*) öffentlich.

open-minded *adj* aufgeschlossen; **open-mindedness** *n* Aufgeschlossenheit *f*; **open-mouthed** [ˌəʊpn'maʊðd] *adj* (*in surprise or stupidity*) mit offenem Mund, baff *pred* (*inf*); **open-necked** *adj shirt* mit offenem Kragen.

openness ['əʊpnnɪs] *n* **1.** (*frankness*) Offenheit, Aufrichtigkeit *f*; (*publicness*) Öffentlichkeit, Offenheit *f*. **2.** (*fig: of mind*) Aufgeschlossenheit *f* (*to* für). **3.** (*of countryside, coast*) Offenheit *f*. **4.** (*looseness: of weave*) Lockerheit *f*.

open-plan *adj office* Großraum-; *stairs* Frei-, frei angelegt; *flat etc* offen angelegt; **open prison** *n* offenes Gefängnis; **open season** *n* (*Hunt*) Jagdzeit *f*; **open shop** *n* Open Shop *m*; **we have an ~** wir haben keinen Gewerkschaftszwang; **Open University** *n* (*Brit*) Fernuniversität *f*; **to do an ~ course** ein Fernstudium machen *or* absolvieren; **openwork I** *n* (*Sew*) Durchbrucharbeit *f*; (*Archit*) Durchbruchmauerwerk *nt*; **II** *adj* durchbrochen.

opera ['ɒpərə] *n* Oper *f*. **to go to the ~** in die Oper gehen.

operable ['ɒpərəbl] *adj* **1.** (*Med*) operabel. **2.** (*practicable*) durchführbar, praktikabel.

opera *in cpds* Opern-; **opera glasses** *npl* Opernglas *nt*; **opera hat** *n* Chapeau claque *m*; **opera house** *n* Opernhaus *nt*.

operand ['ɒpə,rænd] *n* (*Math, Comput*) Operand *m*.

opera singer *n* Opernsänger(in *f*) *m*.

operate ['ɒpəreɪt] **I** *vi* **1.** (*machine, mechanism*) funktionieren; (*be powered*) betrieben werden (*by, on* mit); (*be in operation*) laufen, in Betrieb sein; (*fig: worker*) arbeiten. **how does it ~?** wie funktioniert es?

2. (*theory, plan, law*) sich auswirken; (*causes, factors also*) hinwirken (*on, for* auf +*acc*); (*organization, system*) arbeiten; (*medicine*) wirken. **that law/plan is not operating properly** dieses Gesetz greift nicht richtig/der Plan funktioniert nicht richtig; **I don't understand how his mind ~s** ich verstehe seine Gedankengänge nicht.

3. (*carry on one's business*) operieren; (*company also*) Geschäfte tätigen; (*detective, spy also*) agieren; (*airport, station*) in Betrieb sein; (*buses, planes*) verkehren. **I don't like the way he ~s** ich mag seine Methoden nicht.

4. (*Mil*) operieren.

5. (*Med*) operieren (*on sb/sth* jdn/etw). **to be ~d on** operiert werden; **he ~d on him for appendicitis/a cataract** er operierte ihn am Blinddarm/auf grauen Star.

II *vt* **1.** (*person*) *machine, switchboard* bedienen; (*set in operation*) in Betrieb setzen; *small mechanism, brakes also* betätigen; (*lever, button*) betätigen; *small mechanism etc* betätigen, auslösen; (*electricity, batteries*) betreiben.

2. (*manage*) *business* betreiben, führen.

3. (*put into practice*) *system, law* anwenden; *policy also* betreiben.

4. (*airline etc*) *route* bedienen; *bus etc service* unterhalten; *holiday, tours* veranstalten.

operatic [,ɒpə'rætɪk] *adj singer, music* Opern-.

operating ['ɒpəreɪtɪŋ] *adj attr* **1.** (*Tech, Comm*) *altitude, pressure, cost, profit* Betriebs-. **~ statement** (*US*) Gewinn- und Verlustrechnung *f*; **~ system** (*Comput*) Betriebssystem *nt*. **2.** (*Med*) Operations-. **~ theatre** (*Brit*) *or* **room** Operationssaal, OP *m*.

operation [,ɒpə'reɪʃən] *n* **1.** (*act of operating vi*) (*of machine, mechanism, system*) Funktionieren *nt*; (*of machine also*) Gang, Lauf *m*; (*of plan*) Durchführung *f*; (*of theory*) Anwendung *f*; (*method of functioning*) (*of machine, organization*) Arbeitsweise *f*; (*of system, organ*) Funktionsweise *f*; (*of law*) Wirkungsweise *f*. **to be in ~** (*machine*) in Betrieb sein; (*law*) in Kraft sein; (*plan*) durchgeführt werden; **to be out of ~** außer Betrieb sein; (*fig: person*) nicht einsatzfähig sein; **to come into ~** (*machine*) in Gang kommen; (*law*) in Kraft treten; (*plan*) zur Anwendung gelangen; **to bring** *or* **put a law into ~** ein Gesetz in Kraft setzen.

2. (*act of operating vt*) (*of machine etc*) Bedienung, Handhabung *f*; (*of small mechanism*) Betätigung *f*; (*of business*) Betreiben, Führen *nt*; (*of system, policy*) Anwendung *f*; (*of plan, law*) Durchführung *f*; (*of route*) Bedienung *f*; (*of bus service etc*) Unterhaltung *f*; (*of tours*) Veranstaltung *f*.

3. (*Med*) Operation *f* (*on* an +*dat*). **to have an ~** operiert werden. **to have a serious/heart ~** sich einer schweren Operation/Herzoperation unterziehen.

4. (*enterprise*) Unternehmen *nt*, Unternehmung, Operation *f*; (*task, stage in undertaking*) Arbeitsgang *m*; (*Math*) Rechenvorgang *m*, Operation *f*. **(business) ~s** Geschäfte *pl*; **to cease/resume ~s** den Geschäftsverkehr einstellen/wieder aufnehmen; **mental ~s** Denkvorgänge *pl*.

5. (*esp Mil: campaign*) Operation *f*, Einsatz *m*, Unternehmen *nt*; (*in police force*) Einsatz *m*. **~s room** Hauptquartier *nt*; **O~ Desert Storm** Operation Wüstensturm.

operational [,ɒpə'reɪʃənl] *adj* **1.** (*ready for use or action*) *machine, vehicle* betriebsbereit *or* -fähig; *army unit, aeroplane, tank* (*fig*) *worker* einsatzfähig; (*in use or action*) *machine, vehicle* in Betrieb, in *or* im Gebrauch; *airport* in Betrieb; *army unit* im Einsatz.

2. (*Tech, Comm*) *altitude, fault, costs* Betriebs-.

3. (*Mil*) *patrol, flight* Einsatz-; *base* Operations-.

operative ['ɒpərətɪv] **I** *adj* **1.** (*producing an effect*) *measure, laws* wirksam; *clause* maßgeblich, entscheidend; (*in effect*) *law* rechtsgültig, geltend. **"if" being the ~ word** wobei ich „wenn" betone; **to become ~** (*law*) in Kraft treten; (*system*) verbindlich eingeführt werden.

2. (*Med*) *treatment* operativ.

3. (*manual*) *skills* maschinentechnisch; *class* Arbeiter-.

II *n* (*of machinery*) Maschinenarbeiter(in *f*) *m*; (*detective*) Detektiv *m*; (*spy*) Agent(in *f*) *m*.

operator ['ɒpəreɪtə^r] *n* **1.** (*Telec*) ≈ Vermittlung *f*. **a call through the ~** ein handvermitteltes Gespräch.

2. (*of machinery*) (Maschinen)arbeiter(in *f*) *m*; (*of vehicle, lift*) Führer(in *f*) *m*; (*of electrical equipment*) Bediener *m*; (*of computer*) Operator(in *f*) *m*. **lathe** *etc* **~** Arbeiter(in *f*) *m* an der Drehbank *etc*.

3. (*private company, company owner*) Unternehmer *m*; (*Fin*) (Börsen)makler *m*; (*tour ~*) Veranstalter *m*.

4. (*inf*) (raffinierter) Kerl, Typ (*inf*)

m; (*criminal*) Gauner *m*. **to be a smooth/clever ~** raffiniert vorgehen.

operetta [ˌɒpəˈretə] *n* Operette *f*.

ophthalmic [ɒfˈθælmɪk] *adj* Augen-. **~ optician** *approbierter Augenoptiker, der berechtigt ist, Sehhilfen zu verschreiben.*

ophthalmologist [ˌɒfθælˈmɒlədʒɪst] *n* Ophthalmologe *m*, Ophthalmologin *f*.

ophthalmology [ˌɒfθælˈmɒlədʒɪ] *n* Augenheilkunde, Ophthalmologie (*spec*) *f*.

ophthalmoscope [ɒfˈθælməskəʊp] *n* Augenspiegel *m*.

opiate [ˈəʊpɪɪt] **I** *n* Opiat *nt*; (*fig*) Beruhigungsmittel *nt*. **II** *adj* opiumhaltig.

opinion [əˈpɪnjən] *n* **1.** (*belief, view*) Meinung, Ansicht *f* (*about, on* zu); (*political, religious*) Anschauung *f*. **in my ~** meiner Meinung *or* Ansicht nach, meines Erachtens; **in the ~ of certain experts** nach Ansicht gewisser Experten; **to be of the ~ that ...** der Meinung *or* Ansicht sein, daß ...; **to express** *or* **put forward an ~** seine Meinung äußern *or* vorbringen; **to ask sb's ~** jdn nach seiner Meinung fragen; **it is a matter of ~** das ist Ansichtssache; **I have no ~ about it** *or* **on the matter** dazu habe ich keine Meinung.

2. *no pl* (*estimation*) Meinung *f*. **to have a good** *or* **high/low** *or* **poor ~ of sb/sth** eine gute *or* hohe/keine gute *or* eine schlechte Meinung von jdm/etw haben; **to form an ~ of sb/sth** sich (*dat*) eine Meinung über jdn/etw bilden.

3. (*professional advice*) Gutachten *nt*; (*esp Med*) Befund *m*. **to seek** *or* **get a second ~** (*esp Med*) ein zweites Gutachten *or* einen zweiten Befund einholen.

opinionated [əˈpɪnjəneɪtɪd] *adj* selbstherrlich, rechthaberisch.

opinion poll *n* Meinungsumfrage *f*.

opium [ˈəʊpɪəm] *n* (*lit, fig*) Opium *nt*. **the ~ of the masses** Opium *nt* für das Volk.

opium *in cpds* Opium-; **opium den** *n* Opiumhöhle *f*; **opium fiend** *n* Opiumsüchtige(r) *mf*; **opium poppy** *n* Schlafmohn *m*.

opossum [əˈpɒsəm] *n* Opossum *nt*.

opp *abbr of* **opposite** Gegent.

opponent [əˈpəʊnənt] *n* Gegner(in *f*) *m*.

opportune [ˈɒpətjuːn] *adj time* gelegen, günstig; *remark* an passender Stelle; *action, event* rechtzeitig, opportun (*geh*).

opportunely [ˈɒpətjuːnlɪ] *adv see adj*.

opportunism [ˌɒpəˈtjuːnɪzəm] *n* Opportunismus *m*.

opportunist [ˌɒpəˈtjuːnɪst] **I** *n* Opportunist *m*. **II** *adj* opportunistisch.

opportunity [ˌɒpəˈtjuːnɪtɪ] *n* **1.** Gelegenheit *f*. **at the first** *or* **earliest ~** bei der erstbesten Gelegenheit; **I have little/no ~ for listening** *or* **to listen to music** ich habe wenig/nie Gelegenheit, Musik zu hören; **to take/seize the ~ to do sth** *or* **of doing sth** die Gelegenheit nutzen/ergreifen, etw zu tun; **as soon as I get the ~** sobald sich die Gelegenheit ergibt.

2. (*chance to better oneself*) Chance, Möglichkeit *f*. **equality of ~** Chancengleichheit *f*.

oppose [əˈpəʊz] *vt* **1.** (*be against*) ablehnen; (*fight against*) sich entgegenstellen *or* entgegensetzen (+*dat*); *leadership, orders, plans, decisions, sb's wishes* sich widersetzen (+*dat*); *government* sich stellen gegen. **he ~s our coming** er ist absolut dagegen, daß wir kommen.

2. (*stand in opposition: candidate*) kandidieren gegen.

3. (*form*) (*against, to dat*) (*set up in opposition*) entgegensetzen, entgegenstellen; (*contrast*) gegenüberstellen.

opposed [əˈpəʊzd] *adj* **1.** *pred* (*hostile*) dagegen. **to be ~ to sb/sth** gegen jdn/etw sein; **I am ~ to your going away** ich bin dagegen, daß Sie gehen. **2.** (*opposite, contrasted*) entgegengesetzt, gegensätzlich. **3. as ~ to** im Gegensatz zu.

opposing [əˈpəʊzɪŋ] *adj team* gegnerisch; *army* feindlich; *characters* gegensätzlich; *minority* opponierend. **~ party** (*Jur*) Gegenpartei *f*; **~ counsel** (*Jur*) Anwalt *m* der Gegenpartei.

opposite [ˈɒpəzɪt] **I** *adj* **1.** (*in place*) entgegengesetzt; (*facing*) gegenüberliegend *attr*, gegenüber *pred*. **to be ~** gegenüber liegen/stehen/sitzen *etc*; **on the ~ page** auf der Seite gegenüber, auf der gegenüberliegenden *or* anderen Seite.

2. (*contrary*) entgegengesetzt (*to, from dat*, zu). **the ~ sex** das andere Geschlecht; **~ number** Pendant *nt*; **~ poles** (*Geog*) entgegengesetzte Pole *pl*; (*Elec also*) Gegenpole *pl*; (*fig*) zwei Extreme.

II *n* Gegenteil *nt*; (*contrast: of pair*) Gegensatz *m*. **black and white are ~s** Schwarz und Weiß sind Gegensätze; **quite the ~!** ganz im Gegenteil!

III *adv* gegenüber, auf der anderen *or* gegenüberliegenden Seite. **they sat ~** sie saßen uns gegenüber.

IV *prep* gegenüber (+*dat*). **~ one another** sich gegenüber; **they live ~ us** sie wohnen uns gegenüber, sie wohnen gegenüber von uns; **to play ~ sb** (*Theat*) jds Gegenspieler sein, die Gegenrolle zu jdm spielen.

opposition [ˌɒpəˈzɪʃən] *n* **1.** (*resistance*) Widerstand *m*, Opposition *f*; (*people resisting*) Opposition *f*. **to offer ~ to sb/sth** jdm/einer Sache Widerstand entgegensetzen; **to act in ~ to sth** einer Sache (*dat*) zuwiderhandeln; **to start up a business in ~ to sb** ein Konkurrenzunternehmen zu jdm aufmachen; **without ~** widerstandslos.

2. (*contrast*) Gegensatz *m*. **to be in ~ to sb** anderer Meinung als jd sein; **to be in ~ to sth** im Gegensatz zu etw stehen; **he found himself in ~ to the general opinion** er sah sich im Widerspruch zur allgemeinen Meinung.

3. (*Astron*) Opposition *f*, Gegenschein *m*.

4. (*esp Brit Parl*) **O~** Opposition(spartei) *f*; **the O~, Her Majesty's O~** die Opposition; **leader of the O~** Oppositionsführer(in *f*) *m*; **O~ benches** Oppositionsbank *f*.

oppress [əˈpres] *vt* **1.** (*tyrannize*) unterdrücken. **2.** (*weigh down*) bedrücken, lasten auf (+*dat*).

oppression [əˈpreʃən] *n* **1.** (*tyranny*)

Unterdrückung *f*. **2.** (*fig*) (*depression*) Bedrängnis, Bedrücktheit *f*; (*due to heat, climate*) bedrückende Atmosphäre. **the ~ of his spirits** seine Bedrängtheit.

oppressive [ə'presɪv] *adj* **1.** (*tyrannical*) *regime, laws* repressiv; *taxes* (er)drückend. **2.** (*fig*) drückend; *thought* bedrückend; *heat also* schwül.

oppressively [ə'presɪvlɪ] *adv* **1.** *rule* repressiv. **to tax ~** drückende Steuern *pl* erheben. **2.** (*fig*) drückend.

oppressiveness [ə'presɪvnɪs] *n* **1.** Unterdrückung *f* (*of* durch); (*of taxes*) (er)drückende Last. **2.** (*fig*) bedrückende Atmosphäre; (*of thought*) schwere Last; (*of heat, climate*) Schwüle *f*.

oppressor [ə'presəʳ] *n* Unterdrücker *m*.

opprobrious [ə'prəʊbrɪəs] *adj invective, remark* verächtlich, schmähend; *conduct* schändlich, schandhaft, schimpflich.

opprobrium [ə'prəʊbrɪəm] *n* (*disgrace*) Schande, Schmach *f*; (*scorn, reproach*) Schmähung *f*.

opt [ɒpt] *vi* **to ~ for sth/to do sth** sich für etw entscheiden/sich entscheiden, etw zu tun.

◆**opt in** *vi* beitreten (+*dat*).

◆**opt out** *vi* sich anders entscheiden; (*of awkward situation also*) abspringen (*of* bei); (*of responsibility, invitation*) ablehnen (*of acc*); (*give up membership, Rad, TV*) austreten (*of* aus); (*of insurance scheme*) kündigen (*of acc*).

optative ['ɒptətɪv] **I** *n* Optativ *m*, Wunschform *f*. **II** *adj* optativ.

optic ['ɒptɪk] *adj nerve, centre* Seh-.

optical ['ɒptɪkəl] *adj* optisch. **~ character reader** (*Comput*) optischer Klarschriftleser; **~ character recognition** (*Comput*) optische Zeichenerkennung; **~ disk** optische Platte; **~ fibre** (*material*) Glasfaser *f*; (*cable*) Glasfaserkabel *nt*; **~ illusion** optische Täuschung.

optician [ɒp'tɪʃən] *n* Augenarzt *m*, Augenärztin *f*, Optiker(in *f*) *m*.

optics ['ɒptɪks] *n sing* Optik *f*.

optima ['ɒptɪmə] *pl of* **optimum.**

optimal ['ɒptɪml] *adj* optimal.

optimism ['ɒptɪmɪzəm] *n* Optimismus *m*.

optimist ['ɒptɪmɪst] *n* Optimist(in *f*) *m*.

optimistic [,ɒptɪ'mɪstɪk] *adj* optimistisch, zuversichtlich. **to be ~ about sth** in bezug auf etw (*acc*) optimistisch sein.

optimistically [,ɒptɪ'mɪstɪkəlɪ] *adv see adj.*

optimize ['ɒptɪmaɪz] *vt* optimieren.

optimum ['ɒptɪməm] **I** *adj* optimal; *conditions also* bestmöglich. **II** *n*, *pl* **optima** *or* **-s** Optimum *nt*. **at an ~** optimal.

option ['ɒpʃən] *n* **1.** (*choice*) Wahl *f no pl*; (*possible course of action also*) Möglichkeit *f*. **since you've got the ~ of leaving or staying** da Sie die Wahl haben, ob Sie gehen oder bleiben; **I have little/no ~** mir bleibt kaum eine/keine andere Wahl; **he had no ~ but to come** ihm blieb nichts anderes übrig, als zu kommen; **that leaves us no ~** das läßt uns keine andere Wahl; **to leave one's ~s open** sich (*dat*) alle Möglichkeiten offenlassen.

2. (*Comm*) Option *f* (*on* auf +*acc*); (*on house, goods also*) Vorkaufsrecht *nt* (*on* an +*dat*); (*on shares*) Bezugsrecht *nt* (*on* für). **with an ~ to buy** mit einer Kaufoption *or* (*on shares*) Bezugsoption; (*on approval*) zur Ansicht.

3. (*Univ, Sch*) Wahlfach *nt*.

optional ['ɒpʃənl] *adj* (*not compulsory*) freiwillig; (*Sch, Univ*) *subject* Wahl-, wahlfrei, fakultativ; (*not basic*) *trim, mirror* auf Wunsch erhältlich. **"evening dress ~"** „Abendkleidung nicht Vorschrift"; **~ extras** Extras *pl*; **the cigar lighter is an ~ extra** der Zigarettenanzünder wird auf Wunsch eingebaut.

optometrist [ɒp'tɒmətrɪst] *n* (*US: optician*) Optiker(in *f*) *m*.

opt-out clause *n* (*European Community*) Ausstiegsklausel *f*.

opulence ['ɒpjʊləns] *n, no pl see adj* Reichtum *m*; Wohlhabenheit *f*; Prunk *m*, Stattlichkeit *f*; Feudalität *f*; Üppigkeit *f*; Fülligkeit *f*.

opulent ['ɒpjʊlənt] *adj* reich; *appearance* (*of person*) *also* wohlhabend; *clothes, building, room* prunkvoll, stattlich; *car, chairs, carpets* feudal; *décor also, lifestyle, vegetation* üppig; *figure* üppig, füllig.

opus ['əʊpəs] *n, pl* **opera** ['ɒpərə] *n* (*Mus*) Opus *nt*.

or *conj* **1.** oder; (*with neg*) noch. **he could not read ~ write** er konnte weder lesen noch schreiben; **without tears ~ sighs** ohne Tränen oder Seufzer; **you'd better go ~ (else) you'll be late** gehen Sie jetzt besser, sonst kommen Sie zu spät; **you'd better do it ~ else!** tu das lieber, sonst ...!; **in a day/month ~ two** in ein bis *or* oder zwei Tagen/Monaten.

2. (*that is*) (oder) auch. **the Lacedaemonians, ~ Spartans** die Lazedämonier, (oder) auch Spartaner; **the Congo, ~ rather, Zaire** der Kongo, beziehungsweise Zaire.

oracle ['ɒrəkl] *n* **1.** Orakel *nt*; (*person*) Seher(in *f*) *m*; (*fig*) Alleswisser *m*. **Delphic ~** delphisches Orakel, Orakel zu Delphi. **2. O~** ® *britisches Videotext-System*.

oracular [ɒ'rækjʊləʳ] *adj inscriptions, utterances* orakelhaft; *powers* seherisch; (*fig*) weise.

oral ['ɔːrəl] **I** *adj* **1.** *consonant, phase* oral; *medicine also* Oral- (*spec*), zum Einnehmen; *cavity, hygiene, sex also* Mund-. **2.** (*verbal*) mündlich. **II** *n* Mündliche(s) *nt*.

orally ['ɔːrəlɪ] *adv* **1.** oral. **2.** (*verbally*) mündlich.

orange ['ɒrɪndʒ] **I** *n* **1.** (*fruit, tree*) Orange, Apfelsine *f*; (*drink*) Orangensaft *m*. **2.** (*colour*) Orange *nt*. **II** *adj* **1.** Orangen-. **2.** (*in colour*) orange *inv*, orange(n)farben.

orangeade ['ɒrɪndʒ'eɪd] *n* Orangeade, Orangenlimonade *f*.

orange blossom *n* Orangenblüte *f* (*wird von Bräuten zur Hochzeit getragen*); **orange box** *n* Obst- *or* Apfelsinenkiste *f*; **orange-coloured** *adj* orange(n)farben *or* -farbig; **orange juice** *n* Orangensaft, O-Saft (*inf*) *m*; **Orange Order** *n protestantische Vereinigung, die den*

Namen Wilhelms von Oranien trägt; **orange peel** *n* Orangen- *or* Apfelsinenschale *f*.

orangery ['ɒrɪndʒərɪ] *n* Orangerie *f*.

orange stick *n* Maniküstäbchen *nt*.

orang-outang, orang-utan [ɔːˌræŋuː'tæŋ, -n] *n* Orang-Utan *m*.

orate [ɒ'reɪt] *vi* Reden/eine Rede halten (*to* vor +*dat*).

oration [ɒ'reɪʃən] *n* Ansprache *f*. **funeral ~** Grabrede *f*.

orator ['ɒrətər] *n* Redner(in *f*).

oratorio [ˌɒrə'tɔːrɪəʊ] *n* (*Mus*) Oratorium *nt*.

oratory[1] ['ɒrətərɪ] *n* (*art of making speeches*) Redekunst *f*.

oratory[2] *n* (*Eccl*) Oratorium *nt*.

orb [ɔːb] *n* **1.** (*poet*) Ball *m*; (*star*) Gestirn *nt* (*geh*); (*eye*) Auge *nt*. **2.** (*of sovereignty*) Reichsapfel *m*.

orbit ['ɔːbɪt] **I** *n* **1.** (*Astron, Space*) (*path*) Umlaufbahn, Kreisbahn *f*, Orbit *m* (*spec*); (*single circuit*) Umkreisung *f*, Umlauf *m*. **to be in/go into ~ (round the earth/moon)** in der (Erd-/Mond)umlaufbahn sein/in die (Erd-/Mond)umlaufbahn eintreten; **to put a satellite into ~** einen Satelliten in die Umlaufbahn schießen.

2. (*fig*) Kreis *m*; (*sphere of influence*) (Macht)bereich *m*, Einflußsphäre *f*.

II *vt* umkreisen.

III *vi* kreisen.

orbital ['ɔːbɪtl] *adj* orbital; *velocity* Umlauf-.

orchard ['ɔːtʃəd] *n* Obstgarten *m*; (*commercial*) Obstplantage *f*. **apple/cherry ~** Obstgarten *m* mit Apfel-/Kirschbäumen; (*commercial*) Apfel-/Kirschplantage *f*.

orchestra ['ɔːkɪstrə] *n* Orchester *nt*.

orchestral [ɔː'kestrəl] *adj* Orchester-.

orchestra pit *n* Orchestergraben *m*; **orchestra stalls** *npl* Orchestersitze *pl*.

orchestrate ['ɔːkɪstreɪt] *vt* orchestrieren.

orchestration [ˌɔːkɪs'treɪʃən] *n* Orchestrierung, Orchesterbearbeitung *f*.

orchid ['ɔːkɪd] *n* Orchidee *f*.

ordain [ɔː'deɪn] *vt* **1.** *sb* ordinieren; (*Eccl*) *a priest* weihen. **to be ~ed priest/to the ministry** ordiniert werden; (*Catholic also*) zum Priester geweiht werden.

2. (*destine: God, fate*) wollen, bestimmen.

3. (*decree*) (*law*) bestimmen; (*ruler also*) verfügen.

ordeal [ɔː'diːl] *n* **1.** Tortur *f*; (*stronger, long-lasting*) Martyrium *nt*; (*torment, emotional ~*) Qual *f*. **2.** (*Hist: trial*) Gottesurteil *nt*. **~ by fire/water** Feuer-/Wasserprobe *f*.

order ['ɔːdər] **I** *n* **1.** (*sequence*) (Reihen)folge, (An)ordnung *f*. **word ~** Wortstellung, Wortfolge *f*; **are they in ~/in the right ~?** sind sie geordnet/sind sie in der richtigen Reihenfolge?; **in ~ of preference/merit** in der bevorzugten/in der ihren Auszeichnungen entsprechenden Reihenfolge; **to put sth in (the right) ~** etw ordnen; **to be in the wrong ~** *or* **out of ~** durcheinander sein; (*one item*) nicht am richtigen Platz sein; **to get out of ~** durcheinandergeraten; (*one item*) an eine falsche Stelle kommen.

2. (*system*) Ordnung *f*. **there's no ~ in his work** seiner Arbeit fehlt die Systematik; **the ~ of the world** die Weltordnung; **it is in the ~ of things** es liegt in der Natur der Dinge.

3. (*tidy or satisfactory state*) Ordnung *f*. **to put** *or* **set one's life/affairs in ~** Ordnung in sein Leben/seine Angelegenheiten bringen.

4. (*discipline*) (*in society*) Ordnung *f*; (*in school, team also*) Disziplin *f*. **to keep ~** die Ordnung wahren; die Disziplin aufrechterhalten; **to keep the children in ~** die Kinder unter Kontrolle halten; **~ in court** (*Brit*) *or* **the courtroom!** (*US*) Ruhe im Gerichtssaal!; **~, ~!** Ruhe!

5. (*working condition*) Zustand *m*. **to be in good/bad ~** in gutem/schlechtem Zustand sein; (*work well/badly also*) in Ordnung/nicht in Ordnung sein; **to be out of/in ~** (*car, radio, telephone*) nicht funktionieren/funktionieren; (*machine, lift also*) außer/in Betrieb sein; **out of ~** Außer Betrieb.

6. (*command*) Befehl *m*, Order *f* (*old, hum*). **by ~ of the court** laut gerichtlicher Anweisung; **~s are ~s** Befehl ist Befehl; **"no parking — by ~ of the Town Council"** „Parken verboten — die Stadtverwaltung"; **by ~ of the minister** auf Anordnung des Ministers; **I don't take ~s from anyone** ich lasse mir von niemandem befehlen; **to be under ~s to do sth** Instruktionen haben, etw zu tun; **until further ~s** bis auf weiteren Befehl.

7. (*in restaurant Comm*) Bestellung *f*; (*contract to manufacture or supply*) Auftrag *m*. **two ~s of French fries** (*US*) zwei Portionen Pommes frites; **made to ~** auf Bestellung (gemacht *or* hergestellt); **to give an ~ to** *or* **place an ~ with sb** eine Bestellung bei jdm aufgeben *or* machen; jdm einen Auftrag geben.

8. (*Fin*) **cheque to ~** Orderscheck, Namensscheck *m*; **pay to the ~ of** zahlbar an (+*acc*); **pay X or O~** (zahlbar) an X oder dessen Order.

9. in ~ to do sth um etw zu tun; **in ~ that** damit.

10. (*correct procedure at meeting, Parl*) **a point of ~** eine Verfahrensfrage; **to be out of ~** gegen die Verfahrensordnung verstoßen; (*Jur: evidence*) unzulässig sein; (*fig*) aus dem Rahmen fallen; **to call sb/the meeting to ~** jdn ermahnen, sich an die Verfahrensordnung zu halten/die Versammlung zur Ordnung rufen; **an explanation/a drink would seem to be in ~** eine Erklärung/ein Drink wäre angebracht; **his demand is quite in ~** seine Forderung ist völlig berechtigt; **what's the ~ of the day?** was steht auf dem Programm (*also fig*) *or* auf der Tagesordnung?; (*Mil*) wie lautet der Tagesbefehl?

11. (*Archit*) Säulenordnung *f*; (*Biol*) Ordnung *f*; (*fig: class, degree*) Art *f*. **intelligence of a high** *or* **the first ~** hochgradige Intelligenz; **something in the ~**

of ten per cent in der Größenordnung von zehn Prozent; **something in the ~ of one in ten** etwa einer von zehn.

12. (*Mil: formation*) Ordnung *f*.

13. (*social*) Schicht *f*. **the higher/lower ~s** die oberen/unteren Schichten; **the ~ of baronets** der Freiherrnstand.

14. (*Eccl: of monks etc*) Orden *m*. **Benedictine ~** Benediktinerorden *m*.

15. (*Eccl*) **(holy) ~s** *pl* Weihe(n *pl*) *f*; (*of priesthood*) Priesterweihe *f*; **to take (holy) ~s** die Weihen empfangen; **he is in (holy) ~s** er gehört dem geistlichen Stand an.

16. (*honour, society of knights*) Orden *m*. **O~ of Merit** (*Brit*) Verdienstorden *m*.

II *vt* **1.** (*command, decree*) *sth* befehlen, anordnen; (*prescribe: doctor*) verordnen (*for sb* jdm). **to ~ sb to do sth** jdn etw tun heißen (*geh*), jdm befehlen *or* (*doctor*) verordnen, etw zu tun; (*esp Mil*) jdn dazu beordern, etw zu tun; **he was ~ed to be quiet** man befahl ihm, still zu sein; (*in public*) er wurde zur Ruhe gerufen; **the army was ~ed to retreat** dem Heer wurde der Rückzug befohlen; **he ~ed his gun to be brought (to him)** er ließ sich (*dat*) sein Gewehr bringen.

2. (*direct, arrange*) *one's affairs, life* ordnen. **to ~ arms** (*Mil*) das Gewehr abnehmen.

3. (*Comm etc*) *goods, dinner, taxi* bestellen; (*to be manufactured*) *ship, suit, machinery* in Auftrag geben (*from sb* bei jdm).

III *vi* bestellen.

◆**order about** *or* **around** *vt sep* herumkommandieren.

order book *n* (*Comm*) Auftragsbuch *nt*; **order cheque** *n* Orderscheck, Namensscheck *m*; **order form** *n* Bestellformular *nt*, Bestellschein *m*.

orderliness ['ɔːdəlɪnɪs] *n* **1.** Ordentlichkeit *f*. **2.** (*of group, demonstration*) Friedlichkeit, Gesittetheit *f*.

orderly ['ɔːdəlɪ] **I** *adj* **1.** (*tidy, methodical*) ordentlich, geordnet; *life also* geregelt; *person, mind* ordentlich, methodisch. **2.** *group, demonstration* ruhig, friedlich, gesittet.

II *n* **1.** (*Mil*) (*attached to officer*) Bursche *m* (*dated*). **2. (medical) ~** Pfleger *m*; (*Mil*) Sanitäter *m*.

orderly officer *n* diensthabender Offizier, Offizier *m* vom Dienst; **orderly room** *n* Schreibstube *f*.

ordinal ['ɔːdɪnl] (*Math*) **I** *adj* Ordnungs-, Ordinal-.

II *n* Ordnungs- *or* Ordinalzahl.

ordinance ['ɔːdɪnəns] *n* **1.** (*order*) (*of government*) Verordnung *f*; (*Jur*) Anordnung *f*; (*of fate*) Fügung *f* (*geh*). **2.** (*Eccl*) (*sacrament*) Sakrament *nt*.

ordinand ['ɔːdɪˌnænd] *n* Priesteramtskandidat(in *f*) *m*.

ordinarily ['ɔːdnrɪlɪ] *adv* normalerweise, gewöhnlich.

ordinary ['ɔːdnrɪ] **I** *adj* **1.** (*usual*) gewöhnlich, normal. **to do sth in the ~ way** etw auf die normale *or* gewöhnliche Art und Weise tun; **in the ~ way I would ...** normalerweise *or* gewöhnlich würde ich ...

2. (*average*) normal, durchschnittlich; (*nothing special, commonplace*) gewöhnlich; alltäglich. **the ~ Englishman** der normale Engländer; **a very ~ kind of person** ein ganz gewöhnlicher Mensch; **this is no ~ car** dies ist kein gewöhnliches Auto.

II *n* **1. out of the ~** außergewöhnlich, außerordentlich; **nothing/something out of the ~** nichts/etwas Außergewöhnliches *or* Ungewöhnliches; **intelligence above the ~** überdurchschnittliche *or* außergewöhnliche Intelligenz.

2. (*form*) **physician in ~ to the king** Leibarzt *m* des Königs.

Ordinary grade *n see* **O grade**; **Ordinary level** *n see* **O level**; **Ordinary National Diploma** *n* (*Brit*) *Diplom nt einer Technischen Fachschule*; **ordinary seaman** *n* Maat *m*; **ordinary share** *n* (*Fin*) Stammaktie *f*.

ordination [ˌɔːdɪ'neɪʃən] *n* Ordination *f*.

ordnance ['ɔːdnəns] (*Mil*) *n* **1.** (*artillery*) (Wehr)material *nt*. **2.** (*supply*) Material *nt*, Versorgung *f*; (*corps*) Technische Truppe; (*in times of war*) Nachschub *m*.

ordnance factory *n* Munitionsfabrik *f*; **Ordnance Survey** *n* (*Brit*) ≈ Landesvermessungsamt *nt* (*BRD*); **Ordnance Survey map** *n* (*Brit*) *amtliche topographische Karte*, Meßtischblatt *nt*.

ordure ['ɔːdjʊəʳ] *n* (*liter*) (*excrement*) Kot *m*; (*rubbish*) Unrat *m*; (*fig*) Schmutz *m no pl*.

ore [ɔːʳ] *n* Erz *nt*.

oregano [ˌɒrɪ'gɑːnəʊ] *n* Oregano *m*.

organ ['ɔːgən] *n* **1.** (*Anat*) Organ *nt*; **~ donor** Organspender(in *f*) *m*; (*penis*) Geschlecht *nt*. **~ of speech** Sprechorgan. **2.** (*Mus*) Orgel *f*. **to be at the ~** die Orgel spielen.

3. (*mouthpiece of opinion*) Sprachrohr *nt*; (*newspaper*) Organ *nt*. **4.** (*means of action*) Organ *nt*.

organdie, (*US*) **organdy** ['ɔːgəndɪ] **I** *n* Organdy *m*. **II** *attr* Organdy-.

organ-grinder ['ɔːgən'graɪndəʳ] *n* Drehorgelspieler, Leierkastenmann *m*.

organic [ɔː'gænɪk] *adj* **1.** (*Sci*) organisch; *vegetables, farming* biodynamisch; **~ waste** Biomüll, organischer Abfall *m*. **2.** (*fig*) *whole, unity* organisch; *part of whole* substantiell; *fault* immanent.

organically [ɔː'gænɪkəlɪ] *adv* **1.** (*Sci*) organisch; *farm, grow* biodynamisch. **2.** (*fig*) *integrated, connected* organisch.

organism ['ɔːgənɪzəm] *n* (*Biol, fig*) Organismus *m*.

organist ['ɔːgənɪst] *n* Organist(in *f*) *m*.

organization [ˌɔːgənaɪ'zeɪʃən] *n* **1.** (*act*) Organisation *f* (*also Pol*); (*of work also, of time*) Einteilung *f*. **2.** (*arrangement*) *see vt 1.* Ordnung *f*; Organisation *f*; Einteilung *f*; Aufbau *m*; Planung *f*. **3.** (*institution*) Organisation *f*; (*Comm*) Unternehmen *nt*.

organization chart *n* Diagramm *nt* der Unternehmensstruktur; **Organization for Economic Cooperation and Development** *n* Organisation *f* für wirtschaftliche Zusammenarbeit und Entwicklung; **Organization of African Unity** *n* Organisation *f* für afrikanische Einheit; **Organization of American States** *n* Organisation *f* amerikanischer Staaten; **Organization of Arab Petroleum Exporting Countries** *n* Organisation *f* der arabischen erdölexportierenden Länder; **Organization of Petroleum Exporting Countries** *n* Organisation *f* der erdölexportierenden Länder.

organize ['ɔːgənaɪz] **I** *vt* **1.** (*give structure to, systematize*) ordnen; *facts also* organisieren; *time* einteilen; *work* organisieren, einteilen; *essay* aufbauen; *one's/sb's life* planen. **to get (oneself) ~d** (*get ready*) alles vorbereiten; (*to go out*) sich fertigmachen; (*for term, holiday*) sich vorbereiten; (*sort things out*) seine Sachen in Ordnung bringen; (*sort out one's life*) ein geregeltes Leben anfangen; **I'll come as soon as I've got (myself) ~d** ich komme, sobald ich so weit bin; **I've only just taken over the shop, but as soon as I've got ~d I'll contact you** ich habe den Laden gerade erst übernommen, aber sobald alles (richtig) läuft, melde ich mich bei Ihnen.

2. (*arrange*) *party, meeting* organisieren; *food, music for party* sorgen für; *sports event also* ausrichten; (*into teams, groups*) einteilen. **to ~ things so that ...** es so einrichten, daß ...

3. (*Pol: unionize*) organisieren.

II *vi* (*Pol*) sich organisieren.

organized ['ɔːgənaɪzd] *adj* **1.** (*Sci*) organisch.

2. (*structured, systematized*) organisiert; *life* geregelt. **~ crime** organisiertes Verbrechen; **he isn't very ~** bei ihm geht alles drunter und drüber (*inf*); **you have to be ~** du mußt planvoll *or* systematisch *or* mit System vorgehen; **he's well ~** (*in new flat*) er ist bestens eingerichtet; (*well-prepared*) er ist gut vorbereitet.

3. (*Pol: unionized*) organisiert.

organizer ['ɔːgənaɪzə^r] *n* **1.** Organisator, Veranstalter *m*; (*of sports event*) Ausrichter *m*. **2.** *see* **personal organizer**.

organza [ɔː'gænzə] *n* Organza *m*.

orgasm ['ɔːgæzəm] *n* (*lit, fig*) Orgasmus *m*.

orgasmic [ɔː'gæzmɪk] *adj* orgasmisch.

orgiastic [,ɔːdʒɪ'æstɪk] *adj* orgiastisch.

orgy ['ɔːdʒɪ] *n* (*lit, fig*) Orgie *f*. **drunken ~** Sauforgie *f*; **~ of spending** Kauforgie *f*; **an ~ of colour** eine orgiastische Farbenpracht.

oriel (window) ['ɔːrɪəl('wɪndəʊ)] *n* Erker(fenster *nt*) *m*.

orient ['ɔːrɪənt] **I** *n* (*also* **O~**) Orient *m*; (*poet also*) Morgenland *nt*. **II** *adj* (*poet*) *sun, moon* aufgehend. **III** *vt see* **orientate.**

oriental [,ɔːrɪ'entl] **I** *adj* orientalisch; *languages also* östlich; (*Univ*) orientalistisch; *rug* Orient-. **~ studies** *pl* Orientalistik *f*. **II** *n* (*person*) **O~** Orientale *m*, Orientalin *f*.

orientate ['ɔːrɪənteɪt] **I** *vr* (*lit*) sich orientieren (*by* an +*dat*, *by the map* nach der Karte); (*fig also*) sich zurechtfinden.

II *vt* ausrichten (*towards* auf +*acc*); *new employees etc* einführen; *thinking* orientieren (*towards* an +*dat*). **money-~d** materiell ausgerichtet.

orientation [,ɔːrɪən'teɪʃən] *n* **1.** (*getting one's bearing*) Orientierung *f*; (*fig also*) Ausrichtung *f*.

2. (*position, direction*) (*lit: of boat, spaceship*) Kurs *m*; (*fig*) Orientierung *f*; (*attitude*) Einstellung *f* (*towards* zu); (*leaning*) Ausrichtung *f* (*towards* auf +*acc*).

orienteering [,ɔːrɪən'tɪərɪŋ] *n* Orientierungslauf *m*.

orifice ['ɒrɪfɪs] *n* Öffnung *f*.

origin ['ɒrɪdʒɪn] *n* **1.** Ursprung *m*, Herkunft *f*; (*of person, family*) Herkunft, Abstammung *f*; (*of world*) Entstehung *f*; (*of river*) Ursprung *m* (*geh*). **to have its ~ in sth** auf etw (*acc*) zurückgehen; (*river*) in etw (*dat*) entspringen; **his family had its ~ in France** seine Familie ist französischer Herkunft; **country of ~** Herkunftsland *nt*; **nobody knew the ~ of that rumour** niemand wußte, wie das Gerücht entstanden war; **what are his ~s?** was für eine Herkunft hat er?; **the ~s of the new state** die Anfänge des neuen Staates.

2. (*Math*) Ursprung *m*.

original [ə'rɪdʒɪnl] **I** *adj* **1.** (*first, earliest*) ursprünglich. **~ sin** die Erbsünde; **~ inhabitants of a country** Ureinwohner *pl* eines Landes; **~ text/version** Urtext *m*/ Urfassung *f*; **~ edition** Originalausgabe *f*.

2. (*not imitative*) *painting* original; *idea, writer, play* originell. **~ research** eigene Forschung; **~ document** (*Jur*) Originaldokument *nt*.

3. (*unconventional, eccentric*) *character, person* originell.

II *n* **1.** Original *nt*; (*of model*) Vorlage *f*.

2. (*eccentric person*) Original *nt*.

originality [ə,rɪdʒɪ'nælɪtɪ] *n* Originalität *f*.

originally [ə'rɪdʒənəlɪ] *adv* **1.** ursprünglich. **2.** (*in an original way*) originell.

originate [ə'rɪdʒɪneɪt] **I** *vt* hervorbringen; *policy, company* ins Leben rufen; *product* erfinden.

II *vi* **1.** entstehen. **the legend ~d in ...** die Legende ist in (+*dat*) ... entstanden *or* hat ihren Ursprung in (+*dat*) ...; **to ~ from a country** aus einem Land stammen.

2. (*US: bus, train*) ausgehen (*in* von).

originator [ə'rɪdʒɪneɪtə^r] *n* (*of plan, idea*) Urheber(in *f*) *m*; (*of company*) Gründer(in *f*) *m*; (*of product*) Erfinder(in *f*) *m*.

oriole ['ɔːrɪəʊl] *n* Pirol *m*.

Orkney Islands ['ɔːknɪ'aɪləndz], **Orkneys** ['ɔːknɪz] *npl* Orkneyinseln *pl*.

ormolu ['ɔːməʊluː] **I** *n* (*alloy*) Messing *nt*; (*decoration*) Messingverzierungen *pl*; (*mountings*) Messingbeschläge *pl*.

II *adj* Messing-.

ornament ['ɔːnəmənt] **I** *n* **1.** (*decorative object*) Schmuck(gegenstand) *m no pl*, Verzierung *f*, Ziergegenstand *m*; (*on mantelpiece etc*) Ziergegenstand *m*; (*fig*)

Zierde *f* (*to gen*). **she has the house full of ~s** sie hat das Haus voller Nippes (*pej*) *or* Ziergegenstände.

2. (*no pl: ornamentation*) Ornamente *pl*; (*decorative articles, on clothes*) Verzierungen *pl*, Zierat *m* (*geh*). **by way of ~, for ~** zur Verzierung.

3. (*Mus*) Verzierung *f*, Ornament *nt*.

II [ɔːnə'ment] *vt* verzieren; *room* ausschmücken.

ornamental [ˌɔːnə'mentl] *adj* dekorativ; *object, garden, plant also* Zier-; *detail* schmückend, zierend. **to be purely ~** zur Verzierung *or* Zierde (da) sein.

ornamentation [ˌɔːnəmen'teɪʃən] *n* **1.** (*ornamenting*) Verzierung *f*; (*of room*) Ausschmückung *f*. **2.** (*ornamental detail*) Verzierungen *pl*, Zierat *m* (*geh*); (*Art, Archit*) Ornamentik *f*; (*ornaments: in room etc*) Schmuck *m*.

ornate [ɔː'neɪt] *adj* kunstvoll; (*of larger objects*) prunkvoll; *music* ornamentreich; *description* reich ausgeschmückt, umständlich (*pej*); *language, style* umständlich (*pej*), überladen (*pej*), reich.

ornately [ɔː'neɪtlɪ] *adv* kunstvoll; *describe* mit beredten Worten, umständlich (*pej*); *written* in reicher Sprache.

ornateness [ɔː'neɪtnɪs] *n* Verzierungsreichtum *m*; (*of baroque church, palace also*) Prunk *m*; (*of style*) Reichtum *m*; (*of description*) Wortreichtum *m*, Umständlichkeit *f* (*pej*); (*of decoration*) Reichtum *m*, Aufwendigkeit *f*.

ornithological [ˌɔːnɪθə'lɒdʒɪkəl] *adj* ornithologisch, vogelkundlich.

ornithologist [ˌɔːnɪ'θɒlədʒɪst] *n* Ornithologe *m*, Ornithologin *f*, Vogelkundler(in *f*) *m*.

ornithology [ˌɔːnɪ'θɒlədʒɪ] *n* Ornithologie, Vogelkunde *f*.

orphan ['ɔːfən] **I** *n* Waise *f*, Waisenkind *nt*. **like ~ Annie** (*inf*) wie bestellt und nicht abgeholt.

II *adj child* Waisen-.

III *vt* zur Waise machen. **to be ~ed** zur Waise werden; **~ed since the age of three** verwaist *or* eine Waise seit dem dritten Lebensjahr.

orphanage ['ɔːfənɪdʒ] *n* Waisenhaus *nt*.

orthodontic [ˌɔːθəʊ'dɒntɪk] *adj* kieferorthopädisch.

orthodontics [ˌɔːθəʊ'dɒntɪks] *n sing* Kieferorthopädie *f*.

orthodox ['ɔːθədɒks] *adj* **1.** (*Rel*) orthodox. **2.** (*fig*) konventionell; *view, method, approach also* orthodox.

orthodoxy ['ɔːθədɒksɪ] *n* **1.** Orthodoxie *f*. **2.** *see adj 2.* Konventionalität *f*; Orthodoxie *f*. **3.** (*orthodox belief, practice*) orthodoxe Konvention.

orthographic(al) [ˌɔːθə'græfɪk(əl)] *adj* orthographisch, Rechtschreib(ungs)-.

orthography [ɔː'θɒgrəfɪ] *n* Rechtschreibung, Orthographie *f*.

orthopaedic, (*US*) **orthopedic** [ˌɔːθəʊ'piːdɪk] *adj* orthopädisch.

orthopaedics, (*US*) **orthopedics** [ˌɔːθəʊ'piːdɪks] *n sing* Orthopädie *f*.

orthopaedist, (*US*) **orthopedist** [ˌɔːθəʊ'piːdɪst] *n* Orthopäde *m*, Orthopädin *f*.

OS *abbr of* **1. ordinary seaman. 2. Ordnance Survey. 3. outsize.**

oscillate ['ɒsɪleɪt] *vi* (*Phys*) oszillieren, schwingen; (*compass needle*) schwanken; (*rapidly*) zittern; (*fig*) schwanken. **the needle ~d violently** die Nadel schlug stark aus.

oscillating ['ɒsɪleɪtɪŋ] *adj* **1.** (*Phys*) Schwing-, schwingend; *circuit* Schwing(ungs)-; *needle* ausschlagend; (*rapidly*) zitternd. **2.** (*fig*) schwankend.

oscillation [ˌɒsɪ'leɪʃən] *n see vi* Oszillation, Schwingung *f*; Schwanken *nt*; Zittern *nt*; (*individual movement*) Schwankung *f*.

oscillator ['ɒsɪleɪtəʳ] *n* Oszillator *m*.

oscillograph [ə'sɪləgræf] *n* Oszillograph *m*.

osier ['əʊzɪəʳ] **I** *n* Korbweide *f*; (*twig*) Weidenrute *or* -gerte *f*. **II** *attr basket, branch* Weiden-; *chair etc* Korb-.

osmium ['ɒzmɪəm] *n* Osmium *nt*.

osmosis [ɒz'məʊsɪs] *n* Osmose *f*.

osmotic [ɒz'mɒtɪk] *adj* osmotisch.

osprey ['ɒspreɪ] *n* Fischadler *m*.

osseous ['ɒsɪəs] *adj* Knochen-, knöchern.

ossification [ˌɒsɪfɪ'keɪʃən] *n* Verknöcherung, Ossifikation (*spec*) *f*.

ossify ['ɒsɪfaɪ] **I** *vt* (*lit*) verknöchern lassen; (*fig*) erstarren lassen; (*mind*) unbeweglich machen. **to be/become ossified** (*lit*) verknöchert sein/verknöchern; (*fig*) erstarrt sein/erstarren; unbeweglich sein/werden (*by* durch).

II *vi* (*lit*) verknöchern; (*fig*) erstarren; (*mind*) unbeweglich werden.

ostensible *adj*, **-bly** *adv* [ɒ'stensəbl, -ɪ] angeblich.

ostentation [ˌɒsten'teɪʃən] *n* **1.** (*pretentious display*) (*of wealth*) Pomp *m*; (*of skills*) Großtuerei *f*.

2. (*obviousness*) penetrante Deutlichkeit. **with ~** demonstrativ, ostentativ.

ostentatious [ˌɒsten'teɪʃəs] *adj* **1.** (*pretentious*) pompös, protzig (*inf*). **2.** (*conspicuous*) ostentativ, betont auffällig.

ostentatiously [ˌɒsten'teɪʃəslɪ] *adv see adj.*

ostentatiousness [ˌɒsten'teɪʃəsnɪs] *n see* **ostentation.**

osteoarthritis [ˌɒstɪəʊɑː'θraɪtɪs] *n* Arthrose *f*.

osteopath ['ɒstɪəpæθ] *n* Osteopath(in *f*) *m*.

osteopathy [ˌɒstɪ'ɒpəθɪ] *n* Osteopathie *f*.

ostracism ['ɒstrəsɪzəm] *n* Ächtung *f*.

ostracize ['ɒstrəsaɪz] *vt* ächten.

ostrich ['ɒstrɪtʃ] *n* Strauß *m*.

OT *abbr of* **Old Testament** AT.

other ['ʌðəʳ] **I** *adj* **1.** andere(r, s). **~ people** andere (Leute); **some ~ people will come later** später kommen noch ein paar; **there were 6 ~ people there as well** es waren auch noch 6 andere (Leute) da; **do you have any ~ questions?** haben Sie sonst noch Fragen?; **he had no ~ questions** er hatte sonst keine Fragen; **the ~ day** neulich; **the ~ world** das Jenseits; **some ~ time** (*in future*) ein andermal; (*in past*) ein anderes Mal; **~ people's property** fremdes Eigentum; **to see how the ~ half lives** sehen, wie andere leben.

2. every ~ (*alternate*) jede(r, s) zweite.

3. ~ than (*except*) außer (+*dat*); (*different to*) anders als.

4. some time or ~ irgendwann (einmal); **some writer/house or ~** irgend so ein *or* irgendein Schriftsteller *m*/Haus *nt*.

II *pron* andere(r, s). **he doesn't like hurting ~s** er mag niemanden verletzen, er mag niemandem weh tun; **there are 6 ~s** da sind noch 6 (andere); **are there any ~s there?** sind noch andere *or* sonst noch welche da?; **there were no ~s there** es waren sonst keine da; **something/someone or ~** irgend etwas/jemand; **one or ~ of them will come** einer (von ihnen) wird kommen; **can you tell one from the ~?** kannst du sie auseinanderhalten?; *see* **each, one.**

III *adv* **he could do no ~ (than come)** er konnte nicht anders (als kommen); **I've never seen her ~ than with her husband** ich habe sie immer nur mit ihrem Mann gesehen; **somehow or ~** irgendwie, auf die eine oder andere Weise; **somewhere or ~** irgendwo.

other-directed ['ʌðədaɪ'rektɪd] *adj* fremdbestimmt.

otherness ['ʌðənɪs] *n* Anderssein *nt*, Andersartigkeit *f*.

other ranks *npl* (*Brit Mil*) *Angehörige pl der britischen Streitkräfte unterhalb des Offiziersrangs.*

otherwise ['ʌðəwaɪz] **I** *adv* **1.** (*in a different way*) anders. **I am ~ engaged** (*form*) ich bin anderweitig beschäftigt; **Richard I, ~ (known as) the Lionheart** Richard I., auch bekannt als Löwenherz, Richard I. oder auch Löwenherz; **you seem to think ~** Sie scheinen anderer Meinung zu sein.

2. (*in other respects*) sonst, ansonsten, im übrigen.

II *conj* (*or else*) sonst, andernfalls.

III *adj pred* anders. **poems tragic and ~** tragische und andere Gedichte.

other-worldliness *n see adj* Weltferne *f*; Entrücktheit *f*; **other-worldly** *adj attitude* weltfern; *person also* nicht von dieser Welt; *smile, expression* entrückt.

OTT [ˌəʊtiː'tiː] (*sl*) *abbr of* **over the top.**

otter ['ɒtəʳ] *n* Otter *m*.

Ottoman ['ɒtəmən] **I** *adj* osmanisch. **II** *n* Osmane *m*, Osmanin *f*.

ottoman ['ɒtəmən] *n* Polstertruhe *f*.

ouch [aʊtʃ] *interj* autsch.

ought[1] [ɔːt] *v aux* **1.** (*indicating moral obligation*) **I ~ to do it** ich sollte *or* müßte es tun; **he ~ to have come** er hätte kommen sollen *or* müssen; **this ~ to have been done** das hätte man tun sollen *or* müssen; **~ I to go too? — yes, you ~ (to)/no, you ~n't (to)** sollte *or* müßte ich auch (hin)gehen? — ja doch/nein, das sollen Sie nicht; **he thought he ~ to tell you/you ~ to know** er meinte, er sollte Ihnen das sagen/Sie sollten das wissen; **people have come who ~ not to have done** es sind Leute gekommen, die nicht hätten kommen sollen; **~/~n't you to have left by now?** hätten Sie schon/hätten Sie nicht schon gehen müssen?; **cars are parked where they ~ not to be** Autos sind an Stellen geparkt, wo sie nicht hingehören.

2. (*indicating what is right, advisable, desirable*) **you ~ to see that film** den Film sollten Sie sehen; **you ~ to have seen his face** sein Gesicht hätten Sie sehen müssen; **she ~ to have been a teacher** sie hätte Lehrerin werden sollen.

3. (*indicating probability*) **he ~ to win the race** er müßte (eigentlich) das Rennen gewinnen; **come at six, that ~ to be early enough** komm (mal) um sechs, das sollte *or* müßte früh genug sein; **that ~ to do** das dürfte wohl *or* müßte reichen; **he ~ to be here soon** er müßte bald hier sein; **he ~ to have left by now** er müßte inzwischen gegangen/abgefahren sein; **... and I ~ to know!** ... und ich muß es doch wissen!

ought[2] *n see* **aught.**

ounce [aʊns] *n* Unze *f*. **if he had an ~ of sense** wenn er nur einen Funken *or* für fünf Pfennig (*inf*) Verstand hätte.

our ['aʊəʳ] *poss adj* unser. **these are ~ own make** die stellen wir selbst her; **O~ Father** (*in prayer*) Vater unser; *see also* **my I.**

ours ['aʊəz] *poss pron* unsere(r, s); *see also* **mine**[1]**.**

ourself [ˌaʊə'self] *pers pron* (*form*) (wir) selbst.

ourselves [ˌaʊə'selvz] *pers pron* (*dir, indir obj +prep*) uns; (*emph*) selbst; *see also* **myself.**

oust [aʊst] *vt* (*get, drive out*) herausbekommen; *sth stuck also* freibekommen; *government* absetzen; *politician, colleague* ausbooten (*inf*), absägen (*inf*); *heckler, anglicisms* entfernen; *rivals* ausschalten; (*take place of*) verdrängen. **to ~ sb from office/his post** jdn aus seinem Amt/seiner Stellung entfernen *or* (*by intrigue*) hinausmanövrieren.

out [aʊt] **I** *adv* **1.** (*not in container, car*) außen; (*not in building, room*) draußen; (*indicating motion*) (*seen from inside*) hinaus, raus (*inf*); (*seen from ~side*) heraus, raus (*inf*). **to be ~** weg sein; (*when visitors come*) nicht da sein; **they're ~ in the garden/~ playing** sie sind draußen im Garten/sie spielen draußen; **they are ~ fishing/shopping** sie sind zum Fischen/Einkaufen (gegangen), sie sind fischen/einkaufen; **he's ~ in his car** er ist mit dem Auto unterwegs; **she was ~ all night** sie war die ganze Nacht weg; **it's cold ~ here/there** es ist kalt hier/da *or* dort draußen; **~ you go!** hinaus *or* raus (*inf*) mit dir!; **~!** raus (hier)!; **~ with him!** hinaus *or* raus (*inf*) mit ihm!; **~ it goes!** hinaus damit, raus damit (*inf*); **everybody ~!** alle Mann *or* alles raus!; **he likes to be ~ and about** er ist gern unterwegs; **at weekends I like to be ~ and about** an den Wochenenden will ich (immer) raus; **we had a day ~ at the beach/in London** wir haben einen Tag am Strand/in London verbracht; **the journey ~** die Hinreise; (*seen from desti-*

nation) die Herfahrt; **the goods were damaged on the journey ~** die Waren sind auf dem Transport beschädigt worden; **the book is ~** (*from library*) das Buch ist ausgeliehen *or* unterwegs (*inf*); **the Socialists are ~** die Sozialisten sind nicht mehr an der Regierung; **the workers are ~** (*on strike*) die Arbeiter streiken *or* sind im Ausstand; **school is ~** die Schule ist aus; **the tide is ~** es ist Ebbe.

2. (*indicating distance*) **when he was ~ in Persia** als er in Persien war; **to go ~ to China** nach China fahren; **~ in the Far East** im Fernen Osten; **~ here in Australia** hier in Australien; **Wilton Street? isn't that ~ your way?** Wilton Street? ist das nicht da (hinten) bei euch in der Gegend?; **the boat was ten miles ~** das Schiff war zehn Meilen weit draußen; **five days ~ from Liverpool** (*Naut: away from port*) fünf Tage nach dem Auslaufen aus Liverpool, (*towards port*) fünf Tage vor dem Einlaufen in Liverpool; **five miles ~ from harbour** fünf Meilen vom Hafen weg, fünf Meilen vor dem Hafen.

3. to be ~ (*sun*) (he)raus *or* draußen sein; (*stars, moon*) am Himmel stehen (*geh*), dasein; (*flowers*) blühen.

4. (*in existence*) **the worst newspaper/best car ~** die schlechteste Zeitung/das beste Auto, die/das es zur Zeit gibt, die schlechteste Zeitung/das beste Auto überhaupt; **to be ~** (*be published*) herausgekommen sein; **when will it be ~?** wann kommt es heraus?; **there's a warrant ~ for him** es besteht Haftbefehl gegen ihn.

5. (*not in prison*) **to be ~** draußen sein; (*seen from ~side also*) (he)raus sein; **to come ~** (he)rauskommen.

6. (*in the open, known*) **their secret was ~** ihr Geheimnis war bekanntgeworden *or* herausgekommen; **the results are ~** die Ergebnisse sind (he)raus; **the news will ~** die Neuigkeit will heraus; **~ with it!** heraus damit!

7. (*to or at an end*) **before the day/month is/was ~** vor Ende des Tages/Monats.

8. (*light, fire*) aus.

9. (*not in fashion*) aus der Mode, passé, out (*sl*).

10. (*Sport*) (*ball*) aus; (*player*) aus(geschlagen), out.

11. (*~ of the question, not permissible*) ausgeschlossen, nicht drin (*inf*).

12. (*worn ~*) **the jacket is ~ at the elbows** die Jacke ist an den Ellbogen durch.

13. (*indicating error*) **he was ~ in his calculations, his calculations were ~** er lag mit seinen Berechnungen daneben (*inf*) *or* falsch, er hatte sich in seinen Berechnungen geirrt; **not far ~!** beinah(e) (richtig)!; **you're not far ~** Sie haben es fast (getroffen); **you're far** *or* **way ~!** weit gefehlt! (*geh*), da hast du dich völlig vertan (*inf*); **we were £5/20% ~** wir hatten uns um £ 5/20% verrechnet *or* vertan (*inf*); **that's £5/20% ~** das stimmt um £ 5/20% nicht; **the perspective is just a little bit ~** die Perspektive stimmt nicht ganz; **my clock is 20 minutes ~** meine Uhr geht 20 Minuten falsch *or* verkehrt.

14. (*indicating loudness, clearness*) **speak ~ (loud)** sprechen Sie laut/lauter; **they shouted ~ (loud)** sie riefen laut (und vernehmlich).

15. (*indicating purpose*) **to be ~ for sth** auf etw (*acc*) aussein; **to be ~ for a good time** sich amüsieren wollen; **to be ~ for trouble** Streit suchen; **he's ~ for all he can get** er will haben, was er nur bekommen kann; **he's ~ to get her** er ist hinter ihr her; **he's just ~ to make money** er ist nur auf Geld aus, ihm geht es nur um Geld.

16. (*unconscious*) **to be ~** bewußtlos *or* weg (*inf*) sein; (*drunk*) weg *or* hinüber sein (*inf*); (*asleep*) weg (*inf*) *or* eingeschlafen sein.

17. (*dirt, stain*) (he)raus.

18. ~ and away weitaus, mit Abstand.

19. to have it ~ with sb (*inf*) etw mit jdm ausdiskutieren.

II *n* **1.** *see* **in. 2.** (*esp US inf: way ~*) Hintertür *f*.

III *prep* aus (+*dat*). **to go ~ the door/window** zur Tür/zum Fenster hinausgehen; *see also* **~ of**.

out- *pref with vbs* **to ~-dance** *etc* **sb** jdn im Tanzen *etc* übertreffen, besser als jd tanzen *etc*.

outact [ˌaʊt'ækt] *vt* an die Wand spielen.

out-and-out ['aʊtən'aʊt] *adj liar* Erz-, ausgemacht; *fool* vollkommen, ausgemacht; *defeat* völlig, total. **he is an ~ revolutionary** er ist ein Revolutionär durch und durch; **it's an ~ disgrace** das ist eine bodenlose Schande.

outargue [ˌaʊt'ɑːgjuː] *vt* in der Diskussion überlegen sein (+*dat*).

outback ['aʊtbæk] (*in Australia*) *n*: **the ~** *abgelegenes Buschland in Australien.*

outbid *pret, ptp* **outbid** *vt* überbieten; **outboard I** *adj motor* Außenbord-; **II** *n* Außenborder *m* (*inf*); **outbound** *adj ship* auslaufend, ausfahrend; **outbox** *vt sb* besser boxen als.

outbreak ['aʊtbreɪk] *n* (*of war, hostility, disease*) Ausbruch *m*. **if there should be an ~ of fire** wenn ein Brand *or* Feuer ausbricht; **~ of feeling/anger** Gefühls-/Zornesausbruch *m*.

outbuilding ['aʊtbɪldɪŋ] *n* Nebengebäude *nt*.

outburst ['aʊtbɜːst] *n* (*of joy, anger*) Ausbruch *m*. **~ of temper** *or* **anger** *etc/* **feeling** Wutanfall *m*/Gefühlsausbruch *m*.

outcast ['aʊtkɑːst] **I** *n* Ausgestoßene(r) *mf*. **social ~** Außenseiter *m* der Gesellschaft; **he was treated as an ~** er wurde zum Außenseiter gestempelt; **one of the party's ~s** einer, den die Partei verstoßen hat.

II *adj* ausgestoßen, verstoßen.

outclass [ˌaʊt'klɑːs] *vt* voraus *or* überlegen sein (+*dat*), in den Schatten stellen.

outcome ['aʊtkʌm] *n* Ergebnis, Resultat *nt*. **what was the ~?** was ist dabei herausgekommen?; **I don't know whether there'll be any immediate ~** ich weiß nicht, ob es unmittelbar zu einem Ergebnis führen wird.

outcrop ['aʊtkrɒp] *n* **1.** (*Geol*) **an ~ (of rock)** eine Felsnase. **2.** (*fig: of riots*) (plötzlicher) Ausbruch.

outcry ['aʊtkraɪ] *n* Aufschrei *m* der Empörung (*against* über +*acc*); (*public protest*) Protestwelle *f* (*against* gegen). **to raise an ~ against sb/sth** gegen jdn/etw (lautstarken) Protest erheben; **there was a general ~ about the increase in taxes** eine Welle des Protests erhob sich wegen der Steuererhöhung.

outdated *adj idea, theory* überholt; *machine, word, style, custom* veraltet; **outdistance** *vt* hinter sich (*dat*) lassen, abhängen (*inf*); **Y was ~d by X** Y fiel hinter X (*dat*) zurück.

outdo [ˌaʊt'du:] *pret* **outdid** [ˌaʊt'dɪd], *ptp* **outdone** [ˌaʊt'dʌn] *vt* übertreffen, überragen, überbieten (*sb in sth* jdn an etw *dat*). **he can ~ him in every sport** er ist ihm in jeder Sportart überlegen; **but Jimmy was not to be outdone** aber Jimmy wollte da nicht zurückstehen.

outdoor ['aʊtdɔːʳ] *adj* **~ games** Freiluftspiele *pl*, Spiele *pl* für draußen *or* im Freien; **~ shoes** Straßenschuhe *pl*; **~ clothes** wärmere Kleidung; **~ type** sportlicher Typ; **to lead an ~ life** viel im Freien sein; **~ swimming pool** Freibad *nt*; **~ shot** (*Film*) Außenaufnahme *f*.

outdoors ['aʊt'dɔːz] **I** *adv live, play, sleep* draußen, im Freien. **to go ~** nach draußen gehen, rausgehen (*inf*); **go ~ and play** geh draußen spielen.

II *n* **the great ~** (*hum*) die freie Natur.

outer ['aʊtəʳ] *adj attr* äußere(r, s); *door also* Außen-. **~ garments** Oberbekleidung, Überkleidung *f*; **~ man** (*appearance*) äußere Erscheinung, Äußere(s) *nt*; **~ space** der Weltraum.

Outer Hebrides [ˌaʊtə'hebrɪdi:z] *npl* Äußere Hebriden *pl*.

Outer Mongolia [ˌaʊtəmɒŋ'gəʊlɪə] *n* die Äußere Mongolei.

outermost ['aʊtəməʊst] *adj* äußerste(r, s).

outfall **I** *n* (*of drain, sewer*) Ausfluß *m*; **II** *attr sewer, pipe* Ausfluß-; **outfield** *n* (*Sport*) (*place*) Außenfeld *nt*; (*people*) Außenfeldspieler *pl*; **outfielder** *n* Außenfeldspieler *m*; **outfight** *pret, ptp* **outfought** *vt* besser kämpfen als; (*defeat*) bezwingen.

outfit ['aʊtfɪt] *n* **1.** (*clothes*) Kleidung *f*, Kleider *pl*; (*Fashion*) Ensemble *nt*; (*fancy dress*) Kostüm *nt*; (*uniform*) Uniform *f*; (*of scout*) Kluft *f*. **is that a new ~ you're wearing?** hast du dich neu eingekleidet?

2. (*equipment*) Ausrüstung *f*.

3. (*inf*) (*organization*) Laden (*inf*), Verein (*inf*) *m*; (*Mil*) Einheit, Truppe *f*.

outfitter ['aʊtfɪtəʳ] *n* (*of ships*) Ausrüster *m*. **gentlemen's ~s** Herrenausstatter *m*; **sports ~'s** Sport(artikel)geschäft *nt*.

outflank *vt* **1.** (*Mil*) *enemy* umfassen, von der Flanke/den Flanken angreifen. **2.** (*fig: outwit*) überlisten; **outflow** *n* (*of gutter*) Ausfluß, Abfluß *m*; (*of water*) (*act*) Abfließen *nt*, Ausfluß *m*; (*amount*) Ausfluß(menge *f*) *m*; (*of lava*) Ausfließen *nt*; Ausfluß, Auswurf *m*; (*of gas*) Ausströmen *nt*; Ausströmungsmenge *f*; (*of money*) Abfließen *nt*; Abfluß *m*; **outfly** *pret* **outflew**, *ptp* **outflown** *vt* (fliegerisch) überlegen sein (*sb/sth* jdm/etw); **outfox** *vt* überlisten, austricksen (*inf*); **outgo** *n* (*US*) Ausgabe(n *pl*) *f*.

outgoing [ˌaʊt'gəʊɪŋ] **I** *adj* **1.** *tenant* ausziehend; *office-holder* scheidend; *train, boat* hinausfahrend; *flight* hinausgehend; *cable* wegführend, hinausführend. **~ tide** ablaufendes Wasser, Ebbe *f*; **the ~ flight for New York** der Flug nach New York.

2. *personality* aus sich herausgehend, kontaktfreudig.

II *npl* **~s** Ausgaben *pl*.

outgrow [ˌaʊt'grəʊ] *pret* **outgrew** [ˌaʊt'gru:], *ptp* **outgrown** [ˌaʊt'grəʊn] *vt* **1.** *clothes* herauswachsen aus.

2. *habit* entwachsen (+*dat*), hinauswachsen über (+*acc*); *opinion* sich hinausentwickeln über (+*acc*). **he has ~n such childish pastimes** über solche Kindereien ist er hinaus.

3. (*grow taller than*) (*tree*) hinauswachsen über (+*acc*); (*person*) über den Kopf wachsen (+*dat*).

outgrowth ['aʊtgrəʊθ] *n* (*offshoot*) Auswuchs *m*; (*fig*) Folge *f*.

outhouse *n* Seitengebäude *nt*.

outing ['aʊtɪŋ] *n* Ausflug *m*. **school/firm's ~** Schul-/Betriebsausflug *m*; **to go on an ~** einen Ausflug machen.

outlandish [ˌaʊt'lændɪʃ] *adj* absonderlich, sonderbar; *behaviour also* befremdend, befremdlich; *prose* eigenwillig; *name* ausgefallen; *wallpaper, colour-combination* ausgefallen, eigenwillig; *prices* haarsträubend. **such ~ nonsense** solch unglaublicher Unsinn.

outlandishly [ˌaʊt'lændɪʃlɪ] *adv* sonderbar, absonderlich; *decorated, portrayed* eigenwillig; *expensive* haarsträubend.

outlandishness [ˌaʊt'lændɪʃnɪs] *n see adj* Absonderlichkeit, Sonderbarkeit *f*; Befremdlichkeit *f*; Eigenwilligkeit *f*; Ausgefallenheit, Extravaganz *f*.

outlast [ˌaʊt'lɑːst] *vt* (*person*) (*live longer than*) überleben; (*endure longer*) länger aus- *or* durchhalten als; (*thing*) länger halten als; (*idea*) überdauern, sich länger halten als.

outlaw ['aʊtlɔː] **I** *n* Geächtete(r) *mf*; (*in western*) Bandit *m*. **to declare sb an ~** jdn ächten. **II** *vt* ächten; *newspaper, action* für ungesetzlich erklären, verbieten.

outlawry ['aʊtlɔːrɪ] *n* Ächtung *f*; (*defiance*) Gesetzlosigkeit *f*.

outlay ['aʊtleɪ] *n* (Kosten)aufwand *m*; (*recurring, continuous*) Kosten *pl*. **the initial ~** die anfänglichen Aufwendungen; **capital ~** Kapitalaufwand *m*; **to recover one's ~** seine Auslagen wieder hereinholen *or* -bekommen; (*business*) die Unkosten hereinwirtschaften.

outlet ['aʊtlet] **I** *n* **1.** (*for water*) Abfluß, Auslaß *m*; (*for steam*) Abzug *m*; (*of river*) Ausfluß *m*.

2. (*Comm*) Absatzmöglichkeit *f or*

-markt *m*; (*merchant*) Abnehmer *m*; (*shop*) Verkaufsstelle *f*.

3. (*fig*) (*for talents*) Betätigungsmöglichkeit *f*; (*for emotion*) Ventil *nt*.

II *attr* (*Tech*) *drain, pipe* Auslaß-, Abfluß-; (*for steam*) Abzugs-; *valve* Auslaß-.

outline ['aʊtlaɪn] **I** *n* **1.** (*of objects*) Umriß *m*; (*line itself*) Umrißlinie *f*; (*silhouette*) Silhouette *f*; (*of face*) Züge *pl*. **to draw sth in ~** etw im Umriß *or* in Umrissen zeichnen.

2. (*fig: summary*) Grundriß, Abriß *m*. **in (broad) ~** in großen *or* groben Zügen; **just give (me) the broad ~s** umreißen *or* skizzieren Sie es (mir) grob; **~s of botany** Abriß *or* Grundriß *m or* Grundzüge *pl* der Botanik.

3. (*Shorthand*) Kürzel, Sigel, Sigle *nt*.

II *attr drawing, map* Umriß-.

III *vt* **1.** (*draw outer edge of*) umreißen, den Umriß *or* die Umrisse zeichnen (+*gen*). **she stood there ~d against the sunset** ihre Silhouette zeichnete sich gegen die untergehende Sonne ab.

2. (*give summary of*) umreißen.

outlive [ˌaʊt'lɪv] *vt* **1.** (*live longer than*) *person* überleben; *century* überdauern. **to have ~d one's usefulness** ausgedient haben; (*method, system*) sich überlebt haben.

2. (*come safely through*) *storm* überstehen; *disgrace* sich reinigen (können) von (*geh*), frei werden von.

outlook ['aʊtlʊk] *n* **1.** (*view*) (Aus)blick *m*, Aussicht *f* (*over* über +*acc*, *on to* auf +*acc*).

2. (*prospects*) (Zukunfts)aussichten *pl*; (*Met*) Aussichten *pl*.

3. (*mental attitude*) Einstellung *f*. **his ~ (up)on life** seine Lebensauffassung, seine Einstellung zum Leben; **narrow ~** beschränkter Horizont, (geistige) Beschränktheit; **if you adopt such a narrow ~** wenn Sie die Dinge so eng sehen.

outlying *adj* (*distant*) entlegen, abgelegen; (*outside the town boundary*) umliegend; *district* (*of town*) Außen-, äußere(r, s); **outmanoeuvre**, (*US*) **outmaneuver** *vt* (*Mil, fig*) ausmanövrieren; (*in rivalry*) ausstechen; **outmatch** *vt* übertreffen, überlegen sein (+*dat*); **outmoded** *adj* unzeitgemäß, altmodisch; *design also* antiquiert; *technology also* überholt, veraltet; **outmost I** *adj* äußerste(r, s); *regions also* entlegenste(r, s); **II** *n*: **at the ~** äußerstenfalls, im äußersten Falle.

outnumber [ˌaʊt'nʌmbəʳ] *vt* in der Mehrzahl *or* Überzahl sein gegenüber; (*in fight also*) zahlenmäßig überlegen sein (+*dat*); (*in survey, poll also*) in der Mehrheit sein gegenüber. **we were ~ed (by them)** wir waren (ihnen gegenüber) in der Minderzahl; wir waren (ihnen) zahlenmäßig unterlegen; **we were ~ed five to one** sie waren fünfmal so viele wie wir; wir waren (ihnen) zahlenmäßig fünffach unterlegen.

out of *prep* **1.** (*outside, away from*) (*position*) nicht in (+*dat*), außerhalb (+*gen*); (*motion*) aus (+*dat*); (*fig*) außer (+*dat*). **I'll be ~ town all week** ich werde die ganze Woche (über) nicht in der Stadt sein; **to go/be ~ the country** außer Landes gehen/sein; **he was ~ the room at the time** er war zu dem Zeitpunkt nicht im Zimmer; **he walked ~ the room** er ging aus dem Zimmer (hinaus); **he went ~ the door** er ging zur Tür hinaus; **to look ~ the window** aus dem Fenster sehen, zum Fenster hinaus-/herausgucken; **I saw him ~ the window** ich sah ihn durchs Fenster; **~ danger/sight** außer Gefahr/Sicht; **get ~ my sight!** geh mir aus den Augen!; **he feels ~ it** (*inf*) er kommt sich (*dat*) ausgeschlossen vor, er fühlt sich ausgeschlossen; **they were 150 miles ~ Hamburg** (*Naut*) sie waren 150 Meilen von Hamburg weg *or* vor Hamburg; **three days ~ port** drei Tage nach dem Auslaufen aus dem Hafen/vor dem Einlaufen in den Hafen; **he lives 10 miles ~ London** er wohnt 10 Meilen außerhalb Londons; **you're well ~ it** so ist es besser für dich.

2. (*cause, motive*) aus (+*dat*). **~ curiosity** aus Neugier.

3. (*indicating origins or source*) aus (+*dat*). **to drink ~ a glass** aus einem Glas trinken; **made ~ silver** aus Silber (gemacht); **a filly ~ the same mare** ein Fohlen *nt* von derselben Stute.

4. (*from among*) von (+*dat*). **in seven cases ~ ten** in sieben von zehn Fällen; **one ~ every four smokers** einer von vier Rauchern; **he picked one ~ the pile** er nahm einen aus dem Stapel (heraus).

5. (*without*) **~ breath** außer Atem; **we are ~ money/petrol/bread** wir haben kein Geld/Benzin/Brot mehr, das Geld/Benzin/Brot ist alle (*inf*); *see other nouns.*

out-of-date *adj*, *pred* **out of date** *methods, technology, ideas* überholt, veraltet; *clothes, records* altmodisch, unmodern; *customs* veraltet; **you're ~** Sie sind nicht auf dem laufenden; **out-of-doors** *adv see* **outdoors I**; **out-of-pocket** *adj*, *pred* **out of pocket ~ expenses** Barauslagen *pl*; **I was £5 ~** ich habe £ 5 aus eigener Tasche bezahlt; **I'm still £2 ~** ich habe immer noch £ 2 zuwenig; **out-of-the-way** *adj*, *pred* **out of the way** (*remote*) *spot* abgelegen, aus der Welt; (*unusual*) *theory* ungewöhnlich; (*not commonly known*) *facts* wenig bekannt; **out-of-towner** *n* (*US*) Auswärtige(r) *mf*; **outpatient** *n* ambulanter Patient, ambulante Patientin; **~s' (department)** Ambulanz *f*; **~s' hospital** *or* **clinic** Poliklinik *f*; **outplay** *vt* (*Sport*) besser spielen als, überlegen sein (+*dat*); **outpoint** *vt* auspunkten; **outpost** *n* (*Mil, fig*) Vorposten *m*; **outpouring** *n often pl* Erguß *m* (*fig*).

output ['aʊtpʊt] *n* (*of machine, factory, person*) (*act*) Produktion *f*; (*quantity also*) Ausstoß *m*, Output *m or nt*; (*rate of ~ also*) (Produktions)leistung *f*, Output *m or nt*; (*quantity in agriculture also*) Ertrag *m*; (*Elec*) Leistung *f*; (*~ terminal*) Ausgang *m*; (*capacity of amplifier*)

(Ausgangs)leistung *f*; (*of mine*) Förderung *f*; (*quantity*) Fördermenge, Förderung *f*; (*rate of* ~) Förderleistung, Förderung *f*; (*of computer*) Ausgabe *f*, Output *m or nt*. ~ **device** (*Comput*) Ausgabegerät *nt*; **effective ~ of a machine** Nutzleistung *f* einer Maschine; **this factory has an ~ of 600 radios a day** diese Fabrik produziert täglich 600 Radios.

outrage ['aʊtreɪdʒ] **I** *n* **1.** (*wicked, violent deed*) Schandtat, Untat (*geh*) *f*; (*cruel also*) Greueltat *f*; (*by police, demonstrators*) Ausschreitung *f*. **bomb ~** verbrecherischer Bombenanschlag.

2. (*indecency, injustice*) Skandal *m*. **it's an ~ to waste food** es ist ein Skandal *or* Frevel, Essen umkommen zu lassen; **an ~ against humanity** ein Verbrechen *nt* gegen die Menschlichkeit; **an ~ against common decency** eine empörende Verletzung des allgemeinen Anstandsgefühls; **an ~ against public morality** ein empörender Verstoß gegen die guten Sitten *or* die öffentliche Moral.

3. (*sense of* ~) Empörung, Entrüstung *f* (*at* über +*acc*). **he reacted with (a sense of) ~** er war empört *or* entrüstet.

II [aʊt'reɪdʒ] *vt morals, conventions* ins Gesicht schlagen (+*dat*), hohnsprechen (+*dat*) (*geh*); *sense of decency* beleidigen; *ideals* mit Füßen treten; *person* empören, entrüsten. **public opinion was ~d by this cruelty/injustice** die öffentliche Meinung war über diese Grausamkeit/Ungerechtigkeit empört; **he deliberately set out to ~ his critics** er hatte es darauf angelegt, seine Kritiker zu schokkieren.

outrageous [aʊt'reɪdʒəs] *adj* **1.** (*cruel, violent*) greulich, verabscheuenswürdig. **murder, rape, and other ~ deeds** Mord, Vergewaltigung und andere Untaten.

2. unerhört, empörend; *demand, insolence, arrogance also* unglaublich, unverschämt; *conduct, exaggeration, nonsense also* haarsträubend; *language* entsetzlich, unflätig; *charge, defamation* ungeheuerlich; *clothes, make-up* ausgefallen, unmöglich (*inf*); (*indecent*) geschmacklos.

outrageously [aʊt'reɪdʒəslɪ] *adv* fürchterlich; *lie* schamlos; *exaggerate also* maßlos, haarsträubend; *made-up also, dressed* haarsträubend, unmöglich (*inf*). **he suggested/demanded quite ~ that ...** er machte den unerhörten Vorschlag/er stellte die unerhörte Forderung, daß ...

outrange *vt* eine größere Reichweite haben als; **outrank** *vt* (*Mil*) rangmäßig stehen über (+*dat*).

outré ['u:treɪ] *adj* überspannt, extravagant.

outride *pret* **outrode**, *ptp* **outridden** *vt* besser reiten als; (*on bike*) besser fahren als; (*outdistance*) davonreiten (+*dat*)/-fahren (+*dat*); **he can't be ~** mit ihm kann keiner mithalten; **outrider** *n* (*on motorcycle*) Kradbegleiter *m*; **outrigger** *n* (*Naut*) Ausleger *m*; (*boat*) Auslegerboot *nt*.

outright [aʊt'raɪt] **I** *adv* **1.** (*entirely*) **to buy sth ~** etw ganz kaufen; (*not on HP*) den ganzen Preis für etw sofort bezahlen.

2. (*at once*) *kill* sofort, auf der Stelle, gleich. **he felled him ~** er streckte ihn mit einem einzigen Schlag zu Boden.

3. (*openly*) geradeheraus, unumwunden, ohne Umschweife.

II ['aʊtraɪt] *adj* **1.** (*complete*) ausgemacht; *deception, lie also* rein, glatt (*inf*); *nonsense also* total, absolut; *disaster, loss* völlig, vollkommen, total; *refusal, denial* total, absolut, glatt (*inf*); *defeat, error* gründlich, ausgesprochen, absolut. **that's ~ arrogance/impertinence/deception/selfishness** das ist die reine Arroganz/Unverschämtheit/das ist reiner *or* glatter (*inf*) Betrug/reiner Egoismus; **~ sale** (*Comm*) Verkauf *m* gegen sofortige Zahlung der Gesamtsumme.

2. (*open*) *person* offen.

outrode *pret of* **outride**; **outrun** *pret* **outran**, *ptp* **outrun** *vt* schneller laufen als; (*outdistance*) davonlaufen (+*dat*); (*in race also*) schlagen; (*fig*) übersteigen; **outset** *n* Beginn, Anfang *m*; **at the ~** zu *or* am Anfang; **from the ~** von Anfang an, von Anbeginn (*geh*); **let me make it quite clear at the ~ that ...** lassen Sie mich von vornherein klarstellen, daß ...; **outshine** *pret, ptp* **outshone** *vt* überstrahlen (*geh*), heller sein als; (*fig*) in den Schatten stellen.

outside ['aʊt'saɪd] **I** *n* **1.** (*of house, car, object*) Außenseite *f*. **the ~ of the car is green** das Auto ist (von) außen grün; **to open the door from the ~** die Tür von außen öffnen; **to stay on the ~ of a group** sich in einer Gruppe im Hintergrund halten; **people on the ~ (of society)** Menschen außerhalb der Gesellschaft; **to overtake on the ~** außen überholen.

2. (*extreme limit*) **at the (very) ~** im äußersten Falle, äußerstenfalls.

II *adj* **1.** (*external*) Außen-, äußere(r, s). **~ aerial** Außenantenne *f*; **an ~ broadcast** eine nicht im Studio produzierte Sendung; **to get some ~ help** Hilfe von außen holen; **~ influences** äußere Einflüsse, Einflüsse von außen; **~ seat** (*in a row*) Außensitz *m*, Platz *m* am Gang; **~ work** Außendienst *m*; **~ world** Außenwelt *f*.

2. *price* äußerste(r, s). **at an ~ estimate** maximal.

3. (*very unlikely*) **an ~ chance** eine kleine Chance.

III *adv* (*on the outer side*) außen; (*of house, room, vehicle*) draußen. **to be/go ~** draußen sein/nach draußen gehen; **seen from ~** von außen gesehen; **I feel ~ it all** ich komme mir so ausgeschlossen vor.

IV *prep* (*also* **~ of**) **1.** (*on the outer side of*) außerhalb (+*gen*). **to be/go ~ sth** außerhalb einer Sache sein/aus etw gehen; **he went ~ the house** er ging aus dem/vors/hinters Haus, er ging nach draußen; **he is waiting ~ the door** er wartet vor der Tür; **the car ~ the house** das Auto vorm Haus.

2. (*beyond limits of*) außerhalb

(+*gen*). **it is ~ our agreement** es geht über unsere Vereinbarung hinaus; **this falls ~ the scope of ...** das geht über den Rahmen (+*gen*) ... hinaus.

3. (*apart from*) außer (+*dat*), abgesehen von (+*dat*).

outside half *n* (*Rugby*) äußerer Halb(spieler); **outside lane** *n* Überholspur *f*; **outside left** *n* (*Ftbl, Hockey*) Linksaußen(spieler) *m*; **outside line** *n* (*Tel*) Amtsanschluß *m*.

outsider [ˌaʊt'saɪdəʳ] *n* Außenseiter(in *f*), Outsider *m*.

outside right *n* (*Ftbl, Hockey*) Rechtsaußen(spieler) *m*.

outsize *adj* **1.** übergroß; **~ clothes** Kleidung *f* in Übergröße, Übergrößen *pl*. **2.** (*inf: enormous*) riesig; **outskirts** *npl* (*of town*) Außen- *or* Randgebiete *pl*, Stadtrand *m*; (*of wood*) Rand *m*; **outsmart** *vt* (*inf*) überlisten, austricksen (*inf*).

outspoken [ˌaʊt'spəʊkən] *adj person, criticism, speech, book* freimütig; *remark* direkt; *answer also* unverblümt. **he is ~** er nimmt kein Blatt vor den Mund.

outspokenly [ˌaʊt'spəʊkənlɪ] *adv* geradeheraus, unverblümt; *answer, write also* freimütig; *remark also* direkt.

outspokenness [ˌaʊt'spəʊkənnɪs] *n see adj* Freimütigkeit *f*; Direktheit *f*; Unverblümtheit *f*.

outspread ['aʊtspred] **I** *adj* ausgebreitet. **II** *vt* ausbreiten.

outstanding [ˌaʊt'stændɪŋ] *adj* **1.** (*exceptional*) hervorragend; *talent, beauty, brilliance* außerordentlich, überragend. **of ~ ability** hervorragend *or* außerordentlich begabt; **work of ~ excellence** ganz ausgezeichnete Arbeit; **of ~ importance** von höchster Bedeutung.

2. (*prominent, conspicuous*) *event* bemerkenswert; *detail* auffallend; *feature* hervorstechend, auffallend.

3. (*Comm, Fin*) *business* unerledigt; *account, bill, interest* ausstehend. **a lot of work is still ~** viel Arbeit ist noch unerledigt; **are there any problems still ~?** gibt es noch irgendwelche ungeklärten Probleme?; **~ debts** Außenstände *pl*.

outstandingly [ˌaʊt'stændɪŋlɪ] *adv* hervorragend.

outstation *n* Vorposten *m*; **outstay** *vt* länger bleiben als; **to ~ one's welcome** länger bleiben als erwünscht; **outstretched** *adj body* ausgestreckt; *arms also* ausgebreitet; **outstrip** *vt* **1.** überholen; **2.** (*fig*) übertreffen (*in* an +*dat*); **outswim** *pret* **outswam**, *ptp* **outswum** *vt* **to ~ sb** jdm davonschwimmen; **outtake** *n für die endgültige Fassung nicht verwendete, herausgeschnittene Filmsequenz*, Nichtkopierer *m* (*spec*); **out tray** *n* Ablage *f* für Ausgänge; **outvote** *vt* überstimmen.

outward ['aʊtwəd] **I** *adj* **1.** (*of or on the outside*) *appearance, form* äußere(r, s); *beauty* äußerlich. **that's only his ~ self** so erscheint er nur nach außen hin; **he spoke with an ~ show of confidence** er gab sich den Anstrich von Selbstsicherheit.

2. (*going out*) *movement* nach außen führend *or* gehend; *freight* ausgehend; *journey, voyage* Hin-. **the ~ flow of traffic** der Verkehr(sstrom) aus der Stadt heraus.

II *adv* nach außen. **the door opens ~** die Tür geht nach außen auf; **~ bound** (*ship*) auslaufend (*from* von, *for* mit Bestimmung, mit Kurs auf +*acc*); **O~ Bound course** Abenteuerkurs *m*.

outwardly ['aʊtwədlɪ] *adv* nach außen hin.

outwards ['aʊtwədz] *adv* nach außen.

outwear *pret* **outwore,** *ptp* **outworn** *vt* **1.** (*last longer than*) überdauern, länger halten als; **2.** (*wear out*) *clothes* abtragen; *see also* **outworn**; **outweigh** *vt* überwiegen, mehr Gewicht haben als; **outwit** *vt* überlisten; (*in card games*) austricksen (*inf*); **outwork** *n* (*Mil*) Außenwerk *nt*; **outworn** *adj idea, subject, expression* abgedroschen, abgenutzt; *custom, doctrine* veraltet.

ova ['əʊvə] *pl of* **ovum**.

oval ['əʊvəl] **I** *adj* oval. **~-shaped** oval. **II** *n* Oval *nt*.

ovarian [əʊ'vɛərɪən] *adj* **1.** (*Anat*) des Eierstocks/der Eierstöcke. **~ cyst** Zyste *f* im Eierstock. **2.** (*Bot*) des Fruchtknotens.

ovary ['əʊvərɪ] *n* **1.** (*Anat*) Eierstock *m*. **2.** (*Bot*) Fruchtknoten *m*.

ovation [əʊ'veɪʃən] *n* Ovation *f*, stürmischer Beifall. **to give sb an ~** jdm eine Ovation darbringen, jdm stürmischen Beifall zollen; *see* **standing**.

oven ['ʌvn] *n* (*Cook*) (Back)ofen *m*; (*Tech*) (*for drying*) (Trocken)ofen *m*; (*for baking pottery*) (Brenn)ofen *m*. **to put sth in the ~** etw in den Ofen tun *or* stecken; **put it in the ~ for two hours** backen Sie es zwei Stunden; *pottery* brennen Sie es zwei Stunden; **to cook in a hot** *or* **quick/moderate/slow ~** bei starker/mittlerer/schwacher Hitze backen; **it's like an ~ in here** hier ist ja der reinste Backofen.

oven-cloth *n* Topflappen *m*; **oven-glove** *n* (*Brit*) Topfhandschuh *m*; **ovenproof** *adj dish* feuerfest, hitzebeständig; **oven-ready** *adj* bratfertig; **oven-to-table-ware** *n* feuerfestes Geschirr; **ovenware** *n* feuerfeste Formen *pl*.

over ['əʊvəʳ] **I** *prep* **1.** (*indicating motion*) über (+*acc*). **he spread the blanket ~ the bed** er breitete die Decke über das Bett; **he spilled coffee ~ it** er goß Kaffee darüber, er vergoß Kaffee darauf; **to hit sb ~ the head** jdm auf den Kopf schlagen.

2. (*indicating position: above, on top of*) über (+*dat*). **if you hang the picture ~ the desk** wenn du das Bild über dem Schreibtisch aufhängst *or* über den Schreibtisch hängst; **bent ~ one's books** über die Bücher gebeugt.

3. (*on the other side of*) über (+*dat*); (*to the other side of*) über (+*acc*). **to look ~ the wall** über die Mauer schauen; **the noise came from ~ the wall** der Lärm kam von der anderen Seite der Mauer; **it's ~ the page** es ist auf der nächsten Seite; **he looked ~ my shoulder** er sah mir über die Schulter; **the house ~ the way** das Haus gegenüber; **it's just ~ the road from us** das ist von uns (aus) nur über die Straße; **the bridge ~ the river** die Brücke über den Fluß; **we're ~ the main obstacles now** wir haben jetzt die größten Hindernisse hinter uns (*dat*); **when they were ~ the river** als sie über den Fluß hinüber/herüber waren.

4. (*in or across every part of*) in (+*dat*). **they came from all ~ England** sie kamen aus allen Teilen Englands *or* aus ganz England; **I'll show you ~ the house** ich zeige Ihnen das Haus; **you've got ink all ~ you/your hands** Sie/Ihre Hände sind ganz voller Tinte; **a blush spread ~ her face** sie errötete über und über; **to be all ~ sb** (*inf*) ein Mordstheater um jdn machen (*inf*).

5. (*superior to*) über (+*dat*). **to have authority ~ sb** Autorität über jdn haben; **he has no control ~ his urges/his staff** er hat seine Triebe nicht in der Gewalt/seine Angestellten nicht unter Kontrolle; **he was promoted ~ me** er wurde über mich befördert.

6. (*more than, longer than*) über (+*acc*). **~ and above that** darüber hinaus; **~ and above the expenses** über die Ausgaben hinaus; **that was well ~ a year ago** das ist gut ein Jahr her, das war vor gut einem Jahr.

7. (*in expressions of time*) über (+*acc*); (*during*) während (+*gen*), in (+*dat*). **can we stay ~ the weekend?** können wir übers Wochenende bleiben?; **~ the summer/Christmas** den Sommer über/über Weihnachten; **~ the summer we have been trying ...** während des Sommers haben wir versucht ...; **~ the (past) years I've come to realize ...** im Laufe der (letzten) Jahre ist mir klargeworden ...; **he has mellowed ~ the years** er ist mit den Jahren milder geworden; **the visits were spread ~ several months** die Besuche verteilten sich über mehrere Monate.

8. they talked ~ a cup of coffee sie unterhielten sich bei *or* über einer Tasse Kaffee; **let's discuss that ~ dinner/a beer** besprechen wir das beim Essen/bei einem Bier; **they'll be a long time ~ it** sie werden dazu lange brauchen; **he dozed off ~ his work** er nickte über seiner Arbeit ein; **to get stuck ~ a difficulty** bei einer Schwierigkeit stecken bleiben.

9. he told me ~ the phone er hat es mir am Telefon gesagt; **I heard it ~ the radio** ich habe es im Radio gehört; **a voice came ~ the intercom** eine Stimme kam über die Sprechanlage.

10. (*about*) über (+*acc*). **it's not worth arguing ~** es lohnt (sich) nicht, darüber zu streiten; **that's nothing for you to get upset ~** darüber brauchst du dich nicht aufzuregen.

11. what is 7 ~ 3? wieviel ist 7 durch 3?; **blood pressure of 150 ~ 120** Blutdruck *m* von 150 zu über 120.

II *adv* **1.** (*across*) (*away from speaker*) hinüber; (*towards speaker*) herüber; (*on the other side*) drüben. **they swam ~ to us** sie schwammen zu uns herüber; **he took the fruit ~ to his mother** er brachte das Obst zu seiner Mutter hinüber; **come ~ tonight** kommen Sie heute abend vorbei; **he is ~ here/there** er ist hier/dort drüben; **~ to you!** Sie sind daran; **and now ~ to our reporter in Belfast** und nun schalten wir zu unserem Reporter in Belfast um; **and now ~ to Paris where ...** und nun (schalten wir um) nach Paris, wo ...; **he has gone ~ to America** er ist nach Amerika gefahren; **~ in America** drüben in Amerika; **he drove us ~ to the other side of town** er fuhr uns ans andere Ende der Stadt; **he went ~ to the enemy** er lief zum Feind über.

2. famous the world ~ in der ganzen Welt berühmt; **I've been looking for it all ~** ich habe überall danach gesucht; **I am aching all ~** mir tut alles weh; **he was shaking all ~** er zitterte am ganzen Leib; **I'm wet all ~** ich bin völlig naß; **he was black all ~** er war von oben bis unten schwarz; **the dog licked him all ~** der Hund leckte ihn von oben bis unten ab; **that's him/Fred all ~** das ist typisch für ihn/Fred, typisch Fred; **it happens all ~** das gibt es überall.

3. (*indicating movement from one side to another, from upright position*) **to turn an object ~ (and ~)** einen Gegenstand (immer wieder) herumdrehen; **he hit her and ~ she went** er schlug sie, und sie fiel um.

4. (*ended*) (*film, first act, operation, fight*) zu Ende; (*romance, summer also*) vorbei; (*romance also*) aus. **the rain is ~** der Regen hat aufgehört; **the danger was ~** die Gefahr war vorüber, es bestand keine Gefahr mehr; **when all this is ~** wenn das alles vorbei ist; **it's all ~ with him** es ist aus mit ihm.

5. (*indicating repetition*) **he counted them ~ again** er zählte sie noch einmal; **to start (all) ~ again** noch einmal (ganz) von vorn anfangen; **~ and ~ (again)** immer (und immer) wieder, wieder und wieder; **he did it five times ~** er hat es fünfmal wiederholt; **must I say everything twice ~!** muß ich denn immer alles zweimal sagen!

6. (*excessively*) übermäßig, allzu. **he is not ~ healthy** er ist nicht allzu gesund; **there's not ~ much left** es ist nicht allzuviel übrig.

7. (*remaining*) übrig. **there was no/a lot of meat (left) ~** es war kein Fleisch mehr übrig/viel Fleisch übrig; **7 into 22 goes 3 and 1 ~** 22 durch 7 ist 3, Rest 1; **after doing the books I was a few pounds ~** (*inf*) nach der Abrechnung war ich ein paar Pfund im Plus.

8. (*more*) **children of 8 and ~** Kinder ab 8; **all results of 5.3 and ~** alle Ergebnisse ab 5,3 *or* von 5,3 und darüber; **if it takes three hours or ~** wenn es drei oder mehr Stunden dauert.

9. (*Telec*) **come in, please, ~** bitte kommen, over; **~ and out** Ende der Durchsage; (*Aviat*) over and out.

III *n* (*Cricket*) *6 aufeinanderfolgende Würfe.*

over- *pref* über-.

overabundance *n* Überfülle *f* (*of* von); **overabundant** *adj* überreichlich, sehr reichlich; **over-achieve** *vi* leistungsorientiert sein; **over-achiever** *n* leistungsorientierter Mensch; **overact** (*Theat*) **I** *vt role* übertreiben, übertrieben gestalten; **II** *vi* übertreiben (*also fig*), chargieren; **overactive** *adj* zu *or* übertrieben aktiv; ~ **thyroid** (*Med*) Schilddrüsenüberfunktion *f*; **over-age** *adj* zu alt.

overage ['əʊvərɪdʒ] *n* (*US Comm*) Überschuß *m*.

overall¹ [ˌəʊvər'ɔːl] **I** *adj* **1.** *width, length, total* gesamt, Gesamt-. ~ **dimensions** (*Aut*) Außenmaße *pl*; ~ **majority** absolute Mehrheit.

2. (*general*) allgemein. **there's been an ~ improvement recently in his work/health** sein Gesundheitszustand hat sich/seine Leistungen haben sich in letzter Zeit allgemein verbessert; **the ~ effect of this was to ...** dies hatte das Endergebnis, daß ...

II *adv* **1.** insgesamt. **what does it measure ~?** wie sind die Gesamtmaße?

2. (*in general, on the whole*) im großen und ganzen.

overall² ['əʊvərɔːl] *n* (*Brit*) Kittel *m*; (*for women also*) Kittelschürze *f*; (*for children*) Kittelchen *nt*.

overalls ['əʊvərɔːlz] *npl* Overall, Arbeitsanzug *m*.

overambitious *adj* übertrieben *or* zu ehrgeizig; **overanxiety** *n* übersteigerte Angst; **overanxious** *adj* übertrieben besorgt; (*on particular occasion*) übermäßig aufgeregt, übermäßig nervös; **he's ~ to please** er überschlägt sich, um zu gefallen; **overarm** *adj, adv* (*Sport*) *throw* mit gestrecktem (erhobenem) Arm; *serve* über Kopf; **overawe** *vt* (*intimidate*) einschüchtern; (*impress*) überwältigen, tief beeindrucken; **overbalance I** *vi* (*person, object*) aus dem Gleichgewicht kommen, Übergewicht bekommen, das Gleichgewicht verlieren; **II** *vt object* umwerfen, umstoßen; *boat* kippen; *person* aus dem Gleichgewicht bringen.

overbearing [ˌəʊvə'bɛərɪŋ] *adj* herrisch; *arrogance* anmaßend.

overbearingly [ˌəʊvə'bɛərɪŋlɪ] *adv* herrisch. **so ~ arrogant** von einer derartig anmaßenden Arroganz.

overbid *pret, ptp* **overbid I** *vt* **1.** (*at auction*) überbieten; **2.** (*Cards*) überreizen; **II** *vi* **1.** (*at auction*) mehr bieten, ein höheres Angebot machen; **2.** (*Cards*) überreizen; **overblouse** *n* Überbluse *f*; **overblow** *pret* **overblew,** *ptp* **overblown** *vt* (*Mus*) überblasen; **overblown** *adj* **1.** *flower* verblühend; **2.** *prose, rhetoric* geschwollen, schwülstig, hochtrabend; **3.** (*Mus*) *note* überblasen.

overboard ['əʊvəbɔːd] *adv* **1.** (*Naut*) über Bord. **to fall ~** über Bord gehen *or* fallen; **man ~!** Mann über Bord!; **to throw sb/sth ~** jdn/etw über Bord werfen; (*fig*) etw verwerfen.

2. (*fig inf*) **to go ~** übers Ziel hinausschießen, zu weit gehen, es übertreiben; **to go ~ for sb** von jdm ganz hingerissen sein.

overbold *adj person, action* verwegen; **overbook I** *vi* zu viele Buchungen vornehmen; **II** *vt* zu viele Buchungen vornehmen für; **overburden** *vt* (*lit*) überladen; (*fig*) überlasten; **overbuy** *pret, ptp* **overbought** *vi* zuviel kaufen, über Bedarf einkaufen; **overcall** (*Cards*) **I** *vt* überbieten; **II** *n* höheres Gebot; **overcapacity** *n* Überkapazität *f*; **overcapitalize** *vt* überkapitalisieren; **overcareful** *adj* übervorsichtig; **overcast** *adj* **1.** *weather* bedeckt; *sky also* bewölkt; **it's getting rather ~** es zieht sich zu; **2.** (*Sew*) *stitch* Überwendlings-; ~ **seam** überwendliche Naht; **overcautious** *adj* übervorsichtig, übertrieben vorsichtig; **overcautiousness** *n* übertriebene Vorsicht.

overcharge [ˌəʊvə'tʃɑːdʒ] **I** *vt* **1.** *person* zuviel berechnen (+*dat*) *or* abverlangen (+*dat*) (*for* für). **they ~d me by £2** sie haben mir £ 2 zuviel berechnet. **2.** *electric circuit* überlasten. **3.** (*with detail, emotion*) *painting, style* überladen. **II** *vi* zuviel verlangen (*for* für).

overcoat ['əʊvəkəʊt] *n* Mantel, Überzieher *m*.

overcome [ˌəʊvə'kʌm] *pret* **overcame** [ˌəʊvə'keɪm], *ptp* **overcome I** *vt enemy* überwältigen, bezwingen; *bad habit* sich (*dat*) abgewöhnen; *shyness, nerves, difficulty, anger, obstacle* überwinden; *temptation* widerstehen (+*dat*), bezwingen; *disappointment* hinwegkommen über (+*acc*). **he was ~ by the fumes** die giftigen Gase machten ihn bewußtlos *or* betäubten ihn; ~ **by the cold** von der Kälte betäubt; **sleep overcame him** der Schlaf übermannte ihn; **he was ~ by the temptation** er erlag der Versuchung; **he was quite ~ by the song** er war sehr gerührt von dem Lied; **he was ~ by remorse/a feeling of despair** Reue/ein Gefühl der Verzweiflung überkam ihn; ~ **with fear** von Furcht ergriffen *or* übermannt.

II *vi* siegen, siegreich sein. **we shall ~** wir werden siegen.

overcompensate *vi* **to ~ for sth** etw überkompensieren; **overcompensation** *n* Überkompensation *f*; **overconfidence** *n see adj* **1.** übersteigertes Selbstvertrauen *or* Selbstbewußtsein; **2.** zu großer Optimismus; **3.** blindes Vertrauen (*in* in +*acc*); **overconfident** *adj* **1.** (*extremely self-assured*) übertrieben selbstsicher *or* selbstbewußt; **2.** (*too optimistic*) zu optimistisch; **he was ~ of success** er war sich (*dat*) seines Erfolges zu sicher; **3.** (*excessively trustful*) blind vertrauend (*in* auf +*acc*); **you are ~ in him** Sie haben zu großes Vertrauen in ihn; **overconsumption** *n* zu starker Verbrauch (*of* an +*dat*); **overcook** *vt* verbraten; (*boil*) verkochen; **overcorrect I** *vt* überkorrigieren; **II** *adj* überkorrekt; **overcritical** *adj* zu kritisch; **overcrowd** *vt* überladen; *bus also, room* (*with people*) überfüllen;

overcrowded *adj* (*with things*) überfüllt; *town also* übervölkert; (*overpopulated*) überbevölkert; (*with things*) überladen; **overcrowding** *n* (*of bus, room, flat, class-room*) Überfüllung *f*; (*of town*) Überbevölkerung *f*; **overdependent** *adj* zu abhängig (*on* von); **overdeveloped** *adj* überentwickelt.

overdo [ˌəʊvəˈduː] *pret* **overdid** [ˌəʊvəˈdɪd], *ptp* **overdone** [ˌəʊvəˈdʌn] *vt* **1.** (*exaggerate*) übertreiben. **you are ~ing it** *or* **things** (*going too far*) Sie übertreiben, Sie gehen zu weit; (*tiring yourself*) Sie übernehmen *or* überlasten sich; **don't ~ the smoking/sympathy** übertreibe das Rauchen nicht/übertreibe es nicht mit dem Mitleid; **she rather overdid the loving wife** sie hat die liebevolle Ehefrau etwas zu dick aufgetragen; **I'm afraid you've rather overdone the garlic** ich fürchte, du hast es mit dem Knoblauch etwas zu gut gemeint.

2. (*cook too long*) verbraten; (*boil*) verkochen.

overdone *adj* **1.** (*exaggerated*) übertrieben; **2.** *see vt 2.* verbraten; verkocht; **overdose I** *n* (*lit*) Überdosis *f*; (*fig*) Zuviel *nt* (*of* an *+dat*); **he died of an ~ of sleeping pills** er starb an einer Überdosis Schlaftabletten; **II** *vt* überdosieren, eine Überdosis geben (*+dat*); **III** *vi* eine Überdosis nehmen; **overdraft** *n* Konto-Überziehung *f*; **to have an ~ of £10** sein Konto um £ 10 überzogen haben; **I've still got an ~** mein Konto ist immer noch überzogen; **overdraft facility** *n* Überziehungs- *or* Dispositionskredit *m*; **overdraw** *pret* **overdrew**, *ptp* **overdrawn** *vt one's account* überziehen; **I'm always ~ at the end of the month** mein Konto ist am Ende des Monats immer überzogen; **overdress I** [ˌəʊvəˈdres] *vti* (sich) übertrieben *or* zu fein kleiden; **II** [ˈəʊvəˌdres] *n* Überkleid *nt*; **overdrive** *n* (*Aut*) Schnellgang(getriebe *nt*), Schongang(getriebe *nt*) *m*; **to go into ~** (*fig*) sich in fieberhafte Aktivität stürzen; **overdue** *adj* überfällig; **long ~** schon seit langem fällig; **~ interest** Zinsrückstände *pl*; **he is ~** er müßte schon lange da sein; **overeager** *adj* übereifrig; **he was ~ to start** er konnte den Start kaum abwarten; **they're not exactly ~ to learn** sie sind nicht gerade übermäßig lernbegierig; **overeagerness** *n* Übereifer *m*; **overeat** *pret* **overate**, *ptp* **overeaten** *vi* zuviel essen, sich überessen; **overeating** *n* Überessen *nt*; **overelaborate** *adj design, style* manieriert, gekünstelt; *excuse, plan, scheme* (viel zu) umständlich, zu ausgeklügelt; *hairstyle, dress* überladen; **overemphasis** *n* Überbetonung *f*; **an ~ on money** eine Überbewertung des Geldes; **overemphasize** *vt* überbetonen; **one cannot ~ the importance of this** man kann nicht genug betonen, wie wichtig das ist; **overemployed** *adj* (beruflich) überfordert; **overenthusiastic** *adj* übertrieben begeistert; **not exactly ~** nicht gerade hingerissen; **overestimate I** [ˌəʊvərˈestɪmeɪt] *vt* überschätzen; **II** [ˌəʊvərˈestɪmɪt] *n* (*of price*) Überbewertung *f*, zu hohe Schätzung; **overexcite** *vt* zu sehr aufregen; **overexcited** *adj person* überreizt, zu aufgeregt; *children* aufgedreht, zu aufgeregt; **overexcitement** *n* Überreiztheit *f*, zu starke Aufregung; (*of children*) Aufgedrehtheit *f*; **overexercise I** *vt* übertrainieren; **II** *vi* übermäßig viel trainieren; **the dangers of overexercising** die Gefahren übermäßigen Trainings; **overexert** *vt* überanstrengen; **overexertion** *n* Überanstrengung *f*; **overexpose** *vt* (*Phot*) überbelichten; **overexposure** *n* (*Phot*) Überbelichtung *f*; (*in media of topic*) Überbehandlung *f*; **the President's image is suffering from ~ (in the media)** das Image des Präsidenten leidet darunter, daß er zu oft in den Medien erscheint; **overfeed** *pret, ptp* **overfed** *vt* überfüttern.

overflow [ˈəʊvəfləʊ] **I** *n* **1.** (*act*) Überlaufen *nt*. **2.** (*amount*) Übergelaufene(s), Übergeflossene(s) *nt*. **3.** (*outlet*) Überlauf *m*. **4.** (*excess: of people*) Überschuß *m* (*of* an *+dat*).

II [ˌəʊvəˈfləʊ] *vt area* überschwemmen; *container, tank* überlaufen lassen. **the river has ~ed its banks** der Fluß ist über die Ufer getreten.

III [ˌəʊvəˈfləʊ] *vi* **1.** (*liquid, river etc*) überlaufen, überfließen; (*container*) überlaufen; (*room, vehicle*) zum Platzen gefüllt sein, überfüllt sein (*with* mit). **full to ~ing** (*bowl, cup*) bis oben hin voll, zum Überlaufen voll; (*room*) überfüllt, zu voll; **the crowd at the meeting ~ed into the street** die Leute bei der Versammlung standen bis auf die Straße.

2. (*fig: be full of*) überfließen (*with* von). **his heart was ~ing with love** sein Herz lief *or* floß über vor Liebe; **he's not exactly ~ing with generosity/ideas** er überschlägt sich nicht gerade vor Großzügigkeit/er sprudelt nicht gerade über vor Ideen.

overflow meeting *n* Parallelversammlung *f*; **overflow pipe** *n* Überlaufrohr *nt* *or* -leitung *f*; **overfly** *pret* **overflew**, *ptp* **overflown** *vt* **1.** (*fly over*) *town* überfliegen; **2.** (*fly beyond*) *runway, airport* hinausfliegen über (*+acc*); **overfull** *adj* übervoll (*with* von, mit); **overgenerous** *adj* zu *or* übertrieben großzügig; **overgrow** *pret* **overgrew**, *ptp* **overgrown** *vt path, garden, wall* überwachsen, überwuchern; **overgrown** *adj* **1.** überwachsen, überwuchert (*with* von); **2.** *child* aufgeschossen, zu groß; **he's just an ~ schoolboy** er ist ein großes Kind; **overhand** *adj, adv* **1.** (*Sport*) *see* **overarm**; **2.** (*Naut*) **~ knot** einfacher Knoten; **overhang** (*vb: pret, ptp* **overhung**) **I** *vt* hängen über (*+acc*); (*project over: rocks, balcony*) hinausragen über (*+acc*), vorstehen über (*+acc*); **II** *n* (*of rock, building*) Überhang *m*; (*Archit*) Überkragung *f*; **overhanging** *adj cliff, wall* überhängend; *balcony* vorstehend; **overhasty** *adj* voreilig, übereilt; **don't do anything ~** übereilen Sie nichts, überstürzen Sie nichts; **overhaul** **I** *n* Überholung *f*, Überholen *nt*; (*inf: of patient*) Generalüberholung *f* (*inf*); **the machine needs an ~** die Maschine muß überholt werden; **II** *vt* **1.** *engine* überholen; *plans* revidieren, überprüfen; (*inf*) *patient* gründlich untersuchen; **2.** (*pass*) überholen; (*catch up*) einholen.

overhead[1] [ˌəʊvəˈhed] **I** *adv* oben; (*in the sky: position*) am Himmel, in der Luft. **the people ~** (*above us*) die Leute über uns; (*above them*) die Leute darüber; **a plane flew ~** ein Flugzeug flog über uns *etc* (*acc*) (hinweg).

II [ˈəʊvəhed] *adj cables, wires* Frei-. **~ cable** Überlandleitung *f*; (*high voltage*) Hochspannungsleitung *f*; (*Rail*) Oberleitung *f*; **~ railway** Hochbahn *f*; **~ cam(shaft)** obenliegende Nockenwelle; **~ lighting** Deckenbeleuchtung *f*; **~ projector** Overheadprojektor *m*; **~-valve engine** obengesteuerter Motor; **~ valves** obengesteuerte Ventile *pl*; **~ volley** (*Sport*) Hochball *m*.

overhead[2] [ˈəʊvəhed] (*Comm*) **I** *adj* **~ charges** *or* **costs** *or* **expenses** allgemeine Unkosten *pl*. **II** *n* **~s** (*Brit*), **~** (*US*) allgemeine Unkosten *pl*; **company ~s** allgemeine Geschäftskosten *or* Betriebs(un)kosten *pl*.

overhear [ˌəʊvəˈhɪəʳ] *pret, ptp* **overheard** [ˌəʊvəˈhɜːd] *vt* zufällig mit anhören, zufällig mitbekommen. **we don't want him to ~ us** wir wollen nicht, daß er uns zuhören kann *or* daß er mitbekommt, was wir sagen; **I ~d them plotting** ich hörte zufällig, wie sie etwas ausheckten; **the other day he was ~d to say that ...** neulich hat ihn jemand sagen hören, daß ...; **he was being ~d** jemand hörte mit.

overheat **I** *vt engine* überhitzen; *room* überheizen; **II** *vi* (*engine*) heißlaufen; (*fig: economy*) sich überhitzen; **overheated** *adj* heißgelaufen; *room* überheizt; *discussion* erhitzt.

overindulge [ˈəʊvərɪnˈdʌldʒ] **I** *vt* **1.** *person* zu nachsichtig sein mit, zuviel durchgehen lassen (+*dat*).

2. *fantasies* allzu freien Lauf lassen (+*dat*); *passion, sexual appetite also* zügellos frönen (+*dat*). **a writer who ~s himself** ein Schriftsteller, der seiner Phantasie allzu freien Lauf läßt.

II *vi* zuviel genießen; (*as regards eating also*) Völlerei betreiben. **I ~d at the party** ich habe auf der Party ein bißchen zuviel das Guten gehabt; **to ~ in wine** zuviel Wein trinken.

overindulgence [ˈəʊvərɪnˈdʌldʒəns] *n* **1.** allzu große Nachsicht *or* Nachgiebigkeit (*of sb* jdm gegenüber).

2. (*as regards eating*) Völlerei *f*. **~ in wine** übermäßiger Weingenuß; **~ in cigarettes** zu starkes Rauchen; **this constant ~ of his sexual appetite** sein zügelloses Sexualleben; **health ruined by ~ in ...** durch übermäßigen Genuß von ... geschädigte Gesundheit.

overindulgent [ˈəʊvərɪnˈdʌldʒənt] *adj parent* zu nachsichtig, zu gutmütig (*towards*) *sb* jdm gegenüber, mit jdm). **should I have another or would that be ~?** soll ich mir noch einen nehmen, oder wäre das des Guten zuviel?

overjoyed [ˌəʊvəˈdʒɔɪd] *adj* überglücklich, äußerst erfreut (*at, by* über +*acc*).

overkill *n* (*Mil*) Overkill *m*; (*fig: getting rid of too much, having wider than necessary consequences*) Rundumschlag, Kahlschlag *m*; **you didn't have to repaint the whole room, that's definitely ~** du mußtest nicht das ganze Zimmer neu streichen, das war des Guten zuviel *or* das war übertrieben; **overladen** *adj* (*lit, fig*) überladen (*with* mit); *lorry, circuit also* überlastet; **overland** **I** *adj journey* auf dem Landweg; **~ route** Route *f* auf dem Landweg; **II** *adv travel* über Land, auf dem Landweg.

overlap [ˈəʊvəlæp] **I** *n* Überschneidung *f*; (*spatial also*) Überlappung *f*; (*of concepts*) teilweise Entsprechung *or* Dekkung. **3 inches' ~** 3 Zoll Überlapp(ung); **there is an ~ of two days between our holidays** unsere Ferien überschneiden sich.

II [ˌəʊvəˈlæp] *vi* **1.** (*tiles, boards*) einander überdecken, überlappen; (*teeth*) übereinander stehen. **made of ~ping planks** aus (einander) überlappenden Brettern.

2. (*visits, dates, responsibilities*) sich überschneiden; (*ideas, concepts, plans, work areas*) sich teilweise decken.

III [ˌəʊvəˈlæp] *vt* **1.** *part* gehen über (+*acc*); liegen über (+*dat*); (*person*) überlappen. **the tiles ~ each other** die Dachziegel überlappen sich *or* liegen übereinander.

2. *holiday, visit* sich überschneiden mit; *idea* sich teilweise decken mit.

IV *adj attr joint* Überlappungs-.

overlay (*vb: pret, ptp* **overlaid**) **I** [ˌəʊvəˈleɪ] *vt* überziehen; (*with metal*) belegen; *wall* verkleiden; **II** [ˈəʊvəleɪ] *n* Überzug *m*; (*metal*) Auflage *f*; (*on map*) Auflegemaske *f*; (*Typ*) Zurichtung *f*, Zurichtebogen *m*; **overleaf** *adv* umseitig; **the illustration ~** die umseitige Abbildung; **see ~** siehe umseitig; **overload** **I** *n* Übergewicht *nt*, zu große Last, Überbelastung *f*; (*Elec*) Überlast *f*; **II** *vt* überladen; *car, lorry, animal also,* (*Elec, Mech*) überlasten; **overlong** **I** *adj* überlang; **II** *adv* zu lang.

overlook [ˌəʊvəˈlʊk] *vt* **1.** (*have view onto*) überblicken. **we had a room ~ing the park** wir hatten ein Zimmer mit Blick auf den Park; **the castle ~s the whole town** vom Schloß aus hat man Aussicht auf die ganze Stadt; **the garden is not ~ed** niemand kann in den Garten hineinsehen.

2. (*fail to notice*) *detail* übersehen, nicht bemerken.

3. (*ignore*) *mistake* hinwegsehen über (+*acc*), durchgehen lassen. **I am prepared to ~ it this time** diesmal will ich noch ein Auge zudrücken.

overlord *n* (*Hist*) Oberherr *m*.

overly [ˈəʊvəlɪ] *adv* übermäßig, allzu.

overmanned *adj* **to be ~** eine zu große Belegschaft haben; **overmanning** *n* Überbeschäftigung *f*; **overmantel** *n* (*Archit*) Kaminaufsatz *or* -aufbau *m*;

overmuch I *adv* zuviel, übermäßig; **II** *adj* zuviel; **overnice** *adj distinction* spitzfindig, zu genau.

overnight ['əʊvə'naɪt] **I** *adv* **1.** über Nacht. **we drove ~** wir sind die Nacht durchgefahren; **to stay ~ (with sb)** bei jdm übernachten, (bei jdm) über Nacht bleiben.

2. (*fig*) von heute auf morgen, über Nacht.

II *adj* **1.** *journey* Nacht-. **~ stay** Übernachtung *f*; **~ bag** Reisetasche *f*.

2. (*fig: sudden*) ganz plötzlich. **an ~ success** ein Blitzerfolg *m*.

overparticular *adj* zu genau, pingelig (*inf*); **he wasn't ~ about filling in his expenses form correctly** er nahm es mit dem Ausfüllen seines Spesenantrages nicht zu *or* so genau; **overpass** *n* Überführung *f*; **overpay** *pret, ptp* **overpaid** *vt* überbezahlen, zuviel bezahlen (+*dat*); **he's been ~ by about £5** man hat ihm etwa £ 5 zuviel bezahlt; **overpayment** *n* (*act*) Überbezahlung *f*; (*amount*) zuviel bezahlter Betrag; **overplay** *vt* (*overact*) übertrieben darstellen *or* spielen; **to ~ one's hand** (*fig*) es übertreiben, den Bogen überspannen; **overplus** *n* (*esp US*) Überschuß *m*, Mehr *nt* (*of* an +*dat*); **overpopulated** *adj* übervölkert; **overpopulation** *n* Überbevölkerung *f*.

overpower [ˌəʊvə'paʊəʳ] *vt* **1.** (*emotion, heat*) überwältigen, übermannen. **he was ~ed by the drug** die Droge tat ihre Wirkung (bei ihm). **2.** (*Mech*) **to be ~ed** übermotorisiert sein.

overpowering [ˌəʊvə'paʊərɪŋ] *adj* überwältigend; *smell* penetrant; *perfume* aufdringlich; *heat* glühend. **I felt an ~ desire ...** ich fühlte den unwiderstehlichen Drang, ...; **he's a bit ~ at times** seine Art kann einem manchmal zuviel werden.

overprice *vt* einen zu hohen Preis verlangen für; **if the public will pay for it then it's not ~d** wenn es die Leute bezahlen, dann ist der Preis nicht zu hoch angesetzt; **overprint I** *vt* **1.** *stamp, text* überdrucken; (*Phot*) überkopieren; **2.** (*print too many copies of*) in zu großer Auflage drucken; **II** *n* (*on stamp*) Überdruck *m*; **overproduce** *vi* überproduzieren, zuviel produzieren; **overproduction** *n* Überproduktion *f*; **overprotect** *vt child* überbehüten, zu sehr behüten; **overprotective** *adj parent* überängstlich; **overrate** *vt* überschätzen; *book, play, system also* überbewerten; **overreach** *vi* sich übernehmen; **overreact** *vi* übertrieben reagieren (*to* auf +*acc*); **overreaction** *n* übertriebene Reaktion (*to* auf +*acc*).

override [ˌəʊvə'raɪd] *pret* **overrode** [ˌəʊvə'rəʊd], *ptp* **overridden** [ˌəʊvə'rɪdn] *vt* **1.** (*disregard*) sich hinwegsetzen über (+*acc*); *opinion, claims also* nicht berücksichtigen.

2. (*prevail over, cancel out*) *order, decision, ruling* aufheben, außer Kraft setzen; *objection* ablehnen. **I'm afraid I'll have to ~ you there, said the chairman** dazu muß ich leider nein sagen, sagte der Vorsitzende; **to ~ sb's authority** sich über jds Autorität (*acc*) hinwegsetzen.

3. *horse* müde reiten.

4. (*teeth*) gehen über (+*acc*).

overriding [ˌəʊvə'raɪdɪŋ] *adj principle* vorrangig, wichtigste(r, s); *priority* vordringlich; *desire* dringendste(r, s); (*Jur*) *act, clause* Aufhebungs-. **my ~ ambition is to ...** mein allergrößter Ehrgeiz ist es, zu ...

overrule [ˌəʊvə'ruːl] *vt* ablehnen; *claim also* nicht anerkennen; *objection also* zurückweisen; *verdict, decision* aufheben. **his objection was ~d** sein Einspruch wurde abgewiesen; **we were ~d** unser Vorschlag/Einspruch wurde abgelehnt; **he was ~d by the majority** er wurde überstimmt.

overrun [ˌəʊvə'rʌn] *pret* **overran** [ˌəʊvə'ræn], *ptp* **~ I** *vt* **1.** (*weeds*) überwuchern, überwachsen. **the town was ~ with tourists/mice** die Stadt war von Touristen/Mäusen überlaufen.

2. (*troops invade*) *country, district* einfallen in (+*dat*), herfallen über (+*acc*); *enemy position* überrennen.

3. (*go past*) *mark* hinauslaufen über (+*acc*); (*Rail*) *signal* überfahren; (*train*) *platform* hinausfahren über (+*acc*); (*plane*) *runway* hinausrollen über (+*acc*).

4. (*go beyond*) *time* überziehen, überschreiten. **the TV programme overran its time** das Fernsehprogramm überzog.

5. (*overflow*) *banks* überfluten.

II *vi* (*in time: speaker, concert*) überziehen. **you're ~ning** Sie überziehen (Ihre Zeit).

overseas ['əʊvə'siːz] **I** *adj country* überseeisch, in Übersee; *market, trade* Übersee-; *telegram* nach/aus Übersee. **our ~ office** unsere Zweigstelle in Übersee; **~ aid** Entwicklungshilfe *f*; **an ~ visitor** ein Besucher aus Übersee; **~ service** (*Mil*) Militärdienst in Übersee.

II *adv* **to be ~** in Übersee sein; **to go ~** nach Übersee gehen; **to be sent ~** nach Übersee geschickt werden; **from ~** aus Übersee.

oversee *pret* **oversaw,** *ptp* **overseen** *vt* (*supervise*) *person, work* beaufsichtigen, überwachen; **overseer** *n* Aufseher(in *f*) *m*; (*foreman*) Vorarbeiter(in *f*) *m*; (*in coal-mine*) Steiger *m*; **oversell** *pret, ptp* **oversold** *vti* **1.** (*sell too many*) **to ~ (sth)** (von etw) mehr verkaufen, als geliefert werden kann; *concert, match* (für etw) zu viele Karten verkaufen; **2.** (*promote too much*) zuviel Reklame machen für; **oversensitive** *adj* überempfindlich; **oversexed** *adj* **to be ~** einen übermäßig starken Sexualtrieb haben; **don't leave me alone with that ~ brother of yours** laß mich bloß mit deinem Lustmolch von Bruder nicht allein (*inf*); **overshadow** *vt* (*lit, fig*) überschatten; **overshoe** *n* Überschuh *m*.

overshoot [ˌəʊvə'ʃuːt] *pret, ptp* **overshot** [ˌəʊvə'ʃɒt] **I** *vt target, runway* hinausschießen über (+*acc*); *production target* übertreffen. **the golfer overshot the**

green der Golfer schlug (den Ball) über das Grün hinaus; **to ~ the mark** (*lit, fig*) übers Ziel hinausschießen.

II *vi* (*plane*) durchstarten.

oversight ['əʊvəsaɪt] *n* **1.** Versehen *nt*. **by** *or* **through an ~** aus Versehen. **2.** (*supervision*) Aufsicht, Beaufsichtigung *f*.

oversimplification *n* (zu) grobe Vereinfachung; **oversimplify** *vt* zu sehr vereinfachen, zu einfach darstellen; **oversize(d)** *adj* übergroß; **~ families** zu kinderreiche Familien *pl*; **oversleep** *pret, ptp* **overslept** *vi* verschlafen; **oversold** *pret, ptp of* **oversell**; **overspend** *pret, ptp* **overspent I** *vi* zuviel ausgeben; **we've ~ by £10** wir haben £ 10 zuviel ausgegeben; **II** *vt* überschreiten; **overspending** *n* zu hohe Ausgaben *pl*; **overspill** (*Brit*) **I** ['əʊvəˌspɪl] *n* Bevölkerungsüberschuß *m*; **~ town** Trabantenstadt *f*; **II** [ˌəʊvə'spɪl] *vi see* **overflow III 1.**; **overstaffed** *adj* überbesetzt; **overstaffing** *n* zuviel Personal, Personalüberschuß *m*; **overstate** *vt facts, case* übertreiben, übertrieben darstellen; **overstatement** *n* Übertreibung *f*, übertriebene Darstellung; **overstay** *vt see* **outstay**; **oversteer I** *n* Übersteuern *nt*; **II** *vi* übersteuern; **overstep** *vt* überschreiten; **to ~ the mark** zu weit gehen.

overstock [ˌəʊvə'stɒk] **I** *vt farm, pond* zu hoch bestücken. **the farm/pond is ~ed** der Hof/der Teich hat einen zu großen Vieh-/Fischbestand; **to ~ a shop** in einem Geschäft das Lager überfüllen; **the shop is ~ed** der Laden hat zu große Bestände.

II *vi* (*shop*) zu große (Lager)bestände haben, zuviel lagern; (*farm*) zu große (Vieh)bestände haben.

overstrain [ˌəʊvə'streɪn] *vt horse, person* überanstrengen, überfordern; *metal* überbelasten; *resources, strength, theory* überbeanspruchen. **to ~ oneself** sich übernehmen, sich überanstrengen; **don't ~ yourself** (*iro*) übernimm dich bloß nicht; **to ~ one's heart** sein Herz überlasten.

overstrung *adj* **1.** *person* überspannt; **2.** *piano* kreuzsaitig; **oversubscribe** *vt* (*Fin*) überzeichnen; **the zoo outing was ~d** zu viele (Leute) hatten sich für den Ausflug in den Zoo angemeldet; **oversupply I** *vt* überbeliefern; **II** *n* Überangebot *nt* (*of* an *+dat*), Überversorgung *f* (*of* mit).

overt [əʊ'vɜːt] *adj* offen; *hostility* unverhohlen.

overtake [ˌəʊvə'teɪk] *pret* **overtook** [ˌəʊvə'tʊk], *ptp* **overtaken** [ˌəʊvə'teɪkən] **I** *vt* **1.** einholen; (*pass*) *runner*, (*Brit*) *car* überholen. **2.** (*take by surprise*) (*storm, night*) überraschen; (*fate*) ereilen (*geh*). **~n by fear** von Furcht befallen; **we were ~n by events, events have ~n us** wir waren auf die Entwicklung der Dinge nicht gefaßt. **II** *vi* (*Brit*) überholen.

overtaking [ˌəʊvə'teɪkɪŋ] *n* (*Brit*) Überholen *nt*.

overtax *vt* **1.** (*fig*) *person, heart* überlasten, überfordern; *patience* überfordern; **to ~ one's strength** sich übernehmen; **don't ~ my patience** stelle meine Geduld nicht auf die Probe; **2.** (*lit: tax too heavily*) übermäßig besteuern; **over-the-counter** *adj drugs* nicht rezeptpflichtig; *sale* offen; **overthrow** (*vb: pret* **overthrew**, *ptp* **overthrown**) **I** ['əʊvəˌθrəʊ] *n* **1.** Sieg *m* (*of* über *+acc*); (*being ~thrown*) Niederlage *f*; (*of dictator, government, empire*) Sturz *m*; (*of country*) Eroberung *f*; **2.** (*Cricket*) zu weiter Wurf; **II** [ˌəʊvə'θrəʊ] *vt* (*defeat*) *enemy* besiegen; *government, dictator, general* stürzen, zu Fall bringen; *plans* umstoßen; *country* erobern.

overtime ['əʊvətaɪm] **I** *n* **1.** Überstunden *pl*. **I am on ~** *or* **doing ~** ich mache Überstunden; **he did four hours' ~** er hat vier (Stunden) Überstunden gemacht.

2. (*US Sport*) Verlängerung *f*. **we had to play ~** es gab eine Verlängerung.

II *adv* **to work ~** Überstunden machen; **my imagination was working ~** (*inf*) meine Phantasie lief auf Hochtouren (*inf*); **his liver's been working ~ to keep up with all this alcohol** (*inf*) seine Leber mußte sich ganz schön ranhalten (*inf*), um all den Alkohol zu verkraften.

III [ˌəʊvə'taɪm] *vt* (*Phot*) *photo* überbelichten. **the programme planners ~d the symphony** die Programmgestalter hatten zuviel Zeit für die Symphonie eingeplant.

IV *adj attr* **~ ban** Überstundensperre *f*; **~ pay** Überstundenlohn *m*; **~ rates** Überstundentarif *m*.

overtired [ˌəʊvə'taɪəd] *adj* übermüdet.

overtly [əʊ'vɜːtlɪ] *adv* offen.

overtone ['əʊvətəʊn] *n* **1.** (*Mus*) Oberton *m*. **2.** (*fig*) Unterton *m*. **unmistakable ~s of jealousy** ein unverkennbarer Unterton von Eifersucht; **political ~s** politische Untertöne *pl*.

overtop *vt* überragen; **overtrick** *n* (*Cards*) überzähliger Stich; **overtrump** *vt* übertrumpfen.

overture ['əʊvətjʊə[r]] *n* **1.** (*Mus*) Ouvertüre *f*. **2.** *usu pl* (*approach*) Annäherungsversuch *m*. **to make ~s to sb** Annäherungsversuche bei jdm machen.

overturn [ˌəʊvə'tɜːn] **I** *vt* **1.** umkippen, umwerfen; (*capsize*) *boat also* zum Kentern bringen.

2. *regime* stürzen; *philosophy, world view* umstürzen.

II *vi* (*chair*) umkippen; (*boat also*) kentern.

III ['əʊvətɜːn] *n* (*of government*) Sturz *m*; (*of world view*) Umsturz *m*.

overuse I [ˌəʊvə'juːs] *n* übermäßiger *or* zu häufiger Gebrauch; **II** [ˌəʊvə'juːz] *vt* übermäßig oft *or* zu häufig gebrauchen; **overvalue** *vt goods* zu hoch schätzen; *idea, object, person* überbewerten; **overview** *n* Überblick *m* (*of* über *+acc*).

overweening [ˌəʊvə'wiːnɪŋ] *adj* überheblich, anmaßend; *arrogance, pride, ambition* maßlos.

overweight ['əʊvə'weɪt] **I** *adj thing* zu schwer; *person also* übergewichtig. **this**

box is 5 kilos ~ diese Schachtel hat 5 Kilo Übergewicht; ~ **luggage** Gepäck mit Übergewicht; **you're** ~ Sie haben Übergewicht. **II** *n* Übergewicht *nt*.

overwhelm [ˌəʊvə'welm] *vt* **1.** (*overpower: strong feelings*) überwältigen. **he was ~ed when they gave him the present** er war zutiefst gerührt, als sie ihm das Geschenk gaben; **you ~ me!** (*iro*) da bin ich aber sprachlos!

2. (*ruin, crush*) *enemy* überwältigen; *country* besiegen; (*Sport*) *defence* überrennen.

3. (*submerge: water*) überschwemmen, überfluten; (*earth, lava*) verschütten.

4. (*fig*) (*with favours, praise*) überschütten, überhäufen; (*with questions*) bestürmen; (*with work*) überhäufen.

overwhelming [ˌəʊvə'welmɪŋ] *adj* überwältigend; *desire, power* unwiderstehlich; *misfortune* erschütternd.

overwhelmingly [ˌəʊvə'welmɪŋlɪ] *adv see adj*. **they voted ~ for it** sie haben mit überwältigender Mehrheit dafür gestimmt.

overwind *pret, ptp* **overwound** *vt watch* überdrehen; **overwork I** *n* Überarbeitung, Arbeitsüberlastung *f*; **II** *vt horse* schinden; *person* überanstrengen; *image, idea, theme* überstrapazieren; **to ~ oneself** sich überarbeiten; **III** *vi* sich überarbeiten; **overwrite** *pret* **overwrote,** *ptp* **overwritten** *vti* (*Comput*) überschreiben; **overwrite mode** *n* (*Comput*) Überschreibmodus *m*; **overwritten** *adj* (*too flowery*) zu blumig (geschrieben); (*too strong*) zu stark formuliert; (*too rhetorical*) zu schwülstig.

overwrought [ˌəʊvə'rɔːt] *adj* **1.** *person* überreizt. **2.** (*too elaborate*) *style* überfeinert, verkünstelt.

overzealous [ˌəʊvə'zeləs] *adj* übereifrig.

oviduct ['əʊvɪdʌkt] *n* Eileiter *m*.

oviform ['əʊvɪfɔːm] *adj* (*form*) eiförmig.

oviparous [əʊ'vɪpərəs] *adj* eierlegend.

ovoid ['əʊvɔɪd] *adj* eiförmig, ovoid.

ovulate ['ɒvjʊleɪt] *vi* ovulieren.

ovulation [ˌɒvjʊ'leɪʃən] *n* Eisprung *m*, Ovulation *f*.

ovule ['ɒvjuːl] *n* (*Zool*) Ovulum, Ei *nt*; (*Bot*) Samenanlage *f*.

ovum ['əʊvəm] *n, pl* **ova** Eizelle *f*, Ovum *nt*.

owe [əʊ] **I** *vt* **1.** *money* schulden, schuldig sein (*sb sth, sth to sb* jdm etw). **can I ~ you the rest?** kann ich dir den Rest schuldig bleiben?; **how much do I ~ you?** (*in shop*) was bin ich schuldig?

2. *reverence, obedience, loyalty* schulden, schuldig sein (*to sb* jdm); *allegiance* schulden (*to sb* jdm).

3. (*be under an obligation for*) verdanken (*sth to sb* jdm etw). **I ~ my life to him** ich verdanke ihm mein Leben; **to what do I ~ the honour of your visit?** (*iro*) und was verschafft mir die Ehre Ihres Besuches?; **you ~ it to yourself to keep fit** du bist es dir schuldig, fit zu bleiben; **he ~s his failure to himself** er hat sich sein Versagen selbst zuzuschreiben; **we ~ him nothing** wir sind ihm (gar) nichts schuldig; **I think you ~ me an explanation** ich glaube, du bist mir eine Erklärung schuldig.

II *vi* **to ~ sb for sth** jdm Geld für etw schulden; **can I ~ you for the rest?** kann ich Ihnen den Rest schuldig bleiben?; **I still ~ him for the meal** ich muß ihm das Essen noch bezahlen.

owing ['əʊɪŋ] **I** *adj* unbezahlt. **the amount ~ on the house** die Schulden, die auf dem Haus liegen; **how much is still ~?** wieviel steht noch aus?; **the money still ~ to us** (*Comm*) die Außenstände *pl*; **to pay what is ~** den ausstehenden Betrag bezahlen.

II *prep* **~ to** wegen (+*gen or* (*inf*) +*dat*), infolge (+*gen*); **~ to the circumstances** umständehalber; **~ to his being foreign** weil er Ausländer ist/war; **and it's all ~ to him that we succeeded** und unser Erfolg ist ihm allein zuzuschreiben.

owl [aʊl] *n* Eule *f*. **wise old ~** weise Eule.

owlet ['aʊlɪt] *n* junge Eule.

owlish ['aʊlɪʃ] *adj* **the glasses gave him a somewhat ~ look** die Brille ließ ihn ein wenig eulenhaft erscheinen; **to look ~** wie eine Eule aussehen.

owlishly ['aʊlɪʃlɪ] *adv look, stare* wie eine Eule.

own[1] [əʊn] **I** *vt* **1.** (*possess*) besitzen, haben. **who ~s that?** wem gehört das?; **we used to rent the flat, now we ~ it** wir hatten die Wohnung vorher gemietet, jetzt gehört sie uns; **he looks as if he ~s the place** er sieht so aus, als wäre er hier zu Hause; **the tourists behaved as if they ~ed the hotel** die Touristen benahmen sich, als gehöre das Hotel ihnen; **you don't ~ me, she said** ich bin nicht dein Privateigentum, sagte sie; **if you're going to behave like that, I don't ~ you** (*inf*) wenn du dich so benimmst, gehörst du nicht zu mir.

2. (*admit*) zugeben, zugestehen; (*recognize*) anerkennen. **he ~ed that the claim was reasonable** er erkannte die Forderung als gerechtfertigt an, er gab zu, daß die Forderung gerechtfertigt war; **he ~ed himself defeated** er gab sich geschlagen; **to ~ a child** (*Jur*) ein Kind (als seines) anerkennen.

II *vi* **to ~ to sth** etw eingestehen; *to debts* etw anerkennen; **he ~ed to having done it** er gestand, es getan zu haben; **he didn't ~ to having done it** er hat nicht zugegeben, daß er es getan hat.

◆**own up** *vi* es zugeben. **come on, ~ ~** (nun) gib schon zu; **to ~ ~ to sth** etw zugeben; **he ~ed ~ to stealing the money** er gab zu *or* er gestand, das Geld gestohlen zu haben.

own[2] **I** *adj attr* eigen. **his ~ car** sein eigenes Auto; **one's ~ car** ein eigenes Auto; **he's his ~ man** er geht seinen eigenen Weg; **he likes beauty for its ~ sake** er liebt die Schönheit um ihrer selbst willen; **he does (all) his ~ cooking** er kocht für sich selbst; **thank you, I'm quite capable of finding my ~ way out** danke, ich finde sehr gut alleine hinaus; **my ~ one is smaller** meine(r, s) ist kleiner.

II *pron* **1. that's my ~** das ist mein eigenes; **those are my ~** die gehören mir; **my ~ is bigger** meine(r, s) ist größer; **my time is my ~** ich kann mit meiner Zeit machen, was ich will; **I can scarcely call my time my ~** ich kann kaum sagen, daß ich über meine Zeit frei verfügen kann; **his ideas were his ~** die Ideen stammten von ihm selbst; **I'd like a little house to call my ~** ich würde gern ein kleines Häuschen mein eigen nennen; **a house of one's ~** ein eigenes Haus; **I have money of my ~** ich habe selbst Geld; **it has a beauty all its ~** *or* **of its ~** es hat eine ganz eigene *or* eigenartige Schönheit; **he gave me one of his ~** er gab mir eins von seinen (eigenen).

2. (*in phrases*) **can I have it for my (very) ~?** darf ich das ganz für mich allein behalten?; **to get one's ~ back (on sb)** es jdm heimzahlen; **he was determined to get his ~ back** er war entschlossen, sich zu revanchieren; **(all) on one's ~** (ganz) allein; (*without help also*) selbst; **on its ~** von selbst, von allein; **if I can get him on his ~** wenn ich ihn allein erwische.

own-brand ['əʊn,brænd] *adj* Hausmarken-.

owner ['əʊnəʳ] *n* Besitzer(in *f*), Eigentümer(in *f*) *m*; (*of shop, factory, firm*) Inhaber(in *f*) *m*; (*of dogs, car, slaves*) Halter *m*. **who's the ~ of this umbrella?** wem gehört dieser Schirm?; **at ~'s risk** auf eigene Gefahr.

owner-driver *n Fahrzeughalter, der sein eigenes Auto fährt;* **owner-editor** *n* Redakteur *m* im eigenen Hause; **ownerless** *adj* herrenlos; **owner-occupancy** *n* **there's a growing level of ~** immer mehr Häuser/Wohnungen werden eigengenutzt *or* befinden sich im Besitz der Bewohner; **owner-occupied** *adj house* vom Besitzer bewohnt; **owner-occupier** *n* Bewohner *m* im eigenen Haus, Eigennutzer *m* (*form*).

ownership ['əʊnəʃɪp] *n* Besitz *m*. **to establish the ~ of sth** den Besitzer einer Sache (*gen*) feststellen; **there are doubts as to the ~ of the property** es ist nicht klar, wer der Eigentümer dieses Grundstücks ist; **under his ~ the business flourished** das Geschäft blühte in der Zeit, als es sich in seinem Besitz befand; **under new ~** unter neuer Leitung; **since we've been under new ~** seit der Eigentümer gewechselt hat; **this certifies your ~ of …** das weist Sie als Eigentümer von … aus.

own goal *n* (*lit, fig*) Eigentor *nt*. **to score an ~** (*lit, fig*) ein Eigentor schießen.

ownsome ['əʊnsəm] *n*: **on one's ~** (*inf*) mutterseelenallein.

ox [ɒks] *n, pl* **-en** Ochse *m*. **as strong as an ~** bärenstark.

oxalic [ɒk'sælɪk] *adj acid* Oxal-.

oxbow lake ['ɒksbəʊ'leɪk] *n* toter Flußarm.

Oxbridge ['ɒksbrɪdʒ] **I** *n* die Universitäten Oxford und Cambridge.

II *adj people* der Universität (*gen*) Oxford oder Cambridge.

ox cart *n* Ochsenkarren *m*.

oxen ['ɒksən] *pl of* **ox.**

oxeye daisy ['ɒks,aɪ'deɪzɪ] *n* Margerite *f*.

Oxfam ['ɒksfæm] *n abbr of* **Oxford Committee for Famine Relief 1.** *britische karitative Vereinigung zur Hungerhilfe.* **2.** (*also* **~ shop**) *Gebrauchtwarenladen m, dessen Verkaufserlös der Hungerhilfe zugute kommt,* ≃ Dritte-Welt-Laden *m*.

oxidation [,ɒksɪ'deɪʃən] *n* (*Chem*) Oxydation, Oxidation *f*.

oxide ['ɒksaɪd] *n* (*Chem*) Oxyd, Oxid *nt*.

oxidize ['ɒksɪdaɪz] *vti* oxydieren, oxidieren.

oxlip ['ɒkslɪp] *n* (*Bot*) hohe *or* weiße Schlüsselblume.

Oxon ['ɒksən] *abbr of* **1. Oxfordshire. 2. Oxoniensis** der Universität Oxford.

Oxonian [ɒk'səʊnɪən] **I** *n* Oxfordstudent(in *f*) *m*. **II** *adj* der Oxforder Universität angehörend.

oxtail *n* Ochsenschwanz *m*; **oxtail soup** *n* Ochsenschwanzsuppe *f*.

oxyacetylene ['ɒksɪə'setɪliːn] *adj* Azetylensauerstoff-. **~ burner** *or* **lamp** *or* **torch** Schweißbrenner *m*; **~ welding** Autogenschweißen *nt*.

oxygen ['ɒksɪdʒən] *n* Sauerstoff *m*.

oxygenate [ɒk'sɪdʒəneɪt] *vt* oxygenieren, mit Sauerstoff behandeln *or* anreichern.

oxygenation [,ɒksɪdʒə'neɪʃən] *n* Oxygenierung *f*, Anreicherung *or* Behandlung *f* mit Sauerstoff.

oxygen bottle, oxygen cylinder *n* Sauerstoffflasche *f*; **oxygen mask** *n* Sauerstoff- *or* Atemmaske *f*; **oxygen tank** *n* Sauerstoffbehälter *m*; **oxygen tent** *n* Sauerstoffzelt *nt*.

oyster ['ɔɪstəʳ] *n* Auster *f*. **the world's his ~** die Welt steht ihm offen; **to shut up** *or* **clam up like an ~** kein Wort mehr sagen.

oyster bank, oyster bed *n* Austernbank *f*; **oyster-breeding** *n* Austernzucht *f*, **oystercatcher** *n* (*Orn*) Austernfischer *m*; **oyster cracker** *n* (*US*) Kräcker *m*; **oyster farm** *n* Austernpark *m*; **oyster shell** *n* Austernschale *f*.

oz *abbr of* **ounce(s).**

ozalid ['ɒzəlɪd] *n* (*Typ*) Blaukopie *f*.

ozone ['əʊzəʊn] *n* Ozon *nt*. **~ depletion** Ozonschwund *m*; **~-friendly** *spray etc* ohne Treibgas, FCKW-frei; **~ layer** Ozonschicht *f*; **an ~ hole, a hole in the ~ layer** ein Ozonloch *nt*.

P

P, p [piː] *n* P, p *nt*. **to mind one's P's and Q's** (*inf*) sich anständig benehmen.

p *abbr of* **1. page** S. **2. penny, pence.**

PA *abbr of* **1. Press Association. 2. public address (system).**

p.a. *abbr of* **per annum.**

pa [pɑː] *n* (*inf*) Papa, Papi, Vati *m* (*all inf*).

pace¹ ['peɪsɪ] *prep* ohne ... (*dat*) nahetreten zu wollen.

pace² [peɪs] **I** *n* **1.** (*step*) Schritt *m*; (*of horse*) Gangart *f*; (*lifting both legs on same side*) Paßgang *m*. **twelve ~s off** zwölf Schritt(e) entfernt; **to put a horse through its ~s** ein Pferd alle Gangarten machen lassen; **to put sb/a new car through his/its ~s** (*fig*) jdn/ein neues Auto auf Herz und Nieren prüfen.

2. (*speed*) Tempo *nt*. **the more leisurely ~ of life in those days** das geruhsamere Leben damals; **at a good** *or* **smart ~** recht schnell; **at an incredible ~** unglaublich schnell; **at a slow ~** langsam; **to keep ~** Schritt halten; (*in discussing*) mitkommen; **I can't keep ~ with events** ich komme mit den Ereignissen nicht mehr mit; **to make** *or* **set the ~** das Tempo angeben; **to quicken one's ~** seinen Schritt beschleunigen; (*working*) sein Tempo beschleunigen; **I'm getting old, I can't stand the ~ any more** (*inf*) ich werde alt, ich kann nicht mehr mithalten; **he has a good change of ~** (*runner*) er kann sein Tempo gut beschleunigen.

II *vt* **1.** (*measure*) *floor, room* mit Schritten ausmessen.

2. (*in anxiety*) auf und ab gehen *or* schreiten in (+*dat*).

3. *competitor* das Tempo angeben (+*dat*).

4. *horse* im Paßgang gehen lassen.

III *vi* **1. to ~ around** hin und her laufen; **to ~ up and down** auf und ab gehen.

2. (*horse*) im Paßgang gehen.

◆pace off *or* **out** *vt sep distance* ausschreiten, mit Schritten ausmessen *or* abmessen.

pacemaker ['peɪsˌmeɪkəʳ] *n* (*in race, business, Med*) Schrittmacher *m*.

pacer ['peɪsəʳ], **pace-setter** ['peɪssetəʳ] *n* (*Sport*) Schrittmacher *m*.

pachyderm ['pækɪdɜːm] *n* Dickhäuter *m*.

Pacific [pə'sɪfɪk] *n* **the ~ (Ocean)** der Pazifische *or* Stille Ozean, der Pazifik; **~ time** Pazifische Zeit; **the ~ islands** die Pazifischen Inseln; **a ~ island** eine Insel im Pazifik.

pacific [pə'sɪfɪk] *adj people, nation* friedliebend, friedfertig.

pacifically [pə'sɪfɪkəlɪ] *adv live* in Frieden.

pacification [ˌpæsɪfɪ'keɪʃən] *n* Versöhnung *f*; (*of area*) Befriedung *f*. **attempts at ~** Friedensbemühungen *pl*.

pacifier ['pæsɪfaɪəʳ] *n* **1.** (*peacemaker*) Friedensstifter(in *f*) *m*.

2. (*US: dummy*) Schnuller *m*.

pacifism ['pæsɪfɪzəm] *n* Pazifismus *m*.

pacifist ['pæsɪfɪst] **I** *adj* pazifistisch. **II** *n* Pazifist(in *f*) *m*.

pacify ['pæsɪfaɪ] *vt baby* beruhigen; *warring countries* miteinander aussöhnen; *area* befrieden.

pack [pæk] **I** *n* **1.** (*bundle*) Bündel *nt*; (*on animal*) Last *f*; (*rucksack*) Rucksack *m*; (*Mil*) Gepäck *nt no pl*, Tornister *m* (*dated*).

2. (*packet*) (*for cereal, washing powder, frozen food*) Paket *nt*; (*US: of cigarettes*) Packung, Schachtel *f*. **tights sold in ~s of five** Strumpfhosen im Fünferpack.

3. (*Hunt*) Meute *f*.

4. (*of wolves, cubs*) Rudel *nt*; (*of submarines*) Gruppe *f*.

5. (*pej: group*) Horde, Meute *f*. **a ~ of thieves** eine Diebesbande; **he told us a ~ of lies** er tischte uns einen Sack voll Lügen auf; **it's all a ~ of lies** es ist alles erlogen.

6. (*of cards*) (Karten)spiel *nt*. **52 cards make a ~** ein Blatt *nt* besteht aus 52 Karten.

7. (*Rugby*) Stürmer *pl*.

8. (*Med, cosmetic*) Packung *f*.

9. (*of ice*) Scholle *f*.

II *vt* **1.** *crate, container* vollpacken; *fish, meat in tin* abpacken.

2. *case, trunk* packen; *things in case, clothes* einpacken.

3. (*wrap, put into parcel*) einpacken.

4. (*crowd, cram*) packen; *container also* vollstopfen; *articles also* stopfen, pfropfen. **the box was ~ed full of explosives** die Kiste war voll mit Sprengstoff; **the crowds that ~ed the stadium** die Menschenmassen, die sich im Stadium drängten; **the comedy was playing to ~ed houses** die Komödie lief vor ausverkauften Häusern; **to be ~ed** (*full*) gerammelt voll sein (*inf*); **all this information is ~ed into one chapter** all diese Informationen sind in einem Kapitel zusammengedrängt; **a holiday ~ed with excitement** Ferien voller aufregender Erlebnisse; **a speech ~ed with jokes** eine mit Witzen gespickte Rede; **the coast is ~ed with tourists** an der Küste wimmelt es von Touristen.

5. (*make firm*) *soil etc* festdrücken.

6. *jury* mit den eigenen Leuten besetzen.

7. (*US inf: carry*) *gun* tragen, dabei haben. **to ~ one's lunch** sich (*dat*) sein Mittagessen mitnehmen.

8. (*inf*) **to ~ a (heavy) punch** kräftig

zuschlagen; **he ~s a nasty left** er hat *or* schlägt eine ganz gemeine Linke (*inf*).

9. *leak, pipe* (zu)stopfen.

III *vi* **1.** (*items*) passen. **that won't all ~ into one suitcase** das paßt *or* geht nicht alles in einen Koffer; **it ~s (in) nicely** es läßt sich gut verpacken.

2. (*person*) packen. **I'm still ~ing** ich bin noch beim Packen.

3. (*crowd*) **the crowds ~ed into the stadium** die Menge drängte sich in das Stadion; **we can't all ~ into one Mini** wir können uns nicht alle in einen Mini zwängen; **they ~ed round the president** sie belagerten *or* umringten den Präsidenten.

4. (*become firm*) fest werden. **the snow had ~ed round the wheels** an den Rädern klebte eine feste Schneeschicht.

5. (*inf*) **to send sb ~ing** jdn kurz abfertigen.

◆**pack away I** *vt sep* **1.** *clothes, boxes* wegpacken. **~ your toys ~ before you go out** räum deine Spielsachen weg, bevor du rausgehst; **I've ~ed all your books ~ in the attic** ich habe alle deine Bücher auf den Boden geräumt.

2. (*inf*) *food* **he can really ~ it ~** er kann ganz schön was verdrücken (*inf*).

II *vi* **the bed ~s ~ into a wall-cupboard** man kann das Bett in einem Wandschrank verschwinden lassen.

◆**pack down** *vi* (*Rugby*) ein Gedränge *nt* bilden.

◆**pack in I** *vt sep* **1.** *clothes* einpacken.

2. *people* hineinpferchen in (+*acc*). **we can't ~ any more ~ here** (*people*) hier geht *or* paßt keiner mehr rein; (*things*) hier geht *or* paßt nichts mehr rein.

3. (*play, actor*) in Scharen anziehen. **this film is really ~ing them ~** (*inf*) dieser Film zieht die Leute in Scharen an.

4. (*Brit inf*) (*give up*) *job* hinschmeißen (*inf*); *girlfriend* sausen lassen (*inf*); (*stop*) *noise* aufhören mit; *work, activity* Schluß *or* Feierabend (*inf*) machen mit.

II *vi* **1.** (*crowd in*) sich hineindrängen. **we all ~ed ~to his car** wir zwängten uns alle in sein Auto.

2. (*inf: stop working*) (*engine*) seinen Geist aufgeben (*hum*); (*person*) zusammenpacken, Feierabend machen (*inf*).

◆**pack off** *vt sep* **she ~ed them ~ to bed/school** sie verfrachtete sie ins Bett/schickte sie in die Schule.

◆**pack out** *vt sep usu pass* **to be ~ed ~** (*hall, theatre*) gerammelt voll sein (*inf*), überfüllt sein.

◆**pack up I** *vt sep clothes etc* zusammenpacken. **II** *vi* **1.** (*prepare luggage*) packen. **he just ~ed ~ and left** er packte seine Sachen und ging. **2.** (*inf: stop working*) (*engine*) seinen Geist aufgeben (*hum*); (*person*) Feierabend machen (*inf*). **3. the tent ~s ~ easily** das Zelt läßt sich gut verpacken.

package ['pækɪdʒ] **I** *n* **1.** (*parcel, esp US: packet*) Paket *nt*; (*of cardboard*) Schachtel *f*. **2.** (*esp Comm: group, set*) Paket, Bündel *nt*. **software ~** Softwarepaket *nt*. **II** *vt* **1.** verpacken. **2.** (*in order to enhance sales*) präsentieren.

package deal *n* Pauschalangebot *nt*; **package holiday** *n* Pauschalreise *f*.

packager ['pækɪdʒə^r] *n* (*for books*) Redaktionsbüro *nt*, Packager *m*.

package store *n* (*US*) Spirituosenhandlung *f*; **package tour** *n* Pauschalreise *f*.

packaging ['pækɪdʒɪŋ] *n see vt* **1.** Verpackung *f*. **this is where they do the ~** hier werden die Sachen verpackt. **2.** Präsentation *f*. **the public don't buy the product, they buy the ~** die Leute kaufen nicht das Produkt, sondern die Verpackung.

pack animal *n* Packtier, Lasttier *nt*; **pack drill** *n* Strafexerzieren *nt* in gefechtsmäßiger Ausrüstung.

packer ['pækə^r] *n* Packer(in *f*) *m*.

packet ['pækɪt] *n* **1.** Paket *nt*; (*of cigarettes*) Päckchen *nt*, Schachtel, Packung *f*; (*small box*) Schachtel *f*. **2.** (*Naut*) Paketboot *nt*. **3.** (*Brit sl: lot of money*) **to make a ~** ein Schweinegeld verdienen (*sl*); **that must have cost a ~** das muß ein Heidengeld gekostet haben (*inf*).

packet boat *n* Paketboot *nt*; **packet switching** *n* (*Telec, Comput*) Paketvermittlung *f*.

packhorse *n* Packpferd *nt*; **I'm not your ~!** ich bin nicht dein Packesel!; **pack ice** *n* Packeis *nt*.

packing ['pækɪŋ] *n* **1.** (*act*) (*in suitcases*) Packen *nt*; (*in factories*) Verpackung *f*. **to do one's ~** packen. **2.** (*material*) Verpackung *f*; (*for leak*) Dichtung *f*.

packing case *n* Kiste *f*, Umzugskarton *m*; **packing house**, **packing plant** *n* (*US*) Abpackbetrieb *m*; **packing list** *n* (*Comm*) Packliste *f*.

pack rat *n* Buschschwanzratte *f*; **packsack** *n* (*US*) Rucksack *m*; **packsaddle** *n* Packsattel *m*; **packthread** *n* Zwirn *m*; **pack train** *n* Tragtierkolonne *f*.

pact [pækt] *n* Pakt *m*. **to make a ~ with sb** mit jdm einen Pakt schließen.

pad[1] [pæd] *vi* **to ~ about** umhertapsen; **the panther ~ded up and down** der Panther trottete auf und ab.

pad[2] **I** *n* **1.** (*stuffing*) (*for comfort*) Polster *nt*; (*for protection*) Schützer *m*; (*in bra*) Einlage *f*; (*brake ~ etc*) Belag *m*.

2. (*of paper*) Block *m*; (*of blotting paper*) Schreibunterlage *f*.

3. (*for inking*) Stempelkissen *nt*.

4. (*of animal's foot*) Ballen *m*.

5. (*launching ~*) (Abschuß)rampe *f*.

6. (*inf: room, home*) Bude *f* (*inf*).

II *vt shoulders* polstern.

◆**pad out** *vt sep* **1.** *shoulders* polstern. **2.** *article, essay* auffüllen; *speech* ausdehnen, strecken.

padded ['pædɪd] *adj shoulders, armour, bra* wattiert; *dashboard* gepolstert. **~ cell** Gummizelle *f*.

padding ['pædɪŋ] *n* **1.** (*material*) Polsterung *f*. **2.** (*fig: in essay etc*) Füllwerk *nt*.

paddle ['pædl] **I** *n* **1.** (*oar*) Paddel *nt*.

2. (*blade of wheel*) Schaufel *f*; (*wheel*) Schaufelrad *nt*.

3. (*for mixing*) Rührschaufel *f*.

4. to go for a ~, to have a ~ durchs Wasser waten.

5. (*US: in table tennis*) Schläger *m*.
II *vt* **1.** *boat* paddeln.
2. to ~ one's feet in the water mit den Füßen im Wasser planschen; **~ your feet and you'll stay afloat** du mußt mit den Füßen paddeln, dann gehst du nicht unter.
3. (*US: spank*) versohlen (*inf*).
III *vi* **1.** (*in boat*) paddeln.
2. (*with feet, swimming*) paddeln.
3. (*walk in shallow water*) waten.

paddle boat *n* Raddampfer *m*; (*small, on pond*) Paddelboot *nt*; **paddle steamer** *n* Raddampfer *m*; **paddle wheel** *n* Schaufelrad *nt*.

paddling pool ['pædlɪŋ,pu:l] *n* Planschbecken *nt*.

paddock ['pædək] *n* (*field*) Koppel *f*; (*of racecourse*) Sattelplatz *m*; (*motor racing*) Fahrerlager *nt*.

paddy[1] ['pædɪ] *n* **1.** (*rice*) ungeschälter Reis. **2.** (*also* **~ field**) Reisfeld *nt*.

paddy[2] *n* (*Brit inf*) Koller *m* (*inf*). **to get into a ~** einen Koller kriegen (*inf*).

paddy wagon *n* (*US inf*) grüne Minna (*inf*).

padlock ['pædlɒk] **I** *n* Vorhängeschloß *nt*.
II *vt* (mit einem Vorhängeschloß) verschließen.

padre ['pɑ:drɪ] *n* (*Mil*) Feldkaplan, Feldgeistliche(r) *m*.

paean ['pi:ən] *n* Lobrede *f*.

paediatric, (*US*) **pediatric** [,pi:dɪ'ætrɪk] *adj* Kinder-, pädiatrisch (*spec*).

paediatrician, (*US*) **pediatrician** [,pi:dɪə'trɪʃən] *n* Kinderarzt *m*/-ärztin *f*.

paediatrics, (*US*) **pediatrics** [,pi:dɪ'ætrɪks] *n* Kinderheilkunde, Pädiatrie (*spec*) *f*.

paedological, (*US*) **pedological** [,pi:də'lɒdʒɪkəl] *adj* pädologisch.

paedology, (*US*) **pedology** [,pi:'dɒlədʒɪ] *n* Pädologie *f*.

paedophile, (*US*) **pedophile** ['pi:dəfaɪl] *n* Pädophile(r) *mf*.

paedophilia, (*US*) **pedophilia** [,pi:dəʊ'fɪlɪə] *n* Pädophilie *f*.

paedophiliac, (*US*) **pedophiliac** [,pi:də'fɪlɪæk] **I** *n* Pädophile(r) *mf*.
II *adj* pädophil.

pagan ['peɪgən] **I** *adj* heidnisch.
II *n* Heide *m*, Heidin *f*.

paganism ['peɪgənɪzəm] *n* Heidentum *nt*.

page[1] [peɪdʒ] **I** *n* (*also* **~-boy**) Page *m*; (*of knight*) Page, Edelknabe *m*. **II** *vt* **to ~ sb** jdn ausrufen lassen; **paging Mr Cousin** Herr Cousin, bitte!

page[2] **I** *n* **1.** Seite *f*. **on ~ 14** auf Seite 14; **write on both sides of the ~** beschreiben Sie beide Seiten.
2. a glorious ~ of English history ein Ruhmesblatt *nt* in der Geschichte Englands; **to go down in the ~s of history** in die Geschichte *or* die Annalen der Geschichte eingehen.
II *vt* (*Typ*) paginieren, mit Seitenzahlen versehen.

pageant ['pædʒənt] *n* (*show*) historische Aufführung, Historienspiel *nt*. (*procession*) Festzug *m*; **a ~ of Elizabethan times** (*series of theatrical tableaux*) eine historische Darstellung des Elisabethanischen Zeitalters.

pageantry ['pædʒəntrɪ] *n* Prunk *m*, Gepränge *nt*. **all the ~ of history** die ganze Pracht der Geschichte.

pageboy *n* **1.** Page *m*; **2.** (*hairstyle*) Pagenkopf *m*; **page break** *n* (*Comput*) Seitenwechsel *m*; **page preview** *n* (*Comput*) Preview *m*; **page printer** *n* (*Comput*) Seitendrucker *m*.

pager ['peɪdʒə^r] *n* (*Telec*) Funkrufempfänger *m*.

paginate ['pædʒɪneɪt] *vt* paginieren.

pagination [,pædʒɪ'neɪʃən] *n* Paginierung *f*.

pagoda [pə'gəʊdə] *n* Pagode *f*.

paid [peɪd] **I** *pret, ptp of* **pay.**
II *adj official, work* bezahlt. **to put ~ to sth** etw zunichte machen; **that's put ~ to my holiday** damit ist mein Urlaub geplatzt *or* gestorben (*inf*); **that's put ~ to him** damit ist für ihn der Ofen aus (*inf*).

paid-up ['peɪd'ʌp] *adj share* eingezahlt. **a ~ membership of 500** 500 zahlende Mitglieder; **is he fully ~?** hat er alle Beiträge bezahlt?; **to make an insurance policy ~** eine Versicherung beitragsfrei stellen.

pail [peɪl] *n* Eimer *m*.

pailful ['peɪlfʊl] *n* Eimer *m*.

paillasse ['pælɪæs] *n* Strohsack *m*.

pain [peɪn] **I** *n* **1.** Schmerz *m*. **is the ~ still there?** hast du noch Schmerzen?; **where is the ~ exactly?** wo tut es denn genau weh?; **this will help the ~** das ist gut gegen die Schmerzen; **to be in ~** Schmerzen haben; **he screamed in ~** er schrie vor Schmerzen; **do insects feel ~?** können Insekten Schmerz empfinden?; **a sharp ~** ein stechender Schmerz; **cucumber gives me a ~ in the stomach** von Gurken bekomme ich Magenschmerzen *pl*; **my ankle has been giving** *or* **causing me a lot of ~** mein Knöchel tut mir sehr weh; **I have a ~ in my leg** mein Bein tut mir weh, ich habe Schmerzen im Bein.
2. (*mental*) Qualen *pl*. **the ~ of parting** der Abschiedsschmerz; **Werther: a soul in ~** Werther: eine gequälte Seele; **he suffered great mental ~** er litt Seelenqualen; **the decision caused me a lot of ~** die Entscheidung war sehr schmerzlich für mich; **a look of ~ came over his face** sein Gesicht nahm einen schmerzlichen Ausdruck an.
3. ~s *pl* (*efforts*) Mühe *f*; **to be at (great) ~s to do sth** sich (*dat*) (große) Mühe geben, etw zu tun; **she takes great ~s over her appearance** sie verwendet sehr viel Sorgfalt auf ihr Äußeres; **all he got for his ~s was a curt refusal** zum Dank für seine Mühe wurde er schroff abgewiesen; **see what you get for your ~s!** das hast du nun für deine Mühe!
4. (*penalty*) **on ~ of death** bei Todesstrafe, unter Androhung der Todesstrafe.
5. (*inf: also* **~ in the neck** *or* **arse** *sl*) **to be a (real) ~** einem auf den Wecker (*inf*) *or* Geist (*inf*) gehen.
II *vt* (*mentally*) schmerzen. **it ~s me to see their ignorance** ihre Unwissenheit tut schon weh; **it ~s me to have to tell you this but ...** es schmerzt mich, Ihnen dies

mitteilen zu müssen, aber …

pain barrier *n* Schmerzgrenze *f*.

pained [peɪnd] *adj expression, voice* schmerzerfüllt.

painful ['peɪnfʊl] *adj* **1.** (*physically*) schmerzhaft. **is it ~?** tut es weh?; **it's ~ to the touch** es tut weh, wenn man es berührt; **my arm was becoming ~** mein Arm fing an zu schmerzen.

2. (*unpleasant*) *experience, memory* unangenehm. **it is my ~ duty to tell you that …** ich habe die traurige Pflicht, Ihnen mitteilen zu müssen, daß …; **~ to behold** ein qualvoller Anblick.

3. (*inf: terrible*) peinlich. **~, isn't it?** das tut weh, was?; **I went to the party but it was really ~** (*boring*) ich war auf der Party, aber es war zum Sterben langweilig; (*embarrassing*) ich war auf der Party, eine äußerst peinliche Angelegenheit; **she gave a ~ performance** ihre Vorführung war mehr als peinlich.

painfully ['peɪnfəlɪ] *adv* **1.** (*physically*) schmerzhaft.

2. (*inf: very*) schrecklich. **it was ~ obvious** es war nicht zu übersehen; **he was being ~ overpolite** es war peinlich, wie betont höflich er sich benahm; **he became ~ aware that …** ihm wurde schmerzlich bewußt, daß …

painkiller *n* schmerzstillendes Mittel; **painkilling** *adj drug* schmerzstillend.

painless ['peɪnlɪs] *adj* schmerzlos. **a procedure which makes paying completely ~** (*inf*) ein Verfahren, bei dem Sie von der Bezahlung überhaupt nichts merken; **don't worry, it's quite ~** (*inf*) keine Angst, es tut gar nicht weh.

painlessly ['peɪnlɪslɪ] *adv see adj*.

painstaking ['peɪnz,teɪkɪŋ] *adj person, piece of work* sorgfältig. **with ~ accuracy** mit peinlicher Genauigkeit.

painstakingly ['peɪnz,teɪkɪŋlɪ] *adv* sorgfältig, gewissenhaft. **one has to be so ~ precise** man muß äußerst genau sein.

paint [peɪnt] **I** *n* **1.** Farbe *f*; (*on car, furniture also*) Lack *m*; (*make-up*) Schminke *f*.

2. ~s *pl* Farben *pl*; **box of ~s** Farb- *or* Malkasten *m*.

3. (*US: piebald horse*) Schecke *m*

II *vt* **1.** streichen; *car* lackieren; *door also* lackieren. **to ~ one's face** sich anmalen (*inf*); (*Theat*) sich schminken; **to ~ the town red** (*inf*) die Stadt unsicher machen (*inf*).

2. *picture, person* malen. **he ~ed a very convincing picture of life on the moon** er zeichnete ein sehr überzeugendes Bild vom Leben auf dem Mond; *see* **black.**

III *vi* malen; (*decorate*) (an)streichen.

◆**paint in** *vt sep* (*add*) dazumalen; (*fill in*) ausmalen.

◆**paint on** *vt sep* aufmalen.

◆**paint out** *or* **over** *vt sep* übermalen; (*on wall*) überstreichen.

◆**paint up** *vt sep building* neu *or* frisch anstreichen; *face* anmalen. **she gets all ~ed ~ on a Friday night** freitags abends legt sie immer ihre Kriegsbemalung an (*inf*).

paintbox *n* Farb- *or* Malkasten *m*; **paintbrush** *n* Pinsel *m*.

painter[1] ['peɪntəʳ] *n* (*Art*) Maler(in *f*) *m*; (*decorator also*) Anstreicher(in *f*) *m*.

painter[2] *n* (*Naut*) Fangleine *f*.

painting ['peɪntɪŋ] *n* **1.** (*picture*) Bild, Gemälde *nt*. **2.** *no pl* (*Art*) Malerei *f*. **3.** *no pl* (*of flat*) Anstreichen *nt*.

paint pot *n* Farbtopf *m*; **paint roller** *n* Farbrolle *f*; **paint shop** *n* (*Ind*) Lackiererei *f*; **paint spray(er)** *n* Spritzpistole *f*; **paint stripper** *n* Abbeizmittel *nt*; **paintwork** *n* (*on car etc*) Lack *m*; (*on wall, furniture*) Anstrich *m*.

pair [pɛəʳ] **I** *n* **1.** (*of gloves, shoes, people*) Paar *nt*; (*of animals, cards*) Pärchen *nt*; (*hum sl: breasts*) Vorbau *m* (*inf*), Dinger *pl* (*sl*). **I've lost the ~ to this glove** ich habe den anderen *or* zweiten Handschuh verloren; **a ~ of trousers** eine Hose; **six ~s of trousers** sechs Hosen; **a new ~** (*of trousers*) eine neue (Hose); (*of shoes*) (ein Paar) neue; **he has a useful ~ of hands** (*boxer*) er ist ein guter Boxer; **a huge ~ of eyes** ein riesiges Augenpaar; **in ~s** paarweise; *hunt, arrive, go out* zu zweit; *seated* in Zweiergruppen; **they're a ~ of rascals** das sind vielleicht zwei Lausejungen; **what a ~ of fools we are!** wir (beide) sind vielleicht dumm!; **you're a fine ~ you are!** (*iro*) ihr seid mir (vielleicht) ein sauberes Pärchen (*iro*).

2. the ~s *sing or pl* (*Skating*) Paarlauf *m*; (*Rowing*) Zweier *m*; **in the ~s** im Paarlauf/Zweier.

II *vt* in Paaren *or* paarweise anordnen. **I was ~ed with Bob for the next round** in der nächsten Runde mußte ich mit Bob ein Paar bilden.

III *vi* (*Parl*) *mit einem Abgeordneten einer anderen Partei ein Abkommen für eine Wahl treffen*.

◆**pair off I** *vt sep* in Zweiergruppen einteilen. **to ~ sb ~ with sb** (*find boyfriend etc for*) jdn mit jdm zusammenbringen *or* verkuppeln (*inf*); **she was ~ed ~ with Jean in the tournament** sie wurde beim Turnier mit Jean zusammengebracht; **~ ~ each word with its opposite** ordnen Sie jedem Wort den jeweiligen Gegensatz zu.

II *vi* Paare bilden. **all the people at the party had ~ed ~** bei der Party hatten alle Pärchen gebildet.

pairing ['pɛərɪŋ] *n* Paarung *f*.

pair-skating ['pɛə,skeɪtɪŋ] *n* Paarlaufen *nt*.

paisley ['peɪzlɪ] **I** *n* türkisches Muster.

II *adj pattern* türkisch; *shirt* türkisch gemustert.

pajamas [pə'dʒɑːməz] *npl* (*US*) *see* **pyjamas.**

Paki ['pækɪ] (*inf*) **I** *n* **1.** (*often pej: person*) Pakistani *mf*. **2.** (*restaurant*) pakistanisches Restaurant; (*meal*) pakistanisches Gericht. **3.** (*shop*) Lebensmittelladen *m* (*von Pakistanis geführt*).

II *adj* (*often pej*) pakistanisch.

Pakistan [,pɑːkɪs'tɑːn] *n* Pakistan *nt*.

Pakistani [,pɑːkɪs'tɑːnɪ] **I** *adj* pakistanisch. **II** *n* Pakistani *mf*, Pakistaner(in *f*)

m.

pal [pæl] *n* (*inf*) Kumpel *m* (*inf*). **OK, let's be ~s again** na gut, vertragen wir uns wieder!; **be a ~!** sei so nett!

◆**pal up** *vi* (*inf*) sich anfreunden (*with* mit).

palace ['pælɪs] *n* (*lit, fig*) Palast *m*. **royal ~** (Königs)schloß *nt*; **the PM was summoned to the ~** der Premierminister wurde zur Königin/zum König bestellt.

palace guard *n* Schloßwache *f*.

palaeo- ['pælɪəʊ-] *pref see* **paleo-**.

palatability [ˌpælətə'bɪlɪtɪ] *n* **1.** Schmackhaftigkeit *f*. **2.** (*fig*) Attraktivität *f*.

palatable ['pælətəbl] *adj* genießbar; *food also* schmackhaft (*to* für); (*fig*) attraktiv. **to some the truth is not always ~** manchen Leuten schmeckt die Wahrheit nicht immer.

palatably ['pælətəblɪ] *adv* schmackhaft; (*fig also*) attraktiv.

palatal ['pælətl] **I** *adj* Gaumen-; (*Phon*) palatal. **II** *n* (*Phon*) Palatal(laut) *m*.

palatalize ['pælətəlaɪz] *vti* (*Phon*) den Palatallaut bilden.

palate ['pælɪt] *n* (*lit*) Gaumen *m*. **to have a delicate ~** einen empfindlichen Gaumen haben; **to have no ~ for sth** (*fig*) keinen Sinn für etw haben.

palatial [pə'leɪʃəl] *adj* (*spacious*) palastartig; (*luxurious*) luxuriös, prunkvoll.

palatinate [pə'lætɪnɪt] *n* Pfalz *f*.

palaver [pə'lɑːvəʳ] *n* (*inf*) **1.** (*fuss and bother*) Umstand *m*, Theater *nt* (*inf*). **2.** (*conference*) Palaver *nt*.

pale¹ [peɪl] **I** *adj* (*+er*) *colour, complexion, face* blaß; *light also, face* (*implying unhealthy*) bleich, fahl. **~ green/orange** blaß- *or* zartgrün/blaß- *or* zartorange; **to go** *or* **turn ~ with fear/anger** vor Schreck/Wut bleich *or* blaß werden; **but a ~ imitation of the real thing** nur ein Abklatsch *m* des Originals.

II *vi* (*person*) erbleichen, blaß *or* bleich werden; (*paper etc*) verblassen. **but X ~s beside Y** neben Y verblaßt X direkt; **to ~ into insignificance** zur Bedeutungslosigkeit herabsinken.

pale² *n* (*stake*) Pfahl *m*. **those last few remarks were quite beyond the ~** diese letzten Bemerkungen haben eindeutig die Grenzen überschritten; **he is beyond the ~** er ist nicht mehr salonfähig.

pale ale *n* (*Brit*) helleres Dunkelbier; **paleface** *n* Bleichgesicht *nt*; **pale-faced** *adj* bleich, blaß.

palely ['peɪllɪ] *adv shine, lit* schwach, matt.

paleness ['peɪlnɪs] *n* Blässe *f*.

paleo- [ˌpælɪəʊ-] *pref* paläo-, Paläo-.

paleography [ˌpælɪ'ɒgrəfɪ] *n* Paläographie *f*.

paleolithic [ˌpælɪəʊ'lɪθɪk] *adj* paläolithisch, altsteinzeitlich.

paleontology [ˌpælɪɒn'tɒlədʒɪ] *n* Paläontologie *f*.

paleozoic [ˌpælɪəʊ'zəʊɪk] *adj* paläozoisch.

Palestine ['pælɪstaɪn] *n* Palästina *nt*.

Palestinian [ˌpælə'stɪnɪən] **I** *adj* palästinensisch. **~ Liberation Organisation** Palästinensische Befreiungsorganisation *f*. **II** *n* Palästinenser(in *f*) *m*.

palette ['pælɪt] *n* Palette *f*. **~ knife** Palettenmesser *nt*.

palimony ['pælɪmənɪ] *n* (*inf*) Unterhaltszahlung *f* (*bei der Auflösung einer Ehe ohne Trauschein*).

paling ['peɪlɪŋ] *n* (*stake*) Zaunpfahl *m*; (*fence*) Lattenzaun *m*; (*bigger*) Palisadenzaun *m*.

palisade [ˌpælɪ'seɪd] **I** *n* **1.** Palisade *f*. **2. ~s** *pl* (*US*) Steilufer *nt*. **II** *vt* einpfählen.

pall¹ [pɔːl] *n* **1.** (*over coffin*) Bahrtuch, Sargtuch *nt*. **a ~ of smoke** (*fig*) (*covering*) eine Dunstglocke; (*rising in air*) eine Rauchwolke. **2.** (*Eccl*) Pallium *nt*.

pall² *vi* an Reiz verlieren (*on sb* für jdn).

palladium [pə'leɪdɪəm] *n* (*Chem*) Palladium *nt*.

pall-bearer ['pɔːlˌbɛərəʳ] *n* Sargträger *m*.

pallet ['pælɪt] *n* (*bed*) Pritsche *f*; (*for storage*) Palette *f*.

palliasse ['pælɪæs] *n* Strohsack *m*.

palliate ['pælɪeɪt] *vt* (*form*) **1.** *disease* lindern. **2.** *offence, seriousness of situation* (*make less serious*) mildern; (*make seem less serious*) beschönigen.

palliative ['pælɪətɪv] (*form*) **I** *adj drug, remedy* lindernd, Linderungs-; *explanation* beschönigend.

II *n* Linderungsmittel, Palliativ(um) *nt*.

pallid ['pælɪd] *adj* blaß, fahl; (*unhealthy looking*) bleich, fahl.

pallor ['pæləʳ] *n* Blässe, Fahlheit *f*.

pally ['pælɪ] *adj* (*+er*) (*inf*) **he's a ~ sort** er ist ein freundlicher Bursche; **they're very ~** sie sind dicke Freunde (*inf*); **to be ~ with sb** mit jdm gut Freund sein; **he immediately tried to get ~ with the boss** er versuchte sofort, sich beim Chef/bei der Chefin anzubiedern.

palm¹ [pɑːm] *n* (*Bot*) Palme *f*; (*as carried at Easter*) Palmzweig *m*. **to carry off** *or* **bear the ~** die Siegespalme erringen, siegen.

palm² **I** *n* (*Anat*) Handteller *m*, Handfläche *f*; (*of glove*) Innenfläche *f*. **the magician had concealed the ball in the ~ of his hand** der Zauberkünstler hielt den Ball in der hohlen Hand versteckt; **to grease sb's ~** jdn schmieren (*inf*); **to read sb's ~** jdm aus der Hand lesen; *see* **itching**.

II *vt* **1.** *card* im Ärmel verstecken.

2. the goalie just managed to ~ the ball over the crossbar der Torwart schaffte es gerade noch, den Ball mit der Handfläche über die Querlatte zu lenken.

◆**palm off** *vt sep* (*inf*) *rubbish, goods* andrehen (*on(to) sb* jdm) (*inf*); *sb* (*with explanation*) abspeisen (*inf*).

palmist ['pɑːmɪst] *n* Handliniendeuter(in *f*), Handleser(in *f*) *m*.

palmistry ['pɑːmɪstrɪ] *n* Handliniendeutung, Handlesekunst *f*.

palm leaf *n* Palmwedel *m*; **palm oil** *n* Palmöl *nt*; **Palm Sunday** *n* Palmsonntag *m*; **palm tree** *n* Palme *f*; **palm wine** *n* Palmwein *m*.

palmy ['pɑːmɪ] *adj* (*+er*) *days* glücklich, unbeschwert.

palpable ['pælpəbl] *adj* **1.** greifbar; (*Med*) tastbar, palpabel (*spec*). **2.** (*clear*) *lie,* *error* offensichtlich.

palpably ['pælpəblı] *adv* (*clearly*) eindeutig.

palpate [pæl'peıt] *vt* (*Med*) palpieren.

palpitate ['pælpıteıt] *vi* (*heart*) heftig klopfen; (*tremble*) zittern.

palpitation [ˌpælpı'teıʃən] *n* (*of heart*) Herzrhythmusstörung *f*, Herzklopfen *nt*; (*trembling*) Zittern *nt*. **to have ~s** Herzklopfen haben.

palsy ['pɔːlzı] *n* Lähmung *f*. **cerebral ~** zerebrale Lähmung.

paltriness ['pɔːltrınıs] *n* Armseligkeit, Schäbigkeit *f*; (*of reason*) Unbedeutendheit, Geringfügigkeit *f*.

paltry ['pɔːltrı] *adj* armselig, schäbig. **for a few ~ pounds** für ein paar lumpige *or* armselige Pfund; **for some ~ reason** aus irgend einem unbedeutenden *or* geringfügigen Grund.

pampas ['pæmpəs] *npl* Pampas *pl*.

pamper ['pæmpəʳ] *vt* verwöhnen; *child also* verhätscheln, verzärteln; *dog* verhätscheln.

pamphlet ['pæmflıt] *n* (*informative brochure*) Broschüre *f*; (*literary*) Druckschrift *f*; (*political, handed out in street*) Flugblatt *nt*, Flugschrift *f*.

pamphleteer [ˌpæmflı'tıəʳ] *n* Verfasser(in *f*) *m* von Druckschriften/Flugblättern.

pan¹ [pæn] **I** *n* **1.** (*Cook*) Pfanne *f*; (*sauce~*) Topf *m*. **2.** (*of scales*) Waagschale *f*; (*for gold*) Goldpfanne *f*; (*of lavatory*) Becken *nt*. **3.** (*in ground*) Mulde *f*. **II** *vt* **1.** *gold* waschen. **2.** (*US*) *fish* braten. **3.** (*US inf: slate*) *new play* verreißen. **III** *vi* **to ~ for gold** Gold waschen.

◆**pan out** *vi* (*inf*) sich entwickeln. **to ~ ~ well** klappen (*inf*); **if it ~s ~ as we hope** wenn's so wird, wie wir es uns erhoffen.

pan² (*Film*) **I** *n* (Kamera)schwenk *m*.
II *vti* panoramieren. **a ~ning shot** ein Schwenk *m*; **the shot ~ned along the wall** die Kamera fuhr langsam die Mauer ab; **the camera ~ned in to the group in the centre** die Kamera schwenkte auf die Gruppe in der Mitte ein.

pan- *pref* pan-, Pan-.

panacea [ˌpænə'sıə] *n* Allheilmittel *nt*.

panache [pə'næʃ] *n* Schwung, Elan *m*.

Pan-African ['pæn'æfrıkən] *adj* panafrikanisch.

Pan-Africanism ['pæn'æfrıkənızəm] *n* Pan-afrikanismus *m*.

Panama [ˌpænə'mɑː] *n* Panama *nt*. **~ Canal** Panamakanal *m*.

panama (hat) *n* Panamahut *m*.

Panamanian [ˌpænə'meınıən] **I** *adj* panamaisch. **II** *n* Panamaer(in *f*) *m*, Panamese *m*, Panamesin *f*.

Pan-American ['pænə'merıkən] *adj* panamerikanisch.

Pan-Americanism ['pænə'merıkənızəm] *n* Panamerikanismus *m*.

Pan-Arabic ['pæn'ærəbık] *adj* panarabisch.

Pan-Arabism ['pæn'ærəbızəm] *n* Panarabismus *m*.

panatella [ˌpænə'telə] *n* (dünne, lange) Zigarre *f*.

pancake ['pænkeık] **I** *n* Pfannkuchen *m*. **P~ Day** Fastnachtsdienstag *m*; **~ landing** Bauchlandung *f*. **II** *vi* (*aeroplane*) eine Bauchlandung machen.

panchromatic ['pænkrəʊ'mætık] *adj* panchromatisch.

pancreas ['pæŋkrıəs] *n* Bauchspeicheldrüse *f*, Pankreas *nt*.

pancreatic [ˌpæŋkrı'ætık] *adj* Bauchspeicheldrüsen-.

panda ['pændə] *n* Panda, Katzenbär *m*.

panda car *n* (*Brit*) (Funk)streifenwagen *m*.

pandemic [pæn'demık] *adj* **~ disease** Seuche *f*.

pandemonium [ˌpændı'məʊnıəm] *n* Chaos *nt*. **judging by the ~ coming from the classroom** dem Höllenlärm in der Klasse nach zu urteilen.

pander ['pændəʳ] *vi* nachgeben (*to* dat). **to ~ to sb's desires** jds Bedürfnisse (*acc*) befriedigen wollen; **this is ~ing to the public's basest instincts** damit wird an die niedrigsten Instinkte der Öffentlichkeit appelliert; **to ~ to sb's ego** jdm um den Bart gehen.

p and p *abbr of* **post(age) and packing.**

pane [peın] *n* Glasscheibe *f*.

panegyric [ˌpænı'dʒırık] *n* Lobrede *f*.

panel ['pænl] **I** *n* **1.** (*piece of wood*) Platte, Tafel *f*; (*in wainscoting, ceiling, door*) Feld *nt*; (*Sew*) Streifen, Einsatz *m*; (*Art*) Tafel *f*; (*painting*) Tafelbild *nt*; (*part of a plane's wing, fuselage*) Verschalungs(bau)teil *nt*; (*part of bodywork of a car*) Karosserieteil *nt*. **door/wing ~** (*on car*) Tür-/Kotflügelblech *nt*.
2. (*of instruments, switches*) Schalttafel *f*. **instrument ~** Armaturenbrett *nt*; (*on machine*) Kontrolltafel *f*.
3. (*Jur*) (*list of names*) Geschworenenliste *f*; (*Brit Med*) ≃ *Liste f der Kassenärzte*.
4. (*of interviewers*) Gremium *nt*; (*in discussion*) Diskussionsrunde *f*; (*in quiz*) Rateteam *nt*. **a ~ of experts** ein Sachverständigengremium *nt*; **a ~ of judges** eine Jury.
II *vt wall, ceiling* täfeln, paneelieren.

panel beater *n* Autoschlosser(in *f*) *m*; **panel-beating** *n* (*repair work*) Ausbeulen *nt*; **panel discussion** *n* Podiumsdiskussion *f*; **panel doctor** *n* Kassenarzt *m*, Kassenärztin *f*; **panel game** *n* Ratespiel *nt*.

panel lighting *n* indirekte Beleuchtung.

panelling, (*US*) **paneling** ['pænəlıŋ] *n* Täfelung *f*, Paneel *nt*; (*to conceal radiator, of plane*) Verschalung *f*.

panellist, (*US*) **panelist** ['pænəlıst] *n* Diskussionsteilnehmer(in *f*) *m*.

panel pin *n* Stift *m*; **panel truck** *n* (*US*) Lieferwagen *m*.

pang [pæŋ] *n* **~ of conscience** Gewissensbisse *pl*; **~s of hunger** quälender Hunger.

panhandle (*US*) **I** *n* Pfannenstiel *m*; (*shape of land*) Zipfel *m*; **II** *vi* (*US inf*) die Leute anhauen (*inf*); **panhandler** *n* (*US inf*) Bettler(in *f*), Schnorrer (*inf*) *m*.

panic ['pænık] (*vb: pret, ptp* **~ked**) **I** *n* Panik *f*. **~ on the stock exchange** Börsenpanik *f*; **to flee in ~** panikartig die Flucht ergreifen; **a ~ reaction** eine Kurzschlußreaktion; **the country was thrown into a (state of) ~** das Land wurde von Panik erfaßt; **~ buying/selling** Panikkäufe *pl*/-verkäufe *pl*; **to hit the ~ button** (*fig inf: panic*) in Panik geraten, durchdrehen (*inf*).

II *vi* in Panik geraten. **don't ~** nur keine Panik!

III *vt* Panik auslösen unter (+*dat*). **to ~ sb into doing sth** jdn veranlassen, etw überstürzt zu tun.

panicky ['pænɪkɪ] *adj person* überängstlich; *act, measure* Kurzschluß-. **to get ~** in Panik geraten; **don't get ~!** keine Panik!, dreh bloß nicht durch! (*inf*).

panic-stricken ['pænɪk,strɪkən] *adj* von panischem Schrecken ergriffen; *look* panisch.

pannier ['pænɪəʳ] *n* Korb *m*; (*on motorcycle*) Satteltasche *f*; (*for mule*) Tragkorb *m*.

panoply ['pænəplɪ] *n* (*armour*) Rüstung *f*; (*covering*) Baldachin *m*; (*fig liter*) Dach *nt*; (*array*) Palette *f*, Spektrum *nt*.

panorama [,pænə'rɑːmə] *n* (*view, also fig: of life*) Panorama *nt* (*of gen*); (*survey*) Übersicht *f* (*of* über +*acc*).

panoramic [,pænə'ræmɪk] *adj view* Panorama-. **~ shot** (*Phot*) Panoramaaufnahme *f*; **a ~ view of the hills** ein Blick *m* auf das Bergpanorama; **a ~ view of social development** ein umfassender Überblick über die gesellschaftliche Entwicklung; **~ sight** (*Mil*) Rundblickzielfernrohr *nt*.

pan-pipes ['pænpaɪps] *npl* Panflöte *f*.

pansy ['pænzɪ] *n* **1.** (*Bot*) Stiefmütterchen *nt*.

2. (*sl: homosexual*) Schwule(r) *m* (*inf*).

pant [pænt] **I** *n* Atemstoß *m*. **he was breathing in short ~s** er atmete stoßartig.

II *vi* **1.** keuchen; (*dog*) hecheln; (*train*) schnaufen. **to be ~ing for a drink** nach etwas zu trinken lechzen; **he was ~ing for breath** er schnappte nach Luft (*inf*), er rang nach Atem.

2. (*inf: desire*) lechzen (*for* nach). **to be ~ing to do sth** danach lechzen *or* darauf brennen, etw zu tun.

III *vt* (*also* **~ out**) hervorstoßen.

pantaloon [,pæntə'luːn] *n* (*Theat*) Hanswurst *m*.

pantaloons [,pæntə'luːnz] *npl* (*Hist*) Pantalons *pl*.

pantechnicon [pæn'teknɪkən] *n* (*Brit*) Möbelwagen *m*.

pantheism ['pænθiːɪzəm] *n* Pantheismus *m*.

pantheist ['pænθiːɪst] *n* Pantheist(in *f*) *m*.

pantheon ['pænθɪən] *n* Pantheon *nt*.

panther ['pænθəʳ] *n* Panther *m*.

panties ['pæntɪz] *npl* (*for children*) Höschen *nt*; (*for women also*) (Damen)slip *m*. **a pair of ~** ein Höschen *nt*/ein Slip *m*.

pantile ['pæntaɪl] *n* Dachpfanne *f*.

pantograph ['pæntəgrɑːf] *n* Pantograph *m*.

pantomime ['pæntəmaɪm] *n* **1.** (*in GB*) *in der Weihnachtszeit aufgeführtes Theaterstück für kinder.* **2. what a ~!** (*inf*) was für ein Theater! (*inf*). **3.** (*mime*) Pantomime *f*.

pantry ['pæntrɪ] *n* Speisekammer *f*.

pants [pænts] *npl* (*trousers*) Hose *f*; (*Brit: under~*) Unterhose *f*. **a pair of ~** eine Hose/Unterhose; **to wear the ~** (*US fig*) die Hosen anhaben (*inf*).

pantsuit ['pæntsuːt] *n* (*US*) Hosenanzug *m*.

panty girdle *n* Miederhöschen *nt*; **pantyhose** *n* Strumpfhose *f*.

pap [pæp] *n* (*food*) Brei *m*.

papacy ['peɪpəsɪ] *n* Papsttum *nt*. **during the ~ of ...** während der Amtszeit des Papstes ..., unter Papst ...

papal ['peɪpəl] *adj* päpstlich.

paparazzo [,pæpə'rætsəʊ], *pl* **paparazzi** [,pæpə'rætsɪ] *n* Fotojäger(in *f*), Paparazzo *m*.

papaya [pə'paɪə] *n* Papaye *f*; (*fruit*) Papaya *f*.

paper ['peɪpəʳ] **I** *n* **1.** (*material*) Papier *nt*. **a piece of ~** ein Stück *nt* Papier; **a sheet of ~** ein Blatt *nt* Papier; **to get** *or* **put sth down on ~** etw schriftlich festhalten; **can we get your acceptance down on ~?** können wir Ihre Einwilligung schriftlich haben?; **it's not worth the ~ it's written on** das ist schade ums Papier, auf dem es steht; **the walls are like ~** die Wände sind wie Pappe.

2. (*newspaper*) Zeitung *f*. **to write to the ~s about sth** Leserbriefe/einen Leserbrief schreiben; **he's/his name is always in the ~s** er/sein Name steht ständig in der Zeitung.

3. ~s *pl* (*identity ~s*) Papiere *pl*.

4. ~s *pl* (*writings, documents*) Papiere *pl*; **private ~s** private Unterlagen *pl*.

5. (*set of questions in exam*) Testbogen *m*; (*exam*) (*Univ*) Klausur *f*; (*Sch*) Arbeit *f*. **to do a good ~ in maths** eine gute Mathematikklausur/-arbeit schreiben.

6. (*academic*) Referat, Paper (*sl*) *nt*.

7. (*wall~*) Tapete *f*.

8. (*Parl*) **a white ~** ein Weißbuch *nt*.

9. (*packet*) **a ~ of pins** ein Päckchen *nt* Stecknadeln.

II *vt wall, room* tapezieren.

◆**paper over** *vt sep* überkleben; (*fig*) *cracks* übertünchen.

paper *in cpds* Papier-; **paperback** *n* Taschenbuch; Paperback *nt*; **paperbacked** *adj* Taschenbuch-; **paper bag** *n* Tüte *f*; **paperboy** *n* Zeitungsjunge *m*; **paper chain** *n* Girlande *f*; **paper chase** *n* Schnitzeljagd *f*; **paperclip** *n* Büroklammer *f*; **paper cup** *n* Pappbecher *m*; **paper feed** *n* (*Comput*) Papiertransport *m*; **paper handkerchief** *n* Papiertaschentuch *nt*; **paper handling** *n* (*Comput: of printer*) Papierführung *f*; **paperhanger** *n* Tapezierer(in *f*) *m*; **paperhanging** *n* Tapezieren *nt*; **paperknife** *n* Brieföffner *m*; **paper lantern** *n* Lampion *m*; **paperless** *adj* papierlos; **paper mill** *n* Papierfabrik *f*; **paper money** *n* Papiergeld *nt*; **paper plate** *n* Pappteller *m*; **paper profit** *n* rechnerischer Gewinn; **paper round** *n* **to do a ~**

Zeitungen austragen; **paper shop** *n* Zeitungsladen *m*; **paper tape** *n* Lochstreifen *m*; **paper-thin** *adj walls* hauchdünn; **paper tiger** *n* Papiertiger *m*; **paper tissue** *n* Papiertaschentuch *nt*; **paper tray** *n* (*Comput: for printer*) Papierschacht *m*; **paperweight** *n* Briefbeschwerer *m*; **paperwork** *n* Schreibarbeit *f*.

papery ['peɪpərɪ] *adj plaster, pastry* bröckelig, krümelig.

papier mâché ['pæpɪeɪ'mæʃeɪ] **I** *n* Papiermaché, Pappmaché *nt*.
II *adj* aus Papiermaché *or* Pappmaché.

papism ['peɪpɪzəm] *n* (*pej*) Papismus *m*.

papist ['peɪpɪst] *n* (*pej*) Papist(in *f*) *m*.

papistry ['peɪpɪstrɪ] *n* (*pej*) Papismus *m*.

papoose [pə'pu:s] *n* Indianerbaby *nt*; (*carrier for baby*) Tragegestell *nt*.

paprika ['pæprɪkə] *n* Paprika *m*.

Pap test ['pæptest] *n* Abstrich *m*.

Papua ['pæpjʊə] *n* Papua *nt*.

Papuan ['pæpjʊən] **I** *adj* papuanisch.
II *n* **1.** Papua *mf*. **2.** (*language*) Papuasprache *f*.

Papua New Guinea *n* Papua-Neuguinea *nt*.

papyrus [pə'paɪərəs] *n, pl* **papyri** [pə'paɪəraɪ] (*plant*) Papyrus(staude *f*) *m*; (*paper*) Papyrus *m*; (*scroll*) Papyrus(rolle *f*) *m*.

par [pɑ:ʳ] *n* **1.** (*Fin*) Pari, Nennwert *m*. **to be above/below ~** über/unter pari *or* dem Nennwert stehen; **at ~** zum Nennwert, al pari.
2. to be on a ~ with sb/sth sich mit jdm/etw messen können; **this objection is on a ~ with Harry's** dieser Einwand liegt auf der gleichen Ebene wie Harrys; **culturally, the two countries are on** *or* **can be put on a ~** in kultureller Hinsicht sind die beiden Länder miteinander vergleichbar; **an above-~ performance** eine überdurchschnittliche Leistung.
3. below ~ (*fig*) unter Niveau; **I'm feeling physically/mentally below ~** ich fühle mich körperlich/seelisch nicht auf der Höhe; **I'm not feeling quite up to ~ today** ich bin heute nicht ganz auf dem Damm (*inf*) *or* Posten (*inf*).
4. (*Golf*) Par *nt*. **to go round in six under/over ~** sechs Schläge unter/über dem Par spielen; **that's ~ for the course for him** (*fig inf*) das kann man von ihm erwarten.

parable ['pærəbl] *n* Parabel *f*, Gleichnis *nt*.

parabola [pə'ræbələ] *n* (*Math*) Parabel *f*.

parabolic [,pærə'bɒlɪk] *adj* **1.** Parabol-; *curve* parabelförmig.
2. (*Liter*) gleichnishaft.

paracetamol [,pærə'si:təmɒl] *n* Paracetamol *nt*.

parachute ['pærəʃu:t] **I** *n* Fallschirm *m*. **by ~** mit dem Fallschirm.
II *vt troops* mit dem Fallschirm absetzen; *supplies* abwerfen.
III *vi* (*also* **~ down**) (mit dem Fallschirm) abspringen. **they ~d into the wrong zone** sie sprangen über dem falschen Gebiet ab; **to ~ to safety** sich mit dem Fallschirm retten.

◆**parachute in I** *vt sep troops* mit dem Fallschirm absetzen; *supplies* abwerfen.
II *vi* (mit dem Fallschirm) abspringen.

parachute brake *n* Bremsfallschirm *m*; **parachute drop** *n* (*by person*) (Fallschirm)absprung *m*; (*of supplies*) (Fallschirm)abwurf *m*; **parachute jump** *n* Absprung *m* (mit dem Fallschirm); **parachute regiment** *n* Fallschirmjägertruppe *f*.

parachutist ['pærəʃu:tɪst] *n* Fallschirmspringer(in *f*) *m*.

parade [pə'reɪd] **I** *n* **1.** (*procession*) Umzug *m*; (*Mil, of boy scouts, circus*) Parade *f*; (*political*) Demonstration *f*. **church ~** Prozession *f*; **to be on ~** (*Mil*) eine Parade abhalten; **in the school procession you'll be on ~ in front of the public** bei der Schulparade sieht dich alle Welt; **and all the new hats will be out on ~** und dann werden alle neuen Hüte spazierengeführt.
2. (*public walk*) Promenade *f*.
3. (*fashion ~*) Modenschau *f*.
4. (*display*) Parade *f*; (*of wealth etc*) Zurschaustellung *f*.
5. (*US mil*) (*review*) Truppeninspektion *f*; (*ground*) Truppenübungsplatz *m*.
II *vt* **1.** *troops* auf- *or* vorbeimarschieren lassen; *military might* demonstrieren; *placards* vor sich her tragen.
2. (*show off*) zur Schau stellen; *new clothes, new camera etc also* spazierentragen.
III *vi* (*Mil*) auf- *or* vorbeimarschieren; (*political party*) eine Demonstration veranstalten. **the strikers ~d through the town** die Streikenden zogen durch die Stadt; **she ~d up and down with the hat on** sie stolzierte mit ihrem Hut auf und ab.

parade ground *n* Truppenübungsplatz *m*.

paradigm ['pærədaɪm] *n* Musterbeispiel *nt*; (*Gram*) Paradigma *nt*.

paradigmatic [,pærədɪg'mætɪk] *adj* beispielhaft, paradigmatisch.

paradise ['pærədaɪs] *n* (*lit, fig*) Paradies *nt*. **a shopper's ~** ein Einkaufsparadies *nt*; **an architect's ~** ein Paradies *nt* für Architekten; **living there must be ~ compared with this place** dort zu leben muß geradezu paradiesisch sein verglichen mit hier; **I'm in ~** ich bin im Paradies; **~!** wie im Paradies!, paradiesisch!

paradisiac(al) [,pærə'dɪzɪək(əl)] *adj* paradiesisch.

paradox ['pærədɒks] *n* Paradox, Paradoxon (*liter*) *nt*. **life/he is full of ~es** das Leben/er steckt voller Widersprüche.

paradoxical [,pærə'dɒksɪkəl] *adj* paradox; *person* widersprüchlich.

paradoxically [,pærə'dɒksɪkəlɪ] *adv* paradoxerweise; *worded* paradox.

paraffin ['pærəfɪn] *n* (*Brit: oil, US: wax*) Paraffin *nt*.

paraffin oil *n* (*Brit*) Paraffinöl *nt*; **paraffin stove** *n* (*Brit*) Paraffinofen *m*; **paraffin wax** *n* Paraffin *nt*.

paragliding ['pærəglaɪdɪŋ] *n* Gleitschirmfliegen, Paragliding *nt*.

paragon ['pærəgən] *n* Muster *nt*. **a ~ of virtue** ein Muster *nt* an Tugendhaftigkeit.

paragraph ['pærəgrɑ:f] **I** *n* **1.** Absatz, Abschnitt *m*. **2.** (*brief article*) Notiz *f*. **II** *vt* (in Abschnitte) gliedern, aufgliedern.

Paraguay ['pærəgwaɪ] *n* Paraguay *nt*.

Paraguayan [ˌpærə'gwaɪən] **I** *adj* paraguayisch. **II** *n* Paraguayer(in *f*) *m*.

parakeet ['pærəki:t] *n* Sittich *m*.

paraldehyde [pə'rældɪhaɪd] *n* Paraldehyd *nt*.

parallax ['pærəlæks] *n* Parallaxe *f*.

parallel ['pærəlel] **I** *adj* **1.** *lines, streets,* (*Comput*) parallel. **at this point the road and river are ~** an dieser Stelle verlaufen Straße und Fluß parallel (zueinander); **~ bars** Barren *m*; **~ connection** (*Elec*) Parallelschaltung *f*; **in a ~ direction** parallel; **~ interface** Parallelschnittstelle *f*; **~ printer** Paralleldrucker *m*; **~ turn** (*Ski*) Parallelschwung *m*.

2. (*fig*) *case, career, development* vergleichbar; *career, development also* parallel verlaufend. **a ~ case** ein Parallelfall *m*; **he argues along ~ lines to me** er argumentiert ähnlich wie ich.

II *adv* **to run ~** (*roads, careers*) parallel verlaufen.

III *n* **1.** (*Geometry*) Parallele *f*.

2. (*Geog*) Breitenkreis *m*. **the 49th ~** der 49. Breitengrad.

3. (*Elec*) **connected in ~** parallel geschaltet.

4. (*fig*) Parallele *f*. **without ~** ohne Parallele; **it has no ~** es gibt dazu keine Parallele; **to draw a ~ between X and Y** eine Parallele zwischen X und Y ziehen; **in ~ with** parallel mit.

IV *vt* (*fig*) gleichen (+*dat*). **a case ~led only by ...** ein Fall, zu dem es nur eine einzige Parallele gibt, nämlich ...; **it is ~led by ...** es ist vergleichbar mit ...

parallelism ['pærəlelɪzəm] *n* (*of lines*) Parallelität *f*; (*of cases also*) Ähnlichkeit *f*.

parallelogram [ˌpærə'leləʊgræm] *n* Parallelogramm *nt*.

Paralympic Games *n* Paralympics, Behinderten-Weltspiele *fpl*.

paralysis [pə'ræləsɪs] *n*, *pl* **paralyses** [pə'rælɪsi:z] Lähmung, Paralyse *f*; (*of industry*) Lahmlegung *f*. **creeping ~** progressive Paralyse; **infantile ~** Kinderlähmung *f*.

paralytic [ˌpærə'lɪtɪk] **I** *adj* **1.** paralytisch, Lähmungs-. **2.** (*Brit sl: very drunk*) total blau (*inf*), stockvoll (*sl*). **II** *n* Paralytiker(in *f*) *m*, Gelähmte(r) *mf*.

paralyze ['pærəlaɪz] *vt* **1.** lähmen, paralysieren (*spec*). **to be ~d in both legs** in beiden Beinen gelähmt sein; **to be ~d with fright** vor Schreck wie gelähmt sein. **2.** *industry, economy* lahmlegen; *traffic also* zum Erliegen bringen.

paramedic [ˌpærə'medɪk] *n* Rettungssanitäter(in *f*) *m*; (*in hospital*) medizinisch-technischer Assistent, medizinisch-technische Assistentin.

parameter [pə'ræmətə^r] *n* **1.** (*Math*) Parameter *m*. **2. ~s** *pl* (*framework, limits*) Rahmen *m*.

paramilitary [ˌpærə'mɪlɪtərɪ] *adj* paramilitärisch.

paramount ['pærəmaʊnt] *adj* Haupt-. **of ~ importance** von größter *or* höchster Wichtigkeit; **solvency must be ~** der Zahlungsfähigkeit muß Priorität eingeräumt werden.

paramour ['pærəmʊə^r] *n* (*old*) Liebhaber *m*; (*hum*) (*man*) Hausfreund *m* (*hum*); (*woman*) Geliebte *f*.

paranoia [ˌpærə'nɔɪə] *n* Paranoia *f*; (*inf*) Verfolgungswahn *m*.

paranoiac [ˌpærə'nɔɪɪk] **I** *n* Paranoiker(in *f*) *m*. **II** *adj* paranoisch.

paranoid ['pærənɔɪd] *adj* paranoid. **or am I just being ~?** oder bilde ich mir das nur ein?; **she's getting ~ about what other people think of her** die Angst vor dem, was andere von ihr denken, wird bei ihr langsam zur Manie.

paranormal [ˌpærə'nɔ:məl] *adj* paranormal.

parapet ['pærəpɪt] *n* (*on rampart*) (*of bridge*) Brüstung *f*; (*of well*) (Brunnen)wand *f*.

paraphernalia ['pærəfə'neɪlɪə] *npl* Brimborium, Drum und Dran *nt*.

paraphrase ['pærəfreɪz] **I** *n* Umschreibung, Paraphrase (*geh*) *f*. **II** *vt* umschreiben, paraphrasieren (*geh*).

paraplegia [ˌpærə'pli:dʒə] *n* Querschnittslähmung *f*.

paraplegic [ˌpærə'pli:dʒɪk] **I** *adj* querschnittsgelähmt, paraplegisch (*spec*). **II** *n* Querschnittsgelähmte(r) *mf*.

parapsychology [ˌpærəsaɪ'kɒlədʒɪ] *n* Parapsychologie *f*.

parasite ['pærəsaɪt] *n* (*lit, fig*) Parasit, Schmarotzer *m*.

parasitic(al) [ˌpærə'sɪtɪk(əl)] *adj animal, plant* Schmarotzer-, parasitisch, parasitär (*also fig*). **a ~ worm** ein Schmarotzer *m*; **to be ~ (up)on sth** von etw schmarotzen.

Paraskiing ['pærəˌski:ɪŋ] *n* Paraski *m*.

parasol ['pærəsɒl] *n* Sonnenschirm *m*.

paratrooper ['pærətru:pə^r] *n* Fallschirmjäger *m*.

paratroops ['pærətru:ps] *npl* (*soldiers*) Fallschirmjäger *pl*; (*division also*) Fallschirmjägertruppe *f*.

paratyphoid ['pærə'taɪfɔɪd] *n* Paratyphus *m*.

parboil ['pɑ:bɔɪl] *vt* vorkochen.

parcel ['pɑ:sl] *n* **1.** Paket *nt*. **to do sth up in a ~** etw als Paket packen; **~ post** Paketpost *f*; **to send sth (by) ~ post** etw als Paket schicken. **2. a ~ of land** ein Stück *nt* Land; *see* **part**.

◆**parcel out** *vt sep* aufteilen.

◆**parcel up** *vt sep* als Paket verpacken.

parcel(s) office *n* (*Rail*) Paketstelle *f*.

parch [pɑ:tʃ] *vt* ausdörren, austrocknen.

parched [pɑ:tʃt] *adj lips, throat* ausgetrocknet; *land also* verdorrt. **to be ~ (with thirst)** (vor Durst) verschmachten; **I'm ~** ich habe furchtbaren Durst.

parchment ['pɑ:tʃmənt] *n* Pergament *nt*.

pardon ['pɑ:dn] **I** *n* **1.** (*Jur*) Begnadigung *f*. **there will be no ~ for deserters** für Fahnenflüchtige gibt es keinen Pardon; **to grant sb a ~** jdn begnadigen; **general ~** Amnestie *f*.

2. I beg your ~, but could you ...? verzeihen *or* entschuldigen Sie bitte, könnten Sie ...?; **I beg your ~!** erlauben Sie mal!, ich muß doch sehr bitten!; **(beg) ~?** (*Brit*), **I beg your ~?** (*Brit*) bitte?, wie bitte?; **to beg sb's ~** jdn um Verzeihung bitten; **I beg your ~, beg ~** (*apology*) verzeihen *or* entschuldigen Sie, Verzeihung, Entschuldigung; **a thousand ~s!** ich bitte tausendmal um Verzeihung *or* Entschuldigung!; **we beg the reader's ~ for ...** wir bitten den Leser für ... um Nachsicht.

II *vt* **1.** (*Jur*) begnadigen.

2. (*forgive*) verzeihen, vergeben (*sb* jdm, *sth* etw). **to ~ sb sth** jdm etw verzeihen *or* vergeben; **~ me, but could you ...?** entschuldigen *or* verzeihen Sie bitte, könnten Sie ...?; **~ me!** Entschuldigung!, Verzeihung!; **~ me?** (*US*) bitte?, wie bitte?; **~ my mentioning it** entschuldigen *or* verzeihen Sie bitte, daß ich das erwähne.

pardonable ['pɑːdnəbl] *adj offence* entschuldbar; *weakness, mistake also* verzeihlich.

pardonably ['pɑːdnəblɪ] *adv* **he was ~ angry** sein Ärger war verständlich.

pare [pɛəʳ] *vt nails* schneiden; *fruit, stick* schälen.

◆**pare down** *vt sep* (*fig*) *expenses* einschränken; *personnel* einsparen. **to ~ sth ~ to the minimum** etw auf ein Minimum beschränken.

parent ['pɛərənt] **I** *n* **1.** Elternteil *m*. **~s** Eltern *pl*; **his father was his favourite ~** von seinen Eltern hatte er seinen Vater am liebsten.

2. (*fig*) Vorläufer *m*. **the Copernican theory is the ~ of modern astronomy** die moderne Astronomie geht auf die Lehren des Kopernikus zurück.

II *attr* **~ birds** Vogeleltern *pl*; **~ company** Muttergesellschaft *f*; **~ plant** Mutterpflanze *f*; **~ ship** (*Space*) Mutterschiff *nt*; **~-teacher association** (*Sch*) Lehrer- und Elternverband *m*.

parentage ['pɛərəntɪdʒ] *n* Herkunft *f*. **of humble/unknown ~** (von) einfacher/unbekannter Herkunft.

parental [pə'rentl] *adj* Eltern-, elterlich *attr*.

parenthesis [pə'renθɪsɪs] *n, pl* **parentheses** [pə'renθɪsiːz] Klammer(zeichen *nt*) *f*, Parenthese *f*, (*words, statement*) Einschub *m*, Parenthese *f*. **in ~** in Klammern; **could I just comment in ~ that ...** darf ich vielleicht einflechten, daß ...

parenthetic(al) [,pærən'θetɪk(əl)] *adj* beiläufig.

parenthetically [,pærən'θetɪkəlɪ] *adv* nebenbei, beiläufig.

parenthood ['pɛərənthʊd] *n* Elternschaft *f*. **the joys of ~** die Vater-/Mutterfreuden *pl*; **the idea of ~ frightened her** sie schrak zurück vor dem Gedanken, Mutter zu sein.

parer ['pɛərəʳ] *n* (*apple-/fruit-~*) Schälmesser *nt*.

pariah [pə'raɪə] *n* (*lit, fig*) Paria *m*; (*fig also*) Ausgestoßene(r) *mf*.

paring knife ['pɛərɪŋ,naɪf] *n* Schälmesser *nt*.

parings ['pɛərɪŋz] *npl* (*of nails*) abgeschnittene Fingernägel *pl*; (*of apple*) Schalen *pl*.

pari passu ['pærɪ'pæsuː] *adv* gleichlaufend, synchron.

Paris ['pærɪs] *n* Paris *nt*.

parish ['pærɪʃ] *n* Gemeinde *f*; (*district also*) Pfarrbezirk *m*, Pfarre, Pfarrei *f*.

parish church *n* Pfarrkirche *f*; **parish council** *n* Gemeinderat *m*.

parishioner [pə'rɪʃənəʳ] *n* Gemeinde(mit)glied *nt*.

parish priest *n* Pfarrer *m*; **parish-pump politics** *n* Kirchturmpolitik *f*; **parish register** *n* Kirchenbuch, Kirchenregister *nt*.

Parisian [pə'rɪzɪən] **I** *adj* Pariser *inv*. **II** *n* Pariser(in *f*) *m*.

parity ['pærɪtɪ] *n* **1.** (*equality*) Gleichstellung *f*; (*as regards pay also, of opportunities*) Gleichheit *f*. **~ of pay** Lohngleichheit *f*.

2. (*equivalence*) Übereinstimmung *f*. **by ~ of reasoning** mit den gleichen Argumenten.

3. (*Fin, Sci*) Parität *f*. **the ~ of the dollar** die Dollarparität.

4. (*US Agr*) Preisparität *f*.

5. (*Comput*) Parität *f*. **odd/even ~** ungerade/gerade Parität.

park [pɑːk] **I** *n* **1.** Park *m*. **national ~** Nationalpark *m*. **2.** (*Sport*) (Sport)platz *m*. **3.** (*US: car ~*) Parkplatz *m*. **4.** (*Mil*) Arsenal *nt*. **5.** (*Aut*) **to put/leave a car in ~** das Getriebe in Parkstellung bringen/lassen.

II *vt* **1.** *car* parken; (*for longer period also*) abstellen; *bicycle* abstellen. **a ~ed car** ein parkendes Auto; **there's been a car ~ed outside for days** draußen parkt schon seit Tagen ein Auto; **he was very badly ~ed** er hatte miserabel geparkt.

2. (*inf: put*) *luggage* abstellen. **he ~ed himself right in front of the fire** er pflanzte sich direkt vor den Kamin (*inf*); **we ~ed the children with the neighbours** wir haben die Kinder bei den Nachbarn abgegeben *or* gelassen.

3. (*Comput*) *hard disk* parken.

III *vi* parken. **there was nowhere to ~** es gab nirgendwo einen Parkplatz; **to find a place to ~** einen Parkplatz finden; (*in line of cars*) eine Parklücke finden.

parka ['pɑːkə] *n* Parka *m*.

park-and-ride [,pɑːkən'raɪd] *n* Park-and-Ride-System *nt*.

parking ['pɑːkɪŋ] *n* Parken *nt*. **women are usually good at ~** Frauen sind gewöhnlich gut im Einparken; **there's no ~ on this street** in dieser Straße ist Parken verboten *or* ist Parkverbot; **"no ~"** „Parken verboten"; **"~ for 50 cars"** „50 (Park)plätze".

parking attendant *n* Parkplatzwächter(in *f*) *m*; **parking bay** *n* Parkbucht *f*; **parking disk** *n* Parkscheibe *f*; **parking fine** *n* Geldbuße *f* (für Parkvergehen); **parking level** *n* (*in multi-storey car park*) Parkdeck *nt*; **parking lights** *npl* Parklicht *nt*, Parkleuchte *f*; **parking lot** *n* (*US*) Parkplatz *m*; **parking meter** *n* Parkuhr *f*; **parking offender** *n* Parksünder(in *f*) *m*, Falschparker(in *f*) *m*; **park-**

ing orbit *n* (*Space*) Parkbahn *f*; **parking place** *n* Parkplatz *m*; **parking ticket** *n* Strafzettel *m*, Knöllchen *nt* (*dial inf*).
parkkeeper *n* Parkwächter(in *f*) *m*; **parkland** *n* Grünland *nt*; **parkway** *n* (*US*) Allee *f*.
parky ['pɑːkɪ] *adj* (+*er*) (*Brit sl*) kühl.
parlance ['pɑːləns] *n* **in common** ~ im allgemeinen Sprachgebrauch; **in legal** ~ in der Rechtssprache; **in modern** ~ im modernen Sprachgebrauch.
parley ['pɑːlɪ] **I** *n* Verhandlungen *pl*. **II** *vi* verhandeln.
parliament ['pɑːləmənt] *n* Parlament *nt*. **to get into** ~ ins Parlament kommen; ~ **reconvenes in the early autumn** das Parlament tritt Anfang Herbst wieder zusammen; **the German** ~ der Bundestag; **the Austrian/Swiss** ~ die Bundesversammlung.
parliamentarian [ˌpɑːləmen'tɛərɪən] *n* Parlamentarier(in *f*) *m*.
parliamentarianism [ˌpɑːləmen'tɛərɪənɪzəm] *n* Parlamentarismus *m*.
parliamentary [ˌpɑːlə'mentərɪ] *adj* parlamentarisch. ~ **agent** Parlamentsbeauftragte(r) *mf*; ~ **debates** Parlamentsdebatten *pl*; **the** ~ **Labour Party** die Parlamentsfraktion der Labour Party; ~ **private secretary** (*Brit*) Abgeordnete(r), der/die einem Minister zuarbeitet; ~ **privilege** parlamentarische Sonderrechte *pl*; (*immunity*) parlamentarische Immunität.
parlor car *n* (*US*) Salonwagen *m*.
parlour, (*US*) **parlor** ['pɑːlə^r] *n* **1.** (*in house*) Salon *m*. **2.** (*beauty* ~, *massage* ~ *etc*) Salon *m*. **ice-cream** ~ Eisdiele *f*.
parlour game *n* Gesellschaftsspiel *nt*.
Parma ham ['pɑːmə'hæm] *n* Parmaschinken *m*.
Parnassus [pɑː'næsəs] *n* **Mount** ~ der Parnaß.
parochial [pə'rəʊkɪəl] *adj* **1.** (*Eccl*) Pfarr-, Gemeinde-. **the** ~ **duties of a priest** die Aufgaben eines Gemeindepfarrers; **the** ~ **boundaries** die Grenzen des Pfarrbezirks; ~ **school** (*US*) Konfessionsschule *f*.

2. (*fig*) *attitude, person* engstirnig; *mind, ideas* beschränkt. **he's so** ~ **in his outlook** er hat einen sehr beschränkten Gesichtskreis.
parochialism [pə'rəʊkɪəlɪzəm] *n* (*fig*) Engstirnigkeit *f*.
parodist ['pærədɪst] *n* Parodist(in *f*) *m*.
parody ['pærədɪ] **I** *n* **1.** Parodie *f* (*of* auf +*acc*). **2.** (*travesty*) Abklatsch *m*. **a** ~ **of justice** eine Parodie auf die Gerechtigkeit. **II** *vt* parodieren.
parole [pə'rəʊl] **I** *n* **1.** (*Jur*) bedingte Entlassung *f*; (*temporary release*) Hafturlaub *m*. **to put sb** *or* **let sb out on** ~ jdn auf Bewährung entlassen; (*temporarily*) jdm Hafturlaub gewähren; **to be on** ~ unter Bewährung stehen; (*temporarily*) auf Hafturlaub sein; **he's on six months'** ~ er hat sechs Monate Bewährung(sfrist); **to break one's** ~ den Hafturlaub zur Flucht benutzen.

2. (*Mil*) Parole *f*.

II *vt prisoner* bedingt entlassen; (*temporarily*) Hafturlaub gewähren (+*dat*).
paroxysm ['pærəksɪzəm] *n* Anfall *m*. ~ **of grief** Verzweiflungsanfall *m*; **to be seized by a** ~ **of rage** einen Wutanfall bekommen; ~**s of laughter** ein Lachkrampf *m*.
parquet ['pɑːkeɪ] *n* **1.** Parkett *nt*. **2.** (*US Theat*) Parkett *nt*. ~ **circle** Parkett *nt*.
parquetry ['pɑːkɪtrɪ] *n* Mosaikparkett *nt*.
parricide ['pærɪsaɪd] *n* (*act*) Vater-/Muttermord *m*; (*person*) Vater-/Muttermörder(in *f*) *m*.
parrot ['pærət] **I** *n* Papagei *m*. **he was as sick as a** ~ (*inf: vomited*) er kotzte wie ein Reiher (*sl*). **II** *vt* (wie ein Papagei) nachplappern (*sb* jdm).
parrot-fashion *adv* **to repeat sth** ~ etw wie ein Papagei nachplappern *or* wiederholen; **he learnt the poem** ~ er lernte das Gedicht stur auswendig; **parrot fever** *n* Papageienkrankheit *f*; **parrotfish** *n* Papageifisch *m*.
parry ['pærɪ] **I** *n* (*Fencing, fig*) Parade *f*; (*Boxing*) Abwehr *f*. **II** *vti* (*Fencing, fig*) parieren; (*Boxing*) *blow* abwehren.
parse [pɑːz] **I** *vt* grammatisch analysieren. **II** *vi* analysieren. **this sentence doesn't** ~ **very easily** die Struktur dieses Satzes ist nicht leicht zu analysieren.
parser ['pɑːsə^r] *n* (*Comput*) Parser *m*.
parsimonious [ˌpɑːsɪ'məʊnɪəs] *adj* geizig.
parsimoniously [ˌpɑːsɪ'məʊnɪəslɪ] *adv see adj*.
parsimony ['pɑːsɪmənɪ] *n* Geiz *m*.
parsing ['pɑːsɪŋ] *n* (*Gram*) Syntaxanalyse *f*; (*Comput*) Parsing *nt*.
parsley ['pɑːslɪ] *n* Petersilie *f*.
parsnip ['pɑːsnɪp] *n* Pastinake *f*.
parson ['pɑːsn] *n* Pfarrer, Pastor *m*. ~**'s nose** Bürzel, Sterz *m*.
parsonage ['pɑːsənɪdʒ] *n* Pfarrhaus *nt*.
part [pɑːt] **I** *n* **1.** (*portion, fragment*) Teil *m*. **the stupid** ~ **of it is that ...** das Dumme daran ist, daß ...; **you haven't heard the best** ~ **yet** ihr habt ja das Beste noch gar nicht gehört; ~ **and parcel** fester Bestandteil; **it is** ~ **and parcel of the job** das gehört zu der Arbeit dazu; **in** ~ teilweise, zum Teil; **the greater** ~ **of it/of the work is done** der größte Teil davon/der Arbeit ist fertig; **a** ~ **of the country/city I don't know** eine Gegend, die ich nicht kenne; **this is in great** ~ **due to ...** das liegt größtenteils *or* vor allem an (+*dat*) ...; **the darkest** ~ **of the night is ...** es ist am dunkelsten ...; **during the darkest** ~ **of the night** in tiefster Nacht; **I kept** ~ **of it for myself** ich habe einen Teil davon für mich behalten; **I lost** ~ **of the manuscript** ich habe einen Teil des Manuskripts verloren; **that's** ~ **of the truth** das ist ein Teil der Wahrheit; **for the main** *or* **most** ~ hauptsächlich, in erster Linie; **her performance was for the main** *or* **most** ~ **well controlled** ihre Darstellung war im großen und ganzen ausgewogen; **the house is built for the main** *or* **most** ~ **of wood** das Haus ist zum größten Teil aus Holz (gebaut); **in the latter** ~ **of the year** gegen Ende des Jahres; **the remaining** ~ **of our holidays** der Rest unseres Urlaubs; **she's become (a)** ~ **of me** sie ist ein Teil von mir gewor-

den; **5 ~s of sand to 1 of cement** 5 Teile Sand auf ein(en) Teil Zement.

2. (*Mech, of kit etc*) Teil *nt*. **spare ~** Ersatzteil *nt*.

3. (*Gram*) **~ of speech** Wortart *f*; **principal ~s of a verb** Stammformen *pl*.

4. (*of series*) Folge *f*; (*of serial*) Fortsetzung *f*; (*of encyclopaedia etc*) Lieferung *f*. **end of ~ one** (*TV*) Ende des ersten Teils.

5. (*share, role*) (An)teil *m*, Rolle *f*; (*Theat*) Rolle *f*, Part *m* (*geh*). **to play one's ~** (*fig*) seinen Beitrag leisten; **to take ~ in sth** an etw (*dat*) teilnehmen, bei etw (*dat*) mitmachen, sich an etw (*dat*) beteiligen; **who is taking ~?** wer macht mit?, wer ist dabei?; **he's taking ~ in the play** er spielt in dem Stück mit; **in the ~ of Lear** in der Rolle des Lear; **he looks the ~** (*Theat*) die Rolle paßt zu ihm; (*fig*) so sieht (d)er auch aus; **to play a ~** (*Theat, fig*) eine Rolle spielen; **to play no ~ in sth** (*person*) nicht an etw (*dat*) beteiligt sein; **he's just playing a ~** (*fig*) der tut nur so.

6. (*Mus*) Stimme *f*, Part *m*. **the soprano ~** der Sopranpart, die Sopranstimme; **to sing in ~s** mehrstimmig singen.

7. ~s *pl* (*region*) Gegend *f*; **from all ~s** überallher, von überall her; **in** *or* **around these ~s** hier in der Gegend, in dieser Gegend; **in foreign ~s** in der Fremde, in fremden Ländern; **what ~s are you from?** aus welcher Gegend sind Sie?; **he's not from these ~s** er ist nicht aus dieser Gegend *or* von hier.

8. (*side*) Seite *f*. **to take sb's ~** sich auf jds Seite (*acc*) stellen, für jdn Partei ergreifen; **for my ~** was mich betrifft, meinerseits; **a miscalculation on my ~** eine Fehlkalkulation meinerseits; **on the ~ of** von seiten (+*gen*); seitens (+*gen*).

9. to take sth in good/bad ~ etw nicht übelnehmen/etw übelnehmen.

10. a man of ~s ein vielseitiges Talent; **a man of many ~s** ein vielseitiger Mensch.

11. (*US: in hair*) Scheitel *m*.

12. ~s *pl* (*male genitals*) Geschlechtsteile *pl*

II *adv* teils, teilweise. **is it X or Y? — ~ one and ~ the other** ist es X oder Y? — teils (das eine), teils (das andere); **it is ~ iron and ~ copper** es ist teils aus Eisen, teils aus Kupfer; **it was ~ eaten** es war halb aufgegessen.

III *vt* **1.** (*divide*) teilen; *hair* scheiteln; *curtain* zur Seite schieben. **the police tried to ~ the crowd** (*make path through*) die Polizei versuchte, eine Gasse durch die Menge zu bahnen.

2. (*separate*) trennen. **to ~ sb from sb/sth** jdn von jdm/etw trennen; **till death us do ~** bis daß der Tod uns scheidet; **she's not easily ~ed from her money** sie trennt sich nicht gern von ihrem Geld; **to ~ company with sb/sth** sich von jdm/etw trennen; (*in opinion*) mit jdm nicht gleicher Meinung sein; **to ~ company** sich trennen; **at this point the two theories ~ company** an diesem Punkt gehen die beiden Theorien auseinander.

IV *vi* **1.** (*divide*) sich teilen; (*curtains*) sich öffnen. **her lips ~ed in a smile** ihre Lippen öffneten sich zu einem Lächeln.

2. (*separate*) (*person*) sich trennen; (*temporarily also*) auseinandergehen, scheiden (*geh*); (*things*) sich lösen, abgehen. **to ~ from** *or* **with sb** sich von jdm trennen; **we ~ed friends** wir gingen als Freunde auseinander; **to ~ with sth** sich von etw trennen.

partake [pɑː'teɪk] *pret* **partook**, *ptp* **~n** [pɑː'teɪkn] *vi* (*form*) **1. to ~ of** *food, drink* zu sich (*dat*) nehmen; **will you ~ of a glass of sherry?** darf ich Ihnen ein Glas Sherry anbieten?

2. (*share in*) **to ~ of sb's triumph** an jds Triumph (*dat*) teilhaben, jds Triumph (*acc*) teilen.

3. to ~ of a quality eine Eigenschaft an sich (*dat*) haben.

4. to ~ in sth *in activity* an etw (*dat*) teilnehmen.

parterre ['pɑːtɛəʳ] *n* (*US*) Parterre *nt*.

part exchange *n* **to offer/take sth in ~** etw in Zahlung geben/nehmen.

parthenogenesis ['pɑːθɪnəʊ'dʒenɪsɪs] *n* Parthenogenese, Jungfernzeugung *f*.

Parthian shot ['pɑːθɪən'ʃɒt] *n* zum Abschied fallengelassene spitze Bemerkung.

partial ['pɑːʃəl] *adj* **1.** (*not complete*) Teil-, partiell (*geh*), teilweise; *paralysis, eclipse* teilweise, partiell. **to reach a ~ agreement** teilweise Übereinstimmung erzielen.

2. (*biased*) voreingenommen; *judgement* parteiisch.

3. to be ~ to sth eine Schwäche für etw haben; **after a while I became rather ~ to it** nach einiger Zeit hatte ich eine ziemliche Vorliebe dafür entwickelt.

partiality [ˌpɑːʃɪ'ælɪtɪ] *n* **1.** *see adj 2.* (*bias*) Voreingenommenheit *f*; Parteilichkeit *f*. **without ~** unvoreingenommen; unparteiisch. **2.** (*liking*) Vorliebe, Schwäche *f* (*for* für).

partially ['pɑːʃəlɪ] *adv* **1.** (*partly*) zum Teil, teilweise. **2.** (*with bias*) parteiisch.

participant [pɑː'tɪsɪpənt] *n* Teilnehmer(in *f*) *m* (*in gen*, an +*dat*); (*in scuffle*) Beteiligte(r) *mf* (*in gen*, an +*dat*).

participate [pɑː'tɪsɪpeɪt] *vi* **1.** (*take part*) sich beteiligen, teilnehmen (*in* an +*dat*). **it's no good complaining of being lonely if you don't ~** es hat keinen Sinn, über deine Einsamkeit zu klagen, wenn du nirgends mitmachst; **he actively ~d in the success of the scheme** er hat aktiv zum Erfolg des Projekts beigetragen.

2. (*share*) beteiligt sein (*in* an +*dat*). **to ~ in sb's sorrow** an jds Kummer (*dat*) Anteil nehmen.

participation [pɑːˌtɪsɪ'peɪʃən] *n* Beteiligung *f*; (*in competition*) Teilnahme *f*; (*worker ~*) Mitbestimmung *f*. **~ in the profits** Gewinnbeteiligung *f*.

participator [pɑː'tɪsɪpeɪtəʳ] *n* Teilnehmer(in *f*) *m*.

participatory [ˌpɑːtɪsɪ'peɪtərɪ] *adj* teilnehmend; (*Ind*) Mitbestimmungs-.

participial [ˌpɑːtɪ'sɪpɪəl] *adj* Partizipial-,

partizipial.

participle ['pɑːtɪsɪpl] *n* Partizip *nt*.

particle ['pɑːtɪkl] *n* **1.** (*of sand etc*) Teilchen, Körnchen *nt*; (*Phys*) Teilchen *nt*. **~ of dust** Stäubchen, Staubkörnchen *nt*; (*fig*) Körnchen *nt*; **there's not a ~ of truth in it** darin steckt kein Körnchen Wahrheit; **~ accelerator** Teilchenbeschleuniger *m*.

2. (*Gram*) Partikel *f*.

parti-coloured, (*US*) **parti-colored** ['pɑːtɪˌkʌləd] *adj* bunt, vielfarbig.

particular [pə'tɪkjʊlə^r] **I** *adj* **1.** (*as against others*) **this ~ house is very nice** dies (eine) Haus ist sehr hübsch; **it varies according to the ~ case** das ist von Fall zu Fall verschieden; **in this ~ instance** in diesem besonderen Fall; **is there any one ~ colour you prefer**? bevorzugen Sie eine bestimmte Farbe?

2. (*special*) besondere(r, s). **in ~** besonders, vor allem; **the wine in ~ was excellent** vor allem der Wein war hervorragend; **nothing in ~** nichts Besonderes *or* Bestimmtes; **is there anything in ~ you'd like**? haben Sie einen besonderen Wunsch?; **he's a ~ friend of mine** er ist ein guter Freund von mir; **for no ~ reason** aus keinem besonderen *or* bestimmten Grund; **to take ~ care to ...** besonders darauf achten, daß ...

3. (*fussy, fastidious*) eigen; (*choosy*) wählerisch. **he is very ~ about cleanliness/his children's education** er nimmt es mit der Sauberkeit/der Erziehung seiner Kinder sehr genau; **he's ~ about his car** er ist sehr eigen *or* pingelig (*inf*) mit seinem Auto; **I'm not too ~ (about it)** es kommt mir nicht so darauf an, mir ist es gleich; **she was most ~ about it** (*was definite*) sie bestand darauf.

II *n* **~s** *pl* Einzelheiten *pl*; (*about person*) Personalien *pl*; **in this ~** in diesem Punkt; **correct in every ~** in jedem Punkt richtig; **for further ~s apply to the personnel manager** weitere Auskünfte erteilt der Personalchef; **to give ~s** Angaben machen; **please give full ~s** bitte genaue Angaben machen; **the ~ and the general** das Besondere und das Allgemeine.

particularity [pəˌtɪkjʊ'lærɪtɪ] *n* **1.** (*individuality*) Besonderheit *f*. **2.** (*detailedness*) Ausführlichkeit *f*. **3.** (*fastidiousness*) Eigenheit *f*.

particularize [pə'tɪkjʊləraɪz] **I** *vt* spezifizieren, genau angeben. **II** *vi* ins Detail *or* einzelne gehen.

particularly [pə'tɪkjʊləlɪ] *adv* besonders, vor allem. **he said most ~ not to do it** er hat ausdrücklich gesagt, daß man das nicht tun soll; **do you want it ~ for tomorrow**? brauchen Sie es unbedingt morgen?; **we are ~ pleased to have with us today ...** wir freuen uns besonders, heute ... bei uns zu haben; **he was not ~ pleased** er war nicht besonders erfreut; **not ~** nicht besonders; **it's important, ~ since time is getting short** es ist wichtig, zumal die Zeit knapp wird.

parting ['pɑːtɪŋ] **I** *n* **1.** Abschied *m*. **~ is such sweet sorrow** (*prov*) o süßer Abschiedsschmerz!; **after the ~ of the ways** nachdem sich ihre Wege getrennt hatten; **is this the ~ of the ways then**? das ist also das Ende (unserer Beziehung)?

2. (*Brit: in hair*) Scheitel *m*.

II *adj* Abschieds-, abschließend. **Charles knows all about it already, was her ~ shot** Charles weiß schon alles, schleuderte sie ihm nach.

partisan [ˌpɑːtɪ'zæn] **I** *adj* **1.** parteiisch (*esp pej*), parteilich. **~ spirit** Partei- *or* Vereinsgeist *m*. **2.** (*Mil*) Partisanen-. **II** *n* **1.** Parteigänger(in *f*) *m*. **2.** (*Mil*) Partisan(in *f*) *m*, Freischärler *m*.

partisanship [ˌpɑːtɪ'zænʃɪp] *n* Parteilichkeit *f*.

partition [pɑː'tɪʃən] **I** *n* **1.** Teilung *f*. **2.** (*wall*) Trennwand *f*. **3.** (*section*) Abteilung *f*. **II** *vt country* teilen, spalten; *room* aufteilen.

◆**partition off** *vt sep* abteilen, abtrennen.

partitive ['pɑːtɪtɪv] *adj* (*Gram*) partitiv.

part load *n* (*Comm*) Teilladung *f*.

partly ['pɑːtlɪ] *adv* zum Teil, teilweise, teils.

partner ['pɑːtnə^r] **I** *n* Partner(in *f*) *m*; (*in limited company also*) Gesellschafter(in *f*) *m*; (*in crime*) Komplize *m*, Komplizin *f*. **they were/became ~s in crime** sie waren/wurden Komplizen; **junior ~** Juniorpartner *m*; **senior ~** Seniorpartner *m*.

II *vt* **to ~ sb** jds Partner(in) sein; **to be ~ed by sb** jdn zum/zur Partner(in) haben.

partnership ['pɑːtnəʃɪp] *n* **1.** Partnerschaft, Gemeinschaft *f*; (*in sport, dancing*) Paar *nt*. **we're** *or* **we make a pretty good ~** wir sind ein ziemlich gutes Paar; **a relationship based on ~** eine partnerschaftliche Beziehung; **to do sth in ~ with sb** etw mit jdm gemeinsam *or* in Zusammenarbeit machen.

2. (*Comm*) Personengesellschaft *f*. **to enter into a ~** in eine Gesellschaft eintreten; **to take sb into ~** jdn als Partner aufnehmen; **general ~** offene Handelsgesellschaft; **he left the ~** er ist aus der Gesellschaft ausgeschieden.

part owner *n* Mitbesitzer(in *f*), Mitinhaber(in *f*) *m*; **part payment** *n* Teilzahlung *f*.

partridge ['pɑːtrɪdʒ] *n* Rebhuhn *nt*.

part song *n* (*individual*) mehrstimmiges Lied; (*genre*) mehrstimmiger Gesang; **part-time I** *adj job, teacher, employee* Teilzeit-; **I'm just ~** ich arbeite nur Teilzeit; **II** *adv* **can I do the job ~**? kann ich (auf) Teilzeit arbeiten?; **she only teaches ~** sie unterrichtet nur stundenweise; **part-timer** *n* Teilzeitbeschäftigte(r) *mf*.

parturition [ˌpɑːtjʊə'rɪʃən] *n* (*form*) Entbindung *f*.

party ['pɑːtɪ] **I** *n* **1.** (*Pol*) Partei *f*. **to be a member of the ~** Parteimitglied sein.

2. (*group*) Gruppe, Gesellschaft *f*; (*Mil*) Kommando *nt*, Trupp *m*. **a ~ of tourists** eine Reisegesellschaft; **we were a ~ of five** wir waren zu fünft; **I was one of the ~** ich war dabei; **to join sb's ~** sich jdm anschließen.

3. (*celebration*) Party, Fete (*inf*), Feier *f*; (*more formal*) Gesellschaft *f*. **to have** *or* **give** *or* **throw** (*inf*) **a ~** eine Party geben *or* machen *or* schmeißen (*inf*); eine Gesellschaft geben; **at the ~** auf der Party; bei der Gesellschaft.

4. (*Jur, fig*) Partei *f*. **a/the third ~** ein Dritter *m*/der Dritte; **the parties to a dispute** die streitenden Parteien; **to be a ~ to an agreement** einer Übereinkunft (*dat*) zustimmen; **to be a ~ to a crime** an einem Verbrechen beteiligt sein; **were you a ~ to this**? waren Sie daran beteiligt?; **I will not be a ~ to any violence** ich will mit Gewaltanwendung nichts zu tun haben.

5. (*inf: person*) **a ~ by the name of Johnson** ein gewisser Johnson.

II *vi* (*inf*) feiern.

party dress *n* Partykleid *nt*; **partygoer** *n* Partygänger(in *f*), Fetengänger(in *f*) *m*; **party line** *n* **1.** (*Pol*) Parteilinie *f*; **2.** (*Telec*) Gemeinschaftsanschluß *m*; **party list** *n* (*Pol*) Parleiliste *f*; **party man** *n* Gefolgsmann *m*; **party political** *adj* parteipolitisch; **party political broadcast** *n* parteipolitische Sendung; **party politics** *npl* Parteipolitik *f*; **party pooper** *n* (*inf*) Partymuffel *m* (*inf*); **party spirit** *n* (*Pol*) Parteigeist *m or* -gesinnung *f*; **party spokesman, party spokeswoman** *n* Parteisprecher(in *f*) *m*.

parvenu ['pɑːvənuː] *n* Emporkömmling *m*.

PASCAL ['pæs,kæl] *n* (*Comput*) PASCAL *nt*.

pasha ['pæʃə] *n* Pascha *m*.

pass [pɑːs] **I** *n* **1.** (*permit*) Ausweis *m*; (*Mil etc*) Passierschein *m*. **a free ~** eine Freikarte; (*permanent*) ein Sonderausweis *m*.

2. (*Brit Univ*) Bestehen *nt* einer Prüfung. **to get a ~ in German** seine Deutschprüfung bestehen.

3. (*Geog, Sport*) Paß *m*; (*Ftbl: for shot at goal*) Vorlage *f*.

4. (*Fencing*) Ausfall *m*.

5. (*movement*) (*by conjurer, hypnotist*) Bewegung, Geste *f*.

6. things have come to a pretty ~ when ... so weit ist es schon gekommen, daß ...

7. to make a ~ at sb jdn anmachen.

8. (*Aviat*) **the jet made three ~es over the ship** der Düsenjäger flog dreimal über das Schiff; **on its fourth ~ the plane was almost hit** beim vierten Vorbeifliegen wurde das Flugzeug fast getroffen.

II *vt* **1.** (*move past*) vorbeigehen an (+*dat*); vorbeifahren an (+*dat*); vorbeifliegen an (+*dat*). **he ~ed me without even saying hello** er ging ohne zu grüßen an mir vorbei; **the ship ~ed the estuary** das Schiff passierte die Flußmündung.

2. (*overtake*) *athlete, car* überholen. **he's ~ed all the other candidates** er hat alle anderen Kandidaten überflügelt.

3. (*cross*) *frontier* überschreiten, überqueren, passieren. **not a word ~ed her lips** kein Wort kam über ihre Lippen.

4. (*reach, hand*) reichen. **they ~ed the photograph around** sie reichten *or* gaben das Foto herum; **~ (me) the salt, please** reich mir doch bitte das Salz!; **he ~ed the hammer up** er reichte den Hammer hinauf; **the characteristics which he ~ed to his son** die Eigenschaften, die er an seinen Sohn weitergab.

5. it ~es belief es ist kaum zu fassen; **it ~es my comprehension that ...** es geht über meinen Verstand *or* meine Fassungskraft, daß ...; **love which ~es all understanding** Liebe, die jenseits allen Verstehens liegt.

6. (*Univ etc*) *exam* bestehen; *candidate* bestehen lassen.

7. this film will never ~ the censors dieser Film kommt nie und nimmer durch die Zensur.

8. (*approve*) *motion* annehmen; *plan* gutheißen, genehmigen; (*Parl*) verabschieden. **the censors will never ~ this film** die Zensur gibt diesen Film bestimmt nicht frei.

9. *ball* **to ~ the ball to sb** jdm den Ball zuspielen; **you should learn to ~ the ball and not hang on to it** du solltest lernen abzuspielen, statt am Ball zu kleben.

10. *forged bank notes* weitergeben.

11. to ~ a cloth over sth mit einem Tuch über etw (*acc*) wischen; **he ~ed his hand across his forehead** er fuhr sich (*dat*) mit der Hand über die Stirn; **~ the thread through the hole** führen Sie den Faden durch die Öffnung; **he ~ed a chain around the front axle** er legte eine Kette um die Vorderachse.

12. (*spend*) *time* verbringen. **he did it just to ~ the time** er tat das nur, um sich (*dat*) die Zeit zu vertreiben.

13. *remark* von sich geben; *opinion* abgeben; (*Jur*) *sentence* verhängen; *judgement* fällen.

14. (*discharge*) *excrement, blood* absondern, ausscheiden. **to ~ water** Wasser *or* Harn lassen.

15. (*omit*) **I'll ~ this round** ich lasse diese Runde aus.

III *vi* **1.** (*move past*) vorbeigehen, vorbeifahren. **the street was too narrow for the cars to ~** die Straße war so eng, daß die Wagen nicht aneinander vorbeikamen; **we ~ed in the corridor** wir gingen im Korridor aneinander vorbei.

2. (*overtake*) überholen.

3. (*move, go*) **~ along the car please!** bitte weiter durchgehen!; **words ~ed between them** es gab einige Meinungsverschiedenheiten; **the cars ~ down the assembly line** die Autos kommen das Fließband herunter; **as we ~ from feudalism to more open societies** beim Übergang vom Feudalismus zu offeneren Gesellschaftsformen; **as we ~ from youth to old age** mit zunehmendem Alter; **people were ~ing in and out of the building** die Leute gingen in dem Gebäude ein und aus; **to ~ into a tunnel** in einen Tunnel fahren; **to ~ into oblivion/a coma** in Vergessenheit geraten/in ein Koma fallen; **expressions which have ~ed into/out of the language** Redensarten, die in die Sprache eingegangen sind/aus der Sprache verschwunden sind; **to ~ out of sight** außer Sichtweite geraten; **the firm has ~ed out of existence** die Firma hat aufgehört zu bestehen; **he ~ed out of our lives** er ist aus unserem Leben verschwunden; **everything he said just ~ed over my head** was er sagte, war mir alles zu hoch; **when we ~ed over the frontier** als wir die Grenze passierten; **we're now ~ing over Paris** wir fliegen jetzt über Paris; **I'll just ~ quickly over the main points again** ich werde jetzt die Hauptpunkte noch einmal kurz durchgehen; **he's ~ing through a difficult period** er macht gerade eine schwere Zeit durch; **the manuscript has ~ed through a lot of hands** das Manuskript ist durch viele Hände gegangen; **shall we ~ to the second subject on the agenda**? wollen wir zum zweiten Punkt der Tagesordnung übergehen?; **the crown always ~es to the eldest son** die Krone geht immer auf den ältesten Sohn über; **he ~ed under the archway** er ging/fuhr durch das Tor.

4. (*time*) (*also* ~ **by**) vergehen.

5. (*disappear, end: anger, hope, era*) vorübergehen, vorbeigehen; (*storm*) (*go over*) vorüberziehen; (*abate*) sich legen; (*rain*) vorbeigehen.

6. (*be acceptable*) gehen. **to let sth ~** etw durchgehen lassen; **let it ~**! vergiß es!, vergessen wir's!; **it'll ~** das geht.

7. (*be considered, be accepted*) angesehen werden (*for or as sth* als etw). **this little room has to ~ for an office** dieses kleine Zimmer dient als Büro; **in her day she ~ed for a great beauty** zu ihrer Zeit galt sie als große Schönheit; **she could easily ~ for 25** sie könnte leicht für 25 durchgehen; **or what ~es nowadays for a hat** oder was heute so als Hut betrachtet wird.

8. (*in exam*) bestehen. **I ~ed**! ich habe bestanden!; **did you ~ in chemistry**? hast du deine Chemieprüfung bestanden?

9. (*Sport*) abspielen. **to ~ to sb** jdm zuspielen, an jdn abgeben.

10. (*Cards*) passen. **(I) ~**! (ich) passe!; ~ (*in quiz etc*) passe!

11. (*old: happen*) **to come to ~** sich begeben; **to bring sth to ~** etw bewirken.

◆**pass away I** *vi* **1.** (*end*) zu Ende gehen. **the days of our youth have ~ed ~ for ever** die Tage unserer Jugend sind für immer dahin. **2.** (*euph: die*) entschlafen. **II** *vt sep hours* sich (*dat*) vertreiben.

◆**pass between** *vi +prep obj* (*words*) fallen zwischen. **what has ~ed ~ us** was sich zwischen uns zugetragen hat.

◆**pass by I** *vi* (*go past*) vorbeigehen; (*car etc*) vorbeifahren; (*time, months*) vergehen. **he just ~ed ~** er ging/fuhr einfach vorbei; **I can't let that ~ ~ without comment** ich kann das nicht kommentarlos durchgehen lassen; **to ~ ~ on the other side** (*fig*) achtlos vorbeigehen.

II *vi +prep obj* **if you ~ ~ the grocer's ...** wenn du beim Kaufmann vorbeikommst, ...

III *vt sep* (*ignore*) *problems* übergehen. **life has ~ed her ~** das Leben ist an ihr vorübergegangen.

◆**pass down** *vt sep* **1.** *traditions* weitergeben (*to* an *+acc*), überliefern (*to dat*); *characteristics* weitergeben (*to* an *+acc*). **~ed ~ by word of mouth** mündlich überliefert.

2. (*transmit*) **the story was ~ed ~ through the ranks** die Sache sprach sich (bis) zu den Soldaten durch.

◆**pass off I** *vi* **1.** (*take place*) ablaufen, vonstatten gehen.

2. (*end*) vorüber- *or* vorbeigehen.

3. (*be taken as*) durchgehen (*as* als). **she could ~ ~ as an Italian** sie würde als Italienerin durchgehen.

II *vt sep* **to ~ oneself/sb/sth ~ as sth** sich/jdn/etw als *or* für etw ausgeben.

◆**pass on I** *vi* **1.** (*euph: die*) entschlafen, verscheiden.

2. (*proceed*) übergehen (*to* zu).

II *vt sep news, information* weitergeben; *disease* übertragen. **~ it ~**! weitersagen!

◆**pass out I** *vi* **1.** (*become unconscious*) in Ohnmacht fallen, umkippen (*inf*). **he drank till he ~ed ~** er trank bis zum Umfallen. **2.** (*new officer*) ernannt werden. **II** *vt sep leaflets* austeilen, verteilen.

◆**pass over I** *vt sep* übergehen. **he's been ~ed ~ again** er ist schon wieder übergangen worden.

II *vi* (*euph: die*) entschlafen.

◆**pass through** *vi* **I'm only ~ing ~** ich bin nur auf der Durchreise; **you have to ~ ~ Berlin** du mußt über Berlin fahren.

◆**pass up** *vt sep chance* vorübergehen lassen.

passable ['pɑːsəbl] *adj* **1.** passierbar; *road also* befahrbar.

2. (*tolerable*) leidlich, passabel.

passably ['pɑːsəblɪ] *adv* leidlich, einigermaßen.

passage ['pæsɪdʒ] *n* **1.** (*transition: from youth to manhood etc*) Übergang *m*. **the ~ of time** der Verlauf *or* Strom (*geh*) der Zeit; **in** *or* **with the ~ of time** mit der Zeit.

2. (*through country*) Durchfahrt, Durchreise *f*; (*right of ~*) Durchreise *f*, Transit *m*, Durchreise- *or* Transitgenehmigung *f*.

3. (*voyage*) Überfahrt, Schiffsreise *f*; (*fare*) Überfahrt, Passage *f*; *see* **work**.

4. (*Parl: process*) parlamentarische Behandlung; (*final*) Verabschiedung *f*.

5. (*corridor*) Gang *m*. **the narrow ~ between Denmark and Sweden** die schmale Durchfahrt zwischen Dänemark und Schweden; **secret ~** Geheimgang *m*; **he forced a ~ through the crowd** er bahnte sich (*dat*) einen Weg durch die Menge.

6. (*in book*) Passage *f*; (*Mus also*) Stück *nt*. **a ~ from the Bible** eine Bibelstelle.

passageway ['pæsɪdʒweɪ] *n* Durchgang *m*.

pass book *n* Sparbuch *nt*; **pass degree** *n* *niedrigster Grad an britischen Universitäten*, „Bestanden".

passé ['pæseɪ] *adj* überholt, passé (*inf*).

passenger ['pæsɪndʒəʳ] *n* **1.** Reisende(r) *mf*; (*on bus, in taxi, in train*) Fahrgast *m*; (*on ship*) Passagier(in *f*) *m*; (*on plane*) Fluggast *m*, Passagier(in *f*) *m*; (*in car*) Mitfahrer(in *f*), Beifahrer(in *f*) *m*; (*on motorcycle*) Beifahrer(in *f*) *m*.
2. (*inf: ineffective member*) **we can't afford to carry any ~s** (*no incompetent people*) wir können es uns nicht leisten, Leute mit durchzuschleppen; (*no idle people*) wir können uns keine Drückeberger leisten.

passenger aircraft *n* Passagierflugzeug *nt*; **passenger liner** *n* Passagierschiff *nt*; **passenger list** *n* Passagierliste *f*; **passenger mile** *n* (*Aviat*) Flugkilometer *m* je Fluggast; (*Rail*) Bahnkilometer *m* je Reisender; **passenger train** *n* Zug *m* im Personenverkehr.

passe-partout ['pæspɑːtuː] *n* Passepartout *nt*.

passer-by ['pɑːsə'baɪ] *n, pl* **passers-by** Passant(in *f*) *m*, Vorübergehende(r) *mf*.

passim ['pæsɪm] *adv* passim, verstreut.

passing ['pɑːsɪŋ] **I** *n* **1.** Vorübergehen *nt*. **with the ~ of time/the years** im Lauf(e) der Zeit/der Jahre; **I would like to mention in ~ that ...** ich möchte beiläufig noch erwähnen, daß ...
2. (*disappearance*) Niedergang *m*; (*euph: death*) Heimgang *m*. **the ~ of the old year** der Ausklang des alten Jahres.
3. (*Parl: of bill*) *see* **passage 4.**
II *adj car* vorbeifahrend; *clouds* vorüberziehend; *years* vergehend; *glance, thought* flüchtig; *comments, reference* beiläufig; *fancy* flüchtig, vorübergehend.

passing-out (ceremony) *n* (*Mil*) Abschlußfeier *f*; **passing place** *n* (*on narrow road*) Ausweichstelle *f*.

passion ['pæʃən] *n* **1.** Leidenschaft *f*; (*fervour*) Leidenschaftlichkeit *f*; (*enthusiasm also*) Begeisterung *f*. **to have a ~ for sth** eine Passion *or* Leidenschaft für etw haben; **with his ~ for accuracy** mit seinem Drang nach Genauigkeit; **~s were running high** die Erregung schlug hohe Wellen; **his ~ for the cause** sein leidenschaftliches Engagement für die Sache; **music is a ~ with him** die Musik ist bei ihm eine Leidenschaft; **to be in a ~** erregt sein; **to fly into a ~** in Erregung geraten, sich erregen.
2. (*Rel, Art, Mus*) Passion *f*; (*Bibl: account of ~ also*) Leidensgeschichte *f*. **The St Matthew P~** Die Matthäuspassion.

passionate ['pæʃənɪt] *adj* leidenschaftlich.

passionately ['pæʃənɪtlɪ] *adv* leidenschaftlich.

passionflower *n* Passionsblume *f*; **passion fruit** *n* Passionsfrucht *f*; **passionless** *adj* leidenschaftslos; **passion play** *n* Passionsspiel *nt*; **Passion Sunday** *n* Passionssonntag *m*; **Passion Week** *n* Karwoche *f*.

passive ['pæsɪv] **I** *adj* **1.** passiv; *acceptance* widerspruchslos, widerstandslos. **~ resistance** passiver Widerstand; **~ smoker** Passivraucher(in *f*) *m*, passiver Raucher, passive Raucherin; **~ smoking** passives Rauchen, Passivrauchen *nt*.
2. (*Gram*) passivisch, Passiv-.
II *n* (*Gram*) Passiv *nt*, Leideform *f*. **in the ~** im Passiv.

passively ['pæsɪvlɪ] *adv* passiv; *accept* widerstandslos, widerspruchslos; *watch etc* tatenlos.

passiveness ['pæsɪvnɪs], **passivity** [pə'sɪvɪtɪ] *n* Passivität *f*.

pass key *n* Hauptschlüssel *m*.

Passover ['pɑːsəʊvəʳ] *n* Passah *nt*.

passport ['pɑːspɔːt] *n* Reisepaß, Paß (*inf*) *m*; (*fig*) Schlüssel *m* (*to* für, zu). **~ control** Paßkontrolle *f*.

password ['pɑːswɜːd] *n* Losungs- *or* Kennwort *nt*, Parole *f*; (*Comput*) Paßwort *nt*.

past [pɑːst] **I** *adj* **1.** frühe(r, s) *attr*, vergangene(r, s) *attr*. **for some time ~** seit einiger Zeit; **in times ~** in früheren *or* vergangenen Zeiten; **it's ~ history now** das gehört jetzt der Vergangenheit an; **all that is now ~** das ist jetzt alles vorüber *or* vorbei; **what's ~ is ~** was vorbei ist, ist vorbei; **in the ~ week** letzte *or* vorige *or* vergangene Woche, in der letzten *or* vergangenen Woche; **~ president** früherer Präsident.
2. (*Gram*) **~ tense** Vergangenheit, Vergangenheitsform *f*; **~ participle** Partizip Perfekt, zweites Partizip; **~ perfect** Plusquamperfekt *nt*, Vorvergangenheit *f*.
II *n* (*also Gram*) Vergangenheit *f*. **in the ~** in der Vergangenheit (*also Gram*), früher; **the verb is in the ~** das Verb steht in der Vergangenheit; **to be a thing of the ~** der Vergangenheit (*dat*) angehören; **a town/woman with a ~** eine Stadt/Frau mit Vergangenheit.
III *prep* **1.** (*motion*) an (+*dat*) ... vorbei *or* vorüber; (*position: beyond*) hinter (+*dat*), nach (+*dat*). **just ~ the library** kurz nach *or* hinter der Bücherei; **to run ~ sb** an jdm vorbeilaufen.
2. (*time*) nach (+*dat*). **ten (minutes) ~ three** zehn (Minuten) nach drei; **half ~ four** halb fünf; **a quarter ~ nine** Viertel nach neun; **it's ~ 12** es ist schon nach 12 *or* 12 vorbei; **the trains run at a quarter ~ the hour** die Züge gehen jeweils um Viertel nach; **it's (well) ~ your bedtime** du solltest schon längst im Bett liegen.
3. (*beyond*) über (+*acc*). **~ forty** über vierzig; **we're ~ caring** es kümmert uns nicht mehr; **to be ~ sth** für etw zu alt sein; **my car is getting ~ it** (*inf*) mein Auto tut's allmählich nicht mehr *or* bringt's nicht mehr (*inf*); **he's ~ it** (*inf*) er ist zu alt, er ist ein bißchen alt (dafür), er bringt's nicht mehr (*sl*); **I wouldn't put it ~ him** (*inf*) ich würde es ihm schon zutrauen.
IV *adv* vorbei, vorüber. **to walk/run ~** vorüber- *or* vorbeigehen/vorbeirennen.

pasta ['pæstə] *n* Teigwaren, Nudeln *pl*.

paste [peɪst] **I** *n* **1.** (*for sticking*) Kleister *m*.
2. mix to a smooth/firm ~ (*glue*) zu einem lockeren/festen Brei anrühren; (*cake mixture*) zu einem glatten/festen

Teig anrühren.

3. (*spread*) Brotaufstrich *m*; (*tomato* ~) Mark *nt*.

4. (*jewellery*) Similistein, Straß *m*.

II *vt* **1.** (*apply* ~ *to*) *wallpaper* einkleistern, mit Kleister bestreichen; (*affix*) kleben. **to ~ pictures into a book** Bilder in ein Buch (ein)kleben; **to ~ sth to sth** etw an etw (*acc*) kleben.

2. (*sl*) *opponent* eine Packung verabreichen (+*dat*) (*inf*); (*Boxing*) die Hucke vollhauen (+*dat*) (*inf*); *new play* verreißen. **to ~ sb (one)** (*lit*) jdm eins vor den Latz knallen (*sl*); **to ~ sb** (*defeat*) jdn in die Pfanne hauen (*inf*).

◆**paste up** *vt sep* aufkleben, ankleben; (*in publishing*) einen Klebeumbruch machen von.

pasteboard ['peɪstbɔːd] *n* Karton *m*, Pappe *f*.

pastel ['pæstl] **I** *n* (*crayon*) Pastellstift *m*, Pastellkreide *f*; (*drawing*) Pastellzeichnung *f*, Pastell *nt*; (*colour*) Pastellton *m*. **II** *adj attr* Pastell-, pastellen, pastellfarben. **~ colour** Pastellfarbe *f*.

pasteurization [ˌpæstəraɪ'zeɪʃən] *n* Pasteurisierung, Pasteurisation *f*.

pasteurize ['pæstəraɪz] *vt* pasteurisieren, keimfrei machen.

pastiche [pæ'stiːʃ] *n* Pastiche *m*; (*satirical writing*) Persiflage *f*.

pastille ['pæstɪl] *n* Pastille *f*.

pastime ['pɑːstaɪm] *n* Zeitvertreib *m*.

pastiness ['peɪstɪnɪs] *n* **the ~ of her complexion** ihr bläßliches Aussehen.

pasting ['peɪstɪŋ] *n* (*sl*) **to get a ~** (*from sb* von jdm) fertiggemacht werden (*inf*).

past master *n* erfahrene(r) Könner(in *f*) *m*; (*Art, Sport also*) Altmeister(in *f*) *m*. **to be a ~ at doing sth** ein Experte *m* darin sein, etw zu tun.

pastor ['pɑːstə^r] *n* Pfarrer(in *f*) *m*.

pastoral ['pɑːstərəl] **I** *adj* **1.** (*Art, Liter, Mus*) pastoral.

2. (*Eccl*) pastoral, pfarramtlich; *duties also* seelsorgerisch; *responsibility* seelsorgerlich. **~ care** Seelsorge *f*; **~ staff** Bischofsstab *m*; **~ letter** Hirtenbrief *m*.

II *n* **1.** (*Liter, Art, Mus*) Pastorale *f or nt*.

2. (*Eccl*) Hirtenbrief *m*.

pastorale [ˌpæstə'rɑːl] *n* (*Mus*) Pastorale *f*.

pastrami [pə'strɑːmɪ] *geräuchertes, stark gewürztes Rindfleisch.*

pastry ['peɪstrɪ] *n* Teig *m*; (*cake*) Teilchen *nt*. **pastries** *pl* Gebäck *nt*; **you've got a piece of ~ on your chin** du hast einen Krümel am Kinn; *see* **Danish.**

pastry brush *n* Backpinsel *m*; **pastry case** *n* Törtchenform *f*; **pastry-cook** *n* Konditor(in *f*) *m*.

pasturage ['pɑːstjʊrɪdʒ] *n* **1.** (*grass*) Weide *f*. **2.** (*right of pasture*) Weiderecht *nt*.

pasture ['pɑːstʃə^r] **I** *n* **1.** (*field*) Weide *f*. **to put out to ~** auf die Weide treiben; **to move on to ~s new** (*fig*) sich (*dat*) etwas Neues suchen.

2. *no pl* (*also* **~ land**) Weideland *nt*.

3. *no pl* (*food*) Futter *nt*.

II *vt animals* weiden lassen.

III *vi* grasen.

pasty¹ ['peɪstɪ] *adj* **1.** *consistency* zähflüssig; *material* klebrig. **2.** *colour, look* bläßlich.

pasty² ['pæstɪ] *n* (*esp Brit*) Pastete *f*.

pasty-faced ['peɪstɪ'feɪst] *adj* blaß- *or* bleichgesichtig.

pat¹ [pæt] *n* (*of butter*) Portion *f*. **cow ~** Kuhfladen *m*.

pat² **I** *adv* **to know** *or* **have sth off ~** etw wie am Schnürchen (*inf*) *or* wie aus dem Effeff (*inf*) können; **to learn sth off ~** etw in- und auswendig lernen; **he's always got an answer ~** er hat immer eine Antwort parat; **to stand ~** keinen Zollbreit nachgeben.

II *adj answer, explanation* glatt. **somehow his excuses seem a bit ~ to me** er ist mir immer ein bißchen zu schnell mit Ausreden bei der Hand.

pat³ **I** *n* Klaps *m*. **he gave his nephew a ~ on the head** er tätschelte seinem Neffen den Kopf; **excellent work, said the teacher, giving her a ~ on the shoulder** hervorragende Arbeit, sagte der Lehrer und klopfte ihr auf die Schulter; **he gave her knee an affectionate ~** er tätschelte ihr liebevoll das Knie; **to give one's horse/the dog a ~** sein Pferd/seinen Hund tätscheln; (*once*) seinem Pferd *or* Hund einen Klaps geben; **to give sb/oneself a ~ on the back** (*fig*) jdm/sich selbst auf die Schulter klopfen; **that's a ~ on the back for you** das ist ein Kompliment für dich.

II *vt* (*touch lightly*) tätscheln; (*hit gently*) *ball* leicht schlagen; *sand* festklopfen; *face* abtupfen. **to ~ sb/the dog on the head** jdm/dem Hund den Kopf tätscheln; **to ~ sth/one's face dry** etw/sein Gesicht trockentupfen; **she ~ted a few loose curls into place** sie drückte ein paar Locken an, die sich gelöst hatten; **he ~ted aftershave onto his chin** er betupfte sein Kinn mit Rasierwasser; **to ~ sb on the back** (*lit*) jdm auf den Rücken klopfen; **to ~ sb/oneself on the back** (*fig*) jdm/sich selbst auf die Schulter klopfen.

◆**pat down** *vt sep* festklopfen; *hair* festdrücken, andrücken.

pat⁴ *abbr of* **patent**.

Patagonia [ˌpætə'gəʊnɪə] *n* Patagonien *nt*.

Patagonian [ˌpætə'gəʊnɪən] **I** *adj* patagonisch. **II** *n* Patagonier(in *f*) *m*.

patch [pætʃ] **I** *n* **1.** (*for mending*) Flicken *m*; (*on new garments*) Flecken *m*; (*eye* ~) Augenklappe *f*.

2. it's/he's not a ~ on ... (*inf*) das/er ist gar nichts gegen ...

3. (*small area, stain*) Fleck *m*; (*piece of land*) Stück *nt*; (*subdivision of garden*) Beet *nt*; (*part, section*) Stelle *f*; (*of time*) Phase *f*; (*inf: of policeman, prostitute*) Revier *nt*. **a ~ of blue sky** ein Stückchen *nt* blauer Himmel; **~es of colour** Farbtupfer *pl*; **a ~ of oil** ein Ölfleck *m*; **then we hit a bad ~ of road** dann kamen wir auf ein schlechtes Stück Straße; **the cabbage ~** das Kohlbeet; **we drove through a few ~es of rain on our way here** wir hatten auf dem Weg stellenweise Regen; **there were sunny ~es during the day** hin und wieder schien die

Sonne; **~es of depression** depressive Phasen *pl*; **he's going through a bad ~ at the moment** ihm geht's im Augenblick nicht sonderlich gut.

4. (*cosmetic beauty spot*) Schönheitspflästerchen *nt*.

5. (*Comput*) Korrekturroutine *f*.

II *vt* flicken. **this piece of cloth will just ~ that hole nicely** dieses Stück Stoff ist gerade richtig für das Loch.

◆**patch up** *vt sep* zusammenflicken; *quarrel* beilegen. **they managed to ~ ~ their relationship** sie haben sich schließlich wieder ausgesöhnt; **I want to ~ things ~ between us** ich möchte unsere Beziehung wieder ins Lot bringen.

patchiness ['pætʃɪnɪs] *n* (*of work*) Unregelmäßigkeit *f*; (*of knowledge*) Lückenhaftigkeit *f*; (*of film, book, essay*) unterschiedliche Qualität.

patch pocket *n* aufgesetzte Tasche; **patchwork** *n* Patchwork *nt*; **~ quilt** Patchwork- *or* Flickendecke *f*; (*fig*) **a ~ of fields** ein Mosaik *nt* von Feldern.

patchy ['pætʃɪ] *adj* (+*er*) **1.** *work* ungleichmäßig, unterschiedlich; *knowledge, memory* lückenhaft. **what was the performance like? — ~** wie war die Aufführung? — gemischt; **this is the patchiest production I've seen them do for a long time** eine derart ungleichmäßige Inszenierung habe ich von ihnen lange nicht mehr gesehen.

2. (*lit*) *material* gefleckt; *pattern* Flecken-.

pate [peɪt] *n* Rübe (*inf*), Birne (*sl*) *f*. **bald ~** Platte (*inf*), Glatze *f*.

pâté ['pæteɪ] *n* Pastete *f*.

patent ['peɪtənt] **I** *n* Patent *nt*. **~ applied for *or* pending** Patent angemeldet; **to take out a ~ (on sth)** ein Patent (auf etw *acc*) erhalten; *see* **letter**.

II *vt* patentieren lassen. **is it ~ed?** ist das patentrechtlich geschützt?

III *adj* **1.** (*obvious*) offensichtlich. **2.** (*~ed*) *invention* patentiert. **he's got his own ~ method for doing that** (*fig*) dafür hat er seine Spezialmethode; **his ~ remedy for hangovers** (*fig*) sein Patent- *or* Spezialrezept gegen Kater.

patentable ['peɪtəntəbl] *adj* patentierbar, patentfähig.

patent application *n* Patentanmeldung *f*; **patent attorney** *n* Patentanwalt *m*/-anwältin *f*.

patentee [,peɪtən'tiː] *n* Patentinhaber(in *f*) *m*.

patent leather *n* Lackleder *nt*. **~ shoes** Lackschuhe *pl*.

patently ['peɪtəntlɪ] *adv* offenkundig, offensichtlich.

patent medicine *n* patentrechtlich geschütztes Arzneimittel; **Patent Office** *n* Patentamt *nt*.

patentor [,peɪtən'tɔːʳ] *n* Patentgeber *m*.

paterfamilias ['pɑːtəfə'miːlɪæs] *n* Familienvater, Paterfamilias (*geh*) *m*.

paternal [pə'tɜːnl] *adj* väterlich. **my ~ uncle/grandmother** *etc* mein Onkel *m*/meine Großmutter *etc* väterlicherseits.

paternalism [pə'tɜːnəlɪzəm] *n* Bevormundung *f*.

paternalist [pə'tɜːnəlɪst] *n* Patriarch *m*.

paternalist(ic) [pə'tɜːnəlɪst, pə,tɜːnə'lɪstɪk] *adj*, **paternalistically** [pə,tɜːnə'lɪstɪkəlɪ] *adv* patriarchalisch.

paternally [pə'tɜːnəlɪ] *adv see adj.*

paternity [pə'tɜːnɪtɪ] *n* Vaterschaft *f*. **~ suit** Vaterschaftsprozeß *m*; **~ leave** Vaterschaftsurlaub *m*; **he denied ~ of the child** er bestritt die Vaterschaft an dem Kind.

paternoster ['pætə'nɒstəʳ] *n* (*prayer*) Vaterunser, Paternoster *nt*; (*~ bead*) Vaterunser-Perle *f*; (*lift*) Paternoster *m*.

path [pɑːθ] *n* **1.** (*lit*) (*trodden*) Weg, Pfad *m*; (*surfaced*) Weg *m*; (*in field*) Feldweg *m*. **we took a ~ across the fields** wir nahmen den Weg über das Feld.

2. (*trajectory, route*) Bahn *f*; (*of hurricane*) Weg *m*.

3. (*fig*) Weg *m*.

pathetic [pə'θetɪk] *adj* **1.** (*piteous*) mitleiderregend. **the exhausted refugees made a ~ sight** die erschöpften Flüchtlinge boten ein Bild des Jammers; **it was ~ to see** es war ein Bild des Jammers.

2. (*poor*) erbärmlich, jämmerlich. **it's ~** es ist zum Weinen *or* Heulen (*inf*); **what a ~ bunch they are!** oh, was ist das für ein jämmerlicher Haufen!

3. the ~ fallacy die Vermenschlichung der Natur.

pathetically [pə'θetɪkəlɪ] *adv* **1.** (*piteously*) mitleiderregend. **he limped along ~** es war ein mitleiderregender Anblick, wie er einherhumpelte; **~ thin/weak** erschreckend dünn/schwach.

2. *slow, stupid, inefficient* erbärmlich. **a ~ inadequate answer** eine äußerst dürftige Antwort; **a ~ weak attempt** ein kläglicher Versuch; **~ incapable** absolut unfähig; **the trains are ~ late** es ist zum Weinen *or* ein Jammer, wie unpünktlich die Züge sind; **it had become ~ obvious that she was ignoring him** es war schon peinlich zu sehen, wie sie ihn ignorierte.

pathfinder *n* (*lit*) Führer(in *f*) *m*; (*fig: innovator*) Wegbereiter(in *f*) *m*; **pathless** *adj* weglos.

pathogen ['pæθədʒɪn] *n* (*Med*) Krankheitserreger *m*.

pathogenic [,pæθə'dʒenɪk] *adj* pathogen, krankheitserregend.

pathological [,pæθə'lɒdʒɪkəl] *adj* (*lit, fig*) pathologisch, krankhaft; *studies etc* pathologisch, Pathologie-.

pathologist [pə'θɒlədʒɪst] *n* Pathologe *m*, Pathologin *f*.

pathology [pə'θɒlədʒɪ] *n* (*science*) Pathologie *f*. **the ~ of a disease** das Krankheitsbild.

pathos ['peɪθɒs] *n* Pathos *nt*.

pathway ['pɑːθweɪ] *n see* **path 1.**

patience ['peɪʃəns] *n* **1.** Geduld *f*. **to have ~/no ~ (with sb/sth)** Geduld/keine Geduld (mit jdm/etw) haben; **to have no ~ with sb/sth** (*fig inf: dislike*) für jdn/etw nichts übrig haben; **to lose (one's) ~ (with sb/sth)** (mit jdm/etw) die Geduld verlieren; **~ is a virtue** (*prov*) Geduld ist eine Tugend; **~, ~!** nur Geduld!

2. (*Brit Cards*) Patience *f*. **to play ~** eine Patience legen.

patient [ˈpeɪʃənt] **I** *adj* geduldig. **a ~ piece of work** eine mit sehr viel Geduld angefertigte Arbeit; **to be ~ with sb/sth** mit jdm/etw geduldig sein; **you must be very ~ about it** du mußt sehr viel Geduld haben *or* sehr geduldig sein; **we have been ~ long enough!** unsere Geduld ist erschöpft!

II *n* Patient(in *f*) *m*, Kranke(r) *mf*.

patiently [ˈpeɪʃəntlɪ] *adv see adj.*

patina [ˈpætɪnə] *n* Patina *f*.

patio [ˈpætɪəʊ] *n* Veranda, Terrasse *f*; (*inner court*) Innenhof, Patio *m*.

patriarch [ˈpeɪtrɪɑːk] *n* Patriarch *m*.

patriarchal [ˌpeɪtrɪˈɑːkəl] *adj* patriarchalisch.

patriarchy [ˌpeɪtrɪˈɑːkɪ] *n* Patriarchat *nt*.

patrician [pəˈtrɪʃən] **I** *adj* patrizisch. **the old ~ houses** die alten Patrizierhäuser. **II** *n* Patrizier(in *f*) *m*.

patricide [ˈpætrɪsaɪd] *n* Vatermord *m*; (*murderer*) Vatermörder(in *f*) *m*.

patrimony [ˈpætrɪmənɪ] *n* Patrimonium *nt*.

patriot [ˈpeɪtrɪət] *n* Patriot(in *f*) *m*.

patriotic *adj*, **~ally** *adv* [ˌpætrɪˈɒtɪk, -əlɪ] patriotisch.

patriotism [ˈpætrɪətɪzəm] *n* Patriotismus *m*, Vaterlandsliebe *f*.

patrol [pəˈtrəʊl] **I** *n* **1.** (*patrolling*) (*by police*) Streife *f*; (*by aircraft, ship*) Patrouille *f*; (*by watchman*) Runde *f*, Rundgang *m*. **the army/navy carry out** *or* **make weekly ~s of the area** das Heer/die Marine patrouilliert das Gebiet wöchentlich; **the army/navy maintain a constant ~** das Heer/die Marine führt ständige Patrouillen durch; **on ~** (*Mil*) auf Patrouille; (*police*) auf Streife; (*guard dogs, squad car, detectives*) im Einsatz.

2. (**~** *unit*) (*Mil*) Patrouille *f*; (*police* **~**) (Polizei)streife *f*; (*of boy scouts*) Fähnlein *nt*; (*of girl guides*) Gilde *f*.

II *vt* (*Mil*) *district, waters, sky, streets* patrouillieren, patrouillieren in (+*dat*); *frontier, coast* patrouillieren, patrouillieren vor (+*dat*); (*policeman, watchman*) seine Runden machen in (+*dat*); (*police car*) Streife fahren in (+*dat*); (*guard dogs, gamewarden*) einen Rund- *or* Streifengang *or* eine Runde machen in (+*dat*). **the frontier is not ~led** die Grenze wird nicht bewacht.

III *vi* (*soldiers, ships, planes*) patrouillieren; (*planes also*) Patrouille fliegen; (*policemen*) eine Streife/Streifen machen; (*watchman, store detective*) seine Runden machen. **to ~ up and down** auf und ab gehen.

patrol boat *n* Patrouillenboot *nt*; **patrol car** *n* Streifenwagen *m*; **patrol leader** *n* (*of scouts*) Fähnleinführer *m*; (*of girl guides*) Gildenführerin *f*; **patrolman** *n* Wächter *m*; (*US: policeman*) Polizist *m*; **patrol wagon** *n* (*US*) grüne Minna (*inf*), Gefangenenwagen *m*; **patrolwoman** *n* (*US: policewoman*) Polizistin *f*.

patron [ˈpeɪtrən] *n* (*customer of shop*) Kunde *m*, Kundin *f*; (*customer of restaurant, hotel*) Gast *m*; (*of society*) Schirmherr(in *f*) *m*; (*of artist*) Förderer, Gönner(in *f*) *m*; (**~** *saint*) Schutzpatron(in *f*) *m*. **~s only** nur für Kunden/Gäste; **a ~ of the arts** ein Kunstmäzen *m*; **our ~s** (*of shop*) unsere Kundschaft.

patronage [ˈpætrənɪdʒ] *n* **1.** (*support*) Schirmherrschaft *f*. **under the ~ of ...** unter der Schirmherrschaft des/der ...; **his lifelong ~ of the arts** seine lebenslange Förderung der Künste.

2. (*form: of a shop etc*) **we enjoy the ~ of ...** zu unseren Kunden zählen ...; **the attitude of the new sales assistant caused her to withdraw her ~** das Benehmen des neuen Verkäufers veranlaßte sie, dort nicht mehr einzukaufen.

3. (*right to appoint to government jobs*) Patronat *nt*. **under (the) ~ of** unter der Schirmherrschaft von.

4. (*rare: condescension*) **an air of ~** eine gönnerhafte Miene.

patronize [ˈpætrənaɪz] *vt* **1.** *pub, cinema* besuchen; *the railway* benutzen. **I hope you will continue to ~ our store** ich hoffe, daß Sie uns weiterhin beehren; **it's not a shop I ~** in dem Geschäft kaufe ich nicht.

2. (*treat condescendingly*) gönnerhaft *or* herablassend behandeln, von oben herab behandeln.

3. (*support*) *the arts etc* unterstützen, fördern.

patronizing [ˈpætrənaɪzɪŋ] *adj* gönnerhaft, herablassend. **to be ~ to** *or* **towards sb** jdn herablassend *or* von oben herab behandeln.

patronizingly [ˈpætrənaɪzɪŋlɪ] *adv see adj.*

patronymic [ˌpætrəˈnɪmɪk] **I** *adj* patronymisch. **II** *n* Patronymikon *nt*, Vatersname *m*.

patsy [ˈpætsɪ] *n* (*US sl*) (*scapegoat*) Sündenbock *m*; (*easy victim*) Leichtgläubige(r) *mf*; (*weak man*) Schlappschwanz (*inf*), Schwächling *m*.

patten [ˈpætən] *n* Stelzenschuh *m*.

patter [ˈpætə[r]] **I** *n* **1.** (*of feet*) Getrippel *nt*; (*of rain*) Platschen *nt*. **the ~ of tiny feet** (*fig*) Kindergetrappel *nt*.

2. (*of salesman, comedian, conjurer, disc jockey*) Sprüche *pl* (*inf*). **to start one's ~** seine Sprüche loslassen; **to have a good line in ~** (*of comedian, disc jockey*) gute Sprüche drauf *or* auf Lager haben (*inf*); **sales ~** Vertretersprüche *pl*.

3. (*inf: jargon*) Fachjargon *m* (*inf*).

II *vi* (*person, feet*) trippeln; (*rain: also* **~ down**) platschen.

pattern [ˈpætən] **I** *n* **1.** Muster *nt*. **to make a ~** ein Muster bilden.

2. (*Sew*) Schnitt *m*, Schnittmuster *nt*; (*Knitting*) Strickanleitung *f*.

3. (*fig: model*) Vorbild *nt*. **according to a ~** nach einem (festen) Schema; **on the Albanian ~** nach albanischem Vorbild *or* Muster; **to set a** *or* **the ~ for sth** ein Muster *or* Vorbild für etw sein.

4. (*fig: in events, behaviour*) Muster *nt*; (*set*) Schema *nt*; (*recurrent*) Regelmäßigkeit *f*. **there's a distinct ~/no ~ to these crimes** in diesen Verbrechen steckt ein bestimmtes/kein Schema; **what ~ can we find in these events?** was verbindet diese Ereignisse?; **the ~ of events leading up to the war** der Ablauf der Ereignisse, die zum Krieg geführt haben; **a certain ~ emerged** es ließ sich ein gewisses Schema *or* Muster erkennen; **behaviour ~s** Verhaltensmuster *pl*; **the natural ~ of life in the wild** die natürlichen Lebensvorgänge in der Wildnis; **the day-by-day ~ of his existence** die tägliche Routine seines Lebens; **it's the usual ~, the rich get richer and the poor get poorer** es läuft immer nach demselben Muster ab – die Reichen werden reicher und die Armen ärmer.

5. (*verb ~, sentence ~*) Struktur *f*.

II *vt* **1.** (*model*) machen (*on* nach). **many countries ~ their laws on the Roman system** viele Länder orientieren sich bei ihrer Gesetzgebung an dem römischen Vorbild; **to be ~ed on sth** einer Sache (*dat*) nachgebildet sein; (*music, poem, style*) einer Sache (*dat*) nachempfunden sein; **to ~ oneself on sb** sich (*dat*) jdn zum Vorbild nehmen; **he ~ed his lifestyle on that of a country squire** er ahmte den Lebensstil eines Landadligen nach.

2. (*put ~s on*) mit einen Muster versehen; *see* **patterned.**

pattern book *n* Musterbuch *nt*.

patterned ['pætənd] *adj* gemustert.

patty ['pætɪ] *n* Pastetchen *nt*.

paucity ['pɔːsɪtɪ] *n* (*liter*) Mangel *m* (*of* an +*dat*).

Paul [pɔːl] *n* Paul *m*; (*Bibl*) Paulus *m*.

paunch [pɔːntʃ] *n* Bauch, Wanst *m*; (*of cow*) Pansen *m*.

paunchy ['pɔːntʃɪ] *adj* (+*er*) dick. **to be getting ~** einen (dicken) Bauch kriegen.

pauper ['pɔːpəʳ] *n* Arme(r) *mf*; (*supported by charity*) Almosenempfänger(in *f*) *m*. **~'s grave** Armengrab *nt*; **we are spiritual ~s** wir sind geistig verarmt.

pauperism ['pɔːpərɪzəm] *n* (*lit, fig*) Armut *f*.

pauperize ['pɔːpəraɪz] *vt* arm machen; (*fig*) verkümmern lassen.

pause [pɔːz] **I** *n* Pause *f*. **a hesitant ~** ein kurzes Zögern; **an anxious/a pregnant ~** ein ängstliches/vielsagendes Schweigen; **there was a ~ while ...** es entstand eine Pause, während ...; **to have a ~** (eine) Pause machen; **without (a) ~** ohne Unterbrechung, pausenlos, ununterbrochen; **to give sb ~** (*esp liter*) jdm zu denken geben.

II *vi* **1.** stehenbleiben, stoppen (*inf*); (*speaker*) innehalten. **he ~d dramatically** er legte eine Kunstpause ein; **he ~d for breath/a drink** er machte eine Pause, um Luft zu holen/etwas zu trinken; **he spoke for thirty minutes without once pausing** er sprach eine halbe Stunde ohne eine einzige Pause; **it made him ~** das machte ihn nachdenklich.

2. (*dwell on*) **to ~ (up)on sth** auf etw (*acc*) näher eingehen.

pave [peɪv] *vt* befestigen (*in, with* mit); *road, path* (*with stones also*) pflastern; *floor* (*with tiles*) fliesen, mit Fliesen auslegen; (*with slabs*) mit Platten auslegen. **to ~ the way for sb/sth** (*fig*) jdm/einer Sache (*dat*) den Weg ebnen; **where the streets are ~d with gold** wo das Geld auf der Straße liegt; **the path to hell is ~d with good intentions** (*prov*) der Weg zur Hölle ist mit guten Vorsätzen gepflastert (*prov*); **the paths are ~d in** *or* **with purest marble** die Wege sind mit feinstem Marmor ausgelegt.

◆**pave over** *vt sep* betonieren; (*with slabs*) mit Platten auslegen.

pavement ['peɪvmənt] *n* (*Brit*) Gehsteig, Bürgersteig *m*, Trottoir *nt*; (*US: paved road*) Straße *f*; (*material*) Bodenbelag *m*. **to leave the ~** (*US Aut*) von der Straße abkommen; **~ artist** Pflastermaler(in *f*) *m*.

pavilion [pə'vɪlɪən] *n* Pavillon *m*; (*old: tent*) Zelt *nt*; (*Sport*) (*changing ~*) Umkleideräume *pl*; (*clubhouse*) Klubhaus *nt*.

paving ['peɪvɪŋ] *n* Belag *m*; (*US: of road*) Decke *f*; (*material*) Belag *m*; (*action*) Pflastern *nt*. **~ stone** Platte *f*.

paw [pɔː] **I** *n* (*of animal*) Pfote *f*; (*of lion, bear*) Pranke, Tatze *f*; (*pej inf: hand*) Pfote *f* (*inf*).

II *vt* **1.** tätscheln; (*lion etc*) mit der Pfote *or* Tatze berühren. **to ~ the ground** (*lit*) scharren; (*fig: be impatient*) ungeduldig *or* kribbelig (*inf*) werden.

2. (*pej inf: handle*) betatschen (*inf*).

III *vi* **to ~ at sb/sth** jdn/etw betätscheln *or* betatschen (*inf*).

pawl [pɔːl] *n* Sperrklinke *f*.

pawn¹ [pɔːn] *n* (*Chess*) Bauer *m*; (*fig*) Schachfigur *f*.

pawn² **I** *n* (*security*) Pfand *nt*. **to leave** *or* **put sth in ~** etw versetzen *or* verpfänden *or* auf die Pfandleihe *or* ins Leihhaus bringen.

II *vt* verpfänden, versetzen. **he had ~ed his soul to the devil** er hatte seine Seele dem Teufel verpfändet.

pawnbroker *n* Pfandleiher(in *f*) *m*; **pawnbroker's (shop), pawnshop** *n* Pfandhaus, Leihhaus *nt*; **pawn ticket** *n* Pfandschein, Leihschein *m*.

pawpaw ['pɔːpɔː] *n* Papaya *f*.

pay [peɪ] (*vb: pret, ptp* **paid**) **I** *n* Lohn *m*; (*of salaried employee*) Gehalt *nt*; (*Mil*) Sold *m*; (*of civil servant*) Gehalt *nt*, Bezüge *pl*, Besoldung *f*. **what's the ~ like?** wie ist die Bezahlung?; **it comes out of my ~** es wird mir vom Gehalt/Lohn abgezogen; **the discussions were about ~** in den Diskussionen ging es um die Löhne/Gehälter; **to be in sb's ~** für jdn arbeiten.

II *vt* **1.** *money, a sum, person, bill, duty, debt, charge, account, fee* bezahlen; *interest, a sum, duty, charge also* zahlen; *dividend* ausschütten, zahlen. **to ~ sb £10** jdm £ 10 zahlen; **to ~ shareholders** Dividenden ausschütten *or* zahlen; **how much is there to ~?** was macht das?; **to be** *or* **get paid** (*in regular job*) seinen Lohn/sein Gehalt bekommen; **when do I get paid for doing that?** wann werde ich dafür bezahlt?; **savings accounts that ~ 5%** Sparkonten, die 5% Zinsen bringen; **I ~ you to prevent such mistakes** Sie werden schließlich dafür bezahlt, daß solche Fehler nicht vorkommen; **"paid"** (*on bill*) „bezahlt"; *see* **paid.**

2. (*lit, fig: be profitable to*) sich lohnen für; (*honesty*) sich auszahlen für. **in future it would ~ you to ask** in Zukunft solltest du besser vorher fragen; **but it paid him in the long run** aber auf die Dauer hat es sich doch ausgezahlt.

3. to ~ (sb/a place) a visit *or* **call, to ~ a visit to** *or* **a call on sb/a place** jdn/einen Ort besuchen; (*more formal*) jdm/einem Ort einen Besuch abstatten; **to ~ a visit to the doctor** den Arzt aufsuchen; *see* **attention, compliment, respect.**

III *vi* **1.** zahlen. **to ~ on account** auf Rechnung zahlen; **they ~ well for this sort of work** diese Arbeit wird gut bezahlt; **to ~ for sth** etw bezahlen; **it's already paid for** es ist schon bezahlt; **how much did you ~ for it?** wieviel hast du dafür bezahlt?; **to ~ for sb** für jdn zahlen; **they paid for her to go to America** sie zahlten ihr die Reise nach Amerika.

2. (*be profitable*) sich lohnen. **it's a business that ~s** es ist ein rentables Geschäft; **it's ~ing at last** es zahlt sich schließlich doch aus; **crime doesn't ~** (*prov*) Verbrechen lohnt sich nicht.

3. (*fig: to suffer*) **to ~ for sth (with sth)** für etw (mit etw) bezahlen; **you'll ~ for that!** dafür wirst du (mir) büßen; **to make sb ~ (for sth)** jdn für etw büßen lassen.

◆**pay back** *vt sep* **1.** *money* zurückzahlen. **when do you want me to ~ you ~?** wann willst du das Geld wiederhaben?

2. *compliment, visit* erwidern; *insult, trick* sich revanchieren für. **to ~ sb ~** es jdm heimzahlen.

◆**pay in I** *vt sep* einzahlen. **to ~ money ~ to an account** Geld auf ein Konto einzahlen. **II** *vi* einzahlen.

◆**pay off I** *vt sep workmen* auszahlen; *seamen* abmustern; *debt* abbezahlen, tilgen; *HP* ab(be)zahlen; *mortgage* abtragen; *creditor* befriedigen. **if this happens again we'll have to ~ him ~** wenn das noch einmal vorkommt, müssen wir ihn entlassen.

II *vi* sich auszahlen.

◆**pay out I** *vt sep* **1.** *money* (*spend*) ausgeben; (*count out*) auszahlen. **2.** *rope* ablaufen lassen. **II** *vi* bezahlen.

◆**pay over** *vt sep* aushändigen.

◆**pay up I** *vt sep what one owes* zurückzahlen; *subscription* bezahlen. **his account/he is paid ~** er hat alles bezahlt; *see* **paid-up. II** *vi* zahlen.

payable ['peɪəbl] *adj* zahlbar; (*due*) fällig. **~ to order** zahlbar an Order; **to make a cheque ~ to sb** einen Scheck auf jdn ausstellen.

pay-as-you-earn *attr* **~ tax system** *Steuersystem nt, bei dem die Lohnsteuer direkt einbehalten wird*; **pay award** *n* Gehalts-/Lohnerhöhung *f*; **pay bed** *n* Privatbett *nt*; **pay cheque** *n* Lohn-/Gehaltsüberweisung *f*; **pay-claim** *n* Lohn-/Gehaltsforderung *f*; **payday** *n* Zahltag *m*; **pay dirt** *n* abbauwürdiges Erzlager.

PAYE (*Brit*) *abbr of* **pay-as-you-earn.**

payee [peɪ'iː] *n* Zahlungsempfänger(in *f*) *m*.

payer ['peɪəʳ] *n* Zahler(in *f*) *m*.

pay freeze *n* Lohnstopp *m*; **pay increase** *n* Lohn-/Gehaltserhöhung *f*.

paying ['peɪɪŋ] *adj* **1.** (*profitable*) rentabel. **2. ~ guest** zahlender Gast; **~ patient** Privatpatient(in *f*) *m*.

payload *n* Nutzlast *f*; (*of bomber*) Bombenlast *f*; **paymaster** *n* Zahlmeister(in *f*) *m*; **P~ General** *für Lohn- und Gehaltszahlungen im öffentlichen Dienst zuständiges Kabinettsmitglied.*

payment ['peɪmənt] *n* (*paying*) (*of person*) Bezahlung, Entlohnung *f*; (*of bill, instalment*) Bezahlung, Begleichung *f*; (*of debt, mortgage*) Abtragung, Rückzahlung *f*; (*of interest, bank charge*) Zahlung *f*; (*sum paid*) Zahlung *f*; (*fig: reward*) Belohnung *f*. **three monthly ~s** drei Monatsraten; **as** *or* **in ~ of a debt/bill** in Begleichung einer Schuld/Rechnung; **as** *or* **in ~ for goods/his services** als Bezahlung für *or* von Waren/für seine Dienste; **to accept sth as** *or* **in ~ (for ...)** etw in Begleichung/als Bezahlung (für ...) annehmen; **on ~ of** bei Begleichung/Bezahlung von; **without ~** (*free*) umsonst; **to make a ~** eine Zahlung leisten; **to make a ~ on sth** eine Rate für etw zahlen; **to present sth for ~** etw zur Zahlung vorlegen; **to stop ~s** die Zahlungen *pl* einstellen; **to stop ~ of a cheque** einen Scheck sperren.

pay negotiations *npl see* **pay talks**; **payoff** *n* (*inf: bribe*) Bestechungsgeld *nt*; (*final outcome, climax*) Quittung *f*; (*of joke*) Pointe *f*.

payola [peɪ'əʊlə] *n* (*esp US*) (*bribery*) Bestechung *f*; (*bribe*) Schmiergeld *nt*.

pay packet *n* Lohntüte *f*; **payphone** *n* Münzfernsprecher *m*; **pay rise** *n* Lohn-/Gehaltserhöhung *f*; **payroll** *n* **they have 500 people on the ~** sie haben eine Belegschaft von 500, sie haben 500 Beschäftigte; **a monthly ~ of £75,000** eine monatliche Lohn- und Gehaltssumme von £ 75.000; **pay round** *n* Tarifrunde *f*; **payslip** *n* Lohn-/Gehaltsstreifen *m*, Lohn-/Gehaltsabrechnung *f*; **pay station** *n* (*US*) öffentlicher Fernsprecher; **pay talks** *npl* Lohnverhandlungen *pl*; (*for profession, area of industry*) Tarifverhandlungen *pl*; **pay tone** *n bei öffentlichen Fernsprechern: Ton, der anzeigt, daß Münzen eingeworfen werden müssen*; **pay TV** *n* Münzfernseher *m*.

PBX *abbr of* **private branch exchange** Nebenstellenanlage *f*.

PC (*Brit*) *abbr of* **1. Police Constable. 2. Privy Council. 3. Privy Councillor. 4. personal computer** PC *m*.

pc *abbr of* **1. post card. 2. per cent.**

PCB *abbr of* **printed circuit board.**

pd *abbr of* **paid** bez.

PDSA *abbr of* **People's Dispensary for Sick Animals** kostenloses Behandlungszentrum für Haustiere.

PDT (*US*) *abbr of* **Pacific Daylight Time** pazifische Sommerzeit.

PE *abbr of* **physical education.**

pea [piː] *n* Erbse *f.* **they are as like as two ~s (in a pod)** sie gleichen sich (*dat*) wie ein Ei dem anderen.

peace [piːs] *n* **1.** (*freedom from war*) Frieden, Friede (*geh*) *m.* **to be at ~ with sb/sth** mit jdm/etw in Frieden leben; **the two countries are now at ~** zwischen den beiden Ländern herrscht jetzt Frieden; **to be at ~ with oneself** mit sich (*dat*) selbst in Frieden leben; **he is at ~** (*euph: dead*) er ruht in Frieden; **to hold one's ~** schweigen; **to make (one's) ~ (with sb)** sich (mit jdm) versöhnen *or* aussöhnen; **to make (one's) ~ with oneself** mit sich (*dat*) selbst ins reine kommen; **to make ~ between ...** Frieden stiften zwischen (+*dat*) ...; **to make one's ~ with the world** seinen Frieden mit der Welt schließen.

2. (*Jur*) öffentliche (Ruhe und) Ordnung. **the (King's/Queen's) ~** (*Jur*) die öffentliche Ordnung; **to keep the ~** (*Jur*) (*demonstrator, citizen*) die öffentliche Ordnung wahren; (*policeman*) die öffentliche Ordnung aufrechterhalten; (*fig*) Frieden bewahren.

3. (*tranquillity, quiet*) Ruhe *f.* **~ of mind** innere Ruhe, Seelenfrieden *m*; **the P~ of God** der Friede Gottes, Gottes Friede; **~ and quiet** Ruhe und Frieden; **to give sb some ~** jdn in Ruhe *or* Frieden lassen; **to give sb no ~** jdm keine Ruhe lassen; **to get some/no ~** zur Ruhe/nicht zur Ruhe kommen.

peaceable [ˈpiːsəbl] *adj settlement, discussion* friedlich; *person, nature also* friedfertig, friedliebend.

peaceably [ˈpiːsəblɪ] *adv see adj.*

peace campaign *n* Friedenskampagne *f*; **peace campaigner** *n* Friedenskämpfer(in *f*) *m*; **peace conference** *n* Friedenskonferenz *f*; **Peace Corps** *n* (*US*) Friedenskorps *nt*; **peace dividend** *n* Friedensdividende *f.*

peaceful [ˈpiːsfʊl] *adj* friedlich; (*peaceable*) *nation, person* friedfertig, friedliebend; (*calm, undisturbed*) *holiday, sleep* ruhig; *death* sanft; *use of nuclear power* für friedliche Zwecke. **he had a ~ reign** während seiner Regierungszeit herrschte Frieden.

peacefully [ˈpiːsfəlɪ] *adv* friedlich. **to die ~ (in one's sleep)** sanft sterben *or* entschlafen (*liter*).

peacefulness [ˈpiːsfʊlnɪs] *n see adj* Friedlichkeit *f*; Friedfertigkeit, Friedensliebe *f*; Ruhe *f*; Sanftheit *f.* **the ~ of the takeover** der friedliche Charakter des Machtwechsels.

peace initiative *n* Friedensinitiative *f*; **peacekeeper** *n* Friedenswächter *m*; **peacekeeping I** *n* Friedenssicherung *f*; **II** *adj* Friedens-; **a ~ operation** Maßnahmen *pl* zur Sicherung des Friedens; **~ troops** Friedenstruppen *f*; **peace-loving** *adj* friedliebend; **peacemaker** *n* Friedensstifter(in *f*) *m*; **peace movement** *n* Friedensbewegung *f*; **peace offensive** *n* Friedensoffensive *f*; **peace offering** *n* Friedensangebot *nt*; (*fig*) Versöhnungsgeschenk *nt*; **peace pipe** *n* Friedenspfeife *f*; **peace studies** *npl* Friedensforschung *f*; **peace talks** *npl* Friedensverhandlungen *pl*; **peacetime I** *n* Friedenszeiten *pl*; **II** *adj* in Friedenszeiten.

peach [piːtʃ] **I** *n* **1.** (*fruit*) Pfirsich *m*; (*tree*) Pfirsichbaum *m.* **her complexion is like ~es and cream, she has a ~es-and-cream complexion** sie hat eine Pfirsichhaut.

2. (*inf*) **she's a ~** sie ist klasse (*inf*); **a ~ of a girl/dress/film** *etc* ein klasse Mädchen/Kleid/Film *etc* (*all inf*).

3. (*colour*) Pfirsichton *m.*

II *adj* pfirsichfarben.

peacock *n* Pfau *m*; (*fig: man*) Geck *m*; **peacock blue** *adj* pfauenblau; **pea-green** *adj* erbsengrün; **peahen** *n* Pfauenhenne *f.*

peak [piːk] **I** *n* **1.** (*of mountain*) Gipfel *m*; (*of roof*) First *m*; (*sharp point*) Spitze *f.*

2. (*of cap*) Schirm *m.*

3. (*maximum*) Höhepunkt *m*; (*on graph*) Scheitelpunkt *m.* **he is at the ~ of fitness** er ist in Höchstform *or* Topform (*inf*); **when demand is at its ~** wenn die Nachfrage ihren Höhepunkt erreicht hat *or* am stärksten ist.

II *adj attr value, voltage* Spitzen-; *production, power, pressure* Höchst-. **a ~ year for new car sales** ein Rekordjahr *nt* für den Neuwagenabsatz.

III *vi* den Höchststand erreichen; (*athlete: reach one's best*) seine Spitzenform erreichen. **to have ~ed** (*be on the way down*) auf dem absteigenden Ast sein (*inf*).

◆**peak off** *vi* zurückgehen.

◆**peak out** *vi* den Höhepunkt erreichen.

peaked [piːkt] *adj* **1.** *cap, helmet* spitz. **2.** *person, complexion etc* verhärmt, abgehärmt.

peak-hour *adj* **~ consumption** Verbrauch *m* in der Hauptbelastungszeit; **measures to reduce ~ traffic** Maßnahmen zur Reduzierung der Belastung in der Hauptverkehrszeit; **peak hours** *npl* (*of traffic*) Hauptverkehrszeit, Stoßzeit *f*; (*Telec, Elec*) Hauptbelastungszeit *f*; **peak season** *n* Hochsaison *f*; **peak times** *npl* Hauptbelastungszeit *f.*

peaky [ˈpiːkɪ] *adj* (+*er*) (*Brit inf*) *complexion* blaß; *face* verhärmt, abgehärmt; *look, child* kränklich.

peal [piːl] **I** *n* **~ of bells** (*sound*) Glockengeläut(e), Glockenläuten *nt*; (*set*) Glockenspiel *nt*; **~s of laughter** schallendes Gelächter; **~ of thunder** Donnerrollen *nt*, Donnerschlag *m.* **II** *vt* läuten. **III** *vi* (*bell*) läuten; (*thunder*) dröhnen.

◆**peal out** *vi* verhallen.

peanut [ˈpiːnʌt] *n* Erdnuß *f.* **he works for ~s** (*inf*) er arbeitet für ein Taschengeld; **the pay is ~s** die Bezahlung ist miserabel *or* lächerlich (*inf*); **£2,000? that's ~s these days** £ 2.000? das ist doch ein Klacks heutzutage (*inf*); **~ butter** Erdnußbutter *f.*

peapod [ˈpiːpɒd] *n* Erbsenschote *f.*

pear [pɛəʳ] *n* Birne *f*; (*tree*) Birnbaum *m.*

peardrop *n* (*pendant*) tropfenförmiger Anhänger *m*; (*sweet*) *hartes Bonbon in Birnenform*; **pear-drop** *adj earring etc*

tropfenförmig.
pearl[1] [pɜːl] *n, vt, vi see* **purl.**
pearl[2] I *n* (*lit, fig*) Perle *f*; (*mother-of-~*) Perlmutt *nt*; (*of sweat*) Perle *f*, Tropfen *m*; (*colour*) Grauweiß *nt*. **~ of wisdom** weiser Spruch; **to cast ~s before swine** (*prov*) Perlen *pl* vor die Säue werfen (*prov*).
II *adj* Perlen-; (*~-coloured*) grauweiß.
pearl barley *n* Perlgraupen *pl*; **pearl blue** *adj* silberblau; **pearl fishing** *n* Perlenfischerei *f*; **pearl grey** *adj* silbergrau; **pearl-handled** *adj* perlmuttbesetzt; **pearl oyster** *n* Perlenauster *f*.
pearly ['pɜːlɪ] *adj* (*+er*) (*in colour*) perlmuttfarben. **~ white** perlweiß; **P~ Gates** Himmelstür *f*.
pear-shaped ['pɛəʃeɪpt] *adj* birnenförmig.
peasant ['pezənt] **I** *n* (*lit*) (armer) Bauer; (*pej inf*) (*ignoramus*) Banause *m*; (*lout*) Bauer *m*; (*pleb*) Prolet *m*.
II *adj attr* bäuerlich. **~ farmer** (armer) Bauer; **~ woman** (arme) Bäuerin.
peasantry ['pezəntrɪ] *n* Bauernschaft *f*; (*class, status*) Bauerntum *nt*.
pease-pudding ['piːz'pʊdɪŋ] *n* Erbspüree *nt*.
peashooter *n* Pusterohr *nt*; **pea soup** *n* Erbsensuppe *f*; **pea-souper** [piː'suːpəʳ] *n* Waschküche (*inf*).
peat [piːt] *n* Torf *m*; (*piece*) Stück *nt* Torf. **~bog** Torfmoor *nt*.
peaty ['piːtɪ] *adj* (*+er*) torfig; *taste* nach Torf.
pebble ['pebl] *n* Kiesel, Kieselstein *m*; (*rock crystal*) Bergkristall *m*; (*after polishing*) Kieselglas *nt*. **he/she is not the only ~ on the beach** (*inf*) es gibt noch andere.
pebble-dash *n* (*Brit*) (Kiesel)rauhputz *m*.
pebbly ['peblɪ] *adj* steinig.
pecan [pɪ'kæn] *n* (*nut*) Pecannuß *f*; (*tree*) Hickory *m*.
peccadillo [ˌpekə'dɪləʊ] *n, pl* **-(e)s** kleine Sünde; (*of youth*) Jugendsünde *f*.
peccary ['pekərɪ] *n* Pekari, Nabelschwein *nt*.
peck[1] [pek] *n* (*dry measure*) Viertelscheffel *m*.
peck[2] I *n* **1.** (*inf: kiss*) flüchtiger Kuß *m*, Küßchen *nt*. **2. the hen gave him a ~** die Henne hackte nach ihm. **II** *vt* **1.** (*bird*) picken. **2.** (*inf: kiss*) ein Küßchen *nt* geben (*+dat*). **III** *vi* picken (*at* nach). **he just ~ed at his food** er stocherte nur in seinem Essen herum.
◆**peck out** *vt sep* aushacken.
pecker ['pekəʳ] *n* **1.** (*Brit inf*) **keep your ~ up!** halt die Ohren steif! (*inf*).
2. (*US sl: penis*) Schwanz *m* (*sl*).
pecking order ['pekɪŋˌɔːdəʳ] *n* (*lit, fig*) Hackordnung *f*.
peckish ['pekɪʃ] *adj* (*Brit inf: hungry*) **I'm (feeling) a bit ~** ich könnte was zwischen die Zähne gebrauchen (*inf*).
pectin ['pektɪn] *n* Pektin *nt*.
pectoral ['pektərəl] *adj* pektoral; *fin, cross, ornament* Brust-.
peculiar [pɪ'kjuːlɪəʳ] *adj* **1.** (*strange*) seltsam, eigenartig. **2.** (*exclusive, special*) eigentümlich (*to* für *+acc*). **an animal ~ to Africa** ein Tier, das nur in Afrika vorkommt; **his own ~ style** der ihm eigene Stil.
peculiarity [pɪˌkjuːlɪ'ærɪtɪ] *n* **1.** (*strangeness*) Seltsamkeit, Eigenartigkeit *f*. **2.** (*unusual feature*) Eigentümlichkeit, Eigenheit, Besonderheit *f*.
peculiarly [pɪ'kjuːlɪəlɪ] *adv* **1.** (*strangely*) seltsam, eigenartig.
2. (*exceptionally*) besonders.
pecuniary [pɪ'kjuːnɪərɪ] *adj* (*form*) *penalties, affairs* Geld-; *gain, advantage, problem, difficulties* finanziell.
pedagogic(al) [ˌpedə'gɒdʒɪk(əl)] *adj* (*form*) pädagogisch.
pedagogue ['pedəgɒg] *n* (*pedant*) Schulmeister(in *f*) *m*; (*form: teacher*) Pädagoge *m*, Pädagogin *f*.
pedagogy ['pedəgɒgɪ] *n* (*form*) Pädagogik *f*.
pedal ['pedl] **I** *n* Pedal *nt*; (*on waste bin*) Trethebel *m*.
II *vt* **he ~led the bicycle up the hill** er strampelte mit dem Fahrrad den Berg hinauf (*inf*); **he ~led the organ** er trat das Pedal der Orgel.
III *vi* (*on bicycle*) treten; (*on organ*) das Pedal treten. **he ~led for all he was worth** er trat in die Pedale, er strampelte (*inf*), sosehr er konnte; **to ~ off** (mit dem Rad) wegfahren.
pedalbin *n* Treteimer *m*; **pedalboat** *n* Tretboot *nt*; **pedalcar** *n* Tretauto *nt*.
pedal(l)o ['pedələʊ] *n* Tretboot *nt*.
pedant ['pedənt] *n* Pedant(in *f*) *m*.
pedantic *adj*, **~ally** *adv* [pɪ'dæntɪk, -əlɪ] pedantisch.
pedantry ['pedəntrɪ] *n* Pedanterie *f*.
peddle ['pedl] *vt* feilbieten, verkaufen; (*fig*) *gossip etc* verbreiten. **to ~ drugs** mit Drogen handeln.
peddler ['pedləʳ] *n* (*esp US*) *see* **pedlar.**
pederast ['pedəræst] *n* Päderast *m*.
pederasty ['pedəræstɪ] *n* Päderastie *f*.
pedestal ['pedɪstl] *n* Sockel *m*. **to put** *or* **set sb (up) on a ~** (*fig*) jdn in den Himmel heben; **to knock sb off his ~** (*fig*) jdn von seinem Sockel stoßen.
pedestrian [pɪ'destrɪən] **I** *n* Fußgänger(in *f*) *m*.
II *adj* **1.** *attr* (*of ~s*) Fußgänger-. **~ controlled traffic lights** Fußgängerampel *f*; **~ crossing** (*Brit*) Fußgängerüberweg *m*; **~ precinct** Fußgängerzone *f*. **2.** (*prosaic*) *style* schwunglos; *method* umständlich.
pedestrianize [pɪ'destrɪənaɪz] *vt street* in eine Fußgängerzone umwandeln.
pediatric [ˌpiːdɪ'ætrɪk] *etc* (*esp US*) *see* **paediatric** *etc*.
pedicure ['pedɪkjʊəʳ] *n* Pediküre *f*.
pedigree ['pedɪgriː] **I** *n* (*lit, fig*) Stammbaum *m*; (*document*) Ahnentafel *f*; (*fig*) Geschichte *f*. **II** *attr* reinrassig.
pediment ['pedɪmənt] *n* Giebeldreieck *nt*.
pedlar ['pedləʳ] *n* Hausierer(in *f*) *m*; (*of drugs*) Drogenhändler(in *f*) *m*.
pedology *etc* (*US*) *see* **paedology** *etc*.
pedometer [pɪ'dɒmɪtəʳ] *n* Pedometer *nt*, Schrittzähler *m*.
pedophile *etc* (*US*) *see* **paedophile** *etc*.
pee [piː] (*inf*) **I** *n* (*urine*) Urin *m*, Pipi *nt*

(*baby-talk*). **to need/have a ~** pinkeln müssen (*inf*)/pinkeln (*inf*).

II *vi* **1.** pinkeln (*inf*). **2.** (*also* **~ down**) (*hum: rain*) pinkeln (*inf*).

peek [pi:k] **I** *n* kurzer Blick; (*furtive, from under blindfold*) verstohlener Blick. **to take** *or* **have a ~** kurz/verstohlen gucken (*at* nach); **may I just have a ~?** darf ich mal eben *or* kurz sehen *or* gucken?; **to get a ~ at sb/sth** jdn/etw kurz zu sehen bekommen.

II *vi* gucken (*at* nach).

peekaboo ['pi:kəbu:] *interj* kuckuck.

peel [pi:l] **I** *n* Schale *f*.

II *vt* schälen; *see* **eye.**

III *vi* (*wallpaper*) sich lösen; (*paint*) abblättern; (*skin, person*) sich schälen *or* pellen (*inf*).

◆**peel away I** *vt sep wallpaper, paint* abziehen, ablösen (*from* von); *wrapper* abstreifen (*from* von); *bark* abschälen (*from* von).

II *vi* (*lit, fig*) sich lösen (*from* von).

◆**peel back** *vt sep* abziehen.

◆**peel off I** *vt sep* (*+prep obj* von) abziehen, ablösen; *tree bark* abschälen; *wrapper, dress, glove* abstreifen.

II *vi* **1.** *see* **peel away II 2.** (*leave formation*) ausscheren; (*Aviat also*) abdrehen.

peeler *n* **1.** (*potato ~*) Schälmesser *nt*, Schäler *m*. **2.** (*US sl: stripper*) Stripperin *f* (*inf*).

peeling ['pi:lɪŋ] *n* **1.** Abschälen *nt*.

2. ~s *pl* Schalen *pl*.

peep¹ [pi:p] **I** *n* (*sound*) (*of bird*) Piep *m*; (*of horn, whistle, inf: of person*) Ton *m*. **to give a ~** (*bird*) einen Piep von sich geben; (*horn, whistle*) einen Ton von sich geben; **not to give a ~** keinen Pieps von sich geben (*inf*); **we haven't heard a ~ out of him** wir haben keinen Pieps von ihm gehört (*inf*); **one ~ out of you and ...** (*inf*) noch einen Mucks (*inf*) *or* Pieps (*inf*) und ...; **~! ~!** (*of horn*) tut! tut!; (*of whistle*) tüt! tüt!

II *vi* (*bird*) piepen; (*horn, car*) tuten; (*whistle*) pfeifen; (*person*) (*on horn*) tuten; (*on whistle*) pfeifen.

III *vt* **I ~ed my horn at him, I ~ed him** (*inf*) ich habe ihn angehupt (*inf*).

peep² **I** *n* (*look*) kurzer Blick; (*furtive, when forbidden etc*) verstohlener Blick. **to get a ~ at sth** etw kurz zu sehen bekommen; **to take** *or* **have a ~ (at sth)** kurz/verstohlen (nach etw) gucken.

II *vt* **she ~ed her head out** sie streckte ihren Kopf hervor.

III *vi* gucken (*at* nach). **to ~ from behind sth** hinter etw (*dat*) hervorschauen; **to ~ over sth** über etw (*acc*) gucken; **to ~ through sth** durch etw gucken *or* lugen; **no ~ing!, don't ~!** (aber) nicht gukken!

◆**peep out** *vi* herausgucken. **the sun ~ed ~ from behind the clouds** die Sonne sah *or* kam hinter den Wolken hervor.

peepers ['pi:pəz] *npl* (*inf*) Gucker *pl* (*inf*).

peephole ['pi:phəʊl] *n* Guckloch *nt*; (*in door also*) Spion *m*.

peeping Tom ['pi:pɪŋ'tɒm] *n* Spanner (*inf*), Voyeur *m*.

peep show *n* Peepshow *f*; **peep-toe I** *adj* offen; **II** *n* (*shoe*) offener Schuh.

peer¹ [pɪəʳ] *n* **1.** (*noble*) Peer *m*. **~ of the realm** Peer *m*.

2. (*equal*) Gleichrangige(r) *mf*, Peer *m* (*spec*). **he was well-liked by his ~s** er war bei seinesgleichen beliebt; **as a musician he has** *or* **knows no ~** *or* **is without ~** als Musiker sucht er seinesgleichen; **~ pressure** Erwartungsdruck *m* (*von seiten Gleichaltriger*).

peer² *vi* starren; (*short-sightedly, inquiringly*) schielen. **to ~ (hard) at sb/sth** jdn/etw anstarren, jdn anschielen/auf etw (*acc*) schielen; **the driver ~ed through the fog** der Fahrer versuchte angestrengt, im Nebel etwas zu erkennen.

peerage ['pɪərɪdʒ] *n* (*peers*) Adelsstand *m*; (*in GB*) Peers *pl*; (*rank also*) Adelswürde *f*; (*in GB*) Peerage, Peerswürde *f*; (*book*) *das britische Adelsverzeichnis*. **to raise** *or* **elevate sb to the ~** jdn in den Adelsstand erheben; **to give sb a ~** jdn adeln; **to get a ~** geadelt werden.

peeress ['pɪərɪs] *n* Peeress *f*.

peer group *n* Peer Group, Alterskohorte *f*.

peerless *adj*, **~ly** *adv* ['pɪəlɪs, -lɪ] einzigartig, unvergleichlich.

peeve [pi:v] *vt* (*inf*) ärgern, fuchsen (*inf*).

peeved [pi:vd] *adj* (*inf*) eingeschnappt, verärgert; *look* ärgerlich, verärgert.

peevish ['pi:vɪʃ] *adj* (*irritated*) gereizt, mürrisch, brummig; (*irritable*) reizbar.

peevishly ['pi:vɪʃlɪ] *adv* gereizt.

peevishness ['pi:vɪʃnɪs] *n* (*irritation*) Gereiztheit, Brummigkeit *f*; (*irritability*) Reizbarkeit *f*.

peewit ['pi:wɪt] *n* Kiebitz *m*.

peg [peg] **I** *n* (*stake*) Pflock *m*; (*tent ~ also*) Hering *m*; (*for ~board, wood joints, in games*) Stift *m*; (*of musical instrument*) Wirbel *m*; (*Brit: clothes ~*) (Wäsche)klammer *f*; (*hook, for mountaineering*) Haken *m*; (*in barrel*) Zapfen, Spund *m*. **off the ~** von der Stange; **to take** *or* **bring sb down a ~ or two** (*inf*) jdm einen Dämpfer geben; **a (convenient) ~ on which to hang one's prejudices** ein guter Aufhänger für seine Vorurteile.

II *vt* **1.** (*fasten*) (*with stake*) anpflokken; (*with clothes ~*) anklammern; (*to ~board*) anheften, (*with tent ~*) fest pflocken.

2. (*mark out*) *area* abstecken.

3. (*fig*) *prices, wages* festsetzen.

◆**peg away** *vi* (*inf*) nicht locker lassen (*at* mit).

◆**peg down** *vt sep tent* festpflocken.

◆**peg out I** *vt sep* **1.** *washing* aufhängen; *skins* ausspannen. **2.** (*mark out*) *area* abstecken. **II** *vi* (*sl*) (*die*) abkratzen (*sl*); (*stop: machine*) verrecken (*sl*).

◆**peg up** *vt sep washing* aufhängen; *notice* heften (*on* an *+acc*).

pegboard ['pegbɔ:d] *n* Lochbrett *nt*.

peg-leg ['pegleg] *n* (*inf*) (*person*) Stelzfuß *m*; (*leg also*) Holzbein *nt*.

peignoir ['peɪnwa:] *n* Négligé *nt*.

pejorative *adj*, **~ly** *adv* [pɪ'dʒɒrɪtɪv, -lɪ] pejorativ, abwertend, abschätzig.

Pekin(g) [piːˈkɪŋ] *n* Peking *nt.* ~ **man** Pekingmensch *m.*

pekin(g)ese [ˌpiːkɪˈniːz] *n, pl* - *(dog)* Pekinese *m.*

pelican [ˈpelɪkən] *n* Pelikan *m.* ~ **crossing** Ampelübergang *m.*

pellet [ˈpelɪt] *n* Kügelchen *nt*; *(for gun)* Schrotkugel *m*; *(Biol: regurgitated* ~*)* Gewölle *nt.*

pellicle [ˈpelɪkəl] *n* Film *m*; *(Zool: membrane)* Pellicula *f.*

pell-mell [ˈpelˈmel] *adv* durcheinander, wie Kraut und Rüben *(inf)*; *(with vbs of motion)* in heillosem Durcheinander.

pellucid [peˈluːsɪd] *adj liquid, meaning* klar; *argument also* einleuchtend.

pelmet [ˈpelmɪt] *n* Blende *f*; *(of fabric)* Falbel *f*, Querbehang *m.*

Peloponnese [ˌpeləpəˈniːz] *n* Peloponnes *m.*

Peloponnesian [ˌpeləpəˈniːzɪən] *adj* peloponnesisch.

pelt[1] [pelt] *n* Pelz *m*, Fell *nt.*

pelt[2] **I** *vt* **1.** *(throw)* schleudern *(at* nach). **to ~ sb/sth (with sth)** jdn/etw (mit etw) bewerfen.

2. *(beat hard)* verprügeln.

II *vi (inf)* **1.** *(go fast)* pesen *(inf).*

2. it ~ed (with rain) es hat nur so geschüttet *(inf)*; **the rain/hail ~ed against the windows** der Regen/Hagel prasselte an *or* schlug gegen die Fensterscheiben.

III *n (inf)* **1.** *(speed)* **at full/a fair** *or* **quite a ~** volle Pulle *(inf).*

2. *(blow)* Schlag *m.*

◆**pelt along** *vi (inf)* entlangrasen.

◆**pelt down** *vi* **it** *or* **the rain really ~ed ~** der Regen prasselte nur so herunter; **it's ~ing ~** es regnet in Strömen.

pelvic [ˈpelvɪk] *adj* Becken-; *complaint, pains* in der Beckengegend. ~ **girdle** Beckengürtel *m*; ~ **fin** Bauchflosse *f.*

pelvis [ˈpelvɪs] *n* Becken *nt.*

pen[1] [pen] **I** *n (dip* ~*)* Feder *f*; *(fountain* ~*)* Füllfederhalter, Füller *m*; *(ball-point* ~*)* Kugelschreiber, Kuli *(inf) m.* **to set** *or* **put ~ to paper** zur Feder greifen; **the ~ is mightier than the sword** *(prov)* die Feder ist mächtiger als das Schwert.

II *vt* niederschreiben; *poem etc also* verfassen.

pen[2] **I** *n* **1.** *(for cattle)* Pferch *m*; *(for sheep)* Hürde *f*; *(for pigs)* Koben *m*; *(play~)* Laufstall *m*, Ställchen, Laufgitter *nt.* **2.** *(US inf: prison)* Bau *(inf)*, Knast *(inf) m.* **3.** *(for submarines)* Bunker *m.* **II** *vt* einsperren.

◆**pen in** *vt sep* einsperren; *(fig) car* einklemmen, einkeilen.

◆**pen up** *vt sep* einsperren.

pen[3] *n (swan)* weiblicher Schwan.

penal [ˈpiːnl] *adj law, colony* Straf-. ~ **code** Strafgesetzbuch *nt*; ~ **system** Strafrecht *nt*; ~ **reform** Strafrechtsreform *f*; ~ **offence** Straftat *f*; ~ **servitude** Zwangsarbeit *f.*

penalization [ˌpiːnəlaɪˈzeɪʃən] *n* **1.** *(punishment)* Bestrafung *f*; *(fig)* Benachteiligung *f.* **2.** *(making punishable)* Unter-Strafe-Stellen *nt.*

penalize [ˈpiːnəlaɪz] *vt* **1.** *(punish, Sport)* bestrafen. **2.** *(fig)* benachteiligen. **3.** *(make punishable)* unter Strafe stellen.

penalty [ˈpenəltɪ] *n* **1.** *(punishment)* Strafe *f*; *(fig: disadvantage)* Nachteil *m.* **the ~ (for this) is death** darauf steht die Todesstrafe; **"~ £5"** „bei Zuwiderhandlung wird eine Geldstrafe von £ 5 erhoben"; **on ~ of death/£5/imprisonment** bei Todesstrafe/bei einer Geldstrafe von £ 5/bei Gefängnisstrafe; **to pay the ~** dafür büßen

2. *(Sport)* Strafstoß *m*; *(Soccer)* Elfmeter *m*; *(Golf, Bridge)* Strafpunkt *m.*

penalty area *n* Strafraum *m*; **penalty box** *n (Ftbl)* Strafraum *m*; *(Ice Hockey)* Strafbank *f*; **penalty clause** *n* Strafklausel *f*; **penalty goal** *n (Rugby)* Straftor *nt*; **penalty kick** *n* Strafstoß *m*; **penalty line** *n* Strafraumgrenze *f;* **penalty spot** *n* Elfmeterpunkt *m.*

penance [ˈpenəns] *n (Rel)* Buße *f*; *(fig)* Strafe *f.* **to do ~** Buße tun; *(fig)* büßen; **as a ~** *(Rel)* als Buße; *(fig)* zur *or* als Strafe.

pen-and-ink [ˈpenəndˈɪŋk] *adj* Feder-.

pence [pens] *n* **1.** Pence *m.* **2.** *pl of* **penny.**

penchant [ˈpɑ̃ːŋʃɑ̃ːŋ] *n* Schwäche, Vorliebe *f (for* für).

pencil [ˈpensl] **I** *n* Bleistift *m*; *(eyebrow* ~*)* Augenbrauenstift *m*; *(Math, Phys: of lines, rays)* Büschel *nt.* **II** *vt* mit Bleistift schreiben/zeichnen. **~led eyebrows** nachgezogene Augenbrauen *pl.* **III** *attr drawing* Bleistift-; *line also* mit Bleistift gezogen.

◆**pencil in** *vt sep (make provisional arrangement with/for)* vorläufig vormerken. **can I ~ you ~ for Tuesday?** kann ich Sie erst mal für Dienstag vormerken?

pencil box *n* Federkasten *m*; **pencil case** *n* Federmäppchen *nt*; **pencil sharpener** *n* (Bleistift)spitzer *m.*

pendant [ˈpendənt] *n* Anhänger *m.*

pendent [ˈpendənt] *adj* herabhängend; *lamps also* Hänge-.

pending [ˈpendɪŋ] **I** *adj* anstehend; *lawsuit* anhängig. "~„unerledigt"; **to be ~** *(decision)* noch anstehen; *(trial)* noch anhängig sein.

II *prep* **~ his arrival/return** bis zu seiner Ankunft/Rückkehr; **~ a decision** bis eine Entscheidung getroffen worden ist.

pendulous [ˈpendjʊləs] *adj* herabhängend.

pendulum [ˈpendjʊləm] *n* Pendel *nt.* **the ~ has swung back in the opposite direction** *(lit, fig)* das Pendel ist in die entgegengesetzte Richtung ausgeschlagen; **the ~ has swung back in favour of** *or* **towards ...** *(fig)* die Tendenz geht wieder in Richtung *(+gen)* ...; **the swing of the ~** *(fig)* die Tendenzwende.

penetrable [ˈpenɪtrəbl] *adj* zu durchdringen.

penetrate [ˈpenɪtreɪt] **I** *vt* eindringen in *(+acc)*; *(go right through) walls etc* durchdringen; *(Mil) enemy lines* durchbrechen; *(Med) vein* durchstechen; *(infiltrate) party* infiltrieren. **is there anything that will ~ that thick skull of yours?** geht denn auch überhaupt nichts in deinen Schädel rein!; **to ~ sb's dis-**

guise hinter jds Maske (*acc*) schauen.

II *vi* eindringen; (*go right through*) durchdringen. **has that ~d?** hast du/habt ihr das endlich kapiert?

penetrating ['penɪtreɪtɪŋ] *adj* durchdringend; *mind also* scharf; *insight* scharfsinnig; *light* grell; *pain* stechend.

penetratingly ['penɪtreɪtɪŋlɪ] *adv* durchdringend; *comment, analyze* scharfsinnig; *shine* grell. **a ~ accurate analysis** eine messerscharfe Analyse.

penetration [ˌpenɪ'treɪʃən] *n see vt* Eindringen *nt* (*into* in *+acc*); Durchdringen *nt* (*of gen*); Durchbrechen *nt*, Durchbrechung *f*; Durchstechen *nt*; Infiltration *f*. **the ~ of his gaze** sein durchdringender Blick; **the ~ of the needle was 3 mm** die Nadel war 3 mm tief eingedrungen; **the ~ of his mind/his powers of ~** sein Scharfsinn *m*.

penetrative ['penɪtrətɪv] *adj see* **penetrating.**

penfriend ['penfrend] *n* Brieffreund(in *f*) *m*.

penguin ['peŋgwɪn] *n* Pinguin *m*.

penholder ['pen,həʊldəʳ] *n* Federhalter *m*.

penicillin [ˌpenɪ'sɪlɪn] *n* Penizillin *nt*.

peninsula [pɪ'nɪnsjʊlə] *n* Halbinsel *f*.

peninsular [pɪ'nɪnsjʊləʳ] *adj* Halbinsel-.

penis ['piːnɪs] *n* Penis *m*. **~ envy** Penisneid *m*.

penitence ['penɪtəns] *n* Reue *f*.

penitent ['penɪtənt] **I** *adj* reuig.

II *n* Büßer(in *f*) *m*; (*Eccl*) reuiger Sünder, reuige Sünderin.

penitential [ˌpenɪ'tenʃəl] *adj* reuevoll, reumütig, reuig; (*Eccl*) Buß-.

penitentiary [ˌpenɪ'tenʃərɪ] *n* (*esp US: prison*) Strafanstalt *f*, Gefängnis *nt*.

penknife *n* Taschenmesser *nt*; **pen name** *n* Pseudonym *nt*, Schriftstellername *m*.

pennant ['penənt] *n* Wimpel *m*.

pen nib *n* Feder *f*.

penniless ['penɪlɪs] *adj* mittellos. **to be ~** keinen Pfennig Geld haben.

Pennines ['penaɪnz] *npl* Pennines *pl* (*Gebirgszug in Nordengland*).

pennon ['penən] *n see* **pennant.**

Pennsylvania [ˌpensɪl'veɪnɪə] *n* Pennsylvania *nt*.

Pennsylvania-Dutch [ˌpensɪl'veɪnɪə'dʌtʃ] **I** *n* **1.** Pennsylvania-Deutsch *nt*. **2.** *pl* (*people*) Pennsylvania-Deutsche *pl*. **II** *adj* pennsylvania-deutsch.

penny ['penɪ] *n, pl* (*coins*) **pennies** *or* (*sum*) **pence** Penny *m*; (*US*) Centstück *nt*. **in for a ~, in for a pound** (*prov*) wennschon, dennschon (*inf*); (*morally*) wer A sagt, muß auch B sagen (*prov*); **take care of the pennies and the pounds will take care of themselves** (*Prov*) spare im kleinen, dann hast du im großen; **a ~ for your thoughts** woran denkst du?; **he keeps turning up like a bad ~** (*inf*) der taucht immer wieder auf (*inf*); **to spend a ~** (*inf*) austreten, mal eben verschwinden (*inf*); **the ~ dropped** (*inf*) der Groschen ist gefallen (*inf*); *see* **pretty, honest.**

penny-farthing *n* Hochrad *nt*; **penny-pincher** *n* Pfennigfuchser *m*; **penny-pinching** *adj* knauserig (*inf*); **penny-share** *n* (*St Ex*) Kleinaktie *f*; **penny-weight** *n* Pennygewicht *nt*; **penny whistle** *n* Kinderflöte *f*; **penny-wise** *adj* **to be ~ and pound foolish** immer am falschen Ende sparen; **pennyworth** *n* (*dated*) **a ~ of liquorice/common-sense** für einen Penny Lakritz/für fünf Pfennig gesunden Menschenverstand.

penologist [piː'nɒlədʒɪst] *n* Kriminalpädagoge *m*, Kriminalpädagogin *f*.

penology [piː'nɒlədʒɪ] *n* Kriminalpädagogik *f*.

penpal *n* (*inf*) Brieffreund(in *f*) *m*; **penpusher** *n* Schreiberling *m*; **penpushing I** *n* Schreiberei *f*, Schreibkram *m*; **II** *adj job* Schreib-.

pension ['penʃən] *n* Rente *f*; (*for former salaried staff also*) Pension *f*; (*for civil servants also*) Ruhegehalt *nt* (*form*). **company ~** betriebliche Altersversorgung; **to be entitled to a ~** Anspruch auf eine Rente *etc* haben, rentenberechtigt/pensionsberechtigt sein; **to be living on a ~** von der Rente *etc* leben.

◆**pension off** *vt sep* (*inf*) vorzeitig pensionieren.

pensionable ['penʃənəbl] *adj* **this position is ~** diese Stellung berechtigt zu einer Pension/einem Ruhegehalt; **of ~ age** im Renten-/Pensionsalter.

pension book *n* Rentenausweis *m*.

pensioner ['penʃənəʳ] *n see* **pension** Rentner(in *f*) *m*; Pensionär(in *f*) *m*; Ruhegehaltsempfänger(in *f*) *m* (*form*).

pension fund *n* Rentenfonds *m*; **pension rights** *npl* Rentenanspruch *m*; **pension scheme** *n* Rentenversicherung *f*.

pensive *adj*, **~ly** *adv* ['pensɪv, -lɪ] nachdenklich; (*sadly serious*) schwermütig.

pensiveness ['pensɪvnɪs] *n see adj* Nachdenklichkeit *f*; Schwermütigkeit *f*.

pentagon ['pentəgən] *n* Fünfeck, Pentagon *nt*. **the P~** das Pentagon.

pentagonal [pen'tægənl] *adj* fünfeckig.

pentagram ['pentəgræm] *n* Drudenfuß *m*, Pentagramm *nt*.

pentahedron [ˌpentə'hiːdrən] *n* Fünfflächner *m*, Pentaeder *nt*.

pentameter [pen'tæmɪtəʳ] *n* Pentameter *m*.

Pentateuch ['pentətjuːk] *n* die fünf Bücher *pl* Mose, Pentateuch *m*.

pentathlete [pen'tæθliːt] *n* Fünfkämpfer(in *f*) *m*.

pentathlon [pen'tæθlən] *n* Fünfkampf *m*.

pentatonic [ˌpentə'tɒnɪk] *adj* pentatonisch. **~ scale** fünfstufige Tonleiter.

Pentecost ['pentɪkɒst] *n* (*Jewish*) Erntefest *nt*; (*Christian*) Pfingsten *nt*.

pentecostal [ˌpentɪ'kɒstl] *adj* Pfingst-; *sect, service, revival* der Pfingstbewegung.

penthouse ['penthaʊs] *n* (*apartment*) Penthouse *nt*, Dachterrassenwohnung *f*; (*roof*) Überdachung *f*.

pent-up ['pent'ʌp] *adj emotions, passion, excitement* aufgestaut; *atmosphere* angespannt, geladen. **~ feelings** ein Emotionsstau *m*, angestaute Gefühle *pl*.

penultimate [pe'nʌltɪmɪt] *adj* vorletzte(r,

s).

penumbra [pɪ'nʌmbrə] *n, pl* **-e** [-bri:] *or* **-s** Halbschatten *m*.

penurious [pɪ'njʊərɪəs] *adj* (*liter*) (*poor*) arm, armselig; *existence also* karg, dürftig; (*mean*) geizig, knauserig.

penuriously [pɪ'njʊərɪəslɪ] *adv see adj*.

penury ['penjʊrɪ] *n* Armut, Not *f*.

peony ['pi:ənɪ] *n* Pfingstrose *f*.

people ['pi:pl] **I** *npl* **1.** Menschen *pl*; (*not in formal context*) Leute *pl*. **we're concerned with ~** uns geht es um die Menschen; **French ~ are very fond of their food** die Franzosen lieben ihre gute Küche; **that's typical of Edinburgh ~** das ist typisch für (die) Leute aus Edinburgh; **a job where you meet ~** eine Arbeit, wo man mit Menschen *or* Leuten zusammenkommt; **all the ~ in the world** alle Menschen auf der Welt; **all ~ with red hair** alle Rothaarigen; **some ~ don't like it** manche Leute mögen es nicht; **aren't ~ funny?** was gibt es doch für seltsame Menschen *or* Leute!; **why me of all ~?** warum ausgerechnet ich/mich?; **I met Harry of all ~!** ausgerechnet Harry habe ich getroffen!; **what do you ~ think?** was haltet ihr denn davon?; **poor/blind/disabled ~** arme Leute *or* Arme/Blinde/Behinderte; **middle-aged ~** Menschen mittleren Alters; **city ~** Stadtmenschen *pl*; **country ~** Menschen *pl* vom Land, Landleute *pl* (*dated*); **some ~!** Leute gibt's!; **some ~ have all the luck** manche Leute haben einfach Glück.

2. (*inhabitants*) Bevölkerung *f*. **the ~ of Rome/Egypt** die Bevölkerung von Rom/Ägypten; Madrid has over 5 million ~ Madrid hat über 5 Millionen Einwohner.

3. (*one, they*) man; (~ *in general, the neighbours*) die Leute. **~ say that ...** man sagt, daß ...; **what will ~ think!** was sollen die Leute denken!; **~ in general tend to say ...** im allgemeinen neigt man zu der Behauptung ...

4. (*nation, masses, subjects*) Volk *nt*. **the common ~** das einfache Volk; **a man of the ~** ein Mann *m* des Volkes; **government by the ~ (of the ~)** eine Regierung des Volkes; **the Belgian ~** die Belgier *pl*, das belgische Volk; **P~'s police/Republic** *etc* Volkspolizei *f*/-republik *f etc*.

II *vt* besiedeln. **the world seems to be ~d with idiots** die Welt scheint von Idioten bevölkert zu sein.

people power *n* Basisdemokratie *f*.

pep [pep] *n* (*inf*) Schwung, Pep (*inf*) *m*.

◆**pep up** *vt sep* (*inf*) Schwung bringen in (+*acc*); *food, drink* pikanter machen; *person* munter machen. **pills to ~ you ~** Aufputschmittel *pl*.

pepper ['pepə^r] **I** *n* Pfeffer *m*; (*green, red* ~) Paprika *m*; (*plant*) Pfefferstrauch *m*. **two ~s** zwei Paprikaschoten.

II *vt* **1.** pfeffern. **2.** (*fig*) **to ~ sth with quotations** etw mit Zitaten spicken.

pepper-and-salt *adj* Pfeffer-und-Salz-; *hair* meliert; **peppercorn** *n* Pfefferkorn *nt*; **peppercorn rent** *n* (*US: nominal rent*) nominelle *or* symbolische Miete; **pepper mill** *n* Pfeffermühle *f*; **peppermint** *n* Pfefferminz *nt*; (*Bot*) Pfefferminze *f*; **pepper pot** *n* Pfefferstreuer *m*; **pepper steak** *n* Pfeffersteak *m*.

peppery ['pepərɪ] *adj* gepfeffert; (*fig*) *old man etc* hitzig, hitzköpfig. **it tastes rather ~** es schmeckt stark nach Pfeffer.

pep pill *n* Aufputschpille, Peppille *f*.

peppy ['pepɪ] *adj* (+*er*) (*sl*) peppig (*inf*), schwungvoll; *performance, music also* fetzig (*inf*).

pepsin ['pepsɪn] *n* Pepsin *nt*.

pep talk *n* (*inf*) aufmunternde Worte *pl*. **to give sb a ~** jdm ein paar aufmunternde Worte sagen.

peptic ['peptɪk] *adj* peptisch. **~ ulcer** Magengeschwür *nt*.

per [pɜ:^r] *prep* pro. **£20 ~ annum** £ 20 im *or* pro Jahr; **60 km ~ hour** 60 Stundenkilometer, 60 km pro Stunde *or* in der Stunde; **$2 ~ dozen** das Dutzend für $ 2, $ 2 das Dutzend; **£5 ~ copy** £ 5 pro *or* je Exemplar, £ 5 für jedes Exemplar; **as ~** gemäß (+*dat*); **~ se** an sich, per se (*geh*); *see* **usual.**

perambulate [pə'ræmbjʊleɪt] (*form*) **I** *vt* sich ergehen in (+*dat*) (*geh*).

II *vi* sich ergehen (*liter*).

perambulator ['præmbjʊleɪtə^r] *n* (*Brit form*) Kinderwagen *m*.

per capita [pə'kæpɪtə] *adj income etc* Pro-Kopf-.

perceivable [pə'si:vəbl] *adj* erkennbar. **scarcely ~** kaum auszumachen *or* zu erkennen.

perceive [pə'si:v] *vt* wahrnehmen; (*understand, realize, recognize*) erkennen.

per cent, (*US*) **percent** [pə'sent] *n* Prozent *nt*. **what ~?** wieviel Prozent?; **20 ~** 20 Prozent; **a 10 ~ discount** 10 Prozent Rabatt.

percentage [pə'sentɪdʒ] **I** *n* **1.** Prozentsatz *m*; (*commission, payment*) Anteil *m*; (*proportion*) Teil *m*. **a small ~ of the population** ein geringer Teil der Bevölkerung; **expressed as a ~** prozentual *or* in Prozenten ausgedrückt; **what ~?** wieviel Prozent?; **to get a ~ on all sales** prozentual am Umsatz beteiligt sein.

2. (*inf: advantage*) **there's no ~ in it** das bringt nichts (*inf*).

II *attr* prozentual. **on a ~ basis** prozentual, auf Prozentbasis; **the statistics are on a ~ basis** die Statistiken werden in Prozenten angegeben; **~ sign** Prozentzeichen *nt*.

perceptible [pə'septəbl] *adj* wahrnehmbar; *improvement, trend, increase* spürbar, deutlich. **his unhappiness was ~ only to his close friends** nur seine engsten Freunde spürten *or* merkten, daß er unglücklich war.

perceptibly [pə'septəblɪ] *adv* merklich, spürbar; (*to the eye*) wahrnehmbar, sichtbar.

perception [pə'sepʃən] *n* **1.** *no pl* Wahrnehmung *f*.

2. (*mental image, conception*) Auffassung *f* (*of* von). **one's ~ of the situation** die eigene Einschätzung der Lage.

3. (*no pl: perceptiveness*) Einsicht *f*; (*perceptive remark, observation*) Beobachtung *f*.

4. *no pl* (*act of perceiving*) (*of object, visible difference*) Wahrnehmung *f*; (*of difficulties, meaning, illogicality*) Erkennen *nt*. **his quick ~ of the danger saved us all from death** weil er die Gefahr blitzschnell erkannte, rettete er uns allen das Leben.

perceptive [pə'septɪv] *adj* **1.** *faculties* Wahrnehmungs-.

2. (*sensitive*) *person* einfühlsam; (*penetrating*) *analysis, speech, study* erkenntnisreich, scharfsinnig; *book, remark* aufschlußreich. **he has the ~ mind of a true artist** er hat das Einfühlungsvermögen eines wahren Künstlers; **very ~ of you!** (*iro*) du merkst auch alles! (*iro*).

perceptively [pə'septɪvlɪ] *adv see adj*.

perceptiveness [pə'septɪvnɪs] *n see adj 2.* Einfühlsamkeit *f*; Erkenntnisreichtum *m*, Scharfsinnigkeit *f*; Einsichtigkeit *f*; Aufmerksamkeit *f*.

perch[1] [pɜːtʃ] *n* (*fish*) Flußbarsch *m*.

perch[2] **I** *n* **1.** (*of bird*) Stange *f*; (*in tree*) Ast *m*; (*hen-roost*) Hühnerstange *f*; (*fig: for person*) Hochsitz *m*.

2. (*Measure*) *Längenmaß* (*5.029 m*).

II *vt* **to ~ sth on sth** etw auf etw (*acc*) setzen *or* (*upright*) stellen; **to be ~ed on sth** auf etw (*dat*) sitzen; (*birds also*) auf etw (*dat*) hocken; **with his glasses ~ed on the end of his nose** mit der Brille auf der Nasenspitze; **a castle ~ed on the rock** eine auf dem Felsen thronende Burg.

III *vi* (*bird, fig: person*) hocken; (*alight*) sich niederlassen.

perchance [pə'tʃɑːns] *adv* (*old*) vielleicht.

percipient [pə'sɪpɪənt] *adj see* **perceptive.**

percolate ['pɜːkəleɪt] **I** *vt* filtrieren; *coffee* (in einer Kaffeemaschine) zubereiten. **II** *vi* (*lit, fig*) durchsickern. **the coffee is just percolating** der Kaffee läuft gerade durch.

percolator ['pɜːkəleɪtəʳ] *n* Kaffeemaschine *f*.

percuss [pə'kʌs] *vt* (*Med*) abklopfen.

percussion [pə'kʌʃən] *n* **1.** Perkussion *f* (*also Med*). **~ cap** Zündhütchen *nt*; **~ drill** Schlagbohrmaschine *f*. **2.** (*Mus*) Schlagzeug *nt*. **~ instrument** Schlaginstrument *nt*.

percussionist [pə'kʌʃənɪst] *n* Schlagzeuger(in *f*) *m*.

perdition [pə'dɪʃən] *n* ewige Verdammnis.

peregrination [ˌperɪgrɪ'neɪʃən] *n* (*liter*) Fahrt *f*.

peregrine (falcon) ['perɪgrɪn('fɔːlkən)] *n* Wanderfalke *m*.

peremptorily [pə'rem*p*tərɪlɪ] *adv see adj*.

peremptory [pə'rem*p*tərɪ] *adj command, instruction* kategorisch; *voice* gebieterisch; *person* herrisch.

perennial [pə'renɪəl] **I** *adj plant* mehrjährig, perennierend; (*perpetual, constant*) immerwährend, ewig; (*regularly recurring*) immer wiederkehrend.

II *n* (*Bot*) perennierende *or* mehrjährige Pflanze.

perennially [pə'renɪəlɪ] *adv* ständig; (*recurrently*) immer wieder.

perestroika [pere'strɔɪkə] *n* Perestroika *f*.

perfect ['pɜːfɪkt] **I** *adj* **1.** perfekt; *teacher, host, relationship also* vorbildlich; *harmony, balance, symmetry also* vollkommen; *meal, work of art, pronunciation, English also* vollendet; *weather, day, holiday also* ideal; (*Comm: not damaged*) einwandfrei. **that's the ~ hairstyle/woman for you** das ist genau die richtige Frisur/Frau für dich; **~ number** (*Math*) vollkommene Zahl; **~ rhyme** rührender Reim; **his Spanish is far from ~** sein Spanisch ist bei weitem nicht perfekt; **nobody is** *or* **can be ~** niemand ist perfekt *or* vollkommen.

2. (*absolute, utter*) völlig; *fool, nonsense also* ausgemacht. **she's a ~ bore** sie ist ausgesprochen langweilig; **~ strangers** wildfremde Leute *pl*; **a ~ stranger** ein Wildfremder *m*, eine Wildfremde; **he's a ~ stranger to me** er ist mir völlig fremd; **it's a ~ disgrace** es ist wirklich eine Schande.

3. (*Gram*) **~ tense** Perfekt *nt*; **~ form** Vergangenheitsform *f*.

4. (*Mus*) *fourth* rein; *cadence* authentisch; *see* **pitch[2].**

II *n* (*Gram*) Perfekt *nt*. **in the ~** im Perfekt.

III [pə'fekt] *vt* vervollkommnen; *technique, technology, process also* perfektionieren.

perfectibility [pəˌfektɪ'bɪlɪtɪ] *n see adj* Vervollkommnungsfähigkeit *f*; Perfektionierbarkeit *f*.

perfectible [pə'fektɪbl] *adj* vervollkommnungsfähig; *technique, technology, process* perfektionierbar.

perfection [pə'fekʃən] *n* Vollkommenheit, Perfektion *f*. **to do sth to ~** etw perfekt tun.

perfectionism [pə'fekʃənɪzəm] *n* Perfektionismus *m*.

perfectionist [pə'fekʃənɪst] **I** *n* Perfektionist(in *f*) *m*. **II** *adj* perfektionistisch.

perfective [pə'fektɪv] *adj* (*also Gram*) perfektiv.

perfectly ['pɜːfɪk*t*lɪ] *adv* **1.** (*flawlessly, completely*) perfekt; *translated, drawn, cooked, matched also* vollendet. **he timed his entry ~** er hat seinen Eintritt genau abgepaßt; **I understand you ~** ich weiß genau, was Sie meinen.

2. (*absolutely, utterly*) absolut, vollkommen. **a ~ lovely day** ein wirklich herrlicher Tag.

perfidious *adj*, **~ly** *adv* [pɜː'fɪdɪəs, -lɪ] (*liter*) perfid(e) (*liter*).

perforate ['pɜːfəreɪt] **I** *vt* (*with row of holes*) perforieren; (*pierce once*) durchste- chen, lochen; (*Med*) perforieren. **II** *vi* (*ulcer*) durchbrechen.

perforation [ˌpɜːfə'reɪʃən] *n* (*act*) Perforieren *nt*; (*row of holes, Med*) Perforation *f*.

perform [pə'fɔːm] **I** *vt play, concerto* aufführen; *solo, duet* vortragen; *part* spielen; *trick* vorführen; *miracle* vollbringen; *task* verrichten, erfüllen; *duty, function* erfüllen; *operation* durchführen; *ritual, ceremony* vollziehen.

II *vi* **1.** (*appear: orchestra, circus act*)

auftreten. **to ~ on the violin** Geige spielen.

2. (*car, machine, football team*) leisten; (*examination candidate*) abschneiden. **the 2 litre version ~s better** die Zweiliterversion leistet mehr; **the choir ~ed very well** der Chor war sehr gut *or* hat sehr gut gesungen; **this car ~s best between 50 and 60 kmph** dieser Wagen bringt seine optimale Leistung zwischen 50 und 60 Stundenkilometern; **he ~ed brilliantly as Hamlet** er spielte die Rolle des Hamlet brillant; **the car is not ~ing properly** der Wagen läuft nicht richtig.

3. (*euph: excrete*) sein Geschäft verrichten.

performance [pə'fɔːməns] *n* **1.** (*esp Theat: of play, opera*) Aufführung *f*; (*cinema*) Vorstellung *f*; (*by actor*) Leistung *f*; (*of a part*) Darstellung *f*. **the late ~** die Spätvorstellung; **her ~ as Mother Courage was outstanding** ihre Darstellung der Mutter Courage war hervorragend; **he gave a splendid ~** er hat eine ausgezeichnete Leistung geboten, er hat ausgezeichnet gespielt/gesungen; **we are going to hear a ~ of Beethoven's 5th** wir werden Beethovens 5. Sinfonie hören.

2. (*carrying out*) *see vt* Aufführung *f*; Vortrag *m*; (*of part*) Darstellung *f*; Vorführung *f*; Vollbringung *f*; Erfüllung *f*; Durchführung *f*; Vollzug *m*. **in the ~ of his duties** in Ausübung seiner Pflicht; **he died in the ~ of his duty** er starb in Erfüllung seiner Pflicht.

3. (*effectiveness*) (*of machine, vehicle, sportsman*) Leistung *f*; (*of examination candidate*) Abschneiden *nt*. **he put up a good ~** er hat sich gut geschlagen (*inf*); **what was his ~ like in the test?** wie hat er in der Prüfung abgeschnitten?; **the team gave a poor ~** die Mannschaft hat eine schlechte Leistung gezeigt.

4. (*inf*) (*to-do, palaver*) Umstand *m*; (*bad behaviour*) Benehmen *nt*. **what a ~!** was für ein Umstand!

performative [pə'fɔːmətɪv] (*Ling*) **I** *n* performativer Ausdruck.

II *adj* performativ.

performer [pə'fɔːməʳ] *n* Künstler(in *f*) *m*.

performing [pə'fɔːmɪŋ] *adj animal* dressiert. **the ~ arts** die darstellenden Künste; **~ rights** Aufführungsrechte *pl*.

perfume ['pɜːfjuːm] **I** *n* (*substance*) Parfüm *nt*; (*smell*) Duft *m*.

II [pə'fjuːm] *vt* parfümieren.

perfumer [pɜː'fjuːməʳ] *n* (*maker*) Parfümeur *m*; (*seller*) Parfümhändler(in *f*) *m*; (*device*) Parfümzerstäuber *m*.

perfumery [pɜː'fjuːmərɪ] *n* (*making perfume*) Parfümherstellung *f*; (*perfume factory*) Parfümerie *f*; (*perfumes*) Parfüm *nt*.

perfunctorily [pə'fʌŋktərɪlɪ] *adv see adj*.

perfunctory [pə'fʌŋktərɪ] *adj* flüchtig, der Form halber. **he said some ~ words of congratulation** er gratulierte mit ein paar flüchtig hingeworfenen Worten.

pergola ['pɜːgələ] *n* Pergola, Laube *f*.

perhaps [pə'hæps, præps] *adv* vielleicht. **~ the greatest exponent of the art** der möglicherweise bedeutendste Vertreter dieser Kunst; **~ so** das kann *or* mag sein.

perigee ['perɪdʒiː] *n* (*Astron*) Perigäum *nt*, Erdnähe *f*.

peril ['perɪl] *n* Gefahr *f*. **do it at your (own) ~** auf Ihre eigene Gefahr.

perilous ['perɪləs] *adj* gefährlich.

perilously ['perɪləslɪ] *adv* gefährlich. **he was clinging ~ to an outcrop of rock** er hing lebensgefährlich an einem Felsvorsprung; **we came ~ close to bankruptcy/the precipice** wir waren dem Bankrott/Abgrund gefährlich nahe.

perimeter [pə'rɪmɪtəʳ] *n* (*Math*) Umfang, Perimeter *m*; (*Med*) Perimeter *m*; (*of grounds*) Grenze *f*.

perinatal [perɪ'neɪtəl] *adj* (*Med*) perinatal.

perineum [perɪ'niːəm] *n* (*Anat*) Damm *m*, Perineum *nt* (*spec*).

period ['pɪərɪəd] *n* **1.** (*length of time*) Zeit *f*; (*age, epoch*) Zeitalter *nt*, Epoche *f*; (*Geol*) Periode *f*. **Picasso's blue ~** Picassos blaue Periode; **for a ~ of eight weeks/two hours** für eine (Zeit)dauer *or* einen Zeitraum von acht Wochen/zwei Stunden; **within a three-month ~** innerhalb von drei Monaten; **for a three-month ~** drei Monate lang; **at that ~ (of my life)** zu diesem Zeitpunkt (in meinem Leben); **a ~ of cold weather** eine Kaltwetterperiode; **glacial ~** Eiszeit *f*; **the costume of the ~** die Kleidung der damaligen Zeit; **a writer of the ~** ein zeitgenössischer Schriftsteller.

2. (*Sch*) (Schul)stunde *f*. **double ~** Doppelstunde.

3. (*form: sentence*) Periode *f*; (*esp US: full stop*) Punkt *m*. **I'm not going ~!** (*esp US*) ich gehe nicht, Schluß *or* (und damit) basta (*inf*)!

4. (*menstruation*) Periode, Monatsblutung *f*, Tage *pl* (*inf*). **she missed a ~** sie bekam ihre Periode *etc* nicht.

5. (*Chem*) Periode *f*.

period costume, period dress *n* zeitgenössische Kostüme *pl*; **period furniture** *n* antike Möbel *pl*.

periodic [ˌpɪərɪ'ɒdɪk] *adj* (*intermittent*) periodisch; (*regular also*) regelmäßig. **~ system/table** (*Chem*) Periodensystem *nt*.

periodical [ˌpɪərɪ'ɒdɪkəl] **I** *adj see* **periodic. II** *n* Zeitschrift *f*.

periodically [ˌpɪərɪ'ɒdɪkəlɪ] *adv see* **periodic.**

period pains *npl* Menstruationsbeschwerden *pl*; **period piece** *n* **1.** antikes Stück; (*painting, music*) Zeitdokument; **2.** (*also* **~ play**) Zeitstück *nt*.

peripatetic [ˌperɪpə'tetɪk] *adj* umherreisend; *existence* rastlos; *teacher* an mehreren Schulen unterrichtend *attr*.

peripheral [pə'rɪfərəl] **I** *adj* Rand-; (*Anat*) peripher; (*fig*) nebensächlich, peripher; (*Comput*) Peripherie-.

II *n* (*Comput*) Peripheriegerät *nt*.

periphery [pə'rɪfərɪ] *n* Peripherie *f*. **young people on the ~ of society** junge Menschen am Rande der Gesellschaft.

periscope ['perɪskəʊp] *n* Periskop *nt*.

perish ['perɪʃ] **I** *vi* **1.** (*liter*) (*die*) umkommen, sterben; (*be destroyed: cities, civi-*

lization) untergehen. **he ~ed at sea** er fand den Tod auf See.

2. (*rubber, leather*) verschleißen, brüchig werden; (*food*) verderben.

II *vt* **1.** *rubber, leather* zerstören, brüchig werden lassen.

2. (*inf*) **~ the thought!** Gott behüte *or* bewahre!

perishable ['perɪʃəbl] **I** *adj food* verderblich. **II** *npl* **~s** leicht verderbliche Ware(n).

perished ['perɪʃt] *adj* (*inf: with cold*) durchfroren.

perishing ['perɪʃɪŋ] *adj* (*inf*) **1.** (*very cold*) eisig kalt. **2.** (*Brit inf: objectionable*) verdammt (*inf*).

peristalsis [,perɪ'stælsɪs] *n* Peristaltik *f*.

peritoneum [,perɪtəʊ'ni:əm] *n* Bauchfell, Peritoneum (*spec*) *nt*.

peritonitis [,perɪtəʊ'naɪtɪs] *n* Bauchfellentzündung *f*.

periwinkle ['perɪ,wɪŋkl] *n* (*Bot*) Immergrün *nt*; (*Zool*) Strandschnecke *f*.

perjure ['pɜ:dʒə^r] *vr* einen Meineid leisten.

perjured ['pɜ:dʒəd] *adj* meineidig.

perjury ['pɜ:dʒərɪ] *n* Meineid *m*. **to commit ~** einen Meineid leisten.

perk [pɜ:k] *n* (*esp Brit: benefit*) Vergünstigung *f*.

◆**perk up I** *vt sep* **1.** (*lift*) *head* heben. **he ~ed ~ his ears** (*dog, person*) er spitzte die Ohren.

2. to ~ sb ~ (*make lively: coffee etc*) jdn aufmöbeln (*inf*) *or* munter machen; (*make cheerful: visit, idea etc*) jdn aufheitern.

II *vi* (*liven up: person, party*) munter werden; (*cheer up*) aufleben; (*become interested*) hellhörig werden. **I hope this book ~s ~ soon** ich hoffe, das Buch wird bald interessanter.

perkily ['pɜ:kɪlɪ] *adv see adj*.

perky ['pɜ:kɪ] *adj* (+*er*) (*cheerful, bright*) munter; (*cheeky, pert*) keß, keck.

perm [pɜ:m] *abbr of* **permanent wave I** *n* Dauerwelle *f*.

II *vt* **to ~ sb's hair** jdm eine Dauerwelle machen.

III *vi* **my hair doesn't ~ very easily** Dauerwelle hält bei mir sehr schlecht.

permafrost ['pɜ:məfrɒst] *n* Dauerfrostboden *m*.

permanence ['pɜ:mənəns], **permanency** ['pɜ:mənənsɪ] *n* Dauerhaftigkeit, Permanenz *f*; (*of relationship, marriage also*) Beständigkeit *f*; (*of arrangement also, of job*) Beständigkeit *f*.

permanent ['pɜ:mənənt] **I** *adj* ständig, permanent; *arrangement, position, building* fest; *job, relationship, dye* dauerhaft; *agreement* unbefristet. **the ~ revolution** die permanente Revolution; **I hope this is not going to become ~** ich hoffe, das wird kein Dauerzustand; **a ~ employee** ein Festangestellter *m*; **~ assets** Anlagevermögen *nt*; **~ capital** Anlagekapital *nt*; **~ fixture** (*lit*) festinstallierte Einrichtung; **he is a ~ fixture here** er gehört schon mit zum Inventar; **~ memory** (*Comput*) Festspeicher *m*; **~ pleats** Dauerfalten *pl*; **~ residence/address** ständiger *or* fester Wohnsitz; **~ way** (*Brit*) Bahnkörper *m*; **~ wave** *see* **perm I.**

II *n* (*US*) *see* **perm I.**

permanently ['pɜ:mənəntlɪ] *adv* permanent, ständig; *fixed* fest. **~ employed** festangestellt *attr*, fest angestellt *pred*; **~ pleated skirt** Rock mit Dauerfalten; **are you living ~ in Frankfurt?** ist Frankfurt Ihr fester *or* ständiger Wohnsitz?

permanganate [pɜ:'mæŋgənɪt] *n* Permanganat *nt*.

permeability [,pɜ:mɪə'bɪlɪtɪ] *n* Durchlässigkeit, Permeabilität (*geh, Sci*) *f*.

permeable ['pɜ:mɪəbl] *adj* durchlässig, permeabel (*geh, Sci*).

permeate ['pɜ:mɪeɪt] **I** *vt* (*lit, fig*) durchdringen. **II** *vi* dringen (*into* in +*acc*, *through* durch).

permissible [pə'mɪsɪbl] *adj* erlaubt (*for sb* jdm).

permission [pə'mɪʃən] *n* Erlaubnis *f*. **with your ~** mit Ihrer Erlaubnis, wenn Sie gestatten; **without ~ from sb** ohne jds Erlaubnis; **to do sth with/by sb's ~** etw mit jds Erlaubnis tun; **to get ~/sb's ~** eine/jds Erlaubnis erhalten; **to give ~ (for sth)** etw erlauben, die Erlaubnis (für etw) erteilen; **to give sb ~ (to do sth)** jdm die Erlaubnis geben *or* jdm erlauben(, etw zu tun); **to ask sb's ~, to ask ~ of sb** jdn um Erlaubnis bitten; **"by (kind) ~ of ..."** ,,mit (freundlicher) Genehmigung (+*gen*) ...".

permissive [pə'mɪsɪv] *adj* nachgiebig, permissiv (*geh*); (*sexually*) freizügig. **the ~ society** die permissive Gesellschaft.

permissiveness [pə'mɪsɪvnɪs] *n* Nachgiebigkeit, Permissivität (*geh*) *f*; (*sexually*) Freizügigkeit *f*.

permit [pə'mɪt] **I** *vt sth* erlauben, gestatten. **to ~ sb to do sth** jdm erlauben, etw zu tun; **is it/am I ~ted to smoke?** darf man/ich rauchen?; **visitors are not ~ted after 10** nach 10 Uhr sind keine Besucher mehr erlaubt; **~ me!** gestatten Sie bitte!

II *vi* **1. if you (will) ~** wenn Sie gestatten *or* erlauben; **if the weather ~s, weather ~ting** wenn es das Wetter erlaubt *or* gestattet *or* zuläßt.

2. (*form*) **to ~ of sth** etw zulassen.

III ['pɜ:mɪt] *n* Genehmigung *f*. **~ holder** Inhaber(in *f*) *m* eines Berechtigungsscheins *or* (*for parking*) Parkausweises; **"~ holders only"** (*for parking*) ,,Parken nur mit Parkausweis".

permutation [,pɜ:mjʊ'teɪʃən] *n* Permutation *f*.

permute [pə'mju:t] *vt* permutieren.

pernicious [pɜ:'nɪʃəs] *adj* schädlich; (*Med*) perniziös, bösartig.

pernickety [pə'nɪkɪtɪ] *adj* (*inf*) pingelig (*inf*).

peroration [,perə'reɪʃən] *n* (*liter*) (*concluding part*) Resümee *nt*, Zusammenfassung *f*.

peroxide [pə'rɒksaɪd] *n* Peroxyd *nt*. **a ~ blonde** (*pej*) eine Wasserstoffblondine.

perpendicular [,pɜ:pən'dɪkjʊlə^r] **I** *adj* **1.** senkrecht (*to* zu). **the wall is not quite ~ to the ceiling** die Mauer steht nicht ganz lotrecht zur Decke; **a ~ cliff** eine senkrecht abfallende Klippe.

2. (*Archit*) perpendikular.

II *n* Senkrechte *f*. **to drop a ~** ein Lot fällen; **to be out of ~** nicht im Lot sein.

perpendicularly [ˌpɜːpənˈdɪkjʊləlɪ] *adv* senkrecht.

perpetrate [ˈpɜːpɪtreɪt] *vt* begehen; *crime also* verüben.

perpetration [ˌpɜːpɪˈtreɪʃən] *n* Begehen *nt*, Begehung *f*; (*of crime also*) Verübung *f*.

perpetrator [ˈpɜːpɪtreɪtəʳ] *n* Täter(in *f*) *m*. **the ~ of this crime** derjenige, der dieses Verbrechen begangen hat.

perpetual [pəˈpetjʊəl] *adj* ständig, fortwährend, immerwährend; *joy* stet; *ice, snow* ewig. **you're a ~ source of amazement to me** ich muß mich immer wieder über dich wundern; **~ motion/motion machine** Perpetuum mobile *nt*.

perpetually [pəˈpetjʊəlɪ] *adv* ständig.

perpetuate [pəˈpetjʊeɪt] *vt* aufrechterhalten; *memory* bewahren. **the old language of the area has been ~d in the place names** die alte Sprache der Gegend lebt in den Ortsnamen fort.

perpetuation [pəˌpetjʊˈeɪʃən] *n* Aufrechterhaltung *f*; (*of memory*) Bewahrung *f*; (*of old names*) Beibehaltung *f*.

perpetuity [ˌpɜːpɪˈtjuːɪtɪ] *n* (*form*) Ewigkeit *f*. **in ~** auf ewig; (*Jur*) lebenslänglich.

perplex [pəˈpleks] *vt* verblüffen, verdutzen.

perplexed *adj*, **~ly** *adv* [pəˈplekst, -sɪdlɪ] verblüfft, verdutzt, perplex.

perplexing [pəˈpleksɪŋ] *adj* verblüffend.

perplexingly [pəˈpleksɪŋlɪ] *adv* verwirrend.

perplexity [pəˈpleksɪtɪ] *n* Verblüffung *f*. **to be in some ~** etwas verblüfft *or* verdutzt *or* perplex sein.

perquisite [ˈpɜːkwɪzɪt] *n* (*form*) Vergünstigung *f*.

perry [ˈperɪ] *n* Birnenmost *m*.

per se [ˈpɜːˈseɪ] *adv* an sich, per se (*geh*).

persecute [ˈpɜːsɪkjuːt] *vt* verfolgen.

persecution [ˌpɜːsɪˈkjuːʃən] *n* Verfolgung *f* (*of* von). **to have a ~ complex** an Verfolgungswahn leiden.

persecutor [ˈpɜːsɪkjuːtəʳ] *n* Verfolger(in *f*) *m*.

perseverance [ˌpɜːsɪˈvɪərəns] *n* Ausdauer (*with* mit), Beharrlichkeit (*with* bei) *f*.

persevere [ˌpɜːsɪˈvɪəʳ] *vi* durchhalten. **to ~ in *or* with one's attempts/efforts to do sth** unermüdlich weiter versuchen, etw zu tun.

persevering *adj*, **~ly** *adv* [ˌpɜːsɪˈvɪərɪŋ, -lɪ] ausdauernd, beharrlich.

Persia [ˈpɜːʃə] *n* Persien *nt*.

Persian [ˈpɜːʃən] **I** *adj* persisch. **~ carpet** Perser(teppich) *m*; **~ cat** Perserkatze *f*; **the ~ Gulf** der Persische Golf; **~ lamb** (*animal*) Karakulschaf *nt*; (*skin, coat*) Persianer *m*. **II** *n* **1.** Perser(in *f*) *m*. **2.** (*language*) Persisch *nt*.

persiflage [ˌpɜːsɪˈflɑːʒ] *n* Persiflage *f*.

persimmon [pɜːˈsɪmən] *n* Persimone *f*; (*wood*) Persimmon *nt*.

persist [pəˈsɪst] *vi* (*persevere*) nicht lockerlassen, unbeirrt fortfahren (*with* mit); (*be tenacious: in belief, demand*) beharren, bestehen (*in* auf +*dat*); (*last, continue: fog, pain*) anhalten, fortdauern. **if you ~ in coming late** wenn du weiterhin zu spät kommst; **we shall ~ in our efforts** wir werden in unseren Bemühungen nicht nachlassen.

persistence [pəˈsɪstəns], **persistency** [pəˈsɪstənsɪ] *n* (*tenacity*) Beharrlichkeit, Hartnäckigkeit *f*; (*perseverance*) Ausdauer *f*; (*of disease*) Hartnäckigkeit *f*; (*of fog, pain*) Anhalten, Fortdauern *nt*. **the ~ of his questioning brought results** sein beharrliches Fragen hat schließlich doch zu etwas geführt.

persistent [pəˈsɪstənt] *adj* (*tenacious*) *demands, questions* beharrlich; *person* hartnäckig; *attempts, efforts* ausdauernd; (*repeated, constant*) *offender, drinking, drinker* gewohnheitsmäßig; *nagging, lateness, threats* ständig; *cheerfulness* gleichbleibend; (*continuing*) *rain, illness, pain, noise* anhaltend. **despite our ~ warnings ...** obwohl wir sie/ihn *etc* immer wieder gewarnt haben ...

persistently [pəˈsɪstəntlɪ] *adv see adj*.

person [ˈpɜːsn] *n* **1.** *pl* **people** *or* (*form*) **-s** (*human being*) Mensch *m*; (*in official contexts*) Person *f*. **no ~** kein Mensch, niemand; **I know no such ~** so jemanden kenne ich nicht; **any ~** jeder; **a certain ~** ein gewisser Jemand; **~ to ~ call** Gespräch *nt* mit Voranmeldung; **30 p per ~** 30 Pence pro Person; **the murder was committed by ~ or ~s unknown** der Mord wurde von einem oder mehreren unbekannten Tätern verübt.

2. *pl* **-s** (*Gram, Jur: legal ~*) Person *f*. **first ~ singular/plural** erste Person Singular/Plural.

3. *pl* **-s** (*body, physical presence*) Körper *m*; (*appearance*) Äußere(s) *nt*. **in ~** persönlich; **in the ~ of** in Gestalt (+*gen*); **crime against the ~** Vergehen gegen die Person; **on *or* about one's ~** bei sich.

persona [pɜːˈsəʊnə] *n, pl* **-e** (*Psych*) Persona *f*. **~ grata** (*Jur*) Persona grata *f*; **~ non grata** (*Jur, fig*) Persona non grata *f*.

personable [ˈpɜːsnəbl] *adj* sympathisch.

personae [pɜːˈsəʊniː] *pl of* **persona.**

personage [ˈpɜːsənɪdʒ] *n* Persönlichkeit *f*.

personal [ˈpɜːsənl] *adj* **1.** persönlich. **he gave several ~ performances to promote his new record** er trat mehrmals persönlich auf, um für seine neue Platte zu werben; **~ freshness *or* cleanliness/hygiene** Körperfrische *f*/-pflege *f*; **it's nothing ~** nicht, daß ich etwas gegen Sie persönlich hätte **don't be ~** nun werden Sie mal nicht persönlich; **"~"** (*on letter*) „privat"; **~ call** Privatgespräch *nt*; **~ column** Familienanzeigen *pl*; **~ computer** Personal-Computer, PC *m*; **~ effects** persönliches Eigentum; **~ loan** Personaldarlehen, Privatdarlehen *nt*; **~ organizer** Terminplaner, Zeitplaner *m*; (*electronic*) elektronisches Notizbuch, Datencenter *nt*; **~ property** persönliches Eigentum, Privateigentum *nt*; **~ stereo**

Walkman ® *m*.

2. (*Gram*) ~ **pronoun** Personalpronomen *nt*, persönliches Fürwort.

personality [ˌpɜːsəˈnælɪtɪ] *n* **1.** (*character, person*) Persönlichkeit *f*. ~ **cult** Personenkult *m*; ~ **disorder** Persönlichkeitsstörung *f*.

2. (*personal remark*) **let's not descend to personalities** wir wollen nicht persönlich werden.

personalize [ˈpɜːsənəlaɪz] *vt* **1.** (*make more personal*) persönlicher gestalten; (*put initials on*) *diary, calculator, shirt* eine persönliche *or* individuelle Note geben (+*dat*). ~**d letter paper** persönliches *or* individuelles Briefpapier.

2. (*treat as personal issue*) personalisieren.

personally [ˈpɜːsənəlɪ] *adv* persönlich. ~, **I think that ...** ich persönlich bin der Meinung, daß ...

personalty [ˈpɜːsənltɪ] *n* (*Jur*) bewegliches Vermögen.

personification [pɜːˌsɒnɪfɪˈkeɪʃən] *n* Verkörperung, Personifizierung *f*. **he is the ~ of good taste** er ist der personifizierte gute Geschmack.

personify [pɜːˈsɒnɪfaɪ] *vt* personifizieren; (*be the personification of also*) verkörpern. **he is greed personified** er ist der personifizierte Geiz *or* der Geiz in Person.

personnel [ˌpɜːsəˈnel] **I** *n sing or pl* **1.** Personal *nt*; (*on plane*) Besatzung *f*; (*on ship*) Besatzung, Mannschaft *f*; (*Mil*) Leute *pl*. **this firm employs 800 ~** diese Firma beschäftigt 800 Leute; **with a larger ~** mit mehr Personal.

2. (~ *department*) die Personalabteilung; (~ *work*) Personalarbeit *f*.

II *attr* Personal-. ~ **agency** Personalagentur *f*; ~ **carrier** (*Mil*) Mannschaftstransportwagen *m*/-transportflugzeug *nt*; ~ **management** Personalführung *f*; ~ **manager/officer** Personalchef *m*/-leiter *m*.

perspective [pəˈspektɪv] *n* (*lit*) Perspektive *f*; (*fig also*) Blickwinkel *m*. **to get a different ~ on a problem** ein Problem aus einer anderen Perspektive *or* aus einem anderen Blickwinkel sehen; **in ~** (*Art*) perspektivisch; **the foreground isn't in ~** der Vordergrund ist perspektivisch nicht richtig; **try to keep/get things in ~** versuchen Sie, nüchtern und sachlich zu bleiben; **to get sth out of ~** (*lit: artist*) etw perspektivisch verzerren; (*fig*) etw verzerrt sehen; **in historical ~** aus historischer Sicht; **to see things in their proper** *or* **true ~** die Dinge so sehen, wie sie sind.

Perspex ® [ˈpɜːspeks] *n* Acrylglas *nt*.

perspicacious [ˌpɜːspɪˈkeɪʃəs] *adj person, remark* scharfsinnig; *decision* weitsichtig.

perspicacity [ˌpɜːspɪˈkæsɪtɪ] *n* Scharfsinn, Scharfblick *m*; (*of decision*) Weitsicht *f*.

perspicuity [ˌpɜːspɪˈkjuːɪtɪ] *n* Klarheit *f*; (*clearness: of expression, statement also*) Verständlichkeit *f*.

perspicuous [ˌpəˈspɪkjʊəs] *adj* einleuchtend; (*clear*) *expression, statement* klar, verständlich.

perspiration [ˌpɜːspəˈreɪʃən] *n* (*perspiring*) Schwitzen *nt*, Transpiration *f* (*geh*); (*sweat*) Schweiß *m*. **beads of ~** Schweißperlen *pl*.

perspire [pəˈspaɪəʳ] *vi* schwitzen, transpirieren (*geh*).

persuadable [pəˈsweɪdəbl] *adj* **he may be ~** (*amenable*) vielleicht läßt er sich *or* ist er zu überreden; (*convincible*) vielleicht läßt er sich *or* ist er zu überzeugen.

persuade [pəˈsweɪd] *vt* überreden; (*convince*) überzeugen. **to ~ sb to do sth** jdn überreden, etw zu tun; **to ~ sb into doing sth** jdn dazu überreden, etw zu tun; **to ~ sb out of sth/doing sth** jdm etw ausreden/jdn dazu überreden, etw nicht zu tun; **to ~ sb of sth** jdn von etw überzeugen; **to ~ sb that ...** jdn davon überzeugen, daß ...; **she is easily ~d** sie ist leicht zu überreden/überzeugen; **he doesn't take much persuading** ihn braucht man nicht lange zu überreden.

persuader [pəˈsweɪdəʳ] *n* Überredungskünstler(in *f*) *m*. **the hidden ~s** die heimlichen Verführer.

persuasible [pəˈsweɪzəbl] *adj see* **persuadable.**

persuasion [pəˈsweɪʒən] *n* **1.** (*persuading*) Überredung *f*. **advertising uses many subtle means of ~** die Werbung arbeitet mit vielen subtilen Überzeugungsmechanismen; **her powers of ~** ihre Überredungskünste; **I don't need much ~ to stop working** man braucht mich nicht lange zu überreden, damit ich aufhöre zu arbeiten.

2. (*persuasiveness*) Überzeugungskraft *f*.

3. (*belief*) Überzeugung *f*; (*sect, denomination*) Glaube(nsrichtung *f*) *m*. **I am not of that ~** (*don't believe that*) davon bin ich nicht überzeugt; (*don't belong to that sect*) ich gehöre nicht diesem Glauben an; **and others of that ~** und andere, die dieser Überzeugung anhängen; **to be of left-wing ~, to have left-wing ~s** linke Ansichten haben.

persuasive [pəˈsweɪsɪv] *adj salesman, voice* beredsam; *arguments* überzeugend. **I had to be very ~** ich mußte meine ganze Überredungskunst aufwenden.

persuasively [pəˈsweɪsɪvlɪ] *adv argue* überzeugend. **..., he said ~** ..., versuchte er sie/ihn *etc* zu überreden.

persuasiveness [pəˈsweɪsɪvnɪs] *n* (*of person, salesman*) Überredungskunst, Beredsamkeit *f*; (*of argument*) Überzeugungskraft *f*.

pert [pɜːt] *adj* (+*er*) keck, keß.

pertain [pɜːˈteɪn] *vi* **to ~ to sth** etw betreffen; (*belong to: land*) zu etw gehören; **all documents ~ing to the case** alle den Fall betreffenden Dokumente.

pertinacious [ˌpɜːtɪˈneɪʃəs] *adj* (*persevering*) beharrlich, ausdauernd; (*tenacious, stubborn*) hartnäckig.

pertinacity [ˌpɜːtɪˈnæsɪtɪ] *n see adj* Beharrlichkeit, Ausdauer *f*; Hartnäckigkeit *f*.

pertinence [ˈpɜːtɪnəns] *n* Relevanz *f* (*to* für); (*of information*) Sachdienlichkeit *f*.

pertinent ['pɜːtɪnənt] *adj* relevant (*to* für); *information* sachdienlich.

pertinently ['pɜːtɪnəntlɪ] *adv* passend, völlig richtig. **he asked very ~ whether ...** er stellte zu Recht die Frage, ob ...

pertly ['pɜːtlɪ] *adv see adj.*

pertness ['pɜːtnɪs] *n* Keckheit, Keßheit *f.*

perturb [pə'tɜːb] *vt* beunruhigen.

perturbation [ˌpɜːtɜː'beɪʃən] *n* (*state*) Unruhe *f;* (*act*) Beunruhigung *f.*

perturbing *adj*, **~ly** *adv* [pə'tɜːbɪŋ, -lɪ] beunruhigend.

Peru [pə'ruː] *n* Peru *nt.*

perusal [pə'ruːzəl] *n* Lektüre *f;* (*careful*) Prüfung *f.* **after a brief ~ of the newspaper he ...** nachdem er kurz einen Blick in die Zeitung geworfen hatte ...

peruse [pə'ruːz] *vt* (durch)lesen; (*carefully*) sorgfältig durchsehen, prüfen.

Peruvian [pə'ruːvɪən] **I** *adj* peruanisch. **II** *n* Peruaner(in *f*) *m.*

pervade [pɜː'veɪd] *vt* erfüllen; (*smell also*) durchziehen; (*light*) durchfluten. **his writing is ~d with dialect expressions** seine Bücher sind voller Dialektausdrücke.

pervasive [pɜː'veɪsɪv] *adj smell* durchdringend; *influence, feeling, ideas* um sich greifend.

pervasively [pɜː'veɪsɪvlɪ] *adv* durchdringend. **to spread ~** (*smell*) sich überall ausbreiten (*through* in *+dat*); (*ideas, mood also*) um sich greifen (*through* in *+dat*).

pervasiveness [pɜː'veɪsɪvnɪs] *n see adj* durchdringender Charakter; um sich greifender Charakter.

perverse [pə'vɜːs] *adj* (*contrary*) *idea* abwegig; (*perverted*) abartig, pervers, widernatürlich.

perversely [pə'vɜːslɪ] *adv see adj.*

perverseness [pə'vɜːsnɪs] *n see adj* Abwegigkeit *f;* Perversität, Widernatürlichkeit *f.*

perversion [pə'vɜːʃən] *n* (*esp sexual, Psych*) Perversion *f;* (*no pl: act of perverting*) Pervertierung *f;* (*Rel*) Fehlglaube *m;* (*no pl: act*) Irreleitung *f;* (*distortion: of truth etc*) Verzerrung *f.*

perversity [pə'vɜːsɪtɪ] *n see* **perverseness.**

pervert [pə'vɜːt] **I** *vt* (*deprave*) *person, mind* verderben, pervertieren; (*Rel*) *believer* irreleiten; (*change, distort*) *truth, sb's words* verzerren. **to ~ the course of justice** (*Jur*) die Rechtsfindung behindern; (*by official*) das Recht beugen.

II ['pɜːvɜːt] *n* Perverse(r) *mf.*

pervious ['pɜːvɪəs] *adj* (*lit*) durchlässig; (*fig*) zugänglich (*to* für). **chalk is ~ (to water)** Kalk ist wasserdurchlässig.

pesky ['peskɪ] *adj* (*+er*) (*esp US inf*) nervtötend (*inf*).

pessary ['pesərɪ] *n* (*contraceptive*) Pessar *nt;* (*suppository*) Zäpfchen *nt.*

pessimism ['pesɪmɪzəm] *n* Pessimismus *m*, Schwarzseherei *f.*

pessimist ['pesɪmɪst] *n* Pessimist(in *f*), Schwarzseher(in *f*) *m.*

pessimistic [ˌpesɪ'mɪstɪk] *adj* pessimistisch. **I'm rather ~ about it** da bin ich ziemlich pessimistisch, da sehe ich ziemlich schwarz (*inf*); **I'm ~ about our chances of success** ich bin pessimistisch, was unsere Erfolgschancen angeht, ich sehe schwarz für unsere Erfolgschancen (*inf*).

pessimistically [ˌpesɪ'mɪstɪkəlɪ] *adv* pessimistisch.

pest [pest] *n* **1.** (*Zool*) Schädling *m.* **~ control** Schädlingsbekämpfung *f.*

2. (*fig*) (*person*) Nervensäge *f;* (*thing*) Plage *f.*

pester ['pestə^r] *vt* belästigen; (*keep on at: with requests*) plagen. **to ~ the life out of sb** jdm keine Ruhe lassen; **she ~ed me for the book** sie ließ mir keine Ruhe wegen des Buches; **to ~ sb to do sth** jdn bedrängen, etw zu tun.

pesticide ['pestɪsaɪd] *n* Schädlingsbekämpfungsmittel, Pestizid (*spec*) *nt.*

pestiferous [pe'stɪfərəs] *adj* verpestet; (*inf: annoying*) lästig.

pestilence ['pestɪləns] *n* (*old, liter*) Pest, Pestilenz (*old*) *f.*

pestilent ['pestɪlənt], **pestilential** [ˌpestɪ'lenʃəl] *adj* pesterfüllt; (*fig: pernicious*) schädlich, verderblich; (*inf: loathsome*) ekelhaft.

pestle ['pesl] *n* Stößel *m.*

pet[1] [pet] **I** *adj attr animal* Haus-; (*favourite*) Lieblings-. **her two ~ dogs** ihre beiden Hunde; **a ~ name** ein Kosename *m;* **~ food** Tierfutter *nt; see* **hate.**

II *n* **1.** (*animal*) Haustier *nt.*

2. (*favourite*) Liebling *m.* **teacher's ~** Lehrers Liebling *m or* Schätzchen *nt* (*inf*); (*as derogatory name*) Streber *m.*

3. (*inf: dear*) Schatz *m.*

4. (*caress*) **he wants a ~** er möchte gestreichelt werden.

III *vt animal* streicheln; *child also* liebkosen; (*fig: spoil*) (ver)hätscheln.

IV *vi* (*sexually*) Petting machen.

pet[2] *n* (*dated inf: huff*) Verstimmung *f.*

petal ['petl] *n* Blütenblatt *nt.*

petard [pe'tɑːd] *n* Petarde *f; see* **hoist.**

Pete [piːt] *n* **for ~'s** *or* **p~'s sake** (*inf*) um Himmels willen.

Peter ['piːtə^r] *n* Peter *m;* (*apostle*) Petrus *m.* **Saint ~** Sankt Peter, der Heilige Petrus; **to rob ~ to pay Paul** ein Loch mit dem anderen zustopfen.

◆**peter out** *vi* langsam zu Ende gehen; (*mineral vein*) versiegen; (*river*) versikkern; (*song, noise*) verhallen; (*interest*) sich verlieren, sich totlaufen; (*excitement*) sich legen; (*plan*) im Sande verlaufen.

petersham ['piːtəʃəm] *n* (*ribbon*) Seidenripsband *nt.*

petiole ['petɪəʊl] *n* Stengel *m.*

petit bourgeois ['petɪ'bʊəʒwɑː] **I** *n* Kleinbürger(in *f*) *m.* **II** *adj* kleinbürgerlich.

petite [pə'tiːt] *adj woman, girl* zierlich.

petite bourgeoisie ['petɪˌbʊəʒwɑː'ziː] *n* Kleinbürgertum *nt.*

petit four ['petɪ'fɔːr] *n, pl* **-s -s** Petit four *nt.*

petition [pə'tɪʃən] **I** *n* **1.** (*list of signatures*) Unterschriftenliste *f.* **to get up a ~ for/against sth** Unterschriften für/gegen etw sammeln.

2. (*request*) Gesuch *nt*, Bittschrift, Petition *f.* **~ for mercy** Gnadengesuch *nt.*

3. (*Jur*) ~ **for divorce** Scheidungsantrag *m*.

II *vt person, authorities* (*request, entreat*) ersuchen (*for* um); (*hand* ~ *to*) eine Unterschriftenliste vorlegen (+*dat*).

III *vi* **1.** (*hand in* ~) eine Unterschriftenliste einreichen.

2. (*Jur*) **to** ~ **for divorce** die Scheidung beantragen *or* einreichen.

petitioner [pə'tɪʃənə^r] *n* Bittsteller(in *f*) *m*; (*Jur*) Kläger(in *f*) *m*.

petits pois [ˌpetɪ'pwɑː] *npl* (*form*) Petits pois *pl*.

petrel ['petrəl] *n* Sturmvogel *m*.

petri dish ['petrɪˌdɪʃ] *n* Petrischale *f*.

petrifaction [ˌpetrɪ'fækʃən] *n* Versteinerung, Petrifikation *f*.

petrified ['petrɪfaɪd] *adj* **1.** (*lit*) versteinert. **as though** ~ wie erstarrt. **2.** (*fig*) **I was** ~ **(with fear)** ich war starr vor Schrecken; **she is** ~ **of spiders/of doing that** sie hat panische Angst vor Spinnen/davor, das zu tun.

petrify ['petrɪfaɪ] **I** *vt* **1.** (*lit*) versteinern. **2.** (*frighten*) **he really petrifies me** er jagt mir schreckliche Angst ein; **to be petrified by sth** sich panisch vor etw fürchten.

II *vi* versteinern.

petrochemical ['petrəʊ'kemɪkəl] **I** *n* petrochemisches Erzeugnis.

II *adj* petrochemisch.

petrodollar ['petrəʊdɒlə^r] *n* Petrodollar *m*.

petrol ['petrəl] *n* (*esp Brit*) Benzin *nt*.

petrol *in cpds* Benzin-; **petrol bomb** *n* Benzinbombe *f*, Molotowcocktail *m*; **petrol can** *n* Reservekanister *m*; **petrol cap** *n* Tankdeckel *m*.

petroleum [pɪ'trəʊlɪəm] *n* Petroleum *nt*. ~ **ether** Petroläther *m*; ~ **jelly** Vaselin *nt*, Vaseline *f*.

petrology [pɪ'trɒlɪdʒɪ] *n* Gesteinskunde, Petrologie *f*.

petrol pump *n* (*in engine*) Benzinpumpe *f*; (*at garage*) Zapfsäule *f*; **petrol station** *n* Tankstelle *f*; **petrol tank** *n* Benzintank *m*; **petrol tanker** *n* (Benzin)tankwagen *m*.

petticoat ['petɪkəʊt] *n* Unterrock *m*, (*stiffened*) Petticoat *m*. ~ **government** Weiberherrschaft *f*, Weiberregiment *nt*.

pettifogging ['petɪfɒgɪŋ] *adj objections* kleinlich; *details* belanglos; *person* pedantisch.

pettiness ['petɪnɪs] *n see adj* **1.** Unbedeutendheit, Belanglosigkeit, Unwichtigkeit *f*; Billigkeit *f*; Geringfügigkeit *f*. **2.** Kleinlichkeit *f*; spitzer Charakter.

petting ['petɪŋ] *n* Petting *nt*.

pettish *adj*, ~**ly** *adv* ['petɪʃ, -lɪ] bockig (*inf*).

pettishness ['petɪʃnɪs] *n* bockige Art (*inf*).

petty ['petɪ] *adj* (+*er*) **1.** (*trivial*) unbedeutend, belanglos, unwichtig; *excuse* billig; *crime* geringfügig.

2. (*small-minded*) kleinlich; (*spiteful*) *remark* spitz.

3. (*minor*) *chieftain* untergeordnet; (*pej*) *official also* unbedeutend, unwichtig.

petty bourgeois *n, adj see* **petit bourgeois**; **petty bourgeoisie** *n see* **petite bourgeoisie**; **petty cash** *n* Portokasse *f*; **petty larceny** *n* einfacher Diebstahl; **petty officer** *n* Fähnrich *m* zur See; **petty theft** *n* einfacher Diebstahl.

petulance ['petjʊləns], **petulancy** ['petjʊlənsɪ] *n* verdrießliche Art; (*of child*) bockige Art (*inf*).

petulant ['petjʊlənt] *adj* verdrießlich; *child* bockig (*inf*).

petulantly ['petjʊləntlɪ] *adv see adj*.

petunia [pɪ'tjuːnɪə] *n* Petunie *f*.

pew [pjuː] *n* (*Eccl*) (Kirchen)bank *f*; (*hum: chair*) Platz *m*. **have** *or* **take a** ~! (*hum*) laß dich nieder! (*hum*).

pewit ['piːwɪt] *n* Kiebitz *m*.

pewter ['pjuːtə^r] *n* (*alloy*) Zinn *nt*; (*vessel*) Zinnbecher *m*; (*articles also*) Zinngeschirr *nt*.

PG *abbr of* **parental guidance** *Klassifikation f für Kinofilme, welche Kinder nur in Begleitung Erwachsener sehen dürfen.*

phalanx ['fælæŋks] *n, pl* **-es** *or* **phalanges** [fæ'lændʒiːz] **1.** (*Anat*) Finger-/Zehenglied *nt*, Phalanx *f* (*spec*).

2. (*body of people, troops*) Phalanx *f*.

phalli ['fælaɪ] *pl of* **phallus.**

phallic ['fælɪk] *adj* Phallus-, phallisch; *symbol* Phallus-.

phallus ['fæləs] *n, pl* **-es** *or* **phalli** Phallus *m*.

phantasm ['fæntæzəm], **phantasma** [fæn'tæzmə] *n, pl* **phantasmata** Phantasma *nt*.

phantasmagoria [ˌfæntæzmə'gɔːrɪə] *n* Phantasmagorie *f*.

phantasmal [fæn'tæzməl] *adj* imaginär.

phantasmata [fæn'tæzmətə] *pl of* **phantasm, phantasma.**

phantom ['fæntəm] **I** *n* Phantom *nt*; (*ghost: esp of particular person*) Geist *m*. ~**s of the mind** Phantasiegebilde *pl*.

II *adj attr* Geister-; (*mysterious*) Phantom-. **a** ~ **child/knight** der Geist eines Kindes/Ritters; ~ **limb pains** Phantomschmerzen *pl*; ~ **pregnancy** Scheinschwangerschaft.

Pharaoh ['fɛərəʊ] *n* Pharao *m*.

Pharisaic(al) [ˌfærɪ'seɪɪk(əl)] *adj* **1.** pharisäisch. **2. p**~ (*fig*) pharisäerhaft.

Pharisee ['færɪsiː] *n* (*fig: also* **p**~) Pharisäer *m*.

pharmaceutical [ˌfɑːmə'sjuːtɪkəl] **I** *adj* pharmazeutisch.

II *n usu pl* Arzneimittel *nt*. ~**s company** Pharmaunternehmen *nt*.

pharmaceutics [ˌfɑːmə'sjuːtɪks] *n sing see* **pharmacy 1.**

pharmacist ['fɑːməsɪst] *n* Apotheker(in *f*) *m*; (*in research*) Pharmazeut(in *f*) *m*.

pharmacological [ˌfɑːməkə'lɒdʒɪkəl] *adj* pharmakologisch.

pharmacologist [ˌfɑːmə'kɒlədʒɪst] *n* Pharmakologe *m*, Pharmakologin *f*.

pharmacology [ˌfɑːmə'kɒlədʒɪ] *n* Pharmakologie *f*.

pharmacopoeia [ˌfɑːməkə'piːə] *n* Pharmakopöe *f* (*spec*), amtliches Arzneibuch.

pharmacy ['fɑːməsɪ] *n* **1.** (*science*) Pharmazie *f*. **2.** (*shop*) Apotheke *f*.

pharyngeal [fəˈrɪndʒɪəl], **pharyngal** [fəˈrɪŋgəl] *adj* Rachen-.

pharyngitis [ˌfærɪnˈdʒaɪtɪs] *n* Rachenkatarrh *m*, Pharyngitis *f* (*spec*).

pharynx [ˈfærɪŋks] *n* Rachen *m*.

phase [feɪz] **I** *n* (*all senses*) Phase *f*; (*of construction, project, history also*) Abschnitt *m*; (*of illness*) Stadium *nt*. **out of/in ~** (*Tech, Elec*) phasenverschoben/phasengleich, in Phase; (*fig*) unkoordiniert/koordiniert; **~ modulation** (*Elec*) Phasenmodulation *f*; **he's just going through a ~** das ist nur so eine Phase bei ihm.

II *vt* (*introduce gradually*) *plan, change-over, withdrawal* schrittweise durchführen; (*coordinate, fit to one another*) *starting times, production stages, traffic lights* aufeinander abstimmen; *machines* gleichschalten, synchronisieren. **the traffic lights are not ~d here** hier gibt es keine grüne Welle.

◆**phase in** *vt sep* allmählich einführen.

◆**phase out** *vt sep* auslaufen lassen. **phase-out model** *n* (*Comm*) Auslaufmodell *nt*.

phasing [ˈfeɪzɪŋ] *n* Synchronisierung, Gleichschaltung *f*.

phatic [ˈfætɪk] *adj* (*Liter*) phatisch.

PhD *n* Doktor *m*, Dr. **~ thesis** Doktorarbeit *f*; **to do/get one's ~** seinen Doktor machen *or* promovieren/den Doktor bekommen; **he has a ~ in English** er hat in Anglistik promoviert; **John Smith ~** Dr. John Smith.

pheasant [ˈfeznt] *n* Fasan *m*.

phenix *n* (*US*) *see* **phoenix.**

phenobarbitone [ˌfiːnəʊˈbɑːbɪtəʊn], **phenobarbital** [ˌfiːnəʊˈbɑːbɪtəl] *n* Phenobarbital *nt*.

phenol [ˈfiːnɒl] *n* Phenol *nt*.

phenomenal [fɪˈnɒmɪnl] *adj* phänomenal, sagenhaft (*inf*); *person, beauty, figure* fabelhaft; *boredom, heat* unglaublich.

phenomenally [fɪˈnɒmɪnəlɪ] *adv* außerordentlich; *bad, boring* unglaublich.

phenomenon [fɪˈnɒmɪnən] *n, pl* **phenomena** Phänomen *nt*.

phenotype [ˈfiːnəʊtaɪp] *n* Phänotyp(us) *m*.

phial [ˈfaɪəl] *n* Fläschchen *nt*; (*for serum*) Ampulle *f*.

Phi Beta Kappa [ˈfaɪˈbiːtəˈkæpə] *n* (*US*) *Vereinigung f hervorragender Akademiker oder Mitglied dieser Vereinigung*.

philander [fɪˈlændəʳ] *vi* tändeln (*liter*).

philanderer [fɪˈlændərəʳ] *n* Schürzenjäger *m*.

philandering [fɪˈlændərɪŋ] *n* Liebeleien *pl*.

philanthropic(al) [ˌfɪlənˈθrɒpɪk(əl)] *adj* menschenfreundlich; *person also, organization* philanthropisch (*geh*).

philanthropically [ˌfɪlənˈθrɒpɪkəlɪ] *adv* menschenfreundlich.

philanthropist [fɪˈlænθrəpɪst] *n* Menschenfreund, Philanthrop (*geh*) *m*.

philanthropy [fɪˈlænθrəpɪ] *n* Menschenfreundlichkeit, Philanthropie (*geh*) *f*.

philatelist [fɪˈlætəlɪst] *n* Philatelist(in *f*), Briefmarkensammler(in *f*) *m*.

philately [fɪˈlætəlɪ] *n* Philatelie, Briefmarkenkunde *f*.

philharmonic [ˌfɪlɑːˈmɒnɪk] **I** *adj* philharmonisch. **~ hall/society** Philharmonie *f*. **II** *n* **P~** Philharmonie *f*.

Philip [ˈfɪlɪp] *n* Philipp *m*; (*Bibl*) Philippus *m*.

Philippians [fɪˈlɪpɪənz] *n sing* (*Bibl*) Philipper *pl*.

philippic [fɪˈlɪpɪk] *n* (*lit, fig*) Philippika *f*.

Philippine [ˈfɪlɪpiːn] *adj* philippinisch.

Philippines [ˈfɪlɪpiːnz] *npl* Philippinen *pl*.

Philistine [ˈfɪlɪstaɪn] **I** *adj* **1.** (*lit*) Philister-. **2.** (*fig*) **p~** kulturlos. **II** *n* **1.** (*lit*) Philister *m*. **2.** (*fig*) **p~** Banause *m*.

philistinism [ˈfɪlɪstɪnɪzəm] *n* Banausentum *nt*.

Phillips ® [ˈfɪlɪps]: **Phillips screwdriver** *n* Kreuzschraubenzieher *m*.

philological [ˌfɪləˈlɒdʒɪkəl] *adj* philologisch.

philologist [fɪˈlɒlədʒɪst] *n* Philologe *m*, Philologin *f*.

philology [fɪˈlɒlədʒɪ] *n* Philologie *f*.

philosopher [fɪˈlɒsəfəʳ] *n* Philosoph *m*, Philosophin *f*. **~'s stone** Stein *m* der Weisen.

philosophic(al) [ˌfɪləˈsɒfɪk(əl)] *adj* philosophisch; (*fig also*) gelassen.

philosophically [ˌfɪləˈsɒfɪkəlɪ] *adv see adj*.

philosophize [fɪˈlɒsəfaɪz] *vi* philosophieren (*about, on* über +*acc*).

philosophy [fɪˈlɒsəfɪ] *n* Philosophie *f*. **~ of life** Lebensphilosophie *f*; **that's my ~** das ist meine Philosophie *or* Einstellung.

philtre, (*US*) **philter** [ˈfɪltəʳ] *n* Zaubertrank *m*; (*love ~*) Liebestrank *m*.

phlebitis [flɪˈbaɪtɪs] *n* Venenentzündung *f*.

phlegm [flem] *n* (*mucus*) Schleim *m*; (*fig*) (*coolness*) Gemütsruhe *f*, stoische Ruhe; (*stolidness*) Trägheit, Schwerfälligkeit *f*, Phlegma *nt*.

phlegmatic [flegˈmætɪk] *adj* (*cool*) seelenruhig, stoisch; (*stolid*) träge, schwerfällig, phlegmatisch.

phlox [flɒks] *n* Phlox *m*.

phobia [ˈfəʊbɪə] *n* Phobie *f*. **she has a ~ about it** sie hat krankhafte Angst davor.

Phoenicia [fəˈniːʃə] *n* Phönizien *nt*.

Phoenician [fəˈniːʃən] **I** *adj* phönizisch. **II** *n* Phönizier(in *f*) *m*.

phoenix, (*US*) **phenix** [ˈfiːnɪks] *n* (*Myth*) Phönix *m*. **like a ~ from the ashes** wie ein Phönix aus der Asche.

phone¹ [fəʊn] **I** *n* Telefon *nt*. **to pick up/put down the ~** (den Hörer) abnehmen/auflegen. **II** *vt person* anrufen; *message* telefonisch übermitteln. **III** *vi* anrufen, telefonieren; *see also* **telephone.**

◆**phone back** *vti* (*vt: always separate*) zurückrufen.

◆**phone in I** *vi* anrufen.

II *vt sep* telefonisch übermitteln.

phone² *n* (*Ling*) Phon *nt*.

phonecard [ˈfəʊnkɑːd] *n* Telefonkarte *f*.

phone-in [ˈfəʊnɪn] *n Rundfunkprogramm nt, an dem sich Hörer per Telefon beteiligen können*, Phone-in *nt*.

phoneme [ˈfəʊniːm] *n* Phonem *nt*.

phonemic [fəʊˈniːmɪk] *adj* phonemisch.

phonetic *adj*, **~ally** *adv* [fəʊ'netɪk, -əlɪ] phonetisch.

phonetician [ˌfɒnɪ'tɪʃən] *n* Phonetiker(in *f*) *m*.

phonetics [fəʊ'netɪks] *n* **1.** *sing* (*subject*) Phonetik *f*. **2.** *pl* (*phonetic script*) Lautschrift *f*, phonetische Umschrift.

phon(e)y ['fəʊnɪ] (*inf*) **I** *adj* (*fake, pretentious*) unecht; *excuse, deal, peace* faul (*inf*); *name* falsch; *passport, money* gefälscht; *story, report* erfunden; *company* Schwindel-. **a ~ doctor** ein Scharlatan *m*; **a ~ businessman** ein zwielichtiger Geschäftsmann.

II *n* (*thing*) Fälschung *f*; (*banknote also*) Blüte *f* (*inf*); (*bogus policeman*) Schwindler(in *f*) *m*; (*doctor*) Scharlatan *m*; (*pretentious person*) Angeber(in *f*) *m*.

phonic ['fɒnɪk] *adj* phonisch.

phonograph ['fəʊnəgrɑːf] *n* (*old, US*) Phonograph *m*.

phonological [ˌfəʊnə'lɒdʒɪkəl] *adj* phonologisch.

phonology [fəʊ'nɒlədʒɪ] *n* (*science*) Phonologie *f*; (*system*) Lautsystem *nt*.

phony *adj, n see* **phon(e)y**.

phosphate ['fɒsfeɪt] *n* (*Chem*) Phosphat *nt*; (*Agr: fertilizer*) Phosphatdünger *m*.

phosphor ['fɒsfəʳ] *n* Phosphor *m*.

phosphorescence [ˌfɒsfə'resns] *n* Phosphoreszenz *f*.

phosphorescent [ˌfɒsfə'resnt] *adj* phosphoreszierend.

phosphoric [fɒs'fɒrɪk] *adj* phosphorig.

phosphorous ['fɒsfərəs] *adj* phosphorsauer.

phosphorus ['fɒsfərəs] *n* Phosphor *m*.

photo ['fəʊtəʊ] *n* Foto, Photo *nt*, Aufnahme *f*; *see also* **photograph**.

photo call *n* Fototermin *m*; **photocell** *n* Photozelle *f*; **photocomposition** *n* (*US*) (*Typ*) Lichtsatz, Filmsatz *m*; **photocopier** *n* (Foto)kopierer *m*, (Foto)kopiergerät *nt*; **photocopy I** *n* Fotokopie *f*; **II** *vt* fotokopieren; **III** *vi* **this won't ~** das läßt sich nicht fotokopieren; **photoelectric** *adj* photoelektrisch; **~ cell** Photozelle *f*; **photoelectron** *n* Photoelektron *nt*; **photoengraving** *n* (*process*) Klischieren *nt*; (*plate*) Klischee *nt*; **photo finish** *n* Fotofinish *nt*; **photoflash** *n* Blitzlicht *nt*; **~ lamp** Blitzgerät *nt*; **photoflood (lamp)** *n* Jupiterlampe *f*.

photogenic [ˌfəʊtəʊ'dʒenɪk] *adj* fotogen.

photograph ['fəʊtəgræf] **I** *n* Fotografie, Aufnahme *f*. **to take a ~ (of sb/sth)** (jdn/etw) fotografieren, eine Aufnahme *or* ein Bild (von jdm/etw) machen; **this camera takes good ~s** diese Kamera macht gute Aufnahmen *or* Bilder *or* Fotos; **~ album** Fotoalbum *nt*.

II *vt* fotografieren, knipsen (*inf*).

III *vi* **to ~ well/badly** sich gut/schlecht fotografieren lassen.

photographer [fə'tɒgrəfəʳ] *n* Fotograf(in *f*) *m*.

photographic [ˌfəʊtə'græfɪk] *adj* fotografisch; *equipment, magazine, club* Foto-; *style of painting, art* naturgetreu.

photographically [ˌfəʊtə'græfɪkəlɪ] *adv* fotografisch. **to record sth ~** etw im Bild festhalten.

photography [fə'tɒgrəfɪ] *n* Fotografie *f*; (*in film, book*) Fotografien, Aufnahmen, Bilder *pl*.

photogravure ['fəʊtəʊgrə'vjʊəʳ] *n* Photogravüre, Heliogravüre *f*.

photojournalism *n* Fotojournalismus *m*; **photojournalist** *n* Fotojournalist(in *f*), Bildjournalist(in *f*) *m*; **photomechanical** *adj* fotomechanisch.

photomontage ['fəʊtəʊmɒn'tɑːʒ] *n* Fotomontage *f*.

photon ['fəʊtɒn] *n* Photon *nt*.

photosensitive *adj* lichtempfindlich; **photosensitize** *vt* lichtempfindlich machen; **photoset** *vt* (*Typ*) im Lichtsatz herstellen; **photosetting** *n* Lichtsatz *m*; **photostat** ® *n, vti see* **photocopy**; **photosynthesis** *n* Photosynthese *f*; **phototelegraphy** *n* Bildtelegraphie *f*; **phototropic** *adj* phototrop(isch).

phrasal ['freɪzəl] *adj* Satz-. **~ verb** Verb *nt* mit Präposition.

phrase [freɪz] **I** *n* **1.** (*Gram*) Phrase *f*, Satzglied *nt or* -teil *m*; (*in spoken language*) Phrase *f*. **noun/verb ~** Nominal-/Verbalphrase *f*.

2. (*mode of expression*) Ausdruck *m*; (*set expression*) Redewendung *f*. **in a ~** kurz gesagt; *see* **set, turn**.

3. (*Mus*) Phrase *f*.

II *vt* **1.** formulieren; *criticism, suggestion also* ausdrücken.

2. (*Mus*) phrasieren.

phrase book *n* Sprachführer *m*; **phrase marker** *n* (*Ling*) P-Marker, Formationsmarker *m*.

phraseology [ˌfreɪzɪ'ɒlədʒɪ] *n* Ausdrucksweise *f*; (*of letter etc*) Diktion *f*; (*jargon*) Jargon *m*.

phrasing ['freɪzɪŋ] *n* (*act*) Formulierung *f*; (*style*) Ausdrucksweise *f*, Stil *m*; (*Mus*) Phrasierung *f*.

phrenetic *adj see* **frenetic**.

phrenology [frɪ'nɒlədʒɪ] *n* Phrenologie *f*.

phthisis ['θaɪsɪs] *n* Schwindsucht, (Lungen)tuberkulose *f*.

phut [fʌt] (*inf*) **I** *n* Puff *m*.

II *adv*: **to go ~** (*make noise*) puff machen; (*break down*) kaputtgehen (*inf*); (*plans*) platzen (*inf*).

pH-value [piː'eɪtʃvæljuː] *n* pH-Wert *m*.

phylum ['faɪləm] *n*, *pl* **phyla** ['faɪlə] (*Biol*) Stamm *m*.

physical ['fɪzɪkəl] **I** *adj* **1.** (*of the body*) körperlich; (*not psychological also*) physisch; *check-up* ärztlich. **you don't take/get enough ~ exercise** Sie bewegen sich nicht genug; **he's very ~** (*inf*) er ist sehr sinnlich; **we don't actually need your ~ presence** Ihre persönliche Anwesenheit ist nicht unbedingt nötig.

2. (*material*) physisch, körperlich; *world* faßbar.

3. (*of physics*) *laws, properties* physikalisch. **it's a ~ impossibility** es ist ein Ding der Unmöglichkeit.

II *n* ärztliche Untersuchung; (*Mil*) Musterung *f*.

physical chemistry *n* physikalische Chemie; **physical education** *n* (*abbr* **PE**)

Sport *m*, Leibesübungen *pl* (*form*); **physical-education college** *n* Sporthochschule, Sportakademie *f*; **physical education teacher** *n* Sportlehrer(in *f*) *m*; **physical geography** *n* physikalische Geographie, Physiogeographie *f*; **physical jerks** *npl* (*inf*) Gymnastik *f*.

physically ['fɪzɪkəlɪ] *adv* körperlich, physisch; (*Sci*) physikalisch. ~ **impossible** praktisch unmöglich; **the substance changed** ~ die Substanz ging in einen anderen Zustand über; **the journey is** ~ **dangerous** die Reise ist gefährlich für Leib und Leben; **they removed him** ~ **from the meeting** sie haben ihn mit Gewalt aus der Versammlung entfernt.

physical science *n* Naturwissenschaft *f*; **physical training** *n* (*abbr* **PT**) *see* **physical education**.

physician [fɪ'zɪʃən] *n* Arzt *m*, Ärztin *f*.

physicist ['fɪzɪsɪst] *n* Physiker(in *f*) *m*.

physics ['fɪzɪks] *n* (*sing: subject*) Physik *f*. **the** ~ **of this are quite complex** die physikalischen Zusammenhänge sind hierbei ziemlich komplex.

physio ['fɪzɪəʊ] *n* (*inf*) Physiotherapeut(in *f*) *m*.

physiognomy [ˌfɪzɪ'ɒnəmɪ] *n* (*face*) Physiognomie *f*; (*study*) Physiognomik *f*; (*fig*) äußere Erscheinung, Aussehen *nt*.

physiological [ˌfɪzɪə'lɒdʒɪkəl] *adj* physiologisch.

physiologist [ˌfɪzɪ'ɒlədʒɪst] *n* Physiologe *m*, Physiologin *f*.

physiology [ˌfɪzɪ'ɒlədʒɪ] *n* Physiologie *f*.

physiotherapist [ˌfɪzɪə'θerəpɪst] *n* Physiotherapeut(in *f*) *m*.

physiotherapy [ˌfɪzɪə'θerəpɪ] *n* Physiotherapie *f*, physikalische Therapie.

physique [fɪ'ziːk] *n* Körperbau *m*, Statur *f*.

pi [paɪ] *n* (*Math*) Pi *nt*.

pianist ['pɪənɪst] *n* Klavierspieler(in *f*) *m*; (*concert* ~) Pianist(in *f*) *m*.

piano ['pjænəʊ] *n* (*upright*) Klavier, Piano (*geh, old*) *nt*; (*grand*) Flügel *m*. **who was at** *or* **on the** ~? wer war am Klavier?

piano accordion *n* Pianoakkordeon *nt*; **piano concerto** *n* Klavierkonzert *nt*; **pianoforte** ['pjænəʊ'fɔːtɪ] *n* (*form*) Pianoforte *nt*.

pianola ® [pɪə'nəʊlə] *n* Pianola *nt*.

piano lesson *n* Klavierstunde *f*; **piano-player** *n* Klavierspieler(in *f*) *m*; **piano stool** *n* Klavierhocker *m*; **piano tuner** *n* Klavierstimmer(in *f*) *m*.

piazza [pɪ'ætsə] *n* Piazza *f*, (Markt)platz *m*; (*US: veranda*) (überdachte) Veranda.

pic [pɪk] *n* (*inf: photo*) Foto *nt*.

picaresque [ˌpɪkə'resk] *adj* pikaresk; *novel also* Schelmen-.

picayune [ˌpɪkə'juːn] *adj* (*US*) (*paltry*) gering, minimal; (*petty*) kleinlich.

piccalilli ['pɪkəˌlɪlɪ] *n* Piccalilli *pl*.

piccaninny [ˌpɪkə'nɪnɪ] *n* Negerkind *nt*.

piccolo ['pɪkələʊ] *n* Pikkoloflöte *f*.

pick [pɪk] **I** *n* **1.** (~*axe*) Spitzhacke, Picke *f*, Pickel *m*; (*Mountaineering*) Eispickel *m*; (*tooth*~) Zahnstocher *m*.

2. (*esp US: plectrum*) Plektron, Plektrum *nt*.

3. (*choice*) **to have first** ~ die erste Wahl haben; **take your** ~! such dir etwas/einen *etc* aus!

4. (*best*) Beste(s) *nt*; *see* **bunch**.

II *vt* **1.** (*choose*) (aus)wählen. **to** ~ **a team** eine Mannschaft aufstellen; **he has been** ~**ed for England** er ist für England aufgestellt worden; **to** ~ **sides** wählen; **to** ~ **a winner** (*lit*) den Sieger erraten; (*fig*) das Große Los ziehen; **to** ~ **one's time** den richtigen Zeitpunkt wählen; **you really** ~ **your times, don't you?** (*iro*) du suchst dir aber auch immer den günstigsten Augenblick aus! (*iro*); **to** ~ **one's way through sth** seinen Weg durch etw finden; **he knows how to** ~ **'em** (*inf*) er hat den richtigen Riecher (*inf*); **you do** ~ **'em** (*iro*) du gerätst auch immer an den Falschen.

2. (*pull bits off, make holes in*) *jumper, blanket* zupfen an (+*dat*); *spot, scab* kratzen an (+*dat*); *hole* (*with fingers, instrument*) bohren; (*with beak*) picken, hacken. **to** ~ **one's nose** sich (*dat*) in der Nase bohren; **to** ~ **one's teeth** sich (*dat*) in den Zähnen herumstochern; **to** ~ **a lock** ein Schloß knacken *or* mit einem Dietrich öffnen; **to** ~ **a bone** (*with fingers*) einen Knochen abzupfen; (*with teeth, beak*) einen Knochen abnagen; **to** ~ **sth to pieces** (*lit*) etw zerzupfen; (*fig*) kein gutes Haar an etw (*dat*) lassen, etw verreißen; **to** ~ **holes in sth** (*fig*) etw bemäkeln; *in argument, theory* etw in ein paar Punkten widerlegen; **to** ~ **a fight** *or* **quarrel (with sb)** (mit jdm) einen Streit vom Zaun brechen; **he's very good at** ~**ing pockets** er ist ein sehr geschickter Taschendieb; **to** ~ **sb's pocket** jdm die Geldbörse/Brieftasche stehlen; **to** ~ **sb's brains** sich von jdm inspirieren lassen; *see* **bone**.

3. *fleas, splinter* entfernen (*from* von); (*pluck*) *flowers, fruit* pflücken.

4. (*US: pluck*) *chicken* rupfen.

5. (*esp US*) *strings* zupfen, anreißen; *banjo* zupfen.

6. (*peck up*) *corn* picken.

III *vi* **1.** (*choose*) wählen, aussuchen. **to** ~ **and choose** wählerisch sein.

2. (*esp US: on guitar*) zupfen.

◆**pick at** *vi* +*prep obj* **1.** **to** ~ ~ **one's food** im Essen herumstochern.

2. (*inf: criticize*) **to** ~ ~ **sb/sth** auf jdm/etw herumhacken.

◆**pick off** *vt sep* **1.** (*remove*) *fluff* wegzupfen; (*pluck*) *fruit* pflücken; *nail polish* abschälen. **2.** (*shoot*) abschießen, abknallen (*inf*).

◆**pick on** *vi* +*prep obj* (*choose*) aussuchen; (*victimize*) herumhacken auf (+*dat*). **why** ~ ~ **me**? (*inf*) warum gerade ich?; ~ ~ **somebody your own size**! (*inf*) leg dich doch mit einem Gleichstarken an! (*inf*).

◆**pick out** *vt sep* **1.** (*choose*) aussuchen, auswählen. **to** ~ ~ **a few examples** um ein paar Beispiele herauszugreifen.

2. (*remove*) *bad apples* heraussuchen, auslesen.

3. (*see, distinguish*) *person, familiar face* ausmachen, entdecken. **the spot-**

light ~ed ~ the leading dancer der Scheinwerfer wurde auf den Haupttänzer gerichtet.

4. (*highlight*) hervorheben (*in, with* durch).

5. (*Mus*) **to ~ ~ a tune (on the piano)** eine Melodie (auf dem Klavier) improvisieren; **he ~ed ~ a few notes** er spielte ein paar Takte.

◆**pick over** *or* **through** *vi +prep obj* durchsehen, untersuchen.

◆**pick up I** *vt sep* **1.** (*take up*) aufheben; (*lift momentarily*) hochheben; *stitch* aufnehmen. **to ~ ~ a child in one's arms** ein Kind auf den Arm nehmen; **~ ~ your feet when you walk!** heb deine Füße (beim Gehen)!; **to ~ oneself ~** aufstehen; **as soon as he ~s ~ a book** sobald er ein Buch in die Hand nimmt; **to ~ ~ the phone** den Hörer abnehmen; **to ~ ~ the bill** (*pay*) die Rechnung bezahlen; **to ~ ~ a story** mit einer Geschichte fortfahren; **to ~ ~ the pieces** (*lit, fig*) die Scherben aufsammeln *or* zusammensuchen; **to ~ ~ the thread of a lecture** den Faden (eines Vortrags) wiederfinden.

2. (*get*) holen; (*buy*) bekommen; (*acquire*) *habit* sich (*dat*) angewöhnen; *news, gossip* aufschnappen; *illness* sich (*dat*) holen *or* zuziehen; (*earn*) verdienen. **to ~ sth ~ at a sale** etw im Ausverkauf erwischen; **to ~ ~ speed** schneller werden; **you never know what you'll ~ ~** (*what illness etc*) man weiß nie, was man sich (*dat*) da holen *or* zuziehen kann.

3. (*learn*) *skill* sich (*dat*) aneignen; *language also* lernen; *accent, word* aufschnappen; *information, tips* herausbekommen; *idea* aufgreifen.

4. (*collect*) *person, goods* abholen.

5. (*bus etc*) *passengers* aufnehmen; (*in car*) mitnehmen.

6. (*rescue: helicopter, lifeboat*) retten.

7. (*arrest, catch*) *wanted man, criminal* schnappen (*inf*). **they ~ed him ~ for questioning** sie haben ihn geholt, um ihn zu vernehmen.

8. (*inf*) *girl* aufreißen (*inf*). **she got ~ed ~ at a party** die ist auf einer Party (von einem) abgeschleppt worden (*inf*).

9. (*find*) *road* finden. **to ~ ~ the trail** (*Hunt, fig*) die Fährte aufnehmen.

10. (*Rad*) *station* hereinbekommen, (rein)kriegen (*inf*); *message* empfangen, auffangen; (*see*) *beacon* ausmachen, sichten; (*on radar*) ausmachen; (*record stylus*) *sound* aufnehmen. **the surface was clearly ~ed ~ by the satellite's cameras** das Bild der Oberfläche wurde von den Satellitenkameras deutlich übermittelt.

11. (*correct, put right*) korrigieren.

12. (*restore to health*) wieder auf die Beine stellen.

13. (*spot, identify*) *mistakes* finden.

14. (*US inf: tidy*) *room* auf Vordermann bringen (*inf*).

II *vi* **1.** (*improve*) besser werden; (*appetite also*) zunehmen; (*currency*) sich erholen; (*business: after slump*) sich erholen; (*engine*) rund laufen; (*accelerate*) schneller werden.

2. (*continue*) weitermachen. **to ~ ~ where one left off** da weitermachen, wo man aufgehört hat.

3. (*inf*) **to ~ ~ with sb** (*get to know*) jds Bekanntschaft machen.

pickaback ['pɪkəbæk] *n, adv see* **piggyback.**

pickaninny *n* (*US*) *see* **piccaninny**.

pickaxe, (*US*) **pickax** ['pɪkæks] *n* Spitzhacke, Pickel *m*.

picker ['pɪkər] *n* (*of fruit etc*) Pflücker(in *f*) *m*.

picket ['pɪkɪt] **I** *n* **1.** (*of strikers*) Streikposten *m*. **to mount a ~ (at** *or* **on a gate)** (an *or* bei einem Tor) Streikposten aufstellen.

2. (*Mil*) Feldposten, Vorposten *m*.

3. (*stake*) Pfahl *m*. **~ fence** Palisade *f*, Palisadenzaun *m*.

II *vt factory* Streikposten aufstellen vor (+*dat*); (*demonstrators*) demonstrieren vor (+*dat*).

III *vi* Streikposten aufstellen. **he is ~ing at the front entrance** er ist Streikposten am Vordereingang.

picketing ['pɪkɪtɪŋ] *n* Aufstellen *nt* von Streikposten. **there was no ~** es wurden keine Streikposten aufgestellt.

picket line *n* Streikpostenkette *f*. **to cross a ~** eine Streikpostenkette durchbrechen.

picking ['pɪkɪŋ] *n* **1.** (*amount of fruit picked*) Ernte *f*.

2. ~s *pl* Ausbeute *f*; (*stolen goods*) Beute *f*; **most office workers regard pens as legitimate ~s** die meisten Büroangestellten sehen es als ihr Recht an, Kulis mitgehen zu lassen (*inf*) *or* einzustekken; **she went along to see if there were any ~s** sie ging hin, um zu sehen, ob es für sie was zu holen gab.

pickle ['pɪkl] **I** *n* **1.** (*food*) Pickles *pl*.

2. (*solution*) (*brine*) Salzlake *f*, Pökel *m*; (*vinegar*) Essigsoße *f*; (*for leather, wood*) Beize *f*; (*Med, Sci*) Naßpräparat *nt*.

3. (*inf: predicament*) Klemme *f* (*inf*). **he was in a bit of a ~** er steckte in einer Klemme (*inf*); **to get into a ~** in ein Kuddelmuddel geraten (*inf*); **what a ~!** so eine verzwickte Lage!

II *vt* einlegen; (*Med, Sci*) konservieren.

pickled ['pɪkld] *adj* **1.** eingelegt. **2.** *pred* (*inf: drunk*) besoffen (*inf*), alkoholisiert (*inf*).

picklock *n* (*tool*) Dietrich *m*; (*thief*) Einbrecher(in *f*) *m*; **pick-me-up** *n* (*drink*) Muntermacher *m*, Stärkung *f*; (*holiday*) Erholung *f*; **hearing that was a real ~** das hat mir richtig Auftrieb gegeben; **pickpocket** *n* Taschendieb(in *f*) *m*.

pick-up ['pɪkʌp] *n* **1.** Tonabnehmer *m*. **~ arm** Tonarm *m*.

2. (*also* **~ truck**) Kleinlieferwagen, Kleintransporter *m*.

3. (*inf: acquaintance*) Bekanntschaft *f*. **he's just looking for a ~** er will nur eine aufreißen (*inf*).

4. (*collection*) Abholen *nt*. **he was late for the ~** er kam zu spät zum Treffpunkt; **the mail van makes 3 ~s a day** der Postwagen kommt dreimal täglich(, um die Post abzuholen); **the bus makes four ~s** der Bus hält viermal(, um Leute aufzunehmen); **~ point** (*for excursion*) Sammelstelle *f*, Treffpunkt *m*; (*on regular basis*) Haltestelle *f*.

5. (*improvement*) Verbesserung *f*; (*increase*) Ansteigen *nt*.

6. (*acceleration*) Beschleunigung *f*.

picky ['pɪkɪ] *adj* (+*er*) (*inf*) pingelig (*inf*).

picnic ['pɪknɪk] (*vb: pret, ptp* **~ked**) **I** *n* Picknick *nt*. **to have a ~** picknicken; **to go for** *or* **on a ~** ein Picknick veranstalten *or* machen; **a ~ lunch** ein Picknick *nt*; **it was no ~** (*fig inf*) es war kein Honiglecken.

II *vi* picknicken, ein Picknick machen. **we went ~king every Sunday** wir machten jeden Sonntag ein Picknick.

picnicker ['pɪknɪkəʳ] *n* jd, der ein Picknick macht *or* der picknickt.

picnic site *n* Rastplatz *m*; **picnic table** *n* Campingtisch *m*.

Pict [pɪkt] *n* Pikte *m*, Piktin *f*.

Pictish ['pɪktɪʃ] **I** *adj* piktisch.

II *n* Piktisch *nt*.

pictogram ['pɪktəgræm], **pictograph** ['pɪktəgrɑːf] *n* Piktogramm *nt*.

pictorial [pɪk'tɔːrɪəl] **I** *adj calendar* bebildert; *magazine also* illustriert; *dictionary* Bild-; *impact* bildlich; *language, description* bildhaft. **a ~ masterpiece** ein meisterliches Bild; **to keep a ~ record of sth** etw im Bild festhalten.

II *n* (*magazine*) Illustrierte *f*; (*stamp*) Sondermarke *f*.

pictorially [pɪk'tɔːrɪəlɪ] *adv* (*in pictures*) in Bildern, bildlich; *impressive* vom Bild her; *describe* bildhaft.

picture ['pɪktʃəʳ] **I** *n* **1.** Bild *nt*; (*Art*) (*painting also*) Gemälde *nt*; (*drawing also*) Zeichnung *f*. **(as) pretty as a ~** bildschön.

2. (*TV*) Bild *nt*.

3. (*Film*) Film *m*. **the ~s** (*Brit*) das Kino.

4. (*mental image*) Vorstellung *f*, Bild *nt*. **these figures give the general ~** diese Zahlen geben ein allgemeines Bild; **have you got the general ~?** wissen Sie jetzt ungefähr Bescheid?; **to give you a ~ of what life is like here** damit Sie sich (*dat*) ein Bild vom Leben hier machen können; **the other side of the ~** die Kehrseite der Medaille; **to be in the ~** im Bilde sein; **to put sb in the ~** jdn ins Bild setzen; **I get the ~** (*inf*) ich hab's begriffen *or* kapiert (*inf*); **he/that no longer comes into the ~** er/das spielt keine Rolle mehr.

5. (*sight*) Bild *nt*; (*beautiful sight*) (*person also*) Traum *m*; (*thing also*) Gedicht *nt*, Traum *m*. **his face was a ~** sein Gesicht war ein Bild für die Götter (*inf*); **she looked a ~** sie war bildschön; **the garden is a ~** der Garten ist eine Pracht.

6. (*embodiment*) Bild *nt*, Verkörperung *f*; (*spitting image*) Abbild, Ebenbild *nt*. **she looked** *or* **was the ~ of happiness/health** sie sah wie das Glück/die Gesundheit in Person aus; **she looked** *or* **was the ~ of misery** sie war ein Bild des Elends.

II *vt* **1.** (*imagine*) sich (*dat*) vorstellen. **to ~ sth to oneself** sich (*dat*) etw vorstellen.

2. (*describe*) beschreiben, darstellen.

3. (*by drawing, painting*) darstellen; (*in book*) abbilden.

picture book *n* Bildband *m*; (*for children*) Bilderbuch *nt*; **picture card** *n* Bild(karte *f*) *nt*; **picture frame** *n* Bilderrahmen *m*; **picture gallery** *n* Gemäldegalerie *f*; **picture hat** *n* Florentiner(hut) *m*; **picture library** *n* Bildarchiv *nt*; **picture paper** *n* (*Brit*) Illustrierte *f*; **picture postcard** *n* Ansichts(post)karte *f*; **picture rail** *n* Bilderleiste *f*; **picture researcher** *n* Bildbeschaffer(in *f*) *m*, Picture-researcher *m*; **picture search** *n* (*on video*) Bildsuchlauf *m*.

picturesque [,pɪktʃə'resk] *adj* malerisch, pittoresk (*geh*); (*fig*) *description* anschaulich, bildhaft.

picturesquely [,pɪktʃə'resklɪ] *adv see adj*.

picturesqueness [,pɪktʃə'resknɪs] *n* Malerische(s) *nt*; (*fig: of account, language*) Bildhaftigkeit, Anschaulichkeit *f*.

picture tube *n* Bildröhre *f*; **picture window** *n* Aussichtsfenster *nt*; **picture writing** *n* Bilderschrift *f*.

piddle ['pɪdl] (*inf*) **I** *n* Pipi *nt* (*inf*). **II** *vi* **1.** pinkeln (*inf*); (*esp child*) Pipi machen (*inf*). **2. to ~ around** herummachen.

piddling ['pɪdlɪŋ] *adj* (*inf*) lächerlich.

pidgin ['pɪdʒɪn] *n* Mischsprache *f*. **~ English** Pidgin-English *nt*.

pie [paɪ] *n* Pastete *f*; (*sweet*) Obstkuchen *m*; (*individual*) Tortelett *nt*. **that's all ~ in the sky** (*inf*) das sind nur verrückte Ideen; **as nice/sweet as ~** (*inf*) superfreundlich (*inf*); **as easy as ~** (*inf*) kinderleicht.

piebald ['paɪbɔːld] **I** *adj* scheckig.

II *n* Schecke *mf*.

piece [piːs] *n* **1.** Stück *nt*; (*part, member of a set*) Teil *nt*; (*component part*) Einzelteil *nt*; (*fragment: of glass, pottery also*) Scherbe *f*; (*in draughts*) Stein *m*; (*in chess*) Figur *f*; (*Press: article*) Artikel *m*; (*Mil*) Geschütz *nt*; (*firearm*) Waffe *f*; (*coin*) Münze *f*. **a 50p ~** ein 50-Pence-Stück, eine 50-Pence-Münze; **a ~ of chocolate/land/paper** ein Stück *nt* Schokolade/Land/Papier; **a ~ of furniture/luggage/clothing** ein Möbel-/Gepäck-/Kleidungsstück *nt*; **a ten-~ band/coffee set** eine zehnköpfige Band/ein zehnteiliges Kaffeeservice; **a ~ of news/information/luck** eine Nachricht/eine Information/ein Glücksfall *m*; **by a ~ of good luck** glücklicherweise; **a ~ of work** eine Arbeit; **~ by ~** Stück für Stück; **to take sth to ~s** etw in seine Einzelteile zerlegen; **to come to ~s** (*collapsible furniture*) sich auseinandernehmen *or* zerlegen lassen; **to come** *or* **fall to ~s** (*broken chair, old book*) auseinanderfallen; (*glass, pottery*) zerbrechen; **to be in ~s** (*taken apart*) (in Einzelteile) zerlegt sein; (*broken: vase etc*) in Scherben sein, zerbrochen sein; **to smash sth to ~s**

etw kaputtschlagen; **he tore the letter (in)to ~s** er zerriß den Brief (in Stücke *or* Fetzen); **to put together the ~s of a mystery** die einzelnen Teile eines Rätsels zusammenfügen; **he said his ~ very nicely** (*poem etc*) er hat das sehr nett vorgetragen; **down the road a ~** (*US inf*) ein Stückchen die Straße runter (*inf*).

2. (*phrases*) **to go to ~s** (*crack up*) durchdrehen (*inf*); (*lose grip*) die Kontrolle verlieren; (*sportsman, team*) abbauen (*inf*); **he's going to ~s** mit ihm geht's bergab; **all in one ~** (*intact*) heil, unversehrt; **it's all of a ~ with his usual behaviour** so benimmt er sich immer; **to give sb a ~ of one's mind** jdm gehörig *or* ordentlich die Meinung sagen; **to say one's ~** seine Meinung sagen; **a ~ of cake** (*inf*) ein Kinderspiel.

3. (*sl: woman*) Weib *nt* (*sl*).

◆**piece together** *vt sep* (*lit*) zusammenstückeln; (*fig*) sich (*dat*) zusammenreimen; *evidence* zusammenfügen.

pièce de résistance ['pjːesdə'reɪziː,stɑ̃ŋs] *n* Krönung *f*.

piecemeal I *adv* Stück für Stück, stückweise; (*haphazardly*) kunterbunt durcheinander; **II** *adj* stückweise; (*haphazard*) wenig systematisch; **piece rate** *n* Akkordlohnsatz *m*; **piecework** *n* Akkordarbeit *f*; **to be on ~** im Akkord arbeiten; **pieceworker** *n* Akkordarbeiter(in *f*) *m*.

pie chart *n* Kreisdiagramm *nt*; **piecrust** *n* Teigdecke *f*.

pied [paɪd] *adj* gescheckt, gefleckt. **the P~ Piper of Hamelin** der Rattenfänger von Hameln.

pied-à-terre [ˌpɪeɪdɑː'tɛəʳ] *n* Zweitwohnung *f*.

pie dish *n* Pastetenform *f*.

pied wagtail *n* Trauerbachstelze *f*.

pie-eyed ['paɪ'aɪd] *adj* (*sl*) blau (wie ein Veilchen) (*inf*).

pier [pɪəʳ] *n* **1.** Pier *m or f*; (*landing-place also*) Anlegestelle *f*, Anleger *m*.

2. (*of bridge*) Pfeiler *m*.

pierce [pɪəs] *vt* durchstechen; (*knife, spear*) durchstoßen, durchbohren; (*bullet*) durchbohren; (*fig: sound, coldness*) durchdringen. **to ~ a hole in sth** etw durchstechen; **to have one's ears ~d** sich (*dat*) die Ohrläppchen durchstechen lassen.

piercing ['pɪəsɪŋ] *adj* durchdringend; *cold, wind also* schneidend; *sarcasm* beißend; *wit* scharf.

piercingly ['pɪəsɪŋlɪ] *adv see adj*.

pietism ['paɪətɪzəm] *n* **1. P~** der Pietismus. **2.** (*piety*) Pietät, Frömmigkeit *f*; (*pej*) Frömmelei *f*.

pietist ['paɪətɪst] *n see* **pietism** Pietist(in *f*) *m*; frommer Mensch; Frömmler(in *f*) *m*.

piety ['paɪətɪ] *n* Pietät, Frömmigkeit *f*. **filial ~** Respekt *m* gegenüber den Eltern.

piffle ['pɪfl] *n* (*inf*) Quatsch (*inf*) (*inf*) *m*.

piffling ['pɪflɪŋ] *adj* (*inf*) lächerlich.

pig [pɪg] **I** *n* **1.** Schwein *nt*. **to buy a ~ in a poke** (*prov*) die Katze im Sack kaufen; **~s might fly** (*prov*) wer's glaubt, wird selig; **they were living like ~s** sie haben wie die Schweine gehaust; **in a ~'s eye** (*US inf*) du spinnst wohl! (*inf*).

2. (*inf: person*) (*dirty, nasty*) Schwein *nt*, Sau *f* (*inf*); (*greedy*) Vielfraß *m* (*inf*). **to make a ~ of oneself** sich (*dat*) den Bauch vollschlagen (*inf*).

3. (*inf: awkward thing*) fieses Ding (*inf*).

4. (*sl: policeman*) Bulle *m* (*sl*).

5. (*Metal*) (*ingot*) Massel *f*; (*mould*) Kokille *f*.

II *vt* **to ~ it** (*inf*) hausen.

◆**pig out** *vi* (*US sl: gorge oneself*) sich (*dat*) den Bauch vollschlagen (*inf*).

pigeon ['pɪdʒən] *n* **1.** Taube *f*. **2.** (*inf*) **that's not my ~** das ist nicht mein Bier (*inf*).

pigeon-breasted *adj* (*Med*) hühnerbrüstig; **pigeonhole I** *n* (*in desk*) Fach *nt*; **to put people in ~s** (*fig*) Menschen (in Kategorien) einordnen, Leute abstempeln; **II** *vt* (*lit*) (in Fächer) einordnen; (*fig: categorize*) einordnen, ein- *or* aufteilen; **pigeon house, pigeon loft** *n* Taubenschlag *m*; **pigeon post** *n* Brieftaubenpost *f*; **pigeon-toed** *adj, adv* mit einwärts gerichteten Fußspitzen; **he is/walks ~** er geht über den großen Onkel (*inf*).

piggery ['pɪgərɪ] *n* **1.** Schweinefarm *f*. **2.** (*inf: gluttony*) Völlerei *f*.

piggish ['pɪgɪʃ] *adj* **1.** *eyes, face* Schweins-. **2.** (*greedy*) gefräßig; *person also* verfressen (*inf*); *appetite* unmäßig, kannibalisch; (*dirty*) saumäßig (*inf*); (*nasty*) fies (*inf*), schweinisch (*inf*); (*stubborn*) fies (*inf*).

piggishly ['pɪgɪʃlɪ] *adv see adj 2*.

piggishness ['pɪgɪʃnɪs] *n see adj* **1.** Schweineartigkeit *f*. **2.** Gefräßigkeit *f*; Verfressenheit *f* (*inf*); Unmäßigkeit *f*; Saumäßigkeit *f* (*inf*); Fiesheit *f* (*inf*).

piggy ['pɪgɪ] **I** *n* (*baby-talk*) Schweinchen *nt*. **II** *adj* (*+er*) **1.** *attr eyes, face* Schweins-. **2.** (*inf: greedy*) verfressen (*inf*).

piggyback ['pɪgɪbæk] **I** *n* **to give sb a ~** jdn huckepack nehmen; **the little girl wanted a ~** das kleine Mädchen wollte huckepack getragen werden. **II** *adv* (*also Comput*) huckepack.

piggy bank *n* Sparschwein *nt*.

pigheaded ['pɪg'hedɪd] *adj* stur.

pigheadedly ['pɪg'hedɪdlɪ] *adv* stur.

pigheadedness ['pɪg'hedɪdnɪs] *n* Sturheit *f*.

pig in the middle *n Spiel nt, bei dem ein zwischen zwei anderen stehender Spieler einen Ball, den diese sich zuwerfen, zu fangen versucht;* **I'm just ~ on this project** (*inf*) ich stehe bei diesem Projekt nur hilflos dabei *or* in der Mitte; **pig iron** *n* Roheisen *nt*.

piglet ['pɪglɪt] *n* Ferkel *nt*.

pigman ['pɪgmən] *n, pl* **-men** [-mən] Schweinehirt(e) *m*.

pigment ['pɪgmənt] *n* Pigment *nt*.

pigmentation [ˌpɪgmən'teɪʃən] *n* Pigmentierung *f*.

pigmy *n see* **pygmy**.

pigpen *n* (*US*) *see* **pigsty**; **pig's ear** *n* **to make a ~ of sth** (*Brit sl*) etw vermasseln (*inf*); **pigskin** *n* **1.** Schweinsleder *nt*; **2.** (*US inf: football*) Pille *f* (*inf*), Leder *nt* (*inf*); **pigsty** *n* Schweinestall *m*; (*fig also*) Saustall *m* (*inf*); **pigswill** *n* Schweinefutter *nt*; (*fig: coffee, soup*) Spülwasser *nt* (*inf*); (*porridge*) Schweinefraß *m* (*inf*); **pigtail** *n* Zopf *m*.

pike¹ [paɪk] *n* (*weapon*) Pike *f*, Spieß *m*.

pike² *n* (*fish*) Hecht *m*.

pike³ *n* (*US inf*) (*toll-road*) Mautstraße *f*; (*barrier*) Mautschranke *f*.

pikestaff ['paɪkstɑːf] *n*: **as plain as a ~** sonnenklar.

pilchard ['pɪltʃəd] *n* Sardine *f*.

pile¹ [paɪl] **I** *n* **1.** (*heap*) Stapel, Stoß *m*. **to put things in a ~** etw (auf)stapeln; **her things lay** *or* **were in a ~** ihre Sachen lagen auf einem Haufen.

2. (*inf: large amount*) Haufen *m*, Menge, Masse *f*. **~s of money/trouble/food** eine *or* jede Menge (*inf*) Geld/Ärger/Essen; **a ~ of things to do** massenhaft zu tun (*inf*).

3. (*inf: fortune*) Vermögen *nt*.

4. (*funeral ~*) Scheiterhaufen *m*.

5. (*liter, hum: building*) ehrwürdiges Gebäude.

6. (*atomic ~*) Atommeiler *m*.

II *vt* stapeln. **the sideboard was ~d high with presents** auf der Anrichte stapelten sich die Geschenke.

◆**pile in I** *vi* (*inf*) (*-to* in +*acc*) hinein-/hereindrängen; (*get in*) einsteigen. **II** *vt sep* einladen (*-to* in +*acc*).

◆**pile off** *vi* (*inf*) hinaus-/herausdrängen (*prep obj* aus).

◆**pile on I** *vi* (*inf*) hinein-/hereindrängen (*-to* in +*acc*).

II *vt sep* (*lit*) aufhäufen (*-to* auf +*acc*). **she ~d rice ~(to) my plate** sie häufte Reis auf meinen Teller; **he's piling work ~(to) his staff** er überhäuft seine Leute mit Arbeit; **they are really piling ~ the pressure** sie setzen uns/euch *etc* ganz gehörig unter Druck; **to ~ ~ the agony** (*inf*) dick auftragen (*inf*); **to ~ it ~** (*inf*) dick auftragen (*inf*).

◆**pile out** *vi* (*inf*) hinaus-/herausdrängen (*of* aus).

◆**pile up I** *vi* **1.** (*lit, fig*) sich (an)sammeln *or* anhäufen; (*traffic*) sich stauen; (*snow, work also*) sich (auf)türmen; (*reasons*) sich häufen; (*evidence*) sich verdichten.

2. (*crash*) aufeinander auffahren.

II *vt sep* **1.** (auf)stapeln; *money* horten; (*fig*) *debts* anhäufen; *evidence* sammeln. **her hair was ~d ~ on top of her head** sie trug ihre Haare hoch aufgetürmt; **to ~ the fire ~ (with logs/coal)** (Holz/Kohle) nachlegen; **he's piling ~ trouble for himself** er handelt sich (*dat*) Ärger ein.

2. (*inf: crash*) *car* kaputtfahren.

pile² *n* Pfahl *m*.

pile³ *n* (*of carpet, cloth*) Flor *m*.

pile-driver *n* Ramme *f*.

piles [paɪlz] *npl* Hämorrhoiden *pl*.

pile-up ['paɪlʌp] *n* (*car crash*) (Massen)karambolage *f*, Massenzusammenstoß *m*.

pilfer ['pɪlfəʳ] *vti* stehlen, klauen (*inf*). **there's a lot of ~ing in the office** im Büro wird viel geklaut (*inf*).

pilferage ['pɪlfərɪdʒ] *n* Diebstähle *pl* (*in kleinem Rahmen*), Beraubung *f* (*Insur*).

pilferer ['pɪlfərəʳ] *n* Dieb(in *f*) *m*.

pilgrim ['pɪlgrɪm] *n* Pilger(in *f*) *m*. **the P~ Fathers** die Pilgerväter *pl*.

pilgrimage ['pɪlgrɪmɪdʒ] *n* Wallfahrt, Pilgerfahrt *f*. **to go on** *or* **make a ~** pilgern, wallfahren, eine Pilger- *or* Wallfahrt machen.

pill [pɪl] *n* **1.** Tablette *f*. **the ~** die Pille; **to be/go on the ~** die Pille nehmen; *see* **bitter**. **2.** (*sl: ball*) Pille *f* (*sl*).

pillage ['pɪlɪdʒ] **I** *n* (*act*) Plünderung *f*; (*booty*) Beute *f*. **II** *vti* plündern.

pillar ['pɪləʳ] *n* Säule *f*. **~ of salt** Salzsäule *f*; **~ of water** Wassersäule *f*; **the P~s of Hercules** die Säulen *pl* des Herkules; **a ~ of society** eine Säule *or* Stütze der Gesellschaft; **from ~ to post** von Pontius zu Pilatus.

pillar-box ['pɪləbɒks] *n* (*Brit*) Briefkasten *m*. **~ red** knallrot.

pillbox ['pɪlbɒks] *n* **1.** (*Med*) Pillenschachtel *f*. **2.** (*Mil*) Bunker *m*. **3.** (*also* **~ hat**) Pagenkäppi *nt*; (*for women*) Pillbox *f*.

pillion ['pɪljən] **I** *n* **1.** (*on motor-bike*) Soziussitz *m*. **~ passenger** Sozius, Beifahrer(in *f*) *m*. **2.** (*Hist*) Damensattel *m*. **II** *adv* **to ride ~** auf dem Sozius- *or* Beifahrersitz mitfahren.

pillory ['pɪlərɪ] **I** *n* (*Hist*) Pranger *m*. **to be in the ~** am Pranger stehen.

II *vt* (*fig*) anprangern.

pillow ['pɪləʊ] **I** *n* (Kopf)kissen *nt*.

II *vt* betten.

pillowcase *n* (Kopf)kissenbezug *m*; **pillow fight** *n* Kissenschlacht *f*; **pillowslip** *n see* **pillowcase**; **pillow talk** *n* Bettgeflüster *nt*.

pilot ['paɪlət] **I** *n* **1.** (*Aviat*) Pilot(in *f*) *m*. **~'s licence** Flugschein *m*.

2. (*Naut*) Lotse *m*.

3. (*~ light*) Zündflamme *f*.

4. (*US: on train*) Schienenräumer *m*.

II *vt plane* führen, fliegen; *ship* lotsen; (*fig*) führen, leiten.

pilot boat *n* Lotsenboot *nt*; **pilot fish** *n* Lotsen- *or* Piloten- *or* Leitfisch *m*; **pilot flag** *n* Lotsenrufflagge *f*; **pilot house** *n* Ruderhaus, Steuerhaus *nt*; **pilot lamp** *n* Kontrollampe *f*; **pilotless** *adj* führerlos; **pilot light** *n* Zündflamme *f*; **Pilot Officer** *n* (*Brit Aviat*) Leutnant *m*; **pilot scheme** *n* Pilotprojekt *nt*; **pilot study** *n* Pilotstudie *f*.

pimento [pɪ'mentəʊ] *n* **1.** Paprikaschote *f*. **2.** (*allspice*) Piment *m or nt*, Nelkenpfeffer *m*; (*tree*) Pimentbaum *m*.

pimp [pɪmp] **I** *n* Zuhälter *m*.

II *vi* Zuhälter sein. **to ~ for sb** für jdn den Zuhälter machen.

pimpernel ['pɪmpənel] *n* (*Bot: also* **scarlet ~**) (Acker)gauchheil *m*.

pimple ['pɪmpl] *n* Pickel *m*, Pustel *f*. **she/her face comes out in ~s** sie bekommt Pickel/sie bekommt Pickel im Gesicht.

pimply ['pɪmplɪ] *adj* (+*er*) pickelig.

pin [pɪn] **I** *n* **1.** (*Sew*) Stecknadel *f*; (*tie ~, hat~, on brooch, hair~*) Nadel *f*; (*Mech*) Bolzen, Stift *m*; (*small nail*) Stift *m*; (*in grenade*) Sicherungsstift *m*; (*on guitar*) Wirbel *m*; (*Med*) Stift, Nagel *m*; (*Elec: of plug*) Pol *m*; (*Comput: on connector*) Pin *m*; (*on printhead*) Nadel *f*. **a two-~ plug** ein zweipoliger Stecker; **I've got ~s and needles in my foot** mir ist der Fuß eingeschlafen; **like a new ~** blitzsauber, funkelnagelneu; **neat as a (new) ~** wie aus dem Ei gepellt; **for two ~s I'd pack up and go** (*inf*) es fehlt nicht mehr viel, dann gehe ich; **you could have heard a ~ drop** man hätte eine Stecknadel fallen hören können.

2. (*esp US*) (*brooch*) Brosche *f*; (*badge: also lapel ~, fraternity ~*) Anstecknadel *f*, Abzeichen *nt*.

3. (*Golf*) Flaggenstock *m*; (*Bowling*) Kegel *m*.

4. ~s *pl* (*inf: legs*) Gestell *nt* (*inf*); **he wasn't very steady on his ~s** er war etwas wackelig auf den Beinen.

II *vt* **1.** *dress* stecken. **to ~ sth to sth** etw an etw (*acc*) heften; **to ~ papers together** Blätter zusammenheften; **the bone had to be ~ned in place** der Knochen mußte genagelt werden.

2. (*fig*) **to ~ sb to the ground/against a wall** jdn an den Boden/an eine Wand pressen; **to ~ sb's arms to his side** jdm die Arme an den Körper pressen; **to ~ sb's arm behind his back** jdm den Arm auf den Rücken drehen; **to ~ one's hopes/faith on sb/sth** seine Hoffnungen/sein Vertrauen auf jdn/etw setzen; **to ~ back one's ears** die Ohren spitzen (*inf*).

3. (*inf: accuse of*) **to ~ sth on sb** jdm etw anhängen.

4. (*US inf*) **to get ~ned** sich verloben.

♦**pin down** *vt sep* **1.** (*fix down*) (*with pins*) an- *or* festheften; (*hold, weight down*) beschweren, niederhalten; (*trap: rockfall*) einklemmen. **he ~ned him ~ on the canvas** er drückte ihn auf die Matte; **two of the gang ~ned him ~** zwei aus der Bande drückten ihn zu Boden.

2. (*fig*) **to ~ sb ~** jdn festnageln *or* festlegen; **he wouldn't be ~ned ~ to any particular date** er ließ sich nicht auf ein bestimmtes Datum festnageln *or* festlegen; **I've seen him/it somewhere before but I can't ~ him/it ~** ich habe ihn/es schon mal irgendwo gesehen, kann ihn/es aber nicht einordnen; **we can't ~ ~ the source of the rumours** wir können die Quelle der Gerüchte nicht lokalisieren; **there's something odd here, but I can't ~ it ~** irgend etwas ist hier merkwürdig, aber ich kann nicht genau sagen, was.

♦**pin up** *vt sep notice* anheften; *hair* aufstecken, hochstecken; *hem, dress, sleeves* stecken.

pinafore ['pɪnəfɔːʳ] *n* (*overall: for children*) Kinderkittel *m*; (*apron*) Schürze *f*, Kittel *m*. **~ dress** (*Brit*) Trägerkleid *nt*.

pinball ['pɪnbɔːl] *n* Flipper *m*. **~ machine** Flipper(automat) *m*.

pince-nez ['pɪnsneɪ] *n* Kneifer *m*.

pincer movement ['pɪnsə-] *n* (*Mil, fig*) Zangenbewegung *f*.

pincers ['pɪnsəz] *npl* **1.** Kneifzange, Beißzange *f*. **a pair of ~** eine Kneifzange, eine Beißzange. **2.** (*Zool*) Schere, Zange *f*.

pinch [pɪntʃ] **I** *n* **1.** (*with fingers*) Kneifen, Zwicken *nt no pl*. **to give sb a ~ on the arm** jdn in den Arm kneifen *or* zwicken.

2. (*small quantity*) Quentchen *nt*; (*Cook*) Prise *f*.

3. (*pressure*) **I'm rather feeling the ~ at the moment** ich bin im Augenblick ziemlich knapp bei Kasse (*inf*); **to feel the ~** die schlechte Lage zu spüren bekommen; **if it comes to the ~** wenn es zum Schlimmsten *or* Äußersten kommt; **at a ~** zur Not.

II *vt* **1.** (*with fingers*) kneifen, zwikken; (*with implement: squeeze*) *end of wire* zusammendrücken; (*shoe*) drükken. **to ~ sb's bottom** jdn in den Hintern kneifen; **to ~ oneself** sich kneifen; **to ~ one's finger in the door** sich (*dat*) den Finger in der Tür (ein)klemmen.

2. (*inf: steal*) klauen, stibitzen, mopsen (*all inf*). **don't let anyone ~ my seat** paß auf, daß mir niemand den Platz wegnimmt; **he ~ed Johnny's girl** er hat Johnny (*dat*) die Freundin ausgespannt (*inf*).

3. (*inf: arrest*) schnappen (*inf*).

III *vi* **1.** (*shoe, also fig*) drücken.

2. to ~ and scrape sich einschränken.

♦**pinch back** *or* **off** *vt sep bud* abknipsen.

pinchbeck ['pɪntʃbek] **I** *n* (*lit, fig*) Talmi *nt*. **II** *adj jewels* aus Talmi.

pinched [pɪntʃt] *adj* **1.** verhärmt; (*from cold*) verfroren; (*from fatigue*) erschöpft. **2.** (*inf: short*) **to be ~ for money/time** knapp bei Kasse sein (*inf*)/keine Zeit haben; **we're a bit ~ for space in here** wir sind hier ein wenig beengt.

pinch-hit ['pɪntʃhɪt] *vi* (*US*) Ersatzspieler sein; (*fig*) einspringen.

pinch-hitter ['pɪntʃˌhɪtəʳ] *n* (*US*) Ersatz(spieler) *m*; (*fig*) Ersatz *m*.

pinchpenny ['pɪntʃˌpenɪ] *adj* knauserig.

pin curl *n* Löckchen *nt*; **pincushion** *n* Nadelkissen *nt*.

pine[1] [paɪn] *n* Kiefer *f*.

pine[2] *vi* **1. to ~ for sb/sth** sich nach jdm/etw sehnen *or* verzehren. **2.** (*~ away, be sad*) sich vor Kummer verzehren.

♦**pine away** *vi* (*from grief*) sich (vor Kummer) verzehren, vor Gram vergehen; (*from disease*) (dahin)siechen; (*of animal, plant*) eingehen.

pineapple ['paɪnˌæpl] *n* Ananas *f*. **~ chunks** Ananasstücke *pl*; **~ juice** Ananassaft *m*.

pine cone *n* Kiefernzapfen *m*; **pine forest** *n* Kiefernwald *m*; **pine marten** *n* Baummarder *m*; **pine needle** *n* Kiefernnadel *f*; **pine tree** *n* Kiefer *f*; **pine wood** *n* Kiefernwald *m*; (*material*) Kiefernholz *nt*.

ping [pɪŋ] **I** *n* (*of bell*) Klingeln *nt*; (*of bullet*) Peng *nt*. **to give** *or* **make a ~** (*sonar, lift bell*) klingeln; **the stone made a ~ as it hit the glass** der Stein machte klick, als er auf das Glas traf. **II** *vi* (*bell*) klingeln; (*bullet*) peng machen.

ping-pong ['pɪŋpɒŋ] *n* Pingpong *nt*.

pinhead *n* (Steck)nadelkopf *m*; (*inf: stu-

pid person) Holzkopf (*inf*), Strohkopf (*inf*) *m*; **pin holder** *n* Blumenigel *m*; **pinhole** *n* Loch *nt*; **pinhole camera** *n* Lochkamera, Camera obscura *f*.

pinion ['pɪnjən] **I** *n* **1.** (*Mech*) Ritzel, Treibrad *nt*. **2.** (*poet: wing*) Fittich *m* (*poet*), Schwinge *f* (*poet*). **3.** (*Orn*) Flügelspitze *f*. **II** *vt* **to ~ sb to the ground/against the wall** jdn zu Boden/gegen eine Wand drücken.

pink¹ [pɪŋk] **I** *n* **1.** (*colour*) Rosa *nt*; (*hunting* ~) Rot *nt*.

2. (*plant*) Gartennelke *f*.

3. to be in the ~ vor Gesundheit strotzen; **I'm in the ~** mir geht's prächtig; **in the ~ of condition** in Top- *or* Hochform.

II *adj* **1.** (*colour*) rosa *inv*, rosarot, rosafarben; *cheeks, face* rosig. **to turn ~** erröten; **to see ~ elephants** (*inf*) weiße Mäuse sehen (*inf*).

2. (*Pol inf*) rot angehaucht.

pink² *vt* **1.** (*Sew*) mit der Zickzackschere schneiden. **2.** (*nick*) streifen.

pink³ *vi* (*Aut*) klopfen.

pink-eye ['pɪŋkaɪ] *n* (*inf*) Bindehautentzündung *f*.

pinkie ['pɪŋkɪ] *n* (*Scot inf, US inf*) kleiner Finger.

pinking shears ['pɪŋkɪŋ,ʃɪəz] *npl* Zickzackschere *f*.

pinkish ['pɪŋkɪʃ] *adj* rötlich.

pin money *n* Nadelgeld (*old*) *nt*.

pinnacle ['pɪnəkl] *n* (*Archit*) Fiale *f*; (*of rock, mountain*) Gipfel *m*, Spitze *f*; (*fig*) Gipfel, Höhepunkt *m*.

pinnate ['pɪneɪt] *adj* (*Bot*) gefiedert.

PIN number *n* (*for cash card*) Geheimnummer *f*.

pinny ['pɪnɪ] *n* (*inf*) Schürze *f*.

pinoc(h)le ['piːnʌkəl] *n* (*Cards*) Binokel *nt*.

pinpoint I *n* Punkt *m*; **the buildings were mere ~s on the horizon** die Gebäude zeichneten sich wie Stecknadelköpfe am Horizont ab; **a ~ of light** ein Lichtpunkt *m*; **II** *vt* (*locate*) genau an- *or* aufzeigen; (*define, identify*) genau feststellen *or* -legen; **pinprick** *n* Nadelstich *m*; (*fig*) Kleinigkeit *f*; **pinstripe** *n* (*stripe*) Nadelstreifen *m*; (*cloth*) Tuch *nt* mit Nadelstreifen; (~ *suit*) Nadelstreifenanzug *m*.

pint [paɪnt] *n* **1.** (*measure*) Pint *nt*.

2. (*esp Brit: quantity*) (*of milk*) Tüte *f*; (*bottle*) Flasche *f*; (*of beer*) Halbe *f*, Glas *nt* Bier. **he likes his ~** er hebt ganz gern mal einen (*inf*).

pin table *n* Flipper(automat) *m*.

pint-mug ['paɪnt'mʌg] *n* Humpen *m*(, *der ein Pint faßt*).

pinto ['pɪntəʊ] *n* (*US*) Schecke *mf*.

pint-size(d) ['paɪntsaɪz(d)] *adj* (*inf*) stöpselig (*inf*), knirpsig (*inf*). **a ~ boxer** ein Knirps von einem Boxer.

pin tuck *n* Biese *f*; **pin-up** *n* (*picture*) Pin-up-Foto *nt*; (*person*) (*girl*) Pin-up-Girl *nt*; (*man*) Idol *nt*; **pin-up girl** *n* Pin-up-Girl *nt*; **pinwheel** *n* (*firework*) Feuerrad *nt*; (*US: toy*) Windrädchen *nt*.

Pinyin ['pɪn'jɪn] **I** *n* Pinyin(-Umschrift *f*) *nt*. **II** *adj* Pinyin-.

pioneer [,paɪə'nɪəʳ] **I** *n* (*also Mil*) Pionier *m*; (*fig also*) Bahnbrecher *m*.

II *adj attr see* **pioneering.**

III *vt way* vorbereiten, bahnen; (*fig*) Pionierarbeit *f* leisten für. **the firm which ~ed its technical development** die Firma, die die technische Pionierarbeit dafür geleistet hat.

IV *vi* Pionierarbeit *or* Vorarbeit leisten.

pioneering [,paɪə'nɪərɪŋ] *adj attr* Pionier-.

pious ['paɪəs] *adj* fromm; (*pej also*) frömmlerisch. **a ~ hope** ein frommer Wunsch.

piously ['paɪəslɪ] *adv* fromm.

piousness ['paɪəsnɪs] *n* Frömmigkeit *f*; (*pej also*) Frömmelei *f*.

pip¹ [pɪp] *n* **1.** (*Bot*) Kern *m*.

2. (*on card, dice*) Auge *nt*; (*Brit Mil inf*) Stern *m*; (*on radar screen*) Pip *m*, Echozeichen *nt*.

3. (*Rad, Telec*) **the ~s** das Zeitzeichen; (*in public telephone*) das Tut-tut-tut; **at the third ~ it will be ...** beim dritten Ton des Zeitzeichens ist es ...

pip² *n* (*Vet*) Pips *m*. **to give sb the ~** (*Brit inf*) jdn aufregen (*inf*).

pip³ *vt* (*Brit inf*) knapp besiegen *or* schlagen. **to ~ sb at the post** (*in race*) jdn um Haaresbreite schlagen; (*fig*) jdm um Haaresbreite zuvorkommen; (*in getting orders*) jdm etw vor der Nase wegschnappen.

pipe [paɪp] **I** *n* **1.** (*tube*) (*for water, gas, sewage*) Rohr *nt*, Leitung *f*; (*fuel ~, for steam*) Leitung *f*; (*in body*) Röhre *f*.

2. (*Mus*) Flöte *f*; (*fife, of organ, boatswain's*) Pfeife *f*. **~s** (*bag~s*) Dudelsack *m*; **~s of Pan** Panflöte *f*.

3. (*for smoking*) Pfeife *f*. **~ of peace** Friedenspfeife; **to smoke a ~** Pfeife rauchen; **put that in your ~ and smoke it!** (*inf*) steck dir das hinter den Spiegel! (*inf*).

II *vt* **1.** *water, oil* in Rohren leiten; *music, broadcast* ausstrahlen. **water has to be ~d in from the next state** Wasser muß in Rohrleitungen aus dem Nachbarstaat herangeschafft werden; **~d music** (*pej*) Musikberieselung *f* (*inf*).

2. (*Mus*) *tune* flöten, pfeifen; (*sing in high voice*) krähen; (*speak in high voice*) piepsen; (*Naut*) pfeifen. **to ~ sb aboard** jdn mit Pfeifensignal an Bord empfangen.

3. (*Cook*) spritzen; *cake* mit Spritzguß verzieren; (*Sew*) paspelieren, paspeln.

III *vi* (*Mus*) flöten, (die) Flöte spielen; (*bird*) pfeifen; (*young bird, anxiously*) piep(s)en.

◆**pipe down** *vi* (*inf*) (*be less noisy*) die Luft anhalten (*inf*), ruhig sein; (*become less confident*) (ganz) klein werden (*inf*).

◆**pipe up** *vi* (*inf*) (*person*) den Mund aufmachen, sich melden. **suddenly a little voice ~d ~** plötzlich machte sich ein Stimmchen bemerkbar.

pipe band *n* Dudelsackkapelle *f*; **pipe clay** *n* (*for making pipes*) Pfeifenton *m*; **pipe cleaner** *n* Pfeifenreiniger *m*; **pipe dream** *n* Hirngespinst *nt*; **pipeline** *n* (Rohr)leitung *f*; (*for oil, gas also*) Pipeline *f*; **to be in the ~** (*fig*) in Vorbereitung sein; **the pay rise hasn't come**

through yet but it's in the ~ die Lohnerhöhung ist noch nicht durch, steht aber kurz bevor.

piper ['paɪpəʳ] *n* Flötenspieler(in *f*) *m*; (*on fife*) Pfeifer(in *f*) *m*; (*on bagpipes*) Dudelsackpfeifer(in *f*) *m*. **to pay the ~** die Kosten tragen; **he who pays the ~ calls the tune** (*Prov*) wer bezahlt, darf auch bestimmen.

pipe rack *n* Pfeifenständer *m*; **pipe tobacco** *n* Pfeifentabak *m*.

pipette [pɪ'pet] *n* Pipette *f*.

piping ['paɪpɪŋ] **I** *n* **1.** (*pipework*) Rohrleitungssystem *nt*; (*pipe*) Rohrleitung *f*. **2.** (*Sew*) Paspelierung *f*; (*on furniture*) Kordel *f*; (*Cook*) Spritzgußverzierung *f*. **3.** (*Mus*) Flötenspiel *nt*; (*on bagpipes*) Dudelsackpfeifen *nt*. **II** *adj voice* piepsend. **III** *adv*: **~ hot** kochendheiß.

piping bag *n* Spritzbeutel *m*.

pippin ['pɪpɪn] *n* Cox *m*.

pipsqueak ['pɪpskwi:k] *n* (*inf*) Winzling *m* (*inf*).

piquancy ['pi:kənsɪ] *n* Pikantheit, Würze *f*; (*fig*) Pikanterie *f*.

piquant ['pi:kənt] *adj* (*lit, fig*) pikant.

pique [pi:k] **I** *n* Groll *m*, Vergrämtheit *f*. **he resigned in a fit of ~** er kündigte, weil er vergrämt war; **you don't have to go straight into a fit of ~ just because ...** du brauchst nicht gleich pikiert *or* beleidigt zu sein, nur weil ...

II *vt* (*offend, wound*) kränken, verletzen. **to be ~d at sb/sth** über jdn/etw (*acc*) ungehalten *or* pikiert sein.

III *vr* **to ~ oneself on sth** sich (*dat*) viel auf etw (*acc*) einbilden.

piqué ['pi:keɪ] *n* Pikee, Piqué *m*.

piracy ['paɪərəsɪ] *n* Seeräuberei, Piraterie *f*; (*of book*) Raubdruck *m*; (*of record*) Raubpressung *f*. **an act of ~** Seeräuberei, Piraterie *f*.

piranha (fish) [pɪ'rɑ:njə(ˌfɪʃ)] *n* Piranha *m*.

pirate ['paɪərɪt] **I** *n* Seeräuber, Pirat *m*; (*~ ship*) Seeräuberschiff, Piratenschiff *nt*; (*also* **~ cab**) nicht konzessioniertes Taxi. **~ radio** Piratensender *m*.

II *vt book* einen Raubdruck herstellen von; *invention, idea* stehlen. **a ~d version of the record** eine Raubpressung

piratical [paɪ'rætɪkəl] *adj* seeräuberisch, piratenhaft.

pirouette [ˌpɪrʊ'et] **I** *n* Pirouette *f*. **II** *vi* Pirouetten drehen, pirouettieren.

Pisces ['paɪsi:z] *npl* (*Astron*) Fische *pl*; (*Astrol*) Fisch *m*. **I'm (a) ~** ich bin Fisch.

piss [pɪs] (*vulg*) **I** *n* (*act*) Piß *m* (*sl*); (*urine*) Pisse *f* (*sl*). **to have a/go for a ~** pissen (*sl*)/pissen gehen (*sl*); **to take the ~ out of sb** (*sl*) jdn verarschen (*sl*). **II** *vti* pissen (*sl*).

◆**piss about** *or* **around** *vi* (*sl*) herummachen (*inf*).

◆**piss off** (*esp Brit sl*) **I** *vi* abhauen (*inf*). **~ ~!** (*go away*) verpiß dich! (*sl*); (*don't be stupid*) du kannst mich mal (*inf*). **II** *vt* ankotzen (*sl*). **to be ~ed ~ with sb/sth** von jdm/etw die Schnauze voll haben (*inf*).

piss artist *n* (*sl*) (*drunk*) Säufer(in *f*) *m*; (*boaster*) Großmaul *nt* (*inf*); (*incompetent*) Niete *f* (*inf*); (*silly bastard*) Arschloch *nt* (*sl*).

pissed [pɪst] *adj* (*sl*) (*Brit: drunk*) sturz- *or* stockbesoffen (*inf*); (*US: angry*) stocksauer (*inf*).

pistachio [pɪ'stɑ:ʃɪəʊ] **I** *n* Pistazie *f*. **II** *adj* (*colour*) pistazienfarben.

piste [pi:st] *n* (*Ski*) Piste *f*.

pistil ['pɪstɪl] *n* Stempel *m*, Pistill *nt* (*spec*).

pistol ['pɪstl] *n* Pistole *f*. **~ shot** Pistolenschuß *m*; (*person*) Pistolenschütze *m*/-schützin *f*; **to hold a ~ to sb's head** (*fig*) jdm die Pistole auf die Brust setzen; **~ grip camera** Kamera *f* mit Handgriff.

pistol-whip ['pɪstəlwɪp] *vt* (*US*) mit einer Pistole ein paar überziehen (*+dat*) (*inf*).

piston ['pɪstən] *n* Kolben *m*. **~ engine** Kolbenmotor *m*; **~ ring** Kolbenring *m*; **~ rod** Pleuel- *or* Kolbenstange *f*; **~ stroke** Kolbenhub *m*.

pit¹ [pɪt] **I** *n* **1.** (*hole*) Grube *f*; (*coalmine also*) Zeche *f*; (*quarry also*) Steinbruch *m*; (*trap*) Fallgrube *f*; (*in zoo*) Grube *f*; (*for cock-fighting*) (Kampf)arena *f*; (*of stomach*) Magengrube *f*. **to have a sinking feeling in the ~ of one's stomach** ein ungutes Gefühl in der Magengegend haben; **to go down the ~** Bergmann *or* Bergarbeiter werden; **he works down the ~(a)** er arbeitet unter Tage; **the ~** (*hell*) die Hölle; *see* **bottomless.**

2. (*Aut*) (*in garage*) Grube *f*; (*motor-racing*) Box *f*; (*Sport*) (*for long jump*) Sprunggrube *f*; (*for high jump*) Sprunghügel *m*.

3. (*Theat*) (*usu pl Brit: for audience*) Parkett *nt*; (*orchestra ~*) Orchesterraum *m or* -versenkung *f or* -graben *m*.

4. (*US St Ex*) Börsensaal *m*.

5. (*scar, on ceramics*) Vertiefung *f*; (*on skin also*) Narbe *f*.

6. the ~s (*sl: very bad*) das Allerletzte.

7. (*sl: bed*) Falle *f* (*inf*).

II *vt* **1. the surface of the moon is ~ted with small craters** die Mondoberfläche ist mit kleinen Kratern übersät; **his face was ~ted with smallpox scars** sein Gesicht war voller Pockennarben.

2. to ~ one's strength/wits against sb/sth seine Kraft/seinen Verstand an jdm/etw messen; **in the next round A is ~ted against B** in der nächsten Runde stehen sich A und B gegenüber; **they are clearly ~ting their new model against ours** mit ihrem neuen Modell nehmen sie offensichtlich den Kampf gegen uns auf.

pit² (*US*) **I** *n* Stein *m*. **II** *vt* entsteinen.

pitapat ['pɪtə'pæt] **I** *adv* (*of heart*) poch poch, klopf klopf; (*of feet*) tapp tapp. **to go ~** (*heart*) pochen, klopfen. **II** *n* (*of rain, heart*) Klopfen *nt*; (*of feet*) Getrappel, Getrippel *nt*.

pit bull-terrier *n* Pit-Bull-Terrier *m*.

pitch¹ [pɪtʃ] *n* Pech *nt*. **as black as ~** pechschwarz.

pitch² **I** *n* **1.** (*throw*) Wurf *m*. **he threw the ball back full ~** er schleuderte den Ball in hohem Bogen zurück.

2. (*Naut*) Stampfen *nt*.

3. (*esp Brit Sport*) Platz *m*, Feld *nt*.

4. (*Brit*) (*for doing one's business: in market, outside theatre*) Stand *m*; (*fig: usual place: on beach*) Platz *m*. **keep off my ~!** (*fig*) komm mir nicht ins Gehege!; *see* **queer.**

5. (*inf: sales ~*) (*long talk*) Sermon *m* (*inf*); (*technique*) Verkaufstaktik, Masche (*inf*) *f*.

6. (*Phon, of note*) Tonhöhe *f*; (*of instrument*) Tonlage *f*; (*of voice*) Stimmlage *f*. **to have perfect ~** das absolute Gehör haben; **their speaking voices are similar in ~** ihre Stimmlagen sind ähnlich.

7. (*angle, slope: of roof*) Schräge, Neigung *f*; (*of propeller*) Steigung *f*. **the roofs have a high ~** die Dächer sind sehr steil; **the floor was sloping at a precarious ~** der Boden neigte sich gefährlich.

8. (*fig: degree*) **he roused the mob to such a ~ that ...** er brachte die Massen so sehr auf, daß ...; **the crowd/music had reached such a frenzied ~ that ...** die Menge/Musik hatte einen solchen Grad rasender Erregung erreicht, daß ...; **at its highest ~** auf dem Höhepunkt *or* Gipfel; **we can't keep on working at this ~ much longer** wir können dieses Arbeitstempo nicht mehr lange durchhalten; **their frustration had reached such a ~ that ...** ihre Frustration hatte einen derartigen Grad erreicht, daß ...; **matters had reached such a ~ that ...** die Sache hatte sich derart zugespitzt, daß ...; *see* **fever.**

9. (*US sl*) **what's the ~?** wie sieht's aus?, was liegt an? (*inf*).

II *vt* **1.** (*throw*) *hay* gabeln; *ball* werfen. **he was ~ed from** *or* **off his horse** er wurde vom Pferd geworfen; **he was ~ed through the windscreen** er wurde durch die Windschutzscheibe geschleudert.

2. (*Mus*) *song* anstimmen; *note* (*give*) angeben; (*hit*) treffen; *instrument* stimmen. **she ~ed her voice higher** sie sprach mit einer höheren Stimme.

3. (*fig*) **to ~ one's aspirations too high** seine Erwartungen *or* Hoffnungen zu hoch stecken; **his speech was ~ed in rather high-flown terms** seine Rede war ziemlich hochgestochen; **the production must be ~ed at the right level for London audiences** das Stück muß auf das Niveau des Londoner Publikums abgestimmt werden; **that's ~ing it rather strong** *or* **a bit high** das ist ein bißchen übertrieben; **to ~ sb a story** *or* **line** (*inf*) jdm eine Geschichte *or* ein Märchen auftischen (*inf*).

4. (*put up*) *camp* aufschlagen; *tent also, stand* aufstellen.

5. (*Baseball*) **he ~ed the first two innings** er spielte *or* machte in den ersten beiden Runden den Werfer.

III *vi* **1.** (*fall*) fallen, stürzen. **to ~ forward** vornüberfallen; **he ~ed off his horse** er fiel kopfüber vom Pferd.

2. (*Naut*) stampfen; (*Aviat*) absacken. **the ship ~ed and tossed** das Schiff stampfte und rollte.

3. (*Baseball*) werfen. **he's in there ~ing** (*US fig inf*) er schuftet wie ein Ochse (*inf*).

◆**pitch in I** *vt sep* hineinwerfen *or* -schleudern.

II *vi* (*inf*) einspringen. **so we all ~ed ~ together** also packten wir alle mit an.

◆**pitch into** *vi +prep obj* (*attack*) herfallen über (*+acc*); *food also, work* sich hermachen über (*+acc*).

◆**pitch on** *vi +prep obj* (*inf: choose*) herauspicken (*inf*).

◆**pitch out** *vt sep* (*lit, fig*) hinauswerfen; (*get rid of*) wegwerfen.

pitch black *adj* pechschwarz; **pitchblende** *n* Pechblende *f*; **pitch dark I** *adj* pechschwarz; **II** *n* (tiefe) Finsternis.

pitched [pɪtʃt] *adj* **1.** *roof* Sattel-, Giebel-. **2.** *battle* offen.

pitcher[1] [ˈpɪtʃəʳ] *n* Krug *m*.

pitcher[2] *n* (*Baseball*) Werfer *m*.

pitchfork I *n* Heugabel *f*; (*for manure*) Mistgabel *f*; **II** *vt* gabeln; (*fig*) hineinwerfen; **pitch pine** *n* Pechkiefer *f*; **pitch pipe** *n* (*Mus*) Stimmpfeife *f*.

piteous [ˈpɪtɪəs] *adj* mitleiderregend; *sounds* kläglich.

piteously [ˈpɪtɪəslɪ] *adv see adj*.

pitfall [ˈpɪtfɔːl] *n* (*fig*) Falle *f*, Fallstrick *m*. **"P~s of English"** „Hauptschwierigkeiten der englischen Sprache".

pith [pɪθ] *n* (*Bot*) Mark *nt*; (*of orange, lemon*) weiße Haut; (*fig: core*) Kern *m*, Wesentliche(s) *nt*. **remarks of great ~ (and moment)** bedeutungsschwere Äußerungen.

pithead [ˈpɪthed] *n* Übertageanlagen *pl*. **at the ~** über Tage.

pith hat, pith helmet *n* Tropenhelm *m*.

pithily [ˈpɪθɪlɪ] *adv* prägnant, markig.

pithiness [ˈpɪθɪnɪs] *n* (*fig*) Prägnanz, Markigkeit *f*.

pithy [ˈpɪθɪ] *adj* (*+er*) (*Bot*) reich an Mark; *oranges etc* dickschalig; (*fig*) prägnant, markig. **~ remarks** Kraftsprüche *pl*.

pitiable [ˈpɪtɪəbl] *adj* mitleiderregend, bemitleidenswert.

pitiful [ˈpɪtɪfʊl] *adj* **1.** (*moving to pity*) *sight, story* mitleiderregend; *person* bemitleidenswert, bedauernswert; *cry, whimper also* jämmerlich.

2. (*poor, wretched*) erbärmlich, jämmerlich, kläglich.

pitifully [ˈpɪtɪfəlɪ] *adv see adj*. **it was ~ obvious that ...** es war schon qualvoll offensichtlich, daß ...

pitiless [ˈpɪtɪlɪs] *adj* mitleidlos; *person also, sun, glare* unbarmherzig; *cruelty also* gnadenlos, erbarmungslos.

pitilessly [ˈpɪtɪlɪslɪ] *adv see adj*.

piton [ˈpiːtɒn] *n* (*Mountaineering*) Felshaken *m*.

pit pony *n* Grubenpony *nt*; **pit prop** *n* Grubenstempel *m*.

pittance [ˈpɪtəns] *n* Hungerlohn *m*.

pitter-patter [ˈpɪtəˈpætəʳ] **I** *n* (*of rain*) Klatschen *nt*; (*of feet*) Getrappel, Getrippel *nt*. **II** *adv run* tapp tapp, tipp tapp. **her heart went ~** ihr Herz klopfte *or* pochte. **III** *vi* (*rain*) platschen, klatschen; (*run*) trappeln, trippeln.

pituitary (gland) [pɪˈtjʊətrɪ(ˌglænd)] *n*

Hirnanhangdrüse *f*.

pity ['pɪtɪ] **I** *n* **1.** Mitleid, Mitgefühl, Erbarmen *nt*. **for ~'s sake!** Erbarmen!; (*less seriously*) um Himmels willen!; **to have** *or* **take ~ on sb, to feel ~ for sb** mit jdm Mitleid haben; **to do sth out of ~ (for sb)** etw aus Mitleid (mit jdm) tun; **to feel no ~** kein Mitgefühl *etc* haben, kein Mitleid fühlen; **to move sb to ~** jds Mitleid (*acc*) erregen.

2. (*cause of regret*) **(what a) ~!** (wie) schade!; **what a ~ he can't come** (wie) schade, daß er nicht kommen kann; **more's the ~!** leider; **it is a ~ that ...** es ist schade, daß ...; **the ~ of it was that ...** das Traurige daran war, daß ...; **it's a great ~** es ist sehr schade, es ist jammerschade; (*more formally*) es ist sehr bedauerlich.

II *vt* bemitleiden, bedauern; (*contemptuously*) bedauern. **all I can say is that I ~ you** ich kann nur sagen, du tust mir leid.

pitying *adj*, **~ly** *adv* ['pɪtɪɪŋ, -lɪ] mitleidig; *glance also* bedauernd; (*with contempt*) verächtlich.

pivot ['pɪvət] (*vb: pret, ptp* **~ed**) **I** *n* Lagerzapfen, Drehzapfen *m*; (*Mil*) Flügelmann *m*; (*fig*) Dreh- und Angelpunkt *m*. **~ bearing** Zapfenlager *nt*. **II** *vt* drehbar lagern. **he ~ed it on his hand** er ließ es auf seiner Hand kreiseln. **III** *vi* sich drehen. **to ~ on sth** (*fig*) sich um etw drehen.

pivotal ['pɪvətl] *adj* (*fig*) zentral.

pixel ['pɪksl] *n* (*Comput*) Pixel *nt*.

pixie, pixy ['pɪksɪ] *n* Kobold, Elf *m*. **~ hat** *or* **hood** Rotkäppchenmütze *f*.

pixilated ['pɪksɪleɪtɪd] *adj* (*hum sl*) (*crazy, eccentric*) überspannt, überkandidelt (*inf*); (*drunk*) angeheitert (*inf*).

pizazz [pɪ'zæz] *n see* **pzazz.**

pizza ['piːtsə] *n* Pizza *f*.

pizzeria [ˌpiːtsə'riːə] *n* Pizzeria *f*.

placard ['plækɑːd] **I** *n* Plakat *nt*; (*at demonstrations also*) Transparent *nt*. **II** *vt* plakatieren. **to ~ a wall with posters** eine Wand mit Plakaten bekleben.

placate [plə'keɪt] *vt* besänftigen, beschwichtigen

placatory [plə'keɪtərɪ] *adj* beschwichtigend, besänftigend; *gesture also* versöhnlich.

place [pleɪs] **I** *n* **1.** (*in general*) Platz *m*, Stelle *f*. **this is the ~ where he was ...** hier *or* an dieser Stelle wurde er ...; **from ~ to ~** von einem Ort zum anderen; **in another ~** woanders; **some/any ~** irgendwo; **a poor man with no ~ to go** ein armer Mann, der nicht weiß, wohin; **this is no ~ for you/children** das ist nichts *or* kein Platz für dich/für Kinder; **bed is the best ~ for him** im Bett ist er am besten aufgehoben; **there is no ~ for the unsuccessful in our society** für Erfolglose ist in unserer Gesellschaft kein Platz; **all over the ~** überall; **I can't be in two ~s at once!** ich kann doch nicht an zwei Stellen gleichzeitig sein; **it was the last ~ I expected to find him** da hätte ich ihn zuletzt *or* am wenigsten vermutet; **to laugh in the right ~s** an den richtigen Stellen lachen; **to go ~s** (*travel*) Ausflüge machen, herumreisen; **he's going ~s** (*fig inf*) er bringt's zu was (*inf*).

2. (*specific ~*) Stätte *f*, Ort *m*. **~ of amusement** Vergnügungsstätte *f*; **~ of birth/residence** Geburtsort *m*/Wohnort *m*; **~ of business** *or* **work** Arbeitsstelle *f*.

3. (*on surface*) Stelle *f*. **water is coming through in several ~s** an mehreren Stellen kommt Wasser durch.

4. (*district*) Gegend *f*; (*country*) Land *nt*; (*building*) Gebäude *nt*; (*town*) Ort *m*. **there's nothing to do in the evenings in this ~** hier kann man abends nichts unternehmen; **Sweden's a great ~** Schweden ist ein tolles Land.

5. (*home*) Haus *nt*; Wohnung *f*. **country ~** Gutshaus *nt*, Landsitz *m*; **a little ~ at the seaside** ein Häuschen *nt* am Meer; **come round to my ~ some time** besuch mich mal, komm doch mal vorbei; **I've never been to his ~** ich bin noch nie bei ihm gewesen; **where's your ~?** wo wohnst du?; **at Peter's ~** bei Peter.

6. (*in street names*) Platz *m*.

7. (*proper or natural ~*) Platz *m*. **do the spoons have a special ~?** haben die Löffel einen bestimmten Platz?; **make sure the wire/screw is properly in ~** achten Sie darauf, daß der Draht/die Schraube richtig sitzt; **to be out of ~** in Unordnung sein; (*one object*) nicht an der richtigen Stelle sein; (*fig*) (*remark*) unangebracht *or* deplaziert sein; (*person*) fehl am Platze *or* deplaziert sein; **to feel out of ~** sich fehl am Platz *or* deplaziert fühlen; **not a hair out of ~** tipptopp frisiert (*inf*); **your ~ is by his side** dein Platz ist an seiner Seite; **everything was in ~** alles war an seiner Stelle; **in the right/wrong ~** an der richtigen/falschen Stelle.

8. (*in book*) Stelle *f*. **to find/keep one's ~** die richtige Stelle finden/sich (*dat*) die richtige Stelle markieren; **to lose one's ~** die Seite verblättern; (*on page*) die Zeile verlieren.

9. (*seat, at table, in team, school, hospital*) Platz *m*; (*in hospital also*) Bettplatz *m*; (*university ~*) Studienplatz *m*; (*job*) Stelle *f*. **to lay an extra ~ for sb** ein zusätzliches Gedeck für jdn auflegen; **to take one's ~ (at table)** Platz nehmen; **take your ~s for a square dance!** Aufstellung zur Quadrille, bitte!; **~s for 500 workers** 500 Arbeitsplätze; **to give up/lose one's ~** (*in a queue*) jdm den Vortritt lassen/sich wieder hinten anstellen müssen.

10. (*social position*) Rang *m*, Stellung *f*. **people in high ~s** Leute in hohen Positionen; **to know one's ~** wissen, was sich (für einen) gehört; **of course I'm not criticizing your work, I know my ~!** (*hum*) ich kritisiere dich selbstverständlich nicht, das steht mir gar nicht zu; **it's not my ~ to tell him what to do** es steht mir nicht zu, ihm zu sagen, was er tun soll; **to keep** *or* **put sb in his ~** jdn in seine Schranken weisen.

11. (*in exam, Sport*) Platz *m*, Stelle *f*; (*Math*) Stelle *f*. **to work sth out to three**

decimal ~s etw auf drei Stellen nach dem Komma berechnen; **P won, with Q in second ~** P hat gewonnen, an zweiter Stelle *or* auf dem zweiten Platz lag Q; **to win first ~** erste(r, s) sein.

12. (*Horse-racing*) Plazierung *f.* **to get a ~** eine Plazierung erreichen, einen der ersten drei Plätze belegen.

13. in ~ of statt (*+gen*); **if I were in your ~** (wenn ich) an Ihrer Stelle (wäre); **put yourself in my ~** versetzen Sie sich in meine Lage; **to give ~ to sth** einer Sache (*dat*) Platz machen; **to take ~** stattfinden; **to take the ~ of sb/sth** jdn/etw ersetzen, jds Platz *or* den Platz von jdm/etw einnehmen.

14. in the first/second/third ~ erstens/zweitens/drittens; **in the next ~** weiterhin.

II *vt* **1.** (*put*) setzen, stellen, legen; *person at table* setzen; *guards* aufstellen; *shot* (*with gun*) anbringen; (*Ftbl, Tennis*) plazieren; *troops* in Stellung bringen; *announcement* (*in paper*) inserieren (*in* in *+dat*); *advertisement* setzen (*in* in *+acc*). **the magician ~d one hand over the other** der Zauberer legte eine Hand über die andere; **he ~d the cue-ball right behind the black** er setzte den Spielball direkt hinter den schwarzen Ball; **he ~d a knife at my throat** er setzte mir ein Messer an die Kehle; **she ~d a finger on her lips** sie legte den Finger auf die Lippen; **to ~ a matter before sb** jdm eine Angelegenheit vorlegen; **I shall ~ the matter in the hands of a lawyer** ich werde die Angelegenheit einem Rechtsanwalt übergeben; **to ~ a strain on sth** etw belasten; **where do you ~ love in your list of priorities?** an welcher Stelle steht die Liebe für dich?; **to ~ confidence/trust in sb/sth** Vertrauen in jdn/etw setzen; **historians ~ the book in the 5th century AD** Historiker datieren das Buch auf das 5. Jahrhundert; **I don't know, it's very difficult to ~** ich weiß es nicht, es ist sehr schwer einzuordnen.

2. to be ~d (*shop, town, house*) liegen; **we are well ~d for the shops** was Einkaufsmöglichkeiten angeht, wohnen wir günstig; **the vase was dangerously ~d** die Vase stand an einer gefährlichen Stelle; **how are you ~d for time/money?** wie sieht es mit deiner Zeit/deinem Geld aus?; **Liverpool are well ~d in the league** Liverpool liegt gut in der Tabelle; **they were well ~d to observe the whole battle** sie hatten einen günstigen Platz, von dem sie die ganze Schlacht verfolgen konnten; **we are well ~d now to finish the job by next year** wir stehen jetzt so gut da, daß wir die Arbeit im nächsten Jahr fertigstellen können; **with the extra staff we are better ~d now** mit dem zusätzlichen Personal stehen wir jetzt besser da; **he is well ~d** (*to get hold of things*) er sitzt an der Quelle.

3. *order* aufgeben (*with sb* bei jdm); *contract* abschließen (*with sb* mit jdm); *phone call* anmelden; *money* deponieren; (*Comm*) *goods* absetzen. **this is the last time we ~ any work with you** das ist das letzte Mal, daß wir Ihnen einen Auftrag erteilt haben; **to ~ money at sb's credit** jdm eine Geldsumme gutschreiben.

4. (*in job*) unterbringen (*with* bei).

5. (*in race, competition*) **the German runner was ~d third** der deutsche Läufer belegte den dritten Platz *or* wurde Dritter; **to be ~d** (*in horse-race*) (*Brit*) sich plazieren, unter den ersten drei sein; (*US*) Zweiter sein.

6. (*remember, identify*) einordnen. **I can't quite ~ him/his accent** ich kann ihn/seinen Akzent nicht einordnen.

placebo [plə'si:bəʊ] *n* (*Med*) Placebo *nt.*

place card *n* Tischkarte *f*; **place kick** *n* Platztritt *m*; **place mat** *n* Set *nt.*

placement ['pleɪsmənt] *n* **1.** (*act: of social worker, teacher*) Plazierung *f*; (*finding job for*) Vermittlung *f.* **2.** (*period: of trainee*) Praktikum *nt.* **I'm here on a six-month ~** (*for in-service training*) ich bin hier für sechs Monate zur Weiterbildung; (*on secondment*) ich bin für sechs Monate hierhin überwiesen worden.

place-name ['pleɪs,neɪm] *n* Ortsname *m.*

placenta [plə'sentə] *n* Plazenta *f.*

placid ['plæsɪd] *adj* ruhig; *person also* gelassen; *disposition* friedfertig; *smile* still; *scene* beschaulich, friedvoll.

placidity [plə'sɪdɪtɪ] *n see adj* Ruhe *f*; Gelassenheit *f*; Friedfertigkeit *f*; Stille *f*; Beschaulichkeit *f.*

placidly ['plæsɪdlɪ] *adv* ruhig, friedlich; *speak* bedächtig.

placket ['plækɪt] *n* Schlitz *m.*

plagiarism ['pleɪdʒjərɪzəm] *n* Plagiat *nt.*

plagiarist ['pleɪdʒjərɪst] *n* Plagiator(in *f*) *m.*

plagiarize ['pleɪdʒjəraɪz] *vt* plagiieren.

plague [pleɪg] **I** *n* (*Med*) Seuche *f*; (*Bibl, fig*) Plage *f.* **the ~** die Pest; **to avoid sb/sth like the ~** jdn/etw wie die Pest meiden; **a ~ of reporters descended on the town** eine Horde von Reportern suchte die Stadt heim.

II *vt* plagen. **to ~ the life out of sb** jdn (bis aufs Blut) quälen, jdm das Leben schwermachen; **to ~ sb with questions** jdn ständig mit Fragen belästigen.

plaice [pleɪs] *n, no pl* Scholle *f.*

plaid [plæd] *n* Plaid *nt.* **~ skirt** karierter Rock.

plain [pleɪn] **I** *adj* (*+er*) **1.** klar; (*obvious also*) offensichtlich; *tracks, differences* deutlich. **~ to see** offensichtlich; **it's as ~ as the nose on your face** (*inf*) das sieht doch ein Blinder (mit Krückstock) (*inf*); **to make sth ~ to sb** jdm etw klarmachen *or* klar zu verstehen geben; **the reason is ~ to see** der Grund ist leicht einzusehen; **I'd like to make it quite ~ that ...** ich möchte gern klarstellen, daß ...; **do I/did I make myself** *or* **my meaning ~?** ist das klar/habe ich mich klar ausgedrückt?

2. (*frank, straightforward*) *question, answer* klar; *truth* schlicht. **to be ~ with sb** jdm gegenüber offen *or* direkt sein; **in ~ language** *or* **English, the answer is no** um es klar *or* auf gut Deutsch zu sagen: die Antwort ist nein; **it was ~ sailing** es ging glatt (über die Bühne) (*inf*); **from**

now on it'll be ~ sailing von jetzt an geht es ganz einfach.

3. (*simple, with nothing added*) einfach; *dress, design also* schlicht; *living also* schlicht, bescheiden; *cooking, food also* (gut)bürgerlich; *cook* gutbürgerlich; *water* klar; *chocolate* bitter; *paper* unliniert; *colour* einheitlich; *cigarette* ohne Filter. **in a ~ colour** einfarbig, uni *pred*; **under ~ cover** in neutraler Verpackung; (*in envelope*) in neutralem Umschlag; **he used to be ~ Mr ...** früher war er einfach *or* schlicht Herr ...

4. (*sheer*) rein; *greed also* nackt; *nonsense also* völlig, blank (*inf*). **it's just ~ commonsense** das ist einfach gesunder Menschenverstand.

5. (*not beautiful*) *person, appearance* nicht gerade ansprechend; *face also* alltäglich. **she really is so ~** sie ist recht unansehnlich; **she's a real ~ Jane** sie ist nicht gerade hübsch *or* eine Schönheit.

II *adv* **1.** (*inf: simply, completely*) (ganz) einfach.

2. I can't put it ~er than that deutlicher kann ich es nicht sagen.

III *n* **1.** (*Geog*) Ebene *f*, Flachland *nt*. **the ~s** das Flachland, die Ebene; (*in North America*) die Prärie.

2. (*Knitting*) rechte Masche.

plain clothes *npl* **in ~** in Zivil. **plain-clothes policeman/-woman** *n* Polizist(in *f*) *m* in Zivil.

plainly ['pleɪnlɪ] *adv* **1.** (*clearly*) eindeutig; *explain, remember, visible* klar, deutlich. **2.** (*frankly*) offen, direkt. **3.** (*simply, unsophisticatedly*) einfach.

plainness ['pleɪnnɪs] *n* **1.** (*frankness, straightforwardness*) Direktheit, Offenheit *f*. **2.** (*simplicity*) Einfachheit *f*. **3.** (*lack of beauty*) Unansehnlichkeit *f*.

plainsman ['pleɪnzmən] *n*, *pl* **-men** [-mən] Flachländer *m*.

plainsong *n* Cantus planus *m*, Gregorianischer Gesang; **plain speaking** *n* Offenheit *f*; **some/a bit of ~** ein paar offene Worte; **plain-spoken** *adj* offen, direkt; *criticism also* unverhohlen.

plaintiff ['pleɪntɪf] *n* Kläger(in *f*) *m*.

plaintive ['pleɪntɪv] *adj* klagend; *voice etc* wehleidig (*pej*); *song also* schwermütig, elegisch (*geh*); *look* leidend.

plaintively ['pleɪntɪvlɪ] *adv see adj*.

plait [plæt] **I** *n* Zopf *m*. **she wears her hair in ~s** sie trägt Zöpfe. **II** *vt* flechten.

plan [plæn] **I** *n* **1.** (*scheme*) Plan *m*; (*Pol, Econ also*) Programm *nt*. **~ of action** (*Mil, fig*) Aktionsprogramm *nt*; **~ of campaign** (*Mil*) Strategie *f*; **the ~ is to meet at six** es ist geplant, sich um sechs zu treffen; **so, what's the ~?** was ist also geplant?; **the best ~ is to tell him first** am besten sagt man es ihm zuerst; **to make ~s (for sth)** Pläne (für etw) machen, (etw) planen; **to have great ~s for sb** mit jdm Großes vorhaben, große Pläne mit jdm haben; **have you any ~s for tonight?** hast du (für) heute abend (schon) etwas vor?; **according to ~** planmäßig.

2. (*diagram*) Plan *m*; (*for novel also*) Entwurf *m*; (*for essay, speech*) Gliederung *f*, Konzept *nt*; (*town ~*) Stadtplan *m*.

II *vt* **1.** (*arrange*) planen; *programme* erstellen.

2. (*intend*) vorhaben. **we weren't ~ning to** wir hatten es nicht vor; **this development was not ~ned** diese Entwicklung war nicht eingeplant.

3. (*design*) planen; *buildings also* entwerfen.

III *vi* planen. **to ~ for sth** sich einstellen auf (+*acc*), rechnen mit; **to ~ months ahead** (auf) Monate vorausplanen; **to ~ on sth** mit etw rechnen; **I'm not ~ning on staying** ich wollte nicht bleiben, ich habe nicht vor zu bleiben.

◆**plan out** *vt sep* in Einzelheiten planen.

plane¹ [pleɪn] *n* (*also* **~ tree**) Platane *f*.

plane² **I** *adj* eben (*also Math*); *surface also* plan.

II *n* **1.** (*Math*) Ebene *f*.

2. (*fig*) Ebene *f*; (*intellectual also*) Niveau *nt*; (*social ~*) Schicht *f*. **he lives on a different ~** er lebt in anderen Sphären.

3. (*tool*) Hobel *m*.

4. (*aeroplane*) Flugzeug *nt*. **to go by ~/take a ~** fliegen.

III *vt* hobeln. **to ~ sth down** etw abhobeln, etw glatt hobeln.

IV *vi* (*bird, glider, speedboat*) gleiten.

planeload ['pleɪnləʊd] *n* Flugzeugladung *f*.

planet ['plænɪt] *n* Planet *m*.

planetarium [ˌplænɪ'tɛərɪəm] *n* Planetarium *nt*.

planetary ['plænɪtərɪ] *adj* planetarisch, Planeten-; *travel* zu anderen Planeten.

plank [plæŋk] **I** *n* **1.** Brett *nt*; (*Naut*) Planke *f*; *see* **walk**. **2.** (*Pol*) Schwerpunkt *m*. **II** *vtr* (*inf*) *see* **plonk¹**.

planking ['plæŋkɪŋ] *n* Beplankung *f*.

plankton ['plæŋktən] *n* Plankton *nt*.

planned [plænd] *adj* geplant. **~ economy** Planwirtschaft *f*; **~ obsolescence** geplanter Verschleiß.

planner ['plænəʳ] *n* Planer(in *f*) *m*.

planning ['plænɪŋ] *n* Planung *f*.

planning *in cpds* Planungs-; **~ permission** Baugenehmigung *f*.

plant [plɑːnt] **I** *n* **1.** (*Bot*) Pflanze *f*. **rare/tropical ~s** seltene/tropische Gewächse *pl*.

2. (*no pl: equipment*) Anlagen *pl*; (*equipment and buildings*) Produktionsanlage *f*; (*no pl: US: of school, bank*) Einrichtungen *pl*; (*factory*) Werk *nt*. **~-hire** Baumaschinenvermietung *f*; **"heavy ~ crossing"** „Baustellenverkehr".

3. (*inf*) *eingeschmuggelter Gegenstand, der jdn kompromittieren soll*; (*frame-up*) Komplott *nt*.

II *attr* Pflanzen-. **~ life** Pflanzenwelt *f*.

III *vt* **1.** *plants, trees* pflanzen, ein- *or* anpflanzen; *field* bepflanzen. **to ~ a field with turnips/wheat** auf einem Feld Rüben anbauen *or* anpflanzen/Weizen anbauen.

2. (*place in position*) setzen; *bomb* legen; *kiss* drücken; *fist* pflanzen (*inf*); (*in the ground*) *stick* stecken; *flag* pflanzen. **to ~ sth in sb's mind** jdm etw in den Kopf setzen, jdn auf etw (*acc*) bringen;

he ~ed himself right in the doorway er pflanzte sich genau in den Eingang (*inf*); **he ~ed himself right in front of the fire** (*inf*) er pflanzte sich genau vor dem Kamin auf (*inf*); **to ~ a punch on sb's chin** (*inf*) jdm einen Kinnhaken geben.

3. (*inf*) *incriminating evidence, stolen goods* manipulieren, praktizieren; (*in sb's car, home*) schmuggeln; *informer, spy* (ein)schleusen. **to ~ sth on sb** (*inf*) jdm etw unterjubeln (*inf*).

plantain ['plæntɪn] *n* (*Bot*) **1.** Plantainbanane *f*. **2.** (*weed*) Wegerich *m*.

plantation [plæn'teɪʃən] *n* Plantage, Pflanzung *f*; (*of trees*) Schonung, Anpflanzung *f*.

planter ['plɑːntəʳ] *n* Pflanzer(in *f*) *m*; (*plantation owner also*) Plantagenbesitzer(in *f*) *m*; (*machine*) Pflanzmaschine *f*; (*seed ~*) Sämaschine *f*; (*plantpot*) Übertopf *m*.

plaque [plæk] *n* **1.** Plakette *f*; (*on building etc*) Tafel *f*. **2.** (*Med*) Belag *m*; (*on teeth*) (Zahn)belag *m*.

plasm ['plæzəm], **plasma** ['plæzmə] *n* Plasma *nt*.

plaster ['plɑːstəʳ] **I** *n* **1.** (*Build*) (Ver)putz *m*.

2. (*Art, Med: also ~* **of Paris**) Gips *m*; (*Med: ~ cast*) Gipsverband *m*. **to have one's leg in ~** das Bein in Gips haben.

3. (*Brit: sticking ~*) Pflaster *nt*.

II *vt* **1.** (*Build*) *wall* verputzen. **to ~ over a hole** ein Loch zu- *or* vergipsen.

2. (*inf: cover*) vollkleistern. **to ~ a wall with posters** eine Wand mit Plakaten vollkleistern *or* bepflastern (*inf*); **~ed with mud** schlammbedeckt; **he ~ed down his wet hair with his hands** er klatschte sich das nasse Haar mit den Händen an.

plasterboard *n* Gipskarton(platten *pl*) *m*; **plaster cast** *n* (*model, statue*) Gipsform *f*; (*of footprint*) Gipsabdruck *m*; (*Med*) Gipsverband *m*.

plastered ['plɑːstəd] *adj pred* (*sl*) voll (*sl*).

plasterer ['plɑːstərəʳ] *n* Gipser(in *f*), Stukkateur(in *f*) *m*.

plastic ['plæstɪk] **I** *n* **1.** Kunststoff *m*, Plastik *nt*, Plaste *f* (*dial inf*). **~s** Kunststoffe, Plaste (*dial*) *pl*. **2.** (*inf: credit cards*) Kreditkarte(n *pl*) *f*.

II *adj* **1.** (*made of ~*) Kunststoff-, aus Kunststoff, Plastik-, aus Plastik, aus Plast (*dial*); (*pej inf*) *food* Plastik- (*inf*); *person* synthetisch; *pub* steril (*fig*), Plastik- (*inf*).

2. (*flexible*) formbar (*also fig*), modellierbar (*also fig*), plastisch. **the ~ arts** die gestaltenden Künste.

3. (*Med*) plastisch.

plastic bag *n* Plastiktüte *f*; **plastic bomb** *n* Plastikbombe *f*; **plastic explosive** *n* Plastiksprengstoff *m*.

plasticine ® ['plæstɪsiːn] *n* Plastilin *nt*.

plasticity [plæ'stɪsɪtɪ] *n* Formbarkeit, Modellierbarkeit *f*.

plastics industry *n* Kunststoffindustrie *f*; **plastic surgeon** *n* plastischer Chirurg, plastische Chirurgin; **plastic surgery** *n* kosmetische *or* plastische Chirurgie; **he had to have ~** er mußte sich einer Gesichtsoperation unterziehen; **she decided to have ~ on her nose** sie entschloß sich, eine Schönheitsoperation an ihrer Nase vornehmen zu lassen.

plate [pleɪt] **I** *n* **1.** (*flat dish, ~ful, collection ~*) Teller *m*; (*warming ~*) Platte *f*. **~ supper** (*US*) Tellergericht *nt*; **a dinner at $15.00 a ~** (*US*) ein Essen für *or* zu $ 15.00 pro Person; **to have sth handed to one on a ~** (*fig inf*) etw auf einem Tablett serviert bekommen (*inf*); **to have a lot on one's ~** (*fig inf*) viel am Hals haben (*inf*).

2. (*gold, silver*) Silber und Gold *nt*; Tafelsilber *nt*; Tafelgold *nt*; (*~d metal*) vergoldetes/versilbertes Metall; (*~d articles*) (*jewellery*) Doublé *nt*, Doublee *nt*. **a piece of ~** ein Stück *or* Gegenstand aus Gold/Silber; (*~d article*) ein vergoldeter/versilberter Gegenstand.

3. (*Tech, Phot, Typ*) Platte *f*; (*name-~, number-~*) Schild *nt*.

4. (*Racing*) Cup, Pokal *m*; (*race*) Cup- *or* Pokalrennen *nt*.

5. (*illustration*) Tafel *f*.

6. (*dental ~*) (Gaumen)platte *f*.

7. (*Baseball: home ~*) Gummiplatte *f*.

II *vt ship* beplanken; (*with armour-plating*) panzern. **to ~ (with gold/silver/nickel)** vergolden/-silbern/-nickeln.

plateau ['plætəʊ] *n, pl* **-s** *or* **-x** (*Geog*) Plateau *nt*, Hochebene *f*. **the rising prices have reached a ~** die Preise steigen nicht mehr und haben sich eingependelt.

plateful ['pleɪtfʊl] *n* Teller *m*. **two ~s of salad** zwei Teller (voll) Salat.

plate glass *n* Tafelglas *nt*; **platelayer** *n* (*Brit Rail*) Streckenarbeiter *m*.

platelet ['pleɪtlɪt] *n* (*Physiol*) Plättchen *nt*.

platen ['plætən] *n* (*of typewriter, printer*) Walze *f*.

plate rack *n* (*Brit*) Geschirrständer *m*; **plate warmer** *n* Warmhalteplatte *f*.

platform ['plætfɔːm] *n* **1.** Plattform *f*; (*stage*) Podium *nt*, Bühne *f*. **2.** (*Rail*) Bahnsteig *m*. **3.** (*Pol*) Plattform *f*.

platform sole *n* Plateausohle *f*; **platform ticket** *n* Bahnsteigkarte *f*.

plating ['pleɪtɪŋ] *n* (*act*) Vergolden *nt*, Vergoldung *f*; Versilbern *nt*, Versilberung *f*; (*material*) Auflage *f*; (*of copper also*) Verkupferung *f*; (*of nickel also*) Vernickelung *f*; (*on ship*) Beplankung, Außenhaut *f*; (*armour-~*) Panzerung *f*.

platinum ['plætɪnəm] *n* Platin *nt*. **a ~ blonde** eine Platinblonde.

platitude ['plætɪtjuːd] *n* Platitüde *f*.

platitudinous [,plætɪ'tjuːdɪnəs] *adj* banal.

Platonic [plə'tɒnɪk] *adj philosophy* Platonisch. **p~** *love, friendship* platonisch.

platoon [plə'tuːn] *n* (*Mil*) Zug *m*.

platter ['plætəʳ] *n* Teller *m*; (*wooden ~ also*) Brett *nt*; (*serving dish*) Platte *f*; (*sl: record*) Platte *f*. **to have sth handed to one on a silver ~** etw auf einem Tablett serviert bekommen.

platypus ['plætɪpəs] *n* Schnabeltier *nt*.

plaudit ['plɔːdɪt] *n usu pl* (*liter*) Ovation (*usu pl*), Huldigung *f* (*geh*).

plausibility [,plɔːzə'bɪlɪtɪ] *n see adj* Plausibilität *f*; Geschicktheit *f*; überzeugende Art.

plausible ['plɔːzəbl] *adj* plausibel; *argument also* einleuchtend; *liar* gut, geschickt; *manner, person* überzeugend.

plausibly ['plɔːzəblɪ] *adv* plausibel; *argue also* einleuchtend; *lie, present one's excuses* geschickt; *tell a story, act a part* auf überzeugende Art, überzeugend.

play [pleɪ] **I** *n* **1.** (*amusement, gambling*) Spiel *nt*. **to do/say sth in ~** etw aus Spaß tun/sagen; **~ on words** Wortspiel *nt*; **children at ~** spielende Kinder; **children learn through ~** Kinder lernen beim Spiel; **it's your ~** (*turn*) du bist dran; **he lost £800 in a few hours' ~** er hat beim Spiel innerhalb von ein paar Stunden £ 800 verloren.

2. (*Sport*) Spiel *nt*. **to abandon ~** das Spiel abbrechen; **because of bad weather ~ was impossible** es konnte wegen schlechten Wetters nicht gespielt werden; **in a clever piece of ~, in a clever ~** (*US*) in einem klugen Schachzug; **there was some exciting ~ towards the end** gegen Ende gab es einige spannende (Spiel)szenen; **to be in ~/out of ~** (*ball*) im Spiel/im Aus sein; **to kick the ball out of ~** den Ball aus *or* ins Aus schießen.

3. (*Tech, Mech*) Spiel *nt*. **1 mm (of) ~** 1 mm Spiel.

4. (*Theat*) (Theater)stück *nt*; (*Rad*) Hörspiel *nt*; (*TV*) Fernsehspiel *nt*. **the ~s of Shakespeare** Shakespeares Dramen.

5. (*fig: moving patterns*) Spiel *nt*.

6. (*fig phrases*) **to come into ~** ins Spiel kommen; **to give full ~ to one's imagination** seiner Phantasie (*dat*) freien Lauf lassen; **to bring** *or* **call sth into ~** etw aufbieten *or* einsetzen; **the ~ of opposing forces** das Widerspiel der Kräfte; **to make great ~ of sth** viel Aufhebens von etw machen; **to make a ~ for sb/sth** sich um jdn bemühen/es auf etw (*acc*) abgesehen haben.

II *vt* **1.** *game, card, ball, position* spielen; *player* aufstellen, einsetzen. **to ~ sb (at a game)** gegen jdn (ein Spiel) spielen; **to ~ ball (with sb)** (*inf*) (mit jdm) mitspielen; **to ~ shop** (Kaufmanns)laden spielen, Kaufmann spielen; **to ~ a joke on sb** jdm einen Streich spielen; **to ~ a mean/dirty trick on sb** jdn auf gemeine/schmutzige Art hereinlegen; **they're all ~ing the game** die machen doch alle mit; see **card**[1], **game**[1], **market, hell.**

2. (*Theat, fig*) *part, play* spielen; (*perform in*) *town* spielen in (+*dat*). **to ~ the fool** den Clown spielen.

3. *instrument, record, tune* spielen. **to ~ the piano** Klavier spielen; **to ~ sth through/over** etw durchspielen.

4. (*direct*) *lights, jet of water* richten.

5. (*Fishing*) drillen.

III *vi* **1.** spielen. **to go out to ~** rausgehen und spielen; **run away and ~!** geh spielen!; **can Johnny come out to ~?** darf Johnny zum Spielen rauskommen?; **to ~ with oneself** (*euph*) an sich (*dat*) herumspielen (*euph*); **to ~ with the idea of doing sth** mit dem Gedanken spielen, etw zu tun; **we don't have much time/money to ~ with** wir haben zeitlich/finanziell nicht viel Spielraum; **we don't have that many alternatives to ~ with** so viele Alternativen haben wir nicht zur Verfügung; **he wouldn't ~** (*fig inf*) er wollte nicht mitspielen (*inf*).

2. (*Sport, at game, gamble*) spielen. **to ~ at mothers and fathers/cowboys and Indians** Vater und Mutter/Cowboy und Indianer spielen; **he was ~ing at being angry/the jealous lover** seine Wut war gespielt/er spielte den eifersüchtigen Liebhaber; **~!** Anspiel!; **what are you ~ing at?** (*inf*) was soll (denn) das? (*inf*); **to ~ for money** um Geld spielen; **to ~ for time** (*fig*) Zeit gewinnen wollen; **to ~ into sb's hands** (*fig*) jdm in die Hände spielen.

3. (*Mus*) spielen. **to ~ to sb** jdm vorspielen.

4. (*move about, form patterns: sun, light, water*) spielen; (*fountain*) tanzen. **a smile ~ed on his lips** ein Lächeln spielte um seine Lippen; **the searchlights ~ed over the roofs** die Suchscheinwerfer strichen über die Dächer.

5. (*Theat*) (*act*) spielen; (*be performed*) gespielt werden.

6. (*Sport: ground, pitch*) sich bespielen lassen. **the pitch ~s well/badly** auf dem Platz spielt es sich gut/schlecht.

◆**play about** *or* **around** *vi* spielen. **I wish he'd stop ~ing ~ and settle down to a steady job** ich wollte, er würde mit dem ständigen Hin und Her aufhören und sich eine feste Arbeit suchen; **to ~ ~ with sth/an idea** mit etw (herum)spielen/mit einer Idee spielen; **to ~ ~ with sb/sb's feelings** mit jdm/jds Gefühlen spielen.

◆**play along I** *vi* mitspielen. **he ~ed ~ with the system** er arrangierte sich mit dem System; **to ~ ~ with a suggestion** auf einen Vorschlag eingehen/scheinbar eingehen.

II *vt always separate* hinters Licht führen, ein falsches Spiel spielen mit; (*in order to gain time*) hinhalten.

◆**play back** *vt sep tape recording* abspielen.

◆**play down** *vt sep* herunterspielen.

◆**play in** *vt sep* (*lead in with music*) musikalisch begrüßen.

◆**play off I** *vt sep* **to ~ X ~ against Y** X gegen Y ausspielen. **II** *vi* (*Sport*) um die Entscheidung spielen.

◆**play on I** *vi* weiterspielen.

II *vi +prep obj* (*also* **play upon**) (*exploit*) *sb's fears, feelings, good nature* geschickt ausnutzen; (*emphasize*) *difficulties, similarities* herausstreichen. **the hours of waiting ~ed ~ my nerves** das stundenlange Warten zermürbte mich; **the author is ~ing ~ words** der Autor macht Wortspiele/ein Wortspiel.

◆**play out** *vt sep* **1.** (*Theat*) *scene* (*enact*) darstellen; (*finish acting*) zu Ende spielen (*also fig*). **their romance was ~ed ~ against a background of civil war** ihre Romanze spielte sich vor dem Hintergrund des Bürgerkrieges ab.

2. (*esp pass: use up*) *mine* ausbeuten. **to ~ ~ (the) time** die Zeit herumbringen; (*Sport also*) auf Zeit spielen, Zeit schinden (*pej*); **a ~ed-~ joke** (*inf*) ein abgedroschener Witz; **a ~ed-~ theory** (*inf*) eine überstrapazierte Theorie; **his talent is pretty well ~ed ~** (*inf*) sein Talent ist einigermaßen verbraucht.

3. (*Mus*) mit Musik hinausgeleiten.

◆**play through** *vi +prep obj a few bars* durchspielen.

◆**play up I** *vi* **1.** (*play louder*) lauter spielen.

2. (*Sport inf: play better*) aufdrehen (*inf*), (richtig) loslegen (*inf*). **~ ~!** vor!, ran!

3. (*Brit inf: cause trouble: car, injury, child*) verrückt spielen (*inf*).

4. (*inf: flatter*) **to ~ ~ to sb** jdn umschmeicheln.

II *vt sep* (*inf*) **1.** (*cause trouble to*) **to ~ sb ~** jdm Schwierigkeiten machen; (*child, injury also*) jdn piesacken (*inf*).

2. (*exaggerate*) hochspielen.

◆**play upon** *vi +prep obj see* **play on II.**

playable ['pleɪəbl] *adj pitch* bespielbar; *ball* zu spielen *pred.*

play-act *vi* (*dated Theat*) schauspielern; (*fig also*) Theater spielen; **play-acting** *n* (*fig also*) Theater(spiel) *nt*; **playback** *n* (*switch, recording*) Wiedergabe *f*; (*playing-back also*) Abspielen *nt*; **they listened to the ~ of their conversation** sie hörten sich (*dat*) die Aufnahme ihres Gespräches an; **playbill** *n* (*poster*) Theaterplakat *nt*; (*US: programme*) Theaterprogramm *nt*; **playboy** *n* Playboy *m.*

player ['pleɪəʳ] *n* (*Sport, Mus*) Spieler(in *f*) *m*; (*Theat*) Schauspieler(in *f*) *m.*

player-piano ['pleɪə'pjɑːnəʊ] *n* automatisches Klavier.

playfellow ['pleɪfeləʊ] *n* Spielkamerad(in *f*) *m.*

playful ['pleɪfʊl] *adj child, animal* verspielt, munter; *remark, smile, look also* schelmisch. **the dog is in a ~ mood/just being ~** der Hund will spielen/spielt nur; **to do sth in a ~ way** etw zum Scherz *or* aus Spaß tun.

playfully ['pleɪfəlɪ] *adv* neckisch; *remark, smile, look also* schelmisch. **to do/say sth ~** etw zum Scherz tun/sagen.

playfulness ['pleɪfʊlnɪs] *n* (*of child, animal*) Verspieltheit *f*; (*of adult*) Ausgelassenheit, Lustigkeit *f.*

playgoer *n* Theaterbesucher(in *f*) *m*; **playground** *n* Spielplatz *m*; (*Sch*) (Schul)hof *m*; (*fig*) Tummelplatz *m*, Spielwiese *f*; **playgroup** *n* Spielgruppe *f*; **playhouse** *n* **1.** (*children's house*) Spielhaus *nt*; (*US: doll's house*) Puppenstube *f*; **2.** (*Theat*) Schaubühne *f* (*dated*), Schauspielhaus *nt.*

playing ['pleɪɪŋ]: **playing card** *n* Spielkarte *f*; **playing field** *n* Sportplatz *m.*

playlet ['pleɪlɪt] *n* Spiel, Stück *nt.*

playmate *n see* **playfellow**; **play-off** *n* Entscheidungsspiel *nt*; (*extra time*) Verlängerung *f*; **playpen** *n* Laufstall *m*; **playroom** *n* Spielzimmer *nt*; **playschool** *n* Kindergarten *m*; **plaything** *n* (*lit, fig*) Spielzeug *nt*; **playtime** *n* Zeit *f* zum Spielen; (*Sch*) große Pause.

playwright ['pleɪraɪt] *n* Dramatiker(in *f*) *m*; (*contemporary also*) Stückeschreiber(in *f*) *m.*

plaza ['plɑːzə] *n* Piazza *f*; (*US*) (*shopping complex*) Einkaufszentrum *or* -center *nt*; (*on motorway*) Raststätte *f.*

plc [piːel'siː] *n abbr of* **public limited company** AG *f.*

plea [pliː] *n* **1.** Bitte *f*; (*general appeal*) Appell *m.* **to make a ~ for sth** zu etw aufrufen; **to make a ~ for mercy/leniency** um Gnade/Milde bitten.

2. (*excuse*) Begründung *f.* **on the ~ of illness** aus Krankheitsgründen.

3. (*Jur*) Plädoyer *nt.* **to enter a ~ of guilty/not guilty** ein Geständnis ablegen/seine Unschuld erklären; **to enter a ~ of insanity** Zurechnungsunfähigkeit geltend machen; **~ bargaining** *Verhandlungen pl zwischen Vertreter der Anklage und der Verteidigung über die Möglichkeit, bestimmte Anklagepunkte fallenzulassen, wenn der Angeklagte sich in anderen Punkten schuldig bekennt.*

plead [pliːd] *pret, ptp* **~ed** *or* (*Scot, US*) **pled I** *vt* **1.** (*argue*) vertreten. **to ~ sb's case, to ~ the case for sb** (*Jur*) jdn vertreten; **to ~ the case for the defence** (*Jur*) die Verteidigung vertreten; **to ~ the case for sth** (*fig*) sich für etw einsetzen; **to ~ sb's cause** (*fig*) jds Sache vertreten, für jds Sache eintreten.

2. (*as excuse*) *ignorance, insanity* sich berufen auf (+*acc*).

II *vi* **1.** (*beg*) bitten, nachsuchen (*for* um). **to ~ with sb to do sth** jdn bitten *or* ersuchen (*geh*), etw zu tun; **to ~ with sb for sth** (*beg*) jdn um etw bitten.

2. (*Jur*) (*counsel*) das Plädoyer halten. **to ~ guilty/not guilty** sich schuldig/nicht schuldig bekennen; **to ~ for sth** (*fig*) für etw plädieren.

pleading ['pliːdɪŋ] **I** *n* Bitten *nt*; (*Jur*) Plädoyer *nt.* **II** *adj look, voice* flehend.

pleadingly ['pliːdɪŋlɪ] *adv* flehend.

pleasant ['pleznt] *adj* angenehm; *surprise also, news* erfreulich; *person also, face* nett; *manner also, smile* freundlich.

pleasantly ['plezntlɪ] *adv* angenehm; *smile, greet, speak* freundlich.

pleasantness ['plezntnɪs] *n* Freundlichkeit *f.*

pleasantry ['plezntrɪ] *n* (*joking remark*) Scherz *m*; (*polite remark*) Höflichkeit *f.*

please [pliːz] **I** *interj* bitte. **(yes,) ~** (*acceptance*) (ja,) bitte; (*enthusiastic*) oh ja, gerne; **~ pass the salt, pass the salt, ~** würden Sie mir bitte das Salz reichen?; **may I? — ~ do!** darf ich? — aber bitte *or* bitte sehr!

II *vi* **1. if you ~** (*form: in request*) wenn ich darum bitten darf; **and then, if you ~, he tried ...** und dann, stell dir vor, versuchte er ...; **(just) as you ~** ganz wie du willst, wie es Ihnen beliebt (*form*); **to do as one ~s** machen *or* tun, was man will, machen *or* tun, was einem gefällt.

2. (*cause satisfaction*) gefallen. **eager to ~** darum bemüht, alles richtig zu machen; (*girls*) darum bemüht, jeden Wunsch zu erfüllen; **a gift that is sure to**

~ ein Geschenk, das sicher gefällt; **we aim to ~** wir wollen, daß Sie zufrieden sind.

III *vt* **1.** (*give pleasure to*) eine Freude machen (+*dat*); (*satisfy*) zufriedenstellen; (*do as sb wants*) gefallen (+*dat*), gefällig sein (+*dat*). **just to ~ you** nur dir zuliebe; **it ~s me to see him so happy** es freut mich, daß er so glücklich ist; **well do it then if it ~s you** tu's doch, wenn es dir Spaß macht; **music that ~s the ear** Musik, die das Ohr erfreut; **you can't ~ everybody** man kann es nicht allen recht machen; **there's no pleasing him** er ist nie zufrieden; **he is easily ~d** *or* **easy to ~** er ist leicht zufriedenzustellen; (*iro*) er ist eben ein bescheidener Mensch; **to be hard to ~** schwer zufriedenzustellen sein; **I was only too ~d to help** es war mir wirklich eine Freude zu helfen; *see* **~d.**

2. (*iro, form: be the will of*) belieben (+*dat*) (*iro, form*). **it ~d him to order that ...** er beliebte anzuordnen, daß ... (*form*); **may it ~ Your Honour** (*Jur*) mit Erlaubnis des Herrn Vorsitzenden; **~ God he will recover** gebe Gott, daß er wieder gesund wird.

IV *vr* **to ~ oneself** tun, was einem gefällt; **~ yourself!** wie Sie wollen!; **you can ~ yourself about where you sit** es ist Ihnen überlassen, wo Sie sitzen.

V *n* Bitte *nt*. **without so much as a ~** ohne auch nur „bitte" zu sagen.

pleased [pliːzd] *adj* (*happy*) erfreut; (*satisfied*) zufrieden. **to be ~ (about sth)** sich (über etw *acc*) freuen; **I'm ~ to hear that ...** es freut mich zu hören, daß ...; **~ to meet you** angenehm (*form*), freut mich; **I'm ~ to be able to announce that ...** ich freue mich, mitteilen zu können, daß ...; **to be ~ at sth** über etw (*acc*) erfreut sein; **to be ~ with sb/sth** mit jdm/etw zufrieden sein; **~ with oneself** mit sich selbst zufrieden, selbstgefällig (*pej*).

pleasing ['pliːzɪŋ] *adj* angenehm. **to be ~ to the eye/ear** ein recht netter Anblick sein/sich recht angenehm anhören.

pleasingly ['pliːzɪŋlɪ] *adv* angenehm.

pleasurable ['pleʒərəbl] *adj* angenehm; *anticipation* freudig.

pleasure ['pleʒə^r] *n* **1.** (*satisfaction, happiness*) Freude *f*. **it's a ~, (my) ~** gern (geschehen)!; **with ~** sehr gerne, mit Vergnügen (*form*); **the ~ is mine** (*form*) es war mir ein Vergnügen (*form*); **it gives me great ~ to be here** (*form*) es ist mir eine große Freude, hierzusein; **I have much ~ in informing you that ...** ich freue mich (sehr), Ihnen mitteilen zu können, daß ...; **it would give me great ~ to ...** es wäre mir ein Vergnügen, zu ...; **to have the ~ of doing sth** das Vergnügen haben, etw zu tun; **he finds ~ in books** er hat Freude an Büchern; **he gets a lot of ~ out of his hobby** er hat viel Freude *or* Spaß an seinem Hobby; **he seems to take ~ in annoying me** es scheint ihm Vergnügen zu bereiten, mich zu ärgern; **may I have the ~?** (*form*) darf ich (um den nächsten Tanz) bitten? (*form*); **will you do me the ~ of dining with me?** (*form*) machen Sie mir das Vergnügen, mit mir zu speisen? (*form*); **Mrs X requests the ~ of Mr Y's company** (*form*) Frau X gibt sich die Ehre, Herrn Y einzuladen (*form*); **Mr Y has great ~ in accepting ...** (*form*) Herr Y nimmt ... mit dem größten Vergnügen an (*form*).

2. (*amusement*) Vergnügen *nt*. **is it business or ~?** (ist es) geschäftlich oder zum Vergnügen?

3. (*source of ~*) Vergnügen *nt*. **he's a ~ to teach** es ist ein Vergnügen, ihn zu unterrichten; **the ~s of country life** die Freuden des Landlebens; **all the ~s of London** alle Vergnügungen Londons.

4. (*iro, form: will*) Wunsch *m*. **to await sb's ~** abwarten, was jd zu tun geruht; **during Her Majesty's ~** (*Jur*) auf unbestimmte Zeit.

pleasure *in cpds* Vergnügungs-; **pleasure boat** *n* **1.** Vergnügungsdampfer *m or* -schiff *nt*, Ausflugsdampfer *m or* -schiff *nt*; **2.** (*yacht*) Hobbyboot *nt*; **pleasure-cruise** *n* Vergnügungsfahrt, Kreuzfahrt *f*; **pleasure ground** *n* Parkanlage *f*; (*fairground*) Vergnügungspark *m*; **pleasure-loving** *adj* lebenslustig, leichtlebig (*pej*); **pleasure principle** *n* (*Psych*) Lustprinzip *nt*; **pleasure-seeking** *adj* vergnügungshungrig; **pleasure-trip** *n* Vergnügungsausflug *m or* -reise *f*.

pleat [pliːt] **I** *n* Falte *f*. **II** *vt* fälteln.

pleated ['pliːtɪd] *adj* gefältelt, Falten-. **~ skirt** Faltenrock *m*.

pleb [pleb] *n* (*pej inf*) Plebejer(in *f*) (*pej*), Prolet(in *f*) (*pej inf*) *m*.

plebeian [plɪ'biːən] **I** *adj* plebejisch. **II** *n* Plebejer(in *f*) *m*.

plebiscite ['plebɪsɪt] *n* Plebiszit *nt*, Volksentscheid *m*.

plectrum ['plektrəm] *n* Plektron, Plektrum *nt*.

pled [pled] (*US, Scot*) *pret, ptp of* **plead.**

pledge [pledʒ] **I** *n* **1.** (*in pawnshop, of love*) Pfand *nt*; (*promise*) Versprechen *nt*, Zusicherung *f*. **we have given them a ~ of aid** wir haben versprochen, ihnen zu helfen; **as a ~ of** als Zeichen (+*gen*); **under (the) ~ of secrecy** unter dem Siegel der Verschwiegenheit; **to sign** *or* **take the ~** (*lit*) sich schriftlich zur Abstinenz verpflichten; (*hum inf*) dem Alkohol abschwören (*usu hum*).

2. (*form: toast*) Toast (*form*), Trinkspruch *m*.

II *vt* **1.** (*give as security, pawn*) verpfänden.

2. (*promise*) versprechen, zusichern. **to ~ one's word** sein Wort geben *or* verpfänden; **to ~ support for sb/sth** jdm/einer Sache seine Unterstützung zusichern; **I am ~d to secrecy** ich bin zum Schweigen verpflichtet; **to ~ (one's) allegiance to sb/sth** jdm/einer Sache Treue schwören *or* geloben.

3. (*form: toast*) einen Trinkspruch ausbringen auf (+*acc*).

III *vr* **to ~ oneself to do sth** geloben *or* sich verpflichten, etw zu tun.

plenary ['pliːnərɪ] *adj* Plenar-, Voll-. **~ session** Plenarsitzung, Vollversammlung *f*; **~ powers** unbeschränkte Vollmachten *pl.*

plenipotentiary [ˌplenɪpəˈtenʃərɪ] **I** *n* (General)bevollmächtigte(r) *mf.* **II** *adj ambassador* (general)bevollmächtigt.

plenitude [ˈplenɪtjuːd] *n* (*liter*) Fülle *f.*

plenteous [ˈplentɪəs] *adj* (*liter*) *see* **plentiful.**

plentiful [ˈplentɪfʊl] *adj* reichlich; *commodities, gold, minerals* reichlich *or* im Überfluß vorhanden; *hair* voll. **to be in ~ supply** reichlich *or* im Überfluß vorhanden sein.

plentifully [ˈplentɪfəlɪ] *adv* reichlich.

plenty [ˈplentɪ] **I** *n* **1.** eine Menge. **land of ~** Land des Überflusses; **times of ~** Zeiten des Überflusses, fette Jahre (*Bibl*) *pl*; **in ~** im Überfluß; **three kilos will be ~** drei Kilo sind reichlich; **there's ~ here for six** es gibt mehr als genug für sechs; **you've already had ~** du hast schon reichlich gehabt; **I met him once, and that was ~!** ich habe ihn nur einmal getroffen, und das hat mir gereicht!; **there's ~ more where that came from** davon gibt es genug; **there are still ~ left** es sind immer noch eine ganze Menge da.

2. ~ of viel, eine Menge; **~ of time/milk/eggs/reasons** viel *or* eine Menge Zeit/Milch/viele *or* eine Menge Eier/Gründe; **he's certainly got ~ of nerve** der hat vielleicht Nerven! (*inf*); **has everyone got ~ of potatoes?** hat jeder reichlich Kartoffeln?; **there will be ~ of things to drink** es gibt dort ausreichend zu trinken; **he had been given ~ of warning** er ist genügend oft gewarnt worden; **we arrived in ~ of time to get a good seat** wir kamen so rechtzeitig, daß wir einen guten Platz kriegten; **don't worry, there's ~ of time** keine Angst, es ist noch genug *or* viel Zeit; **take ~ of exercise** Sie müssen viel Sport treiben.

II *adj* (*US inf*) reichlich. **~ bananas** reichlich Bananen.

III *adv* (*esp US inf*) **~ big (enough)** groß genug; **he's ~ mean** er ist ziemlich brutal; **it rained ~** es hat viel geregnet; **sure, I like it ~** sicher, ich mag das sehr.

plenum [ˈpliːnəm] *n* Plenum *nt*, Vollversammlung *f.*

pleonasm [ˈpliːənæzəm] *n* Pleonasmus *m.*

plethora [ˈpleθərə] *n* (*form*) Fülle *f.*

pleurisy [ˈplʊərɪsɪ] *n* Brustfellentzündung *f.*

plexus [ˈpleksəs] *n* Plexus *m*; (*of nerves also*) Nervengeflecht *nt*; (*of blood vessels also*) Gefäßgeflecht *nt.*

pliability [ˌplaɪəˈbɪlɪtɪ] *n see adj* Biegsamkeit *f*; Geschmeidigkeit *f*; Formbarkeit *f*; Fügsamkeit *f.*

pliable [ˈplaɪəbl], **pliant** [ˈplaɪənt] *adj* biegsam; *leather* geschmeidig; *character, mind, person* formbar; (*docile*) fügsam.

plied [plaɪd] *pret, ptp of* **ply**[2]**.**

pliers [ˈplaɪəz] *npl* (*also* **pair of ~**) (Kombi)zange *f.*

plight[1] [plaɪt] *vt* **to ~ one's troth (to sb)** (*old, hum*) (jdm) die Ehe versprechen.

plight[2] *n* Not *f*, Elend *nt*; (*of currency, economy*) Verfall *m.* **to be in a sad** *or* **sorry ~** in einem traurigen Zustand sein; **the country's economic ~** die wirtschaftliche Misere des Landes.

plimsoll [ˈplɪmsəl] *n* (*Brit*) Turnschuh *m.*

Plimsoll line *or* **mark** *n* Höchstlademarke *f.*

plinth [plɪnθ] *n* Sockel *m*, Fußplatte *f.*

Pliocene [ˈplaɪəʊsiːn] **I** *n* Pliozän *nt.* **II** *adj* pliozän.

PLO *abbr of* **Palestine Liberation Organization** PLO *f.*

plod [plɒd] **I** *n* Trott, Zockeltrab (*inf*) *m.* **a steady ~** ein gleichmäßiger Trott.

II *vi* **1.** trotten, zockeln (*inf*). **to ~ up a hill** einen Hügel hinaufstapfen; **to ~ along** *or* **on** weiterstapfen.

2. (*fig: in work*) sich abmühen *or* abplagen *or* herumquälen. **to ~ away at sth** sich mit etw abmühen *etc*; **to ~ on** sich weiterkämpfen, sich durchkämpfen.

plodder [ˈplɒdəʳ] *n* zäher Arbeiter, zähe Arbeiterin.

plodding [ˈplɒdɪŋ] *adj walk* schwerfällig, mühsam; *student, worker* hart arbeitend *attr*; *research* langwierig, mühsam.

plonk[1] [plɒŋk] **I** *n* (*noise*) Bums *m.*

II *adv fall, land* bums, peng. **~ in the middle** genau in die/in der Mitte.

III *vt* (*inf: also* **~ down**) (*drop, put down*) hinwerfen, hinschmeißen (*inf*); (*bang down*) hinknallen (*inf*), hinhauen (*inf*). **he ~ed a kiss on her cheek** er drückte ihr einen Kuß auf die Wange; **to ~ oneself (down)** sich hinwerfen, sich hinpflanzen (*inf*); **he ~ed himself down in a chair** er ließ sich in einen Sessel fallen; **just ~ yourself down somewhere** hau dich einfach irgendwo hin (*inf*).

plonk[2] *n* (*Brit inf: wine*) (billiger) Wein, Gesöff *nt* (*hum, pej*).

plonker [ˈplɒŋkəʳ] *n* (*sl*) (*stupid person*) Niete *f.*

plook [pluːk] *n* (*Scot inf: pimple*) Pickel *m.*

plop [plɒp] **I** *n* Plumps *m*; (*in water*) Platsch *m.*

II *adv* **it fell** *or* **went ~ into the water** es fiel mit einem Platsch ins Wasser.

III *vi* **1.** (*make sound*) platschen.

2. (*inf: fall*) plumpsen (*inf*).

plosive [ˈpləʊsɪv] **I** *adj* Verschluß-, explosiv. **II** *n* Verschlußlaut, Explosivlaut *m.*

plot [plɒt] **I** *n* **1.** (*Agr*) Stück *nt* Land; (*bed: in garden*) Beet *nt*; (*building ~*) Grundstück *nt*; (*allotment*) Parzelle *f*; (*in graveyard*) Grabstelle *f.*

2. (*US: diagram, chart*) (*of estate*) Plan *m*; (*of building*) Grundriß *m.*

3. (*conspiracy*) Verschwörung *f*, Komplott *nt*; *see* **thicken.**

4. (*Liter, Theat*) Handlung *f.*

II *vt* **1.** (*plan*) planen, aushecken (*inf*). **what are you ~ting now?** was heckst du nun schon wieder aus?; **they ~ted to kill him** sie planten gemeinsam, ihn zu töten.

2. *position, course* feststellen; (*draw on map*) einzeichnen; (*Math, Med*) *curve* aufzeichnen.

III *vi* sich verschwören. **to ~ against sb** sich gegen jdn verschwören.

plotter[1] [ˈplɒtəʳ] *n* Verschwörer(in *f*) *m.*

plotter[2] *n* (*Comput*) Plotter *m.*

plotting board, plotting table *n* Zeichentisch *m*.

plough, (*US*) **plow** [plaʊ] **I** *n* Pflug *m*. **the P~** (*Astron*) der Wagen; **under the ~** unter dem Pflug; **to put one's hand to the ~** (*fig*) sich in die Riemen legen.
II *vt* pflügen, umpflügen.
III *vi* pflügen.

◆**plough back** *vt sep* (*Agr*) unterpflügen; (*Comm*) *profits* wieder (hinein)stecken, reinvestieren (*into* in +*acc*).

◆**plough in** *vt sep manure, crop* unterpflügen.

◆**plough through** *vti +prep obj* **1. the ship ~ed (its way) ~ the heavy seas** das Schiff pflügte sich durch die schwere See; **we had to ~ (our way) ~ the snow** wir mußten uns durch den Schnee kämpfen; **the car ~ed straight ~ our garden fence** der Wagen brach geradewegs durch unseren Gartenzaun.
2. (*inf*) **to ~ (one's way) ~ a novel** *etc* sich durch einen Roman *etc* durchackern (*inf*) *or* hindurchquälen.

◆**plough up** *vt sep field* umpflügen; (*uncover*) beim Pflügen zutage bringen; (*uproot*) *tree* roden. **the lorries had completely ~ed ~ the village green** die Lastwagen hatten den Dorfanger vollkommen zerpflügt; **the train ~ed ~ the track for 40 metres** der Zug riß 40 Meter Schienen aus ihrer Verankerung.

ploughboy, (*US*) **plowboy** *n* Pflüger *m*; **ploughhorse,** (*US*) **plow horse** *n* Ackergaul *m*.

ploughland, (*US*) **plowland** *n* Ackerland *nt*; **ploughman,** (*US*) **plowman** *n* Pflüger *m*; **~'s lunch** Käse und Brot als Imbiß; **ploughshare,** (*US*) **plowshare** *n* Pflugschar *f*.

plover ['plʌvəʳ] *n* Regenpfeifer *m*; (*lapwing*) Kiebitz *m*.

plow *etc* (*US*) *see* **plough** *etc*.

ploy [plɔɪ] *n* (*stratagem*) Trick *m*.

pluck [plʌk] **I** *n* **1.** (*courage*) Schneid (*inf*), Mut *m*.
2. (*of animal*) Innereien *pl*.
II *vt* **1.** *fruit, flower* pflücken; *chicken* rupfen; *guitar, eyebrows* zupfen. **to ~ (at) sb's sleeve** jdn am Ärmel zupfen; **his rescuers had ~ed him from the jaws of death** seine Retter hatten ihn den Klauen des Todes entrissen; **to ~ up (one's) courage** all seinen Mut zusammennehmen.
2. (*also* **~ out**) *hair, feather* auszupfen.
III *vi* **to ~ at sth** an etw (*dat*) (herum)zupfen.

pluckily ['plʌkɪlɪ] *adv* tapfer, mutig.

pluckiness ['plʌkɪnɪs] *n* Unerschrockenheit *f*, Schneid *m* (*inf*).

plucky ['plʌkɪ] *adj* (+*er*) *person, smile* tapfer; *little pony, action, person* mutig.

plug [plʌg] **I** *n* **1.** (*stopper*) Stöpsel *m*; (*for stopping a leak*) Propfen *m*; (*in barrel*) Spund *m*. **a ~ of cotton wool** ein Wattebausch *m*; **to pull the ~** (*in lavatory*) die Spülung ziehen; **to pull the ~ on sb/sth** (*fig inf*) jdm/einer Sache den Boden unter den Füßen wegziehen.
2. (*Elec*) Stecker *m*; (*incorrect: socket*) Steckdose *f*; (*Aut: spark ~*) (Zünd)kerze *f*.
3. (*inf: piece of publicity*) Schleichwerbung *f no pl*. **to give sb/sth a ~** für jdn/etw Schleichwerbung machen.
4. (*of tobacco*) Scheibe *f*; (*for chewing*) Priem *m*.
5. (*Geol*) Vulkanstotzen *m*.
6. (*US: fire~*) Hydrant *m*.
II *vt* **1.** (*stop*) *hole, gap, crevice, leak* verstopfen, zustopfen; *barrel* (ver)spunden; *tooth* plombieren. **the doctor ~ged the wound with cotton wool** der Arzt stillte die Blutung mit Watte; **to ~ one's ears** sich (*dat*) die Ohren zuhalten; (*with cotton wool etc*) sich (*dat*) etwas in die Ohren stopfen; **to ~ the gaps in the tax laws** die Lücken im Steuergesetz schließen.
2. (*insert*) stecken. **~ the TV into the socket, please** steck bitte den Stecker vom Fernseher in die Steckdose; **an old rag had been ~ged into the hole** man hatte einen alten Lappen in das Loch gestopft.
3. (*inf: publicize*) Schleichwerbung machen für.
4. (*inf: push, put forward*) *idea* hausieren gehen mit.
5. (*inf: shoot*) schießen.
6. (*sl: punch*) eine verplätten (+*dat*) (*sl*).

◆**plug away** *vi* (*inf*) ackern (*inf*). **to ~ ~ at sth** sich mit etw abrackern (*inf*); **keep ~ging ~** (nur) nicht lockerlassen.

◆**plug in I** *vt sep TV, heater* hineinstekken, einstöpseln, anschließen. **to be ~ged ~** angeschlossen sein. **II** *vi* sich anschließen lassen. **where does the TV ~ ~?** wo wird der Fernseher angeschlossen?

◆**plug up** *vt sep gap, hole, leak* verstopfen, zustopfen; *crack* zuspachteln, verspachteln.

plughole *n* Abfluß(loch *nt*) *m*; **to go down the ~** (*fig inf*) kaputtgehen (*inf*); **plug tobacco** *n* Kautabak *m*; **plug-ugly** (*inf*) **I** *n* Schlägertyp (*inf*), Rabauke (*inf*) *m*; **II** *adj* potthäßlich (*inf*).

plum [plʌm] **I** *n* **1.** (*fruit, tree*) Pflaume *f*; (*Victoria ~, dark blue*) Zwetsch(g)e *f*.
2. (*colour*) Pflaumenblau *nt*.
3. (*fig inf: good job*) **a real ~ (of a job)** ein Bombenjob *m* (*inf*).
II *adj attr* (*inf*) *job, position* Bomben- (*inf*), Mords- (*inf*).

plumage ['pluːmɪdʒ] *n* Gefieder *nt*.

plumb [plʌm] **I** *n* (*~-line*) Lot, Senkblei *nt*. **out of ~** nicht im Lot.
II *adv* **1.** lotrecht, senkrecht.
2. (*inf*) (*completely*) total (*inf*), komplett (*inf*); (*exactly*) genau. **~ in the middle** (haar)genau in der Mitte.
III *vt* **1.** *ocean, depth* (aus)loten.
2. (*fig*) *mystery* ergründen. **to ~ the depths of despair** die tiefste Verzweiflung erleben; **a look that ~ed his very soul** ein Blick, der in die Tiefen seiner Seele drang.

plumbago [plʌm'beɪgəʊ] *n* Graphit *m*.

plumb bob *n* Lot, Senkblei *nt*.

plumber ['plʌməʳ] *n* Installateur(in *f*),

Klempner(in *f*) *m*.

plumbiferous [plʌm'bɪfərəs] *adj* bleihaltig, bleiführend.

plumbing ['plʌmɪŋ] *n* **1.** (*work*) Installieren *nt*. **he decided to learn ~** er beschloß, Installateur *or* Klempner zu werden; **he does all his own ~** er macht alle Installations- *or* Klempnerarbeiten selbst.

2. (*fittings*) Rohre, Leitungen, Installationen *pl*; (*bathroom fittings*) sanitäre Anlagen *pl*. **to inspect the ~** (*hum*) die Lokalitäten aufsuchen (*hum*).

plumb line *n* Lot, Senkblei *nt*; (*Naut also*) (Blei)lot *nt*; **plumb rule** *n* Lotwaage *f*.

plum duff ['plʌm'dʌf] *n* Plumpudding *m*.

plume [plu:m] **I** *n* Feder *f*; (*on helmet*) Federbusch *m*. **~ of smoke** Rauchwolke, Rauchfahne *f*. **II** *vr* **1.** (*bird*) sich putzen. **2. to ~ oneself on sth** auf etw (*acc*) stolz sein wie ein Pfau.

plumed [plu:md] *adj helmet etc* federgeschmückt, mit Federschmuck.

plummet ['plʌmɪt] **I** *n* **1.** (*weight*) Senkblei *nt*; (*Fishing*) Grundsucher *m*.

2. (*falling*) (*Econ*) Sturz *m*; (*of bird, plane*) Sturzflug *m*.

II *vi* (*bird, plane*) hinunter-/herunterstürzen; (*Econ*) (*sales figures*) stark zurückgehen; (*currency, shares*) fallen, absacken. **the £ has ~ted to DM 2.50** das £ ist auf DM 2,50 gefallen *or* abgesackt; **he has ~ted again to the depths of despair** er ist wieder in tiefster Verzweiflung.

plummy ['plʌmɪ] *adj* (+*er*) (*inf*) *job* Bomben- (*inf*), Mords- (*inf*); *voice* vornehm-sonor.

plump [plʌmp] **I** *adj* (+*er*) **1.** rundlich, mollig, pummelig; *legs* stämmig; *face* rundlich, pausbäckig, voll; *chicken* gut genährt, fleischig. **2.** *phrasing, reply* direkt, unverblümt.

II *adv* **to fall ~ onto sth** mit einem Plumps auf etw (*acc*) fallen.

III *vt* (*drop*) fallen lassen; (*throw*) werfen; (*angrily, noisily*) knallen (*inf*). **to ~ sth down** etw hinfallen lassen/hinwerfen/hinknallen (*inf*); **she ~ed herself down in the armchair** sie ließ sich in den Sessel fallen; **he had ~ed himself in the best chair** er hatte sich im besten Sessel breitgemacht (*inf*).

IV *vi* (*fall*) fallen.

◆**plump for** *vi* +*prep obj* sich entscheiden für.

◆**plump out** *vi* (*person*) (Gewicht) ansetzen.

◆**plump up** *vt sep pillow* aufschütteln; *chicken* mästen.

plumpness ['plʌmpnɪs] *n see adj* Rundlichkeit *f*; Molligkeit, Pummeligkeit *f*; Stämmigkeit *f*; Pausbäckigkeit *f*; Wohlgenährtheit *f*.

plum pudding *n* Plumpudding *m*; **plum tree** *n* Pflaumenbaum *m*.

plunder ['plʌndəʳ] **I** *n* **1.** (*act*) (*of place*) Plünderung *f*; (*of things*) Raub *m*. **2.** (*loot*) Beute *f*. **II** *vt place* plündern (*also hum*); (*completely*) ausplündern; *people* ausplündern; *thing* rauben. **III** *vi* plündern.

plunderer ['plʌndərəʳ] *n* Plünderer *m*.

plundering ['plʌndərɪŋ] *n* (*of place*) Plünderung *f*, Plündern *nt*; (*of things*) Raub *m*.

plunge [plʌndʒ] **I** *vt* **1.** (*thrust*) stecken; (*into liquid*) tauchen. **he ~d his knife into his victim's back** er jagte seinem Opfer das Messer in den Rücken; **he ~d his hand into the hole/his pocket** er steckte seine Hand tief in das Loch/in die Tasche.

2. (*fig*) **to ~ the country into war/debt** das Land in einen Krieg/in Schulden stürzen; **the room was/we were ~d into darkness** das Zimmer war in Dunkelheit getaucht/tiefe Dunkelheit umfing uns.

II *vi* **1.** (*dive*) tauchen; (*goalkeeper*) sich werfen, hechten.

2. (*rush, esp downward*) stürzen. **to ~ to one's death** zu Tode stürzen; **the fireman ~d into the flames** der Feuerwehrmann stürzte sich in die Flammen; **the road ~d down the hill** die Straße fiel steil ab.

3. (*share prices, currency*) stürzen, stark fallen.

4. (*fig: into debate, studies, preparations*) sich stürzen (*into* in +*acc*).

5. (*dip*) (*horse*) bocken; (*ship*) stampfen.

6. (*neckline*) fallen. **her deeply plunging neckline** der tiefe Ausschnitt ihres Kleides.

7. (*speculate rashly*) sich verspekulieren.

III *vr* (*into studies, job etc*) sich stürzen (*into* in +*acc*).

IV *n* **1.** (*dive*) (Kopf)sprung *m*; (*of goalkeeper*) Hechtsprung *m*. **to take the ~** (*fig inf*) den Sprung wagen.

2. (*downward movement*) Sturz *m*.

3. (*fig: into debt, despair, of shares, £ etc*) Sturz *m*. **shares took a ~ after the government's announcement** nach der Ankündigung der Regierung kam es zu einem Kurssturz.

4. (*rash investment*) Fehlspekulation *f*.

◆**plunge in I** *vt sep knife* hineinjagen; *hand* hineinstecken; (*into water*) hineintauchen. **he was ~d straight ~ (at the deep end)** er mußte gleich voll einsteigen (*inf*). **II** *vi* (*dive*) hineinspringen.

plunger ['plʌndʒəʳ] *n* **1.** (*piston*) Tauchkolben *m*. **2.** (*for clearing drain*) Sauger *m*. **3.** (*speculator*) Spekulant(in *f*) *m*.

plunging ['plʌndʒɪŋ] *adj neckline, back* tief ausgeschnitten.

plunk¹ [plʌŋk] *vt banjo* zupfen.

plunk² *n, adv, vt see* **plonk¹**.

pluperfect ['plu:'pɜ:fɪkt] **I** *n* Vorvergangenheit *f*, Plusquamperfekt *nt*. **II** *adj* in der Vorvergangenheit, im Plusquamperfekt. **~ tense** Vorvergangenheit *f*, Plusquamperfekt *nt*.

plural ['plʊərəl] **I** *adj* **1.** (*Gram*) Mehrzahl-, Plural-. **2. ~ voting** Pluralwahlrecht, Mehrstimmenwahlrecht *nt*. **II** *n* Mehrzahl *f*, Plural *m*. **in the ~** im Plural, in der Mehrzahl.

pluralism ['plʊərəlɪzəm] *n* Pluralismus *m*.

pluralistic [,plʊərə'lɪstɪk] *adj* pluralistisch.

plurality [ˌplʊəˈrælɪtɪ] *n* **1.** Vielfalt, Mannigfaltigkeit *f*; (*Sociol*) Pluralität *f*. **2.** (*US Pol*) (Stimmen)vorsprung *m*.

plus [plʌs] **I** *prep* (*added to, increased by*) plus (+*dat*); (*together with*) und (außerdem).

II *adj* **1.** (*Math, Elec, fig*) **~ sign** Pluszeichen *nt*; **a ~ quantity** eine positive Menge; **the ~ terminal** der Pluspol; **a ~ factor/item** ein Pluspunkt *m*; **on the ~ side** auf der Habenseite.

2. (*more than*) **he scored beta ~ in the exam** ≃ er hat in der Prüfung eine Zwei plus bekommen; **50 pages/hours ~ a week** mehr als *or* über 50 Seiten/Stunden pro Woche.

III *n* (*sign*) Pluszeichen *nt*; (*positive factor*) Pluspunkt *m*; (*extra*) Plus *nt*.

plus fours [ˈplʌsˈfɔːz] *npl* Knickerbocker *pl*.

plush [plʌʃ] **I** *n* Plüsch *m*.

II *adj* (+*er*) **1.** Plüsch-. **2.** (*inf: luxurious*) feudal (*inf*); *hotel, restaurant also* Nobel-; *furnishing also* elegant, vornehm.

plushy [ˈplʌʃɪ] *adj* (+*er*) (*inf*) *see* **plush II 2.**

Pluto [ˈpluːtəʊ] *n* (*Myth*) Pluto, Pluton *m*; (*Astron*) Pluto *m*.

plutocracy [pluːˈtɒkrəsɪ] *n* Plutokratie *f*.

plutocrat [ˈpluːtəʊkræt] *n* Plutokrat(in *f*) *m*.

plutonium [pluːˈtəʊnɪəm] *n* Plutonium *nt*.

pluvial [ˈpluːvɪəl] *adj* (*form*) Regen-.

pluviometer [ˌpluːvɪˈɒmɪtəʳ] *n* Regen- *or* Niederschlagsmesser *m*, Pluviometer *nt*.

ply[1] [plaɪ] *n* **three-~** *wood* dreischichtig; *wool* Dreifach-, dreifädig; *tissues* dreilagig.

ply[2] **I** *vt* **1.** (*work with, use*) *tool, brush* gebrauchen, umgehen mit, führen; *needle* gebrauchen; *oars* einsetzen; (*work busily with*) *tool, brush* fleißig führen *or* umgehen mit; *needle* tanzen lassen (*geh*); *oars* kräftig einsetzen.

2. (*work at*) *trade* ausüben, betreiben, nachgehen (+*dat*).

3. (*ships*) *sea, river, route* befahren; *seas also* durchfahren.

4. to ~ sb with questions jdn mit Fragen überhäufen; **to ~ sb with drink(s)** jdn immer wieder zum Trinken auffordern; **to ~ sb for information** jdn um Informationen angehen.

II *vi* (*ship*) **to ~ between** verkehren zwischen; **to ~ for hire** seine Dienste anbieten.

plywood [ˈplaɪwʊd] *n* Sperrholz *nt*.

PM *abbr of* **Prime Minister.**

pm *abbr of* **post meridiem** nachmittags, nachm.

PMT [piːemˈtiː] *n abbr of* **1. pre-menstrual tension. 2. photomechanical transfer.**

pneumatic [njuːˈmætɪk] *adj* **1.** Luft-. **2.** (*inf*) *young lady* vollbusig (*inf*); *breasts* prall.

pneumatically [njuːˈmætɪkəlɪ] *adv* mit *or* durch Druck- *or* Preßluft. **a ~ operated drill** ein preßluftbetriebener Bohrer.

pneumatic brake *n* Druckluftbremse *f*; **pneumatic drill** *n* Preßluftbohrer *m*; **pneumatic tyre** *n* Luftreifen *m*.

pneumonia [njuːˈməʊnɪə] *n* Lungenentzündung *f*.

PO *abbr of* **post office** PA; **postal order.**

poach[1] [pəʊtʃ] *vt egg* pochieren; *fish* (blau) dünsten. **~ed egg** pochiertes *or* verlorenes Ei; (*in poacher*) ≃ Ei *nt* im Glas.

poach[2] **I** *vt* unerlaubt *or* schwarz (*inf*) fangen.

II *vi* **1.** wildern (*for* auf +*acc*). **to ~ for salmon** Lachs ohne Berechtigung *or* schwarz (*inf*) fangen.

2. (*fig*) **to ~ (on sb's territory)** (*in sport*) jdm ins Gehege *or* in die Quere kommen; (*in work also*) jdm ins Handwerk pfuschen.

poacher[1] [ˈpəʊtʃəʳ] *n* Wilderer *m*; (*of game also*) Wilddieb(in *f*) *m*.

poacher[2] *n* (*for eggs*) Pochierpfanne *f*.

poaching [ˈpəʊtʃɪŋ] *n* Wildern *nt*, Wilderei *f*.

pock [pɒk] *n* (*pustule*) Pocke, Blatter *f*; (*mark*) Pocken- *or* Blatternarbe *f*.

pocket [ˈpɒkɪt] **I** *n* **1.** (*in garment*) Tasche *f*. **to have sb/sth in one's ~** (*fig*) jdn/etw in der Tasche haben (*inf*); **take your hands out of your ~s!** nimm die Hände aus der Tasche!

2. (*receptacle: in suitcase, file*) Fach *nt*; (*in book cover: for map*) Tasche *f*; (*Baseball*) Tasche *f*; (*Billiards*) Loch *nt*.

3. (*resources*) Geldbeutel *m*. **that hit his ~** das hat seinen Geldbeutel ganz schön strapaziert (*inf*); **to be in ~** auf sein Geld kommen (*inf*); **I was £100 in ~ after the sale** nach dem Verkauf war ich um £ 100 reicher; **to put one's hand in one's ~** tief in die Tasche greifen; *see* **out-of-~.**

4. (*restricted area, space*) Gebiet *nt*; (*smaller*) Einsprengsel *nt*. **~ of resistance** Widerstandsnest *nt*; **~ of unemployment** Gebiet *nt* mit hoher Arbeitslosigkeit; **a ~ of ore** ein Einschluß *m* von Erz.

5. (*Aviat: air ~*) Luftloch *nt*.

II *adj* (*for the pocket*) *comb, edition, dictionary* Taschen-.

III *vt* **1.** (*put in one's pocket*) einstecken. **to ~ one's pride** seinen Stolz überwinden.

2. (*gain*) kassieren; (*misappropriate*) einstecken (*inf*), einsacken (*inf*).

3. (*Billiards*) einlochen.

4. (*US Pol*) durch Veto aufschieben.

pocket battleship *n* Westentaschenkreuzer *m*; **pocket billiards** *n sing* **1.** (*US*) Poolbillard *nt*; **2.** (*hum sl*) Knickern (*sl*), Taschenbillard (*sl*) *nt*; **pocket-book** *n* **1.** (*notebook*) Notizbuch *nt*; **2.** (*wallet*) Brieftasche *f*; **3.** (*US: handbag*) Handtasche *f*; **pocket calculator** *n* Taschenrechner *m*.

pocketful [ˈpɒkɪtfʊl] *n* **a ~** eine Tasche voll.

pocket handkerchief *n* Taschentuch *nt*; **pocket-knife** *n* Taschenmesser *nt*; **pocket-money** *n* Taschengeld *nt*; **pocket-size(d)** *adj book* im Taschenformat; *camera* Miniatur-; *person* winzig; *garden, dictator* im Westentaschenformat.

pockmark *n* Pocken- *or* Blatternarbe *f*;

pockmarked *adj face* pockennarbig; *surface* narbig; ~ **with bullet holes** mit Einschüssen übersät.

pod [pɒd] **I** *n* (*Bot*) Hülse *f*; (*of peas also*) Schote *f*; (*Aviat*) (*for missiles etc*) Magazin *nt*; (*for jet engine*) Gehäuse *nt*. **II** *vt peas* ent- *or* aushülsen, auslösen.

podgy ['pɒdʒɪ] *adj* (+*er*) rundlich, pummelig; *face* schwammig. ~ **fingers** Wurstfinger *pl*.

podiatrist [pɒ'di:ətrɪst] *n* (*US*) Fußspezialist(in *f*) *m*.

podiatry [pɒ'di:ətrɪ] *n* (*US*) Lehre *f* von den Fußkrankheiten; (*treatment*) Fußpflege *f*.

podium ['pəʊdɪəm] *n* Podest *nt*.

poem ['pəʊɪm] *n* Gedicht *nt*. **epic** ~ Epos *nt*.

poet ['pəʊɪt] *n* Dichter *m*; *see* **laureate.**

poetess ['pəʊɪtes] *n* Dichterin *f*.

poetic [pəʊ'etɪk] *adj* poetisch; *talent, ability also* dichterisch; *place, charm* stimmungsvoll, malerisch. ~ **beauty** (*visual*) malerische Schönheit; (*of thought, scene in play*) poetische Schönheit; **he's not at all** ~ er hat überhaupt keinen Sinn für Poesie; **he grew** *or* **became** ~ er wurde poetisch *or* lyrisch; ~ **justice** poetische Gerechtigkeit; ~ **licence** dichterische Freiheit.

poetical [pəʊ'etɪkəl] *adj see* **poetic.**

poetically [pəʊ'etɪkəlɪ] *adv see adj*. ~ **gifted** dichterisch begabt; **very** ~ **put** sehr poetisch ausgedrückt.

poetics [pəʊ'etɪks] *n sing* Poetik *f*.

poetry ['pəʊɪtrɪ] *n* **1.** Dichtung *f*; (*not epic also*) Lyrik *f*. **to write** ~ Gedichte schreiben, dichten; **the rules of** ~ die Regeln der Versdichtung; ~ **reading** Dichterlesung *f*.

2. (*fig*) Poesie *f*. **there's no** ~ **in him** er ist völlig poesielos; **the sunset was sheer** ~ der Sonnenuntergang war reinste Poesie; **her soufflés are/that dress is sheer** ~ ihre Soufflés sind/dieses Kleid ist wirklich ein Gedicht.

po-faced ['pəʊfeɪst] *adj* (*sl*) (*disapproving*) grimmig, mürrisch.

pogo stick ['pəʊgəʊˌstɪk] *n* Springstock *m*.

pogrom ['pɒgrəm] *n* Pogrom *nt*.

poignancy ['pɔɪnjənsɪ] *n see adj* Ergreifende(s) *nt*; Wehmut *f*; Schmerzlichkeit *f*; Schärfe *f*. **the** ~ **of his words/look** die Wehmut, die in seinen Worten/seinem Blick lag; **he writes with great** ~ er schreibt sehr ergreifend.

poignant ['pɔɪnjənt] *adj* ergreifend; *memories, look* wehmütig; *distress, regret* schmerzlich; *wit* scharf.

poignantly ['pɔɪnjəntlɪ] *adv see adj*.

poinsettia [pɔɪn'setɪə] *n* Weihnachtsstern *m*.

point [pɔɪnt] **I** *n* **1.** (*dot, punctuation mark, Typ, Geometry*) Punkt *m*; (*in Hebrew texts*) Vokalzeichen *nt*. **(nought)** ~ **seven (0.7)** null Komma sieben (0,7).

2. (*unit on scale, on compass*) Punkt *m*; (*on thermometer*) Grad *m*. **from all** ~**s (of the compass)** aus allen (Himmels)richtungen; **the bag is full to bursting** ~ die Tüte ist zum Bersten voll; **up to a** ~ bis zu einem gewissen Grad *or* Punkt.

3. (*sharp end, of chin*) Spitze *f*; (*of a star*) Zacke *f*; (*of antler*) (Geweih)ende *nt*, (Geweih)spitze *f*. **at the** ~ **of a gun/sword** mit vorgehaltener Pistole/vorgehaltenem Schwert; **things look different at the** ~ **of a gun** alles sieht ein bißchen anders aus, wenn einem jemand die Pistole auf die Brust setzt; **not to put too fine a** ~ **on it** (*fig*) um ganz offen zu sein, ehrlich gesagt.

4. (*place*) Punkt *m*, Stelle *f*. **the train stops at Slough and all** ~**s east** der Zug hält in Slough und allen Orten östlich davon; ~ **of departure** (*lit, fig*) Ausgangspunkt *m*; ~ **of entry** (*over border*) Ort *m* der Einreise; (*of space capsule*) Ort *m* des Wiedereintritts; ~ **of view** Stand- *or* Gesichtspunkt *m*; **from my** ~ **of view** von meinem Standpunkt aus, aus meiner Perspektive *or* Sicht; **from the** ~ **of view of productivity** von der Produktivität her gesehen; **at this** ~ (*spatially*) an dieser Stelle, an diesem Punkt; (*in time*) (*then*) in diesem Augenblick; (*now*) jetzt; **from that** ~ **on they were friends** von da an waren sie Freunde; **at no** ~ nie; **at no** ~ **in the book** nirgends in dem Buch; **to be (up)on the** ~ **of doing sth** im Begriff sein, etw zu tun; **he was on the** ~ **of telling me the story when ...** er wollte mir gerade die Geschichte erzählen, als ...; **he had reached the** ~ **of resigning** er war nahe daran zu resignieren; **to reach the** ~ **of no return** (*fig*) den Punkt erreichen, von dem an es kein Zurück gibt; **they provoked him to the** ~ **where he lost his temper** sie reizten ihn so lange, bis er die Geduld verlor; **severe to the** ~ **of cruelty** streng bis an die Grenze der Grausamkeit; **when it comes to the** ~ wenn es darauf ankommt.

5. (*Sport, in test, St Ex*) Punkt *m*. ~**s for/against** Pluspunkte *pl*/Minuspunkte *pl*; ~**s decision** Entscheidung *f* nach Punkten; ~**s win** Punktsieg *m*, Sieg *m* nach Punkten; **to win on** ~**s** nach Punkten gewinnen; ~**s system** Punktesystem *nt*.

6. (*purpose*) Zweck, Sinn *m*. **there's no** ~ **in staying** es hat keinen Zweck *or* Sinn zu bleiben; **I don't see the** ~ **of carrying on** ich sehe keinen Sinn darin, weiterzumachen; **what's the** ~**?** was soll's?; **I just don't see the** ~ **of it** *or* **any** ~ **in it** das sehe ich überhaupt nicht ein, ich sehe überhaupt keinen Sinn darin; **the** ~ **of this is ...** Sinn und Zweck ist ...; **what's the** ~ **of trying?** wozu versuchen?; **he doesn't understand the** ~ **of doing this** er versteht nicht, weswegen wir/sie *etc* das machen; **do you see the** ~ **of what I'm saying?** weißt du, worauf ich hinauswill?; **the** ~ **is that ...** es ist nämlich so ..., die Sache ist die, daß ...; **that's the whole** ~ **(of doing it this way)** gerade darum machen wir das so; **the** ~ **of the joke/story** die Pointe; **life has lost all** ~ das Leben hat jeden *or* all seinen Sinn verloren.

7. (*detail, argument*) Punkt *m*. **the** ~

at issue der strittige Punkt; **a 12-~ plan** ein Zwölfpunkteplan *m*; **a ~ of interest** ein interessanter Punkt; **on this ~ we are agreed** in diesem Punkt stimmen wir überein; **I'm afraid that's off the ~** das ist nicht relevant *or* gehört nicht hierher; **beside the ~** irrelevant, unerheblich; **to come to the ~** zur Sache kommen; **to keep** *or* **stick to the ~** beim Thema bleiben; **to the ~** relevant, zur Sache, zum Thema; **his remarks are very much to the ~** seine Bemerkungen sind sehr sachbezogen; **~ by ~** Punkt für Punkt; **my ~ was …** was ich sagen wollte, war …; **to make a ~** ein Argument *nt* anbringen; **he made the ~ that …** er betonte, daß …; **you've made your ~!** wissen wir ja schon!, das hast du ja schon gesagt!; **the chairman gave him just 30 seconds to make his ~** der Vorsitzende gab ihm nur 30 Sekunden, um sein Argument zu erläutern; **you have a ~ there** darin mögen Sie recht haben, da ist etwas dran (*inf*); **what ~ are you trying to make?** worauf wollen Sie hinaus?; **if I may make another ~** wenn ich noch auf einen weiteren Punkt aufmerksam machen darf; **I take your ~, ~ taken** ich habe schon begriffen; **do you take my ~?** verstehst du mich?; **he may have a ~ you know** da kann er recht haben, weißt du; **would you put that ~ more succinctly?** können Sie das etwas knapper fassen?; **to gain** *or* **carry one's ~** sich durchsetzen; **to get** *or* **see the ~** verstehen, worum es geht; **to miss the ~** nicht verstehen, worum es geht; **he missed the ~ of what I was saying** er hat nicht begriffen, worauf ich hinauswollte; **that's not the ~** darum geht es nicht; **that's the whole ~** das ist es ja gerade; **a case in ~** ein einschlägiger Fall; **the case in ~** der zur Debatte stehende Punkt; **to make a ~ of sth** auf etw (*dat*) bestehen, auf etw (*acc*) Wert legen; **he made a special ~ of being early** er legte besonderen Wert darauf, früh dazusein; **we make a ~ of stressing ordinary usage** wir legen besonderen Nachdruck auf den normalen Sprachgebrauch.

8. (*matter*) **a ~ of principle** eine grundsätzliche Frage; **a ~ of law** eine Rechtsfrage; **a ~ of order** eine Frage der Geschäftsordnung; **a ~ of detail** eine Einzelfrage; *see* **honour.**

9. (*characteristic*) **good/bad ~s** gute/schlechte Seiten *pl*; **he has his ~s** er hat auch seine Vorzüge *or* guten Seiten; **the ~s to look for when buying a new car** die Punkte *or* Dinge, auf die man beim Kauf eines neuen Wagens achten muß.

10. ~s *pl* (*Brit Rail*) Weichen *pl*.

11. (*Ballet: usu pl*) Spitze *f*. **to dance on ~s** auf den Spitzen tanzen.

12. (*Aut: usu pl*) Unterbrecherkontakte *pl*.

13. (*Brit Elec*) Steckdose *f*.

II *vt* **1.** (*aim, direct*) *gun, telescope* richten (*at* auf +*acc*). **he ~ed his stick in the direction of the house** er zeigte *or* wies mit dem Stock auf das Haus; **he ~ed his boat upstream** er drehte sein Boot stromaufwärts; **he ~s his feet outwards when he walks** er dreht seine Fußspitzen beim Gehen nach außen; **they ~ed the drunk off in the right direction** sie schickten den Betrunkenen in die richtige Richtung.

2. (*mark, show*) zeigen. **to ~ the way** (*lit, fig*) den Weg weisen; **that really ~ed the moral** das bewies, wie recht wir/sie *etc* hatten.

3. (*sharpen*) *pencil, stick* (an)spitzen.

4. (*Build*) *wall, brickwork* verfugen.

5. (*punctuate*) *text* interpunktieren; *Hebrew* vokalisieren; *psalm* mit Deklarationszeichen versehen.

6. (*Hunt*) *game* anzeigen.

III *vi* **1.** (*with finger*) zeigen, deuten (*at, to* auf +*acc*). **it's rude to ~ (at strangers)** es ist unhöflich, mit dem Finger (auf Fremde) zu zeigen; **don't ~!** zeig nicht mit dem Finger!; **he ~ed in the direction of the house/towards the house/back towards the house** er zeigte *or* deutete in die Richtung des Hauses/zum Haus/zurück zum Haus; **the compass needle ~s (to the) north** die Kompaßnadel weist nach Norden.

2. (*indicate*) (*facts, events*) hinweisen, hindeuten (*to* auf +*acc*); (*person: point out*) hinweisen. **everything ~s that way** alles weist in diese Richtung; **the problems which you have ~ed to in your paper** die Probleme, auf die du in deinem Aufsatz hingewiesen hast **all the signs ~ to success** alle Zeichen stehen auf Erfolg; **all the signs ~ to economic recovery** alles deutet *or* weist auf eine Erholung der Wirtschaft hin.

3. (*face, be situated: building, valley*) liegen; (*be aimed: gun, vehicle*) gerichtet sein. **with his gun ~ed** *or* **~ing right at me, he said …** die Pistole direkt auf mich gerichtet, sagte er …; **the wheels aren't ~ing in the same direction** die Räder zeigen nicht in dieselbe Richtung.

4. (*Hunt*) (vor)stehen.

♦**point out** *vt sep* **1.** zeigen auf (+*acc*). **to ~ sth ~ to sb** jdn auf etw hinweisen *or* aufmerksam machen; **could you ~ him ~ to me?** kannst du mir zeigen, wer er ist?; **I'll ~ him ~** ich zeige ihn dir; **the guide ~ed ~ the most interesting paintings** der Führer machte auf die interessantesten Gemälde aufmerksam.

2. (*mention*) **to ~ sth ~ (to sb)** (jdn) auf etw (*acc*) aufmerksam machen, (jdn) auf etw (*acc*) hinweisen.

♦**point up** *vt sep* (*emphasize*) unterstreichen, betonen; (*make clear*) veranschaulichen, verdeutlichen.

point-blank ['pɔɪnt'blæŋk] **I** *adj* direkt; *refusal* glatt. **at ~ range** aus kürzester Entfernung *or* Distanz; **a ~ shot** ein Schuß aus kürzester Distanz *or* Entfernung.

II *adv fire* aus kürzester Distanz *or* Entfernung; *ask* rundheraus. **he refused ~ to help** er weigerte sich rundweg *or* lehnte es rundheraus *or* schlankweg ab zu helfen.

pointed ['pɔɪntɪd] *adj* **1.** (*sharp*) *stick, roof, chin, nose* spitz; *window, arch* spitzbogig.

2. (*incisive*) *wit* scharf.

3. (*obvious in intention*) *remark, comment* scharf, spitz; *reference* unverblümt; *absence, gesture, departure* ostentativ. **her ~ lack of interest in my problems** ihr ostentatives *or* betontes Desinteresse an meinen Problemen; **that was rather ~** das war ziemlich deutlich.

pointedly ['pɔɪntɪdlɪ] *adv speak, comment* spitz; *refer* unverblümt; *leave, stay away* ostentativ.

pointer ['pɔɪntəʳ] *n* **1.** (*indicator*) Zeiger *m*.

2. (*stick*) Zeigestock *m*.

3. (*dog*) Pointer, Vorstehhund *m*.

4. (*fig: hint*) Hinweis, Fingerzeig, Tip *m*. **he gave me some ~s on how to behave** er gab mir ein paar Hinweise, wie ich mich benehmen sollte.

5. (*fig: indication*) Anzeichen *nt*, Hinweis *m*. **a ~ to a possible solution** ein Hinweis auf eine mögliche Lösung.

pointillism ['pwæntɪlɪzəm] *n* Pointillismus *m*.

pointing ['pɔɪntɪŋ] *n* (*Build*) (*act*) Ausfugung *f*; (*material*) Fugenmörtel *m*. **the ~ on these old buildings needs to be restored** das Mauerwerk dieser alten Gebäude muß neu ausgefugt werden.

pointless *adj*, **~ly** *adv* ['pɔɪntlɪs, -lɪ] sinnlos.

pointlessness ['pɔɪntlɪsnɪs] *n* Sinnlosigkeit *f*.

point of sale *n* (*Comm*) Verkaufsstelle *f*.

point-of-sale *adj attr advertising* an der Verkaufsstelle.

point(s) duty *n* Verkehrsdienst *m*.

pointsman ['pɔɪntsmən] *n, pl* **-men** [-mən] (*Brit Rail*) Weichensteller *m*.

point-to-point *n* (*also* **~ race**) Geländejagdrennen *nt*.

poise [pɔɪz] **I** *n* **1.** (*carriage of head, body*) Haltung *f*; (*grace*) Grazie *f*. **the graceful ~ of the dancer's body** die Grazie *or* graziöse Haltung der Tänzerin/des Tänzers.

2. (*composure*) Gelassenheit *f*; (*self-possession*) Selbstsicherheit *f*. **a woman of great ~ and charm** eine Frau voller Selbstsicherheit und Charme; **he lacks ~** ihm fehlt die Gelassenheit.

II *vt* **1.** (*balance, hold balanced*) balancieren. **he ~d the knife ready to strike** er hielt das Messer so, daß er jederzeit zustechen konnte; **she ~d her pen over her notebook** sie hielt den Kugelschreiber schreibbereit über ihrem Notizblock; **the diver ~d himself for the leap** der Taucher machte sich sprungbereit *or* bereit zum Sprung.

2. (*in passive*) **to be/hang ~d** (*bird, rock, sword*) schweben; **the diver was ~d on the edge of the pool** der Taucher stand sprungbereit auf dem Beckenrand; **we sat ~d on the edge of our chairs** wir balancierten auf den Stuhlkanten; **women with water-jars ~d on their heads** Frauen, die Wasserkrüge auf dem Kopf balancieren/balancierten.

3. (*fig*) **the enemy are ~d to attack** der Feind steht angriffsbereit; **to be ~d on the brink/on the brink of sth** dicht davor/dicht vor etw (*dat*) *or* am Rande von etw stehen *or* sein; **a bright young man ~d on the brink of success** ein intelligenter junger Mann an der Schwelle zum Erfolg.

III *vi* (für einen Moment) unbeweglich bleiben; (*bird, helicopter*) schweben. **he ~d for a second on the edge of the pool** er verharrte einen Augenblick am Beckenrand.

poised [pɔɪzd] *adj* (*self-possessed*) gelassen.

poison ['pɔɪzn] **I** *n* (*lit, fig*) Gift *nt*. **what's your ~?** (*inf*), **name your ~** (*inf*) was willst du trinken?; **to hate sb like ~** jdn glühend *or* wie die Pest (*inf*) hassen; *see* **meat.**

II *vt* **1.** vergiften; *atmosphere, rivers* verpesten. **it won't ~ you** (*inf*) das wird dich nicht umbringen (*inf*).

2. (*fig*) vergiften; *marriage* zerrütten. **to ~ sb's mind against sb/sth** jdn gegen jdn/etw aufstacheln.

poisoner ['pɔɪznəʳ] *n* Giftmörder(in *f*) *m*.

poison gas *n* Giftgas *nt*.

poisoning ['pɔɪznɪŋ] *n* (*lit, fig*) Vergiftung *f*. **the gradual ~ of the atmosphere by ...** die zunehmende Luftverpestung durch ...; **to die of ~** an einer Vergiftung sterben.

poison ivy *n* kletternder Giftsumach *m*.

poisonous ['pɔɪznəs] *adj* **1.** *snake, plants* giftig, Gift-; *substance, fumes* giftig.

2. (*fig*) *literature, doctrine* zersetzend; *remark* giftig; *propaganda also* Hetz-. **he's a ~ individual** er ist ein richtiger Giftzwerg.

poison-pen letter *n* anonymer Brief; **poison sumach** *n* (*US*) Giftsumach *m*.

poke¹ [pəʊk] *n* (*dial, Scot*) Beutel *m*; *see* **pig.**

poke² **I** *n* **1.** (*jab*) Stoß, Schubs (*inf*) *m*. **to give sb/sth a ~** *see vt 1.*; **I got a ~ in the eye from his umbrella** er stieß mir den Regenschirm ins Auge.

2. (*US inf: punch*) Schlag *m*. **~ on the nose** Nasenstüber *m*.

II *vt* **1.** (*jab with stick*) stoßen; (*with finger*) stupsen. **to ~ the fire** das Feuer schüren, im Feuer stochern; **he ~d the ground with his stick** er stieß mit seinem Stock auf den Boden; **he accidentally ~d me in the eye** er hat mir aus Versehen ins Auge gestoßen.

2. (*US inf: punch*) hauen (*inf*). **to ~ sb on the nose** jdn auf die Nase hauen.

3. (*thrust*) **to ~ one's head/finger/a stick** *etc* **into sth** seinen Kopf/Finger/einen Stock *etc* in etw (*acc*) stecken; **he ~d his head round the door/out of the window** er streckte seinen Kopf durch die Tür/aus dem Fenster.

4. (*make by poking*) *hole* bohren.

III *vi* **his elbows were poking through his sleeves** an seinen Ärmeln kamen schon die Ellenbogen durch; **to ~ at sth** (*testing*) etw prüfen; (*searching*) in etw (*dat*) stochern; **he ~d at me with his finger** (*touching*) er stupste mich; (*not touching*) er stieß mit dem Finger nach mir; **well, if you will go poking into things that don't concern you ...** na ja, wenn du deine Nase ständig in Dinge steckst, die dich nichts angehen …

◆**poke about** *or* **around** *vi* **1.** (*prod*) herumstochern. **2.** (*inf: nose about*) stöbern, schnüffeln (*inf*). **3.** +*prep obj* (*inf: wander about*) (herum)bummeln. **we spent a pleasant day poking ~ the shops** wir haben einen netten Tag mit Geschäftebummeln verbracht.

◆**poke in** *vt sep* hinein-/hereinstecken *or* -strecken. **he ~d his head ~ through the window** er steckte *or* streckte seinen Kopf zum Fenster hinein/herein; **I'll just ~ my head ~ and say hello** (*inf*) ich will nur schnell vorbeischauen und guten Tag sagen.

◆**poke out I** *vi* vorstehen. **the tortoise had its head poking ~ of its shell** die Schildkröte hatte ihren Kopf aus dem Panzer gestreckt; **a handkerchief was poking ~ of his top pocket** ein Taschentuch schaute *or* guckte aus seiner Brusttasche hervor.

II *vt sep* **1.** (*extend*) heraus-/hinausstrecken.

2. (*remove by poking*) **he ~d the dirt ~ with his fingers** er pulte (*inf*) *or* kratzte den Schmutz mit den Fingern heraus; **to ~ sb's eye ~** jdm ein Auge ausstechen.

◆**poke up** *vt sep fire* schüren. **he ~d his finger ~ his nose** er bohrte mit dem Finger in der Nase.

poke bonnet *n* Kiepenhut *m*, Schute *f*.

poker[1] ['pəʊkəʳ] *n* (*for fire*) Schürhaken, Feuerhaken *m*.

poker[2] *n* (*Cards*) Poker *nt*.

poker-faced ['pəʊkə,feɪst] *adj* mit einem Pokergesicht *or* Pokerface; (*bored*) mit unbewegter Miene.

pokeweed ['pəʊkwiːd] *n* (*US*) Kermesbeere *f*.

poky ['pəʊkɪ] *adj* (+*er*) (*pej*) *room, house* winzig. **it's so ~ in here** es ist so eng hier.

Polack ['pəʊlæk] *n* (*pej*) Polack(e) *m* (*pej*), Polackin *f* (*pej*).

Poland ['pəʊlənd] *n* Polen *nt*.

polar ['pəʊləʳ] *adj* **1.** Polar-, polar. **~ bear** Polar- *or* Eisbär *m*; **~ circle** Polarkreis *m*. **2.** (*opposite*) polar.

polarity [pəʊ'lærɪtɪ] *n* (*Phys, fig*) Polarität *f*.

polarization [,pəʊləraɪ'zeɪʃən] *n* (*Phys*) Polarisation *f*; (*fig*) Polarisierung *f*.

polarize ['pəʊləraɪz] **I** *vt* polarisieren. **II** *vi* sich polarisieren.

Polaroid ® ['pəʊlərɔɪd] *n* Polaroidkamera ®, Sofortbildkamera *f*.

polder ['pəʊldəʳ] *n* Polder *m*.

Pole [pəʊl] *n* Pole *m*, Polin *f*.

pole[1] [pəʊl] **I** *n* **1.** Stange *f*; (*flag~, telegraph ~ also*) Mast *m*; (*of cart*) Deichsel *f*; (*ski-~*) Stock *m*; (*for vaulting*) Stab *m*; (*for punting*) Stange, Stake (*spec*) *f*. **to be up the ~** (*Brit inf*) eine Schraube locker haben (*inf*); **to drive sb up the ~** (*inf*) jdn die Wände hoch treiben (*inf*).

2. (*Measure: old*) Rute *f* (*old*).

II *vt punt* staken.

pole[2] *n* (*Geog, Astron, Elec*) Pol *m*. **they are ~s apart** sie (*acc*) trennen Welten, Welten liegen zwischen ihnen.

pole-axe, (*US*) **pole-ax I** *n* **1.** (*Mil*) Streitaxt *f*; **2.** (*for slaughtering*) Schlachtbeil *nt*; **II** *vt* **1.** (mit der Streitaxt) niederschlagen *or* umhauen; **2.** (mit dem Schlachtbeil) töten; **polecat** *n* Iltis *m*; (*US*) Skunk *m*, Stinktier *nt*.

polemic [pɒ'lemɪk] **I** *adj* polemisch. **II** *n* Polemik *f*.

polemical [pɒ'lemɪkəl] *adj* polemisch.

polemicist [pɒ'lemɪsɪst] *n* Polemiker(in *f*) *m*.

polemics [pɒ'lemɪks] *n sing* Polemik *f*.

pole position *n* (*Sport*) Innenbahn *f*; **pole star** *n* Polarstern *m*; **pole vault I** *n* Stabhochsprung *m*; (*one jump*) Sprung *m* mit dem Stab; **II** *vi* stabhochspringen; **pole vaulter** *n* Stabhochspringer(in *f*) *m*; **pole vaulting** *n* Stabhochspringen *nt*, Stabhochsprung *m*.

police [pə'liːs] **I** *n* (+*pl vb: policemen*, +*sing vb: institution*) Polizei *f*. **to join the ~** zur Polizei gehen; **he is in** *or* **a member of the ~** er ist bei der Polizei; **hundreds of ~** hunderte von Polizisten; **extra ~ were called in** es wurden zusätzliche Polizeikräfte angefordert; **three ~ were injured** drei Polizeibeamte *or* Polizisten wurden verletzt.

II *vt road, frontier, territory, agreement* kontrollieren; *agreement, pop-concert also* überwachen. **a heavily ~d area** ein Gebiet mit hoher Polizeidichte.

police car *n* Polizeiwagen *m*; **police constable** *n* (*Brit*) Polizist(in *f*) *m*; **police court** *n* ≃ Polizeigericht *nt*; **police dog** *n* Polizeihund *m*; **police escort** *n* Polizei-Eskorte *f*; **police force** *n* Polizei *f*; **one of the best-equipped ~s in the world** eine der bestausgestatteten Polizeitruppen der Welt; **policeman** *n* Polizist *m*; **police officer** *n* Polizeibeamte(r) *m*/-beamtin *f*; **police presence** *n* Polizeiaufgebot *nt*; **police record** *n* Vorstrafen *pl*; **to have a ~** vorbestraft sein; **police state** *n* Polizeistaat *m*; **police station** *n* (Polizei)wache *f* *or* -revier *nt*; **policewoman** *n* Polizistin *f*; **police work** *n* Polizeiarbeit *f*; (*investigation*) polizeiliche Nachforschungen *pl*.

policing [pə'liːsɪŋ] *n see vt* Kontrolle *f*; Überwachung *f*. **new ~ policies for sports events** neue polizeiliche Richtlinien bei Sportveranstaltungen.

policy[1] ['pɒlɪsɪ] *n* **1.** Politik *f no pl*; (*of business also*) Geschäfts- *or* Firmenpolitik *f* (*on* bei), Praktiken *pl* (*pej*) (*on* in bezug auf +*acc*); (*of team, football manager: tactics*) Taktik *f*; (*principle*) Grundsatz *m*. **social and economic ~** Wirtschafts- und Sozialpolitik *f*; **what is company ~ on this matter?** wie sieht die Geschäfts- *or* Firmenpolitik in diesem Falle aus?; **a matter of ~** eine Grundsatzfrage; **~ decision** Grundsatzentscheidung *f*; **~ statement** Grundsatzerklärung *f*; **~-maker** jd, der die Richtlinien der Politik bestimmt; **your ~ should always be to give people a second chance** du solltest es dir zum Grundsatz machen, Menschen eine zweite Chance zu geben; **my ~ is to wait and see** meine

Devise heißt abwarten; **our ~ is one of expansion** wir verfolgen eine expansionsorientierte Geschäftspolitik.

2. (*prudence, a prudent procedure*) Taktik *f*. **~ demands that the government compromise** die Regierung muß aus taktischen Gründen Kompromisse eingehen; **it was good/bad ~** das war (taktisch) klug/unklug.

policy² *n* (*also* **insurance ~**) (Versicherungs)police *f*, Versicherungsschein *m*. **to take out a ~** eine Versicherung abschließen; **~ holder** Versicherungsnehmer(in *f*) *m*.

polio ['pəʊlɪəʊ] *n* Polio, Kinderlähmung *f*. **~ injection** (Spritz)impfung *f* gegen Kinderlähmung.

poliomyelitis ['pəʊlɪəʊmaɪə'laɪtɪs] *n* (*form*) Poliomyelitis (*spec*), Kinderlähmung *f*.

Polish ['pəʊlɪʃ] **I** *adj* polnisch. **~ corridor** Polnischer Korridor.

II *n* (*language*) Polnisch *nt*.

polish ['pɒlɪʃ] **I** *n* **1.** (*material*) (*shoe ~*) Creme *f*; (*floor ~*) Bohnerwachs *nt*; (*furniture ~*) Politur *f*; (*metal ~*) Poliermittel *nt*; (*nail ~*) Lack *m*.

2. (*act*) **to give sth a ~** etw polieren; *shoes, silver also* etw putzen; *floor* etw bohnern.

3. (*~ed state, shine*) Glanz *m*; (*of furniture*) Politur *f*. **high ~** Hochglanz *m*, starker Glanz; **to put a ~ on sth** etw zum Glänzen bringen, Glanz auf etw (*acc*) bringen; **water will take the ~ off** Wasser nimmt den Glanz/greift die Politur an.

4. (*fig: refinement*) (*of person, style, manners*) Schliff *m*; (*of performance*) Brillanz *f*. **to acquire ~** Schliff bekommen; (*performance*) brillant werden.

II *vt* **1.** polieren; *silver, shoes also* putzen; *floor* bohnern.

2. (*fig*) *person, performance* den letzten Schliff geben (+*dat*); *manner, style also* polieren (*inf*), verfeinern.

◆**polish off** *vt sep* (*inf*) *food* verdrücken (*inf*), verputzen (*inf*); *drink* wegputzen (*inf*); *work* wegschaffen (*inf*), erledigen; *opponent, competitor* abservieren (*inf*).

◆**polish up I** *vt sep* **1.** *shoes, floor, silver* polieren, auf Hochglanz bringen. **2.** (*fig: improve*) *style* aufpolieren, verfeinern; *work* überarbeiten; *one's French etc* aufpolieren (*inf*). **you'd better ~ ~ your ideas** (*inf*) du solltest dich besser auf den Hosenboden setzen (*inf*).

II *vi* sich polieren lassen.

polished ['pɒlɪʃt] *adj* **1.** *surface, furniture* poliert, glänzend; *floor* gebohnert; *stone, glass* geschliffen. **his highly ~ shoes** seine blankgeputzten Schuhe. **2.** *style* verfeinert; *performance, performer* brillant. **3.** *manners* geschliffen.

polisher ['pɒlɪʃəʳ] *n* (*person*) Schleifer(in *f*) *m*; (*machine*) Schleif-/Polier-/Bohnermaschine *f*.

polite [pə'laɪt] *adj* (+*er*) **1.** höflich. **it wouldn't be ~** es wäre unhöflich; **when I said it was good I was just being ~** als ich sagte, es sei gut, wollte ich nur höflich sein; **there's no need to be ~ about it if you don't like it** du kannst es ruhig sagen, wenn es dir nicht gefällt; **we sat around making ~ conversation** wir saßen zusammen und machten Konversation.

2. *society* fein.

politely [pə'laɪtlɪ] *adv* höflich.

politeness [pə'laɪtnɪs] *n* Höflichkeit *f*.

politic ['pɒlɪtɪk] *adj* **1.** klug. **it would be ~ to apologize** es wäre (taktisch) klug, sich zu entschuldigen.

2. the body ~ das Staatswesen, das staatliche Gemeinwesen.

political [pə'lɪtɪkəl] *adj* politisch. **~ asylum** politisches Asyl; **~ economy** Volkswirtschaft *f*; **~ prisoner** politischer Gefangener, politische Gefangene; **~ science** Politologie *f*.

politically [pə'lɪtɪkəlɪ] *adv* politisch.

politician [,pɒlɪ'tɪʃən] *n* Politiker(in *f*) *m*.

politicization [pə,lɪtɪsaɪ'zeɪʃən] *n* Politisierung *f*.

politicize [pə'lɪtɪsaɪz] *vt* politisieren.

politicking [pə'lɪtɪkɪŋ] *n* (*pej*) politische Aktivitäten *pl*.

politico [pə'lɪtɪkəʊ] *n* (*US pej*) Politiker(in *f*) *m*.

politico- *pref* politisch-.

politics ['pɒlɪtɪks] *n* **1.** (+*pl vb*) Politik *f*; (*views*) politische Ansichten *pl*. **what are his ~?** welche politischen Ansichten hat er? **2.** (+*sing or pl vb*) Politik *f*. **to go into ~** in die Politik gehen; **to talk ~** über Politik (*acc*) reden; **interested in ~** politisch interessiert.

polity ['pɒlɪtɪ] *n* (*form of government*) Staats- *or* Regierungsform *f*; (*politically organized society*) Staat(swesen *nt*) *m*, Gemeinwesen *nt*; (*management of public affairs*) Staatsverwaltung *f*.

polka ['pɒlkə] *n* Polka *f*.

polka dot I *n* Tupfen *m*.

II *adj* getupft, gepunktet.

poll [pəʊl] **I** *n* **1.** (*Pol: voting*) Abstimmung *f*; (*election*) Wahl *f*. **to take a ~** abstimmen lassen, eine Abstimmung durchführen; **a ~ was taken among the villagers** unter den Dorfbewohnern wurde abgestimmt; **to head the ~** bei der Wahl führen.

2. (*total of votes cast*) Wahlbeteiligung *f*; (*for individual candidate*) Stimmenanteil *m*. **they got 34% of the ~** sie bekamen 34% der Stimmen.

3. ~s (*voting place*) Wahllokale *pl*; (*election*) Wahl *f*; **to go to the ~s** wählen *or* zur Wahl gehen, an die Urnen gehen; **a crushing defeat at the ~s** eine vernichtende Niederlage bei den Wahlen, eine vernichtende Wahlniederlage.

4. (*opinion ~*) Umfrage *f*.

II *vt* **1.** *votes* erhalten, auf sich (*acc*) vereinigen.

2. (*in opinion ~*) befragen. **40% of those ~ed supported the Government** 40% der Befragten waren für die Regierung.

3. *horns, trees* stutzen. **~ed cattle** Rinder mit gestutzten Hörnern.

III *vi* **he ~ed badly in the election** er schnitt bei der Wahl schlecht ab.

pollard ['pɒləd] **I** *n* (*tree*) gekappter

Baum. **II** *vt* kappen.

pollen ['pɒlən] *n* Blütenstaub, Pollen *m*. **~ basket** Höschen *nt*, Hose *f*; **~ count** Pollenzahl *f*.

pollinate ['pɒlɪneɪt] *vt* bestäuben.

pollination [ˌpɒlɪ'neɪʃən] *n* Bestäubung *f*.

polling ['pəʊlɪŋ] *n* **1.** Stimmabgabe, Wahl *f*. **~ will be on Thursday** die Wahl ist am Donnerstag; **~ has been heavy** die Wahlbeteiligung war (sehr) hoch. **2.** (*Comput*) Sendeaufruf *m*.

polling booth *n* Wahlkabine, Wahlzelle *f*; **polling card** *n* Wahlausweis *m*; **polling day** *n* Wahltag *m*; **polling station** *n* Wahllokal *nt*.

pollster ['pəʊlstəʳ] *n* Meinungsforscher(in *f*) *m*.

poll tax *n* Kopfsteuer *f*.

pollutant [pə'luːtənt] *n* Schadstoff *m*.

pollute [pə'luːt] *vt environment* verschmutzen; *river, atmosphere also* verunreinigen; *atmosphere also* verpesten (*pej*); (*fig*) *mind, morals* verderben, korrumpieren.

pollution [pə'luːʃən] *n* **1.** Umweltverschmutzung *f*. **the fight against ~** der Kampf gegen die Umweltverschmutzung. **2.** *see vt* Verschmutzung *f*; Verunreinigung *f*; Verpestung (*pej*) *f*; (*fig*) Korrumpierung *f*.

polo ['pəʊləʊ] *n* Polo *nt*.

polonaise [ˌpɒlə'neɪz] *n* Polonaise, Polonäse *f*.

polo neck I *n* Rollkragen *m*; (*sweater*) Rollkragenpullover *m*.
II *adj* Rollkragen-.

polonium [pə'ləʊnɪəm] *n* (*Chem*) Polonium *nt*.

poltergeist ['pɒltəgaɪst] *n* Poltergeist *m*.

polyandrous [ˌpɒlɪ'ændrəs] *adj* Vielmännerei betreibend; (*Bot*) polyadelphisch.

polyandry ['pɒlɪændrɪ] *n* Vielmännerei *f*.

polyanthus [ˌpɒlɪ'ænθəs] *n* (*primrose*) Gartenprimel *f*; (*narcissus*) Tazette *f*.

polychromatic [ˌpɒlɪkrəʊ'mætɪk] *adj* polychrom.

polyclinic ['pɒlɪklɪnɪk] *n* Poliklinik *f*.

polyester [ˌpɒlɪ'estəʳ] *n* Polyester *m*.

polyethylene [ˌpɒlɪ'eθəliːn] *n* Polyäthylen *nt*.

polygamist [pɒ'lɪgəmɪst] *n* Polygamist *m*.

polygamous [pɒ'lɪgəməs] *adj* polygam.

polygamy [pɒ'lɪgəmɪ] *n* Polygamie, Vielehe, Vielweiberei *f*.

polyglot ['pɒlɪglɒt] **I** *adj* polyglott, vielsprachig. **II** *n* (*person*) Polyglotte(r) *mf*.

polygon ['pɒlɪgən] *n* Polygon, Vieleck *nt*.

polygonal [pɒ'lɪgənl] *adj* polygonal, vieleckig.

polygraph ['pɒlɪgrɑːf] *n* (*US: lie detector*) Lügendetektor *m*.

polyhedron [ˌpɒlɪ'hiːdrən] *n* Polyeder *nt*, Vielflächner *m*.

polymer ['pɒlɪməʳ] *n* Polymer *nt*.

polymeric [ˌpɒlɪ'merɪk] *adj* polymer.

polymorphic [ˌpɒlɪ'mɔːfɪk] *adj* polymorph, vielgestaltig.

polymorphism [ˌpɒlɪ'mɔːfɪzəm] *n* Polymorphismus *m*.

Polynesia [ˌpɒlɪ'niːzɪə] *n* Polynesien *nt*.

Polynesian [ˌpɒlɪ'niːzɪən] **I** *adj* polynesisch. **II** *n* **1.** Polynesier(in *f*) *m*. **2.** (*language*) Polynesisch *nt*.

polynomial [ˌpɒlɪ'nəʊmɪəl] **I** *adj* polynomisch. **II** *n* Polynom *nt*.

polyp ['pɒlɪp] *n* Polyp *m*.

polyphonic [ˌpɒlɪ'fɒnɪk] *adj* polyphon.

polyphony [pə'lɪfənɪ] *n* Polyphonie *f*.

polypropylene [ˌpɒlɪ'prɒpɪliːn] *n* Polypropylen *nt*.

polystyrene [ˌpɒlɪ'staɪriːn] **I** *n* Polystyrol *nt*; (*extended also*) Styropor ® *nt*. **II** *adj* Polystyrol-; Styropor-.

polysyllabic [ˌpɒlɪsɪ'læbɪk] *adj* viel- *or* mehrsilbig.

polytechnic [ˌpɒlɪ'teknɪk] *n* (*Brit*) ≈ Polytechnikum *nt*; (*degree-awarding*) Technische Hochschule, TH *f*.

polytheism ['pɒlɪθiːɪzəm] *n* Polytheismus *m*.

polytheistic [ˌpɒlɪθiː'ɪstɪk] *adj* polytheistisch.

polythene ['pɒlɪθiːn] *n* (*Brit*) Polyäthylen *nt*; (*in everyday language*) Plastik *nt*. **~ bag** Plastiktüte *f*.

polyunsaturated fats [ˌpɒlɪʌn'sætjəreɪtɪd'fæts] *npl* mehrfach ungesättigte Fettsäuren *pl*.

polyurethane [ˌpɒlɪ'jʊərɪθeɪn] *n* Polyurethan *nt*.

polyvalent [pə'lɪvələnt] *adj* mehrwertig, polyvalent.

pom [pɒm] *n* (*Austral sl*) Engländer(in *f*).

pomade [pə'mɑːd] **I** *n* Pomade *f*.
II *vt* mit Pomade einreiben.

pomander [pəʊ'mændəʳ] *n* Duftkugel *f*.

pomegranate ['pɒməˌgrænɪt] *n* Granatapfel *m*; (*tree*) Granatapfelbaum *m*.

Pomerania [ˌpɒmə'reɪnɪə] *n* Pommern *nt*.

Pomeranian [ˌpɒmə'reɪnɪən] **I** *adj* pommer(i)sch.
II *n* Pommer(in *f*) *m*; (*dog*) Spitz *m*.

pommel ['pʌml] **I** *n* (*on sword*) Knauf *m*; (*on saddle*) Knopf *m*. **II** *vt see* **pummel**.

pomp [pɒmp] *n* Pomp, Prunk *m*, Gepränge *nt*. **~ and circumstance** Pomp und Prunk *m*.

pompom ['pɒmpɒm] *n* **1.** (*gun*) automatische Flugzeugabwehrkanone *f*.
2. (*on hat*) Troddel, Bommel (*dial*) *f*.

pomposity [pɒm'pɒsɪtɪ] *n see adj* Aufgeblasenheit, Wichtigtuerei *f*; Gespreiztheit *f*; Schwulstigkeit *f*, Bombast *m*.

pompous ['pɒmpəs] *adj person* aufgeblasen, wichtigtuerisch; *attitude, behaviour also, phrase* gespreizt; *language, letter, remark* schwülstig, bombastisch.

pompously ['pɒmpəslɪ] *adv write, speak* schwülstig, bombastisch; *behave* aufgeblasen, wichtigtuerisch.

ponce [pɒns] (*Brit sl*) **I** *n* (*pimp*) Zuhälter *m*; (*homosexual*) Schwule(r) (*inf*) *m*. **II** *vi* **to ~ for sb** jds Zuhälter sein.

◆**ponce about** *or* **around** *vi* (*Brit sl*) herumtänzeln.

poncho ['pɒntʃəʊ] *n* Poncho *m*.

poncy ['pɒnsɪ] *adj* (+*er*) (*Brit sl*) (*homosexual*) warm (*sl*), schwul (*inf*); *pink sweater, walk, actor* tuntig (*sl*).

pond [pɒnd] *n* Teich *m*. **the ~** (*inf: Atlantic*) der große Teich (*hum*); **~ life** Pflanzen- und Tierleben in Teichen.

ponder ['pɒndəʳ] **I** *vt* nachdenken über (+*acc*); *possibilities, consequences* erwägen, bedenken.

II *vi* nachdenken (*on, over* über +*acc*).

ponderous ['pɒndərəs] *adj* schwerfällig: (*heavy*) massiv.

ponderously ['pɒndərəslɪ] *adv* schwerfällig.

ponderousness ['pɒndərəsnɪs] *n* Schwerfälligkeit *f*; (*heaviness*) Schwere, Gewichtigkeit *f*.

pondweed ['pɒndwi:d] *n* Laichkrautgewächs *nt*.

pone [pəʊn] *n* (*US*) Maisbrot *nt*.

pong [pɒŋ] (*Brit inf*) **I** *n* Gestank, Mief (*inf*) *m*. **II** *vi* stinken, miefen (*inf*).

pontiff ['pɒntɪf] *n* Pontifex *m*; (*pope also*) Papst *m*.

pontifical [pɒn'tɪfɪkəl] *adj* **1.** (*lit*) pontifikal; (*papal*) päpstlich.

pontifically [pɒn'tɪfɪkəlɪ] *adv* (*fig*) päpstlich.

pontificate [pɒn'tɪfɪkɪt] **I** *n* Pontifikat *nt*.

II [pɒn'tɪfɪkeɪt] *vi* (*fig*) hochtrabende Reden halten.

pontoon¹ [pɒn'tu:n] *n* Ponton *m*; (*on flying boat*) Schwimmer *m*. ~ **bridge** Pontonbrücke *f*.

pontoon² *n* (*Brit Cards*) 17 und 4 *nt*.

pony ['pəʊnɪ] *n* **1.** Pony *nt*. **2.** (*Brit sl*) 25 Pfund. **3.** (*US sl: crib*) Spickzettel *m*. **4.** (*US inf: small glass*) Gläschen *nt*.

pony express *n* Ponyexpreß *m*; **ponytail** *n* Pferdeschwanz *m*; **she was wearing her hair in a** ~ sie trug einen Pferdeschwanz; **pony trekking** *n* Ponyreiten, Ponytrekking *nt*.

poodle ['pu:dl] *n* Pudel *m*.

poof(ter) ['pʊf(təʳ)] *n* (*Brit sl*) Warme(r) (*sl*), Schwule(r) (*inf*) *m*.

poofy ['pʊfɪ] *adj* (+*er*) (*Brit sl*) warm (*sl*), schwul (*inf*); *clothes, colour, actor* tuntig (*sl*), tuntenhaft (*inf*).

pooh [pu:] *interj* (*bad smell*) puh, pfui; (*disdain*) pah, bah.

pooh-pooh ['pu:'pu:] *vt* verächtlich abtun.

pool¹ [pu:l] *n* **1.** Teich, Tümpel *m*; (*underground*) See *m*.

2. (*of rain*) Pfütze *f*; (*of spilt liquid*) Lache *f*. **a** ~ **of blood** eine Blutlache; ~**s of sunlight/shade** sonnige/schattige Stellen.

3. (*in river*) Loch *nt*.

4. (*artificial*) Teich *m*; (*swimming* ~) (Schwimm)becken *nt*; (*in private garden, hotel also*) Swimmingpool *m*; (*swimming baths*) Schwimmbad *nt*. **to go to the (swimming)** ~ ins Schwimmbad gehen; **an olympic** ~ **should measure ...** ein olympisches Wettkampfbecken muß ... groß sein; **we spent every afternoon down at the** ~ wir verbrachten jeden Nachmittag im Schwimmbad; **she was sitting at the edge of the** ~ sie saß am Beckenrand.

pool² **I** *n* **1.** (*common fund*) (gemeinsame) Kasse *f*. **each player put £10 in the** ~ jeder Spieler gab £ 10 in die Kasse.

2. (*supply, source*) (*typing* ~) Schreibzentrale *f*; (*car* ~) Fahrbereitschaft *f*; (*car-sharing*) Fahrgemeinschaft *f*. **a** ~ **of labour** ein Bestand *m* an Arbeitskräften; eine Arbeitskraftreserve; **among them they have a great** ~ **of experience/ideas** zusammen verfügen sie über eine Menge Erfahrung/Ideen; **there is a great** ~ **of untapped ability** es gibt große, noch ungenutzte Begabungsreserven.

3. the ~**s** *pl* (*football* ~*s*) Toto *m or nt*; **to do the** ~**s** Toto spielen; **to win the** ~**s** im Toto gewinnen.

4. (*US: form of snooker*) Poolbillard *nt*.

5. (*Comm*) Interessengemeinschaft *f*; (*US: monopoly, trust*) Pool *m*, Kartell *nt*.

II *vt resources, savings* zusammenlegen; *efforts* vereinen (*geh*). **if we** ~ **our efforts we'll get the work done sooner** mit vereinten Kräften werden wir schneller mit der Arbeit fertig (werden); **the two scientists** ~**ed their results** die beiden Wissenschaftler kombinierten ihre Ergebnisse.

pool hall, pool room *n* Billardzimmer *nt*; **pool table** *n* Billardtisch *m*.

poop¹ [pu:p] *n* Hütte, Poop *f*. ~ **deck** Hütten- *or* Poopdeck *nt*.

poop² *vt* (*sl: exhaust*) schlauchen (*sl*). **to be** ~**ed (out)** geschlaucht (*sl*) sein.

pooper-scooper *n ein Gerät um Hundekot von der Straße zu entfernen.*

poo-poo ['pu:'pu:] *n* (*baby-talk: excreta*) Aa *nt* (*baby-talk*).

poor [pʊəʳ] **I** *adj* (+*er*) **1.** arm. ~ **whites** *arme weiße Bevölkerung im Süden der USA;* **a country** ~ **in natural resources** ein an Bodenschätzen armes Land; **it's the** ~ **man's Mercedes/Monte Carlo** (*inf*) das ist der Mercedes/das Monte Carlo des kleinen Mannes (*inf*); ~ **relation** (*fig*) schlechter Ersatz *m*.

2. (*not good*) schlecht; (*lacking quality also, meagre*) mangelhaft; *health, effort, performance, excuse also, sense of responsibility, leadership* schwach; *soil also* mager, unergiebig; *quality also* minderwertig. **a** ~ **chance of success** schlechte Erfolgsaussichten *pl*; **a** ~ **joke** (*weak*) ein schwacher Witz; (*in bad taste*) ein geschmackloser Witz; **only £55? that's pretty** ~**, isn't it**? nur £ 55? das ist aber ziemlich wenig!; **he is a** ~ **traveller/flier** er verträgt Reisen/Flugreisen nicht gut; **it will be a** ~ **day for the world when ...** es wird ein schwarzer Tag für die Welt sein, wenn ...; **this is a pretty** ~ **state of affairs** das sieht aber gar nicht gut aus; **he showed a** ~ **grasp of the facts** er zeigte wenig Verständnis für die Fakten; **he is a** ~ **hand at public speaking** in der Öffentlichkeit zu sprechen liegt ihm nicht; **she was always** ~ **at languages** sie war immer schlecht *or* schwach in Sprachen.

3. (*pitiful, pitiable*) arm. **you** ~ **(old) chap** (*inf*) *or* **thing** (*inf*) du armer Kerl (*inf*); ~ **you**! du Ärmste(r)!; **she's all alone,** ~ **woman** sie ist ganz allein, die arme Frau; ~ **things, they look cold** die Ärmsten, ihnen scheint kalt zu sein; **it fell to my** ~ **self to ...** es blieb meiner Wenigkeit (*dat*) überlassen, zu ... (*iro*).

II *npl* **the** ~ die Armen *pl*.

poor box *n* Armen- *or* Almosenbüchse *f*.

poorly ['puəlɪ] **I** *adv* **1.** arm; *dressed, furnished* ärmlich. ~ **off** schlecht gestellt; **her husband left her very ~ off** ihr Mann ließ sie in sehr ärmlichen Verhältnissen zurück.

2. (*badly*) schlecht. ~ **lit** schlecht *or* schwach beleuchtet; **to do ~ (at sth)** (in etw *dat*) schwach *or* schlecht abschneiden; **we're rather ~ off for staff** wir haben einen ziemlichen Mangel an Personal.

II *adj pred* (*ill*) schlecht, krank, elend.

poorness ['puənɪs] *n* **1.** (*lack of money*) Armut *f*.

2. (*lack of quality*) Dürftigkeit, Mangelhaftigkeit *f*; (*of soil*) Magerkeit, Unergiebigkeit *f*; (*of effort, excuse, harvest, performance*) Dürftigkeit *f*; (*of quality*) Minderwertigkeit *f*; (*of weather, memory, health, eyesight*) Unzulänglichkeit *f*; (*of leadership*) Schwäche *f*.

poove [pu:v] *n see* **poof(ter)**.

pop[1] *abbr of* **population**.

pop[2] [pɒp] *n* (*esp US inf*) (*father*) Pa(pa) *m* (*inf*); (*elderly man*) Opa *m* (*hum inf*).

pop[3] *n* (~ *music*) Popmusik *f*, Pop *m*.

pop[4] **I** *n* **1.** (*sound*) Knall *m*. **the toy gun went off with a ~** peng, ging die Spielzeugpistole los. **2.** (*inf: shot*) Schuß *m*. **3.** (*fizzy drink*) Brause, Limo (*inf*) *f*.

II *adv* **to go ~** (*cork*) knallen, hochgehen (*inf*); (*balloon*) platzen; (*ears*) mit einem Knacken aufgehen *or* (*when going down*) zugehen; **~!** peng!

III *vt* **1.** *balloon, corn* zum Platzen bringen. **to ~ corn** Popcorn machen.

2. (*inf: put*) stecken. **to ~ a letter into the postbox** einen Brief einwerfen *or* einschmeißen (*inf*); **he ~ped his head round the door** er streckte den Kopf durch die Tür; **to ~ a jacket/hat on** sich (*dat*) ein Jackett überziehen/sich (*dat*) einen Hut aufsetzen; **to ~ the question** einen (Heirats)antrag machen.

3. (*inf*) *pills* schlucken (*inf*).

IV *vi* **1.** (*inf: go* **~**, *burst*) (*cork*) knallen; (*balloon*) platzen; (*seed-pods, buttons, popcorn*) aufplatzen; (*ears*) knakken. **his eyes were ~ping out of his head** ihm gingen die Augen über, ihm fielen fast die Augen aus dem Kopf (*inf*); **suddenly her blouse ~ped open** plötzlich platzte *or* sprang ihre Bluse auf.

2. (*inf: go quickly or suddenly*) **to ~ along/down to the baker's** schnell zum Bäcker laufen; **I'll just ~ upstairs** ich laufe mal eben nach oben; **~ across/over/round and see me sometime** komm doch mal auf einen Sprung bei mir vorbei (*inf*); **I thought I'd just ~ down to London for the weekend** ich dachte, ich fahr mal eben übers Wochenende nach London.

◆**pop at** *vi +prep obj* (*inf: shoot at*) ballern auf (*+acc*) (*inf*).

◆**pop back** (*inf*) **I** *vt sep* (schnell) zurücktun (*inf*). **~ the lid ~ on the box** klapp den Deckel wieder auf die Schachtel; **~ it ~ into the box** tu es wieder in die Schachtel.

II *vi* schnell zurücklaufen. **she ~ped ~ for her book** sie lief zurück, um ihr Buch zu holen.

◆**pop in** (*inf*) **I** *vt sep* hineintun. **to ~ sth ~to sth** etw in etw (*acc*) stecken.

II *vi* schnell hereinkommen/hereingehen; (*visit*) auf einen Sprung vorbeikommen (*inf*). **to ~ ~ for a short chat** auf einen kleinen Schwatz hereinschauen (*inf*); **she kept ~ping ~ and out** sie lief dauernd rein und raus; **we just ~ped ~to the pub for a quickie** wir gingen kurz in die Kneipe, um einen zu heben (*inf*); **just ~ ~ any time you're passing** komm doch mal vorbei, wenn du in der Gegend bist.

◆**pop off** (*inf*) *vi* **1.** (*die suddenly*) den Geist aufgeben (*hum*), den Löffel abgeben (*sl*).

2. (*inf: go off*) verschwinden (*inf*) (*to* nach). **do you fancy ~ping ~ to Spain for a week?** wie wär's, wollen wir für eine Woche nach Spanien verschwinden?

◆**pop out** (*inf*) *vi* **1.** (*go out*) (schnell) rausgehen (*inf*)/rauskommen (*inf*); (*spring, rabbit*) herausspringen (*of* aus). **he has just ~ped ~ for a beer** er ist schnell auf ein Bierchen gegangen (*inf*); **he has just ~ped ~ to buy a paper** er ist schnell eine Zeitung kaufen gegangen.

2. (*eyes*) vorquellen. **his eyes were ~ping ~ with amazement** vor Staunen bekam er Stielaugen *or* fielen ihm fast die Augen aus dem Kopf (*inf*).

◆**pop up** (*inf*) **I** *vt sep* **1.** (*put up*) *head* hochstrecken.

2. (*bring up*) schnell raufbringen (*inf*).

3. (*sl: liven up*) *old film, musical* aufmotzen (*inf*).

II *vi* **1.** (*appear suddenly*) auftauchen; (*head, toast*) hochschießen (*inf*); (*figures in illustrations*) sich aufstellen.

2. (*come up*) (mal eben) raufkommen (*inf*)/raufgehen (*inf*).

pop art *n* Pop-art *f*; **pop concert** *n* Popkonzert *nt*; **popcorn** *n* Popcorn *nt*.

Pope [pəup] *n* Papst *m*.

Popemobile ['pəupməʊˌbi:l] *n* (*inf*) Papstmobil *nt* (*inf*).

popery ['pəupərɪ] *n* (*pej*) Pfaffentum *nt*.

popeyed *adj person* glotzäugig; (*fig*) mit Glotzaugen; **pop festival** *n* Popfestival *nt*; **pop group** *n* Popgruppe *f*; **pop gun** *n* Spielzeugpistole *f*.

popish ['pəupɪʃ] *adj* (*pej*) papistisch.

poplar ['pɒpləʳ] *n* Pappel *f*.

poplin ['pɒplɪn] *n* Popeline *f*.

pop music *n* Popmusik *f*; **popover** *n* (*US*) *stark aufgehender hefiger Eierkuchen.*

poppadom, poppadum ['pɒpədəm] *n großes, dünnes, rundes, knusprig gebratenes Teigstück als Beilage zu indischen Gerichten.*

popper ['pɒpəʳ] *n* (*Brit inf: press-stud*) Druckknopf *m*.

poppet ['pɒpɪt] *n* (*inf*) Schatz *m*; (*term of address also*) Schätzchen *nt*.

poppy ['pɒpɪ] *n* Mohn *m*.

poppycock ['pɒpɪkɒk] *n* (*dated inf*) Unsinn, Blödsinn (*inf*) *m*.

Poppy Day *n* (*Brit*) ≃ Volkstrauertag *m* (*BRD*); **poppy seed** *n* Mohn *m*; **~ cake**

Mohnkuchen *m*.

Popsicle ® ['pɒpsɪkl] *n* (*US*) Eis *nt* am Stiel.

pop singer *n* Schlagersänger(in *f*) *m*; **pop song** *n* Popsong *m*; (*hit*) Schlager *m*; **pop star** *n* Popstar, Schlagerstar *m*.

populace ['pɒpjʊlɪs] *n* Bevölkerung *f*; (*masses*) breite Öffentlichkeit. **the ~ of Rome** das Volk von Rom, die Bürger von Rom.

popular ['pɒpjʊlə^r] *adj* **1.** (*well-liked*) beliebt (*with* bei); (*with the public also*) populär (*with* bei); *decision, measure* populär. **I know I won't be ~ if I decide that, but ...** ich weiß, daß ich mich nicht gerade beliebt mache, wenn ich so entscheide, aber ...; **he's not the most ~ of men at the moment** er ist im Augenblick nicht gerade einer der Beliebtesten *or* (*with the public also*) Populärsten; **he was a very ~ choice** seine Wahl fand großen Anklang.

2. (*suitable for the general public*) populär; *music* leicht; *prices* erschwinglich; *science* Populär-; *edition* Volks-; *lectures, journal* populärwissenschaftlich.

3. (*widespread*) *belief, fallacy, conviction, discontent* weitverbreitet; (*of or for the people*) *government, approval, consent, support* des Volkes. **~ front** Volksfront *f*; **~ remedy** Hausmittel *nt*; **it's ~ to despise politicians these days** es gehört heutzutage zum guten Ton, sich über Politiker abfällig zu äußern; **to rule by ~ consent** mit Zustimmung der Allgemeinheit regieren; **by ~ request** auf allgemeinen Wunsch.

popularity [ˌpɒpjʊ'lærɪtɪ] *n* Beliebtheit *f*; (*with the public also*) Popularität *f* (*with* bei). **he'd never win a ~ contest!** er ist nicht gerade beliebt; **the sport is growing/declining in ~** dieser Sport wird immer populärer/verliert immer mehr an Popularität; **~ rating** Beliebtheitsquote *f*.

popularization [ˌpɒpjʊləraɪ'zeɪʃən] *n* Popularisierung *f*; (*act also*) allgemeine Verbreitung. **a ~ of Hamlet** eine Volksfassung des Hamlet.

popularize ['pɒpjʊləraɪz] *vt* **1.** (*make well-liked*) populär machen, zum Durchbruch verhelfen (+*dat*).

2. (*make understandable*) *science* popularisieren, unter das Volk bringen (*inf*).

popularizer ['pɒpjʊləraɪzə^r] *n* **he is a great ~ of political/scientific ideas** er macht politische/wissenschaftliche Ideen auch der breiten Masse zugänglich.

popularly ['pɒpjʊləlɪ] *adv* allgemein. **he is ~ believed to be a rich man** nach allgemeiner Ansicht ist er ein reicher Mann.

populate ['pɒpjʊleɪt] *vt* (*inhabit*) bevölkern; (*colonize*) besiedeln. **this area is ~d mainly by immigrants** in diesem Stadtteil leben *or* wohnen hauptsächlich Einwanderer; **densely ~d areas/cities** dichtbesiedelte Gebiete *pl*/dichtbevölkerte Städte *pl*.

population [ˌpɒpjʊ'leɪʃən] *n* (*of region, country*) Bevölkerung *f*; (*of village, town*) Bewohner, Einwohner *pl*; (*colonization*) Besiedlung *f*; (*number of inhabitants*) Bevölkerungszahl *f*. **the ~ explosion** die Bevölkerungsexplosion; **the growing black ~ of London** die wachsende Zahl von Schwarzen in London.

populism ['pɒpjʊlɪzəm] *n* Populismus *m*.

populist ['pɒpjʊlɪst] **I** *n* Populist(in *f*) *m*. **II** *adj* populistisch.

populous ['pɒpjʊləs] *adj country* dicht besiedelt; *town, area also* mit vielen Einwohnern, einwohnerstark.

pop-up ['pɒpʌp] *adj toaster* automatisch; *book, picture* Hochklapp- (*inf*). **~ menu** (*Comput*) Pop-up-Menü *nt*.

porcelain ['pɔːsəlɪn] **I** *n* Porzellan *nt*. **II** *adj* Porzellan-.

porch [pɔːtʃ] *n* (*of house*) Vorbau *m*, Vordach *nt*; (*US*) Veranda *f*; (*of church*) Vorhalle *f*, Portal *nt*.

porcine ['pɔːsaɪn] *adj* (*pig-like*) schweineartig; (*of pigs*) Schweine-.

porcupine ['pɔːkjʊpaɪn] *n* Stachelschwein *nt*. **~ fish** Igelfisch *m*.

pore [pɔː^r] *n* Pore *f*.

◆**pore over** *vi* +*prep obj* (*scrutinize*) genau studieren; (*meditate*) nachdenken *or* nachgrübeln über (+*acc*). **to ~ ~ one's books** über seinen Büchern hocken.

pork [pɔːk] *n* Schweinefleisch *nt*.

pork barrel *n* (*US inf*) *Geldzuwendungen pl der Regierung an örtliche Verwaltungsstellen, um deren Unterstützung zu gewinnen;* **pork butcher** *n* Schweinemetzger *m*; **pork chop** *n* Schweine- *or* Schweinskotelett *nt*.

porker ['pɔːkə^r] *n* Mastschwein *nt*.

pork pie *n* Schweinefleischpastete *f*; **pork pie hat** *n runder, niedriger Filzhut;* **pork sausage** *n* Schweinswurst *f*.

porky ['pɔːkɪ] **I** *adj* (+*er*) **1.** Schweinefleisch-. **2.** (*inf: fat*) fett.

II *n* (*Brit sl: lie*) Märchen *fpl*.

porn [pɔːn], (*esp US*) **porno** ['pɔːnəʊ] *n* (*inf*) Porno *m* (*inf*). **hard/soft ~** harter/weicher Porno; **~-shop** Pornoladen *m* (*inf*).

pornographic *adj*, **~ally** *adv* [ˌpɔːnə'græfɪk, -əlɪ] pornographisch.

pornography [pɔː'nɒgrəfɪ] *n* Pornographie *f*.

porosity [pɔː'rɒsɪtɪ] *n* (*of rocks, of substance*) Porosität *f*; (*of skin*) Porigkeit *f*.

porous ['pɔːrəs] *adj rock, substance* porös; *skin* porig.

porousness ['pɔːrəsnɪs] *n see* **porosity**.

porphyry ['pɔːfɪrɪ] *n* Porphyr *m*.

porpoise ['pɔːpəs] *n* Tümmler *m*.

porridge ['pɒrɪdʒ] *n* Porridge, Haferbrei *m*. **~ oats** Haferflocken *pl*.

port[1] [pɔːt] *n* **1.** (*harbour*) Hafen *m*. **naval ~** Kriegshafen *m*; **to come/put into ~** in den Hafen einlaufen; **~ authority** Hafenamt *nt*, Hafenbehörde *f*; **~ dues** Hafengelder *pl*; **any ~ in a storm** (*prov*) in der Not frißt der Teufel Fliegen (*Prov*).

2. (*city or town with a ~*) Hafen *m*, Hafenstadt *f*.

port[2] *n* **1.** (*Naut, Aviat: ~hole*) Bullauge *nt*. **2.** (*Naut: for cargo*) (Lade)luke *f*. **3.** (*Tech*) Durchlaß(öffnung *f*) *m*. **4.** (*Comput*) Anschluß, Port *m*.

port[3] **I** *n* (*Naut, Aviat: left side*) Backbord

m. **II** *adj side* Backbord-; *cabin, deck also* auf der Backbordseite. **III** *vt* (*Naut*): **to ~ the helm** nach Backbord drehen.

port[4] *n* (*also* **~ wine**) Portwein *m.*

port[5] (*Mil*) **I** *n* **to hold the rifle at ~** das Gewehr (schräg nach links) vor dem Körper halten.

portability [ˌpɔːtəˈbɪlɪtɪ] *n* Tragbarkeit *f.*

portable [ˈpɔːtəbl] **I** *adj* **1.** tragbar; *radio, typewriter also* Koffer-. **easily ~** leicht zu tragen; **a ~ television** ein Portable *nt*, ein tragbarer Fernseher. **2.** *pension* übertragbar.

II *n* (*computer, TV*) Portable *nt.*

portage [ˈpɔːtɪdʒ] *n* (*Comm*) (*act*) Transport *m*, Beförderung *f*; (*cost*) Rollgeld *nt*, Transportkosten *pl*, Beförderungsentgelt *nt.*

Portakabin ® [ˈpɔːtəˌkæbɪn] *n* Container *m*; (*used as accommodation also*) Wohncontainer *m*; (*used as office also*) Bürocontainer *m.*

portal [ˈpɔːtl] *n* (*liter*) Portal *nt*, Pforte *f* (*geh*), Tor *nt.*

portal vein *n* Pfortader *f.*

portcullis [pɔːtˈkʌlɪs] *n* Fallgitter, Fallgatter *nt.*

portend [pɔːˈtend] *vt* (*form*) bedeuten, hindeuten auf (+*acc*).

portent [ˈpɔːtent] *n* Zeichen, Omen (*geh*) *nt* (*of* für). **to be a ~ of sth** etw ahnen lassen.

portentous [pɔːˈtentəs] *adj* (*ominous*) unheilschwanger; (*marvellous*) gewaltig; (*grave*) gewichtig; (*pompous*) bombastisch.

porter[1] [ˈpɔːtəʳ] *n* (*of office*) Pförtner, Portier *m*; (*hospital* **~**) Assistent *m*; (*at hotel*) Portier *m*; (*Rail, at airport*) Gepäckträger *m*; (*Sherpa*) (Lasten)träger *m*; (*US Rail*) Schlafwagenschaffner *m.* **~'s lodge** Pförtnerloge *f.*

porter[2] *n* (*beer*) Porter *m or nt.*

porterage [ˈpɔːtərɪdʒ] *n* (*charge*) Trägerlohn *m.*

portfolio [pɔːtˈfəʊlɪəʊ] *n* **1.** (Akten)-mappe *f.* **2.** (*Pol: office*) Portefeuille (*form*) *nt*, Geschäftsbereich *m.* **minister without ~** Minister ohne Portefeuille (*form*) *or* Geschäftsbereich. **3.** (*Fin*) Portefeuille *nt.* **4.** (*of artist, designer*) Kollektion *f.*

porthole [ˈpɔːthəʊl] *n* Bullauge *nt.*

portico [ˈpɔːtɪkəʊ] *n* Portikus *m.*

portion [ˈpɔːʃən] *n* **1.** (*piece, part*) Teil *m*; (*of ticket*) Abschnitt *m.* **your/my ~** dein/mein Anteil *m.* **2.** (*of food*) Portion *f.* **3.** (*old, form: marriage* **~**) Mitgift *f.* **4.** (*liter: fate*) Los, Schicksal *nt.*

◆**portion out** *vt sep* aufteilen, verteilen (*among* unter +*acc*).

portliness [ˈpɔːtlɪnɪs] *n* Beleibtheit, Korpulenz *f.*

portly [ˈpɔːtlɪ] *adj* (+*er*) beleibt, korpulent.

portmanteau [pɔːtˈmæntəʊ] *n, pl* **-s** *or* **-x** Handkoffer *m.* **~ word** Kombinationsform *f.*

Porto Rico [ˈpɔːtəʊˈriːkəʊ] *etc see* **Puerto Rico** *etc.*

portrait [ˈpɔːtrɪt] *n* (*also in words*) Porträt *nt.* **to have one's ~ painted** sich malen lassen; **to sit for one's ~** für sein Porträt sitzen; **to paint a ~ of sb** jdn porträtieren.

portraitist [ˈpɔːtrɪtɪst] *n* Porträtist(in *f*) *m.*

portrait painter *n* Porträtmaler(in *f*) *m.*

portraiture [ˈpɔːtrɪtʃəʳ] *n* (*portrait*) Porträt *nt*; (*portraits collectively*) Porträts *pl*; (*art of* **~**) (*painting*) Porträtmalerei *f*; (*Phot*) Porträtfotografie *f.*

portray [pɔːˈtreɪ] *vt* darstellen; (*paint also*) malen.

portrayal [pɔːˈtreɪəl] *n* Darstellung *f*; (*description also*) Schilderung *f.*

Portugal [ˈpɔːtjʊgəl] *n* Portugal *nt.*

Portuguese [ˌpɔːtjʊˈgiːz] **I** *adj* portugiesisch. **~ man-of-war** Staats- *or* Röhrenqualle, Portugiesische Galeere *f.* **II** *n* Portugiese *m*, Portugiesin *f*; (*language*) Portugiesisch *nt.*

pose [pəʊz] **I** *n* **1.** (*position, attitude*) Haltung *f*; (*of model, pej also*) Pose *f.* **to take up a ~** (*model*) eine Pose *or* Haltung einnehmen; **to strike a (dramatic) ~** sich (dramatisch) in Positur werfen; **she's always striking ~s** sie benimmt sich immer so theatralisch.

2. (*affectation*) Pose *f.* **it's only a ~** das ist nur Pose.

II *vt* **1.** (*position*) *model* aufstellen.

2. (*put forward*) *question, problem* vortragen. **the question ~d by his speech** die in seiner Rede aufgeworfene Frage.

3. (*formulate*) *question, problem* formulieren.

4. (*constitute, present*) *difficulties, problem* aufwerfen; *threat* darstellen.

III *vi* **1.** (*model*) posieren; (*sitting also*) (Modell) sitzen; (*standing also*) Modell stehen.

2. (*attitudinize*) posieren, sich in Pose werfen.

3. (*present oneself as*) **to ~ as** sich ausgeben als.

poser [ˈpəʊzəʳ] *n* **1.** (*person*) Angeber(in *f*) *m.* **2.** (*inf: difficult problem or question*) harte Nuß (*inf*).

posh [pɒʃ] (*inf*) **I** *adj* (+*er*) pickfein (*inf*), vornehm; *neighbourhood, hotel, wedding also* nobel; *friends* vornehm, fein.

II *adv* (+*er*): **to talk ~** mit vornehmem Akzent sprechen.

III *vt* **to ~ sth up** (*inf*) etw verschönern (*inf*).

poshly [ˈpɒʃlɪ] *adj* piekfein (*inf*), vornehm.

poshness [ˈpɒʃnɪs] *n* Feinheit, Vornehmheit *f*; (*of accent*) Vornehmheit *f*, Distinguierte(s) *nt.*

posit [ˈpɒzɪt] **I** *n* (*claim*) Postulat *nt*, Grundannahme *f.* **II** *vt* **1.** (*rare: put down*) absetzen. **2.** (*claim*) postulieren; *hypothesis* aufstellen.

position [pəˈzɪʃən] **I** *n* **1.** (*location, place where sb/sth is*) (*of person*) Platz *m*; (*of object also*) Stelle *f*; (*of microphone, statue, wardrobe, plant*) Standort *m*; (*of spotlight, table, in picture, painting*) Anordnung *f*; (*of town, house*) Lage *f*; (*of plane, ship, Sport: starting* **~**, *Ftbl*) Position *f*; (*Mil: strategic site*) Stellung *f.* **to be in ~** an der richtigen Stelle sein; **the**

actors were in ~ on the stage die Schauspieler hatten ihre Plätze auf der Bühne eingenommen; **to jockey for ~** (*lit*) um eine gute Ausgangsposition kämpfen; (*fig*) um eine gute Position rangeln; **the ~ of the picture/fireplace isn't very good** das Bild hängt nicht sehr günstig/der Kamin hat keinen sehr günstigen Platz; **what ~ do you play**? auf *or* in welcher Position spielst du?

2. (*posture, way of standing, sitting*) Haltung *f*; (*in love-making, Art: of model*) Stellung *f*; (*Ballet*) Position *f*.

3. (*in class, league*) Platz *m*. **after the third lap he was in fourth ~** nach der dritten Runde lag er auf dem vierten Platz *or* war er Vierter.

4. (*social, professional standing*) Stellung, Position *f*.

5. (*job*) Stelle *f*. **he has a high ~ in the Ministry of Defence** er bekleidet eine hohe Stellung *or* Position im Verteidigungsministerium.

6. (*fig: situation, circumstance*) Lage *f*. **to be in a ~ to do sth** in der Lage sein, etw zu tun; **what is the ~ regarding ...?** wie sieht es mit ... aus?; **I'm not in a ~ to say anything about that** ich kann dazu nichts sagen.

7. (*fig: point of view, attitude*) Standpunkt *m*, Haltung, Einstellung *f*. **to take up a ~ on sth** eine Haltung bei einer Sache einnehmen.

II *vt* **1.** (*place in ~*) *microphone, ladder, guards* aufstellen; *soldiers, policemen* postieren; (*artist, photographer*) plazieren; (*Comput*) *cursor* positionieren, plazieren. **he ~ed himself where he could see her** er stellte *or* (*seated*) setzte sich so, daß er sie sehen konnte. **2.** (*in marketing*) *product* positionieren.

positive ['pɒzɪtɪv] **I** *adj* **1.** (*Math, Phot, Elec, Gram*) positiv; *pole* Plus-. **the ~ degree** (*Gram*) der Positiv.

2. (*affirmative, constructive*) *result, answer* positiv; *attitude also* bejahend; *criticism, suggestion* konstruktiv. **he is a very ~ person** er hat eine sehr positive Einstellung zum Leben; **~ vetting** Sicherheitsüberprüfung *f*.

3. (*definite*) *person, tone of voice* bestimmt; *instructions* streng; *evidence, answer* definitiv, eindeutig; *rule* fest. **that is ~ proof** *or* **proof ~** das ist der sichere *or* eindeutige Beweis; **to be ~ that ...** sicher sein, daß ..., definitiv wissen, daß ...; **to be ~ about** *or* **of sth** sich (*dat*) einer Sache (*gen*) absolut sicher sein.

4. (*real, downright*) **this is a ~ disgrace** das ist wirklich eine Schande; **he's a ~ genius/menace** er ist wirklich ein Genie/er kann einem wirklich auf den Geist gehen.

II *n* (*Phot*) Positiv *nt*; (*Gram*) Positiv *m*; (*Elec*) Pluspol *m*.

positively ['pɒzɪtɪvlɪ] *adv* **1.** (*affirmatively, constructively, Sci*) positiv. **2.** (*decisively*) bestimmt; (*definitely, indisputably*) *prove* definitiv, eindeutig. **3.** (*really, absolutely*) wirklich, echt (*inf*).

positiveness ['pɒzɪtɪvnɪs] *n* **1.** (*constructiveness*) Positive(s) *nt*. **I was reassured by the ~ of his attitude** ich wurde durch seine positive Haltung bestärkt.

2. (*certainty*) Überzeugung *f*; (*of voice also*) Bestimmtheit *f*; (*of evidence*) Überzeugungskraft *f*.

positivism ['pɒzɪtɪvɪzəm] *n* Positivismus *m*.

positivist ['pɒzɪtɪvɪst] *adj* positivistisch.

positivistic *adj*, **~ally** *adv* [pɒzɪtɪ'vɪstɪk, -əlɪ] positivistisch.

positron ['pɒzɪtrɒn] *n* Positron *nt*.

posse ['pɒsɪ] *n* (*US: sheriff's ~*) Aufgebot *nt*; (*fig*) Gruppe, Schar *f*.

possess [pə'zes] *vt* besitzen; (*form*) *foreign language, facts* verfügen über (+*acc*). **to ~ oneself of sth** (*form*) sich in den Besitz von etw bringen (*form*), etw (*acc*) an sich nehmen; **to be ~ed of sth** (*form*) über etw (*acc*) verfügen; **to be ~ed by demons/by an idea** von Dämonen/einer Idee besessen sein; **to be ~ed by** *or* **with rage** voll von *or* voller Wut sein; **to fight like one ~ed** wie ein Besessener kämpfen; **whatever ~ed you to do that**? was ist bloß in Sie gefahren, so etwas zu tun?

possession [pə'zeʃən] *n* **1.** (*ownership*) Besitz *m*; (*Sport: of ball*) Ballbesitz *m*; (*fig: control: of feelings, oneself*) Kontrolle *f*. **to have sth in one's ~** etw in seinem Besitz haben; **to have/take ~ of sth** etw in Besitz haben/nehmen; **to come into/get ~ of sth** in den Besitz von etw gelangen/kommen; **to get/have ~ of the ball** in Ballbesitz gelangen/sein; **to be in ~ of sth** im Besitz von etw sein; **I'm in full ~ of the facts** ich verfüge über alle Tatsachen; **he put me in ~ of the information I required** er lieferte *or* verschaffte mir die Informationen, die ich benötigte; **according to the information in my ~** nach den mir zur Verfügung stehenden Informationen; **to be in ~ of a house** ein Haus in Besitz haben; **~ is nine points of the law** (*prov*) das Recht steht auf der Seite der Besitzenden.

2. (*by demons*) Besessenheit *f*.

3. (*thing possessed*) Besitz *m no pl*; (*territory*) Besitzung *f*. **all his ~s** sein gesamter Besitz, seine gesamten Besitztümer.

possessive [pə'zesɪv] **I** *adj* **1.** (*towards belongings*) eigen; *mother, boyfriend, love* besitzergreifend. **to be ~ about sth** seine Besitzansprüche auf etw (*acc*) betonen; **to be ~ towards sb** an jdn Besitzansprüche stellen.

2. (*Gram*) **~ pronoun/adjective** besitzanzeigendes Fürwort, Possessivpronomen *nt*; **~ case** Genitiv *m*, zweiter Fall.

II *n* (*Gram: pronoun, adjective*) Possessiv(um) *nt*.

possessively [pə'zesɪvlɪ] *adv* (*about things*) eigen; (*towards people*) besitzergreifend.

possessiveness [pə'zesɪvnɪs] *n* eigene Art (*about* mit); (*towards people*) besitzergreifende Art (*towards* gegenüber).

possessor [pə'zesə[r]] *n* Besitzer(in *f*) *m*. **to be the proud ~ of sth** der stolze Besitzer von etw sein.

posset ['pɒsɪt] *n heiße Milch mit Bier oder*

Wein und Gewürzen.

possibility [ˌpɒsəˈbɪlɪtɪ] *n* Möglichkeit *f*. **there's not much ~ of success/of his** *or* **him being successful** die Aussichten auf Erfolg/darauf, daß er Erfolg hat, sind nicht sehr groß; **within the bounds of ~** im Bereich des Möglichen; **the ~ of doing sth** die Möglichkeit *or* Chance, etw zu tun; **there is a distinct ~ that ...** es besteht eindeutig die Möglichkeit, daß ...; **he is a ~ for the job** er kommt für die Stelle in Frage *or* Betracht; **there is some** *or* **a ~ that ...** es besteht die Möglichkeit, daß ...; **he/that has possibilities** in ihm/darin stecken Möglichkeiten.

possible [ˈpɒsəbl] **I** *adj* möglich. **anything is ~** möglich ist alles; **to make sth ~** etw ermöglichen, etw möglich machen; **as soon/often/far as ~** so bald/oft/weit wie möglich; **the best/worst/quickest ~ ...** der/die/das bestmögliche/schlechtestmögliche/schnellstmögliche ...; **if (at all) ~** falls (irgend) möglich; **it's just ~ that I'll see you before then** eventuell sehe ich dich vorher noch; **it's just ~, I suppose** es ist unwahrscheinlich, aber möglich; **the only ~ choice, the only choice ~** die einzig mögliche Wahl; **it will be ~ for you to return the same day** es besteht *or* Sie haben die Möglichkeit, am selben Tag zurückzukommen.

II *n* Möglichkeit *f*. **a long list of ~s for the job** eine lange Liste möglicher Kandidaten für die Stelle; **he is a ~ for the English team** er kommt für die englische Mannschaft in Frage.

possibly [ˈpɒsəblɪ] *adv* **1. not ~** unmöglich; **that can't ~ be true** das kann unmöglich wahr sein; **can that ~ be true**? kann das (vielleicht doch) stimmen?; **how could I ~ have come**? wie hätte ich denn kommen können?; **how could he ~ have known that**? wie konnte er das nur wissen?; **he did all he ~ could** er tat, was er nur konnte; **if I ~ can** wenn ich irgend kann.

2. (*perhaps*) vielleicht, möglicherweise.

possum [ˈpɒsəm] *n* Opossum *nt*, Beutelratte *f*.

post¹ [pəʊst] **I** *n* (*pole, door~*) Pfosten *m*; (*lamp~*) Pfahl *m*; (*telegraph ~*) Mast *m*. **a wooden/metal ~** ein Holzpfosten *or* pfahl *m*/ein Metallpfosten *m*; **starting/winning** *or* **finishing ~** Start-/Zielpfosten *m*; **he was left at the ~** sie ließen ihn stehen; **to be beaten at the ~** im Ziel abgefangen werden; **first-past-the-~ system** (*Pol*) Mehrheitswahlrecht *nt*; *see* **deaf**.

II *vt* **1.** (*display*) (*also* **~ up**) anschlagen. "**~ no bills**" „Plakate ankleben verboten".

2. (*announce*) *concert etc* durch Anschlag bekanntmachen. **to ~ a reward** eine Belohnung ausschreiben; **to ~ (as) missing** als vermißt melden.

post² **I** *n* **1.** (*job*) Stelle *f*, Posten *m*.

2. (*esp Mil: place of duty*) Posten *m*. **at one's ~** auf seinem Posten; **to die at one's ~** im Dienst sterben.

3. (*Mil: camp, station*) Posten *m*. **a frontier ~** ein Grenzposten *m*; **~ exchange** (*abbr* **PX**) (*US*) *von der Regierung betriebener Vorzugsladen für Truppenangehörige;* **to return to/leave the ~** zur Garnison zurückkehren/die Garnison verlassen; **the whole ~ fell sick** die ganze Garnison wurde krank.

4. (*Brit Mil: bugle-call*) **first ~** Wecksignal *nt*; **last ~** Zapfenstreich *m*.

5. (*trading ~*) Handelsniederlassung *f*.

II *vt* **1.** (*position*) postieren; *sentry, guard also* aufstellen.

2. (*send, assign*) versetzen; (*Mil also*) abkommandieren. **he has been ~ed away** er ist versetzt *or* (*Mil*) abkommandiert worden.

post³ **I** *n* **1.** (*esp Brit: mail*) Post *f*. **by ~** mit der Post, auf dem Postweg (*form*); **it's in the ~** es ist unterwegs *or* in der Post; **to catch/miss the ~** (*letter*) noch/nicht mehr mit der Post mitkommen; (*person*) rechtzeitig zur Leerung kommen/die Leerung verpassen; **there is no ~ today** (*no delivery*) heute kommt keine Post, heute wird keine Post ausgetragen; (*no letters*) heute ist keine Post (für uns) gekommen; **has the ~ been?** war die Post schon da?

2. (*Hist*) Post *f*.

II *vt* **1.** (*put in the ~*) aufgeben; (*in letter-box*) einwerfen, einstecken; (*send by ~ also*) mit der Post schicken. **I ~ed it to you on Monday** ich habe es am Montag an Sie abgeschickt.

2. (*inform*) **to keep sb ~ed** jdn auf dem laufenden halten.

3. (*enter in ledger: also ~ up*) eintragen (*to* in *+acc*). **all transactions must be ~ed (up) weekly** alle Geschäftsvorgänge müssen wöchentlich verbucht werden.

◆**post off** *vt sep* abschicken.

post- [pəʊst-] *pref* nach-; (*esp with non-Germanic words*) post-.

postage [ˈpəʊstɪdʒ] *n* Porto *nt*, Postgebühr *f* (*form*). **~ and packing** (*abbr* **p&p**) Porto und Verpackung; **what is the ~ to Germany**? wie hoch ist das Porto nach Deutschland?

postage meter *n* (*US*) Frankiermaschine *f*; **postage paid** **I** *adj* portofrei; *envelope* frankiert, freigemacht, Frei-; **II** *adv* portofrei; **postage rate** *n* Porto *nt no pl*, Postgebühr *f*; **postage stamp** *n* Briefmarke *f*, Postwertzeichen *nt* (*form*).

postal [ˈpəʊstl] **I** *adj* Post-, postalisch (*form*). **II** *n* (*US inf*) *see* **postal card**.

postal card *n* (*US*) (*letter card*) *Postkarte f mit aufgedruckter Briefmarke für offizielle Zwecke;* (*postcard*) Postkarte *f*; (*with picture*) Ansichtskarte *f*; **postal district** *n* (*of main sorting office*) ≃ Postort *m* (*form*); (*of local sorting office*) ≃ Postzustellbereich *m* (*form*); **postal order** *n* (*Brit*) *Geldgutschein, der bei der Post gekauft und eingelöst wird;* **postal tuition** *n* Fernunterricht *m*; **postal vote** *n* **to have a ~** per Briefwahl wählen.

postbag *n* (*Brit*) Postsack *m*; **postbox** *n* (*Brit*) Briefkasten *m*; **postcard** *n* Postkarte, Ansichtskarte *f*; **post chaise** *n*

(*Hist*) Postkutsche *f*; **postclassical** *adj* nachklassisch; **post-code** *n* (*Brit*) Postleitzahl *f*; **postdate** *vt* **1.** *cheque* vordatieren; **2.** (*be later than*) später datieren als (+*nom*); **postedit** *vti* (*Comput: in machine translations*) redaktionell nachbearbeiten.

poster ['pəʊstəʳ] *n* (*advertising*) Plakat *nt*; (*for decoration also*) Poster *nt*. ~ **colour** *or* **paint** Plakatfarbe, Plakafarbe ® *f*.

poste restante ['pəʊst'restɑ̃:nt] (*Brit*) **I** *n* Aufbewahrungsstelle *f* für postlagernde Sendungen. **II** *adv* postlagernd.

posterior [pɒ'stɪərɪəʳ] **I** *adj* (*form*) hintere(r, s); (*in time*) spätere(r, s). **to be ~ to sth** hinter etw (*dat*) liegen; nach etw (*dat*) kommen, auf etw (*acc*) folgen.

II *n* (*hum*) Allerwerteste(r) *m* (*hum*).

posterity [pɒ'sterɪtɪ] *n* die Nachwelt.

post-free *adj, adv* portofrei, gebührenfrei; **postglacial** *adj* postglazial, nacheiszeitlich; **postgraduate I** *n jd, der seine Studien nach dem ersten akademischen Grad weiterführt;* **II** *adj* ~ **course** Aufbaustudium, weiterbildendes Studium *nt*; **posthaste** *adv* schnellstens, auf dem schnellsten Wege; **post horn** *n* Posthorn *nt*; **post house** *n* (*Hist*) Posthalterei *f*.

posthumous ['pɒstjʊməs] *adj* post(h)um; *child also* nachgeboren.

posthumously ['pɒstjʊməslɪ] *adv* post(h)um.

postil(l)ion [pə'stɪlɪən] *n* Reiter *m* des Sattelpferdes, Fahrer *m* vom Sattel (*form*).

post-impressionism ['pəʊstɪm'preʃənɪzəm] *n* Nachimpressionismus *m*.

post-impressionist ['pəʊstɪm'preʃənɪst] **I** *adj* nachimpressionistisch.

II *n* Nachimpressionist(in *f*) *m*.

post-industrial [,pəʊstɪn'dʌstrɪəl] *adj* postindustriell.

posting ['pəʊstɪŋ] *n* (*transfer, assignment*) Versetzung *f*; (*Mil also*) Abkommandierung *f*. **he's got a new** ~ er ist wieder versetzt/abkommandiert worden.

postlude ['pəʊstlu:d] *n* Nachspiel *nt*.

postman *n* Briefträger, Postbote *m*; **postman's knock** *n Kinderspiel, bei dem für einen Brief mit einem Kuß bezahlt wird;* **postmark I** *n* Poststempel *m*; **date as** ~ Datum des Poststempels; **II** *vt* (ab)stempeln; **the letter is ~ed "Birmingham"** der Brief ist in Birmingham abgestempelt; **postmaster** *n* Postmeister *m*; **postmaster general** *n, pl* **postmasters general** ≃ Postminister *m*; **postmeridian** *adj* (*form*) nachmittäglich, Nachmittags-; **post meridiem** ['pəʊstmə'rɪdɪəm] *adv* (*form*) nachmittags; **postmistress** *n* Postmeisterin *f*; **postmodern** *adj* postmodern; **postmodernism** *n* Postmodernismus *m*; **postmodernist I** *n* Postmodernist(in *f*) *m*; **II** *adj* postmodernistisch. **postmortem** [,pəʊst'mɔ:təm] *n* **1.** (*also* ~ **examination**) Obduktion, Autopsie, Leichenöffnung *f*; **2.** (*fig*) nachträgliche Erörterung; **to hold** *or* **have a ~ on sth** etw hinterher erörtern; **postnatal** *adj* nach der Geburt, postnatal (*spec*); **post office** *n* Postamt *nt*; **the P~ O~** (*institution*) die Post; ~ **box** (*abbr* **PO Box**) Postfach *nt*; ~ **worker** Postarbeiter(in *f*) *m*; **he has £100 in ~ savings** er hat £100 auf dem Postsparbuch; **postoperative** *adj* postoperativ; **post-paid I** *adj* portofrei; *envelope* frankiert, freigemacht, Frei-; **II** *adv* portofrei; **to reply** ~ mit freigemachter Postkarte/freigemachtem Briefumschlag antworten.

postpone [pəʊs*t*'pəʊn] *vt* **1.** aufschieben, hinausschieben; (*for specified period*) verschieben. **it has been ~d till Tuesday** es ist auf Dienstag verschoben worden.

2. (*Gram form*) nachstellen.

postponement [pəʊs*t*'pəʊnmənt] *n* (*act*) Verschiebung *f*; (*result*) Aufschub *m*.

postposition *n* (*Gram*) Nachstellung *f*; (*part of speech*) Postposition *f*; **postpositive** *adj* (*Gram*) nachgestellt; **postprandial** [,pəʊst'prændɪəl] *adj* (*hum*) nach dem Essen; *walk* Verdauungs-; **postscript(um)** *n* (*abbr* **PS:** *to letter*) Postskriptum *nt*; (*to book, article*) Nachwort *nt*.

postulant ['pɒstjʊlənt] *n* (*Rel*) Postulant *m*.

postulate ['pɒstjʊlɪt] **I** *n* Postulat *nt*. **II** ['pɒstjʊleɪt] *vt* postulieren; *theory* aufstellen.

postulation [,pɒstjʊ'leɪʃən] *n* (*act*) Postulieren *nt*; (*theory*) Postulat *nt*.

posture ['pɒstʃəʳ] **I** *n* (*lit, fig*) Haltung *f*; (*pej*) Pose *f*. **she has very poor** ~ sie hat eine sehr schlechte Haltung. **II** *vi* sich in Positur *or* Pose werfen. **is he merely posturing (because of the election)?** ist das nur eine (Wahl)pose seinerseits?

postwar ['pəʊst'wɔ:ʳ] *adj* Nachkriegs-; **postwoman** *n* Briefträgerin, Postbotin *f*.

posy ['pəʊzɪ] *n* Sträußchen *nt*.

pot [pɒt] **I** *n* **1.** Topf *m*; (*tea~, coffee~*) Kanne *f*; (*lobster* ~) Korb *m*; (*chimney~*) Kaminaufsatz *m*. **~s and pans** Töpfe und Pfannen; **a pint** ~ ≃ ein Humpen *m*; **to keep the ~ boiling** (*earn living*) dafür sorgen, daß der Schornstein raucht (*inf*); (*keep sth going*) den Betrieb aufrechterhalten; **that's (a case of) the ~ calling the kettle black** (*prov*) ein Esel schimpft den anderen Langohr (*prov*); **to go to** ~ (*inf*) (*person, business*) auf den Hund kommen (*inf*); (*plan, arrangement*) ins Wasser fallen (*inf*).

2. (*inf: large amount*) **to have ~s of money/time** massenhaft (*inf*) *or* jede Menge (*inf*) Geld/Zeit haben.

3. (*sl: marijuana*) Pot *nt* (*sl*).

4. (*Cards: pool*) Topf *m*.

5. (*inf: prize, cup*) Topf *m* (*inf*).

6. (*~shot*) Schuß *m* aufs Geratewohl.

7. (*inf: ~belly*) Spitzbauch *m*.

II *vt* **1.** *meat* einmachen, einkochen; *jam* einfüllen. **2.** *plant* eintopfen. **3.** (*shoot*) *game* schießen. **4.** (*Billiards*) *ball* einlochen. **5.** (*inf*) *baby* auf den Topf setzen.

III *vi* **1. to ~ at** schießen auf (+*acc*); **to ~ away** wahllos schießen (*at* auf +*acc*). **2.** (*inf: make pottery*) töpfern (*inf*).

potable ['pəʊtəbl] *adj* (*form*) trinkbar.
potash ['pɒtæʃ] *n* Pottasche *f*, Kaliumkarbonat *nt*.
potassium [pə'tæsɪəm] *n* Kalium *nt*. ~ **cyanide** Kaliumzyanid, Zyankali *nt*; ~ **nitrate** Kaliumnitrat *nt*, Kalisalpeter *m*.
potato [pə'teɪtəʊ] *n*, *pl* **-es** Kartoffel *f*; *see* **hot** ~.
potato beetle, potato bug (*esp US*) *n* Kartoffelkäfer *m*; **potato chip** (*esp US*), **potato crisp** (*Brit*) *n* Kartoffelchip *m*; **potato masher** *n* Kartoffelstampfer *m*; **potato peeler** *n* Kartoffelschäler *m*; **potato salad** *n* Kartoffelsalat *m*.
potbellied ['pɒt'belɪd] *adj person* spitzbäuchig; (*through hunger*) blähbäuchig; *stove* Kanonen-; **potbelly** *n* (*stomach*) (*from overeating*) Spitzbauch *m*; (*from malnutrition*) Blähbauch *m*; (*stove*) Kanonenofen *m*; **potboiler** *n* rein kommerzielles Werk.
potency ['pəʊtənsɪ] *n see adj* Stärke *f*; Durchschlagskraft *f*; Potenz *f*; Macht *f*.
potent ['pəʊtənt] *adj drink, drug, charm, motive* stark; *argument, reason* durchschlagend; *man* potent; *ruler* mächtig.
potentate ['pəʊtənteɪt] *n* Potentat *m*.
potential [pəʊ'tenʃəl] **I** *adj* potentiell. **II** *n* Potential *nt* (*also Elec, Math, Phys*). **to have** ~ ausbaufähig sein (*inf*); **he shows quite a bit of** ~ es steckt einiges in ihm.
potentiality [pəʊˌtenʃɪ'ælɪtɪ] *n* Möglichkeit *f*.
potentially [pəʊ'tenʃəlɪ] *adv* potentiell.
potful ['pɒtfʊl] *n* Topf *m*; (*of coffee, tea*) Kanne *f*.
pothead ['pɒthed] *n* (*sl*) Kiffer(in *f*) *m* (*sl*).
potherb *n* Küchenkraut *nt*; **pothole** *n* **1.** (*in road*) Schlagloch *nt*; **2.** (*Geol*) Höhle *f*; **potholer** *n* Höhlenforscher(in *f*) *m*; **potholing** *n* Höhlenforschung *f*; **pothook** *n* **1.** (*for pot*) Kesselhaken *m*; **2.** (*in writing*) Krakel *m*; **pothunter** *n* **1.** (*Sport*) unwaidmännischer Jäger; **2.** (*for prizes*) Pokalsammler(in *f*) *m*.
potion ['pəʊʃən] *n* Trank *m*.
potluck *n*: **to take** ~ nehmen, was es gerade gibt; **potpie** *n* (*US*) in einer Auflaufform gebackene Pastete; **potpourri** [ˌpəʊpʊ'riː] *n* **1.** (*lit*) Potpourri *nt*; **2.** (*fig: mixture, medley*) (kunter)bunte Mischung; (*of music*) Potpourri *nt*; **pot roast I** *n* Schmorbraten *m*; **II** *vt* schmoren; **potsherd** *n* (*Archeol*) Scherbe *f*; **pot shot** *n* Schuß *m* aufs Geratewohl.
potted ['pɒtɪd] *adj* **1.** *meat* eingemacht; *fish* eingelegt. **2.** *plant* Topf-. **3.** (*shortened*) *history, biography* gekürzt, zusammengefaßt.
potter[1] ['pɒtə^r] *n* Töpfer(in *f*) *m*. **~'s clay** Töpferton *m*; **~'s wheel** Töpferscheibe *f*.
potter[2], (*US also*) **putter** ['pʌtə^r] *vi* (*do little jobs*) herumwerkeln; (*wander aimlessly*) herumschlendern. **she ~s away in the kitchen for hours** sie hantiert stundenlang in der Küche herum; **to ~ round the house** im Haus herumwerkeln; **to ~ along the road** (*car, driver*) dahinzuckeln; **we ~ along quite happily** wir leben recht zufrieden vor uns hin; **you'd be on time if you didn't ~ about** *or* **around so much in the morning** du könntest pünktlich sein, wenn du morgens nicht so lange trödeln würdest.
pottery ['pɒtərɪ] *n* (*workshop, craft*) Töpferei *f*; (*pots*) Töpferwaren, Tonwaren *pl*; (*glazed*) Keramik *f*; (*archaeological remains*) Tonscherben *pl*.
potting shed *n* Schuppen *m*.
potty[1] ['pɒtɪ] *n* (*esp Brit*) Töpfchen *nt*. **~-trained** sauber.
potty[2] *adj* (+*er*) (*Brit inf: mad*) verrückt.
pouch [paʊtʃ] *n* Beutel *m*; (*under eyes*) (Tränen)sack *m*; (*of marsupials*) Beutel *m*; (*of pelican, hamster*) Tasche *f*; (*Mil*) (Patronen)tasche *f*; (*esp US: mail* ~) Postsack *m*.
pouf(fe) [puːf] *n* **1.** (*seat*) Puff *m*. **2.** (*Brit inf*) *see* **poof(ter)**.
poulterer ['pəʊltərə^r] *n* (*Brit*) Geflügelhändler(in *f*) *m*.
poultice ['pəʊltɪs] **I** *n* Umschlag, Wickel *m*; (*for boil*) Zugpflaster *nt*. **II** *vt* einen Umschlag *or* Wickel machen um; ein Zugpflaster kleben auf (+*acc*).
poultry ['pəʊltrɪ] *n* Geflügel *nt*. ~ **farm** Geflügelfarm *f*; ~ **farmer** Geflügelzüchter(in *f*) *m*; ~ **farming** Geflügelzucht *f*; ~ **house** Hühnerhaus *nt*.
pounce [paʊns] **I** *n* Sprung, Satz *m*; (*swoop by bird*) Angriff *m*; (*by police*) Zugriff *m*.
II *vi* (*cat, lion*) einen Satz machen; (*bird*) niederstoßen; (*fig*) zuschlagen. **to ~ on sb/sth** (*lit, fig*) sich auf jdn/etw stürzen; (*bird*) auf etw (*acc*) niederstoßen; (*police*) sich (*dat*) jdn greifen/in etw (*dat*) eine Razzia machen.
pound[1] [paʊnd] *n* **1.** (*weight*) ≈ Pfund *nt*. **two ~s of apples** zwei Pfund Äpfel; **by the ~** pfundweise; **he is making sure he gets his ~ of flesh** er sorgt dafür, daß er bekommt, was ihm zusteht.
2. (*money*) Pfund *nt*. **one ~ sterling** ein Pfund *nt* Sterling; **five ~s** fünf Pfund; **a five-~ note** eine Fünfpfundnote, ein Fünfpfundschein *m*; *see* **penny**.
pound[2] **I** *vt* **1.** (*hammer, strike*) hämmern; *earth, paving slabs* feststampfen; *meat* klopfen; *dough* kneten, schlagen; *piano, typewriter* hämmern auf (+*dat*); *table* hämmern auf (+*acc*); *door, wall* hämmern gegen; (*waves, sea*) *ship* schlagen gegen; (*guns, shells, bombs*) ununterbrochen beschießen; (*troops, artillery*) unter Beschuß haben. **the boxer ~ed his opponent with his fists** der Boxer hämmerte mit den Fäusten auf seinen Gegner ein; **the ship was ~ed by the waves** die Wellen schlugen gegen das Schiff; **the old-style policeman ~ing his beat** der Polizist alten Stils, der seine Runde abmarschiert.
2. (*pulverize*) *corn* (zer)stampfen; *drugs, spices* zerstoßen. **to ~ sth to pieces** etw kleinstampfen; **the guns ~ed the walls to pieces** die Kanonen zertrümmerten die Mauern.
II *vi* **1.** (*beat*) hämmern; (*heart*) (wild) pochen; (*waves, sea*) schlagen (*on, against* gegen); (*drums*) dröhnen; (*engine, steamer, hooves*) stampfen. **he ~ed**

at *or* **on the door/on the table** er hämmerte an *or* gegen die Tür/auf den Tisch.

2. (*run heavily*) stampfen; (*walk heavily, stamp*) stapfen. **the sound of ~ing feet** das Geräusch stampfender Füße.

◆pound away *vi* hämmern; (*music, drums, guns*) dröhnen. **our guns were ~ing ~ at the enemy position** wir hatten die feindliche Stellung unter anhaltendem Beschuß; **he was ~ing ~ at the typewriter** er hämmerte auf der Schreibmaschine herum.

◆pound down *vt sep earth, rocks* feststampfen. **to ~ sth ~ to a powder** etw pulverisieren.

◆pound out *vt sep* **to ~ ~ a tune/letter** eine Melodie/einen Brief herunterhämmern.

pound[3] *n* (*for stray dogs*) städtischer Hundezwinger; (*for cars*) Abstellplatz *m* (*für amtlich abgeschleppte Fahrzeuge*).

poundage ['paʊndɪdʒ] *n* **1.** *auf Pfundbasis berechnete Gebühr oder Abgabe.* **2.** (*weight*) Gewicht *nt* (in Pfund).

pound-cake ['paʊndkeɪk] *n* (*US*) *reichhaltiger Früchtekuchen.*

pound foolish *adj see* **penny-wise.**

pounding ['paʊndɪŋ] *n* **1.** Hämmern *nt*; (*of heart*) Pochen *nt*; (*of music, drums*) Dröhnen *nt*; (*of waves, sea*) Schlagen *nt*; (*of engine, steamer, pile-driver, hooves, feet*) Stampfen *nt*; (*of guns, shells, bombs*) Bombardement *nt.* **the ship took a ~ from the waves** das Schiff wurde von den Wellen stark mitgenommen; **the city took a ~ last night** gestern Nacht wurde die Stadt schwer bombardiert; **his theory took a ~ from the critics** seine Theorie wurde von den Kritikern scharf angegriffen; **our team took quite a ~ on Saturday** unsere Mannschaft hat am Samstag eine ziemliche Schlappe einstecken müssen (*inf*).

2. (*of corn etc*) Zerstampfen *nt*; (*of drugs*) Zerstoßen *nt.*

pour [pɔːʳ] **I** *vt liquid* gießen; *large amount also, sugar, rice* schütten; *drink* eingießen, einschenken. **to ~ sth for sb** jdm etw eingießen *or* einschenken; **to ~ the water off the potatoes** die Kartoffeln abgießen; **she looks as if she's been ~ed into that dress!** (*inf*) das Kleid sitzt wie angegossen (*inf*); **to ~ money into a project** Geld in ein Projekt pumpen (*inf*).

II *vi* **1.** (*lit, fig*) strömen; (*smoke also*) hervorquellen. **the sweat ~ed off him** der Schweiß floß in Strömen an ihm herunter; **books are ~ing off the presses** Bücher werden in Massen ausgestoßen; **cars ~ed along the road** Autokolonnen rollten die Straße entlang.

2. (*rain*) **the rain ~ed down** es regnete *or* goß in Strömen; *see* **rain.**

3. (*~ out tea, coffee*) eingießen, einschenken; (*US: act as hostess*) als Gastgeberin fungieren.

4. this jug doesn't ~ well dieser Krug gießt nicht gut.

◆pour away *vt sep* weggießen.

◆pour forth *vt sep see* **pour out I, II 2., 3.**

◆pour in I *vi* hinein-/hereinströmen; (*donations, protests*) in Strömen eintreffen.
II *vt sep money, men* hineinpumpen (*inf*).

◆pour out I *vi* hinaus-/herausströmen (*of* aus); (*smoke also*) hervorquellen (*of* aus); (*words*) heraussprudeln (*of* aus).

II *vt sep* **1.** *liquid* ausgießen; (*in large quantities*) *sugar, rice* ausschütten; *drink* eingießen, einschenken.

2. (*factories, schools*) *car, students* ausstoßen.

3. (*fig*) *feelings, troubles, story* sich (*dat*) von der Seele reden. **to ~ ~ one's thanks** sich überströmend bedanken; **to ~ ~ one's heart to sb** jdm sein Herz ausschütten.

pouring ['pɔːrɪŋ] *adj* **~ rain** strömender Regen.

pout [paʊt] **I** *n* **1.** (*facial expression*) Schmollmund *m*; (*because upset also*) Flunsch *m* (*inf*), Schnute *f* (*inf*).

2. (*sulking fit*) Schmollen *nt.* **to have a ~** schmollen.

II *vi* **1.** (*with lips*) einen Schmollmund machen; einen Flunsch *or* eine Schnute ziehen (*inf*).

2. (*sulk*) schmollen.

III *vt lips* schürzen; (*sulkingly*) zu einem Schmollmund verziehen.

poverty ['pɒvətɪ] *n* Armut *f.* **~-stricken** notleidend; *conditions* kümmerlich; **to be ~-stricken** (*hum inf*) am Hungertuch nagen (*hum*); **to be above/below the ~ line** oberhalb/unterhalb der Armutsgrenze leben; **~ trap** *Situation f, wobei (vermehrte) Einkünfte zu einer Verringerung/zum Wegfall von Sozialleistungen führen*, Armutsfalle *f.*

PoW *abbr of* **prisoner of war.**

powder ['paʊdəʳ] **I** *n* Pulver *nt*; (*face, talcum ~*) Puder *m*; (*dust*) Staub *m.* **to reduce sth to ~** etw zu Pulver machen.

II *vt* **1.** *milk* pulverisieren; *sugar* stoßen; *chalk* zermahlen.

2. (*apply ~ to*) *face, body, oneself* pudern. **to ~ one's nose** (*lit*) sich (*dat*) die Nase pudern; (*euph*) kurz verschwinden (*euph*); **the trees were ~ed with snow** die Bäume waren mit einer leichten Schneedecke überzogen.

III *vi* (*crumble*) (zu Staub) zerfallen.

powder blue I *adj* taubenblau; **II** *n* Taubenblau *nt*; **powder compact** *n* Puderdose *f.*

powdered ['paʊdəd] *adj milk, eggs, chalk* -pulver *nt.* **~ sugar** (*US*) Puderzucker, Staubzucker (*Aus*) *m.*

powder-horn ['paʊdəˌhɔːn] *n* Pulverhorn *nt.*

powdering ['paʊdərɪŋ] *n* (*liter*) **there was a light ~ of snow on the grass** das Gras war mit einer leichten Schnee- decke überzogen.

powder keg *n* (*lit, fig*) Pulverfaß *nt*; **powder puff** *n* Puderquaste *f*; **powder room** *n* Damentoilette *f*; **powder snow** *n* Pulverschnee *m.*

powdery ['paʊdərɪ] *adj* **1.** (*like powder*) pulvrig. **2.** (*crumbly*) bröckelig; *bones* morsch. **3.** (*covered with powder*) gepudert.

power ['paʊəʳ] **I** *n* **1.** *no pl* (*physical*

strength) Kraft *f*; (*force: of blow, explosion*) Stärke, Gewalt, Wucht *f*; (*fig: of argument*) Überzeugungskraft *f*. **more ~ to your elbow!** (*inf*) setz dich/setzt euch durch!; **the ~ of love/logic/tradition** die Macht der Liebe/Logik/Tradition.

2. (*faculty, ability*) (*of hearing, imagination*) Vermögen *nt no pl*. **his ~s of hearing** sein Hörvermögen *nt*; **mental/hypnotic ~s** geistige/hypnotische Kräfte *pl*; **to weaken their ~(s) of resistance** um ihre Widerstandskraft zu schwächen.

3. (*capacity, ability to help*) Macht *f*. **he did all in his ~ to help them** er tat (alles), was in seiner Macht *or* in seinen Kräften stand, um ihnen zu helfen; **it's beyond my** *or* **not within my ~ to ...** es steht nicht in meiner Macht, zu ...

4. (*no pl: sphere or strength of influence, authority*) Macht *f*; (*Jur, parental*) Gewalt *f*; (*usu pl: thing one has authority to do*) Befugnis *f*. **he has the ~ to act** er ist handlungsberechtigt; **the ~ of the police/of the law** die Macht der Polizei/des Gesetzes; **to be in sb's ~** in jds Gewalt (*dat*) sein; **that does not fall within my ~(s)/that is beyond** *or* **outside my ~(s)** das fällt nicht in meinen Machtbereich/das überschreitet meine Befugnisse; **~ of attorney** (*Jur*) (Handlungs)vollmacht *f*; **the party now in ~** die Partei, die im Augenblick an der Macht ist; **to fall from ~** abgesetzt werden; **to come into ~** an die Macht kommen; **I have no ~ over her** ich habe keine Gewalt über sie; **he has been given full ~(s) to make all decisions** man hat ihm volle Entscheidungsgewalt übertragen; **"student/worker ~"** „Macht den Studenten/Arbeitern".

5. (*person or institution having authority*) Autorität *f*, Machtfaktor *m*. **to be the ~ behind the scenes/throne** die graue Eminenz sein; **the ~s that be** (*inf*) die da oben (*inf*); **the ~s of darkness/evil** die Mächte der Finsternis/des Bösen.

6. (*nation*) Macht *f*. **a four-~ conference** eine Viermächtekonferenz.

7. (*source of energy: nuclear, electric ~*) Energie *f*; (*of water, steam also*) Kraft *f*. **the ship made port under her own ~** das Schiff lief mit eigener Kraft in den Hafen ein; **they cut off the ~** (*electricity*) sie haben den Strom abgestellt.

8. (*of engine, machine, loudspeakers, transmitter*) Leistung *f*; (*of microscope, lens, sun's rays, drug, chemical*) Stärke *f*. **the ~ of suggestion** die Wirkung *or* Wirkkraft des Unterschwelligen; **a low-~ microscope** ein schwaches Mikroskop; **a 10-~ magnification** eine 10-fache Vergrößerung.

9. (*Math*) Potenz *f*. **to the ~ (of) 2** hoch 2, in der 2. Potenz.

10. (*inf: a lot of*) **that did me a ~ of good** das hat mir unheimlich gutgetan (*inf*).

II *vt* (*engine*) antreiben; (*fuel*) betreiben. **~ed by electricity/by jet engines** mit Elektro-/Düsenantrieb; **as he ~s his way down the straight** wie er die Gerade entlangbraust.

III *vi* (*runner, racing car*) rasen. **he ~ed away from the rest of the field** er raste dem übrigen Feld davon; **we're ~ing through the work now** unsere Arbeit geht jetzt mit Riesenschritten voran.

◆**power down** *vi* (*engine, turbine*) zum Stillstand kommen.

◆**power up I** *vt sep* starten. **II** *vi* starten.

power base *n* Machtbasis *f*; **powerboat** *n* Rennboot *nt*; **power brakes** *npl* Servobremsen *pl*; **power cable** *n* Stromkabel *nt*; **power cut** *n* Stromsperre *f*; (*accidental*) Stromausfall *m*; **power dive** (*Aviat*) **I** *n* (Vollgas)sturzflug *m*; **II** *vi* einen Sturzflug machen; **power drill** *n* Bohrmaschine *f*; **power-driven** *adj tool* Motor-.

powerful ['paʊəfʊl] *adj* **1.** (*influential*) *government, person* mächtig, einflußreich.

2. (*strong*) *boxer, engine, magnet, drug, emotions* stark; *stroke, punch, detergent* kraftvoll; *build, arm* kräftig.

3. (*fig*) *speaker, actor* mitreißend; *music, film, performance also* ausdrucksvoll; *argument* durchschlagend, massiv (*inf*); *salesman* überzeugend.

4. a ~ lot of (*dial*) ganz schön viel (*inf*).

powerfully ['paʊəfəlɪ] *adv* **1.** kraftvoll. **~ built** kräftig gebaut.

2. (*fig*) *speak* kraftvoll; *describe, act also* mitreißend; *argue* massiv (*inf*).

powerhouse ['paʊəhaʊs] *n* **1.** (*lit*) *see* **power station. 2.** (*fig*) treibende Kraft (*behind u* hinter +*dat*). **he's a real ~/an intellectual ~** er ist ein äußerst dynamischer Mensch/er hat eine erstaunliche intellektuelle Kapazität; **he's a ~ of new ideas** er hat einen unerschöpflichen Vorrat an neuen Ideen.

powerless *adj* (*physically*) *punch, body* kraftlos; (*as regards ability to act*) *committee, person* machtlos; **to be ~ to resist** nicht die Kraft haben, zu widerstehen; **the government is ~ to deal with inflation** die Regierung steht der Inflation machtlos gegenüber; **we are ~ to help you** es steht nicht in unserer Macht, Ihnen zu helfen, wir sind machtlos; **power pack** *n* (*Elec*) Netzteil *nt*; (*inf: engine*) Motor *m*, Kraftpaket *nt* (*inf*); **power plant** *n* **1** *see* **power station**; **2.** (*engine*) Motor *m*; **power point** *n* (*Elec*) Steckdose *f*; **power politics** *npl* Machtpolitik *f*; **power saw** *n* Motorsäge *f*; (*electric*) Elektrosäge *f*; **power station** *n* Kraftwerk *nt*; Elektrizitätswerk *nt*; **power steering** *n* (*Aut*) Servolenkung *f*; **power tool** *n* Elektrowerkzeug *nt*; **power-up** *n* Start *m*.

powwow ['paʊwaʊ] *n* (*of Red Indians*) Versammlung *f*; (*with Red Indians*) indianische Verhandlungen *pl*; (*inf*) Besprechung *f*; (*to solve problem*) Kriegsrat *m* (*hum*). **a family ~** ein Familienrat *m*.

pox [pɒks] *n* (*old*) (*small~*) Pocken, Blattern *pl*; (*syphilis*) Syphilis *f*.

pp *abbr of* **1. pages** S. **2. per procurationem** (*on behalf of*) pp., ppa.

PR [piːˈɑːʳ] *n abbr of* **1. proportional representation. 2. public relations** PR *f.* **~ agency** PR-Agentur *f*; **~ man** PR-Mann *m*; **~ work** PR-Arbeit, Öffentlichkeitsarbeit *f*.

pr *abbr of* **pair.**

practicability [ˌpræktɪkəˈbɪlɪtɪ] *n see adj* Durchführbarkeit *f*; Befahrbarkeit *f*.

practicable [ˈpræktɪkəbl] *adj* durchführbar, praktikabel; *road* befahrbar.

practicably [ˈpræktɪkəblɪ] *adv* **if it can ~ be done** falls (es) durchführbar (ist).

practical [ˈpræktɪkəl] *adj* praktisch; *person* praktisch (veranlagt); (*solution, idea*) praxisnah *or* -orientiert. **to have a ~ mind** praktisch denken; **his ideas have no ~ application** seine Ideen sind praktisch nicht anwendbar.

practicality [ˌpræktɪˈkælɪtɪ] *n* **1.** *no pl* (*of person*) praktische Veranlagung. **a person of great ~** ein sehr praktisch veranlagter Mensch. **2.** *no pl* (*of scheme*) Durchführbarkeit *f*. **your solution shows/lacks ~** Ihre Lösung ist praxisnah/-fremd. **3.** (*practical detail*) praktische Einzelheit.

practical joke *n* Streich *m*; **practical joker** *n* Witzbold *m* (*inf*).

practically [ˈpræktɪkəlɪ] *adv* praktisch.

practical nurse *n* (*US*) ≃ Hilfsschwester *f*.

practice [ˈpræktɪs] **I** *n* **1.** (*habit, custom*) (*of individual*) Gewohnheit, Angewohnheit *f*; (*of group, in country*) Brauch *m*, Sitte *f*; (*bad habit*) Unsitte *f*; (*in business*) Verfahrensweise, Praktik *f*. **this is normal business ~** das ist im Geschäftsleben so üblich; **to make a ~ of doing sth, to make it a ~ to do sth** es sich (*dat*) zur Gewohnheit machen, etw zu tun; **Christian ~ dictates ...** das christliche Brauchtum verlangt ...; **that's common ~** das ist allgemeine Praxis *or* allgemein üblich.

2. (*exercise, training*) Übung *f*; (*rehearsal, trial run*) Probe *f*; (*Sport*) Training *nt*; (*~ game*) Trainingsspiel *nt*. **~ makes perfect** (*Prov*) Übung macht den Meister (*Prov*); **you should do 10 minutes' ~ each day** du solltest täglich 10 Minuten (lang) üben; **to be out of/in ~** aus der/in Übung sein; **that was just a ~ run** das war nur mal zur Probe; **the first ~ session** die erste Übung/Probe/das erste Training.

3. (*doing, as opposed to theory*) Praxis *f*. **in ~** in der Praxis; **that won't work in ~** das läßt sich praktisch nicht durchführen; **to put one's ideas into ~** seine Ideen in die Praxis umsetzen.

4. (*of doctor, lawyer*) Praxis *f*. **he took up the ~ of law/medicine** er praktizierte als Rechtsanwalt/Arzt; **to go into** *or* **set up in ~** eine Praxis aufmachen *or* eröffnen, sich als Arzt/Rechtsanwalt *etc* niederlassen; **not to be in ~ any more** nicht mehr praktizieren; **to retire from ~** sich aus der Praxis zurückziehen; **a large legal ~** eine große Rechtsanwaltspraxis.

II *vti* (*US*) *see* **practise.**

practise, (*US*) **practice** [ˈpræktɪs] **I** *vt* **1.** *thrift, patience* üben; *self-denial, Christian charity* praktizieren. **to ~ what one preaches** (*prov*) seine Lehren in die Tat umsetzen.

2. (*in order to acquire skill*) üben; *song, chorus* proben. **to ~ the violin** Geige üben; **to ~ the high jump/one's golf swing** Hochsprung/seinen Schlag im Golf üben *or* trainieren; **to ~ doing sth** etw üben; **I'm practising my German on him** ich probiere mein Deutsch an ihm aus.

3. (*follow, exercise*) *profession, religion* ausüben, praktizieren. **to ~ law/medicine** als Anwalt/Arzt praktizieren.

II *vi* **1.** (*in order to acquire skill*) üben.

2. (*lawyer, doctor*) praktizieren.

practised, (*US*) **practiced** [ˈpræktɪst] *adj* geübt; *marksman, liar also* erfahren. **with a ~ eye/hand** mit geübtem Auge/geübter Hand; **he's ~ in getting his own way** er hat Übung darin, seinen Willen durchzusetzen; **with ~ skill** gekonnt.

practising, (*US*) **practicing** [ˈpræktɪsɪŋ] *adj lawyer, doctor* praktizierend; *Christian also, socialist* aktiv.

practitioner [prækˈtɪʃənəʳ] *n* (*of method*) Benutzer(in *f*), Anwender(in *f*) *m*; (*medical ~*) praktischer Arzt, praktische Ärztin; (*dental ~*) Zahnarzt *m*/-ärztin *f*; (*legal ~*) Rechtsanwalt *m*/-anwältin *f*. **~s of this profession** diejenigen, die diesen Beruf ausüben; **a ~ of Zen Buddhism/Christianity** ein Anhänger *m* des Zen-Buddhismus/ein praktizierender Christ.

praesidium [prɪˈsɪdɪəm] *n see* **presidium.**

pragmatic *adj*, **~ally** *adv* [prægˈmætɪk, -əlɪ] pragmatisch.

pragmatism [ˈprægmətɪzəm] *n* Pragmatismus *m*.

pragmatist [ˈprægmətɪst] *n* Pragmatiker(in *f*) *m*.

Prague [prɑːg] *n* Prag *nt*.

prairie [ˈprɛərɪ] *n* Grassteppe *f*; (*in North America*) Prärie *f*.

prairie dog *n* Präriehund *m*; **prairie oyster** *n* Prärieauster *f*; **prairie schooner** *n* Planwagen *m*.

praise [preɪz] **I** *vt* loben; (*to others, worshipfully also*) preisen (*geh*), rühmen (*geh*). **to ~ sb for having done sth** jdn dafür loben, etw getan zu haben.

II *n* Lob *nt no pl*. **a hymn of ~** eine Lobeshymne; **a poem in ~ of beer** ein Loblied *nt* auf das Bier; **he spoke/held a speech in ~ of their efforts** er sprach lobend von ihren Bemühungen/hielt eine Lobrede auf ihre Bemühungen; **to win ~** (*person*) Lob ernten; (*efforts*) Lob einbringen; **to be loud** *or* **warm in one's ~ (of sth)** voll des Lobes (für etw) sein; **I have nothing but ~ for him** ich kann ihn nur loben; **all ~ to him** alle Achtung!; **~ indeed!** (*also iro*) ein hohes Lob; **~ from him is ~ indeed** Lob aus seinem Mund will etwas heißen; **~ be to God!** (*in church*) gelobt sei der Herr!; **~(s) be!** Gott sei Dank!; *see* **sing.**

praiseworthiness [ˈpreɪzˌwɜːðɪnɪs] *n* (*of attempt, effort*) Löblichkeit *f*. **I don't doubt his ~/the ~ of his motives** ich zweifle nicht an seinen lobenswerten

Absichten/daran, daß seine Motive lobenswert sind.

praiseworthy ['preɪz,wɜːðɪ] *adj* lobenswert.

pram [præm] *n* (*Brit*) Kinderwagen *m*; (*dolls'*) Puppenwagen *m*.

prance [prɑːns] *vi* (*horse*) tänzeln; (*person*) (*jump around*) herumhüpfen *or* -tanzen; (*walk gaily, mince*) tänzeln. **to ~ in/out** (*person*) herein-/hinausspazieren.

prang [præŋ] (*esp Brit inf*) **I** *n* (*crash*) Bums *m* (*inf*); (*of plane*) Bruchlandung *f*. **II** *interj* krach. **III** *vt* **1.** (*crash*) *car* ramponieren (*inf*), lädieren; *plane* eine Bruchlandung machen. **2.** (*bomb*) zerbomben, zusammenbomben (*inf*).

prank [præŋk] *n* Streich *m*; (*harmless also*) Ulk *m*. **to play a ~ on sb** jdm einen Streich spielen; einen Ulk mit jdm machen.

prankish ['præŋkɪʃ] *adj person* zu Streichen aufgelegt *or* bereit; *behaviour, act* schelmisch.

prankster ['præŋkstəʳ] *n* Schelm *m*.

praseodymium [,preɪzɪəʊ'dɪmɪəm] *n* (*Chem*) Praseodym *nt*.

prat [præt] *n* (*Brit sl: idiot*) Trottel *m* (*inf*).

prate [preɪt] *vi* faseln, schwafeln.

prattle ['prætl] **I** *n* Geplapper *nt*.
II *vi* plappern.

prawn [prɔːn] *n* Garnele, Krabbe *f*. **~ cocktail** Krabbencocktail *m*.

pray [preɪ] **I** *vi* **1.** (*say prayers*) beten. **let us ~** lasset uns beten; **to ~ for sb/sth** für jdn/um etw beten; **to ~ for sth** (*want it badly*) stark auf etw (*acc*) hoffen.
2. (*old, liter*) **~ take a seat** wollen Sie bitte Platz nehmen?; **what good is that, ~ (tell)?** was hilft das, wenn ich mir die Frage gestatten darf?
II *vt* (*old, liter*) inständig bitten, ersuchen (*geh*).

prayer [prɛəʳ] *n* Gebet *nt*; (*service, ~ meeting*) Andacht *f*. **to say one's ~s** beten; **to be at ~** beim Gebet sein; **a ~ for peace** ein Gebet für den Frieden; **a life of ~** ein Leben im Gebet; **Evening P~** Abendandacht *f*; **we attended Morning P~** wir besuchten die Morgenandacht; **we have ~s every morning** wir haben jeden Morgen eine Andacht; **family ~s** Hausandacht *f*; **the Book of Common P~** *das Gebetbuch der anglikanischen Kirche*.

prayer beads *npl* Gebetsperlen *pl*; **prayer book** *n* Gebetbuch *nt*; **prayer mat** *n* Gebetsteppich *m*; **prayer meeting** *n* Gebetsstunde *f*; **prayer shawl** *n* Gebetsmantel *m*; **prayer wheel** *n* Gebetsmühle *f*.

praying mantis ['preɪɪŋ'mæntɪs] *n* Gottesanbeterin *f*.

pre- [priː-] *pref* vor-; (*esp with Latinate words in German*) prä-. **at ~-1980 prices** zu Preisen von vor 1980.

preach [priːtʃ] **I** *vt* predigen; (*fig*) *advantages* propagieren. **to ~ a sermon** (*lit, fig*) eine Predigt halten; **to ~ the gospel** das Evangelium verkünden.
II *vi* (*give a sermon, be moralistic*) predigen. **to ~ to/at sb** jdm eine Predigt halten; **to ~ to the converted** (*prov*) offene Türen einrennen.

preacher ['priːtʃəʳ] *n* Prediger *m*; (*fig: moraliser*) Moralprediger(in *f*) *m*.

preachify ['priːtʃɪfaɪ] *vi* (*pej inf*) predigen, moralisieren.

preaching ['priːtʃɪŋ] *n* (*lit, fig*) (*act*) Predigen *nt*; (*sermon*) Predigt *f*.

preachy ['priːtʃɪ] *adj* (*inf*) moralisierend.

preadolescent [,priːædə'lesənt] *adj* vorpubertär.

preamble [priː'æmbl] *n* Einleitung *f*; (*of book*) Vorwort *nt*; (*Jur*) Präambel *f*.

preamplifier [priː'æmplɪ,faɪəʳ], **preamp** (*inf*) [priː'æmp] *n* Vorverstärker *m*.

prearrange ['priːə'reɪndʒ] *vt* vorher vereinbaren.

prebend ['prebənd] *n* (*form*) (*stipend*) Pfründe, Präbende *f*; (*person*) Pfründner, Pfründeninhaber, Präbendar(ius) *m*.

precarious [prɪ'kɛərɪəs] *adj* unsicher; *situation also, relationship* prekär; *theory, assertion* anfechtbar. **that cup/that shelf looks somewhat ~** die Tasse/das Regal sieht ziemlich gefährlich aus.

precariously [prɪ'kɛərɪəslɪ] *adv* **to be ~ balanced** (*lit, fig*) auf der Kippe stehen; **he lived rather ~ from his work as a photographer** er verdiente einen ziemlich unsicheren Lebensunterhalt als Photograph; **~ perched on the edge of the table** gefährlich nahe am Tischrand.

precast [priː'kɑːst] (*vb: pret, ptp* ~) **I** *vt* vorfertigen.
II *adj concrete* Fertigteil-, vorgefertigt.

precaution [prɪ'kɔːʃən] *n* Sicherheitsmaßnahme, (Sicherheits)vorkehrung, Vorsichtsmaßnahme *f*. **to take ~s against sth** Vorsichtsmaßnahmen *pl* gegen etw treffen; **do you take ~s?** (*euph: use contraception*) nimmst *or* machst du (irgend) etwas?; **to take the ~ of doing sth** vorsichtshalber *or* sicherheitshalber etw tun.

precautionary [prɪ'kɔːʃənərɪ] *adj* Vorsichts-, Sicherheits-, vorbeugend. **it's purely ~** es ist eine reine *or* nur eine Vorsichtsmaßnahme.

precede [prɪ'siːd] *vt* (*in order, time*) vorangehen (+*dat*); (*in importance*) gehen vor (+*dat*); (*in rank*) stehen über (+*dat*). **for a month preceding this** den (ganzen) Monat davor.

precedence ['presɪdəns] *n* (*of person*) vorrangige Stellung (*over* gegenüber); (*of problem*) Vorrang *m* (*over* vor +*dat*). **to take/have ~ over sb/sth** jdm/einer Sache gegenüber eine Vorrangstellung einnehmen/vor jdm/etw Vorrang haben; **dukes have ~ over barons** Herzöge stehen im Rang höher als Barone.

precedent ['presɪdənt] *n* Präzedenzfall *m*; (*Jur also*) Präjudiz *nt*. **according to ~** nach den bisherigen Fällen; **against all the ~s** entgegen allen früheren Fällen; **without ~** noch nie dagewesen; **to establish** *or* **create** *or* **set a ~** einen Präzedenzfall schaffen; **is there any ~ for this?** ist der Fall schon einmal dagewesen?; **there is no ~ for this decision** diese Entscheidung kann sich nicht an einem vergleichbaren Fall ausrichten.

preceding [prɪ'si:dɪŋ] *adj time, month* vorangegangen; *page, example also* vorhergehend.

precentor [prɪ'sentəʳ] *n* Vorsänger *m*.

precept ['pri:sept] *n* Grundsatz *m*, Prinzip *nt*.

pre-Christian [pri:'krɪstɪən] *adj* vorchristlich.

precinct ['pri:sɪŋkt] *n* (*pedestrian* ~) Fußgängerzone *f*; (*shopping* ~) Geschäfts- *or* Einkaufsviertel *nt*; (*US: police* ~) Revier *nt*; (*US: voting* ~) Bezirk *m*. **~s** *pl* (*grounds, premises*) Gelände, Areal *nt*; (*environs*) Umgebung *f*; (*of cathedral*) Domfreiheit *f*.

preciosity [,presɪ'ɒsɪtɪ] *n* Preziosität *f*.

precious ['preʃəs] **I** *adj* **1.** (*costly*) wertvoll, kostbar. **~ stone/metal** Edelstein *m*/Edelmetall *nt*.

2. (*treasured*) wertvoll; (*iro*) hochverehrt, heißgeliebt. **my ~ (one)!** mein Schatz!; **I have very ~ memories of him** ich habe Erinnerungen an ihn, die mir sehr wertvoll *or* teuer (*geh*) sind.

3. *language, humour* preziös.

II *adv* (*inf*) **~ little/few** herzlich wenig/wenige (*inf*); **I had ~ little choice** ich hatte keine große Wahl.

precipice ['presɪpɪs] *n* Steilabfall *m*; (*lit liter, fig*) Abgrund *m*.

precipitance [prɪ'sɪpɪtəns], **precipitancy** [prɪ'sɪpɪtənsɪ] *n* (*hastiness*) Hast, Eile *f*; (*overhastiness*) Voreiligkeit, Überstürztheit, Überstürzung *f*.

precipitant [prɪ'sɪpɪtənt] **I** *n* (Aus)fällungsmittel *nt*. **II** *adj see* **precipitate II.**

precipitate [prɪ'sɪpɪteɪt] **I** *n* (*Chem also*) Präzipitat *nt* (*spec*).

II [prə'sɪpɪtɪt] *adj* (*hasty*) hastig, eilig; (*overhasty*) übereilt, voreilig, überstürzt.

III *vt* **1.** (*hurl*) schleudern; (*downwards*) hinabschleudern; (*fig*) stürzen. **2.** (*hasten*) beschleunigen. **3.** (*Chem*) (aus)fällen; (*Met*) niederschlagen.

IV *vi* (*Chem*) ausfallen; (*Met*) sich niederschlagen.

precipitately [prɪ'sɪpɪtɪtlɪ] *adv see adj*.

precipitation [prɪ,sɪpɪ'teɪʃən] *n* **1.** *see vt* Schleudern *nt*; Hinabschleudern *nt*; Sturz *m*; Beschleunigung *f*; Ausfällen *nt*, (Aus)fällung *f*; Niederschlag *m*. **2.** (*haste*) Hast, Eile *f*; (*over-hastiness*) Übereile, Übereiltheit, Überstürztheit *f*. **3.** (*Met*) Niederschlag *m*.

precipitous [prɪ'sɪpɪtəs] *adj* steil; (*hasty*) überstürzt.

precipitously [prɪ'sɪpɪtəslɪ] *adv see adj*.

précis ['preɪsi:] *n* Zusammenfassung *f*; (*Sch*) Inhaltsangabe *f*.

precise [prɪ'saɪs] *adj* genau; *answer, description, worker also* präzis. **at that ~ moment** genau in dem Augenblick; **this was the ~ amount I needed** das war genau *or* exakt der Betrag, den ich brauchte; **please be more ~** drücken Sie sich bitte etwas genauer *or* deutlicher aus; **18, to be ~** 18, um genau zu sein; **in that ~ voice of hers** präzise *or* exakt, wie sie nun einmal spricht.

precisely [prɪ'saɪslɪ] *adv* genau; *answer, describe, work also* präzis; *use instrument* exakt. **at ~ 7 o'clock, at 7 o'clock ~** Punkt 7 Uhr, genau um 7 Uhr; **that is ~ why I don't want it** genau deshalb will ich es nicht; **~ nothing** gar nichts.

preciseness [prɪ'saɪsnɪs] *n* Genauigkeit *f*.

precision [prɪ'sɪʒən] *n* Genauigkeit *f*; (*of work, movement also*) Präzision *f*.

precision bombing *n* gezielter Bombenabwurf; **precision-engineered** *adj* präzisionsgefertigt; **precision instrument** *n* Präzisionsinstrument *nt*; **precision-made** *adj* präzisionsgefertigt; **precision tool** *n* Präzisionswerkzeug *nt*.

preclassical [pri:'klæsɪkəl] *adj* vorklassisch.

preclude [prɪ'klu:d] *vt misunderstanding* ausschließen. **to ~ sb from doing sth** jdn daran hindern, etw zu tun.

precocious [prɪ'kəʊʃəs] *adj interest, teenager, behaviour* frühreif; *statement, way of speaking* altklug.

precociously [prɪ'kəʊʃəslɪ] *adv see adj*.

precociousness [prɪ'kəʊʃəsnɪs], **precocity** [prɪ'kɒsɪtɪ] *n see adj* Frühreife *f*; Altklugheit *f*.

precognition [,pri:kɒg'nɪʃən] *n* (*Psych*) Präkognition *f*; (*knowledge*) vorherige Kenntnis, vorheriges Wissen.

preconceived [,pri:kən'si:vd] *adj opinion, idea* vorgefaßt.

preconception [,pri:kən'sepʃən] *n* vorgefaßte Meinung.

precondition [,pri:kən'dɪʃən] *n* (Vor)bedingung, Voraussetzung *f*.

precook [pri:'kʊk] *vt* vorkochen.

precursor [pri:'kɜ:səʳ] *n* Vorläufer *m*; (*herald: of event*) Vorbote *m*; (*in office*) (Amts)vorgänger(in *f*) *m*.

precursory [pri:'kɜ:sərɪ] *adj* einleitend.

predate [,pri:'deɪt] *vt* (*precede*) zeitlich vorangehen (+*dat*); *cheque, letter* zurückdatieren.

predator ['predətəʳ] *n* (*animal*) Raubtier *nt*; (*person*) Plünderer *m*.

predatory ['predətərɪ] *adj animal* Raub-; *attack also, tribe* räuberisch.

predecease [,pri:dɪ'si:s] *vt* **to ~ sb** vor jdm sterben.

predecessor ['pri:dɪsesəʳ] *n* (*person*) Vorgänger(in *f*) *m*; (*thing*) Vorläufer *m*. **our ~s** (*ancestors*) unsere Ahnen *or* Vorfahren *pl*; **his latest book is certainly better than its ~s** sein neuestes Buch ist zweifellos besser als seine vorherigen.

predestination [pri:,destɪ'neɪʃən] *n* Vorherbestimmung, Prädestination *f*.

predestine [pri:'destɪn] *vt* prädestinieren.

predetermination ['pri:dɪ,tɜ:mɪ'neɪʃən] *n see vt* Vorherbestimmung *f*; Prädetermination *f*; vorherige Festlegung; vorherige Ermittlung.

predetermine [,pri:dɪ'tɜ:mɪn] *vt course of events, sb's future* vorherbestimmen; (*Philos*) prädeterminieren; (*fix in advance*) *price, date* vorher *or* im voraus festlegen *or* festsetzen; (*ascertain in advance*) *costs* vorher ermitteln.

predicable ['predɪkəbl] *adj* **to be ~ of sth** von etw ausgesagt *or* behauptet werden können.

predicament [prɪ'dɪkəmənt] *n* Zwangslage *f*, Dilemma *nt*.

predicate ['predɪkɪt] **I** *n* (*Gram*) Prädikat *nt*, Satzaussage *f*; (*Logic*) Aussage *f*. **~ noun** prädikatives Substantiv, Prädikativ(um) *nt*.

II ['predɪkeɪt] *vt* (*imply, connote*) aussagen; (*assert, state*) behaupten. **to ~ sth on sth** (*base*) etw auf etw (*dat*) gründen; **to ~ sth of sth** (*assert as quality of*) etw von etw behaupten.

predicative *adj*, **~ly** *adv* [prɪ'dɪkətɪv, -lɪ] prädikativ.

predict [prɪ'dɪkt] *vt* vorher- *or* voraussagen.

predictability [prə,dɪktə'bɪlɪtɪ] *n* Vorhersagbarkeit *f*.

predictable [prɪ'dɪktəbl] *adj* vorher- *or* voraussagbar. **you're so ~** man weiß doch genau, wie Sie reagieren.

predictably [prɪ'dɪktəblɪ] *adv react* vorher- *or* voraussagbar. **~, he was late** wie vorauszusehen, kam er zu spät.

prediction [prɪ'dɪkʃən] *n* Prophezeiung, Voraussage *f*.

predigest [,pri:daɪ'dʒest] *vt* vorverdauen; (*artificially, chemically*) aufschließen; (*fig*) vorkauen.

predilection [,pri:dɪ'lekʃən] *n* Vorliebe *f*, Faible *nt* (*for* für).

predispose [,pri:dɪ'spəʊz] *vt* geneigt machen; (*Med*) prädisponieren, anfällig machen. **to ~ sb in favour of sb/sth** jdn für jdn/etw einnehmen; **it ~s me to think that ...** das führt mich zu der Annahme, daß ...; **I'm not ~d to help him** ich bin nicht geneigt, ihm zu helfen.

predisposition [,pri:dɪspə'zɪʃən] *n* (*tendency, inclination*) Neigung *f* (*to* zu); (*Med*) Prädisposition, Anfälligkeit *f* (*to* für). **children have a natural ~ to be curious** Kinder sind von Natur aus neugierig.

predominance [prɪ'dɒmɪnəns] *n* (*control*) Vorherrschaft, Vormachtstellung *f*; (*prevalence*) Überwiegen *nt*. **the ~ of women in the office** die weibliche Überzahl im Büro.

predominant [prɪ'dɒmɪnənt] *adj* (*most prevalent*) *idea, theory* vorrherrschend; (*dominating*) *person, animal* beherrschend. **those things which are ~ in your life** die Dinge, die in Ihrem Leben von größter Bedeutung sind.

predominantly [prɪ'dɒmɪnəntlɪ] *adv* überwiegend.

predominate [prɪ'dɒmɪneɪt] *vi* **1.** vorherrschen. **2.** (*in influence*) überwiegen. **Good will always ~ over Evil** das Gute wird immer über das Böse siegen; **if you allow any one individual to ~ (over the others)** wenn man einem einzigen gestattet, die anderen zu beherrschen.

pre-election [,pri:ɪ'lekʃən] *adj attr measure, atmosphere* Wahlkampf-.

pre-eminence [pri:'emɪnəns] *n* überragende Bedeutung.

pre-eminent [pri:'emɪnənt] *adj* herausragend, überragend.

pre-eminently [pri:'emɪnəntlɪ] *adv* hauptsächlich, vor allem, in erster Linie; (*excellently*) hervorragend.

pre-empt [pri:'empt] *vt* zuvorkommen (+*dat*); (*Bridge*) *seinen Gegenspielern durch eine schwer zu überbietende Ansage zuvorkommen*.

pre-emption [pri:'empʃən] *n* Zuvorkommen *nt*.

pre-emptive [pri:'emptɪv] *adj* präventiv, Präventiv-.

preen [pri:n] **I** *vt feathers* putzen. **II** *vr* **to ~ oneself** (*bird*) sich putzen; (*person*) (*be smug*) sich brüsten (*on* mit); (*dress up*) sich herausputzen, sich aufputzen.

pre-exist [,pri:ɪg'zɪst] *vi* (*exist beforehand*) vorher existieren, vorher vorhanden sein; (*exist in previous life*) präexistieren.

pre-existence [,pri:ɪg'zɪstəns] *n* (*no pl: existing before*) vorherige Existenz, vorheriges Vorhandensein; (*previous life*) früheres Leben *or* Dasein, Präexistenz *f*.

pre-existent [,pri:ɪg'zɪstənt] *adj* (*existing before*) vorher vorhanden *or* existent; (*of an earlier life*) präexistent.

prefab ['pri:fæb] *n* Fertig(teil)haus *nt*.

prefabricate [,pri:'fæbrɪkeɪt] *vt* vorfertigen.

prefabricated [,pri:'fæbrɪkeɪtɪd] *adj* vorgefertigt, Fertig-; *building* Fertig(teil)-.

prefabrication [pri:,fæbrɪ'keɪʃən] *n* Vorfertigung *f*.

preface ['prefɪs] **I** *n* Vorwort *nt*; (*of speech*) Vorrede *f*. **II** *vt* einleiten; *book* mit einem Vorwort versehen.

prefaded ['pri:feɪdɪd] *adj denims* gebleicht, bleached *pred*.

prefatory ['prefətərɪ] *adj* einleitend.

prefect ['pri:fekt] *n* Präfekt *m*; (*Brit Sch*) Aufsichtsschüler(in *f*) *m*. **form ~** (*Sch*) ≈ Klassensprecher(in *f*) *m*.

prefecture ['pri:fektjʊər] *n* Präfektur *f*.

prefer [prɪ'fɜ:r] *vt* **1.** (*like better*) vorziehen (*to dat*), lieber mögen (*to* als); *drink, food, music also* lieber trinken/essen/hören (*to* als); *applicant, solution* vorziehen, bevorzugen; (*be more fond of*) *person* lieber haben (*to* als). **he ~s coffee to tea** er trinkt lieber Kaffee als Tee. **he ~s blondes/hot countries** er bevorzugt Blondinen/warme Länder; **I ~ it that way** es ist mir lieber so; **which (of them) do you ~?** (*of people*) wen ziehen Sie vor?; (*emotionally*) wen mögen *or* haben Sie lieber?; (*of things*) welche(n, s) ziehen Sie vor *or* finden Sie besser?; **to ~ to do sth** etw lieber tun, es vorziehen, etw zu tun; **I ~ to resign rather than ...** eher kündige ich, als daß ...; **I ~ walking/flying** ich gehe lieber zu Fuß/fliege lieber; **I would ~ you to do it today** mir wäre es lieber, wenn Sie es heute täten.

2. (*Jur*) **to ~ a charge/charges (against sb)** (gegen jdn) klagen, Klage (gegen jdn) einreichen *or* erheben.

3. (*esp Eccl: promote*) befördern. **the bishop was ~red to the archbishopric of York** dem Bischof wurde die Würde des Erzbischofs von York verliehen.

preferable ['prefərəbl] *adj* **X is ~ to Y** X ist Y (*dat*) vorzuziehen; **death is ~ to dishonour** lieber tot als ehrlos; **it would be ~ to do it that way** es wäre besser, es so zu machen.

preferably ['prefərəblɪ] *adv* am liebsten. **tea or coffee? — coffee,** ~ Tee oder Kaffee? — lieber Kaffee; ~ **not Tuesday** wenn möglich, nicht Dienstag.

preference ['prefərəns] *n* **1.** (*greater liking*) Vorliebe *f*. **for** ~ lieber; **to have a** ~ **for sth** eine Vorliebe für etw haben, etw bevorzugen; **I drink coffee in** ~ **to tea** ich trinke lieber Kaffee als Tee.

2. (*thing preferred*) **what is your** ~**?** was wäre Ihnen am liebsten?; **just state your** ~ nennen Sie einfach Ihre Wünsche; **I have no** ~ mir ist das eigentlich gleich.

3. (*greater favour*) Vorzug *m*. **to show** ~ **to sb** jdn bevorzugen; **to give** ~ **to sb/sth** jdn/etw bevorzugen, jdm/etw den Vorzug geben (*over* gegenüber); **to give certain imports** ~ Vorzugs- *or* Präferenzzölle auf bestimmte Einfuhrartikel gewähren; ~ **shares** *or* **stock** (*Brit Fin*) Vorzugsaktien *pl*.

preferential [prefə'renʃəl] *adj treatment* Vorzugs-; *terms* bevorzugt, Sonder-. **to give sb** ~ **treatment** jdn bevorzugt behandeln; ~ **trade** (*Comm*) Präferenz- *or* Vorzugshandel *m*; ~ **tariff** (*Comm*) Präferenz- *or* Vorzugszoll *m*; ~ **voting** (*Pol*) Präferenzwahlsystem *nt*.

preferentially [ˌprefə'renʃəlɪ] *adv treat* bevorzugt.

preferment [prɪ'fɜːmənt] *n* **1.** (*esp Eccl: promotion*) Beförderung *f*. **2.** (*Jur*) ~ **of charges** Klageerhebung *f*.

preferred [prɪ'fɜːd] *adj creditor* bevorrechtigt. ~ **stock** (*US Fin*) Vorzugsaktien *pl*.

prefigure [priː'fɪgəʳ] *vt* (*indicate*) anzeigen, ankündigen; (*imagine beforehand*) sich (*dat*) ausmalen.

prefix ['priːfɪks] **I** *n* (*Gram*) Vorsilbe *f*, Präfix *nt*; (*title*) Namensvorsatz *m*; (*in code*) Vorsatz *m*; (*Telec*) Vorwahl *f*.

II [priː'fɪks] *vt* (*Gram*) mit einer Vorsilbe *or* einem Präfix versehen; *name* mit einem Namensvorsatz versehen; *code* (*with acc*) voranstellen (+*dat*), voransetzen (+*dat*). **words** ~**ed by "un"** Wörter mit der Vorsilbe *or* dem Präfix „un".

preflight ['priː'flaɪt] *adj attr* ~ **checks/instructions** Kontrollen *pl*/Anweisungen *pl* vor dem Flug.

preform [priː'fɔːm] *vt* vorformen.

prefrontal [ˌpriː'frʌntl] *adj* des Stirnbeins.

pregnancy ['pregnənsɪ] *n* Schwangerschaft *f*; (*of animal*) Trächtigkeit *f*; (*fig*) (*of remarks*) Bedeutungsgehalt *m*; (*of silence, pause*) Bedeutungsschwere, Bedeutungsgeladenheit *f*.

pregnant ['pregnənt] *adj* **1.** *woman* schwanger; *animal* trächtig, tragend. **3 months** ~ im dritten Monat schwanger. **2.** (*fig*) *remark, silence, pause* bedeutungsvoll *or* -schwer *or* -geladen.

preheat [priː'hiːt] *vt* vorheizen.

prehistoric [ˌpriːhɪ'stɒrɪk] *adj* prähistorisch, vorgeschichtlich.

prehistory [ˌpriː'hɪstərɪ] *n* Vorgeschichte *f*.

pre-ignition [ˌpriːɪg'nɪʃən] *n* Frühzündung *f*.

pre-industrial [ˌpriːɪn'dʌstrɪəl] *adj* vorindustriell.

prejudge [priː'dʒʌdʒ] *vt case, issue, person* im voraus beurteilen; (*negatively*) *person* im voraus verurteilen.

prejudice ['predʒʊdɪs] **I** *n* **1.** (*biased opinion*) Vorurteil *nt*. **his** ~ **against ...** seine Voreingenommenheit gegen ...; **to have a** ~ **against sb/sth** ein Vorurteil *nt* gegen jdn/etw haben, gegen jdn/etw voreingenommen sein; **racial** ~ Rassenvorurteile *pl*; **colour** ~ Vorurteile *pl* gegen (Anders)farbige.

2. (*esp Jur: detriment, injury*) Schaden *m*. **to the** ~ **of sb/sth** (*form*) zu jds Schaden/unter Beeinträchtigung (+ *gen*); **without** ~ (*Jur*) ohne Verbindlichkeit *or* Obligo; **without** ~ **to any claim** (*Jur*) ohne Beeinträchtigung *or* unbeschadet irgendwelcher Ansprüche.

II *vt* **1.** (*bias*) einnehmen, beeinflussen; *see also* **prejudiced.**

2. (*injure*) gefährden; *chances also* beeinträchtigen.

prejudiced ['predʒʊdɪst] *adj person* voreingenommen (*against* gegen); *opinion* vorgefaßt; *judge* befangen.

prejudicial [ˌpredʒʊ'dɪʃəl] *adj* abträglich (*to sth* einer Sache *dat*). **to be** ~ **to a cause/sb's chances** einer Sache (*dat*) schaden/jds Chancen gefährden.

prelacy ['preləsɪ] *n* (*office*) Prälatur *f*; (*bishops*) geistliche Würdenträger *pl*; (*system*) Kirchenhierarchie *f*.

prelate ['prelɪt] *n* Prälat *m*.

preliminary [prɪ'lɪmɪnərɪ] **I** *adj talks, negotiations, enquiry, investigation, stage* Vor-; *remarks also, chapter* einleitend; *steps, measures* vorbereitend. ~ **contacts** erste Kontakte.

II *n* Einleitung *f* (*to* zu); (*preparatory measure*) Vorbereitung *f*, vorbereitende Maßnahme; (*Sport*) Vorspiel *nt*. **preliminaries** Präliminarien *pl* (*geh, Jur*); (*for speech*) einführende *or* einleitende Worte; (*Sport*) Vorrunde *f*; **the preliminaries are complete, now the actual work can begin** die Vorarbeit ist getan, jetzt kann die eigentliche Arbeit anfangen; **all the preliminaries to sth** alles, was einer Sache (*dat*) vorausgeht; **let's dispense with the preliminaries** kommen wir gleich zur Sache.

prelims ['priːlɪmz] *npl* **1.** (*Univ*) Vorprüfung *f*. **2.** (*in book*) Vorbemerkungen *pl*.

prelude ['preljuːd] **I** *n* Vorspiel *nt*; (*introduction to fugue*) Präludium *nt*; (*fig*) Auftakt *m*. **II** *vt* einleiten.

premarital [priː'mærɪtl] *adj* vorehelich.

premature ['premətʃʊəʳ] *adj baldness, birth, arrival* vorzeitig; *decision, action* verfrüht. **you were a little** ~ da waren Sie ein wenig voreilig; **the baby was three weeks** ~ das Baby wurde drei Wochen zu früh geboren; ~ **baby** Frühgeburt *f*.

prematurely ['premətʃʊəlɪ] *adv bald* vorzeitig; *decide* verfrüht; *act* voreilig. **he was born** ~ er war eine Frühgeburt.

premed [priː'med] *n* (*inf*) **1.** *see* **premedi-**

cation. 2. (*US*) *Medizinstudent, der einen auf das Medizinstudium vorbereitenden Einführungskurs besucht*; *dieser Kurs selbst*.

premedical [priː'medɪkl] *adj* (*US*) auf das Medizinstudium vorbereitend *attr*.

premedication [priːˌmedɪ'keɪʃən] *n* Beruhigungsspritze *f* (*vor Anästhesie*).

premeditate [priː'medɪteɪt] *vt* vorsätzlich planen.

premeditated [priː'medɪteɪtɪd] *adj* vorsätzlich.

premeditation [priːˌmedɪ'teɪʃən] *n* Vorsatz *m*.

premenstrual [priː'menstrʊəl] *adj* prämenstruell, vor der Menstruation auftretend. **~ tension** prämenstruelles Syndrom, prämenstruelle Phase.

premier ['premɪəʳ] **I** *adj* führend. **of ~ importance** von äußerster Wichtigkeit.
II *n* Premier(minister(in *f*)) *m*.

première ['premɪεəʳ] **I** *n* Premiere *f*; (*first ever also*) Uraufführung *f*; (*in particular place also*) Erstaufführung *f*.
II *vt* uraufführen; erstaufführen.

premiership ['premɪəʃɪp] *n* (*period*) Amtsperiode *or* -zeit *f* als Premier(minister(in *f*)); (*office*) Amt *nt* des Premier(minister)s *m*/der Premierministerin *f*.

premise ['premɪs] *n* **1.** (*esp Logic*) Prämisse (*spec*), Voraussetzung *f*.
2. ~s *pl* (*of school, factory*) Gelände *nt*; (*building*) Gebäude *nt*; (*shop*) Räumlichkeiten *pl*; (*form: house*) Besitz *m*, Anwesen *nt*; **licensed ~s** Schankort *m*; **business ~s** Geschäftsräume *pl*; **drinking is not allowed in** *or* **on these ~s** es ist nicht erlaubt, hier Alkohol zu trinken; **will you escort him off the ~s?** würden Sie ihn bitte hinausbegleiten?; **he was asked to leave the ~s** man forderte ihn auf, das Gelände *etc* zu verlassen.

premiss *n see* **premise 1.**

premium ['priːmɪəm] *n* (*bonus, additional sum*) Bonus *m*, Prämie *f*; (*surcharge*) Zuschlag *m*; (*insurance ~*) Prämie *f*; (*St Ex*) Aufgeld, Agio *nt*. **~ bond** (*Brit*) Prämien- *or* Lotterieaktie *f*; **to sell sth at a ~** etw über seinem Wert verkaufen; **to be at a ~** (*St Ex*) über Pari stehen; (*fig*) hoch im Kurs stehen; **to put a ~ on sth** (*fig*) etw hoch einschätzen *or* bewerten.

premolar [priː'məʊləʳ] *n* vorderer Backenzahn.

premonition [ˌpriːmə'nɪʃən] *n* (*presentiment*) (böse *or* schlechte) Vorahnung, (böses *or* schlechtes) Vorgefühl; (*forewarning*) Vorwarnung *f*.

premonitory [prɪ'mɒnɪtərɪ] *adj* warnend.

prenatal [priː'neɪtl] *adj* pränatal, vor der Geburt.

prenuptial [priː'nʌpʃəl] *adj* vor der Hochzeit.

preoccupation [priːˌɒkjʊ'peɪʃən] *n* **her ~ with her appearance** ihre ständige Sorge um ihr Äußeres; **her ~ with making money was such that …** sie war so sehr mit dem Geldverdienen beschäftigt, daß …; **that was his main ~** das war sein Hauptanliegen.

preoccupied [priː'ɒkjʊpaɪd] *adj look, tone of voice, smile* gedankenverloren, geistesabwesend. **to be ~ with sth** sich mit etw intensiv beschäftigen, sich ganz auf etw (*acc*) konzentrieren; **he has been (looking) rather ~ recently** er sieht in letzter Zeit so aus, als beschäftige ihn etwas; **he was too ~ to notice her** er war zu sehr mit anderen Dingen beschäftigt, um sie zu bemerken.

preoccupy [priː'ɒkjʊpaɪ] *vt* (stark) beschäftigen.

preordain ['priːɔː'deɪn] *vt* vorherbestimmen.

prepackaged [priː'pækɪdʒd], **prepacked** [priː'pækt] *adj* abgepackt.

prepaid [priː'peɪd] **I** *ptp of* **prepay.**
II *adj postage, goods* vorausbezahlt; *envelope* vorfrankiert, freigemacht.

preparation [ˌprepə'reɪʃən] *n* **1.** (*preparing*) Vorbereitung *f*; (*of meal, medicine*) Zubereitung *f*. **in ~ for sth** als Vorbereitung für etw; **to be in ~** in Vorbereitung sein.
2. (*preparatory measure*) Vorbereitung *f*. **to make ~s** Vorbereitungen treffen.
3. (*Med, Sci*) Präparat *nt*. **beauty ~s** Schönheitspräparate *pl*.
4. (*Brit Sch*) (*homework*) Hausaufgaben *pl*, Hausarbeit *f*; (*homework period*) Lernstunde *f*.

preparatory [prɪ'pærətərɪ] *adj* **1.** *step, measure* vorbereitend; *plan, work also* Vorbereitungs-.
2. (*Sch*) **~ education** Erziehung *or* Ausbildung *f* in Vorbereitungsschulen; **~ school** (*Brit*) *private Vorbereitungsschule für die Public School*; (*US*) *private Vorbereitungsschule für die Hochschule*.
3. talks were held ~ to the summit conference es wurden Gespräche geführt, um die Gipfelkonferenz vorzubereiten.

prepare [prɪ'pεəʳ] **I** *vt* vorbereiten (*sb for sth* jdn auf etw *acc*, *sth for sth* etw für etw); *meal, medicine* zubereiten; *guestroom* zurecht- *or* fertigmachen; (*Sci*) präparieren; *data* aufbereiten. **~ yourself for a shock**! mach dich auf einen Schock gefaßt!; **we ~d ourselves for a long wait** wir machten uns auf eine lange Wartezeit gefaßt.
II *vi* **to ~ for sth** sich auf etw (*acc*) vorbereiten; **to ~ to do sth** Anstalten machen, etw zu tun.

prepared [prɪ'pεəd] *adj* **1.** (*also* **ready ~**) vorbereitet; *speech also* ausgearbeitet, abgefaßt; *food* Fertig-.
2. (*in a state of readiness*) vorbereitet (*for* auf +*acc*). **I wasn't ~ for that**! darauf war ich nicht vorbereitet *or* gefaßt; **I wasn't ~ for him to do that** ich war nicht darauf vorbereitet, daß er das tut; reisefertig?; **"be ~"** „allzeit bereit".
3. (*willing*) **to be ~ to do sth** bereit sein, etw zu tun.

preparedness [prɪ'pεərɪdnɪs] *n* (*readiness*) Vorbereitetsein *nt* (*for* auf +*acc*); (*for untoward events*) Gefaßtsein *nt* (*for* auf +*acc*); (*willingness*) Bereitschaft *f*. **lack of ~** mangelnde Vorbereitung (*for* auf +*acc*).

prepay [priː'peɪ] *pret, ptp* **prepaid** *vt* im voraus bezahlen.

prepayment [priː'peɪmənt] *n* Vorauszahlung *f*.

preponderance [prɪ'pɒndərəns] *n* Übergewicht *nt*.

preponderant [prɪ'pɒndərənt] *adj* überwiegend.

preponderate [prɪ'pɒndəreɪt] *vi* überwiegen.

preposition [ˌprepə'zɪʃən] *n* Präposition *f*, Verhältniswort *nt*.

prepositional [ˌprepə'zɪʃənl] *adj* präpositional; *phrase* Präpositional-, Verhältnis-.

prepossess [ˌpriːpə'zes] *vt* einnehmen (*in sb's favour* für jdn).

prepossessing [ˌpriːpə'zesɪŋ] *adj* einnehmend, anziehend.

preposterous [prɪ'pɒstərəs] *adj* grotesk, absurd. **you're being ~** das ist ja grotesk.

preposterously [prɪ'pɒstərəslɪ] *adv* grotesk. **he suggested, quite ~ ...** er machte den grotesken *or* absurden Vorschlag ...; **it took a ~ long time** es dauerte absurd lange.

preposterousness [prɪ'pɒstərəsnɪs] *n* Absurdität *f*.

preppie, preppy ['prepɪ] *adj* adrett, popperhaft (*esp pej*).

preprinted ['priː'prɪntɪd] *adj* vorgedruckt.

preprogram ['priː'prəʊgræm] *vt* (*lit, fig*) vorprogrammieren. **~med** vorprogrammiert.

prep school *n see* **preparatory 2.**

prepublication [ˌpriːpʌblɪ'keɪʃən] *adj attr* vor der Veröffentlichung.

prepuce ['priːpjuːs] *n* Vorhaut *f*.

prerecord [ˌpriːrɪ'kɔːd] *vt* vorher aufzeichnen. **~ed cassette** bespielte Kassette.

prerequisite [ˌpriː'rekwɪzɪt] **I** *n* (Grund)-voraussetzung, Vorbedingung *f*.

II *adj* erforderlich, notwendig.

prerogative [prɪ'rɒgətɪv] *n* Vorrecht, Prärogativ (*geh*) *nt*. **that's a woman's ~** das ist das Vorrecht einer Frau.

Pres *abbr of* **president** Präs.

presage ['presɪdʒ] **I** *n* (*omen*) Vorzeichen, Anzeichen *nt*, Vorbote *m*; (*feeling*) Vorahnung *f*.

II *vt* ankünd(ig)en, andeuten.

Presbyterian [ˌprezbɪ'tɪərɪən] **I** *adj* presbyterianisch.

II *n* Presbyterianer(in *f*) *m*.

presbytery ['prezbɪtərɪ] *n* (*priest's house*) (katholisches) Pfarrhaus; (*part of church*) Presbyterium *nt*.

preschool ['priː'skuːl] *adj attr* vorschulisch. **a child of ~ age** ein Kind *nt* im Vorschulalter.

preschooling ['priː'skuːlɪŋ] *n* Vorschulerziehung *f*.

prescience ['presɪəns] *n* vorheriges Wissen, vorherige Kenntnis, Vorherwissen *nt*.

prescribe [prɪ'skraɪb] **I** *vt* **1.** (*order, lay down*) vorschreiben. **~d reading** Pflichtlektüre *f*. **2.** (*Med, fig*) verschreiben, verordnen (*sth for sb* jdm etw). **II** *vi* (*lay down rules*) Vorschriften machen.

prescription [prɪ'skrɪpʃən] *n* **1.** (*Med*) Rezept *nt*; (*act of prescribing*) Verschreiben, Verordnen *nt*. **to make up** *or* **fill** (*US*) **a ~** eine Medizin zubereiten; **~ charge** Rezeptgebühr *f*; **only available on ~** rezeptpflichtig, nur auf Rezept erhältlich.

2. (*regulation*) Vorschrift *f*.

prescriptive [prɪ'skrɪptɪv] *adj* normativ. **to be ~** Vorschriften machen.

prescriptivism [prɪ'skrɪptɪvɪzəm] *n* Präskriptivismus *m*.

presealed ['priː'siːld] *adj* versiegelt; *containers* plombiert.

preseason ['priː'siːzn] *adj* (*Sport*) *match, training* vor der Saison; (*in tourism*) *rates, weekend* Vorsaison-.

preselect [ˌpriːsɪ'lekt] *vt* vorher auswählen; *gear* vorwählen.

presence ['prezns] *n* **1.** Gegenwart, Anwesenheit *f*. **in sb's ~, in the ~ of sb** in jds (*dat*) Gegenwart *or* Anwesenheit, in Gegenwart *or* im Beisein von jdm; **he was admitted to the king's ~** er wurde zum König vorgelassen; **your ~ is requested/required** Sie sind eingeladen/ Ihre Anwesenheit ist erforderlich; **to make one's ~ felt** sich bemerkbar machen; **in the ~ of danger** im Angesicht der Gefahr; **there is a strong German ~ in the 1500 metres** die Deutschen sind beim 1500-Meter-Lauf stark vertreten.

2. a military/police ~ Militär-/ Polizeipräsenz *f*.

3. (*bearing, dignity*) Auftreten *nt*, Haltung *f*; (*of actor: also* **stage ~**) Ausstrahlung *f*.

4. they felt a ghostly/an invisible ~ sie spürten, daß etwas Geisterhaftes/Unsichtbares anwesend war.

presence of mind *n* Geistesgegenwart *f*.

present[1] ['preznt] **I** *adj* **1.** (*in attendance*) anwesend. **to be ~** anwesend sein, da *or* dort/hier sein; **he was ever ~ in her thoughts** er war in ihren Gedanken immer gegenwärtig; **to be ~ at sth** bei etw (anwesend) sein; **~ company excepted** Anwesende ausgenommen; **all those ~** alle Anwesenden.

2. (*existing in sth*) vorhanden. **gases ~ in the atmosphere** in der Atmosphäre vorhandene Gase; **carbon is ~ in organic matter** Kohlenstoff ist in organischen Stoffen enthalten; **a quality ~ in all great men** eine Eigenschaft, die man bei allen großen Männern findet.

3. (*at the ~ time*) *moment, state of affairs, world record* gegenwärtig, derzeitig, augenblicklich; *problems, manager, husband also* jetzig; *year, season* laufend. **at the ~ moment** zum gegenwärtigen *or* derzeitigen *or* jetzigen Zeitpunkt; **in the ~ circumstances** unter den gegenwärtigen *or* gegebenen Umständen; **in the ~ case** im vorliegenden Fall; **the ~ writer** (*form*) der Autor des hier vorliegenden Werkes.

4. (*Gram*) **in the ~ tense** in der Gegenwart, im Präsens; **~ participle** Partizip *nt* Präsens, Mittelwort *nt* der Gegenwart; **~ perfect (tense)** zweite

Vergangenheit, Perfekt *nt*.

II *n* Gegenwart *f*; (*Gram also*) Präsens *nt*. **at ~** zur Zeit, im Moment *or* Augenblick, derzeit; **up to the ~** bislang, bis jetzt; **there's no time like the ~** (*prov*) was du heute kannst besorgen, das verschiebe nicht auf morgen (*Prov*); **that will be all for the ~** das ist vorläufig *or* einstweilen alles.

present[2] **I** *n* (*gift*) Geschenk *nt*. **to make sb a ~ of sth** jdm etw schenken (*also fig*), jdm etw zum Geschenk machen (*form*); **I got it** *or* **was given it as a ~** das habe ich geschenkt bekommen.

II [prɪ'zent] *vt* **1.** (*hand over formally*) *medal, prize* übergeben, überreichen; (*give as a gift*) *art collection, book* schenken, zum Geschenk machen (*form*). **to ~ sb with sth, to ~ sth to sb** jdm etw übergeben *or* überreichen; (*as a gift*) jdm etw schenken *or* zum Geschenk machen (*form*); **they ~ed us with a hefty bill** sie präsentierten *or* überreichten uns (*dat*) eine gesalzene Rechnung; **she ~ed him with a son** sie schenkte ihm einen Sohn.

2. (*put forward*) vorlegen; *cheque* (*for payment*) präsentieren; *proof also* erbringen (*of sth* für etw); *proposal also* unterbreiten. **his report ~s the matter in another light** sein Bericht zeigt die Angelegenheit in anderem Licht *or* stellt die Angelegenheit in anderem Licht dar.

3. (*offer, provide*) *target, view, opportunity* bieten. **to ~ a brave face to the world** sich (*dat*) nichts anmerken lassen; **his action ~ed us with a problem** seine Tat stellte uns vor ein Problem; **he ~ed the appearance of normality** nach außen hin wirkte er ganz normal.

4. (*Rad, TV*) präsentieren; (*Theat also*) zeigen, aufführen; (*commentator*) moderieren. **~ing Nina Calcott as ...** (*Film*) und erstmals Nina Calcott als ...; **~ing, in the blue corner ...** in der blauen Ecke des Rings ...

5. (*introduce*) vorstellen. **to ~ Mr X to Miss Y** Herrn X Fräulein Y (*dat*) vorstellen; **may I ~ Mr X?** (*form*) erlauben Sie mir, Herrn X vorzustellen (*form*); **to be ~ed at Court** bei Hof eingeführt werden.

6. (*point*) *gun* richten, zielen (*at* auf +*acc*). **~ arms**! (*Mil*) präsentiert das Gewehr!

III [prɪ'zent] *vr* (*opportunity, problem*) sich ergeben. **to ~ oneself as a candidate** sich aufstellen lassen; **to ~ oneself for an exam** sich zu einer Prüfung anmelden; **he was asked to ~ himself for interview** er wurde gebeten, zu einem Gespräch zu erscheinen.

presentable [prɪ'zentəbl] *adj* **to be ~** sich sehen lassen können, vorzeigbar sein; **it's not very ~** damit kann man sich nicht gut sehen lassen; **to make sth ~** etw so herrichten, daß man es zeigen kann; **to make oneself ~** sich zurechtmachen; **you're not ~ enough to go** so kannst du dich dort nicht zeigen lassen.

presentably [prɪ'zentəblɪ] *adv* annehmbar, akzeptabel. **you have to be ~ dressed to get into that bar** man muß angemessen angezogen sein, wenn man in diese Bar will.

presentation [ˌprezən'teɪʃən] *n* **1.** (*of gift*) Überreichung *f*; (*of prize, medal also*) Verleihung *f*; (*ceremony*) Verleihung(szeremonie) *f*; (*gift*) Geschenk *nt*. **to make the ~** die Preise/Auszeichnungen verleihen; **to make sb a ~** jdm ein Geschenk überreichen; **~ copy** Dedikationsexemplar *nt*.

2. (*act of presenting*) (*of report, voucher, cheque*) Vorlage, Präsentation *f*; (*of petition*) Überreichung *f*; (*Jur: of case, evidence*) Darlegung *f*. **on ~ of a certificate** gegen Vorlage einer Bescheinigung (*gen*).

3. (*manner of presenting*) Darbietung, Präsentation *f*.

4. (*Theat*) Inszenierung *f*; (*TV also, Rad*) Produktion *f*; (*announcing, commentary*) Moderation *f*.

5. (*Med: at birth*) Lage *f*.

present-day ['preznt'deɪ] *adj attr morality, problems, fashions* heutig. **~ Britain** das heutige Großbritannien.

presenter [prɪ'zentəʳ] *n* **1.** (*of cheque*) Überbringer(in *f*) *m*. **the ~ of the petition was a child** die Petition wurde von einem Kind überreicht. **2.** (*TV, Rad*) Moderator(in *f*) *m*.

presentiment [prɪ'zentɪmənt] *n* (Vor)ahnung *f*, Vorgefühl *nt*. **to have a ~ that ...** das Gefühl haben, daß ...

presently ['prezntlɪ] *adv* **1.** (*soon*) bald. **2.** (*at present*) zur Zeit, derzeit, gegenwärtig.

preservation [ˌprezə'veɪʃən] *n see vt* **1.** Erhaltung *f*; Wahrung *f*; Aufrechterhaltung *f*; Bewahrung *f*. **2.** Konservierung *f* (*also of leather, wood*); Präservierung *f*. **to be in a good state of ~** gut erhalten sein. **3.** Einmachen, Einkochen *nt*; Einwecken *nt*; Einlegen *nt*. **4.** Bewahrung *f*.

preservative [prɪ'zɜːvətɪv] **I** *adj substance* Konservierungs-.

II *n* Konservierungsmittel *nt*.

preserve [prɪ'zɜːv] **I** *vt* **1.** (*keep intact, maintain*) *customs, building, position, eyesight, manuscript* erhalten; *peace also, dignity, appearances* wahren; *memory, reputation* aufrechterhalten, wahren; *sense of humour, silence* bewahren.

2. (*keep from decay*) konservieren; *specimens etc* präservieren; *leather, wood* schützen. **well ~d** gut erhalten.

3. (*Cook*) einmachen, einkochen; (*bottle also*) einwecken; (*pickle*) einlegen. **preserving jar** Einmachglas *nt*.

4. (*keep from harm, save*) bewahren. **to ~ sb from sth** jdn vor etw (*dat*) schützen *or* bewahren; **heaven** *or* **the saints ~ me from that**! (*iro*) der Himmel möge mich damit verschonen *or* mir das ersparen!

5. (*Hunt*) *game, fish* schützen, hegen. **~d fishing/river/wood** unter Schutz stehende Fische/stehender Fluß/Wald.

II *n* **1.** (*Cook*) **~s** *pl* Eingemachtes *nt*; (*bottled fruit also*) Eingewecktes *nt*;

peach ~(s) eingeweckte Pfirsiche *pl*; (*Brit: jam*) Pfirsichmarmelade *f*.

2. (*special domain*) Ressort *nt*. **to poach on sb's ~(s)** jdm ins Handwerk pfuschen; **game ~** (*Hunt*) Jagd *f*, Jagdrevier *nt*.

preserver [prɪ'zɜːvəʳ] *n* Retter(in *f*) *m*.

preset [priː'set] *pret, ptp* ~ *vt* vorher einstellen.

preshrink [priː'ʃrɪŋk] *pret* **preshrank** [priː'ʃræŋk], *ptp* **preshrunk** [priː'ʃrʌŋk] *vt* vorwaschen.

preside [prɪ'zaɪd] *vi* (*at meeting*) den Vorsitz haben *or* führen (*at* bei); (*at meal*) den Vorsitz haben (*at* bei). **to ~ over an organization** eine Organisation leiten.

presidency ['prezɪdənsɪ] *n* Präsidentschaft *f*; (*esp US: of company*) Aufsichtsratsvorsitz *m*; (*US Univ*) Rektorat *nt*.

president ['prezɪdənt] *n* Präsident(in *f*) *m*; (*esp US: of company*) Aufsichtsratsvorsitzende(r) *mf*; (*US Univ*) Rektor(in *f*) *m*.

presidential [,prezɪ'denʃəl] *adj* (*Pol*) Präsidenten-; *election also* Präsidentschafts-. **~ primary** Vorwahl *f* für die Präsidentschaft; **his ~ duties** seine Pflichten als Präsident.

presidium [prɪ'sɪdɪəm] *n* (Partei)präsidium *nt*.

press [pres] **I** *n* **1.** (*machine, trouser ~, flower ~*) Presse *f*; (*racket ~*) Spanner *m*.

2. (*Typ*) (Drucker)presse *f*; (*publishing firm*) Verlag *m*. **to go to ~** in Druck gehen; **to be in the ~** im Druck sein.

3. (*newspapers*) Presse *f*. **the daily/sporting ~** die Tages-/Sportpresse; **the weekly ~** die Wochenzeitungen *pl*; **to get a good/bad ~** eine gute/schlechte Presse bekommen.

4. (*squeeze, push*) Druck *m*. **to give sth a ~** etw drücken; *dress* etw bügeln.

5. (*dial, US: cupboard*) Wandschrank *m*.

6. (*crush*) Gedränge *nt*.

7. (*Weight-lifting*) Drücken *nt*.

II *vt* **1.** (*push, squeeze*) drücken (*to* an +*acc*); *button, doorbell, knob also, brake pedal* drücken auf (+*acc*); *clutch, piano pedal* treten; *grapes, fruit* (aus)pressen; *flowers* pressen. **to ~ the accelerator** Gas geben; **to ~ the trigger (of a gun)** abdrücken, den Abzug betätigen.

2. (*iron*) *clothes* bügeln.

3. (*urge, persuade*) drängen; (*harass, importune*) bedrängen, unter Druck setzen; (*insist on*) *claim, argument* bestehen auf (+*dat*). **to ~ sb hard** jdm (hart) zusetzen; **he didn't need much ~ing** man brauchte ihn nicht lange zu drängen; **to ~ sb for an answer** auf jds Antwort (*acc*) drängen; **to ~ the point** darauf beharren *or* herumreiten (*inf*); **to ~ home an advantage** einen Vorteil ausnutzen, sich (*dat*) einen Vorteil zunutze machen; **to ~ money/one's views on sb** jdm Geld/seine Ansichten aufdrängen; **to be ~ed (for money/time)** knapp dran sein (*inf*), in Geldnot sein/unter Zeitdruck stehen, in Zeitnot sein; **to ~ sb/sth into service** jdn/etw einspannen.

4. *machine part, record* pressen. **~ed steel** gepreßter Stahl, Preßstahl *m*; **~ed pork** gepreßtes Schweinefleisch.

III *vi* **1.** (*lit, fig: bear down, exert pressure*) drücken. **to ~ down on sb** (*debts, troubles*) schwer auf jdm lasten.

2. (*urge, agitate*) drängen; (*be insistent also*) drängeln (*inf*). **to ~ for sth** auf etw (*acc*) drängen; **time ~es** die Zeit drängt.

3. (*move, push*) sich drängen. **to ~ ahead** *or* **forward (with sth)** (*fig*) (mit etw) weitermachen; (*with plans*) etw weiterführen.

◆**press on** *vi* weitermachen; (*with journey*) weiterfahren.

◆**press out** *vt sep juice* auspressen; *popout models etc* herausdrücken.

press agency *n* Presseagentur *f*; **press agent** *n* Presseagent(in *f*) *m*; **press attaché** *n* Presseattaché *m*; **press baron** *n* Pressezar *m*; **press box** *n* Pressetribüne *f*; **press button** *n see* **push-button**; **press campaign** *n* Pressekampagne *f*; **press card** *n* Presseausweis *m*; **press clipping** *n* Zeitungsausschnitt *m*; **press conference** *n* Pressekonferenz *f*; **press cutting** *n* (*esp Brit*) Zeitungsausschnitt *m*; **press gallery** *n* (*esp Jur, Parl*) Pressetribüne *f*; **press gang** *n* (*Hist*) (*for navy*) Preßpatrouille *f*; (*for army*) Werber *pl*; **press-gang** *vt* (*inf*) dazu drängen; **to ~ sb into (doing) sth** jdn drängen, etw zu tun.

pressing ['presɪŋ] **I** *adj* **1.** (*urgent*) dringend. **2.** (*insistent*) *requests* nachdrücklich. **he was very ~ in his invitation** er drängte mir *etc* seine Einladung richtig auf. **II** *n* (*records issued at one time*) Auflage *f*; (*copy of record*) Pressung *f*.

press lord *n see* **press baron**; **pressman** *n* **1.** (*esp Brit: reporter*) Zeitungsmann, Pressemann *m*; **2.** (*Typ*) Drucker *m*; **pressmark** *n* Signatur *f*; **press office** *n* Pressestelle *f*; **press officer** *n* Pressesprecher(in *f*) *m*; **press photographer** *n* Pressefotograf(in *f*) *m*; **press release** *n* Pressemitteilung *f or* -information *f*; **press report** *n* Pressebericht *m*; **press room** *n* Druckerei *f*, (Druck)maschinensaal *m*; **press stud** *n* (*Brit*) Druckknopf *m*; **press-up** *n* Liegestütz *m*.

pressure ['preʃəʳ] **I** *n* **1.** Druck *m* (*also Phys, Met*). **at high/full ~** (*lit, fig*) unter Hochdruck.

2. (*compulsion, influence*) Druck, Zwang *m*. **parental ~** Druck von seiten der Eltern; **social ~s** gesellschaftliche Zwänge *pl*; **to do sth under ~** etw unter Druck *or* Zwang tun; **to be under ~ to do sth** unter Druck (*dat*) stehen, etw zu tun; **to be under ~ from sb (to do sth)** von jdm gedrängt werden(, etw zu tun); **to put ~ on sb** jdn unter Druck (*dat*) setzen.

3. (*urgent demands, stress*) Druck, Streß *m no pl*. **~ of work prevents me** Arbeitsüberlastung hindert mich daran; **business ~s** geschäftliche Belastungen *pl*; **the ~s of modern life** die Belastungen *pl or* der Streß des modernen Lebens; **he works better under ~** er arbeitet besser unter Druck; **to be subjected to ~, to be under ~** unter Druck (*dat*) stehen *or* sein.

II *vt see* **pressurize 2.**

pressure cabin *n* (*Aviat*) Überdruckkabine *f*; **pressure-cook** *vt* mit Dampf kochen; **pressure cooker** *n* Druck- *or* Dampf- *or* Schnellkochtopf *m*; **pressure gauge** *n* Manometer *nt*, Druckmesser *m*; **pressure group** *n* Pressuregroup *f*; **pressure point** *n* (*Anat*) Druckpunkt *m*; **pressure suit** *n* (*Aviat*) Druckanzug *m*.

pressurization [ˌpreʃəraɪ'zeɪʃən] *n* (*Aviat etc*) Druckausgleich *m*.

pressurize ['preʃəraɪz] *vt* **1.** *cabin, spacesuit* auf Normaldruck halten. **the cabin is only ~d when ...** der Druckausgleich in der Kabine wird erst hergestellt, wenn ...

2. unter Druck setzen. **to ~ sb into doing sth** jdn so unter Druck setzen, daß er schließlich etw tut; **I refuse to be ~d into agreeing/going** ich lasse mir meine Zustimmung nicht abpressen/ich lasse mich nicht zwingen zu gehen.

Prestel ® ['prestel] *n* ≃ Bildschirmtext *m*.

prestige [pre'stiːʒ] *n* Prestige *nt*. **~ value** Prestigewert *m*.

prestigious [pre'stɪdʒəs] *adj* Prestige-. **to be (very) ~** (einen hohen) Prestigewert haben.

presto ['prestəʊ] *adv see* **hey**.

prestressed ['priːstrest] *adj* vorgespannt; *concrete* Spann-.

presumable [prɪ'zjuːməbl] *adj* vermutlich.

presumably [prɪ'zjuːməblɪ] *adv see adj*.

presume [prɪ'zjuːm] **I** *vt* **1.** (*suppose*) annehmen, vermuten; *sb's death* unterstellen (*form*). **~d dead** mutmaßlich verstorben; **to be ~d innocent** als unschuldig gelten.

2. (*venture*) **to ~ to do sth** sich (*dat*) erlauben *or* sich (*dat*) herausnehmen *or* sich erdreisten, etw zu tun.

II *vi* **1.** (*suppose*) annehmen, vermuten. **Dr Livingstone, I ~** Dr. Livingstone, wie ich annehme.

2. (*take liberties, be presumptuous*) **I didn't want to ~** ich wollte nicht aufdringlich sein; **you ~ too much** Sie sind wirklich vermessen; **to ~ on *or* upon sth** etw überbeanspruchen.

presumption [prɪ'zʌmpʃən] *n* **1.** (*assumption*) Annahme, Vermutung *f*. **the ~ is that ...** es wird angenommen *or* man vermutet, daß ...; **~ of death/innocence** Todes-/Unschuldvermutung *f*.

2. (*boldness, arrogance*) Unverschämtheit, Dreistigkeit *f*; (*in connection with one's abilities*) Überheblichkeit, Anmaßung, Vermessenheit (*geh*) *f*.

presumptive [prɪ'zʌmptɪv] *adj* **1.** (*Jur*) **~ evidence** Indizien(beweis *m*) *pl*; **~ case** Indizienprozeß *m*. **2.** (*likely*) **~ heir, heir ~** mutmaßlicher Erbe.

presumptuous *adj*, **~ly** *adv* [prɪ'zʌmptjʊəs, -lɪ] unverschämt, dreist; (*in connection with one's abilities*) überheblich, anmaßend, vermessen (*geh*). **it would be ~ of me to ...** es wäre eine Anmaßung von mir, ... zu ...

presumptuousness [prɪ'zʌmptjʊəsnɪs] *n see adj* Unverschämtheit, Dreistigkeit *f*; Überheblichkeit, Anmaßung, Vermessenheit (*geh*) *f*.

presuppose [ˌpriːsə'pəʊz] *vt* voraussetzen; (*require also*) zur Voraussetzung haben.

presupposition [ˌpriːsʌpə'zɪʃən] *n* Voraussetzung *f*.

pre-tax [priː'tæks] *adj* unversteuert, vor Besteuerung.

pre-teen ['priː'tiːn] *adj* Kinder- (*bezogen auf die Zeit etwa zwischen dem zehnten und zwölften Lebensjahr*).

pretence, (*US*) **pretense** [prɪ'tens] *n* **1.** (*make-believe story*) erfundene Geschichte; (*make-believe person*) erfundene Gestalt. **he didn't really shoot me, it was just ~** er hat nicht auf mich geschossen, er hat nur so getan; **to make a ~ of being sth** so tun, als ob man etw sei *or* als sei man etw; **we soon saw through his ~ of being a foreigner** wir durchschauten bald, daß er nur vorspiegelte *or* vorgab, Ausländer zu sein; **he made not even the slightest ~ of being interested** er gab sich (*dat*) nicht einmal den Anschein des Interesses; **this constant ~ that all is well** die ständige Vorspiegelung, daß alles in Ordnung ist; **it's all a ~** das ist alles nur gespielt *or* Mache (*inf*).

2. (*feigning, insincerity*) Heuchelei, Verstellung *f*. **his coolness is just (a) ~** seine Kühle ist nur gespielt; **his ~ of innocence/friendship** seine gespielte Unschuld/Freundschaft; **he is incapable of ~** er kann sich nicht verstellen.

3. (*affectation*) Unnatürlichkeit, Geziertheit *f*. **there is not a scrap of ~ in *or* about her** sie ist durch und durch natürlich.

4. to make no ~ to sth keinen Anspruch auf etw (*acc*) erheben.

5. (*pretext, excuse*) Vorwand *m*. **on *or* under the ~ of doing sth** unter dem Vorwand, etw zu tun.

pretend [prɪ'tend] **I** *vt* **1.** (*make believe*) so tun, als ob; (*feign also*) vortäuschen, vorgeben. **to ~ to be interested** so tun, als ob man interessiert wäre; **to ~ to be sick/have a cold** eine Krankheit/Erkältung vortäuschen *or* vorschützen; **to ~ to be asleep** sich schlafend stellen.

2. (*claim*) **I don't ~ to ...** ich behaupte nicht, daß ich ...

II *vi* **1.** so tun, als ob; (*keep up facade*) sich verstellen. **he is only ~ing** er tut nur so (als ob); **let's stop ~ing** hören wir auf, uns (*dat*) etwas vorzumachen.

2. (*lay claim*) **to ~ to sth** auf etw (*acc*) Anspruch erheben.

III *adj* (*inf: child language*) *jewellery, money, gun* Spiel-. **it's just ~** (*story etc*) das ist nur Spaß (*inf*).

pretender [prɪ'tendə[r]] *n* (*to throne*) Prätendent(in *f*) *m* (*to* auf +*acc*).

pretense *n* (*US*) *see* **pretence**.

pretension [prɪ'tenʃən] *n* **1.** (*claim*) Anspruch *m*; (*social, cultural*) Ambition *f*. **he makes no ~(s) to originality** er beansprucht keineswegs, originell zu sein. **2.** (*ostentation*) Prahlerei, Protzerei (*pej inf*) *f*; (*affectation*) Anmaßung *f*.

pretentious [prɪ'tenʃəs] *adj* (*pretending to be important*) anmaßend; *speech, style, book* hochtrabend, hochgestochen; (*ostentatious*) angeberisch, protzig (*inf*), großkotzig (*inf*); *house, restaurant, décor* pompös, bombastisch.

pretentiously [prɪ'tenʃəslɪ] *adv see adj*.

pretentiousness [prɪ'tenʃəsnɪs] *n see adj* Anmaßung *f*; Hochgestochenheit *f*; Angeberei, Protzigkeit (*inf*), Großkotzigkeit (*inf*) *f*; Pomp, Bombast *m*.

preter- ['pri:tər-] *pref* über-.

preterite ['pretərɪt] **I** *adj verb* im Imperfekt; (*in English*) im Präteritum; *form* Imperfekt-; Präteritums-. **the ~ tense** das Präteritum, das Imperfekt. **II** *n* Imperfekt *nt*; Präteritum *nt*. **in the ~** im Imperfekt/Präteritum.

preternatural [,pri:tə'nætʃrəl] *adj* **1.** (*supernatural*) übernatürlich.
2. (*abnormal, exceptional*) außergewöhnlich.

pretext ['pri:tekst] *n* Vorwand *m*. **on** *or* **under the ~ of doing sth** unter dem Vorwand, etw zu tun.

prettify ['prɪtɪfaɪ] *vt* verschönern.

prettily ['prɪtɪlɪ] *adv* nett; *dress also* hübsch.

prettiness ['prɪtɪnɪs] *n* (*pretty appearance*) hübsches Aussehen; (*of manners, compliment*) Artigkeit *f*. **the ~ of her hair/face** ihr hübsches Haar/Gesicht.

pretty ['prɪtɪ] **I** *adj* (*+er*) **1.** hübsch, nett; *manners, compliment, speech* artig. **I'm/she's not just a ~ face!** (*inf*) ich bin gar nicht so dumm (wie ich aussehe) (*inf*)/sie hat auch Köpfchen; **it wasn't ~/a ~ sight** das war alles andere als schön/das war kein schöner Anblick; **~-pretty** (*inf*) niedlich.
2. (*inf*) hübsch, schön (*inf*); *price, sum also* stolz. **it'll cost a ~ penny** das wird eine schöne Stange Geld kosten (*inf*); **a ~ state of affairs/kettle of fish** eine schöne Geschichte/ein schöner Schlamassel; **a ~ mess we're in!** da sitzen wir ganz schön in der Tinte! (*inf*).
II *adv* (*rather*) ziemlich; *good also* ganz; (*very also*) ganz schön (*inf*), ganz hübsch (*inf*). **~ nearly** *or* **well finished** so gut wie *or* so ziemlich fertig (*inf*); **how's your job/the patient? — ~ much the same** was macht die Arbeit/der Patient? — so ziemlich wie immer/immer noch so ziemlich gleich.
III *n* **my ~** mein Sternchen.
IV *vt* (*inf*) **to ~ up** schönmachen, verschönern.

pretzel ['pretsl] *n* Brezel *f*.

prevail [prɪ'veɪl] *vi* **1.** (*gain mastery*) sich durchsetzen (*over, against* gegenüber). **2.** (*conditions, wind*) vorherrschen; (*be widespread: customs*) weit verbreitet sein. **3.** (*persuade*) **to ~ (up)on sb to do sth** jdn dazu bewegen *or* bringen, etw zu tun.

prevailing [prɪ'veɪlɪŋ] *adj* **1.** (*current*) *fashion, conditions* derzeitig, derzeit herrschend, aktuell; *opinion* aktuell; (vor)herrschend. **2.** *wind* vorherrschend.

prevalence ['prevələns] *n* (*widespread occurrence*) Vorherrschen *nt*, weite Verbreitung; (*of crime, disease*) Häufigkeit *f*; (*of fashion, style*) Beliebtheit *f*.

prevalent ['prevələnt] *adj* (*widespread*) vorherrschend, weit verbreitet; *opinion, attitude* geläufig, weit verbreitet; *custom, disease* weit verbreitet; *conditions, situation* herrschend; *fashions, style* beliebt.

prevaricate [prɪ'værɪkeɪt] *vi* Ausflüchte machen.

prevarication [prɪ,værɪ'keɪʃən] *n* Ausflucht *f*; (*prevaricating*) Ausflüchte, Ausweichmanöver *pl*.

prevaricator [prɪ'værɪkeɪtər] *n* Ausweichtaktiker(in *f*) *m*.

prevent [prɪ'vent] *vt sth* verhindern, verhüten; (*through preventive measures*) vorbeugen (*+dat*). **to ~ sb (from) doing sth** jdn daran hindern *or* davon abhalten, etw zu tun; **to ~ sb from coming** jdn am Kommen hindern; **to ~ sth (from) happening** verhindern, daß etw geschieht.

preventable [prɪ'ventəbl] *adj* vermeidbar, verhütbar.

prevention [prɪ'venʃən] *n* Verhinderung, Verhütung *f*; (*through preventive measures*) Vorbeugung *f* (*of* gegen). **~ is better than cure** vorbeugen ist besser als heilen; **society for the ~ of cruelty to animals/children** Tierschutzverein *m*/Kinderschutzbund *m*; **fire ~** Feuerschutz *m*.

preventive [prɪ'ventɪv] **I** *adj* vorbeugend, präventiv, Präventiv-, prophylaktisch. **to be ~** zur Vorbeugung dienen; **~ medicine** vorbeugende Medizin, Präventivmedizin *f*; **~ detention** (*Brit Jur*) Vorbeugehaft *f*; (*of habitual criminal*) Sicherungsverwahrung *f*; **~ war** Präventivkrieg *m*.
II *n* (*~ measure*) Präventivmaßnahme *f*; (*Med*) vorbeugendes Mittel, Präventiv *nt*. **as a ~** als Vorbeugung.

preview ['pri:vju:] **I** *n* **1.** (*of play, film*) Vorpremiere *f*; (*of exhibition*) Vorbesichtigung *f*. **to give sb a ~ of sth** (*fig*) jdm eine Vorschau auf etw (*acc*) geben.
2. (*Film: trailer, TV*) Vorschau *f* (*of* auf *+acc*).
II *vt* (*view beforehand*) vorher ansehen; (*show beforehand*) *film* vorher aufführen; *paintings, fashions* vorher zeigen.

previous ['pri:vɪəs] *adj* **1.** (*immediately preceding*) vorherig; *page, day* vorhergehend; *year* vorangegangen; (*with indef art*) früher. **the ~ page/day/year** die Seite/der Tag/das Jahr davor; **the/a ~ holder of the title** der vorherige/ein früherer Titelträger; **in ~ years** in früheren Jahren, früher; **have you made any ~ applications?** haben Sie sich davor *or* früher schon einmal beworben?; **on a ~ occasion** zuvor, bei einer früheren Gelegenheit; **I have a ~ engagement** ich habe schon einen Termin; **no ~ experience necessary** Vorkenntnisse (sind) nicht erforderlich; ~ **conviction** (*Jur*) Vorstrafe *f*; **to have a ~ conviction** vorbestraft sein; ~ **owner** Vorbesitzer(in *f*) *m*.

2. (*hasty*) voreilig.

3. ~ **to** vor (+*dat*); ~ **to going out** bevor ich/er *etc* ausging.

previously ['priːvɪəslɪ] *adv* vorher, früher. **he'd arrived three hours** ~ er war drei Stunden zuvor angekommen.

pre-war ['priː'wɔːʳ] *adj* Vorkriegs-.

prewash ['priːwɒʃ] *n* (*on washing machine*) Vorwaschgang *m*.

prey [preɪ] **I** *n* (*lit, fig*) Beute *f*; (*animal also*) Beutetier *nt*. **beast/bird of** ~ Raubtier *nt*/Raubvogel *m*; **to be/fall** ~ **to sb/sth** (*lit*) eine Beute von jdm/etw werden; (*fig*) ein Opfer von jdm/etw werden; **she was a** ~ **to anxiety/depression/suspicion** sie verfiel in Angst/Depressionen/Argwohn.

II *vi* **to** ~ **(up)on** (*animals*) Beute machen auf (+*acc*); (*pirates, thieves*) (aus)plündern; (*swindler*) als Opfer aussuchen; (*doubts*) nagen an (+*dat*); (*anxiety*) quälen. **it ~ed (up)on his mind** es ließ ihn nicht los, der Gedanke daran quälte ihn.

prezzie ['prezɪ] *n* (*inf: present*) Geschenk *nt*.

price [praɪs] **I** *n* **1.** Preis *m*. **the** ~ **of coffee/cars** die Kaffee-/Autopreise *pl*; **~s and incomes policy** Lohn-Preis-Politik *f*; **to go up** *or* **rise/to go down** *or* **fall in** ~ teurer/billiger werden, im Preis steigen/fallen; **what is the** ~ **of that?** was kostet das?; **at a** ~ **of ...** zum Preis(e) von ...; **at a** ~ zum entsprechenden Preis, wenn man genug dafür hinlegt (*inf*); **at a reduced** ~ verbilligt, zu herabgesetztem *or* reduziertem Preis (*form*); **if the** ~ **is right** wenn der Preis stimmt.

2. (*fig*) Preis *m*. **everybody has his** ~ jeder hat seinen Preis; **the** ~ **of victory/freedom/fame** der Preis für den Sieg/die Freiheit/den Ruhm; **but at what a** ~! aber zu welchem Preis!; **at any price** um jeden Preis; **not at any** ~ um keinen Preis; **it's too big a** ~ **to pay** das ist ein zu hoher Preis; **but what** ~ **honour?** wie kann man Ehre bezahlen?

3. (*value, valuation*) **a diamond of great** ~ ein sehr wertvoller Diamant; **to put a** ~ **on sth** einen Preis für etw nennen; **but what** ~ **do you put on freedom?** aber wie ließe sich die Freiheit mit Gold aufwiegen?; **to be beyond/without** ~ nicht mit Geld zu bezahlen *or* mit Gold aufzuwiegen sein.

4. (*reward*) Preis *m*. **to put a** ~ **on sb's head** eine Belohnung auf jds Kopf (*acc*) aussetzen; **to have a** ~ **on one's head** steckbrieflich gesucht werden.

5. (*Betting: odds*) Quote *f*. **what** ~ **are they giving on that horse?** wie stehen die Wetten für das Pferd?; **what** ~ **our being able to ...?** (*inf*) wetten, daß wir ... können?; **what** ~ **freedom/workers' solidarity now?** (*inf*) wie steht es jetzt mit der Freiheit/der Solidarität der Arbeiter?

II *vt* (*fix* ~ *of*) den Preis festsetzen von; (*put* ~ *label on*) auszeichnen (*at* mit); (*ask* ~ *of*) nach dem Preis fragen von; (*fig: estimate value of*) schätzen. **reasonably ~d** angemessen im Preis; **~d too high/low** zu teuer/billig; **to** ~ **one's goods/oneself/sb out of the market** seine Waren/sich selbst durch zu hohe Preise konkurrenzunfähig machen/jdn durch niedrigere Preise vom Markt verdrängen.

◆**price down** *vt sep* heruntersetzen, herabsetzen.

◆**price up** *vt sep* heraufsetzen, teurer machen.

price bracket *n see* **price range**; **price control** *n* Preiskontrolle *f*; **price cut** *n* Preissenkung *f*; **price fixing** *n* Preisfestlegung *f*; **price freeze** *n* Preisstopp *m*; **price index** *n* Preisindex *m*.

priceless ['praɪslɪs] *adj* unschätzbar, von unschätzbarem Wert; (*inf: amusing*) *joke, film* köstlich; *person* unbezahlbar.

price limit *n* Preisgrenze *f*; **price list** *n* Preisliste *f*; **price range** *n* Preisklasse *f*; **price rigging** *n* Preisabsprachen *pl*; **price ring** *n* Preiskartell *nt*; **price rise** *n* Preiserhöhung *f*; **price support** *n* (*US*) Subvention, Preisstützung *f*; **price tag, price ticket** *n* Preisschild *nt*; **price war** *n* Preiskrieg *m*.

pricey ['praɪsɪ] *adj* (*Brit inf*) kostspielig. **that's a bit** ~! das ist ein bißchen happig (*inf*).

pricing policy ['praɪsɪŋˌpɒlɪsɪ] *n* Preispolitik *f*.

prick [prɪk] **I** *n* **1.** (*puncture, pricking sensation*) Stich *m*. **to give sb/oneself a** ~ jdn/sich stechen; **~s of conscience** Gewissensbisse *pl*; *see* **kick against**. **2.** (*vulg: penis*) Schwanz *m* (*vulg*). **3.** (*vulg: person*) Arsch(loch *nt*) *m* (*vulg*).

II *vt* **1.** (*puncture*) *oneself, sb* stechen; *balloon* durchstechen; *blister* aufstechen; *outline* (durch Löcher) markieren. **to** ~ **one's finger (with/on sth)** sich (*dat*) (mit etw) in den Finger stechen/sich (*dat*) (an etw *dat*) den Finger stechen; **his conscience ~ed him** er bekam *or* hatte Gewissensbisse; **it/she ~ed his conscience** es/sie bereitete ihm Gewissensbisse.

2. *see* ~ **up II**.

III *vi* (*thorn, injection*) stechen; (*eyes*) brennen. **the smoke makes my eyes** ~ der Rauch brennt mir in den Augen.

◆**prick out** *vt sep* **1.** *seedlings* pflanzen, setzen, pikieren (*spec*). **2.** (*mark*) *pattern, shape, design* punktieren; (*with marking wheel*) ausrädeln.

◆**prick up I** *vi* **her/its ears ~ed** ~ sie/es spitzte die Ohren. **II** *vt sep* **to** ~ ~ **its/one's ears** (*lit, fig*) die Ohren spitzen.

pricking ['prɪkɪŋ] *n* (*sensation*) Stechen *nt*.

prickle ['prɪkl] **I** *n* **1.** (*sharp point*) Stachel *m*; (*on plants also*) Dorn *m*. **2.** (*sensation*) Stechen *nt*; (*caused by wool, beard etc*) Kratzen *nt*; (*tingle, fig*) Prickeln *nt*.

II *vi* stechen; (*wool, beard*) kratzen; (*tingle, fig*) prickeln.

prickly ['prɪklɪ] *adj* (+*er*) **1.** *plant, fish, animal* stach(e)lig; *beard, material* kratzig; *sensation* stechend; (*tingling*) prikkelnd (*also fig*). **2.** (*fig*) *person* bissig; *girl also* kratzbürstig (*inf*). **as ~ as a hedgehog** stachelig wie ein Igel.

prickly heat *n* Hitzepocken *pl*; **prickly pear** *n* (*plant*) Feigenkaktus *m*; (*fruit*) Kaktusfeige *f*.

prick-teaser ['prɪk,tiːzəʳ] *n* (*sl*) **she's just a ~** sie geilt die Männer nur auf (*sl*).

pride [praɪd] **I** *n* **1.** Stolz *m*; (*arrogance*) Hochmut *m*. **to have too much ~ to do sth** zu stolz sein, um etw zu tun; **to take (a) ~ in sth/in one's appearance** auf etw (*acc*) stolz sein/Wert auf sein Äußeres legen; **to be a (great) source of ~ to sb** jdn mit (großem) Stolz erfüllen; **her ~ and joy** ihr ganzer Stolz; **to have** *or* **take ~ of place** den Ehrenplatz einnehmen; **~ comes before a fall** (*Prov*) Hochmut kommt vor dem Fall (*Prov*).

2. (*of lions*) Rudel *nt*.

II *vr* **to ~ oneself on sth** sich einer Sache (*gen*) rühmen können; **I ~ myself on being something of an expert in this field** ich darf wohl behaupten, mich auf diesem Gebiet auszukennen.

prie-dieu ['priːdjɜː] *n* Betpult *nt*.

priest [priːst] *n* Priester, Geistliche(r) *m*.

priestess ['priːstɪs] *n* Priesterin *f*.

priesthood *n* Priestertum *nt*; (*priests collectively*) Priesterschaft *f*; **to enter the ~** Priester werden.

priestly ['priːstlɪ] *adj* priesterlich; *robes, office also* Priester-.

priest-ridden ['priːst,rɪdn] *adj* klerikalistisch.

prig [prɪg] *n* (*goody-goody*) Tugendlamm *nt* (*inf*); (*boy also*) Musterknabe *m*; (*snob*) Schnösel *m* (*inf*). **don't be such a ~** tu doch nicht so.

priggish ['prɪgɪʃ] *adj* tugendhaft; (*snobbish*) hochnäsig.

prim [prɪm] *adj* (*+er*) (*also* **~ and proper**) etepetete *pred* (*inf*); (*demure*) *person, dress* sittsam, züchtig; (*prudish*) prüde.

prima ballerina ['priːmə,bælə'riːnə] *n* Primaballerina *f*.

primacy ['praɪməsɪ] *n* **1.** (*supremacy*) Vorrang *m*; (*position*) Vorrangstellung *f*. **2.** (*Eccl*) Primat *nt or m*.

prima donna ['priːmə'dɒnə] *n* (*lit, fig*) Primadonna *f*.

primaeval *adj see* **primeval**.

prima facie ['praɪmə'feɪʃɪ] **I** *adv* allem Anschein nach. **II** *adj* **~ evidence** glaubhafter Beweis; **a ~ case of ...** auf den ersten Blick ein Fall von ...

primal ['praɪməl] *adj* ursprünglich, Ur-. **~ scream** Urschrei *m*.

primarily ['praɪmərɪlɪ] *adv* hauptsächlich, in erster Linie.

primary ['praɪmərɪ] **I** *adj* (*chief, main*) Haupt-, wesentlich, primär (*form*). **of ~ importance** von größter Bedeutung, von äußerster Wichtigkeit; **the ~ meaning of a word** die Grundbedeutung eines Wortes.

II *n* **1.** (*colour*) Grundfarbe *f*.

2. (*US: election*) (innerparteiliche) Vorwahl.

primary cell *n* Primärzelle *f*; **primary colour** *n* Grundfarbe *f*; **primary education** *n* Grundschul(aus)bildung *f*; **primary election** *n* (*US*) (innerparteiliche) Vorwahl; **primary energy** *n* Primärenergie *f*; **primary industry** *n* Grund(stoff)industrie *f*; (*agriculture*) Urindustrie *f*, primäre Industrie (*form*); (*main industry*) Hauptindustrie *f*; **primary rocks** *npl* Primärgestein *nt*; **primary school** *n* Grundschule *f*; **primary stress** *n* Hauptton *m*; **primary teacher** *n* Grundschullehrer(in *f*) *m*; **primary winding** *n* Primärwindung *f*.

primate ['praɪmɪt] *n* **1.** (*Zool*) Primat *m*.

2. (*Eccl*) Primas *m*. **P~ of England/all England** Erzbischof von York/Canterbury.

prime [praɪm] **I** *adj* **1.** (*major, chief*) Haupt-, wesentlich. **of ~ importance** von größter Bedeutung, von äußerster Wichtigkeit; **my ~ concern** mein Hauptanliegen *nt*.

2. (*excellent*) erstklassig, beste(r, s); *example* erstklassig. **in ~ condition** (*meat, fruit*) von hervorragender Qualität; (*athlete, car*) in erstklassiger *or* hervorragender Verfassung; **~ cut** Stück *nt* bester Qualität.

3. (*Math*) *number, factor* Prim-.

II *n* **1.** (*full vigour*) **in the ~ of life/youth** in der Blüte seiner Jahre/der Jugend; **he is in/past his ~** er ist im besten Alter *or* in den besten Jahren/er ist über sein bestes Alter *or* seine besten Jahre hinaus; (*singer, artist*) er ist an seinem Höhepunkt angelangt/er hat seine beste Zeit hinter sich; **this chair is past its ~** der Stuhl hat auch schon bessere Zeiten gesehen.

2. (*Math*) Primzahl *f*.

3. (*Eccl: also* **P~**) Prim *f*.

III *vt* **1.** *gun* schußfertig machen; *bomb* scharf machen; *pump* vorpumpen; *carburettor* Anlaßkraftstoff einspritzen in (*+acc*).

2. *surface for painting* grundieren.

3. (*with advice, information*) instruieren. **to be well ~d for the interview/game** für das Interview/Spiel gut gerüstet sein.

4. *person* (*with drink*) alkoholisieren, unter Alkohol setzen. **well ~d** (*with drink*) gut gestärkt (*inf*).

prime costs *npl* (*Comm*) Selbstkosten, Gestehungskosten *pl*; **prime meridian** *n* Nullmeridian *m*; **prime minister** *n* Ministerpräsident(in *f*), Premierminister(in *f*) *m*; **prime ministerial** *adj* des Premierministers, der Premierministerin; **prime ministership** *n* Amt *nt* des Premierministers/der Premierministerin; **during her ~** während ihrer Amtszeit als Premierministerin; **prime mover** *n* (*Phys, Tech*) Zugmaschine *f*; (*Philos*) bewegende Kraft, Triebfeder *f*; (*fig: person*) treibende Kraft; **prime number** *n* Primzahl *f*.

primer ['praɪməʳ] *n* **1.** (*paint*) Grundierfarbe, Grundierung *f*; (*coat*) Grundierung *f*, Grundieranstrich *m*. **2.** (*book*) Fibel *f*. **3.** (*explosive*) Zündhütchen *nt*, Treibladungszünder *m*.

prime ribs *npl* Hochrippen *pl*; **prime time** *n* Hauptsendezeit *f*.

primeval [praɪ'miːvəl] *adj* urzeitlich;

forest Ur-.

primitive ['prɪmɪtɪv] **I** *adj* primitiv; (*Art*) naiv. **II** *n* (*Art*) (*artist*) Naive(r) *mf*; (*work*) naives Werk.

primitivism ['prɪmɪtɪvɪzəm] *n* (*Art*) naive Kunst.

primly ['prɪmlɪ] *adv* (*demurely*) sittsam, züchtig; überkorrekt; (*prudishly*) prüde.

primness ['prɪmnɪs] *n* übertrieben sittsame Art (*inf*); (*demureness*) Sittsamkeit, Züchtigkeit *f*; (*prudishness*) Prüderie *f*.

primogenitor [ˌpraɪməʊ'dʒenɪtəʳ] *n* (*ancestor*) Ahn(e), Vorfahr *m*; (*first ancestor*) Urahn(e), Stammvater *m*.

primogeniture [ˌpraɪməʊ'dʒenɪtʃəʳ] *n* Erstgeburt *f*.

primordial [praɪ'mɔːdɪəl] *adj* primordial (*spec*), ursprünglich; *matter* Ur-.

primp [prɪmp] **I** *vt* zurechtmachen; *hair also* richten. **to ~ oneself (up)** sich feinmachen *or* schniegeln. **II** *vi* sich zurechtmachen.

primrose ['prɪmrəʊz] **I** *n* (*Bot*) Erd-Schlüsselblume *f*; (*colour*) Blaßgelb *nt*. **II** *adj* blaßgelb. **the ~ path** (*fig*) der Pfad des Vergnügens.

primula ['prɪmjʊlə] *n* Primel *f*.

primus (stove) ® ['praɪməs(ˌstəʊv)] *n* Primuskocher *m*.

prince [prɪns] *n* (*king's son*) Prinz *m*; (*ruler*) Fürst *m*. **P~ Charming** (*in fairy story*) der Königssohn; (*fig*) der Märchenprinz; **~ consort/regent** Prinzgemahl *m*/ -regent *m*; **the P~ of Darkness/Peace** der Fürst der Finsternis/der Friedensfürst.

princely ['prɪnslɪ] *adj* (*lit, fig*) fürstlich.

princess [prɪn'ses] *n* Prinzessin *f*; (*wife of ruler*) Fürstin *f*.

principal ['prɪnsɪpəl] **I** *adj* Haupt-, hauptsächlich. **the ~ cities of China** die wichtigsten Städte Chinas; **my ~ concern** mein Hauptanliegen *nt*; **~ teacher** Rektor(in *f*) *m*; **~ horn in the Philharmonic Orchestra** erster Hornist/erste Hornistin der Philharmoniker; **~ boy** (*Theat*) *jugendliche Hauptrolle in britischen Weihnachtsrevuen, die traditionsgemäß von einem Mädchen gespielt wird*; **~ parts** (*Gram: of verb*) Stammformen *pl*.

II *n* **1.** (*of school, college*) Rektor(in *f*) *m*; (*in play*) Hauptperson *f*. **2.** (*Fin*) (*of investment*) Kapital(summe *f*) *nt*; (*of debt*) Kreditsumme *f*. **3.** (*esp Jur: client*) Klient(in *f*), Mandant(in *f*) *m*.

principality [ˌprɪnsɪ'pælɪtɪ] *n* Fürstentum *nt*.

principally ['prɪnsɪpəlɪ] *adv* vornehmlich, in erster Linie.

principle ['prɪnsɪpl] *n* **1.** Prinzip *nt*. **to go back to first ~s** zu den Grundlagen zurückgehen.

2. (*moral precept*) Prinzip *nt*, Grundsatz *m*; (*no pl: integrity*) Prinzipien, Grundsätze *pl*. **in/on ~** im/aus Prinzip, prinzipiell; **a man of ~(s)** ein Mensch mit *or* von Prinzipien *or* Grundsätzen; **it's against my ~s** es geht gegen meine Prinzipien; **it's a matter of ~, it's the ~ of the thing** es geht dabei ums Prinzip.

3. (*basic element*) Element *nt*.

principled ['prɪnsɪpld] *adj person* mit Prinzipien *or* Grundsätzen, prinzipientreu. **high-~** mit hohen Prinzipien *or* Grundsätzen; **low-~** ohne Prinzipien *or* Grundsätze.

prink [prɪŋk] *vti see* **primp.**

print [prɪnt] **I** *n* **1.** (*typeface, characters*) Schrift *f*; (*~ed matter*) Gedruckte(s) *nt*. **out of/in ~** vergriffen/gedruckt; **to be in ~ again** wieder erhältlich sein; **to see sth in cold ~** etw schwarz auf weiß sehen; **he'll never get into ~** er wird nie etwas veröffentlichen; **don't let that get into ~** das darf nicht erscheinen; **in big ~** groß gedruckt; *see* **small ~.**

2. (*picture*) Druck *m*.

3. (*Phot*) Abzug *m*, Kopie *f*.

4. (*fabric*) bedruckter Stoff; (*cotton ~*) Kattun *m*; (*dress*) bedrucktes Kleid; (*of cotton*) Kattunkleid *nt*.

5. (*impression: of foot, hand*) Abdruck *m*. **to take sb's ~s** (*police*) von jdm Fingerabdrücke machen *or* nehmen.

II *vt* **1.** *book, design* drucken; (*Comput also*) ausdrucken; *fabric* bedrucken. **it is ~ed on his memory** das hat sich in sein Gedächtnis eingegraben.

2. (*publish*) *story* veröffentlichen.

3. (*write in block letters*) in Druckschrift schreiben.

4. (*Phot*) abziehen.

5. hoof marks ~ed in the sand Hufabdrücke *pl* im Sand.

III *vi* **1.** (*printer, printing machine*) drucken. **ready to ~** (*book*) druckfertig; (*machine*) druckbereit; **the book is ~ing now** das Buch ist gerade im Druck.

2. (*write in block letters*) in Druckschrift schreiben.

◆**print off** *vt sep* (*Typ*) drucken; (*Phot*) abziehen.

◆**print out** *vt sep* (*Comput*) ausdrucken. **~ ~ the results, please** würden Sie bitte die Ergebnisse ausdrucken lassen.

printable ['prɪntəbl] *adj* druckfähig; *photograph* abzugsfähig, reproduzierbar.

print drum *n* (*Comput*) Drucktrommel *f*.

printed ['prɪntɪd] *adj* Druck-, gedruckt; (*written in capitals*) in Großbuchstaben; *fabric* bedruckt. **~ matter/papers** Drucksache *f*; **~ circuit** gedruckte Schaltung; **~ circuit board** Leiterplatte *f*.

printer ['prɪntəʳ] *n* (*person*) Drucker(in *f*) *m*; (*Comput*) Drucker *m*. **the text has gone to the ~** der Text ist in Druck gegangen; **~'s devil** Setzerjunge *m*; **~'s error** Druckfehler *m*; **~'s ink** Druckerschwärze *f*.

printer *in cpds see* **print; printer driver** *n* (*Comput*) Druckertreiber *m*.

printery ['prɪntərɪ] *n* (*US*) Druckerei *f*.

print head *n* (*Comput*) Druckkopf *m*.

printing ['prɪntɪŋ] *n* **a** (*process*) Drucken *nt*. **2.** (*unjoined writing*) Druckschrift *f*; (*characters, print*) Schrift *f*. **3.** (*quantity printed*) Auflage *f*.

printing-ink *n* Druckerschwärze *f*; **printing press** *n* Druckerpresse *f*; **printing works** *n sing or pl* Druckerei *f*.

print list *n* (*Comput*) Druckliste *f*; **printmaker** *n* (*artist*) Grafiker(in *f*) *m*;

(*manufacturer*) Druckhersteller(in *f*) *m*; **print menu** *n* (*Comput*) Druckmenü *nt*; **print-out** *n* (*Comput*) Ausdruck *m*; **print queue** *n* (*Comput*) Druckerwarteschlange *f*; **print run** *n* Auflage *f*; **print-shop** *n* Grafikhandlung *f*; (*in printing works*) Druckmaschinensaal *m*; **print speed** *n* (*Comput*) Druckgeschwindigkeit *f*; **print-through paper** *n* (*Comput*) Durchschlagpapier *nt*; **print wheel** *n* (*Comput*) Typenrad *nt*.

prior[1] ['praɪəʳ] *adj* **1.** *knowledge, warning, agreement* vorherig; (*earlier*) früher. ~ **claim** Vorrecht *nt* (*to* auf +*acc*).
2. ~ **to sth** vor etw (*dat*); ~ **to going out** bevor ich/er *etc* ausging.

prior[2] *n* (*Eccl*) Prior *m*.

prioress ['praɪərɪs] *n* Priorin *f*.

prioritization [praɪˌɒrɪtaɪ'zeɪʃən] *n* Ordnung *f* nach Priorität.

prioritize [praɪ'ɒrɪtaɪz] *vt* (*arrange in order of priority*) der Priorität nach ordnen; (*make a priority*) Priorität einräumen (+*dat*).

priority [praɪ'ɒrɪtɪ] *n* Vorrang *m*, Priorität *f*; (*thing having precedence*) vorrangige Sache *or* Angelegenheit. **a top** ~ eine Sache *or* Angelegenheit (von) äußerster Dringlichkeit *or* höchster Priorität; **what is your top ~?** was steht bei Ihnen an erster Stelle?; **it must be given top** ~ das muß vorrangig behandelt werden; **to have** ~ Vorrang *or* Priorität haben; **to give** ~ **to sth** etw vorrangig behandeln, einer Sache (*dat*) Priorität geben; **we must get our priorities right** wir müssen unsere Prioritäten richtig setzen; **you've got your priorities all wrong** du weißt ja nicht, was wirklich wichtig ist; **high/low on the list of priorities** *or* **the** ~ **list** oben/unten auf der Prioritätenliste.

priority share *n* (*Fin*) Vorzugsaktie *f*; **priority treatment** *n* Vorzugsbehandlung *f*; **to get** ~ bevorzugt behandelt werden.

priory ['praɪərɪ] *n* Priorat *nt*; (*in church names*) ≃ Münster *nt*.

prise, (*US*) **prize** [praɪz] *vt* **to** ~ **sth open** etw aufbrechen; **to** ~ **the lid up/off** den Deckel auf-/abbekommen; **to** ~ **sth out (of sth)** etw aus etw herausbekommen; **to** ~ **a secret out of sb** jdm ein Geheimnis entlocken.

prism ['prɪzəm] *n* Prisma *nt*.

prismatic [prɪz'mætɪk] *adj* prismatisch; *colour* Spektral-; (*multi-coloured*) in den Farben des Spektrums.

prison ['prɪzn] **I** *n* (*lit, fig*) Gefängnis *nt*. **to be in** ~ im Gefängnis sein *or* sitzen; **to go to** ~ **for 5 years** für *or* auf 5 Jahre ins Gefängnis gehen *or* wandern (*inf*); **to send sb to** ~ jdn ins Gefängnis schicken, jdn zu einer Freiheitsstrafe verurteilen.
II *attr* Gefängnis-; *system, facilities* Strafvollzugs-. ~ **camp** Gefangenenlager *nt*; ~ **life** das Leben im Gefängnis; ~ **visitor** Gefangenenbetreuer(in *f*) *m*.

prisoner ['prɪznəʳ] *n* Gefangene(r) *mf* (*also Mil, fig*); (*Jur*) (*under arrest*) Festgenommene(r) *mf*; (*facing charge, at the bar*) Angeklagte(r) *mf*; (*convicted also*) Häftling, Sträfling *m*. **to hold** *or* **keep sb** ~ jdn gefangenhalten; **to take sb** ~ jdn gefangennehmen; ~ **of war** Kriegsgefangene(r) *m*.

prissy ['prɪsɪ] *adj* (*pej*) zimperlich; *dress, hairstyle* brav.

pristine ['prɪstaɪn] *adj* (*in unspoilt state*) *beauty* unberührt, ursprünglich; *condition* tadellos, makellos; (*original*) urtümlich, ursprünglich.

privacy ['prɪvəsɪ, 'praɪvəsɪ] *n* Privatleben *nt*. **there is no** ~ **in these flats** in diesen Mietwohnungen kann man kein Privatleben führen; **in the** ~ **of one's home** im eigenen Heim; **in an open-plan office one has no** ~ in einem Großraumbüro hat man keinen privaten Bereich; **in the strictest** ~ (*meeting, preparations*) unter äußerster Geheimhaltung.

private ['praɪvɪt] **I** *adj* **1.** privat; (*personal also*) *letter, reasons* persönlich; (*confidential also*) *matter, affair* Privat-, vertraulich; (*secluded*) *place* abgelegen; *dining room* separat; (*not public*) *funeral, wedding* im engsten Kreis; *hearing, sitting* nichtöffentlich *attr*. ~ **and confidential** streng vertraulich; ~ **property** Privateigentum *nt*; **he acted in a** ~ **capacity** er handelte als Privatperson; **they wanted to be** ~ sie wollten allein *or* für sich sein; **to keep sth** ~ etw für sich behalten; **his** ~ **life** sein Privatleben *nt*; **in his** ~ **thoughts** in seinen ganz persönlichen Gedanken.
2. ~ **car** Privatwagen *m*; ~ **citizen** Privatperson *f*; ~ **company** Privatgesellschaft *f*; ~ **detective** Privatdetektiv(in *f*) *m*; ~ **education** Ausbildung *f* in Privatschulen; ~ **enterprise** Privatunternehmen *nt*; (*free enterprise*) freies Unternehmertum; ~ **eye** (*inf*) Privatdetektiv(in *f*), Schnüffler (*pej inf*) *m*; ~ **law** Privatrecht *nt*; ~ **limited company** Aktiengesellschaft *f* (*die nicht an der Börse notiert ist*); ~ **means** Privatvermögen *nt*; ~ **member** Abgeordnete(r) *mf*; ~ **member's bill** Gesetzesinitiative *f* eines/einer Abgeordneten; ~ **parts** (*genitals*) Geschlechtsteile *pl*; ~ **(medical) practice** (*Brit*) Privatpraxis *f*; **he is in** ~ **practice** er hat Privatpatienten; ~ **pupil** Privatschüler(in *f*) *m*; ~ **secretary** Privatsekretär(in *f*) *m*; ~ **school** Privatschule *f*; ~ **sector** privater Sektor; **~-sector company** Unternehmen *nt* des privaten Sektors, privatwirtschaftliches Unternehmen; ~ **soldier** (*Mil*) gemeiner *or* einfacher Soldat; ~ **tuition** Privatunterricht *m*; ~ **tutor** Privatlehrer(in *f*) *m*; ~ **view** Vorabbesichtigung *f*; ~ **ward** Privatabteilung *or* -station *f*.
II *n* **1.** (*Mil*) Gefreite(r) *mf*. **P~ X** der Gefreite X; (*in address*) Gefreiter X; ~ **first class** (*US*) Obergefreite(r) *mf*.
2. **~s** *pl* (*genitals*) Geschlechtsteile, Weichteile (*inf*) *pl*.
3. **in** ~ privat; (*Jur*) unter Ausschluß der Öffentlichkeit; **we must talk in** ~ wir müssen das unter uns besprechen.

privateer [ˌpraɪvə'tɪəʳ] *n* (*ship*) Freibeuter *m*, Kaperschiff *nt*; (*crew member*) Freibeuter, Kaperer *m*.

privately ['praɪvɪtlɪ] *adv* **1.** (*not publicly*)

privat. **the meeting was held ~** das Treffen wurde in kleinem Kreis *or* Rahmen abgehalten; **a ~ owned company** eine Gesellschaft in Privatbesitz.

2. (*secretly, personally, unofficially*) persönlich. **I have been told ~ that ...** mir wurde vertraulich mitgeteilt, daß ...; **so he spoke ~ to me** deshalb sprach er mit mir unter vier Augen; **~ I think that ...** ich persönlich glaube, daß ...

privation [praɪˈveɪʃən] *n* **1.** (*state*) Armut, Not *f*. **a life of ~** ein Leben in Armut *or* Not. **2.** (*hardship*) Entbehrung, Einschränkung *f*.

privatization [ˌpraɪvətaɪˈzeɪʃən] *n* Privatisierung *f*.

privatize [ˈpraɪvətaɪz] *vt* privatisieren.

privet [ˈprɪvɪt] *n* (*Bot*) (gemeiner) Liguster. **~ hedge** Ligusterhecke *f*.

privilege [ˈprɪvɪlɪdʒ] **I** *n* (*prerogative*) Privileg, Sonderrecht *nt*; (*honour*) Ehre *f*; (*Parl*) Immunität *f*. **it's a lady's ~** es ist das Vorrecht einer Dame.

II *vt* privilegieren, bevorrechtigen. **I was ~d to meet him** ich hatte das Privileg *or* die Ehre, ihm vorgestellt zu werden.

privileged [ˈprɪvɪlɪdʒd] *adj person, classes* privilegiert; (*Parl*) *speech* der Immunität unterliegend *attr*; *claim, debt* bevorrechtigt. **~ communication** (*Jur*) vertrauliche Mitteilung; **~ stock** Vorzugsaktie *f*.

privy [ˈprɪvɪ] **I** *adj* **1. to be ~ to sth** in etw (*acc*) eingeweiht sein. **2. P~** geheim; **P~ Council, P~ Councillor** Geheimer Rat; **P~ Purse** Privatschatulle *f*.

II *n* Abort, Abtritt *m*.

prize¹ [praɪz] **I** *n* **1.** Preis *m*; (*in lottery also*) Gewinn *m*. **there are no ~s for guessing** (*inf*) dreimal darfst du raten.

2. (*Naut: captured ship*) Prise *f* (*old*).

II *adj* **1.** (*awarded a ~*) *entry, essay, sheep* preisgekrönt. **~ idiot** (*inf*) Vollidiot *m* (*inf*). **2.** (*awarded as a ~*) *trophy* Sieges-. **~ cup** (Sieger)pokal *m*. **3.** (*offering a ~*) *competition* Preis-. **~ draw** Lotterie, Tombola *f*.

III *vt* (hoch)schätzen. **to ~ sth highly** etw sehr *or* hoch schätzen; **to ~ sth above sth** etw über *or* vor etw (*acc*) stellen; **~d possession** wertvollster Besitz, wertvollstes Stück; (*of museum*) Glanzstück, Paradestück *nt*.

prize² *vt* (*US*) *see* **prise.**

prize day *n* (*Sch*) (Tag *m* der) Preisverleihung *f*; **prizefight** *n* Profi- *or* Berufsboxkampf *m*; **prizefighter** *n* Profi- *or* Berufsboxer *m*; **prize-giving** *n* (*Sch*) Preisverleihung *or* -verteilung *f*; **prize-list** *n* (*in lottery, competition*) Gewinnerliste *f*; **prize money** *n* **1.** (*cash prize*) Geld- *or* Barpreis *m*; (*Boxing*) (Sieges)prämie *f*; (*in competition*) Gewinn *m*; **2.** (*old Naut*) Prisengeld *nt*; **prize ring** *n* (*Boxing*) Ring *m*; **prizewinner** *n* (Preis)gewinner(in *f*) *m*; **prizewinning** *adj entry, novel* preisgekrönt; *ticket* Gewinn-.

PRO *abbr of* **public relations officer.**

pro¹ [prəʊ] *n* (*inf*) Profi *m*.

pro² *n* (*inf: prostitute*) Nutte *f* (*inf*).

pro³ **I** *prep* (*in favour of*) für.

II *n* **the ~s and cons** das Für und Wider, das Pro und Kontra.

pro- *pref* **1.** (*in favour of*) pro-. **~-Soviet** prosowjetisch. **2.** (*acting for*) Pro-.

pro-am [ˈprəʊˈæm] *adj* **~ golf** *Golf nt, bei dem Profis gegen (prominente) Amateure spielen.*

probability [ˌprɒbəˈbɪlɪtɪ] *n* Wahrscheinlichkeit *f*. **in all ~** aller Wahrscheinlichkeit nach, höchstwahrscheinlich; **what's the ~ of that happening?** wie groß ist die Wahrscheinlichkeit, daß das geschieht?

probable [ˈprɒbəbl] *adj* wahrscheinlich.

probably [ˈprɒbəblɪ] *adv see adj*. **more ~ than not** höchstwahrscheinlich.

probate [ˈprəʊbɪt] *n* (*examination*) gerichtliche Testamentsbestätigung; (*will*) beglaubigte Testamentsabschrift. **~ court** Nachlaßgericht *nt*; **to grant sb ~** jdm aufgrund der Testamentseröffnung einen Erbschein ausstellen.

probation [prəˈbeɪʃən] *n* **1.** (*Jur*) Bewährung *f*. **to put sb on ~ (for a year)** jdm (ein Jahr) Bewährung geben; **to be on ~** auf Bewährung sein, Bewährung haben; **~ officer** Bewährungshelfer(in *f*) *m*. **2.** (*of employee*) Probe *f*; (*~ period*) Probezeit *f*; (*Rel*) Noviziat *nt*.

probationary [prəˈbeɪʃnərɪ] *adj* **1.** Probe-. **~ period** Probezeit *f*.

2. (*Jur*) Bewährungs-.

probationer [prəˈbeɪʃnəʳ] *n* (*Jur*) auf Bewährung Freigelassene(r) *mf*; (*Med*) Lernschwester *f*; (*Rel*) Novize *m*, Novizin *f*.

probe [prəʊb] **I** *n* **1.** (*device*) Sonde *f*. **2.** (*investigation*) Untersuchung *f* (*into gen*).

II *vt* untersuchen, sondieren; *space, sb's past, subconscious, private life* erforschen; *mystery* ergründen, erforschen.

III *vi* suchen, forschen (*for* nach); (*Med*) untersuchen (*for* auf +*acc*); (*inquire*) forschen, bohren (*for* nach). **to ~ into a wound/sb's private life/sb's past** eine Wunde mit der Sonde untersuchen/in jds Privatleben (*dat*) herumschnüffeln/in jds Vergangenheit (*dat*) bohren.

probing [ˈprəʊbɪŋ] **I** *n* Untersuchung *f*; (*with device also*) Sondierung *f*, Sondieren *nt*. **all this ~ into people's private affairs** dieses Herumschnüffeln in den privaten Angelegenheiten der Leute.

II *adj question, study, fingers* prüfend.

probity [ˈprəʊbɪtɪ] *n* (*form*) Redlichkeit, Integrität (*geh*) *f*.

problem [ˈprɒbləm] *n* Problem *nt*; (*Math: as school exercise*) Aufgabe *f*; (*problematic area*) Problematik *f*. **what's the ~?** wo fehlt's?; **he's got a drinking ~** er trinkt (zuviel); **I had no ~ in getting the money** ich habe das Geld ohne Schwierigkeiten bekommen; **no ~!** (*inf*) kein Problem!; **the whole ~ of modernization** die ganze Modernisierungsproblematik.

problematic(al) [ˌprɒbləˈmætɪk(əl)] *adj* problematisch.

problem child *n* Problemkind *nt*; **problem-oriented** *adj* (*Comput*) problemorientiert; **problem page** *n* Problemseite *f*; **problem play** *n* Problemstück *nt*.

proboscis [prəʊ'bɒsɪs] *n* (*Zool, hum inf*) Rüssel *m*.

procedural [prə'siːdjʊrəl] *adj* verfahrenstechnisch; (*Jur*) verfahrensrechtlich.

procedure [prə'siːdʒəʳ] *n* Verfahren *nt*. **parliamentary/legal ~(s)** parlamentarisches/gerichtliches Verfahren; **what would be the correct ~ in such a case?** wie geht man in einem solchen Falle vor?, wie verfährt man in einem solchen Falle?; **business ~** geschäftliche Verfahrensweise; **questions of ~** verfahrenstechnische *or* (*Jur*) verfahrensrechtliche Fragen *pl*; **~-oriented** (*Comput*) prozedurorientiert.

proceed [prə'siːd] **I** *vi* **1.** (*form: go*) **vehicles must ~ with caution** vorsichtig fahren!; **I was ~ing along the High Street** ich ging die High Street entlang; **please ~ to gate 3** begeben Sie sich zum Flugsteig 3.

2. (*form: go on*) (*person*) weitergehen; (*vehicle, by vehicle*) weiterfahren.

3. (*carry on, continue*) fortfahren; **can we now ~ to the next item on the agenda?** können wir jetzt zum nächsten Punkt der Tagesordnung übergehen?; **they ~ed with their plan** sie führten ihren Plan weiter; (*start*) sie gingen nach ihrem Plan vor; **~ with your work** fahren Sie mit Ihrer Arbeit fort; **the text ~s as follows** der Text lautet dann wie folgt; **everything/the plan is ~ing satisfactorily** alles läuft bestens/alles verläuft nach Plan; **negotiations are ~ing well** die Verhandlungen kommen gut voran; **you may ~** (*speak*) Sie haben das Wort.

4. (*set about sth*) vorgehen. **how does one ~ in such cases?** wie verfährt man in solchen Fällen?, wie geht man in solchen Fällen vor?; **to ~ on the assumption that ...** von der Voraussetzung ausgehen, daß ...

5. (*originate*) **to ~ from** kommen von; (*fig*) herrühren von.

6. (*Jur*) **to ~ against sb** gegen jdn gerichtlich vorgehen; **to ~ with a case** einen Prozeß anstrengen.

II *vt* **now, he ~ed** nun, fuhr er fort; **to ~ to do sth** (dann) etw tun.

proceeding [prə'siːdɪŋ] *n* **1.** (*action, course of action*) Vorgehen *nt*. **there were some odd ~s** merkwürdige Dinge gingen vor.

2. ~s *pl* (*function*) Veranstaltung *f*.

3. ~s *pl* (*esp Jur*) Verfahren *nt*; **court ~s** Gerichtsverhandlung *f*; **to take/start ~s against sb** gegen jdn gerichtlich vorgehen; **to take legal/divorce ~s** ein Gerichtsverfahren *or* einen Prozeß anstrengen/die Scheidung einreichen.

4. ~s *pl* (*record*) (*written minutes*) Protokoll *nt*; (*published report*) Tätigkeitsbericht *m*.

proceeds ['prəʊsiːdz] *npl* (*yield*) Ertrag *m*; (*from sale, bazaar, raffle*) Erlös *m*; (*takings*) Einnahmen *pl*.

process¹ ['prəʊses] **I** *n* **1.** Prozeß *m*. **the ~es of the law** der Gesetzesweg; **the ~ of time will ...** die Zeit wird ...; **in the ~ of time** im Laufe der Zeit, mit der Zeit; **in the ~** dabei; **to be in the ~ of doing sth/being made** dabei sein, etw zu tun/gerade gemacht werden; **in ~ of construction** im Bau.

2. (*specific method, technique*) Verfahren *nt*; (*Ind also*) Prozeß *m*. **~ engineering** Prozeß- *or* Verfahrenstechnik *f*; **~ printing** (*Typ*) maschineller Mehrfarbendruck.

3. (*Jur*) Prozeß *m*, Verfahren *nt*. **to serve a ~ on sb** jdn vorladen; **~-server** Zustellungsbeamte(r) *m*/-beamtin *f*.

4. (*Biol*) vorstehender Teil. **a ~ of a bone/of the jaw** ein Knochen-/Kiefernvorsprung *m*.

II *vt* (*treat*) *raw materials, data, information, waste* verarbeiten; *food* konservieren; *milk* sterilisieren; *application, loan, wood* bearbeiten; *film* entwickeln; (*deal with*) *applicants, people* abfertigen. **~ed cheese,** (*US*) **~ cheese** Schmelzkäse *m*.

process² [prə'ses] *vi* (*Brit: go in procession*) ziehen, schreiten.

processing ['prəʊsesɪŋ] *n see vt* Verarbeitung *f*; Konservierung *f*; Sterilisierung *f*; Bearbeitung *f*; Entwicklung *f*; Abfertigung *f*.

processing language *n* (*Comput*) Prozeßsprache *f*; **processing plant** *n* Aufbereitungsanlage *f*; **processing speed** *n* (*Comput*) Verarbeitungsgeschwindigkeit *f*; **processing unit** *n* (*Comput*) Prozessor *m*.

procession [prə'seʃən] *n* (*organized*) Umzug *m*; (*solemn*) Prozession *f*; (*line of people, cars*) Reihe, Schlange *f*. **funeral/carnival ~** Trauer-/Karnevalszug *m*; **to go** *or* **walk in ~** einen Umzug/eine Prozession machen.

processional [prə'seʃənl] (*Eccl*) **I** *n* (*hymn*) Prozessionshymne *f*, Prozessionslied *nt*; (*book*) Prozessionsbuch *nt*. **II** *adj* Prozessions-; *pace also* gemessen.

processor ['prəʊsesəʳ] *n* (*Comput*) Prozessor *m*; (*food ~*) Küchenmaschine *f*.

proclaim [prə'kleɪm] **I** *vt* **1.** erklären; *revolution* ausrufen. **to ~ sb king** jdn zum König erklären *or* ausrufen *or* proklamieren. **2.** (*reveal*) verraten, beweisen.

II *vr* **to ~ oneself king** sich zum König erklären.

proclamation [ˌprɒklə'meɪʃən] *n* **1.** (*act*) (*of war*) Erklärung *f*; (*of laws, measures*) Verkündung *f*; (*of state of emergency*) Ausrufung *f*. **after his ~ as Emperor** nach seiner Proklamation zum Kaiser. **2.** (*that proclaimed*) Erklärung, Proklamation *f*.

proclivity [prə'klɪvɪtɪ] *n* Schwäche, Vorliebe *f* (*for* für).

proconsul [ˌprəʊ'kɒnsəl] *n* Prokonsul *m*.

procrastinate [prəʊ'kræstɪneɪt] *vi* zögern, zaudern. **he always ~s** er schiebt die Dinge immer vor sich (*dat*) her.

procrastination [prəʊˌkræstɪ'neɪʃən] *n* Zögern, Zaudern *nt*. **~ won't solve your problems** durch Aufschieben lösen sich Ihre Probleme nicht.

procrastinator [prəʊ'kræstɪneɪtəʳ] *n* Zögerer, Zauderer *m*.

procreate ['prəʊkrɪeɪt] **I** *vi* zeugen, sich fortpflanzen. **II** *vt* zeugen, hervorbringen.

procreation [ˌprəʊkrɪ'eɪʃən] *n* Zeugung, Fortpflanzung *f*; (*of species*) Fortpflanzung *f*.

proctor ['prɒktəʳ] *n* (*Univ*) *Aufsichtsbeamter/-beamtin in einer Universität*; (*Jur*) *In Scheidungsprozessen und Nachlaßdisputen tätig werdender Kronanwalt/werdende Kronanwältin*; (*US: supervisor*) (Prüfungs)aufsicht *f*.

procurable [prə'kjʊərəbl] *adj* erhältlich.

procurator ['prɒkjʊreɪtəʳ] *n* (*Hist*) Prokurator *m*; (*Jur: agent also*) Bevollmächtigte(r) *mf*. ~ **fiscal** (*Scot*) ≃ Staatsanwalt *m*/-anwältin *f*.

procure [prə'kjʊəʳ] **I** *vt* **1.** (*obtain*) beschaffen, sich (*dat*) ver- *or* beschaffen, besorgen; (*bring about*) bewirken, herbeiführen. **to ~ sth for sb/oneself** jdm/sich etw beschaffen *or* besorgen, etw für jdn/sich beschaffen *or* besorgen. **to ~ sb's release** jds Freilassung bewirken *or* erreichen.

2. (*for prostitution*) *woman* beschaffen (*for sb* jdm).

II *vi* Kuppelei betreiben.

procurement [prə'kjʊəmənt] *n* Beschaffung *f*; (*of release*) Bewirkung *f*; (*of prostitutes*) Verkupplung *f*.

procurer [prə'kjʊərəʳ] *n* (*pimp*) Zuhälter, Kuppler *m*.

procuress [prə'kjʊərɪs] *n* Kupplerin *f*.

procuring [prə'kjʊərɪŋ] *n* (*for prostitution*) Zuhälterei *f*.

prod [prɒd] **I** *n* **1.** Stoß, Knuff (*inf*), Puff (*inf*) *m*.

2. (*fig*) Ansporn, Anstoß, Schubs (*inf*) *m*. **to give sb a ~** jdn anstoßen.

II *vt* **1.** stoßen, knuffen (*inf*), puffen (*inf*). **he ~ded the donkey (on) with his stick** er trieb den Esel mit seinem Stock vorwärts; **he ~ded the hay with his stick** er stach mit seinem Stock ins Heu.

2. (*fig*) anspornen, anstacheln (*to do sth, into sth* zu etw).

III *vi* stoßen. **he ~ded at the picture with his finger** er stieß mit dem Finger auf das Bild; **he doesn't need any ~ding** man braucht ihn nicht anzuspornen.

prodigal ['prɒdɪgəl] **I** *adj* verschwenderisch. **to be ~ with** *or* **of sth** verschwenderisch mit etw umgehen; **the ~ son** (*Bibl, fig*) der verlorene Sohn.

II *n* Verschwender(in *f*) *m*.

prodigality [ˌprɒdɪ'gælɪtɪ] *n* (*liter*) Verschwendungssucht *f*; (*lavishness*) Fülle, Üppigkeit *f*.

prodigious [prə'dɪdʒəs] *adj* (*vast*) ungeheuer, außerordentlich; (*marvellous*) erstaunlich, wunderbar.

prodigiously [prə'dɪdʒəslɪ] *adv see adj*.

prodigy ['prɒdɪdʒɪ] *n* Wunder *nt*. **a ~ of nature** ein Naturwunder *nt*; **child** *or* **infant ~** Wunderkind *nt*.

produce ['prɒdjuːs] **I** *n*, *no pl* (*Agr*) Produkt(e *pl*), Erzeugnis(se *pl*) *nt*. **Italian ~, ~ of Italy** italienisches Erzeugnis; **the low level of ~ this year** der geringe diesjährige Ertrag; **the ~ of the soil** die Bodenprodukte *or* -erzeugnisse *pl*.

II [prə'djuːs] *vt* **1.** (*manufacture*) produzieren; *cars, steel, paper also* herstellen; *agricultural products also, electricity, energy, heat* erzeugen; *crop* abwerfen; *coal also* fördern; (*create*) *book, article, essay* schreiben; *painting, sculpture* anfertigen; *ideas also, novel, masterpiece* hervorbringen; *interest, return on capital* bringen, abwerfen; *meal* machen, herstellen. **the sort of environment that ~s criminal types** das Milieu, das Kriminelle hervorbringt; **to ~ offspring** Junge bekommen; (*hum: people*) Nachwuchs bekommen; **to be well ~d** gut gemacht sein; (*goods also*) gut gearbeitet sein.

2. (*bring forward, show*) *gift, wallet* hervorholen (*from, out of* aus); *pistol* ziehen (*from, out of* aus); *proof, evidence* liefern, beibringen; *witness* beibringen; *ticket, documents* vorzeigen. **she managed to ~ something special for dinner** es gelang ihr, zum Abendessen etwas Besonderes auf den Tisch zu bringen; **I can't ~ it out of thin air** ich kann es doch nicht aus dem Nichts hervorzaubern *or* aus dem Ärmel schütteln (*inf*); **where on earth does he ~ all these girlfriends from?** wo bekommt *or* kriegt (*inf*) er nur immer seine Freundinnen her?; **if we don't ~ results soon** wenn wir nicht bald Ergebnisse vorweisen können; **he ~d an incredible backhand** ihm gelang ein unglaublicher Rückhandschlag.

3. *play* inszenieren; *film* produzieren. **who's producing you?** wer ist Ihr Regisseur?

4. (*cause*) *famine, bitterness, impression* hervorrufen; *interest, feeling of pleasure also, spark* erzeugen. **this news ~d a sensation** diese Nachricht hat Sensation gemacht.

5. (*Math*) *line* verlängern.

III [prə'djuːs] *vi* **1.** (*Theat*) das/ein Stück inszenieren; (*Film*) den/einen Film produzieren.

2. (*factory, mine*) produzieren; (*land*) Ertrag bringen; (*tree*) tragen. **this cow hasn't ~d for years** diese Kuh hat jahrelang nicht mehr gekalbt; diese Kuh hat jahrelang keine Milch mehr gegeben.

producer [prə'djuːsəʳ] *n* Hersteller(in *f*), Produzent(in *f*) *m*; (*Agr*) Produzent(in *f*), Erzeuger(in *f*) *m*; (*Theat*) Regisseur(in *f*) *m*; (*Film, TV*) Produzent(in *f*) *m*; (*Rad*) Spielleiter(in *f*) *m*. **~ goods** Produktionsgüter *pl*.

-producing [-prə'djuːsɪŋ] *adj suf* erzeugend, produzierend. **coal-~ countries** Kohleförderländer *pl*.

product ['prɒdʌkt] *n* Produkt, Erzeugnis *nt*; (*fig: result, Math, Chem*) Produkt *nt*. **food ~s** Nahrungsmittel *pl*; **~ placement** Produkt-Placement *nt*.

production [prə'dʌkʃən] *n* **1.** *see vt 1*. Produktion *f*; Herstellung *f*; Erzeugung *f*; Förderung *f*; Schreiben *nt*; Anfertigung *f*; Hervorbringung *f*. **to put sth into ~** die Herstellung *or* Produktion von etw aufnehmen; **when the new factory goes into ~** wenn die neue Fabrik ihre Produktion aufnimmt; **when the new car goes into ~** wenn der neue Wagen in die Produktion *or* Herstellung geht; **when we go into ~ (with this new model)** wenn wir (mit diesem neuen Modell) in die Produktion *or* Herstellung gehen; **is it still in ~?** wird das noch hergestellt?; **to take sth out of ~** etw aus der Produktion nehmen.

2. (*output*) Produktion *f*.

3. *see vt 2.* Hervorholen *nt*; Ziehen *nt*; Lieferung, Beibringung *f*; Vorzeigen *nt*. **on ~ of this ticket** gegen Vorlage dieser Eintrittskarte.

4. (*of play*) Inszenierung *f*; (*of film*) Produktion *f*.

production capacity *n* Produktionskapazität *f*; **production costs** *npl* Produktions- *or* Herstellungskosten *pl*; **production engineer** *n* Betriebsingenieur(in *f*) *m*; **production line** *n* Fließband *nt*, Fertigungsstraße *f*; **production manager** *n* Produktionsleiter(in *f*) *m*; **production method** *n* Produktions- *or* Herstellungsmethode *f*; **production model** *n* (*car*) Serienmodell *nt*; **production platform** *n* (*for oil*) Förderplattform *f*.

productive [prə'dʌktɪv] *adj* produktiv; *land* ertragreich, fruchtbar; *mind also* schöpferisch; *well, mine* ergiebig, ertragreich; *business, shop* rentabel. **to be ~ of sth** etw einbringen; **I don't think it would be very ~ to argue with him** ich halte es nicht für sehr lohnenswert, mit ihm zu streiten (*inf*).

productively [prə'dʌktɪvlɪ] *adv* produktiv.

productivity [ˌprɒdʌk'tɪvɪtɪ] *n see adj* Produktivität *f*; Fruchtbarkeit *f*; schöpferische Kraft; Ergiebigkeit *f*; Rentabilität *f*.

productivity agreement *n* Produktivitätsvereinbarung *f*; **productivity bonus** *n* Leistungszulage *f*; **productivity incentive** *n* Leistungsanreiz *m*.

proem ['prəʊem] *n* Einleitung *f*.

prof [prɒf] *n* (*inf*) Prof *m* (*inf*).

profanation [ˌprɒfə'neɪʃən] *n* Entweihung, Profanierung *f*.

profane [prə'feɪn] **I** *adj* **1.** (*secular*) weltlich, profan. **2.** (*irreverent, sacrilegious*) (gottes)lästerlich. **don't be ~** lästere nicht; **to use ~ language** gotteslästerlich fluchen, lästern.

II *vt* entweihen, profanieren.

profanity [prə'fænɪtɪ] *n see adj* **1.** Weltlichkeit, Profanität *f*. **2.** Gotteslästerlichkeit *f*. **3.** (*act, utterance*) (Gottes)lästerung *f*.

profess [prə'fes] **I** *vt* **1.** *faith, belief* sich bekennen zu.

2. (*claim to have*) *interest, enthusiasm, distaste* bekunden; *belief, disbelief* kundtun; *weakness, ignorance* zugeben. **she ~es to be 25/a good driver** sie behauptet, 25/eine gute Fahrerin zu sein.

II *vr* **to ~ oneself satisfied** seine Zufriedenheit bekunden (*with* über +*acc*); **to ~ oneself unable/willing to do sth** sich außerstande sehen/bereit erklären, etw zu tun.

professed [prə'fest] *adj* erklärt; (*pej: purported*) angeblich. **a ~ nun/monk** (*Eccl*) eine Nonne, die/ein Mönch, der die Gelübde abgelegt hat; **to be a ~ Christian** sich zum christlichen Glauben bekennen; **he is a ~ coward** er gibt zu, ein Feigling zu sein.

professedly [prə'fesɪdlɪ] *adv* zugegebenermaßen; (*pej: purportedly*) angeblich.

profession [prə'feʃən] *n* **1.** (*occupation*) Beruf *m*. **the medical/teaching ~** der Arzt-/Lehrberuf; **the medical/architectural ~** (*members of the ~*) die Ärzteschaft/die Architekten *pl*; **the whole ~ was outraged** der gesamte Berufsstand war empört; **by ~** von Beruf; **the ~s** die gehobenen Berufe; **the oldest ~ in the world** das älteste Gewerbe der Welt.

2. (*declaration*) (*Eccl*) Gelübde *nt*. **~ of faith** Glaubensbekenntnis *nt*; **a ~ of love** eine Liebeserklärung; **a ~ of contempt** eine Mißfallensäußerung; **a ~ of loyalty** ein Treuegelöbnis *nt*; **he is, by his own ~, ...** nach eigenem Bekunden ist er ...

professional [prə'feʃənl] **I** *adj* **1.** Berufs-, beruflich; *army, soldier, tennis player* Berufs-; *opinion* fachmännisch, fachlich. **their ~ ability** ihre beruflichen Fähigkeiten; **his ~ life** sein Berufsleben; **our relationship is purely ~** unsere Beziehung ist rein geschäftlich(er Natur); **a ~ thief** ein professioneller Dieb; **we need your ~ help here** hier brauchen wir Ihre fachmännische Hilfe; **he's now doing it on a ~ basis** er macht das jetzt hauptberuflich; **in his ~ capacity as a doctor** in seiner Eigenschaft als Arzt; **to be a ~ singer/author** von Beruf Sänger(in *f*)/Schriftsteller(in *f*) sein; **the ~ classes** die gehobenen Berufe, die höheren Berufsstände (*dated*); **to take ~ advice** fachmännischen Rat einholen; **it's not our ~ practice** es gehört nicht zu unseren geschäftlichen Gepflogenheiten; **to turn** *or* **go ~** Profi werden.

2. (*skilled, competent*) *piece of work* fachmännisch, fachgemäß, fachgerecht; *worker, person* gewissenhaft; *company, approach* professionell. **he didn't make a very ~ job of that** er hat das nicht sehr fachmännisch erledigt; **he handled the matter in a very ~ manner** er hat die Angelegenheit in sehr kompetenter Weise gehandhabt; **that's not a very ~ attitude to your work** das ist doch nicht die richtige Einstellung (zu Ihrem Beruf); **it's not up to ~ standards** es entspricht nicht fachlichen Normen; **a typed letter looks more ~** ein maschinengeschriebener Brief sieht professioneller aus.

3. (*inf*) *worrier, moaner* notorisch, gewohnheitsmäßig.

II *n* Profi *m*.

professionalism [prə'feʃnəlɪzəm] *n* Professionalismus *m*; (*of job, piece of work*) Perfektion *f*; (*Sport*) Profitum *nt*.

professionally [prə'feʃnəlɪ] *adv* beruflich; (*in accomplished manner*) fachmännisch. **now he plays ~** jetzt ist er Berufsspieler *or* Profi; **he is ~ recognized as the best ...** er ist in Fachkreisen als der beste ... bekannt; **X, ~ known as Y** (*of artist, musician*) X, unter dem Künstlernamen Y bekannt; (*of writer*) X, unter dem Pseudonym Y bekannt; **they acted most ~ in refusing to ...** daß sie ... ablehnten, zeugte von hohem Berufsethos.

professor [prə'fesə^r] *n* **1.** Professor(in *f*) *m*; (*US also*) Dozent(in *f*) *m*.
2. (*of a faith*) Bekenner(in *f*) *m*.

professorial [ˌprɒfə'sɔːrɪəl] *adj* (*of a professor*) eines Professors; (*professorlike*) wie ein Professor, professoral (*pej*).

professorship [prə'fesəʃɪp] *n* Professur *f*, Lehrstuhl *m*.

proffer ['prɒfə^r] *vt arm, gift, drink* anbieten; *apologies, thanks* aussprechen; *remark* machen; *suggestion* vorbringen.

proficiency [prə'fɪʃənsɪ] *n* **level** *or* **standard of ~** Leistungsstand *m*; **her ~ at teaching/as a secretary** ihre Tüchtigkeit als Lehrerin/Sekretärin; **his ~ in English/translating/accountancy** seine Englischkenntnisse/sein Können als Übersetzer/Buchhalter; **his ~ with figures** sein Können im Umgang mit Zahlen; **~ test** Leistungstest *m*.

proficient [prə'fɪʃənt] *adj* tüchtig, fähig. **how long would it take to become ~ in Japanese?** wie lange würde es dauern, bis man Japanisch beherrscht?

profile ['prəʊfaɪl] **I** *n* Profil *nt*; (*picture, photograph*) Profilbild *nt*, Seitenansicht *f*; (*biographical ~*) Porträt *nt*; (*Tech: section*) (*vertical*) Längsschnitt *m*; (*horizontal*) Querschnitt *m*. **in ~** (*person, head*) im Profil; **to keep a low ~** sich zurückhalten.
II *vt* (*draw a ~ of*) (*pictorially*) im Profil darstellen; (*biographically*) porträtieren; (*Tech*) im Längs- *or* Querschnitt zeichnen *or* darstellen.

profit ['prɒfɪt] **I** *n* **1.** (*Comm*) Gewinn, Profit (*also pej*) *m*. **there's not much (of a) ~ in this business** dieses Geschäft wirft kaum Gewinn *or* Profit ab; **~ and loss account** Gewinn-und-Verlustrechnung *f*; **to make a ~ (out of *or* on sth)** (mit etw) einen Profit *or* Gewinn machen, (mit etw) ein Geschäft machen; **to show *or* yield a ~** einen Gewinn *or* Profit verzeichnen; **to sell sth at a ~** etw mit Gewinn verkaufen; **the business is now running at a ~** das Geschäft wirft jetzt Gewinn *or* Profit ab, das Geschäft rentiert sich jetzt; **I'm not doing it for ~** ich tue das nicht, um damit Geld zu verdienen; **a with-~s policy** (*Insur*) eine Police mit Gewinnbeteiligung.
2. (*fig*) Nutzen, Vorteil *m*. **to turn sth to ~** Nutzen aus etw ziehen; **you might well learn something to your ~** Sie können etwas lernen, was Ihnen von Nutzen *or* Vorteil ist.
II *vt* (*liter*) nutzen, nützen (*sb* jdm), von Nutzen sein (*sb* für jdn).
III *vi* (*gain*) profitieren (*by, from* von), Nutzen *or* Gewinn ziehen (*by, from* aus).

profitability [ˌprɒfɪtə'bɪlɪtɪ] *n* Rentabilität, Einträglichkeit *f*. **~ study** Rentabilitäts- *or* Wirtschaftlichkeitsstudie *f*.

profitable ['prɒfɪtəbl] *adj* (*Comm*) gewinn- *or* profitbringend, rentabel, profitabel; (*fig: beneficial*) nützlich, vorteilhaft. **could you not find a more ~ way of spending your time?** kannst du nichts Besseres mit deiner Zeit anfangen?

profitably ['prɒfɪtəblɪ] *adv see adj*.

profiteer [ˌprɒfɪ'tɪə^r] **I** *n* Profitmacher(in *f*), Profitjäger(in *f*), Profitgeier *m*. **war ~** Kriegsgewinnler(in *f*) *m*. **II** *vi* sich bereichern.

profiteering [ˌprɒfɪ'tɪərɪŋ] *n* Wucherei *f*, Wucher *m*.

profitless ['prɒfɪtlɪs] *adj* **1.** (*Comm*) unrentabel. **2.** *discussion, exercise* zwecklos.

profitlessly ['prɒfɪtlɪslɪ] *adv* **1.** (*Comm*) ohne Gewinn. **2.** *argue* zwecklos.

profit-making *adj organization* rentabel; (*profit-orientated*) auf Gewinn gerichtet; **profit margin** *n* Gewinnspanne *f*; **profit motive** *n* Gewinnstreben *nt*; **profit-seeking** *adj* gewinnorientiert; **profit-sharing I** *adj scheme* Gewinnbeteiligungs-; **II** *n* Gewinnbeteiligung *f*.

profligacy ['prɒflɪgəsɪ] *n* (*dissoluteness*) Lasterhaftigkeit, Verworfenheit *f*; (*extravagance*) Verschwendungssucht *f*; (*an extravagance*) Verschwendung *f*.

profligate ['prɒflɪgɪt] **I** *adj* (*dissolute*) lasterhaft, verworfen; (*extravagant*) verschwenderisch. **II** *n* (*roué*) Leichtfuß, Liederjan (*inf*) *m*; (*prodigal*) Verschwender(in *f*) *m*.

pro forma (invoice) [ˌprəʊ'fɔːmə(ɪnvɔɪs)] *n* Pro-forma-Rechnung *f*.

profound [prə'faʊnd] *adj sleep, sigh, sorrow, love* tief; *thought* tiefsinnig, tiefschürfend, tiefgründig; *book* gehaltvoll, profund (*geh*); *thinker, knowledge* profund (*geh*), tiefgehend *attr*; *regret* tiefgehend *attr*; *hatred, mistrust* tiefsitzend *attr*; *indifference* vollkommen, völlig; *interest* stark; *changes* tiefgreifend *attr*.

profoundly [prə'faʊndlɪ] *adv* zutiefst. **~ sad** tieftraurig; **~ significant** äußerst bedeutsam; **~ indifferent** völlig *or* vollkommen gleichgültig; **..., to be ~ ignorant of sth** überhaupt keine Ahnung von etw haben.

profundity [prə'fʌndɪtɪ] *n* **1.** *no pl* Tiefe *f*; (*of thought, thinker, book*) Tiefgründigkeit, Tiefsinnigkeit *f*; (*of knowledge*) Gründlichkeit *f*. **2.** (*profound remark*) Tiefsinnigkeit *f*.

profuse [prə'fjuːs] *adj vegetation* üppig; *bleeding* stark; *thanks, praise* überschwenglich; *apologies* überreichlich. **to be ~ in one's thanks/apologies** sich überschwenglich bedanken/sich vielmals entschuldigen; **he was ~ in his praise** er geizte nicht mit seinem Lob.

profusely [prə'fjuːslɪ] *adv grow* üppig; *bleed* stark; *thank, praise* überschwenglich; *sweat* heftig, stark. **he apologized ~** er entschuldigte sich vielmals, er bat vielmals um Entschuldigung; **~ illustrated** reich illustriert.

profusion [prə'fjuːʒən] *n* Überfülle *f*, verschwenderische Fülle. **trees/ice-cream in ~** Bäume/Eis in Hülle und Fülle; **his painting was a wild ~ of reds and blues** sein Gemälde war eine Orgie in Rot und Blau.

progenitor [prəʊ'dʒenɪtə^r] *n* (*form*) Vorfahr, Ahn *m*; (*fig*) Vorläufer *m*.

progenitrix [prəʊ'dʒenɪtrɪks] *n* (*form*) Vorfahrin, Ahne *f*.

progeny ['prɒdʒɪnɪ] *n* Nachkommen *pl*, Nachkommenschaft *f*.

progesterone [prəʊ'dʒestəˌrəʊn] *n* Progesteron, Gelbkörperhormon *nt*.

prognosis [prɒg'nəʊsɪs] *n*, *pl* **prognoses** [prɒg'nəʊsiːz] Prognose, Vorhersage, Voraussage *f*.

prognostic [prɒg'nɒstɪk] *adj* (*form*) prognostisch.

prognosticate [prɒg'nɒstɪkeɪt] **I** *vi* (*often hum*) Prognosen stellen, Vorhersagen machen. **II** *vt* prognostizieren.

prognostication [prɒgˌnɒstɪ'keɪʃən] *n* Prognose, Vorhersage, Voraussage *f*.

program ['prəʊgræm] **I** *n* **1.** (*Comput*) Programm *nt*. **2.** (*US*) *see* **programme.**

II *vt* **1.** *computer* programmieren. **2.** (*fig*) *person* vorprogrammieren. **~d course/learning** programmierter Unterricht/programmiertes Lernen; **that's ~d for tomorrow** das steht für morgen auf dem Programm.

programmable ['prəʊgræməbl] *adj computer, device, oven* programmierbar.

programme, (*US*) **program** ['prəʊgræm] *n* (*all senses*) Programm *nt*; (*Rad, TV also*) Sendung *f*. **what's the ~ for tomorrow?** was steht für morgen auf dem Programm?; **what's on the other ~?** was gibt es *or* läuft im anderen Programm?; **our ~s for this evening** das Programm des heutigen Abends.

programme music *n* Programmusik *f*; **programme notes** *npl* Programmhinweise *pl*; **programme planner** *n* (*TV*) Programmplaner(in *f*) *m*.

programmer ['prəʊgræmə^r] *n* Programmierer(in *f*) *m*.

programme seller *n* (*in theatre*) Programmverkäufer(in *f*) *m*.

programming ['prəʊgræmɪŋ] *n* Programmieren *nt*. **~ language** Programmiersprache *f*.

progress ['prəʊgres] **I** *n* **1.** *no pl* (*movement forwards*) Fortschreiten, Vorwärtskommen *nt*; (*Mil*) Vorrücken, Vordringen *nt*. **we made slow ~ through the mud** wir kamen im Schlamm nur langsam vorwärts.

2. *no pl* (*advance*) Fortschritt *m*. **the ~ of events** der Gang der Ereignisse; **to make (good/slow) ~** (gute/langsame) Fortschritte machen; **I want to see some ~!** ich möchte Fortschritte sehen!; **~ report** Fortschrittsbericht *m*.

3. in ~ im Gange; **in full ~** in vollem Gange; **"silence please, meeting in ~"** „Sitzung! Ruhe bitte"; **the work still in ~** die noch zu erledigende Arbeit.

II [prə'gres] *vi* **1.** (*move, go forward*) sich vorwärts bewegen, vorwärtsschreiten. **we ~ed slowly across the ice** wir bewegten uns langsam über das Eis vorwärts; **by the third day the enemy/expedition had ~ed as far as ...** am dritten Tag war der die Expedition bis ... vorgedrungen *or* gekommen.

2. (*in time*) **as the work is ~ing at a steady rate ...** da wir mit der Arbeit gut vorankommen ...; **as the game ~ed** im Laufe des Spiels; **while negotiations were actually ~ing** während die Verhandlungen im Gange waren.

3. (*improve, make ~*) (*student, patient*) Fortschritte machen. **how far have you ~ed since our last meeting?** wie weit sind Sie seit unserer letzten Sitzung gekommen?; **investigations are ~ing well** die Untersuchungen kommen gut voran *or* machen gute Fortschritte; **we are, in fact, ~ing towards a solution** wir nähern uns jetzt einer Lösung; **that mankind is ~ing towards some goal** daß sich die Menschheit auf ein Ziel zubewegt.

4. (*through hierarchy*) **the employee ~es upwards through the company hierarchy** der Angestellte macht seinen Weg durch die Firmenhierarchie.

III [prə'gres] *vt* (*esp Comm*) *matters* weiterverfolgen.

progression [prə'greʃən] *n* Folge *f*; (*Math*) Reihe, Progression *f*; (*Mus*) Sequenz *f*; (*development*) Entwicklung *f*; (*in taxation*) Progression *f*; (*discount rates*) Staffelung *f*. **sales have shown a continuous ~** im Absatz wurde eine stete Aufwärtsentwicklung verzeichnet; **his ~ from a junior clerk to managing director** sein Aufstieg vom kleinen Angestellten zum Direktor.

progressive [prə'gresɪv] **I** *adj* **1.** (*increasing*) zunehmend; *disease* fortschreitend; *paralysis, taxation* progressiv. **~ form/tense** (*Gram*) Verlaufsform *f*.

2. (*favouring progress*) progressiv, fortschrittlich; (*Mus*) progressiv.

II *n* (*person*) Progressive(r) *mf*.

progressively [prə'gresɪvlɪ] *adv* zunehmend.

progressiveness [prə'gresɪvnɪs] *n* Fortschrittlichkeit, Progressivität *f*.

prohibit [prə'hɪbɪt] *vt* **1.** verbieten, untersagen. **to ~ sb from doing sth** jdm etw verbieten *or* untersagen; **his health ~s him from swimming** sein Gesundheitszustand verbietet (es) ihm zu schwimmen; **"smoking ~ed"** „Rauchen verboten".

2. (*prevent*) verhindern. **to ~ sth being done** verhindern, daß etw geschieht; **to ~ sb from doing sth** jdn daran hindern, etw zu tun.

prohibition [ˌprəʊɪ'bɪʃən] **I** *n* Verbot *nt*. **(the) P~** (*Hist*) die Prohibition; **the ~ of smoking** das Rauchverbot.

II *attr* (*in US*) *laws, party* Prohibitions-.

prohibitionism [ˌprəʊɪ'bɪʃənɪzəm] *n* Prohibition *f*.

prohibitionist [ˌprəʊɪ'bɪʃənɪst] **I** *adj* Prohibitions-.

II *n* Prohibitionist(in *f*) *m*.

prohibitive [prə'hɪbɪtɪv] *adj* **1.** *tax* Prohibitiv-; *duty* Sperr-. **~ laws** Verbotsgesetze *pl*; **~ signs** Verbotsschilder *pl*; **~ rules** Verbote *pl*. **2.** *price, cost* unerschwinglich.

prohibitory [prə'hɪbɪtərɪ] *adj see* **prohibitive 1.**

project¹ ['prɒdʒekt] *n* Projekt *nt*; (*scheme*) Unternehmen, Vorhaben *nt*; (*Sch, Univ*) Referat *nt*; (*in primary school*) Arbeit *f*. **~ engineer** Projektingenieur(in *f*) *m*.

project² [prə'dʒekt] **I** *vt* **1.** *film, map* projizieren. **to ~ oneself/one's personality** sich selbst/seine eigene Person zur Geltung bringen; **to ~ one's neuroses/guilt onto somebody else** seine Neurosen/Schuldgefühle auf einen anderen projizieren; **to ~ one's voice** seine Stimme zum Tragen bringen, seine Stimme erheben; **in order to ~ an adequate picture of our country** um ein angemessenes Bild unseres Landes zu vermitteln.

2. (*plan*) (voraus)planen; *costs* überschlagen; *figures* projizieren; (*esp in elections*) hochrechnen.

3. (*Math*) *line* verlängern; *solid* projizieren.

4. (*propel*) abschießen. **to ~ a missile into space** eine Rakete in den Weltraum schießen.

5. (*cause to jut*) *part of building* vorspringen lassen.

II *vi* **1.** (*plan*) planen.

2. (*jut out*) hervorragen (*from* aus). **the upper storey ~s over the road** das obere Stockwerk ragt über die Straße.

3. (*Psych*) projizieren, von sich auf andere schließen.

4. (*with one's voice: actor, singer*) **you'll have to ~ more than that, we can't hear you at the back** Sie müssen lauter singen/sprechen, wir können Sie hier hinten nicht hören.

projectile [prə'dʒektaɪl] *n* (Wurf)geschoß *nt*; (*Mil*) Geschoß, Projektil (*spec*) *nt*.

projection [prə'dʒekʃən] *n* **1.** (*of films, guilt feelings, map*) Projektion *f*. **~ booth** *or* **room** Vorführraum *m*. **2.** (*protrusion, overhang, ledge*) Vorsprung, Überhang *m*. **3.** (*extension: of line*) Verlängerung *f*. **4.** (*prediction, estimate*) (Voraus)planung *f*; (*of cost*) Überschlagung *f*; (*of figures, esp in elections*) Hochrechnung *f*.

projectionist [prə'dʒekʃnɪst] *n* Filmvorführer(in *f*) *m*.

projective [prə'dʒektɪv] *adj geometry* Projektions-; (*Psych*) projizierend.

projector [prə'dʒektə^r] *n* (*Film*) Projektor *m*, Vorführgerät *nt*.

prolapse ['prəʊlæps] *n* (*Med*) Vorfall, Prolaps (*spec*) *m*.

prole [prəʊl] *n* (*esp Brit pej inf*) Prolet(in *f*) *m* (*inf*).

proletarian [ˌprəʊlə'tɛərɪən] **I** *adj* proletarisch. **II** *n* Proletarier(in *f*) *m*.

proletariat [ˌprəʊlə'tɛərɪət] *n* Proletariat *nt*.

proliferate [prə'lɪfəreɪt] *vi* (*number*) sich stark erhöhen; (*ideas*) um sich greifen; (*insects, animals*) sich stark vermehren; (*weeds, cells*) wuchern, sich rasch ausbreiten.

proliferation [prəˌlɪfə'reɪʃən] *n* (*in numbers*) starke Erhöhung; (*of animals*) zahlreiche Vermehrung; (*of nuclear weapons*) Weitergabe *f*; (*of ideas*) Ausbreitung *f*, Umsichgreifen *nt*; (*of sects*) Umsichgreifen, Wuchern *nt*; (*of weeds*) Wuchern *nt*.

prolific [prə'lɪfɪk] *adj* fruchtbar; *writer also* sehr produktiv.

prolix ['prəʊlɪks] *adj* weitschweifig.

prolixity [prəʊ'lɪksɪtɪ] *n* Weitschweifigkeit *f*.

prologue, (*US*) **prolog** ['prəʊlɒg] *n* Prolog *m*; (*of book*) Vorwort *nt*; (*fig*) Vorspiel *nt*.

prolong [prə'lɒŋ] *vt* verlängern; (*pej*) *process, pain* hinauszögern; (*Fin*) *draft* prolongieren.

prolongation [ˌprəʊlɒŋ'geɪʃən] *n see vt* Verlängerung *f*; Hinauszögern *nt*; Prolongation, Prolongierung *f*.

prom [prɒm] *n* (*inf*) (*Brit: promenade*) (Strand)promenade *f*; (*Brit: concert*) Konzert *nt* (*in gelockertem Rahmen*); (*US: ball*) Studenten-/Schülerball *m*.

promenade [ˌprɒmɪ'nɑːd] **I** *n* (*stroll, in dancing*) Promenade *f*; (*esp Brit: esplanade*) (Strand)promenade *f*; (*US: ball*) Studenten-/Schülerball *m*. **~ concert** Konzert *nt* (*in gelockertem Rahmen*); **~ deck** Promenadendeck *nt*.

II *vt* (*stroll through*) promenieren in (+*dat*); *avenue* entlangpromenieren; (*stroll with*) spazierenführen; (*in dance*) eine Promenade machen mit.

III *vi* (*stroll*) promenieren; (*in dance*) eine Promenade machen.

promethium [prəʊ'miːθɪəm] *n* (*Chem*) Promethium *nt*.

prominence ['prɒmɪnəns] *n* **1.** *no pl* **the ~ of his forehead** seine ausgeprägte Stirn; **because of the ~ of the castle on a rock in the middle of the city** wegen der exponierten Lage des Schlosses auf einem Felsen inmitten der Stadt.

2. (*of ideas, beliefs*) Beliebtheit *f*; (*of writer, politician*) Bekanntheit *f*. **the undisputed ~ of his position as ...** seine unbestritten führende Position als ...; **to bring sb/sth into ~** (*attract attention to*) jdn/etw herausstellen *or* in den Vordergrund rücken; (*make famous*) jdn/etw berühmt machen, **he came** *or* **rose to ~ in the Cuba affair** er wurde durch die Kuba-Affäre bekannt.

3. (*prominent part*) Vorsprung *m*.

prominent ['prɒmɪnənt] *adj* **1.** (*jutting out*) *cheek-bones, teeth* vorstehend *attr*; *crag* vorspringend *attr*. **to be ~** vorstehen; vorspringen.

2. (*conspicuous*) *markings* auffällig; *feature, characteristic* hervorstechend, auffallend. **put it in a ~ position** stellen Sie es deutlich sichtbar hin.

3. (*leading*) *role* führend; (*large, significant*) wichtig.

4. (*well-known*) *personality, publisher* prominent. **she is ~ in London society** sie ist ein bekanntes Mitglied der Londoner Gesellschaft.

prominently ['prɒmɪnəntlɪ] *adv display, place* deutlich sichtbar. **he figured ~ in the case** er spielte in dem Fall eine bedeutende Rolle.

promiscuity [ˌprɒmɪˈskjuːɪtɪ] *n* **1.** Promiskuität *f*, häufiger Partnerwechsel. **2.** (*Liter: confusion*) Wirrwarr *m*.

promiscuous [prəˈmɪskjʊəs] *adj* **1.** (*sexually*) promisk, promiskuitiv (*spec*). **to be ~** häufig den Partner wechseln; **~ behaviour** häufiger Partnerwechsel. **2.** (*Liter*) wirr.

promiscuously [prəˈmɪskjʊəslɪ] *adv see adj*.

promise [ˈprɒmɪs] **I** *n* **1.** (*pledge*) Versprechen *nt*. **their ~ of help** ihr Versprechen zu helfen; **~ of marriage** Eheversprechen *nt*; **under ~ of** (*form*) mit dem Versprechen (*+gen*); **is that a ~?** ganz bestimmt?; **to make sb a ~** jdm ein Versprechen geben *or* machen; **make me one ~** versprich mir eins; **I'm not making any ~s** versprechen kann ich nichts; **to hold** *or* **keep sb to his ~** jdn an sein Versprechen binden; **~s, ~s!** Versprechen, nichts als Versprechen!

2. (*hope, prospect*) Hoffnung, Aussicht *f*. **a young man of ~** ein vielversprechender junger Mann; **to hold out a** *or* **the ~ of sth** jdm Hoffnungen auf etw (*acc*) machen; **to show ~** zu den besten Hoffnungen berechtigen.

II *vt* (*pledge*) versprechen; (*forecast, augur*) hindeuten auf (*+acc*). **to ~ (sb) to do sth** (jdm) versprechen, etw zu tun; **to ~ sb sth, to ~ sth to sb** jdm etw versprechen; **~ me one thing** versprich mir eins; **I'm not promising anything but ...** ich will nichts versprechen, aber ...; **I won't do it again, I ~ you** ich werde es nie wieder tun, das verspreche ich Ihnen; **this ~s trouble** das sieht nach Ärger aus; **this ~s better things to come** das läßt auf Besseres hoffen; **the P~d Land** (*Bibl, fig*) das Gelobte Land.

III *vi* **1.** versprechen. **(do you) ~?** versprichst du es?; **~!** (*will you ~*) versprich's mir, ehrlich?; (*I ~*) ehrlich!; **I'll try, but I'm not promising** ich werde es versuchen, aber ich kann nichts versprechen.

2. to ~ well vielversprechend sein.

IV *vr* **to ~ oneself sth** sich (*dat*) etw versprechen; **I've ~d myself never to do it again** ich habe mir geschworen, daß ich das nicht noch einmal mache.

promising *adj*, **~ly** *adv* [ˈprɒmɪsɪŋ, -lɪ] vielversprechend.

promissory note [ˈprɒmɪsərɪˈnəʊt] *n* Schuldschein *m*.

promo [ˈprəʊməʊ] *n* (*inf: promotional video*) Werbevideo *nt*.

promontory [ˈprɒməntrɪ] *n* Vorgebirge, Kap *nt*.

promote [prəˈməʊt] *vt* **1.** (*in rank*) befördern. **he has been ~d (to) colonel** *or* **to the rank of colonel** er ist zum Obersten befördert worden; **our team was ~d** (*Ftbl*) unsere Mannschaft ist aufgestiegen.

2. (*foster*) fördern; (*Parl*) *bill* sich einsetzen für.

3. (*organize, put on*) *conference, race-meeting, boxing match* veranstalten.

4. (*advertise*) werben für; (*put on the market*) auf den Markt bringen. **the new model has been widely ~d in the media** für das neue Modell ist in den Medien intensiv geworben worden *or* Werbung gemacht worden.

promoter [prəˈməʊtə^r] *n* (*Sport, of beauty contest*) Promoter(in *f*), Veranstalter(in *f*) *m*; (*of company*) Mitbegründer(in *f*) *m*. **sales ~** Verkaufsleiter(in *f*), Salespromoter(in *f*) (*Comm*) *m*.

promotion [prəˈməʊʃən] *n* **1.** (*in rank*) Beförderung *f*. **to get** *or* **win ~** befördert werden; (*football team*) aufsteigen.

2. (*fostering*) Förderung *f*; (*Parl: of bill*) Einsatz *m* (*of* für).

3. (*organization: of conference*) Veranstaltung *f*.

4. (*advertising*) Werbung *f* (*of* für); (*advertising campaign*) Werbekampagne *f*; (*marketing*) Einführung *f* auf dem Markt.

prompt [prɒmpt] **I** *adj* (*+er*) prompt; *action* unverzüglich, sofortig. **he is always very ~ with** *or* **about such things** solche Dinge erledigt er immer prompt *or* sofort; **he is always very ~** (*on time*) er ist immer sehr pünktlich.

II *adv* **at 6 o'clock ~** pünktlich um 6 Uhr, Punkt 6 Uhr.

III *vt* **1.** (*motivate*) veranlassen (*to* zu). **to ~ sb to do sth** jdn (dazu) veranlassen, etw zu tun; **he was ~ed purely by a desire to help** sein Beweggrund war einzig und allein der Wunsch zu helfen; **he didn't need any ~ing to ask her** man brauchte ihn nicht darum zu bitten, sie zu fragen; **he's a bit lazy, he needs a little ~ing** er ist ein bißchen faul, man muß ihm manchmal auf die Sprünge helfen; **I'll do it myself, I don't need you to ~ me** ich mache das schon selbst, du brauchst mich nicht erst zu ermahnen.

2. (*evoke*) *memories, feelings* wecken; *conclusion* nahelegen. **it ~s the thought that ...** es drängt einem den Gedanken auf, daß ...

3. (*help with speech*) vorsagen (*sb* jdm); (*Theat*) soufflieren (*sb* jdm). **he recited the whole poem without any ~ing** er sagte das ganze Gedicht auf, ohne daß ihm jemand (etwas) vorsagen mußte; **the teacher had to keep ~ing him** der Lehrer mußte ihm immer wieder Hilfestellung geben.

IV *vi* (*Theat*) soufflieren.

V *n* **1.** (*Theat*) **he needed a ~** ihm mußte souffliert werden; **he couldn't hear the ~** er hörte den Souffleur/die Souffleuse nicht; **to give sb a ~** jdm weiterhelfen; (*Theat*) jdm soufflieren.

2. (*reminder, encouragement*) **to give sb a ~** jdm einen Schubs geben (*inf*), jdn anstoßen; **we have to give our debtors the occasional ~** wir müssen uns bei unseren Schuldnern hin und wieder in Erinnerung bringen.

3. (*Comput*) Prompt *m*, Eingabeaufforderung *f*.

prompt box *n* Souffleurkasten *m*.

prompter [ˈprɒmptə^r] *n* Souffleur *m*, Souffleuse *f*; (*tele-~*) Teleprompter *m*.

prompting [ˈprɒmptɪŋ] *n* **1.** (*Theat*) Souffieren *nt*. 2. **the ~s of conscience/the heart** die Stimme des Gewissens/Herzens.

promptitude ['prɒmptɪtjuːd] *n see* **promptness**.

promptly ['prɒmptlɪ] *adv* prompt. **they left ~ at 6** sie gingen pünktlich um 6 Uhr *or* Punkt 6 Uhr; **of course he ~ forgot it all** er hat natürlich prompt alles vergessen.

promptness ['prɒmptnɪs] *n* Promptheit *f*. **the fire brigade's ~** der prompte Einsatz der Feuerwehr.

prompt note *n* (*Comm*) Ermahnung *f*.

promulgate ['prɒməlgeɪt] *vt* verbreiten; *law* verkünden.

promulgation [,prɒməl'geɪʃən] *n see vt* Verbreitung *f*; Verkündung *f*.

prone [prəʊn] *adj* **1.** (*lying*) **to be** *or* **lie ~** auf dem Bauch liegen; **in a ~ position** in Bauchlage. **2.** (*liable*) **to be ~ to sth/to do sth** zu etw neigen/dazu neigen, etw zu tun.

proneness ['prəʊnnɪs] *n* Neigung *f* (*to* zu).

prong [prɒŋ] **I** *n* **1.** (*of fork*) Zacke, Zinke *f*; (*of antler*) Sprosse *f*, Ende *nt*. **2.** (*fig*) (*of argument*) Punkt *m*; (*of attack*) (Angriffs)spitze *f*. **II** *vt* aufspießen.

pronominal [prəʊ'nɒmɪnl] *adj* Pronominal-.

pronoun ['prəʊnaʊn] *n* Fürwort, Pronomen *nt*.

pronounce [prə'naʊns] **I** *vt* **1.** *word* aussprechen. **I find Russian hard to ~** ich finde die russische Aussprache schwierig.

2. (*declare*) erklären für. **to ~ oneself for/against sth** sich für/gegen etw aussprechen; **to ~ sentence** das Urteil verkünden.

II *vi* **1. to ~ in favour of/against sth** sich für/gegen etw aussprechen; **to ~ on sth** zu etw Stellung nehmen.

2. he ~s badly er hat eine schlechte Aussprache.

pronounceable [prə'naʊnsəbl] *adj* aussprechbar.

pronounced [prə'naʊnst] *adj* (*marked*) ausgesprochen; *hip-bones* ausgeprägt; *improvement, deterioration* deutlich; *views* prononciert. **he has a ~ limp** er hinkt sehr stark.

pronouncement [prə'naʊnsmənt] *n* Erklärung *f*; (*Jur: of sentence*) Verkündung *f*. **to make a ~** eine Erklärung abgeben.

pronto ['prɒntəʊ] *adv* (*inf*) fix (*inf*). **do it ~** aber dalli! (*inf*).

pronunciation [prə,nʌnsɪ'eɪʃən] *n* Aussprache *f*.

proof [pruːf] **I** *n* **1.** Beweis *m* (*of* für). **you'll need more ~ than that** die Beweise reichen nicht aus; **as** *or* **in ~ of** als *or* zum Beweis für; **to put sth to the ~** etw auf die Probe stellen; (*Tech*) etw erproben; **that is ~ that ...** das ist der Beweis dafür, daß ...; **to give** *or* **show ~ of sth** etw nachweisen *or* beweisen, den Nachweis *or* Beweis für etw liefern; **what ~ is there that he meant it?** und was beweist, daß er es ernst gemeint hat?

2. (*test, trial*) Probe *f*. **the ~ of the pudding is in the eating** (*Prov*) Probieren geht über Studieren (*Prov*).

3. (*Typ*) (Korrektur)fahne *f*; (*Phot*) Probeabzug *m*.

4. (*of alcohol*) Alkoholgehalt *m*. **70 % ~** ≃ 40 Vol-%.

II *adj* (*resistant*) **to be ~ against fire/water/moisture/bullets** feuersicher/wasserdicht/feuchtigkeitsundurchlässig/kugelsicher sein; **to be ~ against temptation** gegen Versuchungen gefeit *or* unempfindlich sein; **~ against inflation** inflationssicher.

III *vt* **1.** (*against water*) imprägnieren.

2. (*Typ*) (*make ~*) einen Korrekturabzug herstellen; (*read ~*) Korrektur lesen.

proof-read *vti* Korrektur lesen; **proof-reader** *n* Korrektor(in *f*) *m*; **proof-reading** *n* Korrekturlesen *nt*.

prop¹ [prɒp] **I** *n* (*lit*) Stütze *f*; (*fig also*) Halt *m*. **II** *vt* **to ~ the door open** die Tür offenhalten; **to ~ oneself/sth against sth** sich/etw gegen etw lehnen; *see* **~ up**.

◆**prop up** *vt sep* **1.** (*rest, lean*) **to ~ oneself/sth ~ against sth** sich/etw gegen etw lehnen. **2.** (*support*) stützen; *tunnel, wall* abstützen; *engine* aufbocken; (*fig*) *régime, company, the pound* stützen; *organization* unterstützen. **to ~ oneself ~ on sth** sich auf etw (*acc*) stützen; **he spends most of his time ~ping ~ the bar** (*inf*) er hängt die meiste Zeit an der Bar.

prop² *n* (*inf: propeller*) Propeller *m*.

prop³ *n* (*inf*) *see* **property 4.**

prop⁴ *abbr of* **proprietor** *or* **proprietress.**

propaedeutic [,prəʊpiː'djuːtɪk] *n* (*form*) Propädeutik *f*.

propaganda [,prɒpə'gændə] *n* Propaganda *f*. **~ machine** Propagandamaschinerie *f*.

propagandist [,prɒpə'gændɪst] **I** *n* Propagandist(in *f*) *m*. **a tireless ~ for penal reform** ein unermüdlicher Verfechter der Strafrechtsreform.

II *adj* propagandistisch.

propagate ['prɒpəgeɪt] **I** *vt* **1.** fortpflanzen. **2.** (*disseminate*) verbreiten; *views also* propagieren. **3.** (*Phys*) *sound, waves* fortpflanzen. **4.** (*Hort*) *plant* vermehren. **II** *vi* sich fortpflanzen *or* vermehren; (*views*) sich aus- *or* verbreiten.

propagation [,prɒpə'geɪʃən] *n* (*reproduction*) Fortpflanzung *f*; (*Hort: of plants*) Vermehrung *f*; (*dissemination*) Verbreitung *f*; (*of views*) Verbreitung, Propagierung *f*.

propane ['prəʊpeɪn] *n* Propan *nt*.

propel [prə'pel] *vt* antreiben; (*fuel*) betreiben. **~led along by the wind** vom Wind getrieben; **he was ~led through the window** er wurde aus dem Fenster geworfen.

propellant, propellent [prə'pelənt] **I** *n* Treibstoff *m*; (*in spray can*) Treibgas *nt*. **II** *adj* treibend.

propeller [prə'peləʳ] *n* Propeller *m*. **~ shaft** Antriebswelle *f*; (*Aut*) Kardanwelle *f*; (*Naut*) Schraubenwelle *f*.

propelling force *n* (*lit, fig*) Triebkraft *f*; **propelling pencil** *n* (*Brit*) Drehbleistift *m*.

propensity [prə'pensɪtɪ] *n* Hang *m*, Neigung *f* (*to* zu). **to have a ~ to do sth/for doing sth** dazu neigen, etw zu tun, die Neigung *or* den Hang haben, etw zu tun.

proper ['prɒpəʳ] **I** *adj* **1.** (*peculiar, characteristic*) eigen. **~ to the species** der Art eigen, arteigen.

2. (*actual*) eigentlich. **physics ~** die eigentliche Physik; **in the ~ sense of the word** in der eigentlichen Bedeutung des Wortes; **he's not a ~ electrician** er ist kein richtiger Elektriker; **not in Berlin ~** nicht in Berlin selbst.

3. (*inf: real*) *fool* richtig; (*thorough*) *beating* gehörig, anständig (*inf*), tüchtig (*inf*). **we got a ~ beating** (*team*) wir sind ganz schön geschlagen worden (*inf*).

4. (*fitting, suitable*) richtig. **in ~ condition** in ordnungsgemäßem Zustand; **in the ~ way** richtig; **as you think ~** wie Sie es für richtig halten; **to do the ~ thing by sb** das tun, was sich gehört; **the ~ thing to do would be to apologize** es gehört sich eigentlich, daß man sich entschuldigt; **don't touch the injured man unless you know the ~ thing to do** lassen Sie den Verletzten liegen, solange Sie nicht genau wissen, was man machen muß; **it wasn't really the ~ thing to say** es war ziemlich unpassend, das zu sagen; **we considered** *or* **thought it only ~ to ...** wir dachten, es gehört sich einfach zu ...

5. (*seemly*) anständig. **it is not ~ for you to ...** es gehört sich nicht, daß Sie ...

6. (*prim and ~*) korrekt.

II *adv* **1.** (*dial*) *cruel, poorly* richtig (*inf*).

2. (*incorrect usage*) *behave* anständig; *talk* richtig.

proper fraction *n* echter Bruch.

properly ['prɒpəlɪ] *adv* **1.** (*correctly*) richtig. **~ speaking** genaugenommen, strenggenommen; **Holland, more ~ called the Netherlands** Holland, eigentlich *or* richtiger die Niederlande.

2. (*in seemly fashion*) anständig. **to conduct oneself ~** sich korrekt verhalten; **she very ~ refused** sie hat sich zu Recht geweigert.

3. (*justifiably*) zu Recht.

4. (*inf: really, thoroughly*) ganz schön (*inf*).

proper name, proper noun *n* Eigenname *m*.

propertied ['prɒpətɪd] *adj* besitzend; *person* begütert.

property ['prɒpətɪ] *n* **1.** (*characteristic, Philos*) Eigenschaft *f*. **it has healing properties** es besitzt heilende Kräfte.

2. (*thing owned*) Eigentum *nt*. **government/company ~** Eigentum *nt* der Regierung/Firma, Regierungs-/Firmeneigentum *nt*; **that's my ~** das gehört mir; **common ~** (*lit*) gemeinsames Eigentum; (*fig*) Gemeingut *nt*; **to become the ~ of sb** in jds Eigentum (*acc*) übergehen; **a man of ~** ein begüterter Mann.

3. (*building*) Haus *nt*; Wohnung *f*; (*office*) Gebäude *nt*; (*land*) Besitztum *nt*; (*estate*) Besitz *m*. **put your money in ~** legen Sie Ihr Geld in Immobilien an.

4. (*Theat*) Requisit *nt*.

property developer *n* Häusermakler(in *f*) *m*; **property man, property manager** *n* (*Theat*) Requisiteur *m*; **property market** *n* Immobilienmarkt *m*; **property mistress** *n* (*Theat*) Requisiteurin *f*; **property owner** *n* Haus- und Grundbesitzer(in *f*) *m*; **property speculation** *n* Immobilienspekulation *f*; **property speculator** *n* Immobilienspekulant(in *f*) *m*; **property tax** *n* Vermögenssteuer *f*.

prophecy ['prɒfɪsɪ] *n* Prophezeiung *f*.

prophesy ['prɒfɪsaɪ] **I** *vt* prophezeien. **II** *vi* Prophezeiungen machen.

prophet ['prɒfɪt] *n* Prophet *m*. **~ of doom** Unheilsverkünder, Unheilsprophet *m*.

prophetess ['prɒfɪtɪs] *n* Prophetin *f*.

prophetic *adj*, **~ally** *adv* [prə'fetɪk, -əlɪ] prophetisch.

prophylactic [,prɒfɪ'læktɪk] **I** *adj* prophylaktisch, vorbeugend. **II** *n* Prophylaktikum *nt*; (*contraceptive*) Präservativ *nt*.

prophylaxis [,prɒfɪ'læksɪs] *n* Prophylaxe *f*.

propinquity [prə'pɪŋkwɪtɪ] *n* (*form*) Nähe *f* (*to* zu); (*in time*) zeitliche Nähe (*to* zu); (*of relationship*) nahe Verwandtschaft (*to* mit).

propitiate [prə'pɪʃɪeɪt] *vt* (*liter*) (*in favour of*) günstig *or* versöhnlich stimmen; (*appease*) besänftigen.

propitiation [prə,pɪʃɪ'eɪʃən] *n* (*liter*) *see vt* Versöhnung *f*; Besänftigung *f*. **as ~ for, in ~ of** als Sühne für.

propitiatory [prə'pɪʃɪətərɪ] *adj see vt* versöhnend; besänftigend; *mood* versöhnlich.

propitious *adj*, **~ly** *adv* [prə'pɪʃəs, -lɪ] günstig (*to, for* für).

prop-jet ['prɒpdʒet] *n* (*engine*) Propellerturbine *f*; (*aircraft*) Turbo-Prop-Flugzeug *nt*.

proponent [prə'pəʊnənt] *n* Befürworter(in *f*) *m*.

proportion [prə'pɔːʃən] **I** *n* **1.** (*ratio, relationship in number*) Verhältnis *nt* (*of x to y* zwischen x und y); (*relationship in size, Art*) Proportionen *pl*. **~s** (*size*) Ausmaß *nt*; (*of building*) Ausmaße *pl*; (*relative to one another: Art, of building*) Proportionen *pl*; **to be in/out of ~ (to one another)** (*in number*) im richtigen/nicht im richtigen Verhältnis zueinander stehen; (*in size, Art*) in den Proportionen stimmen/nicht stimmen; (*in time, effort*) im richtigen/in keinem Verhältnis zueinander stehen; **to be in/out of ~ to** *or* **with sth** im Verhältnis/in keinem Verhältnis zu etw stehen; (*in size, Art*) in den Proportionen zu etw passen/nicht zu etw passen; **in ~ to** *or* **with what she earns her contributions are very small** im Verhältnis zu dem, was sie verdient, ist ihr Beitrag äußerst bescheiden; **to get sth in ~** (*Art*) etw proportional richtig darstellen; (*fig*) etw objektiv betrachten; **he has got the arms out of ~** er hat die Arme proportional falsch dargestellt; **he has let it all get out of ~** (*fig*) er hat den Blick für die Proportionen verloren; **it's out of all ~**! das geht über jedes Maß hinaus!; **sense of ~** (*lit, fig*) Sinn *m* für Proportionen; **in ~ as** in dem Maße wie; **a room of good ~s** ein Zimmer mit guter Raumaufteilung.

2. (*part, amount*) Teil *m*. **what ~ of the industry is in private hands**? wie groß ist der Anteil der Industrie, der sich in Privathand befindet?; **a ~ of the industry is in private hands** ein Teil der Industrie befindet sich in Privathand.

II *vt* **he ~ed the building beautifully** er hat das Gebäude wunderbar ausgewogen gestaltet; **an accurately/roughly ~ed model** ein maßstabgetreues/ungefähres Modell; **a nicely ~ed woman/building** eine wohlproportionierte Frau/ein wohlausgewogenes Gebäude.

proportional [prə'pɔːʃənl] *adj* proportional (*to* zu); *share, distribution also* anteilmäßig (*to* zu). **~ representation/voting** Verhältniswahlrecht *nt*.

proportionally [prə'pɔːʃnəlɪ] *adv* proportional; *share, distribute also* anteilmäßig; *more, less* entsprechend; *elect* durch Verhältnis- *or* Proportionalwahl.

proportional printing *n* (*Typ, Comput*) Proportionaldruck *m*; **proportional spacing** *n* (*Typ, Comput*) Proportionalschrift *f*.

proportionate [prə'pɔːʃnɪt] *adj* proportional. **to be/not to be ~ to sth** im Verhältnis/in keinem Verhältnis zu etw stehen.

proportionately [prə'pɔːʃnɪtlɪ] *adv see adj*.

proposal [prə'pəʊzl] *n* **1.** Vorschlag *m* (*on, about* zu); (*~ of marriage*) (Heirats)antrag *m*. **to make sb a ~** jdm einen Vorschlag/(Heirats)antrag machen.

2. (*act of proposing*) (*of toast*) Ausbringen *nt*; (*of motion*) Einbringen *nt*. **his ~ of John as chairman was expected** daß er John zum Vorsitzenden vorschlägt, war erwartet worden.

propose [prə'pəʊz] **I** *vt* **1.** vorschlagen; *motion* stellen, einbringen. **to ~ marriage to sb** jdm einen (Heirats)antrag machen; **I ~ leaving now** *or* **that we leave now** ich schlage vor, wir gehen jetzt *or* daß wir jetzt gehen; **to ~ sb's health** einen Toast auf jdn ausbringen; *see* **toast²**.

2. (*have in mind*) beabsichtigen, vorhaben. **I don't ~ having any more to do with it/him** ich will nichts mehr damit/mit ihm zu tun haben; **but I don't ~ to** ich habe aber nicht die Absicht; **and just how do you ~ we pay for all that**? können Sie uns denn auch verraten, wie wir das alles bezahlen sollen?

II *vi* **1.** (*marriage*) einen (Heirats)antrag machen (*to* dat).

2. man ~s, God disposes (*Prov*) der Mensch denkt, Gott lenkt (*Prov*).

proposer [prə'pəʊzəʳ] *n* (*in debate*) Antragsteller(in *f*) *m*. **if you want to stand for the committee you'll have to find a ~** wenn Sie in den Ausschuß wählen lassen wollen, müssen Sie jemanden finden, der Sie vorschlägt.

proposition [ˌprɒpə'zɪʃən] **I** *n* **1.** (*statement*) Aussage *f*; (*Philos, Logic*) Satz *m*; (*Math*) (Lehr)satz *m*. **2.** (*proposal*) Vorschlag *m*; (*argument*) These *f*. **a paying ~** ein lohnendes Geschäft. **3.** (*person or thing to be dealt with*) (*objective*) Unternehmen *nt*; (*opponent*) Fall *m*; (*prospect*) Aussicht *f*. **4.** (*pej: improper ~*) unsittlicher Antrag. **II** *vt* **he ~ed me** er hat mich gefragt, ob ich mit ihm schlafen würde.

propound [prə'paʊnd] *vt* darlegen.

proprietary [prə'praɪətərɪ] *adj class* besitzend; *rights* Besitz-; *attitude, manner* besitzergreifend; *medicine, article, brand* Marken-.

proprietor [prə'praɪətəʳ] *n* (*of pub, hotel, patent*) Inhaber *m*; (*of house, newspaper*) Besitzer *m*.

proprietorship [prə'praɪətəʃɪp] *n see* **proprietor. under his ~** während er der Inhaber/Besitzer war.

proprietress [prə'praɪətrɪs] *n* (*of pub, hotel*) Inhaberin *f*; (*of newspaper*) Besitzerin *f*.

propriety [prə'praɪətɪ] *n* (*correctness*) Korrektheit, Richtigkeit *f*; (*decency*) Anstand *m*; (*of clothing*) Gesellschaftsfähigkeit, Züchtigkeit (*liter*) *f*. **breach of ~** Verstoß *m* gegen die guten Sitten; **the proprieties** die Regeln *pl* des Anstands.

props [prɒps] *npl* (*Theat*) Requisiten *pl*.

propulsion [prə'pʌlʃən] *n* Antrieb *m*.

pro rata ['prəʊ'rɑːtə] *adj, adv* anteilmäßig.

prorate ['prəʊreɪt] *vt* (*US*) anteilmäßig aufteilen *or* verteilen.

prorogation [ˌprəʊrə'geɪʃən] *n* Vertagung *f*.

prorogue [prə'rəʊg] **I** *vt* vertagen.

II *vi* sich vertagen.

prosaic [prəʊ'zeɪɪk] *adj* prosaisch; (*down-to-earth*) nüchtern; *life, joke* alltäglich.

prosaically [prəʊ'zeɪɪkəlɪ] *adv see adj*.

proscenium [prəʊ'siːnɪəm] *n, pl* **proscenia** [prəʊ'siːnɪə] (*also* **~ arch**) Proszenium *nt*. **~ stage** Bühne *f* mit Vorbühne.

proscribe [prəʊ'skraɪb] *vt* (*forbid*) verbieten; (*outlaw*) ächten; (*banish, exile*) verbannen.

proscription [prəʊ'skrɪpʃən] *n see vt* Verbot *nt*; Ächtung *f*; Verbannung *f*

prose [prəʊz] *n* Prosa *f*; (*writing, style*) Stil *m*; (*Sch: translation text*) Übersetzung *f* in die Fremdsprache, Hinübersetzung *f*.

prosecutable ['prɒsɪkjuːtəbl] *adj* strafbar.

prosecute ['prɒsɪkjuːt] **I** *vt* **1.** *person* strafrechtlich verfolgen *or* belangen (*for* wegen). **prosecuting counsel** Staatsanwalt *m*/-anwältin *f*; **"trespassers will be ~d"** „Betreten verboten". **2.** (*form: carry on*) *inquiry, campaign* durchführen; *claim* weiterverfolgen.

II *vi* Anzeige erstatten, gerichtlich vorgehen. **"shoplifting — we always ~"** „jeder Ladendiebstahl wird angezeigt *or* strafrechtlich verfolgt"; **Mr Jones, prosecuting, said ...** Herr Jones, der Vertreter der Anklage, sagte ...

prosecution [ˌprɒsɪ'kjuːʃən] *n* **1.** (*Jur*) (*act of prosecuting*) strafrechtliche Verfolgung; (*in court: case, side*) Anklage *f* *(for* wegen). **(the) counsel for the ~** die Anklage(vertretung), der Vertreter/die Vertreterin der Anklage; **witness for the ~** Zeuge *m*/Zeugin *f* der Anklage, Belastungszeuge *m*/-zeugin *f*.

2. *(form) see vt 2. Durchführung f*; Weiterverfolgung *f*.

prosecutor ['prɒsɪkjuːtəʳ] *n* Ankläger(in *f*) *m*.

proselyte ['prɒsɪlaɪt] *n* Neubekehrte(r) *mf*, Proselyt(in *f*) *m*.

proselytize ['prɒsɪlɪtaɪz] **I** *vt* bekehren. **II** *vi* Leute bekehren.

prose poem *n* Prosagedicht *nt*; **prose style** *n* Stil *m*; **prose writer** *n* Prosaschriftsteller(in *f*) *m*.

prosodic [prə'sɒdɪk] *adj* prosodisch.

prosody ['prɒsədɪ] *n* Verslehre *f*.

prospect ['prɒspekt] **I** *n* **1.** *(outlook, chance)* Aussicht *f* *(of* auf *+acc)*. **what a ~!** *(iro)* das sind ja schöne Aussichten!; **he has no ~s** er hat keine Zukunft; **a job with no ~s** eine Stelle ohne Zukunft; **to hold out the ~ of sth** etw in Aussicht stellen.

2. *(person, thing)* **he's not much of a ~ for her** er hat ihr nicht viel zu bieten; **Manchester is a good ~ for the cup** Manchester ist ein aussichtsreicher Kandidat für den Pokal; **a likely ~ as a customer/candidate/husband** ein aussichtsreicher Kunde/Kandidat/ein Mann, der als Ehemann in Frage kommt; **he's a good ~ for the team** *(could benefit it)* mit ihm hat die Mannschaft gute Aussichten.

3. *(old, form) (view)* Aussicht *f* *(of* auf *+acc)*; *(painting)* Ansicht *f* *(of* von).

4. *(Min)* Schürfstelle *f*.

II [prə'spekt] *vt* *(Min)* nach Bodenschätzen suchen in *(+dat)*.

III [prə'spekt] *vi* *(Min)* nach Bodenschätzen suchen. **to ~ for gold** nach Gold suchen.

prospecting [prə'spektɪŋ] *n* *(Min)* Suche *f* nach Bodenschätzen.

prospective [prə'spektɪv] *adj attr* *(likely to happen) journey, return* voraussichtlich; *(future) son-in-law, owner* zukünftig; *buyer* interessiert. **~ candidate** Kandidat *m*; **all the ~ cases** alle in Frage kommenden Fälle.

prospector [prə'spektəʳ] *n* Prospektor, Gold-/Erz-/Ölsucher *m*.

prospectus [prə'spektəs] *n* Verzeichnis *nt*; *(for holidays)* Prospekt *m*.

prosper ['prɒspəʳ] *vi* *(town, country, crime)* gedeihen, blühen; *(financially)* florieren, blühen; *(plan)* erfolgreich sein. **how's he ~ing these days?** wie geht es ihm?

prosperity [prɒs'perɪtɪ] *n* Wohlstand, Reichtum *m*; *(of business)* Prosperität *f*.

prosperous ['prɒspərəs] *adj* wohlhabend, reich; *business* gutgehend, florierend; *economy* florierend, blühend. **those were ~ times/years** das waren gute Zeiten/erfolgreiche Jahre.

prosperously ['prɒspərəslɪ] *adv live* im Wohlstand.

prostaglandin [,prɒstə'glændɪn] *n* Prostaglandin *nt*.

prostate (gland) ['prɒsteɪt(,glænd)] *n* Prostata, Vorsteherdrüse *f*.

prosthesis [prɒs'θiːsɪs] *n* *(spec)* Prothese *f*.

prostitute ['prɒstɪtjuːt] **I** *n* Prostituierte *f*. **male ~** männlicher Prostituierte *(form)*, Strichjunge *m*. **II** *vt* *(lit)* prostituieren; *one's talents, honour, ideals* verkaufen. **III** *vr* sich prostituieren; *(fig also)* sich verkaufen.

prostitution [,prɒstɪ'tjuːʃən] *n* *(lit, fig)* Prostitution *f*; *(of one's talents, honour, ideals)* Verkaufen *nt*.

prostrate ['prɒstreɪt] **I** *adj* ausgestreckt. **the servants lay ~ at their master's feet** die Diener lagen demütig *or* unterwürfig zu Füßen ihres Herrn; **she was ~ with grief/exhaustion** sie war vor Gram gebrochen/sie brach fast zusammen vor Erschöpfung.

II [prɒ'streɪt] *vt usu pass* *(lit)* zu Boden werfen; *(fig) (with fatigue)* erschöpfen, mitnehmen; *(with shock)* zusammenbrechen lassen, niederschmettern. **to be ~d by an illness** einer Krankheit *(dat)* zum Opfer gefallen sein; **to be ~d by** *or* **with grief** vor Gram gebrochen sein; **he was almost ~d by the heat** die Hitze ließ ihn fast zusammenbrechen.

III [prɒ'streɪt] *vr* sich niederwerfen *(before* vor *+dat)*.

prostration [prɒ'streɪʃən] *n* *(lit)* Fußfall *m*; *(fig: exhaustion)* Erschöpfung *f*.

prosy ['prəʊzɪ] *adj* *(+er)* *(boring)* redselig; *(over-literary)* schwülstig.

Prot *abbr of* **Protestant** ev.

protactinium [,prəʊtæk'tɪnɪəm] *n* *(Chem)* Protaktinium *nt*.

protagonist [prəʊ'tægənɪst] *n* *(esp Liter)* Protagonist(in *f*) *m*; *(champion, supporter)* Verfechter(in *f*) *m*.

protect [prə'tekt] **I** *vt* schützen *(against* gegen, *from* vor *+dat)*; *(person, animal) sb, young* beschützen *(against* gegen, *from* vor *+dat)*; *one's interests, rights also* wahren; *(Comput) cell etc* sichern. **don't try to ~ the culprit** versuchen Sie nicht, den Schuldigen zu decken.

II *vi* schützen *(against* vor *+dat)*.

protection [prə'tekʃən] *n* **1.** Schutz *m* *(against* gegen, *from* vor *+dat)*; *(of interests, rights)* Wahrung *f*. **to be under sb's ~** unter jds Schutz *(dat)* stehen; **~ factor** *(of sun lotion)* Lichtschutzfaktor *m*. **2.** *(also* **~ money)** Schutzgeld *nt*. **~ racket** organisiertes Erpresserunwesen.

protectionism [prə'tekʃənɪzəm] *n* Protektionismus *m*.

protectionist [prə'tekʃənɪst] **I** *adj* protektionistisch. **II** *n* Protektionist(in *f*) *m*.

protective [prə'tektɪv] *adj* Schutz-; *attitude, gesture* beschützend. **~ custody** Schutzhaft *f*; **~ colouring** Tarnfarbe, Schutzfarbe *f*; **~ instinct** Beschützerinstinkt *m*; **the mother is very ~ towards her children** die Mutter ist sehr fürsorglich ihren Kindern gegenüber; **some parents can be too ~** manche Eltern sind übermäßig besorgt.

protectively [prə'tektɪvlɪ] *adv* schützend; *(with regard to people)* beschützend.

protector [prə'tektəʳ] *n* **1.** *(defender)* Beschützer *m*. **2.** *(protective wear)* Schutz

m.

protectorate [prəˈtektərɪt] *n* Protektorat *nt.*

protectress [prəˈtektrɪs] *n* Beschützerin *f.*

protégé, protégée [ˈprɒtəʒeɪ] *n* Protegé, Schützling *m.*

protein [ˈprəʊtiːn] *n* Eiweiß, Protein *nt.* **a high-~ diet** eine eiweißreiche *or* stark proteinhaltige Kost.

pro tem [ˈprəʊˈtem] *abbr of* **pro tempore** zur Zeit, z.Zt.

protest [ˈprəʊtest] **I** *n* Protest *m*; (*demonstration*) Protestkundgebung *f.* **under ~** unter Protest; **in ~** aus Protest; **to make a/one's ~** Protest *or* Widerspruch erheben; **letter of ~, ~ letter** Protestschreiben *nt*; **~ vote** Proteststimme *f.*

II [prəʊˈtest] *vi* (*against, about* gegen) protestieren; (*demonstrate*) demonstrieren. **the ~ing scream of the brakes** das gequälte Aufkreischen der Bremsen.

III [prəʊˈtest] *vt* **1.** *innocence* beteuern. **it's mine, he ~ed** das gehört mir, protestierte er. **2.** (*dispute*) *decision* protestieren gegen, Protest *or* Einspruch erheben gegen.

Protestant [ˈprɒtɪstənt] **I** *adj* protestantisch; (*esp in Germany*) evangelisch. **II** *n* Protestant(in *f*) *m*; Evangelische(r) *mf.*

Protestantism [ˈprɒtɪstəntɪzəm] *n* Protestantismus *m.*

protestation [ˌprɒteˈsteɪʃən] *n* **1.** (*of love, loyalty*) Beteuerung *f.* **2.** (*protest*) Protest *m.*

protester [prəˈtestəʳ] *n* Protestierende(r) *mf*; (*in demonstration*) Demonstrant(in *f*) *m.*

proto- [ˈprəʊtəʊ-] *pref* (*Chem*) proto-, Proto-; (*Ling*) ur-, Ur-.

protocol [ˈprəʊtəkɒl] *n* Protokoll *nt.*

proton [ˈprəʊtɒn] *n* Proton *nt.*

protoplasm [ˈprəʊtəʊplæzəm] *n* Protoplasma *nt.*

prototype [ˈprəʊtəʊtaɪp] *n* Prototyp *m.*

protozoan [ˈprəʊtəʊzəʊən] **I** *adj* einzellig. **II** *n* Protozoon (*spec*), Urtierchen *nt.*

protozoic [ˈprəʊtəʊzəʊɪk] *adj* einzellig.

protract [prəˈtrækt] *vt* hinausziehen, in die Länge ziehen; *illness* verlängern; *decision* hinauszögern.

protracted [prəˈtræktɪd] *adj illness* langwierig; *discussion, debate, negotiations also* sich hinziehend *attr*; *description* langgezogen; *absence, dispute* längere(r, s).

protraction [prəˈtrækʃən] *n* **that can only lead to the ~ of the discussion/illness** das kann nur dazu führen, daß sich die Diskussion/Krankheit hinzieht.

protractor [prəˈtræktəʳ] *n* (*Math*) Winkelmesser *m.*

protrude [prəˈtruːd] **I** *vi* (*out of, from* aus) vorstehen; (*ears*) abstehen; (*eyes*) vortreten. **II** *vt* hervorstrecken, herausstrecken.

protruding [prəˈtruːdɪŋ] *adj* vorstehend; *rock, ledge also* herausragend; *ears* abstehend; *eyes* vortretend; *forehead, chin* vorspringend.

protrusion [prəˈtruːʒən] *n* **1.** (*protruding object*) Vorsprung *m.* **2.** (*protruding*) (*of rock, buttress, teeth*) Vorstehen *nt*; (*of forehead, chin*) Vorspringen *nt*; (*of eyes*) Vortreten *nt.*

protrusive [prəˈtruːsɪv] *adj see* **protruding.**

protuberance [prəˈtjuːbərəns] *n* (*bulge*) Beule *f*; (*of stomach*) Vorstehen *nt*; (*of eyes*) Vortreten *nt.*

protuberant [prəˈtjuːbərənt] *adj* vorstehend; *eyes* vortretend.

proud [praʊd] **I** *adj* **1.** stolz (*of* auf +*acc*). **it made his parents feel very ~** das erfüllte seine Eltern mit Stolz; **to be ~ that …** stolz (darauf) sein, daß …; **to be ~ to do sth** stolz darauf sein, etw zu tun; **that's nothing to be ~ of** das ist nichts, worauf man stolz sein kann.

2. (*projecting*) **to be ~** (*nail*) heraus- *or* hervorragen; (*Typ: character*) erhaben sein; **~ flesh** wildes Fleisch.

II *adv* **to do sb/oneself ~** jdn/sich verwöhnen.

proudly [ˈpraʊdlɪ] *adv* stolz.

provable [ˈpruːvəbl] *adj hypothesis, story* beweisbar; *guilt, innocence also* nachweisbar.

prove [pruːv] *pret* **~d,** *ptp* **~d** *or* **proven I** *vt* **1.** (*verify*) beweisen; *will* beglaubigen; **to ~ sb innocent** *or* **sb's innocence** jds Unschuld beweisen *or* nachweisen; **to ~ something against sb** jdm etwas nachweisen; **whether his judgement was right remains to be ~d** es muß sich erst noch erweisen, ob seine Beurteilung zutrifft; **it all goes to ~ that …** das beweist mal wieder, daß …; **he was ~d right in the end** er hat schließlich doch recht behalten.

2. (*test out, put to the proof*) *rifle, aircraft* erproben; *one's worth, courage* unter Beweis stellen, beweisen.

3. (*Cook*) *dough* gehen lassen.

4. *also vi* (*turn out*) **to ~ (to be) true/useful** sich als wahr/nützlich erweisen; **if it ~s otherwise** wenn sich das Gegenteil herausstellt.

II *vi* **1.** (*Cook: dough*) gehen.

2. *see vt 4.*

III *vr* **1.** (*show one's value, courage*) sich bewähren.

2. to ~ oneself innocent/indispensable sich als unschuldig/unentbehrlich erweisen.

proven [ˈpruːvən] **I** *ptp of* **prove.**

II [ˈprəʊvən] *adj* bewährt. **not ~** (*Scot Jur*) unbewiesen.

provenance [ˈprɒvɪnəns] *n* Herkunft *f*, Ursprung *m.* **country of ~** Herkunfts- *or* Ursprungsland *nt.*

provender [ˈprɒvɪndəʳ] *n* Futter *nt.*

proverb [ˈprɒvɜːb] *n* Sprichwort *nt.* **(the Book of) P~s** die Sprüche *pl.*

proverbial [prəˈvɜːbɪəl] *adj* (*lit, fig*) sprichwörtlich.

proverbially [prəˈvɜːbɪəlɪ] *adv* (*lit*) *express* in Form eines Sprichworts; (*fig*) sprichwörtlich.

provide [prəˈvaɪd] **I** *vt* **1.** (*make available*) zur Verfügung stellen; *personnel* (*agency*) vermitteln; *money* bereitstellen; (*lay on, as part of service*) *chairs, materials, food* (zur Verfügung) stellen; (*see to, bring along*) *food, records* sorgen für; (*produce, give*) *ideas, specialist knowl-*

edge, electricity liefern; *light, shade* spenden, geben; *privacy* sorgen für, schaffen; *topic of conversation* sorgen für, liefern. **X ~d the money and Y (~d) the expertise** X stellte das Geld bereit und Y lieferte das Fachwissen; **a local band ~d the music** eine örtliche Kapelle sorgte für die Musik.

2. to ~ sth for sb etw für jdn stellen; (*make available*) jdm etw zur Verfügung stellen; (*find, supply: agency*) jdm etw besorgen; **to ~ food and clothes for one's family** für Nahrung und Kleidung seiner Familie sorgen; **I can't ~ enough chairs/food for everyone** ich kann nicht genug Stühle/Nahrung für alle stellen; **it ~s a certain amount of privacy/shade for the inhabitants** es schafft für die Bewohner eine gewisse Abgeschlossenheit/es spendet den Bewohnern etwas Schatten.

3. to ~ sb with sth (*with food, clothing*) jdn mit etw versorgen; (*equip*) jdn mit etw versehen *or* ausstatten; (*with excuse, idea, answer*) jdm etw geben *or* liefern; (*with opportunity, information*) jdm etw verschaffen *or* geben *or* liefern; **this job ~d him with enough money/with the necessary overseas experience** die Stelle verschaffte ihm genug Geld/die nötige Auslandserfahrung; **this ~d the school with enough money to build a gymnasium** dadurch hatte die Schule genügend Geld zur Verfügung, um eine Turnhalle zu bauen.

4. (*stipulate: clause, agreement*) vorsehen. **unless otherwise ~d** sofern nichts Gegenteiliges bestimmt ist; *see* **~d (that), providing (that).**

II *vi* **the Lord will ~** (*prov*) der Herr wird's schon geben; **a husband who ~s well** ein Ehemann, der gut für seine Familie sorgt.

III *vr* **to ~ oneself with sth** sich mit etw ausstatten; **to ~ oneself with a good excuse** sich (*dat*) eine gute Entschuldigung zurechtlegen.

◆**provide against** *vi +prep obj* vorsorgen für, Vorsorge *or* Vorkehrungen treffen für. **the law ~s ~ such abuses** das Gesetz schützt vor solchem Mißbrauch.

◆**provide for** *vi +prep obj* **1.** *family* versorgen, sorgen für, Sorge tragen für. **he made sure that his family would be well ~d ~** er stellte sicher, daß seine Familie gut versorgt war *or* daß für seine Familie gut gesorgt war.

2. the law/treaty ~s ~ penalties against abuses bei Mißbrauch sieht das Gesetz/der Vertrag Strafe vor; **as ~d ~ in the 1970 contract** wie in dem Vertrag von 1970 vorgesehen; **we ~d ~ all emergencies** wir haben für alle Notfälle vorgesorgt; **we have ~d ~ an increase in costs of 25%** wir haben eine Kostensteigerung von 25% einkalkuliert; **the design of the house ~s ~ the later addition of a garage** im Entwurf des Hauses ist der spätere Anbau einer Garage vorgesehen.

provided (that) [prəˈvaɪdɪd(ˈðæt)] *conj* vorausgesetzt, gesetzt den Fall(, daß).

providence [ˈprɒvɪdəns] *n* **1.** (*fate*) die Vorsehung. **2.** (*dated: prudent thriftiness*) Vorsorge *f*.

provident [ˈprɒvɪdənt] *adj* vorsorglich, vorsorgend, vorausschauend. **~ fund** Unterstützungskasse *f*; **~ society** *private Altersversicherung*.

providential [ˌprɒvɪˈdenʃəl] *adj* **1. God's ~ care** die göttliche Vorsehung. **2.** (*lucky*) glücklich. **to be ~** (ein) Glück sein.

providentially [ˌprɒvɪˈdenʃəlɪ] *adv* (*luckily*) glücklicherweise. **it happened almost ~** das war gleichsam eine Fügung (des Schicksals).

providently [ˈprɒvɪdəntlɪ] *adv see adj*.

provider [prəˈvaɪdə^r] *n* (*of family*) Ernährer(in *f*) *m*.

providing (that) [prəˈvaɪdɪŋ(ˈðæt)] *conj* vorausgesetzt(, daß), gesetzt den Fall(, daß).

province [ˈprɒvɪns] *n* **1.** Provinz *f*.

2. the ~s *pl* die Provinz.

3. (*fig: area of knowledge, activity*) Gebiet *nt*, Bereich *m*. **it's not within my ~** das fällt nicht in meinen Bereich *or* mein Gebiet.

4. (*area of authority*) Kompetenzbereich *m*. **that's not my ~** dafür bin ich nicht zuständig.

provincial [prəˈvɪnʃəl] **I** *adj* Provinz-; *custom, accent* ländlich; (*pej*) provinzlerisch. **II** *n* Provinzbewohner(in *f*) *m*; (*pej*) Provinzler(in *f*) *m*.

provincialism [prəˈvɪnʃəlɪzəm] *n* Provinzialismus *m*.

proving ground [ˈpruːvɪŋˌgraʊnd] *n* (*for theory*) Versuchsfeld *nt*; (*situation: for sb, sb's abilities*) Bewährungsprobe *f*.

provision [prəˈvɪʒən] **I** *n* **1.** (*act of supplying*) (*for others*) Bereitstellung *f*; (*for one's own team, expedition*) Beschaffung *f*; (*of food, gas, water*) Versorgung *f* (*of* mit, *to sb* jds).

2. (*supply*) Vorrat *m* (*of* an *+dat*). **we had an ample ~ of reference books/houses** uns (*dat*) standen genügend Nachschlagewerke/Häuser zur Verfügung.

3. ~s (*food*) Lebensmittel *pl*; (*Mil, for journey, expedition*) Verpflegung *f*, Proviant *m*; **~s ship** Versorgungsschiff *nt*.

4. (*allowance*) Berücksichtigung *f*; (*arrangement*) Vorkehrung *f*; (*stipulation*) Bestimmung *f*. **with the ~ that ...** mit dem Vorbehalt *or* der Bedingung, daß ...; **is there no ~ for such cases in the legislation**? sind solche Fälle im Gesetz nicht berücksichtigt *or* vorgesehen?; **to make ~ for sb/one's family/the future** für jdn/für seine Familie/für die Zukunft Vorsorge *or* Vorkehrungen treffen; **to make ~ for sth** etw vorsehen; (*in legislation, rules also*) etw berücksichtigen; *for margin of error* etw einkalkulieren; **the council made ~ for recreation** die Stadt hat Freizeiteinrichtungen geschaffen; **to make ~ against sth** gegen etw Vorkehrungen treffen.

II *vt* die Verpflegung liefern für; *expedition* verproviantieren; *troops* (mit Proviant) beliefern *or* versorgen.

provisional [prə'vɪʒənl] **I** *adj* provisorisch; *measures, solution also, offer, acceptance, decision, legislation* vorläufig. **~ driving licence** (*Brit*) *vorläufige Fahrerlaubnis für Fahrschüler;* **the ~ IRA** *see n.* **II** *n* (*Ir Pol*) **the P~s** *Mitglieder pl der provisorischen irisch-republikanischen Armee.*

provisionally [prə'vɪʒnəlɪ] *adv* vorläufig; *appoint also* provisorisch.

proviso [prə'vaɪzəʊ] *n* (*condition*) Vorbehalt *m*, Bedingung *f*; (*clause*) Vorbehaltsklausel *f*. **he made several ~s** er hat mehrere Bedingungen gestellt.

provisory [prə'vaɪzərɪ] *adj* **1.** (*with a proviso*) vorbehaltlich. **a ~ clause** eine Vorbehaltsklausel. **2.** *see* **provisional I**.

Provo ['prəʊvəʊ] *n* (*Ir Pol*) *see* **provisional II**.

provocation [ˌprɒvə'keɪʃən] *n* Provokation, Herausforderung *f*. **he acted under ~** er wurde dazu provoziert *or* herausgefordert; **he hit me without any ~** er hat mich geschlagen, ohne daß ich ihn dazu provoziert hätte.

provocative [prə'vɒkətɪv] *adj* provozierend, provokatorisch; *remark, behaviour also* herausfordernd; *dress* provozierend. **he's just trying to be ~** er versucht nur zu provozieren.

provocatively [prə'vɒkətɪvlɪ] *adv see adj.*

provoke [prə'vəʊk] *vt sb* provozieren, reizen, herausfordern; *animal* reizen; *reaction, anger, criticism, dismay, smile* hervorrufen; *lust, pity* erwecken, erregen; *reply, dispute* provozieren; *discussion, revolt, showdown* herbeiführen, auslösen. **to ~ a quarrel** *or* **an argument** (*person*) Streit suchen; (*action*) zu einem Streit führen; **to ~ sb into doing sth** *or* **to do sth** jdn dazu bringen, daß er etw tut; (*taunt*) jdn dazu treiben *or* so provozieren, daß er etw tut.

provoking [prə'vəʊkɪŋ] *adj* provozierend; (*annoying*) *fact, circumstance* ärgerlich. **a ~ child** ein Kind, das einen reizt.

provokingly [prə'vəʊkɪŋlɪ] *adv* provozierend.

provost ['prɒvəst] *n* **1.** (*Scot*) Bürgermeister(in *f*) *m*. **2.** (*Univ*) ≃ Dekan *m*. **3.** (*Eccl*) Propst *m*.

provost marshal [prə'vəʊst'mɑːʃəl] *n* Kommandeur *m* der Militärpolizei.

prow [praʊ] *n* Bug *m*.

prowess ['praʊɪs] *n* (*skill*) Fähigkeiten *pl*, Können *nt*; (*courage*) Tapferkeit *f*. **his (sexual) ~** seine Potenz.

prowl [praʊl] **I** *n* Streifzug *m*. **to be on the ~** (*cat, lion, burglar*) auf Streifzug sein; (*headmaster, boss*) herumschleichen; (*police car*) auf Streife sein; (*inf: for pick-up*) auf Frauen-/Männerjagd sein.
II *vt* durchstreifen.
III *vi* (*also* **~ about** *or* **around**) herumstreichen; (*of boss, headmaster*) herumschleichen. **he's always ~ing round the clubs** er streicht immer um die Klubs herum.

prowl car *n* (*US*) Streifenwagen *m*.

prowler ['praʊlə^{r}] *n* Herumtreiber(in *f*) *m*; (*peeping Tom*) Spanner *m* (*inf*). **he heard a ~ outside** er hörte, wie draußen jemand herumschlich.

prox ['prɒks] *abbr of* **proximo**.

proximity [prɒk'sɪmɪtɪ] *n* Nähe *f*. **in ~/in close ~ to** in der Nähe (+*gen*)/in unmittelbarer Nähe (+*gen*); **~ in age** geringer Altersunterschied.

proximo ['prɒksɪməʊ] *adv* (*Comm*) (des) nächsten Monats.

proxy ['prɒksɪ] *n* (*power, document*) (Handlungs)vollmacht *f*; (*person*) Stellvertreter(in *f*) *m*. **by ~** durch einen Stellvertreter; **to be married by ~** ferngetraut werden; **~ vote** stellvertretend abgegebene Stimme.

prude [pruːd] *n* **to be a ~** prüde sein; **only ~s would object to that** nur prüde Leute würden sich daran stoßen.

prudence ['pruːdəns] *n see adj* Umsicht *f*; Klugheit *f*; Überlegtheit *f*. **simple ~ should have made you stop** der gesunde Menschenverstand hätte Sie davon abbringen müssen.

prudent ['pruːdənt] *adj person* umsichtig; *measure, action, decision* klug; *answer* wohlüberlegt. **I thought it ~ to change the subject** ich hielt es für klüger, das Thema zu wechseln; **how ~!** sehr klug *or* weise!

prudently ['pruːdəntlɪ] *adv* wohlweislich; *act* umsichtig; *answer* überlegt.

prudery ['pruːdərɪ] *n* Prüderie *f*.

prudish ['pruːdɪʃ] *adj* prüde; *clothes* sittsam, züchtig.

prudishly ['pruːdɪʃlɪ] *adv see adj.* **they ~ cut out all the swearwords** prüde wie sie sind, haben sie alle Kraftausdrücke gestrichen.

prudishness ['pruːdɪʃnɪs] *n* (*prudish behaviour*) Prüderie *f*; (*prudish nature*) prüde Art; (*of clothes*) Sittsamkeit *f*.

prune[1] [pruːn] *n* Backpflaume *f*; (*inf: person*) Muffel *m* (*inf*).

prune[2] *vt* (*also* **~ down**) beschneiden, stutzen; *hedge* schneiden, zurechtstutzen; (*fig*) *expenditure* kürzen; *workforce* reduzieren; *firm* schrumpfen lassen; *book, essay* zusammenstreichen, kürzen. **to ~ away** ab- *or* wegschneiden; *unnecessary details, verbiage* wegstreichen; **to ~ an essay of superfluous matter** einen Aufsatz straffen.

pruners ['pruːnəz] *npl* Gartenschere, Rebschere *f*.

pruning ['pruːnɪŋ] *n see vt* Beschneiden, Stutzen *nt*; Schneiden, Zurechtstutzen *nt*; Kürzung *f*; Reduzierung *f*; Schrumpfung *f*; Zusammenstreichen *nt*. **the tree needs ~** der Baum muß beschnitten *or* gestutzt werden.

pruning hook *n* Rebmesser *nt*; **pruning knife** *n* Gartenmesser *nt*, Hippe *f*; **pruning shears** *npl* Gartenschere, Rebschere *f*.

prurience ['prʊərɪəns] *n see adj* Anzüglichkeit *f*; Lüsternheit *f*.

prurient ['prʊərɪənt] *adj* anzüglich; *person* lüstern.

Prussia ['prʌʃə] *n* Preußen *nt*.

Prussian ['prʌʃən] **I** *adj* preußisch. **~ blue** preußischblau. **II** *n* **1.** Preuße *m*, Preußin *f*. **2.** (*language*) Preußisch *nt*. **Old ~**

Altpreußisch *nt*.
prussic acid ['prʌsɪk'æsɪd] *n* Blausäure *f*.
pry[1] [praɪ] *vi* neugierig sein; (*in drawers*) (herum)schnüffeln (*in* in +*dat*). **I don't mean to ~, but ...** es geht mich ja nichts an, aber ...; **to ~ into sb's affairs** seine Nase in jds Angelegenheiten (*acc*) stekken; **to ~ into sb's secrets** jds Geheimnisse ausspionieren wollen; **to ~ about** herumschnüffeln.
pry[2] *vt* (*US*) *see* **prise**.
prying ['praɪɪŋ] *adj* neugierig.
PS *abbr of* **postscript** PS.
psalm [sɑːm] *n* Psalm *m*. **(the Book of) P~s** der Psalter; **~ book** Psalmenbuch *nt*.
psalmist ['sɑːmɪst] *n* Psalmist *m*.
psalmody ['sælmədɪ] *n* Psalmodie *f*.
psalter ['sɔːltə^r] *n* Psalter *m*.
psaltery ['sɔːltərɪ] *n* Psalterium *nt*.
PSBR *abbr of* **public sector borrowing requirement.**
psephologist [se'fɒlədʒɪst] *n* Wahlforscher(in *f*) *m*.
psephology [se'fɒlədʒɪ] *n* Wahlforschung *f*.
pseud [sjuːd] (*inf*) **I** *n* Möchtegern *m* (*inf*). **you ~!** du Angeber(in)!
II *adj book, film* auf intellektuell gemacht (*inf*), gewollt; *views, ideas* hochgestochen; *décor, pub etc* auf schick gemacht (*inf*); *person* affektiert; pseudointellektuell.
pseudo ['sjuːdəʊ] (*inf*) **I** *adj* **1.** (*pretentious*) *see* **pseud II**. **2.** (*pretended*) unecht; *affection, simplicity* aufgesetzt; *revolutionary, intellectual* Möchtegern- (*inf*), Pseudo-. **II** *n see* **pseud I**.
pseudo- *pref* Pseudo-, pseudo.
pseudonym ['sjuːdənɪm] *n* Pseudonym *nt*.
psittacosis [ˌpsɪtə'kəʊsɪs] *n* Papageienkrankheit, Psittakose (*spec*) *f*.
psoriasis [sɒ'raɪəsɪs] *n* Schuppenflechte, Psoriasis (*spec*) *f*.
PST (*US*) *abbr of* **Pacific Standard Time** pazifische Zeit.
psych(e) [saɪk] *vt* (*sl*) **1.** (*psychoanalyst*) analysieren. **2.** (*understand, get taped*) **to ~ sb (out), to get sb ~ed (out)** jdn durchschauen.
◆**psyche out I** *vt sep* (*inf*) psychologisch fertigmachen (*inf*).
II *vi* (*freak out*) ausflippen (*inf*).
◆**psyche up** *vt sep* (*inf*) hochputschen (*inf*). **to ~ oneself ~, to get oneself ~d ~** sich hochputschen (*inf*); **he was all ~d ~ for the match** er hatte sich für das Spiel so richtig hochgeputscht (*inf*).
psyche ['saɪkɪ] *n* Psyche *f*.
psychedelic [ˌsaɪkɪ'delɪk] *adj* psychedelisch; *drugs also* bewußtseinserweiternd.
psychiatric [ˌsaɪkɪ'ætrɪk] *adj* psychiatrisch; *illness* psychisch.
psychiatrist [saɪ'kaɪətrɪst] *n* Psychiater(in *f*) *m*.
psychiatry [saɪ'kaɪətrɪ] *n* Psychiatrie *f*.
psychic ['saɪkɪk] **I** *adj* übersinnlich; *powers* übernatürlich. **~ research** Parapsychologie *f*; **she is ~** sie besitzt übernatürliche Kräfte *or* übersinnliche Wahrnehmung; **you must be ~!** Sie müssen hellsehen können!
II *n* Mensch *m* mit übernatürlichen Kräften *or* übersinnlicher Wahrnehmung.
psychical ['saɪkɪkəl] *adj see* **psychic I**.
psycho ['saɪkəʊ] *n* (*US inf*) Verrückte(r) *mf*.
psychoanalyse, (*US*) **psychoanalyze** [ˌsaɪkəʊ'ænəlaɪz] *vt* psychoanalytisch behandeln, psychoanalysieren.
psychoanalysis [ˌsaɪkəʊə'nælɪsɪs] *n* Psychoanalyse *f*.
psychoanalyst [ˌsaɪkəʊ'ænəlɪst] *n* Psychoanalytiker(in *f*) *m*.
psychological [ˌsaɪkə'lɒdʒɪkəl] *adj* (*mental*) psychisch; (*concerning psychology*) psychologisch. **~ make-up** Psyche *f*; **the ~ moment** der psychologisch günstige Augenblick; **~ terror** Psychoterror *m*; **~ warfare** psychologische Kriegführung.
psychologically [ˌsaɪkə'lɒdʒɪkəlɪ] *adv see adj*. **he is ~ unstable** er ist psychisch sehr unausgeglichen.
psychologist [saɪ'kɒlədʒɪst] *n* Psychologe *m*, Psychologin *f*.
psychology [saɪ'kɒlədʒɪ] *n* (*science*) Psychologie *f*; (*make-up*) Psyche *f*.
psychometrics [ˌsaɪkəʊ'metrɪks] *n sing*, **psychometry** [saɪ'kɒmɪtrɪ] *n* Psychometrie *f*.
psychopath ['saɪkəʊpæθ] *n* Psychopath(in *f*) *m*.
psychopathic [ˌsaɪkəʊ'pæθɪk] *adj* psychopathisch.
psychosis [saɪ'kəʊsɪs] *n, pl* **psychoses** [saɪ'kəʊsiːz] Psychose *f*.
psychosomatic [ˌsaɪkəʊsəʊ'mætɪk] *adj* psychosomatisch. **~ medicine** Psychosomatik *f*, psychosomatische Medizin.
psychotherapist [ˌsaɪkəʊ'θerəpɪst] *n* Psychotherapeut(in *f*) *m*.
psychotherapy [ˌsaɪkəʊ'θerəpɪ] *n* Psychotherapie *f*.
psychotic [saɪ'kɒtɪk] **I** *adj* psychotisch. **~ illness** Psychose *f*.
II *n* Psychotiker(in *f*) *m*.
PT *abbr of* **physical training**.
pt *abbr of* **part; pint; payment; point** Pkt.
PTA *abbr of* **parent-teacher association** Lehrer-Eltern-Ausschuß *m*.
ptarmigan ['tɑːmɪgən] *n* Schneehuhn *nt*.
Pte (*Mil*) *abbr of* **Private**.
pto *abbr of* **please turn over** bitte wenden, b.w.
Ptolemaic [ˌtɒlə'meɪɪk] *adj* ptolemäisch. **~ system** ptolemäisches Weltbild *or* (Welt)system.
ptomaine ['təʊmeɪn] *n* Leichengift.
pub [pʌb] *n* (*Brit*) Kneipe (*inf*), Wirtschaft *f*, Lokal *nt*; (*in the country*) Gasthaus, Wirtshaus *nt*. **let's go to the ~** komm, wir gehen einen trinken *or* wir gehen in die Kneipe (*inf*); **~ grub/lunch** *in Trinkgaststätten servierter Imbiß*.
pub-crawl ['pʌbkrɔːl] *n* (*esp Brit inf*) Kneipenbummel *m* (*inf*). **to go on a ~** einen Kneipenbummel machen (*inf*).
puberty ['pjuːbətɪ] *n* die Pubertät. **to reach the age of ~** ins Pubertätsalter *or* in die Pubertät kommen.
pubes ['pjuːbiːz] *pl of* **pubis.**

pubescence [pjuː'besəns] *n* die Pubertät.

pubescent [pjuː'besənt] *adj* pubertierend.

pubic ['pjuːbɪk] *adj* Scham-.

pubis ['pjuːbɪs] *n, pl* **pubes** Schambein *nt*.

public ['pʌblɪk] **I** *adj* öffentlich; *spending, debts* der öffentlichen Hand, Staats-. **to be ~ knowledge** allgemein bekannt sein; **to become ~** publik werden; **at the ~ expense** aus öffentlichen Mitteln; **it's rather ~ here** es ist nicht gerade privat hier; **he is a ~ figure** *or* **person** er ist eine Persönlichkeit des öffentlichen Lebens; **in the ~ eye** im Blickpunkt der Öffentlichkeit; **to make sth ~** etw bekanntgeben, etw publik machen; (*officially*) etw öffentlich bekanntmachen; **in the ~ interest** im öffentlichen Interesse; **to create ~ awareness** öffentliches Interesse wecken; **to go ~** (*Comm*) in eine Aktiengesellschaft umgewandelt werden.

II *n sing or pl* Öffentlichkeit *f*. **in ~** in der Öffentlichkeit; *speak also, agree, admit* öffentlich; **our/their** *etc* **~** unser/ihr *etc* Publikum; **the reading/sporting/theatre-going ~** die lesende/sportinteressierte/theaterinteressierte Öffentlichkeit; **the racing ~** die Freunde *pl* des Rennsports.

public address system *n* Lautsprecheranlage *f*.

publican ['pʌblɪkən] *n* (*Brit*) Gastwirt(in *f*) *m*.

public assistance *n* (*US*) staatliche Fürsorge.

publication [ˌpʌblɪ'keɪʃən] *n* Veröffentlichung, Publikation (*geh*) *f*. **~ date** Erscheinungsdatum *nt*.

public bar *n* ≃ Ausschank *m*, Schenke *f*; **public building** *n* öffentliches Gebäude; **public company** *n* Aktiengesellschaft *f*; **public convenience** *n* öffentliche Toilette; **public debt** *n* (*esp US*) Verschuldung *f* der öffentlichen Hand; (*national debt*) Staatsverschuldung *f*; **public defender** *n* (*US*) Pflichtverteidiger(in *f*) *m*; **public domain** *n* **1.** (*land*) Domäne *f*; **2.** (*unpatented status*) **this book/invention will soon become ~** das Copyright für dieses Buch/das Patent für diese Erfindung läuft bald ab; **to be in the ~** (*not private property*) allgemein zugänglich sein; (*generally known*) allgemein bekannt sein; **public enemy** *n* (*US*) Staatsfeind *m*; **~ number one** Staatsfeind Nr. 1; **public holiday** *n* gesetzlicher Feiertag; **public house** *n* (*Brit form*) Gaststätte *f*.

publicist ['pʌblɪsɪst] *n* Publizist(in *f*) *m*.

publicity [pʌb'lɪsɪtɪ] *n* **1.** Publicity *f*. **2.** (*Comm: advertising, advertisements*) Werbung, Reklame *f*. **we must get out some more ~ for this product** wir müssen mehr Werbung für dieses Produkt treiben.

publicity agent *n* Publicitymanager(in *f*) *m*; **publicity campaign** *n* Publicitykampagne *f*; (*Comm*) Werbekampagne *f*; **publicity material** *n* Publicitymaterial *nt*; (*Comm*) Werbematerial *nt*; **publicity-shy** *adj* öffentlichkeitsscheu.

publicize ['pʌblɪsaɪz] *vt* **1.** (*make public*) bekanntmachen, an die Öffentlichkeit bringen. **I don't want this ~d** ich möchte nicht, daß das publik wird; **I don't ~ the fact** ich will das nicht an die große Glokke hängen (*inf*).

2. (*get publicity for*) *film, author* Publicity machen für; *new product also* Werbung treiben *or* Reklame machen für.

public law *n* öffentliches Recht.

publicly ['pʌblɪklɪ] *adv* öffentlich. **this factory is ~ owned** diese Fabrik ist Gemeineigentum.

public money *n* öffentliche Gelder *pl*; **public opinion** *n* die öffentliche Meinung; **public opinion poll** *n* Meinungsumfrage *f*; **public ownership** *n* öffentlicher Besitz; **under ~** in öffentlichem Besitz; **public prosecutor** *n* Staatsanwalt *m*/-anwältin *f*; **public purse** *n* Staatskasse *f*, Staatssäckel *m* (*inf*); **Public Record(s) Office** *n* (*Brit*) Nationalarchiv *nt*; Bundeszentralarchiv *nt* (*BRD*); **public relations** *n* **1.** *pl* Public Relations *pl*; **2.** *sing* (*area of work also*) Öffentlichkeitsarbeit *f*; **public relations officer** *n* Pressesprecher(in *f*) *m*, PR-Referent(in *f*) *m*; **public school** *n* (*Brit*) Privatschule, Public School *f*; (*US*) staatliche Schule; **public schoolboy** *n* (*Brit*) Schüler *m* einer Privatschule; **public schoolgirl** *n* (*Brit*) Schülerin *f* einer Privatschule; **public sector** *n* öffentlicher Sektor; **public-sector** *adj attr* des öffentlichen Sektors; **~ borrowing requirement** Kreditaufnahme *f* durch die öffentliche Hand; **public servant** *n* Arbeitnehmer(in *f*) *m* im öffentlichen Dienst; **public service** *n* (*Civil Service*) öffentlicher Dienst; (*facility: water, transport*) öffentlicher Dienstleistungsbetrieb; (*benefit*) Dienst *m* an der Allgemeinheit; **public service broadcasting** *n* ≃ öffentlich-rechtlicher Rundfunk; öffentlich-rechtliches Fernsehen; **public service vehicle** *n* öffentliches Verkehrsmittel; **public speaker** *n* Redner(in *f*) *m*; **public speaking** *n* Redenhalten *nt*; **I'm no good at ~** ich kann nicht in der Öffentlichkeit reden; **public spending** *n* Ausgaben *pl* der öffentlichen Hand; **public spirit** *n* Gemeinsinn *m*; **public-spirited** *adj act, attitude* gemeinsinnig (*geh*), von Gemeinschaftssinn zeugend *attr*; **it's not very ~ of them to ...** es spricht nicht gerade für ihren Gemeinschaftssinn, daß sie ...; **public transport** *n* öffentliche Verkehrsmittel *pl*; **public utility** *n* öffentlicher Versorgungsbetrieb; **public works** *npl* staatliche Bauvorhaben *pl*.

publish ['pʌblɪʃ] **I** *vt* **1.** (*issue*) veröffentlichen; *book, magazine also* herausbringen; *research, thesis also* publizieren. **~ed by Collins** bei Collins *or* im Verlag Collins erschienen; **"~ed monthly"** „erscheint monatlich"; **"just ~ed"** „neu erschienen"; **"to be ~ed shortly"** „erscheint in Kürze"; **they ~ novels** sie verlegen Romane.

2. (*make public*) *news, banns* veröffentlichen, bekanntgeben; *decree* herausgeben; *will* eröffnen. **to ~ sth abroad**

etw überall herumerzählen.

II *vi* **the magazine ~es on Tuesdays** das Magazin erscheint dienstags; **when are we going to ~?** (*book*) wann bringen wir das Buch heraus?; (*research*) wann veröffentlichen *or* publizieren wir die Arbeit?; **he used to ~ with Collins** er hat seine Bücher früher bei Collins herausgebracht *or* veröffentlicht.

publisher ['pʌblɪʃəʳ] *n* (*person*) Verleger(in *f*) *m*; (*firm: also* **~s**) Verlag *m*. **who are your ~s?** wer ist Ihr Verleger?

publishing ['pʌblɪʃɪŋ] *n* (*trade*) das Verlagswesen. **~ company** Verlagshaus *nt*.

puce [pju:s] **I** *n* Braunrot *nt*. **II** *adj* braunrot; (*fig: with rage, shame*) rot.

puck¹ [pʌk] *n* (*goblin*) Kobold, Puck *m*.

puck² *n* (*Sport*) Puck *m*.

pucker ['pʌkəʳ] **I** *n* (*in cloth*) Fältchen *nt*.

II *vt* (*also* **~ up**) *one's lips, mouth* verziehen; (*for kissing*) spitzen; *one's brow* runzeln; *material* Falten machen in (+*acc*).

III *vi* (*also* **~ up**) (*lips*) sich verziehen; (*to be kissed*) sich spitzen; (*brow*) sich runzeln; (*material*) Falten werfen.

puckish *adj*, **~ly** *adv* ['pʌkɪʃ, -lɪ] koboldhaft.

pud [pʊd] *n* (*inf*) *see* **pudding.**

pudding ['pʊdɪŋ] *n* **1.** (*dessert*) Nachspeise *f*; (*crème caramel, instant whip*) Pudding *m*. **what's for ~?** was gibt es als Nachspeise *or* Nachtisch? **2.** (*savoury: meat in suet*) ≃ (Fleisch)pastete *f*. **black ~** ≃ Blutwurst *f*; **white ~** ≃ Preßsack *m*. **3.** (*inf*) (*idiot*) Knallkopp *m* (*inf*); (*fatty*) Dickerchen *nt*.

pudding basin *n* Puddingform *f*; **pudding-basin haircut** *n* (Koch)topfschnitt *m* (*inf*); **pudding club** *n* **to be in the ~** (*sl*) einen dicken Bauch haben (*inf*); **pudding-face** *n* (*inf*) Vollmondgesicht *nt* (*inf*); **pudding-head** *n* (*inf*) Knallkopp *m* (*inf*); **pudding stone** *n* (*Miner*) Puddingstein *m*.

puddle ['pʌdl] *n* Pfütze *f* (*also euph*).

pudendum [pju:'dendəm] *n, pl* **pudenda** [pju:'dendə] **1.** (*of woman*) Vulva *f*. **2. pudenda** *pl* (*of either sex*) primäre Geschlechtsmerkmale *pl*, Scham *f* (*geh*).

pudgy ['pʌdʒɪ] *adj* (+*er*) *see* **podgy.**

puerile ['pjʊəraɪl] *adj* infantil.

puerility [pjʊə'rɪlɪtɪ] *n* Infantilität *f*.

puerperal fever [pju:'ɜ:pərəl'fi:vəʳ] *n* Kindbettfieber, Puerperalfieber (*spec*) *nt*.

Puerto Rican ['pwɜ:təʊ'ri:kən] **I** *adj* puertoricanisch.

II *n* (*person*) Puertoricaner(in *f*) *m*.

Puerto Rico ['pwɜ:təʊ'ri:kəʊ] *n* Puerto Rico *nt*.

puff [pʌf] **I** *n* **1.** (*of breathing, of engine*) Schnaufen *nt no pl*; (*of horse*) Schnauben *nt no pl*; (*inf: breath*) Puste *f* (*inf*); (*on cigarette*) Zug *m* (*at, of* an +*dat*). **a ~ of air/wind** ein Luft-/Windstoß *m*; **a ~ of smoke** eine Rauchwolke; **our hopes vanished in a ~ of smoke** unsere Hoffnungen lösten sich in nichts auf; **he blew out the candles with** *or* **in one ~** er blies die Kerzen auf einmal aus; **to be out of ~** (*inf*) außer Puste sein (*inf*).

2. (*powder* **~**) Quaste *f*.

3. (*Cook*) **cream ~** Windbeutel *m*; **jam ~** Blätterteigteilchen *nt* mit Marmelade; **~ pastry,** (*US*) **~ paste** Blätterteig *m*.

II *vt* **1.** *smoke* ausstoßen; (*person*) blasen; *cigarette, cigar* paffen (*inf*). **to ~ sth away/down** etw wegblasen/umblasen; **stop ~ing smoke in my face** blas mir nicht dauernd den Rauch ins Gesicht.

2. (*Sew*) bauschen. **~ed sleeves** Puffärmel *pl*.

3. (*Cook*) **to ~ rice** Puffreis herstellen.

III *vi* (*person, train*) schnaufen; (*horse*) schnauben; (*wind*) blasen; (*chimney, smoke*) qualmen. **he was ~ing and panting** er pustete und schnaufte; **to ~ (away) at** *or* **on a cigar** an einer Zigarre paffen.

◆**puff out** *vt sep* **1.** (*expand*) *chest* herausstrecken, herausdrücken; *cheeks* aufblasen; *feathers* (auf)plustern; *sail* blähen. **2.** (*emit*) *air, smoke* ausstoßen; *words* hervorstoßen. **3.** (*blow out*) auspusten. **4.** (*inf*) *always separate* (*make out of breath*) außer Puste bringen (*inf*).

◆**puff up** **I** *vt sep* **1.** *feathers* (auf)plustern; (*blow up*) aufblasen. **2.** (*fig*) **to get/be ~ed ~** sich aufblasen; **to be ~ed ~ with pride** ganz aufgeblasen sein. **II** *vi* **1.** (*swell: eyes, face*) anschwellen. **2. he came ~ing ~ to me** er kam angeschnauft.

puff-adder *n* Puffotter *f*; **puff-ball** *n* (*Bot*) Bovist *m*.

puffed [pʌft] *adj* (*inf*) außer Puste (*inf*).

puffin ['pʌfɪn] *n* Papageientaucher, Lund *m*.

puffiness ['pʌfɪnɪs] *n* Verschwollenheit *f*.

puff sleeve *n* Puffärmel *m*.

puffy ['pʌfɪ] *adj* (+*er*) (*swollen*) geschwollen; *face, eyes also* verschwollen; (*from crying*) verquollen.

pug [pʌg] *n* (*also* **~ dog**) Mops *m*.

pugilism ['pju:dʒɪlɪzəm] *n* (*form*) Faustkampf *m*.

pugnacious [pʌg'neɪʃəs] *adj* kampfeslustig; (*verbally*) streitsüchtig; *expression, remark* herausfordernd; *support, defence* hartnäckig; *dog, campaign* aggressiv.

pugnaciously [pʌg'neɪʃəslɪ] *adv see adj*.

pugnacity [pʌg'næsɪtɪ] *n see adj* Kampfeslust *f*; Streitsüchtigkeit *f*; Herausforderung *f* (*of* in +*dat*); Hartnäckigkeit *f*; Aggressivität *f*.

pug nose *n* Knollennase *f*; **pug-nosed** *adj* knollennasig.

puke [pju:k] *vti* (*sl*) kotzen (*sl*), spucken (*inf*). **to ~ all over sth** (*sl*) etw vollkotzen (*sl*).

pukka, pucka ['pʌkə] *adj* (*inf*) (*genuine*) echt; Original-; (*proper*) anständig (*inf*); (*excellent*) eins a (*inf*), erstklassig; (*posh, upper-class*) vornehm. **~ sahib** Gentleman *m* (*old*).

pulchritude ['pʌlkrɪtju:d] *n* (*liter*) Schönheit *f*.

pull [pʊl] **I** *n* **1.** (*tug*) Ziehen *nt*; (*short*) Ruck *m*; (*lit, fig: attraction*) Anziehungskraft *f*; (*of current*) Sog *m*. **he gave her/ the rope a ~** er zog sie/am Seil; **I felt a ~ at my sleeve** ich spürte, wie mich jemand am Ärmel zog; **the ~ of family ties brought him home again** familiäre Bande zogen ihn wieder nach Hause.

2. (*uphill journey*) Anstieg *m*.

3. (*inf: influence*) Beziehungen *pl* (*with* zu). **she has ~ with the manager** sie kann beim Chef was erreichen (*inf*).

4. (*at pipe, beer*) Zug *m*. **he took a ~ at his pipe/glass** er zog an seiner Pfeife/ nahm einen Schluck aus seinem Glas.

5. bell ~ Klingelzug *m*; **beer ~** Bierpumpengriff *m*.

6. (*Typ: proof*) Abzug *m*.

II *vt* **1.** (*draw, drag*) ziehen. **he ~ed the dog behind him** er zog den Hund hinter sich (*dat*) her; **to ~ a door shut** eine Tür zuziehen; **he ~ed her towards him** er zog sie an sich (*acc*).

2. (*tug*) *handle, rope, bell* ziehen an (+*dat*); *boat* rudern. **he ~ed her hair** er zog sie an den Haaren; **to ~ sth to pieces** (*lit*) etw zerreißen, etw in Stücke reißen; (*fig: criticize*) etw verreißen; **to ~ sb's leg** (*inf*) jdn auf den Arm nehmen (*inf*); **~ the other one(, it's got bells on)** (*inf*) das glaubst du ja selber nicht!, das kannst du deiner Großmutter erzählen! (*inf*); **she was the one ~ing the strings** *or* **wires** sie war es, die alle Fäden in der Hand hielt; **to ~ rank (on sb)** (jdm gegenüber) den Vorgesetzten herauskehren; **to ~ one's punches** (*Boxing*) verhalten schlagen; (*fig*) sich zurückhalten; **when it came to criticizing other people he didn't ~ his** *or* **any punches** wenn es darum ging, andere zu kritisieren, zog er ganz schön vom Leder (*inf*).

3. (*extract, draw out*) *tooth, cork* (heraus)ziehen; *gun, knife* ziehen; *weeds, lettuce* herausziehen; *beer* zapfen; (*Cook*) *chicken* ausnehmen. **to ~ a gun on sb** jdn mit der Pistole bedrohen.

4. (*strain*) *muscle* sich (*dat*) zerren; (*tear*) *thread* ziehen.

5. (*attract*) *crowd* anziehen.

6. (*inf: carry out, do*) *deal* durchziehen (*inf*); (*criminal*) *job* drehen (*inf*). **what are you trying to ~?** (*inf*) was heckst du wieder aus? (*inf*).

7. (*Typ*) **to ~ a proof** einen Abzug machen.

8. (*Golf, Cricket, Baseball*) verziehen, *auf die der Schlaghand entgegengesetzte Seite schlagen.*

III *vi* **1.** ziehen (*on, at* an +*dat*). **to ~ to the left/right** (*car, brakes*) nach links/ rechts ziehen; **the car/engine isn't ~ing very well** der Wagen/Motor zieht nicht richtig; **to ~ on** *or* **at one's cigarette** an seiner Zigarette ziehen; **to ~ for sb/sth** (*US inf*) jdn/etw unterstützen.

2. (*move: train, car*) fahren. **the car ~ed into the driveway** der Wagen fuhr in die Einfahrt; **he ~ed across to the left-hand lane** er wechselte auf die linke Spur über; **to ~ alongside** seitlich heranfahren; (*Naut*) längsseits kommen; **the oarsmen ~ed for** *or* **towards the shore** die Ruderer hielten auf das Ufer zu; **to ~ ahead (of sb)** (*car, runner*) (an jdm) vorbeiziehen; (*fig: rival*) jdn hinter sich (*dat*) lassen.

◆**pull about** *vt sep* (*handle roughly*) *toy* herumzerren; *person* herumzerren an (+*dat*).

◆**pull apart I** *vt sep* **1.** (*separate*) auseinanderziehen; *sheets of paper also, fighting people* trennen; *radio* auseinandernehmen. **2.** (*fig inf*) (*search thoroughly*) auseinandernehmen (*inf*); (*criticize also*) verreißen. **II** *vi* (*through design*) sich auseinandernehmen lassen; (*break*) auseinandergehen.

◆**pull away I** *vt sep* wegziehen. **II** *vi* (*move off*) wegfahren; (*ship*) ablegen. **the car/runner ~ed ~ from the others** der Wagen/Läufer setzte sich (von den anderen) ab.

◆**pull back I** *vt sep* zurückziehen. **II** *vi* (*lit*) sich zurückziehen. **to ~ ~ (from doing sth)** (*fig*) einen Rückzieher machen (und etw nicht tun) (*inf*).

◆**pull down I** *vt sep* **1.** herunterziehen. **he ~ed his hat ~ over his eyes** er zog sich (*dat*) den Hut über die Augen.

2. (*demolish*) *buildings* abreißen.

3. (*weaken, make worse*) (*illness*) *person* mitnehmen; (*exam, question*) *marks* herunterdrücken; (*failure, adverse conditions*) *company* mitnehmen; *profits, results* herunterdrücken.

4. (*US inf: earn*) reinholen (*inf*), machen (*inf*).

II *vi* (*blind*) sich herunterziehen lassen.

◆**pull in I** *vt sep* **1.** *claws, rope, stomach* einziehen; (*into room, swimming-pool*) hineinziehen. **to ~ sb/sth ~(to) sth** jdn/ etw in etw (*acc*) ziehen.

2. (*rein in*) *horse* zügeln.

3. (*attract*) *crowds* anziehen.

4. (*inf: earn*) kassieren (*inf*).

5. (*inf: take into custody*) einkassieren (*inf*).

II *vi* **1.** (*claws*) sich einziehen lassen.

2. (*into station, harbour, pier*) einfahren, einlaufen (*into* in +*acc*); (*into garage, driveway*) hineinfahren (*into* in +*acc*); (*stop, park*) anhalten. **he ~ed ~to the next lay-by** er fuhr auf den nächsten Halteplatz; **he ~ed ~ to the kerb/ the side of the road** er fuhr an den Bordstein heran/an den Straßenrand.

◆**pull off** *vt sep* **1.** *wrapping paper* abziehen; *cover also* abnehmen; (*violently*) abreißen; *clothes, pullover, shoes* ausziehen; *gloves, tights* ausziehen, abstreifen. **he ~ed his clothes ~ and jumped into the water** er riß sich (*dat*) die Kleider vom Leib und sprang ins Wasser.

2. (*inf: succeed in*) schaffen (*inf*); *deal, coup also* zuwege bringen (*inf*); *order* an Land ziehen (*inf*); *bank job, burglary* drehen (*inf*).

◆**pull on** *vt sep coat* sich (*dat*) überziehen; *hat* aufsetzen.

◆**pull out I** *vt sep* **1.** (*extract*) (*of* aus) herausziehen; *tooth* ziehen; *page* heraustrennen. **2.** (*elongate*) *table, dough* ausziehen. **3.** (*withdraw*) zurückziehen; *troops* abziehen.

II *vi* **1.** (*come out*) sich herausziehen lassen; *pages* sich heraustrennen lassen.

2. (*elongate*) sich ausziehen lassen.

3. (*withdraw*) aussteigen (*of* aus) (*inf*); (*troops*) abziehen.

4. (*leave: train*) herausfahren (*of* aus).

5. (*move on*) herausfahren. **the car/driver ~ed ~ from behind the lorry** der Wagen/Fahrer scherte hinter dem Lastwagen aus; **the boat ~ed ~ into midstream** das Boot fuhr in die Flußmitte hinaus.

◆**pull over I** *vt sep* **1.** hinüber-/herüberziehen (*prep obj* über +*acc*). **2.** (*topple*) umreißen. **II** *vi* (*car, driver*) zur Seite fahren.

◆**pull round I** *vt sep* **1.** (*turn round*) herumdrehen. **2.** (*bring back to consciousness*) wieder zu sich bringen; (*help recover*) durchbringen. **II** *vi* (*regain consciousness*) wieder zu sich kommen; (*recover*) durchkommen.

◆**pull through I** *vt sep* (*lit*) durchziehen; (*fig: help recover, help succeed*) durchbringen. **to ~ sb/sth ~ sth** (*lit*) jdn/etw durch etw ziehen; **to ~ sb ~ a difficult period** jdm helfen, eine schwierige Zeit zu überstehen.

II *vi* (*fig: recover*) durchkommen. **to ~ ~ sth** (*lit*) sich durch etw ziehen lassen; (*fig*) etw überstehen.

◆**pull together I** *vi* (*lit*) gemeinsam ziehen; (*row jointly*) im gleichen Takt rudern; (*fig: cooperate*) an einem *or* am gleichen Strang ziehen. **II** *vt sep* (*fig*) *political party, members of family* zusammenschweißen; *novel* in einen Zusammenhang bringen. **III** *vr* sich zusammenreißen.

◆**pull under** *vt sep swimmer* nach unten ziehen.

◆**pull up I** *vt sep* **1.** (*raise by pulling*) hochziehen; *see* **sock**[1].

2. (*uproot*) herausreißen. **to ~ ~ one's roots, to ~ ~ stakes** (*esp US*) alles aufgeben.

3. (*stop*) anhalten.

4. (*reprimand*) (*for behaviour*) zurechtweisen; (*for pronunciation, grammar*) korrigieren.

5. (*improve*) *marks* verbessern. **that good mark ~ed you ~ a bit** durch diese gute Note hast du ein wenig aufgeholt.

II *vi* **1.** (*stop*) anhalten.

2. (*improve one's position*) aufholen. **to ~ ~ with sb/sth** jdn/etw einholen, mit jdm/etw gleichziehen (*inf*).

pull-down menu ['pʊldaʊn'menju:] *n* (*Comput*) Pull-down-Menü *nt*.

pullet ['pʊlɪt] *n* junges Huhn, Hühnchen *nt*.

pulley ['pʊlɪ] *n* (*wheel*) Rolle *f*; (*block*) Flaschenzug *m*; (*hospital apparatus*) Streckapparat *m*.

pull-in ['pʊlɪn] *n* (*Brit*) (*lay-by*) Halteplatz *m*; (*café*) Raststätte *f*.

pull-out I *n* **1.** (*withdrawal*) Abzug *m*; **2.** (*supplement*) heraustrennbarer Teil; **II** *attr supplement* heraustrennbar; *table leaf, seat* ausziehbar; **pullover** *n* Pullover *m*; **pull-up** *n* (*Sport*) Klimmzug *m*.

pulmonary ['pʌlmənərɪ] *adj* Lungen-.

pulp [pʌlp] **I** *n* **1.** (*soft mass, paper ~, wood ~*) Brei *m*. **to reduce sth to ~** etw in Brei auflösen; *wood* (*for paper*) etw zu einem Brei verarbeiten; **to beat sb to a ~** (*inf*) jdn zu Brei schlagen (*sl*).

2. (*of plant stem*) Mark *nt*; (*of fruit, vegetable*) Fruchtfleisch *nt*; (*of tooth*) Zahnmark *nt*, Pulpa *f* (*spec*).

3. (*also* **~ magazine**) (*pej*) Schundmagazin *nt*.

II *vt fruit, vegetables* zerdrücken; *paper, book* einstampfen; *wood* zu Brei verarbeiten.

pulpit ['pʊlpɪt] *n* Kanzel *f*.

pulpy ['pʌlpɪ] *adj* (+*er*) breiig.

pulsate [pʌl'seɪt] *vi* (*lit, fig*) pulsieren; (*head, heart*) klopfen, pochen; (*voice, building*) beben; (*music*) rhythmisch klingen. **the whole school ~d with excitement** die ganze Schule fieberte vor Aufregung; **the whole town was pulsating with life** die ganze Stadt war von pulsierendem Leben erfüllt.

pulsation [pʌl'seɪʃən] *n* (*pulsating*) Pulsieren *nt*; (*of head, heart*) Klopfen, Pochen *nt*; (*one beat*) Schwingung *f*; (*of heart, in artery*) Schlag *m*.

pulse[1] [pʌls] **I** *n* (*Anat*) Puls *m*; (*Phys*) Impuls *m*; (*fig: of drums, music*) Rhythmus *m*. **~ beat** Pulsschlag *m*; **~ rate** Puls(zahl *f*) *m*; **to feel** *or* **take sb's ~** jdm den Puls fühlen; **he felt the ~ of life in his veins** er spürte, wie das Leben in seinen Adern pulsierte; **he still keeps his finger on the ~ of economic affairs** er hat in Wirtschaftsfragen immer noch den Finger am Puls der Zeit.

II *vi* pulsieren; (*machines*) stampfen.

pulse[2] *n* (*Bot, Cook*) Hülsenfrucht *f*.

pulverization [ˌpʌlvəraɪ'zeɪʃən] *n* Pulverisierung *f*.

pulverize ['pʌlvəraɪz] *vt* pulverisieren; (*fig inf*) (*beat up*) Kleinholz machen aus (*inf*); (*defeat*) fertigmachen (*inf*).

puma ['pju:mə] *n* Puma *m*.

pumice (stone) ['pʌmɪs(ˌstəʊn)] *n* Bimsstein *m*.

pummel ['pʌml] *vt* eintrommeln auf (+*acc*).

pump[1] [pʌmp] **I** *n* Pumpe *f*.

II *vt* pumpen; *stomach* auspumpen; *pedal* mehrmals treten. **to ~ sth dry** etw leerpumpen; **to ~ sb dry** (*fig*) jdn aussaugen; **to ~ bullets/ten bullets into sb** jdn mit Blei vollpumpen (*sl*)/jdm zehn Kugeln in den Körper jagen (*inf*); **he ~ed my arm up and down** er riß meinen Arm wie einen Pumpenschwengel auf und ab; **to ~ money into sth** Geld in etw (*acc*) hineinpumpen; **to ~ sb (for information)** jdn aushorchen *or* löchern (*inf*); **to ~ information out of sb** Informationen aus jdm herausholen.

III *vi* pumpen; (*water, blood*) herausschießen. **the piston ~ed up and down** der Kolben ging auf und ab.

◆**pump in** *vt sep* (*lit, fig*) hineinpumpen.

◆**pump out** *vt sep liquid, air* herauspumpen; *boat, cellar* auspumpen, leerpumpen; *stomach* auspumpen.

◆**pump up** *vt sep* **1.** (*inflate*) *tyre* aufpumpen. **2.** *liquid* hochpumpen; (*from below*

ground also) heraufpumpen.
pump[2] *n* (*dancing shoe*) Lackschuh *m*; (*ballet shoe*) Ballettschuh *m*; (*gym shoe*) Turnschuh *m*; (*US: court shoe*) Pumps *m*.
pumpernickel ['pʌmpənɪkl] *n* Pumpernikkel *m*.
pumping station ['pʌmpɪŋˌsteɪʃən] *n* Pumpwerk *nt*, Pumpstation *f*; (*on a pipeline*) Förderpumpe *f*.
pumpkin ['pʌmpkɪn] *n* Kürbis *m*.
pump-room ['pʌmpruːm] *n* Trinkhalle *f*, Brunnenhaus *nt*.
pun [pʌn] **I** *n* Wortspiel *nt*.
II *vi* Wortspiele machen.
Punch [pʌntʃ] *n* Kasper *m*, Kasperle *nt*. **~-and-Judy show** Kasper(le)theater *nt*; **to be (as) pleased as ~** (*inf*) sich wie ein Schneekönig freuen (*inf*).
punch[1] [pʌntʃ] **I** *n* **1.** (*blow*) Schlag *m*. **2.** *no pl* (*fig: vigour*) Schwung *m*. **II** *vti* boxen. **I wanted to ~ his face when he said that** als er das sagte, hätte ich ihn *or* ihm am liebsten ins Gesicht geschlagen; *see* **pack, pull.**
punch[2] **I** *n* (*for ~ing holes*) Locher *m*; (*in tickets*) Lochzange *f*; (*in leather*) Lochstanzer *m*; (*for stamping metal, leather*) Prägestempel *m*; (*for knocking out rivets*) Punze *f*.
II *vt ticket* lochen; *leather, metal* stanzen; *holes* stechen, stanzen; (*stamp*) *metal, pattern* prägen; (*US*) *cattle* hüten. **to ~ the time clock/card** die Uhr stechen/Karte stempeln.
◆**punch in** *vt sep* **1. I'll ~ your face ~** (*inf*) ich hau' dir eine auf die Schnauze (*sl*). **2.** (*Comput*) *data* tasten, tippen (*inf*).
◆**punch out** *vt sep* ausstechen, ausstanzen; *pattern* prägen.
punch[3] *n* (*drink*) Bowle *f*; (*hot*) Punsch *m*.
punch bag *n* Sandsack *m*; **punch ball** *n* Punchingball *m*; (*round*) Lederball *m*; **punch bowl** *n* Bowle *f*; **punch card** *n* Lochkarte *f*; **punch-drunk** *adj* (*Boxing*) benommen; (*fig*) durcheinander *pred*.
punching bag ['pʌntʃɪŋˌbæg] *n* (*US*) *see* **punch bag.**
punch-line *n* Pointe *f*; **punch operator** *n* Locher(in *f*) *m*; **punch tape** *n* Lochstreifen *m*; **punch-up** *n* (*Brit inf*) Schlägerei *f*.
punchy ['pʌntʃɪ] *adj* (+*er*) (*inf*) flott (*inf*).
punctilious [pʌŋk'tɪlɪəs] *adj* (*regarding etiquette*) korrekt; (*scrupulous, fastidious*) sehr *or* peinlich genau.
punctiliously [pʌŋk'tɪlɪəslɪ] *adv* korrekt; (*scrupulously, fastidiously*) (+*vb*) peinlich genau; (+*adj*) peinlich; *correct* höchst.
punctual ['pʌŋktjʊəl] *adj* pünktlich. **to be ~** pünktlich kommen.
punctuality [ˌpʌŋktjʊ'ælɪtɪ] *n* Pünktlichkeit *f*.
punctually ['pʌŋktjʊəlɪ] *adv* pünktlich.
punctuate ['pʌŋktjʊeɪt] **I** *vt* **1.** (*Gram*) mit Satzzeichen versehen, interpunktieren.
2. (*intersperse*) unterbrechen. **he ~d his talk with jokes** er spickte seine Rede mit Witzen.
3. (*emphasize*) betonen.
II *vi* Satzzeichen setzen.
punctuation [ˌpʌŋktjʊ'eɪʃən] *n* Zeichensetzung, Interpunktion *f*. **~ mark** Satzzeichen, Interpunktionszeichen *nt*.
puncture ['pʌŋktʃə^r] **I** *n* (*in tyre, balloon*) Loch *nt*; (*in skin*) (Ein)stich *m*; (*flat tyre*) Reifenpanne *f*, Platte(r) *m* (*inf*). **lumbar ~** Lumbalpunktion *f*.
II *vt* stechen in (+*acc*); *membrane* durchstechen; *blister* aufstechen; *tyre, balloon* Löcher/ein Loch machen in (+*acc*); *pride* einen Stich versetzen (+*dat*). **a ~d lung** eine perforierte Lunge.
III *vi* (*tyre*) einen Platten haben (*inf*); (*balloon*) platzen. **my front tyre ~d** ich hatte einen Platten am Vorderrad.
pundit ['pʌndɪt] *n* (*lit*) Pandit *m*; (*fig*) Experte *m*, Expertin *f*.
pungency ['pʌndʒənsɪ] *n* (*lit, fig*) Schärfe *f*.
pungent ['pʌndʒənt] *adj* (*lit, fig*) scharf; *smell also* stechend, durchdringend. **to have a ~ style of writing** eine spitze *or* scharfe Feder führen.
pungently ['pʌndʒəntlɪ] *adv see adj.*
puniness ['pjuːnɪnɪs] *n* Schwächlichkeit, Mickerigkeit (*pej*) *f*.
punish ['pʌnɪʃ] *vt* **1.** *person* bestrafen, strafen (*geh*); *offence* bestrafen. **he was ~ed by a fine** er wurde mit einer Geldstrafe belegt; **he has been ~ed enough** er ist genug bestraft worden; (*has suffered enough*) er ist genug gestraft; **the other team ~ed us for that mistake** die andere Mannschaft ließ uns für diesen Fehler büßen.
2. (*fig inf: drive hard, treat roughly*) strapazieren; *horses, oneself* schinden; *opponent* vorführen (*inf*), zusetzen (+*dat*).
punishable ['pʌnɪʃəbl] *adj* strafbar. **this offence is ~ by 2 years' imprisonment** dieses Verbrechen wird mit 2 Jahren Gefängnis bestraft; **it is a ~ offence** es ist strafbar.
punishing ['pʌnɪʃɪŋ] **I** *adj blow* hart. **to get *or* take some ~ treatment** (*cars, furniture*) strapaziert werden; (*Sport*) vorgeführt werden (*inf*), eins aufs Dach bekommen (*inf*).
II *n* **to take a ~** (*inf*) (*car, furniture*) strapaziert werden; (*team, boxer*) vorgeführt werden (*inf*); **his self-confidence took a ~** sein Selbstbewußtsein litt darunter *or* bekam einen Knacks (*inf*).
punishment ['pʌnɪʃmənt] *n* **1.** (*penalty*) Strafe *f*; (*punishing*) Bestrafung *f*. **you know the ~ for such offences** Sie wissen, welche Strafe darauf steht; **to take one's ~** seine Strafe akzeptieren.
2. (*fig inf*) **to take a lot of ~** (*car, furniture*) stark strapaziert werden; (*Sport*) vorgeführt werden (*inf*).
punitive ['pjuːnɪtɪv] *adj* Straf-; *taxation, fines* extrem (hoch).
Punjab ['pʌndʒɑːb] *n* **the ~** das Pandschab.
Punjabi [pʌn'dʒɑːbɪ] **I** *adj* Pandschab-. **II** *n* **1.** Pandschabi *mf*. **2.** (*language*) Pandschabi *nt*.

punk [pʌŋk] **I** *n* **1.** (*person: also* ~ **rocker**) Punker(in *f*), Punkrocker(in *f*) *m*; (*music: also* ~ **rock**) Punk(rock) *m*; (*culture*) Punk *m*. **2.** (*US sl: hoodlum*) Ganove *m* (*inf*). **3.** (*dated inf: nonsense*) Stuß *m* (*inf*). **II** *adj* (*sl*) Punk-. ~ **rock** Punkrock *m*.

punnet ['pʌnɪt] *n* (*Brit*) Körbchen *nt*.

punster ['pʌnstəʳ] *n* **he is a brilliant** ~ er versteht es hervorragend, Wortspiele zu machen.

punt[1] [pʌnt] **I** *n* (*boat*) Stechkahn, Stocherkahn *m*. **II** *vti* staken, stochern; (*go or take by* ~) im Stechkahn fahren. **to go ~ing** Stechkahn fahren.

punt[2] **I** *n* Schuß *m* (aus der Hand). **he gave the ball a** ~ er schoß den Ball aus der Hand. **II** *vti* **to** ~ **(the ball)** (den Ball) aus der Hand schießen; **he ~ed the ball back** er schoß den Ball zurück.

punt[3] **I** *n* (*bet*) Wette *f*; (*gamble*) Spiel *nt*. **II** *vi* wetten; spielen.

punter[1] ['pʌntəʳ] *n* (*boater*) Stechkahnfahrer(in *f*) *m*.

punter[2] *n* **1.** (*better*) Wetter *m*; (*gambler*) Spieler(in *f*) *m*. **2. the average** ~ Otto Normalverbraucher.

puny ['pju:nɪ] *adj* (+*er*) (*weak*) *person* schwächlich, mick(e)rig (*pej*); *effort* kläglich.

pup [pʌp] **I** *n* **1.** Junge(s) *nt*. **in** ~ (*bitch*) trächtig; **she's still a** ~ sie ist noch jung *or* klein. **2.** (*pej: youth*) *see* **puppy 2. II** *vi* werfen.

pupa ['pju:pə] *n*, *pl* **-e** ['pju:pi:] Puppe *f*.

pupate ['pju:peɪt] *vi* sich verpuppen.

pupil[1] ['pju:pl] *n* (*Sch, fig*) Schüler(in *f*) *m*.

pupil[2] *n* (*Anat*) Pupille *f*.

puppet ['pʌpɪt] *n* Puppe *f*; (*glove* ~) Handpuppe *f*; (*string* ~, *fig*) Marionette *f*.

puppeteer [pʌpɪ'tɪəʳ] *n* Puppenspieler(in *f*) *m*.

puppet government *n* Marionettenregierung *f*.

puppetry ['pʌpɪtrɪ] *n* das Puppenspiel.

puppet-show *n* Puppenspiel *nt*; (*with string puppets also*) Marionettentheater *nt*; **puppet state** *n* Marionettenstaat *m*.

puppy ['pʌpɪ] *n* **1.** (*young dog*) junger *or* kleiner Hund, Hündchen *nt*. **when he was still a** ~ als er noch jung *or* klein war. **2.** (*pej dated: youth*) Schnösel *m* (*inf*).

puppy dog *n* Hundchen *nt*; **puppy fat** *n* Babyspeck *m*; **puppy love** *n* Schwärmerei *f*.

purblind ['pɜ:blaɪnd] *adj* (*liter*) (*lit*) halbblind *attr*, halb blind *pred*; (*fig*) blind.

purchasable ['pɜ:tʃəsəbl] *adj* käuflich (zu erwerben *geh*).

purchase ['pɜ:tʃɪs] **I** *n* **1.** Kauf *m*; (*of furniture, machine, flat, car also*) Anschaffung *f*. **to make a** ~ einen Kauf tätigen; eine Anschaffung machen.

2. (*grip*) Halt *m*.

II *vt* (*buy*) kaufen, erwerben (*form*), erstehen (*form*); (*fig*) *success, victory* erkaufen. **purchasing power** Kaufkraft *f*.

purchase-money *n* Kaufgeld *nt*; **(purchase)order** *n* Bestellung *f*; **purchase price** *n* Kaufpreis *m*.

purchaser ['pɜ:tʃɪsəʳ] *n* Käufer(in *f*) *m*.

purchase tax *n* (*Brit*) *nach dem Großhandelspreis berechnete Kaufsteuer*.

pure [pjʊəʳ] *adj* (+*er*) rein; *motive* ehrlich, lauter (*geh*); (*utter*) *madness, nonsense also* reinste(r, s). **she stared at him in** ~ **disbelief** sie starrte ihn ganz ungläubig an; **malice** ~ **and simple** reine Bosheit; **a** ~ **wool dress** ein Kleid aus reiner Wolle, ein reinwollenes Kleid; **blessed are the** ~ **in heart** (*Bibl*) selig, die reinen Herzens sind.

purebred ['pjʊəbred] **I** *adj* reinrassig. **II** *n* reinrassiges Pferd *etc*.

purée ['pjʊəreɪ] **I** *n* Püree *nt*, Brei *m*. **tomato** ~ Tomatenmark *nt*. **II** *vt* pürieren.

purely ['pjʊəlɪ] *adv* rein.

pureness ['pjʊənɪs] *n see* **purity.**

purgation [pɜ:'geɪʃən] *n* (*liter*) Reinigung *f*; (*of sin, guilt*) Buße *f*; (*form: of bowels also*) Entleerung *f*.

purgative ['pɜ:gətɪv] **I** *adj* (*Med*) abführend, purgativ (*spec*); (*fig liter*) läuternd (*geh*).

II *n* Abführmittel, Purgativ (*spec*) *nt*.

purgatorial [,pɜ:gə'tɔ:rɪəl] *adj* (*Rel*) Fegefeuer-; (*fig*) höllisch. ~ **fire** Fegefeuer *nt*.

purgatory ['pɜ:gətərɪ] *n* (*Rel*) das Fegefeuer; (*fig: state*) die Hölle.

purge [pɜ:dʒ] **I** *n* **1.** (*Med*) (starkes) Abführmittel. **2.** (*Pol*) Säuberung(saktion) *f*. **a** ~ **of all radical elements in the party** eine Säuberung der Partei von allen radikalen Elementen.

II *vt* reinigen; *body* entschlacken; *guilt, offence, sin* büßen; (*Pol*) *party, organization* säubern (*of* von); *traitor, member* eliminieren (*from* aus). **to** ~ **the bowels** den Darm entleeren.

purification [,pjʊərɪfɪ'keɪʃən] *n* Reinigung *f*.

purifier ['pjʊərɪfaɪəʳ] *n* Reinigungsanlage *f*; (*air-freshener*) Luftreiniger *m*.

purify ['pjʊərɪfaɪ] *vt* reinigen.

purism ['pjʊərɪzəm] *n* Purismus *m*.

purist ['pjʊərɪst] *n* Purist(in *f*) *m*.

puritan ['pjʊərɪtən] (*Rel:* **P~**) **I** *adj* puritanisch. **II** *n* Puritaner(in *f*) *m*.

puritanical [,pjʊərɪ'tænɪkəl] *adj* puritanisch.

puritanism ['pjʊərɪtənɪzəm] (*Rel:* **P~**) *n* Puritanismus *m*.

purity ['pjʊərɪtɪ] *n* Reinheit *f*; (*of motives*) Lauterkeit (*geh*), Ehrlichkeit *f*.

purl [pɜ:l] **I** *n* linke Masche. **is the next row (in)** ~**?** ist die nächste Reihe links? **II** *vti* links stricken. ~ **two** zwei links.

purloin [pɜ:'lɔɪn] *vt* (*form, hum*) entwenden (*form, hum*).

purple ['pɜ:pl] **I** *adj* violett, lila; *face* dunkelrot, hochrot; (*pej*) *prose, passage* hochgestochen, hochtrabend. **to go** ~ **(in the face)** hochrot *or* dunkelrot werden *or* anlaufen (*inf*).

II *n* **1.** (*colour*) Violett, Lila *nt*.

2. (*fig*) **the** ~ (*nobility*) der Adel; (*bishops*) der Kardinalsstand; **to be born in the** ~ von königlichem Geblüt sein; **to be raised to the** ~ den Kardinalspurpur anlegen.

purple heart *n* **1.** (*Brit*) Amphetamintablette *f*. **2.** (*US*) **P~ H~** Purpurherz *nt*, Verwundetenabzeichen *nt*.

purplish ['pɜːplɪʃ] *adj* leicht violett *or* lila.

purport ['pɜːpət] **I** *n* Tenor *m*.

II [pɜː'pɔːt] *vt* **1.** (*convey, mean*) hindeuten auf (+*acc*).

2. (*profess, claim*) **to ~ to be/do sth** (*person*) vorgeben, etw zu sein/tun; (*object*) etw sein/tun sollen; **he is ~ed to be a spy** es wird behauptet, er sei ein Spion.

purpose ['pɜːpəs] **I** *n* **1.** (*intention*) Absicht *f*; (*result aimed at, set goal*) Zweck *m*. **on ~** mit Absicht, absichtlich; **what was your ~ in doing this?** was haben Sie damit beabsichtigt?, was war Ihre Absicht dabei?; **he did it for** *or* **with the ~ of improving his image** er tat es in der Absicht *or* mit dem Ziel, sein Image zu verbessern; **he's a man with a ~ in life** er ist ein Mensch mit einem Lebensziel; **to answer** *or* **serve sb's ~(s)** jds Zweck(en) entsprechen *or* dienen; **his activities seem to lack ~** seine Aktivitäten scheinen nicht zweckgerichtet zu sein; **for our ~s** für unsere Zwecke; **for the ~s of this meeting** zum Zweck dieser Konferenz; **for all practical ~s** in der Praxis; **to the ~** relevant; **to some/good/little ~** mit einigem/gutem/wenig Erfolg; **to no ~** ohne Erfolg.

2. *no pl* (*resolution, determination*) Entschlossenheit *f*. **weakness of ~** Mangel *m* an Entschlossenheit, Entschlußlosigkeit *f*; **strength of ~** Entschlußkraft, Entschlossenheit *f*; **to have a/no sense of ~** zielbewußt sein/kein Zielbewußtsein haben, ein/kein Ziel haben.

II *vt* (*liter*) beabsichtigen.

purpose-built ['pɜːpəs'bɪlt] *adj* speziell angefertigt, Spezial-; *building* speziell gebaut, Spezial-.

purposeful *adj*, **~ly** *adv* ['pɜːpəsfʊl, -fəlɪ] entschlossen.

purposefulness ['pɜːpəsfʊlnɪs] *n* Entschlossenheit *f*.

purposeless ['pɜːpəslɪs] *adj* sinnlos; *person* ziellos.

purposely ['pɜːpəslɪ] *adv* bewußt, absichtlich.

purposive ['pɜːpəsɪv] *adj remark, statement, behaviour* gezielt. **to be ~** einen Zweck verfolgen.

purr [pɜːʳ] **I** *vi* (*cat, fig: person*) schnurren; (*engine*) surren. **II** *vt* (*say*) säuseln. **III** *n* Schnurren *nt no pl*; Surren *nt no pl*.

purse [pɜːs] **I** *n* **1.** (*for money*) Portemonnaie *nt*, Geldbeutel *m* (*dial*), Geldbörse *f* (*form*). **to hold the ~ strings** (*fig*) über die Finanzen bestimmen, die Finanzen in der Hand haben; **she decided to loosen/tighten the ~ strings** sie beschloß, ihm/ihr mehr Geld zu geben/sie beschloß, ihn/sie kurzzuhalten.

2. (*US: handbag*) Handtasche *f*.

3. (*funds*) Gelder *pl*. **that's beyond my ~** das übersteigt meine Finanzen (*inf*); *see* **public ~.**

4. (*sum of money*) (*as prize*) Preisgeld *nt*; (*as gift*) (*to widow, refugee*) (Geld)spende *f*; (*on retirement*) Geldgeschenk *nt*.

II *vt* **to ~ one's lips/mouth (up)** einen Schmollmund machen.

purser ['pɜːsəʳ] *n* (*Naut*) Zahlmeister *m* (*Mil*); (*Aviat*) (*head of cabin crew*) Purser *m*.

pursuance [pə'sjuːəns] *n* (*form*) (*of plan*) Verfolgung *f*; (*of instruction*) Ausführung *f*; (*of duties*) Erfüllung *f*.

pursuant [pə'sjuːənt] *adj* (*form*) **~ to** gemäß (+*dat*), entsprechend (+*dat*).

pursue [pə'sjuː] *vt* **1.** verfolgen; *girl, film star also, success* nachlaufen (+*dat*); *pleasure, success* nachjagen (+*dat*), aussein auf (+*acc*); *happiness* streben nach.

2. (*carry on*) *train of thought, course of action, idea* verfolgen; *inquiry* durchführen; *profession also, studies* nachgehen (+*dat*); *subject* weiterführen.

pursuer [pə'sjuːəʳ] *n* Verfolger(in *f*) *m*.

pursuit [pə'sjuːt] *n* **1.** (*act of pursuing*) (*of person*) Verfolgung (*of gen*), Jagd (*of* auf +*acc*) *f*; (*of knowledge*) Streben, Trachten *nt* (*of* nach); (*of pleasure*) Jagd *f* (*of* nach); (*of happiness*) Streben *nt* (*of* nach). **he set off in ~ (of her)** er rannte/fuhr (ihr) hinterher; **to go in ~ of sb/sth** sich auf die Jagd nach jdm/etw machen; **in hot ~ of sb** hart auf jds Fersen (*dat*); **in (the) ~ of his goal** in Verfolgung seines Ziels.

2. (*occupation*) Beschäftigung *f*; (*hobby, pastime*) Freizeitbeschäftigung *f*, Zeitvertreib *m*.

pursuit plane *n* Jagdflugzeug *nt*.

purulence ['pjʊərʊləns], **purulency** ['pjʊərʊlənsɪ] *n* Eitern *nt*; (*pus*) Eiter *m*.

purulent ['pjʊərʊlənt] *adj* eitrig. **to become ~** eitern.

purvey [pɜː'veɪ] *vt* (*form*) (*sell*) verkaufen. **to ~ sth to sb** (*supply*) jdm etw liefern; *food also* jdn mit etw beliefern; *information also* jdn mit etw versorgen.

purveyance [pɜː'veɪəns] *n* (*form: sale*) Verkauf *m*. **the ~ of food to the Navy** die Lieferung von Lebensmitteln an die Marine.

purveyor [pɜː'veɪəʳ] *n* (*form*) (*seller*) Händler(in *f*) *m*; (*supplier*) Lieferant(in *f*) *m*.

purview ['pɜːvjuː] *n* (*form*) Rahmen *m*; (*of department*) Aufgabenbereich *m*, Ressort *nt*.

pus [pʌs] *n* Eiter *m*.

push [pʊʃ] **I** *n* **1.** Schubs *m* (*inf*); (*short*) Stoß *m*; (*in childbirth*) Drücken *nt no pl*. **to give sb/sth a ~** jdn/etw schieben; jdm/einer Sache einen Stoß versetzen; **to give a car a ~** einen Wagen anschieben; **he needs a little ~ now and then** (*fig*) den muß man mal ab und zu in die Rippen stoßen (*inf*); **to get the ~** (*Brit inf*) (*employee*) (raus)fliegen (*inf*) (*from* aus); (*boyfriend*) den Laufpaß kriegen (*inf*); **to give sb the ~** (*Brit inf*) *employee* jdn rausschmeißen (*inf*); *boyfriend* jdm den Laufpaß geben (*inf*).

2. (*effort*) Anstrengung *f*; (*sales ~*) Kampagne, Aktion *f*; (*Mil: offensive*) Offensive *f*. **to make a ~** sich ranhalten (*inf*), Dampf machen (*inf*); (*Mil*) eine Offensive starten; **to have a ~ on sales**

eine Verkaufskampagne führen.

3. (*drive, aggression*) Durchsetzungsvermögen *nt*.

4. (*inf*) **at a ~** notfalls, im Notfall; **if/ when it comes to the ~** wenn es darauf ankommt.

II *vt* **1.** (*shove, move by ~ing*) schieben; (*quickly, violently*) stoßen, schubsen (*inf*); (*press*) *button, controls* drükken. **to ~ a door open/shut** eine Tür auf-/zuschieben; (*quickly, violently*) eine Tür auf-/zustoßen; **he ~ed the book into my hand** er drückte mir das Buch in die Hand; **to ~ a car to get it started** einen Wagen anschieben; **he ~ed his way through the crowd** er drängte sich durch die Menge.

2. (*fig*) *views, claims, interests* durchzusetzen versuchen; *candidate* die Werbetrommel rühren für; *export side* intensiv fördern; *product* propagieren, massiv Werbung machen für, pushen (*sl*); *drugs* schieben, pushen (*sl*). **to ~ home an attack/one's advantage** einen Angriff forcieren/seinen Vorteil ausnützen; **the speaker ~ed home his points** der Sprecher machte nachdrücklich seinen Standpunkt klar; **don't ~ your luck** treib's nicht zu weit!; **he's ~ing his luck trying to do that** er legt es wirklich darauf an, wenn er das versucht; **he must be ~ing 70** (*inf*) er muß auf die 70 zugehen.

3. (*fig: put pressure on*) drängen, drängeln (*inf*); *athlete, pupil, employee* antreiben. **to ~ sb into doing sth** jdn dazu treiben, etw zu tun; **to ~ sb to do sth** jdn dazu drängen, etw zu tun; **to ~ sb for payment** jdn zum Zahlen drängen; **they ~ed him to the limits** sie trieben ihn bis an seine Grenzen; **that's ~ing it a bit** (*inf*) das ist ein bißchen übertrieben; **to be ~ed (for time/money)** (*inf*) mit der Zeit/mit Geld knapp dransein, unter Zeitdruck stehen/knapp bei Kasse sein (*inf*); **I was ~ed to find the money/an answer** ich hatte Probleme *or* Schwierigkeiten, das Geld zusammenzubringen/ eine Antwort zu finden; **to ~ oneself hard** sich schinden.

III *vi* **1.** (*shove*) schieben; (*quickly, violently*) stoßen; (*press, in childbirth*) drücken; (*in a crowd*) drängen, drängeln (*inf*); (*press onward*) sich (vorwärts)kämpfen; (*fig*) (*be ambitious, assert oneself*) kämpfen; (*apply pressure*) drängen, drängeln (*inf*). "~" (*on door*) ,,drücken"; (*on bell*) ,,klingeln"; **~ harder!** fester schieben/stoßen/drükken!; **he ~es too much** (*fig*) er ist zu aggressiv.

2. this door ~es (open) bei dieser Tür muß man drücken.

◆**push about** *vt sep see* **push around.**

◆**push across** *vt sep see* **push over 1.**

◆**push ahead** *vi* sich ranhalten (*inf*), voranmachen (*inf*). **to ~ ~ with one's plans** seine Pläne vorantreiben.

◆**push along I** *vt sep wheelbarrow* vor sich (*dat*) her schieben; (*fig: speed up*) *work* voranbringen, vorantreiben. **II** *vi* (*inf*) sich auf den Weg *or* auf die Socken machen (*inf*).

◆**push around** *vt sep* **1.** (*lit*) herumschieben; (*quickly, violently*) herumstoßen. **2.** (*fig inf: bully*) *child* herumschubsen; *adult* herumkommandieren.

◆**push aside** *vt sep* zur Seite *or* beiseite schieben; (*quickly, violently*) zur Seite *or* beiseite stoßen; (*fig*) *problems, suggestions* einfach abtun; *rival* zur Seite drängen.

◆**push away** *vt sep* wegschieben; (*quickly*) wegstoßen.

◆**push back** *vt sep people* zurückdrängen; (*with one push*) zurückstoßen; *curtains, cover, lock of hair* zurückschieben.

◆**push by** *vi see* **push past.**

◆**push down I** *vt sep* **1.** (*press down*) nach unten drücken. **2.** (*knock over*) umstoßen; *fence* niederreißen. **II** *vi* (*press down*) hinunterdrücken, nach unten drücken; (*in childbirth*) drücken.

◆**push for** *vi +prep obj* drängen auf (*+acc*).

◆**push forward I** *vi* **1.** (*Mil*) vorwärts drängen. **2.** *see* **push ahead.**

II *vt sep* (*lit*) nach vorn schieben; (*fig*) *claim* geltend machen; *ideas* hervorheben, herausstellen; *sb, oneself* in den Vordergrund schieben.

◆**push in I** *vt sep* **1.** hineinschieben; (*quickly, violently*) hineinstoßen. **to ~ sb/sth ~(to) sth** jdn/etw in etw (*acc*) schieben/stoßen; **to ~ one's way ~** sich hineindrängen.

2. (*break*) *window, sides of box* eindrücken.

II *vi* (*lit: in queue, into room*) sich hineindrängen *or* -drängeln (*inf*); (*fig: interfere*) sich dazwischen drängen, sich reindrängen (*inf*). **he ~ed ~to the queue** er drängelte sich (in der Schlange) vor.

◆**push off I** *vt sep* **1.** hinunterschieben; (*quickly, violently*) hinunterstoßen; *lid, cap* wegdrücken. **to ~ sb ~ sth** jdn von etw schieben/stoßen; **to ~ sth ~ sth** etw von etw schieben/stoßen/drücken; **I was ~ed ~ the pavement** ich wurde vom Bürgersteig gedrängt. **2.** *boat* abstoßen.

II *vi* **1.** (*in boat*) abstoßen. **2.** (*inf: leave*) abhauen (*inf*). **~ ~!** mach 'ne Fliege! (*sl*), hau *or* zieh ab! (*inf*). **3. the top just ~es ~** der Deckel läßt sich einfach wegdrücken.

◆**push on I** *vi* (*with journey*) weiterfahren; (*walking*) weitergehen; (*with job*) weitermachen. **II** *vt sep* **1.** *top, lid* festdrücken. **2.** (*fig*) (*urge on*) antreiben; (*incite*) anstacheln.

◆**push out I** *vt sep* **1.** hinausschieben; (*quickly, violently*) hinausstoßen. **to ~ sb/sth ~ of sth** jdn/etw aus etw schieben/stoßen; **to ~ one's way ~ (of sth)** sich (aus etw) hinausdrängen.

2. (*fig*) *employee, government, member of group* hinausdrängen. **to ~ sb ~ of sth** jdn aus etw drängen.

3. (*Bot*) *root, shoots* treiben.

II *vi* (*Bot: roots, shoots*) treiben.

◆**push over** *vt sep* **1.** (*pass over, move over*) hinüber-/herüberschieben; (*quickly, violently*) hinüber-/herüberstoßen. **to ~ sb/sth ~ sth** jdn/etw über etw (*acc*) schieben/stoßen.

2. (*knock over*) umwerfen.

◆**push past** *vi* sich vorbeischieben (*prep obj* an +*dat*); (*move violently*) sich vordrängen (*prep obj* an +*dat*).

◆**push through I** *vt sep* **1.** (*shove through*) durchschieben; (*quickly, violently*) durchstoßen. **to ~ sb/sth ~ sth** jdn/etw durch etw schieben/stoßen; **to ~ one's way ~/ ~ the crowd** sich durchdrängen/sich durch die Menge drängen; **to ~ sb ~ an exam** jdn durch eine Prüfung bringen (*inf*).

2. (*get done quickly*) *bill, decision* durchpeitschen (*inf*); *business* durchziehen (*inf*).

II *vi* (*through crowd*) sich durchschieben; (*more violently*) sich durchdrängen; (*new shoots*) sich herausschieben. **he ~ed ~ the crowd** er schob/drängte sich durch die Menge.

◆**push to** *vt always separate door* anlehnen.

◆**push up** *vt sep* **1.** (*lit*) hinaufschieben; (*quickly, violently*) hinaufstoßen; *window* hochschieben/-stoßen; *see* **daisy. 2.** (*fig*) (*raise, increase*) hochtreiben, hochdrücken.

pushbar *n* Riegel *m*; **push-bike** *n* (*Brit*) Fahrrad *nt*; **push-button** *n* Drucktaste *f*, Druckknopf *m*; **~ controls** Druckknopfsteuerung *f*; **~ telephone** Telefon mit Tasten *nt*; **~ warfare** Krieg *m* auf Knopfdruck; **push-cart** *n* (Hand)karren *m*; **pushchair** *n* (*Brit*) Sportwagen *m*.

pusher ['pʊʃə^r^] *n* (*inf*) **1.** (*of drugs*) Pusher(in *f*) *m* (*inf*); (*small-time*) Dealer (in *f*) *m* (*inf*). **2.** (*ambitious person*) **he's a ~** er setzt sich durch.

pushiness ['pʊʃɪnɪs] *n* (*inf*) penetrante Art (*pej*).

pushing ['pʊʃɪŋ], **pushy** (*inf*) *adj* penetrant (*pej*).

push-over *n* (*inf*) (*job*) Kinderspiel *nt*; (*match also*) Geschenk *nt* (*inf*); (*person*) leichtes Opfer; **push-pull** *adj circuit* Gegentakt-; **pushrod** *n* (*Mech*) Stößelstange *f*; **push-start I** *vt car* anschieben; **II** *n* **to give sb a ~** jdn anschieben; **push-up** *n* Liegestütz *m*.

pushy ['pʊʃɪ] *adj* (+*er*) (*inf*) *see* **pushing.**

pusillanimity [ˌpjuːsɪlə'nɪmɪtɪ] *n* (*Liter*) Unbeherztheit, Feigheit *f*.

pusillanimous [ˌpjuːsɪ'lænɪməs] *adj* (*Liter*) unbeherzt, feige.

puss [pʊs] *n* (*inf*) Mieze (*inf*), Muschi (*inf*) *f*. **~, ~!** Miez, Miez!; **P~ in Boots** der Gestiefelte Kater; **she's a sly ~** (*inf*) sie ist ein schlaues Ding (*inf*).

pussy ['pʊsɪ] *n* **1.** (*cat*) Mieze (*inf*), Muschi (*inf*) *f*. **2.** (*sl: female genitals*) Kätzchen *nt* (*sl*), Muschi *f* (*inf*).

pussy-cat *n* (*baby-talk*) Miezekatze *f* (*baby-talk*); **pussyfoot** *vi* (*inf*) **1.** (*move cautiously*) auf Zehenspitzen tappen, auf Samtpfoten schleichen; **2.** (*act cautiously*) **to ~ (about** *or* **over sth)** (um etw) wie die Katze um den heißen Brei schleichen (*inf*); **pussyfooting** (*inf*) **I** *adj* überängstlich; **II** *n* **I'm fed up with his ~** ich habe es satt, wie er immer wie die Katze um den heißen Brei schleicht; **pussy willow** *n* Salweide *f*.

pustule ['pʌstjuːl] *n* Pustel *f*, Eiterpickel *m*.

put¹ [pʊt] (*vb: pret, ptp* ~) **I** *n* (*Sport*) Stoß *m*. **II** *vt* **to ~ the shot** kugelstoßen; **~ting the shot** Kugelstoßen *nt*.

put² *pret, ptp* ~ **I** *vt* **1.** (*place*) tun; (~ *down, position*) stellen, setzen; (*lay down*) legen; (*push in*) stecken. **~ the lid on the box** tu *or* mach den Deckel auf die Schachtel; **to ~ sth in a drawer** etw in eine Schublade tun *or* legen; **he ~ his hand in his pocket** er steckte die Hand in die Tasche; **you've ~ the picture too high up** du hast das Bild zu hoch (auf)gehängt; **they ~ a plank across the stream** sie legten ein Brett über den Bach; **he ~ some more coal on the fire** er legte Kohle nach; **~ the dog in the kitchen** tu *or* steck den Hund in die Küche; **to ~ milk/sugar in one's coffee** Milch/Zucker in den Kaffee tun *or* geben; **he ~ his hat on his head** er setzte sich (*dat*) den Hut auf; **to ~ the ball in the net** (*Ftbl*) den Ball ins Netz setzen; (*Tennis*) den Ball ins Netz schlagen; **her aunt ~ her on the train** ihre Tante setzte sie in den Zug; **to ~ sb across a river** jdn über einen Fluß setzen; **to ~ men on the moon** Menschen auf den Mond bringen; **to ~ a bullet through sb's head** jdm eine Kugel durch den Kopf schießen; **he ~ his toe in the water** er steckte seinen Zeh ins Wasser; **he ~ his hand/head on my shoulder** er legte seine Hand auf/seinen Kopf an meine Schulter; **he ~ his lips to my ear and whispered ...** er kam ganz dicht und flüsterte mir ins Ohr ...; **to ~ a glass to one's lips** ein Glas zum Mund(e) führen; **she ~ the shell to her ear** sie hielt (sich *dat*) die Muschel ans Ohr; **to ~ a heifer to a bull** die Kuh mit dem Stier zusammenbringen *or* -führen; **to ~ a horse to a fence** mit einem Pferd ein Hindernis angehen *or* anreiten; **to ~ one's hand over one's/sb's mouth** sich/jdm die Hand vor den Mund halten; **~ it there!** (*concluding deal*) abgemacht!; (*congratulatory*) gratuliere!; (*conciliatory*) schon gut; **I didn't know where to ~ myself** ich wußte gar nicht, wo ich hingucken sollte.

2. (*thrust*) stecken. **he ~ his head round the door** er steckte den Kopf zur Tür herein; **to ~ one's fist through a window** mit der Faust ein Fenster einschlagen.

3. (*fit, fix*) machen (*on* an +*acc*), anbringen (*on* an +*dat*). **to ~ a patch on sth** einen Flicken auf etw (*acc*) setzen.

4. to stay ~ liegen-/stehen-/hängenbleiben; (*hair*) halten; (*person*) (*not move*) bleiben; (*not stand up*) sitzen bleiben; **just stay ~!** bleib, wo du bist!

5. to ~ a child in a home ein Kind in ein Heim stecken; **to ~ money into sth** (sein) Geld in etw (*acc*) stecken; **he ~ £10/money on Red Rum** er setzte £ 10/setzte auf Red Rum; **I'm ~ting my money on him** ich setzte auf ihn; **I'm ~ting my money on him to get the job** ich gehe jede Wette ein, daß er die Stelle bekommt; **we'll each ~ £5 towards the cost of it** jeder von uns gibt £ 5 (zum Betrag) dazu; **to ~ a lot of effort into one's work** viel Mühe in seine Arbeit stecken; **she has ~ a lot into her marriage** sie hat eine Menge in ihre Ehe gesteckt *or* investiert; **I would ~ complete confidence in him** ich würde mein volles Vertrauen auf ihn *or* in ihn setzen; **to ~ sb in possession of the facts** jdn über den Stand der Dinge unterrichten; *see also nouns.*

6. (*cause to be, do*) **to ~ sb in a good/bad mood** jdn fröhlich/mißmutig stimmen; **that ~s him in another category** das stuft ihn in eine andere Klasse ein; **I ~ the children on their best behaviour** ich habe den Kindern eingeschärft, sich ja gut zu benehmen; **to ~ sb to do** *or* **doing sth** jdn abordnen, etw zu tun; **he ~ four men on the job** er setzte (für diese Arbeit) vier Leute ein; **they ~ someone over/under him in the office** sie haben jemanden über ihn gesetzt/ihm jemanden unterstellt; **to ~ sb to great expense** jdm große Ausgaben verursachen; **to be ~ to a lot of inconvenience over sth** mit etw viele Unannehmlichkeiten haben.

7. (*write*) schreiben; *comma, line* machen; (*draw*) zeichnen, malen. **to ~ one's signature to a document** seine Unterschrift unter ein Schriftstück setzen; **~ your name here** schreiben *or* setzen Sie Ihren Namen hierhin; **to ~ a cross/tick against sb's name** jds Namen ankreuzen/abhaken; **he ~ it in his next novel** er brachte das in seinem nächsten Roman.

8. (*~ forward*) *case, question, proposal* vorbringen. **to ~ a matter before a committee** eine Angelegenheit vor einen Ausschuß bringen; **to ~ the arguments for and against sth** das Für und Wider von etw (*dat*) aufzählen; **to ~ sth on the agenda** etw auf die Tagesordnung setzen; **to ~ a question/suggestion to sb** jdm eine Frage stellen/einen Vorschlag unterbreiten; **I ~ it to you that ...** ich behaupte, daß ...; **it was ~ to me that ...** es wurde mir nahegelegt, daß ...; **I ~ it to him that this might not fit in with his theory** ich gab ihm zu bedenken, daß dies vielleicht nicht in seine Theorie passen würde.

9. (*express*) ausdrücken, sagen. **that's one way of ~ting it** so kann man's auch sagen; **how shall I ~ it?** wie soll ich (es) sagen?; **how will you ~ it to him?** wie wirst du es ihm beibringen?; **if I may ~ it so** wenn ich das so sagen darf, wenn ich mich (mal) so ausdrücken darf; **to ~ it bluntly** um es klipp und klar zu sagen; **the compliment was gracefully ~** das Kompliment war elegant formuliert.

10. to ~ a text into Greek einen Text ins Griechische übersetzen; **to ~ a verb into the past tense** ein Verb in die Vergangenheit setzen; **to ~ a poem to music** ein Gedicht vertonen.

11. (*rate*) schätzen (*at* auf *+acc*). **he ~s money before his family's happiness** er stellt Geld über das Glück seiner Familie; **I ~ him above Tennyson** ich schätze ihn höher ein als Tennyson; **to ~ a value of £10 on sth** den Wert einer Sache (*gen*) auf £ 10 schätzen.

II *vi* (*Naut*) **to ~ to sea** in See stechen.

◆**put about I** *vt sep* **1.** (*circulate*) *news, rumour* verbreiten, in Umlauf bringen. **he ~ it ~ that ...** er verbreitete (das Gerücht), daß ... **2.** (*Naut*) **to ~ a ship ~** den Kurs (eines Schiffes) ändern.

II *vi* (*Naut*) den Kurs ändern.

◆**put across** *vt sep* **1.** (*communicate*) *ideas* verständlich machen (*to sb* jdm), klar zum Ausdruck bringen; *knowledge* vermitteln (*to sb* jdm); (*promote*) an den Mann bringen (*inf*). **to ~ oneself ~** den richtigen Eindruck von sich geben.

2. (*inf: play a trick*) **to ~ it** *or* **one ~ sb** jdn anführen; **he's just trying to ~ one ~ (you)** er will dich nur anführen.

◆**put aside** *vt sep* **1.** *book, knitting* beiseite legen. **2.** (*save for later use*) beiseite *or* auf die Seite legen, zurücklegen; (*in shop*) zurücklegen. **3.** (*fig: forget, abandon*) ablegen, über Bord werfen (*inf*); *anger, grief, animosity* begraben; *thought* aufgeben; *differences* vergessen.

◆**put away** *vt sep* **1.** (*in usual place*) einräumen; *toys also* aufräumen; (*tidy away*) wegräumen. **~ that money ~ in your bag** steck das Geld in deine Tasche; **~ that money ~!** steck das Geld weg!; **to ~ the car ~** das Auto einstellen.

2. (*save*) zurücklegen.

3. (*inf: consume*) schaffen (*inf*); *food also* verdrücken (*inf*), verputzen (*inf*); *drink also* schlucken (*inf*).

4. (*lock up: in prison, mental home*) einsperren.

5. (*put to sleep*) *pet* einschläfern.

◆**put back I** *vt sep* **1.** (*replace*) *see* **put I 1.** zurücktun/-stellen *or* -setzen/-legen/-stecken. **2.** (*postpone*) *meeting, date* verschieben; (*set back*) *plans, production* zurückwerfen; (*readjust*) *watch* zurückstellen. **to be ~ ~ a class** (*Sch*) eine Klasse zurückgestuft werden; *see* **clock.**

II *vi* (*Naut: go back*) zurückkehren (*to* nach).

◆**put by** *vt sep* zurücklegen, auf die hohe Kante legen. **I've got a few pounds ~ ~** ich habe ein paar Pfund auf der hohen Kante.

◆**put down I** *vt sep* **1.** (*set down*) *object see* **put I 1.** wegtun/-setzen *or* -stellen/weglegen; *surface* verlegen. **~ it ~ on the floor** stellen *or* setzen Sie es auf den Boden; **I simply couldn't ~ that book ~** ich konnte das Buch einfach nicht aus der Hand legen; *see* **foot I 2.**

2. (*lower*) *umbrella* zumachen, zuklappen; *aerial* einschieben; *car roof* zurückklappen; *lid* zuklappen.

3. *passenger* absetzen.

4. (*land*) landen.

5. (*crush*) *rebellion* niederschlagen; *rebels* niederwerfen; *crime* besiegen; *prostitution, gambling, drinking* unterdrücken; *rumour* zum Verstummen bringen; *critic, heckler* zum Schweigen bringen; (*reject, humiliate*) demütigen.

6. (*pay*) anzahlen; *deposit* machen.

7. (*store*) einlagern.

8. (*destroy*) *rats, vermin* vernichten; *pets* einschläfern; *injured horse* den Gnadenschuß geben (+*dat*).

9. (*write down*) niederschreiben, aufschreiben; (*on form, in register*) angeben; (*Parl*) *motion, resolution* vorlegen, einbringen. **to ~ one's name ~ for sth** sich *or* seinen Namen (in eine Liste) für etw eintragen; **to ~ one's son ~ for Eton** seinen Sohn für Eton anmelden; **you can ~ me ~ for £10** für mich können Sie £ 10 eintragen; **~ it ~ to** *or* **on my account/my husband's account** schreiben Sie es (mir)/meinem Mann an; **~ it ~ under sundries/on expenses** schreiben Sie es unter Verschiedenes auf/als Spesen an; *see* **paper I 1., name.**

10. (*classify*) halten (*as* für). **I should ~ her ~ as about 30** ich würde sie auf etwa 30 schätzen.

11. (*attribute*) zurückführen (*to* auf +*acc*), zuschreiben (*to dat*).

II *vi* (*Aviat*) landen, niedergehen.

◆**put forth** *vt insep* (*liter*) *buds, shoots* hervorbringen.

◆**put forward** *vt sep* **1.** (*propose*) *idea, suggestion, plan* vorbringen; *person* (*for job*) vorschlagen; (*as candidate*) aufstellen; (*nominate*) vorschlagen. **he ~ himself/his name ~ for the job** er hat sich für den Posten angeboten.

2. (*advance*) *date, meeting* vorverlegen (*to* auf +*acc*); *schedule* voranbringen, weiterbringen (*by* um); *watch* vorstellen.

◆**put in I** *vt sep* **1.** (*place in*) *see* **put** hineintun/-setzen *or* -stellen/-legen/-stecken; (*pack*) einpacken. **he opened the drawer and ~ his hand ~** er öffnete die Schublade und fuhr *or* griff mit der Hand hinein.

2. (*insert in book, speech*) einsetzen, einfügen; (*add*) hinzufügen, dazusagen.

3. (*interpose*) *remark* einfügen.

4. (*enter*) *application, protest* einreichen; *claim also* stellen. **to ~ ~ a plea of not guilty** (*Jur*) auf „nicht schuldig" plädieren; **to ~ sb ~ for an exam/a race/an award** jdn für *or* zu einer Prüfung/für ein Rennen anmelden/für eine Ehrung vorschlagen; **to ~ the car ~ for a service** das Auto zur Wartung (in die Werkstatt) bringen.

5. (*install*) *central heating, car radio* einbauen.

6. (*employ*) *night-watchman* einsetzen; (*elect*) *political party* an die Regierung bringen, ranbringen (*inf*).

7. (*Sport: send in*) *player* hereinnehmen; *team to bat* (als Innenmannschaft) hereinschicken.

8. (*devote, expend*) *time* zubringen, verbringen (*with* mit), verwenden (*with* auf). **to ~ ~ an hour at the piano/an hour's painting** eine Stunde Klavier spielen/eine Stunde lang malen; **could you ~ ~ a few hours' work at the weekend?** könnten Sie am Wochenende ein paar Stunden Arbeit einschieben?; **he always ~s ~ a good day's work** er schafft jeden Tag ein ordentliches Arbeitspensum.

II *vi* **1. to ~ ~ for sth** *for job* sich um etw bewerben; *for leave, rise, house also* etw beantragen.

2. (*Naut: enter port*) **to ~ ~ at a port** in einen Hafen einlaufen.

◆**put inside** *vt sep* (*inf: in prison*) einsperren (*inf*).

◆**put off** *vt sep* **1.** (*set down*) *passengers* aussteigen lassen (*prep obj* aus); (*forcibly*) hinauswerfen (*prep obj* aus).

2. (*lay aside*) *uniform* ablegen, ausziehen; *responsibilities, worries* ablegen.

3. (*postpone, delay*) *match, appointment* verschieben; *decision* aufschieben; *sth unpleasant* hinauszögern. **it's too late to ~ our visitors ~** es ist zu spät, die Besucher (wieder) auszuladen.

4. (*make excuses to, be evasive with*) *questioner, boyfriend, creditor* hinhalten. **he's not easily ~ ~** er läßt sich nicht so leicht beirren.

5. (*discourage from doing sth*) **to ~ sb ~ doing sth** jdn davon abbringen *or* (*person also*) es jdm ausreden, etw zu tun.

6. (*repel*) die Lust nehmen *or* verderben (+*dat*). **to ~ sb ~ sth** jdm etw verleiden, jdm die Lust an etw (*dat*) nehmen; **don't let his rudeness ~ you ~** störe dich nicht an seiner Flegelhaftigkeit.

7. (*distract*) ablenken (*prep obj* von). **to ~ sb ~ the track** jdn von der Fährte abbringen; **he is easily ~ ~ his game** er läßt sich leicht vom Spiel ablenken; **I'd like to watch you if it won't ~ you ~** ich würde dir gern zusehen, wenn es dich nicht stört.

8. (*switch off*) *light, TV, heater* ausmachen, ausschalten; *power, motor* abstellen.

◆**put on** *vt sep* **1.** *coat, shoes* anziehen; *hat* (sich *dat*) aufsetzen; *make-up* auftragen, auflegen; (*fig: assume*) *accent, manners* annehmen; *facade, front* aufsetzen, vortäuschen. **to ~ ~ one's make-up** sich schminken; **to ~ ~ an air of innocence** eine unschuldige Miene aufsetzen; **his sorrow is all ~ ~** sein Kummer ist bloß Schau (*inf*); **to ~ it ~** (*inf*) so tun(, als ob); **to ~ sb ~** (*inf*) jdn verkohlen (*inf*); *see* **front.**

2. (*increase, add*) **to ~ ~ weight/a few pounds** zunehmen/ein paar Pfund zunehmen; **to ~ ~ speed** schneller fahren, beschleunigen; **he ~ ~ fifty runs** (*cricket*) er erhöhte (das Gesamtergebnis) um fünfzig Punkte; **10p was ~ ~ the price of a gallon of petrol** der Benzinpreis wurde um 10 Pence pro Gallone erhöht.

3. *play* aufführen; *party* geben; *exhibition* veranstalten; *film* vorführen; *train, bus* einsetzen; *food* (*on menu*) auf die Speisekarte setzen; (*fig*) *act, show* abziehen (*inf*). **Sobers was ~ ~ to bowl** Sobers wurde als Werfer eingesetzt; **she ~ ~ a display of temper** sie inszenierte einen Wutanfall.

4. (*on telephone*) **to ~ sb ~ to sb** jdn mit jdm verbinden; **would you ~ him ~?**

könnten Sie ihn mir geben?

5. (*switch on*) *light, TV* anmachen, einschalten. **to ~ the kettle/dinner ~** das Wasser/das Essen aufsetzen *or* aufstellen.

6. *watch* vorstellen; *see* **clock.**

7. to ~ sb ~ to sth (*inform about*) jdm etw vermitteln; **to ~ sb ~ to a plumber/garage** jdm einen Installateur/eine Reparaturwerkstatt empfehlen; **he ~ me ~ to a first-rate dentist** durch ihn bin ich an einen erstklassigen Zahnarzt gekommen; **what ~ you ~ to it?** was hat dich darauf gebracht?; **to ~ the police ~ to sb** die Polizei auf jds Spur bringen; **to ~ sb ~ to a winner/good thing** jdm einen heißen (*inf*) *or* todsicheren Tip geben.

◆**put out I** *vt sep* **1.** (*place outside*) *rubbish* hinausbringen; *cat, drunk* vor die Tür setzen. **to ~ the washing ~ (to dry)** die Wäsche (zum Trocknen) raushängen; **to be ~ ~** (*asked to leave*) vor die Tür gesetzt werden; **to ~ sb ~ of business** jdn aus dem Markt drängen; **she could not ~ him ~ of her thoughts** er ging ihr nicht aus dem Sinn; **to ~ sb's eyes ~** jdm die Augen ausstechen; *see* **grass.**

2. (*stretch out, push out*) *hand, foot* ausstrecken; *tongue, head* herausstrekken. **to ~ one's head ~ of the window** den Kopf zum Fenster hinausstrecken; *see* **feeler.**

3. (*sprout*) *leaves, roots* hervorbringen, treiben.

4. *cards, dishes, cutlery* auflegen; *chessmen* aufstellen.

5. (*farm out*) *work* weggeben, vergeben (*to* an *+acc*).

6. (*bring out, circulate*) *pamphlet, book* herausbringen; *propaganda* machen; *statement* abgeben; *message, appeal* durchgeben; *description* bekanntgeben; (*on TV, radio*) *programme* bringen, senden.

7. (*generate*) *kilowatts* abgeben; *horsepower* leisten.

8. (*extinguish*) *fire, light, candle* ausmachen, löschen.

9. (*make unconscious*) bewußtlos machen, betäuben; (*boxer*) k.o. schlagen.

10. (*discontent, vex*) **to be ~ ~ (by sth)** (über etw *acc*) verärgert *or* ungehalten sein; **nothing seems to ~ her ~** sie scheint sich über nichts zu ärgern.

11. (*inconvenience*) **to ~ sb ~** jdm Umstände bereiten *or* machen; **to ~ oneself ~ (for sb)** sich (*dat*) (wegen jdm) Umstände machen.

12. (*dislocate*) *knee, shoulder* ausrenken; (*more severely*) auskugeln; *back* verrenken; *see* **nose.**

13. (*make inaccurate*) (*fig*) *calculations, figures* verfälschen; *instruments* ungenau machen.

14. to ~ money ~ at interest/at 12% Geld für Zinsen/zu 12% (Zinsen) verleihen.

II *vi* (*Naut: set sail*) auslaufen. **to ~ ~ to sea** in See stechen; **to ~ ~ of port/from Bremen** aus dem Hafen/von Bremen auslaufen.

◆**put over** *vt sep* **1.** *see* **put across. 2.** (*esp US: postpone*) verschieben (*to, until* auf *+acc*).

◆**put through** *vt sep* **1.** *plan, reform, proposal, bill* durchbringen; (*+prep obj*) bringen durch; *claim* weiterleiten; *job* durchführen, durchziehen (*inf*); *deal* tätigen.

2. *+prep obj* (*cause to undergo*) durchmachen lassen. **to ~ sb ~ a test/an exam** jdn einem Test/einer Prüfung unterziehen; **he has ~ his family ~ a lot of suffering** seine Familie hat seinetwegen viel durchgemacht; **to ~ sb ~ university** jdn durch die Universität bringen; **they really ~ him ~ it!** (*inf*) den haben sie vielleicht durch die Mangel gedreht! (*inf*); *see* **mill, pace² I 1.**

3. (*connect by telephone*) *person* verbinden (*to* mit); *call* durchstellen (*to* zu). **to ~ a call ~ to Beirut** ein Gespräch nach Beirut vermitteln *or* (*caller*) anmelden.

◆**put together** *vt sep* **1.** (*put in same room, cage*) zusammentun; (*seat together*) zusammensetzen. **he's better than all the others ~ ~** er ist besser als alle anderen zusammen; *see* **head I 3.**

2. (*assemble*) zusammensetzen; *furniture, machine also* zusammenbauen; *book, essay, menu* zusammenstellen; *meal* auf die Beine stellen (*inf*); (*Jur*) *case* zusammenstellen; *collection, evidence, facts* zusammentragen; *see* **two.**

◆**put under** *vt sep* (*doctor*) betäuben.

◆**put up I** *vt sep* **1.** (*raise, lift up*) *hand* hochheben; *car window* zumachen; *sash window* hochschieben; *umbrella* aufklappen; *hair* hochstecken; *collar* hochschlagen, hochklappen. **~ 'em ~!** (*inf*) (*hands in surrender*) Hände hoch!

2. (*hoist*) *flag, sail* hissen, aufziehen.

3. (*fasten up*) *picture, decorations, curtains* aufhängen; *poster also* anmachen (*inf*); *notice also* anschlagen.

4. (*erect*) *building, fence, barrier, memorial* errichten; *ladder, scaffolding* aufstellen; *tent* aufschlagen.

5. (*send up*) *missile, flare, space probe* hochschießen.

6. (*increase*) *numbers, sales, demands* erhöhen; *rent also* heraufsetzen; *prices* (*company*) erhöhen; (*rising costs*) hochtreiben; *sb's temperature, blood pressure* hochtreiben.

7. *see* **put forward 1.**

8. (*offer*) **to ~ sth ~ for sale/auction** etw zum Verkauf anbieten/zur Versteigerung geben; **to ~ ~ resistance (to sb)** (jdm) Widerstand leisten.

9. (*feign*) *facade* vortäuschen.

10. (*give accommodation to*) unterbringen.

11. (*provide*) *capital* bereitstellen; *reward* aussetzen.

12. to ~ sb ~ to sth jdn zu etw anstiften.

II *vi* **1.** (*stay*) wohnen; (*for one night*) übernachten.

2. to ~ ~ for election sich zur Wahl stellen.

3. ~ ~ or shut up! Geld her oder

Maul halten! (*inf*).

◆**put upon** *vi +prep obj* (*impose on*) ausnutzen. **I won't be ~ ~ any longer** ich lasse mich nicht länger ausnutzen.

◆**put up with** *vi +prep obj* sich abfinden mit. **I won't ~ ~ ~ that** das lasse ich mir nicht gefallen.

putative ['pju:tətɪv] *adj* (*form*) vermutlich; *father, culprit* mutmaßlich.

put-down *n* (*snub*) Abfuhr *f*; **put-off** *n* (*inf*) faule Ausrede (*inf*); **put-on** (*inf*) **I** *adj* unecht, vorgetäuscht, aufgesetzt; *smile also* falsch; **II** *n* Bluff *m*, Schau *f* (*inf*); **it's just a ~** das ist nur Schau *or* (ein) Bluff.

put-put ['pʌtpʌt] **I** *n* (*sound*) Tuckern *nt*. **II** *vi* tuckern.

putrefaction [ˌpju:trɪ'fækʃən] *n* Verwesung *f*.

putrefy ['pju:trɪfaɪ] *vi* verwesen.

putrid ['pju:trɪd] *adj* verfault; *smell* faulig; (*fig: corrupt*) zersetzt; (*inf: horrible*) gräßlich, ekelhaft.

putsch [pʊtʃ] *n* Putsch *m*.

putt [pʌt] **I** *n* Schlag *m* (*mit dem man einlocht*). **he needed a long ~ at the 5th hole** am 5. Loch mußte er aus großem Abstand einlochen.

II *vti* putten, einlochen.

puttee, putty ['pʌtɪ] *n* (Wickel)gamasche *f*.

putter[1] ['pʌtəʳ] *n* (*golf-club*) Putter *m*.

putter[2] (*US*) *vi see* **potter.**

putting ['pʌtɪŋ] *n* Putten, Einlochen *nt*; (*as game*) Putten *nt*. **~ green** kleiner Rasenplatz zum Putten; (*green*) Grün *nt*.

putty[1] ['pʌtɪ] **I** *n* Kitt *m*. **~ knife** Spachtel *m*; **he was ~ in her hands** er war Wachs in ihren Händen. **II** *vt* kitten.

putty[2] *n see* **puttee.**

put-up *adj* (*inf*) **a ~ job** ein abgekartetes Spiel; **put-upon** *adj* (*inf*) ausgenutzt; **put-you-up** *n* (*Brit inf*) Schlafcouch *f*.

puzzle ['pʌzl] **I** *n* **1.** (*wordgame*) Rätsel *nt*; (*toy*) Geduldsspiel *nt*; (*jigsaw*) Puzzle(spiel) *nt*.

2. (*mystery*) Rätsel *nt*. **it's a ~ to me** es ist mir ein Rätsel.

II *vt* **1.** verblüffen. **to be ~d about sth** sich über etw (*acc*) im unklaren sein; **the authorities are ~d** die Behörden stehen vor einem Rätsel. **2. to ~ sth out** etw (her)austüfteln.

III *vi* **to ~ about** *or* **over sth** sich (*dat*) über etw (*acc*) den Kopf zerbrechen.

puzzled ['pʌzld] *adj look, frown* verdutzt, verblüfft.

puzzlement ['pʌzlmənt] *n* Verblüffung, Verwirrung *f*. **the look of ~ on her face** die Verwirrung in ihrem Gesicht.

puzzler ['pʌzləʳ] *n* (*problem*) harter Brokken (*inf*).

puzzling ['pʌzlɪŋ] *adj* rätselhaft; *story, mechanism, attitude, question* verwirrend.

PVC *abbr of* **polyvinyl chloride** PVC *nt*.

Pvt (*US Mil*) *abbr of* **Private.**

PX (*US*) *abbr of* **Post Exchange** *Laden/Kantine für Armeeangehörige.*

pygmy, pigmy ['pɪgmɪ] **I** *n* **1. P~** Pygmäe *m*. **2.** (*small person, fig*) Zwerg *m*. **II** *adj* **1. P~** Pygmäen-. **2.** Zwergen-.

pyjama, (*US*) **pajama** [pə'dʒɑ:mə] *adj attr jacket, trousers* Schlafanzug-, Pyjama-; *party* Pyjama-.

pyjamas, (*US*) **pajamas** [pə'dʒɑ:məz] *npl* Schlafanzug, Pyjama *m*.

pylon ['paɪlən] *n* Mast *m*.

pyramid ['pɪrəmɪd] *n* Pyramide *f*. **~ selling** ≃ Schneeballsystem *nt*.

pyramidal [pɪ'ræmɪdl] *adj* pyramidenförmig, Pyramiden-.

pyre ['paɪəʳ] *n* Scheiterhaufen *m* (*zum Verbrennen von Leichen*).

Pyrenean [pɪrə'ni:ən] *adj* pyrenäisch. **~ mountain dog** Pyrenäenhund *m*.

Pyrenees [pɪrə'ni:z] *npl* Pyrenäen *pl*.

Pyrex ® ['paɪreks] *n* Hartglas, Jenaer Glas ® *nt*.

pyrite(s) ['paɪraɪt(s)] *n* Eisen- *or* Schwefelkies, Pyrit *m*.

pyromania [ˌpaɪrəʊ'meɪnɪə] *n* Pyromanie *f*.

pyromaniac [ˌpaɪərəʊ'meɪnɪæk] *n* Pyromane *m*, Pyromanin *f*.

pyrotechnic [ˌpaɪərəʊ'teknɪk] *adj* (*lit*) pyrotechnisch; (*fig*) brillant.

pyrotechnics [ˌpaɪrəʊ'teknɪks] *n* (*sing*) Pyrotechnik *f*; (*pl: display*) Feuerwerk *nt*. **a display of ~** (*lit, fig*) ein Feuerwerk *nt*.

Pyrrhic ['pɪrɪk] *adj*: **~ victory** Pyrrhussieg *m*.

python ['paɪθən] *n* Python(schlange *f*) *m*.

pyx [pɪks] *n* Hostienkelch *m*; (*for sick communion*) Bursa *f*.

pzazz [pzæz] *n* Flair *nt*, Pfiff *m* (*inf*).

Q

Q, q [kjuː] *n* Q, q *nt*; *see* **P.**
Q *abbr of* **Queen.**
Qatar [kæ'tɑːʳ] *n* Katar *nt*.
QC *abbr of* **Queen's Counsel.**
QED *abbr of* **quod erat demonstrandum** q.e.d.
qt *abbr of* **quart.**
q.t. [ˌkjuː'tiː] *n*: **on the ~** (*inf*) heimlich.
qtr *abbr of* **quarter.**
qua [kwɑː] *adv* als.
quack[1] [kwæk] **I** *n* Schnattern, Quaken *nt no pl*. **~-quack** (*baby-talk*) Entchen *nt*. **II** *vi* (*duck*) schnattern, quaken, quak machen (*inf*). **what? she ~ed** was?, quakte sie.
quack[2] **I** *n* (*also* **~ doctor**) Quacksalber(in *f*), Kurpfuscher(in *f*) *m*; (*hum: doctor*) Doktor, Medizinmann (*hum*) *m*. **II** *adj attr methods* Kurpfuscher-. **~ remedy/medicine** Mittelchen *nt*.
quackery ['kwækərɪ] *n* Quacksalberei, Kurpfuscherei *f*.
quad [kwɒd] *n abbr of* **1. quadrangle** Hof *m*. **2. quadruplet** Vierling *m*. **3.** (*Typ*) **quadrat** Quadrat *nt*, Blockade *f*. **em/en ~** Geviert/Halbgeviert *nt*. **4.** (*Comput*) *short for* **quadruple**. **~ density** Vierfachdichte *f*.
quadrangle ['kwɒdræŋgl] *n* **1.** (*Math*) Viereck *nt*. **2.** (*Archit*) (viereckiger) (Innen)hof.
quadrangular [kwɒ'dræŋgjʊləʳ] *adj* viereckig.
quadrant ['kwɒdrənt] *n* (*all senses*) Quadrant *m*.
quadrat ['kwɒdrət] *n* (*Typ*) *see* **quad 3.**
quadratic [kwɒ'drætɪk] *adj* (*Math*) quadratisch.
quadrature ['kwɒdrətʃəʳ] *n* (*Math, Astron*) Quadratur *f*.
quadrilateral [ˌkwɒdrɪ'lætərəl] **I** *adj* (*Math*) vierseitig. **II** *n* Viereck *nt*.
quadrille [kwə'drɪl] *n* Quadrille *f*.
quadrinomial [ˌkwɒdrɪ'nəʊmɪəl] *adj* viergliedrig, vierteilig.
quadripartite ['kwɒdrɪ'pɑːtaɪt] *adj* (*Pol form*) Vierer-. **~ agreement** Viermächteabkommen *nt*.
quadriplegia [ˌkwɒdrɪ'pliːdʒə] *n* Tetraplegie *f*.
quadriplegic [ˌkwɒdrɪ'pliːdʒɪk] **I** *adj* tetraplegisch. **II** *n* Tetraplegiker(in *f*) *m*.
quadroon [kwɒ'druːn] *n* (*old*) Terzerone *m* (*spec*), Terzeronin *f* (*spec*).
quadrophonic [ˌkwɒdrə'fɒnɪk] *adj* quadrophonisch.
quadruped ['kwɒdrʊped] **I** *n* Vierfüß(l)er *m*. **II** *adj* vierfüßig.
quadruple ['kwɒdrʊpl] **I** *adj* vierfach; (*Mus, Pol*) Vierer-. **~ time** (*Mus*) Vierertakt *m*. **II** *n* Vierfache(s) *nt*. **III** *vt* vervierfachen. **IV** *vi* sich vervierfachen.
quadruplet [kwɒ'druːplɪt] *n* (*child*) Vierling *m*.
quadruplicate [kwɒ'druːplɪkɪt] **I** *adj* vierfach. **II** *n*: **in ~** in vierfacher Ausfertigung.
quaff [kwɒf] (*old, hum*) **I** *vt* trinken, schlürfen (*hum*). **II** *vi* zechen (*old, hum*); (*take a swig*) schlucken. **he ~ed long and deep** er nahm einen langen, kräftigen Schluck.
quagmire ['kwægmaɪəʳ] *n* Sumpf, Morast *m*; (*fig*) (*of vice*) Morast *m*; (*difficult situation*) Schlamassel *m* (*inf*). **he was bogged down in a ~ of tiny details** er hatte sich in einem Wust von kleinen Einzelheiten festgebissen; **a ~ of sin** ein Sündenpfuhl *m*.
quail[1] [kweɪl] *vi* (vor Angst) zittern *or* beben (*before* vor +*dat*).
quail[2] *n* (*Orn*) Wachtel *f*.
quaint [kweɪnt] *adj* (+*er*) **1.** (*picturesque*) *cottage, village, scene* malerisch, idyllisch; (*charmingly old-fashioned*) *pub, custom, expression* urig, reizend (*used esp by women*).
2. (*pleasantly odd*) *idea* kurios, schnurrig, putzig (*used esp by women*); *nickname* originell; *old lady, way of speaking* drollig. **how ~!** wie putzig!
quaintly ['kweɪntlɪ] *adv* **1.** (*picturesquely*) malerisch, idyllisch; *decorated, finished* malerisch, urig.
2. *written* schnurrig; *dressed* putzig; *nicknamed* originell.
quaintness ['kweɪntnɪs] *n see adj* **1.** malerischer *or* idyllischer Anblick; Urigkeit *f*. **2.** Kuriosität, Schnurrigkeit, Putzigkeit *f*; Originalität *f*; Drolligkeit *f*.
quake [kweɪk] **I** *vi* zittern, beben (*with* vor +*dat*); (*earth, rafters*) beben, erzittern. **II** *n* **1.** (*inf: earth~*) (Erd)beben *nt*. **2.** (*of rafters*) Beben *nt*.
Quaker ['kweɪkəʳ] *n* Quäker(in *f*) *m*.
Quakerism ['kweɪkərɪzəm] *n* Quäkertum *nt*.
qualification [ˌkwɒlɪfɪ'keɪʃən] *n* **1.** (*on paper*) Qualifikation *f*; (*document itself*) Zeugnis *nt*; (*skill, ability, suitable quality*) Voraussetzung *f*. **English ~s are not recognized by Scottish schools** englische Zeugnisse werden von schottischen Schulen nicht anerkannt; **the only ~ needed is patience/is a knowledge of French** die einzige Voraussetzung ist Geduld/sind Französischkenntnisse.
2. (*act of qualifying*) Abschluß *m* von jds Ausbildung. **after his ~ as a doctor/an insurance broker** nachdem er seine Ausbildung als Arzt/Versicherungsagent abgeschlossen hatte; **prior to his ~** vor Abschluß seines Studiums.
3. (*Sport*) Qualifikation *f*.
4. (*prerequisite*) Voraussetzung *f*.
5. (*limitation*) Einschränkung *f*, Vorbehalt *m*; (*modification*) Modifikation *f*. **to accept a plan with/without ~(s)** einen

Plan unter Vorbehalt/vorbehaltlos billigen.

6. (*Gram*) nähere Bestimmung.

qualified ['kwɒlɪfaɪd] *adj* **1.** (*having training*) ausgebildet; *engineer* graduiert; (*with university degree*) Diplom-. **highly ~** hochqualifiziert; **to be ~ to do sth** qualifiziert sein, etw zu tun; **~ to practice** *doctor, lawyer* zugelassen; **he is/is not ~ to teach** er besitzt die/keine Lehrbefähigung; **he was not ~ for the job** ihm fehlte die Qualifikation für die Stelle; **he is fully ~** er ist voll ausgebildet; **now that you are ~** nachdem Sie nun Ihre Ausbildung abgeschlossen haben.

2. (*able, entitled*) berechtigt. **I'm not ~ to speak for her** ich bin nicht kompetent, in ihrem Namen zu sprechen; **what makes you think you're ~ to judge her?** mit welchem Recht meinen Sie, sie beurteilen zu können?

3. (*limited*) *praise, approval* bedingt, nicht uneingeschränkt. **we're only prepared to make a ~ statement about ...** wir können uns nur bedingt *or* mit Einschränkungen zu ... äußern; **his theory is so ~ as to be ...** seine Theorie hat so viele Einschränkungen, daß sie ...; **in a ~ sense** mit Einschränkungen; **a ~ success** kein voller Erfolg; **~ acceptance** (*Comm*) bedingte Annahme; **~ majority** (*voting procedure in the EC*) qualifizierte Mehrheit *f*.

qualifier ['kwɒlɪfaɪə^r] *n* (*Gram*) Ausdruck *m* des Grades.

qualify ['kwɒlɪfaɪ] **I** *vt* **1.** (*make competent*) qualifizieren; (*make legally entitled*) berechtigen, das Recht geben (+*dat*). **to ~ sb to do sth** (*entitle*) jdn berechtigen, etw zu tun; **his experience qualifies him to make these decisions** aufgrund seiner Erfahrung ist er qualifiziert *or* kompetent, diese Entscheidungen zu treffen; **this qualifies him for promotion** dadurch kommt er für eine Beförderung in Betracht.

2. (*limit*) *statement, criticism* einschränken; (*change slightly*) *opinion, remark* modifizieren, relativieren.

3. (*Gram*) charakterisieren, näher bestimmen. **the adjective qualifies the noun** das Adjektiv bestimmt das Substantiv näher *or* ist eine nähere Bestimmung zum Substantiv.

4. (*describe*) bezeichnen, klassifizieren.

II *vi* **1.** (*acquire degree*) seine Ausbildung abschließen, sich qualifizieren. **to ~ as a lawyer/doctor/teacher** sein medizinisches Staatsexamen machen/die Lehrbefähigung erhalten; **to ~ as an officer** das Offizierspatent erwerben; **your salary increases when you ~** Sie bekommen nach bestandener Prüfung ein höheres Gehalt.

2. (*Sport, in competition*) sich qualifizieren (*for* für). **those who pass the first round of tests ~ for the final interviews** diejenigen, die die erste Testreihe erfolgreich bearbeiten, kommen in die engere und letzte Auswahl.

3. (*fulfil required conditions*) in Frage kommen (*for* für). **does he ~ for admission to the club?** erfüllt er die Bedingungen für die Aufnahme in den Klub?; **he hardly qualifies as a poet** er kann kaum als Dichter angesehen werden.

qualifying ['kwɒlɪfaɪɪŋ] *adj adjective* erläuternd; *round, heat* Qualifikations-. **~ examination** Auswahlprüfung *f*.

qualitative *adj*, **~ly** *adv* ['kwɒlɪtətɪv, -lɪ] qualitativ.

quality ['kwɒlɪtɪ] **I** *n* **1.** (*degree of goodness*) Qualität *f*; (*Comm: categorized also*) Güteklasse *f*; (*of justice, education*) (hoher) Stand. **of the best ~** von bester Qualität; **of good/poor ~** von guter/schlechter Qualität, qualitativ gut/schlecht; **~ matters more than quantity** Qualität geht vor Quantität; **they vary in ~** sie sind qualitativ verschieden; **he's got ~** er hat Format; **~ of life** Lebensqualität *f*.

2. (*characteristics*) (*of person, thing*) Eigenschaft *f*; (*desirable also*) Qualität *f*. **the ~ of patience/selflessness** Geduld *f*/Selbstlosigkeit *f*.

3. (*nature*) Art *f*. **because of the special ~ of the relationship** da es eine Beziehung besonderer Art war; **the sad ~ of the song** die traurige Stimmung des Liedes.

4. (*of voice, sound*) Klangfarbe *f*; (*Ling*) Qualität *f*; (*of colour*) Farbqualität *f*.

5. (*old, hum: high rank*) vornehmer Stand. **the ~** die Oberschicht, die vornehme Welt; **people of ~** Leute von Rang und Namen; **a lady of ~** eine vornehme Dame.

6. the qualities (*newspapers*) die seriösen Zeitungen *pl*.

II *attr* **1.** *goods* Qualitäts-; *rating also, mark* Güte-.

2. (*inf: good*) erstklassig (*inf*); *newspaper* angesehen, seriös.

quality control *n* Qualitätskontrolle *f*.

qualm [kwɑːm] *n* **1.** (*doubt, scruple*) Skrupel *m*, Bedenken *nt*. **I would feel no ~s about killing that dog** ich würde keine Bedenken *or* Skrupel haben, den Hund zu töten; **without a ~** ohne jeden Skrupel; **~s of conscience** Gewissensbisse *pl*.

2. (*misgiving*) Bedenken *nt*.

3. (*old: nausea*) Übelkeit *f*.

quandary ['kwɒndərɪ] *n* Verlegenheit *f*, Dilemma *nt*. **he was in a ~ as to** *or* **about what to do** er wußte nicht, was er tun sollte; **to put sb in a ~** jdn in Verlegenheit *or* eine mißliche Lage bringen.

quango ['kwæŋgəʊ] *n abbr of* **quasi-autonomous non-governmental organization** halbstaatliche Organisation *f*.

quanta ['kwɒntə] *pl of* **quantum.**

quantification [ˌkwɒntɪfɪ'keɪʃən] *n* Quantifizierung *f*.

quantifier ['kwɒntɪfaɪə^r] *n* (*Logic*) Quantor *m*.

quantify ['kwɒntɪfaɪ] *vt* quantifizieren (*form*), in Zahlen ausdrücken.

quantitative *adj*, **~ly** *adv* ['kwɒntɪtətɪv, -lɪ] quantitativ.

quantity ['kwɒntɪtɪ] *n* **1.** Quantität *f*; (*amount*) Menge *f*; (*proportion*) Anteil *m* (*of* an +*dat*), Quantum *nt.* **to prefer ~ to quality** Quantität der Qualität vorziehen; **in ~, in large quantities** in großen Mengen; **what ~ of yeast was used?** wieviel Hefe wurde benutzt?; **the ~ of meat in these sausages is very small** der Fleischanteil in diesen Würsten ist sehr klein; **in equal quantities** zu gleichen Mengen *or* Teilen.

2. *often pl* (*large amount or number of*) Unmenge *f.* **quantities of books/beer** Unmengen von Büchern/Bier.

3. (*Math, Phys, fig*) Größe *f.*

4. (*Poet, Phon*) Quantität *f.*

quantity mark *n* Quantitätszeichen *nt*; **quantity surveyor** *n* Baukostenkalkulator(in *f*) *m.*

quantum ['kwɒntəm] *n, pl* **quanta** (*Phys*) Quant *nt.* **the quality of life cannot be measured as a ~** Lebensqualität kann nicht in Zahlen ausgedrückt werden; **the ~ of satisfaction** das (Aus)maß an Zufriedenheit.

quantum leap *n* (*Phys*) Quantensprung *m*; (*fig*) Riesenschritt *m*; **quantum mechanics** *n sing* Quantenmechanik *f*; **quantum number** *n* Quantenzahl *f*; **quantum physics** *n sing* Quantenphysik *f*; **quantum theory** *n* Quantentheorie *f.*

quarantine ['kwɒrəntiːn] **I** *n* Quarantäne *f.* **to be in ~** in Quarantäne sein; (*ship*) unter Quarantäne liegen; **to put sb in ~** jdn unter Quarantäne stellen. **II** *attr* Quarantäne-. **III** *vt person, ship* unter Quarantäne stellen.

quark[1] [kwɑːk] *n* (*Phys*) Quark *nt.*

quarrel[1] ['kwɒrəl] *n* (*in window*) rautenförmiges Fensterglas.

quarrel[2] **I** *n* **1.** Streit *m*; (*dispute*) Auseinandersetzung *f.* **they have had a ~** sie haben Streit gehabt, sie haben sich gestritten; **to start** *or* **pick a ~** einen Streit anfangen (*with* mit).

2. (*cause for complaint*) Einwand *m* (*with* gegen). **I have no ~ with him** ich habe nichts gegen ihn.

II *vi* **1.** (*have a dispute*) sich streiten (*with* mit, *about, over* über +*acc*, *over inheritance/girl* wegen *or* um Erbe/Mädchen); (*more trivially also*) sich zanken.

2. (*find fault*) etwas auszusetzen haben (*with* an +*dat*). **you can't ~ with that** daran kann man doch nichts aussetzen.

quarrelling, (*US*) **quarreling** ['kwɒrəlɪŋ] *n* Streiterei *f.*

quarrelsome ['kwɒrəlsəm] *adj* streitsüchtig; *woman also* zänkisch.

quarrelsomeness ['kwɒrəlsəmnɪs] *n* Streitsucht *f.*

quarrier ['kwɒrɪəʳ] *n see* **quarryman.**

quarry[1] ['kwɒrɪ] **I** *n* **1.** Steinbruch *m.* **sandstone/slate ~** Sandstein-/Schieferbruch. **2.** (*fig*) Fundgrube *f.* **II** *vt* brechen, hauen. **III** *vi* Steine brechen *or* hauen. **to ~ for sth** etw hauen *or* brechen; (*fig*) nach etw suchen.

◆**quarry out** *vt sep block* heraushauen *or* -brechen.

quarry[2] *n* **1.** Beute *f.* **2.** (*fig*) (*thing*) Ziel *nt*; (*person*) Opfer *nt.*

quarryman ['kwɒrɪmən] *n, pl* **-men** [-mən] Steinbrucharbeiter, Steinhauer *m.*

quart[1] [kwɔːt] *n* (*Measure*) Quart *nt.* **to try to put a ~ into a pint pot** (*prov*) Unmögliches versuchen.

quart[2] *n* **1.** (*Fencing*) Quart *f.* **2.** (*Cards*) Vierersequenz, Quart *f.* **~ major** Quartmajor *f.*

quarter ['kwɔːtəʳ] **I** *n* **1.** (*fourth part*) Viertel *nt.* **to divide sth into ~s** etw in vier Teile teilen; **the bottle was a ~/three-~s full** die Flasche war zu einem Viertel/drei Vierteln gefüllt *or* viertel/dreiviertel voll; **a ~ (of a pound) of tea** ein Viertel(pfund) Tee; **a mile and a ~** eineinviertel Meilen; **a ~ of a mile** eine Viertelmeile; **it was a ~ as big as the other one** es war ein Viertel so groß wie das andere; **for a ~ (of) the price, for ~ the price** zu einem Viertel des Preises.

2. (*in expressions of time*) Viertel *nt.* **a ~ of an hour** eine Viertelstunde; **a ~ to seven** (*Brit*), **a ~ of seven** (*US*) (ein) Viertel vor sieben, dreiviertel sieben (*dial*); **a ~ past six** (*Brit*), **a ~ after six** (*esp US*) (ein) Viertel nach sechs, viertel sieben (*dial*); **it's just on the ~** es ist gerade Viertel; **the clock strikes the ~s** die Uhr schlägt alle Viertelstunde; **the clock has just struck the ~** die Uhr hat eben Viertel *or* die Viertelstunde geschlagen; **an hour and a ~** eineinviertel Stunden, fünf viertel Stunden.

3. (*fourth of year*) Vierteljahr, Quartal *nt.* **paid by the ~** vierteljährlich bezahlt; **a ~'s rent** die Miete für ein Quartal.

4. (*US*) Vierteldollar *m*, 25-Cent-Stück *nt.*

5. (*district in town*) Viertel *nt.*

6. (*area*) **they came from all ~s of the earth** sie kamen aus allen Teilen der Welt; **in these ~s** in dieser Gegend.

7. (*direction*) (Himmels)richtung *f.* **they came from all ~s** sie kamen aus allen Himmelsrichtungen.

8. (*Naut: direction of wind*) Richtung *f.* **what ~ is the wind in?** aus welcher Richtung kommt der Wind?

9. (*side*) Seite *f*; (*place*) Stelle *f.* **he won't get help from that ~** von dieser Seite wird er keine Hilfe bekommen; **in high ~s** höheren Orts; **in various ~s** an verschiedenen Stellen; **at close ~s** in der Nähe; (*from nearby*) aus der Nähe.

10. **~s** *pl* (*lodgings*) Quartier *nt* (*also Mil*), Unterkunft *f*; **to take up one's ~s** (*Mil*) sein Quartier beziehen; **to be confined to ~s** (*Mil*) Stubenarrest haben.

11. (*Naut: for battle*) Posten *m.* **to take up one's ~s** Posten beziehen.

12. (*Naut: part of ship*) Achterschiff *nt.* **on the port/starboard ~** backbord/steuerbord.

13. (*mercy in battle*) Schonung *f*, Pardon *m.* **to give ~** Schonung *or* Pardon gewähren.

14. (*Her*) Wappenfeld *nt.*

15. (*of moon*) Viertel *nt.*

16. (*Sport: of match*) (Spiel)viertel *nt.*

17. (*Measure*) ≃ Viertelzentner *m*.

II *adj pound, mile* Viertel-. **the/a ~ part** das/ein Viertel.

III *vt* **1.** vierteln; (*divide into four also*) in vier Teile teilen; *beef, horse* (in vier Teile) zerlegen; *traitor's body* vierteilen.

2. (*lodge*) unterbringen, einquartieren (*also Mil*) (*on* bei).

quarter-back *n* (*US Ftbl*) Quarterback *m*; **quarter-day** *n* (*Brit*) *festgelegte Tage jeweils am Quartalsende, an denen z.B. Mieten fällig werden;* **quarterdeck** *n* (*Naut*) Achterdeck, Quarterdeck *nt*; **quarter-final** *n* Viertelfinalspiel *nt*; **quarter-finalist** *n* Teilnehmer(in *f*) *m* am Viertelfinale; **quarter-finals** *npl* Viertelfinale *nt*.

quartering ['kwɔːtərɪŋ] *n* **1.** *see vt 1.* Vierteln *nt*; Teilung *f* in vier Teile; Zerlegen *nt*; Vierteilen *nt*. **2.** (*Mil*) Einquartierung *f*. **3.** (*Her*) Einteilung *f* in vier Felder.

quarterlight ['kwɔːtəlaɪt] *n* (*Brit*) Dreieckfenster *nt*; (*openable*) Ausstellfenster *nt*.

quarterly ['kwɔːtəlɪ] **I** *adj* vierteljährlich. **II** *n* Vierteljahresschrift *f*. **III** *adv* vierteljährlich, alle Vierteljahre.

quartermaster ['kwɔːtəˌmɑːstə[r]] *n* **1.** (*Mil*) Quartiermeister *m*. **2.** (*Navy*) Steuermannsmaat *m*. **~'s store** Versorgungslager *nt*.

Quartermaster General *n* Generalquartiermeister *m*.

quarter-note *n* (*US Mus*) Viertel(note *f*) *nt*; **~ rest** Viertelpause *f*; **quarter sessions** *npl* vierteljährliche Gerichtssitzungen *pl*; **quarterstaff** *n* (*Hist*) Schlagstock *m*; **quarter-tone** *n* Vierteltonintervall *nt*.

quartet(te) [kwɔː'tet] *n* (*Mus, foursome*) Quartett *nt*.

quarto ['kwɔːtəʊ] **I** *n* (*Typ*) Quart(format) *nt*. **II** *attr paper, volume* in Quart.

quartz ['kwɔːts] *n* Quarz *m*. **~ clock/watch** Quarzuhr *f*; **~ crystal** Quarzkristall *m*; **~ (iodine) lamp** Quarzlampe *f*.

quartzite ['kwɔːtsaɪt] *n* Quarzfels *m*.

quasar ['kweɪzɑː[r]] *n* Quasar *m*.

quash [kwɒʃ] *vt* **1.** (*Jur*) *verdict* aufheben, annullieren. **2.** *rebellion* unterdrücken; *suggestion, objection* ablehnen.

quasi- ['kwɑːzɪ-] *pref* quasi-, quasi. **acting in a ~-managerial function** quasi als Manager handelnd.

quatercentenary [ˌkwætəsen'tiːnərɪ] *n* (*also* **~ celebrations**) Vierhundertjahrfeier *f*; (*anniversary*) vierhundertster Jahrestag.

quaternary [kwə'tɜːnərɪ] **I** *adj* (*Geol*) quartär; (*Chem*) quaternär, aus vier Teilen bestehend. **II** *n* (*Geol*) Quartär *nt*.

quatrain ['kwɒtreɪn] *n* Vierzeiler *m*.

quaver ['kweɪvə[r]] **I** *n* **1.** (*esp Brit Mus*) Achtel(note *f*) *nt*. **~ rest** Achtelpause *f*. **2.** (*in voice*) Beben, Zittern *nt*. **with a ~ in her voice** mit bebender *or* zitternder Stimme. **II** *vi* (*voice*) beben, zittern; (*Mus*) tremolieren. **III** *vt* mit bebender *or* zitternder Stimme sagen.

quavering ['kweɪvərɪŋ], **quavery** ['kweɪvərɪ] *adj voice* bebend, zitternd; *notes* tremolierend.

quay [kiː] *n* Kai *m*. **alongside the ~** am Kai.

quayside ['kiːsaɪd] *n* Kai *m*. **the ~ bars** die Hafenkneipen *pl*.

queasiness ['kwiːzɪnɪs] *n* Übelkeit *f*.

queasy ['kwiːzɪ] *adj* (+*er*) **I feel ~** mir ist (leicht) übel; **it makes me ~** da wird mir übel; **a ~ feeling** ein Gefühl *nt* der Übelkeit, ein Übelkeitsgefühl *nt*; **don't do it if you feel ~ about it** wenn dir nicht wohl dabei ist, dann tu's doch nicht.

queen [kwiːn] **I** *n* **1.** (*also fig*) Königin *f*. **she was ~ to George V** sie war die Gemahlin von Georg V.; **~ of the May** Maikönigin *f*.

2. (*bee, ant etc*) Königin *f*.

3. (*Cards*) Dame *f*. **~ of spades** Pikdame.

4. (*Chess*) Dame *f*. **~'s bishop/pawn** Damenläufer/-bauer *m*.

5. (*sl: homosexual*) Schwule(r) *m* (*inf*), Tunte *f* (*sl*).

6. (*sl: rocker ~*) Braut *f* (*sl*).

II *vt* **1.** (*Chess*) in eine Dame ver- *or* umwandeln.

2. (*inf*) **to ~ it** die große Dame spielen *or* heraushängen (*inf*); **to ~ it over sb** jdn herumkommandieren (*inf*).

III *vi* (*Chess*) sich in eine Dame verwandeln.

queen bee *n* Bienenkönigin *f*; **queen consort** *n* Königin *f*, Gemahlin *f* des Königs; **queen dowager** *n* Königinwitwe *f*.

queenly ['kwiːnlɪ] *adj* königlich; *rule also* der Königin.

queen mother *n* Königinmutter *f*; **Qqueen's Bench** *n* Oberster Gerichtshof.

Queen's Counsel *n* Kronanwalt *m* /-anwältin *f*, Anwalt *m* /Anwältin *f* der Krone, ≃ Staatsanwalt *m* /-anwältin *f*; (*as title*) Justizrat *m* /-rätin *f*; **queen's English** *n* englische Hochsprache; **don't you understand the ~?** verstehst du denn kein Englisch?; **queen's evidence** *n*: **to turn ~** als Kronzeuge auftreten; **Queen's Guide** *n* Pfadfinderin *f* mit den höchsten Auszeichnungen; **queen's peace** *n* **to keep the ~** sich ordnungsgemäß verhalten; **a breach of the ~** öffentliche Ruhestörung; **Queen's Scout** *n* Pfadfinder *m* mit den höchsten Auszeichnungen; **queen's shilling** *n* **to take the ~** (*old*) des Königs Rock anziehen (*obs*); **Queen's Speech** *n* Thronrede *f*.

queer [kwɪə[r]] **I** *adj* (+*er*) **1.** (*strange*) eigenartig, seltsam, komisch; (*eccentric*) komisch, kauzig. **a ~-sounding name** ein komischer Name; **he's a bit ~ in the head** (*inf*) er ist nicht ganz richtig (im Kopf) (*inf*).

2. (*causing suspicion*) verdächtig, nicht ganz hasenrein. **there's something ~ about it** da ist etwas faul dran (*inf*).

3. (*inf*) (*unwell*) unwohl; (*peculiar*) *feeling* komisch. **I feel ~** mir ist nicht gut/mir ist ganz komisch (*inf*); **I came over all ~** mir wurde ganz anders (*inf*) *or* komisch (*inf*).

4. (*inf: homosexual*) schwul (*inf*).

II *n* (*inf: homosexual*) Schwule(r) *mf* (*inf*).

III *vt* (*sl: spoil*) versauen (*sl*), vermasseln (*sl*). **to ~ sb's pitch** (*inf*) jdm einen Strich durch die Rechnung machen.

queer-bashing ['kwɪəˌbæʃɪŋ] *n* Verprügeln *nt* von Schwulen.

queerly ['kwɪəlɪ] *adv* eigenartig, seltsam, komisch.

queerness ['kwɪənɪs] *n* **1.** Eigenartigkeit, Merkwürdigkeit, Seltsamkeit *f*. **2.** (*inf: homosexuality*) Schwulheit *f* (*inf*).

Queer Street *n* (*Brit sl*) **to be in ~** pleite *or* blank sein (*inf*); **we'll really be in ~ if that happens** wenn das passiert, sind wir wirklich in Schwulitäten (*inf*).

quell [kwel] *vt fear* bezwingen; *passion* bändigen, zügeln; *riot* unterdrücken, niederschlagen; *anxieties* überwinden.

quench [kwentʃ] *vt flames, fire* löschen; *thirst also, (liter) desire* stillen; *enthusiasm* dämpfen.

quern [kwɜːn] *n* Hand- *or* Drehmühle *f*; (*Archeol*) Mahlstein *m*.

querulous ['kwerʊləs] *adj* nörglerisch, mißmutig. **a ~ person** ein Querulant *m*, eine Querulantin *f*.

querulously ['kwerʊləslɪ] *adv see adj*.

query ['kwɪərɪ] **I** *n* **1.** (*question*) Frage *f*.

2. (*Typ*) Fragezeichen *nt*.

3. (*Comput*) Abfrage *f*. **~ language** Abfragesprache *f*.

II *vt* **1.** (*express doubt about*) bezweifeln; *statement, motives* in Frage stellen; *bill, item, invoice* reklamieren. **I'm not ~ing your right to do that but ...** ich bezweifle ja nicht, daß Sie dazu berechtigt sind, aber ...; **£500! I'd ~ that if I were you** £ 500! da würde ich an Ihrer Stelle reklamieren.

2. (*check*) **to ~ sth with sb** etw mit jdm abklären.

3. (*with a question mark*) mit einem Fragezeichen versehen.

4. (*Comput*) *database* abfragen.

quest [kwest] **I** *n* (*search*) Suche *f* (*for* nach); (*for knowledge, happiness*) Streben *nt* (*for* nach). **to go in ~ of sth** (*old, liter*) sich auf die Suche nach etw machen.

II *vi* **1.** (*old, liter: seek*) suchen (*for* nach). **to ~ for riches/truth** nach Reichtümern/der Wahrheit streben.

2. (*Hunt*) die Beute aufspüren.

question ['kwestʃən] **I** *n* **1.** (*Gram*) Frage *f* (*to* an +*acc*); (*Parl also*) Anfrage *f* (*to* an +*acc*). **to ask sb a ~** jdm eine Frage stellen; **don't ask so many ~s** frag nicht so viel; **they'll buy anything, no ~s asked** sie kaufen alles und stellen keine dummen Fragen; **what a ~ (to ask)!** was für eine Frage!

2. *no pl* (*doubt*) Zweifel *m*, Frage *f*. **beyond (all)** *or* **without ~** ohne Frage, ohne (jeden) Zweifel; **his honesty is beyond ~** seine Ehrlichkeit steht außer Zweifel *or* Frage; **there is no ~ but that he has gone** (*form*) es besteht kein Zweifel darüber, er ist fort; **your sincerity is not in ~** niemand zweifelt an Ihrer Aufrichtigkeit; **to call sth into ~** etw in Frage stellen.

3. (*matter*) Frage *f*. **that's another ~ altogether** das ist etwas völlig anderes; **that's not the ~** darum geht es nicht; **it's not just a ~ of money** es ist nicht nur eine Geldfrage *or* Frage des Geldes; **if it's only a ~ of whether ...** wenn es nur darum geht (*inf*) *or* sich darum handelt, ob ...

4. *no pl* (*possibility, likelihood*) **there is some ~ of a reunion/of him resigning** es ist die Rede von einer Wiedervereinigung/davon, daß er zurücktreten will, eine Wiedervereinigung/sein Rücktritt ist im Gespräch; **there's no ~ of that happening/of a strike** es steht außer Diskussion *or* es kann keine Rede davon sein, daß das passiert/von einem Streik kann keine Rede sein; **that's out of the ~** das kommt nicht in Frage; **the person/matter in ~** die fragliche *or* in Frage *or* in Rede (*form*) stehende Person/Angelegenheit.

II *vt* **1.** (*ask ~s of*) fragen (*about* nach); (*police*) befragen, vernehmen, verhören (*about* zu); (*examiner*) prüfen (*on* über +*acc*). **my father started ~ing me about where I'd been** mein Vater fing an, mich auszufragen, wo ich gewesen war; **they were ~ed by the immigration authorities** ihnen wurden von der Einwanderungsbehörde viele Fragen gestellt.

2. (*express doubt about*) bezweifeln, zweifeln an (+*dat*); (*dispute, challenge*) in Frage stellen. **but I'm not ~ing that!** das bezweifle *or* bestreite ich ja nicht; **he ~ed her inclusion on the committee** er äußerte Bedenken gegen ihre Aufnahme in den Ausschuß.

questionable ['kwestʃənəbl] *adj* **1.** (*suspect*) fragwürdig. **of ~ honesty** von zweifelhaftem Ruf; **in ~ taste** geschmacklos. **2.** (*open to doubt*) *statement, figures* fraglich; *value, advantage also* zweifelhaft.

questioner ['kwestʃənəʳ] *n* Fragesteller(in *f*), Frager(in *f*) *m*.

questioning ['kwestʃənɪŋ] **I** *adj look* fragend.

II *n* (*by parents, husband*) Verhör *nt*; (*by police also*) Vernehmung *f*; (*of candidate*) Befragung *f*. **after hours of ~ by the immigration authorities** nach stundenlanger Befragung durch die Einwanderungsbehörde; **they brought him in for ~** sie holten ihn, um ihn zu vernehmen.

questioningly ['kwestʃənɪŋlɪ] *adv* fragend.

question mark *n* Fragezeichen *nt*; **to put a ~ over sth** etw in Frage stellen; **question-master** *n* Quizmaster(in *f*) *m*.

questionnaire [ˌkwestʃə'nɛəʳ] *n* Fragebogen *m*.

question time *n* Zeit *f* für Fragen; (*Parl*) Fragestunde *f*.

queue [kjuː] **I** *n* **1.** (*Brit: of people, cars*) Schlange *f*. **to form a ~** eine Schlange bilden; **to stand in a ~** Schlange stehen, anstehen; **to join the ~** sich (hinten) anstellen; **a ~ of cars** eine Autoschlange; **a long ~ of people** eine lange Schlange.

2. (*Hist: pigtail*) Zopf *m*.

II *vi* (*Brit: also* ~ **up**) Schlange stehen; (*people also*) anstehen; (*form a* ~) eine Schlange bilden; (*people*) sich anstellen. **they were queuing outside the cinema** sie standen vor dem Kino Schlange; **we ~d for an hour** wir haben eine Stunde angestanden; **they were queuing for bread** sie standen nach Brot an.

queue-jumper *n* (*Brit*) *jd, der sich vordräng(el)t*; **queue-jumping** *n* (*Brit*) Vordränge(l)n *nt*; **hey you, no ~!** he, Vordränge(l)n gibt's nicht! (*inf*).

quibble ['kwɪbl] **I** *vi* (*be petty-minded*) kleinlich sein (*over, about* wegen); (*argue with sb*) sich herumstreiten (*over, about* wegen). **to ~ over details** auf Einzelheiten herumreiten; **he ~d about the design** er krittelte am Design herum.

II *n* **these aren't really serious criticisms at all, just ~s** das ist doch keine ernsthafte Kritik, das sind doch nur Spitzfindigkeiten *or* Haarspaltereien; **I've got a few ~s about her work/the design** ich habe ein paar Kleinigkeiten an ihrer Arbeit/am Design auszusetzen.

quibbler ['kwɪbləʳ] *n* (*petty critic*) Krittler(in *f*), Kritikaster (*pej*) *m*; (*hair-splitter*) Wortklauber(in *f*), Haarspalter(in *f*) *m*.

quibbling ['kwɪblɪŋ] **I** *adj* (*petty*) *person* kleinlich; (*hair-splitting*) *person, details, argument* spitzfindig. **II** *n* kleinliches Getue (*inf*); (*petty criticism*) Krittelei *f*; (*hair-splitting*) Haarspalterei, Wortklauberei *f*. **all this ~ about details** dieses Herumreiten auf Einzelheiten.

quiche [ki:ʃ] *n* Quiche *f*.

quick [kwɪk] **I** *adj* (+*er*) **1.** (*rapid*) schnell; *answer also* prompt. **be ~!** mach schnell!; (*on telephone*) faß dich kurz!; **come on, ~, ~!** komm, schnell, schnell *or* zack, zack (*inf*)!; **and be ~ about it** aber ein bißchen dalli (*inf*); **you were/he was ~** das ist ja schnell gegangen, das war ja schnell; **he was too ~ for me** (*in speech*) das ging mir zu schnell; (*in escaping*) er war zu schnell für mich; **~ march!** (*Mil*) im Eilschritt, marsch!; **it's ~er by train** mit dem Zug geht es schneller; **to be ~ to do sth** etw ganz schnell tun; **he is ~ to criticize other people** er ist mit seiner Kritik schnell bei der Hand; **he is ~ to anger** er wird leicht zornig; **the ~est way to the station** der schnellste Weg zum Bahnhof; **what's the ~est way to the station?** wie komme ich am schnellsten zum Bahnhof?

2. (*short, ~ly done*) *kiss* flüchtig; *speech, synopsis* kurz; *rest* klein, kurz. **let me have a ~ look** laß mich mal schnell *or* kurz sehen; **we had a ~ meal** wir haben schnell etwas gegessen; **let's go for a ~ drive** komm, wir machen eine kleine Spritztour; **could I have a ~ word?** könnte ich Sie mal kurz sprechen?; **could I have a ~ try?** darf ich mal schnell *or* kurz versuchen?; **I'll just write him a ~ note** ich schreibe ihm schnell mal *or* mal kurz; **time for a ~ beer** genügend Zeit, um schnell ein Bierchen zu trinken; **a ~ one** eine(r, s) auf die Schnelle (*inf*); (*question*) eine kurze Frage.

3. (*lively, ~ to understand*) *mind* wach; *person* schnell von Begriff (*inf*); *child* aufgeweckt; *temper* hitzig, heftig; *eye, ear* scharf. **the ~er children soon get bored** die Kinder, die schneller begreifen *or* eine schnellere Auffassungsgabe haben, langweilen sich bald; **he's very ~** er begreift *or* kapiert (*inf*) schnell; **he's too ~ for me** mit ihm komme ich nicht mit; **~, isn't he?** (*in repartee*) der ist aber schlagfertig.

II *n* **1.** (*Anat*) empfindliches Fleisch (*besonders unter den Fingernägeln*). **to bite one's nails to the ~** die Nägel bis zum Fleisch abkauen; **to be cut to the ~** tief getroffen sein; **to cut sb to the ~** jdn zutiefst verletzen.

2. *pl* (*liter*) **the ~ and the dead** die Lebenden und die Toten.

III *adv* (+*er*) schnell.

quick-acting *adj medicine* schnell wirkend *attr*; **quick-change artist** *n* (*Theat*) Verwandlungskünstler(in *f*) *m*.

quicken ['kwɪkən] **I** *vt* **1.** (*also* ~ **up**) beschleunigen.

2. (*liter: make more lively*) *feelings* erhöhen; *appetite* anregen; *imagination* beflügeln (*geh*), anregen.

II *vi* **1.** (*also* ~ **up**) schneller werden, sich beschleunigen. **the pace ~ed** das Tempo nahm zu.

2. (*liter*) (*hope, interest*) wachsen; (*foetus*) sich bewegen.

quick-fire questions *npl* Fragen *pl* wie aus der Maschinenpistole; **quick-firing** *adj* (*Mil*) Schnellfeuer-; **quick-freeze** *vt food* schockgefrieren, einfrosten; **quick-frozen** *adj* Gefrier-, tiefgekühlt.

quickie ['kwɪkɪ] *n* (*inf*) eine(r, s) auf die Schnelle (*inf*); (*question*) kurze Frage.

quicklime ['kwɪklaɪm] *n* ungelöschter Kalk.

quickly ['kwɪklɪ] *adv* schnell.

quickness ['kwɪknɪs] *n* **1.** (*speed*) Schnelligkeit *f*. **his ~ to appreciate the problem** die Schnelligkeit, mit der er das Problem erfaßt hat. **2.** (*intelligence*) schnelle Auffassungsgabe. **~ of mind** Fähigkeit, schnell zu denken; **~ of temper** heftiges *or* aufbrausendes Temperament.

quicksand *n* Treibsand *m*; **quickset hedge** *n* Hecke *f*; (*hawthorn*) Weißdornhecke *f*; **quick-setting** *adj glue* schnell trocknend *attr*; *cement* schnell bindend *attr*; **quicksilver I** *n* Quecksilber *nt*; **II** *adj attr* (*fig liter*) quecksilbrig, lebhaft; **quickstep** *n* Quickstep *m*; **quick-tempered** *adj* hitzig, leicht erregbar; **to be ~** leicht aufbrausen; **quickthorn** *n* Rotdorn *m*; **quick-witted** *adj* geistesgegenwärtig; *answer* schlagfertig; **quick-wittedness** *n* Geistesgegenwart *f*; Schlagfertigkeit *f*; schnelle Auffassungsgabe.

quid[1] [kwɪd] *n, pl* - (*inf*) Pfund *nt*. **20 ~** 20 Eier (*sl*); **to be ~s in** auf sein Geld kommen (*inf*).

quid[2] *n* (*tobacco*) Priem *m*.
quiddity ['kwɪdɪtɪ] *n* **1.** (*Philos*) Quiddität *f* (*spec*), Wesen *nt*. **2.** (*liter: quibble*) Spitzfindigkeit *f*.
quid pro quo ['kwɪdprəʊ'kwəʊ] *n* Gegenleistung *f*.
quiescence [kwɪ'esns] *n* Ruhe, Stille *f*.
quiescent [kwɪ'esnt] *adj* ruhig, still.
quiet ['kwaɪət] **I** *adj* (*+er*) **1.** (*silent*) still; *neighbours, person also, engine* ruhig; *footsteps, music, car, voice* leise. **at night when the office is ~** nachts, wenn im Büro alles still ist; **double-glazing makes the house ~er** durch Doppelfenster wird das Haus ruhiger; **(be) ~!** Ruhe!, ruhig!; **to keep ~** (*not speak*) still sein; (*not make noise*) leise sein; **keep ~!** sei/seid still!; **can't you keep your dog ~!** können Sie nicht zusehen, daß Ihr Hund still ist?; **to keep ~ about sth** über etw (*acc*) nichts sagen; **to go ~** still werden; (*music*) leise werden; **could you make the class ~ for a minute?** könnten Sie die Klasse für eine Minute zur Ruhe bringen?; **I can't make the radio any ~er** ich kann das Radio nicht (noch) leiser stellen.
2. (*peaceful*) ruhig; *evening also* geruhsam; *conscience also* gut; *smile* leise. **things are very ~ at the moment** im Augenblick ist nicht viel los; **business is ~** das Geschäft ist ruhig; **to have a ~ mind** beruhigt sein; **he had a ~ sleep** er hat ruhig geschlafen; **to lead a ~ life** ein ruhiges Leben führen; **I was just sitting there having a ~ drink** ich saß da und habe in aller Ruhe mein Bier *etc* getrunken.
3. (*gentle*) *face, character* sanft; *child* ruhig; *horse* brav, gutwillig; *irony* leise.
4. (*unpretentious, simple*) *dress, tie* dezent; *colour also* ruhig; *style* einfach, schlicht; *elegance* schlicht; *wedding, dinner, funeral* im kleinen Rahmen.
5. (*not overt*) *hatred, envy* still; *resentment* heimlich. **I'll have a ~ word with him** ich werde mal ein Wörtchen (im Vertrauen) mit ihm reden; **could we have a ~ word together some time?** könnten wir uns mal unter vier Augen unterhalten?; **I caught him having a ~ drink** ich habe ihn dabei erwischt, wie er heimlich getrunken hat; **they had a ~ laugh over it** sie haben im stillen darüber gelacht; **he kept the matter ~** er behielt die Sache für sich.
II *n* Ruhe *f*. **in the ~ of the night** in der Stille der Nacht; **on the ~** heimlich; **he left on the ~** er ist still und heimlich weggegangen; *see* **peace.**
III *vt see* **quieten.**
quieten ['kwaɪətn] *vt* **1.** *sb* zum Schweigen bringen; *noisy class, dog* zur Ruhe bringen; *crying baby* beruhigen; *engine* ruhiger machen. **2.** (*make calm*) *person, conscience* beruhigen; *suspicion, fear* zerstreuen; *pain* lindern.
◆**quieten down** **I** *vi* (*become silent*) leiser werden; (*become calm*) sich beruhigen; (*after wild youth*) ruhiger werden. **~ ~, boys!** ein bißchen ruhiger, Jungens!; **things have ~ed ~ a lot** es ist viel ruhiger geworden.
II *vt sep person* beruhigen; *engine* ruhiger machen.
quietism ['kwaɪɪtɪzəm] *n* Quietismus *m*.
quietist ['kwaɪɪtɪst] **I** *n* Quietist(in *f*) *m*. **II** *adj* quietistisch.
quietly ['kwaɪətlɪ] *adv* (*making little noise*) leise; (*peacefully, making little fuss*) ruhig; (*secretly*) still und heimlich; *dressed* dezent. **he's very ~ spoken** er spricht sehr leise; **to be ~ confident** insgeheim sehr sicher sein; **I was sitting here ~ sipping my wine** ich saß da und trank in aller Ruhe meinen Wein; **he slipped off ~** er machte sich in aller Stille davon (*inf*); **they got married very ~** sie haben im kleinen Rahmen geheiratet.
quietness ['kwaɪətnɪs] *n* **1.** (*lack of noise*) Stille *f*; (*of engine, car*) Geräuscharmut *f*; (*of footsteps*) Geräuschlosigkeit, Lautlosigkeit *f*; (*of person*) stille Art. **the ~ of her voice** ihre leise Stimme.
2. (*peacefulness*) Ruhe *f*.
3. (*of tie, colour*) Dezentheit *f*; (*of style*) Schlichtheit *f*.
quietude ['kwaɪətju:d] *n* (*liter*) Ruhe *f*, Friede(n) *m*.
quietus [kwaɪ'i:təs] *n* (*old, liter*) Todesstoß *m*. **to give sb his/sth its ~** jdm/einer Sache den Todesstoß versetzen.
quiff [kwɪf] *n* (*esp Brit*) Stirnlocke, Tolle *f*.
quill [kwɪl] *n* **1.** (*feather*) Feder *f*; (*feather stem*) Federkiel *m*. **2.** (*also ~-pen*) Feder(kiel *m*) *f*. **3.** (*of porcupine*) Stachel *m*.
quilt [kwɪlt] **I** *n* (*continental ~*) Steppdecke *f*; (*unstitched*) Federbett *nt*; (*bedspread*) Bettdecke *f*. **II** *vt* absteppen; (*with padding*) wattieren.
quilting ['kwɪltɪŋ] *n* **1.** (*process*) (Ab)steppen *nt*; Wattieren *nt*. **2.** (*material*) Steppstoff *m*.
quin [kwɪn] *n* (*Brit*) *abbr of* **quintuplet** Fünfling *m*.
quince [kwɪns] *n* (*fruit, tree*) Quitte *f*.
quincentenary [ˌkwɪnsen'ti:nərɪ] *n* fünfhundertster Jahrestag; (*also ~* **celebrations**) Fünfhundertjahrfeier *f*.
quinine [kwɪ'ni:n] *n* Chinin *nt*.
quinquennia [kwɪŋ'kwenɪə] *pl of* **quinquennium.**
quinquennial [kwɪŋ'kwenɪəl] *adj* alle fünf Jahre (stattfindend); (*lasting five years*) fünfjährig.
quinquennium [kwɪŋ'kwenɪəm] *n, pl* **quinquennia** (*form*) Jahrfünft *nt*.
quint [kwɪnt] *n* (*US*) *abbr of* **quintuplet** Fünfling *m*.
quintessence [kwɪn'tesns] *n* (*Philos, fig*) Quintessenz *f*; (*embodiment*) Inbegriff *m*.
quintessential [ˌkwɪntɪ'senʃəl] *adj* (*liter*) fundamental (*geh*). **the ~ English gentleman** der Inbegriff des englischen Gentleman; **an instance of his ~ bad taste** ein Beispiel für seinen von Grund auf schlechten Geschmack.
quintessentially [ˌkwɪntɪ'senʃəlɪ] *adv* (*liter*) durch und durch. **they are ~ different** sie sind fundamental (*geh*) *or* von Grund auf verschieden; **this is ~ Bach** das ist Bach reinsten Wassers.
quintet(te) [kwɪn'tet] *n* (*Mus, group of*

five) Quintett *nt.*

quintuple ['kwɪntjʊpl] **I** *adj* fünffach. **II** *n* Fünffache(s) *nt.* **III** *vt* verfünffachen. **IV** *vi* sich verfünffachen.

quintuplet [kwɪn'tju:plɪt] *n* Fünfling *m.*

quip [kwɪp] **I** *n* witzige *or* geistreiche Bemerkung. **II** *vti* witzeln.

quipster ['kwɪpstəʳ] *n* Spaßvogel *m.*

quire[1] ['kwaɪəʳ] *n* **1.** (*24 sheets*) 24 Bogen Papier. **2.** (*folded, unbound sheets*) Bogen *m.*

quire[2] *n* (*obs*) *see* **choir.**

quirk [kwɜ:k] *n* Schrulle, Marotte *f;* (*of nature, fate*) Laune *f.* **by a strange ~ of fate** durch eine Laune des Schicksals.

quirkiness ['kwɜ:kɪnɪs] *n* Schrulligkeit *f.*

quirky ['kwɜ:kɪ] *adj* (+*er*) *person, character* schrullig.

quirt [kwɜ:t] *n* (*US*) geflochtene Reitpeitsche.

quisling ['kwɪzlɪŋ] *n* Quisling *m.*

quit [kwɪt] (*vb: pret, ptp* **~ted** *or* **~**) **I** *vt* **1.** (*leave*) *town, army* verlassen; *this life* scheiden aus; (*give up*) *job* aufgeben, kündigen. **I've given her/I've had notice to ~ the flat** (*form*) ich habe ihr die Wohnung gekündigt/mir ist (die Wohnung) gekündigt worden.

2. (*inf: stop*) aufhören mit. **to ~ doing sth** aufhören, etw zu tun; **~ it!** hör (damit) auf!; **to ~ work** mit der Arbeit aufhören.

3. (*Comput*) *job, program* verlassen, aussteigen aus (*inf*).

II *vi* **1.** (*leave one's job*) kündigen.

2. (*go away*) weg- *or* fortgehen. **notice to ~** Kündigung *f;* **they gave me notice to ~** sie haben mir gekündigt.

3. (*accept defeat*) aufgeben.

4. (*Comput*) das Programm/die Datei verlassen, aussteigen (*inf*).

III *adj* **~ of** los *or* frei von, ledig (+*gen*) (*geh*); **we are ~ of him** wir sind ihn los.

quite [kwaɪt] *adv* **1.** (*entirely*) ganz; (*emph*) völlig. **I am ~ happy where I am** ich fühle mich hier ganz wohl; **it's ~ impossible to do that** das ist völlig *or* gänzlich unmöglich; **are you ~ finished!** bist du jetzt fertig?; **when you're ~ ready ...** (*iro*) wenn du dann fertig bist ...; **he's ~ grown up now** er ist jetzt schon richtig erwachsen; **I ~ agree with you** ich stimme völlig mit Ihnen überein; **he ~ understands that he must go** er sieht es durchaus *or* völlig ein, daß er gehen muß; **he has ~ recovered** er ist völlig *or* ganz wiederhergestellt; **that's ~ another matter** das ist doch etwas ganz anderes; **he said it in ~ another tone** er sagte es in einem ganz anderen Ton; **that's ~ enough for me** das reicht wirklich; **that's ~ enough of that** das reicht jetzt aber; **not ~** nicht ganz; **you weren't ~ early/tall enough** Sie waren ein bißchen zu spät dran/zu klein; **I don't ~ see what he means** ich verstehe nicht ganz, was er meint; **that's not ~ your colour** das ist nicht ganz die richtige Farbe für Sie; **he's not ~ the James Bond type** er ist nicht gerade der James-Bond-Typ; **it was not ~ midnight** es war noch nicht ganz Mitternacht; **sorry! — that's ~ all right** entschuldige! — das macht nichts; **I'm ~ all right, thanks** danke, mir geht's gut; **thank you — that's ~ all right** danke — bitte schön; **~ (so)!** genau!, sehr richtig!, ganz recht!; **~ the thing** (*inf*) ganz große Mode.

2. (*to some degree*) ziemlich. **~ likely/unlikely** sehr wahrscheinlich/unwahrscheinlich; **he's had ~ a lot to drink** er hat ziemlich viel *or* ganz schön viel (*inf*) getrunken; **~ a few people** ziemlich viele Leute; **he is ~ a good singer** er ist ein ziemlich guter Sänger; **I ~ like this painting** dieses Bild gefällt mir ganz gut; **yes, I'd ~ like to** ja, eigentlich ganz gern.

3. (*really, truly*) wirklich. **she was ~ a beauty** sie war wirklich eine Schönheit; **she's ~ a girl/cook** sie ist ein tolles Mädchen/eine tolle Köchin; **it's ~ delightful** es ist entzückend, es ist einfach wunderbar; **it was ~ a shock/disappointment/change** es war ein ziemlicher *or* ganz schöner (*inf*) Schock/eine ziemliche *or* ganz schöne (*inf*) Enttäuschung/Veränderung; **that's ~ some bruise/bill/car** (*inf*) das ist vielleicht ein blauer Fleck/eine Rechnung/ein Auto (*inf*); **it was ~ a party** das war vielleicht eine Party! (*inf*); **he's ~ the gentleman now** er ist jetzt ganz der feine Herr; **he's ~ a hero now** jetzt ist er ein richtiger Held; **~ the little party-goer, aren't we?** (*inf*) du bist wohl so eine richtige kleine Partynudel, wie? (*inf*).

quits [kwɪts] *adj* quitt. **to be/get ~ with sb** mit jdm quitt sein/werden; **to cry ~** aufgeben, klein beigeben; **shall we call it ~?** lassen wir's?; *see* **double.**

quittance ['kwɪtəns] *n* Schuldenerlaß *m.*

quitter ['kwɪtəʳ] *n* (*inf*) **he's a ~** er gibt immer gleich auf.

quiver[1] ['kwɪvəʳ] **I** *vi* zittern; (*person also*) beben (*with* vor +*dat*); (*wings*) flattern; (*lips, eyelids, heart*) zucken; (*flesh*) wabbeln. **II** *n* Zittern *nt;* Beben *nt;* Flattern *nt;* Zucken *nt;* Wabbeln *nt.*

quiver[2] *n* Köcher *m.*

quiverful ['kwɪvəfʊl] *n* (*of arrows*) Köchervoll *m.*

qui vive [ˌki:'vi:v] *n:* **on the ~** auf dem Quivive (*dated*), auf der Hut.

quixotic [kwɪk'sɒtɪk] *adj behaviour, gesture* edelmütig, ritterlich; *ideals* schwärmerisch, idealistisch. **a strange ~ character** ein eigenartiger, an Don Quichotte erinnernder Mensch; **don't you find that a little ~?** finden Sie das nicht etwas versponnen?

quixotically [kwɪk'sɒtɪkəlɪ] *adv see adj.*

quiz [kwɪz] **I** *n* **1.** Quiz *nt.* **2.** (*US Sch inf*) Prüfung *f.* **II** *vt* **1.** (*question closely*) ausfragen (*about* über +*acc*). **2.** (*US Sch inf*) abfragen, prüfen. **3.** (*obs: stare at impudently*) mustern, beäugen. **4.** (*obs: mock*) necken (*geh*).

quizmaster *n* Quizmaster(in *f*) *m;* **quiz programme,** (*US*) **quiz program** *n* Quizsendung *f;* **quiz show** *n* Quiz *nt.*

quizzical ['kwɪzɪkəl] *adj* **1.** *air, look* fragend; *smile* zweifelnd. **2.** (*odd*) eigenartig, drollig.

quizzically ['kwɪzɪkəlɪ] *adv look* fragend, zweifelnd.

quoin [kwɔɪn] *n* **1.** (*outer corner of wall*) Ecke *f*; (*cornerstone*) Eckstein *m.* **2.** (*Typ*) Schließzeug *nt.*

quoit [kwɔɪt] *n* Wurfring *m.*

quoits [kwɔɪts] *n sing* Wurfringspiel *nt.* **to play ~** Wurfring spielen.

quondam ['kwɒndæm] *adj* (*liter*) ehemalig, früher. **his ~ wife** weiland seine Gattin (*obs*).

Quonset (hut) ® ['kwɒnsɪt('hʌt)] *n* (*US*) Nissenhütte *f.*

quorum ['kwɔːrəm] *n* Quorum *nt.*

quota ['kwəʊtə] *n* **1.** (*of work*) Pensum *nt.* **2.** (*permitted amount*) Quantum *nt*; (*share allotted*) Anteil *m*; (*of goods*) Kontingent *nt.* **the ~ of immigrants allowed into the country** die zugelassene Einwanderungsquote; **import ~** Einfuhrkontingent *nt.*

quotability [ˌkwəʊtə'bɪlɪtɪ] *n* Zitierbarkeit *f.* **something with a little more ~ for the headlines** ein Zitat, das sich besser als Schlagzeile eignet.

quotable ['kwəʊtəbl] *adj* zitierbar, zitierfähig. **a highly ~ author** ein gern zitierter Autor.

quotation [kwəʊ'teɪʃən] *n* **1.** (*passage cited*) Zitat *nt*; (*act*) Zitieren *nt.* **a ~ from the Bible/Shakespeare** ein Bibelzitat/Shakespeare-Zitat; **a two-bar ~ from Bach** zwei Takte, die von Bach übernommen sind.

2. (*Fin: statement of price*) (Börsen- *or* Kurs)notierung *f.*

3. (*Comm: estimate*) (Preis)angebot *nt*; (*for building work etc*) Kosten(vor)anschlag *m.*

quotation marks *npl* Anführungszeichen, Anführungsstriche *pl.* **open/close ~** Anführungsstriche unten/oben; **to put a word in ~** ein Wort in Anführungszeichen *or* -striche setzen.

quote [kwəʊt] **I** *vt* **1.** *author, text* zitieren. **you can ~ me (on that)** Sie können das ruhig wörtlich wiedergeben; **please don't ~ me on this, but ...** (*this isn't authoritative*) ich kann mich nicht hundertprozentig dafür verbürgen, aber ...; (*don't repeat it*) bitte wiederholen Sie nicht, was ich jetzt sage, aber ...; **he was ~d as saying that ...** er soll gesagt haben, daß ...; **~ ... end ~** *or* **un~** Zitat Anfang ... Zitat Ende; **and the ~ liberals** und die Liberalen in Anführungszeichen.

2. (*cite*) anführen. **to ~ sb/sth as an example** jdn/etw als Beispiel anführen.

3. (*Comm*) *price* nennen; *reference number* angeben.

4. (*St Ex*) notieren. **the shares are ~d at £2** die Aktien werden mit £ 2 notiert.

II *vi* **1.** zitieren. **to ~ from an author** einen Schriftsteller zitieren, aus dem Werk eines Schriftstellers zitieren; **... and I ~** ... und ich zitiere.

2. (*Comm*) ein (Preis)angebot machen; (*building firm*) einen Kostenvoranschlag machen. **we asked six companies to ~** wir baten sechs Firmen um Preisangaben.

III *n* **1.** (*from author, politician*) Zitat *nt.*

2. ~s *pl* Anführungszeichen, Gänsefüßchen (*inf*) *pl*; **in ~s** in Anführungszeichen.

3. (*Comm*) Preis *m*; (*estimate*) Kostenvoranschlag *m.*

quoth [kwəʊθ] *defective vb* (*obs, hum*) sagte, sprach (*liter*).

quotidian [kwəʊ'tɪdɪən] *adj* (*form*) täglich.

quotient ['kwəʊʃənt] *n* (*Math*) Quotient *m.*

qv *abbr of* **quod vide** s.d.

qwerty keyboard ['kwɜːtɪ'kiːbɔːd] *n* Qwerty-Tastatur *f.*

R

R, r [ɑːʳ] *n* R, r *nt*. **the three Rs** Lesen, Schreiben und Rechnen (*with sing or pl vb*).

R *abbr of* **1. Rex, Regina. 2. river** Fl. **3.** (*US Film*) **restricted** für Jugendliche nicht geeignet.

r *abbr of* **right** r.

RA *abbr of* **Royal Academy**.

rabbet ['ræbɪt] *n* (*notch*) Nut *f*; (*joint*) Nutnaht *f*.

rabbi ['ræbaɪ] *n* Rabbiner *m*; (*as title*) Rabbi *m*.

rabbinical [rə'bɪnɪkəl] *adj* rabbinisch.

rabbit ['ræbɪt] **I** *n* Kaninchen *nt*; (*fur also*) Kanin *nt* (*spec*). **II** *vi* **1. to go ~ing** Kaninchen jagen, auf Kaninchenjagd gehen. **2.** (*Brit inf: also* **~ on**) quasseln, schwafeln, sülzen (*all inf*).

rabbit *in cpds* Kaninchen-; **rabbit burrow** *or* **hole** *n* Kaninchenbau *m*; **rabbit hutch** *n* Kaninchenstall *m*; **rabbit punch** *n* Nacken- *or* Genickschlag *m*; **rabbit warren** *n* **1.** Gänge *pl* des Kaninchenbaus; **2.** (*fig: maze*) Labyrinth *nt*.

rabble ['ræbl] *n* (*disorderly crowd*) lärmende Menge, lärmender Haufen (*inf*); (*pej: lower classes*) Pöbel *m*.

rabble-rouser *n* Hetzer, Volksverhetzer *m*; **rabble-rousing I** *n* Hetze, Volksverhetzung *f*; **II** *adj* (auf)hetzerisch.

rabid ['ræbɪd] *adj* **1.** (*Vet*) tollwütig. **2.** (*fanatical*) fanatisch.

rabidness ['ræbɪdnɪs] *n see adj 2.* Fanatismus *m*; Wildheit *f*.

rabies ['reɪbiːz] *n* Tollwut *f*.

RAC *abbr of* **Royal Automobile Club**.

raccoon *n see* **racoon**.

race¹ [reɪs] **I** *n* **1.** Rennen *nt*; (*on foot also*) (Wett)lauf *m*; (*swimming*) Wettschwimmen *nt*. **100 metres ~** 100-m-Lauf *m*; **to run a ~ (with** *or* **against sb)** (mit jdm um die Wette *or* gegen jdn) laufen; **to go to the ~s** zum Pferderennen gehen; **a day at the ~s** ein Tag auf der Pferderennbahn; **we were at the ~s yesterday** wir waren gestern beim Pferderennen; **the ~ for the Democratic nomination** das Rennen um die Nominierung des demokratischen Kandidaten; **it was a ~ to get the work finished** es war eine Hetze, die Arbeit fertigzumachen; **a ~ against time** ein Wettlauf *m* mit der Zeit; **his ~ is run** (*fig*) er ist erledigt (*inf*).

2. (*swift current*) Strömung *f*; (*mill ~*) Gerinne *nt*.

3. (*liter: of sun, moon*) Lauf *m*.

II *vt* **1.** (*compete with*) um die Wette laufen/reiten/fahren/schwimmen *etc* mit; (*Sport*) laufen/reiten/fahren/schwimmen *etc* gegen. **I'll ~ you to school** ich mache mit dir ein Wettrennen bis zur Schule; **the car was racing the train** das Auto fuhr mit dem Zug um die Wette.

2. *engine* hochjagen; *car* rasen *or* jagen mit. **he ~d me off to the station** er raste *or* jagte mit mir zum Bahnhof.

3. (*Sport*) *car* ins Rennen schicken; *horse also* laufen *or* rennen lassen.

III *vi* **1.** (*compete*) laufen/reiten/fahren/schwimmen *etc*. **to ~ with** *or* **against sb** gegen jdn laufen, mit jdm um die Wette laufen; **we're racing against time (to get this finished)** wir arbeiten gegen die Uhr(, um fertigzuwerden); **he ~s at Newmarket** er läßt seine Pferde in Newmarket laufen.

2. (*rush*) rasen, jagen; (*on foot also*) rennen, hetzen; (*with work*) hetzen. **to ~ about** herumrasen/-rennen; **to ~ after sb/sth** hinter jdm/etw herhetzen *or* herjagen; **to ~ to get sth finished** Dampf machen, um etw fertigzubekommen (*inf*); **to ~ ahead with one's plans/work** seine Pläne/Arbeit vorantreiben; **the project is racing ahead** die Arbeit am Projekt geht mit Riesenschritten voran; **clouds ~d across the sky** Wolken jagten über den Himmel.

3. (*engine*) durchdrehen; (*pulse*) jagen, fliegen.

race² *n* **1.** (*ethnic group, species*) Rasse *f*. **of mixed ~** gemischtrassig; **of noble ~** (*person*) edler Herkunft *or* Abstammung; (*horse*) (von) edler Rasse; **~ is causing a problem in this town** es gibt Rassenprobleme in dieser Stadt.

2. (*fig: of authors, poets*) Kaste *f*.

race card *n* Rennprogramm *nt*; **racecourse** *n* Rennbahn *f*; **race-goer** *n* Rennbesucher(in *f*) *m*; **race hatred** *n* Rassenhaß *m*; **racehorse** *n* Rennpferd *nt*; **race meeting** *n* Rennveranstaltung *f*.

racer ['reɪsəʳ] *n* Rennfahrer(in *f*) *m*; (*car*) Rennwagen *m*; (*bicycle*) Rennrad *nt*; (*yacht*) Rennjacht *f*; (*horse*) Rennpferd *nt*.

race relations *n* **1.** *pl* Beziehungen *pl* zwischen den Rassen; **2.** *sing* (*subject*) Rassenintegration *f*; **Race Relations Board** *n* (*Brit*) *Amt nt für Rassenfragen*; **race riot** *n* Rassenunruhe *f*; **racetrack** *n* Rennbahn *f*.

rachitic [ræ'kɪtɪk] *adj* rachitisch.

racial ['reɪʃəl] *adj* rassisch, Rassen-. **~ discrimination** Rassendiskriminierung *f*; **~ equality** Rassengleichheit *f*.

racialism ['reɪʃəlɪzəm] *n* Rassismus *m*.

racialist ['reɪʃəlɪst] **I** *n* Rassist(in *f*) *m*. **II** *adj* rassistisch.

racially ['reɪʃəlɪ] *adv* in bezug auf die Rasse. **he is ~ biassed** er hat Rassenvorurteile; **to be of ~ mixed parentage** ethnisch unterschiedliche Eltern haben; **to be ~ motivated** (*riots*) auf Rassenprobleme zurückzuführen sein.

racial minority *n* rassische Minderheit; **racial prejudice** *n* Rassenvorurteil *nt*.

racily ['reɪsɪlɪ] *adv see adj.*

raciness ['reɪsɪnɪs] *n see adj* **1.** Schwung *m*, Feuer *nt*; Gewagtheit *f*. **2.** Rassigkeit, Feurigkeit *f*. **3.** Rasanz *f*.

racing ['reɪsɪŋ] *n* (*horse-*~) Pferderennsport *m*, Pferderennen *nt*; (*motor* ~) Motorrennen *nt*. **he often goes** ~ er geht oft zu Pferderennen/Motorrennen; (*participates*) er nimmt oft an Pferderennen/ Motorrennen teil.

racing *in cpds* Renn-; **racing bicycle** *n* Rennrad *nt*; **racing car** *n* Rennwagen *m*; **racing colours** *npl* Rennfarben *pl*; **racing cyclist** *n* Radrennfahrer(in *f*) *m*; **racing driver** *n* Rennfahrer(in *f*) *m*; **racing pigeon** *n* Brieftaube *f*; **racing stable** *n* Rennstall *m*; **racing tyres** *npl* Rennreifen *pl*; **racing world** *n* Welt *f* des Pferderennsports/Motorrennens; **racing yacht** *n* Rennjacht *f*.

racism ['reɪsɪzəm] *n* Rassismus *nt*.

racist ['reɪsɪst] **I** *n* Rassist(in *f*) *m*. **II** *adj* rassistisch.

rack[1] [ræk] **I** *n* **1.** (*for hats, toast, pipes*) Ständer *m*; (*for bottles, plates also*) Gestell *nt*; (*shelves*) Regal *nt*; (*luggage* ~) Gepäcknetz *nt*; (*on car, bicycle*) Gepäckträger *m*; (*for bombs*) Bombenträger *m*; (*for fodder*) Raufe *f*; (*Tech*) Zahnstange *f*.

2. (*US Billiards*) *see* **frame**.

3. (*Hist*) Folter(bank) *f*. **to put sb on the** ~ (*lit, fig*) jdn auf die Folter spannen; **to be on the** ~ (*lit*) auf der Folterbank sein; (*fig*) Folterqualen leiden.

II *vt* **1.** (*pain*) quälen, plagen. **~ed by** *or* **with pain/remorse** von Schmerz/ Gewissensbissen gequält *or* geplagt.

2. to ~ **one's brains** sich (*dat*) den Kopf zerbrechen, sich (*dat*) den Kopf *or* das Hirn zermartern (*inf*).

3. (*Hist*) auf die Folter spannen, auf der Folter strecken.

rack[2] *n*: **to go to** ~ **and ruin** (*person*) verkommen, vor die Hunde gehen (*inf*); (*country, economy*) herunterkommen, vor die Hunde gehen (*inf*); (*building*) verfallen, in Schutt und Asche zerfallen.

rack[3] *vt wine, beer* abfüllen.

rack-and-pinion steering ['rækən'pɪnjən-ˌstiːrɪŋ] *n* (*Aut*) Zahnstangenlenkung *f*.

racket[1] ['rækɪt] *n* (*Sport*) Schläger *m*. ~ **press** Spanner *m*.

racket[2] *n* **1.** (*uproar*) Krach, Lärm, Krawall (*inf*) *m*. **to make a** ~ Krach machen.

2. (*inf*) (*dishonest business*) Schwindelgeschäft *nt* (*inf*), Gaunerei *f* (*inf*); (*making excessive profit*) Wucher *m*. **the drugs** ~ das Drogengeschäft; **to be in on a** ~ bei einer Gaunerei mitmischen (*inf*).

3. (*sl: business, job*) Job *m* (*inf*). **what** ~ **are you in**? was ist Ihr Job? (*inf*).

racketeer [ˌrækɪ'tɪəʳ] *n* Gauner(in *f*) *m* (*inf*); (*in serious crime*) Gangster(in *f*) *m*; (*making excessive profit*) Halsabschneider(in *f*) *m* (*inf*).

racketeering [ˌrækɪ'tɪərɪŋ] *n* Gaunereien *pl* (*inf*); (*organized crime*) organisiertes Verbrechen; (*excessive profit-making*) Beutelschneiderei *f* (*inf*).

racking ['rækɪŋ] *adj attr pain* rasend, entsetzlich; *cough* fürchterlich, quälend.

rack railway *n* Zahnradbahn *f*; **rack rent** *n* Wuchermiete *f*.

raclette [rə'klet] *n* (*Cook*) Raclette *f or nt*.

raconteur [ˌrækɒn'tɜːʳ] *n* Erzähler(in *f*) *m* von Anekdoten.

racoon, raccoon [rə'kuːn] *n* Waschbär *m*.

racquet ['rækɪt] *n see* **racket**[1].

racy ['reɪsɪ] *adj* (+*er*) **1.** *speech, style, play* schwungvoll, feurig; (*risqué*) gewagt. **2.** *wine* feurig. **3.** (*inf*) *car* rasant.

radar ['reɪdɑːʳ] *n* Radar *nt or m*.

radar *in cpds* Radar-; **radar beacon** *n* Radarbake *f*, Radarfunkfeuer *nt*; **radar operator** *n* Bediener(in *f*) *m* eines/des Radargerätes; **radar scanner** *n* Rundsuchradargerät *nt*; **radar station** *n* Radarstation *f*; **radar trap** *n* Radarfalle *f*.

raddle ['rædl] **I** *n* Rötel, Roteisenstein *m*. **II** *vt sheep* (mit Rötel) zeichnen. **her ~d face** ihr rouge-geschminktes Gesicht.

radial ['reɪdɪəl] **I** *adj* (*Tech*) radial; *beams, bars, lines also* strahlenförmig, strahlig; (*Anat*) Speichen-. ~ **engine** Sternmotor *m*; **~(-ply) tyre** Gürtelreifen *m*. **II** *n* Gürtelreifen *m*.

radiance ['reɪdɪəns] *n see adj* Strahlen *nt*; Leuchten *nt*.

radiant ['reɪdɪənt] *adj* **1.** *sun* strahlend; *colours also* leuchtend; (*fig*) *person, beauty, smile* strahlend (*with* vor +*dat*); *face* leuchtend, strahlend. **to be** ~ **with health/joy** vor Gesundheit strotzen/vor Freude strahlen.

2. (*Phys*) Strahlungs-. ~ **heat** Strahlungswärme *f*.

radiantly ['reɪdɪəntlɪ] *adv* strahlend.

radiate ['reɪdɪeɪt] **I** *vi* **1.** Strahlen aussenden; (*emit heat*) Wärme ausstrahlen; (*heat*) ausgestrahlt werden.

2. (*lines, roads*) strahlenförmig ausgehen (*from* von).

II *vt heat, light* ausstrahlen; *electric waves also* abstrahlen; (*fig*) *happiness, health, love* (förmlich) ausstrahlen.

radiation [ˌreɪdɪ'eɪʃən] *n* (*of heat*) (Aus)strahlung *f*; (*rays*) radioaktive Strahlung. **contaminated with** ~ strahlenverseucht; **exposure to** ~ Strahlenbelastung *f*; ~ **sickness** Strahlenkrankheit *f*; ~ **therapy** *or* **treatment** Strahlenbehandlung *f*.

radiator ['reɪdɪeɪtəʳ] *n* (*for heating*) Heizkörper, Radiator *m*; (*Aut*) Kühler *m*. ~ **cap** Kühlerverschlußdeckel *m*; ~ **grill** Kühlergrill *m*.

radical ['rædɪkəl] **I** *adj* **1.** (*basic*) fundamental, Grund-; (*extreme*) *change, reform* radikal, grundlegend; *rethinking, re-examination* total; (*Pol*) radikal. **to effect a** ~ **cure** eine Radikalkur machen.

2. (*Math*) *sign* Wurzel-. **a** ~ **expression** eine Wurzel.

3. (*Bot*) Wurzel-; *leaves* bodenständig.

II *n* (*Pol*) Radikale(r) *mf*; (*Math, Gram*) Wurzel *f*; (*in Chinese*) Radikal *m*; (*Chem*) Radikal *nt*.

radicalism ['rædɪkəlɪzəm] *n* (*Pol*) Radikalismus *m*.

radically ['rædɪkəlɪ] *adv see adj.* **there's something ~ wrong with this** hier stimmt etwas ganz und gar nicht.
radices ['reɪdɪsiːz] *pl of* **radix.**
radicle ['rædɪkl] *n* (*Bot*) Keimwurzel *f*; (*small root*) Würzelchen *nt*; (*Chem*) Radikal *nt*.
radii ['reɪdɪaɪ] *pl of* **radius.**
radio ['reɪdɪəʊ] **I** *n* **1.** Rundfunk *m*; (*also* **~ set**) Radio *nt*. **to listen to the ~** Radio hören; **to hear sth on the ~** etw im Radio hören; **he was on the ~ yesterday** er kam gestern im Radio.
2. (*in taxi*) Funkgerät *nt*. **over the/by ~** über *or* per Funk.
II *vt person* per *or* über Funk verständigen; *message, one's position* funken, durchgeben.
III *vi* **to ~ for help** per Funk einen Hilferuf durchgeben.
radioactive *adj* radioaktiv; **~ waste** radioaktiver Müll; **radioactivity** *n* Radioaktivität *f*; **radio alarm (clock)** *n* Radiowecker *m*; **radio amateur** *n* Funkamateur(in *f*) *m*; **radio announcer** *n* Rundfunkansager(in *f*), Rundfunksprecher(in *f*) *m*; **radio beacon** *n* (*Aviat, Naut*) Funkfeuer *nt*, Funkbake *f*; **radio beam** *n* Funkleitstrahl *m*; **radio broadcast** *n* Radiosendung *f*; **radiocarbon dating** *n* Radiokarbonmethode, Kohlenstoffdatierung *f*; **radio cassette recorder** *n* Radiorecorder *m*; **radio communication** *n* Funkverbindung *f*; **radio contact** *n* Funkkontakt *m*; **radio control** *n* Funksteuerung *f*; **radio-controlled** *adj* ferngesteuert, ferngelenkt; **radio direction finding** *n* Funkpeilung *f*; **radio engineer** *n* Rundfunktechniker(in *f*) *m*; **radio frequency** *n* Radiofrequenz *f*.
radiogram ['reɪdɪəʊgræm] *n* **1.** (*apparatus*) Musiktruhe *f*. **2.** (*message*) Funkspruch *m*. **3.** *see* **radiograph.**
radiograph ['reɪdɪəʊgrɑːf] *n* Radiogramm *nt*; (*X-ray*) Röntgenogramm, Röntgenbild *nt*.
radiographer [ˌreɪdɪ'ɒgrəfə^r] *n* Röntgenassistent(in *f*) *m*.
radiography [ˌreɪdɪ'ɒgrəfɪ] *n* Röntgenographie *f*.
radio ham *n* Funkamateur(in *f*) *m*; **radioisotope** *n* Radioisotop *nt*; **radio link** *n* Funkverbindung *f*.
radiological [ˌreɪdɪəʊ'lɒdʒɪkəl] *adj* radiologisch.
radiologist [ˌreɪdɪ'ɒlədʒɪst] *n* Röntgenologe *m*, Röntgenologin *f*.
radiology [ˌreɪdɪ'ɒlədʒɪ] *n* Radiologie *f*; (*X-ray also*) Röntgenologie *f*.
radio mast *n* Funkmast *m*; **radio-pager** *n* Funkrufempfänger, Piepser (*inf*) *m*; **radio-paging** *n* Funkruf *m*; **radio programme** *n* Radio- *or* Rundfunkprogramm *nt*.
radioscopy [ˌreɪdɪ'ɒskəpɪ] *n* Radioskopie *f*; (*Med*) Röntgenuntersuchung *f*.
radio set *n* Radioapparat *m*, Rundfunkgerät *nt*; **radio station** *n* Rundfunkstation *f*; **radio taxi** *n* Funktaxi *nt*; **radiotelephone** *n* Funksprechgerät *nt*; **radiotelephony** *n* Sprechfunk *m*; **radio telescope** *n* Radioteleskop *nt*; **radiotherapy** *n* Strahlen- *or* Röntgentherapie *f*; **radio van** *n* Funk- *or* Übertragungswagen *m*; **radio wave** *n* Radiowelle *f*.
radish ['rædɪʃ] *n* (*small red variety*) Radieschen *nt*; (*all other varieties*) Rettich *m*.
radium ['reɪdɪəm] *n* Radium *nt*. **~ treatment** (*Med*) Radiumtherapie *f*.
radius ['reɪdɪəs] *n, pl* **radii 1.** (*Math*) Radius, Halbmesser *m*; (*of ship, aircraft*) Aktionsradius, Wirkungsbereich *m*. **within a 6 km ~ (of Hamburg)** in einem Umkreis von 6 km (von Hamburg). **2.** (*Anat*) Speiche *f*.
radix ['reɪdɪks] *n, pl* **radices** (*Math*) Grundzahl *f*.
radon ['reɪdɒn] *n* (*Chem*) Radon *nt*.
RAF *abbr of* **Royal Air Force** königliche (britische) Luftwaffe.
raffia ['ræfɪə] *n* (*plant*) Raphia(palme) *f*; (*fibre*) Raphia(bast *m*), Raffia(bast *m*) *f*; (*for handicraft, garden*) Bast *m*.
raffish ['ræfɪʃ] *adj appearance* flott, verwegen.
raffle ['ræfl] **I** *n* Tombola, Verlosung *f*. **~ ticket** Los *nt*. **II** *vt* (*also* **~ off**) verlosen.
raft [rɑːft] *n* Floß *nt*.
rafter ['rɑːftə^r] *n* (Dach)sparren *m*.
rag¹ [ræg] *n* **1.** Lumpen, Fetzen *m*; (*for cleaning*) Lappen, Lumpen *m*; (*for paper*) Lumpen, Hadern *pl*; (*inf: shirt, dress*) Fetzen *m* (*inf*). **~s** Lumpen *pl*; (*inf: clothes*) Klamotten *pl* (*inf*); **in ~s** zerlumpt, abgerissen; **~s and tatters** abgerissene Lumpen *pl*; **in ~s and tatters** zerlumpt und abgerissen; **to go from ~s to riches** (*by luck*) vom armen Schlucker zum reichen Mann/zur reichen Frau werden; (*by work*) vom Tellerwäscher zum Millionär werden; **to feel like a wet ~** (*inf*) total ausgelaugt sein (*inf*); *see* **red ~.**
2. (*pej inf: newspaper*) Käseblatt *nt*.
rag² **I** *n* (*Brit inf*) (*joke*) Jux *m* (*inf*); (*Univ*) *karnevalistische Veranstaltung der Studenten zu Wohltätigkeitszwecken.* **for a ~** aus Jux (*inf*); **~ week** (*Univ*) *Woche, in der Studenten durch Aufführungen Geld für Wohltätigkeitszwecke sammeln.*
II *vt* **1.** (*tease*) aufziehen, foppen.
2. (*Brit: play a trick on*) **to ~ sb** jdm einen Streich spielen, einen Jux mit jdm machen (*inf*)
ragamuffin ['rægəˌmʌfɪn] *n* Vogelscheuche *f* (*inf*); (*boy*) Bengel *m*; (*girl*) Göre *f*.
rag-and-bone man *n* Lumpenhändler, Lumpensammler *m*; **ragbag** *n* Lumpensack *m*; (*woman*) Schlampe *f*; (*fig*) Sammelsurium *nt* (*inf*); **rag doll** *n* Flickenpuppe *f*.
rage [reɪdʒ] **I** *n* Wut *f*, Zorn *m*; (*liter*) (*of sea*) Toben *nt*; (*of storm*) Toben, Rasen *nt*. **to be in a ~** wütend sein, toben; **to fly into a ~** einen Wutanfall bekommen; **fit of ~** Wutanfall *m*; **to be (all) the ~** (*inf*) der letzte Schrei sein (*inf*).
II *vi* toben, rasen; (*sea*) toben. **to ~ against sb/sth** gegen jdn/etw wettern.
ragged ['rægɪd] *adj person, clothes* zerlumpt, abgerissen; *beard, hair* zottig,

strähnig; *coastline, rocks* zerklüftet; *wound* schartig, zerfetzt; *edge, cuff* ausgefranst; (*fig*) *performance, singing* stümperhaft.

ragged robin *n* Kuckuck-Lichtnelke, Kuckucksnelke *f*.

raging ['reɪdʒɪŋ] **I** *adj person* wütend; *fever* heftig, sehr hoch; *thirst* brennend; *pain, toothache* rasend; *storm, sea, wind* tobend. **he was ~** er tobte; **to be in a ~ temper** eine fürchterliche Laune haben.

II *n* (*of person, storm*) Toben, Rasen *nt*; (*of sea*) Toben *nt*.

raglan ['ræglən] **I** *adj* Raglan-.

II *n* (*coat*) Mantel *m* mit Raglanärmeln.

ragout ['rægu:] *n* (*Cook*) Ragout *nt*.

rag rug *n* Flickenteppich *m*; **rag, tag and bobtail** *n* Hinz und Kunz (*+pl or sing vb*); **ragtime** *n* Ragtime *m*; **rag trade** *n* (*sl*) Kleiderbranche *f*; **ragweed** *n* (*Bot*) beifußblättrige Ambrosia; **ragwort** *n* (*Bot*) Jakobskraut *nt*.

raid [reɪd] **I** *n* Überfall *m*; (*Mil also*) Angriff *m*; (*air ~*) Luftangriff *m*; (*police ~*) Razzia *f*; (*by thieves*) Einbruch *m*. **II** *vt* **1.** überfallen; (*police*) eine Razzia durchführen in (*+dat*); (*thieves*) einbrechen in (*+acc*). **2.** (*fig hum*) plündern.

raider ['reɪdə^r] *n* (*bandit*) Gangster(in *f*) *m*; (*thief*) Einbrecher(in *f*) *m*; (*in bank*) Bankräuber(in *f*) *m*; (*ship*) Kaperschiff *nt*; (*plane*) Überfallflugzeug *nt*.

rail[1] [reɪl] **I** *n* **1.** (*on bridge, stairs*) Geländer *nt*; (*Naut*) Reling *f*; (*curtain ~*) Schiene *f*; (*towel ~*) Handtuchhalter *m*; (*altar ~*) Kommunionbank *f*. **~s** (*fence*) Umzäunung *f*.

2. (*for train, tram*) Schiene *f*, Gleis *nt*. **to go off the ~s** (*lit*) entgleisen; (*fig*) (*morally*) auf die schiefe Bahn geraten; (*mentally*) zu spinnen anfangen (*inf*).

3. (*~ travel, ~way*) die (Eisen)bahn. **to travel by ~** mit der Bahn fahren.

II *vt goods* per *or* mit der Bahn verschicken *or* senden.

◆**rail in** *vt sep* einzäunen.

◆**rail off** *vt sep* abzäunen.

rail[2] *vi* **to ~ at/against sb** jdn beschimpfen/über jdn schimpfen; **to ~ at fate** mit dem Schicksal hadern.

rail *in cpds* Bahn-; **railcar** *n* Triebwagen *m*; **railcard** *n* (*Rail*) ≃ Wochen-/Monats(fahr)karte *f*; (*for young people also*) ≃ Juniorenpaß *m*; (*for families also*) ≃ Familienpaß *m*; (*for senior citizens also*) ≃ Seniorenpaß *m*; **railhead** *n* Endbahnhof *m*; (*end of track*) Gleisende *nt*.

railing ['reɪlɪŋ] *n* (*rail*) Geländer *nt*; (*Naut*) Reling *f*; (*fence: also ~s*) Zaun *m*.

railroad ['reɪlrəʊd] **I** *n* (*US*) (Eisen)bahn *f*. **II** *vt* **1.** (*US*) *goods* per *or* mit der Bahn befördern. **2.** (*esp US inf*) **to ~ a bill** eine Gesetzesvorlage durchpeitschen; **to ~ sb into doing sth** jdn dazu hetzen, etw zu tun.

rail strike *n* Bahnstreik *m*; **rail traffic** *n* Bahnverkehr *m*.

railway ['reɪlweɪ] *n* (*esp Brit*) (Eisen)bahn *f*; (*track*) Gleis *nt*.

railway carriage *n* (*Brit*) Eisenbahnwagen *m*; **railway crossing** *n* Bahnübergang *m*; **railway engine** *n* Lokomotive *f*; **railway engineering** *n* Bahntechnik, Bahnbautechnik *f*; **railway line** *n* (Eisen)bahnlinie *f*; (*track*) Gleis *nt*; **railwayman** *n* Eisenbahner *m*; **railway network** *n* Bahnnetz *nt*; **railway porter** *n* Gepäckträger *m*; **railway station** *n* Bahnhof *m*.

railworker ['reɪlwɜ:kə^r] *n* Bahnarbeiter(in *f*) *m*.

raiment ['reɪmənt] *n* (*liter*) Gewand *nt* (*liter*).

rain [reɪn] **I** *n* **1.** Regen *m*. **in the ~** im Regen; **~ or shine, come ~ or come shine** (*lit*) ob es regnet oder schneit; (*fig*) was auch geschieht; **the ~s** die Regenzeit; *see* **right**.

2. (*fig: of arrows, bullets, blows*) Hagel *m*.

II *vti impers* (*lit, fig*) regnen. **it is ~ing** es regnet; **it never ~s but it pours** (*prov*) ein Unglück kommt selten allein (*prov*); **it's ~ing buckets** (*inf*) *or* **cats and dogs** (*inf*) es gießt wie aus Kübeln, es schüttet nur so (*inf*).

III *vt* **to ~ blows on sb** einen Hagel von Schlägen auf jdn niedergehen lassen.

◆**rain down** *vi* (*blows etc*) niederprasseln (*upon* auf *+acc*).

◆**rain off,** (*US*) **rain out** *vt sep* **to be ~ed ~** wegen Regen nicht stattfinden; (*abandoned*) wegen Regen abgebrochen werden.

rain *in cpds* Regen-; **rain belt** *n* Regenzone *f*.

rainbow ['reɪnbəʊ] *n* Regenbogen *m*. **a dress (in) all the colours of the ~** ein Kleid in allen Regenbogenfarben; **~ trout** Regenbogenforelle *f*.

rain-check *n* (*US*) **to take a ~** (*fig inf*) die Sache auf ein andermal verschieben; **raincoat** *n* Regenmantel *m*; **raindrop** *n* Regentropfen *m*; **rainfall** *n* Niederschlag *m*; **rain forest** *n* Regenwald *m*; **rain gauge** *n* Regenmesser *m*; **rain hood** *n* Regenhaube *f*; (*of anorak*) Kapuze *f*.

raininess ['reɪnɪnɪs] *n* regnerisches Wetter, Regenwetter *nt*; (*of season, area*) Neigung *f* zu regnerischem Wetter.

rainless *adj* niederschlagsfrei (*Met*), ohne Regen, regenfrei; **rainproof I** *adj* wasserfest, wasserdicht; **II** *vt* imprägnieren; **rainstorm** *n* schwere Regenfälle *pl*; **rainwater** *n* Regenwasser *nt*; **rainwear** *n* Regenkleidung *f*.

rainy ['reɪnɪ] *adj* (*+er*) regnerisch, Regen-; *day also* verregnet; *area also* regenreich. **~ season** Regenzeit *f*; **to keep sth for a ~ day** (*fig*) etw für schlechte Zeiten zurücklegen *or* aufheben.

raise [reɪz] **I** *vt* **1.** (*lift*) *object, arm, head* heben; *blinds, eyebrow,* (*Theat*) *curtain* hochziehen; (*Naut*) *anchor* lichten; *sunken ship* heben; (*Med*) *blister* bilden. **to ~ one's hat to sb** (*lit, fig*) den Hut vor jdm ziehen *or* lüften; **to ~ one's glass to sb** jdm zutrinken; **to ~ one's hand against sb** die Hand gegen jdn erheben; **to ~ the pitch** (*Mus*) eine höhere Tonlage wählen; **to ~ sb from the dead** jdn von den Toten erwecken; **to ~ one's voice** lauter sprechen; (*get angry*) laut werden; **not a voice was ~d in protest** nicht eine Stimme des Protests wurde laut; **to ~ sb's/one's hopes** jdm/sich Hoffnung machen; **to ~ the roof** (*fig*) (*with noise*) das Haus zum Beben bringen; (*with approval*) in Begeisterungsstürme ausbrechen; (*with anger*) fürchterlich toben.

2. (*in height*) (*by* um) *wall, ceiling* erhöhen; *level* anheben.

3. (*increase*) (*to* auf +*acc*) erhöhen; *price also, limit, standard* anheben, heraufsetzen. **to ~ the tone** das Niveau heben.

4. (*promote*) (er)heben (*to* in +*acc*); *see* **peerage**.

5. (*build, erect*) *statue, building* errichten.

6. (*create, evoke*) *problem, difficulty* schaffen, aufwerfen; *question* aufwerfen, vorbringen; *objection* erheben; *suspicion, hope* (er)wecken; *spirits, ghosts* (herauf)beschwören; *mutiny* anzetteln. **to ~ a cheer/laugh/smile** (*in others*) Beifall ernten/Gelächter ernten/ein Lächeln hervorrufen; (*oneself*) Beifall spenden/lachen/lächeln; **to ~ a protest** protestieren; **to ~ hell** (*inf*) einen Höllenspektakel machen (*inf*).

7. (*grow, breed*) *children* aufziehen, großziehen; *animals* aufziehen; *crops* anbauen. **to ~ a family** Kinder großziehen.

8. (*get together*) *army* auf die Beine stellen, aufstellen; *taxes* erheben; *funds, money* aufbringen, auftreiben; *loan, mortgage* aufnehmen.

9. (*end*) *siege, embargo* aufheben, beenden.

10. (*Cards*) erhöhen.

11. (*Telec: contact*) Funkkontakt aufnehmen mit.

12. (*Math*) **to ~ a number to the power of 2/3** eine Zahl in die zweite/dritte Potenz erheben.

II *n* **1.** (*in salary*) Gehaltserhöhung *f*; (*in wages*) Lohnerhöhung *f*.

2. (*Cards*) Erhöhung *f*.

♦**raise up** *vt sep* heben. **he ~d himself ~ on his elbow** er stützte sich auf den Ellbogen.

raised [reɪzd] *adj arm* angehoben; *voice* erhoben, laut. **~ type** (*Typ*) erhabener Druck; *see* **eyebrow**.

raisin ['reɪzən] *n* Rosine *f*.

raj [rɑːdʒ] *n* Herrschaft *f eines Radscha*. **the British R~** die britische Oberherrschaft in Indien.

rajah ['rɑːdʒə] *n* Radscha *m*.

rake¹ [reɪk] **I** *n* (*garden ~, croupier's ~*) Harke *f*, Rechen *m* (*dial*); (*for grate*) Kaminrechen *m*; (*for furnace*) Ofenkrücke *f*.

II *vt* **1.** *garden, hay, leaves* harken, rechen (*dial*); *grate* säubern; *fire* ausräumen.

2. (*machine gun, searchlight*) bestreichen.

III *vi* (*search*) **to ~ around** *or* **about** (herum)wühlen *or* (herum)stöbern; **to ~ among** *or* **through old papers** in alten Papieren wühlen *or* stöbern.

♦**rake in** *vt sep* (*inf*) *money* kassieren (*inf*). **he's raking it ~** er scheffelt das Geld nur so.

♦**rake out** *vt sep fire* ausräumen; (*inf*) *information* auskundschaften, herausfinden.

♦**rake over** *vt sep earth, plot* harken; (*fig*) *past* begraben.

♦**rake up** *vt sep* **1.** *leaves* zusammenharken. **2.** (*fig*) *people, things* auftreiben (*inf*); *money also* zusammenkratzen (*inf*). **3.** *fire* schüren; (*fig*) *quarrel* schüren; *memories, grievance* aufwärmen. **to ~ ~ the past** in der Vergangenheit wühlen.

rake² *n* (*person*) Lebemann, Schwerenöter *m*.

rake³ **I** *n* (*Naut: of mast*) schiefe Stellung, Neigung *f*; (*of stage, seating*) Neigung *f*; (*Aviat: of wing*) Anstellwinkel *m*; (*Aut: of seat*) verstellbare Rückenlehne. **II** *vi* (*Naut*) sich neigen; (*Theat*) ansteigen.

rake-off ['reɪkɒf] *n* (*inf*) (Gewinn)anteil *m*, Prozente *pl* (*inf*).

rakish¹ ['reɪkɪʃ] *adj person, appearance* flott, verwegen. **to wear one's hat at a ~ angle** den Hut verwegen aufgesetzt haben.

rakish² *adj* (*Naut*) schnittig.

rakishly ['reɪkɪʃlɪ] *adv* flott, verwegen. **..., he said ~** ..., sagte er verwegen.

rally¹ ['rælɪ] **I** *n* **1.** (*gathering*) (Massen)versammlung *f*; (*with speaker*) Kundgebung *f*; (*of troops*) (Ver)sammlung *f*; (*Aut*) Rallye *f*. **electoral ~** Wahlversammlung *f*; **peace ~** Friedenskundgebung *f*. **2.** (*in health, spirits*) Erholung *f*. **3.** (*Tennis*) Ballwechsel *m*. **4.** (*St Ex*) Erholung *f*.

II *vt troops, supporters* (ver)sammeln, zusammenrufen. **to ~ one's strength** all seine Kräfte sammeln *or* zusammennehmen.

III *vi* **1.** (*sick person*) Fortschritte machen; (*St Ex*) sich erholen.

2. (*troops, people*) sich sammeln, sich versammeln. **~ing point** Sammelplatz *m*; **to ~ to the support of sb** (*fig*) jdm in Scharen zu Hilfe eilen.

3. (*Aut*) **to go ~ing** Rallyes/eine Rallye fahren *or* machen; **to enjoy ~ing** gern Rallyes fahren.

♦**rally round** **I** *vi* +*prep obj leader* sich scharen um; *person in distress* sich annehmen (+*gen*).

II *vi* sich seiner/ihrer *etc* annehmen.

rally² *vt* (*obs*) (*tease*) necken, hänseln.

RAM [ræm] *n* (*Comput*) *abbr of* **random access memory** RAM *m or nt*. **~ chip** RAM-Chip *m*; **1 megabyte of ~** 1 Megabyte RAM.

ram [ræm] **I** *n* **1.** (*animal*) Widder, Schafbock *m*. **the R~** (*Astrol*) der Widder.

2. (*Tech*) Ramme *f*, Rammbär, Rammbock *m*; (*of hydraulic press*) Stoßheber *m*, hydraulischer Widder.

3. (*Mil*) *see* **battering ram.**

4. (*sl: man*) Rammler *m* (*sl*).

II *vt* **1.** (*push*) *stick, post, umbrella*

stoßen; (*with great force*) rammen; (*pack*) zwängen; (*Tech*) *pile* rammen. **to ~ a charge home** (*Mil*) laden; (*Min*) eine Sprengladung anbringen; **to ~ home an argument** ein Argument durchsetzen; **to ~ sth down sb's throat** (*inf*) jdm etw eintrichtern (*inf*); **to ~ sth into sb's head** (*inf*) jdm etw einbleuen (*inf*).

2. (*crash into*) *ship, car* rammen. **the car ~med a lamppost** das Auto prallte gegen einen Laternenpfahl.

◆ram down *vt sep earth* feststampfen; (*Tech*) *pile* einrammen. **his hat was ~med ~ over his ears** sein Hut war fest über beide Ohren gezogen.

◆ram in *vt sep* hineinstoßen; (*with great force*) hineinrammen.

Ramadan [ˌræmə'dæn] *n* der Ramadan.

ramble ['ræmbl] **I** *n* Streifzug *m*; (*hike*) Wanderung *f*. **to go for** *or* **on a ~** einen Streifzug/eine Wanderung machen.

II *vi* **1.** (*wander about*) Streifzüge/einen Streifzug machen; (*go on hike*) wandern.

2. (*in speech*) (*old person*) unzusammenhängendes Zeug reden, faseln (*inf*); (*pej: also* **~ on**) schwafeln (*inf*), vom Hundertsten ins Tausendste kommen.

3. (*Hort*) ranken, klettern.

rambler ['ræmbləʳ] *n* **1.** (*person*) Spaziergänger(in *f*) *m*; (*member of club*) Wanderer *m*, Wanderin *f*, Wanderfreund(in *f*) *m*. **2.** (*also* **~ rose**) Kletterrose *f*.

rambling ['ræmblɪŋ] **I** *adj* **1.** *speech, writing* weitschweifig, umständlich; *old person* faselnd (*inf*), schwafelnd (*inf*); *building, town* weitläufig.

2. *plant* rankend, kletternd. **~ rose** Kletterrose *f*.

3. **~ club/society** Wanderklub *m*/-verein *m*.

II *n* **1.** (*wandering about*) Streifzüge *pl*; (*hiking*) Wandern *nt*.

2. (*in speech: also* **~s**) Gefasel (*inf*), Geschwafel (*inf*) *nt*.

Rambo ['ræmbəʊ] *n* (*inf*) Rambo *m* (*inf*).

ramekin ['ræmɪkɪn] *n* (*Cook*) **1.** kleiner Käseauflauf. **2.** (*also* **~ dish**) Auflaufförmchen *nt*.

ramification [ˌræmɪfɪ'keɪʃən] *n* (*lit*) Verzweigung *f*; (*smaller*) Verästelung *f*; (*of arteries*) Verästelung *f*, Geäst *nt*. **overpopulation and its many ~s** die Überbevölkerung und die damit verbundenen Probleme.

ramified ['ræmɪfaɪd] *adj* (*lit, fig*) verzweigt; (*more intricate*) verästelt.

ramify ['ræmɪfaɪ] *vi* (*lit, fig*) sich verzweigen. **the problem ramifies into several areas** das Problem greift in verschiedene Bereiche über.

ramjet (engine) ['ræmdʒet('endʒɪn)] *n* Staustrahltriebwerk, Ram-Jet *nt*.

rammer ['ræməʳ] *n* Ramme *f*.

ramp [ræmp] *n* Rampe *f*; (*hydraulic* **~**) Hebebühne *f*; (*Aviat: also* **approach** *or* **boarding ~**) Gangway *f*. **"(beware** *or* **caution) ~"** (*on road sign*) „Vorsicht Rampe *or* unebene Fahrbahn".

rampage [ræm'peɪdʒ] **I** *n* **to be/go on the ~** randalieren; (*be angry*) (herum)toben/einen Wutanfall bekommen; (*looting*) auf Raubzug sein/gehen.

II *vi* (*also* **~ about** *or* **around**) herumwüten; (*angrily*) herumtoben.

rampancy ['ræmpənsɪ] *n see adj* **1.** Üppigkeit *f*, Wuchern *nt*; wilde(s) Wuchern.

rampant ['ræmpənt] *adj* **1.** (*unrestrained*) *plants, growth* üppig, wuchernd *attr*; *heresy, evil, social injustice* wild wuchernd *attr*. **2.** (*Her*) (drohend) aufgerichtet. **lion ~** aufgerichteter Löwe.

rampart ['ræmpɑːt] *n* Wall *m*; (*fig: defence*) Schutzwall *m*.

ramrod ['ræmrɒd] *n* Ladestock *m*. **he's sitting there as stiff as a ~** er sitzt da, als hätte er einen Besenstiel verschluckt.

ramshackle ['ræmˌʃækl] *adj building* morsch, baufällig; *car* klapprig, altersschwach.

ran [ræn] *pret of* **run**.

ranch [rɑːntʃ] **I** *n* Ranch, Viehfarm *f*.

II *vi* Viehwirtschaft treiben.

rancher ['rɑːntʃəʳ] *n* Rancher, Viehzüchter(in *f*) *m*.

rancid ['rænsɪd] *adj* ranzig.

rancidity [ræn'sɪdɪtɪ], **rancidness** ['rænsɪdnɪs] *n* Ranzigkeit *f*.

rancor *n* (*US*) *see* **rancour**.

rancorous ['ræŋkərəs] *adj tone* bitter; *attack* bösartig.

rancour, (*US*) **rancor** ['ræŋkəʳ] *n see adj* Bitterkeit, Verbitterung *f*; Boshaftigkeit *f*.

rand [rænd] *n* (*monetary unit*) Rand *m*.

randan ['rænˌdæn] *n* (*sl*) **to be out on the ~** eine Sause machen (*inf*); (*rowdy behaviour*) auf den Putz hauen (*inf*), Remmidemmi machen (*inf*).

R & B [ɑːrən'biː] *n* (*Mus*) *abbr of* **Rhythm and Blues** R & B *m*.

R & D [ɑːrən'diː] *n abbr of* **research and development** Forschung und Entwicklung *f*.

randiness ['rændɪnɪs] *n* (*Brit*) Geilheit *f*.

random ['rændəm] **I** *n* **at ~** *speak, walk, drive* aufs Geratewohl; *shoot, drop bombs* ziellos; *take* wahllos; **to hit out at ~** ziellos um sich schlagen; **to talk at ~** ins Blaue hineinreden; **a few examples chosen** *or* **taken at ~** ein paar willkürlich gewählte Beispiele.

II *adj selection* willkürlich, Zufalls-. **killed by a ~ bullet** von einer verirrten Kugel getötet; **to give a ~ shot** einen Schuß ins Blaue abgeben; **to make a ~ guess** auf gut Glück raten; **~ sample** Stichprobe *f*; **~ sampling** Stichproben *pl*; **~ access** (*Comput*) wahlfreier Zugriff; **~ access memory** (*Comput*) Schreib-/Lesespeicher, Direktzugriffsspeicher *m*.

R & R [ˌɑːrən'ɑːʳ] (*US Mil*) *abbr of* **rest and recreation.**

randy ['rændɪ] *adj* (+*er*) (*Brit*) scharf (*inf*), geil.

rang [ræŋ] *pret of* **ring²**.

range [reɪndʒ] **I** *n* **1.** (*scope, distance covered*) Aktionsradius *m*; (*of missile, telescope also*) Reichweite *f*; (*of gun also*) Reichweite, Schußweite *f*; (*of vehicle also*) Fahrbereich *m*; (*of plane also*) Flugbereich *m*. **at a ~ of** auf eine Entfernung von; **at close** *or* **short/long ~** auf kurze/große Entfernung; **to find the ~** (*Mil*) das Visier einstellen; **to be out of ~** außer Reichweite sein; (*of telescope*) außer Sichtweite sein; (*of gun*) außer Schußweite sein; **within shouting ~** in Hörweite; **within (firing) ~** in Schußweite; **~ of vision** Gesichtsfeld *nt*.

2. (*spread, selection*) Reihe *f*; (*of goods also*) Sortiment *nt*; (*of colours also*) Skala *f*; (*of patterns, sizes, models*) Angebot *nt*, Auswahl *f* (*of* an +*dat*); (*of interest, abilities*) Palette *f*. **a wide ~** eine große Auswahl; **in this price/temperature ~** in dieser Preisklasse *or* Preislage/in diesem Temperaturbereich; **out of/within my price ~** außerhalb/innerhalb meiner (finanziellen) Möglichkeiten *or* meiner Preisklasse; **a ~ of prices/temperatures/clients** unterschiedliche Preise *pl*/Temperaturen *pl*/Klienten *pl*; **models available in a whole ~ of prices** Modelle in unterschiedlichen Preislagen erhältlich; **we have the whole ~ of models/prices** wir führen sämtliche Modelle/Waren in allen Preislagen.

3. (*Mus*) (*of instruments*) (Ton)umfang *m*; (*of voice also*) (Stimm)umfang *m*.

4. (*domain, sphere*) Kompetenz *f*; (*of influence*) (Einfluß)bereich *m*. **this is outside the ~ of the department/committee/this official** dies liegt außerhalb der Kompetenz dieser Abteilung/dieses Komitees/dieses Beamten.

5. (*also* **shooting ~**) (*Mil*) Schießplatz *m*; (*rifle ~*) Schießstand *m*; (*at fair*) Schießbude *f*.

6. (*cooking stove*) Koch- *or* Küchenherd *m*.

7. (*row*) Reihe *f*; (*mountain ~*) Kette *f*.

8. (*US: grazing land*) Freiland, Weideland *nt*. **~ cattle** Freilandvieh *nt*.

II *vt* **1.** (*place in a row*) aufstellen; *objects also* anordnen. **to ~ oneself with sb** *or* **on sb's side** (*fig*) sich auf jds Seite (*acc*) stellen.

2. (*classify*) *person* zählen (*among, with* zu).

3. (*roam over*) durchstreifen, durchziehen. **to ~ the seas** die Meere befahren.

4. (*direct*) *gun, telescope* ausrichten (*on* auf +*acc*).

5. (*US*) *cattle* grasen lassen.

6. (*Comput*) **~d left/right** links-/rechtsbündig.

III *vi* **1.** (*extend*) (*from ... to*) gehen (von ... bis); (*temperature, value*) liegen (zwischen ... und). **his interests ~ from skiing to chess** seine Interessen reichen vom Skifahren bis zum Schachspielen; **his knowledge ~s over a wide field** er hat ein sehr umfangreiches Wissen; **the search ~d over the whole country** die Suche erstreckte sich auf das ganze Land.

2. (*roam*) streifen. **to ~ over the area** im Gebiet umherstreifen.

range-finder ['reɪndʒ'faɪndəʳ] *n* Entfernungsmesser *m*.

ranger ['reɪndʒəʳ] *n* **1.** (*of forest*) Förster(in *f*), Aufseher(in *f*) *m*. **2.** (*US: mounted patrolman*) Ranger *m*; (*commando*) Überfallkommando *nt*. **3.** (*Brit*) **~ (scout)/(guide)** Ranger *m*.

Rangoon [ræŋ'guːn] *n* Rangun *nt*.

rangy ['reɪndʒɪ] *adj* (+*er*) langglied(e)rig.

rank[1] [ræŋk] **I** *n* **1.** (*Mil: grade*) Rang *m*. **officer of high ~** hoher Offizier; **to reach the ~ of general** den Rang eines Generals erlangen; *see* **pull**.

2. (*class, status*) Stand *m*, Schicht *f*. **people of all ~s** Leute *pl* aller Stände; **a person of ~** eine hochgestellte Persönlichkeit.

3. (*row*) Reihe *f*; (*taxi ~*) Taxistand *m*.

4. (*Mil: formation*) Glied *nt*. **to break ~(s)** aus dem Glied treten; **to keep ~(s)** in Reih und Glied stehen; **to serve in the ~s** gemeiner Soldat sein; **the ~s, other ~s** (*Brit*) die Mannschaften und die Unteroffiziere; **the ~ and file** (*Mil*) die Mannschaft; **the ~ and file of the party/union** die Basis der Partei/Gewerkschaft, die einfachen Partei-/Gewerkschaftsmitglieder; **the ~ and file workers** die einfachen Arbeiter; **to rise from the ~s** aus dem Mannschaftsstand zum Offizier aufsteigen; (*fig*) sich hocharbeiten; **to reduce sb to the ~s** jdn degradieren; *see* **close**[2].

5. (*Mus*) Register *nt*.

II *vt* (*class, consider*) **to ~ sb among the best/great** jdn zu den Besten/Großen zählen; **where would you ~ Napoleon among the world's statesmen**? wie würden Sie Napoleon als Weltpolitiker einordnen *or* einstufen?

III *vi* **to ~ among** zählen zu; **to ~ above/below sb** bedeutender/weniger bedeutend als jd sein; (*athlete*) leistungsmäßig über/unter jdm liegen; (*officer*) rangmäßig über/unter jdm stehen; **to ~ high among the world's statesmen** einer der großen Staatsmänner sein; **he ~s high among her friends** er hat eine Sonderstellung unter ihren Freunden; **he ~s as a great composer** er gilt als großer Komponist; **to ~ 6th** den 6. Rang *or* Platz belegen.

rank[2] *adj* (+*er*) **1.** *plants* üppig; *grass* verwildert; *soil* überwuchert.

2. (*offensive*) *smell* übel; *dustbin, drain* stinkend *attr*; *fat* ranzig; *person* derb, vulgär.

3. *attr* (*utter*) *disgrace* wahr; *injustice* schreiend; *nonsense, insolence* rein; *traitor, liar* übel; *stupidity* ausgesprochen.

ranker ['ræŋkəʳ] *n* (*Mil*) (*soldier*) einfacher *or* gemeiner Soldat; (*officer*) *aus dem Mannschaftsstand aufgestiegener Offizier*.

ranking officer ['ræŋkɪŋ'ɒfɪsəʳ] *n* ranghöchster/ranghöherer Offizier.

rankle ['ræŋkl] *vi* **to ~ (with sb)** jdn wurmen.

rankness ['ræŋknɪs] *n see adj* **1.** Üppigkeit *f*; Verwildertheit *f*; Überwucherung *f*. **2.** Übelkeit *f*; Gestank *m*, Stinken *nt*; Ranzigkeit *f*; Derbheit, Vulgarität *f*.

ransack ['rænsæk] *vt* (*search*) *room, cupboards* durchwühlen; (*pillage*) *house* plündern; *town, region* herfallen über (+*acc*).

ransom ['rænsəm] **I** *n* Lösegeld *nt*; (*rescue*) Auslösung *f*; (*release*) Freilassung *f*; (*Rel*) Erlösung *f*. **to hold sb to ~** (*lit*) jdn als Geisel halten; (*fig*) jdn erpressen; *see* **king**.

II *vt* (*buy free*) auslösen, Lösegeld bezahlen für; (*set free*) gegen Lösegeld freilassen; (*Rel*) erlösen.

rant [rænt] *vi* (*emotionally, angrily*) eine Schimpfkanonade loslassen; (*talk nonsense*) irres Zeug reden (*inf*). **to ~ (and rave) at sb** mit jdm schimpfen; **what's he ~ing (on) about**? worüber läßt er sich denn da aus? (*inf*).

ranting ['ræntɪŋ] **I** *n see vi* Geschimpfe *nt*; irres Zeug. **II** *adj* pathetisch.

ranunculus [rə'nʌŋkjʊləs] *n* (*garden flower*) Ranunkel *f*.

rap[1] [ræp] **I** *n* (*noise, blow*) Klopfen *nt no pl*. **to give sb a ~ on the knuckles** (*lit, fig*) jdm auf die Finger klopfen; **to take the ~** (*inf*) die Schuld zugeschoben kriegen (*inf*); **to take the ~ for sb** (*inf*) für jdn den Kopf hinhalten (*inf*); **I don't care a ~** (*inf*) das ist mir piepe (*inf*).

II *vt table* klopfen auf (+*acc*); *window* klopfen an (+*acc*). **to ~ sb's knuckles, to ~ sb over the knuckles** (*lit, fig*) jdm auf die Finger klopfen.

III *vi* klopfen. **to ~ at the door/window** kurz (an die Tür)/ans Fenster klopfen.

◆**rap out** *vt sep* **1.** (*say curtly*) *oath, order* ausstoßen. **2.** (*Spiritualism*) *message* klopfen.

rap[2] *n* (*Mus*) Rap *m*.

rapacious *adj*, **~ly** *adv* [rə'peɪʃəs, -lɪ] habgierig.

rapacity [rə'pæsɪtɪ] *n* Habgier *f*.

rape[1] [reɪp] **I** *n* Vergewaltigung, Notzucht (*Jur*) *f*; (*obs: abduction*) Raub *m*. **~ crisis centre** Beratungszentrum *nt für Frauen, die Opfer einer Vergewaltigung geworden sind*. **II** *vt* vergewaltigen, notzüchtigen (*Jur*).

rape[2] *n* (*plant*) Raps *m*. **~ oil/seed** Rapsöl *nt*/Rapssamen *m*.

rape[3] *n* (*grape pulp*) Trester *pl*.

rapid ['ræpɪd] **I** *adj* schnell; *action, movement also* rasch; *improvement, change, spread also* rapide; *decline, rise* rapide, steil; *smile also* kurz; *heartbeat, pulse also* flink; *loss of heat* plötzlich; *river, waterfall* reißend; *slope, descent* steil. **~ fire/firing** (*Mil*) Schnellfeuer *nt*; **~ fire of questions** Feuerwerk *nt* von Fragen; **~ eye movement sleep** REM-Phase *f*.

II *n* **~s** *pl* (*Geog*) Stromschnellen *pl*.

Rapid Reaction Force (*Mil, NATO*) Schnelleingreiftruppe *f*.

rapidity [rə'pɪdɪtɪ] *n see adj* Schnelligkeit *f*; Raschheit *f*; Rapidheit *f*; Steilheit *f*; Plötzlichkeit *f*.

rapidly ['ræpɪdlɪ] *adv see adj*.

rapier ['reɪpɪə^r] *n* Rapier *nt*. **~ thrust** (*lit*) Stoß *m* mit dem Rapier; (*fig*) (*remark*) Hieb *m*; (*retort*) Parade *f*; **~ wit** Schlagfertigkeit *f*.

rapine ['ræpaɪn] *n* (*liter*) Plünderung *f*.

rapist ['reɪpɪst] *n* Vergewaltiger *m*.

rapping ['ræpɪŋ] *n* Klopfen *nt*.

rapport [ræ'pɔː^r] *n* **the ~ I have with my father** das enge Verhältnis zwischen mir und meinem Vater; **in ~ with** in Harmonie mit.

rapprochement [ræ'prɒʃmɑ̃ːŋ] *n* Annäherung *f*.

rapt [ræpt] *adj* **1.** *interest* gespannt; *attention* atemlos, höchste(r, s). **~ in contemplation/in thought** in Betrachtungen/Gedanken versunken.

2. *look, smile* verzückt.

rapture ['ræptʃə^r] *n* (*delight*) Entzücken *nt*; (*ecstasy*) Verzückung *f*. **to be in ~s** entzückt sein (*over* über +*acc, about* von); **she was in ~s when she heard he was returning** sie war außer sich vor Freude, als sie hörte, daß er zurückkommt; **to go into ~s** ins Schwärmen geraten; **to send sb into ~s** jdn in Entzükken versetzen.

rapturous ['ræptʃərəs] *adj applause, reception* stürmisch, begeistert; *exclamation* entzückt; *look* verzückt, hingerissen.

rapturously ['ræptʃərəslɪ] *adv see adj*.

rare [rɛə^r] *adj* (+*er*) **1.** (*uncommon*) selten, rar; *occurrence* selten. **with very ~ exceptions** mit sehr wenigen Ausnahmen.

2. *atmosphere* dünn; *gas* Edel-; *earths* selten.

3. *meat* roh; *steak also* blutig, englisch.

4. (*inf: great*) irrsinnig (*inf*). **a person of ~ kindness** ein selten freundlicher Mensch (*inf*).

rarebit ['rɛəbɪt] *n see* **Welsh rarebit**.

rarefaction [ˌrɛərɪ'fækʃən] *n* Dünne *f*; (*fig*) Exklusivität *f*.

rarefied ['rɛərɪfaɪd] *adj atmosphere, air* dünn; (*fig*) exklusiv.

rarefy ['rɛərɪfaɪ] **I** *vt air, atmosphere* verdünnen, dünn werden lassen; (*fig*) exklusiv machen. **II** *vi* (*air*) dünn werden.

rarely ['rɛəlɪ] *adv* selten.

rareness ['rɛənɪs] *n see adj* **1.** Seltenheit, Rarheit *f*; (*of occurrence*) Rarheit *f*. **2.** Dünne *f*. **3.** Roheit *f*.

raring ['rɛərɪŋ] *adj*: **to be ~ to go** (*inf*) in den Startlöchern sein.

rarity ['rɛərɪtɪ] *n* Seltenheit *f*; (*rare occurrence also*) Rarität *f*.

rascal ['rɑːskəl] *n* Gauner(in *f*) *m*; (*child*) Schlingel, Frechdachs *m*; (*old: scoundrel*) Schurke *m*.

rascally ['rɑːskəlɪ] *adj* (*old, liter*) *trick* schändlich, schimpflich (*old, liter*); *person* schurkisch. **a ~ fellow** ein Schurke *m*.

rash[1] [ræʃ] *n* (*Med*) Ausschlag *m*. **to come out** *or* **break out in a ~** einen Ausschlag bekommen.

rash[2] *adj* (+*er*) *person* unbesonnen; *act also* voreilig, überstürzt; *thoughts* voreilig; *promise, words, decision* voreilig, vorschnell.

rasher ['ræʃə^r] *n* Streifen *m*. **~ of bacon** Speckstreifen *m*.

rashly ['ræʃlɪ] *adv see adj*.

rashness ['ræʃnɪs] *n see adj* Unbesonnenheit *f*; Voreiligkeit, Überstürztheit *f*;

Voreiligkeit *f*.

rasp [rɑːsp] **I** *n* (*tool*) Raspel *f*; (*noise*) Kratzen *nt no pl;* (*of cough, when breathing*) Keuchen *nt no pl*.

II *vt* **1.** (*Tech*) raspeln, feilen.

2. (*say: also* ~ **out**) *insults* krächzen; *orders* schnarren.

III *vi* kratzen; (*breath*) rasseln; *see also* **rasping**.

raspberry ['rɑːzbərɪ] **I** *n* Himbeere *f*; (*plant: also* ~ **bush** *or* **cane**) Himbeerstrauch *m*. **to blow a** ~ (*inf*) verächtlich schnauben; **"new proposals get** ~ **from electorate"** (*inf*) „Wähler erteilen neuen Vorschlägen eine Abfuhr".

II *adj ice-cream, jam, flavour* Himbeer-; *colour* himbeerrot.

rasping ['rɑːspɪŋ] **I** *adj sound* kratzend; *voice* kratzig (*inf*), krächzend; *cough* keuchend; *breath* rasselnd, keuchend. **II** *n* (*sound*) Kratzen *nt*; (*of voice*) Krächzen, Gekrächze *nt*.

Rasta ['ræstə] *n* (*Rel*) Rasta *m*.

Rastafarian [ræstə'fɛərɪən] **I** *n* Rastafarier(in *f*) *m*. **II** *adj* der Rastafarier.

raster ['ræstə[r]] *n* Raster *m or nt*.

rat [ræt] **I** *n* (*Zool*) Ratte *f*; (*pej inf: person*) elender Verräter (*inf*). **he's a dirty** ~ (*inf*) er ist ein dreckiges *or* gemeines Schwein (*inf*); **you** ~! du Hund! (*inf*); ~**s!** (*inf*) (*annoyance*) Mist! (*inf*); (*rejection*) Quatsch! (*inf*); *see* **smell**.

II *vi* **1. to** ~ **on sb** (*inf*) (*desert*) jdn sitzenlassen (*inf*); (*inform on*) jdn verpfeifen (*inf*).

2. to go ~**ting** auf Rattenfang gehen.

ratable *adj see* **rateable.**

rat *in cpds* Ratten-; **ratbag** *n* (*pej inf*) Schrulle *f* (*inf*); **rat-catcher** *n* Rattenfänger(in *f*) *m* (*also fig*); **rat-catching** *n* Rattenfang *m*.

ratchet ['rætʃɪt] *n* Ratsche *f*. ~ **wheel** Sperrad *nt*.

rate[1] [reɪt] **I** *n* **1.** (*ratio, proportion, frequency*) Rate *f*; (*speed*) Tempo *nt*. **the failure** ~ **on this course/for this exam** die Durchfallrate *or* -quote bei diesem Kurs/Examen; **at the** *or* **a** ~ **of 100 litres an hour/14 feet per minute** (in einem Tempo von) 100 Liter pro Stunde/14 Fuß pro Minute; ~ **of climb** (*Aviat*) Steigleistung *f*; ~ **of consumption** Verbrauch *m*; ~ **of flow** (*of water, electricity*) Fluß *m*; **pulse** ~ Puls *m*, **at a great** *or* **terrific** (*inf*) ~**, at a** ~ **of knots** (*inf*) in irrsinnigem Tempo (*inf*); (*move also*) mit hundert Sachen (*inf*); **if you continue at this** ~ (*lit, fig*) wenn du so *or* in diesem Tempo weitermachst; **at the** ~ **you're going you'll be dead before long** wenn du so weitermachst, bist du bald unter der Erde; **at any** ~ auf jeden Fall.

2. (*Comm, Fin*) Satz *m*; (*St Ex*) Kurs *m*. ~ **of exchange** Wechselkurs *m*; **what's the** ~ **at the moment**? wie steht der Kurs momentan?; **what's the** ~ **of pay**? wie hoch ist der Satz (für die Bezahlung)?; ~ **of inflation** Inflationsrate *f*; ~ **of interest** Zinssatz *m*; ~ **of taxation** Steuersatz *m*; **postage/advertising/insurance** ~**s** Post-/Werbe-/Versicherungsgebühren *pl*; **there is a reduced** ~ **for children** Kinderermäßigung wird gewährt; **basic salary** ~ Grundgehaltssatz *m*; **to pay sb at the** ~ **of £10 per hour** jdm einen Stundenlohn von £ 10 bezahlen.

3. ~**s** *pl* (*Brit: municipal tax*) Gemeindesteuern, Kommunalsteuern *pl*; ~**s and taxes** Kommunal- und Staatssteuern *pl*; ~**(s) office** Gemeindesteueramt *nt*; *see* **water-rate**.

II *vt* **1.** (*estimate value or worth of*) (ein)schätzen. **to** ~ **sb/sth among ...** jdn/etw zu ... zählen *or* rechnen; **how do you** ~ **this effort/these results**? was halten Sie von dieser Leistung/diesen Ergebnissen?; **to** ~ **sb/sth as sth** jdn/etw für etw halten; **he is generally** ~**d as a great statesman** er gilt allgemein als großer Staatsmann; **how does he** ~ **that film?** was hält er von dem Film?; **to** ~ **sb/sth highly** jdn/etw hoch einschätzen.

2. (*Brit: Local Government*) veranlagen. **a house** ~**d at £1,000 per annum** ein Haus, dessen steuerbarer Wert £ 1.000 pro Jahr ist.

3. (*deserve*) verdienen. **I think he** ~**s a pass (mark)** ich finde, seine Leistung kann man mit „ausreichend" oder besser bewerten.

4. (*sl: think highly of*) gut finden (*inf*).

III *vi* (*be classed*) **to** ~ **as/among ...** gelten als .../zählen zu ...

rate[2] *vt* (*liter*) *see* **berate**.

rateable, ratable ['reɪtəbl] *adj* (*Brit*) *property* steuerpflichtig, steuerbar. ~ **value** steuerbarer Wert.

rate-cap ['reɪtkæp] *vt* (*Brit*) **the council was** ~**ped** dem Stadtrat wurde eine Höchstsatz für die Kommunalsteuer auferlegt.

rate capping ['reɪt,kæpɪŋ] *n* (*Brit*) *Festlegung f eines Kommunalsteuer-Höchstsatzes durch die Zentralregierung*.

ratepayer ['reɪt,peɪə[r]] *n* (*Brit*) Steuerzahler(in *f*) *m* (*von Kommunalsteuern*).

rate rebate *n* (*Brit*) Kommunalsteuer-Rückerstattung *f*.

rather ['rɑːðə[r]] *adv* **1.** (*for preference*) lieber. ~ **than wait, he went away** er ging lieber, als daß er wartete; **I would** ~ **have the blue dress** ich hätte lieber das blaue Kleid; **I would** ~ **be happy than rich** ich wäre lieber glücklich als reich; **I would** ~ **you came yourself** mir wäre es lieber, Sie kämen selbst; **I'd** ~ **not** lieber nicht; **I'd** ~ **not go** ich würde lieber nicht gehen; **I'd** ~ **die**! eher sterbe ich!; **he expected me to phone** ~ **than (to) write** er erwartete eher einen Anruf als einen Brief von mir; **it would be better to phone** ~ **than (to) write** es wäre besser zu telefonieren, als zu schreiben.

2. (*more accurately*) vielmehr. **he is, or** ~ **was, a soldier** er ist, beziehungsweise *or* vielmehr war, Soldat; **a car, or** ~ **an old banger** ein Auto, genauer gesagt eine alte Kiste.

3. (*to a considerable degree*) ziemlich; (*somewhat, slightly*) etwas. **it's** ~ **more difficult than you think** es ist um einiges schwieriger, als du denkst; **it's** ~ **too difficult for me** es ist etwas zu schwierig für mich; **she's** ~ **an idiot/a killjoy** sie ist reichlich doof/eine richtige Spielverderberin; **I ~ think he's wrong** ich glaube fast, er hat Unrecht; ~! (*inf*) und ob! (*inf*), klar! (*inf*).

ratification [ˌrætɪfɪ'keɪʃən] *n* Ratifizierung *f*.

ratify ['rætɪfaɪ] *vt* ratifizieren.

rating[1] ['reɪtɪŋ] *n* **1.** (*assessment*) (Ein)-schätzung *f*; (*Brit: of house*) Veranlagung *f*. **what's your ~ of his abilities?** wie schätzen Sie seine Fähigkeiten ein?

2. (*class, category*) (*Sport: of yacht, car*) Klasse *f*; (*Fin: also* **credit ~**) Kreditfähigkeit *f*; (*Elec*) Leistung *f*; (*of petrol: also* **octane ~**) Oktanzahl *f*. **what's his ~?** wie wird er eingestuft?; **the popularity ~ of a TV programme** die Zuschauerzahlen eines Fernsehprogramms; **security ~** Sicherheitseinstufung *f*; **voltage ~** Grenzspannung *f*.

3. (*Naut*) (*rank*) Rang *m*; (*sailor*) Matrose *m*.

rating[2] *n* (*scolding*) Schelte *f*.

ratio ['reɪʃɪəʊ] *n* Verhältnis *nt*. **the ~ of men to women** das Verhältnis von Männern zu Frauen; **in the** *or* **a ~ of 100 to 1** (*written* **100:1**) im Verhältnis 100 zu 1; **in inverse ~** (*Math*) umgekehrt proportional; **inverse** *or* **indirect ~** umgekehrtes Verhältnis.

ration ['ræʃən, (*US*) 'reɪʃən] **I** *n* Ration *f*; (*fig*) Quantum *nt*. **~s** (*food*) Rationen *pl*; **to put sb on short ~s** jdn auf halbe Ration setzen; **~ book/card** Bezug(s)-scheinbuch *nt*/Bezug(s)schein *m*; (*for food*) ≃ Lebensmittelkarte *f*/Lebensmittelmarke *f*.

II *vt goods, food* rationieren; (*state, government also*) bewirtschaften. **I'm going to ~ you to one apple a day** ich werde dich kurzhalten, du bekommst nur einen Apfel pro Tag; **he ~ed himself to five cigarettes a day** er erlaubte sich (*dat*) nur fünf Zigaretten pro Tag.

◆**ration out** *vt sep* zuteilen.

rational ['ræʃənl] *adj* **1.** (*having reason*) *creature, person* vernunftbegabt, rational.

2. (*sensible, reasonable*) *person, action, thinking* vernünftig, rational; *activity, solution* vernünftig, sinnvoll; (*Med: lucid, sane*) *person* bei klarem Verstand. **it was the only ~ thing to do** es war das einzig Vernünftige.

3. (*Math*) rational.

rationale [ræʃə'nɑːl] *n* Gründe *pl*. **there doesn't seem to be any ~** das scheint jeglicher Begründung zu entbehren.

rationalism ['ræʃnəlɪzəm] *n* Rationalismus *m*.

rationalist ['ræʃnəlɪst] *n* Rationalist(in *f*) *m*.

rationalistic [ˌræʃnə'lɪstɪk] *adj* rationalistisch.

rationality [ˌræʃə'nælɪtɪ] *n see adj 2.* Vernünftigkeit, Rationalität *f*; Vernünftigkeit *f*; (*Med*) klarer Verstand.

rationalization [ˌræʃnəlaɪ'zeɪʃən] *n* Rationalisierung *f*; (*of problem*) vernünftige Betrachtung.

rationalize ['ræʃnəlaɪz] **I** *vt* **1.** *event, conduct* rationalisieren; *problem* vernünftig sehen *or* betrachten. **2.** (*organize efficiently*) *industry, production, work* rationalisieren. **3.** (*Math*) in eine rationale Gleichung umändern.

II *vi* rationalisieren.

rationally ['ræʃnəlɪ] *adv act, behave, think* vernünftig, rational; (*Med*) bei klarem Verstand. **~, it should be possible to do it** rational gesehen sollte es möglich sein.

rationing ['ræʃənɪŋ] *n see vt* Rationierung *f*; Bewirtschaftung *f*.

rat-race *n* ständiger Konkurrenzkampf; **ratrack** *n* (*Ski*) Pistenwalze *f*.

rats' tails *npl* (*pej*) Zotteln *pl* (*pej*); (*inf: bunches*) Rattenschwänze *pl* (*inf*).

rattan [ræ'tæn] *n* (*plant*) Rotangpalme *f*; (*cane*) Rattan, Peddigrohr *nt*.

rattle ['rætl] **I** *vi* klappern; (*chains*) rasseln, klirren; (*bottles*) klirren; (*gunfire*) knattern; (*drums*) schlagen; (*hailstones*) prasseln; (*rattlesnake*) klappern. **to ~ at the door** an der Tür rütteln; **there's something rattling** da klappert etwas; **to ~ along/away** (*vehicle*) entlang-/davonrattern.

II *vt* **1.** *box, dice, keys* schütteln; *bottles, cans* zusammenschlagen; *chains* rasseln mit; *windows* rütteln an (+*dat*).

2. (*inf: alarm*) *person* durcheinanderbringen. **don't get ~d!** reg dich nicht auf!; **she was ~d at** *or* **by the news, the news ~d her** die Nachricht hat ihr einen Schock versetzt.

III *n* **1.** (*sound*) *see vi* Klappern *nt no pl*; Rasseln, Klirren *nt no pl*; Klirren *nt no pl*; Knattern *nt no pl*; Schlagen *nt no pl*; Prasseln *nt no pl*; Klappern *nt no pl*; (*Med: also* **death ~**) Röcheln *nt*.

2. (*child's*) Rassel, Klapper *f*; (*sports fan's*) Schnarre *f*.

◆**rattle down** *vi* herunterprasseln, herunterhageln.

◆**rattle off** *vt sep poem, speech, list* herunterrasseln.

◆**rattle on** *vi* (*inf*) (unentwegt) quasseln (*inf*) (*about* über +*acc*).

◆**rattle through** *vi* +*prep obj speech* herunterrasseln; *work, music* rasen durch.

rattlebrain ['rætlbreɪn] *n* (*inf*) Spatzenhirn *nt* (*inf*).

rattler ['rætlə^r] *n* (*US inf*) Klapperschlange *f*.

rattlesnake *n* Klapperschlange *f*; **rattletrap** *n* (*hum inf*) Klapperkiste *f* (*hum inf*).

rattling ['rætlɪŋ] **I** *n see vi* Klappern *nt*; Rasseln, Klirren *nt*; Knattern *nt*; Schlagen *nt*; Prasseln *nt*.

II *adj see vi* klappernd; rasselnd, klirrend; knatternd; schlagend; prasselnd. **at a ~ pace** (*inf*) in rasendem Tempo (*inf*).

III *adv*: **~ good** (*dated inf*) verdammt gut (*inf*).

rattrap, rat trap ['rættræp] *n* Rattenfalle *f*.

ratty ['rætɪ] *adj* (+*er*) (*inf*) **1.** (*irritable*) gereizt. **2.** (*US: run-down*) verlottert (*inf*).

raucous ['rɔːkəs] *adj* rauh, heiser.

raucously ['rɔːkəslɪ] *adv shout* rauh, heiser; *sing* mit rauher *or* heiserer Stimme.

raucousness ['rɔːkəsnɪs] *n* Rauheit, Heiserkeit *f*.

raunchy ['rɔːntʃɪ] *adj* (+*er*) (*US inf*) geil; *novel* rasant.

ravage ['rævɪdʒ] **I** *n* (*of war*) verheerendes Wüten *no pl*; (*of disease*) Wüten *nt no pl*, Zerstörung *f* (*of* durch). **~s** (*of war*) Verheerung *f* (*of* durch); (*of disease*) Zerstörung *f* (*of* durch); **the ~s of time** die Spuren *pl* der Zeit.

II *vt* (*ruin*) verwüsten, verheeren; (*plunder*) plündern. **~d by disease** von Krankheit schwer gezeichnet.

rave [reɪv] **I** *vi* (*be delirious*) phantasieren, delirieren (*spec*); (*talk wildly*) phantasieren, spinnen (*inf*); (*speak furiously*) toben; (*inf: speak, write enthusiastically*) schwärmen (*about, over* von); (*liter*) (*storm*) toben; (*wind*) brausen; (*sea*) toben. **to ~ against sb/sth** gegen jdn/etw wettern; *see* **rant**.

II *n* **1.** (*Brit sl: also* **~-up**) Fete *f* (*inf*), tolle Party.

2. (*sl: praise*) Schwärmerei *f*. **to have a ~ about sth** von etw schwärmen *or* ganz weg sein (*inf*); **the play got a ~ review** (*inf*) das Stück bekam eine glänzende *or* begeisterte Kritik.

3. (*Brit sl: fashion*) **it's all the ~** das ist große Mode.

ravel ['rævəl] **I** *vt* **1.** (*disentangle*) *see* **ravel out II**. **2.** (*old: entangle*) verwirren. **II** *vi* (*become tangled*) sich verwirren; (*fray*) ausfransen.

◆**ravel out I** *vi* ausfransen; (*rope*) faserig werden. **II** *vt sep material* ausfransen; *threads* entwirren; *knitting* auftrennen, aufziehen; (*fig*) *difficulty* klären.

raven ['reɪvən] *n* Rabe *m*. **~-black** rabenschwarz; **~-haired** mit rabenschwarzem Haar.

ravening ['rævənɪŋ] *adj* beutehungrig, räuberisch.

ravenous ['rævənəs] *adj animal* ausgehungert; *person also* heißhungrig; *appetite, hunger* gewaltig. **I'm ~** ich habe einen Bärenhunger (*inf*).

ravenously ['rævənəslɪ] *adv* **to be ~ hungry** (*animal*) ausgehungert sein; (*person also*) einen Bärenhunger haben (*inf*).

raver ['reɪvə^{r}] *n* (*Brit sl*) flotte Biene (*sl*).

rave-up ['reɪvʌp] *n* (*Brit sl*) *see* **rave II 1.**

ravine [rə'viːn] *n* Schlucht, Klamm *f*.

raving ['reɪvɪŋ] **I** *adj* **1.** (*frenzied*) wahnsinnig, verrückt; (*delirious*) im Delirium, phantasierend *attr*. **a ~ lunatic** (*inf*) ein kompletter Idiot (*inf*). **2.** (*inf: remarkable*) *success* toll (*inf*); *beauty* hinreißend. **II** *adv* **~ mad** (*inf*) total verrückt (*inf*). **III** *n* **~(s)** Phantasien *pl*.

ravioli [ˌrævɪ'əʊlɪ] *n* Ravioli *pl*.

ravish ['rævɪʃ] *vt* **1.** (*delight*) hinreißen. **2.** (*old, liter: rape*) schänden (*geh*); (*obs: abduct*) rauben.

ravisher ['rævɪʃə^{r}] *n* (*old, liter*) Schänder *m* (*geh*).

ravishing ['rævɪʃɪŋ] *adj woman, sight* atemberaubend; *beauty also, meal* hinreißend.

ravishingly ['rævɪʃɪŋlɪ] *adv beautiful* hinreißend, atemberaubend; *dressed, decorated* atemberaubend schön.

ravishment ['rævɪʃmənt] *n see vt* **1.** atemloses Staunen, Hingerissenheit *f*. **2.** Schändung *f* (*geh*); Raub *m*.

raw [rɔː] **I** *adj* (+*er*) **1.** (*uncooked*) *meat, food* roh; (*unprocessed*) *ore, sugar, silk, brick also* Roh-; *spirit, alcohol* rein, unvermischt; *cloth* ungewalkt; *leather* ungegerbt; (*fig*) *statistics* nackt. **it's a ~ deal** (*inf*) das ist eine Gemeinheit (*inf*); **to give sb a ~ deal** (*inf*) jdn benachteiligen, jdn unfair behandeln; **to get a ~ deal** schlecht wegkommen (*inf*); **the old get a ~ deal from the state** (*inf*) alte Leute werden vom Staat stiefmütterlich behandelt; **~ edge** (*of cloth*) ungesäumte Kante; **~ material** Rohstoff *m*; **~ data** (*Comput*) unaufbereitete Daten *pl*.

2. (*inexperienced*) *troops, recruit* neu, unerfahren. **~ recruit** (*fig*) blutiger Anfänger (*inf*).

3. (*sore*) *wound* offen; *skin* wund; *nerves* empfindlich.

4. *climate, wind, air* rauh.

5. (*esp US: coarse*) *humour, story, person* derb; *colour* grell.

II *n* **1. to touch** *or* **get sb on the ~** (*Brit*) bei jdm einen wunden Punkt berühren.

2. in the ~ (*inf: naked*) im Naturzustand; **life/nature in the ~** die rauhe Seite des Lebens/der Natur.

rawboned *adj* mager, knochig; **rawhide** *n* (*leather*) ungegerbtes Leder; (*whip*) Lederpeitsche *f*.

rawlplug ® ['rɔːlplʌg] *n* Dübel *m*.

rawness ['rɔːnɪs] *n* **1.** (*of meat, food*) Roheit *f*. **2.** (*lack of experience*) Unerfahrenheit *f*. **3.** (*soreness*) Wundheit *f*. **4.** (*of weather*) Rauheit *f*. **5.** (*esp US: coarseness*) Derbheit *f*.

ray[1] [reɪ] *n* **1.** Strahl *m*. **a ~ of hope/solace** ein Hoffnungsschimmer *or* -strahl *m*/ein kleiner Trost; **~ gun** Strahlenpistole *f*. **2.** (*of fish*) Flossenstrahl *m*; (*of starfish*) Arm *m*.

ray[2] *n* (*fish*) Rochen *m*.

rayon ['reɪɒn] **I** *n* Reyon *nt*.

II *adj* Reyon-, aus Reyon.

raze [reɪz] *vt* zerstören; (*Mil*) schleifen. **to ~ to the ground** dem Erdboden gleichmachen.

razor ['reɪzə^{r}] *n* Rasierapparat *m*; (*cutthroat*) Rasiermesser *nt*. **electric ~** Elektrorasierer *m*; **~'s edge** (*fig*) *see* **razor-edge 2.**

razorback *n* (*Zool*) Finnwal *m*; **razorbill** *n* (*Zool*) Tordalk *m*; **razor blade** *n* Rasierklinge *f*; **razor-cut I** *n* Messerschnitt *m*; **II** *vt* mit dem Messer schneiden; **razor-edge** *n* **1.** (*mountain ridge*) Grat *m*; **2.** (*fig*) **the decision rests on a ~** die Entscheidung steht auf Messers Schneide; **the ~ that divides belief and unbelief** der schmale Grat zwischen Glaube und Unglaube; **razor-sharp** *adj knife* scharf (wie ein Rasiermesser); (*fig*) *person* sehr scharfsinnig; *mind, wit* messerscharf; **razor-wire** *n* Bandstacheldraht, Nato-Draht (*inf*) *m*.

razz [ræz] *vt* (*US inf*) aufziehen (*inf*), verhohnepiepeln (*inf*).

razzle ['ræzl] *n* (*dated sl*): **to go on the ~/be out on the ~** eine Sause machen (*inf*).

razzle-dazzle ['ræzl'dæzl], **razzmatazz** ['ræzmə'tæz] *n* (*inf*) Rummel, Trubel *m*.

RC *abbr of* **Roman Catholic** rk, r.-k.

Rd *abbr of* **Road** Str.

RE *abbr of* **Religious Education**.

re[1] [reɪ] *n* (*Mus*) re *nt*.

re[2] [riː] *prep* (*Admin, Comm: referring to*) betreffs (+*gen*), bezüglich (+*gen*); (*Jur: also* **in ~**) in Sachen gegen. **~ your letter of 16th** Betr(eff): Ihr Brief vom 16. (*old*).

re- [riː-] *pref* wieder-.

reach [riːtʃ] **I** *n* **1.** (*act of reaching*) **to make a ~ for sth** nach etw greifen.

2. (*denoting accessibility*) **within/out of sb's ~** in/außer jds Reichweite (*dat*), in/außer Reichweite für jdn; **within arm's ~** in greifbarer Nähe; **put it out of the children's ~** *or* **out of the ~ of children** stellen Sie es so, daß Kinder es nicht erreichen können; **keep out of ~ of children** von Kindern fernhalten; **cars are within everyone's ~ nowadays** Autos sind heute für jeden erschwinglich; **mountains within easy ~** Berge, die leicht erreichbar sind; **within easy ~ of the sea** in unmittelbarer Nähe des Meers; **I keep it within easy ~** ich habe es in greifbarer Nähe; **she was beyond (the) ~ of human help** für sie kam jede menschliche Hilfe zu spät; **this subject is beyond his ~** dieses Thema geht über seinen Horizont (*inf*).

3. (*distance one can ~*) Reichweite *f*; (*Boxing*) Aktionsradius *m*. **a long ~** lange Arme *pl*; ein großer Aktionsradius.

4. (*sphere of action, influence*) Einflußbereich *m*. **beyond the ~ of the law** außerhalb des Gesetzes.

5. (*stretch*) (*of beach, river*) Strecke *f*; (*of canal*) Wasserhaltung *f*; (*of woodland*) Gebiet *nt*.

II *vt* **1.** (*arrive at*) erreichen; *place, goal also, point* ankommen an (+*dat*); *town, country* ankommen in (+*dat*); *perfection also* erlangen; *agreement, understanding* erzielen, kommen zu; *conclusion* kommen *or* gelangen zu. **we ~ed London at 3pm** wir kamen um 15 Uhr in London an; **when we ~ed him he was dead** als wir zu ihm kamen, war er tot; **to ~ page 50** bis Seite 50 kommen; **this advertisement is geared to ~ the under 25's** diese Werbung soll Leute unter 25 ansprechen; **you can ~ me at my hotel** Sie können mich in meinem Hotel erreichen.

2. (*stretch to get or touch*) **to be able to ~ sth** an etw (*acc*) (heran)reichen können, bis zu etw langen können (*inf*); **can you ~ it?** kommen Sie dran?; **can you ~ the ceiling?** kannst du bis an die Decke reichen *or* langen? (*inf*).

3. (*come up to, go down to*) reichen *or* gehen bis zu.

4. (*inf: get and give*) langen (*inf*), reichen.

5. (*US Jur*) *witness* bestechen.

III *vi* **1.** (*to, as far as* bis) (*territory*) sich erstrecken, gehen, reichen; (*voice, sound*) tragen.

2. (*stretch out hand or arm*) greifen. **to ~ for sth** nach etw greifen *or* langen (*inf*); **~ for the sky!** (*US*) Hände hoch!; **to ~ for the moon** (*fig*) nach den Sternen greifen.

3. can you ~? kommen Sie dran?

◆**reach across** *vi* hinüber-/herübergreifen *or* -langen (*inf*).

◆**reach back** *vi* (*in time*) zurückreichen, zurückgehen (*to* bis).

◆**reach down** **I** *vi* (*clothes, curtains, hair*) hinunter-/herunterreichen (*to* bis); (*person*) hinunter-/heruntergreifen *or* -langen (*inf*) (*for* nach). **II** *vt sep* hinunter-/herunterreichen.

◆**reach out** **I** *vt sep* **he ~ed ~ his hand to take the book** er streckte die Hand aus, um das Buch zu nehmen; **he ~ed ~ his hand for the cup** er griff nach der Tasse.

II *vi* die Hand/Hände ausstrecken. **to ~ ~ for sth** nach etw greifen *or* langen (*inf*).

◆**reach over** *vi see* **reach across.**

◆**reach up** **I** *vi* **1.** (*water, level*) (hinauf-/herauf)reichen *or* -gehen (*to* bis). **2.** (*person*) hinauf-/heraufgreifen (*for* nach).

II *vt sep* (*inf*) herauf-/hinaufreichen.

reachable ['riːtʃəbl] *adj* erreichbar.

reach-me-down ['riːtʃmɪˌdaʊn] *n* (*inf*) *see* **hand-me-down**.

react [riː'ækt] *vi* **1.** (*respond, Chem, Phys*) reagieren (*to* auf +*acc*). **slow to ~** (*Chem*) reaktionsträge; **she was slow to ~ to my offer** sie reagierte nur langsam auf mein Angebot; **to ~ against** negativ reagieren auf (+*acc*).

2. (*have an effect*) wirken (*on, upon* auf +*acc*). **to ~ upon sb's mood** sich auf jds Stimmung (*acc*) auswirken.

reaction [riː'ækʃən] *n* **1.** (*response, Chem, Phys*) Reaktion *f* (*to* auf +*acc*, *against* gegen). **what was his ~ to your suggestion?** wie hat er auf Ihren Vorschlag reagiert?, wie war seine Reaktion auf Ihren Vorschlag?; **action and ~** Wirkung und Gegenwirkung (+*pl vb*).

2. (*Pol*) Reaktion *f*.

3. (*Mil*) Gegenschlag *m*.

4. (*St Ex*) Umschwung, Rückgang *m*.

reactionary [riː'ækʃənrɪ] *adj* reaktionär.

reactivate [riː'æktɪveɪt] *vt* reaktivieren.

reactive [riː'æktɪv] *adj* (*Chem, Phys*) reaktiv.

reactor [riː'æktə^r] *n* (*Phys*) Reaktor *m*; (*Chem also*) Reaktionsapparat *m*; (*Elec*) Blindwiderstand *m*.

read[1] [riːd] (*vb: pret, ptp* **read** [red]) **I** *vt* **1.** (*also Comput*) lesen; (*to sb*) vorlesen (*to dat*). **do you ~ music?** können Sie Noten lesen?; **I read him to sleep** ich las ihm vor, bis er einschlief; **to take sth as read** (*fig*) (*as self-evident*) etw als selbstverständlich voraussetzen; (*as agreed*) etw für abgemacht halten; **they took the minutes as read** (*in meeting*) sie setzten das Protokoll als bekannt voraus; **for "meet" ~ "met"** anstelle von „meet“

soll „met" stehen; *see* **paper**.

2. (*interpret*) *thoughts, feelings* lesen; *dream* deuten; *words* verstehen. **to ~ sb's thoughts/mind** jds Gedanken lesen; **to ~ sb's hand** jdm aus der Hand lesen; **to ~ the tea leaves** *or* **the teacups** ≈ aus dem Kaffeesatz lesen; **to ~ something into a text** etwas in einen Text (hinein)lesen.

3. (*Univ: study*) studieren.

4. *thermometer, barometer* sehen auf (+*acc*), ablesen. **to ~ a meter** einen Zähler(stand) ablesen.

5. (*meter*) (an)zeigen, stehen auf (+*dat*); (*flight etc instruments*) anzeigen. **the thermometer ~s 37°** das Thermometer steht auf *or* zeigt 37°.

6. (*Telec*) verstehen. **do you ~ me?** (*Telec*) können Sie mich verstehen?; (*fig*) haben Sie mich verstanden?

II *vi* **1.** lesen; (*to sb*) vorlesen (*to dat*). **she ~s well** sie liest gut; (*learner, beginner*) sie kann schon gut lesen; **to ~ aloud** *or* **out loud** laut lesen; **to ~ to oneself** für sich lesen; **he likes being read to** er läßt sich (*dat*) gern vorlesen; **will you ~ to me, mummy?** Mutti, liest du mir etwas vor?

2. (*convey impression when read*) **this book ~s well/badly** das Buch liest sich gut/nicht gut; **this ~s like an official report/a translation** das klingt wie ein offizieller Bericht/eine Übersetzung; **that's how it ~s to me** so verstehe ich das.

3. (*have wording*) lauten. **the letter ~s as follows** der Brief geht so *or* lautet folgendermaßen *or* besagt folgendes.

4. (*Univ: study*) **to ~ for an examination** sich auf eine Prüfung vorbereiten; *see* **bar**[1].

III *n* **she enjoys a good ~** sie liest gern; **this book is quite a good ~** das Buch liest sich gut.

◆**read back** *vt sep shorthand* lesen; *one's notes etc* noch einmal lesen; (*to sb*) noch einmal vorlesen.

◆**read in** *vt sep* (*Comput*) *text, data* einlesen.

◆**read off** *vt sep* ablesen; (*without pause*) herunterlesen.

◆**read on** *vi* weiterlesen.

◆**read out** *vt sep* vorlesen; *instrument readings* ablesen.

◆**read over** *or* **through** *vt sep* durchlesen.

◆**read up I** *vt sep* nachlesen über (+*acc*), sich informieren über (+*acc*). **II** *vi* nachlesen, sich informieren (*on* über +*acc*).

read[2] [red] **I** *pret, ptp of* **read**[1]. **II** *adj* **he is well/badly ~** er ist sehr/wenig belesen.

readable ['riːdəbl] *adj* (*legible*) *handwriting* lesbar; (*worth reading*) *book etc* lesenswert. **not very ~** schlecht lesbar/nicht besonders lesenswert.

readdress [ˌriːə'dres] *vt letter, parcel* umadressieren.

reader ['riːdər] *n* **1.** Leser(in *f*) *m*. **publisher's ~** Lektor(in *f*) *m*.

2. (*Brit Univ*) ≈ Dozent(in *f*) *m*.

3. (*schoolbook*) Lesebuch *nt*; (*to teach reading*) Fibel *f*; (*foreign language text*) Text *m*, Lektüre *f*; (*anthology*) Sammelband *m*. **a ~ in the Classics** eine Klassikersammlung.

readership ['riːdəʃɪp] *n* **1.** (*of newspaper, magazine*) Leserschaft *f*, Leser *pl*. **a big** *or* **wide ~/a ~ of millions** eine große Leserschaft/Millionen Leser. **2.** (*Brit Univ*) ≈ Dozentur *f*.

read head *n* (*Comput*) Lesekopf *m*.

readies ['rediːz] *npl* (*sl*: *ready cash*) Bare(s) *nt* (*inf*). **the ~** das Bare (*inf*); **that'll cost you 100 in ~** das kostet dich 100 bar auf die Hand (*inf*) *or* Kralle (*sl*); **I don't have the ~** ich hab nicht die Kohle (*sl*).

readily ['redɪlɪ] *adv* bereitwillig; (*easily*) leicht. **~ to hand** griffbereit.

readiness ['redɪnɪs] *n* **1.** Bereitschaft *f*. **to be (kept) in ~ (for sth)** (für etw) bereitgehalten werden; **his ~ to help** seine Hilfsbereitschaft. **2.** (*ease*) Leichtigkeit *f*.

reading ['riːdɪŋ] *n* **1.** (*action*) Lesen *nt*.

2. (*~ matter*) Lektüre *f*. **this book is** *or* **makes very interesting ~** dieses Buch ist sehr interessant zu lesen; **have you any light ~?** haben Sie eine leichte Lektüre?

3. (*recital, excerpt*) Lesung *f*. **play ~** Lesen *nt* mit verteilten Rollen.

4. (*interpretation*) Interpretation *f*, Verständnis *nt*. **my ~ of this sentence** mein Verständnis des Satzes.

5. (*variant*) Version *f*.

6. (*from meter*) Thermometer-/Barometer-/Zählerstand *m*; (*on flight instruments*) Anzeige *f*; (*in scientific experiment*) Meßwert *m*. **to take a ~** den Thermometerstand *etc* ablesen; die Anzeige ablesen; den Meßwert ablesen; **the ~ is ...** das Thermometer *etc* steht auf ...; die Anzeige ist ...; der Meßwert ist ...

7. (*Parl: of bill*) Lesung *f*.

8. (*knowledge*) Belesenheit *f*. **a man of wide ~** ein sehr belesener Mann.

reading age *n* **when they reach ~** wenn sie das lesefähige Alter erreichen; **a ~ of 7** die Lesefähigkeit eines 7jährigen; **reading book** *n* Lesebuch *nt*; **reading glass** *n* Lupe *f*; **reading glasses** *npl* Lesebrille *f*; **reading knowledge** *n* **to have a ~ of Spanish** Spanisch lesen können; **reading lamp** *n* Leselampe *f*; **reading list** *n* Leseliste *f*; **reading matter** *n* Lesestoff *m*; **reading room** *n* Lesesaal *m*; **reading speed** *n* (*of child, Comput*) Lesegeschwindigkeit *f*.

readjust [ˌriːə'dʒʌst] **I** *vt instrument, mechanism* neu einstellen; (*correct*) nachstellen; *prices, salary* anpassen, neu regeln; *opinion* korrigieren.

II *vi* sich neu *or* wieder anpassen (*to* an +*acc*), sich neu *or* wieder einstellen (*to* auf +*acc*).

readjustment [ˌriːə'dʒʌstmənt] *n see vb* Neueinstellung *f*; Nachstellung *f*; Anpassung, Neuregelung *f*; Korrektur *f*; Wiederanpassung *f*.

read only memory *n* (*Comput*) (Nur-)lesespeicher, Festwertspeicher *m*; **read-out** *n* Anzeige *f*; **read-write head** *n* (*Comput*) Schreib-/Lesekopf *m*;

read-write memory *n* (*Comput*) Schreib-/Lesespeicher *m*.

ready ['redɪ] **I** *adj* **1.** (*prepared*) *person, thing* bereit, fertig; (*finished, cooked*) fertig. **~ to leave** abmarschbereit; (*for journey*) abfahrtbereit, reisefertig; **~ to use** *or* **for use** gebrauchsfertig; **~ to serve** tischfertig; **~ for battle** kampfbereit; **~ for anything** zu allem bereit; **dinner is ~** das Essen ist fertig; **are you ~ to go**? sind Sie soweit?, kann es losgehen? (*inf*); **I'm not quite ~ yet** ich bin noch nicht ganz fertig; **I'm ~ for him**! er soll nur kommen; **to be ~ with an excuse** eine Entschuldigung bereit haben *or* bereithalten; **to get (oneself) ~** sich fertigmachen; **to get ~ to go out/play tennis** sich zum Ausgehen/Tennisspielen fertigmachen; **to get ~ for sth** sich auf etw (*acc*) vorbereiten; **get ~ for it**! (*before blow*) Achtung!, paß auf!; (*before momentous news*) mach dich auf was gefaßt (*inf*); **to get** *or* **make sth ~** etw fertigmachen, etw bereitmachen; *room, bed, breakfast etc* etw vorbereiten; **~ about**! (*Naut*) klar zum Wenden!; **~, steady, go**! Achtung *or* auf die Plätze, fertig, los!

2. ~ to do sth (*willing*) bereit, etw zu tun; (*quick*) schnell dabei, etw zu tun; **don't be so ~ to criticize** kritisieren Sie doch nicht so schnell; **I'm ~ to believe it** ich möchte das fast glauben; **he was ~ to cry** er war den Tränen nahe.

3. (*prompt*) *reply* prompt; *wit* schlagfertig. **to have a ~ tongue** schlagfertig sein.

4. (*available*) **~ money** jederzeit verfügbares Geld; **~ cash** Bargeld *nt*; **to pay in ~ cash** auf die Hand bezahlen; **~ to hand** zur Hand.

5. (*practical*) *solution* sauber; (*competent*) *speaker* gewandt. **to have a ~ sale** (*Comm*) guten Absatz finden.

II *n* **1.** (*Mil*) **at the ~** (*Mil*) mit dem Gewehr im Anschlag; (*fig*) marsch-/fahrbereit; **with his pen at the ~** mit gezücktem Federhalter.

2. (*money*) **the ~** (*inf*) das nötige Kleingeld (*inf*); *see also* **readies**.

ready *in cpds* fertig-; **ready-cooked** *adj* vorgekocht; **ready-furnished** *adj* fertig eingerichtet; **ready-made** *adj curtains* fertig; *clothes* Konfektions-; *solution* Patent-; *answer, ideas* vorgefertigt; **ready-mix** *adj attr* (*Cook*) aus einer Packung; **ready reckoner** *n* Rechentabelle *f*; **ready-to-serve** *adj* tischfertig; **ready-to-wear** *adj, pred* **ready to wear** Konfektions-, von der Stange (*inf*).

reaffirm [ˌriːə'fɜːm] *vt* **1.** (*assert again*) wieder *or* erneut versichern, beteuern. **2.** (*strengthen, reconfirm*) *suspicion, doubts* bestätigen; *principles, wish* bestärken.

reafforest ['riːə'fɒrɪst] *vt* wiederaufforsten.

reafforestation ['riːəˌfɒrɪs'teɪʃən] *n* Wiederaufforstung *f*.

reagent [riː'eɪdʒənt] *n* (*Chem*) Reagens *nt*.

real [rɪəl] **I** *adj* **1.** (*genuine*) *gold, flowers, silk, sympathy, joy, desire* echt; *need, improvement also* wirklich; (*as opposed to substitute*) richtig; *name* richtig; (*true, as opposed to apparent*) *owner, boss, reason, purpose, state of affairs* wirklich, tatsächlich, eigentlich; (*not imaginary*) *creature, object, life, world* wirklich, real (*esp Philos*); (*Phys, Math*) reell; (*Econ*) real. **~ ale** Real Ale *nt*; **in ~ life** im wirklichen Leben; **in ~ terms** effektiv; **he has no ~ power** er hat keine wirkliche Macht; **his grief was very ~** sein Schmerz war echt; **it's the ~ thing** *or* **McCoy, this whisky!** dieser Whisky ist der Echte; **it's not the ~ thing** das ist nicht das Wahre; (*not genuine*) das ist nicht echt; **in ~ terms** effektiv; **this increase is in ~ terms equivalent to ...** dieser Anstieg entspricht effektiv ...; **R~ Presence** (*Rel*) Realpräsenz *f*.

2. (*proper, complete*) richtig; *sportsman, gentleman, coward also* echt; *champion, friend, friendship* wahr, echt; *threat* echt, wirklich; *idiot, disaster* komplett. **he doesn't know what ~ contentment/family life is** er weiß ja nicht, was Zufriedenheit/Familienleben wirklich ist; **that's what I call a ~ car** das nenne ich ein Auto; **that's a ~ racket** das ist wirklich ein Schwindel.

3. ~ estate Immobilien *pl*; **~ estate developer** (*US*) Immobilienhändler(in *f*) *m*; **~ estate office** (*US*) Immobilienbüro *nt*; **~ estate register** (*US*) Grundbuch *nt*; **~ property** Grundbesitz *m*.

4. (*Comput*) **~ time** Echtzeit *f*.

II *adv* (*esp US inf*) echt (*inf*), wirklich. **we had a ~ good laugh** wir haben so gelacht.

III *n* **1. for ~** wirklich, echt (*inf*); **is that invitation for ~**? ist die Einladung ernst gemeint?; **he's not for ~** (*not sincere*) er meint es nicht wirklich; (*not genuine*) er ist nicht echt.

2. (*Philos*) **the ~** das Reale, die Wirklichkeit.

realism ['rɪəlɪzəm] *n* Realismus *m*.

realist ['rɪəlɪst] *n* Realist(in *f*) *m*.

realistic [rɪə'lɪstɪk] *adj* realistisch; *painting also* naturgetreu.

realistically [rɪə'lɪstɪkəlɪ] *adv see adj*.

reality [riː'ælɪtɪ] *n* **1.** Wirklichkeit, Realität *f*. **to become ~** sich verwirklichen; **in ~** (*in fact*) in Wirklichkeit; (*actually*) eigentlich; **to bring sb back to ~** jdn auf den Boden der Tatsachen zurückbringen; **the realities of the situation** der wirkliche Sachverhalt.

2. (*trueness to life*) Naturtreue *f*.

realizable ['rɪəlaɪzəbl] *adj assets* realisierbar, zu verflüssigen *pred; hope, plan* realisierbar, zu verwirklichen *pred*.

realization [ˌrɪəlaɪ'zeɪʃən] *n* **1.** (*of assets*) Realisation, Verflüssigung *f*; (*of hope, plan*) Realisierung, Verwirklichung *f*. **2.** (*awareness*) Erkenntnis *f*.

realize ['rɪəlaɪz] **I** *vt* **1.** (*become aware of*) erkennen, sich (*dat*) klarwerden (+*gen*), sich (*dat*) bewußt werden (+*gen*); (*be aware of*) sich (*dat*) klar sein über (+*acc*), sich (*dat*) bewußt sein (+*gen*); (*appreciate, understand*) begreifen; (*notice*) (be)merken; (*discover*) feststellen. **does he ~ the problems**? sind ihm die Probleme bewußt *or* klar?; **I ~d what he meant** mir wurde klar *or* ich begriff, was er meinte; **I ~d how he had done it** ich erkannte *or* mir wurde klar, wie er es gemacht hatte; **I hadn't ~d you were going away** mir war nicht klar, daß Sie weggehen; **I've just ~d I won't be here** mir ist eben aufgegangen *or* klargeworden, daß ich dann nicht hier sein werde; **when will you ~ you can't ...**? wann werden Sie endlich begreifen, daß Sie nicht ... können?; **I hadn't ~d how late it was** ich habe gar nicht gemerkt, wie spät es war; **when the parents ~d their child was deaf** als die Eltern (be)merkten *or* feststellten, daß ihr Kind taub war; **I ~d I didn't have any money on me** ich stellte fest, daß ich kein Geld dabei hatte; **I made her ~ that I was right** ich machte ihr klar, daß ich recht hatte; **you couldn't be expected to ~ that** das konnten Sie nicht wissen; **yes, I ~ that I was wrong** ja, ich sehe ein, daß ich unrecht hatte.

2. *hope, plan* verwirklichen, realisieren.

3. (*Fin*) *assets* realisieren, verflüssigen; *price* bringen, erzielen; *interest* abwerfen, erbringen; (*goods*) einbringen. **how much did you ~ on your Rembrandt**? wieviel hat Ihr Rembrandt (ein)gebracht?

II *vi* **didn't you ~**? war Ihnen das nicht klar?; (*notice*) haben Sie das nicht gemerkt?; **I've just ~d** das ist mir eben klargeworden; (*noticed*) das habe ich eben gemerkt; **I should have ~d** das hätte ich wissen müssen; **he'll never ~** (*notice*) das wird er nie merken; (*understand*) das wird ihm nie klarwerden.

really ['rɪəlɪ] **I** *adv* **1.** (*in reality*) wirklich, tatsächlich. **I ~ don't know what to think** ich weiß wirklich *or* tatsächlich nicht, was ich davon halten soll; **I don't ~ know what I'm going to do** ich weiß eigentlich nicht, was ich machen werde; **well yes, I ~ think we should** ich finde eigentlich schon, daß wir das tun sollten; **before he ~ knew/understood** bevor er richtig *or* wirklich wußte/verstand; **~ and truly** wirklich.

2. (*intensifier*) wirklich, echt (*inf*); *happy, glad, disappointed also* richtig. **you ~ must visit Paris** Sie müssen wirklich Paris besuchen; **I ~ must say ...** ich muß schon sagen ...

II *interj* (*in doubt, disbelief, surprise*) wirklich, tatsächlich; (*in protest, indignation*) also wirklich! **not ~**! ach wirklich?

realm [relm] *n* (*liter: kingdom*) Königreich *nt*; (*fig*) Reich *nt*. **within the ~s of possibility** im Bereich des Möglichen.

real number *n* reelle Zahl; **realtime** *n* (*Comput*) Echtzeit *f*; **real-time clock** *n* (*Comput*) Echtzeituhr *f*.

realtor ['rɪəltɔːʳ] *n* (*US*) Grundstücksmakler(in *f*) *m*.

realty ['rɪəltɪ] *n, no pl* (*Jur*) Immobilien *pl*.

ream [riːm] *n* (*of paper*) (altes) Ries. **he always writes ~s** (*inf*) er schreibt immer ganze Bände (*inf*).

reanimate [ˌriː'ænɪmeɪt] *vt* (*Med form*) *patient, person* wiederbeleben; (*fig*) *party, conversation also* neu beleben.

reap [riːp] **I** *vt* **1.** *corn* (*cut*) schneiden, mähen; (*harvest*) ernten; *field* abernten. **2.** (*fig*) *profit* ernten; *reward* bekommen. **to ~ what one has sown** ernten, was man gesät hat; *see* **sow**[1]. **II** *vi* schneiden, mähen; (*person*) ernten.

reaper ['riːpəʳ] *n* (*person*) Schnitter(in *f*) *m*; (*machine*) Mähbinder *m*. **the R~** (*fig: death*) der Schnitter.

reaping ['riːpɪŋ] *n see vt 1.* Schneiden, Mähen *nt*; Ernten *nt*; Abernten *nt*.

reaping hook *n* Sichel *f*; **reaping machine** *n* Mähbinder *m*.

reappear [ˌriːə'pɪəʳ] *vi* wiedererscheinen; (*person, sun also*) sich wieder zeigen; (*character in novel*) wiederauftauchen.

reappearance [ˌriːə'pɪərəns] *n see vi* Wiedererscheinen *nt*; Wiederauftauchen *nt*.

reappoint [ˌriːə'pɔɪnt] *vt* (*to a job*) wieder einstellen (*to* als); (*to a post*) wiederernennen (*to* zu).

reappointment [ˌriːə'pɔɪntmənt] *n see vt* Wiedereinstellung *f*; Wiederernennung *f*.

reapportion [ˌriːə'pɔːʃən] *vt money, food, land* neu aufteilen; *duties* neu zuteilen.

reappraisal [ˌriːə'preɪzəl] *n see vt* Neubeurteilung *f*; Neubewertung *f*.

reappraise [ˌriːə'preɪz] *vt situation, problem* von neuem beurteilen; *author, film also* neu bewerten.

rear[1] [rɪəʳ] **I** *n* **1.** (*back part*) hinterer Teil; (*inf: buttocks*) Hintern *m* (*inf*). **in *or* at the ~** hinten (*of* in +*dat*); **to be situated at/to(wards) the ~ of the plane** hinten im Flugzeug/am hinteren Ende des Flugzeugs sein; **at *or* to the ~ of the building** (*outside*) hinter dem Haus; (*inside*) hinten im Haus; **go to the ~ of the house** (*behind the house*) geh hinter das Haus; (*inside the house*) geh nach hinten; **from the ~** von hinten.

2. (*Mil*) Schwanz *m* (der Truppe). **to attack an army in the ~** eine Armee im Rücken angreifen; **to bring up the ~** (*lit, fig*) die Nachhut bilden.

II *adj* Hinter-, hintere(r, s); (*Aut*) *engine, window* Heck-. **~ door** (*of car*) hintere Tür; **~ wheel/lights** (*Aut*) Hinterrad *nt*/Rücklichter *pl*.

rear[2] **I** *vt* **1.** *animals, family* großziehen, aufziehen.

2. to ~ its head (*animal*) den Kopf zurückwerfen; (*snake*) sich aufstellen; **violence/racialism ~ed its ugly head (again)** die Gewalt/der Rassismus kam (wieder) zum Vorschein.

II *vi* (*also* **~ up**) (*horse*) sich aufbäumen.

rear admiral *n* Konteradmiral *m*; **rearguard** *n* (*Mil*) Nachhut *f*; **rearguard action** *n* Nachhutgefecht *nt*.

rearm [ˌriː'ɑːm] **I** *vt country* wiederbewaffnen; *forces, troops* neu ausrüsten *or* ausstatten. **II** *vi* wieder aufrüsten; neue Ausrüstung anschaffen, sich neu ausrüsten.

rearmament [ˌriːˈɑːməmənt] *n see vb* Wiederbewaffnung, Wiederaufrüstung *f*; Neuausrüstung, Neuausstattung *f*.

rearmost [ˈrɪəməʊst] *adj* hinterste(r, s). **we were ~ in the queue** wir waren die letzten in der Schlange.

rear projection *n* (*Film, Theat*) Rückprojektion *f*.

rearrange [ˌriːəˈreɪndʒ] *vt furniture, system* umstellen; *plans also, layout, formation, order, ideas* ändern; *appointment, meeting* neu abmachen.

rearrangement [ˌriːəˈreɪndʒmənt] *n see vt* Umstellung *f*; Änderung *f*; Neuabmachung *f*.

rear-view mirror [ˈrɪəˌvjuːˈmɪrə[r]] *n* Rückspiegel *m*.

rearward [ˈrɪəwəd] **I** *adj part* hintere(r, s); *position* am Ende; *movement* nach hinten. **II** *adv* (*also* **~s**) rückwärts.

rear-wheel drive [ˈrɪəˌwiːlˈdraɪv] *n* Heckantrieb *m*.

reason [ˈriːzn] **I** *n* **1.** (*cause, justification*) Grund *m* (*for* für). **my ~ for going, the ~ for my going** (der Grund,) weshalb ich gehe/gegangen bin; **to give sb ~ for complaint** jdm Anlaß *or* Grund zu Klagen geben; **what's the ~ for this celebration**? aus welchem Anlaß wird hier gefeiert?; **I want to know the ~ why** ich möchte wissen, weshalb; **and that's the ~ why ...** und deshalb ...; **I have (good)/every ~ to believe that ...** ich habe (guten) Grund/allen Grund zu glauben, daß ...; **there is ~ to believe that ...** es gibt Gründe, zu glauben, daß ...; **there is every ~ to believe ...** es spricht alles dafür ...; **for that very ~ (that)** eben deswegen(, weil); **with (good) ~** mit gutem Grund, mit Recht; **without any ~** ohne jeden Grund *or* Anlaß, grundlos; **for no ~ at all** ohne ersichtlichen Grund; **why did you do that? — no particular ~** warum haben Sie das gemacht? — einfach nur so; **for some ~ or (an)other** aus irgendeinem Grund; **for ~s best known to himself/myself** aus unerfindlichen/bestimmten Gründen; **all the more ~ for doing it** *or* **to do it** um so mehr Grund, das zu tun; **by ~ of** wegen (+*gen*); **for ~s of State this was never disclosed** die Staatsräson machte die Geheimhaltung erforderlich.

2. *no pl* (*mental faculty*) Verstand *m*. **to lose one's ~** den Verstand verlieren; **to reach the age of ~** verständig werden; **the Age of R~** (*Hist*) das Zeitalter der Vernunft.

3. *no pl* (*common sense*) Vernunft *f*. **to listen to ~** auf die Stimme der Vernunft hören; **he won't listen to ~** er läßt sich (*dat*) nichts sagen; **he's beyond ~** ihm ist mit Vernunft nicht beizukommen; **that stands to ~** das ist logisch; **you can have anything within ~** Sie können alles haben, solange es sich in Grenzen hält.

II *vi* **1.** (*think logically*) vernünftig *or* logisch denken.

2. (*argue*) **to ~ (with sb)** vernünftig mit jdm reden.

III *vt* **1. to ~ sb out of/into sth** jdm etw ausreden/jdn zu etw überreden; **to ~ why/what ...** sich (*dat*) klarmachen, warum/was ...; **he ~ed that we could get there by 6 o'clock** er rechnete vor, daß wir bis 6 Uhr dort sein könnten.

2. (*also* **~ out**) (*deduce*) schließen, folgern; (*verbally*) argumentieren; (*work out*) *problem* durchdenken.

reasonable [ˈriːznəbl] *adj* **1.** vernünftig; *price also, chance* reell; *claim* berechtigt; *amount* angemessen; (*acceptable*) *excuse, offer* akzeptabel, angemessen. **be ~!** sei vernünftig; **vegetables are ~ (in price) just now** Gemüse ist momentan preiswert; **guilty beyond (all) ~ doubt** (*Jur*) hinreichend schuldig.

2. (*quite good*) ordentlich, ganz gut. **his work was only ~** seine Arbeit war nur einigermaßen (gut); **with a ~ amount of luck** mit einigem Glück.

reasonableness [ˈriːznəblnɪs] *n see adj 1.* Vernünftigkeit *f*; Berechtigung *f*; Angemessenheit *f*.

reasonably [ˈriːznəblɪ] *adv* **1.** *behave, act, think* vernünftig. **one could ~ think/argue that ...** man könnte durchaus annehmen/anführen, daß ...; **~ priced** preiswert. **2.** (*quite, fairly*) ziemlich, ganz.

reasoned [ˈriːznd] *adj* durchdacht.

reasoning [ˈriːznɪŋ] *n* logisches Denken; (*arguing*) Argumentation *f*. **I don't follow your ~** ich kann Ihrem Gedankengang *or* Ihrer Argumentation nicht folgen.

reassemble [ˌriːəˈsembl] **I** *vt* **1.** *people, troops* wieder versammeln. **2.** *tool* wieder zusammenbauen; *car, machine also* wieder montieren. **II** *vi* sich wieder versammeln; (*troops*) sich wieder sammeln.

reassert [ˌriːəˈsɜːt] *vt* mit Nachdruck behaupten. **to ~ oneself** seine Autorität wieder geltend machen.

reassess [ˌriːəˈses] *vt* neu überdenken; *proposals, advantages* neu abwägen; (*for taxation*) neu veranlagen; *damages* neu schätzen.

reassume [ˌriːəˈsjuːm] *vt work* wiederaufnehmen; *office* wieder übernehmen.

reassurance [ˌriːəˈʃʊərəns] *n* **1.** (*feeling of security*) Beruhigung *f*. **a mother's presence gives a child the ~ it needs** die Gegenwart der Mutter gibt dem Kind das nötige Gefühl der Sicherheit.

2. (*renewed confirmation*) Bestätigung *f*. **despite his ~(s)** trotz seiner Versicherungen; (*of lover*) trotz seiner Beteuerungen.

3. *see* **reinsurance**.

reassure [ˌriːəˈʃʊə[r]] *vt* **1.** (*relieve sb's mind*) beruhigen; (*give feeling of security to*) das Gefühl der Sicherheit geben (+*dat*).

2. (*verbally*) versichern (+*dat*); (*lover*) beteuern (+*dat*). **to ~ sb of sth** jdm etw versichern/beteuern; **she needs to be constantly ~d that her work is adequate** man muß ihr ständig versichern *or* bestätigen, daß ihre Arbeit gut genug ist.

3. *see* **reinsure**.

reassuring *adj*, **~ly** *adv* [ˌriːəˈʃʊərɪŋ, -lɪ]

beruhigend.

reawaken [ˌriːə'weɪkən] **I** *vt person* wiedererwecken; *love, passion, interest also* neu erwecken. **II** *vi* wieder aufwachen; (*interest, love, passion*) wieder aufleben, wiedererwachen *nt*.

reawakening [ˌriːə'weɪknɪŋ] *n* (*of person*) Wiedererwachen *nt*; (*of ideas, interest also*) Wiederaufleben *nt*.

rebate ['riːbeɪt] *n* (*discount*) Rabatt, (Preis)nachlaß *m*; (*money back*) Rückvergütung, Rückzahlung *f*.

rebel ['rebl] **I** *n* Rebell(in *f*), Aufrührer(in *f*) *m*; (*by nature*) Rebell(in *f*) *m*. **II** *adj attr* rebellisch; *forces, troops also* aufständisch. **III** [rɪ'bel] *vi* rebellieren; (*troops, forces also*) sich erheben.

rebellion [rɪ'beljən] *n* Rebellion *f*, Aufstand *m*. **to rise (up) in ~** einen Aufstand machen, sich erheben.

rebellious [rɪ'beljəs] *adj soldiers, peasants* rebellisch, aufrührerisch; *child, nature* rebellisch, widerspenstig.

rebelliousness [rɪ'beljəsnɪs] *n* (*of troops, subordinates*) Rebellion *f*; (*nature, of child*) Widerspenstigkeit *f*.

rebirth [ˌriː'bɜːθ] *n* Wiedergeburt *f*; (*of desire*) Wiederaufflackern *nt*.

reboot [ˌriː'buːt] *vti* (*Comput*) neu laden, rebooten.

rebore [ˌriː'bɔːʳ] **I** *vt* wieder bohren; *hole* noch einmal bohren; (*Aut*) *engine* ausbohren. **II** ['riːˌbɔːʳ] *n* (*Aut*) **this engine needs a ~** der Motor muß ausgebohrt werden.

reborn [ˌriː'bɔːn] *adj* **to be ~** wiedergeboren werden; **to be ~ in** (*fig*) weiterleben in (+*dat*); **to feel ~** sich wie neugeboren fühlen.

rebound [rɪ'baʊnd] **I** *vi* (*ball, bullet*) zurückprallen, abprallen (*against, off* von). **your violent methods will ~ (on you)** Ihre rauhen Methoden werden auf Sie zurückfallen.

II ['riːbaʊnd] *n* (*of ball, bullet*) Rückprall *m*; (*Baseball*) Rebound *m*. **to hit a ball on the ~** den zurück- *or* abgeprallten Ball schlagen; **she married him on the ~** sie heiratete ihn, um sich über einen anderen hinwegzutrösten.

rebuff [rɪ'bʌf] **I** *n* Abfuhr *f*, kurze Zurückweisung. **to meet with a ~** zurück- *or* abgewiesen werden, eine Abfuhr bekommen; (*from opposite sex*) einen Korb bekommen (*inf*). **II** *vt* zurückweisen *or* abweisen; einen Korb geben (+*dat*) (*inf*).

rebuild [ˌriː'bɪld] *vt* **1.** (*restore*) *house, wall* wieder aufbauen; (*fig*) *society, relationship* wiederherstellen; *country* wiederaufbauen. **2.** (*convert*) *house* umbauen; *society* umorganisieren.

rebuilding [ˌriː'bɪldɪŋ] *n see vt* Wiederaufbau *m*; Wiederherstellung *f*; Umbau *m*; Umorganisation *f*.

rebuke [rɪ'bjuːk] **I** *n* Verweis, Tadel *m*. **II** *vt* zurechtweisen (*for* wegen), tadeln (*for* für). **to ~ sb for having spoken unkindly** jdn dafür tadeln, daß er so unfreundlich gesprochen hat.

rebukingly [rɪ'bjuːkɪŋlɪ] *adv* tadelnd.

rebus ['riːbəs] *n* Bilderrätsel *nt*.

rebut [rɪ'bʌt] *vt argument, contention* widerlegen.

rebuttal [rɪ'bʌtl] *n* Widerlegung *f*.

recalcitrance [rɪ'kælsɪtrəns] *n* Aufsässigkeit *f*.

recalcitrant [rɪ'kælsɪtrənt] *adj* aufsässig.

recall [rɪ'kɔːl] **I** *vt* **1.** (*summon back*) zurückrufen; *ambassador also* abberufen; *library book* zurückfordern; (*Fin*) *capital* zurückfordern, einziehen. **to ~ sb to life** jdn ins Leben zurückrufen.

2. (*remember*) sich erinnern an (+*acc*), sich entsinnen (+*gen*). **I cannot ~ meeting him** ich kann mich nicht daran erinnern, daß ich ihn kennengelernt habe.

3. (*Comput*) *file* wieder aufrufen.

II *n* **1.** *see vt* **1.** Rückruf *m*; Abberufung *f*; Rückforderung, Einmahnung *f*; Einzug *m*. **to sound the ~** (*Mil*) zum Rückzug blasen; **beyond** *or* **past ~** für immer vorbei.

2. (*remembrance*) **powers of ~** Erinnerungsvermögen *nt*.

recant [rɪ'kænt] **I** *vt religious belief* widerrufen; *statement also* zurücknehmen. **to ~ one's opinion** seiner Meinung abschwören. **II** *vi* widerrufen.

recantation [ˌriːkæn'teɪʃən] *n see vt* Widerruf *m*; Zurücknahme *f*.

recap[1] ['riːkæp] (*inf*) **I** *n* kurze Zusammenfassung. **can we have a quick ~?** können wir kurz rekapitulieren? **II** *vti* rekapitulieren, kurz zusammenfassen.

recap[2] [ˌriː'kæp] (*US Aut*) **I** *n* laufflächenerneuerter Reifen.

II *vt* die Laufflächen erneuern (+*gen*).

recapitulate [ˌriːkə'pɪtjʊleɪt] **I** *vt* rekapitulieren, kurz zusammenfassen; (*Mus*) *theme* wiederaufnehmen.

II *vi* rekapitulieren, kurz zusammenfassen; (*Mus*) eine Reprise bringen.

recapitulation ['riːkəˌpɪtjʊ'leɪʃən] *n* Rekapitulation *f*, kurze Zusammenfassung; (*Mus*) Reprise *f*.

recapture [ˌriː'kæptʃəʳ] **I** *vt animal* wieder einfangen; *prisoner* wiederergreifen; *town, territory* wiedererobern; (*fig*) *atmosphere, emotion, period* wieder wachwerden lassen. **they ~d the spark that had originally united them** sie entzündeten den Funken, der einst da war, noch einmal.

II *n see vt* Wiedereinfangen *nt*; Wiederergreifung *f*; Wiedereroberung *f*; Heraufbeschwörung *f*.

recast [ˌriː'kɑːst] **I** *vt* **1.** (*Metal*) neu gießen, umgießen. **2.** *play, film* eine neue Besetzung wählen für; *parts, roles* umbesetzen, neu besetzen. **3.** (*rewrite*) umformen.

II *n* (*Metal*) Neuguß, Umguß *m*.

recede [rɪ'siːd] *vi* **1.** (*tide*) zurückgehen; (*fig*) sich entfernen; (*hope*) schwinden. **to ~ into the distance** in der Ferne verschwinden; **all hope is receding** jegliche Hoffnung schwindet.

2. his chin ~s a bit er hat ein leicht fliehendes Kinn; **his hair is receding** er hat eine leichte Stirnglatze; *see also* **receding**.

3. (*price*) zurückgehen.

4. to ~ from *opinion, view* abgehen

von, aufgeben.

receding [rɪ'si:dɪŋ] *adj chin, forehead* fliehend; *hairline* zurückweichend.

receipt [rɪ'si:t] **I** *n* **1.** *no pl* Empfang *m*; (*Comm also*) Erhalt, Eingang *m*. **on ~ of your remittance/the goods, we shall be pleased to ...** nach Empfang *etc* Ihrer Zahlung/der Waren werden wir gerne ...; **to pay on ~ (of the goods)** bei Empfang *etc* (der Waren) bezahlen; **I am in ~ of** (*on letter*) ich bin im Besitz (+*gen*).
2. (*paper*) Quittung *f*, Beleg *m*; (*for parcel, letter also*) Empfangsschein *m*.
3. (*Comm, Fin: money taken*) **~s** Einnahmen, Einkünfte *pl*.
II *vt bill* quittieren.

receivable [rɪ'si:vəbl] *adj* (*Jur*) zulässig. **accounts/bills ~** (*Comm*) Außenstände *pl*/Wechselforderungen *pl*.

receive [rɪ'si:v] **I** *vt* **1.** (*get*) bekommen, erhalten; (*take possession or delivery of*) *letter, present, salary, orders also* empfangen; *punch* (ab)bekommen; *refusal, setback* erfahren; *impression* gewinnen, bekommen; *recognition* finden; (*Jur*) *stolen goods* Hehlerei (be)treiben mit; (*Tennis*) *ball, service* zurückschlagen; *sacrament* empfangen. **"~d with thanks"** (*Comm*) „dankend erhalten".
2. *offer, proposal, news, new play, person* (*into group, the Church*) aufnehmen. **to ~ a warm welcome** herzlich empfangen werden; **given the welcome we ~d ...** so, wie wir empfangen worden sind, ...; **the play was well ~d** das Stück wurde gut aufgenommen.
3. (*Telec, Rad, TV*) empfangen. **are you receiving me**? hören Sie mich?
II *vi* **1.** (*form*) (Besuch) empfangen.
2. (*Jur*) Hehlerei treiben.
3. (*Tennis*) rückschlagen. **Seles to ~** Rückschläger Seles.
4. (*Telec*) empfangen.

received [rɪ'si:vd]: **received opinion** *n* die allgemeine Meinung; **received pronunciation** *n* hochsprachliche Aussprache.

receiver [rɪ'si:və^r] *n* **1.** (*of letter, goods*) Empfänger(in *f*) *m*; (*Jur: of stolen property*) Hehler(in *f*) *m*. **2.** (*Fin, Jur*) **official ~** Konkursverwalter(in *f*) *m*; **to call in the ~** Konkurs anmelden. **3.** (*Telec*) Hörer *m*. **~ rest** Gabel *f*. **4.** (*Rad*) Empfänger *m*. **5.** (*Tennis*) Rückschläger(in *f*) *m*.

receivership [rɪ'si:vəʃɪp] *n*: **to go into ~** in Konkurs gehen.

receiving [rɪ'si:vɪŋ] *n* (*Jur: of stolen goods*) Hehlerei *f*.

receiving end *n* (*inf*): **to be on the ~ (of it)/of sth** derjenige sein, der es/etw abkriegt (*inf*); **receiving set** *n* Empfangsgerät *nt*.

recency ['ri:sənsɪ] *n* Neuheit *f*.

recension [rɪ'senʃən] *n* Rezension *f*.

recent ['ri:sənt] *adj* kürzlich (*usu adv*); *event, development, closure* jüngste(r, s), neueste(r, s); *news* neueste(r, s), letzte(r, s); *acquaintance, invention, edition, addition* neu; *publication* Neu-. **the ~ improvement** die vor kurzem eingetretene Verbesserung; **their ~ loss** ihr vor kurzem erlittener Verlust; **a ~ decision** eine Entscheidung, die erst vor kurzem gefallen ist; **most ~** neueste(r, s); **he is a ~ acquaintance of mine** ich kenne ihn erst seit kurzem; **he is a ~ arrival** er ist erst vor kurzem angekommen, er ist erst kurz hier; **in ~ years/times** in den letzten Jahren/in letzter *or* jüngster (*geh*) Zeit; **of ~ date** neueren Datums; **~ developments** jüngste Entwicklungen, Entwicklungen in jüngster Zeit.

recently ['ri:səntlɪ] *adv* (*a short while ago*) vor kurzem, kürzlich; (*the other day also*) neulich; (*during the last few days or weeks*) in letzter Zeit. **~ he has been doing it differently** seit kurzem macht er das anders; **as ~ as** erst; **quite ~** erst vor kurzem, erst kürzlich; **until (quite) ~** (noch) bis vor kurzem.

receptacle [rɪ'septəkl] *n* Behälter *m*.

reception [rɪ'sepʃən] *n* **1.** *no pl* (*receiving, welcome*) (*of person*) Empfang *m*; (*into group, of play, book*) Aufnahme *f*. **to give sb a warm/chilly ~** jdm einen herzlichen/kühlen Empfang bereiten, jdn herzlich/kühl empfangen; **~ area/camp/centre** Empfangsbereich *m*/Aufnahmelager *nt*/Durchgangslager *nt*; **~ desk** Empfang *m*, Rezeption *f*; **~ room** Wohnzimmer *nt*; (*in hotel*) Aufenthaltsraum *m*.
2. (*party, ceremony*) Empfang *m*.
3. (*in hotel*) der Empfang. **at/to ~** am/zum Empfang.
4. (*Rad, TV*) Empfang *m*.
5. (*Brit Sch: also* **~ class**) Anfängerklasse *f*.

receptionist [rɪ'sepʃənɪst] *n* (*in hotel*) Empfangschef *m*, Empfangsdame *f*; (*with firm*) Herr *m*/Dame *f* am Empfang, Portier *m*, Empfangssekretärin *f*; (*at airport*) Bodenhostess *f*; (*at doctor's, dentist's*) Sprechstundenhilfe *f*.

receptive [rɪ'septɪv] *adj person, mind* aufnahmefähig; *audience* empfänglich. **~ to** empfänglich für.

receptiveness [rɪ'septɪvnɪs] *n see adj* Aufnahmefähigkeit *f*; Empfänglichkeit *f*. **~ to** Empfänglichkeit *f* für.

receptor [rɪ'septə^r] *n* (*nerve*) Reizempfänger, Rezeptor *m*.

recess [rɪ'ses] **I** *n* **1.** (*cessation*) (*of Parliament*) (Sitzungs)pause *f*; (*of lawcourts*) Ferien *pl*; (*US Sch*) Pause *f*.
2. (*alcove*) Nische *f*.
3. (*secret place*) Winkel *m*. **in the (deepest) ~es of my heart** in den (tiefsten) Tiefen meines Herzens.
II *vt* (*set back*) in eine/die Nische stellen; *cupboard, cooker* einbauen; *windows* vertiefen; *lighting* versenken; (*make a ~ in*) *wall* eine Nische machen in (+*acc*), vertiefen.

recession [rɪ'seʃən] *n* **1.** *no pl* (*receding*) Zurückweichen *f*, Rückgang *m*; (*Eccl*) Auszug *m*.
2. (*Econ*) Rezession *f*, (wirtschaftlicher) Rückgang.

recessional [rɪ'seʃənl] (*Eccl*) **I** *n während des Auszugs gesungene* Schlußhymne. **II** *adj hymn* Schluß-.

recessive [rɪ'sesɪv] *adj* zurückweichend;

(*Econ, Biol*) rezessiv.

recharge [ˌriːˈtʃɑːdʒ] **I** *vt battery* aufladen; *gun* neu *or* wieder laden, nachladen. **II** *vi* sich wieder aufladen. **it ~s automatically** es lädt sich automatisch (wieder) auf.

recheck [ˌriːˈtʃek] *vt* nochmals prüfen.

recherché [rəˈʃɛəʃeɪ] *adj* gewählt; *book, subject* ausgefallen; *expression* gesucht.

rechristen [ˌriːˈkrɪsən] *vt* umtaufen.

recidivism [rɪˈsɪdɪvɪzəm] *n* Rückfälligkeit *f*.

recidivist [rɪˈsɪdɪvɪst] **I** *n* Rückfällige(r) *mf*. **II** *adj* rückfällig.

recipe [ˈresɪpɪ] *n* Rezept *nt*; (*fig also*) Geheimnis *nt*. **an easy ~ for ...** (*fig*) ein Patentrezept für ...; **that's a ~ for disaster** das führt mit Sicherheit in die Katastrophe; **a ~ for success** ein Erfolgsrezept *nt*.

recipient [rɪˈsɪpɪənt] *n* Empfänger(in *f*) *m*.

reciprocal [rɪˈsɪprəkəl] **I** *adj* (*mutual*) gegenseitig; *favour* Gegen-; (*Gram, Math*) reziprok. **the ~ relationship between these two phenomena** die Wechselbeziehung zwischen diesen zwei Phänomenen; **~ trade** Handel untereinander. **II** *n* (*Math*) reziproker Wert.

reciprocally [rɪˈsɪprəkəlɪ] *adv admire, help* gegenseitig; *trade, correspond* untereinander, miteinander; (*Gram*) reziprok.

reciprocate [rɪˈsɪprəkeɪt] **I** *vt* **1.** *smiles, wishes* erwidern; *help, kindness also* sich revanchieren für.

2. (*Tech*) hin- und herbewegen; *piston* auf- und abbewegen.

II *vi* **1.** sich revanchieren. **she ~d by throwing the saucepan at him** sie wiederum warf ihm den Topf nach.

2. (*Tech*) hin- und hergehen; (*piston*) auf- und abgehen. **reciprocating engine** Kolbenmotor *m*.

reciprocation [rɪˌsɪprəˈkeɪʃən] *n* **1.** (*of help, kindness*) Erwiderung *f* (*of gen*), Revanche *f* (*of* für). **2.** (*Tech*) Hin und Her *nt*; (*of pistons*) Auf und Ab *nt*.

reciprocity [ˌresɪˈprɒsɪtɪ] *n* (*of feelings, kindness*) Gegenseitigkeit *f*; (*of favours*) Austausch *m*; (*Pol*) Gegenseitigkeit, Reziprozität (*form*) *f*.

recital [rɪˈsaɪtl] *n* **1.** (*of music, poetry*) Vortrag *m*; (*piano ~ etc*) Konzert *nt*. **song ~** Matinee *f*, Liederabend *m*. **2.** (*account*) Schilderung *f*; (*of details*) Aufführung, Aufzählung *f*.

recitation [ˌresɪˈteɪʃən] *n* Vortrag *m*.

recitative [ˌresɪtəˈtiːv] *n* Rezitativ *nt*.

recite [rɪˈsaɪt] **I** *vt* **1.** *poetry* vortragen, rezitieren. **2.** *facts* hersagen; *details* aufzählen. **II** *vi* vortragen, rezitieren.

reckless [ˈreklɪs] *adj* leichtsinnig; *driver, driving* rücksichtslos; *speed* gefährlich; *attempt* gewagt.

recklessly [ˈreklɪslɪ] *adv see adj*.

recklessness [ˈreklɪsnɪs] *n see adj* Leichtsinn *m*; Rücksichtslosigkeit *f*; Gefährlichkeit *f*; Gewagtheit *f*.

reckon [ˈrekən] **I** *vt* **1.** (*calculate*) *time, numbers, points, costs, area* ausrechnen, berechnen.

2. (*judge*) rechnen, zählen (*among* zu). **she is ~ed a beautiful woman** sie gilt als schöne Frau.

3. (*think, suppose*) glauben; (*estimate*) schätzen. **what do you ~?** was meinen Sie?; **he ~s himself to be one of the best ...** er hält sich für einen der besten ...

4. (*sl*) (*like*) gutfinden (*inf*); (*think likely to succeed*) große Chancen geben (+*dat*).

II *vi* (*calculate*) rechnen. **it's difficult to ~** (*eg how far/long*) das ist schwer zu schätzen.

◆**reckon on** *vi +prep obj* rechnen *or* zählen auf (+*acc*). **you can ~ ~ 30** Sie können mit 30 rechnen; **I wasn't ~ing ~ having to do that** ich habe nicht damit gerechnet, daß ich das tun muß.

◆**reckon up I** *vt sep* zusammenrechnen. **II** *vi* abrechnen (*with* mit).

◆**reckon with** *vi +prep obj* rechnen mit. **he's a person to be ~ed ~** er ist jemand, mit dem man rechnen muß.

◆**reckon without** *vi +prep obj* nicht rechnen mit. **he ~ed ~ the fact that ...** er hatte nicht damit gerechnet, daß ...; **you must ~ ~ my being there to help you** du mußt damit rechnen, daß ich nicht da bin(, um dir zu helfen).

reckoner [ˈrekənəʳ] *n see* **ready ~**.

reckoning [ˈrekənɪŋ] *n* **1.** (*calculation*) (Be)rechnung *f*. **to be out in one's ~** sich ziemlich verrechnet haben; **the day of ~** der Tag der Abrechnung; **in your ~** Ihrer Meinung *or* Schätzung nach.

2. (*Naut*) *see* **dead ~**.

reclaim [rɪˈkleɪm] **I** *vt* **1.** *land* gewinnen; (*by irrigation*) kultivieren. **to ~ land from the sea** dem Meer Land abringen.

2. (*liter*) *person* abbringen (*from* von).

3. (*from waste*) wiedergewinnen, regenerieren (*from* aus).

4. (*demand or ask back*) *rights, privileges* zurückverlangen; *lost item, baggage* abholen.

II *n* **1. past** *or* **beyond ~** rettungslos *or* für immer verloren.

2. baggage *or* **luggage ~** Gepäckausgabe *f*.

reclaimable [rɪˈkleɪməbl] *adj land* nutzbar; *by-products* regenerierbar.

reclamation [ˌrekləˈmeɪʃən] *n see vt* **1.** Gewinnung *f*; Kultivierung *f*. **2.** Abbringung *f*. **3.** Wiedergewinnung, Regeneration *f*. **4.** Rückgewinnung *f*.

recline [rɪˈklaɪn] **I** *vt arm* zurücklegen (*on* auf +*acc*); *head also* zurücklehnen (*on* an +*acc*); *seat* zurückstellen.

II *vi* (*person*) zurückliegen; (*seat*) sich verstellen lassen. **she was reclining on the sofa** sie ruhte auf dem Sofa; **reclining in his bath** im Bade liegend; **reclining chair** Ruhesessel *m*; **reclining seat** verstellbarer Sitz; (*in car, on boat*) Liegesitz *m*; **reclining figure** (*Art*) Liegende(r) *mf*.

recliner [rɪˈklaɪnəʳ] *n* Ruhesessel *m*.

recluse [rɪˈkluːs] *n* Einsiedler(in *f*) *m*.

recognition [ˌrekəgˈnɪʃən] *n* **1.** (*acknowledgement, Pol*) Anerkennung *f*. **in ~ of** in Anerkennung (+*gen*); **by** *or* **on your own ~** wie Sie selbst zugeben; **to gain/**

receive ~ Anerkennung finden.

2. (*identification*) Erkennen *nt*. **the baby's ~ of its mother/mother's voice** daß das Baby seine Mutter/die Stimme seiner Mutter erkennt/erkannte; **he has changed beyond** *or* **out of all ~** er ist nicht wiederzuerkennen.

recognizable ['rekəgnaɪzəbl] *adj* erkennbar. **you're scarcely ~ with that beard** Sie sind mit dem Bart kaum zu erkennen; **Poland is no longer ~ as the country I knew in 1940** Polen ist nicht mehr das Land, das ich 1940 kannte.

recognizance [rɪ'kɒgnɪzəns] *n* (*Jur*) Verpflichtung *f*; (*for debt*) Anerkenntnis *f*; (*sum of money*) Sicherheitsleistung *f*. **to enter into ~ (for sb)** für jdn Kaution stellen.

recognize ['rekəgnaɪz] *vt* **1.** (*know again*) *person, town, face, voice* wiedererkennen; (*identify*) erkennen (*by* an +*dat*). **you wouldn't ~ him/the house** Sie würden ihn/das Haus nicht wiedererkennen; **do you ~ this tune?** erkennen Sie die Melodie?

2. (*acknowledge, Pol*) anerkennen (*as, to be* als). **she doesn't ~ me any more when she goes past** sie kennt mich nicht mehr, wenn sie mich trifft; **he doesn't even ~ my existence** er nimmt mich nicht einmal zur Kenntnis.

3. (*be aware*) erkennen; (*be prepared to admit*) zugeben, eingestehen. **you must ~ what is necessary** Sie müssen erkennen, was notwendig ist.

4. (*US: let speak*) das Wort erteilen (+*dat*, an +*acc*).

recognized ['rekəgnaɪzd] *adj* anerkannt.

recoil [rɪ'kɔɪl] **I** *vi* **1.** (*person*) (*from* vor +*dat*) zurückweichen; (*in fear*) zurückschrecken; (*in disgust*) zurückschaudern.

2. (*gun*) zurückstoßen; (*spring*) zurückschnellen.

3. (*fig: actions*) **to ~ on sb** auf jdn zurückfallen, sich an jdm rächen.

II ['riːkɔɪl] *n* (*of gun*) Rückstoß *m*; (*of spring*) Zurückschnellen *nt no pl*.

recollect [ˌrekə'lekt] **I** *vt* sich erinnern an (+*acc*), sich entsinnen (+*gen*). **II** *vi* sich erinnern, sich entsinnen. **as far as I can ~** soweit ich mich erinnern kann.

recollection [ˌrekə'lekʃən] *n* (*memory*) Erinnerung *f* (*of* an +*acc*). **to the best of my ~** soweit ich mich erinnern kann; **I have some/no ~ of it** ich kann mich schwach/nicht daran erinnern.

recommence [ˌriːkə'mens] *vti* wiederbeginnen.

recommend [ˌrekə'mend] *vt* **1.** empfehlen (*as* als). **what do you ~ for a cough?** was empfehlen *or* raten Sie gegen Husten?; **to ~ sb sth** *or* **sth to sb** jdm etw empfehlen; **it is not to be ~ed** es ist nicht zu empfehlen; **~ed retail price** unverbindlicher Richtpreis, unverbindliche Preisempfehlung; **~ed speed** Richtgeschwindigkeit *f*.

2. (*make acceptable*) sprechen für. **she has much/little to ~ her** es spricht sehr viel/wenig für sie; **his manners do little to ~ him** seine Manieren sind nicht gerade eine Empfehlung für ihn.

3. (*old, liter: entrust*) *child, one's soul* empfehlen (*to sb* jdm).

recommendable [ˌrekə'mendəbl] *adj* empfehlenswert; *course of action, measures also* ratsam.

recommendation [ˌrekəmen'deɪʃən] *n* Empfehlung *f*. **on the ~ of** auf Empfehlung von; **to make a ~** jemanden/etwas empfehlen; **letter of ~** Empfehlung(sschreiben *nt*) *f*.

recommendatory [ˌrekə'mendətərɪ] *adj* empfehlend.

recompense ['rekəmpens] **I** *n* **1.** (*reward*) Belohnung *f*. **as a ~** als *or* zur Belohnung; **in ~ for** als Belohnung für. **2.** (*Jur, fig*) Entschädigung *f*; (*of loss*) Wiedergutmachung *f*.

II *vt* **1.** (*reward*) belohnen.

2. (*Jur, fig: repay*) *person* entschädigen; *damage, loss* wiedergutmachen.

recompose [ˌriːkəm'pəʊz] *vt* **1.** (*rewrite*) umschreiben; (*Mus also*) umkomponieren. **2.** (*calm*) **to ~ oneself** sich wieder beruhigen.

reconcilable ['rekənsaɪləbl] *adj people* versöhnbar; *ideas, opinions* miteinander vereinbar.

reconcile ['rekənsaɪl] *vt* **1.** *people* versöhnen, aussöhnen; *differences* beilegen; *dispute* schlichten. **they became** *or* **were ~d** sie versöhnten sich, sie söhnten sich aus.

2. (*make compatible*) *facts, ideas, theories, principles* miteinander in Einklang bringen, miteinander vereinbaren. **to ~ sth with sth** etw mit etw in Einklang bringen, etw mit etw vereinbaren; **how do you ~ that with the fact that you said no last week?** wie läßt sich das damit vereinbaren, daß Sie letzte Woche nein gesagt haben?

3. (*make accept*) **to ~ sb to sth** jdn mit etw versöhnen; **to ~ oneself to sth, to become ~d to sth** sich mit etw abfinden.

reconciliation [ˌrekənsɪlɪ'eɪʃən] *n* (*of persons*) Versöhnung, Aussöhnung *f*; (*of opinions, principles*) Vereinbarung, Versöhnung (*esp Philos*) *f*; (*of differences*) Beilegung *f*.

recondite [rɪ'kɒndaɪt] *adj* abstrus.

recondition [ˌriːkən'dɪʃən] *vt* generalüberholen. **a ~ed engine** ein Austauschmotor *m*.

reconnaissance [rɪ'kɒnɪsəns] *n* (*Aviat, Mil*) Aufklärung *f*. **~ plane** Aufklärer *m*, Aufklärungsflugzeug *nt*; **~ flight/patrol** Aufklärungsflug *m*/Spähtrupp *m*; **~ mission** Aufklärungseinsatz *m*; **to be on ~** bei einem Aufklärungseinsatz sein.

reconnoitre, (*US*) **reconnoiter** [ˌrekə'nɔɪtə^r] **I** *vt* (*Aviat, Mil*) *region* auskundschaften, erkunden, aufklären. **II** *vi* das Gelände erkunden *or* aufklären.

reconquer [ˌriː'kɒŋkə^r] *vt town, territory* zurückerobern; *enemy* erneut *or* wieder besiegen.

reconquest [ˌriː'kɒŋkwest] *n see vt* Zurückeroberung *f*; erneuter Sieg (*of* über +*acc*).

reconsider [ˌriːkən'sɪdə^r] **I** *vt decision,*

judgement noch einmal überdenken; (*change*) revidieren; *facts* neu erwägen; (*Jur*) *case* wiederaufnehmen. **I have ~ed my decision** ich habe es mir noch einmal überlegt.

II *vi* **ask him to ~** sagen Sie ihm, er soll es sich (*dat*) noch einmal überlegen; **there's still time to ~** es ist noch nicht zu spät, seine Meinung zu ändern *or* es sich anders zu überlegen.

reconsideration ['ri:kən,sɪdə'reɪʃən] *n see vt* Überdenken *nt*; Revision *f*; erneute Erwägung; Wiederaufnahme *f*. **following his ~** da er es sich (*dat*) anders überlegt hat/hatte.

reconstitute [,ri:'kɒnstɪtju:t] *vt* **1.** *assembly, committee* neu einrichten, rekonstituieren (*form*); (*reconstruct*) wiederherstellen. **2.** *food* aus einem Konzentrat zubereiten; *solution* in Wasser auflösen.

reconstitution ['ri:,kɒnstɪ'tju:ʃən] *n see vt* **1.** Rekonstitution *f* (*form*); Wiederherstellung *f*. **2.** Zubereitung *f* aus einem Konzentrat; Auflösen *nt* in Wasser.

reconstruct [,ri:kən'strʌkt] *vt* rekonstruieren; *cities* wiederaufbauen; *building* wieder aufbauen. **to ~ one's life** (im Leben) noch einmal von vorn anfangen.

reconstruction [,ri:kən'strʌkʃən] *n see vt* Rekonstruktion *f*; Wiederaufbau *m*.

record [rɪ'kɔ:d] **I** *vt* **1.** *facts, story, events* (*diarist, person*) aufzeichnen; (*documents, diary*) dokumentieren; (*in register*) eintragen; (*keep minutes of*) protokollieren; *one's thoughts, feelings* festhalten, niederschreiben; *protest, disapproval* zum Ausdruck bringen. **these facts are not ~ed anywhere** diese Tatsachen sind nirgends festgehalten; **to ~ sth photographically** etw im Bild festhalten; **history/the author ~s that ...** es ist geschichtlich dokumentiert/der Verfasser berichtet, daß ...

2. (*thermometer, meter*) verzeichnen, registrieren; (*needle*) aufzeichnen, registrieren; (*pen needle*) aufzeichnen.

3. (*on tape, cassette*) *music, person* aufnehmen; *programme, speech also* aufzeichnen.

II *vi* (Tonband)aufnahmen machen. **he is ~ing at 5 o'clock** er hat um 5 Uhr eine Aufnahme; **his voice does not ~ well** seine Stimme läßt sich nicht gut aufnehmen; **the tape-recorder won't ~** man kann mit dem Tonbandgerät nicht aufnehmen.

III ['rekɔ:d] *n* **1.** (*account*) Aufzeichnung *f*; (*of attendance*) Liste *f*; (*of meeting*) Protokoll *nt*; (*official document*) Unterlage, Akte *f*; (*lit, fig: of the past, of civilization*) Dokument *nt*. **(public) ~s** im Staatsarchiv gelagerte Urkunden; **a photographic ~** eine Bilddokumentation; **to keep a ~ of sth** über etw (*acc*) Buch führen; (*official, registrar*) etw registrieren; (*historian, chronicler*) etw aufzeichnen; **to keep a personal ~ of sth** sich (*dat*) etw notieren; **it is on ~ that ...** es gibt Belege dafür, daß ...; (*in files*) es ist aktenkundig, daß ...; **there is no similar example on ~** es ist kein ähnliches Beispiel bekannt; **I'm prepared to go on ~ as saying that ...** ich stehe zu der Behauptung, daß ...; **he's on ~ as having said ...** es ist belegt, daß er gesagt hat, ...; **last night the PM went on ~ as saying ...** gestern abend hat sich der Premier dahin gehend geäußert, daß ...; **to put sth on ~** etw schriftlich festhalten; **to put** *or* **set the ~ straight** für klare Verhältnisse sorgen; **for the ~** der Ordnung halber; (*for the minutes*) zur Mitschrift; **this is strictly off the ~** dies ist nur inoffiziell; **(strictly) off the ~ he did come** ganz im Vertrauen: er ist doch gekommen.

2. (*police ~*) Vorstrafen *pl*. **~s** (*files*) Strafregister *nt*; **he's got a ~** er ist vorbestraft; **he's got a clean ~, he hasn't got a ~** er ist nicht vorbestraft; **to keep one's ~ clean** sich (*dat*) nichts zuschulden kommen lassen.

3. (*history*) Vorgeschichte *f*; (*achievements*) Leistungen *pl*. **to have an excellent ~** ausgezeichnete Leistungen vorweisen können; **the applicant with the best ~** der/die Bewerber(in *f*) mit den besten Voraussetzungen; **with a ~ like yours you should be able to handle this job** mit den Leistungen, die Sie vorzuweisen haben, *or* mit Ihren Voraussetzungen müßten Sie sich in dieser Stelle leicht zurechtfinden; **he has a good ~ of service** er ist ein verdienter Mitarbeiter; **service ~** (*Mil*) militärisches Führungszeugnis; **his attendance ~ is bad** er fehlt oft; **to have a good ~ at school** ein guter Schüler sein; **to have a good safety ~** in bezug auf Sicherheit einen guten Ruf haben; **to have a dubious ~ as far as sth is concerned** in bezug auf etw (*acc*) einen zweifelhaften Ruf haben; **he's got quite a ~** (*has done bad things*) er hat so einiges auf dem Kerbholz; **to spoil one's ~** es sich (*dat*) verderben, sich (*dat*) ein Minus einhandeln (*inf*); **I've been looking at your ~, Jones** ich habe mir Ihre Akte angesehen, Jones.

4. (*Mus*) (Schall)platte *f*; (*~ing*) (*of voice, music*) Aufnahme *f*; (*of programme, speech*) Aufzeichnung, Aufnahme *f*. **to make** *or* **cut a ~** eine Schallplatte machen.

5. (*Sport, fig*) Rekord *m*. **to beat** *or* **break the ~** den Rekord brechen; **to hold the ~** den Rekord halten *or* innehaben; **long jump ~** Weitsprungrekord, Rekord im Weitsprung; **a ~ amount/time** ein Rekordbetrag *m*/eine Rekordzeit.

6. (*on seismograph*) Aufzeichnung, Registrierung *f*.

7. (*Comput: in database*) Datensatz *m*.

record ['rekɔ:d]: **record album** *n* Plattenalbum *nt*; **record breaker** *n* (*Sport*) Rekordbrecher(in *f*) *m*; **record-breaking** *adj* (*Sport, fig*) rekordbrechend, Rekord-; **record changer** *n* Plattenwechsler *m*.

recorded [rɪ'kɔ:dɪd] *adj* **1.** *music, programme* aufgezeichnet. **~ delivery** (*Brit*) eingeschriebene Sendung; **by ~ delivery** *or* **post** (*Brit*) per Einschreiben. **2.** *fact, occurrence* schriftlich belegt. **in all ~**

history seit unserer Geschichtsschreibung.

recorder [rɪ'kɔːdə^r] *n* **1.** (*apparatus*) Registriergerät *nt*. **cassette/tape ~** Kassettenrekorder *m*/Tonbandgerät *nt*. **2.** (*Mus*) Blockflöte *f*. **3.** (*of official facts*) Berichterstatter *m*; (*historian*) Chronist *m*. **4.** (*Brit Jur*) *nebenher als Richter tätiger Rechtsanwalt.*

record holder *n* (*Sport*) Rekordhalter(in *f*) *or* -inhaber(in *f*) *m*.

recording [rɪ'kɔːdɪŋ] *n* (*of sound*) Aufnahme *f*; (*of programme*) Aufzeichnung *f*.

recording artist *n* Musiker(in *f*) *m*, der/die Schallplattenaufnahmen macht; Plattensänger(in *f*) *m*; **recording session** *n* Aufnahme *f*; **recording studio** *n* Aufnahmestudio *nt*.

record ['rekɔːd]: **record library** *n* Plattenverleih *m*; (*collection*) Plattensammlung *f*; **record-player** *n* Plattenspieler *m*; **record token** *n* Plattengutschein *m*.

recount [rɪ'kaʊnt] *vt* (*relate*) erzählen, wiedergeben.

re-count [ˌriː'kaʊnt] **I** *vt* nachzählen. **II** ['riːˌkaʊnt] *n* (*of votes*) Nachzählung *f*.

recoup [rɪ'kuːp] *vt* **1.** (*make good*) *money, amount* wieder einbringen *or* hereinbekommen; *losses* wiedergutmachen, wettmachen. **2.** (*reimburse*) entschädigen. **to ~ oneself** sich entschädigen. **3.** (*Jur*) einbehalten.

recourse [rɪ'kɔːs] *n* Zuflucht *f*. **to have ~ to sb/sth** sich an jdn wenden/Zuflucht zu etw nehmen; **without ~ to his books** ohne seine Bücher zu konsultieren; **without ~** (*Fin*) ohne Regreß.

recover¹, re-cover [ˌriː'kʌvə^r] *vt chairs, pillow, umbrella* neu beziehen *or* überziehen; *book* neu einbinden.

recover² [rɪ'kʌvə^r] **I** *vt sth lost* wiederfinden; *one's appetite, balance also* wiedergewinnen; *sth lent* zurückbekommen; *health* wiedererlangen; *goods, property, lost territory* zurückgewinnen, zurückbekommen; (*police*) *stolen/missing goods* sicherstellen; *space capsule, wreck* bergen; (*Ind*) *materials* gewinnen; *debt* eintreiben, beitreiben; (*Jur*) *damages* Ersatz erhalten für; *losses* wiedergutmachen; *expenses* dekken, wieder einholen; (*Comput*) *file* retten. **to ~ one's breath/strength** wieder zu Atem/Kräften kommen; **to ~ consciousness** wieder zu Bewußtsein kommen *or* gelangen; **to ~ one's sight** wieder sehen können; **to ~ land from the sea** dem Meer Land abringen; **to ~ lost ground** (*fig*) aufholen; **to ~ oneself** *or* **one's composure** seine Fassung wiedererlangen; **to be quite ~ed** sich ganz erholt haben.

II *vi* **1.** (*after shock, accident, St Ex, Fin*) sich erholen; (*from illness also*) genesen (*geh*); (*from falling*) sich fangen; (*regain consciousness*) wieder zu sich kommen.

2. (*Jur*) (den Prozeß) gewinnen.

recoverable [rɪ'kʌvərəbl] *adj* (*Fin*) *debt* ein- *or* beitreibbar; *losses, damages* ersetzbar; *deposit* zurückzahlbar.

recovery [rɪ'kʌvərɪ] *n* **1.** *see vt* Wiederfinden *nt*; Wiedergewinnung *f*; Zurückbekommen *nt*; Wiedererlangung *f*; Zurückgewinnung *f*; Bergung *f*; Gewinnung *f*; Ein- *or* Beitreibung *f*; Ersatz *m* (*of* für); Wiedergutmachung *f*; Deckung *f*. **~ vehicle/service** Abschleppwagen *m*/-dienst *m*.

2. *see vi* Erholung *f*; Genesung *f* (*geh*); Zusichkommen *nt*; Prozeßgewinn *m*; (*Golf*) Schlag *m* vom Rauh zum Fairway. **to be on the road** *or* **way to ~** auf dem Weg der Besserung sein; **he is making a good ~** er erholt sich gut; **past ~** nicht mehr zu retten; **to make a ~** (*regain strength*) sich erholen.

recovery room *n* (*in hospital*) Wachzimmer *nt*; **recovery service** *n* Abschleppdienst *m*; **recovery ship** *n* Bergungsschiff *nt*; **recovery vehicle** *n* Abschleppwagen *m*.

recreant ['rekrɪənt] (*liter*) **I** *n* (*coward*) Memme *f*; (*traitor*) Verräter(in *f*) *m*. **II** *adj see n* memmenhaft; verräterisch.

recreate [ˌriːkrɪ'eɪt] *vt* (*reproduce*) *atmosphere* wiederschaffen; *scene* nachschaffen; *love, friendship* wiederbeleben.

recreation [ˌrekrɪ'eɪʃən] *n* **1.** (*leisure*) Erholung, Entspannung *f*; (*pastime*) Hobby *nt*. **~ centre** Freizeitzentrum *nt*; **~ facilities** Möglichkeiten *pl* zur Freizeitgestaltung; **~ period** Freistunde *f*; **~ room** Freizeitraum *m*; **~ ground** Freizeitgelände *nt*, Spielplatz *m*; **~ vehicle** (*US*) Caravan *m*.

2. (*Sch*) Pause *f*.

recreational [ˌrekrɪ'eɪʃənəl] *adj facilities, activity* Freizeit-. **~ value** Erholungswert *m*.

recreative ['rekrɪˌeɪtɪv] *adj* erholsam, entspannend.

recriminate [rɪ'krɪmɪneɪt] *vi* Gegenbeschuldigungen vorbringen.

recrimination [rɪˌkrɪmɪ'neɪʃən] *n* Gegenbeschuldigung *f*; (*Jur*) Gegenklage *f*. **there's no point in all these ~s** es hat keinen Sinn, sich gegenseitig zu beschuldigen.

recrudesce [ˌriːkruː'dɛs] *vi* (*form*) (*wound*) wieder aufbrechen; (*illness*) wieder ausbrechen; (*problems*) wieder beginnen.

recruit [rɪ'kruːt] **I** *n* (*Mil*) Rekrut *m* (*to gen*); (*to party, club*) neues Mitglied (*to* in *+dat*); (*to staff*) Neue(r) *mf* (*to* in *+dat*).

II *vt soldier* rekrutieren; *member* werben; *staff* einstellen, anstellen. **to be ~ed from** (*member, staff*) sich rekrutieren aus; **he ~ed me to help** er hat mich dazu herangezogen.

III *vi see vt* Rekruten ausheben *or* anwerben; Mitglieder werben; neue Leute einstellen.

recruiting [rɪ'kruːtɪŋ] *n see vt* Rekrutierung *f*; Werben *nt*; Einstellung *f*. **~ office** (*Mil*) Rekrutierungsbüro *nt*; **~ officer** Aushebungsoffizier, Werbeoffizier (*Hist*) *m*.

recruitment [rɪ'kruːtmənt] *n* (*of soldiers*) Rekrutierung, Aushebung *f*; (*of members*) (An)werbung *f*; (*of staff*) Einstellung *f.* ~ **agency** Personalagentur *f*; ~ **drive** Anwerbungskampagne *f.*

recta ['rektə] *pl of* **rectum.**

rectal ['rektəl] *adj* rektal (*spec*), des Mastdarms. ~ **passage** Mastdarm *m.*

rectangle ['rek,tæŋgl] *n* Rechteck *nt.*

rectangular [rek'tæŋgjʊləʳ] *adj* rechteckig; *coordinates* rechtwinklig.

rectifiable ['rektɪfaɪəbl] *adj* **1.** korrigierbar; *instrument* richtig einstellbar; *omission* nachholbar; *abuse* abstellbar. **2.** (*Chem, Math*) rektifizierbar.

rectification [,rektɪfɪ'keɪʃən] *n see vt* **1.** Korrektur, Verbesserung *f*; Richtigstellung, Berichtigung *f*; Korrektur *f*; richtige Einstellung; Nachholen *nt*, Wiedergutmachung *f*; Abhilfe *f* (*of* für). **2.** Gleichrichtung *f.* **3.** Rektifikation *f.*

rectifier ['rektɪ,faɪəʳ] *n* (*Elec*) Gleichrichter *m.*

rectify ['rektɪfaɪ] *vt* **1.** korrigieren, verbessern; *error, statement also* richtigstellen, berichtigen; *position, anomaly* korrigieren; *instrument* richtig einstellen, korrigieren; *omission* nachholen, wiedergutmachen; *abuse* abhelfen (+*dat*). **2.** (*Elec*) gleichrichten. **3.** (*Chem, Math*) rektifizieren.

rectilineal [,rektɪ'lɪnɪəl], **rectilinear** [,rektɪ'lɪnɪəʳ] *adj* geradlinig.

rectitude ['rektɪtju:d] *n* Rechtschaffenheit *f.*

rector ['rektəʳ] *n* **1.** (*Rel*) Pfarrer *m* (*der Anglikanischen Kirche*). **2.** (*Scot*) (*Sch*) Direktor(in *f*) *m*; (*Univ*) Rektor(in *f*) *m.*

rectorship ['rektəʃɪp] *n see* **rector** Zeit *f* als Pfarrer; Direktorat *nt*; Rektorat *nt.*

rectory ['rektərɪ] *n* (*house*) Pfarrhaus *nt.*

rectum ['rektəm] *n, pl* **-s** *or* **recta** Rektum *nt* (*spec*), Mastdarm *m.*

recumbent [rɪ'kʌmbənt] *adj* (*form*) ruhend *attr*, liegend *attr.* **to be** ~ liegen.

recuperate [rɪ'ku:pəreɪt] **I** *vi* sich erholen; (*from illness also*) genesen (*geh*). **II** *vt losses* wettmachen, wiedergutmachen.

recuperation [rɪ,ku:pə'reɪʃən] *n see vb* Erholung *f*; Genesung *f* (*geh*); Wiedergutmachung *f.* **after my** ~ nachdem ich mich erholt hatte/habe; **powers of** ~ Heilkräfte *pl.*

recuperative [rɪ'ku:pərətɪv] *adj* erholsam; *treatment* Heil-.

recur [rɪ'kɜ:ʳ] *vi* **1.** (*happen again*) wiederkehren; (*error also, event*) sich wiederholen, wieder passieren; (*opportunity*) sich wieder bieten, sich noch einmal bieten; (*problem, symptoms also*) wieder auftreten; (*idea, theme also*) wieder auftauchen.

2. (*Math*) sich periodisch wiederholen; *see* **recurring.**

3. (*come to mind again*) wieder einfallen (*to sb* jdm); (*thought, idea*) wiederkommen (*to sb* jdm).

recurrence [rɪ'kʌrəns] *n see vi* Wiederkehr *f*; Wiederholung *f*; erneutes Auftreten; Wiederauftauchen *nt.* **let there be no** ~ **of this** das darf nie wieder vorkommen.

recurrent [rɪ'kʌrənt] *adj* **1.** *idea, theme, illness, symptom(s)* (ständig) wiederkehrend *attr*; *error, problem also* häufig (vorkommend); *event(s)* sich wiederholend *attr; expenses* regelmäßig wiederkehrend. **2.** (*Anat*) sich zurückziehend.

recurring [rɪ'kɜ:rɪŋ] *adj attr* **1.** *see* **recurrent 1. 2.** (*Math*) ~ **decimal** periodische Dezimalzahl; **four point nine three** ~ vier Komma neun Periode drei.

recusant ['rekjʊzənt] *adj* (*Rel Hist*) der/die sich weigert, dem anglikanischen Gottesdienst beizuwohnen; (*fig liter*) renitent.

recyclable [,ri:'saɪkləbl] *adj* wiederverwertbar, recycelbar.

recycle [,ri:'saɪkl] *vt waste, paper* wiederverwerten, wiederaufbereiten, recyceln. **~d paper** Recyclingpapier *nt*; **made from ~d paper** aus Altpapier (hergestellt).

recycling [,ri:'saɪklɪŋ] *n* Wiederaufbereitung *f*, Recycling *nt.* ~ **plant** Wiederaufbereitungsanlage *f*, Recyclingwerk *nt.*

red [red] **I** *adj* (+*er*) (*also Pol*) rot. ~ **as a beetroot** rot wie eine Tomate; **was my face** ~! da habe ich vielleicht einen roten Kopf bekommen; **she turned** ~ **with embarrassment** sie wurde rot vor Verlegenheit.

II *n* (*colour*) Rot *nt*; (*Pol: person*) Rote(r) *mf*; (*Billiards*) Karambole *f*, roter Ball; (*Roulette*) Rot, Rouge *nt.* **to underline mistakes in** ~ Fehler rot unterstreichen; **to go through the lights on** ~ bei Rot über die Ampel fahren; **to be (£100) in the** ~ (*inf*) (mit £ 100) in den roten Zahlen sein; **to get out of the** ~ (*inf*) aus den roten Zahlen *or* aus den Roten (*inf*) herauskommen; **to see** ~ (*fig*) rot sehen.

red *in cpds* Rot-, rot; **red admiral** *n* Admiral *m*; **Red Army** *n* (*Hist*) Rote Armee; **Red Army Faction** *n* Rote Armee Fraktion *f*; **red-blooded** *adj* heißblütig; **redbreast** *n* Rotkehlchen *nt*; **red-brick university** *n* (*Brit*) *um die Jahrhundertwende erbaute britische Universität;* **redcap** *n* (*Brit Mil sl*) Militärpolizist *m*; (*US*) Gepäckträger *m*; (*Orn*) Stieglitz *m*; **red carpet** *n* (*lit, fig*) roter Teppich; (*fig also*) ein großer Bahnhof; **to roll out the** ~ **for sb, to give sb the red-carpet treatment** (*inf*) den roten Teppich für jdn ausrollen, jdn mit großem Bahnhof empfangen; **red cedar** *n* Bleistiftzeder *f*, Virginischer Wacholder; **red cent** *n* (*US inf*) roter Heller (*inf*); **Red China** *n* Rotchina *nt*; **Red Crescent** *n* Roter Halbmond; **Red Cross I** *n* Rotes Kreuz; **II** *attr* Rotkreuz-, Rote-Kreuz-; **redcurrant** *n* (rote) Johannisbeere; **red deer** *n* Rothirsch *m*; *pl* Rotwild *nt.*

redden ['redn] **I** *vt* röten; *sky, foliage* rot färben. **II** *vi* (*face*) sich röten; (*person*) rot werden; (*sky, foliage*) sich rot färben.

reddish ['redɪʃ] *adj* rötlich.

red duster *n* (*Naut inf*) *see* **red ensign.**

redecorate [,ri:'dekəreɪt] *vti* (*paper*) neu tapezieren; (*paint*) neu streichen. **we'll have to** ~ wir müssen das Haus/die Wohnung neu machen (*inf*).

redecoration [ri:,dekə'reɪʃən] *n see vb* (*action*) Neutapezieren *nt*; Neustreichen *nt*; (*result*) neue Tapeten *pl*; neuer Anstrich.

redeem [rɪ'di:m] *vt pawned object, trading stamps, coupons, bill* einlösen (*for* gegen); *promise also, obligation* einhalten, erfüllen; (*Fin*) *debt* abzahlen, löschen; *mortgage* tilgen, abzahlen; *shares* verkaufen; (*US*) *banknote* wechseln (*for* in +*acc*); *one's honour, situation* retten; (*Rel*) *sinner* erlösen; (*compensate for*) *failing, fault* wettmachen, ausgleichen. **to ~ oneself** sich reinwaschen.

redeemable [rɪ'di:məbl] *adj* **1.** *debt* tilgbar; *pawned object, trading stamps, coupons, bill* einlösbar. **~ for cash/goods** gegen Bargeld/Waren einzulösen. **2.** (*Rel*) erlösbar.

Redeemer [rɪ'di:məʳ] *n* (*Rel*) Erlöser, Retter, Heiland *m*.

redeeming [rɪ'di:mɪŋ] *adj quality* ausgleichend. **~ feature** aussöhnendes Moment; **the only ~ feature of this novel is ...** das einzige, was einen mit diesem Roman aussöhnt, ist ...

redefine [ˌri:dɪ'faɪn] *vt* neu definieren.

redemption [rɪ'dempʃən] *n see vt* Einlösung *f*; Einhaltung, Erfüllung *f*; Abzahlung, Löschung *f*; Tilgung *f*; Verkauf *m*; Wechsel *m*; Rettung *f*; (*Rel*) Erlösung *f*; Ausgleich *m*. **beyond** *or* **past ~** (*fig*) nicht mehr zu retten; **~ centre** (*Comm*) Einlösestelle *f*.

redemptive [rɪ'demptɪv] *adj* (*Rel*) erlösend.

red ensign *n* (*Naut*) *britische Handelsflagge.*

redeploy [ˌri:dɪ'plɔɪ] *vt troops* umverlegen; *workers* anders einsetzen; *staff* umsetzen.

redeployment [ˌri:dɪ'plɔɪmənt] *n see vt* Umverlegung *f*; Einsatz *m* an einem anderen Arbeitsplatz; Umsetzung *f*.

redevelop [ˌri:dɪ'veləp] *vt building, area* sanieren.

redevelopment [ˌri:dɪ'veləpmənt] *n* Sanierung *f*. **~ area** Sanierungsgebiet *nt*.

red eye *n* (*Phot*) *Rotfärbung f der Augen auf Blitzlichtfotos*; **red-eye** *n* (*US sl*) Fusel *m* (*inf*), schlechter Whisky; **red-eyed** *adj* mit geröteten *or* roten Augen; **red-faced** *adj* mit rotem Kopf; **red-haired** *adj* rothaarig; **red-handed** *adv*: **to catch sb ~** jdn auf frischer Tat ertappen; (*esp sexually*) jdn in flagranti erwischen (*inf*); **redhead** *n* Rothaarige(r) *mf*, Rotschopf *m*; **red-headed** *adj* rothaarig; **red heat** *n* Rotglut *f*; **red herring** *n* (*lit*) Räucherhering *m*; (*fig*) Ablenkungsmanöver *nt*; (*in thrillers, historical research*) falsche Spur; **red-hot** *adj* **1.** (*lit*) rotglühend; (*very hot*) glühend heiß; **2.** (*fig inf*) (*enthusiastic*) Feuer und Flamme *pred* (*inf*); (*very recent*) *news* brandaktuell; **red-hot poker** *n* (*Bot*) Fackellilie *f*.

redial [ri:'daɪəl] (*Telec*) **I** *vti* nochmals wählen. **II** *n* **automatic ~** automatische Wahlwiederholung.

Red Indian *n* Indianer(in *f*) *m*.

redirect [ˌri:daɪ'rekt] *vt letter, parcel* umadressieren; (*forward*) nachsenden; *traffic* umleiten.

rediscounting [ˌri:dɪs'kaʊntɪŋ] *n* Rediskontierung *f*.

rediscover [ˌri:dɪ'skʌvəʳ] *vt* wiederentdekken.

rediscovery [ˌri:dɪ'skʌvərɪ] *n* Wiederentdeckung *f*.

redistribute [ˌri:dɪ'strɪbju:t] *vt wealth* umverteilen, neu verteilen; (*re-allocate*) *work* neu zuteilen.

redistribution [ˌri:dɪstrɪ'bju:ʃən] *n see vt* Umverteilung, Neuverteilung *f*; Neuzuteilung *f*.

red lead *n* Bleirot *nt*, Bleimennige *f*; **red-letter day** *n* besonderer Tag, Tag, den man im Kalender rot anstreichen muß; **red light** *n* (*lit*) (*warning light*) rotes Licht; (*traffic light*) Rotlicht *nt*; **to go through the ~** (*Mot*) bei Rot über die Ampel fahren, die Ampel überfahren (*inf*); **to see the ~** (*fig*) die Gefahr erkennen; **the red-light district** die Strichgegend, der Strich (*inf*); (*with night-clubs*) das Rotlichtviertel; **red man** *n* (*at street crossing*) rotes Licht; (*as said to children*) rotes Männchen; **red meat** *n* *Rind-, Lamm- und Rehfleisch nt*; **redneck** *n* (*US sl pej*) Prolet(in *f*) *m* (*inf*).

redness ['rednɪs] *n* Röte *f*.

redo [ˌri:'du:] *vt* **1.** noch einmal machen, neu machen; *hair* in Ordnung bringen. **2.** *see* **redecorate.**

redolent ['redəʊlənt] *adj* (*liter*) duftend. **~ of** *or* **with lavender** nach Lavendel duftend; **to be ~ of my youth** stark an meine Jugend erinnern.

redouble [ˌri:'dʌbl] **I** *vt* **1.** *efforts, zeal* verdoppeln. **2.** (*Bridge*) rekontrieren. **II** *vi* (*zeal, efforts*) sich verdoppeln. **III** *n* (*Bridge*) Rekontra *nt*.

redoubt [rɪ'daʊt] *n* (*Mil*) Redoute *f*; (*inside a fort*) Kasematte *f*.

redoubtable [rɪ'daʊtəbl] *adj* (*formidable*) *task* horrend; (*to be feared*) *person, teacher* respektgebietend *attr*.

redound [rɪ'daʊnd] *vi* (*form*) **to ~ to sb's honour/advantage** jdm zur Ehre/zum Vorteil gereichen (*geh*); **to ~ to sb's credit** jdm hoch angerechnet werden; **to ~ upon** wieder treffen.

red pepper *n* roter Paprika, rote Paprikaschote; **red pine** *n* Südkiefer *f*; (*wood*) Redpine *nt*.

redraft [ˌri:'drɑ:ft] **I** *n see vt* Neuentwurf *m*; Neufassung *f*; Umschrift *f*.

II *vt* nochmals *or* neu entwerfen; *speech also* nochmals *or* neu abfassen; *literary work* umschreiben.

red rag *n* rotes Tuch. **it's like a ~ to a bull** das ist ein rotes Tuch für ihn/sie *etc*.

redress [rɪ'dres] **I** *vt one's errors, wrongs* wiedergutmachen, sühnen; *situation* bereinigen; *grievance* beseitigen; *abuse* abhelfen (+*dat*); *balance* wiederherstellen.

II *n see vt* Wiedergutmachung *f*; Bereinigung *f*; Beseitigung *f*; Abhilfe *f*. **to seek ~ for** Wiedergutmachung verlangen für; **he set out to seek ~ for these grievances** er wollte zu seinem Recht kommen; **there is no ~** das steht unumstößlich fest; **legal ~** Rechtshilfe *f*; **to have no ~ in law** keinen Rechtsanspruch haben; **but what ~ does a manager have against an employee?** aber welche Wege stehen dem Manager offen, gegen den Arbeitnehmer zu klagen?

Red Riding Hood *n*: **(Little)** ~ Rotkäppchen *nt*; **red salmon** *n* Pazifiklachs *m*; **Red Sea** *n* Rotes Meer; **red setter** *n* (Roter) Setter; **redshank** *n* (*Orn*) Rotschenkel *m*; **red shift** *n* Rotverschiebung *f*; **redskin** *n* Rothaut *f*; **red spider mite** *n* Rote Spinne; **Red Spot** *n* (*Astron*) roter Punkt; **red squirrel** *n* Eichhörnchen *nt*; **(the) Red Star** (*symbol of the former USSR and other Communist States*) der rote Stern; **redstart** *n* (*Orn*) Rotschwanz *m*; **red tape** *n* (*fig*) Papierkrieg *m* (*inf*); (*with authorities also*) Behördenkram *m* (*inf*).

reduce [rɪ'dju:s] **I** *vt* **1.** *pressure, weight, swelling* verringern, reduzieren; *speed also* verlangsamen; *authority also* schwächen; (*lower also*) *standards, temperatures* herabsetzen; *prices* ermäßigen, herabsetzen; *taxes* senken; (*shorten*) verkürzen; *expenses, wages* kürzen; (*in size*) *width, staff, drawing, photo* verkleinern, reduzieren; *scale of operations* einschränken; *temperature* senken; (*Cook*) *sauce* einkochen lassen; *output* drosseln, reduzieren; (*Mil etc: in rank*) degradieren. **to ~ one's weight** abnehmen; **to ~ speed** (*Mot*) langsamer fahren; **the facts may all be ~d to four main headings** die Tatsachen können alle auf vier Hauptpunkte reduziert werden.

2. (*in price*) *goods, item* heruntersetzen, herabsetzen.

3. (*change the form of*) (*Chem*) reduzieren; (*Math*) zerlegen (*to* in *+acc*). **to ~ sth to a powder/to its parts** etw pulverisieren/in seine Einzelteile zerlegen; **to ~ sth to a common denominator** (*Math, fig*) etw auf einen gemeinsamen Nenner bringen; **to ~ an argument to its simplest form** ein Argument auf die einfachste Form bringen; **it has been ~d to a mere ...** es ist jetzt nur noch ein ...; **to ~ sb to silence/obedience/despair/tears** jdn zum Schweigen/Gehorsam/zur Verzweiflung/zum Weinen bringen; **are we ~d to this!** so weit ist es also gekommen!

4. (*Med*) *joint* wieder einrenken.

II *vi* (*esp US: slim*) abnehmen. **to be reducing** eine Schlankheitskur machen.

reduced [rɪ'dju:st] *adj price, fare* ermäßigt, *goods* herabgesetzt; *scale, version* kleiner; *circumstances* beschränkt.

reducible [rɪ'dju:səbl] *adj* (*to* auf *+acc*) (*Chem, fig*) reduzierbar; (*Math*) zerlegbar; *drawing, scale also* verkleinerbar; *time also* verkürzbar; *costs* herabsetzbar. **to be ~ to sth** sich auf etw (*acc*) reduzieren lassen.

reduction [rɪ'dʌkʃən] *n* **1.** *no pl* (*in sth gen*) Reduzierung, Reduktion, Verringerung *f*; (*in speed also*) Verlangsamung *f*; (*in authority*) Schwächung *f*; (*in standards, temperatures also*) Herabsetzung *f*; (*in prices also*) Ermäßigung, Herabsetzung *f*; (*in taxes also*) Senkung *f*; (*in expenses, wages*) Kürzung *f*; (*in size*) Verkleinerung *f*; (*shortening*) Verkürzung *f*; (*in output also*) Drosselung *f*; (*in scale of operations*) Einschränkung *f*; (*of goods, items*) Herabsetzung *f*; (*of fever*) Senkung *f*; (*of joint*) Wiedereinrenken *nt*. **~ for cash** Preisabschlag *m* bei Barzahlung; **~ of taxes** Steuersenkung *f*; **~ in rank** Degradierung *f*.

2. (*to another state*) (*Chem*) Reduktion *f*; (*Math also*) Zerlegung *f* (*to* in *+acc*). **~ of sth to powder/to a pulp** Zermahlung *f* einer Sache (*gen*) zu Pulver/zu Brei.

3. (*amount reduced*) (*in sth gen*) (*in pressure, temperature, output*) Abnahme *f*, Rückgang *m*; (*of speed also*) Verlangsamung *f*; (*in size*) Verkleinerung *f*; (*in length*) Verkürzung *f*; (*in taxes*) Nachlaß *m*; (*in prices*) Ermäßigung *f*; (*Jur: of sentence*) Kürzung *f*; (*of swelling*) Rückgang *m*. **to sell (sth) at a ~** etw verbilligt *or* zu ermäßigtem Preis verkaufen; **~ of strength** Nachlassen *nt* der Kräfte.

4. (*copy*) Verkleinerung *f*.

reductive [rɪ'dʌktɪv] *adj* verkürzt, zu kurz gegriffen; (*Philos*) reduktiv.

redundancy [rɪ'dʌndənsɪ] *n* Überflüssigkeit *f*; (*of style*) Weitschweifigkeit, Redundanz *f* (*geh*); (*Ind*) Arbeitslosigkeit *f*. **redundancies** Entlassungen *pl*; **the depression caused a lot of redundancies** der Konjunkturrückgang brachte viel Arbeitslosigkeit mit sich; **~ payment** Abfindung *f*.

redundant [rɪ'dʌndənt] *adj* überflüssig; *style* zu wortreich, redundant (*geh*); (*Ind: out of work*) arbeitslos. **to become/to be made ~** (*Ind*) den Arbeitsplatz verlieren.

reduplicate [rɪ'dju:plɪkeɪt] *vt* wiederholen; (*Ling*) reduplizieren.

reduplication [rɪˌdju:plɪ'keɪʃən] *n see vt* Wiederholung *f*; Reduplikation *f*.

redwing *n* Rotdrossel *f*; **redwood** *n* Redwood *nt*.

re-echo [ˌri:'ekəʊ] **I** *vi* widerhallen. **II** *vt* echoen.

reed [ri:d] *n* **1.** (*Bot*) Schilf(rohr), Ried *nt*. **in the ~s** im Schilf *or* Ried; **a broken ~** (*fig*) ein schwankendes Rohr. **2.** (*of wind instrument*) Rohrblatt *nt*; (*of harmonium*) Durchschlagzunge *f*; (*of organ*) Zungenpfeife *f*. **~s** Rohrblattinstrumente *pl*.

reed bunting *n* Rohrammer *f*; **reed instrument** *n* Rohrblattinstrument *nt*.

re-edit [ˌri:'edɪt] *vt* neu herausgeben; *book, text* noch einmal redigieren; *film, tape* neu schneiden.

reed organ *n* Harmonium *nt*; **reed pipe** *n* Schalmei *f*; **reed stop** *n* Zungenregister *nt*.

re-educate [ˌri:'edjʊkeɪt] *vt* (um)erziehen.

reed-warbler ['ri:dwɔ:bləʳ] *n* Rohrsänger *m*.

reedy ['ri:dɪ] *adj* (*+er*) schilfig; *instrument* Rohrblatt-; *sound* näselnd; *voice* durchdringend.

reef[1] [ri:f] *n* **1.** (*in sea*) Riff *nt*.

2. (*Min*) Ader *f*, Gang *m*.

reef[2] (*Naut*) **I** *n* Reff *nt.* ~ **knot** Kreuz- *or* Weberknoten *m.* **II** *vt sail* reffen.

reefer ['riːfəʳ] *n* (*jacket*) Seemannsjacke *f;* (*sl*) Reefer *m* (*sl*).

reek [riːk] **I** *n* Gestank *m.*
II *vi* stinken (*of* nach).

reel [riːl] **I** *n* **1.** (*of thread, wire*) Rolle, Spule *f;* (*of film, magnetic tape*) Spule *f;* (*Fishing*) (Angel)rolle *f.* **~-to-~ (tape recorder)** Tonbandgerät *nt.*
2. (*dance*) Reel *m.*
II *vt* (*Tech*) *thread* aufspulen.
III *vi* (*person*) taumeln; (*drunk also*) torkeln, schwanken. **the blow made him** ~ *or* **sent him ~ing** er taumelte unter dem Schlag; **my head is ~ing** mir dreht sich der Kopf; **the news made him** *or* **his mind** ~ bei der Nachricht drehte sich ihm alles; **the whole country is still ~ing from the shock** das ganze Land ist noch tief erschüttert von diesem Schock.

◆**reel in** *vt sep* (*Fishing*) einholen.

◆**reel off** *vt sep list* herunterrasseln (*inf*); (*monotonously*) herunterleiern (*inf*); *thread* abwickeln, abspulen.

◆**reel up** *vt sep* aufrollen, aufspulen.

re-elect [ˌriːɪ'lekt] *vt* wiederwählen.

re-election [ˌriːɪ'lekʃən] *n* Wiederwahl *f.*

reeling ['riːlɪŋ] **I** *n see vi* Taumeln *nt*; Torkeln, Schwanken *nt.*
II *adj head* brummend (*inf*).

re-embark [ˌriːɪm'bɑːk] **I** *vt* wieder einschiffen. **II** *vi* sich wieder einschiffen. **to ~ on an enterprise** ein Unternehmen von neuem beginnen.

re-embarkation ['riːˌembɑː'keɪʃən] *n* Wiedereinschiffung *f.*

re-emerge [ˌriːɪ'mɜːdʒ] *vi* (*object, swimmer*) wieder auftauchen; (*facts*) (wieder) herauskommen.

re-employ [ˌriːɪm'plɔɪ] *vt person* wiedereinstellen.

re-enact [ˌriːɪ'nækt] *vt* **1.** (*Jur*) wieder in Kraft setzen. **2.** (*repeat*) *scene* nachspielen; *crime, meeting* nachvollziehen; *crime* (*for police purposes*) einen Lokaltermin abhalten wegen.

re-enactment [ˌriːɪ'næktmənt] *n* (*of law*) Wiederinkraftsetzung *f;* (*of scene*) Nachspiel *nt*; (*repetition*) Nachvollzug *m*; (*of crime for police purposes*) Lokaltermin *m.*

re-engage [ˌriːɪn'geɪdʒ] *vt employee* wieder einstellen; (*Tech*) *gear wheels* wieder ineinandergreifen lassen; *gear* wieder einlegen; *clutch* wieder kommen lassen.

re-enlist [ˌriːɪn'lɪst] **I** *vi* (*Mil*) sich wieder melden *or* verpflichten. **II** *vt* (*Mil*) neu verpflichten. **to ~ sb's help** jds Hilfe erneut in Anspruch nehmen.

re-enter [ˌriː'entəʳ] **I** *vi* **1.** wieder hereinkommen/hineingehen; (*walk in*) wieder eintreten; (*drive in*) wieder einfahren; (*penetrate: bullet etc*) wieder eindringen; (*climb in*) wieder einsteigen; (*cross border*) wieder einreisen; (*ship*) wieder einlaufen.
2. (*Theat*) wieder auftreten.
3. (*for race, exam*) sich wieder melden (*for* zu).
II *vt* **1.** *room* wieder hereinkommen/hineingehen in (+*acc*), wieder betreten; (*Space*) *atmosphere* wieder eintreten in (+*acc*); *club* wieder beitreten (+*dat*).
2. *name* (*on list*) wieder eintragen.

re-entry [ˌriː'entrɪ] *n* **1.** (*also Space*) Wiedereintritt *m*; (*for exam*) Wiederantritt *m* (*for* zu). ~ **point, point of** ~ (*Space*) Wiedereintrittsstelle *f.*
2. (*Jur*) Wiederinbesitznahme *f.*

re-erect [ˌriːɪ'rekt] *vt* wieder aufbauen.

re-establish [ˌriːɪ'stæblɪʃ] *vt order* wiederherstellen; *custom* wieder einführen. **to ~ sb as sth/in a position** jdn wieder als etw/in eine Stelle einsetzen.

re-establishment [ˌriːɪ'stæblɪʃmənt] *n see vt* Wiederherstellung *f*; Wiedereinführung *f*; (*in a position, office*) Wiedereinsetzung *f.*

reeve[1] [riːv] *n* **1.** (*Hist*) Vogt *m.* **2.** (*in Canada*) ≃ Gemeindevorsteher *m.*

reeve[2] *vt* (*Naut*) (*thread*) einscheren; (*fasten*) festmachen.

re-examination ['riːɪgˌzæmɪ'neɪʃən] *n* Überprüfung *f*, erneute *or* nochmalige Prüfung; (*Jur: of witness*) erneute *or* nochmalige Vernehmung.

re-examine [ˌriːɪg'zæmɪn] *vt* überprüfen, erneut *or* nochmals prüfen; (*Jur*) *witness* erneut *or* nochmals vernehmen.

re-export I [riːɪk'spɔːt] *vt* wieder ausführen. **II** [riː'ekspɔːt] *n* **goods for ~** Waren *pl* zur Wiederausfuhr.

ref[1] [ref] *n* (*Sport inf*) *abbr of* **referee** Schiri *m* (*sl*).

ref[2] *abbr of* **reference (number).**

refectory [rɪ'fektərɪ] *n* (*in college*) Mensa *f*; (*in monastery*) Refektorium *nt.*

refer [rɪ'fɜːʳ] **I** *vt* **1.** (*pass*) *matter, problem* weiterleiten (*to* an +*acc*); *decision* übergeben (*to sb* jdm). **I ~red him to the manager** ich verwies ihn an den Geschäftsführer; **to ~ sb to the article on …** jdn auf den Artikel über (+*acc*) … verweisen; **to ~ a cheque to drawer** (*Comm*) einen Scheck an den Aussteller zurücksenden.
2. (*Brit Univ*) *thesis* zur Änderung zurückgeben.
II *vi* **1. to ~ to** (*allude to*) sprechen von; (*mention also*) erwähnen; (*words*) sich beziehen auf (+*acc*); **I am not ~ring to you** ich meine nicht Sie; **~ring to your letter** (*Comm*) mit Bezug auf Ihren Brief.
2. (*apply to*) **to ~ to** (*orders, rules*) gelten für; (*criticism, remark*) sich beziehen auf (+*acc*).
3. (*consult*) **to ~ to** *to notes, book* nachschauen in (+*dat*), konsultieren (*geh*); *to person* sich wenden an (+*acc*); **you must ~ to the original** Sie müssen aufs Original zurückgreifen.

◆**refer back I** *vi* **1.** (*person, remark*) sich beziehen (*to* auf +*acc*). **2.** (*check back, consult again*) zurückgehen (*to* zu). **II** *vt sep* (*pass back*) *decision* zurückgeben (*to* an +*acc*). **he ~red me ~ to you** er hat mich an Sie zurückverwiesen.

referee [ˌrefə'riː] **I** *n* **1.** (*Ftbl, Rugby, fig*) Schiedsrichter(in *f*) *m*; (*Boxing*) Ringrichter *m*; (*Judo, Wrestling*) Kampfrichter(in *f*) *m.*

2. (*Jur*) Schiedsrichter(in *f*) *m*.

3. (*Brit: person giving a reference*) Referenz *f*. **to be a ~ for sb** jdm als Referenz dienen.

II *vt* (*Sport, fig*) Schiedsrichter(in) sein bei; *match also* (als Schieds-/Ring-/Kampfrichter(in)) leiten; (*Ftbl also*) pfeifen (*inf*).

III *vi* (*Sport, fig*) Schiedsrichter(in) sein, (den) Schiedsrichter machen.

reference ['refrəns] *n* **1.** (*act of mentioning*) Erwähnung *f* (*to sb/sth* jds/einer Sache); (*allusion*) (*direct*) Bemerkung *f* (*to* über +*acc*); (*indirect*) Anspielung *f* (*to* auf +*acc*). **to make (a) ~ to sth** etw erwähnen; **this was not said with ~ to you** diese Worte waren nicht auf dich gemünzt; **in** *or* **with ~ to** was ... anbetrifft; (*Comm*) bezüglich (+*gen*); **~ your letter ...** (*Comm*) mit Bezug auf Ihren Brief (*form*); **without ~ to age/to one's notes** ungeachtet des Alters/ohne seine Aufzeichnungen zu Hilfe zu nehmen.

2. *no pl see vt 1.* (*to* an +*acc*) Weiterleitung *f*; Übergabe *f*.

3. (*testimonial: also* **~s**) Referenz(en *pl*) *f*, Zeugnis *nt*. **to give sb a good ~** *or* **good ~s** jdm gute Referenzen *or* ein gutes Zeugnis ausstellen; **a banker's ~** eine Bankauskunft *or* -referenz; **I've been asked to give a ~ for him** man hat mich gebeten, ihm eine Referenz zu geben.

4. (*note redirecting reader*) (*in book, on map*) Verweis *m*; (*Comm*) Zeichen *nt*; *see* **cross-~**.

5. (*connection*) **to have ~ to** in Beziehung stehen mit *or* zu; **this has no/little ~ to** das steht in keiner/kaum in Beziehung zu.

6. (*authority, scope: of committee, tribunal*) Zuständigkeitsbereich *m*.

7. (*esp US*) *see* **referee I 3.**

reference book *n* Nachschlagewerk *nt*; **reference library** *n* Präsenzbibliothek *f*; **reference number** *n* Aktenzeichen *nt*; (*of subscriber etc*) Nummer *f*.

referendum [ˌrefə'rendəm] *n, pl* **referenda** [ˌrefə'rendə] Volksentscheid *m*, Referendum *nt*. **to hold a ~** einen Volksentscheid durchführen, ein Referendum abhalten.

refill [ˌriː'fɪl] **I** *vt* nachfüllen, wieder füllen. **II** ['riːfɪl] *n* (*for fountain pen, lighter*) Nachfüllpatrone *f*; (*for ballpoint*) Nachfüll- *or* Ersatzmine *f*; (*lipstick*) Nachfüllstift *m*; (*for propelling pencil*) Ersatzmine *f*; (*for notebook*) Nachfüllblätter *pl*. **would you like a ~?** (*inf: drink*) darf ich nachschenken?

refinancing [riːfaɪ'nænsɪŋ] *n* Refinanzierung, Neufinanzierung *f*.

refine [rɪ'faɪn] *vt* **1.** *metal, oil, sugar* raffinieren. **2.** *language, manners* verfeinern, kultivieren. **3.** *techniques, methods* verfeinern, verbessern.

◆**refine upon** *vi* +*prep obj point, detail* näher ausführen; *method* verbessern, verfeinern.

refined [rɪ'faɪnd] *adj* **1.** *metal, oil* raffiniert, rein. **~ sugar** Raffinade *f*. **2.** *taste* fein; *person, style also* vornehm.

refinement [rɪ'faɪnmənt] *n* **1.** *no pl* (*of metal, oil, sugar*) Raffination, Raffinierung, Reinigung *f*.

2. *no pl* (*of person, language, style*) Vornehmheit, Feinheit *f*. **a person of no ~** ein ganz unkultivierter Mensch.

3. (*improvement: in technique, machine*) Verfeinerung, Verbesserung *f* (*in sth gen*).

refinery [rɪ'faɪnərɪ] *n* (*metal, oil, sugar ~*) Raffinerie *f*.

refit [ˌriː'fɪt] **I** *vt ship* neu ausrüsten; *factory* neu ausstatten. **II** *vi* (*ship*) neu ausgerüstet werden. **III** ['riːfɪt] *n* (*Naut*) Neuausrüstung *f*.

refitting [ˌriː'fɪtɪŋ], **refitment** [ˌriː'fɪtmənt] *n see* **refit III.**

reflate [ˌriː'fleɪt] **I** *vt* (*Econ*) bewußt inflationieren, ankurbeln. **II** *vi* (*economy*) sich beleben, angekurbelt werden.

reflation [riː'fleɪʃən] *n* (*Econ*) Reflation *f*, Ankurbelung *f* der Konjunktur.

reflationary [riː'fleɪʃnərɪ] *adj* (*Econ*) reflationär.

reflect [rɪ'flekt] **I** *vt* **1.** (*cast back*) *light, image, heat, sound* zurückwerfen, reflektieren; (*surface of water, mirror also*) spiegeln; (*fig*) *views, reality* widerspiegeln. **the moon was ~ed in the lake** der Mond spiegelte sich im See; **I saw him/myself ~ed in the mirror** ich sah ihn/mich im Spiegel; **to bask in ~ed glory** sich in jds Glanz (*dat*) sonnen; **the many difficulties ~ed in his report/attitude** die vielen Schwierigkeiten, die sich in seinem Bericht/seiner Haltung spiegeln; **to ~ credit (up)on sb** ein gutes Licht auf jdn werfen.

2. (*think*) **do you ever ~ that ...?** denken Sie je darüber nach, daß ...?

II *vi* (*meditate*) nachdenken, reflektieren (*geh*) (*on, about* über +*acc*).

◆**reflect (up)on** *vi* + *prep obj* etwas aussagen über (+*acc*); *person also* ein gutes/schlechtes Licht werfen auf (+*acc*); *motives, reasons also* in gutem/schlechtem Licht erscheinen lassen; *reputation, sb's honour* sich auswirken auf (+*acc*); (*unfavourably*) schaden (+*dat*), ein schlechtes Licht werfen auf (+*acc*).

reflectingly [rɪ'flektɪŋlɪ] *adv see* **reflectively.**

reflecting telescope [rɪ'flektɪŋ'telɪskəʊp] *n* Spiegelteleskop *nt*.

reflection [rɪ'flekʃən] *n* **1.** *no pl* (*reflecting*) Reflexion *f*; (*by surface of lake, mirror*) Spiegelung *f*; (*fig*) Widerspiegelung *f*.

2. (*image*) Spiegelbild *nt*, Reflexion *f*; (*fig*) Widerspiegelung *f*. **to see one's ~ in a mirror** sich im Spiegel sehen; **a pale ~ of ...** ein matter Abglanz (+*gen*).

3. *no pl* (*consideration*) Überlegung *f*; (*contemplation*) Reflexion, Betrachtung *f*. **(up)on ~** wenn ich mir das recht überlege.

4. (*thoughts, comments*) **~s on language** Reflexionen *or* Betrachtungen *pl* über die Sprache.

5. (*adverse criticism*) **this is a ~ on your motives** das zeigt Ihre Motive in schlechtem Licht; **this is no ~ on your**

motives damit soll gar nichts über Ihre Motive gesagt sein.

reflective [rɪ'flektɪv] *adj* **1.** (*Phys*) *surface* reflektierend, spiegelnd; *light* reflektiert. **2.** *faculty, powers* Denk-, der Reflexion; *person* nachdenklich. **3.** (*Gram*) *see* **reflexive.**

reflectively [rɪ'flektɪvlɪ] *adv say, speak* überlegt.

reflectiveness [rɪ'flektɪvnɪs] *n* (*of person*) Nachdenklichkeit *f.*

reflectivity [rɪflek'tɪvɪtɪ] *n* (*Phys*) Reflexionsvermögen *nt.*

reflector [rɪ'flektəʳ] *n* (*on car, cycle*) Rückstrahler *m*; (*telescope*) Reflektor *m.*

reflex ['ri:fleks] **I** *adj* (*Physiol, Psych, Phys, fig*) Reflex-; (*Math*) *angle* überstumpf. ~ **action** Reflex *m.* **II** *n* (*Physiol, Psych, fig*) Reflex *m*; (*Phys: image*) Reflexion *f; see* **condition.**

reflex camera ['ri:flɛks,kæmrə] *n* (*Phot*) Spiegelreflexkamera *f.*

reflexion [rɪ'flekʃən] *n see* **reflection.**

reflexive [rɪ'fleksɪv] (*Gram*) **I** *adj* reflexiv. **II** *n* Reflexiv *nt.*

reflexively [rɪ'fleksɪvlɪ] *adv see adj.*

reflexology [,ri:flek'sɒlədʒɪ] *n* (*Med*) Reflexologie *f*; (*practice*) Reflexzonenmassage *f.*

reflex zone ['ri:flɛks,zəʊn] *n* Reflexzone *f.* ~ **massage** Reflexzonenmassage *f*; ~ **therapy** Reflexzonentherapie *f.*

refloat [,ri:'fləʊt] *vt ship, business* wieder flottmachen.

reflux ['ri:flʌks] *n* Rückfluß *m.*

reforest [ri:'fɒrɪst] *vt* (*US*) *see* **reafforest.**

reforestation [,ri:fɒrɪs'teɪʃən] *n* (*US*) *see* **reafforestation.**

reform¹ [rɪ'fɔ:m] **I** *n* Reform *f* (*in sth gen*); (*of person*) Besserung *f.* ~ **measures** Reformmaßnahmen *pl*; ~ **school** (*US*) Erziehungsanstalt *f*; *see* **land ~. II** *vt* reformieren; *society also* verbessern; *conduct, person* bessern. **III** *vi* (*person*) sich bessern.

reform², re-form [,ri:'fɔ:m] **I** *vt* **1.** (*form again*) wieder bilden; (*Mil*) *ranks, troops* neu formieren.

2. (*give new form to*) umformen, umgestalten (*into* zu).

II *vi* sich wieder *or* erneut bilden; (*Mil*) sich neu formieren.

reformable [rɪ'fɔ:məbl] *adj person, conduct* besserungsfähig.

reformat [ri:'fɔ:mæt] *vt* (*Comput*) *disk* neu formatieren.

reformation [,refə'meɪʃən] *n* (*of person*) Reformierung, Besserung *f.* **the R~** die Reformation.

reformative [rɪ'fɔ:mətɪv] *adj effect* reformierend; *fervour* Reform-.

reformatory [rɪ'fɔ:mətərɪ] *n* Besserungsanstalt *f.*

reformed [rɪ'fɔ:md] *adj* reformiert; *behaviour* gebessert. **he's a ~ character** er hat sich gebessert.

reformer [rɪ'fɔ:məʳ] *n* (*Pol*) Reformer(in *f*) *m*; (*Rel*) Reformator *m.*

reformist [rɪ'fɔ:mɪst] **I** *n* Reformist(in *f*) *m.* **II** *adj* reformistisch.

refract [rɪ'frækt] *vt* brechen.

refracting telescope [rɪ'fræktɪŋ'telɪskəʊp] *n* Refraktor *m.*

refraction [rɪ'frækʃən] *n* Brechung *f.*

refractive [rɪ'fræktɪv] *adj material, surface* brechend. ~ **index** Brechzahl *f*, Brechungsindex *m.*

refractor [rɪ'fræktəʳ] *n* **1.** (*Phys*) brechendes Medium. **2.** (*telescope*) Refraktor *m.*

refractoriness [rɪ'fræktərɪnɪs] *n see adj* Eigensinn *m*, störrische Art; Hartnäkkigkeit *f*; Hitzebeständigkeit *f.*

refractory [rɪ'fræktərɪ] *adj* **1.** *person* eigensinnig, störrisch. **2.** (*Med*) hartnäkkig. **3.** (*Chem, Miner*) hitzebeständig.

refrain¹ [rɪ'freɪn] *vi* **he ~ed from comment** er enthielt sich eines Kommentars; **they ~ed from such measures** sie sahen von solchen Maßnahmen ab; **I couldn't ~ from laughing** ich konnte mir das Lachen nicht verkneifen; **kindly ~ from saying that in front of the children** würden Sie das bitte nicht vor den Kindern sagen; **please ~ from smoking** bitte nicht rauchen!

refrain² *n* (*Mus, Poet, fig*) Refrain *m.*

refrangible [rɪ'frændʒəbl] *adj* brechbar.

refresh [rɪ'freʃ] *vt* (*drink, bath, sleep, rest*) erfrischen; (*meal*) stärken. **to ~ oneself** (*with drink*) eine Erfrischung zu sich (*dat*) nehmen; (*with a bath*) sich erfrischen; (*with food*) sich stärken; (*with sleep, rest*) sich ausruhen; **to ~ one's memory** sein Gedächtnis auffrischen; **let me ~ your memory** ich will Ihrem Gedächtnis nachhelfen.

refresher [rɪ'freʃəʳ] *n* **1.** (*Brit Jur*) zusätzliches Anwaltshonorar. **2.** ~ **course** (*Univ etc*) Auffrischungskurs *m.* **3.** (*inf: drink*) Erfrischung *f.*

refreshing *adj*, **~ly** *adv* [rɪ'freʃɪŋ, -lɪ] (*lit, fig*) erfrischend.

refreshment [rɪ'freʃmənt] *n* **1.** (*of mind, body*) Erfrischung *f*; (*through food*) Stärkung *f.* **2.** (*food, drink*) **(light) ~s** (kleine) Erfrischungen *pl*; ~ **bar** *or* **stall** Büfett *nt.*

refrigerant [rɪ'frɪdʒərənt] **I** *n* Kühlmittel *nt*; (*Med*) kühlendes Mittel; (*fluid in fridge*) Kältemittel *nt.* **II** *adj* kühlend.

refrigerate [rɪ'frɪdʒəreɪt] *vt* (*chill*) kühlen; (*freeze*) tiefkühlen. **"~ after opening"** „nach dem Öffnen kühl aufbewahren".

refrigeration [rɪ,frɪdʒə'reɪʃən] *n see vt* Kühlung *f*; Tiefkühlung *f.*

refrigerator [rɪ'frɪdʒəreɪtəʳ] *n* Kühlschrank, Eisschrank *m*; (*room*) Kühlraum *m.*

refuel [,ri:'fjʊəl] *vti* auftanken.

refuelling [,ri:'fjʊəlɪŋ] *n* Auftanken *nt.* ~ **stop** Zwischenstopp *m* zum Auftanken.

refuge ['refju:dʒ] *n* **1.** (*lit, fig*) Zuflucht *f* (*from* vor +*dat*). **place of ~** Zufluchtsort *m*; **to take ~** Zuflucht nehmen (*in* in +*dat*), sich flüchten (*in* in +*acc*). **2.** (*for climbers, pedestrians*) Unterstand *m.*

refugee [,refjʊ'dʒi:] *n* Flüchtling *m.* ~ **camp** Flüchtlingslager *nt.*

refund [rɪ'fʌnd] **I** *vt money* zurückzahlen, zurückerstatten; *expenses* erstatten; *postage* vergüten, zurückerstatten.

II ['ri:fʌnd] *n see vt* Rückzahlung, Rückerstattung *f*; Erstattung *f*; Vergütung *f.* **they wouldn't give me a ~** man wollte mir das Geld nicht zurückgeben.

refundable [rɪ'fʌndəbl] *adj money, payment(s)* zurückzahlbar, zurückerstattbar. **these expenses are/postage is ~** diese Ausgaben werden erstattet/das Porto wird vergütet.

refurbish [ˌri:'fɜ:bɪʃ] *vt* aufpolieren; *hat, dress, furniture also* verschönern; *house* renovieren.

refurnish [ˌri:'fɜ:nɪʃ] *vt* neu möblieren.

refusal [rɪ'fju:zəl] *n* **1.** Ablehnung *f*; (*of offer also*) Zurückweisung *f*; (*of food, permission, visa, permit*) Verweigerung *f*; (*to do sth*) Weigerung *f.* **to meet with** *or* **get a ~** eine Absage erhalten; **to give (sb) a flat ~** jdm eine glatte Absage erteilen; **to give sb first ~ of sth** jdm etw als erstem *or* zuerst anbieten; **right of first ~** Vorkaufsrecht *nt.*

2. (*Show-jumping*) Verweigerung *f.*

refuse¹ [rɪ'fju:z] **I** *vt invitation, candidate, proposal* ablehnen; (*stronger*) abweisen, zurückweisen; *offer also* ausschlagen; *request also* abschlagen, nicht gewähren; *visa, permit, permission* verweigern. **to ~ to do sth** sich weigern, etw zu tun, etw nicht tun wollen; **I ~ to be blackmailed** ich lasse mich nicht erpressen; **he was ~d a visa** ihm wurde das Visum verweigert; **to be ~d sth** etw nicht bekommen; **they were ~d permission (to leave)** es wurde ihnen nicht gestattet (wegzugehen); **he ~d food** er verweigerte die Nahrungsaufnahme; **he/his request was ~d** seine Bitte wurde abgelehnt; **she ~d him** sie wies ihn ab *or* zurück.

II *vi* ablehnen; (*to do sth*) sich weigern; (*horse*) verweigern.

refuse² ['refju:s] *n* Müll *m*; (*food waste*) Abfall *m.* **household ~** Haus(halts)müll *m.*

refuse ['refju:s] *in cpds* Müll-; **refuse bin** *n* Mülleimer *m*; **refuse chute** *n* Müllschlucker *m*; **refuse collection** *n* Müllabfuhr *f*; **refuse collector** *n* Müllmann *m*; **refuse destructor** *n* Müllvernichtungsanlage *f*; **refuse disposal** *n* Müllbeseitigung *f*; **refuse disposal service** *n* Müllabfuhr *f*; **refuse disposal unit** *n* Müllzerkleinerer *m*; **refuse dump** *n* Müllabladeplatz *m*; **refuse incineration** *n* Müllverbrennung *f*; **refuse incineration plant** *n* Müllverbrennungsanlage *f.*

refusenik [rɪ'fju:znɪk] *n* (*inf*) Verweigerer(in *f*) *m.*

refutable [rɪ'fju:təbl] *adj* widerlegbar.

refutation [ˌrefjʊ'teɪʃən] *n* Widerlegung *f.*

refute [rɪ'fju:t] *vt* widerlegen.

regain [rɪ'geɪn] *vt* **1.** wiedererlangen; *lost time* aufholen; *control, one's sight also* wiedergewinnen; *territory* zurückbekommen. **to ~ one's strength/health** wieder zu Kräften kommen/wieder gesund werden; **to ~ one's footing** wieder Stand finden; (*fig*) wieder auf die Beine kommen; **to ~ possession of sth** wieder in den Besitz einer Sache (*gen*) gelangen.

2. (*reach again*) *main road/firm ground* wieder gelangen an (+*acc*)/auf (+*acc*).

regal ['ri:gəl] *adj* königlich; (*fig*) hoheitsvoll.

regale [rɪ'geɪl] *vt* (*with food, drink*) verwöhnen; (*with stories*) ergötzen (*geh*).

regalia [rɪ'geɪlɪə] *npl* Insignien *pl.* **she was in full ~** (*hum*) sie war in großer Gala.

regally ['ri:gəlɪ] *adv see adj.*

regard [rɪ'gɑ:d] **I** *vt* **1.** (*consider*) betrachten. **to ~ sb/sth as sth** jdn/etw für etw halten, jdn/etw als etw betrachten; **to ~ sb/sth with favour** jdn/etw wohlwollend betrachten; **to ~ sth with horror** mit Schrecken an etw (*acc*) denken; **to be ~ed as ...** als ... angesehen werden; **we ~ it as worth doing** wir glauben, daß es sich lohnt(, das zu tun); **we don't ~ it as necessary/our responsibility** wir halten es nicht für notwendig/wir betrachten es nicht als unsere Verantwortung; **to ~ sb/sth highly** *or* **with great esteem** jdn/etw hochschätzen *or* sehr schätzen; **he is highly ~ed** er ist hoch angesehen; **his work is highly ~ed** seine Arbeit wird sehr geschätzt.

2. (*concern*) **as ~s that/him/your application** was das/ihn/Ihren Antrag betrifft *or* anbelangt; *see also* **regarding.**

3. (*liter: look at*) betrachten.

4. (*heed*) berücksichtigen. **without ~ing his wishes** ohne Rücksicht auf seine Wünsche.

II *n* **1.** (*attention, concern*) Rücksicht *f* (*for* auf +*acc*). **to have some ~ for sb/sth** auf jdn/etw Rücksicht nehmen; **to show little/no ~ for sb/sth** wenig/keine Rücksichtnahme für jdn/etw zeigen; **with no ~ for his safety** ohne Rücksicht auf seine Sicherheit (zu nehmen); **without ~ to** *or* **for her advice/what people might think** ohne sich um ihren Rat zu kümmern/ohne sich darum zu kümmern, was die Leute denken mochten.

2. in this ~ diesbezüglich (*form*), in diesem Zusammenhang; **with** *or* **in ~ to** in bezug auf (+*acc*).

3. (*respect*) Achtung *f.* **to hold sb in high ~** jdn achten *or* sehr schätzen; **to have a great ~ for sb** jdn hochachten.

4. ~s *pl* (*in message*) Gruß *m*; **to send sb one's ~s** jdn grüßen lassen; **give him my ~s** grüßen Sie ihn von mir; **(kindest) ~s, with kind ~s** mit freundlichen Grüßen.

5. (*liter: look*) Blick *m.*

regardful [rɪ'gɑ:dfʊl] *adj* (*form*) **to be ~ of sb's feelings** jds Gefühle achten *or* respektieren.

regarding [rɪ'gɑ:dɪŋ] *prep* in bezug auf (+*acc*), bezüglich (+*gen*).

regardless [rɪ'gɑ:dlɪs] **I** *adj* **~ of** ohne Rücksicht auf (+*acc*), ungeachtet (+*gen*); **~ of what it costs** egal, was es kostet; **~ of the fact that ...** ungeachtet dessen, daß ...

II *adv* trotzdem. **he did it ~** er hat es trotzdem getan.

regatta [rɪ'gætə] *n* Regatta *f.*

regency ['ri:dʒənsɪ] *n* Regentschaft *f.* **R~ furniture/style** Regencymöbel *pl*/-stil *m.*

regenerate [rɪ'dʒenəreɪt] **I** *vt* **1.** (*renew, re-create*) erneuern; *tissue also* neu bilden, regenerieren. **to be ~d** sich erneuern; sich neu bilden, sich regenerieren; (*fig: person*) (*by holiday*) sich erholen; (*esp Rel*) erneuert werden.

2. (*Elec*) rückkoppeln.

II *vi* (*esp Sci*) sich regenerieren; (*tissue also*) sich neu bilden.

III [rɪ'dʒenərɪt] *adj* regeneriert.

regeneration [rɪˌdʒenə'reɪʃən] *n see vb* Erneuerung *f*; Neubildung, Regeneration *f*; Erholung *f*; Rückkoppelung *f*.

regenerative [rɪ'dʒenərətɪv] *adj* **1.** *tissue* sich regenerierend; (*esp Rel*) erneuernd. **2.** (*Elec*) positiv rückgekoppelt.

regent ['riːdʒənt] *n* Regent *m*; (*US Univ*) Mitglied *nt* des Universitäts- *or* Schulverwaltungsrats; *see* **prince.**

reggae ['regeɪ] *n* Reggae *m*.

regicide ['redʒɪsaɪd] *n* (*act*) Königsmord *m*; (*person*) Königsmörder(in *f*) *m*.

regime [reɪ'ʒiːm] *n* **1.** (*Pol*) Regime *nt*; (*fig: management, social system*) System *nt*. **2.** *see* **regimen.**

regimen ['redʒɪmen] *n* (*Med*) Kur *f*.

regiment ['redʒɪmənt] **I** *n* (*Mil*) Regiment *nt*; (*fig*) Kompanie *f*.

II *vt* (*fig*) reglementieren.

regimental [ˌredʒɪ'mentl] **I** *adj* (*Mil*) Regiments-. **II** *n* **~s** *pl* (*Mil*) Uniform *f*.

regimentation [ˌredʒɪmen'teɪʃən] *n* (*fig*) Reglementierung *f*.

region ['riːdʒən] *n* (*of country*) Gebiet *nt*, Region *f* (*also Admin, TV*); (*of body*) Gegend, Region *f*; (*of atmosphere, fig*) Bereich *m*. **the lower ~s** die Unterwelt; **in the ~ of 5 kg** um die 5 kg.

regional ['riːdʒənl] *adj* regional. **~ council** (*Scot*) ≈ Gemeinderat *m*; **~ development** Gebietserschließung *f*.

regionalism ['riːdʒənəlɪzəm] *n* Regionalismus *m*; (*division into regions*) Einteilung *f* in Regionen; (*loyalty*) Lokalpatriotismus *m*; (*word*) nur regional verwendeter Ausdruck.

regionalist ['riːdʒənəlɪst] **I** *adj* regionalistisch. **II** *n* Regionalist(in *f*) *m*.

register ['redʒɪstə^r] **I** *n* **1.** (*book*) Register *nt*; (*at school*) Namensliste *f*; (*in hotel*) Gästebuch *nt*; (*of members*) Mitgliedsbuch *nt*. **to take the ~** die Namen aufrufen; **electoral ~** Wählerverzeichnis *nt*; **~ of births, deaths and marriages** Personenstandsbuch *nt*; **~ of wills** (*US: person*) Testamentsbeamte(r) *m*, -beamtin *f*.

2. (*Tech*) (*recording device*) Registriergerät *nt*; (*for controlling airflow*) Klappe *f*; *see* **cash ~.**

3. (*Mus*) Register *nt*; (*organ stop*) Registerzug *m*.

4. (*Ling*) (Sprach)ebene *f*.

5. (*Typ*) Register *nt*.

II *vt* **1.** (*authorities: record formally*) registrieren; (*in book, files*) eintragen; *fact, figure also* erfassen. **he is ~ed as disabled** er ist anerkannter Schwerbeschädigter; *see* **registered.**

2. (*individual: have recorded*) *birth, marriage, death,* (*Comm*) *company, trademark* anmelden, eintragen lassen; *vehicle, child at school, candidate* anmelden; *student* einschreiben. **to ~ a protest** Protest anmelden.

3. (*indicate*) (*machines*) *speed, quantity, rainfall, temperature* registrieren; (*face, expression*) *happiness, disapproval* zum Ausdruck bringen. **he ~ed surprise** er zeigte sich überrascht.

4. (*Post*) *letter* einschreiben.

5. (*Typ*) in Register bringen.

6. (*realize*) registrieren.

III *vi* **1.** (*on electoral list*) sich eintragen; (*in hotel*) sich anmelden; (*student*) sich einschreiben, sich immatrikulieren. **to ~ with a doctor/dentist** sich bei einem Arzt/Zahnarzt auf die Patientenliste setzen lassen; **to ~ with the police** sich polizeilich melden.

2. (*inf: be understood*) **it hasn't ~ed (with him)** er hat es noch nicht registriert.

registered ['redʒɪstəd] *adj* **1.** *student* eingeschrieben; *voter, company, name* eingetragen; *vehicle* amtlich zugelassen. **~ capital** Grundkapital, Nominalkapital *nt*; **~ nurse** (*US*) staatlich geprüfte Krankenschwester, staatlich geprüfter Pfleger; **~ office** eingetragener (Gesellschafts)sitz; **~ trademark** eingetragenes Warenzeichen.

2. (*Post*) *letter* eingeschrieben, Einschreib-. **by ~ post** per Einschreiben.

register ton *n* (*Naut*) Registertonne *f*.

registrar [ˌredʒɪ'strɑː^r] *n* (*Admin*) Standesbeamte(r) *m*, -beamtin *f*; (*Univ*) höchster Verwaltungsbeamter *m*, höchste Verwaltungs-beamtin *f*, Kanzler(in *f*) *m*; (*Med*) Krankenhausarzt *m*/-ärztin *f*. **~'s office** (*Brit Admin*) Standesamt *nt*; **to be married by the ~** sich standesamtlich trauen lassen.

registration [ˌredʒɪ'streɪʃən] *n see vt* **1.** Registrierung *f*; Eintragung *f*; Erfassung *f*.

2. Anmeldung *f*; Einschreibung *f*. **~ fee** Anmeldegebühr *f*; (*for evening class*) Kursgebühr *f*; (*Univ*) Einschreib(e)gebühr *f*; **~ number** (*Aut*) Kraftfahrzeugkennzeichen *nt*, polizeiliches Kennzeichen; **~ document** (*Aut*) Kraftfahrzeugbrief *m*.

3. Registrierung *f*; Ausdruck *m*.

4. Aufgabe *f* als Einschreiben. **~ fee** Einschreibegebühr *f*.

registry ['redʒɪstrɪ] *n* Sekretariat *nt*; (*in church*) Sakristei *f*; (*Brit: also* **~ office**) Standesamt *nt*. **to get married in a ~ office** standesamtlich heiraten; **port of ~** Heimathafen *m*.

regorge [rɪ'gɔːdʒ] **I** *vt* (*form*) erbrechen. **II** *vi* sich ergießen.

regress [rɪ'gres] *vi* (*lit form: move backwards*) sich rückwärts bewegen; (*fig*) (*society*) sich rückläufig entwickeln; (*Biol, Psych, Med*) sich zurückentwickeln.

regression [rɪ'greʃən] *n* (*lit form*) *see vi* Rückwärtsbewegung *f*; rückläufige Entwicklung; Zurückentwicklung *f*.

regressive [rɪ'gresɪv] *adj* regressiv; *trend* rückläufig.

regret [rɪ'gret] **I** *vt* bedauern; *one's youth, lost opportunity* nachtrauern (+*dat*). **I ~ that we will not be coming** ich bedauere, daß wir nicht kommen können; **I ~ to say that ...** ich muß Ihnen leider mitteilen, daß ...; **he is very ill, I ~ to say** er ist leider *or* bedauerlicherweise sehr krank; **we ~ to hear that ...** wir hören mit Bedauern, daß ...; **it is to be ~ted that ...** es ist bedauerlich, daß ...; **you won't ~ it!** Sie werden es nicht bereuen; **he is much ~ted** er wird sehr vermißt.

II *n* Bedauern *nt no pl.* **to feel ~ for one's past youth** seiner vergangenen Jugend (*dat*) nachtrauern; **much to my ~** sehr zu meinem Bedauern; **I have no ~s** ich bereue nichts; **he sends his ~s** er läßt sich entschuldigen, er muß leider absagen.

regretful [rɪ'gretfʊl] *adj look, attitude* bedauernd *attr.* **he was extremely ~** es tat ihm sehr leid, er bedauerte es sehr.

regretfully [rɪ'gretfəlɪ] *adv* mit Bedauern.

regrettable [rɪ'gretəbl] *adj* bedauerlich.

regrettably [rɪ'gretəblɪ] *adv* bedauerlicherweise, leider.

regroup [ˌriː'gruːp] **I** *vt* um- *or* neugruppieren. **II** *vi* sich umgruppieren, sich neu gruppieren.

regrouping [ˌriː'gruːpɪŋ] *n see vt* Um- *or* Neugruppierung *f.*

regt *abbr of* **regiment** Reg.

regular ['regjʊləʳ] **I** *adj* **1.** (*symmetrical, Gram*) regelmäßig; *features also* ebenmäßig; *surface* gleichmäßig; (*Geometry*) gleichseitig.

2. (*at even intervals*) *service, bus, reminders* regelmäßig; *footsteps also* gleichmäßig; *employment* fest, regulär; *way of life, bowel movements* geregelt. **to be ~ in one's habits** ein geregeltes Leben führen; **to keep ~ hours** feste Zeiten haben; **his visits are as ~ as clockwork** nach seinen Besuchen kann man die Uhr stellen.

3. (*habitual*) *size, price, time* normal; *staff, customer, pub, butcher* Stamm-; *listener, reader* regelmäßig. **our ~ cleaning woman** unsere normale Reinemachefrau; **my ~ dentist** mein Zahnarzt *m*, meine Zahnärztin *f.*

4. (*permissible, accepted*) *action, procedure* richtig. **it is quite ~ to apply in person** es ist ganz in Ordnung, sich persönlich zu bewerben.

5. (*Mil*) *soldier, army, officer* Berufs-, regulär.

6. (*Rel*) **~ clergy** Ordensgeistlichkeit *f.*

7. (*inf*) echt (*inf*). **~ guy** (*US*) ein klasse *or* echter Kerl (*inf*).

II *n* **1.** (*Mil*) Berufssoldat *m*, regulärer Soldat; (*habitual customer*) Stammkunde *m*, Stammkundin *f*; (*in pub, hotel*) Stammgast *m*.

2. (*petrol*) Normalbenzin *nt*.

regularity [ˌregjʊ'lærɪtɪ] *n* **1.** *see adj 1.* Regelmäßigkeit *f*; Ebenmäßigkeit *f*; Gleichmäßigkeit *f*; Gleichseitigkeit *f*. **2.** *see adj 2.* Regelmäßigkeit *f*; Gleichmäßigkeit *f*; Festheit *f*; Geregeltheit *f*. **3.** *see adj* **4.** Richtigkeit *f.*

regularize ['regjʊləraɪz] *vt breathing, service* regulieren; *situation, relationship* normalisieren.

regularly ['regjʊləlɪ] *adv* regelmäßig; *breathe, beat also* gleichmäßig.

regulate ['regjʊleɪt] *vt* (*control*) regulieren; *flow, expenditure also, traffic, lifestyle* regeln.

regulation [ˌregjʊ'leɪʃən] **I** *n* **1.** (*regulating*) *see vt* Regulierung *f*; Regelung *f*. **2.** (*rule*) Vorschrift *f*; (*of government also*) Verordnung *f*. **according to (the) ~s** laut Vorschrift/Satzung; **to be contrary to** *or* **against (the) ~s** gegen die Vorschrift(en)/Satzung verstoßen.

II *attr boots, dress* vorgeschrieben. **army ~ boots** vorgeschriebene Armeestiefel *pl.*

regulative ['regjʊlətɪv] *adj* regulativ, regulierend.

regulator ['regjʊleɪtəʳ] *n* (*instrument*) Regler *m*; (*in clock, watch*) Gangregler *m*; (*for manual adjustment*) Rücker *m*.

regulo ® ['regjʊləʊ] *n* **at ~ 4** auf Gasstufe 4.

regurgitate [rɪ'gɜːdʒɪteɪt] *vt* wieder hochbringen, wieder von sich geben; (*fig*) *information* wiederkäuen. **the young feed on ~d insects** die Jungen leben von vorverdauten Insekten.

regurgitation [rɪˌgɜːdʒɪ'teɪʃən] *n see vt* Wiederhochbringen *nt*; Wiederkäuen *nt*.

rehab ['riːˌhæb] *abbr of* **rehabilitation**.

rehabilitate [ˌriːə'bɪlɪteɪt] *vt* **1.** *refugee, troops* (in die Gesellschaft) eingliedern; *ex-criminal, the disabled also* rehabilitieren. **2.** (*restore position to*) rehabilitieren.

rehabilitation ['riːəˌbɪlɪ'teɪʃən] *n see vt* Eingliederung *f* in die Gesellschaft; Rehabilitation *f*. **~ centre** (*Admin*) Rehabilitationszentrum *nt*.

rehash [ˌriː'hæʃ] **I** *vt literary material* aufbereiten. **II** ['riːhæʃ] *n* (*action*) Aufbereitung *f*; (*result*) Aufguß *m*.

rehearsal [rɪ'hɜːsəl] *n* **1.** (*Theat, Mus*) Probe *f*. **this play is in ~** das Stück wird geprobt. **2.** (*recital: of facts*) Aufzählung *f*.

rehearse [rɪ'hɜːs] **I** *vt* **1.** (*Theat, Mus*) *play, concert* proben; *person* proben lassen. **to ~ what one is going to say** einüben, was man sagen will. **2.** (*recite*) aufzählen. **II** *vi* proben.

reheat [ˌriː'hiːt] *vt* aufwärmen.

rehouse [ˌriː'haʊz] *vt* unterbringen.

reign [reɪn] **I** *n* (*lit, fig*) Herrschaft *f*; (*of monarch also*) Regentschaft *f*. **in the ~ of ...** während der Herrschaft ... (+*gen*); **the R~ of Terror** die Schreckensherrschaft. **II** *vi* (*lit, fig*) herrschen (*over* über +*acc*). **silence ~s** es herrscht Ruhe; *see* **supreme.**

reigning ['reɪnɪŋ] *adj attr* regierend; *champion* amtierend.

reimburse [ˌriːɪm'bɜːs] *vt person* entschädigen; *loss* ersetzen; *expenses, costs* (zurück)erstatten, ersetzen.

reimbursement [ˌriːɪm'bɜːsmənt] *n see vt* Entschädigung *f*; Ersatz *m*; (Rück) erstattung *f*, Ersatz *m*.

reimport [ˌriːɪm'pɔːt] *vt* wiedereinführen, reimportieren.

reimpose [ˌriːɪm'pəʊz] *vt task, conditions* neu aufzwingen *or* auferlegen (*form*) (*on sb* jdm); *sanctions, fine* erneut verhängen (*on* gegen); *one's will, authority* erneut aufzwingen (*on sb* jdm). **to ~ a tax on sth** etw erneut besteuern.

rein [reɪn] *n* (*lit, fig*) Zügel *m*. **~s** (*for child*) Laufgurt *m*; **to hold the ~s** (*lit, fig*) die Zügel *or* das Heft in der Hand haben; **he kept the horse on a long/short ~** er ließ die Zügel lang/hielt die Zügel kurz; **to keep a tight ~ on sb/sth** (*lit, fig*) bei jdm/etw die Zügel kurz halten; **to give free ~ to sb/sth, to allow sb/sth free ~** (*fig*) jdm/einer Sache freien Lauf lassen (+*dat*).

◆**rein back** *vti sep* zügeln.

◆**rein in I** *vt sep horse* zügeln; (*fig*) *passions also* im Zaum halten. **II** *vi* zügeln.

reincarnate [ˌriːɪnˈkɑːneɪt] **I** *vt* reinkarnieren (*liter*). **to be ~d** wiedergeboren werden. **II** [ˌriːɪnˈkɑːnɪt] *adj* wiedergeboren.

reincarnation [ˌriːɪnkɑːˈneɪʃən] *n* die Wiedergeburt, die Reinkarnation.

reindeer [ˈreɪndɪəʳ] *n, pl* - Ren(tier) *nt*.

reinforce [ˌriːɪnˈfɔːs] *vt* (*lit, fig, Psych*) verstärken; *concrete also* armieren (*spec*); *sb's demands* stärken, stützen; *evidence, statement* stützen, bestätigen; *opinion* bestätigen. **to ~ sb's determination** jdn in seiner Absicht bestärken; **~d concrete** Stahlbeton *m*.

reinforcement [ˌriːɪnˈfɔːsmənt] *n* **1.** *no pl* (*act*) *see vt* Verstärkung *f*; Armierung *f*; Stärkung, Stützung *f*; Bestätigung *f*. **~ troops** (*Mil*) Verstärkungstruppen *pl*. **2.** (*thing*) Verstärkung *f*. **~s** (*Mil, fig*) Verstärkung *f*.

reinstate [ˌriːɪnˈsteɪt] *vt person* wieder einstellen (*in* in +*acc*); *law and order* wiederherstellen (*in* in +*dat*).

reinstatement [ˌriːɪnˈsteɪtmənt] *n see vt* Wiedereinstellung *f*; Wiederherstellung *f*.

reinsurance [ˌriːɪnˈʃʊərəns] *n* Rückversicherung *f*.

reinsure [ˌriːɪnˈʃʊəʳ] *vt* rückversichern.

reintegrate [ˌriːˈɪntɪgreɪt] *vt* wiedereingliedern (*into* in +*acc*).

reintegration [ˈriːˌɪntɪˈgreɪʃən] *n* Wiedereingliederung, Reintegration *f*.

reinvest [ˌriːɪnˈvest] *vt* reinvestieren.

reissue [ˌriːˈɪʃjuː] **I** *vt book* neu auflegen; *stamps, recording, coins* neu herausgeben.

II *n see vt* Neuauflage *f*; Neuausgabe *f*.

reiterate [riːˈɪtəreɪt] *vt* wiederholen.

reiteration [riːˌɪtəˈreɪʃən] *n* Wiederholung *f*.

reiterative [riːˈɪtərətɪv] *adj comments* sich wiederholend *attr; style* repetitiv.

reject [rɪˈdʒekt] **I** *vt* **1.** *damaged goods* (*customer*) ablehnen, zurückweisen; (*maker, producer*) aussortieren, ausscheiden.

2. (*turn down*) *application, request* ablehnen; (*stronger*) abweisen, zurückweisen; *candidate* (*through vote*) durchfallen lassen; *suitor, advances* abweisen, zurückweisen; *offer also* ausschlagen; *plea also* abschlagen; *possibility* verwerfen.

3. (*Med*) *drug* nicht vertragen, ablehnen; *transplant also* abstoßen; (*stomach*) *food* verweigern.

II [ˈriːdʒekt] *n* (*Comm*) Ausschuß *m no pl*. **~ goods** Ausschußware *f*; **society's ~s** die Ausgestoßenen *pl*; **~ shop** *Geschäft nt für Ausschußware*, Ramschladen *m* (*inf*).

rejection [rɪˈdʒekʃən] *n see vt* **1.** Ablehnung, Zurückweisung *f*; Aussortierung, Ausscheidung *f*.

2. Ablehnung *f*; Abweisung, Zurückweisung *f*; Verwerfen *nt*. **~ slip** Absage *f*.

3. (*Med*) Ablehnung *f*; Abstoßung *f*; Verweigerung *f*.

rejig [riːˈdʒɪg] *vt* (*Brit*: *redo*) neu machen; *system, structures also* umkrempeln.

rejoice [rɪˈdʒɔɪs] **I** *vt* (*liter*) *person* erfreuen. **II** *vi* sich freuen; (*jubilate*) jubeln; (*Rel*) jauchzen. **he ~s in the name of Marmaduke** (*hum*) er erfreut sich des Namens Marmaduke.

rejoicing [rɪˈdʒɔɪsɪŋ] *n* Jubel *m*. **~s** Jubel *m*.

rejoin¹ [ˌriːˈdʒɔɪn] *vt person, regiment* sich wieder anschließen (+*dat*). **to ~ ship** (*Naut*) wieder aufs Schiff kommen; **then we ~ed the motorway** danach fuhren wir wieder auf die Autobahn.

rejoin² [rɪˈdʒɔɪn] *vt* (*reply*) erwidern; (*Jur*) duplizieren.

rejoinder [rɪˈdʒɔɪndəʳ] *n* Erwiderung *f*; (*Jur*) Duplik *f*.

rejuvenate [rɪˈdʒuːvɪneɪt] *vt* verjüngen; (*fig*) erfrischen.

rekindle [ˌriːˈkɪndl] **I** *vt* (*lit*) *fire, flame* wieder anzünden; (*fig*) *passions, love* wieder entzünden *or* entflammen; *hope* wiedererwecken.

II *vi* (*lit*) wieder aufflackern; (*fig*) (*passion, love also*) wieder entflammen; (*hope*) wiedererwachen.

relapse [rɪˈlæps] **I** *n* (*Med*) Rückfall, Rückschlag *m*; (*fig*) (*in economy*) Rückschlag *m*; (*into vice, crime*) Rückfall *m* (*into* in +*acc*). **to have a ~** einen Rückfall haben.

II *vi* (*Med*) einen Rückfall haben; (*economy*) einen Rückschlag erleiden. **to ~ (into crime/vice)** rückfällig werden; **to ~ into unconsciousness** wieder bewußtlos werden.

relate [rɪˈleɪt] **I** *vt* **1.** (*recount*) *story* erzählen; *details* aufzählen. **strange to ~** so unglaublich es klingt.

2. (*associate*) in Verbindung *or* Beziehung *or* Zusammenhang bringen (*to, with* mit).

II *vi* **1.** zusammenhängen (*to* mit).

2. (*form relationship*) eine Beziehung finden (*to* zu).

related [rɪˈleɪtɪd] *adj* **1.** (*in family*) verwandt (*to* mit). **2.** (*connected*) zusammenhängend; *elements, languages* verwandt.

relating [rɪˈleɪtɪŋ] *adj* **~ to** in Zusammenhang mit.

relation [rɪˈleɪʃən] *n* **1.** (*relative*) Verwandte(r) *mf*. **he's a/no ~ (of mine)** er ist/ist nicht mit mir verwandt.

2. (*relationship*) Beziehung *f*. **to bear a ~ to** in Beziehung stehen zu; **to bear no ~ to** in keinerlei Beziehung stehen zu, keinerlei Beziehung haben zu; **in ~ to** (*as regards*) in bezug auf (+*acc*); (*compared with*) im Verhältnis zu.

3. **~s** *pl* (*dealings, ties, sexual ~s*) Beziehungen *pl*; **to have business ~s with sb** geschäftliche Beziehungen zu jdm haben.

4. *no pl* (*of story*) Erzählung *f*; (*of details*) Aufzählung *f*.

relational [rɪ'leɪʃənəl] *adj* relational. **~ database** (*Comput*) relationale Datenbank.

relationship [rɪ'leɪʃənʃɪp] *n* **1.** Verwandtschaft *f* (*to* mit). **what is your ~ (to him)?** wie sind Sie (mit ihm) verwandt?

2. (*connection: between events*) Beziehung, Verbindung *f*; (*relations*) Verhältnis *nt*, Beziehungen *pl*; (*in business*) Verbindung *f*. **to have a (sexual) ~ with** ein Verhältnis haben mit; **what kind of a ~ do you have with him?** (*is it good or bad?*) wie ist Ihr Verhältnis zu ihm?; (*on what footing?*) in welchem Verhältnis stehen Sie zu ihm?; **to have a good ~ with sb** ein gutes Verhältnis *or* gute Beziehungen zu jdm haben; **we have a business ~** wir haben geschäftlich miteinander zu tun; **it is a strictly business ~** es ist eine rein geschäftliche Beziehung.

relative ['relətɪv] **I** *adj* **1.** (*comparative, not absolute, Sci*) relativ; (*respective*) jeweilig. **~ to him, she is in a very happy position** verglichen mit ihm ist sie gut dran; **fuel consumption is ~ to speed** der Benzinverbrauch hängt von der Geschwindigkeit ab; **to live in ~ luxury** verhältnismäßig *or* relativ luxuriös leben; **the ~ merits of A and B** die jeweiligen Verdienste von A und B.

2. (*relevant*) **~ to** sich beziehend auf (+*acc*).

3. (*Gram*) *pronoun, clause* Relativ-.

4. (*Mus*) *minor, major* parallel.

II *n* **1.** (*person*) *see* **relation 1.**

2. (*Gram*) (*clause*) Relativsatz *m*; (*pronoun*) Relativpronomen *nt*.

relatively ['relətɪvlɪ] *adv* relativ, verhältnismäßig. **~ speaking** relativ gesehen *or* betrachtet.

relativism ['relətɪvɪzəm] *n* Relativismus *m*.

relativity [ˌrelə'tɪvɪtɪ] *n* (*Phys, Philos*) Relativität *f*. **~ theory, the theory of ~** die Relativitätstheorie.

relax [rɪ'læks] **I** *vt* lockern; *muscles also, person, one's mind* entspannen; *attention, effort* nachlassen in (+*dat*). **to ~ the bowels** (*Med*) den Stuhlgang fördern.

II *vi* (sich) entspannen; (*rest*) (sich) ausruhen; (*calm down*) sich beruhigen. **let's just ~!** ganz ruhig!; **~!** reg dich nicht auf!, immer mit der Ruhe!; **his face ~ed into a smile** sein Gesicht entspannte sich zu einem Lächeln.

relaxant [rɪ'læksənt] *n* (*Med*) Relaxans *nt*.

relaxation [ˌriːlæk'seɪʃən] *n* **1.** *see vt* Lokkerung *f*; Entspannung *f*; Nachlassen *nt*.

2. (*rest*) Entspannung *f*; (*recreation also*) Erholung *f*.

relaxed [rɪ'lækst] *adj* locker; *person, smile, voice* entspannt, ruhig; *atmosphere* zwanglos, gelockert; *throat* (*Med*) angegriffen. **to feel ~** (*physically*) entspannt sein; (*mentally*) sich wohl fühlen; **to feel ~ about sth** etw ganz gelassen sehen.

relaxing [rɪ'læksɪŋ] *adj* entspannend; *climate* erholsam.

relay ['riːleɪ] **I** *n* **1.** (*of workers*) Ablösung *f*; (*of horses*) frisches Gespann. **to work in ~s** sich ablösen. **2.** (*Sport: also* **~ race**) Staffel(lauf *m*) *f*. **3.** (*Rad, TV*) Relais *nt*. **II** *vt* **1.** (*Rad, TV*) *programme, signal* (weiter) übertragen. **2.** *message* ausrichten (*to sb* jdm).

re-lay [ˌriː'leɪ] *vt carpet, cable* neu verlegen.

release [rɪ'liːs] **I** *vt* **1.** *animal, person* freilassen; (*from prison also*) entlassen; *employee, football player* freigeben; (*rescue*) befreien; (*from obligation, vow*) entbinden, befreien; (*from pain*) erlösen. **to ~ sb from a debt** jdm eine Schuld erlassen.

2. (*let go of*) loslassen; *spring also* zurückspringen lassen; *handbrake* losmachen; (*Phot*) *shutter* auslösen; *bomb* abwerfen; *grip, clasp* lösen; (*police*) *confiscated articles* freigeben. **to ~ the (foot)brake/clutch** den Fuß von der Bremse/Kupplung nehmen, die Kupplung kommen lassen.

3. (*Comm: issue*) *film, goods* herausbringen; *record also* veröffentlichen.

4. (*make known*) *news, statement* veröffentlichen.

5. (*emit*) *gas, energy* freisetzen; *smell* ausströmen; (*let off, into atmosphere*) *pressure, steam* ablassen.

6. (*Jur*) *property, title* aufgeben, verzichten auf (+*acc*).

II *n see vt* **1.** Freilassung *f*; Entlassung *f*; Freigabe *f*; Befreiung *f*; Entbindung *f*; Erlösung *f*. **death was a happy ~ for him** der Tod war eine Erlösung für ihn.

2. (*act*) Loslassen *nt*; Lösen *nt*; Auslösen *nt*; Abwurf *m*; Freigabe *f*; (*mechanism*) Auslöser *m*; *see* **shutter.**

3. (*act*) Herausbringen *nt*; Veröffentlichung *f*; (*film*) Film *m*; (*record*) Platte *f*. **this film is now on general ~** dieser Film ist nun überall zu sehen; **a new ~ from Michael Jackson/XYZ Films Inc.** eine Neuerscheinung von Michael Jackson/ein neuer Film der XYZ Filmgesellschaft.

4. (*act*) Veröffentlichung *f*; (*statement*) Verlautbarung *f*.

5. Freisetzung *f*. **~ valve** Entlastungsventil *nt*.

6. Aufgabe *f* (*of gen*), Verzicht *m* (*of* auf +*acc*).

relegate ['relɪgeɪt] *vt* **1.** (*lit, fig: downgrade*) degradieren; (*Sport*) *team* absteigen lassen (*to* in +*acc*); *old toys, furniture* verbannen (*to* in +*acc*). **to be ~d** (*Sport*) absteigen; **~d to second place** (*fig*) an zweite Stelle abgeschoben *or* verbannt.

2. (*hand over*) *matter, question* weiterleiten (*to* an +*acc*).

relegation [ˌrelɪ'geɪʃən] *n see vt* **1.** Degradierung *f*; Abstieg *m*; Verbannung *f*. **2.**

Weiterleitung *f.*

relent [rɪ'lent] *vi* (*person*) nachgeben; (*pace, pain*) nachlassen; (*weather*) sich bessern.

relentless [rɪ'lentlɪs] *adj* erbarmungslos; *person also* unerbittlich; *attitude, opposition also* unnachgiebig; *pain, cold* nicht nachlassend.

relentlessly [rɪ'lentlɪslɪ] *adv* unerbittlich, erbarmungslos; *oppose, maintain* unnachgiebig; *hurt, rain* unaufhörlich.

relet [ˌriː'let] *vt* neu vermieten.

relevance ['reləvəns], **relevancy** ['relɪvənsɪ] *n* Relevanz *f.*

relevant ['reləvənt] *adj* relevant (*to* für); *information, document also* entsprechend *attr*; *course, study also* sachbezogen; *authority, person* zuständig. **a course ~ to one's studies** ein studienbezogener *or* für sein Studium relevanter Kurs; **the police are looking for any ~ information** die Polizei bittet um sachdienliche Hinweise.

reliability [rɪˌlaɪə'bɪlɪtɪ] *n see adj* Zuverlässigkeit *f*; Verläßlichkeit *f*; Seriosität, Vertrauenswürdigkeit *f.*

reliable [rɪ'laɪəbl] *adj* zuverlässig; *person also* verläßlich; *firm, company* seriös, vertrauenswürdig.

reliably [rɪ'laɪəblɪ] *adv* zuverlässig.

reliance [rɪ'laɪəns] *n* (*trust, confidence*) Vertrauen *nt* (*on* auf *+acc*). **to place ~ on sth** sich auf etw (*acc*) verlassen.

reliant [rɪ'laɪənt] *adj* (*dependent*) angewiesen (*on, upon* auf *+acc*); *see* **self-reliant.**

relic ['relɪk] *n* Überbleibsel, Relikt *nt*; (*Rel*) Reliquie *f.* **a ~ of** *or* **from a past age** ein Überbleibsel aus vergangener Zeit; **an old ~** (*pej inf*) (*person*) ein alter Knochen (*inf*); (*car, wardrobe*) ein vorsintflutlicher Karren/Schrank (*pej inf*).

relief [rɪ'liːf] **I** *n* **1.** (*from anxiety, pain*) Erleichterung *f.* **to bring sb ~** (*drug*) jdm Erleichterung verschaffen; (*news*) jdn erleichtern; **that brought him some ~ from his headache** das hat seine Kopfschmerzen etwas gelindert; **that's a ~!** mir fällt ein Stein vom Herzen; **it was a ~ to find it** ich/er *etc* war erleichtert, als ich/er *etc* es fand.

2. (*from monotony, boredom*) Abwechslung *f.* **to provide a little light/comic ~** eine kleine Abwechslung schaffen/für etwas Humor sorgen.

3. (*assistance*) Hilfe *f.* **to go/come to sb's ~** jdm zu Hilfe eilen/kommen; **to send ~ in the form of food to sb** jdm mit Nahrungsmitteln zu Hilfe kommen; **to provide ~ for the poor** für die Armen sorgen; **to be on ~** (*US*) Fürsorge bekommen, von der Fürsorge leben.

4. (*esp Mil: act of relieving, replacement forces*) Entsatz *m*; (*substitute*) Ablösung *f.* **~ watchman/driver** *etc* Ablösung *f*; **~ train/bus** Entlastungszug/-bus *m.*

5. (*Art, Geog*) Relief *nt*; (*Typ also*) Hochdruck *m.* **high/low ~** Hoch-/Flachrelief *nt*; **in ~** erhaben; **to stand out in ~ against sth** (*lit*) sich (deutlich) von etw abheben; (*fig*) im Gegensatz zu etw stehen; **to bring** *or* **throw sth into ~** etw hervorheben.

6. (*Jur*) Rechtshilfe *f* (*of* bei).

II *attr* **1.** *fund, organization* Hilfs-. **~ aid** humanitäre Hilfe; **~ convoy** Hilfskonvoi *m*; **~ supplies** Hilfsgüter *pl.*

2. *watchman, driver* Ablöse-; *troops* Entsatz-; *bus, train, road* Entlastungs-.

3. *map* Relief-; *printing also* Hoch-.

relieve [rɪ'liːv] *vt* **1.** *person* erleichtern; (*of pain*) helfen (*+dat*). **he was ~d to learn that** er war erleichtert, als er das hörte; **to ~ sb's mind** jdn beruhigen.

2. to ~ sb of sth *of burden, pain* jdn von etw befreien; *of duty, post, command* jdn einer Sache (*gen*) entheben (*geh*); *of coat, suitcase* jdm etw abnehmen; (*hum*) *of wallet, purse* jdn um etw erleichtern (*hum*).

3. (*mitigate*) *anxiety* mildern, schwächen; *pain* lindern; (*completely*) stillen; *tension* abbauen; *monotony* (*interrupt*) unterbrechen; (*liven things up*) beleben; *poverty* erleichtern; (*Med*) *congestion* abhelfen (*+dat*); (*completely*) beheben. **the black of her dress was ~d by a white collar** das Schwarz ihres Kleides wurde durch einen weißen Kragen etwas aufgelockert; **the new road ~s peak-hour congestion** die neue Straße entlastet den Berufsverkehr; **to ~ oneself** (*euph*) sich erleichtern.

4. (*help*) *stricken country, refugees* helfen (*+dat*).

5. (*take over from, also Mil*) ablösen.

6. (*Mil*) *town* entsetzen, befreien.

religion [rɪ'lɪdʒən] *n* Religion *f*; (*set of beliefs*) Glaube(n) *m.* **the Christian ~** der christliche Glaube; **wars of ~** Glaubenskriege *pl*; **it's an absolute ~ with him** (*fig*) das ist ihm heilig.

religiosity [rɪˌlɪdʒɪ'ɒsɪtɪ] *n* Frömmlertum *nt.*

religious [rɪ'lɪdʒəs] **I** *adj* **1.** religiös; *order* geistlich; *freedom also, wars* Glaubens-, Religions-. **~ instruction** (*Sch, old*) Religionsunterricht *m*; **~ leader** Religionsführer(in *f*) *m.*

2. (*having ~ beliefs*) *person* gläubig; (*pious*) fromm.

3. (*fig: conscientious*) gewissenhaft; *silence* ehrfürchtig.

II *n* Ordensmann *m*, Ordensfrau *f.* **the ~** *pl* die Ordensleute *pl.*

religiously [rɪ'lɪdʒəslɪ] *adv live* fromm, gottesfürchtig; (*fig: conscientiously*) gewissenhaft, treu und brav.

religiousness [rɪ'lɪdʒəsnɪs] *n* (*piety*) Frömmigkeit *f*; (*fig: conscientiousness*) Gewissenhaftigkeit *f.*

reline [ˌriː'laɪn] *vt coat, jacket* neu füttern; *brakes* neu belegen.

relinquish [rɪ'lɪŋkwɪʃ] *vt* **1.** (*give up*) aufgeben; *right, possessions, power, post also* verzichten auf (*+acc*). **to ~ sth to sb** jdm etw abtreten *or* überlassen.

2. (*let go*) **to ~ one's hold on sb/sth** (*lit, fig*) jdn/etw loslassen; **he ~ed his hold on life/reality** er gab seinen Willen zum Leben auf/er verlor jeden Bezug zur Realität.

relinquishment [rɪ'lɪŋkwɪʃmənt] *n* (*form:*

of claim, possessions) Verzicht *m* (*of* auf +*acc*).

reliquary ['relɪkwərɪ] *n* Reliquiar *nt*, Reliquienschrein *m*.

relish ['relɪʃ] **I** *n* **1.** (*enjoyment*) Geschmack, Gefallen *m* (*for* an +*dat*). **to do sth with (great) ~** etw mit (großem) Genuß tun; **he rubbed his hands with ~ at the prospect** er rieb sich (*dat*) beim Gedanken daran genüßlich die Hände.

2. (*Cook*) Soße *f*; (*spiciness*) Würze *f*; (*fig: charm*) Reiz *m*. **tomato/fruit ~** Tomaten-/Obstchutney *nt*; **hunger is the best ~** (*Prov*) Hunger ist der beste Koch (*Prov*); **it had lost all ~ (for me)** (*fig*) das hatte für mich jeglichen Reiz verloren.

II *vt* genießen; *food, wine also* sich (*dat*) schmecken lassen. **I don't ~ the thought of getting up at 5 a.m.** der Gedanke, um 5 Uhr aufzustehen, behagt *or* schmeckt (*inf*) mir gar nicht.

relive [ˌriː'lɪv] *vt life* noch einmal leben; *experience, one's childhood* noch einmal erleben *or* durchleben.

reload [ˌriː'ləʊd] *vt* neu beladen; *gun* nachladen, neu laden.

relocate [ˌriːləʊ'keɪt] **I** *vt* umsiedeln, verlegen. **II** *vi* (*individual*) umziehen; (*company*) den Standort wechseln. **many companies are relocating out of London** viele Firmen verlegen ihren Standort nach außerhalb von London; **we will help you ~** wir helfen Ihnen beim Umzug *or* (*referring to company*) beim Standortwechsel.

relocation [ˌriːləʊ'keɪʃən] *n* Umzug *m*; (*of company*) Standortwechsel *m*; (*of refugees*) Umsiedlung *f*. **~ allowance** Umzugsbeihilfe *f*.

reluctance [rɪ'lʌktəns] *n* **1.** Widerwillen *m*, Abneigung *f*. **to do sth with ~** etw widerwillig *or* ungern tun. **2.** (*Phys*) magnetischer Widerstand.

reluctant [rɪ'lʌktənt] *adj* unwillig, widerwillig; *admission, consent, praise* widerwillig. **he is ~ to do it** es widerstrebt ihm, es zu tun; **I'm ~ to go, as he may not even be there** ich gehe nur ungern, denn er ist vielleicht nicht einmal da; **he seems ~ to admit it** er scheint es nicht zugeben zu wollen; **he is a ~ soldier/student** er ist nur widerwillig Soldat/Student.

reluctantly [rɪ'lʌktəntlɪ] *adv* widerwillig.

rely [rɪ'laɪ] *vi* **to ~ (up)on sb/sth** sich auf jdn/etw verlassen; (*be dependent on*) auf jdn/etw angewiesen sein; **she relied on the trains being on time** sie verließ sich darauf, daß die Züge pünktlich waren; **I ~ on him for my income** ich bin finanziell auf ihn angewiesen; **you can ~ (up)on my help/on me to help you** du kannst dich darauf verlassen, daß ich dir helfe.

REM *abbr of* **rapid eye movement. ~ sleep** REM-Phase *f*.

remain [rɪ'meɪn] *vi* **1.** bleiben; (*be left over*) übrigbleiben. **much ~s to be done** es ist *or* bleibt noch viel zu tun; **nothing ~s to be said** es gibt *or* bleibt nichts mehr zu sagen; **nothing ~s but to accept** wir/sie *etc* brauchen nur noch anzunehmen; (*no alternative*) es bleibt uns nichts anderes übrig, als anzunehmen; **all that ~s is for me to wish you every success** ich möchte Ihnen nur noch viel Erfolg wünschen; **all that ~s (for me/us *etc* to do) is to lock up** ich brauche/wir brauchen jetzt nur noch abzuschließen; **that ~s to be seen** das wird sich zeigen, das bleibt abzuwarten; **the fact ~s that he is wrong** das ändert nichts an der Tatsache, daß er unrecht hat.

2. (*stay*) bleiben. **~ seated!** bleiben Sie sitzen, behalten Sie Platz (*geh*); **to ~ silent** weiterhin schweigen; **to ~ behind/up** zurück-/aufbleiben; **"I ~ yours faithfully John Smith"** „mit besten Grüßen verbleibe ich Ihr John Smith".

remainder [rɪ'meɪndəʳ] **I** *n* **1.** Rest *m* (*also Math*). **the ~** (*remaining people*) der Rest, die übrigen (Leute); **for the ~ of the week** für den Rest der Woche, für die übrige Woche. **2. ~s** *pl* (*Comm*) Restbestände *pl*; (*books also*) Remittenden *pl* (*spec*). **3.** (*Jur*) Erbanwartschaft *f*.

II *vt books* als Remittenden abgeben.

remaining [rɪ'meɪnɪŋ] *adj* übrig, restlich. **the ~ four, the four ~** die übrigen vier, die vier übrigen.

remains [rɪ'meɪnz] *npl* (*of meal*) Reste *pl*; (*of fortune, army*) Rest *m*; (*of building*) Überreste *pl*; (*archaeological ~*) Ruinen *pl*. **literary ~** literarischer Nachlaß; **his (mortal) ~** seine sterblichen Überreste.

remake [ˌriː'meɪk] (*vb: pret, ptp* **remade** [ˌriː'meɪd]) **I** *vt* wieder *or* nochmals machen; (*in new form*) neu machen. **to ~ a film** ein Thema neu verfilmen. **II** ['riːmeɪk] *n* (*Film*) Neuverfilmung *f*, Remake *nt* (*spec*).

remand [rɪ'mɑːnd] **I** *vt* (*Jur*) *case* vertagen. **to ~ sb (in custody/on bail)** jdn weiterhin in Untersuchungshaft behalten/unter Kaution halten; **to ~ sb to a higher court** jdm an eine höhere Instanz verweisen; **he was ~ed in custody/on bail** er blieb in Untersuchungshaft/unter Kaution.

II *n* (*of person*) Aufrechterhaltung *f* der Untersuchungshaft/der Erhebung von Kaution (*of* gegen); (*form: of case*) Vertagung *f*. **to be on ~** in Untersuchungshaft sein; (*on bail*) auf Kaution freigelassen sein; **~ home** *or* **centre** (*Brit*) Untersuchungsgefängnis *nt* für Jugendliche.

remark [rɪ'mɑːk] **I** *n* **1.** (*comment*) Bemerkung *f*. **I have a few/no ~s to make on that subject** ich habe einiges zu diesem Thema zu bemerken/nichts zu diesem Thema zu sagen.

2. *no pl* (*notice*) **worthy of ~** bemerkenswert; **without ~** unbemerkt.

II *vt* **1.** (*say*) bemerken.

2. (*old, liter: notice*) bemerken.

III *vi* **to ~ (up)on sth** über etw (*acc*) eine Bemerkung machen, sich zu etw äußern.

remarkable [rɪ'mɑːkəbl] *adj* (*notable*) bemerkenswert; *intelligence, talent, wit also* beachtlich; (*extraordinary*) außergewöhnlich. **to be ~ for sth** sich durch etw auszeichnen.

remarkably [rɪˈmɑːkəblɪ] *adv* außergewöhnlich.
remarriage [ˌriːˈmærɪdʒ] *n* Wiederverheiratung *f* (*to* mit).
remarry [ˌriːˈmærɪ] *vi* wieder heiraten.
remediable [rɪˈmiːdɪəbl] *adj situation* rettbar; *fault, defect* behebbar.
remedial [rɪˈmiːdɪəl] *adj attr action, measures* Hilfs-; (*Med*) Heil-. ~ **exercises** Heilgymnastik *f*; **to teach ~ English/reading** einen/den Förderkurs in Englisch/im Lesen leiten; ~ **teaching/work** Förder- *or* Hilfsunterricht *m*/Förderaufgaben *pl*; ~ **class** Förderklasse *f* (für Lernschwache).
remedy [ˈremədɪ] **I** *n* (*Med, fig*) Mittel *nt* (*for* gegen); (*medication*) Heilmittel *nt* (*for* gegen); (*Jur*) Rechtsmittel *nt*. **the situation is past** *or* **beyond ~** die Lage ist hoffnungslos verloren *or* irreparabel; **unless we can find a ~** wenn wir keinen Ausweg *or* keine Lösung finden.
II *vt* (*Med*) heilen; (*fig*) *defect, fault* beheben; *situation* bessern; *abuse, evil* abhelfen (+*dat*).
remember [rɪˈmembəʳ] **I** *vt* **1.** (*recall*) sich erinnern an (+*acc*); (*bear in mind*) denken an (+*acc*); (*learn*) *formula, facts, vocabulary* sich (*dat*) merken. **I ~ that he was very tall** ich erinnere mich (daran), daß er sehr groß war; **I ~ her as a beautiful girl** ich habe sie als schönes Mädchen in Erinnerung; **I ~ her as a young girl** *or* **when she was young** ich erinnere mich noch, wie sie als kleines Mädchen war; **to ~ to do sth** daran denken, etw zu tun; **I ~ doing it** ich erinnere mich daran, daß ich es getan habe; **I've just ~ed his name** mir ist gerade sein Name wieder eingefallen; **don't you ~ me?** erinnern Sie sich nicht an mich?; **here's something to ~ me by** da hast du etwas, das dich (immer) an mich erinnern wird; **do you ~ when ...?** (*reminiscing*) weißt du noch, als ...?; (*asking facts*) weißt du (noch), wann ... ?; **I don't ~ a thing about it** ich kann mich überhaupt nicht daran erinnern; (*about lecture, book*) ich weiß nichts mehr davon; **I can never ~ phone numbers** ich kann mir Telefonnummern einfach nicht merken; **we can't always ~ everything** wir können nicht immer an alles denken; **~ where/who you are!** denken Sie daran *or* bedenken Sie, wo/wer Sie sind!; **to ~ sb in one's prayers/one's will** jdn in sein Gebet einschließen/jdn in seinem Testament bedenken.
2. (*commemorate*) gedenken (+*gen*).
3. (*give good wishes to*) **~ me to your mother** grüßen Sie Ihre Mutter von mir; **he asks to be ~ed to you** er läßt Sie grüßen.
II *vi* sich erinnern. **I can't ~** ich weiß das nicht mehr; **not as far as I ~** soweit ich mich erinnere, nicht!; **if I ~ right(ly)** wenn ich mich recht erinnere *or* entsinne.
remembrance [rɪˈmembrəns] *n* **1.** Erinnerung *f* (*of* an +*acc*). **R~ Day** (*Brit*) ≃ Volkstrauertag *m*; **~ service** Gedenkgottesdienst *m*; **in ~ of** zur Erinnerung an (+*acc*); **to the best of my ~** soweit ich mich erinnern kann; **I have no ~ of that** ich habe keinerlei Erinnerung daran.
2. (*keepsake*) Andenken *nt* (*of* an +*acc*).
remind [rɪˈmaɪnd] *vt* erinnern (*of* an +*acc*). **you are ~ed that ...** wir weisen darauf hin, daß ...; **to ~ sb to do sth** jdn daran erinnern, etw zu tun; **that ~s me!** da(bei) fällt mir was ein.
reminder [rɪˈmaɪndəʳ] *n* (*note, knot etc*) Gedächtnisstütze *f*. **(letter of) ~** (*Comm*) Mahnung *f*; **as a ~ that ...** um dich/ihn *etc* daran zu erinnern, daß ...; **to give sb a ~ to do sth** jdn daran erinnern, etw zu tun; **his presence was a ~ of ...** seine Gegenwart erinnerte mich/dich *etc* an (+*acc*) ...
reminisce [ˌremɪˈnɪs] *vi* sich in Erinnerungen ergehen (*about* über +*acc*).
reminiscence [ˌremɪˈnɪsəns] *n* (*action*) Zurückgehen *nt* (*of* zu); (*thought*) Reminiszenz, Erinnerung (*of* an +*acc*) *f*.
reminiscent [ˌremɪˈnɪsənt] *adj* **1. to be ~ of sth** an etw (*acc*) erinnern. **2.** (*reminiscing*) *style, chapter* nostalgisch.
reminiscently [ˌremɪˈnɪsəntlɪ] *adv smile, sigh* in der Erinnerung. **to think ~ of sth** nostalgisch an etw (*acc*) zurückdenken.
remiss [rɪˈmɪs] *adj* nachlässig.
remission [rɪˈmɪʃən] *n* (*form*) *see* **remit[1]** **1.** Erlassen *nt*; (*Jur*) (Straf)erlaß *m*; (*Rel*) Nachlaß *m*. **he got 3 years' ~ for good behaviour** ihm wurden wegen guter Führung 3 Jahre erlassen.
2. Überweisung *f*.
3. Verschiebung, Vertagung *f*.
4. Verweisung *f*.
5. Nachlassen *nt*; (*Med*) Besserung *f*.
remissness [rɪˈmɪsnɪs] *n* Nachlässigkeit *f*.
remit[1] [rɪˈmɪt] (*form*) **I** *vt* **1.** (*cancel, pardon*) *debt, sentence, sins* erlassen. **2.** (*send*) *money* überweisen. **3.** (*postpone*) verschieben, vertagen (*to* auf +*acc*, *till* bis). **4.** (*Jur: transfer*) *case* verweisen (*to* an +*acc*). **II** *vi* (*become less*) nachlassen.
remittal [rɪˈmɪtl] *n see* **remission 2.-4.**
remittance [rɪˈmɪtəns] *n* Überweisung *f* (*to* an +*acc*). **~ advice** Überweisungsbescheid *m*.
remittee [rɪmɪˈtiː] *n* (*Comm*) Überweisungsempfänger(in *f*) *m*.
remittent [rɪˈmɪtənt] *adj* (*Med*) *symptoms, fever* remittierend (*spec*). **~ fever** Wechselfieber *nt*.
remitter [rɪˈmɪtəʳ] *n* (*sender*) Überweiser(in *f*) *m*.
remix [ˈriːmɪks] *n* (*record*) Remix *m*.
remnant [ˈremnənt] *n* Rest *m*; (*fig: of splendour, custom*) Überrest *m*. **the ~s of his former glory** was von seinem Ruhm übriggeblieben war; **~ day** (*Comm*) Resteverkaufstag *m*; **~ sale** Resteausverkauf *m*.
remodel [ˌriːˈmɒdl] *vt* (*also Art, Tech*) umformen; *nose* richten; (*fig*) *society, constitution also* umgestalten.
remonstrance [rɪˈmɒnstrəns] *n* Protest *m* (*with* bei).
remonstrate [ˈremənstreɪt] *vi* protestieren (*against* gegen). **to ~ with sb (about sth)** jdm Vorhaltungen (wegen etw) ma-

chen.

remorse [rɪ'mɔːs] *n* Reue *f* (*at, over* über *+acc*). **without ~** (*merciless*) erbarmungslos.

remorseful [rɪ'mɔːsfʊl] *adj* reumütig, reuig. **to feel ~** Reue spüren.

remorsefully [rɪ'mɔːsfəlɪ] *adv see adj.*

remorsefulness [rɪ'mɔːsfʊlnɪs] *n* Reue *f*; (*of person also*) Reumütigkeit *f*.

remorseless [rɪ'mɔːslɪs] *adj* reulos, ohne Reue; (*fig: merciless*) unbarmherzig.

remorselessly [rɪ'mɔːslɪslɪ] *adv see adj.*

remorselessness [rɪ'mɔːslɪsnɪs] *n see adj* Reuelosigkeit *f*; Unbarmherzigkeit *f*.

remote [rɪ'məʊt] *adj* (*+er*) **1.** (*in place*) (*distant*) entfernt, fern (*geh*) *attr*; (*isolated*) entlegen, abgelegen; (*Comput*) rechnerfern. **in the ~st parts of Africa** in den abgelegensten Teilen Afrikas; **in a ~ spot** an einer entlegenen *or* abgelegenen Stelle.

2. (*in time*) *past, future* fern. **~ antiquity** die früheste Antike.

3. *relative,* (*fig*) *connection, relevance* entfernt.

4. (*aloof*) unnahbar, unzugänglich.

5. (*slight*) *possibility, resemblance* entfernt; *chance* gering, winzig. **I haven't the ~st idea** ich habe nicht die leiseste Idee.

remote control *n* Fernsteuerung, Fernlenkung *f*; (*Rad, TV*) Fernbedienung *f*; **~ model** Modell *nt* mit Fernbedienung; **remote-controlled** *adj model aeroplane* ferngesteuert, ferngelenkt; **remote data entry** *n* (*Comput*) Datenverarbeitung *f* mit Datenfernübertragung.

remotely [rɪ'məʊtlɪ] *adv situated, related* entfernt. **it's just ~ possible** es ist gerade eben noch möglich; **if it's ~ possible** wenn es auch nur irgend möglich ist; **they're not even ~ similar** sie sind sich nicht im entferntesten ähnlich.

remoteness [rɪ'məʊtnɪs] *n see adj* **1.** Ferne *f*; Abgelegenheit *f*. **2.** (weite) Ferne. **3.** Entferntheit *f*. **his ~ from everyday life** seine Lebensfremdheit. **4.** Unnahbarkeit, Unzugänglichkeit *f*. **5.** Entferntheit *f*; Winzigkeit *f*.

remould [ˌriː'məʊld] **I** *vt* (*Tech*) *tyre* runderneuern. **II** ['riːməʊld] *n* (*tyre*) runderneuerter Reifen.

remount [ˌriː'maʊnt] **I** *vt* **1.** *horse, bicycle* wieder besteigen; *ladder* wieder hinaufsteigen *or* -klettern. **2.** *picture, photo* wieder aufziehen. **II** *vi* wieder aufsitzen.

removable [rɪ'muːvəbl] *adj cover, attachment* abnehmbar; *trimming* abtrennbar; *lining* abknöpfbar; *stain* zu entfernen *pred or* entfernend *attr*; (*from container*) herausnehmbar. **the motor is easily ~** der Motor ist leicht auszubauen.

removal [rɪ'muːvəl] *n see vt* **1.** Entfernung *f*; Abnahme *f*; Beseitigung *f*; Abtrennung *f*; Abknöpfen *nt*. **his ~ to hospital** seine Einlieferung ins Krankenhaus.

2. Herausnehmen *nt*; Entfernung *f*; Streichen *nt*; Ausbau *m*.

3. Beseitigung *f*; Aufhebung *f*; Ausräumung *f*; Zerstreuung *f*.

4. Entfernung *f*.

5. (*move from house*) Umzug *m*. **our ~ to this house/to York** unser Umzug in dieses Haus/nach York.

removal expenses *npl* Umzugskosten *pl*; **removal firm** *n* Spedition *f*; **removal man** *n* Möbelpacker *m*; **removal van** *n* Möbelwagen *m*.

remove [rɪ'muːv] **I** *vt* **1.** (*take off, take away*) entfernen; *cover, lid, attachments also, splint, bandage, tie* abnehmen; *stain also* beseitigen; *buttons, trimmings also* abtrennen; *lining* abknöpfen. **to ~ sth from sb** jdm etw wegnehmen; **to ~ one's clothes** die Kleider ablegen; **to ~ sb to hospital/the cells** jdn ins Krankenhaus einliefern/jdn in die Zelle bringen; **to ~ a child from school** ein Kind von *or* aus der Schule nehmen.

2. (*take out*) (*from container*) herausnehmen (*from* aus); (*Med*) *lung, kidney also* entfernen (*from* aus); *paragraph, word, item on list* streichen; (*Tech*) ausbauen (*from* aus).

3. (*eradicate*) *threat* beseitigen (*usu pass*), Schluß machen mit; *tax* aufheben; *objection, obstacle* aus dem Weg schaffen *or* räumen; *difficulty, problem* beseitigen, ein Ende machen *or* setzen (*+dat*); *doubt, suspicion, fear* zerstreuen; *abuse, evil* abstellen, beseitigen; (*euph: kill*) beseitigen.

4. (*form: dismiss*) *official* entfernen.

5. (*form: to another house*) transportieren.

6. to be far ~d from ... weit entfernt sein von ...; **a cousin once/twice ~d** ein Cousin ersten/zweiten Grades.

II *vi* (*form: move house*) **to ~ to London** nach London (um)ziehen.

III *n* **1. this is but one ~ from disaster** das kommt einer Katastrophe nahe; **it's a far ~ from ...** es ist weit entfernt von ...

2. (*Brit Sch*) Klasse *f* für lernschwache Schüler.

remover [rɪ'muːvə^r] *n* **1.** (*for nail varnish, stains*) Entferner *m*.

2. (*person*) Möbelpacker(in *f*) *m*.

remunerate [rɪ'mjuːnəreɪt] *vt* (*pay*) bezahlen, vergüten; (*reward*) belohnen.

remuneration [rɪˌmjuːnə'reɪʃən] *n* Bezahlung, Vergütung *f*; (*reward*) Belohnung *f*.

remunerative [rɪ'mjuːnərətɪv] *adj* lohnend, einträglich.

renaissance [rɪ'neɪsɑ̃ːns] *n* (*liter*) Wiedergeburt *f*; (*of nature*) Wiedererwachen *nt*. **the R~** (*Hist*) die Renaissance.

renal ['riːnl] *adj* Nieren-, renal (*spec*).

rename [ˌriː'neɪm] *vt* umbenennen (*also Comput*), umtaufen. **Leningrad was ~d St. Petersburg** Leningrad wurde in St. Petersburg umbenannt.

renascence [rɪ'næsns] *n see* **renaissance.**

renascent [rɪ'næsnt] *adj* (*liter*) wiedererwachend.

rend [rend] *pret, ptp* **rent** *vt* (*liter*) *cloth* zerreißen; *armour* aufreißen. **to ~ sth from sb/sth** jdm/einer Sache etw entreißen; **a country rent by civil war** ein vom Bürgerkrieg zerrissenes Land; **to ~ sb's heart** jdm das Herz zerreißen.

render ['rendə^r] *vt* **1.** (*form: give*) *service,*

help leisten; *judgement, explanation* abgeben; *homage* erweisen. **to ~ thanks to sb/God** jdm/Gott Dank sagen; **to ~ an account of one's expenditure** Rechenschaft über seine Ausgaben ablegen.

2. (*Comm*) **to ~ account** Rechnung legen *or* vorlegen; **(to) account ~ed £10** £ 10 laut früherer Rechnung.

3. (*interpret, translate*) wiedergeben; (*in writing*) übertragen; *music, poem also* vortragen.

4. (*form: make*) machen. **his accident ~ed him helpless** der Unfall hat ihn hilflos gemacht.

5. (*also* **~ down**) *fat* auslassen.

6. (*Build*) verputzen.

◆**render up** *vt sep fortress, prisoner* übergeben.

rendering ['rendərɪŋ] *n* **1.** Wiedergabe *f*; (*in writing*) Übertragung *f*; (*of piece of music, poem also*) Vortrag *m*.

2. (*Build*) Putz *m*.

rendez-vous ['rɒndɪvuː] **I** *n* (*place*) Treffpunkt *m*; (*agreement to meet*) Rendezvous *nt*. **II** *vi* sich treffen (*with* mit).

rendition [ren'dɪʃən] *n* (*form*) *see* **rendering 1.**

renegade ['renɪgeɪd] **I** *n* Renegat(in *f*) *m*, Abtrünnige(r) *mf*. **II** *adj* abtrünnig.

renege [rɪ'niːg] *vi* nicht Wort halten; (*Cards*) nicht bedienen. **to ~ on a promise** ein Versprechen brechen.

renew [rɪ'njuː] *vt* erneuern; *contract, passport* (*authority also*) verlängern; (*holder*) erneuern *or* verlängern lassen; *negotiations, discussions, attack, attempts* wiederaufnehmen; *one's strength* wiederherstellen; *supplies* auffrischen. **to ~ a library book** ein Buch verlängern lassen; **with ~ed enthusiasm** mit neuem Schwung; **~ed efforts/strength** neue Anstrengungen/frische Kraft; **~ed outbreaks of rioting** erneute Krawalle *pl*.

renewable [rɪ'njuːəbl] *adj* erneuerbar; *contract also, passport, bill of exchange* verlängerbar; (*must be renewed*) zu erneuern; zu verlängern.

renewal [rɪ'njuːəl] *n see vt* Erneuerung *f*; Verlängerung *f*; Wiederaufnahme *f*; Wiederherstellung *f*; Auffrischung *f*.

rennet ['renɪt] *n* (*Cook*) Lab *nt*.

renounce [rɪ'naʊns] **I** *vt title, right* verzichten auf (+*acc*), aufgeben; *religion, devil* abschwören (+*dat*); (*Rel*) *world* entsagen (+*dat*); *opinions, cause, treaty* leugnen, abschwören (+*dat*); *friend* verleugnen. **II** *vi* (*Cards*) renoncieren.

renouncement [rɪ'naʊnsmənt] *n see* **renunciation.**

renovate ['renəʊveɪt] *vt building* renovieren; *painting, furniture* restaurieren.

renovation [ˌrenəʊ'veɪʃən] *n see vt* Renovierung, Renovation *f*; Restaurierung *f*.

renown [rɪ'naʊn] *n* guter Ruf, Ansehen *nt*. **of high ~** von hohem Ansehen, sehr berühmt.

renowned [rɪ'naʊnd] *adj* berühmt (*for* für).

rent¹ [rent] **I** *n* (*for house, room*) Miete *f*; (*for farm, factory*) Pacht *f*. **for ~** (*US*) zu vermieten/verpachten/verleihen.

II *vt* **1.** (*also vi*) *house, room* mieten; *farm, factory* pachten; *TV, car* leihen.

2. (*also* **~ out**) vermieten; verpachten; verleihen.

rent² **I** *pret, ptp of* **rend.**

II *n* (*lit, fig*) Riß *m*; (*in rock*) Spalte *f*.

rental ['rentl] *n* (*amount paid*) (*for house*) Miete *f*; (*for TV, car, boat also*) Leihgebühr *f*; (*for land*) Pacht *f*; (*income from rents*) Miet-/Pacht-/Leihgebühreinnahmen *pl*. **~ car** Mietwagen *m*; **~ library** (*US*) Leihbücherei *f*.

rentboy *n* (*inf*) Strichjunge (*inf*), Stricher (*inf*) *m*; **rent collector** *n* Mietkassierer(in *f*) *m*; **rent control** *n* Mietkontrolle *f*, Mieterschutz *m*; **rent-controlled** *adj* bewirtschaftet (*form*), mit gebundener Miete; **rent-free** *adj* mietfrei; **rent review** *n* Neufestsetzung *f* der Miete; **rent subsidy** *n* Mietzuschuß *m*; **rent tribunal** *n* Mieterschiedsgericht *nt*.

renunciation [rɪˌnʌnsɪ'eɪʃən] *n see* **renounce** Verzicht *m* (*of* auf +*acc*), Aufgabe *f*; Abschwören *nt*; Entsagung *f*; Leugnung *f*; Verleugnung *f*.

reoccupy [ˌriː'ɒkjʊpaɪ] *vt post, position* wieder innehaben *or* bekleiden; *house, hotel room* wieder belegen.

reopen [ˌriː'əʊpən] **I** *vt* wieder öffnen, wieder aufmachen; *school, shop, theatre, fight, hostilities* wiedereröffnen; *debate, negotiations* wiederaufnehmen; (*Jur*) *case* wiederaufnehmen.

II *vi* wieder aufgehen; (*shop, theatre*) wieder eröffnen *or* aufmachen; (*school after holidays*) wieder beginnen; (*negotiations*) wiederbeginnen; (*case*) wieder aufgerollt werden; (*wound*) wieder aufgehen.

reopening [ˌriː'əʊpnɪŋ] *n* (*of shop*) Wiedereröffnung *f*; (*of school after holiday*) Wiederbeginn *m*; (*of negotiations, debate, case*) Wiederaufnahme *f*.

reorder [ˌriː'ɔːdər] *vt* **1.** (*also vi*) *goods, supplies* nachbestellen; (*because first order is lost*) neu bestellen. **2.** (*reorganize*) neu ordnen, umordnen; *books, names on a list also* umstellen; *people in a row* umstellen; *appointments* umlegen.

reorganization [riːˌɔːgənaɪ'zeɪʃən] *n see vt* Neu- *or* Umorganisation *f*; Neu- *or* Umordnung *f*; Neueinteilung *f*; Neuaufbau *m*.

reorganize [ˌriː'ɔːgənaɪz] **I** *vt* neu organisieren, umorganisieren; *furniture, books* umordnen; *work, time* neu einteilen; *essay* neu aufbauen.

II *vi* (*Pol*) sich neu organisieren.

rep¹ [rep] **I** *n abbr of* **1.** (*Theat*) **repertory** Repertoire-Theater *nt*. **2.** (*Comm*) **representative** Vertreter(in *f*) *m*. **II** *vi* als Vertreter(in) arbeiten.

rep² *n* (*Tex*) Rips *m*.

Rep *abbr of* **1. Republic** Rep.

2. Republican Rep., rep.

repair¹ [rɪ'pɛər] **I** *vt* (*lit, fig*) reparieren; *tyre also, clothes* flicken; *roof, wall also, road* ausbessern; (*fig*) *error, wrong, damage* wiedergutmachen.

II *n* **1.** *see vt* Reparatur *f*; Flicken *nt*; Ausbesserung *f*; Wiedergutmachung *f*. **to be under ~** (*car, ship, machine*) in Reparatur sein; **to put sth in for ~** etw zur Reparatur bringen; **the road is under ~** an der Straße wird gerade gearbeitet; **beyond ~** nicht mehr zu reparieren/zu flicken/auszubessern/wiedergutzumachen; **closed for ~s** wegen Reparaturarbeiten geschlossen; **"road ~s"** „Straßenbauarbeiten".

2. *no pl* (*condition*) **to be in good/bad ~** in gutem Zustand *or* in Schuß (*inf*) sein/in schlechtem Zustand sein.

repair² *vi* (*liter: go*) sich begeben (*to* nach).

repairer [rɪ'pɛərəʳ] *n* **(watch/boot) ~** Uhr-/Schuhmacher(in *f*) *m*.

repair kit *n* Flickzeug *nt*; **repair shop** *n* Reparaturwerkstatt *m*.

repaper [ˌriː'peɪpəʳ] *vt* neu tapezieren.

reparable ['repərəbl] *adj damage* reparabel, wiedergutzumachen; *loss* ersetzbar.

reparation [ˌrepə'reɪʃən] *n* (*for damage*) Entschädigung *f*; (*usu pl: after war*) Reparationen *pl*; (*for wrong, misdeed*) Wiedergutmachung *f*. **to make ~ for sth** etw wiedergutmachen.

repartee [ˌrepɑː'tiː] *n* Schlagabtausch *m*; (*retort*) schlagfertige Antwort. **to be good at ~** schlagfertig sein.

repast [rɪ'pɑːst] *n* (*liter*) Mahl *nt* (*geh*).

repatriate [ˌriː'pætrɪeɪt] **I** *vt* in das Heimatland zurücksenden, repatriieren. **II** *n* [ˌriː'pætrɪɪt] Repatriierte(r) *mf*.

repatriation ['riːˌpætrɪ'eɪʃən] *n* Repatriierung *f*.

repay [ˌriː'peɪ] *pret, ptp* **repaid** *vt money* zurückzahlen; *expenses* erstatten; *debt* abzahlen; *kindness* vergelten; *visit* erwidern. **if you lend me £2 I'll ~ it** *or* **you on Saturday** leih mir doch mal 2 Pfund, ich zahle sie dir am Samstag zurück; **to ~ sb for his generosity** sich für jds Großzügigkeit revanchieren; **to be repaid for one's efforts** für seine Mühen belohnt werden; **how can I ever ~ you?** wie kann ich das jemals wiedergutmachen?

repayable [ˌriː'peɪəbl] *adj* rückzahlbar.

repayment [ˌriː'peɪmənt] *n* (*of money*) Rückzahlung *f*; (*of effort, kindness*) Lohn *m*. **~ mortgage** Tilgungshypothek *f*.

repeal [rɪ'piːl] **I** *vt law* aufheben.

II *n* Aufhebung *f*.

repeat [rɪ'piːt] **I** *vt* wiederholen; (*tell to sb else*) weitersagen (*to sb* jdm). **to ~ oneself** sich wiederholen; **he wasn't keen to ~ the experience** er war nicht darauf aus, die Erfahrung noch einmal zu machen; **to ~ an order** (*Comm*) nachbestellen.

II *vi* **1.** (*say again*) wiederholen. **~ after me** sprecht mir nach.

2. (*Mus*) wiederholen. **~!** (*conductor*) noch einmal!

3. radishes ~ on me Radieschen stoßen mir auf.

4. (*gun, clock*) repetieren.

5. (*Math*) periodisch sein.

III *n* **1.** (*Rad, TV*) Wiederholung *f*.

2. (*Mus*) (*section repeated*) Wiederholung *f*; (**~** *sign*) Wiederholungszeichen *nt*.

repeated *adj*, **~ly** *adv* [rɪ'piːtɪd, -lɪ] wiederholt.

repeater [rɪ'piːtəʳ] *n* (*gun*) Repetier- *or* Mehrladegewehr *nt*; (*watch*) Repetieruhr *f*.

repeat function *n* (*Comput*) Wiederholungsfunktion *f*.

repeating [rɪ'piːtɪŋ] *adj* (*Math*) *see* **recurring 2.**

repeat mark *n* (*Mus*) Wiederholungszeichen *nt*; **repeat order** *n* (*Comm*) Nachbestellung *f*; **repeat performance** *n* (*Theat*) Wiederholungsvorstellung *f*; **he gave a ~** (*fig*) er machte es noch einmal; (*pej*) er machte noch einmal das gleiche Theater (*inf*); **repeat sign** *n* (*Mus*) Wiederholungszeichen *nt*.

repel [rɪ'pel] *vt* **1.** *enemy, attack* zurückschlagen; *sb's advance, insects, flies* abwehren; *water* abstoßen.

2. (*also vi*) (*disgust*) abstoßen.

repellent [rɪ'pelənt] **I** *adj* **1. ~ to water** wasserabstoßend. **2.** (*disgusting*) abstoßend.

II *n* (*insect* **~**) Insektenschutzmittel *nt*.

repelling [rɪ'pelɪŋ] *adj see* **repellent I 2.**

repent [rɪ'pent] **I** *vi* Reue empfinden (*of* über +*acc*). **II** *vt* bereuen.

repentance [rɪ'pentəns] *n* Reue *f*.

repentant [rɪ'pentənt] *adj look, expression* reuig, reuevoll. **he was very ~** es reute ihn sehr; **to feel ~** Reue empfinden; **a ~ sinner** ein reuiger Sünder.

repercussion [ˌriːpə'kʌʃən] *n* **1.** (*consequence*) Auswirkung *f* (*on* auf +*acc*). **~s** *pl* (*of misbehaviour*) Nachspiel *nt*; **that is bound to have ~s** das wird noch ein Nachspiel haben. **2.** (*of shock*) Erschütterung *f*; (*of sounds*) Widerhall *m*.

repertoire ['repətwɑːʳ] *n* (*Theat, Mus*) Repertoire *nt*.

repertory ['repətərɪ] *n* **1.** (*also* **~ theatre**) Repertoire-Theater *nt*. **~ company** Repertoire-Ensemble *nt*; **he was in ~** er spielte an einem Repertoire-Theater. **2.** (*songs, plays*) *see* **repertoire.**

repetition [ˌrepɪ'tɪʃən] *n* Wiederholung *f*.

repetitious [ˌrepɪ'tɪʃəs] *adj* sich wiederholend.

repetitive [rɪ'petɪtɪv] *adj* sich dauernd wiederholend; *work also* monoton. **to be ~** sich dauernd wiederholen; **standing in a production line is such ~ work** die Arbeit am Fließband ist äußerst eintönig.

repine [rɪ'paɪn] *vi* (*liter*) hadern (*geh*) (*at, against* mit).

replace [rɪ'pleɪs] *vt* **1.** (*put back*) zurücksetzen; (*on end, standing up*) zurückstellen; (*on its side, flat*) zurücklegen. **to ~ the receiver** (*Telec*) (den Hörer) auflegen.

2. (*provide or be substitute for*) *person, thing, ingredient, goods*, (*Comput*) ersetzen; *employee* (*permanently also*) die Stelle einnehmen (+*gen*); (*temporarily*) vertreten. **the boss has ~d Smith with Jones** der Chef hat Smith durch Jones ersetzt.

3. (*renew*) *components, parts* austauschen, ersetzen.

replaceable [rɪ'pleɪsəbl] *adj person* ersetzbar, zu ersetzen; (*renewable*) *components, parts also* austauschbar.

replacement [rɪ'pleɪsmənt] *n* **1.** *see vt 1.*

Zurücksetzen *nt*; Zurückstellen *nt*; Zurücklegen *nt*; (*of receiver*) Auflegen *nt*.

2. (*substituting*) Ersatz *m*; (*by deputy*) Vertretung *f*. ~ **cost** (*of equipment*) Wiederbeschaffungskosten *pl*; (*of personnel*) Wiederbesetzungskosten *pl*.

3. (*person or thing*) Ersatz *m*; (*deputy*) Vertretung *f*. ~ **engine** Austauschmotor *m*; ~ **part** Ersatzteil *nt*.

replant [ˌriːˈplɑːnt] *vt plants, trees* umpflanzen; *garden, field* neu bepflanzen.

replay [ˈriːpleɪ] (*Sport*) **I** *n* (*recording*) Wiederholung *f*; (*match also*) Wiederholungsspiel *nt*. **II** [ˌriːˈpleɪ] *vt match, game* wiederholen, nochmals austragen.

replenish [rɪˈplenɪʃ] *vt* ergänzen; (*when badly depleted*) wieder auffüllen; *glass* auffüllen.

replenishment [rɪˈplenɪʃmənt] *n see vt* Ergänzung *f*; Wiederauffüllen *nt*; Auffüllen *nt*.

replete [rɪˈpliːt] *adj* (*form*) reichlich versehen *or* ausgestattet (*with* mit); (*well-fed*) *person* gesättigt.

repletion [rɪˈpliːʃən] *n* (*form*) Sättigung *f*.

replica [ˈreplɪkə] *n* (*of painting, statue*) Reproduktion, Kopie *f*; (*of document*) Kopie *f*; (*of ship, building*) Nachbildung *f*. **she is a ~ of her sister** sie ist das Ebenbild ihrer Schwester.

reply [rɪˈplaɪ] **I** *n* (*letter*) Antwort *f*; (*spoken also*) Erwiderung *f*. **in** ~ (als Antwort) darauf; **in ~ to your letter/remarks** in Beantwortung Ihres Briefes (*form*), auf Ihren Brief/Ihre Bemerkungen; ~ **coupon** Antwortschein *m*; **to send a letter ~ paid** einen Brief gebührenfrei senden; **~-paid envelope** freigemachter Briefumschlag, Freiumschlag *m*.

II *vt* **to ~ (to sb) that ...** (jdm) antworten, daß ...

III *vi* (*to sth* auf etw +*acc*) antworten; (*spoken also*) erwidern.

repopulate [ˌriːˈpɒpjʊleɪt] *vt area* neu besiedeln.

report [rɪˈpɔːt] **I** *n* **1.** (*account, statement*) Bericht *m* (*on* über +*acc*); (*Press, Rad, TV also*) Reportage *f* (*on* über +*acc*). **to give a ~ on sth** Bericht über etw (*acc*) erstatten/eine Reportage über etw (*acc*) machen; **an official ~ on the motor industry** ein Gutachten *nt* über die Autoindustrie; **(school)** ~ Zeugnis *nt*; **chairman's** ~ Bericht *m* des Vorsitzenden; ~ **card** (*Sch*) Zeugnis(blatt) *nt*; ~ **generator** (*Comput*) Berichtgenerator *m*.

2. (*rumour*) **to know sth only by ~** etw nur vom Hörensagen kennen; **there is a ~ that ...** es wird gesagt, daß ...

3. (*reputation*) Ruf *m*.

4. (*of gun*) Knall *m*.

II *vt* **1.** *results, findings* berichten über (+*acc*); (*announce officially also*) melden; (*tell to particular person also*) melden (*to sb* jdm). **to ~ that ...** berichten, daß ...; **to ~ progress** einen Tätigkeitsbericht abgeben; **the papers ~ed the crime as solved** laut Presseberichten ist das Verbrechen aufgeklärt; **he is ~ed as having said ...** er soll gesagt haben ...; **it is ~ed from the White House that ...** es wird vom Weißen Haus berichtet *or* gemeldet, daß ...

2. (*to sb* jdm) (*notify authorities of*) *accident, crime, suspect, criminal, culprit* melden; (*to police also*) anzeigen; *one's position* angeben. **to ~ sb for sth** jdn wegen etw melden; **to ~ sb sick** jdn krank melden; **~ed missing** als vermißt gemeldet; **nothing to ~** keine besonderen Vorkommnisse!

III *vi* **1.** (*announce oneself*) sich melden. ~ **to the director on Monday** melden Sie sich am Montag beim Direktor; **to ~ for duty** sich zum Dienst melden; **to ~ sick** sich krank melden.

2. (*give a* ~) berichten, Bericht erstatten (*on* über +*acc*); (*work as journalist*) Reporter(in *f*) *m* sein. **the committee is ready to** ~ der Ausschuß hat seinen Bericht fertig; **this is Michael Brown ~ing (from Rome)** (*Rad, TV*) Michael Brown (mit einem Bericht aus Rom).

◆**report back** *vi* **1.** (*announce one's return*) sich zurückmelden. **2.** (*give report*) Bericht erstatten (*to sb* jdm).

◆**report to** *vi* + *prep obj* (*in organization*) unterstellt sein (+*dat*), unterstehen (+*dat*). **who do you ~ ~?** wer ist Ihr Vorgesetzter?

reportage [ˌrepɔːˈtɑːʒ] *n* Reportage *f*; (*style*) Reporterstil *m*.

reported [rɪˈpɔːtɪd] *adj* **1.** gemeldet. **2.** (*Gram*) ~ **speech** indirekte Rede.

reportedly [rɪˈpɔːtɪdlɪ] *adv* wie verlautet.

reporter [rɪˈpɔːtə^r] *n* **1.** (*Press, Rad, TV*) Reporter(in *f*), Berichterstatter(in *f*) *m*; (*on the spot*) Korrespondent(in *f*) *m*. **2.** (*Jur, Parl: stenographer*) Stenograph (in *f*), Gerichtsschreiber(in *f*) (*old*) *m*.

reporting structure *n* Organisationsstruktur *f*.

repose [rɪˈpəʊz] **I** *n* (*liter*) (*rest, peace*) Ruhe *f*; (*composure*) Gelassenheit *f*. **in** ~ in Ruhe. **II** *vt* (*form, liter*) **1.** *trust* setzen (*in* in *or* auf +*acc*). **2. to ~ oneself** (*rest*) sich ausruhen. **III** *vi* (*form, liter*) **1.** (*rest, be buried*) ruhen. **2.** (*be based*) beruhen (*upon* auf +*dat*).

repository [rɪˈpɒzɪtərɪ] *n* (*warehouse*) Lager, Magazin *nt*; (*fig*) (*of facts etc*) Quelle *f* (*of* für); (*book, library*) Fundgrube *f* (*of* für); (*liter: of secret*) Hüter(in *f*) *m*.

repossess [ˌriːpəˈzes] *vt* wieder in Besitz nehmen.

repossession [ˌriːpəˈzeʃən] *n* Wiederinbesitznahme *f*.

reprehend [ˌreprɪˈhend] *vt* tadeln, rügen.

reprehensible [ˌreprɪˈhensɪbl] *adj* verwerflich, tadelnswert.

reprehensibly [ˌreprɪˈhensɪblɪ] *adv* verwerflich.

reprehension [ˌreprɪˈhenʃən] *n* **1.** *no pl* (*act*) Tadeln, Rügen *nt*.

2. (*rebuke*) Tadel *m*, Rüge *f*.

represent [ˌreprɪˈzent] *vt* **1.** darstellen; (*stand for also*) stehen für; (*symbolize also*) symbolisieren. **he ~s all that is best in ...** er verkörpert das Beste (+*gen*) ...

2. (*act or speak for, Parl, Jur*) vertreten. **he ~s their firm in London** er vertritt *or* repräsentiert die Firma in London.

3. (*declare to be*) (*as* als) *person, event, risk* darstellen; (*falsely*) hinstellen. **he ~ed me as a fool/a saint** er stellte mich als Narren/Engel hin.

4. (*set forth, explain*) vor Augen führen (*to sb* jdm).

5. (*Theat*) *character, part* darstellen.

representation [ˌreprɪzen'teɪʃən] *n* **1.** *no pl* (*representing*) *see vt 1.-3.* Darstellung *f*; Symbolisierung *f*; Vertretung *f*; Hinstellung *f*.

2. (*drawing, description, Theat*) Darstellung *f*.

3. ~s *pl* (*esp Pol: remonstrations*) Vorstellungen, Vorhaltungen *pl*; **the ambassador made ~s to the government** der Botschafter wurde bei der Regierung vorstellig.

representational [ˌreprɪzen'teɪʃənəl] *adj art, picture* gegenständlich. **in ~ form** symbolisch; **a ~ party of** eine Vertretung (+*gen*).

representative [ˌreprɪ'zentətɪv] **I** *adj* **1.** (*of* für) (*typical*) *cross-section, sample* repräsentativ; *attitude also* typisch; (*symbolic*) symbolisch.

2. (*acting for*) repräsentativ; *delegation* Repräsentativ-. **a ~ body** eine Vertretung.

3. (*Parl*) *government* repräsentativ. **~ assembly** Abgeordnetenversammlung *f*.

II *n* (*Comm*) Vertreter(in *f*) *m*; (*Jur*) Bevollmächtigte(r), Beauftragte(r) *mf*; (*US Pol*) Abgeordnete(r) *mf*. **authorized ~** Bevollmächtigte(r) *mf*; *see* **house**.

repress [rɪ'pres] *vt revolt, rebellion, population* unterdrücken; *emotions, desires also* zurückdrängen; *laugh, sneeze also* zurückhalten; (*Psych*) verdrängen.

repressed [rɪ'prest] *adj* unterdrückt.

repression [rɪ'preʃən] *n* Unterdrückung *f*; (*Psych*) Verdrängung *f*.

repressive [rɪ'presɪv] *adj* repressiv.

reprieve [rɪ'pri:v] **I** *n* (*Jur*) Begnadigung *f*; (*postponement*) Strafaufschub *m*; (*fig*) Gnadenfrist *f*.

II *vt* **he was ~d** (*Jur*) er wurde begnadigt; (*sentence postponed*) seine Strafe wurde aufgeschoben; **the building/firm has been ~d for a while** das Gebäude/die Firma ist vorerst noch einmal verschont geblieben.

reprimand ['reprɪmɑ:nd] **I** *n* Tadel *m*; (*official also*) Verweis *m*.

II *vt* tadeln; maßregeln (*geh*).

reprint [ˌri:'prɪnt] **I** *vt* neu auflegen, neu abdrucken, nachdrucken. **II** ['ri:prɪnt] *n* Neuauflage *f*, Nachdruck *m*.

reprisal [rɪ'praɪzəl] *n* (*for* gegen) Vergeltungsmaßnahme *f*; (*Mil, between companies, countries also*) Repressalie *f*. **to take ~s** zu Repressalien greifen; **as a ~ for** als Vergeltung für.

reproach [rɪ'prəʊtʃ] **I** *n* **1.** (*rebuke*) Vorwurf *m*. **look of ~** ein vorwurfsvoller Blick; **above** *or* **beyond ~** über jeden Vorwurf erhaben.

2. (*discredit*) **to be a ~ to sb/sth** eine Schande für jdn/etw sein; **to bring ~ (up)on sb/sth** jdn/etw in schlechten Ruf bringen.

II *vt* Vorwürfe machen (+*dat*). **to ~ sb for his mistake** jdm einen Fehler vorwerfen; **to ~ sb for having done sth** jdm Vorwürfe dafür machen, daß er etw getan hat; **he has nothing to ~ himself for** *or* **with** er hat sich (*dat*) nichts vorzuwerfen.

reproachful *adj*, **~ly** *adv* [rɪ'prəʊtʃfʊl, -fəlɪ] vorwurfsvoll.

reprobate ['reprəʊbeɪt] **I** *adj action* ruchlos, verwerflich; *person* verkommen; (*Eccl*) verdammt. **II** *n* verkommenes Subjekt, Gestrauchelte(r) *mf* (*geh*); (*Eccl*) Verdammte(r) *mf*.

reprobation [ˌreprəʊ'beɪʃən] *n* Verdammung *f*.

reprocess [ˌri:'prəʊses] *vt* wiederverwerten; *sewage, atomic waste* wiederaufbereiten. **~ing plant** Wiederaufbereitungsanlage *f*.

reproduce [ˌri:prə'dju:s] **I** *vt* **1.** wiedergeben; (*Art, mechanically, electronically also*) reproduzieren; (*Typ*) abdrucken.

2. (*Biol*) **to ~ its kind** sich fortpflanzen.

3. (*Theat*) *play* neu inszenieren.

II *vi* **1.** (*Biol*) sich fortpflanzen *or* vermehren.

2. (*Typ*) **this picture won't ~ well** dieses Bild läßt sich nicht gut reproduzieren.

reproducible [ˌri:prə'dju:sɪbəl] *adj* reproduzierbar.

reproduction [ˌri:prə'dʌkʃən] *n* **1.** (*procreation*) Fortpflanzung *f*.

2. (*copying*) Reproduktion *f*; (*of documents also*) Vervielfältigung *f*. **sound ~** Klang- *or* Tonwiedergabe *f*.

3. (*copy*) Reproduktion *f*; (*photo*) Kopie *f*; (*sound ~*) Wiedergabe *f*. **~ furniture** (moderne) Stilmöbel *pl*.

reproductive [ˌri:prə'dʌktɪv] *adj* Fortpflanzungs-.

reproof [rɪ'pru:f] *n* Tadel *m*, Rüge *f*.

reproval [rɪ'pru:vəl] *n* **1.** *no pl* (*act*) Tadeln, Rügen *nt*. **2.** *see* **reproof**.

reprove [rɪ'pru:v] *vt* tadeln, rügen.

reproving *adj*, **~ly** *adv* [rɪ'pru:vɪŋ, -lɪ] tadelnd.

reptile ['reptaɪl] **I** *n* Reptil, Kriechtier *nt*; (*fig pej*) Kriecher(in *f*) *m* (*pej*).

II *adj* Reptilien-, reptilartig.

reptilian [rep'tɪlɪən] **I** *adj* Reptilien-, reptilartig, (*fig pej*) kriecherisch (*pej*). **II** *n* Reptil, Kriechtier *nt*.

republic [rɪ'pʌblɪk] *n* Republik *f*.

republican [rɪ'pʌblɪkən] **I** *adj* republikanisch. **II** *n* Republikaner(in *f*) *m*.

republicanism [rɪ'pʌblɪkənɪzəm] *n* Republikanismus *m*.

republish [ˌri:'pʌblɪʃ] *vt book* wieder *or* neu veröffentlichen *or* herausbringen.

repudiate [rɪ'pju:dɪeɪt] *vt person* verstoßen; *authorship, debt, obligation* nicht anerkennen; *accusation* zurückweisen.

repudiation [rɪˌpju:dɪ'eɪʃən] *n see vt* Verstoßung *f*; Nichtanerkennung *f*; Zurückweisung *f*.

repugnance [rɪ'pʌgnəns] *n* Widerwille *m*, Abneigung *f* (*towards, for* gegen).

repugnant [rɪ'pʌgnənt] *adj* widerlich, abstoßend.

repulse [rɪ'pʌls] **I** *vt* (*Mil*) *enemy, attack* zurückschlagen, abwehren; (*fig*) *person, help, offer* abweisen, zurückweisen. **II** *n* (*Mil*) Abwehr *f*, Zurückschlagen *nt*; (*fig*) Abweisung, Zurückweisung *f*. **to meet with** *or* **suffer a ~** abgewiesen *or* zurückgewiesen werden.

repulsion [rɪ'pʌlʃən] *n* **1.** (*distaste*) Widerwille *m* (*for* gegen). **2.** (*Phys*) Abstoßung *f*.

repulsive [rɪ'pʌlsɪv] *adj* **1.** (*loathsome*) abstoßend, widerwärtig. **2.** (*Phys*) *forces* abstoßend, Repulsiv-.

repulsively [rɪ'pʌlsɪvlɪ] *adv* abstoßend, widerwärtig. **~ ugly** abstoßend häßlich.

repulsiveness [rɪ'pʌlsɪvnɪs] *n see adj 1.* Abstoßende(s) *nt* (*of* an +*dat*), Widerwärtigkeit *f*.

repurchase [ˌriː'pɜːtʃɪs] **I** *n* Rückkauf *m*. **II** *vt* zurückkaufen.

reputable ['repjʊtəbl] *adj* ehrenhaft; *occupation* ordentlich, anständig; *dealer, firm* seriös.

reputation [ˌrepjʊ'teɪʃən] *n* Ruf, Name *m*; (*bad ~*) schlechter Ruf. **what sort of ~ does she have**? wie ist ihr Ruf?; **he has a ~ for being ...** er hat den Ruf, ... zu sein; **you don't want to get (yourself) a ~, you know** du willst dich doch sicherlich nicht in Verruf bringen.

repute [rɪ'pjuːt] **I** *n* Ruf *m*, Ansehen *nt*. **to know sb by ~** von jdm schon viel gehört haben; **to be of good ~** einen guten Ruf genießen; **a restaurant of ~** ein angesehenes Restaurant; **a house of ill ~** ein Haus von zweifelhaftem Ruf.

II *vt* (*pass only*) **he is ~d to be ...** man sagt, daß er ... ist; **he is ~d to be the best** er gilt als der Beste.

reputed [rɪ'pjuːtɪd] *adj* angenommen. **the ~ father** (*Jur*) der vermutliche Vater.

reputedly [rɪ'pjuːtɪdlɪ] *adv* wie man annimmt. **he is ~ the best player in the world** er gilt als der beste Spieler der Welt.

request [rɪ'kwest] **I** *n* Bitte *f*, Wunsch *m*, Ersuchen *nt* (*geh*). **at sb's ~** auf jds Bitte; **on/by ~** auf Wunsch; **no parking by ~** bitte nicht parken; **to make a ~ for sth** um etw bitten; **I have a ~ to make of** *or* **to you** ich habe eine Bitte an Sie.

II *vt* bitten um, ersuchen (*geh*); (*Rad*) *record* sich (*dat*) wünschen. **to ~ sth of** *or* **from sb** jdn um etw bitten *or* ersuchen (*geh*); **"you are ~ed not to smoke"** ,,bitte nicht rauchen".

request programme *n* (*Rad*) Wunschsendung *f*; **request stop** *n* (*Brit*) Bedarfshaltestelle *f*.

requiem ['rekwɪem] *n* Requiem *nt*. **~ mass** Totenmesse *f*.

require [rɪ'kwaɪəʳ] *vt* **1.** (*need*) brauchen, benötigen; *thing also* nötig haben; *work, action* erfordern; (*desire*) wünschen, mögen. **it ~s great care** das erfordert große Sorgfalt; **what qualifications are ~d**? welche Qualifikationen werden verlangt *or* sind erforderlich?; **to be ~d to do sth** etw machen *or* tun müssen; **that is not ~d** das ist nicht nötig *or* erforderlich; **if you ~ me** wenn Sie mich benötigen; **if ~d** falls notwendig *or* erforderlich; **when (it is) ~d** auf Wunsch, wenn es gewünscht wird; **as and when ~d** nach Bedarf; **dilute as ~d** nach Bedarf verdünnen.

2. (*order*) verlangen. **to ~ sb to do sth** von jdm verlangen, daß er etw tut; **you are ~d to report to the boss immediately** Sie sollen sich sofort beim Chef melden; **to ~ sth of sb** etw von jdm verlangen; **as ~d by law** den gesetzlichen Bestimmungen gemäß *or* entsprechend.

required [rɪ'kwaɪəd] *adj* erforderlich, notwendig; *date* vorgeschrieben; (*desired*) gewünscht. **the ~ amount** die benötigte Menge; **~ reading** (*Sch, Univ*) Pflichtlektüre *f*.

requirement [rɪ'kwaɪəmənt] *n* **1.** (*need*) Bedürfnis *nt*, Bedarf *m no pl*; (*desire*) Wunsch, Anspruch *m*. **to meet sb's ~s** jds Bedürfnisse erfüllen; jds Wünschen (*dat*) entsprechen, jds Ansprüchen (*dat*) gerecht werden; **there isn't enough bread to meet the ~** es ist nicht genügend Brot da, um den Bedarf zu dekken.

2. (*condition, thing required*) Erfordernis *nt*. **to fit the ~s** den Erfordernissen entsprechen.

requisite ['rekwɪzɪt] **I** *n* Artikel *m*; (*necessary thing*) Erfordernis *nt*. **bath/toilet/travel ~s** Bade-/Toiletten-/Reiseartikel *pl or* -utensilien *pl*.

II *adj* erforderlich, notwendig.

requisition [ˌrekwɪ'zɪʃən] **I** *n* Anforderung *f*; (*act: of objects*) Requisition *f*. **to make a ~ for sth** etw anfordern.

II *vt sb's services* anfordern; *supplies, food* requirieren.

requital [rɪ'kwaɪtl] *n* (*repayment*) Vergeltung *f*; (*revenge also*) Rache *f*.

requite [rɪ'kwaɪt] *vt* **1.** (*repay*) *person* es vergelten (+*dat*); *action* vergelten. **~d love** erwiderte Liebe. **2.** (*avenge*) *action* vergelten; *person* rächen.

reread [ˌriː'riːd] *pret, ptp* **reread** [ˌriː'red] *vt* wieder *or* nochmals lesen.

reroute [ˌriː'ruːt] *vt train, bus* umleiten.

rerun [ˌriː'rʌn] **I** *vt film* wieder *or* nochmals aufführen; *tape* wieder *or* nochmals abspielen; *race* wiederholen.

II ['riːrʌn] *n see vt* Wiederaufführung *f*; Wiederabspielen *nt*; Wiederholung *f*.

resale ['riːseɪl] *n* Weiterverkauf *m*. **"not for ~"** ,,nicht zum Weiterverkauf bestimmt"; (*on free sample*) ,,unverkäufliches Muster"; **~ price maintenance** Preisbindung *f*; **~ value** Wiederverkaufswert *m*.

rescind [rɪ'sɪnd] *vt decision* rückgängig machen, widerrufen; *judgement, contract also* annullieren; *law, act* aufheben.

rescue ['reskjuː] **I** *n* (*saving*) Rettung *f*; (*freeing*) Befreiung *f*. **~ was difficult** die Rettung war schwierig; **to go/come to sb's ~** jdm zu Hilfe kommen; **to the ~!** zu Hilfe!; **it was Bob to the ~** Bob war unsere/seine *etc* Rettung; **~ attempt/operation/party** Rettungsversuch *m*/-aktion *f*/-mannschaft *f*; **~ services** Rettungsdienst *m*.

II *vt* (*save*) retten; (*free*) erretten, befreien.

rescuer ['reskjʊəʳ] *n see vt* Retter(in *f*) *m*; Befreier(in *f*) *m*.

research [rɪ'sɜːtʃ] **I** *n* Forschung *f* (*into, on* über +*acc*). **a piece of ~** eine Forschungsarbeit; **to do ~** forschen, Forschung betreiben; **to carry out ~ into the effects of sth** Forschungen über die Auswirkungen einer Sache (*gen*) anstellen.

II *vi* forschen, Forschung betreiben. **to ~ into** *or* **on sth** etw erforschen, über etw (*acc*) forschen *or* Forschung betreiben.

III *vt* erforschen, untersuchen. **a well-~ed book** ein Buch, das auf solider Forschungsarbeit beruht; (*journalistic investigation*) ein gutrecherchiertes Buch.

research *in cpds* Forschungs-; **research assistant** *n* wissenschaftlicher Assistent, wissenschaftliche Assistentin.

researcher [rɪ'sɜːtʃəʳ] *n* Forscher(in *f*) *m*.

research establishment *n* Forschungsstätte *f*; **research fellow** *n* (*Univ*) Forschungsstipendiat(in *f*) *m*; **research fellowship** *n* Forschungsstipendium *nt*; **research student** *n* (*Univ*) *Student, der Forschungen für einen höheren akademischen Grad betreibt*, ≃ Doktorand(in *f*) *m*; **research worker** *n* Forscher(in *f*) *m*.

reseat [ˌriː'siːt] *vt* **1.** *chair* einen neuen Sitz geben (+*dat*); *trousers* einen neuen Hosenboden anfertigen für. **2.** (*Tech*) *valve* neu einschleifen. **3.** *person* umsetzen. **when everyone was ~ed** als sich alle wieder gesetzt hatten.

resection [riː'sekʃən] *n* **1.** (*Med*) Resektion *f*. **2.** (*Surv*) Triangulation *f*.

resell [ˌriː'sel] *vt* weiterverkaufen, wieder verkaufen.

resemblance [rɪ'zembləns] *n* Ähnlichkeit *f*. **to bear a strong/a faint/no ~ to sb/sth** starke/leichte/keine Ähnlichkeit mit jdm/etw haben.

resemble [rɪ'zembl] *vt* ähneln, gleichen.

resent [rɪ'zent] *vt remarks, behaviour* übelnehmen, sich ärgern über (+*acc*); *person* ein Ressentiment haben gegen. **he ~ed my having** *or* **me for having got the job** er nahm es mir übel, daß ich die Stelle bekommen hatte; **he ~ed the fact that ...** er ärgerte sich darüber, daß ...; **to ~ sb's success** jdm seinen Erfolg mißgönnen; **I ~ that** das gefällt mir nicht.

resentful [rɪ'zentfʊl] *adj* ärgerlich (*of sb* auf jdn); (*of stepmother, younger brother etc*) voller Ressentiment (*of* gegen). **to be ~ of sb's success** jdm seinen Erfolg nicht gönnen; **he felt ~ about her promotion** er nahm es ihr übel, daß sie befördert worden war.

resentfully [rɪ'zentfəlɪ] *adv* ärgerlich.

resentment [rɪ'zentmənt] *n* Ärger, Groll *m no pl* (*of* über +*acc*).

reservation [ˌrezə'veɪʃən] *n* **1.** (*qualification of opinion*) Vorbehalt *m*; (*Philos*) Mentalreservation *f* (*spec*). **without ~** ohne Vorbehalt, vorbehaltlos; **with ~s** unter Vorbehalt(en); **to have ~s about sb/sth** Bedenken in bezug auf jdn/etw haben.

2. (*booking*) Reservierung *f*. **to make a ~ at the hotel/on the boat** ein Zimmer im Hotel/einen Platz auf dem Schiff reservieren lassen *or* bestellen; **to have a ~ (for a room)** ein Zimmer reserviert haben; **~(s) desk** Reservierungsschalter *m*.

3. (*area of land*) Reservat *nt*, Reservation *f*. **(central) ~** (*Brit: on motorway*) Mittelstreifen *m*.

reserve [rɪ'zɜːv] **I** *vt* **1.** (*keep*) aufsparen, aufheben. **to ~ judgement/one's decision** mit einem Urteil/seiner Entscheidung zurückhalten; **to ~ the right to do sth** sich (*dat*) (das Recht) vorbehalten, etw zu tun; **to ~ oneself for sth** sich für etw schonen.

2. (*book in advance: client*) reservieren lassen. **the box office lady ~d 4 seats for us** die Dame an der Kasse hat uns 4 Plätze reserviert.

II *n* **1.** (*store*) (*of* an +*dat*) Reserve *f*, Vorrat *m*; (*Fin*) Reserve *f*. **to have great ~s of energy** große Kraftreserven haben; **cash ~** Barreserve *f*; **~ fund** Rücklage *f*, Reservefonds *m*; **world ~s of copper** die Weltkupferreserven *pl*, die Weltreserven *pl* an Kupfer; **to have/keep in ~** in Reserve haben/halten.

2. without ~ ohne Vorbehalt, vorbehaltlos; **with certain ~s** unter *or* mit gewissen Vorbehalten.

3. *see* **~ price**.

4. (*piece of land*) Reservat *nt*, Reservation *f*.

5. (*coolness, reticence*) Reserve, Zurückhaltung *f*. **he treated me with some ~** er behandelte mich etwas reserviert.

6. (*Mil*) (*force*) Reserve *f*; (*soldier*) Soldat *m* der Reserve.

7. (*Sport*) Reservespieler(in *f*) *m*.

reserve *in cpds* Reserve-; **reserve currency** *n* Leitwährung *f*.

reserved [rɪ'zɜːvd] *adj* **1.** (*reticent*) zurückhaltend, reserviert (*about* in bezug auf +*acc*). **2.** *room, seat* reserviert, belegt. **3.** (*Publishing*) **all rights ~** alle Rechte vorbehalten.

reservedly [rɪ'zɜːvɪdlɪ] *adv* zurückhaltend, reserviert.

reserve player *n* Reservespieler(in *f*) *m*; **reserve price** *n* Mindest- *or* Ausrufpreis *m*; **reserve tank** *n* Reservetank *m*.

reservist [rɪ'zɜːvɪst] *n* (*Mil*) Reservist *m*.

reservoir ['rezəvwɑːʳ] *n* (*lit*) (*for water*) Reservoir *nt*, (*for gas*) Speicher *m*; (*fig: of knowledge, facts, talent*) Fundgrube *f*.

reset [ˌriː'set] *pret, ptp* **~** *vt precious stone* neu (ein)fassen; *watch* neu stellen (*to* auf +*acc*); *dial, gauge* zurückstellen (*to* auf +*acc*); (*Med*) *limb, bone* wieder einrichten; *dislocated shoulder* wieder einrenken; (*Typ*) *text* neu setzen; (*Comput*) rücksetzen. **~ switch** *or* **button** (*Comput*) Rückstelltaste *f*.

resettle [ˌriː'setl] *vt refugees* umsiedeln; *land* neu *or* wieder besiedeln.

resettlement [ˌriː'setlmənt] *n see vt* Umsiedlung *f*; Neubesied(e)lung *f*.

reshape [ˌriː'ʃeɪp] *vt dough, clay* umformen, neu formen; *text* umschreiben; *policy* umstellen.

reshuffle [ˌriː'ʃʌfl] **I** *vt cards* neu mischen; (*fig*) *Cabinet* umbilden; *board of di-*

rectors umbilden, umbesetzen. **II** *n* (*of cards*) erneutes Mischen; (*fig: of board*) Umbesetzung, Umbildung *f*. **cabinet ~** (*Pol*) Kabinettsumbildung *f*.

reside [rɪ'zaɪd] *vi* **1.** (*form: live*) seinen Wohnsitz haben; *monarch, ambassador* residieren. **2.** (*fig form*) **to ~ in sth** in etw (*dat*) liegen.

residence ['rezɪdəns] *n* **1.** (*house*) Wohnhaus *nt*; (*hostel: for students, nurses*) Wohnheim *nt*; (*of monarch, ambassador*) Residenz *f*. **the President's official ~** der Amtssitz des Präsidenten; *see* **hall**.

2. *no pl* (*stay, living*) **country/place of ~** Aufenthaltsland *nt*/Wohnort *m*; **after 5 years' ~ in Britain** nach 5 Jahren Aufenthalt in Großbritannien; **to take up ~ in the capital** sich in der Hauptstadt niederlassen; **~ in the country is restricted to nationals** nur Staatsangehörige können im Land Wohnsitz nehmen (*form*); **to be in ~** (*monarch, governor*) anwesend sein; **there is always a doctor in ~** es ist immer ein Arzt am Ort; **~ permit** Aufenthaltsgenehmigung *f*.

residency ['rezɪdənsɪ] *n* **1.** (*US*) *see* **residence 2. 2.** (*Brit*) Residenz *f*. **3.** (*of doctor*) Assistenzzeit *f* im Krankenhaus.

resident ['rezɪdənt] **I** *n* **1.** Bewohner(in *f*) *m*; (*in town also*) Einwohner(in *f*) *m*; (*of institution also*) Insasse *m*, Insassin *f*; (*in hotel*) Gast *m*. **"access restricted to ~s only"** „Anlieger frei"; **parking for ~s only** Parkplatz nur für Mieter; (*on road*) Parken nur für Anlieger gestattet; (*at hotel*) Parkplatz nur für Gäste; **~s' association** (*of area*) Bürgerinitiative *f*.

2. (*doctor*) Anstaltsarzt *m*/-ärztin *f*.

II *adj* **1.** (*in country, town*) wohnhaft; (*attached to institution*) ansässig, Haus-; *chaplain, tutor, physician* Haus-. **they are ~ in Germany** sie haben ihren Wohnsitz in Deutschland; **the ~ population** die ansässige Bevölkerung; **are you ~ in the hotel**? sind Sie Hotelgast/Hotelgäste?

2. to be ~ in sb/sth *see* **reside 2.**

residential [ˌrezɪ'denʃəl] *adj area* Wohn-; *job* im Haus; *college* mit einem Wohnheim verbunden; *course* mit Unterkunft.

residual [rɪ'zɪdjʊəl] **I** *adj* restlich, Rest-; (*Chem*) Rückstands-, rückständig. **~ soil** (*Geol*) Alluvialboden *m*; (*by erosion*) Verwitterungsboden *m*.

II *n* (*Chem*) Rückstand *m*; (*Statistics, Math*) Abweichung *f*. **~s** (*US: royalties*) Wiederholungsgage *f*.

residuary [rɪ'zɪdjʊərɪ] *adj* restlich, Rest-; (*Chem*) rückständig.

residue ['rezɪdjuː] *n* Rest *m*; (*Chem*) Rückstand *m*; (*Jur*) Nachlaß *m* nach Abzug sämtlicher Verbindlichkeiten.

residuum [rɪ'zɪdjʊəm] *n* (*Chem*) Rückstand *m*, Residuum *nt*; (*Jur*) *see* **residue**.

resign [rɪ'zaɪn] **I** *vt* **1.** (*give up*) *office, post* zurücktreten von, abgeben; *claim, rights* aufgeben, verzichten auf (+*acc*). **to ~ power** abtreten; **to ~ one's commission** (*Mil*) seinen Abschied nehmen.

2. to ~ oneself to sth/to doing sth sich mit etw abfinden/sich damit abfinden, etw zu tun; *see also* **resigned**.

II *vi* (*from public appointment, committee*) zurücktreten; (*employee*) kündigen; (*civil servant, clergyman*) sein Amt niederlegen; (*teacher*) aus dem Dienst ausscheiden. **to ~ from office** sein Amt niederlegen; **he ~ed from (his job with) "The Times"** er hat (seine Stelle) bei der „Times" gekündigt; **the Prime Minister was forced to ~** der Premierminister wurde zum Rücktritt gezwungen.

resignation [ˌrezɪg'neɪʃən] *n* **1.** *see vi* Rücktritt *m*; Kündigung *f*; Amtsniederlegung *f*; Ausscheiden *nt* aus dem Dienst. **to hand in one's ~** seinen Rücktritt/seine Kündigung einreichen/sein Amt niederlegen/aus dem Dienst ausscheiden.

2. (*mental state*) Resignation (*to* gegenüber +*dat*), Ergebung (*to* in +*acc*) *f*.

3. (*form: of right, claim etc*) Verzicht *m* (*of* auf +*acc*).

resigned [rɪ'zaɪnd] *adj person* resigniert. **to become ~ to sth** sich mit etw abfinden; **I was ~ to walking, when ...** ich hatte mich schon damit abgefunden, zu Fuß gehen zu müssen, als ...

resignedly [rɪ'zaɪnɪdlɪ] *adv see adj*.

resilience [rɪ'zɪlɪəns] *n see adj* Federn *nt*; Unverwüstlichkeit *f*.

resilient [rɪ'zɪlɪənt] *adj* **1.** *material* federnd *attr*. **to be ~** federn. **2.** (*fig*) *person, nature* unverwüstlich.

resin ['rezɪn] *n* Harz *nt*.

resinous ['rezɪnəs] *adj* harzig, Harz-.

resist [rɪ'zɪst] **I** *vt* **1.** sich widersetzen (+*dat*); *arrest, sb's advances, enemy, attack also* Widerstand leisten gegen, sich wehren gegen; (*fig*) *proposal, change also* sich entgegenstellen (+*dat*), sich sträuben *or* wehren gegen.

2. *temptation, sb, sb's charms* widerstehen (+*dat*). **I couldn't ~ (eating) another cake** ich konnte der Versuchung nicht widerstehen, noch ein Stück Kuchen zu essen.

3. (*wall, door*) standhalten (+*dat*). **the lock ~ed my attempts at opening it** das Schloß widerstand meinen Versuchen, es zu öffnen; **to ~ corrosion** korrosionsbeständig sein.

II *vi see vt* **1.** sich widersetzen; Widerstand leisten, sich wehren; sich sträuben *or* wehren. **2.** widerstehen. **3.** standhalten.

resistance [rɪ'zɪstəns] *n* (*to* gegen) Widerstand *m* (*also Elec, Phys, Mil*); (*Med*) Widerstandsfähigkeit, Resistenz (*geh*) *f*. **~ to water/heat** Wasser-/Hitzebeständigkeit *f*; **to meet with ~** auf Widerstand stoßen; **to offer no ~ (to sb/sth)** (*to attacker, advances*) (jdm/gegen etw) keinen Widerstand leisten; (*to proposals*) sich (jdm/einer Sache) nicht entgegenstellen *or* widersetzen; **~ fighter** Widerstandskämpfer(in *f*) *m*; **the R~ movement** (*Hist*) die französische Widerstandsbewegung.

resistant [rɪ'zɪstənt] *adj material, surface* strapazierfähig; (*Med*) immun (*to* gegen). **water-~** wasserbeständig.

resistor [rɪ'zɪstə^{r}] *n* (*Elec*) Widerstand *m*.

resit [ˌriː'sɪt] (*vb: pret, ptp* **resat**) **I** *vt exam* wiederholen. **II** *vi* die Prüfung wiederholen. **III** ['riːsɪt] *n* Wiederholung(sprüfung) *f*.

resolute ['rezəluːt] *adj* energisch, entschlossen; *answer* entschieden, bestimmt.

resolutely ['rezəluːtlɪ] *adv see adj*.

resoluteness ['rezəluːtnɪs] *n see adj* Entschlossenheit *f*; Entschiedenheit, Bestimmtheit *f*.

resolution [ˌrezə'luːʃən] *n* **1.** (*decision*) Beschluß *m*; (*Pol, Admin also*) Resolution *f*; (*governing one's behaviour*) Vorsatz *m*. **good ~s** gute Vorsätze *pl*.

2. *no pl* (*resoluteness*) Entschlossenheit, Bestimmtheit *f*.

3. *no pl* (*solving: of problem, puzzle*) Lösung *f*.

4. (*Phys, Mus*) Auflösung *f* (*into* in +*acc*).

5. (*Med: of swelling*) Rückgang *m*.

6. (*Comput, TV*) Bildauflösung *f*. **high ~** hochauflösend.

resolvable [rɪ'zɒlvəbl] *adj see vt 1., 3.* lösbar; zerstreubar; zerlegbar; auflösbar.

resolve [rɪ'zɒlv] **I** *vt* **1.** *problem* lösen; *doubt* zerstreuen.

2. (*decide*) **to ~ that ...** beschließen, daß ...; **to ~ to do sth** beschließen, etw zu tun; **that ~d me to ...** das hat mich zu dem Entschluß veranlaßt zu ...

3. (*break up: into elements*) zerlegen (*into* in +*acc*); (*convert*) auflösen (*also Phys*) (*into* in +*acc*).

4. (*Mus*) *chord, harmony* auflösen (*into* in +*acc*).

5. (*Med*) zum Rückgang bringen.

II *vi* **1.** (*decide*) **to ~ (up)on sth** etw beschließen.

2. (*into* in +*acc*) (*break up*) zerfallen; (*be converted*) sich auflösen.

III *vr* (*into* in +*acc*) sich zerlegen lassen; (*be converted*) sich auflösen.

IV *n* **1.** (*decision*) Beschluß *m*. **2.** *no pl* (*resoluteness*) Entschlossenheit *f*. **to do sth with ~** etw fest entschlossen tun.

resolved [rɪ'zɒlvd] *adj* (fest) entschlossen.

resonance ['rezənəns] *n* Resonanz *f*; (*of voice*) voller Klang.

resonant ['rezənənt] *adj sound* voll; *voice* klangvoll; *room* mit Resonanz. **~ with the sound of singing** von Gesang erfüllt.

resonator ['rezəneɪtə^{r}] *n* Resonator *m*.

resort [rɪ'zɔːt] **I** *n* **1.** (*recourse*) Ausweg *m*; (*thing, action resorted to also*) Rettung *f*. **without ~ to violence** ohne Gewaltanwendung; **as a last ~** als letztes; **in the last ~** im schlimmsten Fall, wenn alle Stricke reißen (*inf*); **you were my last ~** du warst meine letzte Rettung.

2. (*place*) Urlaubsort *m*. **seaside/summer ~** Seebad *nt*/Sommerurlaubsort *m*; **winter sports ~** Wintersportort *m*; *see* **health ~**, **holiday ~**.

II *vi* **1.** (*have recourse*) **to ~ to sth/sb** zu etw greifen/sich an jdn wenden; **to ~ to violence** Gewalt anwenden, gewalttätig werden; **to ~ to beggary/stealing** sich aufs Betteln/Stehlen verlegen.

2. (*frequent*) **to ~ to a place** häufig an einem Ort verkehren.

resound [rɪ'zaʊnd] *vi* (wider)hallen (*with* von). **my ears were still ~ing with the noise** mir tönten noch die Ohren von dem Lärm; **his name ~ed throughout the land** (*fig*) sein Name war in aller Munde.

resounding [rɪ'zaʊndɪŋ] *adj noise, shout* widerhallend; *laugh, voice* schallend; (*fig*) *triumph, victory, failure* gewaltig; *success* durchschlagend; *defeat* haushoch. **the response was a ~ "no"** die Antwort war ein überwältigendes „Nein".

resoundingly [rɪ'zaʊndɪŋlɪ] *adv* **the play was ~ successful** das Stück war ein durchschlagender Erfolg.

resource [rɪ'sɔːs] **I** *n* **1.** **~s** *pl* (*wealth, supplies, money*) Mittel, Ressourcen *pl*; **financial/mineral/natural ~s** Geldmittel *pl*/Bodenschätze *pl*/Naturschätze *pl*; **~s in** *or* **of men and materials** Reserven *pl* an Menschen und Material; **he has no ~s against boredom** er weiß sich (*dat*) gegen Langeweile nicht zu helfen; **left to his own ~s** sich (*dat*) selbst überlassen.

2. (*expedient*) Ausweg *m*, Mittel *nt*.

II *vt project* mit den nötigen Mitteln *or* Ressourcen versorgen, finanzieren; (*with personnel*) personell ausstatten.

resourceful [rɪ'sɔːsfʊl] *adv person* einfallsreich, findig; *scheme* genial.

resourcefully [rɪ'sɔːsfəlɪ] *adv see adj*.

resourcefulness [rɪ'sɔːsfʊlnɪs] *n see adj* Einfallsreichtum *m*, Findigkeit *f*; Genialität *f*.

respect [rɪ'spekt] **I** *n* **1.** (*esteem*) Respekt *m*, Achtung *f* (*for* vor +*dat*). **to have/show ~ for** Respekt *or* Achtung haben/zeigen vor (+*dat*); *for the law* achten; **to behave with ~** sich respektvoll verhalten; **to hold sb in (great) ~** jdn (sehr) achten; **he commands ~** er ist eine Respektsperson *or* (*public figure*) respektgebietende Persönlichkeit; **to command the ~ of the nation** dem Volk Respekt *or* Achtung abnötigen.

2. (*consideration*) Rücksicht *f* (*for* auf +*acc*). **to treat with ~** *person* rücksichtsvoll behandeln; *dangerous person* sich in acht nehmen vor (+*dat*); *toys, clothes* schonend behandeln; **nitroglycerine should be treated with ~** Nitroglyzerin muß mit äußerster Vorsicht behandelt werden; **she has** *or* **shows no ~ for other people's feelings** sie nimmt keine Rücksicht auf die Gefühle anderer; **out of ~ for** aus Rücksicht auf (+*acc*); **with (due) ~, I still think that ...** bei allem Respekt, meine ich dennoch, daß ...

3. (*reference*) **with ~ to ...** was ... anbetrifft, in bezug auf ... (+*acc*).

4. (*aspect*) Hinsicht, Beziehung *f*. **in some/other ~s** in gewisser/anderer Hinsicht *or* Beziehung; **in many ~s** in vieler Hinsicht; **in this ~** in der *or* dieser Hinsicht *or* Beziehung; **in what ~?** in welcher Hinsicht *or* Beziehung?

5. **~s** *pl* (*regards*) Empfehlungen (*geh*), Grüße *pl*; **to pay one's ~s to sb** jdm seine Aufwartung machen; **to pay one's last ~s to sb** jdm die letzte Ehre erweisen.

II *vt* **1.** respektieren; *person, customs, the law, privacy also* achten; *ability* anerkennen. **a ~ed company** eine angesehene Firma. **2. as ~s** was ... anbelangt *or* betrifft.

respectability [rɪˌspektə'bɪlɪtɪ] *n see adj 1.* Ehrbarkeit *f*; Ehrenhaftigkeit *f*; Anständigkeit *f*; Angesehenheit, Geachtetheit *f*; Korrektheit *f*.

respectable [rɪ'spektəbl] *adj* **1.** (*estimable*) *person* ehrbar; *motives also* ehrenhaft; (*decent*) *life, district, club* anständig; (*socially approved*) *person* angesehen, geachtet, bieder (*pej*); *clothes, behaviour* korrekt, anständig. **that's not ~** das schickt *or* gehört sich nicht.

2. (*large*) *size, income, sum* ansehnlich, beachtlich.

3. (*fairly good*) *advantage* beträchtlich; *score, lead* beachtlich. **a ~ writer** ein ganz ordentlicher Schriftsteller.

respectably [rɪ'spektəblɪ] *adv dress, behave* anständig.

respecter [rɪ'spektə^r] *n* **death/the law is no ~ of persons** vor dem Tod/dem Gesetz sind alle gleich; **death is no ~ of wealth** der Tod nimmt keine Rücksicht auf Reichtum; **he is no ~ of persons** er läßt sich von niemandem beeindrucken.

respectful [rɪ'spektfʊl] *adj* respektvoll (*towards* gegenüber).

respectfully [rɪ'spektfəlɪ] *adv* **1.** *see adj.* **2.** (*in letters*) **I remain ~ yours** *or* **yours ~** ich verbleibe mit vorzüglicher Hochachtung Ihr ... (*form*).

respectfulness [rɪ'spektfʊlnɪs] *n* Respekt *m*. **~ of others** Rücksicht *f* auf andere.

respecting [rɪ'spektɪŋ] *prep* bezüglich (+*gen*).

respective [rɪ'spektɪv] *adj* jeweilig. **we took our ~ partners/glasses** wir nahmen jeder unseren Partner/unser Glas, wir nahmen unsere jeweiligen Partner/Gläser; **they each have their ~ merits** jeder von ihnen hat seine eigenen Vorteile.

respectively [rɪ'spektɪvlɪ] *adv* beziehungsweise. **the girls' dresses are green and blue ~** die Mädchen haben grüne beziehungsweise blaue Kleider; **and then allocate the funds ~** und die Mittel dann dementsprechend verteilen.

respiration [ˌrespɪ'reɪʃən] *n* (*Bot, Med*) Atmung *f*.

respirator ['respɪreɪtə^r] *n* (*Med*) Respirator *m*; (*Mil*) Atemschutzmaske *f*.

respiratory [rɪ'spaɪərətərɪ] *adj* Atem-, respiratorisch (*spec*); *organs, problem* Atmungs-; *infection, disease* der Atemwege. **~ system** Atmungssystem *nt*; **~ tract** Atemwege *pl*.

respire [rɪ'spaɪə^r] *vti* (*Med, form*) atmen.

respite ['respaɪt] *n* **1.** (*rest*) Ruhepause *f* (*from* von); (*easing off*) Nachlassen *nt*. **without (a) ~** ohne Unterbrechung *or* Pause. **2.** (*reprieve*) Aufschub *m*.

resplendence [rɪ'splendəns] *n see adj* Glanz *m*, Strahlen *nt*; Pracht *f*; Funkeln *nt*.

resplendent [rɪ'splendənt] *adj person, face* glänzend, strahlend; *clothes* prächtig. **the hills shone ~ in the evening sun** die Berge erglänzten *or* erstrahlten im Schein der Abendsonne; **there he was, ~ in his new uniform** da war er, in seiner funkelnden neuen Uniform; **the stage, ~ in blue and gold** die Bühne in einer Pracht von Gold- und Blautönen.

respond [rɪ'spɒnd] *vi* **1.** (*reply*) antworten. **to ~ to a question** eine Frage beantworten, auf eine Frage antworten.

2. (*show reaction*) (*to* auf +*acc*) reagieren; (*brakes, meter also*) ansprechen. **to ~ to an appeal** einen Appell beantworten; **to ~ to an appeal for money** einem Spendenaufruf folgen; **to ~ to a call** einem Ruf folgen; **the patient did not ~ to the treatment/his mother's voice** der Patient sprach auf die Behandlung nicht an/reagierte nicht auf die Stimme seiner Mutter; **the illness ~ed to treatment** die Behandlung schlug an.

respondent [rɪ'spɒndənt] *n* (*Jur*) Scheidungsbeklagte(r) *mf*.

response [rɪ'spɒns] *n* **1.** (*reply*) Antwort, Erwiderung *f*; (*Eccl*) Antwort *f*. **in ~ (to)** als Antwort (auf +*acc*).

2. (*reaction*) Reaktion *f*. **£50,000 was raised in ~ to the radio appeal** auf den Aufruf im Rundfunk hin gingen Spenden in Höhe von 50.000 Pfund ein; **my appeals met with no ~** meine Bitten fanden kein Echo *or* keine Resonanz; **~ time** (*Tech*) Ansprechzeit *f*.

responsibility [rɪˌspɒnsə'bɪlɪtɪ] *n* **1.** *no pl* Verantwortung *f*. **to put** *or* **place the ~ for sth on sb** jdm die Verantwortung für etw übertragen; **to take** *or* **assume (full) ~ (for sth)** die (volle) Verantwortung (für etw) übernehmen; **the management takes no ~ for ...** die Firma haftet nicht für ...; **it's not my ~ to do that** ich bin nicht dafür verantwortlich, das zu tun; **on my own ~** auf eigene Verantwortung; **sense of ~** Verantwortungsgefühl *nt*; **~ payment** Verantwortlichkeitszuschlag *m*.

2. (*duty, burden*) Verpflichtung *f* (*to* für). **the responsibilities of office** die Dienstpflichten *pl*.

responsible [rɪ'spɒnsəbl] *adj* **1.** (*denoting cause*) verantwortlich; (*to blame also*) schuld (*for* an +*dat*). **bad workmanship/he was ~ for the failure** schlechte Arbeit/er war für das Versagen verantwortlich/an dem Versagen schuld; **what's ~ for the hold-up?** woran liegt die Verzögerung?

2. (*liable, answerable*) verantwortlich. **to be ~ to sb for sth** jdm gegenüber für etw verantwortlich sein; **to be directly ~ to sb** jdm unmittelbar unterstellt sein; **to hold sb ~ for sth** jdn für etw verantwortlich machen.

3. (*trustworthy*) *person, attitude* verantwortungsbewußt; *firm* seriös, zuverlässig.

4. (*involving responsibility*) *job* verantwortungsvoll.

responsibly [rɪ'spɒnsəblɪ] *adv act, behave* verantwortungsbewußt; *carry out one's duties* zuverlässig.

responsive [rɪ'spɒnsɪv] *adj person,*

audience interessiert, mitgehend; *class, pupil also* mitmachend; *steering, brakes, motor* leicht reagierend *or* ansprechend. **to be ~ to sth** auf etw (*acc*) reagieren *or* ansprechen; **to be ~ to sb's pleas** jds Bitten (*dat*) nachkommen; **he wasn't very ~** (*to my complaint*) er ging kaum darauf ein.

responsiveness [rɪ'spɒnsɪvnɪs] *n* **because of the tremendous ~ of the audiences** weil das Publikum so hervorragend mitging; **a class not noted for its ~** eine Klasse, die dafür bekannt ist, daß sie kaum mitmacht; **I was somewhat surprised at their ~ to my suggestion** ich war über ihre positive Reaktion auf meinen Vorschlag einigermaßen überrascht.

rest[1] [rest] **I** *n* **1.** (*relaxation*) Ruhe *f*; (*pause*) Pause, Unterbrechung *f*; (*in ~ cure, on holiday*) Erholung *f*. **a day of ~** ein Ruhetag *m*; **to need ~** Ruhe brauchen; **I need a ~** ich muß mich ausruhen; (*vacation*) ich brauche Urlaub; **to go to the mountains for a ~** zur Erholung in die Berge fahren; **to have** *or* **take a ~** (*relax*) (sich) ausruhen; (*pause*) (eine) Pause machen; **she took** *or* **had an hour's ~** (*relaxation*) sie ruhte sich eine Stunde aus; (*pause*) sie machte eine Stunde Pause; **to have a good night's ~** sich ordentlich ausschlafen; **to give one's eyes a ~** seine Augen ausruhen; **to give sb/the horses a ~** jdn/die Pferde ausruhen lassen; **give it a ~!** hör doch auf!

2. to be at ~ (*peaceful*) ruhig sein; (*immobile*) sich in Ruhelage/-stellung befinden; (*euph: dead*) ruhen; **to set at ~** *fears, doubts* beschwichtigen; **to put** *or* **set sb's mind at ~** jdn beruhigen; **to come to ~** (*ball, car*) zum Stillstand kommen; (*bird, insect*) sich niederlassen; (*gaze, eyes*) hängenbleiben (*upon* an +*dat*).

3. (*support*) Auflage *f*; (*of telephone*) Gabel *f*; (*Billiards*) Steg *m*; *see* **arm~, foot~**.

4. (*Mus*) Pause *f*; (*Poet*) Zäsur *f*.

II *vi* **1.** (*lie down, take ~*) ruhen (*geh*); (*relax, be still*) sich ausruhen; (*pause*) Pause machen, eine Pause einlegen; (*on walk, in physical work*) rasten, Pause machen; (*euph: be buried*) ruhen. **you must ~ for an hour** Sie sollten eine Stunde ausruhen; **she never ~s** sie arbeitet ununterbrochen; **he will not ~ until he discovers the truth** er wird nicht (rasten und) ruhen, bis er die Wahrheit gefunden hat; **to ~ easy (in one's bed)** ruhig schlafen; ohne Engagement sein; **to let a field ~** einen Acker brachliegen lassen; **(the case for) the prosecution ~s** das Plädoyer der Anklage ist abgeschlossen; **to let a matter ~** eine Sache auf sich beruhen lassen; **may he ~ in peace** er ruhe in Frieden.

2. (*remain*) (*decision, authority, blame, responsibility*) liegen (*with* bei). **the matter must not ~ there** man kann die Sache so nicht belassen; **and there the matter ~s for the moment** und damit ist die Sache momentan erledigt; **(you may) ~ assured that ...** Sie können versichert sein, daß ...

3. (*lean*) (*person, head, ladder*) lehnen (*on* an +*dat, against* gegen); (*be supported: roof*) ruhen (*on* auf +*dat*); (*fig: eyes, gaze*) ruhen (*on* auf +*dat*); (*fig: be based*) (*argument, case*) sich stützen (*on* auf +*acc*); (*reputation*) beruhen (*on* auf +*dat*); (*responsibility*) liegen, ruhen (*on* auf +*dat*). **her elbows were/head was ~ing on the table** ihre Ellbogen waren auf den Tisch gestützt/ihr Kopf lag auf dem Tisch.

III *vt* **1.** *one's eyes* ausruhen; *voice* schonen; *horses* ausruhen lassen. **to ~ oneself** sich ausruhen; **to be/feel ~ed** ausgeruht sein/sich ausgeruht fühlen; **(may) God ~ his soul** Gott hab ihn selig!; **to ~ one's case** (*Jur*) das Plädoyer abschließen.

2. (*lean*) *ladder* lehnen (*against* gegen, *on* an +*acc*); *elbow, (fig) theory, suspicions* stützen (*on* auf +*acc*). **to ~ one's hand on sb's shoulder** jdm die Hand auf die Schulter legen; **he ~ed his head against the wall** er lehnte den Kopf an die Wand.

◆**rest up** *vi* (*inf*) sich ausruhen.

rest[2] *n* (*remainder*) **the ~** der Rest, das übrige/die übrigen; **the ~ of the money/meal** der Rest des Geldes/Essens, das übrige Geld/Essen; **the ~ of the boys** der Rest der Jungen, die übrigen Jungen; **he was as drunk as the ~ of them** er war so betrunken wie der Rest *or* die übrigen; **she's no different from the ~** sie ist wie alle anderen; **all the ~ of the money** der ganze Rest des Geldes, das ganze übrige Geld; **all the ~ of the books** alle übrigen Bücher; **and all the ~ of it** (*inf*) und so weiter und so fort; **Mary, Jane and all the ~ of them** Mary, Jane und wie sie alle heißen; **for the ~** im übrigen.

restart [ˌriː'stɑːt] *vt job, activity* wiederaufnehmen; *negotiations, career also* wieder beginnen *or* anfangen; *engine* wieder anlassen; *machine* wieder anschalten.

restate [ˌriː'steɪt] *vt* **1.** (*express again*) *reasons* wieder *or* erneut nennen; *problem, argument, theory* wieder *or* erneut vortragen; *case, one's position* wieder *or* erneut darstellen; (*Mus*) *theme* wiederaufnehmen. **2.** (*express differently*) umformulieren; *case, one's position* neu darstellen.

restatement [ˌriː'steɪtmənt] *n see vt* **1.** erneute Nennung; erneuter Vortrag; erneute Darstellung; Wiederaufnahme *f*. **2.** Umformulierung *f*; Neudarstellung *f*.

restaurant ['restərɔ̃ːŋ] *n* Restaurant *nt*, Gaststätte *f*. **~ food/prices** Gaststättenessen *nt*/-preise *mpl*; **~ car** (*Brit Rail*) Speisewagen *m*.

restaurateur [ˌrestərə'tɜːʳ] *n* Gastwirt(in *f*), Gastronom(in *f*) *m*.

rest cure *n* Erholung *f*; (*in bed*) Liegekur *f*.

restful ['restfʊl] *adj occupation, pastime* erholsam; *colour* ruhig; *place* friedlich. **she is very ~ to be with** es ist sehr gemütlich, mit ihr zusammen zu sein.

rest-home ['rest,həʊm] *n* Altersheim, Pflegeheim *nt*.

resting-place ['restɪŋ,pleɪs] *n* Rastplatz *m*; (*euph: grave*) Ruhestätte *f*.

restitution [,restɪ'tjuːʃən] *n* **1.** (*giving back*) Rückgabe *f*; (*of objects, money also*) Rückerstattung *f*. **to make ~ of sth** (*form*) etw zurückgeben/zurückerstatten; **~ of conjugal rights** (*Jur*) Wiederherstellung *f* der ehelichen Gemeinschaft. **2.** (*reparation*) Schadenersatz *m*, Entschädigung *f*.

restive ['restɪv] *adj horse* (*stubborn*) störrisch; (*nervous*) unruhig; (*restless*) *person, manner* rastlos; *tribes* aufsässig.

restiveness ['restɪvnɪs] *n see adj* störrische Art; Unruhe *f*; Rastlosigkeit *f*; Widerspenstigkeit, Aufsässigkeit *f*.

restless ['restlɪs] *adj person, manner, sea, night* unruhig; (*not wanting to stay in one place*) rastlos.

restlessly ['restlɪslɪ] *adv see adj*.

restlessness ['restlɪsnɪs] *n see adj* Unruhe *f*; Rastlosigkeit *f*.

restock [,riː'stɒk] *vt shop* wieder auffüllen; *pond* wieder (mit Fischen) besetzen; *farm* den Viehbestand (+*gen*) erneuern.

restoration [,restə'reɪʃən] *n* **1.** (*return*) Rückgabe *f* (*to* an +*acc*); (*of property also*) Rückerstattung *f* (*to* an +*acc*); (*of confidence, order*) Wiederherstellung *f*; (*to office*) Wiedereinsetzung *f* (*to* in +*acc*). **2. the R~** (*Hist*) die Restauration. **3.** (*of monument, work of art*) Restaurierung *f*.

restorative [rɪ'stɔːrətɪv] **I** *adj* stärkend; *remedy also* Stärkungs-.

II *n* Stärkungsmittel *nt*.

restore [rɪ'stɔːʳ] *vt* **1.** *sth lost, borrowed, stolen* (*give back*) zurückgeben; (*bring back*) zurückbringen; *confidence, order, calm* wiederherstellen. **to ~ sb's health, to ~ sb to health** jds Gesundheit *or* jdn wiederherstellen; **~d to health** wiederhergestellt; **to ~ sb to freedom** jdm die Freiheit wiedergeben; **to ~ sb to life** jdn ins Leben zurückrufen; **to ~ sth to its former condition** etw wiederherstellen.

2. (*to former post*) wiedereinsetzen (*to* in +*acc*). **to ~ sb to the throne** jdn als König wiedereinsetzen; **to ~ to power** wieder an die Macht bringen.

3. (*repair*) *building, painting, furniture, text* restaurieren.

restorer [rɪ'stɔːrəʳ] *n* (*Art*) Restaurator(in *f*) *m*; *see* **hair ~**.

restrain [rɪ'streɪn] *vt person* zurückhalten; *prisoner* mit Gewalt festhalten; *animal, unruly children, madman* bändigen; *radicals* in Schranken halten; *sb's activities, power* einschränken; *emotions, laughter* unterdrücken. **to ~ sb from doing sth** jdn davon abhalten, etw zu tun; **to ~ oneself** sich beherrschen.

restrained [rɪ'streɪnd] *adj emotions* unterdrückt; *manner, words* beherrscht; *tone, voice, colour* verhalten; *criticism* maßvoll, gezügelt.

restraint [rɪ'streɪnt] *n* **1.** (*restriction*) Einschränkung, Beschränkung *f*. **without ~** unbeschränkt; *develop* ungehemmt; **to place under ~** (*Jur*) in Haft nehmen.

2. (*moderation*) Beherrschung *f*. **he said with great ~ that ...** er sagte sehr beherrscht, daß ...; **to express oneself without ~** sich zwanglos ausdrücken; **wage ~** Zurückhaltung *f* bei Lohnforderungen.

3. (*head ~*) Kopfstütze *f*.

restrict [rɪ'strɪkt] *vt* beschränken (*to* auf +*acc*); *freedom, authority also* einschränken; *time, number also* begrenzen (*to* auf +*acc*). **~ing clothes** beengende Kleidungsstücke.

restricted [rɪ'strɪktɪd] *adj view* beschränkt, begrenzt; (*Admin, Mil*) *document, information* geheim; *locality* nur bestimmten Gruppen zugänglich; *admission* begrenzt. **within a ~ area** auf begrenztem Gebiet; **~ area** (*Brit Mot*) Strecke *f* mit Geschwindigkeitsbeschränkung; (*US*) Sperrgebiet *nt*.

restriction [rɪ'strɪkʃən] *n see vt* (*on gen*) Beschränkung *f*; Einschränkung *f*; Begrenzung *f*. **to place ~s on sth** etw beschränken *or* einschränken; **~s of space** räumliche Beschränktheit; **without ~s** uneingeschränkt; **speed ~** (*Mot*) Geschwindigkeitsbegrenzung *or* -beschränkung *f*; **price ~** Preisbeschränkung *f*.

restrictive [rɪ'strɪktɪv] *adj* restriktiv, einschränkend *attr*. **~ practices** (*Jur, Ind*) wettbewerbsbeschränkende Geschäftspraktiken *pl*.

restring [,riː'strɪŋ] *pret, ptp* **restrung** [,riː'strʌŋ] *vt instrument* neu besaiten; *bow, racket* neu bespannen; *pearls* neu aufziehen.

rest-room ['rest,ruːm] *n* (*US*) Toilette *f*.

result [rɪ'zʌlt] **I** *n* **1.** Folge *f*. **as a ~ he failed** folglich fiel er durch; **as a ~ of this** und folglich; **as a ~ of which he ...** was zur Folge hatte, daß er ...; **to be the ~ of** resultieren aus.

2. (*of election, exam, race, Math*) Ergebnis, Resultat *nt*; (*good ~*) Resultat *nt*. **~s** (*of test, experiment*) Werte *pl*; **to get ~s** (*person*) Erfolg *or* Resultate erzielen; **we had very good ~s with this** wir hatten damit großen Erfolg *or* sehr gute Resultate; **as a ~ of my inquiry** auf meine Anfrage (hin); **what was the ~?** (*Sport*) wie ist es ausgegangen?; **without ~** ergebnislos.

II *vi* sich ergeben, resultieren (*from* aus). **from which it ~s that ...** woraus folgt, daß ...

◆**result in** *vi* +*prep obj* führen zu.

resultant [rɪ'zʌltənt] **I** *adj* resultierend, sich daraus ergebend.

II *n* (*Phys*) Resultierende *f*.

resume [rɪ'zjuːm] **I** *vt* **1.** (*restart*) *activity* wiederaufnehmen, weitermachen mit; *tale, account also* fortfahren in (+*dat*); *journey* fortsetzen. **well?, he ~d** nun?, fuhr er fort.

2. *command, possession* wieder übernehmen; *name* wieder annehmen. **to ~ one's seat** seinen Platz wieder einnehmen; **to ~ possession of sth** etw wieder in Besitz nehmen.

3. (*sum up*) zusammenfassen.

II *vi* (*classes, work*) wieder beginnen.

résumé ['reɪzjuːmeɪ] *n* Resümee *nt*, Zusammenfassung *f*; (*US: curriculum vitae*) Lebenslauf *m*.

resumption [rɪ'zʌmpʃən] *n* (*of activity*) Wiederaufnahme *f*; (*of command, possession*) erneute Übernahme; (*of journey*) Fortsetzung *f*; (*of classes*) Wiederbeginn *m*.

resurface [ˌriː'sɜːfɪs] **I** *vt road* neu belegen. **II** *vi* (*diver, submarine, fig*) wieder auftauchen.

resurgence [rɪ'sɜːdʒəns] *n* Wiederaufleben *nt*.

resurgent [rɪ'sɜːdʒənt] *adj* wieder auflebend.

resurrect [ˌrezə'rekt] *vt* **1.** (*lit*) *person* wiederbeleben; (*Rel*) auferstehen lassen. **to be ~ed** auferstehen. **2.** (*fig*) *law* wieder einführen; *ideology, institution* wieder ins Leben rufen; *custom, fashion, style* wiederbeleben; *ideas, memories* wieder aufleben lassen; (*inf*) *old dress etc* ausgraben (*inf*).

resurrection [ˌrezə'rekʃən] *n see vt* **1.** Wiederbelebung *f*. **the R~** (*Rel*) die Auferstehung. **2.** Wiedereinführung *f*; Wiederbelebung *f*; Auflebenlassen *nt*.

resuscitate [rɪ'sʌsɪteɪt] *vt* (*Med*) wiederbeleben; (*fig*) beleben, neue Lebensgeister geben (+*dat*).

resuscitation [rɪˌsʌsɪ'teɪʃən] *n see vt* Wiederbelebung *f*; Belebung *f*.

resuscitator [rɪ'sʌsɪteɪtə^r] *n* (*Med*) Sauerstoffapparat *m*.

retail ['riːteɪl] **I** *n* Einzelhandel, Kleinhandel. **~ and wholesale** Einzel- und Großhandel *m*.

II *vt* **1.** im Einzel- *or* Kleinhandel *or* en detail (*dated*) verkaufen. **2.** (*fig*) *gossip* weitererzählen.

III *vi* (*goods*) **to ~ at ...** im Einzelhandel ... kosten.

IV *adv* im Einzelhandel. **to sell ~** im Einzelhandel verkaufen.

retail *in cpds* Einzelhandels-; **retail business** *n* Einzel- *or* Kleinhandel *m*; (*shop*) Einzelhandelsgeschäft *nt*; **retail dealer** *n* Einzelhändler(in *f*) *m*.

retailer ['riːteɪlə^r] *n* Einzelhändler(in *f*) *m*.

retailing ['riːteɪlɪŋ] *n* der Einzelhandel.

retail price *n* Einzelhandelspreis *m*; **retail price index** *n* Einzelhandelspreisindex *m*.

retain [rɪ'teɪn] *vt* **1.** (*keep*) behalten; *money, possession, person* zurück(be)halten; *custom* beibehalten, bewahren; *urine* zurückhalten; *colour* behalten; *flavour* beibehalten; (*battery*) *charge* halten; (*dam*) *water* stauen. **to ~ water** (*soil, body*) Wasser speichern; (*sponge*) Wasser halten; **to ~ control (of sth)** etw weiterhin in der Gewalt haben; **to ~ the use of a limb/one's eyes** ein Glied/seine Augen noch gebrauchen können.

2. (*remember*) sich (*dat*) merken; (*computer*) *information* speichern.

3. (*engage*) *lawyer* beauftragen.

retainer [rɪ'teɪnə^r] *n* **1.** (*old: servant*) Faktotum *nt*. **2.** (*fee*) Vorschuß *m*.

retaining fee *n* Vorschuß *m*; **retaining wall** *n* Stützmauer *f*.

retake [ˌriː'teɪk] (*vb: pret* **retook**, *ptp* **retaken** [ˌriː'teɪkən]) **I** *vt* **1.** (*Mil*) *town* zurückerobern. **he was ~n (prisoner)** er wurde wieder gefangengenommen. **2.** (*Film*) nochmals aufnehmen. **3.** (*Sport*) *penalty* wiederholen. **4.** *exam* wiederholen.

II ['riːteɪk] *n* (*Film*) Neuaufnahme *f*; (*of exam*) Wiederholung(sprüfung) *f*. **we need a ~ of that scene** wir müssen die Szene noch einmal filmen.

retaliate [rɪ'tælɪeɪt] *vi* Vergeltung üben; (*for bad treatment, insults*) sich revanchieren (*against sb* an jdm); (*in battle*) zurückschlagen; (*Sport, in fight, with measures in argument*) kontern. **he ~d by pointing out that ...** er konterte, indem er darauf hinwies, daß ...; **then she ~d by calling him a pig** sie revanchierte sich damit *or* zahlte es ihm damit heim, daß sie ihn ein Schwein nannte.

retaliation [rɪˌtælɪ'eɪʃən] *n* Vergeltung *f*; (*in fight also*) Vergeltungsschlag *m*; (*in argument, diplomacy*) Konterschlag *m*. **his ~ was vicious** er hat sich auf üble Weise revanchiert; **in ~** zur Vergeltung; **that's my ~ for what you did to me** das ist meine Revanche für das, was Sie mir angetan haben; **policy of ~** Vergeltungspolitik *f*.

retaliatory [rɪ'tælɪətərɪ] *adj* **~ measures** Vergeltungsmaßnahmen *pl*.

retard [rɪ'tɑːd] *vt development* verlangsamen, verzögern; *explosion*, (*Aut*) *ignition* verzögern; (*Biol, Phys*) retardieren.

retarded [rɪ'tɑːdɪd] *adj* zurückgeblieben. **~ ignition** (*Aut*) Spätzündung *f*; **mentally ~** geistig zurückgeblieben.

retch [retʃ] **I** *vi* würgen. **II** *n* Würgen *nt*.

retching ['retʃɪŋ] *n* Würgerei *f*, Gewürge *nt*.

ret(d) *abbr of* **retired** a.D.

retell [ˌriː'tel] *pret, ptp* **retold** *vt* wiederholen; (*novelist*) *old legend* nacherzählen.

retention [rɪ'tenʃən] *n* **1.** Beibehaltung *f*; (*of possession*) Zurückhaltung *f*; (*of water*) Speicherung *f*; (*of facts*) Behalten *nt*; (*of information by computer*) Speicherung *f*; (*of lawyer*) Beauftragung *f*; (*Med: also* **~ of urine**) Harnverhaltung *f*.

2. (*memory*) Gedächtnis *nt*.

retentive [rɪ'tentɪv] *adj memory* aufnahmefähig. **he is very ~** er hat ein gutes Gedächtnis.

retentiveness [rɪ'tentɪvnɪs] *n* (*of memory*) Aufnahmefähigkeit *f*; (*of person*) Merkfähigkeit *f*.

rethink [ˌriː'θɪŋk] (*vb: pret, ptp* **rethought** [ˌriː'θɔːt]) **I** *vt* überdenken. **II** ['riːˌθɪŋk] *n* (*inf*) Überdenken *nt*. **we'll have to have a ~** wir müssen das noch einmal überdenken.

reticence ['retɪsəns] *n* Zurückhaltung *f*.

reticent ['retɪsənt] *adj* zurückhaltend. **to be ~ about sth** in bezug auf etw (*acc*) nicht sehr gesprächig sein.

reticently ['retɪsəntlɪ] *adv see adj*.

reticle ['retɪkl] *n* (*Opt*) Meßkreuz *nt*.

reticulate [rɪ'tɪkjʊlɪt], **reticulated** [rɪ'tɪkjʊleɪtɪd] *adj* netzartig, retikular.

retina ['retɪnə] *n, pl* **-e** ['retɪniː] *or* **-s** Netzhaut, Retina *(spec) f.*
retinue ['retɪnjuː] *n* Gefolge *nt.*
retire [rɪ'taɪəʳ] **I** *vi* **1.** (*give up work*) aufhören zu arbeiten; (*civil servant, military officer*) in Pension gehen, sich pensionieren lassen, in den Ruhestand treten; (*self-employed*) sich zur Ruhe setzen; (*soldier*) aus der Armee ausscheiden; (*singer, player*) (zu singen/spielen) aufhören.
2. (*withdraw, Mil*) sich zurückziehen; (*Sport*) aufgeben; (*Ftbl, Rugby*) vom Feld gehen. **to ~ into oneself** sich in sich (*acc*) selbst zurückziehen; **to ~ from public life** sich aus dem öffentlichen Leben zurückziehen.
3. (*old, form: go to bed*) sich zurückziehen.
II *vt* aus Altersgründen entlassen; *civil servant, military officer* pensionieren, in den Ruhestand versetzen; *soldier* verabschieden; (*Fin*) *bond* aus dem Verkehr ziehen.
retired [rɪ'taɪəd] *adj* **1.** (*no longer working*) *worker, employee* aus dem Arbeitsleben ausgeschieden (*form*); *civil servant, military officer* pensioniert, im Ruhestand; *soldier* aus der Armee ausgeschieden. **he is ~** er arbeitet nicht mehr, er ist Rentner/ist pensioniert *or* im Ruhestand/nicht mehr in der Armee; **a ~ worker/teacher/soldier** ein(e) Rentner(in *f*)/pensionierte(r) Lehrer(in *f*)/ ehemaliger Soldat.
2. (*secluded*) *life* zurückgezogen.
retiree [ˌrɪtaɪ'riː] *n* Ruheständler(in *f*) *m.*
retirement [rɪ'taɪəmənt] *n* **1.** (*stopping work*) Ausscheiden *nt* aus dem Arbeitsleben (*form*); (*of civil servant, military officer*) Pensionierung *f*; (*of soldier*) Verabschiedung *f.*
2. (*period*) **how will you spend your ~?** was tun Sie, wenn Sie pensioniert *or* im Ruhestand sind?; **to come out of ~** wieder zurückkommen.
3. (*seclusion*) Zurückgezogenheit *f.* **to live in ~** zurückgezogen leben.
4. (*Mil*) Rückzug *m*; (*Sport*) Aufgabe *f*; (*Ftbl, Rugby*) Abgang *m* vom Spielfeld.
retirement age *n* Rentenalter *nt*; **retirement benefit** *n* Altenhilfe *f*; **retirement pay** *n* Altersrente *f*; **retirement pension** *n* Altersruhegeld *nt* (*form*).
retiring [rɪ'taɪərɪŋ] *adj* **1.** (*shy*) zurückhaltend. **2. ~ age** Rentenalter *nt.*
retold [ˌriː'təʊld] *pret, ptp of* **retell.**
retort [rɪ'tɔːt] **I** *n* **1.** (*answer*) scharfe Erwiderung *or* Antwort. **2.** (*Chem*) Retorte *f.* **II** *vt* scharf erwidern, zurückgeben. **III** *vi* scharf erwidern.
retouch [ˌriː'tʌtʃ] *vt* (*Art, Phot*) retuschieren.
retrace [rɪ'treɪs] *vt past, argumentation* zurückverfolgen; *development also* nachgehen (*+dat*), nachvollziehen. **to ~ one's steps** denselben Weg zurückgehen.
retract [rɪ'trækt] **I** *vt* **1.** (*withdraw*) *offer* zurückziehen; *statement* zurücknehmen. **2.** (*draw back*) *claws,* (*Aviat*) *undercarriage* einziehen. **II** *vi* **1.** (*withdraw*) einen Rückzieher machen. **2.** (*claws, undercarriage*) eingezogen werden.
retractable [rɪ'træktəbl] *adj see vt* **1.** zurückziehbar; zurücknehmbar. **2.** einziehbar.
retraction [rɪ'trækʃən] *n see vt* **1.** (*act*) Rückzug *m*; Rücknahme *f*; (*that retracted*) Rückzieher *m.* **2.** Einziehen *nt.*
retrain [ˌriː'treɪn] **I** *vt* umschulen.
II *vi* umlernen, umgeschult werden, sich umschulen lassen.
retraining [ˌriː'treɪnɪŋ] *n see vb* Umschulung *f.*
retread [ˌriː'tred] **I** *vt tyre* die Laufflächen erneuern von. **II** ['riːˌtred] *n* (*tyre*) laufflächenerneuerter Reifen.
retreat [rɪ'triːt] **I** *n* **1.** (*Mil*) Rückzug *m.* **to sound the ~** zum Rückzug blasen; **the army is in ~** die Armee befindet sich *or* ist auf dem Rückzug; **to make** *or* **beat a (hasty** *or* **swift) ~** (*Mil*) (schnell) den Rückzug antreten; (*fig*) (schleunigst) das Feld räumen.
2. (*place*) Zuflucht(sort *m*) *f*; (*hiding place*) Schlupfwinkel *m.* **he has gone to his country ~** er hat sich aufs Land zurückgezogen.
II *vi* (*Mil*) den Rückzug antreten; (*in fear*) zurückweichen; (*flood, glacier*) zurückgehen. **to ~ within oneself** sich in sich (*acc*) selbst zurückziehen.
III *vti* (*Chess*) zurückziehen.
retrench [rɪ'trentʃ] **I** *vt expenditure* einschränken, kürzen; *personnel* einsparen; *book* kürzen. **II** *vi* sich einschränken.
♦**retrench on** *vi +prep obj see* **retrench I.**
retrenchment [rɪ'trentʃmənt] *n see vt* Einschränkung, Kürzung *f*; Einsparung *f.*
retrial [riː'traɪəl] *n* (*Jur*) Wiederaufnahmeverfahren *nt.* **to subject a case to (a) ~** einen Fall wiederaufnehmen.
retribution [ˌretrɪ'bjuːʃən] *n* Vergeltung *f.* **in ~** als Vergeltung.
retributive [rɪ'trɪbjʊtɪv] *adj action* Vergeltungs-, vergeltend; *justice* ausgleichend.
retrievable [rɪ'triːvəbl] *adj* **1.** *see vt 1.* zurück-/hervor-/heraus-/herunterholbar; rettbar; zu bergen; rückgewinnbar; abrufbar; wiedererlangbar; wiedergutmachbar. **2.** *error* wiedergutmachbar; *situation* zu retten.
retrieval [rɪ'triːvəl] *n see vt* **1.** Zurück-/Hervor-/Heraus-/Herunterholen *nt*; Rettung *f*; Bergung *f*; Rückgewinnung *f*; Abfragen *nt*; Wiedererlangen *nt*; Wiedergutmachen *nt.* **2.** Wiedergutmachung *f*; Rettung *f.* **beyond** *or* **past ~** hoffnungslos. **3.** Apportieren *nt.*
retrieve [rɪ'triːv] **I** *vt* **1.** (*recover*) zurück-/hervor-/heraus-/herunterholen; (*rescue*) retten; (*from wreckage*) bergen; *material from waste* zurückgewinnen; (*Comput*) *information* abrufen; *honour, position, money, investment* wiedererlangen; *loss* wiedergutmachen.
2. (*set to rights*) *error* wiedergutmachen; *situation* retten.
3. (*dog*) apportieren.
II *vi* (*dog*) apportieren.
retriever [rɪ'triːvəʳ] *n* (*breed*) Retriever

m. **he is a good ~** er ist ein guter Apportierhund.

retro ['retrəʊ] **I** *pref* rück-, Rück-.

II *n abbr of* **retrorocket.**

retroactive [ˌretrəʊ'æktɪv] *adj* rückwirkend. **a ~ effect** eine Rückwirkung.

retrograde ['retrəʊgreɪd] **I** *adj* rückläufig; *order* umgekehrt; *policy* rückschrittlich; (*Phys, Biol, Astron also*) retrograd (*spec*). **~ step** Rückschritt *m.*

II *vi* (*Biol*) sich zurückentwickeln; (*Astron*) sich retrograd bewegen.

retrogress [ˌretrəʊ'gres] *vi* (*go backwards*) sich rückwärts bewegen; (*deteriorate*) sich zurückentwickeln.

retrogression [ˌretrəʊ'greʃən] *n see vi* rückläufige Bewegung; Rückentwicklung *f.*

retrogressive [ˌretrəʊ'gresɪv] *adj* (*moving backwards*) *motion* rückläufig, Rückwärts-; (*fig*) *plan, policy* rückschrittlich; (*Biol*) rückläufig.

retrorocket ['retrəʊ'rɒkɪt] *n* Bremsrakete *f.*

retrospect ['retrəʊspekt] *n* **in ~, what would you have done differently?** was hätten Sie rückblickend *or* im Rückblick anders gemacht?; **everything looks different in ~** im nachhinein *or* im Rückblick sieht alles anders aus.

retrospection [ˌretrəʊ'spekʃən] *n* Zurückblicken *nt.*

retrospective [ˌretrəʊ'spektɪv] **I** *adj thought* rückblickend; *wisdom* im nachhinein; (*Admin, Jur*) *pay rise* rückwirkend. **II** *n* Retrospektive *f.*

retrospectively [ˌretrəʊ'spektɪvlɪ] *adv act* rückwirkend. **to look ~ at sth** (*fig*) auf etw (*acc*) zurückblicken.

retry [riː'traɪ] *vt* (*Jur*) *case* wiederaufnehmen, neu verhandeln; *person* neu verhandeln gegen, wieder vor Gericht bringen.

retune ['riːtjuːn] **I** *vt* **1.** (*Mus*) neu stimmen. **2.** *engine* neu einstellen.

II *n* **the engine needs a ~** der Motor muß neu eingestellt werden.

return [rɪ'tɜːn] **I** *vi* (*come back: person, vehicle*) zurück- *or* wiederkommen, zurück- *or* wiederkehren (*geh*); (*go back*) (*person*) zurückgehen; (*vehicle*) zurückfahren; (*symptoms, doubts, fears*) wiederkommen, wieder auftreten; (*property: pass back to*) zurückfallen (*to* an *+acc*). **to ~ to London/the town/the group** nach London/in die Stadt/zur Gruppe zurückkehren; **to ~ to school** wieder in die Schule gehen; **to ~ to (one's) work** (*after short pause*) wieder an seine Arbeit gehen; (*after strike*) die Arbeit wiederaufnehmen; **to ~ to one's old ways** in seine alten Gewohnheiten zurückfallen; **to ~ home** nach Hause kommen/gehen, heimkehren (*geh*); **to ~ to health** wieder gesund werden.

II *vt* **1.** (*give back*) *sth borrowed, stolen, lost* zurückgeben (*to sb* jdm); (*bring or take back*) zurückbringen (*to sb* jdm); (*put back*) zurücksetzen/-stellen/-legen; (*send back*) (*to* an *+acc*) *letter* zurückschicken *or* -senden; (*refuse*) *cheque* zurückweisen; *ball* zurückschlagen/-werfen; *sound, light* zurückwerfen; *salute, visit, sb's love, compliment* erwidern. **to ~ a/sb's blow** zurückschlagen; **to ~ goods to the shop** Waren in das Geschäft zurückbringen; **I hope to ~ your kindness/favour** ich hoffe, daß ich mich einmal bei Ihnen revanchieren kann; **to ~ like for like** Gleiches mit Gleichem vergelten; **to ~ fire** (*Mil*) das Feuer erwidern; **to ~ hearts** (*Cards*) Herz nachspielen.

2. (*reply*) erwidern, zurückgeben.

3. (*declare*) *details of income* angeben. **to ~ a verdict of guilty (on sb)** (*Jur*) (jdn) schuldig sprechen, einen Schuldspruch (gegen jdn) fällen; **to ~ a verdict of murder** (*Jur*) jdn des Mordes für schuldig erklären.

4. (*Fin*) *income* einbringen; *profit, interest* abwerfen.

5. (*Brit Parl*) *candidate* wählen.

III *n* **1.** (*coming/going back*) (*of person, vehicle, seasons*) Rückkehr, Wiederkehr *f* (*geh*); (*of illness*) Wiederauftreten *nt.* **on my ~** bei meiner Rückkehr; **~ home** Heimkehr *f*; **~ to school** Schulbeginn *m*; **by ~ (of post)** postwendend; **~ to work** (*after strike*) Wiederaufnahme *f* der Arbeit; **~ to health** Genesung *f*; **a ~ to one's old habits** ein Rückfall *m* in seine alten Gewohnheiten; **many happy ~s (of the day)!** herzlichen Glückwunsch zum Geburtstag!; *see* **point.**

2. (*giving/bringing/taking/sending back*) *see vt 1.* Rückgabe *f*; Zurückbringen *nt*; Zurücksetzen/-stellen/-legen *nt*; Zurückschicken *or* -senden *nt*; Zurückweisen *nt*; Zurückschlagen *nt*/-werfen *nt*; Zurückwerfen *nt*; Erwiderung *f.*

3. (*Brit: also* **~ ticket**) Rückfahrkarte *f*; (*Aviat*) Flugschein *m* für Hin- und Rückreise.

4. (*profit: from investments, shares*) (*on* aus) Einkommen *nt*; (*on capital also*) Ertrag, Gewinn *m*; (*product: from land, mine etc*) Ertrag *m.* **~s** (*profits*) Gewinn *m*; (*receipts*) Einkünfte *pl*; **~ on capital** (*Fin*) Kapitalertrag *m*, Rendite *f.*

5. (*fig: recompense*) **in ~** dafür; **in ~ for** für; **to do sb a kindness in ~** sich für einen Gefallen revanchieren.

6. (*act of declaring*) (*of verdict, election results*) Verkündung *f*; (*report*) Bericht *m.* **the population ~s show that ...** die Bevölkerungszahlen zeigen, daß ...; **the ~ of the jury** ≃ das Urteil der Schöffen; **the (election) ~s** das Wahlergebnis; **tax ~** Steuererklärung *f.*

7. (*Brit Parl: of candidate*) Wahl *f* (*to* in *+acc*).

8. (*Sport*) (*game, match*) Rückspiel *nt*; (*stroke*) Rückschlag *m*; (*Tennis*) Return *m*; (*throw*) Rückwurf *m*; (*~ pass*) Rückpaß *m.* **to make a good ~** den Ball gut zurückschlagen/-werfen.

9. (*Comm*) zurückgebrachte Ware; (*Theat*) zurückgebrachte Karte; (*book*) Remittende *f.*

10. (*carriage ~*) (*Comput*) Return *nt*; (*on typewriter*) Rücklauftaste *f.*

returnable [rɪ'tɜ:nəbl] *adj bottle* Mehrweg-; (*with deposit*) Pfand-.
return fare *n* Preis *m* für eine Rückfahrkarte *or* (*Aviat*) einen Rückflugschein; **return flight** *n* Rückflug *m*; (*both ways*) Hin- und Rückflug *m*.
returning officer [rɪ'tɜ:nɪŋ'ɒfɪsə^r] *n* (*Brit Parl*) Wahlleiter(in *f*) *m*.
return journey *n* Rückreise *f*; (*both ways*) Hin- und Rückreise *f*; **return match** *n* Rückspiel *nt*; **return pass** *n* (*Sport*) Rückpaß *m*; **return ticket** *n* (*Brit*) Rückfahrkarte *f*; (*Aviat*) Rückflugschein *m*.
reunification [ri:ˌju:nɪfɪ'keɪʃən] *n* Wiedervereinigung *f*.
reunify [ˌri:'ju:nɪfaɪ] *vt* wiedervereinigen.
reunion [rɪ'ju:njən] *n* **1.** (*coming together*) Wiedervereinigung *f*. **2.** (*gathering*) Treffen *nt*, Zusammenkunft *f*. **a family ~** ein Familientreffen *nt*.
reunite [ˌri:ju:'naɪt] **I** *vt* wiedervereinigen. **they were ~d at last** sie waren endlich wieder vereint. **II** *vi* (*countries, parties*) sich wiedervereinigen; (*people*) wieder zusammenkommen.
re-usable [ˌri:'ju:zəbl] *adj* wiederverwendbar, wiederverwertbar, Mehrweg-.
re-use ['ri:jʊəz] *vt* wiederverwenden.
Rev [rev] *abbr of* **Reverend.**
rev [rev] **I** *n abbr of* **revolution** (*Aut*) Umdrehung *f*. **the number of ~s per minute** die Dreh- *or* Tourenzahl pro Minute; **4,000 ~s per minute** 4.000 Umdrehungen *or* Touren (*inf*) pro Minute; **~ counter** Drehzahlmesser, Tourenzähler *m*.
II *vti* **to ~ (up)** (*driver*) den Motor auf Touren bringen; (*noisily*) den Motor aufheulen lassen; (*engine*) aufheulen.
revaluation [ri:ˌvæljʊ'eɪʃən] *n* (*Fin*) Aufwertung *f*.
revalue [ˌri:'vælju:] *vt* (*Fin*) aufwerten.
revamp [ˌri:'væmp] *vt* (*inf*) *book, play* aufpolieren (*inf*); *company* auf Vordermann bringen (*inf*); *house, room* aufmöbeln.
revanchist [rɪ'væntʃɪst] *adj* revanchistisch.
reveal [rɪ'vi:l] *vt* **1.** (*make visible*) zum Vorschein bringen; (*show*) zeigen.
2. (*make known*) *truth, facts* enthüllen, aufdecken; *one's identity* zu erkennen geben, enthüllen; *ignorance, knowledge* erkennen lassen. **I cannot ~ to you what he said** ich kann Ihnen nicht verraten, was er gesagt hat; **he could never ~ his feelings for her** er konnte seine Gefühle für sie nie zeigen; **what does this ~ about the motives of the hero?** was sagt das über die Motive des Helden aus?; **Nixon ~s all** Nixon packt aus (*inf*); **the doctor did not ~ to him how hopeless his situation was** der Arzt hat ihn nicht darüber aufgeklärt, wie hoffnungslos sein Zustand war.
3. (*Rel*) offenbaren (*to sb* jdm). **~ed religion** Offenbarungsreligion *f*.
revealing [rɪ'vi:lɪŋ] *adj* **1.** aufschlußreich. **2.** *material, slit skirt* viel zeigend; *dress, neckline also* offenherzig (*hum*).
reveille [rɪ'vælɪ] *n* (*Mil*) Reveille *f*, Wecksignal *nt*.
revel ['revl] **I** *vi* **1.** (*make merry*) feiern. **2.** (*delight*) **to ~ in one's freedom** seine Freiheit aus ganzem Herzen genießen; **to ~ in doing sth** seine wahre Freude daran haben, etw zu tun.
II *n* **~s** *pl* Feiern *nt*.
revelation [ˌrevə'leɪʃən] *n* Enthüllung *f*; (*Rel*) Offenbarung *f*. **(the book of) R~s** die Offenbarung (des Johannes); **it was a ~ to me** das hat mir die Augen geöffnet.
reveller ['revlə^r] *n* Feiernde(r) *mf*.
revelry ['revlrɪ] *n usu pl* Festlichkeit *f*.
revenge [rɪ'vendʒ] **I** *n* Rache *f*; (*Sport*) Revanche *f*. **to take ~ on sb (for sth)** sich an jdm (für etw) rächen; (*Mil*) an jdm (für etw) Vergeltung üben; **to get one's ~** sich rächen; (*Sport*) sich revanchieren; **out of ~** aus Rache; **in ~ for** als Rache für; **~ is sweet** Rache ist süß.
II *vt insult, murder, sb* rächen. **to ~ oneself** *or* **to be ~d (for sth)** sich (für etw) rächen; **to ~ oneself on sb (for sth)** sich (für etw) an jdm rächen.
revengeful [rɪ'vendʒfʊl] *adj* rachsüchtig.
revengefully [rɪ'vendʒfəlɪ] *adv* rachsüchtig; *act* aus Rache.
revenger [rɪ'vendʒə^r] *n* Rächer(in *f*) *m*.
revenue ['revənju:] *n* (*of state*) Staatseinkünfte, öffentliche Einnahmen *pl*; (*tax ~*) Steueraufkommen *nt*; (*of individual*) Einnahmen, Einkünfte *pl*; (*department*) Finanzbehörde *f*, Fiskus *m*. **~ officer** Finanzbeamte(r) *m*/-beamtin *f*; **~ stamp** (*US*) Steuermarke *or* -banderole *f*.
reverberate [rɪ'vɜ:bəreɪt] **I** *vi* (*sound*) widerhallen, nachhallen; (*light, heat*) zurückstrahlen, reflektieren. **II** *vt sound, light, heat* zurückwerfen, reflektieren.
reverberation [rɪˌvɜ:bə'reɪʃən] *n* (*of sound*) Widerhall, Nachhall *m*; (*of light, heat*) Zurückstrahlen *nt*, Reflexion *f*.
revere [rɪ'vɪə^r] *vt* verehren.
reverence ['revərəns] **I** *n* **1.** Ehrfurcht, Reverenz (*geh*) *f*; (*veneration*) Verehrung *f* (*for* für). **to have ~ for sb, to hold sb in ~** jdn verehren; **to treat sth with ~** etw ehrfürchtig behandeln.
2. your R~ (Euer) Hochwürden.
II *vt* verehren.
reverend ['revərənd] **I** *adj* **the R~ Robert Martin** ≃ Pfarrer Robert Martin; **the Most R~ John Smith** Erzbischof John Smith; **the Very R~ John Smith** Dekan John Smith; **the Right R~ John Smith** Bischof John Smith; **the R~ Mother** die Mutter Oberin. **II** *n* (*inf*) ≃ Pfarrer *m*.
reverent ['revərənt] *adj* ehrfürchtig, ehrfurchtsvoll.
reverential [ˌrevə'renʃəl] *adj awe, respect* ehrfürchtig; *bow, gesture* ehrerbietig.
reverently ['revərəntlɪ] *adv see adj*.
reverie ['revərɪ] *n* (*liter*) Träumereien *pl*. **he fell into a ~** er kam ins Träumen.
revers [rɪ'vɪə^r] *n, pl* - Revers *nt or m*.
reversal [rɪ'vɜ:səl] *n see vt* **1.** Umkehren *nt*; Umstellen *nt*, Vertauschung *f*; Wenden *nt*; Umdrehen *nt*. **2.** Rückwärtslaufenlassen *nt*; Zurückstellen *nt*. **3.** Umstoßung *f*; Aufhebung *f*; Umkehrung *f*; völlige Umstellung. **4. to suffer a**

~ einen Rückschlag erleiden.

reverse [rɪ'vɜːs] **I** *adj* **1.** (*opposite*) umgekehrt; *direction* entgegengesetzt; (*Opt*) *image* seitenverkehrt. **in ~ order** in umgekehrter Reihenfolge; **~ video** (*Comput*) invertierte Darstellung.

2. ~ gear (*Aut*) Rückwärtsgang *m*; **~ motion** *or* **action** (*Tech*) (*backwards*) Rückwärtsbewegung *f*; (*opposite direction*) entgegengesetzte Bewegung.

II *n* **1.** (*opposite*) Gegenteil *nt*. **quite the ~!** ganz im Gegenteil!

2. (*back*) Rückseite *f*; (*of cloth also*) Abseite *f*, linke Seite; (*of coin, medal also*) Kehrseite *f*.

3. (*setback, loss*) Rückschlag *m*; (*defeat*) Niederlage *f*.

4. (*on typewriter*) Rückstelltaste *f*; (*on tape-recorder*) Rücklauftaste *f*; (*Aut*) Rückwärtsgang *m*. **in ~** (*Aut*) im Rückwärtsgang; **to go into ~** (*Aut*) in den Rückwärtsgang schalten.

III *vt* **1.** (*turn the other way round*) *order, situation, procedure* umkehren; *objects, sentences, words also* umstellen, vertauschen; *garment* wenden; *result also* umdrehen; (*Phot*) *negative* umkehren. **to ~ the order of sth** etw herumdrehen; **to ~ the charges** (*Brit Telec*) ein R-Gespräch führen; **~d charge call** R-Gespräch *nt*.

2. (*cause to move backwards*) *moving belt* rückwärts laufen lassen. **to ~ one's car into the garage/down the hill/into a tree** rückwärts in die Garage fahren *or* setzen/rückwärts den Berg hinunterfahren/rückwärts gegen einen Baum fahren.

3. *verdict, judgement, decision* umstoßen; *decree* aufheben; *trend* umkehren; *policy* völlig umstellen.

IV *vi* (*move backwards*) (*car, driver*) zurücksetzen; (*dancer*) rückwärts tanzen; (*machine*) rückwärts laufen. **reversing lights** Rückfahrscheinwerfer *pl*.

◆**reverse out** *vt sep* (*Typ*) invertieren.

reversibility [rɪˌvɜːsɪ'bɪlɪtɪ] *n see adj* Umstoßbarkeit *f*; Umkehrbarkeit *f*.

reversible [rɪ'vɜːsəbl] *adj decision* umstoßbar; (*Phys, Chem*) umkehrbar; *garment* Wende-. **~ cloth** Doubleface *m or nt*.

reversion [rɪ'vɜːʃən] *n* **1.** (*return to former state: of person*) Umkehr *f* (*to* zu); (*to bad state*) Rückfall *m* (*to* in +*acc*). **the ~ of this country to a republic** die Rückverwandlung dieses Landes in eine Republik; **~ to type** (*Biol*) (Arten)rückschlag *m*; **his ~ to type** das erneute Durchbrechen seiner alten Natur.

2. (*Jur: of property*) Zurückfallen *nt* (*to* an +*acc*).

reversionary [rɪ'vɜːʃnərɪ] *adj* **1.** (*Jur*) Anwartschafts-. **2.** (*Biol*) atavistisch (*spec*).

revert [rɪ'vɜːt] *vi* (*return*) (*to former state*) zurückkehren (*to* zu); (*to bad state*) zurückfallen (*to* in +*acc*); (*to topic*) zurückkommen (*to* auf +*acc*); (*Jur: property*) zurückfallen (*to* an +*acc*). **he has ~ed to being a child** er ist wieder ins Kindheitsalter zurückgefallen; **but to ~ to the question** aber um auf die Frage zurückzukommen; **to ~ to type** (*Biol*) in der Art zurückschlagen; **he has ~ed to type** (*fig*) seine alte Natur ist wieder durchgebrochen; **fields ~ing to moorland/woodland** Felder, die wieder versumpfen/zu Wäldern werden.

review [rɪ'vjuː] **I** *n* **1.** (*look back*) Rückblick *m* (*of* auf +*acc*); (*report*) Überblick *m* (*of* über +*acc*). **I shall keep your case under ~** ich werde Ihren Fall genau verfolgen *or* im Auge behalten.

2. (*re-examination*) nochmalige Prüfung. **the agreement comes up for ~** *or* **comes under ~ next year** das Abkommen wird nächstes Jahr nochmals geprüft; **salary due for ~ in January** Gehaltsaufbesserung *f* im Januar geplant.

3. (*Mil: inspection*) Inspektion *f*.

4. (*of book, film, play*) Kritik, Besprechung, Rezension *f*.

5. (*magazine*) Zeitschrift *f*.

II *vt* **1.** (*look back at*) *one's life, the past* zurückblicken auf (+*acc*), überdenken.

2. (*re-examine*) *situation, case* erneut (über)prüfen.

3. (*Mil*) *troops* inspizieren, mustern.

4. *book, play, film* besprechen, rezensieren.

5. (*US: before exam*) wiederholen.

review body *n* Untersuchungsausschuß *m*.

reviewer [rɪ'vjuːə^r] *n* Kritiker(in *f*), Rezensent(in *f*) *m*.

review panel *n see* **review body.**

revile [rɪ'vaɪl] **I** *vt* schmähen, verunglimpfen. **II** *vi* **to ~ against sb/sth** gegen jdn/etw schmähen.

revise [rɪ'vaɪz] **I** *vt* **1.** (*change*) *opinion, estimate* überholen, revidieren.

2. (*correct*) *proof, text* revidieren, überarbeiten. **~d edition** überarbeitete Ausgabe; **the R~d Version** (*Brit*), **the R~d Standard Version** (*US*) *die revidierte Übersetzung der Bibel.*

3. (*Brit: learn up*) wiederholen.

II *vi* (*Brit*) (den Stoff) wiederholen.

reviser [rɪ'vaɪzə^r] *n* Bearbeiter(in *f*) *m*; (*of translations*) Korrektor(in *f*) *m*.

revision [rɪ'vɪʒən] *n* **1.** (*of opinion, estimate*) Überholen, Revidieren *nt*. **2.** (*of proofs*) Revision, Überarbeitung *f*. **3.** (*Brit: for exam*) Wiederholung *f* (des Stoffs). **4.** (*revised version*) überarbeitete Ausgabe.

revisionism [rɪ'vɪʒənɪzəm] *n* Revisionismus *m*.

revisit [ˌriː'vɪzɪt] *vt place, person* wieder *or* nochmals besuchen.

revitalize [ˌriː'vaɪtəlaɪz] *vt* neu beleben.

revival [rɪ'vaɪvəl] *n* **1.** (*bringing back*) (*of custom, usage*) Wiedererwecken, Wiederauflebenlassen *nt*; (*of old ideas, affair*) Wiederaufnehmen, Wiederaufgreifen *nt*; (*from faint, fatigue*) Wiederbeleben *nt*, Wiederbelebung *f*; (*of play*) Wiederaufnahme *f*; (*of law*) Wiederinkrafttreten *nt*.

2. (*coming back, return: of old ideas*) Wiederaufleben *nt*; (*of custom, usage also*) Wiederaufblühen *nt*, Renaissance *f* (*geh*); (*from faint, fatigue*) Wiederbelebung *f.* **there has been a ~ of interest in ...** das Interesse an ... ist wieder wach geworden *or* erwacht; **the dollar experienced a slight ~** der Dollar verzeichnete wieder einen leichten Aufschwung; **an economic ~** ein wirtschaftlicher Wiederaufschwung.

revivalism [rɪ'vaɪvəlɪzəm] *n* (*Rel*) Erweckungsbewegung *f.*

revivalist [rɪ'vaɪvəlɪst] (*Rel*) **I** *adj* erneuernd. **II** *n* Anhänger(in *f*) *m* der Erweckungsbewegung.

revive [rɪ'vaɪv] **I** *vt person* (*from fainting, from fatigue*) (wieder *or* neu) beleben; munter machen (*inf*); (*from near death*) wiederbeleben; *fashion, custom, usage, conversation, hatred* wiederaufleben lassen; *friendship, hobby, old usage, word* wiederaufgreifen, wiederaufnehmen; *old play* wiederaufnehmen.

II *vi* (*person*) (*from fainting*) wieder zu sich kommen; (*from fatigue*) wieder aufleben, wieder munter werden; (*hope, feelings*) wiederaufleben; (*business, trade*) wiederaufblühen.

revivify [ri:'vɪvɪfaɪ] *vt person* wieder beleben *or* munter machen; (*restore to life*) wiederbeleben.

revocation [ˌrevə'keɪʃən] *n see* **revoke** Aufhebung *f*; Zurückziehen *nt*; Widerruf *m*; Entzug *m*.

revoke [rɪ'vəʊk] **I** *vt law* aufheben; *order, promise* zurückziehen; *decision* widerrufen, rückgängig machen; *licence* entziehen. **II** *vi* (*Cards*) nicht Farbe bekennen. **III** *n* (*Cards*) Nichtfarbebekennen *nt.*

revolt [rɪ'vəʊlt] **I** *n* Revolte *f*, Aufstand *m*. **to rise (up) in ~, to break out in ~** einen Aufstand *or* eine Revolte machen, sich erheben; **to be in ~ (against)** rebellieren (gegen).

II *vi* **1.** (*rebel*) (*against* gegen) revoltieren, rebellieren.

2. (*be disgusted*) (*at, against* bei, gegen) (*one's nature, sensibilities*) sich empören; (*stomach*) rebellieren.

III *vt* abstoßen, anekeln (*inf*). **I was ~ed by it** es hat mich angeekelt.

revolting [rɪ'vəʊltɪŋ] *adj* (*repulsive, disgusting*) abstoßend; *meal, story* ekelhaft; (*inf: unpleasant*) *weather, colour, dress* scheußlich, abscheulich; *person* widerlich.

revolution [ˌrevə'lu:ʃən] *n* **1.** (*Pol, fig*) Revolution *f*; (*radical change also*) Umwälzung *f.* **2.** (*turn*) (*around own axis*) Umdrehung *f*; (*of planet around sun*) Umlauf *m.* **4,000 ~s per minute** eine Drehzahl von 4.000 pro Minute.

revolutionary [ˌrevə'lu:ʃnərɪ] **I** *adj* (*lit, fig*) revolutionär. **II** *n* Revolutionär *m*.

revolutionize [ˌrevə'lu:ʃənaɪz] *vt* revolutionieren.

revolve [rɪ'vɒlv] **I** *vt* drehen. **II** *vi* sich drehen. **to ~ on an axis/around the sun** sich um eine Achse/um die Sonne drehen.

revolver [rɪ'vɒlvə^r] *n* Revolver *m*.

revolving [rɪ'vɒlvɪŋ] *in cpds* Dreh-; **revolving chair** *n* Drehstuhl *m*; **revolving credit** *n* revolvierender Kredit; **revolving door** *n* Drehtür *f*.

revue [rɪ'vju:] *n* (*Theat*) Revue *f*; (*satirical*) Kabarett *nt.* **~ artist** Revuestar *m*; Kabarettist(in *f*) *m*.

revulsion [rɪ'vʌlʃən] *n* **1.** (*disgust*) Abscheu, Ekel *m* (*at* vor +*dat*). **2.** (*sudden change*) Umschwung *m*; (*reaction*) Empörung *f*.

reward [rɪ'wɔ:d] **I** *n* Belohnung *f*; (*money*) Entgelt *nt* (*form*). **as a ~ for helping me** als Belohnung für Ihre Hilfe; **~ offered for the return of ...** Finderlohn für ...; **the ~s of this job** die Vorzüge dieser Arbeit.

II *vt* belohnen. **"finder will be ~ed"** „Finderlohn (ist) ausgesetzt".

rewarding [rɪ'wɔ:dɪŋ] *adj* (*financially*) lohnend, einträglich; (*mentally, morally*) *experience* lohnend; *task, work* dankbar. **this is a very ~ book** es lohnt sich wirklich, dieses Buch zu lesen; **bringing up a child is ~** ein Kind großzuziehen ist eine dankbare *or* lohnende Aufgabe.

rewind [ˌri:'waɪnd] *vt thread* wieder aufwickeln; *watch* wieder aufziehen; *film, tape* zurückspulen. **~ button** Rückspultaste *f*.

rewire [ˌri:'waɪə^r] *vt* neu verkabeln.

reword [ˌri:'wɜ:d] *vt explanation, question* umformulieren, anders ausdrücken; *paragraph, sentence also* neu abfassen.

rework [ˌri:'wɜ:k] *vt* (*use again*) *theme* wieder verarbeiten; (*revise*) neu fassen.

rewound [ˌri:'waʊnd] *pret, ptp of* **rewind.**

rewrite [ˌri:'raɪt] (*vb: pret* **rewrote** [ˌri:'rəʊt], *ptp* **rewritten** [ˌri:'rɪtn]) **I** *vt* (*write out again*) neu schreiben; (*recast*) umschreiben. **II** ['ri:ˌraɪt] *n* **this is just a ~ of his first novel** dies ist nur ein Neuaufguß *m* seines ersten Romans; **it needs a complete ~** es muß vollständig neu geschrieben werden.

rhapsodic [ræp'sɒdɪk] *adj* (*Mus*) rhapsodisch; (*fig*) ekstatisch.

rhapsodize ['ræpsədaɪz] *vi* überschwenglich schwärmen (*over, about* von).

rhapsody ['ræpsədɪ] *n* (*Mus*) Rhapsodie *f*; (*fig*) Schwärmerei *f*.

rhd *abbr of* **right hand drive.**

rhea ['ri:ə] *n* Nandu, Pampasstrauß *m*.

Rhenish ['renɪʃ] *adj wine* Rhein-; *region also* rheinisch.

rhenium ['ri:nɪəm] *n* (*Chem*) Rhenium *nt.*

rheostat ['ri:əʊstæt] *n* Regelwiderstand, Rheostat (*spec*) *m*.

rhesus ['ri:səs] *n* Rhesus *m.* **~ baby** Rhesus-geschädigtes Baby; **~ monkey** Rhesusaffe *m*; **~ factor** Rhesusfaktor *m*; **~-negative/-positive** Rhesus negativ/positiv.

rhetoric ['retərɪk] *n* Rhetorik *f*; (*pej*) Phrasendrescherei *f* (*pej*).

rhetorical [rɪ'tɒrɪkəl] *adj* rhetorisch; (*pej*) phrasenhaft, schwülstig (*pej*). **~ question** rhetorische Frage.

rhetorically [rɪ'tɒrɪkəlɪ] *adv* (*pej*) schwülstig; *ask* rhetorisch.

rhetorician [ˌretə'rɪʃən] *n* Rhetoriker(in *f*) *m*; (*pej*) Phrasendrescher(in *f*) *m* (*pej*).

rheumatic [ru:'mætɪk] **I** *n* **1.** (*person*) Rheumatiker(in *f*) *m.* **2. ~s** *sing* Rheumatismus *m.* **II** *adj pains* rheumatisch; *joint* rheumakrank. ~ **fever** rheumatisches Fieber.

rheumatism ['ru:mətɪzəm] *n* Rheuma(tismus *m*) *nt.*

rheumatoid ['ru:mətɔɪd] *adj* ~ **arthritis** Gelenkrheumatismus *m.*

rheumatologist [ˌru:mə'tɒlədʒɪst] *n* Rheumatologe *m*, Rheumatologin *f.*

rheumatology [ˌru:mə'tɒlədʒɪ] *n* Rheumatologie *f.*

rheumy ['ru:mɪ] *adj eyes* wäßrig.

Rhine [raɪn] *n* Rhein *m.* ~ **wine** Rheinwein *m*; see **hock**.

Rhineland *n* Rheinland *nt*; **rhinestone** *n* Rheinkiesel *m.*

rhino ['raɪnəʊ] *n abbr of* **rhinoceros.**

rhinoceros [raɪ'nɒsərəs] *n* Nashorn, Rhinozeros *nt.*

rhizome ['raɪzəʊm] *n* Rhizom *nt*, Wurzelstock *m.*

Rhodes [rəʊdz] *n* Rhodos *nt.* **in** ~ auf Rhodos.

Rhodesia [rəʊ'di:ʒə] *n* (*Hist*) Rhodesien *nt.*

Rhodesian [rəʊ'di:ʒən] (*Hist*) **I** *adj* rhodesisch. **II** *n* Rhodesier(in *f*) *m.*

rhodium ['rəʊdɪəm] *n* (*Chem*) Rhodium *nt.*

rhododendron [ˌrəʊdə'dendrən] *n* Rhododendron *m or nt.*

rhomb [rɒm] *n* Rhombus *m.*

rhombic ['rɒmbɪk] *adj* rhombisch.

rhomboid ['rɒmbɔɪd] **I** *n* Rhomboid *nt.* **II** *adj* rhomboid.

rhombus ['rɒmbəs] *n* Rhombus *m.*

Rhone [rəʊn] *n* Rhone *f.*

rhubarb ['ru:bɑ:b] *n* Rhabarber *m.* **"~, ~, ~"** (*Theat hum*) „Rhabarbarhabarbarhabarba".

rhyme [raɪm] **I** *n* **1.** Reim *m.* **there seems to be neither ~ nor reason to it, that has neither ~ nor reason** das hat weder Sinn noch Verstand.

2. (*poem*) Gedicht *nt.* **in** ~ in Reimen *or* Versen; **to put into** ~ in Reime *or* Verse bringen *or* setzen.

II *vt* reimen.

III *vi* **1.** sich reimen.

2. (*pej: write verse*) reimen, Verse schmieden.

rhymester ['raɪmstəʳ], **rhymer** ['raɪməʳ] *n* (*pej*) Verseschmied (*pej*), Dichterling (*pej*) *m.*

rhyming ['raɪmɪŋ] *adj* ~ **couplets** Reimpaare *pl*; ~ **slang** *Slang, bei dem ein Wort durch ein sich darauf reimendes Wort ersetzt wird.*

rhythm ['rɪðm] *n* Rhythmus *m.* **the ~ method (of contraception)** die Knaus-Ogino-Methode; ~ **section** (*of band*) Rhythmusgruppe *f*; ~ **and blues** Rhythm-and-Blues *m.*

rhythmic(al) ['rɪðmɪk(əl)] *adj* rhythmisch; *breathing, pulse* gleichmäßig.

rhythmically ['rɪðmɪkəlɪ] *adv see adj.*

RI *abbr of* **Religious Instruction.**

rib [rɪb] **I** *n* **1.** (*Anat, Cook*) Rippe *f.* **to dig** *or* **poke sb in the ~s** jdn in die Rippen stoßen. **2.** (*of leaf, ceiling, ship, shell*) Rippe *f*; (*of umbrella*) Speiche *f.* **3.** (*Knitting*) Rippen *pl.* **in** ~ in Rippen. **II** *vt* (*tease*) necken, foppen.

ribald ['rɪbəld, 'raɪbəld] *adj* deftig, zotig (*pej*); *behaviour* derb; *company* liederlich. ~ **talk** Ferkeleien *pl.*

ribaldry ['rɪbəldrɪ] *n* Ferkeleien, Schweinereien *pl.*

ribbed [rɪbd] *adj knitting* gerippt; *shell, ceiling* Rippen-, mit Rippen.

ribbon ['rɪbən] *n* **1.** (*for hair, dress*) Band *nt*; (*for typewriter*) Farbband *nt*; (*on medal*) Ordensband *nt*; (*fig: narrow strip*) Streifen *m.* ~ **development** (*Brit*) Zeilenbauweise *f.*

2. ~**s** *pl* (*tatters*) Fetzen *pl*; **to tear sth to ~s** etw zerfetzen *or* zerreißen; (*fig*) *play* etw in der Luft zerreißen.

rib cage *n* Brustkorb *m.*

ribonucleic acid ['raɪbəʊnju:'kli:ɪk'æsɪd] *n* Ribonukleinsäure *f.*

rib tickler *n* (*hum inf*) **it's a real ~** das ist die reinste Zwerchfellmassage (*inf*).

ribwort ['rɪbwɜ:t] *n* Spitzwegerich *m.*

rice [raɪs] *n* Reis *m.*

rice *in cpds* Reis-; **ricefield** *n* Reisfeld *nt*; **rice growing** *n* Reis(an)bau *m*; **rice-growing** *adj* reis anbauend; **rice paper** *n* Reispapier *nt*; **rice pudding** *n* Milchreis *m*; **rice wine** *n* Reiswein *m.*

rich [rɪtʃ] **I** *adj* (+*er*) **1.** (*wealthy*) reich.

2. (*splendid*) *furniture, decoration, style, clothes* prächtig; *gift* teuer; *banquet* großartig.

3. *food* schwer. ~ **tea biscuit** ≈ Butterkeks *m*; **a ~ diet** reichhaltige Kost.

4. (*fertile*) *soil* fett; *land* fruchtbar.

5. (*full*) *colour* satt; *sound also, voice* voll; *wine* schwer.

6. (*inf: amusing*) köstlich.

7. (*Aut*) *mixture* fett.

8. ~ **in vitamins** vitaminreich; ~ **in corn/minerals** reich an Getreide/Bodenschätzen; ~ **in detail/illustrations/examples** sehr detailliert/mit vielen Abbildungen/Beispielen.

II *n* **1. the ~** *pl* die Reichen *pl.* **2.** ~**es** Reichtümer *pl.*

Richard ['rɪtʃəd] *n* Richard *m.* ~ **(the) Lionheart** Richard Löwenherz.

richly ['rɪtʃlɪ] *adv dress, decorate* prächtig. **he ~ deserves it** er hat es mehr als verdient; **he was ~ rewarded** (*lit*) er wurde reich belohnt; (*fig*) er wurde reichlich belohnt.

richness ['rɪtʃnɪs] *n see adj 1. 5., 7., 8* **1.** Reichtum *m.* **2.** Pracht *f*; Großartigkeit *f.* **3.** Schwere *f.* **the ~ of the diet** die reichhaltige Kost. **4.** Fruchtbarkeit *f.* **5.** Sattheit *f*; Schwere *f.* **the ~ of his voice** seine volle Stimme. **6.** Fettheit *f.* **7.** Reichtum *m* (*in* an +*dat*).

Richter scale ['rɪktə'skeɪl] *n* Richterskala *f.*

rick¹ [rɪk] *n* Schober *m.*

rick² *n, vt see* **wrick.**

rickets ['rɪkɪts] *n sing* Rachitis *f.*

rickety ['rɪkɪtɪ] *adj* **1.** *furniture* wackelig. **2.** (*Med*) rachitisch.

rickshaw ['rɪkʃɔ:] *n* Rikscha *f.*

ricochet ['rɪkəʃeɪ] **I** *n see vi* Abprall *m*; Rikoschettieren *nt* (*spec*). **II** *vi* (*off* von) abprallen; (*bullet also*) rikoschettieren (*spec*). **the stone ~ed off the water** der

Stein hüpfte auf dem Wasser.

rid [rɪd] *pret, ptp* ~ *or* **~ded** *vt* **to ~ of** (*of pests, disease*) befreien von; (*of bandits*) säubern von; **to ~ oneself of sb/sth** jdn/etw loswerden; (*of pests also*) sich von etw befreien; (*of ideas, prejudice*) sich von etw lösen; **to get ~ of sb/sth** jdn/etw loswerden; **to be ~ of sb/sth** jdn/etw los sein; **get ~ of it** sieh zu, daß du das loswirst; (*throw it away*) schmeiß es weg (*inf*); **you are well ~ of him** ein Glück, daß du den los bist.

riddance ['rɪdəns] *n* **good ~ (to bad rubbish)!** (*inf*) ein Glück, daß wir das/den *etc* los sind.

ridden ['rɪdn] **I** *ptp of* **ride. II** *adj* **~ by fears, fear-~** angsterfüllt; **strike-~** streikgeschüttelt; **disease-~** von Krankheiten befallen; **doubt-~** von Zweifeln zernagt; **strife-~** zerstritten.

riddle¹ ['rɪdl] **I** *n* (*sieve*) (Schüttel)sieb *nt*.

II *vt* **1.** *soil* sieben; *coal also* schütteln.

2. to ~ sb/sth with bullets jdn/etw mit Kugeln durchlöchern; **~d with holes** völlig durchlöchert; **~d with woodworm** wurmzerfressen; **~d with corruption** von der Korruption zerfressen; **~d with mistakes** voller Fehler.

riddle² *n* Rätsel *nt*. **I'll ask you a ~** ich werde Ihnen ein Rätsel aufgeben.

ride [raɪd] (*vb: pret* **rode**, *ptp* **ridden**) **I** *n* **1.** (*in vehicle, on bicycle*) Fahrt *f*; (*on horse*) Ritt *m*; (*for pleasure*) Ausritt *m*. **to go for a ~** eine Fahrt machen/reiten gehen; **after a hard ~ across country** nach einer langen Überlandfahrt/einem langen Ritt querfeldein; **he gave the child a ~ on his back** er ließ das Kind auf den Schultern reiten; **cycle/car/coach ~** Rad-/Auto-/Busfahrt *f*; **to go for a ~ in the car** mit dem Auto wegfahren, eine Fahrt (mit dem Auto) machen; **to take sb for a ~** (*in car etc*) mit jdm eine Fahrt machen; (*inf*) jdn anschmieren (*inf*); **he gave me a ~ into town in his car** er nahm mich im Auto in die Stadt mit; **it's my first ~ in a Rolls/in a train** ich fahre zum ersten Mal in einem Rolls Royce/Zug; **can I have a ~ on your bike?** kann ich mal mit deinem Rad fahren?; **3 ~s on the merry-go-round** 3 Karussellfahrten; **to have a ~ in a helicopter** in einem Hubschrauber fliegen; **it's an 80p ~ from the station** ab Bahnhof kostet die Fahrt 80 Pence.

2. (*quality of ~*) **this car gives a smooth/bumpy ~** mit diesem Auto fährt es sich sanft/unsanft.

3. (*path for horses*) Reitweg *m*.

II *vi* **1.** (*on a horse, Sport*) reiten (*on* auf *+dat*). **to go riding** reiten gehen; **Harold Wilson ~s again!** (*fig iro*) ein richtiger Harold Wilson!

2. (*go in vehicle, by cycle*) fahren. **he was riding on a bicycle** er fuhr mit einem Fahrrad; **to ~ on a bus/in a car/in a train/in a cart** in einem Bus/Wagen/Zug/Schubkarren fahren; **to ~ away** *or* **off/down** weg- *or* davon-/hinunterfahren.

3. (*fig: float*) **the seagull ~s on the wind** die Möwe läßt sich vom Wind tragen; **the moon was riding high in the sky** der Mond zog hoch am Himmel dahin; **he's riding high** (*fig*) er schwimmt ganz oben; **to ~ at anchor** (*ship*) vor Anker liegen; **we'll just have to let the matter** *or* **to let things ~ for a while** wir müssen einfach für eine Weile den Dingen ihren Lauf lassen.

4. (*horse*) **to ~ well** gut laufen.

III *vt* **1.** *horse, donkey* reiten mit *or* auf (*+dat*), reiten; *bicycle, motorbike* fahren mit, fahren. **I have never ridden a bicycle/a motorbike** ich bin noch nie Rad/Motorrad gefahren; **he rode his horse away/back** er ritt mit seinem Pferd weg/zurück; **he rode him hard** er ritt es scharf; **he rode the horse into the stable** er ritt das Pferd in den Stall; **Jason will be ridden by H. Martin** Jason wird unter H. Martin laufen; **to ~ a race** bei einem Rennen reiten; **to ~ a good race** (bei einem Rennen) gut reiten; **they had ridden 10 km** sie waren 10 km geritten/gefahren; **he rode the country looking for ...** er durchritt/durchfuhr das ganze Land auf der Suche nach ...; **the birds riding the wind** die Vögel, die sich vom Wind tragen lassen; **the ship rode the waves** das Schiff trieb auf den Wellen; **witches ~ broomsticks** Hexen reiten auf einem Besen; **to ~ an argument to death** ein Argument totreden; *see also* **ridden.**

2. (*US inf: torment*) piesacken (*inf*), schikanieren, zusetzen (*+dat*). **don't ~ him too hard** treibt's nicht so toll mit ihm.

◆**ride about** *or* **around** *vi* (*on horse etc*) herumreiten; (*in vehicle, on motorcycle*) herumfahren; (*on bicycle*) herumradeln (*inf*), herumfahren.

◆**ride behind** *vi* (*on same horse, bicycle*) hinten sitzen; (*on different horse/bicycle*) hinterherreiten; hinterherfahren.

◆**ride down** *vt sep* **1.** (*trample*) umreiten. **2.** (*catch up with*) einholen.

◆**ride out I** *vt sep* überstehen. **II** *vi* (*on horse*) ausreiten, einen Ausritt machen.

◆**ride up** *vi* **1.** (*horseman*) heranreiten; (*motorcyclist*) heranfahren. **2.** (*skirt*) hochrutschen.

rider ['raɪdəʳ] *n* **1.** (*person*) (*on horse*) Reiter(in *f*) *m*; (*on bicycle, motorcycle*) Fahrer(in *f*) *m*. **2.** (*addition*) Zusatz *m*; (*to document, will*) Zusatzklausel *f*; (*to bill*) Allonge *f*; (*to jury's verdict*) zusätzliche Empfehlung.

ridge [rɪdʒ] **I** *n* **1.** (*raised strip*) (*on fabric, cardboard*) Rippe *f*; (*on corrugated iron*) Welle *f*; (*on sand*) Rippelmarke *f*; (*on ploughed land*) Grat *m*; (*in sea: reef*) Riff *nt*. **a ~ of hills/mountains** eine Hügelkette/ein Höhenzug *m*; **a ~ of high pressure** (*Met*) ein Hochdruckkeil *m*.

2. (*of hills, mountains*) Rücken, Kamm *m*; (*pointed, steep*) Grat *m*; (*of roof*) First *m*; (*of nose*) Rücken *m*.

II *vt rocks, land, sand* zerfurchen.

ridge pole *n* (*of tent*) Firststange *f*; **ridge tile** *n* Firstziegel *m*; **ridgeway** *n* Gratweg *m*.

ridicule ['rɪdɪkjuːl] **I** *n* Spott *m*. **to hold**

sb/sth up to ~ sich über jdn/etw lustig machen; **she's an object of ~** alles macht sich über sie lustig; **to become an object of ~** der Lächerlichkeit preisgegeben werden. **II** *vt* verspotten, verlachen.

ridiculous [rɪ'dɪkjʊləs] *adj* lächerlich.

ridiculously [rɪ'dɪkjʊləslɪ] *adv see adj.*

ridiculousness [rɪ'dɪkjʊləsnɪs] *n* Lächerlichkeit *f*.

riding ['raɪdɪŋ] *n* Reiten *nt*. **I enjoy ~** ich reite gern.

riding *in cpds* Reit-; **riding breeches** *npl* Reithosen, Breeches *pl*; **a pair of ~** eine Reithose; **riding crop** *n* Reitgerte *f*; **riding habit** *n* Reitkostüm, Reitkleid *nt*; **riding jacket** *n* Reitjacke *f*; **riding-light** *n* (*Naut*) Ankerlicht *nt*; **riding whip** *n* Reitpeitsche *f*.

rife [raɪf] *adj* **1.** (*widespread*) *disease, corruption* weit verbreitet. **to be ~** grassieren; (*rumour*) umgehen. **2.** (*full of*) **~ with** voll von, voler +*gen*.

riffle ['rɪfl] *vt* (*also* **~ through**) *pages* blättern durch; *cards* mischen.

riffraff ['rɪfræf] *n* Pöbel *m*, Gesindel *nt*.

rifle[1] ['raɪfl] *vt town* plündern; (*also* **~ through**) *sb's pockets, drawer, till, house* durchwühlen.

rifle[2] *n* (*gun*) Gewehr *nt mit gezogenem Lauf*; (*for hunting*) Büchse *f*. **the R~s** (*Mil*) ≃ die Schützen *pl*.

rifle butt *n* Gewehrkolben *m*; **rifleman** *n* (Gewehr)schütze *m*; **rifle range** *n* Schießstand *m*; **rifle shot** *n* Gewehrschuß *m*; **within ~ range** in Schußweite (eines Gewehrs).

rift [rɪft] *n* **1.** Spalt *m*. **~ valley** Grabenbruch *m*. **2.** (*fig: in friendship*) Riß *m*; (*Pol also*) Spalt *m*.

rig [rɪg] **I** *n* **1.** (*Naut*) Takelage, Takelung *f*. **2.** (*oil ~*) (Öl)förderturm *m*; (*offshore*) Ölbohrinsel *f*. **3.** (*inf: outfit: also* **~-out**) Ausrüstung *f*. **in full ~** in großer Aufmachung, in voller Montur (*inf*). **4.** (*US inf: articulated lorry*) Sattelschlepper *m*.

II *vt* **1.** (*Naut*) auftakeln. **2.** (*fig*) *election, market* manipulieren.

◆**rig out** *vt sep* (*inf*) (*equip*) ausstaffieren (*inf*); (*dress*) auftakeln (*inf*).

◆**rig up** *vt sep ship* auftakeln; *equipment* aufbauen; (*fig*) (*make*) improvisieren; (*arrange*) arrangieren.

rigger ['rɪgə^r] *n* (*Naut*) Takler *m*.

rigging ['rɪgɪŋ] *n* **1.** (*Naut*) (*action*) Auftakeln *nt*; (*ropes*) Tauwerk *nt*. **2.** (*inf: dishonest interference*) Manipulation, Schiebung (*inf*) *f*.

right [raɪt] **I** *adj* **1.** (*just, fair, morally good*) richtig, recht (*S Ger*). **it isn't ~ to lie** es ist nicht richtig *or* recht zu lügen; **it is only ~ to point out that ...** es ist nur recht und billig, wenn man darauf hinweist, daß ...; **to do the ~ thing by sb** sich jdm gegenüber anständig benehmen.

2. (*true, correct*) *answer, solution, time, train* richtig. **to be ~** (*person*) recht haben; (*answer, solution*) richtig sein, stimmen; (*clock*) richtig gehen; **you're quite ~** Sie haben ganz recht; **you were ~ to refuse** *or* **in refusing** Sie hatten recht, als Sie ablehnten; **my guess was ~** ich habe richtig geraten; **let's get it ~ this time!** mach es dieses Mal richtig; (*in reporting facts*) sag es dieses Mal richtig; **to put** *or* **set ~** *error* korrigieren; *clock* richtig stellen; *situation* wieder in Ordnung bringen; **to put** *or* **set sb ~** jdn berichtigen; **put me ~ if I'm wrong** korrigieren *or* verbessern Sie mich, wenn ich unrecht habe; *see also category 4.*

3. (*proper*) *clothes, document* richtig. **what's the ~ thing to do in this case?** was tut man da am besten?; **to come at the ~ time** zur rechten Zeit kommen; **to do sth the ~ way** etw richtig machen; **the ~ man for the job** der rechte *or* richtige Mann für die Stelle; **Mr/Miss R~** (*inf*) der/die Richtige (*inf*); **we will do what is ~ for the country** wir werden tun, was für das Land gut ist; **to know the ~ people** die richtigen Leute kennen.

4. (*well*) **the medicine soon put** *or* **set him ~** die Medizin hat ihn schnell wiederhergestellt *or* wieder auf die Beine gebracht; **I don't feel quite ~ today** ich fühle mich heute nicht ganz wohl; **to be as ~ as rain** (*Brit*) kerngesund sein; (*after accident*) keine Schramme abbekommen haben (*inf*); **the plumber put things ~** der Klempner brachte alles wieder in Ordnung; **to be in one's ~ mind** klar bei Verstand sein; **he's not ~ in the head** (*inf*) bei ihm stimmt's nicht im Oberstübchen (*inf*); *see* **all ~.**

5. (*phrases*) **~!, ~-oh!** (*Brit inf*), **~ you are!** (*Brit inf*) gut, schön, okay (*inf*); **~ on!** (*esp US sl*) super! (*sl*); **that's ~!** (*correct, true*) das stimmt!; **that's ~, dear, put it on the table** schön, stell es bitte auf den Tisch; **so they came in the end — is that ~?** und so kammen sie schließlich – wirklich?; **~ enough!** (das) stimmt!; **it's a ~ mess in there** (*inf*) das ist vielleicht ein Durcheinander hier (*inf*); **he's a ~ fool!** (*inf*) er ist wirklich doof (*inf*); **you're a ~ one** (*inf*) du bist mir der Richtige (*inf*).

6. (*opposite of left*) rechte(r, s). **~ hand** rechte Hand; **I'd give my ~ hand to know the answer** ich würde was drum geben, wenn ich die Antwort wüßte (*inf*); **on your ~ hand you see the bridge** rechter Hand *or* rechts sehen Sie die Brücke.

II *adv* **1.** (*straight, directly*) direkt; (*exactly also*) genau. **~ in front/ahead of you** direkt *or* genau vor Ihnen; **go ~ on** gehen/fahren Sie geradeaus weiter; **~ away, ~ off** (*immediately*) sofort, schnurstracks (*inf*); **~ off** (*at the first attempt*) auf Anhieb (*inf*); **~ now** (*at this very moment*) in diesem Augenblick; (*immediately*) sofort; **~ here** genau hier; **~ in the middle** genau *or* direkt in der/die Mitte; **~ at the beginning** gleich am Anfang; **I'll be ~ with you** ich bin gleich da.

2. (*completely, all the way*) ganz. **~ round the house** ganz um das Haus herum; (*inside*) durch das ganze Haus; **rotten ~ through** durch und durch verfault *or* (*fig*) verdorben; **pierced ~**

through mitten durchgestochen.

3. (*correctly*) richtig. **to guess/answer ~** richtig raten/antworten; **you did ~ to refuse** es war richtig (von Ihnen) abzulehnen; **nothing goes ~ for them** nichts klappt bei ihnen (*inf*), bei ihnen läuft alles schief (*inf*); **if I get you ~** (*inf*) wenn ich Sie (da) richtig verstehe; **I'll see you ~** (*inf*) ich werde aufpassen, daß Sie nicht zu kurz kommen (*inf*).

4. (*old, dial: very*) sehr. **the R~ Honourable John Smith MP** (*not old, dial*) der Abgeordnete John Smith.

5. (*opposite of left*) rechts. **it is ~ of the bridge** es ist rechts von der Brücke; **turn ~** biegen Sie rechts ab; **~ of centre** (*Pol*) rechts von der Mitte; **~, left and centre** (*everywhere*) überall; **to be cheated ~, left and centre** (*inf*) *or* **~ and left** (*inf*) von vorne bis hinten betrogen werden (*inf*).

III *n* **1.** *no pl* (*moral, legal*) Recht *nt*. **he doesn't know ~ from wrong** er kann Recht und Unrecht nicht auseinanderhalten; **to be in the ~** im Recht sein.

2. (*entitlement*) Recht *nt*; (*to sth also*) Anrecht *nt*, Anspruch *m*. **(to have) a ~ to sth** ein (An)recht *or* einen Anspruch auf etw (*acc*) (haben); **to have a** *or* **the ~ to do sth** ein *or* das Recht haben, etw zu tun; **what ~ have you to say that?** mit welchem Recht sagen Sie das?; **by what ~?** mit welchem Recht?; **he is within his ~s** das ist sein gutes Recht; **by ~s** rechtmäßig, von Rechts wegen; **in one's own ~** selber, selbst; **the divine ~ (of kings)** das Gottesgnadentum; *see* **civil ~s.**

3. (*Comm*) **~s** *pl* Rechte *pl*; **to have the (sole) ~s to sth** die (alleinigen) Rechte an etw (*dat*) haben; **~s issue** (*St Ex*) Aktienausgabe *f*.

4. **to put** *or* **set sth to ~s** etw (wieder) in Ordnung bringen; **to put things** *or* **the world to ~s** die Welt verbessern.

5. (*not left*) rechte Seite. **to drive on the ~** rechts fahren; **to keep to the ~** sich rechts halten, rechts bleiben; **on my ~** rechts (von mir); **on** *or* **to the ~ of the church** rechts von der Kirche; **the R~** (*Pol*) die Rechte; **those to the ~ of him** (*Pol*) diejenigen, die weiter rechts stehen/standen als er.

IV *vt* **1.** (*return to upright position*) aufrichten.

2. (*make amends for*) *wrong* wiedergutmachen.

3. **the problem should ~ itself** (*fig*) das Problem müßte sich von selbst lösen.

right angle *n* rechter Winkel; **at ~s (to)** rechtwinklig (zu); **right-angled** ['raɪtˌæŋgld] *adj* rechtwinklig.

righteous ['raɪtʃəs] *adj* **1.** rechtschaffen; (*pej*) selbstgerecht (*pej*). **2.** *indignation* gerecht; *anger also* heilig.

righteously ['raɪtʃəslɪ] *adv* rechtschaffen.

righteousness ['raɪtʃəsnɪs] *n* Rechtschaffenheit *f*.

rightful ['raɪtfʊl] *adj* **1.** *heir, owner* rechtmäßig. **2.** *punishment* gerecht.

rightfully ['raɪtfəlɪ] *adv see adj* rechtmäßig; gerechterweise.

right-hand drive *adj* rechtsgesteuert; **right-handed** *adj person* rechtshändig; *punch, throw also* mit der rechten Hand; **right-hander** *n* (*punch*) Rechte *f*; (*person*) Rechtshänder(in *f*) *m*; **right-hand man** *n* rechte Hand; **right-hand side** *n* rechte Seite.

rightist ['raɪtɪst] **I** *n* (*Pol*) Rechte(r) *mf*. **II** *adj* rechtsorientiert.

rightly ['raɪtlɪ] *adv* **1.** (*correctly*) **he said, ~, that ...** er sagte sehr richtig, daß ...; **I don't ~ know** ich weiß nicht genau. **2.** (*justifiably*) mit *or* zu Recht. **~ or wrongly** ob das nun richtig ist/war oder nicht; **and ~ so** und zwar mit Recht.

right-minded *adj* vernünftig; **right of way** *n* (*across property*) Durchgangsrecht *nt*; (*Mot: priority*) Vorfahrt(srecht *nt*) *f*; **it's his ~, he was the ~** (*Mot*) er hat Vorfahrt; **right-thinking** *adj* vernünftig; **right wing** *n* (*Sport, Pol*) rechter Flügel; **right-wing** *adj* (*Pol*) rechtsorientiert; **right-wing extremist** Rechtsextremist(in *f*) *m*; **right-wing extremism** Rechtsextremismus *m*; **right-winger** *n* (*Sport*) Rechtsaußen *m*; (*Pol*) Rechte(r) *mf*.

rigid ['rɪdʒɪd] *adj* (*lit*) board, material, frame starr, steif; (*fig*) *person, character* strikt, streng, stur (*pej*); *discipline, principles* streng, strikt; (*inflexible*) unbeugsam; *interpretation* genau, stur (*pej*); *specifications* genau festgelegt, strikt; *system* starr, unbeugsam. **~ with fear** starr *or* steif vor Angst.

rigidity [rɪ'dʒɪdɪtɪ] *n see adj* Starrheit, Steifheit *f*; Striktheit, Strenge, Sturheit (*pej*) *f*; Unbeugsamkeit *f*; Genauigkeit *f*.

rigidly ['rɪdʒɪdlɪ] *adv stand* starr, steif; (*fig*) *behave, treat* streng, strikt; *oppose* stur, strikt; (*inflexibly*) unbeugsam.

rigmarole ['rɪgmərəʊl] *n* Gelaber *nt*; (*process*) Gedöns *nt* (*inf*).

rigor *n* (*US*) *see* **rigour**.

rigor mortis ['rɪgə'mɔːtɪs] *n* die Toten- *or* Leichenstarre.

rigorous ['rɪgərəs] *adj* streng, strikt; *measures* rigoros; (*accurate*) *book-keeping, work* peinlich genau; *analysis, tests* gründlich; (*harsh*) *climate* streng. **with ~ precision/accuracy** mit äußerster Präzision/peinlicher Genauigkeit.

rigour, (*US*) **rigor** ['rɪgə^r] *n* **1.** *no pl* (*strictness*) Strenge, Striktheit *f*. **2. ~s** *pl* (*of climate, famine*) Unbilden *pl*.

rig-out ['rɪgaʊt] *n* (*inf*) *see* **rig I 3.**

rile [raɪl] *vt* (*inf*) ärgern, reizen.

rim [rɪm] *n* (*of cup, bowl*) Rand *m*; (*of hat also*) Krempe *f*; (*of spectacles also*) Fassung *f*; (*of wheel*) Felge *f*.

rime[1] [raɪm] *n see* **rhyme**.

rime[2] *n* (*liter*) (Rauh)reif *m*.

rimless ['rɪmlɪs] *adj spectacles* randlos.

rimmed [rɪmd] *adj* mit Rand; *wheel* Felgen-. **gold-~ spectacles** Brille *f* mit Goldfassung.

rind [raɪnd] *n* (*of cheese*) Rinde *f*; (*of bacon*) Schwarte *f*; (*of fruit*) Schale *f*.

ring[1] [rɪŋ] **I** *n* **1.** Ring *m*; (*for swimmer*) Schwimmring *or* -reifen *m*.

2. (*circle*) Ring *m*; (*in tree trunk*) Jahresring *m*. **to have ~s round one's eyes** (dunkle) Ringe unter den Augen haben;

to run ~s round sb (*inf*) jdn in die Tasche stecken (*inf*).

3. (*group*) (*Pol*) Gruppe *f*; (*of dealers, spies*) Ring *m*.

4. (*enclosure*) (*at circus*) Manege *f*; (*at exhibition*) Ring *m*; (*Horse-racing*) Buchmacherring *m*; (*boxing ~*) (Box)ring *m*.

II *vt* (*surround*) umringen; (*in game: with hoop*) einen/den Ring werfen über (+*acc*); (*put ~ on or round*) *item on list* einkreisen, einen Kreis machen um; *bird* beringen; *bear, bull* einen/den Nasenring verpassen (+*dat*); *tree* ringeln.

ring[2] (*vb: pret* **rang**, *ptp* **rung**) **I** *n* **1.** (*sound*) Klang *m*; (*~ing: of bell, alarm bell*) Läuten *nt*; (*of electric bell, also alarm clock, phone*) Klingeln *nt*; (*metallic sound: of swords etc*) Klirren *nt*; (*of crystal*) Klang *m*. **there was a ~ at the door** es hat geklingelt *or* geläutet; **to hear a ~ at the door** die Türklingel hören; **give two ~s for the maid** für das Zimmermädchen zweimal läuten.

2. (*esp Brit Telec*) Anruf *m*. **to give sb a ~** jdn anrufen.

3. (*fig*) Klang *m*. **his voice had an angry ~ (in** *or* **to it)** seine Stimme klang etwas böse; **that has the** *or* **a ~ of truth (to** *or* **about it)** das klingt sehr wahrscheinlich.

4. (*set*) **~ of bells** Glockenspiel *nt*.

II *vi* **1.** *see n 1.* klingen; läuten; klingeln; klirren; klingen; (*hammers*) schallen. **the (door)bell rang** es hat geläutet *or* geklingelt; **the bell rang for dinner** es hat zum Essen geläutet; **to ~ for sb** (nach) jdm läuten; **to ~ for sth** für etw läuten; **to ~ at the door** (an der Tür) klingeln *or* läuten.

2. (*esp Brit Telec*) anrufen.

3. (*sound, resound*) (*words, voice*) tönen, schallen; (*music, singing*) erklingen (*geh*), tönen. **to ~ false/true** falsch/wahr klingen; **my ears are ~ing** mir klingen die Ohren; **the valley rang with their shouts** das Tal hallte von ihren Rufen wider (*geh*); **his voice rang with emotion** seine Rührung klang (bei seinen Worten) deutlich durch; **his words still ~ in my ears** seine Worte klingen mir noch im Ohr.

III *vt* **1.** *bell* läuten. **to ~ the doorbell** (an der Tür) läuten *or* klingeln; **that/his name ~s a bell** (*fig inf*) das/sein Name kommt mir bekannt vor; **to ~ the hours** die Stunden schlagen; **to ~ the changes (on sth)** (*lit: on bells*) (etw) im Wechsel läuten; (*fig*) etw in allen Variationen durchspielen.

2. (*esp Brit: also ~* **up**) anrufen.

◆**ring back** *vti sep* (*esp Brit*) zurückrufen.

◆**ring down** *vt sep* **to ~ the curtain ~** (*Theat*) den Vorhang niedergehen lassen; **to ~ ~ the curtain on sth** (*fig*) *on project* einen Schlußstrich unter etw (*acc*) ziehen; *on era* den Vorhang über etw (*acc*) fallen lassen.

◆**ring in I** *vi* **1.** (*esp Brit Telec*) sich telefonisch melden (*to* in +*dat*). **2.** (*US: clock in*) (zu Beginn der Arbeit) stempeln *or* stechen. **II** *vt sep* **to ~ ~ the New Year** das neue Jahr einläuten.

◆**ring off** *vi* (*esp Brit Telec*) aufhängen, (den Hörer) auflegen.

◆**ring out I** *vi* **1.** ertönen; (*bell also*) laut erklingen; (*shot also*) krachen; (*sound above others*) herausklingen. **2.** (*US: clock out*) (am Ende der Arbeit) stempeln *or* stechen. **II** *vt sep* **to ~ ~ the Old Year** das alte Jahr ausläuten.

◆**ring up** *vt sep* **1.** (*esp Brit Telec*) anrufen. **2. to ~ ~ the curtain** (*Theat*) den Vorhang hochgehen lassen; **to ~ ~ the curtain on sth** (*fig*) den Vorhang zu etw hochgehen lassen. **3.** (*cashier*) eintippen.

ring-a-ring-o'-roses *n* Ringelreihen *m*; **ring binder** *n* Ringbuch *nt*; **ringbolt** *n* Ringbolzen *m*; **ring circuit** *n* Ringverzweigung *f*; **ringdove** *n* Ringeltaube *f*.

ringer ['rɪŋəʳ] *n* **1.** (*bell-~*) Glöckner *m*. **2. to be a dead ~ for sb** (*sl*) jdm aufs Haar gleichen.

ring exercise *n* (*Sport*) Übung *f* an den Ringen.

ring-finger ['rɪŋ'fɪŋgəʳ] *n* Ringfinger *m*.

ringing ['rɪŋɪŋ] **I** *adj bell* läutend; *voice, tone* schallend. **~ tone** (*Brit Telec*) Rufzeichen *nt*. **II** *n* (*of bell*) Läuten *nt*; (*of electric bell also, of phone*) Klingeln *nt*; (*in ears*) Klingen *nt*.

ringleader ['rɪŋ,liːdəʳ] *n* Anführer(in *f*) *m*.

ringlet ['rɪŋlɪt] *n* Ringellocke *f*.

ringmaster *n* Zirkusdirektor *m*; **ringmistress** Zirusdirektorin *f*; **ring-pull** *n* (*on can*) Dosenring, Ring-pull *m*; **ring-pull can** *n* Aufreißdose, Ring-pull-Dose *f*; **ring road** *n* (*Brit*) Umgehung(sstraße) *f*; **ringside** *n* **at the ~** am Ring; **ringside seat** *n* (*Boxing*) Ringplatz *m*; (*in circus*) Manegenplatz *m*; **to have a ~** (*fig*) einen Logenplatz haben; **ring-tailed** *adj* mit Ringelschwanz; **ringworm** *n* Scherpilzflechte *f*.

rink [rɪŋk] *n* Eisbahn *f*; (*roller-skating ~*) Rollschuhbahn *f*.

rinse [rɪns] **I** *n* **1.** (*act*) Spülung *f*. **to give sth a ~** *see vt 1.*

2. (*for hair*) Spülung *f*; (*colorant*) Tönung *f*.

II *vt* **1.** *clothes, hair* spülen; *plates* abspülen; *cup, mouth, basin* ausspülen. **to ~ one's hands** sich (*dat*) die Hände abspülen.

2. (*colour with a ~*) *hair* tönen.

◆**rinse down** *vt sep car, wall* abspülen. **to ~ sth ~ the plughole** etw den Abfluß hinunterspülen.

◆**rinse out** *vt sep* **1.** *hair, tint, colour, soap, cup* ausspülen, auswaschen. **to ~ ~ one's mouth** sich (*dat*) den Mund ausspülen. **2.** (*wash quickly*) *clothes* auswaschen.

Rio (de Janeiro) ['rɪəʊ(dədʒə'nɪərəʊ)] *n* Rio (de Janeiro) *nt*.

riot ['raɪət] **I** *n* **1.** (*Pol*) Aufstand, Aufruhr *m no pl*; (*by mob, football fans etc*) Krawall *m*, Ausschreitungen *pl*; (*fig: wild occasion*) Orgie *f*. **to run ~** (*people*) randalieren; (*vegetation*) wuchern; **his imagination runs ~** seine Phantasie geht mit ihm durch; **to read sb the ~ act** (*fig*) jdm die Leviten lesen; **the ~ police/ squad** die Bereitschaftspolizei/das Überfallkommando; **~ gear** Schutzausrüstung *f*; **~ shield** Schutzschild *m*.

2. a ~ of colour(s) eine Farbenexplosion, eine Farbenorgie; **a ~ of flowers** ein wildes Blumenmeer.

3. to be a ~ (*inf*) zum Schießen *or* Schreien sein (*inf*).

II *vi* randalieren; (*revolt*) einen Aufruhr machen.

rioter ['raɪətəʳ] *n* Randalierer *m*; (*rebel*) Aufrührer(in *f*) *m*.

rioting ['raɪətɪŋ] *n* Krawalle *pl*; (*Pol also*) Aufstände *pl*. **~ in the streets** Straßenkrawalle *or* -schlachten *pl*.

riotous ['raɪətəs] *adj* **1.** *person, crowd* randalierend; *living, behaviour, child* wild. **2.** (*inf*) wild (*inf*); (*hilarious*) urkomisch (*inf*). **we had a ~ time** es ging hoch her (*inf*); **a ~ success** ein Riesenerfolg (*inf*) *m*.

riotously ['raɪətəslɪ] *adv behave, live* wild. **it was ~ funny** (*inf*) es war zum Schreien (*inf*).

RIP *abbr of* **rest in peace** R.I.P.

rip [rɪp] **I** *n* Riß *m*; (*made by knife*) Schlitz *m*.

II *vt material, clothes* einen Riß machen in (+*acc*); (*stronger*) zerreißen; (*vandalize*) *pictures etc* zerschlitzen. du hast dir die Jacke zerrissen; **to ~ sth down the middle** etw mitten durchreißen; **to ~ open** aufreißen; (*with knife*) aufschlitzen.

III *vi* **1.** (*cloth, garment*) reißen.

2. (*inf*) **the car ~s along** der Wagen rast dahin; **to let ~** loslegen (*inf*); **he let ~ at me** er ist auf mich losgegangen (*inf*).

◆rip down *vt sep* herunterreißen; *old buildings* abreißen.

◆rip off *vt sep* **1.** (*lit*) abreißen (*prep obj* von); *clothing* herunterreißen. **he ~ped ~ her dress** er riß ihr das Kleid vom Leib. **2.** (*sl*) *object, goods* mitgehen lassen (*inf*); *bank, shop, house* ausrauben; *person* schröpfen (*inf*), ausnehmen (*sl*).

◆rip out *vt sep* herausreißen (*of* aus).

◆rip up *vt sep* zerreißen; *road* aufreißen.

riparian [raɪ'pɛərɪən] *adj* (*form*) Ufer-.

rip-cord ['rɪpˌkɔːd] *n* Reißleine *f*.

ripe [raɪp] *adj* (+*er*) **1.** *fruit, cheese* reif; (*fig*) *lips* voll. **2.** (*mature*) reif. **to live to a ~ old age** ein hohes Alter erreichen; **to be ~ for sth** (*fig*) für etw reif sein; **when the time is ~** wenn die Zeit dafür reif ist.

ripen ['raɪpən] **I** *vt* (*lit, fig*) reifen lassen. **II** *vi* reifen.

ripeness ['raɪpnɪs] *n* Reife *f*.

rip-off ['rɪpɒf] *n* (*inf*) Wucher, Nepp (*inf*) *m*; (*cheat*) Schwindel *m*.

riposte [rɪ'pɒst] **I** *n* (*retort*) scharfe Antwort; (*Fencing*) Riposte *f*. **II** *vi* (*retort*) scharf erwidern, parieren; (*Fencing*) parieren und eine Riposte bringen.

ripper ['rɪpəʳ] *n* (*murderer*) Frauenmörder *m*.

ripple ['rɪpl] **I** *n* **1.** (*in water*) kleine Welle; (*of crops*) sanftes Wogen *no pl*. **little ~s spread out in the water** das Wasser kräuselte sich; **the wind blew across the grass in ~s** das Gras wogte im Wind.

2. (*noise*) Plätschern *nt*; (*of waves*) Klatschen *nt*. **a ~ of laughter** ein kurzes Lachen; (*girls'*) ein perlendes Lachen.

II *vi* **1.** (*undulate*) (*water*) sich kräuseln; (*crops*) wogen.

2. (*murmur: water*) plätschern; (*waves*) klatschen.

III *vt water* kräuseln; *corn* wogen lassen.

ripple effect *n* (*knock-on effect*) Nachwirkungen *pl*.

rip-rap *n* (*Build*) Steinbettung, Steinschüttung *f*; **rip-roaring** *adj* (*inf*) sagenhaft (*inf*); **riptide** *n* Kabbelung *f*.

rise [raɪz] (*vb: pret* **rose**, *ptp* **risen**) **I** *n* **1.** (*increase*) (*in gen*) (*in temperature, pressure, of tide, river*) Anstieg *m*, Steigen *nt no pl*; (*in number*) Zunahme *f*; (*in prices, bank rate also*) Steigerung *f*; (*St Ex*) Aufschwung *m*. **a (pay) ~** (*Brit*) eine Gehaltserhöhung; **prices are on the ~** die Preise steigen; **there has been a ~ in the number of participants** die Zahl der Teilnehmer ist gestiegen; **a ~ in the population** ein Bevölkerungszuwachs *m*.

2. (*upward movement*) (*of theatre curtain*) Hochgehen, Heben *nt*; (*of sun*) Aufgehen *nt*; (*Mus: in pitch*) Erhöhung *f* (*in gen*); (*fig: to fame, power*) Aufstieg *m* (*to* zu); **to get a ~ out of sb** (*inf*) jdn zur Reaktion bringen.

3. (*small hill*) Erhebung *f*; (*slope*) Steigung *f*.

4. (*origin*) (*of river*) Ursprung *m*. **the river has its ~ in** der Fluß entspringt in (+*dat*); **to give ~ to sth** etw verursachen; *to questions* etw aufwerfen; *to complaints* Anlaß zu etw geben.

II *vi* **1.** (*get up*) (*from sitting, lying*) aufstehen, sich erheben (*geh*), um zu gehen; **to ~ from the table** vom Tisch aufstehen, sich vom Tisch erheben (*geh*); **~ and shine!** (*inf*) raus aus den Federn! (*inf*); **to ~ from the dead** (*liter, Bibl*) von den Toten auferstehen.

2. (*go up*) steigen; (*smoke, mist also*) aufsteigen, emporsteigen; (*prices, temperature, pressure also*) ansteigen (*to* auf +*acc*); (*balloon, aircraft, bird*) (auf)steigen, sich heben (*geh*); (*lift*) nach oben fahren; (*theatre curtain*) hochgehen, sich heben; (*sun, moon, bread, dough*) aufgehen; (*wind, storm*) aufkommen, sich erheben; (*voice*) (*in volume*) sich erheben; (*in pitch*) höher werden; (*swimmer, fish*) hochkommen; (*new buildings*) entstehen; (*fig*) (*hopes*) steigen; (*anger*) wachsen, zunehmen; (*stomach*) sich heben. **to ~ to the surface** an die Oberfläche kommen; **the fish are rising well** die Fische beißen gut; **he won't ~ to any of your taunts** er läßt sich von dir nicht reizen; **the idea/image rose in his mind** ihm kam der Gedanke/das Bild tauchte vor ihm auf; **her spirits rose** ihre Stimmung hob sich; **his voice rose to screaming pitch** seine Stimme wurde kreischend *or* schrill; **to ~ in a crescendo** in einem Crescendo anschwellen; **the colour rose to her cheeks** die Röte stieg ihr ins Gesicht.

3. (*ground*) ansteigen; (*mountains, hills, castle*) sich erheben.

4. (*fig: in society, rank*) **to ~ in the world** *or* in society es zu etwas bringen; **to ~ from nothing** sich aus dem Nichts empor- *or* hocharbeiten; **he rose to be President/a captain** er stieg zum Präsidenten/Kapitän auf; *see* **rank[1].**

5. (*adjourn*) (*assembly*) auseinandergehen; (*meeting*) beendet sein. **the House rose at 2 a.m.** (*Parl*) das Haus beendete die Sitzung um 2 Uhr morgens.

6. (*originate: river*) entspringen.

7. (*also* **~ up**) (*revolt: people*) sich empören, sich erheben; (*rebel: one's soul*) sich empören. **to ~ (up) in protest/anger (at sth)** (*people*) sich protestierend (gegen etw) erheben/sich (gegen etw) empören; (*soul, inner being*) sich (gegen etw) auflehnen/zornig empören.

◆**rise above** *vi +prep obj insults* erhaben sein über (+*acc*), stehen über (+*dat*).

◆**rise up** *vi* (*person*) aufstehen, sich erheben (*geh*); (*mountain*) sich erheben; *see also* **rise II 7.**

risen ['rɪzn] **I** *ptp of* **rise. II** *adj* (*Rel*) **the ~ Lord** der Auferstandene; **Jesus Christ is ~!** Christ ist erstanden!

riser ['raɪzəʳ] *n* **1.** (*person*) **to be an early ~** Frühaufsteher(in *f*) *m* sein, früh aufstehen; **to be a late ~** spät aufstehen, ein Langschläfer *m*/eine Langschläferin sein (*inf*). **2.** (*of stair*) Setzstufe *f*. **3.** (*for gas, water*) Steigrohr *nt*, Steigleitung *f*.

risibility [ˌrɪzɪ'bɪlɪtɪ] *n* (*liter: disposition*) Lachlust *f*.

risible ['rɪzɪbl] *adj* (*liter: laughable*) lächerlich, lachhaft.

rising ['raɪzɪŋ] **I** *n* **1.** (*rebellion*) Erhebung *f*, Aufstand *m*.

2. (*of sun, star*) Aufgehen *nt*, Aufgang *m*; (*of barometer, prices, river*) (An)steigen *nt*; (*from dead*) Auferstehung *f*; (*of theatre curtain*) Hochgehen *nt*; (*of ground*) Steigung *f*, Anstieg *m*. **the ~ and falling of ...** das Auf und Ab (+*gen*)...

3. (*adjournment: of Parliament etc*) Auseinandergehen *nt*.

II *adj* **1.** *sun* aufgehend; *tide, barometer, prices, hopes* steigend; *wind* aufkommend; *anger, fury* wachsend. **~ damp** Bodenfeuchtigkeit *f*; **the ~ sap** der aufsteigende Saft.

2. (*fig*) **a ~ young doctor** ein(e) aufstrebende(r) junge(r) Arzt/Ärztin; **a ~ politician** ein(e) kommende(r) Politiker(in); **the ~ generation** die kommende Generation.

III *adv* (*inf*) **she's ~ sixteen** sie ist fast sechzehn.

risk [rɪsk] **I** *n* **1.** Risiko *nt*; (*in cpds*) -gefahr *f*. **to take** *or* **run ~s/a ~** Risiken/ein Risiko eingehen; **to take** *or* **run the ~ of doing sth** das Risiko eingehen, etw zu tun; **there is no ~ of his coming** *or* **that he will come** es besteht keine Gefahr, daß er kommt; **at one's own ~** auf eigene Gefahr, auf eigenes Risiko; **goods sent at sender's ~** Warenversand auf Risiko des Senders; **at the ~ of seeming stupid** auf die Gefahr hin, dumm zu erscheinen; **at the ~ of his life** unter Einsatz seines Lebens; **to put sb/sth at ~** jdn gefährden/etw riskieren.

2. (*Insur*) Risiko *nt*. **fire ~** Feuerrisiko; **he's a bad accident ~** bei ihm besteht ein hohes Unfallrisiko; **to be a good/bad ~** (*Fin*) gute/schlechte Bonität haben; *see* **security ~.**

II *vt* **1.** *career, future, reputation, savings* riskieren, aufs Spiel setzen; *life also* wagen; *see* **neck.**

2. *defeat, quarrel, accident* riskieren; (*venture*) *criticism, remark also* wagen. **you'll ~ losing your job** Sie riskieren dabei, Ihre Stelle zu verlieren.

risk capital *n* Risikokapital *nt*.

riskiness ['rɪskɪnɪs] *n* Riskantheit *f*.

risk management *n* Risikomanagement *nt*; **risk sharing** *n* Risikoteilung *f*.

risky ['rɪskɪ] *adj* (+*er*) **1.** *enterprise, deed* riskant. **2.** *joke, story* pikant, gewagt.

risqué ['riːskeɪ] *adj* pikant, gewagt.

rissole ['rɪsəʊl] *n* ≃ Frikadelle *f*.

rite [raɪt] *n* Ritus *m*. **burial ~s** Bestattungsriten *pl*.

ritual ['rɪtjʊəl] **I** *adj* rituell; *laws, objects* Ritual-.

II *n* Ritual *nt*; (*pej also*) Zeremoniell *nt no pl*. **he went through the ~ of checking all the locks** er überprüfte nach dem üblichen Zeremoniell *or* Ritual, ob alles abgeschlossen war.

ritualism ['rɪtjʊəlɪzəm] *n* Ritualismus *m*.

ritualist ['rɪtjʊəlɪst] *n* Ritualist(in *f*) *m*; (*expert*) Ritualienforscher(in *f*) *m*.

ritualistic [ˌrɪtjʊə'lɪstɪk] *adj* rituell.

ritually ['rɪtjʊəlɪ] *adv slaughter* auf rituelle Art.

ritzy ['rɪtsɪ] *adj* (+*er*) (*sl*) nobel (*inf*), protzig (*pej inf*).

rival ['raɪvəl] **I** *n* Rivale *m*, Rivalin *f* (*for* um, *to* für); (*in love also*) Nebenbuhler(in *f*) *m* (*old*); (*Comm*) Konkurrent(in *f*) *m*.

II *adj* (*to* für) *claims, attraction* konkurrierend; *firm also* Konkurrenz-.

III *vt* (*in love, for affections*) rivalisieren mit; (*Comm*) konkurrieren mit. **he can't ~ her in intelligence** er kann sich mit ihr in bezug auf Intelligenz nicht messen; **his achievements ~ even yours** seine Leistungen können sich sogar mit deinen messen; **I can't ~ that** da kann ich nicht mithalten.

rivalry ['raɪvəlrɪ] *n* Rivalität *f*; (*Comm*) Konkurrenzkampf *m*.

rive [raɪv] *pret* **~d**, *ptp* **riven** ['rɪvn] *vt* (*old, liter*) spalten. **riven by grief** (*fig*) von Schmerz zerrissen.

river ['rɪvəʳ] *n* Fluß *m*; (*major*) Strom *m*. **down ~** fluß-/stromabwärts; **up ~** fluß-/stromaufwärts; **the ~ Rhine** (*Brit*), **the Rhine ~** (*US*) der Rhein; **~s of blood/lava** Blut-/Lavaströme *pl*; *see* **sell.**

river *in cpds* Fluß-; **river basin** *n* Flußbecken *nt*; **riverbed** *n* Flußbett *nt*.

riverine ['rɪvəraɪn] *adj* (*form*) (*of river*) Fluß-; (*like river*) flußartig; *people* am Fluß wohnend.

river mouth *n* Flußmündung *f*; **river police** *n* Wasserschutzpolizei *f*; **riverside I**

n Flußufer *nt*; **on/by the ~** am Fluß; **II** *adj* am Fluß(ufer); **river traffic** *n* Flußschiffahrt *f*.

rivet ['rɪvɪt] **I** *n* Niete *f*.

II *vt* (*lit*) nieten; *two things* vernieten; (*fig*) *audience, attention* fesseln. **his eyes were ~ed to the screen** sein Blick war auf die Leinwand geheftet; **~ed (to the spot) with fear** vor Angst wie festgenagelt.

riveter ['rɪvɪtə^r] *n* Nieter(in *f*) *m*; (*tool*) Nietmaschine *f*.

rivet(t)ing ['rɪvɪtɪŋ] **I** *n* Nieten *nt*.

II *adj* (*fig*) fesselnd.

Riviera [ˌrɪvɪ'ɛərə] *n* **the (French)/Italian ~** die französische/italienische Riviera.

rivulet ['rɪvjʊlɪt] *n* Flüßchen *nt*, Bach *m*.

rm *abbr of* **room** Zim.

RM *abbr of* **Royal Marines**.

RN *abbr of* **1. Royal Navy**. **2.** (*US*) **registered nurse.**

RNA *abbr of* **ribonucleic acid** RNS *f*.

RNLI (*Brit*) *abbr of* **Royal National Lifeboat Institution** ≃ DLRG *f*.

roach [rəʊtʃ] *n* Plötze *f*; (*inf: cock~*) Schabe *f*.

road [rəʊd] *n* **1.** Straße *f*. **"~ up"** „Straßenbauarbeiten"; **"~ narrows"** „Straßenverengung"; **by ~** (*send sth*) per Spedition; (*travel*) mit dem Bus/Auto *etc*; **she lives across the ~ (from us)** sie wohnt gegenüber (von uns); **my car has never been/is never off the ~** mein Auto war noch nie/ist nie in der Werkstatt; **I hope to put the car back on the ~ soon** ich hoffe, das Auto bald wieder fahren zu können; **this vehicle shouldn't be on the ~** das Fahrzeug ist nicht verkehrstüchtig; **he is a danger on the ~** er ist eine Gefahr für den Straßenverkehr; **to take to the ~** sich auf den Weg machen, losfahren; (*as tramp*) Vagabund werden; **to be on the ~** (*travelling*) unterwegs sein; (*theatre company*) auf Tournee sein; (*car*) fahren; **is this the ~ to London**? geht es hier nach London?; **the London ~** die Straße nach London; **"Westlands/London ~"** „Westlandsstraße/Londoner Straße"; **to have one for the ~** (*inf*) zum Abschluß noch einen trinken; **gentleman of the ~** (*euph*) Vagabund *m*.

2. (*fig*) Weg *m*. **on the ~ to ruin/success** auf dem Weg ins Verderben/zum Erfolg; **somewhere along the ~ he changed his mind** irgendwann hat er seine Meinung geändert; **(get) out of the ~!** (*dial inf*) geh weg!; **any ~** (*dial inf*) *see* **anyhow**.

3. ~s *pl* (*Naut*) Reede *f*.

4. (*US*) *abbr of* **railroad**.

road *in cpds* Straßen-; **road accident** *n* Verkehrsunfall *m*; **roadblock** *n* Straßensperre *f*; **road-book** *n* Straßenatlas *m*; **road construction** *n* Straßenbau *m*; **road fund licence** *n* (*Brit*) ≃ Verkehrssteuer *f*; **road haulage** *n* Spedition *f*; **road haulier** *n* Spediteur *m*; **roadhog** *n* (*inf*) Verkehrsrowdy *m* (*inf*); **roadholding (ability)** *n* Straßenlage *f*; (*of tyres*) Griffigkeit *f*; **roadhouse** *n* Rasthaus *nt*.

roadie ['rəʊdiː] *n* (*inf*) Roadie *m* (*inf*).

roadmender *n* Straßenbauarbeiter *m*; **road metal** *n* Straßenschotter *m*; **road race** *n* Straßenrennen *nt*; **road racer** *n* (*bicycle*) Rennrad *nt*; **roadroller** *n* Straßenwalze *f*; **road safety** *n* Verkehrssicherheit *f*, Sicherheit *f* im Straßenverkehr; **road sense** *n* Verkehrssinn *m*; **road show** *n* (*Theat*) Tournee *f*; **roadside I** *n* Straßenrand *m*; **along** *or* **by the ~** am Straßenrand; **II** *adj stall, toilet* an der Straße; *inn, pub also* Straßen-; **~ repairs** (*professional*) Sofortdienst *m*; (*done alone*) Reparatur *f* am Straßenrand; **roadsign** *n* (Straßen)verkehrszeichen *or* Verkehrsschild *nt*; **roadstead** *n* (*Naut*) Reede *f*.

roadster ['rəʊdstə^r] *n* (*old*) (*car*) Vehikel *nt* (*inf*); (*bicycle*) Drahtesel *m* (*inf*).

roadsweeper *n* (*person*) Straßenkehrer(in *f*) *m*; (*vehicle*) Straßenkehrmaschine *f*; **road-test I** *n* Straßentest *m*; **II** *vt* probefahren, testfahren; **road transport** *n* Straßengüterverkehr *m*; **road-trials** *npl* (*road-test*) Straßentest *m*; (*rally*) Straßenwettbewerb *m*; **road-user** *n* Verkehrsteilnehmer(in *f*) *m*; **roadway** *n* Fahrbahn *f*; **roadwork** *n* (*Sport*) Straßentraining *nt*; **roadworks** *npl* Straßenbauarbeiten *pl*; **roadworthy** *adj* verkehrstüchtig.

roam [rəʊm] **I** *vt streets, countryside* wandern *or* ziehen durch. **to ~ the (seven) seas** die sieben Meere durchkreuzen; **to ~ the streets** (*child, dog*) (in den Straßen) herumstreunen.

II *vi* (herum)wandern; (*hum: hands*) wandern, sich verirren. **to ~ about the house/streets** durch das Haus/die Straßen wandern; **to ~ about the world** in der Welt herumziehen.

◆**roam about** *or* **around** *vi* herumwandern; (*dogs, looters*) herumstreunen.

roamer ['rəʊmə^r] *n* Vagabund *m*; (*dog*) Herumstreuner *m*; (*child*) Stromer *m* (*inf*).

roaming ['rəʊmɪŋ] **I** *adj* (*fig*) *thoughts* wandernd. **II** *n* Herumwandern *nt*.

roan [rəʊn] **I** *adj horse* rötlich-grau. **II** *n* Rotschimmel *m*.

roar [rɔː^r] **I** *vi* (*person, crowd, lion, bull*) brüllen (*with* vor +*dat*); (*fire in hearth*) prasseln; (*wind, engine, plane*) heulen; (*sea, waterfall*) tosen; (*thunder, forest fire*) toben; (*gun*) donnern. **to ~ at sb** jdn anbrüllen; **the trucks ~ed past** die Lastwagen donnerten vorbei; **he had them ~ing (with laughter)** sie brüllten vor Lachen.

II *vt* **1.** (*also* **~ out**) *order, song* brüllen.

2. *engine* aufheulen lassen.

III *n* **1.** *no pl see vi* Gebrüll *nt*; Prasseln *nt*; Heulen *nt*; Tosen *nt*; Toben *nt*; Donnern *nt*.

2. ~s of laughter brüllendes Gelächter; **the ~s of the crowd/lion** das Brüllen der Menge/des Löwen.

roaring ['rɔːrɪŋ] **I** *adj see vi* brüllend; prasselnd; heulend; tosend; tobend; donnernd. **~ drunk** (*inf*) sternhagelvoll (*inf*); **the ~ Twenties** die wilden Zwanziger (Jahre); **a ~ success** ein voller Erfolg, ein Bombenerfolg *m* (*inf*); **to do a ~ trade (in sth)** ein Riesengeschäft *nt* (mit etw) machen.

II *n see* **roar III**.

roast [rəʊst] **I** *n* Braten *m*. **pork ~** Schweinebraten *m*.

II *adj pork, veal* gebraten; *chicken* Brat-, gebraten; *potatoes* in Fett im Backofen gebraten. **~ beef** Roastbeef *nt*; **we had ~ pork** es gab Schweinebraten.

III *vt* **1.** *meat* braten; *chestnuts, coffee beans, ore* rösten. **to ~ oneself by the fire/in the sun** sich am Feuer/in der Sonne braten lassen; **to be ~ed alive** (*fig*) sich totschwitzen (*inf*); (*by sun*) gebraten werden (*inf*).

2. (*inf: criticize*) ins Gericht gehen mit (*inf*).

IV *vi* (*meat*) braten; (*inf: person*) irrsinnig schwitzen (*inf*); (*in sun*) in der Sonne braten; *see also* **~ing.**

roaster ['rəʊstəʳ] *n* (*oven*) Bratofen *m*, Bratröhre *f*; (*dish*) Bräter *m*; (*coffee ~*) Röstapparat *m*; (*for ore*) Röstofen *m*; (*chicken*) Brathähnchen *nt*; (*pig*) Spanferkel *nt*.

roasting ['rəʊstɪŋ] **I** *n* **1.** (*lit*) Braten *nt*. **~ spit** Bratspieß *m*.

2. (*inf*) (*criticism*) Verriß *m*; (*telling-off*) Standpauke *f*.

II *adj* (*inf: hot*) *days, weather* knallheiß (*inf*).

rob [rɒb] *vt person* bestehlen; (*more seriously*) berauben; *shop bank* ausrauben; *orchard* plündern. **to ~ sb of sth** (*lit, fig*) jdn einer Sache (*gen*) berauben (*geh*), jdm etw rauben; (*lit also*) jdm etw stehlen; **I've been ~bed!** ich bin bestohlen worden!; (*had to pay too much*) ich bin geneppt worden (*inf*); **to ~ the till** die Ladenkasse ausräumen *or* plündern; **he was ~bed of the pleasure of seeing her** es war ihm nicht vergönnt, sie zu sehen; **the shock ~bed him of speech** er hat vor Schreck die Stimme verloren; (*briefly also*) der Schreck hat ihm die Sprache verschlagen; **our team was ~bed** (*sl*) das ist nicht fair(, wir hätten gewinnen müssen).

robber ['rɒbəʳ] *n* Räuber(in *f*) *m*.

robbery ['rɒbərɪ] *n* Raub *m no pl*; (*burglary*) Einbruch *m* (*of* in *+acc*). **~ with violence** (*Jur*) Raubüberfall *m*; **at that price it's sheer ~!** (*inf*) das ist der reinste Nepp (*inf*); **the bank ~** der Banküberfall.

robe [rəʊb] **I** *n* **1.** (*garment*) (*of office*) Robe *f*, Talar *m*; (*for priest also*) Rock *m*; (*for baby*) langes Kleidchen; (*esp US: for house wear*) Morgenrock, Haus- *or* Bademantel *m*. **he was wearing his ~ of office** er war im Ornat; **ceremonial ~s** Festgewänder *pl*; **christening ~** Taufkleid *nt*.

2. (*US: wrap*) Decke *f*.

II *vt* (*lit*) ankleiden, die Amtsrobe *or* den Ornat anlegen (*+dat*). **to ~ sb/sth in sth** (*lit, fig*) jdn/etw in etw (*acc*) kleiden.

III *vi* (*judge, priest*) die Amtsrobe *or* den Ornat anlegen.

robin ['rɒbɪn] *n* Rotkehlchen *nt*.

robot ['rəʊbɒt] *n* Roboter *m*; (*fig also*) Automat *m*. **~ guidance, ~ pilot** Selbststeuerung *f*.

robotics [rəʊ'bɒtɪks] *n sing or pl* Robotertechnik, Robotik *f*.

robust [rəʊ'bʌst] *adj person, material, toy, machine* robust, widerstandsfähig; *build* kräftig, robust; *exercise* hart; *defence* stark; *appetite, humour* gesund, unverwüstlich; *structure* massiv, stabil; *style* markig; *wine* kernig.

robustness [rəʊ'bʌstnɪs] *n see adj* Robustheit *f*; Widerstandsfähigkeit *f*; Kräftigkeit *f*; Härte *f*; Stärke *f*; Gesundheit, Unverwüstlichkeit *f*; Massivität, Stabilität *f*; Markigkeit *f*; Kernigkeit *f*.

rock¹ [rɒk] **I** *vt* **1.** (*swing*) schaukeln; (*gently: lull*) wiegen. **to ~ a child to sleep** ein Kind in den Schlaf wiegen.

2. (*shake*) *town* erschüttern, zum Beben bringen; *building also* ins Wanken bringen; *ship* hin und her werfen; (*fig inf*) *person* erschüttern. **to ~ the boat** (*fig*) für Unruhe sorgen.

II *vi* **1.** (*gently*) schaukeln.

2. (*violently*) (*building, tree, post*) schwanken; (*ship*) hin und her geworfen werden; (*ground*) beben. **they ~ed with laughter** sie schüttelten sich vor Lachen.

3. (*~ and roll*) rocken.

III *n* (*pop music*) Rock *m*; (*dance*) Rock 'n' Roll *m*. **~-and-roll** Rock and Roll, Rock 'n' Roll *m*.

rock² *n* **1.** (*substance*) Stein *m*; (*~ face*) Fels(en) *m*; (*Geol*) Gestein *nt*. **porous/volcanic ~** poröses/vulkanisches Gestein; **the study of ~s** Gesteinskunde *f*.

2. (*large mass*) Fels(en) *m*; (*boulder also*) Felsbrocken *m*; (*smaller*) (großer) Stein. **the R~ (of Gibraltar)** der Felsen von Gibraltar; **as solid as a ~** *structure* massiv wie ein Fels; *firm, marriage* unerschütterlich wie ein Fels; **the ship went on the ~s** das Schiff lief (auf die Felsen) auf; **on the ~s** (*inf*) (*with ice*) mit Eis; (*marriage*) kaputt (*inf*); (*broke*) bankrott; **"danger, falling ~s"** „Steinschlaggefahr".

3. (*sl: diamond*) Diamant *m*. **~s** (*jewels*) Klunker *pl* (*inf*).

4. *no pl* (*Brit: sweet*) Zuckerstange *f*.

rock-bottom I *n* der Tiefpunkt; **to touch/reach ~** auf dem Nullpunkt *or* Tiefpunkt sein/den Nullpunkt *or* Tiefpunkt erreichen; **II** *adj* (*inf*) *prices* niedrigste(r, s), Niedrigst-; **rock bun, rock cake** *n* Hefeteilchen *nt* mit Rosinen; **rock-climber** *n* (Felsen)kletterer *m*/-kletterin *f*; **rock climbing** *n* Klettern *nt* (im Fels); **rock club** *n* Rockclub, Rockschuppen (*sl*) *m*; **rock crystal** *n* Bergkristall *m*.

rocker ['rɒkəʳ] *n* **1.** (*of cradle*) Kufe *f*. **to be/go off one's ~** (*sl*) übergeschnappt sein (*inf*)/überschnappen (*inf*). **2.** (*sl: person*) Rocker *m*. **3.** (*Aut: also ~ arm*) Kipphebel *m*.

rockery ['rɒkərɪ] *n* Steingarten *m*.

rocket ['rɒkɪt] **I** *n* **1.** Rakete *f*.

2. (*Brit inf: reprimand*) (*from boss*) Zigarre *f* (*inf*); (*from parent*) Anschiß *m* (*sl*). **to give sb a ~** jdm einen Anschiß geben (*sl*).

II *vi* (*prices*) hochschießen, hochschnellen. **to ~ to fame** über Nacht berühmt werden; (*person also*) kometenhaft aufsteigen; **he went ~ing past my door** (*inf*) er zischte *or* schoß (wie ein geölter Blitz) an meiner Tür vorbei (*inf*).

rocket *in cpds* Raketen-; **rocket attack** *n* Raketenangriff *m*; **rocket launcher** *n* Raketenabschußgerät *nt*; (*on plane*) Raketenwerfer *m*; (*multiple*) Stalinorgel *f*; **rocket-propelled** *adj* mit Raketenantrieb; **rocket propulsion** *n* Raketenantrieb *m*; **rocket range** *n* Raketenversuchsgelände *nt*; **within ~** mit Raketen zu erreichen.

rocketry ['rɒkɪtrɪ] *n* Raketentechnik *f*; (*rockets*) Raketen *pl*.

rocketship *n* Raketenträger *m*; (*rocket-propelled*) Raketenschiff *nt*; **rocket silo** *n* Raketensilo *nt*.

rock face *n* Felswand *f*; **rock fall** *n* Steinschlag *m*; **rock garden** *n* Steingarten *m*.

rocking ['rɒkɪŋ]: **rocking chair** *n* Schaukelstuhl *m*; **rocking horse** *n* Schaukelpferd *nt*.

rock plant *n* Steinpflanze *f*; **rock rose** *n* Sonnenröschen *nt*; **rock salmon** *n* (*Brit*) Dorsch *m*; **rock salt** *n* Steinsalz *nt*.

rocky¹ ['rɒkɪ] *adj* (*unsteady*) wackelig.

rocky² *adj* (+*er*) *mountain, hill* felsig; *road, path* steinig. **the R~ Mountains, the Rockies** die Rocky Mountains *pl*.

rococo [rəʊ'kəʊkəʊ] **I** *n* Rokoko *nt*. **II** *adj* Rokoko-.

rod [rɒd] *n* **1.** Stab *m*, Stange *f*; (*switch*) Rute, Gerte *f*; (*in machinery*) Stange *f*; (*for punishment, fishing*) Rute *f*; (*symbol of authority*) Stab *m*.

2. (*measure*) ≃ Rute *f* (*5,5 Yards*).

3. (*US sl: gun*) Schießeisen *nt* (*sl*).

rode [rəʊd] *pret of* **ride**.

rodent ['rəʊdənt] *n* Nagetier *nt*.

rodeo ['rəʊdɪəʊ] *n* Rodeo *nt*.

roe¹ [rəʊ] *n, pl* **-(s)** (*species: also* **~ deer**) Reh *nt*. **~ buck** Rehbock *m*; **~ deer** (*female*) Reh *nt*, Ricke *f* (*spec*).

roe² *n, pl* - (*of fish*) Rogen *m*. **herring ~** Heringsrogen *m*.

roentgen ['rɒntjən] **I** *n* Röntgen *nt*. **II** *adj* Röntgen-.

rogation [rəʊ'geɪʃən] *n* (*Eccl*) (*litany*) Litanei *f*; (*period: also* **R~** *or* **R~-tide**) Bittwoche *f*. **R~ Sunday** (Sonntag *m*) Rogate *no art*.

roger ['rɒdʒəʳ] *interj* **"~"** „verstanden".

rogue [rəʊg] *n* **1.** (*scoundrel*) Gauner, Schurke *m*; (*scamp*) Schlingel, Spitzbube *m*. **~s' gallery** (*Police inf*) Verbrecheralbum *nt*. **2.** (*Zool*) Einzelgänger *m*. **~ elephant** Einzelgänger(-Elefant) *m*.

roguery ['rəʊgərɪ] *n no pl* (*wickedness*) Gaunerei *f*; (*mischief*) Spitzbüberei *f*.

roguish ['rəʊgɪʃ] *adj* spitzbübisch; (*old: wicked*) schurkisch.

roguishly ['rəʊgɪʃlɪ] *adv see adj*.

roister ['rɔɪstəʳ] *vi* (*revel*) herumtollen.

roisterer ['rɔɪstərəʳ] *n* Krawallmacher(in *f*) *m*.

role [rəʊl] *n* (*Theat, fig*) Rolle *f*. **in the ~ of Ophelia** in der Rolle der Ophelia; **~ model** (*Psych*) Rollenbild *nt*; **~-playing** Rollenspiel *nt*. **~ reversal** (*Psych*) Rollentausch *m*;

roll [rəʊl] **I** *n* **1.** (*of paper, netting, film, hair*) Rolle *f*; (*of fabric*) Ballen *m*; (*of banknotes*) Bündel *nt*; (*of butter*) Röllchen *nt*; (*of flesh, fat*) Wulst *m*, Röllchen *nt*. **a ~ of paper/banknotes** eine Rolle Papier/ein Bündel *nt* Banknoten.

2. (*Cook*) (*also* **bread ~**) Brötchen *nt*. **ham/cheese ~** Schinken-/Käsebrötchen *nt*; *see* **sausage ~**.

3. (*movement, of sea, waves*) Rollen *nt*; (*of ship also*) Schlingern *nt*; (*somersault, Aviat*) Rolle *f*; (*of person's gait*) Schaukeln, Wiegen *nt*. **to do a ~** eine Rolle machen; **the ship gave a sudden ~** das Schiff schlingerte plötzlich; **the dog was having a ~ on the grass** der Hund wälzte sich im Gras; **to have a ~ in the hay with sb** (*inf*) mit jdm ins Heu gehen (*inf*).

4. (*sound*) (*of thunder*) Rollen *nt*; (*of drums*) Wirbel *m*; (*of organ*) Brausen *nt*.

5. (*list, register*) Liste *f*, Register *nt*; (*of solicitors*) Anwaltsliste *f*. **we have 60 pupils on our ~(s)** bei uns sind 60 Schüler angemeldet; **~ of honour** Ehrenliste *f*; (*plaque*) Ehrentafel *f*; *see* **electoral ~**.

II *vi* **1.** rollen; (*from side to side: ship*) schlingern; (*presses*) laufen; (*Aviat*) eine Rolle machen. **to ~ over and over** rollen und rollen, kullern und kullern (*inf*); **the children/stones ~ed down the hill** die Kinder/Steine rollten *or* kugelten (*inf*) den Berg hinunter; **tears were ~ing down her cheeks** Tränen rollten *or* kullerten (*inf*) ihr über die Wangen; **heads will ~!** (*fig*) da werden die Köpfe rollen!; **can you keep the ball** *or* **things ~ing while I'm away?** (*inf*) können Sie den Laden in Schwung halten, solange ich weg bin? (*inf*); **the dog ~ed in the mud** der Hund wälzte sich im Schlamm; **he's ~ing in money** *or* **in it** (*inf*) er schwimmt im Geld (*inf*); **the words just ~ed off his tongue** die Worte flossen ihm nur so von der Zunge; **he ~s from side to side as he walks** er hat einen schaukelnden Gang.

2. (*sound*) (*thunder*) rollen, grollen; (*drum*) wirbeln; (*organ*) brausen; (*echo*) rollen.

III *vt barrel, hoop, ball, car* rollen; *umbrella* aufrollen; *cigarette* drehen; *pastry, dough* ausrollen; *metal, lawn, road* walzen. **to ~ one's eyes** die Augen rollen *or* verdrehen; **to ~ one's r's** das R rollen; **to ~ sth between one's fingers** etw zwischen den Fingern drehen; **to ~ one's own** (*cigarettes*) sich (*dat*) seine eigenen drehen; **the hedgehog ~ed itself into a ball** der Igel rollte sich zu einer Kugel zusammen; **he ~ed himself in a blanket** er wickelte sich in eine Decke; *see also* **rolled**.

◆**roll about** *vi* (*balls*) herumrollen *or* -kugeln (*inf*); (*ship*) schlingern; (*person, dog*) sich wälzen; (*inf: with laughter*) sich kugeln (vor Lachen) (*inf*).

◆**roll along I** *vi* **1.** (*ball*) entlang- *or* dahinrollen. **2.** (*inf: arrive*) aufkreuzen (*inf*), eintrudeln (*inf*). **II** *vt sep* rollen.

◆**roll away I** *vi* (*ball, vehicle*) wegrollen; (*clouds, mist*) abziehen.
II *vt sep trolley, table* wegrollen.

◆**roll back I** *vi* zurückrollen; (*eyes*) nach innen rollen. **II** *vt sep object, carpet* zurückrollen; *sheet* zurückschlagen. **if only we could ~ ~ the years** wenn wir nur die Uhr zurückdrehen könnten.

◆**roll by** *vi* (*vehicle, procession*) vorbeirollen; (*clouds*) vorbeiziehen; (*time, years*) dahinziehen.

◆**roll down I** *vi* (*ball, person, tears*) hinunter-/herunterrollen *or* -kugeln (*inf*).
II *vt sep cart* hinunter-/herunterrollen.

◆**roll in I** *vi* herein-/hineinrollen; (*letters, money, contributions, suggestions*) hereinströmen; (*inf: person*) eintrudeln (*inf*). **II** *vt sep barrel, trolley* hinein-/hereinrollen.

◆**roll off** *vi* **1.** (*vehicle, procession*) weg- *or* davonrollen. **2.** (*fall off*) (*object, person*) herunter-/hinunterrollen.

◆**roll on I** *vi* weiterrollen; (*time*) verfliegen. **~ ~ the holidays**! wenn doch nur schon Ferien wären! **II** *vt sep stockings* (die Beine) hochrollen.

◆**roll out I** *vt sep* **1.** *barrel* hinaus-/herausrollen. **2.** *pastry, dough* ausrollen; *metal* auswalzen. **3.** (*inf*) *sentence, verse* produzieren (*inf*).
II *vi* hinaus-/herausrollen.

◆**roll over I** *vi* herumrollen; (*vehicle*) umkippen; (*person*) sich umdrehen. **the dog ~ed ~ onto his back** der Hund rollte auf den Rücken. **II** *vt sep* umdrehen; *patient* auf die andere Seite legen.

◆**roll past** *vi see* **roll by**.

◆**roll up I** *vi* **1.** (*animal*) sich zusammenrollen (*into* zu).
2. (*inf: arrive*) antanzen (*inf*).
3. (*at fairground*) **~ ~**! treten Sie näher!
II *vt sep cloth, paper, map, umbrella* auf- *or* zusammenrollen; *sleeves, trouser legs* hochkrempeln.

roll-bar *n* Überrollbügel *m*; **rollcall** *n* (*Sch*) Namensaufruf *m*; (*Mil*) (Anwesenheits)appell *m*.

rolled [rəʊld] *adj blanket, paper* zusammengerollt; *tobacco* gerollt, gedreht. **~ gold** Dubleegold *nt*; **~ oats** Haferflocken *pl*.

roller ['rəʊlər] *n* **1.** (*for pressing, smoothing*) Rolle *f*; (*pastry* **~**) Nudelholz *nt*; (*for lawn, road, Ind*) Walze *f*.
2. (*for winding sth round*) Rolle *f*; (*hair* **~**) (Locken)wickler *m*. **to put one's hair in ~s** sich (*dat*) die Haare aufdrehen *or* eindrehen.
3. (*for moving things*) Rolle *f*; (*log-shaped*) Rollklotz *m*.
4. (*wave*) Brecher *m*.

roller bandage *n* Rollbinde *f*; **roller bearing** *n* Rollenlager *nt*; **roller blind** *n* Springrollo *nt*; **roller coaster** *n* Achterbahn, Berg-und-Tal-Bahn *f*; **roller skate** *n* Rollschuh *m*; **roller-skate** *vi* Rollschuh laufen; **he ~d down the street** er lief *or* fuhr mit seinen Rollschuhen die Straße entlang; **roller-skating** *n* Rollschuhlaufen *nt*; **roller towel** *n* Rollhandtuch *nt*.

rollick ['rɒlɪk] *vi* (*also* **~ about**) herumtollen.

rollicking ['rɒlɪkɪŋ] **I** *adj person* ausgelassen; *play, farce* Klamauk-; *occasion, life* wild. **~ (good) fun** Mordsspaß *m* (*inf*). **II** *n* (*Brit inf: telling-off*) **to get a ~** runtergeputzt werden (*inf*); **to give sb a ~** jdn runterputzen (*inf*).

rolling ['rəʊlɪŋ] *adj ship* schlingernd; *sea* rollend, wogend; *countryside* wellig. **to have a ~ gait** einen schaukelnden Gang haben; **a ~ stone gathers no moss** (*Prov*) wer rastet, der rostet (*Prov*); **he's a ~ stone** er ist ein unsteter Bursche.

rolling mill *n* (*factory*) Walzwerk *nt*; (*machine*) Walze *f*; **rolling pin** *n* Nudelholz *nt*, Teigrolle *f*; **rolling stock** *n* (*Rail*) rollendes Material, Fahrzeuge *pl*.

rollmop (herring) *n* Rollmops *m*; **rollneck** *n* Rollkragen *m*; **roll-neck(ed)** *adj* Rollkragen-; **roll-on** *n* **1.** Elastikschlüpfer *m*; **2.** (*deodorant*) (Deo-)Roller *m*; **roll-on-roll-off, roll-on/roll-off** *adj* Roll-on-roll-off-; **roll-top** *n* Rolladen *m*; **roll-top desk** *n* Rollschreibtisch *m*.

roly-poly ['rəʊlɪ'pəʊlɪ] **I** *adj* (*inf*) kugelrund, mopsig (*inf*). **II** *n* **1.** (*Brit: also* **~ pudding**) *mit Nierentalg hergestellter Strudel*. **2.** (*inf: plump child*) Rollmops (*inf*), Pummel (*inf*) *m*. **3.** (*inf: somersault*) Purzelbaum *m* (*inf*).

ROM [rɒm] *n* (*Comput*) *abbr of* **read only memory** ROM *m or nt*.

romaine [ˌrəʊ'meɪn] *n* (*US*) Romagna-Salat *m*, römischer Salat.

Roman ['rəʊmən] **I** *n* **1.** (*Hist*) Römer(in *f*) *m*. **2.** (*Typ: also* **~ type**) Magerdruck *m*. **II** *adj* römisch; (**~** *Catholic*) römisch-katholisch. **r~** (*Typ*) mager.

roman à clef ['rəʊmɑ̃ːnæ'kleɪ] *n* Schlüsselroman *m*.

Roman candle *n* Goldrausch *m*; **Roman Catholic I** *adj* (römisch-)katholisch; **the ~ Church** die (römisch-)katholische Kirche; **II** *n* Katholik(in *f*) *m*, (Römisch-)Katholische(r) *mf*.

romance [rəʊ'mæns] **I** *n* **1.** (*book*) Phantasieerzählung *f*, Roman *m*; (*love-story*) Liebesgeschichte *f or* -roman *m*; (*adventure story*) Abenteuerroman *m*; (*tale of chivalry*) Ritterroman(ze *f*) *m*; (*no pl: romantic fiction*) Liebesromane *pl*; (*fig: lies*) Märchen *nt*. **it's pure ~** es ist das reinste Märchen.
2. (*love affair*) Romanze *f*. **it's quite a ~** das ist eine richtige Liebesgeschichte.
3. *no pl* (*romanticism*) Romantik *f*. **the ~ of foreign lands** der Zauber ferner Länder.
4. (*Mus*) Romanze *f*.
5. R~ (*R~ languages*) die romanischen Sprachen *pl*.
II *adj* **R~** *language* romanisch.
III *vi* phantasieren, fabulieren.

romancer [rəʊ'mænsər] *n* (*fig*) Phantast(in *f*) *m*.

Romanesque [ˌrəʊmə'nesk] *adj* romanisch.

Roman holiday *n* Spaß *m* auf Kosten anderer.

Romania [rəʊ'meɪnɪə] *n* Rumänien *nt.*

Romanian [rəʊ'meɪnɪən] **I** *adj* rumänisch. **II** *n* **1.** Rumäne *m*, Rumänin *f.* **2.** (*language*) Rumänisch *nt.*

Romanic [rəʊ'mænɪk] *adj language* romanisch.

romanize ['rəʊmənaɪz] *vt* (*Hist*) romanisieren; (*Rel*) nach dem Katholizismus ausrichten.

Roman nose *n* Römernase *f*; **Roman numeral** *n* römische Ziffer.

Romansh [rəʊ'mænʃ] **I** *adj* romantsch. **II** *n* Romantsch *nt.*

romantic [rəʊ'mæntɪk] **I** *adj* (*Art, Liter, Mus: also* **R~**) romantisch; *person also* romantisch veranlagt. **~ novel** Liebes-/Abenteuerroman *m*; **he played the ~ lead in several plays** er spielte in mehreren Stücken den romantischen Liebhaber.

II *n* (*Art, Liter, Mus: also* **R~**) Romantiker(in *f*) *m.*

romantically [rəʊ'mæntɪkəlɪ] *adv* romantisch.

romanticism [rəʊ'mæntɪsɪzəm] *n* (*Art, Liter, Mus: also* **R~**) Romantik *f.* **his ~** sein romantisches Wesen.

romanticist [rəʊ'mæntɪsɪst] *n* (*Art, Liter, Mus: also* **R~**) Romantiker(in *f*) *m.*

romanticize [rəʊ'mæntɪsaɪz] **I** *vt* romantisieren, zu romantisch sehen.

II *vi* phantasieren.

Romany ['rəʊmənɪ] **I** *n* **1.** Roma *mf.* **2.** (*language*) Romani *nt.* **II** *adj* Roma-.

Rome [rəʊm] *n* Rom *nt.* **when in ~ (do as the Romans do)** (*prov*) ≃ andere Länder, andere Sitten (*Prov*); **~ wasn't built in a day** (*Prov*) Rom ist auch nicht an einem Tag erbaut worden (*Prov*); **all roads lead to ~** (*Prov*) viele Wege führen nach Rom (*prov*); **the Church of ~** die römische Kirche.

Romeo ['rəʊmɪəʊ] *n* Romeo *m*; (*fig*) Herzensbrecher *m.*

Romish ['rəʊmɪʃ] *adj* (*pej*) papistisch (*pej*).

romp [rɒmp] **I** *n* Tollerei *f.* **the play was just a ~** das Stück war reiner Klamauk; **to have a ~** herumtollen *or* -toben.

II *vi* **1.** (*children, puppies*) herumtollen *or* -toben. **to ~ away** weghopsen.

2. to ~ home (*win*) spielend gewinnen.

3. to ~ through sth mit etw spielend fertig werden.

rompers ['rɒmpəz] *npl* (*also* **pair of ~**) einteiliger Spielanzug.

rondeau ['rɒndəʊ], **rondel** ['rɒndəl] *n* (*Mus*) Rondeau *nt*; (*Liter also*) Rondel *nt.*

rondo ['rɒndəʊ] *n* (*Mus*) Rondo *nt.*

Roneo ® ['rəʊnɪəʊ] **I** *vt* (mit Matrize) kopieren. **II** *n* Kopie *f.*

rood [ru:d] *n* **1.** (*Archit*) Kruzifix *nt.* **2.** (*Brit: measure*) Rute *f*, ≃ Viertelmorgen *m.*

roof [ru:f] **I** *n* Dach *nt*; (*of car also*) Verdeck *nt*; (*of cave, tunnel*) Gewölbe *nt.* **the ~ of the mouth** der Gaumen; **the ~ of the world** das Dach der Welt; **a ~ of branches** ein Blätterdach *nt*; **without a ~ over one's head** ohne Dach über dem Kopf; **to live under the same ~ as sb** mit jdm unter demselben Dach wohnen; **as long as you live under my ~** solange du deine Beine unter meinen Tisch streckst; **to go through the ~** (*inf*) (*person*) an die Decke gehen (*inf*); (*prices etc*) untragbar werden; *see* **hit, raise.**

II *vt house* mit einem Dach decken. **red-~ed** mit rotem Dach.

◆**roof in** *or* **over** *vt sep* überdachen.

roof *in cpds* Dach-; **roof-garden** *n* Dachgarten *m.*

roofing ['ru:fɪŋ] *n* Material *nt* zum Dachdecken; (*action*) Dachdecken *nt.*

roof lining *n* (*in car*) Himmel *m*; **roof-rack** *n* Dach(gepäck)träger *m*; **roof-top** *n* Dach *nt*; **to shout** *or* **scream sth from the ~s** (*fig*) etw an die große Glocke hängen (*inf*).

rook [rʊk] **I** *n* **1.** (*bird*) Saatkrähe *f.* **2.** (*swindler*) Betrüger(in *f*), Gauner(in *f*) *m.* **3.** (*Chess*) Turm *m.* **II** *vt* (*swindle*) übers Ohr hauen (*inf*), betrügen. **to ~ sb of £5** jdm £ 5 abgaunern. **III** *vi* (*Chess*) mit dem Turm ziehen.

rookery ['rʊkərɪ] *n* Kolonie *f.*

rookie ['rʊkɪ] *n* (*esp Mil sl*) Grünschnabel *m* (*inf*).

room [ru:m] **I** *n* **1.** (*in house, building*) Zimmer *nt*, Raum *m* (*geh*); (*public hall, ball~*) Saal *m*; (*hotel bed~*) Zimmer *nt*; (*office*) Büro *nt.* **the whole ~ laughed** alle im Zimmer lachten; der ganze Saal lachte; **"~s to let"** „Zimmer zu vermieten"; **~ and board** Unterkunft mit Verpflegung; (*in lodgings also*) Zimmer mit Pension.

2. *no pl* (*space*) Platz *m*; (*fig*) Spielraum *m.* **is there (enough) ~?** ist da genügend Platz?; **there is ~ for two (people)** es ist genügend Platz für zwei (Leute); **there is no ~ (for you/that box)** es ist nicht genug Platz (für dich/die Kiste); **to make ~ for sb/sth** für jdn/etw Platz machen *or* schaffen; **there is still ~ for hope** es besteht immer noch Hoffnung; **there is no ~ for doubt** es kann keinen Zweifel geben.

II *vi* zur Untermiete wohnen. **~ing house** (*esp US*) Mietshaus *nt* (*mit möblierten Wohnungen*).

room clerk *n* (*US*) Empfangschef *m*, Empfangsdame *f*; **room divider** *n* Raumteiler *m.*

roomer ['ru:mə^r] *n* (*US*) Untermieter(in *f*) *m.*

roomful ['ru:mfʊl] *n* **a ~ of people** ein Zimmer voll(er) Leute.

roominess ['ru:mɪnɪs] *n* Geräumigkeit *f*; (*of garment*) Weite *f.*

roommate *n* Zimmergenosse *m*, Zimmergenossin *f*; **room service** *n* Zimmerservice, Etagendienst *m*; **room temperature** *n* Zimmertemperatur *f*; **wine at ~** Wein mit *or* auf Zimmertemperatur.

roomy ['ru:mɪ] *adj* (+*er*) geräumig; *garment* weit.

roost [ru:st] **I** *n* (*pole*) Stange *f*; (*henhouse*) Hühnerhaus *nt or* -stall *m.* **at ~**

auf der Stange; **to come home to ~** (*fig*) auf den Urheber zurückfallen; *see* **cock, rule**. **II** *vi* (*settle*) sich niederlassen; (*sleep*) auf der Stange schlafen.

rooster ['ru:stər] *n* Hahn *m*.

root [ru:t] **I** *n* **1.** (*of plant, hair, tooth*) Wurzel *f*. **~s** (*fig: of person*) Wurzeln; **by the ~s** mit der Wurzel; **to take ~** (*lit, fig*) Wurzeln schlagen; **her ~s are in Scotland** sie ist in Schottland verwurzelt; **she has no ~s** sie ist nirgends zu Hause; **to put down ~s in a country** in einem Land Fuß fassen; *see* **grass-roots, pull up**.

2. (*fig*) (*source: of evil, of trouble*) Wurzel *f*. **the ~ of the matter** der Kern der Sache; **to get to the ~(s) of the problem** dem Problem auf den Grund gehen; **that is** *or* **lies at the ~ of his behaviour** das ist der eigentliche Grund für sein Benehmen.

3. (*Math, Ling*) Wurzel *f*; (*of equation*) Lösung *f*; (*Ling: base form also*) Stamm *m*; *see* **cube, square ~**.

II *vt plant* Wurzeln schlagen lassen bei. **deeply ~ed** (*fig*) tief verwurzelt; **to be** *or* **stand ~ed to the spot** (*fig*) wie angewurzelt dastehen.

III *vi* (*plants etc*) Wurzeln schlagen.

◆**root about** *or* **around** *vi* herumwühlen (*for* nach).

◆**root for** *vi +prep obj team* anfeuern. **to ~ ~ sb** jdm die Daumen drücken; (*esp Sport: cheer on*) jdn anfeuern.

◆**root out** *vt sep* **1.** (*lit*) *see* **root up**. **2.** (*fig*) (*remove*) *evil* mit der Wurzel ausreißen; (*find*) aufspüren, ausgraben (*inf*).

◆**root up** *vt sep plant* herausreißen; (*dig up*) ausgraben.

root *in cpds* Wurzel-; **root beer** *n* (*US*) *Art f Limonade aus Wurzel- und Kräuterextrakten*; **root cause** *n* eigentlicher Grund; **root crop** *n* Wurzelgemüse *nt no pl*; **rootless** *adj plant* wurzellos; (*fig*) *person* ohne Wurzeln; **root sign** *n* (*Math*) Wurzelzeichen *nt*; **rootstock** *n* (*Bot*) Wurzelstock *m*; **root word** *n* (*Ling*) Wortwurzel *f*; (*base form also*) Wortstamm *m*.

rope [rəʊp] **I** *n* **1.** Seil *nt*; (*Naut*) Tau *nt*; (*of bell*) Glockenstrang *m*; (*hangman's ~*) Strang, Strick *m*. **a ~ of pearls** eine Perlenschnur; **to give sb more/plenty of ~** (*fig*) jdm mehr/viel Freiheit lassen; **give him enough ~ and he'll hang himself** (*fig*) der dreht sich (*dat*) schon selbst seinen Strick.

2. (*Mountaineering*) Seil *nt*. **a ~ of climbers** eine Seilschaft; **to put on the ~s** anseilen; **to be on the ~** angeseilt sein.

3. the ~s (*Boxing*) die Seile *pl*; **to be on the ~s** (*boxer*) in den Seilen hängen; (*inf*) in der Klemme sein; **to know the ~s** (*inf*) sich auskennen; **to show sb the ~s** (*inf*) jdn in alles einweihen.

II *vt* **1.** *box, case* verschnüren. **to ~ sb to a tree** jdn an einen Baum binden; **to ~ sb's feet together** jdm die Füße zusammenbinden; **to ~ climbers (together)** Bergsteiger anseilen.

2. (*lasso*) mit dem Lasso fangen.

◆**rope in** *vt sep* **1.** *area* (mit einem Seil) abgrenzen; *cattle* mit einem Seil einfrieden. **2.** (*fig*) rankriegen (*inf*). **how did you get ~d ~to that?** wie bist du denn da reingeraten? (*inf*).

◆**rope off** *vt sep area* mit einem Seil abgrenzen.

◆**rope together** *vt sep objects* zusammenbinden; *climbers* an(einander)seilen.

◆**rope up I** *vi* (*climbers*) sich anseilen. **II** *vt sep* anseilen.

rope *in cpds* Seil-; **rope ladder** *n* Strickleiter *f*; **ropemaker** *n* Seiler(in *f*) *m*; **rope sole** *n* (aus Seil) geflochtene Sohle; **rope-soled** *adj* mit (aus Seil) geflochtener Sohle.

rop(e)y ['rəʊpɪ] *adj* (*+er*) (*inf*) (*bad*) miserabel (*inf*); (*worn*) mitgenommen.

rosary ['rəʊzərɪ] *n* (*Rel*) Rosenkranz *m*. **to say the ~** den Rosenkranz beten.

rose[1] [rəʊz] *pret of* **rise**.

rose[2] **I** *n* **1.** Rose *f*. **wild ~** Wildrose *f*; **~-bush/-tree** Rosenbusch *m*/-bäumchen *nt*; **my life isn't all ~s** (*inf*) ich bin auch nicht auf Rosen gebettet; **life/marriage isn't all ~s** (*inf*) das Leben/die Ehe hat auch seine/ihre Schattenseiten; **an English ~** (*fig*) eine englische Schöne; **that will put the ~s back in your cheeks** davon bekommst du wieder etwas Farbe im Gesicht.

2. (*nozzle*) Brause *f*; (*rosette, Archit*) Rosette *f*.

3. (*colour*) Rosarot, Rosenrot *nt*.

II *adj* rosarot, rosenrot.

rosé ['rəʊzeɪ] **I** *adj* rosé. **II** *n* Rosé *m*.

roseate ['rəʊzɪɪt] *adj* (*liter*) rosenfarben.

rose *in cpds* Rosen-; **rosebay** *n* Oleander *m*; **rosebowl** *n* Rosenpokal *m*; **rosebud** *n* Rosenknospe *f*; **~ mouth** Rosenmund *m*; **rose-coloured** *adj* rosarot, rosenrot; **to see everything/life through ~ spectacles** alles/das Leben durch die rosarote Brille sehen; **rose garden** *n* Rosengarten *m*; **rosehip** *n* Hagebutte *f*.

rosemary ['rəʊzmərɪ] *n* Rosmarin *m*.

rose petal *n* Rosen(blüten)blatt *nt*; **rose-pink I** *adj* rosarot; **II** *n* Rosarot *nt*; **rose quartz** *n* Rosenquarz *m*; **rose-red** *adj* rosenrot; **rose tree** *n* Rosenstrauch *m*.

rosette [rəʊ'zet] *n* Rosette *f*.

rosewater *n* Rosenwasser *nt*; **rose window** *n* (Fenster)rosette *f*; **rosewood** *n* Rosenholz *nt*.

Rosicrucian [rəʊzɪ'kru:ʃən] **I** *n* Rosenkreu(t)zer *m*.

II *adj* der Rosenkreu(t)zer.

rosin ['rɒzɪn] **I** *n* Harz, Kolophonium (*esp Mus*) *nt*. **II** *vt* mit Harz/Kolophonium behandeln.

ROSPA ['rɒspə] *n* (*Brit*) *abbr of* **Royal Society for the Prevention of Accidents** Königliche Gesellschaft für Unfallverhütung.

roster ['rɒstər] *n* Dienstplan *m*; *see* **duty ~**.

rostrum ['rɒstrəm] *n, pl* **rostra** ['rɒstrə] Tribüne *f*, Rednerpult *nt*; (*for conductor*) Dirigentenpult *nt*.

rosy ['rəʊzɪ] *adj* (*+er*) (*pink*) rosarot; *complexion, cheeks* rosig; (*rose-cov-*

ered) fabric mit Rosenmuster; *design* Rosen-; (*fig: promising*) *future, situation* rosig. **to paint a ~ picture of sth** etw in den rosigsten Farben ausmalen.

rot [rɒt] **I** *n* **1.** (*in teeth, plants, wood*) Fäulnis *f no pl*. **to stop the ~** (*lit, fig*) den Fäulnisprozeß aufhalten; **then the ~ set in** (*fig*) dann setzte der Fäulnisprozeß *or* Verfall ein; *see* **dry ~**.
2. (*inf: rubbish*) Quatsch (*inf*), Blödsinn (*inf*) *m*.
II *vi* (*wood, material, rope*) verrotten, faulen; (*teeth, plant*) verfaulen; (*fig*) verrotten.
III *vt* verfaulen lassen.

◆**rot away** *vi* verfaulen.

rota ['rəʊtə] *n* Dienstplan *m*.

Rotarian [rəʊ'tɛərɪən] **I** *adj* Rotarier-. **II** *n* Rotarier *m*.

rotary ['rəʊtərɪ] *adj* **1.** *motion* rotierend, Dreh-; *wheel* Rotations-. **~ iron** Heißmangel *f*; **~ (printing) press** Rotationsmaschine *f*; **~ printer** Rotationsdrucker *m*; **~ pump** Kreiselpumpe *f*. **2. R~ Club** Rotary Club *m*.

rotate [rəʊ'teɪt] **I** *vt* **1.** (*around axis*) drehen, rotieren lassen; (*Math*) rotieren lassen; (*Comput*) rotieren. **2.** *crops* im Wechsel anbauen; *work, jobs* turnusmäßig erledigen. **II** *vi* **1.** sich drehen, rotieren; (*Math*) rotieren. **2.** (*crops*) im Wechsel angebaut werden; (*people: take turns*) sich abwechseln.

rotating [rəʊ'teɪtɪŋ] *adj* (*revolving*) rotierend, sich drehend; *crops* im Wechsel angebaut.

rotation [rəʊ'teɪʃən] *n* **1.** *no pl* Drehung, Rotation (*also Math*) *f*; (*of crops*) Wechsel *m*, Rotation *f*; (*taking turns*) turnusmäßiger Wechsel. **in** *or* **by ~** abwechselnd im Turnus; **~ of crops, crop ~** Fruchtwechsel *m*. **2.** (*turn*) (Um)drehung, Rotation *f*.

rotatory [rəʊ'teɪtərɪ] *adj* **1.** *movement* Dreh-, rotierend. **2.** *schedule* turnusmäßig; *cultivation* abwechselnd.

rote [rəʊt] *n*: **by ~** *learn* auswendig; *recite* mechanisch.

rotgut ['rɒt,gʌt] *n* (*pej inf*) Fusel *m* (*inf*).

rotisserie [rəʊ'tɪsərɪ] *n* (*spit*) Grillspieß *m*; (*restaurant*) Rotisserie *f*.

rotor ['rəʊtə[r]] *n* (*Aviat, Elec, Aut*) Rotor *m*. **~ arm** Verteilerfinger *m*; **~ blade** Flügelblatt *nt*.

rotten ['rɒtn] *adj* **1.** *vegetation, egg, tooth* faul; *wood also* morsch; *fruit also* verdorben; (*fig: corrupt*) korrupt, verdorben. **~ to the core** (*fig*) durch und durch verdorben.
2. (*inf*) (*bad*) scheußlich (*inf*); *weather, book, film, piece of work also* mies (*inf*); (*mean*) gemein, eklig; (*unwell*) elend, mies (*inf*). **what ~ luck!** so ein Pech!; **that was a ~ trick/a ~ thing to do** das war ein übler Trick/eine Gemeinheit.

rottenness ['rɒtnnɪs] *n see adj* **1.** Faulheit *f*; Morschheit *f*; Verdorbenheit *f*; Korruptheit *f*.

rotter ['rɒtə[r]] *n* (*dated Brit inf*) Lump *m*.

rotting ['rɒtɪŋ] *adj meat* verfaulend; *wood also* modrig; *carcass, bones also* verwesend.

rotund [rəʊ'tʌnd] *adj person* rund(lich); *object* rund; *speech, literary style* bombastisch, hochtrabend; *voice* voll.

rotunda [rəʊ'tʌndə] *n* Rotunde *f*, Rundbau *m*.

rotundity [rəʊ'tʌndɪtɪ] *n see adj* Rundlichkeit *f*; Rundheit *f*.

rouble, (*US*) **ruble** ['ru:bl] *n* Rubel *m*.

rouge [ru:ʒ] **I** *n* Rouge *nt*.
II *vt* **to ~ one's cheeks** Rouge auflegen.

rough [rʌf] **I** *adj* (+*er*) **1.** (*uneven*) *ground* uneben; *path, road also* holprig; *surface, skin, hands, cloth* rauh. **~ edges** (*fig*) Ekken und Kanten *pl*.
2. (*harsh*) *sound* hart; *voice, tone* rauh; *taste, wine* sauer; *words* grob, hart. **to have ~ luck** schweres Pech haben; **to have a ~ tongue** (*fig*) eine scharfe Zunge haben; **he got the ~ side of her tongue** er bekam (von ihr) den Marsch geblasen.
3. (*coarse, unrefined*) *person* ungehobelt; *manners also, speech* grob, roh.
4. (*violent*) *person, child* grob, roh; *treatment, handling* grob, hart; *life* wüst; *children's game* wild; *match, sport, work* hart; *neighbourhood, manners, pub* rauh; *sea, weather, wind* rauh, stürmisch; *sea crossing* stürmisch. **to be ~ with sb** grob mit jdm umgehen, unsanft mit jdm umspringen (*inf*); **~ stuff** Schlägereien *pl*/eine Schlägerei; **he had a ~ time (of it)** (*fig inf*) es ging ihm ziemlich dreckig (*inf*); **the examiners gave him a ~ time** (*inf*) die Prüfer haben ihn ganz schön rangenommen (*inf*); **to be ~ on sb** (*Brit inf*) grob mit jdm umspringen; **it's ~ on him** (*Brit inf*) das ist hart für ihn.
5. (*approximate, rudimentary*) grob, ungefähr; *draft also* Roh-; *workmanship* schludrig; *justice* grob. **~ copy** Konzept *nt*; **~ sketch** Faustskizze *f*; **~ paper** Konzeptpapier *nt*; **in its ~ state** im Rohzustand.
6. (*inf: unwell*) **to feel ~** sich mies fühlen (*inf*).
II *adv live* wüst; *play* wild. **to sleep ~** im Freien übernachten.
III *n* **1.** unwegsames Gelände; (*Golf*) Rauh *nt*. **~ or smooth?** (*Sport*) untere oder obere Seite?; **she/he likes a bit of ~** (*sl: sexually*) sie/er hat's gern auf die grobe Tour (*sl*).
2. (*unpleasant aspect*) **to take the ~ with the smooth** das Leben nehmen, wie es kommt.
3. (*draft, sketch*) Rohentwurf *m*. **in the ~** im Rohzustand.
4. (*person*) Rowdy, Schläger *m*.
IV *vt* **to ~ it** (*inf*) primitiv leben.

◆**rough out** *vt sep plan, drawing* grob entwerfen.

◆**rough up** *vt sep hair* zersausen, verstrubbeln (*inf*); (*sl*) *person* zusammenschlagen.

roughage ['rʌfɪdʒ] *n* Ballaststoffe *pl*.

rough-and-ready *adj method, equipment* provisorisch; *work* zusammengepfuscht (*inf*); *person* rauh(beinig); **rough-and-tumble** *n* (*play*) Balgerei *f*; (*fighting*) Keilerei *f*; **rough book** *n* (*Sch*) Schmierheft *nt*; **roughcast** (*vb: pret, ptp* **roughcast**) **I** *n* Rauhputz *m*; **II** *vt* rauh verputzen; **rough diamond** *n* (*lit*) Rohdiamant *m*; **he's a ~** er ist rauh, aber herzlich; **rough-dry** *vt* einfach trocknen.

roughen ['rʌfn] **I** *vt ground* uneben machen; *skin, cloth* rauh machen, rauh werden lassen; *surface* aufrauhen.

II *vi* **1.** (*skin*) rauh werden.

2. (*sound*) hart werden; (*voice*) rauh werden.

3. (*treatment*) hart werden; (*neighbourhood*) verrohen; (*sea, wind, weather*) rauh *or* stürmisch werden.

rough-hew *vt timber* grob behauen; **rough-house** (*inf*) **I** *n* Schlägerei *f*; **II** *vt* herumstoßen.

roughly ['rʌflı] *adv* **1.** (*not gently*) grob, roh; *play* rauh; *answer, order* grob, hart. **2.** *make, sew, sketch* grob. **3.** (*approximately*) ungefähr. **~ (speaking)** grob gesagt.

roughneck ['rʌf,nek] *n* (*inf*) Grobian *m*; (*thug*) Schläger *m*.

roughness ['rʌfnıs] *n see adj* **1.** Unebenheit *f*; Holprigkeit *f*; Rauheit *f*. **2.** Härte *f*; Rauheit *f*; saurer Geschmack; Grobheit *f*. **3.** Ungehobeltheit *f*; Grobheit, Roheit *f*. **4.** Grobheit *f*, Roheit *f*; Härte *f*; Wüstheit *f*; Wildheit *f*; Rauheit *f*. **5.** Grobheit *f*.

rough note book *n* (*Sch*) Schmierheft *nt*; **roughrider** *n* Zureiter *m*; **roughshod** *adv*: **to ride ~ over sb/sth** rücksichtslos über jdn/etw hinweggehen; **rough-spoken** *adj* **to be ~** sich ungehobelt ausdrücken; **rough trade** *n* (*sl*) **he likes ~** *er mag Stricher, die sich eher aggressiv verhalten*.

roulette [ru:'let] *n* Roulett(e) *nt*.

Roumania [ru:'meınıə] *etc see* **Romania** *etc*.

round [raʊnd] **I** *adj* (*+er*) **1.** rund; (*Ling*) *vowel* gerundet. **in rich ~ tones** mit vollem, rundem Klang; **~ arch** (*Archit*) Rundbogen *m*; **a ~ dozen** ein rundes Dutzend; **~ figure, ~ number** runde Zahl; **in ~ figures, that will cost 20 million** es kostet rund (gerechnet) *or* runde 20 Millionen.

2. (*dated*) (*unequivocal*) *oath* kräftig; (*considerable*) *sum* rund; *pace* flott. **in ~ terms** klar und deutlich.

II *adv* **there was a wall right ~** *or* **all ~** rings- *or* rundherum war eine Mauer; **you can't get through here, you'll have to go ~** Sie können hier nicht durch, Sie müssen außen herum gehen; **the long way ~** der Umweg, der längere Weg; **that's a long way ~** (*detour*) das ist ein großer Umweg; (*round field, town*) das ist eine ganz schöne Strecke; **~ and ~** (*in circles, round field*) rundherum; (*all over the place*) überall herum; **I asked him ~ for a drink** ich lud ihn auf ein Glas Wein/Bier bei mir ein; **I'll be ~ at 8 o'clock** ich werde um 8 Uhr da sein; **for the second time ~** zum zweitenmal; **all (the) year ~** das ganze Jahr über *or* hindurch; **all ~** (*lit*) ringsherum; (*fig: for everyone*) für alle; **drinks all ~!** eine Runde!; **taking things all ~, taken all ~** insgesamt gesehen; **a pillar 2 m ~** eine Säule mit 2 m Umfang; *see also vbs*.

III *prep* **1.** (*of place etc*) um (... herum). **~ the table/fire** um den Tisch/das Feuer (herum); **the ribbon ~ her hat** das Band um ihren Hut; **all ~ the house** (*inside*) im ganzen Haus; (*outside*) um das ganze Haus herum; **~ and ~ the field** rings um das Feld herum; **to go ~ a corner/bend** um eine Ecke/Kurve gehen/fahren; **if you're ~ this way** wenn Sie in der Gegend sind; **to look** *or* **see ~ a house** sich (*dat*) ein Haus ansehen; **to show sb ~ a town** jdm eine Stadt zeigen, jdn in einer Stadt herumführen; **they went ~ the cafés looking for him** sie gingen in alle Cafés, um nach ihm zu suchen; **to talk ~ a subject** um ein Thema herumreden; **she's 75 cm ~ the waist** um die Taille mißt *or* ist sie 75 cm.

2. (*approximately*) ungefähr. **~ (about) 7 o'clock** ungefähr um 7 Uhr; **~ (about) £800** um die £ 800.

IV *n* **1.** (*circle*) Kreis, Ring *m*; (*slice: of bread, meat*) Scheibe *f*. **a ~ of toast** eine Scheibe Toast.

2. (*delivery ~*) Runde *f*. **~(s)** (*of policeman, watchman, doctor*) Runde *f*; **to do** *or* **make one's ~(s)** seine Runde machen; **to go** *or* **make** *or* **do the ~s** (*visiting relatives etc*) die Runde machen; **to do the ~s of the clubs** (*inf*) durch die Klubs ziehen; **he does a paper ~** er trägt Zeitungen aus; **the daily ~** (*fig*) die tägliche Arbeit, der tägliche Trott (*pej*); **her life was one long ~ of parties** ihr Leben war eine einzige Folge von Partys.

3. to go the ~s (*story*) reihum gehen.

4. (*Sport, of election, talks*) Runde *f*; (*Show-jumping*) Durchgang *m*. **a ~ (of drinks)** eine Runde; **a new ~ of negotiations** eine neue Verhandlungsrunde; **~ of ammunition** Ladung *f*; **10 ~s of bullets** 10 Schuß; **a ~ of applause** Applaus *m*.

5. (*Mus*) Kanon *m*.

6. in the ~ (*as a whole*) insgesamt; **theatre/sculpture in the ~** Arenatheater *nt*/Rund- *or* Vollplastik *f*.

V *vt* **1.** (*make ~*) runden.

2. (*go ~*) *corner, bend* gehen/fahren um; *cape* umfahren, herumfahren um; *obstacle* herumgehen/-fahren *etc* um.

◆**round down** *vt sep price, number* abrunden.

◆**round off** *vt sep* **1.** *edges* abrunden.

2. (*complete, perfect*) *list, series* voll machen; *speech, sentence, meal* abrunden; *debate, meeting, one's career* beschließen, abschließen. **and now, to ~ ~, I would like to say ...** und zum Abschluß möchte ich nun sagen ...

◆**round on** *vi +prep obj* (*verbally*) anfahren; (*in actions*) herumfahren zu.

◆**round out** **I** *vt sep story etc* runden. **II** *vi* sich runden.

◆**round up** *vt sep* **1.** (*bring together*) *people* zusammentrommeln (*inf*); *cattle* zusammentreiben; *criminals* hochnehmen (*inf*); *facts* zusammentragen.

2. *price, number* aufrunden.

◆**round upon** *vi +prep obj see* **round on.**

roundabout ['raʊndəbaʊt] **I** *adj* **~ route**

Umweg *m*; **we came a ~ way** *or* **by a ~ route** wir sind auf Umwegen gekommen, wir haben einen Umweg gemacht; **what a ~ way of doing things!** wie kann man nur so umständlich sein!; **by ~ means** auf Umwegen.

II *n* (*Brit*) (*at fair*) Karussell *nt*; (*Mot*) Kreisverkehr *m*.

round-cheeked ['raʊnd'tʃi:kt] *adj* mit runden Backen.

rounded ['raʊndɪd] *adj* rundlich; *edges* abgerundet; *vowel* gerundet. **(well-)~** *sentences, style* (wohl) abgerundet; *bosom, figure* wohlgerundet.

roundelay ['raʊndɪleɪ] *n* (*Mus*) Lied *nt* mit Refrain.

rounders ['raʊndəz] *n sing* (*Brit Sport*) ≃ Schlagball *m*.

round-eyed *adj* großäugig; **round-faced** *adj* rundgesichtig, mit rundem Gesicht; **Roundhead** *n* (*Brit Hist*) Rundkopf *m*; **roundhouse** *n* (*esp US Rail*) Lokomotivschuppen *m*.

roundly ['raʊndlɪ] *adv* (*fig*) (*bluntly*) ohne Umschweife.

round-necked ['raʊnd'nekt] *adj* mit rundem Ausschnitt.

roundness ['raʊndnɪs] *n* Rundheit *f*; (*of sound also*) Vollheit *f*; (*of vowel*) Gerundetheit *f*.

round robin *n* **1.** (*petition*) gemeinsamer Antrag(, *bei dem die Unterschriften (oft) im Kreis angeordnet sind*); **2.** (*esp US Sport*) Wettkampf *m*, in dem jeder gegen jeden spielt; **round-shouldered** ['raʊnd'ʃəʊldəd] *adj* mit runden Schultern.

roundsman ['raʊndzmən] *n, pl* **-men** [-mən] (*Brit*) Austräger *m*. **milk ~** Milchmann(, *der an die Tür kommt*).

Round Table *n* (*Hist*) (König Artus') Tafelrunde *f*; **round-table discussion/conference** Diskussion *f*/Konferenz *f* am runden Tisch; **round-the-clock** *adj* rund um die Uhr *not attr*; **round trip** *n* Rundreise *f*; **round-trip ticket** *n* (*US*) Rückfahrkarte *f*; (*Aviat*) Hin- und Rückflug-Ticket *nt*; **round-up** *n* (*act*) (*of cattle*) Zusammentreiben *nt*; (*of people*) Zusammentrommeln *nt* (*inf*); (*of criminals*) Hochnehmen *nt* (*inf*); (*of facts*) Sammlung *f*, Zusammentragen *nt*; **a ~ of today's news** eine Zusammenfassung der Nachrichten vom Tage; **roundworm** *n* Fadenwurm *m*.

rouse [raʊz] **I** *vt* **1.** (*from sleep, daydream*) wecken.

2. (*stimulate*) *person* bewegen; *feeling, admiration, interest* wecken, wachrufen; *hatred, indignation* erregen; *suspicions* erwecken, erregen. **to ~ sb (to anger)** jdn reizen; **to ~ sb to action** jdn zum Handeln bewegen; **to ~ sb out of his/her apathy** jdn aus seiner Apathie aufrütteln; **to ~ the masses** die Massen aufrütteln; **~ yourself!** raff dich auf!

II *vi* (*waken*) wach werden; (*become active*) lebendig werden.

rousing ['raʊzɪŋ] *adj speech, sermon* zündend, mitreißend; *cheers, applause* stürmisch; *music* schwungvoll.

roustabout ['raʊstəbaʊt] *n* **1.** (*US Naut*) (*deckhand*) Deckhelfer *m*; (*in dock*) Werft- *or* Hafenarbeiter(in *f*) *m*. **2.** (*US: unskilled labourer*) Hilfsarbeiter *m*. **3.** (*Austral*) Helfer *m* beim Scheren.

rout[1] [raʊt] **I** *n* **1.** (*defeat*) Schlappe *f*. **to put to ~** in die Flucht schlagen. **2.** (*Jur: mob*) Bande, Rotte *f*.

II *vt* (*defeat*) in die Flucht schlagen.

rout[2] *vi* (*pig: also* **~ about**) herumwühlen.

◆**rout out** *vt sep* (*find*) aufstöbern; (*force out*) (heraus)jagen (*of* aus).

route [ru:t], (*US*) [raʊt] **I** *n* **1.** Strecke, Route *f*; (*bus service*) Linie *f*; (*fig: in planning etc*) Weg *m*. **shipping/air ~s** Schifffahrtsstraßen *or* -wege/Flugwege; **we live on a bus ~** wir wohnen an einer Buslinie; **the ~ to the coast goes through Easthampton** der Weg zur Küste führt durch Easthampton; **"all ~s"** (*Mot*) „alle Richtungen"; **~ map** Straßenkarte *f*.

2. (*Mil*) Marschbefehl *m*. **~ march** Geländemarsch *m*.

3. (*US: delivery round*) Runde *f*. **he has a paper ~** er trägt Zeitungen aus.

4. (*Med: of drug*) Weg *m*.

II *vt train, coach, bus* legen. **my luggage was ~d through Amsterdam** mein Gepäck wurde über Amsterdam geschickt; **the train is ~d (to go) through Birmingham** der Zug wird durch Birmingham geführt *or* über Birmingham gelegt.

routine [ru:'ti:n] **I** *n* **1.** Routine *f* (*also Comput*). **as a matter of ~** routinemäßig.

2. (*Dancing, Skating*) Figur *f*; (*Gymnastics*) Übung *f*. **he gave me the old ~ about his wife not understanding him** er kam mit der alten Geschichte, daß seine Frau ihn nicht versteht.

II *adj* Routine-, routinemäßig. **~ duties** tägliche Pflichten *pl*; **to be ~ procedure** Routine(sache) sein; **it was quite ~** es war eine reine Formsache.

roux [ru:] *n* Mehlschwitze, Einbrenne *f*.

rove [rəʊv] **I** *vi* (*person*) umherwandern *or* -ziehen; (*eyes*) umherwandern *or* -schweifen. **to ~ over sth** (*eyes*) über etw (*acc*) schweifen *or* wandern.

II *vt countryside, streets* wandern *or* ziehen durch, durchwandern *or* -ziehen.

rover ['rəʊvə[r]] *n* **1.** (*wanderer*) Vagabund *m*. **2.** (*also* **R~ Scout**) Rover *m*.

roving ['rəʊvɪŋ] **I** *adj* **he has a ~ eye** er riskiert gern ein Auge; **~ life** Vagabundenleben *nt*; **~ ambassador** Botschafter *m* für mehrere Vertretungen; **~ reporter** Reporter(in *f*), der/die ständig unterwegs ist, rasender Reporter (*hum*); **~ commission** weitläufiges Mandat; (*travelling*) Reisemandat *nt*.

II *n* Vagabundieren *nt no pl*.

row[1] [rəʊ] *n* Reihe *f*. **4 failures in a ~** 4 Mißerfolge hinter- *or* nacheinander; **arrange them in ~s** stell sie in Reihen auf.

row[2] **I** *vti* (*in boat*) rudern. **to ~ sb across** jdn hinüber-/herüberrudern.

II *n* **to go for a ~** rudern gehen.

row[3] [raʊ] **I** *n* **1.** (*noise*) Lärm, Krach (*inf*) *m*. **to make a** *or* **kick up** (*inf*) **a ~**

schlagen (*inf*). **2.** (*quarrel*) Streit, Krach (*inf*) *m.* **to have a ~ with sb** mit jdm Streit *or* Krach (*inf*) haben; **to start a ~** Streit anfangen. **3.** (*scolding*) **to get into a ~** Krach bekommen (*inf*).

II *vi* (*quarrel*) (sich) streiten.

rowan ['raʊən] *n* (*tree*) Eberesche, Vogelbeere *f.* **~ berry** Vogelbeere *f.*

rowboat ['rəʊ,bəʊt] *n* (*US*) Ruderboot *nt.*

rowdiness ['raʊdɪnɪs] *n see adj* Krawall *m*; Rüpel- *or* Flegelhaftigkeit *f*; Randalieren, Rowdytum *nt.*

rowdy ['raʊdɪ] **I** *adj* (+*er*) (*noisy*) laut; *football fans* randalierend.

II *n* Krawallmacher(in *f*) *m.* **football rowdies** Fußballrowdys *pl.*

rowdyism ['raʊdɪɪzəm] *n* Rowdytum *nt.*

rower ['rəʊəʳ] *n* Ruderer *m*, Ruderin *f.*

row house ['rəʊ,haʊs] *n* (*US*) Reihenhaus *nt.*

rowing¹ ['rəʊɪŋ] *n* Rudern *nt.*

rowing² ['raʊɪŋ] *n* (*quarrelling*) Streiterei *f.*

rowing ['rəʊɪŋ]: **rowing boat** *n* (*Brit*) Ruderboot *nt*; **rowing club** *n* Ruderklub *or* -verein *m.*

rowlock ['rəʊ,lɒk] *n* (*esp Brit*) Dolle *f.*

royal ['rɔɪəl] **I** *adj* königlich; *family, palace also* Königs-; (*fig also*) fürstlich. **II** *n* **1.** (*inf*) Angehörige(r) *mf* der königlichen Familie. **2.** (*stag*) kapitaler Bock.

Royal Academy *n* (*Brit*) Königliche Akademie; **Royal Air Force** *n* (*Brit*) Königliche Luftwaffe; **royal blue I** *adj* königsblau; **II** *n* Königsblau *nt*; **Royal Canadian Mounted Police** *n kanadische berittene Polizei*; **royal flush** *n* (*Cards*) Royal Flush *m*; **Royal Highness** *n* **Your/His ~** Eure/Seine Königliche Hoheit; **royal household** *n* königlicher Haushalt.

royalist ['rɔɪəlɪst] **I** *adj* royalistisch, königstreu. **II** *n* Royalist(in *f*) *m*, Königstreue(r) *mf.*

royally ['rɔɪəlɪ] *adv* königlich; (*fig also*) fürstlich.

Royal Navy (*Brit*) **I** *n* Königliche Marine. **II** *attr* der Königlichen Marine.

royalty ['rɔɪəltɪ] *n* **1.** (*dignity, rank*) das Königtum; (*collectively: royal persons*) das Königshaus, die königliche Familie. **he's ~** er gehört zur königlichen Familie.

2. royalties *pl* (*on* auf +*acc*) (*from book, records*) Tantiemen *pl*; (*from patent*) Patent- *or* Lizenzgebühren *pl.*

rozzer ['rɒzəʳ] *n* (*Brit sl*) Bulle, Polyp (*sl*) *m.*

RP *abbr of* **received pronunciation.**

RPM (*Brit*) *abbr of* **resale price maintenance** vertikale Preisbindung.

rpm *abbr of* **revolutions per minute** U/min.

RR (*US*) *abbr of* **Railroad.**

RSPCA *abbr of* **Royal Society for the Prevention of Cruelty to Animals** ≃ Tierschutzverein *m.*

RSVP *abbr of* **répondez s'il vous plaît** u.A.w.g.

Rt Hon *abbr of* **Right Honourable.**

rub [rʌb] **I** *n* **1.** Reiben *nt*; (*with duster*) Polieren *nt.* **to give sth a ~** etw reiben; *furniture, shoes, silver* etw polieren.

2. (*fig*) **there's the ~!** da liegt der Hase im Pfeffer.

II *vt* reiben; (*with towel also*) frottieren; (*polish*) polieren; (*Art*) *brass, inscription* durchzeichnen. **to ~ sth/oneself with a lotion** etw/sich mit einer Lotion einreiben; **to ~ one's hands (together)** sich (*dat*) die Hände reiben; **to ~ sth dry** etw trockenreiben *or* -rubbeln (*inf*); **to ~ noses** (*as greeting*) Nasen reiben; **to ~ sb's nose in sth** (*fig*) jdm etw dauernd unter die Nase reiben *or* halten; **to ~ shoulders with all sorts of people** (*fig*) mit allen möglichen Leuten in Berührung kommen.

III *vi* (*thing*) (*against* an +*dat*) reiben; (*shoes, collar*) scheuern. **you must have ~bed against some wet paint** da mußt du an feuchte Farbe gekommen sein; **the cat ~bed against my legs/the tree** die Katze strich mir um die Beine/scheuerte sich am Baum.

♦**rub along** *vi* (*inf*) (*manage*) sich durchschlagen (*inf*). **to ~ ~ (together)** recht und schlecht miteinander auskommen.

♦**rub away** *vt sep* wegreiben.

♦**rub down** *vt sep horse* (*dry*) abreiben; (*clean*) striegeln; *person* abrubbeln (*inf*), abfrottieren; *wall, paintwork* (*clean*) abwaschen; (*sandpaper*) abschmirgeln.

♦**rub in** *vt sep* **1.** *oil, lotion* einreiben (*prep obj, -to* in +*acc*). **2.** (*fig*) *sb's stupidity* herumreiten auf (+*dat*). **he's always ~bing (it) ~ how rich he is** (*inf*) er reibt es uns/ihnen *etc* immer unter die Nase, wie reich er ist (*inf*); **don't ~ it ~!** (*don't keep mentioning it*) reite nicht so darauf herum!; (*don't keep alluding to it*) mußt du auch noch Salz in die Wunde streuen?

♦**rub off I** *vt sep dirt* abreiben; *writing* ausradieren; *tape* löschen; (*from blackboard*) aus- *or* wegwischen; *paint, goldplating* abreiben; (*through wear*) abwetzen.

II *vi* (*lit, fig*) abgehen; (*through wear also*) sich abwetzen. **to ~ ~ on(to) sb** (*fig*) auf jdn abfärben.

♦**rub out I** *vt sep stain etc* herausreiben; (*with eraser*) ausradieren; (*sl: kill*) auslöschen. **II** *vi* herausgehen; (*with eraser*) sich ausradieren lassen.

♦**rub up I** *vt sep* **1.** *vase, table* blank reiben.

2. to ~ sb ~ the wrong way bei jdm anecken.

II *vi* **the cat ~bed ~ against my leg** die Katze strich mir um die Beine; **to ~ ~ against all sorts of people** (*fig*) mit allen möglichen Leuten in Berührung kommen.

rubber¹ ['rʌbəʳ] **I** *n* (*material*) Gummi *m*; (*unprocessed, synthetic also*) Kautschuk *m* (*spec*); (*Brit: eraser*) (Radier)gummi *m*; (*sl: contraceptive*) Gummi *m* (*inf*). **~s** (*shoes*) Turnschuhe *pl*; (*overshoes*) (Gummi)überschuhe *pl*; (*clothing*) Ölzeug *nt.* **II** *adj* Gummi-; Kautschuk- (*spec*). **is that cheque ~?** (*sl*) platzt der Scheck?; **~ goods** Gummiwaren.

rubber² *n* (*Cards*) Robber *m.*

rubber band *n* Gummiband *nt*; **rubber bullet** *n* Gummi(wucht)geschoß *nt*.

rubberize ['rʌbəraɪz] *vt* (*cover*) mit Gummi überziehen; (*impregnate*) gummieren.

rubberneck (*US inf*) **I** *n* Gaffer(in *f*) *m* (*inf*); **II** *vi* gaffen (*inf*); **rubber plant** *n* Gummibaum *m*; **rubber plantation** *n* Kautschukplantage *f*; **rubber stamp** *n* Stempel *m*; **rubber-stamp** *vt* (*lit*) stempeln; (*fig inf*) genehmigen; **rubber tree** *n* Kautschukbaum *m*.

rubbery ['rʌbərɪ] *adj material* gummiartig; *meat* zäh, wie Gummi *pred*; (*hum*) *lips* wulstig.

rubbing ['rʌbɪŋ] *n* **1.** (*action*) Reiben *nt*; (*of shoes, collar also*) Scheuern *nt*; (*with towel*) Frottieren *nt*; (*polishing*) Polieren *nt*; (*with sandpaper*) Schmirgeln *nt*. **2.** (*Art*) *see* **brass ~.**

rubbish ['rʌbɪʃ] *n* (*waste material*) Abfall *m*, Abfälle *pl*; (*household ~, in factory also*) Müll *m*; (*on building site*) Schutt *m*; (*fig*) (*trashy goods, record*) Mist *m*; (*nonsense*) Quatsch (*inf*), Blödsinn *m*. **household ~** Hausmüll *m*; **garden ~** Gartenabfälle *pl*; **most modern furniture is ~** die meisten modernen Möbel sind nichts wert; **he talked a lot** *or* **a load of ~** er hat eine Menge Blödsinn verzapft (*inf*); **this book is ~** das Buch ist Quatsch (*inf*).

rubbish *in cpds* (*esp Brit*) Müll-; **rubbish bin** *n* Mülleimer *m*; **rubbish cart** *n* Müllwagen *m*; **rubbish chute** *n* Müllschlucker *m*; **rubbish collection** *n* Müllabfuhr *f*; **rubbish dump** *n* Müllabladeplatz *m*; (*in garden: also* **rubbish heap**) Abfallhaufen *m*; **rubbish tip** *n* Müllabladeplatz *m*.

rubbishy ['rʌbɪʃɪ] *adj* (*inf*) (*worthless*) *goods* wertlos; (*nonsensical*) *ideas* blödsinnig. **this is ~ stuff** (*article*) das taugt nichts *or* ist Mist; (*book, theory*) das ist Quatsch (*inf*).

rubble ['rʌbl] *n* Trümmer *pl*; (*smaller pieces*) Schutt *m*; (*Geol*) Geröll *nt*.

rub-down ['rʌb'daʊn] *n* **to give sb/sth a ~** *see* **rub down.**

rube [ru:b] *n* (*US sl*) Tölpel *m* (*inf*).

rubella [ru:'belə] *n* Röteln *pl*.

Rubicon ['ru:bɪkən] *n*: **to cross the ~** den Rubikon überschreiten.

rubicund ['ru:bɪkənd] *adj* rot.

rubidium [ru:'bɪdɪəm] *n* (*Chem*) Rubidium *nt*.

Rubik's cube ['ru:bɪks'kju:b] *n* Zauberwürfel *m*.

ruble *n* (*US*) *see* **rouble.**

rubric ['ru:brɪk] *n* (*heading*) Überschrift; (*Eccl*) (liturgische) Anweisungen *pl*; (*on exam paper*) Prüfungsanweisungen *pl*. **under the ~ ...** in der Rubrik ...

ruby ['ru:bɪ] **I** *n* (*stone*) Rubin *m*; (*colour: also* **~ red**) Rubinrot *nt*.

II *adj* (*~-coloured*) *wine, lips* rubinrot; (*made of rubies*) *necklace, ring* Rubin-. **~ wedding (anniversary)** vierzigster Hochzeitstag.

RUC *abbr of* **Royal Ulster Constabulary** *nordirische Polizeibehörde*.

ruched [ru:ʃt] *adj* Rüschen-, gerüscht.

ruching ['ru:ʃɪŋ] *n* Rüschen *pl*.

ruck[1] [rʌk] *n* (*Racing*) Pulk *m*. **to get out of the ~** (*fig*) sich von der breiten Masse absetzen.

ruck[2] *n* (*wrinkle*) Falte *f*.

◆**ruck up I** *vt sep seam* zusammenziehen; *rug* verschieben. **his shirt is all ~ed ~** sein Hemd hat sich hochgeschoben. **II** *vi* (*seam*) sich zusammenziehen; (*shirt*) sich hochschieben; (*rug*) Falten schlagen.

rucksack ['rʌksæk] *n* (*esp Brit*) Rucksack *m*.

ruckus ['rʌkəs] *n* (*inf*) Krawall *m*.

ruction ['rʌkʃən] *n* (*inf: usu pl*) (*dispute, scolding*) Krach *m no pl*; (*uproar also*) Krawall *m no pl*. **there'll be ~s if you do that** es gibt Krach, wenn du das tust.

rudder ['rʌdə[r]] *n* (*Naut, Aviat*) Ruder *nt*.

rudderless ['rʌdəlɪs] *adj* ohne Ruder; (*fig*) führungslos.

ruddiness ['rʌdɪnɪs] *n* Röte *f*. **the ~ of his complexion** seine gesunde Gesichtsfarbe.

ruddy ['rʌdɪ] *adj* (*+er*) **1.** *complexion* gesund, rot; *sky, glow* rötlich. **2.** (*Brit sl*) verdammt (*inf*).

rude [ru:d] *adj* (*+er*) **1.** (*bad-mannered*) unhöflich; (*stronger*) unverschämt; (*rough, uncouth*) grob. **it's ~ to stare** es gehört sich nicht, Leute anzustarren.

2. (*obscene*) unanständig. **to make a ~ noise/smell** (*euph*) pup(s)en (*inf*).

3. (*harsh*) *shock* bös, hart; *blast, weather* wüst, rauh; *reminder* unsanft.

4. (*liter: primitive*) primitiv; *fare* einfach, schlicht.

5. (*liter: vigorous*) *strength* gewaltig. **he is in ~ health/strength** er strotzt (nur so) vor Gesundheit/Kraft.

rudely ['ru:dlɪ] *adv see adj 1.-4.*

rudeness ['ru:dnɪs] *n see adj* **1.** Unhöflichkeit *f*; Unverschämtheit *f*; Grobheit *f*. **2.** Unanständigkeit, Unflätigkeit (*geh*) *f*. **3.** Härte *f*; Wüstheit, Rauheit *f*. **4.** Primitivität *f*; Einfachheit, Schlichtheit *f*. **5.** gewaltige Größe.

rudiment ['ru:dɪmənt] *n* **1.** **~s** *pl* Anfangsgründe, Grundlagen *pl*. **2.** (*Biol*) Rudiment *nt*.

rudimentary [ˌru:dɪ'mentərɪ] *adj* (*basic*) *knowledge, principles* elementar; *language, system*, (*Biol*) rudimentär. **a ~ sort of building** ein primitives Gebäude.

rue[1] [ru:] *vt* (*liter*) bereuen. **to ~ the day that ...** den Tag verwünschen, an dem ...

rue[2] *n* (*Bot*) Raute *f*.

rueful ['ru:fʊl] *adj look* reuig, reuevoll; *situation* beklagenswert.

ruefully ['ru:fəlɪ] *adv* reuevoll.

ruff[1] [rʌf] *n* **1.** (*on dress, of bird, animal*) Halskrause *f*. **2.** (*bird*) Kampfläufer *m*.

ruff[2] (*Cards*) **I** *n* Trumpfen *nt*.

II *vti* trumpfen, stechen.

ruffian ['rʌfɪən] *n* Rüpel, Grobian *m*; (*violent*) Schläger *m*.

ruffle ['rʌfl] **I** *n* (*on dress*) Rüsche *f*; (*on water*) Kräuseln *nt no pl*.

II *vt* **1.** (*disturb*) *hair, feathers* zerzausen; *surface, water* kräuseln; *bedspread, clothes* verkrumpeln (*inf*). **the bird ~d**

(up) its feathers der Vogel plusterte sich auf.

2. (*fig*) (*upset, disturb*) aus der Ruhe bringen; (*annoy also*) verärgern, aufbringen. **to get ~d** aus der Ruhe kommen.

rug [rʌg] *n* **1.** Teppich *m*; (*rectangular also*) Läufer *m*; (*valuable also*) Brücke *f*; (*bedside*) (Bett)vorleger *m*. **fireside ~** Kaminvorleger *m*. **2.** (*blanket*) (Woll)decke *f*.

rugby ['rʌgbɪ] *n* (*also* **~ football**) Rugby *nt*. **~ league** Rugbyliga *f*; **~ footballer, ~ player** Rugbyspieler *m*.

rugged ['rʌgɪd] *adj* rauh; *country, landscape also* wild; *cliff, rocks, mountains* zerklüftet; *ground* felsig; *statue* grob; *face, features* markig; *determination* wild; *resistance* verbissen.

ruggedness ['rʌgɪdnɪs] *n see adj* Rauheit *f*; Wildheit *f*; Zerklüftetheit *f*; Felsigkeit *f*; Grobheit *f*; Markigkeit *f*; Verbissenheit *f*.

rugger ['rʌgəʳ] *n* (*Brit inf*) *see* **rugby.**

ruin ['ru:ɪn] **I** *n* **1.** *no pl* (*of thing, person*) Untergang *m*; (*of event*) Ende *nt*; (*financial, social*) Ruin *m*. **the palace was going to ~** *or* **falling into ~** der Palast verfiel (zur Ruine).

2. (*cause of ~*) Ende *nt*; (*of person also*) Ruin *m*. **it will be the ~ of him** das wird ihn ruinieren; **you will be the ~ of me** du bist mein Ruin.

3. (*ruined building*) Ruine *f*; (*fig: person*) Wrack *nt*. **~s** (*of building*) Ruinen *pl*; (*of reputation, beauty*) Reste *pl*; (*of hopes, career*) Trümmer *pl*; **to be** *or* **lie in ~s** (*lit*) eine Ruine sein; (*fig*) zerstört sein; (*life: financially, socially*) ruiniert sein.

II *vt* (*destroy*) *building, hopes* zerstören; *reputation, health, sb's life also* ruinieren; (*financially, socially*) *person* ruinieren, zugrunde richten; (*spoil*) verderben.

ruination [ˌru:ɪ'neɪʃən] *n see vt* Zerstörung *f*; Ruinierung *f*; Verderben *nt*. **to be the ~ of sb** jds Ruin sein.

ruined ['ru:ɪnd] *adj building* in Ruinen *pred*, zerfallen; *person* ruiniert.

ruinous ['ru:ɪnəs] *adj* (*financially*) ruinös; *price* extrem.

ruinously ['ru:ɪnəslɪ] *adv* **~ expensive** wahnsinnig teuer (*inf*).

rule [ru:l] **I** *n* **1.** Regel *f*; (*Sport, Cards also*) Spielregel *f*; (*Admin also*) Vorschrift, Bestimmung *f*. **the ~s of the game** (*lit, fig*) die Spielregeln; **to play by the ~s** (*lit, fig*) die Spielregeln einhalten; **running is against the ~s, it's against the ~s to run** Rennen ist nicht erlaubt; **~s and regulations** Regeln und Bestimmungen; **it's a ~ that ...** es ist Vorschrift, daß ...; **that's the ~ of the road** (*Mot*) das ist im Straßenverkehr üblich; **to do sth by ~** etw vorschriftsmäßig tun; **the ~ of three** (*Math*) der Dreisatz; **by ~ of thumb** über den Daumen gepeilt; **to throw the ~ book at sb** (*fig*) jdn wegen jeder Kleinigkeit drankriegen (*inf*).

2. (*custom*) Regel *f*. **I make it a ~ to get up early** ich habe es mir zur Regel gemacht, früh aufzustehen; **as a (general) ~** in der Regel; **ties are the ~ at the office** Krawatten sind im Büro die Regel; **violence is the ~ rather than the exception** Gewalt ist eher (die) Regel als (die) Ausnahme.

3. (*authority, reign*) Herrschaft *f*; (*period also*) Regierungszeit *f*. **the ~ of law** die Rechtsstaatlichkeit.

4. (*for measuring*) Metermaß *nt*, Maßstab *m*. **a foot ~** (*1 foot long*) ein (30 cm langes) Lineal; (*showing feet*) ein Maßstab *m* mit Fußeinteilung; **folding ~** Zollstock *m*; *see* **slide ~.**

II *vt* **1.** beherrschen, regieren; (*individual also*) herrschen über (+*acc*); (*fig*) *passions, emotion* beherrschen, zügeln; *person* beherrschen. **to ~ the roost** (*fig*) Herr im Haus sein (*inf*); **if you would only be ~d by what I say** wenn du nur auf mich hören würdest; **I won't be ~d by what he wants** ich richte mich nicht nach seinen Wünschen.

2. (*Jur, Sport, Admin: give decision*) entscheiden. **his question was ~d out of order** seine Frage wurde als unzulässig abgewiesen; **the judge ~d the defence out of order** (*Jur*) der Richter rügte die Verteidigung.

3. (*draw lines on*) *paper* linieren; (*draw*) *line, margin* ziehen. **~d paper** liniertes Papier.

III *vi* **1.** (*lit, fig: reign*) herrschen (*over* über +*acc*), regieren (*over acc*).

2. (*Fin: prices*) notieren.

3. (*Jur*) entscheiden (*against* gegen, *in favour of* für, *on* in +*dat*).

◆rule off *vt sep* einen Schlußstrich ziehen unter (+*acc*).

◆rule out *vt sep word, sentence* einen Strich ziehen durch; (*fig: exclude, dismiss*) ausschließen.

ruler ['ru:ləʳ] *n* **1.** (*for measuring*) Lineal *nt*. **2.** (*sovereign*) Herrscher(in *f*) *m*.

ruling ['ru:lɪŋ] **I** *adj principle* leitend, Leit-; *factor* ausschlaggebend; *passion* vorherrschend; (*prevalent*) (vor)herrschend; (*Fin, St Ex*) *prices* notiert. **the ~ class** die herrschende Klasse; **the ~ party** (*Pol*) die Regierungspartei.

II *n* (*Admin, Jur*) Entscheid *m*. **to receive/give a ~** einen Bescheid erhalten/einen Entscheid fällen.

rum¹ [rʌm] *n* Rum *m*. **~ toddy** Grog *m*.

rum² *adj* (*dated Brit inf*) komisch (*inf*).

Rumania [ru:'meɪnɪə] *etc see* **Romania** *etc*.

rumba ['rʌmbə] *n* Rumba *m or f*.

rumble ['rʌmbl] **I** *n* **1.** *see vi* Grollen *nt*; Donnern *nt*; Knacken *nt*; Knurren *nt*; Rumpeln *nt* (*all no pl*). **his stomach gave a ~** sein Magen knurrte.

2. (*sl: fight*) Schlägerei *f*.

II *vi* (*thunder*) grollen; (*cannon*) donnern; (*pipes*) knacken; (*stomach*) knurren; (*train, truck*) rumpeln. **to ~ past/off** vorbei-/davonrumpeln.

III *vt* (*inf: see through*) *swindle, trick, person* durchschauen.

rumble seat *n* Notsitz *m*; **rumble strip** *n* (*Mot*) akustische Schwelle.

rumbling ['rʌmblɪŋ] *n see vi* Grollen *nt*; Donnern *nt*; Knacken *nt*; Knurren *nt*;

Rumpeln *nt* (*all no pl*).

rumbustious [rʌm'bʌstʃəs] *adj* derb.

ruminant ['ru:mɪnənt] **I** *n* Wiederkäuer *m.* **II** *adj* (*lit*) wiederkäuend, Wiederkäuer-; (*fig*) grübelnd.

ruminate ['ru:mɪneɪt] **I** *vi* (*lit*) wiederkäuen; (*fig*) grübeln (*over, about, on* über +*acc*). **II** *vt* wiederkäuen.

rumination [ˌru:mɪ'neɪʃən] *n* (*lit*) Wiederkäuen *nt no pl*; (*fig*) Grübeln *nt no pl.*

ruminative *adj*, **~ly** *adv* ['ru:mɪnətɪv, -lɪ] (*fig*) grübelnd.

rummage ['rʌmɪdʒ] **I** *n* **1. to have a good ~ in sth/around** etw gründlich durchstöbern *or* durchwühlen/gründlich herumstöbern *or* herumwühlen. **2.** (*jumble*) Ramsch *m.* **~ sale** (*US*) Ramschverkauf *m.* **II** *vi* (*also* **~ about, ~ around**) herumstöbern (*among, in* in +*dat, for* nach).

rummy ['rʌmɪ] *n* (*Cards*) Rommé *nt.*

rumour, (*US*) **rumor** ['ru:mə^r] **I** *n* Gerücht *nt.* **~ has it that ...** es geht das Gerücht, daß ...; **as ~ has it** wie es Gerüchten zufolge heißt.

II *vt* **it is ~ed that ...** es geht das Gerücht, daß ...; (*through gossip*) man munkelt, daß ...; **he is ~ed to be in London** Gerüchten zufolge ist er in London; **his ~ed resignation/death** das Gerücht von seinem Rücktritt/Tod.

rump [rʌmp] *n* (*of animal*) Hinterbacken *pl*; (*of fowl*) Bürzel *m*; (*inf: of person*) Hinterteil *nt*, Allerwerteste(r) *m* (*hum*). **~ (steak)** Rumpsteak *nt.*

Rumpelstiltskin ['rʌmpəl'stɪltskɪn] *n* Rumpelstilzchen *nt.*

rumple ['rʌmpl] *vt* (*also* **~ up**) *clothes, paper* zerknittern; *hair* verwuscheln, zerzausen.

rumpus ['rʌmpəs] *n* (*inf*) (*noise*) Spektakel (*inf*), Krach *m*; (*quarrel*) Krach *m* (*inf*). **to make a ~, to kick up a ~** (*make noise*) einen Spektakel *or* Heidenlärm machen (*inf*); (*complain*) Krach schlagen (*inf*); **~ room** (*US*) Spielzimmer *nt.*

run [rʌn] (*vb: pret* **ran**, *ptp* **~**) **I** *n* **1.** (*act of running, Cricket, Baseball*) Lauf *m.* **to go for a 2-km ~** einen 2 km-Lauf machen; **let the dog have a ~** laß den Hund laufen; **he came in at a ~** er kam hereingelaufen; **he took the fence at a ~** er nahm die Hürde im Lauf; **to break into a ~** zu laufen *or* rennen anfangen; **to take a ~ at a hurdle** auf eine Hürde loslaufen; **to make a ~ for it** weglaufen, wegrennen; **he made a ~ for the door** er lief *or* rannte zur Tür; **on the ~** (*from the police*) auf der Flucht; **to keep the enemy on the ~** den Feind weiter zur Flucht zwingen; **the house and family keep you on the ~** Haus und Familie halten einen ganz schön auf Trab; **we've given him a good ~ for his money, he has had a good ~ for his money** (*inf*) er hat was für sein Geld bekommen; (*competition*) er hat einen ordentlichen Kampf bekommen; (*pleasure*) er kann sich nicht beklagen; **my old car has given me a good ~ for my money** (*inf*) mein altes Auto hat mir gute Dienste geleistet.

2. (*journey: in vehicle*) Fahrt *f*; (*outing also*) Ausflug *m.* **to go for a ~ in the car** eine Fahrt/einen Ausflug im Auto machen; **I'll give you a ~ up to town** ich fahre Sie in die Stadt.

3. (*distance travelled*) (*in bus, tram, boat, car*) Fahrt *f*; (*in plane*) Flug *m*; (*route*) Strecke *f.* **it's a 30-minute ~** es ist eine Fahrt von 30 Minuten; **on the outward/inward ~** auf der Hinfahrt/Rückfahrt; auf dem Hinflug/Rückflug; **the ferries on the Dover-Calais ~** die Fähren der Linie Dover-Calais.

4. (*Aviat*) Flug *m.* **approach ~** Anflug *m*; **bombing ~** Bombenzielanflug *m.*

5. to have the ~ of a place einen Ort zur freien Verfügung haben; **to give sb the ~ of one's house** jdm sein Haus überlassen.

6. in the short/long ~ fürs nächste/auf die Dauer; *plan* auf kurze/lange Sicht.

7. (*series*) Folge, Reihe, Serie *f*; (*Cards*) Sequenz *f*; (*Theat*) Spielzeit *f*; (*of film*) Laufzeit *f.* **a ~ on the red** (*Roulette*) eine Serie von roten Zahlen; **the ~ of the cards** die Verteilung der Karten; **this fashion is having a long ~** diese Mode hat sich lange gehalten; **a two-year ~ in office** eine zweijährige Amtszeit; **a ~ of luck/of bad luck** eine Glücks-/Pechsträhne; **a ~ of misfortunes** eine Serie von Mißgeschicken.

8. (*rush, great demand*) **~ on** Ansturm *m* auf (+*acc*); (*St Ex, Fin also*) Run *m* auf (+*acc*).

9. (*average type*) **the common ~ of mankind** der Durchschnittsmensch; **the usual ~ of students** die gewöhnliche Sorte Studenten.

10. (*trend: of market, opinion*) Tendenz *f*; (*course: of events*) Lauf *m.* **the ordinary ~ of things** der normale Gang der Dinge.

11. the ~ of the grain die Maserung; (*of paper*) die Faserrichtung.

12. (*track for sledging, skiing*) Bahn *f.* **ski ~** Abfahrt(sstrecke) *f.*

13. (*animal enclosure*) Gehege *nt*; (*chicken*) Hühnerhof *m.*

14. (*in stocking*) Laufmasche *f.*

15. (*Mus*) Lauf *m.*

16. the ~s (*inf: diarrhoea*) der flotte Otto (*inf*), die Renneritis (*hum inf*).

17. (*Typ: printing* **~**) Auflage *f.*

II *vi* **1.** laufen, rennen; (*in race*) laufen. **to ~ past/off** vorbei-/davonlaufen *or* -rennen; **she came ~ning out** sie kam herausgelaufen *or* -gerannt; **to ~ down a slope** einen Abhang hinunterlaufen *or* -rennen; **walk don't ~** du sollst gehen, nicht rennen!; **to ~ for the bus** zum Bus laufen *or* rennen; **she ran to meet him** sie lief *or* rannte ihm entgegen; **she ran to help him** sie kam ihm schnell zu Hilfe; **to ~ in the 100 metres** die 100 Meter laufen; **eleven ran** (*Horse-racing*) elf (Pferde) waren am Start; **X, Y, Z also ran** (*Horse-racing*) X, Y, Z waren ebenfalls am Start; **this horse will ~ in the National** das Pferd startet im National; *see* **also-ran.**

2. (*flee*) davonlaufen, weglaufen, wegrennen. **to ~ for one's life** um sein Leben laufen *or* rennen; ~ **for it!** lauft *or* rennt, was ihr könnt!; **to ~ to earth** (*fox, criminal*) sich verkriechen.

3. (*fig*) (*news, rumour*) umgehen. **the news ran like wildfire through the crowd** die Nachricht ging wie ein Lauffeuer durch die Menge; **the order ran down the column** der Befehl wurde von Mund zu Mund weitergegeben; **he ran down the list** er ging die Liste durch; **a shiver ran down her spine** ein Schauer lief ihr über den Rücken; **a ripple of fear ran through the town** ein Schaudern durchlief die Stadt; **his eyes/fingers ran over the sculpture** seine Augen/Finger glitten über die Plastik; **the idea ran through my head that ...** der Gedanke *or* es ging mir durch den Kopf, daß ...

4. (*story, words*) gehen, lauten; (*tune*) gehen. **so the story ~s** die Geschichte geht so; **the wording ran as follows** es hieß *or* lautete folgendermaßen; **the conversation ran on that very subject** das Gespräch drehte sich um eben das Thema; **my thoughts ran on my sister** ich dachte an meine Schwester.

5. (*stand as candidate*) kandidieren; sich aufstellen lassen. **to ~ for President** *or* **for the Presidency** für die Präsidentschaft kandidieren; **to ~ against sb** jds Gegenkandidat(in) sein.

6. (*become*) **to ~ dry** (*river*) austrocknen; (*pen*) leer werden; (*resources*) ausgehen; **he ran dry of ideas** ihm gingen die Ideen aus; **supplies are ~ning short** *or* **low** die Vorräte werden knapp.

7. (*roll, slide: things*) (*drawer, curtains, rope*) laufen, gleiten; (*vehicle*) rollen. **it ~s on wheels** es läuft *or* fährt auf Rädern; **money just ~s through his fingers** das Geld rinnt ihm (nur so) durch die Finger.

8. (*flow*) (*water, tears, tap, nose, butter, cheese*) laufen; (*river, electric current*) fließen; (*eyes*) tränen; (*sore, abscess*) eitern; (*paint, colour*) zerfließen, ineinanderfließen; (*colour, dye: in washing*) färben; (*ink*) fließen. **my shirt has ~** mein Hemd hat gefärbt; **where the river ~s into the sea** wo der Fluß ins Meer mündet; **the street ~s into the square** die Straße mündet auf den Platz; **interest rates are ~ning at record levels/ 15%** die Zinssätze sind auf Rekordhöhe/stehen auf 15%; **inflation is ~ning at 20%** die Inflationsrate beträgt 20%; **where the tide is ~ning strongly** wo die Gezeiten sehr stark sind; **let the tap/ water ~ hot** laß das Wasser laufen, bis es heiß kommt; **your bath is ~ning** Ihr Badewasser läuft ein; **the walls were ~ning with moisture** die Wände tropften vor Feuchtigkeit; **~ning with sweat** schweißüberströmt; **his blood ran cold** das Blut gefror ihm in den Adern.

9. (*extend in time*) (*play, film, contract, Jur: sentence*) laufen; (*Fin: interest rate*) gelten. **the expenditure ~s into thousands of pounds** die Ausgaben gehen in die Tausende (von Pfund); **the book has ~ into three editions** das Buch hat schon drei Auflagen erreicht; **the poem ~s (in)to several hundred lines** das Gedicht geht über mehrere hundert Zeilen.

10. to ~ to (*afford*) **I can't ~ to a new car** ich kann mir kein neues Auto leisten; **the funds won't ~ to a party** die Finanzen reichen nicht für eine Party.

11. (*Naut*) **to ~ before the wind** vor dem Wind segeln; **to ~ onto the rocks** (auf die Felsen) auflaufen; **to ~ into port** in den Hafen einlaufen.

12. (*drive*) fahren.

13. (*provide service: bus, train*) fahren, verkehren. **the train doesn't ~ on Sundays** der Zug fährt sonntags nicht.

14. (*function*) (*machine, wheel*) laufen; (*factory*) arbeiten; (*fig: ceremony*) laufen. **you mustn't leave the engine ~ning** Sie dürfen den Motor nicht laufen lassen; **this model ~s on diesel** dieses Auto fährt mit Diesel; **the radio ~s off the mains/off batteries** das Radio läuft auf Netz/Batterie; **things are ~ning smoothly/badly for them** bei ihnen läuft zur Zeit alles wunschgemäß/alles schief; **the principle on which democracy ~s** das Prinzip, auf dem die Demokratie basiert; **all planes/trains are ~ning late** alle Flugzeuge/Züge haben Verspätung; **the project is ~ning late/to schedule** das Projekt hat sich verzögert/geht ganz nach Plan voran.

15. (*extend in space*) (*road*) gehen, führen; (*mountains*) sich ziehen, sich erstrecken; (*river*) fließen. **he has a scar ~ning across his chest** eine Narbe zieht sich quer über seine Brust; **a wall ~s round the garden** um den Garten zieht sich *or* läuft eine Mauer; **the river ~s for 300 km** der Fluß ist 300 km lang; **this theme ~s right through his work** dieses Thema zieht sich durch sein ganzes Werk.

16. to ~ in the family in der Familie liegen.

17. (*stocking*) eine Laufmasche bekommen; (*stitch*) laufen.

18. (*Comput: software, computer*) laufen. **it can ~ on single-drive computers** es ist auf Computern mit nur einem Laufwerk lauffähig.

III *vt* **1.** *distance* laufen, rennen; *race* laufen. **he ~s 3 km every day** er läuft jeden Tag 3 km; **the first race will be ~ at 2 o'clock** das erste Rennen findet um 2 Uhr statt; **to ~ errands/messages** Botengänge machen; **to ~ the streets** (*child, dog*) sich auf der Straße herumtreiben; **they ran the rapids** sie meisterten die Stromschnellen; **to ~ sb a close second** (*Sport*) nur knapp von jdm auf den zweiten Platz verwiesen werden.

2. (*fig*) **to ~ its/their course** (*events, disease*) seinen/ihren Lauf nehmen; **to ~ a temperature** *or* **a fever** Fieber haben.

3. (*chase, hunt*) *fox, deer* treiben; (*make run*) *person, animal* jagen. **they ran him out of the house** sie jagten ihn aus dem Haus; **to ~ sb off his feet** (*inf*) jdn ständig in Trab halten (*inf*); **that will ~ him into trouble** das wird ihn in Schwierigkeiten bringen; **that will ~ you**

into a lot of expense das wird Sie eine ganze Menge *or* schöne Stange (*inf*) kosten; **to ~ sb into debt** jdn in Schulden stürzen.

4. *candidate* aufstellen; (*Sport*) *horse* laufen lassen.

5. (*cause to flow*) **to ~ water into a bath** Wasser in die Badewanne einlaufen lassen; **I'll ~ you a bath** ich lasse Ihnen ein Bad einlaufen; **he ~s his words together** bei ihm fließen alle Wörter ineinander über.

6. (*transport*) *person, thing* fahren, bringen; (*drive*) *vehicle* fahren. **I'll ~ your luggage to the station** ich fahre Ihr Gepäck zum Bahnhof; **he ran the car into the garage/a tree** er fuhr das Auto in die Garage/gegen einen Baum.

7. *buses, trains* unterhalten; *extra buses, trains* einsetzen. **this company ~s a bus service** diese Firma unterhält einen Busdienst; **how many machines does this factory ~?** wie viele Maschinen laufen in dieser Fabrik?

8. (*operate, cause to function*) *machine, engine* betreiben (*on* mit); (*person*) bedienen. **to ~ a radio off the mains** ein Radio auf Netz laufen lassen.

9. I can't afford to ~ a car ich kann es mir nicht leisten, ein Auto zu unterhalten; **he ~s a Rolls** er fährt einen Rolls Royce.

10. (*conduct*) *experiment, test* durchführen; (*manage*) *business, hotel* führen, leiten; *shop* führen; *mine* betreiben; *school, organization, newspaper* leiten; (*organize*) *course of study, competition* veranstalten, durchführen; (*be in charge of*) *course, competition, department, project* leiten. **to ~ a house** einen Haushalt führen; **a house which is easy to ~** ein Haus, das leicht in Schuß gehalten werden kann; **I want to ~ my own life** ich möchte mein eigenes Leben leben; **she's the one who really ~s everything** sie ist diejenige, die den Laden schmeißt (*inf*); **I'm ~ning this show!** (*inf*) ich bestimme, was gemacht wird.

11. (*smuggle*) *guns* schmuggeln.

12. (*move, put*) **to ~ one's fingers over the piano keys** die Finger über die (Klavier)tasten gleiten lassen; **to ~ one's finger down a list** mit dem Finger eine Liste durchgehen; **to ~ one's fingers/a comb through one's hair** sich (*dat*) mit den Fingern/einem Kamm durch die Haare fahren; **to ~ one's eye over a page** eine Seite überfliegen; **he ran the vacuum cleaner over the carpet** er ging mit dem Staubsauger über den Teppich.

13. (*take, lead*) *rope, road* führen; *piece of elastic, line, ditch* ziehen; *pipe, wires* (ver)legen; (*above ground*) führen. **to ~ a rope round a tree** ein Seil um einen Baum legen.

14. (*thrust*) **he ran a sword into his side** er stieß ihm das Schwert in die Seite.

15. (*issue*) (*Press*) *article, series* bringen; (*Film also*) zeigen, spielen; (*Comm*) verkaufen.

16. (*Comput*) *computer* laufen lassen; *software* benutzen; (*load*) *program* laden. **can you ~ SuperText 3 on your computer?** läuft SuperText 3 auf deinem Computer?

◆**run about** *or* **around** *vi* (*lit, fig*) herumlaufen *or* -rennen. **to ~ ~ with sb** sich mit jdm herumtreiben; **I'm not going to ~ ~ after you cleaning up** ich putze doch nicht dauernd hinter dir her.

◆**run across I** *vi* **1.** (*lit*) hinüber-/herüberlaufen *or* -rennen. **2.** (*go to see*) kurz rüberlaufen *or* -gehen (*to* zu). **II** *vi +prep obj* (*meet*) *person* zufällig treffen; (*find*) *object, reference* stoßen auf (*+acc*).

◆**run after I** *vi* **to come ~ning ~** hinterherlaufen *or* -rennen. **II** *vi +prep obj* nachlaufen *or* -rennen (*+dat*).

◆**run along** *vi* laufen, rennen; (*go away*) gehen. **~ ~!** nun geht mal schön!

◆**run around** *vi see* **run about.**

◆**run at** *vi +prep obj* zu- *or* loslaufen auf (*+acc*); (*attack*) losstürzen auf (*+acc*).

◆**run away I** *vi* **1.** (*child, animal*) weglaufen, wegrennen; (*person*) weglaufen; (*horse*) durchgehen. **to ~ ~ from home** von zu Hause weglaufen; **~ ~ and play!** geht (mal schön) spielen!

2. (*water*) auslaufen.

II *vt sep water* auslaufen lassen.

◆**run away with** *vi +prep obj* (*use up*) *funds, money, resources* verschlucken (*inf*), verbrauchen; (*steal*) *money, object* durchgehen *or* durchbrennen mit (*inf*); (*Sport: win easily*) *race, prize* spielend gewinnen. **don't ~ ~ ~ the idea that ...** (*fig*) kommen Sie nur nicht auf den Gedanken, daß ...; **he lets his imagination ~ ~ ~ him** seine Phantasie/seine Begeisterung geht leicht mit ihm durch.

◆**run back I** *vi* (*lit*) zurücklaufen, zurückrennen. **let's just ~ ~ over what we've agreed** gehen wir noch einmal durch, was wir vereinbart haben. **II** *vt sep* **1.** *person* zurückfahren *or* -bringen. **2.** (*rewind*) *tape, film* zurückspulen.

◆**run down I** *vi* **1.** (*lit: person*) hinunter-/herunterlaufen *or* -rennen.

2. (*watch, clock*) ablaufen; (*battery*) leer werden. **to let stocks ~ ~** das Lager leer werden lassen; (*deliberately*) die Vorräte abbauen.

II *vt sep* **1.** (*knock down*) umfahren; (*run over*) überfahren.

2. (*Naut*) *ship* rammen; (*in battle*) versenken.

3. (*limit, reduce*) *factory, shop* (allmählich) auflösen; *department, stocks, staff* abbauen; *battery* zu stark belasten.

4. (*disparage*) schlechtmachen.

5. (*pursue and capture*) *stag* zur Strekke bringen; *criminal also* zu fassen kriegen; *person* ausfindig machen.

◆**run in I** *vi* (*lit*) hinein-/hereinlaufen *or* -rennen.

II *vt sep* **1.** *car* einfahren. **"~ning ~, please pass"** (*Brit Mot*) „bitte überholen, Wagen wird eingefahren". **2.** (*inf: arrest*) sich (*dat*) schnappen.

◆**run into** *vi +prep obj* (*meet*) zufällig treffen; (*collide with*) rennen/fahren gegen. **to ~ ~ difficulties/trouble/**

problems Schwierigkeiten/Ärger bekommen/auf Probleme stoßen; **to ~ ~ danger/debt** in Gefahr/Schulden geraten; *see also* **run II 8.**

◆**run off I** *vi see* **run away I 1.**

II *vt sep* **1.** *water* ablassen.

2. *poem, letter, article* herunterschreiben, hinhauen (*inf*).

3. (*reproduce*) *copy* abziehen.

4. (*Sport*) **to ~ ~ the heats** die Ausscheidungskämpfe durchführen.

5. (*excess weight*) sich (*dat*) ablaufen.

6. (*on machine*) *a few dresses, a sample* schnell machen.

◆**run on I** *vi* **1.** (*lit*) weiterlaufen, weiterrennen. **you ~ ~, I'll catch up** geh schon mal voraus, ich komme nach.

2. (*fig: in speaking*) **he does ~ ~ so!** er redet wie ein Buch!; **it ran ~ for four hours** das zog sich über vier Stunden hin.

3. (*letters*) verbunden sein; (*words*) fortlaufend geschrieben sein; (*line of type*) ohne Absatz gedruckt sein.

4. (*time*) weitergehen.

II *vt sep letters* verbinden; *words* fortlaufend schreiben; *line of type* ohne Absatz drucken.

◆**run out I** *vi* **1.** (*person*) hinaus-/herauslaufen *or* -rennen; (*rope, chain*) ablaufen; (*liquid*) herauslaufen; (*through leak*) auslaufen.

2. (*come to an end*) (*lease, contract, period of time*) ablaufen; (*money, supplies*) ausgehen, zu Ende gehen. **my patience is ~ning ~** mir geht langsam die Geduld aus.

II *vt sep* **1.** *rope, chain* abwickeln. **2.** (*Cricket*) ausschlagen (*während der Schlagmann seinen Lauf macht*).

◆**run out of** *vi +prep obj* **he ran ~ ~ supplies/money/patience/time** ihm gingen die Vorräte/ging das Geld/die Geduld aus/er hatte keine Zeit mehr.

◆**run over I** *vi* **1.** (*to neighbour etc*) kurz hinüberlaufen *or* hinübergehen.

2. (*overflow*) überlaufen.

3. (*Rad, TV*) **the play ran ~ by 10 minutes** das Stück hatte 10 Minuten Überlänge; **we're ~ning ~** wir überziehen.

II *vi +prep obj story, part in play, details* durchgehen; *text, notes* durchsehen.

III *vt sep* (*in vehicle*) überfahren.

◆**run round** *vi* kurz vorbeigehen. **to ~ ~ and see sb** kurz bei jdm vorbeigehen; *see also* **run about.**

◆**run through I** *vi* (*lit*) durchlaufen. **II** *vi +prep obj* **1.** (*use up*) *money, fortune* durchbringen. **2.** (*rehearse*) *piece of music, play* durchspielen; *ceremony also, part* durchgehen. **3.** *see* **run over II.. III** *vt sep* **to ~ sb ~ (with a sword)** jdn (mit einem Schwert) durchbohren.

◆**run up I** *vi* (*lit*) (*up mountain, upstairs*) hinauf-/herauflaufen; (*towards sb/sth*) hin-/herlaufen *or* -rennen (*to* zu). **to ~ ~ against difficulties** auf Schwierigkeiten stoßen.

II *vt sep* **1.** *flag* hissen, hochziehen.

2. (*incur*) machen. **to ~ ~ one's account** sein Kreditkonto belasten; **to ~ a debt** Schulden machen.

3. (*sew quickly*) schnell zusammennähen.

runabout *n* (*car*) kleiner Flitzer (*inf*); (*boat*) kleines Motorboot; **runaround** *n* (*inf*): **to give sb the ~** jdn an der Nase herumführen (*inf*); **runaway I** *n* Ausreißer(in *f*) *m*; **II** *adj slave* entlaufen; *person, couple, horse* durchgebrannt (*inf*), ausgerissen; *car, railway truck* der/die/das sich selbständig gemacht hat; *inflation* unkontrollierbar; **the ~ child** der kleine Ausreißer/die kleine Ausreißerin; **he had a ~ victory** er hatte einen sehr leichten Sieg; **run-down I** *n* **1.** (*of factory, shop*) (allmähliche) Auflösung; (*of department, stock, personnel*) Abbau *m*; **2.** (*inf: report*) Bericht *m*; **to give sb a ~ on sth** jdn über etw (*acc*) informieren, jdm einen Bericht über etw (*acc*) geben; **II** *adj* (*dilapidated*) heruntergekommen; (*tired*) abgespannt; *battery* leer.

rune [ru:n] *n* Rune *f*.

rung[1] [rʌŋ] *ptp of* **ring**[2]**.**

rung[2] *n* (*of ladder*) Sprosse *f*; (*of chair*) Querstab *m*.

runic ['ru:nɪk] *adj* runisch, Runen-.

run-in ['rʌnɪn] *n* (*inf: argument*) Streit *m*.

runner ['rʌnə^{r}] *n* **1.** (*athlete*) Läufer(in *f*) *m*; (*horse*) Rennpferd *nt*; (*messenger*) Bote, Laufbursche *m*; (*smuggler*) Schmuggler(in *f*) *m*.

2. (*on sledge, skate*) Kufe *f*; (*for curtain*) Vorhangröllchen *nt*; (*for drawer, machine part*) Laufschiene *f*.

3. (*carpet, for table*) Läufer *m*.

4. (*Bot*) Ausläufer *m*. **~ bean** (*Brit*) Stangenbohne *f*.

5. to do a ~ (*sl*) ('ne) Mücke machen (*sl*).

runner-up ['rʌnər'ʌp] *n* Zweite(r), Zweitplazierte(r) *mf*. **the runners-up** die weiteren Plätze; (*in competition*) die weiteren Gewinner.

running ['rʌnɪŋ] **I** *n* **1.** Laufen, Rennen *nt*. **~ style** Laufstil *m*; **to make the ~** (*lit, fig*) das Rennen machen; **to be in the ~ (for sth)** im Rennen (für etw) liegen; **out of the ~** aus dem Rennen; **to take up the ~** (*lit, fig*) sich an die Spitze setzen.

2. (*functioning*) Laufen *nt*.

3. (*management*) *see* **run III 10.** Führung *f*; Leitung *f*, Betrieb *m*; Veranstaltung, Durchführung *f*.

4. (*smuggling*) Schmuggel *m*.

II *adj* **1. ~ jump** Sprung *m* mit Anlauf; **go and take a ~ jump** (*inf*) du kannst mich gern haben (*inf*); **~ commentary** (*Rad, TV*) fortlaufender Kommentar; **we don't need a ~ commentary** (*inf*) wir brauchen keinen Kommentar; **~ account** (*Fin*) laufendes Konto; *see also cpds*.

2. (*after n*) **4 days ~** 4 Tage hintereinander *or* nacheinander.

3. (*flowing*) *water, stream* fließend; *tap, nose* laufend; *eyes* tränend. **~ sore** (*Med*) eiternde Wunde; (*fig*) Eiterbeule *f*; **~ cold** schwerer Schnupfen.

4. (*current*) *prices* momentan; *costs* laufend.

running battle *n* **to fight a ~** (*fig*) einen Kleinkrieg führen; **running-board** *n* Trittbrett *nt*; **running costs** *npl* Betriebskosten *pl*; (*of car*) Unterhaltskosten *pl*; **running knot** *n* Schlaufenknoten *m*; **running mate** *n* (*US Pol*) *Kandidat m für die Vizepräsidentschaft*; **running order** *n*: **in ~** betriebsbereit; **running shoe** *n* Laufschuh *m*; **running text** *n* fortlaufender Text; **running track** *n* Aschenbahn *f*.

runny ['rʌnɪ] *adj* (+*er*) flüssig; *nose* laufend; *eyes* wässerig, tränend; *honey* dünnflüssig. **I've got a ~ nose** mir läuft die Nase, meine Nase läuft.

run-off *n* (*Sport*) Entscheidungslauf *m*, Stechen *nt*; **run-of-the-mill** *adj* durchschnittlich, gewöhnlich; *theme, novel* Feld-Wald-Wiesen- (*inf*); **run-on (line)** *n* fortlaufende Zeile; **run-out** *n* (*Ski*) Auslauf *m*; **run-proof** *adj tights* laufmaschenfest.

runt [rʌnt] *n* kleinstes Ferkel (eines/des Wurfes); (*pej*) Wicht *m*; (*despicable*) Fiesling *m* (*inf*).

run-through *n* Durchgehen *nt*; **let's have a final ~** gehen wir das noch einmal durch; **run-up** *n* (*Sport*) Anlauf *m*; (*fig*) Vorbereitungszeit *f*; **in the ~ to the election** in der Zeit vor der Wahl; **runway** *n* (*Aviat*) Start- und Landebahn *f*, Runway *f or m*.

rupee [ru:'pi:] *n* Rupie *f*.

rupture ['rʌptʃə^r] **I** *n* (*lit, fig*) Bruch *m*; (*Pol: of relations*) Abbruch *m*. **II** *vt* brechen. **to ~ oneself** (*inf*) sich (*dat*) einen Bruch heben (*inf*). **III** *vi* brechen.

rural ['rʊərəl] *adj* ländlich; *population, life also* Land-. **~ district** (*Brit Admin*) Landbezirk *m*; **~ deprivation** Strukturschwäche *f* in ländlichen Gebieten.

ruse [ru:z] *n* List *f*.

rush[1] [rʌʃ] **I** *n* **1.** (*rapid movement*) (*of crowd*) Andrang *m*, Gedränge *nt*; (*of air*) Stoß *m*; (*Mil: attack*) Sturm *m*. **he was caught in the ~ for the door** die zur Tür drängende Menge riß ihn mit; **they made a ~ for the door** sie drängten zur Tür; **to make a ~ at** losstürzen auf (+*acc*); **there was a ~ for the empty seats** alles stürzte sich auf die leeren Sitze; **there's been a ~ on these goods** diese Waren sind rasend weggegangen; **the Christmas ~** der Weihnachtsbetrieb; **we've had a ~ of orders** wir hatten eine Flut von Aufträgen; **there was a ~ of water** Wasser strömte *or* schoß herein/heraus *etc*; **water streamed out in a ~** das Wasser schoß in einem Schwall heraus; **a ~ of blood to the head** Blutandrang *m* im Kopf.

2. (*hurry*) Eile *f*; (*stronger*) Hetze, Hast *f*. **the ~ of city life** die Hetze des Stadtlebens; **to be in a ~** in Eile sein; **I did it in a ~** ich habe es sehr schnell *or* hastig gemacht; **what's (all) the ~?** wozu die Eile/Hetzerei?; **is there any ~ for this?** eilt das?; **it all happened in such a ~** das ging alles so plötzlich.

3. ~es *pl* (*Film*) erste Kopie.

II *vi* (*hurry*) eilen; (*stronger*) hetzen, hasten; (*run*) stürzen; (*wind*) brausen; (*water*) schießen, stürzen; (*make ~ing noise*) rauschen. **they ~ed to help her** sie eilten ihr zu Hilfe; **I ~ed to her side** ich eilte an ihre Seite; **I'm ~ing to finish it** ich beeile mich, es fertigzumachen; **don't ~, take your time** überstürzen Sie nichts, lassen Sie sich Zeit; **you shouldn't just go ~ing into things** Sie sollten die Dinge nicht so überstürzen; **to ~ through** *book* hastig lesen; *meal* hastig essen; *museum, town* hetzen durch; *work* hastig erledigen; **to ~ past** (*person*) vorbeistürzen; (*vehicle*) vorbeischießen; **to ~ in/out/back** hinein-/hinaus-/zurückstürzen *or* -stürmen; **the ambulance ~ed to the scene** der Krankenwagen raste zur Unfallstelle; **to ~ to the attack** auf ihn/sie *etc* losgehen; **to ~ into print** vorzeitig veröffentlichen; **the blood ~ed to his face** das Blut schoß ihm ins Gesicht; **memories ~ed into his mind** Erinnerungen schossen ihm durch den Kopf.

III *vt* **1. to ~ sb to hospital** jdn schnellstens ins Krankenhaus bringen; **they ~ed him out (of the room)** sie brachten ihn eilends aus dem Zimmer; **they ~ed the bill through Parliament** sie peitschten die Gesetzesvorlage durch das Parlament; **to ~ a book into print** ein Buch eilends in Druck geben.

2. (*force to hurry*) hetzen, drängen. **don't ~ me!** hetz mich nicht; **he won't be ~ed** er läßt sich nicht drängen *or* treiben; **to ~ sb off his feet** jdn dauernd auf Trab halten; **to ~ sb into doing sth** jdn dazu treiben, etw überstürzt zu tun.

3. (*charge at*) stürmen; *fence* zustürmen auf (+*acc*). **to ~ one's fences** (*fig*) die Sache überstürzen.

4. (*do hurriedly*) *job, task* hastig machen, schnell machen; (*do badly*) schludern bei (*pej*).

5. (*sl: charge exorbitantly*) schröpfen (*inf*). **what were you ~ed for it?** wieviel haben sie dir dafür abgeknöpft? (*inf*).

◆**rush about** *or* **around** *vi* herumhasten *or* -hetzen.

◆**rush at** *vi* +*prep obj* **1.** losstürzen auf (+*acc*), sich stürzen auf (+*acc*).

2. he tends to ~ ~ things er neigt dazu, die Dinge überstürzt zu machen.

◆**rush down** *vi* hinunter-/heruntereilen; (*very fast*) hinunter-/herunterstüzen; (*stream*) hinunter-/herunterstürzen.

◆**rush out I** *vi* hinaus-/herauseilen; (*very fast*) hinaus-/herausstürzen. **he ~ed ~ and bought one** er kaufte sofort eines. **II** *vt sep order* eilends wegschicken; *troops, supplies* eilends hintransportieren.

◆**rush through** *vt sep order* durchjagen; *goods, supplies* eilends durchschleusen.

◆**rush up I** *vi* (*lit*) hinauf-/heraufeilen; (*very fast*) hinauf-/heraufstürzen. **II** *vt sep help, reinforcements* eilends schikken.

rush[2] *n* (*Bot*) Binse *f*. **in the ~es** im Schilf.

rush-hour(s *pl*) *n* Hauptverkehrszeit(en *pl*), Stoßzeit(en *pl*), Rush-hour *f*; **~ traffic** Stoßverkehr *m*; **rush job** *n* eiliger Auftrag; (*pej: bad work*) Schluderarbeit *f* (*inf*); **can you do a ~ for me?** können Sie das ganz schnell für mich machen?; **rushlight** *n* aus Binsen und Talg hergestellte Kerze; **rush mat, rush matting** *n* Binsenmatte *f*; **rush order** *n* (*Comm*) Eilauftrag *m*.

rusk [rʌsk] *n* Zwieback *m*.

russet ['rʌsɪt] **I** *n* **1.** (*colour*) gelbliches Rotbraun. **2.** (*apple*) Boskop *m*. **II** *adj* rostfarben.

Russia ['rʌʃə] *n* Rußland *nt*.

Russian ['rʌʃən] **I** *adj* russisch. **~ roulette** russisches Roulette. **II** *n* **1.** Russe *m*, Russin *f*. **2.** (*language*) Russisch *nt*.

Russky ['rʌskɪ] *n* (*pej*) Iwan *m*. **the Russkies** der Iwan.

rust [rʌst] **I** *n* Rost *m*; (*Bot*) Brand *m*. **covered in ~** völlig verrostet. **II** *adj* (*also* **~-coloured**) rostfarben. **III** *vt* (*lit*) rosten lassen. **IV** *vi* rosten; (*talent*) verkümmern; (*brain, language*) (ein)rosten.

◆**rust in** *vi* (*screw*) einrosten.

◆**rust over** *vi* verrosten.

◆**rust through I** *vi* durchrosten.
II *vt sep* durchrosten lassen.

◆**rust up** *vi* festrosten.

rust converter *n* Rostumwandler *m*.

rustic ['rʌstɪk] **I** *n* Bauer *m*.
II *adj* bäuerlich; *furniture, style* rustikal; *manners* bäurisch (*pej*).

rusticate ['rʌstɪkeɪt] *vt* **1.** (*form, liter*) (*send to country*) aufs Land schicken; (*make rustic*) bäurisch machen. **2.** (*Brit Univ*) vorübergehend von der Universität verweisen.

rustiness ['rʌstɪnɪs] *n* Rostigkeit *f*; (*fig*) eingerostete Kenntnisse (*of* in +*dat*).

rustle ['rʌsl] **I** *n* Rascheln *nt*; (*of foliage*) Rauschen *nt*.
II *vi* (*leaves, silk, papers*) rascheln; (*foliage, skirts*) rauschen. **the wind ~d through the leaves** der Wind rauschte in den Blättern; (*on the ground*) der Wind raschelte mit den Blättern.
III *vt* **1.** *paper, skirt, leaves on ground* rascheln mit; (*wind*) *leaves on tree* rauschen in (+*dat*).
2. (*steal*) *cattle* klauen (*inf*).

◆**rustle up** *vt sep* (*inf*) *meal* improvisieren (*inf*). **can you ~ ~ a cup of coffee?** können Sie eine Tasse Kaffee auftreiben?

rustler ['rʌsləʳ] *n* (*cattle-thief*) Viehdieb(in *f*) *m*.

rustling ['rʌslɪŋ] *n* (*cattle theft*) Viehdiebstahl *m*.

rustproof I *adj* rostfrei; **II** *vt* einem Rostschutzverfahren unterziehen; **rustproofing** *n* (*substance*) Rostschutzmittel *nt*; (*applied to surface*) Rostschutz *m*; **rust resistant** *adj* nichtrostend.

rusty ['rʌstɪ] *adj* (+*er*) (*lit*) rostig; (*fig*) *mind, maths* eingerostet; *talent* verkümmert. **I'm a bit ~** ich bin etwas aus der Übung.

rut¹ [rʌt] (*Zool*) **I** *n* Brunft, Brunst *f*. **II** *vi* brunften, brunsten. **~ting call** Brunftschrei *m*; **~ting season** Brunftzeit *f*.

rut² **I** *n* (*in track, path*) Spur, Furche *f*; (*fig: routine*) Trott *m* (*inf*). **to be in a ~** (*fig*) im Trott sein (*inf*); **to get into/a ~** (*fig*) (*person*) in einen Trott geraten (*inf*); (*mind*) sich in einem eingefahrenen Gleis bewegen.
II *vt* furchen.

rutabaga [ˌruːtə'beɪgə] *n* (*US*) Steckrübe *f*.

ruthenium [ruː'θiːnɪəm] *n* (*Chem*) Ruthenium *nt*.

ruthless ['ruːθlɪs] *adj person* rücksichtslos; *cuts, treatment, self-analysis* schonungslos; *irony, sarcasm* unbarmherzig, schonungslos. **you'll have to be ~** man muß hart sein.

ruthlessly ['ruːθlɪslɪ] *adv see adj*.

ruthlessness ['ruːθlɪsnɪs] *n see adj* Rücksichtslosigkeit *f*; Schonungslosigkeit *f*; Unbarmherzigkeit *f*; Härte *f*.

rye [raɪ] *n* (*grain*) Roggen *m*; (*US inf*) Roggenwhisky, Rye(whisky) *m*.

rye bread *n* Roggenbrot *nt*; **rye whisk(e)y** *n* Roggen- *or* Ryewhisky *m*.

S

S, s [es] *n* S, s *nt.*

S *abbr of* **1. south** S. **2. Saint** St. **3. small.**

s (*Brit old*) *abbr of* **shilling.**

's 1. he's *etc* = **he is/has; what's** = **what is/has/does? 2.** (*genitive*) **John's book** Johns Buch; **my brother's car** das Auto meines Bruders; **at the Browns'/butcher's** bei den Browns/beim Fleischer. **3. let's** = **let us.**

SA *abbr of* **1. South Africa. 2. South America. 3. South Australia. 4. Salvation Army.**

Sabbatarian [ˌsæbə'tɛərɪən] *n* strenge(r) Befürworter(in) des Sonntagsgebots *or* (*Jewish*) Sabbatgebots.

Sabbath ['sæbəθ] *n* Sabbat *m.*

sabbatical [sə'bætɪkəl] **I** *adj* **1.** (*Rel*) Sabbat-. **2.** (*Univ*) *year, term* Forschungs-. **he is on ~ leave** er hat akademischen Urlaub *or* Forschungsurlaub. **II** *n* (*Univ*) akademischer Urlaub, Forschungsurlaub *m.* **to have a/be on ~** Forschungsurlaub *or* akademischen Urlaub haben.

saber *n* (*US*) *see* **sabre.**

sable ['seɪbl] **I** *n* Zobel *m*; (*fur*) Zobelfell *nt or* -pelz *m*; (*liter: colour*) Schwarz *nt.* **II** *adj* Zobel-; (*liter: black*) schwarz.

sabot ['sæbəʊ] *n* Holzschuh *m.*

sabotage ['sæbətɑːʒ] **I** *n* Sabotage *f.* **II** *vt* (*lit, fig*) sabotieren.

saboteur [ˌsæbə'tɜːʳ] *n* Saboteur(in *f*) *m.*

sabre, (*US*) **saber** ['seɪbəʳ] *n* Säbel *m.*

sabre-rattler *n* Säbelraßler *m*; **sabre-rattling** *n* Säbelrasseln *nt*; **sabre-tooth, sabre-toothed tiger** *n* Säbelzahntiger *m.*

sac [sæk] *n* (*Anat*) Sack *m*; (*pollen ~*) Staubbeutel *m.*

saccharin(e) ['sækərɪn] *n* Saccharin *nt.*

saccharine ['sækəriːn] *adj* Saccharin-; (*fig liter*) zuckersüß.

sacerdotal [ˌsæsə'dəʊtl] *adj* Priester-.

sachet ['sæʃeɪ] *n* Beutel *m*; (*of powder*) Päckchen *nt*; (*lavender ~*) Kissen *nt.*

sack[1] [sæk] **I** *n* **1.** Sack *m.* **2 ~s of coal** 2 Säcke *or* Sack Kohlen; **to buy sth by the ~** etw sackweise *or* in Säcken kaufen.

2. (*inf: dismissal*) Entlassung *f,* Rausschmiß *m* (*inf*). **to get the ~** rausgeschmissen werden (*inf*), rausfliegen (*inf*); **to give sb the ~** jdn rausschmeißen (*inf*).

3. (*sl: bed*) **to hit the ~** sich in die Falle *or* Klappe hauen (*sl*).

II *vt* **1.** (*put in ~s*) einsacken.

2. (*inf: dismiss*) rausschmeißen (*inf*), entlassen.

sack[2] **I** *n* (*pillage*) Plünderung *f.* **II** *vt* plündern.

sack[3] *n* (*old*) Sherry *m.*

sackcloth ['sækklɒθ] *n* Sackleinen *nt.* **in ~ and ashes** in Sack und Asche.

sackful ['sækfʊl] *n* Sack *m.* **two ~s of potatoes** zwei Sack Kartoffeln.

sacking ['sækɪŋ] *n* **1.** (*material*) Sackleinen *nt.* **2.** (*inf: dismissal*) Entlassung *f.*

sack-race ['sækreɪs] *n* Sackhüpfen *nt.*

sacral ['seɪkrəl] *adj* **1.** (*Rel*) sakral. **2.** (*Anat*) Kreuzbein-.

sacrament ['sækrəmənt] *n* Sakrament *nt.* **the (Blessed** *or* **Holy) S~** das heilige Sakrament; **to receive the the Holy S~** die heilige Kommunion *or* (*Protestant*) das heilige Abendmahl empfangen; **the last ~s** die Sterbesakramente *pl.*

sacramental [ˌsækrə'mentl] *adj vows, rites, significance* sakramental; *wine, bread, rites* Opfer-.

sacred ['seɪkrɪd] *adj* heilig; *music, poetry* geistlich; *building* sakral. **a statue ~ to Venus** eine der Venus geweihte Statue; **these memories are ~ to me** diese Erinnerungen sind mir heilig; **~ cow** (*lit, fig*) heilige Kuh.

sacrifice ['sækrɪfaɪs] **I** *n* (*lit, fig*) Opfer *nt*; (*thing sacrificed also*) Opfergabe *f.* **to make a ~ of sb/sth** jdn/etw opfern *or* zum Opfer bringen; **the ~ of quality to speed** wenn Qualität der Geschwindigkeit geopfert wird *or* zum Opfer fällt.

II *vt* opfern (*sth to sb* jdm etw).

sacrificial [ˌsækrɪ'fɪʃəl] *adj* Opfer-.

sacrilege ['sækrɪlɪdʒ] *n* Sakrileg *nt*; (*fig also*) Frevel *m.*

sacrilegious [ˌsækrɪ'lɪdʒəs] *adj* (*lit*) gotteslästerlich, sakrilegisch (*geh*); (*fig*) frevelhaft, frevlerisch.

sacristan ['sækrɪstən] *n* Sakristan *m.*

sacristy ['sækrɪstɪ] *n* Sakristei *f.*

sacrosanct ['sækrəʊˌsæŋkt] *adj* (*lit, fig*) sakrosankt.

sacrum ['sækrəm] *n* Kreuzbein *nt.*

sad [sæd] *adj* (+*er*) traurig; *loss* schmerzlich; *colour* trist; *disappointment* schlimm; *result also, mistake, lack* bedauerlich. **to feel ~** traurig sein; **he left a ~der and wiser man** er ging betrübt und geläutert weg; **a ~ state of affairs** eine traurige Sache.

sadden ['sædn] *vt* betrüben.

saddle ['sædl] **I** *n* (*also of hill*) Sattel *m*; (*of meat*) Rücken *m.* **to be in the ~** (*lit*) im Sattel sein; (*fig*) im Sattel sitzen. **II** *vt* **1.** *horse* satteln. **2.** (*inf*) **to ~ sb/oneself with sb/sth** jdm/sich jdn/etw aufhalsen (*inf*); **to be/have been ~d with sb/sth** jdn/etw auf dem *or* am Hals haben (*inf*).

◆**saddle up** *vti sep* aufsatteln.

saddle-backed *adj hill* sattelförmig; *pig, gull* mit sattelförmiger Markierung am Rücken; **saddlebag** *n* Satteltasche *f*; **saddlecloth** *n* Satteldecke *f*; **saddle-horse** *n* Reitpferd *nt.*

saddler ['sædləʳ] *n* Sattler *m.*

saddle roof *n* Satteldach *nt.*

saddlery ['sædlərɪ] *n* Sattlerei *f*; (*articles*) Sattelzeug *nt.*

saddle shoes *npl* (*US*) *Sportschuhe aus hellem Leder mit andersfarbigem Einsatz*; **saddle soap** *n Seife f für die Behandlung von Sätteln*; **saddle sore** *n* wundgescheuerte Stelle; **saddle-sore** *adj person* wundgeritten; *horse* wundgescheuert; **to get ~** sich wund reiten/scheuern.

sadism ['seɪdɪzəm] *n* Sadismus *m*.

sadist ['seɪdɪst] *n* Sadist(in *f*) *m*.

sadistic *adj*, **~ally** *adv* [sə'dɪstɪk, -əlɪ] sadistisch.

sadly ['sædlɪ] *adv* **1.** traurig; (*unfortunately*) traurigerweise.

2. (*regrettably*) bedauerlicherweise. **~ enough he has ...** bedauerlicherweise hat er ...; **the house had been ~ neglected** es war traurig, wie vernachlässigt das Haus war.

sadness ['sædnɪs] *n* Traurigkeit *f*.

sadomasochism [ˌseɪdəʊ'mæsəʊkɪzəm] *n* Sadomasochismus *m*.

sae *abbr of* **stamped addressed envelope.**

safari [sə'fɑːrɪ] *n* Safari *f*. **to be/go on ~** eine Safari machen, auf Safari sein/gehen; **~ jacket** Safarijacke *f*; **~ park** Safaripark *m*.

safe¹ [seɪf] *n* (*for valuables*) Safe *m or nt*, Panzerschrank, Tresor *m*; (*for meat*) Fliegenschrank *m*.

safe² **I** *adj* (*+er*) **1.** (*not in danger*) sicher; (*out of danger*) in Sicherheit; (*not injured*) unverletzt. **to be ~ from sb/sth** vor jdm/etw sicher sein; **no girl is ~ with him** bei ihm ist kein Mädchen sicher; **to keep sth ~** etw sicher aufbewahren; **all the passengers/climbers are ~** alle Passagiere/Bergsteiger sind in Sicherheit *or* (*not injured*) wohlbehalten *or* unverletzt; **you're not ~ without a seat-belt** es ist gefährlich *or* nicht sicher, ohne Gurt zu fahren; **~ journey home!** komm gut nach Hause!; **thank God you're ~** Gott sei Dank ist dir nichts passiert; **~ and sound** gesund und wohlbehalten; **the patient is ~ now** der Patient ist jetzt außer Gefahr; **your reputation is ~** Ihr Ruf ist nicht in Gefahr; **the secret is ~ with me** bei mir ist das Geheimnis gut aufgehoben; **the thieves are now ~ in prison** die Diebe sind jetzt in sicherem Gewahrsam.

2. (*not likely to cause harm, not dangerous, not presenting risks*) ungefährlich; (*stable, secure*) *building, roof* sicher. **not ~** gefährlich; **this car is not ~ to drive** das Auto ist nicht verkehrssicher; **she is not ~ on the roads** sie ist eine Gefahr im Straßenverkehr; **is this beach ~ for bathing?** kann man an diesem Strand gefahrlos *or* ohne Gefahr baden?; **it is ~ to leave it open/tell him** man kann es unbesorgt *or* ohne weiteres auflassen/es ihm unbesorgt *or* ohne weiteres erzählen; **the dog is ~ with children** der Hund tut Kindern nichts.

3. (*reliable*) *job, contraceptive, driver* sicher; *mountain guide, method also, player* zuverlässig, verläßlich. **~ period** sichere *or* ungefährliche Zeit.

4. (*not likely to be/go wrong*) *investment, theory* sicher; *policy* vorsichtig, risikolos; *estimate* realistisch. **it's a ~ assumption that ...** man kann mit ziemlicher Sicherheit annehmen, daß ...; **it's a ~ guess** es ist so gut wie sicher; **he plays a ~ game (of tennis)** er spielt (Tennis) auf Sicherheit; **I think it's ~ to say ...** ich glaube, man kann wohl *or* ruhig sagen ...; **is it ~ to generalize/draw that conclusion?** kann man das ohne weiteres verallgemeinern/kann man diesen Schluß so ohne weiteres ziehen?; **do you feel ~ just taking on three extra staff?** haben Sie keine Bedenken, wenn Sie nur drei extra Leute einstellen?; **just to be ~** *or* **on the ~ side** um ganz sicher zu sein, um sicherzugehen; **better ~ than sorry** Vorsicht ist besser als Nachsicht (*Prov*).

5. (*certain*) **a ~ seat** (*Pol*) ein sicherer Sitz.

II *adv* **to play (it) ~** (*inf*) auf Nummer Sicher gehen (*inf*).

safe-blower, safe-breaker *n* Safeknacker (*inf*) *m*; **safe-conduct** *n* freies *or* sicheres Geleit; (*document*) Geleitbrief *m*; **safe-cracker** *n* (*inf*) Safeknacker (*inf*) *m*; **safe-deposit** *n* Tresorraum *m*; **safe-deposit box** *n* Banksafe *m or nt*; **safeguard I** *n* Schutz *m*; **as a ~ against** zum Schutz gegen; **double-check these figures as a ~** überprüfen Sie diese Zahlen zur Sicherheit noch einmal; **II** *vt* schützen (*against* vor *+dat*); *interests* wahrnehmen; **III** *vi* **to ~ against sth** sich gegen etw absichern; **safe house** *n* Zufluchtsort *m*; (*police term for house used by terrorists*) konspirative Wohnung; **safe-keeping** *n* sichere Verwahrung; **to give sb sth for ~** jdm etw zur (sicheren) Aufbewahrung geben; **safelight** *n* (*Phot*) Dunkelkammerlicht *nt*.

safely ['seɪflɪ] *adv* (*unharmed*) *arrive, get home* wohlbehalten, heil; (*without problems also*) sicher, gut; (*without running risks*) unbesorgt, gefahrlos; *drive* vorsichtig; (*solidly, firmly*) sicher, fest; (*not dangerously*) ungefährlich. **we can ~ estimate that ...** wir können mit einiger Sicherheit annehmen, daß ...; **I think I can ~ say/claim/assume ...** ich glaube, ich kann wohl *or* ruhig sagen/behaupten/annehmen ...; **I got ~ through the first interview** ich bin gut *or* heil durch das erste Interview gekommen; **~ invested** sicher angelegt; **to put sth away ~** etw an einem sicheren Ort verwahren; **put it ~ out of the reach of the children** bringen Sie es vor den Kindern in Sicherheit; **he was ~ tucked up in bed** er lag (schön) eingemummelt im Bett (*inf*).

safeness ['seɪfnɪs] *n* Sicherheit *f*.

safe sex *n* Safe Sex *m*.

safety ['seɪftɪ] *n* Sicherheit *f*. **in a place of ~** an einem sicheren Ort; **for ~'s sake** aus Sicherheitsgründen; **with complete ~** vollkommen sicher; **I can say with complete ~ that ...** ich kann mit Sicherheit behaupten, daß ...; **to play for ~** (*Sport*) auf Sicherheit spielen; (*fig*) sichergehen; **(there's) ~ in numbers** zu mehreren ist man sicherer; **to reach ~** in

Sicherheit gelangen; **when we reached the ~ of the opposite bank** als wir sicher das andere Ufer erreicht hatten; **to seek ~ in flight** sein Heil in der Flucht suchen.

safety belt *n* Sicherheitsgurt *m*; **safety binding** *n* (*Ski*) Sicherheitsbindung *f*; **safety catch** *n* (*on gun*) (Abzugs)sicherung *f*, Sicherungsbügel *m*; **was the ~ on/off?** war das Gewehr gesichert/entsichert?; **safety chain** *n* Sicherheitskette *f*; **safety curtain** *n* (*Theat*) eiserner Vorhang; **safety first** *n* **to believe in ~** der Sicherheit den Vorrang geben; **~ campaign** Unfallverhütungskampagne *f*; **"~"** (*as slogan*) „Sicherheit geht vor"; **safety glass** *n* Sicherheitsglas *nt*; **safety harness** *n* Sicherheitsgurt *m*; **safety lamp** *n* Grubenlampe *f*; **safety margin** *n* Sicherheitsmarge *f*; **safety match** *n* Sicherheitsholz *nt or* -zünder *m*; **safety measure** *n* Sicherheitsmaßnahme *f*; **safety net** *n* Sprung- *or* Sicherheitsnetz *nt*; **safety pin** *n* Sicherheitsnadel *f*; **safety precaution** *n* Sicherheitsvorkehrung *f*; **safety razor** *n* Rasierapparat, Naßrasierer (*inf*) *m*; **safety valve** *n* Sicherheitsventil *nt*; (*fig*) Ventil *nt*.

saffron ['sæfrən] **I** *n* Safran *m*; (*colour*) Safrangelb *nt*. **II** *adj* Safran-; (*in colour*) safrangelb.

sag [sæg] **I** *n* **there's a bit of a ~ in the bed/ceiling** das Bett/die Decke hängt etwas durch; **the ~ of her shoulders** ihre herabhängenden Schultern.

II *vi* absacken; (*in the middle*) durchhängen; (*shoulders*) herabhängen; (*breasts*) schlaff herunterhängen; (*production, rate*) zurückgehen; (*price, spirit*) sinken; (*conversation*) abflauen. **don't ~, stand up straight** steh nicht so schlaff da (*inf*), stell dich gerade hin; **a drink will revive his ~ging spirits** ein Drink wird seine Stimmung wieder heben.

saga ['sɑːgə] *n* Saga *f*; (*novel also*) Generationsroman *m*; (*fig*) Geschichte, Story (*sl*) *f*.

sagacious *adj*, **~ly** *adv* [sə'geɪʃəs, -lɪ] weise, klug.

sagacity [sə'gæsɪtɪ] *n* Weisheit, Klugheit *f*.

sage¹ [seɪdʒ] **I** *n* Weise(r) *m*. **II** *adj* (+*er*) weise.

sage² *n* (*Bot*) Salbei *m*.

sage-green ['seɪdʒ'griːn] **I** *n* Graugrün *nt*. **II** *adj* graugrün.

sagely ['seɪdʒlɪ] *adv* weise.

sageness ['seɪdʒnɪs] *n* Weisheit *f*.

Sagittarian [ˌsædʒɪ'tɛərɪən] (*Astrol*) **I** *n* Schütze *m*. **II** *adj* des Schützen.

Sagittarius [ˌsædʒɪ'tɛərɪəs] *n* (*Astrol*) Schütze *m*.

sago ['seɪgəʊ] *n* Sago *m*.

Sahara [sə'hɑːrə] *n* Sahara *f*. **the ~ Desert** die (Wüste) Sahara.

said [sed] **I** *pret, ptp of* **say**. **II** *adj* (*form*) besagt.

sail [seɪl] **I** *n* **1.** Segel *nt*; (*of windmill*) Flügel *m*. **under ~** mit aufgezogenen Segeln; **in** *or* **under full ~** mit vollen Segeln; **with all ~s set** mit gesetzten Segeln; **to set** *or* **make ~ (for ...)** los- *or* abfahren (nach ...); (*with sailing boat*) absegeln (nach ...).

2. (*trip*) Fahrt *f*. **it's (a) 3 days' ~ from here** von hier aus fährt *or* (*in yacht*) segelt man 3 Tage; **to go for a ~** segeln gehen; **to take sb for a ~** mit jdm segeln gehen.

3. (*boat*) (Segel)schiff *nt*; (*small*) (Segel)boot *nt*. **there was not a ~ in sight** kein einziges Schiff war zu sehen.

II *vt ship* segeln mit; *liner etc* steuern. **they ~ed the ship to Cadiz** sie segelten nach Cadiz; **to ~ the seas** die Meere befahren.

III *vi* **1.** (*Naut*) fahren; (*with yacht*) segeln. **are you flying? — no, ~ing** fliegen Sie? — nein, ich fahre mit dem Schiff; **I went ~ing for a week** ich ging eine Woche segeln; **to ~ round the world** die Erde umsegeln; **to ~ round a headland** eine Landzunge umfahren/umsegeln.

2. (*leave*) (*for* nach) abfahren; (*yacht, in yacht*) absegeln. **passengers ~ing for New York** Passagiere nach New York.

3. (*fig: glider, swan*) gleiten; (*moon, clouds*) ziehen; (*ball, object*) fliegen. **she ~ed past/out of the room/into the room** sie rauschte vorbei/aus dem Zimmer/sie kam ins Zimmer gerauscht (*all inf*); **she ~ed through all her exams** sie schaffte alle Prüfungen spielend *or* mit Leichtigkeit; **the holidays just ~ed by** (*inf*) die Ferien vergingen wie im Flug.

◆**sail in** *vi* (*inf: enter argument*) sich einschalten.

◆**sail into** *vi* +*prep obj* (*inf*) *person* anfahren; *discussion* sich einschalten in (+*acc*).

sailboard I *n* Windsurfbrett *nt*; **II** *vi* windsurfen; **sailboarder** *n* Windsurfer(in *f*) *m*; **sailboarding** *n* Windsurfen *nt*; **sail boat** *n* (*US*) Segelboot *nt*; **sailcloth** *n* Segeltuch *nt*; **sail fish** *n* Fächerfisch *m*.

sailing ['seɪlɪŋ] *n* **1.** Segeln *nt*; (*as sport also*) Segelsport *m*. **2.** (*departure*) **when is the next ~ for Arran?** wann fährt das nächste Schiff nach Arran?; *see* **plain**.

sailing boat *n* (*Brit*) Segelboot *nt*; **sailing date** *n* Abfahrtstermin *m*; **sailing school** *n* Segelschule *f*; **sailing ship** *n* Segelschiff *nt*; **sailing time** *n* Abfahrtszeit *f*; **sailing vessel** *n* Segelschiff *nt*.

sailor ['seɪlə^r] *n* **1.** Seemann *m*; (*in navy*) Matrose *m*; (*sportsman*) Segler(in *f*) *m*. **2. to be a bad/good ~** (*get seasick*) nicht seefest/seefest sein.

sailplane ['seɪlpleɪn] *n* Segelflugzeug *nt*.

saint [seɪnt] *n* **1.** Heilige(r) *mf*.

2. (*before name abbr to* **St** [snt]) **St John** der heilige Johannes, Sankt Johannes, St. Johannes; **St Mark's (Church)** die Markuskirche.

3. (*fig*) Heilige(r) *mf*. **she is a ~ to put up with that** sie muß ja eine Engelsgeduld haben, daß sie sich das gefallen läßt.

sainted ['seɪntɪd] *adj* heiliggesprochen. **my ~ aunt!** (*inf*) heiliger Strohsack! (*inf*).

sainthood ['seɪnthʊd] *n* Heiligkeit *f*.

saintliness ['seɪntlɪnɪs] *n* Heiligkeit *f*; (*fig pej: of person*) frömmlerisches Wesen. **the ~ of his smile** sein lammfrommes Lächeln.

saintly ['seɪntlɪ] *adj* (*+er*) heilig; (*fig pej*) *person* frömmlerisch; *smile* lammfromm. **he stood there with a ~ look on his face** (*lit*) er hatte einen verklärten Gesichtsausdruck; (*iro*) er sah aus, als ob er kein Wässerchen trüben könnte.

saint's day ['seɪntsdeɪ] *n* Heiligenfest *nt*, Tag *m* des/der heiligen ... **when is your ~?** wann ist Ihr Namenstag?

sake[1] [seɪk] *n* **for the ~ of ...** um (*+gen*) ... willen; **for my ~** meinetwegen; (*to please me*) mir zuliebe; **for your own ~** dir selbst zuliebe; **for your family's ~** um Ihrer Familie willen, Ihrer Familie wegen; **for heaven's** *or* **Christ's ~!** (*inf*) um Gottes willen!; **for old times' ~** in Erinnerung an alte Zeiten; **for the ~ of those who ...** für diejenigen, die ...; **I did it just for the ~ of having a new experience** ich habe es nur getan, um eine neue Erfahrung zu machen; **and all for the ~ of a few pounds** und alles wegen ein paar Pfund; **to talk for talking's ~** reden, nur damit etwas gesagt wird; **I do the job for its own ~** ich mache die Arbeit um ihrer selbst willen *or* ihrer selbst wegen.

sake[2], **saki** ['sɑːkɪ] *n* (*drink*) Sake *m*.

salaam [sə'lɑːm] **I** *n, interj* Salem *m*. **II** *vi* sich mit Salem begrüßen.

salable *adj* (*US*) *see* **saleable.**

salacious [sə'leɪʃəs] *adj* schlüpfrig; *picture* aufreizend; *chuckle* anzüglich.

salaciousness [sə'leɪʃəsnɪs] *n see adj* Schlüpfrigkeit *f*; aufreizende Darstellung; Anzüglichkeit *f*.

salad ['sæləd] *n* Salat *m*.

salad bowl *n* Salatschüssel *f*; **salad cream** *n* ≈ Mayonnaise *f*; **salad days** *npl* (*days of youthful inexperience*) ≈ holde Jugendzeit; **salad dressing** *n* Salatsoße *f*; **salad oil** *n* Salatöl *nt*.

salamander ['sælə,mændəʳ] *n* Salamander *m*; (*Myth*) Feuergeist *m*.

salami [sə'lɑːmɪ] *n* Salami *f*.

sal ammoniac [,sælə'məʊnɪæk] *n* Ammoniumsalz *nt*, Salmiak *m*.

salaried ['sælərɪd] *adj* **~ post** Angestelltenposten *m*; **~ employee** Gehaltsempfänger(in *f*) *m*; **~ staff** Gehaltsempfänger(innen *f*) *pl*.

salary ['sælərɪ] *n* Gehalt *nt*.

salary earner *n* Gehaltsempfänger(in *f*) *m*; **salary increase** *n* Gehaltserhöhung *f*; **salary package** *n* Gehalt *nt* (*einschließlich Sonderleistungen*), Gehaltspaket *nt*; **salary range** *n* Gehaltsrahmen *m*, Gehaltsspanne *f*; **salary scale** *n* Gehaltsskala *f*.

sale [seɪl] *n* **1.** (*selling*) Verkauf *m*. **for ~** zu verkaufen; **to put sth up for ~** etw zum Verkauf anbieten; **is it up for ~?** steht es zum Verkauf?; **not for ~** nicht verkäuflich; **going cheap for a quick ~** umständehalber billig abzugeben; **to be on ~** verkauft werden; **on ~ at all bookshops** in allen Buchhandlungen erhältlich; **on a ~ or return basis** auf Kommission(sbasis).

2. (*instance*) Geschäft *nt*; (*of insurance, bulk order*) Abschluß *m*. **~s** *pl* (*turnover*) der Absatz; **how many ~s have you made?** wieviel (Stück) haben Sie verkauft?/wie viele Abschlüsse haben Sie gemacht?; **"no ~"** (*on till*) ≈ Nullbon.

3. **~s** *sing* (*department*) Verkaufsabteilung *f*.

4. (*at reduced prices*) Ausverkauf *m*; (*at end of season also*) Schlußverkauf *m*; (*clearance ~*) Räumungsverkauf *m*. **to go to the ~s** zum Ausverkauf gehen; **they've got a ~ on** da ist Ausverkauf; **in the ~, on ~** (*US*) im (Sonder)angebot; **to buy in** *or* **at the ~s** im Ausverkauf kaufen.

5. (*auction, selling off*) Auktion *f*. **~ of work** Basar *m*.

saleable, (*US*) **salable** ['seɪləbl] *adj* (*marketable*) absatzfähig; (*in ~ condition*) verkäuflich. **not in a ~ condition** nicht zum Verkauf geeignet.

sale and leaseback *n* Verkauf *m* mit Rückmiete; **sale price** *n* Ausverkaufspreis *m*; **saleroom** *n* Auktionsraum *m*.

sales clerk *n* (*US*) Verkäufer(in *f*) *m*; **sales department** *n* Verkaufsabteilung *f*; **sales director** *n* Verkaufsdirektor *m*; **sales drive** *n* Verkaufskampagne *f*; **sales figures** *npl* Verkaufs- *or* Absatzzahlen *pl*; **sales force** *n* Vertreterstab *m*; **salesgirl, saleslady** *n* Verkäuferin *f*; **salesman** *n* Verkäufer *m*; (*representative*) Vertreter *m*; **sales manager** *n* Verkaufsleiter(in *f*) *m*.

salesmanship ['seɪlzmənʃɪp] *n* Verkaufstechnik *f*.

salesperson *n* Verkäufer(in *f*) *m*; **sales pitch** *n* Verkaufstechnik *or* -masche (*inf*) *f*; **sales representative** *n* Vertreter(in *f*) *m*; **sales resistance** *n* Kaufunlust *f*; **to meet with ~** auf Absatzschwierigkeiten stoßen; **salesroom** *n see* **saleroom**; **sales slip** *n* Kassenzettel, Bon *m*; (*received prior to payment*) Kaufbeleg *m*; **sales talk** *n* Verkaufsgespräch *nt*; **that's just ~** er/sie macht nur Reklame; **sales tax** *n* (*US*) Verkaufssteuer *f*, **saleswoman** *n* Verkäuferin *f*.

salient ['seɪlɪənt] *adj* (*lit*) hervorstehend; (*fig*) hervorstechend. **the ~ points of his argument** die Hauptpunkte *pl* seiner Argumentation.

saline ['seɪlaɪn] *adj* salzig. **~ drip** (*Med*) (*device*) Infusionsapparat *m or* Tropf *m* (*inf*) mit Kochsalzlösung; (*liquid*) Kochsalzlösung *f*; **~ solution** Salzlösung *f*.

salinity [sə'lɪnɪtɪ] *n* Salzigkeit *f*; (*content*) Salzgehalt *m*.

saliva [sə'laɪvə] *n* Speichel *m*.

salivary ['sælɪvərɪ] *adj* Speichel-. **~ gland** Speicheldrüse *f*.

salivate ['sælɪveɪt] *vi* Speichel produzieren; (*animal*) geifern; (*old people, baby*) sabbern; (*with lust*) lüstern geifern.

salivation [,sælɪ'veɪʃən] *n* Speichelfluß *m*.

sallow ['sæləʊ] *adj* bleich, teigig; *colour* fahl.

sallowness ['sæləʊnɪs] *n* Blässe *f*; Fahlheit *f*.

sally ['sælɪ] **I** *n* Ausbruch *m*; (*of troops*) Ausfall *m*. **to make a ~** (*troops*) einen Ausfall machen; (*fig: verbally*) eine Tirade loslassen; **I made a ~ into town** ich habe einen Trip in die Stadt gemacht.

II *vi* (*old, hum*) **to ~ forth** (*Mil*) einen Ausfall machen; (*rush out*) hinaus-/herausstürmen; (*set out*) sich aufmachen.

salmon ['sæmən] **I** *n, pl* - Lachs, Salm *m*; (*colour*) Lachs(rosa) *nt*. **II** *adj* (*in colour*) lachs(farben).

salmonella [ˌsælmə'nelə] *n* (*also* **~ poisoning**) Salmonellenvergiftung *f*.

salmon leap *n* Lachssprung *m*; (*man-made*) Lachsleiter *or* -treppe *f*; **salmon pink I** *n* Lachsrosa *nt*; **II** *adj* lachsrosa; **salmon river** *n Fluß m, in dem Lachse vorkommen*; **salmon trout** *n* Lachsforelle *f*.

salon ['sælɒn] *n* (*all senses*) Salono *m*.

saloon [sə'lu:n] *n* **1.** Saal *m*; (*Naut*) Salon *m*. **2.** (*Brit Aut*) Limousine *f*; (*in motor racing*) Tourenwagen *m*. **3.** (*US: bar*) Wirtschaft *f*; (*in Westerns*) Saloon *m*.

saloon bar *n* (*Brit*) *vornehmerer Teil eines Lokals*; **saloon car** *n* (*Brit*) Limousine *f*.

Salop ['sæləp] *abbr of* **Shropshire.**

salopettes [ˌsælə'pets] *npl* (*Ski*) Lifthose *f*.

salsify ['sælsɪfɪ] *n* Schwarzwurzel *f*.

salt [sɔ:lt] **I** *n* **1.** (*Cook, Chem*) Salz *nt*; (*for icy roads*) Streusalz *nt*. **~ of the earth** (*fig*) Salz der Erde; **to be worth one's ~** (*fig*) etwas taugen; **to take sth with a pinch** *or* **grain of ~** (*fig*) etw nicht ganz für bare Münze *or* so wörtlich nehmen.

2. ~s *pl* (*smelling ~s*) Riechsalz *nt*; (*for bowels*) salinisches Abführmittel; **the new director went through the board like a dose of ~s** (*inf*) der neue Direktor hat im Vorstand mit eisernem Besen ausgekehrt.

3. (*fig: zest, flavour*) Würze *f*.

II *adj meat, water* Salz-; *butter* gesalzen; *taste* Salz-, salzig.

III *vt* (*cure*) einsalzen; (*flavour*) salzen. **~ed herrings** Salzheringe *pl*.

◆**salt away** *vt sep* (*inf*) *money* auf die hohe Kante legen (*inf*).

SALT [sɔ:lt] *abbr of* **Strategic Arms Limitation Treaty** SALT.

salt cellar *n* Salzfäßchen *nt*; (*shaker*) Salzstreuer *m*; **salt flats** *npl* Salztonebene *f*.

saltiness ['sɔ:ltɪnɪs] *n* Salzigkeit *f*.

salt lake *n* Salzsee *m*; **salt-lick** *n* Salzlecke *f*; **salt-marsh** *n* Salzsumpf *m*; **salt-mine** *n* Salzbergwerk *nt*.

saltness ['sɔ:ltnɪs] *n* Salzigkeit *f*.

salt-pan *n* Salzpfanne *f*; **saltpetre**, (*US*) **saltpeter** [ˌsɔ:lt'pi:tə^r] *n* Salpeter *m*; **salt shaker** *n* Salzstreuer *m*; **salt water** *n* Salzwasser *nt*; **salt-water** *adj fish etc* Meeres-; *lake* Salz-; **salt works** *n sing or pl* Saline *f*.

salty ['sɔ:ltɪ] *adj* (+*er*) salzig.

salubrious [sə'lu:brɪəs] *adj* **1.** (*form*) *air, climate* gesund. **2.** (*inf*) *district, friends* ersprießlich. **not a very ~ pub** eine recht zweifelhafte Kneipe.

salutary ['sæljʊtərɪ] *adj* **1.** (*healthy*) gesund. **2.** (*beneficial*) *advice* nützlich; *experience* heilsam, lehrreich; *effect* günstig.

salutation [ˌsæljʊ'teɪʃən] *n* Begrüßung *f*; (*in letters*) Anrede *f*.

salutatory [sə'lu:tətərɪ] *adj* Begrüßungs-.

salute [sə'lu:t] **I** *n* Gruß *m*; (*of guns*) Salut *m*. **flags were raised in ~** zur Begrüßung wurden die Fahnen gehißt; **to stand at the ~** salutieren; **a 21-gun ~** 21 Salutschüsse; **to take the ~** die Parade abnehmen; **he gave a smart ~** er salutierte zackig.

II *vt* (*Mil*) *flag* grüßen; *person also* salutieren vor (+*dat*); (*fig liter: welcome*) begrüßen; *courage* bewundern. **to ~ the arrival of sb/sth** jdn/etw begrüßen; **we ~ the glorious dead** wir gedenken der gefallenen Helden.

III *vi* (*Mil*) salutieren, grüßen.

salutories [sə'lu:tərɪz] *npl* (*US*) Begrüßungsrede *f* (*bei Semesterabschluß und Zeugnisüberreichung*).

salvage ['sælvɪdʒ] **I** *n* (*act*) Bergung *f*; (*objects*) Bergungsgut *nt*; (*payment*) Bergelohn *m*; (*proceeds from ~d goods*) Wert *m* der geretteten Waren. **to collect newspapers for ~** Zeitungen zur Wiederverwertung sammeln.

II *vt* (*from wreck, building*) bergen (*from* aus); (*fig*) retten (*from* von). **to ~ sth from the fire** etw aus den Flammen retten; **~ what you can** (*lit, fig*) rettet, was ihr retten könnt.

salvage operation *n* Bergungsaktion *f*; (*fig*) Rettungsaktion *f*; **salvage tug** *n* Bergungsschlepper *m*; **salvage vessel** *n* Bergungsschiff *nt*.

salvation [sæl'veɪʃən] *n* (*act of saving*) Rettung *f*; (*state of being saved also, esp Rel*) Heil *nt*. **he found ~ in the Church** er fand sein Heil in der Kirche; **he found a kind of emotional ~ in this poetry** er fand Erlösung in dieser Dichtung; **the path to ~** der Weg des Heils; **you were/that was my ~** du warst/das war meine Rettung.

Salvation Army I *n* Heilsarmee *f*. **II** *attr hostel, band, meeting* der Heilsarmee.

salvationist [sæl'veɪʃənɪst] *n* Heilsprediger(in *f*) *m*; (*usu* **S~:** *of Salvation Army*) Angehörige(r) *mf* der Heilsarmee.

salve[1] [sælv] *vt* (*liter*) *see* **salvage.**

salve[2] I *n* Salbe *f*; (*fig liter*) Balsam *m*. **as a ~ for his conscience** um sein Gewissen zu beruhigen. **II** *vt* (*rare lit*) (ein)salben; (*fig*) *conscience* beruhigen.

salver ['sælvə^r] *n* Tablett *nt*.

salvo ['sælvəʊ] *n* (*of guns, fig*) Salve *f*. **a ~ of applause** ein Beifallssturm *m*.

sal volatile [ˌsælvə'lætəlɪ] *n* Riechsalz *nt*.

Samaritan [sə'mærɪtən] *n* Samariter *m*. **good ~** (*lit, fig*) barmherziger Samariter.

samarium [sə'mɛərɪəm] *n* (*Chem*) Samarium *nt*.

sambo ['sæmbəʊ] *n* (*pej*) Kaffer *m*.

same [seɪm] **I** *adj* **the ~** der/die/das gleiche; (*numerically identical also, one and the ~*) derselbe/dieselbe/dasselbe; **they were both wearing the ~ dress** sie hatten beide das gleiche Kleid an; **they both live in the ~ house** sie wohnen beide in demselben *or* im selben Haus; **they are all the ~** sie sind alle gleich; **she just wasn't the ~ person** sie war ein anderer Mensch; **it's the ~ thing** das ist das gleiche; **see you tomorrow, ~ time ~ place** bis morgen, gleicher Ort, gleiche Zeit *or* Ort und Zeit wie gehabt; **we sat at the ~ table as usual** wir saßen an unserem üblichen Tisch; **how are you? — ~ as usual** wie geht's? — wie immer; **I've made the ~ mistake myself** den Fehler habe ich auch gemacht, ich habe den gleichen Fehler gemacht; **this ~ person** eben dieser Mensch; (*Jur*) besagte Person; **he is the ~ age as his wife** er ist (genau) so alt wie seine Frau; **it happened the ~ day** es ist am gleichen *or* selben Tag passiert; **in the ~ way** (genau) gleich; (*by the ~ token*) ebenso; *see* **time.**

II *pron* **1. the ~** der/die/das gleiche; derselbe/dieselbe/dasselbe; **and I would do the ~ again** und ich würde es wieder tun; **he left and I did the ~** er ist gegangen, und ich auch *or* ebenfalls; **they are one and the ~** das ist doch dasselbe; (*people*) das ist doch ein und derselbe/dieselbe; **another drink? — thanks, (the) ~ again** noch etwas zu trinken? — ja bitte, das gleiche noch mal; **she's much the ~** sie hat sich kaum geändert; (*in health*) es geht ihr kaum besser; **you're not the ~ any more** du bist nicht mehr derselbe/dieselbe; **I'm not the ~ as my brother** ich bin nicht so wie mein Bruder; **it's always the ~** es ist immer das gleiche.

2. *no art* (*Comm*) **for repairing chair: £10, for recovering ~: £25** Stuhlreparatur: £ 10, Beziehen: £ 25.

3. (*in adverbial uses*) **the ~** gleich; **to pay/treat everybody the ~** alle gleich bezahlen/behandeln; **things go on just the ~ (as always)** es ändert sich nichts; **it's not the ~ as before** es ist nicht wie früher; **I don't feel the ~ about it** ich sehe das nicht so; **I used to love you but I don't feel the ~ any more** ich habe dich mal geliebt, aber das ist jetzt anders; **if it's all the ~ to you** wenn es Ihnen egal ist; **it's all the ~ to me (what you do)** es ist mir egal(, was du tust)

4. (*phrases*) **all** *or* **just the ~** (*nevertheless*) trotzdem; **~ here** ich/wir auch; **~ to you** (danke) gleichfalls; **we left our country the ~ as you did** wir haben unsere Heimat verlassen, wie Sie auch.

sameness ['seɪmnɪs] *n* Eintönigkeit *f*.

Samoa [sə'məʊə] *n* Samoa *nt*.

Samoan [sə'məʊən] **I** *adj* samoanisch. **II** *n* **1.** Samoaner(in *f*) *m*. **2.** (*language*) Samoanisch *nt*.

samovar [ˌsæməʊ'vɑːʳ] *n* Samowar *m*.

sample ['sɑːmpl] **I** *n* (*example*) Beispiel *nt* (*of* für); (*for tasting, fig: of talent, behaviour*) Kostprobe *f*; (*Comm*) (*of cloth*) Muster *nt*; (*of commodities, urine, blood*) Probe *f*; (*Statistics*) (Zufalls)stichprobe *f*, Sample *nt*. **that's a typical ~ of her cooking/the local dialect** genau so kocht sie immer/das ist ein typisches Beispiel für den örtlichen Dialekt; **give us a ~ of your playing/singing** spielen/singen Sie uns etwas vor; **up to ~** (*Comm*) mustergetreu; **to take ~s of public opinion/of goods produced** Stichproben zur öffentlichen Meinung/bei der gefertigten Ware machen.

II *adj attr pieces, books* Muster-; *pages, copy* Probe-; *bottle, sachet* Probier-. **~ survey** Stichprobenerhebung *f*; **a ~ section of the population** eine Auswahl aus der Bevölkerung.

III *vt wine, food* probieren, kosten; *pleasures* kosten. **to ~ wines** eine Weinprobe machen.

sampler ['sɑːmpləʳ] *n* **1.** (*person*) Probierer(in *f*) *m*. **2.** (*Sew*) Stickmustertuch *nt*. **3.** (*record*) Auswahlplatte *f*.

sampling ['sɑːmplɪŋ] **I** *n* (*of food*) Kostprobe *f*; (*of wine*) Weinprobe *f*; (*Statistics*) Stichprobenverfahren *nt*. **II** *attr methods, techniques* Stichproben-.

sanatorium [ˌsænə'tɔːrɪəm] *n*, *pl* **sanatoria** [ˌsænə'tɔːrɪə] Sanatorium *nt*; (*in cpds*) -heilanstalt *f*.

sanctification [ˌsæŋ*k*tɪfɪ'keɪʃən] *n see vt* Heiligung *f*; Weihe *f*; Annahme *f*.

sanctify ['sæŋ*k*tɪfaɪ] *vt* (*make holy*) heiligen; (*give quasi-moral sanction to also*) sanktionieren; (*consecrate*) weihen; (*make binding*) *vows* annehmen.

sanctimonious [ˌsæŋ*k*tɪ'məʊnɪəs] *adj* frömmlerisch. **don't be so ~ about it** tu doch nicht so fromm.

sanctimoniously [ˌsæŋ*k*tɪ'məʊnɪəslɪ] *adv see adj*.

sanctimoniousness [ˌsæŋ*k*tɪ'məʊnɪəsnɪs] *n* frömmlerisches Wesen.

sanction ['sæŋ*k*ʃən] **I** *n* **1.** (*permission, approval*) Zustimmung *f*. **to give one's ~ to sth** etw sanktionieren, seine Zustimmung zu etw geben; **rituals which have received the ~ of tradition** Rituale, die durch die Tradition sanktioniert sind. **2.** (*enforcing measure*) Sanktion *f*.

II *vt* sanktionieren.

sanctity ['sæŋ*k*tɪtɪ] *n* Heiligkeit *f*; (*of rights*) Unantastbarkeit *f*. **a man of great ~** ein sehr heiliger Mann; **through time these customs have acquired an unquestionable ~** im Laufe der Zeit sind diese Sitten zur geheiligten Tradition geworden.

sanctuary ['sæŋ*k*tjʊərɪ] *n* **1.** (*holy place*) Heiligtum *nt*; (*altar ~*) Altarraum *m*. **2.** (*refuge*) Zuflucht *f*. **to seek ~ with** Zuflucht suchen bei. **3.** (*for animals*) Schutzgebiet *nt*.

sanctum ['sæŋ*k*təm] *n* **1.** (*holy place*) heiliger Ort. **2.** (*fig: private place*) Allerheiligste(s) *nt*.

sand [sænd] **I** *n* Sand *m no pl*. **~s** (*of desert*) Sand *m*; (*beach*) Sandstrand *m*; **the ~s are running out** (*fig*) die Zeit *or* Uhr läuft ab; **the ~s of time** (*fig*) die Zeit. **II** *vt* (*smooth*) schmirgeln; (*sprinkle with ~*) streuen.

◆**sand down** *vt sep* (ab)schmirgeln.

sandal ['sændl] *n* Sandale *f*.

sandalwood ['sændlwʊd] **I** *n* Sandelholz *nt*. **II** *attr* Sandelholz-.

sandbag **I** *n* Sandsack *m*; **II** *vt* mit Sandsäcken schützen; **sandbank** *n* Sandbank *f*; **sandbar** *n* Sandbank *f*; **sandblast** *vt* sandstrahlen; **sandblaster** *n* Sandstrahler *m*; **sandblasting** *n* Sandstrahlen *nt*; **sand-box** *n* (*Rail*) Sandstreuer *m*; (*Metal*) Sandform *f*; (*for playing*) Sandkasten *m*; **sandboy** *n*: **as happy as a ~** quietschvergnügt (*inf*); **sandcastle** *n* Sandburg *f*; **sand dune** *n* Sanddüne *f*.

sander ['sændəʳ] *n* (*tool*) Rutscher, Vibrationsschleifer *m*.

sand-flea *n* Strandfloh *m*; (*harmful*) Sandfloh *m*; **sand-fly** *n* Sandfliege *f*; **sand-glass** *n* Sanduhr *f*; **sand hopper** *n* Sandhüpfer *m*.

sandiness ['sændɪnɪs] *n* Sandigkeit *f*.

sandlot *adj* (*US*) **~ baseball** *auf einem nicht als Spielfeld markierten Gelände und zum Spaß gespielter Baseball*; **sandman** *n* Sandmann *m*; **sand-martin** *n* Uferschwalbe *f*; **sandpaper I** *n* Sand- *or* Schmirgelpapier *nt*; **II** *vt* schmirgeln; **sandpaper down** *vt sep* abschmirgeln; **sandpiper** *n* Strandläufer *m*; **sandpit** *n* Sandkasten *m or* -kiste *f*; **sandshoe** *n* Stoffschuh *m*; (*for beach*) Strandschuh *m*; **sandstone I** *n* Sandstein *m*; **II** *adj* Sandstein-, aus Sandstein; **sandstorm** *n* Sandsturm *m*; **sand-table** *n* (*Mil*) Sandkasten *m*.

sandwich ['sænwɪdʒ] **I** *n* Doppelschnitte *or* -stulle (*N Ger*) *f*, Sandwich *nt*. **open ~** belegtes Brot; **he has ~es for lunch** er ißt Brote *or* Schnitten *or* Stullen (*N Ger*) zum Mittagessen.

II *vt* (*also* **~ in**) hineinzwängen; *car* einkeilen. **to be ~ed between two things/people** (*car, house*) zwischen zwei Dingen/Menschen eingekeilt sein; (*person also, small object*) zwischen zwei Dingen/Menschen eingezwängt sein.

sandwich bar *n* Snackbar *f*; **sandwich-board** *n* Reklametafel *f*, Sandwich *nt* (*hum*); **sandwich course** *n Ausbildungsgang m, bei dem sich Theorie und Praxis abwechseln*.

sandy ['sændɪ] *adj* (+*er*) **1.** sandig; *beach, soil* Sand-, sandig *pred*. **2.** (*in colour*) rötlich; *hair* rotblond.

sand-yacht ['sændjɒt] *n* Segelwagen *m*.

sane [seɪn] *adj* (+*er*) *person* normal; (*Med, Psych*) geistig gesund; (*Jur*) zurechnungsfähig; *world, society* gesund; (*sensible*) *advice, policy, person* vernünftig.

sang [sæŋ] *pret of* **sing**.

sangfroid ['sɑ̃:ŋ'frwɑ:] *n* Gelassenheit, Seelenruhe *f*.

sanguinary ['sæŋgwɪnərɪ] *adj* (*liter*) *battle* blutig; *person* blutrünstig; *expression etc* derb.

sanguine ['sæŋgwɪn] *adj* **1.** (*optimistic*) optimistisch. **I remain ~ about his chances** was seine Chancen betrifft, bin ich noch immer zuversichtlich.

2. ~ complexion rote *or* gesunde (*euph*) Gesichtsfarbe.

sanguinely ['sæŋgwɪnlɪ] *adv* optimistisch; *say* zuversichtlich.

sanguinity [sæŋ'gwɪnɪtɪ] *n* Optimismus *m*.

sanies ['seɪnɪi:z] *n* (*Med*) Jauche *f*.

sanitariness ['sænɪtərɪnɪs] *n* Hygiene *f*. **the ~ of conditions** die hygienischen Zustände.

sanitarium [,sænɪ'tɛərɪəm] *n* (*US*) *see* **sanatorium.**

sanitary ['sænɪtərɪ] *adj* hygienisch; *arrangements, installations* sanitär *attr*; *regulations* Gesundheits-; *recommendations* in bezug auf die Hygiene; *questions* der Hygiene.

sanitary belt *n* Bindengürtel *m*; **sanitary inspector** *n* Gesundheitsaufseher *m*; **sanitary towel,** (*US*) **sanitary napkin** *n* Damenbinde *f*.

sanitation [,sænɪ'teɪʃən] *n* Hygiene *f*; (*toilets etc*) sanitäre Anlagen *pl*; (*sewage disposal*) Kanalisation *f*. **the ~ department** das Amt für Stadtreinigung; **~ man** (*US*) Stadtreiniger *m*.

sanitize ['sænɪtaɪz] *vt* **1.** (*esp US*) keimfrei machen. **2.** *novel, film* von anstößigen Stellen reinigen *or* säubern.

sanity ['sænɪtɪ] *n* **1.** (*mental balance*) geistige Gesundheit; (*of individual also*) gesunder Verstand; (*Jur*) Zurechnungsfähigkeit *f*. **to lose one's ~** den Verstand verlieren; **to doubt sb's ~** an jds Verstand (*dat*) zweifeln; **the line between ~ and insanity** die Grenze zwischen gesundem und krankem Verstand.

2. (*sensibleness*) Vernünftigkeit *f*. **~ of judgement** ein gesundes Urteilsvermögen; **~ demands that it be done soon** die Vernunft gebietet, es bald zu tun; **to return to ~** Vernunft annehmen.

sank [sæŋk] *pret of* **sink**[1].

Sanskrit ['sænskrɪt] **I** *adj* sanskritisch. **II** *n* Sanskrit *nt*.

Santa (Claus) ['sæntə('klɔ:z)] *n* der Weihnachtsmann.

sap[1] [sæp] *n* (*Bot*) Saft *m*; (*fig*) Lebenskraft *f*. **the ~ is rising** (*lit*) der Saft steigt; (*fig*) die Triebe erwachen.

sap[2] **I** *n* (*Mil*) Sappe *f*. **II** *vt* **1.** (*Mil*) unterminieren, untergraben; *fortification also* Sappen graben unter (+*dat*). **2.** (*fig*) untergraben; *confidence also* schwächen. **to ~ sb's strength** jdn entkräften, jds Kräfte angreifen; **to ~ sb's energy/enthusiasm** jdm die Energie/Begeisterung nehmen.

sap[3] *n* (*sl*) Trottel *m* (*inf*).

sapling ['sæplɪŋ] *n* junger Baum.

sapper ['sæpəʳ] *n* (*Mil*) Pionier *m*.

sapphire ['sæfaɪəʳ] **I** *n* Saphir *m*; (*colour*) Saphirblau *nt*. **II** *adj ring* Saphir-; (*liter*) *sky* strahlend blau.

sarcasm ['sɑ:kæzəm] *n* Sarkasmus *m*.

sarcastic [sɑ:'kæstɪk] *adj* sarkastisch. **are you being ~?** sind Sie jetzt sarkastisch?, das soll wohl ein Witz sein (*inf*).

sarcastically [sɑ:'kæstɪkəlɪ] *adv* sarkastisch.

sarcoma [sɑ:'kəʊmə] *n, pl* **-s** *or* **-ta** [-tə] (*Med*) Sarkom *nt*.

sarcophagus [sɑ:'kɒfəgəs] *n, pl* **sarcophagi** [sɑ:'kɒfəgaɪ] Sarkophag *m*.

sardine [sɑ:'di:n] *n* Sardine *f*.

Sardinia [sɑ:'dɪnɪə] *n* Sardinien *nt*.

Sardinian [sɑ:'dɪnɪən] **I** *adj* sardisch, sardinisch. **II** *n* **1.** Sarde *m*, Sardin *f*, Sardinier(in *f*) *m*. **2.** (*language*) Sardinian.

sardonic *adj*, **~ally** *adv* [sɑː'dɒnɪk, -əlɪ] süffisant; *grin, laugh also* sardonisch (*liter*).

sari ['sɑːrɪ] *n* Sari *m*.

sarong [sə'rɒŋ] *n* Sarong *m*.

sarsaparilla [ˌsɑːsəpə'rɪlə] *n* (*plant*) Sarsaparille *f*; (*drink*) *dunkelbraunes Limonadengetränk aus Sarsaparillenwurzeln*.

sartorial [sɑː'tɔːrɪəl] *adj* **his ~ elegance** sein elegantes Aussehen, seine elegante Art, sich zu kleiden; **his unusual ~ preferences** seine Vorliebe für ungewöhnliche Kleidung.

sartorially [sɑː'tɔːrɪəlɪ] *adv dressed* elegant.

SAS (*Brit*) *abbr of* **Special Air Service** *Spezialeinheit f der britischen Armee*.

sash¹ [sæʃ] *n* Schärpe *f*.

sash² *n* (*~ window*) Schiebefenster *nt*; (*cord*) Gewichtsschnur *f*.

sashay ['sæʃeɪ] *vi* (*esp US inf*) stolzieren. **I'll just ~ down to the bar** ich latsche mal eben zur Bar (*inf*).

sash-cord *n* Gewichtsschnur *f*; **sash-window** *n* Schiebefenster *nt*.

sass [sæs] (*US inf*) **I** *n* Frechheit *f*. **II** *vt* frech antworten (+*dat*).

sassafras ['sæsəfræs] *n* Sassafras *m*.

Sassenach ['sæsənæx] *n, adj* (*Scot pej, hum*) *Bezeichnung der Schotten für die Engländer/Englisches*.

sassy ['sæsɪ] *adj* (+*er*) (*US inf*) frech.

sat [sæt] *pret, ptp of* **sit**.

SAT ® (*US*) *abbr of* **Scholastic Aptitude Test** *Eignungstest m für Studenten*.

Sat *abbr of* **Saturday** Sa.

Satan ['seɪtən] *n* Satan *m*.

satanic [sə'tænɪk] *adj* satanisch.

Satanism ['seɪtənɪzəm] *n* Satanismus, Satanskult *m*.

satchel ['sætʃəl] *n* Schultasche *f*, Schulranzen *m*.

sate [seɪt] *vt* (*liter*) *appetite, desires* stillen (*geh*), befriedigen. **now that he was ~d** nun, da seine Lüste gestillt waren (*geh*); **to ~ oneself** (*with food*) sich sättigen (*on* an +*dat*) (*liter*); (*sexually*) seine Lust befriedigen.

sateen [sæ'tiːn] *n* Baumwollsatin *m*.

satellite ['sætəlaɪt] *n* Satellit *m*; (*natural also, fig*) Trabant *m*.

satellite broadcasting *n* (*radio*) Satellitenfunk *m*; (*TV*) Satellitenfernsehen *nt*; **satellite country** *n* Satellitenstaat *m*; **satellite dish** *n* Parabolantenne, Satellitenantenne *f*; **satellite state** *n* Satellitenstaat *m*; **satellite television** *n* Satellitenfernsehen *nt*; **satellite town** *n* Satelliten- *or* Trabantenstadt *f*.

satiate ['seɪʃɪeɪt] *vt appetite, desires, lust* stillen (*geh*); *person, animal* sättigen; (*to excess*) übersättigen. **we were ~d with food and drink** wir hatten unseren Hunger und Durst zur Genüge gestillt; **I'm quite ~d** (*liter, hum*) mein Bedarf ist gedeckt (*hum inf*), ich bin gesättigt (*hum, geh*).

satiation [ˌseɪʃɪ'eɪʃən] *n* (*act*) Befriedigung *f*. **a state of ~** ein Zustand der Sättigung *or* (*excessive*) Übersättigung.

satiety [sə'taɪətɪ] *n* (*liter*) Sättigung *f*. **they fed to ~** sie aßen sich satt; **to do sth to (the point of) ~** etw bis zum Überdruß tun.

satin ['sætɪn] **I** *n* Satin *m*. **II** *adj* Satin-; *skin* samtig.

satin stitch *n* Plattstich *m*; **satinwood** *n* Satinholz *nt*.

satiny ['sætɪnɪ] *adj* seidig; *skin* samtig.

satire ['sætaɪəʳ] *n* Satire *f* (*on* auf +*acc*).

satirical [sə'tɪrɪkəl] *adj literature, film* satirisch; (*mocking, joking*) ironisch.

satirically [sə'tɪrɪkəlɪ] *adv see adj*.

satirist ['sætərɪst] *n* Satiriker(in *f*) *m*.

satirize ['sætəraɪz] *vt* satirisch darstellen *or* (*written also*) beschreiben. **his novel ~s** *or* **in his novel he ~s contemporary American life** sein Roman ist eine Satire auf die zeitgenössische amerikanische Lebensart.

satisfaction [ˌsætɪs'fækʃən] *n* **1.** (*act: of person, needs, creditors, curiosity*) Befriedigung *f*; (*of debt*) Begleichung, Tilgung *f*; (*of employer*) Zufriedenstellung *f*; (*of ambition*) Verwirklichung *f*; (*of conditions, contract*) Erfüllung *f*.

2. (*state*) Zufriedenheit *f* (*at* mit). **the ~ of having solved a difficult problem** die Genugtuung *or* das befriedigende Gefühl, ein schwieriges Problem gelöst zu haben; **to feel a sense of ~ at sth** Genugtuung über etw (*acc*) empfinden; **at least you have the ~ of seeing him pay** Sie haben wenigstens die Genugtuung, daß er zahlen muß; **we hope the meal was to your complete ~** wir hoffen, Sie waren mit dem Essen zufrieden *or* das Essen ist zu Ihrer vollen Zufriedenheit ausgefallen (*form*); **if anything in the hotel is not to your ~** sollte irgend etwas im Hotel nicht zu Ihrer Zufriedenheit sein; **our aim, your ~** bei uns ist der Kunde König; **the machine is guaranteed to give complete ~** wir garantieren mit diesem Gerät vollste Zufriedenheit; **to get ~ out of sth** Befriedigung in etw (*dat*) finden; (*find pleasure*) Freude an etw (*dat*) haben; **I can't get any ~** ich bin unbefriedigt; **he gets ~ out of his job** seine Arbeit befriedigt ihn; **what ~ do you get out of climbing mountains?** was gibt Ihnen das Bergsteigen?; **he proved to my ~ that ...** er hat überzeugend bewiesen, daß ...

3. (*satisfying thing*) **your son's success must be a great ~ to you** der Erfolg Ihres Sohnes muß für Sie sehr befriedigend *or* eine große Freude sein; **it is no ~ to me to know that ...** es ist kein Trost (für mich) zu wissen, daß ...

4. (*redress*) Genugtuung, Satisfaktion (*old*) *f*. **to demand/obtain ~ from sb** Genugtuung *or* Satisfaktion (*old*) von jdm verlangen/erhalten.

satisfactorily [ˌsætɪs'fæktərɪlɪ] *adv* zufriedenstellend. **does that answer your question ~?** ist damit Ihre Frage hinreichend beantwortet?; **was it done ~?** waren Sie damit zufrieden?; **he is progressing ~** er macht zufriedenstellende Fortschritte *pl*.

satisfactory [ˌsætɪs'fæktərɪ] *adj* befriedigend, zufriedenstellend; *account, completion of contract* zufriedenstellend;

(*only just good enough*) ausreichend, hinlänglich *attr*; *reason* triftig, einleuchtend; *excuse* angemessen, annehmbar; (*in exams*) ausreichend; befriedigend. **work is proceeding at a ~ pace** die Arbeit geht zufriedenstellend voran; **how ~ do you find the new conditions?** wie sind Sie mit den neuen Verhältnissen zufrieden?; **his work is only just ~** seine Arbeit ist gerade noch annehmbar *or* geht gerade *or* (*Sch*) ist gerade noch befriedigend; **this is just not ~!** das geht so nicht!; (*not enough*) das reicht einfach nicht (aus)!; **an offer of 8% is simply not ~** ein Angebot von 8% reicht einfach nicht; **your attitude is not ~** Ihre Einstellung läßt zu wünschen übrig.

satisfy ['sætɪsfaɪ] **I** *vt* **1.** (*make contented*) befriedigen; *employer, customers* zufriedenstellen; (*meal*) *person* sättigen. **to be satisfied (with sth)** (mit etw) zufrieden sein; **you'll have to be satisfied with that** Sie werden sich damit zufriedengeben *or* begnügen *or* bescheiden (*geh*) müssen; **not satisfied with that he ...** damit noch immer nicht zufrieden, ... er; **nothing satisfies him** ihn kann nichts befriedigen; (*always wants more*) er ist mit nichts zufrieden; **with a satisfied look on his face** mit einem zufriedenen Gesichtsausdruck; **this little drink didn't ~ him/his thirst** das bißchen hat ihm nicht gereicht/hat seinen Durst nicht gelöscht.

2. *needs, wishes, lust, demand, sb* (*sexually*) befriedigen; *wants, curiosity also, hunger* stillen; *contract, conditions* erfüllen; *requirements* genügen (+*dat*); *ambitions* verwirklichen. **to do sth to ~ one's pride** etw nur aus reinem Stolz tun.

3. (*convince*) überzeugen. **they were not satisfied with the answers** sie waren mit den Antworten nicht zufrieden; **if you can ~ him that ...** wenn Sie ihn davon überzeugen können, daß ...; **X has satisfied the examiners in the following subjects** X hat in den folgenden Fächern die Prüfung bestanden.

4. (*Comm*) *debt* begleichen, tilgen; *claims* nachkommen (+*dat*); *creditors* befriedigen.

5. (*Math*) *equation* erfüllen.

II *vr* **to ~ oneself about sth** sich von etw überzeugen; **to ~ oneself that ...** sich davon überzeugen, daß ...

III *vi* (*meal*) sättigen. **we aim to ~** wir bemühen uns, allen Wünschen zu entsprechen; **pleasures which no longer ~** Genüsse, die einen nicht mehr befriedigen; **riches do not always ~** Reichtum macht nicht immer zufrieden.

satisfying ['sætɪsfaɪɪŋ] *adj* befriedigend; *food, meal* sättigend. **a ~ experience** ein befriedigendes Erlebnis; **sounds which are very ~ to the ear** angenehme Klänge *pl*; **a cool ~ lager** ein kühles, durststillendes Bier.

saturate ['sætʃəreɪt] *vt* **1.** (*with liquid*) (durch)tränken; (*rain*) durchnässen. **I'm ~d** (*inf*) ich bin klatschnaß (*inf*).

2. (*Chem*) sättigen. **a ~d solution/colour** eine gesättigte Lösung/Farbe.

3. (*fig*) *market* sättigen. **this area is ~d with a sense of history** dies ist eine geschichtsträchtige Gegend; **the government ~d the area with troops** die Regierung entsandte massenhaft *or* pumpte (*inf*) Truppen in das Gebiet; **the area is ~d with troops** die Gegend wimmelt von Soldaten.

saturation [ˌsætʃə'reɪʃən] *n* Sättigung *f*. **after ~ in a red dye** nach Tränkung mit einem roten Farbstoff.

saturation bombing *n* völliges Zerbomben; **saturation point** *n* Sättigungspunkt *m*; (*fig*) Sättigungsgrad *m*; **to have reached ~** seinen Sättigungsgrad erreicht haben.

Saturday ['sætədɪ] *n* Samstag, Sonnabend (*esp N Ger*) *m*; *see also* **Tuesday.**

Saturn ['sætən] *n* (*Astron, Myth*) Saturn *m*.

saturnalia [ˌsætə'neɪlɪə] *npl* **1. S~** Saturnalien *pl*. **2.** (*liter: wild revelry*) wilde Feste *pl*, Freudenfeste *pl*.

saturnine ['sætənaɪn] *adj* (*liter*) finster, düster.

satyr ['sætə^r] *n* Satyr *m*.

sauce [sɔːs] *n* **1.** Soße, Sauce *f*. **white ~** Mehlsoße *f*; **what's ~ for the goose is ~ for the gander** (*Prov*) was dem einen recht ist, ist dem anderen billig (*prov*). **2.** *no pl* (*inf: cheek*) Frechheit *f*. **none of your ~!** werd bloß nicht frech! (*inf*). **3.** (*US sl: alcohol*) Alkohol *m*. **to be on the ~** saufen (*inf*).

sauce-boat *n* Sauciere *f*; **saucebox** *n* (*inf*) Frechdachs *m*.

saucepan ['sɔːspən] *n* Kochtopf *m*.

saucer ['sɔːsə^r] *n* Untertasse *f*.

saucily ['sɔːsɪlɪ] *adv see adj*.

sauciness ['sɔːsɪnɪs] *n, no pl* Frechheit *f*.

saucy ['sɔːsɪ] *adj* (+*er*) frech; (*jaunty*) keck.

Saudi Arabia ['saʊdɪə'reɪbɪə] *n* Saudi-Arabien *nt*.

Saudi (Arabian) ['saʊdɪ(ə'reɪbɪən)] **I** *n* Saudi(araber) *m*, Saudiaraberin *f*. **II** *adj* saudisch, saudiarabisch.

Saul [sɔːl] *n* Saul(us) *m*.

sauna ['sɔːnə] *n* Sauna *f*. **to have a ~** in die Sauna gehen.

saunter ['sɔːntə^r] **I** *n* Bummel *m*. **to have a ~ in the park** einen Spaziergang im Park machen.

II *vi* schlendern. **she came ~ing in four hours late** sie tanzte vier Stunden zu spät an (*inf*).

saurian ['sɔːrɪən] *n* Echse *f*; (*dinosaur etc*) Saurier *m*.

sausage ['sɒsɪdʒ] *n* **1.** Wurst *f*. **not a ~** (*inf*) rein gar nichts (*inf*). **2.** (*Brit inf: silly person*) Dummerchen (*inf*) *nt*.

sausage dog *n* (*Brit hum*) Dackel *m*; **sausage machine** *n* Wurstfüllmaschine *f*; (*fig hum: school*) Bildungsfabrik *f*; **sausagemeat** *n* Wurstbrät *nt*; **sausage roll** *n* ≃ Bratwurst *f* im Schlafrock.

sauté ['səʊteɪ] **I** *adj* **~ potatoes** Brat- *or* Röstkartoffeln *pl*. **II** *vt potatoes* rösten; (*sear*) (kurz) anbraten.

savable ['seɪvəbl] *adj* zu retten *pred; goal* haltbar, zu halten *pred*.

savage ['sævɪdʒ] **I** *adj* wild; *sport, fighter,*

guard, punch, revenge brutal; *custom* grausam; *animal* gefährlich; *competition* scharf, brutal (*inf*); (*drastic, severe*) *cuts, measures* rigoros, drastisch, brutal (*inf*); *changes* drastisch; *criticism* schonungslos, brutal (*inf*). **to put up a ~ fight** sich wütend *or* grimmig (*geh*) *or* wild (*inf*) verteidigen, sich verbissen wehren; **the guard dogs are ~** die Wachhunde sind scharf *or* gefährlich; **to make a ~ attack on sb** brutal über jdn herfallen; (*fig*) jdn scharf angreifen; **he has a ~ temper** er ist ein äußerst jähzorniger Mensch; **he is in a ~ temper** er ist fuchsteufelswild (*inf*).

II *n* (*pej*) Wilde(r) *mf* (*pej*).

III *vt* (*animal*) anfallen; (*fatally*) zerfleischen.

savagely ['sævɪdʒlɪ] *adv attack, fight, punch* brutal; *bite* gefährlich; *reduce services* drastisch, rigoros; *criticize* schonungslos, brutal (*inf*). **he glared at her ~** er warf ihr einen wilden Blick zu.

savageness ['sævɪdʒnɪs] *n see adj* Wildheit *f*; Brutalität *f*; Grausamkeit *f*; Gefährlichkeit *f*; Schärfe *f*; drastische *or* brutale (*inf*) Härte; Schonungslosigkeit *f*. **the ~ of these changes** diese drastischen Veränderungen.

savagery ['sævɪdʒərɪ] *n* (*pej*) **1.** (*of tribe, people*) Wildheit *f* (*pej*).

2. (*cruelty*) Grausamkeit *f*; (*of attack*) Brutalität *f*; (*of treatment, prison life, cuts*) brutale Härte. **the savageries committed ...** die Grausamkeiten *or* Greueltaten *pl* ...

savanna(h) [sə'vænə] *n* Savanne *f*.

save[1] [seɪv] **I** *n* (*Ftbl etc*) Ballabwehr *f*. **he made a fantastic ~** er hat den Ball prima abgewehrt *or* gehalten.

II *vt* **1.** (*rescue, Rel*) retten. **to ~ sb from sth** jdn vor etw (*dat*) retten; **to ~ sb from disaster/ruin** jdn vor einer Katastrophe/dem Ruin bewahren *or* retten; **he ~d me from falling/making that mistake** er hat mich davor bewahrt, hinzufallen/den Fehler zu machen; **to ~ sth from sth** etw aus etw retten; **to ~ the day (for sb)** jds Rettung sein; **God ~ the Queen** Gott schütze die Königin; **to ~ a building for posterity** ein Gebäude der Nachwelt erhalten.

2. (*put by*) aufheben, aufbewahren, aufsparen; *money* sparen; (*collect*) *stamps* sammeln. **~ some of the cake for me** laß mir etwas Kuchen übrig; **~ me a seat** halte mir einen Platz frei; **~ it for later, I'm busy now** (*inf*) spar dir's für später auf, ich habe jetzt zu tun (*inf*).

3. (*avoid using up*) *fuel, time, space, money* sparen; (*spare*) *strength, eyes, battery* schonen; (*~ up*) *strength, fuel etc* aufsparen. **that will ~ you £20 a week** dadurch sparen Sie £ 20 die Woche; **you don't ~ much by taking this short cut** Sie gewinnen nicht viel, wenn Sie diese Abkürzung nehmen; **he's saving himself for the big match** er schont sich für das große Spiel.

4. (*prevent*) *bother, trouble* ersparen. **at least it ~d the rain coming in** es hat wenigstens den Regen abgehalten; **it'll ~ a lot of hard work if we ...** es erspart uns (*dat*) sehr viel Mühe, wenn wir ...; **it ~d us having to do it again** das hat es uns (*dat*) erspart, es noch einmal machen zu müssen; **I've been ~d a lot of expense** mir blieben *or* wurden sehr viel Ausgaben erspart.

5. *goal* verhindern; *shot, penalty* halten. **well ~d!** gut gehalten!

6. (*Comput*) sichern. **to ~ sth to disk** etw auf Diskette sichern *or* abspeichern.

III *vi* **1.** (*with money*) sparen. **to ~ for sth** für *or* auf etw (*acc*) sparen; **~ as you earn** (*Brit: savings scheme*) *Sparprogramm nt, bei dem der monatliche Beitrag unversteuert bleibt.*

2. (*inf: keep*) (*food*) sich halten; (*news*) warten können.

3. (*Comput*) **the file won't ~** die Datei läßt sich nicht sichern *or* abspeichern.

◆**save up I** *vi* sparen (*for* für, auf +*acc*). **II** *vt sep* (*not spend*) sparen; (*not use*) aufheben, aufbewahren. **he's saving himself ~ for the big match** er schont sich für das große Spiel.

save[2] **I** *prep* außer +*dat*. **II** *conj* **1.** (*old, liter*) es sei denn (*geh*). **2. ~ that** nur daß.

saveable *adj see* **savable.**

saveloy ['sævəlɔɪ] *n* Zervelatwurst *f*.

saver ['seɪvə[r]] *n* **1.** Retter(in *f*) *m*. **2.** (*with money*) Sparer(in *f*) *m*.

saving ['seɪvɪŋ] **I** *adj* **1.** (*redeeming*) **the one ~ feature of the scheme** das einzig Gute an dem Plan, das einzige, was für den Plan spricht; **his/the book's ~ sense of humour** sein Humor/der Humor in dem Buch, der manches wettmacht; **the ~ beauty of a pair of lovely eyes in an otherwise unattractive face** die Schönheit der Augen, durch die das sonst unscheinbare Gesicht gewinnt; **its/his ~ grace** was einen damit/mit ihm versöhnt.

2. sparsam.

3. ~ clause Sicherheitsklausel *f*, einschränkende Klausel.

II *n* **1.** *no pl* (*act: rescue, Rel*) Rettung *f*.

2. *no pl* (*of money*) Sparen *nt*. **to encourage ~** zum Sparen ermutigen.

3. (*of cost*) (*act*) Einsparung *f*; (*amount saved*) Ersparnis *f*. **how much of a ~ is there?** wieviel wird eingespart?

4. ~s *pl* Ersparnisse *pl*; (*in account*) Spareinlagen *pl*; **post-office ~s** Postsparguthaben *nt*.

III *prep, conj see* **save[2].**

savings *in cpds* Spar-; **savings account** *n* Sparkonto *nt*; **savings bank** *n* Sparkasse *f*; **savings book** *n* Sparbuch *nt*; **savings stamp** *n* (*Brit*) Sparmarke *f*.

saviour, (*US also*) **savior** ['seɪvjə[r]] *n* Retter(in *f*) *m*; (*Rel also*) Erlöser, Heiland *m*.

savoir-faire ['sævwɑː'fɛə[r]] *n* Gewandtheit *f*; (*in social matters*) gute Umgangsformen *pl*. **it's a question of ~** es ist nur eine Frage, wie man es anfaßt.

savor *etc* (*US*) *see* **savour** *etc*.

savory ['seɪvərɪ] *n* (*Bot*) Bohnenkraut *nt*.

savour, (*US*) **savor** ['seɪvə[r]] **I** *n* **1.** Geschmack *m*.

2. (*slight trace*) Spur *f.* **there is a ~ of pride in everything he says** in allem, was er sagt, schwingt ein gewisser Stolz mit.

3. (*enjoyable quality*) Reiz *m.*

II *vt* **1.** (*form*) kosten (*geh*), verkosten (*form*); *aroma (of food)* riechen. **2.** (*fig liter*) genießen, auskosten.

III *vi* **to ~ of sth** (*fig liter*) etw ahnen lassen.

savouriness, (*US*) **savoriness** ['seɪvərɪnɪs] *n* **1.** (*tastiness*) Schmackhaftigkeit *f.* **the ~ of the smells** die leckeren Gerüche. **2.** (*spiciness*) Würzigkeit, Pikantheit *f.*

savourless, (*US*) **savorless** ['seɪvəlɪs] *adj* geschmacklos.

savoury, (*US*) **savory** ['seɪvərɪ] **I** *adj* **1.** (*appetizing*) lecker; *meal also* schmackhaft.

2. (*not sweet*) pikant. **~ omelette** gefülltes Omelett; **~ biscuits** Salzgebäck *nt.*

3. (*fig*) angenehm, ersprießlich; *sight also* einladend; *joke* fein.

II *n* Häppchen *nt.* **would you like a sweet or a ~?** hätten Sie gern etwas Süßes oder etwas Pikantes *or* Salziges?

savoy (cabbage) [sə'vɔɪ('kæbɪdʒ)] *n* Wirsing(kohl) *m.*

savvy ['sævɪ] (*sl*) **I** *n* (*common sense*) Grips *m* (*inf*), Köpfchen *nt* (*inf*); (*know-how*) Können, Know-how *nt.* **he hasn't got much ~** er hat keine Ahnung (*inf*).

II *vt* kapieren (*inf*).

saw[1] [sɔː] *pret of* **see[1]**.

saw[2] *n* Spruch *m*, Weisheit *f.*

saw[3] (*vb: pret* **~ed,** *ptp* **~ed** *or* **sawn**) **I** *n* Säge *f.*

II *vt* **1.** sägen. **to ~ sth through** etw durchsägen; **to ~ sth in two** etw entzweisägen; **~ the wood into smaller logs** zersägen Sie das Holz in kleinere Scheite; **~n timber** Schnittholz *nt.*

2. the bird/the bird's wings ~ed the air der Vogel schlug wild mit den Flügeln; **he/his arms ~ed the air** er schlug wild um sich, er fuchtelte mit den Armen (durch die Luft).

III *vi* **1.** (*person, saw*) sägen; (*wood*) sich sägen lassen.

2. to ~ (away) at the violin auf der Geige herumsägen; **to ~ (away) at the meat** am Fleisch herumsäbeln (*inf*).

◆**saw down** *vt sep* um- *or* absägen.

◆**saw off** *vt sep* absägen. **a ~n-~ shotgun** ein Gewehr mit abgesägtem Lauf.

◆**saw up** *vt sep* zersägen (*into* in +*acc*).

sawbones *n* (*dated sl*) Medizinmann *m* (*inf*); **sawbuck** *n* (*US*) Sägebock *m*; (*sl*) Zehndollarschein *m*; **sawdust** *n* Sägemehl *nt*; **sawfish** *n* Sägefisch *m*; **sawhorse** *n* Sägebock *m*; **sawmill** *n* Sägewerk *nt.*

sawn [sɔːn] *ptp of* **saw[3]**.

saw-toothed [ˌsɔː'tuːθt] *adj* gezähnt.

sawyer ['sɔːjə[r]] *n* Sägewerker *m.*

sax [sæks] *n* (*inf: saxophone*) Saxophon *nt.*

saxhorn ['sækshɔːn] *n* (*Mus*) Saxhorn *nt.*

saxifrage ['sæksɪfrɪdʒ] *n* Steinbrech *m.*

Saxon ['sæksn] **I** *n* **1.** Sachse *m*, Sächsin *f*; (*Hist*) (Angel)sachse *m*/-sächsin *f.* **2.** (*Ling*) Sächsisch *nt.* **II** *adj* sächsisch; (*Hist*) (angel)sächsisch. **~ genitive** sächsischer Genitiv.

Saxony ['sæksənɪ] *n* Sachsen *nt.*

Saxony-Anhalt ['sæksənɪ'aːnhɑːlt] *n* Sachsen-Anhalt *nt.*

saxophone ['sæksəfəʊn] *n* Saxophon *nt.*

saxophonist [ˌsæk'sɒfənɪst] *n* Saxophonist(in *f*) *m.*

say [seɪ] (*vb: pret, ptp* **said**) **I** *n* **1.** (*what a person has to ~*) **let him have his ~** laß ihn mal reden *or* seine Meinung äußern.

2. (*right to decide*) Mitspracherecht *nt* (*in* bei). **to have no/a ~ in sth** bei etw nichts/etwas zu sagen haben, bei etw kein/ein Mitspracherecht haben; **to have the last** *or* **final ~ (in sth)** (etw) letztlich entscheiden; (*person also*) das letzte Wort (bei etw) haben.

II *vti* **1.** sagen; *poem* aufsagen; *prayer, text* sprechen; (*pronounce*) aussprechen. **~ after me ...** sprechen Sie mir nach ...; **he didn't have much to ~ for himself** er sagte *or* redete nicht viel; (*in defence*) er konnte nicht viel (zu seiner Verteidigung) sagen; **who shall I ~?** wen darf ich melden?; **you can ~ what you like ...** Sie können sagen, was Sie wollen, ...; **that's not for him to ~** es steht ihm nicht zu, sich darüber zu äußern; (*to decide*) das kann ich/er nicht entscheiden; **he said to wait here** er hat gesagt, ich soll/wir sollen *etc* hier warten; **I'm not ~ing it's the best, but ...** ich sage *or* behaupte ja nicht, daß es das beste ist, aber ...; **never let it be said that I didn't try** es soll keiner sagen können *or* mir soll keiner nachsagen, ich hätte es nicht versucht; **well, all I can ~ is ...** na ja, da kann ich nur sagen ...; **do it this way — if you ~ so** machen Sie es so — wenn Sie meinen; **if you don't like it, ~ so** wenn Sie es nicht mögen, dann sagen Sie es doch; **why don't you ~ so?** warum sagen Sie es dann nicht?; **you'd better do it — who ~s?** tun Sie das lieber — wer sagt das?; **well, what can I ~?** na ja, was kann man da sagen?; **so ~ing, he sat down** und mit den Worten setzte er sich.

2. (*weather forecast, newspaper, dictionary, clock, horoscope*) sagen (*inf*); (*thermometer also*) anzeigen; (*law, church, Bible, computer*) sagen. **it ~s in the papers that ...** in den Zeitungen steht, daß ...; **what does the paper/this book/your horoscope ~?** was steht in der Zeitung/diesem Buch/deinem Horoskop?; **the rules ~ that ...** in den Regeln heißt es, daß ...; **the weather forecast said that ...** es hieß im Wetterbericht, daß ..., laut Wetterbericht ...; **what does your watch ~?** wie spät ist es auf Ihrer Uhr?, was sagt Ihre Uhr? (*hum*); **did the news ~ anything about the strike?** kam in den Nachrichten etwas über den Streik?; **they weren't allowed to ~ anything about it in the papers** sie durften in den Zeitungen nichts darüber schreiben.

3. (*tell*) sagen. **it's hard to ~ what's wrong** es ist schwer zu sagen, was nicht stimmt; **what does that ~ about his**

intentions/the main character? was sagt das über seine Absichten/die Hauptperson aus?; **that ~s a lot about his character/state of mind** das läßt tief auf seinen Charakter/Gemütszustand schließen; **and that's ~ing a lot** und das will schon etwas heißen; **that's not ~ing much** das will nicht viel heißen; **that doesn't ~ much for him** das spricht nicht für ihn; **that ~s a lot for him** das spricht für ihn; **there's no ~ing** das weiß keiner.

4. what would you ~ to a whisky/holiday/game of tennis? wie wär's mit einem Whisky/mit Urlaub/, wenn wir Tennis spielen würden?; **I wouldn't ~ no to a cup of tea** ich hätte nichts gegen eine Tasse Tee; **he never ~s no to a drink** er schlägt einen Drink nie aus, er sagt nie nein zu einem Drink; **what did he ~ to your plan?** was hat er zu Ihrem Plan gesagt?; **I'll offer £500, what do you ~ to that?** ich biete £ 500, was meinen Sie dazu?; **what do you ~ we go now?** (*inf*) was hieltest du davon *or* wie wär's, wenn wir jetzt gingen?, was meinst du, sollen wir jetzt gehen?; **shall we ~ Tuesday/£50?** sagen wir Dienstag/£ 50?; **what do you ~?** was meinen Sie?

5. (*exclamatory*) **well, I must ~**! na, ich muß schon sagen!; **I ~**! (*dated*) na so was!; (*to attract attention*) hallo!; **~, what a great idea**! (*esp US*) Mensch, tolle Idee! (*inf*); **I should ~ (so)**! das möchte ich doch meinen!; **you don't ~**! (*also iro*) nein wirklich?, was du nicht sagst!; **well said!** (ganz) richtig!; **you('ve) said it**! Sie sagen es!; **you can ~ that again**! das kann man wohl sagen!; **~ no more**! ich weiß Bescheid!; **~s who?** (*inf*) wer sagt das?; **and so ~ all of us** und wir stimmen alle zu; **though I ~ it myself** wenn ich das mal selbst sagen darf.

6. (it's) easier said than done das ist leichter gesagt als getan; **no sooner said than done** gesagt, getan; **when all is said and done** letzten Endes; **he is said to be very rich** er soll sehr reich sein, es heißt, er sei sehr reich; **a building said to have been built by ...** ein Gebäude, das angeblich von ... gebaut wurde *or* das von ... gebaut worden sein soll; **it goes without ~ing that ...** es versteht sich von selbst *or* ist selbstverständlich, daß ...; **that is to ~** das heißt; (*correcting also*) beziehungsweise; **to ~ nothing of the noise/costs** von dem Lärm/den Kosten ganz zu schweigen *or* mal ganz abgesehen; **to ~ nothing of being ...** davon, daß ich/er *etc* ..., ganz zu schweigen *or* mal ganz abgesehen; **that's not to ~ that ...** das soll nicht heißen, daß ...; **they ~ ..., it is said ...** es heißt ...; **enough said**! (na ja) genug!

7. (*suppose*) **~ it takes three men to ...** angenommen, man braucht drei Leute, um zu ...; **if it happens on, ~, Wednesday** wenn es am, sagen wir mal Mittwoch, passiert?

sayest ['seɪəst] (*obs*) *2nd pers sing of* **say**.

saying ['seɪɪŋ] *n* Redensart *f*; (*proverb*) Sprichwort *nt*. **as the ~ goes** wie man so sagt, wie es so schön heißt.

say-so ['seɪsəʊ] *n* (*inf*) (*assertion*) Wort *nt*; (*authority*) Plazet *nt*. **on whose ~?** wer sagt das? (*inf*); mit welchem Recht?

s/c *abbr of* **self-contained**.

scab [skæb] **I** *n* **1.** (*on cut*) Schorf, Grind *m*. **2.** (*scabies*) Krätze *f*. **3.** (*inf: strikebreaker*) Streikbrecher(in *f*) *m*. **II** *vi* (*wound*) **to ~ over** Schorf bilden.

scabbard ['skæbəd] *n* Scheide *f*.

scabby ['skæbɪ] *adj* (+*er*) **1.** *skin, hands* schorfig, grindig. **2.** (*having scabies*) räudig.

scabies ['skeɪbiːz] *n* Krätze, Skabies (*spec*) *f*; (*of animal also*) Räude, Schäbe *f*.

scabious ['skeɪbɪəs] *adj* (*having scabies*) räudig.

scabrous ['skeɪbrəs] *adj* (*indecent*) geschmacklos.

scaffold ['skæfəld] *n* (*on building*) Gerüst *nt*; (*for execution*) Schafott *nt*.

scaffolding ['skæfəldɪŋ] *n* Gerüst *nt*. **to put up ~** ein Gerüst aufbauen.

scalawag ['skæləwæg] *n* (*US*) *see* **scallywag**.

scald [skɔːld] **I** *n* Verbrühung *f*. **II** *vt* **1.** *oneself, skin* verbrühen. **he was ~ed to death** er erlitt tödliche Verbrühungen *pl*. **2.** *instruments, vegetables* abbrühen; *milk* abkochen.

scalding ['skɔːldɪŋ] *adj* siedend; (*inf: also* **~ hot**) siedend heiß.

scale¹ [skeɪl] **I** *n* (*of fish, snake, skin*) Schuppe *f*; (*of rust*) Flocke *f*; (*of paint*) Plättchen *nt*; (*kettle ~*) Kesselstein *m no pl*. **the ~s fell from his eyes** es fiel ihm wie Schuppen von den Augen.

II *vt* **1.** *fish* (ab)schuppen. **2. to ~ teeth** den Zahnstein entfernen.

III *vi* (*also* **~ off**) sich schuppen; (*paint, rust*) abblättern.

scale² **I** *n* **(pair of) ~s** *pl*, **~** (*form*) Waage *f*; **~-pan** Waagschale *f*; **he turns** *or* **tips the ~s at 80 kilos** er bringt 80 Kilo auf die Waage; **the extra votes have tipped** *or* **turned the ~s in favour of Labour** die zusätzlichen Stimmen gaben den Ausschlag für die Labour Party. **II** *vi* wiegen.

scale³ *n* **1.** Skala *f*; (*on thermometer etc also*) Gradeinteilung *f*; (*on ruler*) (Maß)einteilung *f*; (*fig*) Leiter *f*; (*social ~*) Stufenleiter *f*; (*list, table*) Tabelle *f*. **~ of charges** Gebührenordnung *f*, Tarife *pl*.

2. (*instrument*) Meßgerät *nt*.

3. (*Mus*) Tonleiter *f*. **the ~ of G** die G(-Dur)-Tonleiter.

4. (*of map*) Maßstab *m*. **on a ~ of 5 km to the cm** in einem Maßstab von 5 km zu 1 cm; **what is the ~?** welchen Maßstab hat es?, in welchem Maßstab ist es?; **to draw sth to ~** etw im Maßstab *or* maßstabgerecht zeichnen.

5. (*fig: size, extent*) Umfang *m*, Ausmaß *nt*. **to entertain on a large/small/different ~** Feste im größeren/im kleineren/in einem anderen Rahmen geben; **large stores buy on a different ~ from small shops** große Kaufhäuser kaufen in ganz anderen Mengen als kleine Geschäfte; **inflation on an unprece-**

dented ~ Inflation von bisher nie gekanntem Ausmaß; **they differ enormously in** ~ sie haben völlig verschiedene Größenordnungen; **a house designed on a magnificent** ~ ein in großem Stil *or* großzügig angelegtes Haus; **it's similar but on a smaller** ~ es ist ähnlich, nur kleiner; **on a national** ~ auf nationaler Ebene.

◆**scale down** *vt sep* (*lit*) verkleinern; (*fig*) verringern. **a sort of ~d-~ Parthenon** eine Art Parthenon im Kleinformat.

◆**scale up** *vt sep* (*lit*) vergrößern; (*fig*) erhöhen.

scale[4] *vt mountain, wall* erklettern.

scale drawing *n* maßstabgerechte *or* maßstabgetreue Zeichnung; **scale model** *n* maßstabgetreues Modell.

scalene ['skeɪli:n] *adj triangle* ungleichseitig; *cone* schief.

scaliness ['skeɪlɪnɪs] *n* Schuppigkeit *f*.

scaling ladder ['skeɪlɪŋ'lædəʳ] *n* Sturmleiter *f*.

scallop ['skɒləp] **I** *n* **1.** (*Zool*) Kammuschel, Jakobsmuschel (*esp Cook*) *f*. ~ **shell** (*for cooking*) Muschelschale *f*.

2. ['skæləp] (*loop*) Bogen *m*, bogenförmige Verzierung; (*on linenware*) Feston *m*.

II ['skæləp] *vt* (*decorate with loops*) mit Bögen *or* einem Bogenrand versehen; *linenware* festonieren.

scalloped ['skæləpt] *adj* **1.** mit einem Bogenrand; *linenware* festoniert. ~ **edge** Bogen-/Festonrand *m*. **2.** ['skɒləpt] (*Cook*) überbacken.

scallywag ['skælɪwæg] *n* (*inf*) Schlingel (*inf*), Strolch (*inf*) *m*.

scalp [skælp] **I** *n* Kopfhaut *f*; (*Indian trophy*) Skalp *m*. **to be after sb's** ~ (*fig*) jdn fertigmachen wollen (*inf*). **II** *vt* skalpieren; (*hum: barber*) kahlscheren (*hum*).

scalpel ['skælpəl] *n* Skalpell *nt*.

scaly ['skeɪlɪ] *adj* (+*er*) schuppig; *walls* abblätternd.

scam [skæm] *n* (*inf: deception*) Betrug, Beschiß (*sl*) *m*.

scamp[1] [skæmp] *n* Frechdachs *m*.

scamp[2] *vt work* pfuschen *or* schludern (*inf*) bei.

scamper ['skæmpəʳ] **I** *n* **they can go for a** ~ **in the garden** sie können im Garten herumtollen.

II *vi* (*person, child, puppy*) trippeln, trappeln; (*squirrel, rabbit*) hoppeln; (*mice*) huschen. **the rabbit ~ed down its hole** das Kaninchen verschwand blitzschnell in seinem Loch.

scampi ['skæmpɪ] *npl* Scampi *pl*.

scan [skæn] **I** *vt* **1.** (*search with sweeping movement*) schwenken über (+*acc*); (*person*) seine Augen wandern lassen über (+*acc*); *newspaper, book* überfliegen; (*examine closely*) *horizon* absuchen; (*by radar*) absuchen, abtasten. **he ~ned her face for a sign of emotion** er suchte in ihrem Gesicht nach Anzeichen einer Gefühlsregung.

2. (*TV*) abtasten, rastern.

3. *verse* in Versfüße zerlegen.

II *vi* (*verse*) das richtige Versmaß haben, sich reimen (*inf*). **he couldn't make it** ~ er konnte es nicht ins richtige Versmaß bringen.

III *n* (*Med*) Scan *m*; (*in pregnancy*) Ultraschalluntersuchung *f*; (*picture*) Ultraschallaufnahme *f*.

◆**scan in** *vt sep* (*Comput*) *graphics* einbinden, einfügen, scannen.

scandal ['skændl] *n* **1.** Skandal *m*. **the ~ of our overcrowded hospitals** unsere skandalös überfüllten Krankenhäuser; **to cause/create a** ~ einen Skandal verursachen; (*amongst neighbours*) allgemeines Aufsehen erregen.

2. *no pl* (*gossip*) Skandalgeschichten *pl*; (*piece of gossip*) Skandalgeschichte *f*. **the latest** ~ der neueste Klatsch.

scandalize ['skændəlaɪz] *vt* schockieren. **she was ~d** sie war entrüstet *or* empört (*by* über +*acc*).

scandalmonger *n* Klatschmaul *nt* (*inf*), Lästerzunge *f*; **scandalmongering** *n* Klatschsucht *f*; (*by press*) Skandalsucht *f*.

scandalous ['skændələs] *adj* skandalös. **a ~ report/tale** eine Skandalgeschichte.

scandalously ['skændələslɪ] *adv see adj*.

Scandinavia [ˌskændɪ'neɪvɪə] *n* Skandinavien *nt*.

Scandinavian [ˌskændɪ'neɪvɪən] **I** *adj* skandinavisch. **II** *n* Skandinavier(in *f*) *m*.

scanner ['skænəʳ] *n* (*Rad*) Richtantenne *f*; (*TV*) Bildabtaster *m*; (*Comput: OCR reader, Med*) Scanner *m*.

scansion ['skænʃən] *n* (*Poet*) metrische Gliederung; (*Sch*) Zerlegung *f* in Versfüße.

scant [skænt] *adj* (+*er*) wenig *inv*; *satisfaction, attention, respect also, chance* gering; *success* gering, mager; *supply, grazing, amount* dürftig, spärlich. **to do ~ justice to sth** einer Sache (*dat*) wenig *or* kaum gerecht werden; **a ~ 3 hours** knappe *or* kaum 3 Stunden.

scantily ['skæntɪlɪ] *adv* spärlich. ~ **clad** spärlich bekleidet.

scantiness ['skæntɪnɪs] *n see* **scanty** Spärlichkeit, Dürftigkeit *f*; Kärglichkeit *f*; Schütterkeit *f*; Knappheit *f*.

scanty ['skæntɪ] *adj* (+*er*) *amount, supply* spärlich, dürftig; *vegetation, meal also* kärglich; *harvest also* mager; *hair* schütter; *piece of clothing, supply* knapp.

scapegoat ['skeɪpgəʊt] *n* Sündenbock *m*. **to be a ~ for sth** für etw der Sündenbock sein; **to use sb/sth as a ~, to make sb/sth one's** ~ jdm/einer Sache die Schuld zuschieben.

scar [skɑ:ʳ] **I** *n* (*on skin, tree*) Narbe *f*; (*scratch*) Kratzer *m*; (*burn*) Brandfleck *m*, Brandloch *nt*; (*fig*) (*emotional*) Wunde *f*; (*on good name*) Makel *m*. ~ **tissue** vernarbtes Fleisch.

II *vt skin, tree* Narben/eine Narbe hinterlassen auf (+*dat*); *furniture* zerkratzen; Brandflecken hinterlassen auf (+*dat*); (*fig*) *person* zeichnen. **he was ~red for life** (*lit*) er behielt bleibende Narben zurück; (*fig*) er war fürs Leben gezeichnet; **her ~red face** ihr narbiges Gesicht; **the table was ~red with cigarette burns** der Tisch war mit Brandlöchern *or* Brandflecken von Zigaretten übersät; **his mind was ~red forever by this tragic occurrence** dieses tragische Ereignis hatte bei ihm tiefe Wunden hinterlassen.

III *vi* Narben/eine Narbe hinterlassen.

scarab ['skærəb] *n* Skarabäus *m*.

scarce [skɛəs] **I** *adj* (*+er*) (*in short supply*) knapp; (*rare*) selten. **to make oneself ~** (*inf*) verschwinden (*inf*), abhauen (*inf*). **II** *adv* (*old*) *see* **scarcely**.

scarcely ['skɛəslɪ] *adv* **1.** kaum. **~ anybody** kaum einer *or* jemand; **~ anything** fast *or* beinahe nichts; **~ ever** kaum jemals, fast *or* beinahe nie; **I ~ know what to say** ich weiß nicht recht, was ich sagen soll.

2. (*not really*) wohl kaum. **you can ~ expect him to believe that** Sie erwarten doch wohl nicht *or* kaum, daß er das glaubt.

scarceness ['skɛəsnɪs], **scarcity** ['skɛəsɪtɪ]*n* (*shortage*) Knappheit *f*; (*rarity*) Seltenheit *f*. **because of the ~ of talent among the singers/pupils** weil so wenige Sänger/Schüler wirklich begabt sind; **a ~ of qualified people** ein Mangel *m* an qualifizierten Kräften; **there are many scarcities in wartime** in Kriegszeiten ist vieles knapp; **scarcity value** Seltenheitswert *m*.

scare [skɛəʳ] **I** *n* (*fright, shock*) Schreck(en) *m*; (*general alarm*) Panikstimmung, Hysterie *f* (*about* in bezug auf *+acc*, wegen). **to give sb a ~** jdm einen Schrecken einjagen; (*make sb jump also*) jdn erschrecken.

II *vt* einen Schrecken einjagen (*+dat*); (*worry also*) Angst machen (*+dat*); (*frighten physically*) *person, animal* erschrecken; *birds* aufschrecken. **to be ~d** Angst haben (*of* vor *+dat*); **to be easily ~d** sehr schreckhaft sein; (*easily worried*) sich (*dat*) leicht Angst machen lassen; (*timid: deer etc*) sehr scheu sein; **to be ~d stiff** *or* **to death** *or* **out of one's wits** (*all inf*) Todesängste ausstehen, fürchterliche Angst haben; **she was too ~d to speak** sie konnte vor Angst nicht sprechen; **he's ~d of telling her the truth** er getraut sich nicht, ihr die Wahrheit zu sagen.

III *vi* **I don't ~ easily** ich bekomme nicht so schnell Angst.

◆**scare away** *vt sep* verscheuchen; *people* verjagen.

◆**scare off** *vt sep* **1.** *see* **scare away**. **2.** (*put off*) abschrecken (*prep obj* von).

scarecrow *n* (*lit, fig*) Vogelscheuche *f*.

scaredy-cat ['skɛədɪˌkæt] *n* (*inf*) Angsthase *m* (*inf*).

scarehead *n* (*US*) Sensationsschlagzeile *f*; **scaremonger** *n* Panikmacher(in *f*) *m*; **scaremongering** *n* Panikmache(rei) *f* (*inf*); **scare story** *n* Schauergeschichte *f*; **scare tactics** *npl* Panikmache(rei) (*inf*) *f*.

scarf [skɑːf] *n, pl* **scarves** Schal *m*; (*neck ~*) Halstuch *nt*; (*head~*) Kopftuch *nt*; (*round the shoulders*) Schultertuch *nt*. **~ pin** Brosche, Busen- *or* Vorstecknadel *f*.

scarifying ['skɛərɪfaɪɪŋ] *adj* (*inf*) beängstigend; *film* grus(e)lig (*inf*).

scarlatina [ˌskɑːlə'tiːnə] *n* Scharlach *m*.

scarlet ['skɑːlɪt] **I** *n* Scharlach(rot) *nt*. **~ fever** Scharlach *m*, Scharlachfieber *nt*. **II** *adj* (scharlach)rot, hochrot. **to turn ~** hochrot werden, rot anlaufen (*inf*); **he was ~ with rage** er war rot *or* knallrot (*inf*) vor Wut; **a ~ woman** (*old, hum*) eine verrufene *or* liederliche Frau.

scarp [skɑːp] *n* Abhang *m*.

scarper ['skɑːpəʳ] *vi* (*Brit sl*) abhauen (*inf*).

scarves [skɑːvz] *pl of* **scarf**.

scary ['skɛərɪ] *adj* (*+er*) (*inf*) **1.** unheimlich; *house also, film* grus(e)lig (*inf*). **2.** (*nervous*) *horse, person* schreckhaft; (*easily worried*) ängstlich.

scat [skæt] *interj* (*inf*) verschwinde(t).

scathing ['skeɪðɪŋ] *adj* bissig; *remark also* schneidend; *attack* scharf, schonungslos; *look* vernichtend; *criticism* beißend, vernichtend. **to be ~** bissige Bemerkungen *pl* machen (*about* über *+acc*).

scathingly ['skeɪðɪŋlɪ] *adv answer* mit schneidendem Hohn; *look* vernichtend; *criticize, attack* scharf, schonungslos.

scatology [skæ'tɒlədʒɪ] *n* (*Med*) Koprologie *f* (*spec*); (*fig*) Fäkalsprache *f*.

scatter ['skætəʳ] **I** *n see* **scattering**.

II *vt* **1.** (*distribute at random*) verstreuen; *seeds, gravel,* (*Phys*) *light* streuen (*on, onto* auf *+acc*); *money* verschleudern; (*not group together*) (unregelmäßig) verteilen; *votes* verteilen (*between* auf *+acc*). **to ~ sth around** *or* **about** etw überall umherstreuen *or* verstreuen; **to ~ sth with sth** etw mit etw bestreuen; **the books were ~ed (about) all over the room** die Bücher lagen im ganzen Zimmer herum *or* verstreut.

2. (*disperse*) auseinandertreiben; *army also* zersprengen; *demonstrators, crowd also* zerstreuen. **his friends were ~ed all over the country** seine Freunde waren über das ganze Land verstreut *or* zerstreut.

III *vi* sich zerstreuen (*to* in *+acc*); (*in a hurry, in fear*) auseinanderlaufen.

scatterbrain *n* (*inf*) Schussel *m* (*inf*); **scatterbrained** ['skætəˌbreɪnd] *adj* (*inf*) schußlig (*inf*), schusselig (*inf*), zerfahren, flatterhaft; **scatter cushion** *n* (Sofa)kissen *nt*.

scattered ['skætəd] *adj population* weit verstreut; *villages* verstreut; *clouds, showers* vereinzelt.

scattering ['skætərɪŋ] *n* (*of people*) vereinzeltes Häufchen; (*Phys: of light, waves*) Streuung *f*. **a ~ of books/houses** vereinzelte Bücher *pl*/Häuser *pl*; **a thin ~ of snow on the hillside** dünner Schneefall auf dem Hügel.

scatty ['skætɪ] *adj* (*+er*) (*inf*) **1.** (*scatterbrained*) schußlig (*inf*), schusselig (*inf*). **2.** (*mad*) verrückt, närrisch (*inf*).

scavenge ['skævɪndʒ] **I** *vt* (*lit, fig*) ergattern. **the tramp ~d food from the bins** der Landstreicher plünderte die Abfalleimer; **the car had been completely ~d** das Auto war völlig ausgeschlachtet worden.

II *vi* (*lit*) Nahrung suchen. **jackals live**

by **scavenging** Schakale leben von Aas; **to ~ in the bins** die Abfalleimer plündern; **he's always scavenging around in the scrapyards** er durchstöbert dauernd die Schrottplätze.

scavenger ['skævındʒəʳ] *n* (*animal*) Aasfresser *m*; (*fig: person*) Aasgeier *m*.

scenario [sı'nɑːrıəʊ] *n* Szenar(ium) *nt*; (*fig*) Szenario *nt*.

scene [siːn] *n* **1.** (*place, setting*) Schauplatz *m*; (*of play, novel*) Ort *m* der Handlung. **the ~ of the crime** der Tatort, der Schauplatz des Verbrechens; **the ~ of the battle was a small hill** die Schlacht fand auf einem kleinen Hügel statt; **to set the ~** (*lit, fig*) den Rahmen geben; **the ~ is set in Padua** Ort der Handlung ist Padua, das Stück/der Roman *etc* spielt in Padua; **a change of ~ does you good** ein Tapetenwechsel *m* tut dir gut; **to come** *or* **appear on the ~** auftauchen, auf der Bildfläche erscheinen; **after the accident the police were first on the ~** nach dem Unfall war die Polizei als erste zur Stelle.

2. (*description, incident*) Szene *f*.

3. (*Theat*) Szene *f*. **Act II, ~ i** Akt II, 1. Auftritt *or* Szene.

4. (*Theat: scenery*) Bühnenbild *nt*, Kulisse *f*. **behind the ~s** (*lit, fig*) hinter den Kulissen.

5. (*sight*) Anblick *m*; (*landscape*) Landschaft *f*; (*tableau*) Szene *f*. **they left behind a ~ of destruction** sie hinterließen eine Stätte der Verwüstung.

6. (*fuss, argument*) Szene *f*. **to make a ~** eine Szene machen.

7. (*inf*) **the London drug/pop** *etc* **~** die Londoner Drogen-/Popszene; **on the fashion ~** in der Modewelt; **that's not my ~** da steh' ich nicht drauf (*sl*); **to know the ~** *or* **what the ~ is** wissen, was läuft (*sl*); **it's a whole different ~ here** hier sieht alles ganz anders aus, hier läuft alles ganz anders (*inf*); **to make the ~** groß herauskommen (*inf*).

scene change *n* Szenenwechsel *m*; **scene painter** *n* Bühnen- *or* Kulissenmaler(in *f*) *m*.

scenery ['siːnərı] *n* **1.** (*landscape*) Landschaft *f*. **there was no ~ at all to look at** die Landschaft bot überhaupt nichts Sehenswertes; **do you like the ~?** gefällt Ihnen die Gegend?

2. (*Theat*) Bühnendekoration *f*, Kulissen *pl*.

scenic ['siːnık] *adj* **1.** (*of landscape*) landschaftlich. **~ shots** (*Phot*) Landschaftsaufnahmen *pl*.

2. (*picturesque*) malerisch. **~ railway** Touristenbahnlinie *f durch landschaftlich schönes Gebiet*, ≈ Berg- und Tal-Bahn *f*.

3. (*theatrical*) bühnentechnisch; filmtechnisch. **~ effects** (*Theat*) Bühneneffekte *pl*; (*Film*) landschaftliche Effekte *pl*.

scent [sent] **I** *n* **1.** (*smell*) Duft, Geruch *m*.

2. (*perfume*) Parfüm *nt*.

3. (*of animal*) Fährte *f*. **to be on the ~** (*lit, fig*) auf der Fährte *or* Spur sein (*of sb/sth* jdm/einer Sache); **to lose the ~** (*lit, fig*) die Spur *or* Fährte verlieren; **to put** *or* **throw sb off the ~** (*lit, fig*) jdn von der Spur *or* Fährte abbringen *or* ablenken.

4. (*sense of smell*) Geruchssinn *m*; (*fig*) (Spür)nase *f*.

II *vt* **1.** (*smell, suspect*) wittern. **2.** (*perfume*) parfümieren. **roses ~ed the air** der Duft von Rosen erfüllte die Luft.

◆**scent out** *vt sep* (*lit, fig*) aufspüren; *story* ausfindig machen.

scent bottle *n* Parfümfläschchen *nt*; **scent gland** *n* (*pleasant smell*) Duftdrüse *f*; (*unpleasant smell*) Stinkdrüse *f*; **scentless** *adj flower* duftlos, geruchlos; **scent spray** *n* Parfümzerstäuber *m*.

scepter *n* (*US*) *see* **sceptre**.

sceptic, (*US*) **skeptic** ['skeptık] *n* Skeptiker(in *f*) *m*.

sceptical, (*US*) **skeptical** ['skeptıkəl] *adj* skeptisch. **he was ~ about it** er stand der Sache skeptisch gegenüber, er war skeptisch; **I'm ~ about the necessity of this** ich bin skeptisch *or* ich bezweifle, ob das nötig ist.

sceptically, (*US*) **skeptically** ['skeptıkəlı] *adv* skeptisch.

scepticism, (*US*) **skepticism** ['skeptısızəm] *n* **1.** Skepsis *f* (*about* gegenüber); **2. S~** (*Philos*) Skeptizismus *m*.

sceptre, (*US*) **scepter** ['septəʳ] *n* Zepter *nt*.

schedule ['ʃedjuːl (*esp Brit*), 'skedʒʊəl] **I** *n* **1.** (*of events*) Programm *nt*; (*of work*) Zeitplan *m*; (*of lessons*) Stundenplan *m*; (*esp US: timetable*) Fahr-/Flugplan *m*; (*US: list*) Verzeichnis *nt*. **what's on the ~ for today?** was steht für heute auf dem Programm?; **according to ~** planmäßig; (*work also*) nach Plan; **the train is behind ~** der Zug hat Verspätung; **the bus was on ~** der Bus war pünktlich *or* kam fahrplanmäßig an; **the building will be opened on ~** das Gebäude wird wie geplant eröffnet werden; **the work is up to ~** die Arbeit verläuft nach Zeitplan; **the work is ahead of/behind ~** wir/sie *etc* sind (mit der Arbeit) dem Zeitplan voraus/in Verzug *or* im Rückstand; **we are working to a very tight ~** wir arbeiten nach einem knapp bemessenen *or* sehr knappen Zeitplan.

2. (*insurance, mortgage ~*) Urkunde *f*; (*US Jur: appendix*) Anhang *m*.

II *vt* planen; (*put on programme, timetable*) ansetzen; (*US: list*) aufführen. **the work is ~d for completion in 3 months** die Arbeit soll (nach dem *or* laut Zeitplan) in 3 Monaten fertig(gestellt) sein; **this is not ~d for this year** das steht für dieses Jahr nicht auf dem Programm; **you are ~d to speak for 20 minutes/tomorrow** für Sie sind 20 Minuten Sprechzeit vorgesehen/Ihre Rede ist für morgen geplant *or* angesetzt; **trains/buses to New York will be ~d differently** die Abfahrtszeiten der Züge/Busse nach New York werden geändert; **the plane is ~d for 2 o'clock** planmäßige Ankunft/planmäßiger Abflug ist 2 Uhr.

scheduled ['ʃedjuːld (*esp Brit*),

'skedʒʊəld] *adj* vorgesehen, geplant; *departure* planmäßig. ~ **flight** (*not charter*) Linienflug *m*; (*on timetable*) planmäßiger Flug; **S~ Territories** (*Fin*) Sterlingblock *m*.

schema ['skiːmə] *n, pl* **-ta** ['skiːmətə] Darstellung *f*; (*Philos*) Schema *nt*.

schematic *adj*, **~ally** *adv* [skɪ'mætɪk, -əlɪ] schematisch.

scheme [skiːm] **I** *n* **1.** (*plan*) Plan *m*, Programm *nt*; (*project*) Projekt *nt*; (*insurance* ~) Programm *nt*; (*idea*) Idee *f*.

2. (*plot*) (raffinierter) Plan; (*political also*) Komplott *nt*; (*at court, in firm*) Intrige *f*. **the CIA's ~s to discredit Castro** die Machenschaften *pl* des CIA, um Castro zu diskreditieren.

3. (*arrangement, layout*) (*of town centre*) Anlage *f*; (*of room*) Einrichtung *f*. **the new road ~** das neue Straßensystem; **rhyme ~** Reimschema *nt*; **it doesn't fit into my ~ of things** es hat keinen Platz in meiner Betrachtungsweise.

4. (*housing* ~) Siedlung *f*.

II *vi* Pläne schmieden *or* aushecken (*inf*); (*at court, in firm*) intrigieren. **to ~ for sth** auf etw (*acc*) hinarbeiten.

schemer ['skiːmə^r] *n* raffinierter Schlawiner; (*at court, in firm*) Intrigant(in *f*), Ränkeschmied(in *f*) (*liter*) *m*. **my mother's a real ~** meine Mutter schmiedet immer ganz raffinierte Pläne.

scheming ['skiːmɪŋ] **I** *n* raffiniertes Vorgehen, Tricks *pl* (*inf*); (*of politicians, businessmen*) Machenschaften, Schliche *pl*; (*at court, in firm*) Intrigen, Ränke (*liter*) *pl*.

II *adj girl, methods, businessman* raffiniert, durchtrieben; *colleague, courtier* intrigant; *politician* gewieft (*inf*). **her ~ mother-in-law** ihre hinterhältige Schwiegermutter.

schism ['sɪzəm] *n* (*Eccl*) Schisma *nt*; (*general also*) Spaltung *f*.

schismatic [sɪz'mætɪk] **I** *adj* schismatisch. **II** *n* Schismatiker(in *f*) *m*.

schist [ʃɪst] *n* Schiefer *m*.

schizo ['skɪtsəʊ] (*inf*) **I** *n* (*schizophrenic*) Schizophrene(r) *mf*; (*crazy*) Verrückte(r) *mf* (*inf*). **II** *adj* (*schizophrenic*) schizophren; (*crazy*) verrückt (*inf*).

schizoid ['skɪtsɔɪd] **I** *adj* schizoid. **II** *n* Schizoide(r) *mf*.

schizophrenia [ˌskɪtsəʊ'friːnɪə] *n* Schizophrenie *f*.

schizophrenic [ˌskɪtsəʊ'frenɪk] **I** *adj person, reaction* schizophren. **II** *n* Schizophrene(r) *mf*.

schizophrenically [ˌskɪtsəʊ'frenɪkəlɪ] *adv* schizophren. **a ~ disturbed person** ein Mensch mit Bewußtseinsspaltung.

schmal(t)z [ʃmɔːlts] *n* (*inf*) Schmalz *m* (*inf*).

schmo [ʃməʊ] *n* (*US sl: fool*) Bekloppte(r) (*sl*), Beknackte(r) (*sl*) *mf*.

schmuck [ʃmʌk] *n* (*US sl: fool*) Bekloppte(r) (*sl*), Beknackte(r) (*sl*) *mf*.

schnap(p)s [ʃnæps] *n* Schnaps *m*.

schnitzel ['ʃnɪtsəl] *n* (Wiener) Schnitzel *nt*.

schnorkel ['ʃnɔːkl] *n see* **snorkel.**

schnozzle ['ʃnɒzəl] *n* (*esp US sl*) Zinken *m* (*sl*).

scholar ['skɒlə^r] *n* **1.** (*learned person*) Gelehrte(r) *mf*. **the foremost ~s of our time** die führenden Wissenschaftler unserer Zeit; **a famous Shakespeare ~** ein bekannter Shakespearekenner.

2. (*student*) Student(in *f*) *m*; Schüler(in *f*) *m*.

3. (*scholarship holder*) Stipendiat(in *f*) *m*.

scholarliness ['skɒləlɪnɪs] *n* (*of person, work*) Gelehrtheit, Gelehrsamkeit *f*. **the ~ of her interests** ihr Interesse an hochgeistigen Dingen; **the ~ of his appearance** sein gelehrtes Aussehen.

scholarly ['skɒləlɪ] *adj* wissenschaftlich; (*learned*) gelehrt; *interests* hochgeistig. **he's not at all ~** er hat keinen Hang zum Hochgeistigen; (*in his approach*) er geht überhaupt nicht wissenschaftlich vor; **his way of life was very ~** er führte ein sehr beschauliches Leben.

scholarship ['skɒləʃɪp] *n* **1.** (*learning*) Gelehrsamkeit *f*.

2. (*money award*) Stipendium *nt*. **to win a ~ to Cambridge** ein Stipendium für Cambridge bekommen; **on a ~** mit einem Stipendium; **~ holder** Stipendiat(in *f*) *m*.

scholastic [skə'læstɪk] *adj* **1.** (*relative to school*) schulisch, Schul-; (*Univ*) Studien-. **the ~ profession** der Lehrberuf. **2.** (*relative to scholasticism*) scholastisch.

scholasticism [skə'læstɪsɪzəm] *n* Scholastik *f*.

school[1] [skuːl] **I** *n* **1.** Schule *f*; (*US: college, university*) College *nt*; Universität *f*. **at ~** in der Schule/im College/an der Universität; **to go to ~** in die Schule/ins College/zur Universität gehen; **there's no ~ tomorrow** morgen ist schulfrei *or* keine Schule; **~ of art/dancing** Kunst-/Tanzschule *f*; **to learn in a tough ~** (*fig*) durch eine harte Schule gehen.

2. (*Univ: department*) Fachbereich *m*; (*of medicine, law*) Fakultät *f*. **S~ of Arabic Studies** Institut *nt* für Arabistik.

3. (*group of artists, philosophers*) Schule *f*. **he belongs to a different ~ of thought** er vertritt eine andere Lehrmeinung.

II *vt* lehren; *animal* dressieren; *one's temper* zügeln. **to ~ sb in a technique** jdn eine Technik lehren, jdn in einer Technik unterrichten *or* unterweisen; **he had been ~ed by poverty to ...** Armut hatte ihn gelehrt, ...; **he ~ed himself to control his temper** er hatte sich dazu erzogen, sich zu beherrschen.

school[2] *n* (*of fish*) Schule *f*; (*of herrings*) Schwarm *m*.

school *in cpds* Schul-; **school age** *n* schulpflichtiges Alter, Schulalter *nt*; **is he of ~ yet?** ist er schon schulpflichtig *or* im schulpflichtigen Alter?; **school bag** *n* Schultasche *f*; **school board** *n* (*US*) Schulbehörde *f*; (*Brit*) Schulaufsichtsrat *m*; **schoolboy I** *n* Schuljunge, Schüler *m*; **II** *adj attr* Pennäler-, Schulbuben-; **schoolchildren** *npl* Schulkinder, Schüler *pl*; **schooldays** *npl* Schulzeit *f*; **school dinner** *n* Schulessen *nt*; **school fees** *npl* Schulgeld *nt*; **schoolgirl** *n* Schulmädchen *nt*, Schülerin *f*; **schoolhouse** *n* (*teacher's house*) Lehrerhaus *nt*; (*school*) Schulhaus *nt*.

schooling ['sku:lɪŋ] *n* (*education*) Ausbildung *f*. **compulsory ~ was introduced in 1870** 1870 wurde die Schulpflicht eingeführt; **compulsory ~** die (gesetzlich) vorgeschriebene Schulzeit.

school-leaver *n* Schulabgänger(in *f*) *m*; **school-leaving age** *n* Schulabgangsalter, Schulentlassungsalter *nt*; **school-ma'am, schoolmarm** *n* (*pej*) Schulmeisterin *f* (*pej*); **schoolmaster** *n* Lehrer *m*; **schoolmasterish** *adj* pedantisch, schulmeisterlich; **schoolmate** *n* Schulkamerad(in *f*), Schulfreund(in *f*) *m*; **school meals** *npl* Schulessen *nt*; **schoolmistress** *n* Lehrerin *f*; **schoolroom** *n* (*in school*) Klassenzimmer *nt*; (*in private house*) Schulzimmer *nt*; **schoolteacher** *n* Lehrer(in *f*) *m*; **school uniform** *n* Schuluniform *f*; **school yard** *n* Schulhof *m*; **school year** *n* Schuljahr *nt*.

schooner ['sku:nəʳ] *n* **1.** (*boat*) Schoner *m*. **2.** (*sherry glass*) großes Sherryglas; (*US, Austral: beer ~*) *hohes Bierglas*.

schuss [ʃʊs] (*Ski*) **I** *n* Schuß *m*. **II** *vi* (im) Schuß fahren.

schwa [ʃwɑ:] *n* (*Phon*) Schwa *nt*.

sciatic [saɪ'ætɪk] *adj* Ischias-.

sciatica [saɪ'ætɪkə] *n* Ischias *m or nt*.

science ['saɪəns] *n* **1.** Wissenschaft *f*; (*natural ~*) Naturwissenschaft *f*. **to study ~** Naturwissenschaften studieren; **a man of ~** ein Wissenschaftler *m*; **things that ~ cannot explain** Dinge, die man nicht naturwissenschaftlich erklären kann; **the ~ of cooking** die Kochkunst; **the ~ of life/astrology** die Lehre vom Leben/von den Gestirnen.

2. (*systematic knowledge or skill*) Technik *f*. **it wasn't luck that helped me to do it, it was ~!** das war kein Zufall, daß mir das gelungen ist, das war Können.

science fiction *n* Science-fiction *f*. **~ novel** Zukunftsroman, Science-fiction-Roman *m*.

science park *n* Forschungspark *m*.

scientific [ˌsaɪən'tɪfɪk] *adj* **1.** (*of natural sciences*) naturwissenschaftlich; *apparatus, equipment* wissenschaftlich.

2. (*systematic, exact*) *classification, methods* wissenschaftlich. **a keen but not ~ football player** ein begeisterter, doch technisch schwacher Fußballspieler; **his ~ boxing technique** seine gekonnte Boxtechnik.

scientifically [ˌsaɪən'tɪfɪkəlɪ] *adv* wissenschaftlich; (*relating to natural sciences*) naturwissenschaftlich; *box, fence* technisch gekonnt. **he approaches sport very ~** der Sport wird bei ihm zur Wissenschaft; **~, his work is ...** vom naturwissenschaftlichen Standpunkt aus ist seine Arbeit ...

scientist ['saɪəntɪst] *n* (Natur)wissenschaftler(in *f*) *m*.

scientology [ˌsaɪən'tɒlɪdʒɪ] *n* Scientology *f*.

sci-fi ['saɪfaɪ] *n* (*inf*) *see* **science fiction**.

Scillies ['sɪlɪz], **Scilly Isles** ['sɪlɪˌaɪlz] *npl* Scilly-Inseln *pl*.

scimitar ['sɪmɪtəʳ] *n* Krummschwert *nt*.

scintillate ['sɪntɪleɪt] *vi* (*diamonds, stars*) funkeln; (*fig: person, conversation*) vor Geist sprühen.

scintillating ['sɪntɪleɪtɪŋ] *adj* funkelnd *attr*; (*fig*) (*witty, lively*) *wit, humour* sprühend *attr*; *person, speech* vor Geist sprühend *attr*; (*fascinating*) *information* faszinierend. **to be ~** funkeln; sprühen; vor Geist sprühen; faszinierend sein.

scintillatingly ['sɪntɪleɪtɪŋlɪ] *adv* **~ witty** vor Geist sprühend.

scion ['saɪən] *n* **1.** (*Bot*) Schößling *m*; (*for grafting*) (Pfropf)reis *nt*. **2.** (*form*) Nachkomme, Nachfahr *m*.

scissors ['sɪzəz] *n* **1.** *pl* Schere *f*. **a pair of ~** eine Schere. **2.** *sing* (*Sport*) (*also* **~ jump**) Schersprung *m*; (*also* **~ hold**) Schere *f*. **~ kick** (*Swimming, Ftbl*) Scherenschlag *m*.

sclerosis [sklɪ'rəʊsɪs] *n* Sklerose *f*.

scoff[1] [skɒf] **I** *n* verächtliche *or* abschätzige Bemerkung. **II** *vi* spotten. **to ~ at sb/sth** jdn/etw verachten; (*verbally*) sich verächtlich *or* abschätzig über jdn/etw äußern.

scoff[2] (*inf*) **I** *n* (*food*) Fressalien *pl* (*inf*); (*eating*) Fresserei *f* (*inf*). **II** *vt* futtern (*inf*), in sich (*acc*) hineinstopfen (*inf*). **she ~ed (up) the lot** sie hat alles verputzt.

scoffer ['skɒfəʳ] *n* Spötter(in *f*) *m*.

scoffing ['skɒfɪŋ] **I** *n* Spötterei *f*, verächtliche Bemerkungen *pl*. **II** *adj* spöttisch, verächtlich.

scoffingly ['skɒfɪŋlɪ] *adv see adj*.

scold [skəʊld] **I** *vt* (aus)schelten, ausschimpfen (*for* wegen). **she ~ed him for coming home late** sie schimpfte ihn aus, weil er so spät heimgekommen war. **II** *vi* schimpfen. **III** *n* (*person*) Beißzange *f* (*inf*); (*woman also*) Xanthippe *f* (*inf*).

scolding ['skəʊldɪŋ] *n* Schelte *f no pl*; (*act*) Schimpferei *f*. **to give sb a ~** jdn ausschimpfen, jdn (aus)schelten.

scollop *n see* **scallop I 1.**

sconce [skɒns] *n* Wandleuchter *m*.

scone [skɒn] *n* *brötchenartiges Buttergebäck*.

scoop [sku:p] **I** *n* **1.** (*instrument*) Schaufel *f*; (*for ice cream, potatoes*) Portionierer *m*; (*ball of ice-cream, potato*) Kugel *f*. **at one ~** (*lit, fig*) auf einmal. **2.** (*inf: lucky gain*) Fang *m* (*inf*). **3.** (*Press*) Knüller (*inf*), Scoop (*sl*) *m*.

II *vt* **1.** schaufeln; *liquid* schöpfen. **2. The Times ~ed the other papers** die Times ist den anderen Zeitungen zuvorgekommen.

◆**scoop out** *vt sep* **1.** (*take out*) herausschaufeln; *liquid* herausschöpfen. **2.** (*hollow out*) *melon, marrow* aushöhlen; *hole* graben.

◆**scoop up** *vt sep* aufschaufeln; *liquid* aufschöpfen. **she ~ed the child/money ~** sie raffte das Kind/das Geld an sich (*acc*).

scoop neck *n* U-Ausschnitt *m*; **scoop-necked** ['sku:p'nekt] *adj* mit U-Ausschnitt.

scoot [sku:t] *vi* (*inf*) (*scram*) abzischen (*sl*); (*walk quickly*) rennen. ~ **across and get it**! spritz mal rüber und hol's! (*inf*).

scooter ['sku:təʳ] *n* (Tret)roller *m*; (*motor* ~) (Motor)roller *m*.

scope [skəʊp] *n* **1.** (*of topic, idea, investigation*) Umfang *m*; (*of law, measures*) Reichweite *f*; (*of sb's duties, department, tribunal*) Kompetenzbereich *m*. **sth is within the ~ of sth** etw hält sich *or* bleibt im Rahmen einer Sache (*gen*); **sth is within the ~ of sb's duties/a department** etw fällt in jds Aufgabenbereich (*acc*)/in den Kompetenzbereich einer Abteilung; **sth is beyond** *or* **outside the ~ of sth** etw geht über etw (*acc*) hinaus; **that's beyond the ~ of his duties/this department** das geht über seinen Aufgabenbereich/den Kompetenzbereich dieser Abteilung hinaus.

2. (*extent of one's perception, grasp*) Fassungsvermögen *nt*; (*of talents, knowledge*) Umfang *m*. **that job would be beyond my ~** diese Arbeit würde meine Fähigkeiten übersteigen; **that is beyond my ~** *or* **the ~ of my understanding** das übersteigt mein Fassungsvermögen; **that job is within his ~** diese Arbeit liegt im Bereich seiner Fähigkeiten.

3. (*opportunity*) Möglichkeit(en *pl*) *f*; (*to develop one's talents*) Entfaltungsmöglichkeit *f*; (*to use one's talents*) Spielraum *m*. **there is ~ for improvement** es könnte noch verbessert werden; **to give sb ~ to do sth** jdm den nötigen Spielraum geben, etw zu tun; **that job gave his ability/imaginative powers full ~** in diesem Beruf konnten sich seine Fähigkeiten/konnte sich seine Phantasie frei entfalten.

scorbutic [skɔ:'bju:tɪk] *adj* skorbutisch.

scorch [skɔ:tʃ] **I** *n* (*also* ~ **mark**) verbrannte *or* versengte Stelle, Brandfleck *m*.

II *vt* versengen. **the sun ~ed our faces** die Sonne brannte auf unsere Gesichter; **~ed earth policy** (*Mil*) Politik *f* der verbrannten Erde.

III *vi* **1. the sun ~ed down** die Sonne brannte herunter. **2.** (*become ~ed*) **that dress will ~ easily** das Kleid kann man leicht versengen. **3.** (*inf: go fast*) rasen (*inf*).

scorcher ['skɔ:tʃəʳ] *n* (*inf*) **yesterday was a real ~** gestern war eine Knallhitze (*inf*); **his speech was quite a ~** das war eine gepfefferte Rede (*inf*).

scorching ['skɔ:tʃɪŋ] *adj* (*very hot*) *sun, iron* glühend heiß; *day, weather* brütend heiß, knallheiß (*inf*); (*inf: very fast*) *speed* rasend; *driver* rasant; (*fig: scathing*) gepfeffert (*inf*).

score [skɔ:ʳ] **I** *n* **1.** (*number of points*) (Punkte)stand *m*; (*of game, Sport also*) Spielstand *m*; (*final* ~) Spielergebnis *nt*. **what was your ~ in the test?** wie viele Punkte hast du bei dem Test erreicht *or* gemacht? (*inf*); **England didn't get a very good ~** England hat nicht sehr gut abgeschnitten; (*in game, test also*) England hat nicht sehr viele Punkte erzielt; (*Ftbl etc also*) England hat nicht sehr viele Tore erzielt *or* geschossen; **the ~ was Celtic 2, Rangers 1** es stand 2:1 für Celtic (gegen Rangers); (*final* ~) Celtic schlug Rangers (mit) 2:1; **to keep (the) ~** (mit)zählen; (*officially*) Punkte zählen; (*on scoreboard*) Punkte anschreiben; **what's the ~?** wie steht es?; (*fig also*) wie sieht es aus? (*on* mit) (*inf*); **he doesn't know the ~** (*fig*) er weiß nicht, was gespielt wird (*inf*); **to make a ~ with sb** (*fig*) jdn stark beeindrucken.

2. (*reckoning, grudge*) Rechnung *f*. **what's the ~?** was bin ich schuldig?, wieviel macht das?; **to pay off old ~s** alte Schulden begleichen; **to have a ~ to settle with sb** mit jdm eine alte Rechnung zu begleichen haben.

3. (*Mus*) (*printed music*) Noten *pl*; (*of classical music also*) Partitur *f*; (*of film, musical*) Musik *f*.

4. (*line, cut*) Rille, Kerbe *f*; (*on body*) Kratzer *m*; (*weal*) Striemen *m*.

5. (*20*) zwanzig. **~s of ...** (*many*) Hunderte von ..., jede Menge ... (*inf*); **a ~ of people** zwanzig Leute; **3 ~ years and 10** (*old*) 70 Jahre; **~s of times** hundertmal, zigmal (*inf*); **by the ~** massenweise (*inf*).

6. (*reason, ground*) Grund *m*. **on that ~** aus diesem Grund, deshalb.

II *vt* **1.** erzielen; *marks, points also* bekommen; *goals also* schießen; *runs also* schaffen. **he ~d an advantage over his opponent** er war gegenüber seinem Gegner im Vorteil; **each correct answer ~s five points** jede richtige Antwort zählt fünf Punkte; **to ~ a point off sb** (*fig*) auf jds Kosten (*acc*) glänzen, jdn ausstechen; **to ~ a hit with sb** jdn stark beeindrucken.

2. (*groove*) einkerben, Rillen/eine Rille machen in (+*acc*); (*mark*) Kratzer/einen Kratzer machen in (+*acc*); (*Cook*) *fat, meat etc* einschneiden. **the wall is heavily ~d with lines** die Wand weist tiefe Rillen auf; **the mountainside had been ~d by glaciers** Gletscher hatten ihre Spuren am Berg hinterlassen.

3. (*Mus*) schreiben.

III *vi* **1.** einen Punkt erzielen *or* machen (*inf*); (*Ftbl*) ein Tor schießen. **to ~ well/badly** gut/schlecht abschneiden; (*in game, test also*) eine gute/keine gute Punktzahl erreichen; (*Ftbl etc also*) viele/wenig Tore schießen; **that's where he ~s** (*fig*) das ist sein großes Plus.

2. (*keep* ~) (mit)zählen.

3. (*sl: sexually*) **did you ~ with her?** hast du sie aufs Kreuz gelegt? (*sl*).

4. (*sl: obtain drugs*) sich (*dat*) Stoff beschaffen.

◆**score off I** *vt sep* (*delete*) ausstreichen. **II** *vi* +*prep obj* **to ~ ~ sb** jdn als dumm hinstellen.

◆**score out** *or* **through** *vt sep* aus- *or* durchstreichen.

◆**score up** *vt sep* anschreiben (*to sb* für

jdn). ~ **it** ~ **to me** (*fig*) eins zu null für mich (*inf*).

scoreboard *n* Anzeigetafel *f*; (*on TV*) Tabelle *f* der Spielergebnisse; **scorecard** *n* Spielprotokoll *nt*; (*Golf*) Zählkarte *f*; **scorekeeper** *n* (*official*) (*Sport*) Anschreiber *m*; (*in quiz etc*) Punktezähler *m*; **who's the** ~? wer zählt (mit)?

scorer ['skɔ:rəʳ] *n* **1.** (*Ftbl etc: player*) Torschütze *m*. **Chelsea were the highest** ~**s** Chelsea schoß die meisten Tore; **the leading** ~ **in the quiz** der, der die meisten Punkte im Quiz erzielt. **2.** *see* **scorekeeper.**

score sheet *n* Spielbericht(sbogen) *m*, Protokoll *nt*.

scoring ['skɔ:rɪŋ] **I** *n* Erzielen *nt* eines Punktes; (*Ftbl etc*) Tor(schuß *m*) *nt*; (*scorekeeping*) Zählen *nt*. **X did most of the** ~ X erzielte die meisten Punkte; (*Ftbl*) X schoß die meisten Tore.

II *adj suf* **a low-/high-**~ **match** ein Spiel, in dem wenig/viele Punkte/Tore erzielt wurden.

scorn ['skɔ:n] **I** *n* (*disdain*) Verachtung *f*; (*verbal also*) Hohn *m*. **to laugh sb/sth to** ~ jdn höhnisch verlachen/etw mit Hohnlachen quittieren; **to pour** ~ **on sth** etw verächtlich abtun.

II *vt* (*treat scornfully*) verachten; (*condescendingly*) verächtlich behandeln; (*turn down*) *gift, advice* verschmähen; *idea* mit Verachtung von sich weisen. **to** ~ **to do sth** es für seiner (*gen*) unwürdig halten, etw zu tun; **to** ~ **sb as sth** jdn verächtlich als etw abtun.

scornful ['skɔ:nfʊl] *adj* verächtlich; *laughter also, person* spöttisch, höhnisch. **to be** ~ **of sb/sth** jdn/etw verachten; (*verbally*) jdn/etw verhöhnen; **to be** ~ **about sb/sth** sich über jdn/etw verächtlich äußern.

scornfully ['skɔ:nfəlɪ] *adv see adj*.

scornfulness ['skɔ:nfʊlnɪs] *n* Verachtung *f* (*of* für).

Scorpio ['skɔ:pɪəʊ] *n* (*Astrol*) Skorpion *m*.

scorpion ['skɔ:pɪən] *n* Skorpion *m*.

Scot [skɒt] *n* Schotte *m*, Schottin *f*.

Scotch [skɒtʃ] **I** *adj* schottisch. ~ **egg** *hartgekochtes Ei in Wurstbrät, paniert und ausgebacken*; ~ **fir** Föhre *f*, (gemeine) Kiefer; ~ **tape** ® Tesafilm ® *m*; ~ **terrier** Scotchterrier *m*, schottischer Terrier.

II *n* **1.** (~ *whisky*) Scotch *m*. **2. the** ~ *pl* die Schotten *pl*.

scotch [skɒtʃ] *vt rumour* aus der Welt schaffen; *idea, plan* unterbinden, einen Riegel vorschieben (+*dat*). **the rain has** ~**ed that** der Regen hat uns (*dat*) einen Strich durch die Rechnung gemacht (*inf*).

Scotchman ['skɒtʃmən], **Scotchwoman** ['skɒtʃwʊmən] *n see* **Scotsman, Scotswoman.**

scot-free ['skɒt'fri:] *adv* ungeschoren. **to get off** ~ ungeschoren davonkommen.

Scotland ['skɒtlənd] *n* Schottland *nt*.

Scots [skɒts] **I** *adj* schottisch. **II** *n* (*dialect*) Schottisch *nt*. **the** ~ (*people*) die Schotten *pl*.

Scotsman *n* Schotte *m*; **Scots pine** *n* Föhre *f*, (gemeine) Kiefer; **Scotswoman** *n* Schottin *f*.

Scotticism ['skɒtɪsɪzəm] *n* schottischer Ausdruck.

Scottie ['skɒtɪ] *n* **1.** (*also* ~ **dog**) Scotchterrier *m*, schottischer Terrier. **2.** (*inf: Scotsman*) Schotte *m*.

Scottish ['skɒtɪʃ] **I** *adj* schottisch. **II** *n* **1.** (*dialect*) Schottisch *nt*. **2. the** ~ *pl* die Schotten *pl*.

scoundrel ['skaʊndrəl] *n* (*dated*) Schurke *m*; (*inf*) Bengel *m*.

scoundrelly ['skaʊndrəlɪ] *adj* (*dated*) schurkisch.

scour[1] ['skaʊəʳ] **I** *vt* scheuern. **II** *n* Scheuern *nt*. **give the pan a good** ~ scheuern Sie den Topf gründlich.

◆**scour away** *or* **off** *vt sep* abscheuern; *rust* abreiben.

◆**scour out** *vt sep pan* ausscheuern.

scour[2] *vt area, town, shops* absuchen, abkämmen (*for* nach).

◆**scour about** *or* **around** *vi* herumsuchen (*for* nach).

scourer ['skaʊərəʳ] *n* Topfkratzer *m*.

scourge [skɜ:dʒ] **I** *n* (*lit, fig*) Geißel *f*. **II** *vt* **1.** geißeln. **2.** (*fig*) (*punish*) (be)strafen; (*devastate*) heimsuchen; (*verbally*) geißeln (*geh*).

Scouse [skaʊs] **I** *adj* Liverpooler. **II** *n* **1.** (*person: also* ~**r** ['skaʊsəʳ]) Liverpooler(in *f*) *m*. **2.** (*dialect*) Liverpooler Dialekt *m*.

scout [skaʊt] **I** *n* **1.** (*Mil*) (*person*) Kundschafter, Späher *m*; (*ship, plane*) Aufklärer *m*.

2. (*reconnaissance*) Erkundung *f*; (*Mil*) Aufklärung *f*; (*search*) Suche *f*. **to have a** ~ **(a)round for sth** sich nach etw umsehen.

3. Pfadfinder *m*; (*US: girl* ~) Pfadfinderin *f*.

4. (*football* ~ *etc*) Kundschafter, Spion *m*; (*talent* ~) Talentsucher *m*.

5. (*employed by motoring organization*) Pannenhelfer *m*.

6. (*Brit Univ*) *Diener m für die College-Studenten*.

II *vi* erkunden, auskundschaften. **they were** ~**ing inside enemy territory** sie waren auf Erkundung in feindlichem Gebiet; **to** ~ **for sth** nach etw Ausschau *or* Umschau halten; **he was** ~**ing for new talent** er war auf Talentsuche.

◆**scout about** *or* **around** *vi* sich umsehen (*for* nach).

◆**scout out** *vt sep* (*Mil*) auskundschaften; (*inf*) aufstöbern.

scout car *n* Aufklärungsfahrzeug *nt*; (*heavier*) Aufklärungs- *or* Spähpanzer *m*.

scouting ['skaʊtɪŋ] **I** *n* **1.** Erkunden, Auskundschaften *nt*; (*Mil*) Aufklärung *f*; (*looking*) Suche *f* (*for* nach); (*for talent*) Talentsuche *f*. **2.** (*scout movement*) Pfadfinderei *f* (*inf*), Pfadfindertum *nt*. **II** *adj attr* Pfadfinder-.

scout master *n* Gruppenführer *m*; **scout movement** *n* Pfadfinderbewegung *f*; **scout troop** *n* Pfadfindergruppe *f*.

scow [skaʊ] *n* (*Naut*) Prahm *m*.

scowl [skaʊl] **I** *n* unmutiger Ausdruck, finsterer Blick, böses Gesicht. **to give sb a ~** jdn böse ansehen. **II** *vi* ein böses *or* finsteres Gesicht machen. **to ~ at sb** jdn böse ansehen.

scowling ['skaʊlɪŋ] *adj* mißmutig.

scrabble ['skræbl] **I** *vi* (*also* **~ about**) (herum)tasten; (*among movable objects*) (herum)wühlen. **II** *n* **S~** ® Scrabble ® *nt.*

scrag [skræg] **I** *n* (*also* **~ end**) Hals *m.* **II** *vt* (*sl: kill*) abmurksen (*inf*).

scragginess ['skrægɪnɪs] *n* Magerkeit *f*; (*of meat*) minderwertige Qualität, Sehnigkeit *f.*

scraggy ['skrægɪ] *adj* (*+er*) dürr; *meat* minderwertig, sehnig.

scram [skræm] *vi* (*inf*) abhauen (*sl*).

scramble ['skræmbl] **I** *n* **1.** (*climb*) Kletterei *f.* **we went for a ~ in the hills** wir sind in den Bergen herumgeklettert.

2. (*mad dash*) Gerangel, Gedrängel *nt.*

3. (*Motor sport*) Querfeldeinrennen *nt.*

II *vt* **1.** *pieces, letters* (untereinander- *or* ver)mischen.

2. *eggs* verquirlen, verrühren. **~d eggs** Rührei(er *pl*) *nt.*

3. (*Telec*) *message* chiffrieren, verschlüsseln; *line* an das Verschlüsselungsgerät anschließen.

III *vi* **1.** (*climb*) klettern. **he ~d to his feet** er rappelte sich auf (*inf*); **to ~ through the hedge** durch die Hecke kriechen *or* krabbeln (*inf*).

2. (*struggle*) **to ~ for sth/to get sth** sich um etw balgen *or* raufen/sich balgen *or* raufen, um etw zu bekommen; *for ball etc* um etw kämpfen/darum kämpfen, etw zu bekommen; *for bargains, job, good site* sich um etw drängeln/sich drängeln, um etw zu bekommen.

3. (*Aviat*) einen Soforteinsatz fliegen. **~!** höchste Alarmstufe.

scrambler ['skræmbləʳ] *n* **1.** (*Telec*) Chiffriergerät *nt.* **2.** (*motorcyclist*) Querfeldeinfahrer(in *f*) *m.*

scrap¹ [skræp] **I** *n* **1.** (*small piece*) Stückchen *nt*; (*fig*) bißchen *no pl*, (*of papers also, of conversation, news*) Fetzen *m*; (*of truth*) Fünkchen *nt*, Spur *f*; (*of poetry*) Fragment *nt.* **there isn't a ~ of food in the house** es ist überhaupt nichts *or* kein Bissen zu essen im Haus; **his few ~s of German** seine paar Brocken Deutsch; **a few ~s of information** ein paar magere Auskünfte; **it's a ~ of comfort** es ist wenigstens ein kleiner Trost; **not a ~!** nicht die Spur!; **not a ~ of evidence** nicht der geringste Beweis; **he was not a ~ of help** er war überhaupt keine Hilfe, er war nicht die geringste Hilfe; **that won't help a ~** das hilft kein bißchen.

2. (*usu pl: leftover*) Rest *m.*

3. (*waste material*) Altmaterial *nt*, Altwaren *pl*; (*metal*) Schrott *m*; (*paper*) Altpapier *nt.* **these bits are ~** diese Sachen werden nicht mehr gebraucht; **are these notes ~?** können die Notizen weggeworfen werden?; **what is your car worth as ~?** wie hoch ist der Schrottwert Ihres Autos?

II *vt car, ship* verschrotten; *furniture, clothes* ausrangieren; *idea, plan* fallenlassen; *piece of work* wegwerfen. **~ that** (*inf: forget it*) vergiß es!

scrap² (*inf*) **I** *n* Balgerei *f*; (*verbal*) Streiterei *f.* **to get into** *or* **have a ~ with sb** mit jdm in die Wolle geraten (*inf*). **II** *vi* sich balgen; (*verbal*) sich streiten.

scrapbook *n* Sammelalbum *nt*; **scrap dealer** *n* Altwarenhändler *m*; (*in metal*) Schrott- *or* Altmetallhändler *m.*

scrape [skreɪp] **I** *n* **1.** (*act*) **to give sth a ~** *see vt (a, b).*

2. (*mark, graze*) Schramme *f.*

3. (*sound*) Kratzen *nt.* **the ~ of his feet on the gravel** das Knirschen seiner Füße auf dem Kies.

4. (*difficulty*) Schwulitäten *pl* (*inf*). **he goes from one ~ to another** er handelt sich (*dat*) dauernd Ärger ein (*inf*); **to get sb out of a ~** jdm aus der Patsche *or* Klemme helfen (*inf*).

II *vt* **1.** (*make clean or smooth*) *potatoes, carrots* schaben; *plate, wall, shoes* abkratzen; *dish, saucepan* auskratzen. **that's really scraping the (bottom of the) barrel** (*fig*) das ist wirklich das Letzte vom Letzten.

2. *car* schrammen; *wall, gatepost* streifen; *arm, knee* auf- *or* abschürfen. **the paint was ~d in the crash** der Lack bekam bei dem Unfall Kratzer.

3. (*grate against*) kratzen an (*+dat*). **he ~d his bow across the violin** er kratzte mit dem Bogen auf der Geige; **he ~d his nail along the glass** er kratzte mit dem Nagel über das Glas.

4. (*make by scraping*) *hole* scharren. **to ~ a living** gerade so sein Auskommen haben; **he ~d a living as a freelance reporter** er hielt sich als freier Reporter gerade so über Wasser (*inf*).

III *vi* **1.** (*make clean*) kratzen.

2. (*rub*) streifen (*against acc*); (*grate*) kratzen (*against* an *+dat*). **the bird's broken wing ~d along the ground** der gebrochene Flügel des Vogels schleifte am Boden; **as he ~d past me** als er sich an mir vorbeizwängte; **the car just ~d past the gatepost** der Wagen fuhr um Haaresbreite am Torpfosten vorbei.

3. (*be economical*) knapsen (*inf*), knausern.

◆**scrape along** *vi* sich schlecht und recht durchschlagen (*inf*) (*on* mit).

◆**scrape away** **I** *vi* herumkratzen (*at* an *+dat*). **II** *vt sep* abkratzen.

◆**scrape by** *vi* (*lit*) sich vorbeizwängen; (*fig*) sich durchwursteln (*inf*) (*on* mit).

◆**scrape in** *vi* **he just managed to ~ ~** er ist gerade noch hineingerutscht (*inf*).

◆**scrape off** **I** *vi* sich abkratzen lassen. **II** *vt sep* abkratzen (*prep obj* von).

◆**scrape out** *vt sep* auskratzen, ausschaben; *eyes of potato, bad parts* ausschneiden.

◆**scrape through** **I** *vi* (*lit*) (*object*) gerade so durchgehen; (*person*) sich durchzwängen; (*in exam*) durchrutschen (*inf*). **II** *vi +prep obj narrow gap* sich durchzwängen durch; *exam* durchrutschen durch (*inf*).

◆**scrape together** *vt sep leaves* zusammenharken, zusammenrechen; *money* zusammenkratzen; *people* zusammenbringen, organisieren; *support* organisieren.

◆**scrape up** *vt sep* (*lit*) aufkratzen, zusammenkratzen; *money* auftreiben (*inf*); *support* organisieren.

scraper ['skreɪpəʳ] *n* (*tool*) Spachtel *m*; (*at door*) Kratzeisen *nt*.

scrap heap *n* Schrotthaufen *m*. **to be thrown on the ~** (*thing*) zum Schrott geworfen werden; (*person*) zum alten Eisen geworfen werden; (*idea*) über Bord geworfen werden; **at 55 you're on the ~** mit 55 gehört man zum alten Eisen.

scrapings ['skreɪpɪŋz] *npl* (*of food*) Reste *pl*; (*potato ~*) Schalen *pl*; (*carrot ~*) Schababfälle, Schabsel *pl*; (*metal ~*) Späne *pl*. **~ of old paint/of rust** abgekratzte alte Farbe/abgekratzter Rost.

scrap iron *n* Alteisen *nt*; **scrap merchant** *n* Schrotthändler(in *f*) *m*; **scrap metal** *n* Schrott *m*, Altmetall *nt*.

scrappiness ['skræpɪnɪs] *n* (*of knowledge*) Lückenhaftigkeit *f*. **she apologized for the ~ of the meal** sie entschuldigte sich für das zusammengewürfelte Essen.

scrappy ['skræpɪ] *adj* (+*er*) zusammengestückelt, zusammengestoppelt (*inf*); *knowledge* lückenhaft.

scrap yard *n* Schrottplatz *m*.

scratch [skrætʃ] **I** *n* **1.** (*mark*) Kratzer *m*.

2. (*act*) **to give sb a ~** jdn kratzen; **to have a ~** sich kratzen; **the dog enjoys a ~** der Hund kratzt sich gern; **a ~ of the pen** ein Federstrich *m*.

3. (*sound*) Kratzen *nt no pl*.

4. to start from ~ (ganz) von vorn(e) anfangen; (*Sport*) ohne Vorgabe anfangen; **to start sth from ~** etw ganz von vorne anfangen; *business* etw aus dem Nichts aufbauen; **to learn a language/a new trade from ~** eine Sprache ganz von Anfang an *or* von Grund auf erlernen/einen neuen Beruf von der Pike auf *or* von Grund auf erlernen; **to be** *or* **come up to ~** (*inf*) die Erwartungen erfüllen, den Anforderungen entsprechen; **he/it is not quite up to ~ yet** (*inf*) er/es läßt noch zu wünschen übrig; **to bring sb up to ~** jdn auf Vordermann bringen (*inf*).

II *adj attr* **1.** *meal* improvisiert; *crew, team* zusammengewürfelt. **2.** (*with no handicap*) ohne Vorgabe.

III *vt* **1.** kratzen; *hole* scharren; (*leave ~es on*) zerkratzen. **she ~ed the dog's ear** sie kratzte den Hund am Ohr; **to ~ sth away** etw abkratzen; **we ~ed our names in the wood** wir ritzten unsere Namen ins Holz; **to ~ a living** sich (*dat*) einen kümmerlichen Lebensunterhalt verdienen; **he ~ed a living out of** *or* **from the soil** er konnte sich nur mühsam von den Erträgen des Bodens ernähren; **to ~ one's head** (*lit, fig*) sich am Kopf kratzen; **if you ~ my back, I'll ~ yours** (*fig*) eine Hand wäscht die andere; **to ~ the surface of sth** (*fig*) etw oberflächlich berühren.

2. to ~ sb/sb's name off a list jdn/jds Namen von *or* aus einer Liste streichen.

3. (*Sport*) (*withdraw*) streichen; *horse* zurückziehen.

IV *vi* **1.** (*make ~ing movement/noise*) kratzen; (*in soil*) scharren; (*~ oneself*) sich kratzen.

2. (*become ~ed*) **the new paint will ~ easily/won't ~** die neue Farbe bekommt leicht Kratzer/bekommt keine Kratzer.

3. (*Sport*) zurücktreten. **to ~ from** nicht antreten zu.

◆**scratch about** *or* **around** *vi* (*lit*) herumscharren; (*fig inf*) sich umtun (*inf*) *or* umsehen (*for* nach).

◆**scratch out** *vt sep* auskratzen; (*cross out*) ausstreichen.

◆**scratch together** *see* **scratch up 2..**

◆**scratch up** *vt sep* **1.** (*lit*) ausscharren. **2.** (*fig*) *money* zusammenkratzen; *team* zusammenbringen, auftreiben (*inf*).

scratch card *n* (*for lottery*) Rubbelkarte *f*; **scratch file** *n* (*Comput*) Arbeitsdatei *f*.

scratchily ['skrætʃɪlɪ] *adv* kratzend.

scratchiness ['skrætʃɪnɪs] *n* Kratzen *nt*.

scratching ['skrætʃɪŋ] *n* (*Mus: disc jockey technique*) Scratching *nt*.

scratch line *n* (*US*) (*in races*) Startlinie *f*; (*jumping*) Absprunglinie *f*; (*throwing*) Abwurflinie *f*; **scratch method** *n* (*Med*) (*test*) Skarifikation *f* (*spec*); (*inoculation*) Ritzmethode *f*; **scratch pad** *n* (*US, Comput*) Notizblock *m*; (*Comput also*) Notizblockspeicher *m*; **scratch paper** *n* (*US*) Notizpapier *nt*; **scratch test** *n* (*Med*) Kutanreaktionstest, Einreibungstest *m*.

scratchy ['skrætʃɪ] *adj* (+*er*) *sound, pen* kratzend *attr*; *record* zerkratzt; *feel, sweater* kratzig. **does his beard feel ~?** kratzt sein Bart?; **my old record-player has a rather ~ tone** mein alter Plattenspieler kracht ziemlich.

scrawl [skrɔːl] **I** *n* Krakelei *f*, Gekrakel *nt* (*inf*); (*handwriting*) Klaue *f* (*inf*); (*inf: message*) gekritzelte Nachricht.

II *vt* hinschmieren (*inf*), hinkritzeln. **it's been ~ed all over** es war ganz vollgeschmiert.

III *vi* krakeln (*inf*), schmieren.

scrawny ['skrɔːnɪ] *adj* (+*er*) dürr.

scream [skriːm] **I** *n* **1.** Schrei *m*; (*of saw, tyres*) Kreischen *nt*; (*of engines, siren*) Heulen *nt*. **there were ~s of laughter from the audience** das Publikum kreischte vor Lachen; **to give a ~** einen Schrei ausstoßen; **a ~ of pain/fear** ein Schmerzensschrei/ ein Aufschrei *m*.

2. (*fig inf*) **to be a ~** zum Schreien sein (*inf*).

II *vt* schreien; *command* brüllen; (*fig: headlines*) ausschreien. **to ~ sth at sb** jdm etw zuschreien; **to ~ one's head off** (*inf*) sich (*dat*) die Lunge aus dem Leib *or* Hals schreien.

III *vi* schreien; (*saw, tyres*) kreischen; (*wind, engine, siren*) heulen. **to ~ at sb** jdn anschreien; **to ~ for sth** nach etw schreien; **to ~ with pain** vor Schmerzen schreien; **to ~ with laughter** vor Lachen kreischen; **newspaper headlines which ~ at you** (*fig*) Schlagzeilen, die einem entgegenschreien.

◆**scream out I** *vi* aufschreien. **to ~ ~ for sth** (*lit, fig*) nach etw schreien. **II** *vt sep* ausschreien; (*person*) hinausschreien; *name* schreien, rufen; *warning* ausstoßen.

screaming ['skri:mɪŋ] *adj* (*lit, fig*) schreiend; *saw, tyres* kreischend; *wind, engine, siren* heulend.

screamingly ['skri:mɪŋlɪ] *adv*: **~ funny** (*inf*) zum Schreien komisch (*inf*).

scree [skri:] *n* Geröll *nt*. **~ slope** Geröllhalde *f*, Geröllfeld *nt*.

screech [skri:tʃ] **I** *n* Kreischen *nt no pl*; (*of women, tyres also, of brakes*) Quietschen *nt no pl*; (*of owl*) Schrei *m*; (*of whistle*) Schrillen *nt no pl*. **the car stopped with a ~ of brakes** das Auto hielt mit quietschenden Bremsen; **to give a ~ of laughter** vor Lachen kreischen; **~ owl** Schleiereule *f*.

II *vt* schreien; *high notes* quietschen.

III *vi* kreischen; (*women, brakes, tyres also*) quietschen. **to ~ with pain** vor Schmerzen schreien; **to ~ with laughter** vor Lachen kreischen; **to ~ with delight** vor Vergnügen quietschen; **jet planes ~ing over the housetops** Düsenflugzeuge, die heulend über die Hausdächer fliegen.

screed [skri:d] *n* Roman *m* (*inf*). **to write ~s (and ~s)** (*inf*) ganze Romane schreiben (*inf*).

screen [skri:n] **I** *n* **1.** (*protective*) Schirm *m*; (*for privacy*) Wandschirm *m*; (*as partition*) Trennwand *f*; (*against insects*) Fliegenfenster *nt*; (*against light*) Verdunklungsschutz *m*; (*fig*) (*for protection*) Schutz *m*; (*of trees*) Wand *f*; (*of mist, secrecy*) Schleier *m*; (*of indifference*) Mauer *f*. **~ of smoke** Rauchschleier *m*, Nebelwand *f*; **protected by a ~ of destroyers** durch eine Zerstörerflotte geschützt.

2. (*Film*) Leinwand *f*; (*TV, radar ~*) (Bild) schirm *m*. **stars of the ~** Filmstars *pl*; **to write for the ~** für den Film/das Fernsehen schreiben; **the big ~** die Leinwand; **the small ~** die Mattscheibe.

3. (*Comput*) Bildschirm *m*. **on ~** auf Bildschirm (*dat*); **to edit on ~** am Bildschirm editieren; **to move forward a ~** einen Bildschirm vorrücken.

4. (*sieve*) (Gitter)sieb *nt*

5. (*in church*) Lettner *m*.

6. (*Cricket*) *see* **sight ~**.

II *vt* **1.** (*hide*) verdecken; (*protect*) abschirmen; (*fig*) schützen (*from* vor +*dat*), abschirmen (*from* gegen). **to ~ the windows/doors** (*with screen*) einen Schirm vor die Fenster/Türen stellen; (*with fabric*) die Fenster/Türen verhängen; (*against light*) die Fenster/Türen verdunkeln; (*against insects*) Fliegenfenster an den Fenstern/Türen anbringen; **to ~ sth from the enemy** etw vor dem Feind tarnen *or* verbergen; **he ~ed his eyes from the sun** er schützte die Augen vor der Sonne.

2. *TV programme* senden; *film* vorführen.

3. (*sift*) sieben.

4. (*investigate*) überprüfen.

◆**screen off** *vt sep* (durch einen Schirm/Vorhang/eine Wand) abtrennen.

screen actor *n* Filmschauspieler *m*; **screen actress** *n* Filmschauspielerin *f*.

screening ['skri:nɪŋ] *n* **1.** (*of applicants, security risks*) Überprüfung *f*. **2.** (*of film*) Vorführung *f*; (*TV*) Sendung *f*.

screenplay *n* Drehbuch *nt*; **screen-print I** *n* Siebdruck *m*; **II** *vt* im Siebdruckverfahren drucken; **screen-printing** *n* Siebdruck(verfahren *nt*) *m*; **screen-saver** *n* (*Comput*) Bildschirmschoner *m*; **screen test** *n* Probeaufnahmen *pl*; **screen writer** *n* Drehbuchautor(in *f*) *m*.

screw [skru:] **I** *n* **1.** (*Mech*) Schraube *f*. **he's got a ~ loose** (*inf*) bei dem ist eine Schraube locker (*inf*); **to put the ~s on sb** (*inf*) jdm die Daumenschrauben anlegen (*inf*).

2. (*Naut, Aviat*) Schraube *f*, Propeller *m*.

3. (*action*) Drehung *f*. **to give sth a ~** an etw (*dat*) drehen.

4. (*sl: sexual intercourse*) Nummer *f* (*sl*). **he/she is a good ~** er/sie bumst gut (*inf*); **to have a ~** vögeln (*sl*), bumsen (*inf*).

5. (*Brit sl: wage*) **he earns a good ~** er verdient einen schönen Zaster (*sl*).

6. (*Brit sl: prison officer*) Schließer (*inf*), Kapo (*dial*) *m*.

II *vt* **1.** schrauben (*to* an +*acc*, *onto* auf +*acc*). **he ~ed his head round** er drehte seinen Kopf herum; **she ~ed her handkerchief into a ball** sie knüllte ihr Taschentuch zu einem Knäuel zusammen; **he ~ed his face into a smile** er verzog das Gesicht zu einem Lächeln.

2. (*inf: put pressure on*) in die Mangel nehmen (*inf*). **to ~ sb for sth** etw aus jdm herausquetschen (*inf*).

3. (*sl: have intercourse with*) bumsen (*inf*), vögeln (*sl*).

4. (*sl: rip off*) abzocken (*sl*); (*cheat also*) bescheißen (*sl*). **we're not out to ~ you for every penny you've got** wir wollen dir nicht jeden Pfennig abzocken (*sl*).

III *vi* **1.** (*can be ~ed*) sich schrauben lassen; (*fasten with screw*) angeschraubt werden.

2. (*sl: have intercourse*) bumsen (*inf*), vögeln (*sl*).

◆**screw down** *vt sep* an- *or* festschrauben.

◆**screw in I** *vt sep* (hin)einschrauben (*prep obj, -to* in +*acc*). **II** *vi* (hin)eingeschraubt werden (*prep obj, -to* in +*acc*).

◆**screw off I** *vt sep* abschrauben (*prep obj* von). **II** *vi* abgeschraubt werden (*prep obj* von).

◆**screw on I** *vt sep* anschrauben. **to ~ sth ~(to) sth** etw an etw (*acc*) schrauben; *lid, top* etw auf etw (*acc*) schrauben; **it was ~ed ~ tightly** es war festgeschraubt; (*lid, top*) es war fest zugeschraubt; **to have one's head ~ed ~ (the right way)** (*inf*) ein vernünftiger Mensch sein.

II *vi* aufgeschraubt werden; (*be fastened with screws*) angeschraubt werden.

◆**screw out** I *vt sep* herausschrauben (*of* aus). **to ~ sth ~ of sb** (*inf*) *money* etw aus jdm herausquetschen (*inf*); *concessions* etw aus jdm herauspressen. II *vi* herausgeschraubt werden.
◆**screw together** I *vt sep* zusammenschrauben. II *vi* zusammengeschraubt werden.
◆**screw up** I *vt sep* 1. *screw, nut* anziehen.
2. (*crush*) *paper, material* zusammenknüllen, zerknüllen.
3. *eyes* zusammenkneifen; *face* verziehen. **to ~ ~ one's courage** seinen ganzen Mut zusammennehmen; **to ~ oneself ~ to do sth** sich aufraffen, etw zu tun.
4. (*sl: spoil*) vermasseln (*inf*).
5. (*sl: make uptight*) *sb* neurotisch machen. **he's so ~ed ~** er ist total verkorkst (*inf*), der hat einen Knacks weg (*sl*); **to be ~ed ~ about sth** sich wegen etw ganz verrückt machen.
II *vi* (*sl: make a mess*) Scheiße bauen (*sl*) (*on sth* bei etw).
screwball (*esp US sl*) I *n* Spinner(in *f*) *m* (*inf*); II *adj* hirnverbrannt (*inf*); **screwdriver** *n* Schraubenzieher *m*.
screwed [skru:d] *adj* (*Brit sl: drunk*) voll (*sl*), fett (*sl*).
screw top *n* Schraubverschluß *m*; **screw-topped** ['skru:ˌtɒpt] *adj* mit Schraubverschluß; **screw-up** *n* (*sl: muddle*) Chaos *nt* (*inf*); **it was one big ~** es war das totale Chaos (*inf*).
screwy ['skru:ɪ] *adj* (+*er*) (*inf*) verrückt, bekloppt (*sl*); *person, humour* komisch, schrullig.
scribal ['skraɪbl] *adj* Schreib-; (*copying*) Abschreib-.
scribble ['skrɪbl] I *n* Gekritzel *nt no pl*; (*note*) schnell hingekritzelte Nachricht.
II *vt* hinkritzeln. **to ~ sth on sth** etw auf etw (*acc*) kritzeln; **paper ~d (over) with notes** mit Notizen vollgekritzeltes Papier; **to ~ sth down** etw hinkritzeln.
III *vi* 1. kritzeln. **the children ~d all over the wallpaper** die Kinder haben die ganze Tapete vollgekritzelt.
2. (*inf: write novel etc*) schreiben.
scribbler ['skrɪbləʳ] *n* (*inf*) Schreiberling *m*.
scribbling block ['skrɪblɪŋˌblɒk], **scribbling pad** ['skrɪblɪŋˌpæd] *n* (*Brit*) Schreibblock, Notizblock *m*.
scribe [skraɪb] *n* Schreiber *m*; (*Bibl*) Schriftgelehrte(r) *m*.
scrimmage ['skrɪmɪdʒ] I *n* (*US Ftbl*) Gedränge *nt*; (*inf: struggle also*) Rangelei *f* (*inf*); (*Rugby*) offenes Gedränge. **~s with the police** Handgemenge *nt* mit der Polizei. II *vi* sich drängen.
scrimp [skrɪmp] *vi* sparen, knausern. **to ~ and save** geizen und sparen.
script [skrɪpt] I *n* 1. (*style of writing*) Schrift *f*; (*joined writing*) Schreibschrift *f*; (*handwriting*) Handschrift *f*; (*Typ: cursive*) Kursivdruck *m*. 2. (*Sch, Univ*) (schriftliche) Arbeit. 3. (*of play, documentary*) Text *m*; (*screenplay*) Drehbuch *nt*; (*of talk etc*) (Manu)skript *nt*.
II *vt* den Text schreiben zu/das Drehbuch/(Manu)skript schreiben für. **a ~ed discussion** eine vorbereitete Diskussion.
script girl *n* (*Film*) Scriptgirl *nt*.
scriptorium [skrɪp'tɔ:rɪəm] *n, pl* **scriptoria** [skrɪp'tɔ:rɪə] Schreibstube *f* (*eines Klosters*).
scriptural ['skrɪptʃərəl] *adj* Bibel-; *characters* biblisch.
scripture ['skrɪptʃəʳ] *n* 1. **S~, the S~s** die (Heilige) Schrift; **the Hindu ~s** die heiligen Schriften *or* Bücher der Hindus. 2. (*Sch*) Religion *f*.
scriptwriter ['skrɪptˌraɪtəʳ] *n* Textautor(in *f*) *m*/Drehbuchautor(in *f*) *m*/Verfasser(in *f*) *m* des (Manu)skripts.
scrivener ['skrɪvənəʳ] *n* (*Hist*) Schreiber *m*.
scroll [skrəʊl] I *n* 1. Schriftrolle *f*; (*decorative*) Schnörkel *m*; (*volute, of violin*) Schnecke *f*.
2. (*Comput*) Scrollen *nt*.
II *vi* (*Comput*) blättern.
◆**scroll down** I *vt sep* vorrollen, vorscrollen. II *vi* vorrollen, vorscrollen.
◆**scroll up** I *vt sep* zurückrollen, zurückscrollen. II *vi* zurückrollen, zurückscrollen.
Scrooge [skru:dʒ] *n* Geizhals *m*.
scrotum ['skrəʊtəm] *n* (*Anat*) Hodensack *m*, Skrotum *nt* (*spec*).
scrounge [skraʊndʒ] (*inf*) I *vi* 1. (*sponge*) schnorren (*inf*) (*off, from* bei). **he ~d off his parents for years** er lag seinen Eltern jahrelang auf der Tasche (*inf*).
2. (*hunt*) **to ~ around for sth** nach etw herumsuchen.
II *vt* schnorren (*inf*), abstauben (*inf*) (*from, off* bei).
III *n* (*inf*) **to be on the ~** am Schnorren *or* Abstauben sein (*inf*).
scrounger ['skraʊndʒəʳ] *n* (*inf*) Schnorrer *m* (*inf*).
scrounging ['skraʊndʒɪŋ] *n* (*inf*) Schnorrerei *f* (*inf*).
scrub[1] [skrʌb] *n* Gebüsch, Gestrüpp *nt*; (*also* **~land**) Gestrüpp *nt*; (*tropical*) Busch(land *nt*) *m*.
scrub[2] I *n* Schrubben *nt no pl*. **to give sth a ~/a good ~** etw schrubben/gründlich abschrubben; **~woman** (*US*) Scheuer- *or* Putzfrau *f*. II *vt* schrubben; *vegetables* putzen; (*inf: cancel*) abblasen (*inf*); *idea* abschreiben (*inf*).
◆**scrub down** *vt sep walls, oneself* abschrubben.
◆**scrub out** *vt sep pans etc* ausscheuern.
◆**scrub up** *vi* sich (*dat*) die Hände waschen *or* schrubben (*inf*).
scrubber ['skrʌbəʳ] *n* (*Brit sl*) (billiges) Flittchen.
scrubbing brush ['skrʌbɪŋˌbrʌʃ] *n* Scheuerbürste *f*.
scrubby ['skrʌbɪ] *adj* (+*er*) *bushes, beard* struppig; *countryside* Busch-, mit Buschwerk bewachsen; *chin* stoppelig.
scruff[1] [skrʌf] *n* **by the ~ of the neck** am Genick.
scruff[2] *n* (*inf: scruffy person*) (*woman*) Schlampe *f* (*inf*); (*man*) abgerissener Typ (*inf*).
scruffily ['skrʌfɪlɪ] *adv* (*inf*) vergammelt (*inf*).

scruffiness ['skrʌfɪnɪs] *n* (*inf*) vergammelter Zustand (*inf*), vergammeltes Aussehen (*inf*).

scruffy ['skrʌfɪ] *adj* (+*er*) (*inf*) vergammelt (*inf*); *house, park also* verlottert (*inf*), verwahrlost.

scrum [skrʌm] *n* (*Rugby*) Gedränge *nt.* ~ **half** Gedrängehalbspieler *m.*

scrummage ['skrʌmɪdʒ] *n* offenes Gedränge.

scrumptious ['skrʌmpʃəs] *adj* (*inf*) *meal* lecker; *girl* zum Anbeißen (*inf*).

scrumpy ['skrʌmpɪ] *n* ≃ Most *m* (*S Ger, Aus, Sw*), *starker Cider in Südwestengland.*

scrunch [skrʌntʃ] **I** *n* Knirschen *nt.*

II *vt* **his feet ~ed the gravel/snow** der Kies/Schnee knirschte unter seinen Füßen.

III *vi* (*gravel, snow*) knirschen. **he came ~ing up the garden path** er ging mit knirschenden Schritten den Gartenweg hinauf.

scruple ['skru:pl] **I** *n* Skrupel *m.* **~s** (*doubts*) (moralische) Bedenken *pl*; **to be without ~, to have no ~s** keine Skrupel haben. **II** *vi* **not to ~ to do sth** keine Skrupel haben, etw zu tun.

scrupulous ['skru:pjʊləs] *adj* (*person*) gewissenhaft; *honesty, fairness* unbedingt, kompromißlos; *cleanliness* peinlich; *account* (peinlich) genau. **he is not too ~ in his business dealings/in matters of cleanliness** er hat keine allzu großen Skrupel bei seinen Geschäften/er nimmt es mit der Sauberkeit nicht so genau.

scrupulously ['skru:pjʊləslɪ] *adv* (*honestly, conscientiously*) gewissenhaft; (*meticulously*) *exact, clean* peinlich; *fair, careful* äußerst.

scrupulousness ['skru:pjʊləsnɪs] *n* (*honesty, fairness*) Gewissenhaftigkeit *f*; (*meticulousness*) (peinliche) Genauigkeit.

scrutineer [ˌskru:tɪ'nɪəʳ] *n* (*Brit Pol*) Wahlprüfer(in *f*) *m.*

scrutinize ['skru:tɪnaɪz] *vt* (*examine*) (genau) untersuchen; (*check*) genau prüfen; *votes* prüfen; (*stare at*) prüfend ansehen, mustern. **to ~ sth for sth** etw auf etw (*acc*) untersuchen *or* prüfen.

scrutiny ['skru:tɪnɪ] *n* **1.** (*examination*) Untersuchung *f*; (*checking*) (Über)prüfung *f*; (*of person*) Musterung *f*; (*stare*) prüfender *or* musternder Blick. **2.** (*Pol*) Wahlprüfung *f.*

scuba ['sku:bə] *n* (Schwimm)tauchgerät *nt.* ~ **diver** Sport-taucher(in *f*) *m*; ~ **diving** Sporttauchen *nt.*

scud [skʌd] *vi* flitzen; (*clouds*) jagen.

scuff [skʌf] **I** *vt* abwetzen. **don't ~ your feet like that!** schlurf nicht so! **II** *vi* schlurfen. **III** *n* **1.** (~ *mark*) abgewetzte Stelle. **2.** (*US: slipper*) Pantolette *f.*

scuffle ['skʌfl] **I** *n* (*skirmish*) Rauferei *f* (*inf*), Handgemenge *nt.* **II** *vi* (*have skirmish*) sich raufen; (*make noise*) poltern. **to ~ with the police** ein Handgemenge mit der Polizei haben.

scull [skʌl] **I** *n* (*oar*) Skull *nt*; (*boat*) Skullboot *nt.* **II** *vt* rudern. **III** *vi* rudern, skullen (*spec*).

scullery ['skʌlərɪ] *n* Spülküche *f.* **~-maid** Küchenmagd *f.*

sculpt [skʌlpt] **I** *vt see* **sculpture 2. II** *vi* bildhauern (*inf*). **he ~s for a living** er verdient sich (*dat*) seinen Lebensunterhalt als Bildhauer.

sculptor ['skʌlptəʳ] *n* Bildhauer(in *f*) *m.*

sculptress ['skʌlptrɪs] *n* Bildhauerin *f.*

sculptural ['skʌlptʃərəl] *adj* plastisch; (*of statues*) bildhauerisch. **the ~ work on the cathedral** die Skulpturenarbeit der Kathedrale.

sculpture ['skʌlptʃəʳ] **I** *n* (*art*) Bildhauerkunst, Skulptur *f*; (*work*) Bildhauerei *f*; (*object*) Skulptur, Plastik *f.*

II *vt* formen, arbeiten; (*in stone*) hauen, meißeln; (*in clay*) modellieren. **he ~d the tombstone out of marble** er haute den Grabstein in Marmor.

scum [skʌm] *n* **1.** (*on liquid*) Schaum *m*; (*residue*) Rand *m.* **a pond covered in green ~** ein mit einer grünen Schleimschicht bedeckter Teich.

2. (*pej inf*) Abschaum *m*; (*one individual*) Dreck(s)kerl *m* (*inf*). **the ~ of the earth** der Abschaum der Menschheit.

scupper ['skʌpəʳ] **I** *n* Speigatt *nt.* **II** *vt* **1.** (*Naut*) versenken. **2.** (*Brit inf: ruin*) zerschlagen. **if he finds out, we'll be ~ed** wenn er das erfährt, sind wir erledigt (*inf*).

scurf [skɜ:f] *n* Schuppen *pl.*

scurrility [skʌ'rɪlɪtɪ] *n* (*abusiveness*) Ehrenrührigkeit *f*; (*of person*) verleumderische Art; (*abusive remark*) Verleumdung, Verunglimpfung *f*; (*indecency*) Zotigkeit, Unflätigkeit *f*; (*indecent remark*) zotige *or* unflätige Bemerkung.

scurrilous ['skʌrɪləs] *adj* (*abusive*) verleumderisch; *remark, attack, story also* ehrenrührig; (*indecent*) unflätig, zotig.

scurrilously ['skʌrɪləslɪ] *adv see adj.*

scurry ['skʌrɪ] **I** *n* (*hurry*) Hasten *nt*; (*sound*) Trippeln *nt.* **there was a ~ to leave the room** alle hatten es eilig, das Zimmer zu verlassen.

II *vi* (*person*) hasten; (*with small steps*) eilig trippeln; (*animals*) huschen. **to ~ along** entlanghasten/entlangtrippeln/entlanghuschen; **they scurried out of the classroom** sie hatten es alle eilig, aus dem Klassenzimmer zu kommen; **to ~ for shelter** sich (*dat*) eilig einen Unterschlupf suchen.

scurvy ['skɜ:vɪ] *n* Skorbut *m.*

scut [skʌt] *n* Stummelschwanz *m.*

scuttle[1] ['skʌtl] *n* Kohleneimer *m.*

scuttle[2] *vi* (*person*) trippeln; (*animals*) hoppeln; (*spiders, crabs etc*) krabbeln. **she/it ~d off in a hurry** sie/es flitzte davon.

scuttle[3] (*Naut*) **I** *n* Luke *f.* **II** *vt* versenken.

scythe [saɪð] **I** *n* Sense *f.* **II** *vt* (mit der Sense) mähen.

Scythia ['sɪθɪə] *n* Skythien *nt.*

SDI *abbr of* **strategic defence initiative** SDI *f.*

SDP (*Brit*) *abbr of* **Social Democratic Party.**

SE *abbr of* **south-east** SO.

sea [si:] *n* **1.** Meer *nt*, See *f.* **by ~** auf dem

Seeweg; **to travel by ~** mit dem Schiff fahren; **a town by** *or* **on the ~** eine Stadt am Meer *or* an der See; **(out) at ~** auf See; **as I looked out to ~** als ich aufs Meer hinausblickte; **to be all at ~** (*fig*) nicht durchblicken (*with* bei) (*inf*); **I'm all at ~ about how to answer this question** ich habe keine Ahnung, wie ich die Frage beantworten soll; **to go to ~** zur See gehen; **to put to ~** in See stechen.

2. (*state of the ~*) See *f no pl*, Seegang *m*. **heavy/strong ~s** schwere/rauhe See.

3. (*fig*) Meer *nt*. **a ~ of faces** ein Meer von Gesichtern; **a ~ of flame** ein Flammenmeer.

sea air *n* Seeluft *f*; **sea anemone** *n* Seeanemone *f*; **sea animal** *n* Meerestier *nt*; **sea-based** *adj missiles* seegestützt; **sea bathing** *n* Baden *nt* im Meer; **sea battle** *n* Seeschlacht *f*; **seabed** *n* Meeresboden, Meeresgrund (*geh*) *m*; **sea bird** *n* Seevogel *m*; **seaboard** *n* (*US*) Küste *f*; **seaborne** *adj trade* See-; *fruit, articles* auf dem Seeweg befördert; **~ goods** Seefrachtgüter *pl*; **sea breeze** *n* Seewind *m*; **sea change** *n* totale Veränderung; **sea coast** *n* Meeresküste *f*; **sea cow** *n* Seekuh *f*; **sea cucumber** *n* Seegurke, Seewalze *f*; **sea dog** *n* (*inf: sailor*) Seebär *m*; (*seal*) Seehund *m*; **sea elephant** *n* Elefantenrobbe *f*, See-Elefant *m*; **seafarer** *n* Seefahrer *m*; **seafaring I** *adj nation, people* seefahrend; *boat* hochseetüchtig; **~ man** Seefahrer *m*; **II** *n* Seefahrt *f*; **seafish** *n* See- *or* Meeresfisch *m*; **seafog** *n* Küstennebel, Seenebel *m*; **seafood** *n* Meeresfrüchte *pl*; **sea front** *n* (*beach*) Strand *m*; (*promenade*) Strandpromenade *f*; **seagoing** *adj boat* hochseetüchtig; *nation, family* Seefahrer-; **seagull** *n* Möwe *f*; **seahorse** *n* Seepferdchen *nt*; **seakale** *n* See- *or* Strandkohl *m*.

seal[1] [siːl] **I** *n* (*Zool*) Seehund *m*; (*~skin*) Seal *m*. **II** *vi* Seehunde jagen. **to go ~ing** auf Seehundfang *or* -jagd gehen; **to go on a ~ing expedition** an einer Seehundjagd teilnehmen.

seal[2] I *n* **1.** (*impression in wax*) Siegel *nt*; (*against unauthorized opening*) Versiegelung *f*; (*of metal*) Plombe *f*; (*die*) Stempel *m*; (*ring*) Siegelring *m*; (*decorative label*) Aufkleber *m*. **under the ~ of secrecy** unter dem Siegel der Verschwiegenheit; **the ~ of the confessional** das Beichtgeheimnis; **~ of quality** Gütesiegel *nt*; **to put one's** *or* **the ~ of approval on sth** einer Sache (*dat*) seine offizielle Zustimmung geben; **to set one's ~ to sth** (*lit, fig*) unter etw (*acc*) sein Siegel setzen; **this set the ~ on their friendship** das besiegelte ihre Freundschaft.

2. (*airtight closure*) Verschluß *m*; (*washer*) Dichtung *f*.

II *vt* versiegeln; *envelope, parcel also* zukleben; (*with wax*) siegeln; (*make air- or watertight*) *joint, container* abdichten; *porous surface* versiegeln; (*fig: settle, finalize*) besiegeln. **~ed envelope** verschlossener Briefumschlag; **~ed orders** versiegelte Order; **~ the meat before adding the stock** Poren (durch rasches Anbraten) schließen und dann Fleischbrühe hinzufügen; **my lips are ~ed** meine Lippen sind versiegelt; **this ~ed his fate** dadurch war sein Schicksal besiegelt.

◆**seal in** *vt sep* einschließen. **this process ~s all the flavour ~** dieses Verfahren erhält das volle Aroma.

◆**seal off** *vt sep* absperren, abriegeln.

◆**seal up** *vt sep* versiegeln; *parcel, letter* zukleben; *crack, windows* abdichten.

sea-launched [ˈsiːˌlɔːnʃt] *adj missiles* seegestützt.

sea legs *npl*: **to get** *or* **find one's ~** (*inf*) standfest werden.

sealer[1] [ˈsiːləʳ] *n* (*boat, person*) Robbenfänger *m*.

sealer[2] *n* (*varnish*) (Ver)siegeler *m*.

sea level *n* Meeresspiegel *m*. **above/below ~** über/unter dem Meeresspiegel.

sealing wax [ˈsiːlɪŋˌwæks] *n* Siegelwachs *nt*.

sea lion *n* Seelöwe *m*.

sealskin *n* Seehundfell *nt*, Seal *m*.

Sealyham [ˈsiːlɪəm] *n* Sealyham-Terrier *m*.

seam [siːm] **I** *n* **1.** Naht *f*; (*scar*) Narbe *f*; (*Naut*) Fuge *f*. **to come apart at the ~s** aus den Nähten gehen; **to be bursting at the ~s** (*lit, fig*) aus allen Nähten platzen (*inf*). **2.** (*Geol*) Flöz *nt*.

II *vt* (*sew, join*) nähen; (*fig: mark with lines*) durchziehen.

seaman [ˈsiːmən] *n, pl* **-men** [-mən] Seemann *m*.

seamanlike *adj* seemännisch; **seamanship** *n* Seemannschaft *f*.

sea mile *n* Seemeile *f*.

seamless [ˈsiːmlɪs] *adj stockings* nahtlos; *cardigan* ohne Nähte.

seamstress [ˈsemstrɪs] *n* Näherin *f*.

seam-welding [ˈsiːmˌweldɪŋ] *n* Nahtverschweißung *f*.

seamy [ˈsiːmɪ] *adj* (+*er*) *club, bar, person* heruntergekommen; *story, area, past* zwielichtig. **the ~ side of life** die Schattenseite des Lebens.

séance [ˈseɪɑ̃ːns] *n* spiritistische Sitzung, Séance *f*.

sea pink *n* (gemeine) Grasnelke; **sea plane** *n* Wasserflugzeug *nt*; **sea port** *n* Seehafen *m*; **sea power** *n* Seemacht *f*.

sear [sɪəʳ] *vt* **1.** (*burn: hot metal, water*) verbrennen; (*pain*) durchzucken; (*Med: cauterize*) ausbrennen; (*Cook: brown quickly*) rasch anbraten; (*fig*) zutiefst treffen.

2. (*scorch, wither: sun, wind*) ausdörren, austrocknen.

search [sɜːtʃ] **I** *n* (*hunt: for lost object, missing person*) Suche *f* (*for* nach); (*examination: of cupboard, luggage, suspect*) Durchsuchung *f* (*of gen*); (*esp Jur: of documents*) Nachforschungen *pl* (*of* über +*acc*); (*Comput*) Suchlauf *m*. **right of ~** Durchsuchungsrecht *nt*; **to go in ~ of sb/sth** auf die Suche nach jdm/etw gehen; **to make a ~ in** *or* **of a house** eine Haus(durch)suchung machen; **to make a ~ for sb/sth** nach jdm/etw suchen; **to do a ~ (and replace) for sth** (*Comput*) etw suchen (und ersetzen).

II *vt* (*for* nach) durchsuchen; *archives, records* suchen in (+*dat*), durchforschen; *conscience* erforschen; *memory, sb's face* durchforschen. **to ~ a place for sb/sth** einen Ort nach jdm absuchen/nach etw durch- *or* absuchen; **~ me!** (*inf*) was weiß ich? (*inf*).

III *vi* (*also Comput*) suchen (*for* nach).

◆**search about** *or* **around** *vi* herumstöbern (*in* in +*dat*); (*in country*) (herum)suchen (*in* in +*dat*).

◆**search out** *vt sep* heraussuchen; *person* ausfindig machen, aufspüren; *cause* herausfinden.

◆**search through** *vi* +*prep obj* durchsuchen; *papers, books* durchsehen.

searcher ['sɜːtʃəʳ] *n* (*customs*) Durchsuchungsbeamte(r) *m*, Durchsuchungsbeamtin *f*. **the ~s** (*search party*) die Suchmannschaft *f*.

searching *adj*, **~ly** *adv* ['sɜːtʃɪŋ, -lɪ] *look* prüfend, forschend; *question* durchdringend, bohrend.

searchlight *n* Suchscheinwerfer *m*; **search party** *n* Suchmannschaft *f*; **search tuning** *n* (*Rad*) Sendersuchlauf *m*; **search warrant** *n* Durchsuchungsbefehl *m*.

searing ['sɪərɪŋ] *adj heat* glühend; *pain also* scharf; *wind* glühend heiß; (*fig*) *grief, sense of loss* quälend.

seascape *n* Seestück *nt*; **sea serpent** *n* Seeschlange *f*; **sea shanty** *n* Seemannslied *nt*; **sea shell** *n* Muschel(schale) *f*; **seashore** *n* Strand *m*; **on the ~** am Strand; **seasick** *adj* seekrank; **seasickness** *n* Seekrankheit *f*; **seaside I** *n* **at the ~** am Meer; **to go to the ~** ans Meer fahren; **II** *attr resort, town* See-; *concert* Strand-; **~ holidays/activities** Ferien/Vergnügungsmöglichkeiten am Meer; **sea snake** *n* (*Zool*) Seeschlange *f*.

season ['siːzn] **I** *n* **1.** (*of the year*) Jahreszeit *f*. **rainy/monsoon ~** Regen-/Monsunzeit *f*.

2. (*social ~, sporting ~ etc*) Saison *f*. **holiday ~** Urlaubszeit *f*; **nesting/hunting ~** Brut-/Jagdzeit *f*; **the football ~** die Fußballsaison; **the strawberry ~** die Erdbeerzeit; **strawberries are in ~/out of ~ now** für Erdbeeren ist jetzt die richtige/nicht die richtige Zeit; **their bitch is in ~** ihre Hündin ist läufig; **in and out of ~** andauernd, jahrein (und) jahraus; **at the height of the ~/London ~** in der *or* zur Hochsaison/auf dem Höhepunkt der Londoner Saison; **the ~ of good will** (*Christmas*) die Zeit der Nächstenliebe; **"S~'s greetings"** „fröhliche Weihnachten und ein glückliches neues Jahr".

3. (*Theat*) Spielzeit *f*. **they did a ~ at La Scala** sie spielten eine Saison lang an der Scala; **for a ~** eine Spielzeit lang.

4. (*fig liter*) **in due ~** zu gegebener Zeit; **in good ~** rechtzeitig.

II *vt* **1.** *food* würzen; (*fig: temper*) durchsetzen.

2. *wood* ablagern; (*fig: inure*) *troops* stählen.

seasonable ['siːzənəbl] *adj* **1.** *dress, weather* der Jahreszeit entsprechend *attr*. **2.** (*form: timely*) *advice, rebuke* zur rechten Zeit.

seasonal ['siːzənl] *adj employment, workers, rates* Saison-; *disease* jahreszeitlich bedingt.

seasonally ['siːzənəlɪ] *adv* **~ adjusted** *figures* saisonbereinigt.

seasoned ['siːznd] *adj* **1.** *food* gewürzt. **2.** *timber* abgelagert. **3.** (*fig: experienced*) erfahren; *troops also* kampfgestählt.

seasoning ['siːznɪŋ] *n* (*Cook*) Gewürz *nt*; (*fig*) Würze *f*.

season ticket *n* (*Rail*) Zeitkarte *f*; (*Theat*) Abonnement *nt*. **~ holder** Inhaber(in *f*) *m* einer Zeitkarte; Abonnent(in *f*) *m*.

seat [siːt] **I** *n* **1.** (*place to sit*) (Sitz)platz *m*; (*actual piece of furniture*) Sitz *m*; (*usu pl: ~ing*) Sitzgelegenheit *f*. **to have a front ~ at the opera** in der Oper in den vorderen Reihen sitzen; **an aircraft with 250 ~s** ein Flugzeug mit 250 Plätzen *or* Sitzen; **we'll have to borrow some ~s** wir werden uns wohl ein paar Stühle borgen müssen; **to lose one's ~** seinen Platz verlieren *or* loswerden (*inf*); **will you keep my ~ for me?** würden Sie mir meinen Platz freihalten?; **I've booked two ~s** ich habe zwei Plätze reservieren lassen; *see* **take**.

2. (*of chair etc*) Sitz *m*, Sitzfläche *f*; (*of trousers*) Hosenboden *m*; (*buttocks*) Hinterteil *nt*. **he picked him up by the ~ of his pants** er packte ihn beim Hosenboden; **it's a ~-of-the-pants operation** (*inf*) es kommt dabei auf den richtigen Riecher an (*inf*).

3. (*on committee*) Sitz *m*. **a ~ in Parliament** ein Sitz im Parlament, ein Mandat *nt*; **to win a ~** ein Mandat gewinnen; **his ~ is in Devon** sein Wahlkreis *m* ist in Devon.

4. (*centre*) (*of government, commerce*) Sitz *m*; (*of fire, trouble*) Herd *m*. **~ of learning** Lehrstätte *f*.

5. (*country ~, bishop's ~*) Sitz *m*.

6. (*of rider*) Sitz *m*. **to keep/lose one's ~** im Sattel bleiben/aus dem Sattel fallen.

II *vt* **1.** *person* setzen. **to ~ oneself** sich setzen; **to be ~ed** sitzen; **please be ~ed** bitte, setzen Sie sich; **to remain ~ed** sitzen bleiben.

2. (*have sitting room for*) **the car/table/sofa ~s 4** im Auto/am Tisch/auf dem Sofa ist Platz für 4 Personen; **the theatre ~s 900** das Theater hat 900 Sitzplätze.

3. (*Tech: fix in place*) einpassen.

III *vi* (*skirt etc: go baggy*) ausbeulen, sich durchsitzen.

seat belt *n* Sicherheits- *or* Sitzgurt *m*. **to fasten one's ~, to put one's ~ on** sich anschnallen, seinen Sicherheitsgurt anlegen; **"fasten ~s"** „bitte anschnallen".

seating ['siːtɪŋ] *n* Sitzgelegenheiten, Sitzplätze *pl*. **~ arrangements** Sitzordnung *f*; **~ plan** (*Theat etc*) Sitzplan, Bestuhlungsplan *m*; **~ room** Platz *m* zum Sitzen.

SEATO ['siːtəʊ] *abbr of* **South-East Asia**

Treaty Organization SEATO *f.*

sea transport *n* Seetransport *m*; **sea trip** *n* Seereise *f*; **sea trout** *n* Meerforelle *f*; **sea urchin** *n* Seeigel *m*; **sea wall** *n* Deich *m*; **seaward I** *adj direction, course* aufs Meer hinaus; ~ **wind** Seewind *m*; **II** *adv* (*also* ~s) see- *or* meerwärts; **sea water** *n* Meer- *or* Seewasser *nt*; **seaway** *n* (*route*) Seestraße *f*; (*waterway*) Wasserweg *m or* -straße *f*; **seaweed** *n* (Meeres)alge *f*, (See)tang *m*, Seegras *nt*; **seaworthy** *adj* seetüchtig.

sebaceous [sɪ'beɪʃəs] *adj* Talg-. ~ **glands** Talgdrüsen *pl.*

seborrhoea, (*US*) **seborrhea** [sebə'rɪə] *n* Seborrhö(e) *f.*

sebum ['si:bəm] *n* Talg *m.*

secant ['si:kənt] *n* **1.** Sekans *m.* **2.** (*line*) Sekante *f.*

secateurs [ˌsekə'tɜ:z] *npl* Gartenschere *f.*

secede [sɪ'si:d] *vi* sich abspalten.

secession [sɪ'seʃən] *n* Abspaltung *f*; (*US Hist*) Sezession *f.*

secessionist [sɪ'seʃənɪst] **I** *adj* Sezessions-, sezessionistisch. **II** *n* Sezessionist(in *f*) *m.*

seclude [sɪ'klu:d] *vt* absondern.

secluded [sɪ'klu:dɪd] *adj spot, house* abgelegen; *life* zurückgezogen, abgeschieden.

seclusion [sɪ'klu:ʒən] *n* (*act of secluding*) Absondern *nt*, Absonderung *f*; (*being secluded*) Abgeschlossenheit, Abgeschiedenheit *f*; (*of house, spot*) Abgelegenheit *f.*

second[1] ['sekənd] **I** *adj* zweite(r, s).**the ~ floor** (*Brit*) der zweite Stock; (*US*) der erste Stock; **a ~ Goethe** ein zweiter Goethe; **every ~ house** jedes zweite Haus; **to be ~** Zweite(r, s) sein; **to be ~ to none** unübertroffen *or* unerreicht sein; **in ~ place** (*Sport*) an zweiter Stelle; **in the ~ place** (*secondly*) zweitens; **to be ~ in command** (*Mil*) stellvertretender Kommandeur sein; (*fig*) der zweite Mann sein; **~ violin/tenor** zweite Geige/zweiter Tenor; **~ language** Zweitsprache *f*; **I won't tell you a ~ time** ich sage dir das kein zweites Mal; **you won't get a ~ chance** die Möglichkeit kriegst du so schnell nicht wieder (*inf*); **the ~ thing he did was (to) get himself a drink** als zweites holte er sich etwas zu trinken; *see* **fiddle, string, wind[1]**.

II *adv* (+*adj*) zweit-; (+*vb*) an zweiter Stelle. **the speaker against a motion always speaks ~** der Gegenredner spricht immer als zweiter; **to come/lie ~** (*in race, competition*) Zweite(r) werden/an zweiter Stelle liegen, Zweite(r) sein; **to go** *or* **travel ~** (*by rail, bus*) zweiter Klasse fahren *or* reisen; **the ~ largest house** das zweitgrößte Haus.

III *vt motion, proposal* unterstützen. **I'll ~ that!** (*at meeting*) ich unterstütze das; (*in general*) (genau) meine Meinung.

IV *n* **1.** (*of time, Math, Sci*) Sekunde *f*; (*inf: short time*) Augenblick *m*. **just a ~!** (einen) Augenblick!; **it won't take a ~** es dauert nicht lange, es geht ganz schnell; **I'll only be a ~ (or two)** ich komme gleich; (*back soon*) ich bin gleich wieder da.

2. the ~ (*in order*) der/die/das zweite; (*in race, class*) der/die/das Zweite; **to come a poor/good ~** einen schlechten/guten zweiten Platz belegen; **Elizabeth the S~** Elizabeth die Zweite.

3. (*Aut*) der zweite Gang. **to drive in ~** im zweiten Gang *or* im Zweiten fahren.

4. (*Mus: interval*) Sekunde *f.*

5. (*Brit Univ: degree*) *mittlere Noten bei Abschlußprüfungen.* **he got an upper/a lower ~** ≃ er hat mit Eins bis Zwei/Zwei bis Drei abgeschnitten.

6. (*Sport, in duel*) Sekundant *m*. **~s out!** Ring frei!

7. ~s *pl* (*inf: ~ helping*) Nachschlag *m* (*inf*); **there aren't any ~s** es ist nichts mehr da; **can I have ~s?** kann ich noch etwas nachbekommen?

8. (*Comm*) **this is a ~** das ist zweite Wahl; **~s are much cheaper** Waren zweiter Wahl sind viel billiger.

second[2] [sɪ'kɒnd] *vt* (*Brit*) abordnen, abstellen.

secondarily ['sekəndərɪlɪ] *adv* in zweiter Linie.

secondary ['sekəndərɪ] *adj* **1.** sekundär, Sekundär- (*also Sci*); *road, route, effect, stress* Neben-; *industry* verarbeitend; *reason* weniger bedeutend. **of ~ importance** von untergeordneter *or* sekundärer Bedeutung; **~ picketing** *Aufstellung f von Streikposten vor nur indirekt beteiligten Firmen*; **~ smoking** Passivrauchen *nt*; **~ feather** Armschwinge *f.*

2. (*higher*) *education, school* höher. **~ modern (school)** (*Brit*) ≃ Realschule *f.*

second-best I *n* Zweitbeste(r, s); **(the) ~ isn't good enough for him** das Beste ist gerade gut genug für ihn; **II** *adj* zweitbeste(r, s); **he was always ~ to his older brother** er stand immer im Schatten seines älteren Bruders; **III** *adv* **to come off ~** es nicht so gut haben; (*come off badly*) den kürzeren ziehen; **second chamber** *n* zweite Kammer; **second childhood** *n* zweite Kindheit; **second class** *n* (*Rail, mail*) zweite Klasse; **second-class I** *adj* **1.** *travel, mail, citizen* zweiter Klasse (*after noun*); **~ degree** (*Brit Univ*) *see* **second[1] 5.**; **2.** *see* **second-rate**; **II** *adv* zweiter Klasse; **Second Coming** *n* Wiederkunft *f*; **second cousin** *n* Cousin *m*/Cousine *f* zweiten Grades; **second-degree burn** *n* Verbrennung *f* zweiten Grades.

seconder ['sekəndə^r] *n* Befürworter(in *f*) *m.*

second-guess *vt* **to ~ sb** vohersagen, was jd machen/sagen wird; **second hand** *n* (*of watch*) Sekundenzeiger *m*; **second-hand I** *adj* gebraucht; *car* Gebraucht-; *dealer* Gebrauchtwaren-; (*for cars*) Gebrauchtwagen-; *bookshop* Antiquariats-; *clothes* getragen, second hand (*esp Comm*); (*fig*) *information* indirekt, aus zweiter Hand; *knowledge* aus zweiter Hand; **II** *adv* gebraucht, aus zweiter Hand; **second lieutenant** *n* Leutnant *m.*

secondly ['sekəndlı] *adv* zweitens; (*secondarily*) an zweiter Stelle, in zweiter Linie.

secondment [sı'kɒndmənt] *n* (*Brit*) Abordnung *f*. **to be on ~** abgeordnet sein.

second nature *n* zweite Natur; **to become ~ (to sb)** (jdm) in Fleisch und Blut übergehen; **second person** *n* (*Gram*) zweite Person; **second-rate** *adj* (*pej*) zweitklassig, zweitrangig; **second sight** *n* das Zweite Gesicht; **you must have ~** du mußt hellsehen können; **second thoughts** *npl* **to have ~ about sth** sich (*dat*) etw anders überlegen; **on ~ I decided not to** dann habe ich mich doch dagegen entschieden; **on ~ maybe I'd better do it myself** vielleicht mache ich es, genau besehen, doch lieber selbst.

secrecy ['si:krəsı] *n* (*of person*) (*ability to keep secrets*) Verschwiegenheit *f*; (*secretiveness*) Geheimnistuerei, Heimlichtuerei *f*; (*of event, talks*) Heimlichkeit *f*. **in ~** im geheimen; **in strict ~** ganz im geheimen; **there is no ~ about it** das ist kein Geheimnis; *see* **swear**.

secret ['si:krıt] **I** *adj* geheim; *negotiations, treaty, code also* Geheim-; *door, drawer also* Geheim-, verborgen; *pocket* versteckt; *drinker, admirer* heimlich. **the ~ ingredient** (*hum*) die geheimnisvolle Zutat; (*fig: of success*) die Zauberformel; **to keep sth ~ (from sb)** etw (vor jdm) geheimhalten.

II *n* Geheimnis *nt*. **to keep sb/sth a ~ from sb** jdn/etw vor jdm geheimhalten; **in ~** im geheimen; **I told you that in ~** *or* **as a ~** ich habe Ihnen das im Vertrauen erzählt; **they always met in ~** sie trafen sich immer heimlich; (*society etc*) sie hatten immer geheime Versammlungen; **to be in on the ~** (in das Geheimnis) eingeweiht sein; **to keep a ~** ein Geheimnis bewahren; **can you keep a ~?** kannst du schweigen?; **to make no ~ of sth** kein Geheimnis *or* keinen Hehl aus etw machen; **the ~ of being a good teacher** das Geheimnis eines guten Lehrers; **I have no ~s from you** ich habe keine Geheimnisse vor dir.

secret agent *n* Geheimagent(in *f*) *m*

secretaire [ˌsekrə'tɛə^r] *n* Sekretär *m*.

secretarial [ˌsekrə'tɛərıəl] *adj* Sekretärinnen-; *job, qualifications* als Sekretärin/Sekretär; *work, job* Sekretariats-. **~ staff** Sekretärinnen und Schreibkräfte *pl*; (*of politician*) Stab *m*; **she joined his ~ staff** sie wurde Sekretärin bei ihm; **basic ~ skills** grundlegende Fertigkeiten *pl* einer Sekretärin.

secretariat [ˌsekrə'tɛərıət] *n* Sekretariat *nt*.

secretary ['sekrətrı] *n* **1.** Sekretär(in *f*) *m*; (*of society*) Schriftführer(in *f*) *m*; (*esp US Pol: minister*) Minister(in *f*) *m*. **2.** (*desk*) *see* **secretaire**.

secretary bird *n* Sekretär *m*; **Secretary-General** *n*, *pl* **Secretaries-General, Secretary-Generals** Generalsekretär(in *f*) *m*; **Secretary of State** *n* (*Brit*) Minister(in *f*) *m*; (*US*) Außenminister(in *f*) *m*; **secretaryship** *n* (*office*) Amt *nt* des Schriftführers/der Schriftführerin; (*period*) Zeit *f* als Schriftführer(in).

secrete [sı'kri:t] **I** *vt* **1.** (*hide*) verbergen. **2.** (*Med*) absondern. **II** *vi* (*Med*) absondern.

secretion [sı'kri:ʃən] *n* **1.** (*hiding*) Verbergen *nt*. **2.** (*Med*) (*act*) Absonderung, Sekretion *f*; (*substance*) Sekret *nt*.

secretive¹ [sı'kri:tıv] *adj* (*Med*) sekretorisch.

secretive² ['si:krətıv] *adj person* (*by nature*) verschlossen; (*in action*) geheimnistuerisch; *smile, behaviour* geheimnisvoll. **to be ~ about sth** mit etw geheimnisvoll tun.

secretively ['si:krətıvlı] *adv* geheimnisvoll. **to behave ~** geheimnistuerisch sein.

secretiveness ['si:krətıvnıs] *n* (*character trait*) Verschlossenheit *f*; (*secretive behaviour*) Geheimnistuerei *f*. **the ~ of his smile/behaviour** sein geheimnisvolles Lächeln/Benehmen.

secretly ['si:krətlı] *adv* (*in secrecy*) im geheimen; *meet* heimlich; (*privately*) insgeheim, im stillen. **he was ~ concerned** insgeheim war er beunruhigt.

secretory [sı'kri:tərı] *adj gland* sekretorisch.

secret police *n* Geheimpolizei *f*; **secret service** *n* Geheimdienst *m*; **secret society** *n* Geheimgesellschaft *f*.

sect [sekt] *n* Sekte *f*.

sectarian [sek'tɛərıən] **I** *adj policy, politics, views* religiös beeinflußt; *school, education also* konfessionell; *war, troubles, differences* Konfessions-, zwischen den Konfessionen; *groups* sektierisch.

II *n* Konfessionalist(in *f*) *m*.

sectarianism [sek'tɛərıənızəm] *n* Konfessionalismus *m*.

section ['sekʃən] **I** *n* **1.** (*part*) Teil *m*; (*wing of building also*) Trakt *m*; (*of book*) Abschnitt *m*; (*of document, law*) Absatz *m*; (*of motorway*) Abschnitt *m*; (*under construction*) Trakt *m*; (*of railway*) Streckenabschnitt *m*; (*of orange*) Stück *nt*. **the brass/string ~ of the orchestra** die Blechbläser *pl*/Streicher *pl* des Orchesters; **the sports ~** (*Press*) der Sportteil.

2. (*department, Mil*) Abteilung *f*; (*esp of academy*) Sektion *f*.

3. (*diagram*) Schnitt *m*. **in ~** im Schnitt; **vertical/longitudinal ~** Quer-/Längsschnitt *m*.

4. (*cutting: of rock, tissue*) Schnitt *m*; (*Med: operation*) Sektion *f*. **he took a horizontal ~ of the tissue** er machte einen Horizontalschnitt von dem Gewebe.

II *vt* **1.** (*cut to show a ~*) einen Schnitt machen durch.

2. (*divide into ~s*) teilen.

◆**section off** *vt sep* abteilen; (*cordon off*) absperren.

sectional ['sekʃənl] *adj* **1.** (*in sections*) *road-building* abschnittsweise; *furniture, pipe, fishing rod* zerlegbar. **~ drawing** Darstellung *f* im Schnitt. **2.** *differences, rivalries* zwischen den Gruppen; *inter-*

ests partikularistisch.
sectionalism ['sekʃənəlɪzəm] *n* Partikularismus *m*.
sector ['sektə^r] *n* (*also Comput*) Sektor *m*.
secular ['sekjʊlə^r] *adj* weltlich, säkular; *music, art* profan; *court, education* weltlich. ~ **priest** Weltgeistliche(r) *m*.
secularism ['sekjʊlərɪzəm] *n* Säkularismus *m*; (*of attitude*) Weltlichkeit *f*.
secularization [ˌsekjʊləraɪ'zeɪʃən] *n* Säkularisation *f*; (*of education, court, Sunday also*) Säkularisierung *f*.
secularize ['sekjʊləraɪz] *vt* säkularisieren.
secure [sɪ'kjʊə^r] **I** *adj* (+*er*) sicher; (*emotionally*) geborgen; *existence, income* gesichert; (*firm, well-fastened*) *grip, knot, tile* fest. ~ **in the knowledge that ...** ruhig in dem Bewußtsein, daß ...; **to be ~ against** *or* **from sth** vor etw (*dat*) sicher sein; **to feel ~** sich sicher fühlen; (*emotionally*) sich geborgen fühlen; **is the window/lid ~?** ist das Fenster fest zu/ist der Deckel fest drauf?; **to make a door/rope ~** eine Tür/ein Seil sichern.

II *vt* **1.** (*fasten, make firm*) festmachen; (*tie up also*) befestigen; *window, door* fest zumachen; (*with chain, bolt*) sichern; *tile* befestigen; (*make safe*) sichern (*from, against* gegen), schützen (*from, against* vor +*dat*).

2. (*obtain*) sich (*dat*) sichern; *majority of votes, order* erhalten; *profits, higher prices* erzielen; *share, interest in business* erwerben; (*buy*) erstehen; *cook, employee* verpflichten. **to ~ sb's services** jdn verpflichten.

3. (*guarantee*) sichern, garantieren; *loan* (ab)sichern.
securely [sɪ'kjʊəlɪ] *adv* (*firmly*) fest; (*safely*) sicher. **the prisoner was kept ~ in his cell** der Gefangene wurde streng gesichert in seiner Zelle gehalten.
secureness [sɪ'kjʊənɪs] *n see adj* Sicherheit *f*; (*emotional*) Geborgenheit *f*.
security [sɪ'kjʊərɪtɪ] *n* **1.** Sicherheit *f*; (*emotional*) Geborgenheit *f*; (~ *measures*) Sicherheitsvorkehrungen *or* -maßnahmen *pl*. **for ~** zur Sicherheit; **~ of tenure** Kündigungsschutz *m*; **airports have tightened their ~** die Flughäfen haben ihre Sicherheitsvorkehrungen verschärft; **in the ~ of one's own home** sicher im eigenen Heim.

2. (~ *department*) Sicherheitsdienst *m*.

3. (*Fin*) (*guarantee*) Sicherheit *f*; (*guarantor*) Bürge *m*. **to lend money on ~** Geld gegen Sicherheit leihen; **to stand ~ for sb** für jdn Bürge sein *or* Bürgschaft leisten.

4. (*Fin*) **securities** *pl* Effekten, (Wert)papiere *pl*; **securities market** Wertpapiermarkt *m*.
security *in cpds* Sicherheits-; (*Fin*) Effekten-, Wertpapier-; **security blanket** *n* **1.** (*around politicians etc*) Sicherheitsnetz *nt*; **to throw a ~ blanket around sb/sth** jdm/etw mit einem Sicherheitsnetz umgeben; **2.** (*of child*) Kuscheldecke *f*; **security check** *n* Sicherheitskontrolle *f*; **Security Council** *n* Sicherheitsrat *m*; **security firm** *n* Wach- und Sicherheitsdienst *m*; **security forces** *npl* Sicherheitskräfte *pl*; (*UN*) Friedensstreitmacht *f*; **security guard, security man** *n* Wache *f*, Wächter *m*; (*for ~ checks*) Sicherheitsbeamte(r) *m*; **security police** *n* Sicherheitspolizei *m*; **security risk** *n* Sicherheitsrisiko *nt*.
sedan [sɪ'dæn] *n* **1.** (*also* ~ **chair**) Sänfte *f*. **2.** (*US Aut*) Limousine *f*.
sedate [sɪ'deɪt] **I** *adj* (+*er*) gesetzt; *little girl, colour* ruhig; *furnishings, décor* gediegen; *life* geruhsam; *speed* gemächlich; *prose* bedächtig. **II** *vt* Beruhigungsmittel geben (+*dat*), sedieren (*spec*). **he was heavily ~d** er stand stark unter dem Einfluß von Beruhigungsmitteln.
sedately [sɪ'deɪtlɪ] *adv see adj*.
sedateness [sɪ'deɪtnɪs] *n see adj* Gesetztheit *f*; ruhige Art; (*of colour*) ruhiger Ton; Gediegenheit *f*; Geruhsamkeit *f*; Gemächlichkeit *f*; Bedächtigkeit *f*.
sedation [sɪ'deɪʃən] *n* Beruhigungsmittel *pl*. **to put sb under ~** jdm Beruhigungsmittel geben.
sedative ['sedətɪv] **I** *n* Beruhigungsmittel, Sedativum (*spec*) *nt*. **II** *adj* beruhigend.
sedentariness ['sedntərɪnɪs] *n* **1. as a result of the ~ of the job** durch das dauernde Sitzen bei der Arbeit. **2.** (*of tribe*) Seßhaftigkeit *f*; (*of bird*) Verbleiben *nt* am Nistort.
sedentary ['sedntərɪ] *adj* **1.** *job, occupation* sitzend *attr*; *worker* Sitz-. **to lead a ~ life** sehr viel sitzen; **any job of a ~ nature** jede im Sitzen ausgeübte Tätigkeit. **2.** *tribe* seßhaft; *bird* Stand-.
sedge [sedʒ] *n* Riedgras *nt*, Segge *f*. **~-warbler** Seggenrohrsänger *m*.
sediment ['sedɪmənt] *n* (Boden)satz *m*; (*in river*) Ablagerung *f*; (*in chemical solution*) Niederschlag *m*, Sediment *nt*.
sedimentary [ˌsedɪ'mentərɪ] *adj* sedimentär. ~ **rocks** Sedimentgestein *nt*.
sedimentation [ˌsedɪmen'teɪʃən] *n* Ablagerung, Sedimentation *f*.
sedition [sə'dɪʃən] *n* Aufwiegelung.
seditious [sə'dɪʃəs] *adj* aufwieglerisch.
seduce [sɪ'dju:s] *vt* verführen. **to ~ sb into doing sth** jdn zu etw verleiten, jdn dazu verleiten, etw zu tun; **to ~ sb (away) from his duty/a party/his wife/a place** jdn seine Pflichten vergessen lassen/jdn einer Partei/seiner Frau abspenstig machen/jdn von einem Ort weglocken.
seducer [sɪ'dju:sə^r] *n* Verführer *m*.
seducible [sɪ'dju:sɪbl] *adj* verführbar.
seduction [sɪ'dʌkʃən] *n* Verführung *f*.
seductive [sɪ'dʌktɪv] *adj* verführerisch; *salary, offer, suggestion* verlockend.
seductively [sɪ'dʌktɪvlɪ] *adv see adj*.
seductiveness [sɪ'dʌktɪvnɪs] *n* verführerische Art. **the ~ of the offer** das verlokkende Angebot.
seductress [sɪ'dʌktrɪs] *n* Verführerin *f*.
sedulous *adj*, **~ly** *adv* ['sedjʊləs, -lɪ] unermüdlich, unentwegt.
see[1] [si:] *pret* **saw**, *ptp* **seen I** *vt* **1.** sehen; (*in newspaper also*) lesen; (*check also*) nachsehen, gucken (*inf*); (*go and ~*) *film, show, sights* sich (*dat*) ansehen. **worth ~ing** sehenswert; **to ~ sb do sth** sehen, wie jd etw macht; **I've never ~n**

him swim(ming) ich habe ihn noch nie schwimmen sehen; **he was ~n to enter the building** man hat ihn gesehen *or* er wurde gesehen, wie er das Gebäude betrat; **I saw it happen** ich habe gesehen, wie es passiert ist; **I don't like to ~ people mistreated** ich kann es nicht sehen, wenn Menschen schlecht behandelt werden; **I wouldn't like to ~ you unhappy** ich möchte doch nicht, daß du unglücklich bist; **I'll go and ~ who it is** ich gehe mal nachsehen *or* ich gucke mal(, wer das ist); **~ page 8** siehe Seite 8; **there was nothing to be ~n** es war nichts zu sehen; **I don't know what she ~s in him** ich weiß nicht, was sie an ihm findet; **we don't ~ much of them nowadays** wir sehen sie zur Zeit nur selten; **~ you (soon)**! bis bald!; **be ~ing you!**, **~ you later**! bis später!, bis nachher!; **~ you on Sunday**! bis Sonntag!; **I want to ~ (a bit of) the world** ich möchte etwas von der Welt sehen *or* kennenlernen; **I'll ~ him damned** *or* **in hell first** (*inf*) ich denke nicht (im Traum) daran; **she won't ~ 40 again** sie ist gut und gern 40; **I/you must be ~ing things** ich sehe/du siehst wohl Gespenster!; **I must be ~ing things, if it isn't Peter**! ich glaub', ich seh' nicht richtig, das ist doch der Peter!; **I can't ~ my way to doing that** ich sehe mich nicht in der Lage, das zu tun; **I saw myself obliged to/faced with the need to …** ich sah mich gezwungen, zu …

2. (*visit*) besuchen; (*on business*) aufsuchen. **to call** *or* **go and ~ sb** jdn besuchen (gehen); **to ~ the doctor** zum Arzt gehen, einen Arzt aufsuchen; **he is the man you ought to ~ about this** Sie sollten sich damit an ihn wenden.

3. (*meet with*) sehen; (*have a word with, talk to*) sprechen; (*receive visit of*) empfangen. **the boss can't ~ you now, you can't ~ the boss now** Sie können den Chef jetzt nicht sprechen, Sie können jetzt nicht zum Chef (*inf*); **the boss/doctor will ~ you now** der Chef/Herr Doktor ist jetzt frei; **what did he want to ~ you about?** weswegen wollte er Sie sprechen?; **the minister saw the Queen yesterday** der Minister war gestern bei der Königin; **the Queen will ~ the minister tomorrow** die Königin wird den Minister morgen empfangen; **she refused to ~ us** sie wollte uns nicht empfangen *or* sehen; **there was only one applicant worth ~ing** es war nur ein Bewerber dabei, den es sich anzusehen lohnte.

4. (*accompany*) begleiten, bringen.

5. we'll/he'll ~ if we can help mal sehen/er wird mal sehen, ob wir helfen können; **we'll soon ~ who is right** wir werden ja bald sehen, wer recht hat; **that remains to be ~n** das wird sich zeigen; **let's just ~ what happens** wollen wir mal sehen *or* abwarten, was passiert; **I don't ~ any way I can help** ich sehe nicht, wie ich da helfen kann; **let me ~ if I can fix up something** ich werde mal sehen, ob sich etwas arrangieren läßt.

6. (*visualize*) sich (*dat*) vorstellen. **I can't** *or* **don't ~ that working/him winning/myself living there** ich kann mir kaum vorstellen, daß das klappt/daß er gewinnt/daß ich da leben möchte; **I can't ~ myself in that job** ich glaube nicht, daß das eine Stelle für mich wäre; **he saw himself as the saviour** er sah sich als Retter; **I can ~ it happening** ich sehe es kommen; **I can't ~ any chance of that happening** das halte ich für unwahrscheinlich.

7. (*experience*) erleben. **now I've ~n everything**! ist das denn zu fassen *or* die Möglichkeit?; **what a cheek, I've never ~n anything like it**! so eine Frechheit, so etwas habe ich ja noch nie gesehen *or* erlebt!; **it's ~n a lot of hard wear** das ist schon sehr strapaziert worden.

8. (*hear, notice*) sehen. **I ~ he's got married again** wie ich sehe, hat er wieder geheiratet.

9. (*understand*) verstehen; (*understand the reason for*) einsehen; (*realize*) erkennen. **I don't ~ the importance of doing it/the need for the change** ich sehe nicht ein, warum das unbedingt gemacht werden muß/warum das geändert werden muß; **I can ~ that it might be a good thing** ich sehe ja ein, daß das eine gute Idee wäre; **I can ~ I'm going to be busy** ich sehe schon, ich werde viel zu tun haben; **I fail to** *or* **don't ~ how anyone could …** ich begreife einfach nicht, wie jemand nur … kann; **I don't ~ where the problem is** ich sehe das Problem nicht; **I ~ from this report that …** ich ersehe aus diesem Bericht, daß …; **(do you) ~ what I mean?** verstehst du(, was ich meine)?; (*didn't I tell you!*) siehst du's jetzt!; **I ~ what you mean** ich weiß *or* verstehe, was du meinst; (*you're quite right*) ja, du hast recht; **to make sb ~ sth** jdm etw klarmachen.

10. (*look at*) *problem* sehen. **as I ~ it** so, wie ich das sehe; **this is how I ~ it** ich sehe das so; **that's how I ~ it** so sehe ich das jedenfalls; **try to ~ it my way** versuchen Sie doch einmal, es aus meiner Sicht zu sehen; **I don't ~ it that way** ich sehe das anders.

11. (*ensure*) **~ that it doesn't happen again** sieh zu *or* paß auf, daß das nicht noch mal passiert.

12. (*Cards*) **I'll ~ you** ich halte

II *vi* **1.** (*have sight*) sehen.

2. (*look*) sehen. **let me ~, let's ~** lassen Sie mich mal sehen; **can you ~ if I sit here?** können Sie (etwas) sehen, wenn ich hier sitze?; **it was so dark I couldn't ~** es war so dunkel, ich konnte nichts sehen; **who was it? — I couldn't/didn't ~** wer war das? — ich konnte es nicht sehen; **can you ~ to read**? ist es Ihnen hell genug zum Lesen?; **as far as the eye can ~** so weit das Auge reicht; **~ for yourself**! sieh doch selbst!; **now ~ here**! nun hören Sie mal her!

3. (*check, find out*) nachsehen, gukken (*inf*). **is he there? — I'll ~** ist er da? — ich sehe mal nach *or* ich guck mal (*inf*); **I'll go and ~** ich gehe mal nachsehen; **~ for yourself**! sieh doch selbst (nach)!

4. (*discover*) sehen. **will he come? — we'll soon ~** kommt er? — das werden wir bald sehen *or* rausfinden (*inf*); **what kind of person is she? — you'll soon ~ for yourself** was für ein Mensch ist sie? — das werden Sie bald selbst sehen *or* feststellen.

5. (*understand*) verstehen. **as far as I can ~ …** so wie ich das sehe …; **it's all over, ~?** es ist vorbei, verstehst du?; **it's logical, do you ~?** es ist logisch, nicht wahr?; **he's dead, don't you ~?** er ist tot, begreifst du das denn nicht?; **as I ~ from your report** wie ich in Ihrem Bericht lese, wie ich aus Ihrem Bericht ersehe; **it's too late, (you) ~** (*explaining*) weißt du, es ist zu spät; (*I told you so*) siehst du, es ist zu spät!; **(you) ~, it's like this** es ist nämlich so; **(you) ~, we can't do that** weißt du, das können wir nicht machen; **and we went out, ~, and saw this film, ~, and …** (*dial*) und wir sind weggegangen, weißte (*inf*) *or* nich (*N Ger*), und haben uns den Film angesehen, weißte *etc*, und …; **I ~!** aha!; (*after explanation*) ach so!; (*to keep conversation going, I'm with you*) ja; **yes, I ~** ja, aha.

6. (*consider*) **we'll ~** (wir werden *or* wollen) mal sehen; **I don't know, I'll have to ~** ich weiß nicht, ich muß mal sehen; **let me ~, let's ~** warten Sie mal, lassen Sie mich mal überlegen.

◆**see about** *vi +prep obj* **1.** (*attend to*) sich kümmern um. **I'll have to ~ ~ getting the roof mended** ich muß mich darum kümmern, daß das Dach repariert wird; **he came to ~ ~ the TV** er kam, um sich (*dat*) den Fernseher anzusehen; **I've still a few things to ~ ~** ich muß noch ein paar Dinge erledigen; **he came to ~ ~ the rent** er ist wegen der Miete gekommen.

2. (*consider*) **I'll ~ ~ it** ich will mal sehen *or* schauen (*esp S Ger*); **we'll ~ ~ that!** (*iro*) das wollen wir mal sehen.

◆**see across** *vt always separate* hinüberbegleiten *or* -bringen (*prep obj* über +*acc*).

◆**see in I** *vi* (*look in*) herein-/hineinsehen. **II** *vt sep* (*show in*) herein-/hineinbringen. **to ~ the New Year ~** das neue Jahr begrüßen.

◆**see into** *vi +prep obj* **1.** *house, room* hineinsehen in (+*acc*). **2.** (*investigate*) untersuchen, prüfen, nachgehen (+*dat*).

◆**see off** *vt sep* **1.** (*bid farewell to*) verabschieden. **are you coming to ~ me ~?** kommt ihr mit mir (zum Flughafen *etc*)? **2.** (*chase off*) Beine machen (+*dat*) (*inf*). **~ him ~, boy**! verjag ihn! **3.** (*sl: be better than*) in die Tasche stecken (*inf*).

◆**see out I** *vi* (*look out*) heraus-/hinaussehen. **I can't ~ ~ of the window** ich kann nicht zum Fenster hinaussehen.

II *vt sep* **1.** (*show out*) hinausbringen *or* -begleiten (*of* aus). **I'll ~ myself ~** ich finde (schon) alleine hinaus.

2. (*last to the end of*) (*coat, car*) *winter* überdauern; (*old man, invalid*) *wife, year* überleben. **to ~ the old year ~** das alte Jahr verabschieden.

◆**see over** *or* **round** *vi +prep obj house* sich (*dat*) ansehen.

◆**see through I** *vi* **1.** (*lit*) (hin)durchsehen (*prep obj* durch).

2. *+prep obj* (*fig: not be deceived by*) durchschauen.

II *vt always separate* **1.** (*help through difficult time*) beistehen (+*dat*). **to ~ sb ~ a bad time** jdm über eine schwierige Zeit hinweghelfen; **I hope £10 will ~ you ~** die £ 10 reichen dir hoffentlich.

2. *job* zu Ende bringen; (*Parl*) *bill* durchbringen.

◆**see to** *vi +prep obj* sich kümmern um. **these shoes need/that cough needs ~ing ~** mit den Schuhen muß etwas gemacht werden/um den Husten muß man sich kümmern; **~ ~ it that you don't/he doesn't forget** sieh zu, daß du/er das nicht vergißt; **there's no chance now, the rain has ~n ~ that** es ist aussichtslos, dafür hat der Regen schon gesorgt.

◆**see up I** *vi* (*look up*) herauf-/hinaufsehen (*prep obj acc*). **II** *vt sep* (*show up*) herauf-/hinaufbringen.

see[2] *n* Bistum *nt*; (*Catholic also*) Diözese *f*; (*Protestant in Germany*) Landeskirche *f*. **Holy S~, S~ of Rome** Heiliger Stuhl.

seed [siːd] **I** *n* **1.** (*Bot*) (*one single*) Same(n) *m*; (*of grain, poppy, sesame*) Korn *nt*; (*within fruit*) (Samen)kern *m*; (*collective*) Samen *pl*; (*for birds*) Körner *pl*; (*grain*) Saat *f*, Saatgut *nt*; (*liter: sperm*) Samen *pl*; (*liter: offspring*) Nachkommen *pl*; (*fig: of unrest, idea*) Keim *m* (*of* zu). **to go** *or* **run to ~** (*vegetables*) schießen; (*flowers*) einen Samenstand bilden; (*fig: person*) herunterkommen; **to sow the ~s of doubt (in sb's mind)** (bei jdm) Zweifel säen; **I don't want to make a direct proposal, just to sow the ~s** ich möchte keinen direkten Vorschlag machen, ich möchte nur den Boden dafür bereiten.

2. (*Sport*) **to be the third ~** als dritter plaziert *or* gesetzt sein; **the number one ~** der/die als Nummer eins Gesetzte.

II *vt* **1.** (*sow with ~*) besäen. **2.** (*extract ~s from*) entkernen. **3.** (*Sport*) setzen, plazieren. **~ed players** gesetzte *or* plazierte Spieler.

III *vi* (*vegetables*) schießen; (*flowers*) Samen entwickeln.

IV *vr* **to ~ itself** (*plant*) sich aussäen.

seedbed *n* Saatbeet, Saatbett *nt*; **seed box** *n* Setzkasten *m*; **seedcake** *n* Kümmelkuchen *m*; **seedcase** *n* Samenkapsel *f*; **seed corn** *n* Samenkorn *nt*.

seediness ['siːdɪnɪs] *n see adj* **1.** Zwielichtigkeit *f*; Schäbigkeit *f*.

seed leaf *n* Keimblatt *nt*; **seedless** *adj* kernlos.

seedling ['siːdlɪŋ] *n* Sämling *m*.

seed pearl *n* Staubperle *f*; **seed plant** *n* Samenpflanze *f*; **seed potato** *n* Saatkartoffel *f*.

seedsman ['siːdzmən] *n, pl* **-men** [-mən] Samenhändler *m*.

seedtime ['siːdtaɪm] *n* Saatzeit *f*.

seedy ['siːdɪ] *adj* (+*er*) **1.** (*disreputable*) *person, character* zweifelhaft, zwielichtig; *area, place* zwielichtig; *clothes* schäbig, abgerissen. **2.** (*inf: unwell*) **I feel ~** mir ist flau (*inf*) *or* nicht gut; **to look ~** angeschlagen (*inf*) *or* nicht gut aussehen.

seeing ['siːɪŋ] **I** *n* Sehen *nt*. **I'd never have thought it possible but ~ is believing** (*prov*) ich hätte es nie für möglich gehalten, aber ich habe es mit eigenen Augen gesehen.

II *conj* **~ (that)** da.

seek [siːk] *pret, ptp* **sought** *vt* **1.** suchen; *fame, wealth* erlangen wollen, streben nach. **to ~ sb's advice** jdn um Rat fragen; **the reason is not far to ~** der Grund liegt auf der Hand; **~ time** (*Comput*) Zugriffszeit *f*.

2. (*liter: attempt*) suchen (*geh*). **those who sought his downfall** die(jenigen), die ihn zu Fall bringen wollten.

◆**seek after** *vi +prep obj* **1.** suchen. **2.** *see* **sought-after**.

◆**seek for** *vi +prep obj* suchen nach; *reforms, changes* anstreben. **long-sought-~ reforms/changes** langerstrebte Reformen *pl*/Veränderungen *pl*.

◆**seek out** *vt sep* ausfindig machen; *opinion* herausfinden.

seeker ['siːkəʳ] *n* Suchende(r) *mf*; (*pursuer*) Verfolger *m*. **~ of** *or* **after truth** Wahrheitssucher(in *f*) *m*.

seem [siːm] *vi* **1.** scheinen. **he ~s (to be) honest/a nice young man** er scheint ehrlich/ein netter junger Mann zu sein; **he ~s younger than he is** er wirkt jünger, als er ist; **that makes it ~ longer** dadurch wirkt es länger *or* kommt es einem länger vor; **he doesn't ~ (to be) able to concentrate** er scheint sich nicht konzentrieren zu können; **he is not what he ~s to be** er ist nicht (das), was er zu sein scheint; **things aren't always what they ~** vieles ist anders, als es aussieht; **I ~ to have heard that before** das habe ich doch schon mal gehört; **what ~s to be the trouble?** worum geht es denn?; (*doctor*) was kann ich für Sie tun?; **there ~s to be no need/solution** das scheint nicht nötig zu sein/da scheint es keine Lösung zu geben; **it ~s to me that I'll have to do that again** mir scheint, ich muß das noch einmal machen; **we are not welcome, it ~s** wir sind anscheinend nicht willkommen; **so it ~s** es sieht (ganz) so aus; **he is, so it ~s, ...** er scheint ... zu sein; **it ~s** *or* **would ~ that he is coming after all** es sieht so aus, als ob er doch noch kommt, es scheint, er kommt doch noch; **it doesn't ~ that he'll be coming** es sieht nicht so aus, als ob er kommt; **if it ~s right to you** wenn Sie es für richtig halten; **it ~s** *or* **would ~ (to be) advisable** das scheint ratsam (zu sein); **how does it ~ to you?** was meinen *Sie*?; **it ~s a shame to leave it unfinished** es ist doch irgendwie *or* eigentlich schade, das nicht fertig zu machen; **it would ~ that ...** es scheint fast so, als ob ...

2. it only ~s like it das kommt einem nur so vor; **I ~ to be floating in space** es kommt mir so vor, als ob ich schweben würde; **it all ~s so unreal to him/me** es kommt ihm/mir alles so unwirklich vor; **I ~ to remember that you had that problem before** es kommt mir so vor, als hätten Sie das Problem schon einmal gehabt.

seeming ['siːmɪŋ] *adj attr* scheinbar.

seemingly ['siːmɪŋlɪ] *adv* scheinbar, anscheinend.

seemliness ['siːmlɪnɪs] *n* Schicklichkeit *f*.

seemly ['siːmlɪ] *adj* (*+er*) schicklich. **it isn't ~ (for sb to do sth)** es schickt sich nicht (für jdn, etw zu tun).

seen [siːn] *ptp of* **see**[1].

seep [siːp] *vi* sickern. **to ~ through/into sth** durch etw durchsickern/in etw (*acc*) hineinsickern.

◆**seep away** *vi* (*water*) versickern; (*strength*) schwinden.

seepage ['siːpɪdʒ] *n* (*out of sth*) Aussikkern *nt*; (*through sth*) Durchsickern *nt*; (*into sth*) Hineinsickern *nt*. **there is an excessive amount of ~** es läuft zuviel aus/es dringt zuviel ein; (*Comm*) die Leckage ist zu groß.

seer [sɪəʳ] *n* Seher *m*.

seeress ['sɪəres] *n* Seherin *f*.

seersucker ['sɪəˌsʌkəʳ] *n* Krepp, Seersukker *m*.

seesaw ['siːsɔː] **I** *n* Wippe *f*; (*fig*) (*back and forth*) Hin und Her *nt*; (*up and down*) Auf und Ab *nt*. **II** *adj* schaukelnd. **~ changes** ständiges Hin und Her. **III** *vi* wippen; (*fig*) (*emotional states*) auf und ab gehen; (*prices, public opinion*) schwanken.

seethe [siːð] *vi* (*boil*) sieden; (*surge*) schäumen; (*fig*) (*be crowded*) wimmeln (*with* von); (*be angry*) kochen (*inf*).

see-through ['siːθruː] *adj* durchsichtig. **~ pack** Klarsichtpackung *f*.

segment ['segmənt] **I** *n* Teil *m*; (*of worm*) Glied, Segment *nt*; (*of orange*) Stück *nt*, Rippe *f*, Schnitz *m* (*dial*); (*of circle*) Abschnitt *m*, Segment *nt*. **II** [seg'ment] *vt* zerlegen, segmentieren. **III** [seg'ment] *vi* sich teilen.

segmentation [ˌsegmən'teɪʃən] *n* Zerlegung, Segmentierung *f*; (*Biol*) Zellteilung *f*.

segregate ['segrɪgeɪt] *vt individuals* absondern; *group or population* nach Rassen/Geschlechtern/Konfessionen trennen. **to be ~d from sb/sth** von jdm/etw abgesondert sein; **~d** (*racially*) *school, church* nur für Weiße/Schwarze; *schools* mit Rassentrennung; *society* nach Rassen getrennt.

segregation [ˌsegrɪ'geɪʃən] *n* Trennung *f*. **racial/sexual ~** Rassentrennung *f*/Geschlechtertrennung *f*.

segregationist [ˌsegrɪ'geɪʃənɪst] *n* Befürworter(in *f*) *m* der Rassentrennung.

seine [seɪn] *n* Wade *f*.

seismic ['saɪzmɪk] *adj* seismisch.

seismograph ['saɪzməgrɑːf] *n* Seismograph *m*.

seismologist [saɪz'mɒlədʒɪst] *n* Seismologe *m*, Seismologin *f*.

seismology [saɪz'mɒlədʒɪ] *n* Seismologie, Erdbebenkunde *f*.

seize [siːz] **I** *vt* **1.** (*grasp*) packen, ergreifen; (*as hostage*) nehmen; (*confiscate*) beschlagnahmen; *passport* einziehen; *ship* (*authorities*) beschlagnahmen; (*pirates*) kapern; (*capture*) *town* einnehmen; *train, building* besetzen; *criminal* fassen. **to ~ sb's arm, to ~ sb by the arm** jdn am Arm packen.

2. (*fig*) (*lay hold of: panic, fear, desire*) packen, ergreifen; *power, leadership* an sich (*acc*) reißen; (*leap upon*) *idea, suggestion* aufgreifen; *opportunity* ergreifen.

II *vi see* **seize up**.

◆**seize on** *or* **upon** *vi +prep obj* **1.** (*clutch at*) *idea, offer* sich stürzen auf (+*acc*); *excuse* beim Schopf packen. **2.** (*pick out for criticism*) herausgreifen.

◆**seize up** *vi* **1.** (*engine, brakes*) sich verklemmen. **2.** (*inf*) **my back ~d ~** es ist mir in den Rücken gefahren (*inf*).

seizure ['siːʒəʳ] *n* **1.** (*confiscation*) Beschlagnahmung *f*; (*of passport*) Einzug *m*; (*of ship*) Beschlagnahme *f*; (*by pirates*) Kapern *nt*; (*capture*) Einnahme *f*; (*of train, building*) Besetzung *f*. **2.** (*Med*) Anfall *m*; (*apoplexy*) Schlaganfall *m*.

seldom ['seldəm] *adv* selten. **~ have I ...** ich habe selten ...; **~, if ever, does he do that** er tut das nur äußerst selten.

select [sɪ'lekt] **I** *vti* (aus)wählen; (*in buying also*) aussuchen; (*Sport*) auswählen; (*for football match*) aufstellen. **~ed poems** ausgewählte Gedichte *pl*. **II** *adj* (*exclusive*) exklusiv; (*carefully chosen*) auserwählt, auserlesen; *tobacco* auserlesen; *fruit* ausgesucht. **~ committee** Sonderausschuß *m*.

selection [sɪ'lekʃən] *n* **1.** (*choosing*) (Aus)wahl *f*; (*Biol*) Auslese, Selektion *f*.

2. (*person, thing selected*) Wahl *f*; (*likely winner*) Tip *m*. **to make one's ~** seine Wahl treffen; **~s from Rossini/Goethe** ausgewählte Stücke *pl* von Rossini/eine Auswahl aus Goethe; **~ committee** Auswahlkomitee *nt*.

3. (*range, assortment*) Auswahl *f* (*of* an +*dat*).

selective [sɪ'lektɪv] *adj* **1.** wählerisch; *reader* kritisch, anspruchsvoll; *examination, processes* Auslese-; *school* Elite-. **we can't treat everything, we have to be ~** wir können nicht alles abhandeln, wir müssen eine Auswahl treffen *or* selektiv vorgehen *or* (*choose carefully*) wählerisch sein; **the computer program has to be made more ~** man sollte mehr Wahlmöglichkeiten in das Computerprogramm einbauen; **~ service** (*US*) Wehrdienst *m*.

2. *radio* trennscharf, selektiv.

selectively [sɪ'lektɪvlɪ] *adv* wählerisch; *read also, operate* selektiv. **to read/buy ~** beim Lesen wählerisch/beim Einkaufen kritisch sein; **he built up his collection very ~** er wählte bei der Zusammenstellung seiner Sammlung sorgfältig aus.

selectivity [ˌsɪlek'tɪvɪtɪ] *n* **1.** Selektivität *f*; (*of reader, buyer*) kritisches Auswählen. **his collection shows great ~** seine Sammlung ist mit viel Sorgfalt ausgewählt; **to show ~** anspruchsvoll *or* wählerisch sein; **to show ~ in one's taste** einen anspruchsvollen Geschmack haben; **it diminishes the level of ~** es verringert die (Aus)wahlmöglichkeiten *pl*.

2. (*of radio*) Trennschärfe, Selektivität *f*.

selectman [sɪ'lektmən] *n, pl* **-men** [-mən] (*US*) Stadtrat *m*.

selector [sɪ'lektəʳ] *n* **1.** (*Tech*) Wählschalter *m*; (*lever*) Schaltgriff *m*; (*knob*) Schaltknopf *m*; (*TV*) Programmtaste *f*; (*Rad*) Stationstaste *f*; (*on record-player*) Geschwindigkeitsregler *m*; (*Aut*) Schalthebel *m*.

2. (*Sport*) *jd, der die Mannschaftsaufstellung vornimmt.*

selenium [sɪ'liːnɪəm] *n* Selen *nt*.

self [self] **I** *n, pl* **selves** Ich, Selbst (*esp Psych*) *no pl nt*; (*side of character*) Seite *f*. **he showed his worst ~** er zeigte sich von der schlechtesten Seite; **one's other/better ~** sein anderes/besseres Ich; **he's quite his old ~ again, he's back to his usual ~** er ist wieder ganz der alte (*inf*); **to be all ~** (*inf*), **to think of nothing but ~** nur an sich (*acc*) selbst denken; **with no thought of ~** ohne an sich (*acc*) selbst zu denken; **my humble ~** meine Wenigkeit.

II *pron* (*Comm*) **pay ~** zahlbar an selbst; **a room for wife and ~** ein Zimmer für meine Frau und mich.

III *adj attr lining* aus gleichem Material. **in a ~ colour** in uni.

self-abasement *n* Selbsterniedrigung *f*; **self-absorbed** *adj* mit sich selbst beschäftigt; **self-abuse** *n* (*euph*) Selbstbefleckung *f* (*euph*); **self-accusation** *n* Selbstanklage *f*; **self-accusing** *adj* selbstanklagend; **self-acting** *adj* selbsttätig; **self-activating** *adj bomb* selbstzündend; **self-addressed** *adj envelope* adressiert; **self-adhesive** *adj* selbstklebend; **self-adjusting** *adj* selbstregulierend *attr*; *brakes* selbst-nachstellend *attr*; **to be ~** sich selbst regulieren/nachstellen; **self-advertisement** *n* Eigenreklame *f*; **self-aggrandizement** *n* Selbstverherrlichung *f*; **self-appointed** *adj* selbsternannt; **he is the ~ spokesman of the group** er hat sich selbst zum Sprecher der Gruppe gemacht; **self-assertion** *n* Durchsetzungsvermögen *nt*; (*pej*) Überheblichkeit *f*, Eingenommenheit *f* von sich selbst; **self-assertive** *adj* selbstbewußt; (*pej*) von sich selbst eingenommen; **self-assurance** *n* Selbstsicherheit *f*; **self-assured** *adj* selbstsicher; **self-aware** *adj* sich (*dat*) seiner selbst bewußt, selbstbewußt; **self-awareness** *n* Selbsterkenntnis *f*, Selbstbewußtsein *nt*.

self-cancelling *adj indicator* sich automatisch abschaltend *attr*; **self-catering I** *n* Selbstversorgung *f*; **to go ~** (*holidaymaker*) Urlaub *m* für Selbstversorger machen; (*hotel owner*) auf Selbstversorger umstellen; **II** *adj* für Selbstversorger; **self-centred,** (*US*) **self-centered** *adj* egozentrisch, ichbezogen; **self-cleaning** *adj* selbstreinigend; **self-closing** *adj* automatisch *or* von selbst schließend *attr*; **self-coloured,** (*US*) **self-colored** *adj* einfarbig, uni; **self-composed** *adj* ruhig, gelassen; **self-conceit** *n* Eingebildetheit *f*; **self-confessed** *adj* erklärt *attr*; **self-confidence** *n* Selbstvertrauen, Selbstbewußtsein *nt*; **self-confident** *adj* selbstbewußt; **self-conscious** *adj* befangen, gehemmt; *piece of writing, style* bewußt; (*Philos: self-aware*) selbstbewußt; **self-consciousness** *n see adj* Befangenheit, Gehemmtheit *f*; Bewußtheit *f*; Selbstbewußtsein *nt*; **self-contained** *adj person* distanziert; (*self-sufficient*) selbstgenügsam; *flat* separat; *community* unabhängig; **self-contradictory** *adj* sich (*dat*) selbst widersprechend *attr*; *alibi* widersprüchlich; **his argument is ~** seine Argumente widersprechen sich (*dat*); **self-control** *n* Selbstbeherrschung *f*; **self-controlled** *adj* selbstbeherrscht; **self-correcting** *adj* selbstregulierend *attr*; *computer* sich selbst korrigierend *attr*; **to be ~** sich selbst regulieren/korrigieren; **self-critical** *adj* selbstkritisch; **self-criticism** *n* Selbstkritik *f*.

self-deception *n* Selbsttäuschung *f*, Selbstbetrug *m*; **self-defeating** *adj* sinnlos, unsinnig; *argument* sich selbst widerlegend *attr*; **the government's plan was ~** dieser Plan der Regierung hat das Gegenteil erzielt; **a ~ move** ein Eigentor *nt*; **self-defence,** (*US*) **self-defense** *n* Selbstverteidigung *f*; (*Jur*) Notwehr *f*; **to act in ~** in Notwehr handeln; **self-denial** *n* Selbstzucht *f*; (*Rel*) Selbstverleugnung *f*; **self-denying** *adj* sich selbst einschränkend *attr*; (*Rel*) sich selbst verleugnend *attr*; **to be ~** sich einschränken/verleugnen; **self-destruct** *vi* sich selbst zerstören; **self-destruction** *n* Selbstzerstörung *f*; (*of person, race*) Selbstmord *m*; **self-determination** *n* Selbstbestimmung *f* (*also Pol*); **self-discipline** *n* Selbstdisziplin *f*; **self-doubt** *n* Zweifel *m* an sich (*dat*) selbst; **self-dramatization** *n* **his tendency towards ~** seine Neigung, sich in Szene zu setzen; **self-drive** *adj car* für Selbstfahrer.

self-educated *adj* autodidaktisch; **he is ~** er ist Autodidakt; **self-effacing** *adj* zurückhaltend; **self-employed** *adj* selbständig; *artist* freischaffend; *journalist* freiberuflich; **self-esteem** *n* (*self-respect*) Selbstachtung *f*; (*conceit*) Selbstüberschätzung *f*; **self-evident** *adj* offensichtlich; (*not needing proof*) selbstverständlich; **we'll need more money — that's ~** wir brauchen mehr Geld — das versteht sich von selbst; **self-examination** *n* Selbstprüfung *f*; **self-explanatory** *adj* unmittelbar verständlich; **this word is ~** das Wort erklärt sich selbst; **self-expression** *n* Selbstdarstellung *f*.

self-fertilization *n* Selbstbefruchtung *f*; **self-financing** *adj* selbstfinanzierend; **self-fulfilling** *adj* **a ~ prophecy** eine sich selbst bewahrheitende Voraussage, eine self-fulfilling prophecy (*Sociol*); **to be ~** sich selbst bewahrheiten; **self-fulfilment** *n* Erfüllung *f*.

self-governed, self-governing *adj* selbstverwaltet, sich selbst verwaltend *attr*; **to become ~** eine eigene Regierung bekommen; **self-government** *n* Selbstverwaltung *f*.

self-help [ˌself'help] *n* Selbsthilfe *f*. **she never was one for ~** sie konnte sich noch nie selbst behelfen.

self-image *n* Selbstbild *nt*; **self-importance** *n* Aufgeblasenheit *f*; **self-important** *adj* aufgeblasen; **self-imposed** *adj* selbstauferlegt *attr*; **his exile is ~** er hat sich (*dat*) sein Exil selbst auferlegt; **self-improvement** *n* Weiterbildung *f*; **self-induced** *adj* selbstverursacht *attr*; **self-induction** *n* (*Elec*) Selbstinduktion *f*; **self-indulgence** *n see adj* genießerische Art; Hemmungslosigkeit *f*; Maßlosigkeit *f*; **go on, take one, a little ~ never hurt anyone** nehmen Sie doch einen, jeder darf sich doch einmal verwöhnen *or* gehenlassen; **self-indulgent** *adj* genießerisch; (*sexually*) hemmungslos; (*in eating, drinking also*) maßlos; **his columns grew ever more ~** er schrieb seine Spalten immer mehr zum eigenen Vergnügen; **self-inflicted** *adj wounds* sich (*dat*) selbst zugefügt *or* beigebracht *attr*; *task, punishment* sich (*dat*) freiwillig auferlegt; **self-interest** *n* (*selfishness*) Eigennutz *m*; (*personal advantage*) eigenes Interesse.

selfish *adj*, **~ly** *adv* ['selfɪʃ, -lɪ] egoistisch, selbstsüchtig.

selfishness ['selfɪʃnɪs] *n* Egoismus *m*, Selbstsüchtigkeit *f*.

self-justification *n* Rechtfertigung *f*; **he felt no need for ~** er sah keinen Grund, sich zu rechtfertigen; **..., he said in ~** ..., sagte er zu seiner eigenen Rechtfertigung; **self-justifying** *adj* sachlich gerechtfertigt.

selfless ['selflɪs] *adj* selbstlos.

selflessly ['selflɪslɪ] *adv* selbstlos, in selbstloser Weise.

selflessness ['selflɪsnɪs] *n* Selbstlosigkeit *f*.

self-loading *adj* **~ gun** Selbstlader *m*; **self-locking** *adj* von selbst schließend *attr*; *attachment* von selbst einrastend *attr*; **~ door** Tür mit Schnappschloß; **self-love** *n* Eigenliebe, Selbstliebe (*also Philos*) *f*.

self-made *adj* **~ man** Selfmademan *m*; **self-mutilation** *n* Selbstverstümmelung *f*.

self-neglect [ˌselfnɪ'glekt] *n* Vernachlässigung *f* seiner (*gen*) selbst. **as a result of his ~** weil er sich selbst vernachlässigt hat.

self-opinionated *adj* rechthaberisch; *nonsense, drivel* selbstherrlich; **he's too ~ to change his mind** er ist viel zu sehr von sich selbst überzeugt, um seine Meinung zu ändern.

self-perpetuating *adj* sich selbst erneuernd *or* erhaltend *attr*; **~ poverty/dictatorship** sich ständig fortsetzende Armut/Diktatur; **the system is ~** das System erhält sich selbst; **self-perpetuation** *n* Selbstperpetuierung *f*; **self-**

pity *n* Selbstmitleid *nt*; **self-pitying** *adj* selbstbemitleidend; **self-pollination** *n* Selbstbestäubung *f*; **self-portrait** *n* Selbstporträt *or* -bildnis *nt*; **self-possessed** *adj* selbstbeherrscht; **self-possession** *n* Selbstbeherrschung *f*; **self-preservation** *n* Selbsterhaltung *f*; **the instinct for ~** der Selbsterhaltungstrieb; **self-propagating** *adj flower* sich selbst aussäend *attr*; *poverty, bad state of affairs* sich aus sich selbst weiterentwikkelnd *attr*; **self-propelled** *adj* selbstangetrieben *attr*, mit Selbstantrieb.

self-raising, (*US*) **self-rising** *adj flour* selbsttreibend, *mit bereits beigemischtem Backpulver*; **self-realization** *n* Selbstverwirklichung *f*; **self-regulating** *adj* selbstregulierend *attr*; **self-reliance** *n* Selbständigkeit *f*; **self-reliant** *adj* selbständig; **self-reproach** *n* Selbstvorwurf *m*; **self-respect** *n* Selbstachtung *f*; **have you no ~?** schämen Sie sich gar nicht?; **self-respecting** *adj* anständig; **no ~ person would ...** niemand, der etwas auf sich hält, würde ...; **self-restraint** *n* Selbstbeherrschung *f*; **self-righteous** *adj* selbstgerecht; **self-righteousness** *n* Selbstgerechtigkeit *f*; **self-righting** *adj boat* sich (von) selbst aufrichtend *attr*; **self-rising** *adj* (*US*) *see* **self-raising**; **self-rule** *n* Selbstbestimmung, Selbstverwaltung *f*.

self-sacrifice *n* Selbstaufopferung *f*; **self-sacrificing** *adj* aufopfernd; **selfsame** *adj*: **the ~** genau der/die/das gleiche, der-/die-/ dasselbe; **on the ~ day** noch am selben Tag; **self-satisfaction** *n* Selbstzufriedenheit *f*; (*smugness*) Selbstgefälligkeit *f*; **self-satisfied** *adj* (*smug*) selbstgefällig, selbstzufrieden; **self-sealing** *adj envelope* selbstklebend; *tyre* selbstdichtend; **self-seeking I** *adj* selbstsüchtig; **II** *n* Selbstsucht *f*; **self-serve** (*esp US*), **self-service I** *adj* Selbstbedienungs-; **the petrol station has gone ~** die Tankstelle hat jetzt auf Selbstbedienung umgestellt; **II** *n* Selbstbedienung *f*; **self-starter** *n* Selbstanlasser *m*; **self-styled** *adj* selbsternannt; **self-sufficiency** *n* (*of person*) Selbständigkeit *f*; (*emotional*) Selbstgenügsamkeit *f*; (*of country*) Autarkie *f*; (*of community*) Selbstversorgung *f*; **self-sufficient** *adj person* selbständig; (*emotionally*) selbstgenügsam; *country* autark; **they are ~ in oil** sie können ihren Ölbedarf selbst decken; **a ~ community** eine Gemeinde, die sich selbst versorgen kann; **self-supporting** *adj person* finanziell unabhängig; *structure* freitragend; *chimney* freistehend; **the club is ~** der Club trägt sich selbst; **our commune is ~** wir sind in unserer Kommune Selbstversorger.

self-tapping screw *n* selbstschneidende Schraube, Treibschraube *f*; **self-taught** *adj skills* selbsterlernt; **he is ~** er hat sich (*dat*) das selbst beigebracht; (*intellectually*) er hat sich durch Selbstunterricht gebildet; **self-test I** *n* (*of machine*) Selbsttest *m*; **to do a ~** einen Selbsttest durchführen; **~ program/routine** Selbsttestprogramm *nt*/-routine *f*; **II** *vi* (*machine*) einen Selbsttest durchführen.

self-will *n* Eigenwilligkeit *f*, Eigensinn *m* (*pej*); **self-willed** *adj* eigenwillig, eigensinnig (*pej*); **self-winding** *adj watch* Automatik-.

sell [sel] (*vb: pret, ptp* **sold**) **I** *vt* **1.** verkaufen (*sb sth, sth to sb* jdm etw, etw an jdn); *insurance policy* abschließen (*to* mit); (*business*) *goods also* absetzen. **I was sold this in Valencia** man hat mir das in Valencia verkauft; **the book sold 3,000 copies** von dem Buch wurden 3.000 Exemplare verkauft; **to ~ insurance (for a living)** Versicherungsvertreter sein; **he sold himself to the enemy** er hat sich an den Feind verkauft; **to ~ one's soul to sb/sth** jdm/einer Sache seine Seele verschreiben; **modern man has sold his soul** der moderne Mensch hat seine Seele verloren; **what are you ~ing it for?** wieviel verlangen Sie dafür?, wieviel wollen Sie dafür haben?; **I can't remember what I sold it for** ich weiß nicht mehr, für wieviel ich es verkauft habe.

2. (*stock*) führen, haben (*inf*); (*deal in*) vertreiben.

3. (*promote the sale of*) zugkräftig machen, einen guten Absatz verschaffen (+*dat*). **you need advertising to ~ your product** Sie müssen werben, um Ihr Produkt zu verkaufen *or* abzusetzen; **nothing will ~ this product, it's so bad** das Produkt ist so schlecht, daß es sich nicht verkaufen *or* an den Mann bringen (*inf*) läßt.

4. (*inf: gain acceptance for*) schmackhaft machen (*to sb* jdm), gewinnen für (*to sb* jdn); *religion* aufschwatzen (*inf*), verkaufen (*inf*) (*to sb* jdm). **I know I'll never be able to ~ it to him** ich weiß, daß ich ihn dafür nicht erwärmen kann *or* daß er dafür nicht zu haben ist; **to ~ oneself** (*put oneself across*) sich profilieren (*to* bei), sich verkaufen (*to* an +*acc*).

5. (*inf: convince of the worth of*) **to ~ sb on sth** jdn von etw überzeugen; **to be sold on sb/sth** von jdm/etw begeistert sein; **how sold is he on the idea?** wie sehr hat es ihm diese Idee angetan? (*inf*).

6. (*fig: betray*) verraten. **to ~ sb down the river** (*inf*) jdn ganz schön verschaukeln (*inf*).

II *vi* (*person*) verkaufen (*to sb* an jdn); (*article*) sich verkaufen (lassen). **his book is ~ing well/won't ~** sein Buch verkauft sich gut/läßt sich nicht verkaufen; **the house sold for £200,000** das Haus wurde für £ 200.000 verkauft; **what are they ~ing at** *or* **for?** wieviel kosten sie?; **the idea didn't ~** (*fig*) die Idee kam nicht an.

III *n* **1.** (*Comm inf: sales appeal*) Zugkraft, Attraktivität *f*. **2.** (*selling technique*) Verkaufstaktik *or* -methode *f*; *see* **hard ~, soft ~. 3.** (*dated inf: disappointment*) Reinfall *m*, Pleite *f* (*inf*).

◆**sell off** *vt sep* verkaufen; (*get rid of quickly, cheaply*) abstoßen; (*at auction*) versteigern.

◆**sell out I** *vt sep* **1.** (*sell entire stock of*) ausverkaufen. **sorry, sold ~** wir sind leider ausverkauft; **we're sold ~ of ice-cream/size 10** wir haben kein Eis/keine Größe 10 mehr, das Eis/Größe 10 ist ausverkauft. **2.** *share, interest* verkaufen, abgeben. **3.** (*inf: betray*) verraten (*to* an +*acc*).

II *vi* **1.** (*sell entire stock*) alles verkaufen *or* absetzen. **this book/we sold ~ in two days** das Buch war/wir waren in zwei Tagen ausverkauft.

2. (*in business*) sein Geschäft/seine Firma/seinen Anteil *etc* verkaufen.

3. (*inf: betray*) **the union leader sold ~ to the bosses** der Gewerkschaftsführer verkaufte die Arbeiter an die Bosse (*inf*); **he sold ~ to the right wing/the enemy** er hat sich an den rechten Flügel/den Feind verkauft.

◆**sell up I** *vt sep* zu Geld machen (*inf*); (*Brit Fin*) zwangsverkaufen. **II** *vi* sein Haus/seinen Besitz/seine Firma verkaufen *or* zu Geld machen (*inf*).

sell-by date ['selbaɪˌdeɪt] *n* ≈ Haltbarkeitsdatum *or* Verfallsdatum *nt*. **to be past one's ~** (*hum inf*) seine besten Tage hinter sich (*dat*) haben.

seller ['seləʳ] *n* **1.** Verkäufer(in *f*) *m*. **you should take faulty goods back to the ~** du solltest fehlerhafte Ware (zum Händler) zurückbringen.

2. (*thing sold*) **big ~** Verkaufsschlager *m*; **bad ~** schlecht gehender *or* verkäuflicher Artikel; (*in shop also*) Ladenhüter *m*; **this book is a good/slow ~** das Buch verkauft sich gut/schlecht.

selling ['selɪŋ] **I** *n* Verkauf *m*, Verkaufen *nt*.

II *adj* Verkaufs-. **~ price** Verkaufspreis *m*; **~ point** Verkaufsanreiz *m*.

sellotape ® ['seləʊteɪp] (*Brit*) **I** *n* Tesafilm ® *m*. **II** *vt* (*also*: **~ down/up**) mit Tesafilm ® festkleben.

sell-out ['selaʊt] *n* **1.** (*inf: betrayal*) fauler Kompromiß *or* Handel (*to* mit); (*of one's ideals*) Ausverkauf *m* (*to* an +*acc*). **2.** (*Theat, Sport*) ausverkauftes Haus. **to be a ~** ausverkauft sein. **3.** (*Comm*) Verkaufsschlager *m*.

seltzer (water) ['seltsə('wɔːtəʳ)] *n* Selterswasser *nt*.

selvage, selvedge ['selvɪdʒ] *n* Web(e)-kante *f*.

selves [selvz] *pl of* **self.**

semantic *adj*, **~ally** *adv* [sɪ'mæntɪk, -əlɪ] semantisch.

semanticist [sɪ'mæntɪsɪst] *n* Semantiker(in *f*) *m*.

semantics [sɪ'mæntɪks] *n sing* Semantik *f*. **the discussion got bogged down in ~** die Diskussion blieb in Wortklaubereien stecken; **it's just a question of ~** es ist nur eine Frage der Formulierung *or* (*interpretation*) Auslegung.

semaphore ['seməfɔːʳ] **I** *n* **1.** (*Rail*) Semaphor *nt*, Signalmast *m*. **2.** (*system*) Signalsprache *f*, Winken *nt*. **transmitted by ~** durch optische Signale übermittelt; **to learn ~** das Winkeralphabet lernen. **II** *vti* durch Winkzeichen signalisieren.

semblance ['sembləns] *n* (*with def art*) Anschein *m* (*of* von); (*with indef art*) Anflug *m* (*of* von). **without a ~ of regret/fear/a smile** ohne den leisesten Anflug von Bedauern/Angst/eines Lächelns; **he had the ~ of an experienced lawyer** er erweckte den Anschein eines erfahrenen Anwalts; **to put on a ~ of gaiety** (*liter*) eine fröhliche Miene zur Schau tragen (*geh*).

semen ['siːmən] *n* Samenflüssigkeit *f*, Sperma *nt*.

semester [sɪ'mestəʳ] *n* Semester *nt*.

semi¹ ['semɪ] *n* (*Brit inf*) *see* **semidetached.**

semi² *n* (*US inf*) *see* **semitrailer.**

semi- *pref* halb-, Halb-.

semi-automatic I *adj* halbautomatisch; **II** *n* (*weapon*) halbautomatische Waffe; **semibreve** *n* (*esp Brit*) ganze Note; **semicircle** *n* Halbkreis *m*; **semicircular** *adj* halbkreisförmig; **~ canal** (*Anat*) Bogengang *m*; **semicolon** *n* Strichpunkt *m*, Semikolon *nt*; **semiconductor** *n* Halbleiter *m*; **semiconscious** *adj* halb bewußtlos; **semidarkness** *n* Halbdunkel *nt*; **semidetached I** *adj* **~ house** Doppelhaushälfte *f*; **II** *n* Doppelhaushälfte *f*; **semifinal** *n* Halb- *or* Semifinalspiel *nt*; **~s** Halb- *or* Semifinale *nt*; **semifinalist** *n* Teilnehmer(in *f*) *m* am Halbfinale.

seminal ['semɪnl] *adj* **1.** **~ fluid** Samenflüssigkeit *f*. **2.** (*embryonic*) keimhaft (*geh*). **to be present in a ~ state** im Keim vorhanden sein. **3.** (*generative*) *ideas* ertragreich.

seminar ['semɪnɑːʳ] *n* Seminar *nt*.

seminarian [ˌsemɪ'nɛərɪən], **seminarist** ['semɪnərɪst] *n* Seminarist *m*.

seminary ['semɪnərɪ] *n* Priesterseminar *nt*.

semiofficial ['semɪə'fɪʃəl] *adj* halbamtlich, offiziös; *rule* halboffiziell.

semiotic [semɪ'ɒtɪk] *adj* semiotisch.

semiotics [semɪ'ɒtɪks] *n sing* Semiotik *f*.

semiprecious *adj* **~ stone** Halbedelstein *m*; **semiquaver** *n* (*esp Brit*) Sechzehntel(note *f*) *nt*; **semiskilled** *adj worker* angelernt; *job* Anlern-; **~ labour** (*workforce*) Angelernte *pl*; (*work*) Arbeit *f* für Angelernte; **semi-skimmed milk** *n* Halbfettmilch *f*, teilentrahmte Milch; **semisolid I** *adj* halbfest; **II** *n* halbfeste Substanz; **semisubmersible** *n* (*oil rig*) schwimmende Bohrinsel, Halbtaucher *m*.

Semite ['siːmaɪt] *n* Semit(in *f*) *m*.

Semitic [sɪ'mɪtɪk] *adj* semitisch.

semitone *n* Halbton *m*; **semitrailer** *n* (*US*) Sattelschlepper *m*; (*part*) Sattelauflieger *m*; **semivowel** *n* Halbvokal *m*.

semolina [ˌsemə'liːnə] *n* Weizengrieß *m*.

sempstress ['sempstrɪs] *n* Näherin *f*.

Semtex ® ['sɛmtɛks] *n* Semtex ® *nt*.

Sen (*US*) *abbr of* **Senator.**

senate ['senɪt] *n* Senat *m*.

senator ['senɪtəʳ] *n* Senator(in *f*) *m*; (*as address*) Herr/Frau Senator(in).

senatorial [ˌsenə'tɔːrɪəl] *adj* des/eines Senators/der/einer Senatorin.

send [send] *pret, ptp* **sent I** *vt* **1.** schicken; *letter, messenger also* senden (*geh*); (**~ off**) *letter* abschicken; (*Rad*) *radio wave* ausstrahlen; *signal, SOS* senden;

(*through wires*) übermitteln. **to ~ sb to prison/to his death** jdn ins Gefängnis/in den Tod schicken; **to ~ sb on a course/tour** jdn auf einen *or* zu einem Kurs/auf eine Tour schicken; **to ~ sb to university** jdn studieren lassen; **to ~ sb for sth** jdn nach etw schicken.

2. she ~s her love/congratulations/apologies sie läßt grüßen/Ihnen ihre Glückwünsche ausrichten/sich entschuldigen *etc*; **~ him my love/best wishes** grüßen Sie ihn von mir.

3. (*propel, make go*) *arrow, ball* schießen; (*hurl*) schleudern; (*conveyor belt*) leiten, befördern. **he/the explosion sent everything crashing to the ground** er/die Explosion ließ alles krachend zu Boden fallen; **the blow sent him sprawling** der Schlag schleuderte ihn zu Boden; **the fire sent everyone running out of the building** das Feuer ließ alle das Gebäude fluchtartig verlassen; **this ~s a spark into the engine** das leitet einen Funken zum Motor; **his speech sent a wave of excitement through the audience** seine Rede ließ eine Woge der Aufregung durch die Zuschauer gehen; **the explosion had sent the spaceship off course** die Explosion hatte das Raumschiff vom Kurs abgebracht.

4. (*cause to become, cause to go*) **this sent him off into one of his diatribes/into fits of laughter** das ließ ihn eine seiner Schimpfkanonaden vom Stapel lassen/in einen Lachkrampf ausbrechen.

5. (*sl*) hinreißen. **that tune/he ~s me** ich bin ganz weg von der Melodie/von ihm (*inf*); *see also* **sent.**

II *vi* **she sent to say that ...** sie ließ sagen *or* ausrichten *or* bestellen, daß ...; **the mail-order firm suddenly stopped ~ing** die Versandfirma lieferte plötzlich nicht mehr.

◆**send across** *vt sep* herüber-/hinüberschicken; (+*prep obj*) schicken über (+*acc*).

◆**send after I** *vt sep* **to ~ sb ~ sb** jdn jdm nachschicken. **II** *vi* +*prep obj* **they sent ~ him** sie schickten ihm jemanden nach.

◆**send along** *vt sep* her-/hinschicken.

◆**send away I** *vt sep* **1.** wegschicken, fortschicken; *letter etc also* abschicken. **his parents sent him ~ to Europe** seine Eltern schickten ihn nach Europa.

2. I had to ~ him ~ without an explanation ich mußte ihn ohne Erklärung weggehen lassen *or* wegschicken.

II *vi* schreiben. **the number of people who sent ~ when they saw the TV advert** die Anzahl von Leuten, die auf die Fernsehreklame hin schrieben; **to ~ ~ for sth** etw anfordern.

◆**send back I** *vt sep* zurückschicken; *food in restaurant* zurückgehen lassen. **II** *vi* **to ~ ~ for reinforcements** nach Verstärkung schicken, Verstärkung holen lassen.

◆**send down** *vt sep* **1.** *temperature, prices* fallen lassen; (*gradually*) senken. **2.** (*Brit Univ: expel*) relegieren. **3.** *prisoner* verurteilen (*for* zu).

◆**send for** *vi* +*prep obj* **1.** *person* kommen lassen; *doctor, police, priest also* rufen; *help* herbeirufen; *reinforcements* herbeibeordern; *food* bringen lassen; (*person in authority*) *pupil, secretary, minister* zu sich bestellen. **I'll ~ ~ you/these books when I want you/them** ich lasse Sie rufen/ich schicke nach den Büchern, wenn ich Sie/sie brauche; **to ~ ~ sb to do sth** jdn herbeiholen *or* nach jdm schicken, um etw zu tun.

2. *copy, catalogue* anfordern, sich (*dat*) kommen lassen.

◆**send forth** *vt sep* (*liter*) aussenden (*geh*); *blossom* hervorbringen; *smell* verströmen (*geh*); *heat, light* ausstrahlen.

◆**send in I** *vt sep* einschicken, einsenden; *person* herein-/hineinschicken; *troops* einsetzen. **II** *vi see* **send away II.**

◆**send off I** *vt sep* **1.** *letter, parcel* abschicken.

2. *children to school* wegschicken. **he sent his son ~ to Paris** er schickte seinen Sohn nach Paris.

3. *see* **send away I 2.**

4. (*Sport*) vom Platz verweisen (*for* wegen); (*Ice hockey*) auf die Strafbank schicken.

5. (*see off*) verabschieden.

II *vi see* **send away II.**

◆**send on** *vt sep* **1.** (*forward*) *letter* nachschicken; (*pass on*) *memo* weiterleiten. **2.** (*in advance*) *troops, luggage* vorausschicken. **3.** *substitute* aufs Feld schikken, einsetzen; *actor* auf die Bühne schicken.

◆**send out** *vt sep* **1.** (*out of house, room*) hinaus-/herausschicken (*of* aus). **he sent me ~ to buy a paper** er hat mich losgeschickt, um eine Zeitung zu kaufen; **the company started ~ing work ~** die Firma hat angefangen, Arbeit außer Haus zu geben.

2. (*emit*) *rays, radio signals* aussenden; *light, heat, radiation* ausstrahlen, abgeben; *smoke* ausstoßen, abgeben.

3. *leaflets, invitations, application forms* verschicken.

◆**send out for I** *vi* +*prep obj* holen lassen. **II** *vt sep* **to ~ sb ~ ~ sth** jdn nach etw schicken.

◆**send up** *vt sep* **1.** *rocket* hochschießen; *balloon* steigen lassen; *flare* in die Luft schießen. **2.** *prices, temperature* hochtreiben, in die Höhe treiben; *pressure* steigen lassen. **3.** (*destroy*) in die Luft gehen lassen. **to ~ sth ~ in flames** etw in Flammen aufgehen lassen. **4.** (*Brit inf: satirize*) verulken (*inf*). **5.** (*US inf: send to prison*) hinter Gitter bringen (*inf*).

sender ['sendəʳ] *n* Absender(in *f*) *m.*

send-off *n* Abschied *m*, Verabschiedung *f*; **to give sb a good ~** jdn ganz groß verabschieden (*inf*); **send-up** *n* (*Brit inf*) Verulkung *f* (*inf*); **to do a ~ of sb/sth** jdn/etw verulken (*inf*).

Senegal [ˌsenɪ'gɔːl] *n* Senegal *nt.*

Senegalese [ˌsenɪgə'liːz] **I** *adj* senegalesisch. **II** *n* Senegalese *m*, Senegalesin *f.*

senescent [sɪ'nesənt] *adj* (*form*) alternd.

senile ['siːnaɪl] *adj person* senil; (*physically*) altersschwach. **~ decay** Altersabbau

m.

senility [sɪ'nɪlɪtɪ] *n* Senilität *f*; (*physical*) Altersschwäche *f*.

senior ['siːnɪə^r] **I** *adj* (*in age*) älter; (*in rank*) vorgesetzt, übergeordnet; (*with longer service*) dienstälter; *rank, civil servant* höher; *officer* ranghöher; *position* höher, leitend; *designer, editor, executive, accountant* leitend; *doctor, nurse* Ober-. **he is ~ to me** (*in age*) er ist älter als ich; (*in rank*) er ist mir übergeordnet; (*in length of service*) er ist *or* arbeitet schon länger hier als ich; **the ~ management** die Geschäftsleitung; **~ partner** Seniorpartner *m*; **~ consultant** Chefarzt *m*/-ärztin *f*; **~ citizen** älterer (Mit)bürger, ältere (Mit)bürgerin; **~ citizen rail pass** Seniorenpaß *m*; **~ service** (*Brit*) Kriegsmarine *f*; **~ school, ~ high school** (*US*) Oberstufe *f*; **my ~ officer** mein Vorgesetzter; **a very ~ officer** ein sehr hoher Offizier; **he's very/not very ~** er hat eine ziemlich hohe/keine sehr hohe Stellung; **can I speak to somebody more ~?** könnte ich bitte jemanden sprechen, der verantwortlich ist?; **J. B. Schwartz, S~** J. B. Schwartz senior.

II *n* (*Sch*) Oberstufenschüler(in *f*) *m*; (*US Univ*) Student(in *f*) *m* im 4./letzten Studienjahr; (*in club*) Senior *m*. **he is my ~** (*in age*) er ist älter als ich; (*in rank*) er ist mir übergeordnet; (*in length of service*) er ist *or* arbeitet schon länger hier als ich; **he is two years my ~, he is my ~ by two years** er ist zwei Jahre älter als ich.

seniority [ˌsiːnɪ'ɒrɪtɪ] *n* (*in age*) (höheres) Alter; (*in rank*) (höhere) Position; (*Mil*) (höherer) Rang; (*in civil service*) (höherer) Dienstgrad; (*in service*) (längere) Betriebszugehörigkeit; (*in civil service*) (höheres) Dienstalter. **promotion on the basis of ~** Beförderung *f* nach Länge der Dienstjahre/Betriebszugehörigkeit.

senna ['senə] *n* (*drug*) Sennesblätter *pl*; (*plant*) Sennespflanze *f*.

sen(r) *abbr of* **senior** sen.

sensation [sen'seɪʃən] *n* **1.** (*feeling*) Gefühl *nt*; (*of heat, cold*) Empfindung *f*; (*of the external world*) Sinneseindruck *m*. **a/the ~ of falling** das Gefühl zu fallen; **a ~ of fear/hunger** ein Gefühl *nt* der Angst, ein Angst-/Hungergefühl *nt*.

2. (*great success*) Sensation *f*. **to cause** *or* **create a ~** (großes) Aufsehen erregen.

sensational [sen'seɪʃənl] *adj* **1.** sensationell, aufsehenerregend; *newspaper, film, book* reißerisch aufgemacht, auf Sensation bedacht; *news item* Sensations-; *style, writing* reißerisch; *journalist* sensationsgierig *or* -lüstern (*inf*). **2.** (*inf: very good*) sagenhaft (*inf*).

sensationalism [sen'seɪʃnəlɪzəm] *n* (*of paper, reporter*) Sensationsmache *f* (*inf*); (*of reader*) Sensationsgier *f*. **the cheap ~ of his style** die billige Effekthascherei in seinem Stil.

sensationalist [sen'seɪʃnəlɪst] *adj style, journalism* Sensations-, sensationslüstern.

sensationally [sen'seɪʃnəlɪ] *adv* **1.** *write, report* in einem reißerischen Stil. **2.** (*inf: amazingly*) sagenhaft (*inf*).

sense [sens] **I** *n* **1.** (*bodily*) Sinn *m*. **~ of hearing** Gehör(sinn *m*) *nt*; **~ of sight** Sehvermögen *nt*; **~ of smell** Geruchssinn *m*; **~ of taste** Geschmack(sinn) *m*; **~ of touch** Tastsinn *m*.

2. ~s *pl* (*right mind*) Verstand *m*; **no man in his ~s ...** kein einigermaßen vernünftiger Mensch ...; **to be out of one's ~s** nicht ganz bei Trost sein; **to frighten sb out of his ~s** jdn zu Tode erschrekken; **to bring sb to his ~s** jdn zur Vernunft *or* Besinnung bringen; **to come to one's ~s** zur Vernunft *or* Besinnung kommen.

3. (*feeling*) Gefühl *nt*. **~ of duty** Pflichtbewußtsein *or* -gefühl *nt*; **he has an exaggerated ~ of his own importance** er nimmt sich selbst übertrieben wichtig; **there's a ~ of impermanence in these buildings** diese Gebäude haben etwas Unbeständiges an sich; **these buildings create a ~ of space** diese Gebäude vermitteln den Eindruck von Weite.

4. (*instinct, appreciation*) Sinn *m*. **his ~ for what is appropriate** sein Gefühl *nt* *or* Gespür *nt* dafür, was angebracht ist; **~ of colour/justice** Farben-/Gerechtigkeitssinn.

5. (*good ~*) **(common) ~** gesunder Menschenverstand; **he had the (good) ~ to ...** er war so vernünftig *or* klug *or* gescheit und ...; **you should have had more ~ than to ...** du hättest vernünftiger sein sollen und nicht ...; **there is no ~/a lot of ~ in that** das hat keinen Sinn, es ist zwecklos/das hat Hand und Fuß, das ist ganz vernünftig; **what's the ~ of** *or* **in doing this?** welchen Sinn hat es denn, das zu tun?; **there is no ~ in doing that** es ist zwecklos *or* sinnlos, das zu tun; **there is no ~ in crying** es hat keinen Sinn zu heulen; **there's some ~ in what he says/in doing that** was er sagt, ist ganz vernünftig/es wäre ganz vernünftig, das zu tun; **a man of good ~** ein (ganz) vernünftiger Mann; **to talk ~** vernünftig sein; **now you're talking ~** das läßt sich schon eher hören; **he hasn't the ~ he was born with** er hat nicht für fünf Pfennig Verstand (*inf*); **to make sb see ~** jdn zur Vernunft bringen.

6. to make ~ (*sentence*) (einen) Sinn ergeben; (*be sensible, rational*) sinnvoll *or* vernünftig sein, Sinn machen (*inf*); **it doesn't make ~ doing it that way/to spend all that money** es ist doch Unsinn *or* unvernünftig, es so zu machen/soviel Geld auszugeben; **why did he decide that? — I don't know, it doesn't make ~** warum hat er das beschlossen? — ich weiß es nicht, das ist mir unverständlich *or* ich verstehe das nicht; **it makes good ~** das scheint sehr vernünftig; **it makes good financial ~ to ...** aus finanzieller Sicht gesehen ist es sehr vernünftig, zu ...; **her behaviour doesn't make ~ (to me)** man wird/ich werde aus ihrem Verhalten nicht schlau (*inf*); **he/his theory doesn't make ~** er/seine Theorie ist völlig unverständlich; **it all makes ~ now**

jetzt wird einem alles klar; **to make ~ of sth** etw verstehen, aus etw schlau werden (*inf*); **you're not making ~** (*in explaining sth, in plans, intentions*) das ist doch Unsinn; (*in behaviour, attitude*) ich werde aus Ihnen nicht schlau (*inf*); **now you're making ~** (*in explaining sth*) jetzt verstehe ich, was Sie meinen; (*in plans, intentions*) das ist endlich eine vernünftige Idee.

7. (*meaning*) Sinn *m no pl.* **in the full ~ of the word** im wahrsten Sinn des Wortes; **it has three distinct ~s** es hat drei verschiedene Bedeutungen; **in what ~ are you using the word?** in welchem Sinn *or* welcher Bedeutung gebrauchen Sie das Wort?; **he is an amateur in the best ~** er ist Amateur im eigentlichen Sinn des Wortes; **in every ~ of the word** in der vollen Bedeutung des Wortes.

8. (*way, respect*) **in a ~** in gewisser Hinsicht, gewissermaßen; **in every ~** in jeder Hinsicht; **in what ~?** inwiefern?; **there is a ~ in which what he claims is true** in einer Hinsicht hat er mit seiner Behauptung recht.

II *vt* fühlen, spüren. **I could ~ someone there in the dark** ich fühlte *or* spürte, daß da jemand in der Dunkelheit war.

senseless ['senslɪs] *adj* **1.** (*unconscious*) besinnungslos, bewußtlos. **2.** (*stupid*) unvernünftig, unsinnig; (*futile*) *waste, discussion* sinnlos. **what a ~ thing to do/say** welch ein Unsinn.

senselessly ['senslɪslɪ] *adv see adj 2.*

senselessness ['senslɪsnɪs] *n see adj 2.* Unvernunft, Unsinnigkeit *f*; Sinnlosigkeit *f.*

sense organ *n* Sinnesorgan *nt.*

sensibility [,sensɪ'bɪlɪtɪ] *n* (*to beauty etc*) Empfindsamkeit *f*; (*artistic ~ also*) Sensibilität *f*; (*emotional ~, susceptibility to insult*) Empfindlichkeit, Sensibilität *f.* **sensibilities** Zartgefühl *nt*; **the body's ~ to touch/cold** die Empfindlichkeit des Körpers für Berührungen/gegen(über) Kälte.

sensible ['sensəbl] *adj* **1.** vernünftig. **be ~ about it** seien Sie vernünftig; **that's the ~ thing to do** das ist vernünftig.

2. (*liter: aware*) **to be ~ of sth** sich (*dat*) einer Sache (*gen*) bewußt sein.

3. (*rare: appreciable*) spürbar, merklich.

sensibleness ['sensəblnɪs] *n* Vernünftigkeit *f.*

sensibly ['sensəblɪ] *adv* vernünftig. **he very ~ ignored the question** er hat die Frage vernünftigerweise ignoriert.

sensitive ['sensɪtɪv] *adj* **1.** (*emotionally*) *person* sensibel, empfindsam; (*easily hurt*) empfindlich; (*understanding*) einfühlsam; *novel, film, remark* einfühlend. **to be ~ about sth** in bezug auf etw (*acc*) empfindlich sein; **she is very ~ to criticism** sie reagiert sehr empfindlich auf Kritik.

2. (*physically*) *instruments, part of body, leaves, plants* empfindlich; (*Phot*) *emulsion, film* lichtempfindlich; (*delicate*) *balance, adjustment* fein; (*fig*) *topic, issue* heikel, prekär. **~ to heat/light** wärme-/lichtempfindlich; **he has access to some highly ~ information** er hat Zugang zu streng vertraulichen Informationen; **just how ~ are these figures?** inwiefern sind diese Zahlen als vertraulich zu behandeln?

sensitiveness ['sensɪtɪvnɪs], **sensitivity** [,sensɪ'tɪvɪtɪ] *n see adj* **1.** Sensibilität, Empfindsamkeit *f*; Empfindlichkeit *f*; Einfühlsamkeit *f*; Einfühlungsvermögen *nt.* **2.** Empfindlichkeit *f*; Lichtempfindlichkeit *f*; Feinheit *f*; heikle Natur. **~ to heat/light** Wärme-/Lichtempfindlichkeit *f.*

sensitize ['sensɪtaɪz] *vt* (*Phot*) sensibilisieren.

sensor ['sensəʳ] *n* Sensor *m*; (*non-electronic also*) Fühler *m.*

sensorimotor ['sensərɪ'məʊtəʳ] *adj* sensomotorisch.

sensory ['sensərɪ] *adj* sensorisch; *data, organs* Sinnes-.

sensual ['sensjʊəl] *adj* sinnlich, wollüstig (*pej*); *person, life also* sinnesfreudig, lustbetont.

sensualism ['sensjʊəlɪzəm] *n* Sinnlichkeit, Wollüstigkeit (*pej*) *f*; (*Philos*) Sensualismus *m.*

sensualist ['sensjʊəlɪst] *n* Genußmensch, sinnlicher Mensch, Lüstling (*pej*) *m*; (*Philos*) Sensualist *m.*

sensuality [,sensjʊ'ælɪtɪ] *n* Sinnlichkeit, Wollüstigkeit (*pej*) *f*; (*of person also*) Sinnesfreudigkeit *f.*

sensually ['sensjʊəlɪ] *adv* sinnlich, wollüstig (*pej*).

sensuous *adj*, **~ly** *adv* ['sensjʊəs, -lɪ] sinnlich, sinnenhaft.

sensuousness ['sensjʊəsnɪs] *n* Sinnlichkeit, Sinnenhaftigkeit *f.*

sent [sent] **I** *pret, ptp of* **send. II** *adj* (*inf*) *look* hingerissen (*inf*).

sentence ['sentəns] **I** *n* **1.** (*Gram*) Satz *m.* **~ structure** Satzbau *m*; (*of particular ~*) Satzaufbau *m*, Satzstruktur *f.*

2. (*Jur*) Strafe *f.* **to be under ~ of death** zum Tode verurteilt sein; **the judge gave him a 6-month ~** der Richter verurteilte ihn zu 6 Monaten Haft *or* Freiheitsentzug; **to pass ~ (on sb)** (über jdn) das Urteil verkünden; (*fig*) jdn verurteilen.

II *vt* (*Jur*) verurteilen. **he was ~d to life imprisonment** er wurde zu lebenslänglichem Freiheitsentzug verurteilt.

sententious *adj*, **~ly** *adv* [sen'tenʃəs, -lɪ] salbungsvoll.

sententiousness [sen'tenʃəsnɪs] *n* **the ~ of the lecture/speaker** der salbungsvolle Vortrag/Redner.

sentient ['sentɪənt] *adj* empfindungsfähig.

sentiment ['sentɪmənt] *n* **1.** (*feeling, emotion*) Gefühl *nt.* **2.** (*sentimentality*) Sentimentalität, Rührseligkeit *f.* **3.** (*opinion*) Ansicht, Meinung *f.* **4.** (*thought behind words or deeds*) Gedanke *m.*

sentimental [,sentɪ'mentl] *adj* sentimental; *person, mood also* gefühlvoll; *novel, song, music also* gefühlsselig, kitschig (*pej*), schmalzig (*pej*); *value* Gefühls-. **for ~ reasons** aus Sentimentalität; **a**

certain ~ attachment eine gewisse gefühlsmäßige Bindung.

sentimentalism [ˌsentɪ'mentəlɪzəm] *n* Sentimentalität *f*.

sentimentalist [ˌsentɪ'mentəlɪst] *n* Gefühlsmensch *m*, sentimentaler Mensch.

sentimentality [ˌsentɪmen'tælɪtɪ] *n* Sentimentalität *f*.

sentimentalize [ˌsentɪ'mentəlaɪz] **I** *vt* sentimental *or* gefühlvoll darstellen. **II** *vi* sentimental sein.

sentimentally [ˌsentɪ'mentəlɪ] *adv important, attached* gefühlsmäßig; *say, reminisce* sentimental; *sing, play music* gefühlvoll; (*pej*) sentimental, kitschig, schmalzig.

sentinel ['sentɪnl] *n* Wache *f*. **to stand ~ over sth** (*liter*) über etw (*acc*) wachen *or* Wacht halten.

sentry ['sentrɪ] *n* Wache *f*, Wachtposten *m*. **to be on ~ duty** auf Wache sein; **~ box** Wachhäuschen *nt*.

sep *abbr of* **separate.**

sepal ['sepəl] *n* Kelchblatt *nt*.

separability [ˌseprə'bɪlɪtɪ] *n* Trennbarkeit *f*.

separable ['sepərəbl] *adj* trennbar.

separate ['seprət] **I** *adj* **1.** getrennt, gesondert (*from* von); *section, piece also* extra *attr inv*; *organization, unit also* eigen *attr*; *two organizations, issues, parts* gesondert *attr*, voneinander getrennt, verschieden *attr*; *provisions, regulations* besondere(r, s) *attr*, separat, gesondert; *beds, rooms, accounts* getrennt; *account, bill, agreement, department* gesondert, extra *attr inv*; *entrance, toilet, flat* separat; *treaty, peace* Separat-, Sonder-; *existence* eigen *attr*. **that is a ~ question/issue** das ist eine andere Frage, das ist eine Frage für sich; **on two ~ occasions** bei zwei verschiedenen Gelegenheiten; **on a ~ occasion** bei einer anderen Gelegenheit; **there will be ~ discussions on this question** diese Frage wird separat *or* gesondert diskutiert; **a ~ sheet of paper** ein anderes Blatt Papier; (*additional*) ein gesondertes *or* extra Blatt Papier; **this is quite ~ from his job** das hat mit seinem Beruf nichts zu tun; **to keep two things ~** zwei Dinge nicht zusammentun; *questions, issues* zwei Dinge auseinanderhalten.

2. (*individual*) einzeln. **all the ~ sections/pieces/units/questions** alle einzelnen Abschnitte/Teile/Einheiten/Fragen; **everybody has a ~ cup/task** jeder hat eine Tasse/Aufgabe für sich *or* seine eigene Tasse/Aufgabe.

II *n* **~s** *pl* Röcke, Blusen, Hosen.

III ['sepəreɪt] *vt* trennen; (*Chem also*) scheiden; (*milk*) entrahmen; (*divide up*) aufteilen (*into* in +*acc*). **to ~ the good from the bad** die Guten von den Schlechten trennen *or* scheiden; **he is ~d from his wife** er lebt von seiner Frau getrennt.

IV ['sepəreɪt] *vi* sich trennen; (*Chem also*) sich scheiden. **it ~s into four parts** es läßt sich in vier Teile auseinandernehmen; (*fig: problem*) es zerfällt in vier Teile.

◆**separate out I** *vt sep* trennen (*from* von), absondern (*from* von), aussondern. **II** *vi* getrennt werden.

separated ['sepəreɪtɪd] *adj* getrennt; *couple* getrennt lebend *attr*.

separately ['seprətlɪ] *adv* getrennt, gesondert, separat; *live* getrennt; (*singly*) einzeln.

separateness ['seprətnɪs] *n* Getrenntheit, Gesondertheit *f*.

separation [ˌsepə'reɪʃən] *n* Trennung *f*; (*Chem also*) Scheidung *f*; (*of rocket*) Abtrennung *f* (*from* von).

separatism ['sepərətɪzəm] *n* Separatismus *m*.

separatist ['sepərətɪst] **I** *adj* separatistisch. **II** *n* Separatist(in *f*) *m*.

separator ['sepəreɪtə^r] *n* Separator *m*.

sepia ['siːpjə] **I** *n* Sepia *f*. **II** *adj paint, pigment, drawing* Sepia-; (*also* **~-coloured**) sepia(farben).

sepsis ['sepsɪs] *n* Vereiterung.

Sept *abbr of* **September** Sept.

September [sep'tembə^r] **I** *n* September *m*. **the first/tenth of ~** der erste/zehnte September; **on ~ 1st/19th** (*written*), **on 1st/19th ~** (*written*), **on the 1st/19th of ~** (*spoken*) am 1./19. September; **~ 3rd, 1990, 3rd ~ 1990** (*on letter*) 3. September 1990; **in ~** im September; **during ~** im September; **every** *or* **each ~** jeden September; **at the beginning/end of ~** Anfang/Ende September; **~ is a pleasant month** der September ist ein angenehmer Monat.

II *adj attr* September-; *weather, mists also* septemberlich.

septennial [sep'tenɪəl] *adj* siebenjährig; (*every seven years*) alle sieben Jahre stattfindend, siebenjährlich.

septet [sep'tet] *n* Septett *nt*.

septic ['septɪk] *adj* vereitert, septisch. **the wound turned ~** die Wunde eiterte; **~ tank** Faulbehälter, Klärbehälter *m*.

septicaemia, (*US*) **septicemia** [ˌseptɪ'siːmɪə] *n* Vergiftung *f* des Blutes, Septikämie *f* (*spec*).

septuagenarian [ˌseptjʊədʒɪ'nɛərɪən] **I** *adj* siebzigjährig. **II** *n* Siebzigjährige(r) *mf*.

septuplet [sep'tjuːplɪt] *n* (*baby*) Siebenling *m*; (*Mus*) Septimole *f*.

sepulcher *n* (*US*) *see* **sepulchre.**

sepulchral [sɪ'pʌlkrəl] *adj* (*liter*) sepulkral (*liter*); (*fig*) düster; *voice* Grabes-; *atmosphere* Friedhofs-.

sepulchre, (*US*) **sepulcher** ['sepəlkə^r] *n* Grabstätte *f*. **the Holy S~** das Heilige Grab.

sequel ['siːkwəl] *n* Folge *f* (*to* von); (*of book, film*) Fortsetzung *f* (*to* von). **it had a tragic ~** es hatte ein tragisches Nachspiel.

sequence ['siːkwəns] *n* **1.** (*order*) Folge, Reihenfolge *f*. **~ of tenses** Zeitenfolge *f*; **in ~** der Reihe nach. **2.** (*things following*) Reihe, Folge *f*; (*Mus, Cards, Eccl*) Sequenz *f*; (*Math*) Reihe *f*. **3.** (*Film, dance ~*) Sequenz *f*.

sequencer ['siːkwənsə^r] *n* (*Comput*) Ablaufsteuerung *f*.

sequential [sɪ'kwenʃəl] *adj* (*form*) der

Reihe nach, in regelmäßiger Folge; (*following*) folgend; (*Comput*) sequentiell. **to be ~ to** *or* **upon sth** auf etw (*acc*) folgen.

sequester [sɪ'kwestəʳ] *vt* **1.** (*liter: isolate*) abkapseln. **2.** (*Jur*) *see* **sequestrate.**

sequestered [sɪ'kwestəd] *adj* (*liter*) *village* abgeschieden; *spot* abgelegen; *life* zurückgezogen.

sequestrate [sɪ'kwestreɪt] *vt* (*Jur*) sequestrieren.

sequestration [ˌsiːkwe'streɪʃən] *n* (*Jur*) Sequestration *f*; (*in bankruptcy case also*) Zwangsverwaltung *f*.

sequin ['siːkwɪn] *n* Paillette *f*.

sequined ['siːkwɪnd] *adj* mit Pailletten besetzt.

sequoia [sɪ'kwɔɪə] *n* Mammutbaum *m*.

seraph ['serəf] *n*, *pl* **-s** *or* **-im** Seraph *m*.

seraphic [sə'ræfɪk] *adj* verklärt, verzückt.

seraphim ['serəfɪm] *pl of* **seraph.**

Serb [sɜːb] *n* Serbe *m*, Serbin *f*.

Serbia ['sɜːbɪə] *n* Serbien *nt*.

Serbian ['sɜːbɪən] **I** *adj* serbisch. **II** *n* **1.** Serbe *m*, Serbin *f*. **2.** (*language*) Serbisch *nt*.

Serbo-Croat ['sɜːbəʊ'krəʊæt] *n* (*language*) Serbokroatisch *nt*. **the ~s** *pl* (*people*) die Serben und Kroaten.

Serbo-Croatian ['sɜːbəʊkrəʊ'eɪʃən] **I** *adj* serbokroatisch. **II** *n* **the ~s** *pl* die Serben und Kroaten.

serenade [ˌserə'neɪd] **I** *n* Serenade *f*. **II** *vt* ein Ständchen *nt* bringen (+*dat*).

serendipity [ˌserən'dɪpɪtɪ] *n* Spürsinn *m* (*fig*), mehr Glück als Verstand.

serene [sə'riːn] *adj* gelassen; *sea* ruhig; *sky* heiter, klar. **His S~ Highness** seine Durchlaucht, Serenissimus.

serenely [sə'riːnlɪ] *adv* gelassen.

serenity [sɪ'renɪtɪ] *n* Gelassenheit *f*; (*as title: also* **S~**) Durchlaucht *f*.

serf [sɜːf] *n* Leibeigene(r) *mf*.

serfdom ['sɜːfdəm] *n* Leibeigenschaft *f*; (*fig*) Knechtschaft *f*.

serge [sɜːdʒ] *n* Serge, Sersche *f*.

sergeant ['sɑːdʒənt] *n* (*Mil*) Feldwebel *m*; (*police*) Polizeimeister *m*. **~ first class** (*US*) Oberfeldwebel *m*; **~ major** Oberfeldwebel *m*.

serg(t) *abbr of* **sergeant.**

serial ['sɪərɪəl] **I** *adj* Serien-; *novel* Fortsetzungs-; *story, radio programme* in Fortsetzungen; *writer* von Fortsetzungsromanen; *music* seriell; (*Comput*) *printer, interface, port* seriell. **published in ~ form** in Fortsetzungen veröffentlicht; **~ killer** Serienmörder *m*; **~ number** fortlaufende Nummer; (*on manufactured goods*) Fabrikationsnummer *f*; **~ rights** Rechte *pl* für die Veröffentlichung in Fortsetzungen.

II *n* (*novel*) Fortsetzungsroman *m*; (*Rad*) Sendereihe *f* (in Fortsetzungen); (*TV*) Serie *f*; (*spec: magazine*) (periodisch erscheinende) Zeitschrift.

serialization [ˌsɪərɪəlaɪ'zeɪʃən] *n* (*Rad, TV*), Sendung *f* in Fortsetzungen; (*in magazines etc*) Fortsetzung(sreihe) *f*; (*serializing*) Umarbeitung *f* in Fortsetzungen.

serialize ['sɪərɪəlaɪz] *vt* in Fortsetzungen veröffentlichen; (*Rad, TV*) in Fortsetzungen senden; (*put into serial form*) in Fortsetzungen umarbeiten.

serially ['sɪərɪəlɪ] *adv publish, broadcast* in Fortsetzungen; (*in order*) *number* fortlaufend; (*Mus, Comput*) seriell.

sericulture [ˌserɪ'kʌltʃəʳ] *n* Seidenraupenzucht *f*.

series ['sɪərɪz] *n*, *pl* **-** Serie *f*; (*Rad*) Sendereihe *f*; (*TV*) Serie *f*; (*of books, lectures also, of films, talks, Math, Mus, Elec*) Reihe *f*; (*of events also, succession of things*) Reihe, Folge *f*. **a ~ of articles** eine Artikelserie *or* -reihe; **in ~** der Reihe nach; (*Elec*) in Reihe; (*Comm*) serienmäßig; *publish* als Serie.

serif ['serɪf] **I** *n* Serife *f*. **II** *adj* Serifen-.

serio-comic(al) ['sɪərɪəʊ'kɒmɪk(l)] *adj* halb ernst, halb heiter.

serious ['sɪərɪəs] *adj* **1.** ernst; *person, manner* (*not frivolous*) ernsthaft; (*subdued*) ernst; *consideration, discussion, conversation also* ernsthaft; *newspaper, publication, interest* ernsthaft, seriös; *offer, suggestion* ernstgemeint *attr*, ernst gemeint *pred*, seriös; *doubts also* ernstlich, ernsthaft. **to be ~ about doing sth** etw im Ernst tun wollen; **I'm ~ (about it)** ich meine das ernst, das ist mein Ernst; **he is ~ about her** er meint es ernst mit ihr; **be ~ about your studies** du mußt dein Studium ernst nehmen; **to give ~ thought to sth** sich (*dat*) etw ernsthaft *or* ernstlich überlegen; **the ~ student of jazz will ...** wer sich ernsthaft mit Jazz beschäftigt, wird ...

2. (*critical*) *accident, flooding, deficiencies, loss* schwer; *mistake, injury, damage also* schlimm; *problem also* ernst, ernstzunehmend *attr*; *illness also, situation* ernst, schlimm; *patient's condition* ernst, bedenklich; *threat, shortage, lack* ernst, ernstlich; *situation, deterioration* bedenklich. **inflation is getting ~** die Inflation nimmt ernste Ausmaße an.

seriously ['sɪərɪəslɪ] *adv* **1.** ernst; *talk, interested, work* ernsthaft; (*not jokingly*) im Ernst. **to take sb/sth ~** jdn/etw ernst nehmen; **do you ~ want to do that?** wollen Sie das wirklich *or* im Ernst tun?; **~ now/though ...** jetzt/aber mal ganz im Ernst ...; **he offered it quite ~** er hat das ernstlich angeboten.

2. *wounded, flooded* schwer; *ill also, worried* ernstlich; *damaged, injured also* schlimm; *deteriorate* bedenklich. **he/the take-off went ~ wrong** er hat einen schweren Fehler gemacht/beim Start ist etwas schlimm daneben gegangen; **we are ~ short of water** bei uns herrscht schwerer *or* schlimmer Wassermangel.

seriousness ['sɪərɪəsnɪs] *n see adj* **1.** Ernst *m*; Ernsthaftigkeit *f*; Seriosität *f*; Ernstlichkeit *f*. **in all ~** ganz im Ernst. **2.** Schwere *f*; Ernst *m*; Bedenklichkeit *f*.

serjeant ['sɑːdʒənt] *n see* **sergeant.**

sermon ['sɜːmən] *n* (*Eccl*) Predigt *f*; (*homily*) Moralpredigt *f*; (*scolding*) Strafpredigt *f*. **the S~ on the Mount** die Bergpredigt.

sermonize ['sɜːmənaɪz] *vi* Vorträge halten; (*reproving*) Moralpredigten halten.

serous ['sɪərəs] *adj* serös; *fluid* Serum-.

serpent ['sɜːpənt] *n* **1.** (*liter*) Schlange *f* (*also fig*). **2.** (*Mus*) Serpent *nt*.

serpentine ['sɜːpəntaɪn] *adj lane, river* gewunden, mit vielen Windungen; *road also* kurvenreich.

Serps [sɜːps] *n* (*Brit*) *abbr of* **state earnings-related pension scheme** *staatliche Rentenversicherung*.

serrated [se'reɪtɪd] *adj* gezackt; *leaves also* gesägt. ~ **knife** Sägemesser *nt*.

serration [se'reɪʃən] *n* Zacke *f*; (*edge*) gezackter Rand; (*on knife*) Sägerand *m*; (*of leaves*) gesägter Rand.

serried ['serɪd] *adj*: ~ **ranks** enggeschlossene Reihen *pl*.

serum ['sɪərəm] *n* Serum *nt*.

servant ['sɜːvənt] *n* (*lit, fig*) Diener(in *f*) *m*; (*also* ~ **girl**) Dienstmädchen *nt*; (*domestic*) Bedienstete(r) *mf*, Dienstbote *m*. *see* **public ~, civil ~.**

serve [sɜːv] **I** *vt* **1.** dienen (+*dat*); (*be of use*) dienlich sein (+*dat*), nützen (+*dat*). **he ~d his country/the firm well** er hat sich um sein Land/die Firma verdient gemacht; **if my memory ~s me correctly** wenn ich mich recht erinnere; **to ~ its/sb's purpose** seinen Zweck erfüllen/jds Zwecken (*dat*) dienen; **it ~s a variety of purposes** es hat viele verschiedene Verwendungsmöglichkeiten; **it ~s no useful purpose** es hat keinen praktischen Wert; **this box has ~d us as a table** diese Kiste hat uns (*dat*) als Tisch gedient; **it has ~d us well** es hat uns gute Dienste geleistet; **his knowledge of history ~d him well** seine Geschichtskenntnisse kamen ihm sehr zugute.

2. (*work out*) abdienen, ableisten; *term of office* durchlaufen; *apprenticeship* durchmachen; *sentence* verbüßen, absitzen (*inf*). **when he ~d his term as Prime Minister** während seiner Amtszeit als Premierminister.

3. (*supply: transport, gas etc*) versorgen.

4. (*in shop*) bedienen. **I'm being ~d, thank you** danke, ich werde schon bedient *or* ich bekomme schon (*inf*).

5. (*esp in restaurant*) *food, drink* servieren; (*bring to table also*) auftragen; (*put on plate*) aufgeben; *guests* bedienen; (*waiter*) bedienen, servieren (+*dat*); (*pour drink for*) einschenken (+*dat*); *wine etc* einschenken; *rations* verteilen (*to* an +*acc*). **dinner is ~d** (*butler*) das Essen *or* es ist aufgetragen; (*hostess*) darf ich zu Tisch bitten?; **"~s three"** (*on packet etc*) „(ergibt) drei Portionen".

6. *Mass, Communion* ministrieren bei.

7. (*Tennis etc*) *ball* aufschlagen. **he ~d a double fault** er hat einen Doppelfehler gemacht.

8. (*Jur*) zustellen (*on sb* jdm). **to ~ a summons on sb, to ~ sb with a summons** jdn vor Gericht laden; **the landlord ~d notice (to quit) on his tenants** der Vermieter kündigte den Mietern.

9. (*old: treat*) behandeln. **(it) ~s you right!** (*inf*) das geschieht dir (ganz) recht!; **it would have ~d you right if ...** (*inf*) es wäre dir ganz recht geschehen, wenn ...

10. (*stallion etc*) decken.

II *vi* **1.** dienen. **to ~ on the jury** Geschworene(r) *mf* sein; **to ~ on a committee/the council** einem Ausschuß angehören/im Stadt- *or* Gemeinderat sein; **to ~ as chairman** das Amt des Vorsitzenden innehaben.

2. (*Mil*) dienen.

3. (*at table*) aufgeben; (*waiter, butler*) servieren (*at table* bei Tisch). **is there anyone serving at this table?** bedient hier jemand?

4. to ~ as, to ~ for dienen als; **it will ~** das tut's; **it ~s to show/explain ...** das zeigt/erklärt ...; **these facts merely ~ to prove my point** diese Fakten dienen lediglich dazu, mein Argument zu beweisen.

5. (*Eccl*) ministrieren.

6. (*Tennis*) aufschlagen.

III *n* (*Tennis*) Aufschlag *m*. **whose ~ is it?** wer hat Aufschlag?

◆**serve out** *vt sep* **1.** *food* ausgeben; *rations* vergeben, verteilen. **2.** (*work out*) *time in army* ableisten; *apprenticeship* beenden, abschließen; *sentence* absitzen.

◆**serve up** *vt sep* **1.** *food* servieren; *rations* verteilen. **you can't ~ ~ this muck** (*inf*) so etwas kann man doch niemandem vorsetzen! **2.** (*inf: present*) servieren (*inf*); *excuse* auftischen.

server ['sɜːvə^r] *n* **1.** (*tray*) Servierbrett *nt*. **2.** (*spoon, fork*) Servierlöffel, Vorlegelöffel *m*/-gabel *f*; (*pie* ~) Tortenheber *m*; (*fish* ~) Fischvorlegelöffel *m*. **salad ~s** Salatbesteck *nt*. **3.** (*Tennis*) Aufschläger(in *f*) *m*. **he's a strong ~** er hat einen guten Aufschlag. **4.** (*Eccl*) Ministrant, Meßdiener *m*.

service ['sɜːvɪs] **I** *n* **1.** Dienst *m*. **his faithful ~** seine treuen Dienste; **~s to God** Dienst an Gott; **~s to one's country/the Queen** (*soldier*) Dienst an seinem Vaterland/für die Königin; **his ~s to industry/the country** (*politician, industrialist*) seine Verdienste in der Industrie/um das Land; **he died in the ~ of his country** er starb in Pflichterfüllung für sein Vaterland; **he has ten years' ~ behind him** er hat zehn Jahre Dienstzeit hinter sich (*dat*); **to do sb a ~** jdm einen Dienst erweisen; **to do** *or* **see good ~** gute Dienste leisten; **this box did ~ as a table** diese Kiste hat schon als Tisch gedient; **to be of ~** nützlich sein; **to be of ~ to sb** jdm nützen; **to be at sb's ~** jdm zur Verfügung stehen; (*person also*) jdm zu Diensten stehen; **out of ~** außer Betrieb; **to need the ~s of a doctor/lawyer** einen Arzt/Anwalt brauchen, einen Arzt/Anwalt zuziehen müssen; **on Her/His Majesty's S~** (*abbr* **OHMS**) *Aufdruck auf Dienstsachen, Umschlägen von Behörden*; ≃ Dienstsache *f*.

2. (*operation*) Betrieb *m*. **to be out of ~** außer Betrieb sein; **to bring sth into ~** etw in Betrieb nehmen.

3. (*Mil*) Militärdienst *m*. **to see ~ as a**

soldier/sailor beim Militär/in der Marine dienen; **when I was in the ~s** als ich beim Militär war; **the three ~s** die drei Waffengattungen.

4. (*with adj attr: branch, department*) -dienst *m*. **telephone ~** Telefondienst *m*; **postal ~** Postwesen *nt*, Postdienst *m*; **medical ~(s)** ärztliche Versorgung.

5. (*to customers*) Service *m*; (*in shop, restaurant etc*) Bedienung *f*.

6. (*bus, train, plane*) Bus-/Zug-/Flugverbindung *f*. **there's no ~ to Oban on Sundays** sonntags besteht kein Zug-/Busverkehr nach Oban.

7. (*domestic ~*) Dienst *m*, Stellung *f*. **to be in ~ (with sb)** (bei jdm) in Stellung sein, in jds Dienst (*dat*) stehen; **to go into ~ (with sb)** (bei jdm) in Stellung gehen, in jds Dienst (*acc*) treten.

8. (*Eccl*) Gottesdienst *m*.

9. (*of machines*) Wartung *f*; (*Aut: major ~*) Inspektion *f*. **my car is in for/has had a ~** mein Auto wird/wurde gewartet; mein Auto ist/war zur *or* bei der Inspektion.

10. (*tea or coffee set*) Service *nt*.

11. (*Tennis*) Aufschlag *m*. **to lose one's ~** seinen Aufschlag abgeben; **whose ~ is it?** wer hat Aufschlag?

12. (*Jur*) Zustellung *f*.

13. **~s** *pl* (*commercial*) Dienstleistungen *pl*; (*gas, electricity, water*) Versorgungsnetz *nt*; **all the ~s have been cut off** Gas, Wasser und Strom sind abgestellt worden.

14. (*Mot*) **~s** *pl* Tankstelle und Raststätte (+*pl vb*).

II *vt* **1.** *car, machine* warten. **to send a car to be ~d** ein Auto warten lassen; (*major ~*) ein Auto zur Inspektion geben.

2. *area* bedienen; *committee* zuarbeiten (+*dat*).

3. *cow, mare* decken.

4. (*Fin*) *loan, debt* bedienen.

serviceability [ˌsɜːvɪsəˈbɪlɪtɪ] *n see adj* Strapazierfähigkeit *f*; Zweckmäßigkeit *f*; Brauchbarkeit *f*.

serviceable [ˈsɜːvɪsəbl] *adj* (*durable*) strapazierfähig; (*practical*) praktisch, zweckmäßig; (*usable*) brauchbar.

service area *n* Tankstelle und Raststätte (+*pl vb*); **service bus** *n* Linienbus *m*; **service charge** *n* Bedienung(sgeld *nt*) *f*; (*of bank*) Bearbeitungsgebühr *f*; **service court** *n* (*Tennis etc*) Aufschlagfeld *nt*; **service department** *n* Kundendienst(abteilung *f*) *m*; **service dress** *n* Dienstkleidung *f*; **service elevator** *n* (*esp US*) Lasten- *or* Warenaufzug *m*; **service engineer** *n* Servicemechaniker *m*; **service entrance** *n* Dienstboteneingang *m*; **service flat** *n* (*Brit*) Appartement *nt* mit vollem Service (*Portier, Hausmeister*); **service game** *n* Aufschlagspiel *nt*; **service hatch** *n* Durchreiche *f*; **service industry** *n* Dienstleistungsbranche *f*; **service lift** *n* (*Brit*) Lasten- *or* Warenaufzug *m*; **serviceman** *n* Militärangehörige(r) *m*; **service module** *n* (*Space*) Versorgungsteil *nt*; **service road** *n* (*for access*) Zufahrtsstraße *f*; (*for works traffic*) Versorgungsstraße *f*; (*for delivery*) Andienungsstraße *f*; **service sector** *n* (*of economy*) Dienstleistungssektor *m*; **service station** *n* Tankstelle *f* (mit Reparaturwerkstatt); **servicewoman** *n* Militärangehörige *f*.

serviette [ˌsɜːvɪˈet] *n* Serviette *f*. **~ ring** Serviettenring *m*.

servile [ˈsɜːvaɪl] *adj* unterwürfig; *obedience* sklavisch.

servility [sɜːˈvɪlɪtɪ] *n* Unterwürfigkeit *f*.

serving [ˈsɜːvɪŋ] *n* (*helping of food*) Portion *f*. **~ dish** Servierplatte *f*; **~ hatch** Durchreiche *f*; **~ spoon** Vorlegelöffel *m*.

servitude [ˈsɜːvɪtjuːd] *n* Knechtschaft *f*.

servo [ˈsɜːvəʊ] **I** *n* (*inf*) Servomechanismus *m*. **II** *adj attr* Servo-. **~-assisted brakes** Servobremsen *pl*; **~mechanism** Servomechanismus *m*.

sesame [ˈsesəmɪ] *n* **1.** (*Bot*) Sesam *m*. **~ oil** Sesamöl *nt*; **~ seeds** Sesamkörner *pl*; **~ seed roll** Sesambrötchen *nt*. **2. open ~!** Sesam, öffne dich!

sessile [ˈsesaɪl] *adj* (*Bot*) festgewachsen.

session [ˈseʃən] *n* **1.** (*meeting*) Sitzung *f*; (*Jur, Parl: period*) Sitzungsperiode *f*; (*Parl: term of office*) Legislaturperiode *f*. **to be in ~** eine Sitzung abhalten; (*Jur, Pol*) tagen; **to go into secret ~** eine Geheimsitzung abhalten; **a ~ of talks/negotiations** Gespräche *pl*/Verhandlungen *pl*.

2. (*with psychiatrist, period devoted to activity*) Sitzung *f*; (*at doctor's, dentist's*) Behandlung *f*; (*discussion, meeting*) Besprechung *f*. **recording ~** Aufnahme *f*; **we're in for a long ~** das wird lange dauern.

3. (*academic year*) (*Univ*) Studienjahr *nt*; (*Sch*) Schuljahr *nt*; (*term*) Semester/Trimester *nt*; (*esp Sch*) Halbjahr *nt*; (*division of course*) Stunde, Sitzung (*esp Univ*) *f*. **the afternoon ~s begin ...** der Nachmittagsunterricht fängt ... an.

sestet [sesˈtet] *n* (*Mus*) Sextett *nt*; (*Poet*) Sestine *f*.

set [set] (*vb: pret, ptp ~*) **I** *n* **1.** Satz *m*; (*of two*) Paar *nt*; (*of underwear, cutlery, furniture, hairbrushes*) Garnitur *f*; (*tea-~*) Service *nt*; (*of tablemats*) Set *nt*; (*chess or draughts ~, of knitting needles*) Spiel *nt*; (*chemistry ~*) Chemiekasten *m*; (*painting ~*) Malkasten *m*; (*Meccano ®, construction ~*) Baukasten *m*; (*of books*) (*on one subject*) Reihe, Serie *f*; (*by one author*) gesammelte Ausgabe; (*gift or presentation ~*) Kassette *f*; (*of rooms*) Zimmerflucht *f*. **a ~ of tools** Werkzeug *nt*; **a ~ of teeth** ein Gebiß *nt*; **a complete ~ of Dickens' novels/the "Times" for 1972** eine Gesamtausgabe von Dickens/eine vollständige Sammlung der „Times" von 1972.

2. (*batch, large number*) Reihe *f*.

3. (*group of people*) Kreis *m*; (*pej*) Bande *f*; (*Brit Sch: stream*) Kurs *m*. **the literary ~** die Literaten *pl*; **the golfing ~** die Golffreunde *pl*; **that ~ of people** dieser Personenkreis; **a nice ~ of people** nette Leute *pl*.

4. (*Tennis*) Satz *m*; (*Table-tennis*)

Spiel *nt.* ~ **point** Set- *or* Satzpunkt *m.*

5. (*Math*) Reihe *f*; (*in set theory*) Menge *f.*

6. (*performance of songs, poems*) Programmnummer *f.*

7. (*Telec, Rad, TV*) Gerät *nt*, Apparat *m*; (*head~*) Paar *nt.* ~ **of headphones** Kopfhörer *m.*

8. (*Dancing*) Gruppe *f.* **to make up a ~** eine Gruppe bilden.

9. (*Hunt*) Vorstehen *nt.* **to make a dead ~ at sb** (*dated: try to attract*) sich an jdn ranmachen (*inf*); **to make a dead ~ for sb** (*head for*) sich auf jdn stürzen, auf jdn losstürzen.

10. (*fit of garment*) Sitz *m*; (*position of head, shoulders etc*) Haltung *f*; (*of wind*) Richtung *f.* **the ~ of sb's mouth** jds Mundstellung *f.*

11. (*hair~*) Frisur, Form *f.* **to have a (shampoo and) ~** sich (*dat*) die Haare (waschen und) legen lassen.

12. (*Theat*) Bühnenbild *nt*; (*Film*) Szenenaufbau *m.* **to be on the ~** bei den Dreharbeiten sein.

13. (*US*) *see* **sett.**

II *adj* **1.** *pred* (*ready*) fertig, bereit. **all ~?** alles klar?; **to be all ~ for sth** für etw gerüstet *or* auf etw (*acc*) vorbereitet sein; (*mentally prepared*) auf etw (*acc*) eingestellt sein; **to be all ~ to do sth** (*have made all the arrangements*) sich darauf eingerichtet haben, etw zu tun; (*mentally prepared*) fest entschlossen *or* drauf und dran sein, etw zu tun; **we're all ~ to go** wir sind soweit; **with their cameras all ~** mit schußbereiter Kamera.

2. (*rigid*) starr; *face also* unbeweglich; *expression* feststehend; *forms also* fest; *habit, custom* fest; (*prescribed*) festgesetzt, fest; *task* bestimmt; *essay topic* vorgegeben, bestimmt; (*pre-arranged*) *time, place* festgesetzt, bestimmt, ausgemacht (*inf*). ~ **book(s)** Pflichtlektüre *f*; ~ **menu** Tageskarte *f*; ~ **lunch/meal** Tagesgericht *nt*; ~ **speech** Standardrede *f*; ~ **phrase** feststehender Ausdruck; ~ **piece** Standardstück *nt*; (*for exam*) Pflichtstück *nt*; (*fireworks*) Feuerwerksstuck *nt*; (*attached to frame*) (Feuerwerks)bild *nt*; **to be ~ in one's ways** in seinen Gewohnheiten festgefahren sein.

3. (*resolved*) entschlossen. **to be (dead) ~ on sth/doing sth** etw auf Biegen oder Brechen haben/tun wollen; **to be (dead) ~ against sth/doing sth/sb doing sth** (absolut) gegen etw sein/etw (absolut) nicht tun wollen/(absolut) dagegen sein, daß jd etw tut.

III *vt* **1.** (*put, place*) stellen; (*on its side, flat*) legen; (*deliberately, carefully*) setzen. **he ~ the stones carefully on top of each other** er setzte *or* legte die Steine vorsichtig aufeinander; **to ~ the child in his chair/on his feet** das Kind in sein Stühlchen setzen/auf die Beine stellen; **I ~ him on his way** (*lit*) ich schickte ihn los; (*fig*) ich habe ihm zu einem guten Anfang verholfen; **I ~ him/his books above all others** ich schätze ihn/seine Bücher höher ein als alle anderen.

2. (*regulate, adjust*) einstellen (*at* auf +*acc*); *clock* stellen (*by* nach, *to* auf +*acc*); (*fix*) *trap, snare* aufstellen; (*fig*) stellen (*for sb* jdm). **to be ~ fair** (*barometer*) auf „schön" stehen; (*weather*) beständig *or* freundlich sein; **everything is ~ fair for sth** nichts steht einer Sache (*dat*) im Wege.

3. (*prescribe, impose*) *target, limit* festsetzen, festlegen; *task, question* stellen (*sb* jdm); *homework* aufgeben; *exam, exam questions* zusammenstellen; *book for exam* vorschreiben; (*arrange*) *time, date* festsetzen, ausmachen (*inf*), anberaumen (*form*); *place* bestimmen, ausmachen (*inf*); (*establish*) *record* aufstellen; *fashion* bestimmen. **Hamlet is not ~ this year** Hamlet steht dieses Jahr nicht auf dem Lehrplan; **he was ~ a target** ihm wurde ein Soll vorgeschrieben; **to ~ the date (of the wedding)** die Hochzeit festsetzen; **to ~ a value/price on sth** einen Wert/Preis für etw festsetzen; **to ~ a high value on sth** einer Sache (*dat*) großen Wert beimessen, etw hoch bewerten; **to ~ sb a problem** (*lit*) jdm ein Problem aufgeben; (*fig*) jdn vor ein Problem stellen; **the attack was ~ for midnight** der Angriff war für Mitternacht geplant.

4. (*mount*) *gem* fassen (*in* in +*dat*); *piece of jewellery* besetzen (*with* mit); *windowpane* einsetzen (*in* in +*acc*); (*embed firmly*) einlegen (*in* in +*acc*); (*in ground*) einlassen (*in* in +*acc*). **to ~ stones in concrete** Steine einzementieren.

5. *usu pass* **to be ~ in the valley** im Tal liegen; **a house ~ on a hillside** ein am Berghang gelegenes Haus.

6. (*Liter*) **the book** *etc* **is ~ in Rome** das Buch *etc* spielt in Rom; **she ~ the action in the 16th century/in Vienna** sie verlegte die Handlung ins 16. Jahrhundert/nach Wien.

7. (*Med*) *bone* einrichten; *dislocated joint* einrenken.

8. (*lay with cutlery*) *table* decken. **to ~ places for 14** für 14 decken, 14 Gedecke auflegen.

9. (*station*) *guard* aufstellen.

10. (*Typ*) setzen, absetzen (*spec*).

11. *hair* legen, eindrehen.

12. *jam* fest werden *or* gelieren lassen; *dye* fixieren.

13. to ~ a dog/the police after sb einen Hund/die Polizei auf jdn ansetzen *or* hetzen.

14. (*Mus*) **to ~ sth to music** etw vertonen.

15. to ~ sth going/in motion etw in Gang/Bewegung bringen; **to ~ sb doing sth** jdn dazu veranlassen, etw zu tun; **to ~ sb laughing** jdn zum Lachen bringen; **that ~ me thinking** das gab mir zu denken; **that ~ me thinking that ...** das ließ mich denken, daß ...; **to ~ people talking** Anlaß zu Gerede geben; **to ~ sb/oneself to doing** *or* **do sth** jdn etw tun lassen/sich daranmachen, etw zu tun.

16. (*phrases*) *see also other elements* **to ~ a match to sth** ein (brennendes) Streichholz an etw (*acc*) halten, etw anzünden; **to ~ sb free** jdn freilassen; **to ~ sb ashore** jdn an Land setzen; **to ~ sth/things right** etw/die Dinge in Ordnung bringen; **to ~ sb right (about sth)** jdn (in bezug auf etw *acc*) berichtigen.

IV *vi* **1.** (*sun etc*) untergehen. **his star is ~ting** (*fig*) sein Stern ist im Sinken. **2.** (*jelly, cement*) hart *or* fest werden; (*jam also*) gelieren; (*dye*) farbbeständig werden; (*bone*) zusammenwachsen. **3.** (*Dancing*) **to ~ to one's partner** sich dem Partner zuwenden. **4.** (*Hunt*) vorstehen.

◆**set about** *vi +prep obj* **1.** (*begin*) sich machen an (*+acc*), anfangen; (*tackle*) anfassen, anpacken (*inf*), anstellen (*inf*). **to ~ ~ doing sth** (*begin*) sich daranmachen, etw zu tun; **how do I ~ ~ getting a loan?** wie fasse *or* packe (*inf*) ich es an, um ein Darlehen zu bekommen? **2.** (*attack*) herfallen über (*+acc*).

◆**set against** *vt sep +prep obj* **1.** (*influence against*) einnehmen gegen; (*cause trouble between*) Zwietracht säen zwischen (*+dat*). **to ~ oneself ~ sth** sich einer Sache (*dat*) entgegenstellen; *see also* **set II 3.**

2. (*balance against*) gegenüberstellen (*+dat*).

◆**set apart** *vt sep* **1.** (*distinguish*) abheben, unterscheiden. **he felt ~ ~ from the other boys** er fühlte, daß er nicht so war wie die anderen Jungen. **2.** (*save*) *money* beiseite legen, auf die Seite legen; *time* einplanen.

◆**set aside** *vt sep* **1.** *work, money* beiseite legen; *time* einplanen; *plans* aufschieben; *differences, quarrels, hostilities* beiseite schieben, begraben; *dislike* vergessen; *mistrust, bitterness* sich freimachen von; *formality* verzichten auf (*+acc*); *rules, protest* übergehen, außer acht lassen.

2. (*Jur*) aufheben; *will* für nichtig *or* ungültig erklären.

◆**set back** *vt sep* **1.** (*place at a distance*) zurücksetzen. **the house is ~ ~ from the road** das Haus liegt etwas von der Straße ab *or* liegt nicht direkt an der Straße.

2. (*retard*) verzögern, behindern; (*by a certain length of time*) zurückwerfen.

3. (*inf: cost*) kosten. **the dinner ~ me ~ £35** das Essen hat mich 35 Pfund gekostet.

◆**set down** *vt sep* **1.** (*put down*) *suitcase* absetzen; *passenger also* aussteigen lassen. **2.** (*in writing*) (schriftlich) niederlegen. **3.** (*attribute*) zuschreiben (*to dat*). **4.** (*classify as*) **to ~ sb/sth ~ as sth** jdn/etw für etw halten.

◆**set forth I** *vt sep* (*expound*) *theory, plan* darlegen. **II** *vi* (*liter*) ausziehen (*old*).

◆**set in I** *vi* (*start*) einsetzen; (*panic*) ausbrechen; (*night*) anbrechen; (*Med: gangrene, complications*) sich einstellen. **the rain has ~ ~** es hat sich eingeregnet. **II** *vt sep* **1.** (*Typ: indent*) einrücken. **2.** (*Sew*) *sleeve* einsetzen; *pocket* einarbeiten (*into* in *+acc*).

◆**set off I** *vt sep* **1.** (*ignite*) *bomb, firework* losgehen lassen.

2. (*start*) führen zu; *speculation, quarrel* auslösen. **that ~ us all ~ laughing** das brachte uns (*acc*) alle zum Lachen; **to ~ sb ~ on a new line of thought** jdn auf einen neuen Gedanken bringen; **don't ~ him ~!** laß ihn nur nicht damit anfangen!; **that really ~ him ~** daraufhin legte er richtig los *or* war er nicht mehr zu halten *or* bremsen (*inf*).

3. (*offset*) **to ~ sth ~ against sth** etw einer Sache (*dat*) gegenüberstellen.

4. (*enhance*) hervorheben. **to ~ sth ~ from sth** etw von etw abheben.

II *vi* (*depart*) sich auf den Weg machen, aufbrechen; (*car, in car etc*) losfahren. **to ~ ~ on a journey** eine Reise antreten; **to ~ ~ for Spain** nach Spanien abfahren; **the police ~ ~ in pursuit** die Polizei nahm die Verfolgung auf.

◆**set on I** *vt sep +prep obj dogs* hetzen *or* ansetzen auf (*+acc*); *see* **eye**. **II** *vi +prep obj see* **set upon.**

◆**set out I** *vt sep* (*display*) ausbreiten; (*arrange*) *chess pieces* aufstellen; *printed matter, essay* anordnen, anlegen; (*state*) darlegen, darstellen. **II** *vi* **1.** (*depart*) *see* **set off II. 2.** (*intend*) beabsichtigen; (*start*) sich daranmachen.

◆**set to I** *vi* (*start working, fighting*) loslegen (*inf*); (*start eating also*) reinhauen (*inf*). **they ~ ~ and repaired it** sie machten sich an die Arbeit *or* daran (*inf*) und reparierten es. **II** *vi +prep obj* **to ~ ~ work** sich an die Arbeit machen.

◆**set up I** *vi* (*establish oneself*) **to ~ ~ as a doctor** sich als Arzt niederlassen; **to ~ ~ in business** sein eigenes Geschäft aufmachen; **to ~ ~ for oneself** sich selbständig machen.

II *vt sep* **1.** (*place in position*) *statue, post* aufstellen; (*assemble, get ready to work*) *tent, stall, apparatus* aufbauen; (*Typ*) einrichten; (*fig: arrange*) *meeting* arrangieren, vereinbaren; *robbery* planen, vorbereiten. **to ~ sth ~ for sb** etw für jdn vorbereiten.

2. (*establish*) gründen; *school, office, system* einrichten; *inquiry* veranlassen, anordnen; *record* aufstellen. **to ~ sb ~ in business/a flat** jdm zu einem Geschäft verhelfen/jdm eine Wohnung einrichten; **to ~ sb ~ as sth** (es) jdm ermöglichen, etw zu werden; **to ~ oneself ~ as sth** sich als jd/etw aufspielen; **to be ~ ~ for life** für sein ganzes Leben ausgesorgt haben; **to be well ~ ~** sich gut stehen.

3. (*restore to health*) guttun (*+dat*).

4. (*raise*) *cry, protest, cheer* anstimmen. **to ~ ~ a commotion** allgemeinen Aufruhr auslösen *or* hervorrufen; (*make noise*) Krach machen.

5. (*cause*) *infection, reaction* auslösen, verursachen.

6. (*inf: frame*) **to ~ sb ~** jdm etw anhängen.

7. (*inf: rig*) **the fight had been ~ ~** der Kampf war von vornherein eine abgekartete Sache.

◆**set upon** *vi +prep obj* überfallen; (*animal*) anfallen.

set-back *n* Rückschlag *m*; **set-in** *adj sleeve* eingesetzt; *pocket* eingearbeitet.

set square *n* Zeichendreieck *nt*.
sett, (*US*) **set** [set] *n* (*badger's den*) Bau *m*.
settee [se'tiː] *n* Couch *f*, Sofa *nt*.
setter ['setəʳ] *n* **1.** (*type-~*) Setzer(in *f*) *m*.
2. (*dog*) Setter *m*.
set theory *n* Mengenlehre *f*.
setting ['setɪŋ] *n* **1.** (*of sun, moon*) Untergang *m*.
2. (*background, atmosphere*) Rahmen *m*; (*environment, surroundings*) Umgebung *f*; (*of novel etc*) Schauplatz *m*.
3. (*of jewel*) Fassung *f*.
4. (*place ~*) Gedeck *nt*.
5. (*position on dial*) Einstellung *f*.
6. (*musical arrangement*) Vertonung *f*.
7. (*hair*) Legen *nt*. **~ lotion** (Haar)festiger *m*.
settle¹ ['setl] *n* (Wand)bank *f*.
settle² **I** *vt* **1.** (*decide*) entscheiden; (*sort out*) regeln, erledigen; *problem, question, points* klären; *dispute, differences, quarrel* beilegen, schlichten; *doubts* ausräumen, beseitigen; *date, place* vereinbaren, ausmachen (*inf*); *venue* festlegen *or* -setzen; *deal* abschließen; *price* sich einigen auf (+*acc*), aushandeln; *terms* aushandeln. **the result of the game was ~d in the first half** das Ergebnis des Spiels stand schon in der ersten Halbzeit fest; **when my future is ~d** wenn sich meine Zukunft entschieden hat; **to ~ one's affairs** seine Angelegenheiten in Ordnung bringen; **to ~ an estate** (*Jur*) die Verteilung des Nachlasses regeln; **to ~ a case out of court** einen Fall außergerichtlich klären; **that's ~d then** das ist also klar *or* geregelt; **that ~s it** damit wäre der Fall (ja wohl) erledigt; (*angry*) jetzt reicht's.
2. (*pay*) *bill* begleichen, bezahlen; *account* ausgleichen.
3. (*calm*) *nerves, stomach* beruhigen. **we need rain to ~ the dust** wir brauchen Regen, damit sich der Staub setzt.
4. (*place carefully*) legen; (*in upright position*) stellen; (*make comfortable for sleep*) *child, invalid* versorgen; *pillow* zurechtlegen. **to ~ oneself comfortably in an armchair** es sich (*dat*) in einem Sessel bequem machen; **to ~ oneself to doing sth** sich daranmachen, etw zu tun.
5. (*establish*) (*in house*) unterbringen; (*in business also*) etablieren.
6. to ~ sb into a house/job jdm helfen, sich häuslich einzurichten/sich in eine Stellung einzugewöhnen; **we'd just ~d the children into a new school** wir hatten die Kinder gerade in einer neuen Schule gut untergebracht; *see* **~ in II.**
7. (*colonize*) *land* besiedeln; (*set up*) *people* ansiedeln.
8. (*form*) **to ~ money/property on sb** jdm Geld/Besitz überschreiben *or* übertragen; (*in will*) jdm Geld/Besitz vermachen; **to ~ an annuity on sb** für jdn eine Rente aussetzen.
9. (*inf: put an end to*) **I'll soon ~ him** dem werd' ich's geben (*inf*); (*verbally also*) dem werd' ich was erzählen (*inf*); **that ~d him!** da hatte er sein Fett weg (*inf*).
II *vi* **1.** (*put down roots*) seßhaft werden; (*in country, town, profession*) sich niederlassen; (*as settler*) sich ansiedeln; (*in house*) sich häuslich niederlassen, sich einrichten; (*feel at home in house, town, country*) sich einleben (*into* in +*dat*); (*in job, surroundings*) sich eingewöhnen (*into* in +*dat*). **to ~ into a way of life** sich an einen Lebensstil gewöhnen; **to ~ into a habit** sich (*dat*) etw angewöhnen; **as he ~d into middle age** als er älter und reifer wurde.
2. (*become less variable: weather*) beständig werden. **the wind ~d in the east** der Wind kam schließlich aus Osten.
3. (*become calm*) (*child, matters, stomach*) sich beruhigen; (*panic, excitement*) sich legen; (*become less excitable or restless*) zur Ruhe kommen, ruhiger werden. **he couldn't ~ to anything** er konnte sich auf nichts konzentrieren.
4. (*come to rest, sit down*) (*person, bird, insect*) sich niederlassen *or* setzen; (*dust*) sich setzen *or* legen; (*sink slowly, subside*) (*building, walls*) sich senken; (*ground, liquid, sediment, coffee grounds*) sich setzen. **to ~ comfortably in an armchair** es sich (*dat*) in einem Sessel gemütlich *or* bequem machen; **fog/silence ~d over the city** Nebel/Stille breitete sich über der Stadt aus; **gloom ~d over the meeting** eine bedrückte Stimmung breitete sich in der Versammlung aus.
5. (*Jur*) **to ~ (out of court)** sich vergleichen.
6. (*pay*) bezahlen; *see also* **~ with.**
◆**settle back** *vi* sich (gemütlich) zurücklehnen.
◆**settle down** **I** *vi* **1.** *see* **settle II 1.. it's time he ~d ~** es ist Zeit, daß er ein geregeltes Leben anfängt *or* zur Ruhe kommt; **to marry and ~ ~** heiraten und seßhaft *or* häuslich werden; **to ~ ~ at school/in a new house/job** sich an einer Schule/in einem Haus einleben/sich in einer Stellung eingewöhnen; **he ought to ~ ~ in a steady job** er sollte sich (*dat*) endlich eine feste Stellung suchen; **~ ~, children!** ruhig, Kinder!
2. *see* **settle II 3.**
3. to ~ ~ to work sich an die Arbeit machen *or* setzen; **to ~ ~ for a chat/for the night** sich zu einem Schwatz (gemütlich) zusammensetzen/sich schlafen legen; **to ~ ~ to watch TV** es sich (*dat*) vor dem Fernseher gemütlich machen.
II *vt sep* **1.** (*calm down*) beruhigen.
2. *baby* hinlegen; *patient* versorgen. **to ~ oneself ~ to work/to finish the job** sich an die Arbeit machen *or* setzen/sich daranmachen, die Arbeit fertigzumachen; **the campers ~d themselves ~ for the night** die Zeltenden richteten alles für die Nacht her.
◆**settle for** *vi* +*prep obj* sich zufriedengeben mit. **I'd ~ ~ a diamond necklace** ich wäre schon mit einem Diamanthalsband zufrieden; **I think I'll ~ ~ this one** ich glaube, ich nehme doch das da; **she won't ~ ~ anything less** mit weniger gibt sie sich nicht zufrieden.

◆**settle in** **I** *vi* (*in house, town*) sich einleben; (*in job, school*) sich eingewöhnen. **II** *vt sep* **to ~ sb ~** jdm helfen, sich einzuleben/sich einzugewöhnen.

◆**settle on** *or* **upon** *vi +prep obj* sich entscheiden für *or* entschließen zu; (*agree on*) sich einigen auf (*+acc*).

◆**settle up** **I** *vi* (be)zahlen. **to ~ ~ with sb** (*lit, fig*) mit jdm abrechnen. **II** *vt sep bill* bezahlen.

◆**settle with** **I** *vi +prep obj* (*lit, fig*) abrechnen mit. **II** *vt sep +prep obj* **1.** *debt* abrechnen mit. **to ~ one's account ~ sb** (*lit, fig*) mit jdm abrechnen. **2.** (*come to agreement with*) **to ~ sth ~ sb** sich mit jdm auf etw (*acc*) einigen.

settled ['setld] *adj weather* beständig; *way of life* geregelt; *opinions* fest; *procedure* feststehend, festgelegt. **to be ~** in geregelten Verhältnissen leben, etabliert sein; (*in place*) seßhaft sein; (*have permanent job*) festen Fuß gefaßt haben; (*in a house*) sich häuslich niedergelassen haben; (*be less restless*) ruhiger *or* gesetzter sein; **I don't feel very ~ at the moment** ich hänge zur Zeit in der Luft (*inf*).

settlement ['setlmənt] *n* **1.** (*act*) (*deciding*) Entscheidung *f*; (*sorting out*) Regelung, Erledigung *f*; (*of problem, question*) Klärung *f*; (*of dispute, differences*) Beilegung, Schlichtung *f*; (*of estate*) Regelung *f*; (*of bill, claim*) Bezahlung *f*; (*of account*) Ausgleich *m*; (*contract, agreement*) Übereinkunft *f*, Übereinkommen *nt*. **a ~ out of court** (*Jur*) ein außergerichtlicher Vergleich; **to reach a ~** sich einigen, einen Vergleich treffen; **this payment is made in ~ of all claims** mit dieser Zahlung werden alle Forderungen beglichen; **in ~ of our account** zum Ausgleich unseres Kontos; **~ discount** Skonto *nt or m*.

2. (*settling of money*) Übertragung, Überschreibung *f* (*on* auf *+acc*); (*in will also*) Vermächtnis *nt*; (*of annuity, income*) Aussetzung *f*; (*document, agreement*) Schenkungsvertrag *m*.

3. (*of building*) Senkung *f*; (*of sediment*) Absetzen *nt*.

4. (*colony, village*) Siedlung, Niederlassung *f*; (*act of settling persons*) Ansiedlung *f*; (*colonization*) Besiedlung *f*.

5. (*US: also* **~ house**) (*institution*) Wohlfahrtseinrichtung *f*; (*building*) Gemeindezentrum *nt*.

settler ['setlə^r] *n* Siedler(in *f*) *m*.

set-to *n* (*inf*) Krach *m*, Streiterei *f* (*inf*); **to have a ~ with sb** sich mit jdm in die Wolle kriegen (*inf*); **set-up** *n* **1.** (*inf*) (*situation*) Umstände *pl*; (*way of organizing things*) Organisation *f*, Drum und Dran *nt* (*inf*); **it's a funny ~** das sind (vielleicht) komische Zustände!; **what's the ~ here?** wie verhält sich *or* läuft (*inf*) das hier (alles)?; **she didn't quite understand the ~** sie verstand die Sachlage nicht ganz; **2.** (*equipment*) Geräte, Instrumente *pl*; **3.** (*US: for drinks*) Zubehör *nt* für Cocktails; **4.** (*inf: rigged contest*) abgekartete Sache.

seven ['sevn] **I** *adj* sieben. **he's got the ~-year itch** (*inf*) er ist im verflixten siebenten Jahr. **II** *n* Sieben *f*; *see also* **six.**

sevenfold ['sevnfəʊld] **I** *adj* siebenfach. **II** *adv* um das Siebenfache.

seventeen ['sevn'ti:n] **I** *adj* siebzehn. **II** *n* Siebzehn *f*; *see also* **sixteen.**

seventeenth ['sevn'ti:nθ] **I** *adj* siebzehnte(r, s). **a ~ part** ein Siebzehntel *nt*. **II** *n* (*fraction*) Siebzehntel *nt*; (*of series*) Siebzehnte(r, s).

seventh ['sevnθ] **I** *adj* siebte(r, s). **a ~ part** ein Siebtel *nt*; **S~-day Adventist** Adventist(in *f*) *m* vom Siebenten Tag.

II *n* (*fraction*) Siebtel *nt*; (*in series*) Siebte(r, s); (*Mus*) (*interval*) Septime *f*; (*chord*) Septimenakkord *m*; *see also* **sixth.**

seventhly ['sevnθlɪ] *adv* siebtens.

seventieth ['sevntɪɪθ] **I** *adj* siebzigste(r, s). **II** *n* (*fraction*) Siebzigstel *nt*; (*in series*) Siebzigste(r, s).

seventy ['sevntɪ] **I** *adj* siebzig. **II** *n* Siebzig *f*. **~-eight** Achtundsiebzig *f* Platte *f*.

sever ['sevə^r] **I** *vt* (*cut through*) durchtrennen; (*violently*) durchschlagen; (*cut off*) abtrennen; (*violently*) abschlagen; (*fig*) (*break off*) *ties* lösen; *relations, links, friendship* abbrechen; *communications* unterbrechen; (*divide*) *nation* teilen. **to ~ sb from sb/sth** jdn von jdm/etw trennen; **to ~ sth from sth** etw von etw abtrennen.

II *vi* (durch)reißen.

several ['sevrəl] **I** *adj* **1.** (*some*) einige, mehrere; (*different, diverse, various*) verschiedene. **I've seen him ~ times/~ times already** ich habe ihn einige Male gesehen/schon mehrmals *or* mehrere Male gesehen; **there are ~ ways of doing it** das kann man auf mehrere *or* verschiedene Arten machen; **I'll need ~ more** ich brauche noch einige.

2. (*dated: respective*) jeweilig. **they went their ~ ways** jeder ging seinen Weg.

II *pron* einige. **~ of the houses** einige (der) Häuser; **~ of us** einige von uns.

severally ['sevrəlɪ] *adv* einzeln.

severance ['sevərəns] *n see vt* Durchtrennen *nt*; Durchschlagen *nt*; Abtrennen *nt*; Abschlagen *nt*; Lösen *nt*; Abbruch *m*; Unterbrechung *f*; Teilung *f*; Abschneiden *nt*, Absonderung *f*. **~ pay** eine Abfindung.

severe [sɪ'vɪə^r] *adj* (*+er*) (*strict*) *person, appearance, style* streng; (*harsh*) *critic, law, winter also, punishment, competition, test* hart; *criticism* scharf; *reprimand* ernst, scharf; *test* hart, schwer; (*serious*) *expression, crime, warning* ernst; *illness, injury, blow, frost, drought, storm, loss* schwer, schlimm; *pain, storm* stark, heftig; *weather* rauh. **to be ~ with sb** streng mit jdm sein; **to be ~ on sb** hart über jdn urteilen.

severely [sɪ'vɪəlɪ] *adv see adj*. **to be ~ critical of sth** sich äußerst kritisch über etw (*acc*) äußern; **to leave sb/sth ~ alone** sich sehr *or* schwer vor jdm/etw hüten.

severeness [sɪ'vɪənɪs], **severity** [sɪ'verɪtɪ] *n see adj* Strenge *f*; Härte *f*; Schärfe *f*; Ernst *m*; Schwere *f*; Stärke, Heftigkeit *f*;

Rauheit *f*. **the ~ of the cold/drought/ frost** die große *or* schwere Kälte/Dürre/ der starke *or* schwere Frost; **severities** Härte *f*.

sew [səʊ] *pret* **~ed**, *ptp* **~n** *vti* nähen. **to ~ sth on/down/together** etw an-/auf-/ zusammennähen.

◆**sew up** *vt sep* **1.** nähen (*also Med*); *opening* zunähen. **to ~ sth ~ in sth** etw in etw (*acc*) einnähen. **2.** (*fig*) unter Dach und Fach bringen. **it's all ~n ~** es ist unter Dach und Fach; **we've got the game all ~n ~** das Spiel ist gelaufen (*inf*).

sewage ['sjuːɪdʒ] *n* Abwasser *nt*. **~ disposal** Abwasserbeseitigung *f*; **~ farm/ works** Rieselfeld *nt*/Kläranlage *f*; **~ sludge** Klärschlamm *m*.

sewer[1] ['səʊəʳ] *n* Näher(in *f*) *m*.

sewer[2] ['sjʊəʳ] *n* (*pipe*) Abwasserleitung *f or* -rohr *nt*; (*main ~*) Abwasserkanal *m*; (*fig*) (*smelly place*) Kloake *f*; (*evil place*) Sündenpfuhl *m*, Kloake *f* (*liter*). **~ gas** Faulschlammgas *nt*; **~ rat** Wanderratte *f*; **he has a mind like a ~** (*inf*) er hat eine schmutzige *or* dreckige (*inf*) Phantasie.

sewerage ['sjʊərɪdʒ] *n* Kanalisation *f*; (*service*) Abwasserbeseitigung *f*; (*sewage*) Abwässer *pl*.

sewing ['səʊɪŋ] *n* (*activity*) Nähen *nt*; (*piece of work*) Näharbeit *f*. **~ basket** Nähkorb *m*; **~ machine** Nähmaschine *f*.

sewn [səʊn] *ptp of* **sew**.

sex [seks] **I** *n* **1.** (*Biol*) Geschlecht *nt*. **what ~ is the baby?** welches Geschlecht hat das Baby? **2.** (*sexuality*) Sexualität *f*, Sex *m*; (*sexual intercourse*) Sex (*inf*), Geschlechtsverkehr (*form*) *m*. **to teach pupils (about) ~** Schüler aufklären; **to have ~** (Geschlechts)verkehr haben.

II *adj attr* Geschlechts-; *hormone, organs, drive also, hygiene* Sexual-; *crime* Trieb-, Sexual-; *aids, film, scandal* Sex-.

III *vt* das Geschlecht (+*gen*) bestimmen.

sexagenarian [ˌseksədʒɪ'nɛərɪən] **I** *adj* sechzigjährig. **II** *n* Sechzigjährige(r) *mf*. **to be a ~** in den Sechzigern sein.

sex appeal *n* Sex-Appeal *m*; **sex change** **I** *n* Geschlechtsumwandlung *f*; **to have a ~** sich einer Geschlechtsumwandlung unterziehen; **II** *attr* **~ operation** (Operation *f* zur) Geschlechtsumwandlung; **sex discrimination** *n* Diskriminierung *f* auf Grund des Geschlechts.

sexed [sekst] *adj* **to be highly ~** einen starken Geschlechtstrieb haben; *see* **oversexed, undersexed.**

sex education *n* Sexualerziehung *f*; **sex hormone** *n* Geschlechts- *or* Sexualhormon *nt*.

sexily ['seksɪlɪ] *adv* aufreizend, sexy (*inf*).

sexism ['seksɪzəm] *n* Sexismus *m*.

sexist ['seksɪst] **I** *n* Sexist(in *f*) *m*. **II** *adj* sexistisch.

sex killing *n* Sexualmord *m*; **sex kitten** *n* (*inf*) Sexkätzchen *nt* (*inf*), Sexmieze *f* (*inf*); **sexless** *adj* geschlechtslos; **sex life** *n* Geschlechtsleben *nt*; (*of people also*) Liebesleben *nt*; **sex-linked** *adj* geschlechtsgebunden; **sex maniac** *n* (*criminal*) Triebverbrecher *or* -täter *m*; **you're a ~** (*inf*) du denkst aber auch nur an Sex; **sex object** *n* Sex(ual)objekt, Lustobjekt *nt*; **sex offender** *n* Sexualtäter(in *f*) *m*; **sex organ** Geschlechts- *or* Sexualorgan *nt*; **sexpot** *n* (*inf*) (*woman*) Sexbombe *f* (*inf*); **sex shop** *n* Sexshop, Sexladen *m*; **sex symbol** *n* Sexsymbol *nt*.

sextant ['sekstənt] *n* Sextant *m*.

sextet(te) [seks'tet] *n* Sextett *nt*.

sexton ['sekstən] *n* Küster *m*.

sextuplet [seks'tjuːplɪt] *n* Sechsling *m*.

sexual ['seksjʊəl] *adj* geschlechtlich; *behaviour, attraction, excitement* sexuell; *intercourse, maturity* Geschlechts-; *crime* Sexual-, Trieb-. **his ~ exploits** seine Liebesabenteuer *pl*; **~ characteristics** Geschlechtsmerkmale *pl*; **~ harrassment** sexuelle Belästigung; **~ partner** Sexual- *or* Intimpartner(in *f*) *m*.

sexuality [ˌseksjʊ'ælɪtɪ] *n* Sexualität *f*.

sexually ['seksjʊəlɪ] *adv* sexuell. **~ mature** geschlechtsreif; **~ transmitted diseases** durch Geschlechtsverkehr übertragene Krankheiten.

sexy ['seksɪ] *adj* (+*er*) (*inf*) sexy *pred*; *smile, pose also* aufreizend; *joke, film* erotisch.

SF *abbr of* **science fiction.**

s.g. *abbr of* **specific gravity.**

sgt *abbr of* **sergeant.**

sh [ʃ] *interj* sch(t).

shabbily ['ʃæbɪlɪ] *adv* (*lit, fig*) schäbig.

shabbiness ['ʃæbɪnɪs] *n* (*lit, fig*) Schäbigkeit *f*.

shabby ['ʃæbɪ] *adj* (+*er*) (*lit, fig*) schäbig.

shack [ʃæk] **I** *n* Hütte *f*, Schuppen *m*. **II** *vi* (*inf*) **to ~ up with sb** mit jdm zusammenziehen.

shackle ['ʃækl] **I** *n* **1.** *usu pl* Kette, Fessel (*also fig*) *f*.

2. (*Tech*) Schäkel *m*.

II *vt* in Ketten legen. **they were ~d together/to the wall** sie waren aneinandergekettet/an die Wand (an)gekettet; **to ~ oneself with sth** sich mit etw belasten; **to be ~d by sth** (*fig*) an etw (*acc*) gebunden sein; **to be ~d with sth** die Belastung einer Sache (*gen*) haben.

shade [ʃeɪd] **I** *n* **1.** Schatten *m*. **30° in the ~** 30 Grad im Schatten; **to give ~** Schatten spenden; **to put** *or* **cast sb/sth in the ~** (*fig*) jdn/etw in den Schatten stellen.

2. (*lamp~*) (Lampen)schirm *m*; (*eye ~*) Schild *nt*, Schirm *m*; (*esp US: blind*) Jalousie *f*; (*roller blind*) Springrollo *nt*; (*outside house*) Markise *f*. **~s** (*esp US: sunglasses*) Sonnenbrille *f*.

3. (*of colour*) (Farb)ton *m*; (*fig*) (*of opinion*) Schattierung *f*; (*of meaning*) Nuance *f*. **turquoise is a ~ of blue** Türkis ist ein blauer Farbton; **a new ~ of lipstick** ein neuer Farbton für Lippenstifte; **~-card** Farb(en)probe *f*; **of all ~s and hues** (*lit*) in allen Schattierungen; (*fig*) aller Schattierungen.

4. (*small quantity*) Spur *f*. **it's a ~ long/too long** es ist etwas lang/etwas *or* eine Spur zu lang.

5. (*liter: ghost*) Schatten *m*. **~s of Professor Jones!** (*inf*) wie mich das an Professor Jones erinnert!

II *vt* **1.** (*cast shadow on*) Schatten werfen auf (+*acc*), beschatten (*geh*); (*protect from light, sun*) abschirmen; *lamp, window* abdunkeln. **that part is ~d by a tree** der Teil liegt im Schatten eines Baumes; **to be ~d from the sun** im Schatten liegen *or* sein; (*protected against sun*) vor der Sonne geschützt sein; **he ~d his eyes with his hand** er hielt die Hand vor die Augen(, um nicht geblendet zu werden).

2. (*darken with lines*) schraffieren; (*for artistic effect*) schattieren. **to ~ sth in** etw ausschraffieren; (*colour in*) etw ausmalen; **to ~ one colour into another** eine Farbe langsam in die andere übergehen lassen.

III *vi* (*lit, fig*) übergehen. **to ~ off** allmählich blasser werden.

shadeless ['ʃeɪdlɪs] *adj* schattenlos.

shadiness ['ʃeɪdɪnɪs] *n* Schattigkeit *f*; (*fig*) Zwielichtigkeit *f*.

shading ['ʃeɪdɪŋ] *n* (*shaded area*) Schraffierung, Schraffur *f*; (*Art*) Schattierung *f*.

shadow ['ʃædəʊ] **I** *n* **1.** (*lit, fig*) Schatten *m* (*also Med, Art*); (*growth of beard*) Anflug *m* von Bartstoppeln; (*fig: threat*) (Be)drohung *f*. **in the ~** im Schatten; **in the ~s** im Dunkel; **the valley of the ~ of death** das finstere Tal des Todes; **sb lives under the ~ of sth** etw liegt *or* lastet wie ein Schatten auf jdm; **to be in sb's ~** (*fig*) in jds Schatten (*dat*) stehen; **to wear oneself to a ~** sich aufreiben, sich zugrunde richten; **to be just a ~ of one's former self** nur noch ein Schatten seiner selbst sein; **to catch at** *or* **chase ~s** (*fig*) einem Phantom *or* Schatten nachjagen.

2. (*trace*) Spur *f*. **a ~ of hope** ein Hoffnungsschimmer *m*; **without a ~ of a doubt** ohne den geringsten Zweifel.

3. (*person following sb*) Schatten *m*. **to put a ~ on sb** jdn beschatten lassen (*inf*).

II *attr* (*Brit Pol*) Schatten-. **the ~ Foreign Secretary** der Außenminister des Schattenkabinetts.

III *vt* **1.** (*darken*) Schatten werfen auf (+*acc*); (*fig*) überschatten. **the room is ~ed by a high wall** das Zimmer liegt im Schatten einer hohen Mauer.

2. (*follow*) beschatten (*inf*).

shadow-boxing *n* (*lit, fig*) Schattenboxen *nt*; **shadow cabinet** *n* (*Brit*) Schattenkabinett *nt*; **shadow printing** *n* (*Comput*) Schattendruck *m*.

shadowy ['ʃædəʊɪ] *adj* schattig; (*blurred*) *outline, form* schattenhaft, verschwommen; (*vague*) *thought, fear* unbestimmt, vage.

shady ['ʃeɪdɪ] *adj* (+*er*) **1.** *place* schattig; *tree, hat* schattenspendend. **2.** (*inf: of dubious honesty*) zwielichtig. **to be on the ~ side of the law** dunkle Geschäfte treiben; **on the ~ side of forty** (*US inf*) vierzig vorbei (*inf*); **there's something ~ about it** da ist etwas faul dran (*inf*).

shaft [ʃɑːft] **I** *n* **1.** Schaft *m*; (*of tool, golf club*) Stiel *m*; (*of cart, carriage*) Deichsel *f*; (*of light*) Strahl *m*; (*Mech*) Welle *f*; (*liter: arrow*) Pfeil *m*; (*liter: spear*) Speer *m*; (*fig: remark*) Spitze *f*. **~s of wit/malice** geistreiche/boshafte Spitzen *pl*. **2.** (*of lift, mine*) Schacht *m*.

II *vt* (*sl: have sex with*) stoßen (*sl*), pimpern (*sl*).

shag[1] [ʃæg] *n* **1.** (*tobacco*) Shag *m*. **2.** (*of carpet*) Flor *m*.

shag[2] *n* (*Orn*) Krähenscharbe *f*.

shag[3] (*sl*) **I** *n* (*intercourse, partner*) Nummer *f* (*sl*). **II** *vti* **1.** (*have sex*) bumsen (*inf*). **2. to be ~ged out** ausgebufft sein (*sl*).

shaggy ['ʃægɪ] *adj* (+*er*) (*long-haired*) zottig; (*unkempt*) zottelig. **~ carpet** zotteliger Teppich; **~ dog story** *breitgewalzte Geschichte mit schwacher Pointe*.

shagreen [ʃæ'griːn] *n* Chagrin(leder) *nt*.

Shah [ʃɑː] *n* Schah *m*.

shake [ʃeɪk] (*vb: pret* **shook,** *ptp* **shaken**) **I** *n* **1.** (*act of shaking*) Schütteln *nt*. **to give a rug a ~** einen Läufer ausschütteln; **give the paint a ~** die Farbe (gut) durchschütteln; **to give sb/oneself a good ~** jdn/sich kräftig schütteln; **with a ~ of her head** mit einem Kopfschütteln; **to be all of a ~** (*inf*) am ganzen Körper zittern.

2. (*milk~*) Shake *m*, Mixgetränk *nt*.

3. (*inf: moment*) Minütchen *nt* (*inf*). **in two ~s (of a lamb's tail)** in zwei Sekunden; **in half a ~** sofort.

4. to be no great ~s (*inf*) nicht umwerfend sein (*at* in +*dat*).

5. the ~s (*inf*) der Tatterich (*inf*); (*esp with fear*) das Zittern; **he's got the ~s** er hat einen Tatterich (*inf*); (*due to alcoholism also*) ihm zittern die Hände; (*esp with fear*) er hat das große Zittern (*inf*); (*esp with cold, emotion*) er zittert am ganzen Körper.

II *vt* **1.** schütteln; *building* erschüttern; *cocktail* durchschütteln. **"~ well before using"** „vor Gebrauch gut schütteln"; **to be ~n to pieces** total durchgeschüttelt werden; **she shook the doorhandle** sie rüttelte an der Türklinke; **to ~ one's fist at sb** jdm mit der Faust drohen; **to ~ oneself/itself free** sich losmachen; **to ~ hands** sich (*dat*) die Hand geben; (*for longer time, in congratulations*) sich (*dat*) die Hand schütteln; **to ~ hands with sb** jdm die Hand geben/schütteln; **I'd like to ~ him by the hand** ihm würde ich gern die Hand schütteln *or* drücken; **English people don't often ~ hands** Engländer geben sich (*dat*) selten die Hand; **~ hands** (*to dog*) (gib) Pfötchen; (*to child*) gib mal die Hand; **to ~ a leg** (*inf*) (*hurry*) Dampf machen (*inf*); (*dated: dance*) das Tanzbein schwingen (*dated*).

2. (*weaken*) *faith, foundation of society* erschüttern; *evidence, reputation, courage, resolve* ins Wanken bringen.

3. (*shock, amaze*) erschüttern. **that shook him!** da war er platt (*inf*); **it was a nasty accident, he's still rather badly ~n** es war ein schlimmer Unfall, der Schreck sitzt ihm noch in den Knochen; **she was badly ~n by the news** die Nachricht hatte sie sehr mitgenommen *or* erschüttert; **her nerves are badly ~n** sie ist mit den Nerven am Ende.

4. (*inf*) *see* ~ **off.**

III *vi* wackeln; (*hand, voice*) zittern; (*earth, voice*) beben. **the whole boat shook as the waves hit it** das ganze Boot wurde vom Aufprall der Wellen erschüttert; **the trees shook in the wind** die Bäume schwankten im Wind; **to ~ like a leaf** zittern wie Espenlaub; **to ~ with fear/cold** vor Angst/Kälte zittern; **he was shaking all over** er zitterte am ganzen Körper; **to ~ with laughter** sich vor Lachen schütteln; **to ~ in one's shoes** (*inf*) das große Zittern kriegen (*inf*); **~!, ~ on it!** (*inf*) Hand drauf; **~!** (*me too*) da können wir uns ja die Hand reichen!; **they shook on the deal** sie bekräftigten das Geschäft mit Handschlag.

◆**shake down I** *vt sep* **1.** *fruit* herunterschütteln.

2. (*US sl: extort money from*) ausnehmen (*inf*).

3. (*US sl: search*) absuchen, durchsuchen (*for* nach).

II *vi* (*inf*) **1.** (*sleep*) kampieren, sein Lager aufschlagen.

2. (*settle*) (*people*) sich eingewöhnen; (*machinery*) sich einlaufen; (*situation*) sich einspielen.

◆**shake off** *vt sep dust, snow, pursuer* abschütteln; *visitor, cold* loswerden. **to ~ the dust (of a place) ~ one's feet** (*fig*) den Staub (eines Ortes) von seinen Schuhen schütteln.

◆**shake out I** *vt sep* **1.** herausschütteln; *tablecloth, rug* ausschütteln.

2. (*fig: out of complacency*) aufrütteln (*of* aus).

II *vi* (*Mil: spread out*) ausschwärmen.

◆**shake up** *vt sep* **1.** *bottle, liquid* schütteln; *pillow* aufschütteln. **they were really ~n ~ by the rough crossing** sie wurden bei der stürmischen Überfahrt durchgeschüttelt.

2. (*upset*) erschüttern. **he was badly ~n ~ by the accident** der Unfall hat ihm einen schweren Schock versetzt; **she's still a bit ~n ~** sie ist immer noch ziemlich mitgenommen.

3. *management, recruits* auf Zack bringen (*inf*); *ideas* revidieren.

shakedown ['ʃeɪkdaʊn] **I** *n* (*bed*) Lager, Notbett *nt*; (*US sl: extortion*) Gaunerei *f*; (*US sl: search*) Razzia (*inf*), Durchsuchung *f*.

II *adj trial, cruise* Probe-.

shaken ['ʃeɪkən] *ptp of* **shake.**

shake-out ['ʃeɪkaʊt] *n* (*inf*) Gesundschrumpfung *f* (*inf*).

shaker ['ʃeɪkə^r] *n* (*cocktail* ~) Mix- *or* Schüttelbecher, Shaker *m*; (*flour/salt* ~) Mehl-/Salzstreuer *m*.

Shakespearean, Shakespearian [ʃeɪk'spɪərɪən] **I** *adj* Shakespearesch, Shakespearisch; *style* shakespearesch, shakespearisch; *actor* Shakespeare-. **II** *n* Shakespeareforscher(in *f*) *m*.

shake-up ['ʃeɪkʌp] *n* (*inf*) (*reorganization*) Umbesetzung *f*. **to give a department a good ~** (*revitalization*) eine Abteilung auf Zack bringen (*inf*); (*reorganization*) eine Abteilung umbesetzen *or* umorganisieren.

shakily ['ʃeɪkɪlɪ] *adv* wackelig; *talk, say* mit zitteriger Stimme; *walk* mit wackeligen Schritten; *pour* zitterig.

shakiness ['ʃeɪkɪnɪs] *n see adj* Wackeligkeit *f*; Fragwürdigkeit, Unsicherheit *f*; Zittern, Beben *nt*; Zitterigkeit *f*; Unsicherheit *f*; Holprigkeit *f*. **the ~ of their position** ihre wackelige Position.

shaking ['ʃeɪkɪŋ] *n* Zittern *nt*. **to give sb/sth a good ~** jdn/etw kräftig schütteln; (*fig*) jdn kräftig treten.

shaky ['ʃeɪkɪ] *adj* (+*er*) *chair, position* wackelig; *evidence* fragwürdig, unsicher; *voice, hands, writing* zitterig; *knowledge* unsicher, wackelig. **in rather ~ French** in ziemlich holprigem Französisch; **to be ~ on one's legs** wackelig auf den Beinen sein; **to feel ~** (*physically*) sich ganz schwach fühlen.

shale [ʃeɪl] *n* Schiefer *m*. **~ oil** Schieferöl *nt*.

shall [ʃæl] *pret* **should** *modal aux vb* **1.** (*future*) **I/we ~ *or* I'll/we'll go to France this year** ich werde/wir werden dieses Jahr nach Frankreich fahren, ich fahre/wir fahren dieses Jahr nach Frankreich; **~ do** (*inf*) wird gemacht (*inf*); **no, I ~ not *or* I shan't/yes, I ~** nein, das werde ich nicht tun *or* das tue ich nicht/jawohl, das werde ich tun *or* das tue ich!

2. (*determination, obligation*) **you ~ pay for this!** dafür sollst *or* wirst du büßen!; **but I say you *shall* do it!** aber ich sage dir, du wirst das machen!; **the court ~ rise** das Gericht muß sich erheben; (*command*) erheben Sie sich!; **thou shalt not kill** (*Bibl*) du sollst nicht töten; **the manufacturer ~ deliver ...** (*in contracts etc*) der Hersteller liefert ...; **I want to go too — and so you ~** ich will auch mitkommen — aber gewiß doch *or* (*in fairy stories*) es sei!

3. (*in questions, suggestions*) **what ~ we do?** was sollen wir machen?, was machen wir?; **let's go in, ~ we?** komm, gehen wir hinein!; **~ I go now?** soll ich jetzt gehen?; **I'll buy 3, ~ I?** soll ich 3 kaufen?, ich kaufe 3, oder?

shallot [ʃə'lɒt] *n* Schalotte *f*.

shallow ['ʃæləʊ] **I** *adj* flach; *water also* seicht; (*fig*) oberflächlich; *talk, person, novel* seicht, oberflächlich. **in the ~ end of the pool** am flachen *or* niedrigen Ende des Beckens. **II** *n* **~s** *pl* seichte *or* flache Stelle (im Wasser), Untiefe *f*.

shallowness ['ʃæləʊnɪs] *n see adj* Flachheit *f*; Seichtheit *f*; Oberflächlichkeit *f*.

shalt [ʃælt] (*obs*) *2nd pers sing of* **shall.**

sham [ʃæm] **I** *n* **1.** (*pretence*) Heuchelei *f*. **he's not really sorry, it's all a big ~** es tut ihm nicht wirklich leid, er heuchelt nur *or* das ist geheuchelt; **his life seemed a ~** sein Leben erschien ihm als Lug und Trug; **this lighthouse is just a ~, built to deceive enemy bombers** dieser Leuchtturm ist nur eine Attrappe, die die feindlichen Bomber täuschen soll.

2. (*person*) Scharlatan *m*. **you don't really feel anything, you big ~!** du empfindest überhaupt nichts, du Heuchler!

II *adj diamonds, oak* unecht, imitiert; *politeness* vorgetäuscht, geheuchelt. **~ battle** Scheingefecht *nt*.

III *vt* vortäuschen, vorgeben; *illness also* simulieren; *emotions, sympathy* heucheln.

IV *vi* so tun; (*esp with illness*) simulieren; (*with feelings*) heucheln. **he's just ~ming** er tut nur so.

Shaman ['ʃæman] *n* Schamane *m*.

shamble ['ʃæmbl] *vi* trotten; (*people also*) latschen (*inf*). **every morning he ~s in half an hour late** er kommt jeden Morgen eine halbe Stunde zu spät angelatscht (*inf*).

shambles ['ʃæmblz] *n sing* heilloses Durcheinander; (*esp of room*) Tohuwabohu *nt*. **the room was a ~** im Zimmer herrschte das reinste Tohuwabohu *or* ein heilloses Durcheinander; **the economy/country is in a ~** die Wirtschaft/das Land befindet sich in einem Chaos; **they left the house in a ~** sie hinterließen das Haus wie ein Schlachtfeld; **he made a ~ of that job** da hat er vielleicht einen Mist gebaut! (*inf*).

shambolic [ʃæm'bɒlɪk] *adj* (*inf*) chaotisch (*inf*).

shame [ʃeɪm] **I** *n* **1.** (*feeling of ~*) Scham *f*; (*cause of ~*) Schande *f*. **he hung his head in ~** er senkte beschämt den Kopf; (*fig*) er schämte sich; **to bring ~ upon sb/oneself** jdm/sich Schande machen; **he is without ~, he is lost to all sense of ~** er hat keinerlei Schamgefühl, ihm fehlt jegliches Schamgefühl; **she is past all (sense of) ~** sie hat jegliches Schamgefühl verloren; **to put sb/sth to ~** (*lit*) jdm/etw Schande machen; (*fig*) jdn/etw in den Schatten stellen; **by working so hard he puts us to ~** er arbeitet so schwer, daß er uns alle beschämt; **to my (eternal) ~** zu meiner (ewigen) Schande; **to cry ~ on sb** sich über jdn entrüsten; **the ~ of it all** die Schande *or* Schmach; **the ~ of it!** was für eine Schande!, diese Schande!; **the street is the ~ of the town** die Straße ist der Schandfleck *or* die Schande dieser Stadt; **have you no ~?** schämst du dich (gar) nicht?; **for ~!** schäm dich!/schämt euch!; **she didn't! for ~!** nein! sie sollte sich schämen!; **~ on you!** du solltest dich/ihr solltet euch schämen!

2. (*pity*) **it's a ~ you couldn't come** schade, daß du nicht kommen konntest; **what a ~!** (das ist aber) schade!, wie schade!; **what a ~ he ...** schade, daß er ...

II *vt* Schande machen (+*dat*); (*fig: by excelling*) in den Schatten stellen. **he ~d us by working so hard** er hat uns alle durch sein hartes Arbeiten beschämt; **see if you can ~ him into changing his mind** appelliere an sein Gewissen, dann überlegt er es sich vielleicht anders.

shamefaced ['ʃeɪm'feɪst] *adj*, **~ly** ['ʃeɪm'feɪsɪdlɪ] *adv* betreten.

shamefacedness ['ʃeɪm'feɪstnɪs] *n* Betretenheit *f*.

shameful ['ʃeɪmfʊl] *adj* schändlich. **another ~ day for the pound** noch ein schmachvoller Tag für das Pfund Sterling; **how ~!** was für eine Schande!; **what ~ prices/behaviour!** diese Preise sind/dieses Benehmen ist eine Schande.

shamefully ['ʃeɪmfəlɪ] *adv* schändlich. **he is ~ ignorant** es ist eine Schande, wie wenig er weiß.

shamefulness ['ʃeɪmfʊlnɪs] *n* Ungeheuerlichkeit *f*.

shameless ['ʃeɪmlɪs] *adj* schamlos. **are you completely ~?** hast du gar kein Schamgefühl?; **he was quite ~ about it** er schämte sich überhaupt nicht; **he was quite ~ about lying to his parents** er belog seine Eltern schamlos.

shamelessly ['ʃeɪmlɪslɪ] *adv see adj*.

shamelessness ['ʃeɪmlɪsnɪs] *n* Schamlosigkeit *f*.

shaming ['ʃeɪmɪŋ] *adj* beschämend.

shammy (leather) ['ʃæmɪ('leðə^r)] *n* Fenster-/Autoleder *nt*.

shampoo [ʃæm'puː] **I** *n* (*liquid*) Shampoo, Schampon *nt*; (*for hair also*) Haarwaschmittel *nt*; (*act of washing*) Reinigung *f*; (*of hair*) Waschen *nt*. **to give the carpet a ~** den Teppich reinigen *or* shamponieren; **to have a ~ and set** sich (*dat*) die Haare waschen und legen lassen.

II *vt person* die Haare waschen (+*dat*); *hair* waschen; *carpet, upholstery* reinigen, shamponieren. **to have one's hair ~ed** sich (*dat*) die Haare waschen lassen.

shamrock ['ʃæmrɒk] *n* Klee *m*; (*leaf*) Kleeblatt *nt*.

shandy ['ʃændɪ] *n* Alsterwasser *nt* (*N Ger*), Radlermaß *nt* (*S Ger*).

shanghai [ʃæŋ'haɪ] *vt* (*Naut*) schanghaien. **to ~ sb into doing sth** (*fig inf*) jdn zwingen, etw zu tun.

shank [ʃæŋk] *n* **1.** (*part of leg*) (*of person*) Unterschenkel *m*; (*of horse*) Unterarm *m*; (*of beef*) Hachse *f*. **~s** (*inf: legs*) Hachsen *pl* (*inf*); **(to go) on S~s' pony** auf Schusters Rappen (reiten). **2.** (*of anchor, key*) Schaft *m*; (*of spoon*) Stiel *m*.

shan't [ʃɑːnt] *contr of* **shall not. ~!** (*inf*) will nicht! (*inf*).

shantung [ˌʃæn'tʌŋ] *n* Schantungseide *f*.

shanty[1] ['ʃæntɪ] *n* (*hut*) Baracke, Hütte *f*. **~ town** Slum(vor)stadt, Bidonville *f*.

shanty[2] *n* (*Mus*) Seemannslied, Shanty *nt*.

SHAPE [ʃeɪp] *abbr of* **Supreme Headquarters Allied Powers Europe** *Hauptquartier nt alliierten Streitkräfte in Europa während des 2. Weltkriegs*.

shape [ʃeɪp] **I** *n* **1.** (*geometrical form, outline*) Form *f*. **what ~ is it?** welche Form hat es?; **it's rectangular in ~** es ist rechteckig; **that dress hasn't much/has lost its ~** das Kleid hat keine richtige Form/hat seine Form verloren; **she's the right ~ for a model** sie hat die richtige Figur für ein Mannequin; **to hammer metal into ~** Metall zurechthämmern *or* -schlagen; **to knock sth out of ~** etw zerbeulen; **to take ~** (*lit*) Form bekommen; (*fig*) Gestalt *or* Konturen annehmen; **a flowerbed in the ~ of a circle** ein Blumenbeet in der Form eines Kreises; **help in the ~ of a cheque** Hilfe in Form eines Schecks; **of all ~s and sizes, of every ~ and size** aller Art, jeder Art, in allen Variationen; **I don't accept gifts in any ~ or form** ich nehme überhaupt keine Geschenke an; **we do not know the ~ of things to come** wir wissen nicht, wie sich die Zukunft gestalten wird; **this may be the ~ of things to come** so könnte das vielleicht in Zukunft sein.

2. (*unidentified figure*) Gestalt *f*; (*object*) Form *f*.

3. (*guise*) Gestalt *f*. **in human ~** in Menschengestalt, in menschlicher Gestalt.

4. (*fig: order, condition*) **in good/bad ~** (*sportsman*) in Form/nicht in Form; (*mentally, healthwise*) in guter/schlechter Verfassung; (*things*) in gutem/schlechtem Zustand; (*business*) gut/schlecht in Schuß (*inf*), in gutem/schlechtem Zustand; **what sort of ~ is your boxer in?** wie fit ist Ihr Boxer?; **to get sb/a business into ~** jdn/ein Geschäft *or* Unternehmen auf Vordermann bringen (*inf*); **to get a house into ~** ein Haus in Ordnung bringen; **to get one's affairs into ~** seine Angelegenheiten ordnen.

5. (*mould*) (*for hats*) Hutform *f*; (*for dressmaking*) Schneiderpuppe *f*; (*Cook*) Form *f*; (*for cutting*) Ausstecher *m*.

II *vt* (*lit*) *stone, wood* bearbeiten; *clay* formen (*into* zu); (*fig*) *character, ideas* formen, prägen; *one's life* gestalten. **he ~d the wood/stone into the desired form** er verlieh dem Holz/Stein die gewünschte Form; **those who ~ the course of history** die(jenigen), die den Lauf der Geschichte bestimmen; **those who have helped ~ our society** die(jenigen), die unsere Gesellschaft mitgeformt haben; **we must ~ our strategy according to our funds** wir müssen unsere Strategie nach den zur Verfügung stehenden Mitteln ausrichten.

III *vi* (*also* **~ up**) sich entwickeln. **to ~ up well** sich gut entwickeln, vielversprechend sein; **things are shaping up well** es sieht sehr gut aus.

shaped [ʃeɪpt] *adj* geformt. **an oddly ~ hat** ein Hut mit einer komischen Form; **~ like a ...** in der Form einer/eines ...

-shaped [-ʃeɪpt] *adj suf* -förmig.

shapeless ['ʃeɪplɪs] *adj* formlos; (*ugly*) unförmig.

shapelessly ['ʃeɪplɪslɪ] *adv* unförmig.

shapelessness ['ʃeɪplɪsnɪs] *n see adj* Formlosigkeit *f*; Unförmigkeit *f*.

shapeliness ['ʃeɪplɪnɪs] *n* (*of figure*) Wohlproportioniertheit *f*; (*of legs, bust*) Wohlgeformtheit *f*.

shapely ['ʃeɪplɪ] *adj* (+*er*) *figure, woman* wohlproportioniert; *legs, bust* wohlgeformt.

shard [ʃɑːd] *n* (Ton)scherbe *f*.

share[1] [ʃɛəʳ] **I** *n* **1.** (*portion*) Anteil *m* (*in or of* an +*dat*). **we want fair ~s for all** wir wollen, daß gerecht geteilt wird; **I want my fair ~** ich will meinen (An)teil, ich will, was mir zusteht; **I've had more than my fair ~ of bad luck** ich habe mehr (als mein Teil an) Pech gehabt; **I'll give you a ~ in the profit** ich beteilige Sie am Gewinn; **in equal ~s** zu gleichen Teilen; **your ~ is £5** du bekommst £ 5; du mußt £ 5 bezahlen; **he came in for his full ~ of criticism** er hat sein Teil an Kritik abbekommen; **to bear one's ~ of the cost** seinen Anteil an den Kosten tragen; **to take one's ~ of the proceeds/blame** sich (*dat*) seinen Anteil am Gewinn nehmen/sich mitschuldig erklären; **to pay one's ~** seinen (An)teil bezahlen; **to do one's ~** sein(en) Teil *or* das Seine tun *or* beitragen; **to have a ~ in sth** an etw (*dat*) beteiligt sein; **I had no ~ in that** damit hatte ich nichts zu tun.

2. (*Fin*) (*general*) (Geschäfts)anteil *m*; (*in a public limited company*) Aktie *f*. **to hold ~s in a company** (Geschäfts)anteile *pl* an einem Unternehmen besitzen/Aktien eines Unternehmens besitzen.

II *vt* (*divide*) teilen; (*have in common also*) gemeinsam haben; *responsibility* gemeinsam tragen. **we ~ the same birthday** wir haben am gleichen Tag Geburtstag; **they ~ a room** sie teilen ein Zimmer, sie haben ein gemeinsames Zimmer; **I do not ~ that view** diese Ansicht teile ich nicht.

III *vi* **1.** teilen. **children have to learn to ~** Kinder müssen lernen, mit anderen zu teilen; **to ~ and ~ alike** (brüderlich) mit (den) anderen teilen.

2. to ~ in sth sich an etw (*dat*) beteiligen; (*in profit*) an etw (*dat*) beteiligt werden; (*in enthusiasm*) etw teilen; (*in success, sorrow*) an etw (*dat*) Anteil nehmen.

◆**share out** *vt sep* verteilen.

share[2] *n* (*Agr*) (Pflug)schar *f*.

share certificate *n* Aktienzertifikat *nt*; **sharecropper** *n* (*US Agr*) (Farm)pächter(in *f*) *m* (*der Pacht in Form eines Ernteanteils zahlt*); **shareholder** *n* Aktionär(in *f*) *m*; **share index** *n* Aktienindex *m*; **share option** *n* Aktienoption *f*; **share-out** *n* Verteilung *f*; (*St Ex*) (Dividenden)ausschüttung *f*; **share price** (*St Ex*) *n* Aktienpreis *m*.

shark [ʃɑːk] *n* **1.** Hai(fisch) *m*. **2.** (*inf: swindler*) Schlitzohr *nt* (*inf*). **loan/property ~** Kredit-/Grundstückshai *m* (*inf*).

sharp [ʃɑːp] **I** *adj* (+*er*) **1.** *knife, blade* scharf; *needle, point* spitz.

2. (*clear-cut, not blurred*) *outline, photo, contrast* scharf.

3. (*observant, keen*) *eyes, wits, glance, mind* scharf; *nose* gut, empfindlich; *observation, remark* scharfsinnig, schlau; (*intelligent*) *person* schlau, gewieft, auf Draht (*inf*); *child* schlau, aufgeweckt. **keep a ~ watch for him/the train** paß gut auf, ob du ihn/den Zug siehst.

4. (*sudden, intense*) *whistle, cry* durchdringend, schrill; *drop in prices* steil; *frost* scharf; *shower, desire, pain* heftig; *hunger* nagend (*geh*), groß. **after a short, ~ struggle** nach kurzem, heftigem

Kampf; **be ~ about it**! (*inf*) (ein bißchen) dalli! (*inf*), zack, zack! (*inf*).

5. (*acute*) *angle* spitz; *bend, turn by car* scharf.

6. (*pej: cunning*) *person* gerissen, raffiniert, clever (*inf*); *trick* raffiniert. **~ practice** unsaubere Geschäfte *pl*; **there's some ~ practice going on there** da sind Gaunereien im Gange; **that was a pretty ~ move** das war ein raffinierter Schachzug.

7. (*harsh, fierce*) *tongue, retort, tone of voice* scharf; *person* schroff; *temper* hitzig. **he has a ~ temper** er ist jähzornig.

8. (*acidic, pungent*) *taste* scharf; *apple* sauer; *wine* herb, sauer (*pej*); (*fig: biting*) *air* schneidend kalt; *wind also* beißend.

9. (*Mus*) *note* (*too high*) zu hoch; (*raised a semitone*) (um einen Halbton) erhöht. **her voice goes ~ on the higher notes** sie singt die höheren Töne zu hoch.

10. (*inf: stylish*) *person, clothes* toll (*inf*), todschick (*inf*); *piece of driving* clever (*inf*).

II *adv* (+*er*) **1.** (*Mus*) zu hoch.

2. (*punctually*) pünktlich, genau. **at 5 o'clock ~** Punkt 5 Uhr.

3. look ~! dalli! (*inf*), zack, zack! (*inf*); **if you don't look ~ ...** wenn du nicht schnell machst ...; **to pull up ~** plötzlich anhalten; **to turn ~ left** scharf nach links abbiegen.

III *n* (*Mus*) Kreuz *nt*. **you played F natural instead of a ~** du hast f statt fis gespielt.

sharp-edged [ˌʃɑːp'edʒd] *adj knife, outline etc* scharf; *piece of furniture* scharfkantig.

sharpen ['ʃɑːpən] **I** *vt* **1.** *knife* schleifen, schärfen, wetzen; *razor* wetzen; *pencil* spitzen; (*fig*) *appetite* anregen; *wits* schärfen; *sensation* erhöhen. **2.** (*Mus*) (*by a semitone*) (um einen Halbton) erhöhen; (*raise pitch*) höher singen/spielen/stimmen. **II** *vi* **her voice ~s** sie singt zu hoch.

sharp end *n* **at the ~** (*fig*) in vorderster Front.

sharpener ['ʃɑːpnə^r] *n* Schleifgerät *nt*; (*in rod shape*) Wetzstahl *m*; (*pencil ~*) (Bleistift)spitzer *m*.

sharper ['ʃɑːpə^r] *n* Gauner *m*; (*card ~*) Falschspieler *m*.

sharp-eyed *adj* scharfsichtig; **to be ~** scharfe *or* gute Augen haben; **sharp-featured** *adj* mit scharfen (Gesichts)zügen.

sharpness ['ʃɑːpnɪs] *n see adj* **1.** Schärfe *f*; Spitzheit *f*.

2. Schärfe *f*.

3. Schärfe *f*; Empfindlichkeit *f*; Scharfsinnigkeit *f*; Schläue, Gewieftheit (*inf*) *f*; Aufgewecktheit *f*.

4. Schrillheit *f*; Schärfe *f*; Heftigkeit *f*; Größe *f*.

5. Spitzheit *f*; Schärfe *f*.

6. Gerissenheit, Raffiniertheit, Cleverneß (*inf*) *f*.

7. Schärfe *f*; Schroffheit *f*; Hitzigkeit *f*.

8. Schärfe *f*; Säure *f*; Herbheit *f*; schneidende Kälte. **there is a ~ in the air** es ist sehr frisch.

sharpshooter *n* Scharfschütze *m*; **sharp-sighted** *adj see* **sharp-eyed; sharp-tempered** *adj* hitzig, jähzornig; **sharp-tongued** *adj* scharfzüngig; **sharp-witted** *adj* scharfsinnig.

shat [ʃæt] *pret, ptp of* **shit**[1].

shatter ['ʃætə^r] **I** *vt* **1.** (*lit*) zertrümmern, zerschmettern; *hopes, dreams* zunichte machen; *nerves* zerrütten. **the blast ~ed all the windows** durch die Explosion zersplitterten alle Fensterscheiben; **to ~ sth against a wall** etw gegen eine Wand schmettern; **his hopes were ~ed** seine Hoffnungen hatten sich zerschlagen.

2. (*fig inf: exhaust*) erledigen, fertigmachen (*inf*); (*mentally*) mitnehmen. **she was absolutely ~ed by the divorce** die Scheidung hatte sie schwer mitgenommen.

3. (*inf: flabbergast*) erschüttern. **I've won the pools? I'm ~ed**! ich habe im Toto gewonnen? ich bin platt! (*inf*).

II *vi* zerbrechen, zerspringen; (*windscreen*) (zer)splittern.

shattering ['ʃætərɪŋ] *adj* **1.** *blow* wuchtig, gewaltig; *explosion* gewaltig; *defeat* vernichtend. **it had a ~ effect on the state of the pound** es wirkte sich verheerend auf das Pfund aus.

2. (*fig inf: exhausting*) erschöpfend, anstrengend; (*psychologically*) niederschmetternd. **a ~ blow to his ego** ein schwerer Schlag für sein Ich; **the divorce was a ~ experience for her** die Scheidung hat sie unheimlich mitgenommen (*inf*).

3. (*inf: flabbergasting*) *news, realization, ignorance* erschütternd; *effect* umwerfend (*inf*). **it must have been absolutely ~ for you to have found out that ...** das war bestimmt entsetzlich für Sie, als Sie erfuhren, daß ...

shatterproof ['ʃætəpruːf] *adj* splitterfest *or* -frei.

shave [ʃeɪv] (*vb: pret* **~d,** *ptp* **~d** *or* **shaven**) **I** *n* Rasur *f*. **to have a ~** sich rasieren; (*at a barber's*) sich rasieren lassen; **this new razor gives you a good ~** dieser neue Rasierapparat rasiert gut; **a close ~** (*lit*) eine glatte Rasur; **to have a close** *or* **narrow ~** (*fig*) gerade noch *or* mit knapper Not davonkommen, gerade noch Glück haben; **that was a close ~** das war knapp.

II *vt face, legs* rasieren; *leather* (ab)falzen; *wood* hobeln; (*graze*) streifen.

III *vi* (*person*) sich rasieren; (*razor*) rasieren, schneiden.

◆**shave off** *vt sep beard* sich (*dat*) abrasieren; *sb's beard* abrasieren; *wood* abhobeln.

shaven ['ʃeɪvn] *adj head* kahlgeschoren. **~-headed** kahlgeschoren.

shaver ['ʃeɪvə^r] *n* **1.** (*razor*) Rasierapparat *m*. **2.** (*inf*) **young ~** junger Bengel (*inf*); (*as address*) junger Freund.

shaving ['ʃeɪvɪŋ] *n* **1.** Rasieren *nt*. **2. ~s** *pl* Späne *pl*.

shaving *in cpds* Rasier-; **shaving brush** *n* Rasierpinsel *m*; **shaving cream** *n* Rasiercreme *f*; **shaving foam** *n* Rasierschaum *m*; **shaving mug** *n* Rasierschale *f*; **shaving soap, shaving stick** *n* Rasierseife *f*; **shaving tackle** *n* Rasierzeug *nt*.

shawl [ʃɔːl] *n* (*round shoulders*) (Umhänge)tuch *nt*; (*tailored*) Umhang *m*; (*covering head*) (Kopf)tuch *nt*.

she [ʃiː] **I** *pron* sie; (*of boats, cars*) es. **~ who ...** (*liter*) diejenige, die ...; **it is ~** (*form*) sie ist es. **II** *n* Sie *f*.

she- *pref* weiblich. **~-bear** weiblicher Bär, Bärin *f*.

sheaf [ʃiːf] *n, pl* **sheaves** (*of wheat, corn*) Garbe *f*; (*of arrows, papers, notes*) Bündel *nt*.

shear [ʃɪəʳ] *pret* **~ed**, *ptp* **shorn I** *vt sheep* scheren; *wool* (ab)scheren; *see* **shorn.**

II *vi* **1. the bird ~ed through the air** der Vogel segelte durch die Luft; **the motorboat ~ed through the water** das Motorboot durchpflügte das Wasser. **2.** (*Mech: fracture*) **the metal plate had ~ed** in der Metallplatte hatte sich ein Riß gebildet.

◆**shear off I** *vt sep sheep's wool* abscheren. **the ship had its bows shorn ~ in the collision** beim Zusammenstoß wurde dem Schiff der Bug abrasiert. **II** *vi* (*break off*) abbrechen.

shearer ['ʃɪərəʳ] *n* (Schaf)scherer *m*.

shearing ['ʃɪərɪŋ] *n* (Schaf)schur *f*. **~s** Schur- *or* Scherwolle *f*.

shearing machine *n* Schermaschine *f*.

shears [ʃɪəz] *npl* (große) Schere; (*for hedges*) Heckenschere *f*; (*for metal*) Metallschere *f*.

shearwater ['ʃɪəwɔːtəʳ] *n* Sturmtaucher *m*.

sheath [ʃiːθ] *n* (*for sword*) Scheide *f*; (*Bot*) (Blatt)scheide *f*; (*on cable*) Mantel *m*, Armierung *f*; (*contraceptive*) Gummischutz *m*, Kondom *m or nt*; (*dress*) Futteralkeid *nt*.

sheathe [ʃiːð] *vt sword* in die Scheide stecken; *claws* einziehen; *cables* armieren. **to ~ sth in metal** etw mit Metall verkleiden.

sheathing ['ʃiːðɪŋ] *n* (*on roof, house*) Verkleidung *f*; (*on ship also*) Beschlag *m*; (*with wood*) Verschalung *f*; (*on cables*) Armierung, Bewehrung *f*.

sheath knife *n* Fahrtenmesser *nt*.

sheaves [ʃiːvz] *pl of* **sheaf**.

shebang [ʃə'bæŋ] *n* (*US sl*) **the whole ~** die ganze Chose (*inf*), der ganze Kram (*inf*) *or* Laden (*inf*).

shed¹ [ʃed] *pret, ptp* **~ I** *vt* **1.** *leaves, hair* verlieren; *horns* abwerfen; *clothes* ausziehen, ablegen. **to ~ its skin** sich häuten; **you should ~ a few pounds** Sie sollten ein paar Pfund abnehmen *or* loswerden.

2. *tears, blood* vergießen. **he ~ his blood** sein Blut floß; (*die also*) sein Blut wurde vergossen; **I won't ~ any tears over him** ich weine ihm keine Träne nach.

3. *burden, leader* loswerden; *cares, ideas* ablegen; *friend* fallenlassen; *jobs* abbauen. **an actress who ~s husbands like a snake ~s skins** eine Schauspielerin, die die Ehemänner wechselt wie andere das Hemd.

4. *light, perfume* verbreiten. **to ~ light on sth** (*fig*) etw erhellen, Licht auf etw (*acc*) werfen.

II *vi* (*dog, cat*) sich haaren.

shed² *n* Schuppen *m*; (*industrial also*) Halle *f*; (*cattle ~*) Stall *m*; (*night shelter etc*) Unterstand *m*; *see* **watershed**.

she'd [ʃiːd] *contr of* **she would; she had**.

sheen [ʃiːn] *n* Glanz *m*.

sheep [ʃiːp] *n, pl* - (*lit, fig*) Schaf *nt*. **the vicar and his ~** der Pfarrer und seine Schäfchen; **to count ~** Schäfchen zählen; **to separate the ~ from the goats** (*fig*) die Schafe von den Böcken trennen; **to make ~'s eyes at sb** jdn anhimmeln; **you might as well be hanged for a ~ as a lamb** (*prov*) wennschon, dennschon.

sheep-dip *n* Desinfektionsbad *nt* für Schafe; (*for mange*) Räudebad *nt*; **sheepdog** *nt* Hütehund *m*; **sheepdog trials** *npl* Gehorsamkeits- und Geschicklichkeitsprüfungen *pl* für Hütehunde; **sheep farm** *n* Schaffarm *f*; **sheepfold** *n* Schafhürde *f*.

sheepish ['ʃiːpɪʃ] *adj* verlegen. **I felt a bit ~ about it** das war mir ein bißchen peinlich.

sheepishly ['ʃiːpɪʃlɪ] *adv* verlegen.

sheep-run *n* Schafweide *f*; **sheepshearer** *n* (*person*) Schafscherer(in *f*) *m*; **sheepshearing** *n* Schafschur *f*; **sheepskin** *n* **1.** Schaffell *nt*; **~ (jacket)** Schaffelljacke *f*; **2.** (*US inf: diploma*) Pergament *nt*.

sheer [ʃɪəʳ] **I** *adj* (+*er*) **1.** (*absolute*) rein; *nonsense also* bar, glatt; *stupidity also* schier; *madness also* glatt. **by the ~ force of his own muscles** durch bloße Muskelkraft; **by ~ chance** rein zufällig; **by ~ hard work** durch nichts als harte Arbeit; **the ~ impossibility of doing that** die schiere Unmöglichkeit, das zu tun.

2. (*steep*) *cliff, drop* steil, jäh (*geh*). **there is a ~ drop of 200 metres** es fällt 200 Meter steil *or* senkrecht ab.

3. (*of cloth*) (hauch)dünn, (hauch)zart. **~ nylon stockings** hauchdünne Nylonstrümpfe *pl*.

II *adv* steil, jäh (*geh*); (*vertically*) senkrecht.

III *vi* (*Naut*) ausscheren.

◆**sheer away** *vi* **1.** (*ship, plane*) ausweichen. **2.** (*avoid*) **to ~ ~ from sb/sth** jdm/einer Sache ausweichen.

◆**sheer off** *vi* **1.** (*ship*) ausscheren. **2.** (*person: make off*) sich davonmachen.

sheerness ['ʃɪənɪs] *n* (*of cliffs*) Steilheit *f*.

sheet¹ [ʃiːt] *n* **1.** (*for bed*) (Bett)laken, Lein- *or* Bettuch *nt*; (*waterproof ~*) Gummidecke *f*; (*for covering furniture*) Tuch *nt*. **between the ~s** (*inf*) im Bett (*inf*); **the furniture was covered with (dust)~s** die Möbel waren verhängt.

2. (*of paper, inf: a newspaper*) Blatt *nt*; (*big, as of wrapping paper, stamps, Typ*) Bogen *m*. **~ of music** Notenblatt *nt*.

3. (*of plywood, metal*) Platte *f*; (*of*

glass also) Scheibe *f*; (*baking* ~) (Back)blech *nt*; (*Geol*) Schicht *f*; (*of water, ice*) Fläche *f*; (*of flame*) Flammenmeer *nt*. **a ~ of ice covered the lake** eine Eisschicht bedeckte den See; **the lake, a glasslike ~ of water** der See, eine spiegelblanke Wasserfläche; **a huge ~ of flame engulfed the building** das Gebäude ging in einem Flammenmeer unter; **the rain was coming down in ~s** es regnete in Strömen.

sheet[2] *n* (*Naut: rope*) Schot, (Segel)leine *f*. **~s** (*space*) Vorder-/Achterteil *nt*.

sheet anchor *n* Notanker *m*; (*fig*) Rettungsanker *m*; **sheet bend** *n* Schotstek *m*; **sheet feed** *n* (*Comput*) Einzelblatteinzug *m*; **sheet glass** *n* Flach- *or* Scheibenglas *nt*.

sheeting ['ʃi:tɪŋ] *n* (*cloth*) Leinen *nt*; (*metal etc*) Verkleidung *f*; (*wood*) Verschalung *f*. **plastic ~** Plastiküberzug *m*/-überzüge *pl*.

sheet lightning *n* Wetterleuchten *nt*; **sheet metal** *n* Walzblech *nt*; **sheet music** *n* Notenblätter *pl*.

sheik(h) [ʃeɪk] *n* Scheich *m*.

sheik(h)dom ['ʃeɪkdəm] *n* Scheichtum *nt*.

sheila ['ʃi:lə] *n* (*Austral inf*) Biene (*inf*), Puppe (*inf*) *f*.

shekel ['ʃekl] *n* Sekel, Schekel *m*. **~s** (*sl*) Moneten *pl* (*sl*).

sheldrake ['ʃeldreɪk] *n* Brandente *f*.

shelf [ʃelf] *n*, *pl* **shelves 1.** Brett, Bord *nt*; (*for books*) Bücherbrett *or* -bord *nt*. **shelves** (*unit of furniture*) Regal *nt*; **book~** *or* **-shelves** Bücherregal *or* -bord; **to be on the ~** (*girl*) eine alte Jungfer sein, sitzengeblieben sein; (*worker*) zum alten Eisen gehören.

2. (*ledge of rock*) (*on rock face*) Gesims *nt*, (Fels-)vorsprung *m*; (*under water*) (Felsen)riff *nt*, Felsbank *f*; (*sandbank*) Sandbank, Untiefe *f*.

shelf life *n* Lagerfähigkeit *f*; **shelf mark** *n* Standortzeichen *nt*; **shelf room** *n* Platz *m* in den Regalen.

shell [ʃel] **I** *n* **1.** (*of egg, nut, mollusc*) Schale *f*; (*on beach*) Muschel *f*; (*of pea*) Hülse *f*; (*of snail*) (Schnecken)haus *nt*; (*of tortoise, turtle, insect*) Panzer *m*; (*pastry* ~) Form *f*. **to come out of one's ~** (*fig*) aus seinem Schneckenhaus kommen, aus sich (*dat*) herausgehen; **to retire into one's ~** (*fig*) sich in sein Schneckenhaus verkriechen; **I'm just an empty ~** (*fig*) ich bin nur noch eine leere Hülse.

2. (*frame*) (*of building*) Mauerwerk *nt*, Mauern *pl*; (*gutted also*) (leere) Schale; (*unfinished*) Rohbau *m*; (*ruin*) Gemäuer *nt*, Ruine *f*; (*of car*) (*unfinished*) Karosserie *f*; (*gutted*) Wrack *nt*; (*of ship*) Gerippe *nt*, Rumpf *m*; (*gutted*) Wrack *nt*.

3. (*Mil*) Granate *f*; (*esp US: cartridge*) Patrone *f*.

4. (*boat*) Rennruderboot *nt*.

II *vt* **1.** *peas* enthülsen; *eggs, nuts* schälen; *egg* abschälen. **2.** (*Mil*) (mit Granaten) beschießen. **the town is still being ~ed** die Stadt steht immer noch unter Beschuß.

◆**shell out** (*inf*) **I** *vt sep* blechen (*inf*). **II** *vi* **to ~ ~ for sth** für etw blechen (*inf*).

she'll [ʃi:l] *contr of* **she will; she shall**.

shellac [ʃə'læk] (*vb: pret, ptp* **~ked**) **I** *n* Schellack *m*. **II** *vt* **1.** (*varnish*) mit Schellack behandeln. **2.** (*US sl: defeat utterly*) in die Pfanne hauen (*sl*); (*beat*) vermöbeln (*inf*), verwichsen (*inf*).

shellfire *n* Granatfeuer *nt*; **shellfish** *n* Schaltier(e *pl*) *nt*; (*Cook*) Meeresfrüchte *pl*; **shell-hole** *n* Granattrichter *m*.

shelling ['ʃelɪŋ] *n* Granatfeuer *nt* (*of* auf +*acc*).

shell program *n* (*Comput*) Shell-Programm *nt*; **shellproof** *adj* bombensicher; **shell shock** *n* Kriegsneurose *f*; **shell-shocked** *adj* **to be ~** (*lit*) unter einer Kriegsneurose leiden; (*fig*) verstört sein.

shelter ['ʃeltə[r]] **I** *n* (*protection*) Schutz *m*; (*place*) Unterstand *m*; (*air-raid* ~) (Luftschutz)keller *or* -bunker *m*; (*bus* ~) Wartehäuschen *nt*; (*mountain* ~) (Berg- *or* Schutz)hütte *f*; (*for the night*) Obdach *nt* (*liter*), Unterkunft *f*. **a night ~ for homeless people** ein Obdachlosenheim *or* -asyl *nt*; **in the ~ of one's home** in der Geborgenheit des eigenen Hauses; **under the ~ of the rock** im Schutze des Felsens; **under ~ of night** im Schutze der Nacht; **when the ship reached ~** als das Schiff den sicheren *or* schützenden Hafen erreichte; **to get under ~, to take ~** sich in Sicherheit bringen; (*from rain, hail*) sich unterstellen; **to seek ~/to run for ~** Schutz *or* Zuflucht suchen; **to give sb ~** jdn beherbergen; **the peasants offered the guerrillas ~** die Bauern boten den Partisanen Zuflucht.

II *vt* schützen (*from* vor +*dat*); *criminal* verstecken. **to ~ sb from blame** jdn gegen Vorwürfe in Schutz nehmen; **to ~ sb from harm** jdn vor Schaden bewahren; **the police think he's trying to ~ someone** die Polizei glaubt, daß er jemanden deckt; **parents ~ing their children from harsh reality** Eltern, die ihre Kinder vor der rauhen Wirklichkeit behüten.

III *vi* **there was nowhere to ~** man konnte nirgends Schutz finden; (*from rain*) man konnte sich nirgends unterstellen; **a good place to ~** eine Stelle, wo man gut geschützt ist; **we ~ed in a shop doorway** wir stellten uns in einem Ladeneingang unter; **to ~ behind a friend/one's reputation** (*fig*) sich hinter einem Freund/seinem Ansehen verstecken.

sheltered ['ʃeltəd] *adj place* geschützt; *life* behütet. **~ from the wind** windgeschützt; **~ housing** Wohnungen *pl* für Behinderte/Senioren; **~ workshop** beschützende Werkstätte, Behindertenwerkstatt *f*.

shelve [ʃelv] **I** *vi* (*slope*) abfallen. **II** *vt* **1.** *room* mit Regalen versehen, Regale einbauen in (+*acc*). **2.** *problem* aufschieben; *plan, project* ad acta legen.

shelves [ʃelvz] *pl of* **shelf**.

shelving ['ʃelvɪŋ] *n* Regale *pl*; (*material also*) Bretter *pl*.

shenanigans [ʃə'nænɪgən(z)] *n pl* (*inf*)

(*tomfoolery*) Faxen *pl* (*inf*), Mumpitz *m* (*inf*); (*goings-on*) Dinger (*inf*) *pl*.

shepherd ['ʃepəd] **I** *n* **1.** Schäfer, (Schaf)hirt *m*. ~ **boy** Hütejunge *m*; **the Good S~** der Gute Hirte; **~'s pie** *Auflauf m aus Hackfleisch und Kartoffelbrei;* **~'s purse** Hirtentäschel(kraut) *nt*. **2.** (*US*) *see* **German ~**. **II** *vt* führen.

shepherdess ['ʃepədɪs] *n* Schäferin *f*.

sherbet ['ʃɜːbət] *n* (*powder*) Brausepulver *nt*; (*drink*) Brause *f*, Sorbet(t) *m or nt*; (*US: water ~ ice*) Fruchteis *nt*.

sherd [ʃɜːd] *n see* **shard**.

sheriff ['ʃerɪf] *n* Sheriff *m*; (*Scot*) Friedensrichter(in *f*) *m*.

sherry ['ʃerɪ] *n* Sherry *m*.

she's [ʃiːz] *contr of* **she is; she has**.

Shetland Islands ['ʃetlənd'aɪləndz] *npl* Shetlandinseln *pl*.

Shetland pony ['ʃetlənd'pəʊnɪ] *n* Shetlandpony *nt*.

shibboleth ['ʃɪbəleθ] *n* (*custom*) Gepflogenheit, Konvention *f*; (*catchword*) Losung, Parole *f*.

shield [ʃiːld] **I** *n* (*Mil, Her*) Schild *m*; (*Zool also*) Panzer *m*; (*sporting trophy also*) Trophäe *f*; (*on machine*) Schutzschirm *or* -schild *m*; (*eye~, radiation ~*) Schirm *m*; (*fig*) Schutz *m*. **riot ~** Schutzschild *m*.

II *vt* schützen (*sb from sth* jdn vor etw *dat*); *industry* absichern, abschirmen. **she tried to ~ him from the truth** sie versuchte, ihm die Wahrheit zu ersparen.

shift [ʃɪft] **I** *n* **1.** (*change*) Änderung *f*; (*in policy, opinion also*) Wandel *m*; (*Ling*) Verschiebung *f*; (*Mus*) Lagenwechsel *m*; (*from one place to another*) Verlegung *f*. **a ~ in direction** eine Richtungsänderung; **a ~ in public opinion** ein Meinungsumschwung *m* in der Bevölkerung; **a ~ of emphasis** eine Gewichtsverlagerung; **a population ~** eine Bevölkerungsverschiebung; **this shows a ~ away from the government** dies läßt eine ungünstige Tendenz für die Regierung erkennen; **a new ~ towards liberalism** ein neuer Trend zum Liberalismus.

2. (*Aut: gear~*) Schaltung *f*; **~ key** (*on typewriter*) Umschalttaste *f*; (*Comput*) Shift-Taste *f*; **~ lock** Umschaltfeststeller *m*.

3. (*period at work, group of workers*) Schicht *f*. **to work in ~s** Schichtarbeit machen.

4. (*stratagem*) List *f*, Kniff *m*; (*expedient*) Ausweg *m*. **to make ~ with/without sth** sich mit/ohne etw behelfen.

5. (*dress*) Hemdkleid *nt*; (*old: undergarment*) Hemd *nt*.

II *vt* **1.** (*move*) (von der Stelle) bewegen; *screw, nail* loskriegen, rauskriegen; *lid* abkriegen; *cork* rauskriegen; *furniture also* verrücken; *head, arm* wegnehmen; (*from one place to another*) verlagern, verschieben; *offices* verlegen; *rubble, boulder also* wegräumen. **to ~ scenery** Kulissen schieben; **to ~ one's ground** seinen Standpunkt ändern; **to ~ sb from an opinion** jdn von einer Meinung abbringen; **he stood ~ing his weight from foot to foot** er trat von einem Fuß auf den anderen; **to ~ the blame onto somebody else** die Verantwortung auf jemand anders schieben; **~ the table over to the wall** rück den Tisch an die Wand (rüber)!; **can you ~ your car back a bit?** können Sie ein Stück zurücksetzen?; **we'll ~ all this junk out of the cupboard** wir räumen das ganze Gerümpel aus dem Schrank.

2. (*inf: get rid of*) loswerden.

3. (*US Aut*) **to ~ gears** schalten.

4. (*inf*) *food* verputzen (*inf*); *drink* schlucken (*sl*).

III *vi* **1.** (*move*) sich bewegen; (*ballast, cargo, scene*) sich verlagern; (*scene*) wechseln; (*wind*) umspringen; (*from one's opinion*) abgehen. **he ~ed out of the way** er ging aus dem Weg; **he was ~ing about in his chair** er rutschte auf seinem Stuhl hin und her; **~ over, you're taking up too much room** rück mal rüber, du nimmst zuviel Platz weg!; **he refused to ~** (*fig*) er war nicht umzustimmen; **~ing sands** (*Geol*) Flugsand *m*.

2. (*Aut*) schalten.

3. (*inf: move quickly*) (*cars, runners*) flitzen (*inf*), rasen.

4. (*manage*) **to ~ for oneself** sich (*dat*) (selbst) behelfen.

shiftily ['ʃɪftɪlɪ] *adv see adj* zwielichtig, nicht ganz sauber (*inf*); verstohlen; ausweichend; *behave* verdächtig.

shiftiness ['ʃɪftɪnɪs] *n see adj* Zwielichtigkeit *f*; Fragwürdigkeit *f*; Verstohlenheit *f*; Ausweichen *nt*. **there was a certain ~ in his manner** sein Verhalten hatte etwas Verdächtiges.

shifting cultivation ['ʃiftiŋˌkʌltiveiʃən] *n* Wanderfeldbau *m*.

shiftless ['ʃɪftlɪs] *adj* träge, energielos.

shiftlessness ['ʃɪftlɪsnɪs] *n* Trägheit, Energielosigkeit *f*.

shiftwork *n* Schichtarbeit *f*; **to do ~** Schicht arbeiten, Schichtarbeit machen; **shiftworker** *n* Schichtarbeiter(in *f*) *m*.

shifty ['ʃɪftɪ] *adj* (+*er*) zwielichtig, nicht ganz sauber (*inf*); *person, character also* fragwürdig; *glance* verstohlen; *reply* ausweichend. **there was something ~ about ...** mit ... war etwas faul (*inf*); **a ~ expression came over his face** sein Gesicht nahm einen gerissenen Ausdruck an; **a ~ little man** ein verdächtiger kleiner Kerl.

Shiite ['ʃiːaɪt] **I** *n* Schiit(in *f*) *m*. **II** *adj* schiitisch.

shilling ['ʃɪlɪŋ] *n* (*Brit old, Africa*) Shilling *m*.

shilly-shally ['ʃɪlɪˌʃælɪ] *vi* (*inf*) unschlüssig sein. **stop ~ing** laß das Fackeln; **you've shilly-shallied long enough** du hast lange genug gezögert.

shimmer ['ʃɪməʳ] **I** *n* Schimmer *m*. **II** *vi* schimmern.

shin [ʃɪn] **I** *n* Schienbein *nt*; (*of meat*) Hachse *f*. **to kick sb on the ~** jdm *or* jdn vors Schienbein treten. **II** *vi* **to ~ up/down** (geschickt) hinauf-/hinunterklettern.

shinbone ['ʃɪnbəʊn] *n* Schienbein *nt*.

shindig ['ʃɪndɪg] *n* (*inf*) Remmidemmi *nt*

(*inf*).

shine [ʃaɪn] (*vb: pret, ptp* **shone**) **I** *n* Glanz *m*. **to give one's shoes a ~** seine Schuhe polieren *or* blank putzen; **to have a ~** glänzen; **to put a ~ on sth** etw blank polieren; **to take the ~ off sth** (*lit, fig*) einer Sache (*dat*) den Glanz nehmen; **she's taken a real ~ to my brother** (*inf*) mein Bruder hat es ihr wirklich angetan; *see* **rain.**

II *vt* **1.** *pret, ptp usu* **~d** (*polish: also* **~ up**) blank putzen; *shoes also* polieren. **2.** (*direct a light*) **to ~ a light on sth** etw beleuchten; **~ the torch this way**! leuchte einmal hierher!; **don't ~ it in my eyes**! blende mich nicht!

III *vi* **1.** leuchten; (*stars, eyes, face also, metal, nose, paint*) glänzen; (*moon, sun, lamp*) scheinen; (*glass*) blitzblank sein.

2. (*fig: excel*) glänzen. **to ~ at/in sth** bei/in etw (*dat*) glänzen; **he doesn't exactly ~ at sports/his work** er ist keine *or* nicht gerade eine Leuchte im Sport/ bei der Arbeit.

◆**shine down** *vi* herabscheinen (*on* auf +*acc*).

◆**shine out** *vi* **1.** (*light*) **the light shining ~ from the windows across the lawn** das durch die Fenster auf den Rasen fallende Licht; **a light (suddenly) shone ~ from the darkness** in der Dunkelheit blitzte (plötzlich) ein Licht auf; **the sun shone ~ from behind a cloud** die Sonne schien hinter einer Wolke hervor.

2. (*fig: qualities*) **his courage ~s ~** sein Mut ragt heraus.

shiner [ˈʃaɪnəʳ] *n* (*sl: black eye*) Veilchen *nt* (*sl*).

shingle¹ [ˈʃɪŋgl] **I** *n* **1.** (*tile*) Schindel *f*; (*US inf: signboard*) Schild *nt*. **to put up one's ~** (*US*) ein Geschäft eröffnen; (*doctor, lawyer*) sich niederlassen.

2. (*hairstyle*) Herrenschnitt, Bubikopf *m*.

II *vt* **1.** *roof* mit Schindeln decken.

2. *hair* einen Herrenschnitt *or* Bubikopf machen (+*dat*).

shingle² *n, no pl* (*pebbles*) Kiesel *m*, Kieselsteine *pl*; (**~** *beach*) Kiesel(strand) *m*.

shingles [ˈʃɪŋglz] *n sing* (*Med*) Gürtelrose *f*.

shingly [ˈʃɪŋglɪ] *adj beach* steinig, voller Kieselsteine.

shin-guard [ˈʃɪngɑːd] *n* Schienbeinschützer *m*.

shininess [ˈʃaɪnɪnɪs] *n* Glanz *m*.

shining [ˈʃaɪnɪŋ] *adj* (*lit, fig*) leuchtend; *light* strahlend; *eyes also, nose, metal, paint* glänzend; *car* blitzend, blitzblank. **a ~ light** (*fig*) eine Leuchte; **~ white** leuchtend *or* strahlend weiß.

Shinto [ˈʃɪntəʊ] (*Rel*) **I** *n* Schintoismus *m*. **II** *adj* schintoistisch, Schinto-.

Shintoism [ˈʃɪntəʊɪzəm] *n* (*Rel*) Schintoismus *m*.

shinty [ˈʃɪntɪ] *n dem Hockey ähnliches Spiel*.

shiny [ˈʃaɪnɪ] *adj* (+*er*) glänzend; *elbows, trousers also* blank.

ship [ʃɪp] **I** *n* **1.** Schiff *nt*. **on board ~** an Bord; **when my ~ comes home** *or* **in** (*fig*) wenn ich das große Los ziehe.

2. ~'s articles Heuervertrag *m*, Schiffsartikel *pl*; **~'s biscuit,** (*US*) **~ biscuit** Schiffszwieback *m*; **~'s company** (Schiffs)besatzung *f*; **~'s doctor** Schiffsarzt *m*; **~'s manifest** (*for goods*) Ladeverzeichnis *nt*; (*for passengers*) Passagierliste *f*; **~'s papers** Schiffspapiere *pl*.

3. (*US inf: plane*) Maschine *f*; (*space~*) (Raum)schiff *nt*.

II *vt* **1.** (*take on board*) an Bord nehmen; *mast* setzen. **to ~ oars** die Riemen einlegen; **to ~ water** leck sein. **2.** (*transport*) versenden; *coal, grain* verfrachten; (*by sea also*) verschiffen.

III *vi* (*take employment*) anheuern.

◆**ship off** *vt sep* versenden; *coal, grain* verfrachten; (*by ship also*) verschiffen.

◆**ship out** *vt sep* versenden; *coal, grain* verfrachten. **to ~ supplies ~ to sb** jdn (per Schiff) mit Vorräten versorgen.

shipboard *n*: **on ~** an Bord; **a ~ romance** eine Romanze auf See; **shipbreaker** *n* Schiffsverschrotter *m*; **shipbuilder** *n* Schiffbauer *m*; **a firm of ~s** eine Schiffbaufirma; **shipbuilding** *n* Schiffbau *m*; **shipload** *n* Schiffsladung *f*; **the tourists were arriving by the ~** *or* **in ~s** (*inf*) ganze Schiffsladungen von Touristen kamen an.

shipment [ˈʃɪpmənt] *n* Sendung *f*; (*of coal, grain, tractors*) Transport *m*; (*transporting by sea*) Verschiffung *f*; (*taking on board*) Verladen *nt*.

shipowner [ˈʃɪpəʊnəʳ] *n* Schiffseigner *m*; (*of many ships*) Reeder *m*.

shipper [ˈʃɪpəʳ] *n* (*company*) Speditionsfirma *f*, Spediteure *pl*; (*sender*) Absender(in *f*) *m*.

shipping [ˈʃɪpɪŋ] **I** *n, no pl* **1.** Schiffahrt *f*; (*ships*) Schiffe *pl*. **the Suez Canal has been reopened to ~** der Suezkanal ist wieder für die Schiffahrt *or* den Schiffsverkehr geöffnet. **2.** (*transportation*) Verschiffung *f*; (*by rail*) Versand *m*.

II *adj attr* **~ agent** Schiffsagent *m*; **~ business** Reederei- *or* Schiffahrtsgeschäft *nt*; **~ clerk** Expedient(in *f*) *m*, Angestellte(r) *mf* in der Versandabteilung; **~ costs** Frachtkosten *pl*; **~ company, ~ line** Schiffahrtsgesellschaft *or* -linie, Reederei *f*; **~ documents** Versanddokumente, Warenbegleitpapiere *pl*; **~ lane** Schiffahrtsstraße *f*; **~ losses** Verluste *pl* von *or* an Schiffen; **~ office** (*agent's office*) Büro *nt* einer Reedereivertretung; (*place where seamen get jobs*) Heuerbüro *nt*; **~ route** Schiffahrtslinie *f*.

shipshape *adj, adv* tipptopp (*inf*); **we'll soon have you ~ again, said the doctor** Sie werden bald wieder auf dem Damm (*inf*) sein, sagte der Arzt; **ship-to-shore radio** *n* Seefunk *m*; **shipway** *n* (*support*) Stapel *m*; (*ship canal*) (See)kanal, Schiffahrtsweg *m*; **shipwreck I** *n* (*lit, fig*) Schiffbruch *m*, Wrack *nt*; (*fig also*) Scheitern *nt*; **in the ~** bei dem Schiffbruch; **II** *vt* (*lit*) schiffbrüchig werden lassen; (*fig*) zum Scheitern bringen, scheitern lassen; **to be ~ed** (*lit*) schiffbrüchig sein; (*fig*) Schiffbruch erleiden, scheitern; **shipwright** *n* Schiffbauer *m*; **shipyard** *n* (Schiffs)werft *f*.

shire ['ʃaɪəʳ] *n* (*Brit old*) Grafschaft *f*. ~ **horse** Zugpferd *nt*.

shirk [ʃɜːk] **I** *vt* sich drücken vor (+*dat*), ausweichen (+*dat*). **II** *vi* sich drücken.

shirker ['ʃɜːkəʳ] *n* Drückeberger(in *f*) *m*.

shirking ['ʃɜːkɪŋ] *n* Drückebergerei *f*.

shirr [ʃɜːʳ] *vt* kräuseln.

shirring ['ʃɜːrɪŋ] *n* Kräuselarbeit *f*. ~ **elastic** Gummizug *m*.

shirt [ʃɜːt] *n* (*men's*) (Ober)hemd *nt*; (*Ftbl*) Hemd, Trikot *nt*; (*women's: also US* ~**waist**) Hemdbluse *f*. **keep your ~ on** (*inf*) reg dich nicht auf!; **to put one's ~ on a horse** (*inf*) den letzten Pfennig auf ein Pferd setzen; **I'm putting my ~ on him to get the job** (*inf*) ich gehe jede Wette ein, daß er die Stelle bekommt; **he'd give you the ~ off his back** (*inf*) er würde einem sein letztes Hemd geben; **he'll have the ~ off your back!** (*inf*) er zieht dich aus bis aufs letzte Hemd! (*inf*).

shirt collar *n* Hemdkragen *m*; **shirt-front** *n* Hemdbrust *f*.

shirting ['ʃɜːtɪŋ] *n* Hemdenstoff *m*.

shirt-sleeve ['ʃɜːtsliːv] **I** *adj* hemdsärmelig. **II** *n* ~**s** *pl* Hemdsärmel *pl*; **in his/their ~s** in Hemdsärmeln.

shirt-tail ['ʃɜːtteɪl] *n* Hemd(en)schoß *m*.

shirtwaister ['ʃɜːtˌweɪstəʳ], (*US*) **shirtwaist** ['ʃɜːtˌweɪst] *n* Hemdblusenkleid *nt*.

shirty ['ʃɜːtɪ] *adj* (+*er*) (*esp Brit inf*) sauer (*inf*), verärgert; (*as characteristic*) griesgrämig (*inf*).

shit[1] [ʃɪt] (*vb: pret, ptp* **shat**) (*vulg*) **I** *n* **1.** (*excrement*) Scheiße *f* (*sl*). **to have a ~** scheißen (*sl*).

2. (*person*) Arschloch *nt* (*vulg*).

3. (*nonsense*) Scheiße *f* (*sl*), Scheiß *m* (*sl*).

4. ~**s** *pl* (*state of fear*) Schiß *m* (*sl*), Muffensausen *nt* (*sl*); **to have/get the ~s** Schiß *or* Muffensausen haben/kriegen (*sl*); **it gives me the ~s** da krieg' ich Schiß (*sl*).

5. to be up ~ creek (without a paddle) bis zum Hals in der Scheiße sitzen (*vulg*); **to be in the ~** in der Scheiße sitzen (*vulg*).

II *vi* scheißen (*sl*). **to ~ on sb** (*inform*) jdn verpfeifen (*inf*).

III *vr* **to ~ oneself** sich vollscheißen (*vulg*); (*with fear*) sich (*dat*) vor Angst in die Hose scheißen (*sl*).

IV *interj* Scheiße (*sl*).

shit[2] *n* (*sl: drugs*) Shit *m* (*sl*).

shite [ʃaɪt] *n vir, interj* (*vulg*) *see* **shit[1]**.

shitless ['ʃɪtlɪs] *adj*: **to be scared ~** (*vulg*) sich (*dat*) vor Angst in die Hosen scheißen (*sl*).

shitty ['ʃɪtɪ] *adj* (+*er*) (*sl*) beschissen (*sl*), Scheiß- (*sl*).

shiver[1] ['ʃɪvəʳ] **I** *n* **1.** (*of cold*) Schauer *m*; (*of horror also*) Schauder *m*. **a ~ of cold** ein kalter Schauer; **a ~ ran down my spine** es lief mir kalt den Rücken hinunter; **a little ~ of fear ran down my spine** ein Angstschauer überlief mich; **his touch sent ~s down her spine** es durchzuckte sie bei seiner Berührung.

2. (*fig*) **to get/have the ~s** eine Gänsehaut kriegen/haben.

II *vi* zittern (*with* vor +*dat*); (*with fear also*) schaudern.

shiver[2] **I** *n* Splitter *m*, Scherbe *f*. **II** *vti* zersplittern, zerbrechen.

shivery ['ʃɪvərɪ] *adj* **to feel ~** frösteln; **she's a ~ person** sie friert leicht.

shmo [ʃməʊ] *n* (*US sl*) *see* **schmo.**

shmuck [ʃmʌk] *n* (*US sl*) *see* **schmuck.**

shoal[1] [ʃəʊl] *n* (*shallow place*) Untiefe *f*; (*sandbank*) Sandbank *f*.

shoal[2] *n* (*of fish*) Schwarm *m*. **in ~s** (*letters, applications*) massenweise, in Massen; (*people*) in hellen Scharen; **~s of applications** Unmengen *pl* von Bewerbungen.

shock[1] [ʃɒk] **I** *n* **1.** (*of explosion, impact*) Wucht *f*; (*of earthquake*) (Erd)stoß *m*.

2. (*Elec*) Schlag *m*; (*Med*) (Elektro)schock *m*. **to get a ~** einen Schlag bekommen.

3. (*emotional disturbance*) Schock, Schlag *m*; (*state*) Schock(zustand) *m*. **to suffer from ~** einen Schock (erlitten) haben; **to be in (a state of) ~** unter Schock stehen; **rabbits can die of ~** für ein *or* bei einem Kaninchen kann ein Schock tödlich sein; **a ~ to one's system** ein Kreislaufschock; **it comes as a ~ to hear that ...** mit Bestürzung höre ich/hören wir, daß ...; **to give sb a ~** jdn erschrecken; **it gave me a nasty ~** es hat mir einen bösen Schreck(en) eingejagt; **to get the ~ of one's life** den Schock seines Lebens kriegen; **I got the ~ of my life when I heard ...** ich dachte, mich trifft der Schlag (*inf*), als ich hörte ...; **he is in for a ~!** (*inf*) der wird sich wundern (*inf*).

II *vt* (*affect emotionally*) erschüttern, bestürzen; (*make indignant*) schockieren, schocken (*inf*). **to be ~ed by sth** über etw (*acc*) erschüttert *or* bestürzt sein; (*morally*) über etw (*acc*) schockiert *or* geschockt (*inf*) sein; **to ~ sb into doing sth** jdm eine solche Angst einjagen, daß er etw tut/unternimmt *etc*; **to ~ sb into acting/out of his lethargy** jdn zum Handeln/aus seiner Lethargie aufrütteln.

III *vi* (*film, writer*) schockieren, schocken (*inf*).

shock[2] *n* (*Agr*) Garbenbündel *nt*, Hocke *f*.

shock[3] *n* (*also* **~ of hair**) (Haar)schopf *m*.

shock absorber ['ʃɒkæbˌzɔːbəʳ] *n* Stoßdämpfer *m*.

shocked [ʃɒkt] *adj* erschüttert, bestürzt; (*indignant, outraged*) schockiert, empört; (*amazed*) geschockt (*inf*). **to be ~** (*Med*) unter Schock stehen, in einem Schockzustand sein; **the patient is badly ~** der Patient hat einen schweren Schock (erlitten).

shocker ['ʃɒkəʳ] *n* (*inf*) Reißer (*inf*), Schocker (*inf*) *m*. **he told me a ~ about conditions in jail** er erzählte mir eine Schauergeschichte über die Zustände im Gefängnis; **it's a ~** das haut einen um (*inf*); **I have a ~ of a cold** ich habe eine grausige (*inf*) *or* entsetzliche Erkältung; **he's a ~** er ist ein ganz Schlimmer (*hum*); **he's a ~ for drink/women** er ist vielleicht ein Schluckspecht (*inf*)/ Weiberheld (*inf*).

shockheaded ['ʃɒk,hedɪd] *adj*: **to be ~** strubbeliges *or* zotteliges Haar haben, ein Struwwelpeter sein (*inf*).

shocking ['ʃɒkɪŋ] *adj* **1.** *news, report* erschütternd, schockierend. **~ pink** knallrosa (*inf*), pink (*Fashion*).
2. (*very bad*) entsetzlich, furchtbar. **what a ~ thing to say/way to behave!** wie kann man bloß so etwas Schreckliches sagen/wie kann man sich bloß so schrecklich benehmen!

shockingly ['ʃɒkɪŋlɪ] *adv* **1.** (*badly*) schrecklich, furchtbar. **to behave ~ (towards sb)** sich (jdm gegenüber) haarsträubend *or* miserabel benehmen. **2.** (*extremely*) entsetzlich, schrecklich.

shockproof *adj* stoßfest *or* -sicher; **shock tactics** *npl* (*Mil*) Stoß- *or* Durchbruchstaktik *f*; (*fig*) Schocktherapie *f*; **shock therapy** *or* **treatment** *n* Schocktherapie *or* -behandlung *f*; **shock troops** *npl* Stoßtruppen *pl*; **shock wave** *n* (*lit*) Druckwelle *f*; (*fig*) Erschütterung *f*, Schock *m no pl*.

shod [ʃɒd] *pret, ptp of* **shoe**.

shoddily ['ʃɒdɪlɪ] *adv* schäbig.

shoddiness ['ʃɒdɪnɪs] *n* Schäbigkeit *f*; (*of work*) Schludrigkeit *f*; (*of goods also*) Minderwertigkeit *f*.

shoddy ['ʃɒdɪ] **I** *adj* (+*er*) schäbig; *work* schludrig; *goods also* minderwertig. **II** *n* (*cloth*) Shoddy *nt or m*.

shoe [ʃu:] (*vb: pret, ptp* **shod**) **I** *n* **1.** Schuh *m*. **I wouldn't like to be in his ~s** ich möchte nicht in seiner Haut stecken; **to put oneself in sb's ~s** sich in jds Lage (*acc*) versetzen; **to step into** *or* **fill sb's ~s** an jds Stelle (*acc*) treten *or* rücken; **where the ~ pinches** (*fig*) wo mich/uns der Schuh drückt.
2. (*horse~*) (Huf)eisen *nt*.
3. (*brake ~*) Bremsschuh *m*.
4. (*for electric power cable*) (Gleit)-schuh *m*; (*for mast*) Schuh *m*; (*on sledge*) Beschlag *m*.
II *vt horse* beschlagen. **to be well-shod** (*of person*) gut beschuht sein (*hum, geh*).

shoeblack *n* Schuhputzer *m*; **shoebrush** *n* Schuhbürste *f*; **shoehorn** *n* Schuhanzieher *or* -löffel *m*; **shoelace** *n* Schnürsenkel *m*; **shoe leather** *n* Schuhleder *nt*; **save ~ by taking the bus** fahr mit dem Bus und schone deine Schuhsohlen; **shoemaker** *n* Schuhmacher(in *f*), Schuster(in *f*) *m*; **shoemender** *n* (Flick)-schuster(in *f*) *m*; **shoe polish** *n* Schuhcreme *f*; **shoe repairer** *n* (*person*) Schuster *m*; (*shop*) Schuh-Reparaturdienst *m*; **shoeshine** *n* (*US*) Schuh(e)putzen *nt*; **to have a ~** sich (*dat*) die Schuhe putzen lassen; **shoeshine boy** *n* Schuhputzer *m*; **shoeshop** *n* Schuhgeschäft *nt*; **shoestring** *n* **1.** (*US: ~lace*) Schnürsenkel *m*, Schnürband *nt*; **2.** (*fig*) **to live on a ~** von der Hand in den Mund leben; **the project is run on a ~** das Projekt wird mit ganz wenig Geld finanziert; **shoestring budget** *n* Minibudget *nt* (*inf*); **shoetree** *n* (Schuh)spanner *m*.

shone [ʃɒn] *pret, ptp of* **shine**.

shoo [ʃu:] **I** *interj* sch; (*to dog*) pfui; (*to child*) husch. **II** *vt* **to ~ sb away** jdn ver- *or* wegscheuchen.

shook¹ [ʃʊk] *pret of* **shake**.

shook² *n* (*of corn*) Garbenbündel *nt*, Hocke *f*.

shoot [ʃu:t] (*vb: pret, ptp* **shot**) **I** *n* **1.** (*Bot*) Trieb *m*; (*sprouting from seed, potato also*) Keim *m*; (*out of ground: of bushes, trees*) Schößling, Schoß *m*; (*young branch*) Reis *nt*.
2. (*hunting expedition*) Jagd *f*; (*~ing party*) Jagdgesellschaft *f*; (*competition*) (Wett)schießen *nt*; (*land*) (Jagd)revier *nt*, Jagd *f*.
II *vt* **1.** (*Mil*) schießen; *bullet, gun* abfeuern.
2. *person, animal* (*hit*) anschießen; (*wound seriously*) niederschießen; (*kill*) erschießen. **to ~ sb dead** jdn erschießen; **he shot himself** er hat sich erschossen; **he shot himself in the foot** er schoß sich (*dat*) in den Fuß; (*fig inf*) er hat ein Eigentor geschossen (*inf*); **the bird had been shot through the wing** dem Vogel war ein Flügel durchschossen worden; **he was fatally shot in the neck** ihn traf ein tödlicher Genickschuß; **you'll get shot for doing that!** (*fig inf*) das kann dich Kopf und Kragen kosten! (*inf*); **people have been shot for less!** (*hum inf*) es sind schon Leute für weniger an den Galgen gekommen! (*inf*).
3. (*throw, propel*) schleudern. **to ~ a question at sb** eine Frage auf jdn abfeuern; **to ~ a glance at sb, to ~ sb a glance** jdm einen (schnellen) Blick zuwerfen; **to ~ a line** (*inf*) aufschneiden, sich wichtig tun (*to sb* bei jdm).
4. to ~ the bolt den Riegel vorlegen; **to ~ one's bolt** (*fig*) sein Pulver verschießen; **to ~ the rapids** über die Stromschnellen jagen; **to ~ the lights** eine Ampel (bei Rot) überfahren.
5. (*Sport*) schießen; *ball also* (*with foot*) schlagen; (*US sl: play*) *craps, pool* spielen. **to ~ dice** würfeln, Würfel spielen.
6. (*Phot*) *film, scene* drehen; *snapshot* schießen; *subject* aufnehmen. **he shot 10 rolls of film while on holiday** er verknipste im Urlaub 10 Filme.
7. (*sl: inject*) *drug* schießen (*sl*), drücken (*sl*).
III *vi* **1.** schießen; (*as hunter*) jagen. **to ~ to kill** gezielt schießen; (*police*) einen gezielten Todesschuß/gezielte Todesschüsse abgeben; **don't ~!** nicht schießen!; **stop or I'll ~!** stehenbleiben oder ich schieße!; **to ~ at sb/sth** auf jdn/etw schießen; **to ~ from the hip** aus der Hüfte schießen; **~!** (*fig inf: ask away etc*) schieß los!
2. (*move rapidly*) schießen (*inf*). **to ~ ahead/into the lead** an die Spitze vorpreschen; **he shot ahead of the other boys in maths** er ließ die anderen Jungen in Mathe weit hinter sich (*dat*); **he shot down**

the stairs er schoß *or* jagte die Treppe hinunter; **to ~ by** *or* **past** vorbeischießen *or* -jagen; **to ~ in** (he)reingeschossen kommen.

3. (*Sport*) schießen. **to ~ at goal** aufs Tor schießen.

4. (*pain*) **the pain shot up his leg** der Schmerz durchzuckte sein Bein; **~ing pains** stechende Schmerzen *pl*.

5. (*Bot*) treiben.

6. (*Phot*) knipsen (*inf*); (*Film*) drehen.

◆**shoot away I** *vi* **1.** (*move rapidly*) davonschießen, losjagen. **2.** (*shoot continuously*) schießen. (*fig inf*) schieß los! **II** *vt sep* wegschießen.

◆**shoot down** *vt sep plane* abschießen; (*fig inf*) *person* fertigmachen (*inf*); *suggestion* abschmettern (*inf*); *argument* in der Luft zerreißen. **the plane was shot ~ in flames** die Maschine wurde in Brand geschossen und stürzte ab.

◆**shoot off I** *vi* **1.** davonschießen, losjagen (*inf*).

2. (*sl: ejaculate*) abspritzen (*vulg*).

II *vt sep* abschießen; *gun also* abfeuern. **to ~ one's mouth ~** (*sl*) (*indiscreetly*) tratschen (*inf*); (*boastfully*) das Maul aufreißen (*sl*).

◆**shoot out I** *vi* (*emerge swiftly*) herausschießen (*of* aus).

II *vt sep* **1.** (*put out swiftly*) *hand* blitzschnell ausstrecken; *tongue* hervor- *or* herausschnellen (lassen); (*inf: eject*) an die Luft setzen (*inf*), raussetzen (*inf*). **they were shot ~ of the car** sie wurden aus dem Auto geschleudert.

2. to ~ it ~ sich (*dat*) ein (Feuer)gefecht liefern; **nobody dared to ~ it ~ with Bad Jake** keiner wagte es, sich mit Bad Jake zu schießen (*inf*).

◆**shoot up I** *vi* (*hand, prices, temperature*) in die Höhe schnellen; (*grow rapidly*) (*children, plant*) in die Höhe schießen; (*new towns, buildings*) aus dem Boden schießen.

II *vt sep* **1. to ~ ~ a town** (*inf*) in einer Stadt herumballern (*inf*) *or* -knallen (*inf*); **the aerodrome was shot ~** das Flugfeld wurde heftig beschossen; **he was badly shot ~ in the war** er ist im Krieg übel zusammengeschossen worden.

2. *drug* schießen (*sl*).

shooter ['ʃuːtə^r] *n* (*sl: gun*) Ballermann *m* (*sl*).

shooting ['ʃuːtɪŋ] *n* **1.** (*shots*) Schießen *nt*; (*by artillery*) Feuer *nt*. **was there any ~?** gab es Schießereien?

2. (*murder, execution*) Erschießung *f*. **there was a ~ last night** gestern nacht ist jemand erschossen worden; **the police are investigating the ~** die Polizei untersucht den Mord.

3. (*Sport: Ftbl, with guns*) Schießen *nt*.

4. (*Hunt*) Jagen *nt*, Jagd *f*; (*~ rights*) Jagdrecht(e *pl*) *nt*; (*land*) Jagd *f*, Jagdrevier *nt*. **there is good ~ in Scotland** in Schottland kann man gut jagen; **to go ~** auf die Jagd gehen; **good ~!** Weidmannsheil!

5. (*Film*) Drehen *nt*. **~ script** Drehplan *m*; **~ was interrupted** die Dreharbeiten wurden unterbrochen.

shooting box *n* Jagdhütte *f*; **shooting brake** *n* (*Aut*) Kombiwagen *m*; **shooting club** *n* Schießklub *m*; **shooting gallery** *n* Schießstand *m*, Schießbude *f*; **shooting iron** *n* (*US sl*) Schießeisen *nt* (*sl*), Schießprügel *m* (*sl*); **shooting jacket** *n* Jagdrock *m*; **shooting lodge** *n see* **~ box**; **shooting match** *n* Wett- *or* Preisschießen *nt*; **the whole ~** (*inf*) der ganze Laden (*inf*); **shooting party** *n* Jagdgesellschaft *f*; **shooting range** *n* Schießplatz *m*; **shooting star** *n* Sternschnuppe *f*; **shooting stick** *n* Jagdstuhl *m*.

shootout ['ʃuːtaʊt] *n* Schießerei *f*.

shop [ʃɒp] **I** *n* **1.** Geschäft *nt*, Laden *m*; (*esp Brit: large store*) Kaufhaus *nt*. **I have to go to the ~s** ich muß einkaufen gehen; **~!** Bedienung!; **to set up ~** ein Geschäft *or* einen Laden eröffnen; **all over the ~** (*inf*) in der ganzen Gegend herum (*inf*); **to talk ~** über die *or* von der Arbeit reden; (*of professional people also*) fachsimpeln.

2. (*work~*) Werkstatt *f*; (*workers*) Arbeiter(innen *fpl*) *mpl*, Arbeiterschaft *f*.

II *vi* einkaufen, Einkäufe machen. **to go ~ping** einkaufen gehen; **we spend Saturday mornings ~ping** samstags vormittags gehen wir einkaufen; **~ at Macfarlane's!** kaufen Sie bei Macfarlane!; **to ~ for fish** Fisch kaufen gehen.

III *vt* (*Brit sl*) **to ~ sb (to sb)** jdn (bei jdm) verpfeifen (*inf*).

◆**shop around** *vi* (*lit, fig*) sich umsehen (*for* nach).

shop assistant *n* (*Brit*) Verkäufer(in *f*) *m*; **shopbreaker** *n* Einbrecher(in *f*) *m*; **shopbreaking** *n* Ladeneinbruch *m*; **shopfitter** *n* Geschäftsausstatter(in *f*) *m*; **shopfittings** *npl* Ladeneinrichtungen *pl*; **shop floor** *n* **1.** (*place*) Produktionsstätte *f*; (*for heavier work*) Werkstatt *f*; **the manager's son started off working on the ~** der Sohn des Direktors hat (ganz unten) in der Fabrik *or* Produktion angefangen; **on the ~** in der Werkstatt; bei *or* unter den Arbeitern; **2.** (*workers*) Arbeiter(innen *fpl*) *mpl*, Leute *pl* in der Produktion; **shop front** *n* Ladenfassade *f*, **shopgirl** *n* (*Brit inf*) Verkäuferin *f*; **shop hours** *npl* Öffnungszeiten *pl*; **shop-in-shop** *n* Shop-in-Shop *m*; **shopkeeper** *n* Ladenbesitzer(in *f*), Geschäftsinhaber(in *f*) *m*; **a nation of ~s** ein Krämervolk *nt*; **shoplifter** *n* Ladendieb(in *f*) *m*; **shoplifting** *n* Ladendiebstahl *m*.

shopper ['ʃɒpə^r] *n* Käufer(in *f*) *m*. **she's a good ~** sie kauft preisbewußt ein; **the streets were thronged with ~s** in den Straßen drängten sich die Kauflustigen.

shopping ['ʃɒpɪŋ] *n* (*act*) Einkaufen *nt*; (*goods bought*) Einkäufe *pl*. **she had her ~ in a plastic bag** sie hatte ihre Einkäufe in einer Plastiktüte; **to do one's ~** einkaufen, Einkäufe machen.

shopping bag *n* Einkaufstasche *f*; **shopping basket** *n* Einkaufskorb *m*; **shop-**

ping centre, (*US*) **shopping center** *n* Einkaufszentrum *nt*; **shopping list** *n* Einkaufszettel *m*; **shopping mall** *n* Shopping-Center *nt*; **shopping precinct** *n* Ladengegend *f*, Ladenbereich *m*; **shopping spree** *n* Einkaufsbummel *m*; **shopping street** *n* Einkaufsstraße *f*; **shopping trolley** *n* Einkaufswagen *m*.

shopsoiled *adj clothes, furniture, wallpaper* angestaubt, angeschmutzt; *goods, material* leicht beschädigt; **shop steward** *n* (gewerkschaftliche(r)) Vertrauensmann/frau (*im Betrieb*); **shoptalk** *n* Reden *nt* über die Arbeit; (*of professional people also*) Fachsimpelei *f*; **shopwalker** *n* (*Brit*) Aufsichtsperson (*form*), Aufsicht *f*; **shop window** *n* (*lit, fig*) Schaufenster *nt*; **shopworn** *adj goods, furniture* leicht beschädigt.

shore[1] [ʃɔːʳ] *n* **1.** (*sea~, lake ~*) Ufer, Gestade (*liter*) *nt*; (*beach*) Strand *m*. **he returned to his native ~s** er kehrte zurück zu heimatlichen Gefilden; **no invader has since set foot on these ~s** seitdem hat kein Eroberer mehr diesen Boden betreten.

2. (*land*) Land *nt*. **on ~** an Land.

shore[2] **I** *n* (*Min, Naut*) Stützbalken *m*, Strebe(balken *m*) *f*. **II** *vt* (*also* **~ up**) (ab)stützen; (*fig*) stützen.

shore leave *n* (*Naut*) Landurlaub *m*; **shoreline** *n* Wasserlinie, Uferlinie *f*; **shore pass** *n* (*Naut*) Landurlaubsschein *m*; **shore patrol** *n* (*US*) Küstenstreife, Küstenpatrouille *f* (*der US-Marine*); **shoreward(s)** **I** *adj wind* See-; **in a ~ direction** in Richtung Küste *or* Land, landwärts; **II** *adv* landwärts, zum Land (hin).

shorn [ʃɔːn] **I** *ptp of* **shear. II** *adj* **1. to be ~ of sth** einer Sache (*gen*) entkleidet sein. **2.** *sheep* geschoren; *head also* kahlgeschoren. **her ~ locks** ihr kurzgeschorenes Haar.

short [ʃɔːt] **I** *adj* (*+er*) **1.** kurz; *steps also, person* klein; *waist* (*of dress*) hoch. **a ~ way off** nicht weit entfernt; **to be ~ in the leg** (*person*) kurze Beine haben; (*trousers*) zu kurz sein; **to be in ~ trousers** in kurzen Hosen herumlaufen; (*fig*) ein kleiner Junge sein; **a ~ time ago** vor kurzer Zeit, vor kurzem; **in a ~ time** *or* **while** in Kürze, in kurzer Zeit; **time is getting/is ~** die Zeit wird/ist knapp; **to take the ~ view** die Sache auf kurze Sicht betrachten; **in ~ order** (*US inf*) sofort; **~ drink** Kurze(r) (*inf*), Schnaps *m*.

2. (*Ling*) *vowel, syllable* kurz; (*unstressed*) unbetont.

3. (*brief*) kurz. **~ and sweet** schön kurz, kurz und ergreifend (*iro*); **in ~** kurz gesagt; **she's called Pat for ~** sie wird kurz *or* einfach Pat genannt; **Pat is ~ for Patricia** Pat steht für *or* ist die Kurzform von Patricia.

4. (*curt*) *reply* knapp; (*rude*) barsch, schroff; *manner, person* schroff, kurz angebunden (*inf*). **to have a ~ temper** unbeherrscht sein; **his ~ temper** seine Unbeherrschtheit; **to be ~ with sb** jdn schroff behandeln, jdm gegenüber kurz angebunden sein (*inf*).

5. (*insufficient*) zuwenig *inv*; *rations* knapp. **to be in ~ supply** knapp sein; (*Comm*) beschränkt lieferbar sein; **to be ~** (*in ~ supply*) knapp sein; (*shot, throw*) zu kurz sein, nicht weit genug sein; **we are (five/£3) ~, we are ~ (of five/£3)** wir haben (fünf/£ 3) zuwenig, uns (*dat*) fehlen fünf/£ 3; **it's five/£3 ~** es fehlen fünf/£ 3; **we are ~ of books/staff** wir haben zuwenig Bücher/Personal; **we are not ~ of volunteers** wir haben genug Freiwillige, uns fehlt es nicht an Freiwilligen; **to be ~ of time** wenig Zeit haben; **I'm a bit ~ (of cash)** (*inf*) ich bin etwas knapp bei Kasse (*inf*); **we are £2,000 ~ of our target** wir liegen £ 2.000 unter unserem Ziel; **we are not far ~ of our destination now** wir sind nicht mehr weit von unserem Ziel entfernt; **not far/much ~ of £100** nicht viel weniger als £ 100, beinahe £ 100, knapp unter £ 100; **to be ~ on experience/examples** wenig Erfahrung/Beispiele haben; **to give sb ~ change** jdm zuwenig herausgeben *or* zu wenig Wechselgeld geben; *see* **measure.**

6. (*Fin*) *sale* ohne Deckung, ungedeckt, Blanko-; *loan, bill* kurzfristig. **~ stock** auf Baisse gekaufte Aktien.

7. *pastry* mürbe.

II *adv* **1.** (*below the expected amount*) **to fall ~** (*arrow*) zu kurz landen; (*shot*) zu kurz sein; (*supplies*) nicht ausreichen; **that's where the book falls ~** daran fehlt es dem Buch; **to fall ~ of sth** etw nicht erreichen; *of expectations* etw nicht erfüllen; **it fell 10 metres ~ of the target** es fehlten 10 Meter zum Ziel, es war 10 Meter zu kurz; **it falls far ~ of what we require** das bleibt weit hinter unseren Bedürfnissen zurück; (*in quantity*) das bleibt weit unter unseren Bedürfnissen; **to go ~ (of money/food)** zuwenig (Geld/zu essen) haben; **they never let the children go ~** sie ließen es den Kindern an nichts fehlen; **we are running ~ (of petrol/time)** wir haben nicht mehr viel (Benzin/Zeit); **I'm running ~ of ideas** mir gehen die Ideen aus; **my patience is running ~** meine Geduld ist bald zu Ende; **sugar/petrol is running ~** Zucker/Benzin ist knapp; **to sell sb ~** (*in shop*) jdm zuwenig geben; (*betray, cheat*) jdn betrügen; **to sell ~** (*Fin*) ungedeckt *or* ohne Deckung verkaufen.

2. (*abruptly, suddenly*) plötzlich, abrupt. **to pull up** *or* **stop ~** (*while driving*) plötzlich *or* abrupt anhalten; (*while walking also*) plötzlich *or* abrupt stehenbleiben; **to stop ~** (*while talking*) plötzlich *or* unvermittelt innehalten; **to stop a conversation ~** eine Unterhaltung plötzlich *or* unvermittelt abbrechen; **to stop sb ~** jdn unterbrechen; **I'd stop ~ of** *or* **at murder** vor Mord würde ich haltmachen; **he stopped ~ of actually calling me a liar** er ging nicht soweit, mich tatsächlich einen Lügner zu nennen; **to be caught ~** (*inf*) (*unprepared*) überrascht werden; (*without money, supplies*) zu knapp (dran) sein; (*need the toilet*) dringend mal müssen (*inf*); **to catch sb ~** (*inf*) jdn in einer Verlegenheit antreffen; **to be caught ~ by sth** auf etw (*acc*) nicht vorbereitet sein.

3. **~ of** (*except*) außer (+*dat*); **it is nothing ~ of robbery** das ist glatter Diebstahl; **nothing ~ of a revolution can ...** nur eine Revolution kann ...; **it's little ~ of madness** das grenzt an Wahnsinn; **it's little ~ of suicide** das kommt ja Selbstmord gleich; **I don't see what you can do ~ of asking him yourself** ich sehe keine andere Möglichkeit, außer daß *or* als daß Sie ihn selbst fragen.

III *n* (~ *circuit*) Kurzschluß, Kurze(r) (*inf*) *m*; (*inf:* ~ *drink*) Kurze(r) *m* (*inf*); (*inf:* ~ *film*) Kurzfilm *m*. **to have/get sb by the ~ and curlies** (*inf*) jdn am Wickel haben/kriegen (*inf*); *see* **long²**.

IV *vt* (*Elec*) kurzschließen.

V *vi* (*Elec*) einen Kurzschluß haben.

shortage ['ʃɔːtɪdʒ] *n* (*of goods, objects*) Knappheit *f no pl* (*of* an +*dat*); (*of people*) Mangel *m no pl* (*of* an +*dat*). **the housing ~** die Wohnungsknappheit; **a ~ of staff** ein Mangel *m* an Arbeitskräften, Personalmangel *m*; **there's no ~ of advice** es fehlt nicht an guten Ratschlägen.

short arse *n* (*sl*) (kleiner) Pimpf (*inf*), Knirps (*inf*), Murkel (*dial inf*) *m*; **shortbread** *n* Shortbread *nt*, ≈ Mürbeteiggebäck *n*; **shortcake** *n* (*US: sponge*) Biskuittörtchen *nt*; **short-change** *vt* **to ~ sb** (*lit*) jdm zuwenig Wechselgeld geben, jdm zuwenig herausgeben; (*fig inf*) jdn übers Ohr hauen (*inf*); **short circuit** *n* Kurzschluß *m*; **short-circuit I** *vt* kurzschließen; (*fig: bypass*) umgehen; **II** *vi* einen Kurzschluß haben; **shortcoming** *n* (*esp pl*) Mangel *m*; (*of person*) Fehler *m*; **shortcrust** *n* (*also* **~ pastry**) Mürbeteig *m*; **short cut** *n* Abkürzung *f*, Schleichweg *m*; (*fig*) Schnellverfahren *nt*; (*easy solution*) Patentlösung *f*; **there's no ~ to success** der Erfolg fällt einem nicht in den Schoß; **short-dated** *adj* (*Fin*) *stock* kurzfristig.

shorten ['ʃɔːtn] **I** *vt* **1.** verkürzen; *dress, rope* kürzer machen, kürzen; *book, programme, letter, syllabus* kürzen; *odds* verringern; *sail* reffen. **2.** *pastry* Fett beigeben (+*dat*). **II** *vi* (*evenings, days*) kürzer werden; (*odds*) sich verringern.

shortening ['ʃɔːtnɪŋ] *n* (*Cook*) (Back)fett *nt*.

shortfall *n* Defizit *nt*; **short-haired** *adj* kurzhaarig; **shorthand** *n* Kurzschrift, Stenographie *f*; **in ~** in Kurzschrift; **to write ~** stenographieren; **to take sth down in ~** etw stenographieren; **short-handed** *adj* **to be ~** zuwenig Personal haben; **shorthand typist** *n* Stenotypist(in *f*) *m*; **short-haul jet** *n* Kurzstreckenflugzeug *nt*; **shorthorn** *n* Kurzhornrind, Shorthorn *nt*; **~ cattle** Kurzhornrinder *pl*.

shortie ['ʃɔːtɪ] *n* **1.** (*inf: also* **~ nightie**) Shorty *nt*, kurzes Nachthemd. **2.** *see* **shorty**.

shortish ['ʃɔːtɪʃ] *adj* ziemlich kurz; (*scarce*) ziemlich knapp.

short list *n* (*esp Brit*) Auswahlliste *f*; **to be on the ~** in der engeren Wahl sein; **short-list** *vt* (*esp Brit*) **to ~ sb** jdn in die engere Wahl nehmen *or* ziehen; **short-lived** *adj* (*lit, fig*) kurzlebig; *protests, attempts* nicht lange andauernd; **to be ~** (*success, happiness*) von kurzer Dauer sein.

shortly ['ʃɔːtlɪ] *adv* **1.** (*soon*) bald, in Kürze; *after, before, afterwards* kurz. **2.** (*briefly*) kurz. **3.** (*curtly*) barsch.

shortness ['ʃɔːtnɪs] *n* **1.** Kürze *f*; (*of person*) Kleinheit *f*. **~ of sight/breath** Kurzsichtigkeit/Kurzatmigkeit *f*. **2.** (*curtness*) Schroffheit, Barschheit *f*. **3.** (*of supplies, money*) Knappheit *f*.

short order *adj* (*US*) *dishes* Schnell-; *cook* im Schnellimbiß; **short pastry** *n* Mürbeteig *m*; **short-range** *adj gun* Nahkampf-; *missile, aircraft* Kurzstrecken-; (*fig*) *plans* kurzfristig; **~ weather forecast** Wetterbericht *m* für die nächsten Tage.

shorts [ʃɔːts] *npl* **1.** (*short trousers*) Shorts *pl*, kurze Hose (n *pl*). **2.** (*esp US: underpants*) Unterhose *f*.

short-sighted *adj*, **short-sightedly** *adv* (*lit, fig*) kurzsichtig; **short-sightedness** *n* (*lit, fig*) Kurzsichtigkeit *f*; **short-sleeved** *adj* kurzärmelig; **short-staffed** *adj* **to be ~** zuwenig Personal haben; **short-stay** *adj* **~ parking** Kurzparken *nt*; **short story** *n* Kurzgeschichte, Short story, Erzählung *f*; **a short-story writer** ein Kurzgeschichtenautor *m*; **short-tempered** *adj* (*in general*) unbeherrscht; (*in a bad temper*) gereizt; **to be ~ with sb** mit jdm ungeduldig sein; **short-temperedly** *adv* unbeherrscht; *reply* unwirsch, ungeduldig; **short term** *n* **for the ~** auf kurze Frist gesehen, vorläufig; **plans for the ~** kurzfristige Pläne; **in the ~** auf kurze Sicht; **short-term** *adj* kurzfristig; **~ memory** Kurzzeitgedächtnis *nt*; (*Comput*) Kurzzeitspeicher *m*; **short time** *n* Kurzarbeit *f*; **to be on ~, to work ~** kurzarbeiten, Kurzarbeit haben; **short ton** *n Tonne von 2000 Pounds = 907,18 kg*; **short-waisted** *adj person* mit kurzer Taille; *coat* hochtailliert; **to be ~** eine kurze/hohe Taille haben; **short wave I** *n* Kurzwelle *f*; **II** *adj transmission* auf Kurzwelle; **a short-wave radio** ein Kurzwellenempfänger *m*; **short-winded** *adj* (*breathless*) kurzatmig.

shorty ['ʃɔːtɪ] *n* (*inf*) Kleine(r) *mf*, Knirps *m* (*inf*).

shot¹ [ʃɒt] **I** *pret, ptp of* **shoot.**

II *n* **1.** (*from gun, bow*) Schuß *m*. **to fire** *or* **take a ~ at sb/sth** einen Schuß auf jdn/etw abfeuern *or* abgeben; **a ~ across the bows** (*lit, fig*) ein Schuß vor den Bug; **to exchange ~s** sich (*dat*) einen Schußwechsel liefern; **to call the ~s** (*fig sl*) das Sagen haben (*inf*).

2. (*projectile*) Kugel *f*; (*no pl: lead* ~) Schrot(kugeln *pl*) *m*.

3. (*person*) Schütze *m*; *see* **big ~**.

4. (*attempt*) Versuch *m*. **at the first ~** beim ersten Versuch, auf Anhieb; **to make** *or* **take** *or* **have a ~ (at it)** (*try*) es (mal) versuchen; (*guess*) (auf gut Glück) raten.

5. (*space-~*) (Raum)flug *m*; (*launch*) Start *m*.

6. (*inf: quickly*) **like a ~** *run away, be off* wie der Blitz (*inf*); *do sth* sofort; *agree* sofort, ohne zu überlegen.

7. (*injection*) Spritze *f*; (*immunization*) Impfung *f*; (*of alcohol*) Schuß *m*. **to give a company a ~ in the arm** (*fig*) einer Firma eine Finanzspritze geben.

8. (*Phot*) Aufnahme *f*. **out of ~** nicht im Bild.

9. (*Sport*) (*Ftbl, Hockey*) Schuß *m*; (*throw*) Wurf *m*; (*Tennis, Golf*) Schlag *m*. **to take a ~ at goal** aufs Tor schießen.

10. (*~-putting*) **the ~** (*discipline*) Kugelstoßen *nt*; (*weight*) die Kugel; **to put the ~** kugelstoßen.

shot[2] *adj* **1.** (*variegated*) durchzogen, durchschossen (*with* mit); *silk* eingeschossen, changierend. **2.** (*inf: rid*) **to be/get ~ of sb/sth** jdn/etw los sein/loswerden.

shotgun *n* Schrotflinte *f*; **shotgun wedding** *n* Mußheirat *f*; **shot-put** *n* (*event*) Kugelstoßen *nt*; (*throw*) Wurf, Stoß *m*; **shot-putter** *n* Kugelstoßer(in *f*) *m*.

should [ʃʊd] *pret of* **shall,** *modal aux vb* **1.** (*expressing duty, advisability, command*) **I/you/he/we/you/they ~ do that** ich sollte/du solltest/er sollte/wir sollten/ihr solltet/sie sollten das tun; **you ~n't do that** Sie sollten das nicht tun; **I ~ have done it** ich hätte es tun sollen *or* müssen; **I ~n't have done it** ich hätte es nicht tun sollen *or* dürfen; **which is as it ~ be** und so soll(te) es auch sein; **he ~ know that it's wrong to lie** er sollte *or* müßte wissen, daß man nicht lügen darf; **you really ~ see that film** den Film sollten *or* müssen Sie wirklich sehen; **was it a good film? — I ~ think it was** war der Film gut? — und ob; **he's coming to apologize — I ~ think so** er will sich entschuldigen — das möchte ich auch meinen *or* hoffen; **... and I ~ know** ... und ich müßte es ja wissen; **how ~ I know?** woher soll ich das wissen?

2. (*expressing probability*) **he ~ be there by now** er müßte eigentlich schon da sein; **they ~ arrive tomorrow** sie müßten morgen ankommen; **this ~ be enough** das müßte eigentlich reichen; **this book ~ help you** dieses Buch wird Ihnen bestimmt helfen; **this ~ be good!** (*inf*) das wird bestimmt gut!

3. (*in tentative statements*) **I ~n't like to say** das möchte ich nicht gern sagen; **I ~ think there were about 40** ich würde schätzen, daß etwa 40 dort waren; **~ I open the window?** soll ich das Fenster aufmachen?; **I ~ like to know** ich wüßte gern, ich möchte gern wissen; **I ~ like to apply for the job** ich würde mich gern um die Stelle bewerben; **thanks, I ~ like to** danke, gern.

4. (*expressing surprise*) **who ~ I see/~ it be but Anne!** und wen sehe ich/und wer war's? Anne!; **why ~ he want to know/do that?** warum will er das wohl wissen/machen?; **why ~ he have done it, if ...?** warum hat er es dann gemacht, wenn ...?

5. (*subjunc, cond*) **I/you/he/we/you/they ~ go if ...** ich würde/du würdest/er würde/wir würden/ihr würdet/sie würden gehen, wenn ...; **we ~ have come if ...** wir wären gekommen, wenn ...; **it seems unbelievable that he ~ have failed/be so young** es scheint unglaublich, daß er versagt hat/so jung ist; **if they ~ send for me** wenn *or* falls sie nach mir schicken sollten; **if he ~ come, ~ he come** falls er kommen sollte, sollte er kommen; **~ it not be true** sollte das nicht wahr sein; **I ~n't be surprised if he comes** *or* **came** *or* **were to come** ich wäre nicht *or* keineswegs überrascht, wenn er kommen würde *or* käme; **I ~n't (do it) if I were you** ich würde das an Ihrer Stelle nicht tun; **I ~n't worry about it** ich würde mir darüber keine Gedanken machen; **unless he ~ change his mind** falls er es sich (*dat*) nicht anders überlegt.

shoulder ['ʃəʊldəʳ] **I** *n* **1.** (*of person, animal*) Schulter *f*; (*of bird*) Schultergürtel *m*; (*of meat*) Bug *m*; (*of pork*) Schulter *f*, Schulterstück *nt*; (*of garment*) Schulter(partie) *f*. **to shrug one's ~s** mit den Schultern *or* Achseln zucken; **to have broad ~s** (*lit*) breite Schultern haben; (*fig also*) einen breiten Rücken *or* Buckel (*inf*) haben; **to put one's ~ to the wheel** (*fig*) sich ins Zeug legen; **to cry** *or* **weep on sb's ~** sich an jds Brust (*dat*) ausweinen; **a ~ to cry on** jemand, bei dem man sich ausweinen kann; **~ to ~** Schulter an Schulter.

2. (*of mountain*) Schulter *f*; (*of road*) Seitenstreifen *m*, Bankett *nt*; (*of vase, bottle*) Ausbuchtung *f*.

II *vt* **1.** schultern, auf die Schulter nehmen; (*fig*) *responsibilities, blame, task* auf sich (*acc*) nehmen; *expense* tragen. **~ arms!** (*Mil*) das Gewehr über!; **the fans ~ed him off the pitch** die Fans trugen ihn auf den Schultern vom Platz.

2. (*push*) (mit der Schulter) stoßen. **to ~ sb aside** (*lit*) jdn zur Seite stoßen; (*fig*) jdn beiseite drängen; **to ~ one's way through (the crowd)** sich durch die Menge drängen *or* boxen.

shoulder bag *n* Umhängetasche *f*; **shoulder blade** *n* Schulterblatt *nt*; **shoulder flash** *n* (*Mil*) Dienstgradabzeichen, Schulterstück *nt*; **shoulder-high** *adv* **to carry sb ~** jdn auf den Schultern tragen; **to stand ~ to sb** jdm bis an die Schultern reichen; **shoulder holster** *n* Schulterholster *nt*; **shoulder-length** *adj hair* schulterlang; **shoulder loop** *n* Dienstgradabzeichen *nt*; **shoulder pad** *n* Schulterpolster *nt*; **shoulder strap** *n* (*Mil*) Schulterklappe *f*; (*of dress*) Träger *m*; (*of satchel, bag*) (Schulter)riemen *m*.

shouldn't ['ʃʊdnt] *contr of* **should not.**

shout [ʃaʊt] **I** *n* Ruf, Schrei *m*. **a ~ of protest/joy/pain** ein Protestruf *m*/Freuden-/Schmerzensschrei *m*; **a ~ of excitement** ein aufgeregter Schrei; **~s of applause/laughter** Beifallsrufe *pl*/Lachsalven *pl*, brüllendes Gelächter; **to give a ~** einen Schrei ausstoßen; **to give**

sb a ~ jdn rufen; **give me a ~ when you're ready** (*inf*) sag Bescheid, wenn du fertig bist; **his voice rose to a ~** seine Stimme steigerte sich bis zum Brüllen.

II *vt* schreien; (*call*) rufen; *order* brüllen; *protest, disapproval* laut(stark) kundtun. **to ~ abuse at sb** jdn (laut) beschimpfen; **to ~ a warning to sb** jdm eine Warnung zurufen; **to ~ sb a drink** jdn ein Getränk spendieren.

III *vi* (*call out*) rufen; (*very loudly*) schreien; (*angrily, commanding*) brüllen. **to ~ for sb/sth** nach jdm/etw rufen; **she ~ed for Jane to come** sie rief, Jane solle kommen; **to ~ at sb** (mit jdm) schreien; (*abusively*) jdn anschreien; **don't ~!** schrei nicht (so)!; **to ~ to sb** jdm zurufen; **to ~ for help** um Hilfe rufen; **to ~ for joy** einen Freudenschrei/Freudenschreie ausstoßen; **to ~ with laughter** vor Lachen brüllen; **it was nothing to ~ about** (*inf*) es war nicht umwerfend.

IV *vr* **to ~ oneself hoarse/silly** sich heiser/krumm und dusselig (*inf*) schreien.

◆**shout down** *vt sep person* niederbrüllen; *play* ausbuhen.

◆**shout out I** *vi* einen Schrei ausstoßen; (*in pain, rage, protest*) aufschreien. **to ~ ~ in delight** Freudenrufe/einen Freudenruf ausstoßen; **~ ~ when you're ready** ruf, wenn du fertig bist. **II** *vt sep* ausrufen; *order* brüllen.

shouting ['ʃaʊtɪŋ] *n* (*act*) Schreien *nt*; (*sound*) Geschrei *nt*. **it's all over bar the ~** (*inf*) es ist so gut wie gelaufen (*inf*).

shove [ʃʌv] **I** *n* Schubs(er) (*inf*), Stoß *m*. **to give sb a ~** jdn schubsen (*inf*) *or* stoßen; **to give sth a ~** etw rücken; *door* gegen etw stoßen; *ball* etw anstoßen; *car* etw anschieben.

II *vt* **1.** (*push*) schieben; (*with one short push*) stoßen, schubsen (*inf*); (*jostle*) drängen. **stop shoving me** hör auf zu drängeln *or* mich zu schubsen (*inf*); **to ~ sb against a wall** jdn gegen die Wand drücken; **to ~ sb off the pavement** jdn vom Bürgersteig herunterschubsen (*inf*); jdn vom Bürgersteig herunterdrängen.

2. (*inf: put*) **to ~ sth on(to) sth** etw auf etw (*acc*) werfen (*inf*); **to ~ sth in(to) sth/between sth** etw in etw (*acc*)/zwischen etw (*acc*) stecken; **he ~d his head through the window** er steckte den Kopf durchs Fenster; **he ~d a book into my hand** er drückte mir ein Buch in die Hand.

III *vi* stoßen; (*to move sth*) schieben; (*jostle*) drängeln.

◆**shove about** *or* **around** *vt sep* (*inf*) herumstoßen.

◆**shove away** *vt sep* (*inf*) wegstoßen, wegschubsen (*inf*).

◆**shove back** *vt sep* (*inf*) *chair* zurückschieben; *sb, plate* zurückstoßen, zurückschubsen (*inf*); (*replace*) zurücktun; (*into pocket*) wieder hineinstecken.

◆**shove down** *vt sep* (*inf*) (*put*) hinlegen, hinwerfen (*inf*); (*write*) hinschmieren (*inf*), aufschreiben.

◆**shove off I** *vt sep* (*Naut*) vom Ufer abstoßen. **II** *vi* **1.** (*in boat*) ablegen. **2.** (*inf: leave*) abschieben (*inf*).

◆**shove on** *vt sep* (*inf*) *coat* anziehen; *hat* aufsetzen; *record* auflegen.

◆**shove out** *vt sep boat* abstoßen; *person* rausschmeißen (*inf*).

◆**shove over** (*inf*) **I** *vt sep* rüberwerfen (*inf*). **II** *vi* (*also* **shove up**) rutschen.

shove-halfpenny [ˌʃʌv'heɪpnɪ] *n Spiel, bei dem Münzen in auf einer Platte vorgezeichnete Felder gestoßen werden.*

shovel ['ʃʌvl] **I** *n* Schaufel *f*; (*with long handle also*) Schippe *f*; (*on power-~*) Löffel *m*; (*power-~*) Löffelbagger *m*. **a ~ of coal** eine Schaufel Kohle.

II *vt* schaufeln; *coal, snow also* schippen; *path* schaufeln. **to ~ a path clear of snow** einen Pfad vom Schnee freischaufeln.

shoveler ['ʃʌvələ^r] *n* (*Orn*) Löffelente *f*.

shovelful ['ʃʌvlfʊl] *n* Schaufel *f*. **a ~ of coal** eine Schaufel Kohle; **they dug up ~s of potatoes** sie gruben schaufelweise *or* haufenweise Kartoffeln aus.

show [ʃəʊ] (*vb: pret* **~ed**, *ptp* **shown**) **I** *n* **1.** (*display*) **the dahlias make a fine ~** die Dahlien sind eine Pracht; **~ of force** Machtdemonstration *f*; **~ of hands** Handzeichen, Hand(er)heben *nt*.

2. (*outward appearance*) Schau *f*; (*trace*) Spur *f*; (*of hatred, affection*) Kundgebung *f*. **it's just for ~** das ist nur zur Schau da; (*pretence*) das ist nur Schau (*inf*); **to do sth for ~** etw tun, um Eindruck zu schinden (*inf*) *or* zu machen; **to make a great ~ of being impressed/overworked/pleased** sich (*dat*) ganz den Anschein geben, beeindruckt/überarbeitet/erfreut zu sein; **to make a great ~ of resistance/sympathy** ganz Ablehnung/Mitleid sein; **without any ~ of emotion** ohne irgendwelche Gefühle zu zeigen.

3. (*exhibition*) Ausstellung *f*. **dog/fashion ~** Hunde-/Modenschau *f*; **to be on ~** ausgestellt *or* zu sehen sein.

4. (*Theat*) Aufführung *f*; (*TV, variety or pop ~*) Show *f*; (*Rad*) Sendung *f*; (*Film*) Vorstellung *f*. **to go to a ~** ins Theater gehen; **the ~ must go on** es muß trotz allem weitergehen; **on with the ~!** anfangen!; (*continue*) weitermachen!; **to stop the ~** (*lit*) die Aufführung unterbrechen; (*fig*) alle plötzlich innehalten lassen.

5. (*esp Brit inf*) **(jolly) good ~!** (*dated*) ausgezeichnet!, bravo!; **bad ~!** (*dated*) schwaches Bild (*inf*); (*what a pity*) so ein Pech!; **to put up a good/poor ~** eine gute/schwache Leistung zeigen; **it's a pretty poor ~ when ...** das ist vielleicht traurig *or* ein schwaches Bild (*inf*), wenn ...

6. (*inf: undertaking, organization*) Laden *m* (*inf*). **he runs the ~** er schmeißt hier den Laden (*inf*); **to give the (whole) ~ away** alles verraten.

II *vt* **1.** zeigen; (*at exhibition also*) ausstellen; (*demonstrate*) *dog also* vorführen; *slides, film also* vorführen; *passport, ticket* vorzeigen. **to ~ sb sth, to ~**

sth to sb jdm etw zeigen; **~ me how to do it** zeigen Sie mir, wie man das macht; **it's been ~n on television** das kam im Fernsehen; **the film was first ~n in 1988** der Film wurde 1988 uraufgeführt; **to ~ one's face** sich zeigen; **he had nothing to ~ for it** er hatte am Ende nichts vorzuweisen; **he has nothing to ~ for all his effort** seine ganze Mühe hat nichts gebracht; **I'll ~ him!** (*inf*) dem werd' ich's zeigen! (*inf*).

2. (*register*) (an)zeigen; *loss, profit* haben, verzeichnen; *rise in numbers* aufzeigen; (*thermometer, speedometer*) stehen auf (+*dat*); (*calendar*) zeigen. **it ~s that ...** es zeigt, daß ...; **as ~n in the illustration** wie in der Illustration dargestellt; **the roads are ~n in red** die Straßen sind rot (eingezeichnet); **the dial will ~ red if ...** der Zeiger zeigt auf Rot, wenn ...

3. (*indicate*) zeigen; (*prove*) beweisen; *kindness, favour* erweisen; *courage also, loyalty, taste, tact, intelligence* beweisen; *respect* bezeigen; *proof* erbringen. **to ~ one's gratitude** sich dankbar zeigen; **this ~s him to be a thief** das zeigt/beweist, daß er ein Dieb ist; **I hope I have ~n how silly it is** ich habe hoffentlich (auf)gezeigt, wie dumm das ist; **it all** *or* **just goes to ~ that ...** das zeigt doch nur, daß ...

4. (*reveal*) zeigen. **that dress ~s her bra** bei dem Kleid sieht man ihren BH; **it ~ed signs of having been used** man sah, daß es gebraucht worden war; **to ~ signs of wear/tiredness** Abnutzungserscheinungen *pl* aufweisen/Ermüdungserscheinungen *pl* zeigen; **~ a leg!** (*inf*) raus aus den Federn! (*inf*); **he's beginning to ~ his age** man sieht ihm allmählich das Alter an; **the carpet ~s the dirt** auf dem Teppich sieht man den Schmutz.

5. (*direct*) zeigen. **to ~ sb the way** jdm den Weg zeigen; **to ~ sb in/out** jdn hereinbringen/hinausbringen *or* -begleiten; **to ~ sb out of/into a room** jdn hinausbegleiten, jdn aus dem Zimmer begleiten/jdn hereinbringen, jdn ins Zimmer bringen; **to ~ sb to his seat/to the door** jdn an seinen Platz/an die *or* zur Tür bringen; **to ~ sb over** *or* **round the house** jdm das (ganze) Haus zeigen.

III *vi* **1.** (*be visible*) zu sehen sein, sichtbar sein; (*petticoat*) vorsehen, rausgucken (*inf*); (*film*) gezeigt werden, laufen; (*exhibit: artist*) ausstellen. **the dirt doesn't ~** man sieht den Schmutz nicht; **his anger ~ed in his eyes** man konnte ihm seinen Ärger von den Augen ablesen; **don't let your anger ~** lassen Sie sich (*dat*) den Ärger nicht anmerken!; **his bad leg ~s when he walks** beim Gehen merkt man, daß er ein schlimmes Bein hat; **it only ~s when ...** (*be visible*) man sieht es nur, wenn ...; (*be noticed*) man merkt es nur, wenn ...; **to ~ through** durchkommen; **he didn't ~** (*inf*) er hat sich nicht blicken lassen (*inf*).

2. (*prove*) **it just goes to ~!** da sieht man's mal wieder!

3. (*Horse-racing*) sich plazieren.

IV *vr* **to ~ oneself** sich blicken lassen (*inf*); **to ~ oneself (to be) incompetent** sich (als) unfähig erweisen; **he ~ed himself to be a coward** es zeigte sich, daß er ein Feigling war; **it ~s itself in his speech** das merkt man an seiner Sprache.

◆**show off** **I** *vi* angeben (*to, in front of* vor +*dat*).

II *vt sep* **1.** (*flaunt*) *knowledge, medal* angeben mit; *new car, son* vorführen (*to sb* jdm); *wealth* protzen mit (*inf*). **2.** (*enhance*) *beauty, picture* hervorheben; *figure also* betonen.

◆**show up** **I** *vi* **1.** (*be seen*) zu sehen *or* zu erkennen sein; (*stand out*) hervorstechen. **the stain ~s ~** man sieht den Fleck; **the tower ~ed ~ clearly against the sky** der Turm zeichnete sich deutlich gegen den Himmel ab; **to ~ ~ well/badly** (*fig*) eine gute/schlechte Figur machen.

2. (*inf: turn up*) auftauchen, sich blikken lassen (*inf*).

II *vt sep* **1.** (*highlight*) (deutlich) erkennen lassen.

2. (*reveal*) *flaws, bad condition, errors* zum Vorschein bringen; *sb's character, intentions* deutlich zeigen; *impostor* entlarven; *fraud* aufdecken; *person* bloßstellen. **my question ~ed him ~ to be a liar** meine Frage entlarvte ihn als Lügner.

3. (*shame*) blamieren. **his bad manners ~ his parents ~** mit seinen schlechten Manieren blamiert er seine Eltern; **he always gets drunk and ~s her ~** er betrinkt sich immer und bringt sie dadurch in eine peinliche Situation; **to ~ oneself ~** sich blamieren.

4. (*direct*) heraufbringen.

show biz *n* (*inf*) *see* **show business**; **show boat** *n* (*esp US*) *Dampfer m, auf dem eine Schauspieltruppe Vorstellungen gibt*; **show business** *n* Showbusineß, Showgeschäft *nt*; **showcase** *n* Schaukasten *m*, Vitrine *f*; (*fig*) Schaufenster *nt*; **showdown** *n* (*inf*) Kraftprobe, Machtprobe *f*, Showdown *m* (*sl*); **to have a ~ with sb** sich mit jdm auseinandersetzen.

shower ['ʃaʊəʳ] **I** *n* **1.** (*of rain*) Schauer *m*; (*of arrows, stones, blows, bullets etc*) Hagel *m*; (*of curses, questions*) Schwall *m*. **a ~ of sparks** ein Funkenregen *m*; **~ of water** Dusche *f*, Wasserstrahl *m*.

2. (*~ bath*) Dusche *f*; (*device also*) Brause *f*. **to take** *or* **have a ~** duschen.

3. (*Brit fig inf*) Blödmänner *pl* (*inf*). **what a ~!** so ein lausiges Volk! (*inf*).

4. (*US inf: party*) *Party, auf der jeder ein Geschenk für den Ehrengast mitbringt.*

II *vt* **to ~ sb with sth, to ~ sth on sb** *curses* etw auf jdn niederregnen lassen; *blows* etw auf jdn niederprasseln *or* niederhageln lassen; *honours, presents* jdn mit etw überschütten *or* überhäufen; **the broken pipe ~ed water on the passers-by** das Wasser aus dem kaputten Rohr bespritzte die Passanten; **to ~ abuse on sb,**

to ~ sb with abuse einen Schwall von Beschimpfungen gegen jdn loslassen.

III *vi* **1.** (*wash*) duschen, brausen (*dated*).

2. (*descend: also* **~ down**) niedergehen auf (+*acc*).

shower base *n* Duschwanne *f*; **shower bath** *n* Dusche *f*; **shower cabinet** *n* Duschkabine *f*; **shower cap** *n* Duschhaube *f*; **shower curtain** *n* Duschvorhang *m*; **shower gel** *n* Duschgel *nt*; **showerproof** *adj* regenfest.

showery ['ʃaʊərɪ] *adj* regnerisch.

showgirl *n* Revuegirl *nt*; **showground** *n* Ausstellungsgelände *nt*; (*for circus*) Zirkusgelände *nt*; **show house** *n* Musterhaus *nt*.

showily ['ʃəʊɪlɪ] *adv* protzig; *furnished also, produced* bombastisch; *behave* theatralisch. **~ dressed** aufgeputzt.

showiness ['ʃəʊɪnɪs] *n see adj* Protzigkeit *f* (*inf*); auffallende Art; Aufgeputztheit *f*; theatralische Art; bombastische Art; Auffälligkeit *f*; Effekthascherei *f*.

showing ['ʃəʊɪŋ] *n* **1.** (*exhibition*) Ausstellung *f*.

2. (*performance*) Aufführung *f*; (*of film*) Vorstellung *f*; (*of programme*) Ausstrahlung *f*.

3. (*standard of performance*) Leistung *f*. **to make a good/poor ~** eine gute/schwache Leistung zeigen; **on his present ~** mit seinen jetzigen Leistungen; **on the present ~** so, wie die Dinge zur Zeit stehen.

4. on his own ~ nach eigenen Angaben.

showing-off ['ʃəʊɪŋ'ɒf] *n* Angeberei *f*.

show-jumper *n* Springreiter(in *f*) *m*; **show-jumping** *n* Springen, Springreiten *nt*.

showman ['ʃəʊmən] *n, pl* **-men** [-mən] Showman *m*; (*fig*) Schauspieler *m*.

showmanship ['ʃəʊmənʃɪp] *n* (*of person*) Talent *nt* für effektvolle Darbietung; (*of act*) effektvolle Darbietung; (*fig*) Talent *nt*, sich in Szene zu setzen. **he knows nothing about ~** er hat keine Ahnung, wie man etwas effektvoll darbietet *or* in Szene setzt; **it's just ~** das ist reine Schau *or* Effekthascherei.

shown [ʃəʊn] *ptp of* **show.**

show off *n* (*inf*) Angeber(in *f*) *m*; **showpiece** *n* Schaustück *nt*; (*fine example*) Paradestück *nt*; **showplace** *n* (*tourist attraction*) Sehenswürdigkeit *f*; **showroom** *n* Ausstellungsraum *m*; **in ~ condition** in makellosem Zustand; **show stopper** *n* (*inf*) Publikumshit *m* (*inf*); (*fig*) Clou *m* des Abends/der Party *etc*; **show trial** *n* Schauprozeß *m*.

showy ['ʃəʊɪ] *adj* (+*er*) protzig; *person* auffallend; (*as regards clothes*) protzig angezogen; *manner* theatralisch; *ceremony also, decor* bombastisch; *colour* grell, auffällig; *production* bombastisch, auf Schau (*inf*) *or* Effekte gemacht.

shrank [ʃræŋk] *pret of* **shrink.**

shrapnel ['ʃræpnl] *n* Schrapnell *nt*.

shred [ʃred] **I** *n* (*scrap*) Fetzen *m*; (*of paper also*) Schnipsel, Schnippel (*inf*) *m*; (*of vegetable, meat*) Stückchen *nt*; (*fig*) Spur *f*; (*of truth*) Fünkchen *nt*. **~ of cloth** Stoffetzen *m*; **not a ~ of evidence** keinerlei Beweis; **without a ~ of clothing on** splitter(faser)nackt; **to be** *or* **hang in ~s** zerfetzt sein; **her dress hung in ~s** ihr Kleid hing ihr in Fetzen vom Leib; **his reputation was in ~s** sein (guter) Ruf war ruiniert; **to tear sth to ~s** etw total zerreißen, etw in Stücke reißen; (*fig*) etw verreißen; *argument* etw total zerpflücken; **to tear sb to ~s** keinen guten Faden an jdm lassen.

II *vt* **1.** *food* zerkleinern, schnitzeln; (*grate*) *carrots* raspeln; *cabbage* hobeln; *paper* zerstückeln, schnitzeln; (*in shredder*) in den Papierwolf geben.

2. (*tear*) in kleine Stücke reißen; (*with claws*) zerfetzen.

shredder ['ʃredə^r] *n* Zerkleinerungsmaschine *f*; (*grater*) Reibe *f*; (*in electric mixer*) Gemüseschneider *m*; (*for waste paper*) Papierwolf, Reißwolf *m*.

shredding machine ['ʃredɪŋmə'ʃi:n] *n* Zerkleinerungsmaschine *f*; (*for waste paper*) Papierwolf, Reißwolf *m*.

shrew [ʃru:] *n* Spitzmaus *f*; (*fig*) Xanthippe *f*.

shrewd [ʃru:d] *adj* (+*er*) *person* gewitzt, klug, clever (*inf*); *businessman also, plan, move* clever (*inf*), raffiniert, geschickt; *investment, argument* taktisch geschickt, klug; *assessment, observer* scharf, genau; *smile* verschmitzt, wissend; *eyes* schlau; *mind* scharf; *glance* durchdringend, prüfend. **I can make a ~ guess** ich kann ja mal raten; **that was a ~ guess** das war gut geraten; **I have a ~ idea that ...** ich habe so das bestimmte Gefühl, daß ...; **I have a ~ idea of what he'll say** ich kann mir gut denken, was er sagen wird; **to have a ~ understanding of sth** in bezug auf etw (*acc*) Durchblick haben.

shrewdly ['ʃru:dlɪ] *adv* geschickt, clever (*inf*). **he ~ guessed that/what ...** er hat gut geraten, daß/was ...; **~, he decided ...** gewitzt *or* clever (*inf*) wie er ist, hat er beschlossen.

shrewdness ['ʃru:dnɪs] *n see adj* Gewitztheit *f*; Klugheit *f*; Cleverneß (*inf*), Raffiniertheit, Geschicktheit *f*; Schärfe *f*, Genauigkeit *f*; Verschmitztheit *f*; Schläue *f*; durchdringende Art; (*of guess*) Treffsicherheit *f*.

shrewish ['ʃru:ɪʃ] *adj* zänkisch, boshaft, giftig.

shrewishly ['ʃru:ɪʃlɪ] *adv* giftig.

shrewishness ['ʃru:ɪʃnɪs] *n* Boshaftigkeit, Giftigkeit *f*.

shriek [ʃri:k] **I** *n* (schriller) Schrei; (*of whistle*) schriller Ton; (*of brakes, hinges*) Quietschen *nt no pl*. **a ~ of pain/horror** ein Schmerzens-/Schreckensschrei *m*; **~s of laughter** kreischendes Lachen; **to give a ~** einen schrillen Schrei ausstoßen.

II *vt* kreischen, schreien. **to ~ abuse at sb** jdn ankeifen.

III *vi* aufschreien. **to ~ at sb** jdn ankreischen; **to ~ with pain** vor Schmerz aufschreien; **to ~ with laughter** vor Lachen quietschen; **to ~ out** aufschreien, einen Schrei ausstoßen.

shrift [ʃrɪft] *n* **to give sb/sth short ~** jdn/ etw kurz abfertigen.

shrike [ʃraɪk] *n* Würger *m*.

shrill [ʃrɪl] **I** *adj* (+*er*) schrill; *criticism, speech* scharf. **II** *vi* schrillen. **III** *vt* kreischen, schrill schreien.

shrillness ['ʃrɪlnɪs] *n* Schrillheit *f*.

shrilly ['ʃrɪlɪ] *adv* schrill.

shrimp [ʃrɪmp] **I** *n* Garnele, Krevette *f*. **that ~ of a child** der kleine Steppke (*inf*). **II** *vi* **to go ~ing** auf Krevetten- *or* Garnelenfang gehen; **~ing net** Reuse *f* (*für den Garnelenfang*).

shrine [ʃraɪn] *n* Schrein *m*; (*sacred place also*) Heiligtum *nt*; (*tomb*) Grabstätte *f*; (*chapel*) Grabkapelle *f*; (*altar*) Grabaltar *m*. **to worship at sb's ~** (*fig inf*) jdm zu Füßen liegen.

shrink [ʃrɪŋk] (*vb: pret* **shrank,** *ptp* **shrunk**) **I** *vt* eingehen *or* einlaufen lassen. **the fabric is shrunk before it is used** der Stoff wird vor Gebrauch gewaschen, damit er danach nicht mehr einläuft; **to ~ a part on** (*Tech*) ein Teil aufschrumpfen.

II *vi* **1.** (*get smaller*) kleiner werden, schrumpfen; (*clothes*) eingehen, einlaufen; (*metal*) sich zusammenziehen, schrumpfen; (*wood*) schwinden; (*fig*) (*popularity*) abnehmen, schwinden; (*trade*) zurückgehen. **to ~ away to nothing** auf ein Nichts zusammenschrumpfen; **a ~ing violet** (*fig*) ein schüchternes Pflänzchen; **~-proof/-resistant** nicht einlaufend.

2. (*fig: recoil*) zurückschrecken. **to ~ from doing/saying sth** davor zurückschrecken, etw zu tun/sich davor scheuen, etw zu sagen; **to ~ from the truth** vor der Wahrheit die Augen verschließen; **to ~ back** zurückweichen; **to ~ away from sb** vor jdm zurückweichen.

III *n* (*sl*) Klapsdoktor *m* (*inf*), Psychiater *m*.

shrinkage ['ʃrɪŋkɪdʒ] *n* (*of material, clothes*) Einlaufen, Eingehen *nt*; (*of wood*) Schwund *m*; (*of metal*) Schrumpfung *f*; (*fig: of tourism, economic growth etc*) Schrumpfung *f*, Rückgang *m*; (*Comm*) Schwund *m*, Einbußen *pl*. **there will be ~ with this material** dieser Stoff geht *or* läuft noch ein.

shrink-wrap ['ʃrɪŋkræp] **I** *vt* einschweißen **II** *n* Einschweißfolie *f*.

shrink-wrapping ['ʃrɪŋkræpɪŋ] *n* (*process*) Einschweißen *nt*; (*material*) Klarsichtfolie *f*.

shrive [ʃraɪv] *pret* **shrove,** *ptp* **shriven** *vt* (*old*) die Beichte abnehmen (+*dat*).

shrivel ['ʃrɪvl] **I** *vt plants* (*frost, dryness*) welk werden lassen; (*heat*) austrocknen; *skin, fruit* runzlig werden lassen; *nylon* zusammenschrumpfen lassen.

II *vi* kleiner werden, schrumpfen; (*balloon, nylon*) zusammenschrumpfen; (*plants*) welk werden; (*through heat*) austrocknen; (*fruit, skin*) runzlig werden. **a ~(l)ed old lady** eine kleine, vertrocknete alte Dame.

◆**shrivel away** *vi* zusammenschrumpfen; (*leaves*) verwelken, vertrocknen; (*nylon*) zusammenschmelzen; (*worries, problems*) sich in Luft auflösen.

◆**shrivel up I** *vt sep see* **shrivel I.**

II *vi* **1.** *see* **shrivel II.**

2. (*fig: become timid*) **I just want to ~ ~ when he looks at me like that** wenn er mich so ansieht, möchte ich am liebsten in den Boden versinken.

shriven ['ʃrɪvn] *ptp of* **shrive.**

shroud [ʃraʊd] **I** *n* **1.** Leichentuch, Totenhemd *nt*. **2.** (*fig*) Schleier *m*. **3. ~s** *pl* (*Naut*) Wanten *pl*.

II *vt* **1.** (*lit*) in ein Leichentuch hüllen.

2. (*fig*) hüllen. **the whole thing is ~ed in mystery** die ganze Angelegenheit ist von einem Geheimnis umgeben.

shrove [ʃrəʊv] *pret of* **shrive.**

Shrovetide ['ʃrəʊvtaɪd] *n* Fastnacht *f* (*die drei Tage vor Aschermittwoch*).

Shrove Tuesday *n* Fastnachtsdienstag *m*.

shrub [ʃrʌb] *n* Busch, Strauch *m*.

shrubbery ['ʃrʌbərɪ] *n* (*shrub bed*) Strauchrabatte *f*; (*shrubs*) Büsche, Sträucher *pl*, Buschwerk *nt*. **the ball got lost in the ~** der Ball ging im Gebüsch verloren.

shrug [ʃrʌg] **I** *n* Achselzucken *nt no pl*. **to give a ~** die *or* mit den Schultern *or* Achseln zucken; **a ~ of despair** ein verzweifeltes Achselzucken. **II** *vt shoulders* zucken (mit). **she ~ged herself out of the coat** sie schüttelte den Mantel ab.

◆**shrug off** *vt sep* mit einem Achselzucken abtun; *coat* abschütteln.

shrunk [ʃrʌŋk] *ptp of* **shrink.**

shrunken ['ʃrʌŋkən] *adj* (ein)geschrumpft; *old person* geschrumpft; *profits, savings* zusammengeschrumpft. **~ head** Schrumpfkopf *m*.

shtoom [ʃtʊm] *adj* (*sl: quiet*) **to keep ~ about sth** über etw (*acc*) die Klappe halten (*inf*).

shuck [ʃʌk] (*US*) **I** *n* Schale *f*; (*of corn, peas*) Hülse *f*. **II** *vt* **1.** schälen; *peas* enthülsen. **2.** (*inf*) **he ~ed his jacket** er warf seine Jacke ab.

shucks [ʃʌks] *interj* (*US*) verflixt, Mist (*inf*); (*rubbish*) Unsinn, Quatsch (*inf*).

shudder ['ʃʌdə[r]] **I** *n* Schauer, Schauder *m*. **to give a ~** (*person*) sich schütteln, erschaudern (*geh*); (*ground*) beben; **she gave a ~ of revulsion** sie schüttelte sich vor Ekel; **a ~ ran through her/her body** ein Schauer überlief sie; **she realized with a ~ that ...** schaudernd erkannte sie, daß ...; **a ~ of fear/cold** ein Angst-/ Kälteschauer; **with a ~ of anticipation/ pleasure** zitternd *or* bebend vor Erwartung/Freude; **a ~ went through the building as the heavy lorry passed by** das Gebäude bebte, als der schwere Lastwagen vorbeifuhr; **with a ~ the old car moved into second gear** der alte Wagen vibrierte, als der zweite Gang eingelegt wurde; **that gives me the ~s** (*inf*) da läuft's mir kalt den Buckel runter (*inf*); **he gives me the ~s** (*inf*) er ist mir unheimlich.

II *vi* (*person*) schaudern, schauern; (*house, ground*) beben, zittern; (*car, train*) rütteln, geschüttelt werden. **her whole body was ~ing** sie zitterte am ganzen Körper; **the train ~ed to a halt** der Zug kam rüttelnd zum Stehen; **I ~ to think** mir graut, wenn ich nur daran denke.

shudderingly ['ʃʌdərɪŋlɪ] *adv* (*with fear*) schaudernd; (*with cold*) zitternd.

shuffle ['ʃʌfl] **I** *n* **1.** Schlurfen *nt no pl.* **to walk with a ~** schlurfen.

2. (*dance*) Shuffle *m.*

3. (*Cards*) **to give the cards a ~** die Karten mischen.

4. (*change round*) Umstellung *f*; (*of jobs*) Umbesetzung *f.* **the latest ~ in the cabinet** die letzte Kabinettsumbildung.

II *vt* **1. he ~d his feet as he walked** er schlurfte beim Gehen; **he sat there shuffling his feet** er saß da und scharrte mit den Füßen.

2. *cards* mischen. **he ~d the papers on his desk** er schob die Papiere auf seinem Schreibtisch hin und her.

3. (*fig: change round*) *cabinet* umbilden; *jobs* umbesetzen. **top men are ~d around quite often** die Männer an der Spitze werden oft von einem Ressort ins andere versetzt.

III *vi* **1.** (*walk*) schlurfen. **the dancers ~d round on the floor** die Tänzer schoben sich über die Tanzfläche; **he just ~s through life** er läßt sich einfach treiben.

2. (*Cards*) mischen.

◆**shuffle off** *vt sep skin, dress* abstreifen; *worries, fear* ablegen; *responsibility* abwälzen, abschieben (*onto* auf +*acc*).

shuffling ['ʃʌflɪŋ] *adj walk, steps* schlurfend.

shun [ʃʌn] *vt* meiden; *publicity, light* scheuen. **to feel ~ned by the world** sich ausgestoßen fühlen.

shunt [ʃʌnt] **I** *n* Stoß *m*; (*sl: car crash*) Bums *m* (*inf*). **they gave the waggon a ~ into the siding** sie schoben *or* rangierten den Waggon auf das Abstellgleis; **to give sth a ~** etw anstoßen, einer Sache (*dat*) einen Stoß geben.

II *vt* **1.** (*Rail*) rangieren, verschieben. **they ~ed the train off the main line** sie schoben den Zug auf ein Nebengleis.

2. (*inf*) *person* schieben; (*out of the way*) abschieben. **to ~ sb to and fro** jdn herumschubsen (*inf*).

3. (*sl: crash*) *car* einen Unfall bauen mit (*sl*).

III *vi* (*Rail*) (*train*) rangiert *or* verschoben werden; (*person*) rangieren. **a line of trucks ~ed past** eine Reihe Güterwagen schob sich vorbei.

shunter ['ʃʌntə^r^] *n* (*Rail*) Rangierer *m.*

shunting ['ʃʌntɪŋ] *n* (*Rail*) Rangieren *nt.* **~ engine** Rangierlokomotive *f*; **~ yard** Rangier- *or* Verschiebebahnhof *m.*

shush [ʃʊʃ] **I** *interj* pst, sch. **II** *vt* beruhigen, zum Schweigen bringen. **III** *vi* still sein. **oh ~, will you!** sei doch still!, pst!

shut [ʃʌt] (*vb: pret, ptp* ~) **I** *vt* **1.** zumachen; *box, door, book, shop, office also, sportsground* schließen; *penknife, book, wallet also* zuklappen. **they ~ the office at 6.00** das Büro wird um 18^{00} geschlossen; **the strike ~ the factory for a week** der Streik legte die Fabrik für eine Woche still; **~ your eyes** mach die Augen zu; **to ~ one's ears to sth** vor etw (*dat*) die Ohren verschließen; **to ~ one's mind to sth** sich einer Sache (*dat*) verschließen; **~ your mouth** (*sl*) *or* **face** (*sl*), **~ it** (*sl*) halt's Maul! (*sl*).

2. to ~ sb/sth in(to) sth jdn/etw in etw (*dat*) einschließen; **she was ~ in the cellar as a punishment** sie wurde zur Strafe im Keller eingesperrt; **to ~ one's fingers in the door** sich (*dat*) die Finger in der Tür einklemmen.

II *vi* (*door, window, box*) schließen, zugehen; (*shop, factory*) schließen, geschlossen werden, zumachen (*inf*); (*sportsground*) geschlossen werden. **the suitcase just won't ~** der Koffer will einfach nicht zugehen; **it ~s very easily** es läßt sich ganz leicht schließen *or* zumachen; **it ~s with a zip** es hat einen Reißverschluß; **when do the shops ~?** wann schließen die Geschäfte?, wann machen die Geschäfte zu? (*inf*).

III *adj* geschlossen, zu *pred* (*inf*). **sorry sir, we're ~** wir haben leider geschlossen; **the door swung ~** die Tür schlug zu; **to find the door ~** vor verschlossener Tür stehen; **~ in his dungeon** in seinem Kerker eingeschlossen; **~ in his own little world** abgekapselt in seiner eigenen kleinen Welt; **his mind is ~ to anything new** er verschließt sich allem Neuen.

◆**shut away** *vt sep* (*put away*) wegschließen; (*in sth*) einschließen (*in* in +*dat*); (*keep locked away*) *books, papers* aufbewahren; (*safely*) verwahren; *persons* verborgen halten. **to keep sb ~ ~ from sth** jdn von etw fernhalten; **he was ~ ~ in a mental hospital** er wurde in eine Nervenklinik gesteckt.

◆**shut down I** *vt sep shop, factory* zumachen (*inf*), schließen. **the power station was ~ ~** das Atomkraftwerk wurde geschlossen.

II *vi* (*shop, factory*) zumachen (*inf*), schließen. **the television service ~s ~ at midnight** um Mitternacht ist Sendeschluß im Fernsehen.

◆**shut in** *vt sep* einschließen (*also fig*), einsperren (*inf*) (*prep obj, -to* in +*dat*).

◆**shut off I** *vt sep* **1.** *gas, water, electricity* abstellen; *light, engine* ab- *or* ausschalten; *street* (ab)sperren.

2. (*isolate*) (ab)trennen. **I feel ~ ~ from my friends/civilization** ich komme mir von meinen Freunden/der Zivilisation abgeschnitten vor; **they tried to ~ their daughter ~ from the evil things in life** sie versuchten, ihre Tochter von allem Bösen fernzuhalten.

II *vi* abschalten.

◆**shut out** *vt sep* **1.** *person, oneself* aussperren (*of* aus); *view* versperren; *light* nicht hereinlassen (*of* in +*acc*) **she closed the door to ~ ~ the noise/draught** sie schloß die Tür, damit kein Lärm hereinkam/damit es nicht zog.

2. (*fig*) *foreign competition* ausschalten; *memory* loswerden, unterdrücken; (*censor*) *foreign news* unterdrücken. **I can't ~ her ~ of my life** ich kann sie nicht vergessen.

3. (*US Sport*) *opponent* nicht zum Zuge kommen lassen. **they ~ the opponents ~ with two hits** sie schalteten ihre Gegner mit zwei Treffern aus; **they ~ them ~ 1-0** sie warfen sie mit 1:0 aus dem Rennen.

◆**shut to** *vt sep* ganz *or* richtig zumachen; (*not quite closed*) anlehnen. **the door wasn't ~ ~** die Tür war nicht ganz zu.

◆**shut up I** *vt sep* **1.** *house* verschließen. **to ~ ~ shop** (*lit*) das Geschäft schließen; (*fig*) Feierabend machen (*inf*).

2. (*imprison*) einsperren. **you can't spend your whole life ~ ~ in libraries** Sie können sich doch nicht Ihr ganzes Leben in Bibliotheken vergraben.

3. (*inf: silence*) zum Schweigen bringen. **that'll soon ~ him ~** das wird ihm schon den Mund stopfen (*inf*); **every time I try to say something she always tries to ~ me ~** jedes Mal, wenn ich etwas sagen will, fährt sie mir über den Mund.

II *vi* (*inf*) den Mund (*inf*) *or* die Klappe (*sl*) halten. **~ ~!** halt die Klappe! (*inf*).

shutdown *n* Stillegung *f*; (*TV, Rad*) Sendeschluß *m*; **shuteye** *n* (*inf*) Schlaf *m*; **shut-in I** *adj* **1.** (*US*) ans Haus/ans Bett gefesselt; **2. a ~ feeling** ein Gefühl des Eingeschlossenseins; **II** *n* (*US*) **he is a ~** er ist ans Haus/ans Bett gefesselt; **shut-off I** *n* (*of gas, water*) Abstellen *nt*; **we regret the temporary water ~ yesterday** wir bedauern, daß wir gestern vorübergehend das Wasser abstellen mußten; **II** *adj* **1. a ~ feeling** ein Gefühl des Abgeschlossenseins *or* Abgeschnittenseins; **2. ~ switch** (*of electricity, engine*) Hauptschalter *m*.

shutter ['ʃʌtəʳ] **I** *n* (Fenster)laden *m*; (*Phot*) Verschluß *m*. **to put up the ~s** (*lit*) die (Fenster)läden zumachen; (*fig*) den Laden dichtmachen (*inf*); **~ release** (*Phot*) Auslöser *m*. **II** *vt* **the ~ed windows of the old mansion** die geschlossenen (Fenster)läden der alten Villa; **~ the windows** mach die (Fenster)läden zu.

shuttle ['ʃʌtl] **I** *n* **1.** (*of loom, sewing machine*) Schiffchen *nt*.

2. (*~ service*) Pendelverkehr *m*; (*plane, train etc*) Pendelflugzeug *nt*/-zug *m*; (*space ~*) Raumtransporter *m*.

II *vt passengers, goods* hin- und hertransportieren. **to ~ sb about** jdn herumschieben; **the form was ~d about between different departments** das Formular wurde in den verschiedenen Abteilungen herumgereicht.

III *vi* (*people*) pendeln; (*goods*) hin- und hertransportiert werden; (*forms*) herumgereicht werden.

shuttlecock *n* Federball *m*; **shuttle diplomacy** *n* Pendeldiplomatie *f*; **shuttle service** *n* Pendelverkehr *m*.

shy[1] [ʃaɪ] **I** *adj* (+*er*) **1.** schüchtern; *smile also, animal* scheu. **don't be ~** nur keine Hemmungen! (*inf*); **to be ~ of/with sb** Hemmungen vor/gegenüber jdm haben; **to be ~ of doing sth** Hemmungen haben, etw zu tun; **to feel ~** schüchtern sein; **to make sb ~** jdn verschüchtern; *see* **fight.**

2. (*esp US inf: short*) **we're $ 3 ~** wir haben 3 Dollar zuwenig.

II *vi* (*horse*) scheuen (*at* vor +*dat*).

◆**shy away** *vi* (*horse*) zurückscheuen; (*person*) zurückweichen. **to ~ ~ from sb/sth** vor jdm zurückweichen/vor etw (*dat*) zurückschrecken; **he shies ~ from accepting responsibilities** er scheut sich, Verantwortung zu übernehmen.

shy[2] **I** *n* (*throw*) Wurf *m*. **to have *or* take a ~ at sth** nach etw werfen; **to have a ~ at sth** (*fig*) sich an etw (*dat*) versuchen; **to have a ~ at doing sth** etw zu tun versuchen. **II** *vt* werfen.

Shylock ['ʃaɪlɒk] *n* (*fig*) (*mean person*) Geizhals *m*; (*dated: moneylender*) Wucherer *m*.

shyly ['ʃaɪlɪ] *adv see adj.*

shyness ['ʃaɪnɪs] *n* Schüchternheit *f*; (*esp of animals*) Scheu *f*. **his ~ of meeting people/of strangers** seine Scheu, andere Leute kennenzulernen/vor Fremden.

shyster ['ʃaɪstəʳ] *n* (*US sl*) Gauner *m*; (*lawyer*) Rechtsverdreher *m* (*inf*).

Siam [saɪ'æm] *n* Siam *nt*.

Siamese [ˌsaɪə'miːz] **I** *adj* siamesisch. **~ cat** Siamkatze *f*, siamesische Katze; **~ twins** siamesische Zwillinge *pl*. **II** *n* **1.** Siamese *m*, Siamesin *f*. **2.** (*language*) Siamesisch *nt*. **3.** (*cat*) Siamkatze *f*, siamesische Katze.

Siberia [saɪ'bɪərɪə] *n* Sibirien *nt*.

Siberian [saɪ'bɪərɪən] **I** *adj* sibirisch. **II** *n* Sibirier(in *f*) *m*.

sibilant ['sɪbɪlənt] **I** *adj* zischend; *hiss* scharf; (*Phon*) Zisch-, gezischt. **II** *n* (*Phon*) Zischlaut *m*.

sibling ['sɪblɪŋ] *n* Geschwister *nt* (*form*).

sibyl ['sɪbɪl] *n* (*lit*) Sibylle *f*; (*fig*) Prophetin *f*, Weissagerin *f*.

sibylline ['sɪbɪlaɪn] *adj* (*lit*) sibyllinisch; (*fig*) prophetisch.

sic [sɪk] *adv* sic.

Sicilian [sɪ'sɪlɪən] **I** *adj* sizilianisch. **II** *n* **1.** Sizilianer(in *f*) *m*. **2.** (*dialect*) Sizilianisch *nt*.

Sicily ['sɪsɪlɪ] *n* Sizilien *nt*.

sick [sɪk] **I** *n* (*vomit*) Erbrochene(s) *nt*.

II *adj* (+*er*) **1.** (*ill*) krank (*also fig*). **the ~** die Kranken *pl*; **to be (off) ~** (wegen Krankheit) fehlen; **to fall *or* take *or* be taken ~** krank werden.

2. (*vomiting or about to vomit*) **to be ~** brechen, sich übergeben, kotzen (*sl*); (*esp cat, baby, patient*) spucken; **he was ~ all over the carpet** er hat den ganzen Teppich vollgespuckt *or* vollgekotzt (*sl*); **I think I'm going to be ~** ich glaube, ich muß brechen *or* mich übergeben (*form*) *or* kotzen (*sl*); **I felt ~** mir war schlecht *or* übel; **that smell/that food makes me ~** bei dem Geruch/von dem Essen wird mir übel *or* schlecht; **to make sb ~** (*fig inf*) jdn (ganz) krank machen (*inf*); **it makes you ~ the way he's always right** es ist zum Weinen *or* zum Kotzen (*sl*), daß er immer recht hat; **to be ~ at sth** (*fig*) (*disgusted*) von etw angewidert sein; (*upset*) wegen etw geknickt sein; **~ with envy** grün vor Neid.

3. (*inf: fed up*) **to be ~ of doing sth** es

satt haben, etw zu tun; **I'm ~ and tired of it** ich habe davon die Nase (gestrichen) voll (*inf*), ich habe es gründlich satt.

4. (*inf*) geschmacklos; *joke also* übel, makaber; *person* abartig, pervers. **~ humour** schwarzer Humor; **he has a ~ mind** er ist abartig.

◆**sick up** *vt sep* erbrechen.

sick bag *n* Spucktüte *f*; **sickbay** *n* Krankenrevier *nt*; **sick-bed** *n* Krankenlager *nt*.

sicken ['sɪkn] **I** *vt* (*turn sb's stomach*) anekeln, anwidern; (*upset greatly*) erschüttern, krank machen (*inf*); (*disgust*) anwidern. **what they saw in the camp ~ed them** sie waren entsetzt über das, was sie im Lager sahen; **it ~s me the way he treats her** es macht mich krank, wie er sie behandelt (*inf*); **doesn't it ~ you?** das ist doch unerträglich *or* zum Kotzen (*sl*).

II *vi* **1.** (*feel ill*) **to ~ at sth** sich vor etw (*dat*) ekeln.

2. (*become ill*) krank werden. **he's definitely ~ing for something** er wird bestimmt krank; **you must be ~ing for something** (*lit, iro*) ist mit dir was nicht in Ordnung?; **he's ~ing for measles** bei ihm sind die Masern im Anzug.

3. to ~ of sth einer Sache (*gen*) müde (*geh*) werden *or* sein, etw satt haben; **to ~ of doing sth** es müde werden, etw zu tun.

sickening ['sɪknɪŋ] *adj* (*lit*) ekelerregend; *smell, sight also* widerlich; (*upsetting*) erschütternd; (*disgusting, annoying*) ekelhaft, zum Kotzen (*sl*); *treatment* abscheulich; *delays, price increase* unerträglich.

sickeningly ['sɪknɪŋlɪ] *adv* (*lit*) ekelerregend; (*fig*) unerträglich. **his English is ~ good** es ist schon unerträglich, wie gut sein Englisch ist; **we had all that ~ good weather during the exams** es war richtig gemein, daß wir ausgerechnet während des Examens so schönes Wetter hatten.

sick headache *n* ≃ Migräne(anfall *m*) *f*.

sickle ['sɪkl] *n* Sichel *f*. **~-cell anaemia** Sichelzellenanämie *f*.

sick leave ['sɪkli:v] *n* **to be on ~** krank geschrieben sein; **employees are allowed six weeks' ~ per year** Angestellte dürfen insgesamt sechs Wochen pro Jahr wegen Krankheit fehlen; **he has three months' ~ because of his accident** aufgrund seines Unfalls hat er drei Monate Genesungsurlaub; **he only gets two weeks' paid ~** im Krankheitsfall wird sein Gehalt nur zwei Wochen weitergezahlt.

sickliness ['sɪklɪnɪs] *n see adj* Kränklichkeit *f*; Blässe *f*; Widerlichkeit, Ekelhaftigkeit *f*; Mattheit *f*; Schwachheit *f*.

sick list ['sɪklɪst] *n* (*because of illness*) Krankenliste *f*; (*because of injury*) Verletztenliste *f*. **to be on/off the ~** (*Mil, Sport*) auf der/nicht mehr auf der Kranken-/Verletztenliste stehen; (*inf*) (wegen Krankheit) fehlen/wieder im Einsatz sein (*inf*).

sickly ['sɪklɪ] *adj* (*+er*) *person, appearance* kränklich; *complexion, light* blaß; *smell, taste, food, sentimentality, colour* widerlich, ekelhaft; *smile* matt; *grin* schwach; *climate* ungesund. **~ sweet smell** unangenehm süßer Geruch; **~ sweet smile** übersüßes *or* zuckersüßes Lächeln.

sick-making ['sɪkmeɪkɪŋ] *adj* (*inf*) gräßlich (*inf*).

sickness ['sɪknɪs] *n* (*Med*) Krankheit *f* (*also fig*); (*nausea*) Übelkeit *f*; (*vomiting*) Erbrechen *nt*; (*of joke, book, film*) Geschmacklosigkeit *f*. **the ~ of his mind** seine Abartigkeit; **~ benefit** Krankengeld *nt*.

sick pay *n* Bezahlung *f* im Krankheitsfall; **sickroom** *n* Krankenzimmer *nt*.

side [saɪd] **I** *n* **1.** (*wall, vertical surface*) (*of car, box, hole, ditch*) Seite *f*; (*of cave, artillery trench, mining shaft, boat, caravan*) Wand *f*; (*of cliff, mountain*) Hang *m*.

2. (*flat surface, line*) (*of triangle, cube, coin, paper, material, record*) Seite *f*. **this ~ up!** (*on parcel*) oben!; **right/wrong ~** (*of cloth*) rechte/linke Seite; **this sock is right/wrong ~ out** dieser Strumpf ist rechts/links (herum).

3. (*edge*) Rand *m*. **at the ~ of the road** am Straßenrand; **at** *or* **on the ~ of his plate** auf dem Tellerrand.

4. (*not back or front, area to one ~*) Seite *f*. **by/at the ~ of sth** seitlich von etw; **the destroyer rammed the ~ of the boat** der Zerstörer rammte das Boot seitlich; **to drive on the left ~ of the road** auf der linken Straßenseite fahren; **the path goes down the ~ of the house** der Weg führt seitlich am Haus entlang; **it's this/the other ~ of London** (*out of town*) es ist auf dieser/auf der anderen Seite Londons; (*in town*) es ist in diesem Teil/am anderen Ende von London; **the south/respectable ~ of Glasgow** der Süden/der vornehme Teil Glasgows; **the debit/credit ~ of an account** die Soll-/Habenseite eines Kontos; **the enemy attacked them on** *or* **from all ~s** der Feind griff sie von allen Seiten an; **he stood** *or* **moved to one ~** er trat zur Seite; **the car moved to one ~ of the road and stopped** der Wagen fuhr seitlich heran und hielt; **he stood to one ~ and did nothing** (*lit*) er stand daneben und tat nichts; (*fig*) er hielt sich raus; **to put sth on one ~** etw beiseite *or* auf die Seite legen, (*shopkeeper*) etw zurücklegen; **I'll put that question on one ~** ich werde diese Frage vorerst zurückstellen; **to take sb to** *or* **on one ~** jdn beiseite nehmen; **just this ~ of the boundary** (*lit*) (noch) diesseits der Grenze; (*fig*) gerade an der Grenze; **just this ~ of respectability** gerade noch annehmbar; **just this ~ of the line between sanity and madness** gerade an der Grenze zum Wahnsinn; **on the other ~ of death/the boundary** nach dem Tod/jenseits der Grenze; **with one's head on one ~** mit zur Seite geneigtem Kopf.

5. to be on the safe ~ sichergehen; **we'll take an extra £50 just to be on the safe ~** wir werden vorsichtshalber *or* für alle Fälle 50 Pfund mehr mitnehmen; **to get/stay on the right ~ of sb** jdn für sich einnehmen/es (sich *dat*) mit jdm nicht verderben; **to get on the wrong ~ of sb** es (sich *dat*) mit jdm verderben; **to be on the right/wrong ~ of 40** noch nicht/über 40 sein; **on the right ~ of the law** auf dem Boden des Gesetzes; **to make a bit (of money) on the ~** (*inf*) sich (*dat*) etwas nebenher *or* nebenbei verdienen (*inf*); **to have a bit on the ~** (*inf*) einen Seitensprung machen; (*for longer*) noch nebenher etwas laufen haben (*inf*); **I'm not going to be your bit on the ~** (*inf*) ich will nicht deine Nebenfrau/dein Nebenmann sein (*inf*).

6. (*of person, Anat*) Seite *f*. **~ of bacon** Speckseite *f*; **by sb's ~** neben jdm; **~ by ~** nebeneinander, Seite an Seite; **to stand/sit ~ by ~ with sb** direkt neben jdm stehen/sitzen.

7. (*branch*) (*of family*) Seite *f*; (*of business, school*) Zweig *m*. **the Catholic/intellectual ~ of the family** der katholische Teil/die Intelligenz der Familie; **on one's father's/mother's ~** väterlicherseits/mütterlicherseits.

8. (*aspect*) Seite *f*. **there are always two ~s to every story** alles hat seine zwei Seiten; **let's hear your ~ of the story** erzählen Sie mal Ihre Version (der Geschichte); **to hear both ~s of the question** bei einer Frage beide Seiten (an)hören; **the bright/seamy ~ of life** die Sonnen-/Schattenseite des Lebens; **to look on the bright ~** (*be optimistic*) zuversichtlich sein; (*look on the positive ~*) etw von der positiven Seite betrachten; **you don't know his cruel ~** Sie kennen ihn nicht von seiner grausamen Seite.

9. (a bit) on the large/high/formal ~ etwas groß/hoch/förmlich; (*for somebody*) etwas zu groß/hoch/förmlich; **he errs on the ~ of over-generosity** er ist eher etwas zu großzügig.

10. (*opposing team*) (*Sport, in quiz*) Mannschaft *f*; (*fig*) Seite *f*. **there are two ~s in the dispute** in dem Streit stehen sich zwei Parteien gegenüber; **with a few concessions on the government ~** mit einigen Zugeständnissen von seiten der Regierung; **to change ~s** sich auf die andere Seite schlagen; (*Sport*) die Seiten wechseln; **to take ~s** parteiisch sein; **to take ~s with sb** für jdn Partei ergreifen; **he's on our ~** er steht auf unserer Seite; **whose ~ are you on?** (*supporting team*) für wen sind Sie?; (*playing for team*) bei wem spielen Sie mit?; (*in argument*) zu wem halten Sie eigentlich?

II *adj attr* (*on one ~*) *window, door, entrance, road, street* Seiten-; (*not main*) *entrance, room, door, road, street, job* Neben-; (*to one ~*) *punch* seitlich, Seiten-.

III *vi* **to ~ with/against sb** jds Partei (*acc*)/Partei gegen jdn ergreifen.

side arm *n* an der Seite getragene Waffe; (*sword*) Seitenwaffe *f*; **sideboard** *n* Anrichte *f*, Sideboard *nt*; **sideboards, sideburns** *npl* Koteletten *pl*; (*longer*) Backenbart *m*; **sidecar** *n* Beiwagen *m*; (*esp Sport*) Seitenwagen *m*.

-sided [-saɪdɪd] *adj suf* -seitig.

side dish *n* Beilage *f*; **side drum** *n* kleine Trommel; **side effect** *n* Nebenwirkung *f*; **side elevation** *n* Seitenansicht *f*, Seitenriß *m*; **side issue** *n* Randproblem *nt*; **that's just a ~** das ist Nebensache; **sidekick** *n* (*esp US inf*) Kumpan (*inf*), Kumpel (*inf*) *m*; (*assistant*) Handlanger *m* (*pej*); **the rancher and his ~s** der Farmer und seine Leute; **sidelight** *n* (*Aut*) Parklicht *nt*, Parkleuchte *f*; (*incorporated in headlight*) Standlicht *nt*; **that was an interesting ~ on his character** das warf ein neues Licht auf seinen Charakter; **sideline** *n* (*extra business*) Nebenerwerb *m*; **it's just a ~** das läuft so nebenher (*inf*); **to do sth as a ~** etw nebenher *or* nebenbei tun; **sidelines** *npl* Seitenlinien *pl*; **the trainer sat at the ~** der Trainer saß am Spielfeldrand; **to keep to the ~** (*fig*) im Hintergrund bleiben; **to be** *or* **stand** *or* **sit on the ~** (*fig*) unbeteiligter Außenstehender *or* Zuschauer sein; **sidelong** *adj, adv glance* Seiten-; (*surreptitious*) verstohlen, versteckt; **to give sb a ~ glance, to glance ~ at sb** jdn kurz aus den Augenwinkeln anblicken.

side-saddle I *n* Damensattel *m*; **II** *adv* im Damensattel *or* Damensitz; **side salad** *n* Salat *m* (als Beilage); **sideshow** *n* Nebenvorstellung *f*; (*exhibition*) Sonderausstellung *f*; **sideslip** *n* (*Aviat*) Slippen *nt*, Seitenrutsch *m*.

sidesman ['saɪdzmən] *n, pl* **-men** [-mən] ≃ Kirchendiener *m*.

side-splitting *adj* urkomisch, zum Totlachen (*inf*); **side step** *n* Schritt *m* zur Seite; (*dancing*) Seitenschritt *m*; (*Sport*) Ausfallschritt *m*; (*fig: dodge*) Ausweichmanöver *nt*; **sidestep I** *vt tackle, punch* (seitwärts) ausweichen (+*dat*); *person* ausweichen (+*dat*); (*fig*) ausweichen (+*dat*), umgehen; **II** *vi* (seitwärts *or* zur Seite) ausweichen; (*fig*) ausweichen, ausweichende Antworten geben; **side street** *n* Seitenstraße *f*; **sidestroke** *n* Seitenschwimmen *nt*; **to do the ~** seitenschwimmen; **sideswipe** *n* Puff *m* (*inf*); (*fig*) Seitenhieb *m* (*at* gegen); **to take a ~ at sb** (*lit*) jdm einen Puff geben; (*verbally*) jdm einen Seitenhieb versetzen; **side table** *n* Beistelltisch *m*; **sidetrack I** *n* (*esp US*) *see* **siding**; **II** *vt* ablenken; **I got ~ed onto something else** ich wurde durch irgend etwas abgelenkt; (*from topic*) ich wurde irgendwie vom Thema abgebracht *or* auf ein anderes Thema gebracht; **side view** *n* Seitenansicht *f*; **to have a ~ of sth** etw von der Seite sehen; **sidewalk** *n* (*US*) Bürgersteig, Gehsteig *m*, Trottoir (*S Ger*) *nt*; **sidewall** *n* Seitenwand *f*; **sideward** *adj see* **sidewards I**; **sidewards, sideways I** *adj movement* zur Seite; *glance* von der Seite; **to give sb/sth a ~ glance** jdn/etw von der Seite ansehen; **II** *adv move* zur Seite, seitwärts; *look at sb* von der Seite; **it goes in ~** es geht seitwärts hinein; **~ on** seitlich (*to sth* zu etw); **side whiskers** *npl* Backenbart *m*; **side wind** *n* Seitenwind *m*; **sidewinder** *n* (*US: blow*) Haken *m*.

siding ['saɪdɪŋ] *n* Rangiergleis *nt*; (*dead end*) Abstellgleis *nt*.

sidle ['saɪdl] *vi* (sich) schleichen. **to ~ away** (sich) wegschleichen; **he must have ~d off** er muß sich verdrückt haben (*inf*); **to ~ up to sb** sich an jdn heranschleichen.

siege [siːdʒ] *n* (*of town*) Belagerung *f*; (*by police*) Umstellung *f*. **to lay ~ to a town/a house** eine Stadt/ein Haus belagern/umstellen.

sienna [sɪ'enə] **I** *n* (*earth*) Sienaerde *f*; (*colour*) Ockergelb *nt*. **raw ~** Ockergelb *nt*; **burnt ~** gebrannte Siena. **II** *adj* ockergelb. **raw ~** ockergelb; **burnt ~** siena(braun), rotbraun.

sierra [sɪ'erə] *n* Sierra *f*.

Sierra Leone [sɪ'erəlɪ'əʊn] *n* Sierra Leone *nt*.

siesta [sɪ'estə] *n* Siesta *f*. **to have** *or* **take a ~** Siesta halten *or* machen.

sieve [sɪv] **I** *n* Sieb *nt*. **to have a memory like a ~** (*inf*) ein Gedächtnis wie ein Sieb haben (*inf*). **II** *vt see* **sift I 1.**

sift [sɪft] **I** *vt* **1.** sieben; *coal* schütteln. **~ the sugar onto the cake** den Kuchen mit Zucker besieben. **2.** (*fig*) (*search*) sichten, durchgehen; (*separate*) trennen.

II *vi* (*fig*) sieben. **to ~ through the evidence** das Beweismaterial durchgehen; **a ~ing process** ein Siebeverfahren *nt*.

◆**sift out** *vt sep* **1.** *stones, seed, wheat* aussieben. **2.** (*fig*) herausfinden, herauskristallisieren; (*eliminate*) absondern; *applicants* aussieben.

sifter ['sɪftəʳ] *n* Mehl-/Zuckerstreuer *m*.

sigh [saɪ] **I** *n* (*of person*) Seufzer *m*; (*of wind*) (*murmur*) Säuseln *nt no pl*; (*moan*) Seufzen *nt no pl* (*liter*). **a ~ of relief** ein Seufzer der Erleichterung; *see* **breathe.**

II *vti* seufzen; (*wind*) (*murmur*) säuseln; (*moan*) seufzen (*liter*). **to ~ with relief** erleichtert aufatmen; **to ~ with contentment** zufrieden seufzen; **to ~ for sb/sth** sich nach jdm/etw sehnen.

sighing ['saɪɪŋ] *n see vti* Seufzen *nt*; Säuseln *nt*; Seufzen *nt* (*liter*).

sight [saɪt] **I** *n* **1.** (*faculty*) Sehvermögen *nt*. **the gift of ~** die Gabe des Sehens; **long/short ~** Weit-/Kurzsichtigkeit *f*; **to have long/short ~** weit-/kurzsichtig sein; **to lose/regain one's ~** sein Augenlicht verlieren/wiedergewinnen; **he has very good ~** er sieht sehr gut; **~ is the most valuable sense** das Auge ist das wertvollste Sinnesorgan.

2. (*glimpse, seeing*) **it was my first ~ of Paris** das war das erste, was ich von Paris gesehen habe; **to hate sb at first ~** *or* **on ~** jdn vom ersten Augenblick an nicht leiden können; **at first ~ it seemed easy** auf den ersten Blick erschien es einfach; **to shoot at** *or* **on ~** sofort schießen; **to translate at** *or* **on ~** vom Blatt übersetzen; **he played the music by** *or* **at ~** er hat vom Blatt gespielt; **love at first ~** Liebe auf den ersten Blick; **at the ~ of the police they ran away** als sie die Polizei sahen, rannten sie weg; **to know sb by ~** jdn vom Sehen kennen; **to catch ~ of sb/sth** jdn/etw entdecken *or* erblicken; **if I catch ~ of you round here again ...** wenn du mir hier noch einmal unter die Augen kommst, ...; **don't let me catch ~ of you with her again** ich möchte dich nicht noch einmal mit ihr erwischen; **to get** *or* **have a ~ of sb/sth** jdn/etw zu sehen *or* zu Gesicht bekommen; **to lose ~ of sb/sth** (*lit, fig*) jdn/etw aus den Augen verlieren; **don't lose ~ of the fact that ...** Sie dürfen nicht außer acht lassen, daß ...; *see* **second ~.**

3. (*sth seen*) Anblick *m*. **the ~ of blood/her makes me sick** wenn ich Blut/sie sehe, wird mir übel; **that is the most beautiful ~ I've ever seen** das ist das Schönste, was ich je gesehen habe; **I hate** *or* **can't bear the ~ of him/his greasy hair** ich kann ihn (einfach) nicht ausstehen/ich finde seine fettigen Haare widerlich; **to be a ~ to see** *or* **behold** ein herrlicher Anblick sein; (*funny*) ein Bild *or* Anblick für die Götter sein (*inf*); **what a horrible ~!** das sieht ja furchtbar aus!; **it was a ~ for sore eyes** es war eine wahre Augenweide; **you're a ~ for sore eyes** es ist schön, dich zu sehen.

4. (*inf*) **to be** *or* **look a ~** (*funny*) zum Schreien aussehen (*inf*); (*horrible*) fürchterlich aussehen; **he looks a ~** der sieht vielleicht aus (*inf*).

5. (*range of vision*) Sicht *f*. **to be in** *or* **within ~** in Sicht *or* in Sichtweite sein; **land in ~!** Land in Sicht!; **we are in ~ of victory** unser Sieg liegt in greifbarer Nähe; **we came in ~ of the coast** die Küste kam in Sicht; **to keep sb in ~** jdn im Auge behalten, **to keep out of ~** sich verborgen halten; **to keep sb/sth out of ~** jdn/etw nicht sehen lassen; **to be out of** *or* **lost to ~** nicht mehr zu sehen sein, außer Sicht sein; **the minute I was out of ~ of the school/the headmaster** sobald ich von der Schule aus nicht mehr zu sehen war/sobald mich der Rektor nicht mehr sehen konnte; **when he's out of our ~** wenn wir ihn nicht sehen; **somewhere out of ~ a cat was mewing** irgendwo miaute eine (unsichtbare) Katze; **don't let the children out of your ~** laß die Kinder nicht aus den Augen; **to drop out of (sb's) ~** langsam verschwinden, (jds Blick *dat*) entschwinden (*geh*); **out of ~, out of mind** (*Prov*) aus den Augen, aus dem Sinn (*Prov*).

6. (*Comm*) **payable at ~** zahlbar bei Sicht; **30 days' ~** 30 Tage nach Sicht; **~ unseen** unbesehen, ohne Besicht (*form*); **we need to have ~ of the document first** das Dokument muß uns (*dat*) zuerst vorliegen.

7. (*fig: opinion*) **in sb's ~** in jds Augen (*dat*); **in the ~ of God** vor Gott.

8. *usu pl* (*of city*) Sehenswürdigkeit *f*. **to see the ~s of a town** *etc* eine Stadt besichtigen.

9. (*on gun, telescope*) Visiereinrichtung *f*; (*on gun also*) Visier *nt*. **to set one's ~s too high** (*fig*) seine Ziele zu hoch stecken; **to lower one's ~s** (*fig*) seine Ansprüche herabsetzen *or* herunterschrauben; **to set one's ~s on sth** (*fig*) ein Auge auf etw (*acc*) werfen; **to have**

sb/sth in one's ~s (*fig*) jdn/etw im Fadenkreuz haben.

10. (*aim, observation*) **to take a ~ with a gun at sth** etw mit einem Gewehr anvisieren.

11. (*inf*) **not by a long ~** bei weitem nicht; **we're not finished yet, not by a long ~** wir sind noch lange nicht fertig; **a ~ better/cheaper** einiges besser/billiger; **he's a damn ~ cleverer than you think** er ist ein ganzes Ende gescheiter als du meinst (*inf*).

12. (*sl*) **out of ~** sagenhaft (*sl*), 'ne Wucht (*sl*).

II *vt* **1.** (*see*) sichten (*also Mil*); *person* ausmachen. **2.** *gun* (*provide with ~s*) mit Visier versehen; (*adjust ~s*) richten.

sight bill *n* Sichtwechsel *m*.

sighted ['saɪtɪd] *adj* sehend.

-sighted *adj suf* -sichtig.

sighting ['saɪtɪŋ] *n* Sichten *nt*. **at the first ~ of land** als zum ersten Mal Land gesichtet wurde; **another ~ of the monster was reported** das Ungeheuer soll erneut gesehen *or* gesichtet worden sein.

sightless ['saɪtlɪs] *adj* blind. **worms are completely ~** Würmer haben kein Sehvermögen (*form*), Würmer können überhaupt nicht sehen; **with ~ eyes** mit blicklosen (*geh*) *or* toten Augen.

sightlessness ['saɪtlɪsnɪs] *n* Blindheit *f*.

sightly ['saɪtlɪ] *adj* ansehnlich.

sight-read *vti* vom Blatt spielen/lesen/singen; **sightscreen** *n* (*Cricket*) Sichtblende *f* hinter dem Tor; **sightseeing I** *n* Besichtigungen *pl*; **I hate ~** ich hasse Sightseeing; **~ in Ruritania** eine Rundreise durch Ruritanien; (*list of sights*) Sehenswürdigkeiten *pl* von Ruritanien; **to go ~** auf Besichtigungstour gehen; **II** *adj* **~ tour** Rundreise *f*; (*in town*) (Stadt)rundfahrt *f*; **~ tourists** Touristen *pl* (*auf Besichtigungstour*); **sightseer** *n* Tourist(in *f*) *m*.

sign [saɪn] **I** *n* **1.** (*with hand*) Zeichen *nt*. **to give sb a ~** jdm ein Zeichen geben; **he gave** *or* **made me a ~ to stay** er gab mir durch ein Zeichen zu verstehen, ich solle bleiben; **he made a rude ~** er machte eine unverschämte Geste.

2. (*indication, Med*) Anzeichen *nt* (*of* für, *gen*); (*evidence*) Zeichen *nt* (*of* von, *gen*); (*trace*) Spur *f*. **a sure/good/bad ~** ein sicheres/gutes/schlechtes Zeichen; **it's a ~ of the times** es ist ein Zeichen unserer Zeit; **it's a ~ of the true expert** daran erkennt man den wahren Experten; **at the slightest/first ~ of disagreement** beim geringsten/ersten Anzeichen von Uneinigkeit; **there is no ~ of their agreeing** nichts deutet darauf hin, daß sie zustimmen werden; **to show ~s of sth** Anzeichen von etw erkennen lassen; **he shows ~s of doing it** es sieht so aus, als ob er es tun würde; **the rain showed no ~s of stopping** nichts deutete darauf hin, daß der Regen aufhören würde; **there was no ~ of life in the village** es gab keine Spur *or* kein Anzeichen von Leben im Dorf; **there was no ~ of him/the book anywhere** von ihm/von dem Buch war keine Spur zu sehen; **is there any ~ of him yet?** ist er schon zu sehen?

3. (*road~, inn ~, shop ~*) Schild *nt*.

4. (*written symbol*) Zeichen *nt*; (*Astron*) (Stern- *or* Tierkreis)zeichen *nt*.

II *vt* **1. to ~ one's name** unterschreiben; **to ~ one's name in a book** sich in ein Buch eintragen; **he ~s himself J.G. Jones** er unterschreibt mit J.G. Jones.

2. *letter, contract, cheque* unterschreiben, unterzeichnen (*form*); *picture, book* signieren. **to ~ the guest book** sich ins Gästebuch eintragen; **to ~ the register** sich eintragen; **~ed and sealed** (unterschrieben und) besiegelt; **~ed copy** handsigniertes Exemplar.

III *vi* **1.** (*signal*) **to ~ to sb to do sth** jdm Zeichen/ein Zeichen geben, etw zu tun. **2.** (*with signature*) unterschreiben.

◆**sign away** *vt sep* verzichten auf (+*acc*). **she felt she was ~ing ~ her life** sie hatte den Eindruck, ihr Leben abzuschreiben.

◆**sign for** *vi* +*prep obj* den Empfang (+*gen*) bestätigen.

◆**sign in I** *vt sep person* eintragen. **to ~ sb ~ at a club** jdn als Gast in einen Klub mitnehmen. **II** *vi* sich eintragen.

◆**sign off** *vi* (*Rad, TV*) sich verabschieden; (*in letter*) Schluß machen; (*Comput*) sich abmelden.

◆**sign on I** *vt sep see* **sign up 1. II** *vi* **1.** *see* **sign up 2.. 2.** (*for unemployment benefit*) **to ~ ~ (for unemployment benefit)** (*apply*) sich arbeitslos melden; **he's still ~ing ~** er ist immer noch arbeitslos; er bezieht immer noch Arbeitslosenunterstützung. **3.** (*disc jockey*) sich melden.

◆**sign out I** *vi* sich austragen. **to ~ ~ of a hotel** (aus einem Hotel) abreisen. **II** *vt sep* austragen.

◆**sign over** *vt sep* überschreiben (*to sb* jdm).

◆**sign up I** *vt sep* (*employ, enlist*) verpflichten; *workers, employees* anstellen; *mercenaries* anwerben; *sailors* anheuern. **II** *vi* sich verpflichten; (*mercenaries*) sich melden (*with* zu); (*employees, players also*) unterschreiben; (*sailors*) anheuern; (*for evening class*) sich einschreiben.

signal[1] ['sɪgnl] **I** *n* **1.** (*sign*) Zeichen *nt*; (*as part of code*) Signal *nt*; (*message*) Nachricht *f*. **to give the ~ for sth** das Zeichen/Signal zu etw geben; **to make a ~ to sb** jdm ein Zeichen geben.

2. (*apparatus, Rail*) Signal *nt*. **the ~ is at red** das Signal steht auf Rot.

3. (*Telec*) Signal *nt*.

4. (*Brit Mil*) **S~s** ≃ Fernmelder *pl*, *Angehörige pl der britischen Fernmeldetruppe Royal Corps of Signals.*

II *vt* **1.** (*indicate*) anzeigen; *arrival*, (*fig*) *future event, spring* ankündigen. **to ~ sb to do sth** jdm ein/das Zeichen geben, etw zu tun; **he ~led that he was going to turn left** er zeigte an, daß er (nach) links abbiegen wollte; **the train was ~led onto another line** der Zug wurde durch Signale auf ein anderes Gleis gewiesen *or* geleitet; **the green light ~led the train on** das grüne Licht gab dem Zug freie Fahrt.

2. *message* signalisieren.

III *vi* Zeichen/ein Zeichen geben. **he ~led to the waiter** er winkte dem Ober; **he ~led for his bill** er winkte zum Zeichen, daß er zahlen wollte; **the driver didn't ~** der Fahrer hat kein Zeichen gegeben *or* hat nicht angezeigt; **the general ~led for reinforcements** der General forderte Verstärkung an.

signal² *adj attr* (*liter*) *victory, courage* beachtlich, bemerkenswert; *failure, stupidity* eklatant (*geh*).

signal box *n* Stellwerk *nt*; **signal flag** *n* Signalflagge *f*.

signalize ['sɪgnəlaɪz] *vt* kennzeichnen.

signal lamp *n* Signallampe *f*.

signaller ['sɪgnələʳ] *n* (*Mil*) Fernmelder, Funker *m*.

signalling ['sɪgnəlɪŋ] *n* (*Mil*) Nachrichtenübermittlung *f*.

signally ['sɪgnəlɪ] *adv* (*liter*) *see adj* bemerkenswert; eklatant. **he has ~ failed** er hat eindeutig versagt.

signalman *n* (*Rail*) Stellwerkswärter *m*; (*Mil*) Fernmelder, Funker *m*; **signal red** *adj* signalrot.

signatory ['sɪgnətərɪ] **I** *adj* Signatar-. **the ~ powers to an agreement** die Signatarmächte eines Abkommens. **II** *n* Unterzeichner(in *f*), Signatar (*form*) *m*. **the signatories of** *or* **to the EC treaty** die Signatarstaaten des EG-Abkommens.

signature ['sɪgnətʃəʳ] *n* **1.** Unterschrift *f*; (*of artist*) Signatur *f*. **2.** (*Mus*) Vorzeichnung *f*. **~ tune** (*Brit*) Erkennungsmelodie *f*. **3.** (*Typ*) Signatur *f*.

signboard ['saɪnbɔːd] *n* Schild *nt*; (*hoarding*) Anschlagtafel *f*.

signer ['saɪnəʳ] *n* Unterzeichner(in *f*) *m*.

signet ring ['sɪgnɪtˌrɪŋ] *n* Siegelring *m*.

significance [sɪg'nɪfɪkəns] *n* Bedeutung *f*; (*of action also*) Tragweite *f*; (*of one special event also*) Wichtigkeit *f*. **what is the ~ of this?** was bedeutet das?, welche Bedeutung hat das?; **of no ~** belanglos, bedeutungslos; **to attach great ~ to sth** einer Sache (*dat*) große Bedeutung beimessen; **he attaches great ~ to us arriving on time** er legt großen Wert darauf, daß wir pünktlich sind.

significant [sɪg'nɪtɪkənt] *adj* (*considerable, having consequence*) bedeutend; (*important*) wichtig; (*meaningful*) bedeutungsvoll; *look* vielsagend, bedeutsam. **is it of any ~ interest?** ist das von wesentlichem Interesse?; **it is ~ that ...** es ist bezeichnend, daß ...; **to be ~ to** *or* **for sth** eine bedeutende *or* wichtige Rolle in etw (*dat*) spielen; **he wondered whether her glance was ~** er fragte sich, ob ihr Blick etwas zu bedeuten habe; **to be ~ of sth** (*liter*) ein (An)zeichen für etw sein.

significantly [sɪg'nɪfɪkəntlɪ] *adv* (*considerably*) bedeutend; (*meaningfully*) bedeutungsvoll; *look* vielsagend, bedeutsam. **it is not ~ different** das ist kaum anders, da besteht kein wesentlicher Unterschied; **~ enough, they both had the same name** bezeichnenderweise trugen sie beide denselben Namen.

signification [ˌsɪgnɪfɪ'keɪʃən] *n* **1.** (*meaning*) Sinn *m*, Bedeutung *f*. **2.** (*indication*) Bezeichnung *f*. **a ~ of one's intentions** eine Absichtsbekundung *or* -erklärung.

signify ['sɪgnɪfaɪ] *vt* **1.** (*mean*) bedeuten. **2.** (*indicate*) andeuten, erkennen lassen; (*person also*) zu erkennen geben.

sign language *n* Zeichensprache *f*; **sign painter** *n* Plakat- *or* Schildermaler *m*; **signpost I** *n* Wegweiser *m*; **II** *vt way* beschildern; *diversion, special route* ausschildern; **signposting** *n* Beschilderung *f*; (*of special route, diversion*) Ausschilderung *f*; **signwriter** *n* Schriften- *or* Schildermaler *m*.

Sikh [siːk] *n* Sikh *mf*.

silage ['saɪlɪdʒ] *n* Silage *f*, Silofutter *nt*.

silence ['saɪləns] **I** *n* Stille *f*; (*quietness also*) Ruhe *f*; (*absence of talk also, of letters*) Schweigen *nt*; (*on a particular subject*) (Still)schweigen *nt*. **~!** Ruhe!; **in ~** still; (*not talking also*) schweigend; **there was ~** alles war still; **there was a short ~** es herrschte für kurze Zeit Stille; **the conversation was full of awkward ~s** die Unterhaltung kam immer wieder ins Stocken; **radio ~** (*Mil*) Funkstille *f*; **to break the/one's ~** die Stille durchbrechen/sein Schweigen brechen.

II *vt* (*lit, fig*) zum Schweigen bringen. **to ~ sb's tongue** jdn zum Schweigen bringen.

silencer ['saɪlənsəʳ] *n* (*on gun, Brit: on car*) Schalldämpfer *m*; (*whole fitting on car*) Auspufftopf *m*.

silent ['saɪlənt] *adj* still; (*not talking also*) schweigsam; *engine, machine* (*running quietly*) ruhig; *agreement, disapproval* (still)schweigend *attr*. **~ movie/letter** Stummfilm *m*/stummer Buchstabe; **~ partner** (*US*) stiller Teilhaber *or* Gesellschafter; **the ~ majority** die schweigende Mehrheit; **to be ~ (about sth)** (über etw *acc*) schweigen; **to keep** *or* **remain ~** still sein *or* bleiben, sich still verhalten; (*about sth*) nichts sagen, sich nicht äußern; **everyone kept ~** keiner sagte etwas; **be ~!** sei/seid still!; **to become ~** still werden; (*people also, guns*) verstummen.

silently ['saɪləntlɪ] *adv* lautlos; (*without talking*) schweigend; (*with little noise*) leise.

Silesia [saɪ'liːzɪə] *n* Schlesien *nt*.

Silesian [saɪ'liːzɪən] **I** *adj* schlesisch. **II** *n* Schlesier(in *f*) *m*.

silhouette [ˌsɪluː'et] **I** *n* Silhouette *f*; (*picture*) Schattenriß, Scherenschnitt *m*. **II** *vt* **to be ~d against sth** sich (als Silhouette) gegen *or* von etw abzeichnen.

silica ['sɪlɪkə] *n* Kieselerde *f*. **~ gel** Kieselgel *nt*.

silicate ['sɪlɪkɪt] *n* Silikat, Silicat *nt*.

siliceous [sɪ'lɪʃəs] *adj* kiesig, Kies-.

silicon ['sɪlɪkən] *n* Silizium *nt*. **~ chip** Siliziumchip *nt*; **~ valley** Silicon Valley *nt*.

silicone ['sɪlɪkəʊn] *n* Silikon *nt*. **~ treatment** Silikonbehandlung *f*.

silicosis [ˌsɪlɪ'kəʊsɪs] *n* (*Med*) Staublunge, Silikose (*spec*) *f*.

silk [sɪlk] **I** *n* **1.** Seide *f*; (**~** *dress*) Seidene(s), Seidenkleid *nt*. **dressed in ~s and**

satins in Samt und Seide (gekleidet).

2. (*Brit Jur barrister*) (*inf*) Kronanwalt *m*; (*gown*) Seidengewand *nt*. **to take ~** Kronanwalt werden.

3. ~s *pl* (*racing colours*) (Renn)farben *pl*.

II *adj* Seiden-, seiden. **the dress is ~** das Kleid ist aus Seide.

silken ['sɪlkən] *adj* (*old: of silk*) seiden; (*like silk also*) seidig; *manner* glatt; *voice* (bedrohlich) sanft.

silk hat *n* Zylinder *m*.

silkiness ['sɪlkɪnɪs] *n* (*appearance*) seidiger Glanz; (*feeling*) seidige Weichheit; (*of voice*) Sanftheit *f*; (*of manner*) Glätte *f*.

silk moth *n* Seidenspinner *m*; **silk screen** *n* Seidensieb *nt*; **silk-screen printing** *n* Seidensiebdruck *m*; **silk stocking** *n* Seidenstrumpf *m*; **silk-stocking** *adj* (*US*) vornehm; **silkworm** *n* Seidenraupe *f*.

silky ['sɪlkɪ] *adj* (+*er*) seidig; *voice* samtig; *manner* glatt.

sill [sɪl] *n* Sims *m or nt*; (*window~*) (Fenster)sims *m or nt*; (*esp of wood*) Fensterbrett *nt*; (*door~*) Schwelle *f*; (*on car*) Türleiste *f*.

sillabub *n see* **syllabub**.

silliness ['sɪlɪnɪs] *n* Albernheit *f*. **no ~ while we're out, children**! macht keine Dummheiten, wenn wir nicht da sind!

silly ['sɪlɪ] **I** *adj* (+*er*) albern, dumm, doof (*inf*). **~ season** närrische Zeit; (*Press*) Sauregurkenzeit *f*; **don't be ~** (*do ~ things*) mach keinen Quatsch (*inf*); (*say ~ things*) red keinen Unsinn; (*ask ~ questions*) frag nicht so dumm; **that was ~ of you, that was a ~ thing to do** das war dumm (von dir); **I've done a ~ thing and come without the key** ich war so dumm, ohne Schlüssel zu kommen, ich Dussel bin ohne Schlüssel gekommen (*inf*); **I feel ~ in this hat** mit diesem Hut komme ich mir albern *or* lächerlich vor; **to make sb look ~** jdn lächerlich machen; **that remark of yours made him look/left him looking a bit ~** nach dieser Bemerkung von dir stand er ziemlich dumm da; **to knock sb ~** jdn windelweich schlagen (*inf*); **to laugh oneself ~** sich dumm und dämlich lachen (*inf*); **to worry sb ~** jdn vor Sorge (ganz) krank machen.

II *n* (*Brit: also* **~-billy**) Dussel *m* (*inf*). **you big ~** du Dummerchen (*inf*); **don't be such a ~** sei nicht albern.

silo ['saɪləʊ] *n* Silo *nt*; (*for missile*) unterirdische Startrampe.

silt [sɪlt] **I** *n* Schwemmsand *m*; (*river mud*) Schlick *m*. **II** *vt* (*also* **~ up**) mit Schlick /Schwemmsand füllen. **III** *vi* (*also* **~ up**) verschlammen.

Silurian [saɪ'lju:rɪən] *adj* (*Geol*) silurisch, Silur-.

silver ['sɪlvəʳ] **I** *n* **1.** (*metal*) Silber *nt*. **2.** (*coins*) Silber(geld) *nt*, Silbermünzen *pl*. **£10 in ~** £ 10 in Silber. **3.** (*tableware, articles*) Silber *nt*.

II *adj* Silber-, silbern. **to be born with a ~ spoon in one's mouth** (*prov*) mit einem silbernen Löffel im Mund geboren sein (*prov*).

III *vt metal, mirror* versilbern. **old age had ~ed his hair** das Alter hatte sein Haar silbergrau werden lassen.

silver birch *n* Weißbirke *f*; **silver fir** *n* Weiß- *or* Silbertanne *f*; **silverfish** *n* Silberfischchen *nt*; **silver foil** *n* (*kitchen foil*) Alu(minium)folie *f*; (*silver paper*) Silberpapier *nt*; **silver fox** *n* Silberfuchs *m*; **silver-grey** *adj* silbergrau; *hair* silberweiß; **silver-haired** *adj* silberhaarig; **he is ~** er hat silberweißes Haar.

silveriness ['sɪlvərɪnɪs] *n* silbriger Schimmer; (*of sound, voice*) silberheller Klang.

silver jubilee *n* 25jähriges Jubiläum; **silver leaf** *n* Blattsilber *nt*; **silver lining** *n* (*fig*) Silberstreif(en) *m* am Horizont, Lichtblick *m*. **every cloud has a ~** (*Prov*) jedes Unglück hat auch sein Gutes.

silver nitrate *n* Silbernitrat *nt*; **silver oxide** *n* Silberoxid *nt*; **silver oxide battery** *n* Silberoxidbatterie *f*; **silver paper** *n* Silberpapier *nt*; **silver plate** *n* (*plating*) Silberauflage, Versilberung *f*; (*articles*) versilberte Sachen *pl*; **silver-plate** *vt* versilbern; **silverplating** *n* Versilberung *f*; (*layer also*) Silberauflage *f*; **silver screen** *n* Leinwand *f*; **silver service** *n* (*in restaurant*) *Art des Servierens, bei der man Löffel und Gabel in einer Hand hält*; **silverside** *n* (*Cook*) *quergeschnittenes Stück aus der Rindskeule;* **silversmith** *n* Silberschmied *m*; **silversmith's (shop)** *n* Silberschmiede *f*; **silver standard** *n* Silberstandard *m*; **silver-tongued** *adj* (*liter*) wort- *or* redegewandt; **silverware** *n* Silber(zeug *inf*) *nt*; (*in shop also*) Silberwaren *pl*; **silver wedding** *n* Silberhochzeit *f*.

silvery ['sɪlvərɪ] *adj* silbern, silbrig; *sound, voice* silberhell.

simian ['sɪmɪən] **I** *adj* (*form*) der Affen; *appearance* affenartig. **II** *n* Affe *m*.

similar ['sɪmɪləʳ] *adj* ähnlich (*also Math*); *amount, size* fast *or* ungefähr gleich. **this is ~ to what happened before** etwas Ähnliches ist schon einmal geschehen; **she and her sister are very ~, she is very ~ to her sister** ihre Schwester und sie sind sich sehr ähnlich, sie ähnelt ihrer Schwester sehr; **they are very ~ in appearance/character** sie ähneln sich äußerlich/charakterlich sehr; **~ in size** ungefähr *or* fast gleich groß; **in a ~ way** ähnlich; (*likewise*) genauso, ebenso.

similarity [,sɪmɪ'lærɪtɪ] *n* Ähnlichkeit *f* (*to* mit).

similarly ['sɪmɪləlɪ] *adv* ähnlich; (*equally*) genauso, ebenso. **a ~ abstruse expression** ein genauso wirrer Ausdruck; **~, you could maintain ...** genausogut könnten Sie behaupten ...

simile ['sɪmɪlɪ] *n* Gleichnis *nt*.

similitude [sɪ'mɪlɪtju:d] *n* (*liter*) Ähnlichkeit *f*.

simmer ['sɪməʳ] **I** *n* **to be on the ~** (*Cook*) auf kleiner Flamme kochen; **to keep sb/sth on the ~** (*lit*) etw auf kleiner Flamme kochen lassen; (*fig*) jdn/etw nicht zur Ruhe kommen lassen.

II *vt* auf kleiner Flamme kochen lassen.

III *vi* auf kleiner Flamme kochen; (*fig*) (*with rage*) kochen (*inf*); (*with excitement*) fiebern.

◆**simmer down** *vi* sich beruhigen, sich abregen (*inf*).

simnel cake ['sɪmnlkeɪk] *n* (*Brit*) marzipanüberzogener Früchtekuchen.

simonize ® ['saɪmənaɪz] *vt* polieren.

simony ['saɪmənɪ] *n* (*old, Eccl*) Simonie *f*.

simper ['sɪmpəʳ] **I** *n* **she said with a ~** sagte sie affektiert. **II** *vi* (*smile*) geziert *or* albern lächeln; (*talk*) säuseln. **III** *vt* säuseln.

simpering ['sɪmpərɪŋ] *adj* geziert, albern.

simperingly ['sɪmpərɪŋlɪ] *adv* geziert, albern; *talk* säuselnd.

simple ['sɪmpl] *adj* (+*er*) **1.** (*easy, not complicated, Math, Med, Gram*) einfach; (*Fin*) *interest also* gewöhnlich. **~ time** (*Mus*) gerader Takt; **"chemistry made ~"** „Chemie leichtgemacht".

2. (*plain, not elaborate*) einfach; *decor, dress also* schlicht. **the ~ fact** *or* **truth is …** es ist einfach so, daß …

3. (*unsophisticated, unworldly*) einfach, schlicht. **I'm a ~ soul** ich bin (nur) ein einfacher Mensch.

4. (*foolish, mentally deficient*) einfältig.

simple-minded *adj* einfältig; **simple-mindedness** *n* Einfältigkeit, Einfalt *f*.

simpleton ['sɪmpltən] *n* Einfaltspinsel *m*.

simplex ['sɪmpleks] *n* (*Ling*) Simplex *nt*.

simplicity [sɪm'plɪsɪtɪ] *n* **1.** Einfachheit *f*; (*unworldliness, lack of sophistication, of decor, dress also*) Schlichtheit *f*. **it's ~ itself** das ist das Einfachste, das ist die einfachste Sache der Welt. **2.** (*foolishness*) Einfalt, Einfältigkeit *f*.

simplifiable ['sɪmplɪfaɪəbl] *adj* zu vereinfachend *attr*, zu vereinfachen *pred*, simplifizierbar.

simplification [ˌsɪmplɪfɪ'keɪʃən] *n* Vereinfachung, Simplifizierung *f*.

simplify ['sɪmplɪfaɪ] *vt* vereinfachen, simplifizieren.

simplistic [sɪm'plɪstɪk] *adj* simpel, simplistisch (*geh*). **or am I being ~?** oder sehe ich das zu einfach?

simply ['sɪmplɪ] *adv* einfach; (*merely*) nur, bloß. **but you ~ must!** aber du mußt einfach!, **to put it ~ …** um es einfach auszudrücken …

simulate ['sɪmjʊleɪt] *vt* **1.** (*feign*) *emotions* vortäuschen; *enthusiasm also* spielen; *illness* simulieren. **to ~ (the appearance of) sth** (*material*) etw imitieren; (*animal, person*) sich als etw tarnen; **~d leather/sheepskin** Lederimitation *f*/falsches Schafsfell. **2.** (*reproduce*) *conditions* simulieren.

simulation [ˌsɪmjʊ'leɪʃən] *n* **1.** Vortäuschung *f*; (*simulated appearance*) Imitation *f*; (*of animals*) Tarnung *f*. **his ~ of epilepsy** seine simulierte Epilepsie. **2.** (*reproduction*) Simulation *f*.

simulator ['sɪmjʊleɪtəʳ] *n* Simulator *m*.

simultaneity [ˌsɪməltə'nɪətɪ] *n* Gleichzeitigkeit, Simultan(e)ität (*geh*) *f*.

simultaneous [ˌsɪməl'teɪnɪəs] *adj* gleichzeitig, simultan (*geh*). **~ equations** (*Math*) Simultangleichungen *pl*; **~ translation/interpreting** Simultanübersetzung *f*/-dolmetschen *nt*.

simultaneously [ˌsɪməl'teɪnɪəslɪ] *adv* gleichzeitig, zur gleichen Zeit, simultan (*geh*).

sin [sɪn] **I** *n* (*Rel, fig*) Sünde *f*. **to live in ~** (*inf*) in wilder Ehe leben; (*Rel*) in Sünde leben; **I've been chosen to organize the office party, for my ~s** (*hum*) man hat mich drangekriegt (*inf*), ich darf die Büroparty organisieren; **is that your work/family? — yes for my ~s** (*hum*) haben Sie das gemacht/ist das Ihre Familie? — ja, leider; **to cover a multitude of ~s** (*hum*) viele Schandtaten verdecken.

II *vi* sündigen (*against* gegen, an +*dat*), sich versündigen (*against* an +*dat*); (*against principles, standards*) verstoßen (gegen). **he was more ~ned against than ~ning** er hat mehr Unrecht erlitten als begangen.

Sinai ['saɪneɪaɪ] *n* Sinai *m*. **~ Peninsula** Sinaihalbinsel *f*; **Mount ~** der Berg Sinai.

since [sɪns] **I** *adv* (*in the meantime*) inzwischen; (*up to now*) seitdem. **ever ~** seither; **a long time ~, long ~** schon lange; **he died long ~** er ist schon lange tot; **not long ~** erst vor kurzem.

II *prep* seit. **ever ~ 1900** (schon) seit 1900; **he had been living there ~ 1900** er lebte da schon seit 1900; **how long is it ~ the accident?** wie lange ist der Unfall schon her?

III *conj* **1.** (*time*) seit(dem). **ever ~ I've known him** seit(dem) ich ihn kenne. **2.** (*because*) da.

sincere [sɪn'sɪəʳ] *adj* aufrichtig, lauter (*liter*); *person also* offen; *intention also* ernst, ehrlich. **a ~ friend** ein wahrer Freund; **it is our ~ hope that …** wir hoffen aufrichtig, daß …

sincerely [sɪn'sɪəlɪ] *adv see adj* aufrichtig; offen; ernsthaft. **yours ~** mit freundlichen Grüßen, hochachtungsvoll (*form*).

sincerity [sɪn'serɪtɪ] *n see adj* Aufrichtigkeit *f*; Offenheit *f*; Ernsthaftigkeit *f*. **in all ~** in aller Offenheit; **I was acting in all ~ when …** ich habe es ganz aufrichtig *or* ehrlich gemeint, als …

sine [saɪn] *n* (*Math*) Sinus *m*.

sinecure ['saɪnɪkjʊəʳ] *n* Pfründe, Sinekure (*geh*) *f*. **this job is no ~!** diese Arbeit ist kein Ruheposten.

sine die [ˌsaɪnɪ'daɪiː, 'siːneɪ'diːeɪ] *adv* **to adjourn ~** auf unbestimmte Zeit vertagen.

sine qua non [ˌsɪnɪkwɑː'nəʊn] *n* unerläßliche Voraussetzung, Conditio sine qua non *f* (*to, for* für).

sinew ['sɪnjuː] *n* Sehne *f*. **~s** *pl* (*fig*) Kräfte *pl*, Stärke *f*.

sinewy ['sɪnjʊɪ] *adj* sehnig; (*fig*) *plant, tree* knorrig; *prose style* kraftvoll, kernig.

sinfonia [sɪn'fəʊnɪə] *n* (*symphony*) Sinfonie, Symphonie *f*; (*overture*) Opernsinfonia *f*; (*orchestra*) Sinfonie- *or* Symphonieorchester *nt*, Sinfoniker, Symphoniker *pl*.

sinfonietta [ˌsɪnfəʊnɪ'etə] *n* (*music*) Sinfonietta *f*; (*orchestra*) kleines Sinfonie- *or* Symphonieorchester.

sinful ['sɪnfʊl] *adj* sündig; *person, act, thought also* sündhaft (*geh*). **it is ~ to ...** es ist eine Sünde, zu ...

sinfully ['sɪnfəlɪ] *adv* sündig, sündhaft (*geh*).

sinfulness ['sɪnfʊlnɪs] *n* Sündigkeit, Sündhaftigkeit (*geh*) *f*.

sing [sɪŋ] (*vb: pret* **sang,** *ptp* **sung**) **I** *n* **to have a (good) ~** (tüchtig) singen; **I used to go there for a ~** ich ging immer zum Singen hin.

II *vt* **1.** singen. **to ~ a child to sleep** ein Kind in den Schlaf singen; **to ~ the praises of sb/sth** ein Loblied auf jdn/etw singen. **2.** (*poet*) besingen, singen von.

III *vi* singen; (*ears*) dröhnen; (*kettle*) summen.

◆**sing along** *vi* mitsingen.

◆**sing away I** *vi* (*person, bird*) (ununterbrochen) singen; (*kettle*) summen; (*to oneself*) vor sich (*acc*) hin trällern. **II** *vt sep troubles* fortsingen.

◆**sing of** *vi +prep obj* singen von (*poet*), besingen.

◆**sing out I** *vi* **1.** (*sing loudly*) (*person, bird*) laut *or* aus voller Kehle singen; (*voice*) erklingen, tönen; (*kettle*) summen. **2.** (*inf: shout*) schreien (*inf*).

II *vt sep words, tune* singen, hervorbringen; (*shout out*) (mit singender Stimme) ausrufen.

◆**sing up** *vi* lauter singen.

singable ['sɪŋəbl] *adj* sangbar (*geh*). **that tune is (not/very) ~** diese Melodie läßt sich (nicht/sehr) gut singen.

Singapore [ˌsɪŋgə'pɔːʳ] *n* Singapur *nt*.

singe [sɪndʒ] **I** *vt* sengen; *clothes also* versengen; (*slightly*) ansengen; *hair-ends, poultry also* absengen. **II** *vi* versengt/angesengt werden, sengen. **III** *n* (*on clothes*) versengte/angesengte Stelle. **there's a slight ~ on the sleeve** der Ärmel ist leicht angesengt.

singer ['sɪŋəʳ] *n* Sänger(in *f*) *m*. **~-songwriter** Liedermacher(in *f*) *m*.

Singhalese [ˌsɪŋgə'liːz] **I** *adj* singhalesisch. **II** *n* **1.** Singhalese *m*, Singhalesin *f*. **2.** (*language*) Singhalesisch *nt*.

singing ['sɪŋɪŋ] *n* Singen *nt*; (*of person, bird also*) Gesang *m*; (*in the ears*) Dröhnen *nt*; (*of kettle*) Summen *nt*. **he teaches ~** er gibt Sing- *or* Gesangstunden, er gibt Singen (*inf*); **do you like my ~?** gefällt dir, wie ich singe?, gefällt dir mein Gesang?

singing lesson *n* Gesangstunde *f*; **singing telegram** *n durch eine Agentur persönlich übermittelter, in Gesangsform vorgetragener Geburtstagsgruß etc*; **singing voice** *n* Singstimme *f*.

single ['sɪŋgl] **I** *adj* **1.** (*one only*) einzige(r, s). **not a ~ one spoke up** nicht ein einziger äußerte sich dazu; **every ~ day was precious** jeder (einzelne) Tag war kostbar; **I've missed the bus every ~ day this week** diese Woche habe ich jeden Tag den Bus verpaßt; **every ~ book I looked at** (aber auch) jedes Buch, das ich mir ansah; **with a ~ voice they cried out for reform** wie mit einer Stimme riefen sie nach Reformen; **not a ~ thing** überhaupt nichts; **the ~ most expensive product** das teuerste Produkt.

2. (*not double*) einzeln; *bed, room* Einzel-; (*Typ*), *carburettor, (Brit) ticket* einfach.

3. (*not married*) unverheiratet, ledig. **~ people** Ledige, Unverheiratete *pl*; **I'm a ~ man/girl** ich bin ledig.

II *n* **1.** (*Cricket*) Schlag *m* für einen Lauf; (*Baseball*) Lauf *m* zum ersten Mal; (*Golf*) Zweier *m*.

2. (*ticket*) Einzelfahrschein *m*; (*Rail also*) Einzelfahrkarte *f*; (*room*) Einzelzimmer *nt*; (*record*) Single *f*; (*bank note*) Ein-pfund-/-dollarschein *m*. **a ~/two ~s to London** einmal/zweimal einfach nach London.

3. (*unmarried person*) Single *m*. **~s holiday/apartment** Urlaub *m*/Wohnung *f* für Singles; **~s bar** Single-Bar *f*.

◆**single out** *vt sep* (*choose*) auswählen; *victim, prey* sich (*dat*) herausgreifen; (*distinguish, set apart*) herausheben (*from* über *+acc*). **to ~ sb ~ for special attention** jdm besondere Aufmerksamkeit zuteil werden lassen; **you couldn't ~ any one pupil ~ as the best** es wäre unmöglich, einen einzelnen Schüler als den besten hinzustellen.

single-action *adj rifle* Einzelfeuer-; **single-barrelled** [ˌsɪŋgl'bærld] *adj gun* mit einem Lauf; **single-breasted** *adj jacket* einreihig; **~ suit** Einreiher *m*; **single-cell(ed)** *adj* (*Biol*) einzellig; **single-chamber** *adj* (*Pol*) Einkammer-; **single combat** *n* Nah- *or* Einzelkampf *m*; (*esp of knights etc*) Kampf *m* Mann gegen Mann, Zweikampf *m*; **single cream** *n* Sahne *f* (*mit geringem Fettgehalt*); **single-decker** *n* einstöckiger Omnibus/einstöckige Straßenbahn, Eindecker *m*; **single-density** *adj* (*Comput*) *disk* mit einfacher Dichte; **single-drive** *adj computer* mit Einzellaufwerk; **single-engined** *adj plane* einmotorig; **single-entry book-keeping** *n* einfache Buchführung; **single file** *n* **in ~** im Gänsemarsch; **single-handed I** *adj* (ganz) allein (*after noun*); *achievement* allein *or* ohne (fremde) Hilfe vollbracht; *arrest* allein *or* ohne (fremde) Hilfe durchgeführt; *struggle* einsam; **II** *adv* (*also* **~ly**) ohne Hilfe, im Alleingang; **to sail ~ round the world** ganz allein *or* als Einhandsegler um die Welt fahren; **single-lens-reflex (camera)** *n* (einäugige) Spiegelreflexkamera; **single-line** *adj* eingleisig; *railway also, traffic* einspurig; **single-masted** *adj ship* einmastig; **~ ship** Einmaster *m*; **single-minded** *adj* zielbewußt, zielstrebig, beharrlich; *devotion* unbeirrbar; **his ~ pursuit of money** sein ausschließlich auf Geld gerichtetes Streben; **single-mindedness** *n* Zielstrebigkeit, Beharrlichkeit *f*; *see adj* Unbeirrbarkeit *f*; **single mother** *n* alleinerziehende Mutter.

singleness ['sɪŋglnɪs] *n* **~ of purpose** Zielstrebigkeit *f*; **his ~ of purpose caused him to neglect his family** er ging so vollkommen in der Sache auf, daß er seine Familie vernachlässigte.

single parent *n* Alleinerziehende(r) *mf*; **I**

as a ~ parent ... ich als alleinerziehende Mutter/alleinerziehender Vater ...; **single-parent** *adj* **a ~ family** eine Familie mit nur einem Elternteil, eine Einelternfamilie; **single-party** *adj* Einparteien-; **single-phase** *adj* einphasig, Einphasen-.

singles ['sɪŋglz] *n sing or pl* (*Sport*) Einzel *nt*. **the ~ finals** das Finale im Einzel.

single-seater *n* Einsitzer *m*; **single-sex** *adj education* nach Geschlechtern getrennt; **a ~ school** eine reine Jungen-/Mädchenschule; **single-sided** *adj* (*Comput*) *disk* einseitig.

singlet ['sɪŋglɪt] *n* (*Brit*) (*Sport*) ärmelloses Trikot; (*underclothing*) (ärmelloses) Unterhemd, Trikothemd *nt*.

singleton ['sɪŋgltən] *n* (*Cards*) Single *nt* (*einzige Karte einer Farbe*).

single-tongue *vti* mit einfachem Zungenschlag spielen; **single-tonguing** *n* der einzelne Zungenschlag; **single-track** *adj* einspurig; (*Rail also*) eingleisig.

singly ['sɪŋglɪ] *adv* einzeln; (*solely*) einzig, nur.

singsong ['sɪŋsɒŋ] **I** *adj* **the ~ Welsh accent** der walisische Singsang; **in his ~ voice** mit *or* in seinem Singsang. **II** *n* Liedersingen *nt no indef art, no pl*. **we often have a ~ down the pub** in der Kneipe singen wir oft zusammen.

singular ['sɪŋgjʊlə^r] **I** *adj* **1.** (*Gram*) im Singular, singularisch (*form*). **a ~ noun** ein Substantiv im Singular. **2.** (*odd*) sonderbar, eigenartig. **3.** (*outstanding*) einzigartig, einmalig.

II *n* Singular *m*. **in the ~** im Singular.

singularity [ˌsɪŋgjʊ'lærɪtɪ] *n* (*oddity*) Sonderbarkeit, Eigenartigkeit *f*.

singularly ['sɪŋgjʊləlɪ] *adv* außerordentlich.

Sinhalese [sɪnhə'liːz] *see* **Singhalese**.

sinister ['sɪnɪstə^r] *adj* **1.** unheimlich; *person, night, scheme also* finster; *music, look also* düster; *atmosphere, meaning also* unheilverkündend; *fate* böse. **2.** (*Her*) linke(r, s).

sink[1] [sɪŋk] *pret* **sank**, *ptp* **sunk I** *vt* **1.** *ship* versenken.

2. (*fig: ruin*) *theory* zerstören; *hopes also* zunichte machen. **now we're sunk!** (*inf*) jetzt sind wir geliefert (*inf*).

3. *shaft* senken, teufen (*spec*); *hole* ausheben. **to ~ a post in the ground** einen Pfosten in den Boden einlassen; **they sank a pipe under the riverbed** sie versenkten ein Rohr unter dem Flußbett; *see* **well[1]**.

4. (*inf*) *drink* hinunterschütten (*inf*), hinunterspülen (*inf*).

5. *teeth, claws* schlagen. **I'd like to ~ my teeth into a juicy steak** (*inf*) ich möchte in ein saftiges Steak reinbeißen (*inf*).

6. *differences* begraben.

7. to ~ money in sth Geld in etw (*acc*) stecken.

8. *golf ball* einlochen; *billiard ball* in das Loch treiben.

9. (*lower*) *eyes, voice, value of currency* senken. **he sank his hands deep in his pockets** er vergrub die Hände in der Tasche; **he sank his head in his hands** er stützte den Kopf auf die Hände.

10. to be sunk in thought in Gedanken versunken sein; **to be sunk in a book** in ein Buch vertieft sein; **sunk in depression** völlig deprimiert; **to be sunk in debt** tief in Schulden stecken.

II *vi* **1.** untergehen; (*ship also*) sinken. **to ~ to the bottom** auf den Grund sinken; **he was left to ~ or swim** (*fig*) er war ganz auf sich allein angewiesen.

2. (*go down, subside*) sinken; (*sun also*) versinken; (*voice*) sich senken; (*building, land*) sich senken, absinken. **he sank up to his knees in the mud** er sank bis zu den Knien im Schlamm ein; **to ~ (down) into a chair/back into the cushions** in einen Sessel (nieder)sinken/in die Kissen versinken; **the flames sank lower and lower** das Feuer fiel immer mehr in sich zusammen; **the record has sunk to the bottom of the charts** die Platte ist ans Ende der Liste gerutscht; **to ~ to one's knees** auf die Knie sinken; **to ~ out of sight** vor jds Augen (*dat*) versinken; **to ~ into a deep sleep/a depression** in tiefen Schlaf/in Schwermut versinken; **my spirits** *or* **my heart sank at the sight of the work** beim Anblick der Arbeit verließ mich der Mut; **with ~ing heart** mutlos; **the sick man is ~ing fast** der Kranke verfällt zusehends.

3. (*deteriorate, lessen: output, shares, standards*) sinken. **to ~ into insignificance** zur Bedeutungslosigkeit herabsinken; **to ~ deeper into degradation** immer tiefer sinken; **she has sunk in my estimation** sie ist in meiner Achtung gesunken.

◆**sink away** *vi* (*seabed, ground*) abfallen.

◆**sink in I** *vi* **1.** (*into mud*) einsinken (*prep obj, -to* in +*acc*).

2. (*inf: be understood*) kapiert werden (*inf*). **it's only just sunk ~ that it really did happen** ich kapiere/er kapiert erst jetzt, daß das tatsächlich passiert ist (*inf*); **repeat each line so that the words ~ ~** wiederhole jede Zeile, damit du's dir merkst (*inf*).

II *vt sep stakes, pylons etc* einlassen (*prep obj, -to* in +*acc*).

sink[2] *n* Ausguß *m*; (*in kitchen also*) Spülbecken *nt*. **~ unit** Spültisch *m*, Spüle *f*; **~ of iniquity** Sündenpfuhl *m*, Stätte *f* des Lasters; *see* **kitchen ~**.

sinker ['sɪŋkə^r] *n* (*Fishing*) Senker *m*, Senkgewicht *nt*.

sinking ['sɪŋkɪŋ] **I** *n* (*of ship*) Untergang *m*; (*deliberately*) Versenkung *f*; (*of shaft*) Senken, Abteufen (*spec*) *nt*; (*of well*) Bohren *nt*. **II** *adj* **~ feeling** flaues Gefühl (im Magen) (*inf*); **I got that horrible ~ feeling when I realized ...** mir wurde ganz anders, als ich erkannte ...; **~ fund** Tilgungsfonds *m*.

sinless ['sɪnlɪs] *adj person* ohne Sünde, frei von Sünde; *life also* sündenlos, sündenfrei.

sinner ['sɪnə^r] *n* Sünder(in *f*) *m*.

Sino- ['saɪnəʊ-] *pref* chinesisch-, Sino-

(*form*).

sinologist [ˌsaɪ'nɒlədʒɪst] *n* Sinologe *m*, Sinologin *f*.

sinology [ˌsaɪ'nɒlədʒɪ] *n* Sinologie *f*.

sinuosity [ˌsɪnjʊ'ɒsɪtɪ] *n* (*liter*) Schlangenbewegungen *pl*; (*of river*) Windungen *pl*; (*fig*) Gewundenheit *f*.

sinuous ['sɪnjʊəs] *adj* (*lit, fig*) gewunden; *motion of snake* schlängelnd *attr*; *dancing* geschmeidig, schlangenartig. **the lane follows a ~ course between ...** der Pfad schlängelt sich zwischen (+*dat*) ... durch.

sinuously ['sɪnjʊəslɪ] *adv see adj*.

sinus ['saɪnəs] *n* (*Anat*) Sinus *m* (*spec*); (*in head*) (Nasen)nebenhöhle, Stirnhöhle, Kiefernhöhle *f*.

sinusitis [ˌsaɪnə'saɪtɪs] *n* Neben-/Stirn-/Kiefernhöhlenentzündung *f*, Sinusitis *f*.

Sioux [suː] **I** *n* Sioux *mf*. **II** *adj* Sioux-, der Sioux.

sip [sɪp] **I** *n* Schluck *m*; (*very small*) Schlückchen *nt*. **II** *vt* in kleinen Schlucken trinken; (*suspiciously, daintily*) nippen an (+*dat*); (*savour*) schlürfen. **III** *vi* **to ~ at sth** an etw (*dat*) nippen.

siphon ['saɪfən] **I** *n* Heber *m*; (*soda ~*) Siphon *m*. **II** *vt* absaugen; (*into tank*) (mit einem Heber) umfüllen.

◆**siphon off** *vt sep* **1.** (*lit*) abziehen, absaugen; *petrol* abzapfen; (*into container*) (mit einem Heber) umfüllen *or* abfüllen. **2.** (*fig*) *staff, money* abziehen; *profits* abschöpfen.

◆**siphon out** *vt sep liquid* mit einem Heber herausleiten.

sir [sɜːʳ] *n* **1.** (*in direct address*) mein Herr (*form*), Herr X. **no, ~** nein(, Herr X); **Dear S~ (or Madam), ...** sehr geehrte (Damen und) Herren!

2. (*knight*) **S~** Sir *m*.

3. (*Sch sl: teacher*) er (*Sch sl*). **please ~!** Herr X!; **I'll tell ~** ich sag's ihm.

sire ['saɪəʳ] **I** *n* **1.** (*Zool*) Vater(tier *nt*) *m*; (*stallion also*) Deck- *or* Zuchthengst, Beschäler (*form*) *m*.

2. (*old: to monarch*) **S~** Majestät *f*, Sire *m*.

3. (*old, poet: father, forebear*) Erzeuger, Ahn *m*. **~ of a great nation** Vater *m* einer großen Nation.

II *vt* zeugen. **the horse A, ~d by B** Pferd A, Vater B.

siren ['saɪərən] *n* (*all senses*) Sirene *f*.

sirloin ['sɜːlɔɪn] *n* (*Cook*) Lendenfilet *nt*.

sirocco [sɪ'rɒkəʊ] *n* Schirokko *m*.

sirrah ['sɪrə] *n* (*obs*) Bube *m* (*obs*).

sirup *n* (*US*) *see* **syrup**.

sis [sɪs] *n* (*inf*) Schwesterherz *nt* (*inf*).

sisal ['saɪsəl] *n* Sisal *m*.

sissified ['sɪsɪfaɪd] *adj* weibisch, wie ein Weib.

sissy ['sɪsɪ] **I** *n* Waschlappen *m* (*inf*), Memme *f*. **II** *adj* weibisch.

sister ['sɪstəʳ] *n* **1.** Schwester *f*; (*in trade union*) Kollegin *f*; (*ship*) Schwesterschiff *nt*. **to be ~ to** (*form*) *or* **the ~ of sb** jds Schwester sein. **2.** (*nun*) (Ordens)schwester *f*; (*before name*) Schwester *f*. **3.** (*Brit: senior nurse*) Oberschwester *f*.

sisterhood ['sɪstəhʊd] *n* **1.** Schwesternschaft *f*. **she emphasized the ~ of women all over the world** sie betonte, daß alle Frauen der ganzen Welt Schwestern seien. **2.** (*Eccl*) Schwesternorden *m*. **3.** (*association of women*) Frauenvereinigung *f*.

sister *in cpds* Schwester-; **sister-in-law,** *pl* **sisters-in-law** Schwägerin *f*.

sisterly ['sɪstəlɪ] *adj* schwesterlich.

Sistine ['sɪstiːn] *adj* Sixtinisch.

Sisyphus ['sɪsɪfəs] *n* Sisyphus *m*.

sit [sɪt] (*vb: pret, ptp* **sat**) **I** *vi* **1.** (*be ~ting*) sitzen (*in/on* in/auf +*dat*); (*~ down*) sich setzen (*in/on* in/auf +*acc*). **~!** (*to dog*) sitz!; **a place to ~** ein Sitzplatz *m*; **~ by/with me** setz dich zu mir/neben mich; **to ~ for a painter** für einen Maler Modell sitzen; **to ~ for an exam** eine Prüfung ablegen (*form*) *or* machen; **to be ~ting pretty** (*fig inf*) gut dastehen (*inf*); **he's ~ting pretty for the directorship** der Direktorsposten ist ihm so gut wie sicher; **don't just ~ there, do something!** sitz nicht nur tatenlos da (herum), tu (endlich) was!; *see* **still[1]**.

2. (*assembly*) tagen; (*have a seat*) einen Sitz haben. **he ~s for Liverpool** (*Brit Parl*) er ist der Abgeordnete für Liverpool; **to ~ in parliament/on a committee** einen Sitz im Parlament haben/in einem Ausschuß sitzen.

3. (*object: be placed, rest*) stehen, liegen. **the car sat in the garage** das Auto stand in der Garage; **this food ~s heavy on the stomach** dieses Essen liegt schwer im Magen; **the cares ~ heavy on his brow** (*liter*) die Sorgen lasten schwer auf ihm.

4. (*bird: hatch*) sitzen, brüten. **the hen is ~ting on two eggs** das Huhn brütet zwei Eier aus, das Huhn sitzt auf zwei Eiern.

5. (*fig: clothes*) sitzen (*on sb* bei jdm).

6. (*inf*) *see* **babysit**.

II *vt* **1.** setzen (*in* in +*acc*, *on* auf +*acc*); (*place*) *object also* stellen. **to ~ a child on one's knees** sich (*dat*) ein Kind auf die Knie setzen; **the table/car ~s 5 people** an dem Tisch/in dem Auto haben 5 Leute Platz. **2.** *horse* sitzen auf (+*dat*). **to ~ a horse well** gut zu Pferde sitzen. **3.** *examination* ablegen (*form*), machen.

III *vr* **to ~ oneself down** sich gemütlich niederlassen *or* hinsetzen.

IV *n* **to have a ~** sitzen.

◆**sit about** *or* **around** *vi* herumsitzen.

◆**sit back** *vi* (*lit, fig*) sich zurücklehnen; (*fig: do nothing, not take action*) die Hände in den Schoß legen.

◆**sit down** *vi* **1.** sich (hin)setzen. **to ~ ~ in a chair** sich auf einen Stuhl setzen. **2.** (*fig*) **to take sth/an insult ~ting ~** etw einfach hinnehmen.

◆**sit in** *vi* **1.** (*demonstrators*) ein Sit-in machen *or* veranstalten. **2.** (*take place of*) **to ~ ~ (for sb)** jdn vertreten. **3.** (*attend as visitor*) dabeisein, dabeisitzen (*on sth* bei etw). **4.** (*stay in*) zu Hause *or* im Haus sitzen.

◆**sit on I** *vi* (*continue sitting*) sitzen bleiben.

II *vi* +*prep obj* **1.** *committee, panel,*

jury sitzen in (+*dat*). **I was asked to ~ ~ the committee** man bat mich, Mitglied des Ausschusses zu werden.

2. (*not deal with*) sitzen auf (+*dat*).

3. (*inf: suppress*) *idea, invention, product* unterdrücken, nicht hochkommen lassen; *person* einen Dämpfer aufsetzen (+*dat*) (*inf*). **to get sat ~** (*suppressed*) unterdrückt werden; (*rebuked*) eins draufkriegen (*inf*).

◆**sit out I** *vi* draußen sitzen. **II** *vt sep* **1.** (*stay to end*) *play, film, meeting* bis zum Schluß *or* Ende (sitzen)bleiben bei, bis zum Schluß *or* Ende durch- *or* aushalten (*pej*); *storm* auf das Ende (+*gen*) warten. **2.** *dance* auslassen. **I'll ~ this one ~** ich setze diesmal aus; **to ~ ~ a round** (*in game*) eine Runde aussetzen.

◆**sit through** *vi +prep obj* durchhalten, aushalten (*pej*).

◆**sit up I** *vi* **1.** (*be sitting upright*) aufrecht sitzen; (*action*) sich aufrichten, sich aufsetzen. **to ~ ~ (and beg)** (*dog etc*) Männchen machen (*inf*).

2. (*sit straight*) aufrecht *or* gerade sitzen. **~ ~!** setz dich gerade hin!, sitz gerade!; **to make sb ~ ~ (and take notice)** (*fig inf*) jdn aufhorchen lassen.

3. (*not go to bed*) aufbleiben, aufsitzen (*dated*). **she sat ~ with the sick child** sie wachte bei dem kranken Kind; **to ~ ~ for sb** aufbleiben und auf jdn warten.

4. to ~ ~ to table sich an den Tisch setzen.

II *vt sep* aufrichten, aufsetzen; *doll also, baby* hinsetzen.

◆**sit upon** *vi +prep obj see* **sit on 2.**

sitar [sɪ'tɑːʳ] *n* Sitar *m*.

sitcom ['sɪtkɒm] *n* (*inf*) Situationskomödie *f*.

sit-down ['sɪtdaʊn] **I** *n* (*inf: rest*) Verschnaufpause *f* (*inf*). **II** *attr* **to have a ~ strike** einen Sitzstreik machen; **a ~ meal** eine richtige Mahlzeit.

site [saɪt] **I** *n* **1.** Stelle *f*, Platz *m*; (*Med: of infection*) Stelle *f*. **2.** (*Archeol*) Stätte *f*. **3.** (*building ~*) (Bau)gelände *nt*, Baustelle *f*. **missile ~** Raketenbasis *f*; **~ foreman** Polier *m*; **~ office** (Büro *nt* der) Bauleitung *f*. **4.** (*camping ~*) Campingplatz *m*.

II *vt* legen, anlegen. **to be ~d** liegen, (gelegen) sein.

sit-in ['sɪtɪn] *n* Sit-in *nt*. **to hold** *or* **stage a ~** ein Sit-in veranstalten.

siting ['saɪtɪŋ] *n* Legen *nt*. **the ~ of new industries away from London is being encouraged** man fördert die Errichtung neuer Betriebe außerhalb Londons; **the ~ of the town here was a mistake** es war ein Fehler, die Stadt hierher zu legen.

sitter ['sɪtəʳ] *n* (*Art*) Modell *nt*; (*baby-~*) Babysitter *m*; (*bird*) brütender Vogel; (*Sport sl*) todsicherer Ball (*inf*).

sitting ['sɪtɪŋ] **I** *adj* sitzend; *bird* brütend; *conference* tagend, in Sitzung. **~ and standing room** Sitz- und Stehplätze *pl*.

II *n* (*of committee, parliament, for portrait*) Sitzung *f*. **they have two ~s for lunch** sie servieren das Mittagessen in zwei Schüben; **the first ~ for lunch is at 12 o'clock** die erste Mittagessenzeit ist um 12 Uhr; **at one ~** (*fig*) auf einmal.

sitting duck *n* (*fig*) leichte Beute; **sitting member** *n* (*Brit Parl*) (derzeitiger) Abgeordneter, (derzeitige) Abgeordnete; **sitting room** *n* (*lounge*) Wohnzimmer *nt*; (*in guest house*) Aufenthaltsraum *m*; **sitting target** *n* (*lit, fig*) leichte Beute; **sitting tenant** *n* (derzeitiger) Mieter.

situate ['sɪtjʊeɪt] *vt* legen.

situated ['sɪtjʊeɪtɪd] *adj* gelegen; *person* (*financially*) gestellt, situiert (*geh*). **it is ~ in the High Street** es liegt an der Hauptstraße; **a pleasantly ~ house** ein Haus in angenehmer Lage; **how are you ~ (for money)?** wie ist Ihre finanzielle Lage?

situation [ˌsɪtjʊ'eɪʃən] *n* **1.** (*state of affairs*) Lage, Situation *f*; (*financial, marital*) Lage *f*, Verhältnisse *pl*; (*in play, novel*) Situation *f*. **2.** (*of house etc*) Lage *f*. **3.** (*job*) Stelle *f*. **"~s vacant/wanted"** ,,Stellenangebote/Stellengesuche".

sit-up ['sɪtʌp] *n* (*Sport*) **to do a ~** sich aus der Rückenlage aufsetzen.

sitz bath ['zɪtsbɑːθ] *n* Sitzbadewanne *f*.

six [sɪks] **I** *adj* sechs. **she is ~ (years old)** sie ist sechs (Jahre alt); **at (the age of) ~** im Alter von sechs Jahren, mit sechs Jahren; **it's ~ (o'clock)** es ist sechs (Uhr); **there are ~ of us** wir sind sechs; **it cost ~ pounds** es kostete sechs Pfund; **~ and a half/quarter** sechseinhalb/sechseinviertel; **in ~-eight time** (*Mus*) im Sechsachteltakt; **to be ~ foot under** (*hum*) sich (*dat*) die Radieschen von unten besehen (*hum*); **it's ~ of one and half a dozen of the other** (*inf*) das ist Jakke wie Hose (*inf*), das ist gehupft wie gesprungen (*inf*).

II *n* **1.** (*Math, figure, mark, tram*) Sechs *f*; (*bus*) Sechser *m*. **~ and a half/quarter** Sechseinhalb/-einviertel *f*.

2. (*Cards, on dice, Golf*) Sechs *f*; (*Cricket also*) Sechserschlag *m*; (*team of ~ also*) Sechsermannschaft *f*. **to divide sth into ~** etw in sechs Teile teilen; **we divided up into ~es** wir teilten uns in Sechsergruppen auf; **they are sold in ~es** sie werden in Sechserpackungen verkauft; **to be at ~es and sevens** (*things*) wie Kraut und Rüben durcheinanderliegen (*inf*); (*person*) völlig durcheinander sein; **to knock sb for ~** (*inf*) jdn umhauen.

sixfold I *adj* sechsfach; **II** *adv* um das Sechsfache; **six-footer** *n* **to be a ~** über 1,80 (*gesprochen:* einsachtzig) sein; **six hundred I** *adj* sechshundert; **II** *n* Sechshundert *f*.

sixish ['sɪksɪʃ] *adj* um sechs herum.

six million *adj, n* sechs Millionen; **six-pack** *n* Sechserpackung *f*; **sixpence** *n* (*old: coin*) Sixpencestück *nt*; **sixpenny I** *adj* für Sixpence; **II** *n* (*stamp*) Sixpence-Marke *f*; **six-shooter** *n* (*inf*) sechsschüssiger Revolver.

sixteen ['sɪks'tiːn] **I** *adj* sechzehn. **II** *n* Sechzehn *f*.

sixteenth ['sɪks'tiːnθ] **I** *adj* sechzehnte(r, s). **a ~ part** ein Sechzehntel *nt*; **a ~ note** (*esp US Mus*) eine Sechzehntelnote, ein Sechzehntel *nt*. **II** *n* **1.** (*fraction*) Sechzehntel *nt*; (*in series*) Sechzehnte(r, s). **2.** (*date*) **the ~** der Sechzehnte.

sixth [sɪksθ] **I** *adj* sechste(r, s). **a ~ part** ein Sechstel *nt*; **he was** *or* **came ~** er wurde Sechster; **he/it was ~ from the end/left** er/es war der/das Sechste von hinten/von links.

II *n* **1.** (*fraction*) Sechstel *nt*; (*in series*) Sechste(r, s).

2. (*date*) **the ~** der Sechste; **on the ~** am Sechsten; **the ~ of September** der sechste September.

3. (*Mus*) (*interval*) Sexte *f*; (*chord*) Sextakkord *m*.

4. (*Brit*) *see* **sixth form**.

III *adv* **he did it ~** (*the ~ person to do it*) er hat es als Sechster gemacht; (*the ~ thing he did*) er hat es als sechstes *or* an sechster Stelle gemacht.

sixth form *n* (*Brit*) ≃ Abiturklasse *f*; **sixth-former** *n* (*Brit*) Schüler(in *f*) *m* der Abiturklasse.

sixthly ['sɪksθlɪ] *adv* sechstens, als sechstes.

six thousand I *adj* sechstausend. **II** *n* Sechstausend *f*.

sixth sense *n* sechster Sinn.

sixtieth ['sɪkstɪɪθ] **I** *adj* sechzigste(r, s). **a ~ part** ein Sechzigstel *nt*. **II** *n* (*fraction*) Sechzigstel *nt*; (*in series*) Sechzigste(r, s).

sixty ['sɪkstɪ] **I** *adj* sechzig. **II** *n* Sechzig *f*. **the sixties** die sechziger Jahre; **to be in one's sixties** in den Sechzigern sein; **to be in one's late/early sixties** Ende/Anfang sechzig sein; *see also* **six**.

sixty-fourth note *n* (*esp US Mus*) Vierundsechzigstel(note *f*) *nt*; **sixty-four thousand dollar question** *n* (*hum*) Zehntausendmarkfrage *f* (*hum*).

sixtyish ['sɪkstɪɪʃ] *adj* um die Sechzig (*inf*), ungefähr sechzig.

sixty-one ['sɪkstɪ'wʌn] **I** *adj* einundsechzig. **II** *n* Einundsechzig *f*.

six-year-old ['sɪksjɪə,əʊld] **I** *adj* sechsjährig *attr*, sechs Jahre alt *pred*; **II** *n* Sechsjährige(r) *mf*.

sizable *adj see* **sizeable**.

size¹ [saɪz] **I** *n* (*all senses*) Größe *f*; (*of problem, operation also*) Ausmaß *nt*. **collar/hip/waist ~** Kragen-/Hüft-/Taillenweite *f*; **it's the ~ of a brick** es ist so groß wie ein Ziegelstein; **he's about your ~** er ist ungefähr so groß wie du; **what ~ is it**? wie groß ist es?; (*clothes, shoes, gloves*) welche Größe ist es?; **it's quite a ~** es ist ziemlich groß; **it's two ~s too big** es ist zwei Nummern zu groß; **to cut sth to ~** etw auf die richtige Größe zurechtschneiden; **to cut sb down to ~** jdn zurechtstutzen (*inf*); **do you want to try it for ~?** möchten Sie es anprobieren, um zu sehen ob es Ihnen paßt?; **try this one for ~** (*fig inf*) wie wär's denn damit?; **that's about the ~ of it** (*inf*) ja, so ungefähr kann man es sagen.

II *vt* größenmäßig ordnen.

◆**size up** *vt sep* abschätzen. **I can't quite ~ him ~** ich werde aus ihm nicht schlau.

size² **I** *n* (Grundier)leim *m*. **II** *vt* grundieren.

sizeable ['saɪzəbl] *adj* ziemlich groß, größer; *car, estate, jewel also* ansehnlich; *sum, problem, difference also* beträchtlich.

sizeably ['saɪzəblɪ] *adv* beträchtlich.

-size(d) [-saɪz(d)] *adj suf* -groß. **medium-~** mittelgroß, von mittlerer Größe.

sizzle ['sɪzl] **I** *vi* brutzeln. **II** *n* Brutzeln *nt*, Brutzelei *f*.

sizzling ['sɪzlɪŋ] **I** *adj fat, bacon* brutzelnd. **II** *adv*: **~ hot** kochend heiß; **it was a ~ hot day** (*inf*) es war knallheiß (*inf*).

skate¹ [skeɪt] *n* (*fish*) Rochen *m*.

skate² **I** *n* (*shoe*) Schlittschuh *m*; (*blade*) Kufe *f*. **put** *or* **get your ~s on** (*fig inf*) mach/macht mal ein bißchen dalli! (*inf*).

II *vi* eislaufen, Schlittschuh laufen; (*figure-~*) eiskunstlaufen; (*roller-~*) Rollschuh laufen; (*fig*) rutschen. **he ~d across the pond** er lief (auf Schlittschuhen) über den Teich; **you're ~ing on thin ice** (*fig*) du begibst dich aufs Glatteis (*fig*).

◆**skate over** *or* **round** *vi +prep obj* links liegenlassen; *difficulty, problem* einfach übergehen.

skateboard ['skeɪtbɔːd] *n* Skateboard, Rollbrett *nt*.

skateboarder ['skeɪtbɔːdəʳ] *n* Skateboardfahrer(in *f*) *m*.

skateboarding ['skeɪtbɔːdɪŋ] *n* Skateboardfahren *nt*.

skatepark ['skeɪtpɑːk] *n* Skateboardanlage *f*.

skater ['skeɪtəʳ] *n* (*ice~*) Eisläufer(in *f*), Schlittschuhläufer(in *f*) *m*; (*figure-~*) Eiskunstläufer(in *f*) *m*; (*roller-~*) Rollschuhläufer(in *f*) *m*.

skating ['skeɪtɪŋ] *n* (*ice~*) Eislauf, Schlittschuhlauf *m*; (*figure-~*) Eiskunstlauf *m*; (*roller-~*) Rollschuhlauf *m*.

skating *in cpds* Eislauf-; Rollschuh-; **skating rink** *n* Eisbahn/Rollschuhbahn *f*.

skedaddle [skɪ'dædl] *vi* (*Brit inf*) Reißaus nehmen (*inf*), türmen (*inf*). **~!** weg mit dir/euch!, verzieh dich/verzieht euch!

skein [skeɪn] *n* (*of wool*) Strang *m*; (*of geese*) Schwarm *m*; (*of evidence, lies*) Geflecht *nt*.

skeletal ['skelɪtl] *adj* Skelett-; *person* bis aufs Skelett abgemagert; *appearance* wie ein Skelett; *shapes of trees* skelettartig.

skeleton ['skelɪtn] **I** *n* (*lit, fig*) Skelett *nt*; (*esp of ship*) Gerippe *nt*. **a ~ in one's cupboard** ein dunkler Punkt (in der Familiengeschichte); (*of public figure*) eine Leiche im Keller.

II *adj plan, outline* provisorisch; *staff, service* Not-. **~ key** Dietrich, Nachschlüssel *m*.

skeptic *etc* (*US*) *see* **sceptic**.

sketch [sketʃ] **I** *n* (*Art, Liter*) Skizze *f*; (*Mus*) Impression *f*; (*Theat*) Sketch *m*; (*draft, design also*) Entwurf *m*. **II** *vt* (*lit, fig*) skizzieren. **III** *vi* Skizzen machen.

◆**sketch in** *vt sep* (*draw*) (grob) einzeichnen; (*verbally*) umreißen.

◆**sketch out** *vt sep* (*draw*) grob skizzieren; (*outline also*) umreißen.

sketch-book ['sketʃbʊk] *n* Skizzenbuch *nt*.

sketchily ['sketʃɪlɪ] *adv* flüchtig, oberflächlich.

sketchiness ['sketʃɪnɪs] *n* Flüchtigkeit, Oberflächlichkeit *f*; (*insufficiency*) Unzulänglichkeit *f*.

sketching ['sketʃɪŋ] *n* (*Art*) Skizzenzeichnen *nt*.

sketch-map *n* Kartenskizze *f*; **sketch-pad** *n* Skizzenblock *m*.

sketchy ['sketʃɪ] *adj* (*+er*) (*inadequate*) *knowledge, account* flüchtig, oberflächlich; (*incomplete*) *record* bruchstückhaft.

skew [skju:] **I** *n* **on the ~** schief; (*on the diagonal*) schräg.
II *adj* (*lit, fig*) schief; (*diagonal*) schräg. **~whiff** (*lit, fig*) (wind)schief.
III *vt* (*turn round*) umdrehen; (*make crooked*) krümmen; (*fig: distort*) verzerren.
IV *vi* **the car ~ed off the road** der Wagen kam von der Straße ab; **the road ~s to the right** die Straße biegt nach rechts ab; **he ~ed round** er drehte sich um.

skewbald ['skju:bɔ:ld] **I** *n* Schecke *mf*. **II** *adj* scheckig.

skewer ['skjʊəʳ] **I** *n* Spieß *m*. **II** *vt* aufspießen.

ski [ski:] **I** *n* Ski, Schi *m*; (*Aviat*) Kufe *f*. **II** *vi* Ski laufen *or* fahren. **they ~ed down the slope/over the hill** sie fuhren (auf ihren Skiern) den Hang hinunter/sie liefen (mit ihren Skiern) über den Hügel.

ski *in cpds* Ski-, Schi-; **ski-bob** *n* Skibob *m*; **ski boot** *n* Skistiefel *or* -schuh *m*.

skid [skɪd] **I** *n* **1.** (*sliding movement*) (*Aut*) Schleudern *nt*. **to steer into/against a ~** mitsteuern/gegensteuern; **to go into a ~** ins Schleudern geraten *or* kommen; **to correct** *or* **get out of a ~** das Fahrzeug abfangen *or* wieder in seine Gewalt bekommen; **to stop with a ~** schleudernd zum Stehen kommen.
2. (*on wheel*) Rolle *f*.
3. (*runner*) Gleiter *m*; (*of plane, sledge*) Gleitkufe *f*.
4. ~s *pl* (*fig*) **he was on** *or* **hit the ~s** (*US inf*) es ging abwärts mit ihm; **to put the ~s under sb/sb's plans** (*inf*) jdn/jds Pläne zu Fall bringen, jdm die Suppe versalzen (*inf*).
II *vi* (*car, objects*) schleudern; (*person*) ausrutschen. **to ~ across the floor** über den Boden rutschen *or* schlittern; **the car ~ded into a tree** der Wagen schleuderte gegen einen Baum.

skidlid *n* (*sl*) Sturzhelm *m*; **skidmark** *n* Reifenspur *f*; (*from braking*) Bremsspur *f*; **skidpan** *n* Schleuderstrecke *f*; **skid row** *n* (*esp US inf*) (Kaschemmen- und) Pennergegend *f* (*inf*); **to be on** *or* **in ~** heruntergekommen *or* verpennert (*sl*) sein; **he ended up in ~** er ist als Penner geendet (*inf*).

skier ['ski:əʳ] *n* Skiläufer(in *f*), Skifahrer(in *f*) *m*.

skiff [skɪf] *n* Skiff *nt*; (*Sport*) Einer *m*.

skiffle ['skɪfl] *n* Skiffle *m*. **~ group** Skiffle Group *f*.

ski-flying ['ski:ˌflaɪɪŋ] *n* Skifliegen *nt*.

skiing ['ski:ɪŋ] *n* Skilaufen, Skifahren *nt*. **to go ~** Skilaufen *or* Skifahren gehen.

ski-jump *n* (*action*) Skisprung *m*; (*place*) Sprungschanze *f*; **ski-jumping** *n* Skispringen *nt*.

skilful, (*US*) **skillful** ['skɪlfʊl] *adj* geschickt; *piano-playing also* gewandt; *sculpture, painting* kunstvoll.

skilfully, (*US*) **skillfully** ['skɪlfəlɪ] *adv see adj*.

skilfulness, (*US*) **skillfulness** ['skɪlfʊlnɪs] *n see* **skill 1.**.

ski-lift ['ski:lɪft] *n* Skilift *m*.

skill [skɪl] *n* **1.** *no pl* (*skilfulness*) Geschick *nt*, Geschicklichkeit *f*; (*of sculptor*) Kunst(fertigkeit) *f*. **his ~ at billiards/in persuading people** sein Geschick beim Billard/sein Geschick *or* seine Fähigkeit, andere zu überreden.
2. (*acquired technique*) Fertigkeit *f*; (*ability*) Fähigkeit *f*. **to learn new ~s** etwas Neues lernen.

skilled [skɪld] *adj* (*skilful*) geschickt, gewandt (*at* in *+dat*); (*trained*) ausgebildet, Fach-; (*requiring skill*) Fach-, fachmännisch. **he's ~ in persuading people** er versteht es, andere zu überreden; **a man ~ in diplomacy** ein geschickter Diplomat.

skillet ['skɪlɪt] *n* Bratpfanne *f*.

skillful *etc* (*US*) *see* **skilful** *etc*.

skim [skɪm] **I** *vt* **1.** (*remove floating matter*) abschöpfen; *milk* entrahmen. **~med** *or* (*US*) **~ milk** Magermilch *f*.
2. (*pass low over*) streifen *or* streichen über (*+acc*); (*fig: touch on*) berühren. **he ~med stones across the surface of the water** er ließ Steine übers Wasser hüpfen *or* springen; **the book merely ~s the surface of the problem** das Buch berührt das Problem nur an der Oberfläche.
3. (*read quickly*) überfliegen.
II *vi* (*across, over* über *+acc*) (*move quickly*) fliegen; (*aircraft also*) rasch gleiten; (*stones*) springen, hüpfen.

◆**skim off** *vt sep* abschöpfen; (*fig*) absahnen. **to ~ the cream ~ the milk** die Milch entrahmen.

◆**skim through** *vi +prep obj book* überfliegen.

skimmer ['skɪməʳ] *n* **1.** Schaumlöffel *m*. **2.** (*Orn*) Scherenschnabel *m*.

skimp [skɪmp] **I** *vt food, material* sparen an (*+dat*), knausern mit; *work* hudeln bei (*inf*), nachlässig erledigen; *details* zu kurz kommen lassen. **II** *vi* sparen (*on* an *+dat*), knausern (*on* mit).

skimpily ['skɪmpɪlɪ] *adv* dürftig; *live, eat also* kärglich; *dressed* spärlich.

skimpy ['skɪmpɪ] *adj* (*+er*) dürftig; *meal also* kärglich; *clothes* knapp. **to be ~ with sth** mit etw sparsam *or* geizig sein.

skin [skɪn] **I** *n* **1.** Haut *f*. **to be soaked to the ~** bis auf die Haut naß sein; **he's nothing but ~ and bone(s) nowadays** er ist nur noch Haut und Knochen; **that's no ~ off his nose** (*inf*) das braucht ihn nicht zu stören; **all men/women are brothers/sisters under the ~** im Grunde sind alle Menschen gleich; **to save one's own ~** die eigene Haut retten; **to jump** *or* **leap out of one's ~** (*inf*) erschreckt hochfahren; **to get under sb's ~** (*inf*) (*irritate*) jdm auf die Nerven gehen (*inf*);

(*fascinate*) (*music, voice*) jdm unter die Haut gehen; (*person*) jdn faszinieren; **I've got you under my ~** du hast mir's angetan; **to have a thick/thin ~** (*fig*) ein dickes Fell (*inf*)/eine dünne Haut haben; **by the ~ of one's teeth** (*inf*) mit knapper Not, mit Ach und Krach (*inf*).
2. (*hide*) Haut *f*; (*fur*) Fell *nt*; (*of small animals also*) Balg *m*.
3. (*oilskins*) Ölhaut *f*, Ölzeug *nt*.
4. (*for wine*) Schlauch *m*.
5. (*of fruit*) Schale *f*; (*of grape, tomato also*) Haut *f*.
6. (*on sausage*) Haut *f*, Darm *m*.
7. (*on milk*) Haut *f*.
8. (*for duplicating*) Matrize *f*.
9. (*~head*) Skinhead, Skin *m*.
II *vt animal* häuten; *fruit* schälen; *grapes, tomatoes* enthäuten. **to ~ sb alive** (*inf*) jdm den Kopf abreißen (*hum inf*).

skin-deep *adj see* **beauty; skin disease** *n* Hautkrankheit *f*; **skin-diver** *n* Sporttaucher(in *f*) *m*; **skin diving** *n* Sporttauchen *nt*; **skin flick** *n* (*inf*) Porno(film) *m*; **skinflint** *n* (*inf*) Geizkragen *m* (*inf*).

skinful ['skɪnfʊl] *n* (*inf*) **to have had a ~** einen über den Durst getrunken haben, einen sitzen haben (*inf*).

skin game *n* (*US inf*) Schwindel *m*; **skin graft** *n* Hauttransplantation *or* -verpflanzung *f*; **skinhead I** *n* Skinhead *m*; **II** *adj attr style, gang* Skinhead-; **skinless** *adj sausage* ohne Haut *or* Darm.

-skinned [-skɪnd] *adj suf* -häutig.

skinner ['skɪnəʳ] *n* (*removing skins*) Abdecker *m*; (*preparing skins*) Gerber *m*.

skinny ['skɪnɪ] *adj* (+*er*) (*inf*) *person, legs, arms* dünn; *sweater* eng anliegend *attr*, hauteng.

skinny-dip *vi* (*inf*) im Adams-/Evaskostüm baden (*hum*); **skinny-rib** *adj sweater* Rippen-.

skint [skɪnt] *adj* (*Brit inf*) **to be ~** pleite *or* blank sein (*inf*).

skin test *n* Hauttest *m*; **skin-tight** *adj* hauteng.

skip¹ [skɪp] **I** *n* (kleiner) Sprung, Hüpfer *m*; (*in dancing*) Hüpfschritt *m*.
II *vi* **1.** hüpfen; (*jump, gambol*) springen; (*with rope*) seilhüpfen, seilspringen. **she was ~ping** (*with rope*) sie sprang Seil.
2. (*move from subject to subject*) springen.
3. (*inf: abscond, flee*) abhauen (*inf*), türmen (*inf*).
III *vt* **1.** (*omit, miss*) *school, church* schwänzen (*inf*); *passage, chapter* überspringen, auslassen; (*Comput: printer*) überspringen. **my heart ~ped a beat** mein Herzschlag setzte für eine Sekunde aus; **to ~ lunch** das Mittagessen ausfallen lassen; **~ it!** ist ja auch egal!
2. (*US*) **to ~ rope** seilhüpfen, seilspringen.
3. (*US inf*) **to ~ town** aus der Stadt verschwinden (*inf*).

◆**skip about** *vi* (*lit*) herumhüpfen; (*fig: author, speaker*) springen.

◆**skip across** *vi* (*inf*) rüberspritzen (*inf*), rüberspringen (*inf*). **we ~ped ~ to Paris** wir machten eine Spritztour nach Paris (*inf*).

◆**skip off** *vi* (*inf*) abhauen (*inf*).

◆**skip over I** *vi* (*inf*) *see* **skip across. II** *vi* +*prep obj* (*pass over*) überspringen.

◆**skip through** *vi* +*prep obj book* durchblättern.

skip² *n* **1.** (*Build*) Container *m*, Bauschuttmulde *f* (*form*); (*Min*) Förderkorb *m*.

skip³ *n abbr of* **skipper** (*Sport, inf*) Kapitän *m*.

ski pants *npl* Skihose(n *pl*) *f*; **ski pass** *n* Skipaß *m*; **skiplane** *n* Flugzeug *nt* mit Schneekufen; **ski pole** *n see* **ski stick**.

skipper ['skɪpəʳ] **I** *n* Kapitän *m*. **aye, aye ~!** jawohl, Käpt'n! **II** *vt* anführen. **the team was ~ed by X** Kapitän der Mannschaft war X.

skipping ['skɪpɪŋ] *n* Seilhüpfen, Seilspringen *nt*. **~ rope** Hüpf- *or* Sprungseil *nt*.

ski-rack ['skiːræk] *n* Skiträger *m*.

skirl [skɜːl] *n* **the ~ of the bagpipes** das Pfeifen der Dudelsäcke.

skirmish ['skɜːmɪʃ] **I** *n* (*Mil*) Gefecht *nt*, Plänkelei *f*; (*scrap, fig*) Zusammenstoß *m*. **II** *vi* (*Mil*) kämpfen; (*scrap, fig*) zusammenstoßen.

skirmisher ['skɜːmɪʃəʳ] *n* Kämpfende(r) *m*.

skirt [skɜːt] **I** *n* **1.** Rock *m*; (*of jacket, coat*) Schoß *m*. **2.** (*sl: woman*) Weibse *f* (*sl*). **a bit** *or* **piece of ~** ein Weibsstück *nt* (*sl*). **II** *vt* (*also* **~ (a)round**) umgehen; (*encircle*) umgeben.

skirting (board) ['skɜːtɪŋ(ˌbɔːd)] *n* (*Brit*) Fußleiste *f*.

ski run *n* Skipiste *f*; **ski school** *n* Skischule *f*; **ski stick** *n* Skistock *m*; **ski suit** *n* Skianzug *m*.

skit [skɪt] *n* (satirischer) Sketch (*on* über +*acc*), Parodie *f* (*on gen*).

ski touring *n* Skitouren *nt*; **ski tow** *n* Schlepplift *m*.

skitter ['skɪtəʳ] *vi* rutschen.

skittish ['skɪtɪʃ] *adj* (*playful*) übermütig, schelmisch; (*flirtatious*) *woman* neckisch, kokett; (*nervous*) *horse* unruhig.

skittishly ['skɪtɪʃlɪ] *adv see adj*.

skittishness ['skɪtɪʃnɪs] *n see adj* Übermütigkeit *f*, Übermut *m*; Neckereien *pl*; Unruhe, Nervosität *f*.

skittle ['skɪtl] *n* (*Brit*) Kegel *m*. **to play ~s** kegeln; **~ alley** Kegelbahn *f*.

skive [skaɪv] (*Brit sl*) **I** *n* **to be on the ~** blaumachen (*inf*); (*from school*) schwänzen (*inf*); **II** *vi* blaumachen (*inf*); (*from school etc*) schwänzen (*inf*).

◆**skive off** *vi* (*Brit sl*) sich abseilen (*sl*), sich drücken (*inf*).

skiver ['skaɪvəʳ] *n* (*Brit sl*) fauler Bruder (*inf*), faule Schwester (*inf*).

skivvy ['skɪvɪ] *n* (*Brit inf*) Dienstmagd *f*.

skua ['skjuːə] *n* Skua *f*, Große Raubmöwe.

skulduggery [skʌl'dʌgərɪ] *n* (*inf*) üble Tricks *pl* (*inf*). **a piece of ~** ein übler Trick (*inf*).

skulk [skʌlk] *vi* (*move*) schleichen, sich stehlen; (*lurk*) sich herumdrücken.

◆**skulk off** *vi* sich davonschleichen, sich

davonstehlen.

skull [skʌl] *n* Schädel *m*. **I couldn't get it into his thick ~** (*inf*) das wollte einfach nicht in seinen Schädel (*inf*); **~ and crossbones** Totenkopf *m*; **~cap** Scheitelkäppchen *nt*.

-skulled [-skʌld] *adj suf* -schädelig.

skunk [skʌŋk] *n* Skunk *m*, Stinktier *nt*; (*inf: person*) Schweinehund *m*.

sky [skaɪ] *n* Himmel *m*. **under the open ~** unter freiem Himmel; **in the ~** am Himmel; **the ~'s the limit**! nach oben sind keine Grenzen gesetzt; **to praise** *or* **extol sb to the skies** jdn in den Himmel heben, jdn über den grünen Klee loben (*inf*).

sky blue *n* Himmelblau *nt*; **sky-blue** *adj* himmelblau; **skydiver** *n* Fallschirmspringer(in *f*) *m*; **skydiving** *n* Fallschirmspringen *nt*.

Skye terrier ['skaɪ'terɪəʳ] *n* Skye-Terrier *m*.

sky-high I *adj prices* schwindelnd hoch; **II** *adv* zum Himmel; **to blow a bridge ~** (*inf*) eine Brücke in die Luft sprengen (*inf*); **to blow a theory ~** (*inf*) eine Theorie zum Einsturz bringen; **skyjack I** *vt* entführen; **II** *n* Flugzeugentführung *f*; **skyjacker** *n* Luftpirat(in *f*), Flugzeugentführer(in *f*) *m*; **skylark I** *n* Feldlerche *f*; **II** *vi* (*inf*) (*frolic*) tollen; (*fool around*) blödeln (*inf*); **skylarking** *n* (*inf*) Tollen *nt*; (*fooling around*) Blödelei *f* (*inf*); **skylight** *n* Oberlicht *nt*; (*in roof also*) Dachfenster *nt*; **skyline** *n* (*horizon*) Horizont *m*; (*of building, hills*) Silhouette *f*; (*of city*) Skyline, Silhouette *f*; **sky pilot** *n* (*sl*) Schwarzrock *m* (*inf*); **skyrocket I** *n* (Feuerwerks)rakete *f*; **II** *vi* (*prices, expenses*) in die Höhe schießen. **III** *vt* in die Höhe schießen lassen; **the novel ~ed its author to fame** der Roman machte den Autor mit einem Schlag berühmt; **skyscraper** *n* Wolkenkratzer *m*.

skyward(s) ['skaɪwəd(z)] **I** *adj* zum *or* gen (*geh*) Himmel gerichtet. **II** *adv* zum *or* gen (*geh*) Himmel.

skyway *n* Luftweg *m*; **sky-writing** *n* Himmelsschrift *f*.

slab [slæb] *n* (*of wood*) Tafel *f*; (*of stone, concrete*) Platte *f*; (*in mortuary*) Tisch *m*; (*slice*) dicke Scheibe; (*of cake, bread*) großes Stück; (*of chocolate*) Tafel *f*.

slack [slæk] **I** *adj* (*+er*) **1.** (*not tight*) locker.

2. (*lazy*) bequem, träge; *student* verbummelt; (*negligent*) nachlässig, schlampig (*inf*). **they are very ~ about renewing contracts** das Erneuern der Verträge wird sehr nachlässig gehandhabt.

3. (*not busy*) (*Comm*) *market* flau; *period, season also* ruhig. **business is ~** das Geschäft geht schlecht.

4. (*slow*) *water* träge; *wind* flau.

II *n* **1.** (*of rope*) durchhängendes Teil (des Seils/Segels), Lose(s) *nt* (*spec*). **to take up the ~ (on a rope/sail)** ein Seil/Segel straffen *or* spannen; **there is too much ~** das Seil/Segel hängt zu sehr durch; **to take up the ~ in the economy** die brachliegenden Kräfte (der Wirtschaft) nutzen.

2. (*coal*) Grus *m*.

III *vi* bummeln.

◆**slack off** *vi see* **slacken off 2.**

slacken ['slækn] **I** *vt* **1.** (*loosen*) lockern.

2. (*reduce*) vermindern, verringern.

II *vi* **1.** (*become loose*) sich lockern. **2.** (*speed*) sich verringern; (*rate of development*) sich verlangsamen; (*wind, demand, market*) abflauen, nachlassen.

◆**slacken off** *vi* **1.** (*diminish*) nachlassen; (*wind, trade also*) abflauen; (*work, trade*) abnehmen. **2.** (*person: relax*) nachlassen; (*for health reasons*) sich schonen.

◆**slacken up** *vi see* **slacken off 2.**

slackening ['slæknɪŋ] *n* (*loosening*) Lockern *nt*; (*reduction*) Abnahme *f*; (*of rate of development, speed*) Verlangsamung *f*; (*of wind, efforts, market*) Abflauen *nt*. **there is no ~ off in the demand** die Nachfrage ist nicht zurückgegangen.

slacker ['slækəʳ] *n* Bummelant *m*.

slackly ['slæklɪ] *adv hold* locker; *hang* lose.

slackness ['slæknɪs] *n* **1.** (*of rope, reins*) Schlaffheit *f*, Durchhängen *nt*. **2.** (*laziness*) Bummelei *f*; (*negligence*) Nachlässigkeit, Schlampigkeit (*inf*) *f*. **3.** (*of business, market*) Flaute *f*.

slacks [slæks] *npl* Hose *f*.

slag [slæg] **I** *n* **1.** Schlacke *f*. **~ heap** Schlackenhalde *f*. **2.** (*sl: woman*) Schlampe *f* (*inf*).

II *vt* (*inf: run down*) miesmachen (*inf*), runtermachen (*inf*).

◆**slag off** *vt sep* (*inf: run down*) miesmachen (*inf*), runtermachen (*inf*).

slain [sleɪn] *ptp of* **slay.**

slalom ['slɑːləm] *n* Slalom *m*.

slam [slæm] **I** *n* **1.** (*of door*) Zuschlagen, Zuknallen *nt no pl*; (*of fist*) Aufschlagen *nt no pl*. **with a ~** mit voller Wucht.

2. (*Cards*) Schlemm *m*. **little** *or* **small ~** Kleinschlemm *m*; *see* **grand ~.**

II *vt* **1.** (*close violently*) zuschlagen, zuknallen. **to ~ the door** (*lit, fig*) die Tür zuschlagen; **to ~ sth shut** etw zuknallen; **to ~ the door in sb's face** jdm die Tür vor der Nase zumachen; **to ~ home a bolt** einen Riegel vorwerfen.

2. (*inf: put, throw with force*) knallen (*inf*). **to ~ the brakes on** (*inf*) auf die Bremse latschen (*inf*).

3. (*inf: defeat*) vernichtend schlagen, am Boden zerstören.

4. (*inf: criticize harshly*) verreißen; *person* herunterputzen (*inf*), miesmachen (*inf*).

III *vi* (*door, window*) zuschlagen, zuknallen.

◆**slam down** *vt sep* (*put down violently*) hinknallen (*inf*); *phone* aufknallen (*inf*); *window* zuknallen. **to ~ sth ~ on the table** etw auf den Tisch knallen.

slammer ['slæməʳ] *n* (*sl: prison*) Knast (*inf*), Bau (*sl*) *m*.

slander ['slɑːndəʳ] **I** *n* Verleumdung *f*. **II** *vt* verleumden.

slanderer ['slɑːndərəʳ] *n* Verleumder(in *f*) *m*.

slanderous ['slɑːndərəs] *adj* verleumderisch.

slang [slæŋ] **I** *n* Slang *m*; (*army ~, schoolboy ~*) Jargon *m*. **thieves' ~** Gaunersprache *f*, Rotwelsch *nt*; **gipsy ~** Zigeunersprache *f*. **II** *adj* Slang-. **III** *vt* (*inf: esp Brit*) **to ~ sb/sth** jdn beschimpfen/über etw (*acc*) schimpfen; **~ing match** Wettschimpfen *nt*; **they were having a ~ing match** sie beschimpften sich um die Wette (*inf*).

slangy *adj* (+*er*), **slangily** *adv* ['slæŋɪ, -lɪ] salopp.

slant [slɑːnt] **I** *n* **1.** Neigung, Schräge *f*. **to be on the ~** sich neigen, schräg sein; **his handwriting has a definite ~ to the right/left** er schreibt stark nach rechts/links.

2. (*fig*) (*bias, leaning*) Tendenz, Neigung *f*; (*of newspaper article*) Anstrich *m*. **these newspapers have a right-wing ~** diese Zeitungen sind rechtsgerichtet *or* haben einen Rechtsdrall; **to get a ~ on sth** sich (*dat*) einen Eindruck von etw verschaffen; **~-eyed** mit schräggestellten Augen; **she is ~-eyed** sie hat schräggestellte Augen.

II *vt* verschieben; *report* färben. **the book is ~ed towards women** das Buch ist auf Frauen ausgerichtet.

III *vi* (*road*) sich neigen. **the light ~ed in at the window** das Licht fiel durch das Fenster herein; **her eyes ~ up at the corners** ihre Augen sind schräggestellt.

slanted ['slɑːntɪd] *adj* (*fig*) gefärbt.

slanting ['slɑːntɪŋ] *adj* schräg.

slap [slæp] **I** *n* Schlag, Klaps *m*. **to give sb a ~** jdm einen Klaps geben; **a ~ in the face** (*lit, fig*) ein Schlag ins Gesicht; (*lit also*) eine Ohrfeige; **to give sb a ~ on the back** jdm (anerkennend) auf den Rükken klopfen.

II *adv* (*inf*) direkt.

III *vt* **1.** schlagen. **to ~ sb's face, to ~ sb on** *or* **round the face** jdn ohrfeigen, jdm ins Gesicht schlagen, jdm eine runterhauen (*inf*); **to ~ sb on the back** jdm auf den Rücken klopfen; **to ~ one's knee(s)** sich (*dat*) auf die Schenkel schlagen.

2. (*put noisily*) knallen (*on(to)* auf +*acc*).

3. (*inf: put carelessly*) **a piece of cheese ~ped between two slices of bread** ein Stück Käse zwischen zwei Scheiben Brot geklatscht (*inf*).

◆**slap down** *vt sep* (*inf*) **1.** (*put down*) hinknallen. **2.** (*fig*) **to ~ sb ~** jdm eins aufs Dach *or* auf den Deckel geben (*inf*); **to be ~ped ~** eins aufs Dach *or* auf den Deckel bekommen (*inf*).

◆**slap on** *vt sep* (*inf*) **1.** (*apply carelessly*) *paint, make-up* draufklatschen (*inf*). **2.** (*put on top*) draufklatschen (*inf*); (*fig*) *tax, money* draufhauen (*inf*).

slap-bang *adv* (*inf*) mit Karacho (*inf*); **it was ~ in the middle** es war genau in der Mitte; **slapdash** *adj* flüchtig, schludrig (*pej*); **slaphappy** *adj* unbekümmert; **slapjack** *n* (*US*) ≃ Pfannkuchen *m*; **slapstick** *n* Klamauk *m* (*inf*); **~ comedy** Slapstick *m*; **slap-up** *adj* (*inf*) super *pred*, Super- (*inf*); *meal* mit allem Drum und Dran (*inf*).

slash [slæʃ] **I** *n* **1.** (*action*) Streich *m*; (*wound*) Schnitt *m*; (*made with sword also*) Schmiß *m*.

2. (*Sew*) Schlitz *m*.

3. (*sl*) **to go for/have a ~** schiffen gehen (*sl*)/schiffen (*sl*).

4. slash-and-burn Brandrodung *f*.

II *vt* **1.** (*cut*) zerfetzen; *face also* aufschlitzen; *undergrowth* abhauen, wegschlagen; (*with sword*) hauen auf (+*acc*), schlagen. **to ~ sb with a knife** jdn durch Messerstiche verletzen; **to ~ sth to ribbons** etw zerfetzen; *see* **wrist.**

2. (*inf: reduce drastically*) *price* radikal herabsetzen; *estimate, budget* zusammenstreichen (*inf*).

3. (*Sew*) mit Schlitzen versehen. **~ed sleeves** Schlitzärmel *pl*.

III *vi* **to ~ at sb/sth** nach jdm/etw schlagen.

◆**slash off** *vt sep* abschlagen. **to ~ £500 ~ the budget** £ 500 aus dem Etat streichen.

slashing ['slæʃɪŋ] *adj blow* zerschmetternd; *attack also* scharf; *criticism* vernichtend.

slat [slæt] *n* Leiste *f*; (*wooden also*) Latte *f*; (*in grid*) Stab *m*.

slate [sleɪt] **I** *n* **1.** (*rock*) Schiefer *m*; (*roof ~*) Schieferplatte *f*; (*writing ~*) (Schiefer)tafel *f*. **~ quarry** Schieferbruch *m*; **he has a ~ loose** (*inf*) bei ihm ist eine Schraube locker (*inf*); **put it on the ~** (*inf*) schreiben Sie es mir an; **to have a clean ~** (*fig*) eine reine Weste haben, nichts auf dem Kerbholz haben (*inf*); **to wipe the ~ clean** (*fig*) reinen Tisch machen.

2. (*US Pol*) (Kandidaten)liste *f*.

II *adj* Schiefer-, schief(e)rig.

III *vt* **1.** *roof* (mit Schiefer) decken. **2.** (*US*) (*propose*) vorschlagen; (*schedule*) ansetzen. **3.** (*inf: criticize harshly*) *play, performance* verreißen; *person* zusammenstauchen (*inf*).

slate-blue *adj* blaugrau; **slate-coloured** *adj* schiefergrau, schieferfarben; **slate-grey** *adj* schiefergrau; **slate pencil** *n* Griffel *m*.

slater ['sleɪtə^{r}] *n* Dachdecker(in *f*) *m*.

slating ['sleɪtɪŋ] *n* (*inf*) Verriß *m*. **to give sb a ~** jdn zusammenstauchen (*inf*); **to get a ~** zusammengestaucht werden (*inf*); (*play, performance*) verrissen werden.

slatted ['slætɪd] *adj see* **slat** aus Leisten/Latten/Stäben bestehend. **a ~ fence** ein Lattenzaun *m*.

slaty ['sleɪtɪ] *adj material* schief(e)rig; (*in colour*) schieferfarben.

slaughter ['slɔːtə^{r}] **I** *n* (*of animals*) Schlachten *nt no pl*; (*of persons*) Gemetzel, Abschlachten (*liter*) *nt no pl*. **the ~ on the roads** das Massensterben auf den Straßen.

II *vt* schlachten; *persons* (*lit*) abschlachten; (*fig*) fertigmachen (*inf*).

slaughterer ['slɔːtərə^{r}] *n* (*lit*) Schlachter *m*.

slaughterhouse ['slɔːtəhaʊs] *n* Schlachthof *m or* -haus *nt*.

Slav [slɑːv] **I** *adj* slawisch. **II** *n* Slawe *m*, Slawin *f*.

slave [sleɪv] **I** *n* Sklave *m*, Sklavin *f*. **to be a ~ to sb/sth** jds Sklave sein/Sklave von etw sein. **II** *vi* sich abplagen, schuften (*inf*). **to ~ (away) at sth** sich mit etw herumschlagen; **to ~ over a hot stove** (den ganzen Tag) am Herd stehen.

slavedriver *n* (*lit, fig*) Sklaventreiber *m*; **slave labour** *n* **1.** (*work*) Sklavenarbeit *f*; **2.** (*work force*) Sklaven *pl*; **he uses ~** seine Leute müssen wie die Sklaven arbeiten.

slaver¹ ['sleɪvəʳ] *n* (*ship*) Sklavenschiff *nt*; (*person*) Sklavenhändler *m*.

slaver² ['slævəʳ] **I** *vi* speicheln (*geh*), geifern. **the dog ~ed at the mouth** der Hund hatte Schaum vor dem Maul; **he began to ~ at the thought of food** bei dem Gedanken ans Essen lief ihm das Wasser im Munde zusammen. **II** *n* Speichel, Geifer *m*.

slavery ['sleɪvərɪ] *n* Sklaverei *f*; (*condition*) Sklavenleben *nt*; (*fig: addiction*) sklavische Abhängigkeit (*to* von). **she was tired of domestic ~** sie hatte es satt, sich immer im Haushalt abrackern zu müssen.

slave-ship *n* Sklavenschiff *nt*; **slave trade** *n* Sklavenhandel *m*; **slave-trader** *n see* **slaver¹**.

slavey ['sleɪvɪ] *n* (*dated Brit inf*) (Dienst)mädchen *nt*.

Slavic ['slɑːvɪk] **I** *adj* slawisch. **II** *n* das Slawische.

slavish *adj*, **~ly** *adv* ['sleɪvɪʃ, -lɪ] sklavisch.

slavishness ['sleɪvɪʃnɪs] *n* sklavische Abhängigkeit; (*submissiveness*) Unterwürfigkeit *f*. **the ~ with which she imitated him** die sklavische Art, in der sie ihn nachahmte.

Slavonic [slə'vɒnɪk] **I** *adj* slawisch. **II** *n* das Slawische.

slaw [slɔː] *n* (*US*) Krautsalat *m*.

slay [sleɪ] *pret* **slew**, *ptp* **slain** *vt* erschlagen; (*with gun, esp US: kill*) ermorden. **he really ~s me** (*inf*) ich könnte mich über ihn totlachen (*inf*).

slayer ['sleɪəʳ] *n* (*US Press*) Mörder, Töter (*old liter*) *m*.

slaying ['sleɪɪŋ] *n* (*esp US: murder*) Mord *m*. **an increasing number of ~s** eine Zunahme von Mordfällen.

SLD (*Brit Pol*) *abbr of* **Social and Liberal Democrats**.

sleaze [sliːz] *n* (*inf*) Skandalgeschichten *pl*.

sleazo ['sliːzəʊ] *n* (*sl: sleazy person*) schmierige Type (*inf*).

sleazy ['sliːzɪ] *adj* (*+er*) (*inf*) schäbig.

sled [sled], **sledge** [sledʒ] **I** *n* Schlitten *m*. **II** *vi* Schlitten fahren.

sledge(hammer) ['sledʒ(ˌhæməʳ)] *n* Vorschlaghammer *m*.

sleek [sliːk] **I** *adj* (*+er*) *hair, fur, animal* geschmeidig, glatt; (*of general appearance*) gepflegt; *car also* schnittig, elegant; *behaviour* aalglatt (*pej*), glatt. **II** *vt* glätten; (*cat*) lecken. **to ~ one's hair down/back** sich (*dat*) die Haare glätten *or* zurechtstreichen/zurückstreichen.

sleekness ['sliːknɪs] *n see adj* Geschmeidigkeit *f*; Gepflegtheit *f*; Schnittigkeit, Eleganz *f*; aalglatte Art (*pej*), Glätte *f*.

sleep [sliːp] (*vb: pret, ptp* **slept**) **I** *n* Schlaf *m*. **to go to ~** (*person, limb*), **to drop off to ~** (*person*) einschlafen; **I couldn't get to ~ last night** ich konnte letzte Nacht nicht einschlafen; **try and get some ~** versuche, etwas zu schlafen; **to have a ~** (etwas) schlafen; **to have a good night's ~** sich richtig ausschlafen, richtig schlafen; **to put sb to ~** (*person, cocoa*) jdn zum Schlafen bringen; (*drug*) jdn einschläfern; **to put an animal to ~** (*euph*) ein Tier einschläfern; **that film sent me to ~** bei dem Film bin ich eingeschlafen; **to walk/talk in one's ~** schlafwandeln/im Schlaf sprechen.

II *vt* **1. to ~ the hours away** vor sich hin dösen (*inf*); (*all day*) den ganzen Tag verschlafen; **to ~ the sleep of the just/the sleep of the dead** *or* **the last sleep** den Schlaf des Gerechten/den ewigen (*liter*) *or* letzten Schlaf (*liter*) schlafen.

2. unterbringen. **the house ~s 10** in dem Haus können 10 Leute schlafen *or* übernachten.

III *vi* schlafen. **to ~ like a log** *or* **top** *or* **baby** wie ein Klotz *or* wie ein Murmeltier *or* unschuldig wie ein Kind schlafen; **to ~ late** lange schlafen; **to ~ right round the clock** rund um die Uhr schlafen; **the village slept** (*liter*) das Dorf schlief (*geh*); **you must have been ~ing** (*fig*) da mußt du geschlafen haben.

◆**sleep around** *vi* (*inf*) mit jedem schlafen (*inf*).

◆**sleep in** *vi* **1.** ausschlafen; (*inf: oversleep*) verschlafen. **2.** (*live in*) im Hause wohnen.

◆**sleep off** *vt sep* (*inf*) *hangover* ausschlafen. **to ~ it ~** seinen Rausch ausschlafen; *cold* sich gesund schlafen; **to ~ ~ one's lunch** ein Verdauungsschläfchen *nt* halten.

◆**sleep on I** *vi* (*continue sleeping*) weiterschlafen. **II** *vi +prep obj problem* überschlafen. **let's ~ ~ it** schlafen wir erst einmal darüber, überschlafen wir die Sache erst einmal.

◆**sleep out** *vi* **1.** (*in open air*) draußen *or* im Freien schlafen. **2.** (*hotel staff: live out*) außer Haus wohnen.

◆**sleep through I** *vi* durchschlafen. **II** *vi +prep obj* weiterschlafen bei. **to ~ ~ the alarm (clock)** den Wecker verschlafen.

◆**sleep together** *vi* zusammen schlafen.

◆**sleep with** *vi +prep obj* schlafen mit.

sleeper ['sliːpəʳ] *n* **1.** (*person*) Schlafende(r) *mf*, Schläfer(in *f*) *m*. **to be a heavy/light ~** einen festen/leichten Schlaf haben.

2. (*Brit Rail: on track*) Schwelle *f*.

3. (*Rail*) (*train*) Schlafwagenzug *m*; (*coach*) Schlafwagen *m*; (*berth*) Platz *m* im Schlafwagen.

4. (*earring*) *einfacher Ohrring, der das Zuwachsen des Loches im Ohrläppchen verhindern soll.*

sleepily ['sliːpɪlɪ] *adv see adj* **1.** schläfrig, müde; verschlafen.

sleepiness ['sliːpɪnɪs] *n see adj* **1.** Müdigkeit, Schläfrigkeit *f*; Verschlafenheit *f*. **2.** Lahmheit (*inf*), Müdigkeit *f*; Verschlafenheit *f*; Einschläfernde(s) *nt*; Schläfrigkeit *f*.

sleeping ['sli:pɪŋ] **I** *adj* schlafend. **S~ Beauty** Dornröschen *nt*; **let ~ dogs lie** (*Prov*) schlafende Hunde soll man nicht wecken (*Prov*). **II** *n* Schlafen *nt*. **between ~ and waking** zwischen Schlaf und Wachen.

sleeping accommodation *n* Schlafgelegenheit *f*; **sleeping bag** *n* Schlafsack *m*; **sleeping car** *n* Schlafwagen *m*; **sleeping draught** *n* Schlaftrunk *m*; **sleeping partner** *n* (*Brit*) stiller Teilhaber *or* Gesellschafter; **sleeping pill** *n* Schlaftablette *f*; **sleeping policeman** *n* (*traffic bump*) (fahrdynamische) Schwelle, Bodenschwelle *f*; **sleeping quarters** *npl* Schlafräume *pl*; Schlafsaal *m*; **sleeping sickness** *n* Schlafkrankheit *f*.

sleepless ['sli:plɪs] *adj* schlaflos.

sleeplessness ['sli:plɪsnɪs] *n* Schlaflosigkeit *f*.

sleepwalk *vi* schlafwandeln; **he was ~ing** er hat *or* ist geschlafwandelt; **sleepwalker** *n* Schlafwandler(in *f*) *m*; **sleepwalking I** *n* Schlafwandeln *nt*; **II** *attr* schlafwandlerisch.

sleepy ['sli:pɪ] *adj* (+*er*) **1.** (*drowsy*) *person, voice* müde, schläfrig; (*not yet awake*) verschlafen. **to be/look ~** müde sein/aussehen.

2. (*inactive*) *person* lahm (*inf*), müde; *place, atmosphere* verschlafen; *climate* schläfrig machend; *afternoons* schläfrig.

sleepyhead ['sli:pɪhed] *n* (*inf*) Schlafmütze *f*.

sleet [sli:t] **I** *n* Schneeregen *m*. **II** *vi* **it was ~ing** es gab Schneeregen.

sleeve [sli:v] *n* **1.** (*on garment*) Ärmel *m*. **to roll up one's ~s** (*lit*) sich (*dat*) die Ärmel hochkrempeln; (*fig*) die Ärmel aufkrempeln (*inf*); **to have sth/a card up one's ~** (*fig inf*) etw/etwas in petto haben *or* auf Lager haben. **2.** (*for record, on book*) Hülle *f*. **3.** (*Tech*) Muffe, Manschette *f*.

-sleeved [-sli:vd] *adj suf* -ärmelig.

sleeveless ['sli:vlɪs] *adj* ärmellos.

sleigh [sleɪ] *n* (Pferde)schlitten *m*. **~ ride** Schlittenfahrt *f*.

sleighing ['sleɪɪŋ] *n* Schlittenfahren *nt*.

sleight [slaɪt] *n*: **~ of hand** Fingerfertigkeit *f*; **by ~ of hand** durch Taschenspielertricks.

slender ['slendəʳ] *adj* schlank; *hand, waist also* schmal; *resources, income* knapp, mager; *chance, hope* schwach, gering; *excuse* dürftig, schwach.

slenderize ['slendəraɪz] *vt* (*US*) schlank machen.

slenderly ['slendəlɪ] *adv*: **~ built** *or* **made** schlank.

slenderness ['slendənɪs] *n see adj* Schlankheit *f*; Schmalheit *f*; Schwäche *f*; Dürftigkeit *f*.

slept [slept] *pret, ptp of* **sleep.**

sleuth [slu:θ] (*inf*) **I** *n* Spürhund *m* (*inf*). **II** *vi* Detektiv spielen.

slew¹, (*US***) slue** [slu:] (*also* **~ round**) **I** *vt crane, lorry* (herum)schwenken; *head* drehen. **to ~ sth to the left** etw nach links schwenken. **II** *vi* (herum)schwenken.

slew² (*US inf: also* **slue**) *n* Haufen *m* (*inf*).

slew³ *pret of* **slay.**

slewed [slu:d] *adj pred* (*sl*) voll (*inf*), besoffen (*sl*). **to get ~** sich vollaufen lassen (*sl*).

slice [slaɪs] **I** *n* **1.** Scheibe *f*; (*of bread also*) Schnitte *f*.

2. (*fig: portion*) (*of population, profits*) Teil *m*; (*of land*) Stück *nt*. **a ~ of life in contemporary Paris** ein Ausschnitt aus dem Leben im heutigen Paris; **that was a ~ of luck!** das war ein glücklicher Zufall.

3. (*esp Brit: food server*) Wender *m*. **cake ~** Tortenheber *m*.

4. (*Sport*) angeschnittener Ball. **to put a bit of ~ on the ball** den Ball etwas anschneiden.

II *vt* **1.** durchschneiden; *bread, meat etc* (in Scheiben) schneiden. **to ~ sth in two** etw durchschneiden, etw in zwei Teile schneiden. **2.** *ball* (an)schneiden.

III *vi* **1.** schneiden. **to ~ through sth** etw durchschneiden. **2.** (*Sport*) schneiden.

◆**slice off** *vt sep* abschneiden. **he ~d ~ the top of his egg** er köpfte sein Ei (*inf*).

◆**slice up** *vt sep* (ganz) in Scheiben schneiden; *bread, meat, sausage also* aufschneiden; (*divide*) aufteilen.

sliced [slaɪst] *adj* (in Scheiben) geschnitten; *loaf, bread, sausage* (auf)geschnitten.

slicer ['slaɪsəʳ] *n* (*cheese-~, cucumber-~*) Hobel *m*; (*machine*) (*bread-~*) Brot(schneide)maschine *f*, Brotschneider *m*; (*bacon-~*) ≃ Wurstschneidemaschine *f*.

slick [slɪk] **I** *adj* (+*er*) (*inf*) **1.** (*often pej: clever*) gewieft (*inf*), clever (*inf*); *answer, solution* glatt; *show, performance, translation, style* glatt, professionell. **a ~ customer** ein ganz gewiefter Kerl (*inf*); **he's a ~ operator** er geht raffiniert vor.

2. *hair* geschniegelt.

3. (*US: slippery*) glatt, schlüpfrig.

II *n* **1.** (*oil~*) (Öl)teppich *m*, Schlick *nt*. **2.** (*US inf: glossy*) Hochglanzmagazin *nt*. **3.** (*racing tyre*) Slick *m* (*inf*).

◆**slick back** *vt sep* **to ~ one's hair ~** sich (*dat*) die Haare anklatschen (*inf*); **the ~ed-~ hairstyles of the 50s** die geschniegelten Frisuren der 50er Jahre.

slicker ['slɪkəʳ] *n* (*US*) **1.** (*coat*) Regenjakke *f*. **2.** (*inf: swindler*) Gauner (*inf*), Ganove (*inf*) *m*. **3.** *see* **city slicker.**

slickly ['slɪklɪ] *adv* (*inf*) *see adj* **1..**

slickness ['slɪknɪs] *n* (*inf*) *see adj* **1.** Gewieftheit (*inf*), Cleverneß (*inf*) *f*. **we were impressed by the ~ with which he answered** wir waren davon beeindruckt, wie glatt er antwortete. **2.** (*appearance*) geschniegeltes Aussehen.

slide [slaɪd] (*vb: pret, ptp* **slid** [slɪd]) **I** *n* **1.** (*place for sliding, chute*) Rutschbahn *f*; (*in playground, for logs*) Rutsche *f*.

2. (*fig: fall, drop*) Abfall *m*. **the ~ in share prices** der Preisrutsch bei den Aktien; **his slow ~ into alcoholism** sein langsamer Abstieg zum Alkoholiker.

3. (*land~*) Rutsch *m*, Rutschung *f* (*spec*).

4. (*of trombone*) Zug *m*; (*sequence of notes*) Schleifer *m*.

5. (*Tech: part*) gleitendes Teil, Schlitten *m*.

6. (*esp Brit: for hair*) Spange *f*.

7. (*Phot*) Dia, Diapositiv (*form*) *nt*; (*microscope ~*) Objektträger *m*.

II *vt* (*push*) schieben; (*slip*) gleiten lassen. **to ~ the drawer (back) into place** die Schublade (wieder) zurückschieben.

III *vi* **1.** rutschen; (*deliberately also*) schlittern. **to ~ down the banisters** das Treppengeländer hinunterrutschen; **suddenly it all slid into place** plötzlich paßte alles zusammen.

2. (*move smoothly: machine part*) sich schieben lassen. **it slid into its place** es glitt *or* rutschte an die richtige Stelle.

3. (*person*) schleichen. **he slid into the room** er kam ins Zimmer geschlichen; **he slid off into the dark** er verschwand in der Dunkelheit.

4. (*fig*) **the days slid by** *or* **past** die Tage schwanden dahin (*geh*); **to let sth ~** etw schleifen lassen, etw vernachlässigen.

slide control *n* Schieberegler *m*; **slide fastener** *n* (*US*) Reißverschluß *m*; **slide film** *n* Diafilm *m*; **slide projector** *n* Diaprojektor *m*; **slide rule** *n* Rechenschieber, Rechenstab (*form*) *m*.

sliding ['slaɪdɪŋ] *adj part* gleitend; *door, roof, seat* Schiebe-; *seat* (*in rowing boat*) Roll-. **~ scale** gleitende Skala.

slight [slaɪt] **I** *adj* (+*er*) **1.** *person, build* zierlich.

2. (*small, trivial*) leicht; *improvement also, change, possibility* geringfügig; *importance, intelligence* gering; *error also* klein; *pain also* schwach; *acquaintance* flüchtig. **to a ~ extent** in geringem Maße; **just the ~est bit short** ein ganz kleines bißchen zu kurz; **the ~est optimism/criticism/possibility** das gering(fügig)ste Zeichen von Optimismus/die geringste Kritik/die allergeringste Möglichkeit; **he takes offence at the ~est thing** er ist wegen jeder kleinsten Kleinigkeit gleich beleidigt; **I haven't the ~est idea** ich habe nicht die geringste *or* leiseste (*inf*) Ahnung; **not in the ~est** nicht im geringsten *or* mindesten (*geh*); **without the ~est difficulty** ohne die kleinste *or* mindeste Schwierigkeit.

II *n* (*affront*) Affront *m* (*on* gegen). **a ~ on one's/sb's character** eine persönliche Kränkung *or* Beleidigung.

III *vt* (*offend*) kränken, beleidigen; (*ignore*) ignorieren. **to feel ~ed** gekränkt *or* beleidigt sein.

slighting ['slaɪtɪŋ] *adj* (*offensive*) kränkend; (*disparaging*) *behaviour* geringschätzig; *remark* abschätzig, abfällig.

slightingly ['slaɪtɪŋlɪ] *adv speak* abschätzig, abfällig; *treat* geringschätzig.

slightly ['slaɪtlɪ] *adv* **1. ~ built** *or* **made** *person* zierlich. **2.** (*to a slight extent*) etwas, ein klein(es) bißchen; *know* flüchtig; *smell* leicht, etwas.

slightness ['slaɪtnɪs] *n* **1.** (*of person, build*) Zierlichkeit *f*. **2.** (*triviality*) Geringfügigkeit *f*; (*of acquaintance*) Flüchtigkeit *f*.

slim [slɪm] **I** *adj* (+*er*) **1.** schlank; *ankle, waist* schmal; *volume* schmal, dünn. **2.** *resources, profits* mager; *excuse, hope also* schwach; *chances* gering. **II** *vi* eine Schlankheitskur machen. **III** *vt* (*also* **~ down**) schlank(er) machen; (*fig*) *demands* schrumpfen.

◆**slim down I** *vt sep* **1.** *person* abnehmen lassen, dünner machen. **2.** (*fig*) *business etc* verschlanken.

II *vi* **1.** (*person*) abnehmen, abspekken (*inf*). **2.** (*fig: business etc*) verschlanken, abspecken (*inf*).

slime [slaɪm] *n* Schleim *m*. **trail of ~** Schleimspur *f*.

sliminess ['slaɪmɪnɪs] *n see adj* Schleimigkeit *f*; Glitschigkeit *f*; Schmierigkeit *f*; Öligkeit *f*.

slimmer ['slɪmə^r] *n* Kalorienzähler(in *f*) *m* (*hum*). **special meals for ~s** spezielle Gerichte für Leute, die abnehmen wollen.

slimming ['slɪmɪŋ] **I** *adj* schlankmachend *attr*. **crispbread is ~** Knäckebrot macht schlank; **to be on a ~ diet** eine Schlankheitskur machen; **~ club** Diätklub, Schlankheitsklub *m*; **~ foods** kalorienarme Nahrungsmittel *pl*. **II** *n* Abnehmen *nt*.

slimness ['slɪmnɪs] *n see adj* **1.** Schlankheit *f*; Schmalheit, Dünne *f*. **2.** Magerkeit *f*. **because of the ~ of their chances** weil ihre Chancen so gering waren.

slimy ['slaɪmɪ] *adj* (+*er*) *liquid, secretion* schleimig; *stone, wall* glitschig; *hands* schmierig; (*fig*) schleimig; *smile, person also* ölig.

sling [slɪŋ] (*vb: pret, ptp* **slung**) **I** *n* **1.** (*Med*) Schlinge *f*. **to have one's arm in a ~** den Arm in der Schlinge tragen.

2. (*for hoisting*) Schlinge, Schlaufe *f*; (*for rifle*) (Trag)riemen *m*; (*for baby*) (Baby)tragetuch *nt*, (Baby)trageschlinge *f*.

3. (*weapon*) Schleuder *f*.

II *vt* **1.** (*throw*) schleudern; (*inf*) schmeißen (*inf*). **to ~ sth over to sb** (*inf*) jdm etw zuschmeißen (*inf*); **he slung the box onto his back** er warf sich (*dat*) die Kiste auf den Rücken; **to ~ one's hook** (*fig inf*) Leine ziehen (*inf*).

2. (*hoist with a ~*) in einer Schlinge hochziehen.

3. (*hang*) aufhängen.

◆**sling out** *vt sep* (*inf*) rausschmeißen (*inf*).

slingback *adj* **~ shoes** Slingpumps *pl*; (*sandals*) Sandaletten *pl*; **sling bag** *n* (*US*) Schultertasche *f*; **slingshot** *n* (*US*) (Stein)schleuder *f*.

slink [slɪŋk] *pret, ptp* **slunk** *vi* schleichen. **to ~ away** *or* **off** sich davonschleichen; **to ~ along the wall** sich an der Wand entlangdrücken; **to ~ off with one's tail between one's legs** (*fig inf*) mit eingezogenem Schwanz abziehen (*inf*).

slinky *adj* (+*er*), **slinkily** *adv* ['slɪŋkɪ, -lɪ] (*inf*) aufreizend; *walk also* katzenhaft.

slip [slɪp] **I** *n* **1.** (*slide*) **she had a nasty ~** sie ist ausgerutscht und bös gefallen.

2. (*mistake*) Ausrutscher, Patzer *m.* **to make a (bad) ~** sich (übel) vertun (*inf*); **a ~ of the pen/tongue** ein Flüchtigkeitsfehler *m*/Versprecher *m*; **it was just a ~ of the pen** da habe ich mich nur verschrieben; **there's many a ~ ('twixt cup and lip)** (*Prov*) man soll den Tag nicht vor dem Abend loben (*Prov*), zwischen Lipp' und Kelchesrand (schwebt der finster'n Mächte Hand) (*liter*).

3. to give sb the ~ jdm entwischen.

4. (*pillow~*) Kissenbezug *m.*

5. (*undergarment*) Unterrock *m.* **waist ~** Halbunterrock *m*; **full-length ~** Unterkleid *nt.*

6. (*of paper*) Zettel *m.* **~s of paper** Zettel *pl*; **withdrawal ~** Auszahlungsschein *m*; **sales ~** Kassenzettel *m.*

7. (*person*) **a (mere) ~ of a girl** (*slightly built*) ein zierliches Persönchen; (*young*) eine halbe Portion (*inf*).

8. (*Hort*) (*for planting*) Steckling *m*; (*for grafting*) Reis *nt.*

9. (*Cricket*) (*position/area*) *Position f/Gebiet nt neben dem Torwächter*; (*fielder*) Eckmann *m.*

10. ~s *pl* (*Theat*) Bühnenloge *f.*

11. (*Pottery*) geschlämmter Ton.

12. (*Aviat: side-~*) Schlipp *m.*

II *vt* **1.** schieben; (*slide*) gleiten *or* rutschen lassen. **to ~ sth across to sb** jdm etw zuschieben; (*unobtrusively*) jdm etw zuschmuggeln; **she ~ped the dress over her head** sie streifte sich (*dat*) das Kleid über den Kopf; **to ~ one's arm round sb's waist** jdm den Arm um die Taille legen; **to ~ one over on sb** (*inf*) jdn reinlegen (*inf*).

2. (*escape from*) sich losreißen von. **to ~ anchor** (*Naut*) den Anker kappen (*form*); **it/his birthday ~ped my mind** *or* **memory** ich habe es/seinen Geburtstag vergessen *or* verschwitzt (*inf*); **it ~ped my notice** es ist mir entgangen.

3. (*loose*) losmachen. **he ~ped the dog from its chain** er machte den Hund (von der Kette) los.

4. (*Med*) **to ~ a disc** sich (*dat*) einen Bandscheibenschaden zuziehen; **a ~ped disc** ein Bandscheibenschaden.

5. (*Aut*) *clutch* schleifen lassen.

6. to ~ a stitch eine Masche (ungestrickt) abheben.

III *vi* **1.** (*person*) (aus)rutschen; (*feet, tyres*) (weg)rutschen; (*become loose: knot, nut*) sich lösen; (*Aut: clutch*) schleifen. **the knife ~ped** das Messer rutschte ab; **it ~ped from her hand** es rutschte ihr aus der Hand; **the beads ~ped through my fingers** die Perlen glitten durch meine Finger; **money ~s through her fingers** das Geld rinnt ihr (nur so) durch die Finger; **suddenly everything ~ped into place** plötzlich paßte alles zusammen.

2. (*move quickly*) schlüpfen; (*move smoothly*) rutschen. **I'll ~ round to the shop** ich spring' schnell zum Laden.

3. to let (it) ~ that ... fallenlassen, daß ...; **to let a secret/chance ~** ein Geheimnis ausplaudern/eine Gelegenheit vorübergehen lassen; **the police let the thief ~ through their fingers** die Polizei ließ sich (*dat*) den Dieb in letzter Minute durch die Finger schlüpfen.

4. (*decline: standards, morals*) fallen. **you're ~ping!** (*inf*) du läßt nach (*inf*).

◆**slip away** *vi* sich wegschleichen, sich wegstehlen; (*time*) verstreichen, vergehen; (*chances*) (allmählich) schwinden; (*opportunity*) dahinschwinden.

◆**slip back** *vi* **1.** (*return unobtrusively*) unbemerkt zurückgehen; (*quickly*) schnell zurückgehen. **2.** (*deteriorate*) (*production*) zurückgehen; (*patient*) einen Rückfall haben.

◆**slip by** *vi* (*pass unobtrusively*) (*person*) sich vorbeischleichen *or* vorbeischmuggeln (*prep obj* an +*dat*); (*mistake*) durchgehen; (*years*) verfliegen.

◆**slip down** *vi* (*fall*) ausrutschen, ausgleiten; (*go down*) hinunterlaufen. **this wine ~s ~ easily** dieser Wein läuft so schön (die Kehle hinunter) (*inf*).

◆**slip in I** *vi* (*enter unobtrusively*) (sich) hineinschleichen; (*burglar also, mistake*) sich einschleichen.

II *vt sep* (*mention casually*) einfließen lassen. **to ~ the clutch ~** die Kupplung schleifen lassen; **to ~ sth ~to sb's pocket** jdm etw in die Tasche gleiten lassen; **she ~ped the car ~to first gear** sie legte den ersten Gang ein.

◆**slip off I** *vi* sich wegschleichen, sich wegstehlen. **II** *vt sep clothes* ausziehen, abstreifen.

◆**slip on** *vt sep* schlüpfen in (+*acc*); *dress, gloves also* überstreifen, überziehen; *ring* aufziehen; *lid* drauftun (*prep obj* auf +*acc*).

◆**slip out** *vi* **1.** (*leave unobtrusively*) kurz weggehen *or* rausgehen. **2.** (*be revealed*) herauskommen.

◆**slip past** *vi see* **slip by.**

◆**slip up** *vi* (*inf: err*) sich vertun (*inf*), (einen) Schnitzer machen (*over, in* bei). **you really ~ped ~ there!** da hast du aber wirklich Murks gemacht (*inf*); **he usually ~s ~ on spelling** meistens stolpert er über die Rechtschreibung (*inf*).

slipcase *n* Schuber *m*; **slipcover** *n* (*esp US*) Schonbezug *m*; **slipknot** *n* Schlippstek *m* (*spec*); **slip-ons** *npl* (*also* **~-on shoes**) Slipper *pl*; (*for women also*) Trotteurs *pl*; **slipover** *n* Pullunder *m.*

slippage ['slɪpɪdʒ] *n* **1.** (*Mech*) Schlupf *m*, Spiel *nt.* **2.** (*fig*) Rückstand *m.*

slipper ['slɪpə[r]] *n* (*bedroom ~*) Pantoffel, Hausschuh *m*; (*dancing ~*) Pumps, Slipper *m.*

slipperiness ['slɪpərɪnɪs] *n see adj* **1.** Schlüpfrigkeit *f*; Glätte *f*; Glitschigkeit *f.* **2.** Glätte *f*, aalglatte Art.

slippery ['slɪpərɪ] *adj* **1.** schlüpfrig; *rope, road, ground* glatt, rutschig; *fish also* glitschig. **to be on ~ ground** (*fig*) sich auf unsicherem Boden bewegen.

2. (*pej inf*) *person* glatt, windig (*inf*). **a ~ customer** ein aalglatter Kerl (*inf*); **he's as ~ as they come** *or* **as an eel** er ist aalglatt; **it's a ~ slope** das ist ein gefährlicher Weg.

slippy ['slɪpɪ] *adj* (*inf*) **1.** (*slippery*) glatt. **2.** (*esp Brit*) **to be** *or* **look ~** einen Zahn zulegen (*inf*) (*about sth* bei etw).

slip-road ['slɪprəʊd] *n* (*Brit*) Zufahrtsstraße *f*; (*for entering motorway*) (Autobahn)auffahrt *f*; (*for leaving motorway*) (Autobahn)ausfahrt *f*.

slipshod ['slɪpʃɒd] *adj* schludrig.

slipstream *n* (*Aviat*) Sog *m*; (*Aut*) Windschatten *m*; **slip-up** *n* Schnitzer *m*; (*more serious*) Patzer *m*; **there's been a ~ somewhere** da muß irgend etwas schiefgelaufen sein; **slipway** *n* (*Aut*) Ablaufbahn, Gleitbahn *f*.

slit [slɪt] (*vb: pret, ptp* ~) **I** *n* Schlitz *m*; (*in castle wall also*) Schießscharte *f*. **II** *vt* (auf)schlitzen. **to ~ a sack open** einen Sack aufschlitzen.

slit-eyed ['slɪt'aɪd] *adj* (*pej*) schlitzäugig.

slither ['slɪðə^r] *vi* rutschen; (*snake*) gleiten.

slit trench *n* Splittergraben *m*.

sliver ['slɪvə^r] *n* (*of wood, glass etc*) Splitter *m*; (*thin slice*) Scheibchen *nt*.

Sloane (Ranger) ['sləʊn('reɪndʒə^r)] *n* (*Brit inf*) *junges, wohlhabendes (weibliches) Mitglied der gehobenen Mittelklasse*.

slob [slɒb] *n* (*inf*) Drecksau *f* (*inf*).

slobber ['slɒbə^r] **I** *n* Sabber *m* (*inf*). **II** *vi* sabbern, sabbeln (*also fig*); (*dog*) geifern. **to ~ over sb** (*fig inf*) von jdm schwärmen; (*kiss*) jdn abküssen; **to ~ over sth** (*fig inf*) etw anschmachten; (*dirty old man*) sich an etw (*dat*) aufgeilen (*sl*).

sloe [sləʊ] *n* (*fruit*) Schlehe *f*; (*tree*) Schlehdorn *m*. **~-gin** Schlehdornschnaps *m*.

slog [slɒg] (*inf*) **I** *n* **1.** (*effort*) Schinderei, Plackerei *f* (*inf*). **it's a long ~ to the top of the hill** es ist eine ganz schöne Schinderei *or* Plackerei (*inf*), bis man oben ist.

2. (*stroke*) wuchtiger Schlag. **to give sb/sth a ~** jdm/etw einen (ordentlichen) Schlag versetzen; **to take a ~ at sb/sth** auf jdn/etw (ein)dreschen.

II *vt ball* dreschen (*inf*); *opponent* hart schlagen *or* treffen.

III *vi* **1. to ~ at sth** (*hit*) auf etw (*acc*) (ein)dreschen (*inf*); (*work*) an etw (*dat*) schuften (*inf*); **to ~ away (at sth)** sich (mit etw) abrackern.

2. (*walk*) **to ~ on/along** sich weiter-/dahinschleppen.

slogan ['sləʊgən] *n* Slogan *m*; (*motto*) Motto *nt*, Wahlspruch *m*; (*political also*) Schlagwort *nt*, Parole *f*. **advertising ~** Werbeslogan, Werbespruch *m*.

slogger ['slɒgə^r] *n* (*inf*) Arbeitstier *nt*.

sloop [slu:p] *n* Slup, Schlup *f*.

slop [slɒp] **I** *vi* **1.** (*spill*) (über)schwappen. **to ~ over (into sth)** überschwappen (in +*acc*). **2. to ~ about** (*splash*) herumschwappen (*inf*); (*fig inf: in slippers*) herumschlurfen.

II *vt* (*spill*) verschütten; (*pour out*) schütten.

III *n* **1.** (*inf: sentimental*) rührseliges Zeug, Schmalz *m*.

2. (*tasteless food: also* **~s**) Schlabber *m* (*inf*).

3. *usu pl* (*waste*) Schmutzwasser, Abwasser *nt*; (*swill*) Schweinetrank *m*. **~ pail** Eimer *m* für Schmutzwasser.

◆**slop out** *vi* (*in prison*) den/die Toiletteneimer (aus)leeren.

slop basin, slop bowl *n* Abgußschale *f* (*Teil des Teeservice, in das Teereste gegossen werden*).

slope [sləʊp] **I** *n* **1.** (*angle*) Neigung *f*; (*downwards also*) Gefälle *nt*; (*of roof also*) Schräge *f*.

2. (*sloping ground*) (Ab)hang *m*. **on a ~** am Hang; **halfway up the ~** auf halber Höhe; **he broke his leg on the (ski) ~s** er hat sich das Bein auf der Piste gebrochen.

3. (*Mil*) **with his rifle at the ~** mit geschultertem Gewehr.

II *vt* neigen, schräg (an)legen. **~ arms!** (*Mil*) schultert Gewehr!

III *vi* **1.** geneigt sein; (*road, garden, floor*) sich neigen. **the picture is sloping to the left/right** das Bild hängt schief; **his handwriting ~s to the left/backwards** seine Handschrift ist nach links/nach hinten geneigt.

2. (*inf: move casually*) schlendern (*inf*).

◆**slope away** *vi* **1.** abfallen. **2.** (*slip away*) abziehen (*inf*).

◆**slope down** *vi* sich neigen, abfallen.

◆**slope off** *vi* abziehen (*inf*).

◆**slope up** *vi* **1.** (*road*) ansteigen. **2.** (*person*) herschlendern. **to ~ ~ to sb** auf jdn zuschlendern.

sloping ['sləʊpɪŋ] *adj hill, road* (*upwards*) ansteigend; (*downwards*) abfallend; *roof, floor* schräg, geneigt; *shoulders* abfallend; *garden, field* am Hang; (*not aligned*) schief.

sloppily ['slɒpɪlɪ] *adv see adj* **1.**.

sloppiness ['slɒpɪnɪs] *n see adj* **1.** Schlampigkeit *f* (*inf*); Nachlässigkeit, Schlud(e)rigkeit (*inf*) *f*. **2.** Rührseligkeit *f*.

sloppy ['slɒpɪ] *adj* (+*er*) **1.** (*inf: careless*) schlampig (*inf*); *work also* nachlässig, schlud(e)rig (*inf*). **~ joe** (*pullover*) Schlabberpullover *m* (*inf*).

2. (*inf: sentimental*) rührselig; *film, novel also* schmalzig.

slosh [slɒʃ] (*inf*) **I** *vt* **1.** (*Brit: hit*) *person* eine schmieren (+*dat*) (*inf*); *ball* dreschen. **2.** (*splash*) klatschen. **don't ~ the milk about** schwapp nicht so mit der Milch herum. **II** *vi* **to ~ (about)** (*children*) (herum)planschen; (*water*) (herum)schwappen.

sloshed [slɒʃt] *adj pred* (*esp Brit sl*) blau (*inf*), voll (*sl*). **to get ~** sich besaufen (*inf*).

slot [slɒt] *n* (*opening*) Schlitz *m*; (*groove*) Rille *f*; (*Comput*) Slot, Steckplatz *m*; (*for aircraft to land*) Slot *m*; (*inf: place*) Plätzchen *nt* (*inf*); (*TV inf*) (gewohnte) Sendezeit. **~ machine** Münzautomat *m*; (*for gambling*) Spielautomat *m*; **~ meter** Münzzähler *m*.

◆**slot in I** *vt sep* hineinstecken. **to ~ sth ~ to sth** etw in etw (*acc*) stecken; **to ~ ~ commercials** Werbespots einbauen; **to ~**

people/jobs ~to a scale Leute/Arbeiten in eine Skala einordnen.

II *vi* sich einfügen lassen. **suddenly everything ~ted ~to place** plötzlich paßte alles zusammen.

◆**slot together I** *vi* (*parts, object*) sich zusammenfügen lassen; (*fig: pieces of mystery*) sich zusammenfügen, zusammenpassen. **II** *vt sep parts, object* zusammenfügen.

sloth [sləʊθ] *n* **1.** (*laziness*) Trägheit, Faulheit *f.* **2.** (*Zool*) Faultier *nt.*

slothful ['sləʊθfʊl] *adj* faul; *person, life also* träge.

slothfully ['sləʊθfəlɪ] *adv see adj.*

slothfulness ['sləʊθfʊlnɪs] *n* Trägheit, Faulheit *f.*

slouch [slaʊtʃ] **I** *n* **1.** (*posture*) krumme Haltung; (*of shoulders*) Hängen *nt;* (*gait*) latschiger Gang (*inf*). **to walk with a ~** latschen, latschig gehen (*inf*); **~ hat** Schlapphut *m.*

2. (*inf: incompetent or lazy person*) Niete *f* (*inf*). **to be no ~ at sth** etw ganz schön gut können (*inf*).

II *vi* (*stand, sit*) herumhängen, sich lümmeln (*inf*); (*move*) latschen. **to ~ off** davonzockeln (*inf*); **he sat ~ed on a chair** er hing auf einem Stuhl.

slough¹ [slaʊ] *n* (*liter*) Morast *m;* (*swamp also*) Sumpf *m* (*also fig liter*).

slough² [slʌf] **I** *n* (*Zool*) abgestreifte Haut; (*Med*) Schorf *m.* **II** *vt* (*snake*) *skin* abstreifen. **it ~s (off) its skin** sie häutet sich.

◆**slough off** *vt sep habits, cares* abwerfen, abschütteln.

Slovak ['sləʊvæk] **I** *adj* slowakisch. **II** *n* **1.** Slowake *m*, Slowakin *f.* **2.** (*language*) Slowakisch *nt.*

Slovakia [sləʊ'vækɪə] *n* die Slowakei (*Hist*) die slowakische Republik.

sloven ['slʌvn] *n* Schlampe *f* (*pej inf*); (*man*) Schlamper *m* (*inf*).

Slovene ['sləʊviːn], **Slovenian** [sləʊ'viːnɪən] **I** *adj* slowenisch. **II** *n* **1.** Slowene *m*, Slowenin *f*, Slowenier(in *f*) *m.* **2.** (*language*) Slowenisch *nt.*

Slovenia [sləʊ'viːniə] *n* Slowenien *nt.*

slovenliness ['slʌvnlɪnɪs] *n* Schlampigkeit *f;* (*of person, work also*) Schlud(e)rigkeit *f* (*inf*).

slovenly ['slʌvnlɪ] *adj* schlud(e)rig (*inf*), schlampig (*inf*); *appearance, person also* verlottert (*inf*).

slow [sləʊ] **I** *adj* (+*er*) **1.** langsam. **it's ~ work** das braucht seine Zeit; **he's a ~ learner/reader** er lernt/liest langsam; **it was ~ going** es ging nur langsam voran; **to get off to a ~ start** (*race*) schlecht vom Start kommen; (*project*) nur langsam in Gang kommen; **to be ~/not to be ~ to do sth** sich (*dat*) mit etw Zeit lassen/etw prompt erledigen; **he is ~ to make up his mind/~ to anger** er braucht lange, um sich zu entscheiden/er wird nicht so leicht wütend; **they were ~ to act** sie ließen sich (*dat*) Zeit; **to be (20 minutes) ~** (*clock*) (20 Minuten) nachgehen.

2. (*stupid*) *person* langsam, begriffsstutzig; *see* **uptake.**

3. (*dull*) *person, place, event* langweilig; (*Comm*) flau.

4. (*~ing down movement*) *surface, track, pitch* langsam; (*because of rain*) schwer; (*~-burning*) *fire* langsam brennend. **bake in a ~ oven** bei schwacher Hitze backen.

II *adv* (+*er*) langsam. **to go ~** (*driver*) langsam fahren; (*workers*) einen Bummelstreik machen; **~-spoken** langsam sprechend; **~** (*on sign*) langsam fahren.

III *vi* **to ~ (to a stop/standstill)** langsam zum Halten/zum Stillstand kommen.

IV *vt* verlangsamen. **he ~ed his horse to a walk** er ließ sein Pferd langsamer gehen.

◆**slow down** *or* **up I** *vi* sich verlangsamen; (*drive/walk*) langsamer fahren/gehen; (*worker*) langsamer arbeiten; (*inflation*) abnehmen. **my mind has ~ed ~** ich werde immer langsamer im Denken.

II *vt sep* (*lit*) verlangsamen; *engine* drosseln; *machine* herunterschalten; (*fig*) *project* verzögern, verlangsamen. **to ~ ~ the car** langsamer fahren; **you just ~ me ~** du hältst mich nur auf.

slow-burning *adj candle* langsam herunterbrennend; *fire also* langsam brennend; *stove* Dauerbrand-; **slowcoach** *n* (*Brit inf*) Langweiler *m;* (*mentally*) Transuse *f* (*inf*); **slowdown** *n* **1.** (*slowing*) Verlangsamung *f* (*in, of gen*); **2.** (*US: go-slow*) Bummelstreik *m;* **slow film** *n* lichtunempfindlicher Film; **slow fuse** *n* Zündschnur *f;* **slow handclap** *n* rhythmisches Klatschen (*zum Zeichen des Protests*); **to give sb the/a ~** durch Klatschen gegen jdn protestieren.

slowly ['sləʊlɪ] *adv* langsam.

slow march *n* Trauermarsch *m;* **slow motion** *n* Zeitlupe *f;* **in ~** in Zeitlupe; **a slow-motion shot** eine Einstellung in Zeitlupe; **slow-moving** *adj* sich (nur) langsam bewegend; *traffic* kriechend; *plot* langatmig.

slowness ['sləʊnɪs] *n see adj* **1.** Langsamkeit *f.* **their ~ to act** ihr Zaudern. **2.** Begriffsstutzigkeit *f.* **~ of mind** Begriffsstutzigkeit *f.* **3.** Lahmheit, Langweiligkeit *f;* Flaute *f.* **4.** Langsamkeit *f;* Schwere *f.*

slow poison *n* schleichendes Gift; **slowpoke** *n* (*US inf*) *see* **slowcoach**; **slow train** *n* (*Brit*) Personenzug, Bummelzug (*inf*) *m;* **slow-witted** *adj* begriffsstutzig, schwer von Begriff; **slowworm** *n* Blindschleiche *f.*

sludge [slʌdʒ] *n* Schlamm, Matsch (*inf*) *m;* (*sediment*) schmieriger Satz.

slue *n, vti* (*US*) *see* **slew¹, slew².**

slug¹ [slʌg] *n* Nacktschnecke *f.*

slug² *n* **1.** (*bullet*) Kugel *f.* **2.** (*Typ*) (*piece of metal*) Reglette *f;* (*line*) (Setzmaschinen)zeile *f.* **3.** (*inf*) **a ~ of whisky** ein Schluck *m* Whisky.

slug³ (*inf: hit*) **I** *vt* (eine) knallen (+*dat*) (*inf*). **II** *n* gehöriger *or* tüchtiger Schlag (*inf*). **to give sb a ~** jdm eine knallen (*inf*).

sluggard ['slʌgəd] *n* Faulpelz *m.*

sluggardly ['slʌgədlɪ] *adj* faul, träge.

sluggish ['slʌgɪʃ] *adj* (*indolent, Med*) träge; *engine, car* lahm, langsam; *temperament* phlegmatisch; *steps also* schwerfällig; *business* flau; *market, stock exchange* flau, lustlos.

sluggishly ['slʌgɪʃlɪ] *adv move, flow* träge; *walk also* schwerfällig; (*Comm*) flau, lustlos.

sluggishness ['slʌgɪʃnɪs] *n see adj* Trägheit *f*; Lahmheit *f*; Phlegma *nt*; Schwerfälligkeit *f*. **the ~ of the market/business** die Flaute am Markt/die geschäftliche Flaute.

sluice [slu:s] **I** *n* Schleuse *f*; (*Min*) (Wasch)rinne *f*. **to give the car/wall a ~ down** Wasser über das Auto/gegen die Wand schütten; (*with hose*) das Auto/die Wand abspritzen. **II** *vt ore* waschen. **to ~ sth (down)** etw abspritzen. **III** *vi* **to ~ out** herausschießen.

sluicegate *n* Schleusentor *nt*; **sluiceway** *n* (Schleusen)kanal *m*.

slum [slʌm] **I** *n* (*usu pl: area*) Slum *m*, Elendsviertel *nt*; (*house*) Elendsquartier *nt*. **to live in the ~s** im Slum *or* in den Slums leben; **~ schools/children** Schulen *pl* in den Slums/Slumkinder *pl*; **~ clearance** ≃ (Stadt)sanierung *f*, Beseitigung *f* der Slums; **~ dweller** Slumbewohner(in *f*) *m*.

II *vi* (*also* **go ~ming**) sich unters gemeine Volk mischen.

III *vti* (*inf: also* **~ it**) primitiv leben. **we don't often see you round here — I'm ~ming it** du läßt dich doch sonst kaum hier sehen! — ich will mich eben mal unters gemeine Volk mischen.

slumber ['slʌmbəʳ] (*liter*) **I** *n* Schlummer (*geh*), Schlaf *m*. **~s** Schlummer *m*, Träume *pl*; (*fig: intellectual*) Dornröschenschlaf *m*. **II** *vi* schlummern (*geh*); (*fig also*) im Dornröschenschlaf liegen.

slummy ['slʌmɪ] *adj* (*+er*) (*inf*) verwahrlost; *district also* Slum-.

slump [slʌmp] **I** *n* (*in gen*) (*in numbers, popularity, morale*) (plötzliche) Abnahme; (*in production, sales*) Rückgang *m*; (*state*) Tiefstand *m*; (*Fin*) Sturz *m*, Baisse *f* (*spec*); (*of prices*) plötzliches Absinken. **~ in prices** Preissturz *m* (*of* bei); **the 1929 S~** die Weltwirtschaftskrise von 1929.

II *vi* **1.** (*also* **~ off**) (*Fin, Comm*) (*prices*) stürzen, fallen; (*sales, production*) plötzlich zurückgehen; (*fig: morale*) sinken.

2. (*sink*) fallen, sinken. **to ~ into a chair** sich in einen Sessel fallen *or* plumpsen (*inf*) lassen; **he was ~ed over the wheel/on the floor** er war über dem Steuer zusammengesackt/er lag in sich (*dat*) zusammengesunken auf dem Fußboden.

slung [slʌŋ] *pret, ptp of* **sling.**

slunk [slʌŋk] *pret, ptp of* **slink.**

slur [slɜ:ʳ] **I** *n* **1.** Makel, Schandfleck *m*; (*insult*) Beleidigung *f*. **racial ~** rassistische Bemerkung. **to cast a ~ on sb/sth** jdn/etw in schlechtem Licht erscheinen lassen; (*person*) jdn/etw verunglimpfen.

2. (*Mus*) (*mark*) Bindebogen *m*; (*notes*) Bindung *f*.

3. to speak with a ~ unartikuliert sprechen.

II *vt* **1.** (*pronounce indistinctly*) undeutlich artikulieren; *words, syllable* (halb) verschlucken, verschleifen.

2. (*Mus*) binden.

◆**slur over** *vi +prep obj* hinweggehen über (*+acc*).

slurp [slɜ:p] **I** *vti* (*inf*) schlürfen. **II** *n* Schlürfen *nt*. **to drink sth with a ~** etw schlürfen.

slurred [slɜ:d] *adj* undeutlich; (*Mus*) *note* gebunden.

slush [slʌʃ] *n* (*watery snow*) (Schnee)matsch *m*; (*mud*) Matsch, Morast *m*; (*inf: sentimental nonsense*) Kitsch *m*. **~ fund** Schmiergelder *pl*, Schmiergeldfonds *m*.

slushy ['slʌʃɪ] *adj* (*+er*) *snow, mud, path* matschig; *mud, path also* morastig; (*inf: sentimental*) kitschig.

slut [slʌt] *n* (liederliche) Schlampe.

sluttish ['slʌtɪʃ] *adj* liederlich.

sly [slaɪ] **I** *adj* (*+er*) schlau, gerissen; *person, look also* verschlagen; (*artful*) *look, wink* verschmitzt; *humour* versteckt.

II *n* **on the ~** heimlich, still und leise (*hum*), ganz heimlich.

slyly ['slaɪlɪ] *adv see adj.*

slyness ['slaɪnɪs] *n see adj* Schlauheit, Gerissenheit *f*; Verschlagenheit *f*; Verschmitztheit *f*; Verstecktheit *f*.

smack¹ [smæk] **I** *n* (*taste*) (leichter) Geschmack (*of* nach), Spur *f* (*of* von); (*smell*) (leichter) Geruch (*of* nach), Hauch *m* (*of* von); (*fig*) Spur *f* (*of* von). **II** *vi* **to ~ of** (*taste*) leicht schmecken nach; (*smell*) leicht riechen nach; (*fig*) riechen nach.

smack² **I** *n* (klatschender) Schlag; (*slap also*) fester Klaps; (*sound*) Klatschen *nt*. **to give a child/the ball a (hard) ~** einem Kind eine knallen (*inf*)/(fest) auf den Ball dreschen (*inf*); **a ~ in the eye** (*fig*) ein Schlag ins Gesicht; **to have a ~ at sth** (*esp Brit fig inf*) an etw (*acc*) rangehen (*inf*), etw mal probieren (*inf*); **to have a ~ at the title/record** einen Anlauf auf den Titel/Rekord machen.

II *vt* (*slap*) knallen (*inf*). **to ~ a child/one's thigh** einem Kind eine runterhauen (*inf*)/sich (*dat*) auf den Schenkel klatschen; **I'll ~ your bottom** ich versohl' dir gleich den Hintern! (*inf*); *see* **lip.**

III *adv* (*inf*) direkt. **he kissed her ~ on the lips** er gab ihr einen Schmatzer (*inf*), er küßte sie mit Schmackes (*dial*); **she ran ~ into the door** sie rannte rums! gegen die Tür (*inf*).

smack³ *n* (*Naut*) Schmack(e) *f*.

smacker ['smækəʳ] *n* (*inf*) **1.** (*kiss*) Schmatzer *m* (*inf*). **2.** (*blow*) Klaps *m*. **3.** (*money*) Pfund *nt*; Dollar *m*.

smacking ['smækɪŋ] *n* Tracht *f* Prügel. **to give sb a good ~** jdn tüchtig verdreschen (*inf*).

small [smɔ:l] **I** *adj* (*+er*) **1.** klein; *supply, stock also* gering; *waist* schmal; (*not much*) *reason, desire* wenig, gering; *letter* Klein-; (*humble*) *voice* kleinlaut. **the ~est possible number of books** so wenig Bücher wie möglich; **to have a ~ appetite/be a ~ eater** wenig Appetit *or* keinen großen Appetit haben/kein großer Esser sein; **~ capitals** Kapitälchen *pl*; **to feel/look ~** (*fig*) sich (ganz) klein (und häßlich) vorkommen/schlecht aussehen *or* dastehen; **he/it made me feel/look pretty ~** da kam ich mir ziemlich klein vor/da sah ich ziemlich schlecht aus.

2. (*unimportant, minor*) klein; *present, sum also* bescheiden; *importance, consequence* gering. **a few ~ matters/problems** ein paar Kleinigkeiten; **to help/contribute in a ~ way** bescheidene Hilfe/einen bescheidenen Beitrag leisten; **to start in a ~ way** bescheiden *or* klein anfangen.

3. (*fig: mean, petty*) *person* kleinlich.

II *n* **1. the ~ of the back** das Kreuz.

2. ~s *pl* (*Brit inf*) Unterwäsche *f*.

III *adv* **to chop sth up ~** etw kleinhakken.

small ad *n* (*Brit*) Kleinanzeige *f*; **small arms** *npl* Handfeuerwaffen *pl*; **small beer** *n* (*old*) Dünnbier *nt*; **he's very ~** (*inf*) er ist ein kleiner Fisch (*inf*); **small business** *n* Kleinunternehmen *nt*; **small businessman** *n* Kleinunternehmer *m*; **small change** *n* Kleingeld *nt*; **small claims court** *n* Zivilgericht *nt für Bagatellfälle*; **small fry** *npl see* **fry**[1]; **smallholder** *n* Kleinbauer *m*; **smallholding** *n* kleiner Landbesitz; **small hours** *npl* früher Morgen; **in the ~** in den frühen Morgenstunden; **small intestine** *n* Dünndarm *m*.

smallish ['smɔːlɪʃ] *adj* (eher) kleiner. **he is ~** er ist eher klein.

small-minded *adj person, attitude* engstirnig; **small-mindedness** *n* Engstirnigkeit *f*.

smallness ['smɔːlnɪs] *n* Kleinheit *f*; (*of sum, present*) Bescheidenheit *f*; (*pettiness*) Kleinlichkeit *f*.

smallpox *n* Pocken, Blattern (*old*) *pl*; **smallpox vaccination** *n* Pockenimpfung *f*; **small print** *n* **the ~** das Kleingedruckte; **small-scale** *adj map, model* in verkleinertem Maßstab; *project* kleinangelegt; *war* begrenzt; **~ integration** (*Comput*) niedriger Integrationsgrad; **small screen** *n* (*TV*) **on the ~** auf dem Bildschirm; **small talk** *n* oberflächliche Konversation, Smalltalk *m*; **she has no ~** oberflächliche *or* höfliche Konversation liegt ihr nicht; **small-time** *adj* (*inf*) mickerig (*inf*), armselig; *crook* klein; *politician* Schmalspur-; **small-town** *adj* Kleinstadt-, kleinstädtisch.

smarm [smɑːm] (*Brit inf*) **I** *vt* **to ~ one's hair down** sich (*dat*) das Haar anklatschen (*inf*). **II** *vi* **to ~ all over sb** sich an jdn heranschmeißen (*inf*); **to ~ one's way into sb's confidence** sich in jds Vertrauen (*acc*) einschleichen.

smarmy ['smɑːmɪ] *adj* (+*er*) (*Brit inf*) (*greasy*) schmierig; (*ingratiating*) kriecherisch (*pej*); *voice* einschmeichelnd.

smart [smɑːt] **I** *adj* (+*er*) **1.** schick; *person, clothes, car also* flott; *society* fein; (*not shabby also*) *appearance* gepflegt. **a ~-looking girl/garden** ein flott aussehendes Mädchen/ein gepflegter Garten; **the ~ set** die Schickeria (*inf*).

2. (*bright, clever*) clever (*inf*), schlau, gewitzt; *thief, trick also* raffiniert; *young people also* hell (*inf*); (*pej*) *person, answer* superklug, neunmalklug (*pej inf*); (*Comput*) intelligent. **to get ~** (*US inf*) sich am Riemen reißen (*inf*); (*get cheeky*) frech kommen (*with dat*); **he thinks it's ~ to run down his parents** er kommt sich toll vor, wenn er seine Eltern schlechtmacht.

3. (*quick*) (blitz)schnell; *pace, work* rasch, flott (*inf*); *work also* flink, fix (*inf*). **and look ~ (about it)!** und zwar ein bißchen fix *or* plötzlich! (*inf*).

II *n* Schmerz *m* (*also fig*); (*of ointment, from wound also*) Brennen *nt*.

III *vi* brennen. **it will make your mouth/cut ~** es wird (dir) im Mund/in der Wunde brennen; **to ~ under sth** (*fig*) unter etw (*dat*) leiden; **his injured vanity still ~ed** er spürte immer noch den Schmerz gekränkter Eitelkeit; **to ~ from sth** (*from blow*) von etw brennen; (*fig*) unter etw (*dat*) leiden.

smart-aleck (*inf*) **I** *n* Schlauberger (*inf*), Besserwisser *m*; **II** *adj remarks* besserwisserisch, superschlau (*inf*); **smart ass I** *n* (*sl*) Klugscheißer *m* (*sl*); **II** *adj* klugscheißerisch (*sl*).

smarten ['smɑːtn] (*also* **~ up**) **I** *vt house, room* herausputzen; *appearance* (her)richten, aufmöbeln (*inf*). **to ~ oneself up** (*dress up*) sich in Schale werfen (*inf*); (*generally improve appearance*) mehr Wert auf sein Äußeres legen; **you'd better ~ up your ideas** (*inf*) du solltest dich am Riemen reißen (*inf*).

II *vi* (*dress up*) sich in Schale werfen (*inf*); (*improve appearance*) sich herausmachen; (*pace*) schneller *or* flotter (*inf*) werden. **he's ~ed up in his ideas/appearance** seine Ansichten haben/sein Aussehen hat sich gemacht.

smartly ['smɑːtlɪ] *adv see adj* **1.** schick; *dress also* flott. **2.** clever, schlau, gewitzt; (*pej*) superschlau (*inf*). **3.** (blitz)schnell, fix (*inf*); *walk* rasch.

smartness ['smɑːtnɪs] *n* **1.** *see adj 1.* Schick *m*; Feinheit *f*; Gepflegtheit *f*.

2. (*brightness, cleverness*) Cleverneß (*inf*), Schlauheit, Gewitztheit *f*; (*of thief, trick*) Raffiniertheit *f*; (*pej*) (*of person*) Besserwisserei *f* (*pej*); (*of answer*) Vorwitzigkeit *f*.

3. *see adj* **3.** Schnelligkeit, Fixheit (*inf*) *f*; Raschheit *f*.

smarty ['smɑːtɪ] *n* (*inf*) Schlaumeier, Schlauberger (*inf*) *m*.

smash [smæʃ] **I** *vt* **1.** (*break into pieces*) zerschlagen; *window also* einschlagen. **I ~ed my glasses** mir ist die Brille kaputtgegangen.

2. (*defeat or destroy*) zerschlagen; *rebellion, revolution also* niederschlagen; *fascism, the enemy also, opponent* zerschmettern; *record* haushoch schlagen; *business* ruinieren.

3. (*strike, also Tennis*) schmettern. **he ~ed his fist into his face** er schlug ihm mit der Faust ins Gesicht; **to ~ one's way into a building** gewaltsam in ein Gebäude eindringen.

II *vi* **1.** (*break*) zerschlagen, zerbrechen. **it ~ed into a thousand pieces** es (zer)sprang in tausend Stücke.

2. (*crash*) prallen. **the car ~ed into the wall** das Auto krachte gegen die Mauer; **the terrified animal ~ed through the fence** das verängstigte Tier durchbrach das Gatter; **the plane ~ed into the houses** das Flugzeug raste in eine Häusergruppe; **the ship ~ed onto the rocks** das Schiff prallte gegen die Felsen.

III *n* **1.** (*noise*) Krachen *nt*; (*of waves*) Klatschen *nt*. **there was a ~** es hat gekracht *or* (*of broken glass*) gescheppert.

2. (*collision*) Unfall *m*; (*with another vehicle also*) Zusammenstoß *m*. **rail ~** Zugunglück *nt*.

3. (*blow*) Schlag *m*; (*Tennis*) Smash, Schmetterball *m*. **to give sb a ~ on the nose** jdm auf die Nase schlagen.

IV *adv* (*inf*) mit Karacho (*inf*). **to go** *or* **run ~ into sth** mit Karacho gegen etw (*acc*) fahren/stoßen (*inf*).

◆**smash in** *vt sep* einschlagen. **the firemen had to ~ their way ~** die Feuerwehrleute mußten gewaltsam eindringen; **to ~ sb's face ~** (*sl*) jdm die Schnauze einschlagen (*sl*).

◆**smash up I** *vt sep* zertrümmern; *face* übel zurichten; *car* kaputtfahren. **II** *vi* kaputtgehen. **the capsule completely ~ed ~ on landing** die Kapsel zerschellte bei der Landung.

smash-and-grab (raid) [ˌsmæʃən'græb-(reɪd)] *n* Schaufenstereinbruch *m*.

smashed [smæʃt] *adj pred* (*sl*) (*drunk*) stockvoll (*sl*); (*on drugs*) high (*sl*).

smasher ['smæʃəʳ] *n* (*esp Brit inf*) toller Typ (*inf*); (*woman also*) Klassefrau *f* (*inf*). **to be a ~** eine Wucht (*inf*) *or* (ganz große) Klasse sein (*inf*).

smash hit *n* (*inf*) Superhit *m* (*inf*). **her new boyfriend was a ~ with her family** ihr neuer Freund kam bei ihrer Familie unwahrscheinlich gut an (*inf*).

smashing ['smæʃɪŋ] *adj* (*esp Brit inf*) klasse *inv*, Klasse *pred*, dufte (*all inf*). **isn't it ~!** unheimlich dufte!

smash-up ['smæʃʌp] *n* (*Aut, Rail*) übler Unfall; (*with another vehicle also*) Karambolage *f*.

smattering ['smætərɪŋ] *n* **a ~ of French** ein paar Brocken Französisch.

smear [smɪəʳ] **I** *n* verschmierter Fleck; (*fig*) Beschmutzung, Verleumdung *f*; (*Med*) Abstrich *m*. **he had ~s of blood/grease on his hands** er hatte blut-/fettbeschmierte Hände; **this left a ~ on his name** das hinterließ einen Fleck auf seinem Namen; **~ campaign** Schmutz- *or* Verleumdungskampagne *f*; **~-test** (*Med*) Abstrich *m*.

II *vt* **1.** *grease, ointment* schmieren; (*spread*) verschmieren; (*mark, make dirty*) beschmieren; *face, body* einschmieren. **don't ~ the paint** verschmiere die Farbe nicht!

2. (*fig*) *person* verunglimpfen; *sb's reputation* beschmutzen, besudeln.

III *vi* (*glass*) verschmieren; (*print*) verschmiert, verwischt werden; (*biro*) schmieren; (*paint, ink*) verlaufen.

smeary ['smɪərɪ] *adj* (*+er*) *glass* verschmiert; *clothes* schmierig; (*likely to smear*) *paint, ink* schmierend.

smell [smel] (*vb: pret, ptp* **~ed** *or* **smelt**) **I** *n* (*sense of ~, odour*) Geruch *m*; (*unpleasant also*) Gestank *m*; (*fragrant also*) Duft *m*. **it has a nice ~** es riecht gut *or* angenehm; **there's a funny ~ in here** hier riecht es komisch; **to have** *or* **take a ~ at sth** an etw (*acc*) riechen *or* (*dog*) schnuppern.

II *vt* **1.** riechen. **can** *or* **do you ~ burning**? riechst du, daß etwas brennt *or* (*Cook*) anbrennt?; **first he ~s the wine** zunächst einmal riecht er an dem Wein.

2. (*fig*) *danger, treason* wittern. **to ~ trouble** Ärger *or* Stunk (*inf*) kommen sehen; **aha, I can ~ a rat** (*inf*) da scheint mir doch etwas faul zu sein!

III *vi* riechen; (*unpleasantly also*) stinken; (*fragrantly also*) duften. **that ~s!** (*lit, fig*) das stinkt!; **to ~ of sth** (*lit, fig*) nach etw riechen; **to ~ at sth** an etw (*dat*) riechen *or* (*dog*) schnuppern; **his breath ~s** er riecht aus dem Mund.

◆**smell out** *vt sep* **1.** *rabbit, traitor* aufspüren; *plot* aufdecken. **2. these onions are ~ing the house ~!** die Zwiebeln verpesten das ganze Haus!

smelling bottle ['smelɪŋˌbɒtl] *n* Riechfläschchen *nt*.

smelling salts ['smelɪŋˌsɔːlts] *npl* Riechsalz *nt*.

smelly ['smelɪ] *adj* (*+er*) übelriechend, stinkend. **it's ~ in here** hier drin stinkt es; **you've got ~ feet** deine Füße stinken; **come here, ~!** komm her, du kleines Stinktier! (*inf*).

smelt[1] [smelt] *pret, ptp of* **smell**.

smelt[2] *vt ore* schmelzen; (*refine*) verhütten.

smelt[3] *n, pl* **-(s)** (*fish*) Stint *m*.

smelter ['smeltəʳ] *n* (*furnace*) Schmelzhütte, Schmelzerei *f*; (*person*) Schmelzer(in *f*) *m*.

smidgen, smidgin ['smɪdʒən] *n* (*inf*) **just a ~ for me** für mich nur ein (klitzekleines *inf*) bißchen.

smile [smaɪl] **I** *n* Lächeln *nt*. **there was a sarcastic ~ on his face** ein sarkastisches Lächeln ging über sein Gesicht; **to be all ~s** übers ganze Gesicht strahlen; **to give sb a ~** jdm zulächeln; **come on, give me a ~** lach doch mal!; **take that ~ off your face**! hör auf, so zu grinsen!

II *vi* lächeln. **we tried to make the baby ~** wir versuchten, das Baby zum Lächeln zu bringen; **come on, ~** lach doch mal!; **~ for the camera**! bitte recht freundlich!; **he's always smiling** er lächelt immer; **keep smiling**! Kopf hoch! **he kept smiling through all his troubles** trotz aller Schwierigkeiten ließ er den Kopf nicht hängen; **to ~ at sb** jdn anlächeln; (*cheerful person*) jdn anlachen; **to ~ at sth** über etw (*acc*) lächeln; **to ~ with joy/happiness** vor Freude/Glück *etc* strahlen; **fortune ~d on him** (*liter*) ihm lachte das Glück.

III *vt* **she ~d her thanks** sie lächelte dankbar; **he ~d a bitter smile** er lächelte bitter.

smiling *adj,* **~ly** *adv* ['smaɪlɪŋ, -lɪ] lächelnd.

smirch [smɜːtʃ] (*liter*) **I** *n* Schmutz- *or* Schandfleck, Makel (*geh*) *m*. **II** *vt* beflecken (*liter*), besudeln (*geh*).

smirk [smɜːk] **I** *n* Grinsen *nt*. **II** *vi* grinsen, süffisant lächeln.

smite [smaɪt] *pret* **smote,** *ptp* **smitten** *vt* (*old, liter*) schlagen. **he smote off his head** er schlug *or* hieb (*old, liter*) ihm den Kopf ab.

smith [smɪθ] *n* Schmied *m*.

smithereens [ˌsmɪðə'riːnz] *npl* **to smash sth to ~** etw in tausend Stücke schlagen.

smithy ['smɪðɪ] *n* Schmiede *f*.

smitten ['smɪtn] **I** *ptp of* **smite**.

II *adj* **to be ~ with the plague/ remorse/fear** von der Pest heimgesucht/ von Reue/Angst geplagt werden; **he's really ~ with her** (*inf*) er ist wirklich vernarrt in sie; **he's really ~ this time** (*inf*) diesmal hat's ihn erwischt (*inf*); **do you like it? — I'm not ~ with it** gefällt es dir? — ich bin nicht erpicht darauf.

smock [smɒk] **I** *n* Kittel *m*; (*as top*) Hänger *m*. **II** *vt* smoken.

smocking ['smɒkɪŋ] *n* Smokarbeit *f*.

smog [smɒg] *n* Smog *m*.

smoke [sməʊk] **I** *n* **1.** Rauch *m*. **there's no ~ without fire** (*prov*) kein Rauch ohne Flamme (*prov*); **to go up in ~** in Rauch (und Flammen) aufgehen; (*fig*) sich in Wohlgefallen auflösen; (*inf: get angry*) in die Luft gehen (*inf*).

2. (*cigarette*) was zu rauchen (*inf*). **have you got a ~?** hast du was zu rauchen? (*inf*); **it's a nice ~, this tobacco** dieser Tabak raucht sich gut; **~s** (*inf*) Glimmstengel *pl* (*dated inf*).

3. (*act*) **to have a ~** eine rauchen; **I'm dying for a ~** ich muß unbedingt eine rauchen.

II *vt* **1.** *tobacco* rauchen. **2.** *bacon, fish* räuchern.

III *vi* rauchen; (*oil-lamp*) qualmen. **to ~ like a chimney** wie ein Schlot rauchen.

◆**smoke out** *vt sep* ausräuchern; (*fill with smoke*) einräuchern, einnebeln (*inf*).

smoke-bomb ['sməʊkbɒm] *n* Rauchbombe *f*.

smoked [sməʊkt] *adj bacon, fish* geräuchert, Räucher-. **~ glass** Rauchglas *nt*; **~ glasses** Gläser *pl* aus Rauchglas.

smoke-dried *adj* geräuchert; **smoke-free** *adj zone* rauchfrei; **smokeless** *adj zone* rauchfrei; *fuel* rauchlos.

smoker ['sməʊkə^r] *n* **1.** (*person*) Raucher(in *f*) *m*. **to be a heavy ~** stark rauchen, starker Raucher sein; **~'s cough** Raucherhusten *m*. **2.** (*Rail*) Raucher(abteil *nt*) *m*. **3.** (*entertainment*) Herrenabend *m*.

smoke-ring *n* (Rauch)ring *m*; **smoke-room** *n* Rauchsalon *m*, Rauchzimmer *nt*; **smoke screen** *n* Nebelwand *f*, Rauchvorhang *m*; (*fig*) Deckmantel, Vorwand *m*; **a ~ of words** ein Schwall von Worten; **his answer was just a ~** seine Antwort war nur ein Ablenkungsmanöver; **smoke signal** *n* Rauchzeichen *nt*; **smokestack** *n* Schornstein *m*; **~ industries** Schornsteinindustrien *pl*.

smoking ['sməʊkɪŋ] **I** *adj* rauchend. **II** *n* Rauchen *nt*. **"no ~"** „Rauchen verboten".

smoking compartment, (*US*) **smoking car** *n* Raucherabteil *nt*; **smoking jacket** *n* Rauchjacke, Hausjacke *f*.

smoky ['sməʊkɪ] *adj* (+*er*) *chimney, fire* rauchend; *room, atmosphere* verraucht; (*stained by smoke*) verräuchert; (*like smoke*) *flavour* rauchig; *colour* rauchfarben. **~ blue** rauchblau.

smolder *vi* (*US*) *see* **smoulder**.

smooch [smuːtʃ] (*inf*) **I** *vi* knutschen (*inf*). **II** *n* **to have a ~** rumknutschen (*inf*).

smoochy ['smuːtʃɪ] *adj* (+*er*) (*inf*) *music, record* schmusig (*inf*), Knutsch- (*inf*), zum Knutschen (*inf*); romantisch.

smooth [smuːð] **I** *adj* (+*er*) **1.** (*in texture, surface*) glatt; *sea also* ruhig; *road, surface also* eben; *outline* sanft; *skin also, hair* weich. **as ~ as silk** weich wie Seide, seidenweich; **as ~ as glass** spiegelglatt; **worn ~** *steps* glattgetreten; *knife* abgeschliffen; *tyre* abgefahren; **this razor gives you a really ~ shave** dieser Apparat rasiert wirklich sanft.

2. (*in consistency*) *paste* sämig; *sauce* glatt.

3. *motion, flight, crossing* ruhig; *gear-change* weich, leicht; *take-off, landing* glatt; *breathing* gleichmäßig. **he is a very ~ driver** er ist ein sehr angenehmer, ruhiger Fahrer.

4. (*trouble-free*) *transition, functioning* reibungslos, glatt. **the bill had a ~ passage through Parliament** der Gesetzentwurf kam glatt durchs Parlament.

5. (*not harsh in taste*) *whisky* weich.

6. *style of writing* glatt, flüssig; *voice* sanft; *diction* flüssig, geschliffen.

7. (*polite, often pej*) *manners, diplomat, salesman* glatt; *person also* aalglatt (*pej*); *manners also* geschliffen; (*unruffled*) kühl, cool (*inf*). **to be a ~ talker** schönreden können; **a ~ operator** ein Schlawiner *m* (*inf*).

8. (*inf*) *restaurant, furniture, car, person* gepflegt.

9. (*Tennis*) glatt.

II *n* **to give sth a ~** etw glattstreichen; *see* **rough 3.**

III *vt surface* glätten, glatt machen; *dress, hair* glätten, glattstreichen; *wood* glatthobeln; (*fig*) *feelings* besänftigen, beruhigen. **to ~ the way for sb** jdm den Weg ebnen.

◆**smooth away** *vt sep* glätten; (*fig*) *fears* besänftigen.

◆**smooth back** *vt sep hair* zurückstreichen.

◆**smooth down I** *vt sep* glatt machen; *feathers, hair, dress* glattstreichen; (*fig*) *person, feelings* besänftigen. **to ~ things ~** die Wogen glätten. **II** *vi* (*fig*) sich beruhigen.

◆**smooth out** *vt sep* (*make smooth*)

crease, surface glätten; (*fig*) *difficulty* ausräumen, aus dem Weg räumen.

◆**smooth over** *vt sep* (*fig*) *quarrel* in Ordnung bringen, geradebiegen (*inf*). **to ~ things ~** die Sache geradebiegen (*inf*).

smoothly ['smu:ðlı] *adv* **1.** *shave* sanft.
2. *land, change gear* weich; *drive* ruhig; *fit* genau.
3. (*without problems*) **to go ~** glatt über die Bühne gehen; **~ running organization** reibungslos laufende Organisation.
4. ~ flowing prose flüssige Prosa; **the music passes ~ from one mood to another** die Musik fließt unmerklich von einer Stimmung in die andere über.
5. *talk* schön; *behave* aalglatt (*pej*). **he handled the situation very ~** er hat die Lage sehr geschickt gemeistert.

smoothness ['smu:ðnıs] *n see adj* **1.** Glätte *f*; Ruhe *f*; Ebenheit *f*; Sanftheit *f*; Weichheit *f*. **it has the ~ of silk** es ist seidenweich. **2.** Sämigkeit *f*; Glätte *f*. **3.** Ruhe *f*; Weichheit *f*; Glätte *f*; Gleichmäßigkeit *f*; (*of fit*) Genauigkeit *f*. **4.** Reibungslosigkeit *f*. **5.** Weichheit *f*. **6.** Flüssigkeit *f*; Sanftheit *f*. **7.** Glätte *f*; (aal)glatte Art (*pej*).

smooth-tongued *adj* (*pej*) schönredend (*pej*), schönrednerisch (*pej*).

smoothy ['smu:ðı] *n* (*inf*) Lackaffe *m* (*pej inf*).

smote [sməʊt] *pret of* **smite**.

smother ['smʌðə^r] **I** *vt* **1.** (*stifle*) *person, fire, criticism* ersticken; (*fig*) *criticism also, yawn, laughter* unterdrücken. **to ~ sb with affection** jdn mit seiner Liebe erdrücken.
2. (*cover*) bedecken, überschütten. **fruit ~ed in cream** Obst, das in Sahne schwimmt; **~ed in dirt** schmutzstarrend; **~ed in dust** völlig eingestaubt; **she ~ed his face in kisses** sie bedeckte sein Gesicht mit Küssen.
II *vi* ersticken.

smoulder, (*US*) **smolder** ['sməʊldə^r] *vi* (*lit, fig*) glimmen, schwelen. **his eyes were ~ing with anger/passion** seine Augen glühten vor Zorn/Leidenschaft; **~ing hatred** glimmender *or* schwelender Haß.

smudge [smʌdʒ] **I** *n* **1.** Fleck *m*; (*of ink*) Klecks *m*.
2. (*US: fire*) (qualmendes) Feuer (*gegen Insekten*).
II *vt ink, lipstick, paint* verwischen. **he had chocolate ~d all over his face** er hatte sich (*dat*) das ganze Gesicht mit Schokolade vollgeschmiert.
III *vi* verlaufen, verschmieren.

smudgy ['smʌdʒı] *adj* (*+er*) verschmiert; *outline* verwischt, verschwommen.

smug [smʌg] *adj* (*+er*) selbstgefällig; *grin, remark also* süffisant.

smuggle ['smʌgl] *vti* (*lit, fig*) schmuggeln. **to ~ sb/sth in** jdn/etw einschmuggeln, jdn einschleusen; **to ~ sb/sth out** jdn/etw herausschmuggeln, jdn herausschleusen.

smuggler ['smʌglə^r] *n* Schmuggler(in *f*) *m*.

smuggling ['smʌglıŋ] *n* Schmuggel *m*. **~ ring** Schmugglerring *m*.

smugly ['smʌglı] *adv* selbstgefällig; *grin, say also* süffisant.

smugness ['smʌgnıs] *n* Selbstgefälligkeit *f*.

smut [smʌt] *n* **1.** (*piece of dirt*) Rußflocke *f*. **there's a ~ on your nose/in your eye** du hast da was an der Nase/im Auge; **~s from the stove** Ruß *m* aus dem Ofen. **2.** (*fig*) Schmutz *m*. **to talk ~** Schweinereien erzählen. **3.** (*Bot*) Brand *m*.

smuttiness ['smʌtınıs] *n* (*fig*) Schmutz *m*; (*of joke, language*) Anstößigkeit, Unflätigkeit *f*.

smutty ['smʌtı] *adj* (*+er*) (*lit, fig*) schmutzig, unanständig.

snack [snæk] *n* Kleinigkeit *f* (zu essen), Imbiß, Snack *m*. **to have a ~** eine Kleinigkeit essen, einen Imbiß zu sich (*dat*) nehmen; **~ bar** Snackbar *f*; **for us lunch is just a ~** mittags essen wir nicht viel.

snaffle[1] ['snæfl] *n* (*also* **~-bit**) Trense *f*.

snaffle[2] *vt* (*Brit inf*) sich (*dat*) unter den Nagel reißen (*inf*).

◆**snaffle up** *vt sep* (*Brit inf*) *bargain* wegschnappen (*inf*).

snafu [snæ'fu:] (*US sl*) **I** *n* Schlamassel *m* (*inf*). **II** *vt* total durcheinanderbringen.

snag [snæg] **I** *n* **1.** (*hidden difficulty*) Haken *m*, Schwierigkeit *f*. **there's a ~** die Sache hat einen Haken; **what's the ~?** woran liegt es?, was ist das Problem?; **to run into** *or* **hit a ~** in Schwierigkeiten (*acc*) kommen. **2.** (*flaw in clothes*) gezogener Faden. **3.** (*in water*) Baumstumpf *m* (im Wasser).
II *vt* sich (*dat*) einen Faden ziehen.
III *vi* Fäden ziehen.

snail [sneıl] *n* Schnecke *f*. **edible ~** Weinbergschnecke *f*; **at a ~'s pace** im Schneckentempo.

snake [sneık] **I** *n* Schlange *f*. **a ~ in the grass** (*fig*) (*woman*) eine listige Schlange; (*man*) ein heimtückischer Kerl. **II** *vi* sich schlängeln.

snakebite *n* Schlangenbiß *m*; **snake charmer** *n* Schlangenbeschwörer *m*; **snakepit** *n* Schlangengrube *f*; **snakeskin I** *n* Schlangenhaut *f*; (*leather*) Schlangenleder *nt*; **II** *adj* Schlangenleder-, aus Schlangenleder.

snaky ['sneıkı] *adj windings* schläng(e)lig; *movements* schlangenartig.

snap [snæp] **I** *n* **1.** (*sound*) Schnappen *nt*; (*with fingers*) Schnippen, Schnalzen *nt*; (*of sth breaking*) Knacken *nt*; (*click*) Klicken *nt*; (*of whip*) Knall *m*. **the dog made a ~ at the biscuit** der Hund schnappte nach dem Keks.
2. (*fastener*) Druckknopf *m*.
3. (*Phot*) Schnappschuß *m*.
4. (*Cards*) ≃ Schnippschnapp *nt*.
5. (*inf: vigour*) Schwung *m*. **put a bit of ~ into it** mach ein bißchen zackig! (*inf*).
6. (*biscuit*) Plätzchen *nt*.
7. cold ~ Kälteeinbruch *m*.
8. (*US inf: cinch*) **it's a ~** das ist ein Kinderspiel *or* ein Klacks (*inf*).
II *adj attr* plötzlich, spontan, Blitz-. **~ vote** Blitzabstimmung *f*; **~ decision**

plötzlicher Entschluß.

III *adv* **to go ~** schnapp/knack(s)/klick machen.

IV *interj* **I bought a green one — ~!** (*inf*) ich hab' mir ein grünes gekauft — (ätsch,) ich auch!

V *vt* **1.** *fingers* schnipsen *or* schnalzen mit; *whip* knallen mit. **to ~ a book shut** ein Buch zuklappen; **he ~ped the lid down** er ließ den Deckel runterklappen; **to ~ sth into place** etw einschnappen lassen; **to ~ one's fingers at sb/sth** (*fig*) auf jdn/etw pfeifen (*inf*).

2. (*break*) zerbrechen, entzweibrechen; *bone* brechen.

3. (*also* **~ out**) **to ~ an order** bellend etwas befehlen; **she ~ped at the children** sie fuhr die Kinder an.

4. (*Phot*) knipsen.

VI *vi* **1.** (*click*) (zu)schnappen, einschnappen; (*crack, break*) entzweibrechen, zerbrechen; (*of whip*) knallen. **to ~ shut** zuschnappen; **my patience finally ~ped** dann ist mir aber der Geduldsfaden gerissen.

2. (*speak sharply*) bellen (*inf*), schnappen (*inf*). **to ~ at sb** jdn anpfeifen *or* anschnauzen (*inf*).

3. (*of dog, fish, fig*) schnappen (*at* nach). **to ~ at the opportunity** die Gelegenheit beim Schopf packen.

4. to ~ to attention zackig Haltung annehmen; **~ to it!** mach 'n bißchen zakkig! (*inf*).

5. (*inf: crack up*) durchdrehen (*inf*). **something ~ped (in him)** da hat (bei ihm) etwas ausgehakt (*inf*).

◆snap off I *vt sep* (*break off*) abbrechen; (*bite off*) abbeißen. **to ~ sb's head ~** (*fig inf*) jdm ins Gesicht springen (*inf*). **II** *vi* (*break off*) abbrechen.

◆snap out I *vt sep order* brüllen, bellen. **II** *vi* **to ~ ~ of sth** sich aus etw (*dat*) herausreißen, mit etw Schluß machen; **~ ~ of it!** reiß dich zusammen *or* am Riemen! (*inf*); (*cheer up*) Kopf hoch!

◆snap up *vt sep* (*lit, fig*) wegschnappen.

snapdragon *n* Löwenmaul *nt*; **snap fastener** *n* Druckknopf *m*.

snappish ['snæpɪʃ] *adj* (*lit, fig*) bissig.

snappishness ['snæpɪʃnɪs] *n* (*lit, fig*) Bissigkeit *f*.

snappy ['snæpɪ] *adj* (+*er*) **1.** (*inf: quick*) flott (*inf*), zackig (*inf*). **and be ~ about it!, and make it ~!** und zwar ein bißchen flott *or* zackig! (*inf*). **2.** (*lit, fig*) *dog, person* bissig. **3.** (*inf*) *translation* kurz und treffend; *phrase* zündend.

snap ring *n* Karabinerhaken *m*; **snapshot** *n* Schnappschuß *m*.

snare¹ [snɛəʳ] **I** *n* (*lit, fig: trap*) Falle *f*; (*fig also*) Fallstrick *m*. **II** *vt* (*lit, fig*) (ein)fangen.

snare² *n* **1.** (*of drum*) Schnarrsaite *f*. **2.** (*also* **~ drum**) kleine Trommel.

snarl¹ [snɑːl] **I** *n* Knurren *nt no pl*. **..., he said with a ~** ..., sagte er knurrend. **II** *vi* knurren. **to ~ at sb** jdn anknurren.

snarl² I *n* (*in wool*) Knoten *m*, verheddertе Stelle. **II** *vt wool* verheddern.

◆snarl up (*inf*) **I** *vt sep traffic, system* durcheinanderbringen; *plan also* vermasseln (*sl*). **traffic always gets ~ed ~ at the bridge** an der Brücke ist der Verkehr immer chaotisch; **I got ~ed ~ in a traffic jam** ich bin im Verkehr steckengeblieben.

II *vi* (*traffic*) chaotische Formen annehmen.

snarl-up ['snɑːlʌp] *n* (*inf*) (*in traffic*) (Verkehrs)chaos *nt*; (*in system, on switchboard etc*) Kuddelmuddel *nt* (*inf*). **~s** ein großes Kuddelmuddel (*inf*).

snatch [snætʃ] **I** *n* **1.** (*act*) Griff *m*. **to make a ~ at sth** nach etw greifen; (*animal*) nach etw schnappen.

2. (*Brit inf*) (*robbery*) Raub *m*; (*kidnapping*) Entführung *f*.

3. (*snippet*) Stück *nt*, Brocken *m*; (*of conversation also*) Fetzen *m*; (*of music*) ein paar Takte. **to do sth in ~es** etw in Etappen tun.

4. (*Weightlifting*) Reißen *nt*.

5. (*US sl: female genitals*) Möse (*vulg*), Pflaume (*vulg*) *f*.

II *vt* **1.** (*grab*) greifen. **to ~ sth from sb** jdm etw entreißen; **to ~ hold of sth** nach etw greifen, etw packen; **to ~ sth out of sb's hand** jdm etw aus der Hand reißen.

2. *some sleep* ergattern. **to ~ a quick meal** schnell etwas essen; **to ~ an opportunity** eine Gelegenheit ergreifen *or* beim Schopf packen; **they ~ed a quick kiss** sie gaben sich (*dat*) schnell einen Kuß.

3. (*Brit inf*) (*steal*) *money* klauen (*inf*); *handbag* aus der Hand reißen; (*kidnap*) entführen.

III *vi* greifen (*at* nach). **don't ~!** nicht grapschen! (*inf*); **to ~ at an opportunity** nach einer Gelegenheit greifen.

◆snatch away *vt sep* wegreißen (*sth from sb* jdm etw). **death ~ed him ~ from us** der Tod hat ihn uns (*dat*) entrissen.

◆snatch up *vt sep* schnappen. **the mother ~ed her child ~** die Mutter riß ihr Kind an sich (*acc*).

snatch squad *n* Greifertrupp *m* (*inf*).

snazzy *adj* (+*er*), **snazzily** *adv* ['snæzɪ, -lɪ] (*sl*) flott.

sneak [sniːk] **I** *n* Schleicher *m*; (*Sch sl*) Petze(r) *mf* (*Sch sl*). **~ preview** (*of film*) Vorschau *f*; (*of new car*) Vorbesichtigung *f*; **~ thief** Langfinger (*inf*), Einschleichdieb *m*.

II *vt* **he ~ed a cake off the counter** er klaute *or* mopste (*dated inf*) einen Kuchen vom Tresen (*inf*); **to ~ sth into a room** etw in ein Zimmer schmuggeln; **to ~ a look at sb/sth** auf jdn/etw schielen.

III *vi* **1. to ~ about** herumschleichen; **to ~ away** *or* **off** sich wegschleichen *or* -stehlen; **to ~ in** sich einschleichen; **to ~ past sb** (sich) an jdm vorbeischleichen. **2.** (*Sch sl: tell tales*) petzen (*inf*). **to ~ on sb** jdn verpetzen (*inf*).

sneakers ['sniːkəz] *npl* (*esp US*) Freizeitschuhe, Leisetreter (*hum*), Schleicher (*hum*) *pl*.

sneaking ['sniːkɪŋ] *adj attr* geheim *attr*; *suspicion also* leise.

sneaky ['sniːkɪ] *adj* (+*er*) (*inf*) raffiniert, schlau.

sneer [snɪəʳ] **I** *n* (*expression*) spöttisches *or* höhnisches Lächeln; (*remark*) spöttische *or* höhnische Bemerkung.
II *vi* spotten; (*look sneering*) spöttisch *or* höhnisch grinsen. **adolescents often ~ at what they cannot understand** Jugendliche spotten oft über das, was sie nicht verstehen können; **to ~ at sb** jdn verhöhnen; (*facially also*) jdn auslachen.
sneerer ['snɪərəʳ] *n* Spötter(in *f*) *m*.
sneering *adj*, **~ly** *adv* ['snɪərɪŋ, -lɪ] höhnisch, spöttisch.
sneeze [sniːz] **I** *n* Nieser *m*. **~s** Niesen *nt*. **II** *vi* niesen. **not to be ~d at** nicht zu verachten.
snick [snɪk] **I** *n* (*small cut*) Kerbe *f*. **II** *vt* (*with razor*) schneiden; (*with knife*) schnitzen; (*with tweezers*) zupfen; (*Cricket*) *ball* auf Kante schlagen.
snicker ['snɪkəʳ] *n, vi see* **snigger**.
snide [snaɪd] *adj* (*inf*) abfällig.
sniff [snɪf] **I** *n* Schniefen *nt no pl* (*inf*); (*disdainful*) Naserümpfen *nt no pl*; (*of dog*) Schnüffeln *nt no pl*. **we never got a ~ of the vodka** wir durften noch nicht einmal an dem Wodka riechen; **have a ~ at this** riech mal hieran.
II *vt* (*test by smelling*) riechen, schnuppern an (+*dat*) (*inf*); *smelling salts* einziehen; *glue* einatmen, schnüffeln (*inf*); *snuff* schnupfen; (*fig: detect*) wittern, riechen. **the dogs ~ed each other** die Hunde beschnupperten sich; **~ these flowers** riech mal an den Blumen; **~ glue** Klebstoff schnüffeln; **~ cocaine** Kokain sniffen.
III *vi* (*person*) schniefen (*inf*); (*dog*) schnüffeln, schnuppern. **to ~ at sth** (*lit*) an etw (*dat*) schnuppern; (*fig*) die Nase über etw (*acc*) rümpfen; **not to be ~ed at** nicht zu verachten.
◆**sniff out** *vt sep* (*lit, fig*) aufspüren; *crime, plot* aufdecken.
sniffer dog ['snɪfəˌdɒg] *n* Spürhund *m*.
sniffle ['snɪfl] *n, vi see* **snuffle**.
sniffy ['snɪfɪ] *adj* (+*er*) (*inf*) (*disdainful*) naserümpfend; (*put out*) verschnupft, eingeschnappt (*inf*).
snifter ['snɪftəʳ] *n* (*dated inf*) Kurze(r) *m* (*inf*). **to have a ~** einen Kurzen trinken *or* nehmen (*inf*).
snigger ['snɪgəʳ] **I** *n* Kichern, Gekicher *nt*. **to give a ~** loskichern. **II** *vi* kichern (*at, about* wegen).
snip [snɪp] **I** *n* **1.** (*cut, cutting action*) Schnitt *m*; (*sound*) Schnipsen, Klappern *nt no pl*.
2. (*of cloth*) Stück *nt*; (*of paper*) Schnipsel, Schnippel (*inf*) *m or nt*; (*from newspaper*) Ausschnitt *m*.
3. (*esp Brit inf: bargain*) Geschäft *nt*, günstiger Kauf.
4. (*US inf: insignificant person*) Würstchen *nt* (*pej inf*).
II *vt* schnippeln (*inf*). **to ~ sth off** etw abschnippeln (*inf*).
III *vi* **to ~ at** schnippeln an (+*dat*) (*inf*).
snipe [snaɪp] **I** *n, pl* - (*Orn*) Schnepfe *f*. **II** *vi* **to ~ at sb** (*lit, fig*) aus dem Hinterhalt auf jdn schießen.
sniper ['snaɪpəʳ] *n* Heckenschütze *m*.
snippet ['snɪpɪt] *n* Stückchen *nt*; (*of paper also*) Schnipsel *m or nt*; (*of information*) (Bruch)stück *nt*. **~s of a conversation** Gesprächsfetzen *pl*.
snitch [snɪtʃ] (*sl*) **I** *vt* klauen (*inf*), klemmen (*inf*). **II** *vi* **to ~ on sb** über jdn plaudern (*inf*) *or* klatschen.
snivel ['snɪvl] *vi* heulen, flennen (*inf*).
sniveller ['snɪvləʳ] *n* Jammerer *m*.
snivelling ['snɪvlɪŋ] **I** *adj* heulend, flennend (*inf*). **II** *n* Geheul(e), Geflenne (*inf*) *nt*.
snob [snɒb] *n* Snob *m*. **~ appeal** *or* **value** Snobappeal *m*.
snobbery ['snɒbərɪ] *n* Snobismus *m*.
snobbish *adj* ['snɒbɪʃ] snobistisch, versnobt (*inf*); *place* für Snobs.
snobbishly ['snɒbɪʃlɪ] *adv* snobistisch, versnobt (*inf*).
snobbishness ['snɒbɪʃnɪs] *n* Snobismus *m*, Versnobtheit *f* (*inf*).
snog [snɒg] (*Brit sl*) **I** *n* Knutscherei *f* (*inf*). **to have a ~ with sb** mit jdm rumknutschen (*inf*). **II** *vi* rumknutschen (*inf*).
snood [snuːd] *n* Haarnetz *nt*.
snook [snuːk] *n see* **cock II 2.**.
snooker ['snuːkəʳ] **I** *n* Snooker *nt*. **II** *vt* **to ~ sb** jdn sperren; **to be ~ed** (*fig inf*) festsitzen (*inf*); **I've ~ed myself** (*fig inf*) ich habe mich festgefahren.
snoop [snuːp] **I** *n* **1.** *see* **snooper**. **2.** (*act*) **I'll have a ~ around** ich gucke mich mal (ein bißchen) um. **II** *vi* schnüffeln. **to ~ about** *or* **around** herumschnüffeln.
snooper ['snuːpəʳ] *n* Schnüffler(in *f*) *m*.
snootily ['snuːtɪlɪ] *adv* (*inf*) hochnäsig, von oben herab.
snooty ['snuːtɪ] *adj* (+*er*) (*inf*) hochnäsig.
snooze [snuːz] **I** *n* Schläfchen, Nickerchen *nt*. **to have a ~** ein Schläfchen machen; **~ button** (*on alarm clock*) Schlummertaste *f*. **II** *vi* dösen, ein Nickerchen machen.
snore [snɔːʳ] **I** *n* Schnarchen *nt no pl*. **II** *vi* schnarchen.
snorer ['snɔːrəʳ] *n* Schnarcher(in *f*) *m*.
snoring ['snɔːrɪŋ] *n* Schnarchen *nt*.
snorkel ['snɔːkl] **I** *n* Schnorchel *m*. **II** *vi* schnorcheln.
snort [snɔːt] **I** *n* Schnauben *nt no pl*; (*of boar*) Grunzen *nt no pl*; (*of person also*) Prusten *nt no pl*. **he gave a ~ of contempt/rage/laughter** er schnaubte verächtlich/vor Wut/er prustete los.
II *vti* schnauben; (*boar*) grunzen; (*person also*) prusten; (*drugs*) sniffen.
snorter ['snɔːtəʳ] *n* **1.** (*Brit sl: difficult thing*) schwierige Kiste (*sl*), hartes Ding (*sl*). **2.** (*dated inf: drink*) Kurze(r) *m* (*inf*).
snot [snɒt] *n* (*inf*) Rotz *m* (*inf*).
snotty ['snɒtɪ] *adj* (+*er*) (*inf*) **1.** *handkerchief, nose* Rotz- (*inf*); *child* rotznäsig (*inf*). **~-nose** Rotznase *f* (*inf*); **~-nosed** rotznäsig (*inf*). **2.** (*fig: snooty*) rotzig (*sl*), pampig (*inf*).
snout [snaʊt] *n* **1.** (*of animal*) Schnauze *f*; (*of pig also, of insect*) Rüssel *m*; (*inf: of person*) Rüssel (*inf*), Zinken (*inf*) *m*. **2.** (*sl: informer*) Spitzel *m*. **3.** (*Brit sl: tobacco*) Knaster *m* (*inf*).

snow [snəʊ] **I** *n* **1.** (*also sl: cocaine or heroin*) Schnee *m*; (*~fall*) Schneefall *m*. **the ~s that lie on the plains** der Schnee in der Ebene; **the heavy ~s last winter** die heftigen Schneefälle im letzten Winter; **a ~ of confetti** ein Konfettiregen *m*; **as white as ~** schneeweiß, blütenweiß; **as pure as the driven ~** engelrein.

2. (*TV*) Geflimmer *nt*, Schnee *m*.

II *vi* schneien.

◆**snow in** *vt sep* (*usu pass*) **to be** *or* **get ~ed ~** einschneien; **we are ~ed ~** wir sind eingeschneit.

◆**snow off** *vt sep* (*usu pass*) **to be ~ed ~** wegen Schnee abgesagt werden *or* ausfallen.

◆**snow under** *vt sep* (*inf: usu pass*) **to be ~ed ~** (*with work*) reichlich eingedeckt sein; (*with requests*) überhäuft werden.

◆**snow up** *vt sep* (*usu pass*) *see* **snow in**.

snowball I *n* Schneeball *m*; (*drink*) Snowball *m*; **II** *vt* Schneebälle werfen auf (+*acc*); **III** *vi* eskalieren; **opposition to the referendum just ~ed** die Opposition gegen die Volksabstimmung wuchs lawinenartig an; **snowball effect** *n* Schneeballeffekt *m*; **snow-blind** *adj* schneeblind; **snow blindness** *n* Schneeblindheit *f*; **snowboard** *n* Snowboard *nt*; **snowbound** *adj* eingeschneit; **snow cannon** *n* Schneekanone *f*; **snowcapped** *adj* schneebedeckt; **snowcat** *n* (*Ski*) Pistenwalze *f*; **snow chains** *npl* Schneeketten *pl*; **snow-clad** (*poet*), **snow-covered** *adj* verschneit; **snow-cuffs** *npl* Schneegamaschen *pl*; **snowdrift** *n* Schneewehe *f*; **snowdrop** *n* Schneeglöckchen *nt*; **snowfall** *n* Schneefall *m*; **snowfield** *n* Schneefeld *nt*; **snowflake** *n* Schneeflocke *f*; **snow goose** *n* Schneegans *f*; **snow-in-summer** *n* (*Bot*) Hornkraut *nt*; **snow leopard** *n* Schneeleopard *m*; **snow line** *n* Schneegrenze *f*; **snowman** *n* Schneemann *m*; *see* **abominable**; **snowmobile** *n* (*US*) Schneemobil *nt*; **snowplough**, (*US*) **snowplow** *n* (*also Ski*) Schneepflug *m*; **snowshed** *n* (*US*) Schneedach *nt*; **snowshoe** *n* Schneeschuh *m*; **snowslide** *n* (*US*) Schneerutsch *m*; **snowstorm** *n* Schneesturm *m*; **snowsuit** *n* (*US*) gefütterter Overall; **Snow White** *n* Schneewittchen *nt*; **snow-white** *adj* schneeweiß; *hair also* schlohweiß.

snowy ['snəʊɪ] *adj* (+*er*) **1.** *weather, region* schneereich; *hills* verschneit. **it was very ~ yesterday** gestern hat es viel geschneit. **2.** (*white as snow*) schneeweiß.

SNP *abbr of* **Scottish National Party**.

snub [snʌb] **I** *n* Brüskierung *f*. **to give sb a ~** jdn brüskieren, jdn vor den Kopf stoßen; *subordinate, pupil* (*verbally*) jdm über den Mund fahren; **to get a ~ from sb** von jdm brüskiert *or* vor den Kopf gestoßen werden.

II *vt* **1.** *person* brüskieren, vor den Kopf stoßen; *subordinate, pupil* (*verbally*) über den Mund fahren (+*dat*); *suggestion, proposal* kurz abtun. **2.** (*ignore, not greet*) schneiden.

snub nose *n* Stupsnase *f*; **snub-nosed** *adj* stumpfnasig; *person also* stupsnasig.

snuff [snʌf] **I** *n* Schnupftabak *m*. **to take ~** schnupfen. **II** *vt candle* (*extinguish: also* **~ out**) auslöschen; (*trim wick*) putzen, schneuzen (*old*); (*fig*) *revolt* ersticken; *hopes* zunichte machen, zerschlagen. **to ~ it** (*Brit sl: die*) abkratzen (*sl*).

snuff box *n* Schnupftabakdose, Tabatiere (*geh*) *f*.

snuffer ['snʌfəʳ] *n* Kerzenlöscher *m*. **~s, a pair of ~s** Lichtputzschere *f*.

snuffle ['snʌfl] **I** *n* Schniefen *nt no pl*. **to have a touch of the ~s** (*inf*) einen leichten Schnupfen haben. **II** *vi* (*person, animal*) schnüffeln; (*with cold, from crying also*) schniefen (*inf*).

snuff movie *n brutaler (Porno)film, in dem tatsächlich gestorben wird.*

snug [snʌg] **I** *adj* (+*er*) (*cosy, comfortable*) behaglich, gemütlich; (*cosy and warm*) *bed, garment, room* mollig warm, behaglich warm; (*sheltered*) *spot, harbour* geschützt; (*close-fitting*) gutsitzend *attr*; (*tight*) eng. **to be ~ in bed/in one's sleeping bag** es im Bett/Schlafsack mollig *or* behaglich warm haben; **I was as ~ as a bug in a rug** (*inf*) es war urgemütlich; **it was a ~ fit with 6 of us in the car** wir paßten zu sechst noch gerade in den Wagen.

II *n* (*Brit: in pub*) kleines Nebenzimmer.

snuggle ['snʌgl] **I** *vi* sich schmiegen, sich kuscheln. **to ~ down in bed** sich ins Bett kuscheln; **to ~ up (to sb)** sich (an jdn) anschmiegen *or* ankuscheln; **I like to ~ up with a book** ich mache es mir gern mit einem Buch gemütlich.

II *vt* an sich (*acc*) schmiegen.

snugly ['snʌglɪ] *adv* (*cosily*) gemütlich, behaglich. **~ tucked in, ~ tucked up (in bed)** mollig warm eingepackt (im Bett); **it fits ~** es paßt wie angegossen.

snugness ['snʌgnɪs] *n see adj* Behaglichkeit, Gemütlichkeit *f*; mollige *or* behagliche Wärme; Geschütztheit *f*; guter Sitz.

So *abbr of* **south** S.

so [səʊ] **I** *adv* **1.** so. **~ much tea/~ many flies** so viel Tee/so viele Fliegen; **he was ~ stupid (that)** er war so *or* dermaßen *or* derart dumm(, daß); **he's ~ quick I can't keep up with him** er ist so schnell, daß ich nicht mithalten kann; **not ~ ... as** nicht so ... wie; **he is not ~ fast a runner as you** er ist kein so schneller Läufer wie Sie, er kann nicht so schnell laufen wie Sie; **I am not ~ stupid as to believe that** so dumm bin ich nicht, daß ich das glaube(n würde); **he was ~ stupid as to tell her** er war so dumm und hat es ihr gesagt; **would you be ~ kind as to open the door**? wären Sie bitte so freundlich und würden die Tür öffnen?; **he's not been ~ well recently** in letzter Zeit geht es ihm nicht so sonderlich; **how are things? — not ~ bad**! wie geht's? — nicht schlecht!; **not ~ as you'd notice** aber das fällt kaum auf.

2. (*emphatic*) *glad, sorry, sure, rich, hurt* so; *pleased, relieved, hope, wish* sehr; *love* so sehr; *hate* so sehr, derart.

that's ~ true das ist ja so wahr, das ist wirklich wahr; **I'm ~ very tired** ich bin ja so müde; **it's not ~ very difficult** es ist gar nicht so schwer; **it would be ~ much better/nicer** es wäre soviel besser/netter; **~ much the better/worse (for sb)** um so besser/schlechter (für jdn).

3. (*replacing longer sentence*) da, es. **I hope ~** hoffentlich; (*emphatic*) das hoffe ich doch sehr; **I think ~** ich glaube schon; **I never said ~** das habe ich nie gesagt; **I told you ~** ich habe es dir doch *or* ja gesagt; **why should I do it? — because I say ~** warum muß ich das tun? — weil ich es sage, darum; **I didn't say ~** das habe ich nicht gesagt; **can I go/will you do it? — I suppose ~** darf ich gehen/machen Sie es? — na ja, meinetwegen; **is that right/can I do it like that? — I suppose ~** stimmt das/kann ich es so machen? — ich glaube schon; **~ I believe** ja, ich glaube schon; **~ I see** ja, das sehe ich; **please, do ~** bitte(, tun Sie es ruhig); **perhaps ~** vielleicht; **it may be ~** es kann schon sein; **~ be it** nun gut; **if ~** wenn ja; **he said he would finish it this week, and ~ he did** er hat gesagt, er würde es diese Woche fertigmachen, und das hat er auch (gemacht); **how** *or* **why ~?** wieso *or* warum das?; **or ~ they say** oder so heißt es jedenfalls; **he's a millionaire, or ~ he says** er ist Millionär, zumindest *or* jedenfalls behauptet er das; **it is ~!** (*contradiction*) doch!; **I can ~!** (*contradiction*) und ob (ich das kann)!, doch!; **I didn't say that — you did ~** das habe ich nicht gesagt — doch, das hast du (sehr wohl gesagt)!; **that is ~** das stimmt; **if that's ~** wenn das stimmt; **he's coming by plane — is that ~?** er kommt mit dem Flugzeug — ach so, ja?, tatsächlich?; **you're a fool — is that ~?** du bist ein Idiot — ach, wirklich?; **... — ~ it is/I have/he did** *etc* ... — (ja) tatsächlich; **he's a nice chap — ~ he is** er ist ein netter Kerl — ja, wirklich *or* ja, das ist er auch.

4. (*thus, in this way*) so. **perhaps it was better ~** vielleicht war es auch besser so; **~ it was that ...** so kam es, daß ...; **and ~ it was** und so war es auch; **by ~ doing he has ...** dadurch hat er ..., indem er das tat, hat er ...; **bother them! he exclaimed, and ~ saying walked out** zum Kuckuck! rief er, und damit ging er hinaus; ... **and ~ to bed ...** und dann ins Bett.

5. (*unspecified amount*) **how high is it? — oh, about ~ high** (*accompanied by gesture*) wie hoch ist das? — oh, ungefähr so; **~ much per head** soviel pro Kopf; **they looked like ~ many gypsies** sie sahen wie so viele andere Zigeuner auch aus; **how long will it take? — a week or ~** wie lange dauert das? — ungefähr eine Woche *or* so eine Woche; **50 or ~** etwa 50.

6. (*likewise*) auch. **~ am/would/do/could** *etc* **I** ich auch; **he's wrong and ~ are you** ihr irrt euch beide; **as A is to B, ~ D is to E** A verhält sich zu B wie D zu E; **and ~ on, and ~ forth** und so weiter und so fort.

7. he walked past and didn't ~ much as look at me er ging vorbei, ohne mich auch nur anzusehen; **he didn't say ~ much as thank you** er hat nicht einmal danke gesagt; **I haven't ~ much as a penny** ich habe keinen Pfennig; **~ much for that!** (*inf*) das wär's ja wohl gewesen! (*inf*); **~ much for him/his help** (*inf*) das war ja wohl nichts mit ihm! (*inf*)/schöne Hilfe! (*inf*); **~ much for his promises** und er hat solche Versprechungen gemacht.

II *conj* **1.** (*expressing purpose*) damit. **~ (that) you don't have to do it again** damit Sie es nicht noch einmal machen müssen; **we hurried ~ as not to be late** wir haben uns beeilt, um nicht zu spät zu kommen.

2. (*expressing result, therefore*) also. **it rained (and) ~ we couldn't go out** es regnete, also konnten wir nicht weggehen; **he was standing in the doorway ~ (that) no-one could get past** er stand in der Tür, so daß niemand vorbeikonnte; **I told him to leave and ~ he did** ich habe ihm gesagt, er solle gehen, und das hat er auch getan; **~ I told him he could get lost** da habe ich ihm gesagt, er kann *or* könnte mir den Buckel runterrutschen; **~, far from helping us, he ...** nicht nur, daß er uns nicht geholfen hat, sondern ...; **~ you see ...** wie du siehst, ...

3. (*in questions, exclamations*) also. **~ you're Spanish/leaving?** Sie sind also Spanier(in)/Sie gehen also?; **~ you lost it, did you?** du hast es also verloren, wie?; **~ you *did* do it!** du hast es also doch gemacht!; **~ there you are!** hier steckst du also!; **~ what did you do?** und was haben Sie (da) gemacht?; **~ (what)?** (*inf*) (na) und?; **~ what if you don't do it?** (*inf*) (na) und wenn du's nicht machst?; **I'm not going, ~ there!** (*inf*) ich geh' nicht, fertig, aus!

soak [səʊk] **I** *vt* **1.** (*wet*) durchnässen. **to be/get ~ed** patschnaß *or* völlig durchnäßt sein/werden; **to be ~ed to the skin, to be ~ed through** bis auf die Haut *or* völlig durchnäßt sein.

2. (*steep*) einweichen (*in* in +*dat*). **to ~ oneself in sth** (*fig*) sich in etw (*acc*) vertiefen.

3. (*inf*) *the rich* schröpfen. **to ~ sb for sth** jdn um etw angehen.

II *vi* **1.** (*steep*) **leave it to ~** weichen Sie es ein; (*in dye*) lassen Sie die Farbe einziehen; **to ~ in a bath** sich im Bad entspannen.

2. (*penetrate*) **rain has ~ed through the ceiling** der Regen ist durch die Decke gesickert; **the coffee was ~ing into the carpet** der Kaffee saugte sich in den Teppich.

III *n* **1.** (*act of soaking*) **give the washing a good ~** lassen Sie die Wäsche gut einweichen; **the garden needs a ~** der Garten muß gründlich bewässert werden.

2. (*inf: drunkard*) Schluckbruder (*inf*), Säufer(in *f*) *m*.

◆**soak in** *vi* (*stain, dye etc*) einziehen. **to**

leave sth to ~ ~ etw einziehen lassen; **I just hope that it has ~ed ~** (*fig*) ich hoffe nur, daß er/sie das kapiert hat (*inf*).

◆**soak off I** *vt sep* ablösen. **II** *vi* sich (ab)lösen (*prep obj* von).

◆**soak out I** *vt sep mark, stain* durch Einweichen entfernen. **II** *vi* beim Einweichen herausgehen.

◆**soak up** *vt sep liquid* aufsaugen; *sunshine* genießen; *alcohol* in sich (*acc*) hineinkippen; *sound* schlucken; (*fig*) in sich (*acc*) hineinsaugen; *information* aufsaugen.

soaking ['səʊkɪŋ] **I** *adj person* klitschnaß, patschnaß; *object also* triefend.

II *adv* **~ wet** triefend naß, klitschnaß; **a ~ wet day** ein völlig verregneter Tag.

III *n* (*steeping*) Einweichen *nt no indef art.* **to get a ~** patschnaß werden; **to give sth a ~** etw einweichen.

so-and-so ['səʊənsəʊ] *n* (*inf*) **1.** (*unspecified person*) Soundso *no art.* **2.** (*pej*) **he's a real/an old ~** das ist ein gemeiner Kerl; **you old ~** du bist vielleicht eine/einer.

soap [səʊp] **I** *n* **1.** (*substance*) Seife *f.* **2.** (**~** *opera*) Seifenoper *f* (*inf*). **II** *vt* einseifen, abseifen.

soapbox *n* (*lit: packing case*) Seifenkiste *f*; (*fig: platform*) Apfelsinenkiste *f*; (*as cart*) Seifenkiste *f*; **to get up on one's ~** (*fig*) Volksreden halten; **soapbox derby** *n* Seifenkistenrennen *nt*; **soapbox orator** *n* Volksredner *m*; **soap bubble** *n* Seifenblase *f*; **soapdish** *n* Seifenschale *f*; **soap dispenser** *n* Seifenspender *m*; **soapflakes** *npl* Seifenflocken *pl*; **soap opera** *n* (*TV, Rad inf*) Fernseh-/Hörspielserie, Seifenoper (*inf*) *f*; **soap powder** *n* Seifenpulver *nt*; **soapstone** *n* Speckstein *m*; **soapsuds** *npl* Seifenschaum *m*.

soapy ['səʊpɪ] *adj* (+*er*) seifig.

soar [sɔːʳ] *vi* **1.** (*rise: also* **~ up**) aufsteigen. **to ~ (up) into the sky** zum Himmel steigen.

2. (*fig*) (*building, tower*) hochragen; (*price, cost, profit*) hochschnellen; (*ambition, popularity, reputation, hopes*) einen Aufschwung nehmen; (*morale, spirits*) einen Aufschwung bekommen.

soaring ['sɔːrɪŋ] *adj bird, plane* aufsteigend, in die Luft steigend; *tower* hoch aufragend; *imagination, ideas, ambition* hochfliegend; *popularity, reputation* schnell zunehmend; *prices* in die Höhe schnellend; *inflation* unaufhaltsam; *pride, hopes* wachsend.

sob [sɒb] **I** *n* Schluchzer *m*, Schluchzen *nt no pl.* **to give a ~** (auf)schluchzen; ..., **he said with a ~ ...**, sagte er schluchzend. **II** *vi* schluchzen (*with* vor +*dat*). **~, ~** (*inf*) schluchz-schluchz. **III** *vt* schluchzen.

◆**sob out** *vt sep information* schluchzend hervorstoßen; *story* schluchzend erzählen. **to ~ one's heart ~** sich (*dat*) die Seele aus dem Leib weinen.

s.o.b. (*US sl*) *abbr of* **son of a bitch.**

sobbing ['sɒbɪŋ] **I** *n* Schluchzen *nt.* **II** *adj* schluchzend.

sober ['səʊbəʳ] *adj* **1.** (*not drunk*) nüchtern. **to be as ~ as a judge** stocknüchtern sein (*inf*).

2. (*sedate, serious*) *life, expression, mood, occasion* ernst; *person also* solide; (*sensible, moderate*) *opinion* vernünftig; *assessment, statement, advice, facts* nüchtern.

3. (*not bright or showy*) schlicht, dezent; *colour* gedeckt.

◆**sober down** *vi* ruhiger werden.

◆**sober up I** *vt sep* (*lit*) nüchtern machen; (*fig*) zur Vernunft bringen. **II** *vi* (*lit*) nüchtern werden; (*fig*) ruhiger werden; (*after laughing, joking*) sich beruhigen.

sober-headed ['səʊbə'hedɪd] nüchtern, vernünftig.

soberly ['səʊbəlɪ] *adv* nüchtern; *behave* vernünftig; *dress, furnish* schlicht, dezent.

sober-minded ['səʊbə'maɪndɪd] *adj* nüchtern, vernünftig.

soberness ['səʊbənɪs] *n see* **sobriety.**

sobriety [sə'braɪɪtɪ] *n* **1.** (*not being drunk*) Nüchternheit *f.* **2.** (*seriousness, sedateness*) Solidität *f*; (*of dress*) Schlichtheit, Dezentheit *f*; (*of colour*) Gedecktheit *f.*

sobriquet ['səʊbrɪkeɪ], **soubriquet** *n* Spitzname *m.*

sob sister *n* (*esp US inf*) Briefkastentante *f* (*inf*); **sob story** *n* (*inf*) rührselige Geschichte (*inf*); **sob stuff** *n* (*inf*) Schmalz *m* (*inf*); (*book, film*) Tränendrüsendrücker *m* (*inf*); (*heart-rending tale*) todtraurige Geschichte (*inf*).

Soc *abbr of* **Socialist** Soz.

so-called ['səʊ'kɔːld] *adj* sogenannt; (*supposed*) angeblich.

soccer ['sɒkəʳ] *n* Fußball *m.* **~ player** Fußballer, Fußballspieler(in *f*) *m.*

sociability [ˌsəʊʃə'bɪlɪtɪ] *n* Geselligkeit *f.*

sociable ['səʊʃəbl] *adj* (*gregarious*) gesellig; (*friendly*) freundlich. **... just to be ~** ..., man möchte sich ja nicht ausschließen; **I'm not feeling very ~ today** mir ist heute nicht nach Geselligkeit (zumute).

sociably ['səʊʃəblɪ] *adv invite, say* freundlich. **he didn't behave very ~** er war nicht gerade umgänglich; **to be ~ inclined** ein geselliger Mensch sein.

social ['səʊʃəl] **I** *adj* **1.** (*relating to community, Admin, Pol*) sozial; *history, reform, legislation, policy* Sozial-; *evils* der Gesellschaft; *order, system, realism* Gesellschafts-, Sozial-; *structure, development, conditions also* gesellschaftlich. **the ~ services** die Sozialeinrichtungen *pl*; **the ~ contract** (*Hist*) der Gesellschaftsvertrag; **to suffer from ~ deprivation** sozial benachteiligt sein.

2. *engagements, pleasures, ambitions, life, equal, superior* gesellschaftlich; *behaviour* in Gesellschaft; *distinctions, advancement, rank, status also* sozial. **~ class** gesellschaftliche Klasse, Gesellschaftsklasse *f*; **~ climber** Emporkömmling *m* (*pej*), sozialer Aufsteiger; **~ snobbery** Standesdünkel *m*; **a room for ~ functions** ein Gesellschaftsraum *m*; (*larger*) ein Saal *m* für Gesellschaften; **there isn't much ~ life around here** hier in der Gegend wird gesellschaftlich nicht viel geboten; **how's your ~ life these days?** (*inf*) und was treibst du so privat? (*inf*).

3. (*gregarious*) *evening, person* gesellig; (*living in groups*) *animals, bees, ants* gesellig lebend, sozial. **man is a ~ animal** der Mensch ist ein Gesellschaftswesen.

II *n* geselliger Abend.

social anthropology *n* Sozialanthropologie *f*; **Social Charter** *n* (*European Community*) Sozialcharta *f*; **social club** *n* Verein *m*, Klub *m* für geselliges Beisammensein; **social column** *n* Gesellschaftsspalte *f*; **social democrat** *n* Sozialdemokrat(in *f*) *m*; **social democratic** *adj* sozialdemokratisch; **social disease** *n* **1.** (*euph: VD*) Geschlechtskrankheit *f*; **2.** (*caused by social conditions*) Volksseuche *f*; **social insurance** *n* Sozialversicherung *f*.

socialism ['səʊʃəlɪzəm] *n* Sozialismus *m*.

socialist ['səʊʃəlɪst] **I** *adj* sozialistisch. **II** *n* Sozialist(in *f*) *m*.

socialistic [ˌsəʊʃə'lɪstɪk] *adj* (*esp pej*) sozialistisch angehaucht.

socialite ['səʊʃəlaɪt] *n* (*inf*) Angehörige(r) *mf* der Schickeria *or* der feinen Gesellschaft; (*man also*) Salonlöwe *m* (*inf*). **a London ~** eine Figur der Londoner Schickeria.

socialization [ˌsəʊʃəlaɪ'zeɪʃən] *n* (*Pol*) Vergesellschaftung, Sozialisierung *f*; (*Sociol, Psych*) Sozialisation *f*.

socialize ['səʊʃəlaɪz] **I** *vt* sozialisieren; *means of production* vergesellschaften.

II *vi* **to ~ with sb** (*meet socially*) mit jdm gesellschaftlich verkehren; (*chat to*) sich mit jdm unterhalten; **I don't ~ much these days** ich komme zur Zeit nicht viel unter die Leute; **she ~s a lot** sie hat ein reges gesellschaftliches Leben.

socially ['səʊʃəlɪ] *adv see adj* **1.** gesellschaftlich; *deprived, structured* sozial. **2.** gesellschaftlich; *meet* privat.

social science *n* Sozialwissenschaft *f*; **social scientist** *n* Sozialwissenschaftler(in *f*) *m*; **social secretary** *n* persönlicher Sekretär, persönliche Sekretärin; (*of club*) Veranstaltungsklubwart *m*; **social security** *n* Sozialhilfe *f*; (*scheme*) Sozialversicherung *f*; (*social security office*) Sozialamt *nt*; **to be on ~** Sozialhilfeempfänger sein; **social services** *npl* Sozialdienste *pl*, soziale Einrichtungen *pl*; **social studies** *n sing or pl* Sozialwissenschaften *pl*; **social welfare** *n* soziales Wohl; **social work** *n* Sozialarbeit *f*; **social worker** *n* Sozialarbeiter(in *f*) *m*.

societal [sə'saɪətl] *adj* gesellschaftlich.

society [sə'saɪətɪ] *n* **1.** (*social community*) die Gesellschaft. **modern industrial ~** die moderne Industriegesellschaft.

2. (*company*) Gesellschaft *f*. **I enjoy her ~** (*esp Liter*) ich bin gerne in ihrer Gesellschaft.

3. (*high ~*) die Gesellschaft. **London ~** die Londoner Gesellschaft, die gesellschaftlichen Kreise Londons; **to go into ~** in die Gesellschaft eingeführt werden.

4. (*club, organization*) Verein *m*; (*learned, Comm*) Gesellschaft *f*; (*debating, history, dramatic*) (*Sch*) Arbeitsgemeinschaft *f*; (*Univ*) Klub *m*. **S~ for the Prevention of Cruelty to Animals/Children** Tierschutzverein *m*/Kinderschutzbund *m*; **cooperative ~** Genossenschaft *f*.

society *in cpds* Gesellschafts-; **society column** *n* Gesellschaftsspalte *f*; **society gossip** *n* Gesellschaftsklatsch *m*; **society man** *n* Mann *m* der Gesellschaft; **society wedding** *n* Hochzeit *f* in den besseren Kreisen.

socio- [ˌsəʊsɪəʊ-] *pref* sozio-. **~economic** sozioökonomisch; **~economic grouping** sozioökonomische Gruppe; **~linguistic** soziolinguistisch; **~linguistics** Soziolinguistik *f*.

sociological *adj*, **~ly** *adv* [ˌsəʊsɪə'lɒdʒɪkəl, -ɪ] soziologisch.

sociologist [ˌsəʊsɪ'ɒlədʒɪst] *n* Soziologe *m*, Soziologin *f*.

sociology [ˌsəʊsɪ'ɒlədʒɪ] *n* Soziologie *f*.

sociopolitical [ˌsəʊsɪəʊpə'lɪtɪkəl] *adj* sozialpolitisch.

sock[1] [sɒk] *n* Socke *f*, Socken *m* (*inf*); (*knee-length*) Kniestrumpf *m*; (*insole*) Einlegesohle *f*; (*wind ~*) Wind- *or* Luftsack *m*. **to pull one's ~s up** (*inf*) sich am Riemen reißen (*inf*); **put a ~ in it!** (*Brit inf*) hör auf!

sock[2] **I** *n* (*inf*) Schlag *m* (mit der Faust). **to give sb a ~ on the jaw/in the eye** jdm eine aufs Kinn/aufs Auge verpassen (*inf*).

II *vt* **1.** (*inf: hit*) hauen (*inf*). **~ him one!** knall ihm eine! (*inf*), hau ihm eine rein! (*sl*); **he ~ed her right in the eye** er verpaßte ihr eine aufs Auge (*inf*).

2. (*sl*) **~ it to me** dreh/dreht auf (*sl*).

socket ['sɒkɪt] *n* **1.** (*of eye*) Augenhöhle *f*; (*of joint*) Gelenkpfanne *f*; (*of tooth*) Zahnhöhle *f*. **2.** (*Elec*) Steckdose *f*; (*for lightbulb*) Fassung *f*; (*Mech*) Sockel *m*, Fassung *f*.

socko ['sɒkəʊ] (*US inf*) **I** *n* (*great success*) Bombenerfolg *m* (*inf*). **II** *adj* (*great*) bombig (*inf*).

Socrates ['sɒkrətiːz] *n* Sokrates *m*.

Socratic [sɒ'krætɪk] *adj* sokratisch.

sod[1] [sɒd] *n* (*turf*) Grassode *f*. **beneath the ~** (*liter*) unter dem grünen Rasen (*liter*).

sod[2] (*Brit sl*) **I** *n* (*mean, nasty*) Sau *f* (*sl*). **the poor ~s** die armen Schweine (*inf*); **you stupid ~** blöde Sau! (*sl*). **II** *vt* **~ it!** verdammte Scheiße! (*sl*); **~ him/you** der kann/du kannst mich mal (am Arsch lekken *vulg*)! (*sl*).

◆**sod off** *vi* (*Brit sl*) Leine ziehen (*sl*).

soda ['səʊdə] *n* **1.** (*Chem*) Soda *nt*; (*sodium oxide*) Natriumoxyd *nt*; (*caustic ~*) Ätznatron *nt*. **2.** (*drink*) Soda(wasser) *nt*.

soda biscuit, (*US*) **soda cracker** *n* Kracker *m*; **soda bread** *n mit Backpulver gebackenes Brot*; **soda crystals** *npl* (Wasch)soda *nt*; **soda-fountain** *n* (*US: café*) Erfrischungshalle *f*.

sod-all [ˌsɒd'ɔːl] **I** *n* (*sl: nothing*) rein gar nichts. **how much did he give you? — ~** wieviel hat er dir gegeben? — Null Komma nichts (*inf*).

soda siphon *n* Siphon *m*; **soda water** *n*

Sodawasser *nt*.

sodden ['sɒdn] *adj* durchnäßt, triefnaß; *ground* durchnäßt, durchweicht. **to be ~ with drink** sinnlos betrunken sein.

sodding ['sɒdɪŋ] *adj* (*Brit sl*) verflucht (*inf*), Scheiß- (*sl*).

sodium ['səʊdɪəm] *n* Natrium *nt*.

sodium bicarbonate *n* Natron *nt*, doppeltkohlensaures Natrium; **sodium carbonate** *n* Natriumkarbonat, Soda *nt*; **sodium chloride** *n* Natriumchlorid, Kochsalz *nt*; **sodium hydroxide** *n* Natriumhydroxid, Ätznatron *nt*; **sodium nitrate** *n* Natriumnitrat *nt*.

sodomite ['sɒdəmaɪt] *n jd, der Analverkehr betreibt.*

sodomy ['sɒdəmɪ] *n* Analverkehr *m*.

Sod's law ['sɒdz,lɔː] *n* (*inf*) *„Gesetz" nt, demzufolge eine Sache, die schiefgehen kann, auch bestimmt schiefgehen wird.* **after all that it didn't work — that's ~, isn't it?** am Ende hat es noch nicht mal funktioniert — das mußte ja so kommen.

sofa ['səʊfə] *n* Sofa *nt*, Couch *f*. **~ bed** Sofabett *nt*, Schlafcouch *f*.

soft [sɒft] *adj* (+*er*) **1.** weich; *meat* zart; (*pej: flabby*) *muscle* schlaff. **a photo taken in ~ focus** ein Foto mit weichen Kontrasten; **~-focus lens** Weichzeichner *m*; **a book in ~ covers** ein kartoniertes Buch; **~ cheese** Weichkäse *m*; **~ ice-cream** Softeis *nt*.

2. (*smooth*) *skin* zart; *surface* glatt; *material, velvet* weich; *hair* seidig. **as ~ as silk** seidenweich.

3. (*gentle, not harsh*) sanft; (*subdued*) *light, sound also, music* gedämpft; (*not loud*) leise; *rain, breeze, tap, pressure also* leicht; *steps* leicht, leise; *heart* weich.

4. (*Ling*) *consonant* weich.

5. (*weak*) *character, government* schwach; *treatment* nachsichtig; (*lenient*) *teacher, parent* nachsichtig, gutmütig; *judge, punishment* mild(e). **to be ~ with** *or* **on sb** jdm gegenüber nachgiebig sein; *with children also* jdm alles durchgehen lassen.

6. (*not tough*) verweichlicht. **he thinks it's ~ for a boy to play the violin** er hält es für unmännlich, wenn ein Junge Geige spielt.

7. (*easy*) *job, life* bequem. **he has a ~ time of it** er hat's leicht *or* bequem; **that's a ~ option** das ist der Weg des geringsten Widerstandes.

8. *currency* weich.

9. *drink* alkoholfrei; *drug, pornography* weich.

10. (*Typ, Comput*) *return, hyphen* weich.

11. (*inf: foolish*) doof (*inf*), nicht ganz richtig im Kopf (*inf*). **he's ~ (in the head)** er ist nicht ganz richtig im Kopf (*inf*); **you must be ~!** du spinnst wohl! (*inf*).

12. (*inf: feeling affection*) **to be ~ on sb** für jdn schwärmen; **to have a ~ spot for sb** eine Schwäche für jdn haben.

softball *n* (*US*) Softball *m*; **soft-boiled** *adj egg* weich(gekocht); **soft-centred** *adj* mit Cremefüllung; **soft-core** *adj pornography* weich.

soften ['sɒfn] **I** *vt* weich machen; *water also* enthärten; *light, sound, colour* dämpfen; *effect, sb's anger, reaction, impression* mildern; *outline* weicher machen; *resistance* schwächen; *person* verweichlichen. **to ~ the blow** (*fig*) den Schock mildern.

II *vi* (*material, person, heart*) weich werden; (*voice, look*) sanft werden; (*anger, resistance*) nachlassen; (*outlines*) weicher werden.

◆**soften up I** *vt sep* **1.** weich machen.

2. (*fig*) *person, opposition* milde stimmen; (*by flattery*) schmeicheln (+*dat*); *customer* kaufwillig stimmen; (*by bullying*) einschüchtern, weichmachen; *enemy, resistance* zermürben; *enemy position* schwächen; *prisoner* weichmachen.

II *vi* (*material*) weich werden; (*person, attitude*) nachgiebiger werden. **to ~ ~ on sb** jdm gegenüber nachgiebig *or* schwach werden.

softener ['sɒfnəʳ] *n* Weichmacher *m*; (*for water also*) Enthärtungsmittel *nt*; (*fabric ~*) Weichspüler *m*, Weichspülmittel *nt*.

softening ['sɒfnɪŋ] *n* **1.** *see vt* Weichmachen *nt*; Enthärten *nt*; Dämpfen *nt*; Mildern *nt*; Weichermachen *nt*; Schwächung *f*; Verweichlichung *f*.

2. *see vi* Erweichen *nt*; Nachlassen *nt*; Weicherwerden *nt*. **~ of the brain** (*Med*) Gehirnerweichung *f*; **there has been a ~ of his attitude** er ist nachgiebiger geworden.

soft-footed *adj tiger, person* auf leisen Sohlen schleichend *attr*; *tread* leise, lautlos; **to be ~** leise gehen; **soft fruit** *n* Beerenobst *nt*; **soft furnishings** *npl* (*Brit*) *Vorhänge, Teppiche, Kissen*; **soft-headed** *adj* (*inf*) doof (*inf*); **soft-hearted** *adj* weichherzig.

softie ['sɒftɪ] *n* (*inf*) (*too tender-hearted*) gutmütiger Trottel (*inf*); (*sentimental*) sentimentaler Typ (*inf*); (*effeminate, cowardly*) Schlappschwanz (*inf*), Weichling (*inf*) *m*. **I know I'm an old ~ but ...** ich bin ja ein gutmütiger Typ *or* Mensch, aber ...

softkey ['sɒftkiː] *n* (*Comput*) Softkey *m*.

softly ['sɒftlɪ] *adv* **1.** (*gently, tenderly*) sanft; (*not loud*) leise; *rain, blow* leicht, sacht. **her hair falls ~ round her shoulders** ihr Haar fällt weich auf die Schultern. **2.** (*leniently*) nachsichtig.

softness ['sɒftnɪs] *n see adj* **1.** Weichheit *f*; Zartheit *f*; Schlaffheit *f*. **2.** Zartheit *f*; Glätte *f*; Weichheit *f*; Seidigkeit *f*. **3.** Sanftheit *f*; Gedämpftheit *f*; leiser Klang; Leichtheit *f*; Weichheit *f*. **4.** Weichheit *f*. **5.** Schwäche *f*; Nachsichtigkeit *f*; Gutmütigkeit *f*; Milde *f*. **6.** Verweichlichung *f*. **7.** Bequemlichkeit *f*. **8.** Weichheit *f*.

soft option *n* Weg *m* des geringsten Widerstandes; **soft palate** *n* weicher Gaumen; **soft-pedal I** *vt* (*Mus*) *note, passage* mit Dämpfer spielen; (*fig inf*) *demands* herunterschrauben; **II** *vi* zurückstecken; **soft-sectored** *adj* (*Comput*) softsektoriert; **soft sell** *n* Softsell *m*, weiche Verkaufstaktik; **he's a master of the ~** er kann die Leute auf sanfte Art *or* auf die sanfte Tour (*inf*) überreden; **soft-shelled** *adj* weichschalig; **soft soap** (*fig*) *n* Schmeichelei *f*; **soft-soap** *vt* einseifen (*inf*), um den Bart gehen (+*dat*); **they ~ed him into doing it** sie sind ihm so lange um den Bart gegangen, bis er es getan hat (*inf*); **soft-spoken** *adj person* leise sprechend *attr*; **to be ~** leise sprechen; **soft target** *n* leicht verwundbares Ziel; **soft toy** *n* Plüsch-/Stofftier *nt*; **soft verges** *npl* nicht befahrbare Bankette; (*on sign*) Seitenstreifen nicht befahrbar; **software** *n* Software *f*; **software company** *n* Softwarehaus *nt*; **software-controlled** *adj* softwaregesteuert; **software package** *n* Softwarepaket *nt*; **softwood** *n* -Weichholz *nt*.

softy *n* (*inf*) *see* **softie.**

sogginess ['sɒgɪnɪs] *n see adj* triefende Nässe; Aufgeweichtheit *f*; Matschigkeit *f* (*inf*); Klitschigkeit *f*.

soggy ['sɒgɪ] *adj* (+*er*) durchnäßt, triefnaß; *soil* durchweicht; *food* matschig (*inf*); *cake, bread* klitschig, matschig (*inf*).

soil¹ [sɔɪl] *n* (*earth, ground*) Erde *f*, Erdreich *nt*, Boden *m*. **native/foreign/British ~** heimatlicher/fremder/britischer Boden, heimatliche/fremde britische Erde; **the ~** (*fig: farmland*) die Scholle; **a man of the ~** ein mit der Scholle verwachsener Mensch.

soil² **I** *vt* (*lit*) beschmutzen, schmutzig machen; (*fig*) *reputation* beschmutzen, beflecken; *honour* beflecken; *oneself* besudeln; *minds* verderben. **the baby has ~ed its nappy** das Baby hat eine schmutzige Windel *or* hat in die Windel gemacht.

II *vi* schmutzig werden, verschmutzen.

soiled [sɔɪld] *adj* schmutzig, verschmutzt; *sanitary towel* gebraucht. **~ linen** Schmutzwäsche *f*.

soil-pipe ['sɔɪlpaɪp] *n* Abflußrohr *nt*.

soirée ['swɑːreɪ] *n* (*form*) Soirée *f* (*geh*).

soixante-neuf ['swæsɑːnt'nɜːf] *n* Neunundsechzig, Soixante-neuf *no art*.

sojourn ['sɒdʒɜːn] **I** *n* (*liter*) Aufenthalt *m*; (*place*) Aufenthaltsort *m*. **II** *vi* (ver)weilen (*liter*) (*in* in +*dat*).

solace ['sɒlɪs] **I** *n* Trost *m*. **II** *vt* trösten.

solar ['səʊləʳ] *adj* Sonnen-, Solar-. **~ battery** Sonnen- *or* Solarbatterie *f*; **~ cell** Solarzelle *f*; **~ constant** Solarkonstante *f*; **~ eclipse** Sonnenfinsternis *f*; **~ energy** Sonnenenergie *f*; **~ heat** Sonnenwärme *f*; **~ heating** Solarheizung *f*; **~ panel** Sonnenkollektor *m*; **~ plexus** Solarplexus *m* (*spec*), Magengrube *f*; **~ power** Sonnenkraft *f*; **~ power station** Sonnen-/Solarkraftwerk *nt*; **~ system** Sonnensystem *nt*.

solarium [səʊ'lɛərɪəm] *n, pl* **solaria** [səʊ'lɛərɪə] Solarium *nt*.

sold [səʊld] *pret, ptp of* **sell.**

solder ['səʊldəʳ] **I** *n* Lötmittel, Lötzinn *nt*. **II** *vt* löten; (~ *together*) verlöten. **~ed joint** Lötstelle *f*.

soldering-iron ['səʊldərɪŋ'aɪən] *n* Lötkolben *m*.

soldier ['səʊldʒəʳ] **I** *n* **1.** Soldat *m*. **~ of fortune** Söldner *m*; **to play (at) ~s** Soldaten *or* Krieg spielen; **old ~** altgedienter Soldat; (*fig*) alter Kämpe; **old ~s never die(, they only fade away)** (*prov*) manche Leute sind nicht totzukriegen (*inf*).

2. (*Zool*) Soldat *m*.

II *vi* Soldat sein, (in der Armee) dienen. **after 6 years' ~ing** nach 6 Jahren Dienst in der Armee; **tired of ~ing** des Soldatenlebens müde.

◆**soldier on** *vi* unermüdlich weitermachen. **two of them ~ed ~ to the top** zwei kämpften sich bis zum Gipfel vor.

soldierly ['səʊldʒəlɪ] *adj* soldatisch.

soldiery ['səʊldʒərɪ] *n* Soldaten *pl*.

sole¹ [səʊl] **I** *n* Sohle *f*. **II** *vt* besohlen.

sole² *n* (*fish*) Seezunge *f*.

sole³ *adj* einzig; *heir also* Allein-.

sole agency *n* Alleinvertretung *f*; **sole agent** *n* Alleinvertreter(in *f*) *m*.

solecism ['sɒləsɪzəm] *n* (*linguistic*) Solözismus (*geh*), Fehler *m*; (*in behaviour*) Fauxpas *m*.

solely ['səʊllɪ] *adv* (einzig und) allein, nur. **he is ~ responsible** er allein trägt die Verantwortung, er ist allein verantwortlich; **~ because of this ...** nur *or* allein deswegen ...

solemn ['sɒləm] *adj* feierlich; *face, mood, music also, person, plea, warning* ernst; *prose also, architecture* ehrwürdig, erhaben; *promise, duty, oath* heilig; (*drab*) *colour* trist. **I give you my ~ assurance** ich verspreche es hoch und heilig.

solemnity [sə'lemnɪtɪ] *n see adj* Feierlichkeit *f*; Ernst *m*; Ehrwürdigkeit, Erhabenheit *f*; heiliger Ernst; Tristheit *f*.

solemnization [ˌsɒləmnaɪ'zeɪʃən] *n* feierlicher Vollzug.

solemnize ['sɒləmnaɪz] *vt* feierlich begehen; *marriage* (feierlich) vollziehen.

solemnly ['sɒləmlɪ] *adv* feierlich; *walk* gemessenen Schrittes; *look, warn, plead* ernst; *promise* hoch und heilig; *swear* bei allem, was einem heilig ist.

solenoid ['səʊlənɔɪd] *n* Magnetspule *f*.

sole rights *npl* Alleinrechte *pl*; **sole trader** *n* Einzelunternehmer, Einzelkaufmann *m*.

solicit [sə'lɪsɪt] **I** *vt support* erbitten, bitten um; *person* anflehen, inständig bitten; *votes* werben; (*prostitute*) ansprechen. **to ~ sb for sth, to ~ sth of sb** jdn um etw bitten, etw von jdm erbitten; **to ~ custom/trade** um Kunden werben.

II *vi* (*prostitute*) Kunden anwerben. **~ing** Aufforderung *f* zur Prostitution.

solicitation [səˌlɪsɪ'teɪʃən] *n* (*form*) Flehen *nt no pl* (*geh*).

solicitor [sə'lɪsɪtəʳ] *n* (*Jur*) (*Brit*) Rechtsanwalt *m*/-anwältin *f* (*der/die normalerweise nicht vor Gericht plädiert*); (*US*) Justizbeamte(r) *m*/-beamtin *f*. **S~ General** (*Brit*) zweiter Kronanwalt; (*US*) ≃ Generalstaatsanwalt *m*/-anwältin *f*.

solicitous [sə'lɪsɪtəs] *adj* (*form*) (*concerned*) besorgt (*about* um); (*eager*) dienstbeflissen. **to be ~ to do sth** eifrig darauf bedacht sein, etw zu tun.

solicitude [sə'lɪsɪtjuːd] *n see adj* (*form*) Besorgtheit *f*; Dienstbeflissenheit *f*.

solid ['sɒlɪd] **I** *adj* **1.** (*firm, not liquid*) *fuel, food, substance* fest. **~ body** Festkörper *m*; **to be frozen ~** hartgefroren sein; **to be stuck ~** festsitzen; **~ figure** (*Geometry*) Körper *m*; **~ geometry** Raumlehre *f*.

2. (*pure, not hollow, not broken*) *block, gold, oak, rock* massiv; *matter* fest; *crowd* dicht; *stretch, row, line* ununterbrochen; *queue, line of people* geschlossen; *week* ganz. **~ ball/tyre** Vollgummiball *m*/-reifen *m*; **the square was packed ~ with cars** die Autos standen dicht an dicht auf dem Platz; **the garden was a ~ mass of colour** der Garten war ein einziges Farbenmeer; **they worked for two ~ days** *or* **for two days ~** sie haben zwei Tage ununterbrochen gearbeitet, sie haben zwei volle Tage gearbeitet; **he was 6 ft of ~ muscle** er war 2 Meter groß und bestand nur aus Muskeln; **a man of ~ build** ein kräftig *or* massiv gebauter Mann.

3. (*stable, secure*) *bridge, house, car* stabil; *furniture also, piece of work, character* solide; *foundations also,* (*lit, fig*) *ground* fest; *business, firm* gesund, solide, reell. **he's a good ~ bloke** er ist ein verläßlicher Kerl.

4. *reason, argument* handfest, stichhaltig; *grounds* gut, fundiert. **it makes ~ good sense** das leuchtet durchaus ein.

5. (*unanimous*) *vote* einstimmig; *support* voll, geschlossen. **to be ~ on sth** (*accept/reject*) etw einstimmig *or* geschlossen annehmen/ablehnen; **we are ~ behind you/that proposal** wir stehen voll und ganz hinter Ihnen/diesem Vorschlag; **Newtown/he is ~ for Labour** Newtown wählt fast ausschließlich Labour/er ist überzeugter Labour-Anhänger.

6. (*valuable, substantial*) *education, knowledge, grounding* solide; *relationship* stabil; *meal* kräftig, nahrhaft.

7. (*not hyphenated*) **to be written ~** zusammengeschrieben werden.

II *n* **1.** fester Stoff. **~s and liquids** feste und flüssige Stoffe *pl;* (*Sci*) Festkörper und Flüssigkeiten *pl.* **2.** (*Geometry*) Körper *m.* **3.** (*usu pl: food*) feste Nahrung *no pl.*

solidarity [ˌsɒlɪ'dærɪtɪ] *n* Solidarität *f*. **~ tax** *n* (*Germany*) Solidaritätsbeitrag *m*.

solid fuel *n* fester Brennstoff; (*for rockets*) Feststoff *m*.

solidification [səˌlɪdɪfɪ'keɪʃən] *n see vi* Festwerden *nt*, Verfestigung *f*; Erstarrung *f*; Erhärtung *f*; Gerinnung *f*; Festigung *f*.

solidify [sə'lɪdɪfaɪ] **I** *vi* fest werden; (*planet, lava*) erstarren; (*metal also*) hart werden; (*blood*) gerinnen; (*fig: support*) sich festigen. **II** *vt see vi* fest werden lassen; erstarren lassen; hart werden lassen; gerinnen lassen; festigen.

solidity [sə'lɪdɪtɪ] *n see adj* **1.** Festigkeit *f*.

2. Massivität *f*; Festigkeit *f*; Dichtheit *f*.

3. Stabilität *f*; solide Art; Festigkeit *f*; Solidität *f*.

4. Handfestigkeit, Stichhaltigkeit *f*; Fundiertheit *f*.

5. Einstimmigkeit *f*; Geschlossenheit *f*.

6. Solidität *f*; Stabilität *f*; Kräftigkeit *f*.

solidly ['sɒlɪdlɪ] *adv* **1.** (*firmly*) *stuck, secured* fest. **~ built** *house* fest *or* solide gebaut; *person* kräftig *or* massiv gebaut.

2. *reasoned, argued* stichhaltig.

3. (*uninterruptedly*) *work* ununterbrochen.

4. (*unanimous*) *vote* einstimmig; *support* geschlossen. **to be ~ behind sb** geschlossen hinter jdm stehen.

solid-state ['sɒlɪd'steɪt] *adj* Festkörper-; (*Elec*) Halbleiter-.

soliloquize [sə'lɪləkwaɪz] **I** *vi* monologisieren; (*talk to oneself*) Selbstgespräche führen. **II** *vt* zu sich selbst sagen.

soliloquy [sə'lɪləkwɪ] *n* Monolog *m* (*also Theat*), Zwiegespräch *nt* mit sich selbst.

solitaire [ˌsɒlɪ'tɛə^r] *n* (*game*) Patience *f*; (*gem*) Solitär *m*.

solitary ['sɒlɪtərɪ] **I** *adj* **1.** (*alone, secluded*) *life, person* einsam; *place also* abgelegen, abgeschieden. **a few ~ houses** ein paar einzelne *or* vereinzelte Häuser; **do you enjoy this ~ life?** gefällt Ihnen das Leben so allein?; **a ~ person** ein Einzelgänger *m*; **in ~ confinement** in Einzelhaft.

2. (*sole*) *case, example* einzig. **not a ~ one** kein einziger.

II *n* (**~** *confinement*) Einzelhaft *f*.

solitude ['sɒlɪtjuːd] *n* Einsamkeit *f*; (*of place also*) Abgelegenheit, Abgeschiedenheit *f*.

solo ['səʊləʊ] **I** *n* Solo *nt*. **II** *adj flight* Allein-; *violinist, violin* Solo-. **III** *adv* allein; (*Mus*) solo. **to fly ~** einen Alleinflug machen.

soloist ['səʊləʊɪst] *n* Solist(in *f*) *m*.

Solomon ['sɒləmən] *n* Salomo(n) *m*. **the ~ Islands** die Salomonen *pl*.

solstice ['sɒlstɪs] *n* Sonnenwende *f*.

solubility [ˌsɒljʊ'bɪlɪtɪ] *n see adj* **1.** Löslichkeit *f*. **2.** Lösbarkeit *f*.

soluble ['sɒljʊbl] *adj* **1.** löslich, auflösbar. **~ in water** wasserlöslich. **2.** *problem* lösbar.

solution [sə'luːʃən] *n* **1.** Lösung *f* (*to gen*); (*of crime*) Aufklärung *f*. **a problem incapable of ~** ein unlösbares Problem. **2.** (*Chem*) (*liquid*) Lösung *f*; (*act*) Auflösen *nt*.

solvable ['sɒlvəbl] *adj see* **soluble.**

solve [sɒlv] *vt problem, equation* lösen; *mystery* enträtseln; *crime, murder* aufklären. **that question remains to be ~d** diese Frage muß noch geklärt werden.

solvency ['sɒlvənsɪ] *n* (*Fin*) Zahlungsfähigkeit, Solvenz *f*.

solvent ['sɒlvənt] **I** *adj* **1.** (*Chem*) lösend; *agent* Lösungs-. **2.** (*Fin*) zahlungsfähig, solvent.

II *n* (*Chem*) Lösungsmittel *nt*. **~ abuse** Lösungsmittelmißbrauch *m*; **~ abuser** Schnüffler(in *f*) *m* (*inf*).

Somali [səʊ'mɑːlɪ] **I** *adj* somali. **II** *n* Somali *mf*, Somalier(in *f*) *m*.

Somalia [səʊ'mɑːlɪə] *n* Somalia *nt*.

somatic [səʊ'mætɪk] *adj* somatisch.

sombre, (*US*) **somber** ['sɒmbəʳ] *adj* **1.** (*dark*) dunkel; (*gloomy*) düster. **2.** *mood, prospect* trüb, düster; *face* düster; *person* düster, finster; *music* trist, trauervoll.

sombrely, (*US*) **somberly** ['sɒmbəlɪ] *adv see adj.*

sombreness, (*US*) **somberness** ['sɒmbənɪs] *n see adj* **1.** Dunkelheit *f*; Düsterkeit *f*. **2.** Trübheit *f*; Düsterkeit *f*; finsteres *or* düsteres Wesen; trauervoller *or* trister Klang.

sombrero [sɒm'brɛərəʊ] *n* Sombrero *m.*

some [sʌm] **I** *adj* **1.** (*with plural nouns*) einige; (*a few, emphatic*) ein paar; (*any: in "if" clauses, questions*) *meist nicht übersetzt.* **did you bring ~ records?** hast du Schallplatten mitgebracht?; **~ records of mine** einige meiner Platten; **would you like ~ more biscuits?** möchten Sie noch (ein paar) Kekse?; **~ few people** einige wenige Leute; **~ suggestions, please!** Vorschläge bitte!

2. (*with singular nouns*) etwas, *meist nicht übersetzt*; (*a little, emph*) etwas, ein bißchen. **there's ~ ink on your shirt** Sie haben Tinte auf dem Hemd; **would you like ~ cheese?** möchten Sie (etwas) Käse?; **~ more (tea)?** noch etwas (Tee)?; **did she give you ~ money/sugar?** hat sie Ihnen Geld/Zucker gegeben?; **have you got ~ money?** haben Sie Geld?; **well yes, it was ~ help** es war eine gewisse Hilfe; **we played ~ golf** wir haben ein bißchen Golf gespielt.

3. (*certain, in contrast*) manche(r, s). **~ people say ...** manche Leute sagen ...; **~ people just don't care** es gibt Leute, denen ist das einfach egal; **there are ~ things you just don't say** es gibt (gewisse *or* manche) Dinge, die man einfach nicht sagt; **~ work can be rewarding** manche Arbeit ist sehr lohnend; **in ~ ways** in gewisser Weise.

4. (*vague, indeterminate*) irgendein. **~ book/man or other** irgendein Buch/Mann; **~ woman rang up** da hat eine Frau angerufen; **~ woman, whose name I forget ...** eine Frau, ich habe ihren Namen vergessen, ...; **~ idiot of a driver** irgend so ein Idiot von (einem) Autofahrer; **in ~ way or another** irgendwie; **or ~ such** oder so etwas ähnliches; **or ~ such name** oder so ein ähnlicher Name, **(at) ~ time before midnight/last week** irgendwann vor Mitternacht/letzte Woche; **~ time or other** irgendwann einmal; **~ other time** ein andermal; **~ day** eines Tages; **~ day next week** irgendwann nächste Woche.

5. (*intensifier*) ziemlich; (*in exclamations*) vielleicht ein (*inf*). **it took ~ courage** dazu brauchte man schon (einigen) *or* ziemlichen Mut; **(that was) ~ argument/party!** das war vielleicht ein Streit/eine Party! (*inf*); **this might take ~ time** das könnte einige Zeit dauern; **quite ~ time** ganz schön lange (*inf*), ziemlich lange; **it's ~ distance from the house** es ist ziemlich weit vom Haus entfernt.

6. (*iro*) vielleicht ein (*inf*). **~ experts!** das sind vielleicht Experten! (*inf*); **~ help you are/this is** du bist/das ist mir vielleicht eine Hilfe (*inf*); **~ people!** Leute gibt's!

II *pron* **1.** (**~** *people*) einige; (*certain people*) manche; (*in "if" clauses, questions*) welche. **~ ..., others ...** manche ..., andere ...; **~ of my friends** einige *or* manche meiner Freunde; **there are still ~ who will never understand** es gibt immer noch Leute *or* welche, die das nicht begreifen werden; **~ of them were late** einige kamen zu spät.

2. (*referring to plural nouns*) (*a few*) einige; (*certain ones*) manche; (*in "if" clauses, questions*) welche. **~ of these books** einige dieser Bücher; **~ of them have been sold** einige sind verkauft worden; **they're lovely, try ~** die schmecken gut, probieren Sie mal; **I've still got ~** ich habe noch welche; **would you like ~?** möchten Sie welche?

3. (*referring to singular nouns*) (*a little*) etwas; (*a certain amount, in contrast*) manches; (*in "if" clauses, questions*) welche(r, s). **here is the milk, if you feel thirsty drink ~** hier ist die Milch, wenn du Durst hast, trinke etwas; **I drank ~ of the milk** ich habe (etwas) von der Milch getrunken; **have ~!** nehmen Sie sich (*dat*), bedienen Sie sich; **it's good cake, would you like ~?** das ist ein guter Kuchen, möchten Sie welchen?; **try ~ of this cake** probieren Sie doch mal diesen Kuchen; **would you like ~ money/tea? — no, I've got ~** möchten Sie Geld/Tee? — nein, ich habe Geld/ich habe noch; **~ of it had been eaten** einiges (davon) war gegessen worden; **he only believed/read ~ of it** er hat es nur teilweise geglaubt/gelesen; **~ of his speech was excellent** manches *or* einiges in seiner Rede war ausgezeichnet.

4. this is ~ of the oldest rock in the world dies gehört zum ältesten Gestein der Welt; **~ of the finest poetry in the English language** einige der schönsten Gedichte in der englischen Sprache; **this is ~ of the finest scenery in Scotland** dies ist eine der schönsten Landschaften Schottlands.

III *adv* **1.** ungefähr, etwa, zirka. **~ 20 people** ungefähr 20 Leute; **~ few difficulties** einige Schwierigkeiten.

2. (*US inf*) (*a little*) etwas, ein bißchen; (*a lot*) viel. **I really drank ~ last night** ich habe gestern abend ganz schön was getrunken (*inf*); **that's going ~** das ist ganz schön schnell (*inf*).

somebody ['sʌmbədɪ] **I** *pron* jemand; (*dir obj*) jemand(en); (*indir obj*) jemandem. **~ else** jemand anders; **~ or other** irgend jemand; **~ knocked at the door** es klopfte jemand an die Tür; **we need ~ German** wir brauchen einen Deutschen; **everybody needs ~ to talk to** jeder braucht einen, mit dem er sprechen kann; **~ or other** irgend jemand; **you must have seen somebody** Sie müssen doch irgend jemand(en) gesehen haben.

II *n* **to be (a) ~** etwas vorstellen, wer (*inf*) *or* jemand sein; **he thinks he's ~**

now er bildet sich (*dat*) ein, er wäre jetzt jemand *or* wer (*inf*).

somehow ['sʌmhaʊ] *adv* irgendwie. **it must be done ~ or other** es muß irgendwie gemacht werden; **~ (or other) I never liked him** irgendwie habe ich ihn nie gemocht *or* leiden können.

someone ['sʌmwʌn] *pron see* **somebody I.**

someplace ['sʌmpleɪs] *adv* (*US inf*) *be* irgendwo; *go* irgendwohin.

somersault ['sʌməsɔːlt] **I** *n* Purzelbaum *m*; (*Sport, fig*) Salto *m*. **to do** *or* **turn a ~** einen Purzelbaum schlagen/einen Salto machen; (*car*) sich überschlagen, einen Salto machen (*inf*).

II *vi* (*person*) einen Purzelbaum schlagen; (*Sport*) einen Salto machen; (*car*) sich überschlagen, einen Salto machen (*inf*).

something ['sʌmθɪŋ] **I** *pron* **1.** etwas. **~ nice/unpleasant/serious** etwas Nettes/Unangenehmes/Ernstes; **~ or other** irgend etwas, irgendwas; **did you say ~?** hast du (et)was gesagt?; **~ of the kind** so (et)was (Ähnliches); **there's ~ I don't like about him** irgend etwas *or* irgendwas gefällt mir an ihm nicht; **do you want to make ~ of it?** willst du dich mit mir anlegen? (*inf*); **there's ~ in what you say** an dem, was du sagst, ist (schon) was dran; **well, that's ~** (das ist) immerhin etwas; **he's ~ to do with the Foreign Office** er ist irgendwie beim Außenministerium; **she's called Rachel ~** sie heißt Rachel Soundso *or* Sowieso; **there were thirty ~** es waren etwas über dreißig; **three hundred and ~** dreihundert und ein paar (Zerquetschte *inf*); **we left at five ~** wir sind etwas nach fünf gegangen.

2. (*inf: ~ special or unusual*) **it was ~ else** (*US*) *or* **quite ~** das war schon toll (*inf*); **it's ~ to be Prime Minister at 35** es will schon was heißen, mit 35 Premierminister zu sein; **that's really ~** ganz große Klasse! (*inf*).

3. or ~ (*inf*) oder so (was); **are you drunk or ~?** (*inf*) bist du betrunken oder was? (*inf*).

II *n* **a little ~** (*present*) eine kleine Aufmerksamkeit, eine Kleinigkeit; **a/the certain ~** ein gewisses/das gewisse Etwas.

III *adv* **1. ~ over 200** etwas über 200, etwas mehr als 200; **~ like 200** ungefähr 200, um die 200 herum; **you look ~ like him** du siehst ihm irgendwie ähnlich; **this is ~ like the one I wanted** so (et)was Ähnliches wollte ich haben; **now that's ~ like a rose!** das nenne ich eine Rose!; **another £500, now that's ~ like it** noch £ 500, und wir kommen der Sache schon näher.

2. it's ~ of a problem das ist schon ein Problem; **I feel ~ of a stranger here** ich fühle mich hier irgendwie fremd; **he's ~ of a musician** er ist ein recht guter Musiker; **~ of a surprise/drunkard** eine ziemliche Überraschung,/ein ziemlicher Säufer.

3. (*dial*) **the weather was ~ shocking** das Wetter war einfach schrecklich.

sometime ['sʌmtaɪm] **I** *adv* irgendwann. **~ or other it will have to be done** irgendwann muß es gemacht werden; **write to me ~ soon** schreib mir (doch) bald (ein)mal; **~ before tomorrow** bis morgen, heute noch; **~ next year** irgendwann nächstes *or* im nächsten Jahr. **II** *adj attr* (*form*) ehemalig, früher, einstig.

sometimes ['sʌmtaɪmz] *adv* manchmal.

someway ['sʌmweɪ] *adv* (*US*) irgendwie.

somewhat ['sʌmwɒt] *adv* ein wenig. **more than ~!** mehr als das!, und ob! (*inf*); **more than ~ disappointed/late** ganz schön enttäuscht/verspätet; **~ of a surprise/disappointment/drunkard** eine ziemliche *or* arge Überraschung/eine arge Enttäuschung/ein arger Trinker.

somewhere ['sʌmwɛəʳ] *adv* **1.** *be* irgendwo; *go* irgendwohin. **~ else** irgendwo anders, anderswo; irgendwo anders hin, anderswohin; **from ~/~ else** von irgendwo, irgendwoher/von irgendwo anders, anderswoher; **I left it ~ or other** ich habe es irgendwo liegen-/stehenlassen; **I know ~ where ...** ich weiß, wo ...

2. (*fig*) **the temperature was ~ about 40°C** die Temperatur betrug ungefähr 40°C *or* war um die 40° (*inf*); **~ about £50** *or* **in the region of £50** um (die) £ 50 herum; **she is ~ in her fifties** sie muß in den Fünfzigern sein.

somnambulism [sɒm'næmbjʊlɪzəm] *n* Nacht- *or* Schlafwandeln *nt*.

somnambulist [sɒm'næmbjʊlɪst] *n* Nacht- *or* Schlafwandler(in *f*) *m*.

somnolence ['sɒmnələns] *n* Schläfrigkeit *f*. **the heavy ~ of this summer's day** die bleierne Schwere dieses Sommertages.

somnolent ['sɒmnələnt] *adj* **1.** (*sleepy*) schläfrig. **2.** (*causing sleep*) einschläfernd.

son [sʌn] *n* (*lit, fig*) Sohn *m*; (*as address*) mein Junge. **S~ of God/Man** Gottes-/Menschensohn *m*; **he's his father's ~** er ist ganz der Vater; **~ of a bitch** (*esp US sl*) Scheißkerl (*sl*), Hurensohn (*sl*) *m*; (*thing*) Scheißding *nt* (*sl*); **~ of a gun** (*esp US sl*) Schlawiner *m* (*inf*).

sonar ['səʊnɑːʳ] *n* Sonar(gerät), Echolot *nt*.

sonata [sə'nɑːtə] *n* Sonate *f*.

song [sɒŋ] *n* **1.** Lied *nt*; (*modern ballad also*) Chanson *nt*; (*folk~ also, blues-~*) Song *m*. **give us a ~!** sing uns etwas vor!; **to burst into ~** ein Lied anstimmen; **~-and-dance act** Gesangs- und Tanznummer *f*; **S~ of S~s, S~ of Solomon** Lied der Lieder, Hohelied Salomos *nt*.

2. (*singing, bird~*) Gesang *m*.

3. (*fig inf*) **to make a ~ and dance about sth** eine Haupt- und Staatsaktion aus etw machen (*inf*); **to sell/buy sth for a ~** etw für einen Apfel und ein Ei *or* ein Butterbrot verkaufen/kaufen.

songbird *n* Singvogel *m*; **songbook** *n* Liederbuch *nt*; **song cycle** *n* Liederzyklus *m*; **songless** *adj bird* nicht singend *attr*.

songster ['sɒŋstəʳ] *n* Sänger *m*.

songstress ['sɒŋstrɪs] *n* Sängerin *f*.

song thrush *n* Singdrossel *f*; **songwriter**

n Texter(in *f*) und Komponist(in *f*) *m*; (*of modern ballads*) Liedermacher(in *f*) *m*.

sonic ['sɒnɪk] *adj* Schall-. ~ **barrier** Schallmauer *f*; ~ **boom** Überschallknall *m*; **was that a ~ boom?** hat da jemand die Schallmauer durchbrochen?; ~ **depth finder** Echolot *nt*.

son-in-law ['sʌnɪnlɔː] *n, pl* **sons-in-law** Schwiegersohn *m*.

sonnet ['sɒnɪt] *n* Sonett *nt*. ~ **form** Sonettform *f*.

sonny ['sʌnɪ] *n* (*inf*) Junge *m*. ~ **Jim** (*inf*) mein Junge *m*.

sonority [sə'nɒrɪtɪ] *n* Klangfülle *f*.

sonorous ['sɒnərəs] *adj* volltönend, sonor (*geh*); *language, poem* klangvoll.

sonorously ['sɒnərəslɪ] *adv* volltönend, sonor (*geh*).

sonorousness ['sɒnərəsnɪs] *n* Klangfülle *f*.

sons-in-law *pl of* **son-in-law**.

soon [suːn] *adv* **1.** (*in a short time from now*) bald; (*early*) früh; (*quickly*) schnell. **it will ~ be Christmas** bald ist Weihnachten; ~ **after his death** kurz nach seinem Tode; ~ **afterwards** kurz *or* bald danach; **how ~ can you be ready?** wann kannst du fertig sein?; **we got there too ~** wir kamen zu früh an; **all too ~** viel zu schnell; **we were none too ~** wir kamen gerade rechtzeitig; **as ~ as** sobald; **as ~ as possible** so schnell wie möglich; **as ~ as you like** wann du willst!

2. I would as ~ not go (*prefer not to*) ich würde lieber nicht gehen; (*don't mind*) es ist mir egal, wenn ich nicht gehe; **I would as ~ you didn't tell him** es wäre mir lieber, wenn du es ihm nicht erzählen würdest.

sooner ['suːnə^r] *adv* **1.** (*time*) früher, eher. ~ **or later** früher oder später; **the ~ the better** je eher *or* früher, desto besser; **no ~ had we arrived than ...** wir waren gerade *or* kaum angekommen, da ...; **no ~ said than done** gesagt, getan.

2. (*preference*) lieber. **I would ~ not do it** ich würde es lieber nicht tun; **which would you ~?** was möchtest du lieber?

soot [sʊt] *n* Ruß *m*. **black as ~** rußschwarz.

soothe [suːð] **I** *vt* beruhigen; *pain* lindern, mildern. **II** *vi* beruhigen; (*relieve pain*) lindern. **an ointment which ~s** eine schmerzlindernde Salbe.

soothing ['suːðɪŋ] *adj* beruhigend, besänftigend; (*pain-relieving*) schmerzlindernd; *massage* wohltuend; *bath* entspannend.

soothingly ['suːðɪŋlɪ] *adv see adj* beruhigend, besänftigend; schmerzlindernd; wohltuend. **she rubbed his bruised arm ~** sie rieb ihm den Arm, um den Schmerz zu lindern.

soothsayer ['suːθseɪə^r] *n* (*old*) Wahrsager(in *f*) *m*.

soothsaying ['suːθseɪɪŋ] *n* (*old*) Wahrsagerei *f*.

sooty ['sʊtɪ] *adj* (+*er*) rußig, Ruß-. **a dull ~ black** ein trübes, rußfarbenes Schwarz.

sop [sɒp] *n* **1.** (*food*) eingetunktes Brotstück.

2. (*to pacify*) Beschwichtigungsmittel *nt*. **as a ~ to his pride** als Trost(, um seinen Stolz nicht zu verletzen).

◆**sop up** *vt sep gravy* aufnehmen.

sophism ['sɒfɪzəm] *n* Sophismus *m*.

sophist ['sɒfɪst] *n* Sophist(in *f*) *m*.

sophistic(al) [sə'fɪstɪk(əl)] *adj* sophistisch.

sophisticated [sə'fɪstɪkeɪtɪd] *adj* **1.** (*worldly, cultivated*) kultiviert; *manners, taste also* verfeinert; *cabaret act, audience also* anspruchsvoll, niveauvoll; *person, restaurant also, hairdo* gepflegt, elegant; *dress* raffiniert, schick. **she's a very ~ young lady considering she's only twelve** für eine Zwölfjährige ist sie schon sehr weit; **she thinks she looks more ~ with a cigarette-holder** sie glaubt, mit einer Zigarettenspitze mehr darzustellen.

2. (*complex, advanced*) hochentwickelt; *electronics, techniques also* raffiniert; *method also* durchdacht; *device also* ausgeklügelt.

3. (*subtle, refined*) subtil; *mind also* differenziert; *prose, style also* anspruchsvoll; *discussion* von *or* auf hohem Niveau, anspruchsvoll; *plan* ausgeklügelt, raffiniert; *system, approach* differenziert, komplex. **the conversation was too ~ for me** mir war die Unterhaltung zu hochgestochen.

sophistication [səˌfɪstɪ'keɪʃən] *n see adj* **1.** Kultiviertheit *f*; Verfeinerung *f*; hohes Niveau; Gepflegtheit, Eleganz *f*; Raffiniertheit *f*, Schick *m*.

2. hoher Entwicklungsstand *or* -grad; Raffiniertheit *f*; Durchdachtheit *f*; Ausgeklügeltheit *f*.

3. Subtilität *f*; Differenziertheit *f*; hohe Ansprüche; hohes Niveau; Ausgeklügeltheit, Raffiniertheit *f*; Komplexität *f*.

sophistry ['sɒfɪstrɪ] *n* Sophisterei *f*.

sophomore ['sɒfəmɔː^r] *n* (*US*) *Student(in f) m im 2. Jahr.*

soporific [ˌsɒpə'rɪfɪk] **I** *adj* einschläfernd. **II** *n* (*drug*) Schlafmittel *nt*.

sopping ['sɒpɪŋ] *adj* (*also* ~ **wet**) durchnäßt, triefend; *person* klitschnaß.

soppy ['sɒpɪ] *adj* (*inf*) (*sentimental*) *book, song* schmalzig (*inf*); *person* sentimental, *look* schmachtend; (*effeminate*) weibisch.

soprano [sə'prɑːnəʊ] **I** *n* Sopran *m*; (*person also*) Sopranist(in *f*) *m*; (*voice also*) Sopranstimme *f*; (*part*) Sopran(partie *f*) *m*. **II** *adj* Sopran-. ~ **saxophone** Sopransaxophon *nt*. **III** *adv* im Sopran.

Sorb [sɔːb] *n* Sorbe *m*, Sorbin *f*.

sorbet ['sɔːbeɪ] *n* Sorbet *nt or m*, Fruchteis *nt*. **lemon ~** Zitronensorbet *nt or m*.

sorcerer ['sɔːsərə^r] *n* Hexenmeister, Hexer *m*.

sorceress ['sɔːsəres] *n* Hexe *f*.

sorcery ['sɔːsərɪ] *n* Hexerei *f*.

sordid ['sɔːdɪd] *adj* eklig; *place, room also* verkommen, heruntergekommen; *motive* schmutzig, niedrig, gemein; *conditions, life, story* elend, erbärmlich; *crime* gemein. **he considers it ~ to discuss money** er hält es für unfein, über Geld zu sprechen.

sordidness ['sɔːdɪdnɪs] *n see adj* Ekligkeit *f*; Verkommenheit *f*; Schmutzigkeit, Niedrigkeit *f*; Gemeinheit *f*; Elend *nt*, Erbärmlichkeit *f*.

sore [sɔːʳ] **I** *adj* (+*er*) **1.** (*hurting*) weh, schlimm (*inf*); (*inflamed*) wund, entzündet. **to have a ~ throat** Halsschmerzen haben; **my eyes are ~** mir tun die Augen weh; **my wrist feels ~** mein Handgelenk schmerzt (*geh*) *or* tut weh; **I'm ~ all over** mir tut alles weh.

2. (*fig*) **a ~ point** ein wunder Punkt; **a ~ subject** ein heikles Thema.

3. (*inf: angry, upset*) verärgert, sauer (*inf*) (*about sth* über etw (*acc*), *at sb* über jdn).

4. (*great*) **to be in ~ need of sth** etw unbedingt *or* dringend brauchen.

II *adv* (*obs: greatly*) arg (*old*), gar sehr (*obs*).

III *n* (*Med*) wunde Stelle; (*caused by friction*) wund(gescheuert)e Stelle. **to open old ~s** (*fig*) alte Wunden aufreißen.

sorehead ['sɔːhed] *n* (*US sl*) Brummbär *m* (*inf*).

sorely ['sɔːlɪ] *adv tempted* sehr, arg (*S Ger, Aus, Sw*). **I was ~ tempted to buy that dress** ich kam stark in Versuchung, das Kleid zu kaufen; *needed* dringend; *missed* schmerzlich; (*liter*) *afflicted, troubled, offended* zutiefst; *wounded* schwer. **he has been ~ tried** seine Geduld wurde auf eine sehr harte Probe gestellt.

soreness ['sɔːnɪs] *n* **1.** (*ache*) Schmerz *m*; (*rawness*) Wundsein *nt*. **2.** (*inf: anger*) Verärgerung *f* (*at* über +*acc*).

sorghum ['sɔːgəm] *n* Sorghum *nt*.

sororicide [sə'rɒrɪsaɪd] *n* Schwestermord *m*; (*person*) Schwestermörder(in *f*) *m*.

sorority [sə'rɒrɪtɪ] *n* (*US Univ*) Studentinnenvereinigung *f*.

sorrel ['sɒrəl] **I** *n* **1.** (*Bot*) großer Sauerampfer; (*wood-~*) Sauerklee *m*. **2.** (*horse*) Fuchs *m*. **II** *adj horse* rotbraun.

sorrow ['sɒrəʊ] **I** *n* (*no pl: sadness*) Traurigkeit *f*; (*no pl: grief*) Trauer *f*, Kummer *m*; (*trouble, care*) Sorge, Kümmernis *f*; (*affliction, suffering*) Leiden *nt*. **more in ~ than in anger** eher aus Betrübnis als aus Zorn; **to my (great) ~** zu meinem größten Kummer; **a feeling of ~** ein Gefühl von Traurigkeit, ein wehes Gefühl (*liter*); **teenage ~s** Sorgen und Nöte *pl* der Teenager; **to drown one's ~s** seine Sorgen ertränken; **the ~s of their race** die Leiden ihres Volkes.

II *vi* sich grämen (*geh*) (*at, for, over* über +*acc*).

sorrowful *adj*, **~ly** *adv* ['sɒrəʊfʊl, -fəlɪ] traurig.

sorry ['sɒrɪ] *adj* (+*er*) **1.** *pred* (*sad*) traurig. **I was ~ to hear that** es tat mir leid, das zu hören *or* hören zu müssen; **we were ~ to hear about your mother's death** es tat uns leid, daß deine Mutter gestorben ist; **he wasn't in the least bit ~** das machte ihm überhaupt nichts aus; **I can't say I'm ~ he lost** es tut mir wirklich nicht leid, daß er verloren hat; **I'm not ~ I did it** es tut mir nicht leid, es getan zu haben; **this work is no good, I'm ~ to say** diese Arbeit taugt nichts, das muß ich leider sagen; **to be** *or* **feel ~ for sb/oneself** jdn/sich selbst bemitleiden; **I feel ~ for the child** das Kind tut mir leid; **I'm only ~ I didn't do it sooner** es tut mir nur leid, daß ich es nicht eher getan habe; **don't feel ~ for me, I don't need your pity!** du brauchst mich nicht zu bedauern, kein Mitleid, bitte!; **you'll be ~ for this!** das wird dir noch leid tun!

2. (*in apologizing, repentant*) **~!** Entschuldigung!, Verzeihung!; **I'm/he's ~** es tut mir/ihm leid; **I'm so ~!** entschuldige(n Sie) bitte!; **can you lend me £5? — ~** kannst du mir £ 5 leihen? — bedaure, leider nicht; **~?** (*pardon*) wie bitte?; **to say ~ (to sb for sth)** sich (bei jdm für etw) entschuldigen; **I'm ~ to hurt you** es tut mir leid, daß ich dir weh tun muß; **I'm ~ but ...** (es) tut mir leid, aber ...; **I'm ~ about that vase/your dog** es tut mir leid um die Vase/um Ihren Hund; **I'm ~ about Thursday, but I can't make it** es tut mir leid mit Donnerstag, aber ich kann nicht; **I'm ~ about (what happened on) Thursday** es tut mir leid wegen Donnerstag.

3. (*pitiful*) *condition, plight* traurig; *sight, figure also* jämmerlich; *excuse* faul.

sort [sɔːt] **I** *n* **1.** (*kind*) Art *f*; (*species, type, model also*) Sorte *f*. **a ~ of** eine Art (+*nom*), so ein/so eine, so 'n/so 'ne (*inf*); **this ~ of house** diese Art Haus, so ein Haus; **an odd ~ of novel** ein komischer Roman; **I felt a ~ of shame** ich schämte mich irgendwie; **a ~ of silly smile** so ein *or* so 'n (*inf*) albernes Grinsen; **what ~ of** was für ein; **what ~ of man is he?** was für ein Mensch ist er?; **he's not the ~ of man to do that** er ist nicht der Mensch, der das täte; **this ~ of thing** so etwas; **all ~s of things** alles mögliche; **people of all ~s** alle möglichen Leute; **he's a painter of a ~** *or* **of ~s** er ist Maler, sozusagen; **it's coffee of a ~** *or* **of ~s** das ist Kaffee oder so etwas ähnliches; **something of the ~** (irgend) so (et)was; **he's some ~ of administrator** er hat irgendwie in der Verwaltung zu tun; **he's got some ~ of job with ...** er hat irgendeinen Job bei ...; **nothing of the ~!** von wegen!; **that's the ~ of person I am** ich bin nun mal so!; **I'm not that ~ of girl** ich bin nicht so eine.

2. (*person*) **he's a good ~** er ist ein prima Kerl; **she sounds a good ~** sie scheint in Ordnung zu sein; **he's not my ~** er ist nicht mein Typ; **I don't trust his ~** solchen Leuten traue ich nicht; **I know your ~** euch Brüder kenn' ich! (*inf*); **your ~ never did any good** du und deinesgleichen, ihr habt noch nie etwas zustande gebracht; **it takes all ~s (to make a world)** es gibt so 'ne und solche.

3. to be out of ~s nicht ganz auf der Höhe *or* dem Posten (*inf*) sein.

4. (*Comput*) Sortieren *nt*, Sortiervorgang *m*. **to do a ~** sortieren.

II *adv* **~ of** (*inf*) irgendwie; **is it tiring? — ~ of** ist das anstrengend? — irgendwie schon; **it's ~ of finished** es ist so ziemlich *or* eigentlich schon fertig; **aren't you pleased? — ~ of** freust du dich nicht? — doch, eigentlich schon; **is this how he did it? — well, ~ of** hat er das so gemacht? — ja, so ungefähr.

III *vt* (*also Comput*) sortieren. **to ~ sth on sth** (*Comput*) etw nach etw sortieren.

IV *vi* **1. to ~ through sth** etw durchsehen. **2.** (*Comput*) sortieren.

◆**sort out** *vt sep* **1.** (*arrange*) sortieren, ordnen; (*select*) aussortieren, aussuchen. **to ~ sth ~ from sth** etw von etw trennen; **to ~ red apples ~ from green ones** rote und grüne Äpfel aussortieren.

2. (*straighten out*) *muddle* in Ordnung bringen; *problem* lösen; *situation* klären. **the problem will ~ itself ~** das Problem wird sich von selbst lösen *or* erledigen; **to ~ oneself ~** zur Ruhe kommen, sich (*dat*) über sich (*acc*) selbst klar werden; **you must come and visit us once we've ~ed ourselves ~** wenn wir uns erst mal richtig eingerichtet haben, mußt du uns unbedingt besuchen.

3. (*inf*) **to ~ sb ~** sich (*dat*) jdn vorknöpfen (*inf*).

sort code *n* (*Banking*) Bankleitzahl *f*.

sorter ['sɔːtəʳ] *n* (*person*) Sortierer(in *f*) *m*; (*machine*) Sortiermaschine *f*; (*Post: person*) Briefverteiler(in *f*) *m*.

sortie ['sɔːtɪ] *n* (*Mil*) Ausfall *m*; (*Aviat*) (Einzel)einsatz, Feindflug *m*. **a ~ into town/literary criticism** ein Ausflug *or* Abstecher *m* in die Stadt/Literaturkritik.

sorting office ['sɔːtɪŋ'ɒfɪs] *n* Sortierstelle *f*.

SOS *n* SOS *nt*.

so-so ['səʊ'səʊ] *adj pred, adv* (*inf*) soso, so la la.

sot [sɒt] *n* (*pej*) Säufer, Trunkenbold (*dated*) *m*.

sottish ['sɒtɪʃ] *adj* dem Trunk ergeben; *grin* benebelt.

sotto voce ['sɒtəʊ'vəʊtʃɪ] *adv* leise; (*conspiratorial*) mit unterdrückter Stimme; (*Mus*) sotto voce.

sou [suː] *n* (*inf*) **I haven't a ~** ich habe keinen Pfennig.

sou' [saʊ] (*Naut*) *abbr of* **south.**

soubriquet ['suːbrɪkeɪ] *n see* **sobriquet.**

Soudanese *adj, n see* **Sudanese.**

sou'easter [saʊ'iːstəʳ] *n* (*Naut: wind*) Nordost(wind) *m*.

soufflé ['suːfleɪ] *n* Soufflé *nt*.

sough [saʊ] (*liter*) **I** *n* Rauschen *nt*. **II** *vi* (*wind*) rauschen.

sought [sɔːt] *pret, ptp of* **seek.**

sought-after ['sɔːtɑːftəʳ] *adj* begehrt. **much ~** vielbegehrt; *rare object* gesucht.

soul [səʊl] *n* **1.** Seele *f*. **upon my ~!** (*dated*), **(God) bless my ~!** meiner Treu (*dated*), na so was!; **All S~s' Day** Allerheiligen *nt*; **God rest his ~!** Gott hab ihn selig!; *see* **body 1.**

2. (*inner being*) Innerste(s), Wesen *nt*. **he loved her with all his ~** er liebte sie von ganzem Herzen *or* heiß und innig; **he loved her with all his heart and with all his ~** er liebte sie mit jeder Faser seines Herzens; **the priest urged them to search their ~s** der Priester drängte sie, ihr Gewissen zu erforschen; **a little humility is good for the ~** ein bißchen Bescheidenheit tut der Seele gut; **the ~ of the city has been destroyed by modernization** durch die Modernisierung ist die Stadt in ihrem innersten Wesen zerstört worden; **at least the old slum had ~** der alte Slum hatte wenigstens (noch) Herz; **to have a ~ above sth** über etw (*acc*) hoch erhaben sein; **the music lacks ~** der Musik fehlt echter Ausdruck; **freedom is the ~ of democracy** Freiheit ist das Wesen der Demokratie.

3. (*finer feelings*) Herz, Gefühl *nt*. **a musician of considerable technical skill, but lacking ~** ein Musiker von beachtlichem technischem Können, aber ohne echtes Gefühl; **you've got to have ~** (*US sl*) du mußt Feeling haben (*sl*); **~ brother/sister** Bruder/Schwester; **he's a ~ brother** er ist einer von uns.

4. (*person*) Seele *f*. **3,000 ~s** 3.000 Seelen (*geh*); **poor ~!** (*inf*) Ärmste(r)!; **he's a good ~** er ist ein guter Mensch; **she's a simple ~** sie hat ein schlichtes Gemüt; **not a ~** keine Menschenseele; **the ship was lost with all ~s** das Schiff ging mit (der ganzen Besatzung und) allen Passagieren unter.

5. he's the ~ of generosity/discretion er ist die Großzügigkeit/Diskretion in Person.

6. (*Mus*) Soul *m*.

soul-destroying ['səʊldɪˌstrɔɪɪŋ] *adj* geisttötend; *factory work* nervtötend.

soulful ['səʊlfʊl] *adj look* seelenvoll; *person* gefühlvoll; *song also* inbrünstig.

soulfully ['səʊlfəlɪ] *adv see adj*.

soulless ['səʊllɪs] *adj person* seelenlos; *work also* eintönig.

soul mate *n* Seelenfreund *m*; **soul music** *n* Soul *m*; **soul-searching** *n* Gewissensprüfung *f*.

sound[1] [saʊnd] **I** *adj* (+*er*) **1.** (*in good condition*) *person, animal, tree* gesund; *constitution, lungs also* kräftig; *condition also, building, chassis* einwandfrei. **to be as ~ as a bell** kerngesund sein; **to be ~ in wind and limb** gesund und munter sein; **to be of ~ mind** (*esp Jur*) bei klarem Verstand sein, im Vollbesitz seiner geistigen Kräfte sein (*Jur*).

2. (*valid, good, dependable*) solide; *business also* gesund; *argument, analysis also* vernünftig, fundiert; *scholarship also* gründlich; *economy, currency also* stabil; *person, goal-keeper* verläßlich; *idea* gesund, vernünftig; *move* vernünftig; *advice* wertvoll, vernünftig. **he's ~ on financial policy** er hat gründliche Kenntnisse in der Finanzpolitik; **a ~ scholar** ein ernstzunehmender Gelehrter; **that's ~ sense** das ist vernünftig.

3. (*thorough*) gründlich, solide; *beating* gehörig; *defeat* vernichtend.

4. (*Jur*) *decision* rechtmäßig; *claim also* berechtigt.

5. (*deep*) *sleep* tief, fest. **I'm a very ~ sleeper** ich schlafe sehr tief *or* fest, ich habe einen gesunden Schlaf.

II *adv* (+*er*) **to be ~ asleep** fest schlafen.

sound² **I** *n* **1.** (*noise*) Geräusch *nt*; (*Ling*) Laut *m*; (*Phys*) Schall *m*; (*Mus, of instruments*) Klang *m*; (*verbal, TV, Rad, Film*) Ton *m*. **don't make a ~** still!; **the speed of ~** (die) Schallgeschwindigkeit; **within ~ of** in Hörweite (+*gen*); **to the ~(s) of the national anthem** zu den Klängen der Nationalhymne; **French has a soft ~** die französische Sprache hat einen weichen Klang; **would you still recognize the ~ of Karin's voice?** würdest du Karins Stimme immer noch erkennen?; **not a ~ was to be heard** man hörte keinen Ton; **~s/the ~ of laughter** Gelächter *nt*; **we heard the ~ of voices on the terrace** wir hörten Stimmen auf der Terrasse; **vowel ~** Vokallaut *m*; **~ and fury** leerer Schall.

2. (*impression*) **I don't like the ~ of it** das klingt gar nicht gut; **from the ~ of it he had a hard time** es hört sich so an *or* klingt, als sei es ihm schlecht gegangen; **his remarks had a familiar ~** seine Bemerkungen klangen vertraut.

II *vt* **1.** (*produce ~ from*) **~ your horn** hupen!; **the trumpeter ~ed a high note** der Trompeter spielte einen hohen Ton; **to ~ the alarm** Alarm schlagen; (*mechanism*) die Alarmanlage auslösen; **to ~ the retreat** zum Rückzug blasen; **to ~ the "r" in "cover"** das „r" in „cover" aussprechen; **I think we need to ~ a note of warning** ich finde, wir sollten eine vorsichtige Warnung aussprechen.

2. (*test by tapping, Med*) abklopfen.

III *vi* **1.** (*emit ~*) erklingen, ertönen. **feet ~ed in the corridor** im Flur waren Schritte zu hören; **a gun ~ed a long way off** in der Ferne hörte man einen Schuß.

2. (*give aural impression*) klingen, sich anhören. **it ~s hollow** es klingt hohl; **the children ~ happy** es hört sich so an, als ob die Kinder ganz lustig sind; **he ~s angry** es hört sich so an, als wäre er wütend; **he ~s French (to me)** er hört sich (für mich) wie ein Franzose an.

3. (*seem*) sich anhören. **that ~s very odd** das hört sich sehr seltsam an; **he ~s like a nice man** er scheint ein netter Mensch zu sein; **it ~s like a sensible idea** das klingt ganz vernünftig; **how does it ~ to you?** wie findest du das?

◆sound off *vi* (*inf*) sich verbreiten *or* auslassen (*about* über +*acc*). **don't listen to him, he's just ~ing ~** hör nicht auf ihn, er spielt sich nur auf!

sound³ *vt* (*Naut*) loten, ausloten; (*Met*) messen. **~ing line** Lot, Senkblei *nt*.

◆sound out *vt sep person* aushorchen, ausfragen; *intentions, opinions* herausfinden, herausbekommen. **to sound sb ~ about** *or* **on sth** bei jdm in bezug auf etw (*acc*) vorfühlen.

sound⁴ *n* (*Geog*) Meerenge *f*, Sund *m*.

sound archives *npl* Tonarchiv *nt*; **sound barrier** *n* Schallmauer *f*; **sound-board** *n* *see* **sounding board 1.**; **soundbox** *n* (*Mus*) Schallkörper, Schallkasten *m*; **sound effects** *npl* Toneffekte *pl*; **sound engineer** *n* Toningenieur(in *f*) *m*; **sound hole** *n* Schalloch *nt*.

sounding ['saʊndɪŋ] *n* (*Naut*) Loten *nt*, Peilung *f*. **to take ~s** (*lit*) Lotungen vornehmen; (*fig*) sondieren.

sounding board ['saʊndɪŋ,bɔːd] *n* **1.** (*on instrument*) Resonanzboden *m*; (*over platform*) Schalldeckel *m*. **2.** (*fig*) Resonanzboden *m*. **he used the committee as a ~ ~ for his ideas** er benutzte den Ausschuß, um die Wirkung seiner Vorschläge zu sondieren.

soundless ['saʊndlɪs] *adj* lautlos.

soundly ['saʊndlɪ] *adv built, made* solide; *argue, reason, invest also* vernünftig; *thrash* tüchtig, gehörig; *train* gründlich. **our team was ~ beaten** unsere Mannschaft wurde eindeutig *or* klar geschlagen; **to sleep ~** tief und fest schlafen.

soundness ['saʊndnɪs] *n* **1.** (*good condition*) gesunder Zustand; (*of building, chassis*) guter Zustand.

2. (*validity, dependability*) Solidität *f*; (*of argument, analysis also*) Vernünftigkeit, Fundiertheit *f*; (*of scholarship*) Gründlichkeit *f*; (*of economy, currency also*) Stabilität *f*; (*of idea, advice, move, policy*) Vernünftigkeit *f*; (*of person, goalkeeper*) Verläßlichkeit *f*.

3. (*thoroughness*) Gründlichkeit, Solidität *f*.

4. (*Jur: of decision, claim*) Rechtmäßigkeit *f*.

5. (*of sleep*) Tiefe *f*.

soundproof **I** *adj* schalldicht; **II** *vt* schalldicht machen, schalldämmen; **soundproofing** *n* Schallisolierung *f*; **sound recording** *n* Tonaufnahme, Tonaufzeichnung *f*; **sound shift** *n* Lautverschiebung *f*; **soundtrack** *n* Tonspur *f*; (*sound, recording*) Ton *m*; Filmmusik *f*; Soundtrack *m*; **sound wave** *n* Schallwelle *f*.

soup [suːp] *n* Suppe *f*. **to be in the ~** (*inf*) in der Tinte *or* Patsche sitzen (*inf*).

◆soup up *vt sep* (*inf*) *car, engine* (hoch)frisieren (*inf*).

soupçon ['suːpsɔ̃ːŋ] *n* (*of spice*) Spur *f*; (*of irony*) Anflug *m*; (*of melancholy also*) Hauch *m*.

soup kitchen *n* *Essensausgabe für Obdachlose;* (*for disaster area*) Feldküche *f*; **soup plate** *n* Suppenteller *m*, tiefer Teller; **soup spoon** *n* Suppenlöffel *m*; **soup tureen** *n* Suppenterrine *f*.

sour ['saʊəʳ] **I** *adj* (+*er*) **1.** *fruit, soil* sauer; *wine, vinegar* säuerlich.

2. (*bad*) *milk* sauer; *smell also* streng, säuerlich. **to go** *or* **turn ~** (*lit*) sauer werden; **to go** *or* **turn ~ (on sb)** (*fig*) (*relationship, marriage*) jdn anöden; (*plan, investment*) sich als Fehlschlag erweisen.

3. (*fig*) *person* verdrießlich, griesgrämig; *expression also* sauer; *remark* bissig. **it's just ~ grapes** die Trauben sind sauer *or* hängen zu hoch.

II *vt milk* sauer *or* dick werden lassen; *person* verdrießlich *or* griesgrämig machen; *soil* sauer *or* kalkarm machen.

III *vi* (*milk*) sauer *or* dick werden;

(*person*) verbittern, griesgrämig werden; (*soil*) sauer *or* kalkarm werden.

source [sɔːs] *n* (*of river, light information*) Quelle *f*; (*of troubles, problems*) Ursache *f*, Ursprung *m*. **a ~ of vitamin C** ein Vitamin-C-Spender *m*; **they tried to trace the ~ of the gas leak** sie versuchten, das Leck in der Gasleitung ausfindig zu machen; **he is a ~ of embarrassment to us** er bringt uns ständig in Verlegenheit; **to have its ~ in sth** seine Ursache *or* seinen Ursprung in etw (*dat*) haben; **I have it from a good ~ that ...** ich habe es aus sicherer Quelle, daß ...; **at ~** (*tax*) unmittelbar, direkt; **these rumours must be stopped at ~** diese Gerüchte darf man gar nicht erst aufkommen lassen; **~s** (*in book*) Quellen, Literaturangaben *pl*; **from reliable ~s** aus zuverlässiger Quelle.

source-book *n* Quellenwerk *nt*, Quellensammlung *f*; **source language** *n* Ausgangssprache *f*; **source material** *n* Quellenmaterial *nt*.

sourdough ['saʊədəʊ] *n* Sauerteig *m*.

sour(ed) cream ['saʊə(d)'kriːm] *n* saure Sahne, Sauerrahm *m*.

sourly ['saʊəlɪ] *adv* (*fig*) verdrießlich, griesgrämig.

sourness ['saʊənɪs] *n* (*of lemon, milk*) saurer Geschmack; (*of wine, vinegar also, of smell*) Säuerlichkeit *f*; (*of soil*) saure Beschaffenheit; (*fig*) (*of person, expression*) Verdrießlichkeit, Griesgrämigkeit, Verbitterung *f*; (*of remark*) Bissigkeit *f*.

sourpuss ['saʊəpʊs] *n* (*inf*) Miesepeter (*inf*), Sauertopf (*old*) *m*; (*woman*) miesepetrige Frau/miesepetriges Mädchen (*inf*).

sousaphone ['suːzəfəʊn] *n* Sousaphon *nt*.

souse [saʊs] *vt* **1.** (*cover with water*) naß machen; *fire* löschen. **he ~d himself with water** er übergoß sich mit Wasser. **2.** (*pickle*) *fish* einlegen, marinieren. **3. to be/get ~d** (*sl*) sternhagelvoll sein (*inf*)/sich vollaufen lassen (*sl*).

soutane [suː'tæn] *n* (*Eccl*) Soutane *f*.

south [saʊθ] **I** *n* Süden *m*. **in the ~ of** im Süden +*gen*; **to the ~ of** im Süden *or* südlich von; **from the ~** aus dem Süden; (*wind*) aus Süden; **to veer to the ~** in südliche Richtung *or* nach Süden drehen; **the wind is in the ~** es ist Südwind; **the S~ of France** Südfrankreich *nt*.

II *adj* südlich, Süd-; (*in names*) Süd-.

III *adv* im Süden; (*towards the ~*) nach Süden, gen Süden (*liter*), südwärts (*Liter, Naut*); (*Met*) in südliche Richtung. **to be further ~** weiter südlich sein; **~ of** südlich *or* im Süden von.

south *in cpds* Süd-; **South Africa** *n* Südafrika *nt*; **South African I** *adj* südafrikanisch; **II** *n* Südafrikaner(in *f*) *m*; **South America** *n* Südamerika *nt*; **South American I** *adj* südamerikanisch; **II** *n* Südamerikaner(in *f*) *m*; **southbound** *adj* (in) Richtung Süden; **southeast I** *n* Südosten, Südost (*esp Naut*) *m*; **II** *adj* südöstlich; (*in names*) Südost-; **~ wind** Südost(wind) *m*, Wind *m* aus Südost *or* südöstlicher Richtung; **III** *adv* nach Südosten; **~ of** südöstlich von; **southeaster** *n* (*esp Naut*) Südostwind, Südost *m*; **southeasterly I** *adj direction* südöstlich; *wind also* aus Südost; **II** *n* (*wind*) Südostwind *m*; **southeastern** *adj* südöstlich, im Südosten; **the ~ States** die Südoststaaten *pl*; **southeastward(s)** *adv* nach Südosten.

southerly ['sʌðəlɪ] **I** *adj* südlich; *course also* nach Süden; *wind* aus Süden *or* südlicher Richtung. **II** *adv* nach Süden, südwärts (*esp Naut*). **III** *n* Südwind *m*.

southern ['sʌðən] *adj* südlich; (*in names*) Süd-; (*Mediterranean*) südländisch. **~ hemisphere** Südhalbkugel *f*; **~ people** Südländer *pl*; **S~ Cross** Kreuz des Südens *nt*; **~ lights** Südlicht *nt*; **S~ Africa** das südliche Afrika; **S~ Europe** Südeuropa *nt*; **S~ Ireland** (Süd)irland *nt*; **S~ States** (*US*) Südstaaten *pl*.

southerner ['sʌðənə^r] *n* Bewohner(in *f*) *m* des Südens; Südengländer(in *f*) *m*/-deutsche(r) *mf etc*; (*from the Mediterranean*) Südländer(in *f*) *m*; (*US*) Südstaatler(in *f*) *m*.

southernmost ['sʌðənməʊst] *adj* südlichste(r, s).

South Korea *n* Südkorea *nt*; **South Korean I** *adj* südkoreanisch; **II** *n* Südkoreaner(in *f*) *m*; **southpaw** *n* (*Boxing*) Linkshänder, Rechtsausleger *m*; **South Pole** *n* Südpol *m*; **South Sea Islands** *npl* Südseeinseln *pl*; **south-southeast I** *n* Südsüdosten, Südsüdost (*esp Naut*) *m*; **II** *adj* Südsüdost-, südsüdöstlich; **III** *adv* nach Südsüdost(en); **south-southwest I** *n* Südsüdwesten, Südsüdwest (*esp Naut*) *m*; **II** *adj* Südsüdwest-, südsüdwestlich; **III** *adv* nach Südsüdwest(en); **South Vietnam** *n* Südvietnam *nt*; **southward(s) I** *adj* südlich; **II** *adv* nach Süden, südwärts; **southwest I** *n* Südwesten, Südwest (*esp Naut*) *m*; **II** *adj* Südwest-, südwestlich; *wind* aus südwestlicher Richtung, Südwest-; **III** *adv* nach Südwest(en); **~ of** südwestlich von; **southwester** *n* (*esp Naut*) Südwest(wind) *m*; **southwesterly** *adj* südwestlich, Südwest-; *wind* aus südwestlicher Richtung; **southwestern** *adj* südwestlich, Südwest-; **southwestward(s)** *adv* nach Südwesten.

souvenir [ˌsuːvə'nɪə^r] *n* Andenken, Souvenir *nt* (*of* an +*acc*).

sou'wester [saʊ'westə^r] *n* **1.** (*hat*) Südwester *m*. **2.** (*Naut: wind*) Südwest(wind) *m*.

sovereign ['sɒvrɪn] **I** *n* (*monarch*) Souverän *m*, Herrscher(in *f*) *m*; (*Brit old: coin*) 20-Shilling-Münze *f*.

II *adj* **1.** (*supreme*) höchste(r, s), oberste(r, s); *state, power* souverän; *contempt* tiefste(r, s), äußerste(r, s). **the ~ power of the Pope** die Oberhoheit *or* Suprematie des Papstes.

2. ~ cure (*lit, fig*) Allheilmittel *nt* (*for* gegen).

sovereignty ['sɒvrəntɪ] *n* Oberhoheit, Oberherrschaft *f*; (*right of self-determination*) Souveränität *f*. **the ~ of papal decrees** die unumschränkte Gültigkeit der päpstlichen Erlasse.

Soviet Russia (*Hist*) *n* Sowjetrußland *nt*; **Soviet Union** (*Hist*) *n* Sowjetunion *f*.

sow[1] [səʊ] *pret* **~ed**, *ptp* **~n** *or* **~ed** *vt* **1.** *corn, plants* säen; *seed* aussäen; (*Mil*) *mine* legen. **to ~ the garden with grass** im Garten Gras (aus)säen; **to ~ a field with seed** auf einem Feld säen; **this field has been ~n with barley** auf diesem Feld ist Gerste gesät.

2. (*fig*) **to ~ (the seeds of) hatred/discord/rebellion** Haß/Zwietracht säen/Aufruhr stiften, die Saat des Hasses/Aufruhrs/der Zwietracht säen (*liter*); **as you ~ so shall you reap** (*Prov*) was der Mensch säet, das wird er ernten (*Prov*).

sow[2] [saʊ] *n* **1.** (*pig*) Sau *f*; (*of wild boar*) (Wild)sau *f*; (*of badger*) Dächsin *f*. **2.** (*Tech*) (*block of iron*) Massel f; (*channel*) Masselgraben *m*.

sower ['səʊəʳ] *n* (*person*) Säer(in *f*), Sämann *m*; (*machine*) Sämaschine *f*. **a ~ of discord/rebellion** ein Mensch, der Zwietracht sät/Aufruhr stiftet.

sowing ['səʊɪŋ] *n* (*action*) (Aus)säen *nt*, Aussaat *f*; (*quantity sown*) Saat *f*. **the ~ of a field** die Aussaat auf einem Feld.

sown [səʊn] *ptp of* **sow**[1].

sox [sɒks] *npl* (*US Comm sl*) = **socks**.

soya ['sɔɪə], **soy** [sɔɪ] *n* Soja *f*. **~ bean** Sojabohne *f*; **~ flour** Sojamehl *nt*; **~ sauce** Sojasoße *f*.

sozzled ['sɒzld] *adj* (*Brit inf*) **to be ~** einen sitzen haben (*inf*); **to get ~** beschwipst werden.

spa [spɑː] *n* (*town*) (Heil- *or* Mineral)bad *nt*, (Bade)kurort *m*; (*spring*) (Heil- *or* Mineral)quelle *f*.

space [speɪs] **I** *n* **1.** Raum *m* (*also Phys*); (*outer ~ also*) der Weltraum, das Weltall. **time and ~** Zeit und Raum; **to stare ~** ins Leere starren; *see* **outer**.

2. *no pl* (*room*) Platz, Raum *m*; (*Typ*) (*between letters*) Spatien *pl*; (*between lines*) Durchschuß *m*. **to take up a lot of ~** viel Platz wegnehmen *or* einnehmen; **to clear/leave some ~ for sb/sth** für jdn/etw Platz schaffen/lassen; **to buy/sell ~** (*Press*) Platz für Anzeigen kaufen/verkaufen; (*TV*) Sendezeit kaufen/verkaufen; **parking ~** Platz *m* zum Parken.

3. (*gap, empty area*) Platz *m no art*; (*between objects, words, lines*) Zwischenraum *m*; (*Mus: on stave*) Zwischenraum *m*; (*parking ~*) Lücke *f*. **to leave a ~ for sb/sth** für jdn Platz lassen/für etw Platz (frei)lassen; **there was a (blank) ~ at the end of the document** am Ende des Dokuments war Platz gelassen; **please answer in the ~ provided** bitte an der dafür vorgesehenen Stelle beantworten; **indent the line a few ~s** rücken Sie die Zeile ein paar Stellen ein; **the wide open ~s** das weite, offene Land.

4. (*Typ: piece of metal*) (*between words*) Spatienkeil *m*; (*between lines*) Reglette *f*.

5. (*of time*) Zeitraum *m*. **in a short ~ of time** in kurzer Zeit; **in the ~ of one hour/three generations** innerhalb einer Stunde/in drei Generationen; **for a ~** eine Weile *or* Zeitlang.

II *vt* (*also* **~ out**) in Abständen verteilen; *chairs also* in Abständen aufstellen; *seedlings also* in Abständen setzen; *visits* verteilen; *words* Zwischenraum *or* Abstand lassen zwischen (+*dat*); (+*dat*); (*Typ*) spatiieren (*spec*). **~ them out more, ~ them further out** *or* **further apart** lassen Sie etwas mehr Zwischenraum *or* Abstand (dazwischen); **well ~d-out houses** genügend weit auseinander gebaute Häuser; **to ~ payments** nach und nach zahlen; **to ~ the family/children (out)** in vernünftigen (Zeit)abständen Kinder bekommen; *see* **spaced-out**.

space *in cpds* (Welt)raum-; **space age** *n* (Welt)raumzeitalter *nt*; **space-age** *adj attr* des Raumzeitalters; **space agency** *n* Weltraumbehörde *f*; **space-bar** *n* (*Typ*) Leertaste *f*; **space blanket** *n* Rettungsdecke, (Alu-)Isoliermatte *f*; **space capsule** *n* (Welt)raumkapsel *f*; **space centre** *n* Raumfahrtzentrum *nt*; **spacecraft** *n* Raumfahrzeug *nt*; (*unmanned*) Raumkörper *m*.

spaced out ['speɪst'aʊt] *adj* (*sl*) (*confused*) geistig weggetreten (*inf*); (*on drugs*) high (*sl*).

space fiction *n* Zukunftsromane *pl* über den Weltraum; **space flight** *n* Weltraumflug *m*; **space heater** *n* (*esp US*) Heizgerät *nt*; **space helmet** *n* Astronautenhelm *m*; **space invaders** *n sing* (*game*) Space Invaders *nt*; **space lab(oratory)** *n* Weltraumlabor *nt*; **spaceman** *n* (Welt)raumfahrer *m*; **space platform** *n* Raumstation *f*; **spaceport** *n* Raumflugzentrum *nt*; **space probe** *n* Raumsonde *f*; **space programme** *n* Raumfahrtprogramm *nt*.

spacer ['speɪsəʳ] *n see* **space-bar**.

space rocket *n* Weltraumrakete *f*; **space-saving** *adj equipment, gadget* platzsparend; *furniture also* raumsparend; **a ~ kitchen** eine Küche, in der der Platz voll ausgenutzt wird; **space-seller** *n* (*Press*) Anzeigenakquisiteur(in *f*) *m*; (*TV*) Werbungspromoter(in *f*) *m*; **spaceship** *n* Raumschiff *nt;* **space shot** *n* (*launching*) Abschuß *m* eines Raumfahrzeugs/-körpers; (*flight*) Raumflug *m*; **space shuttle** *n* Raumfähre *f*; **space sickness** *n* Weltraumkrankheit *f*; **space station** *n* (Welt)raumstation *f*; **spacesuit** *n* Raumanzug *m*; **space-time (continuum)** *n* Raum-Zeit-Kontinuum *nt*; **space travel** *n* die Raumfahrt; **space vehicle** *n* Raumfahrzeug *nt*; **spacewalk I** *n* Weltraumspaziergang *m*; **II** *vi* im Weltraum spazierengehen; **spacewoman** *n* (Welt)raumfahrerin *f*; **space writer** *n* (*Press*) Korrespondent(in *f*) *m*, *der/die nach der Länge seiner/ihrer Artikel bezahlt wird.*

spacing ['speɪsɪŋ] *n* Abstände *pl*; (*between two objects*) Abstand *m*; (*also* **~ out**) Verteilung *f*; (*of payments*) Verteilung *f* über längere Zeit. **single/double ~** (*Typ*) einzeiliger/zweizeiliger Abstand.

spacious ['speɪʃəs] *adj* geräumig; *garden, park* weitläufig.

spaciousness ['speɪʃəsnɪs] *n see adj* Geräumigkeit *f*; Weitläufigkeit *f*.

spade [speɪd] *n* **1.** (*tool*) Spaten *m*; (*children's* ~) Schaufel *f*. **to call a ~ a ~** (*prov*) das Kind beim Namen nennen (*prov*). **2.** (*Cards*) Pik *nt*. **the Queen/two of S~s** die Pikdame/Pik-Zwei; **to play in ~s** Pik spielen; **~s are trumps** Pik ist Trumpf. **3.** (*pej sl*) Nigger *m* (*pej sl*).

spadeful ['speɪdfʊl] *n* **a ~ of earth** ein Spaten *m or* eine Schaufel (voll) Erde; **by the ~** spaten- *or* schaufelweise.

spadework ['speɪdwɜːk] *n* (*fig*) Vorarbeit *f*.

spaghetti [spə'getɪ] *n* Spaghetti *pl*; (*fig inf: cabling*) Kabelgewirr *nt*, Kabelsalat *m* (*inf*). **~ junction** (*inf*) Autobahnknoten(punkt) *m*; **~ western** (*inf*) Italowestern *m*.

Spain [speɪn] *n* Spanien *nt*.

spam ® [spæm] *n* Frühstücksfleisch *nt*.

span [spæn] **I** *n* **1.** (*of hand*) Spanne *f*; (*wing~, of bridge*) Spannweite *f*; (*arch of bridge*) (Brücken)bogen *m*. **a single-~ bridge** eine eingespannte Bogenbrükke.

2. (*time* ~) Zeitspanne *f*, Zeitraum *m*; (*of memory*) Gedächtnisspanne *f*; (*of attention*) Konzentrationsspanne *f*; (*range*) Umfang *m*. **for a brief ~** eine kurze Zeit lang.

3. (*of oxen*) Gespann *nt*.

4. (*old: measurement*) Spanne *f*.

II *vt* (*rope, rainbow*) sich spannen über (+*acc*); (*bridge also*) überspannen; (*plank*) führen über (+*acc*); (*Mus*) *octave* greifen; (*encircle*) umfassen; (*in time*) sich erstrecken über (+*acc*), umfassen. **to ~ a river/valley with a bridge** eine Brücke über einen Fluß/ein Tal führen *or* bauen.

spangle ['spæŋgl] **I** *n* Paillette *f*. **II** *vt* mit Pailletten besetzen. **~d with stars/flowers** mit Sternen/Blumen übersät.

Spaniard ['spænjəd] *n* Spanier(in *f*) *m*.

spaniel ['spænjəl] *n* Spaniel *m*.

Spanish ['spænɪʃ] **I** *adj* spanisch. **the ~** die Spanier *pl*. **II** *n* (*language*) Spanisch *nt*.

Spanish America *n die spanischsprachigen Länder Mittel- und Südamerikas*; **Spanish-American I** *n* spanischsprachiger Lateinamerikaner, spanischsprachige Lateinamerikanerin; (*in US*) spanischstämmiger Amerikaner, spanischstämmige Amerikanerin; **II** *adj* spanisch-amerikanisch; **Spanish chestnut** *n* Edelkastanie *f*; **Spanish moss** *n* (*US*) Spanisches Moos, Greisenbart *m*; **Spanish omelette** *n* Omelett *nt* mit Piment, Paprika und Tomaten; **Spanish onion** *n* Gemüsezwiebel *f*.

spank [spæŋk] **I** *n* Klaps *m*. **to give sb a ~** jdm einen Klaps geben; (*spanking*) jdm den Hintern versohlen. **II** *vt* versohlen. **to ~ sb's bottom** jdm den Hintern versohlen. **III** *vi* **to ~ along** dahinjagen, dahinrasen.

spanker ['spæŋkəʳ] *n* **1.** (*Naut: sail*) Besan *m*. **2.** (*dated inf*) (*horse*) Renner *m*. **a real ~** (*blow*) ein Schlag, der nicht von Pappe war (*inf*).

spanking ['spæŋkɪŋ] **I** *n* Tracht *f* Prügel. **to give sb a ~** jdm eine Tracht Prügel verpassen, jdm den Hintern versohlen. **II** *adj pace* scharf, schnell. **III** *adv* (*dated inf: exceedingly*) **~ new** funkelnagelneu; **~ clean** blitzsauber.

spanner ['spænəʳ] *n* (*Brit*) Schraubenschlüssel *m*. **to put** *or* **throw a ~ in the works** (*fig*) jdm Knüppel *or* einen Knüppel zwischen die Beine werfen.

span roof *n* Satteldach *nt*.

spar[1] [spɑːʳ] *n* (*Naut*) Rundholz *nt*.

spar[2] *vi* (*Boxing*) sparren, ein Sparring *nt* machen; (*fig*) sich kabbeln (*inf*) (*about* um).

spar[3] *n* (*Miner*) Spat *m*.

spare [spɛəʳ] **I** *adj* **1.** den/die/das man nicht braucht, übrig *pred*; (*surplus*) überzählig, übrig *pred*; *bed, room* Gäste-; (*replacement*) *part etc* Ersatz-. **have you any ~ string?** kannst du mir (einen) Bindfaden geben?; **I can give you a racket/pencil, I have a ~ one** ich kann dir einen Schläger/Bleistift geben, ich habe noch einen *or* ich habe einen übrig; **it's all the ~ cash I have** mehr Bargeld habe ich nicht übrig; **if you have any ~ cash** wenn Sie Geld übrig haben; **when you have a few ~ minutes** *or* **a few minutes ~** wenn Sie mal ein paar freie Minuten haben *or* ein paar Minuten übrig haben; **we have two ~ seats** wir haben zwei Plätze übrig; **I still have one ~ place in the car** ich habe noch einen Platz im Auto (frei); **there are two seats (going) ~** es sind noch zwei Plätze frei; *see also cpds*.

2. (*thin*) hager; (*meagre*) dürftig.

3. to go ~ durchdrehen (*inf*), wild werden (*inf*).

II *n* Ersatzteil *nt*.

III *vt* **1.** *usu neg* (*grudge, use sparingly*) sparen mit; *expense, pains, effort* scheuen. **don't ~ the horses** schone die Pferde nicht; **no expense ~d** es wurden keine Kosten gescheut; **she doesn't ~ herself** sie schont sich nicht; **~ the rod and spoil the child** (*Prov*) wer mit der Rute spart, verzieht das Kind (*Prov*).

2. (*give*) *money* übrig haben; *space, room also* frei haben; *time* (übrig) haben. **to ~ sb sth** jdm etw überlassen *or* geben; *money* jdm etw geben; **can you ~ the time to do it?** haben Sie Zeit, das zu machen?; **I can ~ you five minutes** ich habe fünf Minuten Zeit für Sie (übrig); **can you ~ a penny for a poor old man?** haben Sie einen Groschen für einen armen alten Mann?; **there is none to ~** es ist keine(r, s) übrig; **there's enough and to ~** es ist mehr als genug da; **to have a few minutes/hours to ~** ein paar Minuten/Stunden Zeit haben; **I got to the theatre/airport with two minutes to ~** ich war zwei Minuten vor Beginn der Vorstellung im Theater/vor Abflug am Flughafen.

3. (*do without*) *person, object* entbehren, verzichten auf (+*acc*). **I can't ~ him/it** ich kann ihn/es nicht entbehren, ich kann auf ihn/es nicht verzichten, ich brauche ihn/es unbedingt; **can you ~ this for a moment?** brauchst du das gerade?, kannst du das im Moment entbehren?; **if you can ~ it** wenn Sie es nicht brauchen; **to ~ a thought for sb/sth** an jdn/etw denken.

4. (*show mercy to*) verschonen; (*refrain from upsetting*) *sb, sb's feelings* schonen. **the soldiers ~d no-one** die Soldaten verschonten keinen; **if we're ~d** wenn wir (dann) noch leben.

5. (*save*) **to ~ sb/oneself sth** jdm/sich etw ersparen; **~ me the details** verschone mich mit den Einzelheiten.

sparely ['spɛəlɪ] *adv* **~ built** schlank gebaut.

spare part *n* Ersatzteil *nt*; **sparerib** *n* Rippchen *nt*, Spare Rib *no art*; **spare room** *n* Gästezimmer *nt*; **spare time I** *n* (*leisure time*) Freizeit *f*; **II** *adj attr* Freizeit-; **spare tyre** *n* Ersatzreifen *m*; (*fig inf*) Rettungsring *m* (*hum inf*); **spare wheel** *n* Ersatzrad *nt*.

sparing ['spɛərɪŋ] *adj* sparsam. **to be ~ of (one's) praise/one's time** mit Lob/seiner Zeit geizen, mit seiner Zeit knausern; **to be ~ of words** nicht viel sagen, wortkarg sein.

sparingly ['spɛərɪŋlɪ] *adv* sparsam; *spend, drink, eat* in Maßen.

spark [spɑːk] **I** *n* **1.** (*from fire, Elec*) Funke *m*; (*fig: glimmer*) Fünkchen *nt*, Funke(n) *m*. **not a ~ of life** kein Fünkchen Leben, kein Lebensfunke; **a ~ of interest** ein Fünkchen *or* Funke(n) Interesse; **when the ~s start to fly** (*fig*) wenn die Funken anfangen zu fliegen.

2. (*dated inf: person*) Stutzer *m* (*dated*). **a bright ~** (*iro*) ein Intelligenzbolzen *m* (*iro*); (*clumsy*) ein Tolpatsch *m*.

II *vt* (*also* **~ off**) entzünden; *explosion* verursachen; (*fig*) auslösen; *quarrel also* entfachen; *interest, enthusiasm* wecken.

III *vi* Funken sprühen; (*Elec*) zünden.

spark coil *n* Zündspule *f*; **spark gap** *n* Funkenstrecke *f*.

spark(ing) plug ['spɑːk(ɪŋ)'plʌg] *n* Zündkerze *f*.

sparkle ['spɑːkl] **I** *n* Funkeln, Glitzern *nt*; (*of eyes*) Funkeln *nt*. **he has no** *or* **lacks ~** ihm fehlt der (rechte) Schwung.

II *vi* funkeln, glitzern; (*eyes*) blitzen, funkeln (*with* vor *+dat*); (*fig: person*) vor Leben(sfreude) sprühen; (*with intelligence, wit*) brillieren. **her eyes ~d with intelligence** ihre Augen blitzten vor Gescheitheit; **his conversation ~d (with wit)** seine Unterhaltung sprühte vor Geist.

sparkler ['spɑːkləʳ] *n* **1.** (*firework*) Wunderkerze *f*. **2.** (*inf: diamond*) Klunker *m* (*inf*).

sparkling ['spɑːklɪŋ] *adj lights* glänzend, funkelnd; *eyes* funkelnd; *wit* sprühend; (*lively*) *person* vor Leben sprühend; (*witty*) *person, speech, conversation* vor Geist sprühend; (*bubbling*) *lemonade* perlend; *wine* perlend, moussierend. **~ wine** (*as type*) Schaumwein *m*; **the car was ~ (clean)** das Auto blitzte vor Sauberkeit.

spark plug *n see* **spark(ing) plug**.

sparring ['spɑːrɪŋ]: **sparring match** *n* (*lit*) Sparringkampf *m*; (*fig*) (Wort)geplänkel, Wortgefecht *nt*; **sparring partner** *n* (*lit*) Sparringpartner *m*; (*fig also*) Kontrahent(in *f*) *m*.

sparrow ['spærəʊ] *n* Sperling, Spatz *m*. **house ~** Haussperling.

sparrowhawk ['spærəʊhɔːk] *n* (*European*) Sperber *m*; (*N American*) amerikanischer Falke.

sparse [spɑːs] *adj* (*+er*) spärlich; *covering, vegetation also, population* dünn; *furnishings also* dürftig; (*infrequent*) *references also* rar.

sparsely ['spɑːslɪ] *adv* spärlich; *wooded also, populated* dünn; *furnished also* dürftig. **a hillside ~ covered with trees** ein Hang mit spärlichem Baumwuchs.

sparseness ['spɑːsnɪs] *n* Spärlichkeit *f*; (*of furnishings also*) Dürftigkeit *f*; (*of population*) geringe Dichte.

Spartan ['spɑːtən] **I** *adj* (*fig:* **s~**) spartanisch. **II** *n* Spartaner(in *f*) *m*.

spasm ['spæzəm] *n* (*Med*) Krampf, Spasmus (*spec*) *m*; (*of asthma, coughing, fig*) Anfall *m*. **~s of coughing** krampfartige Hustenanfälle *pl*; **there was a ~ of activity** es entwickelte sich fieberhafte Aktivität; **to work in ~s** sporadisch arbeiten.

spasmodic [spæz'mɒdɪk] *adj* (*Med*) krampfartig, spasmisch, spasmodisch (*spec*); (*fig: occasional*) sporadisch; *growth* schubweise. **his generosity was ~** er hatte Phasen *or* Anfälle von Großzügigkeit.

spasmodically [spæz'mɒdɪkəlɪ] *adv* (*Med*) krampfartig; (*fig*) sporadisch, hin und wieder; *grow* in Schüben, schubweise.

spastic ['spæstɪk] **I** *adj* spastisch; (*fig sl*) schwach (*inf*). **II** *n* Spastiker(in *f*) *m*.

spasticity [spæ'stɪsɪtɪ] *n* spastische Lähmung.

spat¹ [spæt] **I** *n* (*of oyster etc*) Muschellaich *m*. **II** *vi* (*oyster*) laichen.

spat² *n* Halbgamasche *f*.

spat³ (*US inf*) **I** *n* (*quarrel*) Knatsch (*inf*), Krach (*inf*) *m*. **II** *vi* (*quarrel*) zanken, streiten.

spat⁴ *pret, ptp of* **spit¹**.

spate [speɪt] *n* (*of river*) Hochwasser *nt*; (*fig*) (*of letters, orders*) Flut *f*; (*of burglaries, accidents*) Serie *f*; (*of words, abuse*) Schwall *m*. **the river is in (full) ~** der Fluß führt Hochwasser; **a ~ of words** ein Wortschwall *m*; **a ~ of excited talk** aufgeregtes Stimmengewirr; **a ~ of work** ein Arbeitsandrang *m*.

spatial *adj*, **~ly** *adv* ['speɪʃəl, -ɪ] räumlich.

spatio-temporal ['speɪʃɪəʊ'tempərəl] *adj* räumlich-zeitlich, Raum-Zeit-.

spatter ['spætəʳ] **I** *vt* bespritzen. **to ~ water over sb, to ~ sb with water** jdn naß spritzen; **a wall ~ed with paint** eine farbbespritzte Wand.

II *vi* **to ~ over sth** etw vollspritzen.

III *n* (*mark*) Spritzer *pl*; (*sound: of rain*) Klatschen *nt*. **a ~ of applause** kurzer Beifall.

spatula ['spætjʊlə] *n* Spachtel *m*; (*Med*)

Spatel *m*.
spavin ['spævɪn] *n* Spat *m*.
spavined [spə'viːnd] *adj horse* spatkrank.
spawn [spɔːn] **I** *n* **1.** (*of fish, shellfish, frogs*) Laich *m*. **2.** (*of mushrooms*) Fadengeflecht *nt*. **II** *vi* laichen. **III** *vt* (*fig*) hervorbringen, erzeugen. **bad living conditions ~ crime** schlechte Wohnverhältnisse sind Brutstätten des Verbrechens.
spay [speɪ] *vt cat* sterilisieren.
speak [spiːk] *pret* **spoke** *or* (*obs*) **spake,** *ptp* **spoken** *or* (*obs*) **spoke I** *vt* **1.** (*utter*) sagen; *one's thoughts* aussprechen, äußern; *one's lines* aufsagen. **to ~ one's mind** seine Meinung sagen; **nobody spoke a word** niemand sagte ein Wort, keiner sagte etwas; **his eyes spoke his love** sein Blick verriet seine Liebe; *see* **volume**.

2. *language* sprechen. **English spoken here** man spricht Englisch.

II *vi* **1.** (*talk, be on ~ing terms*) sprechen, reden (*about* über *+acc*, von); (*converse*) reden, sich unterhalten (*with* mit); (*fig: guns, drums*) sprechen, ertönen. **to ~ to** *or* **with sb** mit jdm sprechen *or* reden; **to ~ in a whisper** flüstern; **~, don't shout** nun schreien Sie doch nicht (so)!; **we don't ~ (to one another)** wir reden *or* sprechen nicht miteinander; **she never spoke to me again** seitdem hat sie nie wieder mit mir geredet *or* gesprochen; **to ~ to oneself** Selbstgespräche führen; **I'll ~ to him about it** (*euph: admonish*) ich werde ein Wörtchen mit ihm reden; **~ when you're spoken to** antworte, wenn man mit dir redet *or* spricht; **I don't know him to ~ to** ich kenne ihn nicht näher *or* nur vom Sehen; **music ~s directly to the soul** Musik spricht die Seele an; **~ing of dictionaries ...** da *or* wo wir gerade von Wörterbüchern sprechen ..., apropos Wörterbücher ...; **not to ~ of ...** ganz zu schweigen von ...; **it's nothing to ~ of** es ist nicht weiter erwähnenswert, es ist nichts weiter; **no money/trees to ~ of** so gut wie kein Geld/keine Bäume; **he is well spoken of** er genießt große Achtung; **so to ~** sozusagen, eigentlich; **roughly ~ing** grob gesagt; **strictly ~ing** genau genommen; **legally/biologically ~ing** rechtlich/biologisch gesehen; **generally ~ing** im allgemeinen; **~ing personally ...** wenn Sie mich fragen ..., was mich betrifft ...; **~ing as a member of the club I have ...** als Mitglied des Vereins habe ich ...; **to ~ down to sb** jdn von oben herab behandeln.

2. (*make a speech*) reden (*on* zu), sprechen (*on* zu); (*give one's opinion*) sich äußern (*on, to* zu). **to ~ in public** in der Öffentlichkeit reden; **to ~ in the debate** in der Debatte das Wort ergreifen; **to ask sb to ~** jdm das Wort erteilen; **Mr X will ~ next** als nächster hat Herr X das Wort.

3. (*Telec*) **~ing**! am Apparat!; **Jones ~ing**! (hier) Jones!; **who is that ~ing?** wer ist da, bitte?; (*on extension phone, in office*) wer ist am Apparat?

4. (*fig: suggest*) zeugen (*of* von).

III *n suf* **EC-~** EG-Jargon *m*.
◆speak against *vi + prep obj* (*in debate*) sprechen gegen, sich aussprechen gegen; (*criticize*) etwas sagen gegen, kritisieren.
◆speak for *vi + prep obj* **1.** (*in debate*) unterstützen.

2. to ~ ~ sb (*on behalf of*) in jds Namen (*dat*) sprechen; (*in favour of*) ein gutes Wort für jdn einlegen; **he ~s ~ the miners/delegation** er ist der Sprecher der Bergleute/Abordnung; **I know I ~ ~ all of us** ich bin sicher, daß ich im Namen aller spreche; **~ing ~ myself ...** was mich angeht ...; **let her ~ ~ herself** laß sie selbst reden; **~ ~ yourself**! (*I don't agree*) das meinst auch nur du!; (*don't include me*) du vielleicht!; **I can ~ ~ his honesty** ich kann mich für seine Ehrlichkeit verbürgen; **that ~s well ~ him** das spricht für ihn; **to ~ well/badly ~ sth** ein Beweis *m*/nicht gerade ein Beweis *m* für etw sein.

3. to ~ ~ itself (*be obvious*) für sich sprechen, alles sagen.

4. to be spoken ~ (*dated: girl*) versprochen sein (*old*), vergeben sein (*hum*).
◆speak out *vi* (*audibly*) deutlich sprechen; (*give one's opinion*) seine Meinung deutlich vertreten. **to ~ ~ in favour of sth** für etw eintreten; **to ~ ~ against sth** sich gegen etw aussprechen.
◆speak up *vi* **1.** (*raise one's voice*) lauter sprechen *or* reden; (*talk loudly*) laut (und verständlich) sprechen *or* reden. **~ ~**! sprich lauter!; **if you want anything ~ ~** sag, wenn du etwas willst.

2. (*fig*) seine Meinung sagen *or* äußern. **don't be afraid to ~ ~** sagen Sie ruhig Ihre Meinung, äußern Sie sich ruhig; **to ~ ~ for sb/sth** für jdn/etw eintreten; **what's wrong? ~ ~**! was ist los? heraus mit der Sprache!
speakeasy ['spiːkiːzɪ] *n* (*US*) Mondscheinkneipe *f* (*inf*) (*Lokal, in dem während der Prohibition Alkohol ausgeschenkt wurde*).
speaker ['spiːkə^r] *n* **1.** (*of language*) Sprecher *m*. **all ~s of German** alle, die Deutsch sprechen, alle Deutschsprechenden; (*native ~s also*) alle Deutschsprachigen.

2. Sprecher(in *f*) *m*; (*in discussion also, in lecture, public ~*) Redner(in *f*) *m*. **the last** *or* **previous ~** der Vorredner; **he's a good/poor ~** er ist ein guter/schlechter Redner.

3. (*loud~, in record-player*) Lautsprecher *m*; (*on hi-fi etc*) Box *f*.

4. (*Parl*) **S~** Sprecher *m*; **Mr S~** ≃ Herr Präsident.
speaking ['spiːkɪŋ] **I** *n* (*act of ~*) Sprechen *nt*; (*speeches*) Reden *pl*. **the art of ~** die Redekunst. **II** *adj attr doll* sprechend, Mama- (*inf*); (*fig*) *likeness* verblüffend. **~ voice** Sprechstimme *f*; **to be within ~ distance** nahe genug sein, daß man sich verständigen kann.
-speaking *adj suf* -sprechend; (*with native language also*) -sprachig.
speaking clock *n* (*Brit*) telefonische Zeitansage; **speaking terms** *npl* **to be on ~ with sb** mit jdm sprechen *or* reden;

speaking tube *n* Sprachrohr *nt*.

spear [spɪəʳ] **I** *n* Speer *m*; (*leaf*) Lanzettenblatt *nt*; (*of grass*) Halm *m*; (*of grain*) Keim *m*. **~s of broccoli/asparagus** Brokkoliköpfe *pl*/Stangen *pl* Spargel.

II *vt* aufspießen; (*wound, kill*) durchbohren; (*catch with* ~) mit Speeren fangen. **he ~ed him through the arm** er durchbohrte ihm den Arm; **he ~ed the meat with** *or* **onto his fork** er spießte das Fleisch auf die Gabel.

spearhead I *n* (*of spear*) Speerspitze *f*; (*Mil*) Angriffsspitze *f*; (*fig: person, thing*) Bahnbrecher *m* (*of* für); **II** *vt* (*lit, fig*) anführen; **spearman** *n* Speerträger *m*; **spearmint** *n* (*plant, flavour*) Grüne Minze; **~ chewing gum** Spearmint-Kaugummi *m*.

spec [spek] *n* (*inf*) **on ~** auf Verdacht, auf gut Glück.

special ['speʃəl] **I** *adj* **1.** besondere(r, s); (*specific*) *purpose, use, person, date also* bestimmt, speziell; (*exceptional*) *friend, favour, occasion also* speziell. **I have no-one ~ in mind** ich habe eigentlich an niemanden Bestimmtes gedacht; **nothing ~** nichts Besonderes; **he expects ~ treatment** er will besonders behandelt werden, er will eine Extrawurst gebraten haben (*inf*); **you're extra ~!** (*inf*) du bist was ganz Besonderes! (*inf*); **what's so ~ about her/the house?** was ist denn an ihr/an dem Haus so besonders?; **what's so ~ about that?** na und? (*inf*), das ist doch nichts Besonderes!; **I do that my own ~ way** ich mache das ganz auf meine (eigene) Weise; **it's my ~ chair** das ist *mein* Stuhl; **everyone has his ~ place** jeder hat seinen eigenen Platz; **to feel ~** sich als etwas ganz Besonderes vorkommen; **make him feel ~** seien Sie besonders nett zu ihm.

2. (*out of the ordinary*) *permission, fund, supplement, edition, (Pol) powers, legislation* Sonder-; *arrangement, wish, order also* besondere(r, s). **~ feature** (*Press*) Sonderartikel *m*.

3. (*specialized*) *subject, dictionary, tool* Spezial-.

4. (*inf: separate*) *place, book* gesondert.

II *n* (*constable*) Hilfspolizist(in *f*) *m*; (*TV, Rad*) Sonderprogramm *nt*; (*train*) Sonderzug *m*; (*Cook*) Tagesgericht *nt*; (*edition*) Sonder- *or* Extraausgabe *f*. **chef's ~** Spezialität *f* des Küchenchefs.

special agent *n* (*spy*) Agent(in *f*) *m*; **Special Branch** *n* (*Brit*) Staatssicherheitspolizei *f*; **special case** *n* (*also Jur*) Sonderfall *m*; **special character** *n* (*Comput*) Sonderzeichen *nt*; **special constable** *n* Hilfspolizist *m*; **special correspondent** *n* (*Press*) Sonderberichterstatter(in *f*) *m*; **special delivery** *n* Eilzustellung *f*; **a ~ letter** ein Eilbrief *m*; **by ~** durch Eilzustellung, per Eilboten (*inf*); **special drawing rights** *npl* Sonderziehungsrechte *pl*; **special edition** *n* Sonderausgabe *f*; **special effects** *npl* Spezialeffekte, Tricks *pl*; **special investigator** *n* Sonderbeauftragte(r) *mf*, Untersuchungsbeamte(r) *m*.

specialism ['speʃəlɪzəm] *n* (*specializing*) Spezialisierung *f*; (*special subject*) Spezialgebiet *nt*.

specialist ['speʃəlɪst] **I** *n* Spezialist(in *f*), Fachmann *m*/-frau *f* (*in* für); (*Med*) Facharzt *m*/-ärztin *f*. **a ~ in tropical diseases** ein Facharzt *or* Spezialist für Tropenkrankheiten.

II *adj attr knowledge, dictionary* Fach-. **it's ~ work** dazu braucht man einen Fachmann.

speciality [ˌspeʃɪ'ælɪtɪ], (*US*) **specialty** ['speʃəltɪ] *n* Spezialität *f*; (*subject also*) Spezialgebiet *nt*. **to make a ~ of sth** sich auf etw (*acc*) spezialisieren; **a ~ of the house** eine Spezialität des Hauses.

specialization [ˌspeʃəlaɪ'zeɪʃən] *n* Spezialisierung *f* (*in* auf +*acc*); (*special subject*) Spezialgebiet *nt*.

specialize ['speʃəlaɪz] **I** *vi* sich spezialisieren (*in* auf +*acc*); **we ~ in ...** wir haben uns auf ... (*acc*) spezialisiert. **II** *vt* **the species/tail has been ~d** die Art/der Schwanz hat sich gesondert entwickelt.

specialized ['speʃəlaɪzd] *adj* spezialisiert. **a ~ knowledge of biology** Fachkenntnisse *pl* in Biologie.

special licence *n* (*Brit*) (Ehe)dispens *f* (*des Bischofs von Canterbury*).

specially ['speʃəlɪ] *adv* besonders; (*specifically*) extra; (*for a particular purpose*) speziell, extra. **a ~ difficult task** eine besonders schwierige Aufgabe; **I had it ~ made** ich habe es extra machen lassen; **he brought it ~ for me** er hat es extra *or* eigens für mich gebracht; **don't go to the post office ~/~ for me** gehen Sie deswegen/meinetwegen nicht extra zur Post.

special messenger *n* Expreßbote *m*; (*Mil*) Kurier *m*; **special offer** *n* Sonderangebot *nt*; **special pleading** *n* (*Jur*) Beibringung *f* neuen Beweismaterials; (*fig*) Berufung *f* auf einen Sonderfall; **special prosecutor** *n* (*US*) Sonderstaatsanwalt *m*; **special school** *n* Sonderschule *f*; (*for physically handicapped*) Behindertenschule *f*.

specialty ['speʃəltɪ] *n* (*US*) *see* **speciality**.

specie ['spiːʃiː] *n, no pl* Hartgeld, Münzgeld *nt*. **payment in ~** Zahlung *f* in Hartgeld.

species ['spiːʃiːz] *n, pl* - Art *f*; (*Biol also*) Spezies *f*. **the human ~** der Mensch.

specific [spə'sɪfɪk] **I** *adj* **1.** (*definite*) bestimmt, speziell; (*precise*) *statement, instructions* genau; *example* ganz bestimmt. **can you be a bit more ~?** können Sie sich etwas genauer äußern? **2.** (*Biol, Chem, Phys, Med*) spezifisch. **~ gravity** spezifisches Gewicht, Wichte *f*.

II *n* **1.** (*old Med*) Spezifikum *nt*.

2. ~s *pl* nähere *or* genauere Einzelheiten *pl*.

specifically [spə'sɪfɪkəlɪ] *adv warn, order, state, mention* ausdrücklich; (*specially*) *designed, request* speziell; (*precisely*) genau. **~, we need three** wir brauchen genau drei.

specification [ˌspesɪfɪ'keɪʃən] *n* **1.** (*specifying*) Angabe *f*. **his ideas need more ~** seine Ideen müssen noch genauer ausgeführt werden.

2. (*detailed statement*) (*of requirements*) genaue Angabe, Aufstellung *f*; (*for patent*) (genaue) Beschreibung; (*design*) (*for car, machine*) (detaillierter) Entwurf; (*for building*) Bauplan *m*. **~s** *pl* genaue Angaben *pl*; (*of car, machine*) technische Daten *or* Angaben *pl*; (*of new building*) Raum- und Materialangaben *pl*, Baubeschreibung *f*, Baubeschrieb *m*; **the new ~ includes ...** (*model*) die neue Ausführung hat auch ...

3. (*stipulation*) Bedingung *f*; (*for building*) Vorschrift *f*.

specify ['spesɪfaɪ] **I** *vt* angeben; (*list individually or in detail*) spezifizieren, (einzeln) aufführen; (*stipulate*) vorschreiben; (*blueprint, contract*) vorsehen. **in the order specified** in der angegebenen *or* vorgeschriebenen Reihenfolge; **to ~ how to do it** genauer *or* näher ausführen, wie es gemacht werden soll.

II *vi* genaue Angaben machen. **unless otherwise specified** wenn nicht anders angegeben.

specimen ['spesɪmɪn] **I** *n* Exemplar *nt*; (*of urine, blood*) Probe *f*; (*sample*) Muster *nt*. **a beautiful** *or* **fine ~** ein Prachtexemplar *nt*; **if that's a ~ of your work/intelligence** wenn das eine Probe deines Könnens/deiner Intelligenz ist; **he's an odd ~** (*inf*) er ist ein komischer Kauz (*inf*); **you're a pretty poor ~** (*inf*) du hast ja nicht viel zu bieten (*inf*).

II *adj attr page* Probe-. **a ~ copy** ein Beleg- *or* Probeexemplar *nt*; **a ~ signature** eine Unterschriftenprobe.

specious ['spiːʃəs] *adj argument, proposal* vordergründig bestechend, Schein-; *excuse* vordergründig, fadenscheinig; *claim* unfundiert, fadenscheinig; *charm, phrases* leer.

speciousness ['spiːʃəsnɪs] *n see adj* Vordergründigkeit *f*; Fadenscheinigkeit *f*; Unfundiertheit *f*; Hohlheit *f*.

speck [spek] **I** *n* Fleck *m*; (*of blood, paint, mud also*) Spritzer *m*; (*of dust*) Körnchen *nt*; (*of soot*) Flocke *f*, Flöckchen *nt*; (*of gold, colour etc*) Sprenkel *m*; (*small portion*) (*of drink etc*) Tropfen *m*, Tröpfchen *nt*; (*of sugar, butter*) kleines bißchen; (*fig: of truth, confidence*) Fünkchen, Quentchen *nt*. **a ~ on the horizon** ein Punkt *m or* Pünktchen *nt* am Horizont.

II *vt* **to be ~ed with black** schwarze Fleckchen haben; (*bird, eyes*) schwarz gesprenkelt sein; **his face was ~ed with dust/dirt** er hatte Staub-/Schmutzflecken im Gesicht; **to be ~ed with blood** blutbespritzt sein.

speckle ['spekl] **I** *n* Sprenkel, Tupfer, Tupfen *m*. **II** *vt* sprenkeln. **to be ~d with sth** mit etw gesprenkelt sein.

specs [speks] *npl* **1.** (*inf*) Brille *f*. **2.** *abbr of* **specifications.**

spectacle ['spektəkl] *n* **1.** (*show*) Schauspiel *nt*. **a sad ~** ein trauriger Anblick; **to make a ~ of oneself** unangenehm auffallen. **2. ~s** *pl* (*also* **pair of ~s**) Brille *f*.

spectacle case *n* Brillenetui *or* -futteral *nt*.

spectacled ['spektəkld] *adj* bebrillt; (*Zool*) Brillen-, brillenähnlich gezeichnet.

spectacular [spek'tækjʊləʳ] **I** *adj* sensationell; *improvement, success also* spektakulär. **II** *n* (*Theat*) Show *f*.

spectacularly [spek'tækjʊləlɪ] *adv* sensationell; *improve, fail also* spektakulär.

spectator [spek'teɪtəʳ] *n* Zuschauer(in *f*) *m*. **~ sport** Publikumssport *m*.

specter *n* (*US*) *see* **spectre**.

spectogram ['spektəʊgræm] *n* Spektogramm *nt*.

spectra ['spektrə] *pl of* **spectrum**.

spectral ['spektrəl] *adj* **1.** (*of ghosts*) geisterhaft, gespenstisch. **2.** (*of the spectrum*) spektral, Spektral-.

spectre, (*US*) **specter** ['spektəʳ] *n* Gespenst *nt*; (*fig*) (Schreck)gespenst *nt*. **the ~ of a woman in white** die Erscheinung einer Frau in Weiß.

spectroscope ['spektrəʊskəʊp] *n* Spektroskop *nt*.

spectroscopic [ˌspektrəʊ'skɒpɪk] *adj* spektroskopisch; *analysis* Spektral-.

spectrum ['spektrəm] *n, pl* **spectra** Spektrum *nt*; (*fig: range also*) Palette, Skala *f*. **~ analysis** Spektralanalyse *f*.

specula ['spekjʊlə] *pl of* **speculum**.

speculate ['spekjʊleɪt] *vi* **1.** (*meditate, ponder*) (nach)grübeln, nachdenken (*on* über *+acc*); (*conjecture*) Vermutungen anstellen, spekulieren (*about, on* über *+acc*). **I ~ that ...** ich vermute, daß ... **2.** (*Fin*) spekulieren (*in* mit, *on* an *+dat*).

speculation [ˌspekjʊ'leɪʃən] *n* (*all senses*) Spekulation *f* (*on* über *+acc*); (*guesswork also*) Vermutung *f*. **it is the subject of much ~** darüber sind viele Spekulationen *or* Vermutungen angestellt worden; **it's pure ~** das ist reine Vermutung.

speculative ['spekjʊlətɪv] *adj* **1.** spekulativ (*esp Philos*); *approach, suggestions, ideas* rein theoretisch; *mind also, expression, look* grüblerisch. **2.** (*Fin*) Spekulations-. **~ builder** Bauspekulant *m*; **~ building** Bauspekulation *f*.

speculatively ['spekjʊlətɪvlɪ] *adv* spekulativ, theoretisch; *look, say* grüblerisch. **to invest ~ in sth** mit etw spekulieren.

speculator ['spekjʊleɪtəʳ] *n* (*also Fin*) Spekulant(in *f*) *m*.

speculum ['spekjʊləm] *n, pl* **specula** (*Med*) Spekulum *nt*; (*in telescope*) Metallspiegel *m*.

sped [sped] *pret, ptp of* **speed**.

speech [spiːtʃ] *n* **1.** *no pl* (*faculty of ~*) Sprache *f*; (*act of speaking*) Sprechen *nt*; (*manner of speaking*) Sprechweise *f*. **to be slow of ~** langsam sprechen; **his ~ was very indistinct** er sprach sehr undeutlich; **he expresses himself better in ~ than in writing** er drückt sich mündlich besser aus als schriftlich; **to burst into ~** in einen Redeschwall ausbrechen; **to lose/recover the power of ~** die Sprache verlieren/zurückgewinnen; **~ is silver, silence is golden** (*Prov*) Reden ist Silber, Schweigen ist Gold (*Prov*); **freedom of ~** Redefreiheit *f*.

2. (*language*) Sprache *f*.

3. (*oration, Theat*) Rede *f* (*on, about* über +*acc*); (*address also*) Ansprache *f*; (*in court*) Plädoyer *nt*. **to give** *or* **make a ~** eine Rede halten; **the actor had three ~es** der Schauspieler hat dreimal gesprochen; **the chairman invited ~es from the floor** der Vorsitzende forderte das Publikum zu Meinungsäußerungen auf; **the ~ from the throne** die Thronrede.

4. (*Brit Gram*) **direct/indirect** *or* **reported ~** direkte/indirekte Rede.

5. (*US Sch, Univ: study of ~*) Sprechkunde *f*.

speech community *n* Sprachgemeinschaft *f*; **speech day** *n* (*Brit*) Schulfeier *f*; **speech defect** *n* Sprachfehler *m*.

speechify ['spi:tʃɪfaɪ] *vi* salbadern, Volksreden halten.

speechifying ['spi:tʃɪfaɪɪŋ] *n* Volksreden *pl*, Schwätzerei *f*.

speechless ['spi:tʃlɪs] *adj* **1.** (*at a loss for words*) sprachlos (*with* vor); *anger* stumm. **his remark left me ~** seine Bemerkung machte mich sprachlos *or* verschlug mir die Sprache.

2. (*lit: dumb*) stumm. **to be ~** nicht sprechen können.

speechlessly ['spi:tʃlɪslɪ] *adv* wortlos; (*from surprise, shock*) sprachlos.

speechlessness ['spi:tʃlɪsnɪs] *n* **1.** Sprachlosigkeit *f*.

2. (*lit*) Stummheit *f*; (*loss of speech*) Sprachverlust *m*.

speechmaking *n* (*making speeches*) Redenhalten *nt*; (*pej: speechifying*) Schwätzerei *f*, Gelabere *nt* (*inf*); **speech organ** *n* Sprechwerkzeug *nt*; **speech recognition** *n* Spracherkennung *f*; **speech sound** *n* Sprachlaut *m*; **speech synthesizer** *n* Sprachsynthesizer *m*; **speech therapist** *n* Sprachtherapeut(in *f*), Logopäde *m*, Logopädin *f*; **speech therapy** *n* Sprachtherapie, Logopädie *f*; (*treatment*) logopädische Behandlung; **speech writer** *n* Ghostwriter(in *f*) (*inf*), Redenschreiber(in *f*) *m*.

speed [spi:d] (*vb: pret, ptp* **sped** *or* **~ed**) **I** *n* **1.** Geschwindigkeit *f*; (*fast ~ also*) Schnelligkeit *f*; (*of moving object or person also*) Tempo *nt*. **at ~** äußerst schnell; **at a high/low ~** mit hoher/niedriger Geschwindigkeit; **at full** *or* **top ~** mit Höchstgeschwindigkeit; **at a ~ of 50 mph** mit einer Geschwindigkeit *or* einem Tempo von 50 Meilen pro Stunde; **the ~ of light/sound** die Lichtgeschwindigkeit / Schallgeschwindigkeit; **at the ~ of light** mit Lichtgeschwindigkeit; **walking/reading ~** Schrittempo *nt*/Lesegeschwindigkeit *f*; **to pick up** *or* **gather ~** beschleunigen, schneller werden; (*fig*) (*development*) sich beschleunigen; (*person*) schneller werden; **to lose ~** (an) Geschwindigkeit verlieren; **what ~ were you doing?** wie schnell sind Sie gefahren?; **her typing/shorthand ~ is good** sie kann schnell maschineschreiben/stenographieren; **what is her typing/shorthand ~?** wieviele Anschläge/Silben (pro Minute) schreibt sie?; **with all possible ~** so schnell wie möglich; **with such ~** so schnell; **full ~ ahead!** (*Naut*) volle Kraft voraus!

2. (*Aut, Tech: gear*) Gang *m*. **three-~ bicycle** Fahrrad mit Dreigangschaltung; **a three-~ gear** ein Dreiganggetriebe *nt*.

3. (*Phot*) (*film ~*) Lichtempfindlichkeit *f*; (*shutter ~*) Belichtungszeit *f*.

4. (*sl: drug*) Speed *nt* (*sl*), Schnellmacher *m* (*sl*).

II *vt* **to ~ sb on his way** (*person*) jdn verabschieden; (*iro*) jdn hinauskomplimentieren; (*good wishes*) jdn auf seinem Weg begleiten.

III *vi* **1.** *pret, ptp* **sped** (*move quickly*) jagen, flitzen; (*arrow*) sausen, flitzen. **the years sped by** die Jahre verflogen *or* vergingen wie im Fluge; **God ~** (*old*) Gott mit dir (*old*).

2. *pret, ptp* **~ed** (*Aut: exceed ~ limit*) zu schnell fahren, die Geschwindigkeitsbegrenzung überschreiten.

◆**speed along** *pret, ptp* **~ed** *or* **sped ~ I** *vt sep work* beschleunigen. **II** *vi* entlangjagen *or* -flitzen (+*prep obj acc*); (*work*) vorangehen.

◆**speed off** *pret, ptp* **~ed** *or* **sped ~** *vi* davonjagen; (*car also*) davonbrausen; (*person also*) davonflitzen.

◆**speed up** *pret, ptp* **~ed ~ I** *vi* (*car, driver*) beschleunigen; (*person*) Tempo zulegen, schneller machen; (*work, production*) schneller werden.

II *vt sep* beschleunigen; *person* antreiben, auf Trab bringen (*inf*); *research also* vorantreiben. **tell her to ~ ~ that coffee** (*inf*) sag ihr, sie soll sich mit dem Kaffee beeilen.

speedboat *n* Renn- *or* Schnellboot *nt*; **speed bump** *n* Bodenschwelle *f*; **speed check** *n* Geschwindigkeitskontrolle *f*.

speeder ['spi:dəʳ] *n* Temposünder(in *f*) *m* (*inf*), Raser(in *f*) *m* (*inf*).

speedily ['spi:dɪlɪ] *adv* schnell; *reply, return* prompt.

speediness ['spi:dɪnɪs] *n* Schnelligkeit *f*.

speeding ['spi:dɪŋ] *n* Geschwindigkeitsüberschreitung *f*. **to get a ~ fine** eine Geldstraße wegen Geschwindigkeitsüberschreitung bekommen.

speed limit *n* Geschwindigkeitsbegrenzung *f*, Tempolimit *nt*; **a 30 mph ~** eine Geschwindigkeitsbegrenzung von (ca.) 50 km/h; (*inf: area*) eine Strecke mit einer Geschwindigkeitsbegrenzung von (ca.) 50 km/h; **speed merchant** *n* (*inf*) Raser *m* (*inf*).

speedo ['spi:dəʊ] *n* (*Brit inf*) Tacho *m* (*inf*).

speedometer [spɪ'dɒmɪtəʳ] *n* Geschwindigkeitsmesser, Tachometer *m*.

speed skater *n* Eisschnelläufer(in *f*) *m*; **speed skating** *n* Eisschnellauf *m*; **speed trap** *n* Radarfalle *f* (*inf*); **speed-up** *n* (*inf*) schnelleres Tempo (*inf*) (*in* bei), Beschleunigung *f* (*in gen*); (*in research*) Vorantreiben *nt* (*in gen*); (*in rate of inflation*) Steigerung *f* (*in gen*); **speedway** *n* **1.** (*Sport*) Speedwayrennen *nt*; (*track*) Speedway- *or* Aschenrennbahn *f*; **2.** (*US*) (*race-track*) Rennstrecke *f*; (*expressway*) Schnellstraße *f*;

speedwell *n* (*Bot*) Ehrenpreis *m or nt*, Veronika *f*; **speedwriting** *n* Schnellschreiben *nt*.

speedy ['spi:dɪ] *adj* (+*er*) schnell; *answer, service also* prompt; *remedy* schnell wirkend.

speleologist [,spi:lɪ'ɒlədʒɪst] *n* Höhlenkundler(in *f*) *m*.

speleology [,spi:lɪ'ɒlədʒɪ] *n* Höhlenkunde, Speläologie (*spec*) *f*.

spell[1] [spel] *n* (*lit, fig*) Zauber *m*; (*incantation*) Zauberspruch *m*. **to be under a ~** (*lit*) unter einem Zauber stehen, verzaubert *or* verhext sein; (*fig*) wie verzaubert sein; **to put a ~ on sb, to cast a ~ over sb, to put sb under a ~** (*lit*) jdn verzaubern *or* verhexen; (*fig*) jdn in seinen Bann ziehen, jdn verzaubern; **to be under sb's ~** (*fig*) in jds Bann (*dat*) stehen; **to break the ~** (*lit, fig*) den Bann brechen, den Zauber lösen.

spell[2] *n* (*period*) Weile *f*, Weilchen *nt*. **for a ~** eine Weile, eine Zeitlang; **cold/hot ~** Kälte-/Hitzewelle *f*; **dizzy ~** Schwächeanfall *m*; **a short ~ of sunny weather** eine kurze Schönwetterperiode; **he did** *or* **had a ~ in prison** er hat eine Zeitlang (im Gefängnis) gesessen; **to take a ~ at the wheel** eine Zeitlang *or* ein Weilchen das Steuer übernehmen; **they're going through a bad ~** sie machen eine schwierige Zeit durch.

spell[3] *pret, ptp* **~ed** *or* **spelt I** *vi* (*in writing*) (orthographisch) richtig schreiben; (*aloud*) buchstabieren. **she can't ~** sie kann keine Rechtschreibung.

II *vt* **1.** schreiben; (*aloud*) buchstabieren. **how do you ~ "onyx"?** wie schreibt man „Onyx"?; **how do you ~ your name?** wie schreibt sich Ihr Name?, wie schreiben Sie sich?; **what do these letters ~?** welches Wort ergeben diese Buchstaben?

2. (*denote*) bedeuten. **it ~s disaster (for us)** das bedeutet Unglück (für uns).

◆**spell out** *vt sep* (*spell aloud*) buchstabieren; (*read slowly*) entziffern; (*explain*) verdeutlichen, klarmachen. **to ~ sth ~ for sb** jdm etw klarmachen; **do I have to ~ it ~ for you?** (*inf*) muß ich noch deutlicher werden?

spellbinder ['spelbaɪndə^r] *n* fesselnder Redner/Schauspieler/Sänger; (*film*) fesselnder Film, Knüller *m* (*inf*). **to be a ~** das Publikum fesseln.

spellbinding ['spelbaɪndɪŋ] *adj* fesselnd.

spellbound ['spelbaʊnd] *adj, adv* (*fig*) wie verzaubert, gebannt; (*lit*) *princess, castle* verzaubert. **to hold sb ~** jdn fesseln; (*person*) jdn in seinen Bann schlagen.

spell-checker ['spel,tʃekə^r] *n* (*Comput*) Rechtschreibprüfung *f*.

speller ['spelə^r] *n* **to be a good/bad ~** in Rechtschreibung gut/schlecht sein.

spelling ['spelɪŋ] *n* Rechtschreibung, Orthographie *f*; (*of a word*) Schreibweise *f*; (*activity*) Rechtschreiben *nt*; (*Sch: lesson*) Rechtschreibeunterricht *m*. **the correct ~ is ...** die richtige Schreibweise ist ...

spelling bee *n* (*Sch*) Buchstabierwettbewerb *m*; **spelling book** *n* Fibel *f*; **spelling check** *n* (*Comput*) Rechtschreibprüfung *f*; **spelling mistake** *n* (Recht)schreibfehler *m*, orthographischer Fehler; **spelling pronunciation** *n* buchstabengetreue Aussprache.

spelt[1] [spelt] *n* (*Bot*) Spelz(weizen), Dinkel *m*.

spelt[2] *pret, ptp of* **spell**[3].

spelunker [spɪ'lʌŋkə^r] *n* Hobby-Höhlenforscher(in *f*) *m*.

spend [spend] *pret, ptp* **spent I** *vt* **1.** (*use*) *money* ausgeben (*on* für); *energy, strength* verbrauchen; *time* brauchen. **I've spent all my strength** ich habe meine ganze Kraft aufgebraucht; **we spent a lot of time in useless discussion** wir haben sehr viel Zeit mit nutzlosen Diskussionen vertan; **I've spent three hours on this job** ich habe drei Stunden für diese Arbeit gebraucht; **time well spent** sinnvoll genutzte Zeit.

2. (*pass*) *time, holiday, evening etc* verbringen. **he ~s all his spare time on his car/with his friends** er verbringt jede freie Minute an seinem Auto/mit seinen Freunden; **I ~ my weekends sleeping** ich verschlafe meine Wochenenden; **he ~s his time reading** er verbringt seine Zeit mit Lesen.

3. to ~ money/time/effort on sth (*devote to*) Geld/Zeit/Mühe für etw aufbringen *or* in etw (*acc*) investieren.

4. (*exhaust*) **to have spent itself** (*anger, fury*) sich erschöpft *or* gelegt haben.

II *vi* Geld ausgeben.

spender ['spendə^r] *n* **he is a big/free ~** bei ihm sitzt das Geld locker; **the Arabs are the big ~s nowadays** heutzutage haben die Araber das große Geld; **the last of the big ~s** (*iro*) ein echter Großkapitalist (*hum*).

spending ['spendɪŋ] *n, no pl* Ausgaben *pl*. **government ~ cuts** Kürzungen im Etat.

spending money *n* Taschengeld *nt*; **spending power** *n* Kaufkraft *f*; **spending spree** *n* Großeinkauf *m*; **to go on a ~** verschwenderisch und unbedacht Geld ausgeben.

spendthrift ['spendθrɪft] **I** *adj* verschwenderisch. **II** *n* Verschwender(in *f*) *m*.

spent [spent] **I** *pret, ptp of* **spend**.

II *adj ammunition, cartridge, match* verbraucht; *bullets also* verschossen; *person* erschöpft. **to be/look ~** erschöpft sein/aussehen; (*prematurely aged*) müde und verbraucht sein/aussehen; **as a poet he was ~ at 25** mit 25 war seine dichterische Schaffenskraft verbraucht; **to be a ~ force** nichts mehr zu sagen haben; (*movement*) sich totgelaufen haben; (*ideology*) keine Zugkraft mehr haben.

sperm [spɜ:m] *n* Samenfaden *m*, Spermatozoon, Spermium *nt*; (*fluid*) Samenflüssigkeit *f*, Sperma *nt*.

spermaceti [,spɜ:mə'setɪ] *n* Spermazet, Walrat *nt*.

spermatic [spɜ:'mætɪk] *adj* Samen-.

spermatozoon [,spɜ:mætəʊ'zəʊɒn] *n, pl* **spermatozoa** [,spɜ:mætə'zəʊə] Spermatozoon, Spermium *nt*.

spermicidal [,spɜ:mɪ'saɪdəl] *adj* spermizid.

spermicide ['spɜːmɪsaɪd] *n* Spermizid *nt*.

sperm oil *n* Walratöl *nt*; **sperm whale** *n* Pottwal *m*.

spew [spjuː] **I** *vi* **1.** (*sl: vomit*) brechen, spucken.

2. (*flow: also* ~ **forth** (*form*) *or* **out**) sich ergießen (*geh*); (*liquid also*) hervorsprudeln. **flames/water ~ed out of** *or* **from the cave** Flammen schlugen *or* züngelten aus der Höhle hervor/Wasser sprudelte aus der Höhle hervor.

II *vt* **1.** (*also* ~ **up**) (*sl: vomit*) erbrechen, ausspucken; *blood* spucken, speien.

2. (*fig: also* ~ **out**) *flames* spucken, speien; *lava also* auswerfen; *waste water* ablassen. **the popular press ~s out lies** die Boulevardpresse überschüttet ihre Leser mit Lügen.

sphagnum ['sfægnəm] *n* Torf- *or* Bleichmoos *nt*.

sphere [sfɪəʳ] *n* **1.** Kugel *f*; (*heavenly* ~) Gestirn *nt* (*geh*); (*old Astron*) Sphäre *f* (*old*). **to be a** ~ kugelförmig sein.

2. (*fig*) Sphäre, Welt *f*; (*of person, personal experience*) Bereich *m*; (*of knowledge*) Gebiet, Feld *nt*; (*social circle*) Kreis *m*. **in the ~ of politics/poetry** in der Sphäre *or* Welt der Politik/Welt der Dichtung; **his ~ of interest/influence** sein Interessen-/Einflußbereich; ~ **of activity** (*job, specialism*) Wirkungskreis *m*; **that's outside my** ~ das geht über meinen Horizont; (*not my responsibility*) das ist nicht mein Gebiet.

spherical ['sferɪkəl] *adj* (*in shape*) kugelförmig, (kugel)rund; (*Math, Astron*) sphärisch.

spheroid ['sfɪərɔɪd] *n* (*Geometry*) Rotationsellipsoid *nt*.

sphincter ['sfɪŋktəʳ] *n* (*Anat*) Schließmuskel, Sphinkter (*spec*) *m*.

sphinx [sfɪŋks] *n* Sphinx *f*.

sphinx-like ['sfɪŋkslaɪk] *adj* sphinxhaft.

sphygmomanometer *n* (*med*) Blutdruckmeßgerät *nt*.

spice [spaɪs] **I** *n* **1.** Gewürz *nt*. ~ **rack** Gewürzbord *or* -regal *nt*; ~ **trade** Gewürzhandel *m*; **mixed** ~ Gewürzmischung *f*.

2. (*fig*) Würze *f*; (*trace: of irony, humour*) Anflug, Hauch *m*. **the ~ of life** die Würze des Lebens; **stories with some** ~ pikante Geschichten *pl*.

II *vt* (*lit, fig*) würzen. **a highly ~d account** (*fig*) ein reichlich ausgeschmückter Bericht.

spiciness ['spaɪsɪnɪs] *n* (*quality*) Würzigkeit, Würze *f*; (*taste*) Würze *f*; (*fig*) Pikanterie *f*. **because of its** ~ weil das so stark gewürzt ist.

spick-and-span ['spɪkən'spæn] *adj house* blitzsauber, tipptopp in Ordnung *pred*. **to look** ~ (*person*) wie aus dem Ei gepellt aussehen; (*house*) blitzsauber sein.

spicy ['spaɪsɪ] *adj* (+*er*) würzig; *sauce, food also* stark gewürzt; (*fig*) *story* pikant.

spider ['spaɪdəʳ] *n* **1.** Spinne *f*. **~'s web** Spinnwebe *f*, Spinnengewebe, Spinnennetz *nt*. **2.** (*inf: wheelbrace*) Kreuzschlüssel *m*.

spider crab *n* Spinnenkrabbe *f or* -krebs *m*; **spiderman** *n* (*inf*) **1.** (*building worker*) Gerüstbauer *m*; **2.** (*steeplejack*) Schornsteinarbeiter *m*; **spider monkey** *n* Klammeraffe *m*; **spider plant** *n* Grünlilie *f*; **spiderweb** *n* (*US*) Spinnwebe *f*, Spinnengewebe, Spinnennetz *nt*.

spidery ['spaɪdərɪ] *adj writing* krakelig; *outline, drawing, pattern* fein, spinnwebartig; *limbs* spinnenhaft.

spiel [ʃpiːl] *n* (*inf*) Sermon *m* (*inf*), Blabla *nt* (*inf*); (*tall story, excuse*) Geschichte *f* (*inf*).

spigot ['spɪgət] *n* (*on cask*) Spund, Zapfen *m*; (*in tap*) Abschlußkörper *m*; (*US: faucet*) Hahn *m*.

spike [spaɪk] **I** *n* **1.** (*on wall, railing, helmet*) Spitze *f*; (*nail*) Nagel *m*; (*on plant*) Stachel *m*; (*on shoe, tyre*) Spike *m*; (*for receipts, wastepaper*) Dorn *m*. ~ **heel** Pfennigabsatz *m*; *see also* **spikes**. **2.** (*Bot*) Ähre *f*. **3.** (*Elec*) Spannungsspitze *f*.

II *vt* **1.** aufspießen; (*with weapon also*) durchbohren. **the editor ~d the story** (*Press*) der Redakteur ließ die Story in einer Schublade verschwinden.

2. (*fig: frustrate*) *rumours* den Boden entziehen (+*dat*). **to ~ sb's guns** (*inf*) jdm den Wind aus den Segeln nehmen.

3. (*US: lace*) *drink* einen Schuß zusetzen (+*dat*). **~d with rum** mit einem Schuß Rum.

spiked [spaɪkt] *adj shoe* mit Spikes; *drink* mit Schuß.

spikes [spaɪks] *npl* (*inf: running shoes*) Spikes *pl*.

spiky ['spaɪkɪ] *adj* (+*er*) **1.** (*having spikes*) *railings, top of wall* mit Metallspitzen; *bush, animal* stach(e)lig; *branch* dornig.

2. (*like spikes*) *grass* spitz, stach(e)lig; *flower* mit spitzen Blütenblättern; *plant* spitzblättrig; *leaf* spitz; *hair* hochstehend; *writing* steil.

3. (*fig*) *person* empfindlich, leicht eingeschnappt (*inf*).

spill[1] [spɪl] (*vb: pret, ptp* **~ed** *or* **spilt**) **I** *n* (*fall*) Sturz *m*. **to have a** ~ stürzen.

II *vt* **1.** verschütten; *liquid also, blood* vergießen. **to ~ the beans (to sb)** (*inf*) (jdm gegenüber) nicht dichthalten (*inf*); **to ~ the beans about sth** etw ausplaudern.

2. (*horse*) abwerfen. **the lorry ~ed its load onto the road** die Ladung fiel vom Lastwagen herunter auf die Straße.

III *vi* verschüttet werden; (*large quantity*) sich ergießen; (*tears*) strömen, laufen; (*fig: people*) strömen. **the milk ~ed all over the carpet** die Milch war auf dem ganzen Teppich verschüttet.

◆**spill out I** *vi* (*of* aus) (*liquid*) herausschwappen; (*grain*) herausrieseln; (*money, jewels*) herausfallen; (*fig: people*) (heraus)strömen. **clothes were ~ing ~ of the drawer** Kleidungsstücke quollen aus der Schublade hervor.

II *vt sep* ausschütten; (*by accident also*) verschütten; *liquid also* vergießen.

◆**spill over** *vi* (*liquid*) überlaufen; (*grain, assembly*) überquellen; (*fig*) (*popula-*

tion) sich ausbreiten (*into* auf +*acc*); (*meeting*) sich hinziehen (*into* bis in +*acc*).

spill² *n* (*of wood*) (Kien)span *m*.

spillage ['spılıdʒ] *n* (*act*) Verschütten *nt*; (*of liquid also*) Vergießen *nt*; (*quantity*) verschüttete Menge, Spillage *f* (*Comm*). **the ~ amounted to ...** es waren ... verschüttet worden.

spill-over ['spıləʊvəʳ] *n* Überschuß *m*. **~ population** überquellende Bevölkerung.

spillway ['spılweı] *n* Überlaufrinne *f*.

spilt [spılt] *pret, ptp of* **spill¹**.

spin [spın] (*vb: pret* **spun** *or* (*old*) **span,** *ptp* **spun**) **I** *n* **1.** (*revolution*) Drehung *f*; (*washing machine programme*) Schleudern *nt no pl*. **to give sth a ~** etw (schnell) drehen; *spinning top* etw treiben; (*in washing machine*) etw schleudern; **to be in a (flat) ~** (*fig inf*) am Rotieren *or* Durchdrehen sein (*inf*) (*about* wegen); **to send sb into a (flat) ~** (*fig inf*) jdn zum Rotieren bringen (*inf*).

2. (*on ball*) Dreh, Drall *m*; (*Billiards*) Effet *m*. **to put a ~ on the ball** dem Ball einen Drall/Effet geben; (*with racquet*) den Ball anschneiden.

3. (*Aviat*) Trudeln *nt no pl*. **to go into a ~** zu trudeln anfangen.

4. (*dated: trip*) Spritztour *f*. **to go for a ~** eine Spritztour machen.

II *vt* **1.** spinnen; *see* **yarn. 2.** (*turn*) *wheel* drehen; (*fast*) herumwirbeln; *top* tanzen lassen, treiben; (*in washing machine*) schleudern; (*toss*) *ball, coin* (hoch)werfen; (*Sport*) *ball* einen Drall/Effet geben (+*dat*); (*with racquet*) (an)schneiden.

III *vi* **1.** spinnen.

2. (*revolve*) sich drehen; (*fast*) (herum)wirbeln; (*plane*) trudeln; (*in washing machine*) schleudern. **to ~ round and round** sich im Kreis drehen; (*dancer*) im Kreis herumwirbeln; **the ball spun into the air/past him** der Ball flog wirbelnd in die Luft/an ihm vorbei; **the car spun out of control** der Wagen begann, sich unkontrollierbar zu drehen; **to send sb/sth ~ning** jdn/etw umwerfen; **my head is ~ning** mir dreht sich alles; **the wine makes my head ~** von dem Wein dreht sich mir alles.

◆**spin along** *vi* (*move quickly*) (dahin)rasen, (dahin)sausen.

◆**spin out** *vt sep* (*inf*) *money, food* strekken (*inf*); *holiday, meeting* in die Länge ziehen; *story* ausspinnen.

◆**spin round I** *vi* (*revolve*) sich drehen; (*very fast*) (herum)wirbeln; (*in surprise*) herumwirbeln, herumfahren. **II** *vt sep* (schnell) drehen; (*very fast*) herumwirbeln.

spinach ['spınıtʃ] *n* Spinat *m*.

spinal ['spaınl] *adj vertebrae* Rücken-; *injury, muscle* Rückgrat-, spinal (*spec*); *nerves, anaesthesia* Rückenmark(s)-. **~ column** Wirbelsäule *f*; **~ cord** Rückenmark *nt*.

spin bowler *n* (*Cricket*) *Werfer, der dem Ball einen Drall gibt*.

spindle ['spındl] *n* (*for spinning, Mech*) Spindel *f*.

spindly ['spındlı] *adj* (+*er*) *legs, arms, plant* spindeldürr (*inf*); *chairs* zierlich.

spin-drier, spin-dryer *n* (*Brit*) (Wäsche)schleuder *f*; **spindrift** *n* Gischt *f*; **spin-dry** *vti* schleudern.

spine [spaın] *n* **1.** (*Anat*) Rückgrat *nt*; (*of book*) (Buch)rücken *m*; (*of mountain range*) (Gebirgs)grat *m*. **2.** (*spike*) Stachel *m*; (*of plant also*) Dorn *m*.

spine-chiller *n* (*inf*) Gruselgeschichte *f*; Gruselfilm *m*; **spine-chilling** *adj* (*inf*) schaurig, gruselig; *noise also* unheimlich.

spineless ['spaınlıs] *adj* **1.** (*Anat*) wirbellos; (*fig*) *person* ohne Rückgrat; *compromise, refusal* feige. **don't be so ~** beweisen Sie mal, daß Sie Rückgrat haben! **2.** (*Zool*) ohne Stacheln, stachellos; (*Bot also*) ohne Dornen, dornenlos.

spinelessly ['spaınlıslı] *adv* (*fig*) feige.

spinet [spı'net] *n* **1.** Spinett *nt*. **2.** (*US*) Kleinklavier *nt*.

spinnaker ['spınəkəʳ] *n* (*Naut*) Spinnaker *m*.

spinner ['spınəʳ] *n* **1.** (*of cloth*) Spinner(in *f*) *m*. **2.** (*inf*) *see* **spin-drier. 3.** (*Fishing*) Spinnköder *m*.

spinney ['spını] *n* (*esp Brit*) Dickicht *nt*.

spinning ['spınıŋ] *n* Spinnen *nt*.

spinning *in cpds* Spinn-; **spinning jenny** *n* Jenny-Maschine *f*; **spinning top** *n* Kreisel *m*; **spinning wheel** *n* Spinnrad *nt*; **spinning works** *n sing or pl* Spinnerei, Spinnstoffabrik *f*.

spin-off ['spınɒf] *n* (*side-product*) Nebenprodukt *nt*. **~ effect** Folgewirkung *f*.

spinster ['spınstəʳ] *n* Unverheiratete, Ledige *f*; (*pej*) alte Jungfer (*pej*). **Mary Jones, ~** die ledige Mary Jones; **to be a ~** unverheiratet *or* ledig *or* eine alte Jungfer (*pej*) sein.

spinsterhood ['spınstəhʊd] *n* Ehelosigkeit *f*, Jungfernstand *m* (*old*). **she preferred ~** sie wollte lieber unverheiratet bleiben.

spinsterish ['spınstərıʃ] *adj* (*pej*) altjüngferlich (*pej*).

spiny ['spaını] *adj* (+*er*) stach(e)lig, Stachel-; *plant also* dornig. **~ lobster** (*Zool*) Languste *f*, Stachelhummer *m*.

spiracle ['spırəkl] *n* (*of shark, ray*) Atemloch *nt*; (*of insect also*) Stigma *nt* (*spec*); (*of whale, dolphin*) Spritzloch *nt*.

spiral ['spaıərəl] **I** *adj* spiralförmig, spiralig; *shell also* gewunden; *nebula, spring* Spiral-; *movement, descent* in Spiralen. **a ~ curve** eine Spirale; **~ staircase** Wendeltreppe *f*.

II *n* (*lit, fig*) Spirale *f*. **price/inflationary ~** Preis-/Inflationsspirale *f*.

III *vi* (*also* **~ up**) sich (hoch)winden; (*smoke also, missile*) spiralförmig *or* in einer Spirale aufsteigen; (*plane, bird also*) sich in die Höhe schrauben; (*prices*) (nach oben) klettern.

◆**spiral down** *vi* spiralförmig *or* in einer Spirale herunterkommen; (*staircase also*) sich abwärts winden; (*plane also*) sich herunterschrauben, sich nach unten schrauben.

spirally ['spaıərəlı] *adv* in einer Spirale, spiralförmig.

spire [spaɪəʳ] *n* (*of church*) Turmspitze *f*, Turm *m*.

spirit ['spɪrɪt] **I** *n* **1.** (*soul*) Geist *m*. **the life of the ~** das Seelenleben; **I'll be with you in ~** im Geiste werde ich bei euch sein; **the ~ is willing (but the flesh is weak)** (*Prov*) der Geist ist willig(, aber das Fleisch ist schwach) (*Prov*).

2. (*supernatural being, ghost*) Geist *m*.

3. (*leading person*) (*of age, movement*) Geist *m*; (*of party, enterprise also*) Kopf *m*.

4. *no pl* (*courage*) Mut, Schneid *m*; (*vitality, enthusiasm*) Elan, Schwung *m*. **a man of ~** (*courageous*) ein mutiger Mensch; **a horse with plenty of ~** ein feuriges Pferd; **to break sb's ~** jdn *or* jds Mut brechen; **to sing/reply with ~** mit Inbrunst singen/mutig antworten.

5. (*mental attitude: of country, group of people, doctrine, reform*) Geist *m*; (*mood*) Stimmung *f*. **pioneering/team/ community ~** Pionier-/Mannschaftsgeist *m*/Gemeinschaftssinn *m*; **Christmas ~** (*Rel*) weihnachtlicher Geist; (*mood*) weihnachtliche Stimmung; **a ~ of optimism/despair/rebellion** eine optimistische/verzweifelte/rebellische Stimmung; **to do sth in a ~ of optimism/ humility** etw voll Optimismus/voller Demut tun; **in a ~ of forgiveness/revenge** aus einer vergebenden/rachsüchtigen Stimmung heraus; **Christian ~** Christlichkeit; **the ~ of the age** der Zeitgeist; **he has the right ~** er hat die richtige Einstellung; **to enter into the ~ of sth** bei etw mitmachen *or* dabeisein; **when the ~ moves him** wenn es ihn überkommt; **that's the ~!** (*inf*) so ist's recht! (*inf*).

6. *no pl* (*intention*) Geist *m*. **the ~ of the law** der Geist *or* Sinn des Gesetzes; **to take sth in the right/wrong ~** etw richtig/falsch auffassen; **to take sth in the ~ in which it was meant/given** etw so nehmen, wie es gemeint war.

7. **~s** *pl* (*state of mind*) Stimmung, Laune *f*; (*courage*) Mut *m*; **to be in good/bad/out of ~s** guter/schlechter Laune/niedergeschlagen sein; **to keep up one's ~s** den Mut nicht verlieren; **my ~s rose/fell** ich bekam (neuen) Mut/mir sank der Mut; **to raise sb's ~s** jdn aufmuntern; **to revive sb's ~s** jds Lebensgeister wiedererwecken.

8. **~s** *pl* (*alcohol*) Branntwein *m*, Spirituosen, geistige Getränke *pl*; **raw ~s** reiner Alkohol.

9. (*Chem*) Spiritus *m*. **~s of ammonia** Salmiakgeist *m*; **~(s) of turpentine** Terpentinöl *nt*.

II *vt* **to ~ sb/sth away** *or* **off** jdn/etw verschwinden lassen *or* wegzaubern; **to ~ sb out of a room** *etc* jdn aus einem Zimmer wegzaubern.

spirited ['spɪrɪtɪd] *adj* temperamentvoll; *horse also* feurig; *book, performance* lebendig; (*courageous*) *person, reply, attack, attempt* beherzt, mutig.

spiritedly ['spɪrɪtɪdlɪ] *adv see adj*.

spiritedness ['spɪrɪtɪdnɪs] *n see adj* Temperament *nt*; Feurigkeit *f*; Lebendigkeit *f*; Beherztheit *f*, Mut *m*.

spirit gum *n* Mastix(gummi) *m*; **spirit lamp** *n* Petroleumlampe *f*; **spiritless** *adj person, performance, book* saft- und kraftlos; *agreement, acceptance, reply* lustlos; *animal* brav, lahm (*inf*); **spirit level** *n* Wasserwaage *f*; **spirit stove** *n* Spirituskocher *m*.

spiritual ['spɪrɪtjʊəl] **I** *adj* geistig; *expression* vergeistigt; (*Eccl*) geistlich. **~ life** Seelenleben *nt*; **my ~ home** meine geistige Heimat; **Lords ~** geistliche Lords (im Oberhaus). **II** *n* (*Mus*) Spiritual *nt*.

spiritualism ['spɪrɪtjʊəlɪzəm] *n* Spiritismus *m*.

spiritualist ['spɪrɪtjʊəlɪst] *n* Spiritist(in *f*) *m*.

spirituality [ˌspɪrɪtjʊ'ælɪtɪ] *n see adj* Geistigkeit *f*; Vergeistigung *f*.

spiritually ['spɪrɪtjʊəlɪ] *adv* geistig.

spirituous ['spɪrɪtjʊəs] *adj* (*form*) alkoholisch, spirituos (*rare*).

spit¹ [spɪt] (*vb: pret, ptp* **spat**) **I** *n* **1.** (*action*) (Aus)spucken *nt*; (*saliva*) Spucke *f*. **to have a ~** ausspucken; **there was just a ~ of rain** es tröpfelte nur; **to give sth a bit of ~ and polish** (*inf*) etw wienern (*inf*); **it needs a bit of ~ and polish** (*inf*) es müßte einmal tüchtig gewienert werden (*inf*).

2. (*inf: image*) *see* **spitting image**.

II *vt* spucken, speien (*geh*); *curses* ausstoßen (*at* gegen).

III *vi* spucken, speien (*geh*); (*fat*) spritzen; (*fire*) zischen; (*person: verbally, cat*) fauchen, zischen. **to ~ at sb** jdn anspucken, jdn anspeien (*geh*); jdn anfauchen, jdn anzischen; **to ~ in sb's face/eye** jdm ins Gesicht spucken; (*fig*) auf jdn pfeifen (*inf*); **it is ~ting (with rain)** es tröpfelt.

◆**spit out** *vt sep* ausspucken, ausspeien (*geh*); *words* ausstoßen. **~ it ~!** (*fig inf*) spuck's aus! (*inf*), heraus mit der Sprache!

spit² **I** *n* **1.** (*Cook*) (Brat)spieß *m*. **on the ~** am Spieß. **2.** (*of land*) Landzunge *f*. **II** *vt meat* (auf)spießen.

spite [spaɪt] **I** *n* **1.** (*ill will*) Boshaftigkeit, Gehässigkeit *f*. **to do sth out of** *or* **from ~** etw aus reiner Boshaftigkeit tun.

2. in ~ of (*despite*) trotz (+*gen*); **it was a success/we went in ~ of him** es war dennoch ein Erfolg/wir gingen dennoch; **he did it in ~ of himself** er konnte nicht anders; **in ~ of the fact that he ...** obwohl er ...; **in ~ of that I'll still go** ich gehe trotzdem.

II *vt* ärgern. **she just does it to ~ me** sie tut es nur mir zum Trotz, sie tut es nur, um mich zu ärgern.

spiteful ['spaɪtfʊl] *adj* boshaft, gemein; (*gloating also*) schadenfroh, gehässig.

spitefully ['spaɪtfəlɪ] *adv see adj*.

spitefulness ['spaɪtfʊlnɪs] *n* Boshaftigkeit, Gemeinheit *f*; (*gloating*) Schadenfreude, Gehässigkeit *f*.

spitfire ['spɪtfaɪəʳ] *n* feuerspeiender Drache; (*woman also*) Giftnudel *f* (*inf*).

spitroast ['spɪtrəʊst] *vt* am Spieß braten. **with ~ pieces of lamb** mit Lammstücken vom Spieß.

spitting image ['spɪtɪŋ'ɪmɪdʒ] *n* (*inf*) Ebenbild *nt*. **to be the ~ of sb** jdm wie aus dem Gesicht geschnitten sein, jdm zum Verwechseln ähnlich sehen.

spittle ['spɪtl] *n* Speichel *m*, Spucke *f*.

spittoon [spɪ'tuːn] *n* Spucknapf *m*.

spiv [spɪv] *n* (*Brit sl*) schmieriger Typ (*sl*).

spivvy ['spɪvɪ] *adj* (*Brit sl*) *person* schmierig (*inf*); *tie, suit* ordinär.

splash [splæʃ] **I** *n* **1.** (*spray*) Spritzen *nt no pl*; (*noise*) Platschen *nt no pl*, Platscher *m* (*inf*). **he dived in with a ~** es spritzte/platschte, als er hineinsprang; **it made a ~ as it hit the water** das Wasser spritzte nach allen Seiten, als es hineinfiel; (*noise*) es fiel platschend ins Wasser; **to make a ~** (*fig*) Furore machen; (*news*) wie eine Bombe einschlagen; (*book*) einschlagen.

2. (*sth ~ed*) Spritzer *m*; (*in drink etc also*) Schuß *m*; (*of colour, light*) Tupfen *m*; (*patch*) Fleck *m*. **~es of paint** Farbspritzer *pl*.

II *vt* **1.** *water* spritzen; (*pour*) gießen; *person, object* bespritzen. **to ~ sb with water, to ~ water over sb** jdn mit Wasser bespritzen; **to ~ paint on sth** etw mit Farbe bespritzen; (*with brush*) Farbe auf etw (*acc*) klatschen (*inf*); **to ~ one's way through a stream** platschend einen Bach durchqueren.

2. (*Press inf*) *story* groß rausbringen (*inf*).

III *vi* (*liquid*) spritzen; (*rain, waves*) klatschen; (*tears*) tropfen; (*when diving, walking etc*) platschen; (*when playing*) planschen.

◆**splash about I** *vi* herumspritzen; (*in water*) herumplanschen; (*while walking*) herumplatschen. **II** *vt sep water* herumspritzen mit; (*fig inf*) *money* um sich werfen mit (*inf*); *story* groß aufziehen.

◆**splash down** *vi* **1.** (*Space*) wassern. **2.** (*rain*) herunterrinnen (*prep obj* an +*dat*).

◆**splash out** *vi* (*inf*) tüchtig in die Tasche greifen (*inf*); (*on reception, giving presents*) sich nicht lumpen lassen (*inf*). **to ~ ~ on sth** sich (*dat*) etw spendieren (*inf*).

◆**splash up I** *vt sep* spritzen. **II** *vi* (*water, mud*) aufspritzen.

splashback, splashboard *n* Spritzschutz *m*; **splashdown** *n* (*Space*) Wasserung *f*; **splash guard** *n* (*US Aut*) Schmutzfänger *m*.

splat [splæt] **I** *n* Platschen *nt*. **II** *adv* **to go ~ into sth** gegen etw platschen.

splatter ['splætəʳ] **I** *n* Spritzen *nt no pl*; (*of rain*) Prasseln *nt no pl*; (*sth ~ed*) Fleck *m*; (*of ink, paint*) Klecks *m*; (*Art: ~ technique*) Spritztechnik *f*.

II *vi* spritzen; (*rain also*) prasseln; (*ink, paint also*) klecksen.

III *vt* bespritzen; (*with ink, paint*) beklecksen.

splay [spleɪ] **I** *vt* **1.** (*spread out*) *legs, fingers, toes* spreizen; *feet* nach außen stellen. **the wheels are ~ed** die Räder stehen nach außen, die Räder haben negativen Sturz.

2. (*Tech*) *pipe* weiten; *window frame* ausschrägen.

II *vi* nach außen gehen; (*pillars also*) sich nach außen biegen; (*window frame*) ausgeschrägt sein. **he lay ~ed out on the ground** er lag auf der Erde und hatte alle viere von sich gestreckt.

III *n* (*Archit*) Ausschrägung *f*.

splayfoot *n* nach außen gestellter Fuß; **splayfooted** *adj* mit nach außen gestellten Füßen; **to be ~** nach außen gehen.

spleen [spliːn] *n* (*Anat*) Milz *f*; (*fig*) Zorn *m*, Rage *f*. **to vent one's ~** seinem Ärger Luft machen; **to vent one's ~ on sb** seine Wut an jdm auslassen.

splendid ['splendɪd] *adj* **1.** (*magnificent*) *clothes, sunset, music* herrlich; *occasion, scale, villain* großartig. **2.** (*excellent*) hervorragend; *rider, chance, idea, amusement* glänzend, ausgezeichnet; *joke also* herrlich. **that's (simply) ~!** (das ist ja) ausgezeichnet!

splendidly ['splendɪdlɪ] *adv* **1.** (*magnificently*) herrlich. **2.** (*excellently*) hervorragend, glänzend, ausgezeichnet.

splendour, (*US*) splendor ['splendəʳ] *n* Pracht *f no pl*; (*of music, achievement*) Großartigkeit *f*.

splenetic [splɪ'netɪk] *adj* **1.** (*Anat*) Milz-. **2.** (*liter: peevish*) unwirsch.

splice [splaɪs] **I** *n* Verbindung *f*; (*of ropes also*) Spleiß *m* (*spec*); (*of tapes, film also*) Klebung *f*; (*of wood also*) Fuge *f*. **II** *vt ropes* spleißen (*spec*); *tapes, film* (zusammen)kleben; *pieces of wood* verfugen. **to get ~d** (*inf*) sich verehelichen (*hum*).

splicer ['splaɪsəʳ] *n* (*for films*) Klebepresse *f*.

splint [splɪnt] **I** *n* Schiene *f*. **to put a ~ on sb/sth** jdn/etw schienen; **to be in ~s** geschient sein. **II** *vt* schienen.

splinter ['splɪntəʳ] **I** *n* Splitter *m*. **II** *vt* (zer)splittern; (*with axe*) *wood* zerhakken; (*fig*) *party* spalten. **III** *vi* (zer)splittern; (*fig: party*) sich spalten. **to ~ off** absplittern; (*fig*) sich abspalten.

splinter group *n* Splittergruppe *f*; **splinterproof** *adj* splitterfrei.

splintery ['splɪntərɪ] *adj* splitt(e)rig.

split [splɪt] (*vb: pret, ptp ~*) **I** *n* **1.** Riß *m* (*in* ın +*dat*); (*in wall, rock, wood also*) Spalt *m* (*in* ın +*dat*).

2. (*fig: division*) Bruch *m* (*in* in +*dat*), Entzweiung *f* (+*gen*); (*Pol, Eccl*) Spaltung *f* (*in gen*). **there is a ~ in the party over ...** die Partei ist in der Frage (+*gen*) ... gespalten; **there is a three-way ~ in the party over ...** die Partei zerfällt in der Frage (+*gen*) ... in drei Lager, die Partei ist in der Frage (+*gen*) ... dreigeteilt; **a three-way ~ of the profits** eine Drittelung des Gewinns; **I want my ~** (*inf*) ich will meinen Schnitt (*inf*).

3. (*distinction: in meaning*) Aufteilung *f*.

4. *pl* **the ~s** Spagat *m*; **to do the ~s** (einen) Spagat machen.

5. (*inf: sweet*) (*also* **banana ~**) (Bananen-)Split *m*. **jam/cream ~** *mit Marmelade/Sahne gefülltes Gebäckstück*.

6. (*esp US: bottle*) kleine Flasche.

II *adj* gespalten (*on, over* in +*dat*).

III *vt* **1.** (*cleave*) (zer)teilen; *wood also, atom* spalten; *stone* zerbrechen; *fabric, garment* zerreißen, zerschlitzen; *seam* aufplatzen lassen. **the sea had ~ the ship in two** in dem Sturm zerbrach das Schiff in zwei Teile; **I ~ the seam** die Naht ist (auf)geplatzt; **to ~ hairs** (*inf*) Haarspalterei treiben (*inf*); **to ~ one's sides (laughing)** (*inf*) vor Lachen fast platzen (*inf*); **to ~ sth open** etw aufbrechen; **his lip had been ~ open** seine Lippe war aufgeplatzt.

2. (*divide*) spalten; (*share*) *work, costs* (sich *dat*) teilen. **to ~ sth into three parts** etw in drei Teile aufteilen; **to ~ the vote** die Abstimmung zum Scheitern bringen; **a party ~ three ways** eine in drei Lager gespaltene Partei; **to ~ one's vote** *or* (*US*) **ticket** panaschieren; **they ~ the profit three ways** sie haben den Gewinn gedrittelt *or* in drei Teile geteilt; **to ~ the difference** (*fig: in argument etc*) sich auf halbem Wege einigen; (*lit: with money*) sich (*dat*) die Differenz teilen.

IV *vi* **1.** (*wood, stone*) (entzwei)brechen; (*hair*) sich spalten; (*trousers, seam*) platzen; (*fabric*) zerreißen; (*ship*) auseinanderbrechen. **to ~ open** aufplatzen, aufbrechen; **to ~ at the seams** (*lit*) an den Nähten aufplatzen; (*fig*) aus allen *or* den Nähten platzen; **my head is ~ting** (*fig*) mir platzt der Kopf.

2. (*divide*) sich teilen; (*people*) sich aufteilen; (*Pol, church*) sich spalten (*on, over* wegen).

3. (*sl: leave*) abhauen (*inf*).

4. (*inf: tell tales*) **to ~ on sb** jdn verpfeifen (*inf*).

◆**split off I** *vt sep* abtrennen (*prep obj* von); (*with axe also*) abspalten (*prep obj* von); (*break*) abbrechen (*prep obj* von). **II** *vi* abbrechen; (*rock also*) sich lösen; (*fig*) sich trennen (*from* von).

◆**split up I** *vt sep money, work* (auf)teilen; *meanings* aufteilen; *party, organization* spalten; *meeting* ein Ende machen (+*dat*); *two people* trennen; *crowd* zerstreuen. **II** *vi* zerbrechen; (*divide*) sich teilen; (*meeting, crowd*) sich spalten; (*partners*) sich voneinander trennen.

split decision *n* (*Boxing*) nicht einstimmige Entscheidung; **split ends** *npl* gespaltene Haarspitzen *pl*, Spliß *m*; **split infinitive** *n* (*Gram*) getrennter Infinitiv; **split-level** *adj* (*Archit*) mit versetzten Geschossen; **~ cooker** *Herdkombination, bei der Koch- und Backteil getrennt und in Sichthöhe sind*; **split peas** *npl* getrocknete (halbe) Erbsen *pl*; **split-pea soup** *n* Erbsensuppe *f*; **split personality** *n* (*Psych*) gespaltene Persönlichkeit; **split pin** *n* (*cotter pin*) Splint *m*; (*on envelope*) Musterklammer *f*; **split screen** *n* (*Comput*) geteilter Bildschirm; **split second I** *n* Bruchteil *m* einer Sekunde; **in a ~** in Sekundenschnelle; **II** *adj* **split-second timing** Abstimmung *f* auf die Sekunde; (*of actor*) Gefühl *nt* für den richtigen Moment.

splitting ['splɪtɪŋ] **I** *n* Zerteilung *f*; (*of wood*) Spalten *nt*. **the ~ of the atom** die Kernspaltung. **II** *adj headache* rasend, heftig. **there was a ~ sound** (*of wood*) es klang, als ob etwas zerbräche; (*of cloth*) es klang, als ob etwas zerrisse.

split-up ['splɪtʌp] *n* (*of friends*) Bruch *m* (*of* zwischen +*dat*); (*of partners*) Trennung *f* (*of gen*); (*of party*) Spaltung *f* (*of gen*).

splodge [splɒdʒ], **splotch** [splɒtʃ] **I** *n* Fleck, Klecks *m*; (*of cream etc*) Klacks *m*. **II** *vt clothes* bespritzen; (*with paint, ink also*) beklecksen; *mud* spritzen; *paint* klecksen.

splurge [splɜːdʒ] *n* (*inf*) (*shopping spree*) Kauforgie *f* (*pej inf*). **I felt like a ~** ich wollte mir was leisten; **to go on a ~** groß einkaufen gehen; **a big publicity ~** eine groß aufgemachte Werbekampagne.

◆**splurge out on** *vi* +*prep obj* (*inf*) sich in Unkosten stürzen mit.

splutter ['splʌtəʳ] **I** *n* (*of engine*) Stottern *nt*; (*of fire*) Zischen *nt*; (*of sausages*) Zischen *nt*; (*while talking*) Prusten *nt no pl*.

II *vi* (*person*) (*spit*) prusten, spucken; (*stutter*) stottern; (*engine*) stottern; (*fire, lamp, fat*) zischen; (*sausages*) brutzeln, zischen.

III *vt* (hervor)stoßen. **that's not true, he ~ed** das ist nicht wahr, platzte er los.

spoil [spɔɪl] (*vb: pret, ptp* **~ed** *or* **spoilt**) **I** *n usu pl* Beute *f no pl*; (*fig: profits also*) Gewinn *m*. **the ~s of war/office** die Kriegsbeute/Amtsausbeute; **~s system** (*US Pol*) Ämterpatronage, Filzokratie (*inf*) *f*.

II *vt* **1.** (*ruin, detract from*) verderben; *view also, town, looks* verschandeln; *peace of mind* zerstören; *life* ruinieren; *ballot papers* ungültig machen. **to ~ sb's fun** jdm den Spaß verderben; **if you eat now you'll ~ your lunch** wenn du jetzt etwas ißt, verdirbst du dir den Appetit fürs Mittagessen.

2. *person* verwöhnen; *children also* verziehen. **to ~ sb for sth** (*inf*) jdn für etw verderben.

III *vi* (*food*) verderben. **to be ~ing for trouble/a fight** Ärger/Streit suchen.

spoiler ['spɔɪləʳ] *n* (*Aut*) Spoiler *m*.

spoilsport ['spɔɪlspɔːt] *n* (*inf*) Spielverderber(in *f*) *m* (*inf*).

spoilt [spɔɪlt] **I** *pret, ptp of* **spoil. II** *adj child* verwöhnt, verzogen; *meal* verdorben.

spoke[1] [spəʊk] *n* Speiche *f*. **to put a ~ in sb's wheel** (*inf*) jdm Knüppel zwischen die Beine werfen (*inf*).

spoke[2] *pret of* **speak**.

spoken ['spəʊkən] **I** *ptp of* **speak. II** *adj language* gesprochen. **his ~ English is better than ...** er spricht Englisch besser als ...; **~-voice record** Sprechplatte *f*.

spokesman ['spəʊksmən] *n, pl* **-men** [-mən] Sprecher *m*.

spokesperson ['spəʊkspɜːsən] *n* Sprecher(in *f*) *m*.

spokeswoman ['spəʊkswʊmən] *n, pl* **-women** [-wɪmɪn] Sprecherin *f*.

sponge [spʌndʒ] **I** *n* **1.** Schwamm *m*.

2. (*sponging*) **to give sth a ~** *floor* etw aufwischen; *car* etw waschen; *walls* etw abwaschen; *table* etw abwischen.

3. (*Cook*) (*also* **~ cake**) Rührkuchen *m*; (*fatless*) Biskuit(kuchen) *m*; (**~** *mixture*) Rührteig *m*; Biskuitmasse *f*. **jam ~** Biskuit(kuchen) mit Marmeladenfüllung.

II *vt* **1.** (*clean*) abwischen; *wound* abtupfen.

2. (*inf: scrounge*) schnorren (*inf*) (*from* bei).

◆**sponge down** *vt sep person* (schnell) waschen; *walls also* abwaschen; *horse* abreiben.

◆**sponge off** *vt sep stain, liquid* abwischen.

◆**sponge off** *or* **on** *vi +prep obj* (*inf*) **to ~ ~ sb** jdm auf der Tasche liegen (*inf*).

◆**sponge out** *vt sep* (*remove*) *stain* herausreiben, herausmachen; (*clean out*) *drawer* auswaschen; *wound* austupfen.

◆**sponge up** *vt sep* aufwischen.

sponge bag *n* (*Brit*) Waschbeutel, Kulturbeutel *m*; **sponge bath** *n* Waschen *nt* im Bett; **sponge cake** *n* Rührkuchen *m*; (*fatless*) Biskuit(kuchen) *m*; **sponge pudding** *n* Mehlpudding *m*.

sponger ['spʌndʒəʳ] *n* (*inf*) Schmarotzer, Schnorrer (*inf*) *m*.

sponginess ['spʌndʒɪnɪs] *n see adj* Nachgiebigkeit, Weichheit *f*; Lockerheit *f*; Schwammigkeit *f*.

spongy ['spʌndʒɪ] *adj* (+*er*) nachgiebig, weich; (*light*) *pudding* locker; *skin* schwammig.

sponsor ['spɒnsəʳ] **I** *n* **1.** Förderer *m*, Förderin *f*; (*for membership*) Bürge *m*, Bürgin *f*; (*for event*) Schirmherr(in *f*) *m*; (*Rad, TV, Sport*) Geldgeber(in *f*), Sponsor(in *f*) *m*; (*for fund-raising*) Spender(in *f*) *m*; (*Parl: of bill*) Befürworter(in *f*) *m*. **to stand ~ for sb** jdn fördern; für jdn bürgen.

2. (*godparent*) Pate *m*, Patin *f*.

II *vt* **1.** unterstützen; (*financially also*) fördern, sponsern; *event also* sponsern, die Schirmherrschaft übernehmen (+*gen*); *future member* bürgen für; *membership, bill* befürworten, empfehlen; (*Rad, TV, Sport*) *programme* sponsern. **he ~ed him at 5p a mile** er verpflichtete sich, ihm 5 Pence pro Meile zu geben.

2. (*as godparent*) die Patenschaft (+*gen*) übernehmen.

sponsored ['spɒnsəd] *adj* (*for charity*) *walk, silence: zur Geldbeschaffung abgehalten, wobei die Leistung pro Einheit vom Spender mit einem abgemachten Einsatz honoriert wird.*

sponsorship ['spɒnsəʃɪp] *n see vt* **1.** Unterstützung *f*; Förderung *f*, Sponsern *nt*; Schirmherrschaft *f*; Bürgschaft *f*; Befürwortung, Empfehlung *f*; Finanzierung *f*. **he got into the club under my ~** durch *or* auf meine Empfehlung kam er in den Klub. **2.** Patenschaft *f*.

spontaneity [ˌspɒntə'neɪətɪ] *n see adj* Spontaneität *f*; Ungezwungenheit *f*.

spontaneous [spɒn'teɪnɪəs] *adj* spontan; *style* ungezwungen. **~ combustion** Selbstentzündung *f*.

spontaneously [spɒn'teɪnɪəslɪ] *adv* spontan; (*voluntarily also*) von sich aus, von selbst.

spoof [spu:f] (*inf*) **I** *n* **1.** (*parody*) Parodie *f* (*of* auf +*acc*). **2.** (*hoax*) Ulk (*inf*), (April)scherz (*inf*) *m*. **II** *adj attr poem, programme* parodiert; *version* verballhornt. **III** *vt* (*parody*) *novel* parodieren; *poem also* verballhornen.

spook [spu:k] (*inf*) **I** *n* Gespenst *nt*. **II** *vt* (*US: frighten*) einen Schrecken einjagen (+*dat*).

spooky ['spu:kɪ] *adj* (+*er*) (*inf*) **1.** gespenstisch, gruselig (*inf*). **2.** (*esp US: strange*) sonderbar.

spool [spu:l] **I** *n* (*Phot, on sewing machine*) Spule *f*; (*on fishing line*) Rolle *f*; (*for thread*) (Garn)rolle *f*; (*of thread*) Rolle *f*. **II** *vt* (*Comput*) spulen.

spooler ['spu:ləʳ] *n* (*Comput*) (Drukker)spooler *m*.

spoon [spu:n] **I** *n* Löffel *m*. **II** *vt* löffeln.

◆**spoon out** *vt sep* (löffelweise) ausschöpfen.

◆**spoon up** *vt sep* löffeln; (*eat up*) auslöffeln; *spillage* auflöffeln.

spoonbill ['spu:nbɪl] *n* Löffler, Löffelreiher *m*.

spoonerism ['spu:nərɪzəm] *n* lustiger Versprecher.

spoon-feed ['spu:nfi:d] *pret, ptp* **spoon-fed** ['spu:nfed] *vt baby, invalid* füttern; (*fig*) (*do thinking for*) gängeln; (*supply with*) füttern (*inf*).

spoonful ['spu:nfʊl] *n* Löffel *m*. **a ~ of soup** ein Löffel Suppe.

sporadic [spə'rædɪk] *adj* sporadisch; (*occasional also*) gelegentlich. **we heard ~ gun-fire** wir hörten gelegentlich Schüsse.

sporadically [spə'rædɪkəlɪ] *adv* sporadisch; (*occasionally also*) gelegentlich.

spore [spɔ:ʳ] *n* Spore *f*.

sporran ['spɒrən] *n* (*über dem Schottenrock getragene*) Felltasche.

sport [spɔ:t] **I** *n* **1.** (*games collectively*) Sport *m no pl*; (*type of* **~**) Sportart *f*. **to be good at ~(s)** gut im Sport sein, sportlich sein; **outdoor/indoor ~s** Sport *m* im Freien/Hallensport *m*.

2. ~s *pl* (*also* **~s meeting**) Sportveranstaltung *f*.

3. (*amusement*) Spaß *m*. **to do sth for/in ~** etw zum Spaß tun.

4. (*inf: person*) feiner *or* anständiger Kerl (*inf*); (*Austral*) Junge *m*. **to be a (good) ~** alles mitmachen; **they are such good ~s** mit ihnen kann man Pferde stehlen (*inf*); **be a ~!** sei kein Spielverderber!, sei nicht so! (*inf*).

5. (*Biol, Zool*) Spielart, Abart *f*.

II *vt tie, dress* anhaben; (*show off*) *ring* protzen mit; *black eye* herumlaufen mit (*inf*).

III *vi* (*frolic*) (herum)tollen; (*kitten*) (herum)spielen.

IV *adj attr* (*US*) *see* **sports**.

sporting ['spɔ:tɪŋ] *adj* **1.** *person, interests* sportlich; *equipment also* Sports-; *dog, gun* Jagd-. **~ events** Wettkämpfe *pl*; **a great ~ man** ein großer Sportsmann.

2. (*sportsmanlike*) sportlich; *spirit also* Sports-; (*fig*) *offer, solution* fair; (*decent*) anständig. **it's ~ of you to ...** es ist anständig von dir, zu ...; **to give sb a ~ chance** jdm eine faire Chance geben.

sporting editor *n* (*US*) Sportredakteur(in *f*) *m*.

sportingly ['spɔːtɪŋlɪ] *adv* fair; (*decently*) anständig. **he ~ gave him a start** er gab ihm fairerweise einen Vorsprung.

sportive *adj*, **~ly** *adv* ['spɔːtɪv, -lɪ] (*liter*) fidel, launig (*liter*).

sports, (*US also*) **sport** *in cpds* Sport-; **sports car** *n* Sportwagen *m*; **sportscast** *n* Sportübertragung *or* -sendung *f*; **sportscaster, sports commentator** *n* Sportreporter(in *f*), (Sport)kommentator(in *f*) *m*; **sports coat** *n see* **sports jacket**; **sports day** *n* (*Brit*) (Schul)sportfest *nt*; **sports department** *n* Sportabteilung *f*; **sports field, sports ground** *n* Sportplatz *m*; **sports jacket** *n* Sportjackett *nt*, Sakko *m or nt*; **sportsman** [-mən] *n* (*player*) Sportler *m*; (*good ~*) anständiger *or* feiner Kerl (*inf*); (*hunter*) Jäger *m*; **~ of the year** Sportler *m* des Jahres; **sportsmanlike** [-mənlaɪk] *adj* sportlich; (*fig*) *behaviour, act* fair; **sportsmanship** [-mənʃɪp] *n* (*skill*) Sportlichkeit *f*; (*fairness also*) sportliches Verhalten, Fairneß *f*; **sports page** *n* Sportseite *f*; **sports programme** *n* Sportprogramm *nt*; **sportswear** *n* (*for sport*) Sportkleidung *f*; (*leisure wear*) Freizeitkleidung *f*; **sportswoman** *n* Sportlerin *f*; **sports writer** *n* Sportjournalist(in *f*) *m*.

sporty ['spɔːtɪ] *adj* (*+er*) (*inf*) **1.** *person* sportbegeistert, sportlich; *clothes* sportlich. **2.** (*jaunty*) flott.

spot [spɒt] **I** *n* **1.** (*dot*) Tupfen, Punkt *m*; (*on dice*) Punkt *m*; (*Zool, Bot also, stain, on fruit*) Fleck *m*; (*fig: on reputation, good name*) Makel *m* (*on* an *+dat*). **a dress with ~s** ein getupftes *or* gepunktetes Kleid; **~s of blood/grease** Blutflecken *pl*/Fettflecken *pl*; **~s of ink** Tintenkleckse *or* -flecke *pl*; **to knock ~s off sb/sth** (*fig inf*) jdn/etw in den Schatten stellen, jdn in die Tasche stecken (*inf*); **to have ~s before one's eyes** Sternchen sehen.

2. (*Med*) Fleck *m*; (*pimple*) Pickel *m*; (*place*) Stelle *f*. **to break** *or* **come out in ~s** Flecken/Pickel bekommen.

3. (*place*) Stelle *f*; (*point*) Punkt *m*. **this is the ~ where Rizzio was murdered** an dieser Stelle *or* hier ist Rizzio ermordet worden; **a pleasant ~** ein schönes Fleckchen (*inf*); **on the ~** (*at the scene*) an Ort und Stelle; (*at once*) auf der Stelle, sofort; **our man on the ~** unser Mann am Ort (des Geschehens) *or* vor Ort; **on-the-~ inquiry/investigation** (*at the scene*) Untersuchung *f* an Ort und Stelle; (*immediate*) sofortige Untersuchung; **an on-the-~ report/broadcast** ein Bericht vom Ort des Geschehens; **an on-the-~ fine** Geldstrafe, die sofort bezahlt werden muß.

4. (*Brit inf: small quantity*) **a/the ~ of** ein/das bißchen; **we had a ~ of rain/a few ~s of rain** wir hatten ein paar Tropfen Regen; **there was a ~ of trouble/bother** es gab etwas Ärger; **why don't you do a ~ of work?** warum arbeiten Sie nicht mal ein bißchen?

5. (*fig: characteristic*) Punkt *m*, Stelle *f*. **weak ~** schwache Stelle.

6. (*difficulty*) Klemme *f*. **to be in a (tight)** *or* **on the ~** in der Klemme sitzen (*inf*), in Schwulitäten sein (*inf*); **to put sb in a** *or* **on the ~** jdn in Verlegenheit *or* Schwulitäten (*inf*) bringen.

7. (*in show*) Nummer *f*; (*Rad, TV*) (ein paar Minuten) Sendezeit *f*; (*for advertisement*) Werbespot *m*; (*announcement*) Kurzmeldung *f*. **he's got a ~ in that show** er tritt in dieser Show auf; **a three-minute TV ~** drei Minuten Sendezeit im Fernsehen; ein dreiminütiger Werbespot im Fernsehen.

8. **~s** *pl* (*Comm*) Lokowaren (*spec*), sofort lieferbare Waren *pl*.

9. (*Billiards*) (*on table*) Marke *f*; (*also* **~ ball**) Spielball *m*.

10. (*esp Theat, inf: spotlight*) Scheinwerfer *m*.

II *vt* **1.** (*notice, see*) entdecken, sehen; (*pick out*) erkennen; (*find*) *mistake, bargain* finden; (*Mil: pinpoint*) ausmachen. **to ~ a winner** (*lit, fig*) richtig tippen (*inf*); **train/plane ~ting** *Hobby, das darin besteht, möglichst viele verschiedene Zug-/Flugzeugtypen zu sehen und zu notieren.*

2. (*stain*) bespritzen. **blue material ~ted with white** blauer Stoff mit weißen Tupfen.

3. (*Billiards*) *ball* auf die Marke(n) setzen.

III *vi* **1. it's ~ting (with rain)** es tröpfelt.

2. (*stain*) Flecken bekommen, schmutzen.

spot cash *n* sofortige Bezahlung; **for ~** gegen sofortige Bezahlung; **spot check** *n* Stichprobe *f*; **spot-check** *vt* stichprobenweise untersuchen (*for* auf *+acc*); *motorists* Stichproben machen bei (*for* in bezug auf *+acc*); **spot goods** *npl* sofort lieferbare Waren, Lokowaren *pl* (*spec*); **spot height** *n* Höhenangabe *f*.

spotless ['spɒtlɪs] *adj person, house, clothes* tadellos *or* makellos sauber, pikobello (*inf*); (*fig*) *reputation* makellos, untadelig. **~ white** strahlend weiß.

spotlessly ['spɒtlɪslɪ] *adv*: **~ clean** blitzsauber.

spotlessness ['spɒtlɪsnɪs] *n* (*of person, house*) tadellose *or* makellose Sauberkeit; (*fig: of reputation*) Makellosigkeit, Untadeligkeit *f*.

spotlight (*vb: pret, ptp* **spotlighted**) **I** *n* (*lamp*) (*in TV studio*) Scheinwerfer *m*; (*small, in room etc*) Spot, Strahler *m*; (*light*) Scheinwerferlicht, Rampenlicht (*also fig*) *nt*; (*on car etc*) Suchscheinwerfer *m*; **to be in the ~light** (*lit*) im Scheinwerferlicht *or* Rampenlicht stehen; (*fig*) im Rampenlicht der Öffentlichkeit stehen; **to turn the ~light on sb/sth** (*lit*) die Scheinwerfer auf jdn/etw richten; (*fig*) die Aufmerksamkeit auf jdn/etw lenken;

II *vt* anstrahlen; (*fig*) aufmerksam machen auf (+*acc*); **spot market** *n* Spotmarkt, Kassamarkt *m*; **spot-on** *adj* (*Brit inf*) *answer, analysis* exakt, haarscharf richtig (*inf*); ~! richtig!, genau!; **spot price** *n* (*St Ex*) Kassapreis *m*; **spot remover** *n* Fleck(en)entferner *m*; **spot survey** *n* Stichprobenuntersuchung *f*.

spotted ['spɒtɪd] *adj* gefleckt; (*with dots*) getüpfelt; *material* getüpfelt, getupft; (*marked, stained*) fleckig.

spotted dick *n* (*Brit*) ≃ Kochpudding *m* mit Rosinen; **spotted hyena** *n* Tüpfelhyäne *f*.

spotter ['spɒtəʳ] *n* **1.** (*Aviat: also* ~ **plane**) Aufklärer *m*; *see* **trainspotter**. **2.** (*US inf: detective*) Detektiv *m*.

spottiness ['spɒtɪnɪs] *n* (*Med*) Fleckigkeit *f*, Flecken *pl*, fleckige Haut; (*pimples*) Pickeligkeit *f* (*inf*), Pickel *pl*, pickelige Haut.

spotty ['spɒtɪ] *adj* (+*er*) (*stained*) fleckig; (*Med*) fleckig, voller Flecken; (*pimply*) pick(e)lig, voller Pickel.

spot-weld ['spɒtweld] *vti* punktschweißen.

spouse [spaʊs] *n* (*form*) Gatte *m* (*form*), Gattin *f* (*form*).

spout [spaʊt] **I** *n* **1.** Ausguß *m*, Tülle *f*; (*on teapot, cup also*) Schnabel *m*; (*of jug, kettle also*) Schnauze *f*; (*on gargoyle, guttering*) Speirohr *nt*; (*on pump, tap*) Ausflußrohr *nt*; (*on pipe*) Ausfluß *m*; (*on watering can*) Rohr *nt*. **up the** ~ (*sl*) (*plans, building, schedule etc*) im Eimer (*sl*); **she is up the** ~ (*sl: pregnant*) sie hat's erwischt (*inf*).

2. (*of whale: also* **~-hole**) Spritzloch, Atemloch *nt*.

3. (*jet of water*) Fontäne *f*; (*Met: water-~*) Wasserhose *f*.

II *vt* **1.** (*gush*) (*fountain*) (heraus)spritzen; (*whale also*) ausstoßen; (*volcano, gargoyle*) speien.

2. (*inf: declaim*) vom Stapel lassen (*inf*), loslassen (*at sb* auf jdn) (*inf*); *words* hervorsprudeln; *figures* herunterrasseln (*inf*); *nonsense* von sich geben.

III *vi* **1.** (*water, fountain, whale*) spritzen (*from* aus); (*gargoyle*) speien. **to** ~ **out (of sth)** (aus etw) hervorspritzen; (*lava*) (aus etw) ausgespien werden; **to** ~ **up (from sth)** (aus etw) hochspritzen *or* herausschießen.

2. (*fig inf: declaim*) palavern (*inf*), salbadern (*pej*). **to** ~ **about sth** über etw (*acc*) salbadern.

sprain [spreɪn] **I** *n* Verstauchung *f*. **II** *vt* verstauchen. **to** ~ **one's wrist/ankle** sich (*dat*) das Handgelenk/den Fuß verstauchen.

sprang [spræŋ] *pret of* **spring**.

sprat [spræt] *n* Sprotte *f*.

sprawl [sprɔːl] **I** *n* (*posture*) Lümmeln (*inf*), Flegeln (*inf*) *nt no pl*; (*mass: of buildings, town etc*) Ausbreitung *f*. **in the urban** ~ in der riesigen Stadtlandschaft.

II *vi* (*person*) (*fall*) der Länge nach hinfallen; (*lounge*) (herum)lümmeln (*inf*), sich hinflegeln; (*plant, town*) (wild) wuchern. **he was ~ing (out) on the floor/in a chair** er lag ausgestreckt auf dem Fußboden/er hatte sich in einem Sessel breitgemacht, er hatte sich in einen Sessel geflegelt; **to send sb ~ing** jdn zu Boden werfen, jdn der Länge nach umwerfen.

III *vt* **to be ~ed over sth/on sth** (*body*) ausgestreckt auf etw (*dat*) liegen; **his legs were ~ed over the arm of the chair** seine Beine hingen zwanglos über der Sessellehne.

sprawling ['sprɔːlɪŋ] *adj city, suburbs* wildwuchernd; *figure* hingeflegelt; *body* ausgestreckt; *handwriting* riesig.

spray¹ [spreɪ] *n* (*bouquet*) Strauß *m*; (*buttonhole*) Ansteckblume *f*; (*shoot, twig*) Zweig *m*; (*brooch*) Brosche *f* (*in Form eines Sträußchens*).

spray² **I** *n* **1.** Sprühnebel, Sprühregen *m*; (*of sea*) Gischt *m*. **the** ~ **from the lorries makes it difficult to see** die Lastwagen spritzen so, daß man kaum etwas sehen kann.

2. (*implement*) Sprühdose, Sprühflasche *f*; (*insecticide* ~, *for irrigation*) Spritze *f*, Sprühgerät *nt*; (*scent* ~) Zerstäuber *m*; (*on shower*) Brause(kopf *m*) *f*.

3. (*Med, hair-~*) Spray *m or nt*.

4. (*act of ~ing*) (Be)sprühen *nt*. **to give sth a** ~ etw besprühen; (*with paint, insecticide*) etw spritzen; (*with hair-~*) etw sprayen.

II *vt plants, insects* besprühen; *garden, crops* (*with paint, insecticide*) spritzen; *hair* sprayen; *room* aussprühen; *water, paint, foam* sprühen, spritzen; *perfume* zerstäuben, (ver)sprühen. **to** ~ **insecticide on plants** Pflanzen (mit Insektenmittel) spritzen; **to** ~ **sth with water/bullets** etw mit Wasser besprühen/mit Kugeln übersäen.

III *vi* sprühen; (*water, mud*) spritzen. **to** ~ **out** heraussprühen/-spritzen.

spray-can ['spreɪkæn] *n* Sprühdose *f*.

sprayer ['spreɪəʳ] *n see* **spray² I 2.**

spray-gun ['spreɪgʌn] *n* Spritzpistole *f*.

spread [spred] (*vb: pret, ptp* ~) **I** *n* **1.** (*of wings*) Spannweite, Flügelspanne *f*; (*range*) (*of marks*) Verteilung, Streuung *f*; (*of prices*) Spanne *f*; (*of ideas, interests*) Spektrum *nt*; (*distribution of wealth*) Verteilung *f*; (*scope: of theory, ideas*) Umfang *m*. **middle-age** ~ Fülligkeit *f*, Altersspeck *m* (*inf*).

2. (*growth*) Ausbreitung, Verbreitung *f*; (*spatial*) Ausdehnung *f*.

3. (*inf: of food*) Festessen *nt*, Festschmaus *m*. **that was an excellent** ~ das war prima, was du *etc* da aufgetischt hast.

4. (*cover*) Decke *f*.

5. (*for bread*) (Brot)aufstrich *m*. **anchovy** ~ Sardellenpaste *f*; **cheese** ~ Streichkäse *m*.

6. (*Press, Typ: two pages*) Doppelseite *f*. **a full-page/double** ~ ein ganz-/zweiseitiger Bericht; (*advertisement*) eine ganz-/zweiseitige Anzeige.

II *vt* **1.** (*open or lay out: also* ~ **out**) *rug, nets, hay, wings* ausbreiten; *fan* öffnen; *arms also* ausstrecken; *goods also* auslegen; *hands, legs* spreizen. **the peacock ~ its tail** der Pfau schlug ein Rad; **he was lying with his arms and legs ~ out** er lag mit ausgestreckten Armen und Beinen da; **the fields were ~ (out) below us** die Felder breiteten sich unter uns aus; **the view which was ~ before us** die Sicht, die sich uns bot; **the yacht ~ its sails** die Segel des Bootes blähten sich.

2. *bread, canvas, surface* bestreichen; *butter, paint* (ver- *or* auf)streichen; *table* decken. **~ the paint evenly** verteilen Sie die Farbe gleichmäßig; **he ~ the plaster over the wall** er verstrich den Gips auf der Wand; **to ~ a cloth/blanket on sth,** ein Tuch/eine Decke über etw (*acc*) breiten *or* auf etw (*dat*) ausbreiten.

3. (*distribute: also* **~ out**) *forces, writing, objects, payments* verteilen; *sand, fertilizer also, muck* streuen; (*in time*) verteilen (*over* über +*acc*). **our resources are ~ very thin** unsere Mittel sind maximal beansprucht.

4. (*disseminate*) *news, knowledge, panic, disease, smell* verbreiten; *rumour also* ausstreuen. **I'll ~ the news to everyone in the office** ich werde es allen im Büro mitteilen.

III *vi* **1.** (*extend*) (*spatially*) sich erstrecken, sich ausdehnen (*over, across* über +*acc*); (*with movement*) (*weeds, liquid, fire, smile, industry*) sich ausbreiten (*over, across* über +*acc*); (*towns, settlements*) sich ausdehnen; (*knowledge, fear, smell*) sich verbreiten; (*disease, trouble, fire*) sich verbreiten, um sich greifen. **to ~ to sth** etw erreichen; (*disease*) auf etw (*acc*) übergreifen; **to ~ into sth** sich in etw (*acc*) erstrecken; (*in time*) sich bis in etw (*acc*) erstrecken; **under the ~ing trees** unter den ausladenden Bäumen; **he's worried about his ~ing waistline** (*inf*) er macht sich Sorgen, weil er in die Breite geht (*inf*).

2. (*butter*) sich streichen *or* schmieren (*inf*) lassen.

IV *vr* **to ~ oneself** (*physically*) sich ausstrecken; (*~ one's things*) sich ausbreiten; (*in speech, writing*) sich verbreiten.

◆**spread about** *or* **around** *vt sep news, rumours, disease* verbreiten, unters Volk bringen (*inf*); *toys, seeds* verstreuen.

◆**spread out I** *vt sep see* **spread II 1., 3.**

II *vi* **1.** (*countryside*) sich ausdehnen.

2. (*troops, runners*) sich verteilen.

spread-eagle ['spred,iːgl] *vt* **to be** *or* **lie ~d** mit ausgestreckten Armen und Beinen daliegen, alle viere von sich (*dat*) strecken (*inf*).

spreader ['spredəʳ] *n* **1.** Spachtel *m*; (*for butter*) Messer *nt*. **2.** (*Agr: muck ~*) (Stall)miststreuer *m*.

spreadsheet ['spredʃiːt] *n* (*Comput*) Tabellenkalkulation *f*; (*software also*) Tabellenkalkulationsprogramm *nt*.

spree [spriː] *n* **spending** *or* **shopping** *or* **buying ~** Großeinkauf *m*; **drinking/gambling ~** Zech-/Spieltour *f* (*inf*); **to be/go (out) on a ~** (*drinking*) eine Zechtour machen; (*spending*) groß einkaufen/groß einkaufen gehen.

sprig [sprɪg] *n* Zweig *m*. **embroidered with ~s of flowers** mit Blütenzweigen bestickt.

sprightliness ['spraɪtlɪnɪs] *n see adj* Munterkeit *f*; Lebhaftigkeit *f*; Schwung *m*; Rüstigkeit *f*; Leichtigkeit *f*.

sprightly ['spraɪtlɪ] *adj* (+*er*) *person, tune* munter, lebhaft; *old person* rüstig; *walk, dance* schwungvoll.

spring [sprɪŋ] (*vb: pret* **sprang** *or* (*US*) **sprung,** *ptp* **sprung**) **I** *n* **1.** (*lit, fig liter: source*) Quelle *f*. **~s** (*fig liter: origins*) Ursprung *m*.

2. (*season*) Frühling *m*, Frühjahr *nt*, Lenz *m* (*poet*). **in (the) ~** im Frühling, im Frühjahr; **~ is in the air** der Frühling liegt in der Luft, der Lenz hält seinen Einzug (*poet*).

3. (*leap*) Sprung, Satz *m*. **in one ~** mit einem Sprung *or* Satz; **to make a ~ at sb/sth** sich auf jdn/etw stürzen.

4. (*Mech*) Feder *f*; (*in mattress, seat etc also*) Sprungfeder *f*. **~s** (*Aut*) Federung *f*.

5. *no pl* (*bounciness*) (*of chair*) Federung *f*; (*of wood, grass*) Nachgiebigkeit, Elastizität *f*. **the floor has no/a good ~** der Boden federt nicht/federt gut; **to walk with a ~ in one's step** mit federnden Schritten gehen; **the news put a new ~ into his step** die Nachricht beflügelte seine Schritte.

II *adj attr* **1.** (*seasonal*) Frühlings-.

2. (*with springs*) gefedert; *mattress* Federkern-.

III *vt* **1.** (*leap over*) überspringen, springen über (+*acc*).

2. (*put springs in*) federn.

3. (*cause to operate*) auslösen; *mine also* explodieren lassen; *lock, mousetrap* zuschnappen lassen. **to ~ a leak** (*pipe*) (plötzlich) undicht werden; (*ship*) (plötzlich) ein Leck bekommen; **to ~ sth on sb** (*fig*) *idea, decision* jdn mit etw konfrontieren; **to ~ a piece of news on sb** jdn mit einer Neuigkeit überraschen; **to ~ a surprise on sb** jdn völlig überraschen.

4. (*sl: free*) rausholen (*inf*).

IV *vi* **1.** (*leap*) springen; (*be activated*) ausgelöst werden; (*mousetrap*) zuschnappen. **to ~ at sb** jdn anspringen; **to ~ out at sb** auf jdn losspringen; **to ~ open** aufspringen; **to be poised to ~** (*lit, fig*) sprungbereit sein; **to ~ to one's feet** aufspringen; **to ~ out of bed** aus dem Bett hüpfen; **tears sprang to her eyes** ihr schossen die Tränen in die Augen; **his hand sprang to his gun** er griff (schnell) zur Waffe; **an oath sprang to his lips** ein Fluch drängte sich auf seine Lippen (*geh*); **to ~ into action** aktiv werden; (*police, fire brigade*) in Aktion treten; **to ~ to attention** (*Mil*) Haltung annehmen; **to ~ to arms** zu den Waffen eilen; **to ~ into view** plötzlich in Sicht kommen; **to ~ to mind** einem einfallen; **to ~ to sb's aid/defence** jdm zu Hilfe eilen; **he sprang to fame** er wurde plötzlich berühmt; **to ~ (in)to life** (plötzlich) lebendig werden; **the debate sprang (in)to life** es kam plötzlich Leben in die Debatte.

2. (*issue: also* ~ **forth**) (*liter*) (*water, blood*) (hervor)quellen (*from* aus); (*fire, sparks*) sprühen (*from* aus); (*shoot*) (hervor)sprießen (*from* aus); (*from family*) abstammen (*from* von); (*fig*) (*idea*) entstehen (*from* aus); (*interest, irritability*) herrühren (*from* von). **where did you ~ from?** (*inf*) wo kommst du denn her?; **to ~ into existence** (plötzlich *or* rasch) entstehen.

◆**spring back** *vi* (*person*) zurückspringen; (*in fear*) zurückschrecken; (*object*) zurückschnellen.

◆**spring up** *vi* (*plant*) hervorsprießen; (*weeds*) aus dem Boden schießen; (*person*) hoch- *or* aufspringen; (*wind*) aufkommen; (*building, settlement*) aus dem Boden schießen; (*fig*) (*suspicion, friendship*) erwachen, (plötzlich) entstehen; (*firm, magazine*) entstehen; (*problem, rumour*) auftauchen.

spring-back file *n* (*Brit*) Klemmhefter *m*; **spring balance** *n* Federwaage *f*; **spring binder** *n* Klemmhefter *m*; **springboard** *n* (*lit, fig*) Sprungbrett *nt*.

springbok ['sprɪŋbɒk] *n* Springbock *m*.

spring chicken *n* Stubenküken *nt*; **he's no ~** (*fig inf*) er ist nicht mehr feucht hinter den Ohren (*inf*); **spring-clean I** *vt* gründlich putzen; **to ~ a house** (in einem Haus) Frühjahrsputz machen; **II** *vi* Frühjahrsputz machen; **spring-cleaning** *n* Frühjahrsputz *m*.

spring fever *n* **1.** (*energetic feeling*) Frühlingsgefühle *pl*. **it must be ~!** das muß der Frühling sein!, es muß am Frühling liegen! **2.** (*lassitude*) Frühjahrsmüdigkeit *f*.

springiness ['sprɪŋɪnɪs] *n* Elastizität *f*; (*of turf, wood, grass, track also*) Nachgiebigkeit *f*; (*of springboard also*) Sprungkraft *f*; (*of bed*) Federung *f*.

springless *adj* ungefedert; **spring-like** *adj* frühlingshaft; **spring-loaded** *adj* mit einer Sprungfeder; **to be ~** eine Sprungfeder haben; **spring onion** *n* Frühlings-/Lauchzwiebel *f*; **spring roll** *n* Frühlingsrolle *f*; **spring tide** *n* **1.** Springflut *f*; **2.** (*poet: springtime*) Lenz *m* (*poet*); **springtime** *n* Frühling(szeit *f*) *m*, Frühjahr *nt*; (*fig*) Frühling, Lenz (*poet*) *m*; **spring water** *n* Quellwasser *nt*; **spring wheat** *n* Sommerweizen *m*.

springy ['sprɪŋɪ] *adj* (+*er*) *step* federnd; *plank, turf, grass also* nachgiebig, elastisch; *rubber, wood, plastic etc, hair* elastisch; *bed* weich gefedert.

sprinkle ['sprɪŋkl] **I** *vt water* sprenkeln, sprengen; *lawn, plant,* (*with holy water*) besprengen; *salt, dust, sugar etc* streuen; *dish, cake* bestreuen. **a rose ~d with dew** eine taubenetzte Rose; **a lawn ~d with daisies** ein mit Gänseblümchen durchzogener Rasen; **his hair was ~d with grey** sein Haar war grau meliert; **pubs are ~d about over the town** man findet Gasthäuser über die ganze Stadt verstreut; **~d with quotations** mit Zitaten durchsetzt.

II *n* (*of liquid, vinegar*) ein paar Spritzer.

sprinkler ['sprɪŋklə^r] *n* **1.** (*Hort, Agr*) Berieselungsapparat, Sprinkler *m*; (*in garden also*) (Rasen)sprenger *m*; (*for fire-fighting*) Sprinkler *m*; (*on watering can etc*) Sprenger, Gießkannenkopf *m*; (*on shower*) Brause *f*; (*sugar ~*) Streudose *f*, Streuer *m*. **2.** (*Eccl*) Weihwasserwedel *m*.

sprinkler head *n* Sprinkler *m*; (*on watering can*) Sprenger, Gießkannenkopf *m*; (*on shower*) Brause *f*; **sprinkler system** *n* Berieselungsanlage *f*; (*for fire-fighting also*) Sprinkleranlage *f*.

sprinkling ['sprɪŋklɪŋ] *n* (*of rain, dew*) ein paar Tropfen; (*of sugar*) Prise *f*; (*fig*) (*of humour, comedy etc*) Anflug *m*; (*of common sense*) Spur *f*. **there was a ~ of grey in his hair** ein paar graue Fäden durchzogen sein Haar; **there was a ~ of young people** es waren ein paar vereinzelte junge Leute da; **to give sth a ~** (*with water*) etw besprengen *or* besprenkeln.

sprint [sprɪnt] **I** *n* Lauf *m*; (*race*) Sprint *m*; (*burst of speed*) Spurt, Sprint *m*. **the 100-m ~** der 100-m-Lauf; **to put on a ~** einen Sprint *or* Spurt vorlegen, sprinten, spurten; **he made a ~ for safety/for the bus** er rannte in Sicherheit/er sprintete *or* spurtete zum Bus; **a ~ finish** ein Endspurt *m*.

II *vi* (*in race*) sprinten; (*dash*) rennen; (*for train also*) spurten.

sprinter ['sprɪntə^r] *n* Kurzstreckenläufer(in *f*), Sprinter(in *f*) *m*.

sprit [sprɪt] *n* (*Naut*) Spriet *nt*.

sprite [spraɪt] *n* Kobold *m*. **water/wood ~** Wasser-/Waldgeist *m*.

spritsail ['sprɪtsəl] *n* (*Naut*) Sprietsegel *nt*.

spritzer ['sprɪtsə^r] *n* (Wein)schorle *f*, Gespritzte(r) *m*.

sprocket ['sprɒkɪt] *n* **1.** (*tooth*) Zahn *m*. **2.** (~ *wheel*) Kettenrad *nt*; (*on bicycle*) Kettenzahnrad *nt*, Zahnkranz *m*; (*Film*) Greifer *m*; (*on printer etc*) Stachelrad *nt*.

sprog(let) ['sprɒg(lɪt)] *n* (*sl: baby, child*) Kind, Kleine(s) *nt*. **how are the ~s?** was macht der Nachwuchs? (*inf*).

sprout [spraʊt] **I** *n* **1.** (*shoot*) (*of plant*) Trieb *m*; (*of tree also*) Schoß, Schößling, Sproß *m*; (*from seed*) Keim *m*.

2. (*Brussels ~*) (Rosenkohl)röschen *nt*. **~s** *pl* Rosenkohl *m*.

II *vt leaves, buds, shoots etc* treiben; *horns* entwickeln; *seeds, wheat* keimen lassen; (*inf*) *beard* sich (*dat*) wachsen lassen. **he suddenly started ~ing hairs on his chest** er bekam plötzlich Haare auf der Brust.

III *vi* **1.** (*grow*) wachsen, sprießen; (*seed, wheat*) keimen; (*potatoes, trees*) Triebe bekommen. **2.** (*lit, fig: also ~* **up**) (*plants*) emporschießen, sprießen; (*new sects, new buildings*) wie die Pilze aus dem Boden schießen.

spruce[1] [spru:s] *n* (*also ~* **fir**) Fichte *f*.

spruce[2] *adj* (+*er*) *person, appearance* proper, gepflegt; *men's clothes* flott, schmuck (*dated*); *women, children, women's clothes, appearance* adrett; *building* schmuck; *lawn, flower beds* gepflegt. **he was looking very ~** er sah geschniegelt und gestriegelt aus.

◆**spruce up** *vt sep child* herausputzen; *house, garden* auf Vordermann bringen (*inf*). **to ~ oneself ~** (*in general*) sein Äußeres pflegen; (*get dressed up*) sich in Schale werfen; (*woman*) sich schönmachen; **he looks much better now that he has ~d himself ~** so gepflegt sieht er wesentlich besser aus; **all ~d ~** *children, men* geschniegelt und gestriegelt; *women* schön zurechtgemacht; *house* auf Hochglanz.

sprucely ['spru:slı] *adv dressed* (*man*) flott, schmuck (*dated*); (*woman, child*) adrett; *painted, decorated* schmuck; *laid out* sauber und ordentlich. **~ kept gardens** gepflegte Gärten.

spruceness ['spru:snıs] *n see adj* Gepflegtheit *f*; Schmuckheit *f* (*dated*); Flottheit *f*; Adrettheit *f*.

sprung [sprʌŋ] **I** *ptp of* **spring. II** *adj* gefedert.

spry [spraı] *adj* rüstig.

spud [spʌd] *n* (*inf: potato*) Kartoffel *f*. **~-bashing** (*Brit Mil sl*) Küchendienst *m*.

spun [spʌn] **I** *pret, ptp of* **spin. II** *adj gold, silver, silk* gesponnen.

spunk [spʌŋk] *n* **1.** (*inf*) Mumm *m* (*inf*), Courage *f*. **2.** (*Brit sl: semen*) Soße *f* (*sl*).

spunky ['spʌŋkı] *adj* (*+er*) (*inf*) couragiert.

spur [spɜ:ʳ] **I** *n* **1.** Sporn *m*; (*fig*) Ansporn, Antrieb *m* (*to* für). **he urged the horse on with his ~s** er gab dem Pferd die Sporen; **this might act as a ~ to his memory** das könnte seinem Gedächtnis einen Stoß geben; **this was a new ~ to his ambition** das gab seinem Ehrgeiz neuen Antrieb *or* Ansporn.

2. on the ~ of the moment ganz spontan; **a ~-of-the-moment decision** ein spontaner Entschluß.

3. (*Geog*) Vorsprung *m*.

4. (*Zool*) Sporn *m*.

5. (*Rail*) Nebengleis, Rangiergleis *nt*.

II *vt* **1.** *horse* die Sporen geben (*+dat*). **2.** (*urge on: also* **~ on**) (vorwärts) treiben, vorantreiben; (*fig*) anspornen.

III *vi* (*also* **~ on**) galoppieren, sprengen (*dated*).

spurge [spɜ:dʒ] *n* (*Bot*) Wolfsmilch *f*. **~ laurel** Lorbeer-Seidelbast *m*.

spurious ['spjʊərıəs] *adj claim, claimant* unberechtigt; *document, account* falsch; *anger, interest, affection* nicht echt.

spuriousness ['spjʊərıəsnıs] *n see adj* mangelnde Berechtigung; mangelnde Echtheit.

spurn [spɜ:n] *vt* verschmähen.

spurred [spɜ:d] *adj* gespornt.

spurt [spɜ:t] **I** *n* **1.** (*flow*) Strahl *m*. **~s of flame** Stichflammen.

2. (*burst of speed*) Spurt *m*. **a final ~** (*lit, fig*) ein Endspurt *m*; **to put a ~ on** (*lit, fig*) einen Spurt vorlegen; **there was a ~ of activity** es brach plötzliche Aktivität aus; **in a sudden ~ of energy** in einer plötzlichen Energieanwandlung.

II *vi* **1.** (*gush: also* **~ out**) (heraus)spritzen (*from* aus).

2. (*run*) spurten.

III *vt* **the wound ~ed blood** aus der Wunde spritzte Blut.

spur wheel *n* Stirnrad *nt*.

sputter ['spʌtəʳ] *vi* zischen; (*in frying pan*) brutzeln; (*fat*) spritzen; (*engine*) stottern; (*in speech*) sich ereifern (*about* über *+acc*). **he was ~ing with rage** er geiferte (vor Zorn); **the candle ~ed out** die Kerze ging flackernd aus.

sputum ['spju:təm] *n* (*Med*) Auswurf *m*.

spy [spaı] **I** *n* Spion(in *f*) *m*; (*police ~*) Spitzel *m*.

II *vt* sehen, erspähen (*geh*). **I ~ with my little eye something ...** ≃ ich sehe was, was du nicht siehst, und ...

III *vi* spionieren, Spionage treiben. **to ~ into sth** in etw (*dat*) herumspionieren; **to ~ on sb** jdn bespitzeln; *on neighbours* jdm nachspionieren.

◆**spy out** *vt sep* ausfindig machen. **to ~ ~ the land** (*Mil*) die Gegend auskundschaften; (*fig*) die Lage peilen.

spyglass *n* Fernglas *nt*; **spyhole** *n* Guckloch *nt*, Spion *m*; **spy master** *n* Chefagent, Agentenführer *m*; **spy plane** *n* Spionageflugzeug *nt*; **spy ring** *n* Spionagering, Agentenring *m*; **spy satellite** *n* Spionagesatellit *m*; **spy story** *n* Spionagegeschichte *f*.

sq *abbr of* **square. ~ m** qm, m^2.

squab [skwɒb] *n* **1.** (*Orn*) Jungtaube *f*. **2.** (*Aut*) Bank *f*.

squabble ['skwɒbl] **I** *n* Zank, Streit *m*. **~s** Zankereien, Streitigkeiten *pl*. **II** *vi* (sich) zanken, (sich) streiten (*about, over* um).

squabbling ['skwɒblıŋ] *n* Zankerei, Streiterei *f*.

squad [skwɒd] *n* (*Mil*) Korporalschaft *f*; (*special unit of police*) Kommando *nt*; (*police department*) Dezernat *nt*; (*of workmen*) Trupp *m*; (*Sport, fig*) Mannschaft *f*.

squad car *n* Streifenwagen *m*.

squaddie ['skwɒdı] *n* (*Brit sl: private soldier*) Gefreite(r) *m*. **20 years of being a bloody ~** 20 Jahre als Schütze Arsch (*sl*); **the pub was full of ~s** die Kneipe war voller Soldaten.

squadron ['skwɒdrən] *n* (*of cavalry*) Schwadron *f*; (*Aviat*) Staffel *f*; (*Naut*) Geschwader *nt*.

squadron leader *n* (*Brit Aviat*) Luftwaffenmajor *m*.

squalid ['skwɒlıd] *adj room, house* schmutzig und verwahrlost; *existence, conditions* elend, erbärmlich; *motive, deed, idea etc* gemein, niederträchtig; *gossip* entwürdigend; *affair* schmutzig.

squalidly ['skwɒlıdlı] *adv live* in elenden *or* erbärmlichen Verhältnissen; *behave, treat sb* gemein, niederträchtig.

squall [skwɔ:l] **I** *n* **1.** (*storm*) Bö(e) *f*; (*fig*) Gewitter *nt*, Sturm *m*. **2.** (*cry*) Schrei *m*. **II** *vi* schreien.

squally ['skwɔ:lı] *adj* (*+er*) stürmisch; *wind also* böig.

squalor ['skwɒləʳ] *n* Schmutz *m*; (*moral ~*) Verkommenheit *f*. **the ~ of the conditions** die elenden *or* erbärmlichen Verhältnisse; **to live in ~** in unbeschreiblichen Zuständen leben.

squander ['skwɒndəʳ] *vt* verschwenden,

vergeuden (*on* an +*acc*); *opportunity* vertun.

square [skwɛəʳ] **I** *n* **1.** (*shape, Geometry, on graph paper*) Quadrat *nt*. **a 6 metre ~** 6 Meter im Quadrat.

2. (*piece of material, paper*) Quadrat, Viereck *nt*; (*on chessboard*) Feld *nt*; (*on paper*) Kästchen, Karo *nt*; (*in crossword*) Kästchen *nt*; (*check on material*) Karo *nt*; (*head ~*) Kopftuch *nt*. **cut it in ~s** schneiden Sie es quadratisch *or* in Quadrate zu; **to go back to ~ one, to start (again) from ~ one** (*fig*) noch einmal von vorne anfangen; **we're back to ~ one** jetzt sind wir wieder da, wo wir angefangen haben.

3. (*in town*) Platz *m*; (*US: of houses*) Block *m*; (*Mil: barrack ~*) (Kasernen)platz *m*.

4. (*Math*) Quadrat(zahl *f*) *nt*. **the ~ of 3 is 9** 3 hoch 2 *or* 3 (im) Quadrat ist 9.

5. (*Tech*) Winkel(maß *nt*) *m*; (*set ~*) Zeichendreieck *nt*; (*T-~*) Reißschiene *f*. **to cut sth on the ~** etw rechtwinklig schneiden; **to be on the ~** (*fig inf: above board*) in Ordnung sein.

6. (*Mil: battle formation*) Karree *nt*.

7. (*inf: old-fashioned person*) Spießer *m* (*inf*). **to be a ~** von (vor)gestern sein.

II *adj* (+*er*) **1.** (*in shape*) quadratisch; *picture, lawn also, nib* viereckig; *file* Vierkant-; *block of wood etc* vierkantig. **to be a ~ peg in a round hole** am falschen Platz sein.

2. (*forming right angle*) *angle* recht; *corner* rechtwinklig; *bracket, shoulder* eckig; *chin, jaw* kantig, eckig; *build* vierschrötig.

3. (*Math*) Quadrat-. **3 ~ kilometres** 3 Quadratkilometer; **3 metres ~** 3 Meter im Quadrat.

4. *attr* (*complete*) *meal* anständig, ordentlich.

5. (*fair*) *deal* gerecht, fair; *dealings, game, person* ehrlich. **to give sb a ~ deal** jdn gerecht *or* fair behandeln.

6. (*fig: even*) **to be ~** (*accounts*) in Ordnung sein; **to get ~ with sb** mit jdm abrechnen; **we are (all) ~** (*Sport*) wir stehen beide/alle gleich; (*fig*) jetzt sind wir quitt.

7. (*inf: old-fashioned*) überholt, verstaubt; *person, ideas* spießig (*inf*); *fashion also* passé. **he's ~** er ist von (vor)gestern.

III *adv* (+*er*) **1.** (*at right angles*) rechtwinklig. **~ with sth** im rechten Winkel *or* senkrecht zu etw. **2.** (*directly*) direkt, genau. **3.** (*honestly*) ehrlich, fair; *see* **fair**[1].

IV *vt* **1.** (*make ~*) quadratisch machen; (*make a right angle*) rechtwinklig machen. **to ~ one's shoulders** die Schultern straffen; **to ~ a block of wood/stone** (*cut ~*) einen Holzklotz vierkantig zuschneiden/einen Steinblock vierkantig behauen; **to try to ~ the circle** die Quadratur des Kreises versuchen.

2. (*Math*) *number* quadrieren. **3 ~d is 9** 3 hoch 2 *or* 3 (im) Quadrat ist 9.

3. (*adjust*) *debts* begleichen; *creditors* abrechnen mit; (*reconcile*) in Einklang bringen. **to ~ one's accounts** abrechnen (*with* mit); **I'll ~ it with the porter** (*inf*) ich mache das mit dem Portier ab (*inf*).

4. (*inf: bribe*) schmieren (*inf*).

V *vi* übereinstimmen.

◆**square off I** *vt sep* **1.** (*make square*) *corner* rechtwinklig machen. **2.** (*draw squares on*) in Quadrate einteilen. **II** *vi* (*esp US*) in Kampfstellung gehen, Kampfstellung annehmen.

◆**square up** *vi* **1.** in Kampfstellung gehen. **to ~ ~ to sb** sich vor jdm aufpflanzen (*inf*); (*boxer*) vor jdm in Kampfstellung gehen; (*fig*) jdm die Stirn bieten. **to ~ ~ to sth** sich einer Sache (*dat*) stellen.

2. (*lit, fig: settle*) abrechnen.

square-bashing *n* (*Brit Mil sl*) Drill *m*; **square-built** *adj* stämmig *or* breit gebaut; *man* vierschrötig; *house* quadratisch gebaut.

squared [skwɛəd] *adj paper* kariert.

square dance *n* Squaredance *m*; **square knot** *n* (*US*) Kreuzknoten *m*.

squarely ['skwɛəlɪ] *adv* **1.** (*directly*) direkt, genau; (*fig: firmly*) fest. **2.** (*honestly*) ehrlich; (*fairly*) gerecht, fair. **to deal ~ with sb** jdn gerecht *or* fair behandeln. **3. ~ built** stämmig *or* breit gebaut.

square measure *n* Flächenmaß *nt*; **square number** *n* Quadratzahl *f*; **square-rigged** *adj* vollgetakelt; **square root** *n* Quadratwurzel *f*, zweite Wurzel; **square sail** *n* Rahsegel *nt*; **square shooter** *n* (*US inf*) ehrlicher Kerl (*inf*); **square-shouldered** *adj* mit eckigen Schultern; **square-toed** *adj shoes* mit breiter Kappe.

squash[1] [skwɒʃ] **I** *n* **1.** (*Brit*) (*fruit concentrate*) Fruchtsaftkonzentrat, Squash *nt*.

2. (*crowd*) (Menschen)menge *f*; (*crush*) Gedränge *nt*. **it's a bit of a ~** es ist ziemlich eng.

II *vt* **1.** (*also ~ up*) zerdrücken, zerquetschen; *box* zusammendrücken. **to be ~ed to a pulp** zu Brei gequetscht *or* zerquetscht werden.

2. (*fig inf*) (*silence*) *person* über den Mund fahren (+*dat*); (*quash*) *protest, argument* vom Tisch fegen (*inf*). **I felt completely ~ed** ich kam mir ganz klein und häßlich vor (*inf*).

3. (*squeeze*) quetschen. **to ~ sb/sth in** jdn einquetschen/etw hineinquetschen; **to be ~ed together** eng zusammengepreßt *or* -gequetscht sein.

III *vi* **1.** (*get ~ed*) zerdrückt *or* zerquetscht werden.

2. (*squeeze*) sich quetschen. **to ~ in** sich hinein-/hereinquetschen; **could you ~ up?** könnt ihr etwas zusammenrükken?; (*one person*) kannst du dich etwas kleiner machen?

squash[2] *n or* (*Sport: also ~* **racquets** *or* (*US*) **rackets**) Squash *nt*. **~ court** Squashplatz *m*; **~ courts** *pl* Squashhalle *f*.

squash[3] *n, no pl* (*US*) (Pâtisson-)Kürbis *m*.

squashy ['skwɒʃɪ] *adj* (+*er*) matschig; *cushion* weich.

squat [skwɒt] **I** *adj* (+*er*) gedrungen,

kompakt; *chair* niedrig; *figure, person* gedrungen.

II *vi* **1.** (*person*) hocken, kauern; (*animal*) hocken.

2. (*also* ~ **down**) sich (hin)hocken *or* (hin)kauern.

3. (*on land*) sich (illegal) ansiedeln. **to ~ (in a house)** ein Haus besetzt haben, sich in einem Haus eingenistet haben (*inf*); **they are not tenants, they're just ~ting** das sind keine Mieter, das sind Hausbesetzer.

III *n* (*inf: place*) Unterschlupf *m* (*für Hausbesetzer*).

squatter ['skwɒtə^r] *n* (*on land*) Squatter *m*, illegaler Siedler; (*in house*) Hausbesetzer *m*.

squaw [skwɔː] *n* Squaw *f*.

squawk [skwɔːk] **I** *n* heiserer Schrei; (*fig inf: complaint*) Protest *m*. **he let out a ~** er kreischte auf; **the ~s of the hens** das aufgeregte Gackern der Hühner. **II** *vi* (*bird, person*) schreien, kreischen; (*fig inf: complain*) protestieren.

squeak [skwiːk] **I** *n* (*of hinge, wheel, shoe, pen*) Quietschen *nt no pl*; (*of person*) Quiekser *m*; (*of small animal*) Quieken *nt no pl*; (*of mouse, bird*) Piepsen *nt no pl*; (*fig inf: sound*) Pieps (*inf*), Mucks (*inf*) *m*. **she gave a ~ of surprise/delight** sie quiekste überrascht/entzückt; **the door opened with a ~** die Tür ging quietschend auf; *see* **narrow.**.

II *vi* (*door, hinge, shoes*) quietschen; (*person*) quieksen; (*small animal*) quieken, quieksen; (*mouse, bird*) piepsen.

III *vt* quieksen.

squeaky ['skwiːkɪ] *adj* (+*er*) quietschend; *voice* piepsig.

squeaky-clean [ˌskwiːkɪ'kliːn] *adj* (*inf*) absolut sauber (*inf*), blitzsauber (*inf*). **the ~ brigade** die Saubermänner *pl* (*inf*).

squeal ['skwiːl] **I** *n* Schrei *m*; (*of person, tyre, brakes*) Kreischen *nt no pl*; (*of protest*) (Auf)schrei *m*; (*of pig*) Quieken *nt no pl*. **with a ~ of brakes/tyres** mit kreischenden Bremsen/Reifen; **~s of protest** Protestgeschrei *nt*; **~s/a ~ of laughter** schrilles Gelächter.

II *vi* **1.** schreien, kreischen; (*brakes, tyres*) kreischen, quietschen; (*pig, puppy*) quieksen; (*fig inf*) jammern. **to ~ with pain/pleasure/laughter** vor Schmerz aufheulen *or* kreischen/vor Vergnügen quietschen/laut auflachen.

2. (*inf: confess, inform*) (*criminal*) singen (*sl*) (*to* bei); (*schoolboy*) petzen (*inf*) (*to* bei).

III *vt* schreien, kreischen.

squeamish ['skwiːmɪʃ] *adj person* (*easily nauseated*) empfindlich, heikel (*dial*); (*easily shocked*) zartbesaitet, empfindlich. **I felt a bit ~** (*sick*) mir war leicht übel; **it gave me a ~ feeling in my stomach** mein Magen revoltierte; **I'm not ~** (*not easily nauseated*) mir wird nicht so schnell schlecht *or* übel; (*not easily shocked*) ich bin nicht so zartbesaitet *or* empfindlich; (*not nervous about unpleasant things*) ich bin ja nicht zimperlich; **don't be so ~** sei nicht so zimperlich; **this book is not for the ~** das Buch ist nichts für zarte Gemüter.

squeamishness ['skwiːmɪʃnɪs] *n* (*nausea*) Übelkeit *f*; (*disgust*) Ekel *m*; (*prudishness*) Zimperlichkeit *f*. **a feeling of ~** leichte Übelkeit; **you have to overcome your ~** (*prudishness, reluctance*) Sie dürfen nicht so zimperlich sein; (*disgust*) Sie müssen Ihren Ekel überwinden.

squeegee [ˌskwiː'dʒiː] *n* (Gummi)wischer *m*; (*Phot*) Rollenquetscher *m*.

squeeze [skwiːz] **I** *n* **1.** (*act of squeezing*) Drücken, Pressen *nt no pl*; (*hug*) Umarmung *f*; (*of hand*) Händedruck *m*; (*in bus*) Gedränge *nt*. **to give sth a ~** etw drücken, etw pressen; *lemon, sponge* etw ausdrücken; **to give sb/sb's hand a ~** jdn an sich (*acc*) drücken/jdm die Hand drücken; **it was a terrible** *or* **tight ~** es war fürchterlich eng.

2. (*amount*) Spritzer *m*.

3. (*credit ~*) Kreditbeschränkung *f*.

4. to put the ~ on sb (*inf*) jdm die Daumenschrauben ansetzen (*inf*).

II *vt* drücken; *sponge, tube* ausdrükken; *orange* auspressen, ausquetschen; (*squash*) *person, hand* einquetschen. **to ~ clothes into a case** Kleider in einen Koffer zwängen; **to ~ out water/juice** Wasser/Saft herauspressen (*from* aus); **he ~d the trigger** er drückte ab; **to ~ sth dry** (*lit*) etw auswringen; (*fig*) das Letzte aus etw herausholen; **to ~ sb dry** (*fig*) jdn ausbluten; **to ~ money/information out of sb** Geld/Informationen aus jdm herausquetschen; **to be ~d to death** erdrückt werden; **I'll see if we can ~ you in** vielleicht können wir Sie noch unterbringen.

III *vi* **you'll get through if you ~** wenn du dich klein machst, kommst du durch; **to ~ in/out** sich hinein-/hinausdrängen; **to ~ past sb** sich an jdm vorbeidrücken; **to ~ into the bus** sich in den Bus hineinzwängen; **to ~ through a crowd/hole/underneath a fence** sich durch eine Menge/ein Loch zwängen/sich unter einem Zaun durchzwängen; **you'll have to ~ up a bit** Sie müssen ein bißchen zusammenrücken.

squeezer ['skwiːzə^r] *n* Presse *f*.

squelch [skweltʃ] **I** *n* glucksendes *or* quatschendes (*inf*) Geräusch. **I heard the ~ of his footsteps in the mud** ich hörte, wie er quatschend (*inf*) *or* platschend durch den Schlamm lief; **the tomato hit the floor with a ~** die Tomate schlug mit einem Platsch auf den Boden auf.

II *vt* **to ~ one's way through sth** durch etw p(l)atschen.

III *vi* patschen, platschen; (*shoes, mud*) quatschen. **water ~ed in his boots** das Wasser gluckste *or* quatschte in seinen Stiefeln.

squib [skwɪb] *n* (*firework*) Knallfrosch *m*; *see* **damp**.

squid [skwɪd] *n* Tintenfisch *m*.

squiffy ['skwɪfɪ] *adj* (+*er*) (*Brit inf*) angesäuselt (*inf*).

squiggle ['skwɪgl] **I** *n* Schnörkel *m*. **II** *vt* **to ~ a line under sth** eine Wellenlinie unter etw (*acc*) machen.

squiggly ['skwɪglɪ] *adj* (+*er*) schnörkelig.

squint [skwɪnt] **I** *n* **1.** (*Med*) Schielen *nt no pl*. **to have a ~** leicht schielen; **he has a terrible ~ in his left eye** er schielt furchtbar auf dem linken Auge.

2. (*inf*) (*look*) Blick *m*; (*sidelong glance*) Seitenblick *m*. **to have** *or* **take a ~ at sb/sth** einen Blick auf jdn/etw werfen; (*obliquely*) jdn/etw von der Seite ansehen, nach jdm/etw schielen.

II *vi* schielen; (*in strong light*) blinzeln; (*inf: look also*) linsen (*inf*). **to ~ at sb/sth** nach jdm/etw schielen; (*quickly*) einen kurzen Blick auf jdn/etw werfen.

III *adj* (*crooked*) schief.

squint-eyed ['skwɪnt'aɪd] *adj person* schielend *attr*; *look* schräg, schief. **to be ~** schielen.

squire ['skwaɪəʳ] *n* (*esp Brit: landowner*) Gutsherr, ≃ Junker (*Hist*) *m*. **right, ~** (*Brit sl*) in Ordnung, Chef (*inf*); **the ~ of the manor** der Herr des Gutes.

squirm [skwɜːm] **I** *n* Winden *nt*. **to give a ~** sich winden.

II *vi* sich winden; (*in distaste*) schaudern; (*with embarrassment*) sich (drehen und) winden; (*from discomfort*) hin und her rutschen. **blood/her poetry makes me ~** wenn ich Blut sehe,/bei ihren Gedichten dreht sich in mir alles herum; **spiders make me ~** vor Spinnen graust es mir.

squirrel ['skwɪrəl] **I** *n* Eichhörnchen *nt*. **II** *adj attr coat, fur* Eichhörnchen-.

squirt [skwɜːt] **I** *n* **1.** Spritzer *m*. **2.** (*implement*) Spritze *f*. **3.** (*pej inf: person*) Fatzke *m* (*inf*); (*small*) Pimpf *m* (*inf*). **II** *vt liquid* spritzen; *object, person* bespritzen. **III** *vi* spritzen.

squishy ['skwɪʃɪ] *adj* (+*er*) (*inf*) matschig (*inf*).

Sri Lanka [ˌsriː'læŋkə] *n* Sri Lanka *nt*.

Sri Lankan [ˌsriː'læŋkən] **I** *adj* srilankisch. **II** *n* Srilanker(in *f*) *m*.

SS *abbr of* **steamship**.

SSE *abbr of* **south-south-east** SSO.

SST *n* (*US*) *abbr of* **supersonic transport** Überschallflugzeug *nt*.

SSW *abbr of* **south-south-west** SSW.

St. *abbr of* **1. Street** Str. **2. Saint** hl., St. **3. Strait**.

st *abbr of* **stone(s)**.

stab [stæb] **I** *n* **1.** (*with knife etc, wound, of pain*) Stich *m*. **~ wound** Stichwunde *f*; **a ~ of rheumatism** ein rheumatischer Schmerz; **to feel a ~ of pain** einen stechenden Schmerz empfinden; **to feel a ~ of conscience/guilt/remorse** ein schlechtes Gewissen haben, Gewissensbisse haben; **he felt a ~ of grief** vor Kummer stach ihm das Herz; **a ~ in the back** (*fig*) ein Dolchstoß *m*.

2. (*inf: try*) Versuch *m*. **to have a ~ at sth** etw probieren.

II *vt person* einen Stich versetzen (+*dat*); (*several times*) einstechen auf (+*acc*); (*wound seriously*) niederstechen; *food* durchstechen. **to ~ sb (to death)** jdn erstechen; (*with dagger also*) jdn erdolchen; **to ~ sb with a knife, to ~ a knife into sb** jdn mit einem Messerstich/mit Messerstichen verletzen; **he was ~bed through the arm/heart** er hatte eine Stichwunde am Arm/der Stich traf ihn ins Herz; **to ~ a knife/fork into sth** ein Messer in etw (*acc*) hineinstoßen/mit einer Gabel in etw (*acc*) hineinstechen; **to ~ sb in the back** (*lit*) jdm in den Rücken stechen; (*fig*) jdm in den Rücken fallen; **he ~bed the air with his fork** er fuchtelte mit der Gabel in der Luft herum (*inf*).

III *vi* **to ~ at sb/sth** (*with knife*) nach jdm/etw stechen; (*with finger*) auf jdn/etw zeigen.

stabbing ['stæbɪŋ] **I** *n* Messerstecherei *f*. **II** *adj pain* stechend.

stability [stə'bɪlɪtɪ] *n* Stabilität *f*; (*of relationship also, of job*) Beständigkeit *f*. **(mental) ~** (seelische) Ausgeglichenheit.

stabilization [ˌsteɪbəlaɪ'zeɪʃən] *n* Stabilisierung *f*.

stabilize ['steɪbəlaɪz] **I** *vt* (*Fin, Naut, Aviat*) stabilisieren. **II** *vi* sich stabilisieren.

stabilizer ['steɪbəlaɪzəʳ] *n* (*Naut, Chem*) Stabilisator *m*; (*Aviat*) Stabilisierungsfläche *f*; (*US Aviat*) Höhenflosse *f*; (*on bicycle*) Stützrad *nt*.

stable¹ ['steɪbl] *adj* (+*er*) stabil; *ladder, structure also* sicher; *relationship also, job* beständig, dauerhaft; *character* gefestigt. **mentally ~** ausgeglichen, innerlich gefestigt.

stable² **I** *n* (*building*) Stall *m*; (*group of racehorses*) (Renn)stall *m*. **riding ~s** Reitstall *m*; **to lock the ~ door after the horse has bolted** (*prov*) den Brunnen erst zudecken, wenn das Kind hineingefallen ist (*prov*).

II *vt* (*put in ~*) in den Stall bringen; (*keep in ~*) im Stall halten.

stableboy, stable-lad, stableman *n* Stallbursche *m*; **stablegirl** *n* Stallmädchen *nt*; **stablemate** *n* (*horse*) Pferd *nt* aus demselben Stall.

stabling ['steɪblɪŋ] *n* Stallungen, Ställe *pl*.

staccato [stə'kɑːtəʊ] *adj, adv* (*Mus*) staccato, stakkato; (*fig*) abgehackt.

stack [stæk] **I** *n* **1.** (*pile*) Haufen *m*; (*neatly piled*) Stoß, Stapel *m*; (*of hay also*) Schober *m* (*esp S Ger, Aus*); (*of rifles*) Pyramide *f*. **to be in the ~** (*Aviat*) kreisen, Warteschleifen ziehen (*over* über +*dat*).

2. (*inf: lots*) Haufen *m* (*inf*). **~s** jede Menge (*inf*).

3. (*in library: also ~s*) Magazin *nt*.

4. *see* **chimneystack, smokestack**.

5. (*Geol*) Felssäule *f*.

II *vt* **1.** stapeln. **to ~ up** aufstapeln.

2. (*Aviat*) **incoming planes had to be ~ed** ankommende Maschinen mußten kreisen *or* Warteschleifen ziehen.

3. (*US Cards*) packen, *beim Mischen betrügen*. **the cards** *or* **odds are ~ed against us** (*fig*) wir haben keine großen Chancen.

III *vi* sich stapeln lassen.

stacked [stækt] *adj* (*sl*) **to be (well) ~** eine große *or* üppige Oberweite haben, Holz vor der Hütte haben (*inf*).

stacker ['stækəʳ] *n* (*for printer*) Ablage *f*.

stadium ['steɪdɪəm] *n, pl* **stadia** ['steɪdɪə]

or **-s** Stadion *nt*.

staff [stɑːf] **I** *n* **1.** (*personnel*) Personal *nt*; (*Sch, Univ*) Lehrpersonal *nt*, Lehrkörper *m* (*form*); (*of one department, on one project*) Mitarbeiterstab *m*. **all the ~ are behind this idea** die ganze Belegschaft *or* (*Sch, Univ*) das ganze Kollegium steht hinter diesem Vorschlag; **a large ~** viel Personal/ein großes Kollegium/ein großer Mitarbeiterstab; **we don't have enough ~ to complete the project** wir haben nicht genügend Mitarbeiter, um das Projekt zu beenden; **editorial ~** Redaktion *f*, Redaktionsstab *m*; **administrative ~** Verwaltungsstab *m*, Verwaltungspersonal *nt*; **a member of ~** ein Mitarbeiter *m*; (*Sch*) ein Kollege *m*; **my fellow members of ~** meine Kollegen; **to be on the ~** zum Personal/Kollegium/Mitarbeiterstab gehören; **are you ~?** (*inf*) arbeiten Sie hier?; **he joined the** *or* **our ~ in 1976** er arbeitet seit 1976 bei uns; **he has left our ~** er arbeitet nicht mehr hier.

2. *pl* **-s** *or* (*old*) **staves** (*stick, symbol of authority*) Stab *m*; (*flag~*) Stock *m*; (*fig liter: support*) Stütze *f*. **the ~ of life** das wichtigste Nahrungsmittel.

3. (*Mil: general ~*) Stab *m*.

4. *pl* **staves** (*Mus*) Notenlinien *pl*, Notensystem *nt*.

II *vt department* Mitarbeiter finden für; *hospital, shop, hotel* mit Personal besetzen, Personal finden für; *school* mit Lehrpersonal besetzen. **to be well ~ed** gut besetzt sein, ausreichend Personal haben; **the kitchens are ~ed by foreigners** das Küchenpersonal besteht aus Ausländern.

staff canteen *n* (Betriebs)kantine *f*; **staff college** *n* (*mil*) Generalstabsakademie *f*.

staffer ['stɑːfəʳ] *n* (*Press inf*) ständiger Mitarbeiter, ständige Mitarbeiterin.

staffing ['stɑːfɪŋ] *n* Stellenbesetzung *f*.

staff notation *n* Notenschrift *f*; **staff nurse** *n* (*Brit*) (voll)ausgebildete Krankenschwester, Vollschwester *f* (*inf*); **staff officer** *n* Stabsoffizier *m*, Personalbeauftragte(r) *mf*; **staff problem** *n* Personalproblem *nt*; **staffroom** *n* Lehrerzimmer *nt*; **staff training** *n* betriebliche Ausbildung.

stag [stæg] **I** *n* **1.** (*Zool*) (*deer*) Hirsch *m*; (*male animal*) Bock, Bulle *m*. **2.** (*Brit Fin*) Spekulant *m* (*der junge Aktien aufkauft*). **3.** (*inf*) Mann, der solo ist (*inf*). **II** *adj* Herren-, nur für Männer. **III** *adv* **to go ~** solo ausgehen (*inf*).

stag beetle *n* Hirschkäfer *m*.

stage [steɪdʒ] **I** *n* **1.** (*Theat, fig*) Bühne *f*. **the ~** (*profession*) das Theater, die Bühne; **to be on/go on/leave the ~** (*as career*) beim Theater sein/zum Theater gehen/das Theater verlassen; **to go on ~** (*actor*) die Bühne betreten; (*play*) anfangen; **to come off ~, to leave the ~** von der Bühne abtreten; **to put a play on the ~** ein Stück aufführen *or* auf die Bühne bringen; **to write for the ~** Theater- *or* Bühnenstücke schreiben; **to adapt a novel for the ~** einen Roman fürs Theater bearbeiten; **the ~ was set** (*lit*) das Bühnenbild war aufgebaut; (*fig*) alles war vorbereitet; **the ~ was set for a confrontation** die Situation war reif für eine Auseinandersetzung.

2. (*platform in hall*) Podium *nt*.

3. (*period*) Stadium *nt*; (*of disease, process also, of operation, development*) Phase *f*. **at this ~ such a thing is/was impossible** zum gegenwärtigen Zeitpunkt ist das/zum damaligen Zeitpunkt war das unmöglich; **at this ~ in the game** (*fig*) zu diesem Zeitpunkt; **in the early/final ~(s)** im Anfangs-/Endstadium; **at an early ~ in its history** ganz zu Anfang seiner Geschichte; **what ~ is your thesis at?** wie weit sind Sie mit Ihrer Dissertation?; **we have reached a ~ where ...** wir sind an einem Punkt angelangt, wo ...; **the child has reached the talking ~** das Kind ist jetzt im Alter, wo es zu reden anfängt; **to go through a difficult ~** eine schwierige Phase durchmachen; **to be at the experimental ~** im Versuchsstadium sein.

4. (*part of journey, race*) Abschnitt *m*, Etappe *f*; (*fare~*) Tarifzone *f*; (*actual bus stop*) Zahlgrenze *f*. **in** *or* **by (easy) ~s** (*lit*) etappenweise; (*fig also*) Schritt für Schritt.

5. (*section of rocket*) Stufe *f*. **a three-~ rocket** eine dreistufige Rakete.

6. (*old inf: ~coach*) Postkutsche *f*.

II *vt play* aufführen, auf die Bühne bringen; (*fig*) *accident, scene* inszenieren; *welcome* arrangieren; *demonstration, strike* inszenieren, veranstalten. **to ~ a recovery/comeback** sich erholen/sein Comeback machen; **the play is ~d in the 19th century** das Stück spielt im 19. Jahrhundert.

stage actor *n* Bühnenschauspieler *m*; **stage actress** Bühnenschauspielerin *f*; **stage box** *n* Bühnen- *or* Proszeniumsloge *f*; **stagecoach** *n* Postkutsche *f*; **stagecraft** *n* dramaturgisches Können; (*of actor*) schauspielerisches Können; **stage direction** *n* Bühnen- *or* Regieanweisung *f*; **stage door** *n* Bühneneingang *m*; **stage effect** *n* Bühneneffekt *m*; **stage fright** *n* Lampenfieber *nt*; **to have an attack of ~** Lampenfieber haben; **stagehand** *n* Bühnenarbeiter(in *f*) *m*; **stage-manage** *vt* (*lit*) Inspizient(in) sein bei; (*fig*) *demonstration, argument* inszenieren; **stage manager** *n* Inspizient(in *f*) *m*; **stage name** *n* Künstlername *m*.

stager ['steɪdʒəʳ] *n*: **old ~** alter Hase (*inf*).

stage-struck *adj* theaterbesessen; **stage whisper** *n* Bühnenflüstern *nt*; **to say sth in a ~** etw hörbar flüstern.

stagey *adj see* **stagy**.

stagflation [stæg'fleɪʃən] *n* (*Econ*) Stagflation *f*.

stagger ['stægəʳ] **I** *vi* schwanken, taumeln; (*because of illness, weakness*) wanken; (*drunkenly*) torkeln.

II *vt* **1.** (*fig: amaze*) (*news*) den Atem verschlagen (+*dat*), umhauen (*inf*). **he was ~ed to hear of his promotion** die

Nachricht von seiner Beförderung verschlug ihm die Sprache.

2. *hours, holidays* staffeln, stufen; *seats, spokes* versetzt anordnen, versetzen.

III *n* Taumeln *nt*. **with a ~** taumelnd, schwankend; **~s** (*Vet: of horses*) (Dumm)koller *m*.

staggered ['stægəd] *adj* **1.** (*amazed*) verblüfft, platt (*inf*). **2.** *working hours* gestaffelt, gestuft. **they work ~ hours** ihre Arbeitszeit ist gestaffelt; **a ~ junction** eine Kreuzung mit versetzten *or* versetzt angeordneten Straßen.

staggering ['stægərıŋ] *adj* **1. to give sb a ~ blow** (*lit*) jdm einen Schlag versetzen, der ihn taumeln läßt; (*fig*) jdm einen harten *or* schweren Schlag versetzen. **2.** (*amazing*) atemberaubend; *news, beauty also* umwerfend.

staggeringly ['stægərıŋlı] *adv* (*amazingly*) umwerfend (*inf*), erstaunlich.

staghound *n* (*für die Hirschjagd bestimmter*) Jagdhund; **stag hunt, stag hunting** *n* Hirschjagd *f*.

stagily ['steıdʒılı] *adv dressed, made up* auffallend.

staginess ['steıdʒınıs] *n* auffällige Art.

staging ['steıdʒıŋ] *n* **1.** (*production*) Inszenieren *nt*; (*scenery*) Inszenierung *f*. **2.** (*stage*) Bühne *f*.

stagnancy ['stægnənsı] *n* Stagnieren *nt*; (*of trade also*) Stagnation *f*, Stocken *nt*.

stagnant ['stægnənt] *adj* (*still, not moving*) *air, water* (still)stehend *attr*, gestaut; (*foul, stale*) *water* abgestanden; *air* verbraucht; *trade* stagnierend, stockend; *mind* träge.

stagnate [stæg'neıt] *vi* (*not circulate*) stagnieren; (*become foul*) (*water*) abstehen; (*air*) verbraucht werden; (*trade*) stagnieren, stocken; (*person*) verdummen; (*mind*) einrosten.

stagnation [stæg'neıʃən] *n* (*of water*) Stagnieren *nt*; (*of air*) Stau *m*; (*of trade also*) Stagnation *f*, Stocken *nt*; (*of person*) Verdummung *f*; (*of mind*) Verlangsamung *f*.

stag night *n* Abschiedsfest *nt* vom Junggesellenleben; **stag party** *n* **1.** Herrenabend *m*; **2.** *see* **stag night**.

stagy ['steıdʒı] *adj* (*+er*) theatralisch; *appearance* auffallend.

staid [steıd] *adj* (*+er*) seriös, gesetzt; *colour* gedeckt.

staidly ['steıdlı] *adv* gesetzt; *dressed* gedeckt.

staidness ['steıdnıs] *n* Gesetztheit *f*.

stain [steın] **I** *n* **1.** (*lit*) Fleck *m*; (*fig also*) Makel *m*. **a blood/grease/mud ~** ein Blutfleck *m*/Fettfleck *m*/Schlammspritzer *m*; **~ remover** Fleckenentferner *m*; **without a ~ on his character** ohne (einen) Makel.

2. (*colorant*) (Ein)färbemittel *nt*; (*wood~*) Beize *f*.

II *vt* beflecken; (*colour*) einfärben; (*with wood~*) beizen.

III *vi* **1.** (*leave a ~*) Flecken hinterlassen *or* geben (*inf*).

2. (*become ~ed*) fleckig werden, Flecken bekommen.

stained [steınd] *adj dress, floor* fleckig, befleckt (*geh*); *glass* bunt, bemalt; *reputation* befleckt. **~-glass window** Buntglasfenster *nt*, farbiges Glasfenster; **~ with blood** blutbefleckt.

stainless ['steınlıs] *adj* **1.** (*character*) tadellos.

2. (*rust-resistant*) rostfrei. **~ steel** rostfreier (Edel)stahl; **"~ steel"** „rostfrei"; **~ steel cutlery** rostfreies Besteck.

stair [stɛə^r] *n* **1.** (*step*) Stufe *f*. **2.** *usu pl* (*~way*) Treppe *f*. **at the top of the ~s** oben an der Treppe; *see* **flight**[1].

stair carpet *n* Treppenläufer *m*; **staircase** *n* Treppe *f*; **stair rod** *n* Teppichstab *m*; **stairway** *n* Treppe *f*; **stairwell** *n* Treppenhaus *nt*.

stake [steık] **I** *n* **1.** (*post*) Pfosten, Pfahl *m*; (*for vampires*) Pfahl *m*; (*for plant*) Stange *f*; (*for animal*) Pflock *m*.

2. (*place of execution*) Scheiterhaufen *m*. **to go to** *or* **to die at the ~** auf dem Scheiterhaufen sterben, verbrannt werden.

3. (*bet*) Einsatz *m*; (*financial interest*) Anteil *m*. **to be at ~** auf dem Spiel stehen; **he has a lot at ~** er hat viel zu verlieren; **to have a ~ in sth** *in business* einen Anteil an etw (*dat*) haben; *in the future* von etw betroffen werden; **he has a big ~ in the success of the plan** für ihn hängt viel vom Erfolg des Planes ab; **that's precisely the issue at ~** genau darum geht es; **the issue at ~ is not ...** es steht nicht zur Debatte, ob ...

4. ~s *pl* (*prize*) Gewinn *m*; **the Newmarket ~s** der Große Preis von Newmarket.

II *vt* **1.** *animal* anpflocken. **2.** (*also* **~ up**) *plant* hochbinden; *fence* abstützen. **3.** (*bet, risk*) setzen (*on* auf *+acc*); (*esp US: back financially*) finanziell unterstützen. **to ~ one's life/reputation on sth** seine Hand für etw ins Feuer legen/sein Wort für etw verpfänden; **to ~ a/one's claim to sth** sich (*dat*) ein Anrecht auf etw (*acc*) sichern.

◆**stake off** *or* **out** *vt sep land* abstecken.

◆**stake out** *vt sep place* umstellen; *person* überwachen.

stakeout ['steıkaʊt] *n* Überwachung *f*.

stalactite ['stæləktaıt] *n* Stalaktit *m*.

stalagmite ['stæləgmaıt] *n* Stalagmit *m*.

stale [steıl] *adj* (*+er*) **1.** (*old, musty*) alt; *cake also* trocken; *bread, biscuit also* altbacken; (*in taste, smell also*) muffig; *water, beer, wine* abgestanden, schal; *air* verbraucht.

2. (*fig*) *news* veraltet; *joke* abgedroschen; *athlete, pianist* ausgepumpt, verbraucht. **to be ~** (*person*) alles nur noch routinemäßig machen.

stalemate ['steılmeıt] **I** *n* (*Chess*) Patt *nt*; (*fig*) Patt(situation *f*) *nt*, Sackgasse *f*. **to reach ~** (*lit*) ein Patt erreichen; (*fig*) in eine Sackgasse geraten; **to end in (a) ~** (*lit*) mit (einem) Patt enden, patt enden; (*fig*) in einer Sackgasse enden.

II *vt* (*Chess*) patt setzen; (*fig*) matt setzen; *negotiations* zum Stillstand bringen.

staleness ['steılnıs] *n* **1.** (*lit*) (*of beer,*

water etc) Schalheit, Abgestandenheit *f*; (*of bread, biscuit*) Altbackenheit *f*; (*of taste, smell*) Muffigkeit *f*. **the ~ of the air made them sleepy** die verbrauchte Luft machte sie schläfrig.

2. (*fig*) (*of joke*) Abgedroschenheit *f*. **the ~ of the news** die veraltete Nachricht.

stalk¹ [stɔːk] **I** *vt game* sich anpirschen an (+*acc*); *person* sich anschleichen an (+*acc*); (*animal*) beschleichen, sich heranschleichen an (+*acc*). **II** *vi* **1.** (*walk haughtily*) stolzieren. **2.** (*Hunt*) pirschen. **to go ~ing** auf die Pirsch gehen.

stalk² *n* (*of plant, leaf*) Stiel *m*; (*cabbage* ~) Strunk *m*. **his eyes came out on ~s** (*inf*) er bekam Stielaugen (*inf*).

stalker ['stɔːkəʳ] *n* Pirschjäger(in *f*) *m*.

stalking-horse ['stɔːkɪŋ,hɔːs] *n* (*fig*) (*person*) Strohmann *m*; (*pretext*) Vorwand *m*.

stall [stɔːl] **I** *n* **1.** (*in stable*) Box, Bucht *f*; (*old: stable*) Stall *m*.

2. (*at market*) Stand *m*.

3. **~s** *pl* (*Brit Theat, Film*) Parkett *nt*; **in the ~s** im Parkett.

4. (*Eccl*) Kirchenstuhl *m*. **~s** Chorgestühl *nt*.

5. (*Aviat*) überzogener Flug. **to do a ~ turn** (*Aviat*) ein Flugzeug auffangen und neu starten.

II *vt* **1.** *horse, cow* einstellen.

2. (*Aut*) abwürgen; (*Aviat*) überziehen.

3. (*also* **~ off**) *person* hinhalten; *decision* hinauszögern.

III *vi* **1.** (*engine*) absterben; (*Aviat*) überziehen.

2. (*delay*) Zeit schinden (*inf*). **stop ~ing!** hören Sie auf auszuweichen *or* drum herumzureden (*inf*)!; **to ~ for time** versuchen, Zeit zu gewinnen *or* zu schinden (*inf*).

stallion ['stæljən] *n* Hengst *m*; (*for breeding*) Zuchthengst *m*.

stalwart ['stɔːlwət] **I** *adj* **1.** (*in spirit*) treu, unentwegt; *supporter also* getreu; *belief* unerschütterlich. **2.** (*in build*) kräftig, robust. **II** *n* (*supporter*) (getreuer) Anhänger.

stalwartly ['stɔːlwətlɪ] *adv fight, oppose* tapfer, unentwegt, *support* treu; *believe* unerschütterlich; *built* kräftig.

stamen ['steɪmən] *n* Staubgefäß *nt*.

stamina ['stæmɪnə] *n* Stehvermögen, Durchhaltevermögen *nt*.

stammer ['stæməʳ] **I** *n* Stottern *nt*. **to speak with a ~** stottern; **he has a bad ~** er stottert stark. **II** *vt* (*also* **~ out**) stammeln. **III** *vi* stottern.

stammerer ['stæmərəʳ] *n* Stotterer *m*, Stottrerin *f*.

stammering ['stæmərɪŋ] *n* (*act*) Stottern, Stammeln *nt*; (*stammered speech*) Gestotter(e), Gestammel(e) *nt*.

stammeringly ['stæmərɪŋlɪ] *adv* stammelnd, stotternd.

stamp [stæmp] **I** *n* **1.** (*postage* ~) (Brief)marke *f*, (Post)wertzeichen *nt* (*form*); (*insurance* ~, *revenue* ~) Marke *f*; (*trading* ~) (Rabatt)marke *f*; (*charity* ~, *airmail* ~, *sticker*) Aufkleber *m*. **to collect (postage) ~s** Briefmarken sammeln.

2. (*rubber* ~, *die, impression*) Stempel *m*.

3. (*fig*) **a man of his ~** ein Mann seines Schlags; **to bear the ~ of the expert/of authenticity** den Stempel des Experten/die Züge der Echtheit tragen.

II *vt* **1.** **to ~ one's foot** (mit dem Fuß) (auf)stampfen; **to ~ the ground** (mit dem Fuß/den Füßen) auf den Boden stampfen.

2. (*put postage* ~ *on*) freimachen, frankieren. **a ~ed addressed envelope** ein frankierter Rückumschlag.

3. *paper, document* (*with rubber* ~) stempeln; (*with embossing machine*) prägen; *name, pattern* aufstempeln; aufprägen (*on* auf +*acc*); (*fig*) ausweisen (*as* als).

III *vi* (*walk*) sta(m)pfen, trampeln; (*disapprovingly, in dancing*) (mit dem Fuß) (auf)stampfen; (*horse*) aufstampfen. **he was ~ing about the house** er trampelte im Haus herum; **to ~ in/out** hinein-/hinausstapfen.

◆**stamp on I** *vt sep pattern, design* aufprägen. **to ~ a pattern ~ sth** auf etw (*acc*) ein Muster (auf)prägen; **to be ~ed ~ sb's memory** sich jdm eingeprägt haben. **II** *vi* +*prep obj* (*put one's foot on*) treten auf (+*acc*).

◆**stamp out I** *vt sep* **1.** *fire* austreten; (*fig: eradicate*) *epidemic, crime* ausrotten; *opposition* unterdrücken, zunichte machen; *trouble* niederschlagen; *rebels* unschädlich machen. **2.** (*punch or cut out*) *pattern, shape* ausstanzen. **3.** *rhythm* (mit)stampfen. **II** *vi* heraustrampeln, heraussta(m)pfen.

stamp album *n* Briefmarkenalbum *nt*; **stamp collecting** *n* Briefmarkensammeln *nt*; **stamp collection** *n* Briefmarkensammlung *f*; **stamp collector** *n* Briefmarkensammler(in *f*) *m*; **stamp dealer** *n* Briefmarkenhändler(in *f*) *m*; **stamp duty** *n* (Stempel)gebühr *f*.

stampede [stæm'piːd] **I** *n* (*of horses, cattle*) wilde Flucht; (*of people*) Massenandrang, Massenansturm *m* (*on* auf +*acc*); (*to escape*) wilde *or* panikartige Flucht.

II *vt cattle, horses, crowd* in (wilde *or* helle) Panik versetzen. **to ~ sb into doing sth** (*fig*) jdn dazu drängen, etw zu tun.

III *vi* durchgehen; (*crowd*) losstürmen (*for* auf +*acc*).

stamping ground ['stæmpɪŋ,graʊnd] *n* **his old ~s** seine alten Jagdgründe; **it's the ~ of a lot of students** es ist der Treff(punkt) vieler Studenten.

stamp machine *n* Briefmarkenautomat *m*.

stance [stæns] *n* (*posture, Sport*) Haltung *f*; (*mental attitude also*) Einstellung *f*; (*Cricket, Golf etc also*) Stand *m*. **to take up a ~** (*lit*) in Stellung gehen; (*fig*) eine Haltung einnehmen.

stand [stænd] (*vb: pret, ptp* **stood**) **I** *n* **1.** (*position*) Platz, Standort *m*; (*fig*) Standpunkt *m*, Einstellung *f* (*on* zu). **my ~ is that ...** ich stehe auf dem Standpunkt, daß …, ich vertrete die Einstellung, daß …; **to take a ~ (on a matter)** (zu einer Angelegenheit) eine Einstellung vertreten; **to take a firm ~** einen festen Standpunkt vertreten (*on* zu).

2. (*Mil*) (*resistance*) Widerstand *m*; (*battle*) Gefecht *nt*. **to make a ~** (*lit, fig*) sich widersetzen, Widerstand leisten.

3. (*taxi ~*) Stand *m*.

4. (*Theat*) Gastspiel *nt*; (*of pop group*) Konzert *nt*.

5. (*furniture, lamp ~, music ~*) Ständer *m*.

6. (*market stall*) Stand *m*.

7. (*band~*) Podium *nt*.

8. (*Sport*) Tribüne *f*; (*US Jur*) Zeugenstand *m*. **(we sat) in the ~** (wir saßen) auf der Tribüne; **to take the ~** (*Jur*) in den Zeugenstand treten.

9. (*esp US Forest*) (Baum)bestand *m*.

II *vt* **1.** (*place*) stellen; *see* **stead, head**.

2. (*withstand*) *pressure, close examination* (*object*) standhalten (*+dat*); (*person*) gewachsen sein (*+dat*); *test* bestehen; *climate* vertragen; *heat, noise* ertragen, aushalten; *loss, cost* verkraften.

3. (*inf: put up with*) *person, noise, interruptions* aushalten. **I can't ~ him/it** (*don't like*) ich kann ihn nicht leiden *or* ausstehen/ich kann das nicht ausstehen *or* vertragen; **I can't ~ being kept waiting** ich kann es nicht leiden *or* ausstehen, wenn man mich warten läßt.

4. (*inf: treat*) **to ~ sb a drink/a meal** jdm einen Drink/ein Essen spendieren.

III *vi* **1.** (*be upright*) stehen; (*get up*) aufstehen. **don't just ~ there**! stehen Sie nicht nur (dumm) rum! (*inf*); **to ~ still** stillstehen; **we stood talking** wir standen da und unterhielten uns; **~ and deliver**! (*old, hum*) anhalten, her mit dem Zeug! (*inf*).

2. (*measure*) (*person*) groß sein; (*tree*) hoch sein.

3. (*be situated*) stehen.

4. (*remain unchanged*) stehen; (*fig*) bestehen (bleiben).

5. to ~ as a candidate kandidieren.

6. (*continue to be valid*) (*offer, promise*) gelten; (*argument, objection, contract also*) gültig bleiben; (*decision, record, account*) stehen. **the theory ~s or falls by this** damit steht und fällt die Theorie.

7. (*be at a level of*) (*thermometer, record*) stehen (*at* auf *+dat*); (*sales*) liegen (*at* bei).

8. (*fig: be in a position*) **we ~ to lose/gain a lot** wir laufen Gefahr, eine Menge zu verlieren/wir können sehr viel gewinnen; **what do we ~ to gain by it**? was springt für uns dabei heraus? (*inf*), was bringt uns (*dat*) das ein?

9. (*fig: be placed*) **I'd like to know where I ~ (with him)** ich möchte wissen, woran ich (bei ihm) bin; **where do you ~ with him?** wie stehen Sie sich mit ihm?; **as things ~** nach Lage der Dinge; **as it ~s** so wie die Sache aussieht; **to ~ alone** (*be best*) unerreicht sein; **to ~ accused of sth** einer Sache (*gen*) angeklagt sein.

10. (*fig: be, continue to be*) **to ~ firm** *or* **fast** festbleiben; **to ~ ready** sich bereithalten; **to ~ in need of help** Hilfe brauchen; **to ~ together** zusammenhalten; **to ~ (as) security for sb** für jdn bürgen *or* Bürge sein; **nothing now ~s between us** es steht nichts mehr zwischen uns; *see also other elements*.

◆**stand about** *or* **around** *vi* herumstehen.

◆**stand apart** *vi* (*lit*) abseits stehen; (*fig*) sich fernhalten.

◆**stand aside** *vi* (*lit*) zur Seite treten; (*fig*) (*withdraw*) zurücktreten; (*play no part*) (tatenlos) danebenstehen.

◆**stand back** *vi* (*move back*) zurücktreten; (*be situated at a distance*) zurückstehen, abliegen, zurückliegen; (*fig*) (*distance oneself*) Abstand nehmen; (*play no part*) (tatenlos) danebenstehen. **to ~ ~ and do nothing** tatenlos zusehen.

◆**stand by I** *vi* **1.** (*remain uninvolved*) (unbeteiligt) danebenstehen. **to ~ ~ and do nothing** tatenlos zusehen. **2.** (*be on alert*) sich bereithalten. **to ~ ~ for further news** auf weitere Nachrichten warten. **II** *vi +prep obj* **to ~ ~ a promise/sb** ein Versprechen/zu jdm halten.

◆**stand down** *vi* **1.** (*retire, withdraw*) zurücktreten. **2.** (*Jur*) den Zeugenstand verlassen. **3.** (*Mil*) aufgelöst werden.

◆**stand for** *vi +prep obj* **1.** (*be candidate for*) kandidieren für, sich zur Wahl stellen für. **to ~ ~ (the post of) chairman** für den Posten des Vorsitzenden kandidieren; **to ~ ~ election** (in einer Wahl) kandidieren, sich zur Wahl stellen; **to ~ ~ election to sth** für etw kandidieren; **she is ~ing ~ election to Parliament** sie kandidiert in den Parlamentswahlen.

2. (*be abbreviation for, represent*) stehen für, bedeuten.

3. (*put up with*) hinnehmen, sich (*dat*) gefallen lassen.

◆**stand in** *vi* einspringen.

◆**stand off** *vi* (*Naut*) seewärts anliegen.

◆**stand out** *vi* **1.** (*project*) hervorstehen; (*land, balcony*) herausragen. **2.** (*contrast, be noticeable*) hervorstechen, auffallen. **to ~ ~ against sth** sich gegen etw *or* von etw abheben; **to ~ ~ from the others** hervorstechen, auffallen. **3.** (*hold out*) **to ~ ~ against sth** weiterhin gegen etw Widerstand leisten; **to ~ ~ for sth** auf etw (*acc*) bestehen.

◆**stand over I** *vi* (*work, project*) liegenbleiben. **to let sth ~ ~** etw liegenlassen. **II** *vi +prep obj* (*supervise*) auf die Finger sehen (*+dat*).

◆**stand to** *vi* (*Mil*) in Bereitschaft *or* in Waffen stehen.

◆**stand up I** *vi* **1.** (*get up*) aufstehen; (*be standing*) stehen. **~ ~ straight**! stell dich gerade hin; **to ~ ~ and be counted** sich zu seiner Meinung bekennen.

2. (*be valid*) (*argument*) überzeugen; (*Jur*) bestehen.

3. to ~ ~ for sb/sth für jdn/etw eintreten; **to ~ ~ to sth** *to test, pressure* (*object*) einer Sache (*dat*) standhalten; (*person*) einer Sache (*dat*) gewachsen sein; *to hard wear* etw vertragen *or* aushalten;

to ~ ~ to sb sich jdm gegenüber behaupten.

II *vt sep* **1.** (*put upright*) hinstellen.

2. (*inf*) *boyfriend, sb* versetzen.

stand-alone ['stændə'ləʊn] *n* (*Comput*) eigenständiges Gerät, Stand-alone-Gerät *nt*.

standard ['stændəd] **I** *n* **1.** (*average, established norm*) Norm *f*; (*criterion*) Maßstab *m*; (*usu pl: moral ~s*) (sittliche) Maßstäbe *pl*. **to set a good ~** Maßstäbe setzen; **to be above/below ~** über/unter der Norm sein *or* liegen; **to be up to ~** den Anforderungen genügen; **his (moral) ~s are abysmally low** er hat eine erschreckend niedere Moral; **to conform to society's ~s** den Wertvorstellungen der Gesellschaft entsprechen; **he sets himself very high ~s** er stellt hohe Anforderungen an sich (*acc*) selbst; **by any ~(s)** egal, welche Maßstäbe man anlegt; **by today's ~(s)** aus heutiger Sicht.

2. (*degree, level*) Niveau *nt*. **~ of living** Lebensstandard *m*; **of high/low ~** von hohem/niedrigem Niveau.

3. (*Measurement*) (Maß)einheit *f*, Standard *m*; (*monetary ~*) (Währungs)standard *m*.

4. (*flag*) Flagge, Fahne *f*; (*on car*) Stander *m*; (*royal ~*) (königliche) Standarte.

5. (*pole*) Mast *m*.

6. (*Hort*) (Hoch)stamm *m*. **~ rose** Stammrose *f*.

II *adj* **1.** (*usual, customary*) üblich; (*Comm also*) handelsüblich; *model, price, practice, reply* Standard-; *size, measure* Normal-; (*average*) *performance, work* Durchschnitts-, durchschnittlich; (*widely referred to*) *author, reference book* Standard-; (*generally established as a measure*) *weight, size* Norm-; *conditions, pressure, temperature, time* Normal-; *gauge* Regel-, Normal-. **such requirements are not ~** solche Forderungen sind nicht die Norm *or* Regel.

2. (*Ling*) (allgemein) gebräuchlich. **~ English** korrektes Englisch; **~ German** Hochdeutsch *nt*.

standard-bearer ['stændəd,bɛərə^r] *n* Fahnenträger(in *f*).

standardization [,stændədaɪ'zeɪʃən] *n see vt* Vereinheitlichung *f*; Normung, Standardisierung *f*.

standardize ['stændədaɪz] **I** *vt education, style, approach* vereinheitlichen; *format, sizes* normen, standardisieren.

II *vi* **to ~ on sth** etw standardmäßig verwenden.

standard-lamp ['stændəd'læmp] *n* Stehlampe *f*.

stand-by ['stænd*b*aɪ] **I** *n* **1.** (*person*) Ersatz, Ersatzmann *m*; (*Sport also*) Ersatz- *or* Auswechselspieler(in *f*) *m*; (*thing*) Reserve *f*; (*Aviat*) (*plane*) Entlastungsflugzeug *nt*; (*ticket*) Standby-Ticket *nt*; (*passenger*) Passagier, der mit einem Standby-Ticket reist.

2. (*state of readiness*) **on ~** in Bereitschaft; (*ready for action*) in Einsatzbereitschaft; **to be on 24-hour ~** 24 Stunden Bereitschaftsdienst haben.

II *adj attr troops, player, generator* Reserve-, Ersatz-; (*Aviat*) *plane* Entlastungs-; *passenger, ticket* Standby-.

standee [stæn'diː] *n* (*esp US*) *jd, der steht or einen Stehplatz hat*.

stand-in ['stændɪn] *n* (*Film, Theat*) Ersatz *m*.

standing ['stændɪŋ] **I** *n* **1.** (*social*) Rang *m*, (gesellschaftliche) Stellung; (*professional*) Position *f*; (*financial*) (finanzielle) Verhältnisse *pl*; (*repute*) Ruf *m*, Ansehen *nt*. **of high ~** von hohem Rang; (*repute*) von hohem Ansehen; **a man of some ~** ein angesehener Mann; **to be in good ~ with sb** gute Beziehungen zu jdm haben.

2. (*duration*) Dauer *f*. **a treaty/her husband of only six months' ~** ein Vertrag, der erst seit sechs Monaten besteht/ihr Mann, mit dem sie erst seit sechs Monaten verheiratet ist; **of long ~** alt, langjährig; *relationship, agreement also* von langer Dauer.

II *adj attr* **1.** (*established, permanent*) ständig; *rule, custom* bestehend; *army also* stehend. **it's a ~ joke** das ist schon zu einem Witz geworden; **to pay sth by ~ order** etw per Dauerauftrag bezahlen; **~ committee** ständiger Ausschuß; **the ~ orders of an association** die Geschäftsordnung einer Gesellschaft.

2. (*from a standstill*) aus dem Stand; (*not sitting*) *ticket* Stehplatz-; (*erect*) *corn* auf dem Halm (stehend); *stone* (aufrecht) stehend. **~ room only** nur Stehplätze; **to give sb a ~ ovation** jdm eine stehende Ovation darbringen.

standoffish [,stænd'ɒfɪʃ] *adj*, **standoffishly** [-lɪ] *adv* (*inf*) distanziert; **standpipe** *n* Steigrohr *nt*; **standpoint** *n* Standpunkt *m*; **standstill** *n* Stillstand *m*; **to be at a ~** (*plane, train*) stehen; (*machines, traffic*) stillstehen; (*trade, factory, production*) ruhen; **to bring production to a ~** die Produktion lahmlegen *or* zum Erliegen bringen; **to come to a ~** (*person*) stehenbleiben, anhalten; (*vehicle*) zum Stehen kommen, anhalten; (*traffic, machines*) zum Stillstand kommen; (*industry*) zum Erliegen kommen; **stand-up** *adj attr buffet, collar* Steh-; *meal* im Stehen; **~ fight** Schlägerei *f*; **stand-up comedian** *n* Bühnenkomiker(in *f*), Alleinunterhalter(in *f*) *m*.

stank [stæŋk] *pret of* **stink**.

stannic ['stænɪk] *adj* Zinn-.

stanza ['stænzə] *n* Strophe *f*.

staple[1] ['steɪpl] **I** *n* Klammer *f*; (*for paper*) Heftklammer *f*; (*for wires, cables*) Krampe *f*. **II** *vt* heften; *wire* mit Krampen befestigen.

staple[2] **I** *adj diet, food* Grund-, Haupt-; *product, topic* Haupt-. **II** *n* **1.** (*main product*) Hauptartikel *m*; (*main element*) Ausgangsmaterial *nt*; (*main food*) Hauptnahrungsmittel *nt*. **2.** (*of cotton*) Rohbaumwolle *f*; (*of wool*) Rohwolle *f*.

stapler ['steɪplə^r] *n* Hefter, Tacker (*inf*) *m*.

star [stɑː^r] **I** *n* **1.** Stern *m*; (*asterisk also, Sch*) Sternchen *nt*. **the S~s and Stripes**

das Sternenbanner; **to be born under a lucky ~** unter einem glücklichen Stern geboren sein; **you can thank your lucky ~s that …** Sie können von Glück sagen, daß …; **it's all in the ~s** es steht (alles) in den Sternen; **to see ~s** Sterne sehen.

2. (*person*) Star *m*.

II *adj attr attraction* Haupt-; *performer, pupil, player* Star-.

III *vt* **1.** (*mark with ~s*) mit einem Stern/mit Sternen versehen; (*fig: scatter*) besäen *or* übersäen.

2. (*Film*) **to ~ sb** (*film*) jdn in der Hauptrolle zeigen; **a film ~ring Greta Garbo** ein Film mit Greta Garbo (in der Hauptrolle); **~ring …** in der Hauptrolle/den Hauptrollen …

IV *vi* (*Film*) die Hauptrolle spielen.

star billing *n* **to get ~** auf Plakaten groß herausgestellt werden; **starboard I** *n* Steuerbord *nt*; **to ~** (*direction*) (nach) Steuerbord; (*place*) (in) Steuerbord; **II** *adj* Steuerbord-; **III** *adv* (nach) Steuerbord.

starch [stɑːtʃ] **I** *n* Stärke *f*. **II** *vt* stärken.

starchily [ˈstɑːtʃɪlɪ] *adv* (*fig*) steif.

starchy [ˈstɑːtʃɪ] *adj* (*+er*) stärkehaltig; (*fig*) steif.

star-crossed [ˈstɑːkrɒst] *adj* **they were ~ lovers** ihre Liebe stand unter einem schlechten Stern.

stardom [ˈstɑːdəm] *n* Berühmtheit *f*, Ruhm *m*. **where he hoped to find ~** wo er hoffte, ein Star zu werden.

stare [stɛəʳ] **I** *n* (starrer) Blick. **to give sb a ~** jdn anstarren.

II *vt* **the answer/his guilt was staring us in the face** die Antwort/seine Schuld lag klar auf der Hand.

III *vi* (*vacantly*) (vor sich hin) starren; (*cow, madman*) stieren, glotzen (*inf*); (*in surprise*) große Augen machen; (*eyes*) weit aufgerissen sein. **he ~d in disbelief** er starrte ungläubig; **it's rude to ~** es ist unhöflich, andere Leute anzustarren; **to ~ at sb/sth** jdn/etw anstarren; (*cow, madman also*) jdn/etw anstieren *or* anglotzen (*inf*); **to ~ at sb in horror/amusement/disbelief** *etc* jdn entsetzt/verblüfft/ungläubig anstarren.

◆**stare out** *or* **down** *vt sep* **they were trying to ~ each other ~** sie versuchten, sich so lange gegenseitig anzustarren, bis einer aufgab; **I bet I can ~ you ~** wetten, daß du zuerst wegguckst (*inf*).

starfish *n* Seestern *m*; **stargazer** *n* (*hum inf*) Sterngucker *m* (*hum inf*).

staring [ˈstɛərɪŋ] *adj* starrend *attr*. **~ eyes** starrer Blick.

stark [stɑːk] **I** *adj* (*+er*) *realism, contrast, ignorance, poverty* kraß; *reality, poverty also, white, truth, terror* nackt; *clothing, simplicity* schlicht; *madness* schier, rein, hell; *landscape, cliffs, branches* nackt, kahl; *light, bulb* grell; *colour* eintönig; (*glaring*) grell; *black* trist; *silhouette* hart.

II *adv* **~ raving** *or* **staring mad** (*inf*) total verrückt (*inf*); **~ naked** splitternackt.

starkers [ˈstɑːkəz] *adj pred* (*inf*) im Adamskostüm/Evaskostüm (*hum*); *children* nackig (*inf*).

starkly [ˈstɑːklɪ] *adv lit* grell; *described* kraß, schonungslos. **~ dressed in black** in tristes Schwarz gekleidet; **trees ~ silhouetted against the winter sky** Bäume, die sich hart gegen den Winterhimmel abhoben.

starkness [ˈstɑːknɪs] *n* (*of clothing*) Schlichtheit *f*; (*of colour*) Eintönigkeit *f*; (*glaring*) Grellheit *f*; (*of truth, contrast*) Härte, Kraßheit *f*; (*of landscape*) Nacktheit, Kahlheit *f*.

starless [ˈstɑːlɪs] *adj* sternenlos.

starlet [ˈstɑːlɪt] *n* (Film)sternchen, Starlet *nt*.

starlight [ˈstɑːlaɪt] *n* Sternenlicht *nt*.

starling [ˈstɑːlɪŋ] *n* Star *m*.

starlit *adj sky, night* stern(en)klar; *woods, hills* von Sternen beschienen; **star part** *n* Hauptrolle *f*.

starred [stɑːd] *adj* mit (einem) Sternchen bezeichnet.

starriness [ˈstɑːrɪnɪs] *n* (*of night, sky*) Stern(en)klarheit *f*; (*of eyes*) Leuchten, Strahlen *nt*.

star role *n see* **star part**.

starry [ˈstɑːrɪ] *adj* (*+er*) *night* stern(en)klar; *sky* Sternen-; *eyes* strahlend, leuchtend.

starry-eyed [ˈstɑːrɪˈaɪd] *adj idealist* romantisch, blauäugig; (*naively trusting*) arglos, blauäugig. **to go all ~** glänzende Augen kriegen.

star shell *n* Leuchtkugel *f*, Leuchtgeschoß *nt*; **star-spangled** *adj* **1.** (*liter*) *sky* stern(en)übersät (*liter*); **2. The S~ Banner** das Sternenbanner; **star-studded** *adj* **1.** (*liter*) *night* stern(en)klar, voller Sterne; *sky also* stern(en)übersät (*liter*); **2.** (*fig*) **~ cast** Starbesetzung *f*.

start¹ [stɑːt] **I** *n* **to give a ~** zusammenfahren; (*~ up*) aufschrecken; (*horse*) scheuen; **to give sb a ~** jdn erschrecken, jdm einen Schreck(en) einjagen; **to wake with a ~** aus dem Schlaf hochschrecken; **he looked up with a ~** er blickte erschreckt hoch.

II *vi* **1.** zusammenfahren; (*~ up*) aufschrecken. **to ~ from one's chair/out of one's sleep** aus dem Stuhl hochfahren/aus dem Schlaf hochschrecken.

2. tears ~ed to his eyes Tränen traten ihm in die Augen; **his eyes were ~ing out of his head** die Augen traten ihm fast aus dem Kopf.

III *vt pheasant* aufscheuchen (*from* aus).

start² **I** *n* **1.** (*beginning*) Beginn, Anfang *m*; (*departure*) Aufbruch *m*; (*of race*) Start *m*; (*of rumour, trouble, journey*) Ausgangspunkt *m*. **at the ~** am Anfang, zu Beginn; (*Sport*) am Start; **for a ~** (*to begin with*) fürs erste; (*firstly*) zunächst einmal; **from the ~** von Anfang an; **from ~ to finish** von Anfang bis Ende, von vorn bis hinten (*inf*); **to get off to a good** *or* **flying ~** gut vom Start wegkommen; (*fig*) einen glänzenden Start haben; **to get sb/sth off to a good ~** jdm einen guten Start verschaffen/etw gut anlaufen lassen; **to give sb a (good) ~ in life** jdm eine (gute) Starthilfe geben; **to make a ~ (on sth)** (mit etw) anfangen; **to make an early ~/a ~ for home** frühzeitig aufbrechen/sich auf den Heimweg machen; **to make a new ~ (in life)** (noch einmal) von vorn anfangen.

2. (*advantage, Sport*) Vorsprung *m* (*over* vor +*dat*).

II *vt* **1.** (*begin*) anfangen mit; *argument, career, new life, negotiations* beginnen, anfangen; *new job, journey* antreten. **to ~ work** anfangen zu arbeiten; **he ~ed life as a miner** er hat/hatte als Bergmann angefangen; **don't ~ that again**! fang nicht schon wieder (damit) an!; **to ~ smoking** das *or* mit dem Rauchen anfangen; **you ~ed it!** du hast angefangen!

2. (*runners*) starten zu; (*cause to begin*) *runners, race* starten; *rumour* in Umlauf setzen; *conversation* anfangen, anknüpfen; *fight* anfangen; *blaze, collapse, chain reaction* auslösen; *coal fire* anzünden; (*arsonist*) legen; (*found*) *enterprise, newspaper* gründen, starten (*inf*). **to ~ sb thinking/on a subject** jdn nachdenklich machen/jdn auf ein Thema bringen; **to ~ sb in business/on a career** jdm zu einem Start im Geschäftsleben/ zu einer Karriere verhelfen; **the discovery ~ed a new line of research** mit der Entdeckung kam eine neue Forschungsrichtung in Gang; **look what you've ~ed now**! da hast du was Schönes angefangen! (*inf*).

3. *car* starten; *engine also* anlassen; *clock* in Gang setzen; *machine, motor also* anwerfen.

4. to ~ a horse in a race eine Nennung für ein Pferd abgeben.

III *vi* (*begin*) anfangen, beginnen; (*car, engine*) anspringen, starten; (*plane*) starten; (*move off*) anfahren; (*bus, train*) abfahren; (*boat*) ablegen; (*rumour*) in Umlauf kommen; (*violins, cellos*) einsetzen. **~ing from Tuesday** ab Dienstag; **to ~ for home** (nach Hause) aufbrechen, sich auf den Heimweg machen; **to ~ for London** nach London losfahren; **to ~ (off) with** (*adv*) (*firstly*) erstens, erst einmal; (*at the beginning*) zunächst; **what shall we have to ~ (off) with**? was nehmen wir als Vorspeise?; **to ~ after sb** jdn verfolgen; **to get ~ed** anfangen; (*on journey*) aufbrechen; **he finds it difficult to get ~ed in the morning** er kommt morgens nur schwer in Schwung *or* Gang; **to ~ on a task/ journey/the food** sich an eine Aufgabe/ auf eine Reise/ans Essen machen; **to ~ talking** *or* **to talk** zu sprechen beginnen *or* anfangen; **he ~ed by saying ...** er sagte zunächst ...; **don't you ~!** fang du nicht auch noch an!

◆**start back** *vi* sich auf den Rückweg machen. **we ~ed ~ for home** wir machten uns auf den Heimweg; **the rocket ~ed ~ to earth** die Rakete trat die Rückreise zur Erde an.

◆**start in** *vi* (*inf*) **1.** (*begin to scold*) loslegen (*inf*), vom Leder ziehen (*inf*) (*on sb* gegen jdn). **2. to ~ ~ on sth** sich an etw (*acc*) machen.

◆**start off I** *vi* (*begin*) anfangen; (*begin moving: person*) losgehen; (*on journey*) aufbrechen; (*run*) loslaufen; (*drive*) losfahren; (*esp Sport*) starten; (*begin talking*) anfangen, loslegen (*inf*) (*on* mit). **to ~ ~ with** (*adv*) *see* **start² III**.

II *vt sep sth* anfangen. **to ~ sb ~ (talking)** jdm das Stichwort geben; **to ~ the baby ~ (crying)** das Baby zum Schreien bringen; **whatever you do, don't ~ her ~** sieh bloß zu, daß sie nicht damit anfängt; **to ~ sb ~ on sth/doing sth** jdn auf etw (*acc*) bringen/jdn dazu bringen, etw zu tun; **I'll play a few bars to ~ you ~** ich spiele ein paar Takte, um Sie einzustimmen.

◆**start out** *vi* (*begin*) (zunächst) beginnen *or* anfangen; (*begin a journey*) aufbrechen (*for* nach). **we ~ed ~ on a long journey/new enterprise** wir machten uns auf eine lange Reise/an ein neues Unternehmen; **we ~ed ~ with great hopes for the future** wir hatten mit großen Zukunftshoffnungen begonnen.

◆**start over** *vi* (*US*) noch (ein)mal von vorn anfangen.

◆**start up I** *vi* **1.** (*move suddenly*) **a rabbit ~ed ~ out of the undergrowth** ein Kaninchen schoß aus dem Unterholz hervor; **he ~ed ~ in bed at the noise** bei dem Geräusch schreckte *or* fuhr er im Bett hoch.

2. (*begin: music*) anfangen; (*machine*) angehen (*inf*), in Gang kommen; (*motor*) anspringen; (*siren*) losheulen. **when I ~ed ~ in business** als ich als Geschäftsmann anfing; **he ~ed ~ by himself when he was 21** er machte sich mit 21 selbständig.

II *vt sep* **1.** (*cause to function*) anmachen (*inf*), in Gang bringen; *engine also* anlassen, starten.

2. (*begin*) eröffnen; *business also* anfangen; *conversation* anfangen; (*amongst other people*) in Gang bringen.

START *abbr of* **Strategic Arms Reduction Talks** Gespräche über die Verringerung strategischer Waffen.

starter ['stɑːtəʳ] *n* **1.** (*Sport*) Starter(in *f*) *m* (*also horse*); (*competitor*) Teilnehmer(in *f*) *m*; (*runner also*) Läufer(in *f*) *m* am Start. **to be under ~'s orders** auf das Startkommando warten.

2. (*Aut etc: self-~*) Starter, Anlasser *m*.

3. (*inf: person*) **to be a late ~** Spätzünder sein (*inf*); (*child*) Spätentwickler sein; **to be a late ~ in the presidential race** sich erst spät an den Präsidentschaftswahlen beteiligen; **~ flat** erste (eigene) Wohnung.

4. (*inf: first course*) Vorspeise *f*.

5. for ~s (*sl*) für den Anfang (*inf*).

starting ['stɑːtɪŋ] *in cpds* (*Sport*) *line, post* Start-; **starting block** *n* Startblock *m*; **starting gate** *n* Startmaschine *f*; **starting grid** *n* Start(platz) *m*; **starting gun** *n* Startpistole *f*; **starting handle** *n* Anlasserkurbel *f*; **starting point** *n* (*lit, fig*) Ausgangspunkt *m*; **starting post** *n* Startpflock *m*; **starting price** *n* (*Horse-*

racing) letzter Kurs vor dem Start.

startle ['stɑːtl] **I** *vt* erschrecken; *animal also* aufschrecken. **I was ~d to see how old he looked** ich stellte entsetzt fest, wie alt er aussah. **II** *vi* **she ~s easily** sie ist sehr schreckhaft.

startling ['stɑːtlɪŋ] *adj news* überraschend; (*bad*) alarmierend, bestürzend; *coincidence, resemblance* erstaunlich, überraschend; *colour, originality* aufregend, erregend; *dress* aufregend; *discovery* aufregend, sensationell.

startlingly ['stɑːtlɪŋlɪ] *adv simple, alike* überraschend; *dressed* aufregend. **nothing ~ new/original** nichts besonders *or* allzu Neues/Originelles.

start-up ['stɑːtʌp] *n* (*of machine, new business*) Start *m*. **100 new ~s a week** (*new businesses*) 100 Neugründungen pro Woche; **~ costs** (*of business, project*) Startkosten *pl*.

star turn *n* Sensation, Hauptattraktion *f*.

starvation [stɑː'veɪʃən] *n* (*act*) Hungern *nt*; (*of besieged people*) Aushungern *nt*; (*condition*) Hunger *m*. **to die of ~** verhungern; **to live on a ~ diet** Hunger leiden; **the prisoners were kept on a ~ diet for months** man ließ die Gefangenen monatelang fast verhungern; **to go on a ~ diet** (*hum*) eine Hungerkur machen; **~ wages** Hungerlohn *m*, Hungerlöhne *pl*.

starve [stɑːv] **I** *vt* **1.** (*deprive of food*) hungern lassen; (*also* **~ out**) aushungern; (*kill: also* **~ to death**) verhungern lassen. **to ~ oneself** hungern; **he ~d his way through college** er hat sich (*dat*) das Studium vom Mund abgespart.

2. (*fig*) **to ~ sb of sth** jdm etw vorenthalten *or* verweigern; **to be ~d of capital/graduates** an akutem Kapital-/Akademikermangel leiden; **to be ~d of affection** zuwenig Zuneigung erfahren.

II *vi* hungern; (*die: also* **~ to death**) verhungern. **I'm simply starving**! (*inf*) ich sterbe vor Hunger! (*inf*); **you must be starving**! du mußt doch halb verhungert sein! (*inf*); **to ~ for sth** (*fig*) nach etw hungern.

♦**starve out** *vt sep garrison* aushungern.

starving ['stɑːvɪŋ] *adj* (*lit*) hungernd *attr*; (*fig*) hungrig.

star wars *n sing* (*Mil*) Sternenkrieg *m*, Krieg *m* der Sterne.

stash [stæʃ] *vt* (*also* **~ away**) (*sl*) *loot* verschwinden lassen (*inf*), bunkern (*sl*); *money* beiseite schaffen.

stasis ['steɪsɪs] *n* Stauung, Stase (*spec*) *f*; (*Liter*) Stillstand *m*.

state [steɪt] **I** *n* **1.** (*condition*) Zustand *m*. **~ of health/mind/war/siege** Gesundheits- / Geistes- / Kriegs- / Belagerungszustand *m*; **widowed/married/single ~** Witwer- *or* Witwen-/Ehe-/Ledigenstand *m*; **to be in a ~ of weightlessness** sich im Zustand der Schwerelosigkeit befinden; **the ~ of the nation** die Lage der Nation; **the present ~ of the economy** die gegenwärtige Wirtschaftslage; **in a liquid/solid ~** im flüssigen/festen Zustand, in flüssigem/festem Zustand; **where animals live in their natural ~** wo Tiere im Naturzustand leben; **in a good/bad ~** in gutem/schlechtem Zustand; **he's in no (fit) ~/~ of mind to do that** er ist nicht in dem (richtigen) Zustand dafür *or* dazu; **what a ~ of affairs**! was sind das für Zustände!; **look at the ~ of your hands**! guck dir bloß mal deine Hände an!; **the room was in a terrible ~** im Zimmer herrschte ein fürchterliches Durcheinander.

2. (*inf: anxiety*) **to get into a ~ (about sth)** (*inf*) wegen etw durchdrehen (*inf*); **to be in a great ~** (*inf*) in heller Aufregung *or* ganz durchgedreht (*inf*) sein.

3. (*rank*) Stand, Rang *m*. **~ of bishop** Bischofswürde *f*; **men in all ~s of life** Menschen *or* Angehörige aller Stände.

4. (*pomp*) Aufwand, Pomp *m*. **to be received in great ~** mit großem Staat empfangen werden; **to travel in ~** aufwendig *or* pompös reisen; **to lie in ~** (feierlich) aufgebahrt sein.

5. (*Pol*) Staat *m*; (*federal* ~) (Bundes)staat *m*; (*in BRD, Austria*) (Bundes)land *nt*. **the S~s** die (Vereinigten) Staaten; **the S~ of Florida** der Staat Florida; **a ~ within a ~** ein Staat im Staate; **affairs of ~** Staatsangelegenheiten *pl*.

II *vt* darlegen, vortragen; *name, price, amount* nennen, angeben; *purpose* angeben. **to ~ that ...** feststellen *or* erklären, daß ...; **to ~ one's case** seine Sache vortragen; **it must be clearly ~d in the records ...** es muß aus den Akten einwandfrei hervorgehen, ...; **to ~ the case for the prosecution** (*Jur*) die Anklage vortragen; **the theme is ~d in the first few bars** das Thema wird in den ersten paar Takten vorgestellt; **unless otherwise ~d** wenn nicht anders angegeben; **as ~d in my letter I ...** wie in meinem Brief erwähnt, ... ich ...

state *in cpds* Staats-; *control also, industry* staatlich; (*US*) des Bundes- *or* Einzelstaates, bundesstaatlich; (*ceremonial*) Staats-; **state-aided** *adj* staatlich gefördert; **state bank** *n* Staatsbank *f*; **statecraft** *n* die Staatskunst.

stated ['steɪtɪd] *adj* **1.** (*declared*) *sum, date* angegeben, genannt; *limits* bestimmt. **2.** (*fixed, regular*) *times, amount* fest(gesetzt). **at the ~ intervals** in den festgelegten Abständen; **on the ~ date** *or* **the date ~** zum festgesetzten Termin.

State Department *n* (*US*) Außenministerium *nt*; **state education** *n* staatliche Erziehung; (*system*) staatliches Erziehungs- *or* Bildungswesen.

statehood ['steɪthʊd] *n* Eigenstaatlichkeit *f*. **to achieve ~** ein eigener *or* selbständiger Staat werden.

statehouse *n* (*US*) Parlamentsgebäude, Kapitol *nt*; **stateless** *adj* staatenlos; **~ person** Staatenlose(r) *mf*; **statelessness** *n* Staatenlosigkeit *f*.

stateliness ['steɪtlɪnɪs] *n see adj* Würde *f*; Gemessenheit *f*; Pracht *f*.

stately ['steɪtlɪ] *adj* (+*er*) *person, bearing* würdevoll; *pace, walk* gemessen; *palace, tree* prächtig. **~ home** herrschaftliches Anwesen, Schloß *nt*.

statement ['steɪtmənt] *n* **1.** (*putting for-*

ward: of thesis) Darstellung *f*; (*of problem also*) Darlegung *f*. **a clear ~ of the facts** eine klare Feststellung der Tatsachen.

2. (*that said*) Feststellung *f*; (*claim*) Behauptung *f*; (*Mus: of theme*) Vorstellen *nt*; (*official, Government ~*) Erklärung, Stellungnahme *f*; (*in court, to police*) Aussage *f*; (*written*) Protokoll *nt*, Aussage *f*. **to make a ~ to the press** eine Presseerklärung abgeben.

3. (*Philos*) Behauptung, These *f*; (*Logic*) Satz *m*; (*Gram*) Feststellung *f*.

4. (*Fin*) Rechnung *f*; (*also* **bank ~**) Kontoauszug *m*.

state occasion *n* Staatsanlaß *m*, Staatsfeierlichkeit *f*; **state-of-the-art** *adj* hochmodern, dem neuesten Stand der Technik entsprechend *attr*; **to be ~** dem neuesten Stand der Technik entsprechen; **~ technology** Spitzentechnologie *f*; **state-owned** *adj* staatseigen; **state registered nurse** *n* (*Brit*) staatlich anerkannte Krankenschwester; **stateroom** *n* (*Naut*) Kabine *f*; (*US Rail*) Privat(schlafwagen)abteil *nt*; **state school** *n* staatliche Schule; **state secret** *n* Staatsgeheimnis *nt*; **State's evidence** *n* (*US*) Aussage *f* eines Kronzeugen; **to turn ~** als Kronzeuge auftreten; **stateside** (*US inf*) **I** *adj* in den Staaten (*inf*); *newspaper* aus den Staaten (*inf*); **II** *adv* heim, nach Hause.

statesman ['steɪtsmən] *n, pl* **-men** [-mən] Staatsmann *m*.

statesmanlike ['steɪtsmənlaɪk] *adj* staatsmännisch.

statesmanship ['steɪtsmənʃɪp] *n* Staatskunst *f*. **skills of ~** staatsmännische Fähigkeiten *pl*.

stateswoman ['steɪtswʊmən] *n, pl* **-women** Staatsmännin *f*.

state trooper *n* (*US*) Soldat *m* der amerikanischen Nationalgarde; **state visit** *n* Staatsbesuch *m*; **statewide** *adj* (*US*) im ganzen Bundesstaat, landesweit.

static ['stætɪk] **I** *adj* **1.** (*Phys*) statisch.

2. (*not moving or changing*) konstant; (*stationary*) feststehend *attr*; *condition, society* statisch. **their relationship became ~** ihre Beziehung stagnierte *or* trat auf der Stelle.

II *n* (*Phys*) Reibungselektrizität *f*; (*Rad also*) atmosphärische Störungen *pl*.

statics ['stætɪks] *n sing* Statik *f*.

station ['steɪʃən] **I** *n* **1.** Station *f*; (*police ~, fire ~*) Wache *f*; (*space ~*) (Raum)station *f*; (*US: gas ~*) Tankstelle *f*; *see* **work ~**.

2. (*railway ~, bus ~*) Bahnhof *m*; (*stop*) Station *f*.

3. (*Mil: post*) Stellung *f*, Posten *m*. **frontier/naval ~** Grenzstellung *f*/Flottenstützpunkt *m*.

4. (*esp Austral: ranch*) Farm *f*. **sheep/cattle ~** Schafs-/Rinderzuchtfarm *f*; **~-hand** Farmgehilfe *m*.

5. (*Rad, TV*) Sender *m*, Sendestation *f*; (*channel*) Sender *m*.

6. (*position*) Platz *m*. **to take up one's ~** sich (auf)stellen, seinen Platz einnehmen; **the S~s of the Cross** die Stationen *pl* des Kreuzwegs.

7. (*rank*) Stand, Rang *m*. **~ in life** Stellung *f* (im Leben), Rang *m*; **to marry below/above one's ~** nicht standesgemäß/über seinem Stand heiraten.

II *vt* (auf)stellen, postieren; (*Mil*) stationieren.

station agent *n* (*US*) *see* **station-master**.

stationary ['steɪʃənərɪ] *adj* (*not moving*) *car* parkend *attr*; haltend *attr*; (*not movable*) fest(stehend *attr*). **to be ~** (*vehicles*) stehen; (*traffic, fig*) stillstehen; **to remain ~** sich nicht bewegen; (*traffic*) stillstehen; **he never remains ~ for long** er bleibt nirgendwo lange.

stationer ['steɪʃənə^r] *n* Schreibwarenhändler(in *f*) *m*. **~'s (shop)** Schreibwarenhandlung *f*.

stationery ['steɪʃənərɪ] *n* (*notepaper*) Briefpapier *nt*; (*writing materials*) Schreibwaren *pl*. **office ~** Büromaterial *nt*. **~ cupboard** (*Brit schools*) *Stelle in einer Schule, wo Schüler Hefte und weiteren Schulbedarf bekommen können.*

station house *n* (*US: police*) (Polizei)wache *f*, (Polizei)revier *nt*; **stationmaster** *n* Bahnhofsvorsteher *m*; **station police** *n* Bahnpolizei *f*; **station selector** *n* (*Rad*) Sendereinstellung *f*; **station wagon** *n* Kombi(wagen) *m*.

statistic [stə'tɪstɪk] *n* Statistik *f*.

statistical *adj*, **~ly** *adv* [stə'tɪstɪkəl, -ɪ] statistisch.

statistician [ˌstætɪ'stɪʃən] *n* Statistiker(in *f*) *m*.

statistics [stə'tɪstɪks] *n* **1.** *sing* Statistik *f*. **2.** *pl* (*data*) Statistiken *pl*; *see* **vital**.

stator ['steɪtə^r] *n* (*Elec*) Stator *m*.

statuary ['stætjʊərɪ] (*form*) **I** *adj* statuarisch (*geh*). **~ art** Plastik *f*. **II** *n* (*Art*) Plastik, Bildhauerei *f*; (*statues*) Plastiken, Statuen *pl*.

statue ['stætju:] *n* Statue *f*, Standbild *nt*. **S~ of Liberty** Freiheitsstatue *f*.

statuesque [ˌstætjʊ'esk] *adj* standbildhaft, statuesk (*liter*). **a woman of ~ beauty** eine Frau von klassischer Schönheit.

statuette [ˌstætjʊ'et] *n* Statuette *f*.

stature ['stætʃə^r] *n* **1.** Wuchs *m*; (*esp of man*) Statur *f*. **of short ~** von kleinem Wuchs. **2.** (*fig*) Format *nt*.

status ['steɪtəs] *n* Stellung *f*; (*legal ~, social ~ also*) Status *m*. **equal ~** Gleichstellung *f*; **marital ~** Familienstand *m*; **many people who merely desire ~** viele Menschen, die bloß nach Prestige streben; **unsupported statements have no ~ in law** unbewiesene Behauptungen sind rechtlich irrelevant; **the idea that possession brings ~** die Vorstellung, daß Besitz das Prestige erhöht.

status-conscious *adj* statusbewußt; **status line** *n* (*Comput*) Statuszeile *f*.

status quo ['steɪtəs'kwəʊ] *n* Status quo *m*.

status report *n* Zwischenbericht *m*; **status symbol** *n* Statussymbol *nt*.

statute ['stætju:t] *n* Gesetz *nt*; (*of organization*) Satzung *f*, Statut *nt*. **by ~** gesetzlich; statutarisch, satzungsgemäß.

statute book *n* Gesetzbuch *nt*; **to be on the ~** geltendes Recht sein; **statute law** *n* Gesetzesrecht, Statute Law *nt*; **statute mile** *n* britische Meile.

statutory ['stætjʊtərɪ] *adj* gesetzlich; *holiday also, quarantine* gesetzlich vorgeschrieben; (*in organization*) satzungsgemäß, statutarisch; *right also* verbrieft; *punishment* (vom Gesetz) vorgesehen. **~ rape** Vergewaltigung *f* von Minderjährigen; **this is ~** das ist Gesetz.

staunch¹ [stɔːntʃ] *adj* (+*er*) *Catholic, loyalist* überzeugt; *Republican also* loyal; *member, supporter* ergeben, getreu; *support* standhaft, zuverlässig. **to be ~ in one's belief** fest *or* unerschütterlich im Glauben sein.

staunch² *vt flow* stauen; *bleeding* stillen.

staunchly ['stɔːntʃlɪ] *adv* treu, standhaft.

staunchness ['stɔːntʃnɪs] *n see adj* Überzeugung *f*; Loyalität *f*; Treue *f*; Standhaftigkeit *f*.

stave [steɪv] *n* **1.** (*of barrel*) (Faß)daube *f*; (*rung*) (Leiter)sprosse *f*; (*stick*) Knüppel, Knüttel (*old*) *m*. **2.** (*Mus: staff*) Notenlinien *pl*.

◆**stave in** *pret, ptp* **~d** *or* **stove in I** *vt sep* eindrücken; *head* einschlagen. **II** *vi* eingedrückt werden.

◆**stave off** *vt sep* **1.** *attack* zurückschlagen; *crisis, cold* abwehren; *hunger* lindern. **2.** (*delay*) *person* hinhalten; *crisis* hinausschieben.

staves [steɪvz] *pl of* **staff I 2., 4.**

stay¹ [steɪ] **I** *n* **1.** Aufenthalt *m*. **come for a longer ~ next year** komm nächstes Jahr für länger; **a short ~ in hospital** ein kurzer Krankenhausaufenthalt.

2. (*Jur*) Aussetzung *f*. **~ of execution** Aussetzung *f*, Vollstreckungsaufschub *m*; (*fig*) Galgenfrist *f*; (*of death penalty*) Hinrichtungsaufschub *m*.

II *vt* **1.** (*Jur*) *order, sentence* aussetzen. **2. to ~ the course** (*lit, fig*) durchhalten.

III *vi* **1.** (*remain*) bleiben. **to ~ for** *or* **to supper** zum Abendessen bleiben; **to have come to ~** (*fashion*) sich halten; **has unemployment come to ~?** ist die Arbeitslosigkeit nun ein Dauerzustand?; **if it ~s fine** wenn es schön bleibt; **~ with it!** nicht aufgeben!; *see* **put²**.

2. (*reside*) wohnen; (*at youth-hostel*) übernachten. **to ~ at a hotel** im Hotel wohnen *or* übernachten; **I ~ed in Italy for a few weeks** ich habe mich ein paar Wochen in Italien aufgehalten; **where are you ~ing?** wo wohnen Sie?; **he is ~ing at Chequers for the weekend** er verbringt das Wochenende in Chequers; **he went to ~ in the country for a while** er ist für einige Zeit aufs Land gefahren; **we would ~ at a different resort each year** wir waren jedes Jahr an einem anderen Urlaubsort; **my brother came to ~** mein Bruder ist zu Besuch gekommen.

◆**stay away** *vi* (*from* von) wegbleiben; (*from person*) sich fernhalten. **to ~ ~ from a girl** von einem Mädchen die Finger lassen; **he can't ~ ~ from the pub** ihn zieht es immer wieder in die Wirtschaft.

◆**stay behind** *vi* zurückbleiben; (*Sch: as punishment*) nachsitzen. **I ~ed ~ after the party** ich blieb nach der Party noch da.

◆**stay down** *vi* (*keep down*) unten bleiben; (*Sch*) wiederholen. **nothing I eat ~s ~** alles, was ich esse, kommt wieder hoch.

◆**stay in** *vi* (*at home*) zu Hause bleiben; (*in position, in book*) drinbleiben; (*Sch*) nachsitzen.

◆**stay off I** *vi* **1.** (*rain*) ausbleiben. **2.** (*from work*) zu Hause bleiben. **II** *vi* +*prep obj* **1.** (*not go on*) nicht betreten. **~ ~ my patch!** komm mir nicht ins Gehege! **2. to ~ ~ work/school** nicht zur Arbeit/Schule gehen; **to ~ ~ the bottle** (*inf*) die Flasche nicht anrühren (*inf*).

◆**stay on** *vi* (*lid etc*) draufbleiben; (*light*) anbleiben; (*people*) (noch) bleiben. **he ~ed ~ for another year** er blieb noch ein Jahr; **to ~ ~ at school/as manager** (in der Schule) weitermachen/(weiterhin) Geschäftsführer bleiben.

◆**stay out** *vi* draußen bleiben; (*on strike*) weiterstreiken; (*not come home*) wegbleiben. **to ~ ~ of sth** sich aus etw heraushalten; **he never managed to ~ ~ of trouble** er war dauernd in Schwierigkeiten; **you ~ ~ of this!** halt du dich da raus!

◆**stay up** *vi* **1.** (*person*) aufbleiben. **don't ~ ~ for me!** bleib nicht meinetwegen auf!

2. (*tent, fence, pole*) stehen bleiben; (*picture, decorations*) hängen bleiben; (*swimmer*) oben bleiben; (*roof*) draufbleiben. **his trousers won't ~ ~** seine Hosen rutschen immer.

3. he's still ~ing ~ with the front runners er liegt immer noch auf gleicher Höhe mit den Läufern an der Spitze.

stay² *n* (*guy-rope*) Stütztau, Halteseil *nt*; (*Naut*) Stag *nt*. **the ~ of one's old age** (*fig*) die Stütze seines Alters.

stay-at-home ['steɪət,həʊm] **I** *n* Stubenhocker *m*. **II** *adj attr* stubenhockerisch.

stayer ['steɪəʳ] *n* (*horse*) Steher *m*; (*person*) beständiger *or* ausdauernder Mensch.

staying power ['steɪɪŋ,paʊəʳ] *n* Stehvermögen, Durchhaltevermögen *nt*, Ausdauer *f*.

St Bernard [sənt'bɜːnəd] *n* Bernhardiner *m*.

STD (*Brit Telec*) *abbr of* **subscriber trunk dialling** der Selbstwählferndienst. **~ number/code** Vorwahl(nummer) *f*.

stead [sted] *n* **in his ~** an seiner Stelle *or* Statt (*liter, form*); **to stand sb in good ~** jdm zugute *or* zustatten kommen.

steadfast ['stedfəst] *adj* fest; *look also* unverwandt; *person, refusal also* standhaft; *person also, belief* unerschütterlich. **to remain ~ in adversity/in one's faith** allen Unbillen zum Trotz (*liter*)/in seinem Glauben nicht schwanken.

steadfastly ['stedfəstlɪ] *adv* fest; *look* unverwandt; *adhere, refuse* standhaft, unerschütterlich.

steadfastness ['stedfəstnɪs] *n see adj* Festigkeit *f*; Unverwandtheit *f*; Standhaftigkeit *f*; Unerschütterlichkeit *f*.

steadily ['stedɪlɪ] *adv* **1.** (*firmly*) ruhig; *balanced* fest; *gaze* fest, unverwandt. **2.** (*constantly*) ständig; *rain* ununterbrochen. **3.** (*reliably*) zuverlässig, solide.

steadiness ['stedɪnɪs] *n* (*stability*) Festigkeit *f*; (*of hand, eye*) Ruhe *f*; (*regularity*) Stetigkeit *f*; (*of gaze also*) Unverwandtheit *f*; (*of character*) Zuverlässigkeit, Solidität *f*.

steady ['stedɪ] **I** *adj* (+*er*) **1.** (*firm, not wobbling*) *hand, nerves, eye* ruhig; *gaze* fest, unverwandt. **with a ~ hand** mit ruhiger Hand; **~ on one's legs/feet** fest *or* sicher auf den Beinen; **to hold sth ~** etw ruhig halten; *ladder* etw festhalten; **the chair is not very ~** der Stuhl ist wacklig.

2. (*constant*) *wind, progress, demand etc* ständig, stet (*geh*); *drizzle* ununterbrochen; *temperature* beständig. **at a ~ pace/70** in gleichmäßigem Tempo/ständig mit 70.

3. (*reliable, regular*) *worker* zuverlässig, solide.

4. *job, girl-/boyfriend* fest.

II *adv* ~! (*carefully, gently*) vorsichtig!; (*Naut*) Kurs halten!; **~ (on)!; to go ~ (with sb)** (*inf*) mit jdm (fest) gehen (*inf*); **they're going ~** (*inf*) sie gehen fest miteinander, sie sind fest zusammen.

III *n* (*inf*) fester Freund (*inf*), feste Freundin (*inf*).

IV *vt plane, boat* wieder ins Gleichgewicht bringen; (*stabilize*) *nerves, person* beruhigen; (*in character*) ausgleichen.

V *vi* sich beruhigen; (*person: also* **~ up**) ruhig(er) werden.

steak [steɪk] *n* Steak *nt*; (*of fish*) Filet *nt*. **a ham/bacon ~** eine Scheibe gebackener Schinken/Speck; **~ and kidney pie** Fleischpastete *f* mit Nieren; **~ dinner** Steak-Menü *nt*; **~house** Steakhouse *nt*; **~ knife** Steakmesser *nt*; **~ tartare** Tatarbeefsteak *nt*.

steal [stiːl] (*vb: pret* **stole,** *ptp* **stolen**) **I** *vt object, idea, kiss, heart* stehlen. **to ~ sth from sb** jdm etw stehlen; **to ~ sb's girlfriend** jdm die Freundin ausspannen (*inf*); **to ~ the show/sb's thunder/a march on sb** die Schau stehlen/jdm den Wind aus den Segeln nehmen/jdm zuvorkommen; **the baby stole all the attention** das Kind zog die ganze Aufmerksamkeit auf sich; **to ~ a glance at sb** verstohlen zu jdm hinschauen.

II *vi* **1.** stehlen.

2. (*move quietly*) sich stehlen, (sich) schleichen. **to ~ away** *or* **off/into a room** sich weg- *or* davonstehlen/sich in ein Zimmer stehlen; **to ~ about/up on sb** herumschleichen/sich an jdn heranschleichen; **old age was ~ing up on her** das Alter machte sich allmählich bei ihr bemerkbar; **the mood/feeling which was ~ing over the country** die Stimmung, die sich allmählich im Land verbreitete; **to ~ home** (*Baseball*) ungehindert zur Ausgangsbase vorrücken.

III *n* (*US inf: bargain*) Geschenk *nt* (*inf*). **it's a ~!** das ist (ja) geschenkt! (*inf*).

stealth [stelθ] *n* List *f*; (*of fox also*) Schläue *f*. **by ~** durch List.

stealthily ['stelθɪlɪ] *adv* verstohlen.

stealthiness ['stelθɪnɪs] *n* Verstohlenheit *f*.

stealthy ['stelθɪ] *adj* (+*er*) verstohlen; *footsteps* verhalten.

steam [stiːm] **I** *n* Dampf *m*; (*from swamp also*) Dunst *m*. **the windows were covered with ~** die Fensterscheiben waren beschlagen; **driven by ~** dampfgetrieben; **full ~ ahead!** (*Naut*) volle Kraft voraus!; **to get up ~** (*lit*) feuern, Dampf aufmachen (*dated*); (*fig*) in Schwung kommen; **to let off ~** (*lit, fig*) Dampf ablassen; **to run out of ~** (*lit*) Dampf verlieren; (*fig*) Schwung verlieren; **he ran out of ~** ihm ist die Puste ausgegangen (*inf*); **the ship went on under its own ~** das Schiff fuhr mit eigener Kraft weiter; **under one's own ~** (*fig*) allein, ohne Hilfe.

II *vt* dämpfen; *food also* dünsten. **to ~ open an envelope** einen Briefumschlag über Dampf öffnen; **~ed pudding** Kochpudding *m*.

III *vi* **1.** (*give off* ~) dampfen.

2. (*move*) dampfen. **we were ~ing along at 12 knots** wir fuhren mit 12 Knoten; **the ship ~ed into the harbour** das Schiff kam in den Hafen gefahren; **the train ~ed out** der Zug dampfte ab; **the runner came ~ing round the last bend** (*inf*) der Läufer kam mit Volldampf um die letzte Kurve (*inf*).

◆**steam ahead** *vi* (*inf: project, work*) gut vorankommen.

◆**steam off I** *vt sep stamp* über Dampf ablösen; *dirt* über Dampf entfernen; *excess flab* sich (*dat*) abschwitzen. **II** *vi* abfahren; (*train also*) losdampfen.

◆**steam over** *vi* (*window*) beschlagen.

◆**steam up I** *vt sep window* beschlagen lassen. **to be/get (all) ~ed ~** (ganz) beschlagen sein/(ganz) beschlagen; (*fig inf*) sich aufregen, hochgehen (*inf*). **II** *vi* beschlagen.

steamboat *n* Dampfschiff *nt*, Dampfer *m*; **steam-driven** *adj* mit Dampfantrieb, dampfgetrieben; **steam engine** *n* Dampflok *f*; (*stationary*) Dampfmaschine *f*.

steamer ['stiːməʳ] *n* (*ship*) Dampfer *m*; (*Cook*) Dampf(koch)topf *m*.

steamhammer *n* Dampfhammer *m*; **steam iron** *n* Dampfbügeleisen *nt*; **steam radio** *n* (*hum*) Dampfradio *nt* (*hum*); **steamroller I** *n* Dampfwalze *f*; **II** *vt road* glattwalzen; **to ~ a bill through parliament** (*fig*) ein Gesetz im Parlament durchpeitschen; **III** *adj* **~ tactics** Holzhammermethode *f* (*inf*); **steam room** *n* Saunaraum *m*; (*in Turkish bath*) Dampfraum *m*; **steamship** *n* Dampfschiff *nt*, Dampfer *m*; **steam-shovel** *n* Löffelbagger *m*; **steam turbine** *n* Dampfturbine *f*.

steamy ['stiːmɪ] *adj* (+*er*) dampfig, dunstig; *jungle,* dunstig; *room, atmosphere* dampfig, voll Dampf; *window, mirror* beschlagen; (*fig: erotic*) heiß.

steel [stiːl] **I** *n* Stahl *m*; (*sharpener*) Wetzstahl *m*; (*for striking spark*) Feuerstahl *m.* **a man of ~** ein stahlharter Mann; **as hard as ~** stahlhart, so hart wie Stahl.

II *adj attr* Stahl-.

III *vt* **to ~ oneself** sich wappnen (*for* gegen); (*physically*) sich stählen (*for* für); **to ~ oneself to do sth** allen Mut zusammennehmen, um etw zu tun; **he had ~ed himself/his heart against her** er hatte sich gegen sie innerlich hart gemacht; **he ~ed his troops for the battle** er machte seiner Truppe Mut für den Kampf; (*physically*) er stählte seine Truppe für den Kampf.

steel *in cpds* Stahl-, stahl-; **steel band** *n* Steelband *f*; **steel-clad** *adj* stahlgepanzert; **steel grey I** *n* Stahlgrau *nt*; **II** *adj* stahlgrau; **steel guitar** *n* Hawaiigitarre *f*; **steel mill** *n* Stahlwalzwerk *nt*; **steel-plated** *adj* mit Stahlüberzug; (*for protection*) stahlgepanzert; **steel wool** *n* Stahlwolle *f*; **steel worker** *n* (Eisen- und) Stahlarbeiter *m*; **steelworks** *n sing or pl* Stahlwerk *nt*.

steely ['sti:lɪ] *adj* (+*er*) *grip* stahlhart; *smile, expression* hart; *gaze* hart, stählern; *determination* eisern, ehern; *blue* Stahl-.

steelyard *n* Handwaage *f*.

steep¹ [sti:p] *adj* (+*er*) **1.** steil. **it's a ~ climb** es geht steil hinauf; **there's been a ~ drop in the value of the pound** das Pfund ist stark gefallen.

2. (*fig inf*) *demand* unverschämt; *price also, bill* gepfeffert (*inf*), gesalzen (*inf*). **that's pretty ~!** das ist ja allerhand!; **it seems a bit ~ that ...** es ist ein starkes Stück, daß ...

steep² **I** *vt* **1.** (*in liquid*) eintauchen; (*in marinade, dye*) ziehen lassen; *dried food, washing* einweichen.

2. (*fig*) **to be ~ed in sth** von etw durchdrungen sein; **~ed in history** geschichtsträchtig; **~ed in ignorance/vice/prejudice** durch und durch unwissend/verdorben/voreingenommen; **he is so ~ed in his own methods** er ist so auf seine eigenen Methoden geeicht; **a scholar ~ed in the classics** ein Gelehrter, der sich in die Klassiker versenkt hat.

II *vi* **to leave sth to ~** etw einweichen; (*in marinade, dye*) etw ziehen lassen.

steepen ['sti:pən] **I** *vt* steiler machen. **II** *vi* steiler werden.

steeple ['sti:pl] *n* Kirchturm *m*.

steeplechase *n* (*for horses*) Jagdrennen, Hindernisrennen *nt*; (*for runners*) Hindernislauf *m*; **steeplechaser** *n* (*horse*) Steepler *m*; (*jockey*) Reiter(in *f*) *m* in einem Jagdrennen; (*runner*) Hindernisläufer(in *f*) *m*; **steeplejack** *n* Turmarbeiter *m*.

steeply ['sti:plɪ] *adv* steil.

steepness ['sti:pnɪs] *n* **1.** Steile, Steilheit *f*. **2.** (*fig inf*) Unverschämtheit *f*.

steer¹ [stɪəʳ] **I** *vt* (*lit, fig*) lenken; *car also, ship* steuern; *person also* lotsen. **to ~ a course for sth** (*Naut*) auf etw (*acc*) Kurs halten; (*fig*) auf etw (*acc*) zusteuern; **this car is easy to ~** der Wagen läßt sich leicht lenken.

II *vi* (*in car*) lenken; (*in ship*) steuern. **to ~ due north** Kurs nach Norden halten; **~ left a bit** lenken *or* (*in ship*) steuern Sie etwas nach links; **to ~ for sth** auf etw (*acc*) zuhalten; (*Naut*) etw ansteuern, auf etw (*acc*) Kurs halten; (*fig*) auf etw (*acc*) zusteuern; *see* **clear**.

steer² *n* junger Ochse.

steerage ['stɪərɪdʒ] *n* Zwischendeck *nt*.

steerageway ['stɪərɪdʒweɪ] *n* Steuerkraft *f*.

steering ['stɪərɪŋ] *n* (*in car*) Lenkung *f*; (*Naut*) Steuerung *f*.

steering column *n* Lenksäule *f*; **steering committee** *n* Lenkungsausschuß *m*; **steering gear** *n* (*of plane*) Leitwerk *nt*; (*of boat*) Ruderanlage *f*; **steering lock** *n* Lenkradschloß *nt*; **steering wheel** *n* Steuer(rad) *nt*; (*of car also*) Lenkrad *nt*.

steersman ['stɪəzmən] *n*, *pl* **-men** [-mən] Steuermann *m*.

stein [ʃtaɪn] *n* Maßkrug *m*.

stele ['sti:lɪ] *n* (*Archeol*) Stele *f*.

stellar ['steləʳ] *adj* stellar.

stem [stem] **I** *n* **1.** (*of plant*) Stiel *m*; (*of woody plant, shrub*) Stamm *m*; (*of grain*) Halm *m*; (*fig: of family tree*) Hauptlinie *f*.

2. (*of glass*) Stiel *m*; (*of pipe*) Hals *m*; (*Mus: of note*) (Noten)hals *m*; (*in watch*) Welle *f*; (*of thermometer*) Röhre *f*.

3. (*of word*) Stamm *m*.

4. (*Naut*) Vordersteven *m*. **from ~ to stern** von vorne bis achtern.

II *vt* (*check, stop*) aufhalten; *flood, tide* eindämmen; *bleeding* zum Stillstand bringen; *flow of words* Einhalt gebieten (+*dat*).

III *vi* **to ~ from sth** (*result from*) von etw kommen, von etw herrühren; (*have as origin*) aus etw (her)stammen, auf etw (*acc*) zurückgehen; **what does this increase in inflation ~ from?** welche Ursachen hat diese Zunahme der Inflation?

stemmed [stemd] *adj* Stiel-.

stem parallel *n* (*Ski*) (ausgestemmter) Parallelschwung.

stem-turn ['stemtɜ:n] *n* Stemmbogen *m*.

stench [stentʃ] *n* Gestank *m*. **~ trap** Geruchsverschluß *m*.

stencil ['stensl] **I** *n* Schablone *f*; (*Printing: for duplicating*) Matrize *f*. **II** *vt* mit Schablonen zeichnen, auf Matrize schreiben.

sten gun ['stengʌn] *n* (*Mil*) leichtes Maschinengewehr.

stenographer [ste'nɒgrəfəʳ] *n* (*form*) Stenograph(in *f*) *m*.

stenography [ste'nɒgrəfɪ] *n* (*form*) Stenographie *f*.

stentorian [sten'tɔ:rɪən] *adj* schallend; *voice* Stentor- (*geh*).

step [step] **I** *n* **1.** (*pace, in dancing*) Schritt *m*; (*sound of ~ also*) Tritt *m*. **to take a ~** einen Schritt machen; **~ by ~** (*lit, fig*) Schritt für Schritt; **we followed his ~s in the snow** wir folgten seinen Fußstapfen im Schnee; **he watched my every ~** (*fig*) er beobachtete mich auf Schritt und Tritt; **to watch one's ~** achtgeben; (*fig also*) sich vorsehen.

2. to be in ~ (*lit*) im Gleichschritt *or* Tritt sein (*with* mit); (*in dancing*) im Takt sein (*with* mit); (*fig*) im Gleichklang sein (*with* mit); **to be out of ~** (*lit*) nicht im Tritt *or* im gleichen Schritt sein (*with* mit); (*in dancing*) nicht im gleichen Takt sein (*with* wie); (*fig*) nicht im Gleichklang sein (*with* mit); **to get out of ~** (*lit*) aus dem Schritt *or* Tritt kommen; (*in dancing*) aus dem Takt kommen; (*fig*) von der gemeinsamen Linie abkommen; **to keep in/break ~** (*lit*) Tritt halten/aus dem Tritt kommen; (*fig*) Schritt halten/aus dem Schritt kommen; **to fall into ~** (*lit*) in Gleichschritt fallen (*with* mit); (*fig*) in den gleichen Takt kommen (*with* wie).

3. (*distance*) **it's only a few ~s** es sind nur ein paar Schritte.

4. (*move*) Schritt *m*; (*measure also*) Maßnahme *f*. **the first ~ is to form a committee** als erstes muß ein Ausschuß gebildet werden; **it's a great ~ forward** es ist ein großer Schritt nach vorn; **that would be a ~ back/in the right direction for him** das wäre für ihn ein Rückschritt/ein Schritt in die richtige Richtung; **to take ~s to do sth** Maßnahmen ergreifen, (um) etw zu tun; **to take legal ~s** gerichtlich vorgehen.

5. (*in process, experiment*) Abschnitt *m*, Stufe *f*; (*in learning, course also*) Lernschritt *m*.

6. (*stair, fig: in scale, hierarchy*) Stufe *f*. **~s** (*outdoors*) Treppe *f*; **mind the ~** Vorsicht Stufe.

7. ~s *pl* (*~-ladder: also* **pair of ~s**) Tritt- *or* Stufenleiter *f*.

II *vt* **1.** (*arrange in ~s*) terrassenförmig anlegen, abstufen.

2. ~ two paces to the left treten Sie zwei Schritte nach links.

III *vi* gehen. **to ~ into/out of sth** *house, room, puddle* in etw (*acc*)/aus etw treten; *train, dress* in etw (*acc*)/aus etw steigen; **to ~ on(to) sth** *plane, train* in etw (*acc*) steigen; *platform, ladder* auf etw (*acc*) steigen; **to ~ on sth** *object, toy* auf etw (*acc*) treten; **he ~ped on my foot** er ist mir auf den Fuß getreten; **to ~ over sb/sth** über jdn/etw steigen; **please mind where you ~** geben Sie acht, wo Sie hintreten; **~ this way, please** hier entlang, bitte!; **he ~ped into the road** er trat auf die Straße; **he ~ped into his father's job/shoes** er übernahm die Stelle seines Vaters; **to ~ inside** herein-/hineintreten; **to ~ outside** heraus-/hinaustreten; (*for fight*) (mal eben) vor die Tür gehen; **just ~ outside a moment** kommen/gehen Sie einen Moment her-/hinaus; **~ on it!** mach mal ein bißchen (schneller)! (*inf*); (*in car*) gib Gas!

◆**step aside** *vi* **1.** (*lit*) zur Seite treten. **2.** (*fig*) Platz machen. **to ~ ~ to make way for sb** jdm Platz machen.

◆**step back** *vi* **1.** (*lit*) zurücktreten. **2.** (*fig*) **to ~ ~ from sth** von etw Abstand gewinnen; **let us ~ ~ into the 18th century** versetzen wir uns einmal ins 18. Jahrhundert zurück.

◆**step down** *vi* **1.** (*lit*) herab-/hinabsteigen. **2.** (*fig*) **to ~ ~ in favour of sb** *or* **for sb** jdm Platz machen, zu jds Gunsten zurücktreten. **3.** (*resign*) zurücktreten.

◆**step forward** *vi* vortreten; (*fig*) sich melden.

◆**step in** *vi* **1.** (*lit*) eintreten (*-to, +prep obj* in *+acc*). **2.** (*fig*) eingreifen, einschreiten; (*interferingly*) dazwischenkommen.

◆**step off** *vi +prep obj* (*off bus, plane, boat*) aussteigen (*prep obj* aus). **to ~ ~ the pavement** vom Bürgersteig treten.

◆**step out I** *vt sep* (*measure*) abschreiten. **II** *vi* **1.** (*go out*) hinausgehen. **2.** (*walk briskly*) zügig *or* schnell gehen, forsch ausschreiten (*liter*); (*speed up*) schneller gehen.

◆**step up I** *vt sep* steigern; *efforts also, security arrangements, campaign* verstärken; *volume, number* erhöhen.

II *vi* **1.** (*come forward*) vortreten. **to ~ ~ to sb** auf jdn zugehen/zukommen; **~ ~, ladies and gentlemen** treten Sie näher, meine Damen und Herren; **he ~ped ~ onto the stage** er trat auf die Bühne; **he ~ped ~ another rung** er stieg eine Sprosse höher.

2. (*increase*) zunehmen; (*rate, pressure*) ansteigen.

step- *pref brother, mother etc* Stief-.

step-down ['step'daʊn] *adj* (*Elec*) heruntertransformierend.

Stephen ['sti:vn] *n* Stephan *m*.

step-ladder ['step,lædə^r] *n* Stufenleiter, Trittleiter *f*.

steppe [step] *n* Steppe *f*.

stepper motor ['stepə,məʊtə^r] *n* Schrittmotor *m*.

stepping stone ['stepɪŋ,stəʊn] *n* (Tritt)-stein *m*; (*fig*) Sprungbrett *nt*.

step-up ['step'ʌp] **I** *n* (*inf: increase*) Anstieg *m*, Zunahme *f* (*in gen*). **II** *adj* (*Elec*) herauftransformierend.

stereo ['sterɪəʊ] **I** *n* Stereo *nt*; (*record-player*) Stereoanlage *f*. **in/on ~** in Stereo/auf einem Stereogerät. **II** *adj* Stereo-.

stereophonic [,sterɪəʊ'fɒnɪk] *adj* stereophon.

stereophony [sterɪ'ɒfənɪ] *n* Stereophonie *f*, Raumklang *m*.

stereoscope ['sterɪəʊ,skəʊp] *n* Stereoskop *nt*.

stereoscopic [,sterɪəʊ'skɒpɪk] *adj* stereoskop(isch); *film, screen also* 3-D-.

stereotype ['sterɪə,taɪp] **I** *n* **1.** (*fig*) Klischee(vorstellung *f*), Stereotyp *nt*; (*~ character*) stereotype Figur.

2. (*Typ*) (*plate*) Stereotypplatte *f*; (*process*) Plattendruck *m*.

II *attr* stereotyp; *ideas, thinking also* klischeehaft.

III *vt* **1.** (*fig: character*) klischeehaft *or* als Typ zeichnen *or* darstellen. **the plot of the Western has become ~d** die Handlung des Western ist zu einem Klischee geworden; **I don't like being ~d** ich lasse mich nicht gern in ein Klischee zwängen.

2. (*Typ*) stereotypieren.

stereotyped ['sterɪə,taɪpt] *adj see* **stereotype II**.

stereotypical ['sterɪə,tɪpɪk^əl] *adj*: **a ~ Englishman** ein typischer Engländer.

sterile ['steraɪl] *adj* **1.** *animal, soil* unfruchtbar; *person also* steril; (*fig: fruit-*

less also) ergebnislos, nutzlos. **2.** (*germ-free*) steril, keimfrei; (*fig*) steril.

sterility [ste'rılıtı] *n see adj* **1.** Unfruchtbarkeit *f*; Sterilität *f*; Ergebnislosigkeit, Nutzlosigkeit *f*. **2.** Sterilität *f*.

sterilization [ˌsterılaı'zeıʃən] *n* Sterilisierung, Sterilisation *f*.

sterilize ['sterılaız] *vt person, instruments* sterilisieren.

sterilizer ['sterılaızə^r] *n* (*for instruments*) Sterilisator *m*.

sterling ['stɜːlıŋ] **I** *adj* **1.** (*Fin*) Sterling-. **in pounds ~** in Pfund Sterling; **~ area** Sterlingländer *pl*.

2. (*fig*) gediegen; *character* lauter.

3. ~ silver Sterlingsilber *nt*.

II *n* **1.** *no art* (*money*) das Pfund Sterling, das englische Pfund. **in ~** in Pfund Sterling. **2.** (*silver*) (Sterling)silber *nt*.

stern[1] [stɜːn] *n* (*Naut*) Heck *nt*; (*fig hum: of person*) Hinterteil *nt*. **the ~ of the ship** das Achterschiff.

stern[2] *adj* (+*er*) (*strict*) streng; *words also, character, warning* ernst. **with a ~ face** mit strenger Miene; **made of ~er stuff** aus härterem Holz geschnitzt.

sternly ['stɜːnlı] *adv see adj*.

sternmost ['stɜːnməʊst] *adj* achterste(r, s).

sternness ['stɜːnnıs] *n see adj* Strenge *f*; Ernst *m*.

sternum ['stɜːnəm] *n* Brustbein, Sternum (*spec*) *nt*.

steroid ['stıərɔıd] *n* Steroid *nt*.

stertorous ['stɜːtərəs] *adj* (*liter*) *breathing* röchelnd, rasselnd.

stet [stet] (*Typ*) **I** *interj* stehenlassen (*Punkte unter falscher Korrektur*). **II** *vt* die Korrektur (+*gen*) rückgängig machen.

stethoscope ['steθəskəʊp] *n* Stethoskop *nt*.

stetson ['stetsən] *n* Stetson, Texashut *m*.

stevedore ['stiːvıdɔː^r] *n* Stauer, Schauermann *m*.

Steven ['stiːvn] *n* Stefan *m*.

stew [stjuː] **I** *n* **1.** Eintopf(gericht *nt*) *m*; *see* **Irish. 2.** (*inf*) **to be in a ~ (about sth)** (über etw (*acc*) *or* wegen etw) (ganz) aufgeregt sein.

II *vt* **1.** *meat* schmoren; *fruit* dünsten. **~ed apples** Apfelkompott *nt*; **the tea was ~ed** der Tee war bitter geworden. **2. to be/get ~ed** (*sl: drunk*) voll sein (*inf*)/sich vollaufen lassen (*inf*).

III *vi* (*meat*) schmoren; (*fruit*) dünsten; (*inf: tea*) bitter werden. **to let sb ~ (in his/her own juice)** jdn (im eigenen Saft) schmoren lassen.

steward ['stjuːəd] *n* Steward *m*; (*on estate*) Verwalter *m*; (*at dance, meeting*) Ordner *m*; (*shop ~*) (gewerkschaftliche(r)) Vertrauensmann/-frau (im Betrieb).

stewardess [ˌstjuːə'des] *n* Stewardeß *f*.

stewardship ['stjuːədʃıp] *n* Verwaltung *f*; (*rank, duties*) Verwalteramt *nt*.

stewing ['stjuːıŋ]: **stewing pan** *n* Kasserolle *f*, Bratentopf *m*; **stewing steak** *n* Rindfleisch *nt* für Eintopf.

stick[1] [stık] **I** *n* **1.** Stock *m*; (*twig*) Zweig *m*; (*conductor's baton*) Taktstock *m*; (*hockey ~*) Schläger *m*; (*drum~*) Schlegel *m*. **to give sb the ~, to take the ~ to sb** jdm eine Tracht Prügel geben; **to give sb/sth (a lot of) ~** (*inf: criticize*) jdn/etw heruntermachen (*inf*) *or* -putzen (*inf*); **to take (a lot of) ~** (*inf*) viel einstecken (müssen); **they adopted the policy of the big ~** sie holten den großen Knüppel raus (*inf*); **to get hold of the wrong end of the ~** (*fig inf*) etw falsch verstehen.

2. (*of sealing wax, celery, rhubarb, dynamite*) Stange *f*; (*of chalk, shaving soap*) Stück *nt*; (*Aviat: joy~*) Steuerknüppel *m*; (*of bombs*) Bombenladung *f* für Reihenabwurf; (*Typ*) Winkelhaken *m*. **a ~ deodorant** ein Deodorant-Stift *m*; **a ~ of rock** eine Zuckerstange.

3. (*inf: person*) Kerl *m* (*inf*). **he's/she's a funny old ~** er/sie ist ein komischer Kauz.

4. the ~s (*Horse-racing inf*) die Hürden *pl*.

5. in the ~s (*esp US: backwoods*) in der hintersten *or* finsteren Provinz.

II *vt plants* stützen.

stick[2] *pret, ptp* **stuck I** *vt* **1.** (*with glue*) kleben. **to ~ a stamp on sth** eine Briefmarke auf etw (*acc*) kleben; **please ~ the posters to the walls with pins not sellotape** bitte die Poster mit Stecknadeln und nicht mit Tesafilm an den Wänden befestigen; **to ~ the blame on sb** jdm die Schuld zuschieben.

2. (*pin*) stecken. **he stuck a badge on his lapel** er steckte sich (*dat*) ein Abzeichen ans Revers.

3. (*jab*) *knife, sword* stoßen. **he stuck a pin into his finger** (*accidentally*) er hat sich (*dat*) mit einer Nadel in den Finger gestochen; *see also* **stick in.**

4. *pig* (ab)stechen.

5. (*inf: place, put*) tun (*inf*); (*in sth also*) stecken (*inf*). **~ it on the shelf** tu's ins *or* aufs Regal; **he stuck his head round the corner** er steckte seinen Kopf um die Ecke; **to ~ one's hat on** sich (*dat*) den Hut aufsetzen; **he stuck a drink in my hand** er drückte mir ein Glas in die Hand; **I'll tell him where he can ~ his complaint in a minute!** (*sl*) die Beschwerde kann er sich (*dat*) sonstwohin stecken (*inf*).

6. (*decorate: with pearls*) besetzen.

7. (*esp Brit inf: tolerate*) aushalten; *pace, pressure of work* durchhalten. **I can't ~ him/that** ich kann ihn/das nicht ausstehen (*inf*).

8. to ~ sb with sth (*inf: lumber*) jdm etw aufladen *or* aufhalsen (*inf*); (*with bill*) jdm etw andrehen.

II *vi* **1.** (*glue, burr*) kleben (*to* an +*dat*). **you'll never make it ~!** damit kommen Sie nie durch!; **how do they hope to make the charge ~?** wie wollen sie das (je) beweisen?; **the name seems to have stuck** der Name scheint ihm/ihr geblieben zu sein.

2. (*become caught, wedged etc*) stekkenbleiben; (*drawer, window*) klemmen; *see* **stuck.**

3. (*sth pointed*) stecken (*in* in +*dat*). **it stuck in my foot** das ist mir im Fuß steckengeblieben.

4. (*Cards*) halten.

5. (*project*) **his toes are ~ing through his socks** seine Zehen kommen durch die Socken; **we could see Manfred's head ~ing over the wall** wir sahen Manfreds Kopf über die Mauer gucken (*inf*).

6. (*stay*) bleiben; (*slander*) haftenbleiben. **to ~ in sb's mind** jdm im Gedächtnis bleiben; **to make sth ~ in one's mind** sich (*dat*) etw einprägen.

◆**stick around** *vi* (*inf*) hier/dableiben. **~ ~!** wart's ab!

◆**stick at** *vi +prep obj* **1.** (*persist*) bleiben an (+*dat*) (*inf*). **to ~ ~ it** dranbleiben (*inf*). **2.** (*stop at*) zurückschrecken vor (+*dat*). **he will ~ ~ nothing** er macht vor nichts halt.

◆**stick by** *vi +prep obj sb* halten zu; *promise* stehen zu.

◆**stick down** *vt sep* **1.** (*glue*) ankleben; *envelope* zukleben. **2.** (*inf*) (*put down*) abstellen; (*write down*) aufschreiben.

◆**stick in I** *vt sep* **1.** *stamps* einkleben.

2. hineinstecken; *knife etc* einstechen. **to ~ sth ~(to) sth** etw in etw (*acc*) stekken; (*prick*) *knife, pin* mit etw in etw (*acc*) stechen; **he stuck his knife ~(to) the table** er stieß das Messer in den Tisch.

II *vi* (*knife, arrow*) stecken(bleiben).

◆**stick on I** *vt sep* **1.** *label, cover* aufkleben (*prep obj* auf +*acc*). **2.** (*add*) *money* draufschlagen; (+*prep obj*) aufschlagen auf (+*acc*). **II** *vi* **1.** (*label*) kleben, haften (*prep obj* an +*dat*). **2.** (*inf: on horse*) oben bleiben.

◆**stick out I** *vi* vorstehen (*of* aus); (*ears, hair*) abstehen; (*fig: be noticeable*) auffallen. **his head was ~ing ~ of the turret** sein Kopf sah aus dem Turm vor. **II** *vt sep* hinaus-/herausstrecken.

◆**stick out for** *vi +prep obj* beharren auf.

◆**stick to** *vi +prep obj* **1.** bleiben bei; (*remain faithful to*) *principles* treu bleiben (+*dat*).

2. the photographers stuck ~ her wherever she went die Fotografen hefteten sich ihr überall an die Fersen.

3. (*persist with*) *task* bleiben an (+*dat*).

◆**stick together** *vi* zusammenkleben; (*fig: partners*) zusammenhalten.

◆**stick up I** *vt sep* **1.** (*with tape*) zukleben.

2. (*inf: raise*) **~ 'em ~!** Hände hoch!; **~ ~ your hand if you want to go** Hand hoch, wer gehen will; **three pupils stuck ~ their hands** drei Schüler meldeten sich.

3. (*inf: rob*) *bank* überfallen.

4. (*inf*) **don't ~ your nose ~ at my cooking** rümpf bloß nicht die Nase über meine Kochkünste.

II *vi* (*nail*) vorstehen; (*hair*) abstehen; (*collar*) hochstehen.

◆**stick up for** *vi +prep obj sb, one's principles* eintreten für. **to ~ ~ ~ oneself** sich behaupten

◆**stick with** *vi +prep obj* bleiben bei; (*remain loyal to*) halten zu; *the leaders* mithalten mit.

sticker ['stɪkəʳ] *n* **1.** (*label*) Aufkleber *m*; (*price ~*) Klebeschildchen *nt*. **2.** (*inf: determined person*) **he's a ~** er ist zäh.

stickiness ['stɪkɪnɪs] *n* (*lit*) Klebrigkeit *f*; (*of atmosphere, weather*) Schwüle *f*; (*of air*) Stickigkeit *f*. **the ~ of the situation** die heikle Situation.

sticking ['stɪkɪŋ]: **sticking plaster** *n* (*Brit*) Heftpflaster *nt*; **sticking point** *n* **you can push her so far, then she reaches her ~** man kann sie bis zu einem gewissen Punkt überreden, dann macht sie einfach nicht mehr mit.

stick insect *n* Stabheuschrecke *f*.

stick-in-the-mud ['stɪkɪnðəˌmʌd] (*inf*) **I** *n* Muffel *m* (*inf*). **II** *adj* rückständig; *parents also* muffelig (*inf*).

stickleback ['stɪklbæk] *n* Stichling *m*.

stickler ['stɪkləʳ] *n* **to be a ~ for sth** es mit etw peinlich genau nehmen.

stick-on *adj label* (Auf)klebe-; **stick pin** *n* (*US*) Krawattennadel *f*; **stick-up** *n* (*inf*) Überfall *m*.

sticky ['stɪkɪ] *adj* (+*er*) **1.** klebrig; *label* Klebe-; *paint* feucht; *atmosphere, weather* schwül; *air* stickig; (*sweaty*) *hands* feucht, verschwitzt. **~ tape** Klebeband *nt*.

2. (*fig inf*) *problem, person* schwierig; *situation, moment* heikel. **he was a bit ~ about it** er hat dabei Schwierigkeiten gemacht; **to come to a ~ end** ein böses Ende nehmen; **to be on a ~ wicket** in der Klemme sein; **he's got ~ fingers** (*fig*) er hat lange Finger (*inf*).

stiff [stɪf] **I** *adj* (+*er*) **1.** steif; *corpse also* starr; *brush* hart; *dough, paste* fest.

2. *resistance, drink, dose* stark; *fight* zäh, hart; *competition* hart; *breeze* steif; *climb, test* schwierig; *examination, task* schwer, schwierig; *penalty, punishment* schwer; *price, demand* hoch. **that's a bit ~** das ist ganz schön happig (*inf*).

II *adv* steif.

III *n* (*sl*) Leiche *f*.

stiffen ['stɪfn] (*also* **~ up**) **I** *vt* steif machen; *shirt* stärken, steifen; (*disease*) *limb* steif werden lassen; *resistance* verstärken. **II** *vi* steif werden; (*fig: resistance*) sich verhärten; (*breeze*) auffrischen. **when I said this she ~ed (up)** als ich das sagte, wurde sie ganz starr.

stiffener ['stɪfnəʳ] *n* (*for collar*) Kragenstäbchen *nt*; (*starch*) Stärke *f*.

stiffening ['stɪfnɪŋ] *n* Einlage *f*.

stiffly ['stɪflɪ] *adv* steif.

stiff-necked ['stɪf'nekt] *adj* (*fig*) halsstarrig.

stiffness ['stɪfnɪs] *n see adj* **1.** Steifheit *f*; Starre *f*; Härte *f*; Festigkeit *f*. **2.** Stärke *f*; Zähigkeit *f*; Härte *f*; Steifheit *f*; Schwierigkeit *f*; Schwere *f*; Höhe *f*.

stifle ['staɪfl] **I** *vt* (*suffocate*) ersticken; (*fig*) *laugh, cough also, rage, opposition* unterdrücken. **II** *vi* ersticken.

stifling ['staɪflɪŋ] *adj* **1.** *fumes, smoke* erstickend; *heat* drückend. **it's ~ in here** es ist ja zum Ersticken hier drin (*inf*). **2.** (*fig*) beengend.

stigma ['stɪgmə] *n* **1.** *pl* **-s** (*mark of shame*) Brandmal, Stigma *nt*. **2.** *pl* **-ta** [stɪg'mɑːtə] Wundmal *nt*; (*Rel*) Stigmatisierung *f.* **3.** *pl* **-s** (*Bot*) Narbe *f*, Stigma *nt.*

stigmatize ['stɪgmətaɪz] *vt* **1.** (*Rel*) stigmatisieren. **2. to ~ sb as sth** jdn als etw brandmarken.

stile [staɪl] *n* (Zaun)übertritt *m.*

stiletto [stɪ'letəʊ] *n* **1.** (*knife*) Stilett *nt.* **2.** (*also* **~ heel**) Bleistift- *or* Pfennigabsatz, Stiletto-Absatz *m.* **3.** (*also* **~-heeled shoe**) Schuh *m* mit Bleistift- *or* Pfennigabsatz.

still[1] [stɪl] **I** *adj, adv* (+*er*) **1.** (*motionless*) bewegungslos; *person also* reglos; *sea, waters* ruhig. **to keep ~** stillhalten, sich nicht bewegen; **to hold sth ~** etw ruhig *or* still halten; **to be ~** (*vehicle, measuring needle*) stillstehen; **to lie ~** still *or* reglos daliegen; **to stand/sit ~** still stehen/sitzen; **my heart stood ~** mir stockte das Herz; **~ waters run deep** (*Prov*) stille Wasser sind tief (*Prov*).

2. (*quiet, calm*) still. **be ~!** (*US*) sei still!; **a ~ small voice** ein leises Stimmchen.

II *adj wine* nicht moussierend; *drink* ohne Kohlensäure, still. **a ~ photograph** ein Standfoto *nt.*

III *n* **1.** Stille *f.* **in the ~ of the night** in der nächtlichen Stille, in der Stille der Nacht. **2.** (*Film*) Standfoto *nt.*

IV *vt* (*liter*) (*calm*) beruhigen; *anger* besänftigen; *sounds* zum Verstummen bringen; *passion, pain* abklingen lassen, stillen. **to ~ sb's fear** jdm die Furcht nehmen.

still[2] **I** *adv* **1.** (*temporal*) noch; (*for emphasis, in exasperation, used on its own*) immer noch; (*in negative sentences*) noch immer, immer noch; (*now as in the past*) nach wie vor. **she is ~ in the office** sie ist noch im Büro; (*with emphasis*) sie ist immer noch im Büro; **do you mean you ~ don't believe me?** willst du damit sagen, daß du mir immer noch nicht *or* noch immer nicht glaubst?; **will you ~ be here at 6?** bist du um 6 noch da?; **there will ~ be objections, no matter ...** es wird nach wie vor *or* auch weiterhin Einwände geben, egal ...

2. (*also* (*US inf*) **~ and all**) (*nevertheless, all the same*) trotzdem. **~, it was worth it** es hat sich trotzdem gelohnt; **~, he's not a bad person** na ja, er ist eigentlich kein schlechter Mensch; **~, he is my brother** er ist trotz allem mein Bruder; **rich but ~ not happy** reich und doch nicht glücklich; **~, what can you expect?** was kann man auch anderes erwarten?

3. (*with comp*) noch. **better ~, do it this way** oder noch besser, mach es so; **~ more (so) because ...** und um so mehr, als ..., und um so mehr, weil ...

II *conj* (und) dennoch.

still[3] *n* Destillierapparat *m*; (*small distillery*) Brennerei *f.*

stillbirth *n* Totgeburt *f*; **stillborn** *adj* (*lit, fig*) totgeboren *attr*; **the child was ~** das Kind war eine Totgeburt, das Kind kam tot zur Welt; **still life** *n, pl* **still lifes** Stilleben *nt*; **still-life** *adj attr* **a ~ picture/composition** ein Stilleben *nt.*

stillness ['stɪlnɪs] *n* **1.** (*motionlessness*) Unbewegtheit *f*; (*of person*) Reglosigkeit *f.* **2.** (*quietness*) Stille, Ruhe *f.*

stilt [stɪlt] *n* Stelze *f*; (*Archit*) Pfahl *m.* **a house built on ~s** ein Pfahlbau *m.*

stilted *adj*, **~ly** *adv* ['stɪltɪd, -lɪ] gestelzt, gespreizt.

stiltedness ['stɪltɪdnɪs] *n* Gestelztheit, Gespreiztheit *f.*

stimulant ['stɪmjʊlənt] **I** *n* Stimulans, Anregungsmittel *nt*; (*fig*) Ansporn *m.* **II** *adj* anregend, belebend.

stimulate ['stɪmjʊleɪt] *vt* **1.** (*excite*) *body, circulation, mind* anregen; (*cold shower, coffee*) *sb* beleben; (*Med also*) stimulieren; *nerve* reizen; (*sexually*) erregen, stimulieren; (*fig*) *person* animieren, anspornen; (*mentally, intellectually*) stimulieren; *sb's interest* erregen. **to ~ sb to do sth** jdn anspornen *or* dazu animieren, etw zu tun.

2. (*increase*) *economy, sales* ankurbeln; (*incite*) *response* hervorrufen; *criticism* anregen zu.

stimulating ['stɪmjʊleɪtɪŋ] *adj* anregend; *drug also* stimulierend; *bath, shower, walk, music* belebend; *prospect* ermunternd, animierend, beflügelnd; *experience* (*physically*) erfrischend, ermunternd; (*mentally*) stimulierend.

stimulation [ˌstɪmjʊ'leɪʃən] *n* **1.** (*act*) (*physical, mental*) Anregung *f*; (*from shower, walk*) belebende Wirkung; (*Med also*) Stimulation *f*; (*sexual*) Stimulieren, Erregen *nt*; (*state*) Angeregtheit, Erregung *f*; (*sexual*) Erregung *f*; (*fig: incentive*) Anreiz, Ansporn *m*; (*intellectual*) Stimulation *f.*

2. (*of economy, sales*) Ankurbelung *f* (*to gen*); (*of criticism*) Anregung *f* (*of* zu); (*of response*) Hervorrufen *nt.*

stimulative ['stɪmjʊlətɪv] *adj* anregend, belebend; (*esp Physiol*) stimulierend.

stimulus ['stɪmjʊləs] *n, pl* **stimuli** ['stɪmjʊlaɪ] Anreiz, Ansporn *m*; (*inspiration*) Anregung *f*, Stimulus *m*; (*Physiol*) Reiz *m*; (*Psych*) Stimulus *m.* **it gave the trade new ~** das hat dem Handel neuen Aufschwung gegeben.

stimy *vt see* **stymie.**

sting [stɪŋ] (*vb: pret, ptp* **stung**) **I** *n* **1.** (*Zool, Bot: organ*) (*of insect*) Stachel *m*; (*of jellyfish*) Brennfaden *m*; (*of nettle*) Brennhaar *nt.*

2. (*of insect*) (*act, wound*) Stich *m*; (*of nettle, jellyfish*) (*act*) Brennen *nt*; (*wound*) Quaddel *f.*

3. (*pain*) (*from needle*) Stechen *nt*, stechender Schmerz; (*of antiseptic, ointment, from nettle*) Brennen *nt*; (*of whip*) brennender Schmerz. **there might be a bit of a ~** das brennt jetzt vielleicht ein bißchen; **we felt the ~ of the hail on our faces** wir spürten den Hagel wie Nadeln im Gesicht.

4. (*fig*) (*of remark, irony*) Stachel *m*; (*of attack, criticism*) Schärfe *f.* **a ~ of remorse** Gewissensbisse *pl*; **a ~ of regret** schmerzliches Bedauern; **to take the ~ out of sth** etw entschärfen; (*out of remark, criticism also*) einer Sache (*dat*) den Stachel nehmen; **to have a ~ in its tail** (*story, film*) ein unerwartet fatales

Ende nehmen; (*remark*) gesalzen sein.

II *vt* **1.** (*insect*) stechen; (*jellyfish*) verbrennen. **she was stung by the nettles** sie hat sich an den Nesseln verbrannt.

2. the hail stung our faces der Hagel stach uns wie mit Nadeln im Gesicht.

3. (*comments, sarcasm*) treffen, schmerzen; (*remorse, conscience*) quälen. **to ~ sb into doing sth** jdn antreiben, etw zu tun; **he was stung into replying** er ließ sich dazu hinreißen zu antworten; **to ~ sb into action** jdn aktiv werden lassen.

4. (*inf*) **to ~ sb for sth** jdn bei etw ausnehmen (*inf*) *or* schröpfen (*inf*); **could I ~ you for a fiver?** kann ich dir einen Fünfer abknöpfen? (*inf*).

III *vi* **1.** (*insect*) stechen; (*nettle, jellyfish*) brennen; (*burn: eyes, cut, ointment*) brennen. **smoke makes your eyes ~** Rauch brennt in den Augen. **2.** (*hail*) wie mit Nadeln stechen. **3.** (*comments, sarcasm*) schmerzen.

stingily ['stɪndʒɪlɪ] *adv* (*inf*) knauserig (*inf*).

stinginess ['stɪndʒɪnɪs] *n* (*inf*) *see adj* Geiz *m*, Knauserigkeit (*inf*), Knickerigkeit (*inf*) *f*; Schäbigkeit, Popeligkeit (*inf*) *f*.

stinging ['stɪŋɪŋ] *adj pain* stechend; *cut, ointment* brennend.

stinging nettle *n* Brennessel *f*.

stingray ['stɪŋreɪ] *n* Stachelrochen *m*.

stingy ['stɪndʒɪ] *adj* (*+er*) (*inf*) *person* geizig, knauserig (*inf*), knickerig (*inf*); *sum, portion, donation* schäbig, popelig (*inf*). **to be ~ with sth** mit etw knausern.

stink [stɪŋk] (*vb: pret* **stank,** *ptp* **stunk**) **I** *n* **1.** Gestank *m* (*of* nach); (*fig: of corruption*) (Ge)ruch *m*. **2.** (*inf: fuss, scandal*) Knatsch (*inf*), Stunk (*inf*) *m*. **to kick up** *or* **make** *or* **create a ~** Stunk machen (*inf*).

II *vi* **1.** stinken. **it ~s to high heaven** das stinkt zum Himmel (*inf*).

2. (*fig inf: be bad*) sauschlecht *or* miserabel sein (*inf*). **the idea ~s** das ist eine sauschlechte *or* miserable Idee (*inf*); **the whole business ~s** die ganze Sache stinkt (*inf*).

◆**stink out** *vt sep* **1.** (*inf*) *room* verstänkern (*inf*). **2.** *fox* ausräuchern.

◆**stink up** *vt sep* (*inf*) *room* verstänkern (*inf*).

stink bomb *n* Stinkbombe *f*.

stinker ['stɪŋkə^r] *n* (*inf*) (*person*) Ekel *nt*, Fiesling *m* (*sl*); (*problem, question*) harter Brocken, harte Nuß; (*letter*) gesalzener *or* geharnischter Brief. **that problem/meeting was a ~** das war ein ganz verzwicktes (*inf*) Problem/eine äußerst schwierige Besprechung.

stinking ['stɪŋkɪŋ] **I** *adj* **1.** (*lit*) stinkend. **2.** (*inf*) beschissen (*sl*). **you can keep your ~ money!** du kannst dein Scheißgeld behalten! (*sl*). **II** *adv* (*inf*) **~ rich** stinkreich (*inf*); **~ awful** sauschlecht (*inf*).

stint [stɪnt] **I** *n* **1.** (*allotted amount of work*) Arbeit, Aufgabe *f*; (*share*) Anteil *m*, Teil *nt or m* (*of* an *+dat*). **to do one's ~** (*daily work*) seine Arbeit leisten *or* tun; (*one's share*) sein(en) Teil beitragen *or* tun; **my ~ was from 3 to 6/lasted two hours** ich war von 3 bis 6/zwei Stunden lang dran; **he has done his ~ of washing up/at the wheel** er hat seinen (An)teil am Abwaschen geleistet/er ist lange genug gefahren; **that was a long ~** das hat vielleicht lange gedauert!; **I've finished my ~ for today** für heute habe ich genug getan; **he does a ~ in the gym/at the typewriter every day** er betätigt sich jeden Tag eine Weile in der Turnhalle/an der Schreibmaschine.

2. without ~ ohne Einschränkung.

II *vt* sparen mit, knausern mit. **to ~ sb of sth** jdm gegenüber mit etw knausern; *of praise, reward* jdm etw vorenthalten; **to ~ oneself (of sth)** sich (mit etw) einschränken, an sich (*dat*) sparen.

III *vi* **to ~ on sth** mit etw sparen *or* knausern.

stipend ['staɪpend] *n* (*for official, clergyman*) Gehalt *nt*.

stipendiary [staɪ'pendɪərɪ] *adj official, magistrate, duty* nicht ehrenamtlich. **~ allowance** Gehalt *nt*, Bezüge *pl*.

stipulate ['stɪpjʊleɪt] *vt* **1.** (*make a condition*) zur Auflage machen, verlangen. **2.** *delivery date, amount, price* festsetzen, sich (*dat*) ausbedingen; *size, quantity* vorschreiben, festsetzen; *conditions* stellen, fordern, stipulieren (*geh*).

stipulation [ˌstɪpjʊ'leɪʃən] *n* **1.** (*condition*) Auflage *f*. **with** *or* **on the ~ that ...** unter der Bedingung *or* mit der Auflage, daß ... **2.** *see vt 2*. Festsetzung *f*; Ausbedingung *f*; Stellen, Fordern *nt*, Stipulation *f* (*geh*).

stir [stɜː^r] **I** *n* **1.** Rühren *nt*. **to give sth a ~** etw rühren; *tea* etw umrühren. **2.** (*fig: excitement*) Aufruhr *m*. **to cause** *or* **create** *or* **make a ~** Aufsehen erregen.

II *vt* **1.** *tea, paint, soup* umrühren; *cake mixture* rühren. **~ sugar into the mixture** den Zucker darunterrühren; **he sat there thoughtfully ~ring his tea** er saß da und rührte gedankenverloren in seinem Tee.

2. (*move*) bewegen; *limbs* rühren; *water, waves* kräuseln. **come on, ~ yourself** *or*, we're late (*inf*) komm, beweg dich, wir sind ohnehin schon spät dran; **if you want to pass the exam you'd better ~ yourself** wenn du die Prüfung bestehen willst, solltest du dich besser ranhalten (*inf*).

3. (*fig*) *emotions* aufwühlen; *passion* wachrufen; *imagination* anregen; *curiosity* anstacheln, erregen; *blood* in Wallung versetzen; (*incite*) *person* anstacheln; (*move*) *person, heart* rühren, bewegen. **to ~ sb to do sth** jdn bewegen, etw zu tun; (*incite*) jdn dazu anstacheln, etw zu tun; **to ~ sb into action** jdn zum Handeln bewegen; **we were all ~red by the speech** wir waren alle von der Rede tief bewegt.

III *vi* **1.** sich regen; (*person also*) sich rühren; (*leaves, curtains, animal*) sich bewegen; (*emotion, anger*) wachwerden; (*pity, love*) sich rühren, wachwerden. **2.** (*inf: through gossip etc*) stänkern (*inf*). **he's always ~ring** er muß immer stänkern (*inf*).

◆**stir up** *vt sep* **1.** *liquid, mixture* umrühren; *cream* rühren, schlagen; *mud* aufwühlen.

2. (*fig*) *curiosity, attention, anger* erregen; *memories, the past* wachrufen; *opposition, discord* entfachen, erzeugen; *hatred* schüren; *revolution, revolt* anzetteln; *mob* aufstacheln; *lazy person* aufrütteln. **to ~ ~ trouble** Unruhe stiften; **to ~ sb ~ to do sth** jdn dazu anstacheln, etw zu tun; **that'll ~ things ~** das kann heiter werden!; **he's always trying to ~ things ~ among the workers** er versucht immer, die Arbeiter aufzuhetzen.

stir-fry [ˈstɜːˌfraɪ] *vt* (unter Rühren) kurz anbraten.

stirrer [ˈstɜːrəʳ] *n* (*inf*) (*gossipmonger*) Stänkerer(in *f*) *m* (*inf*); (*trouble-maker*) Scharfmacher(in *f*) (*inf*), Agitator(in *f*) *m*.

stirring [ˈstɜːrɪŋ] *adj speech, music, scene, poetry* bewegend; (*stronger*) aufwühlend; *days, times* bewegt.

stirrup [ˈstɪrəp] *n* Steigbügel *m* (*also Anat*).

stirrup cup *n* Abschiedstrunk *m*; **stirrup pump** *n* Handspritze *f*.

stitch [stɪtʃ] **I** *n* **1.** Stich *m*; (*in knitting*) Masche *f*; (*kind of ~*) (*in knitting*) Muster *nt*; (*in embroidery*) Stichart *f*. **to put a few ~es in sth** etw mit ein paar Stichen nähen; **to put ~es in a wound** eine Wunde nähen; **he had to have ~es** er mußte genäht werden; **he needed ~es in his arm** sein Arm mußte genäht werden; **to have the ~es taken out** die Fäden gezogen bekommen; **a ~ in time saves nine** (*Prov*) was du heute kannst besorgen, das verschiebe nicht auf morgen (*Prov*).

2. (*inf: piece of clothing*) **she hadn't a ~ on** sie war splitter(faser)nackt (*inf*); **I haven't a ~ to wear** ich habe überhaupt nichts anzuziehen.

3. (*pain*) Seitenstiche *pl*.

4. to be in ~es (*inf: from laughing*) sich schieflachen (*inf*); **the story had us all in ~es** wir haben uns alle darüber schiefgelacht (*inf*).

II *vt* (*Sew, Med*) nähen; *book* (zusammen)heften, broschieren; (*mend*) *hole, tear* zunähen, stopfen; (*embroider*) sticken.

III *vi* nähen (*at* an +*dat*); (*embroider*) sticken (*at* an +*dat*).

◆**stitch down** *vt sep* festnähen.

◆**stitch on** *vt sep* aufnähen; *button* annähen.

◆**stitch up** *vt sep* **1.** *seam, wound, patient* nähen; (*mend*) *hole* zunähen, stopfen; (*sew up*) *hem* hochnähen. **2.** (*sl: frame*) **I've been ~ed up** man hat mich reingelegt (*inf*); (*something has been foisted on me*) man hat mir das untergejubelt (*inf*).

stitching [ˈstɪtʃɪŋ] *n* (*seam*) Naht *f*; (*ornamental*) Zierstiche *pl*, Ziernaht *f*; (*embroidery*) Stickerei *f*; (*of book*) Broschur *f*.

stoat [stəʊt] *n* Wiesel *nt*.

stock [stɒk] **I** *n* **1.** (*supply*) Vorrat *m* (*of* an +*dat*); (*Comm*) Bestand *m* (*of* an +*dat*). **~ of knowledge/information** Wissensschatz *m*/Informationsmaterial *nt*; **to get** *or* **lay in a ~ of wood/candles** sich (*dat*) einen Holzvorrat/Kerzenvorrat anlegen; **to have sth in ~** etw vorrätig haben; **to be in ~/out of ~** vorrätig/nicht vorrätig sein; **to keep sth in ~** etw auf Vorrat haben; **to get sth from ~** etw vom Lager holen; **to take ~** (*Comm*) Inventur machen; **to take ~** (*fig*) Bilanz ziehen; **to take ~ of sb** jdn abschätzen; **to take ~ of sth** *of situation, prospects* sich (*dat*) klarwerden über etw (*acc*); *of one's life* Bilanz aus etw ziehen; **surplus ~** Überschuß *m*.

2. (*live~*) Viehbestand *m*. **some good ~** schönes Vieh.

3. (*Cook*) Brühe *f*.

4. (*Fin*) (*capital raised by company*) Aktienkapital *nt*; (*shares held by investor*) Anteil *m*; (*government ~*) Staatsanleihe *f*. **to have** *or* **hold ~ in oil companies** Ölaktien haben; **~s and shares** (Aktien und) Wertpapiere *pl*, Effekten *pl*.

5. (*Hort*) (*of tree, plant*) Stamm *m*; (*of vine, rose*) Stock *m*; (*for grafting onto*) Wildling *m*, Unterlage *f*; (*for supplying grafts*) die Edelreis liefernde Pflanze.

6. (*Bot*) Levkoje *f*.

7. (*tribe, race*) Stamm *m*; (*descent*) Abstammung, Herkunft *f*; (*Ling*) (Sprach)familie, (Sprach)gruppe *f*. **to be** *or* **come of good ~** guter Herkunft sein; **to be from good farming ~** aus einer alten Bauernfamilie stammen.

8. (*handle*) Griff *m*; (*of rifle*) Schaft *m*.

9. to be on the ~s (*ship*) im Bau sein; (*book*) in Arbeit sein.

10. ~s *pl* (*Hist: for punishment*) Stock *m*.

11. (*neckcloth*) Halsbinde *f*.

12. (*esp US Theat*) **to play in summer ~** bei den Sommeraufführungen mitwirken; **this play is in their ~** dieses Stück gehört zu ihrem Repertoire.

II *adj attr* (*Comm*) *size* Standard-; *model* Serien-; (*fig*) *phrase, remark, response* Standard-, stereotyp.

III *vt* **1.** (*shop*) *goods* führen.

2. (*provide with ~*) *cupboard* füllen; *shop also, library* ausstatten; *pond, river* (mit Fischen) besetzen; *farm* mit einem Viehbestand versehen.

◆**stock up I** *vi* sich eindecken (*on* mit); (*squirrel*) einen Vorrat anlegen.

II *vt sep shop, larder* auffüllen; *library* anreichern; *farm* den Viehbestand (+*gen*) vergrößern; *lake, river* den Fischbestand vergrößern in (+*dat*).

stockade [stɒˈkeɪd] *n* (*fence*) Palisade(nzaun *m*) *f*; (*area*) Einfriedung, Umzäunung *f*.

stockbreeder *n* Viehzüchter *m*; **stockbreeding** *n* Viehzucht *f*; **stockbroker** *n* Börsenmakler *m*; **the ~ belt** ≈ die reichen Villenvororte *pl*; **stockbroking** *n* Effektenhandel, Wertpapierhandel *m*; **stock car** *n* **1.** (*for racing*) Stock Car *nt* (*frisierter, verstärkter Serienwagen*); **2.** (*US Rail: cattle truck*) Viehwaggon,

Viehwagen *m*; **stock-car racing** *n* Stock-Car-Rennen *nt*; **stock character** *n* (*Theat*) Typ *m* (im Rollenfach); **stock company** *n* **1.** (*Fin*) Aktiengesellschaft *f*; **2.** (*US Theat*) Repertoiretheater *nt*; **stock cube** *n* Brüh- *or* Suppenwürfel *m*; **stock exchange** *n* Börse *f*; **stock farmer** *n* Viehhalter *m*; **stock fish** *n* Stockfisch *m*; **stockholder** *n* Aktionär(in *f*) *m*.

stockily ['stɒkɪlɪ] *adv* ~ **built** stämmig.

stockiness ['stɒkɪnɪs] *n* Stämmigkeit *f*.

stockinet(te) [ˌstɒkɪ'net] *n* (Baumwoll)trikot *m*.

stocking ['stɒkɪŋ] *n* Strumpf *m*; (*knee-length*) Kniestrumpf *m*; (*of horse*) Fessel *f*. **in one's ~(ed) feet** in Strümpfen.

stocking filler *n* kleines Geschenk (*für den Weihnachtsstrumpf*); **stocking stitch** *n* glatt rechts gestricktes Muster.

stock in trade [ˌstɒkɪn'treɪd] *n* (*tools, materials, fig*) Handwerkszeug *nt*. **that joke is part of his** ~ den Witz hat er ständig auf Lager.

stockist ['stɒkɪst] *n* (*Brit*) (Fach)händler *m*.

stockjobber *n* (*Brit*) Börsenhändler *m*; (*US pej*) Börsenjobber, Börsenspekulant *m*; **stock list** *n* **1.** (*Comm*) Warenliste *f*; **2.** (*Fin*) Börsenzettel *m*; **stockman** *n* **1.** (*US, Austral*) Viehzüchter *m*; (*farmhand*) Farmarbeiter *m*; **2.** (*US: in shop*) Lagerist, Lagerverwalter *m*; **stock market** *n* Börse(nmarkt *m*) *f*; **stockpile I** *n* Vorrat *m* (*of* an +*dat*); (*of weapons*) Lager *nt*; **the nuclear** ~ das Atomwaffenlager, das Kernwaffenarsenal; **II** *vt* Vorräte an (+*dat*) ... anlegen; (*pej*) horten; **to ~ weapons** Waffenlager *or* Waffenarsenale anlegen; **stock play** *n* (*Theat*) gängiges Repertoirestück; **stock prices** *npl* (*St Ex*) Börsenkurse, Effektenkurse *pl*; **stockroom** *n* Lager(raum *m*) *nt*; **stock-still** *adj, adv* **to be/stand** ~ stockstill sein/stehen; **stocktaking** *n* Inventur *f*; (*fig*) Bestandsaufnahme *f*.

stocky ['stɒkɪ] *adj* (+*er*) stämmig.

stockyard ['stɒkjɑːd] *n* Viehhof, Schlachthof *m*.

stodge [stɒdʒ] *n* (*inf*) Pampe *f* (*inf*).

stodgy ['stɒdʒɪ] *adj* (+*er*) *food* pampig (*inf*), schwer; *style* schwerfällig; *subject* trocken; *book* schwer verdaulich; *person* langweilig, fad.

stog(e)y, stogie ['stəʊgɪ] *n* (*US inf: cigar*) Zigarillo *nt*.

stoic ['stəʊɪk] (*Philos:* **S~**) **I** *n* Stoiker *m*. **II** *adj* stoisch.

stoical *adj*, **~ly** *adv* ['stəʊɪkəl, -ɪ] stoisch.

stoicism ['stəʊɪsɪzəm] *n* (*Philos:* **S~**) Stoizismus *m*; (*fig*) stoische Ruhe, Gelassenheit *f*, Gleichmut *m*.

stoke [stəʊk] *vt furnace* (be)heizen, beschicken (*spec*); *fire*, (*fig*) schüren.

◆**stoke up I** *vt sep furnace* (be)heizen, beschicken (*spec*); *fire* schüren. **II** *vi* (*eat*) sich satt essen (*on* an +*dat*); (*drink*) tanken (*inf*).

stokehold *n* (*Naut*) Heizraum *m*; **stokehole** *n* **1.** (*Naut*) Heizraum *m*; **2.** (*in furnace*) Schürloch *nt*.

stoker ['stəʊkəʳ] *n* Heizer *m*; (*device*) Beschickungsanlage *f*.

stole[1] [stəʊl] *n* Stola *f*.

stole[2] *pret of* **steal.**

stolen ['stəʊlən] **I** *ptp of* **steal. II** *adj* gestohlen; *pleasures* heimlich. ~ **goods** Diebesgut *nt*; **to receive ~ goods** Hehler sein; **receiving ~ goods** Hehlerei *f*.

stolid ['stɒlɪd] *adj person* phlegmatisch, stur (*pej*); *indifference* stumpf; *determination, silence* beharrlich, stur (*pej*).

stolidly ['stɒlɪdlɪ] *adv* phlegmatisch, stur (*pej*); *remain silent, work* beharrlich, stur (*pej*).

stolidness ['stɒlɪdnɪs] *n see adj* Phlegma *nt*; Sturheit *f* (*pej*); Stumpfheit *f*; Beharrlichkeit *f*. **the ~ of his manner** sein Phlegma *nt*, seine sture Art (*pej*).

stomach ['stʌmək] **I** *n* (*abdomen*) Magen *m*; (*belly, paunch*) Bauch *m*; (*fig: appetite*) Lust *f* (*for* auf +*acc*), Interesse *nt* (*for* an +*dat*). **hold your ~ in** zieh den Bauch ein!; **to have a pain in one's ~** Magen-/Bauchschmerzen haben; **to hit sb in the ~** jdn in die Magengrube/Bauchgegend schlagen *or* (*bullet*) treffen; **on an empty ~** *drink, take medicine* auf leeren *or* nüchternen Magen; **on an empty/full ~** *swim, drive etc* mit leerem *or* nüchternem/vollem Magen; mit leerem Magen kann man nichts Ordentliches zustande bringen; **I have no ~ for that;** *for party, journey* mir ist nicht danach (zumute); **he doesn't have the ~ for it** (*guts*) dazu hat er nicht den Mumm (*inf*).

II *vt* (*inf*) *behaviour, rudeness, cruelty* vertragen; *person, film, music* ausstehen.

stomach *in cpds* Magen-; **stomachache** *n* Magenschmerzen *pl*; **stomach pump** *n* Magenpumpe *f*; **stomach trouble** *n* Magenbeschwerden *pl*; **stomach upset** *n* Magenverstimmung *f*.

stomp [stɒmp] *vi* stapfen.

stone [stəʊn] **I** *n* **1.** Stein *m*. **a heart of ~** ein Herz aus Stein; **a ~'s throw from the station** nur einen Steinwurf *or* Katzensprung vom Bahnhof entfernt; **within a ~'s throw of success** kurz vor dem Erfolg, den Erfolg in greifbarer Nähe; **to leave no ~ unturned** nichts unversucht lassen; **to have a ~ in one's kidney/gall-bladder** einen Nieren-/Gallenstein haben.

2. (*Brit: weight*) *britische Gewichtseinheit = 6,35 kg.*

II *adj* Stein-, aus Stein.

III *vt* **1.** (*throw ~s at*) mit Steinen bewerfen; (*kill*) steinigen. **2.** *fruit* entsteinen. **3.** (*sl*) **to be ~d (out of one's mind)** (*on drugs*) (total) weg (*inf*) *or* stoned (*sl*) sein; (*drunk*) mächtig unter Strom stehen (*sl*).

Stone Age *n* Steinzeit *f*; **stone-blind** *adj* stockblind (*inf*); **stone-broke** *adj* (*US inf*) *see* **stony-broke**; **stone-cold I** *adj* eiskalt; **II** *adv* ~ **sober** stocknüchtern (*inf*); **stone-dead** *adj* mausetot (*inf*); **to kill sb/sth ~** jdm/einer Sache den Garaus machen (*inf*); **stone-deaf** *adj* stocktaub (*inf*); **stonemason** *n* Steinmetz *m*; **stone pit, stone quarry** *n* Steinbruch *m*; **stonewall** *vi* (*fig: esp Parl*) obstruieren; (*in answering questions*) ausweichen; (*Sport*) mauern (*sl*); **stoneware I** *n* Steingut *nt*; **II** *adj attr* Steingut-; **stonewashed** *adj jeans* stone-washed; **stonework** *n* Mauerwerk *nt*.

stonily ['stəʊnɪlɪ] *adv* (*fig*) mit steinerner Miene, starr.

stony ['stəʊnɪ] *adj* (+*er*) *ground, beach* steinig; *texture* steinartig; (*fig*) *glance, silence* steinern; *person, welcome* kalt.

stony-broke *adj* (*Brit inf*) völlig abgebrannt (*inf*), total blank *or* pleite (*inf*); **stony-faced** ['stəʊnɪ'feɪst] *adj* (*solemn*) ernst; (*impassive*) mit steinerner Miene; **stony-hearted** *adj* kaltherzig.

stood [stʊd] *pret, ptp of* **stand.**

stooge [stu:dʒ] *n* (*inf*) Handlanger *m*; (*comedian's* ~) Stichwortgeber(in *f*) *m*.

stook [stu:k] *n* Hocke *f*.

stool [stu:l] *n* **1.** (*seat*) Hocker *m*; (*foot* ~, *kitchen* ~, *milking* ~ *also*) Schemel *m*; (*folding*) Stuhl *m*. **to fall between two ~s** sich zwischen zwei Stühle setzen; (*be neither one thing nor the other*) weder dem einen noch dem anderen gerecht werden. **2.** (*esp Med: faeces*) Stuhl *m*.

stool pigeon *n* **1.** (*lit, fig: decoy*) Lockvogel *m*. **2.** (*inf: informer*) Spitzel *m* (*inf*).

stoop[1] [stu:p] **I** *n* Gebeugtheit *f*; (*deformity*) krummer Rücken, Buckel *m*. **to walk with a** ~ gebeugt gehen.

II *vt* beugen; *head* (*to avoid sth*) einziehen.

III *vi* sich beugen *or* neigen (*over* über +*acc*); (*also* ~ **down**) sich bücken; (*have a* ~, *walk with a* ~) gebeugt gehen. **~ing shoulders** krumme Schultern *pl*; **to ~ to sth/to doing sth** (*fig*) sich zu etw herablassen *or* hergeben/sich dazu herablassen *or* hergeben, etw zu tun.

stoop[2] *n* (*US*) Treppe *f*.

stop [stɒp] **I** *n* **1.** (*act of ~ping*) Halt *m*, Stoppen *nt*. **the signal is at** ~ das Signal steht auf Halt *or* Stop; **to be at a** ~ stillstehen; **to bring sth to a** ~ (*lit*) etw anhalten *or* stoppen, etw zum Stehen bringen; *traffic* etw zum Erliegen bringen; (*fig*) *project, meeting, development* einer Sache (*dat*) ein Ende machen; *conversation* etw verstummen lassen; **to come to a** ~ (*car, machine*) anhalten, stoppen; (*traffic*) stocken; (*fig*) (*meeting, rain*) aufhören; (*research, project*) eingestellt werden; (*conversation*) verstummen; **to come to a dead/sudden** ~ (*vehicle*) abrupt anhalten *or* stoppen; (*traffic*) völlig/plötzlich zum Erliegen kommen; (*rain*) ganz plötzlich aufhören; (*research, project, meeting*) ein Ende *nt*/ein abruptes Ende finden; (*conversation*) völlig/abrupt verstummen; **when the aircraft has come to a complete** ~ wenn die Maschine völlig zum Stillstand gekommen ist; **to make a** ~ (*bus, train, tram*) (an)halten; (*plane, ship*) (Zwischen)station machen; **to put a ~ to sth** einer Sache (*dat*) einen Riegel vorschieben.

2. (*stay*) Aufenthalt *m*; (*break*) Pause *f*; (*Aviat: for refuelling*) Zwischenlandung *f*. **to have a ~ for coffee** eine Kaffeepause machen; **to have a** ~ haltmachen; **we had** *or* **made three ~s** wir haben dreimal haltgemacht; **to work for eight hours without a** ~ acht Stunden ohne Unterbrechung arbeiten.

3. (*~ping place*) Station *f*; (*for bus, tram, train*) Haltestelle *f*; (*for ship*) Anlegestelle *f*; (*for plane*) Landeplatz *m*.

4. (*esp Brit: punctuation mark*) Punkt *m*.

5. (*Mus*) (*of wind instruments*) (Griff)loch *nt*; (*on organ: also* **~knob**) Registerzug *m*; (*organ pipe*) Register *nt*. **to pull out all the ~s** (*fig*) alle Register ziehen.

6. (*stopper*) (*for door, window*) Sperre *f*; (*on typewriter*) Feststelltaste *f*.

7. (*Phot: f number*) Blende *f*.

8. (*Phon*) Verschlußlaut *m*; (*glottal* ~) Knacklaut *m*.

II *vt* **1.** (~ *when moving*) *person* anhalten; *vehicle, clock also, ball* stoppen; *engine, machine* abstellen; *blow* abblokken, auffangen; (~ *from going away, from moving on*) *runaway, thief* aufhalten; *attack, enemy, progress* aufhalten, hemmen; *traffic* (*hold up*) aufhalten; (*bring to complete standstill*) zum Stehen *or* Erliegen bringen; (*policeman*) anhalten; (*keep out*) *noise, light* abfangen, auffangen. ~ **thief!** haltet den Dieb!; **to ~ sb dead** *or* **in his tracks** jdn urplötzlich anhalten lassen; (*in conversation*) jdn plötzlich verstummen lassen.

2. (~ *from continuing*) *activity, rumour, threat, crime* ein Ende machen *or* setzen (+*dat*); *nonsense, noise* unterbinden; *match, conversation, work* beenden; *development* aufhalten; (*temporarily*) unterbrechen; *flow of blood* stillen, unterbinden; *progress, inflation* aufhalten, hemmen; *speaker, speech* unterbrechen; *production* zum Stillstand bringen; (*temporarily*) unterbrechen. **the referee ~ped play** der Schiedsrichter hat das Spiel abgebrochen; (*temporarily*) der Schiedsrichter hat das Spiel unterbrechen lassen; **this will ~ the pain** das hilft gegen die Schmerzen.

3. (*cease*) aufhören mit; *noise, nonsense also* unterlassen. **to ~ doing sth** aufhören, etw zu tun; etw nicht mehr tun; **she never ~s talking** sie redet ununterbrochen *or* in einer Tour (*inf*); **to ~ smoking** mit dem Rauchen aufhören; (*temporarily*) das Rauchen einstellen; **I'm trying to ~ smoking** ich versuche, das Rauchen aufzugeben *or* nicht mehr zu rauchen; ~ **it!** laß das!, hör auf!; **I just can't ~ it** ich kann es nicht lassen.

4. (*suspend*) stoppen; *payments, delivery also, production, fighting* einstellen; *leave, cheque, water supply, wages* sperren; *privileges* unterbinden; *subsidy, allowances, grant* jdm streichen; *battle, negotiations, proceedings* abbrechen; (*cancel*) *subscription* kündigen; (*temporarily*) *delivery, newspaper* abbestellen. **the money was ~ped out of his wages** das Geld wurde von seinem Lohn einbehalten.

5. (*prevent from happening*) *sth* verhindern; *trouble also* unterbinden; (*prevent from doing*) *sb* abhalten. **to ~ oneself** sich beherrschen, sich bremsen (*inf*); **there's no ~ping him** (*inf*) er ist nicht zu bremsen (*inf*); **there's nothing ~ping you** *or* **to ~ you** es hindert Sie nichts, es hält Sie nichts zurück.

6. (*in participial construction*) **to ~ sb (from) doing sth** jdn davon abhalten *or* (*physically*) daran hindern, etw zu tun; (*put a ~ to*) dafür sorgen, daß jd etw nicht mehr tut *or* daß jd aufhört, etw zu tun; **to ~ sth (from) happening** (*prevent, put a ~ to*) (es) verhindern, daß etw geschieht; **that will ~ it (from) hurting** (*prevent*) dann wird es nicht weh tun; (*put a ~ to*) dann wird es nicht mehr weh tun; **that'll ~ the gas (from) escaping/the pipe (from) leaking** das wird verhindern, daß Gas entweicht/das Rohr leckt; **it will ~ you from worrying/getting wet** dann brauchen Sie sich (*dat*) keine Sorgen zu machen/dann werden Sie nicht naß; **to ~ oneself from doing sth** sich zurückhalten und etw nicht tun.

7. (*block*) verstopfen; (*with cork, bung, cement also*) zustopfen (*with* mit); (*fill*) *tooth* plombieren, füllen; (*fig*) *gap* füllen, stopfen; *leak of information* stopfen; (*Mus*) *string* greifen; *finger hole* zuhalten. **to ~ one's ears with one's fingers/cotton wool** sich (*dat*) die Finger in die Ohren stecken/sich (*dat*) die Ohren mit Watte zustopfen.

III *vi* **1.** (*halt*) anhalten; (*train, car also*) halten, stoppen; (*traveller, driver, hiker*) haltmachen; (*pedestrian, clock, watch*) stehenbleiben; (*engine, machine*) nicht mehr laufen. ~! halt!, stopp!; **~ right there**! halt!, stopp!; **we ~ped for a drink at the pub** wir machten in der Kneipe Station, um etwas zu trinken; **to ~ at nothing (to do sth)** (*fig*) vor nichts haltmachen(, um etw zu tun); **to ~ dead** *or* **in one's tracks** plötzlich *or* abrupt *or* auf der Stelle stehenbleiben; *see* **short**.

2. (*finish, cease*) aufhören; (*pain, headache also*) weggehen; (*heart*) aufhören zu schlagen, stehenbleiben; (*production, payments, delivery*) eingestellt werden; (*programme, show, match, film*) zu Ende sein; (*music, speaker also*) verstummen. **to ~ doing sth** aufhören, etw zu tun, mit etw aufhören; **ask him to ~** sag ihm, er soll aufhören; **I will not ~ until I find him/convince you** ich gebe keine Ruhe, bis ich ihn gefunden habe/dich überzeugt habe; **if you had ~ped to think** wenn du nur einen Augenblick nachgedacht hättest; **~ to think before you speak** erst denken, dann reden.

3. (*inf: stay*) bleiben (*at* in +*dat*, *with* bei). **to ~ for** *or* **to supper** zum Abendessen bleiben.

◆**stop behind** *vi* (*inf*) (noch) dableiben, länger bleiben; (*Sch: as punishment*) nachsitzen.

◆**stop by** *vi* kurz vorbeikommen *or* vorbeischauen.

◆**stop down** *vi* (*Phot*) abblenden, eine niedrigere Blende einstellen.

◆**stop in** *vi* (*inf*) drinbleiben (*inf*); (*Sch: as punishment*) nachsitzen, dableiben.

◆**stop off** *vi* (kurz) haltmachen (*at sb's place* bei jdm); (*on travels also*) Zwischenstation machen (*at* in +*dat*).

◆**stop on** *vi* (*inf*) (noch) dableiben, länger bleiben. **to ~ ~ at school** in der Schule weitermachen.

◆**stop out** *vi* (*inf*) wegbleiben, streiken.

◆**stop over** *vi* kurz haltmachen; (*on travels*) Zwischenstation machen (*in* in +*dat*); (*Aviat*) zwischenlanden.

◆**stop up I** *vt sep* verstopfen; *crack, hole also* zustopfen. **II** *vi* **1.** (*inf: stay up*) aufbleiben. **2.** (*Phot*) eine größere Blende einstellen.

stop bit *n* (*Comput*) Stopbit *nt*; **stop button** *n* Halteknopf *m*; **stopcock** *n* Absperrhahn *m*; **stopgap** *n* (*thing*) Notbehelf *m*; (*scheme*) Notlösung *f*; (*person*) Lückenbüßer *m*; **stopgap measure** *n* Überbrückungsmaßnahme *f*; **stop-go** *adj attr* **~ policies** Politik *f* des ewigen Hin und Her; **~ traffic** Stop-and-go-Verkehr *m*; **stoplight** *n* (*brakelight*) Bremslicht, Stopplicht *nt*; (*esp US: traffic light*) rotes Licht; **stopover** *n* Zwischenstation *f*; (*Aviat*) Zwischenlandung *f*; **stopover ticket** *n* (*Aviat*) Rundreiseticket *nt*.

stoppage ['stɒpɪdʒ] *n* **1.** (*in work, game*) Unterbrechung *f*; (*in traffic*) Stockung *f*; (*in production*) (*temporary, because of mechanical problems*) Unterbrechung *f*; (*for longer time, because of strike*) Stopp *m*; (*strike*) Streik *m*.

2. (*of pay, leave, cheque*) Sperrung *f*; (*of delivery, supplies*) Stopp *m*; (*deduction*) Abzug *m*.

3. (*blockage*) Verstopfung *f*, Stau *m*.

stopper ['stɒpəʳ] **I** *n* (*plug*) Stöpsel *m*; (*cork also*) Pfropfen *m*. **II** *vt* verstöpseln.

stopping ['stɒpɪŋ] *n* **~ and starting** (*in driving*) stückchenweises Vorwärtskommen, Stop-and-go-Verkehr *m*; (*in work*) ständige Unterbrechungen *pl*.

stopping place *n* (*of bus, train etc*) Haltestelle *f*; **stopping train** *n* Personenzug *m*.

stop press *n* (*esp Brit*) (*space*) Spalte *f* für letzte Meldungen; (*news*) letzte Meldungen *pl*; **stop sign** *n* Stoppschild *nt*; **stopwatch** *n* Stoppuhr *f*.

storage ['stɔːrɪdʒ] *n* (*of goods, food*) Lagerung *f*; (*of books, documents, in household*) Aufbewahrung *f*; (*of water, electricity, data*) Speicherung *f*, Speichern *nt*; (*cost*) Lagergeld *nt*. **to put sth into ~** etw unterstellen, etw (ein)lagern; *see* **cold ~**.

storage battery *n* Akkumulator *m*; **storage capacity** *n* (*of computer*) Speicherkapazität *f*; **storage charge** *n* Lagergeld *nt*; **storage device** *n* (*Comput*) Speichereinheit *f*; **storage heater** *n* (Nachtstrom)speicherofen *m*; (*in house*) Probleme *pl* mit der Aufbewahrung, Platzmangel *m*; **storage space** *n* Lagerraum *m*; (*in house*) Schränke und Abstellräume *pl*; **storage tank** *n* Vorratstank *m*.

store [stɔːʳ] **I** *n* **1.** (*stock*) Vorrat *m* (*of* an +*dat*); (*fig*) Fülle *f*, Schatz, Reichtum *m* (*of* an +*dat*). **~s** *pl* (*supplies*) Vorräte, Bestände *pl*; **to lay** *or* **get in a ~ of food/coal** einen Lebensmittel-/Kohlenvorrat anlegen; **to have** *or* **keep sth in ~** etw lagern, einen Vorrat von etw haben; (*in shop*) etw auf Lager *or* etw vorrätig haben; **to be in ~ for sb** jdm bevorstehen, auf jdn warten; **to have a surprise in ~ for sb** für jdn eine Überraschung auf Lager haben; **what has the future in ~ for us**? was wird uns (*dat*) die Zukunft bringen?; **to set great/little ~ by sth** viel/wenig von etw halten, einer Sache (*dat*) viel/wenig Bedeutung beimessen; **a fine ~ of knowledge** ein großer Wissensschatz.

2. (*place*) Lager *nt*; (*~house also*) Lagerhaus *nt*, Lagerhalle *f*; (*~room also*) Lagerraum *m*. **to put one's furniture in ~** seine Möbel unterstellen *or* (ein)lagern.

3. (*Comput*) (Daten)speicher *m*.

4. (*large shop, book ~*) Geschäft *nt*; (*department ~*) Kaufhaus, Warenhaus *nt*; (*esp US: shop*) Laden *m*.

II *adj attr* (*US*) *clothes* von der Stange; *bread* aus der Fabrik.

III *vt* lagern; *documents* aufbewahren; *furniture* unterstellen; (*in depository*) einlagern; *information, electricity, heat* speichern; (*in one's memory*) sich (*dat*) merken; (*keep in reserve, collect: also ~* **up**) Vorräte an (+*dat*) ... anschaffen; (*equip, supply*) *larder* auffüllen. **to ~ sth away** etw verwahren; **squirrels ~ away nuts for the winter** Eichhörnchen legen einen Vorrat von Nüssen für den Winter an; **to ~ sth up** einen Vorrat von etw anlegen; (*fig*) etw anstauen; *surprise* etw auf Lager haben.

IV *vi* (*fruit, vegetables*) sich lagern *or* aufbewahren lassen.

store detective *n* Kaufhausdetektiv(in *f*) *m*; **storehouse** *n* Lager(haus) *nt*; (*fig*) Fundgrube, Schatzkammer *f*; **storekeeper** *n* (*in storehouse*) Lagerverwalter, Lagerist *m*; (*esp US: shopkeeper*) Ladenbesitzer(in *f*), Geschäftsinhaber(in *f*) *m*, (*esp US: shopkeeper*) Ladenbesitzer *m*; **storeroom** *n* Lagerraum *m*; (*for food*) Vorratskammer *f*.

storey, (*esp US*) **story** ['stɔːrɪ] *n*, *pl* **-s** *or* (*US*) **stories** Stock(werk *nt*) *m*, Etage *f*. **a nine-~ building** ein neunstöckiges Gebäude, ein Gebäude mit neun Stockwerken *or* Etagen; (*US*) im ersten Stock(werk), auf der ersten Etage; **he fell from the third-~ window** er fiel aus dem Fenster des dritten *or* (*US*) zweiten Stock(werk)s *or* der dritten *or* (*US*) zweiten Etage.

stork [stɔːk] *n* Storch *m*.

storm [stɔːm] **I** *n* **1.** Unwetter *nt*; (*thunder~*) Gewitter *nt*; (*strong wind*) Sturm *m*. **there is a ~ blowing** es stürmt; **to brave the ~** dem Unwetter/Gewitter/Sturm trotzen; (*fig*) das Gewitter über sich (*acc*) ergehen lassen; **a ~ in a teacup** (*fig*) ein Sturm im Wasserglas.

2. (*fig*) (*of abuse, insults*) Flut *f* (*of* von); (*of applause, indignation, criticism*) Sturm *m* (*of gen*); (*of blows, arrows, missiles*) Hagel *m* (*of* von); (*outcry*) Aufruhr *m*. **~ of protest** Proteststurm *m*.

3. to take sth/sb by ~ (*Mil, fig*) etw/jdn im Sturm erobern.

II *vt* stürmen.

III *vi* **1.** (*talk angrily*) toben, wüten (*at* gegen). **he ~ed on for an hour about the government** er schimpfte eine Stunde lang wütend über die Regierung. **2.** (*move violently*) stürmen. **to ~ out of/into a room** aus einem/in ein Zimmer stürmen. **3.** (*esp US: Met*) stürmen.

stormbound *adj* vom Sturm aufgehalten; **storm centre** *or* (*US*) **center** *n* Sturmzentrum *nt*; (*fig*) (Unruhe)herd *m*; **storm cloud** *n* (*lit, fig*) Gewitterwolke *f*; **storm cone** *n* Sturmkegel *m*; **storm door** *n* äußere Windfangtür.

stormily ['stɔːmɪlɪ] *adv* (*lit, fig*) stürmisch; *weep* heftig; *protest, reply, answer, react* hitzig, heftig.

storminess ['stɔːmɪnɪs] *n* (*of reaction, temper*) Heftigkeit *f*. **the ~ of the weather** das stürmische Wetter; **the ~ of his reception** sein stürmischer Empfang.

storm lantern *n* Sturmlaterne *f*; **storm petrel** *n* Sturmschwalbe *f*; **stormproof** *adj* sturmsicher; **storm signal** *n* Sturmsignal *nt*; **storm-tossed** *adj* (*liter*) sturmgepeitscht (*liter*); **storm trooper** *n* (*NS*) SA-Mann *m*; **stormtroopers** *npl* (*fig*) (Sonder)einsatzkommando *nt*; **storm troops** *npl* Sturmtruppe *f*; **storm warning** *n* Sturmwarnung *f*; **storm window** *n* äußeres Doppelfenster.

stormy ['stɔːmɪ] *adj* (+*er*) (*lit, fig*) stürmisch; *discussion also, temper* hitzig; *protests* heftig.

stormy petrel *n* Sturmschwalbe *f*; (*fig*) Unglücksbote *m*.

story[1] ['stɔːrɪ] *n* **1.** (*tale*) Geschichte *f*; (*Liter also*) Erzählung *f*; (*joke*) Witz(geschichte *f*) *m*. **it's a long ~** das ist eine lange Geschichte; **the ~ of her life** ihre Lebensgeschichte; **that's the ~ of my life** (*inf*) das plagt mich mein ganzes Leben lang! (*inf*); (*said as a response*) wem sagen Sie das! (*inf*); **that's another ~** das ist eine andere Geschichte; **the ~ goes that ...** man erzählt sich, daß ...; **his ~ is that ...** er behauptet, daß ...; **I've heard his ~** ich habe seine Version gehört; **that's not the whole ~** das ist nicht die ganze Wahrheit; **the marks tell their own ~** die Flecke sprechen für sich; **to cut a long ~ short** um es kurz zu machen, kurz und gut; **it's the (same) old ~** es ist das alte Lied; **but it's another ~ now** aber jetzt sieht die Sache anders aus.

2. (*Press*) (*event*) Geschichte *f*; (*newspaper ~*) Artikel *m*. **it'll make a good ~** das gibt einen guten Artikel.

3. (*plot*) Handlung *f*.

4. (*inf: lie*) Märchen *nt*. **to tell stories** Märchen erzählen.

story[2] *n* (*US*) *see* **storey**.

storyboard *n* (*TV, Film*) Storyboard *nt*; **storybook I** *n* Geschichtenbuch *nt*; **II**

adj attr castles, sights märchenhaft; *romance* Märchen-; ~ **ending** Ende *nt* wie im Märchen, Happy-End *nt*; **story line** *n* Handlung *f*; **storyteller** *n* **1.** (*narrator*) Geschichtenerzähler(in *f*) *m*; **2.** (*inf: liar*) Lügenbold *m*.

stoup [stuːp] *n* (*Eccl*) Weihwasserbecken *nt*.

stout [staʊt] **I** *adj* (+*er*) **1.** (*corpulent*) korpulent; *woman also* füllig; *man also* untersetzt.

2. (*strong*) *stick, horse* kräftig; *door, rope also, wall, gate* stark; *shoes* fest; *coat* dick.

3. (*brave*) *heart* tapfer; *fellow, resistance also* beherzt, unerschrocken, mannhaft (*liter*); *refusal, denial* entschieden; *belief* fest.

II *n* Starkbier *nt*; (*sweet* ~) Malzbier *nt*.

stouthearted *adj*, ~**ly** *adv* ['staʊt'hɑːtɪd, -lɪ] tapfer, unerschrocken.

stoutly ['staʊtlɪ] *adv* (*strongly*) *made* solide; (*resolutely*) *resist, defend, fight* tapfer, beherzt; *believe, maintain* fest, steif und fest (*pej*); *resist, refuse, deny* entschieden. ~ **built** *person* stämmig, kräftig (gebaut); *wall, door* stark, kräftig; *house* solide gebaut.

stoutness ['staʊtnɪs] *n see adj* **1.** Korpulenz *f*; Fülligkeit *f*; Untersetztheit *f*. **2.** Kräftigkeit *f*; Stärke *f*; Festigkeit *f*; Dikke *f*. **3.** Tapferkeit *f*; Beherztheit; Entschiedenheit *f*; Festigkeit *f*.

stove [stəʊv] *n* Ofen *m*; (*for cooking*) Herd *m*. **electric/gas** ~ Elektro-/Gasherd *m*.

stovepipe *n* Ofenrohr *nt*; **stovepipe hat** *n* (*esp US inf*) Angströhre *f* (*inf*), Zylinder *m*.

stow [stəʊ] *vt* **1.** (*Naut*) *cargo* verladen, (ver)stauen; *ship* (be)laden. **2.** (*put away: also* ~ **away**) verstauen (*in* in +*dat*). **he ~ed the money (away) behind the clock** er versteckte das Geld hinter der Uhr. **3.** (*sl: desist*) ~ **it**! hör auf!

◆**stow away** *vi* als blinder Passagier fahren.

stowage ['stəʊɪdʒ] *n* (*stowing*) (Be)laden, Stauen *nt*; (*space*) Stauraum *m*; (*charge*) Staugeld *nt*, Staugebühr *f*.

stowaway ['stəʊəweɪ] *n* blinder Passagier.

straddle ['strædl] **I** *vt* (*standing*) breitbeinig *or* mit gespreizten Beinen stehen über (+*dat*); (*sitting*) rittlings sitzen auf (+*dat*); (*jumping*) grätschen über (+*acc*); (*fig*) *differences* überbrücken; *two continents* überspannen. **to ~ the border/river** sich über beide Seiten der Grenze/beide Ufer des Flusses erstrekken; **to ~ an issue** (*US inf*) in einer Frage zwischen zwei Lagern schwanken.

II *n* (*Sport*) Grätsche *f*; (*in high jump*) Schersprung *m*.

strafe [streɪf] *vt* unter Beschuß nehmen; (*with shells also*) mit Granaten bewerfen; (*with bombs*) bombardieren.

straggle ['strægl] *vi* **1.** (*spread untidily*) (*houses, trees*) verstreut liegen; (*hair*) (unordentlich) hängen; (*plant*) (in die Länge) wuchern, in die Höhe schießen. **the town ~s on for miles** die Stadt zieht sich über Meilen hin.

2. to ~ behind zurückbleiben, hinterherzockeln (*inf*); **to ~ along the road** die Straße entlangbummeln *or* -zockeln (*inf*); **to ~ in/out** vereinzelt kommen/ gehen.

straggler ['stræglə^r] *n* Nachzügler(in *f*) *m*.

straggling ['stræglɪŋ] *adj* **1.** *children, cattle* weit verteilt; (~ *behind*) zurückgeblieben, hinterherzottelnd (*inf*); *village* sich lang hinziehend; *houses* zerstreut liegend; *group, row of houses* auseinandergezogen. **2.** (*inf: also* **straggly**) *hair* unordentlich, zottig; *plant* hochgeschossen.

straight [streɪt] **I** *adj* (+*er*) **1.** gerade; *shot, pass* direkt; *stance, posture also* aufrecht; *hair* glatt; *skirt, trousers* gerade geschnitten. **your tie isn't ~** deine Krawatte sitzt schief; **the picture isn't ~** das Bild hängt schief; **your hem isn't ~** dein Saum ist nicht gerade; **to pull sth ~** etw geradeziehen; **is my hat on ~?** sitzt mein Hut gerade?; **please put the picture ~** bitte hängen Sie das Bild gerade hin; **hold yourself ~** gerade!; **as ~ as a die** kerzengerade; *road* schnurgerade; (*honest*) grundehrlich; **to keep a ~ face, to keep one's face ~** ernst bleiben, das Gesicht nicht verziehen; ~ **left/right** (*Boxing*) gerade Linke/Rechte.

2. (*clear*) *thinking* klar.

3. (*frank*) *answer, talking, question* offen, direkt; *piece of advice* offen, ehrlich; *denial, refusal* direkt, ohne Umschweife; (*honest*) *person, dealings* ehrlich. **to be ~ with sb** offen und ehrlich zu jdm sein.

4. (*plain,* ~*forward*) *drink* pur; (*Pol*) *fight* direkt; *yes or no, choice, exam pass* einfach. ~ **A's** glatte Einsen; **to vote the ~ ticket** (*US Pol*) seine Stimme einer einzigen Partei (*dat*) geben; **he's a ~ Democrat** er ist ein hundertprozentiger Demokrat.

5. (*continuous*) ununterbrochen. ~ **run** (*Cards*) Sequenz *f*; **for the third ~ day** (*US*) drei Tage ohne Unterbrechung; **the ~ line of succession to the throne** die Thronfolge in der direkten Linie; **our team had ten ~ wins** unsere Mannschaft gewann zehnmal hintereinander *or* in ununterbrochener Folge.

6. (*Theat*) *production* konventionell; *actor* ernsthaft. **a ~ play** ein reines Drama.

7. *pred (in order)* **to be (all) ~** in Ordnung sein; (*fig: clarified also*) (völlig) geklärt sein; **to put things ~** (*tidy*) alles in Ordnung bringen; (*clarify*) alles klären; **let's get this ~** das wollen wir mal klarstellen; **and get this ~** und damit wir uns richtig verstehen; **to put** *or* **set sb ~ about sth** jdm etw klarmachen.

8. (*inf*) (*heterosexual*) normal, hetero (*inf*); (*conventional*) etabliert, spießig (*pej*).

II *adv* **1.** *hold, walk, fly, shoot, grow* gerade; *sit up, stand up also* aufrecht; *hit* genau; *leap at, aim for* direkt; *above* genau, direkt; *across* direkt. ~ **through sth**

glatt durch etw; **it went ~ up in the air** es flog senkrecht in die Luft; **to look ~ ahead** geradeaus sehen; **the town lay ~ ahead of us** die Stadt lag direkt *or* genau vor uns; **the airport is ~ ahead** der Flughafen ist geradeaus; **go ~ ahead with your plan** führen Sie Ihren Plan wie vorgesehen durch; **to drive ~ on** geradeaus weiterfahren; **he drove ~ into a tree** er fuhr direkt *or* voll (*inf*) gegen einen Baum; **the arrow went ~ to the target** der Pfeil traf genau ins Ziel; **to go ~** (*criminal*) keine krummen Sachen (mehr) machen (*inf*).

2. (*directly*) direkt. **I went ~ home** ich ging direkt *or* sofort nach Hause; **to look sb ~ in the eye** jdm direkt *or* genau in die Augen sehen.

3. (*immediately*) sofort. **~ after this** sofort *or* unmittelbar danach; **~ away** *or* **off** sofort, gleich, auf der Stelle; **to come ~ to the point** sofort *or* gleich zur Sache kommen.

4. (*clearly*) *think, see* klar.

5. (*frankly*) offen, rundheraus, ohne Umschweife. **~ out** (*inf*) unverblümt (*inf*), rundheraus; **to give** *or* **tell sb sth/it ~ from the shoulder** jdm etw/es jdm unverblümt *or* ohne Umschweife sagen.

6. (*Theat*) *play, produce* konventionell.

7. *drink* pur.

III *n* **1.** (*~ part, on race track*) Gerade *f*; (*road, rail*) gerade Strecke. **the final ~** die Zielgerade; **to keep sb on the ~ and narrow** dafür sorgen, daß jd ehrlich bleibt *or* nicht auf die schiefe Bahn kommt.

2. (*~ line*) Gerade *f*. **to cut sth on the ~** etw gerade (ab)schneiden; (*cloth*) am Faden(lauf) entlang schneiden.

3. (*inf: heterosexual*) Hetero *m* (*inf*).

straight angle *n* gestreckter Winkel, Winkel *m* von 180°; **straightaway** (*US*) **I** *n* Gerade *f*; (*road, rail*) gerade Strekke; **II** *adv see* **straight II 3.**; **straight edge** *n* Lineal *nt*.

straighten ['streɪtn] **I** *vt* **1.** (*make straight*) gerade machen; *picture* gerade hinhängen; *road, river* begradigen; *hat* gerade aufsetzen; *tablecloth, sheet, rope, clothes, tie* geradeziehen; *wire* gerade biegen; *one's shoulders* straffen; *hair* glätten. **2.** (*tidy*) in Ordnung bringen.

II *vi* (*road, plant*) gerade werden; (*hair*) glatt werden, (*person*) sich aufrichten.

III *vr* **to ~ oneself** sich aufrichten.

◆**straighten out I** *vt sep* **1.** (*make straight*) gerade machen; *road* begradigen; *wire* geradebiegen; *rope* geradeziehen; *hair* glätten.

2. (*put right*) *problem, situation* klären; *one's ideas* ordnen; *one's affairs* in Ordnung bringen; *misunderstanding* (auf)klären; *person* (*by discipline*) auf die richtige Bahn bringen. **to ~ oneself ~** ins richtige Gleis kommen; **the problem will soon ~ itself ~** das Problem wird sich bald von selbst erledigen.

II *vi* (*road*) gerade werden; (*hair*) glatt werden.

◆**straighten up I** *vi* sich aufrichten. **II** *vt sep* **1.** (*make straight*) gerade machen; *papers* ordentlich hinlegen; *picture* gerade hinhängen; *hat* gerade aufsetzen; *lines also* begradigen. **2.** (*tidy*) in Ordnung bringen, aufräumen.

straightfaced ['streɪt'feɪst] **I** *adv* ohne die Miene zu verziehen; **II** *adj* **to be ~** keine Miene verziehen; **straightforward** *adj* (*honest*) *person* aufrichtig; *explanation, look also* offen, freimütig; (*simple*) *question, problem* einfach; **I'm a ~ soldier** ich bin ein einfacher Soldat; **straightforwardly** *adv see adj*; **straightforwardness** *n see adj* Aufrichtigkeit *f*; Offenheit, Freimütigkeit *f*; Einfachheit, Klarheit *f*; **straight man** *n* (*Theat*) *Stichwortgeber m für einen Komiker*; **straight-out I** *adj* (*esp US inf*) *resentment, threat* unverblümt (*inf*), offen; *opposition also* kompromißlos; *refusal* glatt (*inf*); **he's a ~ Democrat** er ist durch und durch Demokrat; **II** *adv see* **straight II 5.**

strain[1] [streɪn] **I** *n* **1.** (*Mech*) Belastung, Beanspruchung *f*; (*on rope, arch also*) Spannung *f*; (*on beams, floor also*) Druck *m*. **to put a (great) ~ on sth** etw (stark) belasten; **to show signs of ~** Zeichen von Überlastung *or* Überbeanspruchung zeigen; **to take the ~ off sth** etw entlasten.

2. (*fig: mental, economic*) Belastung *f* (*on* für); (*effort*) Anstrengung *f*; (*pressure*) (*of job also*) Beanspruchung *f* (*of* durch); (*of responsibility*) Last *f*. **to be under a lot of ~** stark beansprucht sein; **to suffer from (nervous) ~** (nervlich) überlastet sein, im Streß sein; **I find her/that a bit of a ~** ich finde sie/das ziemlich anstrengend; **to put a (great) ~ on sb/sth** jdn/etw stark belasten; **to put too great a ~ on sb/sth** jdn/etw überlasten; **to show signs of ~** Zeichen von Überlastung *or* Überanstrengung zeigen; **to take the ~ off sb/sth** jdn/etw entlasten; **to be under ~** großen Belastungen ausgesetzt sein; **the ~ of six hours at the wheel** die Anstrengung, sechs Stunden am Steuer zu sitzen.

3. (*muscle-~*) (Muskel)zerrung *f*; (*on eyes, heart*) Überanstrengung *f* (*on gen*). **back-/eye-~** überanstrengter Rücken/überanstrengte Augen *pl*.

4. **~s** *pl* (*of instrument, tune*) Klänge *pl*; **to the ~s of** zu den Klängen (+*gen*).

II *vt* **1.** (*stretch*) spannen.

2. (*put ~ on*) *rope, beams, relationship, faith, budget* belasten; *nerves, patience also* strapazieren; (*put too much ~ on*) überlasten; *meaning, word* dehnen. **it ~s my nerves** das zerrt an meinen Nerven; **to ~ one's ears/eyes to ...** angestrengt lauschen/gucken, um zu ...; **to ~ every nerve** jeden Nerv anspannen; **to ~ oneself** sich anstrengen; (*excessively*) sich überanstrengen; **don't ~ yourself!** (*iro inf*) überanstrenge dich bloß nicht!

3. (*Med*) *muscle* zerren; *ankle, arm* verrenken; *back, eyes, voice* anstrengen, strapazieren; (*excessively*) überanstrengen; *heart* belasten; (*excessively*) überlasten.

4. (*filter*) (durch)sieben, (durch)seihen; (*pour water off*) *vegetables* abgießen. **to ~ off water** Wasser abgießen; **to ~ out solids** feste Stoffe aussieben.

III *vi* (*exert effort*) sich anstrengen, sich abmühen; (*pull*) zerren, ziehen; (*fig: strive*) sich bemühen, streben. **to ~ to do sth** sich anstrengen *or* abmühen, etw zu tun; **to ~ at sth** sich mit etw abmühen; (*pull*) an etw (*dat*) zerren *or* ziehen; **to ~ at the leash** (*dog*) an der Leine zerren; (*fig*) aufmucken, aufmüpfig werden (*inf*); **to ~ after sth** nach etw streben, sich um etw bemühen; **to ~ against sb** sich an jdn drücken; **to ~ against sth** sich gegen etw stemmen.

strain² *n* **1.** (*streak*) Hang, Zug *m*; (*hereditary*) Veranlagung *f*. **a ~ of madness** eine Veranlagung zum Wahnsinn.

2. (*style*) Anflug *m*.

3. (*breed*) (*animals*) Rasse *f*; (*of plants*) Sorte *f*; (*of virus*) Art *f*.

strained [streɪnd] *adj* **1.** *liquids* durchgesiebt, durchgeseiht; *solids* ausgesiebt; *vegetables* abgegossen.

2. *muscle* gezerrt; *back, eyes* überanstrengt, strapaziert. **to have a ~ ankle** sich (*dat*) den Knöchel verrenkt haben.

3. (*unnatural*) *expression, performance, style* unnatürlich, gekünstelt; *laugh, smile, conversation* gezwungen; *meeting* steif; *voice, relations, atmosphere, nerves* (an)gespannt. **he looked rather ~** er sah ziemlich abgespannt aus.

strainer ['streɪnəʳ] *n* **1.** (*Cook*) Sieb *nt*. **2.** (*Tech*) Filter *m*.

strait [streɪt] *n* **1.** (*Geog*) Meerenge, Straße *f*. **the ~s of Dover/Gibraltar** die Straße von Dover/Gibraltar.

2. ~s *pl* (*fig*) Nöte, Schwierigkeiten *pl*; **to be in dire** *or* **desperate ~s** in großen Nöten sein, in einer ernsten Notlage sein.

straitened ['streɪtnd] *adj means* beschränkt; *circumstances also* bescheiden, dürftig.

straitjacket *n* (*lit, fig*) Zwangsjacke *f*; **strait-laced** [streɪt'leɪst] *adj* prüde, puritanisch, spießig (*inf*).

strand¹ [strænd] *vt ship, fish* stranden lassen; *person* (*in place*) verschlagen, geraten lassen; (*without money, help*) seinem Schicksal überlassen. **to be ~ed** (*ship, fish, shipwrecked person*) gestrandet sein; **to be (left) ~ed** (*person*) festsitzen; (*without money also*) auf dem trokkenen sitzen (*inf*); **to leave sb ~ed** jdn seinem Schicksal überlassen.

strand² *n* Strang *m*; (*of hair*) Strähne *f*; (*of thread, wool*) Faden *m*; (*of wire*) Litze *f*; (*of vine*) Ranke *f*; (*of beads*) Schnur *f*; (*fig*) (*in melody*) Melodienfolge *f*; (*in story*) Handlungsfaden *m*. **a three-~ necklace** eine dreireihige Halskette.

strange [streɪndʒ] *adj* (*+er*) **1.** seltsam, sonderbar, merkwürdig. **he told me the ~st story** er erzählte mir eine sehr seltsame Geschichte; **by a ~ chance** eigenartigerweise, komischerweise; **~ to say** so seltsam es klingen mag.

2. (*unfamiliar*) *country, surroundings, bed* fremd; (*unusual, unaccustomed*) *work, activity* nicht vertraut, ungewohnt. **I felt rather ~ at first** zuerst fühlte ich mich ziemlich fremd; **I feel ~ in a skirt** ich komme mir in einem Rock komisch vor (*inf*).

strangely ['streɪndʒlɪ] *adv* (*oddly*) seltsam, sonderbar, merkwürdig; *act, behave also* komisch (*inf*). **~ enough** seltsamerweise, sonderbarerweise, merkwürdigerweise.

strangeness ['streɪndʒnɪs] *n* **1.** (*oddness*) Seltsamkeit, Merkwürdigkeit *f*. **2.** (*unfamiliarity*) Fremdheit *f*; (*of surroundings also, of work, activity*) Ungewohntheit *f*.

stranger ['streɪndʒəʳ] *n* Fremde(r) *mf*. **he's a perfect ~ to me** ich kenne ihn überhaupt nicht; **I'm a ~ here myself** ich bin selbst fremd hier; **he is no ~ to London** er kennt sich in London aus; **he is no ~ to misfortune** Leid ist ihm nicht fremd; **to be a ~ to this kind of work** mit dieser Art von Arbeit nicht vertraut sein; **hullo, ~!** (*inf*) hallo, lange nicht gesehen; **S~s' Gallery** (*Brit Parl*) Besuchergalerie *f*.

strangle ['stræŋgl] *vt* (*murder*) erwürgen, erdrosseln, strangulieren (*form*); (*fig*) *cry, freedom, originality* ersticken; *impulse, protests* abwürgen, ersticken. **a ~d cry** ein erstickter Schrei.

stranglehold ['stræŋgl,həʊld] *n* (*lit*) Würgegriff *m*, Manschette *f*; (*fig*) absolute Machtposition (*on* gegenüber). **they have a ~ on us** (*fig*) sie haben uns in der Zange.

strangler ['stræŋgləʳ] *n* Würger(in *f*) *m*.

strangling ['stræŋglɪŋ] *n* **1.** (*murder*) Mord *m* durch Erwürgen. **2.** (*act of ~*) Erwürgen, Erdrosseln *nt*; (*fig*) Ersticken *nt*.

strangulate ['stræŋgjʊleɪt] *vt* (*Med*) abschnüren, abbinden.

strangulation [,stræŋgjʊ'leɪʃən] *n* **1.** (*being strangled*) Ersticken *nt*; (*act of strangling*) Erwürgen, Erdrosseln *nt*. **death was due to ~** der Tod trat durch Ersticken ein. **2.** (*Med*) Abschnürung, Abbindung *f*.

strap [stræp] **I** *n* Riemen *m*; (*for safety also*) Gurt *m*; (*in bus also*) Schlaufe, Lasche *f*; (*shoe ~ also*) Riemchen *nt*; (*on ski-pants*) Steg *m*; (*watch ~*) Band *nt*; (*shoulder ~*) Träger *m*. **to give sb the ~** jdn verprügeln, jdn züchtigen.

II *vt* **1.** (*fasten with ~*) festschnallen (*to* an *+dat*). **to ~ sth onto sth** etw auf etw (*acc*) schnallen; **he ~ped on his rucksack** er schnallte (sich *dat*) den Rucksack auf; **to ~ on one's watch/belt** sich (*dat*) die Uhr umbinden/sich (*dat*) den Gürtel umschnallen; **to ~ sb/oneself in** (*in car, plane*) jdn/sich anschnallen.

2. (*Med: also ~* **up**) bandagieren; *dressing* festkleben.

3. (*punish*) *person* verprügeln, züchtigen.

4. to be ~ped (*broke*) pleite *or* blank sein (*inf*).

straphang *vi* (*inf*) **I had to ~** ich mußte

stehen; **straphanger** *n* (*inf*) Pendler(in *f*) *m*; **straphanging** *n* (*inf*) Pendeln *nt*; **strapless** *adj* trägerlos, schulterfrei.

strapping ['stræpɪŋ] *adj* (*inf*) stramm; *woman also* drall.

Strasbourg ['stræzbɜːg] *n* Straßburg *nt*.

strata ['strɑːtə] *pl of* **stratum**.

stratagem ['strætɪdʒəm] *n* (*Mil*) Kriegslist *f*; (*artifice*) List *f*.

strategic [strə'tiːdʒɪk] *adj* strategisch; (*strategically important*) strategisch wichtig; (*fig also*) taktisch.

strategically [strə'tiːdʒɪkəlɪ] *adv* strategisch; (*fig also*) taktisch. **to be ~ placed** eine strategisch günstige Stellung haben; **~, his move was a mistake** strategisch gesehen war das falsch.

strategist ['strætɪdʒɪst] *n* Stratege *m*/Strategin *f*; (*fig also*) Taktiker(in *f*) *m*.

strategy ['strætɪdʒɪ] *n* **1.** (*Mil*) Strategie *f*; (*Sport, fig also*) Taktik *f*. **2.** (*art of ~*) (*Mil*) Kriegskunst *f*; (*fig*) Taktieren *nt*.

stratification [ˌstrætɪfɪ'keɪʃən] *n* (*lit, fig*) Schichtung *f*; (*stratifying also*) Schichtenbildung *f*; (*Geol*) Stratifikation *f*.

stratify ['strætɪfaɪ] **I** *vt* schichten; (*Geol also*) stratifizieren. **a highly stratified society** eine vielschichtige Gesellschaft. **II** *vi* (*Geol*) Schichten bilden, sich aufschichten; (*fig*) Schichten herausbilden.

stratosphere ['strætəʊsfɪə^r] *n* Stratosphäre *f*.

stratospheric [ˌstrætəʊs'ferɪk] *adj* stratosphärisch.

stratum ['strɑːtəm] *n, pl* **strata** (*Geol, fig*) Schicht *f*.

stratus ['strɑːtəs] *n* (*Met*) Stratus(wolke *f*) *m*, Schichtwolke *f*.

straw [strɔː] **I** *n* **1.** (*stalk*) Strohhalm *m*; (*collectively*) Stroh *nt no pl*. **it's the last ~ that breaks the camel's back** (*prov*) der letzte Tropfen bringt das Faß zum Überlaufen; **it's the last** *or* **final ~!** (*inf*) das ist der Gipfel! (*inf*); **it's a ~ in the wind** das ist ein Vorzeichen; **to clutch** *or* **grasp at ~s** sich an einen Strohhalm klammern; **man of ~** *see* **straw man; not worth a ~** (*inf*) keinen Pfifferling wert; *see* **drowning**.

2. (*drinking ~*) Trink- *or* Strohhalm *m*.

II *adj attr* Stroh-; *basket* aus Stroh.

strawberry ['strɔːbərɪ] *n* (*plant, fruit*) Erdbeere *f*.

strawberry *in cpds* Erdbeer-; **strawberry blonde I** *n* Rotblonde(r) *mf*; **she's a ~** sie hat rotblondes Haar; **II** *adj* rotblond; **strawberry mark** *n* (rotes) Muttermal.

straw hat *n* Strohhut *m*; **straw man** *n* Strohmann *m*; (*in politics*) Marionette *f*; (*set-up opponent*) Scheingegner *m*; **straw mattress** *n* Strohsack *m*; **straw poll, straw vote** *n* Probeabstimmung *f*; (*in election*) Wählerbefragung *f*.

stray [streɪ] **I** *vi* (*also ~ away*) sich verirren, abirren; (*also ~ about*) (umher)streunen; (*fig: thoughts, speaker*) abschweifen. **to ~ (away) from sth** (*lit, fig*) von etw abkommen; **they ~ed into the enemy camp** sie verirrten sich ins feindliche Lager.

II *adj child, bullet, cattle* verirrt; *cat, dog* streunend *attr*; (*ownerless*) herrenlos; (*isolated*) *remarks, houses, cases* vereinzelt; (*single*) *remark, success* einzeln; (*occasional*) gelegentlich; *thoughts* flüchtig.

III *n* **1.** (*dog, cat*) streunendes Tier; (*ownerless*) herrenloses Tier; *see* **waif**.

2. ~s *pl* (*Rad*) (atmosphärische) Störungen *pl*.

streak [striːk] **I** *n* Streifen *m*; (*of light*) Strahl *m*; (*in hair*) Strähne *f*; (*of fat also*) Schicht *f*; (*fig*) (*trace*) Spur *f*; (*of jealousy, meanness*) Zug *m*; (*of madness, humour*) Anflug *m*. **~ of lightning** Blitz(strahl) *m*; **there was a ~ of blood on his arm** eine Blutspur zog sich über seinen Arm; **there is a ~ of Spanish blood in her** sie hat spanisches Blut in den Adern; **his ~ of luck, his lucky ~** seine Glückssträhne.

II *vt* streifen. **to be ~ed** gestreift sein; **the sky was ~ed with red** der Himmel hatte rote Streifen; **hair ~ed with blonde/grey** Haar mit blonden/grauen Strähnen, graumeliertes Haar; **~ed with dirt/paint** schmutzverschmiert/mit Farbe beschmiert; **~ed with tears** tränenverschmiert; **rock ~ed with quartz** von Quarzadern durchzogener Stein.

III *vi* **1.** (*lightning*) zucken; (*inf: move quickly*) flitzen (*inf*). **to ~ along/past** entlang-/vorbeiflitzen (*inf*).

2. (*run naked*) blitzen, flitzen.

streaker ['striːkə^r] *n* Blitzer(in *f*), Flitzer(in *f*) *m*.

streaky ['striːkɪ] *adj* (*+er*) *bacon* durchwachsen; *face* verschmiert; *window, mirror* streifig, verschmiert.

stream [striːm] **I** *n* **1.** (*small river*) Bach *m*, Flüßchen *nt*; (*current*) Strömung *f*. **to go with/against the ~** (*lit, fig*) mit dem/gegen den Strom schwimmen.

2. (*flow*) (*of liquid, air, people, cars*) Strom *m*; (*of light, tears*) Flut *f*; (*of words, excuses, abuse*) Schwall *m*, Flut *f*. **people were coming out in ~s** Menschen strömten heraus; **~ of consciousness** (*Liter*) Bewußtseinsstrom *m*.

3. (*Brit Sch*) Leistungsgruppe *f*.

4. (*Tech*) **to be/come on ~** (*oil well*) in Betrieb sein/genommen werden; (*oil*) fließen/zu fließen anfangen.

II *vt* **1.** (*liter*) **the walls ~ed water** von den Wänden rann das Wasser; **his face ~ed blood** Blut rann *or* strömte ihm übers Gesicht. **2.** (*Brit Sch*) in (Leistungs)gruppen einteilen.

III *vi* **1.** (*flow*) (*liquid*) strömen, fließen, rinnen; (*eyes: because of cold, gas*) tränen; (*air, sunlight*) strömen, fluten; (*people, cars*) strömen. **the wound was ~ing with blood** Blut strömte *or* rann aus der Wunde; **the walls were ~ing with water** die Wände trieften vor Nässe; **her eyes/cheeks were ~ing with tears** Tränen strömten ihr aus den Augen/ihre Wangen waren tränenüberströmt.

2. (*wave: flag, hair*) wehen.

◆**stream down** *vi* (*liquid*) in Strömen fließen; (*+prep obj*) herunterströmen; (*cars*) in Strömen herunterfahren; (*hair*) wallend herunterfallen (*prep obj* über

+*acc*). **the rain was ~ing ~** es regnete in Strömen; **tears ~ed ~ her face** Tränen rannen *or* strömten *or* liefen über ihr Gesicht.

◆**stream in** *vi* herein-/hineinströmen.

◆**stream out** *vi* heraus-/hinausströmen (*of* aus); (*liquid also*) herausfließen (*of* aus). **her hair ~ed ~ behind her** ihre Haare wehten nach hinten.

◆**stream past** *vi* vorbeiströmen (*prep obj* an +*dat*).

streamer ['stri:mə^r] *n* (*flag*) Banner *nt*; (*made of paper*) Papier- *or* Luftschlange *f*; (*made of cloth, as decoration*) Band *nt*. ~ **headline** (*US*) Balkenüberschrift *f*.

stream feed *n* (*on photocopier*) automatischer Papiereinzug.

streaming ['stri:mɪŋ] **I** *n* (*Brit Sch*) Einteilung *f* in Leistungsgruppen.

II *adj nose, windows* triefend; *eyes also* tränend. **I have a ~ cold** ich habe einen fürchterlichen Schnupfen.

streamline ['stri:mlaɪn] *vt racing car, aeroplane* windschlüpfig machen, Stromlinienform geben (+*dat*); (*fig*) rationalisieren.

streamlined ['stri:mlaɪnd] *adj wing* windschlüpfig; *car, plane also* stromlinienförmig; (*fig*) rationalisiert.

street [stri:t] **I** *n* **1.** Straße *f*. **in** *or* **on the ~** auf der Straße; **to live in** *or* **on a ~** in einer Straße wohnen; **it's right up my ~** (*fig inf*) das ist genau mein Fall (*inf*); **to be ~s ahead of** *or* **better than sb** (*fig inf*) jdm haushoch überlegen sein (*inf*); **~s apart** (*fig*) grundverschieden; **to take to the ~s** (*demonstrators*) auf die Straße gehen; **to be/go on the ~s** (*inf*) auf den Strich gehen (*inf*); **a woman of the ~s** ein Mädchen von der Straße, ein Straßenmädchen *nt*; *see* **man**.

2. (*inf: residents*) Straße *f*.

II *adj attr* Straßen-.

street arab *n* (*pej*) Gassenkind *nt*; **street battle** *n* Straßenschlacht *f*; **streetcar** *n* (*US*) Straßenbahn *f*; **street cleaner** *n* (*esp US*) Straßenkehrer(in *f*) *or* -feger(in *f*) *m*; **street cred** (*inf*), **street credibility** *n* Glaubwürdigkeit *f*; **as an undercover agent in the Bronx you need ~** als Geheimagent in der Bronx muß man sich dem Milieu anpassen können; **this jacket does nothing for my ~** dieses Jackett versaut mein ganzes Image (*inf*); **street fighter** *n* Straßenkämpfer(in *f*) *m*; **street fighting** *n* Straßenkämpfe *pl*; **streetlamp** *n* Straßenlaterne *f*; **street level** *n* **at ~** zu ebener Erde; **street life** *n* (*inf*) Leben *nt* auf der Straße; **streetlight** *n* Straßenlaterne *f*; **streetlighting** *n* Straßenbeleuchtung *f*; **street map** *n* Stadtplan, Straßenplan *m*; **street market** *n* Straßenmarkt *m*; **street musician** *n* Straßenmusikant(in *f*) *m*; **street party** *n* Straßenfest *nt*; **street plan** *n* Straßen- *or* Stadtplan *m*; **street sweeper** *n* (*person*) Straßenkehrer(in *f*) *or* -feger(in *f*) *m*; (*machine*) Kehrmaschine *f*; **street theatre** *or* (*US*) **theater** *n* Straßentheater *nt*; **street urchin** *n* Straßen- *or* Gassenjunge *m*; **streetwalker** *n* Prostituierte *f*, Straßenmädchen *nt*; **streetwise** *adj* clever (*inf*).

strength [streŋθ] *n* **1.** (*lit, fig*) Stärke *f*; (*of person, feelings*) Kraft *f*; (*of table, bolt, nail, wall*) Stabilität *f*; (*of material, character also, of conviction, shoes*) Festigkeit *f*; (*of views*) Überzeugtheit *f*; (*of imagination*) Lebhaftigkeit *f*; (*of reason, argument, evidence*) Überzeugungskraft *f*; (*of plea, protest*) Eindringlichkeit *f*; (*of letter*) geharnischte *or* starke Ausdrucksweise; (*of measure*) Drastik *f*. **~ of character/will** *or* **mind** Charakter-/Willensstärke *f*; **to increase in** *or* **gain ~** stärker werden; **on the ~ of sth** auf Grund einer Sache (*gen*); **he decided to be a writer on the ~ of selling one short story** er beschloß, Schriftsteller zu werden, nachdem er eine einzige Kurzgeschichte verkauft hatte; **his ~ failed him** seine Kräfte versagten, ihn verließen die Kräfte; **to save one's ~** mit seinen Kräften haushalten; **you don't know your own ~!** du weißt gar nicht, wie stark du bist!; **to argue from a position of ~** von einer starken Position aus argumentieren; **to go from ~ to ~** einen Erfolg nach dem anderen erzielen *or* haben; **he was a great ~ to me** er war mir eine große Stütze.

2. (*health*) (*of constitution*) Robustheit, Kräftigkeit *f*; (*of eyes, heart*) Stärke *f*. **the patient is recovering his** *or* **gaining ~** der Patient kommt wieder zu Kräften; **when she has her ~ back** wenn sie wieder bei Kräften ist.

3. (*of colour*) Kräftigkeit, Intensität *f*; (*of acid, bleach*) Stärke *f*; (*of diluted solution*) Konzentration *f*.

4. (*numbers*) (An)zahl *f*; (*Mil*) Stärke *f*. **to be at full/bring up to ~** vollzählig sein/machen; **to be up to/below ~** (die) volle Stärke/nicht die volle Stärke haben; **to come in ~** in großer Zahl kommen, zahlreich erscheinen; **the police were there in ~** ein starkes Polizeiaufgebot war da.

5. (*of currency*) Stärke *f*; (*of market prices*) Stabilität *f*; (*of economy*) Gesundheit *f*.

strengthen ['streŋθən] **I** *vt* stärken; *material, shoes, building, protest* verstärken; *eyesight* verbessern; *muscles, patient also* kräftigen; *person* (*lit*) Kraft geben (+*dat*); (*fig*) bestärken; *currency, market* festigen; *affection also, effect* vergrößern. **to ~ sb's hand** (*fig*) jdn bestärken.

II *vi* stärker werden; (*wind, desire also*) sich verstärken.

strenuous ['strenjʊəs] *adj* **1.** (*exhausting*) anstrengend; *march, game also* ermüdend. **2.** (*energetic*) *attempt, supporter, support* unermüdlich, energisch; *attack, effort, denial* hartnäckig; *opposition, conflict, protest* heftig.

strenuously ['strenjʊəslɪ] *adv see adj 2.*

strep throat ['strep'θrəʊt] *n* (*esp US inf*) Halsentzündung *f*.

streptococcus [ˌstreptəʊ'kɒkəs] *n, pl* **streptococci** [ˌstreptəʊ'kɒksaɪ] Streptokokkus *m*.

stress [stres] **I** *n* **1.** (*strain*) Belastung *f*,

Streß *m*; (*Med*) Überlastung *f*, Streß *m*. **the ~es and strains of modern life** die Belastungen *or* der Streß des heutigen Lebens; **times of ~** Krisenzeiten *pl*, Zeiten *pl* großer Belastung; **to be under ~** großen Belastungen ausgesetzt sein; (*as regards work*) unter Streß stehen, im Streß sein; **to put sb under great ~** jdn großen Belastungen aussetzen; **to break down under ~/the ~** unter Streß *or* bei Belastung/unter dem Streß *or* unter der Belastung zusammenbrechen.

2. (*accent*) Betonung *f*, Ton *m*; (*fig: emphasis*) Akzent *m*, (Haupt)gewicht *nt*. **to put** *or* **lay (great) ~ on sth** großen Wert auf etw (*acc*) legen, einer Sache (*dat*) großes Gewicht beimessen; *fact, detail* etw (besonders) betonen.

3. (*Mech*) Belastung *f*; (*pressure also*) Druck *m*; (*tension also*) Spannung *f*. **the ~ acting on the metal** die Belastung, der das Metall ausgesetzt ist.

II *vt* **1.** (*lit, fig: emphasize*) betonen; *innocence also* beteuern; *good manners, subject* großen Wert legen auf (+*acc*); *fact, detail also* hervorheben.

2. (*Mech*) belasten, beanspruchen.

stressed [strest] *adj* **1.** *syllable, word* betont. **2.** (*under stress*) *person* gestreßt, über(be)lastet.

stress fracture *n* Spannungsriß *m*.

stressful ['stresfʊl] *adj* anstrengend, stressig. **a ~ situation** eine angespannte Lage.

stress mark *n* Akzent *m*, Betonungszeichen *nt*.

stretch [stretʃ] **I** *n* **1.** (*act of ~ing*) Strekken, Dehnen *nt*. **to have a ~** sich strekken *or* dehnen; (*person also*) sich rekken; **to be at full ~** (*lit: material*) bis zum äußersten gedehnt sein; (*fig*) (*person*) mit aller Kraft arbeiten; (*factory etc*) auf Hochtouren arbeiten (*inf*); (*engine, production, work*) auf Hochtouren laufen; **by no ~ of the imagination** beim besten Willen nicht; **not by a long ~** bei weitem nicht.

2. (*elasticity*) Elastizität, Dehnbarkeit *f*. **a fabric with plenty of ~** ein stark dehnbares *or* sehr elastisches Material.

3. (*expanse*) (*of road*) Strecke *f*, Stück *nt*; (*on racecourse*) Gerade *f*; (*of wood, river, countryside*) Stück *nt*; (*of journey*) Abschnitt, Teil *m*. **a straight ~ of road** eine gerade Strecke; **that ~ of water is called ...** dieser Gewässerlauf heißt ...; **in that ~ of the river** in dem Teil des Flusses; **for a long ~** über eine weite Strecke.

4. (*~ of time*) Zeit(raum *m or* -spanne *f*) *f*. **for a long ~ of time** für (eine) lange Zeit, lange Zeit; **for hours at a ~** stundenlang; **three days at a ~** drei Tage an einem Stück *or* ohne Unterbrechung; **to do a ~** (*sl: in prison*) im Knast sein (*sl*).

II *adj attr* dehnbar, Stretch-; *socks, trousers, track suit* Stretch-, ≃ Helanca-®; *esp ski pants* Lastex-.

III *vt* **1.** (*extend, lengthen*) strecken; (*widen*) *jumper, gloves also, elastic, shoes* dehnen; (*spread*) *wings, blanket* ausbreiten; (*tighten*) *rope, canvas* spannen. **to become ~ed** ausleiern; **a curtain was ~ed across the room** ein Vorhang war quer durchs Zimmer gezogen; **to ~ sth tight** etw straffen, etw straffziehen; *cover* etw strammziehen; **to ~ one's legs** (*go for a walk*) sich (*dat*) die Beine vertreten (*inf*).

2. (*make go further*) *meal, money* strecken; (*use fully*) *resources* voll (aus)nutzen; *credit* voll beanspruchen; *athlete, student* fordern; *one's abilities* bis zum äußersten fordern. **to be fully ~ed** (*person*) voll ausgelastet sein.

3. (*strain*) *meaning, word* äußerst weit fassen; *truth, law, rules* es nicht so genau nehmen mit, großzügig auslegen. **this clause/law could be ~ed to allow ...** diese Klausel/dieses Gesetz könnte so weit gedehnt werden, daß sie/es ... zuläßt; **to ~ a point** ein Auge zudrücken, großzügig sein; **that's ~ing it too far/a bit (far)** das geht zu weit/fast zu weit.

IV *vi* (*after sleep*) sich strecken; (*person also*) sich recken; (*be elastic*) sich dehnen, dehnbar sein; (*extend: time, area, authority, influence*) sich erstrecken (*to* bis, *over* über +*acc*); (*be enough: food, money, material*) reichen (*to* für); (*become looser*) weiter werden; (*become longer*) länger werden. **to ~ to reach sth** sich recken, um etw zu erreichen; **he ~ed across and touched her cheek** er reichte herüber und berührte ihre Wange; **to ~ back to** zurückreichen bis; **the fields ~ed away into the distance** die Felder dehnten sich bis in die Ferne aus; **the years ~ed (out) ahead of him** die Jahre dehnten sich vor ihm aus; **a life of misery ~ed (out) before her** vor ihr breitete sich ein Leben voll Kummer und Leid aus; **I can't/my purse won't ~ to that** so viel kann ich mir nicht erlauben/das läßt mein Geldbeutel nicht zu.

V *vr* **1.** (*after sleep*) sich strecken; (*person also*) sich recken.

2. (*strain oneself*) sich verausgaben. **if only he'd ~ himself a little** wenn er sich nur etwas anstrengen würde.

◆**stretch out I** *vt sep arms, wings, blanket* ausbreiten; *leg, hand* ausstrecken; *foot* vorstrecken; *rope* spannen; *meeting, discussion, essay, story* ausdehnen.

II *vi* sich strecken; (*inf: lie down*) sich hinlegen; (*countryside*) sich ausbreiten; (*in time*) sich erstrecken, sich hinziehen (*over* über +*acc*). **her arm ~ed ~** sie streckte den Arm aus; **he ~ed ~/lay ~ed ~ on the bed** er legte sich (ausgestreckt) aufs Bett/er lag ausgestreckt auf dem Bett.

stretcher ['stretʃəʳ] *n* **1.** (*Med*) (Trag)bahre *f*. **2.** (*for shoes, gloves*) Spanner *m*; (*Art: for canvas*) Rahmen *m*.

◆**stretcher off** *vt sep* auf einer (Trag)bahre wegtragen *or* abtransportieren.

stretcher-bearer *n* Krankenträger *m*; **stretcher case** *n* Kranke(r) *mf*/Verletzte(r) *mf*, der/die nicht gehen kann; (*Mil*) Schwerverwundete(r) *mf*.

stretchmark *n* Dehnungsstreifen *m*; (*through pregnancy*) Schwangerschaftsstreifen *m or* -narbe *f*.

stretchy ['stretʃɪ] *adj* (+*er*) elastisch, dehnbar.

strew [stru:] *pret* **~ed**, *ptp* **~ed** *or* **strewn** [stru:n] *vt* (*scatter*) verstreuen; *flowers, gravel, sand* streuen; (*cover with*) *floor* bestreuen. **to ~ one's clothes around (the room)** seine Kleider im Zimmer verstreuen; **dresses were ~n about the room** Kleider lagen im ganzen Zimmer verstreut herum; **the floor was ~n with ...** ... lagen überall auf dem Boden verstreut.

strewth *interj* (*sl*) *see* **struth.**

striated [straɪ'eɪtɪd] *adj* (*form*) (*striped*) gestreift; (*furrowed*) gefurcht; (*Geol*) mit Schliffen *or* Schrammen.

stricken ['strɪkən] **I** (*old*) *ptp of* **strike.**

II *adj* (*liter: wounded*) verwundet; (*afflicted*) leidgeprüft, schwergeprüft *attr*, schwer geprüft *pred*; (*with grief*) schmerzerfüllt, gramgebeugt (*liter*); (*ill*) leidend (*geh*); *ship, plane* in Not. **~ with guilt/fear** von Schuld/Angst erfüllt, von Angst ergriffen; **~ in years** hochbetagt (*geh*); **to be ~ with illness** leidend sein (*geh*); **to be ~ with blindness** mit Blindheit geschlagen sein (*geh*).

-stricken *adj suf* (*with emotion*) -erfüllt; (*by catastrophe*) von ... heimgesucht. **panic-~** von Panik ergriffen.

strict [strɪkt] *adj* (+*er*) **1.** (*stern, severe*) *law, parent, principles, judge* streng; *order, ban, discipline also* strikt; *obedience* absolut, strikt; *Catholic* strenggläubig.

2. (*precise*) streng; *accuracy, neutrality, secrecy also* absolut; *translation, meaning* genau. **in the ~ sense of the word** genau genommen; **in ~ confidence** streng vertraulich; **there is a ~ time limit on that** das ist zeitlich genau begrenzt.

strictly ['strɪktlɪ] *adv* **1.** streng. **smoking is ~ forbidden** Rauchen ist streng *or* strengstens verboten.

2. (*precisely*) genau; (*absolutely*) absolut, streng. **to be ~ accurate** um ganz genau zu sein; **~ in confidence** ganz im Vertrauen; **~ personal/confidential** privat/streng vertraulich; **~ speaking** genau genommen; **not ~ true** nicht ganz richtig; **~ between ourselves** ganz unter uns.

strictness ['strɪktnɪs] *n* **1.** Strenge *f*; (*of order, discipline also*) Striktheit *f*. **2.** (*preciseness*) Genauigkeit *f*.

stricture ['strɪktʃə^r] *n* **1.** *usu pl* (*criticism*) (scharfe) Kritik *no pl*. **to make** *or* **pass ~s upon sb** jdn (scharf) kritisieren. **2.** (*Med*) Verengung, Striktur (*spec*) *f*.

stride [straɪd] (*vb: pret* **strode,** *ptp* **stridden** ['strɪdn]) **I** *n* (*step*) Schritt *m*; (*gait also*) Gang *m*; (*fig*) Fortschritt *m*. **to get into one's/its ~** (*fig*) in Schwung *or* in Fahrt kommen; **to take sth in one's ~** mit etw spielend fertigwerden; *exam, interview* etw spielend schaffen; **to put sb off his ~** jdn aus dem Konzept bringen; **he took the disasters in his ~** die Katastrophen schienen spurlos an ihm vorübergegangen zu sein.

II *vi* schreiten (*geh*), mit großen Schritten gehen. **to ~ away** *or* **off** sich mit schnellen Schritten entfernen, davonschreiten (*geh*); **to ~ up to sb** (mit großen Schritten) auf jdn zugehen, auf jdn zuschreiten (*geh*); **to ~ up and down** auf- und abgehen *or* -schreiten (*geh*).

stridency ['straɪdənsɪ] *n see adj* Schrillheit, Durchdringlichkeit *f*; Grellheit *f*; Streitbarkeit *f*; Schärfe *f*; Stärke *f*.

strident ['straɪdənt] *adj sound, voice* schrill, durchdringend; *person* streitbar; *protest, criticism, tone* scharf; *demand, protest* lautstark.

stridently ['straɪdəntlɪ] *adv talk* schrill, durchdringend; *object, protest* scharf, lautstark; *demand, behave* lautstark.

strife [straɪf] *n* Unmut (*geh*), Unfriede *m*; (*in family, between friends*) Zwietracht *f* (*geh*). **armed ~** bewaffneter Konflikt; **internal ~** innere Kämpfe *pl*; **civil/industrial ~** Auseinandersetzungen *pl* in der Bevölkerung/Industrie.

strike [straɪk] (*vb: pret* **struck,** *ptp* **struck** *or* (*old*) **stricken**) **I** *n* **1.** Streik, Ausstand *m*. **official/unofficial ~** offizieller/wilder Streik; **to be on ~** streiken, im Ausstand sein; **to be on official/unofficial ~** offiziell/wild streiken; **to come out** *or* **go on ~** in den Streik *or* Ausstand treten; **to bring sb out on ~** jdn zum Streik veranlassen; *see* **hunger.**

2. (*discovery of oil, gold*) Fund *m*. **a big oil ~** ein großer Ölfund; **a lucky ~** ein Treffer, ein Glücksfall *m*; **to make a lucky ~** Glück haben, einen Treffer landen (*inf*).

3. (*Baseball*) verfehlter Schlag; (*Tenpin bowling*) Strike *m*, alle zehne. **to get a ~** alle zehne werfen, abräumen (*inf*).

4. (*Fishing*) **he got three ~s** drei haben angebissen.

5. (*Mil: attack*) Angriff *m*.

6. (*act of striking*) Schlag *m*.

II *vt* **1.** (*hit*) schlagen; *door* schlagen an *or* gegen (+*acc*); *nail, table* schlagen auf (+*acc*); *metal, hot iron* hämmern; (*stone, blow, bullet*) treffen; (*snake*) beißen; (*pain*) durchzucken, durchfahren; (*misfortune, disaster*) treffen; (*disease*) befallen. **to ~ one's fist on the table, to ~ the table with one's fist** mit der Faust auf den Tisch schlagen; **to ~ sb/sth a blow** jdm/einer Sache einen Schlag versetzen; **who struck the first blow?** wer hat zuerst (zu)geschlagen?; **to ~ a blow for sth** (*fig*) eine Lanze für etw brechen; **to ~ a blow (at sth)** (*fig*) einen Schlag (gegen etw) führen; **to be struck by lightning** vom Blitz getroffen werden; **to ~ 38 (per minute)** 38 Ruderschläge (pro Minute) machen.

2. (*spade*) stoßen auf (+*acc*); (*car*) fahren gegen; *ground* aufschlagen *or* auftreffen auf (+*acc*); (*ship*) auflaufen auf (+*acc*); (*sound, light*) *ears, eyes* treffen; (*lightning*) *person* treffen; *tree* einschlagen in (+*acc*), treffen. **to ~ one's head against sth** mit dem Kopf gegen etw *or* sich (*dat*) den Kopf an etw (*acc*) stoßen; **to ~ difficulties/obstacles** (*fig*) in Schwierigkeiten geraten/auf Hindernisse stoßen; **a terrible sight struck my eyes** plötzlich sah ich etwas Schreckliches.

3. (*sound*) *instrument* zu spielen anfangen; *string, chord, note* anschlagen; (*clock*) schlagen. **to ~ the piano/guitar** in die Tasten/Saiten greifen; **to ~ the hour** die volle Stunde schlagen; **that struck a familiar note** das kam mir/ihm *etc* bekannt vor; *see* **note.**

4. (*Hort*) *cutting* schneiden; (*plant*) *roots* schlagen.

5. (*occur to*) in den Sinn kommen (+*dat*). **to ~ sb as cold/unlikely** jdm kalt/unwahrscheinlich *etc* vorkommen; **that ~s me as a good idea** das kommt mir sehr vernünftig vor; **has it ever struck you that ...?** (*occurred to you*) haben Sie je daran gedacht, daß ...?; (*have you noticed*) ist Ihnen je aufgefallen, daß ...?; **it ~s me that ...** (*I have the impression*) ich habe den Eindruck, daß ...; (*I am noticing*) mir fällt auf, daß ...; **it struck me how ...** (*occurred to me*) mir ging plötzlich auf, wie ...; (*I noticed*) mir fiel auf, wie ...; **the funny side of it struck me later** erst später ging mir auf, wie lustig das war; **a thought struck me** mir kam plötzlich ein Gedanke.

6. (*impress*) beeindrucken. **to be struck by sth** von etw beeindruckt sein; **how does it ~ you?** wie finden Sie das?, was halten Sie davon?; **how does she ~ you?** welchen Eindruck haben Sie von ihr?; **she struck me as being very competent** sie machte auf mich einen sehr fähigen Eindruck; *see also* **struck.**

7. (*produce, make*) *coin, medal* prägen; (*fig*) *agreement, truce* sich einigen auf (+*acc*), aushandeln. **to ~ a light/match** Feuer machen/ein Streichholz anzünden; **to ~ sparks from sth** Funken aus etw schlagen; **to be struck blind/deaf/dumb** blind/taub/stumm werden, mit Blindheit/Taubheit/Stummheit geschlagen werden (*geh*); **to ~ fear** *or* **terror into sb/sb's heart** jdn mit Angst *or* Schrecken erfüllen; **~ a light!** (*sl*) ach du grüne Neune! (*inf*), hast du da noch Töne! (*inf*).

8. (*find*) *gold, oil, correct path* finden, stoßen auf (+*acc*). **to ~ it rich** das große Geld machen; *see* **oil.**

9. (*make*) *path* hauen.

10. (*take down*) *camp, tent* abbrechen; (*Naut*) *flag, sail* einholen, streichen; *mast* kappen, umlegen; (*Theat*) *set* abbauen.

11. (*remove*) streichen. **to be struck** *or* (*US*) **stricken from a list/the record** von einer Liste/aus dem Protokoll gestrichen werden.

III *vi* **1.** (*hit*) treffen; (*lightning*) einschlagen; (*snake*) zubeißen; (*tiger*) die Beute schlagen; (*attack, Mil etc*) zuschlagen, angreifen; (*disease*) zuschlagen; (*panic*) ausbrechen. **to ~ against sth** gegen etw stoßen; **to ~ at sb/sth** (*lit*) nach jdm/etw schlagen; (*fig: at democracy, existence*) an etw (*dat*) rütteln; **they struck at his weakest point** sie trafen ihn an seinem wundesten Punkt; **they were within striking distance of the enemy camp/success** das feindliche Lager/der Erfolg war in greifbarer Nähe; **we're waiting for the blow to ~** wir warten darauf, daß es uns trifft.

2. (*clock*) schlagen. **when midnight ~s** wenn es Mitternacht schlägt.

3. (*workers*) streiken.

4. (*match*) zünden, angehen.

5. (*Naut: run aground*) auflaufen (*on* auf +*acc*).

6. (*Fishing*) anbeißen.

7. inspiration struck er/sie hatte eine Eingebung; **to ~ on a new idea** eine neue Idee haben, auf eine neue Idee kommen.

8. (*take root*) Wurzeln schlagen.

9. (*go in a certain direction*) **to ~ across country** querfeldein gehen; **to ~ into the woods** sich in die Wälder schlagen; **to ~ right/left** sich nach rechts/links wenden; (*road*) nach rechts/links abbiegen; **the sun struck through the mist** die Sonne brach durch den Dunst.

◆**strike back I** *vi* zurückschlagen; (*fig also*) sich wehren, sich zur Wehr setzen. **to ~ ~ at sb** jds Angriff (*acc*) erwidern; (*fig*) sich gegen jdn wehren *or* zur Wehr setzen. **II** *vt sep* zurückschlagen.

◆**strike down** *vt sep* niederschlagen; (*God*) *enemies* vernichten; (*fig*) zu Fall bringen. **to be struck ~** niedergeschlagen werden; (*by illness*) getroffen werden; (*by blow*) zu Boden gestreckt werden; **he was struck ~ in his prime** er wurde in seiner Blüte dahingerafft.

◆**strike off I** *vt sep* **1.** (*cut off*) abschlagen.

2. (*remove*) (*from list*) (aus)streichen; *solicitor* die Lizenz entziehen (+*dat*); *doctor* die Zulassung entziehen (+*dat*); (*from price*) abziehen (*prep obj* von). **to be struck ~** (*Med, Jur*) die Zulassung verlieren.

3. (*print*) drucken. **to ~ ~ a proof** einen Bürstenabzug machen.

II *vi* (*set off*) sich auf den Weg machen; (*road also*) abbiegen.

◆**strike out I** *vi* **1.** (*hit out*) schlagen. **to ~ ~ wildly** wild um sich schlagen; **to ~ ~ at sb** (*lit, fig*) jdn angreifen.

2. (*change direction*) zuhalten (*for, towards* auf +*acc*); (*set out*) sich aufmachen, losziehen (*inf*) (*for* zu). **to ~ ~ for home** sich auf den Heimweg machen; **to ~ ~ on one's own** (*lit*) allein losziehen; (*fig*) eigene Wege gehen.

3. (*Baseball*) ,,aus" sein.

II *vt sep* (aus)streichen.

◆**strike through** *vt sep* durchstreichen.

◆**strike up I** *vi* (*band*) einsetzen, anfangen (zu spielen). **II** *vt insep* **1.** (*band*) *tune* anstimmen. **2.** *friendship* schließen, anknüpfen; *conversation* anfangen.

strike action *n* Streikmaßnahmen *pl*; **strike ballot** *n* Urabstimmung *f*; **strikebound** *adj* bestreikt, vom Streik betroffen; **strikebreaker** *n* Streikbrecher(in *f*) *m*; **strikebreaking** *n* Streikbruch *m*; **strike call** *n* Aufruf *m* zum Streik; **strike force** *n* (*Mil*) Kampftruppe *f*; **strike fund** *n* Streikkasse *f*; **strikeleader** *n* Streikführer *m*; **strike pay** *n* Streikgeld(er *pl*) *nt*.

striker ['straɪkəʳ] *n* **1.** (*worker*) Streikende(r), Ausständige(r) *mf.* **2.** (*Ftbl*) Stürmer(in *f*) *m.*

striking ['straɪkɪŋ] *adj* **1.** (*arresting*) *contrast, colour, resemblance* auffallend, bemerkenswert; *difference* verblüffend, erstaunlich; *appearance, beauty* eindrucksvoll. **a ~ example of sth** ein hervorragendes Beispiel für etw.

2. *attr worker* streikend.

3. *attr clock* mit Schlagwerk. **~ mechanism** Schlagwerk *nt.*

strikingly ['straɪkɪŋlɪ] *adv see adj 1.*

string [strɪŋ] (*vb: pret, ptp* **strung**) **I** *n* **1.** (*pl rare: cord*) Schnur, Kordel *f*, Bindfaden *m*; (*on apron*) Band *nt*; (*on anorak, belt*) Kordel *f*; (*of puppet*) Faden *m*, Schnur *f*, Draht *m.* **to have sb on a ~** (*fig inf*) jdn am Gängelband haben (*inf*); **to pull ~s** (*fig inf*) Fäden ziehen, Beziehungen spielen lassen; **without ~s, with no ~s attached** ohne Bedingungen; **he wants a girlfriend but no ~s attached** er möchte eine Freundin, will sich aber in keiner Weise gebunden fühlen.

2. (*row*) (*of beads, onions*) Schnur *f*; (*of racehorses*) Reihe *f*; (*of people*) Schlange *f*; (*of vehicles*) Kette, Schlange *f*; (*fig: series*) Reihe *f*; (*of lies, curses*) Haufen *m*, Serie *f.*

3. (*of musical instrument, tennis racquet*) Saite *f*; (*of bow*) Sehne *f.* **the ~s** *pl* (*instruments*) die Streichinstrumente *pl*; (*players*) die Streicher *pl*; **he plays in the ~s** er ist Streicher, er gehört zu den Streichern; **a twelve-~ guitar** eine zwölfsaitige Gitarre; **to have two ~s** *or* **a second ~** *or* **more than one ~ to one's bow** zwei Eisen im Feuer haben.

4. (*Bot*) Faden *m.*

5. (*Comput: of characters*) Zeichenfolge *f.*

II *vt* **1.** (*put on ~*) aufreihen, auffädeln, aufziehen. **to ~ objects/sentences together** Gegenstände zusammenbinden *or* -schnüren/Sätze aneinanderreihen; **she can't even ~ two sentences together** sie bringt keinen vernünftigen Satz zusammen.

2. *violin, tennis racquet* (mit Saiten) bespannen, besaiten; *bow* spannen.

3. *beans* abfasern, (die) Fäden (+*gen*) abziehen.

4. (*space out*) aufreihen. **they strung lights in the trees** sie haben Lampen in die Bäume gehängt.

◆**string along** (*inf*) **I** *vt sep* **to ~ sb ~** jdn hinhalten. **II** *vi* (*go along, play along with*) sich anschließen (*with dat*).

◆**string out I** *vi* sich verteilen. **II** *vt sep lanterns, washing* aufhängen; *guards, posts* verteilen.

◆**string up** *vt sep* **1.** (*suspend with string*) aufhängen; (*inf: hang*) aufknüpfen (*inf*). **2.** *see* **strung-up.**

string bag *n* (*esp Brit*) Einkaufsnetz *nt*; **string band** *n* Streichorchester *nt*; **string bass** *n* Kontrabaß *m*; **string bean** *n* (*esp US*) (*bean*) grüne Bohne; (*fig: person*) Bohnenstange *f* (*hum inf*).

stringed [strɪŋd] *adj instrument* Saiten-; (*played with bow also*) Streich-.

stringency ['strɪndʒənsɪ] *n see adj* Strenge *f*; Härte *f*; Schärfe *f.* **economic ~** strenge Sparmaßnahmen *pl.*

stringent ['strɪndʒənt] *adj standards, laws, discipline* streng; *rules, testing, training also* hart; *measures also* schärfste(r, s), energisch; *market* gedrückt. **~ economies** schärfste Sparmaßnahmen *pl*; **they have to practise ~ economy** sie müssen eisern sparen.

stringently ['strɪndʒəntlɪ] *adv control* streng; *enforce, train also* hart; *deal with* schärfstens, energisch; *economize* eisern.

string instrument *n* Saiteninstrument *nt*; (*played with bow also*) Streichinstrument *nt*; **string-puller** *n* Drahtzieher *m*; **string-pulling** *n* Spielenlassen *nt* von Beziehungen; **string quartet** *n* Streichquartett *nt*; **string vest** *n* Netzhemd *nt.*

stringy ['strɪŋɪ] *adj* (+*er*) *meat* sehnig, zäh, faserig; *vegetable* faserig, voller Fäden; *person* sehnig; *plant, seaweed, root* lang und dünn.

strip [strɪp] **I** *n* **1.** (*narrow piece*) Streifen *m*; (*of land also*) (schmales) Stück; (*of metal*) Band *nt*; *see* **comic, tear off.**

2. (*Brit Sport*) Trikot *nt*, Dreß *m.*

3. (*inf: air~*) Start- und Lande-Bahn, Piste (*inf*) *f.*

4. (*inf: ~tease*) **to do a ~** strippen (*inf*).

II *vt* **1.** (*remove clothes from*) *person* ausziehen; *bed* abziehen; *wall* (*remove paint from*) abkratzen; (*remove paper from*) die Tapeten abziehen von; *wallpaper* abziehen; (*remove contents from*) ausräumen. **to ~ sb naked** *or* **to the skin** jdn bis auf die Haut *or* nackt ausziehen; **to ~ a house of its contents** ein Haus ausräumen; **to ~ a room of all its pictures** alle Bilder aus einem Zimmer entfernen; **to ~ sth from** *or* **off sth** etw von etw entfernen; **the wind ~ped the leaves from** *or* **off the trees** der Wind wehte die Blätter von den Bäumen; **to ~ the bark from the trees** Bäume schälen *or* entrinden; **to ~ sth away** (*lit, fig*) etw wegnehmen, etw entfernen; **~ped of sth** ohne etw.

2. (*fig: deprive of*) berauben (*of gen*); *honours, title also* entkleiden (*geh*) (*of gen*). **he was ~ped of his titles** seine Titel wurden ihm aberkannt.

3. (*Tech*) (*damage*) *gear* kaputtmachen (*inf*), beschädigen; *screw* überdrehen; (*dismantle*) *engine, car, gun* auseinandernehmen, zerlegen. **to ~ the thread (off a screw)** eine Schraube überdrehen.

III *vi* (*remove clothes*) sich ausziehen; (*at doctor's*) sich freimachen; (*perform ~tease*) strippen (*inf*). **to ~ naked** sich bis auf die Haut *or* ganz ausziehen; **to ~ to the waist** den Oberkörper freimachen; **~ped to the waist** mit nacktem Oberkörper.

◆**strip down** *vt sep engine* auseinandernehmen, zerlegen.

◆**strip off I** *vt sep clothes* ausziehen; *berries, leaves* abmachen (*prep obj* von); (*wind*) herunterwehen (*prep obj* von); *paper* abziehen (*prep obj* von); *buttons,* *ornaments* entfernen, abmachen (*prep obj* von); *fruit skin, bark* abschälen, ablösen (*prep obj* von).

II *vi* **1.** (*take one's clothes off*) sich ausziehen; (*at doctor's*) sich freimachen; (*in striptease*) strippen (*inf*). **2.** (*bark*) sich abschälen lassen; (*paper*) sich abziehen lassen.

strip cartoon *n* Comic(strip) *m*; **strip club** *n* Striptease-Club *m*; **strip cropping** *n* Streifenpflanzung *f*.

stripe [straɪp] *n* **1.** Streifen *m*.

2. (*Mil*) (Ärmel)streifen, Winkel *m*. **to gain** *or* **get/lose one's ~s** befördert/degradiert werden.

3. (*US: kind*) (*of politics*) Färbung, Richtung *f*; (*of character, opinion*) Art *f*, Schlag *m*.

4. **~s** *pl* (*US inf: prison uniform*) Sträflingsanzug *m* (*inf*).

striped [straɪpt] *adj* gestreift, Streifen-. **~ with ...** mit ... Streifen; **to be ~ with grey** graue Streifen haben, grau gestreift sein.

strip light *n* (*esp Brit*) Neonröhre *f*; **strip lighting** *n* (*esp Brit*) Neonlicht *nt or* -beleuchtung *f*.

stripling ['strɪplɪŋ] *n* (*liter*) Bürschchen *nt*; (*pej also*) Grünschnabel *m*.

strip mill *n* Walzwerk *nt*; **strip mining** *n* (*esp US*) Abbau *m* über Tage.

strippagram ['strɪpəgræm] *n durch eine Angestellte einer Agentur persönlich übermittelter Geburtstagsgruß etc mit Striptease.*

stripper ['strɪpəʳ] *n* **1.** (*performer*) Stripperin, Stripteasetänzerin *f*. **male ~** Stripper, Stripteasetänzer *m*. **2.** (*paint-~*) Farbentferner *m*; (*wallpaper ~*) Tapetenlöser *m*.

strip poker *n* Strip-Poker *nt*; **strip-search I** *n* Leibesvisitation *f*; **II** *vt* einer Leibesvisitation (*dat*) unterziehen; **he was ~ed** er mußte sich einer Leibesvisitation unterziehen; **strip show** *n* Striptease(schau *or* -show *f*) *m or nt*; **striptease I** *n* Striptease *m or nt*; **to do a ~** strippen (*inf*), einen Striptease machen; **II** *adj attr* Striptease-.

stripy ['straɪpɪ] *adj* (*+er*) (*inf*) gestreift.

strive [straɪv] *pret* **strove**, *ptp* **striven** ['strɪvn] *vi* (*exert oneself*) sich bemühen; (*fight*) kämpfen. **to ~ to do sth** bestrebt *or* bemüht sein, etw zu tun; **to ~ for sth** etw anstreben, nach etw streben; **to ~ against sth** gegen etw (an)kämpfen; **to ~ with sb/sth** mit jdm/etw ringen *or* kämpfen.

strobe [strəʊb] **I** *adj* stroboskopisch. **II** *n* Stroboskoplampe *f*.

stroboscope ['strəʊbəskəʊp] *n* Stroboskop *nt*.

strode [strəʊd] *pret of* **stride**.

stroke [strəʊk] **I** *n* **1.** (*blow*) Schlag, Hieb *m*; (*of sword also*) Streich *m* (*old*). **a ~ of lightning** ein Blitz(schlag) *m*.

2. (*Cricket, Golf, Rowing, Tennis*) Schlag *m*; (*Billiards*) Stoß *m*; (*Swimming*) (*movement*) Zug *m*; (*type of ~*) Stil *m*. **they are rowing (at) a fast ~** sie rudern mit hoher Schlagzahl; **to put sb off his ~** (*fig*) jdn aus dem Takt *or* Konzept bringen.

3. (*Rowing: person*) Schlagmann *m*.

4. (*of pen, brush*) Strich *m*; (*fig*) (*of work*) Schlag *m*; (*in diplomacy, business*) Schachzug *m*. **he doesn't do a ~ (of work)** er tut keinen Schlag (*inf*), er rührt keinen Finger (*inf*); **a ~ of genius** ein genialer Einfall; **a ~ of luck** ein Glücksfall *m*; **we had a ~ of luck** wir hatten Glück; **with one ~ of the pen** (*lit, fig*) mit einem Federstrich; **at a** *or* **one ~** mit einem Schlag.

5. (*of clock*) Schlag *m*. **on the ~ of twelve** Punkt zwölf (Uhr).

6. (*of piston*) Hub *m*. **two-~ engine** Zweitaktmotor *m*.

7. (*Med*) Schlag *m*. **to have a ~** einen Schlag(anfall) bekommen.

8. (*caress*) Streicheln *nt no pl*. **to give sb/sth a ~** jdn/etw streicheln; **with gentle ~s** mit sanftem Streicheln.

II *vt* **1.** streicheln. **he ~d his chin** er strich sich (*dat*) übers Kinn.

2. to ~ a boat (to victory) als Schlagmann (ein Boot zum Sieg) rudern.

stroke play *n* (*Golf*) Zählspiel *nt*.

stroll [strəʊl] **I** *n* Spaziergang, Bummel *m*. **to go for a ~** einen Spaziergang *or* Bummel machen.

II *vi* spazieren, bummeln. **to ~ along/around** herumspazieren *or* -bummeln *or* -schlendern; **to ~ along the road** die Straße entlangspazieren *or* -bummeln *or* -schlendern; **to ~ around the town** durch die Stadt bummeln; **to ~ up to sb** auf jdn zuschlendern; **to ~ in(to the room)** (ins Zimmer) herein-/hineinspazieren *or* -schlendern; **to ~ out (of the room)** (aus dem Zimmer) hinaus-/herausspazieren *or* -schlendern; **to ~ up and down (the road)** die Straße auf und ab spazieren *or* bummeln *or* schlendern.

stroller ['strəʊləʳ] *n* **1.** (*walker*) Spaziergänger(in *f*) *m*. **2.** (*esp US: push-chair*) Sportwagen *m*.

strolling ['strəʊlɪŋ] *adj attr actor, minstrel* fahrend.

strong [strɒŋ] **I** *adj* (*+er*) **1.** stark; (*physically*) *person, material, kick, hands, grip also, voice* kräftig; *table, bolt, nail, wall* stabil, solide; *shoes* fest; (*strongly marked*) *features* ausgeprägt.

2. (*healthy*) kräftig; *person, constitution also* robust; *teeth also, eyes, eyesight, heart, nerves* gut. **when you're ~ again** wenn Sie wieder bei Kräften sind; **he's getting ~er every day** er wird mit jedem Tag wieder kräftiger.

3. (*powerful, effective*) stark; *character, conviction, views* fest; *country* mächtig; *candidate, case* aussichtsreich; *influence, temptation* groß, stark; *reason, argument, evidence* überzeugend; *protest, plea* energisch; *measure* drastisch; *letter* geharnischt, in starken Worten abgefaßt; (*Liter*) *plot, sequence, passage* gut, stark (*sl*). **to have ~ feelings/views about sth** in bezug auf etw (*acc*) stark engagiert sein; **I didn't know you had such ~ feelings about it** ich habe nicht gewußt, daß Ihnen so viel daran liegt *or* daß Ihnen das so viel bedeutet;

(*against it*) ich habe nicht gewußt, daß Sie so dagegen sind; **she has very ~ feelings about him** sie hat sehr viel für ihn übrig; (*as candidate*) sie hält sehr viel von ihm; (*against him*) sie ist vollkommen gegen ihn; **to have ~ feelings for** *or* **about sth** eine starke Bindung an etw (*acc*) haben; **he rules with a ~ hand** er regiert mit starker Hand; **his ~ point** seine Stärke; **to protest in ~ terms** energisch protestieren.

4. (*in numbers*) stark. **a group 20 ~** eine 20 Mann starke Gruppe.

5. (*capable*) gut, stark (*inf*). **he is ~ in/on sth** etw ist seine Stärke *or* starke Seite.

6. (*enthusiastic, committed*) begeistert; *supporter, Catholic, socialist* überzeugt; *belief, faith* unerschütterlich, stark.

7. *food* deftig; *smell, perfume* stark; (*pungent, unpleasant*) *smell, taste* streng; (*of butter*) ranzig; *colour, light* kräftig; *acid, bleach* stark; *solution* konzentriert. **a ~ drink/whisky** ein harter Drink/ein starker Whisky; **~ meat** (*fig*) starker Tobak (*inf*).

8. *accent, verb, rhyme* stark; *syllable* betont.

9. (*Fin*) *market, economy* gesund; *price* stabil; *currency also* stark.

II *adv* (+*er*) **1.** (*inf*) **to be going ~** (*old person, thing*) gut in Schuß sein (*inf*); (*runner*) gut in Form sein; (*party, rehearsals*) in Schwung sein (*inf*); **that's coming** *or* **going it a bit ~!** das ist ein starkes Stück!; **he pitched it pretty ~** (*inf*) er drückte sich ziemlich drastisch aus.

2. (*Fin*) in einer starken Position.

strong-arm (*inf*) **I** *adj tactics* brutal, Gewalt-; **~ man** Schläger *m*; **II** *vt* (*esp US*) (*beat up*) zusammenschlagen; (*intimidate*) unter Druck setzen; **strongbox** *n* (Geld)kassette *f*; **strong breeze** *n* (*Met*) starke Winde *pl*, Windstärke 6; **strong gale** *n* (*Met*) Windstärke 9; **stronghold** *n* (*castle, fortress*) Festung *f*; (*town*) Stützpunkt *m*; (*fig*) Hochburg *f*.

strongly ['strɒŋlɪ] *adv* **1.** (*physically*) stark; *kick, grip, shine* kräftig; *fight, attack* heftig, energisch; *built, made* solide, stabil; *built* (*person*) kräftig; *marked* stark.

2. (*mentally*) *influence, suspect, tempt* stark; *desire also* heftig; *interest also* brennend; *believe* fest. **to feel ~ about sb/sth** *see* **strong I 3.**

3. (*powerfully*) stark; *protest, defend* heftig, energisch; *plead* inständig; *support* kräftig; *sense* zutiefst; *answer, worded* in starken Worten. **he spoke ~ against it** er sprach sich entschieden dagegen aus; **I ~ advise you ...** ich möchte Ihnen dringend(st) raten ...

strongman ['strɒŋmæn] *n, pl* **-men** [-men] (*lit, fig*) starker Mann.

strong-minded *adj*, **~ly** *adv* ['strɒŋ'maɪndɪd, -lɪ] willensstark.

strong-mindedness ['strɒŋ'maɪndɪdnɪs] *n* Willensstärke *f*.

strong point *n* Stärke *f*; **strongroom** *n* Tresorraum *m*, Stahlkammer *f*; **strong-willed** ['strɒŋ'wɪld] *adj* willensstark, entschlossen; (*pej*) eigensinnig, trotzig.

strop [strɒp] **I** *n* Streichriemen *m*. **II** *vt* abziehen.

strophe ['strəʊfɪ] *n* Strophe *f*.

stroppiness ['strɒpɪnɪs] *n* (*Brit inf*) *see adj* Fuchtigkeit *f* (*inf*); Pampigkeit *f* (*inf*); Aggressivität *f*; Sturheit *f*.

stroppy ['strɒpɪ] *adj* (+*er*) (*Brit inf*) fuchtig (*inf*); *answer, children* pampig (*inf*); *bouncer* aggressiv; (*obstinate*) *official* stur. **don't get ~ with me** (*aggressive*) werd jetzt nicht pampig (*inf*); (*obstinate, uncooperative*) mach nicht so auf stur (*inf*).

strove [strəʊv] *pret of* **strive.**

struck [strʌk] **I** *pret, ptp of* **strike.**

II *adj* **1.** *pred* **to be ~ with sb/sth** (*impressed*) von jdm/etw begeistert *or* angetan sein; **to be ~ on sb/sth** (*keen*) auf jdn/etw stehen (*inf*), auf jdn/etw versessen sein.

2. (*US attr*) (*striking*) *workers* streikend; *factory, employers* vom Streik betroffen, bestreikt.

structural ['strʌktʃərəl] *adj* **1.** (*relating to structure*) strukturell; (*of building*) *alterations, damage, requirements* baulich; *fault, defect* Konstruktions-; *material, element, part* Bau-; *weight* Konstruktions-; (*fig*) Struktur-. **the bridge suffered ~ damage** die Struktur der Brücke wurde beschädigt.

2. (*weight-bearing*) *wall, beam* tragend; (*fig: essential*) essentiell, notwendig.

structural change *n* Strukturwandel *m*; **structural engineering** *n* Bautechnik *f*; **structural unemployment** *n* strukturelle Arbeitslosigkeit *f*.

structuralism ['strʌktʃərəlɪzəm] *n* der Strukturalismus.

structuralist ['strʌktʃərəlɪst] **I** *n* Strukturalist(in *f*) *m*. **II** *adj attr* strukturalistisch.

structurally ['strʌktʃərəlɪ] *adv* strukturell. **~ the novel is excellent** vom Aufbau her ist der Roman ausgezeichnet; **~ sound** sicher; **~ the building is in good condition** was das rein Bauliche betrifft, ist das Haus in gutem Zustand.

structure ['strʌktʃə^r] **I** *n* **1.** (*organization*) Struktur *f*; (*Sociol also*) Aufbau *m*; (*Ling also*) Bau *m*; (*Liter*) Aufbau *m*; (*Tech: of bridge, car*) Konstruktion *f*. **bone ~** Knochenbau *m*. **2.** (*thing constructed*) Konstruktion *f*; (*building also*) Gebäude *nt*.

II *vt* strukturieren; *essay, argument* aufbauen, gliedern; *layout, life* gestalten. **highly ~d** *society* stark gegliedert; *novel* sorgfältig (auf)gebaut *or* gegliedert.

strudel ['ʃtruːdl] *n* (*esp US*) Strudel *m*.

struggle ['strʌgl] **I** *n* (*lit, fig*) Kampf *m* (*for* um); (*fig: effort*) Anstrengung *f*. **without a ~** kampflos; **to put up a ~** sich wehren; **the ~ for survival/existence/to feed her seven children** der Überlebenskampf/der Daseinskampf/der Kampf, ihre sieben Kinder zu ernähren; **it is/was**

a ~ es ist/war mühsam.

II *vi* **1.** (*contend*) kämpfen; (*in self-defence*) sich wehren; (*writhe*) sich winden; (*financially*) in Schwierigkeiten sein, krebsen (*inf*); (*fig: strive*) sich sehr bemühen *or* anstrengen, sich abmühen. **to ~ to do sth** sich sehr anstrengen, etw zu tun; **to ~ for sth** um etw kämpfen, sich um etw bemühen; **to ~ against sb/sth** gegen jdn/etw kämpfen; **to ~ with sb** mit jdm kämpfen; **to ~ with sth** *with problem, difficulty* sich mit etw herumschlagen; *with language, subject, homework* sich mit etw abmühen; *with doubts, one's conscience* mit etw ringen; **can you manage? — I'm struggling** schaffst du's? — mit Müh und Not; **he was struggling to make ends meet** er hatte seine liebe Not durchzukommen.

2. (*move with difficulty*) sich quälen. **to ~ to one's feet** mühsam aufstehen *or* auf die Beine kommen, sich aufrappeln (*inf*); **to ~ on** (*lit*) sich weiterkämpfen; (*fig*) weiterkämpfen; **to ~ along/through** (*lit, fig*) sich durchschlagen *or* -kämpfen.

struggling ['strʌglɪŋ] *adj artist* am Hungertuch nagend.

strum [strʌm] **I** *vt tune* klimpern; *guitar* klimpern auf (+*dat*). **II** *vi* klimpern (*on* auf +*dat*).

strung [strʌŋ] *pret, ptp of* **string.**

strung-up [ˌstrʌŋ'ʌp] *adj* **to be ~** nervös *or* gespannt sein (*about sth* wegen etw).

strut[1] [strʌt] **I** *vi* stolzieren. **to ~ about (the yard)** (auf dem Hof) herumstolzieren; **to ~ past** vorbeistolzieren. **II** *n* angeberischer Gang, Stolzieren *nt*.

strut[2] *n* (*horizontal*) Strebe *f*; (*sloping also*) Stütze *f*; (*vertical*) Pfeiler *m*.

strychnine ['strɪkniːn] *n* Strychnin *nt*.

stub [stʌb] **I** *n* (*of candle, pencil, tail*) Stummel *m*; (*of cigarette also*) Kippe *f*; (*of cheque, ticket*) Abschnitt *m*; (*of tree*) Stumpf *m*. **~ axle** Achsschenkel *m*.

II *vt* **to ~ one's toe (on *or* against sth)** sich (*dat*) den Zeh (an etw *dat*) stoßen, mit dem Zeh an *or* gegen etw (*acc*) stoßen; **to ~ out a cigarette** eine Zigarette ausdrücken.

stubble ['stʌbl] *n, no pl* Stoppeln *pl*. **a field of ~** ein Stoppelfeld *nt*; **designer ~** Dreitagebart *m*.

stubbly ['stʌblɪ] *adj* (+*er*) *field* Stoppel-; *chin, beard also* stoppelig.

stubborn ['stʌbən] *adj* **1.** (*obstinate*) *person, insistence* stur; *animal also, child* störrisch. **to be ~ about sth** stur auf etw (*dat*) beharren. **2.** *refusal, resistance, campaign* hartnäckig. **3.** *lock, material* widerspenstig; *weeds, cough* hartnäckig.

stubbornly ['stʌbənlɪ] *adv see adj.*

stubbornness ['stʌbənnɪs] *n see adj* **1.** Sturheit *f*; störrische Art. **2.** Hartnäckigkeit *f*. **3.** Widerspenstigkeit *f*; Hartnäkkigkeit *f*.

stubby ['stʌbɪ] *adj* (+*er*) *revolver* kurz; *tail* stummelig; *pencil, vase* kurz und dick; *person* gedrungen, stämmig, untersetzt; *legs* kurz und stämmig. **~ fingers** Wurstfinger *pl* (*inf*).

stucco ['stʌkəʊ] **I** *n, pl* **-(e)s** Stuck *m*; (*also* **~ work**) Stuckarbeit, Stukkatur *f*. **II** *adj attr* Stuck-. **III** *vt* mit Stuck verzieren.

stuck [stʌk] **I** *pret, ptp of* **stick[2].**

II *adj* **1.** (*baffled*) (*on, over* mit) **to be ~** nicht klarkommen, nicht zurechtkommen; **to get ~** nicht weiterkommen.

2. (*inf*) **he/she is ~ for sth** es fehlt ihm/ihr an etw (*dat*), ihm/ihr fehlt etw; **I'm a bit ~ for cash** ich bin ein bißchen knapp bei Kasse.

3. (*inf*) **to get ~ into sb/sth** jdn richtig in die Mangel nehmen (*inf*)/sich in etw (*acc*) richtig reinknien (*inf*); **Stephen got ~ into his steak** Stephen nahm sein Steak in Angriff; **get ~ in!** schlagt zu! (*inf*).

4. (*inf: infatuated*) **to be ~ on sb** in jdn verknallt sein (*inf*).

5. (*inf*) **to be ~ with sb/sth** mit jdm/etw dasitzen, jdn/etw am Hals haben (*inf*).

stuck-up ['stʌk'ʌp] *adj* (*inf*) *person, attitude, voice* hochnäsig. **to be ~ about sth** sich (*dat*) viel auf etw (*acc*) einbilden.

stud[1] [stʌd] **I** *n* **1.** (*nail*) Beschlagnagel *m*; (*decorative*) Ziernagel *m*; (*on boots*) Stollen *m*. **reflector ~** Katzenauge *nt*. **2.** (*collar ~*) Kragenknopf *m*. **3.** (*earring*) Ohrstecker *m*.

II *vt* (*usu pass*) übersäen; (*with jewels*) (dicht) besetzen.

stud[2] *n* (*group of horses*) (*for breeding*) Gestüt *nt*, Zucht *f*; (*for racing*) Stall *m*; (*stallion*) (Zucht)hengst *m*; (*sl: man*) Sexprotz *m* (*inf*). **the stallion is at ~** der Hengst wird zur Zucht benutzt; **to put to ~** zu Zuchtzwecken verwenden.

student ['stjuːdənt] **I** *n* (*Univ*) Student(in *f*) *m*, Studierende(r) *mf*; (*esp US: at school, night school*) Schüler(in *f*) *m*. **he is a ~ of French *or* a French ~** (*Univ*) er studiert Französisch; (*Sch*) er lernt Französisch; **medical/law ~s** Medizin-/Jurastudenten *pl*.

II *adj attr* Studenten-; *activities also, protest movement* studentisch. **~ driver** (*US*) Fahrschüler(in *f*) *m*; **~ nurse** Krankenpflegeschüler(in *f*) *m*.

studentship *n* (*Brit: grant*) Stipendium *nt*; **student teacher** *n* Referendar(in *f*) *m*; **student union** *n* **1.** (*organization*) Studentenvereinigung *f*; **2.** (*building*) Gebäude *nt* der Studentenvereinigung.

stud farm *n* Gestüt *nt*; **stud horse** *n* Zuchthengst *m*.

studied ['stʌdɪd] **I** *pret, ptp of* **study. II** *adj* (*carefully considered*) *reply* (gut) durchdacht, wohlüberlegt; *simplicity* bewußt, ausgesucht; *prose, style* kunstvoll; (*deliberate*) berechnet; *calm, politeness* gewollt; *insult* beabsichtigt, bewußt; *avoidance* sorgfältig; *pose* einstudiert.

studio ['stjuːdɪəʊ] *n* (*all senses*) Studio *nt*; (*of painter, photographer also*) Atelier *nt*; (*broadcasting ~ also*) Senderaum *m*.

studio apartment *n* Studiowohnung *f*; **studio audience** *n* Publikum *nt* im Studio; **studio couch** *n* Schlafcouch *f*; **studio flat** *n* (*Brit*) *see* **studio apartment.**

studious ['stjuːdɪəs] *adj person* fleißig, eifrig; *life, habits* gelehrsam; *pupil also, turn of mind* lernbegierig; *attention,* *piece of work, research* gewissenhaft, sorgfältig; *avoidance* gezielt, sorgsam; *politeness* bewußt; *effort* eifrig, beflissen (*geh*).

studiously ['stju:dɪəslɪ] *adv* fleißig, eifrig; (*painstakingly*) sorgsam, sorgfältig; *polite* bewußt; *avoid* gezielt, sorgsam; (*deliberate*) absichtlich, bewußt. **he is not ~ inclined** er hat keinen Hang zum Studieren.

studiousness ['stju:dɪəsnɪs] *n see adj* Lerneifer, Fleiß *m*; Gelehrsamkeit *f*; Lernbegierde *f*; Gewissenhaftigkeit, Sorgfältigkeit *f*; Gezieltheit *f*; Bewußtheit *f*; Eifer *m*.

study ['stʌdɪ] **I** *n* **1.** (*studying, branch of ~*) (*esp Univ*) Studium *nt*; (*at school*) Lernen *nt*; (*of situation, evidence, case*) Untersuchung *f*; (*of nature*) Beobachtung *f*. **the ~ of cancer** die Krebsforschung; **the ~ of Chinese** das Chinesischstudium; **African studies** (*Univ*) afrikanische Sprache und Kultur, Afrikanistik *f*; **to make a ~ of sth** etw untersuchen; (*academic*) etw studieren; **to spend one's time in ~** seine Zeit mit Studieren/Lernen verbringen; **during my studies** während meines Studiums; **his face was a ~** (*inf*) sein Gesicht war sehenswert.

2. (*piece of work*) Studie *f* (*of* über +*acc*); (*Art, Phot*) Studie *f* (*of gen*); (*Liter, Sociol also*) Untersuchung *f* (*of* über +*acc*); (*Mus*) Etüde *f*.

3. (*room*) Arbeitszimmer *nt*.

II *vt* studieren; (*Sch*) lernen; *nature also, stars* beobachten; *author, particular tune, text etc* sich befassen mit; (*research into*) erforschen; (*examine also*) untersuchen; *clue, evidence* prüfen.

III *vi* studieren; (*esp Sch*) lernen. **to ~ to be a teacher/doctor** ein Lehrerstudium/Medizinstudium machen; **to ~ for an exam** sich auf eine Prüfung vorbereiten, für eine Prüfung lernen; **to ~ under sb** bei jdm studieren.

study group *n* Arbeitsgruppe *or* -gemeinschaft *f*; **study tour** *n* Informationsreise *f*.

stuff [stʌf] **I** *n* **1.** Zeug *nt*. **green/sweet** *etc* **~** Grünzeug *nt*/süßes *etc* Zeug; **the ~ that heroes/dreams are made of** der Stoff, aus dem Helden gemacht sind/die Träume sind; **show him what kind of ~ you're made of** zeig ihm, aus welchem Holz du geschnitzt bist; **there was a lot of rough ~** es ging ziemlich rauh zu; **there is some good ~ in that book** in dem Buch stecken ein paar gute Sachen; **it's poor/good ~** das ist schlecht/gut; **this tea/book is strong ~** der Tee ist ziemlich stark/das Buch ist starker Tobak; **he brought me some ~ to read/to pass the time with** er hat mir etwas zum Lesen/zur Unterhaltung mitgebracht; **books and ~** Bücher und so (*inf*); **and ~ like that** und so was (*inf*); **all that ~ about how he wants to help us** all das Gerede, daß er uns helfen will; **~ and nonsense** Quatsch (*inf*), Blödsinn *m*.

2. (*inf*) **she's a nice bit of ~** die ist nicht ohne (*inf*); **a drop of the hard ~** ein Schluck von dem scharfen Zeug; **that's the ~!** so ist's richtig!, weiter so!; **to do one's ~** seine Nummer abziehen (*inf*); **go on, do your ~!** nun mach mal *or* doch! (*inf*); **to know one's ~** wissen, wovon man redet, sich auskennen; *see* **hot ~**.

3. (*possessions*) Zeug *nt*, Sachen *pl*.

4. (*inf: drugs*) Stoff *m* (*inf*).

5. (*old: cloth*) Material *nt*, Stoff *m*.

II *vt* **1.** (*fill*) *container, room, person* vollstopfen; *hole* zustopfen, verstopfen; *contents, object, books* (hinein)stopfen (*into* in +*acc*); (*into envelope*) stecken (*into* in +*acc*). **to ~ sth away** etw wegstecken; **he ~ed it away in his pocket** er stopfte es in seine Tasche; **he ~ed some money into my hand** er drückte mir Geld in die Hand; **to ~ one's fingers into one's ears** sich (*dat*) die Finger in die Ohren stecken; **to be ~ed up (with a cold)** verschnupft sein, eine verstopfte Nase haben.

2. (*Cook*) füllen.

3. *cushion etc* füllen; *toy also* (aus)stopfen; (*in taxidermy*) ausstopfen. **a ~ed toy** ein Stofftier *nt*.

4. (*sl*) **~ it** (*be quiet*) halt's Maul!, Schnauze! (*sl*); **get ~ed!** du kannst mich mal (*sl*)!; **you can ~ your money/advice** *etc* du kannst dein blödes Geld *etc* behalten (*inf*)/du kannst dir deinen Rat schenken *or* an den Hut stecken (*inf*); **~ him!** der kann mich mal! (*sl*).

III *vi* (*inf: eat*) sich vollstopfen (*inf*).

IV *vr* **to ~ oneself (with food)** sich (mit Essen) vollstopfen (*inf*).

stuffed shirt ['stʌft'ʃɜ:t] *n* (*inf*) Stockfisch *m* (*inf*).

stuffily ['stʌfɪlɪ] *adv* (*narrow-mindedly*) spießig; (*prudishly*) prüde; (*stiffly*) steif, gezwungen; (*dully*) langweilig.

stuffiness ['stʌfɪnɪs] *n see adj* **1.** Stickigkeit, Dumpfheit *f*. **2.** Spießigkeit *f*; Prüderie, Zimperlichkeit *f*. **3.** Steifheit *f*; Gezwungenheit *f*; Langweiligkeit, Fadheit *f*.

stuffing ['stʌfɪŋ] *n* (*of pillow, quilt, Cook*) Füllung *f*; (*of furniture*) Polstermaterial *nt*; (*in taxidermy, toys*) Füllmaterial, Stopfmaterial *nt*. **to knock the ~ out of sb** (*inf*) jdn fertigmachen (*inf*), jdn schaffen (*inf*).

stuffy ['stʌfɪ] *adj* (+*er*) **1.** *room, atmosphere* stickig, dumpf. **2.** (*narrow-minded*) spießig; (*prudish*) prüde, zimperlich. **3.** (*stiff*) steif; *atmosphere also* gezwungen; (*dull*) langweilig, öde, fad.

stultify ['stʌltɪfaɪ] **I** *vt* lähmen; *mind, person* verkümmern *or* verdummen lassen. **to become stultified** verkümmern, verdummen. **II** *vi* verkümmern, verdummen.

stultifying ['stʌltɪfaɪɪŋ] *adj* lähmend; *boredom, inactivity also* abstumpfend. **to have a ~ effect on sb/sb's mind** jdn verkümmern lassen.

stumble ['stʌmbl] **I** *n* Stolpern *nt no pl, no indef art*; (*in speech*) Stocken *nt no pl, no indef art*.

II *vi* (*lit, fig*) stolpern; (*in speech*) stocken. **to ~ against sth** gegen etw stoßen; **to ~ on sth** (*lit*) über etw (*acc*) stolpern; (*fig*) auf etw (*acc*) stoßen; **he ~d through his speech** stockend *or* holperig hielt er seine Rede.

stumbling-block ['stʌmblɪŋ'blɒk] *n* (*fig*) Hürde *f*, Hindernis, Problem *nt.* **to be a ~ to sth** einer Sache (*dat*) im Weg stehen.

stump [stʌmp] **I** *n* **1.** (*of tree, limb*) Stumpf *m*; (*of tooth, candle also, of pencil, tail, cigar*) Stummel *m*; (*Cricket*) Stab *m.* **to stir one's ~s** (*inf*) sich rühren, sich regen. **2.** (*US Pol: platform*) Rednertribüne *f.* **~ speaker** Wahlredner(in *f*) *m*; **to go out on the ~s** (öffentlich *or* vor Ort) als Redner auftreten.

II *vt* **1.** (*Cricket*) (*durch Umwerfen der Stäbe*) ausschalten.

2. (*fig inf*) **you've got me ~ed** da bin ich überfragt; **I'm ~ed, that's got me ~ed** ich bin mit meiner Weisheit *or* meinem Latein am Ende (*inf*); **to be ~ed for an answer** um eine Antwort verlegen sein.

3. (*US Pol*) **to ~ the country** Wahl(kampf)reisen durch das Land machen.

III *vi* (*inf*) stapfen. **to ~ along/about** entlang-/herumstapfen; **to ~ up to sb** auf jdn zustapfen.

◆**stump up** (*Brit inf*) **I** *vt insep* springen lassen (*inf*). **II** *vi* blechen (*inf*).

stumpy ['stʌmpɪ] *adj* (+*er*) *pencil, candle* stummelig (*inf*), kurz; *person* stämmig, untersetzt; *tree* klein und gedrungen; *legs* kurz. **a ~ tail** ein Stummelschwanz *m.*

stun [stʌn] *vt* (*make unconscious*) betäuben; (*noise also, daze*) benommen machen; (*fig*) (*shock*) fassungslos machen; (*amaze*) erstaunen, verblüffen. **he was ~ned by the news** (*bad news*) er war über die Nachricht fassungslos *or* wie gelähmt; (*good news*) die Nachricht hat ihn überwältigt; **he was ~ned by his good fortune** er war sprachlos über sein Glück.

stun bullet *n* Wuchtgeschoß *nt.*

stung [stʌŋ] *pret, ptp of* **sting.**

stun grenade *n* Blendgranate *f.*

stunk [stʌŋk] *ptp of* **stink.**

stunned [stʌnd] *adj* (*unconscious*) betäubt; (*dazed*) benommen; (*fig*) (*shocked*) fassungslos; (*amazed*) sprachlos.

stunner ['stʌnəʳ] *n* (*inf*) (*thing*) Wucht *f* (*inf*); (*woman*) tolle Frau, tolles Weib (*inf*); (*man*) toller Mann *or* Kerl (*inf*).

stunning ['stʌnɪŋ] *adj* (*lit*) *blow* wuchtig, betäubend; (*fig*) *news, dress, girl* phantastisch, toll (*inf*); *shock* überwältigend.

stunningly ['stʌnɪŋlɪ] *adv* phantastisch.

stunt¹ [stʌnt] *n* Kunststück *nt*, Nummer *f*; (*publicity ~, trick*) Gag *m*; (*Aviat*) Kunststück *nt.* **to do ~s** (*be ~man*) ein Stuntman sein, doubeln; **he does most of his own ~s** gefährliche Szenen spielt er meist selbst.

stunt² *vt* (*lit, fig*) *growth, development* hemmen; *trees, mind* verkümmern lassen.

stunted ['stʌntɪd] *adj plant, mind* verkümmert; *child* unterentwickelt. **his ~ growth** seine Verwachsenheit.

stunt flying *n* Kunstflug *m*; **stuntman** *n* Stuntman *m*, Double *nt.*

stupefaction [ˌstju:pɪ'fækʃən] *n* Verblüffung *f.*

stupefy ['stju:pɪfaɪ] *vt* benommen machen; (*fig: amaze, surprise*) verblüffen.

stupefying ['stju:pɪfaɪɪŋ] *adj* betäubend; (*fig: amazing*) verblüffend.

stupendous [stju:'pendəs] *adj* phantastisch; *effort* enorm.

stupendously [stju:'pendəslɪ] *adv see adj.*

stupid ['stju:pɪd] **I** *adj* **1.** dumm; (*foolish also, boring*) blöd(e) (*inf*). **don't be ~** sei nicht so blöd (*inf*); **I've done a ~ thing** ich habe etwas ganz Dummes *or* Blödes (*inf*) gemacht; **take that ~ look off your face** guck nicht so dumm *or* blöd (*inf*)!; **that was ~ of you, that was a ~ thing to do** das war dumm (von dir).

2. (*stupefied*) benommen, benebelt. **to drink oneself ~** sich sinnlos betrinken.

II *adv* (*inf*) **to talk ~** Quatsch reden (*inf*); **to act ~** sich dumm stellen.

III *n* (*inf: person*) Blödmann (*inf*) *m.*

stupidity [stju:'pɪdɪtɪ] *n* Dummheit *f*; (*silliness also*) Blödheit *f* (*inf*). **of all the ~!** so was Dummes!

stupidly ['stju:pɪdlɪ] *adv* (*unintelligently*) dumm; (*foolishly also*) blöd (*inf*). **~ I'd forgotten my keys** dummerweise hatte ich meine Schlüssel vergessen; **he ~ refused** er war so dumm *or* blöd (*inf*) abzulehnen.

stupor ['stju:pəʳ] *n* Benommenheit *f.* **he lay/sat there in a ~** er lag/saß benommen *or* apathisch *or* teilnahmslos da; **to be in a drunken ~** sinnlos betrunken sein.

sturdily ['stɜ:dɪlɪ] *adv* **1.** stabil. **~ built** *person* kräftig *or* stämmig gebaut; *chair, ship etc* stabil gebaut. **2.** (*fig*) *see adj 2.*

sturdiness ['stɜ:dɪnɪs] *n see adj* **1.** Kräftigkeit, Stämmigkeit *f*; Robustheit *f*; Stabilität *f.* **2.** Unerschütterlichkeit, Standhaftigkeit *f.*

sturdy ['stɜ:dɪ] *adj* (+*er*) **1.** *person, body, plant* kräftig, stämmig; *material* kräftig, robust; *building, ship, car* stabil. **2.** (*fig*) *opposition* unerschütterlich, standhaft.

sturgeon ['stɜ:dʒən] *n* Stör *m.*

stutter ['stʌtəʳ] **I** *n* (*of person, engine*) Stottern *nt no pl*; (*of guns*) Trommeln *nt.* **he has a bad ~** er stottert sehr stark; **to say sth with a ~** etw stotternd sagen, etw stottern.

II *vti* stottern. **he was ~ing with rage** er stotterte vor Wut; **she ~ed (out) an apology** sie entschuldigte sich stotternd.

stutterer ['stʌtərəʳ] *n* Stotterer *m*, Stotterin *f.*

stuttering ['stʌtərɪŋ] *n* Stottern *nt.*

sty [staɪ] *n* (*lit, fig*) Schweinestall *m.*

sty(e) [staɪ] *n* (*Med*) Gerstenkorn *nt.*

style [staɪl] **I** *n* **1.** (*Art, Mus, Liter, personal*) Stil *m.* **~ of painting** Malstil *m*; **the ~ of his writing** sein Stil *m*; **~ of life** Lebensstil *m*; **~ of management** Führungsstil *m*; **a poem in the Romantic ~** ein Gedicht im Stil der Romantik; **in his own inimitable ~** (*iro*) in seiner unnachahmlichen Art *or* Manier, auf die ihm typische Art; **flattering people is not his**

~ es ist nicht seine Art zu schmeicheln; **that's the** ~ (*inf*) so ist's richtig.

2. (*elegance*) Stil *m*. **the man has (real)** ~ der Mann hat Klasse *or* Format; **in** ~ stilvoll; **to do things in** ~ alles im großen Stil tun; **to celebrate in** ~ groß feiern.

3. (*sort, type*) Art *f*. **a new** ~ **of house/ car** ein neuer Haus-/Autotyp; **just the** ~ **of car I like** ein Auto, wie es mir gefällt.

4. (*Fashion*) Stil *m no pl*, Mode *f*; (*cut*) Schnitt *m*; (*hair*~) Frisur *f*. **these coats are available in two** ~**s** diese Mäntel gibt es in zwei verschiedenen Schnittarten *or* Macharten; **the latest** ~**s in shoes** die neue(ste)n Schuhmoden.

5. (~ *of address*) Anrede *f*; (*title*) Titel *m*.

6. (*Bot*) Griffel *m*.

II *vt* **1.** (*designate*) nennen.

2. (*design*) entwerfen; *clothes, interior also* gestalten; *hair* stylen. **a smartly** ~**d dress** ein elegant geschnittenes Kleid; **it is** ~**d for comfort not elegance** es ist auf Bequemlichkeit und nicht Eleganz zugeschnitten.

-style *adj suf* nach ... Art, auf (+*acc*) ... Art. **American-**~ **fried chicken** Brathähnchen nach amerikanischer Art; **cowboy-**~ auf Cowboyart, nach Art der Cowboys; **Swedish-**~ **furniture** Möbel im schwedischen Stil; **the old-**~ **cricketer** der Cricketspieler der alten Schule.

stylebook ['staɪlbʊk] *n* (*Typ*) Stilvorschriften *pl*; (*Fashion*) Modeheft *nt*; (*for hairstyles*) Frisurenheft *nt*.

styli ['staɪlaɪ] *pl of* **stylus.**

styling ['staɪlɪŋ] *n* (*of car etc*) Design *nt*; (*of dress*) Machart *f*, Schnitt *m*; (*of hair*) Schnitt *m*. ~ **mousse** Schaumfestiger *m*.

stylish ['staɪlɪʃ] *adj person* elegant; *car, hotel, district also* vornehm; *furnishings* stilvoll; (*fashionable*) modisch; *wedding* großen Stils; *way of life* großartig, im großen Stil.

stylishly ['staɪlɪʃlɪ] *adv* elegant; *furnished* stilvoll; (*fashionably*) modisch; *live* im großen Stil; *travel* mit allem Komfort.

stylishness ['staɪlɪʃnɪs] *n see adj* Eleganz *f*; Vornehmheit *f*; stilvolle Art; modische Finesse; großangelegter Stil.

stylist ['staɪlɪst] *n* **1.** (*Fashion*) Modeschöpfer(in *f*) *m*; (*hair*~) Friseur *m*, Friseuse *f*, Coiffeur *m* (*geh*), Coiffeuse *f* (*geh*). **2.** (*Liter, Sport*) Stilist(in *f*) *m*.

stylistic [staɪ'lɪstɪk] *adj* stilistisch. ~ **device** Stilmittel *nt*.

stylistically [staɪ'lɪstɪkəlɪ] *adv see adj*.

stylistics [staɪ'lɪstɪks] *n sing* Stilistik *f*.

stylize ['staɪlaɪz] *vt* stilisieren.

stylus ['staɪləs] *n, pl* **styli 1.** (*on record-player*) Nadel *f*. **2.** (*writing instrument*) Griffel, Stilus (*Hist*) *m*.

stymie ['staɪmɪ] *vt* (*fig inf*) matt setzen (*inf*). **to be** ~**d** aufgeschmissen sein (*inf*).

styptic ['stɪptɪk] **I** *n* blutstillendes Mittel. **II** *adj pencil* Blutstill-.

suave *adj*, ~**ly** *adv* ['swɑːv, -lɪ] weltmännisch, aalglatt (*pej*).

suaveness ['swɑːvnɪs], **suavity** ['swɑːvɪtɪ] *n* Gewandtheit *f*, aalglatte Art (*pej*).

sub [sʌb] *abbr of* **1. sub-edit, sub-editor. 2. submarine. 3. subscription. 4. substitute**.

sub- *pref* (*under, subordinate, inferior*) Unter-, unter-; (*esp with foreign words*) Sub-, sub-. ~**alpine** subalpin.

subaltern ['sʌbltən] *n* (*Brit Mil*) Subalternoffizier *m*.

subarctic *adj* subarktisch; **subatomic** *adj particle* subatomar; **sub-basement** *n* Kellergeschoß *nt*; **subclass** *n* Unterabteilung *f*; **subclassify** *vti* unterteilen; **subcommittee** *n* Unterausschuß *m*; **subconscious I** *adj* unterbewußt; **II** *n* **the** ~ das Unterbewußtsein; **in the** ~ im Unterbewußtsein; **subconsciously** *adv* im Unterbewußtsein; **subcontinent** *n* Subkontinent *m*; **subcontract I** *vt* (vertraglich) weitervergeben (*to* an +*acc*); **II** *n* Nebenvertrag, Untervertrag *m*; **subcontractor** *n* Subunternehmer *m*; **subculture** *n* Subkultur *f*; **subcutaneous** *adj* subkutan; **subdivide I** *vt* unterteilen; **II** *vi* sich aufteilen; **subdivision** *n* (*act*) Unterteilung *f*; (*subgroup*) Unterabteilung *f*; **subdominant I** *n* Subdominante *f*; **II** *attr chord* Subdominant-.

subdue [səb'djuː] *vt rebels, country* unterwerfen; *rioters* überwältigen; *wilderness* besiegen; (*make submissive*) gehorsam *or* fügsam *or* gefügig machen; (*fig*) *anger, desire* unterdrücken, zähmen; *noise, light, high spirits* dämpfen; *animals, children* bändigen; *pain* lindern.

subdued [səb'djuːd] *adj* (*quiet*) *colour, lighting, voice* gedämpft; *manner, person* ruhig, still; *mood, atmosphere* gedrückt; (*submissive*) *voice, manner, person* fügsam, gehorsam, gefügig; (*repressed*) *feelings, excitement* unterdrückt.

sub-edit *vti* (*esp Brit*) redigieren; **sub-editor** *n* (*esp Brit*) Redakteur(in *f*) *m*; **sub-entry** *n* (*Book-keeping*) Nebenposten *m*; **sub-frame** *n* (*of car*) Zwischenrahmen, Nebenrahmen *m*; **subgroup** *n* Unterabteilung *f*; **subhead** (*inf*), **subheading** *n* Untertitel *m*; **subhuman** *adj treatment etc* unmenschlich.

subject ['sʌbdʒɪkt] **I** *n* **1.** (*Pol*) Staatsbürger(in *f*) *m*; (*of king etc*) Untertan *m*, Untertanin *f*.

2. (*Gram*) Subjekt *nt*.

3. (*topic, Mus*) Thema *nt*. **he paints urban** ~**s** er malt städtische Motive; **to change the** ~ das Thema wechseln; **on the** ~ **of ...** zum Thema (+*gen*) ...; **while we're on the** ~ da wir gerade beim Thema sind; **while we're on the** ~ **of mushrooms** wo wir gerade von Pilzen reden, apropos Pilze; **that's off the** ~ das gehört nicht zum Thema.

4. (*discipline*) (*Sch, Univ*) Fach *nt*; (*specialist* ~) (Spezial)gebiet *nt*.

5. (*reason*) Grund, Anlaß *m* (*for* zu).

6. (*object*) Gegenstand *m* (*of gen*); (*in experiment*) (*person*) Versuchsperson *f*, Versuchsobjekt *nt*; (*animal*) Versuchstier, Versuchsobjekt *nt*; (*esp Med: for treatment*) Typ *m*. **he is the** ~ **of much criticism** er wird stark kritisiert, er ist Gegenstand häufiger Kritik; **he's a good**

~ for treatment by hypnosis er läßt sich gut hypnotisch behandeln; **the survey team asked 100 ~s** die Meinungsforscher befragten 100 Personen.

7. (*Philos: ego*) Subjekt, Ich *nt*.

8. (*Phot*) Objekt *nt*.

II *adj* **1.** (*conquered*) unterworfen.

2. ~ to (*under the control of*) unterworfen (+*dat*); **provinces ~ to foreign rule** Provinzen unter Fremdherrschaft; **to be ~ to sth** *to law, constant change, sb's will* einer Sache (*dat*) unterworfen sein; *to illness* für etw anfällig sein; *to consent, approval* von etw abhängig sein; **northbound trains are ~ to delays** bei Zügen in Richtung Norden muß mit Verspätung gerechnet werden; **prices/opening times are ~ to change** *or* **alteration without notice** Preisänderungen sind vorbehalten/bezüglich Öffnungszeiten sind Änderungen vorbehalten; **all these plans are ~ to last minute changes** all diese Pläne können in letzter Minute noch geändert werden; **~ to flooding** überschwemmungsgefährdet; **~ to correction** vorbehaltlich Änderungen; **~ to confirmation in writing** vorausgesetzt, es wird schriftlich bestätigt.

III [səb'dʒekt] *vt* **1.** (*subjugate*) unterwerfen; *terrorists, guerrillas* zerschlagen.

2. to ~ sb to sth *to questioning, analysis, treatment* jdn einer Sache (*dat*) unterziehen; *to test also* jdn einer Sache (*dat*) unterwerfen; *to torture, suffering, heat, ridicule, criticism* jdn einer Sache (*dat*) aussetzen; **to ~ sb to insults** jdn beschimpfen.

IV [səb'dʒekt] *vr* **to ~ oneself to sth** *to insults, suffering* etw hinnehmen; *to criticism, ridicule* sich einer Sache (*dat*) aussetzen; *to examination, test, questioning* sich einer Sache (*dat*) unterziehen.

subject catalogue *n* Schlagwortkatalog *m*; **subject heading** *n* Überschrift *f*; (*in index*) Rubrik *f*; **subject index** *n* Sachregister *nt*.

subjection [səb'dʒekʃən] *n* **1.** (*state*) Abhängigkeit *f*. **to hold** *or* **keep a people in ~** ein Volk unterdrücken. **2.** (*act*) Unterwerfung *f*; (*of terrorists, guerrillas*) Zerschlagung *f*. **3. the ~ of sb to sth** *see* **subject III 2.**

subjective [səb'dʒektɪv] *adj* **1.** subjektiv. **2.** (*Gram*) **~ case** Nominativ *m*.

subjectively [səb'dʒektɪvlɪ] *adv* subjektiv.

subjectivism [səb'dʒektɪvɪzəm] *n* Subjektivismus *m*.

subjectivity [ˌsʌbdʒek'tɪvɪtɪ] *n* Subjektivität *f*.

subject-matter ['sʌbdʒɪkt'mætəʳ] *n* (*theme*) Stoff *m*; (*content*) Inhalt *m*.

sub judice [ˌsʌb'dʒuːdɪsɪ] *adj* **to be ~** verhandelt werden.

subjugate ['sʌbdʒʊgeɪt] *vt* unterwerfen.

subjugation [ˌsʌbdʒʊ'geɪʃən] *n* Unterwerfung *f*.

subjunctive [səb'dʒʌŋktɪv] **I** *adj* konjunktivisch. **a/the ~ verb/the ~ mood** der Konjunktiv; **~ form** Konjunktiv(form *f*) *m*. **II** *n* (*mood, verb*) Konjunktiv *m*.

sublease I *n* (*contract*) (*on farm*) Unterpachtvertrag *m* (*on* für); (*on house*) Untermietvertrag *m* (*on* für); **II** *vt land* unter- *or* weiterverpachten (*to* an +*acc*); *house* unter- *or* weitervermieten (*to* an +*acc*); **she has ~d the flat from the tenants** sie hat die Wohnung in Untermiete; **sublet** *pret, ptp* **sublet I** *vt house, room* unter- *or* weitervermieten (*to* an +*acc*); **II** *vi* untervermieten; **subletting** *n* Untervermietung *f*; **sublieutenant** *n* (*esp Brit*) Leutnant *m* zur See.

sublimate ['sʌblɪmeɪt] **I** *n* (*Chem*) Sublimat *nt*. **II** *vt* (*Chem, Psych*) sublimieren.

sublimation [ˌsʌblɪ'meɪʃən] *n* Sublimierung *f*.

sublime [sə'blaɪm] *adj* **1.** *poetry, beauty, scenery* erhaben; *thoughts, feelings also* sublim; *achievement, courage, genius also* überragend. **that's going from the ~ to the ridiculous** (*inf*) das nenne ich tief sinken (*inf*).

2. (*iro: extreme*) *ignorance* vollendet; *impertinence, confidence also* unglaublich, hanebüchen; *indifference also, contempt* herablassend.

sublimely [sə'blaɪmlɪ] *adv* erhaben; *unaware, ignorant* ergreifend (*iro*), vollkommen; *foolish, drunk* unglaublich. **~ beautiful** von erhabener Schönheit; **~ contemptuous/indifferent he ...** mit souveräner Verachtung/Gleichgültigkeit ... er ...

subliminal [ˌsʌb'lɪmɪnl] *adj* (*Psych*) unterschwellig.

submachine gun [ˌsʌbmə'ʃiːn'gʌn] *n* Maschinenpistole *f*.

submarine ['sʌbməˌriːn] **I** *n* **1.** Unterseeboot, U-Boot *nt*. **2.** (*US inf: sandwich*) Jumbo-Sandwich *nt* (*inf*). **II** *adj life, equipment, cable* unterseeisch, submarin.

submenu ['sʌbˌmenjuː] *n* (*Comput*) Untermenü *nt*.

submerge [səb'mɜːdʒ] **I** *vt* untertauchen; (*flood*) überschwemmen. **to ~ sth in water** etw in Wasser (ein)tauchen; **the house was completely ~d** das Haus stand völlig unter Wasser. **II** *vi* (*diver, submarine*) tauchen.

submerged [səb'mɜːdʒd] *adj rocks* unter Wasser; *wreck* gesunken; *city* versunken. **she is ~ in work** sie erstickt in Arbeit.

submersible [səb'mɜːsəbl] **I** *adj* versenkbar; *submarine* tauchfähig. **II** *n* Tauchboot *nt*.

submersion [səb'mɜːʃən] *n* Untertauchen *nt*; (*of submarine*) Tauchen *nt*; (*by flood*) Überschwemmung *f*. **~ in liquid** Eintauchen *nt* in Flüssigkeit.

submission [səb'mɪʃən] *n* **1.** (*yielding*) Unterwerfung *f* (*to* unter +*acc*); (*submissiveness*) Gehorsam *m*; (*Sport*) Aufgabe *f*. **to force sb into ~** jdn zwingen, sich zu ergeben; **to starve sb into ~** jdn aushungern.

2. (*presentation*) Eingabe *f*; (*documents submitted*) Vorlage *f*. **his ~ to the appeals tribunal** seine Berufung.

3. (*contention*) Einwurf *m* (*to* gegenüber). **it is our ~ that ...** wir behaupten, daß ...

submissive [səb'mɪsɪv] *adj* demütig, gehorsam, unterwürfig (*pej*) (*to* gegenüber). ~ **to authority** autoritätsgläubig.

submissively [səb'mɪsɪvlɪ] *adv see adj.*

submissiveness [səb'mɪsɪvnɪs] *n* Demut *f*, Gehorsam *m*, Unterwürfigkeit *f* (*pej*) (*to* gegenüber).

submit [səb'mɪt] **I** *vt* **1.** (*put forward*) vorlegen (*to dat*); *application, claim* einreichen (*to* bei). **to ~ that ...** (*esp Jur*) behaupten, daß ...

2. (*refer*) verweisen (*to* an *+acc*). **to ~ sth to scrutiny/tests** etw einer Prüfung/Tests (*dat*) unterziehen; **to ~ sth to heat/cold** etw der Hitze/Kälte (*dat*) aussetzen.

II *vi* (*yield*) sich beugen, nachgeben; (*Mil*) sich ergeben (*to dat*); (*Sport*) aufgeben. **to ~ to sth** *to sb's orders, judgement, God's will* sich einer Sache (*dat*) beugen *or* unterwerfen; *to indignity* sich (*dat*) etw gefallen lassen, etw erdulden; *to demands, pressure* einer Sache (*dat*) nachgeben; **to ~ to blackmail/questioning** sich erpressen/verhören lassen.

III *vr* **to ~ oneself to sth** *to examination, operation, questioning* sich einer Sache (*dat*) unterziehen.

subnormal [ˌsʌb'nɔːməl] *adj intelligence, temperature* unterdurchschnittlich; *person* minderbegabt; (*inf*) schwachsinnig. **educationally ~** lernbehindert; **mentally ~** minderbemittelt.

subordinate [sə'bɔːdnɪt] **I** *adj officer* rangniedriger; *rank, position, (secondary) importance* untergeordnet. ~ **clause** (*Gram*) Nebensatz *m*; **to be ~ to sb/sth** jdm/einer Sache untergeordnet sein.

II *n* Untergebene(r) *mf*.

III [sə'bɔːdɪneɪt] *vt* unterordnen (*to dat*). **subordinating conjunction** unterordnende Konjunktion.

subordination [səˌbɔːdɪ'neɪʃən] *n* (*subjection*) Unterordnung *f* (*to* unter *+acc*).

suborn [sʌ'bɔːn] *vt* (*Jur*) *witness* beeinflussen.

sub-plot ['sʌbˌplɒt] *n* Nebenhandlung *f*.

subpoena [sə'piːnə] (*Jur*) **I** *n* Vorladung *f*. **to serve a ~ on sb** jdn vorladen. **II** *vt witness* vorladen. **he was ~ed to give evidence** er wurde als Zeuge vorgeladen.

subpolar *adj* subpolar; **subroutine** *n* (*Comput*) Unterroutine *f*, Unterprogramm *nt*.

subscribe [səb'skraɪb] **I** *vt money* zeichnen (*form*); (*to appeal*) spenden (*to* für). **to ~ one's signature** *or* **name to a document** (*form*) ein Dokument (unter)zeichnen.

II *vi* **1.** (*contribute, promise to contribute*) spenden, geben (*to dat*). **to ~ to an appeal** sich an einer Spendenaktion beteiligen; **to ~ for a book** ein Buch vorbestellen; **to ~ for shares in a company** Aktien einer Gesellschaft zeichnen.

2. to ~ to a magazine eine Zeitschrift abonnieren.

3. (*support*) **to ~ to sth** *to proposal* etw gutheißen, etw billigen; *to opinion, theory* sich einer Sache (*dat*) anschließen.

subscriber [səb'skraɪbə^r] *n* (*to paper*) Abonnent(in *f*) *m*; (*to fund*) Spender(in *f*) *m*; (*Telec*) Teilnehmer(in *f*) *m*; (*to opinion*) Befürworter(in *f*) *m*; (*of shares*) Zeichner *m*. ~ **trunk dialling** (*Brit*) der Selbstwählferndienst.

subscript ['sʌbskrɪpt] *adj character* tiefgestellt.

subscription [səb'skrɪpʃən] *n* Subskription (*form*), Zeichnung (*form*) *f*; (*money subscribed*) Beitrag *m*; (*to newspaper, concert*) Abonnement *nt* (*to* gen). **to take out a ~ to sth** etw abonnieren; **by public ~** mit Hilfe von *or* durch Spenden; **by ~** durch Subskription(en *pl*) *f*.

subscription rate *n* Abonnements- *or* Bezugspreis *m*.

subsection ['sʌbˌsekʃən] *n* Unterabteilung *f*; (*Jur*) Paragraph *m*.

subsequent ['sʌbsɪkwənt] *adj* (nach)folgend, anschließend; (*in time*) später. ~ **to** (*form*) im Anschluß an (*+acc*).

subsequently ['sʌbsɪkwəntlɪ] *adv* (*afterwards*) später, anschließend; *alter, add also* nachträglich; (*from that time*) von da an.

subserve [səb'sɜːv] *vt* (*form*) dienen (*+dat*), dienlich *or* förderlich sein (*+dat*) (*form*).

subservience [səb'sɜːvɪəns] *n* (*pej*) Unterwürfigkeit *f* (*to* gegenüber); (*form*) Unterworfenheit *f* (*to* unter *+acc*).

subservient [səb'sɜːvɪənt] *adj* (*pej*) unterwürfig (*to* gegenüber); (*form*) unterworfen (*to dat*).

subserviently [ˌsʌb'sɜːvɪəntlɪ] *adv* unterwürfig.

subset ['sʌbˌset] *n* (*Math*) Teilmenge *f*.

subside [səb'saɪd] *vi* **1.** (*flood, river*) sinken; (*land, building, road*) sich senken.

2. (*storm, wind*) abflauen, nachlassen, sich legen; (*anger, excitement, laughter, noise also*) abklingen; (*fever*) sinken.

subsidence [səb'saɪdəns] *n* Senkung *f*. **there's a lot of ~ in the area** in der Gegend senkt sich das Erdreich.

subsidiary [səb'sɪdɪərɪ] **I** *adj role, interest, subject* Neben-; *company* Tochter-. **to be ~ to sth** einer Sache (*dat*) untergeordnet sein. **II** *n* Tochtergesellschaft *f*.

subsidize ['sʌbsɪdaɪz] *vt company*, (*inf*) *sb's habits* subventionieren; (*inf*) *person* unterstützen.

subsidy ['sʌbsɪdɪ] *n* Subvention *f*, Zuschuß *m*. **there is a ~ on butter** Butter wird subventioniert *or* bezuschußt; **rent ~** Wohnungsbeihilfe *f*; **housing subsidies** (*for building, renovation etc*) Wohnungsbaubeihilfen *pl*.

subsist [səb'sɪst] *vi* (*form*) sich ernähren, leben (*on* von).

subsistence [səb'sɪstəns] *n* (*living*) Leben *nt* (*on* von); (*means of ~*) Existenz *f*, (Lebens)unterhalt *m*. **enough for ~** genug zum (Über)leben; **~ on £11 is impossible** es ist unmöglich, von £ 11 zu leben; **rice is their chief means of ~** sie ernähren sich hauptsächlich von Reis.

subsistence allowance *n* Unterhaltszuschuß *m*; **subsistence farming** *n* Subsistenzwirtschaft *f*; **subsistence level** *n*

Existenzminimum *nt*; **at ~** auf dem Existenzminimum; **subsistence wage** *n* Minimallohn *m*.

subsoil *n* Untergrund *m*; **subsonic** *adj* Unterschall-; **subspecies** *n* Unterart, Subspezies *f*.

substance ['sʌbstəns] *n* **1.** Substanz, Materie *f*, Stoff *m*. **what is this ~?** was ist das für eine Substanz?; **he rubbed a yellow ~ on the wound** er strich eine gelbe Masse auf die Wunde.

2. *no pl* (*subject matter*) Substanz *f*, Gehalt *m*; (*essence*) Kern *m*. **in ~** im wesentlichen.

3. *no pl* (*weight, importance*) Gewicht *nt*. **the book/argument lacks ~** das Buch hat keine Substanz/das Argument hat keine Durchschlagskraft; **there is some ~ in his claim** seine Behauptung ist nicht unfundiert; **the meal lacked ~** das Essen war nicht sehr reichhaltig.

4. *no pl* **a man of ~** ein vermögender Mann.

substandard [ˌsʌb'stændəd] *adj work, goods* minderwertig; *quality also, housing* unzulänglich; (*Ling*) nicht korrekt.

substantial [səb'stænʃəl] *adj* **1.** *meal, person, cloth* kräftig; *furniture also, building, firm* solide; *rope also* stark; *book* umfangreich.

2. (*considerable*) *income, loss, gain, amount* beträchtlich, erheblich; *sum also* namhaft; *part, majority, contribution, improvement also* wesentlich, bedeutend; (*rich*) vermögend, kapitalkräftig.

3. (*weighty, important*) bedeutend; *proof, argument* überzeugend, stichhaltig; *difference* wesentlich, bedeutend.

4. (*real, material*) körperlich, wesenhaft.

substantially [səb'stænʃəlɪ] *adv* **1.** (*solidly*) solide; (*considerably*) erheblich, beträchtlich, wesentlich. **~ built** *house* solide gebaut; *person* kräftig gebaut. **2.** (*essentially, basically*) im wesentlichen.

substantiate [səb'stænʃɪeɪt] *vt* erhärten, untermauern.

substantiation [səbˌstænʃɪ'eɪʃən] *n* Erhärtung, Untermauerung *f*. **in ~ of** zur Erhärtung (+*gen*).

substantival [ˌsʌbstən'taɪvəl] *adj* (*Gram*) substantivisch, Substantiv-.

substantive ['sʌbstəntɪv] **I** *adj* **1.** *evidence, argument* überzeugend, stichhaltig. **2.** (*considerable*) *contribution, improvement* beträchtlich, wesentlich, bedeutend. **3. ~ motion** endgültige Formulierung des Antrags. **4.** (*Gram*) *see* **substantival**. **II** *n* (*Gram*) Substantiv, Hauptwort *nt*.

substantivize ['sʌbstəntɪˌvaɪz] *vt* substantivieren.

substation ['sʌbˌsteɪʃən] *n* (*Elec*) Umspann(ungs)werk *nt*.

substitute ['sʌbstɪtju:t] **I** *n* Ersatz *m no pl*; (*representative also*) Vertretung *f*; (*male person also*) Ersatzmann *m*; (*Sport*) Ersatzspieler(in *f*), Auswechselspieler(in *f*) *m*. **to find a ~ for sb** für jdn Ersatz finden; **to use sth as a ~** etw als Ersatz benutzen; **coffee ~** Kaffee-Ersatz *m*; **there's no ~ for ...** es gibt keinen Ersatz für ..., ... kann man durch nichts ersetzen.

II *adj attr* Ersatz-.

III *vt* **to ~ A for B** B durch A ersetzen; (*Sport also*) B gegen A austauschen *or* auswechseln; **~ 3 for X** setze für X 3 ein, substituiere 3 für X.

IV *vi* **to ~ for sb/sth** jdn vertreten, für jdn einspringen/etw ersetzen.

substitution [ˌsʌbstɪ'tju:ʃən] *n* Ersetzen *nt* (*of X for Y* von Y durch X); (*Sport*) Austausch *m* (*of X for Y* von Y gegen X); (*Math*) Substitution *f*, Einsetzen *nt* (*of X for Y* von X für Y). **the ~ of margarine for butter** der Gebrauch von Margarine statt Butter.

substratum ['sʌbˌstrɑ:təm] *n*, *pl* **substrata** ['sʌbˌstrɑ:tə] Substrat *nt*; (*Geol*) Untergrund *m*; (*Sociol*) Substratum *nt*.

substructure ['sʌbˌstrʌktʃə[r]] *n* Unterbau *m*; (*fig also*) Grundlage *f*; (*Build*) Fundament *nt*; (*of bridge*) Widerlager *nt*.

subsume [səb'sju:m] *vt* **to ~ sth under sth** etw unter etw (*dat*) zusammenfassen.

sub-teen ['sʌb'ti:n] *n* (*esp US*) Schulkind *nt*.

sub-teenage ['sʌb'ti:neɪdʒ] *adj attr* (*esp US*) Schulkinder-.

subtenancy [ˌsʌb'tenənsɪ] *n* **during his ~ of the flat/farm** während er Untermieter in der Wohnung/Unterpächter des Bauernhofes war.

subtenant [ˌsʌb'tenənt] *n* (*of flat*) Untermieter(in *f*) *m*; (*of land*) Unterpächter(in *f*) *m*.

subtend [səb'tend] *vt* gegenüberliegen (+*dat*).

subterfuge ['sʌbtəfju:dʒ] *n* (*trickery*) Täuschung, List *f*; (*trick*) Trick *m*, List *f*.

subterranean [ˌsʌbtə'reɪnɪən] *adj* unterirdisch.

subtitle ['sʌbˌtaɪtl] **I** *n* Untertitel *m* (*also Film*). **II** *vt film* mit Untertiteln versehen; *book* einen Untertitel geben (+*dat*). **the film is ~d in English** der Film hat englische Untertitel; **the book is ~d ...** das Buch hat den Untertitel ...

subtle ['sʌtl] *adj* **1.** (*delicate, gentle*) fein; *irony, distinction also* subtil (*geh*); *perfume, flavour also* zart; *hint, allusion* zart, leise; *charm* leise, unaufdringlich.

2. (*ingenious, not obvious*) *remark, argument, point* scharfsinnig, spitzfindig; *design, construction, proof* raffiniert, fein ausgetüftelt (*inf*). **he has a very ~ mind** er ist ein sehr subtiler Denker (*geh*); **be ~ about it** gehen Sie mit Zartgefühl vor.

3. (*quick at seeing fine distinctions*) fein; *observer also* aufmerksam; *critic also* subtil (*geh*).

subtlety ['sʌtltɪ] *n see adj* **1.** Feinheit *f*; Subtilität *f* (*geh*); Zartheit *f*; Unaufdringlichkeit *f*.

2. Scharfsinn(igkeit *f*) *m*, Spitzfindigkeit *f*; Raffiniertheit *f*. **his methods lack ~** seinen Methoden fehlt (die) Finesse *or* Subtilität (*geh*); **~ is wasted on him** feine Andeutungen nützen bei ihm nichts.

3. Feinheit *f*; Aufmerksamkeit *f*; Subtilität *f* (*geh*).

subtly ['sʌtlɪ] *adv* fein; *flavoured also* delikat; *argue, reply* scharfsinnig, subtil (*geh*); *analyse, think* scharfsinnig; *achieve one's ends* auf raffinierte Weise. ~ **different** auf subtile Weise verschieden *or* unterschiedlich; **he ~ suggested** er schlug geschickt vor.

subtotal ['sʌb,təʊtl] *n* Zwischen- *or* Teilsumme *f*.

subtract [səb'trækt] *vti* abziehen, subtrahieren (*from* von).

subtraction [səb'trækʃən] *n* Subtraktion *f*; (*act also*) Abziehen *nt*.

subtrahend ['sʌbtrə,hend] *n* (*Math form*) Subtrahend *m*.

subtropical [,sʌb'trɒpɪkəl] *adj* subtropisch.

subtype ['sʌb,taɪp] *n* Unterart *f*.

suburb ['sʌbɜːb] *n* Vorort *m*.

suburban [sə'bɜːbən] *adj* Vorort-; *area also* vorstädtisch; (*pej*) spießig, kleinbürgerlich. ~ **line** (*Rail*) Vorortbahn *f*.

suburbia [sə'bɜːbɪə] *n* (*usu pej*) die Vororte *pl*. **to live in ~** am Stadtrand wohnen; **that's typical of ~!** typisch Spießbürger!

subvention [səb'venʃən] *n* Subvention *f*.

subversion [səb'vɜːʃən] *n, no pl* Subversion *f*; (*of rights, freedom*) Untergrabung, Unterminierung *f*. **the US was accused of ~ in Chile** die USA wurden subversiver *or* umstürzlerischer Tätigkeiten in Chile beschuldigt.

subversive [səb'vɜːsɪv] **I** *adj* subversiv, umstürzlerisch. ~ **elements** subversive Elemente *or* Kräfte *pl*. **II** *n* Umstürzler(in *f*) *m*, Subversive(r) *mf*.

subvert [səb'vɜːt] *vt government* zu stürzen versuchen; *faith, morals* untergraben, unterminieren; *person* zum Umsturz anstacheln.

subway ['sʌbweɪ] *n* Unterführung *f*; (*for cars also*) Tunnel *m*; (*US Rail*) U-Bahn *f*.

subzero ['sʌb'zɪərəʊ] *adj temperature* unter Null, unter dem Nullpunkt.

succeed [sək'siːd] **I** *vi* **1.** (*be successful*) (*person*) erfolgreich sein, Erfolg haben; (*plan also*) gelingen. **to ~ in business/in a plan** geschäftlich/mit einem Plan erfolgreich sein; **I ~ed in doing it** es gelang mir, es zu tun; **you'll only ~ in making things worse** damit erreichst du nur, daß alles noch schlimmer wird; **nothing ~s like success** (*prov*) nichts ist so erfolgreich wie der Erfolg; **if at first you don't ~(, try, try, try again)** (*Prov*) wirf die Flinte nicht gleich ins Korn (*prov*).

2. (*come next*) **to ~ to an office** in einem Amt nachfolgen; **he ~ed to his father's position** er wurde (der) Nachfolger seines Vaters, er trat die Nachfolge seines Vaters an (*geh*); **to ~ to the throne** die Thronfolge antreten; **to ~ to an estate** einen Besitz erben.

II *vt* (*come after, take the place of*) folgen (+*dat*), folgen auf (+*acc*); (*person also*) Nachfolger(in *f*) *m* werden (+*gen*). **to ~ sb in a post/in office** jds Nachfolger werden, jds Stelle (*acc*) übernehmen/jdm im Amt nachfolgen.

succeeding [sək'siːdɪŋ] *adj* folgend. ~ **generations** spätere Generationen *pl*.

success [sək'ses] *n* Erfolg *m*. **without ~** ohne Erfolg, erfolglos; **wishing you every ~ in your exams/new career** mit besten Wünschen für eine erfolgreiche Prüfung/viel Erfolg im neuen Beruf; **to make a ~ of sth** mit *or* bei etw Erfolg haben, mit *or* bei etw erfolgreich sein; **to be a ~ with sb** bei jdm ankommen; **the plan was a ~** der Plan war erfolgreich *or* ein voller Erfolg; **to meet with ~** Erfolg haben, erfolgreich sein; ~ **story** Erfolgsstory *f*; (*person*) Erfolg *m*.

successful [sək'sesfʊl] *adj* erfolgreich. **to be ~** erfolgreich sein, Erfolg haben (*in* mit, bei); **to be entirely ~** ein voller Erfolg sein; **I was ~ in doing it** es gelang mir, es zu tun.

successfully [sək'sesfəlɪ] *adv* erfolgreich, mit Erfolg.

succession [sək'seʃən] *n* **1.** Folge, Serie *f*; (*with no intervening period*) (Aufeinander)folge, Kette *f*. **a ~ of visitors** eine Kette *or* Serie von Besuchern; **life is a ~ of joys and sorrows** das Leben ist ein steter Wechsel von Kummer und Freude; **in ~** nacheinander, hintereinander; **in quick** *or* **rapid ~** in rascher Folge, schnell hintereinander.

2. (*to post*) Nachfolge *f*; (*to throne*) Thronfolge *f*; (*to title, estate*) Erbfolge *f*. **his ~ to the office/title/throne** seine Amtsübernahme/seine Übernahme des Titels/seine Thronbesteigung; **in ~ to sb** als jds Nachfolger(in *f*) *m*); **fourth in ~ to the throne** an vierter Stelle in der Thronfolge.

succession state *n* Nachfolgestaat *m*.

successive [sək'sesɪv] *adj* aufeinanderfolgend *attr*. **4 ~ days** 4 Tage nacheinander *or* hintereinander, 4 aufeinanderfolgende Tage; **he was sacked from 3 ~ jobs** er wurde nacheinander *or* hintereinander aus 3 verschiedenen Stellen hinausgeworfen.

successively [sək'sesɪvlɪ] *adv* nacheinander, hintereinander.

successor [sək'sesə^r] *n* Nachfolger(in *f*) *m* (*to gen*); (*to throne*) Thronfolger(in *f*) *m*.

succinct [sək'sɪŋkt] *adj* knapp, kurz und bündig *pred*.

succinctly [sək'sɪŋktlɪ] *adv* kurz und bündig, in kurzen *or* knappen Worten *or* Zügen; *write* in knappem *or* gedrängtem Stil. **as he very ~ put it** wie er so treffend bemerkte.

succinctness [sək'sɪŋktnɪs] *n* Knappheit, Kürze *f*. **with great ~** kurz und bündig, in kurzen Worten; (*write*) in knappem Stil.

succour, (*US*) succor ['sʌkə^r] (*liter*) **I** *n* Beistand *m*. **II** *vt* beistehen (+*dat*).

succulence ['sʌkjʊləns] *n* Saftigkeit *f*.

succulent ['sʌkjʊlənt] **I** *adj peach, steak* saftig; (*Bot*) *plant, stem* fleischig. **II** *n* (*Bot*) Fettpflanze *f*.

succumb [sə'kʌm] *vi* erliegen (*to dat*); (*to threats*) sich beugen (*to dat*).

such [sʌtʃ] **I** *adj* **1.** (*of that kind*) solche(r, s). ~ **a person** so *or* solch ein Mensch, ein solcher Mensch; ~ **a book** so ein Buch, ein solches Buch; ~ **people/books** solche Leute/Bücher; **many/few/all ~ people/books** viele/wenige/all solche Leute/Bücher; ~ **a thing** so etwas, so was (*inf*); **there's ~ a thing as divorce** es gibt so etwas wie eine Scheidung; **I said no ~ thing** das habe ich nie gesagt; **no ~ thing** nichts dergleichen; **I'll/you'll do no ~ thing** ich werde mich/du wirst dich hüten; **there's no ~ thing as a unicorn** so etwas wie ein Einhorn gibt es nicht; **... or some ~ idea ...** oder so etwas, ... oder so was in der Richtung (*inf*), ... oder so ähnlich; **... or some ~ name/place ...** oder so (ähnlich); **he was ~ a one/just ~ another** er war einer von ihnen/auch (so) einer; **in ~ a case** in einem solchen Fall; **men/books ~ as these, ~ men/books as these** Männer/Bücher wie diese, solche Männer/Bücher; **writers ~ as Agatha Christie, ~ writers as Agatha Christie** (solche) Schriftsteller wie Agatha Christie; **he's not ~ a fool as you think** er ist nicht so dumm, wie Sie denken; **I'm not ~ a fool as to believe that** *or* **that I'd believe that** ich bin nicht so dumm *or* kein solcher Dummkopf, daß ich das glaube; ~ **people as attended** die(jenigen), die anwesend waren; **I'll give you ~ books/money as I have** was ich an Büchern/Geld habe, gebe ich Ihnen.

2. (*so much, so great*) (*with uncountable nouns*) solche(r, s); (*with countable nouns also*) so, solch, derartige(r, s). **he's ~ a liar** er ist so *or* solch ein Lügner, er ist ein derartiger *or* solcher Lügner; **he did it in ~ a way that ...** er machte es so, daß ...; ~ **wealth/beauty**! welch (ein) Reichtum/welche Schönheit!; **he's always in ~ a hurry** er hat es immer so eilig.

3. *pred* **his surprise was ~ that ..., ~ was his surprise that ...** seine Überraschung war so groß, daß ..., er war so überrascht, daß ...; **his manner was ~ that ...** er benahm sich so, daß ...

4. *see* **such-and-such.**

II *adv* so, solch (*geh*). **it's ~ a long time ago** es ist so lange her.

III *pron* **rabbits and hares and ~** Kaninchen, Hasen und dergleichen; ~ **being the case ...** in diesem Fall ...; ~ **is not the case** dies ist nicht der Fall; ~ **is life**! so ist das Leben!; **as ~** an sich; ~ **as?** (wie) zum Beispiel?; ~ **as it is** so, wie es nun mal ist; **the food, ~ as there was of it ...** das Essen, soweit vorhanden ..., was an Essen da war, ...

such-and-such ['sʌtʃən'sʌtʃ] (*inf*) **I** *adj* ~ **a time/town** die und die Zeit/Stadt. **II** *n* Soundso *nt*.

suchlike ['sʌtʃˌlaɪk] (*inf*) **I** *adj* solche. **II** *pron* dergleichen.

suck [sʌk] **I** *n* **to have** *or* **take a ~** (*at straw*) saugen, ziehen (*at* an +*dat*); (*at lemonade etc*) nuckeln (*inf*), ziehen (*at* an +*dat*); (*at lollipop*) lutschen (*at* an +*dat*).

II *vt* saugen; *breast, straw* saugen an (+*dat*); *sweet, pastille* lutschen; *lollipop* lutschen an (+*dat*); *thumb* lutschen *or* nuckeln (*inf*) an (+*dat*). **to ~ the juice out of** *or* **from sth** den Saft aus etw heraussaugen; **to ~ sb dry** (*fig*) jdn bis aufs Blut aussaugen; **don't teach your grandmother to ~ eggs** (*prov*) da will das Ei wieder klüger sein als die Henne (*prov*).

III *vi* **1.** (*at* an +*dat*) saugen; (*at bottle also, at dummy*) nuckeln (*inf*); (*at lollipop*) lutschen; (*at thumb*) lutschen, nukkeln (*inf*); (*at pipe, through straw*) ziehen. **he always makes a ~ing noise with his soup** er schlürft seine Suppe immer. **2.** (*US sl: be very bad*) **this city ~s** diese Stadt ist echt Scheiße (*sl*).

◆**suck down** *vt sep* hinunterziehen.

◆**suck in** *vt sep liquid, dust* aufsaugen; *air* (*ventilator*) ansaugen; (*person*) in tiefen Zügen einatmen; *cheeks* einziehen; (*fig*) *knowledge, facts* (in sich *acc*) aufsaugen.

◆**suck off** *vt sep* (*vulg*) **to ~ sb ~** jdm einen (ab)lutschen (*vulg*).

◆**suck under** *vt sep* hinunterziehen; (*completely*) verschlingen.

◆**suck up I** *vt sep liquid, dust* aufsaugen. **the child ~ed ~ his milk** das Kind trank seine Milch (mit einem Strohhalm) aus. **II** *vi* (*inf*) **to ~ ~ to sb** vor jdm kriechen.

sucker ['sʌkə^r] *n* **1.** (*rubber ~, Zool*) Saugnapf *m*; (*Bot*) unterirdischer Ausläufer; (*on creeper*) Häkchen *nt*.

2. (*US inf: lollipop*) Lutscher *m*. **all-day ~** Dauerlutscher *m*.

3. (*sl: fool*) Trottel (*inf*) *m*. **to be a ~ for sth** (immer) auf etw (*acc*) hereinfallen; (*be partial to*) eine Schwäche für etw haben; **to be had for a ~** zum Narren gehalten werden; **he's looking for some ~ who'll lend him £200** er sucht einen Dummen, der ihm £ 200 leiht.

suckle ['sʌkl] **I** *vt child* stillen; *animal* säugen. **II** *vi* saugen, trinken.

suckling ['sʌklɪŋ] *n* (*old*) Säugling *m*; (*animal*) Jungtier *nt*. **out of the mouths of babes and ~s** (*Bibl*) aus dem Mund von Kindern und Säuglingen; (*fig*) Kindermund tut Wahrheit kund (*Prov*).

suck(l)ing pig ['sʌk(l)ɪŋˌpɪg] *n* Spanferkel *nt*.

sucrose ['suːkrəʊz] *n* Saccharose *f*, pflanzlicher Zucker.

suction ['sʌkʃən] *n* Saugwirkung *f*; (*caused by air or water currents*) Sog *m*. **~-pump** Saugpumpe *f*.

Sudan [sʊ'dɑːn] *n* **(the)** ~ der Sudan.

Sudanese [ˌsuːdə'niːz] **I** *adj* sudanesisch, sudanisch. **II** *n* Sudanese *m*, Sudanesin *f*, Sudaner(in *f*) *m*.

sudden ['sʌdn] **I** *adj* plötzlich; *movement also* jäh, abrupt; *drop, silence also* jäh; (*unexpected*) *bend, change of direction* unerwartet. ~ **death (play-off)** Stich- *or* Entscheidungskampf *m*; (*Ftbl*) Elfmeterschießen *nt*.

II *n* **all of a ~** (ganz) plötzlich, urplötzlich (*inf*).

suddenly ['sʌdnlɪ] *adv* plötzlich, auf einmal; *move also* jäh, abrupt.

suddenness ['sʌdnnɪs] *n* Plötzlichkeit *f*; (*of movement also*) Jäheit, Abruptheit *f*.

Sudetenland [suː'deɪtənˌlænd] *n* Sudetenland *nt*.

suds [sʌdz] *npl* Seifenwasser *nt or* -lauge

f; (*lather*) (Seifen)schaum *m*; (*US sl: beer*) Bier *nt*.

sue [suː] **I** *vt* **1.** (*Jur*) verklagen, (gerichtlich) belangen. **to ~ sb for sth** jdn auf etw (*acc*) *or* wegen etw verklagen; **to ~ sb for di vorce** gegen jdn die Scheidung einreichen; **to ~ sb for damages** jdn auf Schadenersatz verklagen.

2. (*liter: ask*) bitten, anflehen (*for* um).

II *vi* **1.** (*Jur*) klagen, einen Prozeß anstrengen, Klage erheben. **to ~ for divorce** die Scheidung einreichen. **2.** (*liter*) **to ~ for peace/mercy** um Frieden/Gnade bitten.

suede [sweɪd] **I** *n* Wildleder *nt*; (*soft, fine also*) Veloursleder *nt*. **II** *adj shoes, boots* Wildleder-, aus Wildleder; (*of finer quality*) *gloves, coat also* Veloursleder-, aus Veloursleder.

suet ['sʊɪt] *n* Nierenfett *nt*, Nierentalg *m*.

Suez ['suːɪz] *n* Sues, Suez *nt*. **~ Canal** Sueskanal, Suezkanal *m*.

suffer ['sʌfəʳ] **I** *vt* **1.** (*undergo, be subjected to*) *pain, loss, setback* erleiden; *hardship also, hunger* leiden; *headache, stress, effects* leiden unter *or* an (+*dat*); *shock* haben. **to ~ defeat** eine Niederlage erleiden; **the pound ~ed further losses** das Pfund mußte weitere Einbußen hinnehmen.

2. (*tolerate*) dulden, ertragen. **he doesn't ~ fools gladly** Dummheit ist ihm ein Greuel.

3. (*liter: allow*) zulassen, dulden. **to ~ sth to be done** zulassen *or* dulden, daß etw geschieht; **~ the little children to come unto me** (*Bibl*) lasset die Kindlein zu mir kommen (*Bibl*).

II *vi* (*physically, mentally, fig*) leiden (*from* unter +*dat*, *from illness* an +*dat*); (*as punishment, in hell*) büßen. **he was ~ing from shock** er hatte einen Schock (erlitten); **your health/work will ~** deine Gesundheit/Arbeit wird darunter leiden; **the runners are clearly ~ing in this heat** die Hitze macht den Läufern sichtlich zu schaffen; **how I ~ed**! was ich alles durchgemacht habe!; **you'll ~ for this**! das wirst du büßen!; **we will see that you don't ~ by the changes** wir werden zusehen, daß Ihnen aus den Umstellungen keine Nachteile entstehen.

sufferance ['sʌfərəns] *n* Duldung *f*. **on ~** (nur *or* stillschweigend) geduldet.

sufferer ['sʌfərəʳ] *n* (*Med*) Leidende(r) *mf* (*from* an +*dat*). **diabetes ~s** Diabeteskranke, an Diabetes Leidende *pl*; **he's been a ~ from arthritis for several years** er leidet seit mehreren Jahren an Arthritis; **my fellow ~s at the concert** meine Leidensgenossen bei dem Konzert.

suffering ['sʌfərɪŋ] *n* Leiden *nt*; (*hardship, deprivation*) Leid *nt no pl*.

suffice [sə'faɪs] (*form*) **I** *vi* genügen, (aus)reichen. **II** *vt* genügen (+*dat*) (*geh*); *sb also* zufriedenstellen. **~ it to say ...** es reicht wohl, wenn ich sage, ...

sufficiency [sə'fɪʃənsɪ] *n* (*adequacy*) Hinlänglichkeit *f*. **to have a ~** genügend haben.

sufficient [sə'fɪʃənt] *adj* genügend, ausreichend, genug *inv; maturity, temperature* genügend *attr*, ausreichend; *reason, condition, explanation, translation* hinreichend. **is that ~ reason for his dismissal?** ist das Grund genug *or* ein ausreichender Grund, ihn zu entlassen?; **to be ~** genügen, ausreichen, genug sein; **thank you, that's ~** danke, das genügt *or* reicht.

sufficiently [sə'fɪʃəntlɪ] *adv* genug. **~ good/warm** gut/warm genug *pred*, genügend *or* ausreichend gut/warm; **a ~ large number** eine ausreichend große Anzahl; **it's not ~ cooked** es ist nicht gar.

suffix ['sʌfɪks] **I** *n* (*Ling*) Suffix *nt*, Nachsilbe *f*; (*in code*) Zusatz *m*. **II** *vt* anfügen, anhängen (*to* an +*acc*).

suffocate ['sʌfəkeɪt] *vti* (*lit, fig*) ersticken. **this existence/he is suffocating me** dieses Leben/er erdrückt mich; **he felt ~d in that environment** er hatte das Gefühl, in dieser Umgebung zu ersticken; **he was ~d by the smoke** er erstickte am Rauch.

suffocating ['sʌfəkeɪtɪŋ] *adj* (*lit*) erstickend *attr*; (*fig also*) erdrückend *attr*; *heat* drückend *attr*, brütend *attr*.

suffocation [ˌsʌfə'keɪʃən] *n* (*lit, fig*) Ersticken *nt*.

suffrage ['sʌfrɪdʒ] *n* Wahl- *or* Stimmrecht *nt*; (*form: vote*) Stimme *f*. **universal ~** das allgemeine Wahlrecht; **female ~** das Frauenstimmrecht.

suffragette [ˌsʌfrə'dʒet] *n* Suffragette *f*.

suffuse [sə'fjuːz] *vt* erfüllen; (*light*) durchfluten. **~d with light** in Licht getaucht, lichtdurchflutet (*geh*); **eyes ~d with tears** Augen voller Tränen, tränenerfüllte Augen; **a blush ~d her face** Schamröte *or* (eine) Röte überzog ihr Gesicht.

sugar ['ʃʊgəʳ] **I** *n* **1.** Zucker *m*. **2.** (*inf: term of affection*) (meine) Süße, (mein) Süßer *m*, Schätzchen *nt* (*all inf*). **II** *vt* zuckern, süßen; (*fig*) *criticism* versüßen, mildern.

sugar *in cpds* Zucker-; **sugar beet** *n* Zuckerrübe *f*; **sugar bowl** *n* Zuckerdose *f*; **sugar candy** *n* Kandis(zucker) *m*; (*US: sweet*) Bonbon *nt or m*; **sugar cane** *n* Zuckerrohr *nt*; **sugar-coated** *adj* mit Zucker überzogen; **sugar-daddy** *n* (*inf*) **she's looking for a ~** sie sucht einen alten Knacker, der sie aushält (*inf*); **sugar diabetes** *n* Zuckerkrankheit *f*, Diabetes (*spec*), Zucker (*inf*) *m*.

sugared ['ʃʊgəd] *adj* gezuckert; *almonds* Zucker-; *words* (honig)süß.

sugar-free *adj* ohne Zucker; **sugar loaf** *n* Zuckerhut *m*; **sugar maple** *n* Zuckerahorn *m*; **sugarplum** *n* Bonbon *nt or m*, Süßigkeit *f*; **sugar pot** *n* Zuckerdose *f*.

sugary ['ʃʊgərɪ] *adj taste* süß; (*full of sugar*) zuckerig; (*fig*) süßlich.

suggest [sə'dʒest] **I** *vt* **1.** (*propose*) *candidate, place* vorschlagen; *plan, idea also* anregen. **I ~ that we go, I ~ going** ich schlage vor, zu gehen *or* (daß) wir gehen; **what do you ~ we do?** was schlagen Sie vor?; **are you ~ing I should tell a deliberate lie?** soll das heißen, daß ich bewußt lügen soll?

2. (*put forward for consideration*)

explanation, theory nahelegen, vorbringen. **I ~ (to you) that ...** (*esp Jur*) ich möchte (Ihnen) nahelegen, daß ...

3. (*insinuate, hint at*) andeuten; (*unpleasantly*) unterstellen. **what are you trying to ~?** worauf wollen Sie hinaus?, was wollen Sie damit sagen?; **I'm not trying to ~ that he's lying** ich will damit nicht unterstellen *or* sagen, daß er lügt.

4. (*indicate: facts, data, sb's action*) andeuten, hindeuten auf (+*acc*); (*evoke*) (*music, poem*) denken lassen an (+*acc*); (*symbolism, colours*) andeuten.

5. (*Psych*) **to ~ sth to sb** jdm etw suggerieren.

II *vr* (*idea, thought, plan*) sich aufdrängen, sich anbieten.

suggestibility [sə,dʒestɪ'bɪlɪtɪ] *n* Beeinflußbarkeit *f*.

suggestible [sə'dʒestɪbl] *adj person* beeinflußbar.

suggestion [sə'dʒestʃən] *n* **1.** (*proposal, recommendation*) Vorschlag *m*, Anregung *f*. **my ~ is that ...** mein Vorschlag lautet ..., ich schlage vor, daß ...; **following your ~** auf Ihren Vorschlag *or* Ihre Anregung hin; **Rome was your ~** Rom war deine Idee; **John was his ~ as candidate** er schlug John als Kandidaten vor; **I'm open to ~s** Vorschläge sind *or* jeder Vorschlag ist willkommen.

2. (*theory, explanation*) Vermutung *f*. **he made the ~ that ...** er äußerte die Vermutung, daß ...

3. (*insinuation, hint*) Andeutung, Anspielung *f*; (*unpleasant*) Unterstellung *f*. **I resent that ~** ich weise diese Unterstellung zurück; **I intended no ~ that ...** ich wollte damit nicht andeuten *or* unterstellen, daß ...; **there is no ~ that he was involved** (*nobody is suggesting it*) niemand deutet an *or* unterstellt, daß er beteiligt war; (*no indication*) es gibt keinen Hinweis darauf *or* Anhaltspunkt dafür, daß er beteiligt war.

4. (*trace*) Spur *f*. **with a ~ of irony in his voice** mit einer Spur *or* einem Anflug von Ironie in der Stimme.

5. (*impression*) Eindruck *m*, Vorstellung *f*.

6. (*also* **indecent ~**) unsittlicher Antrag.

7. (*Psych*) Suggestion *f*.

suggestions-box [sə'dʒestʃənz,bɒks] *n* Kasten *m* für Verbesserungsvorschläge *m*.

suggestive [sə'dʒestɪv] *adj* **1. to be ~ of sth** an etw (*acc*) denken lassen; (*create impression of*) den Eindruck von etw erwecken *or* vermitteln; (*be indicative of*) auf etw (*acc*) hindeuten. **2.** (*Psych*) suggestiv, Suggestiv-. **3.** (*indecent*) *joke, remark* zweideutig, anzüglich; *movements, gesture* aufreizend.

suggestively [sə'dʒestɪvlɪ] *adv* vielsagend, anzüglich; *move, dance* aufreizend.

suggestiveness [sə'dʒestɪvnɪs] *n* Zweideutigkeit, Anzüglichkeit *f*. **the ~ of her dancing** ihr aufreizendes Tanzen.

suicidal [,sʊɪ'saɪdl] *adj* selbstmörderisch. **that would be ~** das wäre glatter Selbstmord; **to have ~ tendencies** zum Selbstmord neigen; **I feel ~ this morning** ich möchte heute morgen am liebsten sterben.

suicide ['sʊɪsaɪd] *n* Selbstmord, Freitod (*euph*), Suizid (*spec*) *m*; (*person*) Selbstmörder(in *f*), Suizidär(in *f*) (*spec*) *m*. **to commit ~** Selbstmord begehen; **to contemplate ~** sich mit Selbstmordgedanken tragen; **~ attempt** *or* **bid** Selbstmordversuch *m*; **~ pact** Selbstmordabkommen *nt*; **~ squad** Selbstmordkommando *nt*.

sui generis [,suːaɪ'dʒenərɪs] *adj* sui generis (*geh*), einzig(artig).

suit [suːt] **I** *n* **1.** Anzug *m*; (*woman's*) Kostüm *nt*. **~ of clothes** Garnitur *f* (Kleider); **~ of armour** Rüstung *f*.

2. (*Jur*) Prozeß *m*, Verfahren *nt*. **to bring a ~ (against sb for sth)** (wegen etw gegen jdn) Klage erheben *or* einen Prozeß anstrengen.

3. (*Cards*) Farbe *f*. **short ~** kurze Farbe; **long/strong ~** lange/starke Farbe; (*fig*) starke Seite, Stärke *f*; **to follow ~** (*lit*) Farbe bedienen; (*fig*) jds Beispiel (*dat*) folgen.

4. (*old, liter: in marriage*) Werbung *f*.

5. (*form: request*) Anliegen *nt* (*form*), Bitte *f*. **to press one's ~** seinem Anliegen *or* seiner Bitte Nachdruck verleihen.

II *vt* **1.** (*be convenient, pleasing to*) (*arrangement, date, price*) passen (+*dat*); (*climate, food*) bekommen (+*dat*); (*occupation, job*) gefallen (+*dat*). **~s me!** (*inf*) ist mir recht (*inf*), mir soll's recht sein (*inf*); **that ~s me fine!** (*inf*) das ist mir recht; **that would ~ me nicely** (*time, arrangement*) das würde mir gut (in den Kram *inf*) passen; (*house, job*) das wäre genau das richtige für mich.

2. to be ~ed for/to (*be suitable, right for*) geeignet sein für. **he is very well ~ed to the job** er eignet sich sehr gut für die Stelle; **he is not ~ed to be** *or* **for a doctor** er eignet sich nicht zum Arzt; **they are well ~ed (to each other)** sie passen gut zusammen.

3. (*clothes, hairstyle*) (gut) stehen (+*dat*), passen zu. **you ~ a beard** ein Bart steht dir gut; **such behaviour hardly ~s you** so ein Benehmen steht dir nicht an.

4. (*adapt*) anpassen (*to dat*). **to ~ one's style to the audience** sich dem Publikumsgeschmack anpassen, sich nach dem Publikum richten.

5. (*please*) gefallen (+*dat*), zufriedenstellen. **you can't ~ everybody** man kann es nicht jedem recht machen; **we try to ~ every taste** wir versuchen, etwas für jeden Geschmack zu finden.

III *vr* **he ~s himself** er tut, was er will *or* was ihm paßt; **~ yourself!** wie du willst!, mach, was du willst!; **I like to be able to ~ myself** ich möchte gern tun und lassen können, was ich will.

IV *vi* (*be suitable*) passen.

suitability [,suːtə'bɪlɪtɪ] *n* Angemessenheit *f*; (*of person for job*) Eignung *f*.

they discussed his ~ as a husband for their daughter sie diskutierten darüber, ob er sich als Ehemann für ihre Tochter eignete; **the ~ of a film for children** ob ein Film für Kinder geeignet ist.

suitable ['su:təbl] *adj* geeignet, passend; (*socially, culturally appropriate to the occasion*) angemessen. **to be ~ for sb** (*date, place*) jdm passen; (*film, job*) für jdn geeignet sein; (*hairstyle, clothes*) das richtige für jdn sein; **to be ~ for sth** für etw geeignet sein, sich für etw eignen; (*socially*) einer Sache (*dat*) angemessen sein; **the most ~ man for the job** der am besten geeignete Mann für den Posten; **would 8 o'clock be a ~ time?** würde Ihnen 8 Uhr passen?; **Tuesday is the most ~ day** Dienstag ist der günstigste *or* beste Tag; **she's not ~ for him** sie paßt nicht zu ihm.

suitably ['su:təblɪ] *adv* angemessen; *behave also, apologize* geziemend (*geh*), wie es sich gehört. **he was ~ impressed** er war gehörig beeindruckt; **a ~ elegant room** ein Raum von angemessener Eleganz.

suitcase *n* Koffer *m*. **to live out of a ~** aus dem Koffer leben.

suite [swi:t] *n* (*of retainers*) Gefolge *nt*; (*of furniture*) Garnitur *f*; (*chairs and sofa*) Sitzgarnitur *f*; (*of rooms*) Suite, Zimmerflucht *f*; (*Mus*) Suite *f*. **bedroom ~** Schlafzimmergarnitur *or* -einrichtung *f*; **3-piece ~** dreiteilige Sitzgarnitur.

suiting ['su:tɪŋ] *n* (*fabric*) Anzugstoff *m*.

suitor ['su:tə^r^] *n* **1.** (*old: of woman*) Freier *m* (*old*). **2.** (*Jur*) Kläger(in *f*) *m*.

sulfa *etc* (*US*) *see* **sulpha** *etc*.

sulk [sʌlk] **I** *vi* schmollen, eingeschnappt sein, beleidigt sein; (*photo model*) einen Schmollmund machen. **II** *n* Schmollen *nt*. **to have a ~/the ~s** schmollen; **to go into a ~** einschnappen.

sulkily ['sʌlkɪlɪ] *adv see adj*.

sulkiness ['sʌlkɪnɪs] *n* Schmollen *nt*. **the ~ of his expression** sein eingeschnappter *or* schmollender Gesichtsausdruck.

sulky[1] ['sʌlkɪ] *adj* (+*er*) *answer* eingeschnappt, beleidigt; *person, expression also* schmollend. **~ mouth** Schmollmund *m*.

sulky[2] *n* (*Sport*) Sulky *nt*.

sullen ['sʌlən] *adj* **1.** (*morose*) mürrisch, mißmutig, verdrießlich. **2.** (*liter*) *landscape, sky* düster, finster.

sullenly ['sʌlənlɪ] *adv see adj 1*.

sullenness ['sʌlənnɪs] *n see adj* **1.** Mißmutigkeit, Verdrießlichkeit *f*. **2.** (*liter*) Düsterkeit *f*.

sully ['sʌlɪ] *vt reputation* besudeln.

sulpha, (*US*) **sulfa** ['sʌlfə] *adj* **~ drug** Sulfonamid *nt*.

sulphate, (*US*) **sulfate** ['sʌlfeɪt] *n* Sulfat *nt*, schwefelsaures Salz. **copper ~** Kupfersulfat *or* -vitriol *nt*.

sulphide, (*US*) **sulfide** ['sʌlfaɪd] *n* Sulfid *nt*.

sulphite, (*US*) **sulfite** ['sʌlfaɪt] *n* Sulfit *nt*.

sulphonamide, (*US*) **sulfonamide** [sʌl'fɒnəmaɪd] *n* Sulfonamid *nt*.

sulphur, (*US*) **sulfur** ['sʌlfə^r^] *n* Schwefel *m*. **~ dioxide** Schwefeldioxid *nt*.

sulphuric, (*US*) **sulfuric** [sʌl'fjʊərɪk] *adj* Schwefel-. **~ acid** Schwefelsäure *f*.

sulphurize, (*US*) **sulfurize** ['sʌlfjʊˌraɪz] *vt* schwefeln.

sulphurous, (*US*) **sulfurous** ['sʌlfərəs] *adj* schwefelig, Schwefel-, schwefelhaltig. **~ acid** schwefelige Säure.

sultan ['sʌltən] *n* Sultan *m*.

sultana [sʌl'tɑ:nə] *n* **1.** (*person*) Sultanin *f*. **2.** (*fruit*) Sultanine *f*.

sultanate ['sʌltənɪt] *n* Sultanat *nt*.

sultriness ['sʌltrɪnɪs] *n* (*lit*) Schwüle *f*; (*fig*) Heißblütigkeit *f*; (*of look*) Glut *f*.

sultry ['sʌltrɪ] *adj weather, atmosphere* schwül; *woman* heißblütig, temperamentvoll; *beauty, look* glutvoll, schwül (*liter*).

sum [sʌm] *n* **1.** (*total*) Summe *f*. **that was the ~ (total) of his achievements** das war alles, was er geschafft hatte.

2. (*of money*) Betrag *m*, Summe *f*.

3. (*esp Brit: calculation*) Rechenaufgabe *f*. **to do ~s (in one's head)** (im Kopf) rechnen; **I was bad at ~s** ich war schlecht im Rechnen.

4. (*form: essence*) **in ~** mit einem Wort, zusammengefaßt.

◆**sum up I** *vt sep* **1.** (*review, summarize*) zusammenfassen. **2.** (*evaluate rapidly*) ab- *or* einschätzen, taxieren. **she ~med me ~ at a glance** sie taxierte mich mit einem Blick.

II *vi* (*also Jur*) zusammenfassen, resümieren. **to ~ ~ , we can say that ...** zusammenfassend *or* als Resümee können wir feststellen, daß ...; **the judge hasn't ~med ~ yet** der Richter hat sein Resümee noch nicht gegeben.

sumac(h) ['su:mæk] *n* (*plant*) Sumach, Gerberstrauch *m*; (*preparation*) Schmack *m*.

Sumatra [su:'mɑ:trə] *n* Sumatra *nt*.

Sumatran [su:'mɑ:trən] **I** *adj* von/aus Sumatra. **II** *n* Bewohner(in *f*) *m* von Sumatra.

Sumerian [su:'mɪərɪən] **I** *adj* sumerisch. **II** *n* Sumerer(in *f*) *m*; (*language*) Sumerisch *nt*.

summarily ['sʌmərɪlɪ] *adv* (*briefly*) knapp, kurzgefaßt; (*fast, without ceremony*) kurz und bündig, ohne viel Federlesen(s); (*Jur*) *punish, try* summarisch; *read* flüchtig, kursorisch (*geh*).

summarize ['sʌməraɪz] *vt* zusammenfassen.

summary ['sʌmərɪ] **I** *n* Zusammenfassung *f*; (*Sci also*) Abriß *m*. **~ of contents** Inhaltsangabe *f*.

II *adj* **1.** (*brief*) *account* knapp, gedrängt, kurzgefaßt.

2. (*fast, without ceremony*) *treatment* kurz, knapp; *perusal* flüchtig; (*Jur*) *trial, punishment* summarisch; *dismissal* fristlos. **the court dealt out ~ justice** das Gericht sprach Recht im Schnellverfahren; **~ offence** (*Jur*) ≃ Übertretung *f*.

summation [sʌ'meɪʃən] *n* (*act*) Addition *f*; (*total*) Summe *f*; (*summary*) Zusammenfassung *f*; (*US Jur*) Plädoyers *pl*. **in ~** zusammenfassend.

summer ['sʌmə^r^] **I** *n* Sommer *m*. **in (the) ~** im Sommer; **two ~s ago** im Sommer vor zwei Jahren; **a ~'s day** ein Sommertag *m*.

II *adj attr* Sommer-. **~ resort** Ferien- *or* Urlaubsort *m* (für die Sommersaison).

III *vi* den Sommer verbringen; (*birds also*) übersommern.

summerhouse *n* Gartenhaus *nt*, (Garten)laube *f*.

summersault *n*, *vi see* **somersault.**

summertime *n* Sommer(szeit *f*) *m*; (*daylight-saving time*) Sommerzeit *f*; **summerweight** *adj suit* Sommer-.

summery ['sʌmərɪ] *adj* sommerlich.

summing-up ['sʌmɪŋ'ʌp] *n* (*Jur*) Resümee *nt*.

summit ['sʌmɪt] **I** *n* (*lit*) Gipfel *m*; (*fig also*) Höhepunkt *m*; (*~ conference*) Gipfel(konferenz *f*) *m*. **II** *adj attr* (*Pol*) Gipfel-. **at ~ level** auf Gipfelebene; **~ talks** Gipfelgespräche *pl*.

summiteer [ˌsʌmɪ'tiːəʳ] *n* Gipfelteilnehmer(in *f*) *m*, Teilnehmer(in *f*) *m* an der Gipfelkonferenz.

summon ['sʌmən] *vt* **1.** *servant* (herbei)rufen, kommen lassen, herbeizitieren; *police, fire brigade* (herbei)rufen; *help* holen; *meeting, Parliament* einberufen. **to ~ sb to do sth** (*order*) jdn auffordern, etw zu tun; **the King ~ed his ministers** der König rief seine Minister zusammen; **to be ~ed into sb's presence** zu jdm befohlen *or* zitiert (*iro*) werden; **a bell ~ed them to their work** eine Glokke rief sie zur Arbeit.

2. (*Jur*) vorladen. **~ the next witness!** rufen Sie den nächsten Zeugen (auf)!

◆**summon up** *vt sep courage* zusammennehmen, zusammenraffen; *strength* aufbieten; *enthusiasm, energy* aufbieten, aufbringen. **~ing ~ all his strength he lifted it up** unter Aufbietung aller Kräfte hob er es hoch.

summons ['sʌmənz] **I** *n* **1.** (*Jur*) Vorladung *f*. **to take out a ~ against sb** jdn vorladen lassen, jdn vor Gericht laden.

2. (*order to appear*) Aufruf *m*, Aufforderung *f*. **he received a ~ from the boss** er wurde zum Chef gerufen.

II *vt* (*Jur*) vorladen.

sump [sʌmp] *n* (*Brit Aut*) Ölwanne *f*; (*Min*) Sumpf *m*.

sumptuary ['sʌmptjʊərɪ] *adj law* Aufwands-, Luxus-.

sumptuous ['sʌmptjʊəs] *adj* (*splendid*) luxuriös; (*costly*) aufwendig, kostspielig; *food* üppig, verschwenderisch.

sumptuously ['sʌmptjʊəslɪ] *adv see adj*.

sumptuousness ['sʌmptjʊəsnɪs] *n see adj* Luxus *m*; Aufwand *m*, Kostspieligkeit *f*; Üppigkeit *f*.

Sun *abbr of* **Sunday** So.

sun [sʌn] **I** *n* Sonne *f*. **I've got the ~ in my eyes** die Sonne scheint mir in die Augen *or* blendet mich; **he was up with the ~** er stand in aller Frühe auf; **to have a touch of the ~** einen Sonnenstich haben (*also fig*); **you've caught the ~** dich hat die Sonne erwischt; **he's tried everything under the ~** er hat alles Menschenmögliche versucht; **a place in the ~** (*fig*) ein Platz an der Sonne; **there's nothing new under the ~** (*Prov*) es ist alles schon einmal dagewesen (*prov*).

II *vt* der Sonne aussetzen.

III *vr* sich sonnen.

sun-baked *adj* ausgedörrt; **sun bath** *n* Sonnenbad *nt*; **sunbathe** *vi* in der Sonne liegen, sonnenbaden; **sunbather** *n* Sonnenanbeter(in *f*) *m* (*hum*); **all the ~s in the park** all die Leute, die sich im Park sonnen *or* die im Park in der Sonne liegen; **sunbathing** *n* Sonnenbaden *nt*; **sunbeam** *n* Sonnenstrahl *m*; **sunbed** *n* Sonnenbank *f*; **sun blind** *n* (*awning*) Markise *f*; (*venetian blind*) Jalousie *f*; **sunblock** *n* Sonnenschutzcreme, Sun-Block-Creme *f*; **sunburn** *n* Bräune *f*; (*painful*) Sonnenbrand *m*; **sunburnt** *adj* sonnengebräunt, sonnenverbrannt; (*painfully*) von der Sonne verbrannt; **to get ~** braun werden; (einen) Sonnenbrand bekommen; **sunburst** *n* **1.** (*US*) plötzlicher Sonnenschein; **2.** (*pattern*) Sonnenrad *nt*.

sundae ['sʌndeɪ] *n* Eisbecher *m*.

Sunday ['sʌndɪ] **I** *n* Sonntag *m*. **a month of ~s** (*inf*) ewig (lange), eine Ewigkeit; **never in a month of ~s** (*inf*) nie im Leben; *see also* **Tuesday.**

II *adj attr* Sonntags-. **~ best** Sonntagskleider *pl*, Sonntagsstaat *m* (*old, hum*); **~ school** Sonntagsschule *f*; **~ driver** Sonntagsfahrer(in *f*) *m*.

sun deck *n* Sonnendeck *nt*.

sunder ['sʌndəʳ] (*liter*) **I** *vt* brechen; *chains* sprengen; (*fig*) *connection* abbrechen. **II** *vi* brechen; (*fig*) sich trennen.

sundew *n* (*Bot*) Sonnentau *m*; **sundial** *n* Sonnenuhr *f*; **sundown** *n* Sonnenuntergang *m*; **at/before ~** bei/vor Sonnenuntergang; **sundowner** *n* **1.** (*Austral inf: tramp*) Penner(in *f*) (*inf*), Vagabund(in *f*) *m*; **2.** (*drink*) Abendtrunk *m*; **sundress** *n* leichtes Sonnenkleid.

sundry ['sʌndrɪ] **I** *adj* verschiedene. **II** *pron* **all and ~** jedermann. **III** *n* **sundries** *pl* Verschiedenes (+*sing vb*).

sunfast *adj* (*esp US*) lichtecht; **sunflower** *n* Sonnenblume *f*.

sung [sʌŋ] *ptp of* **sing.**

sunglasses *npl* Sonnenbrille *f*; **sun-god** *n* Sonnengott *m*; **sun hat** *n* Sonnenhut *m*.

sunk [sʌŋk] *ptp of* **sink**[1].

sunken ['sʌŋkən] *adj wreck, ship* gesunken, versunken; *treasure* versunken; *garden* tiefliegend *attr*; *bath* eingelassen; *cheeks* eingefallen, hohl; *eyes* eingesunken.

sun lamp *n* Höhensonne *f*; **sunless** *adj garden* ohne Sonne; *room also* dunkel; *day also* trübe; **sunlight** *n* Sonnenlicht *nt*; **in the ~** in der Sonne, im Sonnenlicht; **sunlit** *adj room* sonnig; *fields etc also* sonnenbeschienen; **sun lounge** *n* Wintergarten *m*, Glasveranda *f*; **sun lounger** *n* Sonnenliege *f*.

sunnily ['sʌnɪlɪ] *adv* heiter; *smile also* sonnig.

sunny ['sʌnɪ] *adj* (+*er*) *place, room, day* sonnig; (*fig*) *smile, disposition also, answer, face* heiter. **~ intervals** (*Met*) Aufheiterungen *pl*; **on the ~ side of the house** auf der Sonnenseite (des Hauses);

~-side up (*egg*) nur auf einer Seite gebraten; **the outlook is ~** (*Met*) die Wetteraussichten sind gut; (*fig*) die Aussichten sind rosig; **to look on the ~ side (of things)** die Dinge von der angenehmen Seite nehmen; **to be on the ~ side of forty** noch nicht vierzig sein.

sun parlor *n* (*US*) Wintergarten *m*, Glasveranda *f*; **sun porch** *n* Veranda *f*; **sunray I** *n* Sonnenstrahl *m*; **II** *adj attr* **~ lamp** Höhensonne *f*; **~ treatment** Ultraviolett-/Infrarot(strahlen) behandlung *f*; **sunrise** *n* Sonnenaufgang *m*; **at ~** bei Sonnenaufgang; **sunrise industry** *n* Zukunftsindustrie *f*; **sunroof** *n* (*of car*) Schiebedach *nt*; (*of hotel etc*) Sonnenterrasse *f*; **sunset** *n* Sonnenuntergang *m*; **at ~** bei Sonnenuntergang; **sunshade** *n* (*lady's, over table*) Sonnenschirm *m*; (*awning*) Markise, Sonnenblende *f*; **sunshine** *n* **1.** Sonnenschein *m*; **hours of ~** Sonnenstunden *pl*; **a daily average of 5 hours' ~** durchschnittlich 5 Stunden Sonne täglich; **2.** (*inf: person*) mein Lieber, meine Liebe; **sunshine roof** *n* Schiebedach *nt*; **sunstroke** *n* Sonnenstich *m*; **to get ~** einen Sonnenstich bekommen; **suntan** *n* Sonnenbräune *f*; **to get a ~** braun werden; **suntan lotion/oil** *n* Sonnenöl *nt*; **suntanned** *adj* braungebrannt; **suntrap** *n* sonniges Eckchen; **sun-up** *n* Sonnenaufgang *m*; **at ~** bei Sonnenaufgang.

sup [sʌp] **I** *vt* (*esp N Engl, Scot*) trinken. **II** *vi* (*old: dine*) zu Abend essen. **III** *n* (*drink*) Schluck *m*.

◆**sup up** *vti sep* (*esp N Engl, Scot*) austrinken.

super[1] ['su:pəʳ] *adj* (*inf*) phantastisch, super, klasse *inv* (*inf*).

super[2] *n abbr of* **1.** (*inf*) **superintendent** Aufseher(in *f*) *m*; (*of police*) ≃ Kommissar(in *f*) *m*. **2.** (*Theat, Film*) **supernumerary** Statist(in *f*) *m*.

super- *pref* super-, Super-.

superable ['su:pərəbl] *adj* überwindbar.

superabundance [ˌsu:pərə'bʌndəns] *n* (*of* an *+dat*) großer Reichtum; (*excessive amount*) Überfluß, Überschuß *m*; (*of enthusiasm*) Überschuß *m*.

superabundant [ˌsu:pərə'bʌndənt] *adj* überreichlich.

superannuate [ˌsu:pə'rænjʊeɪt] *vt* pensionieren, in den Ruhestand versetzen.

superannuated [ˌsu:pə'rænjʊeɪtɪd] *adj* pensioniert, im Ruhestand; (*fig inf*) veraltet, überholt.

superannuation [ˌsu:pəˌrænjʊ'eɪʃən] *n* (*act*) Pensionierung *f*; (*state*) Pension *f*, Ruhestand *m*; (*pension*) Rente *f*; (*for civil servants, teachers*) Ruhegehalt *nt* (*form*). **~ contribution** Beitrag *m* zur Altersversicherung.

superb [su:'pɜ:b] *adj* großartig; *design, painting also* meisterhaft; *quality, food also* vorzüglich, superb (*dated, geh*).

superbly [su:'pɜ:blɪ] *adv see adj.* **~ fit/self-confident** ungemein fit/selbstbewußt.

superbness [su:'pɜ:bnɪs] *n see adj* Großartigkeit *f*; Vorzüglichkeit *f*.

Superbowl ['su:pəˌbəʊl] *n* (*US*) Superbowl *m*, *jährlich ausgetragenes American-Football-Turnier zwischen den Spitzenreitern der Nationalligen.*

supercargo ['su:pəˌkɑ:gəʊ] *n, pl* **-es** Frachtaufseher(in *f*) *m*.

supercharged ['su:pəˌtʃɑ:dʒd] *adj gas* vorverdichtet; *engine* aufgeladen; (*fig*) *atmosphere* gereizt.

supercharger ['su:pəˌtʃɑ:dʒəʳ] *n* Lader *m*.

supercilious *adj*, **~ly** *adv* [ˌsu:pə'sɪlɪəs, -lɪ] hochnäsig.

superciliousness [ˌsu:pə'sɪlɪəsnɪs] *n* Hochnäsigkeit *f*.

supercool [ˌsu:pə'ku:l] *vt* (*Chem*) unterkühlen.

super-duper ['su:pə'du:pəʳ] *adj* (*hum inf*) ganz toll (*inf*).

superego [ˌsu:pər'i:gəʊ] *n* Über-Ich *nt*.

supererogation ['su:pərˌerə'geɪʃən] *n* (*form*) Mehrleistung, Supererogation (*form*) *f*; (*Eccl*) freiwillige Gebete *pl*; gute Werke *pl*.

superficial [ˌsu:pə'fɪʃəl] *adj* oberflächlich; *characteristics, resemblance* äußerlich.

superficiality ['su:pəˌfɪʃɪ'ælɪtɪ] *n see adj* Oberflächlichkeit *f*; Äußerlichkeit *f*.

superficially [ˌsu:pə'fɪʃəlɪ] *adv see adj.*

superfine ['su:pəfaɪn] *adj distinction* übertrieben fein.

superfluity [ˌsu:pə'flʊɪtɪ] *n* Überfluß *m*.

superfluous [sʊ'pɜ:flʊəs] *adj* überflüssig; *style* verschwenderisch. **it is ~ to say ...** es ist überflüssig, zu sagen ...

superfluously [sʊ'pɜ:flʊəslɪ] *adv see adj.*

superglue *n* Sekundenkleber *m*; **supergrass** *n* (*inf: informant*) Kronzeuge *m* (*inf*), Kronzeugin *f* (*inf*), Topinformant(in *f*) *m*; **superheat** *vt* überhitzen; **superhighway** *n* (*US*) ≃ Autobahn *f*; **superhuman** *adj* übermenschlich.

superimpose [ˌsu:pərɪm'pəʊz] *vt* **to ~ sth on sth** etw auf etw (*acc*) legen; (*Phot*) etw über etw (*acc*) fotografieren; (*Film*) etw über etw (*acc*) filmen; (*Geol*) etw über etw (*acc*) lagern; (*fig*) etw mit etw überlagern; **by superimposing one image on another** indem man zwei Bilder aufeinanderlegt; **the images became ~d** die Bilder hatten sich überlagert.

superintend [ˌsu:pərɪn'tend] *vt* beaufsichtigen, überwachen.

superintendence [ˌsu:pərɪn'tendəns] *n* (Ober)aufsicht *f*.

superintendent [ˌsu:pərɪn'tendənt] *n* Aufsicht *f*; (*in swimming-pool*) Bademeister(in *f*) *m*; (*in park also*) Parkwächter(in *f*) *m*; (*of hostel, Sunday school etc*) Leiter(in *f*) *m*; (*of police*) (*Brit*) ≃ Polizeirat, -rätin *m, f*; (*US*) ≃ Polizeipräsident(in *f*) *m*.

superior [sʊ'pɪərɪəʳ] **I** *adj* **1.** (*better*) *quality, equipment* besser (*to* als); *intellect, ability, skill, technique* überlegen (*to sb/sth* jdm/einer Sache).

2. (*excellent*) *work(manship), technique* großartig, hervorragend; *craftsman* ausgezeichnet; *intellect* überragend. **goods of ~ quality, ~ quality goods** Waren *pl* bester Qualität.

3. (*higher in rank*) höher. **~ officer** Vorgesetzte(r) *mf*; **~ court** höheres Gericht; **to be ~ to sb/sth** jdm/einer Sache übergeordnet sein, höher stehen als jd/etw.

4. (*greater*) überlegen (*to sb/sth* jdm/einer Sache); *forces also* stärker (*to* als); *strength also* größer (*to* als).

5. (*snobbish*) *person, manner* überheblich; *tone, smile also* überlegen; (*smart*) *restaurant, clientele* fein, vornehm.

6. (*Typ*) *figure, letter* hochgestellt. **~ number** Hochzahl *f*.

II *n* **1.** (*in rank*) Vorgesetzte(r) *mf*. **2.** (*in ability*) Überlegene(r) *mf*. **to be sb's ~** jdm überlegen sein. **3.** (*Eccl*) **Father/Mother S~** Vater Superior/Mutter Superiorin *or* Oberin.

superiority [sʊˌpɪərɪ'ɒrɪtɪ] *n* **1.** (*of cloth*) bessere Qualität; (*of technique, ability*) Überlegenheit *f*. **its ~ as a holiday resort** seine bessere Klasse als Ferienort.

2. (*excellence*) Großartigkeit *f*; (*of intellect*) überragende Eigenschaft.

3. (*in rank*) höhere Stellung.

4. (*in numbers*) Überlegenheit *f*.

5. (*conceitedness*) Überheblichkeit *f*; (*of tone, smile also*) Überlegenheit *f*.

superlative [sʊ'pɜːlətɪv] **I** *adj* (*excellent*) überragend, unübertrefflich; *happiness* größte(r, s), höchste(r, s); *indifference* höchste(r, s); (*Gram*) superlativisch, im Superlativ; (*exaggerated*) *style* überschwenglich. **II** *n* Superlativ *m*.

superlatively [sʊ'pɜːlətɪvlɪ] *adv* (*excellently*) überragend, unübertrefflich; *happy, fit* höchst.

superman ['suːpəmæn] *n, pl* **-men** [-men] Übermensch *m*. **S~** (*in comics*) Supermann *m*.

supermarket ['suːpəˌmɑːkɪt] *n* Supermarkt *m*. **~ trolley** *n* Einkaufswagen *m*.

supernatural [ˌsuːpə'nætʃərəl] *adj* übernatürlich. **the ~** das Übernatürliche.

supernormal [ˌsuːpə'nɔːməl] *adj* übermenschlich.

supernumerary [ˌsuːpə'njuːmərərɪ] **I** *adj* zusätzlich; (*superfluous*) überzählig. **II** *n* Zusatzperson *f*, Supernumerar *m* (*form*); (*Theat, Film*) Statist(in *f*) *m*.

superpower ['suːpəˌpaʊəʳ] *n* (*Pol*) Supermacht *f*.

superscript ['suːpəˌskrɪpt] *adj character* hochgestellt.

supersede [ˌsuːpə'siːd] *vt* ablösen; *person, belief also* an die Stelle treten von. **old, ~d ideas** alte, überholte Ideen.

supersonic [ˌsuːpə'sɒnɪk] *adj* Überschall-. **~ travel** Reisen *nt* mit Überschallgeschwindigkeit.

superstar ['suːpəˌstɑːʳ] *n* (Super)star *m*.

superstition [ˌsuːpə'stɪʃən] *n* Aberglaube *m no pl*. **this is a ~** das ist Aberglaube.

superstitious *adj*, **~ly** *adv* [ˌsuːpə'stɪʃəs, -lɪ] abergläubisch.

superstitiousness [ˌsuːpə'stɪʃəsnɪs] *n* Aberglaube *m*.

superstratum [ˌsuːpə'strɑːtəm] *n, pl* **-strata** [-'strɑːtə] (*Geol*) obere Schicht; (*Ling*) Superstrat *nt*.

superstructure ['suːpəˌstrʌktʃəʳ] *n* Überbau *m* (*also Sociol*); (*of ship*) Aufbauten *pl*.

supertanker ['suːpəˌtæŋkəʳ] *n* Super- *or* Riesentanker *m*.

supertax ['suːpəˌtæks] *n* Höchststeuer *f*.

supervene [ˌsuːpə'viːn] *vi* dazwischenkommen, hinzukommen.

supervise ['suːpəvaɪz] **I** *vt* beaufsichtigen; *work also* überwachen. **II** *vi* Aufsicht führen, die Aufsicht haben.

supervision [ˌsuːpə'vɪʒən] *n* Aufsicht *f*; (*action*) Beaufsichtigung *f*; (*of work*) Überwachung, Beaufsichtigung *f*. **under the ~ of** unter der Aufsicht von.

supervisor ['suːpəvaɪzəʳ] *n* (*of work*) Aufseher(in *f*) *m*, Aufsicht *f*; (*of research*) Leiter(in *f*) *m*; (*Brit Univ*) ≈ Tutor(in *f*) *m*; (*for PhD*) Doktorvater *m*.

supervisory ['suːpəvaɪzərɪ] *adj role* beaufsichtigend, überwachend. **in his ~ capacity** in seiner Eigenschaft als Aufsichtsperson.

supine ['suːpaɪn] **I** *adj* zurückliegend *attr*; (*fig liter*) *lethargy* träge, gleichgültig. **in a ~ position** auf dem Rücken liegend. **II** *n* (*Gram*) Supinum *nt*.

supper ['sʌpəʳ] *n* (*evening meal*) Abendessen, Abendbrot, Abendmahl (*liter*) *nt*; (*late evening snack*) (später) Imbiß. **they were at ~** sie waren beim Abendessen; **to have ~** zu Abend essen.

supper club *n* (*US*) Luxusnachtklub *m*; **suppertime** *n* Abendessenszeit, Abendbrotzeit *f*; **at ~** zur Abendbrotzeit; **when is ~?** wann wird zu Abend gegessen?

supplant [sə'plɑːnt] *vt* ablösen, ersetzen; (*forcibly*) verdrängen; (*by ruse*) *rival* ausstechen.

supple ['sʌpl] *adj* (+*er*) *body, material* geschmeidig, elastisch; *shoes* weich; *mind, intellect* beweglich, flexibel.

supplement ['sʌplɪmənt] **I** *n* **1.** Ergänzung *f* (*to gen*); (*of book*) Ergänzungsband *m* (*to* zu); (*food ~*) Zusatz *m*; (*at end of book*) Anhang, Nachtrag *m*. **a ~ to his income** eine Aufbesserung seines Einkommens; **family income ~s** Kindergeld *nt*.

2. (*colour ~*) Beilage *f*, Magazin *nt*.

II *vt* ergänzen; *income also* aufbessern.

supplementary [ˌsʌplɪ'mentərɪ] *adj* zusätzlich, ergänzend; *volume, report also* Zusatz-, Ergänzungs-. **~ angle** Supplement- *or* Ergänzungswinkel *m*; **~ benefit** (*Brit*) ≈ Arbeitslosenhilfe *f*.

suppleness ['sʌplnɪs] *n see adj* Geschmeidigkeit, Elastizität *f*; Weichheit *f*; Beweglichkeit, Flexibilität *f*.

suppliant ['sʌplɪənt], **supplicant** ['sʌplɪkənt] **I** *adj* flehend *attr*. **II** *n* Flehende(r) *mf*, Bittsteller(in *f*) *m*.

supplicate ['sʌplɪkeɪt] *vt* (*form*) flehen.

supplication [ˌsʌplɪ'keɪʃən] *n* Flehen *nt no pl*.

supplier [sə'plaɪəʳ] *n* (*Comm*) Lieferant(in *f*) *m*.

supply [sə'plaɪ] **I** *n* **1.** (*supplying*) Versorgung *f*; (*Comm: delivery*) Lieferung *f* (*to* an +*acc*); (*Econ*) Angebot *nt*. **electricity ~** Stromversorgung *f*; **the ~ of blood to the brain** die Versorgung des Gehirns mit Blut; **~ and demand** Angebot und Nachfrage (*+pl vb*).

2. (*what is supplied*) Lieferung *f.* **to cut off the ~** (*of gas, water*) das Gas/Wasser abstellen; **our wholesaler has cut off our ~** unser Großhändler hat die Lieferungen eingestellt; **where does the badger get its food ~?** woher bekommt der Dachs seine Nahrung?

3. (*stock*) Vorrat *m.* **supplies** *pl* (*food*) Vorräte *pl*; (*for expedition also, for journey*) Proviant *m*; **a good ~ of coal** ein guter Kohlenvorrat; **to get** *or* **lay in supplies** *or* **a ~ of** sich (*dat*) einen Vorrat an (*+dat*) anlegen *or* zulegen; **a month's ~** ein Monatsbedarf *m*; **to be in short ~** knapp sein; **fresh supplies** (*Mil*) Nachschub *m*; **office supplies** Bürobedarf *m*, Büromaterial *nt*; **medical supplies** Arzneimittel *pl*; (*including bandages*) Ärztebedarf *m*.

4. (*~ teacher*) Aushilfslehrer(in *f*) *m.* **to be on ~** aushilfsweise unterrichten.

5. (*Parl*) (Militär- und Verwaltungs)etat *m.*

II *vt* **1.** *material, food, tools* sorgen für; (*deliver*) *goods* liefern; *clue, evidence, gas, electricity* liefern; (*put at sb's disposal*) stellen.

2. (*with* mit) *person, army, city* versorgen; (*Comm*) beliefern. **she supplies the humour in the office** sie sorgt für (den) Humor im Büro; **we were not supplied with a radio** wir hatten/bekamen kein Radio.

3. (*satisfy, make good*) *need* befriedigen; *want, deficiency* abhelfen (*+dat*); (*Comm*) *demand* decken.

supply base *n* Vorratslager *nt*; **supply depot** *n* Versorgungslager *nt*; **supply industry** *n* Zulieferungsindustrie *f*; **supply lines, supply routes** *npl* (*Mil, fig*) Versorgungslinien *pl*; **supply ship** *n* Versorgungsschiff *nt*; **supply-side economics** *n sing or pl* Angebotswirtschaft *f*; **supply teacher** *n* Aushilfslehrer(in *f*) *m*.

support [sə'pɔːt] **I** *n* **1.** (*lit*) Stütze *f.* **to give ~ to sb/sth** jdn/etw stützen; **the ceiling will need some kind of ~** die Decke muß irgendwie abgestützt werden; **the bridge ~s** die Stützpfeiler *pl* der Brücke; **to lean on sb for ~** sich auf jdn stützen.

2. (*fig*) (*no pl: moral, financial backing*) Unterstützung *f*; (*person*) Stütze *f.* **in ~ of** zur Unterstützung (*+gen*); **in ~ of an allegation** zur Untermauerung *or* Stützung einer Behauptung; **to speak in ~ of a candidate** einen Kandidaten unterstützen; **to depend on sb for financial ~** auf jds finanzielle Unterstützung angewiesen sein.

II *attr* (*Mil*) *troops, vessel etc* Hilfs-.

III *vt* **1.** (*lit*) stützen; (*Tech also*) abstützen; (*bear the weight of*) tragen.

2. (*fig*) unterstützen (*also Comput*); *plan, motion, sb's application also* befürworten; *party, cause also* eintreten für; (*give moral ~ to also*) beistehen (*+dat*), Rückhalt geben (*+dat*); (*corroborate*) *claim, theory* erhärten, untermauern; (*financially*) *family* unterhalten; *party, orchestra* finanziell unterstützen. **he ~s Arsenal** er ist Arsenal-Anhänger *m*; **which team do you ~?** für welche Mannschaft bist du?; **without his family to ~ him** ohne die Unterstützung seiner Familie; **Burton and Taylor, ~ed by X and Y** Burton und Taylor, mit X und Y in den Nebenrollen.

3. (*endure*) dulden, ertragen.

IV *vr* (*physically*) sich stützen (*on* auf *+acc*); (*financially*) seinen Unterhalt (selbst) bestreiten.

supportable [sə'pɔːtəbl] *adj* erträglich.

supporter [sə'pɔːtə^r] *n* Anhänger(in *f*) *m*; (*of theory, cause, opinion also*) Befürworter(in *f*) *m*; (*Sport also*) Fan *m*.

supporting [sə'pɔːtɪŋ] *adj film* Vor-; *part, role* Neben-. **with full ~ cast/programme** mit vielen anderen (bedeutenden) Darstellern/mit vollem Nebenprogramm.

supportive [sə'pɔːtɪv] *adj* stützend *attr.* **if his parents had been more ~** wenn seine Eltern ihn mehr unterstützt hätten; **try to be more ~** du solltest versuchen, sie/mich *etc* mehr zu unterstützen.

supportiveness [sə'pɔːtɪvnɪs] *n* Unterstützung *f*.

suppose [sə'pəʊz] *vt* **1.** (*imagine*) sich (*dat*) vorstellen; (*assume, postulate also*) annehmen. **let us ~ that X equals 3** angenommen, X sei gleich 3; **even supposing it were** *or* **was true** (sogar) angenommen, daß es wahr ist, angenommen, es sei wahr; **~ they could see us now!** wenn sie uns jetzt sehen könnten!

2. (*believe, think*) annehmen, denken. **I ~ he'll come** ich nehme an, (daß) er kommt, er wird wohl *or* vermutlich kommen; **I don't ~ he'll come** ich glaube kaum, daß er kommt; **I ~ he won't come** ich denke, er wird nicht kommen, er wird wohl nicht kommen; **I ~ that's the best thing, that's the best thing, I ~** das ist *or* wäre vermutlich das Beste; **you're coming, I ~?** ich nehme an, du kommst?; **I don't ~ you could lend me a pound?** Sie könnten mir nicht zufällig ein Pfund leihen?; **will he be coming? — I ~ so** kommt er? — ich denke *or* glaube schon; **don't you agree with me? — I ~ so** bist du da nicht meiner Meinung? — na ja, schon; **I don't ~ so** ich glaube kaum; **isn't he coming? — I ~ not** kommt er nicht? — ich glaube kaum, wohl kaum; **so you see, it can't be true — I ~ not** da siehst du selbst, es kann nicht stimmen — du wirst wohl recht haben; **he can't very well refuse, can he? — I ~ not** er kann wohl kaum ablehnen, oder? — eigentlich nicht *or* kaum; **he is generally ~d to be rich** er gilt als reich; **he's ~d to be coming** er soll (angeblich) kommen; **and he's ~d to be an expert!** und der soll (angeblich) (ein) Experte sein!

3. (*modal use in pass: ought*) **to be ~d to do sth** etw tun sollen; **he's the one who's ~d to do it** er müßte es eigentlich tun; **you're ~d to be in bed** du solltest eigentlich im Bett sein, du gehörst eigentlich ins Bett; **you're not ~d to (do that)** das darfst du nicht tun; **I am ~d to start work here today** ich soll hier heute anfangen; **you're ~d to report to the police** Sie müssen sich bei der Polizei melden.

4. (*in imper: I suggest*) **~ we have a go?** warum versuchen wir es nicht einmal?; **~ we buy it?** wie wäre es, wenn wir es kauften?; **~ you have a wash?** wie wär's, wenn du dich mal wäschst?

5. (*presuppose*) voraussetzen.

supposed [sə'pəʊzd] *adj* vermutet; *date of birth, site of temple, author also* mutmaßlich.

supposedly [sə'pəʊzɪdlɪ] *adv* angeblich. **the atom was ~ indivisible** das Atom galt als unteilbar.

supposing [sə'pəʊzɪŋ] *conj* angenommen. **but ~ …** aber wenn …; **~ he can't do it?** und wenn er es nicht schafft?; **always ~ …** immer unter der Annahme, daß …

supposition [ˌsʌpə'zɪʃən] *n* (*no pl: hypothesizing*) Mutmaßung, Spekulation *f*; (*thing supposed*) Annahme *f*. **based on 1. pure ~** auf reiner Spekulation beruhend; **acting on the ~ that you are right** vorausgesetzt, daß Sie recht haben.

suppository [sə'pɒzɪtərɪ] *n* Zäpfchen *nt*.

suppress [sə'pres] *vt* **1.** unterdrücken. **2.** (*Elec*) entstören.

suppression [sə'preʃən] *n* **1.** Unterdrükkung *f*. **2.** (*Elec*) Entstörung *f*.

suppressive [sə'presɪv] *adj* Unterdrückungs-, repressiv.

suppressor [sə'presə^r] *n* (*Elec*) Entstörungselement *nt*.

suppurate ['sʌpjʊəreɪt] *vi* eitern.

suppuration [ˌsʌpjʊə'reɪʃən] *n* Eiterung *f*.

supra- ['suːprə-] *pref* über-; (*esp with foreign words*) supra-. **~national** überstaatlich, supra- *or* übernational.

supremacy [sʊ'preməsɪ] *n* Vormachtstellung *f*; (*Pol, Eccl, fig*) Supremat *nt or m*. **air/naval ~** Luft-/Seeherrschaft *f*.

supreme [sʊ'priːm] **I** *adj* **1.** (*highest in authority*) höchste(r, s); *court, Soviet* oberste(r, s). **S~ Being** Höchstes Wesen; **S~ Commander** Oberbefehlshaber *m*.

2. (*ultimate*) **to make the ~ sacrifice** das höchste Opfer bringen; **the ~ moment of the opera** der Höhepunkt der Oper.

3. (*very great*) *courage, indifference etc* äußerste(r, s), größte(r, s).

II *adv* **to rule** *or* **reign ~** (*monarch*) absolut herrschen; (*champion, justice*) unangefochten herrschen; (*silence*) überall herrschen.

supremely [sʊ'priːmlɪ] *adv confident, self-satisfied, indifferent* zutiefst.

Supt *abbr of* **Superintendent.**

surcharge ['sɜːtʃɑːdʒ] **I** *n* Zuschlag *m*; (*postal*) Nachporto, Strafporto (*inf*) *nt*. **for a small ~** gegen einen geringen Aufschlag. **II** *vt* Zuschlag erheben auf (*+acc*).

surd [sɜːd] *n* (*Math*) irrationaler Ausdruck.

sure [ʃʊə^r] **I** *adj* (*+er*) **1.** (*reliable, steady, safe*) *hand, touch, marksman, footing* sicher; *criterion, proof, facts also* eindeutig; *method also, remedy, friend* zuverlässig, verläßlich.

2. (*definite*) sicher. **it is ~ that he will come** es ist sicher, daß er kommt, er kommt ganz bestimmt; **it's ~ to rain** es regnet ganz bestimmt; **be ~ to tell me/to turn the gas off** sag mir auf jeden Fall Bescheid/vergiß nicht, das Gas abzudrehen; **be ~ to go and see her** du mußt sie unbedingt besuchen; **you're ~ of a good meal/of success** ein gutes Essen/der Erfolg ist Ihnen sicher; **I want to be ~ of seeing him** ich möchte ihn auf jeden Fall sehen; **to make ~** (*check*) nachsehen, kontrollieren; **make ~ you get the leads the right way round** achten Sie darauf, daß die Kabel richtig herum sind; **make ~ you take your keys** denk daran, deine Schlüssel mitzunehmen; **it's best to make ~** sicher ist sicher; **to make ~ of one's facts** sich der Fakten (*gen*) versichern; **to make ~ of a seat** sich (*dat*) einen Platz sichern; **~ thing!** (*esp US inf*) klare Sache! (*inf*); **he's a ~ thing for president** (*esp US inf*) er ist ein todsicherer Tip für die Präsidentschaft; **I'll find out for ~** ich werde das genau herausfinden; **do you know for ~?** wissen Sie das ganz sicher?; **to be ~!** Mensch!, tatsächlich!

3. (*positive, convinced*) sicher. **I'm perfectly ~** ich bin (mir da) ganz sicher; **to be ~ about sth** sich (*dat*) einer Sache (*gen*) sicher sein; **I'm not so ~ about that** da bin ich nicht so sicher; **to be ~ of one's facts** seiner *or* der Fakten sicher sein; **to be ~ of oneself** sich (*dat*) seiner Sache sicher sein; (*generally self-confident*) selbstsicher sein; **I'm ~ I don't know, I don't know, I'm ~** ich habe keine Ahnung; **I'm not ~ how/why …** ich bin (mir) nicht sicher *or* ich weiß nicht genau, wie/warum …

II *adv* **1. will you do it? — ~!** machst du das? — klar! (*inf*); **that meat was ~ tough** *or* **~ was tough** das Fleisch war vielleicht zäh!

2. and ~ enough he did come und er ist tatsächlich gekommen; **he'll come ~ enough** er kommt ganz bestimmt, er kommt schon.

3. as ~ as sure can be (*inf*), **as ~ as I'm standing here** (*inf*) garantiert, todsicher.

sure-fire *adj* (*inf*) todsicher (*inf*); **sure-footed** *adj* (tritt)sicher.

surely ['ʃʊəlɪ] *adv* **1.** bestimmt, sicher. **~ you don't mean it?** das meinen Sie doch bestimmt *or* sicher nicht (so)?; **~ he's come(, hasn't he?)** er ist doch bestimmt gekommen(, oder?); **~ he hasn't come(, has he)?** er ist doch bestimmt *or* sicher nicht gekommen(, oder?); **~ not!** das kann doch nicht stimmen!; **~ someone must know the answer** irgend jemand muß doch die Antwort wissen; **I can't — oh, ~ you can** ich kann (es) nicht — aber sicher kannst du das!; **but ~ you can't expect us to believe that** Sie können doch wohl nicht erwarten, daß wir das glauben!; **~ if a = b, then c must …** also, wenn a = b ist, dann muß c doch sicherlich …

2. (*esp US: gladly*) gern, mit Vergnügen.

3. (*inevitably, with certainty*) zweifellos.

sureness ['ʃʊənɪs] *n* **1.** (*positiveness, conviction*) Überzeugung, Sicherheit *f.* **2.** (*reliability, steadiness, sure-footedness*) Sicherheit *f*; (*of method, cure*) Verläßlichkeit, Zuverlässigkeit *f*; (*of sb's judgement also*) Untrüglichkeit *f.*

surety ['ʃʊərətɪ] *n* (*sum*) Bürgschaft, Sicherheit *f*; (*person*) Bürge *m.* **to go** *or* **stand ~ for sb** für jdn bürgen; **he was granted bail in his own ~ of £5,000** er wurde gegen Hinterlegung einer Kaution von £ 5.000 auf freien Fuß gesetzt.

surf [sɜːf] **I** *n* Brandung *f.* **II** *vi* surfen.

surface ['sɜːfɪs] **I** *n* **1.** (*lit, fig*) Oberfläche *f*; (*of road*) Decke *f*, Belag *m.* **on the ~ it seems that ...** oberflächlich sieht es so aus, als ob ...; **on the ~ he is friendly enough** nach außen hin ist er sehr freund lich.

2. (*Math: of cube etc*) Fläche *f*; (*area also*) Flächeninhalt *m.*

3. (*Min*) **at/on/up to the ~** über Tage.

4. (*Aviat*) Tragfläche *f.*

II *adj attr* **1.** oberflächlich; *measurements, hardening* Oberflächen-. **2.** (*not by air*) *travel* auf dem Land-/Seeweg. **3.** (*Min*) *worker, job* über Tage.

III *vt* **1.** *road* mit einem Belag versehen; *wall* verblenden. **2.** *submarine* auftauchen lassen.

IV *vi* (*lit, fig*) auftauchen.

surface area *n* Fläche *f*; (*Math*) Flächeninhalt *m*; **surface dressing** *n* (*on roads*) (*method*) Straßenreparatur *f* mit Rollsplitt; (*material*) Rollsplitt *m*; **surface grammar** *n* Oberflächengrammatik *f*; **surface mail** *n* auf dem Land-/Seeweg beförderte Post *f*; **by ~** auf dem Land-/Seeweg; **surface-mounted** *adj* oberflächenmontiert; **surface noise** *n* Rauschen *nt*; **surface structure** *n* (*Ling*) Oberflächenstruktur *f*; **surface tension** *n* Oberflächenspannung *f*; **surface-to-air** *adj attr missile* Boden-Luft-; **surface-to-surface** *adj attr missile* Boden-Boden-; **surface vessel** *n* Schiff *nt* (*im Gegensatz zu Unterseeboot*).

surfacing ['sɜːfɪsɪŋ] *n* **what did they use as ~ for the roads/walls?** was für ein Material wurde für den Straßenbelag/als Wandbelag verwendet?

surfboard ['sɜːfˌbɔːd] *n* Surfbrett *nt.*

surfeit ['sɜːfɪt] **I** *n* Übermaß, Zuviel *nt* (*of* an +*dat*). **II** *vt sb, oneself* übersättigen, überfüttern (*on, with* mit).

surfer ['sɜːfəʳ] *n* Surfer(in *f*), Wellenreiter(in *f*) *m.*

surfing ['sɜːfɪŋ], **surfriding** ['sɜːfˌraɪdɪŋ] *n* Surfen, Surfing, Wellenreiten *nt.*

surge [sɜːdʒ] **I** *n* (*of sea*) Wogen *nt*; (*of floodwater*) Schwall *m*; (*Elec*) Spannungsstoß *m.* **a ~ of people** eine wogende Menschenmenge; **there was a ~ of sympathy for him** es gab eine Sympathiewelle für ihn; **he felt a sudden ~ of rage** er fühlte, wie die Wut in ihm aufstieg.

II *vi* (*sea*) branden; (*floods, river*) anschwellen. **blood ~d into her face** ihr schoß das Blut ins Gesicht; **they ~d towards/(a)round him** sie drängten auf ihn zu, sie umdrängten ihn/sie wogten um ihn (*liter*); **people ~d in/out** eine Menschenmenge flutete herein/heraus; **to ~ ahead** vorpreschen.

surgeon ['sɜːdʒən] *n* Chirurg(in *f*) *m*; (*Mil*) Stabsarzt *m*/-ärztin *f*; (*Naut*) Marinearzt *m*/-ärztin *f.* **S~ General** (*Mil*) Sanitätsinspekteur *m*; (*US*) ≃ Gesundheitsminister(in *f*) *m*; *see* **dental, veterinary.**

surgery ['sɜːdʒərɪ] *n* **1.** Chirurgie *f.* **to have ~** operiert werden; **to need (heart) ~** (am Herzen) operiert werden müssen; **to undergo major heart ~** sich einer größeren Herzoperation unterziehen; **~ is the only solution** Operieren ist die einzige Lösung; **a fine piece of ~** eine großartige chirurgische Leistung.

2. (*Brit*) (*room*) Sprechzimmer *nt* ; (*consultation*) Sprechstunde *f.* **~ hours** Sprechstunden *pl.*

surgical ['sɜːdʒɪkəl] *adj treatment* operativ; *procedures, technique, instrument* chirurgisch; *training, skill* Chirurgen-, eines Chirurgen. **~ appliance** Stützapparat *m*; (*false limb*) Prothese *f*; **~ boot** orthopädischer Schuh; **~ spirit** Wundbenzin *nt*; **~ ward** chirurgische Station, Chirurgie *f* (*inf*).

surgically ['sɜːdʒɪkəlɪ] *adv treat, remove* operativ. **~, we have advanced a long way** wir haben in der Chirurgie große Fortschritte gemacht.

surging ['sɜːdʒɪŋ] *adj water, corn, crowd* wogend. **a ~ flood of emotion** eine Woge des Gefühls.

surliness ['sɜːlɪnɪs] *n* Verdrießlichkeit, Mißmutigkeit *f.*

surly ['sɜːlɪ] *adj* (+*er*) verdrießlich, mürrisch, mißmutig.

surmise ['sɜːmaɪz] **I** *n* Vermutung, Mutmaßung *f.* **II** [sɜː'maɪz] *vt* vermuten, mutmaßen.

surmount [sɜː'maʊnt] *vt* **1.** *difficulty, obstacle* überwinden. **2.** (*esp Archit, Her etc*) **~ed by sth** von *or* mit etw gekrönt.

surmountable [sɜː'maʊntəbl] *adj* überwindlich, zu überwinden.

surname ['sɜːneɪm] *n* Nachname, Familienname *m.* **what is his ~?** wie heißt er mit Nachnamen?

surpass [sɜː'pɑːs] **I** *vt* **1.** (*be better than*) übertreffen. **2.** (*exceed*) *comprehension* hinausgehen über (+*acc*). **II** *vr* sich selbst übertreffen.

surpassing [sɜː'pɑːsɪŋ] *adj* (*liter*) *beauty* unvergleichlich.

surplice ['sɜːpləs] *n* Chorrock *m*, Chorhemd *nt.*

surplus ['sɜːpləs] **I** *n* Überschuß *m* (*of* an +*dat*). **a balance of trade ~** ein Überschuß *m* in der Handelsbilanz.

II *adj* überschüssig; (*of countable objects*) überzählig. **~ value** Mehrwert *m*; **Army ~ goods** Stegwaren *pl*; **Army ~ anoraks** Anoraks *pl* aus Armeerestbeständen; **sale of ~ stock** Verkauf *m* von Lagerbeständen; **have you any ~ sheets I could borrow?** hast du Laken übrig, die ich mir borgen könnte?

surprise [sə'praɪz] **I** *n* Überraschung *f*. **in ~** voller Überraschung, überrascht; **much to my ~, to my great ~** zu meiner großen Überraschung; **with a look of ~** mit überraschtem Gesicht; **it was a ~ (for** *or* **to me) to find that ...** ich war überrascht, als ich entdeckte, daß ...; **what a ~!** was für eine Überraschung!; **to give sb a ~** jdn überraschen; **to take sb by ~** jdn überraschen; **~, ~!** (*iro*) was du nicht sagst!

II *attr attack, defeat, visit, decision* Überraschungs-; *parcel, gift, phone call* überraschend.

III *vt* überraschen; (*catch unawares also*) *army, sentry* überrumpeln; *thief* (auf frischer Tat) ertappen. **you ~ me!** (*also iro*) das überrascht mich!; **I was ~d to hear it** ich war überrascht, das zu hören; **I wouldn't be ~d if ...** es würde mich nicht wundern, wenn ...; **don't be ~d if he refuses** wundern Sie sich nicht, wenn er ablehnt; **I'm ~d at** *or* **by his ignorance** ich bin überrascht über seine Unkenntnis; **I'm ~d you didn't think of that** es wundert mich, daß du nicht daran gedacht hast; **go on, ~ me!** ich lass' mich überraschen!

surprising [sə'praɪzɪŋ] *adj* überraschend, erstaunlich. **it's hardly ~ he said no** es ist kaum verwunderlich, daß er nein gesagt hat.

surprisingly [sə'praɪzɪŋlɪ] *adv see adj*. **~ (enough), he was right** er hatte erstaunlicherweise recht; **and then ~ he left** und dann ist er zu unserer/ihrer *etc* Überraschung gegangen.

surreal [sə'rɪəl] *adj* unwirklich.

surrealism [sə'rɪəlɪzəm] *n* Surrealismus *m*.

surrealist [sə'rɪəlɪst] **I** *adj* surrealistisch. **II** *n* Surrealist(in *f*) *m*.

surrealistic [sə,rɪə'lɪstɪk] *adj* surrealistisch.

surrender [sə'rendəʳ] **I** *vi* sich ergeben (*to dat*); (*to police*) sich stellen (*to dat*).

II *vt* (*Mil*) übergeben; *goods, firearms also* ausliefern, herausgeben; *insurance policy* einlösen; *lease* kündigen; *claim, right, hope* aufgeben.

III *vr* **to ~ oneself to sth** sich einer Sache (*dat*) hingeben; *to fate* sich in etw (*acc*) ergeben.

IV *n* **1.** Kapitulation *f* (*to* vor +*dat*). **because of the gunman's quick ~** weil der Schütze sich so schnell ergab.

2. *see vt* Übergabe *f* (*to* an +*acc*); Auslieferung, Aushändigung *f* (*to* an +*acc*); Einlösen *nt*; Kündigung *f*; Aufgabe, Preisgabe *f*. **~ value** (*Insur*) Rückgabe- *or* Rückkaufswert *m*.

surreptitious [,sʌrəp'tɪʃəs] *adj* heimlich; *whisper, glance, kiss also* verstohlen.

surreptitiously [,sʌrəp'tɪʃəslɪ] *adv see adj*.

surrey ['sʌrɪ] *n* (*US*) zweisitzige Kutsche.

surrogate ['sʌrəgɪt] **I** *n* (*substitute*) Ersatz *m*, Surrogat *nt* (*geh*); (*Brit Eccl*) ≃ Weihbischof *m*. **II** *attr* Ersatz-; (*Eccl*) *bishop* ≃ Weih-. **~ mother** Leihmutter *f*; **~ motherhood** Leihmutterschaft *f*.

surround [sə'raʊnd] **I** *n* Umrandung *f*; (*floor round carpet*) Ränder *pl*. **II** *vt* umgeben; (*Mil*) umstellen, umzingeln.

surrounding [sə'raʊndɪŋ] *adj* umliegend. **in the ~ countryside** in der Umgebung *or* Umgegend; **in the ~ darkness** in der Dunkelheit, die mich/ihn *etc* umgab.

surroundings [sə'raʊndɪŋz] *npl* Umgebung *f*.

surtax ['sɜːtæks] *n* Steuerzuschlag *m*.

surveillance [sɜː'veɪləns] *n* Überwachung, Observation (*form*) *f*. **to be under ~** überwacht werden; **to keep sb under ~** jdn überwachen *or* observieren (*form*).

survey ['sɜːveɪ] **I** *n* **1.** (*Surv*) (*of land, coast*) Vermessung *f*; (*report*) (Vermessungs)gutachten *nt*; (*of house*) Begutachtung *f*; (*report*) Gutachten *nt*. **they are doing a ~ for a new motorway** sie machen die Vermessungsarbeiten für eine neue Autobahn; **to have a ~ done on a house** ein Gutachten über ein Haus erstellen lassen.

2. (*comprehensive look, review*) (*of surroundings, countryside*) Musterung *f* (*of gen*), Überblick *m* (*of* über +*acc*); (*of subject, development*) Überblick *m*.

3. (*inquiry*) Untersuchung *f* (*of, on* über +*acc*); (*by opinion poll etc*) Umfrage *f* (*of, on* über +*acc*).

II [sɜː'veɪ] *vt* **1.** (*look at*) *countryside, person, prospects, plans* betrachten, sich (*dat*) ansehen; (*appraisingly also*) begutachten; *person, goods* mustern.

2. (*study*) *prospects, developments* untersuchen; *institutions* einer Prüfung (*gen*) unterziehen; (*take general view of*) *events, trends* einen Überblick geben über (+*acc*).

3. (*Surv*) *site, land* vermessen; *building* inspizieren.

surveying [sɜː'veɪɪŋ] *n* **1.** *see vt 3*. Vermessung *f*; Inspektion *f*. **2.** (*profession*) Landvermessung *f*; (*of buildings*) Inspektion *f* von Gebäuden.

surveyor [sə'veɪəʳ] *n* (*land ~*) Landvermesser(in *f*) *m*; (*building ~*) Bauinspektor(in *f*), Baugutachter(in *f*) *m*.

survival [sə'vaɪvəl] *n* **1.** Überleben *nt*; (*of species also*) Fortbestand *m*; (*of customs, usages*) Weiterleben *nt*. **the ~ of the fittest** das Überleben der Bestangepaßten; **his ~ as prime minister seems unlikely** es ist unwahrscheinlich, daß er sich als Premierminister halten kann; **~ bag** Expeditionsschlafsack *m*; **~ kit** Überlebensausrüstung *f*.

2. (*relic*) Überbleibsel *nt* (*of, from* aus).

survivalist [sə'vaɪvəlɪst] **I** *n* Überlebenskünstler(in *f*) *m*. **II** *adj attr* Überlebens-.

survive [sə'vaɪv] **I** *vi* (*person, animal*) überleben, am Leben bleiben; (*in job*) sich halten (können); (*house, treasures, book, play*) erhalten bleiben; (*custom, religion*) weiterleben, fortbestehen. **only five copies ~** *or* **have ~d** nur fünf Exemplare sind erhalten; **you'll ~** (*iro*) das wirst du schon überleben!

II *vt* überleben; (*house, objects*) *fire, flood* überstehen; (*inf*) *heat, boredom* aushalten. **to ~ the ages** die Jahrhunderte überdauern.

survivor [sə'vaɪvəʳ] *n* Überlebende(r) *mf*; (*Jur*) Hinterbliebene(r) *mf*. **he's a ~** (*fig: in politics, business*) er ist ein Überlebenskünstler.

susceptibility [səˌseptə'bɪlɪtɪ] *n* **1.** *no pl see adj 1*. Beeindruckbarkeit *f*. **~ to sth** Empfänglichkeit *f* für etw; Ausgesetztsein *nt* gegenüber etw; Anfälligkeit *f* für etw; **their ~ to trickery** ihre Gutgläubigkeit; **~ to pain/treatment** Schmerzempfindlichkeit *f*/Behandelbarkeit *f*; **~ to unkind remarks** Empfindlichkeit *f* in bezug auf unfreundliche Bemerkungen; **his ~ to her tears/pleas** daß er sich durch ihre Tränen/Bitten erweichen läßt/ließ.

2. susceptibilities *pl* (*sensibilities*) Feingefühl *nt*.

susceptible [sə'septəbl] *adj* **1.** (*impressionable*) beeindruckbar, leicht zu beeindrucken *pred*. **~ to sth** *to charms, flattery* für etw empfänglich; *to kindness, suggestion, influence* einer Sache (*dat*) zugänglich; *to attack* einer Sache (*dat*) ausgesetzt; *to rheumatism, colds* für etw anfällig; **to be ~ to trickery** sich leicht täuschen lassen, gutgläubig sein; **~ to pain/treatment** schmerzempfindlich/behandelbar; **he's very ~ to remarks about his big nose** er reagiert sehr empfindlich auf Anspielungen auf seine große Nase; **he was ~ to her tears/pleas** er ließ sich von ihren Tränen/Bitten erweichen.

2. (*form*) **to be ~ of proof/corroboration/change** beweisbar/untermauerbar/änderbar sein.

suspect ['sʌspekt] **I** *adj* verdächtig, suspekt.

II *n* Verdächtige(r) *mf*.

III [sə'spekt] *vt* **1.** *person* verdächtigen (*of sth* einer Sache *gen*), in Verdacht haben; *plot, swindle* vermuten, ahnen, argwöhnen (*geh*). **I ~ her of having stolen it** ich habe sie im Verdacht *or* ich verdächtige sie, es gestohlen zu haben; **he is ~ed of being a member of this sect, he is a ~ed member of this sect** er steht im Verdacht *or* man verdächtigt ihn, Mitglied dieser Sekte zu sein; **the ~ed bank robber/terrorist** der mutmaßliche Bankräuber/Terrorist; **he ~s nothing** er ahnt nichts.

2. (*doubt*) *truth* bezweifeln, anzweifeln; *motive* argwöhnisch sein gegenüber.

3. (*think likely*) vermuten. **I ~ed as much** das habe ich doch vermutet *or* geahnt, das habe ich mir doch gedacht; **a ~ed case of measles, a case of ~ed measles** ein Fall, bei dem Verdacht auf Masern besteht.

IV [sə'spekt] *vi* einen Verdacht haben.

suspend [sə'spend] *vt* **1.** (*hang*) (auf)hängen (*from* an *+dat*); (*Chem*) suspendieren. **to be ~ed in sth** in etw (*dat*) hängen; in etw (*dat*) suspendiert sein; **to hang ~ed from sth/in sth** von/in etw (*dat*) hängen.

2. (*stop, defer*) *publication, payment* (zeitweilig) einstellen; *judgement* aufschieben, aussetzen; *sentence* zur Bewährung aussetzen.

3. *person* suspendieren; *member, pupil, student* zeitweilig ausschließen; (*Sport*) sperren; *licence* zeitweilig einziehen; *law, privileges* aussetzen.

suspender [sə'spendəʳ] *n usu pl* **1.** (*Brit*) (*for stockings*) Strumpfhalter, Straps *m*; (*for socks*) Sockenhalter *m*. **~ belt** Strumpf(halter)gürtel *m*. **2.** (*US*) **~s** *pl* Hosenträger *pl*.

suspense [sə'spens] *n* (*in book, film*) Spannung *f*. **the ~ is killing me** ich bin gespannt wie ein Regenschirm (*hum inf*); **to keep sb in ~** jdn in Spannung halten, jdn auf die Folter spannen (*inf*); **to wait in ~** gespannt *or* voller Spannung warten.

suspense account *n* Interimskonto *nt*.

suspension [sə'spenʃən] *n* **1.** *see* **suspend 2.** zeitweilige Einstellung; Aufschub *m*, Aussetzung *f*; Aussetzung *f* (zur Bewährung).

2. *see* **suspend 3.** Suspendierung *f*; zeitweiliger Ausschluß; Sperrung *f*; zeitweiliger Einzug; Aussetzen *nt*.

3. (*Aut*) Federung *f*; (*of wheels*) Aufhängung *f*.

4. (*Chem*) Suspension *f*.

5. (*Mus*) **to be in ~** suspendiert sein, gehalten werden.

suspension bridge *n* Hängebrücke *f*; **suspension file** *n* Hängemappe *f*; **suspension point** *n* (*Typ*) Auslassungspunkt *m*.

suspensory [sə'spensərɪ] *adj ligament, muscle* Aufhänge-; *bandage* Schlingen-.

suspicion [sə'spɪʃən] *n* **1.** Verdacht, Argwohn (*geh*) *m no pl*. **to arouse sb's ~s** jds Verdacht *or* Argwohn (*geh*) erregen; **I have a ~ that ...** ich habe den Verdacht *or* das Gefühl, daß ...; **to have one's ~s about sth** seine Zweifel bezüglich einer Sache (*gen*) haben; **I was right in my ~s** mein Verdacht hat sich bestätigt; **to be above (all)/under ~** über jeden Verdacht erhaben sein/unter Verdacht stehen; **to arrest sb on ~/on ~ of murder** jdn wegen Tatverdachts/Mordverdachts festnehmen; **~ fell on him** der Verdacht fiel auf ihn; **to view sb/sth with ~** jdn/etw argwöhnisch *or* mißtrauisch betrachten.

2. (*trace, touch*) Hauch *m*, Spur *f*.

suspicious [sə'spɪʃəs] *adj* **1.** (*feeling suspicion*) argwöhnisch, mißtrauisch (*of* gegenüber). **you have a ~ mind** Sie sind aber mißtrauisch; **to be ~ about sth** etw mit Mißtrauen betrachten. **2.** (*causing suspicion*) verdächtig; *actions also* verdachterregend *attr*.

suspiciously [sə'spɪʃəslɪ] *adv see adj* **1.** argwöhnisch, mißtrauisch. **2.** verdächtig. **it looks ~ like measles to me** das sieht mir verdächtig nach Masern aus.

suspiciousness [sə'spɪʃəsnɪs] *n see adj* **1.** Verdacht, Argwohn (*geh*) *m*. **2.** Verdächtigkeit *f*.

suss [sʌs] *vt* (*Brit inf*) **1.** (*suspect*) *plan* kommen hinter (*+acc*) (*inf*).

2. to ~ sb out jdm auf den Zahn fühlen (*inf*); **I can't ~ him out** bei ihm blikke ich nicht durch (*inf*); **I've got him**

~ed (out) ich habe ihn durchschaut; to ~ sth out etw herausbekommen; to ~ things out die Lage peilen (*inf*).

sustain [sə'steɪn] *vt* 1. (*support*) *load, weight* aushalten, tragen; *life* erhalten; *family* unterhalten; *charity* unterstützen; (*nourish*) *body* bei Kräften halten. **not enough to ~ life** nicht genug zum Leben; **his support ~ed her in her hour of need** seine Hilfe gab ihr Kraft in der Stunde der Not (*liter*).

2. (*keep going, maintain*) *pretence, argument, theory* aufrechterhalten; *effort also* nicht nachlassen in (+*dat*); (*Mus*) *note* (aus)halten; (*Theat*) *accent, characterization* durchhalten; (*Jur*) *objection* stattgeben (+*dat*).

3. *injury, damage, loss* erleiden. **to ~ an attack** angegriffen werden.

sustainable [sə'steɪnəbl] *adj* aufrechtzuerhalten(d *attr*) *pred*. **to be ~** aufrechtzuerhalten sein.

sustainable development *n* nachhaltige Entwicklung *f*.

sustained [sə'steɪnd] *adj effort* ausdauernd; *applause also* anhaltend; (*Mus*) *note* (aus)gehalten.

sustaining [sə'steɪnɪŋ] *adj food* nahrhaft, kräftig. **~ pedal** (*Mus*) Fortepedal *nt*; **~ program** (*US Rad, TV*) nichtkommerzielle Sendung.

sustenance ['sʌstɪnəns] *n* (*food and drink*) Nahrung *f*; (*nutritive quality*) Nährwert *m*. **to get one's ~ from sth** sich von etw ernähren.

suture ['suːtʃəʳ] (*Med*) I *n* Naht *f*. II *vt* (ver)nähen.

svelte [svelt] *adj* (*slender*) grazil; (*sophisticated*) vornehm, elegant.

SW *abbr of* 1. **South-West** SW. 2. **short wave** KW.

swab [swɒb] I *n* 1. (*Med*) Tupfer *m*; (*specimen*) Abstrich *m*. **to take a ~** einen Abstrich machen. 2. (*Naut*) Mop *m*. II *vt* 1. (*Med*) *wound etc* (ab)tupfen. 2. (*Naut: also* **~ down**) wischen.

Swabia ['sweɪbɪə] *n* Schwaben *nt*.

Swabian ['sweɪbɪən] I *adj* schwäbisch. II *n* Schwabe *m*, Schwäbin *f*; (*dialect*) Schwäbisch *nt*.

swaddle ['swɒdl] *vt baby* wickeln (*in* in +*acc*). **swaddling clothes** (*esp Bibl*) Windeln *pl*.

swag [swæg] *n* (*inf*) Beute *f*.

swagger ['swægəʳ] I *n* (*gait*) Stolzieren *nt*; (*behaviour*) Angeberei, Großtuerei *f*. **to walk with a ~** stolzieren.

II *vi* 1. stolzieren. 2. (*boast, act boastfully*) angeben.

swaggering ['swægərɪŋ] I *adj* 1. *gait, manner* forsch. 2. (*boastful*) großtuerisch, angeberisch. II *n* Großtuerei, Angeberei *f*. **his ~ about** sein Herumstolzieren *nt*.

swagger-stick ['swægə'stɪk] *n* Offiziersstöckchen *nt*.

swain [sweɪn] *n* (*old*) (*suitor*) Freier *m*; (*lad*) Bursch(e) *m*.

swallow[1] ['swɒləʊ] I *n* Schluck *m*. **after several ~s** nachdem er *etc* ein paarmal geschluckt hatte.

II *vt food, drink* (hinunter)schlucken; (*fig*) *story, evidence, insult* schlucken. **to ~ one's pride** seinen Stolz schlucken; **to ~ sth whole** (*fig*) etw ohne weiteres schlucken; **that's a bit hard to ~** das glaubt ja kein Mensch (*inf*); **to ~ one's words** (*speak indistinctly*) seine Worte verschlucken; (*remain silent*) hinunterschlucken, was er/sie *etc* sagen wollte; (*retract*) seine Worte zurücknehmen.

III *vi* schlucken. **to ~ hard** (*fig*) kräftig schlucken.

◆**swallow down** *vt sep* hinunterschlukken.

◆**swallow up** *vt sep* (*fig*) verschlingen. **the mist/darkness seemed to ~ them ~** der Nebel/die Dunkelheit schien sie zu verschlucken; **I wished the ground would open and ~ me ~** ich könnte vor Scham in den Boden versinken.

swallow[2] *n* (*bird*) Schwalbe *f*. **one ~ doesn't make a summer** (*Prov*) eine Schwalbe macht noch keinen Sommer (*Prov*).

swallow-dive *n* Schwalbensprung *m*; **swallow-tail** *n* (*butterfly*) Schwalbenschwanz *m*.

swam [swæm] *pret of* **swim**.

swamp [swɒmp] I *n* Sumpf *m*. II *vt* unter Wasser setzen, überschwemmen; (*fig: overwhelm*) überschwemmen.

swamp buggy *n* Sumpffahrzeug *nt*; **swamp fever** *n* Sumpffieber *nt*; **swampland** *n* Sumpf(land *nt*) *m*.

swampy ['swɒmpɪ] *adj* (+*er*) sumpfig. **to become ~** versumpfen.

swan [swɒn] I *n* Schwan *m*. **~-dive** (*US*) Schwalbensprung *m*. II *vi* (*inf*) **to ~ off** abziehen (*inf*); **to ~ around New York** in New York herumziehen (*inf*).

swank [swæŋk] (*inf*) I *n* 1. (*boastfulness*) Angabe, Protzerei (*inf*) *f*; (*ostentation also*) Schau *f* (*inf*). 2. (*person*) Angeber(in *f*) *m*. II *vi* angeben (*about* mit).

swanky ['swæŋkɪ] *adj* (+*er*) (*inf*) *manner, words* großspurig; *car etc* protzig (*inf*).

swannery ['swɒnərɪ] *n* Schwanenteich *m*.

swansdown ['swɒnzˌdaʊn] *n* (*feathers*) Schwanendaunen *pl*; (*fabric*) *wolliges Material*.

swansong *n* (*fig*) Schwanengesang *m*.

swap [swɒp] I *n* Tausch, Tauschhandel *m*. **to do a ~ (with sb)** (mit jdm) tauschen.

II *vt stamps, cars, houses* tauschen; *stories, reminiscences* austauschen. **to ~ sth for sth** etw für etw eintauschen; **to ~ places with sb** mit jdm tauschen.

III *vi* tauschen.

SWAPO ['swɑːpəʊ] *n abbr of* **South West Africa People's Organization** SWAPO *f*.

sward [swɔːd] *n* (*obs, poet*) Rasen *m*.

swarm [swɔːm] I *n* (*of insects, birds*) Schwarm *m*; (*of people also*) Schar *f*.

II *vi* (*bees, flies, people*) schwärmen. **the place was ~ing with insects/people** es wimmelte von Insekten/Leuten; **tourists were ~ing everywhere** es wimmelte überall von Touristen.

◆**swarm up** *vi* +*prep obj* hinauf- *or* hochklettern.

swarthiness ['swɔːðɪnɪs] *n* (*of skin*) Dunkelheit *f*; (*of person also*) Dunkelhäutigkeit *f*, dunkle Farbe.

swarthy ['swɔːðɪ] *adj* (+*er*) *skin* dunkel; *person also* dunkelhäutig.
swash [swɒʃ] *vti* schwappen.
swashbuckler ['swɒʃˌbʌklə^r] *n* verwegener Kerl.
swashbuckling ['swɒʃˌbʌklɪŋ] *adj person, manner* verwegen.
swastika ['swɒstɪkə] *n* (*NS*) Hakenkreuz *nt*; (*religious symbol also*) Swastika *f*.
swat [swɒt] **I** *vt fly* totschlagen; *table* schlagen auf (+*acc*). **II** *vi* **to ~ at a fly** nach einer Fliege schlagen. **III** *n* **1.** (*blow*) Schlag *m*. **2.** (*fly* ~) Fliegenklatsche *f*.
swatch [swɒtʃ] *n* (Textil)muster *nt*; (*collection of samples*) Musterbuch *nt*.
swath [swɔːθ], **swathe** [sweɪð] *n* Schwade *f*. **to cut a ~ through sth** eine Bahn durch etw schneiden.
swathe [sweɪð] *vt* wickeln (*in* in +*acc*); (*in bandages also*) umwickeln (*in* mit). **to ~ oneself in sth** sich in etw (*acc*) einwickeln *or* einhüllen, etw um sich wikkeln.
swatter ['swɒtə^r] *n* (*fly* ~) Fliegenklatsche *f*.
sway [sweɪ] **I** *n* **1.** (*movement*) *see vi* Sichwiegen *nt*; Schwingen *nt*; Schwanken *nt*;Schaukeln *nt*; Wackeln *nt*; Schwenken *nt*. **the graceful ~ of the dancer's body** das anmutige Wiegen der Tänzerin.
2. (*influence, rule*) Macht *f* (*over* über +*acc*). **to bring sb/a people under one's ~** jdn seinem Willen/ein Volk seiner Macht unterwerfen; **to hold ~ over sb/a nation** jdn/ein Volk in seiner Macht haben.
II *vi* (*trees*) sich wiegen; (*hanging object*) schwingen; (*building, mast, bridge, unsteady person*) schwanken; (*train, boat*) schaukeln; (*hips*) wackeln; (*fig*) schwenken. **the ladder ~ed away from the wall** die Leiter bewegte sich von der Mauer weg; **she ~s as she walks** sie hat einen wiegenden Gang; **to ~ between two alternatives** zwischen zwei Alternativen schwanken.
III *vt* **1.** schwenken; (*wind*) hin und her bewegen. **2.** (*influence*) beeinflussen; (*change sb's mind*) umstimmen.
swear [swɛə^r] (*vb: pret* **swore,** *ptp* **sworn**) **I** *vt* **1.** *allegiance, love, revenge* schwören; *oath also* leisten, ablegen. **I ~ it!** ich kann das beschwören!
2. (*Jur*) *witness, jury* vereidigen. **to ~ sb to secrecy** jdn schwören lassen, daß er nichts verrät.
II *vi* **1.** (*use solemn oath*) schwören. **to ~ on the Bible** auf die Bibel schwören; **to ~ to sth** etw beschwören; **to ~ blind that ...** (*inf*) Stein und Bein schwören, daß ... (*inf*).
2. (*use swearwords*) fluchen (*about* über +*acc*). **to ~ at sb/sth** jdn/etw beschimpfen.
III *n* **to have a (good) ~** (tüchtig) fluchen.
◆**swear by** *vi* +*prep obj* (*inf*) schwören auf (+*acc*).
◆**swear in** *vt sep* vereidigen.
◆**swear off** *vi* +*prep obj* (*inf*) abschwören (+*dat*).
swearing ['swɛərɪŋ] *n* Fluchen *nt*.
swearing-in [ˌswɛərɪŋ'ɪn] *n* Vereidigung *f*.
swearword ['swɛəˌwɜːd] *n* Fluch, Kraftausdruck *m*.
sweat [swet] **I** *n* **1.** Schweiß *m no pl*; (*on walls*) (Kondens)wasser *nt*. **drops/beads of ~** Schweißtropfen *pl*/-perlen *pl*; **his face was running with ~** der Schweiß rann ihm von der Stirn; **all of a ~** schweißgebadet; **by the ~ of one's brow** (*fig*) im Schweiße seines Angesichts (*liter*); **to be in a ~** (*lit, fig*) schwitzen; **to get into a ~ about sth** (*fig*) wegen etw ins Schwitzen geraten *or* kommen; **no ~** (*inf*) kein Problem.
2. (*inf: work*) **what a ~ that was!** das war eine Heidenarbeit! (*inf*); **that's too much ~ for me** das ist mir zu anstrengend.
II *vi* (*person, animal, wall*) schwitzen (*with* vor +*dat*); (*fig inf*) (*work hard*) sich abrackern (*inf*) (*over* mit); (*worry*) zittern, schwitzen (*inf*) (*with* vor +*dat*).
III *vt horse, athlete* schwitzen lassen; (*pej*) *worker* für einen Hungerlohn arbeiten lassen; *recruit* schleifen (*inf*). **to ~ blood** (*with worry*) Blut und Wasser schwitzen; (*with effort, work*) sich abrackern (*inf*).
◆**sweat out** *vt sep* **1.** *illness, fever* herausschwitzen. **2. to ~ it ~** (*fig inf*) durchhalten; (*sit and wait*) abwarten.
sweatband ['swetˌbænd] *n* Schweißband *nt*.
sweated ['swetɪd] *adj worker* völlig unterbezahlt, ausgebeutet; *goods* für einen Hungerlohn hergestellt. **~ labour** billige Arbeitskräfte *pl*.
sweater ['swetə^r] *n* Pullover *m*.
sweat gland *n* Schweißdrüse *f*; **sweatshirt** *n* Sweatshirt *nt*; (*Sport*) Trainingspullover *m*; **sweatshop** *n* (*pej, hum inf*) Ausbeuterbetrieb *m* (*pej*).
sweaty ['swetɪ] *adj* (+*er*) *hands* schweißig; *feet, smell also* Schweiß-; *brow* schweißbedeckt; *body, person, socks* verschwitzt; *weather, day, work* zum Schwitzen. **digging is ~ work** beim Graben kommt man leicht ins Schwitzen; **to have a ~ smell** nach Schweiß riechen.
swede [swiːd] *n* (*Brit*) Kohlrübe, Steckrübe *f*.
Swede [swiːd] *n* Schwede *m*, Schwedin *f*.
Sweden ['swiːdn] *n* Schweden *nt*.
Swedish ['swiːdɪʃ] **I** *adj* schwedisch. **II** *n* Schwedisch *nt*.
sweep [swiːp] (*vb: pret, ptp* **swept**) **I** *n* **1. to give the floor a ~** den Boden kehren *or* fegen.
2. (*chimney* ~) Schornsteinfeger *m*.
3. (*of arm, pendulum*) Schwung *m*; (*of sword also*) Streich *m*; (*of dress*) Rauschen *nt no pl*; (*of oars*) Durchziehen *nt no pl*; (*of light, radar*) Strahl *m*. **at** *or* **in one ~** (*fig*) auf einen Schwung; **the police made a ~ of the district** die Polizei hat die Gegend abgesucht; **to make a clean ~** (*fig*) gründlich aufräumen *or* Ordnung schaffen; **the Russians made a clean ~ of the athletic events** die

Russen haben beim Leichtathletikkampf tüchtig abgeräumt (*inf*).

4. (*range*) Bereich *m*; (*of gun also*) Schußbereich *m*.

5. (*curve, line*) (*of road, river*) Bogen *m*; (*of facade, contour, hair*) Schwung *m*. **the ~ of the plains** die Weite der Ebene.

6. *see* **sweepstake.**

II *vt* **1.** *floor, street, chimney* kehren, fegen; *room also* auskehren, ausfegen; *dust, snow* wegfegen. **to ~ a passage through the snow** einen Weg durch den Schnee bahnen; **to ~ sth under the carpet** (*fig*) etw unter den Teppich kehren.

2. (*scan, move searchingly over*) absuchen (*for* nach); (*lights also, bullets*) streichen über (+*acc*); *minefield, sea* durchkämmen; *mines* räumen. **to ~ a channel clear of mines** einen Kanal von Minen säubern.

3. (*move quickly over*) (*wind, skirt*) fegen über (+*acc*); (*waves*) *deck, sand* überrollen, überschwemmen; (*glance*) gleiten über (+*acc*); (*fig*) (*wave of protest, violence, fashion*) überrollen; (*disease*) um sich greifen in (+*dat*).

4. (*remove with ~ing movement*) (*wave*) spülen, schwemmen; (*current*) reißen; (*wind*) fegen; *person* reißen. **to ~ sth off the table/onto the floor/into a bag** etw vom Tisch/zu Boden fegen/etw in eine Tasche raffen; **the crowd swept him into the square** er wurde von der Menge zum Platz hin mitgerissen; **he swept the obstacles from his path** er stieß die Hindernisse aus dem Weg; **the army swept the enemy before them** die Armee jagte die feindlichen Truppen vor sich her.

5. (*triumph*) große Triumphe feiern in (+*dat*). **to ~ the polls** (*Pol*) die Wahlen haushoch gewinnen; **to ~ all before one** (*fig*) alle in die Tasche stecken (*inf*); **to ~ the board** (*fig*) alle Preise/Medaillen gewinnen, abräumen (*inf*).

III *vi* **1.** (*with broom*) kehren, fegen.

2. (*move*) (*person*) rauschen; (*vehicle, plane*) (*quickly*) schießen; (*majestically*) gleiten; (*skier*) fegen; (*road, river*) in weitem Bogen führen. **panic/the disease swept through Europe** Panik/die Krankheit griff in Europa um sich *or* breitete sich in Europa aus; **the tornado swept across the fields** der Wirbelsturm fegte über die Felder.

◆**sweep along I** *vi* dahin- *or* entlangrauschen; (*majestically*) dahin- *or* entlanggleiten. **II** *vt sep* (*lit, fig*) mitreißen.

◆**sweep aside** *vt sep* (*lit, fig*) wegfegen, beiseite fegen.

◆**sweep away I** *vi see* **sweep off. II** *vt sep dust, leaves* wegfegen; (*storm also, avalanche*) wegreißen; (*flood*) wegspülen, wegschwemmen; (*fig*) *old laws* aufräumen mit; *work, accomplishments* zunichte machen.

◆**sweep down I** *vi* hinunter-/herunterrauschen; (*car, plane*) hinunter-/herunterschießen; (*majestically*) hinunter-/heruntergleiten; (*road, hill*) in sanftem Bogen abfallen. **to ~ ~ on sb** sich auf jdn stürzen, über jdn herfallen.

II *vt sep* abkehren, abfegen.

◆**sweep off I** *vi* davonrauschen; (*car, plane*) davonschießen; (*majestically*) davongleiten; (*skier*) davonfegen.

II *vt sep vase, clock* hinunter-/herunterfegen. **to ~ sb ~ somewhere** jdn irgendwohin entführen; **the children were swept ~ to bed** die Kinder wurden schleunigst ins Bett gesteckt (*inf*) *or* geschickt; **to ~ sb ~ his/her feet** (*lit*) jdn umreißen; (*fig*) *audience* jdn begeistern; **he swept her ~ her feet** sie hat sich Hals über Kopf in ihn verliebt (*inf*).

◆**sweep out I** *vi* hinaus-/herausrauschen; (*car*) hinaus-/herausschießen; (*majestically*) hinaus-/herausgleiten. **to ~ ~ of a room** aus einem Zimmer rauschen. **II** *vt sep room* auskehren, ausfegen; *dust* hinaus-/herauskehren *or* -fegen.

◆**sweep up I** *vi* **1.** (*with broom*) zusammenkehren *or* -fegen. **to ~ ~ after sb** hinter jdm herfegen.

2. (*move*) **he swept ~ to me** er rauschte auf mich zu; **the car swept ~ to the house** der Wagen rollte aufs Haus zu; **she swept ~ in a Rolls Royce** sie rollte in einem Rolls Royce vor; **a broad driveway ~s ~ to the manor** ein breiter Zufahrtsweg schwingt sich zum Herrenhaus hinauf.

II *vt sep* zusammenkehren *or* -fegen; (*collect up*) *objects* zusammenraffen; *person* hochreißen; *hair* hochbinden.

sweepback ['swi:pˌbæk] *n* (*Aviat*) Pfeilform *f*.

sweeper ['swi:pəʳ] *n* **1.** (*road ~*) Straßenkehrer(in *f*) *or* -feger(in *f*) *m*; (*machine*) Kehrmaschine *f*; (*carpet ~*) Teppichkehrer *m*. **2.** (*Ftbl*) Ausputzer *m*.

sweep hand *n* Sekundenzeiger *m*.

sweeping ['swi:pɪŋ] *adj* **1.** *gesture* weit ausholend; *stroke also* mächtig; *bow, curtsey, lines* schwungvoll; *glance* streifend.

2. (*fig*) *change, reduction* radikal, drastisch; *statement* pauschal; *victory* überragend, glänzend.

sweepingly ['swi:pɪŋlɪ] *adv gesture* schwungvoll; *speak* verallgemeinernd; *condemn* in Bausch und Bogen.

sweepings ['swi:pɪŋz] *npl* Kehricht, Dreck *m*; (*fig: of society*) Abschaum *m* (*pej*).

sweepstake ['swi:pˌsteɪk] *n* (*race*) *Rennen nt, in dem die Pferdebesitzer alle Einsätze machen*; (*prize*) *aus allen Einsätzen gebildeter Preis*; (*lottery*) *Wette, bei der die Preise aus den Einsätzen gebildet werden*.

sweet [swi:t] **I** *adj* (+*er*) **1.** süß. **to like ~ things** gern Süßes essen; **to have a ~ tooth** gern Süßes essen, naschhaft sein.

2. (*fresh*) *food, water* frisch; *soil* nicht sauer; (*fragrant*) *smell* süß.

3. (*fig*) süß; (*kind also*) lieb. **that's very ~ of you** das ist sehr lieb von dir; **to be ~ on sb** (*dated inf*) in jdn vernarrt sein; **to keep sb ~** (*inf*) jdn bei Laune halten; **success was doubly ~ to him** er genoß den Erfolg doppelt; **once he caught the ~ smell of success** als erst der Erfolg lockte; **in his own ~ way** (*iro*) auf seine unübertroffene Art; **~ Fanny Adams** *or* **FA** (*sl*) nix (*inf*), nicht die Bohne (*sl*).

4. (*fig*) *music* sanft.

II *n* **1.** (*Brit: candy*) Bonbon *nt*.

2. (*Brit: dessert*) Nachtisch *m*, Dessert *nt*. **for ~** zum *or* als Nachtisch *or* Dessert.

3. yes, (my) ~ (*inf*) ja, (mein) Schätzchen *or* Liebling.

4. ~s *pl* (*fig: pleasures*) Freuden *pl*; **once he had tasted the ~s of success** nachdem er einmal erfahren hatte, wie süß der Erfolg sein kann.

sweet-and-sour *adj* süßsauer; **sweetbread** *n* Bries *nt*; **sweet-brier** *n* Weinrose *f*; **sweet chestnut** *n* Edelkastanie *f*; **sweetcorn** *n* Mais *m*.

sweeten ['swi:tn] **I** *vt coffee, sauce* süßen; *air, breath* reinigen; (*fig*) *temper* bessern; *task* versüßen. **to ~ sb** (*inf*) jdn gnädig stimmen; (*sl: bribe*) jdn schmieren (*inf*). **II** *vi* (*temper*) sich bessern; (*person*) gute Laune bekommen.

sweetener ['swi:tnə^r] *n* (*Cook*) Süßungsmittel *nt*; (*artificial*) Süßstoff *m*; (*inf: to make sth more acceptable*) Anreiz *m*; (*sl: bribe*) Schmiergeld *nt* (*inf*).

sweetening ['swi:tnıŋ] *n* (*Cook*) Süßungsmittel *nt*; (*artificial*) Süßstoff *m*.

sweetheart ['swi:t,hɑ:t] *n* Schatz *m*, Liebste(r) *mf*.

sweetie ['swi:tı] *n* **1.** (*inf: also* **~-pie**) **yes, ~** ja, Schatzi (*inf*) *or* Süße(r); **she's/he's a ~** sie/er ist ein Engel *or* ist süß (*inf*). **2.** (*baby-talk, Scot: candy*) Bonbon *m*.

sweetish ['swi:tıʃ] *adj taste, smell* süßlich.

sweetly ['swi:tlı] *adv sing, play* süß; *smile also, answer* lieb. **the engine was running ~** der Motor ist prächtig gelaufen.

sweetmeat *n* (*old*) Leckerei *f*; **sweet-natured** *adj* lieb.

sweetness ['swi:tnıs] *n* (*lit*) Süßigkeit, Süße *f*; (*fig*) Süße *f*; (*of smile, nature*) Liebenswürdigkeit *f*; (*of person*) liebe Art; (*freshness*) (*of food, water*) Frische *f*; (*of air, breath*) Reinheit, Frische *f*. **now all is ~ and light** (*usu iro*) nun herrscht eitel Freude und Sonnenschein.

sweet pea *n* Gartenwicke *f*; **sweet potato** *n* Süßkartoffel, Batate *f*; **sweet-scented** *adj* süß duftend; **sweet shop** *n* (*Brit*) Süßwarenladen *m or* -geschäft *nt*; **sweet-smelling** *adj* süß riechend; **sweet-talk** (*inf*) **I** *n* süße Worte *pl*; **II** *vt* **to ~ sb into doing sth** jdn mit süßen Worten dazu bringen, etw zu tun; **sweet-tempered** *adj* verträglich; **sweet william** *n* Bartnelke *f*.

swell [swel] (*vb: pret* **~ed,** *ptp* **swollen** *or* **~ed**) **I** *n* **1.** (*of sea*) Wogen *nt no pl*; (*wave*) Woge *f*. **there was a heavy ~** es herrschte hoher Seegang *or* schwere See.

2. (*dated inf*) (*stylish person*) feine Dame, feiner Herr; (*important person*) hohes Tier; (*of high society*) Größe *f*.

3. (*Mus*) (*sound*) Crescendo *nt* mit gleich anschließendem Decrescendo; (*control, knob*) Schweller *m*; (*mechanism*) Schwellwerk *nt*.

II *adj* (*inf*) **1.** (*dated: stylish*) fein, vornehm; *house, restaurant also* nobel (*inf*).

2. (*esp US: excellent*) klasse (*inf*), prima (*inf*).

III *vt ankle, river, sound* anschwellen lassen; *stomach* (auf)blähen; *wood* (auf)quellen; *sail* blähen; *numbers, population* anwachsen lassen; *sales* steigern. **to be swollen with pride/rage** stolzgeschwellt sein/vor Wut (beinahe) platzen; **your praise will only ~ her head** dein Lob wird ihr nur zu Kopf steigen.

IV *vi* **1.** (*ankle, arm, eye: also* **~ up**) (an)schwellen; (*balloon, air bed, tyre*) sich füllen. **to ~ (up) with rage/pride** vor Wut rot anlaufen/vor Stolz anschwellen; **the childrens' bellies had swollen with hunger** die Bäuche der Kinder waren vom Hunger (auf)gebläht.

2. (*river, lake, sound*) anschwellen; (*cheers also*) anwachsen; (*sails: also* **~ out**) sich blähen; (*wood*) quellen; (*in size, number: population, debt*) anwachsen. **to ~ into a crowd** sich zu einer Menschenmenge auswachsen; **the cheers ~ed to a roar** der Jubel schwoll zu einem Begeisterungssturm an; *see also* **swollen.**

swell-box ['swel,bɒks] *n* (*Mus*) Schwellwerk *nt*.

swellhead ['swel,hed] *n* (*esp US inf*) aufgeblasener Typ (*inf*).

swell-headed ['swel,hedıd] *adj* (*inf*) aufgeblasen (*inf*).

swelling ['swelıŋ] **I** *n* **1.** Verdickung *f*; (*Med*) Schwellung *f*.

2. (*act*) *see vi* Anschwellen *nt*; Anwachsen *nt*; Blähen *nt*; Quellen *nt*.

II *adj attr ankle etc* (an)schwellend; *sails* gebläht; *sound* anschwellend; *numbers* steigend, anwachsend, zunehmend; *line, curve* geschwungen. **the ~ curve of her bosom** die Wölbung ihrer Brüste.

swelter ['sweltə^r] *vi* (vor Hitze) vergehen, verschmachten (*inf*).

sweltering ['sweltərıŋ] *adj day, weather* glühend heiß; *heat* glühend. **it's ~ in here** (*inf*) hier verschmachtet man ja! (*inf*).

swept [swept] *pret, ptp of* **sweep.**

sweptback *adj wing* Delta-, Dreieck-; **sweptwing** *adj aircraft* mit Delta- *or* Dreieckflügeln.

swerve [swɜ:v] **I** *n* Bogen *m*; (*of road, coastline also*) Schwenkung *f*; (*of car etc also*) Schlenker *m* (*inf*); (*spin on ball*) Effet *m*. **with a ~ he avoided his opponent** er wich seinem Gegner mit einer geschickten Bewegung aus; **to put a ~ on the ball** einen Ball anschneiden; **to make a ~** (*lit*) *see vi*.

II *vi* einen Bogen machen; (*car, driver*) ausschwenken; (*boxer*) ausweichen; (*horse*) ausbrechen; (*ball also*) im Bogen fliegen; (*fig*) (*from truth*) abweichen; (*from chosen path*) abschwenken. **to ~ round sth** einen Bogen um etw machen; **the road ~s (round) to the right** die Straße schwenkt nach rechts; **he ~d in in front of me** er schwenkte plötzlich vor mir ein.

III *vt car etc* herumreißen; *ball* anschneiden.

swift [swɪft] **I** *adj* (+*er*) schnell; *movement, steps also* flink; *reaction, reply also, revenge* prompt; *runner also* flink, flott; *pace* flott, rasch. **~ of foot** (*liter*) schnellfüßig; **to be ~ to do sth** etw schnell tun. **II** *n* (*bird*) Mauersegler *m*.

swiftly ['swɪftlɪ] *adv see adj.* **time passes ~** die Zeit vergeht wie im Flug.

swiftness ['swɪftnɪs] *n see adj* Schnelligkeit *f*; Flinkheit *f*; Promptheit *f*; Flottheit *f*; Raschheit *f*.

swig [swɪg] (*inf*) **I** *n* Schluck *m*. **to have** *or* **take a ~ of beer/at** *or* **from a bottle** einen Schluck Bier/aus einer Flasche nehmen; **to down a drink in one ~** das Glas in einem Zug leeren.

II *vt* (*also* **~ down**) herunterkippen (*inf*).

swill [swɪl] **I** *n* **1.** (*animal food*) (Schweine)futter *nt*; (*garbage, slops*) (*solid*) Abfälle *pl*; (*liquid*) Schmutzwasser *nt*; (*fig pej*) (Schweine)fraß *m* (*inf*); (*liquid*) Abwaschwasser *nt*.

2. (*cleaning*) **to give sth a ~ (out/down)** *see vt* (*a*).

II *vt* **1.** (*also* **~ out**) auswaschen; *cup, dish* ausschwenken. **to ~ sth down** etw abspülen; *floor* etw waschen.

2. (*inf*) *beer etc* kippen (*inf*). **he ~ed it down with beer** er hat es mit Bier runtergespült (*inf*).

swim [swɪm] (*vb: pret* **swam,** *ptp* **swum**) **I** *n* **1. after a 2 km ~** nach 2 km Schwimmen, nachdem ich 2 km geschwommen bin/war; **it's a long ~** es ist weit (zu schwimmen); **that was a nice ~** das (Schwimmen) hat Spaß gemacht!; **I like** *or* **enjoy a ~** ich gehe gern (mal) schwimmen, ich schwimme gern (mal); **to have a ~** schwimmen.

2. (*inf*) **to be in the/out of the ~** up to date/nicht mehr up to date sein; (*socially active*) mitmischen (*inf*)/den Anschluß verloren haben.

II *vt* schwimmen; *river, Channel* durchschwimmen.

III *vi* (*all senses*) schwimmen. **to ~ back** zurückschwimmen; **we shall have to ~ for it** wir werden schwimmen müssen; **the room swam before my eyes** das Zimmer verschwamm vor meinen Augen; **my head is ~ming** mir dreht sich alles.

swimmer ['swɪmə^r] *n* Schwimmer(in *f*) *m*.

swimming ['swɪmɪŋ] **I** *n* Schwimmen *nt*. **do you like ~?** schwimmen Sie gern? **II** *adj* (*for* **~**) Schwimm-; (*dizzy*) *feeling* schwummrig (*inf*).

swimming bath *n usu pl see* **~ pool**; **swimming cap** *n* Badekappe, Bademütze *f*; **swimming costume** *n* Badeanzug *m*.

swimmingly ['swɪmɪŋlɪ] *adv* (*inf*) glänzend.

swimming pool *n* Schwimmbad *nt*; (*outdoor also*) Freibad *nt*; (*indoor also*) Hallenbad *nt*; **swimming ring** *n* Schwimmring *m*; **swimming trunks** *npl* Badehose *f*.

swimsuit ['swɪmsu:t] *n* Badeanzug *m*.

swindle ['swɪndl] **I** *n* Schwindel, Betrug *m*. **it's a ~!** das ist (der reinste) Schwindel!

II *vt person* beschwindeln, betrügen. **to ~ sb out of sth** (*take from*) jdm etw abschwindeln *or* abgaunern (*inf*); (*withhold from*) jdn um etw beschwindeln *or* betrügen.

swindler ['swɪndlə^r] *n* Schwindler(in *f*), Gauner(in *f*) (*inf*) *m*.

swine [swaɪn] *n* **1.** *pl* **-** (*old, form*) Schwein *nt*. **2.** *pl* **-s** (*pej inf*) (*man*) (gemeiner) Hund (*inf*); (*woman*) gemeine Sau (*sl*). **this translation is a ~** diese Übersetzung ist wirklich gemein (*inf*).

swine fever *n* Schweinepest *f*; **swineherd** *n* (*old*) Schweinehirt *m*.

swing [swɪŋ] (*vb: pret, ptp* **swung**) **I** *n* **1.** (*movement*) Schwung *m*; (*to and fro*) Schwingen *nt*; (*of needle*) Ausschlag *m*; (*distance*) Ausschlag, Schwung(weite *f*) *m*; (*Boxing: blow*) Schwinger *m*; (*Golf, Skiing*) Schwung *m*; (*fig, Pol*) (Meinungs)umschwung *m*. **to take a ~ at sb** nach jdm schlagen; **the golfer took a big ~ at the ball** der Golfer holte weit aus und schlug den Ball.

2. (*rhythm*) Schwung *m*; (*kind of music, dance*) Swing *m*. **a tune with a ~** eine Melodie mit Schwung; **to walk with a ~** schwungvoll gehen; **to go with a ~** (*fig*) ein voller Erfolg sein (*inf*); **to be in full ~** voll im Gang sein; **to get into the ~ of things** (*inf*) reinkommen (*inf*).

3. (*seat for ~ing*) Schaukel *f*. **to give sb a ~** jdn anstoßen *or* anschubsen (*inf*); **to have a ~** schaukeln; **what you gain on the ~s (you lose on the roundabouts)** (*prov*) was man auf der einen Seite gewinnt, verliert man auf der anderen.

4. (*esp US: scope, freedom*) **he gave his imagination full ~** er ließ seiner Phantasie (*dat*) freien Lauf; **he was given full ~ to make decisions** man hat ihm bei allen Entscheidungen freie Hand gelassen.

II *vt* **1.** schwingen; (*to and fro*) hin und her schwingen; (*on swing, hammock*) schaukeln; *arms, legs* (*vigorously*) schwingen (mit); (*dangle*) baumeln mit; *propeller* einen Schwung geben (+*dat*). **to ~ a child** ein Kind schaukeln; **to ~ one's hips** sich in den Hüften wiegen; **to ~ the lead** (*Brit inf*) sich drücken (*inf*); *see* **cat.**

2. (*move*) **he swung his axe at the tree/at me** er schwang die Axt gegen den Baum/gegen mich; **he swung his racket at the ball** er holte mit dem Schläger aus; **to ~ a door open/shut** eine Tür aufstoßen/zustoßen; **he swung the case (up) onto his shoulder** er schwang sich (*dat*) die Kiste auf die Schulter; **he swung himself over the wall/up into the saddle** er schwang sich über die Mauer/in den Sattel.

3. (*influence*) *election, decision, voters* beeinflussen; *opinion* umschlagen lassen; *person* umstimmen, herumkriegen (*inf*). **what swung it for me was the fact that ...** (*inf*) was dann letzten Endes den

Ausschlag gegeben hat, war, daß ...; **to ~ it (so that ...)** (*inf*) es so drehen *or* deichseln (*inf*) (, daß ...); **he managed to ~ it in our favour** es gelang ihm, es zu unseren Gunsten zu drehen; **he managed to ~ the deal** (*inf*) er hat das Geschäft gemacht (*inf*).

4. (*turn: also* **~ round**) *plane, car* herumschwenken.

III *vi* **1.** schwingen; (*to and fro*) (hin und her) schwingen; (*hanging object also*) pendeln; (*pivot*) sich drehen; (*on swing*) schaukeln; (*arms, legs: dangle*) baumeln. **he was left ~ing by his hands** er hing *or* (*dangerously*) baumelte nur noch an den Händen; **the boat was ~ing at anchor** das Boot lag schaukelnd vor Anker; **he swung at me with his axe** er schwang die Axt gegen mich; **the golfer swung at the ball** der Golfer holte aus.

2. (*move: into saddle, along rope*) sich schwingen. **to ~ open/shut** aufschwingen/zuschlagen; **the car swung into the square** der Wagen schwenkte auf den Platz ein; **opinion/the party has swung to the right** die Meinung/die Partei hat einen Rechtsschwenk gemacht.

3. (*music, tune*) Schwung haben. **London really swung in the sixties** in den sechziger Jahren war in London schwer was los (*inf*).

4. (*inf: be hanged*) **he'll ~ for it** dafür wird er baumeln (*inf*).

◆**swing across** *vi* hinüber-/herüberschwingen; (*hand-over-hand*) sich hinüber-/herüberhangeln; (*+prep obj*) schwingen über (*+acc*); (*person, animal*) sich schwingen über (*+acc*); (*hand-over-hand*) sich hangeln über (*+acc*).

◆**swing back** **I** *vi* zurückschwingen; (*opinion*) zurückschlagen. **II** *vt sep* zurückschwingen; *opinion* zurückschlagen lassen.

◆**swing round** **I** *vi* (*person*) sich umdrehen, herumfahren (*inf*); (*car, ship, plane, crane*) herumschwenken; (*needle*) ausschlagen; (*fig: voters, opinion*) umschwenken. **he has swung ~ in favour of the idea** er hat sich doch noch für diese Idee entschieden.

II *vt sep* herumschwenken; *voters* umstimmen; *opinion* umschlagen lassen.

◆**swing to** *vi* (*door*) zuschlagen.

swing band *n* (*Mus*) Swingband *f*; **swing-boat** *n* Schiffschaukel *f*; **swing bridge** *n* Drehbrücke *f*; **swing-door** *n* (*Brit*) Pendeltür *f*.

swingeing ['swɪndʒɪŋ] *adj* (*Brit*) *blow* hart; *attack* scharf; *defeat* vernichtend; *taxation, price increases* extrem hoch; *cuts* extrem.

swinger ['swɪŋər] *n* (*inf*) lockerer Typ (*sl*).

swinging ['swɪŋɪŋ] *adj step* schwungvoll; *movement* schaukelnd; *music* schwungvoll, swingend; (*fig inf*) *person* locker (*sl*). **~ door** (*US*) Pendeltür *f*; **London was a ~ place then** in London war damals wirklich was los (*inf*); **the ~ sixties** die flotten sechziger Jahre, die „swinging sixties".

swing-wing ['swɪŋ'wɪŋ] *adj aircraft* mit ausfahrbaren Tragflächenteilen.

swinish ['swaɪnɪʃ] *adj* (*fig*) gemein.

swipe [swaɪp] **I** *n* (*blow*) Schlag *m*. **to take** *or* **make a ~ at sb/sth** nach jdm/etw schlagen. **II** *vt* **1.** *person, ball* schlagen. **he ~d the wasp with the towel** er schlug mit dem Handtuch auf die Wespe. **2.** (*inf: to steal*) mopsen (*inf*), klauen (*inf*). **III** *vi* **to ~ at sb/sth** nach jdm/etw schlagen.

swirl [swɜːl] **I** *n* Wirbel *m*; (*whorl in pattern also*) Spirale *f*. **the ~ of the dancers' skirts** die wirbelnden Röcke der Tänzerinnen.

II *vt* wirbeln. **to ~ sth along/away** *etc* (*river*) etw wirbelnd mitreißen/etw wegwirbeln.

III *vi* wirbeln. **to ~ around** herumwirbeln.

swish [swɪʃ] **I** *n see vi* Zischen *nt*; Sausen *nt*; Rascheln *nt*; Rauschen *nt*; Pfeifen *nt*; Wischen *nt*.

II *adj* (*+er*) (*esp Brit inf: smart*) (tod)schick.

III *vt cane* sausen lassen; *tail* schlagen mit; *skirt* rauschen mit; *water* schwenken. **she ~ed water round the bowl** sie schwenkte die Schüssel mit Wasser aus.

IV *vi* (*whip, cane*) zischen, sausen; (*grass*) rascheln; (*skirts*) rauschen, rascheln; (*water*) rauschen; (*tyres*) pfeifen; (*windscreen wipers*) wischen.

Swiss [swɪs] **I** *adj* Schweizer, schweizerisch. **the ~-German part of Switzerland** die deutsch(sprachig)e Schweiz; **~ cheese** Schweizer Käse *m*; **~ cheese plant** Fensterblatt *nt*, Philodendron *m or nt*; **~ roll** Biskuitrolle *f*; **the/a ~ Guard** die Schweizergarde/ein Schweizer *m*.

II *n* Schweizer(in *f*) *m*. **the ~** *pl* die Schweizer *pl*; **~ French/German** (*person*) Welsch-/Deutschschweizer(in *f*) *m*; (*language*) Schweizer Französisch *nt*/Schweizerdeutsch *or* Schwyzerdütsch *nt*.

switch [swɪtʃ] **I** *n* **1.** (*Elec etc*) Schalter *m*.

2. (*US Rail*) Weiche *f*.

3. (*change*) Wechsel *m*; (*in plans, policies*) Änderung, Umstellung *f* (*in gen*); (*in opinion*) Änderung *f* (*in gen*); (*exchange*) Tausch *m*. **to do** *or* **make a ~** tauschen.

4. (*stick, cane*) Rute, Gerte *f*; (*riding-whip*) Gerte *f*.

5. (*of hair*) falscher Zopf.

II *vt* **1.** (*change, alter*) wechseln; *direction, plans* ändern; *allegiance* übertragen (*to* auf *+acc*); *attention, conversation* lenken (*to* auf *+acc*).

2. (*move*) *production* verlegen; *object* umstellen.

3. (*exchange*) tauschen; (*transpose: also* **~ over, ~ round**) *objects, letters in word, figures in column* vertauschen. **I ~ed hats with him** ich tauschte meinen Hut mit ihm; **we ~ed hats** wir tauschten die Hüte; **to ~ A for B** A für *or* gegen B (ein)tauschen; **to ~ A and B (over)** A und B vertauschen.

4. (*Elec*) (um)schalten. **~ the radio to another programme** schalten Sie auf ein anderes Radioprogramm um.

5. *tail, cane* schlagen mit.
6. (*esp US Rail*) rangieren.
III *vi* **1.** (*change: also* ~ **over**) (über)wechseln (*to* zu); (*Elec, TV, Rad*) umschalten (*to* auf +*acc*); (*exchange: also* ~ **round,** ~ **over**) tauschen. **to** ~ **(over) from Y to Z** von Y auf Z (*acc*) (über)wechseln; **we've ~ed (over) to gas** wir haben auf Gas umgestellt; **the wind ~ed to the east** der Wind hat (sich) nach Osten gedreht; **he ~ed to another line of attack** er wechselte seine Angriffstaktik.
2. (*Rail*) rangieren.

◆**switch back I** *vi* (*to original plan, product, allegiance*) zum Alten zurückkehren; (*Elec, Rad, TV*) zurückschalten (*to* zu).
II *vt sep heater, cooker* zurückschalten (*to* auf +*acc*). **to** ~ **the light** ~ **on** das Licht wieder anschalten.

◆**switch off I** *vt sep* **1.** *light* ausschalten; *radio, TV, machine also, engine* abschalten; *gas, water supply* abstellen. **the oven ~es itself** ~ der Backofen schaltet sich selbsttätig ab *or* aus.
2. (*inf*) ~ **him** ~ **for goodness' sake!** (*inf*) kann den denn niemand abstellen, um Himmels willen.
II *vi* **1.** *see vt 1.* ausschalten; abschalten; abstellen. **the TV won't** ~ ~ der Fernseher läßt sich nicht ausschalten. **2.** (*inf: person*) abschalten.

◆**switch on I** *vt sep* **1.** *gas, water* anstellen; *machine, radio, TV also, light* einschalten, anschalten; *engine also* anlassen.
2. (*sl*) *person* (*interest*) munter machen, begeistern; (*emotionally, by drugs*) anturnen (*sl*), high machen (*sl*); (*sexually*) auf Touren bringen (*inf*). **~ed** ~ begeistert; (*emotionally, on drugs*) high (*sl*); (*sexually*) auf Touren (*inf*); (*up-to-date*) in (*sl*); **to be ~ed** ~ **to jazz** auf Jazz stehen (*inf*).
II *vi see vt 1.* anstellen; einschalten, anschalten; anlassen. **the cooker will** ~ ~ **at 10** der Herd schaltet sich um 10 Uhr ein *or* an.

◆**switch over I** *vi see* **switch III 1. II** *vt sep* **1.** *see* **switch II 2. 2.** (*TV, Rad*) **to** ~ **the programme** ~ auf ein anderes Programm umschalten.

◆**switch round I** *vt sep* (*swap round*) vertauschen; (*rearrange*) umstellen. **II** *vi see* **switch III 1.**

◆**switch through** *vt sep* (*Telec*) durchstellen (*to* zu), verbinden (*to* mit).

switchback *n* Berg- und Talbahn *f*; (*Brit: roller-coaster also*) Achterbahn *f*; **switchblade** *n* (*US*) Schnappmesser *nt*; **switchboard** *n* (*Telec*) (*exchange*) Vermittlung *f*; (*in office etc*) Zentrale *f*; (*actual panel, Elec*) Schalttafel *f*; **switchboard operator** *n* (*in office*) Telefonist(in *f*) *m*; **switch-hit** *vi* (*Baseball*) beidhändig schlagen; **switch-hitter** *n* (*Baseball*) beidhändiger Hitter; **switch-man** *n* (*US Rail*) Weichensteller *m*; **switch-over** *n* Wechsel *m* (*to* auf +*acc*, zu); (*exchange*) Tausch *m*; (*of letters, figures*) Vertauschung *f*; **switch-round** *n* Tausch *m*; (*of letters, figures*) Vertauschung *f*; (*rearrangement*) Umstellen *nt*; **switch-yard** *n* (*US Rail*) Rangierbahnhof *m*.

Switzerland ['swɪtsələnd] *n* die Schweiz. **to** ~ in die Schweiz; **French-/German-/Italian-speaking** ~ die französische Schweiz/die deutsch-/italienischsprachige Schweiz.

swivel ['swɪvl] **I** *n* Drehgelenk *nt*. **II** *attr* Dreh-. ~ **base** (*of monitor*) Schwenksockel *m*. **III** *vt* (*also* ~ **round**) (herum)drehen. **IV** *vi* (*also* ~ **round**) sich drehen; (*person*) sich herumdrehen.

swivelling ['swɪvəlɪŋ] *adj* schwenkbar.

swizz [swɪz], **swizzle** ['swɪzl] *n* (*Brit inf*) (*swindle*) Bauernfängerei *f* (*inf*); (*disappointment*) Gemeinheit *f* (*inf*).

swizzle-stick ['swɪzl'stɪk] *n* Sektquirl *m*.

swollen ['swəʊlən] **I** *ptp of* **swell.**
II *adj ankle, face, glands* (an)geschwollen; *stomach* aufgedunsen, aufgebläht; *wood* verquollen, gequollen; *sails* gebläht; *river* angeschwollen, angestiegen; *numbers* (an)gestiegen, angewachsen. **her eyes were** ~ **with tears** ihre Augen waren verweint; **he has a** ~ **head** (*fig*) er ist so aufgeblasen.

swollen-headed ['swəʊlən'hedɪd] *adj* aufgeblasen (*inf*).

swollen-headedness ['swəʊlən'hedɪdnɪs] *n* Aufgeblasenheit *f* (*inf*).

swoon [swu:n] **I** *n* (*old*) Ohnmacht *f*.
II *vi* (*old: faint*) in Ohnmacht fallen, ohnmächtig werden; (*fig: over pop star etc*) beinahe ohnmächtig werden (*over sb/sth* wegen jdm/einer Sache).

swoop [swu:p] **I** *vi* (*lit: also* ~ **down**) (*bird*) herabstoßen, niederstoßen (*on* auf +*acc*); (*plane*) einen Sturzflug machen; (*fig*) (*police*) einen Überraschungsangriff machen (*on* auf +*acc*) *or* landen (*inf*) (*on* bei); (*person*) sich stürzen (*on* auf +*acc*).
II *n* (*of bird, plane*) Sturzflug *m*; (*by police*) Razzia *f* (*on* in +*dat*, *on sb* bei jdm). **to make a** ~ (*bird*) herabstoßen (*on* auf +*acc*); **at one (fell)** ~ auf einen Schlag.

swoosh [swu:ʃ] **I** *vi* rauschen; (*air*) brausen; (*tyres in rain*) pfeifen, sirren; (*skirts, curtains*) rauschen. **II** *n see vi* Rauschen *nt*; Brausen *nt*; Pfeifen, Sirren *nt*.

swop *n, vti see* **swap.**

sword [sɔ:d] *n* Schwert *nt*. **to cross ~s with sb** (*lit, fig*) mit jdm die Klinge(n) kreuzen; **those that live by the** ~ **die by the** ~ (*prov*) wer das Schwert ergreift, der soll durchs Schwert umkommen.

sword *in cpds* Schwert-; **swordbearer** *n* Schwertträger *m*; **sword-cane** *n* Stockdegen *m*; **sword-dance** *n* Schwert(er)tanz *m*; **swordfish** *n* Schwertfisch *m*; **swordplay** *n* (Schwert)fechten *nt*; **sword-point** *n* **at** ~ mit vorgehaltener Klinge.

swordsman ['sɔ:dzmən] *n, pl* **-men** [-mən] Schwertkämpfer *m*; (*fencer*) Fechter *m*.

swordsmanship ['sɔ:dzmənʃɪp] *n* Fechtkunst *f*.

swordstick *n* Stockdegen *m*; **sword-**

swallower *n* Schwertschlucker *m*.
swore [swɔːʳ] *pret of* **swear**.
sworn [swɔːn] **I** *ptp of* **swear**. **II** *adj enemy* eingeschworen; (*Jur*) *statement* beschworen, eidlich, unter Eid.
swot [swɒt] (*Brit inf*) **I** *vti* büffeln (*inf*), pauken (*inf*). **to ~ up (on) one's maths** Mathe pauken (*inf*); **to ~ at sth** etw pauken (*inf*) *or* büffeln (*inf*). **II** *n* (*pej*) *person* Streber(in *f*) *m*.
swotting ['swɒtɪŋ] *n* (*Brit inf*) Büffeln (*inf*), Pauken (*inf*) *nt*. **to do some ~** büffeln (*inf*), pauken (*inf*).
swum [swʌm] *ptp of* **swim**.
swung [swʌŋ] **I** *pret, ptp of* **swing**. **II** *adj* (*Typ*) **~ dash** Tilde *f*.
sycamore ['sɪkəmɔːʳ] *n* Bergahorn *m*; (*US: plane tree*) nordamerikanische Platane; (*wood*) Ahorn *m*.
sycophancy ['sɪkəfənsɪ] *n* Kriecherei, Speichelleckerei *f* (*inf*).
sycophant ['sɪkəfənt] *n* Kriecher, Speichellecker *m* (*inf*).
sycophantic [,sɪkə'fæntɪk] *adj* kriecherisch, unterwürfig.
syllabic [sɪ'læbɪk] *adj* silbisch, Silben-.
syllabification [sɪ,læbɪfɪ'keɪʃən] *n* Silbentrennung *f*.
syllable ['sɪləbl] *n* Silbe *f*. **a two-~(d) word** ein zweisilbiges Wort; **in words of one ~** (*hum*) in einfachen Worten.
syllabub ['sɪləbʌb] *n* (*dessert*) *Obstspeise f mit Sahne*.
syllabus ['sɪləbəs] *n, pl* **-es** *or* **syllabi** ['sɪləbaɪ] (*Sch, Univ*) Lehrplan *m*; (*of club etc*) Programm *nt*.
syllogism ['sɪlədʒɪzəm] *n* Syllogismus *m*.
syllogistic [,sɪlə'dʒɪstɪk] *adj* syllogistisch.
syllogize ['sɪlədʒaɪz] *vi* syllogistisch folgern.
sylph [sɪlf] *n* (*Myth*) Sylphe *mf*; (*fig: girl*) Sylphide, Nymphe *f*.
sylphid ['sɪlfɪd] *n* Sylphide *f*.
sylphlike ['sɪlf,laɪk] *adj figure* grazil, sylphidenhaft.
sylvan, silvan ['sɪlvən] *adj* (*liter*) Wald-; *shade, goddess also* des Waldes; *surroundings* waldig.
symbiosis [,sɪmbɪ'əʊsɪs] *n* Symbiose *f*.
symbiotic [,sɪmbɪ'ɒtɪk] *adj* symbiotisch.
symbol ['sɪmbəl] *n* Symbol, Zeichen *nt* (*of* für).
symbolic(al) [sɪm'bɒlɪk(əl)] *adj* symbolisch (*of* für). **to be ~ of sth** etw symbolisieren, ein Symbol für etw sein; **~ logic** mathematische Logik.
symbolically [sɪm'bɒlɪkəlɪ] *adv see adj*.
symbolism ['sɪmbəlɪzəm] *n* Symbolik *f*; (*Art, Liter: movement*) Symbolismus *m*.
symbolist ['sɪmbəlɪst] **I** *n* Symbolist(in *f*) *m*. **II** *adj* symbolistisch.
symbolization [,sɪmbəlaɪ'zeɪʃən] *n* Symbolisierung *f*.
symbolize ['sɪmbəlaɪz] *vt* symbolisieren.
symmetrical *adj*, **~ly** *adv* [sɪ'metrɪkəl, -ɪ] symmetrisch.
symmetry ['sɪmɪtrɪ] *n* Symmetrie *f*.
sympathetic [,sɪmpə'θetɪk] *adj* **1.** (*showing pity*) mitfühlend, teilnahmsvoll; (*understanding*) verständnisvoll; (*well-disposed*) wohlwollend, wohlgesonnen (*geh*); *look, smile* verbindlich, freundlich. **to be** *or* **feel ~ to(wards) sb** (*showing pity*) mit jdm mitfühlen; (*understanding*) jdm Verständnis entgegenbringen, für jdn Verständnis haben; (*being well-disposed*) mit jdm sympathisieren; **he was most ~ when I told him all my troubles** er zeigte sehr viel Mitgefühl für all meine Sorgen; **a ~ ear** ein offenes Ohr.
2. (*likeable*) sympathisch.
3. (*Physiol, Phys*) sympathisch. **~ vibration** Mitschwingung *f*; **~ string** mitschwingende Saite, Bordunsaite *f*; **~ magic** Sympathiezauber *m*.
sympathetically [,sɪmpə'θetɪkəlɪ] *adv* (*showing pity*) mitfühlend; (*with understanding*) verständnisvoll; (*well-disposed*) wohlwollend. **to respond/vibrate ~** (*Phys etc*) mitreagieren/mitschwingen.
sympathize ['sɪmpəθaɪz] *vi* (*feel compassion*) mitfühlen, Mitleid haben (*with* mit); (*understand*) Verständnis haben (*with* für); (*agree*) sympathisieren (*with* mit) (*esp Pol*); (*express sympathy*) sein Mitgefühl aussprechen; (*on bereavement*) sein Beileid aussprechen. **to ~ with sb over sth** (*feel sorry*) mit jdm in einer Sache mitfühlen können; **to ~ with sb's views** jds Ansichten teilen; **to ~ with sb's troubles** mit jdm mitfühlen; **I really do ~** (*have pity*) das tut mir wirklich leid; (*understand your feelings*) ich habe wirklich vollstes Verständnis; **to ~ with sb in his bereavement/grief** jds Verlust/Schmerz teilen; (*express sympathy*) jdm sein Beileid/Mitgefühl aussprechen.
sympathizer ['sɪmpəθaɪzəʳ] *n* Mitfühlende(r) *mf*; (*at death also*) Kondolierende(r) *mf*; (*with cause*) Sympathisant(in *f*) *m*.
sympathy ['sɪmpəθɪ] *n* **1.** (*pity, compassion*) Mitgefühl, Mitleid *nt* (*for* mit); (*at death*) Beileid *nt*. **to feel** *or* **have ~ for sb** Mitgefühl *or* Mitleid mit jdm haben; **a letter of ~** ein mitfühlender Brief, ein Beileidsbrief *m*; **you have our deepest** *or* **heartfelt ~** *or* **sympathies** wir fühlen mit Ihnen; (unser) aufrichtiges *or* herzliches Beileid; **my sympathies are with her family** mir tut ihre Familie leid; **to express one's ~** sein Mitgefühl ausssprechen; sein Beileid aussprechen.
2. (*understanding*) Verständnis *nt*; (*fellow-feeling, agreement*) Sympathie *f*. **to be in/out of ~ with sb/sth** mit jdm/etw einhergehen/nicht einhergehen; **the sympathies of the crowd were with him** (*in match, discussion*) die Zuschauer waren auf seiner Seite; **he has Democratic sympathies** er sympathisiert mit *or* seine Sympathien gehören den Demokraten; **politically there wasn't much ~ between them** sie verstanden sich politisch nicht gut; **to come out** *or* **strike in ~** (*Ind*) in Sympathiestreik treten; **to resonate/vibrate in ~** mitklingen/mitschwingen; **~ strike** Sympathie streik *m*.
symphonic [sɪm'fɒnɪk] *adj* symphonisch, sinfonisch.

symphony ['sɪmfənɪ] *n* Symphonie, Sinfonie *f*. ~ **orchestra** Symphonie- *or* Sinfonieorchester *nt*; **the London S~** (*inf*) *or* **S~ Orchestra** die Londoner Symphoniker *pl*.

symposium [sɪm'pəʊzɪəm] *n, pl* **-s** *or* **symposia** [sɪm'pəʊzɪə] Symposium, Symposion *nt*.

symptom ['sɪmptəm] *n* (*lit, fig*) Symptom *nt*.

symptomatic [ˌsɪmptə'mætɪk] *adj* symptomatisch (*of* für).

symptomize ['sɪmptəˌmaɪz] *vt* symptomatisch sein für.

synagogue ['sɪnəgɒg] *n* Synagoge *f*.

sync [sɪŋk] *n* (*Film, TV inf*) *abbr of* **synchronization. in/out of** ~ synchron/ nicht synchron.

synchromesh ['sɪŋkrəʊˌmeʃ] *n* Synchrongetriebe *nt*.

synchronic [sɪŋ'krɒnɪk] *adj* (*Ling*) synchronisch.

synchronization [ˌsɪŋkrənaɪ'zeɪʃən] *n* **1.** *see vt* Abstimmung *f*; Synchronisation *f*; Gleichstellung *f*. **2.** *see vi* Synchronisation *f*; Gleichgehen *nt*; Zusammenfall *m*, gleichzeitiger Ablauf; Übereinstimmung *f*.

synchronize ['sɪŋkrənaɪz] **I** *vt* abstimmen (*with* auf +*acc*); *two actions, movements* aufeinander abstimmen; (*Film*) synchronisieren (*with* mit); *clocks* gleichstellen (*with* mit). ~ **your watches!** Uhrenvergleich!; **~d swimming** Synchronschwimmen *nt*.

II *vi* (*Film*) synchron sein (*with* mit); (*clocks*) gleichgehen; (*actions*) zusammenfallen, gleichzeitig ablaufen (*with* mit); (*movements*) in Übereinstimmung sein (*with* mit).

synchronous ['sɪŋkrənəs] *adj* gleichzeitig; (*Comput*) synchron.

syncopate ['sɪŋkəpeɪt] *vt* (*Mus*) synkopieren; (*Ling also*) zusammenziehen.

syncopation [ˌsɪŋkə'peɪʃən] *n* Synkope *f*; (*act*) Synkopierung *f*.

syncope ['sɪŋkəpɪ] *n* (*Ling, Med*) Synkope *f*.

syndicalism ['sɪndɪkəlɪzəm] *n* Syndikalismus *m*.

syndicate ['sɪndɪkɪt] **I** *n* Interessengemeinschaft *f*; (*for gambling*) Wettgemeinschaft *f*; (*Comm*) Syndikat *nt*, Verband *m*; (*Press*) (Presse)zentrale *f*; (*crime* ~) Ring *m*.

II ['sɪndɪkeɪt] *vt* (*Press*) an mehrere Zeitungen verkaufen. **there are several ~d articles in this newspaper** mehrere Artikel dieser Zeitung stammen aus einer Pressezentrale.

syndrome ['sɪndrəʊm] *n* (*Med*) Syndrom *nt*; (*fig, Sociol*) Phänomen *nt*.

synergy ['sɪnədʒɪ] *n* Synergie *f*.

synod ['sɪnəd] *n* Synode *f*.

synonym ['sɪnənɪm] *n* Synonym *nt*.

synonymous [sɪ'nɒnɪməs] *adj* synonym, synonymisch. **her name was ~ with sex** ihr Name war gleichbedeutend mit Sex.

synonymy [sɪ'nɒnəmɪ] *n* Synonymik *f*.

synopsis [sɪ'nɒpsɪs] *n, pl* **synopses** [sɪ'nɒpsiːz] Abriß *m* der Handlung; (*of article, book*) Zusammenfassung *f*.

synoptic [sɪ'nɒptɪk] *adj* zusammenfassend. ~ **view** Überblick *m*, Übersicht *f*; **S~ Gospels** die Evangelien des Markus, Matthäus und Lukas; ~ **chart** (*Met*) synoptische Karte.

syntactic(al) [sɪn'tæktɪk(əl)] *adj* syntaktisch.

syntax ['sɪntæks] *n* Syntax *f*; (*of sentence also*) Satzbau *m*. ~ **error** (*Comput*) Syntaxfehler *m*.

synthesis ['sɪnθəsɪs] *n, pl* **syntheses** ['sɪnθəsiːz] Synthese *f*; (*artificial production also*) Synthetisieren *nt*.

synthesize ['sɪnθəsaɪz] *vt* synthetisieren; *speech* synthetisch bilden; *theories etc* zusammenfassen.

synthesizer ['sɪnθəˌsaɪzə^r] *n* (*Mus*) Synthesizer *m*.

synthetic [sɪn'θetɪk] **I** *adj* **1.** synthetisch; *fibre, silk* Kunst-. ~ **smile** künstliches *or* gekünsteltes Lächeln. **2.** (*Ling, Philos*) synthetisch. **II** *n* Kunststoff *m*. **~s** Synthetik *f*.

synthetically [sɪn'θetɪkəlɪ] *adv* synthetisch, künstlich; (*fig*) *smile* gekünstelt.

syphilis ['sɪfɪlɪs] *n* Syphilis *f*.

syphilitic [ˌsɪfɪ'lɪtɪk] **I** *adj* syphilitisch. **II** *n* Syphilitiker(in *f*) *m*.

syphon *n see* **siphon.**

Syria ['sɪrɪə] *n* Syrien *nt*.

Syrian ['sɪrɪən] **I** *adj* syrisch. **II** *n* Syr(i)er(in *f*) *m*.

syringe [sɪ'rɪndʒ] (*Med*) **I** *n* Spritze *f*. **II** *vt* (aus)spülen.

syrup, (*US also*) **sirup** ['sɪrəp] *n* Sirup *m*; (*preservative also*) Saft *m*. **cough** ~ (*Med*) Hustensaft *or* -sirup *m*.

syrupy, (*US also*) **sirupy** ['sɪrəpɪ] *adj* sirupartig, sirupähnlich; (*pej*) *smile, voice* zucker- *or* honigsüß; (*sentimental*) *voice, song* schmalzig.

system ['sɪstəm] *n* **1.** System *nt*. **new teaching ~s** neue Lehrmethoden *pl*; **the democratic ~ of government** das demokratische (Regierungs)system; **there's no ~ in his work** er hat kein System bei seiner Arbeit.

2. (*working whole*) System *nt*. **digestive** ~ Verdauungsapparat *m*; **respiratory** ~ Atmungsapparat *m*; **it's bad for the** ~ das ist ungesund; **to pass through the** ~ den Körper auf natürlichem Wege verlassen; **to be absorbed into the** ~ aufgenommen werden; **it was a shock to his** ~ er hatte schwer damit zu schaffen; **to get sth out of one's** ~ (*fig inf*) sich (*dat*) etw von der Seele schaffen, etw loswerden (*inf*); **it's all ~s go!** (*inf*) jetzt heißt es: volle Kraft voraus!

3. (*established authority*) **the** ~ das System.

4. (*Comput: machine, operating* ~) System *nt*. ~ **disk** Systemplatte *f*; ~ **software** Systemsoftware *f*.

systematic [ˌsɪstə'mætɪk] *adj* systematisch; *liar, cruelty* ständig. **he works in a ~ way** er arbeitet mit System.

systematically [ˌsɪstə'mætɪkəlɪ] *adv see adj*.

systematization [ˌsɪstəmətaɪ'zeɪʃən] *n* Systematisierung *f*.

systematize ['sɪstəmətaɪz] *vt* systematisieren.

systemic *adj* [sɪ'stiːmɪk] systemisch.

systems analysis *n* Systemanalyse *f*; **systems analyst** *n* Systemanalytiker(in *f*) *m*; **systems disk** *n* (*Comput*) Systemdiskette *f*; **systems software** *n* Systemsoftware *f*.

systole ['sɪstəlɪ] *n* (*Physiol*) Systole *f*.

T

T, t [ti:] *n* T, t *nt*. **it suits him to a T** es ist genau das richtige für ihn; **that's him/it to a T** das ist er, wie er leibt und lebt/ genau so ist es; **he got him to a T** er hat ihn haargenau getroffen.

TA *abbr of* **1.** (*Brit*) **Territorial Army. 2.** (*US*) **teaching assistant.**

ta [tɑ:] *interj* (*Brit inf*) danke.

tab[1] [tæb] *n* **1.** (*loop on coat*) Aufhänger *m*; (*on back of boot, book*) Schlaufe *f*; (*fastener on coat*) Riegel *m*; (*name* ~) (*of owner*) Namensschild *nt*; (*of maker*) Etikett *nt*; (*on collar*) Verschluß(riegel) *m*; (*Mil*) Spiegel *m*; (*on shoulder, pocket*) Klappe, Patte *f*; (*on filing cards*) Reiter *m*. **to keep ~s on sb/sth** (*inf*) jdn/ etw genau im Auge behalten.
2. (*Aviat*) Klappe *f*.
3. (*US inf: bill*) Rechnung *f*.

tab[2] (*Comput, on typewriter*) **I** *n* Tabulator *m*. **to set the ~s** tabulieren; **~ key** Tabulatortaste *f*. **II** *vt columns* tabulieren.

tabasco [tə'bæskəʊ] *n* Tabasco(soße *f*) *m*.

tabby ['tæbɪ] *n* **1.** (*also* **~ cat**) getigerte Katze; (*female cat*) (weibliche) Katze. **2.** (*inf: old maid*) Tantchen *nt* (*inf*).

tabernacle ['tæbənækl] *n* (*church*) Gotteshaus *nt*; (*receptacle*) Tabernakel *m or nt*. **the T~** (*Bibl*) die Stiftshütte.

table ['teɪbl] **I** *n* **1.** Tisch *m*; (*banquet* ~) Tafel *f*. **at the ~** am Tisch; **at ~** bei Tisch; **to sit down to** *or* **at ~** sich zu Tisch setzen; **to drink sb under the ~** jdn unter den Tisch trinken; **the motion is on the ~** (*Brit Parl*) der Antrag liegt vor *or* ist eingebracht; **on the ~** (*US: postponed*) zurückgestellt, aufgeschoben; **to turn the ~s (on sb)** (gegenüber jdm) den Spieß umdrehen *or* umkehren.
2. (*people at a* ~) Tisch *m*, Tischrunde *f*. **the whole ~ laughed** der ganze Tisch *or* die ganze Runde lachte.
3. (*of figures, prices, Sport*) Tabelle *f*; (*log* ~) Logarithmentafel *f*. (**multiplication**) **~s** Einmaleins *nt*; (*up to 10*) kleines Einmaleins; (*from 11 to 20*) großes Einmaleins; **~ of contents** Inhaltsverzeichnis *nt*.
4. (*Bibl: tablet*) Tafel *f*.
5. (*Geog*) **water ~** Grundwasserspiegel *m*.
6. (*~land*) Tafelland, Plateau *nt*, Hochebene *f*.
II *vt* **1.** *motion* einbringen. **2.** (*US: postpone*) *bill* zurückstellen. **3.** (*put in tabular form*) tabellarisieren (*form*), in einer Tabelle zusammenstellen.

tableau ['tæbləʊ] *n, pl* **-s** *or* **-x** ['tæbləʊ(z)] (*Art, Theat*) Tableau *nt*; (*fig*) Bild *nt*, Szene *f*.

tablecloth *n* Tischdecke *f or* -tuch *nt*.

table d'hôte ['tɑ:bl'dəʊt] *n* Tagesmenü *or* -gedeck *nt*.

table lamp *n* Tischlampe *f*; **tableland** *n* Tafelland, Plateau *nt*, Hochebene *f*; **table licence** *n* Schankerlaubnis *f* bei Abgabe von Speisen; **table-lifting** *n* Tischrücken *nt*; **table linen** *n, no pl* Tischwäsche *f*; **table manners** *npl* Tischmanieren *pl*; **table mat** *n* Untersetzer *m*; (*of cloth*) Set *nt*; **Table Mountain** *n* Tafelberg *m*; **table napkin** *n* Serviette *f*; **table-rapping** *n* Tischrücken *nt*; **table salt** *n* Tafelsalz *nt*; **tablespoon** *n* Eßlöffel *m*; **tablespoonful** *n* Eßlöffel(voll) *m*.

tablet ['tæblɪt] *n* **1.** (*Pharm*) Tablette *f*. **2.** (*of paper*) Block *m*; (*of wax, clay*) Täfelchen *nt*; (*of soap*) Stückchen *nt*. **3.** (*on wall etc*) Tafel, Platte *f*.

table talk *n, no pl* Tischgespräch *nt*; **table tennis** *n* Tischtennis *nt*; **table top** *n* Tischplatte *f*; **tableware** *n, no pl* Tafelgeschirr *nt* und -besteck *nt*; **table water** *n* Tafelwasser *nt*; **table wine** *n* Tafelwein *m*.

tabloid ['tæblɔɪd] *n* (*also* **~ newspaper**) *bebilderte, kleinformatige Zeitung;* (*pej*) Boulevardzeitung *f*, Revolverblatt *nt* (*inf*). **~ journalism** Sensations- *or* Boulevardpresse *f*.

taboo, tabu [tə'bu:] **I** *n* Tabu *nt*. **to be under a ~** tabu sein, unter einem Tabu stehen. **II** *adj* tabu. **~ words** Tabuwörter *pl*. **III** *vt* für tabu erklären, tabui(sier)eren.

tabo(u)ret ['tæbu:reɪ] *n* (*Sew*) Stickrahmen *m*.

tabu *n, adj, vt see* **taboo.**

tabular ['tæbjʊlə^r] *adj* tabellenförmig, Tabellen-, tabellarisch.

tabulate ['tæbjʊleɪt] *vt* tabellarisch aufzeichnen *or* darstellen, tabellarisieren.

tabulation [ˌtæbjʊ'leɪʃən] *n* tabellarische Aufstellung, Tabellarisierung *f*.

tabulator ['tæbjʊleɪtə^r] *n* (*on typewriter*) Tabulator *m*.

tachograph ['tækəʊgrɑ:f] *n* Fahrtenschreiber, Tachograph *m*.

tachometer [tæ'kɒmɪtə^r] *n* Drehzahlmesser *m*.

tachycardia [ˌtækɪ'kɑ:dɪə] *n* Herzjagen *nt*, Tachykardie *f* (*spec*).

tacit *adj*, **~ly** *adv* ['tæsɪt, -lɪ] stillschweigend.

taciturn ['tæsɪtɜ:n] *adj* schweigsam, wortkarg.

taciturnity [ˌtæsɪ'tɜ:nɪtɪ] *n* Schweigsamkeit, Wortkargheit *f*.

tack[1] [tæk] **I** *n* **1.** (*nail*) kleiner Nagel; (*with small head also*) Stift *m*; (*for shoes*) Täcks *m*; (*esp US: drawing pin*) Reiß- *or* Heftzwecke *f*, Reißnagel *m*.
2. (*Brit Sew*) Heftstich *m*.
3. (*Naut: course*) Schlag *m*; (*fig*) Richtung *f*, Weg *m*. **to be on the port/ starboard ~** auf Backbord-/Steuerbord-

bug segeln; **they are on a new/different ~** (*fig*) sie haben eine neue/andere Richtung eingeschlagen.

4. (*Naut: zigzag*) Aufkreuzen *nt*. **to make a ~ towards land** landwärts kreuzen.

5. (*for horse*) Sattel- und Zaumzeug *nt*.

II *vt* **1.** (*with nail*) annageln (*to* an *+dat or acc*); (*with clip, pin*) feststecken (*to* an *+dat*). **2.** (*Brit Sew*) heften.

III *vi* **1.** (*Naut*) aufkreuzen. **to ~ to port** mit Backbordbug kreuzen. **2.** (*Brit Sew*) heften.

◆**tack about** *vi* (*Naut*) wenden.

◆**tack down** *vt sep* festnageln; (*Brit Sew*) festheften.

◆**tack on** *vt sep* annageln (*-to* an *+acc or dat*); (*with drawing pin*) anstecken (*-to* an *+acc or dat*); (*with clips*) anheften, anstecken (*-to* an *+acc or dat*); (*Sew*) anheften; (*fig*) anhängen (*-to dat*).

◆**tack together** *vt sep* (*with nails*) zusammennageln; (*with clips*) zusammenstecken *or* -heften; (*Sew*) zusammenheften.

◆**tack up** *vt sep* (*Brit*) *hem* heften.

tack² *n* (*Naut: biscuits*) Schiffszwieback *m*.

tackiness¹ ['tækɪnɪs] *n* (*of paint*) Klebrigkeit *f*.

tackiness² *n see* **tacky²** Billigkeit *f*; heruntergekommener Zustand; Geschmacklosigkeit *f*.

tacking ['tækɪŋ] *n* **1.** (*Brit Sew*) Heften *nt*. **2.** (*Naut*) Aufkreuzen *nt*.

tackle ['tækl] **I** *n* **1.** (*lifting gear*) Flaschenzug *m*; (*Naut*) Talje *f*, Takel *nt*, Zugwinde *f*. **2.** (*Naut: rigging*) Tauwerk *nt*. **3.** (*equipment*) Ausrüstung *f*, Zeug *nt* (*inf*). **fishing ~** Angelausrüstung *f or* -zeug *nt* (*inf*); **shaving ~** Rasierzeug *nt*. **4.** (*Sport*) Angriff *m*, Tackling *nt*.

II *vt* **1.** (*physically, Sport*) angreifen, angehen (*geh*); (*Rugby*) fassen; *thief also* sich stürzen auf (*+acc*); (*verbally*) zur Rede stellen (*about* wegen).

2. (*undertake*) *job* in Angriff nehmen; *new challenge* sich versuchen an (*+dat*); *problem* angehen, anpacken (*inf*); (*manage to cope with*) bewältigen, fertig werden mit. **could you ~ another ice cream?** (*inf*) schaffst du noch ein Eis? (*inf*); **I don't know how to ~ it** ich weiß nicht, wie ich es anfangen soll.

III *vi* angreifen.

tacky¹ ['tækɪ] *adj* (*+er*) klebrig. **the paint is still ~** die Farbe klebt noch.

tacky² *adj* (*+er*) (*inf*) billig; *area, bar* heruntergekommen; *clothes also, food, colour scheme* geschmacklos.

tact [tækt] *n, no pl* Takt *m*.

tactful *adj*, **~ly** *adv* ['tæktfʊl, -fəlɪ] taktvoll.

tactfulness ['tæktfʊlnɪs] *n* Takt *m*; (*of person*) Feingefühl *nt*.

tactic ['tæktɪk] *n* Taktik *f*.

tactical *adj*, **~ly** *adv* ['tæktɪkəl, -ɪ] (*Mil, fig*) taktisch.

tactician [tæk'tɪʃən] *n* (*Mil, fig*) Taktiker(in *f*) *m*.

tactics ['tæktɪks] *n sing* (*art, science*) (*Mil*) Taktik *f*; (*fig also*) Taktiken *pl*.

tactile ['tæktaɪl] *adj* Tast-, taktil (*spec*); (*tangible*) greifbar, fühlbar. **a more ~ society** eine Gesellschaft, in der Körperkontakte eine größere Rolle spielen.

tactless *adj*, **~ly** *adv* ['tæktlɪs, -lɪ] taktlos.

tactlessness ['tæktlɪsnɪs] *n* Taktlosigkeit *f*.

tactual ['tæktjʊəl] *adj* taktil (*spec*).

tactually ['tæktjʊəlɪ] *adv* (*by touch*) durch Berühren *or* Fühlen.

tad [tæd] *n* (*US inf*) **a ~** ein bißchen.

tadpole ['tædpəʊl] *n* Kaulquappe *f*.

Tadzhikistan [tɑːˌdʒɪkɪ'stɑːn] *n* Tadschikistan *nt*.

taffeta ['tæfɪtə] *n* Taft *m*.

Taffy ['tæfɪ] *n* (*inf*) Waliser *m*.

taffy ['tæfɪ] *n* (*US*) Toffee *nt*.

tag [tæg] **I** *n* **1.** (*label*) Schild(chen) *nt*; (*on clothes*) (*maker's name*) Etikett *nt*; (*owner's name*) Namensschild(chen) *nt*; (*loop*) Aufhänger *m*. **the cattle had metal ~s in their ears** die Rinder hatten Blechmarken in den Ohren.

2. (*hackneyed phrase*) stehende Redensart.

3. (*Gram: question ~*) Bestätigungsfrage *f*.

4. (*game*) Fangen *nt*.

II *vt* **1.** *specimen* mit Schildchen versehen; *cattle* (mit Blechmarke) zeichnen; *garment, goods* etikettieren; (*with price*) auszeichnen; (*with owner's name*) (mit Namensschildchen) zeichnen; *suitcase* mit einem Anhänger versehen.

2. (*US Mot inf*) einen Strafzettel verpassen (*+dat*).

III *vi* **to ~ behind** *or* **after sb** hinter jdm hertrotten *or* -zockeln (*inf*).

◆**tag along** *vi* (*unwillingly, unwanted*) mittrotten (*inf*) *or* -zockeln (*inf*). **to ~ ~ behind sb** hinter jdm herzockeln (*inf*) *or* -trotten (*inf*); **why don't you ~ ~?** (*inf*) warum kommst *or* gehst du nicht mit?

◆**tag on I** *vi* sich anhängen (*to* an *+acc*). **II** *vt sep* (*attach*) anhängen (*to* an *+acc*), befestigen (*to* an *+dat*); (*add as afterthought*) anhängen (*to* an *+acc*).

◆**tag together** *vt sep* (*fasten*) zusammenheften.

tag end *n see* **fag end; tag question** *n* Bestätigungsfrage *f*.

tagrope *n* (*Sport*) Seil *nt (beim Tag-wrestling)*.

Tahiti [tɑː'hiːtɪ] *n* Tahiti *nt*.

Tahitian [tɑː'hiːʃən] **I** *adj* tahitisch. **II** *n* **1.** Tahitianer(in *f*) *m*. **2.** (*language*) Tahitisch *nt*.

tail [teɪl] **I** *n* **1.** (*of animal*) Schwanz *m*; (*of horse also*) Schweif *m* (*liter*); (*hum inf: of person*) Hinterteil *nt* (*inf*), Allerwerteste(r) *m* (*hum inf*). **with his ~ between his legs** (*fig*) wie ein geprügelter Hund, mit eingezogenem Schwanz (*inf*); **to turn ~** ausreißen, die Flucht ergreifen; **he was right on my ~** er saß mir direkt im Nacken.

2. (*of aeroplane, kite, procession, list*) Schwanz *m*; (*of comet*) Schweif *m*; (*of shirt*) Zipfel *m*; (*of jacket, coat*) Schoß *m*; (*of letter*) Schleife *f*; (*Mus: of note*) Notenhals *m*.

3. (*inf: person following sb*) Schatten (*inf*), Beschatter(in *f*) *m* (*inf*). **to put a ~ on sb** jdn beschatten lassen.

4. **a nice piece of ~** ein dufter Arsch (*sl*).

5. **~s** (*on coin*) Rück- *or* Zahlseite *f*; **~s I win**! bei Zahl gewinne ich; **it came down ~s** die Zahl kam nach oben.

6. **~s** *pl* (*jacket*) Frack, Schwalbenschwanz (*inf*) *m*.

II *vt* **1.** *person, suspect* beschatten (*inf*); *car etc* folgen (+*dat*). **2.** *see* **top**[1].

◆tail after *vi* +*prep obj* hinterherzockeln (+*dat*) (*inf*).

◆tail away *vi see* **tail off 1.**

◆tail back *vi* (*traffic*) sich gestaut haben.

◆tail off *vi* **1.** (*diminish*) abnehmen, schrumpfen; (*interest*) abflauen, abnehmen, schwinden; (*sounds*) sich verlieren, schwächer werden; (*sentence*) mittendrin abbrechen. **his voice ~ed ~ into silence** seine Stimme wurde immer schwächer, bis sie schließlich verstummte.

2. (*deteriorate*) sich verschlechtern, nachlassen. **the article ~ed ~ into a jumble of figures** der Artikel war zum Schluß nur noch ein Gewirr von Zahlen.

tailback *n* Rückstau *m*; **tailboard** *n* Ladeklappe *f*; **tail coat** *n* Frack *m*; **tail end** *n* Ende *nt*; (*of procession also*) Schwanz *m* (*inf*); **to come in at the ~** (*of discussion etc*) erst am Ende dazukommen; (*of race*) den Schwanz bilden; **tailfin** *n* (*Aut*) Heckflosse *f*; **tailgate I** *n* (*of car*) Hecktür *f*; (*of lorry*) Ladeklappe *f*; **II** *vi* (*inf*) zu dicht auffahren, schieben (*inf*); **tail gun** *n* Heckkanone *f*; **tail gunner** *n* Heckschütze *m*; **tail-hopping** *n* (*Ski*) Sprungwedeln *nt*; **tailless** *adj* schwanzlos; **tail-light** *n* (*Aut*) Rücklicht *nt*.

tailor ['teɪlə^r] **I** *n* Schneider *m*. **~'s dummy** (*lit*) Schneiderpuppe *f*; (*fig inf*) Ölgötze *m* (*inf*).

II *vt* **1.** *dress etc* schneidern. **the dress was ~ed to reveal her figure** das Kleid war so geschnitten, daß es ihre Figur betonte.

2. (*fig*) *plans, insurance, holiday* zuschneiden (*to* auf +*acc*); *products, salary structure* abstimmen (*to* auf +*acc*). **~ed to meet his needs** auf seine Bedürfnisse abgestimmt.

tailored ['teɪləd] *adj* (*classically styled*) klassisch; (*made by tailor*) vom Schneider gemacht.

tailoring ['teɪlərɪŋ] *n* Verarbeitung *f*; (*profession*) Schneiderei *f*. **this is a nice bit of ~** das ist sehr gut gearbeitet.

tailor-made ['teɪlə'meɪd] *adj* **1.** maßgeschneidert, nach Maß gearbeitet. **~ suit/costume** Maßanzug *m*/Schneiderkostüm *nt*.

2. (*fig*) zugeschnitten (*for* auf +*acc*). **the job was ~ for him** die Stelle war ihm wie auf den Leib geschnitten.

tail piece *n* **1.** Anhang *m*, Anhängsel *nt* (*inf*); **2.** (*Aviat*) Heck *nt*; **3.** (*on violin*) Saitenhalter *m*; **4.** (*Typ*) Schlußvignette *f*; **tailpipe** *n* (*US*) Auspuffrohr *nt*; **tailplane** *n* (*Aviat*) Höhenleitwerk *nt*; **tail side** *n* (*of coin*) Zahlseite *f*; **tail skid** *n* **1.** (*Aviat*) Schwanzsporn *m*; **2.** (*Aut*) Schleudern *nt no pl* der Hinterräder; **to go into a ~** mit den Hinterrädern herumrutschen *or* schleudern; **tailspin** *n* (*Aviat*) Trudeln *nt*; **tail wheel** *n* (*Aviat*) Spornrad *nt*; **tailwind** *n* Rückenwind *m*.

taint [teɪnt] **I** *n* **1.** (*lit: of food*) Stich *m*.

2. (*fig*) (*blemish*) Makel *m*; (*trace*) Spur *f*. **a ~ of madness** eine Anlage zum Irrsinn; **a nasty ~ of fascism** ein übler faschistischer Beigeschmack.

II *vt* **1.** *food* verderben. **to become ~ed** schlecht werden, verderben. **2.** *air, atmosphere* verderben, verpesten. **3.** (*fig*) *reputation* beflecken, beschmutzen. **to be ~ed with sth** mit etw belastet *or* behaftet sein.

Taiwan [taɪ'wɑːn] *n* Taiwan *nt*.

Taiwanese [ˌtaɪwɑː'niːz] **I** *adj* taiwanisch. **II** *n* Taiwaner(in *f*) *m*.

take [teɪk] (*vb: pret* **took,** *ptp* **taken**) **I** *vt* **1.** (*remove, steal*) nehmen; (*~ away with one*) mitnehmen; (*remove from its place*) wegnehmen. **to ~ sth from a drawer** etw aus einer Schublade nehmen; **to ~ sth from sb** jdm etw wegnehmen; **that man has ~n my wallet** der Mann hat mir meine Brieftasche weggenommen *or* gestohlen.

2. (*carry, transport, accompany*) bringen; (*~ along with one*) *person, things* mitnehmen. **I'll ~ you to the station** ich bringe Sie zum Bahnhof; **I'll ~ you (with me) to the party** ich nehme dich zur Party mit; **let me ~ your case** komm, ich nehme *or* trage deinen Koffer; **you can't ~ it with you when you're dead** wenn du tot bist, nützt es dir auch nichts mehr; **to ~ sb to the cinema** (*treat*) jdn ins Kino einladen; (*~ along with one*) mit jdm ins Kino gehen; **I'll ~ you for a meal** ich lade Sie zum Essen ein; **this road will ~ you to Paris** diese Straße führt *or* geht nach Paris; **if it won't ~ you out of your way** wenn es kein Umweg für Sie ist; **what ~s you to London this time?** was führt Sie diesmal nach London?; **his ability took him to the top of his profession** seine Begabung brachte ihn in seinem Beruf bis an die Spitze.

3. (*get hold of, seize*) nehmen. **to ~ sb's arm/hand** jds Arm/Hand nehmen; **to ~ sb by the throat** jdn am Kragen (*inf*) *or* an der Kehle packen; **to ~ a knife by the handle** ein Messer am Griff (an)fassen *or* beim Griff nehmen; **~ three eggs** (*Cook*) man nehme drei Eier; **how does that ~ you?** (*inf*) wie finden Sie das?; *see* **bait.**

4. (*capture*) *person* fassen, fangen, festnehmen; *animal* fangen; *town, country* einnehmen, erobern; *ship* kapern; (*Chess etc*) schlagen, nehmen; (*Cards*) *trick* machen. **to ~ sb prisoner** jdn gefangennehmen.

5. (*accept, receive*) nehmen; *job, dye, perm* annehmen; *command, lead, second position, role* übernehmen. **~ that**! da!; (*hold that*) halt mal; **I won't ~ less than £200** ich verkaufe es nicht unter £ 200; **she took paying guests** sie vermietete Zimmer an Gäste; **to ~ things as**

they come die Dinge nehmen, wie sie kommen; **to ~ a bet** eine Wette annehmen; **~ it from me**! das können Sie mir glauben; **(you can) ~ it or leave it** ja oder nein(, ganz wie Sie wollen); **I can ~ it or leave it** ich mache mir nicht besonders viel daraus; **he took the blow on his left arm** der Schlag traf ihn am linken Arm; (*in defence*) er wehrte den Schlag mit dem linken Arm ab; **to ~ sb into partnership/the business** jdn zu seinem Partner machen/jdn ins Geschäft aufnehmen; **do you ~ me/my meaning**? verstehen Sie mich?/verstehen Sie, was ich meine?; **he ~s (private) pupils** er gibt (Privat)stunden.

6. (*get for oneself*) sich (*dat*) nehmen; (*purchase, rent*) nehmen. **~ a seat/chair**! nehmen Sie Platz!, setzen Sie sich doch!; **this seat is ~n** dieser Platz ist besetzt; **I'll ~ a pound of apples** ich nehme ein Pfund Äpfel; **I think I'll ~ the steak** ich glaube, ich nehme das Steak; **to ~ a wife** (*old*) sich (*dat*) eine Frau nehmen (*old*); **he took her** (*sexually*) er nahm sie; **~ your partners for a waltz** führen Sie Ihre Partnerinnen zum Walzer.

7. (*buy regularly*) *newspaper* immer nehmen *or* kaufen, bekommen; (*on subscription*) beziehen, bekommen.

8. (*gain, obtain*) *prize, honours* bekommen; *game, match* gewinnen; (*Comm*) *£500* einnehmen.

9. *exam* machen, ablegen; *driving test* machen. **to ~ a PhD** promovieren, den Doktor machen (*inf*); **he took his degree in 1985** er hat 1985 Examen gemacht *or* sein Examen abgelegt.

10. (*teach*) *lesson* halten, geben; *subject* unterrichten, geben; *class* unterrichten, nehmen. **he ~s 25 classes a week** er hat *or* gibt 25 Wochenstunden; **who ~s you for Latin**? bei wem habt ihr Latein?, wer unterrichtet *or* gibt bei euch Latein?

11. (*study, learn*) *course, French* machen; (*as optional subject*) wählen; *lessons, private tuition* nehmen.

12. (*conduct, run*) *census, poll* durchführen; *church service* (ab)halten. **to ~ (the chair at) a meeting** den Vorsitz bei einer Versammlung führen; **he ~s a scout troop in the evenings** abends hat er eine Pfadfindergruppe.

13. (*go on*) *walk, stroll* machen; *trip also* unternehmen.

14. (*consume*) *drink, food* zu sich (*dat*) nehmen; *drugs, pill, medicine* nehmen; (*on directions for use*) einnehmen. **to ~ sugar in one's tea** den Tee mit Zukker trinken; **they took coffee on the veranda** sie tranken den Kaffee auf der Veranda; **I always ~ coffee in the morning** morgens trinke ich immer Kaffee; **not to be ~n (internally)** (*Med*) nur zur äußerlichen Anwendung.

15. (*Film*) *scene* drehen; (*Phot*) *photo* machen. **he took the whole group** er nahm die ganze Gruppe auf.

16. (*write down, record*) *letter, dictation* aufnehmen; *address, details, particulars* (sich *dat*) aufschreiben, (sich *dat*) notieren. **to ~ notes** sich (*dat*) Notizen machen.

17. (*measure*) *temperature, pulse* messen. **to ~ sb's measurements** bei jdm Maß nehmen; **to ~ the measurements of a room** ein Zimmer ausmessen; **to ~ sb's temperature/pulse** jds Temperatur *or* bei jdm Fieber/den Puls messen.

18. (*put up with*) sich (*dat*) gefallen lassen; (*endure, stand up to*) (*person*) *alcohol, climate* vertragen; *long journey* aushalten; *emotional experience, shock* fertig werden mit, verkraften; (*thing*) aushalten. **I can ~ it** ich kann's verkraften, ich werde damit fertig; **I just can't ~ any more/it any more** ich bin am Ende/das halte ich nicht mehr aus.

19. (*respond to, regard*) *news, blow* aufnehmen, reagieren auf (+*acc*); *person* nehmen. **she knows how to ~ him** sie versteht es, ihn von der richtigen Seite zu nehmen; **she took his death very badly** sein Tod hat sie sehr mitgenommen.

20. (*understand, interpret*) auffassen, verstehen. **how am I meant to ~ that**? wie soll ich das auffassen *or* verstehen?; **she took what he said as a compliment** sie hat das, was er sagte, als Kompliment aufgefaßt.

21. (*assume*) annehmen. **to ~ sb/sth for *or* to be ...** jdn/etw für ... halten; **what do you ~ me for**? wofür hältst du mich eigentlich?; **I ~ it you don't want to come** ich nehme an, du willst nicht mitkommen, du willst wohl nicht mitkommen.

22. (*consider*) *case, example* nehmen. **~ (the case of) England in the 17th century** nehmen Sie zum Beispiel England im 17. Jahrhundert.

23. (*extract*) entnehmen (*from dat*). **he ~s his examples from real life** seine Beispiele sind aus dem Leben gegriffen.

24. (*require*) brauchen; *clothes size* haben. **it ~s five hours/men ...** man braucht *or* benötigt fünf Stunden/Leute ...; **it took him *or* he took two hours to write a page, it took two hours for him to write a page** er brauchte zwei Stunden, um eine Seite zu schreiben; **the journey ~s 3 hours** die Fahrt dauert 3 Stunden; **the wound took five weeks to heal** es dauerte fünf Wochen, bis die Wunde verheilt war; **it took a lot of courage/intelligence** dazu gehörte viel Mut/Intelligenz; **it ~s two to quarrel** (*prov*) zu einem Streit gehören immer zwei; **it ~s more than that to make me angry** deswegen werde ich noch lange nicht wütend; **it ~s time** es braucht (seine) Zeit, es dauert (eine Weile); **it took a long time** es hat lange gedauert; **it took me a long time** ich habe lange gebraucht; **that'll ~ some explaining** das wird schwer zu erklären sein; **she's got what it ~s** (*inf*) sie ist nicht ohne (*inf*), die bringt's (*sl*); (*is capable also*) sie kann was (*inf*); **it's a difficult job but he's got what it ~s** (*inf*) es ist eine schwierige Arbeit, aber er hat das Zeug dazu.

25. (*support*) *weight* aushalten; (*have capacity or room for*) *people, books*

Platz haben für; *gallons* fassen. **the road can ~ 3,500 cars an hour** die Straße bewältigt eine Verkehrsdichte von 3.500 Autos pro Stunde; **the bridge can ~ 5 tons** die Brücke hat eine Höchstbelastung von 5 Tonnen.

26. *taxi, train* nehmen, fahren mit; *motorway, country roads* nehmen, fahren auf (+*dat*). **to ~ the plane/next plane** fliegen/das nächste Flugzeug nehmen; **we took a wrong turning** wir sind falsch abgebogen.

27. (*negotiate*) *obstacle* nehmen; *hurdle, fence also* überspringen; *bend, corner* (*person*) nehmen; (*car*) fahren um; (*Ski also*) fahren; *hill* hinauffahren.

28. (*sing, dance, play*) **let's ~ it from the beginning of Act 2** fangen wir mit dem Anfang vom zweiten Akt an; **let's ~ that scene again** die Szene machen wir noch einmal; **the director took her through her lines** der Regisseur ging die Rolle mit ihr durch.

29. (*Math: subtract*) abziehen (*from* von).

30. (*Gram*) stehen mit; (*preposition*) *case* gebraucht werden mit, haben (*inf*). **verbs that ~ "haben"** Verben, die mit ,,haben" konjugiert werden; **this word ~s the accent on the first syllable** dieses Wort wird auf der ersten Silbe betont.

31. to be ~n sick *or* **ill** krank werden; **she has been ~n ill with pneumonia** sie hat eine Lungenentzündung bekommen.

32. to be ~n with sb/sth (*attracted by*) von jdm/etw angetan sein.

33. *in phrases see other element* **to ~ sb by surprise** jdn überraschen; **to ~ one's time** sich (*dat*) Zeit lassen (*over* mit); **to ~ a bath** baden, ein Bad nehmen (*form*); **to ~ a holiday** Urlaub machen; **to ~ one's holidays** seinen Urlaub nehmen.

II *vi* **1.** (*fire*) angehen; (*dye, perm, graft*) angenommen werden; (*vaccination*) anschlagen; (*plant*) anwachsen; (*seeds*) kommen; (*fish: bite*) anbeißen.

2. (*fig*) (*gimmick*) ankommen (*inf*); (*novel, idea also*) Anklang finden.

3. she took ill (*inf*) sie wurde krank.

4. (*detract*) **that doesn't ~ from his merit** das tut seinen Verdiensten keinen Abbruch, das schmälert seine Verdienste nicht; **that ~s from its usefulness/attraction** das vermindert den Gebrauchswert/die Anziehungskraft.

III *n* **1.** (*Film*) Aufnahme *f*. **after several ~s they ...** nachdem sie die Szene mehrmals gedreht hatten, ... sie .... **2.** (*Hunt*) Beute *f*; (*Fishing*) Fang *m*. **3.** (*US inf: takings*) Einnahmen *pl*. **4. to be on the ~** (*sl*) Bestechungsgeld nehmen.

◆**take aback** *vt sep* überraschen. **I was completely ~n ~** mir hatte es völlig den Atem verschlagen, ich war völlig perplex.

◆**take after** *vi +prep obj* nachschlagen (+*dat*); (*in looks*) ähneln (+*dat*).

◆**take along** *vt sep* mitnehmen.

◆**take apart** *vt sep* auseinandernehmen; (*dismantle also*) zerlegen; (*fig inf*) *person, team* auseinandernehmen (*sl*).

◆**take around** *vt sep* mitnehmen; (*show around*) herumführen.

◆**take aside** *vt sep* beiseite nehmen.

◆**take away I** *vi* **to ~ ~ from sth** etw schmälern; *worth* mindern, verringern; *pleasure, fun also* beeinträchtigen.

II *vt sep* **1.** (*subtract*) abziehen. **6 ~ ~ 2** 6 weniger 2.

2. (*remove*) *child, thing, privilege* wegnehmen (*from sb* jdm); (*from school*) nehmen (*from* aus); (*lead, transport, carry away*) weg- *or* fortbringen (*from* von); *prisoner* abführen (*to* in +*acc*). **to ~ sb/sth ~ (with one)** jdn/etw mitnehmen; **to ~ ~ sb's pain/freedom** jdm die Schmerzen/Freiheit nehmen; **they've come to ~ him ~** sie sind da, um ihn abzuholen; **"not to be ~n ~"** (*on library book*) ,,nicht für die Ausleihe".

3. *food* mitnehmen. **pizza to ~ ~** Pizza zum Mitnehmen.

4. from the 15th bar, ~ it ~! noch mal von Takt 15, los!

◆**take back** *vt sep* **1.** (*reclaim, get back*) sich (*dat*) zurückgeben lassen; *toy* wieder wegnehmen; (*fig: retract*) *threat, statement* zurücknehmen.

2. (*return*) zurückbringen. **he took us ~ (home)** er brachte uns (nach Hause) zurück, er brachte uns wieder heim.

3. (*agree to receive again*) *thing* zurücknehmen; *employee* wieder einstellen; *husband* wieder aufnehmen; *boyfriend* wieder gehen mit; *tenant* wieder vermieten an (+*acc*).

4. (*remind*) **this photograph/that ~s me ~** dieses Foto/das ruft Erinnerungen wach; **that ~s me ~ fifteen years** das erinnert mich an die Zeit vor fünfzehn Jahren.

◆**take down** *vt sep* **1.** (*lit*) (*off high shelf*) herunternehmen; *curtains, decorations* abnehmen; *Christmas cards* wegräumen; *picture* abhängen; *flag* einholen. **to ~ one's/sb's trousers ~** seine/jdm die Hose herunterlassen.

2. (*dismantle*) *scaffolding* abbauen; *tent also* abbrechen; *railing, gate* entfernen.

3. (*write down*) (sich *dat*) notieren *or* aufschreiben; *notes* (sich *dat*) machen; *letter* aufnehmen; *speech, lecture* mitschreiben. **anything you say will be ~n ~ and ...** alles, was Sie sagen, wird festgehalten und ...; **~ this ~ please** notieren Sie bitte, bitte schreiben Sie.

4. (*humble*) einen Dämpfer geben (+*dat*); *see* **peg**.

◆**take home** *vt sep £200 per week* netto verdienen *or* bekommen.

◆**take in** *vt sep* **1.** (*bring in*) *thing, person* hinein-/hereinbringen *or* -nehmen; *harvest* einbringen. **when are you taking the car ~ (to the garage)?** wann bringen Sie das Auto in die Werkstatt?

2. (*receive in one's home*) *refugee* (bei sich) aufnehmen, beherbergen; *child, stray dog* zu sich nehmen, ins Haus nehmen; (*for payment*) *student* (Zimmer) vermieten an (+*acc*). **she ~s ~ lodgers** sie vermietet (Zimmer).

3. (*receive*) *money* einnehmen. **to ~ ~ laundry/sewing** Wasch-/Näharbeiten übernehmen.

4. (*make narrower*) *dress* enger machen. **to ~ ~ sail** die Segel reffen.

5. (*usu insep: include, cover*) einschließen. **the lecture took ~ all the more recent developments** der Vortrag berücksichtigte auch alle neueren Entwicklungen.

6. (*note visually*) *surroundings, contents* wahrnehmen, registrieren (*inf*); *area, room* überblicken; (*grasp, understand*) *meaning, lecture* begreifen; *impressions, sights* aufnehmen; *situation* erfassen. **the children were taking it all ~** die Kinder haben alles mitbekommen; **his death was so sudden that she couldn't ~ it ~** sein Tod kam so plötzlich, daß sie es gar nicht fassen konnte.

7. (*deceive*) hereinlegen. **to be ~n ~ by sb/sth** auf jdn/etw hereinfallen; **to be ~n ~ by appearances** sich vom äußeren Schein täuschen lassen.

8. (*go to*) *film, party, town* (noch) mitnehmen (*inf*).

◆**take off I** *vi* **1.** (*plane, passengers*) starten, abfliegen; (*plane: leave the ground*) abheben; (*Sport*) abspringen; (*fig*) (*project, sales*) anlaufen; (*film, product*) ankommen.

2. (*inf: leave*) sich davonmachen (*inf*).

II *vt sep* **1.** (*remove, cut off: person*) abmachen (*prep obj* von); *beard, hat, lid* abnehmen (*prep obj* von); *tablecloth, bedspread* herunternehmen, entfernen (*prep obj* von); *pillowcases* abziehen (*prep obj* von); *coat, gloves* (sich *dat*) ausziehen; *leg, limb* abnehmen, amputieren; *play* absetzen; *food from menu, train, bus* streichen (*prep obj* von); *service, tax* abschaffen; (*remove from duty, job*) *detective, journalist* abziehen (*prep obj* von); *waitress, driver* ablösen. **to ~ sth ~ sb** jdm etw abnehmen; **the sun will ~ the paint ~ the wood** durch die Sonne geht *or* blättert die Farbe ab; **to ~ the receiver ~ (the hook)** den Hörer abnehmen, den Hörer von der Gabel nehmen; **she took her dress ~** sie zog ihr Kleid *or* (sich *dat*) das Kleid aus; **would you like to ~ your coat ~**? möchten Sie ablegen?; **he had two inches ~n ~ (his hair)** er hat sich (*dat*) die Haare 5 cm kürzer schneiden lassen; **the 5 o'clock train has been ~n ~ today/for the summer** der 5-Uhr-Zug ist heute ausgefallen/wurde den Sommer über (vom Fahrplan) gestrichen.

2. (*deduct*) abziehen (*prep obj* von); (*from price*) *5%, 50p* nachlassen. **he took 50p ~ (the price)** er hat 50 Pence nachgelassen.

3. (*lead away, go away with*) mitnehmen; (*under arrest*) abführen. **he was ~n ~ to hospital** er wurde ins Krankenhaus gebracht; **to ~ oneself ~** (*inf*) sich auf den Weg machen.

4. (*from ship, wreck*) von Bord holen; (*+prep obj*) holen von; (*from island, mountain*) herunterholen (*prep obj* von).

5. (*have free*) *week, Monday* frei nehmen. **to ~ time/a day ~ work** sich (*dat*) frei nehmen/einen Tag freimachen.

6. (*imitate*) nachmachen, nachahmen.

7. *+prep obj* (*in phrases*) **to ~ sb's mind** *or* **thoughts ~ sth** jdn von etw ablenken; **to ~ the weight ~ one's feet** seine Beine ausruhen; **to ~ sb/sth ~ sb's hands** jdm jdn/etw abnehmen; **to ~ years/ten years ~ sb** jdn um Jahre/zehn Jahre verjüngen.

◆**take on I** *vi* **1.** (*inf: become upset*) sich aufregen.

2. (*become popular: song, fashion*) sich durchsetzen.

II *vt sep* **1.** (*undertake*) *job, work* an- *or* übernehmen; *responsibility* auf sich (*acc*) nehmen *or* laden, übernehmen; *sick person, backward child* sich annehmen (*+gen*); *bet* annehmen. **when he married her he took ~ more than he bargained for** als er sie heiratete, hat er sich (*dat*) mehr aufgeladen *or* aufgebürdet, als er gedacht hatte; **he took ~ the fund-raising** er hat es übernommen, das Geld aufzutreiben.

2. (*Sport: accept as opponent*) antreten gegen; *union, shop steward* sich anlegen mit. **I'll ~ you ~ at tennis** ich werde gegen Sie im Tennis antreten; **I bet you £50 — OK, I'll ~ you ~** ich wette mit Ihnen um 50 Pfund — gut, die Wette gilt.

3. (*employ*) einstellen, anstellen; *apprentice* annehmen.

4. (*take aboard*) (*coach, train*) *passengers* aufnehmen; (*plane, ship*) an Bord nehmen; *cargo, stores* (über)nehmen, laden; *fuel* tanken.

5. (*assume*) *colour, aspect, expression* bekommen, annehmen. **his face took ~ a greenish tinge** sein Gesicht verfärbte sich grün *or* bekam einen grünen Schimmer; **he took ~ an air of importance** er gab sich (*dat*) eine gewichtige Miene.

◆**take out** *vt sep* **1.** (*bring or carry out*) (hinaus)bringen (*of* aus); (*out of house also*) nach draußen bringen; (*out of garage*) *car* hinaus-/herausfahren (*of* aus); (*for drive*) *car, boat* wegfahren mit. **the current took the boat ~ to sea** die Strömung trieb das Boot aufs Meer hinaus.

2. (*to theatre*) ausgehen mit, ausführen. **to ~ the children/dog ~ (for a walk)** mit den Kindern/dem Hund spazierengehen; **to ~ sb ~ for a drive** mit jdm eine Autofahrt machen; **to ~ sb ~ to** *or* **for dinner/to the cinema** jdn zum Essen/ins Kino einladen *or* ausführen; **he has been taking her ~ for several months** er geht schon seit einigen Monaten mit ihr.

3. (*pull out, extract*) herausnehmen; (*out of pocket, bag, cupboard also*) herausholen; *tooth also* ziehen; *appendix* herausnehmen, entfernen; *nail, screw* herausziehen (*of* aus). **to ~ sth ~ of** *or* **from sth** etw aus etw (heraus)nehmen/-holen; **~ your hands ~ of your pockets** nimm die Hände aus der Tasche.

4. (*cause to disappear*) *stain* entfernen (*from* aus).

5. (*withdraw from bank*) abheben.
6. (*deduct*) ~ **it** ~ **of the housekeeping** nimm es vom Haushaltsgeld.
7. (*procure*) *insurance* abschließen. **to** ~ ~ **a subscription for sth** etw abonnieren; **to** ~ ~ **a patent on sth** etw patentieren lassen; **to** ~ ~ **a summons against sb** jdn gerichtlich vorladen lassen; **to** ~ ~ **a licence for sth** eine Lizenz für etw erwerben.
8. to ~ **sb** ~ **of himself** jdn auf andere Gedanken bringen.
9. (*inf*) **to** ~ **sth** ~ **on sb** etw an jdm auslassen (*inf*) *or* abreagieren (*inf*); **to** ~ **it** ~ **on sb** sich an jdm abreagieren.
10. (*tire*) **to** ~ **it/a lot** ~ **of sb** jdn ziemlich/sehr schlauchen (*inf*).
11. (*Mil, fig: Sport*) außer Gefecht setzen; *village* angreifen.
12. (*US*) *see* **take away II 3.**

◆**take over I** *vi* (*assume government*) an die Macht kommen; (*military junta*) die Macht ergreifen; (*party*) an die Regierung kommen; (*new boss*) die Leitung übernehmen; (*in a place: tourists, guests*) sich breitmachen (*inf*). **to** ~ ~ **(from sb)** jdn ablösen; **can you** ~ ~**?** können Sie mich/ihn *etc* ablösen?; **the next shift** ~**s** ~ **at 6 o'clock** die nächste Schicht übernimmt um 6 Uhr.
II *vt sep* **1.** (*take control or possession of*) übernehmen. **tourists** ~ **Edinburgh** ~ **in the summer** im Sommer machen sich die Touristen in Edinburgh breit (*inf*); **she took** ~ **the whole show** (*inf*) sie riß das Regiment an sich.
2. (*escort or carry across*) *person* hinüberbringen; (*+prep obj*) bringen über (*+acc*); (*to visit town, people*) mitnehmen (*to* nach, *to sb* zu jdm).
3. to ~ **sb** ~ **sth** (*show round*) jdn durch etw führen, jdm etw zeigen; (*tell about*) *facts* etw mit jdm durchgehen.

◆**take round** *vt sep* **1. I'll** ~ **it** ~ **(to her place** *or* **to her)** ich bringe es zu ihr. **2.** (*show round*) führen (*prep obj* durch).

◆**take to** *vi +prep obj* **1.** (*form liking for*) *person* mögen, sympathisch finden. **sb** ~**s** ~ **a game/subject/place** ein Spiel/Fach/Ort sagt jdm zu; **the children soon took** ~ **their new surroundings** den Kindern gefiel es bald in der neuen Umgebung, **I don't know how she'll** ~ ~ **him/it** ich weiß nicht, wie sie auf ihn/darauf reagieren wird; **I don't** ~ **kindly** ~ **that/you doing that** ich kann das nicht leiden/es nicht leiden, wenn Sie das tun.
2. (*form habit of*) **to** ~ ~ **doing sth** anfangen, etw zu tun; **to** ~ ~ **drink** zu trinken anfangen, sich (*dat*) das Trinken angewöhnen.
3. (*escape to*) *woods, hills* sich flüchten *or* zurückziehen in (*+acc*), Zuflucht suchen in (*+dat*). **to** ~ ~ **the boats** sich in die Boote retten; **to** ~ ~ **one's bed** sich ins Bett legen; *see* **heel[1]**.

◆**take up I** *vi* (*continue*) (*person*) weitermachen. **chapter 3** ~**s** ~ **where chapter 1 left off** das dritte Kapitel schließt thematisch ans erste an.
II *vt sep* **1.** (*raise, lift*) aufnehmen; *carpet, floorboards* hochnehmen; *road* aufreißen; *dress* kürzer machen, kürzen; *pen* zur Hand nehmen, greifen zu. ~ ~ **your bed and walk** (*Bibl*) nimm dein Bett und wandle.
2. (*lead or carry upstairs*) *invalid, child* hinauf-/heraufbringen; *visitor* (mit) hinauf-/heraufnehmen.
3. (*vehicles*) *passengers* mitnehmen.
4. (*occupy*) *time, attention* in Anspruch nehmen, beanspruchen; *space* einnehmen.
5. (*absorb*) (in sich *acc*) aufnehmen; *liquids also* aufsaugen.
6. *matter, point* (*raise*) besprechen, zur Sprache bringen; (*go into*) eingehen auf (*+acc*). **I'll** ~ **that** ~ **with the headmaster** das werde ich mit dem Rektor besprechen; **I'd like to** ~ ~ **the point you made earlier on** ich möchte auf das eingehen, was Sie vorhin sagten.
7. (*start doing as hobby*) *photography, archaeology* zu seinem Hobby machen; *a hobby* sich (*dat*) zulegen; *a language* (anfangen zu) lernen. **to** ~ ~ **painting/pottery/the guitar** anfangen zu malen/zu töpfern/Gitarre zu spielen.
8. (*adopt*) *cause* sich einsetzen für, verfechten; *idea* aufgreifen; *case* sich annehmen (*+gen*). **to** ~ ~ **an attitude** eine Haltung einnehmen; **to** ~ ~ **a position** (*lit*) eine Stellung einnehmen; (*fig*) eine Haltung einnehmen.
9. (*accept*) *challenge, invitation* annehmen; *suggestion also* aufgreifen.
10. (*start*) *job, employment* annehmen; *new job, post* antreten; *one's duties* übernehmen; *career* einschlagen. **he left to** ~ ~ **a job as a headmaster** er ist gegangen, um eine Stelle als Schulleiter zu übernehmen; **to** ~ ~ **residence** sich niederlassen (*at, in* in *+dat*); (*in house*) einziehen (*in* in *+acc*); (*sovereign*) Residenz beziehen (*in* in *+dat*).
11. (*continue*) *story* aufnehmen; *conversation* fortfahren mit, weiterführen; (*join in*) *chorus, chant* einstimmen in (*+acc*). **the crowd took** ~ **the cry** die Menge nahm den Schrei auf.
12. to ~ **sb** ~ **on an invitation/offer** von jds Einladung/Angebot Gebrauch machen; **to** ~ **sb** ~ **on a promise/boast** jdn beim Wort nehmen; **I'll** ~ **you** ~ **on that** ich werde davon Gebrauch machen; (*on promise*) ich nehme Sie beim Wort.
13. (*question, argue with*) **I would like to** ~ **you** ~ **there** *or* **on that** ich möchte gern etwas dazu sagen.
14. (*Fin*) **to** ~ ~ **an option** Bezugsrecht ausüben; **to** ~ ~ **a bill** einen Wechsel einlösen; **to** ~ ~ **shares** Aktien beziehen.
15. *collection* durchführen.
16. to be ~**n** ~ **with sb/sth** mit jdm/etw sehr beschäftigt sein.

◆**take upon** *vt +prep obj* **he took that job** ~ **himself** er hat das völlig ungebeten getan; **he took it** ~ **himself to answer for me** er meinte, er müsse für mich antworten.

◆**take up with** *vi +prep obj person* sich anfreunden mit. **to** ~ ~ ~ **bad company** in schlechte Gesellschaft geraten.

take-away (*esp Brit*) **I** *n* **1.** (*meal*) Speisen *pl* zum Mitnehmen; **let's get a ~** wir können uns ja etwas (zu essen) holen *or* mitnehmen; **2.** (*restaurant*) Imbißstube *f*/Restaurant *nt* für Außer-Haus-Verkauf; **II** *adj attr* Außer-Haus-; **the ~ menu is quite different** für Gerichte zum Mitnehmen gibt es eine ganz andere Speisekarte; **take-home pay** *n* Nettolohn *m*; **take-in** *n* (*inf*) Schwindel *m*.

taken ['teɪkən] *ptp of* **take**.

take-off *n* **1.** (*Aviat*) Start, Abflug *m*; (*moment of leaving ground also*) Abheben *nt*; (*Sport*) Absprung *m*; (*place*) Absprungstelle *f or* -brett *nt*; **the plane was ready for ~** das Flugzeug war startbereit *or* flugklar; **at ~** beim Abheben; **to be cleared for ~** Starterlaubnis haben/bekommen; **2.** (*imitation*) Parodie, Nachahmung *f*; **to do a ~ of sb** jdn nachahmen *or* nachmachen (*inf*); **take-over** *n* (*Comm*) Übernahme *f*; **take-over bid** *n* Übernahmeangebot *nt*.

taker ['teɪkə^r] *n* (*Betting*) Wettende(r) *mf*; (*at auction: fig*) Interessent(in *f*) *m*. **any ~s?** wer wettet?; (*at auction*) wer bietet?; (*fig*) wer ist daran interessiert?

take-up ['teɪkʌp] *n* **1.** Inanspruchnahme *f*. **2.** (*Tech: of tape*) Aufwickeln, Aufspulen *nt*.

taking ['teɪkɪŋ] **I** *n* **1. it's yours for the ~** das können Sie (umsonst) haben. **2. ~s** *pl* (*Comm*) Einnahmen *pl*. **3.** (*Mil: of town*) Einnahme *f*.

II *adj manners, ways* einnehmend, gewinnend; *person* sympathisch, anziehend.

talc [tælk] **I** *n* (*also* **talcum** ['tælkəm]) **1.** Talk *m*. **2.** (*also* **talcum powder**) Talkumpuder *m*; (*perfumed also*) (Körper)puder *m*. **II** *vt* pudern.

tale [teɪl] *n* **1.** Geschichte *f*; (*Liter*) Erzählung *f*. **fairy ~** Märchen *nt*; **T~s of King Arthur** Artussagen *pl*; **he had quite a ~ to tell** er hatte einiges zu erzählen; **I bet he/that bed could tell a ~ or two** (*inf*) er/das Bett könnte bestimmt so einiges erzählen; **it tells its own ~** das spricht für sich; **thereby hangs a ~** das ist eine lange/hübsche/pikante *etc* Geschichte.

2. to tell ~s petzen (*inf*) (*to dat*); (*dated: fib*) flunkern; **to tell ~s out of school** (*inf*) aus der Schule plaudern; **to tell ~s about sb** jdn verpetzen (*inf*) (*to* bei).

talent ['tælənt] *n* **1.** Begabung *f*, Talent *nt*. **to have a ~ for drawing/mathematics** Begabung zum Zeichnen/für Mathematik haben; **a painter of great ~** ein hochbegabter *or* sehr talentierter Maler.

2. (*talented people*) Talente *pl*.

3. (*inf*) (*girls*) Miezen (*inf*), Bräute (*sl*) *pl*; (*boys*) Typen (*sl*), Jungs (*inf*) *pl*. **they went to inspect the local ~** sie zogen los, um zu sehen, wie die Miezen *etc* dort waren.

4. (*Hist*) Talent *nt*.

talented ['tæləntɪd] *adj person* begabt, talentiert.

talent scout, talent spotter *n* Talentsucher *m*.

taleteller *n* (*Sch*) Petzer(in *f*) *m* (*inf*); **taletelling** *n* (*Sch*) Petzerei *f* (*inf*).

talisman ['tælɪzmən] *n*, *pl* **-s** Talisman *m*.

talk [tɔːk] **I** *n* **1.** Gespräch *nt* (*also Pol*); (*conversation also*) Unterhaltung *f*; (*private also*) Unterredung *f*; (*heart-to-heart also*) Aussprache *f*. **to have a ~** ein Gespräch führen/sich unterhalten/eine Unterredung haben/sich aussprechen (*with sb about sth* mit jdm über etw *acc*); **could I have a ~ with you?** könnte ich Sie mal sprechen?; **to hold** *or* **have ~s** Gespräche führen; **to have a friendly ~ with sb** sich mit jdm nett unterhalten, mit jdm plaudern; (*giving advice, warning*) mit jdm (mal) in aller Freundschaft reden; **I have enjoyed our ~** ich habe mich gern mit Ihnen unterhalten.

2. *no pl* (*~ing*) Reden *nt*, Rederei *f*; (*rumour*) Gerede *nt*. **he's all ~** er ist ein fürchterlicher Schwätzer; (*and no action*) der führt bloß große Reden; **there is some ~ of his returning** es heißt, er kommt zurück; **it's the ~ of the town** es ist Stadtgespräch.

3. (*lecture*) Vortrag *m*. **to give a ~** einen Vortrag halten (*on* über +*acc*); **a series of ~s** eine Vortragsreihe.

II *vi* **1.** sprechen, reden (*of* von, *about* über +*acc*); (*have conversation also*) sich unterhalten (*of, about* über +*acc*); (*bird, doll, child*) sprechen. **to ~ to** *or* **with** (*esp US*) **sb** mit jdm sprechen *or* reden (*about* über +*acc*); (*converse also*) sich mit jdm unterhalten (*about* über +*acc*); (*reprimand also*) mit jdm ein ernstes Wort reden; **could I ~ to Mr Smith please?** kann ich bitte Herrn Smith sprechen?; **don't ~ silly!** (*inf*) red keinen Stuß! (*inf*), red nicht so blöd (daher) (*inf*); **it's easy** *or* **all right for you to ~** (*inf*) du hast gut reden (*inf*); **don't (you) ~ to me like that!** wie redest du denn mit mir?; **who do you think you're ~ing to?** was meinst du denn, wen du vor dir hast?; **that's no way to ~ to your parents** so redet man doch nicht mit seinen Eltern!; **he sat there without ~ing** er saß da und sagte kein Wort; **~ to me!** sag' doch was!; **to get/be ~ing to sb** mit jdm ins Gespräch kommen/im Gespräch sein; **I'm not ~ing to you** (*we're on bad terms*) mit dir spreche *or* rede ich nicht mehr; (*I mean somebody else*) ich spreche nicht mit dir; **he knows/doesn't know what he's ~ing about** er weiß (schon)/weiß (doch) nicht, wovon er spricht, er hat (davon) ziemlich Ahnung (*inf*)/(doch) überhaupt keine Ahnung; **you can** *or* **should ~!** (*inf*) du kannst gerade reden!; **to keep sb ~ing** jdn (mit einem Gespräch) hinhalten; **to ~ to oneself** Selbstgespräche führen; **now you're ~ing!** das läßt sich schon eher hören!

2. (*mention*) sprechen, reden. **he's been ~ing of going abroad** er hat davon gesprochen *or* geredet, daß er ins Ausland fahren will; **~ing of salaries/films ...** da *or* wo (*inf*) wir gerade von Gehältern/Filmen sprechen ...; **~ about impertinence/rude!** so was von Frechheit/unverschämt! (*inf*).

3. (*chatter*) reden, schwatzen. **stop**

~ing! sei/seid ruhig!

4. (*gossip*) reden, klatschen. **everyone was ~ing about them** sie waren in aller Munde; (*because of scandal also*) alle haben über sie geredet; **to get oneself ~ed about** von sich reden machen; (*because of scandal*) ins Gerede kommen.

5. (*reveal secret*) reden. **the spy refused to ~** der Spion schwieg beharrlich *or* weigerte sich zu reden; **to make sb ~** jdn zum Reden bringen.

6. we're ~ing about at least £2,000/3 months es geht um mindestens £ 2.000/3 Monate, wir müssen mit mindestens £ 2.000/3 Monaten rechnen; **what sort of sum are we ~ing about?** um welche Summe geht es?

III *vt* **1.** (*speak*) *a language, slang* sprechen; *nonsense* reden. **~ sense!** red keinen solchen Unsinn!

2. (*discuss*) *politics, cricket, business* reden über (*+acc*) *or* von, sich unterhalten über (*+acc*). **we have to ~ business for a while** wir müssen mal kurz etwas Geschäftliches besprechen; **now you're ~ing business** das läßt sich schon eher hören; *see* **shop.**

3. (*persuade*) **to ~ sb/oneself into doing sth** jdn überreden *or* jdn/sich dazu bringen, etw zu tun; (*against better judgement*) jdm/sich einreden, daß man etw tut; **he ~ed himself into believing she was unfaithful** er hat sich eingeredet, sie sei ihm nicht treu; **to ~ sb out of sth** jdm etw ausreden.

4. (*achieve by ~ing*) **he ~ed himself out of that job** durch sein Reden hat er sich (*dat*) diese Stelle verscherzt; **you won't be able to ~ your way out of this** jetzt können Sie sich nicht mehr herausreden; **he ~ed himself out of trouble** er redete sich (geschickt) heraus; **he ~ed himself into this situation** er hat sich selbst durch sein Reden in diese Lage gebracht.

5. to ~ oneself hoarse sich heiser reden.

◆**talk at** *vi +prep obj person* einreden auf (*+acc*).

◆**talk away I** *vi* ununterbrochen reden, schwatzen. **we ~ed ~ for hours** wir haben uns stundenlang unterhalten.

II *vt sep* **1.** (*spend talking*) im Gespräch verbringen. **we ~ed the evening ~** wir haben den ganzen Abend lang geredet. **2.** *debts, problems* wegdiskutieren.

◆**talk back** *vi* (*be cheeky*) frech antworten (*to sb* jdm).

◆**talk down I** *vi* **to ~ ~ to sb** mit jdm herablassend *or* von oben herab reden.

II *vt sep* **1.** (*reduce to silence*) über den Haufen reden (*inf*), niederreden. **2.** (*Aviat*) *pilot, plane* zur Landung einweisen.

◆**talk on** *vi* weiterreden. **they ~ed ~ and on** sie redeten und redeten.

◆**talk out** *vt sep* **1.** (*discuss*) *problems, differences* ausdiskutieren. **2.** (*Parl*) **to ~ ~ a bill** die rechtzeitige Verabschiedung eines Gesetzes verschleppen.

◆**talk over** *vt sep* **1.** *question, problem* bereden (*inf*), besprechen. **let's ~ it ~ quietly** wir wollen jetzt einmal in aller Ruhe darüber reden. **2.** (*persuade*) *see* **talk round I.**

◆**talk round I** *vt always separate* umstimmen. **I ~ed her ~ to my way of thinking** ich habe sie zu meiner Anschauung bekehrt. **II** *vi +prep obj problem, subject* herumreden um.

talkative ['tɔːkətɪv] *adj person* gesprächig, redselig.

talkativeness ['tɔːkətɪvnɪs] *n* Gesprächigkeit, Redseligkeit *f*.

talkback ['tɔːkbæk] *n* (*device*) Gegensprechanlage *f*; (*talking*) Anweisungen *pl* im Hintergrund.

talked-of ['tɔːktɒv] *adj*: **much ~** berühmt; *plans also* vielbesprochen.

talker ['tɔːkə[r]] *n* Redner(in *f*) *m*. **the parrot was a good ~** der Papagei konnte gut sprechen; **he's just a ~** er ist ein Schwätzer *m*.

talkie ['tɔːkɪ] *n* (*dated inf*) Tonfilm *m*.

talking ['tɔːkɪŋ] *n* Reden, Sprechen *nt*. **no ~ please!** bitte Ruhe!, Sprechen verboten!; **I'll let you do the ~** ich überlasse das Reden Ihnen.

talking clock *n* telefonische Zeitansage; **talking doll** *n* sprechende Puppe, Sprechpuppe *f*; **talking head** *n* (*TV*) Kopfaufnahme *f*, Brustbild *nt*; **talking picture** *n* (*old*) Tonfilm *m*; **talking point** *n* Gesprächsthema *nt*; **talking shop** *n* (*pej inf*) Quasselbude *f* (*inf*); **talking-to** *n* (*inf*) Standpauke *f* (*inf*); **to give sb a good ~** jdm eine Standpauke halten (*inf*).

talk show *n* Talkshow *f*.

tall [tɔːl] *adj* (*+er*) **1.** *person* groß, lang (*inf*). **how ~ are you?** wie groß sind Sie?; **he is 1 m 80 ~** er ist 1,80 m groß; **to feel ten foot** *or* **feet ~** (*inf*) riesig stolz sein (*inf*).

2. *building, tree, grass* hoch; *mast also* lang. **~ ship** Klipper *m*.

3. (*inf*) **that's a ~ order** das ist ganz schön viel verlangt; (*indignant also*) das ist eine Zumutung; **a ~ story** ein Märchen *nt* (*inf*).

tallboy ['tɔːlbɔɪ] *n* (*Brit*) hohe Schlafzimmerkommode.

tallish ['tɔːlɪʃ] *adj person* ziemlich groß; *building* ziemlich hoch.

tallness ['tɔːlnɪs] *n see adj* **1.** Größe, Länge (*inf*) *f*. **2.** Höhe *f*; Länge *f*.

tallow ['tæləʊ] *n* Talg, Unschlitt (*old*) *m*. **~ candle** Talglicht *nt*.

tallowy ['tæləʊɪ] *adj* talgig.

tally ['tælɪ] **I** *n* **1.** (*Hist: stick*) Kerbholz *nt*. **2.** (*count, account*) **to keep a ~ of** Buch führen über (*+acc*). **3.** (*result of counting, number*) (An)zahl *f*. **what's the ~?** wieviel ist/sind es? **II** *vi* übereinstimmen; (*reports also*) sich decken. **they don't ~** sie stimmen nicht (miteinander) überein. **III** *vt* (*also* **~ up**) zusammenrechnen *or* -zählen.

tally-ho ['tælɪ'həʊ] **I** *interj* halali. **II** *n* Halali *nt*.

Talmud ['tælmuːd] *n* (*Rel*) Talmud *m*.

talon ['tælən] *n* Kralle, Klaue *f*; (*fig: of person*) Kralle *f*.

tamable *adj see* **tameable.**

tamarind ['tæmərɪnd] *n* (*tree, fruit*) Tamarinde *f.*

tamarisk ['tæmərɪsk] *n* Tamariske *f.*

tambour ['tæm,bʊə^r] *n* **1.** (*old Mus*) Trommel *f.* **2.** (*on desk*) Rouleau, Rollo *nt.*

tambourine [,tæmbə'ri:n] *n* Tamburin *nt.*

tame [teɪm] **I** *adj* (+*er*) **1.** *animal, person* zahm. **the village has its own ~ novelist** (*hum*) der Ort hat seinen dorfeigenen Schriftsteller (*inf*).

2. (*dull*) *person, life, adventure* lahm (*inf*); *story, film, answer, criticism, joke, shot, tennis service also* zahm.

II *vt animal, person* zähmen, bändigen; *passion* (be)zähmen, zügeln; *garden* unter Kontrolle bringen.

tameable ['teɪməbl] *adj* zähmbar.

tamely ['teɪmlɪ] *adv see adj* **1.** zahm. **2.** lahm (*inf*); zahm.

tameness ['teɪmnɪs] *n see adj* **1.** Zahmheit *f.* **2.** Lahmheit *f* (*inf*); Zahmheit *f.*

tamer ['teɪmə^r] *n* (*of animals*) Bändiger, Dompteur *m.*

taming ['teɪmɪŋ] *n* Zähmung, Bändigung *f.* **"The T~ of the Shrew"** „Der Widerspenstigen Zähmung".

tamp [tæmp] *vt* **1.** (*block up*) *drill hole* (ver)stopfen. **2.** (*ram down*) *earth* (fest)stampfen.

tampax ® ['tæmpæks] *n* Tampon *m.*

tamper ['tæmpə^r] *n* (*for soil*) Stampfer *m*; (*for tobacco*) Stopfer *m.*

◆**tamper with** *vi* +*prep obj* herumhantieren an (+*dat*); (*with evil intent*) sich (*dat*) zu schaffen machen an (+*dat*); (*plan, schedule*) herumpfuschen an (+*dat*) (*inf*); *document* verfälschen; (*Jur*) *witness* beeinflussen; (*bribe*) bestechen. **the car had been ~ed ~** jemand hatte sich am Auto zu schaffen gemacht.

tampon ['tæmpən] *n* Tampon *m.*

tan [tæn] **I** *n* **1.** (*suntan*) Bräune *f.* **to get a ~** braun werden. **2.** (*colour*) Hellbraun *nt.*

II *adj* hellbraun.

III *vt* **1.** *skins* gerben. **to ~ sb's hide** (*fig inf*) jdm das Fell gerben. **2.** (*sun*) *face, body* bräunen, braun werden lassen.

IV *vi* braun werden. **she ~s easily** sie wird schnell braun.

tandem ['tændəm] **I** *n* (*cycle*) Tandem *nt.* **the horses were in ~** die Pferde liefen hintereinander im Gespann; **in ~** (*fig*) zusammen. **II** *adv* hintereinander im Gespann.

tang [tæŋ] *n* (*smell*) scharfer Geruch; (*taste*) starker Geschmack. **the fish has a salty ~** der Fisch schmeckt salzig.

tangent ['tændʒənt] *n* (*Math*) Tangente *f.* **to go** *or* **fly off at a ~** (*fig*) (plötzlich) vom Thema abkommen *or* abschweifen.

tangential [tæn'dʒenʃəl] *adj* (*Math*) tangential. **this is merely ~ to the problem** dies berührt das Problem nur am Rande.

tangerine [,tændʒə'ri:n] **I** *n* (*also* **~ orange**) Mandarine *f.* **II** *adj* (*in colour*) stark orange, rötlich orange.

tangibility [,tændʒɪ'bɪlɪtɪ] *n* Greifbarkeit *f.*

tangible ['tændʒəbl] *adj* **1.** (*lit*) greifbar, berührbar. **2.** (*fig*) *result* greifbar; *proof also* handfest; *assets* handfest, real.

tangibly ['tændʒəblɪ] *adv* greifbar. **he would prefer to be rewarded more ~** ihm wäre etwas Handfesteres als Belohnung lieber.

Tangier(s) [tæn'dʒɪə(z)] *n* Tanger *nt.*

tangle ['tæŋgl] **I** *n* **1.** (*lit*) Gewirr *nt.* **the string was in a ~** die Schnur hatte sich verheddert; **the ~s in her hair** ihr verheddertes Haar; **to get into a ~** sich verheddern.

2. (*fig: muddle*) Wirrwarr *m*, Durcheinander *nt.* **to get into a ~** sich verheddern; **I'm in such a ~ with my tax forms** ich komme bei meinen Steuerformularen überhaupt nicht klar; **an emotional ~** eine Verstrickung der Gefühle.

3. (*fig: trouble*) Ärger *m*, Schwierigkeiten *pl.* **he got into a ~ with the police** er hat Schwierigkeiten mit der Polizei gehabt.

II *vt* (*lit, fig*) verwirren, durcheinanderbringen; *wool, string also* verheddern; *hair* durcheinanderbringen. **to get ~d** (*lit, fig*) sich verheddern; (*ropes*) sich verknoten; **a ~d web** ein Gespinst *nt.*

◆**tangle up** *vt sep* (*lit, fig*) verwirren, durcheinanderbringen; *wool, string also* verheddern. **to get ~d ~** durcheinandergeraten; (*wool also*) sich verheddern; (*ropes*) sich verknoten; (*person*) (*in talking, explaining*) sich verstricken *or* verheddern; (*become involved*) verwickelt *or* verstrickt werden; **she got ~d ~ with a married man** sie hat sich mit einem verheirateten Mann eingelassen.

◆**tangle with** *vi* +*prep obj* (*inf*) aneinandergeraten mit. **I'm not tangling ~ him** mit ihm laß ich mich (doch) nicht ein.

tango ['tæŋgəʊ] **I** *n* Tango *m.* **II** *vi* Tango tanzen. **it takes two to ~** (*fig inf*) es gehören immer zwei dazu.

tangy ['tæŋɪ] *adj* (+*er*) *taste* scharf, streng; *smell also* durchdringend.

tank [tæŋk] *n* **1.** (*container*) Tank *m*; (*for water also*) Wasserspeicher *m*; (*of boiler also*) Kessel *m*; (*Naut: for water supply*) Kessel *m*; (*in submarines*) Tauchtank *m*; (*Rail: in engine*) Kessel *m*; (*for diver: oxygen ~*) Flasche *f*; (*Phot*) Wanne *f.* **fill up the ~, please** (*Aut*) volltanken, bitte.

2. (*Mil*) Panzer, Tank *m.*

3. (*US sl*) Knast *m* (*sl*).

◆**tank along** *vi* (*inf: move fast*) (*car*) dahinbrettern (*inf*); (*runner*) dahinsausen (*inf*).

◆**tank up I** *vi* **1.** (*ship, plane*) auftanken; (*car, driver also*) volltanken. **2.** (*Brit sl: get drunk*) sich vollaufen lassen (*sl*). **II** *vt sep* **1.** *ship, plane* auftanken; *car also* volltanken. **2.** (*Brit sl*) **to get/be ~ed ~** sich vollaufen lassen (*sl*) (*on* mit)/voll sein.

tankard ['tæŋkəd] *n* Humpen *m*; (*for beer also*) Seidel *nt.*

tank car *n* (*Rail*) Kesselwagen *m.*

tanker ['tæŋkə^r] *n* **1.** (*boat*) Tanker *m*, Tankschiff *nt.* **2.** (*vehicle*) Tankwagen

m.

tank farm *n* (*US*) Tanklager *nt.*

tankful ['tæŋkfʊl] *n* **1.** Tank(voll) *m.* **2.** (*Brit sl: drink*) **he's had a ~** der ist total voll (*inf*).

tanktop *n* Pullunder *m*; **tank town** *n* (*US*) Wasser(auffüll)station *f*; (*fig*) Kuhnest *nt* (*inf*); **tank trap** *n* Panzersperre *f*; **tank wagon** *n* (*Rail*) Kesselwagen *m.*

tanned [tænd] *adj* **1.** *person* braun(gebrannt). **2.** *skins* gegerbt.

tanner[1] ['tænə^r] *n* Gerber(in *f*) *m.*

tanner[2] *n* (*old Brit inf*) Sixpence *m.*

tannery ['tænərɪ] *n* Gerberei *f.*

tannin ['tænɪn] *n* Tannin *nt.*

tanning ['tænɪŋ] *n* **1.** (*of hides*) Gerben *nt*; (*craft*) Gerberei *f.* **2.** (*punishment*) Tracht *f* Prügel.

Tannoy ® ['tænɔɪ] *n* Lautsprecheranlage *f.* **over** *or* **on the ~** über den Lautsprecher.

tantalize ['tæntəlaɪz] *vt* reizen; (*torment also*) quälen.

tantalizing ['tæntəlaɪzɪŋ] *adj* *smell, promise, blouse* verlockend, verführerisch; *behaviour also* aufreizend. **it is ~ to think that ...** es ist zum Verrücktwerden, zu denken, daß ... (*inf*).

tantalizingly ['tæntəlaɪzɪŋlɪ] *adv* verlokkend, verführerisch. **success was ~ near** der Erfolg schien zum Greifen nahe.

tantamount ['tæntəmaʊnt] *adj*: **to be ~ to sth** einer Sache (*dat*) gleichkommen, auf etw (*acc*) hinauslaufen.

tantrum ['tæntrəm] *n* Wutanfall, Koller (*inf*) *m.* **to be in/have** *or* **throw a ~** einen Koller *or* Wutanfall haben/bekommen.

Tanzania [ˌtænzə'nɪə] *n* Tansania *nt.*

Tanzanian [ˌtænzə'nɪən] **I** *adj* tansanisch. **II** *n* Tansanier(in *f*) *m.*

Taoism ['taʊɪzəm] *n* Taoismus *m.*

tap[1] [tæp] **I** *n* **1.** (*esp Brit*) Hahn *m.* **don't leave the ~s running** laß das Wasser nicht laufen!; **on ~** (*lit: beer*) vom Faß; (*fig*) zur Hand; **he has plenty of ideas on ~** er hat immer Ideen auf Lager (*inf*). **2.** (*of phones*) Abhören *nt*, Abhöraktion *f.*

II *vt* **1.** *cask, barrel* anzapfen, anstechen; *tree* anzapfen. **to ~ a pine for resin** einer Kiefer (*dat*) Harz abzapfen.

2. (*fig*) *resources* erschließen. **to ~ an electric current** eine Stromleitung anzapfen; **to ~ telephone wires** Telefonleitungen anzapfen; **the wires are ~ped here** die Leitung hier wird abgehört; **to ~ sb for money/a loan** (*inf*) jdn anzapfen (*inf*), jdn anpumpen (*inf*); **he tried to ~ me for information** er wollte mich aushorchen.

tap[2] **I** *n* **1.** (*light knock*) Klopfen *nt.*

2. (*light touch*) Klaps *m*, leichter Schlag. **to give sb a ~ on the shoulder** jdn *or* jdm auf die Schulter klopfen.

3. ~s *sing or pl* (*Mil*) Zapfenstreich *m.*

II *vt* klopfen. **he ~ped me on the shoulder** er klopfte mir auf die Schulter; **he ~ped his foot impatiently** er klopfte ungeduldig mit dem Fuß auf den Boden.

III *vi* klopfen. **to ~ on** *or* **at the door** leise anklopfen; **she sat ~ping away at the typewriter** sie klapperte auf der Schreibmaschine herum.

◆**tap out** *vt sep* **1.** *pipe* ausklopfen. **2.** *rhythm* klopfen. **to ~ ~ a message (in Morse)** eine Nachricht morsen.

tap-dance I *n* Steptanz *m*; **II** *vi* steppen.

tape [teɪp] **I** *n* **1.** Band *nt*; (*sticky paper*) Klebeband *nt*; (*Sellotape* ®) Kleb(e)streifen, Tesafilm ® *m*; (*ticker-~, computer ~*) Lochstreifen *m*; (*Sport*) Zielband *nt.* **to break** *or* **breast the ~** (*Sport*) durchs Ziel gehen.

2. (*magnetic*) (Ton)band, Magnetband *nt.* **on ~** auf Band; **to put** *or* **get sth on ~** etw auf Band aufnehmen.

II *vt* **1.** *parcel* (mit Kleb(e)streifen/-band) zukleben. **to ~ together two documents** zwei Dokumente mit Kleb(e)streifen/-band zusammenkleben.

2. (*~-record*) *song, message* (auf Band) aufnehmen.

3. (*inf*) **I've got the situation ~d** ich habe die Sache im Griff (*inf*); **I've got him ~d** ich kenne mich mit ihm aus.

◆**tape down** *vt sep* festkleben.

◆**tape on** *vt sep* ankleben *or* -heften. **to ~ sth ~(to) sth** etw auf etw (*acc*) kleben.

◆**tape up** *vt sep* *sth broken* mit Kleb(e)streifen/-band zusammenkleben; *parcel* mit Kleb(e)streifen/-band verkleben; *gap, windows, mouth* zukleben.

tape cassette *n* Tonbandkassette *f*; **tape deck** *n* Tapedeck *nt*; **tape measure** *n* Maßband, Bandmaß *nt.*

taper ['teɪpə^r] **I** *n* (*candle*) (dünne) Kerze.

II *vt* *end of plank, stick* zuspitzen; *edge* abschrägen; *hair* spitz zuschneiden; *pair of trousers* (nach unten) verengen.

III *vi* sich zuspitzen; (*tower, vase also*) sich verjüngen; (*trousers*) nach unten enger werden; (*hair*) (im Nacken) spitz zulaufen. **to ~ to a point** spitz zulaufen.

◆**taper off I** *vi* **1.** spitz zulaufen, sich zuspitzen; (*tower also, vase*) sich verjüngen; (*road, trousers*) sich verengen.

2. (*fig: decrease gradually*) langsam aufhören; (*numbers*) langsam zurückgehen; (*production*) langsam auslaufen.

II *vt sep* *edge* abschrägen; *end of plank, stick* zuspitzen; (*fig*) *production* zurückschrauben; (*bring to an end*) langsam auslaufen lassen.

tape reader *n* (*Comput*) Lochstreifenleser *m*; **tape-record** *vt* auf Band aufnehmen; **tape-recorder** *n* Tonbandgerät *nt*; **tape-recording** *n* Bandaufnahme *f.*

tapered ['teɪpəd] *adj* spitz zulaufend. **~ trousers** Hosen, die unten enger werden.

tapering ['teɪpərɪŋ] *adj* spitz zulaufend.

tape streamer *n* (*Comput*) Streamer *m.*

tapestry ['tæpɪstrɪ] *n* Wand- *or* Bildteppich *m*; (*fabric*) Gobelin *m.*

tapeworm ['teɪpwɜːm] *n* Bandwurm *m.*

tapioca [ˌtæpɪ'əʊkə] *n* Tapioka *f.*

tapir ['teɪpə^r] *n* Tapir *m.*

tappet ['tæpɪt] *n* (*Aut*) Stößel *m.*

taproom *n* Schankstube, Schenke (*old*) *f*; **taproot** *n* (*Bot*) Pfahlwurzel *f.*

tap water *n* Leitungswasser *nt.*

tar[1] [tɑː^r] **I** *n* Teer *m.* **II** *vt* *road, fence* teeren. **they are all ~red with the same brush** (*fig*) sie sind alle vom gleichen Schlag; **to ~ and feather sb** jdn teeren und federn.

tar² *n* (*old Naut sl*) Seemann *m*.

tarantella [ˌtærən'telə] *n* Tarantella *f*.

tarantula [tə'ræntjʊlə] *n* Tarantel *f*.

tarbrush ['tɑːbrʌʃ] *n*: **a touch of the ~** (*hum inf*) schwarzes Blut.

tardily ['tɑːdɪlɪ] *adv see adj* **1.** (reichlich) spät. **2.** zu spät.

tardiness ['tɑːdɪnɪs] *n* **1.** (*of person*) Säumigkeit *f* (*geh*). **the ~ of his reply/offer** seine reichlich späte Antwort/sein reichlich spätes Angebot. **2.** (*US: lateness*) Zuspätkommen *nt*; (*of train*) Verspätung *f*.

tardy ['tɑːdɪ] *adj* (+*er*) **1.** (*belated*) *reply, arrival, offer to help* (reichlich) spät; *person* säumig (*geh*). **to be ~ in doing sth** etw erst reichlich spät tun.

2. (*US: late*) **to be ~** (*person*) zu spät kommen; (*train*) Verspätung haben; **the train was ~ (in arriving at New York)** der Zug kam mit Verspätung (in New York) an.

tare¹ [tɛəʳ] *n* (*Bot*) Wicke *f*.

tare² *n* (*Comm*) Tara *f*; (*of vehicle*) Leergewicht *nt*.

target ['tɑːgɪt] **I** *n* **1.** (*person, object, Mil*) Ziel *nt*; (*Sport: board*) Ziel- *or* Schießscheibe *f*; (*fig: of joke, criticism*) Zielscheibe *f*. **his shot was off/on ~** (*Mil*) sein Schuß ist daneben gegangen/hat getroffen; (*Ftbl*) sein Schuß war ungenau/sehr genau; **Apollo XI is on ~ for the moon** Apollo XI ist auf direktem Kurs zum Mond.

2. (*objective, goal*) Ziel *nt*; (*in production*) (Plan)soll *nt*. **industrial production ~** Produktionssoll *nt no pl*; **production is above/on/below ~** das Produktionssoll ist überschritten/erfüllt/nicht erfüllt; **we set ourselves the ~ of £10,000** wir haben uns £ 10.000 zum Ziel gesetzt; **to be on ~** auf Kurs sein; **we're on ~ for £10,000** alles läuft nach Plan, um auf £ 10.000 zu kommen; **to stay on ~** den Kurs halten; **to be behind ~** hinter dem Soll zurückliegen.

II *vt* sich (*dat*) zum Ziel setzen; *group, audience* als Zielgruppe haben, abzielen auf (+*acc*). **to ~ 500 t per day** das Produktionsziel mit 500 t pro Tag ansetzen.

target area *n* Zielbereich *m*, Zielgebiet *nt*; **target cost** *n* Richtkosten, Plankosten *pl*; **target date** *n* angestrebter Termin; **target figure** *n* Richtsumme, Plansumme *f*; **we have a ~ ~ of 100,000 visitors** wir haben uns (*dat*) 100.000 Besucher zum Ziel gesetzt; **target group** *n* Zielgruppe *f*; **target market** *n* Zielmarkt *m*; **target practice** *n* (*Mil*) Zielschießen *nt*.

targetting ['tɑːgɪtɪŋ] *n* (*setting targets*) Zielsetzung *f*. **the ~ of teenagers as customers** das Abzielen auf Teenager als Kunden; **we had agreed on the ~ of £10,000** wir hatten £ 10.000 als Ziel vereinbart.

tariff ['tærɪf] **I** *n* **1.** (Gebühren)tarif *m*; (*in hotels*) Preisverzeichnis *nt*, Preisliste *f*. **2.** (*Econ: tax*) Zoll *m*; (*table*) Zolltarif *m*. **II** *attr* (*Econ*) **~ reform** Zolltarifreform *f*; (*Hist*) Einführung *f* von Schutzzöllen; **~ walls** Zollschranken *pl*.

tarmac ['tɑːmæk] **I** *n* **1.** Makadam *m*; (*generally*) Asphalt *m*. **2.** (*esp Brit Aviat*) Rollfeld *nt*. **II** *vt road* (*generally*) asphaltieren.

tarmacadam [ˌtɑːmə'kædəm] *n* Makadam *m*.

tarn [tɑːn] *n* kleiner Berg- *or* Gebirgssee.

tarnish ['tɑːnɪʃ] **I** *vt* **1.** *metal* stumpf werden lassen. **the silver was ~ed by exposure to air** das Silber war an der Luft angelaufen. **2.** (*fig*) *reputation, glory* beflecken; *ideals* trüben, den Glanz nehmen (+*dat*). **II** *vi* (*metal*) anlaufen. **III** *n* Beschlag *m*. **to prevent ~** das Anlaufen verhindern.

tarot card ['tɑːrəʊkɑːd] *n* Tarotkarte *f*.

tar paper *n* (*US*) Dachpappe, Teerpappe *f*.

tarpaulin [tɑː'pɔːlɪn] *n* **1.** (*waterproof sheet*) Plane *f*; (*Naut*) Persenning *f*. **2.** **~s** *pl* (*clothes*) Ölzeug *nt*.

tarragon ['tærəgən] *n* Estragon *m*.

tarry¹ ['tɑːrɪ] *adj* teerig.

tarry² [tærɪ] *vi* (*old, liter*) **1.** (*remain*) verweilen (*old, liter*). **2.** (*delay*) säumen (*old, liter*), zögern.

tart¹ [tɑːt] *adj* (+*er*) **1.** *flavour, wine* herb, sauer (*pej*); *fruit* sauer. **2.** (*fig*) *remark, manner* scharf; *humour* beißend; *person* schroff.

tart² *n* (*Cook*) Obstkuchen *m*, Obsttorte *f*; (*individual*) Obsttörtchen *nt*.

tart³ *n* (*inf*) (*prostitute*) Nutte *f* (*sl*); (*loose woman*) Flittchen *nt* (*pej*); (*pej: woman*) Schachtel *f* (*inf*).

◆**tart up** *vt sep* (*esp Brit inf*) aufmachen (*inf*); *oneself* auftakeln (*inf*), aufdonnern (*inf*). **there she was, all ~ed ~** da stand sie, aufgetakelt wie eine Fregatte (*inf*).

tartan ['tɑːtən] **I** *n* (*pattern*) Schottenkaro *nt*; (*material*) Schottenstoff *m*. **what ~ are you?** welches Clan-Muster tragen Sie? **II** *adj skirt* im Schottenkaro *or* -muster.

tartar ['tɑːtəʳ] *n* (*of wine*) Weinstein *m*; (*in kettle*) Kesselstein *m*; (*on teeth*) Zahnstein *m*.

Tartar ['tɑːtəʳ] *n* Tatar(in *f*) *m*. **t~** (*fig*) Tyrann(in *f*) *m*; **to catch a ~** (*fig*) sich (*dat*) etwas Übles einhandeln.

tartaric [tɑː'tærɪk] *adj* **~ acid** Weinsäure *f*.

tartar sauce *n* ≃ Remouladensoße *f*.

tartly ['tɑːtlɪ] *adv speak* scharf.

tartness ['tɑːtnɪs] *n see adj* **1.** Herbheit, Säure (*pej*) *f*; Säure *f*. **2.** Schärfe *f*; Beißende(s) *nt*; Schroffheit *f*.

task [tɑːsk] **I** *n* Aufgabe *f*. **to set** *or* **give sb a ~** jdm eine Aufgabe stellen *or* geben; **it is the ~ of the politician to ...** es ist Aufgabe des Politikers zu ...; **to take sb to ~** jdn ins Gebet nehmen, sich (*dat*) jdn vornehmen (*inf*) (*for, about* wegen). **II** *vt see* **tax II 2.**.

task force *n* Sondereinheit, Spezialeinheit *f*; **taskmaster** *n* (strenger) Arbeitgeber.

Tasmania [tæz'meɪnɪə] *n* Tasmanien *nt*.

Tasmanian [tæz'meɪnɪən] **I** *adj* tasmanisch. **II** *n* Tasmanier(in *f*) *m*.

Tasman Sea ['tæzmən'siː] *n* Tasmansee *f*.

tassel ['tæsəl] *n* Quaste, Troddel *f*.

taste [teɪst] **I** *n* **1.** (*sense*) Geschmack(sinn) *m*. **to be sweet to the ~** süß schmecken, einen süßen Geschmack haben.

2. (*flavour*) Geschmack *m*. **I don't like the ~** das schmeckt mir nicht; **her cooking has no ~** ihr Essen schmeckt nach nichts; **a ~ of onions** ein Zwiebelgeschmack; **to leave a bad ~ in the mouth** (*lit, fig*) einen üblen Nachgeschmack hinterlassen.

3. (*small amount*) Kostprobe *f*); (*fig: as an example*) Kostprobe *f*; (*of sth in the future*) Vorgeschmack *m*. **would you like some? — just a ~** möchten Sie etwas? – nur eine Idee; **to have a ~ (of sth)** (*lit*) (etw) probieren *or* kosten; (*fig*) eine Kostprobe (von etw) bekommen; (*of sth to come*) einen Vorgeschmack (von etw) haben; **two years in the army will give him a ~ of discipline** zwei Jahre bei der Armee werden ihm zeigen *or* ihn spüren lassen, was Disziplin ist; **a ~ of what was to come** ein Vorgeschmack dessen, was noch kommen sollte.

4. (*liking*) Geschmack *m no pl*. **to have a ~ for sth** eine Vorliebe für etw haben; **it's an acquired ~** das ist etwas für Kenner; **she has expensive ~s in hats** was Hüte anbelangt, hat sie einen teuren Geschmack; **my ~ in music has changed over the years** mein musikalischer Geschmack hat sich mit der Zeit geändert; **to be to sb's ~** nach jds Geschmack sein; **it is a matter of ~** das ist Geschmack(s)sache; **there is no accounting for ~s** über Geschmack läßt sich (nicht) streiten; **~s differ** die Geschmäcker sind verschieden; **sweeten to ~** (*Cook*) nach Geschmack *or* Bedarf süßen.

5. (*discernment*) Geschmack *m*. **she has very good ~ in furniture** was Möbel anbelangt, hat sie einen sehr guten Geschmack; **she has no ~ at all when it comes to choosing friends** sie ist nicht sehr wählerisch in der Auswahl ihrer Freunde; **a man of ~** ein Mann mit Geschmack; **in good/bad ~** geschmackvoll/geschmacklos; **to be in doubtful ~** von zweifelhaftem Geschmack zeugen.

II *vt* **1.** (*perceive flavour of*) schmecken; *blood* lecken. **I can't ~ anything** ich schmecke überhaupt nichts; **I can't ~ anything wrong** ich kann nichts Besonderes schmecken; **once you've ~d real champagne** wenn Sie einmal echten Sekt getrunken haben; **I've never ~d caviar** ich habe noch nie Kaviar gekostet (*geh*) *or* gegessen; **wait till you ~ this** warten Sie mal, bis Sie das probiert haben; **he hadn't ~d food for a week** er hatte seit einer Woche nichts zu sich genommen.

2. (*take a little*) versuchen, probieren, kosten.

3. (*test*) *wine* verkosten; *food products* probieren; (*official*) prüfen. **~ the sauce before adding salt** schmecken Sie die Soße ab, bevor Sie Salz beigeben.

4. (*fig*) *power, freedom* erfahren, erleben. **once the canary had ~d freedom ...** als der Kanarienvogel erst einmal Geschmack an der Freiheit gefunden hatte ...

III *vi* schmecken. **to ~ good** *or* **nice** (gut) schmecken; **it ~s all right to me** ich schmecke nichts; (*I like it*) ich finde, das schmeckt nicht schlecht; **to ~ of sth** nach etw schmecken.

taste bud *n* Geschmacksknospe *f*.

tasteful *adj*, **~ly** *adv* ['teɪstfʊl, -fəlɪ] geschmackvoll.

tastefulness ['teɪstfʊlnɪs] *n* guter Geschmack.

tasteless ['teɪstlɪs] *adj* (*lit, fig*) geschmacklos; *food also* fade.

tastelessly ['teɪstlɪslɪ] *adv see adj*.

tastelessness ['teɪstlɪsnɪs] *n* (*lit, fig*) *see adj* Geschmacklosigkeit *f*; Fadheit *f*.

taster ['teɪstə^r] *n* **1.** (*of wine, tobacco*) Prüfer(in *f*), Probierer *m*; (*of tea*) Schmecker *m*; (*as bodyguard*) Vorkoster *m*. **2.** (*fig*) Vorgeschmack *m*. **this is just a ~ of what's to come** dies ist nur ein kleiner Vorgeschmack von dem, was noch kommt.

tastily ['teɪstɪlɪ] *adv see adj*.

tastiness ['teɪstɪnɪs] *n* Schmackhaftigkeit *f*.

tasty ['teɪstɪ] *adj* (+*er*) *dish* schmackhaft.

tat *n see* **tit**[2].

ta-ta ['tæ'tɑː] *interj* (*Brit inf*) tschüs (*inf*).

tattered ['tætəd] *adj clothes, person* zerlumpt; *book, sheet* zerfleddert, zerfetzt; (*fig*) *pride, reputation* angeschlagen.

tatters ['tætəz] *npl* Lumpen, Fetzen *pl*. **to be in ~** in Fetzen sein *or* hängen; **his reputation/pride was in ~** sein Ruf/Stolz war sehr angeschlagen.

tattily ['tætɪlɪ] *adv* (*inf*) *see adj*.

tattiness ['tætɪnɪs] *n* (*inf*) *see adj* Schmuddeligkeit *f*; Schäbigkeit *f*.

tatting ['tætɪŋ] *n* Okki- *or* Schiffchenspitze, Frivolitätenarbeit *f*.

tattle ['tætl] **I** *vi* tratschen (*inf*), klatschen. **II** *n* Geschwätz, Gerede *nt*. **office ~** Büroklatsch *or* -tratsch (*inf*) *m*.

tattler ['tætlə^r] *n* Klatschmaul *nt* (*pej sl*).

tattoo[1] [tə'tuː] **I** *vt* tätowieren. **II** *n* Tätowierung *f*.

tattoo[2] *n* **1.** (*military pageant*) Musikparade *f*. **2.** (*Mil: on drum or bugle*) Zapfenstreich *m*. **to beat** *or* **sound the ~** den Zapfenstreich blasen; **to beat a ~ on the table** (*with one's fingers*) auf den Tisch trommeln.

tatty ['tætɪ] *adj* (+*er*) (*inf*) schmuddelig; *clothes* schäbig.

taught [tɔːt] *pret, ptp of* **teach.**

taunt [tɔːnt] **I** *n* Spöttelei *f*, höhnische Bemerkung. **he paid no attention to their ~s of "traitor"** er kümmerte sich nicht darum, daß sie ihn als Verräter verhöhnten. **II** *vt person* verspotten, aufziehen (*inf*) (*about* wegen). **to ~ sb with cowardice** jdm höhnisch *or* spöttisch Feigheit vorwerfen.

taunting *adj*, **~ly** *adv* ['tɔːntɪŋ, -lɪ] *adj* höhnisch, spöttisch.

Taurean [tɔːˈrɪən] **I** *adj* Stier-. **II** *n* Stier *m*.

Taurus [ˈtɔːrəs] *n* (*Astron, Astrol*) Stier *m*.

taut [tɔːt] *adj* (+*er*) **1.** *rope* straff (gespannt); *muscles* stramm, gestrafft. **2.** (*fig: tense*) *nerves, situation* (an)gespannt. **3.** (*fig: precise, economical*) *style, prose* knapp.

tauten [ˈtɔːtn] **I** *vt rope* spannen, straff anziehen, straffen; *sail* straffen. **II** *vi* sich spannen *or* straffen, straff werden.

tautly [ˈtɔːtlɪ] *adv see adj*.

tautness [ˈtɔːtnɪs] *n* (*of skin, rope*) Straffheit *f*; (*of muscles*) Strammheit *f*; (*fig*) (*of atmosphere*) Gespanntheit *f*; (*of nerves*) Anspannung *f*; (*of style*) Knappheit *f*.

tautological [ˌtɔːtəˈlɒdʒɪkəl], **tautologous** [tɔːˈtɒləgəs] *adj* tautologisch, doppelt gemoppelt (*inf*).

tautology [tɔːˈtɒlədʒɪ] *n* Tautologie *f*.

tavern [ˈtævən] *n* (*old*) Taverne, Schenke (*old*) *f*.

tawdrily [ˈtɔːdrɪlɪ] *adv* billig und geschmacklos. **~ dressed** aufgedonnert.

tawdriness [ˈtɔːdrɪnɪs] *n* (*of jewellery, decorations*) ordinäre Protzigkeit.

tawdry [ˈtɔːdrɪ] *adj* (+*er*) *clothes* billig und geschmacklos; *hat, splendour, decorations* ordinär; *person, appearance* aufgedonnert. **all this cheap and ~ jewellery** all dieser billige Flitterkram.

tawny [ˈtɔːnɪ] *adj* (+*er*) gelbbraun, goldbraun. **~ port** Tawny-Portwein *m*; **~ owl** Waldkauz *m*; (*in Brownies*) Helferin *f* der Wichtelmutter.

tax [tæks] **I** *n* **1.** (*Fin, Econ*) Steuer *f*; (*on a company's profit*) Abgabe *f*; (*import ~*) Gebühr *f*. **before/after ~** brutto/netto, vor/nach Abzug der Steuern; **that's done for ~ purposes** das wird aus steuerlichen Gründen getan; **free of ~** steuer-/abgaben-/gebührenfrei; **to put a ~ on sb/sth** jdn/etw besteuern, jdn/etw mit einer Steuer belegen; **the heavy ~ on the rich** die hohe Besteuerung der Reichen; **the ~ on alcohol/cars** die Getränke-/Kraftfahrzeugsteuer.

2. (*fig*) Belastung *f* (*on sth gen, on sb* für jdn).

II *vt* **1.** (*Fin, Econ*) besteuern; *goods also* mit einer Steuer belegen; *country* mit Steuern belegen. **this government is going to ~ us all out of existence** diese Regierung zieht uns den letzten Pfennig aus der Tasche (*inf*).

2. (*fig*) *brain, imagination* strapazieren; *one's patience, nerves also* auf eine harte Probe stellen; *strength* stark beanspruchen; *savings, resources* angreifen, schmälern.

3. (*liter: accuse*) **to ~ sb with sth** jdn einer Sache (*gen*) beschuldigen *or* bezichtigen *or* zeihen (*liter*); **to ~ sb with having lied** jdn einer Lüge (*gen*) zeihen (*liter*).

taxable [ˈtæksəbl] *adj person* steuerpflichtig; *income also* (be)steuerbar (*form*); *goods* besteuert, abgabenpflichtig.

tax *in cpds* Steuer-; **tax allowance** *n* Steuervergünstigung *f*; (*tax-free income*) Steuerfreibetrag *m*.

taxation [tækˈseɪʃən] *n* Besteuerung *f*; (*taxes also*) Steuern *pl*. **money acquired from ~** Steuereinnahmen *or* -einkünfte *pl*; **exempt from ~** nicht besteuert; *goods, income also* steuerfrei; **subject to ~** steuerpflichtig.

tax avoidance *n* Steuerumgehung *f*; **tax bracket** *n* Steuergruppe *or* -klasse *f*; **tax burden** *n* Steuerlast *f*; **tax code, tax coding** *n* Steuerkennziffer *f*; **tax collecting** *n* Steuereinziehung *f*; **tax collector** *n* Finanz- *or* Steuerbeamte(r) *m*; (*Bibl, Hist*) Zöllner *m*; **tax-deductible** *adj* (von der Steuer) absetzbar; *mortgage* steuerbegünstigt; **tax disc** *n* (*on vehicle*) Kraftfahrzeugsteuerplakette *f*; **tax-dodger** *n* Steuerhinterzieher(in *f*) *m*; (*who goes abroad*) Steuerflüchtling *m*; **tax evasion** *n* Steuerhinterziehung *f*; (*by going abroad*) Steuerflucht *f*; **tax-exempt** *adj* (*US*) *person* steuerbefreit; *business* abgabenfrei; *income* steuerfrei; **tax exile** *n* Steuerexil *nt*; (*person*) Steuerflüchtling *m*; **tax form** *n* Steuerformular *nt*; **tax-free** *adj, adv* steuer-/abgabenfrei; **tax haven** *n* Steuerparadies *nt*.

taxi [ˈtæksɪ] **I** *n* Taxi *nt*, Taxe *f*. **to go by ~** mit dem Taxi *or* der Taxe fahren. **II** *vi* (*Aviat*) rollen. **the plane ~ed to a halt** das Flugzeug rollte aus.

taxicab *n* Taxi *nt*; **taxi dancer** *n* (*US*) Tanzdame *f*.

taxidermist [ˈtæksɪdɜːmɪst] *n* Präparator(in *f*), Tierausstopfer(in *f*) *m*.

taxidermy [ˈtæksɪdɜːmɪ] *n* Taxidermie *f*.

taxi-driver *n* Taxifahrer(in *f*), Taxichauffeur(in *f*) *m*; **taxi meter** *n* Fahrpreisanzeiger, Taxameter (*form*) *m*.

tax incentive *n* Steueranreiz *m*.

taxi plane *n* (*US*) Lufttaxi *nt*; **taxi rank, taxi stand** *n* Taxistand *m*.

taxman [ˈtæksmæn] *n* Steuer- *or* Finanzbeamte(r) *m*. **the ~ gets 35%** das Finanzamt bekommt 35%.

taxonomy [tækˈsɒnəmɪ] *n* Taxonomie *f*.

taxpayer *n* Steuerzahler(in *f*) *m*; **tax rebate** *n* Steuervergütung *or* -rückzahlung *f*; **tax relief** *n* Steuervergünstigung *f*; **tax return** *n* Steuererklärung *f*; **tax revenue** *n* Steueraufkommen *nt*; **tax system** *n* Steuerwesen, Steuer- *or* Besteuerungssystem *nt*; **taxwoman** *n* Steuer- *or* Finanzbeamtin *f*; **tax year** *n* Steuerjahr *nt*.

TB *abbr of* **tuberculosis** Tb, Tbc *f*.

T-bar [ˈtiːbɑːʳ] *n* Bügel *m*; (*lift*) Schlepplift *m*.

T-bone steak [ˈtiːbəʊnˈsteɪk] *n* T-bone-Steak *nt*.

tbs(p) *abbr of* **tablespoonful(s), tablespoon(s)** Eßl.

tea [tiː] *n* **1.** (*substance, drink*) Tee *m*. **to make (the) ~** (den) Tee machen; **a cup of ~** eine Tasse Tee; **not for all the ~ in China** nicht um alles Gold der Welt. **2.** (*also* **~ plant**) Tee(strauch) *m*. **3.** ≃ Kaffee und Kuchen; (*meal*) Abendbrot *nt*. **we have ~ at five** wir essen um 5 Uhr Abendbrot *or* zu Abend.

tea bag *n* Teebeutel *m*; **tea ball** *n* (*esp*

US) Tee-Ei *nt*; **tea biscuit** *n* Butterkeks *m*; **tea biscuits** *npl* Teegebäck *nt*; **tea boy** *n Lehrling, der für die Angestellten den Pausentee kocht*; **tea break** *n* Pause *f*; **tea caddy** *n* Teebüchse *or* -dose *f*; (*dispenser*) Teespender *m*; **teacake** *n* Rosinenbrötchen *nt*; **tea cart** *n* (*US*) Tee- *or* Servierwagen *m*.

teach [ti:tʃ] (*vb: pret, ptp* **taught**) **I** *vt subject, person* unterrichten, lehren (*geh*); *animal* abrichten. **to ~ sth to sb** jdm etw beibringen; (*teacher*) jdn in etw (*dat*) unterrichten, jdm Unterricht in etw (*dat*) geben; **to ~ sb to do sth** jdm beibringen, etw zu tun; **to ~ sb a lesson** (*inf*) jdm eine Lektion erteilen; **this accident taught me to be careful** durch diesen Unfall habe ich gelernt, vorsichtiger zu sein; **to ~ sb how to do sth** jdm zeigen, wie man etw macht, jdm etw beibringen; **he ~es French** er unterrichtet *or* gibt (*inf*) *or* lehrt (*geh*) Französisch; **who taught you to drive?** bei wem haben Sie Fahren gelernt?; **to ~ school** (*US*) Lehrer(in) sein/werden; **to ~ oneself sth** sich (*dat*) etw beibringen; **let that ~ you not to ...** laß dir das eine Lehre sein, nicht zu ...; **that'll ~ him a thing or two!** da werden ihm die Augen aufgehen, da wird er erst mal sehen (*inf*); **that'll ~ him!** das hat er nun davon!; **that'll ~ you to break the speed limit** das hast du (nun) davon, daß du die Geschwindigkeitsbegrenzung überschritten; **you can't ~ him anything about that** darüber können Sie ihm nichts Neues mehr erzählen.

II *vi* unterrichten, Unterricht geben. **he wants to ~** er möchte Lehrer werden; **he can't ~** (*not allowed*) er darf nicht unterrichten; (*no ability*) er gibt keinen guten Unterricht.

III *n* (*sl: teacher: as address*) Herr/Frau X.

teachability [ˌti:tʃə'bɪlɪtɪ] *n* (*of pupil*) Lernfähigkeit *f*; (*of subject*) Lehrbarkeit *f*.

teachable ['ti:tʃəbl] *adj animal, child* lernfähig.

teacher ['ti:tʃəʳ] *n* Lehrer(in *f*) *m*. **university ~s** Hochschullehrer *pl*, Dozenten *pl* an (den) Universitäten (*form*); **~s of English, English ~s** Englischlehrer *pl*; **she is a German ~** sie ist Deutschlehrerin.

teacher-training ['ti:tʃə'treɪnɪŋ] *n* Lehrer(aus)bildung *f*; (*for primary teachers*) Studium *nt or* Ausbildung *f* an einer/der pädagogischen Hochschule; (*for secondary teachers*) Referendarausbildung *f*. **~ certificate** *or* **qualification** (*document*) Zeugnis *nt* über die Prüfung für das Lehramt; **~ college** (*for primary teachers*) pädagogische Hochschule; (*for secondary teachers*) Studienseminar *nt*.

tea-chest ['ti:tʃest] *n* Kiste *f*.

teach-in ['ti:tʃɪn] *n* Teach-in *nt*.

teaching ['ti:tʃɪŋ] *n* **1.** das Unterrichten *or* Lehren (*geh*); (*as profession*) der Lehrberuf. **to take up ~** den Lehrberuf ergreifen (*form*), Lehrer(in *f*) werden; **she enjoys ~** sie unterrichtet gern; **he is no good at ~** er ist kein guter Lehrer.

2. (*doctrine: also* **~s**) Lehre *f*. **his ~ on this subject was somewhat vague** seine Ausführungen zu diesem Thema waren ziemlich vage.

teaching aid *n* Lehr- *or* Unterrichtsmittel *nt*; **teaching hospital** *n* Ausbildungskrankenhaus *nt*; **teaching machine** *n* Lernmaschine *f*, Lehrmittel *nt* für den programmierten Unterricht; **teaching profession** *n* Lehrberuf *m*; (*all teachers*) Lehrer *pl*; **teaching staff** *n* Lehrerkollegium *nt*, Lehrkörper *m* (*form*).

tea cloth *n* Geschirrtuch *nt*; **tea cosy** *n* Teewärmer *m*; **teacup** *n* **1.** Teetasse *f*; *see* **storm I 1.**; **2.** (*also* **~ful**) Tasse *f* (voll); **tea garden** *n* Gartencafé *nt*; **teahouse** *n* Teehaus *nt*.

teak [ti:k] *n* (*wood*) Teak(holz) *nt*; (*tree*) Teakbaum *m*.

tea lady *n Frau, die in Büros für die Angestellten Tee zubereitet*; **tea-leaf** *n* Teeblatt *nt*; *see* **read[1] I 2.**.

team [ti:m] **I** *n* **1.** Team *nt*; (*Sport also*) Mannschaft *f*. **football ~** Fußballmannschaft *or* -elf *f*; **they make a good ~** sie sind ein gutes Team *or* (*two also*) Gespann, sie arbeiten gut zusammen; **research ~** Forschungsgruppe *or* -gemeinschaft *f or* -team *nt*; **a ~ of scientists** eine Gruppe *or* ein Team *nt* von Wissenschaftlern.

2. (*of horses, oxen*) Gespann *nt*.

II *vt horses, oxen* zusammenspannen; (*fig*) zusammentun.

◆**team up I** *vi* (*people*) sich zusammentun (*with* mit); (*join group*) sich anschließen (*with sb* jdm). **I see that John and Mary have ~ed ~** John und Mary gehen jetzt (anscheinend) miteinander (*inf*).

II *vt sep* zusammenschließen.

team effort *n* Teamarbeit *f*; **team game** *n* Mannschaftsspiel *nt*; **team-mate** *n* Mannschaftskamerad *m*; **team member** *n* Teammitglied *nt*; (*Sport also*) Mannschaftsmitglied *nt*; **team spirit** *n* Gemeinschaftsgeist *m*; (*Sport*) Mannschaftsgeist *m*.

teamster ['ti:mstəʳ] *n* **1.** (*US: truck driver*) Lastwagenfahrer, LKW-Fahrer *m*.

2. (*old Agr*) Fuhrmann *m*.

teamwork ['ti:mwɜ:k] *n* Gemeinschaftsarbeit, Teamarbeit *f*, Teamwork *nt*.

tea party *n* Teegesellschaft *f*; **teapot** *n* Teekanne *f*.

tear[1] [tɛəʳ] (*vb: pret* **tore,** *ptp* **torn**) **I** *vt* **1.** *material, paper, dress* zerreißen; *flesh* verletzen, aufreißen; *hole* reißen. **I've torn a muscle** ich habe mir einen Muskel gezerrt; **to ~ sth in two** etw (in zwei Stücke *or* Hälften) zerreißen, etw in der Mitte durchreißen; **to ~ sth to pieces** etw in Stücke reißen; **the critics tore the play to pieces** die Kritiker haben das Stück total verrissen; **to ~ sth open** etw aufreißen; **that's torn it!** (*fig inf*) das hat alles verdorben!

2. (*pull away*) reißen. **to ~ one's hair (out)** sich (*dat*) die Haare raufen.

3. (*fig: usu pass*) **a country torn by war**

ein vom Krieg zerrissenes Land; **to be torn between two things/people** zwischen zwei Dingen/Menschen hin und her gerissen sein; **she was completely torn** sie war innerlich zerrissen.

II *vi* **1.** (*material*) (zer)reißen. **her coat tore on a nail** sie zerriß sich (*dat*) den Mantel an einem Nagel; ~ **along the dotted line** an der gestrichelten Linie abtrennen.

2. (*move quickly*) rasen. **to ~ past** vorbeirasen.

III *n* (*in material*) Riß *m*.

◆**tear along** *vi* entlangrasen.

◆**tear apart** *vt sep place, house* völlig durcheinanderbringen; *meat, flesh, zebra, country* zerreißen.

◆**tear at** *vi +prep obj* zerren an (+*dat*). **the thorns tore ~ her hands** die Dornen zerkratzten ihr die Hände; **the waves tore ~ the cliffs** die Wellen peitschten gegen die Klippen.

◆**tear away I** *vi* davonrasen.

II *vt sep wrapping* abreißen, wegreißen (*from* von). **if you can ~ yourself ~ from the paper** wenn du dich von der Zeitung losreißen kannst; **if you can ~ him ~ from the party** wenn du ihn von der Party wegkriegen *or* loseisen kannst (*inf*).

◆**tear down I** *vi* hinunter-/herunterrasen (*prep obj acc*). **II** *vt sep poster* herunterreißen; *house* abreißen, abbrechen.

◆**tear into** *vi +prep obj* **1.** (*shell, rocket*) ein Loch reißen in (+*acc*); (*animals*) *deer* zerfleischen; *food* sich hermachen über (+*acc*); (*saw*) sich fressen durch. **2.** (*attack physically*) herfallen über (+*acc*). **3.** (*attack verbally*) abkanzeln, zur Schnecke machen (*inf*); (*critic*) keinen guten Faden lassen an (+*dat*).

◆**tear off I** *vi* **1.** wegrasen. **he tore ~ down the street** er raste die Straße hinunter. **2. the carbon ~s ~** die Durchschrift läßt sich abtrennen.

II *vt sep label, wrapping, calendar leaf* abreißen; *cover* wegreißen; *clothes* herunterreißen. **please ~ ~ this part and complete** bitte hier abtrennen und ausfüllen; **he tore a strip ~ me** (*inf*), **he tore me ~ a strip** (*inf*) er hat mich zur Minna *or* Schnecke gemacht (*inf*).

◆**tear out I** *vi* heraus-/hinausrasen, wegrasen. **he tore ~ through the front door** er raste *or* rannte zur Vordertür hinaus. **II** *vt sep* (her)ausreißen (*of* aus). **the tree was torn ~ by the roots** der Baum wurde entwurzelt.

◆**tear up I** *vi* angerast kommen. **he tore ~ the hill/road** er raste den Berg hinauf/ die Straße entlang.

II *vt sep* **1.** *paper* zerreißen.

2. (*fig: cancel*) *contract, agreement* zerreißen.

3. (*pull from ground*) *post, stake, plant* (her)ausreißen.

4. (*break surface of*) *ground* aufwühlen; *road* aufreißen.

tear[2] [tɪəʳ] *n* Träne *f*. **in ~s** in Tränen aufgelöst; **there were ~s in her eyes** ihr standen Tränen in den Augen; **the news brought ~s to his eyes** als er das hörte, stiegen ihm die Tränen in die Augen; **you are bringing ~s to my eyes** (*iro*) mir kommen die Tränen (*iro*); **the ~s were running down her cheeks** ihr Gesicht war tränenüberströmt; **to laugh till the ~s come** Tränen lachen; **to weep ~s of joy** Freudentränen weinen *or* vergießen.

tearaway ['tɛərəweɪ] *n* (*inf*) Rabauke *m* (*inf*).

tear drop *n* Träne *f*.

tearful ['tɪəfʊl] *adj look* tränenfeucht; *face* tränenüberströmt.

tearfully ['tɪəfəlɪ] *adv look* mit Tränen in den Augen; *say* unter Tränen.

teargas ['tɪəgæs] *n* Tränengas *nt*.

tearing ['tɛərɪŋ] *adj* (*inf*): **to be in a ~ hurry** es fürchterlich *or* schrecklich eilig haben.

tear-jerker *n* (*inf*) Schmachtfetzen *m* (*inf*); **to be a ~** auf die Tränendrüsen drücken (*inf*); **tear-jerking** *adj* (*inf*) der/die/das auf die Tränendrüsen drückt (*inf*).

tearoff ['tɛərɒf] *adj sheet, form* zum Abtrennen *or* Abreißen. ~ **calendar** Abreißkalender *m*.

tearoom *n* Teestube *f*, Café *nt*; **tea-rose** *n* Teerose *f*.

tear-stained ['tɪəsteɪnd] *adj face* verweint, verheult (*pej inf*), tränenverschmiert; *pillow, handkerchief* naßgeweint.

tease [ti:z] **I** *vt* **1.** *person* necken; *animal* reizen; (*torment*) quälen; (*make fun of*) aufziehen, hänseln (*about* wegen); (*pull leg, have on*) auf den Arm nehmen (*inf*), veralbern (*inf*).

2. *see* ~ **out 1.**

3. (*raise nap on*) *cloth* kämmen.

4. (*backcomb*) *hair* toupieren.

5. (*ease gently*) **he ~d the red into the pocket/the rope through the crack** er manipulierte die rote Kugel ins Loch/schob das Seil geschickt durch den Spalt.

II *vi* **1. give it back to her, don't ~** gib es ihr zurück und neck sie nicht.

2. (*joke*) Spaß machen.

III *n* (*inf: person*) Scherzbold *m* (*inf*). **he's a real ~** ihm sitzt der Schalk im Nacken (*hum*); **she's just a ~** sie foppt einen nur.

◆**tease out** *vt sep* **1.** *fibres* kardieren, karden; *wool* krempeln, kämmen; *flax* hecheln; *tangles* auskämmen.

2. (*fig*) *significant factors* herausdestillieren. **to ~ sth ~ of sth** etw aus etw herauspusseln (*inf*); **he managed to ~ the information ~ of her** er hat ihr die Auskunft abgelockt.

teasel ['ti:zl] *n* **1.** (*Bot*) Karde *f*. **2.** (*Tech*) Karde, Krempel *f*.

teaser ['ti:zəʳ] *n* **1.** (*difficult question*) harte Nuß (*inf*); (*riddle*) Denksportaufgabe *f*. **2.** (*person*) Schelm, Schäker(in *f*) (*inf*) *m*. **he's a real ~** ihm sitzt der Schalk im Nacken; **she's just a ~** sie foppt einen nur.

tea service, tea set *n* Teeservice *nt*; **tea shop** *n* Teestube *f*.

teasing ['ti:zɪŋ] **I** *adj voice, manner* neckend; (*making fun*) hänselnd. **II** *n see vt* **1.** Neckerei *f*; Reizen *nt*, Quälerei *f*;

Hänselei *f*; Veralbern *nt*.

teasingly ['ti:zɪŋlɪ] *adv see adj.*

teaspoon *n* **1.** Teelöffel *m*; **2.** (*also* **~ful**) Teelöffel *m* (voll); **tea strainer** *n* Teesieb *nt*.

teat [ti:t] *n* (*of animal*) Zitze *f*; (*of woman*) Brustwarze *f*; (*Brit: on baby's bottle*) (Gummi)sauger *m*.

tea table *n* **to lay the ~** den Tisch zum Tee/fürs Abendessen decken; **at the ~** beim Tee/Abendessen; **teatime** *n* (*for afternoon tea*) Teestunde *f*; (*mealtime*) Abendessen *nt*; **we'll talk about it at ~** wir werden uns beim Tee/Abendessen darüber unterhalten; **tea towel** *n* Geschirrtuch *nt*; **tea tray** *n* Tablett, Teebrett *nt*; **tea trolley** *n* Tee- *or* Servierwagen *m*; **tea urn** *n* Teemaschine *f*; **tea-wagon** *n* (*US*) Tee- *or* Servierwagen *m*.

teazel *n see* **teasel.**

tech [tek] (*Brit*) *abbr of* **technical college.**

technical ['teknɪkəl] *adj* **1.** (*concerning technology and technique*) technisch. **~ school** Gewerbeschule, Fachschule *f*.

2. (*of particular branch*) fachlich, Fach-; *adviser, journal, dictionary* Fach-; *problems, vocabulary* fachspezifisch; *details* formal. **~ term** Fachausdruck, Terminus technicus (*geh*) *m*; **~ terminology** Fachsprache *f*; **~ question** (*Jur*) Verfahrensfrage *f*; **for ~ reasons** (*Jur*) aus verfahrenstechnischen Gründen; **the book is a bit too ~ for me** in dem Buch sind mir zu viele Fachausdrücke; **am I getting too ~ for you?** benutze ich zu viele Fachausdrücke?; **a 2L 54, if you want to be ~** ein 2L 54, um den Fachausdruck zu gebrauchen.

technical college *n* (*Brit*) Technische Fachschule.

technicality [,teknɪ'kælɪtɪ] *n* **1.** *no pl* **the ~ of the language/terms** die Fülle von Fachausdrücken; **the ~ of his style** (*complex style*) die formale Komplexität seines Stils; (*technical terms*) sein Fachjargon *m* (*pej*), seine Fachterminologie.

2. (*technical detail, difficulty*) technische Einzelheit; (*fig, Jur*) Formsache *f*. **because of a ~** auf Grund einer Formsache; **that's just a ~** das ist bloß ein Detail.

technical knockout *n* (*Boxing*) technischer K.o.

technically ['teknɪkəlɪ] *adv* **1.** technisch. **2.** (*concerned with specialist field*) vom Fachlichen her gesehen. **he spoke very ~** er benutzte sehr viele Fachausdrücke. **3.** (*strictly speaking*) **~ you're right** genau genommen haben Sie recht.

technical offence *n* Verstoß *m*; **technical sergeant** *n* (*US*) Oberfeldwebel *m*.

technician [tek'nɪʃən] *n* Techniker(in *f*) *m*; (*skilled worker*) Facharbeiter(in *f*) *m*.

Technicolor ® ['teknɪ,kʌlər] *n* Technicolor ® *nt*.

technique [tek'ni:k] *n* Technik *f*; (*method*) Methode *f*.

technocracy [tek'nɒkrəsɪ] *n* Technokratie *f*.

technocrat ['teknəʊkræt] *n* Technokrat(in *f*) *m*.

technocratic [,teknəʊ'krætɪk] *adj* technokratisch.

technological [,teknə'lɒdʒɪkəl] *adj* technologisch; *details, information* technisch.

technologist [tek'nɒlədʒɪst] *n* Technologe *m*, Technologin *f*.

technology [tek'nɒlədʒɪ] *n* Technologie *f*. **the ~ of printing** die Technik des Druckens, die Drucktechnik; **University/College of T~** Technische Universität/Fachschule; **the age of ~** das technische Zeitalter, das Zeitalter der Technik; **~ transfer** Technologietransfer *m*.

Ted [ted] *n dim of* **Edward.**

Teddy ['tedɪ] *n dim of* **Edward.**

teddy (bear) ['tedɪ(,bɛər)] *n* Teddy(bär) *m*.

teddy boy *n* Halbstarke(r) *m*; (*referring to style of dress*) Teddy-Boy *m*.

tedious ['ti:dɪəs] *adj* langweilig, öde.

tediously ['ti:dɪəslɪ] *adv* langweilig.

tediousness ['ti:dɪəsnɪs] *n* Lang(e)weile *f*.

tedium ['ti:dɪəm] *n* Lang(e)weile *f*.

tee[1] [ti:] (*Golf*) **I** *n* Tee *nt*. **II** *vt ball* auf das Tee legen.

◆**tee off** *vi* einen Ball vom (ersten) Abschlag spielen.

◆**tee up I** *vi* den Ball auf das Tee legen, aufteen (*spec*). **II** *vt sep* auf das Tee legen.

tee[2] *n see* **T.**

teem [ti:m] *vi* **1.** (*with people, insects*) wimmeln (*with* von); (*with mistakes, information*) strotzen (*with* vor). **his mind was ~ing with ideas** in seinem Kopf wimmelte es nur so von Ideen.

2. (*of rain: pour*) **it's ~ing (with rain)** es regnet *or* gießt (*inf*) in Strömen.

teeming ['ti:mɪŋ] *adj* **1.** *streets* von Menschen wimmelnd; *crowd* wuselnd. **2.** (*pouring*) *rain* strömend.

teenage ['ti:n,eɪdʒ] *adj* Jugend-, Teenager-; *child, son* halbwüchsig.

teenager ['ti:n,eɪdʒər] *n* Junge *m*/Mädchen *nt* im Teenageralter; (*esp girl*) Teenager *m*. **~s** Teenager *pl*; **now that you're a ~ ...** jetzt, wo du 13 (Jahre alt) bist ...

teens [ti:nz] *npl* **1.** Teenageralter *nt*. **to be in/reach one's ~** im Teenageralter sein/ins Teenageralter kommen; **he is barely out of/still in his ~** er ist knapp über/noch keine zwanzig (Jahre alt). **2.** (*inf: teenagers*) Teenager *pl*.

teeny-bopper ['ti:nɪ,bɒpər] *n* Teenager *m*; (*girl also*) Pipimädchen *nt* (*pej inf*).

teeny(weeny) ['ti:nɪ('wi:nɪ)] *adj* (*inf*) winzig (klein), klitzeklein (*inf*). **just a ~ drop** nur ein ganz klein wenig.

tee-shirt *n see* **T-shirt.**

teeter ['ti:tər] *vi* **1.** taumeln, schwanken. **to ~ on the brink** *or* **edge of sth** (*lit*) am Rand von etw taumeln; (*fig*) am Rand von etw sein. **2.** (*US: seesaw*) wippen, schaukeln.

teeth [ti:θ] *pl of* **tooth.**

teethe [ti:ð] *vi* zahnen.

teething ['ti:ðɪŋ] *n* Zahnen *nt*.

teething ring *n* Beißring *m*; **teething**

troubles *npl* (*fig*) Kinderkrankheiten *pl.*

teetotal ['tiː'təʊtl] *adj person* abstinent; *party* ohne Alkohol. **to be ~** abstinent sein, Antialkoholiker(in *f*) *m* sein.

teetotaler *n* (*US*) *see* **teetotaller.**

teetotalism ['tiː'təʊtəlɪzəm] *n* Abstinenz *f.*

teetotaller, (*US*) **teetotaler** ['tiː'təʊtlə^r] *n* Abstinenzler(in *f*), Nichttrinker(in *f*), Antialkoholiker(in *f*) *m.*

TEFL *abbr of* **Teaching (of) English as a Foreign Language.**

Teflon ® ['teflɒn] *n* Teflon ® *nt.*

tel *abbr of* **telephone (number)** Tel.

telecast ['telɪkɑːst] **I** *n* Fernsehsendung *f.* **II** *vt* im Fernsehen übertragen *or* senden.

telecaster ['telɪkɑːstə^r] *n* Fernsehjournalist(in *f*) *m.*

telecommunications [ˌtelɪkəˌmjuːnɪ'keɪʃənz] *n* **1.** *pl* Fernmeldewesen *nt.* **2.** *sing* (*science*) Fernmeldetechnik *f.*

telecommute ['telɪkəmˌjuːt] *vi* Telearbeit machen.

telecommuter ['telɪkəmˌjuːtə^r] *n* jd, der Telearbeit macht.

telecommuting ['telɪkəmˌjuːtɪŋ] *n* Telearbeit *f.*

telegram ['telɪgræm] **I** *n* Telegramm *nt.* **II** *vti* telegraphieren.

telegrammatic [ˌtelɪgrə'mætɪk] *adj* im Telegrammstil.

telegraph ['telɪgrɑːf] **I** *n* **1.** (*apparatus*) Telegraf *m.*

2. (*message*) Telegramm *nt.*

II *vt* telegraphisch übermitteln; *message also* telegrafieren; *person* telegrafieren (+*dat*).

III *vi* telegrafieren.

telegraphic [ˌtelɪ'græfɪk] *adj* telegrafisch; *address, style* Telegramm-.

telegraphist [tɪ'legrəfɪst] *n* Telegrafist(in *f*) *m.*

telegraph pole *n* Telegrafenmast *m or* -stange *f*; **telegraph wire** *n* Telegrafendraht *m or* -leitung *f*; (*under ground*) Telegrafenkabel *nt.*

telegraphy [tɪ'legrəfɪ] *n* Telegrafie *f.*

telekinesis [ˌtelɪkɪ'niːsɪs] *n* Telekinese *f.*

telemessage ['telɪmesɪdʒ] *n* (*Brit*) Telegramm *nt.*

telemeter ['telɪmiːtə^r] *n* Entfernungsmesser *m*, Telemeter *nt.*

telemetry [te'lemɪtrɪ] *n* Telemetrie, Fernmessung *f.*

teleordering ['telɪˌɔːdərɪŋ] *n* Teleordern *nt.*

telepathic [ˌtelɪ'pæθɪk] *adj* telepathisch. **you must be ~!** du mußt ja ein(e) Hellseher(in *f*) sein!

telepathically [ˌtelɪ'pæθɪkəlɪ] *adv see adj.*

telepathist [tɪ'lepəθɪst] *n* Telepath(in *f*) *m*; (*believer in telepathy*) Telepathiegläubige(r) *mf.*

telepathy [tɪ'lepəθɪ] *n* Telepathie *f.*

telephone ['telɪfəʊn] **I** *n* Telefon *nt*, Fernsprecher (*form*) *m*; (*apparatus also*) Telefonapparat, Fernsprechapparat (*form*) *m.* **there's somebody on the ~ for you, you're wanted on the ~** Sie werden am Telefon verlangt; **are you on the ~?, have you got a ~?** haben Sie Telefon?; (*can you be reached by ~*) sind Sie telefonisch zu erreichen?; **he's on the ~** (*is using the ~*) er telefoniert gerade; (*wants to speak to you*) er ist am Telefon; **by ~** telefonisch; **I've just been/I'll get on the ~ to him** ich habe eben mit ihm telefoniert/ich werde ihn anrufen; **we arranged it by ~** *or* **over the ~** wir haben es telefonisch vereinbart.

II *vt* anrufen; *message, reply* telefonisch mitteilen *or* übermitteln. **would you ~ the office to say ...** würden Sie im Büro *or* das Büro anrufen und sagen ...

III *vi* anrufen, telefonieren; (*make ~ call*) telefonieren. **to ~ for an ambulance/a taxi** einen Krankenwagen/ein Taxi rufen.

◆**telephone back** *vti* (*vt: always separate*) *see* **phone back.**

telephone *in cpds* Telefon-, Fernsprech- (*form*); **telephone-book** *n see* **telephone directory**; **telephone booth** *or* **box** *n* Telefonzelle, Fernsprechzelle *f*; **telephone call** *n* Telefongespräch *nt*, Telefonanruf *m*; **telephone directory** *n* Telefonbuch *or* -verzeichnis, Fernsprechbuch *nt*; **telephone exchange** *n* Fernsprechamt *nt*, Vermittlungsstelle *f* (*form*); **telephone kiosk** *n* Telefonzelle, Sprechzelle (*form*) *f*; **telephone line** *n* Fernsprechleitung, (Telefon)leitung *f*; **telephone message** *n* telefonische Nachricht; **telephone number** *n* Telefonnummer, Rufnummer (*form*), Fernsprechnummer (*form*) *f*; **telephone operator** *n* (*esp US*) Telefonist(in *f*) *m.*

telephonic [ˌtelɪ'fɒnɪk] *adj* telefonisch, Telefon-.

telephonically [telɪ'fɒnɪkəlɪ] *adv* fernsprechtechnisch; (*by telephone*) telefonisch.

telephonist [tɪ'lefənɪst] *n* Telefonist(in *f*) *m.*

telephony [tɪ'lefənɪ] *n* Fernsprechwesen *nt.*

telephotograph [ˌtelɪ'fəʊtəgrɑːf] *n* (*Telec*) durch Bildtelegrafie übertragenes Foto.

telephoto (lens) ['telɪˌfəʊtəʊ('lenz)] *n* Teleobjektiv *nt.*

teleprinter ['telɪˌprɪntə^r] *n* Fernschreiber *m.*

teleprompter ® ['telɪˌprɒmptə^r] *n* Teleprompter *m.*

telerecord [ˌtelɪrɪ'kɔːd] *vt* fürs Fernsehen aufzeichnen.

telerecording [ˌtelɪrɪ'kɔːdɪŋ] *n* Fernsehaufzeichnung *f.*

telesales ['telɪseɪlz] *n sing or pl* Telefonverkauf *m*, Verkauf *m* per Telefon.

telescope ['telɪskəʊp] **I** *n* Teleskop, Fernrohr *nt.*

II *vi* (*also* **~ together**) (*train carriages*) sich ineinanderschieben; (*aerial, umbrella*) sich ineinanderschieben lassen.

III *vt* (*also* **~ together**) ineinanderschieben; *umbrella, aerial* zusammenschieben; (*fig*) komprimieren.

telescopic [ˌtelɪ'skɒpɪk] *adj aerial* ausziehbar, zusammenschiebbar; *view* teleskopisch. **~ lens** Fernrohrlinse *f*; **~**

sight Zielfernrohr *nt*; ~ **umbrella** Taschenschirm, Knirps ® *m*.

teletext ['telɪtekst] *n* Videotext *m*.

telethon ['telɪˌθɒn] *n sehr lange Fernsehsendung, in deren Verlauf Spenden für wohltätige Zwecke gesammelt werden*, Fernseh-Spendenaktion *f*.

teletype ® ['telɪtaɪp] *n* (*US*) (*apparatus*) Fernschreiber *m*; (*message*) Fernschreiben, Telex *nt*.

teletypewriter [ˌtelɪ'taɪpraɪtə^r] *n* (*US*) Fernschreiber *m*.

televise ['telɪvaɪz] *vt* (im Fernsehen) senden *or* übertragen. **~d debate** Fernsehdebatte *f*.

television ['telɪˌvɪʒən] *n* Fernsehen *nt*; (*set*) Fernseher, Fernsehapparat *m*. **to watch** ~ fernsehen; **to be on** ~ im Fernsehen kommen; **what's on ~ tonight?** was gibt es heute abend im Fernsehen?; **jobs in** ~ Stellen *pl* beim Fernsehen.

television *in cpds* Fernseh-; **television camera** *n* Fernsehkamera *f*; **television rights** *npl* Übertragungsrechte, Fernsehrechte *pl*; **television screen** *n* Bildschirm *m*, Mattscheibe *f* (*inf*); **television set** *n* Fernsehapparat *m*, Fernsehgerät *nt*, Fernseher *m*; **television studio** *n* Fernsehstudio *nt*; **television viewer** *n* Fernsehzuschauer(in *f*) *m*.

televisual [ˌtelɪ'vɪʒjʊəl] *adj* Fernseh-, TV-.

telex ['teleks] **I** *n* Telex *nt*; (*message also*) Fernschreiben *nt*; (*machine also*) Fernschreiber *m*. **II** *vt message* telexen, per Fernschreiben *or* Telex mitteilen; *person* ein Fernschreiben *or* Telex schikken (+*dat*).

tell [tel] *pret, ptp* **told I** *vt* **1.** (*relate*) *story, experiences, adventures* erzählen (*sb sth, sth to sb* jdm etw *acc*); (*inform, say, announce*) sagen (*sb sth* jdm etw *acc*). **to ~ lies/tales/fortunes** lügen/petzen (*inf*)/wahrsagen; **to ~ the future** wahrsagen, die Zukunft deuten; **to ~ sb a secret** jdm ein Geheimnis anvertrauen *or* (*give away*) verraten; **to ~ sb about** *or* **of sth** jdm von etw erzählen; **I told my friend/boss about what had happened** ich erzählte meinem Freund/berichtete meinem Chef, was geschehen war; **... or so I've been told** ... so hat man es mir jedenfalls gesagt *or* erzählt; **I can't ~ you how pleased I am** ich kann Ihnen gar nicht sagen, wie sehr ich mich freue; **you can't ~ her anything** (*she can't keep a secret*) man kann ihr (aber auch) nichts sagen *or* anvertrauen; (*she's a know-all*) sie läßt sich (*dat*) nichts sagen; **to ~ sb the way** jdm den Weg sagen; **don't let me have to ~ you that again** ich will dir das nicht noch einmal sagen müssen; **(I'll) ~ you what, let's go to the cinema** weißt du was, gehen wir doch ins Kino!; **don't ~ me you can't come!** sagen Sie bloß nicht, daß Sie nicht kommen können!; **it was cold, I can ~ you** ich kann dir sagen, das war vielleicht kalt!; **I told you so** ich habe es (dir) ja gesagt; **~ me another!** nicht möglich!, wer's glaubt! (*inf*); **that ~s me a lot** das sagt mir allerlei; **no words could ~ how sad she was** es läßt sich nicht mit Worten sagen, wie traurig sie war.

2. (*distinguish, discern*) erkennen. **to ~ the time** die Uhr kennen; **to ~ the difference** den Unterschied sehen/fühlen/schmecken; **you can ~ that he's clever/getting worried** man sieht *or* merkt, daß er intelligent ist/sich Sorgen macht; **we couldn't ~ much from his letter** wir konnten aus seinem Brief nicht viel entnehmen; **you can't ~ whether it's moving** man kann nicht sagen *or* sehen, ob es sich bewegt; **to ~ sb/sth by sth** jdn/etw an etw (*dat*) erkennen; **I can't ~ butter from margarine** ich kann Butter nicht von Margarine unterscheiden; **to ~ right from wrong** wissen, was Recht und Unrecht ist, Recht von Unrecht unterscheiden; *see* **apart**.

3. (*know, be sure*) wissen. **how can/could I ~ that?** wie soll ich das wissen?/wie hätte ich das wissen können?; **how can I ~ that/whether he will do it?** wie kann ich sicher sein, daß er es tut?/wie kann ich sagen *or* wissen, ob er es tut?

4. (*order*) sagen (*sb* jdm). **we were told to bring sandwiches with us** es wurde uns gesagt, daß wir belegte Brote mitbringen sollten; **~ him to stop singing** sagen Sie ihm, er soll aufhören zu singen; **don't you ~ me what to do!** Sie haben mir nicht zu sagen, was ich tun soll!; **I told you not to do that** ich habe dir doch gesagt, du sollst das nicht tun!; **do as** *or* **what you are told!** tu, was man dir sagt!

II *vi* +*indir obj* es sagen (+*dat*). **I won't ~ you again** ich sage es dir nicht noch einmal; **you know what? — don't ~ me, let me guess** weißt du was? — sag's mir nicht, laß mich raten; **she wouldn't be told** sie hat sich (ja) nichts sagen lassen; **you're ~ing me!** das kann man wohl sagen!, wem sagen Sie das!

III *vi* **1.** (*discern, be sure*) wissen. **who can ~?** wer weiß?; **how can I ~?** (*how should I know*) woher soll ich das wissen?; **no-one can/could ~** niemand kann/konnte das sagen, das weiß/wußte keiner; **you never can ~, you can never ~** man kann nie wissen.

2. (*talk, ~ tales of*) sprechen. **that would be ~ing!** das kann ich nicht verraten; **promise you won't ~** du mußt versprechen, daß du nichts sagst; **more than words can ~** mehr als man mit Worten ausdrücken kann.

3. (*have effect*) sich bemerkbar machen. **his age told against him** (*in applying for job*) sein Alter war ein Nachteil für ihn; (*in competition*) sein Alter machte sich bemerkbar; **character always ~s in the end** zum Schluß schlägt doch die Veranlagung durch; **a boxer who makes every punch ~** ein Boxer, bei dem jeder Schlag sitzt.

◆**tell off** *vt sep* **1.** (*inf: scold*) ausschimpfen, schelten (*for* wegen). **he told me ~ for being late** er schimpfte (mich aus), weil ich zu spät kam. **2.** (*Mil*) abkommandieren (*for* zu).

◆**tell on** *vi* +*prep obj* **1.** (*inf: inform on*)

verpetzen (*inf*). **2.** (*have a bad effect on*) sich bemerkbar machen bei.

teller ['teləʳ] *n* **1.** (*in bank*) Kassierer(in *f*) *m.* **2.** (*vote counter*) Stimmenauszähler(in *f*) *m.* **3.** (*of story*) Erzähler(in *f*) *m.*

telling ['telıŋ] **I** *adj* (*effective*) wirkungsvoll; *argument also* schlagend; *blow* (*lit, fig*) empfindlich; (*revealing*) aufschlußreich; *blush* verräterisch.

II *n* **1.** (*narration*) Erzählen *nt.* **it loses in the ~** das kann man gar nicht so schön erzählen.

2. there is no ~ what he may do man kann nicht sagen *or* wissen, was er tut; **there's no ~** das läßt sich nicht sagen.

telling-off ['telıŋ'ɒf] *n* (*inf*) Standpauke *f* (*inf*). **to give sb a good ~** jdn kräftig ausschimpfen, jdm eine (kräftige) Standpauke halten (*inf*).

telltale ['telteıl] **I** *n* **1.** Petzer *m*, Petze *f.* **2.** (*Tech*) Kontrollicht *nt*, Kontrollampe *f.* **II** *adj attr* verräterisch.

tellurium [te'lʊərıəm] *n* (*Chem*) Tellur *nt.*

telly ['telı] *n* (*Brit inf*) Fernseher *m*, Glotze *f* (*inf*). **on ~** im Fernsehen; **to watch ~** fernsehen; *see also* **television.**

temerity [tı'merıtı] *n* Kühnheit, Unerhörtheit (*pej*) *f.*

temp[1] *abbr of* **1. temporary. 2. temperature** Temp.

temp[2] [temp] (*Brit*) **I** *n* Aushilfskraft *m.* **II** *vi* als Aushilfskraft arbeiten.

temper ['tempəʳ] **I** *n* **1.** (*disposition*) Wesen, Naturell *nt*; (*angry mood*) Wut *f.* **~ tantrum** Wutanfall *m*; **to be in a ~/good/bad ~** wütend sein/guter/schlechter Laune sein; **she's got a quick/terrible/foul/vicious ~** sie kann sehr jähzornig sein/unangenehm/ausfallend/tükkisch werden; **what a ~ that child has!** was dieses Kind für Wutanfälle hat!; **to be in a ~/bad ~ with sb** auf jdn wütend sein; **to lose one's ~** die Beherrschung verlieren (*with sb* bei jdm); **to keep one's ~** sich beherrschen (*with sb* bei jdm); **~, ~!** aber, aber, wer wird denn gleich so zornig werden!; **to fly into a ~** einen Wutanfall bekommen; **a fit of ~** ein Wutanfall *m*; **to put sb into a ~, to get sb's ~ up** jdn zur Weißglut bringen, jdn wütend machen.

2. (*of metal*) Härte(grad *m*) *f.*

II *vt* **1.** *metal* tempern. **2.** (*old: Mus*) temperieren (*old*). **3.** (*fig*) *action, passion* mäßigen; *criticism* mildern. **to ~ justice with mercy** bei aller Gerechtigkeit Milde walten lassen.

tempera ['tempərə] *n* Temperafarbe *f.*

temperament ['tempərəmənt] *n* **1.** (*disposition*) Veranlagung *f*; (*of race*) Temperament *nt.* **his ~ isn't suited to that job** er ist von seiner Veranlagung her nicht für diese Stelle geeignet; **he has an artistic ~** er ist eine Künstlernatur; **their ~s are quite different** sie sind völlig unterschiedlich veranlagt; **he has a happy ~** er hat ein fröhliches Wesen *or* Naturell.

2. (*no art: temper, excitability*) Temperament *nt.*

temperamental [ˌtempərə'mentl] *adj* **1.** temperamentvoll, launenhaft (*pej*). **2.** *machine, car* launisch (*hum*). **to be ~** Mucken haben (*inf*), launisch sein (*hum*). **3.** (*caused by temperament*) *inability, unsuitability* veranlagungsmäßig; *laziness etc* angeboren.

temperamentally [ˌtemprə'mentəlı] *adv* **1.** *behave* temperamentvoll, launenhaft (*pej*). **2.** (*of machine, car*) launisch (*hum*). **3.** (*as regards disposition*) charakterlich, veranlagungsmäßig.

temperance ['tempərəns] *n* **1.** (*moderation*) Mäßigung *f*; (*in speech also*) Zurückhaltung *f*; (*in eating, drinking also*) Maßhalten *nt.* **2.** (*teetotalism*) Enthaltsamkeit, Abstinenz *f.*

temperate ['tempərıt] *adj* **1.** *person, language* gemäßigt; (*in eating, demands*) maßvoll. **2.** *climate, zone* gemäßigt.

temperature ['temprıtʃəʳ] *n* Temperatur *f*; (*Med: above normal ~ also*) Fieber *nt.* **water boils at a ~ of 100°C** Wasser kocht bei einer Temperatur von 100°C; **to take sb's ~** jds Temperatur messen, bei jdm Fieber messen; **he has a ~/a slight/high ~** er hat Fieber/erhöhte Temperatur/hohes Fieber; **his ~ is high, he's running a high ~** er hat hohes Fieber; **he has a ~ of 39°C** er hat 39° Fieber.

temperature chart *n* (*Med*) Fiebertabelle *f*; (*curve of graph*) Fieberkurve *f.*

tempered ['tempəd] *adj steel* gehärtet, Temper- (*spec*).

tempest ['tempıst] *n* (*liter*) Sturm *m* (*also fig*), Unwetter *nt.*

tempestuous [ˌtem'pestjʊəs] *adj* **1.** (*lit, liter*) *winds* stürmisch; *sea also* tobend, aufgewühlt. **2.** (*fig*) stürmisch; *argument, rage* heftig; *speech* leidenschaftlich.

tempestuously [ˌtem'pestjʊəslı] *adv* (*lit, liter, fig*) heftig.

tempestuousness [ˌtem'pestjʊəsnıs] *n* (*lit liter, fig*) Heftigkeit *f*; (*of sea*) Aufgewühltheit *f.*

template, templet ['templıt] *n* Schablone *f.*

temple[1] ['templ] *n* (*Rel*) Tempel *m.*

temple[2] *n* (*Anat*) Schläfe *f.*

templet *n see* **template.**

tempo ['tempəʊ] *n* (*Mus, fig*) Tempo *nt.*

temporal ['tempərəl] *adj* **1.** zeitlich; (*Gram*) Zeit-, temporal. **2.** (*Rel*) weltlich. **3.** (*Anat*) Schläfen-.

temporarily ['tempərərılı] *adv* vorübergehend, für einige Zeit.

temporariness ['tempərərınıs] *n* vorübergehender Charakter.

temporary ['tempərərı] **I** *adj* vorübergehend; *job also* für kurze Zeit, befristet; *arrangement also, method, building, road surface* provisorisch; *powers also* zeitweilig, befristet. **our new secretary is only ~** unsere neue Sekretärin ist nur vorübergehend *or* für einige Zeit hier; **I'm only here for a ~ stay** ich bin nur für kurze Zeit hier; **~ injunction** (*Jur*) einstweilige Verfügung. **II** *n* Aushilfe, Aushilfskraft *f.*

temporize ['tempəraız] *vi* (*delay*) ausweichen (um Zeit zu gewinnen), Verzögerungstaktiken anwenden. **to ~ with sb**

jdn hinhalten.

tempt [tem*p*t] *vt* **1.** in Versuchung führen; (*successfully*) verführen, verleiten. **to ~ sb to do** *or* **into doing sth** jdn dazu verleiten *or* verführen *or* dazu bringen, etw zu tun; **don't ~ me** bring *or* führ mich nicht in Versuchung!; **I am very ~ed to accept** ich bin sehr versucht anzunehmen; **may I ~ you to a little more wine?** kann ich Sie noch zu etwas Wein überreden?; **no, I won't be ~ed!** nein, ich bleibe hart; **to ~ fate** *or* **providence** (*fig*) sein Schicksal herausfordern; (*in words*) den Teufel an die Wand malen.

2. (*Rel*) in Versuchung führen.

temptation [tem*p*'teɪʃən] *n* Versuchung (*also Rel*), Verlockung *f*. **to put ~ in sb's way** jdn in Versuchung führen; **lead us not into ~** (*Bibl*) führe uns nicht in Versuchung (*Bibl*); **to yield** *or* **give way to ~** der Versuchung erliegen.

tempter ['tem*p*təʳ] *n* Versucher, Verführer *m*. **the T~** (*Rel*) der Versucher.

tempting *adj*, **~ly** *adv* ['tem*p*tɪŋ, -lɪ] verlockend, verführerisch.

temptress ['tem*p*trɪs] *n* Verführerin *f*.

ten [ten] **I** *adj* zehn. **the T~ Commandments** die Zehn Gebote; **~ to one he won't come** (ich wette) zehn gegen *or* zu eins, daß er nicht kommt; **nine out of ~ people would agree with you** neun von zehn Leuten würden Ihnen zustimmen.

II *n* Zehn *f*. **~s** (*Math*) Zehner *pl*; **to count in ~s** in Zehnern zählen; **you can only buy them in ~s** man kann sie nur in Zehnerpackungen kaufen; *see also* **six.**

tenability [ˌtenə'bɪlɪtɪ] *n see adj 1.* Haltbarkeit *f*; Vertretbarkeit *f*.

tenable ['tenəbl] *adj* **1.** (*Mil*) *position* haltbar; (*fig*) *opinion, theory also* vertretbar. **2.** *pred* **a post ~ for two years** eine auf zwei Jahre befristete Stelle.

tenacious [tɪ'neɪʃəs] *adj* zäh, hartnäckig; *character, person also* beharrlich; *memory* unschlagbar. **he was ~ in the defence of his principles** er verteidigte hartnäckig *or* eisern seine Prinzipien; **inflation/the disease had a ~ hold on ...** die Inflation/Seuche hielt ... in eisernem Griff.

tenaciously [tɪ'neɪʃəslɪ] *adv* zäh, hartnäkkig. **she held ~ to her principles** sie hielt zäh an ihren Prinzipien fest; **the dog held on ~ to the bone** der Hund hielt den Knochen zäh fest.

tenacity [tɪ'næsɪtɪ] *n see adj* Zähigkeit, Hartnäckigkeit *f*; Beharrlichkeit *f*. **the ~ of his grip** sein eiserner Griff.

tenancy ['tenənsɪ] *n* **right/conditions/problems of ~** Mietrecht *nt*/-bedingungen *pl*/-probleme *pl*; (*of farm*) Pachtrecht *nt*/-bedingungen *pl*/-probleme *pl*; **during his ~** während er (dort) Mieter/Pächter ist/war.

tenant ['tenənt] **I** *n* Mieter(in *f*) *m*; (*of farm*) Pächter(in *f*) *m*. **~ farmer** Pächter(in *f*) *m*. **II** *vt* (*form*) *house* zur Miete wohnen in (+*dat*); *premises* gemietet haben; *farm* in Pacht haben.

tenantry ['tenəntrɪ] *n, no pl* (*of estate*) Pächter *pl*; (*of building, premises*) Mieter *pl*. **the law of ~** das Mietrecht; (*of farm*) das Pachtrecht.

tend¹ [tend] *vt* sich kümmern um; *sheep* hüten; *sick person* pflegen; *land* bestellen; *machine* bedienen.

tend² *vi* **1. to ~ to be/do sth** (*have a habit of being/doing sth*) gewöhnlich *or* gern etw sein/tun, die Tendenz haben, etw zu sein/tun; (*person also*) dazu neigen *or* tendieren, etw zu sein/tun; **the lever ~s to stick** der Hebel bleibt oft hängen; **I ~ to believe him** ich neige *or* tendiere dazu, ihm zu glauben; **that would ~ to suggest that ...** das würde gewissermaßen darauf hindeuten, daß ...

2. to ~ towards (*be directed, lead*) (*line*) führen *or* streben (*geh*) nach; (*measures, actions*) führen zu, anstreben; (*incline*) (*person, views, designs*) neigen *or* tendieren *or* eine Tendenz haben zu; (*prices, colours*) tendieren *or* eine Tendenz haben zu; **prices are ~ing upwards** die Preise tendieren nach oben *or* haben eine steigende Tendenz; **his opinion is ~ing in our direction** seine Meinung tendiert in unsere Richtung.

tendency ['tendənsɪ] *n* Tendenz *f* (*geh*); (*physical predisposition*) Neigung *f*. **artistic tendencies** künstlerische Neigungen *pl*; **to have a ~ to be/do sth** gern *or* gewöhnlich etw sein/tun; (*person, style of writing also*) dazu neigen *or* tendieren, etw zu sein/zu tun; **he had an annoying ~ to forget things** er hatte die ärgerliche Angewohnheit, alles zu vergessen; **there is a ~ for business to improve in autumn** gewöhnlich nehmen die Geschäfte im Herbst einen Aufschwung; **a strong upward ~** (*St Ex*) eine stark steigende Tendenz.

tendentious *adj*, **~ly** *adv* [ten'denʃəs, -lɪ] tendenziös.

tendentiousness [ten'denʃəsnɪs] *n* tendenziöse Färbung.

tender¹ ['tendəʳ] *n* **1.** Hüter(in *f*) *m*; (*of sick person*) Pfleger(in *f*) *m*. **machine ~** Maschinenwart *m*. **2.** (*Naut, Rail*) Tender *m*.

tender² **I** *vt money, services* (an)bieten, geben; *thanks* aussprechen; *resignation* einreichen.

II *vi* (*Comm*) sich bewerben (*for* um).

III *n* **1.** (*Comm*) Angebot *nt*. **to invite ~s for a job** Angebote *pl* für eine Arbeit einholen; **to put work out to ~** Arbeiten ausschreiben; **to put in a ~ for sth** ein Angebot *or* eine Submissionsofferte (*form*) für etw einreichen; **~ documents** Ausschreibungsunterlagen *pl*; **~ price** Angebotspreis *m*; **call for ~** Ausschreibung *f*.

2. (*Fin*) **legal ~** gesetzliches Zahlungsmittel.

tender³ *adj* **1.** (*sore, easily hurt*) *spot, bruise* empfindlich; *skin, plant also* zart; (*fig*) *subject* heikel. **of ~ years/age** im zarten Alter; **my arm still feels ~** mein Arm ist noch sehr empfindlich.

2. *meat* zart.

3. (*affectionate*) *person, voice, look* zärtlich, liebevoll; *memories* lieb, zärtlich; *heart* gut. **in sb's ~ care** in jds Obhut; **to leave sb to sb's ~ mercies** (*iro*) jdn jds liebevollen Händen anvertrauen.

tenderfoot *n* Neuling *m*; **tender-hearted** *adj* gutherzig.

tenderize ['tendəraɪz] *vt meat* zart *or* weich machen; (*by beating*) klopfen.

tenderizer ['tendəraɪzə^r] *n* Mürbesalz *nt*; (*hammer*) Fleischklopfer *m*.

tenderloin ['tendə,lɔɪn] *n* Lendenstück *nt*.

tenderly ['tendəlɪ] *adv* zärtlich, liebevoll.

tenderness ['tendənɪs] *n see adj* **1.** Empfindlichkeit *f*; Zartheit *f*. **2.** Zartheit *f*. **3.** Zärtlichkeit *f*; Güte *f*.

tendon ['tendən] *n* Sehne *f*.

tendril ['tendrɪl] *n* Ranke *f*; (*of hair*) Ringellocke *f*.

tenement ['tenɪmənt] *n* **1.** (*also* ~ **house**) Mietshaus *nt*, Mietskaserne *f* (*pej*). **2.** (*Jur*) Mietbesitz *m*; (*farm*) Pachtbesitz *m*.

Tenerife [,tenə'ri:f] *n* Teneriffa *nt*.

tenet ['tenət] *n* Lehrsatz *m*; (*Rel*) Glaubenssatz *m*.

tenfold ['tenfəʊld] **I** *adj* zehnfach. **II** *adv* zehnfach, um das Zehnfache. **increase** ~ sich verzehnfachen.

ten-gallon hat ['tengæln'hæt] *n* Cowboyhut *m*.

tenner ['tenə^r] *n* (*inf*) Zehner *m* (*inf*).

tennis ['tenɪs] *n* Tennis *nt*.

tennis *in cpds* Tennis-; **tennis club** *n* Tennisclub *or* -verein *m*; **tennis court** *n* Tennisplatz *m*; **tennis elbow** *n* (*Med*) Tennisarm *m*.

tennish ['tenɪʃ] *adj* (so) um zehn herum (*inf*).

tennis racket, tennis racquet *n* Tennisschläger *m*.

tenon ['tenən] *n* Zapfen *m*.

tenor ['tenə^r] **I** *n* **1.** (*voice*) Tenor(stimme *f*) *m*; (*person*) Tenor *m*. **2.** (*purport*) Tenor *m*; (*of theory*) Tendenz *f*; (*general nature*) (*of life*) Stil *m*; (*of events*) (Ver)lauf *m*. **II** *adj* (*Mus*) *part, voice* Tenor-.

tenpence *n* zehn Pence; (*also* **tenpenny piece**) Zehnpencestück *nt*; **tenpin bowling,** (*US*) **tenpins** *n* Bowling *nt*.

tense[1] [tens] *n* (*Gram*) Zeit *f*, Tempus *nt*. **present/past/future** ~ Gegenwart *f*/ Vergangenheit *f*/Zukunft *f*.

tense[2] **I** *adj* (+*er*) *rope* gespannt, straff; *muscles* (an)gespannt; *person, expression, bearing* (*through stress, worry*) angespannt; (*through nervousness, fear*) verkrampft; *voice* nervös; *silence, atmosphere* gespannt; (*thrilling*) *scene* spannungsgeladen. **I've been feeling rather** ~ **all day** ich bin schon den ganzen Tag so nervös; **things are getting rather** ~ die Lage wird gespannter.

II *vt* anspannen.

III *vi* sich (an)spannen, sich straffen.

◆**tense up** **I** *vi* (*person, muscle*) sich anspannen. **II** *vt sep muscle* anspannen.

tensely ['tenslɪ] *adv* (*lit*) *stretch* straff; (*fig*) *listen* angespannt; *speak, wait* (*nervously*) nervös; (*excitedly*) gespannt.

tenseness ['tensnɪs] *n see adj* Gespanntheit, Straffheit *f*; (An)gespanntheit *f*; Angespanntheit *f*; Verkrampftheit *f*; Nervosität *f*; Spannung(sgeladenheit) *f*.

tensile ['tensaɪl] *adj* dehnbar, spannbar. ~ **strength** *or* **stress** Zugfestigkeit *f*.

tension ['tenʃən] *n* **1.** (*lit*) Spannung *f*; (*of muscle*) Anspannung *f*; (*Knitting*) Festigkeit *f*; (*Sew*) Spannung *f*. **to check the** ~ (*Knitting*) eine Maschenprobe machen. **2.** (*nervous strain*) nervliche Belastung, Anspannung *f*. **3.** (*in relationship*) Spannungen *pl*.

tensor (muscle) ['tensɔ:^r-] *n* Tensor *m*.

tent [tent] *n* Zelt *nt*. ~ **peg** Zeltpflock, Hering *m*; ~ **pole** Zeltstange *f*.

tentacle ['tentəkl] *n* (*Zool*) Tentakel *m or nt* (*spec*); (*of octopus etc also*) Fangarm *m*; (*of snail also*) Fühler *m*; (*fig*) Klaue *f*.

tentative ['tentətɪv] *adj* (*not definite, provisional*) vorläufig; *offer* unverbindlich; (*hesitant*) *player, movement* vorsichtig; *conclusion, suggestion* vorsichtig, zögernd. **this proposal** *or* **suggestion is only** ~ das ist ja nur ein Vorschlag.

tentatively ['tentətɪvlɪ] *adv see adj.* **he** ~ **suggested a weekend in Brighton** er machte den Vorschlag, eventuell ein Wochenende in Brighton zu verbringen.

tenterhooks ['tentəhʊks] *npl*: **to be on** ~ wie auf glühenden Kohlen sitzen (*inf*); **to keep sb on** ~ jdn zappeln lassen.

tenth [tenθ] **I** *adj* (*in series*) zehnte(r, s). **a** ~ **part** ein Zehntel *nt*. **II** *n* (*fraction*) Zehntel *nt*; (*in series*) Zehnte(r, s); (*Mus*) Dezime *f*; *see also* **sixth.**

tenthly ['tenθlɪ] *adv* zehntens.

tenuous ['tenjʊəs] *adj* **1.** (*lit*) *thread* dünn, fein; *cobweb* zart, fein; *air* dünn; *gas* flüchtig. **2.** (*fig*) *connection* schwach; *argument, evidence also* wenig stichhaltig. **he kept a** ~ **grip on life** er hatte nur noch einen schwachen Lebenswillen.

tenuousness ['tenjʊəsnɪs] *n see adj* **1.** Dünne, Feinheit *f*; Zartheit, Feinheit *f*; Dünne *f*; Flüchtigkeit *f*. **2.** Schwäche *f*; mangelnde Stichhaltigkeit.

tenure ['tenjʊə^r] *n* **1.** (*holding of office*) Anstellung *f*; (*period of office*) Amtszeit *f*. **2.** (*of property*) **during his** ~ **of the house/farm** während er das Haus/die Farm innehat(te) (*geh*); **laws governing land** ~ Landpachtgesetze *pl*.

tepee ['ti:pi:] *n* Tipi *nt*.

tepid ['tepɪd] *adj* (*lit, fig*) lau(warm).

tepidity [te'pɪdɪtɪ], **tepidness** ['tepɪdnɪs] *n* (*lit, fig*) Lauheit *f*.

tercentenary [,tɜ:sen'ti:nərɪ] **I** *n* (*anniversary*) dreihundertster Jahrestag; (*celebration*) Dreihundertjahrfeier *f*, dreihundertjähriges Jubiläum. **II** *attr* für den dreihundertsten Jahrestag; *celebrations also* Dreihundertjahr-.

tercet ['tɜ:sɪt] *n* (*Poet*) Terzine *f*; (*Mus*) Triole *f*.

term [tɜ:m] **I** *n* **1.** (*period of time*) Dauer *f*, Zeitraum *m*; (*of contract*) Laufzeit *f*; (*limit*) Frist *f*. ~ **of government/office** Regierungszeit *f*/Amtsdauer *or* -zeit *f*; ~ **of imprisonment** Gefängnisstrafe *f*; ~ **of service** (*Mil*) Militärdienst(zeit *f*) *m*; **elected for a three-year** ~ auf *or* für drei Jahre gewählt; **the contract is nearing its** ~ der Vertrag läuft bald ab; **in the long/short** ~ auf lange/kurze Sicht; **at** ~ (*Fin*) bei Fälligkeit; (*Med*) zur rechten Zeit; ~ **insurance** (zeitlich) befristete Versicherung; ~ **money** Festgeld *nt.*

2. (*Sch*) (*three in one year*) Trimester *nt*; (*four in one year*) Vierteljahr, Quartal *nt*; (*two in one year*) Halbjahr *nt*; (*Univ*) Semester *nt.* **end-of-~ exam** Examen *nt* am Ende eines Semesters; **during** *or* **in ~(-time)** während der Schulzeit; (*Univ*) während des Semesters; **out of ~(-time)** in den Ferien.

3. (*expression*) Ausdruck *m.* **in simple ~s** in einfachen Worten; **a legal ~** ein juristischer (Fach)ausdruck *or* Terminus (*geh*); **he spoke of her in the most flattering ~s** er äußerte sich sehr schmeichelhaft über sie; **a contradiction in ~s** ein Widerspruch in sich.

4. (*Math, Logic*) Term *m.* **~ in parentheses** Klammerausdruck *m*; **to express one thing in ~s of another** eine Sache mit einer anderen erklären; **in ~s of money/time** geldlich *or* finanziell/zeitlich; **in ~s of energy/planning** energiemäßig/planerisch.

5. **~s** *pl* (*conditions*) Bedingungen *pl*; **~s of surrender/service/sale/payment** Kapitulations-/Arbeits-/ Verkaufs-/Zahlungsbedingungen *pl*; **~s of reference** (*of committee*) Aufgabenbereich *m*; (*of thesis*) Themenbereich *m*; **to buy sth on credit/easy ~s** etw auf Kredit/auf Raten kaufen; **the hotel offered reduced ~s in winter** das Hotel bot ermäßigte Winterpreise an; **on what ~s?** zu welchen Bedingungen?; **not on any ~s** unter gar keinen Umständen; **to accept sb on his own ~s** jdn nehmen, wie er ist; **to come to ~s (with sb)** sich (mit jdm) einigen; **to come to ~s with sth** sich mit etw abfinden.

6. **~s** *pl* (*relations*) **to be on good/bad/friendly/neighbourly ~s with sb** gut/nicht (gut) mit jdm auskommen/auf freundschaftlichem / gutnachbarlichem Fuß mit jdm stehen; **they are not on speaking ~s** sie reden nicht miteinander.

II *vt* nennen, bezeichnen.

terminal ['tɜːmɪnl] **I** *adj rhyme, syllable, station* End-; *accounts, report, exams* (Ab)schluß ; (*Elec*) *voltage* Klemmen-; (*Med: fatal*) *cancer, patient* unheilbar. **~ bonus** (*Insur*) Zusatzdividende *f* (*fällig bei Vertragsablauf*); **~ ward** Sterbestation *f.*

II *n* **1.** (*Rail*) Endbahnhof *m*; (*tramway, buses*) Endstation *f*; (*airport ~, container ~*) Terminal *m.* **2.** (*Elec*) Pol *m.* **3.** (*Comput*) Terminal *nt.*

terminally ['tɜːmɪnəlɪ] *adv* **~ ill** unheilbar krank.

terminate ['tɜːmɪneɪt] **I** *vt* beenden, beschließen; *contract, lease* lösen; *pregnancy* abbrechen; *friendship* beenden. **II** *vi* enden; (*contract, lease*) ablaufen.

termination [ˌtɜːmɪ'neɪʃən] *n* **1.** Ende *nt*; (*bringing to an end*) Beendigung *f*; (*of contract, lease*) (*expiry*) Ablauf *m*, Erlöschen *nt*; (*cancellation*) Lösung *f.* **~ of pregnancy** Schwangerschaftsabbruch *m.*

2. (*Gram*) Endung *f.*

terminological [ˌtɜːmɪnə'lɒdʒɪkəl] *adj* terminologisch.

terminology [ˌtɜːmɪ'nɒlədʒɪ] *n* Terminologie *f.* **all the technical ~ in the article** all die Fachausdrücke in dem Artikel.

terminus ['tɜːmɪnəs] *n* (*Rail, Bus*) Endstation *f.*

termite ['tɜːmaɪt] *n* Termite *f.*

tern [tɜːn] *n* (*Zool*) Seeschwalbe *f.*

ternary ['tɜːnərɪ] *adj* ternär.

terrace ['terəs] **I** *n* **1.** (*patio*) Terrasse *f.* **2.** (*on hillside*) Terrasse *f.* **~ cultivation** Terrassenfeldbau *m.* **3.** **~s** *pl* (*Sport*) Ränge *pl.* **4.** (*row of houses*) Häuserreihe *f*; (*as street name*) ≈ Weg *m.* **II** *vt garden, hill* in Terrassen *or* stufenförmig anlegen.

terraced ['terəst] *adj* **1.** *hillside* terrassenförmig *or* stufenförmig angelegt. **2.** **~ house** (*Brit*) Reihenhaus *nt.*

terracotta ['terə'kɒtə] **I** *n* Terrakotta *f.* **II** *attr* Terrakotta-, aus Terrakotta.

terra firma ['terə'fɜːmə] *n* fester Boden. **to be on ~ again** wieder festen Boden unter den Füßen haben.

terrain [te'reɪn] *n* Terrain (*esp Mil*), Gelände *nt*; (*fig*) Boden *m.*

terrapin ['terəpɪn] *n* Sumpfschildkröte *f.*

terrestrial [tɪ'restrɪəl] **I** *adj* **1.** (*of land*) *plants, animals* Land-, auf dem Land lebend. **2.** (*of the planet Earth*) terrestrisch, irdisch; *TV channel* terrestrisch. **~ globe** Erdball, Globus *m.* **3.** (*wordly*) *problems* irdisch, weltlich. **II** *n* Erdbewohner(in *f*) *m.*

terrible ['terəbl] *adj* schrecklich, furchtbar. **he is ~ at golf** er spielt schrecklich *or* furchtbar schlecht Golf (*inf*).

terribleness ['terəblnɪs] *n* Schrecklichkeit, Fürchterlichkeit *f.*

terribly ['terəblɪ] *adv see adj.*

terrier ['terɪə^r] *n* Terrier *m.*

terrific [tə'rɪfɪk] *adj shame, nuisance, shock* unheimlich (*inf*); *person, success, idea, party also* sagenhaft (*sl*); *speed, heat, strength, generosity* unwahrscheinlich (*inf*).

terrifically [tə'rɪfɪkəlɪ] *adv* (*inf*) (*very*) unheimlich (*inf*); (*very well*) unheimlich (gut) (*inf*).

terrify ['terɪfaɪ] *vt* (*person*) fürchterliche *or* schreckliche Angst machen *or* einjagen (+*dat*), in Angst *or* Schrecken versetzen. **flying/my driving terrifies him** er hat schreckliche Angst vor dem Fliegen/, wenn ich fahre; **to be terrified of sth** vor etw schreckliche Angst haben; **he was terrified when/in case …** er hatte fürchterliche Angst, als …/davor, daß …; **a terrified look** ein angstvoller Blick.

terrifying ['terɪfaɪɪŋ] *adj film, story* grauenerregend; *thought, sight* entsetzlich; *speed* furchterregend.

terrifyingly ['terɪfaɪɪŋlɪ] *adv* entsetzlich. **he came ~ close to disaster** er kam dem Unheil schrecklich nahe.

territorial [ˌterɪ'tɔːrɪəl] **I** *adj* territorial, Gebiets-; (*Zool*) Revier-; *instincts* territorial. **~ sovereignty** Gebietshoheit *f*; **~ possessions** Territorialbesitz *m*; **~ rights** Hoheitsrechte *pl*; **~ waters** Territorialgewässer *pl*; **T~ Army** Territorialheer *nt.*

II *n* **T~** Soldat *m* der Heimatschutztruppe; **the T~s** die Heimatschutztruppe.

territory ['terɪtərɪ] *n* (Staats)gebiet, Territorium *nt*; (*in US, Austral*) Territorium *nt*; (*of animals*) Revier, Territorium *nt*; (*Comm: of agent*) Bezirk *m*; (*fig*) Revier, Gebiet *nt*.

terror ['terə^r] *n* **1.** *no pl* (*great fear*) panische Angst (*of* vor +*dat*). **in ~** in panischer Angst; **reign of ~** (*Hist, fig*) Terror- *or* Schreckensherrschaft *f*; **the IRA ~** der IRA-Terror.
2. (*cause of ~, terrible event*) Schrekken *m*. **he was the ~ of the other boys** er terrorisierte die anderen Jungen.
3. (*inf*) (*person*) Teufel *m*; (*child*) Ungeheuer *nt*. **he's a ~ for punctuality** er ist fürchterlich pedantisch in bezug auf Pünktlichkeit; **a ~ with the ladies** ein Weiberheld *m* (*inf*).

terrorism ['terərɪzəm] *n* Terrorismus *m*; (*acts of ~*) Terror *m*.

terrorist ['terərɪst] **I** *n* Terrorist(in *f*) *m*. **II** *attr* Terror-.

terrorize ['terəraɪz] *vt* terrorisieren.

terror-stricken, terror-struck *adj* starr vor Schreck(en).

terry cloth ['terɪ'klɒθ] *or* **towelling** [-'taʊəlɪŋ] *n* Frottee *nt or m*.

terse [tɜːs] *adj* (+*er*) knapp. **he was very ~** er war sehr kurz angebunden.

tersely ['tɜːslɪ] *adv* knapp, kurz; *say, answer* kurz (angebunden). **to dismiss sth ~** etw kurzerhand verwerfen.

terseness ['tɜːsnɪs] *n* Knappheit *f*; (*of reply also, person*) Kürze, Bündigkeit *f*.

tertiary ['tɜːʃərɪ] *adj* tertiär; *colour* Misch-. **T~ period** (*Geol*) Tertiär *nt*; **~ burns** Verbrennungen *pl* dritten Grades; **~ education** Universitätsausbildung *f*.

Terylene ® ['terəliːn] *n* Terylen(e) ® *nt*, ≃ Trevira ®, Diolen ® *nt*.

test [test] **I** *n* **1.** (*Sch*) Klassenarbeit *f*; (*Univ*) Klausur *f*; (*short*) Kurzarbeit *f*, Test *m*; (*intelligence ~, psychological ~*) Test *m*; (*driving ~*) (Fahr)prüfung *f*. **he gave them a vocabulary ~** er ließ eine Vokabelarbeit schreiben; (*orally*) er hat sie Vokabeln abgefragt; **to pass the ~ of public acceptability** von der Öffentlichkeit gutgeheißen werden; **to put sb/sth to the ~** jdn/etw auf die Probe stellen; **to stand the ~** die Probe bestehen; **their marriage didn't stand up to the ~ of separation** ihre Ehe hat die Trennung nicht verkraftet; **to stand the ~ of time** die Zeit überdauern; **that was a real ~ of character/his endurance** das war eine wirkliche Charakterprüfung/Belastungsprobe für ihn.
2. (*on vehicle, product, weapon*) Test *m*; (*check*) Kontrolle *f*; (*on road also*) Testfahrt *f*; (*in air also*) Testflug *m*.
3. (*chemical ~*) Test *m*, Untersuchung *f*. **a skin ~** ein Hauttest; **to do a ~ for sugar** einen Zuckertest machen, eine Untersuchung auf Zucker machen.
4. (*Brit*) *see* **~ match.**
II *adj attr model, version* Test-.
III *vt* **1.** (*examine, check*) testen, prüfen; (*Sch*) *pupil* prüfen; (*orally*) abfragen; *person* (*with psychological ~s*), *intelligence* testen; (*fig*) auf die Probe stellen. **the teacher ~ed them on that chapter** der Lehrer fragte sie das Kapitel ab; **to ~ sb for a job** jds Eignung für eine Stelle prüfen *or* testen; **to ~ sb/sth for accuracy** jdn/etw auf Genauigkeit prüfen; **I just wanted to ~ your reaction** ich wollte nur mal sehen, wie du reagierst.
2. (*chemically*) *gold* prüfen; *water, contents of stomach* untersuchen. **to ~ sth for sugar** etw auf seinen Zuckergehalt untersuchen; **the blood samples were sent for ~ing** *or* **to be ~ed** die Blutproben wurden zur Untersuchung geschickt.
III *vi* Tests/einen Test machen; (*chemically also*) untersuchen (*for* auf +*acc*). **~ing, ~ing one, two!** eins, zwei; **we are ~ing for a gas leak** wir überprüfen die Gasleitung auf eine undichte Stelle.

◆**test out** *vt sep* ausprobieren (*on* bei *or* an +*dat*).

testament ['testəmənt] *n* **1.** (*old*) Testament *nt*, letzter Wille. **2.** (*Bibl*) **Old/New T~** Altes/Neues Testament.

testamentary [ˌtestə'mentərɪ] *adj* testamentarisch.

testator [te'steɪtə^r] *n* Erblasser *m* (*form*).

testatrix [te'steɪtrɪks] *n* Erblasserin *f* (*form*).

test ban *n* Versuchsverbot *nt*; **test ban treaty** *n* Teststoppabkommen *nt*; **test bed** *n* Prüfstand *m*; **test card** *n* (*TV*) Testbild *nt*; **test case** *n* Muster- *or* Präzedenzfall *m*; **test data** *npl* Testdaten *pl*; **test drive** *n* Probefahrt *f*; **test-drive** *vt car* probefahren.

tester ['testə^r] *n* (*of product*) Prüfer(in *f*) *m*; (*machine*) Prüfgerät *nt*.

testes ['testiːz] *npl* Testikel, Hoden *pl*.

test flight *n* Test- *or* Probeflug *m*.

testicle ['testɪkl] *n* Testikel, Hoden *m*.

testify ['testɪfaɪ] **I** *vt* **to ~ that ...** (*Jur*) bezeugen, daß ...
II *vi* (*Jur*) eine Zeugenaussage machen, aussagen. **to ~ against/in favour of sb** gegen/für jdn aussagen; **to ~ to sth** (*speak for*) etw bezeugen (*also Jur*); (*be sign of*) *sincerity, efforts* von etw zeugen.

testily ['testɪlɪ] *adv see adj*.

testimonial [ˌtestɪ'məʊnɪəl] *n* **1.** (*character recommendation*) Referenz *f*. **2.** (*gift*) Geschenk *nt* als Zeichen der Anerkennung *or* Wertschätzung (*geh*).

testimony ['testɪmənɪ] *n* Aussage *f*. **he gave his ~** er machte seine Aussage; **to bear ~ to sth** etw bezeugen.

testiness ['testɪnɪs] *n* Gereiztheit *f*.

testing ['testɪŋ] *adj* hart. **I had a ~ time** es war hart (für mich).

testing ground *n* Test- *or* Versuchsgebiet *nt*; (*fig*) Versuchsfeld *nt*.

test-market *vt* auf dem Markt testen; **test marketing** *n* Markttest *m*; **test match** *n* (*Brit*) Testmatch *nt or m*.

testosterone [te'stɒstərəʊn] *n* Testosteron *nt*.

test paper *n* (*Sch*) Klassenarbeit *f*;

(*Chem*) Reagenzpapier *nt*; **test pattern** *n* (*US*) *see* **test card**; **test piece** *n* (*of handwork*) Prüfungsstück *nt*; (*Mus*) Stück *nt* zum Vorspielen; **test pilot** *n* Testpilot *m*; **test results** *npl* (*Med etc*) Testwerte *pl*; **test tube** *n* Reagenzglas *nt*; **test-tube baby** *n* Kind *nt* aus der Retorte, Retortenbaby *nt*.

testy ['testɪ] *adj* (+*er*) unwirsch, gereizt.

tetanus ['tetənəs] *n* Wundstarrkrampf, Tetanus *m*. **anti-~ vaccine/vaccination** Tetanusimpfstoff *m*/Tetanusimpfung *f*.

tetchily ['tetʃɪlɪ] *adv see adj*.

tetchiness ['tetʃɪnɪs] *n see adj* Gereiztheit *f*; Reizbarkeit *f*.

tetchy, techy ['tetʃɪ] *adj* (+*er*) (*on particular occasion*) gereizt; (*as general characteristic*) reizbar.

tête-à-tête ['teɪtɑː'teɪt] **I** *adj, adv* unter vier Augen. **II** *n* Tête-à-tête *nt*.

tether ['teðə^r] **I** *n* (*lit*) Strick *m*; (*chain*) Kette *f*. **to be at the end of one's ~** (*fig inf*) am Ende sein (*inf*). **II** *vt* (*also* **~ up**) *animal* an- *or* festbinden.

tetrahedron [ˌtetrə'hiːdrən] *n* Tetraeder *nt*.

Teuton ['tjuːtɒn] *n* (*Hist*) Teutone *m*, Teutonin *f*.

Teutonic [tjʊ'tɒnɪk] *adj* (*Hist, hum*) teutonisch.

Texan ['teksən] **I** *n* Texaner(in *f*) *m*. **II** *adj* texanisch.

Texas ['teksəs] *n* Texas *nt*.

text [tekst] *n* **1.** Text *m*; (*of document also*) Wortlaut, Inhalt *m*. **to restore a ~** den Originaltext wiederherstellen. **2.** (*of sermon*) Text *m*.

textbook ['tekstbʊk] *n* Lehrbuch *nt*. **~ case** Paradefall *m*; **~ landing** Bilderbuchlandung *f*.

text editor *n* (*Comput*) Texteditor *m*.

textile ['tekstaɪl] **I** *adj* Textil-. **II** *n* Stoff *m*. **~s** Textilien, Textilwaren *pl*.

text input *n* (*Comput*) Texteingabe *f*; **text processing** (*Comput*) **I** *n* Textverarbeitung *f*; **II** *adj attr* Textverarbeitungs-; **text processor** *n* (*hardware*) Textverarbeitungsanlage *f*; (*software*) Textsystem *nt*.

textual ['tekstjʊəl] *adj* Text-.

texture ['tekstʃə^r] *n* (stoffliche) Beschaffenheit, Textur *f*; (*of dough also*) Konsistenz *f*; (*of food*) Substanz, Textur *f*; (*of material, paper*) Griff *m* und Struktur, Textur *f*; (*of minerals also, fig: of music, poetry*) Gestalt *f*. **the ~ of velvet** wie sich Samt anfühlt.

textured ['tekstʃəd] *adj* strukturiert, texturiert (*form*); *paint* Struktur-.

TGIF (*hum*) *abbr of* **thank God it's Friday.**

TGWU (*Brit*) *abbr of* **Transport and General Workers' Union** *Transportarbeitergewerkschaft f*.

Thai [taɪ] **I** *adj* thailändisch; (*Ling*) T(h)ai-. **II** *n* **1.** Thailänder(in *f*) *m*, Thai *mf*. **2.** (*language*) Thai *nt*; (*language family*) Tai *nt*.

Thailand ['taɪlænd] *n* Thailand *nt*.

thalidomide [θə'lɪdəʊmaɪd] *n* Contergan ®, Thalidomid *nt*. **~ baby** Contergankind *nt*.

thallium ['θælɪəm] *n* (*Chem*) Thallium *nt*.

Thames [temz] *n* Themse *f*. **he'll never set the ~ on fire** (*prov*) er hat das Pulver auch nicht erfunden (*prov*).

than [ðæn, *weak form* ðən] *conj* als. **I'd rather do anything ~ that** das wäre das letzte, was ich tun wollte; **no sooner had I sat down ~ he began to talk** kaum hatte ich mich hingesetzt, als er auch schon anfing zu reden; **who better to help us ~ he?** wer könnte uns besser helfen als er?; *see* **more, other I 3., rather.**

thank [θæŋk] *vt* **1.** danken (+*dat*), sich bedanken bei. **I'll never be able to ~ him (enough) for what he has done** ich kann ihm nie genug dafür danken, was er für mich getan hat; **I don't know how to ~ you** ich weiß nicht, wie ich Ihnen danken soll.

2. (*phrases*) **he won't ~ you for it** er wird es Ihnen nicht danken; **he has his brother/he only has himself to ~ for this** das hat er seinem Bruder zu verdanken/sich selbst zuzuschreiben.

3. ~ you danke (schön); **~ you very much** vielen Dank; **no ~ you/yes, ~ you** nein, danke/ja, bitte *or* danke; **~ you for coming — not at all, ~ you!** vielen Dank, daß Sie gekommen sind — ich danke *Ihnen*, *ich* habe zu danken; **~ you for the present** vielen Dank für Ihr Geschenk; **~ you for nothing** (*iro*) ich danke (bestens)!; **to say ~ you** danke sagen (*to sb* jdm), sich bedanken (*to* bei).

4. ~ goodness *or* **heavens** *or* **God** (*inf*) Gott sei Dank! (*inf*).

thankful ['θæŋkfʊl] *adj* dankbar (*to sb* jdm). **I'm only ~ that it didn't happen** ich bin bloß froh, daß es nicht passiert ist.

thankfully ['θæŋkfəlɪ] *adv* dankbar, voller Dankbarkeit. **~, no real harm has been done** zum Glück ist kein wirklicher Schaden entstanden.

thankfulness ['θæŋkfʊlnɪs] *n* Dankbarkeit *f*.

thankless ['θæŋklɪs] *adj* undankbar. **a ~ task** eine undankbare Aufgabe.

thanks [θæŋks] **I** *npl* **1.** Dank *m*. **to accept sth with ~** etw dankend *or* mit Dank annehmen; **and that's all the ~ I get** und das ist jetzt der Dank dafür; **to give ~ to God** Gott danksagen *or* Dank sagen; **~ be to God** (*Eccl*) Dank sei Gott.

2. ~ to wegen (+*gen*); (*with positive cause also*) dank (+*gen*); **~ to his coming early ...** weil er so früh kam, ...; **it's all ~ to you that we're so late** bloß deinetwegen kommen wir so spät; **it was no ~ to him that ...** ich hatte/wir hatten *etc* es nicht ihm zu verdanken, daß ...

II *interj* (*inf*) danke (*for* für). **many ~** vielen *or* herzlichen Dank (*for* für); **~ a lot** *or* **a million** vielen *or* tausend Dank; (*iro*) (na,) vielen Dank (*inf*); **will you have some more? — no ~/yes, ~** etwas mehr? — nein/ja, danke.

thanksgiving ['θæŋks,gɪvɪŋ] *n* **1.** Dankbarkeit *f*. **2.** (*US*) **T~ (Day)** Thanksgiving Day *m*.

thank-you ['θæŋkjuː] **I** *n* Dankeschön *nt*. **he grabbed the book without even a ~** er riß das Buch ohne ein Dankeschön *nt or* ohne ein Wort *nt* des Dankes an sich. **II** *attr letter* Dank-.

that¹ [ðæt, *weak form* ðət] **I** *dem pron, pl* **those 1.** das. **what is ~?** was ist das?; **they all say ~** das sagen alle; **~ is Joe (over there)** das (dort) ist Joe; **who is ~?** wer ist das?; **who is ~ speaking?** wer spricht (denn) da?; (*on phone*) wer ist am Apparat?; **~'s what I say** *or* **think too** das finde ich auch; **she's not as stupid as all ~** so dumm ist sie nun auch (wieder) nicht; **I didn't think she'd get/be as angry as ~** ich hätte nicht gedacht, daß sie sich so ärgern würde; **... and all ~** ... und so (*inf*); **like ~** so; **with luck/talent like ~ ...** bei solchem *or* so einem (*inf*) Glück/Talent ...; **~'s got ~/him out of the way** so, das wäre geschafft/so, den wären wir los; **~ is (to say)** das heißt; **there, ~'s ~** so, das wär's; **you can't go and ~'s ~** du darfst nicht gehen, und damit hat sich's *or* und damit basta (*inf*); **well, ~'s ~ then** das wär's dann also; **so ~ was ~** damit hatte sich's; **~'s it!** das ist es!; (*the right way*) gut so!, richtig!; (*finished*) so, das wär's!; (*the last straw*) jetzt reicht's!

2. (*after prep*) **after/before/below/over ~** danach/davor/darunter/darüber; **and ... at ~** und dabei ...; (*on top of that*) und außerdem ...; **you can get it in any supermarket and quite cheaply at ~** man kann es in jedem Supermarkt, und zwar ganz billig, bekommen; **what do you mean by ~?** (*not understanding*) was wollen Sie damit sagen?; (*amazed, annoyed*) was soll (denn) das heißen?; **as for ~** was das betrifft *or* angeht; **if things have** *or* **it has come to ~** wenn es (schon) so weit gekommen ist; **with ~ she got up and left** damit stand sie auf und ging.

3. (*opposed to "this" and "these"*) das (da), jenes (*old, geh*). **I prefer this to ~** dies ist mir lieber als das (da); **~'s the one I like, not this one** das (dort) mag ich, nicht dies (hier).

4. (*followed by rel pron*) **this theory is different from ~ which ...** diese Theorie unterscheidet sich von derjenigen, die ...; **~ which we call ...** das, was wir ... nennen.

II *dem adj, pl* **those 1.** der/die/das, jene(r, s). **what was ~ noise?** was war das für ein Geräusch?; **~ child/dog!** dieses Kind/dieser Hund!; **I only saw him on ~ one occasion** ich habe ihn nur bei dieser einen Gelegenheit gesehen; **everyone agreed on ~ point** alle waren sich in dem Punkt einig; **I like ~ one** ich mag das da.

2. (*in opposition to this*) der/die/das. **I'd like ~ one, not this one** ich möchte das da, nicht dies hier; **she was rushing this way and ~** sie rannte hierhin und dorthin.

3. (*with poss*) **~ dog of yours!** Ihr Hund, dieser Hund von Ihnen (*inf*); **what about ~ plan of yours now?** wie steht es denn jetzt mit Ihrem Plan?

III *dem adv* (*inf*) so. **he was at least ~ much taller than me** er war mindestens (um) soviel größer als ich; **it's not ~ good/cold** *so* gut/kalt ist es auch wieder nicht.

that² *rel pron* **1.** der/die/das; die. **all/nothing/everything** *etc* **~ ...** alles/nichts/alles *etc*, was ...; **the best/cheapest** *etc* **~ ...** das Beste/Billigste *etc*, das *or* was ...; **fool ~ I am** ich Idiot; **the girl ~ I told you about** das Mädchen, von dem ich Ihnen erzählt habe; **no-one has come ~ I know of** meines Wissens *or* soviel ich weiß, ist niemand gekommen.

2. (*with expressions of time*) **the minute ~ he came the phone rang** genau in dem Augenblick, als er kam, klingelte das Telefon.

that³ *conj* **1.** daß. **she promised ~ she would come** sie versprach zu kommen; **he said ~ it was wrong** er sagte, es sei *or* wäre (*inf*) falsch, er sagte, daß es falsch sei *or* wäre (*inf*); **not ~ I want to do it** nicht (etwa), daß ich das tun wollte; *see* **so.**

2. (*in exclamations*) **~ things** *or* **it should come to this!** daß es soweit kommen konnte!

thatch [θætʃ] **I** *n* **1.** (*material*) (*straw*) Stroh *nt*; (*reed*) Reet *nt*; (*roof*) Strohdach *nt*; Reetdach *nt*. **2.** (*inf: hair*) Mähne *f*. **II** *vt roof* mit Stroh/Reet decken.

thatched [θætʃt] *adj roof* (*with straw*) Stroh-; (*with reed*) Reet-; *cottage* mit Stroh-/Reetdach, stroh-/reetgedeckt.

thatcher [ˈθætʃəʳ] *n* Dachdecker *m*.

Thatcherism [ˈθætʃərɪzəm] *n* (*Hist*) Thatcherismus *m*.

Thatcherite [ˈθætʃəraɪt] *n* (*Hist*) Thatcher-Anhänger(in *f*) *m*.

thatching [ˈθætʃɪŋ] *n* (*act, skill*) Stroh-/Reetdachdecken *nt*; (*roofing*) Stroh-/Reetdach *nt*.

thaw [θɔː] **I** *vt* auftauen (lassen); *ice, snow also* tauen lassen; (*make warm*) *person, hands* aufwärmen; (*fig: make friendly*) *person* auftauen *or* warm werden lassen; *relations* entspannen.

II *vi* (*lit, fig*) auftauen; (*ice, snow*) tauen; (*person: become warmer also*) sich aufwärmen. **it is ~ing** es taut.

III *n* (*lit, fig*) Tauwetter *nt*. **there's been a ~ in relations between ...** die Beziehungen zwischen ... sind aufgetaut.

◆**thaw out I** *vi* (*lit, fig*) auftauen. **II** *vt sep* (*lit*) *frozen food* auftauen (lassen); *person, hands* aufwärmen; (*fig*) *person* aus der Reserve locken. **it took several whiskies to ~ him ~** (*inf*) er brauchte mehrere Whiskys, bis er auftaute *or* warm wurde.

the [ðə, *vor Vokalen auch, zur Betonung auch* ðiː] **I** *def art* **1.** der/die/das. **in ~ room** im *or* in dem Zimmer; **on ~ edge** am *or* an dem Rand; **he went up on ~ stage** er ging aufs *or* auf das Podium; **to play ~ piano/guitar** Klavier/Gitarre spielen; **all ~ windows** all die *or* alle Fenster; **have you invited ~ Browns**? haben Sie die Browns *or* (*with children*) die Familie Brown eingeladen?; **in ~ 20s** in den zwanziger Jahren; **Henry ~ Eighth** Heinrich der Achte; **how's ~ leg/wife**? (*inf*) wie geht's dem Bein/Ihrer Frau? (*inf*).

2. (*with adj used as n*) das; die; (*with comp or superl*) der/die/das. ~ **Good** das Gute; ~ **poor/rich** die Armen *pl*/ Reichen *pl*; **translated from** ~ **German** aus dem Deutschen übersetzt; **she was** ~ **prettier/prettiest** sie war die hübschere/ hübscheste.

3. (*denoting whole class*) der/die/das. ~ **elephant is in danger of extinction** der Elefant ist vom Aussterben bedroht.

4. (*distributive use*) **20p** ~ **pound** 20 Pence das *or* pro Pfund; **by** ~ **hour** pro Stunde; **the car does thirty miles to** ~ **gallon** das Auto braucht eine Gallone auf dreißig Meilen.

5. [ðiː] (*stressed*) der/die/das. **it's *the* restaurant in this part of town** das ist *das* Restaurant in diesem Stadtteil.

II *adv* (*with comp adj or adv*) **all** ~ **more/better/harder** um so mehr/besser/ schwieriger; ~ **more he has** ~ **more he wants** je mehr er hat, desto mehr will er; **(all)** ~ **more so because ...** um so mehr, als ...; *see* **better**[2], **worse.**

theatre, (*US*) **theater** ['θɪətəʳ] *n* **1.** Theater *nt*; (*esp in names,* ~ *company also*) Bühne *f*. **to go to the** ~ ins Theater gehen; **what's on at the** ~**?** was wird im Theater gegeben?

2. *no pl* (*theatrical business, drama*) Theater *nt*. **he's always been keen on (the)** ~ er war schon immer theaterbegeistert; **he has been in (the)** ~ **all his life** er war sein Leben lang beim Theater.

3. (*Brit: operating* ~) Operationssaal *m*.

4. (*scene of events*) Schauplatz *m*.

theatre company *n* Theaterensemble *nt*; (*touring*) Schauspiel- *or* Theatertruppe *f*; **theatre critic** *n* Theaterkritiker(in *f*) *m*; **theatregoer** *n* Theaterbesucher(in *f*) *m*; **theatre nurse** *n* (*Brit Med*) Operationsschwester *f*.

theatrical [θɪ'ætrɪkəl] **I** *adj* **1.** Theater-; *company also* Schauspiel-; *experience also* schauspielerisch. **2.** (*pej*) *behaviour etc* theatralisch.

II *n* ~**s** *pl* Theaterspielen *nt*; **most people have taken part in** ~**s** die meisten Menschen haben schon mal Theater gespielt.

theatricality [ˌθiːætrɪ'kælɪtɪ] *n* theatralische Art.

theatrically [θɪ'ætrɪkəlɪ] *adv* **1.** schauspielerisch. **2.** (*pej*) *behave, speak* theatralisch.

thee [ðiː] *pron* (*old, dial: objective case of thou*) (*dir obj, with prep +acc*) Euch (*obs*), Dich (*also Eccl*); (*indir obj, with prep +dat*) Euch (*obs*), Dir (*also Eccl*). **God be with** ~ Gott sei mit Dir; **for** ~ **and thine** für Dich und die Deinen.

theft [θeft] *n* Diebstahl *m*.

their [ðɛəʳ] *poss adj* **1.** ihr. **2.** (*inf: belonging to him or her*) seine(r, s). **everyone knows** ~ **rights nowadays** jeder kennt heutzutage seine Rechte; *see also* **my I.**

theirs [ðɛəz] *poss pron* **1.** ihre(r, s). ~ **is not to reason why** es ist nicht an ihnen, zu fragen; ~ **is the Kingdom of Heaven** ihrer ist das Himmelreich. **2.** (*inf: belonging to him or her*) seine(r, s); *see also* **mine**[1] **I.**

theism ['θiːɪzəm] *n* Theismus *m*.

theist ['θiːɪst] *n* Theist(in *f*) *m*.

theistic [θiː'ɪstɪk] *adj* theistisch.

them [ðem, *weak form* ðəm] **I** *pers pron pl* **1.** (*dir obj, with prep +acc*) sie; (*indir obj, with prep +dat*) ihnen. **both/neither of** ~ **saw me** beide haben/keiner von beiden hat mich gesehen; **give me a few of** ~ geben Sie mir ein paar davon; **none of** ~ keiner/keinen (von ihnen); **he's one of** ~ das ist einer von ihnen; (*homosexual*) er ist andersrum (*inf*).

2. (*emph*) sie. ~ **and us** (*inf*) sie *or* die (*inf*) und wir; **it's** ~ sie sind's; **it's** ~ **who did it** *sie or die* haben es gemacht.

II *adj* (*incorrect*) diese.

thematic *adj,* ~**ally** *adv* [θɪ'mætɪk, -əlɪ] thematisch.

theme [θiːm] *n* **1.** (*subject*) Thema *nt*. **2.** (*US Sch: essay*) Aufsatz *m*. **3.** (*Mus*) Thema *nt*; (*Film, TV also*) Melodie *f* (*from* aus).

theme music *n* (*Film*) Titelmusik *f*; (*TV*) Erkennungsmelodie *f*; **theme park** *n* (thematisch gestalteter) Freizeitpark; **theme song** *n* (*Film*) Titelsong *m*; (*TV*) Erkennungssong *m*; (*of opera*) Leitmotiv *nt*; **theme tune** *n see* **theme music.**

themselves [ðəm'selvz] *pers pron pl* **1.** (*reflexive*) sich. **2.** (*emph*) selbst. **the figures** ~ die Zahlen selbst *or* an sich; *see also* **myself.**

then [ðen] **I** *adv* **1.** (*next, afterwards*) dann. **and** ~ **what happened**? und was geschah dann?

2. (*at this particular time*) da; (*in those days also*) damals. **it was** ~ **8 o'clock** da war es 8 Uhr; **I was/will be on holiday** ~ ich war da (gerade) in Urlaub/werde da in Urlaub sein; **he did it** ~ **and there** *or* **there and** ~ er hat es auf der Stelle getan.

3. (*after prep*) **from** ~ **on(wards)** von da an; **before** ~ vorher, zuvor; **but they had gone by** ~ aber da waren sie schon weg; **we'll be ready by** ~ bis dahin sind wir fertig; **since** ~ seitdem, seit der Zeit; **between now and** ~ bis dahin; **(up) until** ~ **I had never tried it** bis dahin hatte ich es nie versucht.

4. (*in that case*) dann. **I don't want that —** ~ **what *do* you want?** ich will das nicht — was willst du denn?; **what are you going to do,** ~**?** was wollen Sie dann tun?; **but** ~ **that means that ...** das bedeutet ja aber dann, daß ...; **all right,** ~ also *or* dann meinetwegen; **so it's true** ~ dann ist es (also) wahr, es ist also wahr; **(so) I was right** ~ ich hatte also recht; **you don't want it** ~**?** Sie wollen es also nicht?; **where is it** ~**?** wo ist es denn?

5. (*furthermore, and also*) dann, außerdem. **(and)** ~ **there's my aunt** und dann ist da noch meine Tante; **but** ~ **...** aber ... auch; **but** ~ **he's my son** aber er ist (eben) auch mein Sohn.

6. (*phrases*) **now** ~**, what's the matter?** na, was ist denn los?; **come on** ~ nun komm doch.

II *adj attr* damalig. **the** ~ **Prime Minister** der/die damalige Premierminister(in *f*).

thence [ðens] *adv* **1.** (*old: from that place*) von dannen (*old*), von dort *or* da (weg).
2. (*old: from that time*) **which dated from ~** was aus der (damaligen) Zeit stammt.

theocracy [θɪ'ɒkrəsɪ] *n* Theokratie *f*.

theocratic [θɪə'krætɪk] *adj* theokratisch.

theodolite [θɪ'ɒdəlaɪt] *n* Theodolit *m*.

theologian [θɪə'ləʊdʒɪən] *n* Theologe *m*, Theologin *f*.

theological [θɪə'lɒdʒɪkəl] *adj* theologisch. **~ college** Priesterseminar *nt*; **~ student** Theologiestudent(in *f*) *m*.

theology [θɪ'ɒlədʒɪ] *n* Theologie *f*.

theorem ['θɪərəm] *n* Satz *m* (*also Math*), Theorem *nt* (*geh, spec*).

theoretic(al) [θɪə'retɪk(əl)] *adj* theoretisch.

theoretically [θɪə'retɪkəlɪ] *adv* theoretisch.

theoretician [θɪərə'tɪʃən], **theorist** ['θɪərɪst] *n* Theoretiker(in *f*) *m*.

theorize ['θɪəraɪz] *vi* theoretisieren.

theorizer ['θɪəraɪzə^r] *n* Theoretiker(in *f*) *m*.

theory ['θɪərɪ] *n* Theorie *f*. **in ~** theoretisch, in der Theorie; **~ of colour/evolution** Farben-/Evolutionslehre *or* -theorie *f*; **he has a ~ that ...** er hat die Theorie, daß ...; **well, it's a ~** das ist eine Möglichkeit.

theosophical [θɪə'sɒfɪkəl] *adj* theosophisch.

theosophist [θɪ'ɒsəfɪst] *n* Theosoph(in *f*) *m*.

theosophy [θɪ'ɒsəfɪ] *n* Theosophie *f*.

therapeutic(al) [ˌθerə'pjuːtɪk(əl)] *adj* therapeutisch. **to be ~** therapeutisch wirken.

therapeutics [ˌθerə'pjuːtɪks] *n sing* Therapeutik *f*.

therapist ['θerəpɪst] *n* Therapeut(in *f*) *m*.

therapy ['θerəpɪ] *n* Therapie *f*.

there [ðεə^r] **I** *adv* **1.** dort, da; (*with movement*) dorthin, dahin. **look, ~'s Joe/~'s Joe coming** guck mal, da ist/kommt Joe; **it's under/over/in ~** es liegt dort *or* da drunter/drüben/drin; **let's stop ~** hören wir doch da auf; (*travelling*) halten wir doch da *or* dort an; **~ and back** hin und zurück; **so ~ we were** da waren wir nun also.
2. (*fig: on this point*) da. **~ you are wrong** da irren Sie sich; **you've got me ~** da bin ich überfragt; **I've got you ~** da *or* jetzt habe ich Sie.
3. (*in phrases*) **~ is/are** es *or* da ist/sind; (**~** *exists/exist also*) es gibt; **~ were three of us** wir waren zu dritt; **~ is a mouse in the room** es ist eine Maus im Zimmer; **~ was once a castle here** hier war *or* stand einmal eine Burg; **~ is a chair in the corner** in der Ecke steht ein Stuhl; **~ is dancing afterwards** danach ist Tanz *or* wird getanzt; **~'s a book I want to read** da ist ein Buch, das ich lesen möchte; **is ~ any wine left? — well, ~ was** ist noch Wein da? — gerade war noch welcher da; **~ isn't any food/time/point, is ~? — yes ~ is** es gibt wohl nichts zu essen/dazu haben wir wohl keine Zeit/das hat wohl keinen Sinn, oder? — doch!; **~ seems to be no-one at home** es scheint keiner zu Hause zu sein; **how many mistakes were ~?** wie viele Fehler waren es?; **is ~ any beer?** ist Bier da?; **afterwards ~ was coffee** anschließend gab es Kaffee; **~ comes a time when ...** es kommt eine Zeit, wo ...; **~ being no alternative solution** da es keine andere Lösung gibt/gab; **~ will be an opportunity for shopping** es wird Gelegenheit zum Einkaufen geben; **God said: let ~ be light, and ~ was light** und Gott sprach: es werde Licht! und es ward Licht; **~ you go again** (*inf*) jetzt geht's schon wieder los; **~'s gratitude for you!** (*iro*) da haben Sie Ihren Dank!; **now ~'s a good idea!** (das ist) eine gute Idee!; **~ you are** (*giving sb sth*) hier(, bitte)!; (*on finding sb*) da sind Sie ja!; **~ you** *or* **we are, you see, I knew he'd say that** na, sehen Sie, ich habe es ja gewußt, daß er das sagen würde; **wait, I'll help you ... ~ you are!** warten Sie, ich helfe Ihnen, ... so(, das wär's)!; **you press the switch and ~ you are!** Sie brauchen nur den Schalter zu drücken, das ist alles.
II *interj* **~! ~!** na, na!; **stop crying now, ~'s a good boy** hör auf zu weinen, na komm; **drop it, ~'s a good dog** laß das fallen, komm, sei brav; **hey, you ~!** (*inf*) he, Sie da!; **hurry up ~** (*inf*) Beeilung!, Tempo, Tempo! (*inf*); **make way ~** Platz da!, machen Sie mal Platz!; **~ take this to your mother** da, bring das deiner Mutter; **~! I knew it would break!** da! ich hab's ja gewußt, daß es kaputt gehen würde!

thereabouts [ˌðεərə'baʊts] *adv* **1.** (*place*) dort in der Nähe, dort irgendwo. **2.** (*quantity, degree*) **five pounds/fifteen or ~** so um die fünf Pfund/fünfzehn (herum).

thereafter [ˌðεər'ɑːftə^r] *adv* (*form*) danach.

thereby [ˌðεə'baɪ] *adv* dadurch, damit. **and ~ hangs a tale** und hierzu gibt es eine Geschichte.

therefore ['ðεəfɔː^r] *adv* deshalb, daher; (*as logical consequence*) also. **so ~ I was wrong** ich hatte also unrecht; **we can deduce, ~, that ...** wir können also *or* daher folgern, daß ....

therein [ˌðεər'ɪn] *adv* (*form*) **1.** (*in that particular*) darin, in dieser Hinsicht. **2.** (*in that place*) darin, dort.

thereof [ˌðεər'ɒv] *adv* (*form*) davon. **this town and the citizens ~** diese Stadt und deren Bürger.

thereon [ˌðεər'ɒn] *adv* (*form*) (*on that*) darauf; (*on that subject*) darüber.

there's [ðεəz] *contr of* **there is; there has.**

thereunder [ðεər'ʌndə^r] *adv* (*form*) darunter.

thereupon [ˌðεərə'pɒn] *adv* **1.** (*then, at that point*) darauf(hin).
2. (*form: on that subject*) darüber; (*on that*) darauf.

therewith [ˌðεə'wɪθ] *adv* (*form*) **1.** (*with that*) damit. **2.** (*thereupon*) darauf.

therm [θɜːm] *n* (*Brit*) 100.000 Wärmeeinheiten (*ca.* 10^8 *Joules*).

thermal ['θɜːməl] **I** *adj* (*Phys*) *capacity, unit* Wärme-; *neutron, reactor, equilibrium* thermisch.

II *n* (*Aviat, Met*) Thermik *f no pl.*

thermal baths *npl* Thermalbäder *pl*; **thermal paper** *n* Thermopapier *nt*; **thermal printer** *n* (*Comput*) Thermodrucker *m*; **thermal spring** *n* Thermalquelle *f*; **thermal transfer** *n* Thermotransfer *m*; **thermal underwear** *n* Thermo-Unterwäsche *f*.

thermic ['θɜːmɪk] *adj* thermisch.

thermistor ['θɜːmɪstəʳ] *n* (*Tech*) Heißleiter, Thermistor *m*.

thermo [ˌθɜːməʊ-]: **thermodynamic** *adj* thermodynamisch; **thermodynamics** *npl* Thermodynamik *f*; **thermoelectric** *adj* thermoelektrisch; **thermoelectricity** *n* Thermoelektrizität *f*.

thermometer [θə'mɒmɪtəʳ] *n* Thermometer *nt*.

thermonuclear *adj* thermonuklear, Fusions-; ~ **war** Thermonuklearkrieg *m*; **thermopile** *n* Thermosäule *f*; **thermoplastic I** *adj* thermoplastisch; **II** *n* Thermoplast *m*.

thermos ® ['θɜːməs] *n* (*also* ~ **flask** *or* (*US*) **bottle**) Thermosflasche *f*.

thermostat ['θɜːməstæt] *n* Thermostat *m*.

thermostatic [ˌθɜːmə'stætɪk] *adj* thermostatisch. ~ **switch** Temperaturschalter *m*.

thermostatically [ˌθɜːmə'stætɪkəlɪ] *adv* thermostatisch.

thesaurus [θɪ'sɔːrəs] *n* Thesaurus *m*.

these [ðiːz] *adj, pron* diese; *see* **this**.

thesis ['θiːsɪs] *n, pl* **theses** ['θiːsiːz] **1.** (*argument*) These *f*. **2.** (*Univ*) (*for PhD*) Dissertation, Doktorarbeit (*inf*) *f*; (*for diploma*) Diplomarbeit *f*.

they [ðeɪ] *pers pron pl* **1.** sie. ~ **are very good people** es sind sehr gute Leute; **it is** ~ (*form*) *sie* sind es; ~ **who** diejenigen, die *or* welche, wer (*+sing vb*).

2. (*people in general*) ~ **say that ...** man sagt, daß ...; ~ **are going to build a new road** man will *or* sie wollen eine neue Straße bauen.

3. (*inf*) **if anyone looks at this closely,** ~ **will notice ...** wenn sich das jemand näher ansieht, wird er bemerken ...

they'd [ðeɪd] *contr of* **they had; they would**.

they'd've ['ðeɪdəv] *contr of* **they would have**.

they'll [ðeɪl] *contr of* **they will.**

they're [ðɛəʳ] *contr of* **they are.**

they've [ðeɪv] *contr of* **they have.**

thiamine ['θaɪəmiːn] *n* Thiamin *nt*.

thick [θɪk] **I** *adj* (*+er*) **1.** dick; *wall, thread, legs, arms also* stark. **a wall three feet** ~ eine drei Fuß dicke *or* starke Wand; **to give sb a** ~ **ear** (*inf*) jdm ein paar hinter die Ohren hauen (*inf*); **the shelves were** ~ **with dust** auf den Regalen lag dick der Staub; **to have a** ~ **head** einen dicken Kopf haben (*inf*).

2. *hair, fog, smoke* dick, dicht; *forest, hedge, beard* dicht; *liquid, sauce, syrup* dick(flüssig); *mud* dick; *darkness* tief; *crowd* dicht(gedrängt); *air* schlecht, dick (*inf*); *accent* stark, breit. **they are** ~**/not exactly** ~ **on the ground** (*inf*) die gibt es wie Sand am Meer (*inf*)/die sind dünn gesät; **his voice was** ~ **with a cold/emotion/fear/drink** er sprach mit belegter/bewegter/angstvoller Stimme/schwerer Zunge; **the air is pretty** ~ **in here** hier ist sehr schlechte Luft.

3. (*inf: stupid*) *person* dumm, doof (*inf*).

4. (*inf: intimate*) **to be very** ~ **with sb** mit jdm eine dicke Freundschaft haben (*inf*).

5. (*inf: much*) **that's a bit** ~! das ist ein starkes Stück (*inf*).

II *n* **1. in the** ~ **of the crowd/the fight/it** mitten in der Menge/im Kampf/mittendrin; **he likes to be in the** ~ **of things** er ist gern bei allem voll dabei; **to stick together through** ~ **and thin** zusammen durch dick und dünn gehen.

2. (*of finger, leg*) dickste Stelle. **the** ~ **of the calf** die Wade.

III *adv* (*+er*) *spread, lie, cut* dick; *grow* dicht. **the snow lay** ~ es lag eine dichte Schneedecke; **his blows fell** ~ **and fast** seine Schläge prasselten nieder; **they are falling** ~ **and fast** sie fallen um wie die Fliegen (*inf*); **to lay it on** ~ (*inf*) (zu) dick auftragen (*inf*).

thicken ['θɪkən] **I** *vt sauce* eindicken, binden. **II** *vi* **1.** dicker werden; (*fog, hair also, crowd, forest*) dichter werden; (*smoke, fog also, darkness*) sich verdichten. **2.** (*fig: plot, mystery*) immer verwikkelter *or* undurchsichtiger werden. **aha, the plot** ~**s**! aha, jetzt wird's interessant!

thickener ['θɪkənəʳ], **thickening** ['θɪkənɪŋ] *n* (*for sauces*) Bindemittel *nt*.

thicket ['θɪkɪt] *n* Dickicht *nt*.

thick-head *n* (*inf*) Dummkopf *m*; **thick-headed** *adj* (*inf*) dumm, doof (*inf*); **thick-headedness** *n* (*inf*) Dummheit, Doofheit (*inf*) *f*.

thickie ['θɪkɪ] *n* (*inf*) Dummkopf, Doofkopf (*inf*), Doofi (*inf*) *m*.

thick-lipped ['θɪklɪpt] *adj* mit dicken *or* wulstigen Lippen.

thickly ['θɪklɪ] *adv* **1.** *spread, paint, cut* dick; *populated, crowded, wooded* dicht. **2. snow was falling** ~ dichter Schnee fiel; **the** ~ **falling snow** der dicht fallende Schnee. **3.** *speak* (*with a cold*) mit belegter Stimme; (*with drink*) mit schwerer Zunge; (*with emotion*) bewegt; (*with fear*) angstvoll.

thickness ['θɪknɪs] *n see adj* **1.** Dicke *f*; Stärke *f*.

2. Dicke *f*; Dichte *f*; Dickflüssigkeit *f*; Stärke *f*. **the** ~ **of his lips** seine dicken *or* wulstigen Lippen; **the** ~ **of his voice** (*through cold*) seine belegte Stimme; (*through drink*) seine schwere Zunge; (*through emotion*) seine bewegte Stimme; (*through fear*) seine bebende Stimme; **the** ~ **of the air** die schlechte *or* verbrauchte Luft; **it is sold in three different** ~**es** es wird in drei verschiedenen Dicken *or* Stärken verkauft.

3. Dummheit, Doofheit (*inf*) *f*.

4. (*layer*) Lage, Schicht *f*.

thicko ['θɪkəʊ] *n* (*inf*) *see* **thickie.**

thick-set *adj* gedrungen; *hedge* dicht;

thick-skinned *adj* (*lit*) dickhäutig; (*fig*) dickfellig.

thicky ['θɪkɪ] *n* (*inf*) *see* **thickie.**

thief [θi:f] *n, pl* **thieves** [θi:vz] Dieb(in *f*) *m*. **to set a ~ to catch a ~** (*prov*) einen vom Fach benutzen; **to be as thick as thieves** dicke Freunde sein (*inf*).

thieve [θi:v] *vti* stehlen.

thieving ['θi:vɪŋ] **I** *adj jackdaw* diebisch. **a ~ disposition** ein Hang *m* zum Stehlen; **this ~ lot** (*inf*) diese Räuberbande (*inf*). **II** *n* (*thefts*) Stehlen *nt*, Diebstähle *pl*.

thievish ['θi:vɪʃ] *adj* diebisch *attr*.

thievishness ['θi:vɪʃnɪs] *n* diebische Art.

thigh [θaɪ] *n* (Ober)schenkel *m*.

thigh bone *n* Oberschenkelknochen *m*; **thigh-length** *adj boots* übers Knie reichend.

thimble ['θɪmbl] *n* Fingerhut *m*. **~ printer** (*Comput*) Thimble-Drucker *m*.

thimbleful ['θɪmblfʊl] *n* (*fig*) Fingerhut(voll) *m*.

thin [θɪn] **I** *adj* (+*er*) **1.** (*not thick*) *paper, slice, string, wall, blood* dünn; *dress, material also* leicht; *liquid* dünn(flüssig); (*narrow*) *line also, column* schmal.

2. (*not fat*) dünn.

3. (*sparse*) *hair, grass* dünn, schütter; *vegetation* gering, spärlich, kümmerlich (*pej*); *population, crowd* klein, kümmerlich (*pej*). **he's a bit ~ on top** bei ihm lichtet es sich oben schon ein wenig; **to be ~ on the ground** (*fig*) dünn gesät sein.

4. (*not dense*) *fog* leicht; *air* dünn. **to vanish into ~ air** (*fig*) sich in Luft auflösen.

5. (*fig: weak, poor*) *voice, smile* schwach, dünn; *excuse* schwach, fadenscheinig; *disguise, story-line* schwach.

II *adv* (+*er*) *spread, cut* dünn; *lie* dünn, spärlich.

III *vt paint, sauce* verdünnen; *trees* lichten; *hair* ausdünnen; *population* verringern.

IV *vi* (*fog, crowd*) sich lichten; (*hair also*) schütter werden.

◆**thin down I** *vi* dünner werden; (*person also*) abnehmen, schlanker werden. **II** *vt sep paint, sauce* verdünnen.

◆**thin out I** *vi* (*fog*) sich lichten, schwächer werden; (*crowd*) kleiner werden; (*audience*) sich lichten; (*hair*) sich lichten, schütter werden. **the houses started ~ning ~** die Häuser wurden immer spärlicher. **II** *vt sep hair* ausdünnen; *seedlings also* verziehen; *forest* lichten; *population* verkleinern.

thine [ðaɪn] (*old, dial*) **I** *poss pron* der/die/das deine. **for thee and ~** für Dich und die Deinen; *see* **mine[1]. II** *poss adj* (*only before vowel*) Euer/Eure/Euer (*obs*), Dein/Deine/Dein (*also Eccl*).

thing [θɪŋ] *n* **1.** (*any material object*) Ding *nt*. **a ~ of beauty/great value** etwas Schönes/etwas sehr Wertvolles; **she likes sweet ~s** sie mag Süßes *or* süße Sachen; **what's that ~?** was ist das?; **I don't have a ~ to wear** ich habe nichts zum Anziehen.

2. (*clothes, equipment, belongings*) **~s** *pl* Sachen *pl*; **have you got your swimming ~s?** hast du dein Badezeug *or* deine Badesachen dabei?

3. (*non material: affair, subject*) Sache *f*. **you know, it's a funny ~** wissen Sie, es ist schon seltsam; **the odd/best ~ about it is ...** das Seltsame/Beste daran ist, ...; **it's a good ~ I came** nur gut, daß ich gekommen bin; **he's on to** *or* **onto a good ~** (*inf*) er hat da was Gutes aufgetan (*inf*); **he's got a good ~ going there** (*inf*) der hat da was Gutes laufen (*inf*); **what a (silly) ~ to do** wie kann man nur so was (Dummes) tun!; **there is one/another ~ I want to ask you** eines/und noch etwas möchte ich Sie fragen; **and there's another ~, why didn't you ...?** und noch etwas, warum haben Sie nicht ...?; **I must be hearing/seeing ~s!** ich glaube, ich höre/sehe nicht richtig, ich glaube, ich spinne! (*inf*); **all the ~s I meant to say/do** alles, was ich sagen/tun wollte; **to expect great ~s of sb/sth** Großes *or* große Dinge von jdm/etw erwarten; **I must think ~s over** ich muß mir die Sache *or* das überlegen; **~s are going from bad to worse** es wird immer schlimmer; **how are ~s with you?** wie geht's (bei) Ihnen?; **it's bad enough as ~s are** es ist schon schlimm genug; **~s aren't what they used to be** es ist alles nicht mehr so wie früher; **to talk of one ~ and another** von diesem und jenem reden; in allem; **it's been one ~ after the other going wrong** es kam eins zum anderen; **(what) with one ~ and another I haven't had time to do it yet** ich bin einfach noch nicht dazu gekommen; **it's neither one ~ nor the other** es ist weder das eine noch das andere; **for one ~ it doesn't make sense** erst einmal ergibt das überhaupt keinen Sinn; **to see/understand/know not a ~** (absolut) nichts sehen/verstehen/wissen; **to tell sb a ~ or two** jdm einiges erzählen; **he knows a ~ or two about cars** er kennt sich mit Autos aus; **it's just one of those ~s** so was kommt eben vor (*inf*); **she was all ~s to all men** sie war der Wunschtraum aller Männer; *see* **teach.**

4. (*person, animal*) Ding *nt*. **poor little ~** das arme (kleine) Ding!; **you poor ~!** du Arme(r)!; **she's a funny old ~** sie ist ein komisches altes Haus (*inf*); **lucky ~!** die *or* der Glückliche/du Glückliche(r); **he looks quite the ~** er sieht (richtig) nach etwas aus.

5. (*what is suitable, best*) **that's just the ~ for me** das ist genau das richtige für mich; **that's not the ~ to do** so was macht *or* tut man nicht; **the latest ~ in ties** der letzte Schrei in der Krawattenmode; **the ~ to do now would be ...** was wir jetzt machen sollten, wäre ...

6. (*in phrases*) **I'll do that first ~ in the morning** ich werde das gleich *or* als erstes morgen früh tun; **I'll do it first ~** ich werde das zuerst *or* als erstes tun; **last ~ at night** vor dem Schlafengehen; **painting is his ~** das Malen liegt ihm (*inf*); **the ~ is to know when ...** man muß wissen, wann ...; **yes, but the ~ is ...** ja, aber ...; **the ~ is we haven't got enough money** die Sache ist die, wir haben nicht genug Geld; **to do one's own ~** (*sl*) tun, was man will; **when Jimi Hendrix started doing his ~** (*sl*) wenn Jimi Hendrix seine Schau abzog (*sl*); **she's got this ~ about Sartre/dogs** (*inf*) (*can't stand*) sie kann Sartre/Hunde einfach nicht ausstehen; (*is fascinated by*) sie hat einen richtigen Sartre-/Hundefimmel (*inf*); **he's got this ~ about her** (*inf*) (*can't stand*) er kann sie nicht ausstehen; (*is infatuated*) er ist verrückt nach ihr.

7. (all) ~s German/mechanical alles Deutsche/Mechanische.

8. (*inf: for forgotten name of person*) Dings(bums) *mf* (*inf*).

thingummybob ['θɪŋəmɪˌbɒb], **thingamajig** ['θɪŋəmɪˌdʒɪg], **thingummy** ['θɪŋəmɪ] *n* Dings, Dingens, Dingsbums, Dingsda *nt or* (*for people*) *mf* (*all inf*).

think [θɪŋk] (*vb: pret, ptp* **thought**) **I** *vi* denken. **to ~ to oneself** sich (*dat*) denken; **I was just sitting there ~ing to myself** ich saß so in Gedanken da; **~ before you speak/act** denk nach *or* überleg, bevor du sprichst/handelst; **do animals ~?** können Tiere denken?; **to act without ~ing** unüberlegt handeln; (*stupidly also*) unbedacht handeln; **~ again**! denk noch mal nach; **so you ~ I'll give you the money? well, you'd better ~ again**! du denkst also, ich gebe dir das Geld? das hast du dir (wohl) gedacht!; **it makes you ~** es macht *or* stimmt einen nachdenklich; **I need time to ~** ich brauche Zeit zum Nachdenken; **it's so noisy you can't hear yourself ~** bei so einem Lärm kann doch kein Mensch denken; **now let me ~** laß (mich) mal überlegen *or* nachdenken; **it's a good idea, don't you ~**? es ist eine gute Idee, findest *or* meinst du nicht auch?; **just ~, you too could be rich** stell dir vor *or* denk dir nur, auch du könntest reich sein; **where was it? ~, man, ~**! wo war es?, denk doch mal nach!; **listen, I've been ~ing, ...** hör mal, ich habe mir überlegt ...; **sorry, I just wasn't ~ing** Entschuldigung, da habe ich geschlafen (*inf*); **you just didn't ~, did you**? da hast du dir nichts gedacht, oder?; **you just don't ~, do you**? (*about other people*) du denkst auch immer nur an dich; (*about consequences*) was denkst du dir eigentlich?; *see* **big**.

II *vt* **1.** denken; (*be of opinion also*) glauben, meinen. **I ~ it's too late** ich glaube, es ist zu spät; **I ~ I can do it** ich glaube *or* denke, daß ich es schaffen kann; **well, I *think* it was there**! nun, ich glaube zumindest, daß es da war!; **and what do you ~? asked the interviewer** und was meinen Sie? fragte der Interviewer; **I ~ you'd better go/accept/be careful** ich denke, Sie gehen jetzt besser/Sie stimmen lieber zu/Sie wären besser vorsichtig; **well, I *think* he'll understand** na ja, ich nehme zumindest an, daß er das verstehen wird; **I ~ so** ich denke *or* glaube (schon); **I ~ so too** das meine *or* denke ich auch; **I don't ~ so/I shouldn't ~ so/I ~ not** ich denke *or* glaube nicht; **I should ~ so/not**! das will ich (aber) auch gemeint haben/das will ich auch nicht hoffen; **I wasn't even ~ing it** daran habe ich nicht einmal gedacht; **one would have thought there was an easier answer** man sollte eigentlich meinen, daß es da eine einfachere Lösung gäbe; **one would have thought you could have been more punctual** man könnte eigentlich erwarten, daß Sie etwas pünktlicher kommen; **what do you ~ I should do?** was, glauben Sie, soll ich tun?, was soll ich Ihrer Meinung nach tun?; **well, what do you ~, shall we leave now**? nun, was meinst du, sollen wir jetzt gehen?; **I ~ I'll go for a walk** ich glaube, ich mache einen Spaziergang; **do you ~ you can manage**? glauben Sie, daß Sie es schaffen?

2. (*consider*) **you must ~ me very rude** Sie müssen mich für sehr unhöflich halten; **he ~s he's intelligent, he ~s himself intelligent** er hält sich für intelligent, er meint, er ist *or* sei intelligent; **they are thought to be rich** man hält sie für reich; **I wouldn't have thought it possible** das hätte ich nicht für möglich gehalten.

3. (*imagine*) sich (*dat*) denken, sich (*dat*) vorstellen. **I don't know what to ~** ich weiß nicht, was ich davon halten soll; **that's what you ~**! denkste! (*inf*); **that's what he ~s** hat der eine Ahnung! (*inf*); **who do you ~ you are!** für wen hältst du dich eigentlich?, wofür hältst du dich eigentlich?; **I can't ~ what he means**! ich kann mir (gar) nicht denken, was er meint; (*iro also*) was er damit bloß meint?; **anyone would ~ he was dying** man könnte beinahe glauben, er läge im Sterben; **one** *or* **you would ~ they'd already met** man könnte (geradezu) glauben *or* denken, sie seien alte Bekannte; **who would have thought it**? wer hätte das gedacht?; **to ~ that she's only ten**! wenn man bedenkt *or* sich (*dat*) vorstellt, daß sie erst zehn ist.

4. (*reflect*) **to ~ how to do sth** sich (*dat*) überlegen, wie man etw macht; **I was ~ing (to myself) how ill he looked** ich dachte mir (im Stillen), daß er sehr krank aussah; **I never thought to ask you** ich habe gar nicht daran gedacht, Sie zu fragen.

5. (*expect, intend: often neg or interrog*) **I didn't ~ to see you here** ich hätte nicht gedacht *or* erwartet, Sie hier zu treffen *or* daß ich Sie hier treffen würde; **I thought as much/I thought so** das habe ich mir schon gedacht.

6. to ~ one's way out of a difficulty sich (*dat*) einen Ausweg aus einer Schwierigkeit überlegen.

III *n* **have a ~ about it and let me know** denken Sie mal darüber nach *or* überlegen Sie es sich (*dat*) einmal, und geben Sie mir dann Bescheid; **to have a good/quiet ~** gründlich/in aller Ruhe nachdenken; **you've got another ~ coming** (*inf*) da irrst du dich aber gewaltig (*inf*).

◆**think about** *vi +prep obj* **1.** (*reflect on*) *idea, suggestion* nachdenken über (+*acc*). **OK, I'll ~ ~ it** okay, ich überlege es mir; **what are you ~ing ~**? woran denken Sie gerade?; **it's worth ~ing ~** das ist überlegenswert, das wäre zu überlegen; **to ~ twice ~ sth** sich (*dat*) etw zweimal überlegen; **that'll give him something to ~ ~** das wird ihm zu denken geben.

2. (*in progressive tenses: half intend to*) daran denken, vorhaben. **I was ~ing ~ coming to see you** ich habe vorgehabt *or* daran gedacht, Sie zu besuchen.

3. *see* **think of 1., 2., 6.**

◆**think ahead** *vi* vorausdenken; (*anticipate: driver etc*) Voraussicht walten lassen.

◆**think back** *vi* sich zurückversetzen (*to* in +*acc*).

◆**think of** *vi* +*prep obj* **1.** (*consider, give attention to*) denken an (+*acc*). **I've too many things to ~ ~ just now** ich habe gerade zu viel um die Ohren (*inf*); **I've enough things to ~ ~ as it is** ich habe sowieso schon den Kopf voll *or* genug um die Ohren (*inf*); **he has his family to ~ ~** er muß an seine Familie denken; **he ~s ~ nobody but himself** er denkt bloß an sich; **what am I ~ing ~!** (*inf*) was habe ich mir da(bei) bloß gedacht?

2. (*remember*) denken an (+*acc*). **will you ~ ~ me sometimes?** wirst du manchmal an mich denken?; **I can't ~ ~ her name** ich komme nicht auf ihren Namen.

3. (*imagine*) sich (*dat*) vorstellen, bedenken, sich (*dat*) denken. **and to ~ ~ her going there alone!** und wenn man bedenkt *or* sich (*dat*) vorstellt, daß sie ganz allein dorthin gehen will/geht/ging; **~ ~ the cost of all that!** stell dir bloß vor *or* denk dir bloß, was das alles kostet.

4. (*entertain possibility of*) **she'd never ~ ~ getting married** sie denkt gar nicht daran zu heiraten; **he'd never ~ ~ such a thing** so etwas würde ihm nicht im Traum einfallen; **would you ~ ~ lowering the price a little?** würden Sie unter Umständen den Preis etwas ermäßigen?

5. (*devise, suggest*) *solution, idea, scheme* sich (*dat*) ausdenken. **who thought ~ that idea/plan?** wer ist auf diese Idee gekommen *or* verfallen/wer hat sich diesen Plan ausgedacht?; **shoes for dogs! what will they ~ ~ next!** Schuhe für Hunde! was sie sich wohl (nächstens) noch alles einfallen lassen!

6. (*have opinion of*) halten von. **what do you ~ ~ it/him?** was halten Sie davon/von ihm?; **to ~ well** *or* **highly ~ sb/sth** eine gute *or* hohe Meinung von jdm/etw haben, viel von jdm/etw halten; **to ~ little** *or* **not to ~ much ~ sb/sth** wenig *or* nicht viel von jdm/etw halten; **I told him what I thought ~ him** ich habe ihm gründlich die Meinung gesagt; **he is very well thought ~ in his own town** in seiner Heimatstadt hält man große Stükke auf ihn.

◆**think out** *vt sep plan* durchdenken; (*come up with*) *solution* sich (*dat*) ausdenken. **a person who likes to ~ things ~ for himself** ein Mensch, der sich (*dat*) seine eigene Meinung bildet.

◆**think over** *vt sep offer, suggestion* nachdenken über (+*acc*), sich (*dat*) überlegen.

◆**think through** *vt sep* (gründlich) durchdenken.

◆**think up** *vt sep* sich (*dat*) ausdenken. **who thought ~ that idea?** wer ist auf die Idee gekommen?

thinkable ['θɪŋkəbl] *adj* denkbar.

thinker ['θɪŋkə^r] *n* Denker(in *f*) *m*.

thinking ['θɪŋkɪŋ] **I** *adj* denkend. **he's not really a ~ man, he prefers action** er ist kein Denker, sondern ein Macher; **all ~ men will agree with me** alle vernünftigen Menschen werden mit mir übereinstimmen.

II *n* **to do some hard ~ about a question** sich (*dat*) etwas gründlich überlegen, etwas genau durchdenken; **to my way of ~** meiner Meinung nach; **this calls for some quick ~** hier muß eine schnelle Lösung gefunden werden.

think-tank ['θɪŋktæŋk] *n* Expertenkommission *f*.

thin-lipped ['θɪnlɪpt] *adj* dünnlippig; *smile* dünn.

thinly ['θɪnlɪ] *adv* **1.** (*in thin slices or layers*) dünn. **2.** (*sparsely*) dünn; *wooded* spärlich. **3.** (*lightly*) *clad* leicht, dünn. **4.** (*fig*) *veiled, disguised* kaum, dürftig; *smile* schwach.

thinner ['θɪnə^r] *n* Verdünner *m*, Verdünnungsmittel *nt*.

thinness ['θɪnnɪs] *n* **1.** Dünnheit, Dünnigkeit *f*; (*of dress, material*) Leichtheit *f*; (*of liquid*) Dünnflüssigkeit *f*; (*of paper, line, thread*) Feinheit *f*; (*of column of print*) geringe Breite.

2. (*of person*) Magerkeit *f*.

3. (*sparseness*) **the ~ of his hair/the grass/wood/population** sein schütterer *or* spärlicher Haarwuchs/das spärlich wachsende Gras/die lichte Bewaldung/die geringe Bevölkerungsdichte.

4. (*lack of density: of air*) Dünnheit *f*.

5. (*fig*) (*of voice, smile*) Schwachheit *f*; (*of excuse, disguise, plot*) Dürftigkeit *f*.

thin-skinned ['θɪnskɪnd] *adj* (*fig*) empfindlich, dünnhäutig.

third [θɜːd] **I** *adj* **1.** (*in series*) dritte(r, s). **she was** *or* **came ~ in her class/in the race** sie war die Drittbeste in der Klasse/sie machte *or* belegte den dritten Platz beim Rennen; **~ time lucky** beim dritten Anlauf gelingt's!

2. (*of fraction*) **a ~ part** ein Drittel *nt*.

II *n* **1.** (*of series*) Dritte(r, s); (*fraction*) Drittel *nt*. **2.** (*Mus*) Terz *f*. **3.** (*Aut: ~ gear*) dritter Gang; *see also* **sixth.**

third-class I *adv* dritter Klasse; **II** *adj* (*lit*) dritter Klasse; (*fig*) drittklassig; **third degree** *n* **to give sb the ~** (*lit*) (beim Verhör) Stufe drei einschalten; (*fig*) jdn in die Zange nehmen; **third-degree burns** *npl* (*Med*) Verbrennungen *pl* dritten Grades.

thirdly ['θɜːdlɪ] *adv* drittens.

third party *n* Dritte(r) *m*, dritte Person; **third-party I** *adj attr* Haftpflicht-; **II** *adv* **insured ~** in einer Haftpflichtversicherung, haftpflichtversichert; **third-party, fire and theft** *adj attr insurance* ≃ Teilkasko-; **third person** *adj* in der dritten Person; **third-rate** *adj* drittklassig, drittrangig; **Third World I** *n* Dritte Welt; **II** *attr* der Dritten Welt.

thirst [θɜːst] **I** *n* Durst *m*. ~ **for knowledge/revenge/adventure/love** Wissensdurst *m*/Rachsucht *f*/Abenteuerlust *f*/Liebeshunger *m*; **to die of** ~ verdursten.

II *vi* **1.** (*old*) **I** ~ es dürstet *or* durstet mich.

2. (*fig*) **to** ~ **for revenge/knowledge** nach Rache/Wissen dürsten; **the plants were ~ing for rain** die Pflanzen dürsteten nach Regen.

thirstily [ˈθɜːstɪlɪ] *adv* (*lit*) durstig; (*fig*) begierig.

thirsty [ˈθɜːstɪ] *adj* (+*er*) **1.** durstig. **to be/feel** ~ Durst haben; **it made me** ~ das machte mich durstig *or* mir Durst; ~ **for praise/love/revenge/knowledge/blood** begierig auf Lob/nach Liebe/Rache/Wissen/Blut dürstend.

2. (*causing thirst*) **it's** ~ **work** diese Arbeit macht durstig.

thirteen [ˈθɜːˈtiːn] **I** *adj* dreizehn. **II** *n* Dreizehn *f*.

thirteenth [ˈθɜːˈtiːnθ] **I** *adj* (*in series*) dreizehnte(r, s). **a** ~ **part** ein Dreizehntel *nt*. **II** *n* (*in series*) Dreizehnte(r, s); (*fraction*) Dreizehntel *nt; see also* **sixth.**

thirtieth [ˈθɜːtɪɪθ] **I** *adj* (*in series*) dreißigste(r, s). **a** ~ **part** ein Dreißigstel *nt*. **II** *n* (*in series*) Dreißigste(r, s); (*fraction*) Dreißigstel *nt*; *see also* **sixth.**

thirty [ˈθɜːtɪ] **I** *adj* dreißig. **~-one/-two** ein-/zweiunddreißig. **II** *n* Dreißig *f*. **the thirties** (*time*) die dreißiger Jahre; **one's thirties** (*age*) die Dreißiger; *see also* **sixty.**

this [ðɪs] **I** *dem pron, pl* **these** dies, das. **what is ~?** was ist das (hier)?; **who is ~?** wer ist das?; ~ **is John** das *or* dies ist John; **these are my children** das *or* dies sind meine Kinder; ~ **is where I live** hier wohne ich; ~ **is what he showed me** dies *or* das (hier) hat er mir gezeigt; **do you like ~?** gefällt dir das?; ~ **is to certify that ...** hiermit wird bestätigt, daß ...; **under/in front of** *etc* ~ darunter/davor *etc*; **it ought to have been done before** ~ es hätte schon vorher getan werden sollen; **with** ~ **he left us** damit *or* mit diesen Worten verließ er uns; **what's all ~?** was soll das?; ~ **and that** mancherlei; **we were talking of** ~ **and that** wir haben von diesem und jenem *or* über dies und das geredet; **~, that and the other** alles mögliche; **will you take** ~ **or that?** nehmen Sie dieses hier oder das da?; **it was like** ~ es war so; **but** ~ **is May** aber wir haben *or* es ist doch Mai!; **and now ~!** und jetzt (auch noch) dies *or* das!; ~ **is Mary (speaking)** hier (ist) Mary; ~ **is what I mean**! das meine ich (ja)!; ~ **is it**! (*now*) jetzt!; (*showing sth*) das da!, das ist er/sie/es!; (*exactly*) genau!

II *dem adj, pl* **these** diese(r, s). ~ **week/month/year** diese Woche/diesen Monat/dieses Jahr; ~ **evening** heute abend; ~ **day week** (heute) in einer Woche; ~ **time last week** letzte Woche um diese Zeit; ~ **coming week** jetzt die (kommende) Woche; ~ **time** diesmal, dieses Mal; **these days** heutzutage; **all** ~ **talk** dieses ganze Gerede, all das *or* dies Gerede; **to run** ~ **way and that** hin und her rennen; ~ **boy of yours**! also, Ihr Junge!; **I met** ~ **guy who ...** (*inf*) ich habe (so) einen getroffen, der ...

III *dem adv* so. **it was** ~ **long** es war so lang; ~ **far** (*time*) bis jetzt; (*place*) so weit, bis hierher.

thistle [ˈθɪsl] *n* Distel *f*.

thistledown [ˈθɪsldaʊn] *n* Distelwolle *f*. **as light as** ~ federleicht.

thither [ˈðɪðəʳ] *adv* (*old*) dorthin, dahin; *see* **hither.**

tho' [ðəʊ] *abbr of* **though.**

thong [θɒŋ] *n* (*of whip*) Peitschenschnur *f*, Peitschenriemen *m*; (*fastening*) Lederriemen *m*.

thoracic [θɔːˈræsɪk] *adj* Brust-, thorakal (*spec*).

thorax [ˈθɔːræks] *n* Brustkorb, Brustkasten, Thorax (*spec*) *m*.

thorium [ˈθɔːrɪəm] *n* (*Chem*) Thorium *nt*.

thorn [θɔːn] *n* Dorn *m*; (*shrub*) Dornbusch, Dornenstrauch *m*. **to be a** ~ **in sb's flesh** *or* **side** (*fig*) jdm ein Dorn im Auge sein.

thorny [ˈθɔːnɪ] *adj* (+*er*) (*lit*) dornig, dornenreich; (*fig*) haarig.

thorough [ˈθʌrə] *adj* gründlich; *knowledge also* umfassend, solide; *contempt also* bodenlos; *success* voll, durchschlagend; *fool, rascal* ausgemacht. **she's/it's a** ~ **nuisance** sie ist wirklich eine Plage/das ist wirklich lästig.

thoroughbred I *n* reinrassiges Tier; (*horse*) Vollblut(pferd) *nt*, Vollblüter *m*; **II** *adj* reinrassig; *horse* Vollblut-, vollblütig; *dog* Rasse-; **thoroughfare** *n* Durchfahrts- *or* Durchgangsstraße *f*; **thoroughgoing** *adj changes* gründlich; *revision* grundlegend, tiefgreifend; *measure, reform* durchgreifend.

thoroughly [ˈθʌrəlɪ] *adv* **1.** gründlich, von Grund auf.

2. (*extremely*) durch und durch, von Grund auf. **a** ~ **nasty person** ein Scheusal durch und durch; **I'm** ~ **ashamed** ich schäme mich zutiefst, ich bin zutiefst beschämt.

thoroughness [ˈθʌrənɪs] *n* Gründlichkeit *f*; (*carefulness*) Sorgfältigkeit, Sorgfalt *f*; (*of knowledge also*) Umfang *m*, Solidität *f*.

those [ðəʊz] *pl of* **that I** *dem pron* das (da) *sing*. **what are ~?** was ist das (denn) da?, was sind das für Dinger? (*inf*); **whose are ~?** wem gehören diese da?; ~ **are the girls/my suggestions** das (da) *or* dies(es) sind die Mädchen/das *or* dies sind meine Vorschläge; (*place*) dahinter; ~ **are the ones I like** das da *or* diese dort mag ich; ~ **who want to go, may** wer möchte, kann gehen, diejenigen, die gehen möchten, können das tun (*form*); **there are** ~ **who say ...** einige sagen ...

II *dem adj* diese *or* die (da), jene (*old, liter*). **what are** ~ **men doing?** was machen diese Männer da?; **on** ~ **two occasions** bei diesen beiden Gelegenheiten; **it was just one of** ~ **days/things** das war wieder so ein Tag/so eine Sache; **he is one of ~ people who ...** er ist einer von den Leuten *or* von denjenigen, die ...; **~ dogs/sons of yours!** also, diese Hunde/deine Söhne!

thou [ðaʊ] *pers pron* (*old*) (*to friend, servant etc*) Er/Sie (*obs*); (*to stranger*) Ihr (*obs*); (*Rel*) Du; (*Brit: dial*) du.

though [ðəʊ] **I** *conj* **1.** (*in spite of the fact that*) obwohl, obgleich, obschon. **even ~** obwohl *etc*; **~ poor she is generous** obwohl *etc* sie arm ist, ist sie großzügig; **strange ~ it may seem ...** so seltsam es auch scheinen mag ...

2. as ~ als ob.

II *adv* **1.** (*nevertheless*) doch. **he didn't/did do it ~** er hat es aber (doch) nicht/aber doch gemacht; **I'm sure he didn't do it ~** ich bin aber sicher, daß er es nicht gemacht hat; **nice day — rather windy ~** schönes Wetter! — aber ziemlich windig!

2. (*really*) **but will he ~?** tatsächlich?, wirklich?

3. (*inf*) **hot, isn't it? — isn't it ~!** warm, was? — allerdings!

thought [θɔːt] **I** *pret, ptp of* **think.**

II *n* **1.** *no pl* (*act or process of thinking*) Denken *nt*. **to spend hours in ~** stundenlang in Gedanken (vertieft) sein; **to be lost in ~** in Gedanken sein.

2. (*idea, opinion*) Gedanke *m*; (*sudden*) Einfall *m*. **she hasn't a ~ in her head** sie hat nichts im Hirn *or* Kopf; **the ~s of Chairman Mao** die Gedanken *pl* des Vorsitzenden Mao; **he didn't express any ~s on the matter** er hat keine Ansichten zu diesem Thema geäußert; **that's a ~!** (*amazing*) man stelle sich das mal vor!; (*problem to be considered*) das ist wahr!; (*good idea*) das ist eine (gute) Idee *or* ein guter Gedanke *or* Einfall; **what a ~!** was für ein Gedanke *or* eine Vorstellung!; **a ~ has just occurred to me, I've just had a ~** (*inf*) mir ist gerade ein Gedanke gekommen, mir ist gerade etwas eingefallen; **don't give it another ~** machen Sie sich (*dat*) keine Gedanken darüber; (*forget it*) denken Sie nicht mehr daran; **on second ~s** wenn man sich das noch mal überlegt; **his one ~ was ...** sein einziger Gedanke war ...; **it's the ~ that counts, not how much you spend** es kommt nur auf die Idee an, nicht auf den Preis; **to collect one's ~s** sich sammeln, seine Gedanken zusammennehmen; **her ~s were elsewhere** sie war in Gedanken woanders; **the mere** *or* **very ~ of it** der bloße Gedanke (daran), die bloße Vorstellung.

3. *no pl* (*body of ideas*) Denken *nt*. **modern ~** das moderne Denken, das Denken der Moderne.

4. *no pl* (*care, consideration*) Nachdenken *nt*, Überlegung *f*. **to give some ~ to sth** sich (*dat*) Gedanken über etw (*acc*) machen, etw bedenken *or* überlegen; **after much ~** nach langer Überlegung *or* langem Überlegen; **without ~ for sb/oneself/sth** ohne an jdn/sich selbst/etw zu denken; **he has no ~ for his parents' feelings** er nimmt keine Rücksicht auf die Gefühle seiner Eltern; **I never gave it a moment's ~** ich habe mir nie darüber Gedanken gemacht.

5. a ~ (*a little*) eine Idee.

thoughtful ['θɔːtfʊl] *adj* **1.** (*full of thought*) *expression, person* nachdenklich, gedankenvoll, grüblerisch; *remark, analysis, book* gut durchdacht, wohlüberlegt; *present* gut ausgedacht.

2. (*considerate*) rücksichtsvoll; (*attentive, helpful*) aufmerksam. **it was very ~ of you to ...** es war sehr aufmerksam von Ihnen, zu ...

thoughtfully ['θɔːtfəlɪ] *adv* **1.** *say, look* nachdenklich.

2. (*with much thought*) mit viel Überlegung.

3. (*considerately*) rücksichtsvoll; (*attentively, helpfully*) aufmerksam. **she ~ provided rugs** sie war so aufmerksam, Decken bereitzustellen.

thoughtfulness ['θɔːtfʊlnɪs] *n* **1.** (*of expression, person*) Nachdenklichkeit *f*; (*of remark, analysis*) Tiefgang *m*. **2.** (*consideration*) Rücksicht(nahme) *f*; (*attentiveness, helpfulness*) Aufmerksamkeit *f*. **his ~ towards his parents** seine Aufmerksamkeit/Rücksichtnahme seinen Eltern gegenüber.

thoughtless ['θɔːtlɪs] *adj* **1.** (*without reflection*) gedankenlos, unüberlegt, unbesonnen. **~ of the danger, he leapt** ungeachtet der Gefahr sprang er.

2. (*inconsiderate*) *person* gedankenlos, rücksichtslos; (*inattentive, unhelpful*) gedankenlos, unachtsam.

thoughtlessly ['θɔːtlɪslɪ] *adv* **1.** (*without reflection*) gedankenlos, unüberlegt. **he had ~ taken it with him** er hatte es aus Gedankenlosigkeit mitgenommen.

2. *see adj 2.*

thoughtlessness ['θɔːtlɪsnɪs] *n* **1.** (*lack of reflection*) Gedankenlosigkeit, Unüberlegtheit *f*. **2.** *see adj 2.* Gedankenlosigkeit *f*, Rücksichtslosigkeit *f*; Unaufmerksamkeit *f*.

thought-reader *n* Gedankenleser(in *f*) *m*; **thought-reading** *n* Gedankenlesen *nt*; **thought transference** *n* Gedankenübertragung *f*.

thousand ['θaʊzənd] **I** *adj* tausend. **a ~/two ~** (ein)tausend/zweitausend; **a ~ times** tausendmal; **a ~ and one/two** tausend(und)eins/tausend(und)zwei; **I died a ~ deaths** (*inf*) (*embarrassed*) ich wäre fast in den Boden versunken; (*afraid*) ich habe tausend Ängste ausgestanden; **I have a ~ and one (different) things to do** (*inf*) ich habe tausenderlei *or* tausend Dinge zu tun.

II *n* Tausend *nt*. **the ~s** (*Math*) die Tausender *pl*; **there were ~s of people present** es waren Tausende (von Menschen) anwesend; **the year three ~** das Jahr dreitausend; **people arrived in their ~s** die Menschen kamen zu Tausenden.

thousandfold ['θaʊzəndfəʊld] (*liter*) **I** *adj* tausendfach. **II** *adv* tausendfach, tausendfältig.

thousandth ['θaʊzənʦθ] **I** *adj* (*in series*) tausendste(r, s). **a** *or* **one ~ part** ein Tausendstel *nt*. **II** *n* (*in series*) Tausendste(r, s); (*fraction*) Tausendstel *nt*; *see also* **sixth.**

thrash [θræʃ] **I** *vt* **1.** (*beat*) verprügeln, verdreschen; *donkey* einschlagen auf (+*acc*). **to ~ the life out of sb** jdn grün und blau schlagen.

2. (*Sport inf*) *opponent* (vernichtend) schlagen.

3. (*move wildly*) *arms* schlagen mit, fuchteln mit; *legs* strampeln mit. **he ~ed his arms (about) angrily** er schlug wütend (mit den Armen) um sich.

4. (*Agr*) *see* **thresh.**

II *vi* **to ~ about** *or* **around** um sich schlagen; (*in bed*) sich herumwerfen; (*fish*) zappeln.

III *n* (*dated Brit inf: party*) Party *f*.

◆**thrash out** *vt sep problem* ausdiskutieren.

thrashing ['θræʃɪŋ] *n* **1.** (*beating*) Prügel, Schläge *pl*, Dresche *f* (*inf*). **to give sb a good ~** jdm eine ordentliche Tracht Prügel verpassen. **2.** (*Sport inf*) komplette Niederlage. **to give sb a ~** jdn vernichtend schlagen.

thread [θred] **I** *n* **1.** (*of cotton, wool*) Faden *m*; (*Sew also*) Garn *nt*; (*strong ~*) Zwirn *m*. **to hang by a ~** (*fig*) an einem (seidenen *or* dünnen) Faden hängen.

2. (*fig: of story*) (roter) Faden. **he lost the ~ of what he was saying** er hat den Faden verloren; **to pick up the ~s of one's story/a conversation** den (roten) Faden/den Gesprächsfaden wiederaufnehmen.

3. (*Tech: of screw*) Gewinde *nt*.

4. (*fig: thin line: of light*) Strahl, Streifen *m*.

II *vt* **1.** *needle* einfädeln; *beads* aufreihen, auffädeln (*on* auf +*acc*); *necklace* aufziehen. **~ed with silver** von Silber(fäden) durchzogen.

2. to ~ one's way through the crowd/trees sich durch die Menge/zwischen den Bäumen hindurchschlängeln.

3. (*Tech*) *screw* mit einem Gewinde versehen.

III *vi* **he ~ed through the crowd** er schlängelte sich durch die Menge (hindurch).

threadbare ['θredbεəʳ] *adj* abgewetzt, fadenscheinig; *clothes also* abgetragen; *carpet also* abgelaufen; *argument* fadenscheinig.

thread mark *n* Silberfaden *m* (*in Banknoten*).

threat [θret] *n* **1.** Drohung *f*. **is that a ~?** soll das eine Drohung sein?; **to make a ~** drohen, eine Androhung machen (*against sb* jdm); **under ~ of sth** unter Androhung von etw.

2. (*danger*) Bedrohung (*to gen*), Gefahr (*to* für) *f*. **this war is a ~ to civilization** dieser Krieg stellt eine Gefahr für die *or* eine Bedrohung der Zivilisation dar.

threaten ['θretn] **I** *vt* **1.** *person* bedrohen, drohen (+*dat*); *revenge, violence* androhen, drohen mit. **to ~ to do sth** (an)drohen, etw zu tun; **to ~ sb with sth** jdm etw androhen, jdm mit etw drohen.

2. (*put in danger*) bedrohen, gefährden. **the rain ~ed to spoil the harvest** der Regen drohte, die Ernte zu zerstören.

3. (*Met: give warning of*) **it's ~ing to rain** es sieht (bedrohlich) nach Regen aus.

II *vi* (*danger, storm*) drohen, im Anzug sein.

threatening ['θretnɪŋ] *adj* drohend; *weather, clouds also* bedrohlich. **a ~ letter** ein Drohbrief *m*.

threateningly ['θretnɪŋlɪ] *adv* drohend.

three [θri:] **I** *adj* drei. **II** *n* (*figure, tram, Cards*) Drei *f*. **~'s a crowd** drei Leute sind schon zuviel, bei dreien ist einer zuviel; *see also* **six.**

three-act play *n* Dreiakter *m*; **three-colour(ed)** *adj* (*Phot*) Dreifarben-; **three-cornered** *adj* dreieckig; **three-D I** *n* **to be in ~** dreidimensional *or* 3-D sein; **II** *adj* (*also* **three-dimensional**) dreidimensional, 3-D-; **threefold** *adj, adv* dreifach; **three-legged** *adj* dreibeinig; **three-master** *n* Dreimaster *m*; **threepenny** ['θrepənɪ] **bit** *or* **piece** *n* (*Brit old*) Dreipennystück *nt*; **threepenny opera** *n* Dreigroschenoper *f*; **three-phase** *adj* (*Elec*) Dreiphasen-; **three-piece suit** *n* (*man's*) Anzug *m* mit Weste; (*lady's*) dreiteiliges Ensemble; **three-piece suite** *n* dreiteilige Polster- *or* Sitzgarnitur; **three-pin plug** *n* Stekker *m* mit drei Kontakten; **three-ply I** *n* (*wool*) Dreifachwolle *f*; (*wood*) dreischichtiges Spanholz; **II** *attr wool* dreifach, Dreifach-; *wood* dreischichtig; **three-point landing** *n* (*Aviat*) Dreipunktlandung *f*; **three-point turn** *n* (*Aut*) Wenden *nt* in drei Zügen; **three-quarter I** *n* (*Sport*) Dreiviertelspieler(in *f*) *m*; **II** *attr* dreiviertel-; **three quarters I** *n* Dreiviertel *nt*; **II** *adv* dreiviertel, zu drei Vierteln; **threescore** *adj* sechzig; **threesome** *n* Trio *nt*, Dreiergruppe *f*; (*Golf*) Dreier *m*; **in a ~** zu dritt; **three-wheeler** *n* (*Aut*) dreirädriges Auto; (*tricycle*) Dreirad *nt*.

thresh [θreʃ] *vti* dreschen.

thresher ['θreʃəʳ] *n* **1.** (*Agr: machine*) Dreschmaschine *f*; (*person*) Drescher(in *f*) *m*. **2.** (*~ shark*) Drescherhai *m*.

threshing ['θreʃɪŋ] *n* Dreschen *nt*. **~ floor** Dreschboden *m*, Tenne *f*; **~ machine** Dreschmaschine *f*.

threshold ['θreʃhəʊld] *n* (*lit, fig, Psych*) Schwelle *f*; (*of door also*) (Tür)schwelle *f*. **on the ~** an der Schwelle; **we are on the ~ of a great discovery** wir stehen unmittelbar vor *or* an der Schwelle zu einer großen Entdeckung; **to have a high/low pain ~** eine hohe/niedrige Schmerzschwelle haben.

threw [θru:] *pret of* **throw.**

thrice [θraɪs] *adv* (*old*) dreimal.

thrift [θrɪft] *n* Sparsamkeit *f*.

thriftily ['θrɪftɪlɪ] *adv* **1.** sparsam, wirtschaftlich, haushälterisch. **2.** (*US*) **his business is doing ~** sein Geschäft floriert.

thriftiness ['θrɪftɪnɪs] *n* **1.** Sparsamkeit, Wirtschaftlichkeit *f*. **2.** (*US: prosperity*) Gedeihen *nt*.

thriftless ['θrɪftlɪs] *adj* verschwenderisch.

thriftlessness ['θrɪftlɪsnɪs] *n* Verschwendung(ssucht) *f*.

thrifty ['θrɪftɪ] *adj* (+*er*) **1.** (*careful, economical*) sparsam, wirtschaftlich, haushälterisch. **2.** (*US: thriving*) blühend.

thrill [θrɪl] **I** *n* Erregung *f*. **all the ~s and spills of the circus** all die Sensationen und der Nervenkitzel des Zirkus; **the ~ of her touch** der erregende Reiz ihrer Berührung; **a ~ of joy/horror** eine freudige Erregung/ein Entsetzensschauder *m*; **it gave me quite a~, it was quite a ~ for me** es war ein richtiges Erlebnis; **what a ~!** wie aufregend!; **he gets a ~ out of hunting** Jagen hat für ihn einen ganz besonderen Reiz; **that's how he gets his ~s** das erregt ihn; **this will give you the ~ of a lifetime** das wird *das* Erlebnis deines Lebens (sein).

II *vt person* (*story, crimes*) mitreißen, fesseln, packen; (*experience*) eine Sensation sein für; (*sb's touch, voice*) freudig erzittern lassen; (*sexually*) erregen. **I was ~ed to get your letter** ich habe mich riesig über deinen Brief gefreut; **the thought of going to America ~ed her** der Gedanke an eine Amerikareise versetzte sie in freudige Erregung; **to be ~ed to bits** (*inf*) sich freuen wie ein Kind; (*child esp*) ganz aus dem Häuschen sein vor Freude.

III *vi* **she ~ed at the sound of his voice** ein freudiger Schauer durchlief sie, als sie seine Stimme hörte.

thriller ['θrɪləʳ] *n* Reißer *m* (*inf*); (*whodunnit*) Krimi *m*.

thrilling ['θrɪlɪŋ] *adj* aufregend; *book, film* spannend, fesselnd; *sensation* überwältigend, hinreißend; *music* hinreißend, mitreißend; *experience* überwältigend, umwerfend (*inf*); (*sexually*) erregend. **we had a ~ time** es war richtig aufregend.

thrillingly ['θrɪlɪŋlɪ] *adv* spannungsgeladen. **~ new** aufregend neu.

thrive [θraɪv] *pret* **throve** (*old*) *or* **~d**, *ptp* **thriven** ['θrɪvən] (*old*) *or* **~d** *vi* (*be in good health: animal, plant*) (gut) gedeihen; (*child also*) sich gut *or* prächtig entwickeln; (*do well*) (*business*) blühen, florieren; (*businessman*) erfolgreich sein.

◆thrive on *vi* +*prep obj* **the baby ~s ~ milk** mit Milch gedeiht das Baby prächtig; **he ~s ~ criticism/praise** Kritik/Lob bringt ihn erst zur vollen Entfaltung; **like it? I ~ ~ it** ob mir das gefällt? ich brauche das.

thriving ['θraɪvɪŋ] *adj* **1.** *plant* prächtig gedeihend, kräftig; *person* blühend; *child* gut gedeihend. **he's ~!** ihm geht's prächtig!; (*child*) er blüht und gedeiht! **2.** *business* florierend, blühend, gutgehend; *businessman* erfolgreich.

thro' [θru:] *abbr of* **through.**

throat [θrəʊt] *n* (*external*) Kehle *f*; (*internal also*) Rachen *m*. **to grab sb by the ~** jdn bei *or* an der Kehle *or* Gurgel pakken; **to cut sb's/one's ~** jdm/sich die Kehle *or* Gurgel durchschneiden; **to cut one's own ~** (*fig*) sich (*dat*) selbst das Wasser abgraben; **I've a fishbone stuck in my ~** mir ist eine Gräte im Hals stekkengeblieben; **the doctor looked down her ~** der Arzt sah ihr in den Hals; **cancer of the ~** Kehlkopfkrebs *m*; **to clear one's ~** sich räuspern; **to thrust** *or* **ram** *or* **force one's ideas down sb's ~** (*inf*) jdm seine eigenen Ideen aufzwingen; **the words stuck in my ~** die Worte blieben mir im Halse stecken; **it sticks in my ~** (*fig*) das geht mir gegen den Strich (*inf*); **~ microphone** Kehlkopfmikrophon *nt*.

throaty *adj* (+*er*), **throatily** *adv* ['θrəʊtɪ, -lɪ] kehlig, rauh.

throb [θrɒb] **I** *vi* (*engine*) klopfen, hämmern; (*drums, gunfire*) dröhnen; (*heart, pulse*) pochen, klopfen; (*painfully: wound*) pochen, pulsieren, klopfen; (*very strongly*) hämmern; (*fig: with life, activity*) pulsieren (*with* vor +*dat*, mit). **my head is ~bing** ich habe rasende Kopfschmerzen.

II *n* (*engine*) Klopfen, Hämmern *nt*; (*drums, gunfire*) Dröhnen *nt*; (*heart, pulse, wound*) Klopfen, Pochen *nt*; Hämmern *nt*.

throbbing ['θrɒbɪŋ] *n see vi* Klopfen, Hämmern *nt*; Dröhnen *nt*; Pochen *nt*.

throes [θrəʊz] *npl* **1. the ~ of childbirth** die (Geburts)wehen *pl*; **in the ~ of death** im Todeskampf; **to be in its final ~** (*fig*) in den letzten Zügen liegen.

2. (*fig*) Wirren *pl*. **we are in the ~ of moving** wir stecken mitten im Umzug.

thrombosis [θrɒm'bəʊsɪs] *n* Thrombose *f*.

thrombus ['θrɒmbəs] *n* Thrombus (*form*), Blutpfropf *m*.

throne [θrəʊn] **I** *n* Thron *m*; (*Eccl*) Stuhl *m*. **to come to the ~** den Thron besteigen; **the powers of the ~** die Macht der Krone. **II** *vt* **(he is) ~d in glory** (*Eccl*) er sitzet *or* thronet in Herrlichkeit.

throneroom ['θrəʊnru:m] *n* Thronsaal *m*; (*hum*) Klo *nt* (*inf*).

throng [θrɒŋ] **I** *n* (*of people*) Scharen *pl*, Menschenmenge *f*; (*of angels*) Heerschar *f*.

II *vi* sich drängen. **to ~ round sb/sth** sich um jdn/etw drängen *or* scharen; **hundreds of people ~ed round** Hunderte von Leuten strömten herbei.

III *vt* belagern. **people ~ed the streets** die Menschen drängten sich in den Straßen; **to be ~ed with** wimmeln von *or* mit.

throttle ['θrɒtl] **I** *vt* **1.** erdrosseln, erwürgen.

2. (*fig*) *feelings* ersticken, unterdrükken; *opposition* ersticken, unterbinden. **to ~ the press** die Presse knebeln.

3. (*Tech*) *see* **~ back.**

II *n* **1.** (*on engine*) Drossel *f*; (*Aut etc*) (*lever*) Gashebel *m*; (*valve*) Drosselklappe *f*. **at full ~** mit Vollgas; **to open/close the ~** die Drossel öffnen/schließen; (*Aut*) Gas geben/zurücknehmen. **2.** (*hum: throat*) Kehle *f*.

◆throttle back *or* **down I** *vt sep* drosseln. **II** *vi* Gas zurücknehmen, den Motor drosseln.

through, (*US*) **thru** [θru:] **I** *prep* **1.** (*place*) durch. **he got/couldn't get ~ the**

hedge er schlüpfte durch die Hecke (hindurch)/er konnte nicht durch die Hecke durchkommen *or* (hin)durchschlüpfen; **to listen ~ the door** durch die (geschlossene) Tür mithören, lauschen; **he was shot ~ the head** er bekam einen Kopfschuß; **he went right ~ the red lights** er ist bei Rot einfach durchgefahren; **he has come ~ many hardships** er hat viel Schweres durchgemacht; **to be halfway ~ a book** ein Buch halb *or* zur Hälfte durchhaben (*inf*).

2. (*time*) **all ~ his life** sein ganzes Leben lang; **he won't live ~ the night** er wird die Nacht nicht überleben; **he worked ~ the night** er hat die Nacht durchgearbeitet; **he slept ~ the film** er hat den ganzen Film über *or* hindurch *or* lang geschlafen; **all ~ the autumn** den ganzen Herbst über *or* hindurch.

3. (*US: up to and including*) bis (einschließlich). **Monday ~ Friday** von Montag bis (einschließlich) Freitag.

4. (*means, agency*) durch. **~ the post** mit der *or* per Post; **it happened ~ no fault of mine** es geschah nicht durch meine Schuld; **absent ~ illness** abwesend wegen Krankheit; **~ neglect** durch Nachlässigkeit; **to act ~ fear** aus Angst handeln.

II *adv* (*time, place*) durch. **he's a gentleman/liar ~ and ~** er ist durch und durch ein Gentleman/verlogen; **to sleep all night ~** die ganze Nacht durchschlafen; **did you stay right ~?** sind Sie bis zum Schluß geblieben?; **he knew all ~ what I was getting at** er wußte die ganze Zeit (über), worauf ich hinauswollte; **to let sb ~** jdn durchlassen; **to be wet ~** durch und durch *or* bis auf die Haut naß sein; **to read sth ~** etw durchlesen; **the train goes ~ to Berlin** der Zug fährt bis nach Berlin durch; *see vbs*.

III *adj pred* **1.** (*finished*) **to be ~ with sb/sth** mit jdm/etw fertig sein (*inf*); **we're ~** (*have finished relationship*) es ist (alles) aus zwischen uns; (*have finished job*) wir sind fertig; **I'm ~ with him** der ist für mich gestorben *or* erledigt, ich bin fertig mit ihm (*all inf*); **I'm ~ with that kind of work** ich habe genug von dieser Arbeit; **are you ~?** sind Sie fertig?

2. (*Brit Telec*) **to be ~ (to sb/London)** mit jdm/London verbunden sein; **to get ~ (to sb/London)** zu jdm/nach London durchkommen; **you're ~, caller** Ihre Verbindung!, Ihr Gespräch!

through coach *n* (*Rail*) Kurswagen *m* (*for* nach); (*bus*) direkte Busverbindung; **through flight** *n* Direktflug *m*; **through freight** *n* Durchgangsfracht *f*; **through-hole** *adj* (*Comput*) durchkontaktiert.

throughout [θrʊ'aʊt] **I** *prep* **1.** (*place*) überall in (+*dat*). **~ the country/world** im ganzen Land/in der ganzen Welt.

2. (*time*) den ganzen/die/das ganze ... hindurch *or* über. **~ his life** sein ganzes Leben lang.

II *adv* **1.** (*in every part*) **the house is carpeted ~** das Haus ist ganz *or* überall mit Teppichboden ausgelegt; **a block of flats with water and gas ~** ein Wohnblock mit Wasser und Gas in allen Wohnungen.

2. (*time*) die ganze Zeit hindurch *or* über.

throughput *n* (*Ind, Comput*) Durchsatz *m*; **through ticket** *n* **can I get a ~ to London?** kann ich bis London durchlösen?; **through traffic** *n* Durchgangsverkehr *m*; **through train** *n* durchgehender Zug; **throughway** *n* (*US*) Schnellstraße *f*.

throve [θrəʊv] (*old*) *pret of* **thrive.**

throw [θrəʊ] (*vb: pret* **threw,** *ptp* **thrown**) **I** *n* (*of ball, javelin, dice*) Wurf *m*. **it's your ~** du bist dran; **have another ~** werfen Sie noch einmal; **to lose a ~** (*dice*) den Wurf verlieren; **a 30-metre ~** ein Wurf *m* von 30 Metern; **at 10 dollars a ~** zu 10 Dollar das Stück.

II *vt* **1.** *ball, stone* werfen; *water* schütten. **to ~ the dice/a six** würfeln/eine Sechs würfeln; **to ~ sth to sb** jdm etw zuwerfen; **~ me those keys** werfen Sie mir die Schlüssel herüber; **to ~ sth at sb** etw nach jdm werfen; *mud, paint* jdn mit etw bewerfen; **to ~ a ball 20 metres** einen Ball 20 Meter weit werfen; **to ~ sth across the room** etw (quer) durchs Zimmer werfen; **he threw himself to the floor** er warf sich auf den Boden *or* zu Boden; **to ~ oneself at sb** (*physically*) sich auf jdn werfen *or* stürzen; (*fig*) sich jdm an den Hals werfen *or* schmeißen (*inf*); **to ~ one's voice** seine Stimme zum Tragen bringen.

2. (*send to ground*) *rider* abwerfen; *opponent* zu Boden werfen *or* bringen. **to be ~n from the saddle** aus dem Sattel geworfen werden.

3. (*put hastily*) werfen. **to ~ a coat over sb** jdm einen Mantel überwerfen.

4. (*fig: cast*) werfen. **to ~ a glance at sb/sth** einen Blick auf jdn/etw werfen; **to ~ an angry look at sb/sth** jdm/einer Sache einen wütenden Blick zuwerfen; **to ~ light** Licht geben; **to ~ sb/the dogs off the scent** *or* **trail** jdn abschütteln *or* abhängen/die Hunde von der Spur abbringen; **to ~ sb into prison** jdn ins Gefängnis werfen; **to ~ the blame on sb** jdm die Schuld zuschieben *or* in die Schuhe schieben.

5. *switch, lever* betätigen.

6. (*inf: disconcert*) aus dem Konzept bringen.

7. *party* geben, schmeißen (*inf*).

8. *fit* bekommen, kriegen (*inf*).

9. *vase* töpfern, drehen; *silk* zwirnen.

10. (*snake*) **to ~ its skin** sich häuten.

11. (*animal: give birth to*) werfen.

III *vi* werfen; (*~ dice*) würfeln.

◆**throw about** *or* **around** *vt always separate* **1.** (*scatter*) verstreuen; (*fig*) *money* um sich werfen mit.

2. (*toss*) herumwerfen; *one's arms* fuchteln mit; *one's legs* strampeln mit. **to ~ oneself ~** (*in bed, on floor*) sich hin und her werfen, sich herumwerfen; **to ~ a ball ~** ein bißchen Ball spielen.

◆**throw away** *vt sep* **1.** (*discard*) *rubbish*

wegwerfen.

2. (*waste*) verschenken; *money* verschwenden (*on sth* auf *or* für etw, *on sb* an jdn), vergeuden (*on sth* für etw, *on sb* an jdn). **you are ~ing yourself ~ on him** Sie sind zu schade für ihn.

3. (*say casually*) *remark* nebenbei machen, beiläufig sagen.

◆throw back I *vi* (*Biol*) **a type which ~s ~ to an earlier species** ein Typ, der Merkmale einer früheren Art aufweist.

II *vt sep* **1.** (*send back*) *ball, enemy* zurückwerfen.

2. (*backwards*) *head, bedclothes* zurückwerfen; *curtains* aufreißen. **to ~ oneself ~** zurückweichen.

3. (*fig*) **to be ~n ~ upon sth** auf etw (*acc*) wieder angewiesen sein, auf etw (*acc*) zurückgreifen müssen; **the crisis threw them ~ on their own resources** durch die Krise waren sie wieder auf sich selbst angewiesen.

4. I don't want you ~ing that ~ at me ich möchte nicht, daß du mir meine eigenen Worte/Taten wieder vorhältst.

◆throw down *vt sep* (*from a roof, the stairs*) herunterwerfen. **~ ~ your guns!** werfen Sie die Waffen weg!; **to ~ oneself ~** sich zu Boden werfen, sich niederwerfen; **it's ~ing it ~** (*inf: raining*) es gießt (in Strömen).

◆throw in *vt sep* **1.** *extra* (gratis) dazugeben. **with a tour of London ~n ~** mit einer Gratistour durch London extra.

2. (*Sport*) *ball* einwerfen.

3. (*fig*) **to ~ ~ one's hand** aufgeben, sich geschlagen geben; **to ~ ~ the sponge** *or* **towel** das Handtuch werfen (*inf*).

4. (*say casually*) *remark* einwerfen (*to* in +*acc*).

◆throw off *vt sep* **1.** (*get rid of*) *clothes* abwerfen; *disguise, habits* ablegen; *pursuer* abschütteln; *cold* loswerden; *the yoke of tyranny* abwerfen, abschütteln.

2. (*emit*) *sparks, smell* abgeben, von sich geben.

◆throw on *vt sep clothes* sich (*dat*) überwerfen.

◆throw open *vt sep* **1.** *door, window* aufreißen. **2.** *stately home* (öffentlich) zugänglich machen (*to* für). **membership was ~n ~ to the public** die Mitgliedschaft wurde für jedermann freigegeben.

◆throw out *vt sep* **1.** (*discard*) *rubbish* wegwerfen.

2. (*reject*) verwerfen.

3. *person* hinauswerfen, rauswerfen (*inf*) (*of* aus). **to be ~n ~ of work** entlassen werden.

4. (*utter*) *hint* machen; *idea* äußern. **to ~ ~ a challenge (to sb)** jdn herausfordern.

5. (*plant*) *suckers, shoots* treiben; (*fire*) *heat* abgeben.

6. *one's chest* herausdrücken.

7. (*make wrong*) *calculations* über den Haufen werfen (*inf*), durcheinanderbringen.

◆throw over *vt sep plan* über den Haufen werfen (*inf*); *girlfriend* sitzenlassen (*for* wegen).

◆throw together *vt sep* **1.** (*put hastily together*) *ingredients* zusammenwerfen; *clothes* zusammenpacken; (*make quickly*) hinhauen; *essay* hinhauen (*inf*).

2. (*bring together*) *people* (*fate*) zusammenführen; (*friends*) zusammenbringen.

◆throw up I *vi* sich übergeben, brechen. **it makes you want to ~ ~** da kann einem schlecht werden.

II *vt sep* **1.** *ball, hands* hochwerfen.

2. (*abandon*) *job* aufgeben; *opportunity* verschenken. **I feel like ~ing everything ~** ich würde am liebsten alles hinwerfen (*inf*).

3. (*vomit up*) von sich (*dat*) geben.

4. (*produce*) hervorbringen. **the meeting threw ~ several good ideas** bei der Versammlung kamen ein paar gute Ideen zutage.

throwaway *adj* **1.** (*casual*) *remark* nebenbei gemacht; *style* unaufdringlich, leger; **2.** *wrapping, packet* Wegwerf-, zum Wegwerfen; *bottle also* Einweg-; **~ society** Wegwerfgesellschaft *f*; **3.** (*cheap*) **~ prices** Schleuderpreise *pl*; **throwback** *n* **1. his height/selfishness is a ~ to an earlier generation** in ihm schlägt die Größe/Selbstsucht seiner Vorfahren wieder durch; **2.** (*fig*) (*return*) Rückkehr *f* (*to* zu); (*revival*) Neubelebung *f* (*to gen*).

thrower ['θrəʊəʳ] *n* Werfer(in *f*) *m*. **he's not a very good ~** er kann nicht sehr gut werfen.

throw-in ['θrəʊɪn] *n* (*Sport*) Einwurf *m*.

thrown [θrəʊn] *ptp of* **throw.**

thru *prep, adv, adj* (*US*) = **through.**

thrum [θrʌm] **I** *vt guitar* klimpern auf (+*dat*), schlagen; *tune* klimpern. **he ~med the desk with his fingers** *or* **~med his fingers on the desk** er trommelte mit seinen Fingern auf der Schreibtischplatte. **II** *vi* (*on guitar*) klimpern.

thrush¹ [θrʌʃ] *n* (*Orn*) Drossel *f*.

thrush² *n* (*Med*) Soor *m* (*spec*), Schwämmchen *nt*; (*of vagina*) Pilzkrankheit *f*; (*Vet: in horses*) Strahlfäule *f*.

thrust [θrʌst] (*vb: pret, ptp ~*) **I** *n* **1.** Stoß *m*; (*of knife also*) Stich *m*; (*fig: of intellect*) Stoßkraft *f*.

2. (*Tech*) Druckkraft *f*; (*in rocket, turbine*) Schub(kraft *f*) *m*, Triebkraft *f*. **~ bearing** Drucklager *nt*.

3. (*Mil: also* **~ forward**) Vorstoß *m*.

4. (*fig: of speech*) Tenor *m*. **I get the general ~ of what you're saying** ich weiß, worauf es Ihnen ankommt.

II *vt* **1.** (*push, drive*) stoßen. **the tree ~ its branches upward** der Baum streckte seine Äste in den Himmel; **to ~ one's hands into one's pockets** die Hände in die Tasche stecken *or* stopfen (*inf*); **she ~ her books into the box** sie stopfte ihre Bücher in die Kiste.

2. (*fig*) **to ~ oneself (up)on sb** sich jdm aufdrängen; **I had the job ~ upon me** die Arbeit wurde mir aufgedrängt; **to ~ one's way through a crowd** sich durch die Menge drängen.

III *vi* stoßen (*at* nach); (*with knife*) stechen (*at* nach); (*Fencing*) einen Ausfall machen, ausfallen (*at* gegen).

◆**thrust aside** *vt sep* beiseite schieben; *person also* beiseite *or* zur Seite drängen; (*fig*) *objection also* zurückweisen.

◆**thrust forward** *vt sep* **to ~ sb ~** (*lit*) jdn vorschieben; (*fig*) sich für jdn stark machen; **to ~ oneself ~** (*lit*) sich vorschieben, sich nach vorne durchdrängeln; (*fig*) sich einsetzen; (*pej*) sich in den Vordergrund drängen.

◆**thrust out** *vt sep leg* ausstrecken; *hand also* hinstrecken; *head, breasts* vorstrekken; *chest* herausdrücken, wölben. **she ~ her head ~ (of the window)** sie streckte den Kopf (zum Fenster) hinaus.

◆**thrust past** *vi* sich vorbeidrängen (*prep obj* an +*dat*).

thruster ['θrʌstəʳ] *n* (*directional rocket*) (Fein)steuerrakete *f*.

thrustful ['θrʌstfʊl], **thrusting** *adj person, behaviour* energisch, zielstrebig, resolut; (*pej*) (etwas) zu zielstrebig.

thrustfulness ['θrʌstfʊlnɪs] *n* energische Art, Zielstrebigkeit, Resolutheit *f*; (*pej*) (etwas) zu große Zielstrebigkeit.

thrusting ['θrʌstɪŋ] *adj see* **thrustful.**

thruway ['θru:weɪ] *n* (*US*) Schnellstraße *f*.

thud [θʌd] **I** *n* dumpfes Geräusch. **the ~ of his footsteps** seine dumpfen Schritte; **he fell to the ground with a ~** er fiel mit einem dumpfen Aufschlag zu Boden.

II *vi* dumpf aufschlagen; (*move heavily*) stampfen. **the blow ~ded against his chin** dumpf klatschte der Schlag gegen sein Kinn; **a ~ding noise** ein dumpfes Geräusch; **with ~ding heart** mit pochendem Herzen.

thug [θʌg] *n* Schläger(typ) *m*.

thulium ['θju:lɪəm] *n* (*Chem*) Thulium *nt*.

thumb [θʌm] **I** *n* Daumen *m*. **to be under sb's ~** unter jds Pantoffel (*dat*) *or* Fuchtel (*dat*) stehen; **she has him under her ~** sie hat ihn unter ihrer Fuchtel; **to be all ~s** zwei linke Hände haben; **he gave me the ~s up/down** er gab mir zu verstehen, daß alles in Ordnung war/daß es nicht in Ordnung war; **the idea was given the ~s up/down** für den Vorschlag wurde grünes/rotes Licht gegeben; **it sticks out like a sore ~** das springt einem direkt ins Auge; **he sticks out like a sore ~** (*doesn't fit*) er ist völlig anders.

II *vt* **1.** (*inf*) **to ~ a ride** *or* **lift** per Anhalter fahren. **2. to ~ one's nose at sb/sth** jdm/einer Sache eine lange Nase machen; (*fig*) auf jdn/etw pfeifen. **3. a well ~ed book** ein Buch mit abgegriffenen Seiten.

◆**thumb through** *vi* +*prep obj book* durchblättern; *card index* durchgehen, durchsehen.

thumb index *n* Daumenregister *nt*, Daumenindex *m*; **thumbnail** *n* Daumennagel *m*; **~ sketch** (*drawing*) kleine Skizze; (*description*) kurze Skizze; **thumb print** *n* Daumenabdruck *m*; **thumb-screw** *n* (*Tech*) Flügelschraube *f*; (*torture*) Daumenschraube *f*; **thumb-tack** *n* (*US*) Reißnagel *m*, Reiß- *or* Heftzwecke *f*.

thump [θʌmp] **I** *n* (*blow*) Schlag *m*; (*noise*) (dumpfes) Krachen, Bums *m* (*inf*). **the bus gave the car such a ~ ...** der Bus gab dem Auto einen solchen Stoß ...

II *vt table* klopfen *or* schlagen auf (+*acc*); *door* klopfen *or* schlagen an (+*acc*); (*repeatedly*) trommeln auf/an (+*acc*); (*accidentally*) *one's head* sich (*dat*) anschlagen *or* anhauen (*inf*). **he ~ed the box down on my desk** er knallte die Schachtel auf meinen Tisch; **the prisoners started ~ing their stools on the floor** die Gefangenen schlugen mit ihren Hockern auf den Boden; **I'll ~ you (one) if you don't shut up** (*inf*) wenn du nicht gleich den Mund hältst, knallt's (*inf*).

III *vi* (*person*) schlagen (*on the door/table* gegen *or* an die Tür/auf den Tisch); (*heart*) heftig schlagen *or* pochen; (*move heavily*) stapfen; (*object: fall loudly*) plumpsen (*inf*).

◆**thump out** *vt sep tune* hämmern.

thumping ['θʌmpɪŋ] *adj* (*also* **~ great**) (*inf*) kolossal, enorm.

thunder ['θʌndəʳ] **I** *n* **1.** Donner *m*. **a long roll of ~** ein langer rollender Donner, ein langes Donnergrollen; **there is ~ in the air** es liegt ein Gewitter *nt* in der Luft.

2. (*fig*) (*of applause*) Sturm *m*; (*of cannons*) Donnern, Dröhnen *nt*; (*of waves*) Tosen *nt*. **a ~ of applause** ein Beifallssturm *m*.

II *vi* (*lit, fig*) donnern; (*guns, hooves also*) dröhnen; (*waves, sea*) tosen, brausen; (*applause also*) brausen. **the horses came ~ing up to the gate** die Pferde kamen aufs Tor zugeprescht; **the senator ~ed against them** der Senator wetterte gegen sie.

III *vt* (*shout*) brüllen, donnern, mit Donnerstimme brüllen.

◆**thunder out I** *vt sep order* mit donnernder Stimme geben. **II** *vi* (*guns*) losdonnern. **his voice ~ed ~** er donnerte los.

◆**thunder past** *vi* (*train, traffic*) vorbeidonnern.

thunderbolt *n* (*lit*) Blitz *m*, Blitz und Donner; **the news came as something of a ~** (*fig*) die Nachricht schlug wie der Blitz ein; **thunderclap** *n* Donnerschlag *m*.

thunderer ['θʌndərəʳ] *n*: **the T~** (*Myth*) der Blitzeschleuderer.

thundering ['θʌndərɪŋ] *adj* (*inf*) verteufelt (*inf*), verflixt (*inf*).

thunderous ['θʌndərəs] *adj* stürmisch; *voice* donnernd.

thunderstorm *n* Gewitter *nt*; **thunderstruck** *adj* (*fig*) wie vom Donner gerührt.

thundery ['θʌndərɪ] *adj weather* gewitt(e)rig.

Thuringia [θjʊ'rɪndʒɪə] *n* Thüringen *nt*.

Thuringian [θjʊ'rɪndʒɪən] **I** *adj* thüringisch. **II** *n* Thüringer(in *f*) *m*.

Thurs *abbr of* **Thursday** Do.

Thursday ['θɜ:zdɪ] *n* Donnerstag *m*; *see also* **Tuesday.**

thus [ðʌs] *adv* **1.** (*in this way*) so, auf diese

Art. **you must hold it ~** Sie müssen das so halten; **~ it was that ...** so kam es, daß ...

2. (*consequently*) folglich, somit.

3. (*+ptp or adj*) *reassured, encouraged etc* solchermaßen (*geh*). **~ far** so weit.

thwack [θwæk] **I** *n* (*blow*) Schlag *m*; (*noise*) Klatschen *nt*, Bums *m* (*inf*).

II *vt* schlagen; (*waves*) klatschen gegen. **he ~ed his cane on the table** er ließ seinen Stock auf den Tisch heruntersausen.

III *vi* schlagen (*against* gegen); (*waves, cane*) klatschen.

thwart[1] [θwɔːt] *vt* vereiteln; *plan also* durchkreuzen; *robbery, attack also* verhindern. **to ~ sb in sth** jdm etw vereiteln; **to be ~ed at every turn** überall auf Hindernisse stoßen; **~ed!** wieder nichts!

thwart[2] *n* (*Naut*) Ruderbank, Ducht *f*.

thy [ðaɪ] *poss adj* (*old, dial*) (*before vowel* **thine**) Euer/Eure/Euer (*obs*); (*dial, to God*) Dein/Deine/Dein.

thyme [taɪm] *n* Thymian *m*.

thyroid ['θaɪrɔɪd] **I** *n* (*also* **~ gland**) Schilddrüse *f*. **II** *adj* Schilddrüsen-.

thyself [ðaɪ'self] *pers pron* (*old, dial*) **1.** (*reflexive, dir obj, with prep +acc*) Euch (*obs*); (*dial, to God*) Dich; (*indir obj, with prep +dat*) Euch (*obs*); (*dial, to God*) Dir.

2. (*emph*) Ihr selbst (*obs*); Du selbst (*obs*); (*acc*) Euch selbst (*obs*); Dich selbst; (*dat*) Ihnen selbst (*obs*); Dir selbst.

tiara [tɪ'ɑːrə] *n* Diadem *nt*; (*of pope*) Tiara *f*.

Tiber ['taɪbəʳ] *n* Tiber *m*.

Tibet [tɪ'bet] *n* Tibet *nt*.

Tibetan [tɪ'betən] **I** *adj* tibetanisch, tibetisch. **II** *n* **1.** Tibeter(in *f*), Tibetaner(in *f*) *m*. **2.** (*language*) Tibetisch *nt*.

tic [tɪk] *n* (*Med*) Tick *m*, nervöses Zukken.

tich, titch [tɪtʃ] *n* (*inf*) Knirps *m*. **hey, ~!** he, Kleine(r)!

tichy, titchy ['tɪtʃɪ] *adj* (*+er*) (*inf: also* **~ little**) *person* winzig, knirpsig (*inf*); *things* klitzeklein (*inf*), winzig.

tick[1] [tɪk] **I** *n* **1.** (*of clock*) Ticken *nt*.

2. (*inf: moment*) Augenblick *m*, Sekunde *f*, Minütchen *nt* (*inf*). **half a ~** eine Sekunde; **are you ready yet? — half a ~** *or* **two ~s!** bist du schon fertig? — sofort.

3. (*mark*) Häkchen *nt*, Haken *m*. **to put a ~ against a name/an answer** einen Namen/eine Antwort abhaken.

II *vi* **1.** (*clock*) ticken. **the minutes ~ed by** *or* **past/away** die Minuten vergingen.

2. (*inf*) **what makes him ~?** was geht in ihm vor?

III *vt name, answer* abhaken.

◆**tick off** *vt sep* **1.** *name etc* abhaken. **2.** (*inf: scold*) ausschimpfen (*inf*), anpfeifen (*inf*). **he got ~ed ~ for doing it** er wurde angepfiffen (*inf*) *or* er bekam einen Rüffel *or* Anpfiff (*inf*), weil er das getan hat.

◆**tick over** *vi* **1.** (*idle: engine*) im Leerlauf sein. **the engine is ~ing ~ nicely** der Motor läuft ganz gut *or* ruhig. **2.** (*fig: business etc*) ganz ordentlich laufen; (*pej*) auf Sparflamme sein (*inf*). **to keep things ~ing ~** die Sache in Gang halten.

tick[2] *n* (*Zool*) Zecke *f*.

tick[3] *n* (*Brit sl*): **on ~** auf Pump (*inf*).

tick[4] *n* (*Tex: cover*) (*for mattress*) Matratzenbezug *m*; (*for pillow etc*) Inlett *nt*.

ticker ['tɪkəʳ] *n* **1.** (*inf: heart*) Pumpe *f* (*sl*). **2.** (*sl: watch*) Zwiebel *f* (*sl*).

ticker tape *n* Lochstreifen *m*. **~ welcome/parade** (*esp US*) Konfettibegrüßung *f*/Konfettiparade *f*.

ticket ['tɪkɪt] *n* **1.** (*rail, bus*) Fahrkarte *f*, Fahrschein *m*; (*plane ~*) Ticket *nt*, Flugkarte *f*, Flugschein *m*; (*Theat, for football match*) (Eintritts)karte *f*; (*cloakroom*) Garderobenmarke *f*; (*library*) ≈ Buchzettel *m*; (*for dry cleaners, cobbler*) Abschnitt, Zettel *m*; (*luggage office*) (Gepäck)schein *m*; (*raffle ~*) Los *nt*; (*price ~*) Preisschild *nt*; (*for car park*) Parkschein *m*.

2. (*US Pol*) Wahlliste *f*. **he's running on the Democratic ~** er kandidiert für die Demokratische Partei; *see* **split, straight.**

3. (*Jur*) Strafzettel *m*. **to give sb a ~** jdm einen Strafzettel geben *or* verpassen (*inf*).

4. (*dated Brit inf*) **that's the ~!** das ist famos! (*dated inf*).

ticket agency *n* (*Theat*) Vorverkaufsstelle *f*; (*Rail*) Verkaufsstelle *f*; **ticket barrier** *n* (*Brit Rail*) Fahrkartenschranke, Fahrkartenkontrolle *f*; **ticket collector** *n* (*Rail*) (*on train*) Schaffner(in *f*) *m*; (*in station*) Bahnsteigschaffner(in *f*), Fahrkartenkontrolleur *m*; **ticketholder** *n* (*Theat etc*) *jd, der eine Eintrittskarte hat*; **~s only through this door** (*Theat etc*) Eingang nur für Besucher mit Eintrittskarten; **ticket inspector** *n* (Fahrkarten)kontrolleur *m*; **ticket office** *n* (*Rail*) Fahrkartenschalter *m*, Fahrkartenausgabe *f*; (*Theat*) Kasse *f*; **ticket window** *n* (*Rail*) (Fahrkarten)schalter *m*; (*Theat*) Kasse *f*.

ticking ['tɪkɪŋ] *n* **1.** (*for mattress*) Matratzendrell *m*; (*for pillows etc*) Inlett *nt*. **2.** (*of clock*) Ticken *nt*.

ticking-off ['tɪkɪŋ'ɒf] *n* (*inf*) Rüffel, Anpfiff (*inf*) *m*. **he needs a good ~** dem muß man mal den Marsch blasen (*inf*).

tickle ['tɪkl] **I** *vt* **1.** kitzeln. **to ~ sb's toes** jdn an den Zehen kitzeln; **this wool ~s my skin** diese Wolle kratzt *or* juckt (auf der Haut).

2. (*fig inf*) *person* (*please*) schmeicheln (*+dat*) und freuen; (*amuse*) belustigen, amüsieren. **to feel/be ~d** sich gebauchpinselt fühlen (*inf*); **that story really ~d me** diese Geschichte fand ich wirklich köstlich; **to be ~d pink** *or* **to death** sich wie ein Schneekönig freuen (*inf*); *see* **fancy.**

II *vi* kitzeln; (*wool*) kratzen, jucken. **stop it, you're tickling** aufhören, das kitzelt; **my ear is tickling** mein Ohr juckt.

III *n* Kitzeln *nt*. **he gave the baby a little ~** er kitzelte das Baby ein bißchen;

to have a ~ in one's throat einen Hustenreiz haben.

tickler ['tɪkləʳ] *n* (*inf*) kitz(e)lige Angelegenheit, kitz(e)liges Problem.

ticklish ['tɪklɪʃ] *adj* (*lit*) kitz(e)lig; (*fig*) *situation also* heikel.

tick-tack *n* Zeichensprache *f* der Buchmacher; **tick-tack man** *n* Buchmachergehilfe *m*; **tick-tack-toe** *n* (*US*) Kreuzchen-und-Kringelspiel *nt*; **tick-tock** *n* (*sound*) tick-tack; (*baby-talk: clock*) Ticktack *f*.

tidal ['taɪdl] *adj river, harbour* Tide-; *energy, power station* Gezeiten-. **~ barrier** *or* **barrage** Staudamm *m*, Staumauer *f*; **~ wave** (*lit*) Flutwelle *f*.

tidbit ['tɪdbɪt] *n* (*US*) *see* **titbit.**

tiddler ['tɪdləʳ] *n* (*Brit*) **1.** (*fish*) winziger Fisch. **2.** (*inf: child*) Knirps *m*. **she teaches ~s** sie unterrichtet die ganz Kleinen.

tiddly ['tɪdlɪ] *adj* (*+er*) (*inf*) **1.** (*tiny*) winzig, klitzeklein (*inf*). **a ~ little scratch** ein klitzekleiner (*inf*) *or* winzig kleiner Kratzer. **2.** (*tipsy*) angesäuselt (*inf*), beschwipst. **she gets ~ on half a glass of sherry** sie bekommt von einem halben Glas Sherry schon einen Schwips.

tiddlywinks ['tɪdlɪwɪŋks] *n* Floh(hüpf)spiel *nt*. **to play ~** Flohhüpfen spielen.

tide [taɪd] *n* **1.** (*lit*) Gezeiten *pl*, Tide (*N Ger*) *f*. **(at) high/low ~** (bei) Hochwasser *nt or* Flut *f*/ Niedrigwasser *nt or* Ebbe *f*; **we'll sail on the next ~** wir fahren mit der nächsten Flut; **the ~ is in/out** es ist Flut/Ebbe *or* Hochwasser (*form*)/ Niedrigwasser (*form*); **the ~ comes in very far/fast** die Flut kommt sehr weit herein/schnell; **stranded by the ~** in der Ebbe/Flut gestrandet.

2. (*fig: trend*) **the ~ of history** der Lauf der Geschichte; **the ~ of public opinion** der Trend der öffentlichen Meinung; **carried away by the ~ of events** vom Strom der Ereignisse mitgerissen; **to go** *or* **swim against/with the ~** gegen den/mit dem Strom schwimmen; **the ~ has turned** das Blatt hat sich gewendet; *see* **turn, time.**

3. (*old: time*) Zeit *f*

◆**tide over** *vt always separate* **that will ~ me ~ until tomorrow** damit werde ich bis morgen auskommen; **is that enough to ~ you ~?** reicht Ihnen das vorläufig?

tide gate *n* Seeschleuse *f*; **tideland** *n* (*US*) Watt *nt*; **tidemark** *n* Flutmarke *f*; (*man-made*) Pegelstand *m*; (*hum: on neck, in bath*) schwarzer Rand; **tide race** *n* Gezeitenstrom *m*; **tidewater** *n* Flut *f*; (*US: lowlands*) Watt *nt*; **tideway** *n* Priel *m*.

tidily ['taɪdɪlɪ] *adv* ordentlich.

tidiness ['taɪdɪnɪs] *n see adj* Ordentlichkeit *f*; Sauberkeit *f*; Gepflegtheit *f*.

tidings ['taɪdɪŋz] *npl* (*old, liter*) Kunde (*old, liter*), Botschaft (*liter*), Nachricht *f*.

tidy ['taɪdɪ] **I** *adj* (*+er*) **1.** (*orderly*) ordentlich; (*with ~ habits also*) sauber; *appearance also* gepflegt; *room also* aufgeräumt. **she has very ~ habits** sie ist ein sehr ordentlicher *or* ordnungsliebender Mensch; **to keep sth ~** etw in Ordnung halten; **to get a room ~** ein Zimmer aufräumen; **to have a ~ mind** klar *or* logisch denken.

2. (*inf: considerable*) ordentlich (*inf*), ganz schön (*inf*). **a ~ sum** eine ordentliche Stange Geld (*inf*).

II *vt hair* in Ordnung bringen; *room also* aufräumen.

III *n* Behälter *m*.

◆**tidy away** *vt sep* wegräumen, aufräumen.

◆**tidy out** *vt sep* entrümpeln, ausmisten (*inf*).

◆**tidy up I** *vi* **1.** (*clear away*) aufräumen, Ordnung machen. **2.** (*clean oneself*) sich zurechtmachen. **II** *vt sep books, room* aufräumen, in Ordnung bringen; *piece of work* in Ordnung bringen. **to ~ oneself ~** sich zurechtmachen.

tidy-out *n* Entrümpelung *f*; **the cupboards could do with a ~** die Schränke müßten mal entrümpelt *or* ausgemistet (*inf*) werden; **tidy-up** *n* Aufräumen *nt*; **this room needs a ~** dieses Zimmer muß aufgeräumt werden; **go and give yourself a ~** mach dich ein bißchen zurecht.

tie [taɪ] **I** *n* **1.** (*also esp US:* **neck~**) Krawatte *f*, Schlips (*inf*), Binder (*dated form*) *m*.

2. (*Archit, Build*) (*also* **~ beam**) Binderbalken, Bundbalken *m*; (**~** *piece*) Stichbalken *m*; (*Mus*) Haltebogen *m*; (*US Rail*) Schwelle *f*; (*cord*) Schnur *f*.

3. (*fig: bond*) Band *nt* (*liter*), Beziehung, (Ver)bindung *f*. **~s of friendship** freundschaftliche Beziehungen *or* Bande (*liter*) *pl*; **the blood ~** Blutsbande *pl*; **business ~s** Geschäftsverbindungen *pl*; **family ~s** familiäre Bindungen *pl*.

4. (*hindrance*) Belastung *f* (*on* für). **family ~s** familiäre Bindungen *or* Fesseln *pl*; **I don't want any ~s** ich will keine Bindung, ich will mich nicht gebunden fühlen.

5. (*Sport: result*) Unentschieden *nt*; (*match ending in draw*) unentschiedenes Spiel. **the match ended in a ~** das Spiel endete mit einem Unentschieden; **there was a ~ for second place** es gab zwei zweite Plätze.

6. (*esp Ftbl: match*) Spiel *nt*.

II *vt* **1.** (*fasten*) binden (*to* an *+acc*), befestigen (*to* an *+dat*). **~ the string round the tree** binde die Schnur um den Baum; **my hands are ~d** (*fig*) mir sind die Hände gebunden.

2. (*knot*) *shoelace, tie, ribbon* binden. **to ~ a knot in sth** einen Knoten in etw (*acc*) machen; **to ~ a bow in a ribbon** *or* **a ribbon in a bow** ein Band zu einer Schleife binden.

3. (*fig: unite, link*) verbinden.

4. (*restrict*) *person* binden (*to* an *+acc*). **we're very ~d in the evenings** wir sind abends sehr gebunden.

5. (*Sport*) **the match was ~d** das Spiel ging unentschieden aus.

6. ~d (*Mus*) *notes* gebunden.

III *vi* **1.** (*ribbon etc*) **it won't ~ properly** es läßt sich nicht richtig binden; **it ~s at the back** es wird hinten (zu)gebunden.

2. (*Sport*) unentschieden spielen; (*in competition, vote*) gleich stehen. **they ~d for first place** (*Sport, competition*) sie teilten sich den ersten Platz; (*Sch*) sie waren (mit den gleichen Noten) die Klassenbesten.

◆**tie back** *vt sep hair, roses, door* zurückbinden.

◆**tie down** *vt sep* **1.** (*lit*) festbinden (*to* an +*dat*); *huts, tents* verankern (*to* in +*dat*); *horse* fesseln.
2. (*fig: restrict*) binden (*to* an +*acc*); *meaning* genau bestimmen. **to ~ oneself ~ to doing sth** sich verpflichten, etw zu tun; **marriage/owning property ~s you ~** durch die Ehe/Eigentum ist man gebunden.

◆**tie in I** *vi* dazu passen. **to ~ ~ with sth** zu etw passen, dazu passen; **it all ~s ~** das paßt alles zusammen. **II** *vt sep plans* verbinden, in Einklang bringen.

◆**tie on** *vt sep* anbinden, festbinden. **to ~ sth ~(to) sth** etw an etw (*dat*) anbinden.

◆**tie up I** *vi* **1. now it all ~s ~** jetzt paßt alles zusammen; **it all ~s ~ with his marital problems** das hängt alles mit seinen Eheproblemen zusammen.
2. (*Naut*) festmachen.
II *vt sep* **1.** *parcel* verschnüren; *shoelaces* binden.
2. *boat* festmachen; *animal* festbinden, anbinden (*to* an +*dat*); *prisoner, hands* fesseln.
3. (*settle*) *deal, arrangements* unter Dach und Fach bringen. **to ~ ~ a few loose ends (of sth)** (bei einer Sache) ein paar Lücken schließen.
4. (*Fin*) *capital* (fest) anlegen, festlegen.
5. (*link*) **to be ~d ~ with sth** mit etw zusammenhängen; **are you still ~d ~ with that firm?** haben Sie noch Verbindungen zu der Firma?
6. (*keep busy*) beschäftigen; *machines* auslasten. **he's ~d ~ all tomorrow** er ist morgen den ganzen Tag belegt *or* beschäftigt.
7. (*obstruct, hinder*) *production* stillegen.

tie-break, tie breaker *n* (*Tennis*) Tiebreak *m*; **tie clip** *n* Krawattennadel *f*.

tied, tied cottage *n* (*Brit*) Gesindehaus *nt*; **tied house** *n* (*Brit*) Brauereigaststätte *f*, brauereieigene Gaststätte.

tie-dye *vt* nach dem Bindebatikverfahren färben; **tie-in I** *n* **1.** (*connection, relationship*) Verbindung, Beziehung *f*, Zusammenhang *m*; **2.** (*US: sale*) Kopplungsgeschäft *nt*; **II** *attr* **~ sale** (*US*) Kopplungsgeschäft *nt*; **tie line** *n* (*Telec*) Direktverbindung *f*; **tie-on** *adj attr* Anhänge-, zum Anbinden *or* Anhängen; **tie pin** *n* Krawattennadel, Schlipsnadel (*inf*) *f*.

tier [tɪəʳ] *n* (*of cake*) Etage, Stufe *f*; (*of amphitheatre*) Reihe *f*; (*Theat, of stadium*) Rang *m*; (*fig: in hierarchy*) Stufe *f*, Rang *m*. **a cake with three ~s** ein dreistöckiger Kuchen; **to arrange sth in ~s** etw stufenförmig aufbauen.

tiered [tɪəd] *adj* gestuft.

tie rod *n* (*Aut*) Lenkspurstange *f*; **tie-up** *n* **1.** (*connection*) Verbindung *f*; **2.** (*US: stoppage*) Stillstand *m*.

tiff [tɪf] *n* (*inf*) Krach *m* (*inf*). **he's had a ~ with his girlfriend** er hat mit seiner Freundin Krach gehabt (*inf*).

tiger [ˈtaɪgəʳ] *n* Tiger *m*.

tiger lily *n* Tigerlilie *f*; **tiger moth** *n* Bärenspinner *m*; **tiger shark** *n* Tigerhai *m*.

tight [taɪt] **I** *adj* (+*er*) **1.** (*close-fitting*) *clothes* eng; *join* dicht.
2. (*stiff, difficult to move*) *screw, bolt* festsitzend, unbeweglich. **the tap/cork/screw/bolt is (too) ~** der Hahn ist zu fest zu/der Korken/die Schraube/der Bolzen sitzt fest.
3. (*firm*) *screw* fest angezogen; *tap, window* dicht; *lid, embrace* fest; *control, discipline* streng; *organization* straff. **to keep a ~ hold on sth** (*lit*) etw gut festhalten; **to keep a ~ hold on the reins** (*fig*) die Zügel fest in der Hand haben.
4. (*taut*) *rope, skin* straff; *knot* fest (angezogen). **she wears her hair in a ~ bun** sie trägt ihr Haar in einem festen Knoten; **a ~ feeling in the chest** ein beengtes Gefühl in der Brust.
5. (*leaving little space*) eng; *weave also* dicht. **things are getting rather ~ in this office** es wird ziemlich eng im Büro.
6. (*leaving little time*) *timing* knapp; *schedule* knapp bemessen. **4 o'clock is making it a bit ~ for me** 4 Uhr ist ein bißchen knapp für mich.
7. (*difficult*) *situation* schwierig. **in a ~ corner** *or* **spot** (*fig*) in der Klemme (*inf*); **things are getting a bit ~ for him round here** es wird langsam brenzlig für ihn (*inf*).
8. (*close*) *race, match* knapp.
9. (*Fin*) *money* knapp.
10. (*inf: miserly*) knick(e)rig (*inf*).
11. (*inf: drunk*) voll (*sl*), blau (*inf*).
II *adv* (+*er*) *hold, shut, screw, fasten* fest; *stretch* straff. **the suitcase/train was packed ~ with ...** der Koffer/Zug war vollgestopft mit ... *or* prallvoll/gerammelt voll von ... (*inf*); **he kept his mouth shut ~** er schwieg eisern; (*at dentist*) er hielt den Mund fest geschlossen; **to hold sb/sth ~** jdn/etw festhalten; **to do sth up ~** etw festmachen *or* gut befestigen; **sleep ~!** schlaf(t) gut!; **hold ~!** festhalten!; **to sit ~** sich nicht rühren.
III *adj suf* -dicht. **water~/air~** wasser-/luftdicht.

tighten [ˈtaɪtn] (*also* **~ up**) **I** *vt* **1.** *knot* fester machen, anziehen; *screw* anziehen; (*re-~*) nachziehen; *rope* straffen, anziehen; (*stretch tighter*) straffer spannen. **to ~ the steering in a car** die Lenkung an einem Auto nachziehen.
2. *restrictions* verschärfen; *see* **belt.**
II *vi* (*rope*) sich spannen, sich straffen; (*knot*) sich zusammenziehen. **whenever he's angry his mouth ~s** immer wenn er wütend ist, wird sein Mund schmal und verkniffen.

◆**tighten up I** *vi* **1.** *see* **tighten II. 2.** (*in discipline*) strenger werden, härter durchgreifen. **they've ~ed ~ on security** sie haben die Sicherheitsvorkehrungen verschärft. **II** *vt sep* **1.** *see* **tighten I 1.**

2. *organization, procedure* straffen; *discipline, controls* verschärfen.

tight-fisted ['taɪt'fɪstɪd] *adj* knauserig, knickerig (*inf*); **tight-fitting** *adj* eng anliegend; **tight-knit** *adj community* eng miteinander verbunden *or* verwachsen; **tight-lipped** *adj* (*lit*) mit schmalen Lippen; (*silent*) verschwiegen, verschlossen.

tightness ['taɪtnɪs] *n see adj* **1.** enges Anliegen; Dichtheit *f*.
2. Festsitzen *nt*, Unbeweglichkeit *f*.
3. fester Sitz; Dichtheit *f*; Strenge *f*; Straffheit *f*. **the ~ of his embrace** seine feste Umarmung.
4. Straffheit *f*; Festigkeit *f*.
5. Enge *f*; Dichte *f*.
6. Knappheit *f*.
7. Schwierigkeit *f*.
8. Knappheit *f*.
9. Knappheit *f*.
10. Knick(e)rigkeit *f* (*inf*), Geiz *m*.
11. Besoffenheit *f* (*sl*).

tightrope ['taɪtrəʊp] *n* Seil *nt*. **to walk a ~** (*fig*) einen Balanceakt vollführen; **~ act** (*lit, fig*) Balanceakt *m*; **~ walker** Seiltänzer(in *f*) *m*.

tights [taɪts] *npl* (*esp Brit*) Strumpfhose *f*. **a pair of ~** eine Strumpfhose.

tightwad ['taɪtwɒd] *n* (*US*) Geizhals *m*.

tigress ['taɪgrɪs] *n* Tigerin *f*.

tilde ['tɪldə] *n* Tilde *f*.

tile [taɪl] **I** *n* (*on roof*) (Dach)ziegel *m*; (*ceramic ~*) Fliese *f*; (*on wall*) Kachel, Fliese *f*; (*lino ~, cork ~, polystyrene ~*) Platte, Fliese *f*; (*carpet ~*) (Teppich)fliese *f*. **to have a night on the ~s** (*inf*) einen draufmachen (*inf*).
II *vt roof* (mit Ziegeln) decken; *floor* mit Fliesen/Platten auslegen; *wall* kacheln; mit Platten bedecken; *bathroom* kacheln, Fliesen anbringen in (+*dat*). **~d** *roof* Ziegel-.

tiling ['taɪlɪŋ] *n* **1.** (*action*) (*of roof*) (Dach)decken *nt*; (*of floor*) Fliesenlegen *nt*; (*of wall*) Kacheln *nt*; Belegen *nt* mit Platten.
2. (*tiled surface*) (*on roof*) Ziegel *pl*; (*on floor*) Fliesen *pl*; Platten *pl*; (*on wall*) Kacheln, Fliesen *pl*; Platten *pl*.

till[1] [tɪl] *prep, conj see* **until.**

till[2] *n* (*cash-register*) Kasse *f*; (*drawer*) (*in bank*) Geldkasse *f*, Geldkasten *m*; (*in shop*) Ladenkasse *f*. **to be caught with one's hand in the ~** (*fig*) beim Griff in die Kasse ertappt werden.

till[3] *vt* (*Agr*) bestellen.

tillage ['tɪlɪdʒ] *n* (*act*) Bestellen *nt*; (*land*) bestelltes Land.

tiller[1] ['tɪləʳ] *n* (*Naut*) Ruderpinne *f*.

tiller[2] *n* (*Agr*) Landmann *m* (*old*). **~ of the soil** (*liter*) Ackersmann (*old*), Bebauer *m* der Scholle (*liter*).

tilt [tɪlt] **I** *n* **1.** (*slope*) Neigung *f*. **the sideways ~ of his head** seine schräge Kopfhaltung; **if you increase the (angle of) ~ of the conveyor belt ...** wenn Sie das Fließband schräger stellen ...; (*sideways also*) wenn Sie das Fließband weiter kippen ...; **to have a ~** sich neigen.
2. (*Hist: tournament*) Turnier *nt*; (*thrust*) Stoß *m*. **to have a ~ at sb/sth** (*fig*) jdn/etw aufs Korn nehmen; *see* **full.**
II *vt* kippen, schräg stellen; *head* (seitwärts) neigen.
III *vi* **1.** (*slant*) sich neigen. **this part of the machine ~s** dieser Teil der Maschine läßt sich kippen.
2. (*fig*) **to ~ at sb/sth** jdn/etw attackieren; *see* **windmill.**

◆**tilt back I** *vi* sich nach hinten neigen. **he ~ed ~ in his chair** er kippte mit seinem Stuhl nach hinten. **II** *vt sep* nach hinten neigen; *chair also, machine part* nach hinten kippen.

◆**tilt forward I** *vi* sich nach vorne neigen; *machine part* nach vorn kippen. **he ~ed ~ in his chair** er lehnte sich mit seinem Stuhl vor. **II** *vt sep* nach vorne neigen; *chair also, machine part* nach vorne kippen.

◆**tilt over I** *vi* (*lean*) sich neigen; (*fall*) (um)kippen. **II** *vt sep* (*slant*) neigen, schräg stellen; *barrel, chair* kippen.

◆**tilt up I** *vi* nach oben kippen. **the back of the lorry ~s ~** die Ladefläche des Lastwagens kippt. **II** *vt sep bottle* kippen; *kaleidoscope* schräg nach oben halten.

Tim [tɪm] *n abbr of* **Timothy**; (*Brit Telec*) Zeitservice *m*.

timber ['tɪmbəʳ] **I** *n* **1.** Holz *nt*; (*for building also*) Bauholz *nt*; (*land planted with trees*) (Nutz)wald *m*. **to put land under ~** Land mit Bäumen bepflanzen; **standing ~** Nutzwald *m*; **~!** Baum fällt!
2. (*beam*) Balken *m*; (*Naut also*) Spant *nt*.
3. (*Hunt*) (Holz)zäune und -gatter *pl*.
4. (*US: character*) **a man of presidential ~** ein Mann, der das Zeug zum Präsidenten hat.
II *vt house* mit Fachwerk versehen; *gallery* (*in mine*) abstützen, verzimmern.

timbered ['tɪmbəd] *adj house* Fachwerk-; *land* Wald-.

timbering ['tɪmbərɪŋ] *n* (*inside house*) Gebälk, Balkenwerk *nt*; (*outside house*) Fachwerk *nt*; (*Naut*) Spanten *pl*; (*Min*) Stützbalken *pl*; (*material*) (Bau)holz *nt*.

timberland *n* (*US*) Waldland *nt*; **timber line** *n* Baumgrenze *f*; **timber mill** *n* Sägemühle *f*, Sägewerk *nt*; **timber wolf** *n* Timberwolf *m*; **timberwork** *n* (*beams*) Gebälk, Balkenwerk *nt*; (*~ framing*) Fachwerk *nt*; **timber yard** *n* Holzlager *nt*.

timbre ['tɪmbəʳ] *n* Timbre *nt*; (*Phon*) Tonqualität *f*.

time [taɪm] **I** *n* **1.** Zeit *f*. **how ~ flies!** wie die Zeit vergeht!; **only ~ will tell whether ...** es muß sich erst herausstellen, ob ...; **it takes ~ to do that** das erfordert *or* braucht (seine) Zeit; **it took me all my ~ to finish** ich bin gerade noch fertig geworden; **in (the course of) ~** mit der Zeit; **in (next to** *or* **less than) no ~** im Nu, im Handumdrehen; **at this (present) point** *or* **moment in ~** zu diesem *or* zum gegenwärtigen Zeitpunkt; **to have a lot of/no ~ for sb/sth** viel/keine Zeit für jdn/etw haben; (*fig: be for/against*) viel/nichts für jdn/etw übrig haben; **to find/**

make ~ (for sb/sth) Zeit (für jdn/etw) finden/sich (*dat*) Zeit (für jdn/etw) nehmen; **to have ~ on one's hands** viel freie Zeit haben; **my ~ is my own** ich kann frei über meine Zeit verfügen; **in one's own/the company's ~** in *or* während der Freizeit/Arbeitszeit; **to be in good ~** rechtzeitig dran sein; **don't rush, do it in your own ~** nur keine Hast, tun Sie es, wie Sie es können; **he'll let you know in his own good ~** er wird Ihnen Bescheid sagen, wenn er soweit ist; **all in good ~** alles zu seiner Zeit; **~ is money** (*prov*) Zeit ist Geld (*prov*); **~ and tide wait for no man** (*Prov*) das Rad der Zeit hält niemand auf (*Prov*); **(for) a long/short ~** lange/kurz; **it's a long ~ (since)** es ist schon lange her(, seit); **what a (long) ~ you have been!** du hast (aber) lange gebraucht!; **a short ~ later/ago** kurz darauf/vor kurzem; **in a short ~ they were all gone** nach kurzer Zeit waren alle gegangen; **for some ~ past** seit einiger Zeit; **all the ~** die ganze Zeit; **in two weeks' ~** in zwei Wochen; **for a ~** eine Zeitlang; **for the ~ being** (*provisionally*) vorläufig; (*temporarily*) vorübergehend; **to do ~** (*inf: in prison*) sitzen (*inf*); **to make ~ with sb** (*esp US inf: have sex with*) es mit jdm treiben (*inf*).

2. (*of clock, moment, season*) **what ~ is it?, what's the ~?** wie spät ist es?, wieviel Uhr ist es?; **what ~ do you make it?** wie spät haben Sie's?; **my watch keeps good ~** meine Uhr geht genau; **to tell the ~** (*person*) die Uhr kennen; (*instrument*) die Uhrzeit anzeigen; **can you tell the ~?** kennst du die Uhr?; **the ~ is 2.30** es ist 2^{30}, die Zeit: 2^{30}; **what was his ~?** (*in race*) welche Zeit hatte er?; **the winning ~ was ...** die Zeit des Siegers war ...; **it's ~ (for me/us *etc*) to go, it's ~ I was/we were *etc* going, it's ~ I/we *etc* went** es wird Zeit, daß ich gehe/wir gehen *etc*; **on ~/ahead of ~/behind ~** pünktlich/zu früh/zu spät; **we are ahead of ~/behind ~** wir sind früh/spät dran; **we're/the project is ahead of ~/behind ~** wir sind/das Projekt ist dem Zeitplan voraus/zeitlich im Rückstand; **to make good ~** gut *or* schnell vorankommen; **the trains are on ~** *or* **running to ~** die Züge fahren pünktlich; **to be in ~ for sth** rechtzeitig zu etw kommen; **it's about ~ he was here** (*he has arrived*) es wird (aber) auch Zeit, daß er kommt; (*he has not arrived*) es wird langsam Zeit, daß er kommt; **it's ~ for tea** es ist Teezeit; **(and) about ~ too!** das wird aber auch Zeit!; **at all ~s** jederzeit, immer; **at any ~ during the day** zu jeder Tageszeit; **not at this ~ of night!** nicht zu dieser nachtschlafenen Stunde!; **to pass the ~ of day (with sb)** (mit jdm) über Belanglosigkeiten reden; **I wouldn't even give him the ~ of day** ich würde ihm nicht einmal guten Tag sagen; **~ gentlemen please!** Feierabend! (*inf*); **there's a ~ and a place for everything** alles zu seiner Zeit; **this is hardly the ~ or the place to ...** dies ist wohl kaum die rechte Zeit oder der rechte Ort, um ...; **this is no ~ for quarrelling** *or* **to quarrel** jetzt ist nicht die Zeit, sich zu streiten; **well, this is a fine ~ to tell me that** (*iro*) Sie haben sich (*dat*) wahrhaftig eine gute Zeit ausgesucht, um mir das zu sagen; **there are ~s when ...** es gibt Augenblicke, wo *or* da (*geh*) ...; **at the** *or* **that ~** damals, zu der Zeit, seinerzeit; **at this (particular) ~, at the present ~** zur Zeit; **at one ~** früher, einmal; **at any/no ~** jederzeit/niemals; **come (at) any ~** du kannst jederzeit kommen; **at the same ~** (*lit*) gleichzeitig; **sometimes ... (at) other ~s ...** (manch)mal ..., (manch)mal ...; **it was hard, but at the same ~ you could have tried** es war schwierig, aber Sie hätten es trotzdem versuchen können; **at ~s** manchmal; **at various ~s in the past** schon verschiedene Male *or* verschiedentlich; **by the ~ it had finished** als es zu Ende war; **by that ~ we knew/we'll know** da *or* inzwischen wußten wir es/dann *or* bis dahin wissen wir es; **by this ~** inzwischen; **by this ~ next year/tomorrow** nächstes Jahr/morgen um diese Zeit; **between ~s** (*inf*) zwischendurch; **from ~ to ~** dann und wann, von Zeit zu Zeit; **from that ~ on** von der Zeit an, von da an; **since that ~** seit der Zeit; **until such ~ as ...** so lange bis ...; **this ~ of the day/year** diese Tages-/Jahreszeit; **at this ~ of the week/month** zu diesem Zeitpunkt der Woche/des Monats; **this ~ last year/week** letztes Jahr/letzte Woche um diese Zeit; **now's the ~ to do it** jetzt ist der richtige Zeitpunkt *or* die richtige Zeit, es zu tun; **to die before one's ~** zu früh sterben; **when the ~ comes** wenn es soweit ist; **the ~ has come (to do sth)** es ist an der Zeit(, etw zu tun); **when her ~ comes** (*of pregnant woman*) wenn ihre Zeit kommt; **when your ~ comes to be the leader** wenn Sie an der Reihe sind, die Führung zu übernehmen; **my ~ is (almost) up** meine *or* die Zeit ist (gleich) um; (*fig: life*) meine Zeit ist gekommen.

3. (*occasion*) **this ~** diesmal, dieses Mal; **(the) next ~** nächstes Mal, das nächste Mal; **(the) next ~ I see you** wenn ich dich nächstes Mal *or* das nächste Mal sehe; **(the) last ~** letztes Mal, das letzte Mal; **(the) last ~ he was here** letztes Mal *or* das letzte Mal, als er hier war; **every** *or* **each ~ ...** jedesmal, wenn ...; **many a ~, many ~s** viele Male; **many's the ~ I have heard him say ...** ich habe ihn schon oft sagen hören ...; **for the last ~** zum letzten Mal; **and he's not very bright at the best of ~s** und er ist ohnehin *or* sowieso nicht sehr intelligent; **the ~ before** das letzte *or* vorige Mal; **the ~ before last** das vorletzte Mal; **~ and (~) again, ~ after ~** immer wieder, wieder und wieder (*geh*); **they came in one/three *etc* at a ~** sie kamen einzeln/immer zu dritt *etc* herein; **four at a ~** vier auf einmal; **for weeks at a ~** wochenlang; **he pays me £10 a ~** er zahlt mir jedesmal £ 10; **rides on the roundabout cost 50p a ~** eine Fahrt auf dem Karussell kostet 50 Pence; **I've told you a dozen ~s ...** ich habe dir schon x-mal gesagt ...

4. (*multiplication*) **2 ~s 3 is 6** 2 mal 3 ist 6; **it was ten ~s as big as** *or* **ten ~s the size of ...** es war zehnmal so groß wie ...

5. (*rate*) **Sunday is (paid) double ~/~ and a half** Sonntage werden doppelt bezahlt, sonntags gibt es 100% Zuschlag *or* 200%/sonntags gibt es 50% Zuschlag *or* 150%.

6. (*era*) **in Victorian ~s** im Viktorianischen Zeitalter; **in olden ~s** in alten Zeiten; **in my ~** zu meiner Zeit; **~ was when ...** es gab Zeiten, da ...; **he is ahead of** *or* **before his ~** er ist seiner Zeit (weit) voraus; **to be behind the ~s** rückständig sein, hinter dem Mond leben (*inf*); (*outdated knowledge*) nicht auf dem laufenden sein; **to keep up with the ~s** mit der Zeit gehen; (*keep in touch*) auf dem laufenden bleiben; **~s are hard** die Zeiten sind hart *or* schwer; **~s change** die Zeiten ändern sich; **~s are changing** es kommen andere Zeiten; **~s are changing for the better/worse** es kommen bessere/schlechtere Zeiten.

7. (*experience*) **we had a good ~** es war (sehr) schön, es hat uns (*dat*) gut gefallen; **he doesn't look as though he's having a good ~** es scheint ihm hier nicht besonders gut zu gefallen; **have a good ~!** viel Vergnügen *or* Spaß!; **to have the ~ of one's life** eine herrliche Zeit verbringen, sich glänzend amüsieren; **what a ~ we had** *or* **that was!** das war eine Zeit!; **what ~s we had!, what ~s they were!** das waren (noch) Zeiten!; **to have an easy/a hard ~** es leicht/schwer haben; **was it difficult? — no, we had an easy ~ (of it)** war es schwierig? — nein, (es war) ganz leicht; **he didn't have an easy ~ of it in the operating theatre** er war im Operationssaal schlimm dran; **to have a bad/rough ~** viel mitmachen; **the goalkeeper had a rough ~** der Torwart hatte schwer zu kämpfen; **to show sb a good ~** jdn ausführen; **she'll give you a good ~ for £30** bei ihr kannst du dich für £ 30 amüsieren; **to give sb a bad/rough** *etc* **~ (of it)** jdm das Leben schwermachen; **a good ~ girl** ein lebenslustiges Mädchen, ein vergnügungssüchtiges Mädchen (*pej*).

8. (*rhythm*) Takt *m*. **(to be) in ~ (with)** im Takt (sein) (mit); **(to be/get) out of ~** aus dem Takt (sein/kommen); **you're singing out of ~ (with the others)** du singst nicht im Takt (mit den anderen); **3/4 ~** Dreivierteltakt *m*; **to keep ~** (*beat* ~) den Takt angeben *or* schlagen; (*keep in* ~) (den) Takt halten.

II *vt* **1.** (*choose ~ of*) **to ~ sth perfectly** genau den richtigen Zeitpunkt für etw wählen; **he ~d his arrival to coincide with ...** er legte seine Ankunft so, daß sie mit ... zusammenfiel; **you ~d that well** du hast dir den richtigen Zeitpunkt (dafür) ausgesucht; **the bomb is ~d to explode at ...** die Bombe ist so eingestellt, daß sie um ... explodiert.

2. (*with stopwatch*) stoppen; *speed also* messen. **to ~ sb (over 1000 metres)** jdn (auf 1000 Meter) stoppen, jds Zeit (auf *or* über 1000 Meter) nehmen; **~ how long it takes you, ~ yourself** sieh auf die Uhr, wie lange du brauchst; (*with stop-watch*) stopp, wie lange du brauchst; **to ~ an egg** ein Ei eine bestimmte Zeit lang kochen; **a computer that ~s its operator** ein Computer, der die Zeit mißt, die sein(e) Benutzer(in *f*) braucht.

time-and-motion expert *n* Fachmann *m*/-frau *f* für Zeitstudien, ≈ REFA-Fachmann *m*/-Fachfrau *f*; **time-and-motion study** *n* Zeitstudie, Bewegungsstudie *f*; **time bomb** *n* (*lit, fig*) Zeitbombe *f*; **time capsule** *n* Kassette *f* mit Zeitdokumentationen; **timecard** *n* (*for workers*) Stechkarte *f*; (*US: timetable*) Fahrplan *m*; **time check** *n* (*general*) Zeitkontrolle *f*; (*Rad, TV*) Zeitvergleich *m*; **time clock** *n* Stechuhr *f*; **time-consuming** *adj* zeitraubend; **time deposit** *n* (*Fin*) Festgeld, Termingeld *nt*; **time exposure** *n* Langzeitbelichtung *f*; (*photograph*) Langzeitaufnahme *f*; **time fuse** *or* (*US*) **fuze** *n* Zeitzünder *m*; **time-honoured** *or* (*US*) **-honored** *adj* althergebracht, altehrwürdig; **timekeeper** *n* (*Sport*) Zeitnehmer *m*; **this watch/employee is a good/bad ~** diese Uhr geht richtig *or* genau/nicht richtig/ dieser Angestellte erfüllt immer/nie das Zeitsoll; **time-lag** *n* Zeitdifferenz *f*; (*delay*) Zeitverschiebung *f*; **cultural/technical ~** Unterschied *m* in der kulturellen/technischen Entwicklung; **time-lapse** *adj* Zeitraffer-.

timeless ['taɪmlɪs] *adj* zeitlos; (*everlasting*) immerwährend.

timelessly ['taɪmlɪslɪ] *adv* zeitlos; (*eternally*) immerfort.

timelessness ['taɪmlɪsnɪs] *n* Zeitlosigkeit *f*; (*eternal nature*) Unvergänglichkeit *f*.

time limit *n* zeitliche Begrenzung; (*for the completion of a job*) Frist *f*. **to put a ~ on sth** etw befristen.

timeliness ['taɪmlɪnɪs] *n* Rechtzeitigkeit *f*. **the ~ of his warning soon became apparent** man merkte bald, daß seine Warnung genau zum richtigen Zeitpunkt erfolgt war.

time lock *n* Zeitschloß *nt*.

timely ['taɪmlɪ] *adj* rechtzeitig. **a ~ piece of advice** ein Rat zur rechten Zeit; **that was very ~** das war genau zur rechten Zeit.

time machine *n* Zeitmaschine *f*; **time-out** *n* (*US*) **1.** (*Ftbl, Basketball*) Auszeit *f*; **2.** (*break*) **to take ~** Pause machen; **timepiece** *n* Uhr *f*, Chronometer *nt* (*geh*).

timer ['taɪməʳ] *n* Zeitmesser *m*; (*switch*) Schaltuhr *f*; (*person*) Zeitnehmer *m*.

time saver *n* **to be a ~** Zeit sparen; **time-saving** *adj* zeitsparend; **time-sensitive** *adj project, money transfers* zeitabhängig, zeitgebunden; **timeserver** *n* Opportunist(in *f*), Gesinnungslump (*pej inf*) *m*; **timeserving I** *n* Opportunismus *m*, Gesinnungslumperei (*pej inf*) *f*; **II** *adj* opportunistisch; **timeshare I** *n* Wohnung *f*/Haus *nt* auf Timesharing-Basis; **II** *adj attr* Timesharing-; **time-**

sharing *n* Teilnehmer-Rechensystem, Time-sharing *nt*; **time sheet** *n* Stundenzettel *m*, Arbeitszeit-Kontrolliste *f* (*form*); **time signal** *n* Zeitzeichen *nt*; **time span** *n* Zeitspanne *f*; **time switch** *n* Schaltuhr *f*, Zeitschalter *m*; **timetable** *n* (*transport*) Fahrplan *m*; (*Brit Sch*) Stundenplan *m*; **to have a busy ~** ein volles Programm haben; **what's on the ~?** was steht auf dem Programm?; **time trial** *n* Zeitrennen *nt*; **time unit** *n* (*Telec*) Zeiteinheit *f*; **time warp** *n* (*Sci-Fi, fig*) Zeitverzerrung *f*; **we're entering a ~** wir werden in eine andere Zeit versetzt; **time wasting** *n* (*Sport*) Bummelei *f*; **timeworn** *adj stones* verwittert; (*through use*) abgetreten; *cliché, joke* abgedroschen; **time zone** *n* Zeitzone *f*.

timid ['tɪmɪd] *adj* scheu, ängstlich; *person, behaviour, words also* schüchtern.

timidity [tɪ'mɪdɪtɪ], **timidness** ['tɪmɪdnɪs] *n see adj* Scheu, Ängstlichkeit *f*; Schüchternheit *f*.

timidly ['tɪmɪdlɪ] *adv see adj.*

timing ['taɪmɪŋ] *n* **1.** (*choice of time*) Wahl *f* des richtigen Zeitpunkts (*of* für), Timing *nt*; (*Tennis, Ftbl also*) (Ball)berechnung *f*. **it's all a question of ~** es ist eine Frage (der Wahl) des richtigen Zeitpunkts *or* des Timings; **perfect ~, I'd just opened a bottle** ihr kommt gerade richtig, ich habe eben eine Flasche aufgemacht; **what's the ~ for this job?** wie sieht der Zeitplan für diese Arbeit aus?; **the actors' ~ was terrible** die Schauspieler zeigten erbärmliche Synchronisierung; **the dancer showed a good sense of ~** der Tänzer bewies ein gutes Gefühl fürs Timing.
2. (*Aut*) (*mechanism*) Steuerung *f*; (*adjustment*) Einstellung *f*. **~ mechanism** Steuermechanismus *m*.
3. (*measuring of time*) Zeitnahme, Zeitmessung *f* (*of* bei); (*of race, runners*) Stoppen *nt*. **regular ~ of the factory workers** regelmäßige Zeitkontrollen bei den Fabrikarbeitern.

timorous ['tɪmərəs] *adj* furchtsam, ängstlich, scheu.

Timothy ['tɪməθɪ] *n* (*Bibl*) Timotheus *m*.

tin [tɪn] **I** *n* **1.** Blech *nt*; (*Chem: metal*) Zinn *nt*.
2. (*esp Brit: can*) Dose, Büchse *f*. **a ~ of beans/biscuits** eine Dose *or* Büchse Bohnen/eine Dose Kekse.
II *vt* **1.** (*coat with ~*) verzinnen.
2. (*esp Brit: can*) in Dosen *or* Büchsen konservieren.

tin can *n* **1.** (*Brit*) (Blech)dose, (Blech)büchse *f*. **2.** (*US Naut sl: destroyer*) Zerstörer *m*.

tincture ['tɪŋktʃə^r] **I** *n* **1.** (*Pharm, Her*) Tinktur *f*. **~ of iodine** Jodtinktur *f*. **2.** (*fig: tinge*) Spur, Andeutung *f*. **II** *vt views, opinions* einen Anstrich *or* Beigeschmack geben (+*dat*) (*with* von). **to be ~d with sth** einen Anstrich *or* Beigeschmack von etw haben.

tinder ['tɪndə^r] *n* Zunder *m*. **~box** Zunderbüchse *f*.

tinfoil ['tɪnfɔɪl] *n* (*wrapping*) Stanniolpapier *nt*; (*aluminium foil*) Aluminiumfolie *f*.

ting [tɪŋ] **I** *vt bell* läuten. **to ~ the bell** klingeln; **he ~ed his knife against the glass, he ~ed the glass with his knife** er schlug mit dem Messer an das Glas, daß es klirrte. **II** *vi* (*bell*) klingen. **III** *n* Klingen *nt*. **to give the bell a (quick) ~** (kurz) klingeln.

ting-a-ling ['tɪŋə'lɪŋ] *interj* kling(e)ling.

tinge [tɪndʒ] **I** *n* **1.** (*of colour*) Hauch *m*, Spur *f*. **a ~ of red** ein (leichter) Rotstich.
2. (*fig: hint, trace*) Spur *f*; (*of sadness also*) Anflug *m*.
II *vt* **1.** (*colour*) (leicht) tönen.
2. (*fig*) **to ~ sth with sth** einer Sache (*dat*) eine Spur von etw geben; **~d with ...** mit einer Spur von ...

tingle ['tɪŋgl] **I** *vi* prickeln, kribbeln (*inf*) (*with* vor +*dat*); (*with blows*) leicht brennen (*with* von). **... makes your mouth ~ with freshness** ... gibt Ihrem Mund prickelnde Frische; **to ~ with excitement** ganz kribbelig sein (*inf*).
II *n see vi* Prickeln, Kribbeln (*inf*) *nt*; leichtes Brennen. **she felt a ~ of excitement** sie war ganz kribbelig (*inf*).

tingling ['tɪŋglɪŋ] **I** *n see vi* Prickeln, Kribbeln (*inf*) *nt*; leichtes Brennen. **II** *adj* (*with cold, freshness, excitement*) prikkelnd; (*with blows*) brennend.

tingly ['tɪŋglɪ] *adj* prickelnd. **my arm feels (all) ~** ich habe ein prickelndes Gefühl im Arm, mein Arm kribbelt (*inf*); **I feel ~ all over** es kribbelt mich überall; (*with excitement*) es prickelt mir unter der Haut, ich bin ganz kribbelig (*inf*).

tin god *n* (*fig*) Bonze *m*; (*idol*) Abgott, Götze *m*; **tin hat** *n* (*inf*) Stahlhelm *m*, steifer Hut (*inf*); **tinhorn** *n* (*US sl*) Angeber *m* (*inf*).

tinker ['tɪŋkə^r] **I** *n* Kesselflicker *m*. **you little ~!** (*inf*) du kleiner Stromer *or* Zigeuner! (*inf*); **not to give a ~'s curse** *or* **cuss** *or* **damn about sb/sth** (*inf*) sich einen feuchten Kehricht um jdn/etw scheren (*inf*).
II *vi* **1.** (*also* **~ about**) herumbasteln (*with, on* an +*dat*). **2.** (*unskilfully*) **to ~ with sth** an etw (*dat*) herumpfuschen.

tinkle ['tɪŋkl] **I** *vt* zum Klingen bringen. **he ~d the bell** er klingelte (mit der Glokke).
II *vi* (*bells*) klingen, bimmeln (*inf*); (*on piano*) klimpern; (*breaking glass*) klirren.
III *n* Klingen, Bimmeln (*inf*) *nt no pl*; (*of breaking glass*) Klirren *nt no pl*. **to give sb a ~** (*Brit inf: on telephone*) jdn anbimmeln (*inf*).

tinkling ['tɪŋklɪŋ] **I** *n* (*of bells*) Klingen, Bimmeln (*inf*) *nt*; (*of piano*) Klimpern *nt*; (*of broken glass*) Klirren *nt*. **II** *adj see n* klingend, bimmelnd (*inf*); klimpernd; klirrend.

tin lizzie *n* (*inf: car*) Klapperkiste *f*; **tin mine** *n* Zinnmine *f*, Zinnbergwerk *nt*.

tinned [tɪnd] *adj* (*esp Brit*) Dosen-, Büchsen-.

tinny ['tɪnɪ] *adj* (+*er*) *sound* blechern; *instrument* blechern klingend; *taste* nach Blech; (*pej*) *typewriter* schäbig. **these cars are so ~** diese Autos bestehen fast nur aus Blech.

tin-opener *n* (*esp Brit*) Dosen- *or* Büchsenöffner *m*; **tin pan alley** *n* die Schlagerindustrie; (*district*) das Zentrum der Schlagerindustrie; **tin plate** *n* Zinnblech *nt*; **tin-plate** *vt* verzinnen; **tin-pot** *adj* (*Brit inf*) mickrig (*inf*); **~ dictator** Westentaschen-Diktator *m* (*inf*).

tinsel ['tɪnsəl] *n* **1.** (*foil*) Girlanden *pl* aus Rauschgold *etc*; (*on dress*) Lamé *nt*. **2.** (*pej*) Talmi *nt* (*pej*), Tand *m* (*geh*).

Tinseltown ['tinsəltəʊn] *n* (*inf*) Hollywood *nt*.

tinsmith *n* Blechschmied *m*; **tin soldier** *n* Zinnsoldat *m*.

tint [tɪnt] **I** *n* Ton *m*; (*product for hair*) Tönung(smittel *nt*) *f*. **~s of autumn/purple** Herbst-/Violettöne *pl*. **II** *vt* tönen.

tintack ['tɪntæk] *n* Tapeziernagel *m*.

tiny ['taɪnɪ] *adj* (+*er*) winzig, sehr klein; *baby, child* sehr *or* ganz klein. **~ little** winzig klein; **a ~ mind** (*pej*) ein winziger Verstand, ein Zwergenverstand *m*.

tip¹ [tɪp] **I** *n* Spitze *f*; (*of cigarette*) Filter *m*; (*inf: cigarette*) Filter(zigarette) *f*. **to stand on the ~ of one's toes** auf Zehenspitzen stehen; **it's on the ~ of my tongue** es liegt mir auf der Zunge; **it's just the ~ of the iceberg** (*fig*) das ist nur die Spitze des Eisbergs; *see* **fingertip, wingtip.**

II *vt* (*put ~ on*) **to ~ sth with copper/steel** etw mit einer Kupfer-/Stahlspitze versehen; **copper/steel ~ped** mit Kupfer-/Stahlspitze; **~ped** (*cigarette*) mit Filter, Filter-.

tip² **I** *n* **1.** (*gratuity*) Trinkgeld *nt*. **£100 a week, plus ~s** £ 100 pro Woche, plus Trinkgeld(er); **50p is sufficient as a ~** 50 Pence Trinkgeld reichen.

2. (*warning*) Wink, Tip *m*; (*advice*) Tip, Hinweis, Ratschlag *m*; (*Racing*) Tip *m*. **if you take my ~** wenn Sie meinen Tip *or* Wink beachten.

3. (*tap*) **to give the ball a ~** den Ball nur antippen.

II *vt* **1.** (*give gratuity to*) Trinkgeld geben (+*dat*). **to ~ sb £1** jdm £ 1 Trinkgeld geben.

2. (*Racing*) tippen auf (+*acc*), setzen auf (+*acc*). **he ~ped Red Rum for the 3.30** er setzte *or* tippte im 3³⁰-Rennen auf Red Rum; **you ~ped a winner** (*lit, fig*) da hast du auf das richtige Pferd gesetzt.

3. (*tap*) (*with fingers*) tippen *or* schnipsen an (+*acc*); (*with bat, racket*) antippen. **to ~ one's hat (to sb)** an den Hut tippen.

III *vi* **Americans ~ better** Amerikaner geben mehr Trinkgeld.

◆**tip off** *vt sep* einen Tip *or* Wink geben (+*dat*) (*about* über +*acc*). **he ~ped ~ the police as to her whereabouts** er verriet der Polizei, wo sie war.

tip³ **I** *vt* (*tilt, incline*) kippen; (*overturn*) umkippen; (*pour*) *liquid* kippen, schütten; (*empty*) *load, sand, rubbish* schütten; *books, clothes* schmeißen. **to ~ sth backwards/forwards** etw nach hinten/vorne kippen *or* neigen; **he ~s the scales at 70kg** er bringt 70 kg auf die Waage; **it ~ped the scales in his favour** (*fig*) das hat für ihn den Ausschlag gegeben; **~ the case upside down** dreh die Kiste um, stell die Kiste auf den Kopf; **to ~ sb off his chair** jdn vom Stuhl kippen.

II *vi* (*incline*) kippen; (*dump rubbish*) Schutt abladen. **the boat ~ped to and fro** das Boot schaukelte auf und ab; **"no ~ping", "~ping prohibited"** ,,Schutt abladen verboten".

III *n* **1.** (*Brit*) (*for rubbish*) Müllkippe *f*; (*for coal*) Halde *f*; (*inf: untidy place*) Saustall *m* (*inf*).

2. to give sth a ~ etw (um)kippen.

◆**tip back** **I** *vi* (*chair, person, mirror*) nach hinten (weg)kippen. **II** *vt sep* nach hinten kippen; *person* nach hinten legen.

◆**tip out** **I** *vt sep* auskippen; *liquid, sand also* ausschütten; *load, objects, rubbish* abladen, ausleeren. **they ~ped him ~ of bed** sie kippten ihn aus dem Bett. **II** *vi* herauskippen; (*liquid*) herauslaufen; (*sand*) herausrutschen; (*load, objects, rubbish also*) herausfallen.

◆**tip over** *vti sep* (*overturn*) umkippen.

◆**tip up** *vti sep* (*tilt*) kippen; (*overturn*) umkippen; (*folding seat*) hochklappen.

tip-off ['tɪpɒf] *n* (*inf*) Tip, Wink *m*.

tipper ['tɪpəʳ] *n* **1.** (*also* **~ lorry** (*Brit*), **~ truck**) Kipplaster, Kipper *m*. **2.** (*person*) **he's a generous ~** er gibt großzügig Trinkgeld *or* großzügige Trinkgelder.

Tipp-Ex ® ['tɪpeks] *n* Tipp-Ex ® *nt*.

◆**Tipp-Ex out** ® *vt sep* mit Tipp-Ex ® löschen.

tipple ['tɪpl] (*inf*) **I** *n* **he enjoys a ~** er trinkt ganz gerne mal einen; **gin is his ~** er trinkt am liebsten Gin. **II** *vi* (ganz schön) süffeln (*inf*), picheln (*inf*).

tippler ['tɪpləʳ] *n* (*inf*) Schluckspecht *m* (*inf*).

tipsily ['tɪpsɪlɪ] *adv* beschwipst.

tipsiness ['tɪpsɪnɪs] *n* Beschwipstheit *f*.

tipster ['tɪpstəʳ] *n jd, der bei Pferderennen Wettips verkauft.*

tipsy ['tɪpsɪ] *adj* (+*er*) beschwipst, angesäuselt (*inf*). **~ cake** mit Alkohol getränkter Kuchen.

tiptoe **I** *vi* auf Zehenspitzen gehen; **II** *n* **on ~** auf Zehenspitzen; **tiptop** *adj* (*inf: first-rate*) tipp-topp (*inf*) *pred*, erstklassig, Spitzen-, Top-; **tip-up lorry** (*Brit*), **tip-up truck** *n* Kipplaster, Kipper *m*; **tip-up seat** *n* Klappsitz *m*.

tirade [taɪ'reɪd] *n* Schimpfkanonade *f*.

tire¹ [taɪəʳ] **I** *vt* ermüden, müde machen.

II *vi* **1.** (*become fatigued*) ermüden, müde werden.

2. (*become bored*) **to ~ of sb/sth** jdn/etw satt haben, jds/einer Sache (*gen*) müde (*geh*) *or* überdrüssig (*geh*) werden.

◆**tire out** *vt sep* (völlig) erschöpfen.

tire² *n* (*US*) *see* **tyre.**

tired ['taɪəd] *adj* **1.** (*fatigued*) müde; *cliché* abgegriffen. **~ out** völlig erschöpft; **~ and emotional** (*hum inf: drunk*) nicht mehr ganz nüchtern; **their advertising is getting rather ~** ihrer Werbung fehlt allmählich der Schwung *or* Pep (*inf*).

2. to be ~ of sb/sth jds/einer Sache (*gen*) müde *or* überdrüssig sein (*geh*), jdn/etw leid sein *or* satt haben; **to get ~ of sb/sth** jdn/etw satt bekommen; **I'm ~ of telling you** ich habe es satt, dir das zu sagen; **you make me ~!** du regst mich auf!

tiredly ['taɪədlɪ] *adv* müde; *say also* mit müder Stimme.

tiredness ['taɪədnɪs] *n* Müdigkeit *f*.

tireless ['taɪəlɪs] *adj* unermüdlich; *patience also* unerschöpflich.

tirelessly ['taɪəlɪslɪ] *adv see adj* unermüdlich; unerschöpflich.

tirelessness ['taɪəlɪsnɪs] *n* Unermüdlichkeit *f*.

tiresome ['taɪəsəm] *adj* (*irritating*) lästig; (*boring*) fade, langweilig.

tiresomeness ['taɪəsəmnɪs] *n see adj* Lästigkeit *f*; Fadheit *f*.

tiring ['taɪərɪŋ] *adj* anstrengend, ermüdend. **looking after 6 children is ~** es ist sehr anstrengend *or* es macht (einen) sehr müde, auf 6 Kinder aufzupassen; **this is ~ work/a ~ job** diese Arbeit ist anstrengend.

Tirol *n see* **Tyrol.**

'tis [tɪz] (*Poet, dial*) *contr of* **it is** es ist.

tissue ['tɪʃu:] *n* **1.** (*Anat, Bot, fig*) Gewebe *nt*. **~ culture** Gewebekultur *f*; **~ cell** Gewebe- *or* Gewebszelle *f*; **a ~ of lies** ein Lügengewebe, ein Lügengespinst *nt*. **2.** (*handkerchief*) Papier(taschen)tuch *nt*. **3.** (*also* **~ paper**) Seidenpapier *nt*.

tit[1] [tɪt] *n* (*bird*) Meise *f*.

tit[2] *n*: **~ for tat** wie du mir, so ich dir, Auge um Auge(, Zahn um Zahn).

tit[3] *n* (*sl*) **1.** (*breast*) Titte *f* (*sl*). **~ and bum press** (*hum*) Arsch-und-Titten-Presse *f* (*hum*); **he/it gets on my ~s** er/das geht mir auf den Geist (*inf*). **2.** (*stupid person*) (blöde) Sau (*sl*). **I felt a right ~** ich kam mir total bescheuert vor (*inf*).

◆tit up *vt sep* (*sl: feel up breasts*) die Brust befummeln (*+dat*) (*inf*). **he was ~ting her ~** er fummelte ihr am Busen rum (*inf*).

Titan ['taɪtən] *n* (*Myth*) Titan *m*. **t~** (*fig*) Titan, Gigant *m*.

titanic [taɪ'tænɪk] *adj* (*huge*) gigantisch; (*Chem*) Titan-.

titanium [tɪ'teɪnɪəm] *n* (*Chem*) Titan *nt*.

titbit ['tɪtbɪt] *n* (*esp Brit*) Leckerbissen *m*.

titchy ['tɪtʃɪ] *adj see* **tichy**.

tithe [taɪð] *n usu pl* Zehnte *m*.

titillate ['tɪtɪleɪt] *vt person, senses* anregen, angenehm erregen; *interest* erregen. **it ~s the palate** es kitzelt den Gaumen.

titillation [,tɪtɪ'leɪʃən] *n see vt* Anregung *f*, angenehme Erregung; Erregen *nt*. **such ~ is not for the serious-minded** solcher Kitzel ist nichts für ernsthaft gesinnte Menschen.

titivate ['tɪtɪveɪt] (*old, hum*) **I** *vi* sich feinmachen. **II** *vt oneself, hair, restaurant* herausputzen, verschönern.

titivation [tɪtɪ'veɪʃən] *n* (*old, hum*) Verschönerung *f*.

title ['taɪtl] *n* **1.** Titel *m* (*also Sport*); (*of chapter*) Überschrift *f*; (*Film*) Untertitel *m*; (*form of address*) Anrede *f*. **2.** (*Jur*) (*right*) (Rechts)anspruch (*to* auf *+acc*), Titel (*spec*) *m;* (*document*) Eigentumsurkunde *f*.

titled ['taɪtld] *adj person, classes* mit (Adels)titel. **is he ~?** hat er einen Titel?

title deed *n* Eigentumsurkunde *f*; **title fight** *n* Titelkampf *m*; **title holder** *n* (*Sport*) Titelträger(in *f*), Titelinhaber(in *f*) *m*; **title page** *n* (*Typ*) Titelseite *f*; **title role** *n* (*Theat, Film*) Titelrolle *f*.

titmouse ['tɪtmaʊs] *n* Meise *f*.

titrate ['taɪtreɪt] *vt* (*Chem*) titrieren.

titter ['tɪtə^r] **I** *vti* kichern. **II** *n* Kichern, Gekicher *nt*.

tittie ['tɪtɪ] *n* (*inf*) *see* **titty**.

tittle-tattle ['tɪtl,tætl] **I** *n* Geschwätz *nt*; (*gossip also*) Klatsch, Tratsch (*inf*) *m*. **II** *vi see n* quatschen, schwatzen; klatschen, tratschen (*inf*).

titty ['tɪtɪ] *n* **1.** (*inf: breast*) Brüstchen *nt* (*inf*). **2. that's tough ~** (*sl*) das ist Pech (*inf*); **that's your tough ~** (*sl*) da hast du wohl Pech gehabt (*inf*).

titular ['tɪtjʊlə^r] *adj* **1.** *possessions* zum Titel gehörend. **2.** (*without real authority*) nominell, Titular-.

tizwoz ['tɪzwɒz], **tizzy** ['tɪzɪ], *n* (*inf*) **to be in/get into a ~** höchst aufgeregt sein/sich schrecklich aufregen.

T-junction ['ti:,dʒʌŋkʃən] *n* T-Kreuzung *f*. **"~ ahead"** „Achtung Vorfahrtsstraße".

TM *abbr of* **trademark** Wz.

TNT *abbr of* **trinitrotoluene** TNT *nt*.

to [tu:] **I** *prep* **1.** (*in direction of, towards*) zu. **to go ~ the station** zum Bahnhof gehen/fahren; **to go ~ the doctor('s)/greengrocer's** zum Arzt/Gemüsehändler gehen; **to go ~ the theatre/cinema** ins Theater/Kino gehen; **to go ~ France/London** nach Frankreich/London gehen/fahren; **to go ~ Switzerland** in die Schweiz gehen/fahren; **to go ~ school** zur *or* in die Schule gehen; **to go ~ bed** ins *or* zu Bett gehen; **~ the left** nach links; **~ the west** nach Westen; **to fall ~ the ground** auf den *or* zu Boden fallen; **hold it ~ the light** halte es gegen das Licht.

2. (*as far as, until*) bis. **to count (up) ~ 20** bis 20 zählen; **there were (from) 40 ~ 60 people** es waren 40 bis 60 Leute da; **it's 90 kms ~ Paris** nach Paris sind es 90 km; **it's correct ~ a millimetre** es stimmt bis auf den Millimeter; **8 years ago ~ the day** auf den Tag genau vor 8 Jahren; **~ this day** bis auf den heutigen Tag; **they perished ~ a man** sie kamen alle bis auf den letzten Mann ums Leben.

3. (*+indir obj*) **to give sth ~ sb** jdm etw geben; **a present from me ~ you** ein Geschenk für dich von mir *or* von mir an dich; **who did you give it ~?, ~ who(m) did you give it?** wem haben Sie es gegeben?; **I said ~ myself** ich habe mir gesagt; **he was muttering/singing ~ himself** er murmelte/sang vor sich hin; **what is it ~ you?** was geht dich das an?; **he is kind ~ everyone** er ist zu allen freundlich; **it's a great help ~ me** das ist eine große Hilfe für mich; **he has been a good friend ~ us** er war uns (*dat*) ein guter Freund; **to address sth ~ sb** etw an jdn adressieren, sich mit etw an jdn wenden; **"To ..."**

(*on envelope*) „An (+*acc*) ...“; **to pray ~ God** zu Gott beten.

4. (*in toasts*) auf (+*acc*). **to drink ~ sb** jdm zutrinken; **to drink ~ sb's health** auf jds Wohl (*acc*) trinken.

5. (*next ~, with position*) **bumper ~ bumper** Stoßstange an Stoßstange; **close ~ sb/sth** nahe bei jdm/etw; **at right angles/parallel ~ the wall** im rechten Winkel/parallel zur Wand; **~ the west (of)/the left (of)** westlich/links (von).

6. (*with expressions of time*) vor. **20 (minutes) ~ 2** 20 (Minuten) vor 2; **at (a) quarter ~ 2** um Viertel vor 2; **25 ~ 3** 5 (Minuten) nach halb 3; **it was five ~ when we arrived** es war fünf vor, als wir ankamen.

7. (*in relation ~*) **A is ~ B as C is ~ D** A verhält sich zu B wie C zu D; **3 ~ the 4th** (*Math*) 3 hoch 4; **by a majority of 10 ~ 7** mit einer Mehrheit von 10 zu 7; **they won by 4 goals ~ 2** sie haben mit 4:2 (*spoken*: vier zu zwei) Toren gewonnen.

8. (*per*) pro; (*in recipes, when mixing*) auf (+*acc*). **one person ~ a room** eine Person pro Zimmer.

9. (*in comparison ~*) **inferior/superior ~** schlechter/besser als, unter-/überlegen (+*dat*).

10. (*concerning*) **what do you say ~ the idea?** was hältst du von der Idee?; **what would you say ~ a beer?** was hältst du von einem Bier?; **there's nothing ~ it** (*it's very easy*) es ist nichts dabei; **that's all there is ~ it** das ist alles; **~ repairing cooker £30** (*Comm*) (für) Reparatur eines Herdes £ 30.

11. (*according ~*) **~ the best of my knowledge** nach bestem Wissen; **~ all appearances** allem Anschein nach; **it's not ~ my taste** das ist nicht nach meinem Geschmack.

12. (*accompanied by*) **to sing ~ the guitar** zur Gitarre singen; **to dance ~ a tune/an orchestra** zu einer Melodie/den Klängen *or* der Musik eines Orchesters tanzen.

13. (*of*) **ambassador ~ America/the King of France** Botschafter in Amerika/am Hofe des Königs von Frankreich; **secretary ~ the director** Sekretärin des Direktors.

14. (*producing*) **~ my delight** zu meiner Freude; **~ everyone's surprise** zu jedermanns Überraschung.

15. (*secure ~*) **he nailed it ~ the wall/floor** er nagelte es an die Wand/auf den Boden; **they tied him ~ the tree** sie banden ihn an den Baum *or* am Baum fest; **they held him ~ the ground** sie hielten ihn am Boden.

16. (*in*) **I have never been ~ Brussels/India** ich war noch nie in Brüssel/Indien.

II (*in infin*) **1. ~ begin ~ do sth** anfangen, etw zu tun; **he decided ~ come** er beschloß zu kommen; **I want ~ do it** ich will es tun; **I want him ~ do it** ich will, daß er es tut.

2. (*in order ~*) **to eat ~ live** essen, um zu leben; **I did it ~ help you** ich tat es, um dir zu helfen.

3. (*until*) **he lived ~ be 100** er wurde 100 Jahre alt; **the firm grew ~ be the biggest in the world** die Firma wurde zur größten der Welt.

4. (*infin as prp*) **~ see him now, one would never think ...** wenn man ihn jetzt sieht, würde man nicht glauben, ...; **~ be honest, ...** ehrlich gesagt, ...; **~ tell the truth, ...** um ehrlich zu sein, ...; **~ get to the point, ...** um zur Sache zu kommen, ...; **well, not ~ exaggerate ...** ohne zu übertreiben, ...

5. (*qualifying noun or pronoun*) **he is not the sort ~ do that** er ist nicht der Typ, der das täte, er ist nicht der Typ dazu; **I have done nothing ~ deserve this** ich habe nichts getan, womit ich das verdient hätte; **who is he ~ order you around?** wer ist er denn, daß er dich so herumkommandiert?; **he was the first ~ arrive** er kam als erster an, er war der erste, der ankam; **who was the last ~ see her?** wer hat sie zuletzt gesehen?; **there's no-one ~ help us** es ist niemand da, der uns helfen könnte; **now is the time ~ do it** jetzt ist die (beste) Zeit, es zu tun *or* dazu; **the book is still ~ be written** das Buch muß noch geschrieben werden; **he's a big boy ~ be still in short trousers** er ist so ein großer Junge und trägt noch kurze Hosen; **I arrived ~ find she had gone** als ich ankam, war sie weg; **never ~ be found again** und wurde nie wieder gefunden.

6. (*adj +to +infin*) **to be ready ~ do sth** (*willing*) bereit sein, etw zu tun; **it's hard ~ understand/accept** es ist schwer zu verstehen/es ist schwer, sich damit abzufinden; **it's impossible ~ believe** das kann man einfach nicht glauben; **is it good ~ eat?** schmeckt es gut?; **too young ~ marry** zu jung zum Heiraten.

7. (*omitting verb*) **I don't want ~** ich will nicht; **I'll try ~** ich werde es versuchen; **you have ~** du mußt; **I should love ~** sehr gerne; **we didn't want ~ but we were forced ~** wir wollten nicht, aber wir waren dazu gezwungen; **I intended ~ do it, but I forgot ~, I intended ~, but I forgot** ich wollte es tun, aber ich habe es vergessen; **buy it, it would be silly not ~** kaufe es, es wäre dumm, es nicht zu tun; **he often does things one doesn't expect him ~** er macht oft Dinge, die man nicht von ihm erwartet.

III *adj* (*slightly ajar*) *door* angelehnt; (*shut*) zu.

IV *adv* **~ and fro** hin und her; *walk* auf und ab.

toad [təʊd] *n* Kröte *f*; (*fig: repulsive person*) Ekel *nt*.

toad-in-the-hole [ˈtəʊdɪnðəˈhəʊl] *n* *Teigspeise f mit Würsten*.

toadstool [ˈtəʊdstuːl] *n* (nicht eßbarer) Pilz. **poisonous ~** Giftpilz *m*.

toady [ˈtəʊdɪ] **I** *n* (*pej*) Kriecher, Speichellecker *m*. **II** *vi* radfahren (*pej inf*). **to ~ to sb** vor jdm kriechen.

to-and-fro [ˈtuːənˈfrəʊ] *n* Hin und Her *nt*.

toast[1] [təʊst] **I** *n* Toast *m*. **a piece of ~** ein Toast *m*, eine Scheibe Toast; **on ~** auf Toast; **as warm as ~** (*fig*) mollig warm; **~ rack** Toastständer *m*.

II *vt bread* toasten; (*on open fire*) rösten. **~ed teacakes** getoastete Rosinenbrötchen; **~ed cheese** überbackener Käsetoast; **to ~ one's feet by the fire** sich (*dat*) die Füße am Feuer wärmen.

III *vi* (*bread*) sich toasten/rösten lassen; (*inf: person*) braten (*inf*).

toast² **I** *n* **1.** Toast, Trinkspruch *m*. **to drink a ~ to sb** auf jdn trinken; **to propose a ~** einen Toast *or* Trinkspruch ausbringen (*to* auf +*acc*); **they raised their glasses in a ~** sie hoben ihre Gläser (*to* um auf (+*acc*) zu trinken). **2. she was the ~ of the town** sie war der gefeierte Star der Stadt.

II *vt* **to ~ sb/sth** auf jds Wohl *or* jdn/etw trinken; **we ~ed the victory in champagne** wir haben unseren Sieg mit Champagner gefeiert *or* begossen (*inf*); **as a girl, she was much ~ed for her beauty** als Mädchen war sie eine gefeierte Schönheit.

toaster ['təʊstəʳ] *n* Toaster *m*.

toastie ['təʊstɪ] *n* Toastschnitte *f*, getoastetes Sandwich.

toasting fork ['təʊstɪŋ,fɔːk] *n* Gabel *f* zum Brotrösten.

toastmaster ['təʊst,mɑːstəʳ] *n jd, der bei Diners Toasts ankündigt oder ausbringt und Tischreden ansagt.*

toasty ['təʊstɪ] *n see* **toastie**.

tobacco [tə'bækəʊ] *n* Tabak *m*.

tobacconist [tə'bækənɪst] *n* Tabak(waren)händler *m*; (*shop*) Tabak(waren)laden *m*. **at the ~'s** im Tabak(waren)laden.

to-be [tə'biː] *adj* zukünftig. **the mother-/bride-/husband-~** die werdende Mutter/zukünftige Braut/der zukünftige Mann.

toboggan [tə'bɒgən] **I** *n* Schlitten, Rodel(schlitten) *m*. **~ run** Schlitten- *or* Rodelbahn *f*. **II** *vi* Schlitten fahren, rodeln. **to go ~ing** Schlitten fahren, rodeln.

today [tə'deɪ] *adv*, *n* **1.** heute. **a week/fortnight ~** heute in einer Woche/zwei Wochen; **he's been here a week ~** heute ist er eine Woche da; **a year ago ~** heute vor einem Jahr; **~ is Monday** heute ist Montag; **from ~** von heute an, vom heutigen Tag an, ab heute; **~'s paper/news** die heutige Zeitung/heutigen Nachrichten, die Zeitung/Nachrichten von heute; **~'s rate** (*Fin*) der Tageskurs; **here ~ and gone tomorrow** (*fig*) heute hier und morgen da.

2. (*these days*) heutzutage. **the cinema ~** das Kino (von) heute; **the world/youth/writers of ~** die Welt/Jugend/Schriftsteller von heute; **~'s world/youth** die heutige Welt/Jugend, die Welt/Jugend von heute.

toddle ['tɒdl] **I** *vi* **1.** wackeln. **the little boy ~d into the room** der kleine Junge kam ins Zimmer gewackelt.

2. (*inf*) (*walk*) gehen; (*leave: also* **~ off**) abzwitschern (*inf*).

II *n* (*inf*) **to go for a ~** an die Luft gehen.

toddler ['tɒdləʳ] *n* Kleinkind *nt*.

toddy ['tɒdɪ] *n* Grog *m*.

to-do [tə'duː] *n* (*inf*) Theater (*inf*), Gedöns (*inf*) *nt*. **to make a ~** ein Theater *or* Gedöns machen (*inf*); **what a ~!** so ein Theater! (*inf*); **what's all the ~?** was soll denn das ganze Theater *or* Getue *or* Gedöns? (*inf*).

toe [təʊ] **I** *n* Zehe *f*, Zeh *m*; (*of sock, shoe*) Spitze *f*. **to tread** *or* **step on sb's ~s** (*lit*) jdm auf die Zehen treten; (*fig*) jdm ins Handwerk pfuschen (*inf*); **to be on one's ~s** (*fig*) auf Zack sein (*inf*); **to keep sb on his ~s** (*fig*) jdn auf Zack halten (*inf*).

II *vt* (*fig*) **to ~ the line** sich einfügen; **to ~ the party line** (*Pol*) sich nach der Parteilinie richten.

toe-dance *vi* (*US*) auf den Spitzen tanzen; **toehold** *n* Halt *m* für die Fußspitzen; (*fig*) Einstieg *m*; **toe-in** *n* Vorlauf *m*; **toenail** *n* Zehennagel *m*; **toe-piece** *n* (*on shoe*, *Ski*) Zehenteil *nt*; **toerag** *n* (*pej sl*) Arsch *m* (*sl*).

toff [tɒf] *n* (*Brit inf*) feiner Pinkel (*inf*).

toffee ['tɒfɪ] *n* (*substance*) (Sahne)karamel *m*; (*sweet*) Toffee *nt*, (weiches) Karamelbonbon. **he can't sing for ~** (*inf*) er kann überhaupt nicht *or* nicht die Bohne (*inf*) singen.

toffee apple *n* kandierter Apfel; **toffee-nosed** *adj* (*Brit inf*) eingebildet, hochnäsig.

tofu ['tɒfuː] *n* Tofu *nt*.

toga ['təʊgə] *n* Toga *f*.

together [tə'geðəʳ] **I** *adv* **1.** zusammen. **to do sth ~** etw zusammen tun; (*with one another*) *discuss, play, dance also* etw miteinander tun; (*jointly*) *try, achieve sth, do research also* etw gemeinsam tun; **to sit/stand** *etc* **~** zusammen *or* beieinander sitzen/stehen *etc*; **to be ~/all ~** (*people*) (alle) zusammen *or* beieinander *or* beisammen sein; **to tie/fit/glue** *etc* **two things ~** zwei Dinge zusammenbinden/-setzen/-kleben *etc*; **we're in this ~** wir hängen da beide/alle zusammen *or* miteinander drin (*inf*); **just you and me ~** nur wir beide zusammen; **that makes £15 all ~** das macht insgesamt *or* (alles) zusammen £ 15.

2. (*at the same time*) zusammen. **all ~ now** jetzt alle zusammen; **you're not ~** (*Mus*) ihr seid im Takt auseinander.

3. (*continuously*) **for hours ~** stundenlang; **can't you sit still for two minutes ~!** kannst du nicht mal zwei Minuten (lang) still sitzen?

II *adj* (*inf*) cool (*sl*). **she's more ~ now** sie ist jetzt besser beieinander (*inf*).

togetherness [tə'geðənɪs] *n* (*physical*) Beisammensein *nt*; (*mental, emotional*) Zusammengehörigkeit *f*.

toggle ['tɒgl] **I** *n* Knebel *m*; (*on clothes*) Knebelknopf *m*; (*on tent*) Seilzug *m*. **~ key** (*Comput*) Umschalttaste *f*; **~ switch** Kipp(hebel)schalter *m*.

II *vi* (*Comput*) hin- und herschalten.

Togo ['təʊgəʊ] *n* Togo *nt*.

togs [tɒgz] *npl* (*inf*) Sachen, Klamotten *pl* (*inf*), Zeug *nt*.

◆**tog up** *vt sep* (*inf*) **to ~ oneself ~, to get ~ged ~** sich in Schale werfen (*inf*); (*for climbing, tennis*) seine Kluft anlegen.

toil [tɔɪl] **I** *vi* **1.** (*liter: work*) sich plagen, sich abmühen (*at, over* mit). **2.** (*move with effort*) sich schleppen. **to ~ up a hill** sich einen Berg hinaufschleppen. **II** *n* (*liter: work*) Mühe, Plage (*geh*) *f*. **after months of ~** nach monatelanger Mühe *or* Plage.

toilet ['tɔɪlɪt] *n* **1.** (*lavatory*) Toilette *f*, Klosett *nt* (*dated*). **to go to the ~** auf die Toilette gehen; **she's in the ~/~s** sie ist auf *or* in der Toilette; **to put sth down the ~** etw in die Toilette werfen; **the cat's done its ~ on the carpet** die Katze hat auf den Teppich gemacht (*inf*).

2. (*old*) Toilette *f* (*geh*).

toilet *in cpds* Toiletten-; **toilet bag** *or* **case** *n* Kulturbeutel *m*, Toilettentasche *f*; **toilet paper** *n* Toilettenpapier *nt*; **toilet requisites** *npl* Toilettenartikel *pl*.

toiletries ['tɔɪlɪtrɪz] *npl* Toilettenartikel *pl*.

toilet roll *n* Rolle *f* Toilettenpapier; **toilet seat** *n* Toilettensitz *m*, Brille *f* (*inf*); **toilet set** *n* (*brush and comb*) Toilettengarnitur *f*; (*bathroom set*) Badezimmergarnitur *f*; **toilet soap** *n* Toilettenseife *f*; **toilet tissue** *n* Toilettenpapier *nt*; **toilet training** *n* Erziehung *f* zur Sauberkeit; **has he started his ~ yet**? geht er schon auf den Topf?; **toilet water** *n* Duftwasser, Eau de Toilette *nt*.

to-ing and fro-ing ['tuːɪŋən'frəʊɪŋ] *n* Hin und Her *nt*.

token ['təʊkən] **I** *n* **1.** (*sign*) Zeichen *nt*. **as a ~ of/in ~ of** als *or* zum Zeichen (+*gen*); **by the same ~** ebenso; (*with neg*) aber auch; **... then by the same ~ you can't object to** ... dann können Sie aber auch nichts gegen ... einwenden.

2. (*counter: for gambling, jukebox*) Spielmarke *f*.

3. (*voucher, gift ~*) Gutschein *m*.

II *attr* Schein-, pro forma. **~ gesture** leere Geste; **it was just a ~ offer** das hat er/sie *etc* nur pro forma *or* nur so zum Schein angeboten; **~ payment** symbolische Bezahlung; **~ resistance** Scheinwiderstand *m*; **~ strike** Warnstreik *m*; **the one ~ black/woman** der Alibischwarze/die Alibifrau.

Tokyo ['təʊkɪəʊ] *n* Tokio *nt*

told [təʊld] *prct, ptp of* **tell**. **there were 50 people there all ~** es waren insgesamt *or* alles in allem 50 Leute da.

tolerable ['tɒlərəbl] *adj* (*lit*) *pain, noise level* erträglich; (*fig: not too bad also*) annehmbar, leidlich, passabel (*inf*).

tolerably ['tɒlərəblɪ] *adv* ziemlich. **~ well** ganz leidlich *or* annehmbar, ziemlich gut.

tolerance ['tɒlərəns] *n* **1.** Toleranz, Duldsamkeit *f* (*of, for, towards* gegenüber); (*towards children, one's juniors*) Nachsicht *f* (*of* mit). **racial ~** Toleranz in Rassenfragen; **I have no ~ for such behaviour** für solch ein Benehmen habe ich kein Verständnis. **2.** (*Med, Tech*) Toleranz *f*. **to work to fine ~s** mit kleinen *or* engen Toleranzen arbeiten.

tolerant ['tɒlərənt] *adj* (*of, towards, with* gegenüber) tolerant (*also Tech*), duldsam; (*towards children, one's juniors*) nachsichtig. **the Lord is ~ of our mistakes** der Herr sieht uns unsere Schwächen nach.

tolerantly ['tɒlərəntlɪ] *adv see adj*.

tolerate ['tɒləreɪt] *vt* **1.** *pain, noise, weather* ertragen.

2. *person* dulden, tolerieren; *behaviour, injustice also* sich (*dat*) gefallen lassen, hinnehmen; *ideas* tolerieren. **it is not to be ~d** so etwas kann man nicht dulden *or* hinnehmen; **I won't ~ this disobedience**! ich dulde diesen Ungehorsam nicht!

toleration [ˌtɒlə'reɪʃən] *n* Duldung, Tolerierung *f*.

toll¹ [təʊl] **I** *vti* läuten. **for whom the bell ~s** wem die Stunde schlägt. **II** *n* Läuten *nt*; (*single stroke*) Glockenschlag *m*.

toll² *n* **1.** (*tax*) Maut *f* (*esp Aus*); (*bridge ~, road ~ also*) Zoll *m*, Benutzungsgebühr *f*; (*US Telec*) (Fernsprech)gebühr *f*.

2. (*deaths, loss*) **the ~ on the roads** die Zahl der Verkehrsopfer; **the ~ of the floods continues to rise** (*in terms of people*) die Zahl der Opfer der Flutkatastrophe steigt ständig weiter; (*in terms of property*) das Ausmaß der Flutschäden wird immer größer.

tollbooth *n* Zahlstelle, Mautstelle (*esp Aus*) *f*; **toll bridge** *n* gebührenpflichtige Brücke, Mautbrücke *f* (*esp Aus*); **toll call** *n* (*US*) Ferngespräch *nt*; **toll-free call** *n* (*US*) gebührenfreier Anruf; **tollgate** *n* Schlagbaum *m*, Mautschranke *f* (*esp Aus*); **tollhouse** *n* Mauthaus *nt* (*esp Aus*).

tolling ['təʊlɪŋ] *n, no pl* Läuten *nt*.

tollkeeper *n* Mautner *m* (*esp Aus*); **toll road** *n* Mautstraße *f* (*esp Aus*), gebührenpflichtige Straße.

Tom [tɒm] *n dim of* **Thomas**. **any ~, Dick or Harry** (*inf*) jeder x-beliebige; **you don't have to invite every ~, Dick and Harry** (*inf*) du brauchst ja nicht gerade Hinz und Kunz *or* Krethi und Plethi einzuladen (*inf*); **~ Thumb** der Däumling.

tom [tɒm] *n* (*cat*) Kater *m*.

tomahawk ['tɒməhɔːk] *n* Tomahawk *m*.

tomato [tə'mɑːtəʊ, (*US*) tə'meɪtəʊ] *n, pl* **-es** Tomate *f*.

tomato *in cpds* Tomaten-; **tomato juice** *n* Tomatensaft *m*; **tomato ketchup** *n* (Tomaten)ketchup *m or nt*; **tomato sauce** *n* Tomatensoße *f*; (*ketchup*) (Tomaten)ketchup *m or nt*.

tomb [tuːm] *n* (*grave*) Grab *nt*; (*building*) Grabmal *nt*.

tombola [tɒm'bəʊlə] *n* Tombola *f*.

tomboy ['tɒmbɔɪ] *n* Wildfang *m*.

tomboyish ['tɒmbɔɪɪʃ] *adj girl* jungenhaft.

tombstone ['tuːmstəʊn] *n* Grabstein *m*.

tomcat ['tɒmkæt] *n* **1.** Kater *m*. **2.** (*US fig inf: woman-chaser*) Schürzenjäger *m* (*inf*).

tome [təʊm] *n* dickes Buch, Wälzer *m* (*inf*).

tomfool ['tɒm'fuːl] **I** *n* Blödian *m*. **II** *adj attr* blöd(sinnig).

tomfoolery [tɒm'fuːlərɪ] *n* Blödsinn, Unsinn *m*.

Tommy ['tɒmɪ] *n dim of* **Thomas**; (*Mil sl*)

Tommy *m* (*sl*).

Tommy gun *n* Maschinenpistole *f*.

tomography [tə'mɒgrəfɪ] *n* Tomographie *f*.

tomorrow [tə'mɒrəʊ] *adv, n* morgen. ~ **week, a week/fortnight** ~ morgen in einer Woche/zwei Wochen; **he'll have been here a week** ~ morgen ist er eine Woche da; **a year ago** ~ morgen vor einem Jahr; **the day after** ~ übermorgen; ~ **morning** morgen früh; **(as) from** ~ ab morgen, von morgen an, vom morgigen Tag an; **see you** ~! bis morgen!; **~'s paper** die morgige Zeitung, die Zeitung von morgen; **the article will be in ~'s paper** der Artikel wird morgen in der Zeitung sein; ~ **is another day** (*prov*) morgen ist auch noch ein Tag (*prov*); ~ **may never come** wer weiß, was morgen ist; ~ **never comes** (*prov*) es heißt immer ,,morgen, morgen, nur nicht heute''; **who knows what** ~ **will bring**? wer weiß, was das Morgen bringt?; **the science of** ~ die Wissenschaft von morgen; **like there was no** ~ als wenn es kein morgen (mehr) gäbe; *eat, drink* was das Zeug hält (*inf*).

tomtit *n* (Blau)meise *f*; **tom-tom** *n* Tamtam *nt*.

ton [tʌn] *n* **1.** (britische) Tonne. **she/it weighs a** ~ (*fig inf*) sie/das wiegt ja eine Tonne.

2. **~s** *pl* (*inf: lots*) jede Menge (*inf*); **to have ~s of time/friends/money** jede Menge (*inf*) *or* massenhaft (*inf*) Zeit/Freunde/Geld haben.

3. (*sl: of speed*) **to do a** *or* **the** ~ mit hundertsechzig Sachen fahren (*inf*).

tonal ['təʊnl] *adj* klanglich, Klang-; (*Mus*) (*regarding form*) tonal; (*Art*) farblich.

tonality [təʊ'nælɪtɪ] *n* (*Mus*) Tonalität *f*; (*of voice*) Klang *m*; (*of poem*) Tonart *f*; (*of painting*) Farbkomposition *f*.

tone [təʊn] **I** *n* **1.** (*of sound*) (~ *of voice, Phon*) Ton *m*; (*quality of sound also*) Klang *m*. **she spoke in soft ~s** sie sprach in sanftem Ton; **... he said in a friendly** ~ ... sagte er in freundlichem Ton; **I don't like your** ~ **(of voice)** mir gefällt dein Ton nicht; **don't speak to me in that** ~ **(of voice)** in diesem Ton kannst du mit mir nicht reden.

2. (*of colour*) (Farb)ton *m*.

3. (*fig: mood, character*) Ton *m*. **what was the** ~ **of his letter**? wie war denn der Ton seines Briefes?; **the new people have lowered/raised the** ~ **of the neighbourhood** die neuen Leute haben dem Ansehen *or* Ruf des Viertels geschadet/das Ansehen *or* den Ruf des Viertels verbessert.

4. (*Mus*) Ton *m*; (*US: note*) Note *f*.

5. (*Physiol*) Tonus *m* (*spec*). **to keep one's** ~ sich fit halten.

II *vt* (*Phot: tint*) einfärben, tonen (*spec*).

III *vi* (*colours*) (im Farbton) harmonieren.

◆**tone down** *vt sep* (*lit, fig*) abmildern; *colour also* abschwächen; *criticism also, language, demands* mäßigen.

◆**tone in** *vi* (im Farbton) harmonieren.

◆**tone up** *vt sep muscles* kräftigen; *person* in Form bringen. **cycling keeps you ~d** ~ Radfahren hält einen in Form.

tone arm *n* (*US*) Tonarm *m*; **tone control** *n* Klangfarbeneinstellung, Tonblende *f*; **tone-deaf** *adj* nicht in der Lage, Tonhöhen zu unterscheiden.

toneless ['təʊnlɪs] *adj* tonlos; *music* eintönig; *colour* stumpf.

tonelessly ['təʊnlɪslɪ] *adv reply* tonlos; *sing* eintönig.

toner ['təʊnə[r]] *n* **1.** (*for laser, copier*) Toner *m*. ~ **cartridge** Tonerpatrone *f*; ~ **cassette** Tonerkassette *f*. **2.** (*cosmetic*) Tönung *f*.

tongs [tɒŋz] *npl* Zange *f*; (*curling* ~) (*Hist*) Brennschere *f*; (*electric*) Lockenstab *m*. **a pair of** ~ eine Zange.

tongue [tʌŋ] **I** *n* **1.** Zunge *f*. **to put** *or* **stick one's** ~ **out at sb** jdm die Zunge herausstrecken; **to lose/find one's** ~ (*fig*) die Sprache verlieren/wiederfinden; **to hold one's** ~ den Mund halten; **her remark was** ~ **in cheek** ihre Bemerkung war ironisch gemeint; **to have a ready/sharp** ~ schlagfertig sein, nicht auf den Mund gefallen sein/eine scharfe Zunge haben; **keep a civil** ~ **in your head**! werden Sie nicht ausfallend!; **I can't get my** ~ **round it** dabei breche ich mir fast die Zunge ab; *see* **slip, tip[1]**.

2. (*liter: language*) Sprache *f*; (*old, Bibl*) Zunge *f*. **the gift of ~s** (*Bibl*) die Gabe, in fremden Zungen zu reden.

3. (*of shoe*) Zunge, Lasche *f*; (*of bell*) Klöppel *m*; (*of land*) (Land)zunge *f*; (*of wood*) Spund, Zapfen *m*.

II *vt* (*Mus*) *note* (mit der Zunge) stoßen.

tongue-and-groove joint *n* Anschlitzzunge, Spundung *f*; **tongue-in-cheek** *adj attr remark* ironisch gemeint; **tongue-tied** *adj* **to be** ~ keinen Ton herausbringen; **she sat there** ~ sie saß da und brachte keinen Ton heraus; **tongue twister** *n* Zungenbrecher *m*.

tonguing ['tʌŋɪŋ] *n* (*Mus*) Zungenschlag *m*.

tonic ['tɒnɪk] **I** *n* **1.** (*Med*) Tonikum *nt*; (*hair* ~) Haarwasser *nt*; (*skin* ~) Lotion *f*. **it was a real** ~ **to see him again** (*fig*) es hat richtig gutgetan, ihn wiederzusehen.

2. ~ **(water)** Tonic(water) *nt*; **gin and** ~ Gin (mit) Tonic.

3. (*Mus*) Tonika *f*, Grundton *m*. ~ **solfa** Solmisation *f*.

II *adj* **1.** (*Med*) stärkend, kräftigend, tonisch (*spec*). ~ **wine** Stärkungswein *m*.

2. (*Phon*) *syllable* Ton-; *stress* tontragend.

tonicity [tɒ'nɪsɪtɪ] *n* (*of muscles*) Tonus (*spec*), Spannungszustand *m*.

tonight [tə'naɪt] **I** *adv* (*this evening*) heute abend; (*during the coming night*) heute nacht. **see you** ~! bis heute abend!

II *n* (*this evening*) der heutige Abend; (*the coming night*) die heutige Nacht. **~'s party** die Party heute abend; **I'm looking forward to** ~ ich freue mich auf heute abend *or* auf den heutigen

Abend; ~ **is a night I'll remember all my life** an den heutigen Abend/an heute nacht werde ich mich mein ganzes Leben lang erinnern; **~'s weather: ~ will be clear but cold** das Wetter heute nacht: heute nacht wird es klar, aber kalt sein; **~'s paper** die heutige Abendzeitung, die Abendzeitung von heute.

tonnage ['tʌnɪdʒ] *n* Tonnage *f*.

tonne [tʌn] *n* Tonne *f*.

tonsil ['tɒnsl] *n* Mandel *f*. **to have one's ~s out** sich (*dat*) die Mandeln herausnehmen lassen.

tonsillectomy [ˌtɒnsɪ'lektəmɪ] *n* Mandeloperation *f*.

tonsillitis [ˌtɒnsɪ'laɪtɪs] *n* Mandelentzündung *f*.

tonsure ['tɒnʃəʳ] **I** *n* Tonsur *f*. **II** *vt* scheren, die Tonsur erteilen (+*dat*) (*spec*).

too [tuː] *adv* **1.** (+*adj or adv*) zu. **that's ~/not ~ difficult a question to answer** diese Frage ist zu/nicht zu schwer zu beantworten; **~ much/many** zuviel *inv*/ zu viele; ***too* much/many** *zu* viel/*zu* viele; **he's had ~ much to drink** er hat zuviel getrunken; **you can have ~ much of a good thing** allzuviel ist ungesund (*prov*); **it's ~ much for her** es ist zuviel für sie; **don't worry ~ much** mach dir nicht zuviel Sorgen; **~ much**! (*sl*) dufte!, Klasse! (*sl*); **~ right**! (*inf*) das kannste laut sagen (*inf*).

2. (*very*) zu. **all ~ ...** allzu ...; **only ~ ...** nur zu ...; **none ~ ...** gar nicht ..., keineswegs ...; **not ~/not any ~ ...** nicht zu/allzu ...; **he wasn't ~ interested** er war nicht allzu interessiert; **I'm not/none ~ sure** ich bin nicht ganz/gar nicht *or* keineswegs sicher; **(that's) ~ kind of you** (*iro*) (das ist) wirklich zu nett von Ihnen; **none/all ~ soon** keineswegs zu/allzu früh.

3. (*also*) auch. ***he* can swim ~, he ~ can swim** er kann *auch* schwimmen, auch *er* kann schwimmen; **he can *swim* ~** er kann auch *schwimmen*, schwimmen kann er auch.

4. (*moreover, into the bargain*) auch noch. **it was really cheap, and it works ~!** es war wirklich billig, und es funktioniert sogar *or* auch noch!

took [tʊk] *pret of* **take**.

tool [tuːl] **I** *n* **1.** Werkzeug *nt*; (*gardening* ~) (Garten)gerät *nt*. **~s** Werkzeuge *pl*, (*set*) Werkzeug *nt*; **that's one of the ~s of the trade** das gehört zum Handwerkszeug; **to have the ~s for the job** das richtige *or* nötige Werkzeug haben. **2.** (*fig: person*) Werkzeug *nt*. **3.** (*sl: penis*) Ding *nt* (*sl*).

II *vt book, leather* punzen.

◆**tool along** *vi* (*inf*) dahinbrausen (*inf*).

◆**tool up** *vt sep factory* (mit Maschinen) ausrüsten.

toolbag *n* Werkzeugtasche *f*; **toolbox, tool chest** *n* Werkzeugkasten *m*.

tooling ['tuːlɪŋ] *n* Punzarbeit *f*.

tool kit *n* Werkzeug(ausrüstung *f*) *nt*; **toolshed** *n* Geräteschuppen *m*.

toot [tuːt] **I** *vt* **to ~ a horn** auf dem Horn blasen *or* (*child's trumpet*) tuten; (*in car, on bicycle*) auf die Hupe drücken, hupen; **to ~ a whistle** auf der Pfeife blasen.

II *vi* (*in car, on bicycle*) hupen; (*train*) pfeifen; (*ship*) tuten.

III *n* (*in car, on bicycle*) Hupen *nt*; (*of train*) Pfiff *m*, Pfeifsignal *nt*. **give a quick ~** (*on car horn*) drück mal kurz auf die Hupe.

tooth [tuːθ] *n, pl* **teeth 1.** (*of person, animal*) Zahn *m*. **to have a ~ out/filled** sich (*dat*) einen Zahn ziehen/plombieren lassen; **to get one's teeth into sth** (*lit*) etw zwischen die Zähne bekommen; (*fig*) sich in etw (*dat*) festbeißen; **armed to the teeth** bis an die Zähne bewaffnet; **to show one's teeth** die Zähne zeigen (*also fig*) *or* fletschen; **to fight ~ and nail** bis aufs Blut kämpfen; **in the teeth of the wind/all opposition** gegen den Wind/ ungeachtet allen Widerstands; **to lie in one's teeth** das Blaue vom Himmel herunterlügen; **I'm fed up to the (back) teeth with that** (*inf*) *or* **sick to the (back) teeth of that** (*inf*) ich habe die Nase gestrichen voll davon (*inf*), es hängt mir zum Hals heraus (*inf*); **I'd give my back** *or* **eye teeth for that** ich würde viel darum geben; **to kick sb in the teeth** (*fig*) jdn vor den Kopf stoßen.

2. (*of zip, wheel*) Zahn *m*; (*small also*) Zähnchen *nt*; (*of comb, rake also*) Zinke *f*.

tooth *in cpds* Zahn-; **toothache** *n* Zahnweh *nt*, Zahnschmerzen *pl*; **toothbrush** *n* Zahnbürste *f*.

toothed [tuːθt] *adj* gezahnt, mit Zähnen.

toothless *adj* zahnlos; **toothpaste** *n* Zahnpasta *or* -creme *f*; **toothpick** *n* Zahnstocher *m*; **tooth powder** *n* Zahnpulver *nt*; **toothsome** *adj* schmackhaft, wohlschmeckend.

toothy ['tuːθɪ] *adj* (+*er*) **she's a bit ~** sie hat ein ziemliches Pferdegebiß (*pej inf*); **he gave me a ~ smile** er lachte mich an und zeigte dabei seine Zähne/ Zahnlücken.

tootle ['tuːtl] (*inf*) **I** *vi* **1.** (*on whistle also:* **~ away**) vor sich hin dudeln (*inf*).

2. (*drive*) juckeln (*inf*); (*go*) trotten, zotteln. **I'll just ~ (down) to the shops** ich geh' bloß mal eben (runter) einkaufen.

II *n* **to give a ~ on the car horn/a whistle** hupen/auf einer Flöte herumdudeln (*inf*).

◆**tootle along** *vi* (*dated inf*) dahinzukkeln (*inf*). **I'd better ~ ~ now** ich zottele jetzt mal lieber ab (*inf*).

top[1] [tɒp] **I** *n* **1.** (*highest part*) oberer Teil; (*of spire, pyramid, cone, fig: of league, company*) Spitze *f*; (*of mountain*) Gipfel *m*; (*of tree*) Krone, Spitze *f*; (*of pine tree*) Wipfel *m*, Spitze *f*; (*of branch*) oberes Ende; (*of wave*) Kamm *m*; (*of carrots, radishes*) Ende *nt*; (*leafy part*) Kraut *nt*; (*detachable part of cupboard*) Aufsatz *m*; (*head end*) (*of table, bed, sheet*) Kopfende *nt*, oberes Ende; (*of road, beach*) oberes Ende. **which is the ~?** wo ist oben?; **the ~ of the tree/page/ list/wall is ...** der Baum/die Seite/Liste/ Wand ist oben ...; **the ~ of the milk** die Rahmschicht (auf der Milch); **at the ~**

oben; **at the ~ of the page/list/league/pile/stairs/wall/hill/tree** oben auf der Seite/Liste/in der Tabelle/im Stapel/an der Treppe/Wand/am Berg/Baum; **at the ~ of the table/road** am oberen Ende des Tisches/der Straße; **to be (at the) ~ of the class** Klassenbeste(r) *or* -erste(r) sein, der/die Beste in der Klasse sein; **to come out at the ~ of the list** Erste(r) sein; **near the ~** (ziemlich) weit oben; **he looked over the ~ of his spectacles** er sah über den Brillenrand (hinweg); **he curled his fingers over the ~ of the window** er klammerte sich mit den Fingern an den oberen Fensterrand; **she fell from the ~ of the stairs to the bottom** sie fiel die ganze Treppe von oben bis unten hinunter; **five lines from the ~** in der fünften Zeile von oben; **from ~ to toe** von Kopf bis Fuß; **from ~ to bottom** von oben bis unten; **to scream at the ~ of one's voice** aus vollem Hals *or* aus Leibeskräften brüllen; **to be at the ~ of the ladder** *or* **the tree** (*fig*) auf dem Gipfel (des Erfolgs) sein; **go to the ~ of the class** (*inf*) du bist gar nicht so dumm!; **off the ~ of my head** (*fig*) grob gesagt; (*with figures*) über den Daumen gepeilt (*inf*); **I wouldn't like to comment off the ~ of my head** ich möchte (dazu) nicht voreilig Stellung beziehen; **that's a bit over the ~** das ist ein bißchen übertrieben, das geht ein bißchen zu weit; **I find him a bit over the ~** ich finde, er übertreibt es ein bißchen; **he's over the ~** (*past his best*) er ist auf dem absteigenden Ast; **~ of the pops** (*record*) Spitzenreiter *m* (in der Hitparade); **the ~ of the morning to you!** (*Ir*) grüß Gott! (*S Ger, Aus*), (schönen) guten Morgen!; *see* **bill**[3].

2. (*upper surface*) Oberfläche *f*. **to be on ~** oben sein *or* liegen; (*fig*) obenauf sein; **it was on ~ of/on the ~ of the cupboard/pile** es war auf/oben auf dem Schrank/Stapel; **to go up on ~** (*on boat*) an Deck gehen; **seats on ~!** (*in bus*) oben sind noch Sitzplätze!; **to see London from the ~ of a bus** London vom Oberdeck eines Busses aus sehen; **on ~ of** (*in addition to*) zusätzlich zu; **things are getting on ~ of me** die Dinge wachsen mir über den Kopf; **then, on ~ of all that ...** und dann, um das Maß vollzumachen ...; **and, on ~ of that ...** und zusätzlich, und außerdem; **he didn't see it until he was right on ~ of it** er sah es erst, als er ganz nah dran war; **he felt he was on ~ of the situation** er hatte das Gefühl, die Situation im Griff *or* unter Kontrolle zu haben; **to come out on ~** sich durchsetzen; (*over rival*) die Oberhand gewinnen; **to talk off the ~ of one's head** (*inf*) nur so daherreden.

3. (*inf: of body*) Oberkörper *m*. aus der Haut fahren (*inf*).

4. (*working surface*) Arbeitsfläche *f*.

5. (*bikini ~*) Oberteil *nt*; (*blouse also*) Top *nt*.

6. (*lid*) (*of jar, suitcase*) Deckel *m*; (*of bottle*) Verschluß *m*; (*of pen*) Hülle *f*; (*of car*) Dach *nt*. **hard/soft ~** Hardtop *nt*/Weichverdeck *nt*.

7. (*Aut: ~ gear*) höchster Gang. **in ~** im vierten/fünften, im höchsten Gang.

8. (*inf: big ~*) Großzelt, Zirkuszelt *nt*.

9. (*inf*) **to be (the) ~s** Klasse *or* Spitze sein (*inf*).

10. (*Naut*) Mars *m*.

II *adj* (*upper*) obere(r, s); (*highest*) oberste(r, s); *branches, note, honours, price* höchste(r, s); (*best*) *driver, athlete, competitor, job* Spitzen-; *pupil, school, marks* beste(r, s); *entertainer, management* Top-. **~ prices** Höchstpreise *pl*; **on the ~ floor** im obersten Stockwerk; **he's out of the ~ drawer** (*fig*) er gehört zu den oberen Zehntausend; **the car has a ~ speed of 120** das Auto hat eine Spitzengeschwindigkeit von 120; **at ~ speed** mit Höchstgeschwindigkeit; **in ~ form** in Höchstform; **to be ~** (*Sch*) Beste(r) *or* Erste(r) sein; **the ~ men in the party/government/firm** die Parteispitze/Führungsspitze in der Regierung/des Unternehmens; **the newspaper for ~ people** die Zeitung für Führungskräfte; **the ~ people** (*in a company*) die Leute an der Spitze; (*in society*) die oberen Zehntausend.

III *adv* **to come ~** (*Sch*) Beste(r) werden.

IV *vt* **1.** (*cover, cap*) bedecken. **~ped by a dome** gekrönt von einer Kuppel; **fruit ~ped with cream** Obst mit Sahne darauf.

2. (*reach ~ of*) **just as the car/he ~ped the hill** gerade, als das Auto/er oben auf dem Berg angekommen war.

3. (*be at ~ of*) **his name ~ped the list** sein Name stand ganz oben auf der Liste; *see* **bill**[3].

4. (*be higher than, fig: surpass*) übersteigen. **and to ~ it all ...** (*inf*) und um das Maß vollzumachen ...

5. to ~ a tree/radish/carrot die Spitze eines Baumes/das Ende eines Rettichs/einer Mohrrübe abschneiden; **to ~ and tail gooseberries** Stachelbeeren putzen.

◆**top off** *vt sep* abrunden.

◆**top out** *vt sep* **to ~ ~ a building** den letzten Stein legen; **~ping ~ ceremony** ≃ Richtfest *nt*.

◆**top up** *vt sep glass, battery, tank* auffüllen. **to ~ ~ the oil** Öl nachfüllen; **can I ~ you ~?** (*inf*) darf ich dir nachschenken?

top[2] *n* Kreisel *m*. **to sleep like a ~** wie ein Murmeltier schlafen.

topaz ['təʊpæz] *n* Topas *m*.

topcoat *n* **1.** (*overcoat*) Mantel *m*; (*for men also*) Überzieher *m*; **2.** (*coat of paint*) Deckanstrich *m*, letzter Anstrich; **top copy** *n* Original *nt*; **top dog** *n* (*fig*) **he always has to be ~** er muß immer das Sagen haben; **top-down** *adj approach, view, analysis* von oben nach unten.

topee, topi ['təʊpi:] *n* Tropenhelm *m*.

top-fermented *adj* obergärig; **top-flight** *adj* Spitzen-, erstklassig; **top gear** *n* höchster Gang; **to be in ~** (*lit*) im höchsten Gang *or* im vierten/fünften (Gang) sein; (*fig*) auf Hochtouren sein; **top hat** *n* Zylinder *m*; **top-hatted** [tɒp'hætɪd] *adj* mit Zylinder; **top-heavy** *adj* (*lit, fig*) kopflastig; **she's a bit ~** (*hum inf*) sie hat einen ziemlichen Vorbau (*inf*).

topic ['tɒpɪk] *n* Thema *nt*. **~ of conversation** Gesprächsthema *nt*.

topical ['tɒpɪkəl] *adj* **1.** *problem, speech, event* aktuell. **he made a few ~ remarks** er ging kurz auf aktuelle Geschehnisse ein. **2.** (*according to subject*) *index* Sach-.

topicality [ˌtɒpɪ'kælɪtɪ] *n* (*of problem, event*) Aktualität *f*.

topically ['tɒpɪkəlɪ] *adv* **1.** aktuell. **2.** (*according to subject*) nach Sachgebieten.

topknot *n* Dutt *m*; **topless** *adj* (mit) oben ohne, Oben-ohne-; **top-level** *adj* Spitzen-; **top loader** *n* (*washing machine*) Toplader *m*; **top management** *n* Spitzenmanagement *nt*; **topmast** *n* (*Naut*) Toppmast *m*, Marsstenge *f*; **topmost** *adj* oberste(r, s); **the ~ room in the house** das Zimmer unter dem Dach; **top-notch** *adj* (*inf*) eins a (*inf*), prächtig; **top-of-the-range** *adj attr* Spitzen-, der Spitzenklasse; **~ model** Spitzenmodell *nt*.

topographer [tə'pɒgrəfəʳ] *n* Topograph(in *f*), Vermessungsingenieur(in *f*) *m*.

topographic(al) [ˌtɒpə'græfɪk(əl)] *adj* topographisch.

topography [tə'pɒgrəfɪ] *n* Topographie *f*.

topple ['tɒpl] **I** *vi* wackeln; (*fall*) fallen; (*fig: from power*) gestürzt werden. **II** *vt* umwerfen; (*from a height*) hinunterkippen *or* -werfen; (*fig*) *government* stürzen. **to ~ sb from power** jdn stürzen.

◆**topple down** *vi* umfallen; (*thing also*) umkippen; (*group of objects*) runterpurzeln; (*from chair, top of stairs*) herunterfallen; (*+prep obj*) hinunterfallen.

◆**topple over** *vi* schwanken und fallen (*prep obj* über *+acc*).

top-ranking *adj* von hohem Rang; *civil servant, officer also* hohe(r); *personality* hochgestellt; *author, singer* Spitzen-; **topsail** *n* (*Naut*) Marssegel *nt*; **top-secret** *adj* streng geheim; **topside** *n* (*of beef*) Oberschale *f*; **topsoil** *n* (*Agr*) Akkerkrume *f*; **topspin** *n* Topspin *m*; **top station** *n* Bergstation *f*.

topsy-turvy ['tɒpsɪ'tɜːvɪ] (*inf*) **I** *adj* (*lit*) (*upside down*) umgedreht; (*in disorder*) kunterbunt durcheinander *pred*; (*fig*) auf den Kopf gestellt. **it's a ~ world** es ist eine verkehrte Welt.

II *adv* **to turn sth ~** (*lit, fig*) etw auf den Kopf stellen; *plans* etw über den Haufen werfen.

top-up ['tɒpʌp] *n* (*inf*) **the battery/oil needs a ~** die Batterie muß aufgefüllt/es muß Öl nachgefüllt werden; **would you like a ~?** darf man dir noch nachschenken?

tor [tɔːʳ] *n* (*esp in names*) Berg *m*.

torch [tɔːtʃ] *n* (*lit, fig*) Fackel *f*; (*Brit: flashlamp*) Taschenlampe *f*; (*blowlamp*) Schweißbrenner *m*. **to carry a ~ for sb** nach jdm schmachten.

torchbearer *n* (*lit*) Fackelträger *m*; (*fig also*) Herold *m*; **torchlight** *n* Licht *nt* der Taschenlampe.

tore [tɔːʳ] *pret of* **tear**[1].

toreador ['tɒrɪədɔːʳ] *n* Torero *m*.

torment ['tɔːment] **I** *n* Qual *f*; (*inf: person*) Quälgeist *m*. **to be in ~, to suffer ~(s)** Qualen leiden. **II** [tɔː'ment] *vt* quälen; (*annoy, tease*) plagen. **~ed by remorse** von Reue gequält *or* geplagt.

tormentor [tɔː'mentəʳ] *n* Peiniger(in *f*) *m*.

torn [tɔːn] *ptp of* **tear**[1].

tornado [tɔː'neɪdəʊ] *n, pl* **-es** Tornado *m*.

torpedo [tɔː'piːdəʊ] **I** *n, pl* **-es** Torpedo *m*. **~ boat** Torpedoboot *nt*. **II** *vt* torpedieren.

torpid ['tɔːpɪd] *adj* (*lethargic*) träge; (*apathetic*) abgestumpft; (*Zool*) torpid.

torpidity [tɔː'pɪdɪtɪ], **torpor** ['tɔːpəʳ] *n see adj* Trägheit *f*; Abgestumpftheit *f*; Torpidität *f*.

torque [tɔːk] *n* (*Mech*) Drehmoment *nt*. **~ spanner** (signalgebender) Drehmomentenschlüssel.

torrent ['tɒrənt] *n* (*river*) reißender Strom; (*fig*) (*of lava*) Strom *m*; (*of words, insults*) Sturzbach, Schwall *m*, Flut *f*. **the rain came down in ~s** der Regen kam in wahren Sturzbächen herunter; **a ~ of abuse** ein Schwall *m* von Beschimpfungen.

torrential [tɒ'renʃəl] *adj rain* sintflutartig.

torrid ['tɒrɪd] *adj* (*lit, fig*) heiß; *heat, air, sun* sengend.

torsion ['tɔːʃən] *n* Drehung, Torsion (*spec*) *f*. **degree of ~** Drehbeanspruchung, Torsionsschwingung (*spec*) *f*.

torso ['tɔːsəʊ] *n* Körper *m*; (*Art*) Torso *m*.

tort [tɔːt] *n* (*Jur*) Delikt *nt*.

tortoise ['tɔːtəs] *n* Schildkröte *f*.

tortoiseshell ['tɔːtəsʃel] *n* **1.** Schildpatt *m*; (*esp for spectacle frames*) Horn *nt*. **2.** (*also* **~ cat**) Schildpattkatze *f*.

tortuous ['tɔːtjʊəs] *adj* (*lit*) *path* gewunden; (*fig*) verwickelt; *methods also, person* umständlich.

torture ['tɔːtʃəʳ] **I** *n* Folter *f*; (*fig*) Qual *f*. **~ chamber** Folter kammer *f*; **instrument of ~** Folterwerkzeug *nt*; **it was sheer ~!** (*inf*) es war eine wahre Qual *or* Folter.

II *vt* **1.** (*lit*) foltern.

2. (*fig: torment*) quälen.

3. (*fig: distort*) verzerren; *language* vergewaltigen.

torturer ['tɔːtʃərəʳ] *n* (*lit*) Folterknecht *m*; (*fig: tormentor*) Peiniger(in *f*) *m*.

Tory ['tɔːrɪ] (*Brit Pol*) **I** *n* Tory *m*. **II** *adj* konservativ, Tory-.

Toryism ['tɔːrɪɪzəm] *n* (*Brit Pol*) Konservativismus *m*.

toss [tɒs] **I** *n* **1.** (*throw*) Wurf *m*. **to take a ~** (*from horse*) abgeworfen werden; **with a proud ~ of her head** mit einer stolzen Kopfbewegung.

2. (*of coin*) Münzwurf *m*. **to win/lose the ~** (*esp Sport*) die Seitenwahl gewinnen/verlieren; **I don't give a ~ about ...** (*inf*) ... ist mir völlig schnuppe (*inf*).

II *vt* **1.** (*throw*) *ball* werfen; *salad* anmachen; *pancake* wenden (*durch Hochwerfen*); *rider* abwerfen. **to ~ sth to sb** jdm etw zuwerfen; **~ it over!** wirf es herüber, schmeiß mal her (*inf*); **to ~ sth**

aside etw zur Seite werfen; **to ~ sb aside** jdn fallenlassen; **~ing the caber** Baumstammwerfen *nt*; **to be ~ed by a bull/horse** auf die Hörner genommen werden/vom Pferd (ab)geworfen werden.

2. (*move: wind*) schütteln, zerren an (+*dat*). **the boat, ~ed by the waves ...** das Boot, von den Wellen hin und her geworfen, ...; **to ~ one's head** den Kopf zurückwerfen *or* hochwerfen.

3. to ~ a coin eine Münze (zum Losen) hochwerfen; **we settled it by ~ing a coin** wir haben die Münze entscheiden lassen; **I'll ~ you for it** laß uns darum losen (durch Münzwerfen).

III *vi* **1.** (*ship*) rollen; (*corn also*) wogen; (*plumes*) flattern. **to ~ and turn (in bed)** sich (im Bett) hin und her wälzen *or* hin und her werfen; *see* **pitch**[2]. **2.** (*with coin*) (durch Münzenwerfen) knobeln. **to ~ for sth** um etw knobeln.

◆**toss about I** *vi* sich heftig hin und her bewegen; (*person*) sich hin und her werfen. **II** *vt sep* (*move*) hin und her schütteln, durchschütteln; *boat* schaukeln; (*throw*) *ball* herumwerfen; (*fig*) *ideas* zur Debatte stellen.

◆**toss away** *vt sep* wegwerfen.

◆**toss back** *vt sep head* zurückwerfen, hochwerfen; *drink* hinunterstürzen, (runter)kippen (*inf*).

◆**toss off I** *vt sep* **1.** *drink* hinunterstürzen, (runter)kippen (*inf*). **2.** (*inf: produce quickly*) *essay* hinhauen (*inf*); *remark* hinwerfen. **3.** (*sl: masturbate*) einen runterholen (+*dat*) (*sl*). **II** *vi* (*sl*) sich (*dat*) einen runterholen (*sl*).

◆**toss out** *vt sep rubbish* wegschmeißen (*inf*) *or* -werfen; *person* hinauswerfen, rausschmeißen (*inf*).

◆**toss up I** *vi* knobeln (*for* um). **II** *vt sep* werfen. **to ~ sth ~ (into the air)** etw hochwerfen, etw in die Luft werfen.

toss-up ['tɒsʌp] *n* (*lit*) Knobeln *nt durch Münzenwerfen*. **it was a ~ whether ...** (*inf*) es war völlig offen, ob ...

tot [tɒt] *n* **1.** (*child: also* **tiny ~**) Steppke (*inf*), Knirps (*inf*) *m*. **2.** (*esp Brit: of alcohol*) Schlückchen *nt*.

◆**tot up** *vt sep* (*esp Brit inf*) zusammenzählen *or* -rechnen.

total ['təʊtl] **I** *adj* (*complete*) völlig, absolut; (*comprising the whole*) *sum, loss, number* Gesamt-; *war, eclipse* total; *disaster* absolut, total. **the ~ effect of all this worry was ...** im Endeffekt haben seine Sorgen bewirkt, daß ...; **to be in ~ ignorance (of sth)** (von etw) überhaupt nichts wissen; **the silence was ~** es herrschte völlige *or* vollkommene *or* totale Stille.

II *n* Gesamtmenge *f*; (*money, figures*) Endsumme *f*. **a ~ of 50 people** insgesamt 50 Leute; *see* **grand, sum**.

III *vt* **1.** (*amount to*) sich belaufen auf (+*acc*).

2. (*add: also* **~ up**) zusammenzählen *or* -rechnen.

3. (*US inf: wreck*) *car* zu Schrott fahren.

totalitarian [ˌtəʊtælɪ'tɛərɪən] *adj* totalitär.

totalitarianism [ˌtəʊtælɪ'tɛərɪənɪzəm] *n* Totalitarismus *m*.

totality [təʊ'tælɪtɪ] *n* Gesamtheit, Totalität (*esp Philos*) *f*; (*Astron*) totale Finsternis.

totally ['təʊtəlɪ] *adv* völlig, total.

tote[1] [təʊt] *n* (*inf*) **the ~** der Totalisator.

tote[2] *vt* (*inf: carry*) *sth heavy* schleppen; *gun* bei sich haben. **to ~ sth around** etw herumschleppen.

tote bag *n* (*US*) (Einkaufs)tasche *f*.

totem ['təʊtəm] *n* Totem *nt*.

totemism ['təʊtəmɪzəm] *n* (*Rel*) Totemismus *m*.

totem pole *n* Totempfahl *m*.

totter ['tɒtə^r] *vi* **1.** (*wobble before falling*) wanken, schwanken; (*stagger*) taumeln, unsicher gehen; (*old man, baby*) tapsen; (*invalid*) schwanken, taumeln. **2.** (*fig*) schwanken; (*economy*) kränkeln. **the country was ~ing on the brink of war** das Land befand sich am Rande eines Krieges.

tottering ['tɒtərɪŋ] *adj* schwankend, wankend; *person also* taumelnd; *regime* bröckelig; *economy* kränklich.

tottery ['tɒtərɪ] *adj* wack(e)lig; *person* tatterig. **a ~ old man** ein Tattergreis *m* (*inf*).

toucan ['tu:kən] *n* Tukan, Pfefferfresser *m*.

touch [tʌtʃ] **I** *n* **1.** (*sense of ~*) (Tast)gefühl *nt*. **to be cold/soft to the ~, to have a cold/soft ~** sich kalt/weich anfühlen.

2. (*act of ~ing*) Berühren *nt*, Berührung *f*; (*of pianist, typist, piano, typewriter*) Anschlag *m*. **I felt a ~ on my arm** ich spürte, daß jd/etw meinen Arm berührte; **she thrilled to his ~** es durchzuckte sie, als er sie berührte; **it opens at a ~** es öffnet sich auf Fingerdruck; **the wheel responds to the slightest ~** das Lenkrad reagiert sofort; **braille is read by ~** Blindenschrift wird durch Abtasten gelesen.

3. (*skill*) Hand *f*; (*style also*) Stil *m*. **it has the ~ of genius/the professional ~** es hat etwas Geniales/Professionelles *or* einen genialen/professionellen Anstrich; **he's losing his ~** er wird langsam alt; **to have the right ~ with sb/sth** mit jdm/etw umgehen können; **a personal ~** eine persönliche Note.

4. (*stroke*) (*Art*) Strich *m*; (*fig*) Einfall *m*. **a nice ~** eine hübsche Note; (*gesture*) eine nette Geste; **to put the final** *or* **finishing ~es to sth** letzte Hand an etw (*acc*) legen, einer Sache (*dat*) den letzten Schliff geben; **the house lacks a woman's ~** es fehlt eine Frau im Haus.

5. (*small quantity*) Spur *f*; (*of irony, sadness also*) Anflug *m*. **a ~ of flu/fever** eine leichte Grippe/leichtes Fieber; **a ~ of spring** ein Hauch *m* (von) Frühling; **he gave the horse a ~ of the whip** er ließ das Pferd die Peitsche fühlen *or* spüren.

6. (*communication*) **to be in (constant) ~ with sb** mit jdm in (ständiger) Verbindung stehen; **they were in ~ with us yesterday** sie haben sich gestern mit uns in Verbindung gesetzt; **to be/keep in ~ with (political) developments** (politisch) auf dem laufenden sein/bleiben; **I'll be in ~!** ich lasse von mir hören!, ich melde mich!; **keep in ~!** laß/laßt wieder einmal von dir/euch hören!; **to be completely out of ~ (with sth)** (in bezug auf etw *acc*) überhaupt nicht auf dem laufenden sein; **you can get in ~ with me at this number** Sie können mich unter dieser Nummer erreichen; **you ought to get in ~ with the police** Sie sollten sich mit der Polizei in Verbindung setzen; **to lose ~ (with sb/ sth)** den Kontakt (zu jdm) verlieren/(in bezug auf etw *acc*) nicht mehr auf dem laufenden sein; **I'll put you in ~ with Mr Brown** ich werde Sie mit Herrn Brown in Verbindung bringen.

7. (*Ftbl*) Aus *nt*; (*Rugby also*) Mark *f*. **in ~** im Aus; in der Mark; **to kick for ~** (*Rugby*) in die Mark schlagen.

8. (*sl*) **to make a ~** Geld schnorren (*inf*); **to be an easy** *or* **soft ~** leicht anzupumpen (*inf*) *or* anzuzapfen (*inf*) sein.

II *vt* **1.** (*be in or make contact with*) berühren; (*get hold of also*) anfassen; (*press lightly also*) *piano keys* anschlagen, leicht drücken; (*strike lightly*) *harp strings* streichen über (+*acc*); (*brush against*) streifen. **to ~ glasses** anstoßen; **don't ~ that!** faß das nicht an!; **the speedometer needle ~ed 100** die Tachonadel ging auf 100.

2. (*lay hands on*) anrühren, anfassen. **the police/tax authorities can't ~ me** die Polizei/das Finanzamt kann mir nichts anhaben; **the paintings weren't ~ed by the fire** die Gemälde blieben vom Feuer verschont.

3. *food, drink* anrühren; *capital also* herankommen an (+*acc*) (*inf*); (*use*) antasten. **I haven't ~ed the piano for months** ich habe seit Monaten nicht mehr Klavier gespielt.

4. (*equal*) herankommen an (+*acc*), erreichen. **there's nothing to ~ hot lemon for a cold** bei einer Erkältung geht nichts über heiße Zitrone.

5. (*deal with*) *problem* anrühren. **everything he ~es turns to gold** ihm gelingt einfach alles; **I wouldn't ~ those shares** ich würde meine Finger von den Aktien lassen; **an ordinary detergent won't ~ dirt like that** ein normales Reinigungsmittel wird mit diesem Schmutz nicht fertig; **I couldn't ~ the third question** mit der dritten Frage konnte ich nichts anfangen; **I asked them not to ~ my desk** ich bat darum, nicht an meinen Schreibtisch zu gehen.

6. (*concern*) berühren, betreffen.

7. (*move emotionally*) rühren, bewegen; (*affect*) berühren; (*wound*) *pride* treffen.

8. to ~ sb for a loan/£10 (*sl*) jdn um einen Kredit angehen/jdn um £ 10 anpumpen (*inf*).

III *vi* (*come into contact*) sich berühren; (*estates: be adjacent also*) aneinanderstoßen, aneinandergrenzen. **don't ~!** Finger weg!; **"please do not ~"** „bitte nicht berühren".

◆**touch at** *vi* +*prep obj* (*Naut*) anlaufen.

◆**touch down** **I** *vi* **1.** (*Aviat, Space*) aufsetzen. **2.** (*Rugby, US Ftbl*) einen Versuch erzielen. **II** *vt sep ball* niederlegen.

◆**touch in** *vt sep details, shading* einfügen.

◆**touch off** *vt sep explosion, argument* auslösen.

◆**touch up** *vt sep* **1.** *colour* auffrischen; *make-up also* frisch machen; *picture, paintwork also* ausbessern; *photo* retuschieren; *essay, article* ausbessern.

2. (*inf*) *person* betatschen (*inf*), befummeln (*sl*).

◆**touch (up)on** *vi* +*prep obj subject* kurz berühren, antippen. **he barely ~ed ~ the question** er hat die Frage kaum berührt.

touch-and-go ['tʌtʃən'gəʊ] *adj* **to be ~** riskant *or* prekär sein; **it's ~ whether ...** es steht auf des Messers Schneide, ob ...; **it's ~ if we'll make it** es ist noch vollkommen offen, ob wir es schaffen; **after his operation it was ~** nach der Operation hing sein Leben an einem Faden.

touchdown ['tʌtʃdaʊn] *n* **1.** (*Aviat, Space*) Aufsetzen *nt*. **2.** (*Rugby, US Ftbl*) Versuch *m* (*Niederlegen des Balles im Malfeld des Gegners*).

touché [tuː'ʃeɪ] *interj* (*Fencing*) Treffer; (*fig inf*) eins zu null für dich (*inf*).

touched [tʌtʃt] *adj pred* **1.** (*moved*) gerührt, bewegt. **2. to be a bit ~** (*inf: mad*) einen leichten Stich haben (*inf*).

touch football *n* (*US*) *sanftere Art des Football, bei der der Gegner berührt wird, anstatt zu Fall gebracht zu werden.*

touchiness ['tʌtʃɪnɪs] *n* Empfindlichkeit *f* (*on* in bezug auf +*acc*); (*irritability also*) leichte Reizbarkeit.

touching ['tʌtʃɪŋ] **I** *adj* rührend, bewegend. **II** *prep* (*form*) bezüglich (*form*).

touchingly ['tʌtʃɪŋlɪ] *adv* rührend.

touch judge *n* (*Rugby*) Seitenrichter *m*; **touchline** *n* (*Sport*) Seitenlinie, Auslinie *f*; **touchpaper** *n* Zündpapier *nt*; **touch-sensitive** *adj* berührungsempfindlich; **~ switch** Kontaktschalter *m*; **touchstone** *n* (*fig*) Prüfstein *m*; **touch-type** *vti* blindschreiben; **touch-typing** *n* Blindschreiben *nt*; **touch-up paint** *n* Tupflack *m*.

touchy ['tʌtʃɪ] *adj* empfindlich (*about* in bezug auf +*acc*); (*irritable also*) leicht reizbar; *subject* heikel, kitzlig (*inf*).

tough [tʌf] **I** *adj* (+*er*) **1.** zäh; *resistant* widerstandsfähig; *cloth* strapazierfähig; (*towards others*) hart, knallhart (*inf*); *bargaining, negotiator, opponent, fight, struggle, lesson* hart; *district, city* hart, rauh. **as ~ as leather** zäh wie Leder (*inf*); **he'll get over it, he's pretty ~** er wird schon darüber hinwegkommen, er ist hart im Nehmen (*inf*); **to get ~ (with sb)** (*physically*) grob werden (mit jdm *or* gegen jdn), handgreiflich werden (gegen jdn); (*fig*) hart durchgreifen (gegen jdn); **~ guy** (*inf*) (knall)harter Kerl *or* Bursche (*inf*).

2. (*difficult*) *task, problem* hart; *journey* strapaziös, anstrengend. **it was ~ going** (*lit, fig*) es war eine Strapaze *or* ein Schlauch *m* (*inf*); **to have a ~ time of**

it nichts zu lachen haben.

3. (*strict*) *policy, controls* hart.

4. (*inf*) hart. **that's pretty ~!** das ist ganz schön hart!; **it was ~ on the others** das war hart für die andern; **~ (luck)!** Pech!

II *n* (*inf*) Schlägertyp *m* (*pej inf*), (knall)harter Bursche (*inf*).

III *adv* (+*er*) (*inf*) **to treat sb ~** jdn hart rannehmen.

◆**tough out** *vt always separate* **to ~ it ~** hartnäckig auf seine Standpunkt beharren.

toughen ['tʌfn] **I** *vt* **1.** *glass, metal* härten. **2.** (*fig*) *person* zäh *or* hart machen; (*physically also*) abhärten; *laws* verschärfen. **II** *vi* (*glass, metal*) aushärten, hart werden; (*meat*) zäh werden; (*attitude*) sich verhärten.

◆**toughen up I** *vt sep person* hart *or* zäh machen, stählen (*geh*); *muscles* trainieren; *sportsman also* fit machen; *regulations* verschärfen. **II** *vi* hart *or* zäh werden; (*attitude*) sich verhärten. **to ~ ~ on sb/sth** härter gegen jdn/etw vorgehen.

toughie ['tʌfɪ] *n* (*inf*) (*person*) (*ruffian*) Rauhbein *nt* (*inf*); (*child*) Rabauke *m* (*inf*); (*problem, question*) harte Nuß.

toughly ['tʌflɪ] *adv made* robust; *built also* stabil; *say* fest. **~ worded** geharnischt; **to bring sb up ~** jdn zur Härte erziehen; **to behave ~** (*like a tough guy*) den harten Mann spielen *or* markieren (*inf*); (*decisively*) hart auftreten.

toughness ['tʌfnɪs] *n see adj* **1.** (*of meat*) Zäheit *f*; (*of person*) Zähigkeit *f*; Widerstandsfähigkeit *f*; Strapazierfähigkeit *f*; Härte *f*; Rauheit *f*. **2.** (*difficulty*) Schwierigkeit *f*; (*of journey*) Strapazen *pl*. **3.** Härte *f*.

toupee ['tu:peɪ] *n* Toupet *nt*.

tour [tʊəʳ] **I** *n* **1.** (*journey, walking ~*) Tour *f*; (*by bus, car also*) Fahrt, Reise *f*; (*of town, building, exhibition*) Rundgang *m* (*of* durch); (*also* **guided ~**) Führung *f* (*of* durch); (*by bus*) Rundfahrt *f* (*of* durch). **to go on/make a ~ of Scotland** auf eine Schottlandreise gehen/eine Schottlandreise machen.

2. (*also* **~ of inspection**) Runde *f* (*of* durch); (*on foot also*) Rundgang *m* (*of* durch). **he had a 3-year ~ (of duty) in Africa** er wurde für drei Jahre nach Afrika versetzt; **to make a ~ of the site/border posts** einen Rundgang durch das Gelände/ eine Runde bei den Grenzposten machen.

3. (*Theat*) Gastspielreise, Tournee *f* (*of* durch); (*Sport*) Tournee *f*. **to go/be on ~** auf Gastspielreise *or* Tournee gehen/sein.

II *vt* **1.** *country, district* fahren durch; (*on foot*) ziehen durch (*inf*); (*travel around also*) bereisen.

2. (*visit*) *town, building, exhibition* einen Rundgang machen durch, besichtigen; (*by bus*) eine Rundfahrt machen durch.

3. (*Theat, Sport*) eine Tournee machen durch.

III *vi* **1.** (*on holiday*) eine Reise *or* Tour *or* Fahrt machen; (*on foot also*) ziehen. **we're ~ing (around)** wir reisen herum; **to go ~ing** Touren/eine Tour machen.

2. (*Theat, Sport*) eine Tournee machen. **to go/be ~ing** auf Tournee gehen/sein.

tour de force ['tʊədə'fɔːs] *n* Glanzleistung *f*.

tour guide *n* Reiseleiter(in *f*) *m*.

touring ['tʊərɪŋ] *n* (Herum)reisen, (Herum)fahren *nt*.

touring company *n* (*Theat*) Tourneetheater *nt*; **touring party** *n* Reisegruppe *f*; **touring team** *n* Gastmannschaft *f*.

tourism ['tʊərɪzəm] *n* Fremdenverkehr, Tourismus *m*.

tourist ['tʊərɪst] **I** *n* (*person*) Tourist(in *f*) *m*, Fremde(r) *mf*; (*Sport*) Gast *m*; (*~ class*) Touristenklasse *f*. **to travel ~** in der Touristenklasse reisen.

II *attr class, hotel, shop* Touristen-; *guide* Reise-; *bureau, office, industry* Fremdenverkehrs-. **~ information centre** Touristen-Informationsbüro *or* -zentrum *nt*; **~ season** Reisesaison *or* -zeit *f*; **~ trade** Fremdenverkehrsgewerbe *nt*; **~ traffic** Reiseverkehr *m*.

touristy ['tʊərɪstɪ] *adj* (*pej*) auf Tourismus getrimmt; *resorts, shops, souvenirs* für Touristen.

tournament ['tʊənəmənt] *n* (*Sport, also Hist*) Turnier *nt*.

tourniquet ['tʊənɪkeɪ] *n* Aderpresse *f*, Tourniquet *nt* (*spec*).

tour operator *n* Reiseveranstalter *m*.

tousle ['taʊzl] *vt hair* zerzausen; (*affectionately also*) zausen.

tousled ['taʊzld] *adj hair* zerzaust, wuschelig (*inf*).

tout [taʊt] (*inf*) **I** *n* (*tipster*) Wettberater(in *f*) *m*; (*esp Brit: spy*) Schnüffler(in *f*) (*inf*), Spion(in *f*) (*inf*) *m*; (*ticket ~*) (Karten)schwarzhändler(in *f*) *m*; (*for business*) Kundenfänger(in *f*), Schlepper(in *f*) (*sl*) *m*.

II *vt* (*Racing*) *horse* als Favorit angeben, als heißen Tip nennen; (*spy*) *stables* ausspionieren (*inf*); *horse* herumschnüffeln bei (*inf*); (*sell: also* **~ around**) *information* anbieten; *tickets* anbieten, schwarz verkaufen (*inf*); *goods* (den Leuten) aufschwatzen (*inf*); *ideas* propagieren.

III *vi* (*Racing*) (*offer tips*) Wettips (gegen Honorar) verteilen; (*spy*) herumspionieren, herumschnüffeln (*inf*). **to ~ for business/customers** (aufdringlich) Reklame machen/auf Kundenfang sein (*inf*), Kunden schleppen (*sl*).

tow I *n* **to take a car/yacht in ~** ein Auto abschleppen/eine Jacht schleppen *or* ins Schlepptau nehmen; **to give sb/a car a ~** (*in car*) jdn/ein Auto abschleppen; (*to start*) jdn/ein Auto anschleppen; **to give sb/a yacht a ~** jdn/eine Jacht schleppen *or* ins Schlepptau nehmen; **do you want a ~?** soll ich Sie abschleppen/anschleppen?; **"on ~"** ≃ „Fahrzeug wird abgeschleppt"; **in ~** (*fig*) im Schlepptau.

II *vt boat, glider* schleppen; *car also* abschleppen; (*to start*) anschleppen;

trailer ziehen. **he was ~ing a huge dog behind him** er zog *or* schleifte einen riesigen Hund hinter sich (*dat*) her.

◆**tow away** *vt sep car* (gebührenpflichtig) abschleppen.

towage ['təʊɪdʒ] *n* **1.** (*of ships*) Bugsieren, Schleppen *nt*; (*of cars*) Abschleppen *nt*. **2.** (*fee*) (*for ships*) Schlepp- *or* Bugsiergebühr *f*; (*for cars*) Abschleppgebühr *f*. **~ charges** (*for ships*) Schlepp- *or* Bugsiergebühren *pl*; (*for cars*) Abschleppgebühren, Abschleppkosten *pl*.

toward [tə'wɔːd] *adj* (*form: favourable*) angemessen.

toward(s) [tə'wɔːd(z)] *prep* **1.** (*in direction of*) (*with verbs of motion*) auf (+*acc*) … zu. **they walked ~ the town** sie gingen auf die Stadt zu; **we sailed ~ China** wir segelten in Richtung China; **it's further north, ~ Dortmund** es liegt weiter im Norden, Richtung Dortmund; **~ the south** nach *or* gen (*liter*) Süden; **he turned ~ her** er wandte sich ihr zu; **with his back ~ the wall** mit dem Rücken zur Wand; **a hotel facing ~ the sea** ein Hotel mit Blick aufs Meer; **they are working ~ a solution** sie arbeiten auf eine Lösung hin; **~ a better understanding of …** zum besseren Verständnis von …

2. (*in relation to*) … (*dat*) gegenüber. **what are your feelings ~ him?** was empfinden Sie ihm gegenüber *or* für ihn?

3. ~ ten o'clock gegen zehn Uhr; **~ the end of the 60's/the year** gegen Ende der sechziger Jahre/des Jahres.

tow-bar *n* Anhängerkupplung *f*; **tow-boat** *n* Schleppschiff *nt*, Schlepper *m*; **tow-car** *n* (*US*) Abschleppwagen *m*.

towel ['taʊəl] **I** *n* Handtuch *nt*. **~ rail** Handtuchhalter *m*; *see* **throw in**. **II** *vt* (mit einem Handtuch) (ab)trocknen.

◆**towel down** *vt sep* (ab)trocknen, trokkenreiben.

towelette ['taʊələt] *n* (*esp US*) Erfrischungstuch *nt*.

towelling ['taʊəlɪŋ] *n* Frottee(stoff) *m*.

tower ['taʊə^r] **I** *n* **1.** Turm *m*. **2.** (*fig: person*) **a ~ of strength** eine Stütze, ein starker (Rück)halt. **3.** (*Comput*) Tower *m*. **~ system** Tower-System *nt*. **II** *vi* ragen. **the buildings ~ into the sky** die Gebäude ragen in den Himmel.

◆**tower above** *or* **over** *vi* +*prep obj* **1.** (*buildings*) emporragen über (+*acc*). **2.** (*lit, fig: people*) überragen.

◆**tower up** *vi* hinaufragen, emporragen.

tower block *n* Hochhaus *nt*.

towering ['taʊərɪŋ] *adj* **1.** *building* hochragend, alles überragend; *mountain* (steil) aufragend; *tree* hochgewachsen. **the boy stood before the ~ figure of the headmaster** der Schüler stand vor der hoch aufragenden Gestalt des Direktors.

2. (*fig*) **a ~ rage** eine rasende *or* unbändige Wut; **one of the ~ giants of literature** eine der einsamen Größen der Literatur.

towline ['təʊlaɪn] *n* (*Aut*) Abschleppseil *nt*; (*Naut, for glider*) Schleppseil *nt*.

town [taʊn] *n* **1.** Stadt *f*. **the ~ of Brighton** (die Stadt) Brighton; **to go into** *or* **down ~** in die Stadt gehen; **to live in ~** in der Stadt wohnen; **guess who's in ~?** raten Sie mal, wer zur Zeit hier (in der Stadt) ist?; **he's out of ~** er ist nicht in der Stadt, er ist außerhalb; **to have a night on the ~** (*inf*) die Nacht durchmachen (*inf*), einen draufmachen (*sl*); **it's all over ~ now that he has …** es hat sich herumgesprochen, daß er …; **to go to ~ on sth** (*fig inf*) (*go to great trouble with*) sich (*dat*) bei etw einen abbrechen (*inf*); (*to please*) sich bei etw ins Zeug legen; (*exaggerate*) etw übertreiben.

2. (*Brit: London*) London *nt*. **to go up to ~** nach London gehen *or* fahren; **he is out of ~** er ist nicht in London.

town centre *n* Stadtmitte *f*, (Stadt)-zentrum, Stadtinnere(s) *nt*; **town clerk** *n* Stadtdirektor, Stadtschreiber (*old, Sw*) *m*; (*of bigger town*) Oberstadtdirektor *m*; **town council** *n* Stadtrat *m*; **town councillor** *n* Stadtrat *m*, Stadträtin *f*; **town crier** *n* (*old*) Ausrufer *m*.

townee, townie ['taʊniː] *n* (*pej*) Städter, Stadtmensch *m*; **she's a real ~** sie ist ein richtiger Stadtmensch.

town gas *n* Stadtgas *nt*; **town hall** *n* Rathaus *nt*; **town house** *n* Stadthaus *nt*, Haus *nt* in der Stadt; (*type of house*) Wohnhaus *nt*; **town planner** *n* Stadt- *or* Städteplaner *m*; **town planning** *n* Stadtplanung, Städteplanung *f*; **townscape** *n* Stadtbild *nt or* -landschaft *f*; (*Art*) Stadtansicht *f*.

townsfolk ['taʊnzfəʊk] *npl* Städter, Stadtmenschen *pl*, Stadtbevölkerung *f*; (*citizens*) Bürger *pl*.

township ['taʊnʃɪp] *n* (Stadt)gemeinde *f*; (*US*) Verwaltungsbezirk *m*; (*US Surv*) 6 Meilen großes Gebiet; (*in South Africa*) Township *f*.

townsman *n* Städter, Stadtmensch *m*; (*citizen*) Bürger *m*; **my fellow townsmen** meine (lieben) Mitbürger; **townspeople** *npl* Städter, Stadtmenschen *pl*; (*citizens*) Bürger *pl*; **townswoman** *n* Bürgerin *f*.

towpath *n* Treidelpfad *m*; **tow-plane** *n* Schleppflugzeug *nt*; **towrope** *n see* **towline**; **tow start** *n* (*Aut*) Anschleppen *nt*; **to give sb a ~** jdn anschleppen; **tow-truck** *n* (*US*) Abschleppwagen *m*.

toxaemia, (*US*) **toxemia** [tɒk'siːmɪə] *n* Blutvergiftung, Sepsis (*spec*) *f*.

toxic ['tɒksɪk] *adj* giftig, Gift-, toxisch. **~ waste** Giftmüll *m*.

toxicity [tɒk'sɪsɪtɪ] *n* Giftigkeit *f*, Giftgehalt *m*.

toxicological [ˌtɒksɪkə'lɒdʒɪkəl] *adj* toxikologisch.

toxicology [ˌtɒksɪ'kɒlədʒɪ] *n* Toxikologie *f*.

toxin ['tɒksɪn] *n* Gift(stoff *m*), Toxin *nt*.

toy [tɔɪ] **I** *n* Spielzeug *nt*. **~s** Spielsachen *pl*, Spielzeug *nt*; (*in shops also*) Spielwaren *pl*; **it's not a ~!** das ist kein (Kinder)spielzeug!

II *vi* **to ~ with an object/idea** mit einer Sache/Idee spielen; **to ~ with one's food** mit dem Essen (herum)spielen.

toy *in cpds gun, car, soldier* Spielzeug-;

toy boy *n* (*inf*) jugendlicher Liebhaber; **he looks like my ideal ~** so was Junges wie er wäre ideal zum Vernaschen (*inf*); **toy dog** *n* Zwerghund *m*; (*of material*) Stoffhund *m*; **toyshop** *n* Spielwarenladen *m*; **toy-town** *adj attr revolutionary etc* Möchtegern-.

trace[1] [treɪs] **I** *n* **1.** (*sign*) Spur *f*. **there's no ~ of it** keine Spur davon; **to vanish without ~** spurlos verschwinden; **to lose ~ of sb/sth** jdn/etw aus den Augen verlieren.

2. (*small amount: of poison*) Spur *f*; (*of spice also*) Idee *f*; (*of irony also*) Hauch *m*.

II *vt* **1.** (*draw*) zeichnen; (*copy*) nachziehen, nachzeichnen; (*with tracing paper*) durchpausen, abpausen. **he ~d his name in the sand** er malte seinen Namen in den Sand.

2. (*follow trail of*) *trail, progress, developments* verfolgen; *steps* folgen (+*dat*). **she was ~d to a house in Soho** ihre Spur führte zu einem Haus in Soho.

3. (*find*) ausfindig machen, auffinden.

◆**trace back I** *vi* zurückgehen (*to* auf +*acc*).

II *vt sep descent* zurückverfolgen; *rumour* auf seinen Ursprung zurückverfolgen; *neurosis etc* zurückführen (*to* auf +*acc*). **he can ~ his family ~ to Henry VIII** seine Familie läßt sich bis zu Heinrich VIII. zurückverfolgen; **we ~d the rumour ~ to one of the secretaries** wir fanden heraus, daß das Gerücht von einer der Sekretärinnen in die Welt gesetzt worden war.

◆**trace out** *vt sep* (*copy*) nachzeichnen; (*with tracing paper*) durchpausen (*onto* auf +*acc*); (*draw*) zeichnen. **we ~d ~ the route on the map** wir zeichneten die Route auf der Karte ein.

trace[2] *n* (*of harness*) Zuggurt, Zugriemen *m*; *see* **kick over**.

traceable ['treɪsəbl] *adj* **1.** (*can be found*) auffindbar. **2. a characteristic ~ through the centuries** eine Eigenschaft, die sich durch viele Jahrhunderte hindurch zurückverfolgen läßt.

trace element *n* Spurenelement *nt*.

tracer ['treɪsəʳ] *n* **1.** (*Mil: also* **~ bullet**) Leuchtspurgeschoß *nt*. **2.** (*Med*) Isotopenindikator *m*. **3.** (*enquiry form*) Suchzettel, Laufzettel *m*.

tracery ['treɪsərɪ] *n* (*pattern: of threads, branches*) Filigranmuster *nt*.

trachea [trə'kɪə] *n* Luftröhre *f*.

tracheotomy [ˌtrækɪ'ɒtəmɪ] *n* Luftröhrenschnitt *m*.

trachoma [trə'kəʊmə] *n* Körnerkrankheit *f*, (hartnäckige) Bindehautentzündung.

tracing ['treɪsɪŋ] *n* (*drawing*) Durchpausen, Durchzeichnen *nt*; (*result*) Pause *f*. **~ paper** Pauspapier *nt*.

track [træk] **I** *n* **1.** (*trail*) Fährte, Spur *f*; (*of tyres*) (Fahr)spur *f*. **to be on sb's ~** jdm auf der Spur sein; **you can't expect to keep ~ of your friends if you never write to them** du kannst nicht erwarten, Kontakt zu deinen Freunden zu behalten, wenn du nie schreibst; **to keep ~ of sb/sth** (*watch, follow*) jdn/etw im Auge behalten; *situation also* etw verfolgen; (*keep up to date with*) über jdn/etw auf dem laufenden bleiben; **I can't keep ~ of his movements** *or* **him** ich weiß nie, wo er sich gerade aufhält; **how do you keep ~ of the time without a watch**? wie können Sie wissen, wie spät es ist, wenn Sie keine Uhr haben?; **to lose ~ of sb/sth** (*lose contact with, lose sight of*) jdn/etw aus den Augen verlieren; (*lose count of, be confused about*) über Leute/etw den Überblick verlieren; (*not be up to date with*) über jdn/etw nicht mehr auf dem laufenden sein; **he/I lost ~ of what he was saying** er hat den Faden verloren/ich habe nicht (mehr) mitbekommen, was er gesagt hat.

2. (*fig*) **we must be making ~s** (*inf*) wir müssen uns auf die Socken (*inf*) *or* auf den Weg machen; **he stopped dead in his ~s** er blieb abrupt stehen; **to cover (up) one's ~s** seine Spuren verwischen.

3. (*path*) Weg, Pfad *m*. **off the ~** (*fig*) abwegig; **to be on the right/wrong ~** (*fig*) auf der richtigen/falschen Spur sein, auf dem richtigen Weg/Holzweg (*inf*) sein.

4. (*course*) (*of hurricane*) Weg *m*; (*of comet*) (Lauf)bahn *f*; (*of rocket*) Bahn *f*.

5. (*Rail*) Gleise *pl*; (*US: platform*) Bahnsteig *m*. **a new section of ~** eine neue (Gleis)strecke; **the ~ to Paisley** die (Bahn)strecke nach Paisley; **"keep off the ~"** Betreten der Gleise verboten; **to leave the ~(s)** entgleisen; **to be born on the wrong side of the ~s** (*US fig*) aus minderbemitteltem Milieu stammen.

6. (*Sport*) Rennbahn *f*; (*Athletics*) Bahn *f*; (*Motorsport*) Piste, Bahn *f*; (*circuit*) Rennstrecke *f*; (*Cycling*) Radrennbahn *f*.

7. (*on tape, diskette*) Spur *f*; (*on record: song*) Stück *nt*. **four-~ tape-recorder** Vierspurgerät *nt*.

8. (*also* **caterpillar ~**) Raupenkette *f*.

9. (*Aut: between wheels*) Spur(weite) *f*.

II *vt* **1.** (*follow*) *person, animal* verfolgen; (*Space*) *rocket* die Flugbahn (+*gen*) verfolgen.

2. (*US*) **the children ~ed dirt all over the carpet** die Kinder hinterließen überall auf dem Teppich Schmutzspuren.

III *vi* **1.** (*follow trail*) Fährten lesen. **2.** (*Aut*) spurgenau laufen. **3.** (*Film, TV*) fahren. **4.** (*move: hurricane etc*) ziehen; (*stylus*) sich bewegen.

◆**track down** *vt sep* aufspüren (*to* in +*dat*); *thing* aufstöbern, auftreiben (*inf*), finden; *reference, source of infection* ausfindig machen.

◆**track in** *vi* (*Film, TV*) heranfahren (*on* an +*acc*).

track-and-field *adj* Leichtathletik-; **track athletics** *n sing* Laufdisziplinen *pl*.

tracked [trækt] *adj vehicle* Ketten-, Raupen-.

tracker ['trækəʳ] *n* (*Indian*) Fährtenleser(in *f*) *m*; (*Hunt*) Tracker *m*. **~ dog** Spürhund *m*.

track event *n* Laufwettbewerb *m*.

tracking ['trækɪŋ] *n* Verfolgen *nt*. **~ station** Bodenstation *f*.

trackless *adj* **1.** *vehicle* ohne Ketten;

2. *forest* weglos; **track maintenance** *n* (*Rail*) Streckenwartung *f*; **track meeting** *or* **meet** (*US*) *n* Leichtathletikwettbewerb *or* -wettkampf *m*; **track race** *n* Rennen *nt*; (*Motorsport, Athletics also*) Lauf *m*; **track racing** *n* Laufwettbewerb *m*; (*Motorsport*) Rennen *nt*; (*Cycling*) Radrennen *nt*; **track record** *n* (*fig*) **what's his ~?** was hat er vorzuweisen?; **they've got an abysmal ~ for delivering on schedule** sie stehen nicht gerade im Ruf, pünktlich zu liefern; **track shoe** *n* Rennschuh *m*; **tracksuit** *n* Trainingsanzug *m*; **trackwalker** *n* (*US*) Streckenläufer(in *f*) *m*.

tract[1] [trækt] *n* **1.** (*of land*) Gebiet *nt*. **narrow ~** Streifen *m*. **2.** (*respiratory*) Wege *pl*; (*digestive*) Trakt *m*.

tract[2] *n* Traktat *nt*, Schrift *f*.

tractability [træktəˈbɪlɪtɪ] *n see adj* Formbarkeit, Bearbeitbarkeit *f*; Fügsamkeit, Lenkbarkeit *f*.

tractable [ˈtræktəbl] *adj* (*lit*) *metal* leicht zu bearbeiten, formbar; (*fig*) *child, animal, disposition* fügsam, lenkbar.

traction [ˈtrækʃən] *n* Zugkraft, Ziehkraft, Zugleistung *f*; (*of wheels*) Bodenhaftung *f*; (*Med*) Streckverband *m*. **in ~** im Streckverband; **~ engine** Zugmaschine *f*.

tractor [ˈtræktəʳ] *n* **1.** Traktor, Trecker *m*, Zugmaschine *f*. **~ driver** Traktorfahrer(in *f*), Traktorist(in *f*) *m*. **2.** (*of truck*) Sattelschlepper *m*.

tractor feed *n* (*Comput*) Traktor *m*.

trade [treɪd] **I** *n* **1.** (*commerce*) Handel *m*, Gewerbe *nt*; (*hotel ~, catering ~*) Gewerbe *nt*; (*turnover: of shop, hotel*) die Geschäfte *pl*. **he used to be in ~** er war Geschäftsmann; **how's ~?** wie gehen die Geschäfte?; **to do ~ with sb** mit jdm Handel treiben; **to do a good ~** gute Geschäfte machen; **to do a brisk ~ in sth** einen reißenden Absatz an etw (*dat*) haben.

2. (*line of business*) Branche *f*, Geschäftszweig *m*. **he's in the wool ~** er ist in der Wollbranche, er ist im Wollhandel tätig; **he's in the ~** er ist in der Branche, er ist vom Fach; **as we call it in the ~** wie es in unserer Branche heißt.

3. (*job*) Handwerk *nt*. **he's a bricklayer by ~** er ist Maurer von Beruf; **a lawyer by ~** (*hum*) ein gelernter Rechtsanwalt (*hum*); **every man to his ~** Schuster, bleib bei deinem Leisten (*prov*).

4. (*people*) Geschäftsleute *pl*, Branche *f*.

5. (*exchange*) Tausch(geschäft *nt or* -handel *m*) *m*.

6. the T~s *pl* (*Geog*) der Passat.

II *vt* tauschen. **to ~ sth for sth else** etw gegen etw anderes (ein)tauschen; **to ~ secrets** Geheimnisse austauschen.

III *vi* **1.** (*Comm*) Handel treiben, handeln. **to ~ in sth** mit etw handeln; **to ~ with sb** mit jdm Geschäfte machen *or* Handel treiben. **2.** (*US inf*) einkaufen (*at* bei).

IV *adv* **to get sth ~** etw zum Großhandelspreis bekommen.

◆**trade down** *vi insep* (*Comm*) *billige Waren einkaufen und verkaufen, um den Umsatz zu steigern*.

◆**trade in** *vt sep* in Zahlung geben (*for* für).

◆**trade up** *vi insep* (*Comm*) *verstärkt teure Waren einkaufen und verkaufen, um die Einzelhandelsgewinnspanne zu erhöhen*.

◆**trade (up)on** *vi +prep obj* ausnützen.

trade agreement *n* Handelsabkommen *nt*; **trade barrier** *n* Handelsschranke *f*; **trade deficit** *n* Handelsdefizit *nt*; **Trade Descriptions Act** *n Gesetz nt über die korrekte Beschreibung von Waren*; **trade directory** *n* Branchenverzeichnis, Firmenverzeichnis *nt*; **trade discount** *n* Händlerrabatt *m*; **trade fair** *n* Handelsmesse *f*; **trade figures** *npl* Handelsziffern *pl*; **trade gap** *n* Außenhandelsdefizit *nt*; **trade-in I** *n* Altgerät *nt*; (*car*) in Zahlung gegebenes Auto; **we will take your old car as a ~** wir nehmen Ihren alten Wagen in Zahlung; **II** *attr* **~ value** Gebrauchtwert *m*; **they don't give very good ~ terms** sie bezahlen nicht sehr viel für Altgeräte/Gebrauchtwagen; **trademark** *n* (*lit*) Warenzeichen *nt*; **honesty was his ~** er war für seine Ehrlichkeit bekannt; **trade mission** *n* Handelsmission *f*; **trade name** *n* Handelsname *m*; **trade-off** *n* **there's always a ~** etwas geht immer verloren; **there's bound to be a ~ between speed and quality** es gibt entweder Einbußen bei der Schnelligkeit oder bei der Qualität; **trade policy** *n* Handelspolitik *f*; **trade press** *n* Fachpresse *f*; **trade price** *n* Großhandelspreis *m*.

trader [ˈtreɪdəʳ] *n* **1.** (*person*) Händler(in *f*) *m*. **2.** (*ship*) Handelsschiff *nt*.

trade route *n* Handelsweg *m*, Handelsstraße *f*; **trade school** *n* Gewerbe- *or* Berufsschule *f*; **trade secret** *n* (*lit, fig*) Betriebsgeheimnis *nt*; **trade surplus** *n* positive Handelsbilanz.

tradesman *n* (*delivery man*) Lieferant *m*; (*shopkeeper*) Händler, Ladenbesitzer *m*; (*plumber, electrician*) Handwerker *m*; **~'s entrance** Lieferanteneingang *m*; **tradespeople** *npl* Geschäftsleute, Händler *pl*; **trades union** *n see* **trade union**; **T~ U~ Congress** (britischer) Gewerkschaftsbund.

trade union *n* Gewerkschaft *f*; **trade unionism** *n* Gewerkschaftsbewegung *f*; **trade unionist** *n* Gewerkschaft(l)er(in *f*) *m*; **trade wind** *n* Passat *m*.

trading [ˈtreɪdɪŋ] *n* Handel *m*, Handeln *nt* (*in* mit). **~ was brisk at the Stock Exchange today** der Handel an der Börse war heute lebhaft; **there was heavy ~ in ...** ... wurde(n) verstärkt gehandelt.

trading *in cpds* Handels-; **trading account** *n* Geschäftskonto *nt*; **trading estate** *n* Industriegelände, Gewerbegebiet *nt*; **trading floor** *n* (*St Ex*) Börsenparkett *nt*; **trading licence** *n* Gewerbeerlaubnis *f*, Gewerbeschein *m*; **trading loss** *n* Betriebsverlust *m*; **trading partner** *n* Handelspartner(in *f*) *m*; **trading results** *npl* Betriebsergebnis *nt*;

trading stamp *n* Rabattmarke *f.*

tradition [trəˈdɪʃən] *n* Tradition *f.* **according to ~ he ..., ~ has it that he ...** es ist überliefert, daß er ...; **there is a ~ in the village that Queen Mary slept here** im Dorf erzählt man sich, daß Königin Mary dort übernachtet hat; **in the French ~** in der französischen Tradition; **in the best ~** nach bester Tradition.

traditional [trəˈdɪʃənl] *adj* traditionell; *story, custom also* alt; *virtues also* überkommen; *jazz* Old-time-, traditional. **it's ~ for us to spend New Year's Day at my mother's** es ist bei uns so üblich *or* Brauch, daß wir den Neujahrstag bei meiner Mutter verbringen.

traditionalism [trəˈdɪʃnəlɪzəm] *n* Festhalten *nt* am Alten, Traditionalismus *m.*

traditionalist [trəˈdɪʃnəlɪst] **I** *n* Traditionalist(in *f*) *m.* **II** *adj* traditionsgebunden, an Traditionen hängend *or* festhaltend.

traditionally [trəˈdɪʃnəlɪ] *adv* traditionell; (*customarily*) üblicherweise, normalerweise. **it's ~ a holiday** es ist schon immer ein Feiertag gewesen; **turkey is ~ eaten at Christmas** es ist Tradition *or* ein Brauch, Weihnachten Truthahn zu essen.

traffic [ˈtræfɪk] **I** *n* **1.** Verkehr *m*; (*Aviat*) Flug- *or* Luftverkehr *m.* **a policeman was directing ~** ein Polizist regelte den Verkehr; **~ coming into London is advised to avoid Putney Bridge** Fahrern in Richtung Innenstadt London wird empfohlen, Putney Bridge zu meiden.

2. (*business: of port, airport*) Umschlag *m.* **~ in steel** Stahlumschlag *m*; **freight ~** Frachtumschlag *m.*

3. (*usu pej: trading*) Handel *m* (*in* mit); (*in drugs also*) Dealen *nt* (*in* mit); (*in pornography*) Vertrieb *m* (*in* von); (*in illegal alcohol*) Schieberei *f* (*in* von).

II *vi* (*usu pej*) handeln (*in* mit); (*in drugs also*) dealen (*in* mit); (*in pornography*) vertreiben (*in acc*); (*in illegal alcohol*) verschieben (*in acc*).

trafficator [ˈtræfɪkeɪtəʳ] *n* (Fahrt)richtungsanzeiger *m* (*form*).

traffic *in cpds* Verkehrs-; **traffic circle** *n* (*US*) Kreisverkehr *m*; **traffic control tower** *n* (*Aviat*) Kontrollturm, Tower *m*; **traffic cop** *n* (*US inf*) Verkehrspolizist *m*; **traffic diversion** *n* Umleitung *f*; **traffic duty** *n* Verkehrsdienst *m*; **to be on ~** Verkehrsdienst haben; **traffic hold-up** *n see* **traffic jam**; **traffic indicator** *n* (Fahrt)richtungsanzeiger *m* (*form*); (*flashing*) Blinker *m*; **traffic island** *n* Verkehrsinsel *f*; **traffic jam** *n* Verkehrsstockung *or* -stauung *f.*

trafficker [ˈtræfɪkəʳ] *n* (*usu pej*) Händler(in *f*), Schieber(in *f*) (*pej*) *m*; (*in drugs also*) Dealer(in *f*) *m.*

trafficking [ˈtræfɪkɪŋ] *n* Handel *m* (*in* mit); (*in drugs also*) Dealen *nt* (*in* mit); (*in illegal alcohol*) Schieberei *f* (*in* von); (*in pornography*) Vertrieb *m* (*in* von).

traffic light *n* (*US*), **traffic lights** *npl* (*Brit*) Verkehrsampel *f*; **traffic police** *npl* Verkehrspolizei *f*; **traffic policeman** *n* Verkehrspolizist *m*; **traffic signals** *npl see* **traffic lights**; **traffic warden** *n* ≃ *Verkehrspolizist m ohne polizeiliche Befugnisse*; (*woman*) ≃ Politesse *f.*

tragedian [trəˈdʒiːdɪən] *n* (*writer*) Tragiker, Tragödiendichter *m*; (*actor*) Tragöde *m* (*geh*), Darsteller *m* tragischer Rollen.

tragedienne [trəˌdʒiːdɪˈen] *n* (*actress*) Tragödin (*geh*), Darstellerin *f* tragischer Rollen.

tragedy [ˈtrædʒɪdɪ] *n* (*tragic incident*) Tragödie *f*; (*Theat also*) Trauerspiel *nt*; (*no pl: tragicalness*) Tragische(s) *nt.* **he often acts in ~** er tritt oft in Tragödien auf; **six killed in holiday crash ~** tragischer Urlaubsunfall forderte sechs Todesopfer; **the ~ of it is that ...** das Tragische daran ist, daß ...; **it is a ~ that ...** es ist (wirklich) tragisch *or* ein Unglück, daß ...

tragic [ˈtrædʒɪk] *adj* tragisch. **the ~ and the comic** (*Theat*) das Tragische und das Komische.

tragically [ˈtrædʒɪkəlɪ] *adv* **~, he was killed** tragischerweise kam er ums Leben; **don't take it too ~!** nehmen Sie es nicht zu tragisch!

tragicomedy [ˈtrædʒɪˈkɒmɪdɪ] *n* Tragikomödie *f.*

tragicomic [ˈtrædʒɪˈkɒmɪk] *adj* tragikomisch.

trail [treɪl] **I** *n* **1.** Spur *f*; (*of meteor*) Schwanz, Schweif *m.* **~ of blood** Blutspur *f*; **~ of smoke/dust** Rauchfahne *f*/Staubwolke *f*; **the hurricane left a ~ of destruction** der Hurrikan hinterließ eine Spur der Verwüstung.

2. (*track*) Fährte, Spur *f.* **hot on the ~** dicht auf den Fersen; **the police are on his ~** die Polizei ist ihm auf der Spur.

3. (*path*) Weg, Pfad *m*; (*nature ~ etc*) (Wander)weg *m.*

4. (*Ski: cross-country*) Loipe *f.*

II *vt* **1.** (*follow*) *person* folgen (+*dat*), verfolgen. **to ~ an animal** ein Tier *or* die Spur eines Tieres verfolgen.

2. (*drag*) schleppen, schleifen. **the bird ~ed its broken wing** der Vogel zog seinen gebrochenen Flügel nach.

3. (*US: tow*) ziehen, schleppen.

III *vi* **1.** (*on floor*) schleifen.

2. (*plant*) sich ranken. **a house with ivy ~ing round the windows** ein Haus mit efeuumrankten Fenstern.

3. (*walk*) zuckeln, trotten.

4. (*be behind: in competition etc*) weit zurückliegen, hinterherhinken; (*Sport*) weit zurückgefallen sein. **our team is ~ing at the bottom of the league** unsere Mannschaft rangiert in der Tabelle unter „ferner liefen" *or* auf den letzten Plätzen.

◆**trail along** **I** *vi* entlangzuckeln. **the child ~ed ~ behind his mother** das Kind trottete *or* zuckelte hinter der Mutter her.

II *vt* entlangschleppen *or* -schleifen. **the child ~ed his coat ~ behind him** das Kind schleifte *or* schleppte seinen Mantel hinter sich (*dat*) her.

◆**trail away** *or* **off** *vi* (*voice*) sich verlieren (*into* in +*dat*), verhallen. **his voice ~ed off into silence** er verstummte.

◆**trail behind** I *vi* hinterhertrotten *or* -zuckeln (*+prep obj* hinter *+dat*); (*in competition*) zurückgefallen sein (*+prep obj* hinter *+acc*). II *vt sep* hinter sich (*dat*) herziehen.

trailblazer ['treɪl'bleɪzəʳ] *n* (*fig*) Wegbereiter, Bahnbrecher *m*.

trailer ['treɪləʳ] *n* **1.** (*Aut*) Anhänger *m*; (*esp US: of lorry*) Sattelauflieger *m*. **2.** (*US*) Wohnwagen, Caravan *m*. ~ **camp** Platz *m* für Wohnwagen. **3.** (*Bot*) Hängepflanze *f*. **4.** (*Film, TV*) Trailer *m*.

trail mix *n Trockenfrüchte und Nüsse pl*, ≃ Studentenfutter *nt*.

train[1] [treɪn] *n* **1.** (*Rail*) Zug *m*. **to go/travel by** ~ mit dem Zug *or* der (Eisen)bahn fahren/reisen; **a** ~ **journey** eine Bahn- *or* Zugfahrt; **to take** *or* **catch** *or* **get the 11 o'clock** ~ den Elfuhrzug nehmen; **to change** ~**s** umsteigen; **on the** ~ im Zug.

2. (*line*) Kolonne *f*; (*of people*) Schlange *f*; (*of camels*) Karawane *f*; (*retinue*) Gefolge *nt*. **in his** ~ in seinem Gefolge; **the war brought famine in its** ~ der Krieg brachte eine Hungersnot mit sich.

3. (*of events*) Folge, Kette *f*. **he interrupted my** ~ **of thought** er unterbrach meinen Gedankengang.

4. (*of dress*) Schleppe *f*.

train[2] I *vt* **1.** ausbilden; *child* erziehen; *apprentice, new employee also* unterrichten, unterweisen; *animal* abrichten, dressieren; *mind* schulen; (*Sport*) trainieren. **to** ~ **sb as sth** jdn als *or* zu etw ausbilden; **to** ~ **oneself to do sth** sich dazu erziehen, etw zu tun; **to** ~ **a child to be polite** ein Kind zur Höflichkeit erziehen; **to** ~ **an animal to do sth** ein Tier dazu abrichten, etw zu tun; **she has her dog/husband** (*hum*) **well** ~**ed** sie hat ihren Hund/Mann (*hum*) gut erzogen.

2. (*aim*) *gun, telescope* richten (*on* auf *+acc*).

3. *plant* wachsen lassen (*over* über *+acc*). **she** ~**ed her roses along/up the trellis** sie ließ ihre Rosen am Gitter entlang-/hochwachsen.

II *vi* **1.** (*esp Sport*) trainieren (*for* für).

2. (*study*) ausgebildet werden. **he** ~**ed as a teacher** er hat eine Lehrerausbildung gemacht, er ist ausgebildeter Lehrer; **where did you** ~**?** wo haben Sie Ihre Ausbildung erhalten?

◆**train up** *vt sep* heranbilden (*to* zu); *team* trainieren.

trainbearer *n* Schleppenträger(in *f*) *m*; **train driver** *n* Zug- *or* Lokführer(in *f*) *m*.

trained [treɪnd] *adj worker* gelernt, Fach-; *nurse, teacher* ausgebildet; *animal* dressiert; *dog* abgerichtet, dressiert; *mind, ear* geschult; *eye* geübt, geschult; *voice* ausgebildet. **a well-**~ **child** ein guterzogenes Kind.

trainee [treɪ'niː] *n* Auszubildende(r) *mf*; (*academic, technical*) Praktikant(in *f*) *m*; (*nurse*) Krankenpflegeschüler(in *f*) *m*, Schwesternschülerin *f*; (*management*) Trainee *mf*. **I am a** ~ ich bin *or* befinde mich in der Ausbildung.

trainee manager *n* Management-Trainee *mf*; **trainee mechanic** *n* Schlosserlehrling *m*; **trainee nurse** *n* Krankenpflegeschüler(in *f*) *m*, Schwesternschülerin *f*; **trainee teacher** *n* (*in primary school*) ≃ Praktikant(in *f*) *m*; (*in secondary school*) ≃ Referendar(in *f*) *m*.

trainer ['treɪnəʳ] *n* **1.** (*Sport, of racehorse*) Trainer(in *f*) *m*; (*of animals*) Dresseur(in *f*) *m*; (*in circus*) Dompteur *m*, Dompteuse *f*. **2.** (*shoe*) Turnschuh *m*.

train ferry *n* Eisenbahnfähre *f*.

training ['treɪnɪŋ] *n* **1.** Ausbildung *f* (*also Mil*); (*of staff*) Schulung *f*; (*of animal*) Dressur *f*, Abrichten *nt*. **it's good** ~ **for the mind** es ist eine gute Denkschulung.

2. (*Sport*) Training *nt*. **to be in** ~ im Training stehen *or* sein, trainieren; (*be fit*) gut in Form *or* fit *or* durchtrainiert sein; **to be out of** ~ nicht in Form sein, aus dem Training sein; **to go into** ~ das Training beginnen, anfangen zu trainieren.

training camp *n* Trainingslager *nt*; **training centre** *n* Lehr- *or* Ausbildungszentrum *nt*; **training college** *n* (*for teachers*) Pädagogische Hochschule; **training course** *n* Ausbildungskurs *m*; **training manual** *n* Lehrbuch *nt*; **training scheme** *n* Ausbildungsprogramm *nt*; **training ship** *n* Schulschiff *nt*.

trainload *n* (*of goods*) Zugladung *f*; ~**s of holidaymakers** ganze Züge voller Urlauber; **soldiers were sent there by the** ~ ganze Zugladungen Soldaten wurden hingeschickt; **trainman** *n* (*US*) Eisenbahner *m*; (*brakeman*) Bremser *m*; **train oil** *n* Tran *m*; **train service** *n* Zugverkehr *m*; (*between two places*) (Eisen)bahnverbindung *f*; **train set** *n* (Spielzeug)eisenbahn *f*; **trainsick** *adj* **he gets** ~ ihm wird beim Zugfahren schlecht *or* übel; **trainsickness** *n* **I've never suffered from** ~ mir ist beim Zugfahren noch nie schlecht *or* übel geworden; **trainspotting** *n Hobby nt, bei dem Züge begutachtet und deren Nummern notiert werden*.

traipse [treɪps] (*inf*) I *vi* latschen (*inf*). **to** ~ **round the shops** in den Geschäften rumlatschen (*inf*). II *n* **it's a long** ~ da muß man lange latschen (*inf*).

trait [treɪt, treɪ] *n* Eigenschaft *f*; (*of particular person also*) Charakter- *or* Wesenszug *m*.

traitor ['treɪtəʳ] *n* Verräter *m*. **to be a** ~ **to one's country** sein Vaterland verraten; **to turn** ~ zum Verräter werden.

traitorous ['treɪtərəs] *adj behaviour, action* verräterisch; *coward also* treulos.

traitorously ['treɪtərəslɪ] *adv* in verräterischer Weise.

traitress ['treɪtrɪs] *n* Verräterin *f*.

trajectory [trə'dʒektərɪ] *n* Flugbahn *f*.

tram [træm] *n* **1.** (*Brit*) Straßenbahn, Tram(bahn) (*S Ger, Sw, Aus*) *f*. **to go by/take the** ~ mit der Straßenbahn fahren/die Straßenbahn nehmen.

2. (*Min*) Grubenbahn *f*.

tramcar *n* Straßenbahn *f*; (*single car*) Straßenbahnwagen *m*; **tram line** *n* (*track*) Straßenbahnschiene *f*; (*route*)

Straßenbahnlinie *f*; **tramlines** *npl* (*Tennis*) Linien *pl* des Doppelspielfelds.

trammel ['træməl] **I** *vt* einengen. **to feel ~led by sth** sich durch etw behindert *or* eingeengt fühlen. **II** *n* **~s** *pl* Fesseln *pl*.

tramp [træmp] **I** *vi* **1.** (*walk heavily, trudge*) stapfen, mit schweren Schritten gehen, stampfen. **the soldiers ~ed along for hours** die Soldaten marschierten stundenlang (mit schweren Schritten); **I've been ~ing round town all day** ich bin den ganzen Tag in der Stadt herumgestiefelt (*inf*); **to ~ up and down the platform** auf dem Bahnsteig auf und ab marschieren.

2. (*hike*) marschieren, wandern; (*vagabond*) umherziehen.

II *vt* **1.** (*spread by walking*) herumtreten. **don't ~ that mud into the carpet** tritt den Dreck nicht in den Teppich.

2. (*walk*) *streets* latschen durch (*inf*).

III *n* **1.** (*vagabond*) Landstreicher(in *f*); (*in town*) Stadtstreicher(in *f*) *m*.

2. (*sound*) Stapfen *nt*.

3. (*walk*) Wanderung *f*. **it's a long ~** es ist ein weiter Weg.

4. (*Naut*) Trampdampfer *m*.

5. (*inf: loose woman*) Flittchen *nt* (*pej*).

◆**tramp down** *vt sep* feststampfen, festtreten; *corn, flowers* platt treten, niedertrampeln.

◆**tramp in** *vt sep* festtreten, in den Boden treten.

trample ['træmpl] **I** *vt* niedertrampeln, niedertreten, zertrampeln. **to ~ sth underfoot** auf etw (*dat*) herumtrampeln; **he was ~d to death by a bull** er wurde von einem Bullen zu Tode getrampelt; **to ~ sth into the ground** etw in den Boden treten *or* trampeln.

II *vi* stapfen, trampeln. **he lets his wife ~ all over him** (*fig*) er läßt sich (*dat*) von seiner Frau auf dem Kopf herumtanzen.

III *n* Getrampel, Trampeln *nt*.

◆**trample about** *vi* herumtrampeln.

◆**trample down** *vt sep* heruntertreten, niedertreten.

◆**trample on** *vi +prep obj* herumtreten auf (*+dat*). **several children were ~d ~** mehrere Kinder wurden getreten; **to ~ ~ everybody/sb** (*fig*) über Leichen gehen/jdn herumschikanieren; **to ~ ~ sb's feelings** (*fig*) jds Gefühle mit Füßen treten.

trampoline ['træmpəlɪn] *n* Trampolin *nt*.

tramp steamer *n* Trampdampfer *m*.

tramride *n* Straßenbahnfahrt *f*; **tramway** *n* Straßenbahn *f*; (*route*) Straßenbahnstrecke *f*.

trance [trɑːns] *n* Trance *f*; (*Med*) tiefe Bewußtlosigkeit. **to go into a ~** in Trance verfallen; **to put sb into a ~** jdn in Trance versetzen; **she's been going about in a ~ for the past few days** die letzten paar Tage ist sie wie in Trance *or* im Tran (*inf*) durch die Gegend gelaufen.

tranquil ['træŋkwɪl] *adj* ruhig, friedlich, still; *life* friedlich, ohne Aufregung; *mind* ruhig, gelassen; *music* ruhig, sanft; *person* ruhig, gelassen, ausgeglichen.

tranquillity, (*US*) **tranquility** [træŋ'kwɪlɪtɪ] *n see adj* Ruhe *f*; Friedlichkeit, Stille *f*; Friede *m*; Gelassenheit *f*; Sanftheit *f*; Ausgeglichenheit *f*. **the ~ of the home** die friedliche Atmosphäre des Hauses.

tranquillize, (*US*) **tranquilize** ['træŋkwɪlaɪz] *vt* beruhigen. **tranquillizing dart** Betäubungspfeil *m*.

tranquillizer, (*US*) **tranquilizer** ['træŋkwɪlaɪzəʳ] *n* Beruhigungstablette *f*; Beruhigungsmittel *nt*.

tranquilly ['træŋkwɪlɪ] *adv see adj*.

trans- [trænz-] *pref* trans-, Trans-.

transact [træn'zækt] *vt* abwickeln; *business also* abschließen, durchführen; *deal* abschließen.

transaction [træn'zækʃən] *n* **1.** (*act*) *see vt* Abwicklung *f*; Abschluß *m*, Durchführung *f*. **~ of business** Geschäftsbetrieb *m*; **the bank will be closed for the ~ of business at 3 p.m.** die Bank hat *or* ist ab 15[00] Uhr geschlossen.

2. (*piece of business*) Geschäft *nt*; (*Fin, St Ex*) Transaktion *f*.

3. ~s *pl* (*of society*) Sitzungsbericht *m*.

transalpine ['trænz'ælpaɪn] *adj* transalpin.

transatlantic ['trænsət'læntɪk] *adj* transatlantisch, Transatlantik-; *customs* auf der anderen Seite (des Atlantiks); *cousins, accent* amerikanisch; (*for Americans*) britisch.

transceiver [træn'siːvəʳ] *n* Sender-Empfänger *m*, Sende-Empfangsgerät *nt*.

transcend [træn'send] *vt* übersteigen, überschreiten, hinausgehen über (*+acc*); (*Philos*) transzendieren.

transcendence [træn'sendəns], **transcendency** [træn'sendənsɪ] *n* Erhabenheit *f*; (*Philos*) Transzendenz *f*.

transcendent [træn'sendənt] *adj* (*Philos*) transzendent; (*supreme*) hervorragend, alles übersteigend, überragend.

transcendental [ˌtrænsen'dentl] *adj* überirdisch; (*Philos*) transzendental; *vision* transzendierend. **~ meditation** transzendentale Meditation; **~ number** (*Math*) transzendente Zahl, Transzendente *f*.

transcendentalism [ˌtrænsen'dentəlɪzəm] *n* transzendentale Philosophie, Transzendentalismus *m*.

transcontinental ['trænzˌkɒntɪ'nentl] *adj* transkontinental.

transcribe [træn'skraɪb] *vt manuscripts* abschreiben, transkribieren; (*from shorthand*) (in Langschrift) übertragen; *speech, proceedings* niederschreiben, mitschreiben; (*Mus*) transkribieren.

transcript ['trænskrɪpt] *n* **1.** (*of court proceedings*) Protokoll *nt*; (*of tapes*) Niederschrift *f*; (*copy*) Kopie, Abschrift *f*. **2.** (*US: academic record*) Abschrift *f* (*Studienunterlagen*).

transcription [træn'skrɪpʃən] *n* (*Mus, Phon*) Transkription *f*; (*copy, of shorthand notes*) Abschrift *f*; (*act*) Abschrift *f*, Abschreiben *nt*; (*of speech, proceedings*) Niederschrift *f*, Protokoll *nt*; (*Rad, TV: recording*) Aufnahme *f*. **phonetic ~** Lautschrift *f*, phonetische (Um)schrift.

trans-European ['træns,jʊərə'piːən] *adj railway* Trans-Europa-; *journey* quer durch Europa.

transfer [træns'fɜːʳ] **I** *vt* übertragen (*to* auf +*acc*); *prisoner* überführen (*to* in +*acc*), verlegen (*to* nach); *premises, soldiers* verlegen (*to* in +*acc*, *to town* nach); (*soldier, employee*) versetzen (*to* in +*acc*, *to town, country* nach); (*Sport*) *player* transferieren (*to* zu), abgeben (*to* an +*acc*); (*Fin*) *funds, money* überweisen (*to* auf +*acc*), transferieren (*to* nach); *account* verlegen; *stocks* transferieren; (*Jur*) *property* übertragen, überschreiben (*to* auf +*acc*); *right* übertragen (*to* auf +*acc*), abtreten (*to* an +*acc*). **he ~red the bigger engine into his old car** er baute den größeren Motor in sein altes Auto ein; **he ~red his capital into gold shares** er investierte sein Kapital in Goldaktien, er legte sein Kapital in Goldaktien an; **he ~red the money from the box to his pocket** er nahm das Geld aus der Schachtel und steckte es in die Tasche; **she ~red her affections to another man** sie schenkte ihre Zuneigung einem anderen; **~red charge call** (*Brit Telec*) R-Gespräch *nt*.

II *vi* **1.** überwechseln (*to* zu); (*to new system, working conditions*) umstellen (*to* auf +*acc*). **he can easily ~ from one language to another** er kann leicht von einer Sprache auf eine andere überwechseln *or* umschalten.

2. (*Fin*) umsteigen (*into* auf +*acc*). **just before the crash he ~red into government bonds** gerade rechtzeitig vor dem Zusammenbruch stieg er auf Regierungsanleihen um.

3. (*in travelling*) umsteigen (*to* in +*acc*); (*Univ*) das Studienfach wechseln, umsatteln (*inf*) (*from ... to* von ... auf +*acc*).

III ['trænsfɜːʳ] *n* **1.** *see vt* Übertragung *f*; Überführung *f*; Verlegung *f*; Versetzung *f*; Transfer, Wechsel *m*; Überweisung *f*; Überschreibung *f*; Abtretung *f*. **he asked for a ~** (*soldier, employee*) er bat um Versetzung; (*footballer*) er bat, auf die Transferliste gesetzt zu werden.

2. (*person ~red*) **he's a ~ from another regiment/Chelsea** er ist von einem anderen Regiment hierher versetzt *or* verlegt worden/er ist von Chelsea gekommen.

3. (*picture*) Abziehbild *nt*.

4. (*in travelling*) Umsteigen *nt*.

5. (*~ ticket*) Umsteige(fahr)karte *f*.

transferable [træns'fɜːrəbl] *adj* übertragbar; *money, stocks* transferierbar.

transfer desk *n* (*Aviat*) Transitschalter *m*.

transference ['trænsfərəns] *n* **1.** (*Psych*) Übertragung *f*. **2.** (*Fin*) (*of holdings, real estate*) Übertragung, Überschreibung *f* (*to sb* auf jdn); (*of money*) Transfer *m*.

transfer fee *n* (*Ftbl*) Transfersumme *f*; **transfer list** *n* (*Ftbl*) Transferliste *f*; **transfer lounge** *n* (*Aviat*) Transitraum *m*; **transfer rate, transfer speed** *n* (*Comput*: *of data*) Übertragungsgeschwindigkeit *f*; **transfer ticket** *n* Umsteige(fahr)karte *f*.

transfiguration [,trænsfɪgə'reɪʃən] *n* **1.** Verklärtheit *f*; (*transformation*) Wandel *m*, Wandlung *f*. **2.** (*Rel*) Verklärung Jesu, Transfiguration *f*.

transfigure [træns'fɪgəʳ] *vt* verklären; (*transform*) verwandeln.

transfix [træns'fɪks] *vt* **1.** (*fix*) annageln, feststecken (*to* an +*acc*); *butterflies* aufspießen. **2.** (*fig*) **to be** *or* **stand ~ed with horror** starr vor Entsetzen sein.

transform [træns'fɔːm] *vt* umwandeln, umformen, umgestalten (*into* zu); *ideas, views* (von Grund auf) verändern; *person* verwandeln; *caterpillar* verwandeln; (*Phys*) umwandeln, verwandeln (*into* in +*acc*); (*Elec*) (um)wandeln, umformen (*into* in +*acc*), transformieren (*into* in +*acc*). **the old house was ~ed into three luxury flats** das alte Haus wurde in drei Luxuswohnungen umgebaut; **when she came out of the beauty parlour she was ~ed** als sie aus dem Schönheitssalon kam, sah sie wie umgewandelt aus.

transformation [,trænsfə'meɪʃən] *n* Umwandlung, Umformung *f*; (*of ideas, views*) (grundlegende) Veränderung; (*of person also*) (grundlegende) Verwandlung; (*of person, caterpillar*) Verwandlung *f*; (*Phys*) Umwandlung *f*; (*Elec also*) Transformation *f*; (*Ling*) Umformung, Transformation *f*. **~ scene** (*Theat*) Verwandlungsszene *f*.

transformational [,trænsfə'meɪʃənl] *adj* (*Ling*) *grammar, rules* Transformations-.

transformer [træns'fɔːməʳ] *n* (*Elec*) Transformator *m*.

transfuse [træns'fjuːz] *vt* (*Med*) *blood* übertragen; (*fig*) erfüllen, durchdringen.

transfusion [træns'fjuːʒən] *n* (*also* **blood ~**) Blutübertragung, Transfusion *f*. **to give sb a ~** jdm eine Blutübertragung *or* Transfusion geben; **(blood) ~ service** Blutspendedienst *m*; **a ~ of public money into ...** eine Finanzspritze aus öffentlichen Geldern für ...

transgress [træns'gres] **I** *vt standards* verstoßen gegen, verletzen; *law also* überschreiten. **II** *vi* sündigen.

transgression [træns'greʃən] *n* **1.** (*of law*) Verstoß *m*, Verletzung, Überschreitung *f*. **2.** (*sin*) Sünde *f*, Verstoß *m*.

transgressor [træns'gresəʳ] *n* Übeltäter(in *f*), Missetäter(in *f*) *m*; (*sinner*) Sünder(in *f*) *m*.

tranship [træn'ʃɪp] *vt* umladen, umschlagen.

transhipment [træn'ʃɪpmənt] *n* Umladung *f*.

transience ['trænzɪəns], **transiency** ['trænzɪənsɪ] *n* (*of life*) Kürze, Vergänglichkeit *f*; (*of grief, joy*) Kurzlebigkeit, Vergänglichkeit *f*; (*of interest*) Kurzlebigkeit, Flüchtigkeit *f*.

transient ['trænzɪənt] **I** *adj* **1.** *life* kurz; *grief, joy* kurzlebig, vergänglich, vorübergehend; *interest* kurzlebig, flüchtig, vorübergehend. **2.** (*US*) **~ population** nichtansässiger Teil der Bevölkerung eines Ortes. **II** *n* (*US*) Durchreisende(r) *mf*.

transistor [træn'zɪstə^r] *n* **1.** (*Elec*) Transistor *m*. **2.** (*also* ~ **radio**) Transistorradio, Kofferradio *nt*, Transistor *m* (*inf*).

transistorize [træn'zɪstəraɪz] *vt* transistorisieren, transistorieren.

transit ['trænzɪt] *n* Durchfahrt *f*, Transit *m*; (*of goods*) Transport *m*. **the books were damaged in** ~ die Bücher wurden auf dem Transport beschädigt; **passengers in** ~ **for New York** Transitreisende nach New York.

transit camp *n* Durchgangslager *nt*; **transit freight** *n* Transitfracht *f*.

transition [træn'zɪʃən] *n* Übergang *m* (*from* ... *to* von ... zu); (*of weather*) Wechsel, Umschwung *m*; (*Mus*) (*act*) Übergang *m*; (*passage*) Überleitung *f*. **period of** ~ Übergangsperiode *or* -zeit *f*; ~ **stage** Übergangsstadium *nt*; ~ **element** (*Chem*) Übergangselement *nt*.

transitional [træn'zɪʃənl] *adj* Übergangs-.

transitive ['trænzɪtɪv] *adj* transitiv.

transitively ['trænzɪtɪvlɪ] *adv* transitiv.

transitivity [ˌtrænzɪ'tɪvɪtɪ] *n* transitive Eigenschaft *or* Funktion.

transit lounge *n* Transitraum *m*.

transitory ['trænzɪtərɪ] *adj life* kurz; *grief, joy* kurzlebig, vergänglich, vorübergehend; *interest* kurzlebig, flüchtig.

transit passenger *n* Durchgangsreisende(r), Transitreisende(r) *mf*; **transit visa** *n* Durchreisevisum, Transitvisum *nt*.

translatable [trænz'leɪtəbl] *adj* übersetzbar.

translate [trænz'leɪt] **I** *vt* **1.** übersetzen; *work of literature also* übertragen. **to** ~ **a text from German (in)to English** einen Text aus dem Deutschen ins Englische übersetzen; **it is** ~**d as ...** es wird mit ... übersetzt.

2. (*fig*) übertragen. **to** ~ **words into action** Worte in die Tat umsetzen; **to** ~ **a novel into a film** aus einem Roman einen Film machen; **could you** ~ **that into cash terms?** läßt sich das geldmäßig ausdrükken?

3. (*Eccl*) *bishop* in eine andere Diözese berufen; (*Rel: to heaven*) aufnehmen.

4. (*rare: transfer*) übertragen; *person* versetzen.

II *vi* **1.** übersetzen. **it** ~**s well (into English)** es läßt sich gut (ins Englische) übersetzen *or* übertragen.

2. (*fig*) übertragbar sein. **the novel didn't** ~ **easily into film terms** es war nicht einfach, aus dem Roman einen Film zu machen; **how does that** ~ **into cash?** was kommt geldmäßig dabei heraus?

translation [trænz'leɪʃən] *n* (*act, translated work*) Übersetzung *f* (*from* aus); (*of work of literature also, fig*) Übertragung *f*. **to do a** ~ **of sth** von etw eine Übersetzung machen *or* anfertigen; **it loses in** ~ es verliert bei der Übersetzung; **he is not good at** ~ er kann nicht gut übersetzen; ~ **table** (*Comput*) Umsetzungs- *or* Übersetzungstabelle *f*.

translator [trænz'leɪtə^r] *n* Übersetzer(in *f*) *m*.

transliterate [trænz'lɪtəreɪt] *vt* transliterieren.

transliteration [ˌtrænzlɪtə'reɪʃən] *n* Transliteration *f*.

translucence [trænz'lu:sns], **translucency** [trænz'lu:snsɪ] *n* Lichtdurchlässigkeit, Durchsichtigkeit *f*.

translucent [trænz'lu:snt], **translucid** [trænz'lu:sɪd] *adj glass* lichtdurchlässig; *skin* durchsichtig. ~ **glass** Milchglas *nt*.

transmigrate [ˌtrænzmaɪ'greɪt] *vi* (*Rel*) wiedergeboren werden.

transmigration [ˌtrænzmaɪ'greɪʃən] *n* (*Rel*) (Seelen)wanderung, Transmigration (*spec*) *f*. **the** ~ **of souls** die Seelenwanderung.

transmissible [trænz'mɪsəbl] *adj* übertragbar.

transmission [trænz'mɪʃən] *n* **1.** (*transmitting*) Übertragung *f*; (*through heredity*) Vererbung *f*; (*of news*) Übermittlung *f*; (*of heat*) Leitung *f*; (*programme also*) Sendung *f*. **2.** (*Aut*) Getriebe *nt*. ~ **shaft** Kardanwelle *f*.

transmit [trænz'mɪt] **I** *vt* (*convey*) *message* übermitteln; *sound waves* übertragen; *information, knowledge* ver- *or* übermitteln; *illness* übertragen; (*by heredity*) vererben; *heat* leiten; *radio/TV programme* übertragen, senden.

II *vi* senden, Programme ausstrahlen.

transmitter [trænz'mɪtə^r] *n* (*Tech*) Sender *m*; (*in telephone*) Mikrophon *nt*.

transmitting set [trænz'mɪtɪŋ-] *n* Sender *m*; **transmitting station** *n* (*of broadcasting company*) Sendestation *f*; (*general also*) Sendestelle *f*.

transmutable [trænz'mju:təbl] *adj* verwandelbar.

transmutation [ˌtrænzmju:'teɪʃən] *n* Verwandlung, Umwandlung *f*; (*Biol*) Umbildung, Transmutation *f*.

transmute [trænz'mju:t] *vt* umwandeln, verwandeln (*into* in +*acc*); *metal* verwandeln (*into* in +*acc*).

transoceanic [ˌtrænzəʊʃi:'ænɪk] *adj* Übersee-; *countries* transozeanisch; *migration* über den Ozean.

transpacific [ˌtrænzpə'sɪfɪk] *adj* über den Pazifik; *countries* jenseits des Pazifik.

transparency [træns'pærənsɪ] *n* **1.** Transparenz, Durchsichtigkeit *f*. **2.** (*of lies, excuses*) Durchschaubarkeit *f*. **3.** (*Phot*) Dia(positiv) *nt*. **colour** ~ Farbdia *nt*. **4.** (*Pol, European Community*) Transparenz *f*.

transparent [træns'pærənt] *adj* **1.** durchsichtig, lichtdurchlässig, transparent; *blouse* durchsichtig.

2. (*fig: obvious*) *lie, intentions* durchschaubar, durchsichtig; *personality* durchschaubar; *guilt, meaning* klar, eindeutig, offensichtlich. **it became** ~ **that ...** es wurde offensichtlich, daß ...; **you're so** ~ du bist so leicht zu durchschauen.

transparently [træns'pærəntlɪ] *adv lie* durchschaubar, offensichtlich, offenkundig. **it was** ~ **obvious that ...** es war so offensichtlich *or* klar zu erkennen, daß ...

transpiration [ˌtrænspɪ'reɪʃən] *n* (*Anat*) Schweißabsonderung, Transpiration *f*; (*Bot*) Transpiration, Ausdunstung *f*.

transpire [træn'spaɪəʳ] **I** *vi* **1.** (*become known*) bekannt werden; (*slowly*) durchsickern, ruchbar werden (*geh*).
2. (*happen*) passieren (*inf*). **new developments had ~d** es hatten sich neue Entwicklungen ergeben *or* angebahnt.
3. (*Anat*) schwitzen, transpirieren (*geh*); (*Bot*) Feuchtigkeit abgeben *or* verdunsten, transpirieren (*spec*).
II *vt* (*Bot*) *moisture* verdunsten.

transplant [træns'plɑːnt] **I** *vt* **1.** (*Hort*) umpflanzen, umsetzen, verpflanzen. **2.** (*Med*) verpflanzen, transplantieren (*spec*). **3.** (*fig*) *people* verpflanzen.
II ['trɑːnsplɑːnt] *n* (*operation*) Verpflanzung, Transplantation *f*; (*organ*) Transplantat *nt*, transplantiertes *or* verpflanztes Organ. **to have a ~** sich einer Organverpflanzung unterziehen.

transplantation [ˌtrænsplɑːn'teɪʃən] *n* (*Hort*) Umpflanzung, Verpflanzung *f*; (*Med*) Transplantation, Verpflanzung *f*.

transpolar [træns'pəʊləʳ] *adj* über den (Nord-/Süd)pol *or* das Polargebiet, Transpolar-. **the ~ route** die Polroute.

transport ['trænspɔːt] **I** *n* **1.** (*of goods*) Transport *m*, Beförderung *f*; (*of troops*) Transport *m*. **road ~** Straßentransport *m*; **rail ~** Beförderung *or* Transport per Bahn, (Eisen)bahntransport *m*; **Ministry of T~** Verkehrsministerium *nt*.
2. (*vehicle*) **have you got your own ~?** hast du einen fahrbaren Untersatz? (*inf*), bist du motorisiert?; **public ~** öffentliche Verkehrsmittel *pl*; **what are we going to do about ~?** wie lösen wir die Transportfrage?; **~ will be provided** für An- und Abfahrt wird gesorgt.
3. (*Mil*) (*ship*) (Truppen)transporter *m*; (*plane*) Transportflugzeug *nt*.
4. (*US: shipment*) (Schiffs)fracht, Ladung *f*.
5. (*liter*) **~ of delight/joy** freudige Entzückung *or* (*Rel*) Entrückung (*liter*).
II [træn'spɔːt] *vt* **1.** *goods* befördern, transportieren; *people* befördern. **2.** (*Hist*) *convict* deportieren. **3.** (*liter*) **to be ~ed with joy** freudig entzückt sein (*liter*).

transportable [træn'spɔːtəbl] *adj* transportabel, transportierbar.

transportation [ˌtrænspɔː'teɪʃən] *n* **1.** Beförderung *f*, Transport *m*; (*means*) Beförderungsmittel *nt*; (*public*) Verkehrsmittel *nt*; (*cost*) Transport- *or* Beförderungskosten *pl*. **Department of T~** (*US*) Verkehrsministerium *nt*. **2.** (*Hist: of criminal*) Deportation *f*.

transport café *n* (*Brit*) Fernfahrerlokal *nt*.

transporter [træn'spɔːtəʳ] *n* (*car ~*) Transporter *m*; (*~ crane*) Verladebrükke *f*; (*in factory*) Transportband *nt*.

transport line *n* (*in factory*) Transportband *nt*; **transport plane** *n* Transportflugzeug *nt*; **transport ship** *n* (Truppen)transporter *m*; **transport system** *n* Verkehrswesen *nt*.

transpose [træns'pəʊz] *vt* vertauschen, umstellen; (*Mus*) transponieren.

transposition [ˌtrænspə'zɪʃən] *n* Umstellung, Vertauschung *f*; (*Mus*) Transponierung *f*.

transputer [træns'pjuːtəʳ] *n* (*Comput*) Transputer *m*.

transsexual [træns'seksjʊəl] *n* Transsexuelle(r) *mf*.

transship [træns'ʃɪp] *vt see* **tranship**.

transshipment [træns'ʃɪpmənt] *n see* **transhipment**.

transubstantiate [ˌtrænsəb'stænʃɪeɪt] *vt* (*Rel*) verwandeln.

transubstantiation ['trænsəbˌstænʃɪ'eɪʃən] *n* (*Rel*) Wandlung, Transsubstantiation (*spec*) *f*.

transverse ['trænzvɜːs] *adj beam, bar, section* Quer-; *muscles* transversal; *position* horizontal; *engine* querstehend.

transversely [trænz'vɜːslɪ] *adv* quer; *divided* diagonal.

transvestism [trænz'vestɪzəm] *n* Transves(ti)tismus *m*.

transvestite [trænz'vestaɪt] *n* Transvestit *m*.

trap [træp] **I** *n* **1.** (*for animal, fig*) Falle *f*. **to set *or* lay a ~ for an animal** eine Falle für ein Tier (auf)stellen; **to set a ~ for sb** (*fig*) jdm eine Falle stellen; **be careful of this question, there is a ~ in it** paß bei dieser Frage auf, da ist ein Haken dabei; **to be caught in a ~** in der Falle sitzen; **to fall into a ~** in die Falle gehen.
2. (*in greyhound racing*) Box *f*; (*shooting*) Wurftaubenanlage, Wurfmaschine *f*.
3. (*in drainpipe*) Siphon, Geruchsverschluß *m*.
4. (*vehicle*) zweirädriger Pferdewagen.
5. (*also* **~door**) Falltür *f*; (*Theat*) Versenkung *f*.
6. (*sl: mouth*) Klappe (*inf*), Fresse (*sl*), Schnauze (*sl*) *f*. **shut your ~!** (halt die) Klappe! (*inf*), halt die Fresse (*sl*)!
II *vt* **1.** *animal* (mit einer Falle) fangen.
2. (*fig*) *person* in die Falle locken. **he realized he was ~ped** er merkte, daß er in der Falle saß; **to ~ sb into saying sth** jdn dazu bringen, etw zu sagen; **she ~ped him into marriage** sie hat ihn geködert (*inf*), sie hat ihn ins Netz gelockt.
3. (*block off, leave no way of escape*) in die Enge treiben. **the miners are ~ped** die Bergleute sind eingeschlossen; **to be ~ped in the snow** im Schnee festsitzen; **he feels ~ped in suburbia/his marriage** er empfindet die Vorstadt/seine Ehe als Gefängnis; **I get this ~ped feeling** ich fühle mich wie gefangen *or* im Gefängnis *or* eingeschlossen; **my arm was ~ped behind my back** mein Arm war hinter meinem Rücken eingeklemmt.
4. (*catch*) (*Sport*) *ball* stoppen. **to ~ one's finger/one's foot in the door** sich (*dat*) den Finger/Fuß in der Tür einklemmen.
5. *gas, liquid* stauen.
III *vi* (*trapper*) Trapper sein.

trapdoor ['træp'dɔːʳ] *n* Falltür *f*; (*Theat*) Versenkung *f*.

trapeze [trə'pi:z] *n* (*in circus*) Trapez *nt.* ~ **artist** Trapezkünstler(in *f*) *m.*

trapezium [trə'pi:zɪəm] *n* (*Brit*) Trapez *nt*; (*US*) Trapezoid *nt.*

trapezoid ['træpɪzɔɪd] *n* (*Brit*) Trapezoid *nt*; (*US*) Trapez *nt.*

trapper ['træpə^r] *n* Fallensteller(in *f*), Trapper *m.*

trappings ['træpɪŋz] *npl* **1.** (*of admiral, chieftain*) Rangabzeichen *pl*; (*of horse*) Schmuck *m.*
2. (*fig*) äußere Aufmachung, äußeres Drum und Dran (*inf*). ~ **of office** Amtsinsignien *pl*; **shorn of all its** ~ aller Ausschmückungen entkleidet.

trap-shooting ['træp,ʃu:tɪŋ] *n* Wurftaubenschießen *nt.*

trash [træʃ] *n* **1.** (*US: refuse*) Abfall *m.*
2. (*goods*) Schund, Ramsch *m* (*inf*), billiges Zeug; (*book, play*) Schund *m*; (*pop group*) Mist *m* (*inf*). **don't talk** ~ red kein Blech (*sl*) *or* nicht so einen Quatsch (*inf*).
3. (*pej inf: people*) Gesindel, Pack *nt.* ~ **like her** Gesindel wie sie; **she/he is** ~ sie/er taugt nichts; *see* **white** ~.

trash-can ['træʃkæn] *n* (*US*) Abfalleimer *m.*

trashy ['træʃɪ] *adj* (+*er*) *goods* minderwertig, wertlos; *novel, play* Schund-, minderwertig.

trauma ['trɔ:mə] *n* (*Psych*) Trauma *nt*, seelischer Schock.

traumatic [trɔ:'mætɪk] *adj* traumatisch.

traumatize ['trɔ:mətaɪz] *vt* (*Med, Psych*) traumatisieren.

travail ['træveɪl] **I** *n usu pl* (*toils*) Mühen *pl.* **after all the** ~**s of Watergate** nach den schweren Belastungen durch die Watergate-Affäre.
II *vi* (*old, liter: toil*) sich plagen (*old*).

travel ['trævl] **I** *vi* **1.** (*make a journey*) reisen. **they have** ~**led a lot** sie sind viel gereist, sie haben viele Reisen gemacht; **he** ~**s to work by car** er fährt mit dem Auto zur Arbeit; **she is** ~**ling to London tomorrow** sie fährt morgen nach London; **they have** ~**led a long way** sie haben eine weite Reise *or* lange Fahrt hinter sich (*dat*); (*fig*) sie haben es weit gebracht (im Leben); **they** ~**led for 300 kms** sie fuhren 300 km; **to** ~ **round the world** eine Reise um die Welt machen; **to** ~ **around a country** ein Land durchreisen *or* bereisen.
2. (*go, move*) sich bewegen; (*sound, light*) sich fortpflanzen. **light** ~**s at ...** die Lichtgeschwindigkeit beträgt ...; **we were** ~**ling at 80 kph** wir fuhren 80 km/h; **the parts** ~ **along the conveyor belt** die Teile werden vom Förderband weiterbefördert; **the electricity** ~**s along the wire** der Strom fließt durch den Draht.
3. (*Comm*) Vertreter sein. **he** ~**s for a Berlin insurance firm** er reist für eine *or* ist Vertreter einer Berliner Versicherungsgesellschaft; **he** ~**s in ladies' underwear** er ist Vertreter für Damenunterwäsche.
4. (*wine*) **some wines do not** ~ **well** manche Weine vertragen den Transport nicht.
5. (*pass*) **his eye** ~**led over the scene** seine Augen wanderten über die Szene.
6. (*Tech*) sich hin- und herbewegen. **as the piston** ~**s from A to B** während sich der Kolben von A nach B bewegt; **it doesn't** ~ **freely** es bewegt sich schwer.
7. (*Basketball*) einen Schrittfehler machen.
II *vt area* bereisen; *distance* zurücklegen, fahren; *route* fahren.
III *n* **1.** *no pl* Reisen *nt.* ~ **was difficult in the 18th century** im 18. Jahrhundert war das Reisen beschwerlich.
2. ~**s** *pl* (*in country*) Reisen *pl*; (*hum: in town, building*) Ausflüge, Gänge *pl.*
3. (*Tech*) Weg *m*; (*of instrument's needle*) Ausschlag *m*; (*of piston*) Hub *m.*

travel agency *n* Reisebüro *nt*; **travel agent** *n* Reisebürokaufmann *m*/-kauffrau *f*; (*of package tours*) Reiseveranstalter *m*; **travel agent's** *n* Reisebüro *nt*; **travel brochure** *n* Reiseprospekt *m*; **travel bureau** *n* Reisebüro *nt*; **travel insurance** *n* Reiseversicherung *f.*

travelled, (*US*) **traveled** ['trævld] *adj* **well-**~ *person* weitgereist *attr*, weit gereist *pred*; *route* vielbefahren *attr*, viel befahren *pred*; **widely** ~ weitgereist *attr*, weit gereist *pred.*

traveller, (*US*) **traveler** ['trævlə^r] *n* **1.** Reisende(r) *mf.* **I am a poor** ~ ich vertrage das Reisen nicht. **2.** (*also* **commercial** ~) Vertreter, (Handels)reisende(r) *m.* **a** ~ **in toys** ein (Handels)vertreter für Spielsachen.

traveller's cheque, (*US*) **traveler's check** *n* Reisescheck, Travellerscheck *m.*

travelling, (*US*) **traveling** ['trævlɪŋ] *n* Reisen *nt.* **I hate** ~ ich reise sehr ungern, ich hasse das Reisen.

travelling bag *n* Reisetasche *f*; **travelling circus** *n* Wanderzirkus *m*; **travelling clock** *n* Reisewecker *m*; **travelling crane** *n* Lauf- *or* Rollkran *m*; **travelling exhibition** *n* Wanderausstellung *f*; **travelling expenses** *npl* Reisekosten *pl*; (*on business*) Reisespesen *pl*; **travelling people** *npl* fahrendes Volk; **travelling rug** *n* Reisedecke *f*; **travelling salesman** *n* Vertreter, Handelsreisende(r) *m.*

travel literature *n* Reisebeschreibung *f.*

travelogue, (*US*) **travelog** ['trævəlɒg] *n* (*film*) filmischer Reisebericht; (*slides*) Lichtbildervortrag *m* (über eine Reise); (*lecture*) Reisebericht *m.*

travel-sick *adj* reisekrank; **travel-sickness** *n* Reisekrankheit *f.*

traverse ['trævɜ:s] **I** *vt* **1.** (*cross*) *land* durchqueren; (*river also*) durchfließen; (*bridge, person*) *water* überqueren.
2. (*cross and recross*) **the searchlight** ~**d the sky** der Suchscheinwerfer leuchtete den Himmel ab.
3. (*extend over*) *period* überdauern.
4. (*Mountaineering*) *ice, slope* queren, traversieren.
II *vi* (*Mountaineering, Ski*) sich quer zum Hang bewegen, (den Hang/die Wand) traversieren.
III *n* (*on mountain*) (*movement*) Que-

ren, Traversieren *nt*; (*place*) Quergang *m*; (*Archit*) Querbalken *m*.

travesty ['trævɪstɪ] **I** *n* (*Liter*) Travestie *f*. **a ~ of justice** ein Hohn *m* auf die Gerechtigkeit; **the elections were a ~** die Wahlen waren ein Hohn *m or* eine Farce; **the ageing actress was only a ~ of her former self** die alternde Schauspielerin war nur noch eine Karikatur ihrer selbst.

II *vt* ins Lächerliche ziehen, travestieren (*esp Liter*).

trawl [trɔːl] **I** *n* (*also* **~ net**) Schleppnetz, Trawl *nt*; (*US:* **~ line**) Grundleine *f*.

II *vi* mit dem Schleppnetz fischen; (*US*) mit einer Grundleine fischen.

III *vt fish* mit dem Schleppnetz fangen. **they ~ed the sea-bottom** sie fischten mit Schleppnetzen auf dem Meeresboden.

trawler ['trɔːləʳ] *n* (*boat*) Fischdampfer, Trawler *m*.

trawling ['trɔːlɪŋ] *n* Dampfer- *or* Trawlfischerei *f*.

tray [treɪ] *n* Tablett *nt*; (*tea ~*) Teebrett, Servierbrett *nt*; (*of cakes*) (*small*) Platte *f*; (*big*) Brett *nt*; (*for display*) Auslagekästchen *nt*; (*baking ~*) (Back)blech *nt*; (*for pencils*) (Feder)schale *f*; (*for papers, mail*) Ablage(korb *m*) *f*; (*of street vendor*) Bauchladen *m*; (*drawer*) (Schub)fach *nt*; (*in suitcase, trunk*) Einsatz *m*; (*Phot, ice ~*) Schale *f*; (*for ash*) Kasten *m*; (*in bird cage*) Schublade *f*.

treacherous ['tretʃərəs] *adj* **1.** *person, action* verräterisch. **2.** (*unreliable*) trügerisch, irreführend; *memory* trügerisch. **3.** (*dangerous*) tückisch; *corner also* gefährlich; *ice* trügerisch.

treacherously ['tretʃərəslɪ] *adv see adj* **1.** verräterisch, in verräterischer Weise.

2. trügerisch, irreführend.

3. *sharp corner, icy or wet road* tückisch. **rocks hidden ~ beneath the surface** Felsen, die gefährlich dicht unter der Wasseroberfläche liegen; **in ~ bad conditions** unter gefährlich schlechten Bedingungen.

treacherousness ['tretʃərəsnɪs] *n see adj* **1. the ~ of these generals** diese verräterischen Generäle. **2.** (*of memory*) Unzuverlässigkeit *f* **3.** Tücke, Gefährlichkeit *f*. **because of the ~ of the snow** wegen der trügerischen Schneeverhältnisse.

treachery ['tretʃərɪ] *n* Verrat *m*; (*of weather*) Tücke *f*. **an act of ~** Verrat, eine verräterische Tat.

treacle ['triːkl] *n* (*Brit*) Sirup *m*. **a voice like ~** eine zucker- *or* honigsüße Stimme; **~ tart** *Kuchen m mit Überzugmasse aus Sirup*.

treacly ['triːklɪ] *adj* (*+er*) (*lit*) sirupartig; (*fig*) *voice, smile* honig- *or* zuckersüß; *song, sentiment* schmalzig.

tread [tred] (*vb: pret* **trod,** *ptp* **trodden**) **I** *n* **1.** (*act*) **over the years the ~ of feet has worn the steps away** über die Jahre sind die Stufen völlig ausgetreten worden.

2. (*gait, noise*) Schritt, Tritt *m*. **I could hear his ~ on the stairs** ich konnte seine Schritte auf der Treppe hören.

3. (*of stair*) Stufe *f*.

4. (*of shoe, tyre*) Profil *nt*, Lauffläche *f*.

II *vi* **1.** (*walk*) gehen.

2. (*bring foot down*) treten (*on* auf *+acc*). **mind you don't ~ on it!** passen Sie auf, daß Sie nicht darauftreten!; **will you ~ on that cigarette-end?** könnten Sie den Zigarettenstummel austreten?; **he trod on my foot** er trat mir auf den Fuß; **to ~ on sb's heels** (*lit*) jdm auf die Fersen treten; (*fig*) an jds Fersen (*dat*) hängen; **to ~ softly** *or* **lightly** leise *or* leicht auftreten; **to ~ carefully** (*lit*) vorsichtig gehen; (*fig*) vorsichtig vorgehen; **to ~ in sb's footsteps** (*fig*) in jds Fuß(s)tapfen (*acc*) treten; *see* **air.**

III *vt path* (*make*) treten; (*follow*) gehen. **he's ~ing the same path as his father** (*fig*) er hat den gleichen Weg wie sein Vater eingeschlagen; **it got trodden underfoot** es wurde zertreten; **to ~ grapes** Trauben stampfen; **he trod his cigarette into the sand** er trat seine Zigarette im Sand aus; **to ~ water** Wasser treten.

◆**tread down** *vt sep* festtreten.

◆**tread in** *vt sep* festtreten.

◆**tread out** *vt sep fire, cigarette* austreten.

treadle ['tredl] **I** *n* (*of sewing machine*) Tretkurbel *f*, Pedal *nt*; (*of lathe also*) Fußhebel *m*. **II** *vi* treten.

treadmill ['tredmɪl] *n* (*lit*) Tretwerk *nt*; (*fig*) Tretmühle *f*.

treason ['triːzn] *n* Verrat *m* (*to* an *+dat*). **an act of ~** Verrat *m*.

treasonable ['triːzənəbl], **treasonous** ['triːzənəs] *adj* verräterisch.

treasure ['treʒəʳ] **I** *n* (*lit*) Schatz *m*; (*fig also*) Kostbarkeit *f*; (*dear person*) Schatz *m*. **many ~s of modern art** viele moderne Kunstschätze; **she's a real ~** sie ist eine Perle *or* ein Juwel *nt*.

II *vt* (hoch)schätzen, zu schätzen wissen. **I shall ~ this memory** ich werde das in lieber Erinnerung behalten.

◆**treasure up** *vt sep* horten, ansammeln, anhäufen; (*in memory*) aufbewahren.

treasure house *n* (*lit*) Schatzkammer *f*; **a ~ of knowledge** eine Fundgrube des Wissens; **treasure hunt** *n* Schatzsuche *f*.

treasurer ['treʒərəʳ] *n* (*of club*) Kassenwart, Kassenverwalter(in *f*) *m*; (*city ~*) Stadtkämmerer *m*; (*of business*) Leiter(in *f*) *m* der Finanzabteilung; (*of king, club*) Schatzmeister(in *f*) *m*.

treasure trove *n* Schatzfund *m*; (*place where treasures are found*) Fundgrube *f*.

treasury ['treʒərɪ] *n* **1.** (*Pol*) **T~**, (*US also*) **T~ Department** Finanzministerium *nt*; **First Lord of the T~** (*Brit*) der Premierminister. **2.** (*of society*) Kasse *f*. **3.** (*anthology*) Schatzkästlein *nt*, Schatzgrube *f*.

Treasury bench *n* (*Brit*) Regierungsbank *f* (im Parlament); **Treasury bill** *n* kurzfristiger Schatzwechsel; **Treasury note** *n* (*US*) Schatzschein *m or* -anweisung *f or* -wechsel *m*.

treat [triːt] **I** *vt* **1.** (*behave towards*) *person, animal* behandeln; (*handle*) *books* behandeln, umgehen mit.

2. (*consider*) betrachten (*as* als). **you should ~ your work more seriously** Sie sollten Ihre Arbeit ernster nehmen.

3. (*Med*) behandeln. **which doctor is ~ing you?** bei welchem Arzt sind Sie in Behandlung?, welcher Arzt behandelt Sie?; **the doctor is ~ing him for nervous exhaustion** er ist wegen Nervenüberlastung in Behandlung.

4. (*process*) behandeln (*with* mit); *leather* bearbeiten, behandeln (*with* mit); *sewage* klären; *wastepaper* verarbeiten.

5. *subject* behandeln; (*scientifically, philosophically also*) abhandeln.

6. (*pay for, give*) einladen. **to ~ sb to sth** jdn zu etw einladen, jdm etw spendieren; *to drink, ice-cream also* jdm etw ausgeben; **I'm ~ing you** ich lade Sie ein; **to ~ oneself to sth** sich (*dat*) etw gönnen; **he ~ed his wife to a weekend in Paris** er spendierte seiner Frau ein Wochenende in Paris; **he ~ed us to a display of his temper** (*iro*) er gab uns (*dat*) eine Kostprobe seiner Launenhaftigkeit.

II *vi* (*deal*) **to ~ with sb for sth** mit jdm über etw (*acc*) Verhandlungen führen; **the general decided to ~ for peace** der General entschloß sich, Friedensverhandlungen zu führen.

III *n* **1.** besondere Freude. **well, folks, tomorrow we're going on our Christmas ~** also Leute, morgen machen wir unsere Weihnachtsfeier (*inf*); **I thought I'd give myself a ~** ich dachte, ich gönne mir mal etwas; **it's my ~** das geht auf meine Kosten *or* Rechnung, ich lade Sie ein; **I want to give them a ~** ich möchte ihnen eine besondere Freude machen; **our uncle's ~ was to give us tickets for the cinema** unser Onkel hat uns (*dat*) Kinokarten spendiert; **that was a ~!** das war ein Genuß!; **it's a ~ in store** das ist etwas, worauf wir uns noch freuen können; **this time you can carry the bags as a ~!** (*iro*) dieses Mal darfst du ausnahmsweise die Taschen tragen; **it's a (real) ~ to see you again** was für eine Freude, Sie mal wiederzusehen!

2. (*inf*) **it's coming on a ~** es macht sich prima (*inf*).

◆treat of *vi +prep obj* (*form*) handeln von, behandeln.

treatise ['triːtɪz] *n* Abhandlung *f* (*on* über *+acc*).

treatment ['triːtmənt] *n* **1.** (*of person, animal*) Behandlung *f*; (*of books etc also*) Umgang *m* (*of* mit). **their ~ of foreigners** ihre Art, Ausländer zu behandeln; **to give sb the ~** (*inf: violently, sexually*) es jdm ordentlich besorgen (*inf*); **he went for a two-day interview, they really gave him the ~** (*inf*) bei seinem zweitägigen Einstellungsgespräch wurde er ganz schön in die Mangel genommen (*inf*); **when the foreign delegates visited the factory, they were given the full ~** (*inf*) als die ausländischen Delegierten die Firma besichtigten, wurde ein enormes Tamtam gemacht (*inf*) *or* wurden keine Kosten gescheut.

2. (*Med*) Behandlung *f*. **there are many ~s for ...** es gibt viele Behandlungsarten *or* Heilverfahren für ...; **to be having ~ for sth** wegen etw in Behandlung sein.

3. (*processing*) Behandlung *f*; (*of leather also*) Bearbeitung *f*; (*of sewage*) Klärung *f*; (*of wastepaper*) Verarbeitung *f*.

4. (*of subject*) Behandlung *f*.

treaty ['triːtɪ] *n* Vertrag *m*. **~ port** Vertragshafen *m*.

treble[1] ['trebl] **I** *adj* dreifach. **it's in ~ figures** es ist eine dreistellige Summe.

II *adv* **they had ~ our numbers** sie waren dreimal so viele wie wir; **clothes are ~ the price** Kleider kosten dreimal soviel.

III *vt* verdreifachen.

IV *vi* sich verdreifachen.

V *n* (*on dartboard*) Dreifache(s) *nt*.

treble[2] **I** *n* (*Mus*) (*boy's voice*) Knabensopran *m or* -stimme *f*; (*highest part*) Oberstimme *f*; (*of piano*) Diskant *m*; (*child's speaking voice*) Diskantstimme *f*.

II *adj voice* Knabensopran-; *part* Oberstimmen-; (*of piano, children speaking*) Diskant-. **~ clef** Violinschlüssel *m*; **~ recorder** Altflöte *f*.

trebly ['treblɪ] *adv* dreifach.

tree [triː] **I** *n* **1.** Baum *m*. **an oak/a cherry ~** eine Eiche/ein Kirschbaum *m*; **rose ~** Rosenstämmchen *nt*; **~ of knowledge** Baum der Erkenntnis; **~ of life** Baum des Lebens; **money doesn't/good teachers don't grow on ~s** das Geld fällt/gute Lehrer fallen nicht vom Himmel; **to be up a ~** (*inf*) in der Patsche *or* Tinte *or* Klemme sitzen (*inf*); **he's at the top of the ~** (*fig inf*) er ist ganz oben (an der Spitze).

2. (*family ~*) Stammbaum *m*.

3. (*shoe~*) Spanner, Leisten *m*.

4. (*Rel: cross*) Kreuz *nt*.

II *vt* auf einen Baum jagen *or* treiben.

tree *in cpds* Baum-; **tree-covered** *adj* baumbestanden; **tree frog** *n* Laub- *or* Baumfrosch *m*; **treeless** *adj* baumlos; **tree line** *n* Baumgrenze *f*; **above/below the ~** oberhalb/unterhalb der Baumgrenze; **tree-lined** *adj* baumbestanden, von Bäumen gesäumt (*geh*); **tree structure** *n* (*Comput*) Baumstruktur *f*; **treetop** *n* Baumkrone *f*, Wipfel *m*; **tree trunk** *n* Baumstamm *m*.

trefoil ['trefɔɪl] *n* (*Bot*) Klee *m*; (*symbol of Girl Guide movement*) Kleeblatt *nt*; (*Archit*) Dreipaß *m*.

trek [trek] **I** *vi* trecken; (*inf*) latschen (*inf*). **they ~ked across the desert** sie zogen durch die Wüste; **I had to ~ up to the top floor** ich mußte bis ins oberste Stockwerk latschen (*inf*). **II** *n* Treck, Zug *m*; (*inf*) anstrengender Weg *or* Marsch.

trekking ['trekɪŋ] *n* Trekking *nt*.

trellis ['trelɪs] **I** *n* Gitter *nt*; (*for plants also*) Spalier *nt*. **~-work** Gitterwerk *nt*. **II** *vt* (*furnish with ~*) mit einem Gitter *or* Spalier versehen; *vines etc* am Spalier ziehen.

tremble ['trembl] **I** *vi* (*person, hand*) zittern (*with* vor); (*voice also*) beben (*with* vor); (*ground, building*) beben, zittern. **I ~ to think what might have happened** mir wird angst *or* ich zittere, wenn ich daran denke, was hätte geschehen können; **to ~ for sb's safety** um jds Sicherheit zittern *or* bangen.

II *n* Zittern, Beben *nt*. **to be all of a ~** (*inf*) am ganzen Körper zittern.

trembling ['tremblıŋ] **I** *adj hands* zitternd; *voice also* bebend. **II** *n see vi* Zittern *nt*; Beben *nt*; *see* **fear I 1.**

tremendous [trə'mendəs] *adj* **1.** gewaltig, enorm; *difference also* riesengroß; *size, number, crowd also* riesig; *storm, explosion also* ungeheuer stark; *success* Riesen-, enorm, unglaublich. **he's a ~ eater** er ißt unglaublich viel.

2. (*very good*) klasse, prima, toll (*all inf*). **we had a ~ time** wir haben uns prima *or* ganz toll amüsiert; **he's a ~ person** er ist ein toller Mensch, er ist klasse *or* prima.

tremendously [trə'mendəslı] *adv* sehr; *fat, tall, long also* enorm; *relieved, upset, grateful, dangerous also* ungeheuer, äußerst; *pretty also* äußerst; *intelligent, difficult also* enorm, äußerst. **they enjoyed themselves ~** sie haben sich prächtig *or* prima *or* ausgezeichnet amüsiert (*all inf*).

tremor ['tremə^r] *n* Zittern, Beben *nt*; (*Med*) Tremor *m*; (*of emotion*) Zittern, Zucken *nt*; (*earth ~*) Beben *nt*, Erschütterung *f*. **a ~ of fear** ein Schaudern *nt*; **without a ~** völlig ruhig, unbewegt.

tremulous ['tremjʊləs] *adj* (*trembling*) *voice* zitternd, bebend; *hand* zitternd; (*timid*) *smile, person* zaghaft, schüchtern.

tremulously ['tremjʊləslı] *adv* zaghaft, ängstlich.

trench [tren*t*ʃ] **I** *n* Graben *m*; (*Mil*) Schützengraben *m*. **in the ~es** (*Mil*) im Schützengraben; **~ warfare** Stellungskrieg, Grabenkrieg *m*. **II** *vt* Gräben ziehen in (+*dat*); (*Mil*) Schützengräben ausheben in (+*dat*).

trenchancy ['tren*t*ʃənsı] *n see adj* Treffsicherheit *f*; Prägnanz *f*; Bissigkeit *f*; Pointiertheit *f*; Schärfe *f*.

trenchant ['tren*t*ʃənt] *adj language* treffsicher; *style* prägnant; *satire* beißend; *speech* pointiert; *wit, criticism* scharf.

trenchantly ['tren*t*ʃəntlı] *adv see adj*. **he made his point ~** er argumentierte sicher.

trench coat *n* Trenchcoat, Regenmantel *m*.

trend [trend] **I** *n* **1.** (*tendency*) Tendenz, Richtung *f*, Trend *m*. **the ~ towards violence** der Trend *or* die Tendenz zur Gewalttätigkeit; **upward ~** steigende Tendenz, Aufwärtstrend *m*; **the downward ~ in the birth rate** die Rückläufigkeit *or* der Abwärtstrend der Geburtenrate; **to set a ~** eine neue Richtung setzen, richtungweisend sein.

2. (*fashion*) Mode *f*, Trend *m*. **that is the ~/the latest ~ among young people** das ist bei jungen Leuten jetzt Mode/der letzte Schrei (*inf*); **to follow a ~** einem Trend folgen; (*fashion*) eine Mode mitmachen.

3. (*Geog*) Verlauf *m*.

II *vi* verlaufen (*towards* nach). **prices are ~ing upwards** die Preise haben eine steigende Tendenz.

trendily ['trendılı] *adv* modern. **to dress ~** sich nach der neuesten Mode kleiden.

trendiness ['trendınıs] *n* (*of person*) Modebewußtsein *nt*; (*of ideas etc*) Modernität *f*. **the ~ of her clothes** ihre modische Kleidung.

trendsetter *n* Trendsetter *m*; **trendsetting I** *n* Entwicklung *f* neuer Trends; **II** *adj* trendsetzend; (*in fashion also*) modemachend.

trendy ['trendı] **I** *adj* (+*er*) modern, in *pred* (*inf*). **to be ~** als schick gelten, große Mode sein; **a pub where all the ~ people go** eine Kneipe, in der sich die Schickeria trifft; **this is a ~ pub** diese Kneipe ist zur Zeit in (*inf*).

II *n* (*inf*) Schickimicki *m* (*sl*). **the trendies** die Schickeria *sing*; **he looks a real ~** der macht vielleicht auf modern!

trepidation [ˌtrepı'deıʃən] *n* Bangigkeit, Beklommenheit, Ängstlichkeit *f*. **full of ~ he knocked on the door** voll ängstlicher Erwartung klopfte er an die Tür; **a look of ~** ein banger *or* beunruhigter *or* ängstlicher Blick; **a feeling of ~** ein beklommenes Gefühl, ein Gefühl der Bangigkeit.

trespass ['trespəs] **I** *vi* **1.** (*on property*) unbefugt betreten (*on sth* etw *acc*). **"no ~ing"** ,,Betreten verboten".

2. to ~ (up)on sb's rights/area of responsibility in jds Rechte/Verantwortungsbereich (*acc*) eingreifen; **to ~ (up)on sb's privacy** jds Privatsphäre verletzen; **to ~ (up)on sb's kindness/time** jds Freundlichkeit/Zeit überbeanspruchen.

3. (*Bibl*) **as we forgive them that ~ against us** wie wir vergeben unseren Schuldigern.

II *n* **1.** (*Jur*) unbefugtes Betreten. **2.** (*Bibl*) **forgive us our ~es** vergib uns unsere Schuld.

trespasser ['trespəsə^r] *n* Unbefugte(r) *mf*. **"~s will be prosecuted"** ,,widerrechtliches Betreten wird strafrechtlich verfolgt"; **the farmer found a ~ on his land** der Bauer fand einen Eindringling auf seinem Land.

trestle ['tresl] *n* (Auflage)bock *m*.

trestle bridge *n* Bockbrücke *f*; **trestle table** *n* auf Böcken stehender Tisch; (*decorator's*) Tapeziertisch *m*.

trews [tru:z] *npl* (*Scot*) enganliegende Hose im Schottenkaro; (*inf: trousers*) Hose *f*. **a pair of ~** eine Hose.

triad ['traıəd] *n* Triade, Trias *f*; (*Mus*) Dreiklang *m*; (*Chem*) dreiwertiges Element.

Triad ['traiəd] *n* chinesisches Gangstersyndikat *nt*.

trial ['traıəl] *n* **1.** (*Jur*) (Gerichts)verfahren *nt*, Prozeß *m*; (*actual hearing*) (Gerichts)verhandlung *f*. **to be on ~ for theft** des Diebstahls angeklagt sein, wegen Diebstahls unter Anklage stehen; **to be on ~ for one's life** wegen eines mit Todesstrafe bedrohten Verbrechens angeklagt sein *or* unter Anklage stehen; **at the ~** bei *or* während der Verhandlung; **to bring sb to ~** jdn vor Gericht stellen, jdm den Prozeß machen; **the case comes up for ~ next month** der Fall wird nächsten Monat verhandelt; **~ by jury** Schwurgerichtsverfahren *nt*.

2. (*test*) Versuch *m*, Probe, Erprobung *f*. **~s** (*of machine, aeroplane*) Test(s *pl*) *m*, (Über)prüfung *f*; (*Sport*) Qualifikationsspiel *nt*; **horse ~s** Querfeldeinrennen *nt*; **to give sth a ~** etw ausprobieren; **the manager has promised to give me a ~ as a clerk** der Betriebsleiter hat versprochen, mir eine Chance als Büroangestellter zu geben; **to take sth on ~** etw zur Probe *or* Prüfung *or* etw probeweise nehmen; **to put sb/sth to the ~** jdn/etw testen *or* auf die Probe stellen; **the new clerk is on ~** der neue Büroangestellte ist auf Probe eingestellt; **~ of strength** Kraftprobe *f*; **by ~ and error** durch Ausprobieren.

3. (*hardship*) Widrigkeit, Unannehmlichkeit *f*; (*nuisance*) Plage *f*, Problem *nt* (*to* für). **he's a ~ to his mother** er macht seiner Mutter sehr viel Kummer; **~s and tribulations** Aufregungen, Schwierigkeiten *pl*.

trial balance *n* Saldenbilanz, Probebilanz *f*; **trial flight** *n* Testflug *m*; **trial marriage** *n* Ehe *f* auf Probe; **trial offer** *n* Einführungsangebot *nt*; **trial order** *n* Probeauftrag *m*; **trial period** *n* (*for people*) Probezeit *f*; (*for goods*) *Zeit, die man etw zur Probe or Prüfung hat*; **trial run** *n* Generalprobe *f*; (*with car*) Versuchsfahrt, Probefahrt *f*; (*of machine*) Probelauf *m*.

triangle ['traɪæŋgl] *n* Dreieck *nt*; (*set square*) (Zeichen)dreieck *nt*; (*Mus*) Triangel *m*; (*fig: relationship*) Dreiecksbeziehung *f*.

triangular [traɪ'æŋgjʊləʳ] *adj* (*Math*) dreieckig. **~ relationship** Dreiecksverhältnis *nt*.

tribal ['traɪbəl] *adj customs, dance, life* Stammes-. **Celtic society was basically ~** die Gesellschaftsordnung der Kelten war stammesgebunden.

tribalism ['traɪbəlɪzəm] *n* Stammesstruktur *f*.

tribe [traɪb] *n* **1.** Stamm *m*; (*Bot, Zool*) Gattung *f*. **2.** (*fig inf*) Korona *f*.

tribesman ['traɪbzmən] *n, pl* **-men** [-mən] Stammesangehörige(r) *m*.

tribulation [ˌtrɪbjʊ'leɪʃən] *n* Kummer *m no pl*. **~s** Sorgen *pl*; (*less serious*) Kümmernisse *pl*; **to bear one's ~s bravely** sein Leid tapfer tragen; **that is the least of our ~s** das ist unsere geringste Sorge.

tribunal [traɪ'bju:nl] *n* Gericht(shof *m*) *nt*; (*inquiry*) Untersuchungsausschuß *m*; (*held by revolutionaries*) Tribunal *nt*. **before the ~ of public opinion** (*fig*) vor dem Tribunal der öffentlichen Meinung.

tribune[1] ['trɪbju:n] *n* (*Hist*) (Volks)tribun *m*.

tribune[2] *n* (*platform*) Tribüne *f*.

tributary ['trɪbjʊtərɪ] **I** *adj state* tributpflichtig; *river* Neben-. **II** *n* (*state*) tributpflichtiger Staat; (*river*) Nebenfluß *m*.

tribute ['trɪbju:t] *n* **1.** (*Hist: payment*) Tribut *m*.

2. (*admiration*) Tribut *m*. **to pay ~ to sb/sth** jdm/einer Sache (den schuldigen) Tribut zollen; **they stood in silent ~ to him** sie zollten ihm (stehend) ihren stillen Tribut; **after her performance ~s came flooding in** nach ihrer Vorstellung wurde sie mit Ehrungen *or* Zeichen der Hochachtung überschüttet; **a floral ~** Blumen als Zeichen der Hochachtung/Anerkennung/des Dankes; **to be a ~ to one's parents/school** seinen Eltern/seiner Schule (alle) Ehre machen.

trice [traɪs] *n*: **in a ~** im Handumdrehen.

Tricel ® ['traɪsel] *n* Tricel *nt*.

triceps ['traɪseps] *n, pl* **-(es)** Trizeps *m*.

trichina [trɪ'kaɪnə] *n, pl* **-e** [-i:] Trichine *f*.

trichinosis [trɪkɪ'nəʊsɪs] *n* Trichinenkrankheit, Trichinose *f*.

trick [trɪk] **I** *n* **1.** (*ruse*) Trick *m*. **to get sth by a ~** etw durch einen Trick *or* eine List bekommen; **be careful, it's a ~** paß auf, das ist eine Falle!; **be careful with this question, there's a ~ in it** sei vorsichtig bei dieser Frage, sie enthält eine Falle!; **he knows a ~ or two** (*inf*) der kennt sich aus, der weiß, wie der Hase läuft; **he never misses a ~** er läßt sich (*dat*) nichts entgehen; **he knows all the ~s of the trade** er ist ein alter Hase; (*is crafty*) er ist mit allen Wassern gewaschen; **he is full of ~s** (*child, footballer*) er steckt voller Tricks; (*salesman, politician*) er hat es faustdick hinter den Ohren; **it's a ~ of the light** da täuscht das Licht.

2. (*mischief*) Streich *m*. **to play a ~ on sb** jdm einen Streich spielen; **the car is playing ~s again** der Wagen fängt wieder an zu mucken (*inf*); **unless my eyes are playing ~s on me** wenn meine Augen mich nicht täuschen; **a dirty ~** ein ganz gemeiner Trick; **he's up to his (old) ~s again** jetzt macht er wieder seine (alten) Mätzchen (*inf*); **how's ~s?** (*inf*) wie geht's?

3. (*skilful act*) Kunststück *nt*. **once you get the ~ of adjusting it** wenn du einmal den Dreh *or* Trick heraushast, wie man das einstellt; **there's a special ~ to it** da ist ein Trick dabei; **that should do the ~** (*inf*) das müßte eigentlich hinhauen (*inf*).

4. (*habit*) Eigenart *f*. **to have a ~ of doing sth** die Eigenart haben, etw zu tun; **history has a ~ of repeating itself** die Geschichte hat die merkwürdige Eigenschaft, sich immer zu wiederholen.

5. (*Cards*) Stich *m*. **to take a ~** einen Stich machen.

6. (*sl: of prostitute*) Nummer *f* (*sl*).

II *attr cigar* Scherz-; *spider, glass* als Scherzartikel.

III *vt* mit einem Trick betrügen, hereinlegen (*inf*). **I've been ~ed!** ich bin hereingelegt *or* übers Ohr gehauen (*inf*) worden!; **to ~ sb into doing sth** jdn (mit einem Trick *or* mit List) dazu bringen, etw zu tun; **to ~ sb out of sth** jdn um etw prellen, jdm etw abtricksen (*inf*).

◆**trick out** *vt sep* herausputzen. **~ed ~ in her Sunday best** in ihrem Sonntagsstaat.

trick cyclist *n* Kunstradfahrer(in *f*) *m*; (*fig inf*) Klapsdoktor *m* (*inf*).

trickery ['trɪkərɪ] *n* Tricks *pl* (*inf*). **a piece of ~** ein Trick *m*; **legal ~** Rechtsverdrehung *f*; **that's just verbal ~** das ist bloß eine raffinierte Wortverdrehung.

trickiness ['trɪkɪnɪs] *n* **1.** (*difficulty*) Schwierigkeit *f*; (*fiddliness also*) Kniffligkeit *f*. **2.** (*of situation*) Schwierigkeit, Kitzligkeit (*inf*) *f*. **the ~ of the present industrial situation ...** die heikle *or* kitzlige (*inf*) augenblickliche Lage in der Industrie ... **3.** (*slyness*) Durchtriebenheit, Gerissenheit *f*.

trickle ['trɪkl] **I** *vi* **1.** (*liquid*) tröpfeln, tropfen. **tears ~d down her cheeks** Tränen kullerten ihr über die Wangen; **the rain ~d down his neck** der Regen tropfte ihm in den Kragen; **the sand ~d through his fingers** der Sand rieselte ihm durch die Finger; **the waves ~d back over the pebbles** die Wellen rieselten über die Kiesel zurück.

2. (*fig*) **people/escapees began to ~ in/out/back** die Leute/Flüchtlinge begannen, vereinzelt herein-/hinaus-/zurückzukommen; **the ball ~d into the net** der Ball trudelte (langsam) ins Netz; **reports/donations are beginning to ~ in** so langsam trudeln die Berichte/Spenden ein (*inf*).

II *vt liquid* tröpfeln, träufeln, tropfenweise gießen.

III *n* **1.** (*of liquid*) Tröpfeln *nt*; (*stream*) Rinnsal *nt*.

2. (*fig*) **a constant ~ of people gradually filled the lecture hall** der Hörsaal füllte sich langsam aber stetig mit Leuten; **news reports from the occupied country have dwindled to a mere ~** Meldungen aus dem besetzten Land kommen *or* (*secretively*) sickern nur noch ganz selten durch; **arms deliveries have shrunk to a ~** die Waffenlieferungen sind spärlich geworden.

trick photography *n* Trickfotografie *f*; **trick question** *n* Fangfrage *f*.

trickster ['trɪkstəʳ] *n* Schwindler(in *f*), Betrüger(in *f*) *m*.

tricky ['trɪkɪ] *adj* (+*er*) **1.** (*difficult*) schwierig; (*fiddly also*) knifflig. **he is a very ~ person to get on with** es ist äußerst schwierig, mit ihm auszukommen. **2.** (*requiring tact*) *situation, problem* heikel, kitzlig. **3.** (*sly, crafty*) *person, plan* durchtrieben, gerissen; *question* schwierig, knifflig (*inf*).

tricolour, (*US*) **tricolor** ['trɪkələʳ] *n* Trikolore *f*.

tricorn ['traɪkɔːn] *n* Dreispitz *m*.

tricycle ['traɪsɪkl] *n* Dreirad *nt*.

trident ['traɪdənt] *n* Dreizack *m*.

tried [traɪd] *adj* erprobt, bewährt.

triennial [traɪ'enɪəl] *adj* (*lasting 3 years*) dreijährig; (*every 3 years*) dreijährlich, alle drei Jahre stattfindend.

triennially [traɪ'enɪəlɪ] *adv* alle drei Jahre, dreijährlich.

triennium [traɪ'enɪəm] *n* Zeitraum *m* von drei Jahren.

trier ['traɪəʳ] *n*: **to be a ~** sich (*dat*) (ernsthaft) Mühe geben.

trifle ['traɪfl] *n* **1.** Kleinigkeit *f*; (*trivial matter also*) Lappalie (*inf*), Nichtigkeit *f*. **the merest ~ upsets her** die geringste *or* kleinste Kleinigkeit regt sie auf.

2. (*small amount*) Kleinigkeit *f*. **have some more cake — just a ~, thank you** noch etwas Kuchen? — bloß ein ganz kleines Stückchen, bitte; **a ~ hot/small** *etc* ein bißchen heiß/klein *etc*; **a ~ too ...** ein wenig *or* eine Spur zu ...

3. (*Cook*) Trifle *nt*.

◆**trifle away** *vt sep* vergeuden.

◆**trifle with** *vi +prep obj person* zu leicht nehmen; *affections, food* spielen mit. **he is not a person to be ~d ~** mit ihm ist nicht zu spaßen.

trifling ['traɪflɪŋ] *adj* unbedeutend, geringfügig.

trigger ['trɪgəʳ] **I** *n* (*of gun*) Abzug(shahn), Drücker (*inf*) *m*; (*of cine-camera, machine*) Auslöser *m*; (*Elec*) Trigger *m*. **to pull the ~** abdrücken; **to be quick on the ~** schnell abdrücken.

II *vt* (*also* **~ off**) auslösen.

trigger finger *n* Zeigefinger *m*; **trigger grip** *n* Pistolengriff *m*; **trigger guard** *n* Abzugsbügel *m*; **trigger-happy** *adj* (*inf*) schießfreudig (*inf*), schießwütig (*pej*); (*hum*) *photographer* knipswütig (*inf*).

trigonometric(al) [ˌtrɪgənə'metrɪk(əl)] *adj* trigonometrisch.

trigonometry [ˌtrɪgə'nɒmɪtrɪ] *n* Trigonometrie *f*.

trihedron [ˌtraɪ'hiːdrən] *n* Dreiflächner *m*, Trieder *nt*.

trike [traɪk] *n* (*inf*) *abbr of* **tricycle.**

trilateral [ˌtraɪ'lætərəl] *adj* dreiseitig; *conference, agreement also* Dreier-.

trilby ['trɪlbɪ] *n* (*also* **~ hat**) weicher Filzhut.

trilingual [ˌtraɪ'lɪŋgwəl] *adj* dreisprachig.

trill [trɪl] **I** *n* **1.** (*of bird*) Trillern *nt*; (*of voice*) Tremolo *nt*. **2.** (*Mus*) Triller *m*. **3.** (*Phon*) Rollen *nt*, rollende Aussprache.

II *vt* **1.** (*birds*) trillern, tirilieren (*geh*); (*person*) trällern. **2.** (*Mus*) *note* trillern. **3.** (*Phon*) *consonant* rollen, rollend aussprechen.

III *vi* **1** (*bird*) trillern, tirilieren (*geh*); (*person*) trällern. **2.** (*Mus*) trillern.

trillion ['trɪljən] *n* (*Brit*) Trillion *f*; (*US*) Billion *f*.

trilogy ['trɪlədʒɪ] *n* Trilogie *f*.

trim [trɪm] **I** *adj* (+*er*) sauber; *appearance also* adrett; *hair, haircut* gepflegt. **he keeps his lawn/garden/house very ~** sein Rasen/Garten/Haus ist immer sehr gepflegt; **she has a ~ little figure** sie hat ein niedliches Figürchen.

II *n* **1.** (*condition*) Zustand *m*, Verfassung *f*; (*fitness*) Form *f*. **in good ~** (*house, car*) in gutem Zustand; (*person*) gut in Form; **financially in good ~** finanziell in guter Verfassung; **to get things into ~** Ordnung machen *or* schaffen; **to get into ~** sich trimmen *or* in Form bringen; **in fighting ~** kampfbereit.

2. (*inf*) **to give sth a ~** etw schneiden; (*tree, hedge, beard also*) etw stutzen; **your hair needs a ~** du mußt dir die Haare etwas nachschneiden lassen.

3. (*Aut*) (*outside*) Zierleisten *pl*; (*inside*) Innenausstattung *f*.

4. (*Naut*) Trimm *m*, Gleichgewichtslage *f*. **in/out of ~** (*ship*) in/nicht in Trimm *or* Gleichgewichtslage.

5. (*Aviat*) Trimm(lage *f*) *m*, Fluglage *f*.

III *vt* **1.** (*cut*) *hair* nachschneiden; *beard, hedge, branch* stutzen; *dog* trimmen; *wick, roses* beschneiden; *piece of wood* zurechtschneiden/-sägen/-hobeln.

2. (*fig: cut down*) *budget* kürzen; *essay also* zurechtstutzen.

3. (*decorate*) *dress* besetzen; *Christmas tree* schmücken.

4. *boat, plane* trimmen; *sails* richtig stellen.

5. (*US inf*) (*defeat*) schlagen; (*cheat*) übers Ohr hauen (*inf*).

◆**trim away** *vt sep* weg- *or* abschneiden; *details* entfernen.

◆**trim back** *vt sep hedge, roses* zurückschneiden.

◆**trim down** *vt sep wick, budget* kürzen (*to* auf +*acc*); *essay also, hedge* stutzen; *roses* zurückschneiden. **to ~ ~ one's/sb's figure** etwas für seine/jds Figur tun.

◆**trim off** *vt sep bits of beard, ends of branch* abschneiden; *rough edges* abschneiden/-sägen/-hobeln/-feilen.

trimester [trɪ'mestəʳ] *n* Trimester *nt*.

trimming ['trɪmɪŋ] *n* **1.** (*on clothes*) Besatz *m*. **~s** Verzierung(en *pl*) *f*.

2. **~s** *pl* (*cuttings*) Abfälle *pl*; (*of paper also*) (Papier)schnitzel, Schnipsel (*inf*) *pl*.

3. **~s** *pl* (*accessories*) Zubehör *nt*; **the car costs £10,000 with all the ~s** das Auto kostet £ 10.000 mit allen Extras *or* mit allem Zubehör; **roast beef with all the ~s** Roastbeef mit allem Drum und Dran.

trimness ['trɪmnɪs] *n* (*of hair, lawn*) Gepflegtheit *f*, gepflegtes Aussehen; (*of figure*) Schlankheit *f*.

Trinidad ['trɪnɪdæd] *n* Trinidad *nt*.

trinitrotoluene [traɪ,naɪtrəʊ'tɒljʊiːn] *n* Trinitrotoluol *nt*.

Trinity ['trɪnɪtɪ] *n* **1.** Trinität, Dreieinigkeit, Dreifaltigkeit *f*. **~ Sunday** Trinitatis, Dreieinigkeitsfest, Dreifaltigkeitsfest *nt*. **2.** (*~ term*) Sommertrimester *nt*.

trinket ['trɪŋkɪt] *n* Schmuckstück *nt*; (*ornament*) Schmuckgegenstand *m*. **~ box** Schmuckkästchen *nt*; **the ~s hanging from her bracelet** die Anhänger an ihrem Armband.

trinomial [traɪ'nəʊmɪəl] **I** *adj* trinomisch, dreigliedrig. **II** *n* Trinom *nt*.

trio ['trɪəʊ] *n* Trio *nt*.

trip [trɪp] **I** *n* **1.** (*journey*) Reise *f*; (*excursion*) Ausflug *m*, Tour *f*; (*shorter also*) Trip *m*. **let's go for a ~ to the seaside** machen wir doch einen Ausflug ans Meer!, fahren wir doch ans Meer!; **that's his fifth ~ to the bathroom already!** er geht jetzt schon zum fünften Mal auf die Toilette! (*inf*); **he is away on a ~/a ~ to Canada** er ist verreist *or* auf Reisen/macht zur Zeit eine Reise nach Kanada; **to take a ~** eine Reise machen, verreisen.

2. (*sl: on drugs*) Trip *m* (*sl*). **to go on a ~** auf einen Trip *or* die Reise gehen (*sl*).

3. (*stumble*) Stolpern *nt*. **that was a nasty ~** da sind Sie aber übel gestolpert.

4. (*esp Sport*) Beinstellen *nt*. **it was a ~** man hat ihm ein Bein gestellt.

5. (*mistake*) Fehler, Ausrutscher (*inf*) *m*.

6. (*Mech*) Auslösung *f*.

II *vi* **1.** (*stumble*) stolpern (*on, over* über +*acc*).

2. (*fig*) *see* **trip up I 2.**

3. (*skip*) trippeln. **to ~ in/out** hinein-/hinaustrippeln; **a phrase which ~s off the tongue** ein Ausdruck, der einem leicht von der Zunge geht.

III *vt* **1.** (*make fall*) stolpern lassen; (*deliberately also*) ein Bein stellen (+*dat*). **I was ~ped** jemand hat mir ein Bein gestellt; *see also* **trip up II 2.**

2. (*Mech*) *lever* betätigen; *mechanism* auslösen.

3. (*old: dance*) tanzen. **to ~ the light fantastic** (*hum*) das Tanzbein schwingen (*inf*).

◆**trip over** *vi* stolpern (+*prep obj* über +*acc*).

◆**trip up I** *vi* **1.** stolpern. **2.** (*fig*) sich vertun.

II *vt sep* **1.** (*make fall*) stolpern lassen; (*deliberately also*) zu Fall bringen.

2. (*fig: cause to make a mistake*) eine Falle stellen (+*dat*), aufs Glatteis führen. **question six managed to ~ most of the candidates ~** die meisten Prüflinge sind über die sechste Frage gestolpert.

tripartite [,traɪ'pɑːtaɪt] *adj agreement, talks* dreiseitig; *division* Drei-.

tripe [traɪp] *n* **1.** (*Cook*) Kaldaunen, Kutteln (*S Ger, Aus, Sw*) *pl*. **2.** (*fig inf*) Quatsch, Stuß (*inf*) *m*.

triplane ['traɪpleɪn] *n* Dreidecker *m*.

triple ['trɪpl] **I** *adj* dreifach. **~ glazing** Dreifachverglasung *f*; **~ jump** Dreisprung *m*; **~ time** (*Mus*) Dreiertakt *m*.

II *adv* dreimal soviel. **it's ~ the distance** es ist dreimal so weit; **at ~ the speed** mit dreifacher Geschwindigkeit; **it costs ~ what it used to** es kostet dreimal soviel wie früher, es kostet das Dreifache von früher.

III *n* Dreifache(s) *nt*.

IV *vt* verdreifachen.

V *vi* sich verdreifachen.

triplet ['trɪplɪt] *n* **1.** (*baby*) Drilling *m*. **2.** (*Mus*) Triole *f*; (*Poet*) Dreireim *m*.

triplex ® ['trɪpleks] *n* Verbundglas *nt*.

triplicate ['trɪplɪkɪt] **I** *n*: **in ~** in dreifacher Ausfertigung. **II** *adj* in dreifacher Ausfertigung. **III** ['trɪplɪkeɪt] *vt document* dreifach *or* in drei Exemplaren ausfertigen.

triply ['trɪplɪ] *adv* dreimal. **~ expensive** dreimal so teuer.

tripod ['traɪpɒd] *n* (*Phot*) Stativ *nt*; (*Hist*) Dreifuß *m*.

tripper ['trɪpəʳ] *n* Ausflügler(in *f*) *m*.

tripping ['trɪpɪŋ] *adj* **1.** *walk* trippelnd;

notes perlend; *metre* fließend. **2.** (*Mech*) ~ **device** Auslösemechanismus *m*.

triptych ['trɪptɪk] *n* Triptychon *nt*.

tripwire ['trɪpwaɪəʳ] *n* Stolperdraht *m*.

trisect [traɪ'sekt] *vt* in drei Teile teilen, dreiteilen; *angle* in drei gleiche Teile teilen.

trisection [traɪ'sekʃən] *n* Dreiteilung *f*; (*of angle*) Einteilung *f* in drei gleiche Teile.

trisyllabic ['traɪsɪ'læbɪk] *adj* dreisilbig.

trisyllable [ˌtraɪ'sɪləbl] *n* dreisilbiges Wort.

trite [traɪt] *adj* (+*er*) (*trivial, banal*) banal, nichtssagend; (*hackneyed*) abgedroschen.

tritely ['traɪtlɪ] *adv see adj*. **to talk ~** banales/abgedroschenes Zeug reden, Phrasen dreschen.

triteness ['traɪtnɪs] *n see adj* Banalität *f*; Abgedroschenheit *f*.

tritium ['trɪtɪəm] *n* Tritium *nt*.

triumph ['traɪʌmf] **I** *n* **1.** Triumph *m*. **in ~** triumphierend, im Triumph; **shouts of ~** Triumphgeschrei *nt*; **to win** *or* **score a ~ over sb/sth** einen Triumph über jdn/etw erzielen.

2. (*Hist: procession*) Triumphzug *m*.

II *vi* den Sieg davontragen (*over* über +*acc*). **to ~ over sb/sth** über jdn/etw triumphieren; **we've made it! he ~ed** wir haben's geschafft! triumphierte er.

triumphal [traɪ'ʌmfəl] *adj* triumphal. **~ arch** Triumphbogen *m*.

triumphant [traɪ'ʌmfənt] *adj* (*victorious*) siegreich; (*rejoicing*) triumphierend; *moment* triumphal. **to be ~ (over sth)** triumphieren (*over* über +*acc*); **he was ~ in his success** er jubelte triumphierend *or* triumphierte über seinen Erfolg; **in our ~ hour** in unserer Stunde des Triumphs.

triumphantly [traɪ'ʌmfəntlɪ] *adv* triumphierend. **it was a ~ successful expedition** die Expedition war ein triumphaler Erfolg.

trivalent [ˌtraɪ'veɪlənt] *adj* (*Chem*) dreiwertig.

trivia ['trɪvɪə] *npl* triviales Zeug. **the ~ of daily life** die Trivialitäten des täglichen Lebens.

trivial ['trɪvɪəl] *adj* **1.** trivial; *objection, loss, details, matters also* geringfügig, belanglos. **look, your health is not something ~** hör mal, mit der Gesundheit ist nicht zu spaßen!; **the ~ round** das triviale Einerlei. **2.** *person* oberflächlich.

triviality [ˌtrɪvɪ'ælɪtɪ] *n see adj 1.* Trivialität *f*; Geringfügigkeit, Belanglosigkeit *f*.

trivialization [ˌtrɪvɪəlaɪ'zeɪʃən] *n* Trivialisierung *f*.

trivialize ['trɪvɪəlaɪz] *vt* trivialisieren.

trochaic [trɒ'keɪɪk] *adj* trochäisch.

trochee ['trəʊki:] *n* Trochäus *m*.

trod [trɒd] *pret of* **tread.**

trodden ['trɒdn] *ptp of* **tread.**

troglodyte ['trɒglədaɪt] *n* Höhlenbewohner(in *f*) *m*; (*fig: recluse*) Einsiedler(in *f*) *m*.

troika ['trɔɪkə] *n* Troika *f*.

Trojan ['trəʊdʒən] **I** *n* (*Hist*) Trojaner(in *f*), Troer(in *f*) *m*. **to work like a ~** (*fig*) wie ein Pferd arbeiten. **II** *adj* trojanisch; (*fig*) übermenschlich. **~ Horse** (*lit, fig*) Trojanisches Pferd; **~ War** Trojanischer Krieg.

troll¹ [trəʊl] *n* (*Myth*) Troll *m*.

troll² *vi* (*inf: walk*) laufen.

trolley ['trɒlɪ] *n* **1.** (*cart*) (*four wheels*) Handwagen *m*; (*in supermarket*) Einkaufswagen *m*; (*in station*) Gepäckwagen *m*; (*for passengers*) Kofferkuli *m*; (*two wheels*) (*for golf clubs*) Caddy *m*; (*in station, factory*) Sackkarre *f*.

2. (*tea ~*) Teewagen *m*.

3. (*Rail*) Lore *f*, Förderkarren *m*; (*hand-driven*) Draisine *f*.

4. (*Elec*) (*~ pole*) Kontaktarm *m*, Stromabnehmerstange *f*; (*~-wheel*) Kontaktrolle *f*, Rollenstromabnehmer *m*.

5. (*~bus or -car (US)*) *see* **trolleybus, trolley-car.**

6. to be off one's ~ (*inf*) nicht mehr alle Tassen im Schrank haben (*inf*).

trolleybus *n* Obus, Oberleitungsomnibus (*form*), Trolleybus (*dated*) *m*; **trolley-car** *n* (*US*) Straßenbahn *f*; **trolley pole** *n* Kontaktarm *m*, Stromabnehmerstange *f*.

trollop ['trɒləp] *n* (*dated: prostitute*) leichtes Mädchen *nt*; (*pej*) Schlampe *f*.

trombone [trɒm'bəʊn] *n* (*Mus*) Posaune *f*.

trombonist [trɒm'bəʊnɪst] *n* Posaunist(in *f*) *m*.

troop [tru:p] **I** *n* **1.** (*Mil: of cavalry*) Trupp *m*; (*unit*) Schwadron *f*. **2.** (*Mil*) **~s** *pl* Truppen *pl*; **a dozen of our best ~s** zwölf unserer besten Soldaten; **200 ~s** 200 Soldaten. **3.** (*of scouts*) Stamm *m*. **4.** (*of people*) Horde (*pej*), Schar *f*.

II *vi* **to ~ out/in** hinaus-/hineinströmen; **to ~ upstairs** nach oben strömen; **to ~ past sth** an etw (*dat*) vorbeiziehen; **to ~ away** *or* **off** abziehen (*inf*); **to ~ up** herbeiströmen.

III *vt* (*Mil*) **to ~ the colours** die Fahnenparade abhalten; **the ~ing of the colours** die Fahnenparade.

troop-carrier ['tru:pˌkærɪəʳ] *n* (*vehicle*) Truppentransporter *m*.

trooper ['tru:pəʳ] *n* (*Mil*) berittener Soldat, Kavallerist *m*; (*US: state ~*) Polizist *m*. **to swear like a ~** wie ein Kutscher fluchen.

trophy ['trəʊfɪ] *n* (*Hunt, Mil, Sport*) Trophäe *f*.

tropic ['trɒpɪk] *n* **1.** Wendekreis *m*. **T~ of Cancer/Capricorn** Wendekreis des Krebses/Steinbocks. **2. ~s** *pl* Tropen *pl*.

tropical ['trɒpɪkəl] *adj* tropisch, Tropen-. **~ medicine/diseases** Tropenmedizin *f*/Tropenkrankheiten *pl*.

tropism ['trəʊpɪzəm] *n* (*Biol*) Tropismus *m*.

trot [trɒt] **I** *n* **1.** (*pace*) Trab *m*. **to go at a ~** traben; **to go for a ~** einen Ausritt machen; **I've been on the ~ all day** (*fig inf*) ich bin schon den ganzen Tag auf Trab.

2. (*inf*) **for five days on the ~** fünf Tage lang in einer Tour.

3. (*inf: diarrhoea*) **the ~s** die Renneritis (*hum inf*).

II *vi* (*horse, person*) traben; (*pony*) zockeln; (*small child*) trippeln. **he ~ted obediently round the shops after her** er zottelte folgsam hinter ihr her durch die Geschäfte.

III *vt horse* traben lassen.

◆**trot along** *vi see* **trot II** traben; zokkeln; trippeln; (*go away*) abmarschieren. **to ~ ~ behind sb** hinter jdm hertraben *etc.*

◆**trot away** *or* **off** *vi see* **trot II** davon- *or* wegtraben; davon- *or* wegzockeln; davon- *or* wegtrippeln.

◆**trot out I** *vi see* **trot II** hinaus-/heraustraben; hinaus-/herauszockeln; hinaus-/heraustrippeln. **II** *vt sep excuses, theories, names, list* aufwarten mit.

◆**trot over** *or* **round** *vi* (*go quickly*) hinüberlaufen. **to ~ ~ to the grocer's** zum Kaufmann laufen.

troth [trəʊθ] *n* (*old*) *see* **plight**[1].

trotter[1] ['trɒtəʳ] *n* (*horse*) Traber *m*.

trotter[2] *n* (*of animal*) Fuß *m*. **pigs' ~s** (*Cook*) Schweinsfüße *pl*.

trouble ['trʌbl] **I** *n* **1.** Schwierigkeiten *pl*; (*bothersome also*) Ärger *m*. **did you have any ~ (in) getting it?** hatten Sie Schwierigkeiten, es zu bekommen?; **to be in ~** in Schwierigkeiten sein; **to be in ~ with sb** mit jdm Schwierigkeiten *or* Ärger haben; **to get into ~** in Schwierigkeiten geraten; (*with authority*) Schwierigkeiten *or* Ärger bekommen (*with* mit); **to get sb into ~** jdn in Schwierigkeiten bringen (*with* mit); **to get a girl into ~** (*euph*) ein Mädchen ins Unglück bringen; **to get out of/sb out of ~** aus den Schwierigkeiten herauskommen/jdm aus seinen Schwierigkeiten heraushelfen; **to keep** *or* **stay out of ~** nicht in Schwierigkeiten kommen, sauber bleiben (*inf*); **the children are never out of ~** die Kinder stellen dauernd etwas an; **to make ~** (*cause a row*) Krach schlagen (*inf*), Ärger machen; **to make ~ (for sb/oneself)** (*with authority*) jdn/sich selbst in Schwierigkeiten bringen; **that's/you're asking for ~** das kann ja nicht gutgehen; **are you looking for ~?** Sie wollen wohl Ärger?; **there'll be ~ if he finds out** wenn er das erfährt, gibt's Ärger *or* Trouble (*inf*); **here comes ~** (*inf*) jetzt geht es los! (*inf*), jetzt gibt es Ärger *or* Trouble! (*inf*); **what's the ~?** was ist los?; (*to sick person*) wo fehlt's?; **the ~ is that ...** das Problem ist, daß ...; **that's the ~** das ist das Problem; **family/money ~s** Familien-/Geldsorgen *pl*.

2. (*bother, effort*) Mühe *f*. **it's no ~ (at all)!** das mache ich doch gern; **thank you — (it was) no ~** vielen Dank — (das ist) gern geschehen; **it's not worth the ~** das ist nicht der Mühe wert; **nothing is too much ~ for her** nichts ist ihr zuviel; **to go to the ~ (of doing sth), to take the ~ (to do sth)** sich (*dat*) die Mühe machen(, etw zu tun); **to go to/to take a lot of ~ (over** *or* **with sth)** sich (*dat*) (mit etw) viel Mühe geben; **he went to enormous ~** er hat alles nur Erdenkliche getan; **to put sb to the ~ of doing sth** jdn bemühen, etw zu tun; **to put sb to a lot of ~** jdm viel Mühe machen.

3. (*nuisance*) **to be a ~ (to sb)** (jdm) Mühe machen; (*dependent person also*) (jdm) zur Last fallen; **the child is nothing but ~ to his parents** das Kind macht seinen Eltern nur Sorgen.

4. (*Med: illness*) Leiden *nt*; (*fig*) Schaden *m*. **heart/back ~** Herz-/Rückenleiden *nt*; **my back is giving me ~** mein Rücken macht mir zu schaffen; **engine ~** (ein) Motorschaden *m*.

5. (*unrest, upheaval*) Unruhe *f*. **labour ~s** Arbeiterunruhen *pl*; **there's ~ at the factory/in Iran** in der Fabrik/im Iran herrscht Unruhe; **he caused/made ~ between them** er hat Unruhe zwischen ihnen gestiftet; *see* **stir up.**

II *vt* **1.** (*worry*) beunruhigen; (*disturb, grieve*) bekümmern. **to be ~d by sth** wegen etw besorgt *or* beunruhigt/bekümmert sein; **his eyes ~ him** seine Augen machen ihm zu schaffen.

2. (*bother*) bemühen, belästigen. **I'm sorry to ~ you, but could you tell me if ...** entschuldigen Sie die Störung, aber könnten Sie mir sagen, ob ...; **may I ~ you for a light?** darf ich Sie um Feuer bitten?; **I shan't ~ you with the details** ich werde Ihnen die Einzelheiten ersparen; **I'll ~ you to remember who you're speaking to!** (*iro*) würden Sie bitte daran denken, mit wem Sie sprechen!

3. (*take the trouble*) **to ~ to do sth** sich bemühen, etw zu tun; **please don't ~ yourself** bitte bemühen Sie sich nicht; **if you had ~d to ask, you might have found out the truth** wenn du dir die Mühe gemacht und gefragt hättest, hättest du wahrscheinlich die Wahrheit erfahren; **oh, don't ~ to apologize!** (*iro*) bemüh dich nicht, dich zu entschuldigen.

III *vi* sich bemühen.

troubled ['trʌbld] *adj person, look* unruhig, beunruhigt; (*grieved*) bekümmert; *times* unruhig; *water* aufgewühlt. **the ~ waters of industrial relations** die gestörte Beziehung zwischen Arbeitgebern und Arbeitnehmern; *see* **oil.**

trouble-free *adj period, process, car* problemlos; *relationship also* reibungslos; *area* ruhig; *machine* störungsfrei; **troublemaker** *n* Tunichtgut *m*; (*deliberate*) Unruhestifter(in *f*) *m*; **troubleshooter** *n* Störungssucher(in *f*) *m*; (*Pol, Ind: mediator*) Vermittler(in *f*) *m*; **~s** (*Pol etc: organization*) Krisenfeuerwehr *f*; **troublesome** *adj* (*bothersome*) lästig; *person, problem* schwierig; **don't be ~!** sei nicht so schwierig!; **trouble spot** *n* Unruheherd *m*; (*in system*) Störung *f*.

trough [trɒf] *n* **1.** (*container*) Trog *m*. **drinking ~** Wassertrog *m*. **2.** (*depression*) Furche, Rille *f*; (*between waves, on graph*) Tal *nt*; (*Met*) Trog *m*. **~ of depression** Tiefdrucktrog *m*.

trounce [traʊns] *vt* verprügeln; (*Sport*) vernichtend schlagen.

trouncing ['traʊnsɪŋ] *n* Prügel *pl* (*also Sport*). **to give sb a ~** jdm Prügel verpassen.

troupe [truːp] *n* (*Theat*) Truppe *f*.

trouper ['truːpəʳ] *n* (*Theat*) Mime *m*, Mimin *f* (*dated*). **an old ~** (*fig*) ein alter Hase; **a good ~** (*fig*) ein treuer Mitarbeiter.

trouser ['traʊzə]: **trouser clip** *n* Hosenklammer *f*; **trouser leg** *n* Hosenbein *nt*; **trouser press** *n* Hosenpresse *f*.

trousers ['traʊzɪz] *npl* (*esp Brit: also* **pair of ~**) Hose *f*. **she was wearing ~** sie hatte Hosen *or* eine Hose an; **to wear the ~** (*fig inf*) die Hosen anhaben (*inf*); **to be caught with one's ~ down** (*inf*) (*lit: sexually*) in flagranti erwischt werden (*inf*); (*fig*) überrumpelt werden; (*unprepared*) sich unvorbereitet erwischen lassen.

trouser-suit ['traʊzəˌsuːt] *n* (*Brit*) Hosenanzug *m*.

trousseau ['truːsəʊ] *n* Aussteuer *f*.

trout [traʊt] *n* Forelle *f*.

trove [trəʊv] *n see* **treasure trove**.

trowel ['traʊəl] *n* Kelle *f*. **to lay sth on with a ~** (*inf*) bei etw dick auftragen.

Troy [trɔɪ] *n* (*Hist*) Troja *nt*; *see* **Helen**.

troy [trɔɪ] *n* (*also* **~ weight**) Troygewicht *nt*.

truancy ['trʊənsɪ] *n* (Schule)schwänzen *nt*, unentschuldigtes Fehlen (in der Schule) (*form*), (Schul)schwänzerei *f* (*inf*).

truant ['trʊənt] *n* (Schul)schwänzer(in *f*) *m*. **to play ~ (from sth)** (bei etw) unentschuldigt fehlen, (etw) schwänzen (*inf*).

truce [truːs] *n* (*Mil, fig*) Waffenstillstand *m*; (*Mil: interrupting fighting*) Waffenruhe *f*. **~!** Friede!

truck[1] [trʌk] **I** *n* **1.** (*Rail*) Güterwagen *m*. **2.** (*barrow*) Karren, Wagen *m*; (*for luggage*) Gepäckkarren *m*; (*motorized*) Elektrokarren *m*. **3.** (*lorry*) Last(kraft)wagen *m*; (*van, pick-up*) Lieferwagen *m*. **II** *vt* (*US*) transportieren, spedieren. **III** *vi* (*US*) Lastwagen fahren.

truck[2] *n* **1.** (*fig: dealings*) **to have no ~ with sb/sth** mit jdm/etw nichts zu tun haben. **2.** (*US: garden produce*) (*für den Verkauf angebautes*) Gemüse.

truckage ['trʌkɪdʒ] *n* (*US: transport*) Transport *m*, Spedition *f*; (*charge*) Transportkosten *pl*. **~ company** Spedition(sfirma) *f*, Transportunternehmen *nt*.

truck driver *n* Lastwagenfahrer(in *f*) *m*.

trucker ['trʌkəʳ] *n* (*US*) **1.** (*truck-driver*) Lastwagenfahrer(in *f*) *m*; (*haulage contractor*) Spediteur *m*. **2.** (*farmer*) Gemüsegärtner(in *f*) *m*.

truck farm *n* (*US*) Gemüsefarm *f*; **~ farmer** *n* Gemüsegärtner(in *f*) (*US*) *m*.

trucking ['trʌkɪŋ] *n* (*US*) Spedition *f*, Transport *m*.

truckload *n* Wagenladung *f*; **they came by the ~** sie kamen in ganzen Wagenladungen; **truckman** *n* Lastwagenfahrer *m*; **truckstop** *n* (*US*) Fernfahrerlokal *nt*.

truculent ['trʌkjʊlənt] *adj* trotzig, aufsässig.

trudge [trʌdʒ] **I** *vi* **to ~ in/out/along** hinein-/hinaus-/entlangtrotten; **to ~ through the mud** durch den Matsch stapfen; **we ~d round the shops** wir sind durch die Geschäfte getrottet. **II** *vt streets, town* trotten durch; (*looking for sth*) abklappern. **III** *n* mühseliger Marsch.

true [truː] **I** *adj* **1.** (*not false*) *story, news, rumour, statement* wahr. **to come ~** (*dream, wishes*) Wirklichkeit werden, wahr werden; (*prophecy*) sich verwirklichen; (*fears*) sich bewahrheiten; **it is ~ that ...** es stimmt, daß ..., es ist wahr *or* richtig, daß ...; **that's ~** das stimmt, das ist wahr; **can it be ~ (that he didn't know)?** kann es stimmen *or* sein(, daß er das nicht wußte)?; **the same is** *or* **holds ~ for ...** dasselbe gilt auch für ..., dasselbe trifft auch auf ... (*acc*) zu; **~!** richtig!; **too ~!** wie wahr!; **that's wrong! — ~, but ...** das ist falsch! — stimmt *or* richtig, aber ...

2. (*accurate*) *description, report, account* wahrheitsgetreu; *likeness* (lebens)getreu; *copy* getreu.

3. (*real, genuine*) *feeling, friendship, friend, Christian, heir, opinion* wahr, echt; *reason* wirklich; *leather, antique* echt. **the frog is not a ~ reptile** der Frosch ist kein echtes Reptil; **~ love** die wahre Liebe; (*person*) Schatz *m*, Herzallerliebste(r) *mf* (*old*); **the path of ~ love ne'er did run smooth** (*prov*) die Pfade der Liebe sind gewunden; **what is the ~ situation?** wie verhält es sich wirklich?; **the one ~ God** der einzige wahre Gott.

4. (*faithful*) *friend, follower* treu. **to be ~ to sb** jdm treu sein/bleiben; **to be ~ to one's word** (treu) zu seinem Wort stehen, seinem Wort treu bleiben; **~ to life** lebensnah; (*Art*) lebensecht; **the horse ran ~ to form** das Pferd lief erwartungsgemäß; **~ to type** erwartungsgemäß; (*Bot*) artgetreu.

5. *wall, surface* gerade; *join* genau; *circle* rund; (*Mus*) *note* rein.

6. (*Phys*) tatsächlich. **~ North** der eigentliche *or* tatsächliche *or* geographische Norden.

II *n* **out of ~** *upright, beam, wheels* schief; *join* verschoben.

III *adv aim* genau; *sing* richtig.

◆**true up** *vt sep machinery* genau einstellen; *beam* genau ausrichten; *wheel* einrichten. **to ~ ~ the edges of the planks** die Bretterkanten plan machen

true blue I *adj* waschecht (*inf*), echt; **II** *n* (*Brit: Tory*) (wasch)echter Tory; **true-born** *adj* echt, gebürtig; (*legitimate*) rechtmäßig; **true-bred** *adj* wahr, echt; *cattle* reinrassig.

truffle ['trʌfl] *n* Trüffel *f or m*.

truism ['truːɪzəm] *n* (*obvious truth*) Binsenwahrheit *f*; (*platitude*) Platitüde *f*, Gemeinplatz *m*.

truly ['truːlɪ] *adv* **1.** (*truthfully, genuinely*) wirklich, wahrhaftig. **(really and) ~?** wirklich und wahrhaftig?; **he did it, ~ he did!** er hat es wirklich und wahrhaftig getan!; *see* **well**[2].

2. (*faithfully*) *serve* treu; *love also* getreu(lich) (*geh*); *reflect* wahrheitsgetreu.

trump [trʌmp] **I** *n* (*Cards, fig*) Trumpf *m*; (*dated inf: person*) prima Kerl (*dated*

inf). **spades are ~s** Pik ist Trumpf; **what's ~s?** was ist Trumpf?; **to hold all the ~s** (*fig*) alle Trümpfe in der Hand halten; **~ card** (*Cards*) Trumpf(karte *f*) *m*; (*fig*) Trumpf *m*; **to play one's ~ card** (*lit, fig*) seinen Trumpf ausspielen; **to turn up ~s** (*inf*) sich als Sieger erweisen.
II *vt* (*Cards*) stechen; (*fig*) übertrumpfen.

◆trump up *vt sep* erfinden.

trumpery ['trʌmpərɪ] **I** *n* Plunder *m no pl*; (*ornaments*) Kitsch *m*; (*jewellery*) Flitterkram *m*; (*nonsense*) Unsinn *m*. **II** *adj* billig; *ornaments also* kitschig.

trumpet ['trʌmpɪt] **I** *n* **1.** (*Mus*) Trompete *f*. **~ major** Stabstrompeter *m*; *see* **blow**[2]. **2.** (*of elephant*) Trompeten *nt no pl*. **3.** (*of flower*) Trompete *f*; (*hearing ~*) Hörrohr *m*; (*speaking ~*) Sprachrohr, Megaphon *nt*.
II *vt* (*rare: also* **~ forth**) hinaustrompeten.
III *vi* (*elephant*) trompeten.

trumpeter ['trʌmpɪtə^r] *n* Trompeter(in *f*) *m*.

trumpeting ['trʌmpɪtɪŋ] *n* (*of elephant*) Trompeten *nt*.

truncate [trʌŋ'keɪt] **I** *vt* kürzen, beschneiden; *tree* stutzen. **II** ['trʌŋkeɪt] *adj cone* stumpf; *leaf* abgestumpft.

truncated [trʌŋ'keɪtɪd] *adj tree* gestutzt; *article, speech* gekürzt; *cone* stumpf; *leaf* abgestumpft.

truncation [trʌŋ'keɪʃən] *n see vt* Kürzung, Beschneidung *f*; Stutzung *f*.

truncheon ['trʌntʃən] *n* (Gummi)knüppel *m*; (*esp of riot police*) Schlagstock *m*.

trundle ['trʌndl] **I** *vt* (*push*) rollen; (*pull*) ziehen. **II** *vi* **to ~ in/along/down** hinein-/entlang-/hinunterzockeln; (*clatter*) hinein-/entlang-/hinunterrumpeln.

trunk [trʌŋk] *n* **1.** (*of tree*) Stamm *m*; (*of body*) Rumpf *m*.
2. (*of elephant*) Rüssel *m*.
3. (*case*) Schrankkoffer *m*; (*US Aut*) Kofferraum *m*.
4. **~s** *pl* (*for swimming*) Badehose *f*; (*for sport*) Shorts *pl*; (*dated Brit: underwear*) Unterhose *f*; **a pair of ~s** eine Badehose/(ein Paar *nt*) Shorts/eine Unterhose.

trunk call *n* (*Brit Telec*) Ferngespräch *nt*; **trunk line** *n* (*Rail*) Hauptstrecke *f*; (*Telec*) Fernleitung *f*; **trunk road** *n* (*Brit*) Fernstraße *f*.

truss [trʌs] **I** *n* **1.** (*Brit: bundle*) Bündel *nt*.
2. (*Build*) (*of bridge*) Fachwerk *nt*; (*of roof*) Gespärre *nt*; (*single beam*) Dachsparren *m*; (*vertical*) Dachbalken *m*.
3. (*Med*) Bruchband *nt*.
II *vt* **1.** (*tie*) *hay* bündeln. **2.** (*Cook*) *chicken* dressieren. **3.** (*Build*) (ab)stützen.

◆truss up *vt sep* (*Cook*) *chicken* dressieren; (*inf*) *person* fesseln.

trust [trʌst] **I** *n* **1.** (*confidence, reliance*) Vertrauen *nt* (*in* zu). **I have every ~ in him** ich habe volles Vertrauen zu ihm; **to put** *or* **place one's ~ in sb** Vertrauen in jdn setzen; **to take sth on ~** etw einfach glauben; **to give sb sth on ~** (*without payment*) jdm etw im guten Glauben geben.
2. (*charge*) Verantwortung *f*. **to commit sth to** *or* **place sth in sb's ~** jdm etw anvertrauen.
3. (*Jur, Fin*) Treuhand(schaft) *f*; (*property*) Treuhandeigentum *nt*; (*charitable fund*) Fonds *m*, Stiftung *f*. **to hold sth in ~ for sb** etw für jdn treuhänderisch verwalten; **all his money was tied up in a ~** sein ganzes Geld wurde treuhänderisch verwaltet; **~ account** Treuhandkonto *nt*; **~ fund** Treuhandvermögen *nt*; Stiftungsgelder *pl*; **~ territory** (*Pol*) Treuhandgebiet *nt*.
4. (*Comm: also* **~ company**) Trust *m*.
II *vt* **1.** (*have confidence in*) trauen (+*dat*); *person also* vertrauen (+*dat*); *words* glauben. **to ~ sb to do sth** (*believe him honest*) jdm vertrauen, daß er etw tut; (*believe him capable*) jdm zutrauen, daß er etw tut; **don't you ~ me?** vertraust du mir nicht?; **to ~ sb with sth, to ~ sth to sb** jdm etw anvertrauen; **I don't ~ her with her boyfriend** ich traue ihr und ihrem Freund nicht; **can he be ~ed not to lose it?** kann man sich darauf verlassen, daß er es nicht verliert?; **you can't ~ a word he says** man kann ihm kein Wort glauben; **she won't ~ us out of her sight** sie läßt uns nicht aus den Augen; **I wouldn't ~ him (any) farther than I can throw him** (*inf*) ich traue ihm nicht über den Weg (*inf*).
2. (*iro inf*) **~ you/him!** typisch!; **~ him to break it!** er muß es natürlich kaputtmachen.
3. (*hope*) hoffen. **I ~ not** hoffentlich nicht, ich hoffe nicht; **you're going to help, I ~** du wirst doch hoffentlich mithelfen.
III *vi* **1.** (*have confidence*) vertrauen. **to ~ in sb** auf jdn vertrauen. **2.** (*rely on*) **to ~ to sth** sich auf etw (*acc*) verlassen, auf etw (*acc*) vertrauen; **to ~ to luck** *or* **chance** sich auf sein Glück verlassen.

trusted ['trʌstɪd] *adj method* bewährt; *friend, servant* getreu.

trustee [trʌs'tiː] *n* **1.** (*of estate*) Treuhänder(in *f*), Vermögensverwalter(in *f*) *m*. **2.** (*of institution*) Kurator, Verwalter *m*. **~s** Vorstand *m*; **T~ Savings Bank** ≈ Sparkasse *f*.

trusteeship [trʌs'tiːʃɪp] *n* **1.** Treuhandschaft *f*. **2.** (*of a territory*) Treuhandschaft *f*, Mandat *nt*. **3.** (*also* **~ territory**) Treuhandgebiet, Mandat(sgebiet) *nt*.

trustful ['trʌstfʊl] *adj look, expression* vertrauensvoll; *person also* gutgläubig.

trustfully ['trʌstfəlɪ] *adv* vertrauensvoll.

trusting ['trʌstɪŋ] *adj see* **trustful.**

trustworthiness ['trʌstˌwɜːðɪnɪs] *n see adj* Vertrauenswürdigkeit *f*; Glaubhaftigkeit, Glaubwürdigkeit *f*.

trustworthy ['trʌstˌwɜːðɪ] *adj person* vertrauenswürdig; *statement, account* glaubhaft, glaubwürdig.

trusty ['trʌstɪ] *adj* (+*er*) (*liter, hum*) getreu (*liter*).

truth [truːθ] *n, pl* **-s** [truːðz] **1.** *no pl* Wahrheit *f*. **you must always tell the ~** du mußt immer die Wahrheit sagen; **to tell the ~ ..., ~ to tell ...** um ehrlich zu sein ...; **the ~ of it** *or* **the matter is that ...** die Wahrheit ist, daß ..., in Wahrheit ...; **there's no ~** *or* **not a word of ~ in what he says** es ist kein Wort wahr von dem, was er sagt; **there's some ~ in that** da ist etwas Wahres dran (*inf*); **the ~, the whole ~ and nothing but the ~** (*Jur*) die Wahrheit, die reine Wahrheit und nichts als die Wahrheit; **in ~** in Wahrheit, in Wirklichkeit; **~ will out** die Sonne wird es an den Tag bringen (*prov*); **~ drug** *or* **serum** Wahrheitsdroge *f*; **~ table** (*Logic*) Wahrheitstabelle *f*; **~ value** (*Logic*) Wahrheitswert *m*.

2. (*belief, fact*) Wahrheit *f*. **I told him a few ~s about his behaviour** ich habe ihm mal gesagt, was ich von seinem Benehmen halte; *see* **home truth**.

truthful ['tru:θfʊl] *adj person* ehrlich; *statement* ehrlich, wahrheitsgetreu. **to be ~ about it** ehrlich sein.

truthfully ['tru:θfəlɪ] *adv* ehrlich; *answer, say also, explain* wahrheitsgemäß.

truthfulness ['tru:θfʊlnɪs] *n* Ehrlichkeit, Aufrichtigkeit *f*; (*of statement*) Wahrheit *f*.

try [traɪ] **I** *n* **1.** (*attempt*) Versuch *m*. **to have a ~** es versuchen; **to have a ~ at doing sth** (sich daran) versuchen, etw zu tun, (es) probieren, etw zu tun; **have another ~ (at it)** versuch's noch mal; **to have a ~ for sth** sich um etw bemühen; **I'll give it a ~** (*will attempt it*) ich werde es mal versuchen; (*will test it out*) ich werde es ausprobieren; **I'll give him a ~** ich werde ihm eine Chance geben; **it was a good ~** das war schon ganz gut; **it's worth a ~** es ist einen Versuch wert; **can I have a ~ at your bicycle?** kann ich mal dein Rad ausprobieren?

2. (*Rugby*) Versuch *m*. **to score a ~** einen Versuch erzielen.

II *vt* **1.** (*attempt*) versuchen. **you have only tried two questions** du hast nur zwei Fragen zu beantworten versucht; **to ~ one's hardest** *or* **one's best** sein Bestes tun *or* versuchen; **do ~ to understand** bitte versuche doch zu verstehen!; **I've given up ~ing to help him** ich habe es aufgegeben, ihm helfen zu wollen; **the sun's ~ing to come out** es sieht so aus, als wollte die Sonne rauskommen; **to ~ one's hand at sth** etw probieren; **just you ~ it!** (*dare*) versuch's bloß!

2. (**~ out**) *new detergent, bicycle* ausprobieren; *job applicant* eine Chance geben (+*dat*), es versuchen mit (*inf*); (**~** *it with*) *glue, aspirin* es versuchen mit; (**~** *to buy or get sth at*) *newsagent, next door* es versuchen (bei); (**~** *to open*) *door, window* ausprobieren. **I can't shut this case — ~ sitting on it** ich kriege diesen Koffer nicht zu — setz dich doch mal drauf! (*inf*); **I've tried everything** ich habe alles versucht *or* probiert; **~ whether ...** probieren Sie, ob ...; **~ this for size** probieren Sie mal, ob dieser/diese *etc* paßt; (*fig inf*) wie wär's denn damit? (*inf*); **to ~ one's hand at sth** etw *or* sich an etw (*dat*) versuchen; **to ~ one's strength** seine Kraft erproben.

3. (*sample, taste*) *beer, olives* probieren.

4. (*test*) *courage, patience* auf die Probe stellen; (*strain*) *eyes* anstrengen. **he was tried and found wanting** (*liter*) er wurde gewogen und zu leicht befunden; **(just) ~ me!** (*inf*) wetten?, wetten, daß?; **tried and tested** (*Comm*) erprobt, bewährt; **they have been sorely tried** sie sind schwer geprüft (worden); **these things are sent to ~ us** ja, ja, das Leben ist nicht so einfach.

5. (*Jur*) *person* vor Gericht stellen; *case* verhandeln. **he is being tried for theft** er steht wegen Diebstahls vor Gericht.

III *vi* versuchen. **~ and arrive on time** versuch mal, pünktlich zu sein; **~ as he might, he didn't succeed** sosehr er es auch versuchte, er schaffte es einfach nicht; **he wasn't even ~ing** er hat sich (*dat*) überhaupt keine Mühe gegeben; (*didn't attempt it*) er hat es überhaupt nicht versucht; **you can't say I didn't ~** du kannst nicht sagen, ich hätte es nicht versucht.

◆**try for** *vi +prep obj* sich bemühen um.

◆**try on** *vt sep* **1.** *clothes* anprobieren; *hat* aufprobieren.

2. (*fig inf*) **to ~ it ~ with sb** probieren, wie weit man bei jdm gehen kann, jdn provozieren; **he's ~ing it ~** er probiert, wie weit er gehen *or* es treiben kann; **don't you ~ it ~ with me, I'm not taking any excuses** versuch nicht, mir etwas vorzumachen, ich dulde keine Ausreden.

◆**try out** *vt sep* ausprobieren (*on* bei, an +*dat*); *person* eine Chance geben (+*dat*), einen Versuch machen mit. **two of their players are ~ing ~ for Arsenal** zwei ihrer Spieler versuchen sich bei Arsenal.

◆**try over** *vt sep* (*Mus*) *piece* proben.

trying ['traɪɪŋ] *adj* schwierig, anstrengend; *work, day, time* anstrengend, aufreibend; *experience* schwer. **they've had a ~ time of it recently** sie haben es in letzter Zeit sehr schwer gehabt; **how ~!** wie ärgerlich!

try-on *n* (*inf*) **do you think he'll do what he threatened? — no, it was just a ~** glaubst du, er wird seine Drohung wahr machen? — nein, er wollte uns nur auf den Arm nehmen (*inf*); **tryout** *n* (*of car*) Probefahrt *f*; (*Ftbl*) Probespiel *nt*; (*of applicant*) Probezeit *f*; (*of actor*) Probevortrag *m*; **to give sb/sth a ~** jdm eine Chance geben/etw ausprobieren.

tsar [zɑ:ʳ] *n* Zar *m*.

tsarina [zɑ:'ri:nə] *n* Zarin *f*.

tsarist ['zɑ:rɪst] **I** *n* Zarist(in *f*) *m*. **II** *adj* zaristisch.

tsetse (fly) ['tsetsɪ('flaɪ)] *n* Tsetsefliege *f*.

T-shirt ['ti:ʃɜ:t] *n* T-Shirt *nt*.

tsp(s) *abbr of* **teaspoonful(s), teaspoon(s)** Teel.

T-square ['ti:skwɛəʳ] *n* Reißschiene *f*.

TU (*Brit*) *abbr of* **Trade Union** Gew.

tub [tʌb] *n* **1.** Kübel *m*; (*for rainwater*) Tonne, Traufe *f*; (*for washing*) Zuber, Bottich, Trog *m*; (*of ice-cream, margarine*) Becher *m*. **2.** (*inf: bath~*) Wanne *f*. **3.** (*inf: boat*) Kahn *m*.

tuba ['tju:bə] *n* Tuba *f*.

tubby ['tʌbɪ] *adj* (+*er*) (*inf*) dick; *woman* mollig, rundlich; *child* pummelig, kugelrund; *man* rundlich.

tube [tju:b] *n* **1.** (*pipe*) Rohr *nt*; (*of rubber, plastic*) Schlauch *m*; (*speaking* ~) Sprachrohr *nt*.

2. (*container*) (*of toothpaste, paint, glue*) Tube *f*; (*of sweets*) Röhrchen *nt*.

3. (*London underground*) U-Bahn *f*. **to travel by ~** mit der U-Bahn fahren; **~ station** U-Bahnstation *f*; **~ train** U-Bahnzug *m*.

4. (*Elec, TV, US Rad*) Röhre *f*. **the ~** (*US inf*) die Röhre (*inf*).

5. (*Anat*) Röhre *f*; (*Fallopian*) Eileiter *m*. **the bronchial ~s** die Bronchien *pl*.

tubeless ['tju:blɪs] *adj tyre* schlauchlos.

tuber ['tju:bə^r] *n* (*Bot*) Knolle *f*.

tubercle ['tju:bɜ:kl] *n* (*Bot*) Knoten *m*, Knötchen *nt*; (*Med also*) Tuberkel *m*.

tubercular [tjʊ'bɜ:kjʊlə^r] *adj* tuberkulös.

tuberculin [tjʊ'bɜ:kjʊlɪn] *n* Tuberkulin *nt*.

tuberculosis [tjʊˌbɜ:kjʊ'ləʊsɪs] *n* Tuberkulose *f*.

tuberculous [tjʊ'bɜ:kjʊləs] *adj* tuberkulös.

tubing ['tju:bɪŋ] *n* Schlauch *m*.

tubular ['tju:bjʊlə^r] *adj* röhrenförmig, Röhren-.

TUC (*Brit*) *abbr of* **Trades Union Congress** *Gewerkschafts-Dachverband* ≃ DGB *m*.

tuck [tʌk] **I** *n* **1.** (*Sew*) Saum *m*; (*ornamental*) Biese *f*. **to put a ~ in sth** einen Saum in etw (*acc*) nähen.

2. (*Sch sl: food*) Süßigkeiten *pl*.

II *vt* **1.** (*put*) stecken. **he ~ed his umbrella under his arm** er steckte *or* klemmte (*inf*) sich (*dat*) den Regenschirm unter den Arm; **the bird's head was ~ed under its wing** der Vogel hatte den Kopf unter den Flügel gesteckt; **he ~ed his coat round the shivering child** er legte seinen Mantel fest um das frierende Kind; **she sat with her feet ~ed under her** sie saß mit untergeschlagenen Beinen da.

2. (*Sew*) Biesen steppen in (+*acc*). **a ~ed bodice** ein Oberteil mit Biesen.

III *vi* **your bag will ~ under the seat** du kannst deine Tasche unter dem Sitz verstauen.

◆**tuck away** *vt sep* **1.** (*hide*) wegstecken. **the hut is ~ed ~ among the trees** die Hütte liegt versteckt zwischen den Bäumen.

2. (*inf: eat*) **he can certainly ~ it ~!** er kann ganz schön was wegputzen (*inf*).

◆**tuck in I** *vi* (*inf*) zulangen, reinhauen (*inf*). **~ ~!** langt zu!, haut rein! (*inf*); **to ~ ~to sth** sich (*dat*) etw schmecken lassen.

II *vt sep* **1.** *flap* hineinstecken, reinstecken (*inf*); *sheet also* an den Seiten feststecken. **to ~ one's shirt ~(to) one's trousers, to ~ one's shirt ~** das Hemd in die Hose stecken.

2. to ~ sb ~ jdn zudecken; **to ~ sb ~to bed** jdn ins Bett stecken.

◆**tuck up** *vt sep* **1.** *skirt, hair* hochnehmen; *sleeve* hochkrempeln; *legs* unterschlagen. **2. to ~ sb ~ (in bed)** jdn zudecken.

Tudor ['tju:də^r] **I** *adj* Tudor-. **II** *n* Tudor *mf*.

Tue(s) *abbr of* **Tuesday** Di.

Tuesday ['tju:zdɪ] *n* Dienstag *m*. **on ~** (am) Dienstag; **on ~s, on a ~** dienstags, an Dienstagen (*form*); **I met her on a ~** ich habe sie an einem Dienstag kennengelernt; **on ~ morning/evening** (am) Dienstag morgen/abend, am Dienstagmorgen/-abend; **on ~ mornings/evenings** dienstags *or* Dienstag morgens/abends; **I'll never forget that ~ evening** diesen Dienstagabend werde ich nie vergessen; **last/next/this ~** Dienstag letzter/nächster/dieser Woche, letzten/nächsten/diesen Dienstag; **a year (ago) last/next ~** letzten/nächsten Dienstag vor einem Jahr; **~'s newspaper** die Zeitung vom Dienstag; **our ~ meeting** (*this week*) unser Treffen am Dienstag; (*every week*) unser dienstägliches Treffen, unser Dienstagstreffen; **~ December 5th** (*in letter*) Dienstag, den 5. Dezember.

tuft [tʌft] *n* Büschel *nt*. **a ~ of hair/feathers** ein Haarbüschel *nt*/Federbusch *m*.

tufted ['tʌftɪd] *adj bird* Hauben-; *species* (*Orn*) mit Federbusch; (*Bot*) büschelförmig. **~ duck** Reiherente *f*.

tug [tʌg] **I** *vt* zerren, ziehen; *vessel* (ab)schleppen. **she ~ged his sleeve** sie zog an seinem Ärmel.

II *vi* ziehen, zerren (*at* an +*dat*); *see* **heartstrings.**

III *n* **1.** (*pull*) **to give sth a ~** an etw (*dat*) ziehen; **I felt a ~ on my sleeve** ich spürte, wie mich jemand am Ärmel zog; **parting with it was quite a ~** es fiel mir *etc* sehr schwer, mich *etc* davon zu trennen; **~ of war** (*Sport, fig*) Tauziehen *nt*.

2. (*also* **~boat**) Schleppkahn *m*.

tuition [tjʊ'ɪʃən] *n* Unterricht *m*. **extra ~** Nachhilfeunterricht.

tulip ['tju:lɪp] *n* Tulpe *f*.

tulle [tju:l] *n* Tüll *m*.

tumble ['tʌmbl] **I** *n* **1.** (*fall*) Sturz *m*. **to have a ~** stürzen; **to have a ~ in the hay** (*euph*) sich lieben; **to take a ~** stürzen, straucheln; (*fig*) fallen; **his pride has taken a ~** sein Stolz ist verletzt worden.

2. (*mess*) Durcheinander *nt*. **in a ~** völlig durcheinander.

II *vi* **1.** (*fall*) straucheln, (hin)fallen; (*move quickly*) stürzen; (*fig: prices*) fallen. **he ~d off his bicycle** er stürzte vom Fahrrad; **the children ~d up the stairs** die Kinder stürzten die Treppe hinauf; **to ~ over sth** über etw (*acc*) fallen *or* stolpern.

2. (*inf: realize*) **to ~ to sth** etw kapieren (*inf*).

3. (*gymnast*) Bodenakrobatik machen.

III *vt* (*make fall*) stoßen; (*make untidy*) *hair* zerzausen, durcheinanderbringen.

◆**tumble about** *vi* durcheinanderpurzeln; (*children, kittens*) herumpurzeln.

◆**tumble down** *vi* **1.** (*fall down*) (*per-*

son) hinfallen, stürzen; (*object*) hinunter-/herunterfallen; (*building*) einstürzen. **to ~ ~ the stairs** die Treppe hinunter-/herunterfallen. **2.** (*move quickly*) **they came tumbling ~ the stairs** sie kamen die Treppe heruntergestürzt.

◆**tumble in** *vi* (*come in*) hereinpurzeln.

◆**tumble out** *vi* (*go out*) heraus-/hinauspurzeln.

◆**tumble over** *vi* umfallen, umkippen.

tumbledown *adj* verfallen, baufällig; **tumble-drier** *n* Trockenautomat, Heißlufttrockner *m*.

tumbler ['tʌmbləʳ] *n* **1.** (*glass*) (Becher)glas *nt*, Tumbler *m*. **2.** (*in lock*) Zuhaltung *f*. **3.** (*acrobat*) Bodenakrobat *m*. **4.** (*toy*) Stehaufmännchen *nt*. **5.** (*tumble drier*) Trockenautomat *m*. **6.** (*Orn*) Tümmler *m*.

tumbleweed ['tʌmbl,wi:d] *n* (*US*) Steppenläufer *m or* -hexe *f*.

tumescence [tu:'mesns] *n* (*form*) Schwellung *f*.

tumescent [tju:'mesnt] *adj* (*form*) anschwellend.

tumid ['tju:mɪd] *adj* (*Med*) geschwollen; (*fig*) *style, speech* schwülstig; *style also* geschwollen.

tummy ['tʌmɪ] *n* (*inf*) Bauch *m*, Bäuchlein *nt* (*baby-talk*). **those green apples will give you (a) ~ ache** von diesen grünen Äpfeln kriegst du Bauchschmerzen *or* Bauchweh.

tumour, (*US*) **tumor** ['tju:məʳ] *n* Geschwulst *f*, Tumor *m*. **a ~ on the brain, a brain ~** ein Gehirntumor *m*.

tumult ['tju:mʌlt] *n* **1.** (*uproar*) Tumult *m*. **the ~ of battle** das Schlachtgetümmel. **2.** (*emotional*) **his mind was in a ~** sein Inneres befand sich in Aufruhr; **a ~ of rage/emotion/weeping** ein Wut-/Gefühls-/Tränenausbruch *m*.

tumultuous [tju:'mʌltjʊəs] *adj* tumultartig, stürmisch; *applause* stürmisch. **they gave him a ~ welcome** sie begrüßten ihn stürmisch; **a ~ sea** stürmische See.

tumultuously [tju:'mʌltjʊəslɪ] *adv* stürmisch.

tumulus ['tju:mjʊləs] *n* Tumulus, Grabhügel *m*.

tuna (fish) ['tju:nə('fɪʃ)] *n* Thunfisch *m*

tundra ['tʌndrə] *n* Tundra *f*.

tune [tju:n] **I** *n* **1.** (*melody*) Melodie *f*. **sung to the ~ of ...** gesungen nach der Melodie (von) ...; **give us a ~!** spiel uns was vor!; **to change one's ~** (*fig*) seine Meinung ändern; **to the ~ of £100** in Höhe von £ 100.

2. (*pitch*) **to sing in ~/out of ~** richtig/falsch singen; **the piano is out of ~** das Klavier ist verstimmt; **to go out of ~** (*instrument*) sich verstimmen; (*singer*) anfangen, falsch zu singen; **to be in/out of ~ with sb/sth** (*fig*) mit jdm/etw harmonieren/nicht harmonieren; **he felt out of ~ with his new environment** er fühlte sich in seiner neuen Umgebung fehl am Platze.

3. (*Aut*) **the carburettor is out of ~** der Vergaser ist falsch eingestellt.

II *vt* **1.** (*Mus*) *instrument* stimmen.

2. (*Rad*) einstellen. **you are ~d to the BBC World Service** Sie hören den *or* hier ist der BBC World Service.

3. (*Aut*) *engine, carburettor* einstellen.

◆**tune in I** *vi* (*Rad*) einschalten. **to ~ ~ to Radio London** Radio London einschalten *or* hören. **II** *vt sep radio* einschalten (*to acc*). **you are ~d ~ to Radio 2** Sie hören *or* hier ist Radio 2.

◆**tune up I** *vi* (*Mus*) (sein Instrument/die Instrumente) stimmen. **II** *vt sep* (*Aut*) *engine* tunen.

tuneful *adj*, **~ly** *adv* ['tju:nfʊl, -fəlɪ] melodisch.

tunefulness ['tju:nfʊlnɪs] *n* Melodik *f*.

tuneless *adj*, **~ly** *adv* ['tju:nlɪs, -lɪ] unmelodisch.

tuner ['tju:nəʳ] *n* **1.** (*Mus*) Stimmer *m*. **2.** (*Rad etc*) (*part of set*) Empfangsteil *nt*; (*separate set*) Empfänger, Tuner *m*.

tune-up ['tju:nʌp] *n* (*Aut*) **the car needs/has had a ~** das Auto muß eingestellt werden/ist eingestellt worden.

tungsten ['tʌŋstən] *n* Wolfram *nt*. **~ lamp/steel** Wolframlampe *f*/-stahl *m*.

tunic ['tju:nɪk] *n* Kasack *m*, Hemdbluse *f*; (*of uniform*) Uniformrock *m*; (*of school uniform*) Kittel *m*; (*in ancient Greece*) Chiton *m*; (*in ancient Rome*) Tunika *f*.

tuning ['tju:nɪŋ] *n* **1.** (*Mus*) Stimmen *nt*. **~-fork** Stimmgabel *f*.

2. (*Rad*) Einstellen *nt*. **it takes a lot of ~ to find the right station** man muß lange suchen, bis man den richtigen Sender gefunden hat; **~ knob** Stationswahlknopf *m*.

3. (*Aut*) Einstellen *nt*. **all the engine needed was a little ~** der Motor mußte nur richtig eingestellt werden.

Tunisia [tju:'nɪzɪə] *n* Tunesien *nt*.

Tunisian [tju:'nɪzɪən] **I** *n* Tunesier(in *f*) *m*. **II** *adj* tunesisch.

tunnel ['tʌnl] **I** *n* Tunnel *m*; (*under road, railway also*) Unterführung *f*; (*Min*) Stollen *m*. **at last we can see the light at the end of the ~** (*fig*) endlich sehen wir wieder Licht; **~ vision** (*Med*) Gesichtsfeldeinengung *f*; (*fig*) Engstirnigkeit *f*, beschränkter Horizont.

II *vi* (*into* in *+acc, through* durch) einen Tunnel bauen; (*rabbit*) einen Bau graben; (*mole*) Gänge graben.

III *vt* **they ~led a road through the mountain** sie bauten einen Straßentunnel durch den Berg; **to ~ one's way through sth** sich durch etw hindurchgraben.

◆**tunnel out** *vi* sich (*dat*) einen Fluchttunnel graben.

tunny (fish) ['tʌnɪ('fɪʃ)] *n* Thunfisch *m*.

tuppence ['tʌpəns] *n* zwei Pence. **I don't care ~** das interessiert mich nicht für fünf Pfennig (*inf*).

tuppenny ['tʌpənɪ] *adj* für zwei Pence; *stamp, piece* Zwei-pence-. **~ bit** Zweipencestück *nt*.

tuppenny-ha'penny ['tʌpnɪ'heɪpnɪ] *adj* (*Brit inf*) lächerlich.

turban ['tɜ:bən] *n* Turban *m*.

turbid ['tɜ:bɪd] *adj* **1.** *liquid* trübe, schmutzig. **~ clouds of smoke** dicke Rauchwolken. **2.** (*fig: confused*) verworren.

turbidity [tɜː'bɪdɪtɪ] *n see adj* **1.** Trübheit, Schmutzigkeit *f.* **2.** Verworrenheit *f.*

turbine ['tɜːbaɪn] *n* Turbine *f.*

turbocharged ['tɜːbəʊˌtʃɑːdʒd] *adj car, engine* mit Turboaufladung.

turbocharger ['tɜːbəʊˌtʃɑːdʒə^r] *n* Turbolader *m.*

turbojet ['tɜːbəʊ'dʒet] *n* (*engine*) Turbotriebwerk *nt*; (*aircraft*) Düsenflugzeug *nt*, Turbojet *m.*

turboprop ['tɜːbəʊ'prɒp] *n* (*engine*) Propellerturbine *f*; (*aircraft*) Turbo-Prop-Flugzeug *nt.*

turbot ['tɜːbət] *n* Steinbutt *m.*

turbulence ['tɜːbjʊləns] *n* (*of person, crowd*) Ungestüm *nt*, Wildheit *f*; (*of emotions*) Aufgewühltheit *f*; (*of career, period*) Turbulenz *f.* **air ~** Turbulenzen *pl*; **the ~ of the water** das stürmische Wasser.

turbulent ['tɜːbjʊlənt] *adj* stürmisch; *person, crowd* ungestüm, wild; *emotions also* aufgewühlt; *career, period also* turbulent.

turd [tɜːd] *n* (*vulg*) **1.** Kacke (*sl*) *f no pl*; (*single*) Haufen *m* (*inf*). **2.** (*pej: person*) Scheißkerl *m* (*sl*).

tureen [tə'riːn] *n* (Suppen)terrine *f.*

turf [tɜːf] **I** *n, pl* **-s** *or* **turves 1.** (*no pl: lawn*) Rasen *m*; (*no pl: squares of grass*) Soden *pl*; (*square of grass*) Sode *f.*

2. (*no pl: peat*) Torf(soden *pl*) *m*; (*square of peat*) Torfsode *f.* **to cut ~(s)** Torf(soden) stechen.

3. (*Sport*) **the T~** die (Pferde)rennbahn; **all his life he was a devotee of the T~** sein Leben galt dem Pferderennsport; **~ accountant** Buchmacher *m.*

II *vt* **1. he ~ed the garden** er verlegte (Gras)soden im Garten. **2.** (*inf*) **to ~ sb down the stairs** jdn die Treppe hinunterscheuchen (*inf*); **to ~ sth into the corner/up in the attic** etw in die Ecke/auf den Dachboden werfen.

◆**turf out** *vt sep* (*inf*) *person* rauswerfen, rausschmeißen (*inf*); *plan* umschmeißen (*inf*), verwerfen; *suggestions* abtun; (*throw away*) wegschmeißen (*inf*).

◆**turf over** *vt sep* **1.** *garden* mit (Gras)soden bedecken. **2.** (*inf: throw over*) rüberwerfen (*inf*) (*to sb* jdm).

turgid ['tɜːdʒɪd] *adj* (*swollen*) (an)geschwollen; (*fig*) *style* schwülstig.

turgidity [tɜː'dʒɪdɪtɪ] *n see adj* Schwellung *f*; Schwülstigkeit *f.*

Turk [tɜːk] *n* Türke *m*, Türkin *f.*

Turkey ['tɜːkɪ] *n* die Türkei.

turkey ['tɜːkɪ] *n* **1.** Truthahn *m*/-henne *f*, Pute(r) *mf* (*esp Cook*). **2. to talk ~** (*US inf*) Tacheles reden (*inf*).

turkey buzzard *n* Truthahngeier *m*; **turkeycock** *n* Truthahn, Puter (*esp Cook*) *m.*

Turkish ['tɜːkɪʃ] **I** *adj* türkisch. **~ towel** Frotteehandtuch *nt.* **II** *n* (*language*) Türkisch *nt.*

Turkmenistan [ˌtɜːkmenɪ'stɑːn] *n* Turkmenien *nt.*

turmeric ['tɜːmərɪk] *n* Kurkuma, Gelbwurz *f.*

turmoil ['tɜːmɔɪl] *n* Aufruhr *m*; (*confusion*) Durcheinander *nt.* **he was glad to escape from the ~ of politics** er war froh, daß er sich aus der Hektik der Politik zurückziehen konnte; **everything is in a ~** alles ist in Aufruhr; **her mind was in a ~** sie war völlig verwirrt.

turn [tɜːn] **I** *n* **1.** (*movement*) Drehung *f.* **six ~s of the wheel** sechs Umdrehungen des Rades; **to give sth a ~** etw drehen; **give the handle another ~** dreh den Griff noch einmal herum; **done to a ~** (*Cook*) genau richtig.

2. (*change of direction*) (*in road*) Kurve *f*; (*Sport*) Wende *f.* **to make a ~ to the left** nach links einbiegen; (*driver, car also, road*) nach links abbiegen; (*road*) eine Linkskurve machen; **take the left-hand ~** biegen Sie links ab; **to make a ~ to port** (*Naut*) nach Backbord abdrehen; **"no left ~"** „Linksabbiegen verboten"; **the Canadian swimmer made the better ~** der kanadische Schwimmer wendete besser; **he gets his horse to make a very tight ~** er wendet sein Pferd sehr eng; **watch out for that sudden ~ in the road** paß auf, die Straße macht eine scharfe Kurve; **the ~ of the tide** der Gezeitenwechsel; **the tide is on the ~** (*lit*) die Ebbe/Flut setzt ein, die See ist im Stau (*spec*); (*fig*) es tritt eine Wende ein; **the milk/meat is on the ~** die Milch/das Fleisch hat einen Stich; **at the ~ of the century** um die Jahrhundertwende; **the ~ of the year** die Jahreswende, der Jahreswechsel; **at every ~** (*fig*) auf Schritt und Tritt; **things took a ~ for the worse/the better** die Dinge wendeten sich zum Schlechten/zum Guten; **things took a new ~** die Dinge nahmen eine neue Wendung; **I'm very upset by the ~ of events** ich bin über den Verlauf der Dinge sehr beunruhigt.

3. (*in game, queue, series*) **in ~** der Reihe nach; **out of ~** außer der Reihe; **it's your ~** du bist an der Reihe *or* dran; **it's your ~ to do the washing-up** du bist mit (dem) Abwaschen an der Reihe *or* dran; **now it's his ~ to be jealous** jetzt ist er zur Abwechslung eifersüchtig; **whose ~ is it?** wer ist an der Reihe *or* dran?; **it's my ~ next** ich komme als nächste(r) an die Reihe *or* dran; **wait your ~** warten Sie, bis Sie an der Reihe sind; **to miss a ~** eine Runde aussetzen; **your ~ will come** du kommst auch noch mal dran; **my secretary was speaking out of ~** es stand meiner Sekretärin nicht zu, sich darüber zu äußern; **sorry, have I spoken out of ~?** Entschuldigung, habe ich etwas Falsches gesagt?; **~ and ~ about** abwechselnd; **in ~, by ~s** abwechselnd; **she was confident then depressed by ~s** sie war abwechselnd zuversichtlich und deprimiert; **to take ~s at doing sth, to take it in ~(s) to do sth** etw abwechselnd tun; **take it in ~s!** wechselt euch ab!; **to take ~s at the wheel** sich am Steuer *or* beim Fahren abwechseln; **to take a ~ at the wheel** (für eine Weile) das Steuer übernehmen.

4. (*service*) **to do sb a good/bad ~** jdm

einen guten/schlechten Dienst erweisen; **one good ~ deserves another** (*Prov*) eine Hand wäscht die andere (*prov*).

5. (*tendency, talent*) Hang *m*, Neigung *f*. **to have a mathematical ~ of mind** mathematisch begabt sein; **a melancholy ~ of mind** ein Hang zur Melancholie.

6. (*Med inf*) **he had one of his ~s last night** er hatte letzte Nacht wieder einen Anfall; **you/it gave me quite a ~** du hast/es hat mir einen schönen Schrecken eingejagt.

7. (*Theat*) Nummer *f*. **they got him to do a ~ at the party** sie brachten ihn dazu, auf der Party etwas zum besten zu geben.

8. (*purpose*) **it will serve my ~** das ist für meine Zwecke gerade richtig; **we'll throw these old carpets away once they've served their ~** wir werfen diese alten Teppiche weg, wenn sie ihren Zweck erfüllt *or* wenn sie ausgedient haben.

9. (*walk, stroll*) **to take a ~ in the park** eine Runde durch den Park machen.

10. ~ of phrase Ausdrucksweise *f*; **to have a good ~ of speed** (*car*) sehr schnell fahren; (*horse, athlete*) sehr schnell sein.

II *vt* **1.** (*revolve*) *knob, key, screw, steering wheel* drehen. **to ~ the key in the lock** den Schlüssel im Schloß herumdrehen; **what ~s the wheel?** wie wird das Rad angetrieben?; **he ~ed the wheel sharply** er riß das Steuer herum.

2. he ~ed his head towards me er wandte mir den Kopf zu; **he ~ed his back to the wall** er kehrte den Rücken zur Wand; **success has ~ed his head** der Erfolg ist ihm zu Kopf gestiegen; **she seems to have ~ed his head** sie scheint ihm den Kopf verdreht zu haben; **she can still ~ a few heads** die Leute schauen sich immer noch nach ihr um; **to ~ sb's brain** jds Sinne *or* Geist verwirren; **as soon as his back is ~ed** sobald er den Rücken kehrt; **the sight of all that food quite ~ed my stomach** beim Anblick des vielen Essens drehte sich mir regelrecht der Magen um; **without ~ing a hair** ohne mit der Wimper zu zucken; **he can ~ his hand to anything** er kann alles, er ist sehr geschickt; **she ~ed her hand to cooking** sie versuchte sich im Kochen.

3. (*~ over*) *mattress, collar, soil, hay* wenden; *record* umdrehen; *page* umblättern.

4. (*change position of, ~ round*) *car, lorry* wenden; *chair, picture* umdrehen.

5. (*direct*) **to ~ one's thoughts/ attention to sth** seine Gedanken/ Aufmerksamkeit einer Sache (*dat*) zuwenden; **to ~ one's steps homeward** seine Schritte heimwärts lenken (*liter, hum*); **to ~ a gun on sb** ein Gewehr auf jdn richten; **the police ~ed the hoses on the demonstrators** die Polizei richtete die Wasserwerfer auf die Demonstranten.

6. (*pass*) **he is** *or* **has ~ed forty** er hat die Vierzig überschritten; **it is** *or* **has ~ed 2 o'clock** es ist 2 Uhr vorbei.

7. the car ~ed the corner das Auto bog um die Ecke; **to have ~ed the corner** (*fig*) über den Berg sein.

8. (*transform, make become*) verwandeln (*in(to)* in *+acc*). **the play was ~ed into a film** das Stück wurde verfilmt; **to ~ verse into prose** Lyrik in Prosa übertragen; **to ~ English expressions into German** englische Redewendungen ins Deutsche übersetzen; **the shock ~ed his hair grey overnight** durch den Schock bekam er über Nacht graue Haare; **the smoke ~ed the walls black** der Rauch schwärzte die Wände; **to ~ the lights low** das Licht herunterdrehen; **this hot weather has ~ed the milk (sour)** bei dieser Hitze ist die Milch sauer geworden.

9. (*deflect*) **nothing will ~ him from his purpose** nichts wird ihn von seinem Vorhaben abbringen.

10. (*shape*) *wood* drechseln; *metal, pot* drehen. **a well-~ed sentence/leg** ein gutformulierter Satz/wohlgeformtes Bein.

11. (*set*) **to ~ a boat adrift** ein Boot losmachen und treiben lassen; **to ~ sb loose** jdn loslassen *or* laufen lassen.

III *vi* **1.** (*revolve, move round: key, screw, wheel*) sich drehen. **the world ~s on its axis** die Erde dreht sich um ihre Achse; **he ~ed to me and smiled** er drehte sich mir zu und lächelte; **this tap won't ~** dieser Hahn läßt sich nicht drehen; **to ~ upside down** umkippen; **my head is ~ing** in meinem Kopf dreht sich alles; **his stomach ~ed at the sight** bei dem Anblick drehte sich ihm der Magen um.

2. (*change direction*) (*to one side*) (*person, car*) abbiegen; (*plane, boat*) abdrehen; (*~ around*) wenden; (*person: on the spot*) sich umdrehen; (*wind*) drehen. **to ~ and go back** umkehren; **to ~ (to the) left** links abbiegen; **left ~!** (*Mil*) linksum!; **our luck ~ed** unser Glück wendete sich.

3. (*go*) **to ~ to sb/sth** sich an jdn wenden/sich einer Sache (*dat*) zuwenden; **after her death, he ~ed to his books for comfort** nach ihrem Tod suchte er Trost bei seinen Büchern; **this job would make anyone ~ to drink!** bei dieser Arbeit muß man ja zum Trinker werden!; **our thoughts ~ to those who ...** wir gedenken derer, die ...; **the conversation ~ed to the accident** das Gespräch kam auf den Unfall, man kam auf den Unfall zu sprechen; **I don't know which way** *or* **where to ~ for help/money** ich weiß nicht, an wen ich mich um Hilfe wenden kann/wen ich um Geld bitten kann; **I don't know which way to ~** ich weiß nicht, was ich machen soll.

4. (*leaves*) sich (ver)färben; (*milk*) sauer werden; (*meat*) schlecht werden; (*weather*) umschlagen. **to ~ into sth** sich in etw (*acc*) verwandeln; (*develop into*) sich zu etw entwickeln; **their short holiday ~ed into a three-month visit** aus ihrem Kurzurlaub wurde ein Aufenthalt von drei Monaten; **to ~ to stone** zu Stein werden.

5. (*become*) werden. **to ~ traitor** zum

Verräter werden; **XY, an actor ~ed director, ...** der Regisseur XY, ein ehemaliger Schauspieler, ...; **he began to ~ awkward** er wurde unangenehm *or* ungemütlich; **to ~ red** (*leaves*) sich rot färben; (*person: blush*) rot werden; (*traffic lights*) auf Rot umspringen; **his hair is ~ing grey** sein Haar wird grau; **he has** *or* **is just ~ed 18** er ist gerade 18 geworden.

♦**turn about I** *vi* (*person*) sich umdrehen; (*car, boat, driver*) wenden.

II *vt sep car* wenden.

♦**turn against I** *vi +prep obj* sich wenden gegen. **II** *vt sep +prep obj* **they ~ed him ~ his parents** sie brachten ihn gegen seine Eltern auf.

♦**turn around I** *vt sep* **1.** *see* **turn about 2. 2.** (*factory, docks*) *ship* abfertigen; *goods* fertigstellen. **II** *vi +prep obj corner* biegen um. **III** *vi see* **turn about 1. the wheel ~s around on its axis** das Rad dreht sich um seine Achse.

♦**turn aside I** *vi* sich abwenden (*from* von). **II** *vt sep* abwenden.

♦**turn away I** *vi* sich abwenden. **II** *vt sep* **1.** (*move*) *head, eyes, gun* abwenden. **2.** (*send away*) *person* wegschicken, abweisen; *business* zurückweisen, ablehnen.

♦**turn back I** *vi* **1.** (*traveller*) zurückgehen, umkehren; (*plane*) umkehren; (*look back*) sich umdrehen. **we can't ~ ~ now, there's no ~ing ~ now** (*fig*) jetzt gibt es kein Zurück mehr. **2.** (*in book*) zurückblättern (*to* auf *+acc*).

II *vt sep* **1.** (*fold*) *bedclothes* zurück- *or* aufschlagen; *corner* umknicken; *hem* umschlagen.

2. (*send back*) *person* zurückschicken. **they were ~ed ~ at the frontier** sie wurden an der Grenze zurückgewiesen.

3. *clock* zurückstellen; (*fig*) zurückdrehen. **to ~ the clock ~ fifty years** die Uhr um fünfzig Jahre zurückdrehen.

♦**turn down I** *vt sep* **1.** *bedclothes* zurück- *or* aufschlagen; *collar, brim* herunterklappen; *corner of page* umknikken.

2. *gas, heat* herunterdrehen, kleiner stellen; *volume, radio, television* leiser stellen; *lights* herunterdrehen.

3. (*refuse*) *candidate, novel* ablehnen; *offer also* zurückweisen; *suitor* abweisen.

4. *card* verdeckt hin- *or* ablegen.

II *vi +prep obj* **he ~ed ~ a side street** er bog in eine Seitenstraße ab.

♦**turn in I** *vi* **1. her toes ~ ~ when she walks** sie läuft nach innen.

2. (*drive in*) **the car ~ed ~ at the top of the drive** das Auto bog in die Einfahrt ein.

3. (*inf: go to bed*) sich hinhauen (*inf*).

4. to ~ ~ on oneself sich in sich (*acc*) selbst zurückziehen.

II *vt sep* **1. she ~ed ~ her toes as she walked** sie lief nach innen; **to ~ ~ the ends of sth** die Enden von etw umschlagen.

2. (*inf: to police*) **to ~ sb ~** jdn anzeigen *or* verpfeifen (*inf*).

3. (*inf: give back*) *equipment* zurückgeben *or* -bringen; *weapons* (*to police*) abgeben (*to* bei).

4. (*exchange*) eintauschen (*for* gegen).

5. (*Brit sl*) **~ it ~!** jetzt mach aber mal einen Punkt! (*inf*).

♦**turn into** *vti +prep obj see* **turn II 8., III 4.**

♦**turn off I** *vi* abbiegen (*for* nach, *prep obj* von).

II *vt sep* **1.** *light* ausdrehen, ausmachen (*inf*); *gas, radio also* abdrehen; *tap* zudrehen; *TV programme* abschalten; *water, electricity, engine, machine* abstellen.

2. (*sl*) **to ~ sb ~** (*disgust*) jdn anwidern; (*put off*) jdm die Lust verderben *or* nehmen; **when they mentioned the price that ~ed me right ~** als sie den Preis nannten, war für mich der Kuchen gegessen (*sl*); **this town really ~s me ~** diese Stadt stinkt mir (*sl*).

♦**turn on I** *vi* (*Rad, TV*) **we ~ed ~ at 8 o'clock** wir haben um 8 Uhr eingeschaltet.

II *vt sep* **1.** *gas, heat* anstellen, anmachen (*inf*); *radio, television, the news also* einschalten; *light* einschalten, andrehen, anmachen (*inf*); *tap, central heating* aufdrehen; *bath water* einlaufen lassen; *engine, machine* anstellen. **to ~ ~ the charm** seinen (ganzen) Charme spielen lassen.

2. (*sl: with drugs*) anturnen (*sl*).

3. (*sl: appeal to: music, novel*) **sth ~s sb ~** jd steht auf etw (*acc*) (*sl*), jd findet etw Spitze (*sl*), jd fährt auf etw (*acc*) voll ab (*sl*); **whatever ~s you ~** wenn du das gut findest (*inf*); **he/it doesn't ~ me ~** er/das läßt mich kalt (*also sexually*).

4. (*sl: sexually*) scharf machen (*sl*), anmachen (*sl*). **she really ~s me ~** auf sie kann ich voll abfahren (*sl*).

III *vi +prep obj* **1.** (*turn against*) sich wenden gegen; (*attack*) angreifen.

2. (*depend on*) abhängen von.

♦**turn out I** *vi* **1.** (*appear, attend*) erscheinen, kommen.

2. (*firemen, police*) ausrücken; (*doctor*) einen Krankenbesuch machen.

3. (*point*) **his feet ~ ~** er läuft nach außen.

4. the car ~ed ~ of the drive das Auto bog aus der Einfahrt.

5. (*transpire*) sich herausstellen. **he ~ed ~ to be the murderer** es stellte sich heraus, daß er der Mörder war.

6. (*develop, progress*) sich entwickeln, sich machen (*inf*). **how did it ~ ~?** (*what happened*) was ist daraus geworden?; (*cake*) wie ist er geworden?; **as it ~ed ~** wie sich herausstellte; **everything will ~ ~ all right** es wird sich schon alles ergeben.

II *vt sep* **1.** *light* ausmachen; *gas also* abstellen.

2. he ~s his feet ~ er läuft nach außen.

3. (*produce*) produzieren; *novel* schreiben. **the college ~s ~ good teachers** das College bringt gute Lehrer hervor.

4. (*expel*) vertreiben (*of* aus), hinauswerfen (*inf*) (*of* aus); *tenant* kündigen (+*dat*), auf die Straße setzen (*inf*).

5. (*Cook: tip out*) *cake* stürzen. **he ~ed the photos ~ of the box** er kippte die Fotos aus der Schachtel.

6. (*empty*) *pockets* (aus)leeren.

7. (*clean*) *room* gründlich saubermachen.

8. *guard* antreten lassen.

9. (*usu pass: dress*) **well ~ed-~** gut gekleidet *or* ausstaffiert; *troops* tadellos, geschniegelt und gestriegelt (*inf*).

◆**turn over I** *vi* **1.** (*person*) sich umdrehen; (*car, plane*) sich überschlagen; (*boat*) umkippen, kentern; (*stomach*) sich umdrehen.

2. (*with pages*) **please ~ ~** bitte wenden.

3. (*Aut: engine*) laufen. **with the engine ~ing ~** mit laufendem Motor.

II *vt sep* **1.** umdrehen; (*turn upside down*) umkippen; *page* umblättern; *soil* umgraben; *mattress, steak* wenden. **he ~ed the car ~** er überschlug sich (mit dem Auto); **the police ~ed the whole place ~** (*search*) die Polizei durchsuchte das ganze Haus; **to ~ an idea ~ in one's mind** eine Idee überdenken, sich (*dat*) eine Idee durch den Kopf gehen lassen.

2. (*hand over*) übergeben (*to dat*).

3. (*Comm*) *goods* umsetzen. **to ~ ~ £500 a week** einen Umsatz von £ 500 in der Woche haben; **how much do you ~ ~ per week?** welchen Umsatz haben Sie pro Woche?

4. (*Aut*) *engine* laufen lassen.

◆**turn round I** *vi* **1.** (*face other way*) sich umdrehen; (*go back*) umkehren.

2. (*inf*) **one day she'll just ~ ~ and leave you** eines Tages wird sie dich ganz einfach verlassen; **he just ~ed ~ and hit him** er drehte sich einfach um und schlug ihn.

II *vi +prep obj* **we ~ed ~ the corner** wir bogen um die Ecke; **the earth ~s ~ the sun** die Erde dreht sich um die Sonne.

III *vt sep* **1.** *head* drehen; *box* umdrehen. **~ the picture ~ the other way** dreh das Bild andersherum.

2. (*process*) *job* bearbeiten.

3. (*factory, docks*) *ship* abfertigen; *goods* fertigstellen.

◆**turn to I** *vi* (*get busy*) sich an die Arbeit machen. **II** *vi +prep obj* **1. to ~ ~ sb/sth** *see* **turn III 3.. 2.** (*get busy*) **after a short rest, they ~ed ~ their work again** nach einer kurzen Pause machten sie sich wieder an die Arbeit.

◆**turn up I** *vi* **1.** (*arrive*) erscheinen, auftauchen (*inf*). **I was afraid you wouldn't ~ ~** ich hatte Angst, du würdest nicht kommen; **two years later he ~ed ~ in London** zwei Jahre später tauchte er in London auf.

2. (*be found*) sich (an)finden, (wieder) auftauchen (*inf*); (*smaller things also*) zum Vorschein kommen.

3. (*happen*) **something is sure to ~ ~** irgend etwas tut sich *or* passiert schon; **things have a habit of ~ing ~** irgendwie findet sich alles.

4. (*point up*) **his nose ~s ~** er hat eine Himmelfahrts- (*inf*) *or* Stupsnase; **a ~ed-~ nose** eine Himmelfahrts- (*inf*) *or* Stupsnase; **to ~ ~ at the ends** sich an den Enden hochbiegen.

II *vt sep* **1.** (*fold*) *collar* hochklappen; *sleeve* aufrollen, aufkrempeln (*inf*); *hem* umnähen. **to ~ ~ one's nose at sth** (*fig*) die Nase über etw (*acc*) rümpfen.

2. *heat, gas* aufdrehen, höher drehen; *radio* lauter drehen; *volume* aufdrehen; *light* heller machen.

3. (*find*) finden, entdecken. **to ~ ~ some information** Informationen auftreiben, an Informationen kommen.

4. *soil* umpflügen.

5. (*Brit sl*) **~ it ~!** Mensch, hör auf damit! (*inf*).

turn(a)round *n* **1.** (*also* **turnabout**) (*in position, fig: in opinion*) Kehrtwendung *f*; **she has done a complete ~ on fiscal policy** sie hat in der Finanzpolitik eine totale Kehrtwendung gemacht *or* vollführt; **2.** (*also* **~ time**) Bearbeitungszeit *f*; (*production time*) Fertigstellungszeit *f*; **3.** (*of situation, company*) Umschwung *m*, Wende *f*; **4.** (*of ship, aircraft*) Abfertigung *f*; **turncoat** *n* Abtrünnige(r), Überläufer *m*.

turner ['tɜːnəʳ] *n* (*of metal*) Dreher(in *f*) *m*; (*of wood*) Drechsler(in *f*) *m*.

turning ['tɜːnɪŋ] *n* **1.** (*in road*) Abzweigung *f*. **take the second ~ on the left** nimm die zweite Abfahrt links; **it's a long road that has no ~** (*prov*) nichts dauert ewig. **2.** (*Tech*) (*of metal*) Drehen *nt*; (*of wood*) Drechseln *nt*.

turning circle *n* (*Aut*) Wendekreis *m*; **turning lathe** *n* Drehbank *f*; **turning point** *n* Wendepunkt *m*.

turnip ['tɜːnɪp] *n* Rübe *f*; (*swede*) Steckrübe *f*.

turnkey *n* Schließer, Gefängniswärter *m*; **turn-off** *n* **1.** Abzweigung *f*; (*on motorway*) Abfahrt, Ausfahrt *f*; **the Birmingham ~** die Abzweigung nach Birmingham; die Abfahrt *or* Ausfahrt Birmingham; **2.** (*inf*) **it was a real ~** das hat einem die Lust verdorben; **hairy armpits are the ultimate ~ for me** bei Haaren unter den Achseln hört's bei mir auf (*inf*); **turn-on** *n* (*inf*) **that's a real ~** das macht einen an (*sl*); **she finds him/his accent a real ~** sie fährt voll auf ihn/seinen Akzent ab (*sl*).

turnout ['tɜːnaʊt] *n* **1.** (*attendance*) Teilnahme, Beteiligung *f*. **in spite of the rain there was a good/big ~ for the match** trotz des Regens war das Spiel gut besucht.

2. (*clean-out*) **she gave the room a thorough ~** sie machte den Raum gründlich sauber.

3. (*Comm: output*) Produktion *f*.

4. (*dress*) Aufmachung *f*.

turnover ['tɜːnˌəʊvəʳ] *n* (*total business*) Umsatz *m*; (*Comm, Fin: of capital*) Umlauf *m*; (*Comm: of stock*) (Lager)umschlag *m*; (*of staff*) Personalwechsel *m*, Fluktuation *f*. **~ tax** Umsatzsteuer *f*.

turnpike *n* (*Brit Hist*) Mautschranke *f*; (*US*) gebührenpflichtige Autobahn;

turn-round *n see* **turn(a)round**; **turnstile** *n* Drehkreuz *nt*; **turntable** *n* Drehscheibe *f*; (*on record player*) Plattenteller *m*; **turn-up** *n* **1.** (*Brit: on trousers*) Aufschlag *m*; **2.** (*inf: event*) **that was a ~ for the book** das war eine (echte) Überraschung, das war (vielleicht) ein Ding (*inf*).

turpentine ['tɜːpəntaɪn] *n* Terpentin(öl) *nt*. **~ substitute** Terpentin(öl)ersatz *m*.

turps [tɜːps] *n sing* (*inf*) *abbr of* **turpentine**.

turquoise ['tɜːkwɔɪz] **I** *n* **1.** (*gem*) Türkis *m*. **2.** (*colour*) Türkis *nt*. **II** *adj* türkis(farben).

turret ['tʌrɪt] *n* (*Archit*) Mauer- *or* Eckturm *m*; (*on tank*) Turm *m*; (*on ship*) Gefechtsturm *m*. **~ gun** Turmgeschütz *nt*.

turreted ['tʌrɪtɪd] *adj* **a ~ castle** ein Schloß mit Mauer- *or* Ecktürmen.

turtle ['tɜːtl] *n* (Wasser)schildkröte *f*; (*US also*) (Land)schildkröte *f*. **to turn ~** kentern; *see* **mock turtle soup**.

turtle-dove *n* (*lit, fig inf*) Turteltaube *f*; **turtle-neck (pullover)** *n* Pullover *m* mit Stehbund.

turves [tɜːvz] *pl of* **turf**.

Tuscan ['tʌskən] **I** *adj* toskanisch. **II** *n* **1.** Toskaner(in *f*) *m*. **2.** (*language*) Toskanisch *nt*.

Tuscany ['tʌskənɪ] *n* die Toskana.

tush [tʌʃ] *interj* (*dated*) pah, bah.

tusk [tʌsk] *n* (*of elephant*) Stoßzahn *m*; (*of walrus*) Eckzahn *m*; (*of boar*) Hauer *m*.

tusker ['tʌskəʳ] *n* Elefantenbulle *m*; (*boar*) Keiler *m*.

tussle ['tʌsl] **I** *n* (*lit, fig*) Gerangel *nt*. **II** *vi* sich rangeln (*with sb for sth* mit jdm um etw).

tussock ['tʌsək] *n* (Gras)büschel *nt*.

tut [tʌt] *interj, vti see* **tut-tut**.

tutelage ['tjuːtɪlɪdʒ] *n* (*form*) **1.** (*teaching*) Führung, Anleitung *f*. **the students made good progress under his able ~** bei diesem guten Unterricht machten die Schüler große Fortschritte. **2.** (*guardianship*) Vormundschaft *f*.

tutelary ['tjuːtɪlərɪ] *adj* (*form*) (*of guardian*) vormundschaftlich. **a ~ saint** ein Schutzpatron *m*.

tutor ['tjuːtəʳ] **I** *n* **1.** (*private teacher*) Privat- *or* Hauslehrer(in *f*) *m*. **2.** (*Brit Univ*) Tutor(in *f*) *m*.

II *vt* **1.** (*as private teacher*) privat unterrichten; (*give extra lessons to*) Nachhilfe(unterricht) geben (+*dat*). **to ~ sb in Latin** jdm Privatunterricht/Nachhilfe in Latein geben.

tutorial [tjuː'tɔːrɪəl] **I** *n* (*Brit Univ*) Tutorium *nt*. **II** *adj duties* Tutoren-. **the ~ system** das Tutorensystem.

tut-tut ['tʌt'tʌt] **I** *interj* (*in disapproval*) na, na, aber, aber. **II** *vi* **she ~ted in disapproval** na, na! *or* aber, aber!, sagte sie mißbilligend. **III** *vt idea* mißbilligen.

tutu ['tuːtuː] *n* (*Ballet*) Tutu, Ballettröckchen *nt*.

tux [tʌks] (*inf*), **tuxedo** [tʌk'siːdəʊ] *n* (*US*) Smoking *m*.

TV *n* (*inf*) *abbr of* **television** Fernsehen *nt*; (*set*) Fernseher *m* (*inf*). **on ~** im Fernsehen; **a ~ programme** eine Fernsehsendung; **a ~ personality** ein Fernsehstar *m*; **~ dinner** (*US*) Fertigmahlzeit *f*; *see also* **television**.

TVA *abbr of* **Tennessee Valley Authority**.

twaddle ['twɒdl] *n* (*inf*) Geschwätz *nt*, dummes Zeug (*inf*).

twain [tweɪn] *n* (*old*) zwei. **in ~** entzwei (*old*); **and ne'er the ~ shall meet** ... sie werden nie zueinanderfinden.

twang [twæŋ] **I** *n* **1.** (*of wire, guitar string*) Doing *nt*; (*of rubber band, bowstring*) scharfer Ton.

2. (*of voice*) Näseln *nt*, näselnder Tonfall. **to speak with a ~** mit näselndem Tonfall *or* einem Näseln sprechen.

II *vt* zupfen; *guitar, banjo also* klimpern auf (+*dat*).

III *vi* **1.** einen scharfen Ton von sich geben; (*rubber band*) pitschen (*inf*). **2. to ~ on a guitar** auf einer Gitarre herumklimpern.

twangy ['twæŋɪ] *adj* (+*er*) *voice* näselnd; *guitar* Klimper-.

'twas [twɒz] (*old*) *contr of* **it was**.

tweak [twiːk] **I** *vt* **1.** kneifen. **she ~ed back the curtain** sie schob den Vorhang etwas zur Seite; **to ~ sb's ear** jdn am Ohr ziehen; **to ~ sth off/out** etw abkneifen/auszupfen.

2. (*sl*) *engine* hochfrisieren (*sl*).

II *n*: **to give sth a ~** an etw (*dat*) (herum)zupfen; **to give sb's ear/nose a ~** jdn am Ohr/an der Nase ziehen.

twee [twiː] *adj* (+*er*) (*inf*) niedlich, putzig (*inf*); *manner* geziert; *clothes* niedlich; *description* verniedlichend; *expression* gekünstelt.

tweed [twiːd] **I** *n* **1.** (*cloth*) Tweed *m*. **2. ~s** *pl* (*clothes*) Tweedkleidung *f*, Tweedsachen *pl*. **II** *adj* Tweed-.

Tweedledum [ˌtwiːdl'dʌm] *n* **the twins were as alike as ~ and Tweedledee** die Zwillinge glichen sich wie ein Ei dem anderen.

tweedy ['twiːdɪ] *adj* (+*er*) *material* Tweed-, tweedartig.

tweet [twiːt] *n* (*of birds*) Ziepen, Piepsen *nt no pl*.

tweeter ['twiːtəʳ] *n* Hochtonlautsprecher, Hochtöner *m*.

tweezers ['twiːzəz] *npl* (*also* **pair of ~**) Pinzette *f*.

twelfth [twelfθ] **I** *adj* zwölfte(r, s). **a ~ part** ein Zwölftel *nt*; **T~ Night** Dreikönige; (*evening*) Dreikönigsabend *m*. **II** *n* (*in series*) Zwölfte(r, s); (*fraction*) Zwölftel *nt*; *see also* **sixth**.

twelve [twelv] **I** *adj* zwölf. **~ noon** zwölf Uhr (mittags). **II** *n* Zwölf *f*; *see also* **six**.

twelve-mile limit *n* Zwölfmeilenzone *f*; **twelve-tone** *adj* (*Mus*) Zwölfton-.

twentieth ['twentɪɪθ] **I** *adj* zwanzigste(r, s). **a ~ part** ein Zwanzigstel *nt*. **II** *n* (*in series*) Zwanzigste(r, s); (*fraction*) Zwanzigstel *nt*; *see also* **sixth**.

twenty ['twentɪ] **I** *adj* zwanzig. **~-~ vision** 100prozentige Sehschärfe. **II** *n* Zwanzig *f*; (*banknote*) Zwanziger *m*; *see also* **sixty**.

twentyfold ['twentɪfəʊld] *adj, adv* (*old*)

zwanzigfach.

'twere [twɜːʳ] (*old*) *contr of* **it were.**

twerp [twɜːp] *n* Hohlkopf (*inf*) *m.*

twice [twaɪs] *adv* zweimal. ~ **as much/many** doppelt *or* zweimal soviel/so viele; ~ **as long as ...** doppelt *or* zweimal so lange wie ...; **at ~ the speed of sound** mit doppelter Schallgeschwindigkeit; **she is ~ your age** sie ist doppelt so alt wie du; ~ **2 is 4** zweimal 2 ist 4; ~ **weekly,** ~ **a week** zweimal wöchentlich, zweimal in der *or* pro Woche; **a ~-weekly newspaper** eine Zeitung, die zweimal wöchentlich erscheint; **he didn't need to be asked ~** da brauchte man ihn nicht zweimal zu fragen; **he's ~ the man John is** er steckt John in die Tasche (*inf*); **I'd think ~ before trusting him with it** ihm würde ich das nicht so ohne weiteres anvertrauen.

twiddle ['twɪdl] **I** *vt* herumdrehen an (+*dat*). **she ~d the pencil in her fingers** ihre Finger spielten mit dem Bleistift; **to ~ one's thumbs** (*lit, fig*) Däumchen drehen.

II *vi* **to ~ with a knob** an einem Knopf herumdrehen.

III *n* **he gave the knob a ~** er drehte den Knopf herum.

twig¹ [twɪg] *n* (*thin branch*) Zweig *m.*

twig² (*Brit inf*) **I** *vt* (*realize*) mitkriegen (*inf*), mitbekommen. **when she saw his face, she ~ged his secret** als sie sein Gesicht sah, erriet sie sein Geheimnis (*inf*); **he's ~ged it** er hat's kapiert (*inf*). **II** *vi* schalten, es mitkriegen *or* -bekommen (*all inf*).

twilight ['twaɪlaɪt] *n* (*time*) Dämmerung *f*; (*semi-darkness also*) Dämmer- *or* Zwielicht *nt.* **at ~** in der Dämmerung; ~ **sleep** (*Med*) Dämmerschlaf *m*; **the ~ of the gods** die Götterdämmerung; **the ~ of western civilization** der Herbst (*liter*) der westlichen Zivilisation; **the ~ of his life, his ~ years** sein Lebensabend *m*; ~ **world** Welt *f* des Zwielichts; ~ **zone** Zwielicht *nt.*

twill [twɪl] *n* (*Tex*) Köper *m.*

twin [twɪn] **I** *n* Zwilling *m*; (*of vase, object*) Gegenstück, Pendant *nt.* **her ~** ihre Zwillingsschwester/ihr Zwillingsbruder *m.*

II *adj attr* Zwillings-; (*fig*) genau gleiche(r, s).

III *vt town* verschwistern. **Oxford was ~ned with Bonn** Oxford und Bonn wurden zu Partnerstädten.

twin-bedded [ˌtwɪn'bedɪd] *adj* Zweibett-; **twin beds** *npl* zwei (gleiche) Einzelbetten; **twin brother** *n* Zwillingsbruder *m*; **twin carburettors** *npl* Doppelvergaser *m*; **twin-cylinder engine** *n* Zweizylinder(motor) *m.*

twine [twaɪn] **I** *n* Schnur *f*, Bindfaden *m.* **II** *vt* winden. **to ~ one's arms round sb** seine Arme um jdn schlingen. **III** *vi* (*around* um +*acc*) sich winden; (*plants also*) sich ranken.

twin-engined [ˌtwɪn'endʒɪnd] *adj* zweimotorig.

twinge [twɪndʒ] *n* (*of pain*) Zucken *nt*, leichtes Stechen. **a ~ of toothache/pain** leicht stechende Zahnschmerzen/ein zuckender Schmerz; **my back still gives me the occasional ~** ich spüre gelegentlich noch ein Stechen im Rücken; **a ~ of conscience/remorse** Gewissensbisse *pl.*

twining ['twaɪnɪŋ] *adj plant* rankend, Kletter-.

twinkle ['twɪŋkl] **I** *vi* (*stars*) funkeln, flimmern, glitzern; (*eyes*) blitzen, funkeln. **her feet ~d across the stage** sie bewegte sich leichtfüßig über die Bühne.

II *n* **1.** Funkeln, Flimmern, Glitzern *nt.* **there was a ~/a mischievous ~ in her eye** man sah den Schalk in ihren Augen/ihre Augen blitzten übermütig.

2. (*instant*) **in a ~** sofort, im Handumdrehen.

twinkling ['twɪŋklɪŋ] *n* **in the ~ of an eye** im Nu, im Handumdrehen.

twinning ['twɪnɪŋ] *n* (*of two towns*) Städtepartnerschaft *f.*

twin propellers *npl* Doppelschiffsschraube *f*; **twinset** *n* Twinset *nt*; **twin sister** *n* Zwillingsschwester *f*; **twin-tone horn** *n* Zweiklanghorn *nt*; **twin town** *n* Partnerstadt *f*; **twin-tub (washing-machine)** *n* Waschmaschine *f* mit getrennter Schleuder.

twirl [twɜːl] **I** *vt* (herum)wirbeln; *skirt* herumwirbeln; *moustache* zwirbeln. **he ~ed his partner round the dance-floor** er wirbelte seine Partnerin übers Parkett.

II *vi* wirbeln. **the skater ~ed round on the ice** der Eiskunstläufer wirbelte über das Eis.

III *n* Wirbel *m*; (*in dance*) Drehung *f*; (*of moustache*) hochstehende *or* hochgezwirbelte Spitze; (*in writing*) Schnörkel *m.* **to give a knob/one's moustache a ~** einen Knopf herumdrehen/seinen Schnurrbart zwirbeln; **he gave his partner a ~** er wirbelte seine Partnerin herum.

twirp [twɜːp] *n* (*sl*) *see* **twerp.**

twist [twɪst] **I** *n* **1.** (*action*) **to give sth a ~** etw (herum)drehen; **to give sb's arm a ~** jdm den Arm verdrehen *or* umdrehen; **to give one's ankle a ~** sich (*dat*) den Fuß vertreten; **with a quick ~ of the hand** mit einer schnellen Handbewegung.

2. (*bend*) Kurve, Biegung *f*; (*fig: in story*) Wendung *f.* **the road is full of ~s and turns** die Straße hat viele Biegungen und Windungen.

3. (*coiled shape*) **salt in little ~s of paper** in kleine Papierstückchen eingewickeltes Salz; **~s of thread** Garnknäuel *nt.*

4. (*type of yarn*) Twist *m*, Stopfgarn *nt.*

5. (*Brit inf*) **to be/go round the ~** verrückt sein/werden; **it's driving me round the ~!** das macht mich wahnsinnig!

6. (*dance*) Twist *m.* **to do the ~** Twist tanzen, twisten.

7. (*on ball*) Drall *m*; (*esp Billiards*) Effet *m or nt.* **to give a ~ to** *or* **put a ~ on a ball** einem Ball einen Drall geben.

II *vt* **1.** (*wind, turn*) drehen; (*coil*) wikkeln (*into* zu +*dat*). **to ~ flowers into a garland** Blumen zu einer Girlande binden; **to ~ sth round sth** etw um etw (*acc*) wickeln; *see* **finger.**

2. (*bend, distort*) *rod, key* verbiegen; *part of body* verdrehen; (*fig*) *meaning, words* verdrehen, entstellen. **to ~ sth out of shape** etw verbiegen; **to ~ sb's arm** (*lit*) jdm den Arm verdrehen; **I'll do it if you ~ my arm** (*fig*) bevor ich mich schlagen lasse (*hum*); **to ~ one's ankle** sich (*dat*) den Fuß vertreten; **his face was ~ed with pain** sein Gesicht war verzerrt vor Schmerz *or* schmerzverzerrt.

3. *ball* einen Drall geben (+*dat*). **she somehow managed to ~ the red around the black** sie hat es irgendwie geschafft, die rote an der schwarzen Kugel vorbeizumanövrieren.

III *vi* **1.** sich drehen; (*smoke*) sich kringeln *or* ringeln; (*plant*) sich winden *or* ranken; (*road, river, person: wriggle*) sich schlängeln *or* winden. **the kite-strings have ~ed round the pole** die Drachenschnüre haben sich um den Pfahl verwickelt.

2. (*dance*) Twist tanzen, twisten.

3. (*Cards*) aufnehmen und ablegen.

◆**twist about** *or* **around I** *vi* sich (her)umdrehen; (*road, river*) (*wind its way*) sich dahinschlängeln; (*be twisty*) gewunden sein. **he ~ed about in pain** er wand *or* krümmte sich vor Schmerzen.

II *vt sep see* **twist round.**

◆**twist off I** *vi* **the top ~s ~** der Deckel läßt sich abschrauben *or* ist abschraubbar. **II** *vt sep* abdrehen; *lid* abschrauben; *flowerheads* abknipsen.

◆**twist out I** *vi* **to ~ ~ of sb's grasp** sich jds Griff (*dat*) entwinden. **II** *vt sep* herausdrehen.

◆**twist round I** *vi* sich umdrehen; (*road*) eine Biegung machen. **II** *vt sep head, chair* herumdrehen. **she ~ed her handkerchief ~ in her fingers** sie drehte ihr Taschentuch zwischen den Fingern.

◆**twist up I** *vi* (*rope*) sich verdrehen; (*smoke*) in Kringeln hochsteigen; (*person: with pain*) sich winden *or* krümmen. **II** *vt sep* (*ropes, wires*) verwickeln.

twisted ['twɪstɪd] *adj* **1.** *wires, rope* (zusammen)gedreht; (*bent*) verbogen. **~-pair cable** verdrilltes Kabel. **2.** *ankle* verrenkt. **3.** (*fig*) *mind, logic* verdreht. **4.** (*inf: dishonest*) unredlich.

twister ['twɪstəʳ] *n* **1.** (*Brit pej: person*) Gauner, Halunke *m*. **2.** (*Brit*) (*question*) harte Nuß (*inf*); (*problem*) harter Brokken (*inf*). **3.** (*US inf: tornado*) Wirbelsturm, Tornado *m*. **4.** (*dancer*) Twisttänzer(in *f*) *m*.

twisty ['twɪstɪ] *adj* (+*er*) *road* kurvenreich, gewunden.

twit [twɪt] **I** *vt* **to ~ sb (about sth)** jdn (mit *or* wegen etw) aufziehen *or* hochnehmen.

II *n* (*Brit inf: person*) Trottel *m* (*inf*).

twitch [twɪtʃ] **I** *n* **1.** (*tic*) Zucken *nt*; (*individual spasm*) Zuckung *f*. **to give a ~** zucken. **2.** (*pull*) Ruck *m* (*of* an +*dat*). **to give sth a ~** an etw (*dat*) rucken.

II *vi* (*face, muscles*) zucken. **the cat's nose ~ed when I brought in the fish** die Katze schnupperte, als ich den Fisch hereinbrachte.

III *vt* **1.** *tail, ears* zucken mit.

2. (*pull*) zupfen. **he ~ed the letter from her hands** er schnappte ihr den Brief aus den Händen.

twitter ['twɪtəʳ] **I** *vi* (*lit, fig*) zwitschern. **II** *vt* zwitschern. **III** *n* **1.** (*of birds*) Zwitschern, Gezwitscher *nt*. **2.** (*inf*) **to be all of a ~, to be in a ~** ganz aufgeregt *or* aufgelöst sein.

twittery ['twɪtərɪ] *adj attr* zwitschernd.

twittish ['twɪtɪʃ] *adj* (*Brit inf: stupid*) hirnlos (*inf*).

two [tu:] **I** *adj* zwei. **to break/cut sth in ~** etw in zwei Teile brechen/schneiden; **~ by ~, in ~s** zwei und zwei, zu zweit, zu zweien; **in ~s and threes** immer zwei oder drei (Leute) auf einmal; **to put ~ and ~ together** (*fig*) seine Schlüsse ziehen, sich (*dat*) seinen Reim darauf machen; **to put ~ and ~ together and make five** einen falschen Schluß ziehen; **~'s company, three's a crowd** ein dritter stört nur; **~ can play at that game** (*inf*) den Spieß kann man auch umdrehen; *see also* **six.**

II *n* Zwei *f*. **just the ~ of us/them** nur wir beide/die beiden.

two-bit *adj* (*US inf*) mies (*inf*); **two-by-four I** *n* (*wood*) *ein Stück Holz mit den Ausmaßen zwei auf vier Inches*; **II** *adj* (*esp US inf*) (*small*) *apartment* Kasten-, Schachtel-; (*petty*) *life, job* nullachtfünfzehn (*inf*); **two-cylinder** *adj* Zweizylinder-; **two-dimensional** *adj* zweidimensional; **two-edged** *adj* **1.** (*lit*) zweischneidig, doppelschneidig; **2.** (*fig*) zweideutig; *argument also* zweischneidig; **two-faced** *adj* (*lit*) doppelgesichtig; (*fig*) falsch; **two-fisted** *adj* **1. a ~ boxer** ein Boxer, der mit beiden Fäusten gleich gut boxen kann; **2.** (*US sl*) knallhart; **twofold I** *adj* zweifach, doppelt; **a ~ increase** ein Anstieg um das Doppelte; **the advantages of this method are ~** diese Methode hat einen doppelten *or* zweifachen Vorteil; **II** *adv* **to increase ~** um das Doppelte steigern; **two-four time** *n* (*Mus*) Zweivierteltakt *m*; **two-handed** *adj* **a ~ sword** ein Zweihänder *m*; **a ~ saw** eine Säge mit zwei Griffen; **two-legged** *adj* zweibeinig; **a ~ animal** ein Zweibeiner *m*; **two-party system** *n* Zweiparteiensystem *nt*; **twopence** *n see* **tuppence**; **two pence** *n* zwei Pence; **~ piece** Zweipencestück *nt*; **twopenny** ['tʌpənɪ] *adj see* **tuppenny**; **two-phase** *adj* (*Elec*) Zweiphasen-; **two-piece I** *adj* zweiteilig; **II** *n* (*suit*) Zweiteiler *m*; (*swimming costume*) zweiteiliger Badeanzug; **two-pin plug** *n* Stecker *m* mit zwei Kontakten; **Two-plus-four-Negotiations** *n* (*Pol*) Zwei-plus-Vier-Verhandlungen *fpl*; **two-ply** *adj wool* zweifädig; *wood* aus zwei Lagen *or* Schichten bestehend; *tissue* zweilagig; **two-seater I** *adj* zweisitzig; **II** *n* (*car, plane*) Zweisitzer *m*; **twosome** *n* **1.** (*people*) Paar, Pärchen *nt*; **to go out in a ~** zu zweit *or* zu zweien ausgehen; **2.** (*game*) **to have a ~ at golf** zu zweit Golf spielen; **to play a ~** zu zweit spielen; **two-star** *adj hotel* Zweisterne-; **~ pet-**

rol (*Brit*) Normalbenzin *nt*; **a ~ general** (*US*) ein Zweisternegeneral *m*; **two-step** *n* Twostep *m*; **two-storey** *adj* zweistöckig; **two-stroke I** *adj* Zweitakt-; **II** *n* Zweitakter *m*; (*fuel*) Zweitaktgemisch *nt*.

two-time *vt* (*inf*) *boyfriend, accomplice* betrügen; **the crooks realized that he was two-timing them** die Ganoven merkten, daß er ein doppeltes Spiel spielte *or* trieb; **two-timer** *n* (*inf*) falscher Hund (*inf*); **two-timing** *adj* (*inf*) falsch; **two-tone** *adj* (*in colour*) zweifarbig; (*in sound*) Zweiklang-.

two-up two-down *n* (*Brit inf*) kleines Reihenhäuschen; **two-way** *adj* **~ (radio)** Funksprechgerät *nt*; **~ communications** (*Telec*) Sprechverkehr *m* in beide Richtungen; **~ mirror** Spion(spiegel) *m*; **~ street** Straße *f* mit Gegenverkehr *or* mit Verkehr in beiden Richtungen; **~ switch/adaptor** Wechselschalter *m*/Doppelstecker *m*; **~ traffic** Gegenverkehr *m*, Verkehr *m* in beiden Richtungen; **two-wheeler (bike)** *n* Zweirad, Fahrrad *nt*.

tycoon [taɪ'kuːn] *n* Magnat, Gigant *m*. **business/oil ~** Industrie-/Ölmagnat *m*.

tyke [taɪk] *n* **1.** (*dog*) Köter *m*. **2.** (*inf: child*) Lausbub *m*.

tympanic [tɪm'pænɪk] *adj* (*Anat*) Mittelohr-.

tympanum ['tɪmpənəm] *n* (*Anat*) (*membrane*) Trommelfell, Tympanum (*spec*) *nt*; (*middle ear*) Mittelohr *nt*; (*Archit*) Tympanon *nt*.

typal ['taɪpl] *adj* artspezifisch.

type¹ [taɪp] **I** *n* **1.** (*kind*) Art *f*; (*of produce, plant also*) Sorte *f*; (*esp of people; character*) Typ, Typus *m*. **different ~s of cows/roses** verschiedene Arten von Rindern/Rosensorten *or* -arten *pl*; **what ~ of car is it?** was für ein Auto(typ) ist das?; **the very latest ~ of hi-fi** das allerneuste Hi-Fi-Gerät; **she has her own particular ~ of charm** sie hat ihren ganz besonderen Charme; **gruyere-~ cheese** eine Art Schweizer Käse; **most of the characters are recognizable ~s** die meisten Charaktere lassen sich einem bestimmten Typ zuordnen; **they're totally different ~s of person** sie sind vom Typ her völlig verschieden, sie sind völlig verschiedene Typen; **that ~ of behaviour** ein solches Benehmen; **it's not my ~ of film** diese Art Film gefällt mir nicht; **he's not my ~** er ist nicht mein Typ; **he's not the ~ to hit a lady** er ist nicht der Typ *or* Mensch, der eine Frau schlägt.

2. (*inf: man*) Typ *m*.

II *vt* bestimmen.

type² **I** *n* (*Typ*) Type *f*. **large/small ~** große/kleine Schrift; **to set ~** setzen; **in ~** (*typed*) maschinegeschrieben, getippt (*inf*); (*set*) gesetzt, gedruckt; **to set sth up in ~** etw setzen; **printed in italic ~** kursiv gedruckt.

II *vt* tippen, (mit der Maschine) schreiben.

III *vi* maschineschreiben, tippen (*inf*).

◆**type out** *vt sep* **1.** *letter* schreiben, tippen (*inf*). **2.** *error* ausixen.

◆**type up** *vt sep* auf der Maschine zusammenschreiben.

type-cast *vt irreg* (*Theat*) (auf eine bestimmte Rolle) festlegen; **to be ~ as a villain** auf die Rolle des Schurken festgelegt werden; **typeface** *n* Schrift *f*; **typescript** *n* mit Maschine geschriebenes Manuskript, Typoskript *nt* (*geh*); **to be in ~** mit Maschine geschrieben sein; **typeset** *vt* setzen; **typesetter** *n* (Schrift)setzer(in *f*) *m*; (*machine*) Setzmaschine *f*; **typesetting** *n* Setzen *nt*, (Schrift)satz *m*; **new ~ techniques** neue Satztechniken; **type size** *n* Schriftgröße *f*.

typewrite ['taɪpraɪt] *irreg* **I** *vi* maschineschreiben, tippen (*inf*). **II** *vt* (mit der Maschine) schreiben, tippen (*inf*).

typewriter ['taɪpˌraɪtəʳ] *n* Schreibmaschine *f*. **~ ribbon** Farbband *nt*.

typewriting ['taɪpˌraɪtɪŋ] *n see* **typing.**

typewritten ['taɪpˌrɪtn] *adj* maschinegeschrieben, getippt.

typhoid ['taɪfɔɪd] *n* (*also* **~ fever**) Typhus *m*. **~ injection** Impfung gegen Typhus, Typhusimpfung *f*.

typhoon [taɪ'fuːn] *n* Taifun *m*.

typhus ['taɪfəs] *n* Fleckfieber *nt*, Flecktyphus *m*.

typical ['tɪpɪkəl] *adj* typisch (*of* für). **a ~ English town** eine typisch englische Stadt; **that's ~ of him** das ist typisch für ihn; **isn't that ~!** ist das nicht wieder mal typisch!

typically ['tɪpɪkəlɪ] *adv see adj*. **~, he did nothing but complain about the food** bezeichnenderweise hat er sich ständig über das Essen beschwert.

typify ['tɪpɪfaɪ] *vt* bezeichnend sein für. **he typifies the reserved Englishman** er verkörpert (genau) den Typ des zurückhaltenden Engländers.

typing ['taɪpɪŋ] **I** *n* Maschineschreiben, Tippen (*inf*) *nt*. **his ~ isn't very good** er kann nicht besonders gut maschineschreiben.

II *attr* Schreibmaschinen-. **~ error** Tippfehler *m*; **~ pool** Schreibzentrale *f*; **~ speed** Schreibgeschwindigkeit *f*.

typist ['taɪpɪst] *n* (*professional*) Schreibkraft *f*, Stenotypist(in *f*) *m*, Tippse *f* (*pej inf*). **he couldn't find a ~ for his thesis** er konnte niemanden finden, der ihm seine Doktorarbeit tippt.

typo ['taɪpəʊ] *n* (*Typ inf*) Druckfehler *m*; (*on typewriter, computer*) Tippfehler *m*.

typographer [taɪ'pɒgrəfəʳ] *n* Typograph(in *f*) *m*.

typographic(al) [ˌtaɪpə'græfɪk(əl)] *adj* typographisch. **~ error** Druckfehler *m*.

typography [taɪ'pɒgrəfɪ] *n* Typographie *f*; (*subject also*) Buchdruckerkunst *f*.

typological [ˌtaɪpə'lɒdʒɪkəl] *adj* typologisch.

typology [taɪ'pɒlədʒɪ] *n* Typologie *f*.

tyrannic(al) *adj*, **tyrannically** *adv* [tɪ'rænɪk(əl), tɪ'rænɪkəlɪ] tyrannisch.

tyrannize ['tɪrənaɪz] *vt* (*lit, fig*) tyrannisieren.

tyrannosaurus [tɪˌrænə'sɔːrəs] *n* Tyrannosaurus *m*.

tyrannous ['tɪrənəs] *adj* tyrannisch.
tyranny ['tɪrənɪ] *n* (*lit, fig*) Tyrannei, Tyrannenherrschaft *f*. **he ruled by ~** er führte eine Tyrannenherrschaft.
tyrant ['taɪərənt] *n* (*lit, fig*) Tyrann(in *f*) *m*.
tyre, (*US*) **tire** [taɪə^r] *n* Reifen *m*. **to have a burst ~** einen geplatzten Reifen haben.
tyre gauge *n* Reifendruckmesser *m*; **tyre lever** *n* Montiereisen *nt*; **tyre pressure** *n* Reifendruck *m*.
Tyrol [tɪ'rəʊl] *n* **the ~** Tirol *nt*.
Tyrolean ['tɪrəlɪən], **Tyrolese** [tɪrə'li:z] **I** *adj* tirolerisch. **~ hat** Tirolerhut *m*. **II** *n* Tiroler(in *f*) *m*.
Tyrrhenian Sea [tɪ'ri:nɪən'si:] *n* Tyrrhenisches Meer.
tzar *n see* **tsar.**
tzetze (fly) *n see* **tsetse (fly).**

U

U, u [juː] **I** *n* **1.** U, u *nt.* **2.** (*Brit Film*) jugendfreier Film. **II** *adj* (*Brit: upper class*) *charakteristisch für die Gewohnheiten, Sprechweise der Oberschicht*, vornehm.

UAE *abbr of* **United Arab Emirates.**

UAR *abbr of* **United Arab Republic.**

U-bend ['juːbend] *n* (*in pipe*) U-Bogen *m*; (*in road*) Haarnadelkurve *f.*

UB40 [ˌjuːbiː'fɔːtɪ] *n Ausweis m für Arbeitslose.*

ubiquitous [juː'bɪkwɪtəs] *adj* allgegenwärtig. **sandstone is ~ in this district** Sandstein ist in dieser Gegend überall zu finden.

ubiquity [juː'bɪkwɪtɪ] *n* Allgegenwart *f*; (*prevalence*) weite Verbreitung.

U-boat ['juːbəʊt] *n* U-Boot *nt.*

UCCA ['ʌkə] (*Brit*) *abbr of* **Universities Central Council on Admissions** ≈ ZVS (*zentrale Vergabestelle von Studienplätzen*) *f.*

UDA *abbr of* **Ulster Defence Association.**

udder ['ʌdə^r] *n* Euter *nt.*

UDF *abbr of* **Ulster Defence Force.**

UDI *abbr of* **Unilateral Declaration of Independence.**

UDR *abbr of* **Ulster Defence Regiment.**

UEFA [juː'eɪfə] *n abbr of* **Union of European Football Associations UEFA** *f.*

U-film ['juːfɪlm] *n* (*Brit*) jugendfreier Film.

UFO ['juːfəʊ] *abbr of* **unidentified flying object** Ufo, UFO *nt.*

Uganda [juː'gændə] *n* Uganda *nt.*

Ugandan [jʊ'gændən] **I** *adj* ugandisch. **II** *n* Ugander(in *f*) *m.*

ugh [ɜːh] *interj* i, igitt.

ugli (fruit) ['ʌglɪ(fruːt)] *n Kreuzung f aus Grapefruit, Apfelsine und Mandarine.*

uglify ['ʌglɪfaɪ] *vt* häßlich machen, verunstalten.

ugliness ['ʌglɪnɪs] *n* Häßlichkeit *f*; (*of news*) Unerfreulichkeit *f*; (*of wound*) übler Zustand; (*of situation*) Ekelhaftigkeit *f*; (*of crime*) Gemeinheit *f*; (*of vice*) Häßlichkeit, Garstigkeit *f.*

ugly ['ʌglɪ] *adj* (+*er*) **1.** (*not pretty*) häßlich. **as ~ as sin** häßlich wie die Sünde *or* Nacht; **~ duckling** (*fig*) häßliches Entlein.

2. (*unpleasant, nasty*) übel; *news, wound also* schlimm; *rumour, scenes, crime, clouds also* häßlich; *mood, situation, scenes also* ekelhaft; *crime also* gemein; *vice also* häßlich, garstig; *sky* bedrohlich. **an ~ customer** ein übler Kunde; **to cut up** *or* **turn ~** (*inf*) gemein *or* fies (*inf*) werden.

UHF *abbr of* **ultra-high frequency** Dezimeterwellen *fpl*, UHF.

uh-huh [ʌ'hʌ] *interj* **1.** (*agreeing, understanding*) ja. **2.** ['ʌhʌ] (*disagreeing, forbidding*) nichts da (*inf*).

UHT *abbr of* **ultra-heat treated** ultrahocherhitzt. **~ milk** H-Milch *f.*

UK *abbr of* **United Kingdom** Vereinigtes Königreich.

Ukraine [juː'kreɪn] *n* **the ~** die Ukraine.

Ukrainian [juː'kreɪnɪən] **I** *adj* ukrainisch. **II** *n* **1.** Ukrainer(in *f*) *m.* **2.** (*language*) Ukrainisch *nt.*

ukulele, ukelele [ˌjuːkə'leɪlɪ] *n* Ukulele *f.*

ulcer ['ʌlsə^r] *n* (*Med*) Geschwür *nt*; (*stomach ~*) Magengeschwür *nt*; (*fig*) Übel *nt.*

ulcerate ['ʌlsəreɪt] **I** *vt stomach* ein Geschwür verursachen in (+*dat*); *skin* Geschwüre verursachen auf (+*dat*); *wound* eitern lassen. **II** *vi* (*stomach*) ein Geschwür bilden *or* bekommen; (*skin*) geschwürig werden; (*wound*) eitern.

ulcerated ['ʌlsəreɪtɪd] *adj* geschwürig; *wound* vereitert. **an ~ stomach** ein Magengeschwür *nt.*

ulceration [ˌʌlsə'reɪʃən] *n* (*process*) Geschwürbildung *f*; (*of wound*) Vereiterung *f*; (*state*) Geschwüre *pl*; Vereiterung *f.*

ulcerous ['ʌlsərəs] *adj* geschwürig; *wound* vereitert; (*causing ulcers*) geschwürbildend. **this ~ growth of nationalism** (*fig*) diese krebsartige Ausbreitung des Nationalismus.

ullage ['ʌlɪdʒ] *n* Leckage *f*, Flüssigkeitsschwund *m.*

ulna ['ʌlnə] *n, pl* **-e** ['ʌlniː] *or* **-s** (*Anat*) Elle *f.*

Ulster ['ʌlstə^r] *n* Ulster *nt.* **~man/woman** Mann *m*/Frau *f* aus Ulster, Einwohner(in *f*) *m* von Ulster.

ult [ʌlt] *abbr of* **ultimo.**

ulterior [ʌl'tɪərɪə^r] *adj* **1. ~ motive** Hintergedanke *m*; **I have no ~ motive(s) in doing that** ich tue das ganz ohne Hintergedanken. **2.** (*rare: lying beyond*) jenseitig.

ultimata [ˌʌltɪ'meɪtə] *pl of* **ultimatum.**

ultimate ['ʌltɪmɪt] **I** *adj* **1.** (*final*) letzte(r, s); *destiny, solution, decision* endgültig; *result* endgültig, End-; *outcome, aim* End-; *control* oberste(r, s); *authority* höchste(r, s); *beneficiary* eigentlich. **he came to the ~ conclusion that ...** er kam schließlich zur Einsicht, daß ...; **what is your ~ ambition in life?** was streben Sie letzten Endes *or* letztlich im Leben an?

2. (*that cannot be improved on*) vollendet, perfekt, in höchster Vollendung. **the ~ sports car** der Sportwagen in höchster Vollendung, der Supersportwagen; **the ~ insult** der Gipfel der Beleidigung; **the ~ deterrent** (*Mil*) das endgültige Abschreckungsmittel; (*fig*) die äußerste Abschreckungsmaßnahme; **the ~ weapon** (*Mil*) die Superwaffe; (*fig*) das letzte und äußerste Mittel; **death is the ~ sacrifice** der Tod ist das allergrößte Opfer.

3. (*basic*) *principle* grundlegend, Grund-; *constituents* Grund-, unteilbar; *cause* eigentlich; *explanation* grundsätzlich; *truth* letzte(r, s).

4. (*furthest*) entfernteste(r, s); *boundary of universe, frontier* äußerste(r, s); *ancestors* früheste(r, s). **the ~ origins of man** die frühesten Ursprünge des Menschen.

II *n* Nonplusultra *nt.* **that is the ~ in comfort** das ist Superkomfort *or* das Höchste an Komfort.

ultimately ['ʌltɪmɪtlɪ] *adv* (*in the end*) letztlich, letzten Endes; (*eventually*) schließlich; (*fundamentally*) im Grunde genommen, letztlich. **it's ~ your decision** im Grunde genommen *or* letztlich müssen Sie das entscheiden.

ultimatum [,ʌltɪ'meɪtəm] *n, pl* **-s** *or* **ultimata** (*Mil, fig*) Ultimatum *nt.* **to deliver an ~ to sb** jdm ein Ultimatum stellen.

ultimo ['ʌltɪməʊ] *adv* (*dated Comm*) des letzten *or* vorigen Monats.

ultra- ['ʌltrə-] *pref* ultra-.

ultrafashionable *adj* ultramodern, supermodisch; **ultra-high frequency I** *n* Ultrahochfrequenz *f*; **II** *adj* Ultrahochfrequenz-; **ultramarine I** *n* Ultramarin *nt*; **II** *adj* ultramarin(blau); **ultramodern** *adj* ultra- *or* hypermodern; **ultramontane** *adj* (*Eccl*) ultramontan; **ultrashort wave** *n* Ultrakurzwelle *f*; **ultrasound** *n* Ultraschall *m*; (*scan*) Ultraschalluntersuchung *f*; **ultrasound picture** *n* Ultraschallbild *nt or* -aufnahme *f*; **ultrasound scan** *n* Ultraschalluntersuchung *f*; **ultra violet** *adj* ultraviolett.

Ulysses [juː'lɪsiːz] *n* Odysseus, Ulixes (*rare*), Ulysses (*rare*) *m*.

um [əm] **I** *interj* äh; (*in decision, answering*) hm. **II** *vi* **to ~ and err** herumdrucksen; **after a lot of ~ming and erring** nach vielen Ähs und Öhs.

umber ['ʌmbə^r] **I** *n* (*earth*) Umbraerde *f*; (*pigment: also* **raw ~**) Umbra *f*, Umber *m*. **burnt ~** gebrannte Umbra. **II** *adj* umbrabraun.

umbilical [,ʌmbɪ'laɪkəl] **I** *adj* Nabel-. **II** *n* (*also* **~ cord**) **1.** (*Anat*) Nabelschnur *f*. **2.** (*Space*) Kabelschlauch *m*; (*to astronaut also*) Nabelschnur *f*.

umbilicus [,ʌmbɪ'laɪkəs] *n* Nabel *m*.

umbra ['ʌmbrə] *n, pl* **-e** ['ʌmbriː] *or* **-s** (*Astron*) (*shadow*) Kernschatten *m*; (*in sunspot*) Umbra *f*.

umbrage ['ʌmbrɪdʒ] *n* **to take ~ at sth** an etw (*dat*) Anstoß nehmen; **he took ~** er nahm daran Anstoß.

umbrella [ʌm'brelə] *n* (Regen)schirm *m*; (*sun* **~**) (Sonnen)schirm *m*; (*Mil: air* **~**) (*for ground troops*) Abschirmung *f*, Luftschirm *m*; (*for plane*) Jagdschutz *m*. **collapsible** *or* **telescopic ~** Taschen- *or* Faltschirm, Knirps ® *m*; **under the ~ of** (*fig*) unter der Kontrolle von.

umbrella organization *n* Dachorganisation *f*, Dachverband *m*.

umlaut ['ʊmlaʊt] *n* (*sign*) Umlautpunkte *pl*; (*sound change*) Umlaut *m*. **a ~** ä [ɛː].

umpire ['ʌmpaɪə^r] **I** *n* Schiedsrichter(in *f*) *m*; (*fig*) Unparteiische(r) *mf*. **to act as ~** (*lit*) als Schiedsrichter fungieren, Schiedsrichter sein; (*fig*) schlichten.

II *vt* (*Sport*) als Schiedsrichter fungieren bei, Schiedsrichter sein bei, schiedsrichtern bei; (*fig*) schlichten.

III *vi* (*in* bei) Schiedsrichter sein, schiedsrichtern.

umpteen ['ʌmp'tiːn] *adj* (*inf*) zig (*inf*), x (*inf*). **I've told you ~ times** ich habe dir zigmal *or* x-mal gesagt (*inf*).

umpteenth ['ʌmp'tiːnθ] *adj* (*inf*) x-te(r, s). **for the ~ time** zum x-ten Mal.

UN *abbr of* **United Nations** UN *f*, UN *pl*. **~ troops** UN-Friedenstruppen *fpl*.

un- [ʌn-] *pref* (*before adj, adv*) un-, nicht; (*before n*) Un-.

unabashed [,ʌnə'bæʃt] *adj* (*not ashamed, embarrassed*) dreist, unverfroren; (*not overawed*) unbeeindruckt.

unabated [,ʌnə'beɪtɪd] *adj* unvermindert. **the rain/storm continued ~** der Regen/Sturm ließ nicht nach.

unabbreviated [,ʌnə'briːvɪeɪtɪd] *adj* unabgekürzt, nicht abgekürzt.

unable [,ʌn'eɪbl] *adj pred* **to be ~ to do sth** etw nicht tun können, außerstande sein, etw zu tun.

unabridged [,ʌnə'brɪdʒd] *adj* ungekürzt.

unacceptable [,ʌnək'septəbl] *adj plans, terms* unannehmbar; *excuse, offer, behaviour* nicht akzeptabel; *standard, unemployment level, working conditions* nicht tragbar, untragbar. **it's quite ~ that we should be expected to ...** es kann doch nicht von uns verlangt werden, daß ...; **it's quite ~ for young children to ...** es kann nicht zugelassen werden, daß kleine Kinder ...; **the ~ face of capitalism** die Kehrseite des Kapitalismus.

unacceptably [,ʌnək'septɪblɪ] *adv* untragbar. **he suggested, quite ~, that ...** er schlug vor, was völlig unakzeptabel war, daß ...

unaccommodating [,ʌnə'kɒmədeɪtɪŋ] *adj* ungefällig; *attitude* unnachgiebig.

unaccompanied [,ʌnə'kʌmpənɪd] *adj person, child, singing* ohne Begleitung; *instrument* Solo-. **~ luggage** aufgegebenes Reisegepäck.

unaccountable [,ʌnə'kaʊntəbl] *adj* unerklärlich; *phenomenon also* unerklärbar.

unaccountably [,ʌnə'kaʊntəblɪ] *adv* unerklärlicherweise; *disappear* auf unerklärliche Weise.

unaccounted for [,ʌnə'kaʊntɪd'fɔː^r] *adj* ungeklärt. **£30 is still ~** es ist noch ungeklärt, wo die £ 30 geblieben sind; **three of the passengers are still ~** drei Passagiere werden noch vermißt, der Verbleib von drei Passagieren ist noch nicht geklärt.

unaccustomed [,ʌnə'kʌstəmd] *adj* **1.** (*unusual*) ungewohnt.

2. (*of person: unused*) **to be ~ to sth** etw nicht gewohnt sein, an etw (*acc*) nicht gewöhnt sein; **to be ~ to doing sth** es nicht gewohnt sein *or* nicht daran gewöhnt sein, etw zu tun; **~ as I am to public speaking ...** ich bin kein großer Redner, aber ...

unacknowledged [,ʌnək'nɒlɪdʒd] *adj*

letter unbeantwortet; *mistake* uneingestanden; *champion* verkannt. **to leave a letter ~** den Empfang eines Briefes nicht bestätigen; **to go ~** (*person, achievement*) nicht anerkannt werden.

unacquainted [ˌʌnəˈkweɪntɪd] *adj pred* **to be ~ with the facts** mit den Tatsachen nicht vertraut sein; **I'm not ~ with the facts** die Tatsachen sind mir nicht gänzlich fremd; **they're still ~** sie kennen sich noch immer nicht.

unadaptable [ˌʌnəˈdæptəbl] *adj* nicht anpassungsfähig, nicht flexibel. **to be ~ to sth** sich an etw (*acc*) nicht anpassen können.

unadapted [ˌʌnəˈdæptɪd] *adj version of novel* unadaptiert. **in the ~ version** in der Originalversion.

unadorned [ˌʌnəˈdɔːnd] *adj* schlicht; *woman's beauty* natürlich; *truth* ungeschminkt.

unadulterated [ˌʌnəˈdʌltəreɪtɪd] *adj* **1.** unverfälscht, rein; *wine* rein, ungepanscht. **~ by foreign influences** durch fremde Einflüsse nicht verfälscht.

2. (*fig*) *nonsense* schier; *bliss* ungetrübt. **this is ~ filth** das ist der reinste Schmutz.

unadventurous [ˌʌnədˈventʃərəs] *adj time, life* wenig abenteuerlich, ereignislos; *tastes* hausbacken, bieder; *style, theatrical production, football* einfallslos; *person* wenig unternehmungslustig. **where food is concerned he is very ~** in bezug aufs Essen ist er nicht experimentierfreudig.

unadventurously [ˌʌnədˈventʃərəslɪ] *adv directed* einfallslos; *dressed, decorated* bieder, hausbacken. **rather ~ they chose Tenerife again** einfallslos *or* wenig abenteuerlich, wie sie sind, haben sie sich wieder für Teneriffa entschieden; **to eat ~** in bezug aufs Essen nicht experimentierfreudig sein.

unadvisable [ˌʌnədˈvaɪzəbl] *adj* unratsam, nicht ratsam.

unaesthetic, (*US*) **unesthetic** [ˌʌniːsˈθetɪk] *adj* unästhetisch.

unaffected [ˌʌnəˈfektɪd] *adj* **1.** (*sincere*) ungekünstelt, natürlich, unaffektiert; *pleasure, gratitude* echt.

2. (*not damaged*) nicht angegriffen (*also Med*), nicht in Mitleidenschaft gezogen, nicht beeinträchtigt; (*not influenced*) unbeeinflußt, nicht beeinflußt; (*not involved*) nicht betroffen; (*unmoved*) ungerührt, unbewegt. **our plans were ~ by the strike** unsere Pläne wurden vom Streik nicht betroffen; **he remained quite ~ by all the noise** der Lärm berührte *or* störte ihn überhaupt nicht.

unaffectedly [ˌʌnəˈfektɪdlɪ] *adv* (*sincerely*) ungeziert, natürlich; *say* unaffektiert. **she was ~ pleased** ihre Freude war echt.

unaffectedness [ˌʌnəˈfektɪdnɪs] *n* (*sincerity*) Ungeziertheit, Natürlichkeit, Unaffektiertheit *f*; (*of joy*) Aufrichtigkeit *f*.

unafraid [ˌʌnəˈfreɪd] *adj* unerschrocken, furchtlos. **to be ~ of sb/sth** vor jdm/etw keine Angst haben.

unaided [ʌnˈeɪdɪd] **I** *adv* ohne fremde Hilfe. **to do sth ~** etw allein *or* ohne fremde Hilfe tun. **II** *adj* **his own ~ work** seine eigene Arbeit; **by my own ~ efforts** ganz ohne fremde Hilfe; **~ by sb/sth** ohne jds Hilfe/ohne Zuhilfenahme von etw.

unaired [ʌnˈɛəd] *adj room, bed, clothes* ungelüftet.

unalike [ˌʌnəˈlaɪk] *adj pred* unähnlich, ungleich. **the two children are so ~** die beiden Kinder sind so verschieden.

unallocated [ʌnˈæləkeɪtɪd] *adj funds* nicht zugewiesen *or* zugeteilt. **~ tickets** Karten im freien Verkauf.

unalloyed [ˌʌnəˈlɔɪd] *adj usu attr happiness* ungetrübt.

unalterable [ʌnˈɒltərəbl] *adj intention, decision* unabänderlich; *laws* unveränderlich.

unalterably [ʌnˈɒltərəblɪ] *adv* unveränderlich. **to be ~ opposed to sth** entschieden gegen etw sein.

unaltered [ʌnˈɒltəd] *adj* unverändert.

unambiguous *adj*, **~ly** *adv* [ˌʌnæmˈbɪgjʊəs, -lɪ] eindeutig, unzweideutig.

unambitious [ˌʌnæmˈbɪʃəs] *adj person, plan* nicht ehrgeizig (genug); *theatrical production* anspruchslos.

unamenable [ˌʌnəˈmiːnəbl] *adj* unzugänglich (*to dat*). **he is ~ to persuasion** er läßt sich nicht überreden; **~ to medical treatment** auf ärztliche Behandlung nicht ansprechend.

un-American [ˌʌnəˈmerɪkən] *adj* unamerikanisch. **~ activities** unamerikanische Umtriebe *pl*.

unamused [ˌʌnəˈmjuːzd] *adj laugh* gezwungen, unfroh. **she was ~** sie fand es überhaupt nicht lustig.

unanimity [ˌjuːnəˈnɪmɪtɪ] *n see adj* Einmütigkeit *f*; Einstimmigkeit *f*.

unanimous [juːˈnænɪməs] *adj* einmütig; *decision also,* (*Jur*) einstimmig. **we were ~ in thinking ...** wir waren einmütig der Ansicht ...; **they were ~ in their condemnation of him** sie haben ihn einmütig verdammt; **by a ~ vote** einstimmig.

unanimously [juːˈnænɪməslɪ] *adv* einstimmig, einmütig; *vote* einstimmig.

unannounced [ˌʌnəˈnaʊnst] *adj, adv* unangemeldet.

unanswerable [ʌnˈɑːnsərəbl] *adj question* nicht zu beantworten *pred*, nicht zu beantwortend *attr*; *argument, case* zwingend, unwiderlegbar. **that remark is ~** darauf läßt sich nichts erwidern.

unanswered [ʌnˈɑːnsəd] *adj* unbeantwortet.

unapologetic [ˌʌnəˌpɒləˈdʒetɪk] *adj* unverfroren, dreist. **he was so ~ about it** es schien ihn überhaupt nicht zu kümmern.

unappealable [ˌʌnəˈpiːləbl] *adj* (*Jur*) nicht berufungsfähig.

unappealing [ˌʌnəˈpiːlɪŋ] *adj* nicht ansprechend, nicht reizvoll; *person also* unansehnlich; *prospect, sight* nicht verlockend.

unappeased [ˌʌnəˈpiːzd] *adj appetite, lust* unbefriedigt; *hunger, thirst* ungestillt.

unappetizing [ʌnˈæpɪtaɪzɪŋ] *adj* unappetitlich; *prospect, thought* wenig verlokkend.

unappreciated [ˌʌnəˈpriːʃɪeɪtɪd] *adj* nicht geschätzt *or* gewürdigt. **she felt she was ~ by him** sie hatte den Eindruck, daß er sie nicht zu schätzen wußte.

unappreciative [ˌʌnəˈpriːʃɪətɪv] *adj* undankbar; *audience* verständnislos. **to be ~ of sth** etw nicht zu würdigen wissen.

unapproachable [ˌʌnəˈprəʊtʃəbl] *adj place* unzugänglich; *person also* unnahbar.

unapt [ʌnˈæpt] *adj* (*inappropriate*) unpassend, unangebracht.

unarguable [ʌnˈɑːgjʊəbl] *adj theory* nicht vertretbar.

unarguably [ʌnˈɑːgjʊəblɪ] *adv* unbestreitbar, zweifellos.

unargued [ʌnˈɑːgjuːd] *adj* (*without argumentation*) unbegründet; (*undisputed*) unangefochten, unbestritten. **the point was left ~** dieser Punkt wurde nicht begründet; (*undiscussed*) dieser Punkt wurde nicht erörtert.

unarm [ʌnˈɑːm] *vt see* **disarm.**

unarmed [ʌnˈɑːmd] *adj* unbewaffnet. **~ combat** Nahkampf *m* ohne Waffe.

unashamed [ˌʌnəˈʃeɪmd] *adj* schamlos. **naked but ~** nackt aber ohne Scham; **his ~ conservatism** sein unverhohlener Konservatismus; **he was quite ~ about it** er schämte sich dessen überhaupt nicht.

unashamedly [ˌʌnəˈʃeɪmɪdlɪ] *adv* unverschämt; *say, admit* ohne Scham; *in favour of, partisan* ganz offen, unverhohlen. **he's ~ proud of ...** er zeigt unverhohlen, wie stolz er auf ... ist; **they are ~ in love** sie schämen sich ihrer Liebe nicht.

unasked [ʌnˈɑːskt] *adj* (*unrequested*) unaufgefordert, ungefragt, ungebeten; (*uninvited*) un(ein)geladen, ungebeten.

unasked-for [ʌnˈɑːsktfɔːʳ] *adj* ungewünscht, unwillkommen.

unassailable [ˌʌnəˈseɪləbl] *adj* unangreifbar; *fortress* uneinnehmbar, unbezwingbar; *position, reputation* unantastbar, unanfechtbar; *conviction* unerschütterlich; *argument* unwiderlegbar, unanfechtbar, zwingend. **he is quite ~ on that point** in diesem Punkt kann er nicht widerlegt werden.

unassisted [ˌʌnəˈsɪstɪd] *adj, adv see* **unaided.**

unassuming [ˌʌnəˈsjuːmɪŋ] *adj* bescheiden.

unattached [ˌʌnəˈtætʃt] *adj* **1.** (*not fastened*) unbefestigt; (*Mil*) keinem Regiment/keiner Einheit zugeteilt; (*US*) *athlete* ohne Vereinszugehörigkeit. **~ vote** Wechselwähler *m*.

2. (*emotionally*) ungebunden. **she's worried about being still ~** sie macht sich Sorgen, weil sie immer noch keinen Partner gefunden hat.

unattainability [ˈʌnəˌteɪnəˈbɪlɪtɪ] *n* Unerreichbarkeit *f*.

unattainable [ˌʌnəˈteɪnəbl] *adj* unerreichbar.

unattended [ˌʌnəˈtendɪd] *adj* **1.** (*not looked after*) *children* unbeaufsichtigt; *car park, car, luggage* unbewacht; *wound, patient* unbehandelt, nicht behandelt; *shop* ohne Bedienung; *customer* nicht bedient; *business* unerledigt. **to leave sb/sth ~** *children, car, luggage* jdn/etw unbeaufsichtigt/unbewacht lassen; *shop* etw unbeaufsichtigt lassen; **to leave sb/sth ~ (to)** *guests, wound* sich nicht um jdn/etw kümmern; *work* etw liegenlassen, etw nicht erledigen; *patient, wound* jdn/etw nicht behandeln; *customer* jdn nicht bedienen; **to be** *or* **go ~ to** (*wound, injury*) nicht behandelt werden; (*car, fault*) nicht repariert werden; (*customer*) nicht bedient werden; (*work*) nicht erledigt sein/werden.

2. (*not escorted*) ohne Begleitung (*by gen*), unbegleitet.

unattractive [ˌʌnəˈtræktɪv] *adj sight, place* unschön, wenig reizvoll; *offer* unattraktiv, uninteressant; *trait, scar* unschön; *character* unsympathisch; *woman* unattraktiv. **he's ~ to women** Frauen finden ihn nicht attraktiv *or* anziehend.

unattractiveness [ˌʌnəˈtræktɪvnɪs] *n* Unschönheit *f*; (*of woman*) geringe Attraktivität. **the ~ of the offer** das unattraktive *or* nicht verlockende Angebot.

unauthenticated [ˌʌnɔːˈθentɪkeɪtɪd] *adj* unverbürgt; *document* unbeglaubigt.

unauthorized [ʌnˈɔːθəraɪzd] *adj* unbefugt, unberechtigt. **no entry for ~ persons** Zutritt für Unbefugte verboten!

unavailable [ˌʌnəˈveɪləbl] *adj* nicht erhältlich; *person* nicht zu erreichen *pred*; *library book* nicht verfügbar.

unavailing [ˌʌnəˈveɪlɪŋ] *adj* vergeblich, umsonst *pred*.

unavailingly [ˌʌnəˈveɪlɪŋlɪ] *adv* vergeblich.

unavenged [ˌʌnəˈvendʒd] *adj* ungerächt.

unavoidable [ˌʌnəˈvɔɪdəbl] *adj* unvermeidlich, unvermeidbar; *conclusion* zwangsläufig, unausweichlich.

unavoidably [ˌʌnəˈvɔɪdəblɪ] *adv* notgedrungen. **to be ~ detained** verhindert sein.

unaware [ˌʌnəˈwɛəʳ] *adj pred* **to be ~ of sth** sich (*dat*) einer Sache (*gen*) nicht bewußt sein; **I was ~ of his presence** ich hatte nicht bemerkt, daß er da war; **I was ~ that he was interested** es war mir nicht bewußt *or* ich war mir nicht bewußt, daß er (daran) interessiert war; **not ~ of sth** sich (*dat*) einer Sache (*gen*) durchaus bewußt; **I was not ~ that ...** es war mir durchaus bewußt *or* klar, daß ...; **he's so ~** er weiß überhaupt nicht Bescheid.

unawares [ˌʌnəˈwɛəz] *adv* (*by surprise*) unerwartet; (*accidentally*) unbeabsichtigt, versehentlich; (*without knowing*) unwissentlich. **to catch** *or* **take sb all ~** jdn überraschen.

unbalance [ʌnˈbæləns] *vt* (*physically, mentally*) aus dem Gleichgewicht bringen; *painting* das Gleichgewicht (*+gen*) stören. **to ~ sb's mind** jdn um den Verstand bringen.

unbalanced [ʌnˈbælənst] *adj* **1.** *painting* unausgewogen; *diet, report also, view of life* einseitig; *ship* nicht im Gleichgewicht. **the structure of the committee was**

~ der Ausschuß war sehr einseitig *or* unausgewogen besetzt.

2. (*also* **mentally** ~) (*deranged, mad*) irre, verrückt; (*slightly crazy*) nicht ganz normal.

3. *account* nicht saldiert *or* ausgeglichen.

unbandage [ʌn'bændɪdʒ] *vt* den Verband abnehmen von.

unbar [ʌn'bɑːʳ] *vt* aufsperren.

unbearable [ʌn'bɛərəbl] *adj* unerträglich.

unbearably [ʌn'bɛərəblɪ] *adv see adj.* **almost ~ beautiful** überwältigend *or* hinreißend schön, fast zu schön.

unbeatable [ʌn'biːtəbl] *adj* unschlagbar; *army also* unbesiegbar; *record also* nicht zu überbieten *pred*, nicht zu überbietend *attr*; *offer, price also* unübertrefflich.

unbeaten [ʌn'biːtn] *adj* ungeschlagen; *army also* unbesiegt; *record* ungebrochen, nicht überboten.

unbecoming [ˌʌnbɪ'kʌmɪŋ] *adj* **1.** *behaviour, language* unschicklich, unziemlich (*geh*). **conduct ~ to a gentleman** ein Benehmen, das sich für einen Herrn nicht schickt.

2. (*unflattering*) *clothes* unvorteilhaft; *facial hair* unschön.

unbeknown(st) [ˌʌnbɪ'nəʊn(st)] *adv* ohne daß es jemand wußte. **~ to me/his father** ohne mein Wissen/ohne Wissen seines Vaters.

unbelief [ˌʌnbɪ'liːf] *n* Ungläubigkeit *f.* **a look of ~** ein ungläubiger Blick; **in ~** ungläubig.

unbelievable [ˌʌnbɪ'liːvəbl] *adj* unglaublich; (*inf*) (*bad*) unglaublich; (*good*) sagenhaft (*inf*).

unbelievably [ˌʌnbɪ'liːvəblɪ] *adv* unglaublich; *good, pretty also* sagenhaft (*inf*).

unbeliever [ˌʌnbɪ'liːvəʳ] *n* Ungläubige(r) *mf.*

unbelieving *adj,* **~ly** *adv* [ˌʌnbɪ'liːvɪŋ, -lɪ] ungläubig.

unbend [ʌn'bend] *pret, ptp* **unbent I** *vt* (*straighten*) *metal* geradebiegen; *arms* strecken.

II *vi* (*person: relax*) aus sich herausgehen; (*straighten body*) sich aufrichten; sich gerade hinlegen.

unbending [ʌn'bendɪŋ] *adj person, attitude* unnachgiebig; *determination* unbeugsam.

unbias(s)ed [ʌn'baɪəst] *adj* unvoreingenommen; *opinion, report also* unparteiisch.

unbidden [ʌn'bɪdn] *adj* (*form*) ungebeten; (*not ordered also*) unaufgefordert; (*uninvited also*) ungeladen. **to do sth ~** etw unaufgefordert tun.

unbind [ʌn'baɪnd] *pret, ptp* **unbound** *vt* (*free*) *prisoner* losbinden, befreien; (*untie*) *hair* lösen; (*unbandage*) den Verband ablösen von.

unbleached [ʌn'bliːtʃt] *adj* ungebleicht.

unblemished [ʌn'blemɪʃt] *adj* (*lit, fig*) makellos; *reputation also* unbescholten; *skin also* tadellos. **their relationship was ~ by quarrels** kein Streit hatte je ihre Beziehung getrübt.

unblinking [ʌn'blɪŋkɪŋ] *adj look* unverwandt; *eyes* starr.

unblock [ʌn'blɒk] *vt* frei machen; *sink, pipe* die Verstopfung in (+*dat*) beseitigen; *chimney* ausputzen.

unblushing [ʌn'blʌʃɪŋ] *adj* schamlos; *liar also* unverschämt. **he's quite ~ about it** er schämt sich kein bißchen.

unblushingly [ʌn'blʌʃɪŋlɪ] *adv* ohne sich zu schämen, frech.

unbolt [ʌn'bəʊlt] *vt* aufriegeln. **he left the door ~ed** er verriegelte die Tür nicht.

unborn [ʌn'bɔːn] *adj* ungeboren. **generations yet ~** kommende Generationen.

unbosom [ʌn'bʊzəm] *vt feelings* offenbaren, enthüllen (*to sb* jdm). **to ~ oneself to sb** jdm sein Herz ausschütten.

unbound [ʌn'baʊnd] *adj* **1.** (*not tied*) *hair* gelöst; *prisoner* losgekettet, von den Fesseln befreit. **Prometheus ~** der befreite Prometheus. **2.** *book* ungebunden.

unbounded [ʌn'baʊndɪd] *adj* grenzenlos; (*fig also*) unermeßlich, unendlich.

unbowed [ʌn'baʊd] *adj* (*fig*) ungebrochen; *pride* ungebeugt. **with head ~** mit hocherhobenem Kopf; **he was ~ by misfortune** sein Unglück hatte ihn nicht gebrochen.

unbreakable [ʌn'breɪkəbl] *adj glass, toy* unzerbrechlich; *record* nicht zu brechen *pred*; *rule* unumstößlich, feststehend *attr*; *promise, silence* unverbrüchlich. **an ~ habit** eine Angewohnheit, die man nicht loswerden *or* ablegen kann.

unbribable [ʌn'braɪbəbl] *adj* unbestechlich.

unbridled [ʌn'braɪdld] *adj lust, passion* ungezügelt, zügellos; *anger* hemmungslos; *tongue* lose; *capitalism* ungehemmt.

un-British [ʌn'brɪtɪʃ] *adj* unbritisch.

unbroken [ʌn'brəʊkən] *adj* **1.** (*intact*) unbeschädigt; *crockery also* nicht zerbrochen, unzerbrochen; *seal* nicht erbrochen; *heart, promise* nicht gebrochen.

2. (*continuous*) ununterbrochen; *silence also* ungebrochen; (*Mil*) *ranks* geschlossen, nicht durchbrochen; *line of descent* direkt. **an ~ night's sleep** eine ungestörte Nacht.

3. (*unbeaten*) *record* ungebrochen, unüberboten.

4. *horse* nicht zugeritten; *pride* ungebeugt. **his spirit remained ~** er war ungebrochen.

5. *voice* nicht gebrochen. **boys with ~ voices** Jungen vor dem Stimmbruch.

unbuckle [ʌn'bʌkl] *vt* aufschnallen.

unbudgeted [ʌn'bʌdʒɪtɪd] *adj costs, items* außerplanmäßig.

unbundle [ʌn'bʌndl] *vt* **1.** (*US: itemize*) aufschlüsseln, aufgliedern. **2.** (*asset-strip*) *finanziell gefährdete Firmen aufkaufen und anschließend ihre Vermögenswerte veräußern.*

unburden [ʌn'bɜːdn] *vt* (*liter: unload*) abladen; (*fig*) *conscience, heart* erleichtern. **to ~ oneself/one's heart/one's soul to sb** jdm sein Herz ausschütten; **to ~ oneself of sth** (*lit liter*) etw abladen, sich von etw befreien; (*fig*) sich (*dat*) etw von der Seele reden; *of anxiety, guilt* sich von etw befreien *or* losmachen; *of sins* etw offenbaren *or* gestehen.

unburied [ʌn'berɪd] *adj* unbegraben.

unbusinesslike [ʌn'bɪznɪslaɪk] *adj* wenig geschäftsmäßig. **it's very ~ to keep all your correspondence in cardboard boxes** es ist äußerst unordentlich, die ganze Korrespondenz in Kartons aufzubewahren; **in spite of his ~ appearance ...** obwohl er gar nicht wie ein Geschäftsmann aussieht ...

unbutton [ʌn'bʌtn] *vt* aufknöpfen.

uncalled-for [ʌn'kɔːldfɔːʳ] *adj* (*unjustified*) *criticism* ungerechtfertigt; (*unnecessary*) unnötig; (*rude*) *remark* ungebührlich, deplaziert. **that was quite ~** das war nun wirklich nicht nötig *or* nett.

uncannily [ʌn'kænɪlɪ] *adv see adj.* **his guesses are ~ accurate** es ist unheimlich, wie genau er alles errät.

uncanny [ʌn'kænɪ] *adj* unheimlich. **it's quite ~** das ist geradezu unheimlich.

uncap [ʌn'kæp] *vt bottle* aufmachen, öffnen.

uncared-for [ʌn'kɛədfɔːʳ] *adj garden, hands* ungepflegt; *child* vernachlässigt, verwahrlost.

uncaring [ʌn'kɛərɪŋ] *adj* gleichgültig, teilnahmslos; *parents* lieblos.

uncarpeted [ʌn'kɑːpɪtɪd] *adj* ohne Teppich, nicht ausgelegt.

uncatalogued [ʌn'kætəlɒgd] *adj* nicht katalogisiert.

unceasing *adj*, **~ly** *adv* [ʌn'siːsɪŋ, -lɪ] unaufhörlich.

uncensored [ʌn'sensəd] *adj film, version* unzensiert; (*unblamed*) *remark* ungetadelt, ungerügt.

unceremonious [ˌʌnserɪ'məʊnɪəs] *adj* **1.** (*abrupt, rude*) *dismissal* brüsk, barsch; *reply* unverbrämt, unverblümt; *behaviour* ungehobelt, ruppig; *exit, departure* überstürzt; *haste* unfein, unfeierlich. **the rather ~ treatment we got** so kurz, wie wir abgefertigt wurden.

2. (*informal, simple*) zwanglos, formlos.

unceremoniously [ˌʌnserɪ'məʊnɪəslɪ] *adv* **1.** (*abruptly, rudely*) ohne Umschweife, kurzerhand. **2.** zwanglos, formlos.

uncertain [ʌn'sɜːtn] *adj* **1.** (*unsure, unsteady*) unsicher; *light* undeutlich, schwach. **I was ~ as to what to do** ich war unsicher, was ich tun sollte; **to be ~ whether ...** sich (*dat*) nicht sicher sein, ob ...; **to be ~ of** *or* **about sth** sich (*dat*) einer Sache (*gen*) nicht sicher sein; **he's still ~ of the contract** er ist noch im ungewissen über den Vertrag.

2. (*unknown*) *date, result* ungewiß; *origins* unbestimmt. **a woman of ~ age** (*hum*) eine Frau von unbestimmtem Alter.

3. (*unreliable*) *weather, prices* unbeständig; *temper* unberechenbar; *judgement* unverläßlich, unzuverlässig.

4. (*unclear*) vage. **in no ~ terms** klar und deutlich, unzweideutig.

uncertainly [ʌn'sɜːtnlɪ] *adv say* unbestimmt; *look, move* unsicher.

uncertainty [ʌn'sɜːtntɪ] *n* (*state*) Ungewißheit *f*; (*indefiniteness*) Unbestimmtheit *f*; (*doubt*) Zweifel *m*, Unsicherheit *f*. **~ principle** (*Phys*) Unbestimmtheits- *or* Ungenauigkeits- *or* Unschärferelation *f*; **in order to remove any ~** um alle eventuellen Unklarheiten zu beseitigen; **there is still some ~ as to whether ...** es besteht noch Ungewißheit, ob ...

unchain [ʌn'tʃeɪn] *vt dog, prisoner* losketten, losbinden; *door* die Sicherheitskette (+*gen*) lösen; (*fig liter: free*) befreien, erlösen; *heart* freigeben.

unchallengeable [ʌn'tʃælɪndʒəbl] *adj* unerschütterlich, unanfechtbar; *proof also* unwiderlegbar.

unchallenged [ʌn'tʃælɪndʒd] *adj* unbestritten, unangefochten; (*Jur*) *juryman* nicht abgelehnt; *evidence* nicht angefochten, unangefochten. **to go ~** (*Mil*) ohne Anruf passieren; **we passed the sentry ~** die Wache ließ uns ohne Anruf passieren; **I cannot let that remark go ~** diese Bemerkung kann ich nicht unwidersprochen hinnehmen.

unchanged [ʌn'tʃeɪndʒd] *adj* unverändert.

unchanging [ʌn'tʃeɪndʒɪŋ] *adj* unveränderlich.

uncharacteristic [ˌʌnkærəktə'rɪstɪk] *adj* uncharakteristisch, untypisch (*of* für). **such rudeness is ~ of him** es ist gar nicht seine Art, so unhöflich zu sein.

uncharitable [ʌn'tʃærɪtəbl] *adj* hartherzig; *remark* unfreundlich, nicht nett, lieblos; *view* unbarmherzig, herzlos; *criticism* schonungslos, unbarmherzig. **it was most ~ of you to ...** es war wirklich nicht nett, daß Sie ...

uncharted [ʌn'tʃɑːtɪd] *adj* (*not explored*) unerforscht, unergründet; (*not on map*) nicht verzeichnet *or* eingezeichnet.

unchaste [ʌn'tʃeɪst] *adj* unzüchtig; *thoughts, actions* unkeusch; *life* untugendhaft.

unchecked [ʌn'tʃekt] *adj* **1.** (*unrestrained*) ungehemmt, unkontrolliert; *advance* ungehindert; *anger* hemmungslos, ungezügelt. **to go ~** (*abuse*) geduldet werden; (*advance*) nicht gehindert werden; (*inflation*) nicht eingedämmt *or* aufgehalten werden; **if the epidemic goes ~** wenn der Epidemie nicht Einhalt geboten wird.

2. (*not verified*) ungeprüft, nicht überprüft.

unchivalrous [ʌn'ʃɪvəlrəs] *adj* unritterlich; *remark* ungalant.

unchristian [ʌn'krɪstjən] *adj* unchristlich. **at an ~ hour** (*inf*) zu unchristlicher Zeit (*inf*).

uncircumcised [ʌn'sɜːkəmsaɪzd] *adj* unbeschnitten.

uncivil [ʌn'sɪvɪl] *adj* unhöflich.

uncivilized [ʌn'sɪvɪlaɪzd] *adj country, tribe, behaviour* unzivilisiert; (*inf*) *habit* barbarisch.

unclad [ʌn'klæd] *adj* (*euph, hum*) bar jeglicher Kleidung.

unclaimed [ʌn'kleɪmd] *adj prize* nicht abgeholt; *property also* herrenlos; *right, inheritance* nicht geltend gemacht; *social security* nicht beansprucht.

unclasp [ʌn'klɑːsp] *vt necklace* lösen;

cloak öffnen, aufhaken; *hands* voneinander lösen. **he ~ed her hand** er löste ihre Hand.

unclassified [ʌn'klæsɪfaɪd] *adj* **1.** (*not arranged*) nicht klassifiziert *or* eingeordnet. **2.** (*not secret*) nicht geheim.

uncle ['ʌŋkl] *n* Onkel *m*. **U~ Sam** Uncle *or* Onkel Sam; **to say** *or* **cry ~** (*US*) aufgeben; *see* **Dutch.**

unclean [ʌn'kli:n] *adj* unsauber (*also Bibl*); (*Rel*) *animal* unrein; *thoughts* unkeusch; (*fig: contaminated*) schmutzig.

unclear [ʌn'klɪəʳ] *adj* unklar; *essay etc* undurchsichtig. **to be ~ about sth** sich (*dat*) über etw (*acc*) im unklaren *or* nicht im klaren sein.

unclimbed [ʌn'klaɪmd] *adj* unbestiegen, unbezwungen.

unclog [ʌn'klɒg] *vt pipe, drain* die Verstopfung in (+*dat*) beseitigen; *wheel* befreien.

unclothed [ʌn'kləʊðd] *adj* unbekleidet.

unclouded [ʌn'klaʊdɪd] *adj sky* unbewölkt; (*fig*) *happiness, vision, mind* ungetrübt; *mind* klar.

uncluttered [ʌn'klʌtəd] *adj* schlicht, einfach; *desk, room* nicht überfüllt *or* überladen. **a mind ~ by excess information** ein von überflüssigem Wissen freier *or* unbelasteter Kopf.

unco ['ʌŋkəʊ] *adv* (*Scot: very*) sehr.

uncoil [ʌn'kɔɪl] **I** *vt* abwickeln.

II *vir* (*snake*) sich langsam strecken; (*person*) sich ausstrecken; (*wire*) sich abwickeln, sich abspulen.

uncollected [ˌʌnkə'lektɪd] *adj tax* nicht eingezogen *or* vereinnahmt; *fare* nicht kassiert, unkassiert.

uncoloured, (*US*) **uncolored** [ʌn'kʌləd] *adj* (*colourless*) farblos; (*white*) weiß; (*fig: unprejudiced*) nicht gefärbt; *judgement* unparteiisch. **his judgement was ~ by ...** sein Urteil war nicht durch ... gefärbt.

uncombed [ʌn'kəʊmd] *adj* ungekämmt.

uncomfortable [ʌn'kʌmfətəbl] *adj* **1.** unbequem; *chair, position also* ungemütlich. **I feel ~ sitting like this** es ist unbequem, so zu sitzen; **I feel ~ in this jacket** in dieser Jacke fühle ich mich nicht wohl; **it feels ~** es ist unbequem.

2. (*uneasy*) *feeling* unangenehm, ungut; *silence* (*awkward*) peinlich; (*nerve racking*) beklemmend. **to feel ~** sich unbehaglich *or* sich nicht wohl fühlen; **I felt ~ about it** ich hatte ein ungutes Gefühl dabei, mir war nicht wohl dabei; **he was ~ in that job** er fühlte sich in dieser Stelle nicht wohl.

3. (*unpleasant*) *time, position* unerfreulich. **we could make things ~ for you** (*euph*) wir können ungemütlich werden.

uncomfortably [ʌn'kʌmfətəblɪ] *adv* **1.** unbequem. **2.** (*uneasily*) unbehaglich, unruhig. **3.** (*unpleasantly*) unangenehm. **I became ~ aware of having insulted him** es wurde mir peinlich bewußt, daß ich ihn beleidigt hatte.

uncommitted [ˌʌnkə'mɪtɪd] *adj* nicht engagiert; *party, country* neutral. **we want to remain ~ till we get a full report** wir wollen uns nicht festlegen, bevor wir nicht einen ausführlichen Bericht haben; **~ to** nicht festgelegt auf (+*acc*).

uncommon [ʌn'kɒmən] *adj* **1.** (*unusual*) ungewöhnlich. **it is not ~ for her to be late** es ist nichts Ungewöhnliches, daß sie zu spät kommt; **a not ~ occurrence** eine häufige Erscheinung. **2.** (*outstanding*) außergewöhnlich.

uncommonly [ʌn'kɒmənlɪ] *adv* **1.** (*unusually*) ungewöhnlich. **2.** (*exceptionally*) außergewöhnlich. **that's ~ civil of you** (*dated*) das ist äußerst freundlich von Ihnen.

uncommunicative [ˌʌnkə'mju:nɪkətɪv] *adj* (*by nature*) verschlossen, wortkarg; (*temporarily*) schweigsam.

uncompetitive [ˌʌnkɒm'petɪtɪv] *adj industry* nicht wettbewerbsfähig, wettbewerbsunfähig; *price* nicht konkurrenzfähig.

uncomplaining [ˌʌnkəm'pleɪnɪŋ] *adj* duldsam. **with ~ patience** klaglos.

uncomplainingly [ˌʌnkəm'pleɪnɪŋlɪ] *adv* geduldig, klaglos.

uncompleted [ˌʌnkəm'pli:tɪd] *adj* unbeendet, unvollendet.

uncomplicated [ʌn'kɒmplɪkeɪtɪd] *adj* unkompliziert.

uncomplimentary [ˌʌnkɒmplɪ'mentərɪ] *adj* unschmeichelhaft. **to be ~ about sb/sth** sich nicht sehr schmeichelhaft über jdn/etw äußern.

uncomprehending *adj*, **~ly** *adv* [ˌʌnkɒmprɪ'hendɪŋ, -lɪ] verständnislos.

uncompromising [ʌn'kɒmprəmaɪzɪŋ] *adj* kompromißlos; *dedication, honesty* rückhaltlos; *commitment* hundertprozentig.

uncompromisingly [ʌn'kɒmprəmaɪzɪŋlɪ] *adv* unerbittlich; *frank* rückhaltlos, völlig; *committed* hundertprozentig.

unconcealed [ˌʌnkən'si:ld] *adj joy, delight* offen, unverhüllt; *hatred, distaste also* unverhohlen.

unconcern [ˌʌnkən'sɜ:n] *n* (*lack of worry*) Unbesorgtheit, Unbekümmertheit *f*; (*indifference*) Gleichgültigkeit *f*.

unconcerned [ˌʌnkən'sɜ:nd] *adj* **1.** (*unworried*) unbekümmert; (*indifferent*) gleichgültig. **to be ~ about sth** sich nicht um etw kümmern; **how could he be so ~ about her safety/the problem**? wie konnte ihm ihre Sicherheit/das Problem so egal *or* gleichgültig sein?

2. (*not involved*) unbeteiligt (*in* an +*dat*).

unconcernedly [ˌʌnkən'sɜ:nɪdlɪ] *adv* unbekümmert; (*indifferently*) gleichgültig.

unconditional [ˌʌnkən'dɪʃənl] *adj* vorbehaltlos. **~ surrender** bedingungslose Kapitulation.

unconditionally [ˌʌnkən'dɪʃnəlɪ] *adv offer, agree* vorbehaltlos; *surrender* bedingungslos.

unconditioned [ˌʌnkən'dɪʃənd] *adj* (*Psych*) nicht konditioniert.

unconfirmed [ˌʌnkən'fɜ:md] *adj* unbestätigt.

uncongenial [ˌʌnkən'dʒi:nɪəl] *adj person* unliebenswürdig, nicht einnehmend; *work, surroundings* unerfreulich. **he finds this place ~** dieser Ort entspricht ihm *or* seinem Wesen nicht.

unconnected [ˌʌnkəˈnektɪd] *adj* **1.** (*unrelated*) nicht miteinander in Beziehung stehend *attr.* **the two events are ~** es besteht keine Beziehung zwischen den beiden Ereignissen.
2. (*incoherent*) zusammenhanglos, unzusammenhängend.

unconquerable [ʌnˈkɒŋkərəbl] *adj army* unbesiegbar; *peak* unbezwinglich, unerreichbar; *spirit* unbezwinglich, unbezwingbar; *courage* unbezähmbar.

unconquered [ʌnˈkɒŋkəd] *adj army* unbesiegt; *mountain* unbezwungen; *courage, spirit* ungebrochen. **large parts of Britain remained ~** weite Teile Großbritanniens wurden nicht erobert.

unconscious [ʌnˈkɒnʃəs] **I** *adj* **1.** (*Med*) bewußtlos. **to fall ~** bewußtlos zu Boden fallen; **the blow knocked him ~** durch den Schlag wurde er bewußtlos.
2. *pred* (*unaware*) **to be ~ of sth** sich (*dat*) einer Sache (*gen*) nicht bewußt sein; **I was ~ of the fact that ...** ich *or* es war mir nicht bewußt, daß ...
3. (*unintentional*) *insult, allusion* unbewußt, unbeabsichtigt; *blunder* ungewollt, unbeabsichtigt; *humour* unfreiwillig. **she was the ~ cause of his unhappiness** sie war sich nicht bewußt, daß sie die Ursache seines Unglücks war.
4. (*Psych*) unbewußt. **the ~ mind** das Unbewußte.
II *n* (*Psych*) **the ~** das Unbewußte; **he probed his ~** er erforschte das Unbewußte in sich (*dat*).

unconsciously [ʌnˈkɒnʃəslɪ] *adv* unbewußt. **an ~ funny remark** eine ungewollt lustige Bemerkung.

unconsciousness [ʌnˈkɒnʃəsnɪs] *n* **1.** (*Med*) Bewußtlosigkeit *f*. **2.** (*unawareness*) mangelndes Bewußtsein. **his ~ of the real situation** seine Unkenntnis der tatsächlichen Lage. **3.** (*of insult*) Ungewolltheit *f*; (*of humour*) Unfreiwilligkeit *f*.

unconsecrated [ʌnˈkɒnsɪkreɪtɪd] *adj* (*Rel*) ungeweiht.

unconsidered [ˌʌnkənˈsɪdəd] *adj fact* unberücksichtigt; (*rash*) *action etc* unbedacht, unüberlegt.

unconstitutional [ˌʌnkɒnstɪˈtjuːʃənl] *adj* verfassungswidrig.

unconstitutionally [ˌʌnkɒnstɪˈtjuːʃnəlɪ] *adv* verfassungswidrig.

unconstructive [ˌʌnkənˈstrʌktɪv] *adj* nicht konstruktiv. **this is one of the most ~ suggestions I've ever heard** einen so wenig konstruktiven Vorschlag habe ich noch nie gehört.

unconsummated [ʌnˈkɒnsjʊmeɪtɪd] *adj* unvollzogen.

uncontaminated [ˌʌnkənˈtæmɪneɪtɪd] *adj* nicht verseucht; *people* (*by disease*) nicht angesteckt; (*fig*) unverdorben.

uncontested [ˌʌnkənˈtestɪd] *adj* unbestritten; *election, seat* ohne Gegenkandidat. **the election/seat/district was ~ by the Liberals** die Liberalen stellten in der Wahl/für das Mandat/in dem Wahlkreis keinen Kandidaten auf; **the championship went ~ for many years** der Meisterschaftstitel wurde jahrelang nicht angefochten.

uncontrollable [ˌʌnkənˈtrəʊləbl] *adj* unkontrollierbar; *child* nicht zu bändigend *attr*, nicht zu bändigen *pred; horse, dog* nicht unter Kontrolle zu bringen *pred; desire, urge* unbezwinglich, unwiderstehlich; (*physical*) unkontrollierbar; *twitch* unkontrolliert; *laughter, mirth* unbezähmbar. **the epidemic is now ~** die Epidemie ist nicht mehr unter Kontrolle zu bekommen; **to become ~** außer Kontrolle geraten.

uncontrollably [ˌʌnkənˈtrəʊləblɪ] *adv* unkontrollierbar; *weep* hemmungslos; *laugh* unkontrolliert.

uncontrolled [ˌʌnkənˈtrəʊld] *adj* ungehindert; *dogs, children* unbeaufsichtigt; *laughter* unkontrolliert; *weeping* hemmungslos, haltlos. **if inflation is allowed to go ~** wenn die Inflation nicht unter Kontrolle gebracht wird.

uncontroversial [ˌʌnkɒntrəˈvɜːʃəl] *adv* unverfänglich.

unconventional [ˌʌnkənˈvenʃənl] *adj* unkonventionell.

unconventionality [ˌʌnkənvenʃəˈnælɪtɪ] *n* Unkonventionalität *f*.

unconventionally [ˌʌnkənˈvenʃənəlɪ] *adv* unkonventionell.

unconversant [ˌʌnkənˈvɜːsnt] *adj* **to be ~ with sth** mit etw nicht vertraut sein.

unconvinced [ˌʌnkənˈvɪnst] *adj* nicht überzeugt (*of* von); *look* wenig überzeugt. **his arguments leave me ~** seine Argumente überzeugen mich nicht; **I remain ~** ich bin noch immer nicht überzeugt.

unconvincing [ˌʌnkənˈvɪnsɪŋ] *adj* nicht überzeugend. **rather ~** wenig überzeugend.

unconvincingly [ˌʌnkənˈvɪnsɪŋlɪ] *adv* wenig überzeugend.

uncooked [ʌnˈkʊkt] *adj* ungekocht, roh.

uncool [ʌnˈkuːl] *adj* nicht (sehr) cool (*inf*).

uncooperative [ˌʌnkəʊˈɒpərətɪv] *adj attitude* stur, wenig entgegenkommend; *witness, colleague* wenig hilfreich, nicht hilfsbereit. **the government office remained ~** das Regierungsamt war auch weiterhin nicht zur Kooperation bereit; **if the prisoner is still ~** wenn sich der Gefangene weiterhin weigert, mit uns zusammenzuarbeiten; **why are you being so ~?** warum helfen Sie denn nicht mit?; **an ~ partner** ein Partner, der nicht mitmacht; **they didn't exactly go on strike, they just became ~** sie haben nicht gerade gestreikt, sie haben nur auf stur geschaltet.

uncooperatively [ˌʌnkəʊˈɒpərətɪvlɪ] *adv* wenig entgegenkommend; *say* wenig hilfreich.

uncoordinated [ˌʌnkəʊˈɔːdɪneɪtɪd] *adj* unkoordiniert.

uncork [ʌnˈkɔːk] *vt bottle* entkorken.

uncorroborated [ˌʌnkəˈrɒbəreɪtɪd] *adj* unbestätigt; *evidence* nicht bekräftigt.

uncorrupted [ˌʌnkəˈrʌptɪd] *adj* unverdorben, nicht korrumpiert; *person also* rechtschaffen.

uncountable [ʌn'kaʊntəbl] *adj* (*Gram*) unzählbar.

uncounted [ʌn'kaʊntɪd] *adj* (*innumerable*) unzählig.

uncouple [ʌn'kʌpl] *vt train, trailer* abkuppeln, abkoppeln.

uncouth [ʌn'ku:θ] *adj person* ungehobelt, ordinär; *behaviour* unflätig, ungehobelt; *manners* ungeschliffen, ungehobelt; *expression, word* unflätig, unfein.

uncover [ʌn'kʌvəʳ] *vt* **1.** (*remove cover from*) aufdecken; *head* entblößen (*liter*). **the men ~ed their heads** die Männer nahmen ihre Hüte ab. **2.** *scandal* enthüllen, aufdecken; *plot* aufdecken; *ancient ruins* zum Vorschein bringen.

uncritical [ʌn'krɪtɪkəl] *adj* unkritisch (*of, about* in bezug auf +*acc*).

uncritically [ʌn'krɪtɪkəlɪ] *adv* unkritisch.

uncrossed [ʌn'krɒst] *adj legs* nicht übereinandergeschlagen *or* gekreuzt; (*Brit*) *cheque* nicht gekreuzt, Bar-.

uncrushable [ʌn'krʌʃəbl] *adj dress* knitterfrei; *carton* Hart-.

unction ['ʌŋkʃən] *n* **1.** (*Rel: anointing*) Salbung, Ölung *f*. **extreme ~** Letzte Ölung. **2.** (*insincere fervour*) hohles *or* unechtes Pathos.

unctuous *adj*, **~ly** *adv* ['ʌŋktjʊəs, -lɪ] salbungsvoll.

unctuousness ['ʌŋktjʊəsnɪs] *n* salbungsvolle Art; (*of speech*) falsches Pathos. **the ~ of his manner** seine salbungsvolle Art.

uncultivated [ʌn'kʌltɪveɪtɪd] *adj land* unkultiviert, unbebaut; *person, behaviour* unkultiviert; *mind* nicht ausgebildet. **an as yet ~ talent** ein noch brachliegendes Talent.

uncultured [ʌn'kʌltʃəd] *adj person, mind* ungebildet; *behaviour* unkultiviert, unzivilisiert.

uncurl [ʌn'kɜ:l] **I** *vt* auseinanderrollen. **to ~ oneself** sich strecken; **she ~ed herself from the chair** sie löste sich aus ihrer zusammengerollten Stellung im Sessel. **II** *vi* glatt werden; (*cat, snake*) sich langsam strecken; (*person*) sich ausstrecken.

uncut [ʌn'kʌt] *adj* **1.** ungeschnitten; *ham, untrimmed pages* nicht aufgeschnitten; *diamond* ungeschliffen, Roh-; *stone, rock* unbehauen; *lawn* nicht gemäht. **an ~ rug** ein Schlingenteppich. **2.** *film, play, novel* ungekürzt.

undamaged [ʌn'dæmɪdʒd] *adj* unbeschädigt; (*fig*) *reputation* makellos.

undated [ʌn'deɪtɪd] *adj* undatiert.

undaunted [ʌn'dɔ:ntɪd] *adj* (*not discouraged*) nicht entmutigt, unverzagt; (*fearless*) unerschrocken; *courage* unerschütterlich. **~ by these threats ...** nicht eingeschüchtert von diesen Drohungen ...

undeceive [ˌʌndɪ'si:v] *vt* aufklären.

undecided [ˌʌndɪ'saɪdɪd] *adj* **1.** *person* unentschlossen. **to be ~ about sth** sich (*dat*) über etw (*acc*) im unklaren sein.

2. *question* unentschieden. **what are we going to do? — I don't know, it's ~** was sollen wir tun? — ich weiß nicht, das steht noch nicht fest.

undecipherable [ˌʌndɪ'saɪfərəbl] *adj handwriting* unleserlich, schwer zu entziffernd *attr*; *code, signs* nicht entzifferbar.

undeclared [ˌʌndɪ'klɛəd] *adj love* heimlich, unerklärt; *war* unerklärt; *interest* uneingestanden; (*Customs*) *goods* nicht deklariert.

undefeated [ˌʌndɪ'fi:tɪd] *adj army, team* unbesiegt; *spirit* ungebrochen.

undefendable [ˌʌndɪ'fendəbl] *adj* (*Mil*) *coast, frontier* schwer zu verteidigend *attr*, schwer zu verteidigen *pred*.

undefined [ˌʌndɪ'faɪnd] *adj* undefiniert, nicht definiert; (*vague*) undefinierbar.

undemanding [ˌʌndɪ'mɑ:ndɪŋ] *adj* anspruchslos; *task* wenig fordernd. **this job is so ~** dieser Job fordert mich überhaupt nicht.

undemocratic *adj*, **~ally** *adv* [ˌʌndemə'krætɪk, -əlɪ] undemokratisch.

undemonstrative [ˌʌndɪ'mɒnstrətɪv] *adj* reserviert, zurückhaltend. **a fairly ~ race** ein Volk, das seine Gefühle wenig zeigt.

undeniable [ˌʌndɪ'naɪəbl] *adj* unbestreitbar, unleugbar. **it is ~ that ...** es läßt sich nicht bestreiten *or* leugnen, daß ...

undeniably [ˌʌndɪ'naɪəblɪ] *adv* zweifelsohne, zweifellos; *successful, proud* unbestreitbar.

undenominational [ˌʌndɪnɒmɪ'neɪʃənl] *adj* interkonfessionell. **~ school** Simultan- *or* Gemeinschaftsschule *f*.

undependable [ˌʌndɪ'pendəbl] *adj* unzuverlässig.

under ['ʌndəʳ] **I** *prep* **1.** (*beneath*) (*place*) unter (+*dat*); (*direction*) unter (+*acc*). **~ it** darunter; **to come out from ~ the bed** unter dem Bett hervorkommen; **it's ~ there** es ist da drunter (*inf*); **~ barley** mit Gerste bebaut.

2. (*less than*) unter (+*dat*); (*of price also*) weniger als. **there were ~ 50 of them** es waren weniger als *or* unter 50.

3. (*subordinate to, ~ influence of*) unter (+*dat*). **he had 50 men ~ him** er hatte 50 Männer unter sich; **who were you ~?** (*Univ*) bei wem haben Sie studiert?; (*Mil*) unter wem haben Sie gedient?; **he was born ~ Virgo** (*Astrol*) er wurde im Zeichen der Jungfrau geboren; **he died ~ the anaesthetic** er starb in der Narkose; **you're ~ a misapprehension** Sie befinden sich im Irrtum; **~ construction** im Bau; **the matter ~ discussion** der Diskussionsgegenstand; **to be ~ treatment** (*Med*) in Behandlung sein; **to be ~ the doctor** in (ärztlicher) Behandlung sein; **it's classified ~ history** es ist unter „Geschichte" eingeordnet; **~ penalty of death** unter Androhung der Todesstrafe; **~ an assumed name** unter falschem Namen; **the house is ~ threat of demolition** das Haus ist vom Abbruch bedroht.

4. (*according to*) nach, gemäß, laut (*all* +*dat*). **~ his will** in seinem Testament.

II *adv* **1.** (*beneath*) unten; (*unconscious*) bewußtlos. **he came to the fence and crawled ~** er kam zum Zaun und kroch darunter durch; **to go ~** untergehen. **2.** (*less*) darunter.

under- *pref* **1.** (*in rank*) Unter-, Hilfs-. **for the ~-twelves/-eighteens/-forties** für Kinder unter zwölf/Jugendliche unter achtzehn/Leute unter vierzig. **2.** (*insufficiently*) zuwenig, ungenügend.

underachieve *vi* hinter den Erwartungen zurückbleiben; **underachiever** *n* **Johnny is an ~** Johnnys Leistungen bleiben hinter den Erwartungen zurück; **underact** *vti* betont zurückhaltend spielen; (*pej*) schwach spielen; **under-age** *adj attr* minderjährig; **~ drinking** Alkoholgenuß *m* Minderjähriger; *see also* **age**; **underarm I** *adj* **1.** *hair* Unterarm-; *seam* Ärmel-; **2.** *throw* von unten; **~ serve** (*Tennis*) Aufschlag *m* von unten; **II** *adv throw, serve* von unten; **underbelly** *n* (*Zool, fig: of plane*) Bauch *m*; **underbid** *vt* (*Comm, Bridge*) unterbieten; **underbody** *n* (*of vehicle*) Unterboden *m*; **underbrush** *n see* **undergrowth**; **underbuy** *vi* zuwenig kaufen; **undercapitalized** *adj* (*Fin*) unterkapitalisiert; **undercarriage** *n* (*Aviat*) Fahrwerk, Fahrgestell *nt*; **undercharge I** *vi* zu wenig berechnen; **II** *vt* zu wenig berechnen (*sb* jdm); **underclass** *n* Unterklasse *f*; **underclothes** *npl*, **underclothing** *n* Unterwäsche *f*; **undercoat** *n* (*paint*) Grundierfarbe *f*; (*coat*) Grundierung *f*; (*US Aut*) Unterbodenschutz *m*; **undercook** *vt* nicht durchgaren; (*accidentally also*) nicht lange genug kochen; **undercover** *adj agent* Geheim-; **undercut** *vt competitor* (im Preis) unterbieten; **underdeveloped** *adj* unterentwickelt; *resources* ungenutzt; **underdog** *n* (*in society*) Schwächere(r), Benachteiligte(r) *m*; (*in game also*) sicherer Verlierer; **underdone** *adj* nicht gar; (*deliberately*) *steak* nicht durchgebraten; **underdressed** *adj* **to be ~** (*too lightly*) zu leicht angezogen sein; (*not formally enough*) zu einfach angezogen sein; **underemphasize** *vt* nicht genügend *or* nicht ausreichend betonen; **I don't want to ~ her role** ich möchte ihre Rolle nicht herunterspielen; **to deliberately ~ sth** etw bewußt herunterspielen; **underemployed** *adj* nicht ausgelastet; *person also* unterbeschäftigt; *plant, equipment also* nicht voll (aus)genutzt; **underemployment** *n* Unterbeschäftigung *f*; (*of person, plant also*) mangelnde Auslastung; (*of abilities, plant also*) mangelnde Ausnutzung; **underestimate I** *vt* unterschätzen; **II** *n* Unterschätzung *f*; **underestimation** *n* Unterschätzung *f*; **underexpose** *vt* (*Phot*) unterbelichten; **underexposed** *adj* (*Phot*) unterbelichtet; **underexposure** *n* (*Phot*) Unterbelichtung *f*; (*fig*) Mangel *m* an Publizität; **underfed** *adj* unterernährt; **underfeed** *vt* zuwenig zu essen geben (+*dat*); *animals* zuwenig füttern; **underfelt** *n* Filzunterlage *f*; **underfinanced** *adj* unterfinanziert; **underfloor heating** *n* Fußbodenheizung *f*; **underfoot** *adv* am Boden; **it is wet ~** der Boden ist naß; **to trample sb/sth ~** (*lit, fig*) auf jdm/etw herumtrampeln; **underfund** *vt* unterfinanzieren; **underfunded** *adj* unterfinanziert; **underfunding** *n* Unterfinanzierung *f*; **undergarment** *n* Unterkleid *nt*; **~s** Unterkleidung *f*; **undergo** *vt suffering* durchmachen, mitmachen; *change also* erleben; *test, treatment,* (*Med*) *operation* sich unterziehen (+*dat*); (*machine*) *test* unterzogen werden (+*dat*); **to ~ experiences** Erlebnisse haben; **undergrad** (*inf*), **undergraduate I** *n* Student(in *f*) *m*; **II** *attr* Studenten-; **~ student** Student(in *f*) *m*.

underground ['ʌndəgraʊnd] **I** *adj* **1.** *explosion, lake, cave, passage* unterirdisch; (*Min*) Untertage-. **~ cable** Erdkabel *nt*; **~ railway** Untergrundbahn *f*.
2. (*fig*) *press, movement* Untergrund-.
II *adv* **1.** unterirdisch; (*Min*) unter Tage. **3 m ~** 3 m unter der Erde.
2. (*fig*) **to go ~** untertauchen.
III *n* **1.** (*Brit Rail*) U-Bahn, Untergrundbahn *f*.
2. (*movement*) Untergrundbewegung *f*; (*sub-culture*) Underground *m*.

undergrowth *n* Gestrüpp, Gebüsch *nt*; (*under trees*) Unterholz *nt*; **underhand** *adj* **1.** (*sly*) hinterhältig; **2.** (*Sport*) *see* **underarm**; **underhanded** *adj see* **underhand 1.**; **underhandedly** *adv* hinterhältigerweise; **underinvestment** *n* mangelnde *or* unzureichende Investitionen *pl*; **industry is suffering from ~** die Industrie leidet unter Investitionsmangel; **underlay** *n* Unterlage *f*; **underlie** *vt* (*lit*) liegen unter (+*dat*); (*fig: be basis for or cause of*) zugrunde liegen (+*dat*); **underline** *vt* (*lit, fig*) unterstreichen.

underling ['ʌndəlɪŋ] *n* (*pej*) Untergebene(r) *mf*; Befehlsempfänger(in *f*) *m* (*pej*).

underlining *n* Unterstreichung *f*; **with red ~** rot unterstrichen; **why all this ~?** warum ist so viel unterstrichen?; **underlying** *adj* **1.** *soil, rocks* tieferliegend; **2.** *cause* eigentlich; (*deeper also*) tiefer; *problem* zugrundeliegend; *honesty, strength* grundlegend; **the ~ cause of all this** was all dem zugrunde liegt; **a certain ~ sense of tragedy** eine gewisse unterschwellige Tragik; **undermanned** *adj* unterbesetzt; **undermanning** *n* Personalmangel *m*, Personalknappheit *f*; (*deliberate*) Unterbesetzung *f*; (*Mil, of police force*) Unterbemannung *f*; **undermentioned** *adj* unten genannt, untenerwähnt; **undermine** *vt* **1.** (*tunnel under*) unterhöhlen; (*Mil*) unterminieren; (*weaken*) schwächen; **2.** (*fig: weaken*) *authority, confidence* unterminieren, untergraben; *health* angreifen; **undermost** *adj* unterste(r, s).

underneath [ˌʌndə'niːθ] **I** *prep* (*place*) unter (+*dat*); (*direction*) unter (+*acc*). **~ it** darunter; **it came from ~ the table** es kam unter dem Tisch hervor; **from ~ the bushes we could only see ...** unter den Büschen sitzend/liegend konnten wir nur ... sehen. **II** *adv* darunter. **the ones ~** die darunter. **III** *n* Unterseite *f*.

undernourished *adj* unterernährt; **undernourishment** *n* Unterernährung *f*; **underpaid** *adj* unterbezahlt; **underpants** *npl* Unterhose(n *pl*) *f*; **a pair of ~** eine Unterhose, ein Paar Unterhosen;

underpart *n* Unterteil *nt*; **underpass** *n* Unterführung *f*; **underpay** *vt* unterbezahlen; **underpayment** *n* zu geringe Bezahlung, Unterbezahlung *f*; **underpin** *vt* (*Archit*) *wall, building* untermauern; (*fig*) *argument, claim* untermauern; *economy* stützen; **underplay** *vt* **1.** (*Cards*) *hand* nicht voll ausspielen; **to ~ one's hand** (*fig*) nicht alle Trümpfe ausspielen; **2.** (*Theat*) *role* zurückhaltend spielen; **underpopulated** *adj* unterbevölkert; **underprice** *vt* zu billig *or* unter Preis anbieten; **to be ~d** zu billig gehandelt werden; **underpricing** *n* Festlegung *f* eines zu niedrigen Preises/zu niedriger Preise; **underprivileged** *adj* unterprivilegiert; **the ~** die Unterprivilegierten *pl*; **underproduce** *vi* zu wenig produzieren; **underproduction** *n* Unterproduktion *f*; **underqualified** *adj* unterqualifiziert; **underrate** *vt* (*underestimate*) *danger, chance, opponent, person* unterschätzen; (*undervalue*) *qualities* unterbewerten; **underrepresented** *adj* unterrepräsentiert; **underscore** *vt see* **underline**; **undersea** *adj diving, exploration* Unterwasser-; **underseal** (*Brit Aut*) **I** *n* Unterbodenschutz *m*; **II** *vt* mit Unterbodenschutz versehen; **I must have my car ~ed** ich muß Unterbodenschutz machen lassen; **undersecretary** *n* **1.** (*also* **Parliamentary U~**) (parlamentarischer) Staatssekretär; **2. Permanent U~** Ständiger Unterstaatssekretär; **undersell** *vt* **1.** (*sell at lower price*) *competitor* unterbieten; *goods* unter Preis verkaufen, verschleudern; **2.** (*not publicize*) nicht gut verkaufen; (*as advertising technique*) nicht anpreisen; **he tends to ~ himself/his ideas** er kann sich/seine Ideen normalerweise nicht verkaufen; **undersexed** *adj* **to be ~** einen unterentwickelten Geschlechtstrieb haben (*form*), nicht viel für Sex übrig haben; **undershirt** *n* (*US*) Unterhemd *nt*; **undershoot I** *vi* (*Aviat, missile*) zu früh landen; **II** *vt* **to ~ the runway** vor der Landebahn aufsetzen; **to ~ the target** das Ziel nicht erreichen; **undershorts** *npl* (*US*) Unterhose(n *pl*) *f*; **underside** *n* Unterseite *f*; **undersigned** *adj* (*form*) unterzeichnet; **we the ~** wir, die Unterzeichneten; **undersized** *adj* klein; (*less than proper size*) zu klein; (*pej*) *person also* zu kurz geraten (*hum*); **underskirt** *n* Unterrock *m*; **underspent** wenig ausgeben.

understand [ˌʌndəˈstænd] *pret, ptp* **understood I** *vt* **1.** *language, painting, statement, speaker* verstehen; *action, event, person, difficulty also* begreifen. **I don't ~ Russian** ich verstehe *or* kann kein Russisch; **I can't ~ his agreeing to do it** ich kann nicht verstehen *or* es ist mir unbegreiflich, warum er sich dazu bereit erklärt hat; **but ~ this!** aber eins sollte klar sein; **what do you ~ by "pragmatism"?** was verstehen Sie unter „Pragmatismus"?

2. (*comprehend sympathetically*) *children, people, animals, doubts, fears* verstehen. **to ~ one another** sich verstehen.

3. (*believe*) **I ~ that you are going to Australia** ich höre, Sie gehen nach Australien; **I ~ that you've already met her** Sie haben sich, soviel ich weiß, schon kennengelernt; **I understood that he was abroad** ich dachte, er sei im Ausland; **am I/are we to ~ that ...?** soll das etwa heißen, daß ...?; **did I ~ him to say that ...?** habe ich richtig verstanden, daß er sagte, ...?; **but I understood her to say that she agreed** aber soweit ich sie verstanden habe, hat sie zugestimmt; **I understood we were to have been consulted!** ich dachte, wir sollten dazu befragt werden; **to give sb to ~ that ...** jdm zu verstehen geben, daß ...; **I understood from his speech that ...** ich schloß aus *or* entnahm seiner Rede (*dat*), daß ...; **what do you ~ from his remarks?** wie verstehen Sie seine Bemerkungen?

4. (*Gram: supply*) *word* sich (*dat*) denken, (im stillen) ergänzen; *see also* **understood.**

II *vi* **1.** verstehen. **~?** verstanden?; **you don't ~!** du verstehst mich nicht!; **but you don't ~, I must have the money now** aber verstehen Sie doch, ich brauche das Geld jetzt!; **I quite ~** ich verstehe schon. **2. so I ~** es scheint so; **he was, I ~, a widower** wie ich hörte, war er Witwer.

understandable [ˌʌndəˈstændəbl] *adj* **1.** (*intelligible*) verständlich. **2.** (*reasonable, natural*) verständlich, begreiflich.

understandably [ˌʌndəˈstændəblɪ] *adv* verständlicherweise, begreiflicherweise.

understanding [ˌʌndəˈstændɪŋ] **I** *adj* verständnisvoll. **he asked me to be ~** er bat mich um Verständnis.

II *n* **1.** (*intelligence*) Auffassungsgabe *f*; (*knowledge*) Kenntnisse *pl*; (*comprehension, sympathy*) Verständnis *nt*. **her ~ of children** ihr Verständnis *nt* für Kinder; **because of his complete lack of ~ for the problems** da ihm jedes Verständnis für die Probleme fehlte; **my ~ of the situation is that ...** ich verstehe die Situation so, daß ...; **his behaviour is beyond human ~** sein Verhalten ist absolut unbegreiflich; **it was my ~ that ...** ich nahm an *or* war der Meinung, daß ...; **he has a good ~ of the problem** er kennt sich mit dem Problem gut aus; **to promote international ~** um die internationale Verständigung zu fördern.

2. (*agreement*) Abmachung, Vereinbarung, Übereinkunft *f*. **to come to** *or* **reach an ~ with sb** eine Abmachung *or* Vereinbarung mit jdm treffen; **Susie and I have an ~** Susie und ich haben unsere Abmachung.

3. (*assumption*) Voraussetzung *f*. **on the ~ that ...** unter der Voraussetzung, daß ...; **on this ~** unter dieser Voraussetzung.

understandingly [ˌʌndəˈstændɪŋlɪ] *adv* verständnisvoll.

understate [ˌʌndəˈsteɪt] *vt* herunterspielen.

understated [ˌʌndəˈsteɪtɪd] *adj film* subtil; *picture, music, colours* gedämpft; *make-up* dezent.

understatement ['ʌndə,steɪtmənt] *n* Untertreibung *f*, Understatement *nt*.

understood [,ʌndə'stʊd] **I** *pret, ptp of* **understand**.

II *adj* **1.** (*clear*) klar. **to make oneself ~** sich verständlich machen; **do I make myself ~?** ist das klar?; **I wish it to be ~ that ...** ich möchte klarstellen, daß ...; **~?** klar?; **~!** gut!

2. (*agreed*) **it was ~ between them that ...** sie hatten eine Vereinbarung, daß ...; **I thought that was ~!** ich dachte, das sei klar; **certain things always have to be ~ in a relationship** einige Dinge sollten in einer Beziehung immer stillschweigend vorausgesetzt werden *or* immer von vornherein klar sein.

3. (*believed*) angenommen, geglaubt. **he is ~ to have left** es heißt, daß er gegangen ist; **it is ~ that ...** es heißt *or* man hört, daß ...; **he let it be ~ that ...** er gab zu verstehen, daß ...

4. (*Gram: pred*) ausgelassen.

understudy ['ʌndə,stʌdɪ] (*Theat*) **I** *n* zweite Besetzung; (*fig*) Stellvertreter(in *f*) *m*. **II** *vt* zweite Besetzung sein für.

undertake [,ʌndə'teɪk] *pret* **undertook** [,ʌndə'tʊk], *ptp* **undertaken** [,ʌndə'teɪkn] *vt* **1.** *job, duty, responsibility* übernehmen; *risk* eingehen, auf sich (*acc*) nehmen. **they undertook to supply the goods immediately** sie verpflichteten sich, die Ware sofort zu liefern. **2.** (*agree, promise*) sich verpflichten; (*guarantee*) garantieren.

undertaker ['ʌndə,teɪkə^r] *n* (*esp Brit*) (Leichen)bestatter *m*; Bestattungs- *or* Beerdigungsinstitut *nt*.

undertaking [,ʌndə'teɪkɪŋ] *n* **1.** (*enterprise*) Unternehmen *nt*; (*Comm: project also*) Projekt *nt*.

2. (*promise*) Zusicherung *f*, Wort *nt*. **I give you my solemn ~ that I will never do it again** ich verpflichte mich feierlich, es nie wieder zu tun; **I can give no such ~** das kann ich nicht versprechen.

3. (*funeral business*) Bestattungsgewerbe *nt*.

under-the-counter *adj, adv see* **counter**; **undertone** *n* **1.** (*of voice*) **in an ~** mit gedämpfter Stimme; **2.** (*fig: of criticism, discontent*) Unterton *m*; **an ~ of racialism** ein rassistischer Unterton; **undertook** *pret of* **undertake**; **undertow** *n* Unterströmung *f*; **underutilization** *n* mangelnde *or* unzureichende Nutzung; **underutilized** *adj* unzureichend *or* nicht voll genutzt; **undervalue** *vt antique, artist* unterbewerten, unterschätzen; (*price too low*) zu niedrig schätzen *or* veranschlagen; *person* zu wenig schätzen; **underwater I** *adj* Unterwasser-; **II** *adv* unter Wasser; **underwear** *n* Unterwäsche *f*; **underweight** *adj* untergewichtig; **to be (2 kg) ~** (2 kg) Untergewicht haben; **underwhelm** *vt* (*hum*) **the critics were ~ed by his second novel** sein zweiter Roman hat die Kritiker nicht gerade umgehauen (*inf*); **underworld** *n* (*criminals, Myth*) Unterwelt *f*; **underwrite** *vt* (*finance*) *company, loss, project* tragen, garantieren; (*guarantee*) *insurance policy* garantieren, bürgen für; (*insure*) *shipping* versichern; (*St Ex*) *shares* zeichnen; (*fig: agree to*) *policies* billigen; **underwriter** *n* (*Insur*) Versicherer, Versicherungsgeber *m*.

undeserved [,ʌndɪ'zɜːvd] *adj* unverdient.

undeservedly [,ʌndɪ'zɜːvɪdlɪ] *adv* unverdient(ermaßen).

undeserving [,ʌndɪ'zɜːvɪŋ] *adj person, cause* unwürdig. **to be ~ of sth** (*form*) einer Sache (*gen*) unwürdig sein (*form*).

undesirability [,ʌndɪzaɪərə'bɪlɪtɪ] *n see adj* **1.** Unerwünschtheit *f*. **because of the general ~ of the site** da der Bauplatz durchweg nur Nachteile hat. **2.** Übelkeit *f*.

undesirable [,ʌndɪ'zaɪərəbl] **I** *adj* **1.** *policy, effect* unerwünscht. **~ alien** unerwünschter Ausländer, unerwünschte Ausländerin; **they consider her fiancé ~** sie glauben, daß ihr Verlobter keine wünschenswerte Partie ist; **it is ~ that ...** es wäre höchst unerwünscht, wenn ...

2. *influence, characters, area* übel. **he's just generally ~** er ist ganz einfach ein übler Kerl.

II *n* (*person*) unerfreuliches Element; (*foreigner*) unerwünschtes Element.

undetected [,ʌndɪ'tektɪd] *adj* unentdeckt. **to go/remain ~** nicht entdeckt werden/unentdeckt bleiben.

undetermined [,ʌndɪ'tɜːmɪnd] *adj* (*indefinite*) unbestimmt; (*unsure*) *person* unentschlossen, unschlüssig.

undeterred [,ʌndɪ'tɜːd] *adj* keineswegs entmutigt. **to carry on ~** unverzagt weitermachen; **the teams were ~ by the weather** das Wetter schreckte die Mannschaften nicht ab.

undeveloped [,ʌndɪ'veləpt] *adj* unentwickelt; *land, resources* ungenutzt.

undeviating [ʌn'diːvɪeɪtɪŋ] *adj* (*straight*) *line* gerade; (*fig: unchanging*) *route, path* direkt; *fairness, determination* unbeirrbar; *accuracy* unfehlbar.

undiagnosed [,ʌndaɪəg'nəʊzd] *adj disease* unerkannt.

undies ['ʌndɪz] *npl* (*inf*) (Unter)wäsche *f*.

undifferentiated [,ʌndɪfə'renʃɪeɪtɪd] *adj* undifferenziert.

undigested [,ʌndaɪ'dʒestɪd] *adj* (*lit, fig*) unverdaut.

undignified [ʌn'dɪgnɪfaɪd] *adj person, behaviour* würdelos; (*inelegant*) *way of sitting* unelegant. **he was never afraid of appearing ~** er hatte keine Angst, seine Würde zu verlieren.

undiluted [,ʌndaɪ'luːtɪd] *adj* unverdünnt; (*fig*) *truth, version* unverfälscht; *pleasure* rein, voll.

undiminished [,ʌndɪ'mɪnɪʃt] *adj enthusiasm* unvermindert; *strength, courage also* unbeeinträchtigt.

undiplomatic *adj*, **~ally** *adv* [,ʌndɪplə'mætɪk, -əlɪ] undiplomatisch.

undiscerning [,ʌndɪ'sɜːnɪŋ] *adj reader, palate* anspruchslos, unkritisch; *critic* unbedarft.

undischarged [,ʌndɪs'tʃɑːdʒd] *adj* **1.** (*Fin*) *debt* unbezahlt, unbeglichen;

bankrupt nicht entlastet. **2.** *cargo* nicht abgeladen; *gun* nicht abgefeuert.

undisciplined [ʌn'dɪsɪplɪnd] *adj mind, person* undiszipliniert; *imagination* zügellos; *hair* ungebändigt.

undisclosed [ˌʌndɪs'kləʊzd] *adj secret* (bisher) unaufgedeckt; *details also* geheimgehalten.

undiscovered [ˌʌndɪ'skʌvəd] *adj* unentdeckt.

undiscriminating [ˌʌndɪ'skrɪmɪneɪtɪŋ] *adj see* **undiscerning**.

undisguised [ˌʌndɪs'gaɪzd] *adj* ungetarnt; (*fig*) *truth* unverhüllt; *dislike, affection* unverhohlen.

undismayed [ˌʌndɪs'meɪd] *adj* ungerührt, unbeeindruckt.

undisputed [ˌʌndɪ'spjuːtɪd] *adj* unbestritten.

undistinguished [ˌʌndɪ'stɪŋgwɪʃt] *adj performance* (mittel)mäßig; *appearance* durchschnittlich.

undisturbed [ˌʌndɪ'stɜːbd] *adj* **1.** (*untouched*) *papers, dust* unberührt; (*uninterrupted*) *person, sleep, quiet* ungestört. **2.** (*unworried*) unberührt.

undivided [ˌʌndɪ'vaɪdɪd] *adj country, (fig) opinion, attention* ungeteilt; *support* voll; *loyalty* absolut.

undo [ʌn'duː] **I** *vt* **1.** (*unfasten*) aufmachen; *button, dress, zip, parcel also* öffnen; *shoelace, knot also* lösen; *knitting also* aufziehen; *sewing also* auftrennen. **will you ~ me?** (*inf*) kannst du mir den Reißverschluß/die Knöpfe aufmachen?

2. (*reverse*) *mischief, wrong* ungeschehen machen; *work* zunichte machen, ruinieren; (*Comput*) *command* rückgängig machen.

II *vi* aufgehen.

undock [ʌn'dɒk] (*Space*) **I** *vt* entkoppeln. **II** *vi* sich trennen.

undoing [ʌn'duːɪŋ] *n* Ruin *m*, Verderben *nt*.

undomesticated [ˌʌndə'mestɪkeɪtɪd] *adj animal, pet* nicht ans Haus gewöhnt; *person* nicht häuslich.

undone [ʌn'dʌn] **I** *ptp of* **undo**. **II** *adj* **1.** (*unfastened*) offen. **to come ~** aufgehen. **2.** (*neglected*) *task* unerledigt; *work also* ungetan.

undoubted [ʌn'daʊtɪd] *adj* unbestritten; *success also* unzweifelhaft.

undoubtedly [ʌn'daʊtɪdlɪ] *adv* zweifellos, ohne Zweifel.

undramatic [ˌʌndrə'mætɪk] *adj* undramatisch.

undreamed-of [ʌn'driːmdɒv], **undreamt-of** [ʌn'dremtɒv] *adj* ungeahnt. **in their time this was ~** zu ihrer Zeit hätte man sich das nie träumen lassen.

undress [ʌn'dres] **I** *vt* ausziehen. **to get ~ed** sich ausziehen. **II** *vi* sich ausziehen. **III** *n*: **in a state of ~** halb bekleidet.

undressed [ʌn'drest] *adj* **1.** *person* (*still*) (noch) nicht angezogen; (*already*) (schon) ausgezogen. **2.** *leather* ungegerbt; *wood* unbehandelt, frisch; *stone* ungeschliffen; (*Cook*) *salad* nicht angemacht; *wound* unverbunden.

undrinkable [ʌn'drɪŋkəbl] *adj* ungenießbar.

undue [ʌn'djuː] *adj* (*excessive*) übertrieben, übermäßig; (*improper*) ungebührlich.

undulate ['ʌndjʊleɪt] *vi* (*sea, corn*) wogen; (*path, river, snake*) sich schlängeln; (*hills*) sich in sanften Wellenlinien erstrecken; (*hair*) wallen.

undulating ['ʌndjʊleɪtɪŋ] *adj movement, line* Wellen-; *waves, sea* wogend; *hair* wallend; *countryside* hügelig; *hills* sanft; *hips* wiegend.

undulation [ˌʌndjʊ'leɪʃən] *n* (*of waves, countryside*) Auf und Ab *nt*; (*of snake, single movement*) Windung *f*, schlängelnde Bewegung; (*curve*) Rundung *f*.

unduly [ʌn'djuːlɪ] *adv* übermäßig, übertrieben; *optimistic* zu; *punished* unangemessen *or* übermäßig streng. **you're worrying ~** Sie machen sich (*dat*) unnötige Sorgen.

undutiful [ʌn'djuːtɪfʊl] *adj* pflichtvergessen; *child* ungehorsam.

undying [ʌn'daɪɪŋ] *adj love* unsterblich, ewig; *fame also* unvergänglich.

unearned [ʌn'ɜːnd] *adj* **1.** *increment* unverdient. **~ income** Kapitaleinkommen *nt*.

2. (*undeserved*) unverdient.

unearth [ʌn'ɜːθ] *vt* ausgraben; (*fig*) *book* aufstöbern; *information, evidence* zutage bringen, ausfindig machen.

unearthly [ʌn'ɜːθlɪ] *adj* (*eerie*) *calm* gespenstisch, unheimlich; *scream* schauerlich, unheimlich; *beauty* überirdisch. **at the ~ hour of 5 o'clock** (*inf*) zu nachtschlafender Stunde um 5 Uhr.

unease [ʌn'iːz] *n* Unbehagen *nt*, Beklommenheit *f*.

uneasily [ʌn'iːzɪlɪ] *adv sit* unbehaglich; *smile, listen, speak also* beklommen, unsicher; *sleep* unruhig. **to be ~ balanced/poised** sehr prekär sein/sehr wack(e)lig stehen.

uneasiness [ʌn'iːzɪnɪs] *n see adj* Unruhe *f*; Unbehaglichkeit, Beklommenheit *f*; Unsicherheit *f*; Wack(e)ligkeit *f* (*inf*); (*of person*) Beklommenheit *f*; Unruhe *f*. **a certain ~ of mind** ein gewisses Unbehagen.

uneasy [ʌn'iːzɪ] *adj* (*uncomfortable*) *sleep, night* unruhig; *conscience* schlecht; (*worried*) *laugh, look,* (*awkward*) *silence, atmosphere* unbehaglich, beklommen; *behaviour* unsicher; *peace, balance* unsicher, prekär, wack(e)lig (*inf*); (*worrying*) *suspicion, feeling* beunruhigend, beklemmend, unangenehm. **to be ~** (*person*) (*ill at ease*) beklommen sein; (*worried*) beunruhigt sein; **I am ~ about it** mir ist nicht wohl dabei; **to make sb ~** jdn beunruhigen, jdn unruhig machen; **I have an ~ feeling that ...** ich habe das ungute *or* unangenehme Gefühl, daß ...; **to grow *or* become ~ about sth** sich über etw (*acc*) beunruhigen; **his conscience was ~** sein Gewissen plagte ihn, er hatte ein schlechtes Gewissen.

uneaten [ʌn'iːtn] *adj* nicht gegessen. **the ~ food** das übriggebliebene Essen.

uneconomic [ʌnˌiːkə'nɒmɪk] *adj* unwirtschaftlich, unökonomisch.

uneconomical [ʌn,iːkə'nɒmɪkəl] *adj* unwirtschaftlich, unökonomisch; *style of running* unökonomisch; *person* verschwenderisch. **to be ~ with sth** verschwenderisch mit etw umgehen.

unedifying [,ʌn'edɪfaɪɪŋ] *adj* unerbaulich.

uneducated [,ʌn'edjʊkeɪtɪd] *adj person* ungebildet; *speech, handwriting also* unkultiviert; *style also* ungeschliffen.

unemotional [,ʌnɪ'məʊʃənl] *adj person, character* nüchtern; (*without passion*) leidenschaftslos, kühl (*pej*); *reaction, description also* unbewegt. **try and stay ~** versuchen Sie, nüchtern und sachlich zu bleiben.

unemotionally [,ʌnɪ'məʊʃnəlɪ] *adv* unbewegt, kühl (*pej*); *say, describe also* nüchtern.

unemployable [,ʌnɪm'plɔɪəbl] *adj person* als Arbeitskraft nicht brauchbar; (*because of illness*) arbeitsunfähig.

unemployed [,ʌnɪm'plɔɪd] *adj person* arbeitslos, erwerbslos; (*nothing to do*) beschäftigungslos; (*unused*) *machinery* ungenutzt; (*Fin*) *capital* tot, brachliegend. **the ~** *pl* die Arbeitslosen, die Erwerbslosen *pl*.

unemployment [,ʌnɪm'plɔɪmənt] **I** *n* Arbeitslosigkeit, Erwerbslosigkeit *f*. **~ has risen this month** die Arbeitslosenziffer ist diesen Monat gestiegen. **II** *attr* **~ benefit** (*Brit*) *or* **compensation** (*US*) Arbeitslosenunterstützung *f*; **~ figures** Arbeitslosenziffer *f*; **~ rate** Arbeitslosenquote *f*.

unencumbered [,ʌnɪn'kʌmbəd] *adj* **~ property** unbelasteter Grundbesitz.

unending [ʌn'endɪŋ] *adj* (*everlasting*) ewig, nie endend *attr*; *stream* nicht enden wollend *attr*, endlos; (*incessant*) endlos, unaufhörlich. **it seems ~** es scheint nicht enden zu wollen.

unendurable [,ʌnɪn'djʊərəbl] *adj* unerträglich.

unenforceable [,ʌnɪn'fɔːsɪbl] *adj law* nicht durchsetzbar; *policy* undurchführbar.

un-English [ʌn'ɪŋglɪʃ] *adj* unenglisch.

unenlightened [,ʌnɪn'laɪtnd] *adj* **1.** (*uninformed*) *reader, listener* uneingeweiht. **to leave sb ~** jdn im dunkeln lassen. **2.** *age, country, person* rückständig; (*prejudiced*) intolerant.

unenterprising [,ʌn'entəpraɪzɪŋ] *adj person, policy* ohne Unternehmungsgeist, hausbacken (*inf*). **it was very ~ of them to turn it down** daß sie abgelehnt haben, beweist, wie wenig Unternehmungsgeist sie haben.

unenthusiastic [,ʌnɪnθuːzɪ'æstɪk] *adj* kühl, wenig begeistert. **he was ~ about it** er war wenig begeistert davon.

unenthusiastically [,ʌnɪnθuːzɪ'æstɪkəlɪ] *adv* wenig begeistert, ohne Begeisterung.

unenviable [ʌn'envɪəbl] *adj position, task* wenig beneidenswert.

unequal [ʌn'iːkwəl] *adj* ungleich; *standard, quality* unterschiedlich, ungleichförmig; *work* unausgeglichen. **~ in length** unterschiedlich *or* verschieden *or* ungleich lang; **to be ~ to a task** einer Aufgabe (*dat*) nicht gewachsen sein; **to be ~ to doing sth** unfähig *or* nicht fähig sein, etw zu tun.

unequalled, (*US also*) **unequaled** [ʌn'iːkwəld] *adj* unübertroffen; *skill, record, civilization also* unerreicht; *beauty also, stupidity, ignorance* beispiellos, ohnegleichen (*after noun*). **beauty** von beispielloser Schönheit sein, von einer Schönheit ohnegleichen sein (*geh*); **he is ~ by any other player** kein anderer Spieler kommt ihm gleich.

unequally [ʌn'iːkwəlɪ] *adv* ungleichmäßig.

unequivocal [,ʌnɪ'kwɪvəkəl] *adj* unmißverständlich, eindeutig; *answer also* unzweideutig. **he was quite ~ about it** er sagte es ganz unmißverständlich *or* eindeutig *or* klar.

unequivocally [,ʌnɪ'kwɪvəkəlɪ] *adv see adj*.

unerring [ʌn'ɜːrɪŋ] *adj judgement, eye, accuracy* unfehlbar; *instinct* untrüglich; *aim, blow* treffsicher.

unerringly [ʌn'ɜːrɪŋlɪ] *adv see adj*.

UNESCO [juː'neskəʊ] *abbr of* **United Nations Educational, Scientific and Cultural Organization** UNESCO *f*.

unesthetic *adj* (*US*) *see* **unaesthetic**.

unethical [ʌn'eθɪkəl] *adj* unmoralisch; (*in more serious matters*) unethisch. **it's ~ for a doctor to do that** es verstößt gegen das Berufsethos *or* die Berufsehre, wenn ein Arzt das macht.

uneven [ʌn'iːvən] *adj* **1.** (*not level*) *surface* uneben; (*irregular*) *line* ungerade; *thickness* ungleich; *pulse, breathing* unregelmäßig; *voice* unsicher, schwankend; *colour, distribution* ungleichmäßig; *quality* unterschiedlich; *temper* unausgeglichen.
2. *number* ungerade. **~ parity** (*Comput*) ungerade Parität.

unevenly [ʌn'iːvənlɪ] *adv see adj 1*. **the teams were ~ matched** die Mannschaften waren sehr ungleich.

unevenness [ʌn'iːvənnɪs] *n see adj 1*. Unebenheit *f*, Ungeradheit *f*; Ungleichheit *f*; Unregelmäßigkeit *f*; Unsicherheit *f*; Ungleichmäßigkeit *f*; Unterschiedlichkeit *f*; Unausgeglichenheit *f*.

uneventful [,ʌnɪ'ventfʊl] *adj day, meeting* ereignislos; *career* wenig bewegt; *life also* ruhig, eintönig (*pej*).

uneventfully [,ʌnɪ'ventfəlɪ] *adv* ereignislos.

unexampled [,ʌnɪk'zɑːmpld] *adj* beispiellos, unvergleichlich.

unexceptionable [,ʌnɪk'sepʃnəbl] *adj* einwandfrei; *person* solide.

unexceptional [,ʌnɪk'sepʃənl] *adj* durchschnittlich.

unexciting [,ʌnɪk'saɪtɪŋ] *adj time* nicht besonders aufregend. **not ~** nicht gerade eintönig; **how ~!** wie langweilig!

unexpected [,ʌnɪk'spektɪd] *adj* unerwartet; *arrival, result, development also* unvorhergesehen. **this is an ~ pleasure** (*also iro*) welch eine Überraschung!; **the role of the ~ in this novel** der Überraschungseffekt in diesem Roman.

unexpectedly [,ʌnɪk'spektɪdlɪ] *adv* unerwartet; *arrive, happen also* plötzlich, unvorhergesehen. **but then, ~** aber dann, wie aus heiterem Himmel, …

unexplainable [ˌʌnɪk'spleɪnəbl] *adj* unerklärlich.

unexplained [ˌʌnɪk'spleɪnd] *adj phenomenon* nicht geklärt, ungeklärt; *mystery* unaufgeklärt; *lateness, absence* unbegründet. **a few ~ technical terms** einige unerklärte Fachausdrücke; **to go ~** nicht erklärt werden; **his actions remain ~** für seine Handlungen gibt es immer noch keine Erklärung.

unexploded [ˌʌnɪk'spləʊdɪd] *adj* nicht explodiert.

unexploited [ˌʌnɪk'splɔɪtɪd] *adj resources* ungenutzt; *talent also* brachliegend *attr*; *minerals also* unausgebeutet.

unexplored [ˌʌnɪk'splɔːd] *adj mystery* unerforscht; *territory also* unerschlossen.

unexposed [ˌʌnɪk'spəʊzd] *adj* **1.** (*hidden*) *villain* nicht entlarvt; *crime* unaufgedeckt. **2.** (*Phot*) *film* unbelichtet.

unexpressed [ˌʌnɪk'sprest] *adj sorrow, wish* unausgesprochen.

unexpressive [ˌʌnɪk'spresɪv] *adj style, eyes* ausdruckslos.

unexpurgated [ʌn'ekspɜːgeɪtɪd] *adj book* ungekürzt.

unfading [ʌn'feɪdɪŋ] *adj* (*fig*) unvergänglich, nie verblassend.

unfailing [ʌn'feɪlɪŋ] *adj zeal, interest, source* unerschöpflich; *optimism, humour also* unbezwinglich; *supply also* endlos; *remedy* unfehlbar; *friend* treu.

unfailingly [ʌn'feɪlɪŋlɪ] *adv* immer, stets.

unfair [ʌn'fɛəʳ] *adj* unfair; *decision, method, remark, criticism also* ungerecht; (*Comm*) *competition also* unlauter. **to be ~ to sb** jdm gegenüber unfair sein; **~ dismissal** ungerechtfertigte Entlassung.

unfairly [ʌn'fɛəlɪ] *adv* unfair; *treat, criticize also* ungerecht; *accuse, punish* zu Unrecht; *dismissed* ungerechterweise, zu Unrecht.

unfairness [ʌn'fɛənɪs] *n* Ungerechtigkeit *f*.

unfaithful [ʌn'feɪθfʊl] *adj* **1.** *wife, husband, lover* untreu; *friend, servant* treulos. **to be ~ to sb** jdm untreu sein. **2.** (*inaccurate*) *translation, description* ungenau.

unfaithfulness [ʌn'feɪθfʊlnɪs] *n see adj* **1.** Untreue *f*; Treulosigkeit *f*. **2.** Ungenauigkeit *f*.

unfaltering [ʌn'fɔːltərɪŋ] *adj step, voice* fest; *courage* unerschütterlich.

unfalteringly [ʌn'fɔːltərɪŋlɪ] *adv walk* mit festen Schritten; *say* mit fester Stimme.

unfamiliar [ˌʌnfə'mɪljəʳ] *adj* **1.** (*strange, unknown*) *experience, taste, sight* ungewohnt; *surroundings also, subject, person* fremd, unbekannt. **it is ~ to me** es ist ungewohnt für mich; es ist mir fremd *or* unbekannt.

2. (*unacquainted*) **to be ~ with sth** etw nicht kennen, mit etw nicht vertraut sein; **I am not ~ with Greek/that problem** Griechisch/das Problem ist mir nicht gänzlich unbekannt.

unfamiliarity [ˌʌnfəmɪlɪ'ærɪtɪ] *n see adj* **1.** Ungewohntheit *f*; Fremdheit *f*; Unbekanntheit *f*.

2. his ~ with economics sein Mangel *m* an ökonomischem Wissen; **because of my ~ with …** wegen meiner mangelnden Kenntnisse (*+gen*) … *or* Vertrautheit mit …

unfashionable [ʌn'fæʃnəbl] *adj* unmodern; *district* wenig gefragt; *hotel, habit, subject* nicht in Mode. **science became ~** Naturwissenschaft geriet aus der Mode.

unfashionably [ʌn'fæʃnəblɪ] *adv dressed* unmodern; *strict* altmodisch.

unfasten [ʌn'fɑːsn] **I** *vt* aufmachen; *string, belt also* losmachen; (*detach*) *tag, dog, horse* losbinden; *hair, bonds* lösen. **II** *vi* aufgehen. **how does this dress ~?** wie macht man das Kleid auf?

unfathomable [ʌn'fæðəməbl] *adj* unergründlich.

unfathomed [ʌn'fæðəmd] *adj* (*lit, fig*) unergründet.

unfavourable, (*US*) **unfavorable** [ʌn'feɪvərəbl] *adj outlook, weather, moment, result* ungünstig; *conditions, circumstances also, wind* widrig; *impression also, opinion, reaction* negativ; *reply* ablehnend, negativ; *trade balance* passiv.

unfavourably, (*US*) **unfavorably** [ʌn'feɪvərəblɪ] *adv see adj* ungünstig; negativ; ablehnend, negativ. **to look ~ on sth** einer Sache (*dat*) ablehnend gegenüberstehen; **to speak ~ of sth** etw negativ beurteilen; **to be ~ impressed by sth** einen negativen *or* keinen guten Eindruck von etw bekommen.

unfeeling [ʌn'fiːlɪŋ] *adj* gefühllos; *response, reply also* herzlos; *look* ungerührt; (*without sensation also*) empfindungslos.

unfeelingly [ʌn'fiːlɪŋlɪ] *adv* gefühllos, herzlos; *look, listen* ungerührt.

unfeigned [ʌn'feɪnd] *adj* aufrichtig, echt, ungeheuchelt.

unfilled [ʌn'fɪld] *adj* ungefüllt; *job* offen, unbesetzt; *order book* un(aus)gefüllt. **~ vacancies** offene Stellen *pl*.

unfinished [ʌn'fɪnɪʃt] *adj* **1.** (*incomplete*) unfertig; *work of art* unvollendet; *business* unerledigt. **Schubert's U~** Schuberts Unvollendete. **2.** (*Tech*) unbearbeitet; *cloth* Natur-. **~ product** Rohprodukt *nt*.

unfit [ʌn'fɪt] *adj* **1.** (*unsuitable*) *person, thing* ungeeignet, untauglich; (*incompetent*) unfähig. **~ to drive** fahruntüchtig, nicht in der Lage zu fahren; **he is ~ to be a lawyer/for teaching** er ist als Jurist/Lehrer untauglich; **this is ~ for publication** das kann nicht veröffentlicht werden; **~ to eat** ungenießbar; **road ~ for lorries** für Lastkraftwagen nicht geeignete Straße; **~ to plead** (*Jur*) nicht zurechnungsfähig.

2. (*Sport: injured*) nicht fit; (*in health also*) schlecht in Form, unfit. **~ (for military service)** untauglich; **to be ~ for work** arbeitsunfähig sein.

unfitness [ʌn'fɪtnɪs] *n* **1.** (*unsuitableness*) mangelnde Eignung, Untauglichkeit *f*;

(*incompetence*) Unfähigkeit *f.* **2.** (*unhealthiness*) mangelnde Fitneß; (*for military service*) Untauglichkeit *f.*

unfitted [ʌn'fɪtɪd] *adj* ungeeignet, untauglich (*for, to* für).

unfitting [ʌn'fɪtɪŋ] *adj language, behaviour* unpassend, unschicklich, unziemlich. **how ~ that one so talented should ...** wie unfaßbar, daß ein so begabter Mensch ... sollte.

unfittingly [ʌn'fɪtɪŋlɪ] *adv behave* unpassend, unschicklich, unziemlich; *dressed* unpassend.

unflagging [ʌn'flægɪŋ] *adj person, zeal, patience* unermüdlich, unentwegt; *enthusiasm* unerschöpflich; *devotion, interest* unverändert stark.

unflaggingly [ʌn'flægɪŋlɪ] *adv* unentwegt, unermüdlich.

unflappability [ˌʌnflæpə'bɪlɪtɪ] *n* (*inf*) Unerschütterlichkeit *f.*

unflappable [ʌn'flæpəbl] *adj* (*inf*) unerschütterlich, nicht aus der Ruhe zu bringend *attr.* **to be ~** die Ruhe selbst sein, die Ruhe weghaben (*inf*).

unflattering [ʌn'flætərɪŋ] *adj portrait, comments* wenig schmeichelhaft; *dress, hairstyle, light also* unvorteilhaft.

unfledged [ʌn'fledʒd] *adj bird* (noch) nicht flügge; (*fig*) unerfahren. **an ~ youth** ein Grünschnabel *m.*

unflinching [ʌn'flɪntʃɪŋ] *adj* unerschrokken; *determination* unbeirrbar. **with ~ courage** unverzagt.

unflinchingly [ʌn'flɪntʃɪŋlɪ] *adv* unerschrocken.

unfold [ʌn'fəʊld] **I** *vt* **1.** *paper, cloth* auseinanderfalten, entfalten; (*spread out*) *map also, wings* ausbreiten; *arms* lösen; *chair, table* aufklappen, auseinanderklappen.

2. (*fig*) *story* entwickeln (*to* vor +*dat*); *plans, ideas also* entfalten, darlegen (*to dat*); *secret* enthüllen, eröffnen.

II *vi* (*story, plot*) sich abwickeln; (*truth*) an den Tag kommen, sich herausstellen; (*view, personality, flower*) sich entfalten; (*countryside*) sich ausbreiten.

unforced [ʌn'fɔːst] *adj* ungezwungen, natürlich.

unforeseeable [ˌʌnfɔː'siːəbl] *adj* unvorhersehbar.

unforeseen [ˌʌnfɔː'siːn] *adj* unvorhergesehen, unerwartet.

unforgettable [ˌʌnfə'getəbl] *adj* unvergeßlich.

unforgivable [ˌʌnfə'gɪvəbl] *adj* unverzeihlich.

unforgivably [ˌʌnfə'gɪvəblɪ] *adv* unverzeihlich. **he said, quite ~, that ...** er sagte, und das war einfach unverzeihlich, daß ...

unforgiving [ˌʌnfə'gɪvɪŋ] *adj* unversöhnlich.

unformatted [ʌn'fɔːmætɪd] *adj* (*Comput*) *disk* unformatiert.

unformed [ʌn'fɔːmd] *adj* (*unshaped*) *clay, foetus* ungeformt; (*undeveloped*) *character, idea* unfertig.

unforthcoming [ˌʌnfɔːθ'kʌmɪŋ] *adj person* nicht sehr mitteilsam; *reply* wenig aufschlußreich. **to be ~ about sth** sich nicht zu etw äußern wollen.

unfortunate [ʌn'fɔːtʃnɪt] **I** *adj* unglücklich; *person* glücklos; *day, event, error* unglückselig; *turn of phrase also* ungeschickt; *time* ungünstig. **to be ~** (*person*) Pech haben; **to be ~ in life/in love** kein Glück im Leben haben/Pech *or* kein Glück in der Liebe haben; **it is most ~ that ...** es ist höchst bedauerlich, daß ...; **how very ~ (for you)** welch ein Pech; **it was ~ that he hadn't been informed** ihm ist bedauerlicherweise nicht Bescheid gesagt worden; **the ~ Mr Brown** der arme *or* bedauernswerte Herr Brown.

II *n* Arme(r), Unglückliche(r) *mf.*

unfortunately [ʌn'fɔːtʃnɪtlɪ] *adv* leider; *chosen* unglücklich; *worded* ungeschickt.

unfounded [ʌn'faʊndɪd] *adj* unbegründet, nicht fundiert; *suspicion also* grundlos; *rumour also, allegations* aus der Luft gegriffen.

unfreeze [ʌn'friːz] **I** *vt* **1.** auftauen. **2.** (*Fin*) *wages, prices* freigeben. **II** *vi* auftauen.

unfrequented [ˌʌnfrɪ'kwentɪd] *adj* einsam. **the place is ~ except for ...** außer ... kommt niemand dahin.

unfriendliness [ʌn'frendlɪnɪs] *n see adj* Unfreundlichkeit *f*; Feindseligkeit *f*; Unwirtlichkeit *f.*

unfriendly [ʌn'frendlɪ] *adj* unfreundlich (*to sb* zu jdn); (*hostile also*) *natives, country, act* feindselig; *territory* unwirtlich.

unfruitful [ʌn'fruːtfʊl] *adj soil, woman, discussion* unfruchtbar; *attempt* fruchtlos.

unfulfilled [ˌʌnfʊl'fɪld] *adj* unerfüllt; *person* unausgefüllt.

unfunny [ˌʌn'fʌnɪ] *adj* (*inf*) (gar) nicht komisch. **distinctly ~** alles andere als komisch.

unfurl [ʌn'fɜːl] **I** *vt flag* aufrollen; *sail* losmachen; (*peacock*) *tail* entfalten. **II** *vi* sich entfalten; (*flag, sails also*) sich aufrollen.

unfurnished [ʌn'fɜːnɪʃt] *adj* unmöbliert.

ungainly [ʌn'geɪnlɪ] *adj animal, movement* unbeholfen; *appearance* unelegant, unansehnlich, unschön; *posture* ungraziös, unschön.

ungentlemanly [ʌn'dʒentlmənlɪ] *adj* unfein; (*impolite*) unhöflich. **it is ~ to do so** das gehört sich nicht für einen Gentleman.

un-get-at-able [ˌʌnget'ætəbl] *adj* (*inf*) unerreichbar. **he/the cottage is ~** man kommt an ihn/das Haus einfach nicht ran (*inf*).

unglazed [ʌn'gleɪzd] *adj window* unverglast; *pottery* unglasiert; *photograph* nicht satiniert.

ungodly [ʌn'gɒdlɪ] **I** *adj* gottlos; (*inf*) *noise, hour* unchristlich (*inf*). **an ~ noise** ein Heidenlärm *m* (*inf*). **II** *n* **the ~** *pl* die Gottlosen *pl.*

ungovernable [ʌn'gʌvənəbl] *adj* **1.** *desire* unbezähmbar; *passion also* zügellos; *temper* unbeherrscht. **2.** *country, people* unlenkbar, nicht zu regieren *pred.*

ungraceful [ʌn'greɪsfʊl] *adj* nicht anmutig; *movement* plump, ungelenk; (*of girl also*) *dancer* ungraziös; *behaviour* unfein.

ungracefully [ʌn'greɪsfəlɪ] *adv see adj.*

ungracious [ʌn'greɪʃəs] *adj* unhöflich; (*gruff*) *grunt, refusal* schroff; *answer* rüde.

ungraciously [ʌn'greɪʃəslɪ] *adv see adj.*

ungrammatical [ˌʌngrə'mætɪkəl] *adj* ungrammatisch, grammatikalisch falsch. **she does tend to be ~ at times** sie drückt sich manchmal grammatikalisch falsch aus.

ungrammatically [ˌʌngrə'mætɪkəlɪ] *adv see adj.*

ungrateful *adj*, **~ly** *adv* [ʌn'greɪtfʊl, -fəlɪ] undankbar (*to* gegenüber).

ungrudging [ʌn'grʌdʒɪŋ] *adj help, support* bereitwillig; *admiration* neidlos; (*generous*) *person, contribution* großzügig; *praise, gratitude* von ganzem Herzen kommend *attr*. **he was ~ in his praise** er hat mit dem Lob nicht gespart.

ungrudgingly [ʌn'grʌdʒɪŋlɪ] *adv help, support, consent* bereitwillig; *admire, praise* von ganzem Herzen; *give, contribute* großzügig.

unguarded [ʌn'gɑːdɪd] *adj* **1.** (*undefended*) unbewacht. **2.** (*fig: careless*) unvorsichtig, unachtsam. **to have ~ conversations** sich sorglos unterhalten; **in an ~ moment he ...** als er einen Augenblick nicht aufpaßte *or* sich nicht vorsah, ... er ...

ungulate ['ʌŋgjʊleɪt] **I** *n* Huftier *nt*, Ungulat *m* (*spec*). **II** *adj* Huftier-; *creatures* mit Hufen.

unhampered [ʌn'hæmpəd] *adj* ungehindert. **~ by clothes/regulations** ohne hemmende Kleidung/ohne den Zwang von Bestimmungen.

unhappily [ʌn'hæpɪlɪ] *adv* (*unfortunately*) leider, unglücklicherweise; (*miserably*) unglücklich.

unhappiness [ʌn'hæpɪnɪs] *n* Traurigkeit *f*; (*discontent*) Unzufriedenheit *f* (*with* mit). **this is a source of much ~ to me** das macht mich ganz unglücklich.

unhappy [ʌn'hæpɪ] *adj* (*+er*) **1.** (*sad*) unglücklich; *look, voice also* traurig; *state of affairs* bedauerlich, traurig.

2. (*not pleased*) unzufrieden (*about* mit), nicht glücklich (*about* über *+acc*); (*uneasy*) unwohl. **if you feel ~ about it** wenn Sie darüber nicht glücklich sind; (*worried*) wenn Ihnen dabei nicht wohl ist; **I feel ~ about letting him go** ich lasse ihn nur ungern gehen.

3. (*unfortunate*) *coincidence, day, match, phrasing* unglücklich; *person* glücklos. **an ~ choice/colour scheme** keine gute Wahl/Farbzusammenstellung.

unharmed [ʌn'hɑːmd] *adj person* unverletzt; *thing* unbeschädigt; *reputation* ungeschädigt; *beauty* nicht beeinträchtigt. **to be ~ by sth** durch etw nicht gelitten haben.

unharness [ʌn'hɑːnɪs] *vt horse* abschirren; (*from carriage*) abspannen.

UNHCR *abbr of* **United Nations High Commission for Refugees** *n* Flüchtlingshilfswerk *nt* der UN.

unhealthy [ʌn'helθɪ] *adj* **1.** *person* nicht gesund; *climate, place, life complexion*, ungesund; (*inf*) *car* nicht in Ordnung. **2.** *curiosity, interest* krankhaft; *influence, magazine* schädlich, schlecht. **3.** (*inf: dangerous*) ungesund (*inf*), gefährlich.

unheard [ʌn'hɜːd] *adj* ungehört; (*fig*) *voice* unbeachtet. **to condemn sb ~** jdn verurteilen, ohne ihn angehört zu haben.

unheard-of [ʌn'hɜːdɒv] *adj* (*unknown*) gänzlich unbekannt; (*unprecedented*) einmalig, noch nicht dagewesen; (*outrageous*) unerhört.

unheeded [ʌn'hiːdɪd] *adj* unbeachtet. **to go ~** keine Beachtung finden, auf taube Ohren stoßen.

unheeding [ʌn'hiːdɪŋ] *adj* (*not attending*) unbekümmert; (*not caring also*) gleichgültig, achtlos.

unhelpful [ʌn'helpfʊl] *adj person* nicht hilfreich; *advice, book* nutzlos, wenig hilfreich. **that was very ~ of you** das war wirklich keine Hilfe.

unhelpfully [ʌn'helpfəlɪ] *adv* wenig hilfreich.

unhesitating [ʌn'hezɪteɪtɪŋ] *adj* (*immediate*) *answer, offer* prompt, unverzüglich; *help also, generosity* bereitwillig; (*steady*) *steps, progress* stet; (*undoubting*) *answer* fest. **he was ~ in his support** er half, ohne zu zögern.

unhesitatingly [ʌn'hezɪteɪtɪŋlɪ] *adv* ohne Zögern, ohne zu zögern; (*undoubtingly also*) ohne zu zweifeln.

unhindered [ʌn'hɪndəd] *adj* (*by clothes, luggage*) unbehindert, nicht behindert; (*by regulations*) ungehindert, nicht gehindert; (*by distraction*) ungestört. **~ by luggage** ohne hinderndes Gepäck.

unhinge [ʌn'hɪndʒ] *vt* **to ~ sb/sb's mind** jdn aus der Bahn werfen, jdn völlig verstören; **his mind was ~d** er hatte den Verstand verloren.

unhitch [ʌn'hɪtʃ] *vt horse* (*from post*) losbinden; (*from wagon*) ausspannen; *caravan, engine* abkoppeln.

unholy [ʌn'həʊlɪ] *adj* (*+er*) (*Rel*) *place* ungeweiht; *spirits* böse; (*inf: reprehensible*) *delight* diebisch (*inf*); *alliance* übel; (*inf: awful*) *mess* heillos; *noise, hour* unchristlich (*inf*).

unhook [ʌn'hʊk] **I** *vt latch, gate* loshaken; *dress* aufhaken; (*take from hook*) *picture* abhaken; (*free*) losmachen. **the dress came ~ed** das Kleid ging auf. **II** *vi* sich aufhaken lassen.

unhoped-for [ʌn'həʊptfɔːʳ] *adj* unverhofft.

unhorse [ʌn'hɔːs] *vt rider* abwerfen.

unhurried [ʌn'hʌrɪd] *adj pace, person* gelassen; *steps, movement* gemächlich; *meal, journey, life* gemütlich, geruhsam.

unhurriedly [ʌn'hʌrɪdlɪ] *adv* gemächlich, in aller Ruhe.

unhurt [ʌn'hɜːt] *adj* unverletzt.

unhygienic [ˌʌnhaɪ'dʒiːnɪk] *adj* unhygienisch.

uni- ['juːnɪ-] *pref* ein-. **~cameral** Einkammer-; **~cellular** einzellig.

UNICEF ['juːnɪsef] *abbr of* **United Nations**

International Children's Emergency Fund UNICEF *f*, Weltkinderhilfswerk *nt* der UN.

unicorn ['ju:nɪ,kɔ:n] *n* Einhorn *nt*.

unidentifiable [,ʌnaɪ'dentɪfaɪɪbl] *adj* unidentifizierbar.

unidentified [,ʌnaɪ'dentɪfaɪd] *adj* unbekannt; *body* nicht identifiziert; *belongings* herrenlos. ~ **flying object** unbekanntes Flugobjekt.

unification [,ju:nɪfɪ'keɪʃən] *n* (*of country*) Einigung *f*; (*of system*) Vereinheitlichung *f*.

uniform ['ju:nɪfɔ:m] **I** *adj* **1.** (*unvarying*) *length, colour, tax* einheitlich; *treatment also* gleich; *temperature also, pace* gleichmäßig, gleichbleibend *attr*; (*lacking variation*) *life* gleichförmig, eintönig (*pej*); *thinking* gleichartig, gleichförmig, uniform (*pej*); *scenery* einförmig, eintönig (*pej*). **these houses are so** ~ die Häuser gleichen sich alle so.
2. (*Mil, Sch*) Uniform-.
II *n* Uniform *f*. **in/out of** ~ in Uniform/in Zivil, ohne Uniform.

uniformed ['ju:nɪfɔ:md] *adj* uniformiert; *person also* in Uniform.

uniformity [,ju:nɪ'fɔ:mɪtɪ] *n see adj 1.* Einheitlichkeit *f*; Gleichheit *f*; Gleichmäßigkeit *f*; Gleichförmigkeit *f*; Eintönigkeit *f* (*pej*); Gleichartigkeit, Uniformität (*pej*) *f*; Einförmigkeit *f*.

uniformly ['ju:nɪfɔ:mlɪ] *adv measure, paint, tax* einheitlich; *heat* gleichmäßig; *treat* gleich; (*pej*) einförmig (*pej*); *think* uniform (*pej*).

unify ['ju:nɪfaɪ] *vt* einigen, einen (*geh*); *theories, systems* vereinheitlichen.

unilateral [,ju:nɪ'lætərəl] *adj* (*Jur*) einseitig; (*Pol also*) unilateral. ~ **declaration of independence** einseitige Unabhängigkeitserklärung.

unilateralist [,ju:nɪ'lætərəlɪst] **I** *n* Befürworter(in *f*) *m* einseitiger Abrüstung. **II** *adj policies* auf einseitige Abrüstung ausgerichtet.

unilaterally [,ju:nɪ'lætərəlɪ] *adv* einseitig.

unimaginable [,ʌnɪ'mædʒɪnəbl] *adj* unvorstellbar.

unimaginative [,ʌnɪ'mædʒɪnətɪv] *adj* phantasielos, einfallslos; *remark, book* geistlos, phantasielos.

unimaginatively [,ʌnɪ'mædʒɪnətɪvlɪ] *adv see adj*.

unimpaired [,ʌnɪm'pɛəd] *adj quality, prestige* unbeeinträchtigt; *health* unvermindert. **to be** ~ nicht gelitten haben.

unimpassioned [,ʌnɪm'pæʃənd] *adj* leidenschaftslos.

unimpeachable [,ʌnɪm'pi:tʃəbl] *adj reputation, conduct* untadelig; *proof, honesty* unanfechtbar; *source* absolut zuverlässig.

unimpeded [,ʌnɪm'pi:dɪd] *adj* ungehindert.

unimportant [,ʌnɪm'pɔ:tənt] *adj* unwichtig, unbedeutend; *detail also* unwesentlich.

unimposing [,ʌnɪm'pəʊzɪŋ] *adj* unscheinbar; *building also* wenig imponierend *or* beeindruckend.

unimpressed [,ʌnɪm'prest] *adj* unbeeindruckt, nicht beeindruckt. **I was** ~ **by his story** seine Geschichte hat mich überhaupt nicht beeindruckt.

unimpressive [,ʌnɪm'presɪv] *adj* wenig beeindruckend; *person also* unscheinbar; *argument, performance also, speaker* wenig überzeugend.

unimproved [,ʌnɪm'pru:vd] *adj* **1.** (noch) nicht besser, unverändert schlecht; *method* nicht verbessert. **to leave sth** ~ etw nicht verbessern. **2.** *land* unbebaut, nicht kultiviert; *house* nicht modernisiert.

uninfluenced [ʌn'ɪnflʊənst] *adj* unbeeinflußt.

uninfluential [,ʌnɪnflʊ'enʃəl] *adj* ohne Einfluß.

uninformative [,ʌnɪn'fɔ:mɪtɪv] *adj person* wenig mitteilsam; *document* ohne Informationsgehalt.

uninformed [,ʌnɪn'fɔ:md] *adj* (*not knowing*) nicht informiert *or* unterrichtet (*about* über +*acc*); (*ignorant also*) unwissend; *criticism* blindwütig. **to be** ~ **about sth** über etw (*acc*) nicht Bescheid wissen; **to keep sb** ~ jdn im dunkeln lassen.

uninhabitable [,ʌnɪn'hæbɪtəbl] *adj* unbewohnbar.

uninhabited [,ʌnɪn'hæbɪtɪd] *adj* unbewohnt.

uninhibited [,ʌnɪn'hɪbɪtɪd] *adj person* frei von Hemmungen, ohne Hemmungen; *greed, laughter* hemmungslos, ungezügelt.

uninitiated [,ʌnɪ'nɪʃɪeɪtɪd] **I** *adj* nicht eingeweiht. ~ **members of a tribe** nicht initiierte Mitglieder eines Stammes. **II** *n* **the** ~ *pl* Nichteingeweihte *pl*; **for the** ~ **that may seem strange** Nichteingeweihten mag das merkwürdig vorkommen.

uninjured [ʌn'ɪndʒəd] *adj person* unverletzt.

uninspired [,ʌnɪn'spaɪəd] *adj teacher, performance* phantasielos, ideenlos, einfallslos; *lecture, book* einfallslos.

uninspiring [,ʌnɪn'spaɪərɪŋ] *adj* trocken; *suggestion, idea* nicht gerade aufregend.

uninsured [,ʌnɪn'ʃʊəd] *adj* nicht versichert.

unintelligent [,ʌnɪn'telɪdʒənt] *adj* unintelligent; *approach, action* unklug, ungeschickt. **not** ~ eigentlich ganz intelligent.

unintelligibility ['ʌnɪn,telɪdʒɪ'bɪlɪtɪ] *n* Unverständlichkeit *f*.

unintelligible [,ʌnɪn'telɪdʒɪbl] *adj person* nicht zu verstehen; *speech, writing* unverständlich.

unintelligibly [,ʌnɪn'telɪdʒɪblɪ] *adv* unverständlich.

unintended [,ʌnɪn'tendɪd], **unintentional** [,ʌnɪn'tenʃənl] *adj* unbeabsichtigt, unabsichtlich; *joke also* unfreiwillig.

unintentionally [,ʌnɪn'tenʃnəlɪ] *adv* unabsichtlich, unbeabsichtigt, ohne Absicht; *funny* unfreiwillig.

uninterested [ʌn'ɪntrɪstɪd] *adj* desinteressiert, interesselos. **to be** ~ **in sth** an etw (*dat*) nicht interessiert sein.

uninteresting [ʌn'ɪntrɪstɪŋ] *adj* uninteressant.

uninterrupted [ˌʌnɪntəˈrʌptɪd] *adj (continuous) line* ununterbrochen, kontinuierlich; *noise, rain also* anhaltend; *(undisturbed) rest* ungestört.

uninterruptedly [ˌʌnɪntəˈrʌptɪdlɪ] *adv see adj.*

uninvited [ˌʌnɪnˈvaɪtɪd] *adj guest* ungeladen, ungebeten.

uninviting [ˌʌnɪnˈvaɪtɪŋ] *adj appearance, atmosphere* nicht (gerade) einladend; *prospect* nicht (gerade) verlockend; *smell, food, sight* unappetitlich.

union [ˈjuːnjən] **I** *n* **1.** Vereinigung, Verbindung *f*; *(uniting also)* Zusammenschluß *m*; *(Pol also)* Union *f*. **the U~** *(US)* die Vereinigten Staaten; *(in civil war)* die Unionsstaaten *pl*; **state of the U~ message** *(US)* ≃ Bericht *m* zur Lage der Nation; **~ of Soviet Socialist Republics** *(Hist)* Union *f* der Sozialistischen Sowjetrepubliken.

2. *(trade ~)* Gewerkschaft *f*.

3. *(association)* Vereinigung *f*; *(customs ~)* Union *f*; *(postal ~)* Postverein *m*; *(students' ~ also)* Studentenclub *m*; Studentenvertretung *f*.

4. *(harmony)* Eintracht, Harmonie *f*.

5. *(form: marriage)* Verbindung *f*.

6. *(Tech)* Verbindung *f*. **~ joint** Anschlußstück, Verbindungsstück *nt*.

7. *(Math)* Vereinigung(smenge) *f*.

II *adj attr (trade ~)* Gewerkschafts-. **~ rates** *(wages)* Tariflohn *m*; *(salary)* Tarifgehalt *nt*.

unionism [ˈjuːnjənɪzəm] *n* **1.** *(trade ~)* Gewerkschaftswesen *nt*. **2.** *(Pol)* Einigungsbewegung *f*. **U~** *(Brit)* Unionismus *m*, unionistische Bewegung.

unionist [ˈjuːnjənɪst] **I** *n* **1.** *(trade ~)* Gewerkschaftler(in *f*) *m*. **2.** *(Pol)* Unionist(in *f*) *m*. **Ulster U~** Ulster Unionist *m*. **II** *adj* **1.** *(trade ~)* gewerkschaftlich. **2.** *(Pol)* Unions-. **U~ MP** *(Ir)* Unionistische(r) Abgeordnete(r).

unionize [ˈjuːnjənaɪz] **I** *vt* gewerkschaftlich organisieren. **II** *vi* sich gewerkschaftlich organisieren.

Union Jack *n* Union Jack *m*; **union shop** *n* gewerkschaftspflichtiger Betrieb; **union suit** *n (US)* lange Hemdhose.

unique [juːˈniːk] *adj* einzig *attr*; *(outstanding)* einzigartig, einmalig *(inf)*; *(Math)* eindeutig. **you are not ~ in that** da bist du nicht der/die einzige; **such cases are not ~ to Britain** solche Fälle sind nicht nur auf Großbritannien beschränkt.

uniquely [juːˈniːklɪ] *adv (solely)* einzig und allein, nur; *(outstandingly)* einmalig *(inf)*, unübertrefflich. **~ suited** außergewöhnlich geeignet.

uniqueness [juːˈniːknɪs] *n* Einmaligkeit, Einzigartigkeit *f*.

unisex [ˈjuːnɪseks] *adj* Unisex-, unisex.

unison [ˈjuːnɪzn] *n (Mus)* Gleichklang, Einklang *m (also fig)*. **in ~** unisono *(geh)*, einstimmig; **~ singing** einstimmiger Gesang; **to be in ~ (with sth)** übereinstimmen (mit etw); **to act in ~ with sb** *(fig)* in Übereinstimmung mit jdm handeln.

unit [ˈjuːnɪt] *n* **1.** *(entity, Mil)* Einheit *f*; *(set of equipment also)* Anlage *f*. **camera/X-ray ~** Kameraeinheit/Röntgenanlage *f*.

2. *(section)* Einheit *f*; *(of furniture)* Element *nt*; *(of machine also)* Element, Teil *nt*; *(of organization also)* Abteilung *f*. **power ~** Aggregat *nt*; *(of a rocket)* Triebwerk *nt*; **where did you get those ~s in your bedroom?** wo haben Sie die Anbauelemente in Ihrem Schlafzimmer her?; **the new research ~** die neue Forschungsabteilung *or* -gruppe; **the family as the basic ~** die Familie als Grundelement.

3. *(measure)* Einheit *f*. **~ of account/length** Rechnungs-/Längeneinheit *f*; **monetary ~** Währungseinheit *f*.

4. *(Math)* Einer *m*. **tens and ~s** Zehner und Einer *pl*.

unitary [ˈjuːnɪtərɪ] *adj* **1.** *(used as a unit)* Einheits-. **~ weight** Gewichtseinheit *f*. **2.** *(unified)* einheitlich.

unite [juːˈnaɪt] **I** *vt (join, also form: marry)* vereinigen, verbinden; *party, country (treaty)* (ver)einigen, zusammenschließen; *(emotions, ties, loyalties)* (ver)einen. **the common interests which ~ us** die gemeinsamen Interessen, die uns verbinden.

II *vi* sich zusammenschließen, sich vereinigen. **to ~ in doing sth** gemeinsam etw tun; **to ~ in prayer/opposition to sth** gemeinsam beten/gegen etw Opposition machen.

united [juːˈnaɪtɪd] *adj* verbunden; *group, nation, front* geschlossen; *(unified) people, nation* einig; *efforts* vereint. **~ we stand, divided we fall** *(prov)* Einigkeit macht stark *(Prov)*; **to present a ~ front** eine geschlossene Front bieten.

United Arab Emirates *npl* Vereinigte Arabische Emirate *pl*; **United Arab Republic** *n* Vereinigte Arabische Republik; **United Kingdom** *n* Vereinigtes Königreich *(Großbritannien und Nordirland)*; **United Nations (Organization)** *n* Vereinte Nationen *pl*; **United States (of America)** *npl* Vereinigte Staaten *pl* (von Amerika).

unity [ˈjuːnɪtɪ] *n* **1.** *(oneness, Liter)* Einheit *f*; *(harmony)* Einmütigkeit, Einigkeit *f*; *(of a novel, painting)* Einheitlichkeit, Geschlossenheit *f*. **~ is strength** Einigkeit macht stark *(Prov)*.

2. *(Math)* Einheit *f*; *(one)* Eins *f*; *(in set theory)* neutrales Element.

universal [ˌjuːnɪˈvɜːsəl] **I** *adj* **1.** *phenomenon, applicability, remedy* universal, universell; *language, genius, remedy also* Universal-; *(prevailing everywhere also) custom, game* allgemein *or* überall verbreitet; *(applying to all also) truth, rule* allgemein gültig; *(general) approval, peace* allgemein. **~ remedy** Allheilmittel *nt*; **to be a ~ favourite** überall beliebt sein.

2. *(Logic)* universal, universell, allgemein.

II *n (Philos)* Allgemeinbegriff *m*; *(Logic: ~ proposition)* Universalaussage *f*. **the ~** das Allgemeine; **the various ~s of human society** die verschiedenen

Grundelemente der menschlichen Gesellschaft.

universality [ˌjuːnɪvɜːˈsælɪtɪ] *n* Universalität *f*; (*of person also*) Vielseitigkeit *f*; (*prevalence also*) allgemeine Verbreitung; (*general applicability*) Allgemeingültigkeit *f*.

universally [ˌjuːnɪˈvɜːsəlɪ] *adv* allgemein.

Universal Postal Union *n* Weltpostverein *m*; **universal product code** *n* (*US: bar code*) Bar-Code *m*, Strichkodierung *f*; **universal suffrage** *n* allgemeines Wahlrecht; **universal time** *n* Weltzeit *f*.

universe [ˈjuːnɪvɜːs] *n* **1.** (*cosmos*) (Welt)all, Universum *nt*; (*galaxy*) Sternsystem *nt*; (*world*) Welt *f*. **2.** (*Logic*) ~ **of discourse** Gesamtheit *f* aller Gegenstände der Abhandlung.

university [ˌjuːnɪˈvɜːsɪtɪ] **I** *n* Universität *f*. **the ~ of life** die Schule des Lebens; **what is his ~?** wo studiert er?; **to be at ~/to go to ~** studieren; **to go to London U~** in London studieren.

II *adj attr town, library, bookshop* Universitäts-; *qualifications, education also* akademisch. ~ **entrance (examination)** Zulassungsprüfung *f or* Aufnahmeprüfung *f* zum Studium; ~ **man** Akademiker(in *f*) *m*; ~ **lecturer** Dozent(in *f*) *m*; ~ **teacher** Hochschullehrer(in *f*) *m*.

unjust [ʌnˈdʒʌst] *adj* ungerecht (*to* gegen).

unjustifiable [ʌnˈdʒʌstɪfaɪəbl] *adj* nicht zu rechtfertigen *pred or* rechtfertigend *attr*. **it was ~ of them not to ...** es war ihrerseits nicht zu rechtfertigen, nicht zu ...

unjustifiably [ʌnˈdʒʌstɪfaɪəblɪ] *adv expensive, severe, critical, act* ungerechtfertigt; *rude* unnötig; *criticize, dismiss, praise* zu Unrecht.

unjustified [ʌnˈdʒʌstɪfaɪd] *adj* **1.** ungerechtfertigt. **to be ~ in thinking that ...** zu Unrecht denken, daß ... **2.** *text* nicht bündig, nicht ausgerichtet, im Flattersatz.

unjustly [ʌnˈdʒʌstlɪ] *adv* zu Unrecht; *judge, treat* ungerecht.

unjustness [ʌnˈdʒʌstnɪs] *n* Ungerechtigkeit *f*.

unkempt [ʌnˈkempt] *adj hair* ungekämmt; *appearance, garden* ungepflegt, vernachlässigt.

unkind [ʌnˈkaɪnd] *adj* (+*er*) *person, remark, action* (*not nice*) unfreundlich, nicht nett; (*cruel*) lieblos, gemein; *remark also* spitz; (*harsh*) *climate, country, action* schlecht (*to* für). **don't be (so) ~!** das ist aber gar nicht nett (von dir)!; **to be ~ to animals** nicht gut zu Tieren sein; **~ to the skin** nicht hautfreundlich; **fate has been ~ to him** das Schicksal hat ihn unfreundlich behandelt; **it would be ~ not to tell him the truth** es wäre gemein, ihm nicht die Wahrheit zu sagen.

unkindly [ʌnˈkaɪndlɪ] *adv* unfreundlich, nicht nett; (*cruelly*) lieblos, gemein. **how ~ fate had treated her** wie grausam das Schicksal ihr mitgespielt hatte; **don't take it ~ if ...** nimm es nicht übel, wenn ...; **to take ~ to sth** etw übelnehmen.

unkindness [ʌnˈkaɪndnɪs] *n* Unfreundlichkeit *f*; (*cruelty*) Lieblosigkeit, Gemeinheit *f*. **to do sb an ~** jdm Unrecht tun; **the ~ of the weather** das schlechte Wetter.

unknot [ʌnˈnɒt] *vt* aufknoten, entknoten.

unknowable [ʌnˈnəʊəbl] **I** *adj truths* unbegreiflich, unfaßbar; *person* verschlossen. **II** *n* **the U~** das Unfaßbare.

unknowing [ʌnˈnəʊɪŋ] *adj agent, cause* unbewußt, ohne es zu wissen. **he was the ~ cause of ...** er war unwissentlich *or* ohne es zu wissen die Ursache für ...

unknowingly [ʌnˈnəʊɪŋlɪ] *adv* unwissentlich, ohne es zu wissen.

unknown [ʌnˈnəʊn] **I** *adj* unbekannt. ~ **quantity** unbekannte Größe; (*Math*) Unbekannte *f*; **the ~ soldier** *or* **warrior** der Unbekannte Soldat; **~ territory** (*lit, fig*) Neuland *nt*; **to be ~ to sb** (*feeling, territory*) jdm fremd sein; **it's ~ for him to get up for breakfast** man ist es von ihm gar nicht gewohnt, daß er zum Frühstück aufsteht; **this substance is ~ to science** diese Substanz ist der Wissenschaft nicht bekannt; *see* **person**.

II *n* (*person*) Unbekannte(r) *mf*; (*factor, Math*) Unbekannte *f*; (*territory*) unerforschtes Gebiet, Neuland *nt*. **the ~** das Unbekannte; **a voyage into the ~** (*lit, fig*) eine Fahrt ins Ungewisse.

III *adv* **~ to me** ohne daß ich es wußte.

unlace [ʌnˈleɪs] *vt* aufbinden, aufschnüren.

unladylike [ʌnˈleɪdɪlaɪk] *adj* undamenhaft, nicht damenhaft.

unlamented [ˌʌnləˈmentɪd] *adj death, loss* unbeklagt, unbeweint.

unlawful [ʌnˈlɔːfʊl] *adj* gesetzwidrig; *means, assembly* ungesetzlich, illegal; *wedding* ungültig.

unlawfully [ʌnˈlɔːfəlɪ] *adv* gesetzwidrig, illegal; *married* ungültig.

unleaded [ʌnˈledɪd] **I** *adj petrol* unverbleit, bleifrei. **II** *n* unverbleites *or* bleifreies Benzin. **I use ~** ich fahre bleifrei.

unlearn [ʌnˈlɜːn] *vt* sich (*dat*) abgewöhnen; *habit also* ablegen.

unleash [ʌnˈliːʃ] *vt dog* von der Leine lassen; (*fig*) (*cause*) *anger, war* entfesseln, auslösen. **he ~ed his fury on his wife** er ließ seine Frau seinen Zorn spüren.

unleavened [ʌnˈlevnd] *adj bread* ungesäuert.

unless [ənˈles] *conj* es sei denn; (*at beginning of sentence*) wenn ... nicht, sofern ... nicht. **don't do it ~ I tell you to** mach das nicht, es sei denn, ich sage es dir; **~ I tell you to, don't do it** sofern *or* wenn ich es dir nicht sage, mach das nicht; **~ I am mistaken ...** wenn *or* falls ich mich nicht irre ...; **~ otherwise stated** sofern nicht anders angezeigt *or* angegeben.

unlettered [ʌnˈletəd] *adj* ungebildet; (*illiterate*) analphabetisch *attr*.

unliberated [ʌnˈlɪbəreɪtɪd] *adj person* unemanzipiert, nicht emanzipiert; *masses, countries* nicht befreit.

unlicensed [ʌnˈlaɪsənst] *adj* (*having no licence*) *car, dog, TV* nicht angemeldet; *premises* ohne Lizenz *or* (Schank)konzession; (*unauthorized*) unbefugt, unberechtigt. **people with ~ TV sets** Schwarzseher *pl.*

unlike [ʌn'laɪk] **I** *adj* unähnlich, nicht ähnlich; *poles* ungleich, gegensätzlich.

II *prep* **1.** im Gegensatz zu (*dat*), anders als.

2. (*uncharacteristic of*) **to be quite ~ sb** jdm (gar) nicht ähnlich sehen; (*behaviour also*) überhaupt nicht zu jdm passen; **how ~ him not to have told us** das sieht ihm gar nicht ähnlich, daß er uns nichts gesagt hat.

3. (*not resembling*) **this photograph is quite ~ her** dieses Photo sieht ihr gar nicht ähnlich.

unlikeable [ʌn'laɪkəbl] *adj* unsympathisch.

unlikelihood [ʌn'laɪklɪhʊd], **unlikeliness** [ʌn'laɪklɪnɪs] *n* Unwahrscheinlichkeit *f.* **despite the ~ of success** obwohl der Erfolg unwahrscheinlich war.

unlikely [ʌn'laɪklɪ] *adj* (*+er*) unwahrscheinlich; *explanation also* unglaubwürdig; (*odd also*) *clothes* merkwürdig, komisch. **it is (most) ~/not ~ that ...** es ist (höchst) unwahrscheinlich/es kann durchaus sein, daß ...; **she is ~ to come** sie kommt höchstwahrscheinlich nicht; **it looks an ~ place for mushrooms** es sieht mir nicht nach der geeigneten Stelle für Pilze aus; **he's an ~ choice/he's ~ to be chosen** seine Wahl ist sehr unwahrscheinlich, es ist unwahrscheinlich, daß er gewählt wird; **in the ~ event that ...** im unwahrscheinlichen Fall, daß ...

unlimited [ʌn'lɪmɪtɪd] *adj wealth, time* unbegrenzt; *power also* schrankenlos; *patience* unendlich. **~ company** (*Fin*) Gesellschaft *f* mit unbeschränkter Haftung.

unlined [ʌn'laɪnd] *adj paper* unliniert; *face* faltenlos; (*without lining*) *dress* ungefüttert.

unlisted [ʌn'lɪstɪd] *adj phone number, company, items* nicht verzeichnet; *name* nicht aufgeführt. **~ securities market** Freiverkehr *m.*

unlit [ˌʌn'lɪt] *adj road* unbeleuchtet; *lamp* nicht angezündet.

unload [ʌn'ləʊd] **I** *vt* **1.** *ship, gun* entladen; *car also, boot, luggage* ausladen; *truck, luggage* abladen; *cargo* löschen. **2.** (*inf: get rid of*) (*Fin*) *shares* abstoßen; *furniture, children, problems* abladen (*on(to)* bei); *job, problem* abwälzen (*on(to)* auf *+acc*). **II** *vi* (*ship*) löschen; (*truck*) abladen.

unlock [ʌn'lɒk] *vt door* aufschließen; (*fig*) *heart, secret* offenbaren. **the door is ~ed** die Tür ist nicht abgeschlossen.

unlooked-for [ʌn'lʊktfɔːʳ] *adj* unerwartet, unvorhergesehen; (*welcome also*) unverhofft.

unloose [ʌn'luːs] *vt* **1.** (*also* **~n**) *knot, grasp, hair* lösen; *rope, chains also* losmachen. **2.** *prisoner* losbinden; *dog also* losmachen, loslassen.

unloved [ʌn'lʌvd] *adj* ungeliebt.

unloving [ʌn'lʌvɪŋ] *adj person, home* lieblos, kalt.

unluckily [ʌn'lʌkɪlɪ] *adv* zum Pech, zum Unglück. **~ for him** zu seinem Pech; **the day started ~** der Tag hat schlecht angefangen.

unlucky [ʌn'lʌkɪ] *adj* (*+er*) **1.** *person* unglückselig. **~ wretch** Unglücksrabe, Pechvogel *m*; **he's always ~** er ist vom Pech verfolgt; **to be ~** Pech haben; (*not succeed*) keinen Erfolg haben; **~ in love** unglücklich verliebt; **it was ~ for her that she was seen** Pech für sie, daß man sie gesehen hat; **how ~ for you!** was für ein Pech!, das ist wirklich dumm (für dich)!; **he was ~ enough to meet her** er hatte das Pech, sie zu treffen.

2. *object, action, place* unglückselig; *coincidence, event also, choice* unglücklich; *day also* Unglücks-; *moment also* ungünstig, schlecht gewählt. **to be ~** Unglück *or* Pech bringen; **London has been an ~ place for me** London hat mir nur Pech gebracht; **broken mirrors are ~** zerbrochene Spiegel bringen Unglück; **it's not through any fault of yours, it's just ~** es ist nicht dein Fehler, es ist nur Pech.

unmade [ʌn'meɪd] *adj bed* ungemacht.

unmanageable [ʌn'mænɪdʒəbl] *adj* (*unwieldy*) *vehicle, boat* schwer zu handhaben *or* manövrieren; *parcel, size* unhandlich; (*uncontrollable*) *animal, person, hair, child* widerspenstig, nicht zu bändigen; *situation* unkontrollierbar. **this company is ~** es ist unmöglich, dieses Unternehmen zu leiten.

unmanly [ʌn'mænlɪ] *adj behaviour* unmännlich; (*cowardly*) feige; (*effeminate*) weibisch.

unmanned [ʌn'mænd] *adj* (*not requiring crew*) *level crossing, space flight* unbemannt; (*lacking crew*) *telephone exchange, lighthouse* unbesetzt, nicht besetzt.

unmannerly [ʌn'mænəlɪ] *adj* ungesittet; *child also* ungezogen; *behaviour* ungehörig; (*at table also*) unmanierlich. **it is ~ to ...** es gehört sich nicht, zu ...

unmarked [ʌn'mɑːkt] *adj* **1.** (*unstained*) ohne Flecken *or* Spuren, fleckenlos; (*without marking*) *face* ungezeichnet (*also fig*); *banknotes also* unmarkiert; *linen* nicht gezeichnet; *boxes, crates, suitcases* ohne Namen *or* Adresse; *police car* nicht gekennzeichnet. **to leave sb ~** spurlos an jdm vorübergehen.

2. (*Sport*) *player* ungedeckt.

3. (*Sch*) *papers* unkorrigiert.

4. (*unnoticed*) unbemerkt.

5. (*Ling*) unmarkiert.

unmarketable [ʌn'mɑːkɪtəbl] *adj* unverkäuflich, schlecht *or* nicht zu verkaufen.

unmarried [ʌn'mærɪd] *adj* unverheiratet. **~ mother** ledige Mutter.

unmask [ʌn'mɑːsk] **I** *vt* (*lit*) demaskieren; (*fig*) entlarven. **II** *vi* die Maske abnehmen, sich demaskieren.

unmasking [ʌn'mɑːskɪŋ] *n* (*fig*) Entlarvung *f.*

unmatched [ʌn'mætʃt] *adj* unübertrefflich, einmalig, unübertroffen (*for* in bezug auf *+acc*). **the scenery is ~ anywhere in the world** die Landschaft sucht (in der Welt) ihresgleichen; **to be ~ for beauty** alle anderen an Schönheit übertreffen.

unmechanical [ˌʌnmɪ'kænɪkəl] *adj person*

technisch unbegabt.

unmentionable [ʌn'menʃnəbl] **I** *adj* tabu *pred*; *word also* unaussprechlich. **to be ~** tabu sein; **to be an ~ topic** (als Thema) tabu sein. **II** *n*: **the ~s** (*hum inf*) die edlen Teile (*hum inf*).

unmerciful *adj*, **~ly** *adv* [ʌn'mɜːsɪfʊl, -fəlɪ] unbarmherzig, erbarmungslos.

unmerited [ʌn'merɪtɪd] *adj* unverdient.

unmetalled [ʌn'metld] *adj* (*Brit*) ungeteert.

unmindful [ʌn'maɪndfʊl] *adj* **to be ~ of sth** nicht auf etw (*acc*) achten, etw nicht beachten; **I was not ~ of your needs** ich stand Ihren Bedürfnissen nicht gleichgültig gegenüber.

unmistak(e)able [ˌʌnmɪ'steɪkəbl] *adj* unverkennbar; (*visually*) nicht zu verwechseln.

unmistak(e)ably [ˌʌnmɪ'steɪkəblɪ] *adv* zweifelsohne (*geh*), unverkennbar.

unmitigated [ʌn'mɪtɪgeɪtɪd] *adj* (*not lessened*) *wrath, severity* ungemildert; (*inf: complete*) *disaster* vollkommen, total; *rubbish* komplett (*inf*); *liar, rogue* Erz- (*inf*).

unmixed [ʌn'mɪkst] *adj blood* unvermischt.

unmolested [ˌʌnmə'lestɪd] *adj* (*unattacked*) unbelästigt; (*undisturbed*) in Frieden.

unmoor [ʌn'muːə^r] *vti* losmachen.

unmotivated [ʌn'məʊtɪveɪtɪd] *adj* unmotiviert; *attack also* grundlos.

unmounted [ʌn'maʊntɪd] *adj rider* unberitten; (*thrown from horse*) abgeworfen; *gem* ungefaßt; *gun* nicht fest montiert; *picture* (*not on mount*) nicht aufgezogen; (*not in album*) lose.

unmourned [ʌn'mɔːnd] *adj* unbeweint; *death also* unbeklagt. **an ~ tyrant** ein Tyrann, dem niemand nachtrauert *or* nachweint.

unmoved [ʌn'muːvd] *adj person* ungerührt. **they were ~ by his playing** sein Spiel(en) ergriff sie nicht; **it leaves me ~** das (be)rührt mich nicht; **he remained ~ by her pleas** ihr Flehen ließ ihn kalt.

unmusical [ʌn'mjuːzɪkəl] *adj person* unmusikalisch; *sound* unmelodisch.

unnam(e)able [ʌn'neɪməbl] *adj* unsagbar.

unnamed [ʌn'neɪmd] *adj* (*nameless*) namenlos; (*anonymous*) ungenannt.

unnatural [ʌn'nætʃrəl] *adj* unnatürlich; (*abnormal also*) *relationship, crime* nicht normal *pred*, widernatürlich, wider die Natur *pred*. **it is ~ for him to be so rude** normalerweise ist er nicht so grob, es ist ungewöhnlich, daß er so grob ist; **it's not ~ to be upset** es ist nur natürlich, da bestürzt zu sein.

unnaturally [ʌn'nætʃrəlɪ] *adv* unnatürlich; (*extraordinarily also*) *loud, anxious* ungewöhnlich. **not ~, we were worried** es war nur normal *or* natürlich, daß wir uns Sorgen machten.

unnecessarily [ʌn'nesɪsərɪlɪ] *adv* unnötigerweise; *strict, serious* unnötig, übertrieben.

unnecessary [ʌn'nesɪsərɪ] *adj* unnötig; (*not requisite*) nicht notwendig *or* nötig; (*superfluous also*) überflüssig. **no, you needn't bother thanks, that's quite ~** nein, machen Sie sich keine Umstände, das ist wirklich nicht nötig; **really, that was quite ~ of you!** also, das war wirklich überflüssig!

unnerve [ʌn'nɜːv] *vt* entnerven; (*gradually*) zermürben; (*discourage*) *speaker* entmutigen.

unnerving [ʌn'nɜːvɪŋ] *adj experience* entnervend; *silence also* zermürbend; (*discouraging also*) entmutigend.

unnoticed [ʌn'nəʊtɪst] *adj* unbemerkt. **to go** *or* **pass ~** unbemerkt bleiben.

unnumbered [ʌn'nʌmbəd] *adj* **1.** (*countless*) unzählig, zahllos. **2.** (*not numbered*) nicht numeriert; *house also* ohne Nummer.

UNO *abbr of* **United Nations Organization** UNO *f*.

unobjectionable [ˌʌnəb'dʒekʃnəbl] *adj* einwandfrei. **as a person he is ~ enough** man kann nichts gegen ihn einwenden.

unobservant [ˌʌnəb'zɜːvənt] *adj* unaufmerksam. **to be ~** ein schlechter Beobachter sein; **how ~ of me** wie unaufmerksam (von mir).

unobserved [ˌʌnəb'zɜːvd] *adj* (*not seen*) unbemerkt; (*not celebrated*) nicht (mehr) eingehalten *or* beachtet.

unobstructed [ˌʌnəb'strʌktɪd] *adj view* ungehindert; *pipe* frei, unverstopft; *path, road* frei, unversperrt.

unobtainable [ˌʌnəb'teɪnəbl] *adj* nicht erhältlich, nicht zu bekommen. **number ~** (*Telec*) kein Anschluß unter dieser Nummer.

unobtrusive *adj*, **~ly** *adv* [ˌʌnəb'truːsɪv, -lɪ] unauffällig.

unoccupied [ʌn'ɒkjʊpaɪd] *adj person* unbeschäftigt; *house* leerstehend, unbewohnt; *seat* frei; (*Mil*) *zone* unbesetzt.

unofficial [ˌʌnə'fɪʃəl] *adj* inoffiziell; (*unconfirmed also*) *information* nicht amtlich. **to take ~ action** (*Ind*) inoffiziell streiken; **in an ~ capacity** inoffiziell.

unofficially [ˌʌnə'fɪʃəlɪ] *adv* inoffiziell.

unopened [ʌn'əʊpənd] *adj* ungeöffnet.

unopposed [ˌʌnə'pəʊzd] *adj* **they marched on ~** sie marschierten weiter, ohne auf Widerstand zu treffen; **~ by the committee** ohne Widerspruch *or* Beanstandung seitens des Ausschusses; **to be returned ~** (*Pol*) ohne Gegenstimmen gewählt werden.

unorganized [ʌn'ɔːgənaɪzd] *adj* unsystematisch; *person also* unmethodisch; *life* ungeregelt; (*Ind*) nicht (gewerkschaftlich) organisiert.

unoriginal [ˌʌnə'rɪdʒɪnəl] *adj* wenig originell.

unorthodox [ʌn'ɔːθədɒks] *adj* unkonventionell, unorthodox.

unpack [ʌn'pæk] *vti* auspacken.

unpaid [ʌn'peɪd] *adj* unbezahlt.

unpalatable [ʌn'pælɪtəbl] *adj food, drink* ungenießbar; (*fig*) *fact, truth, mixture* unverdaulich, schwer zu verdauen. **he finds the truth ~** die Wahrheit schmeckt ihm nicht.

unparalleled [ʌn'pærəleld] *adj* einmalig, beispiellos; (*unprecedented also*) noch nie dagewesen. **an ~ success** ein Erfolg ohnegleichen.

unpardonable [ʌn'pɑːdnəbl] *adj* unverzeihlich.

unparliamentary [ˌʌnpɑːlə'mentərɪ] *adj behaviour, language* nicht parlamentsfähig, der Würde des Parlamentes nicht entsprechend; *procedure* unparlamentarisch.

unpatriotic [ˌʌnpætrɪ'ɒtɪk] *adj* unpatriotisch.

unperceptive [ˌʌnpə'septɪv] *adj* unaufmerksam.

unperson ['ʌnpɜːsən] *n* (*Pol*) Unperson *f*.

unperturbable [ˌʌnpə'tɜːbəbl] *adj* nicht aus der Ruhe zu bringen *pred or* bringend *attr*.

unperturbed [ˌʌnpə'tɜːbd] *adj* nicht beunruhigt (*by* von, durch), gelassen.

unpick [ʌn'pɪk] *vt* auftrennen.

unpin [ʌn'pɪn] *vt dress, hair* die Nadeln entfernen aus; *notice* abnehmen.

unplaced [ʌn'pleɪst] *adj* (*Sport*) nicht plaziert. **to be ~** sich nicht plaziert haben.

unplanned [ʌn'plænd] *adj* ungeplant, nicht geplant.

unplayable [ʌn'pleɪəbl] *adj* unspielbar; *pitch* unbespielbar.

unpleasant [ʌn'pleznt] *adj* unangenehm; *person, smile, remark* unliebenswürdig, unfreundlich; *experience, situation also* unerfreulich.

unpleasantly [ʌn'plezntlɪ] *adv reply* unliebenswürdig, unfreundlich; *warm, smell* unangenehm. **he was getting ~ close to the truth** es war unangenehm, wie nah er an der Wahrheit war.

unpleasantness [ʌn'plezntnɪs] *n* **1.** (*quality*) *see adj* Unangenehmheit *f*; Unfreundlichkeit *f*; Unerfreulichkeit *f*. **2.** (*bad feeling, quarrel*) Unstimmigkeit *f*.

unplug [ʌn'plʌg] *vt radio, lamp* den Stekker herausziehen von.

unplumbed [ʌn'plʌmd] *adj* unergründet.

unpolished [ʌn'pɒlɪʃt] *adj* **1.** unpoliert; *stone* ungeschliffen. **2.** (*fig*) *person, manners* ungeschliffen, ungehobelt; *performance* unausgefeilt; *style, language* holprig, unausgefeilt.

unpolluted [ˌʌnpə'luːtɪd] *adj* sauber, unverschmutzt.

unpopular [ʌn'pɒpjʊlə^r] *adj person* unbeliebt (*with sb* bei jdm); (*for particular reason also*) unpopulär; *decision, move* unpopulär. **to make oneself ~** sich unbeliebt machen; **I'm ~ with him just now** zur Zeit bin ich bei ihm nicht gut angeschrieben (*inf*).

unpopularity [ʌnˌpɒpjʊ'lærɪtɪ] *n* Unbeliebtheit *f*; (*of decision, move*) Unpopularität *f*, geringe Popularität.

unpractical [ʌn'præktɪkəl] *adj* unpraktisch.

unpractised, (*US*) **unpracticed** [ʌn'præktɪst] *adj* ungeübt.

unprecedented [ʌn'presɪdəntɪd] *adj* noch nie dagewesen; *success also* beispiellos, ohnegleichen (*after n*); *profit, step* unerhört. **this event is ~** dieses Ereignis ist bisher einmalig.

unpredictable [ˌʌnprɪ'dɪktəbl] *adj* unvorhersehbar; *result* nicht vorherzusagen *pred or* vorherzusagend *attr*; *behaviour, person, weather* unberechenbar.

unprejudiced [ʌn'predʒʊdɪst] *adj* (*impartial*) objektiv, unparteiisch; (*not having prejudices*) vorurteilslos.

unpremeditated [ˌʌnprɪ'medɪteɪtɪd] *adj* unüberlegt; *crime* nicht vorsätzlich.

unprepared [ˌʌnprɪ'pɛəd] *adj* **1.** nicht vorbereitet; *person also* unvorbereitet. **to be ~ for sth** für etw nicht vorbereitet sein; (*be surprised*) auf etw (*acc*) nicht vorbereitet *or* gefaßt sein; **you've caught me ~** darauf bin ich nicht vorbereitet. **2.** (*improvised*) unvorbereitet, nicht vorbereitet.

unprepossessing [ˌʌnpriːpə'zesɪŋ] *adj* wenig gewinnend, wenig einnehmend.

unpresentable [ˌʌnprɪ'zentəbl] *adj* (*in appearance*) nicht präsentabel; *clothes also* unansehnlich; (*socially*) nicht gesellschaftsfähig. **so ~** so wenig präsentabel; **most of his friends are completely ~** mit den meisten seiner Freunde kann man sich in der Öffentlichkeit nicht blicken lassen.

unpretentious [ˌʌnprɪ'tenʃəs] *adj* schlicht, bescheiden; *person, manner also* natürlich; *house, meal also* einfach; *style, book* einfach, nicht schwülstig.

unpretentiously [ˌʌnprɪ'tenʃəslɪ] *adv* schlicht, bescheiden, einfach; *speak* natürlich; *write* in einfachen Worten.

unpriced [ʌn'praɪst] *adj* ohne Preisschild, nicht ausgezeichnet.

unprincipled [ʌn'prɪnsɪpld] *adj* skrupellos; *person also* charakterlos.

unprintable [ʌn'prɪntəbl] *adj* nicht druckfähig. **his answer was ~** seine Antwort war nicht druckreif.

unproductive [ˌʌnprə'dʌktɪv] *adj capital* nicht gewinnbringend, keinen Gewinn bringend; *soil* unfruchtbar, ertragsarm; *discussion, meeting* unproduktiv.

unprofessional [ˌʌnprə'feʃənl] *adj* unprofessionell; *work also* unfachmännisch, laienhaft, stümperhaft; *conduct* berufswidrig.

unprofitable [ʌn'prɒfɪtəbl] *adj* (*financially*) keinen Profit bringend *or* abwerfend, wenig einträglich; *mine* unrentabel; (*fig*) nutzlos, sinnlos. **the company was ~** die Firma machte keinen Profit *or* warf keinen Profit ab; **we spent an ~ hour** wir haben eine Stunde verplempert.

unpromising [ʌn'prɒmɪsɪŋ] *adj* nicht sehr vielversprechend; *start also* nicht sehr erfolgversprechend, wenig erfolgversprechend. **to look ~** nicht sehr hoffnungsvoll *or* gut aussehen; (*weather*) nichts Gutes versprechen.

unprompted [ʌn'prɒmptɪd] *adj* spontan. **~ by me** unaufgefordert; **his invitation was quite ~** seine Einladung kam ganz aus freien Stücken; **I'd rather he answered the questions ~** es wäre mir lieber, wenn er ohne Vorsagen antwortete.

unpronounceable [ˌʌnprə'naʊnsɪbl] *adj* unaussprechbar.

unpropitious [ˌʌnprə'pɪʃəs] *adj omen, moment* ungünstig.

unprotected [ˌʌnprə'tektɪd] *adj* ohne Schutz, schutzlos; *machine, sex* ungeschützt; (*by insurance*) ohne Versicherungsschutz; (*Mil*) *building* ungeschützt, ohne Deckung. ~ **by** nicht geschützt durch.

unproved [ʌn'pruːvd] *adj* nicht bewiesen, unbewiesen. **he's still ~ as a minister** als Minister muß er sich erst noch bewähren.

unprovided [ˌʌnprə'vaɪdɪd] *adj* (*not equipped*) ~ **with** nicht ausgestattet mit, ohne.

unprovided-for [ˌʌnprə'vaɪdɪdfɔːʳ] *adj* **1.** (*lacking*) unversorgt. **he died and left his children ~** er starb, ohne für seine Kinder gesorgt zu haben. **2.** (*not anticipated*) **that eventuality was ~** auf dieses Ereignis war man nicht eingerichtet.

unprovoked [ˌʌnprə'vəʊkt] *adj* ohne Anlaß, grundlos.

unpublished [ʌn'pʌblɪʃt] *adj* unveröffentlicht.

unpunctual [ʌn'pʌŋktjʊəl] *adj* unpünktlich.

unpunctuality [ˌʌnpʌŋktjʊ'ælɪtɪ] *n* Unpünktlichkeit *f*.

unpunished [ʌn'pʌnɪʃt] *adj* unbestraft. **to go ~** ohne Strafe bleiben; **if this goes ~ ...** wenn das nicht bestraft wird ...

unputdownable [ˌʌnpʊt'daʊnəbl] *adj* (*inf*) **it's absolutely ~** (*book*) es läßt einen nicht los; **he's ~** er ist (einfach) nicht unterzukriegen (*inf*).

unqualified [ʌn'kwɒlɪfaɪd] *adj* **1.** unqualifiziert. **to be ~** nicht qualifiziert sein. **2.** (*absolute*) *delight, praise, acceptance* uneingeschränkt; *denial* vollständig; *success* voll(ständig); (*inf*) *idiot, liar* ausgesprochen. **3.** (*Gram*) nicht bestimmt.

unquenchable [ʌn'kwentʃəbl] *adj fire* unlöschbar; *thirst, desire* unstillbar.

unquestionable [ʌn'kwestʃənəbl] *adj authority* unbestritten, unangefochten; *evidence, fact* unbezweifelbar; *sincerity, honesty* fraglos. **a man of ~ honesty** ein zweifellos *or* fraglos ehrlicher Mann; **his honesty is ~** seine Ehrlichkeit steht außer Frage.

unquestionably [ʌn'kwestʃənəblɪ] *adv* fraglos, zweifellos.

unquestioned [ʌn'kwestʃənd] *adj* unbestritten. **I can't let that statement pass ~** ich kann diese Behauptung nicht fraglos hinnehmen; **to be ~** (*honesty*) außer Frage stehen; (*social order*) nicht in Frage gestellt werden.

unquestioning [ʌn'kwestʃənɪŋ] *adj* bedingungslos; *belief, faith also* blind.

unquestioningly [ʌn'kwestʃənɪŋlɪ] *adv accept* blind, ohne zu fragen.

unquiet [ʌn'kwaɪət] *adj* (*liter*) unruhig; (*restless*) ruhelos.

unquote [ʌn'kwəʊt] *vi* (*imper only*) Ende des Zitats.

unravel [ʌn'rævəl] **I** *vt knitting* aufziehen; (*lit, fig: untangle*) entwirren; *mystery* lösen. **II** *vi* (*knitting*) sich aufziehen; (*fig*) sich entwirren, sich auflösen; (*mystery*) sich lösen.

unread [ʌn'red] *adj book* ungelesen; *person* wenig belesen.

unreadable [ʌn'riːdəbl] *adj writing* unleserlich; *book* schwer zu lesen *pred*, schwer lesbar.

unready [ʌn'redɪ] *adj* (noch) nicht fertig. **~ to do sth** nicht bereit, etw zu tun; **he was ~ for what happened next** er war nicht auf das eingestellt *or* vorbereitet, was dann kam.

unreal [ʌn'rɪəl] *adj* unwirklich. **this is just ~!** (*inf: unbelievable*) das darf doch nicht wahr sein!, das gibt's doch nicht! (*inf*); **he's ~** er ist unmöglich.

unrealistic [ˌʌnrɪə'lɪstɪk] *adj* unrealistisch.

unreality [ˌʌnrɪ'ælɪtɪ] *n* Unwirklichkeit *f*. **there is an air of ~ about it** es hat etwas Unwirkliches an sich; **extreme exhaustion gives a feeling of ~** extreme Erschöpfung läßt alles unwirklich erscheinen; **the ~ of the characters' emotions** die Unnatürlichkeit *or* Unechtheit der Gefühle der Personen.

unrealized [ʌn'rɪəlaɪzd] *adj* unverwirklicht; (*Fin*) *assets* unverwertet; *profit* nicht realisiert.

unreasonable [ʌn'riːznəbl] *adj demand, price* unzumutbar, übertrieben; *person* uneinsichtig; (*showing lack of sense*) unvernünftig. **to be ~ about sth** (*not be understanding*) kein Verständnis für etw zeigen; (*be overdemanding*) in bezug auf etw (*acc*) zuviel verlangen; **it is ~ to ...** es ist zuviel verlangt, zu ...; **it is ~ to expect children to keep quiet** man kann doch von Kindern nicht verlangen, ruhig zu sein; **that's not ~, is it?** das ist doch nicht zuviel verlangt, oder?; **you are being very ~!** das ist wirklich zuviel verlangt!; **an ~ length of time** übermäßig *or* übertrieben lange; **at this ~ hour** zu dieser unzumutbaren Zeit.

unreasonableness [ʌn'riːznəblnɪs] *n* (*of demands*) Unzumutbarkeit, Übermäßigkeit *f*; (*of person*) Uneinsichtigkeit *f*. **I hadn't reckoned with his ~** ich hatte nicht damit gerechnet, daß er so uneinsichtig sein würde.

unreasonably [ʌn'riːznəblɪ] *adv long, slow, high, strict* übermäßig, übertrieben. **he argued, quite ~ I think, that we should have known** er sagte, meiner Meinung nach ungerechtfertigterweise, daß wir das hätten wissen müssen.

unreasoning [ʌn'riːznɪŋ] *adj person* kopflos, unvernünftig; *action, fear, hatred* blind, unsinnig.

unreceptive [ˌʌnrɪ'septɪv] *adj* unempfänglich (*to* für); *audience also* unaufgeschlossen.

unrecognizable [ʌn'rekəgnaɪzəbl] *adj* nicht wiederzuerkennen *pred or* wiederzuerkennend *attr*. **he was ~ in his disguise** er war in seiner Verkleidung nicht zu erkennen.

unrecognized [ʌn'rekəgnaɪzd] *adj* (*not noticed*) *person, danger, value* unerkannt; (*not acknowledged*) *government, record* nicht anerkannt; *genius, talent* ungewürdigt, unerkannt. **his achievements went ~** seine Leistungen fanden keine Anerkennung *or* wurden nicht gewürdigt.

unrecorded [ˌʌnrɪ'kɔːdɪd] *adj* nicht aufgenommen; (*Rad, TV*) nicht aufgezeichnet; (*in documents*) nicht schriftlich erfaßt *or* festgehalten. **to go ~** nicht aufgenommen/festgehalten werden.

unredeemed [ˌʌnrɪ'di:md] *adj* **1.** *sinner* unerlöst. **a life of ~ wickedness** ein durch und durch schlechtes Leben; **~ by** nicht ausgeglichen *or* wettgemacht durch. **2.** *bill, (from pawn)* uneingelöst; *mortgage, debt* ungetilgt.

unreel [ʌn'ri:l] **I** *vt* abspulen, abwickeln. **II** *vi* sich abspulen, sich abwickeln, abrollen.

unrefined [ˌʌnrɪ'faɪnd] *adj* **1.** *petroleum, sugar, metal* nicht raffiniert. **2.** *person* unkultiviert; *manners also* unfein.

unreflecting [ˌʌnrɪ'flektɪŋ] *adj person* gedankenlos, unbedacht; *act, haste* unbesonnen; *emotion* unreflektiert.

unregarded [ˌʌnrɪ'gɑ:dɪd] *adj* unbeachtet, nicht beachtet. **to go ~** unbeachtet bleiben; **to be ~** nicht beachtet werden.

unregistered [ʌn'redʒɪstəd] *adj birth* nicht gemeldet; *car* nicht angemeldet; *voter* nicht (im Wählerverzeichnis) eingetragen; *trademark* nicht gesetzlich geschützt; *letter* nicht eingeschrieben; *lawyer, doctor, taxi* nicht zugelassen.

unregretted [ˌʌnrɪ'gretɪd] *adj absence, death* nicht bedauert; *person* nicht vermißt; *words* nicht bereut.

unregulated [ʌn'regjʊleɪtɪd] *adj* unkontrolliert.

unrehearsed [ˌʌnrɪ'hɜ:st] *adj (Theat)* nicht geprobt; *cast* schlecht eingespielt; *(spontaneous) incident* spontan.

unrelated [ˌʌnrɪ'leɪtɪd] *adj (unconnected)* ohne Beziehung (*to* zu); *(by family)* nicht verwandt. **~ to reality** wirklichkeitsfremd; **the two events are ~/are not ~** die beiden Ereignisse stehen in keinem Zusammenhang miteinander/sind nicht gänzlich ohne Zusammenhang.

unrelenting [ˌʌnrɪ'lentɪŋ] *adj pressure* unablässig; *opposition* unerbittlich; *determination* hartnäckig; *pace, severity* unvermindert; *attack, struggle* unerbittlich, unvermindert; *rain* anhaltend *attr*, nicht nachlassend *attr*; *(not merciful) person, heat* unbarmherzig. **we must be ~ in our struggle** wir müssen unablässig weiterkämpfen.

unreliability ['ʌnrɪˌlaɪə'bɪlɪtɪ] *n* Unzuverlässigkeit *f*.

unreliable [ˌʌnrɪ'laɪəbl] *adj* unzuverlässig.

unrelieved [ˌʌnrɪ'li:vd] *adj pain* ungehindert, ungemindert; *gloom, anguish* ungemindert; *mediocrity* unverändert, gleichbleibend *attr*; *grey* einheitlich, durch nichts aufgelockert; *sameness* eintönig, einförmig; *monotony, boredom* tödlich. **a life of ~ drudgery** ein Leben, das eine einzige Schinderei ist.

unremarkable [ˌʌnrɪ'mɑ:kəbl] *adj* nicht sehr bemerkenswert, wenig bemerkenswert.

unremarked [ˌʌnrɪ'mɑ:kt] *adj* unbemerkt. **to go ~** unbemerkt bleiben.

unremitting [ˌʌnrɪ'mɪtɪŋ] *adj efforts, toil* unaufhörlich, unablässig; *zeal* unermüdlich; *hatred* unversöhnlich.

unremittingly [ˌʌnrɪ'mɪtɪŋlɪ] *adv* unaufhörlich, ohne Unterlaß; *strive* unermüdlich.

unremunerative [ˌʌnrɪ'mju:nərətɪv] *adj* nicht lohnend, nicht einträglich.

unrepeatable [ˌʌnrɪ'pi:təbl] *adj* **1.** *words, views* nicht wiederholbar. **2.** *offer* einmalig.

unrepentant [ˌʌnrɪ'pentənt] *adj* nicht reuig, nicht reumütig, reu(e)los. **he is ~ about it** er bereut es nicht.

unreported [ˌʌnrɪ'pɔ:tɪd] *adj events* nicht berichtet. **to go ~** nicht berichtet werden.

unrepresentative [ˌʌnreprɪ'zentətɪv] *adj (Pol) government* nicht frei gewählt; *(untypical)* nicht repräsentativ (*of* für). **the Party is ~ of the people** die Partei repräsentiert das Volk nicht.

unrepresented [ˌʌnreprɪ'zentɪd] *adj* nicht vertreten.

unrequited [ˌʌnrɪ'kwaɪtɪd] *adj love* unerwidert, unglücklich.

unreserved [ˌʌnrɪ'zɜ:vd] *adj* **1.** *(frank) person* nicht reserviert, offen. **he's quite ~ about his feelings** er zeigt seine Gefühle ganz offen. **2.** *(complete) approval* uneingeschränkt. **3.** *(not booked)* nicht reserviert.

unreservedly [ˌʌnrɪ'zɜ:vɪdlɪ] *adv speak* freimütig, offen; *approve, trust* uneingeschränkt; *sob* rückhaltlos.

unresisting [ˌʌnrɪ'zɪstɪŋ] *adj* widerstandslos, keinen Widerstand leistend *attr*. **I pushed open the ~ door** ich stieß die Tür auf, die ohne weiteres nachgab.

unresolved [ˌʌnrɪ'zɒlvd] *adj* **1.** *difficulty, problem* ungelöst. **2.** *(uncertain) person* unschlüssig. **he is still ~ as to what to do** er ist sich *(dat)* noch (darüber) unschlüssig, was er tun soll.

unresponsive [ˌʌnrɪ'spɒnsɪv] *adj (physically)* nicht reagierend *attr*; *(emotionally, intellectually)* gleichgültig, unempfänglich. **to be ~** nicht reagieren (*to* auf +*acc*); *(to advances, pleas, request also)* nicht empfänglich sein (*to* für); **an ~ audience** ein Publikum, das nicht mitgeht *or* nicht reagiert; **I suggested it but he was fairly ~** ich habe es vorgeschlagen, aber er ist nicht groß darauf eingegangen *or* er zeigte sich nicht sehr interessiert; **still heavily sedated and totally ~** unter starkem Drogeneinfluß und völlig teilnahmslos.

unrest [ʌn'rest] *n* Unruhen *pl*; *(discontent)* Unzufriedenheit *f*. **there was ~ among the workers** die Arbeiter waren unzufrieden.

unrested [ʌn'restɪd] *adj* unausgeruht.

unresting [ʌn'restɪŋ] *adj efforts* unermüdlich.

unrestrained [ˌʌnrɪ'streɪnd] *adj* uneingeschränkt, unkontrolliert; *feelings* offen, ungehemmt; *joy, enthusiasm, atmosphere* ungezügelt; *language, behaviour* ausfallend, unbeherrscht.

unrestricted [ˌʌnrɪ'strɪktɪd] *adj power, use, growth* unbeschränkt, uneingeschränkt; *access* ungehindert.

unrevealed [ˌʌnrɪ'vi:ld] *adj facts* nicht veröffentlicht.

unrewarded [ˌʌnrɪ'wɔ:dɪd] *adj* unbelohnt. **to go ~** unbelohnt bleiben; *(not gain recognition)* keine Anerkennung finden; **his efforts were ~ by any success** seine Bemühungen waren nicht von Erfolg gekrönt.

unrewarding [ˌʌnrɪ'wɔːdɪŋ] *adj work* undankbar; (*financially*) wenig einträglich. **further study of this book would be ~** es würde sich nicht lohnen, das Buch weiterzulesen.

unrighteous [ʌn'raɪtʃəs] *adj* (*Rel*) sündig.

unripe [ʌn'raɪp] *adj* unreif.

unrivalled, (*US*) **unrivaled** [ʌn'raɪvəld] *adj* unerreicht, unübertroffen. **~ in** *or* **for quality** von unübertroffener Qualität.

unroll [ʌn'rəʊl] **I** *vt carpet, map* aufrollen; (*fig*) *story also* darlegen, schildern. **II** *vi* (*carpet*) sich aufrollen; (*fig*) (*plot*) sich abwickeln; (*landscape*) sich ausbreiten.

unromantic [ˌʌnrə'mæntɪk] *adj* unromantisch.

unruffled [ʌn'rʌfld] *adj person* gelassen; *sea* ruhig, unbewegt; *hair* ordentlich, unzerzaust; *calm* unerschütterlich. **she was quite ~** sie blieb ruhig und gelassen, sie bewahrte die Ruhe.

unruled [ʌn'ruːld] *adj paper* unliniert.

unruliness [ʌn'ruːlɪnɪs] *n* Wildheit, Ungebärdigkeit *f*.

unruly [ʌn'ruːlɪ] *adj* (*+er*) *child, behaviour* wild, ungebärdig; *hair* widerspenstig.

unsaddle [ʌn'sædl] *vt horse* absatteln; *rider* abwerfen.

unsafe [ʌn'seɪf] *adj ladder, machine, car, person* nicht sicher; (*dangerous*) *journey, toy, wiring* gefährlich. **this is ~ to eat/drink** das ist nicht genießbar/trinkbar; **to feel ~** sich nicht sicher fühlen.

unsaid [ʌn'sed] **I** *pret, ptp of* **unsay**. **II** *adj* ungesagt, unausgesprochen. **to leave sth ~** etw unausgesprochen lassen; **it's best left ~** das bleibt besser ungesagt.

unsalaried [ʌn'sælərɪd] *adj* ehrenamtlich.

unsaleable [ʌn'seɪləbl] *adj* unverkäuflich. **to be ~** sich nicht verkaufen lassen.

unsalted [ʌn'sɔːltɪd] *adj* ungesalzen.

unsanitary [ʌn'sænɪtrɪ] *adj* unhygienisch.

unsatisfactoriness [ˌʌnsætɪs'fæktərɪnɪs] *n* (*of service, hotel, work*) Unzulänglichkeit *f*. **the ~ of these results/such a solution** solch unbefriedigende Resultate *pl*/eine so unbefriedigende Lösung; **because of his ~ he was not kept on** da er nicht den Erwartungen entsprach, behielt man ihn nicht; **the ~ of our profit margin** die nicht ausreichende Gewinnspanne.

unsatisfactory [ˌʌnsætɪs'fæktərɪ] *adj* unbefriedigend; *result also* nicht zufriedenstellend; *profits, figures* nicht ausreichend; *service, hotel* unzulänglich, schlecht; (*Sch*) mangelhaft; ungenügend. **he was ~** er entsprach nicht den Erwartungen; **this is highly ~** das läßt sehr zu wünschen übrig.

unsatisfied [ʌn'sætɪsfaɪd] *adj person* nicht zufrieden, unzufrieden; (*not fulfilled*) unbefriedigt, nicht zufrieden; (*not convinced*) nicht überzeugt; *appetite, desire, need* unbefriedigt; *curiosity* unbefriedigt, ungestillt. **the book's ending left us ~** wir fanden den Schluß des Buches unbefriedigend; **a job that leaves him ~** eine Arbeit, die ihn nicht befriedigt.

unsatisfying [ʌn'sætɪsfaɪɪŋ] *adj* unbefriedigend; *meal* unzureichend, nicht sättigend.

unsaturated [ʌn'sætʃəreɪtɪd] *adj* (*Chem*) ungesättigt.

unsavoury, (*US*) **unsavory** [ʌn'seɪvərɪ] *adj* **1.** (*tasteless*) *food* fade, geschmacklos.

2. (*unpleasant*) *smell, sight* widerwärtig, widerlich; *appearance* (*repulsive*) abstoßend, widerwärtig; (*dishonest, shady*) fragwürdig; *subject, details, rumours* unerfreulich; *joke* unfein; *district* übel, fragwürdig; *characters* zwielichtig, übel; *reputation* zweifelhaft, schlecht.

unsay [ʌn'seɪ] *pret, ptp* **unsaid** *vt* ungesagt machen.

unscalable [ʌn'skeɪləbl] *adj* unbezwingbar.

unscaled [ʌn'skeɪld] *adj heights* unbezwungen.

unscarred [ʌn'skɑːd] *adj* (*fig*) nicht gezeichnet.

unscathed [ʌn'skeɪðd] *adj* (*lit*) unverletzt, unversehrt; (*by war*) unverwundet; (*fig*) unbeschadet; *relationship* heil. **to escape ~** (*fig*) ungeschoren davonkommen.

unscented [ʌn'sentɪd] *adj* ohne Duftstoffe, geruchlos.

unscheduled [ʌn'ʃedjuːld] *adj stop, flight* außerfahrplanmäßig; *meeting* außerplanmäßig.

unscholarly [ʌn'skɒləlɪ] *adj work, approach* unwissenschaftlich; *person* unakademisch; (*not learned*) ungelehrt.

unschooled [ʌn'skuːld] *adj* ungebildet, ohne Schulbildung; *talent* unausgebildet. **to be ~ in** nichts wissen über (*+acc*).

unscientific [ˌʌnsaɪən'tɪfɪk] *adj* unwissenschaftlich.

unscramble [ʌn'skræmbl] *vt* entwirren, auseinanderklauben (*inf*); (*Telec*) *message* entschlüsseln.

unscratched [ʌn'skrætʃt] *adj* nicht zerkratzt; *record* ohne Kratzer; (*unhurt*) heil, ungeschoren.

unscreened [ʌn'skriːnd] *adj* **1.** *film* nicht gezeigt, unaufgeführt. **many films remain ~** viele Filme werden nie gezeigt *or* bleiben unaufgeführt. **2.** (*not protected*) *door, window* offen, nicht abgeschirmt. **3.** (*not inspected*) (*by security*) nicht überprüft; (*for disease*) nicht untersucht.

unscrew [ʌn'skruː] **I** *vt* (*loosen*) losschrauben; *plate, lid also* abschrauben. **to come ~ed** sich lösen. **II** *vi* sich los- *or* abschrauben lassen; (*become loose*) sich lösen.

unscripted [ʌn'skrɪptɪd] *adj* improvisiert.

unscrupulous [ʌn'skruːpjʊləs] *adj person, behaviour* skrupellos, gewissenlos. **he is ~ about money** er ist skrupellos *or* gewissenlos, wenn es um Geld geht.

unscrupulously [ʌn'skruːpjʊləslɪ] *adv see adj.*

unscrupulousness [ʌn'skruːpjʊləsnɪs] *n* Skrupellosigkeit, Gewissenlosigkeit *f*.

unseal [ʌn'siːl] *vt* öffnen; (*remove wax seal also*) entsiegeln.

unsealed [ʌn'siːld] *adj see vt* offen, unverschlossen; unversiegelt.

unseasonable [ʌn'siːznəbl] *adj* nicht der Jahreszeit entsprechend *attr*. **the weather is ~** das Wetter entspricht nicht der Jahreszeit.

unseasonably [ʌn'siːznəblɪ] *adv* (für die Jahreszeit) ungewöhnlich *or* außergewöhnlich.

unseasoned [ʌn'siːznd] *adj timber* nicht abgelagert; *food* ungewürzt; (*fig: inexperienced*) *troops* unerfahren, unerprobt.

unseat [ʌn'siːt] *vt rider* abwerfen; (*from office*) seines Amtes entheben.

unsecured [ˌʌnsɪ'kjʊəd] *adj* (*Fin*) *loan, bond* ohne Sicherheiten.

unseeded [ʌn'siːdɪd] *adj* unplaziert.

unseeing [ʌn'siːɪŋ] *adj* (*lit, fig*) blind; *gaze* leer. **to stare at sb with ~ eyes** jdn mit leerem Blick anstarren.

unseemliness [ʌn'siːmlɪnɪs] *n* Unschicklichkeit, Ungebührlichkeit *f*.

unseemly [ʌn'siːmlɪ] *adj* unschicklich, ungebührlich.

unseen [ʌn'siːn] **I** *adj* ungesehen; (*invisible*) unsichtbar; (*unobserved*) *escape* unbemerkt. **~ translation** (*esp Brit Sch, Univ*) unvorbereitete Herübersetzung. **II** *n* (*esp Brit*) unvorbereitete Herübersetzung.

unselfconscious *adj*, **~ly** *adv* [ˌʌnself'kɒnʃəs, -lɪ] unbefangen.

unselfconsciousness [ˌʌnself'kɒnʃəsnɪs] *n* Unbefangenheit *f*.

unselfish *adj*, **~ly** *adv* [ʌn'selfɪʃ, -lɪ] uneigennützig, selbstlos.

unselfishness [ʌn'selfɪʃnɪs] *n* Uneigennützigkeit, Selbstlosigkeit *f*.

unsentimental [ˌʌnsentɪ'mentl] *adj* unsentimental.

unserviceable [ʌn'sɜːvɪsəbl] *adj* unbrauchbar.

unsettle [ʌn'setl] *vt* **1.** durcheinanderbringen; (*throw off balance, confuse*) aus dem Gleichgewicht bringen; (*agitate, upset*) aufregen; (*disturb emotionally*) verstören; *animal*, (*news*) beunruhigen; (*defeat, failure, criticism*) verunsichern; *faith* erschüttern.

2. *foundations* erschüttern.

unsettled [ʌn'setld] *adj* **1.** (*unpaid*) unbezahlt, unbeglichen; (*undecided*) *question* ungeklärt, offen; *future* unbestimmt, ungewiß, in der Schwebe. **to be in an ~ state of mind** mit sich selbst nicht eins sein; **he was ~ in his mind about what to do** er war sich (*dat*) nicht schlüssig, was er tun sollte.

2. (*changeable*) *weather*, (*Fin*) *market* unbeständig, veränderlich; (*Pol*) *conditions also* unsicher; *life, character* unstet, unruhig. **to be ~** durcheinander sein; (*thrown off balance*) aus dem Gleis geworfen sein; (*emotionally disturbed*) verstört sein; **to feel ~** sich nicht wohl fühlen.

3. (*unpopulated*) *territory* unbesiedelt.

unsettling [ʌn'setlɪŋ] *adj change, pace of life* aufreibend; *time also* aufregend; *defeat, knowledge* verunsichernd; *news* beunruhigend. **to have an ~ effect on sb** jdn aus dem Gleis werfen; (*defeat, failure also*) jdn verunsichern; *on children also* jdn verstören.

unshackle [ʌn'ʃækl] *vt prisoner* befreien; (*fig also*) von seinen Fesseln befreien.

unshakeable [ʌn'ʃeɪkəbl] *adj* unerschütterlich.

unshaken [ʌn'ʃeɪkən] *adj* unerschüttert. **he was ~ by the accident** der Unfall erschütterte ihn nicht.

unshaven [ʌn'ʃeɪvn] *adj* unrasiert; (*bearded*) bärtig.

unsheathe [ʌn'ʃiːð] *vt sword* (aus der Scheide) ziehen.

unshed [ʌn'ʃed] *adj tears* ungeweint.

unship [ʌn'ʃɪp] *vt cargo* löschen, ausladen, entladen; *tiller, oars* abnehmen; *mast* abbauen.

unshockable [ʌn'ʃɒkəbl] *adj* durch nichts zu schockieren.

unshod [ʌn'ʃɒd] *adj horse* unbeschlagen; *person* barfuß, ohne Schuhe. **with ~ feet** barfuß, mit nackten Füßen.

unshrinkable [ʌn'ʃrɪŋkəbl] *adj fabric* nicht einlaufend.

unshrinking [ʌn'ʃrɪŋkɪŋ] *adj* unverzagt, furchtlos, fest.

unsightliness [ʌn'saɪtlɪnɪs] *n see adj* Unansehnlichkeit *f*; Häßlichkeit *f*.

unsightly [ʌn'saɪtlɪ] *adj* unansehnlich; (*stronger*) häßlich.

unsigned [ʌn'saɪnd] *adj painting* unsigniert; *letter* nicht unterzeichnet, nicht unterschrieben.

unsinkable [ʌn'sɪŋkəbl] *adj* unsinkbar; *battleship* unversenkbar.

unsisterly [ʌn'sɪstəlɪ] *adj* nicht schwesterlich.

unskilful, (*US*) **unskillful** [ʌn'skɪlfʊl] *adj* (*inexpert*) ungeschickt; (*clumsy*) unbeholfen.

unskilfully, (*US*) **unskillfully** [ʌn'skɪlfəlɪ] *adv see adj*.

unskilfulness, (*US*) **unskillfulness** [ʌn'skɪlfʊlnɪs] *n see adj* Ungeschicklichkeit *f*, Mangel *m* an Geschick; Unbeholfenheit *f*.

unskilled [ʌn'skɪld] *adj* **1.** *work, worker* ungelernt. **the ~** *pl* die ungelernten Arbeiter, die Hilfsarbeiter *pl*. **2.** (*inexperienced*) ungeübt, unerfahren.

unskillful *etc* (*US*) *see* **unskilful** *etc*.

unslept-in [ʌn'sleptɪn] *adj* unberührt.

unsnubbable [ʌn'snʌbəbl] *adj* (*inf*) dickfellig (*inf*).

unsociability [ʌnˌsəʊʃə'bɪlɪtɪ] *n* Ungeselligkeit *f*.

unsociable [ʌn'səʊʃəbl] *adj* ungesellig.

unsocial [ʌn'səʊʃəl] *adj* **to work ~ hours** außerhalb der normalen Arbeitszeiten arbeiten; **at this ~ hour** zu so nachtschlafender Zeit.

unsold [ʌn'səʊld] *adj* unverkauft.

unsolicited [ˌʌnsə'lɪsɪtɪd] *adj* unerbeten; *manuscript* nicht angefordert.

unsolved [ʌn'sɒlvd] *adj crossword etc* ungelöst; *mystery also, crime* unaufgeklärt.

unsophisticated [ˌʌnsə'fɪstɪkeɪtɪd] *adj* (*simple*) *person* einfach; *style also* natürlich, simpel (*pej*); *film, machine also* unkompliziert; *technique also* simpel; (*naïve*) naiv, simpel; (*undiscriminating*) unkritisch. **the ~** *pl* das einfache Volk.

unsought [ʌn'sɔːt] *adj* unaufgefordert; (*unwanted*) unerwünscht. **his help was ~** seine Hilfe kam unaufgefordert.

unsound [ʌn'saʊnd] *adj* **1.** *heart, teeth* krank; *health* angegriffen; *timber* morsch; *construction, design* unsolide; *foundations, finances* unsicher, schwach. **the ship was quite ~** das Schiff war überhaupt nicht seetüchtig.

2. *argument* nicht stichhaltig, anfechtbar; *advice* unvernünftig; *judgement* unzuverlässig; *doctrine* unvertretbar; *policy, move* unklug. **of ~ mind** (*Jur*) unzurechnungsfähig; **politically ~** *person* politisch unzuverlässig; *policy* politisch unklug; **~ banking procedures** heikle Bankgeschäfte *pl*; **the company is ~** die Firma steht auf schwachen Füßen; **I'm ~ on French grammar** ich bin unsicher in französischer Grammatik; **his views on this are ~** seine Ansichten sind nicht vertretbar.

unsoundness [ʌn'saʊndnɪs] *n see adj* **1.** Krankheit *f*; Angegriffenheit *f*; Morschheit *f*; unsolide Bauweise; Unsicherheit, Schwäche *f*.

2. geringe Stichhaltigkeit, Anfechtbarkeit *f*; Unvernünftigkeit *f*; Unzuverlässigkeit *f*; Unvertretbarkeit *f*; mangelnde Klugheit. **~ of mind** (*Jur*) Unzurechnungsfähigkeit *f*; **political ~** politische Unzuverlässigkeit; politische Unklugheit.

unsparing [ʌn'spɛərɪŋ] *adj* **1.** (*lavish*) großzügig, verschwenderisch, nicht kleinlich. **to be ~ with sth** mit etw nicht geizen; **to be ~ in one's efforts** keine Kosten und Mühen scheuen. **2.** (*unmerciful*) *criticism* schonungslos.

unsparingly [ʌn'spɛərɪŋlɪ] *adv see adj* **1.** großzügig, verschwenderisch. **to work ~ for sth** unermüdlich für etw arbeiten; **he gave his time ~** er opferte unendlich viel Zeit. **2.** schonungslos.

unspeakable [ʌn'spiːkəbl] *adj* unbeschreiblich. **their ~ trade** ihr abscheuliches Geschäft.

unspeakably [ʌn'spiːkəblɪ] *adv* unbeschreiblich, unsagbar.

unspecified [ʌn'spesɪfaɪd] *adj time, amount* nicht spezifiziert *or* genannt, nicht genau angegeben.

unspectacular [ˌʌnspek'tækjʊlər] *adj* wenig eindrucksvoll; *career* wenig aufsehenerregend.

unspent [ʌn'spent] *adj money* nicht ausgegeben; *energy* nicht verbraucht.

unspoiled [ʌn'spɔɪld], **unspoilt** [ʌn'spɔɪlt] *adj person, fruit* unverdorben; *goods* unbeschädigt; *child* nicht verwöhnt.

unspoken [ʌn'spəʊkən] *adj words, thought* unausgesprochen; *agreement, consent* stillschweigend.

unsporting [ʌn'spɔːtɪŋ], **unsportsmanlike** [ʌn'spɔːtsmənlaɪk] *adj conduct, person* unsportlich, unfair.

unstable [ʌn'steɪbl] *adj structure* nicht *or* wenig stabil; *foundations also, area* unsicher; *weather* unbeständig; *economy* unsicher, schwankend; (*Chem, Phys*) instabil; (*mentally*) labil.

unstamped [ʌn'stæmpt] *adj letter* unfrankiert; *document, passport* ungestempelt.

unstatesmanlike [ʌn'steɪtsmənlaɪk] *adj* unstaatsmännisch.

unsteadily [ʌn'stedɪlɪ] *adv see adj.*

unsteadiness [ʌn'stedɪnɪs] *n see adj* Unsicherheit *f*; Wack(e)ligkeit *f*; Flackern *nt*; Schwanken *nt*; Unregelmäßigkeit *f*.

unsteady [ʌn'stedɪ] **I** *adj hand* unsicher; *ladder* wack(e)lig; *flame* unruhig, flakkernd; *voice, enonomy* schwankend; *growth* unregelmäßig. **to be ~ on one's feet** unsicher *or* wackelig auf den Beinen sein; **the £ is still ~** das Pfund schwankt noch.

II *vt* durcheinanderbringen; (*stronger*) aus dem Gleichgewicht bringen.

unstick [ʌn'stɪk] *vt* lösen, losmachen; *see also* **unstuck.**

unstinted [ʌn'stɪntɪd] *adj praise* uneingeschränkt, vorbehaltlos; *generosity, devotion, efforts* unbegrenzt.

unstinting [ʌn'stɪntɪŋ] *adj person* großzügig; *kindness, generosity* uneingeschränkt, unbegrenzt; *support* uneingeschränkt, vorbehaltlos. **to be ~ in one's efforts/praise** keine Kosten und Mühen scheuen/uneingeschränkt *or* vorbehaltlos loben; **to be ~ of one's time** unendlich viel Zeit opfern.

unstintingly [ʌn'stɪntɪŋlɪ] *adv* großzügig; *generous* unendlich; *work* unermüdlich; *donate, contribute* verschwenderisch.

unstitch [ʌn'stɪtʃ] *vt seam* auftrennen; *zip* heraustrennen. **to come ~ed** aufgehen.

unstop [ʌn'stɒp] *vt drain* freimachen; *bottle* öffnen, aufmachen.

unstoppable [ʌn'stɒpəbl] *adj* nicht aufzuhalten.

unstrap [ʌn'stræp] *vt case* aufschnallen.

unstressed [ʌn'strest] *adj* (*Phon*) unbetont.

unstructured [ʌn'strʌktʃəd] *adj* unstrukturiert, nicht strukturiert.

unstrung [ʌn'strʌŋ] **I** *pret, ptp of* **unstring. II** *adj* **1.** *person* demoralisiert, entnervt; *nerves* zerrüttet. **2.** *violin* unbesaitet.

unstuck [ʌn'stʌk] *adj* **to come ~** (*stamp, notice*) sich lösen; (*inf*) (*plan*) danebengehen (*inf*), schiefgehen (*inf*); (*speaker, actor*) steckenbleiben; (*in exam*) ins Schwimmen geraten; **the pay policy seems to have come ~** die Lohnpolitik scheint aus dem Gleis gekommen zu sein; **where they came ~ was …** sie sind daran gescheitert, daß …

unstudied [ʌn'stʌdɪd] *adj grace* ungekünstelt, natürlich.

unsubstantial [ˌʌnsəb'stænʃəl] *adj* (*flimsy*) *structure* leicht, dürftig; (*immaterial*) *ghost* körperlos, wesenlos; *meal* leicht; *evidence, proof* nicht überzeugend, nicht schlagkräftig; *claim* ungerechtfertigt. **the boat seemed almost ~ in the mist** das Boot erschien im Dunst schemenhaft.

unsubstantiated [ˌʌnsəb'stænʃɪeɪtɪd] *adj*

unsubtle **1349** **untenable**

accusation, testimony, rumour unbegründet. **his claim was ~ by any evidence** seine Behauptung wurde durch keinerlei Indizien erhärtet.

unsubtle [ʌn'sʌtl] *adj* plump. **how ~ can you get!** plumper geht's nicht!

unsuccessful [ˌʌnsək'sesfʊl] *adj negotiations, venture, visit, meeting, person* erfolglos, ergebnislos; *writer, painter* erfolglos, ohne Erfolg; *candidate* abgewiesen; *attempt* vergeblich; *marriage, outcome* unglücklich. **to be ~ in doing sth** keinen Erfolg damit haben, etw zu tun; **I tried to persuade him but was ~** ich habe versucht, ihn zu überreden, hatte aber keinen Erfolg; **he is ~ in everything he does** nichts gelingt ihm; **he was ~ in his exam** er hat kein Glück in seinem Examen gehabt; **he is ~ with women** er hat kein Glück *or* keinen Erfolg bei Frauen.

unsuccessfully [ˌʌnsək'sesfəlɪ] *adv* erfolglos; *try* vergeblich; *apply* ohne Erfolg, vergebens.

unsuitability [ˌʌnsuːtə'bɪlɪtɪ] *n see adj* Unangebrachtheit *f*; Ungeeignetsein *nt*. **his ~ for the job** seine mangelnde Eignung für die Stelle; **I commented on the ~ of his clothes** ich machte eine Bemerkung über seine unpassende Kleidung.

unsuitable [ʌn'suːtəbl] *adj* unpassend; *language, attitude also* unangebracht; *moment, clothes, colour also* ungeeignet. **this film is ~ for children** dieser Film ist für Kinder ungeeignet *or* nicht geeignet; **he's ~ for the post** er ist für die Stelle nicht geeignet; **she is ~ for him** sie ist nicht die Richtige für ihn; **we're ~ for each other** wir passen nicht zusammen.

unsuitably [ʌn'suːtəblɪ] *adv dressed* (*for weather conditions*) unzweckmäßig; (*for occasion*) unpassend; *designed* schlecht, ungeeignet. **they are ~ matched** sie passen nicht zusammen.

unsuited [ʌn'suːtɪd] *adj* **to be ~ for** *or* **to sth** für etw ungeeignet *or* untauglich sein; **to be ~ to do sth** sich nicht dazu eignen *or* nicht dazu taugen, etw zu tun; **to be ~ to sb** nicht zu jdm passen; **they are ~ (to each other)** sie passen nicht zusammen.

unsung [ʌn'sʌŋ] *adj heroes, deeds* unbesungen.

unsupported [ˌʌnsə'pɔːtɪd] *adj roof, person* ungestützt, ohne Stütze; *troops* ohne Unterstützung; *mother* alleinstehend; *family* ohne Unterhalt; *claim, theory* ohne Beweise, nicht auf Fakten gestützt; *statement* unbestätigt, durch nichts gestützt. **should the bank leave us financially ~** sollte die Bank uns finanziell nicht absichern *or* nicht unter die Arme greifen; **the candidate/motion was ~** der Kandidat/Antrag fand keine Unterstützung.

unsure [ʌn'ʃʊəʳ] *adj person* unsicher; (*unreliable*) *method also* unzuverlässig. **to be ~ of oneself** unsicher sein; **to be ~ (of sth)** sich (*dat*) (einer Sache *gen*) nicht sicher sein; **I'm ~ of him** ich bin mir bei ihm nicht sicher.

unsurpassed [ˌʌnsə'pɑːst] *adj* unübertroffen. **to be ~ by anybody** von niemandem übertroffen werden.

unsuspected [ˌʌnsə'spektɪd] *adj presence* nicht vermutet, unvermutet; *consequences* unerwartet, ungeahnt; *oilfields, coal deposits, causes* unvermutet; *wealth* ungeahnt. **to be ~** (*person*) nicht unter Verdacht stehen.

unsuspecting *adj*, **~ly** *adv* [ˌʌnsə'spektɪŋ, -lɪ] ahnungslos, nichtsahnend.

unsuspicious [ˌʌnsə'spɪʃəs] *adj* (*feeling no suspicion*) arglos; (*causing no suspicion*) unverdächtig, harmlos.

unsweetened [ˌʌn'swiːtnd] *adj* ungesüßt.

unswerving [ʌn'swɜːvɪŋ] *adj resolve, loyalty* unerschütterlich, unbeirrbar.

unswervingly [ʌn'swɜːvɪŋlɪ] *adv* **to be ~ loyal to sb** jdm unerschütterlich *or* unbeirrbar treu sein; **to hold ~ to one's course** unbeirrbar seinen Weg gehen.

unsymmetrical [ˌʌnsɪ'metrɪkəl] *adj* unsymmetrisch.

unsympathetic [ˌʌnsɪmpə'θetɪk] *adj* **1.** (*unfeeling*) gefühllos, wenig mitfühlend; *reaction, attitude, response* ablehnend, abweisend. **I am not ~ to your request** ich stehe Ihrer Bitte nicht ablehnend gegenüber. **2.** (*unlikeable*) unsympathisch.

unsympathetically [ˌʌnsɪmpə'θetɪkəlɪ] *adv* ohne Mitgefühl; *say also* gefühllos, hart.

unsystematic *adj*, **~ally** *adv* [ˌʌnsɪstɪ'mætɪk, -əlɪ] planlos, unsystematisch, ohne System.

untainted [ʌn'teɪntɪd] *adj* einwandfrei, tadellos; *food also, person, mind* unverdorben; *reputation also* makellos.

untam(e)able [ʌn'teɪməbl] *adj animal* unzähmbar; (*fig*) unbezähmbar, nicht zu bändigen *pred*.

untamed [ʌn'teɪmd] *adj animal* ungezähmt; *jungle* wild; *person, pride* ungebändigt; *temper* ungezügelt.

untangle [ʌn'tæŋgl] *vt* (*lit, fig*) entwirren.

untapped [ʌn'tæpt] *adj barrel* unangezapft; *resources also, source of wealth, talent* ungenutzt.

untarnished [ʌn'tɑːnɪʃt] *adj* makellos; *silver also* nicht angelaufen; (*fig*) *name also* einwandfrei, unbefleckt (*liter*).

untasted [ʌn'teɪstɪd] *adj* (*lit, fig*) ungekostet.

untaught [ʌn'tɔːt] *adj* (*not trained*) *person* nicht ausgebildet; *ability* angeboren; *behaviour* natürlich. **basic skills which go ~ in our schools** Grundfähigkeiten, die in unseren Schulen nicht vermittelt werden.

untaxed [ʌn'tækst] *adj goods, income* steuerfrei, unbesteuert; *car* unversteuert.

unteachable [ʌn'tiːtʃəbl] *adj person* unbelehrbar; *subject* nicht lehrbar. **it is ~ at this level** auf diesem Niveau kann man es nicht lehren.

untempered [ʌn'tempəd] *adj steel* ungehärtet, unvergütet; *rage* ungemildert. **justice ~ by mercy** Gerechtigkeit, die durch keinerlei Gnade gemildert wird/wurde.

untenable [ʌn'tenəbl] *adj* (*lit, fig*) unhaltbar.

untenanted [ʌn'tenəntɪd] *adj house* unbewohnt, leer.

untended [ʌn'tendɪd] *adj patient* unbehütet, unbewacht; *garden* vernachlässigt, ungepflegt.

untested [ʌn'testɪd] *adj person* unerprobt; *theory, product also* ungetestet, ungeprüft. ~ **players** Spieler, die sich noch nicht bewährt haben.

unthinkable [ʌn'θɪŋkəbl] *adj* undenkbar, unvorstellbar; (*Philos*) undenkbar; (*too horrible*) unvorstellbar.

unthinking [ʌn'θɪŋkɪŋ] *adj* (*thoughtless, unintentional*) unbedacht, gedankenlos; (*uncritical*) bedenkenlos, blind.

unthinkingly [ʌn'θɪŋkɪŋlɪ] *adv see adj.*

unthought-of [ʌn'θɔːtɒv] *adj* (*inconceivable*) undenkbar, unvorstellbar. **these hitherto ~ objections** diese Einwände, auf die bis dahin niemand gekommen war.

untidily [ʌn'taɪdɪlɪ] *adv see adj.*

untidiness [ʌn'taɪdɪnɪs] *n* (*of room*) Unordnung, Unaufgeräumtheit *f*; (*of person, dress*) Unordentlichkeit *f*.

untidy [ʌn'taɪdɪ] *adj* (*+er*) unordentlich.

untie [ʌn'taɪ] *vt knot* lösen; *string, tie, shoelaces also* aufbinden; *parcel* aufknoten; *person, animal, hands* losbinden.

until [ən'tɪl] **I** *prep* **1.** bis. **from morning ~ night** von morgens bis abends, vom Morgen bis zum Abend; **~ now** bis jetzt; **~ then** bis dahin.

2. not ~ (*in future*) nicht vor (*+dat*); (*in past*) erst; **I didn't leave him ~ the following day** ich habe ihn erst am folgenden Tag verlassen, ich bin bis zum nächsten Tag bei ihm geblieben; **the work was not begun ~ 1990** die Arbeiten wurden erst 1990 begonnen; **I had heard nothing of it ~ five minutes ago** bis vor fünf Minuten wußte ich (noch) nichts davon, ich habe erst vor fünf Minuten davon gehört.

II *conj* **1.** bis. **wait ~ I come** warten Sie, bis ich komme.

2. not ~ (*in future*) nicht bevor, erst wenn; (*in past*) nicht bis, erst als; **he won't come ~ you invite him** er kommt erst, wenn Sie ihn einladen; **they did nothing ~ we came** bis wir kamen, taten sie nichts; **they didn't start ~ we came** sie fingen erst an, als wir da waren, sie fingen nicht an, bevor wir da waren.

untimeliness [ʌn'taɪmlɪnɪs] *n* (*of death*) Vorzeitigkeit *f*; (*of end also*) Verfrühtheit *f*. **because of the ~ of his arrival/this development** weil er/diese Entwicklung zur falschen Zeit kam.

untimely [ʌn'taɪmlɪ] *adj* (*premature*) *death* vorzeitig; *end also* verfrüht; (*inopportune*) *moment* unpassend, ungelegen; *development, occurrence* unpassend, ungelegen, zur falschen Zeit; *shower, remark* zur falschen Zeit. **his arrival was most ~** seine Ankunft kam sehr ungelegen.

untiring [ʌn'taɪərɪŋ] *adj work, effort* unermüdlich. **to be ~ in one's efforts** unermüdliche Anstrengungen machen.

untiringly [ʌn'taɪərɪŋlɪ] *adv* unermüdlich.

unto ['ʌntʊ] *prep* (*old, liter*) *see* **to**.

untold ['ʌn'təʊld] *adj story* nicht erzählt, nicht berichtet; *secret* ungelüftet; *wealth* unermeßlich; *agony, delights* unsäglich; *stars* ungezählt, unzählig, zahllos. **this story is better left ~** über diese Geschichte schweigt man besser; **he died with his secret still ~** er nahm sein Geheimnis mit ins Grab; **~ thousands** unzählig viele.

untouchable [ʌn'tʌtʃəbl] **I** *adj* unberührbar. **II** *n* Unberührbare(r) *mf*.

untouched [ʌn'tʌtʃt] *adj* **1.** (*unhandled*) unberührt, unangetastet; *bottle, box of sweets also* nicht angebrochen; (*unmentioned*) nicht erwähnt. **~ by human hand** nicht von Menschenhand berührt; **he left his meal ~** er ließ sein Essen unberührt stehen.

2. (*unharmed*) heil, unversehrt; (*unaffected*) unberührt; (*unmoved*) ungerührt, unbewegt, unbeeindruckt.

untoward [ˌʌntə'wɔːd] *adj* (*unfortunate*) *event* unglücklich, bedauerlich; (*unseemly*) unpassend, ungehörig. **nothing ~ had happened** es war kein Unheil geschehen.

untrained [ʌn'treɪnd] *adj person, teacher* unausgebildet; *voice* ungeschult; *animal* undressiert. **to the ~ ear/eye** dem ungeschulten Ohr/Auge.

untranslatable [ˌʌntrænz'leɪtəbl] *adj* unübersetzbar.

untreated [ʌn'triːtɪd] *adj* unbehandelt.

untried [ʌn'traɪd] *adj* **1.** (*not tested*) *person* unerprobt; *product, method also* ungetestet; (*not attempted*) unversucht.

2. (*Jur*) *case* nicht verhandelt; *person* nicht vor Gericht gestellt. **the case is still ~** der Fall ist noch nicht verhandelt worden; **the offender can remain ~ for months** der Rechtsbrecher wird zuweilen erst nach Monaten vor Gericht gestellt.

untrodden [ʌn'trɒdn] *adj path* verlassen; *snow* unberührt. **~ paths** (*fig*) neue Wege *pl*.

untroubled [ʌn'trʌbld] *adj period, ghost* friedlich, ruhig; *person also* ungestört; *smile also* unbeschwert. **to be ~ by the news** eine Nachricht gleichmütig hinnehmen; **the children seemed ~ by the heat** die Hitze schien den Kindern nichts anzuhaben *or* auszumachen.

untrue [ʌn'truː] *adj* **1.** (*false*) unwahr, falsch; (*Tech*) *reading, instrument* inkorrekt, ungenau. **2.** (*unfaithful*) *person* untreu. **to be ~ to sb** jdm untreu sein.

untrustworthy [ʌn'trʌstˌwɜːðɪ] *adj* (*not reliable*) *source, book, person* unzuverlässig; (*not worthy of confidence*) *person* nicht vertrauenswürdig.

untruth [ʌn'truːθ] *n* Unwahrheit *f*.

untruthful [ʌn'truːθfʊl] *adj statement* unwahr; *person* unaufrichtig.

untruthfully [ʌn'truːθfəlɪ] *adv* fälschlich. **he said, quite ~, that ...** er sagte, und das war nicht die Wahrheit, daß ...

untruthfulness [ʌn'truːθfʊlnɪs] *n see adj* Unwahrheit *f*; Unaufrichtigkeit *f*.

unturned [ʌn'tɜːnd] *adj see* **stone**.

untutored [ʌn'tjuːtəd] *adj taste, person*

ungeschult.

untypical [ʌn'tɪpɪkl] *adj* untypisch (*of* für).

unusable [ʌn'juːzəbl] *adj* unbrauchbar.

unused¹ [ʌn'juːzd] *adj* (*new*) unbenutzt, ungebraucht; (*not made use of*) ungenutzt; (*no longer used*) nicht mehr benutzt *or* gebraucht.

unused² [ʌn'juːst] *adj* **to be ~ to sth** nicht an etw (*acc*) gewöhnt sein, etw (*acc*) nicht gewohnt sein; **to be ~ to doing sth** nicht daran gewöhnt sein *or* es nicht gewohnt sein, etw zu tun.

unusual [ʌn'juːʒʊəl] *adj* (*uncommon*) ungewöhnlich; (*exceptional*) außergewöhnlich. **it's ~ for him to be late** er kommt normalerweise nicht zu spät; **how ~!** das kommt selten vor; (*iro*) welch Wunder!; **that's ~ for him** das ist sonst nicht seine Art; **how do you like my new hat? — well, it's ~** wie gefällt Ihnen mein neuer Hut? — nun ja, es ist mal was anderes.

unusually [ʌn'juːʒʊəlɪ] *adv see adj.* **most ~, he was late** ganz gegen jede Gewohnheit kam er zu spät.

unutterable [ʌn'ʌtərəbl] *adj joy, longing, sadness* unsäglich, unbeschreiblich; (*inf also*) riesig, Riesen-.

unutterably [ʌn'ʌtərəblɪ] *adv* unsäglich, unbeschreiblich. **~ stupid** (*inf*) unsagbar blöd (*inf*).

unvaried [ʌn'vɛərɪd] *adj* unverändert; (*pej*) eintönig.

unvarnished [ʌn'vɑːnɪʃt] *adj wood* ungefirnißt, unlackiert; (*fig*) *truth* ungeschminkt.

unvarying [ʌn'vɛərɪɪŋ] *adj* gleichbleibend, unveränderlich.

unveil [ʌn'veɪl] **I** *vt statue, painting, plan* enthüllen; (*Comm*) *car* vorstellen; *face* entschleiern. **II** *vi* sich entschleiern, den Schleier fallenlassen.

unveiling [ʌn'veɪlɪŋ] *n* (*lit, fig*) Enthüllung *f*. **~ ceremony** Enthüllung *f*.

unventilated [ʌn'ventɪleɪtɪd] *adj* ungelüftet, nicht ventiliert.

unverifiable [ʌn'verɪfaɪəbl] *adj* nicht beweisbar, unverifizierbar (*geh*).

unverified [ʌn'verɪfaɪd] *adj* unbewiesen.

unversed [ʌn'vɜːst] *adj*: **~ in** nicht vertraut mit, unbewandert in (+ *dat*).

unvisited [ʌn'vɪzɪtɪd] *adj* nicht besucht.

unvoiced [ʌn'vɔɪst] *adj* **1.** unausgesprochen. **2.** (*Phon*) stimmlos.

unwanted [ʌn'wɒntɪd] *adj furniture, clothing* unerwünscht. **sometimes you make me feel ~** manchmal komme ich mir (bei dir) richtig unerwünscht vor.

unwarily [ʌn'wɛərɪlɪ] *adv see adj.*

unwariness [ʌn'wɛərɪnɪs] *n* Unvorsichtigkeit, Unbesonnenheit, Unachtsamkeit *f*.

unwarrantable [ʌn'wɒrəntəbl] *adj* nicht zu rechtfertigen *pred or* rechtfertigend *attr*.

unwarranted [ʌn'wɒrəntɪd] *adj* ungerechtfertigt.

unwary [ʌn'wɛərɪ] *adj* unvorsichtig, unbesonnen, unachtsam.

unwashed [ʌn'wɒʃt] *adj* ungewaschen; *dishes* ungespült. **the great ~** *pl* (*hum*) der Pöbel.

unwavering [ʌn'weɪvərɪŋ] *adj faith, resolve* unerschütterlich; *gaze* fest, unbewegt; *course* beharrlich.

unwaveringly [ʌn'weɪvərɪŋlɪ] *adv see adj.*

unwearable [ʌn'wɛərəbl] *adj* **it's ~** das kann man nicht tragen.

unwearied [ʌn'wɪərɪd], **unwearying** [ʌn'wɪərɪɪŋ] *adj* unermüdlich.

unwed [ʌn'wed] *adj* unverheiratet, unvermählt (*geh*).

unwelcome [ʌn'welkəm] *adj visitor* unwillkommen; *news, memories* unerfreulich, unangenehm. **the money was not ~** das Geld war höchst willkommen.

unwelcoming [ʌn'welkəmɪŋ] *adj manner* abweisend, unfreundlich; *host also* ungastlich.

unwell [ʌn'wel] *adj pred* unwohl, nicht wohl. **to be *or* feel (a little) ~** sich nicht (recht) wohl fühlen; **I am afraid he's rather ~ today** es geht ihm heute leider gar nicht gut.

unwholesome [ʌn'həʊlsəm] *adj* ungesund; *influence* ungut, verderblich; *appearance, character* schmierig; *food* minderwertig; *jokes* schmutzig. **they are rather ~ company for her** sie sind nicht gerade ein guter Umgang für sie.

unwholesomeness [ʌn'həʊlsəmnɪs] *n see adj* Ungesundheit *f*; Verderblichkeit *f*; Schmierigkeit *f*; Minderwertigkeit *f*; Schmutzigkeit *f*.

unwieldy [ʌn'wiːldɪ] *adj tool* unhandlich; *object also* sperrig; (*clumsy*) *body* schwerfällig, unbeholfen.

unwilling [ʌn'wɪlɪŋ] *adj helper, admiration, pupil* widerwillig; *accomplice* unfreiwillig. **to be ~ to do sth** nicht bereit *or* gewillt *or* willens (*geh*) sein, etw zu tun; **to be ~ for sb to do sth** nicht wollen, daß jd etw tut.

unwillingly [ʌn'wɪlɪŋlɪ] *adv* widerwillig.

unwillingness [ʌn'wɪlɪŋnɪs] *n see adj* Widerwilligkeit *f*; Unfreiwilligkeit *f*. **their ~ to compromise** ihre mangelnde Kompromißbereitschaft.

unwind [ʌn'waɪnd] **I** *vt thread, film, tape* abwickeln; (*untangle*) entwirren. **II** *vi* **1.** sich abwickeln; (*fig: story, plot*) sich entwickeln, sich entfalten. **2.** (*inf: relax*) abschalten (*inf*).

unwise [ʌn'waɪz] *adj* unklug. **they were ~ enough to believe him** sie waren so töricht, ihm das zu glauben.

unwisely [ʌn'waɪzlɪ] *adv see adj.* **rather ~ the Government agreed** die Regierung hat unklugerweise zugestimmt.

unwished-for [ʌn'wɪʃtfɔːʳ] *adj* unerwünscht.

unwitting [ʌn'wɪtɪŋ] *adj accomplice* unbewußt, unwissentlich; *action also* unabsichtlich; *victim* ahnungslos. **he was the ~ cause of the argument** er war, ohne es zu wissen, die Ursache des Streits.

unwittingly [ʌn'wɪtɪŋlɪ] *adv* unbewußt. **I had agreed, all ~, to take part** ich hatte mich völlig ahnungslos dazu bereiterklärt, mitzumachen.

unwonted [ʌn'wəʊntɪd] *adj* ungewohnt. **at this ~ hour!** (*lit*) zu dieser unchristlichen Zeit!

unwontedly [ʌn'wəʊntɪdlɪ] *adv* ungewöhnlich.

unworkable [ʌn'wɜːkəbl] *adj scheme, idea* undurchführbar; (*Min*) *mine* nicht abbaubar.

unworldliness [ʌn'wɜːldlɪnɪs] *n see adj* Weltabgewandtheit *f*; Weltfremdheit *f*.

unworldly [ʌn'wɜːldlɪ] *adj life* weltabgewandt; (*naïve*) weltfremd.

unworn [ʌn'wɔːn] *adj* (*new*) ungetragen.

unworried [ʌn'wʌrɪd] *adj* unbekümmert, sorglos. **he was quite ~ by my criticism** meine Kritik (be)kümmerte ihn überhaupt nicht.

unworthily [ʌn'wɜːðɪlɪ] *adv behave* unwürdig.

unworthiness [ʌn'wɜːðɪnɪs] *n* Unwürdigkeit *f*.

unworthy [ʌn'wɜːðɪ] *adj person* nicht wert (*of gen*); *conduct also* nicht würdig, unwürdig (*of gen*). **to be ~ to do sth** (es) nicht wert sein, etw zu tun; **to be ~ of an honour** einer Ehre (*gen*) nicht wert sein (*geh*); **this is ~ of you** das ist unter deiner Würde; **it is ~ of our attention** das verdient unsere Aufmerksamkeit nicht; **it was ~ of you not to accept their kind offer** es war nicht anständig von dir, ihren freundlichen Vorschlag nicht anzunehmen.

unwrap [ʌn'ræp] *vt* auspacken, auswickeln.

unwritten [ʌn'rɪtn] *adj story, book, constitution* ungeschrieben; *agreement* stillschweigend. **~ law** (*Jur, fig*) ungeschriebenes Gesetz.

unyielding [ʌn'jiːldɪŋ] *adj substance* unnachgiebig; (*fig*) *person, demand also, resistance* hart.

unyoke [ʌn'jəʊk] *vt* ausspannen. **he ~d his oxen from the plough** er spannte seine Ochsen aus.

unzip [ʌn'zɪp] **I** *vt zip* aufmachen; *dress, case* den Reißverschluß aufmachen an (+*dat*). **would you please ~ me?** kannst du mir bitte den Reißverschluß aufmachen?

II *vi* (*zip*) aufgehen, sich öffnen. **this dress won't ~** der Reißverschluß an dem Kleid geht nicht auf *or* läßt sich nicht öffnen.

up [ʌp] **I** *adv* **1.** (*in high or higher position*) oben; (*to higher position*) nach oben. **~ there** dort oben, droben (*liter, S Ger*); **~ here on the roof** hier oben auf dem Dach; **on your way ~ (to see us/them)** auf dem Weg (zu uns/ihnen) herauf/hinauf; **to throw sth ~** etw hochwerfen; **to stop halfway ~** auf halber Höhe anhalten; (*in standing up*) auf halbem Weg einhalten; **we were 6,000 m ~ when ...** wir waren 6.000 m hoch, als ...; **5 floors ~** 5 Stockwerke hoch; **they were ~ above** sie waren hoch oben; **I looked ~ above** ich schaute nach oben; **this side ~** (diese Seite) oben!; **a little further ~** ein bißchen weiter oben; **to go a little further ~** ein bißchen höher (hinauf)gehen; **from ~ on the hill** vom Berg oben; **~ on top (of the cupboard)** ganz oben (auf dem Schrank); **~ in the mountains/sky** oben *or* droben (*liter, S Ger*) in den Bergen/am Himmel; **the temperature was ~ in the thirties** die Temperatur war in den dreißig; **the sun/moon is ~** die Sonne/der Mond ist aufgegangen; **the tide is ~** es ist Flut, die Flut ist da; **the wind is ~** der Wind hat aufgefrischt; **with his collar ~** mit hochgeschlagenem Kragen; **the road is ~** die Straße ist aufgegraben; **to be ~ among** *or* **with the leaders** vorn bei den Führenden sein; **to move ~ into the lead** nach vorn an die Spitze kommen; **~ and away the balloon sailed** der Ballon stieg auf und schwebte davon; **then ~ jumps Richard and says ...** und dann springt Richard auf und sagt ...; **come on, ~, that's my chair!** komm, auf mit dir, das ist mein Stuhl!; **~! he shouted to his horse** spring! schrie er seinem Pferd zu; **~ with the Liberals!** hoch die Liberalen!

2. (*installed, built*) **to be ~** (*building*) stehen; (*tent also*) aufgeschlagen sein; (*scaffolding*) aufgestellt sein; (*notice*) hängen, angeschlagen sein; (*picture*) hängen, aufgehängt sein; (*shutters*) zu sein; (*shelves, wallpaper, curtains, pictures*) hängen; **they're putting ~ a new cinema** sie bauen ein neues Kino; **stick the notice ~ here** häng den Anschlag hier hin. **to be ~ and running** laufen; (*committee*) in Gang sein; **to get sth ~ and running** etw zum Laufen bringen; *committee etc* etw in Gang setzen; **have you got your computer ~ and running yet?** läuft dein Computer schon?

3. (*not in bed*) auf. **~ (with you)!** auf mit dir!, raus aus dem Bett (*inf*); **to get ~** aufstehen; **to be ~ and about** auf sein; (*after illness also*) auf den Beinen sein; **she was ~ all night with him** (*looking after*) sie war seinetwegen die ganze Nacht auf.

4. (*geographically*) (*north of speaker*) oben; (*of students*) am Studienort. **~ in Inverness** in Inverness oben, oben in Inverness; **we are going ~ to Aberdeen** wir fahren nach Aberdeen (hinauf); **to be/go ~ north** im Norden sein/in den Norden fahren; **~ from the country** vom Lande; **we're ~ for the day** wir sind (nur) für heute hier; **the students are only ~ for half the year** die Studenten sind nur die Hälfte des Jahres am Studienort; **he was ~ at Susie's place** er war bei Susie zu Hause.

5. (*in price, value*) gestiegen (*on* gegenüber). **my shares are ~ 70p** meine Aktien sind um 70 Pence gestiegen.

6. (*in score*) **to be 3 goals ~** mit 3 Toren führen *or* vorn liegen (*on* gegenüber); **the score was 9 ~** (*US*) es stand 9 beide; **we were £100 ~ on the deal** wir haben bei dem Geschäft £ 100 gemacht; **to be one ~ on sb** jdm um einen Schritt voraus sein.

7. (*upwards*) **from £2 ~** von £ 2 (an) aufwärts, ab £ 2; **from the age of 13 ~** ab (dem Alter von) 13 Jahren, von 13 Jahren aufwärts; **~ to £100** bis zu £ 100.

8. (*wrong*) **what's ~?** was ist los?; **what's ~ with him?** was ist mit dem los?, was ist los mit ihm?; **there's something ~** (*wrong*) da stimmt irgend etwas nicht; (*happening*) da ist irgend etwas im Gange.

9. (*knowledgeable*) firm, beschlagen (*in, on* in +*dat*). **he's well ~ in** *or* **on foreign affairs** in Auslandsfragen kennt er sich aus *or* ist er firm.

10. (*finished*) **time's ~** die Zeit ist um *or* zu Ende; **our holiday is nearly ~** unser Urlaub ist fast zu Ende *or* vorüber; **to eat/use sth ~** etw aufessen/aufbrauchen; **it's all ~ with him** (*inf*) es ist aus mit ihm (*inf*), es ist mit ihm zu Ende.

11. to be ~ for sale/discussion zu verkaufen sein/zur Diskussion stehen; **to be ~ for election** (*candidate*) zur Wahl aufgestellt sein; (*candidates*) zur Wahl stehen; **the matter is ~ before the committee** die Sache ist vor dem Ausschuß; **the boys were ~ before the headmaster** die Jungen sind vor den Direktor zitiert worden; **to be ~ for trial** vor Gericht stehen; **to be ~ before the Court/before Judge X** (*case*) verhandelt werden/von Richter X verhandelt werden; (*person*) vor Gericht/Richter X stehen.

12. (*as far as*) bis. **~ to now/here** bis jetzt/hier; **to count ~ to 100** bis 100 zählen; **it holds ~ to 8** es faßt bis zu 8; **I'm ~ to here in work** (*inf*) ich stecke bis hier in Arbeit; **what page are you ~ to?** bis zu welcher Seite bist du gekommen?

13. ~ to (*inf: doing*) **what's he ~ to?** (*actually doing*) was macht er da?; (*planning*) was hat er vor?; (*suspiciously*) was führt er im Schilde?; **what have you been ~ to?** was hast du angestellt?; **what are you ~ to with that?** was hast du damit vor?; **he's ~ to no good** er führt nichts Gutes im Schilde; **I'm sure he's ~ to something** ich bin sicher, er hat etwas vor *or* (*sth suspicious*) führt irgend etwas im Schilde; (*child*) ich bin sicher, er stellt irgend etwas an; **what does he think he's ~ to?** was soll das eigentlich?, was hat er eigentlich vor?

14. ~ to (*equal to*) **I don't feel ~ to it** ich fühle mich dem nicht gewachsen; (*not well enough*) ich fühle mich nicht wohl genug dazu. **he's not/it isn't ~ to much** mit ihm/damit ist nicht viel los (*inf*); **is he ~ to advanced work/the heavier weights?** schafft er anspruchsvollere Arbeit/schwerere Gewichte?; **it isn't ~ to his usual standard** das ist nicht sein sonstiges Niveau.

15. ~ to (*depending on*) **it's ~ to us to help him** wir sollten ihm helfen; **if it was ~ to me** wenn es nach mir ginge; **I'd like to accept, but it isn't ~ to me** ich würde gerne annehmen, aber ich habe da nicht zu bestimmen *or* das hängt nicht von mir ab; **shall I take it? — that's entirely ~ to you** soll ich es nehmen? — das müssen Sie selbst wissen; **what colour shall I choose? — ~ to you** welche Farbe soll ich nehmen? — das ist deine Entscheidung.

16. ~ to (*duty of*) **it's ~ to the government to put this right** es ist Sache der Regierung, das richtigzustellen.

17. ~ and down auf und ab; **to walk ~ and down** auf und ab gehen; **to bounce ~ and down** hochfedern, auf und ab hüpfen; **he's been ~ and down all evening** (*from seat*) er hat den ganzen Abend keine Minute stillgesessen; (*on stairs*) er ist den ganzen Abend die Treppe rauf und runter gerannt; **she's still a bit ~ and down** es geht ihr immer noch mal so, mal so.

18. it was ~ against the wall es war an die Wand gelehnt; **put it ~ against the wall** lehne es an die Wand; **to be ~ against a difficulty/an opponent** einem Problem/Gegner gegenüberstehen; **I fully realize what I'm ~ against** mir ist völlig klar, womit ich es hier zu tun habe.

II *prep* oben auf (+*dat*); (*with movement*) hinauf (+*acc*). **further ~ the page** weiter oben auf der Seite; **to live/go ~ the hill** am Berg wohnen/den Berg hinaufgehen; **they live further ~ the hill/street** sie wohnen weiter oben am Berg/weiter die Straße entlang; **~ the road from me** (von mir) die Straße entlang; **he went off ~ the road** er ging (weg) die Straße hinauf; **he hid it ~ the chimney** er versteckte es (oben) im Kamin; **what? you have to put it ~ your nose!** was? in die Nase soll man sich das tun?; **the water goes ~ this pipe** das Wasser geht durch dieses Rohr; **~ one's sleeve/a tube** (*position*) im Ärmel/in einer Röhre; (*motion*) in den Ärmel/in eine Röhre; **as I travel ~ and down the country** wenn ich so durchs Land reise; **I've been ~ and down the stairs all night** ich bin in der Nacht immer nur die Treppe rauf und runter gerannt; **he was ~ the pub** (*inf*) er war in der Kneipe (*inf*); **let's go ~ the pub/~ Johnny's place** (*inf*) gehen wir doch zur Kneipe/zu Johnny (*inf*).

III *n* **1. ~s and downs** gute und schlechte Zeiten *pl*; (*of life*) Höhen und Tiefen *pl*; **they have their ~s and downs** bei ihnen gibt es auch gute und schlechte Zeiten.

2. to be on the ~ and ~ (*inf: improving*) auf dem aufsteigenden Ast sein (*inf*); (*sl: honest, straight*) (*person*) keine krummen Touren machen (*sl*); (*offer*) sauber sein (*sl*).

IV *adj* (*going up*) *escalator* nach oben; (*Rail*) *train, line* zur nächsten größeren Stadt. **platform 14 is the ~ platform** auf Bahnsteig 14 fahren die Züge nach London.

V *vt* (*inf*) *price, offer* hinaufsetzen; *production* ankurbeln; *bet* erhöhen (*to* auf +*acc*).

VI *vi* (*inf*) **she ~ped and hit him** sie knallte ihm ganz plötzlich eine (*inf*); **he ~ped and ran** er rannte ganz plötzlich davon.

up-and-coming ['ʌpən'kʌmɪŋ] *adj* kommend; *city* aufstrebend.

up-and-under ['ʌpən'ʌndəʳ] *n* (*Rugby*) hohe Selbstvorlage.

upbeat ['ʌpbiːt] **I** *n* (*Mus*) Auftakt *m*. **II** *adj* (*inf*) (*cheerful*) fröhlich; (*optimistic*) optimistisch.

up-bow ['ʌpbəʊ] *n* Aufstrich *m*.

upbraid [ʌp'breɪd] *vt* rügen. **to ~ sb for doing sth** jdn dafür rügen, daß er etw getan hat.

upbringing ['ʌpbrɪŋɪŋ] *n* Erziehung *f*; (*manners also*) Kinderstube *f*. **to have a good ~** eine gute Kinderstube haben.

upchuck ['ʌptʃʌk] *vi* (*US sl: vomit*) kotzen (*vulg*), reihern (*sl*).

upcoming [ʌp'kʌmɪŋ] *adj* (*esp US: coming soon*) kommend, bevorstehend.

up-country ['ʌp'kʌntrɪ] **I** *adv* landeinwärts. **II** *adj person* im Landesinnern.

up-current ['ʌpkʌrənt] *n* (*Aviat*) Aufwind *m*, Aufströmung *f*.

update [ʌp'deɪt] **I** *vt* aktualisieren; *file, book also, person* auf den neuesten Stand bringen. **II** ['ʌpdeɪt] *n* Aktualisierung *f*; (*~ed version*) Neufassung *f*; (*of software package*) aktualisierte Version; (*progress report*) Bericht *m*. **can you give me an ~ on ...?** können Sie mich bezüglich ... (*gen*) auf den neuesten Stand bringen?

up-draught, (*US*) **up-draft** ['ʌpdrɑːft] *n* Zug *m*; (*Aviat*) Aufwind *m*, Aufströmung *f*.

up-end [ʌp'end] *vt box, sofa* hochkant stellen; *person, animal* umdrehen.

upfront ['ʌp'frʌnt] **I** *adj* **1.** (*person*) offen. **2. ~ money** Vorschuß *m*. **II** *adv* **we'd like 20% ~** wir hätten gern 20% (als) Vorschuß; **we need all the cash ~** wir benötigen die ganze Summe im voraus.

upgrade ['ʌpˌgreɪd] **I** *n* **1.** (*improved version*) verbesserte Version. **2.** (*US*) Steigung *f*. **3.** (*fig*) **to be on the ~** sich auf dem aufsteigenden Ast befinden (*inf*). **II** [ʌp'greɪd] *vt employee* befördern; *job* anheben; *product* verbessern; (*expand*) *computer system* ausbauen, nachrüsten.

upgrad(e)ability [ˌʌpgreɪdə'bɪlɪtɪ] *n* (*of computer system*) Ausbaufähigkeit, Nachrüstbarkeit *f*.

upgrad(e)able [ʌp'greɪdəbl] *adj computer system* ausbaufähig (*to* auf *+acc*), nachrüstbar (*to* auf *+acc*).

upheaval [ʌp'hiːvəl] *n* (*Geol*) Aufwölbung, Erhebung *f*; (*fig*) Aufruhr *m*. **emotional ~** Aufruhr *m* der Gefühle; **social/political ~s** soziale/politische Umwälzungen *pl*.

uphill ['ʌp'hɪl] **I** *adv* bergauf. **to go ~** bergauf gehen, steigen; (*road also*) bergauf führen; (*car*) Berge/den Berg hinauffahren. **II** *adj road* bergauf (führend); (*fig*) *work, struggle* mühsam, mühselig. **it's ~ all the way** (*lit*) es geht die ganze Strecke bergauf; (*fig*) es ist ein harter Kampf.

uphold [ʌp'həʊld] *vt* (*sustain*) *tradition, honour* wahren; *the law* hüten; (*support*) *person, decision, objection* (unter)stützen; (*Jur*) *verdict* bestätigen.

upholder [ʌp'həʊldə^r] *n* Wahrer *m*; (*supporter*) Verteidiger *m*.

upholster [ʌp'həʊlstə^r] *vt chair* polstern; (*cover*) beziehen. **~ed** Polster-; **well-~ed** (*hum inf*) gut gepolstert (*hum inf*).

upholsterer [ʌp'həʊlstərə^r] *n* Polsterer *m*.

upholstery [ʌp'həʊlstərɪ] *n* (*padding and springs*) Polsterung *f*; (*cover*) Bezug *m*; (*trade*) Polsterei *f*; (*skill*) das Polstern.

upkeep ['ʌpkiːp] *n* (*running*) Unterhalt *m*; (*cost*) Unterhaltskosten *pl*; (*maintenance*) Instandhaltung *f*; Instandhaltungskosten *pl*; (*of public gardens*) Pflege *f*.

upland ['ʌplənd] **I** *n* (*usu pl*) Hochland *nt no pl*. **II** *adj* Hochland-.

uplift ['ʌplɪft] **I** *n* **1.** (*exaltation*) Erhebung *f*; (*moral inspiration*) Erbauung *f*. **to give sb spiritual ~** jdn erbauen. **2. ~ bra** Stützbüstenhalter *m*. **II** [ʌp'lɪft] *vt* **1.** *spirit, voice* erheben. **to feel ~ed** sich erbaut fühlen. **2.** (*Scot: collect*) abholen.

upload ['ʌpləʊd] *vt* (*Comput*) laden.

up-market ['ʌp'mɑːkɪt] **I** *adj* anspruchsvoll; *person* vornehm; *hotel* luxuriös, Luxus-. **II** *adv sell* an anspruchsvollere Kunden. **his shop has gone ~** in seinem Laden verkauft er jetzt Waren der höheren Preisklasse; **Japanese car makers have gone ~** Japans Autohersteller produzieren jetzt für einen anspruchsvolleren Kundenkreis.

upmost ['ʌpməʊst] *adj, adv see* **uppermost.**

upon [ə'pɒn] *prep see* **on.**

upper ['ʌpə^r] **I** *adj* **1.** obere(r, s); *lip, arm, jaw, deck* Ober-. **temperatures in the ~ thirties** Temperaturen hoch in den dreißig; **the ~ reaches of the Thames** der Oberlauf der Themse; **U~ Egypt/the ~ Loire** Oberägypten *nt*/die obere Loire; **U~ Rhine** Oberrhein *m*; **U~ Volta** Obervolta *nt*.

2. (*in importance, rank*) höhere(r, s), obere(r, s). **the ~ ranks of the Civil Service** das gehobene Beamtentum; **in the ~ income bracket** in der oberen Einkommensklasse; **~ school** Oberschule *f*; **U~ House** (*Parl*) Oberhaus *nt*; *see* **hand I 11.**

II *n* **1. ~s** *pl* (*of shoe*) Obermaterial *nt*; **to be on one's ~s** auf den Hund gekommen sein. **2.** (*sl: drug*) Aufputschmittel *nt*.

upper case *n* (*Typ*) (*also* **upper-case letter**) Großbuchstabe, Versal (*spec*) *m*; **upper class** *n* obere Klasse, Oberschicht *f*; **the ~es** die Oberschicht; **upper-class** *adj accent, district, person* vornehm, fein; *sport, expression, attitude* der Oberschicht; **to be ~** (*person*) zur Oberschicht gehören; **upperclassman** *n* (*US*) *Mitglied nt einer High School oder eines College;* **upper crust** *n* (*inf*) obere Zehntausend *pl* (*inf*); **upper-crust** *adj* (*inf*) (schrecklich) vornehm (*inf*); **uppercut** *n* Aufwärtshaken, Uppercut *m*; **uppermost I** *adj* oberste(r, s); (*fig*) *ambition* größte(r, s), höchste(r, s); **it's quite obvious what is ~ in your mind** es ist ziemlich klar, wo deine Prioritäten liegen; **II** *adv* **face/the blue side ~** mit dem Gesicht/der blauen Seite nach oben.

uppish ['ʌpɪʃ], **uppity** ['ʌpɪtɪ] *adj* (*inf: arrogant*) hochnäsig (*inf*), hochmütig; *woman also* schnippisch. **to get ~ with sb** jdm gegenüber frech *or* anmaßend werden, jdm frech kommen.

upraised [ʌp'reɪzd] *adj* erhoben.

upright ['ʌpraɪt] **I** *adj* **1.** (*erect*) aufrecht;

(*vertical*) *post* senkrecht. ~ **piano** Klavier *nt*; ~ **chair** Stuhl *m*. **2.** (*fig: honest*) *person, character* aufrecht, rechtschaffen. **II** *adv* (*erect*) aufrecht, gerade; (*vertical*) senkrecht. **to hold oneself** ~ sich gerade halten. **III** *n* **1.** (*post*) Pfosten *m*. **2.** (*piano*) Klavier *nt*.

uprightly ['ʌp,raɪtlɪ] *adv* aufrecht, rechtschaffen.

uprightness ['ʌp,raɪtnɪs] *n* Rechtschaffenheit *f*.

uprising ['ʌpraɪzɪŋ] *n* Aufstand *m*, Erhebung *f*.

upriver ['ʌp'rɪvəʳ] *adv* **2 miles ~ from Fen Ditton** 2 Meilen flußaufwärts von Fen Ditton.

uproar ['ʌprɔːʳ] *n* Aufruhr, Tumult *m*. **he tried to make himself heard above the ~** er versuchte, sich über den Lärm *or* Spektakel (*inf*) hinweg verständlich zu machen; **at this there was ~, this caused an ~** das verursachte einen (wahren) Aufruhr *or* Tumult; **the whole place was in ~** der ganze Saal/das ganze Haus war in Aufruhr.

uproarious [ʌp'rɔːrɪəs] *adj meeting* tumultartig; *crowd* lärmend; *laughter* brüllend; *success, welcome* überwältigend, spektakulär; (*very funny*) *joke* wahnsinnig komisch, zum Schreien *pred*. **in ~ spirits** in überschäumender Stimmung.

uproariously [ʌp'rɔːrɪəslɪ] *adv* lärmend; *laugh* brüllend.

uproot [ʌp'ruːt] *vt plant* entwurzeln; (*fig: eradicate*) *evil* ausmerzen. **~ed by the war** durch den Krieg entwurzelt; **he ~ed his whole family and moved to New York** er riß seine Familie aus ihrer gewohnten Umgebung und zog nach New York.

upsadaisy ['ʌpsə,deɪzɪ] *interj* (*inf*) hoppla.

upset [ʌp'set] (*vb: pret, ptp* ~) **I** *vt* **1.** (*knock over*) umstoßen, umwerfen; *boat* umkippen, zum Kentern bringen; (*spill also*) umleeren. **she ~ the milk all over the best carpet** sie stieß die Milch um, und alles lief auf den guten Teppich.

2. (*make sad: news, death*) bestürzen, erschüttern, mitnehmen (*inf*); (*question, insolence*) aus der Fassung bringen; (*divorce, experience, accident*) mitnehmen (*inf*); (*distress, excite*) *patient, parent* aufregen; (*offend: unkind behaviour, words*) verletzen, weh tun (+*dat*); (*annoy*) ärgern. **you shouldn't have said/done that, now you've ~ her** das hätten Sie nicht sagen/tun sollen, jetzt regt sie sich auf *or* (*is offended*) jetzt ist sie beleidigt; **don't ~ yourself** regen Sie sich nicht auf; **I don't know what's ~ him** ich weiß nicht, was er hat.

3. (*disorganize*) *calculations, balance* durcheinanderbringen; *plan, timetable also* umwerfen. **that's ~ my theory** das hat meine Theorie umgestoßen.

4. (*make ill*) **the rich food ~ his stomach** das schwere Essen ist ihm nicht bekommen; **to ~ one's stomach** sich (*dat*) den Magen verderben.

II *vi* umkippen.

III *adj* **1.** (*about divorce, accident, dismissal*) mitgenommen (*inf*) (*about* von); (*about death, bad news*) bestürzt (*about* über +*acc*); (*sad*) betrübt, geknickt (*inf*) (*about* über +*acc*); (*distressed, worried*) aufgeregt (*about* wegen); *baby, child* durcheinander *pred*; (*annoyed*) ärgerlich, aufgebracht (*about* über +*acc*); (*hurt*) gekränkt, verletzt (*about* über +*acc*). **she was pretty ~ about it** das ist ihr ziemlich nahegegangen, das hat sie ziemlich mitgenommen (*inf*); (*distressed, worried*) sie hat sich deswegen ziemlich aufgeregt; (*annoyed*) das hat sie ziemlich geärgert; (*hurt*) das hat sie ziemlich gekränkt *or* verletzt; **don't look so ~, they'll come back** guck doch nicht so traurig, sie kommen ja zurück; **would you be ~ if I decided not to go after all?** wärst du traurig *or* würdest du's tragisch nehmen, wenn ich doch nicht ginge?; **I'd be very ~ if ...** ich wäre sehr traurig *or* betrübt wenn ...; **to get ~** sich aufregen (*about* über +*acc*); (*hurt*) gekränkt *or* verletzt werden; **don't get ~ about it, you'll find another** nimm das doch nicht so tragisch, du findest bestimmt einen anderen; **she'd be ~ if I used a word like that** sie wäre entsetzt, wenn ich so etwas sagen würde.

2. ['ʌpset] *stomach* verstimmt, verdorben *attr*. **to have an ~ stomach** sich (*dat*) den Magen verdorben haben, eine Magenverstimmung haben.

IV ['ʌpset] *n* **1.** (*disturbance*) Störung *f*; (*emotional*) Aufregung *f*; (*inf: quarrel*) Verstimmung *f*, Ärger *m*; (*unexpected defeat*) unliebsame *or* böse Überraschung. **I don't want to cause any ~s in your work** ich möchte bei Ihrer Arbeit kein Durcheinander verursachen; **children don't like ~s in their routine** Kinder mögen es nicht, wenn man ihre Routine durcheinanderbringt; **he's had a bit of an ~** er ist etwas mitgenommen (*inf*) *or* geknickt (*inf*).

2. (*of stomach*) Magenverstimmung *f*, verdorbener Magen.

upset price *n* (*Comm*) Mindestpreis *m*.

upsetting [ʌp'setɪŋ] *adj* (*saddening*) traurig; (*stronger*) bestürzend; (*disturbing*) *changes* störend; *situation* unangenehm, schwierig; (*offending*) beleidigend, verletzend; (*annoying*) ärgerlich. **that must have been very ~ for you** das war bestimmt nicht einfach für Sie; (*annoying*) das muß sehr ärgerlich für Sie gewesen sein; **she found this experience/his language most ~** diese Erfahrung hat sie sehr mitgenommen (*inf*), diese Erfahrung ist ihr sehr nahe gegangen/sie hat sich sehr über seine Ausdrucksweise erregt; **the divorce/the change was very ~ for the child** das Kind hat unter der Scheidung/dem Wechsel sehr gelitten; **he mustn't have any more ~ experiences** es darf nichts mehr passieren, was ihn aufregt.

upshot ['ʌpʃɒt] *n* (*result*) Ergebnis *nt*. **the ~ of it all was that ...** es lief darauf hinaus, daß ...; **in the ~** letzten Endes.

upside down ['ʌpsaɪd'daʊn] **I** *adv* verkehrt herum. **to turn sth ~** (*lit*) etw umdrehen; (*fig*) etw auf den Kopf stellen

(*inf*).

II *adj* **in an ~ position** verkehrt herum; **to be ~** (*picture*) verkehrt herum hängen, auf dem Kopf stehen; (*world*) kopfstehen.

upstage [ʌp'steɪdʒ] **I** *adv* (*Theat*) im Hintergrund der Bühne; (*with movement*) in den Hintergrund der Bühne. **II** *adj* blasiert, hochnäsig (*with* gegenüber). **III** *vt* **to ~ sb** (*Theat*) jdn zwingen, dem Publikum den Rücken zuzukehren; (*fig*) jdn ausstechen, jdm die Schau stehlen (*inf*).

upstairs [ʌp'stɛəz] **I** *adv* oben; (*with movement*) nach oben. **to kick sb ~** (*fig*) jdn wegloben; **may I go ~?** (*euph*) kann ich mal aufs Örtchen?; **he hasn't got much ~** (*inf*) er ist ein bißchen schwach im Oberstübchen (*inf*). **II** *adj window* im oberen Stock(werk); *room also* obere(r, s). **III** *n* oberes Stockwerk.

upstanding [ʌp'stændɪŋ] *adj* **1.** (*strong*) kräftig; (*honourable*) rechtschaffen. **2.** (*Jur, form*) **to be ~** stehen; **gentlemen, please be ~ for the toast** (meine Herren,) bitte erheben Sie sich zum Toast; **the court will be ~** bitte erheben Sie sich.

upstart ['ʌpstɑːt] **I** *n* Emporkömmling *m*. **II** *adj behaviour* eines Emporkömmlings. **an ~ publisher** ein Emporkömmling *m* (unter den Verlegern).

upstate ['ʌpsteɪt] (*US*) **I** *adj* im Norden (des Bundesstaates). **to live in ~ New York** im Norden des Staates New York wohnen. **II** *adv* im Norden (des Bundesstaates); (*with movement*) in den Norden (des Bundesstaates).

upstream ['ʌpstriːm] *adv* flußaufwärts.

upstretched [ʌp'stretʃt] *adj hands* ausgestreckt; *neck* gereckt.

upstroke ['ʌpstrəʊk] *n* (*of pen*) Aufstrich *m*; (*of piston*) aufgehender Hub, Aufwärtsgang *m*.

upsurge ['ʌpsɜːdʒ] *n* Zunahme, Eskalation (*pej*) *f*. **she felt an ~ of affection/hatred/revulsion** sie fühlte Zuneigung/Haß/Ekel in sich (*dat*) aufwallen.

upswept [ʌp'swept] *adj hair* hoch- *or* zurückgebürstet.

upswing ['ʌpswɪŋ] *n* (*lit, fig*) Aufschwung *m*; (*Sport*) Ausholen *nt no pl*.

upsy-daisy ['ʌpsəˌdeɪzɪ] *see* **upsadaisy.**

uptake ['ʌpteɪk] *n* (*inf*): **to be quick/slow on the ~** schnell verstehen/schwer von Begriff sein (*inf*), eine lange Leitung haben (*inf*).

upthrust ['ʌpθrʌst] *n* (*upward movement*) Aufwärtsdruck *m*; (*Geol*) Hebung *f*.

uptight ['ʌp'taɪt] *adj* (*sl*) (*nervous*) nervös; (*inhibited*) verklemmt (*inf*); (*angry*) sauer (*sl*); *voice* gepreßt; *expression* verkrampft, verkniffen. **to get ~ (about sth)** sich (wegen etw) aufregen; (auf etw *acc*) verklemmt reagieren (*inf*); (wegen etw) sauer werden (*sl*); **he's pretty ~ about these things** der sieht so was ziemlich eng (*sl*); **no need to get ~ about it!** nun reg dich nicht so auf! (*sl*).

uptime ['ʌptaɪm] *n* (*of machine*) Betriebszeit *f*.

up-to-date ['ʌptə'deɪt] *adj* auf dem neusten Stand; *fashion also, book, news* aktuell; *person, method, technique also* up to date *pred* (*inf*). **to keep ~ with the fashions/news** mit der Mode/den Nachrichten auf dem laufenden bleiben; **to keep sb/sth/oneself ~** jdn/etw/sich auf dem laufenden halten; **would you bring me ~ on developments?** würden Sie mich über den neusten Stand der Dinge informieren?

up-to-the-minute ['ʌptəðə'mɪnɪt] *adj news, reports* allerneuste(r, s), allerletzte(r, s); *style also* hochmodern. **her clothes are ~** ihre Kleider sind immer der allerletzte Schrei.

uptown ['ʌptaʊn] (*US*) **I** *adj* (*in Northern part of town*) im Norden (der Stadt); (*in residential area*) im Villenviertel. **II** *adv* im Norden der Stadt; im Villenviertel; (*with movement*) in den Norden der Stadt; ins Villenviertel. **III** *n* Villenviertel *nt*.

upturn [ʌp'tɜːn] **I** *vt* umdrehen. **II** ['ʌptɜːn] *n* (*fig: improvement*) Aufschwung *m*.

upturned [ʌp'tɜːnd] *adj box* umgedreht; *face* nach oben gewandt. **~ nose** Stupsnase, Himmelfahrtsnase (*inf*) *f*.

upward ['ʌpwəd] **I** *adj* Aufwärts-, nach oben; *glance* nach oben. **~ movement** Aufwärtsbewegung *f*; **~ mobility** (*Sociol*) soziale Aufstiegsmöglichkeiten *pl*.

II *adv* (*also* **~s**) **1.** *move* aufwärts, nach oben. **to look ~** hochsehen, nach oben sehen; **face ~** mit dem Gesicht nach oben.

2. (*with numbers*) **prices from £4 ~** Preise von £ 4 an, Preise ab £ 4; **from childhood ~** von Kind auf *or* an, von Kindheit an; **and ~** und darüber; **~ of 3000** über 3000.

upwardly ['ʌpwədlɪ] *adv* aufwärts, nach oben. **to be ~ mobile** ein Aufsteiger/eine Aufsteigerin sein.

upwind ['ʌpwɪnd] *adj, adv* **to be/stand ~ of sb** gegen den Wind zu jdm sein/stehen.

Ural ['juːrəl] *n* **the ~** (*river*) der Ural; **the ~ Mountains, the ~s** das Uralgebirge, der Ural.

uranium [jʊə'reɪnɪəm] *n* Uran *nt*.

Uranus [jʊə'reɪnəs] *n* (*Astron*) Uranus *m*.

urban ['ɜːbən] *adj* städtisch; *life also* in der Stadt. **~ guerilla** Stadtguerilla *m*; **~ warfare** Stadtguerilla *f*.

urbane [ɜː'beɪn] *adj person, manner* weltmännisch, gewandt, urban (*geh*); (*civil*) höflich; *manner, words* verbindlich.

urbanely [ɜː'beɪnlɪ] *adv see adj*.

urbanity [ɜː'bænɪtɪ] *n see adj* weltmännische Art, Gewandtheit, Urbanität (*geh*) *f*; Höflichkeit *f*; Verbindlichkeit *f*.

urbanization [ˌɜːbənaɪ'zeɪʃən] *n* Urbanisierung, Verstädterung (*pej*) *f*.

urbanize ['ɜːbənaɪz] *vt* urbanisieren, verstädtern (*pej*).

urchin ['ɜːtʃɪn] *n* Gassenkind *nt*; (*mischievous*) Range *f*.

Urdu ['ʊəduː] *n* Urdu *nt*.

urethra [jʊə'riːθrə] *n* Harnröhre, Urethra (*spec*) *f*.

urge [ɜːdʒ] **I** *n* (*need*) Verlangen, Bedürfnis *nt*; (*drive*) Drang *m no pl*; (*physical, *sexual*) Trieb *m.* **to feel an ~ to do sth** das Bedürfnis verspüren, etw zu tun; **to feel the ~ to win** unbedingt gewinnen wollen; **I resisted the ~ (to contradict him)** ich habe mich beherrscht (und ihm nicht widersprochen); **an ~ to steal it came over me** der Drang, es zu stehlen, überkam mich; **creative ~s** Schaffensdrang *m*, Kreativität *f*; **come and stay with us if you get the ~** (*inf*) komm uns besuchen, wenn du Lust hast.

II *vt* **1.** (*try to persuade*) *sb* eindringlich bitten. **to ~ sb to do sth** (*plead with*) jdn eindringlich bitten, etw zu tun; (*earnestly recommend*) darauf dringen, daß jd etw tut; **he needed no urging** er ließ sich nicht lange bitten; **do it now! he ~d** tun Sie's jetzt!, drängte er.

2. (*advocate*) *measure, caution, acceptance* drängen auf (+*acc*). **to ~ that sth should be done** darauf drängen, daß etw getan wird; **to ~ sth upon sb** jdm etw eindringlich nahelegen.

4. (*press*) *claim* betonen; *argument* vorbringen, anführen.

◆**urge on** *vt sep* (*lit*) *horse, person, troops* antreiben, vorwärtstreiben; (*fig*) *team, workers* antreiben (*to* zu); *team* anfeuern.

urgency ['ɜːdʒənsɪ] *n* Dringlichkeit *f*; (*of tone of voice, pleas also*) Eindringlichkeit *f.* **a matter of ~** dringend; **to treat sth as a matter of ~** etw als dringend behandeln; **there's no ~** es eilt nicht, das hat keine Eile; **there was a note of ~ in his voice** es klang sehr dringend; **the ~ of our needs** die dringende Notwendigkeit; **his statement lacked ~** seinen Worten fehlte der Nachdruck; **the ~ of his step** seine eiligen Schritte.

urgent ['ɜːdʒənt] *adj* **1.** dringend; *letter, parcel* Eil-. **is it ~?** (*important*) ist es dringend?; (*needing speed*) eilt es?; **to be in ~ need of medical attention** dringend ärztliche Hilfe benötigen.

2. (*insistent*) *tone, plea* dringend, dringlich; (*hurrying*) *steps* eilig. **he was very ~ about the need for swift action** er betonte nachdrücklich, wie notwendig schnelles Handeln sei.

urgently ['ɜːdʒəntlɪ] *adv required* dringend; *requested also* dringlich; *talk* eindringlich. **he is ~ in need of help** er braucht dringend Hilfe.

uric ['jʊərɪk] *adj* Harn-, Urin-. **~ acid** Harnsäure *f.*

urinal ['jʊərɪnl] *n* (*room*) Pissoir *nt*; (*vessel*) Urinal *nt*; (*for patient*) Urinflasche *f.*

urinary ['jʊərɪnərɪ] *adj* Harn-, Urin-; *tract, organs* Harn-.

urinate ['jʊərɪneɪt] *vi* Wasser lassen, urinieren (*geh*), harnen (*spec*).

urine ['jʊərɪn] *n* Urin, Harn *m.*

urn [ɜːn] *n* **1.** Urne *f.* **2.** (*also* **tea ~, coffee ~**) Kessel *m.*

urogenital [ˌjʊərəʊ'dʒenɪtl] *adj* urogenital.

urological [ˌjʊərəʊ'lɒdʒɪkl] *adj* urologisch.

urologist [jʊə'rɒlədʒɪst] *n* Urologe *m*, Urologin *f.*

urology [jʊə'rɒlədʒɪ] *n* Urologie *f.*

Uruguay ['jʊərəgwaɪ] *n* Uruguay *nt.*

Uruguayan [ˌjʊərə'gwaɪən] **I** *n* (*person*) Uruguayer(in *f*) *m.* **II** *adj* uruguayisch.

US *abbr of* **United States** USA *pl.*

us [ʌs] *pers pron* **1.** (*dir and indir obj*) uns. **give it (to) ~** gib es uns; **who, ~?** wer, wir?; **younger than ~** jünger als wir; **it's ~** wir sind's; **he is one of ~** er gehört zu uns, er ist einer von uns; **this table shows ~ the tides** auf dieser Tafel sieht man die Gezeiten; **~ and them** wir und die.

2. (*inf*) (*me*) (*dir obj*) mich; (*indir obj*) mir; (*pl subj*) wir. **give ~ a look** laß mal sehen; **~ English** wir Engländer.

USA *abbr of* **United States of America** USA *pl*; **United States Army.**

usability [ˌjuːzə'bɪlɪtɪ] *n* Verwendbarkeit *f*; (*of ideas, suggestions*) Brauchbarkeit *f.*

usable ['juːzəbl] *adj* verwendbar; *suggestion, ideas* brauchbar.

USAF *abbr of* **United States Air Force.**

usage ['juːzɪdʒ] *n* **1.** (*treatment, handling*) Behandlung *f.* **it's had some rough ~** es ist ziemlich unsanft behandelt worden.

2. (*custom, practice*) Brauch *m*, Sitte *f*, Usus *m* (*geh*). **it's common ~** es ist allgemein üblich *or* Sitte *or* Brauch; **the ~s of society** die gesellschaftlichen Gepflogenheiten.

3. (*Ling: use, way of using*) Gebrauch *m no pl*, Anwendung *f.* **words in common ~** allgemein gebräuchliche Wörter *pl*; **it's common in Northern ~** es ist im Norden allgemein gebräuchlich; **it's not an acceptable ~** so darf das nicht gebraucht werden.

use[1] [juːz] **I** *vt* **1.** benutzen, benützen (*S Ger*); (*utilize*) *dictionary, means, tools, object, materials also, sb's suggestion, idea* verwenden; *word, literary style* gebrauchen, verwenden, benutzen; *swear words* gebrauchen, benutzen; *brains, intelligence also* gebrauchen; *method, system, technique, therapy, force, trickery* anwenden; *one's abilities, powers of persuasion, one's strength* aufwenden, anwenden; *tact, care* walten lassen; *drugs* einnehmen. **~ only in emergencies** nur im Notfall gebrauchen *or* benutzen; **what's this ~d for?** wofür wird das benutzt *or* gebraucht?; **to ~ sth for sth** etw zu etw verwenden; **he ~d it as a spoon** er hat es als Löffel benutzt *or* verwendet; **what did you ~ the money for?** wofür haben Sie das Geld benutzt *or* verwendet *or* gebraucht?; **what sort of toothpaste/petrol do you ~?** welche Zahnpasta benutzen *or* verwenden Sie/welches Benzin verwenden Sie?, mit welchem Benzin fahren Sie?; **what sort of fuel does this rocket ~?** welcher Treibstoff wird für diese Rakete verwendet?; **ointment to be ~d sparingly** Salbe nur sparsam verwenden *or* anwenden; **why don't you ~ a hammer?** warum nehmen Sie nicht einen Hammer dazu?; **to ~ sb's name** jds Namen verwenden *or* benutzen; (*as reference*) jds Namen angeben, sich auf jdn berufen; **we can ~ the extra staff to do this** dafür können wir das übrige Personal einsetzen *or* verwenden.

2. (*make use of, exploit*) *information, one's training, talents, resources, chances, opportunity* (aus)nutzen, (aus)nützen (*S Ger*); *advantage* nutzen; *waste products* nutzen, verwerten. **not ~d to capacity** nicht voll genutzt; **you can ~ the leftovers to make a soup** Sie können die Reste zu einer Suppe verwerten.

3. (*inf*) **I could ~ a ...** ich könnte einen/eine/ein ... (ge)brauchen; **I could ~ a drink** ich könnte etwas zu trinken (ge)brauchen *or* vertragen (*inf*); **it could ~ a bit of paint** das könnte ein bißchen Farbe vertragen.

4. (~ *up, consume*) verbrauchen. **this car ~s too much petrol** dieses Auto verbraucht zuviel Benzin.

5. (*obs, liter: treat*) behandeln; (*cruelly, ill also*) mitspielen (+*dat*). **how has the world been using you?** (*not obs, liter*) wie geht's, wie steht's?

6. (*pej: exploit*) ausnutzen. **I feel (I've just been) ~d** ich habe das Gefühl, man hat mich ausgenutzt; (*sexually*) ich komme mir mißbraucht vor.

II [ju:s] *n* **1.** (*employment*) Verwendung *f*; (*of materials, tools, means, dictionary also*) Benutzung *f*; (*operation: of machines*) Benutzung *f*; (*working with: of dictionary, calculator*) Gebrauch *m*; (*of word, style also, of swearwords, arms, intelligence*) Gebrauch *m*; (*of method, system, technique, therapy, force, one's strength, powers of persuasion*) Anwendung *f*; (*of personnel, truncheons*) Verwendung *f*, Einsatz *m*; (*of drugs*) Einnahme *f*. **the ~ of a calculator to solve ...** die Verwendung eines Rechners, um ... zu lösen; **directions for ~** Gebrauchsanweisung *f*; **for the ~ of** für; **for ~ in case of emergency** für Notfälle; **for external ~** äußerlich anzuwenden, zur äußerlichen Anwendung; **ready for ~** gebrauchsfertig; (*machine*) einsatzbereit; **worn with ~** abgenutzt; **to make ~ of sth** von etw Gebrauch machen, etw benutzen; **in ~/out of ~** in *or* im/außer Gebrauch; (*machines also*) in/außer Betrieb; **to be in daily ~/no longer in ~** täglich/nicht mehr benutzt *or* verwendet *or* gebraucht werden; **to come into ~** in Gebrauch kommen; **to go** *or* **fall out of ~** nicht mehr benutzt *or* verwendet *or* gebraucht werden.

2. (*exploitation, making ~ of*) Nutzung *f*; (*of waste products, left-overs*) Verwertung *f*. **to make ~ of sth** etw nutzen; **to put sth to ~/good ~** etw benutzen/etw ausnutzen *or* gut nutzen; **to make good/bad ~ of sth** etw gut/schlecht nutzen.

3. (*way of using*) Verwendung *f*. **to learn the ~ of sth** lernen, wie etw verwendet *or* benutzt *or* gebraucht wird; **it has many ~s** es ist vielseitig verwendbar; **to find a ~ for sth** für etw Verwendung finden; **to have no ~ for** (*lit, fig*) nicht gebrauchen können, keine Verwendung haben für; **to have no further ~ for sb/sth** keine Verwendung mehr haben für jdn/etw.

4. (*usefulness*) Nutzen *m*. **to be of ~ to sb/for doing sth** für jdn von Nutzen sein *or* nützlich sein/nützlich sein, um etw zu tun; **this is no ~ any more** das taugt nichts mehr, das ist zu nichts mehr zu gebrauchen; **does it have a ~ in our society?** ist es für unsere Gesellschaft von Nutzen?; **is this (of) any ~ to you?** können Sie das brauchen?, können Sie damit was anfangen?; **he/that has his/its ~s** er/das ist ganz nützlich; **you're no ~ to me if you can't spell** du nützt mir nichts, wenn du keine Rechtschreibung kannst; **he's no ~ as a goalkeeper** er taugt nicht als Torhüter, er ist als Torhüter nicht zu gebrauchen; **can I be of any ~?** kann ich irgendwie behilflich sein?; **a lot of ~ that will be to you!** (*inf*) da hast du aber was davon (*inf*); **this is no ~, we must start work** so hat das keinen Zweck *or* Sinn, wir müssen etwas tun; **it's no ~ you** *or* **your protesting** es hat keinen Sinn *or* Zweck *or* es nützt nichts, wenn *or* daß du protestierst; **what's the ~ of telling him?** was nützt es, wenn man es ihm sagt?; **what's the ~ in trying/going?** wozu überhaupt versuchen/gehen?; **it's no ~** es hat keinen Zweck; **ah, what's the ~!** ach, was soll's!

5. (*right*) Nutznießung *f* (*Jur*). **to have the ~ of the gardens/a car/money** die Gartenanlagen/einen Wagen benutzen können/über einen Wagen/Geld verfügen (können); **to give sb the ~ of sth** jdn etw benutzen lassen; (*of car also, of money*) jdm etw zur Verfügung stellen; **to have lost the ~ of one's arm** seinen Arm nicht mehr gebrauchen *or* benutzen können; **have you lost the ~ of your legs?** (*hum*) hast du das Gehen verlernt?

6. (*custom*) Brauch, Usus (*geh*) *m*.

7. (*Eccl*) Brauch *m*. **in the Roman ~** nach römisch-katholischem Brauch.

◆**use up** *vt sep food, objects, one's strength* verbrauchen; (*finish also*) aufbrauchen; *scraps, leftovers etc* verwerten. **the butter is all ~d ~** die Butter ist alle (*inf*) *or* aufgebraucht; **all his energy was ~d ~** all seine Energie war verbraucht.

use² [ju:s] *v aux as in* **I didn't ~ to like it** *see* **used²**.

used¹ [ju:zd] *adj* (*second-hand*) *clothes, car* gebraucht; (*soiled*) *towel* benutzt; *stamp* gestempelt.

used² [ju:st] *v aux only in past* **I ~ to swim every day** ich bin früher täglich geschwommen, ich pflegte täglich zu schwimmen (*geh*); **I ~ not to smoke, I didn't use to smoke** ich habe früher nicht geraucht, ich pflegte nicht zu rauchen (*geh*); **what ~ he to do** (*old*) *or* **what did he use to do on Sundays?** was hat er früher *or* sonst sonntags getan?; **he ~ to play golf, didn't he?** er hat doch früher *or* mal Golf gespielt, nicht wahr?; **I don't now but I ~ to** früher schon, jetzt nicht mehr!; **there ~ to be a field here** hier war (früher) einmal ein Feld; **things aren't what they ~ to be** es ist alles nicht mehr (so) wie früher; **life is more hectic than it ~ to be** das Leben ist hektischer als früher.

used³ [ju:st] *adj* **to be ~ to sth** an etw (*acc*) gewöhnt sein, etw gewohnt sein; **to be ~ to doing sth** daran gewöhnt sein *or* es gewohnt sein, etw zu tun; **I'm not ~ to it** ich bin das nicht gewohnt; **to get ~ to sth/doing sth** sich an etw (*acc*) gewöhnen/sich daran gewöhnen, etw zu tun; **you might as well get ~ to it!** (*inf*) daran wirst du dich gewöhnen müssen!

useful ['ju:sfʊl] *adj* **1.** nützlich; *person, citizen, contribution, addition also* wertvoll; *contribution, hint also* brauchbar; (*handy*) *tool, person, language also* praktisch; *size* zweckmäßig; *discussion* fruchtbar; *life, employment* nutzbringend. **to make oneself ~** sich nützlich machen; **he wants to be ~ to others** er möchte anderen nützen; **thank you, you've been very ~** vielen Dank, Sie haben mir/uns sehr geholfen; **is that ~ information?** nützt diese Information etwas?; **to come in ~** sich als nützlich erweisen; **we spent a ~ week in London** wir waren eine Woche in London, was sehr nützlich war; **that's ~!** (*iro*) das nützt uns was!; **he's a ~ man to know** es ist sehr nützlich, ihn zu kennen; **that advice was most ~ to me** der Rat hat mir sehr genützt; **that's a ~ thing to know** es ist gut, das zu wissen; **it has a ~ life of 10 years** es hat eine Nutzungsdauer von 10 Jahren.

2. (*inf: capable*) *player* brauchbar, fähig; (*creditable*) *score* wertvoll. **he's quite ~ with a gun/his fists** er kann ziemlich gut mit der Pistole/seinen Fäusten umgehen.

usefully ['ju:sfəlɪ] *adv employed, spend time* nutzbringend. **you could ~ come along** es wäre von Nutzen, wenn Sie kämen; **is there anything I can ~ do?** kann ich mich irgendwie nützlich machen?

usefulness ['ju:sfʊlnɪs] *n see adj* Nützlichkeit *f*; Wert *m*; Brauchbarkeit *f*; Zweckmäßigkeit *f*; Fruchtbarkeit *f*; Nutzen *m*; *see* **outlive.**

useless ['ju:slɪs] *adj* **1.** nutzlos; (*unusable*) unbrauchbar; *advice, suggestion also* unbrauchbar, unnütz; *person also* zu nichts nütze; *remedy also* unwirksam, wirkungslos. **he's full of ~ information** er steckt voller nutzloser Informationen; **he's ~ as a goalkeeper** er ist als Torwart nicht zu gebrauchen, er taugt nichts als Torwart; **you're just ~!** du bist auch zu nichts zu gebrauchen; **I'm ~ at languages** Sprachen kann ich überhaupt nicht.

2. (*pointless*) zwecklos, sinnlos.

uselessly ['ju:slɪslɪ] *adv* nutzlos.

uselessness ['ju:slɪsnɪs] *n see adj* **1.** Nutzlosigkeit *f*; Unbrauchbarkeit *f*; Unwirksamkeit *f*. **2.** Zwecklosigkeit, Sinnlosigkeit *f*.

user ['ju:zəʳ] *n* Benutzer(in *f*) *m*; (*of machines also*) Anwender(in *f*) *m*. **he's a ~ of heroin** er nimmt Heroin.

user-definable *adj* (*Comput*) *keys* frei definierbar; **user-defined** *adj* (*Comput*) *keys* frei definiert; **user-friendliness** *n* Benutzer- *or* Anwenderfreundlichkeit *f*; **user-friendly** *adj* benutzer- *or* anwenderfreundlich; **user identification** *n* (*Comput*) Benutzercode *m*; **user-interface** *n* (*esp Comput*) Benutzerschnittstelle, Benutzeroberfläche *f*; **user language** *n* (*Comput*) Benutzersprache *f*; **user software** *n* (*Comput*) Anwendersoftware *f*; **user support** *n* (*esp Comput*) Benutzerunterstützung *f*.

U-shaped ['ju:ʃeɪpt] *adj* U-förmig.

usher ['ʌʃəʳ] **I** *n* (*Theat, at wedding*) Platzanweiser(in *f*) *m*; (*Jur*) Gerichtsdiener(in *f*) *m*.

II *vt* **to ~ sb into a room/to his seat** jdn in ein Zimmer/zu seinem Sitz bringen *or* geleiten (*geh*).

◆**usher in** *vt sep people* hinein-/hereinführen *or* -bringen *or* -geleiten (*geh*). **to ~ ~ a new era** ein neues Zeitalter einleiten.

usherette [ˌʌʃə'ret] *n* Platzanweiserin *f*.

USN *abbr of* **United States Navy.**

USP *abbr of* **unique sales proposition** (einzigartiges) verkaufsförderndes Merkmal.

USSR (*Hist*) *abbr of* **Union of Soviet Socialist Republics** UdSSR *f*.

usual ['ju:ʒʊəl] **I** *adj* (*customary*) üblich; (*normal also*) gewöhnlich, normal. **beer is his ~ drink** er trinkt gewöhnlich *or* normalerweise Bier; **when shall I come? — oh, the ~ time** wann soll ich kommen? — oh, wie üblich *or* oh, zur üblichen Zeit; **as is ~ on these occasions** wie (es) bei derartigen Gelegenheiten üblich (ist); **as is ~ with second-hand cars** wie gewöhnlich bei Gebrauchtwagen; **it's the ~ thing nowadays** das ist heute so üblich; **with his ~ tact** (*iro*) taktvoll wie immer, mit dem ihm eigenen Takt; **it's ~ to ask first** normalerweise fragt man erst; **as ~, as per ~** (*inf*) wie üblich, wie gewöhnlich; **business as ~** normaler Betrieb; (*in shop*) Verkauf geht weiter; **later/less/more than ~** später/weniger/mehr als sonst.

II *n* (*inf*) der/die/das Übliche. **the ~ please!** (*drink*) dasselbe wie immer, bitte!; **a pint of the ~** ein Halbes, wie immer; **what's his ~?** (*drink*) was trinkt er gewöhnlich?; **what sort of mood was he in? — the ~** wie war er gelaunt? — wie üblich.

usually ['ju:ʒʊəlɪ] *adv* gewöhnlich, normalerweise. **more than ~ careful/drunk** noch vorsichtiger/betrunkener als sonst; **is he ~ so rude?** ist er sonst auch so unhöflich?; **he's ~ early, but ...** er kommt sonst *or* meist *or* normalerweise früh, aber ...

usurer ['ju:ʒərəʳ] *n* Wucherer *m*.

usurious [ju:'zjʊərɪəs] *adj* wucherisch; *interest also* Wucher-.

usurp [ju:'zɜ:p] *vt* sich (*dat*) widerrechtlich aneignen, usurpieren (*geh*); *power, title, inheritance also* an sich (*acc*) reißen; *throne* sich bemächtigen (+*gen*) (*geh*); *role* sich (*dat*) anmaßen; *person* verdrängen. **he ~ed his father/his father's throne** er hat seinen Vater verdrängt/er hat seinem Vater den Thron geraubt; **she has ~ed his wife's place** sie hat seine Frau von ihrem Platz verdrängt.

usurpation [ˌjuːzɜːˈpeɪʃən] *n* Usurpation *f* (*geh*); (*of power also*) widerrechtliche Übernahme; (*of title, inheritance*) widerrechtliche Aneignung.

usurper [juːˈzɜːpəʳ] *n* unrechtmäßiger Machthaber, Usurpator *m* (*geh*); (*fig*) Eindringling *m*. **the ~ of the throne/his father's throne** der Thronräuber/der unrechtmäßige Nachfolger seines Vaters auf dem Thron.

usury [ˈjuːʒʊrɪ] *n* Wucher *m*. **to practise ~** Wucher treiben.

utensil [juːˈtensl] *n* Gerät, Utensil *nt*.

uterine [ˈjuːtəraɪn] *adj* (*Anat*) uterin.

uterus [ˈjuːtərəs] *n* Gebärmutter *f*, Uterus (*spec*) *m*.

utilitarian [ˌjuːtɪlɪˈtɛərɪən] **I** *adj* auf Nützlichkeit ausgerichtet; *qualities* nützlich, praktisch; (*Philos*) utilitaristisch. **II** *n* (*Philos*) Utilitarist(in *f*), Utilitarier *m*.

utilitarianism [ˌjuːtɪlɪˈtɛərɪənɪzəm] *n* (*Philos*) Utilitarismus *m*.

utility [juːˈtɪlɪtɪ] **I** *n* **1.** (*usefulness*) Nützlichkeit *f*, Nutzen *m*.

2. public ~ (*company*) Versorgungsbetrieb *m*; (*service*) Leistung *f* der Versorgungsbetriebe; **the utilities** versorgungswirtschaftliche Einrichtungen *pl*.

II *adj goods, vehicle* Gebrauchs-. **~ man** (*US*) Mädchen *nt* für alles (*inf*); **~ program** (*Comput*) Hilfsprogramm, Dienstprogramm *nt*; **~ room** Allzweckraum *m*.

utilization [ˌjuːtɪlaɪˈzeɪʃən] *n see vt* Verwendung *f*; Benutzung *f*; Nutzung *f*; Verwertung *f*.

utilize [ˈjuːtɪlaɪz] *vt* verwenden; *situation, time* (be)nutzen; (*take advantage of*) *opportunity, talent* nutzen; (*to make sth new*) *waste paper, old wool* verwerten.

utmost [ˈʌtməʊst] **I** *adj* **1.** (*greatest*) *ease, danger* größte(r, s), höchste(r, s); *caution also* äußerste(r, s); *candour* größte(r, s), äußerste(r, s). **they used their ~ skill** sie taten ihr Äußerstes; **with the ~ speed/care** so schnell/sorgfältig wie nur möglich; **it is of the ~ importance that ...** es ist äußerst wichtig, daß ...

2. (*furthest*) äußerste(r, s).

II *n* **to do/try one's ~** sein möglichstes *or* Bestes tun; **that is the ~ I can do** mehr kann ich wirklich nicht tun; **that is the ~ that can be said of her/it** das ist das Höchste, was man über sie/dazu sagen kann; **to the ~ of one's ability** so gut man nur kann; **he tried my patience to the ~** er strapazierte meine Geduld aufs äußerste; **one should enjoy life/oneself to the ~** man sollte das Leben in vollen Zügen genießen/sich amüsieren, so gut man nur kann.

Utopia [juːˈtəʊpɪə] *n* Utopia *nt*.

Utopian [juːˈtəʊpɪən] **I** *adj* utopisch, utopistisch (*pej*). **II** *n* Utopist(in *f*) *m*.

utter[1] [ˈʌtəʳ] *adj* total, vollkommen; *rogue, drunkard* unverbesserlich, Erz-. **what ~ nonsense!** so ein totaler Blödsinn! (*inf*).

utter[2] *vt* **1.** von sich (*dat*) geben; *word* sagen; *word of complaint* äußern; *cry, sigh, threat* ausstoßen; *libel* verbreiten. **2.** (*form*) *forged money* in Umlauf bringen; *cheque* ausstellen.

utterance [ˈʌtərəns] *n* **1.** (*sth said*) Äußerung *f*. **the child's first ~s** die ersten Worte des Kindes; **his last ~** seine letzten Worte; **his recent ~s in the press** seine jüngsten Presseäußerungen.

2. (*act of speaking*) Sprechen *nt*. **upon her dying father's ~ of her name** als ihr sterbender Vater ihren Namen nannte.

utterly [ˈʌtəlɪ] *adv* total, völlig; *depraved also, despise* zutiefst. **~ beautiful** ausgesprochen schön.

uttermost [ˈʌtəməʊst] *n, adj see* **utmost.**

U-turn [ˈjuːtɜːn] *n* (*lit, fig*) Kehrtwendung, Wende *f*. **no ~s** Wenden verboten!; **to do a ~** (*fig*) seine Meinung völlig ändern; **the government has done a ~ over pensions** die Rentenpolitik der Regierung hat sich um 180 Grad gedreht.

UVF *abbr of* **Ulster Volunteer Force.**

uvula [ˈjuːvjələ] *n* Zäpfchen *nt*, Uvula *f* (*spec*).

uvular [ˈjuːvjələʳ] **I** *adj* uvular. **the ~ R** das Zäpfchen-R. **II** *n* Zäpfchenlaut, Uvular *m*.

Uzbekistan [ˌʌzbekɪˈstɑːn] *n* Usbekistan *nt*.

V

V, v [viː] *n* V, v *nt*.

V, v *abbr of* **verse(s)** V; **volt(s)** V; **vide** v; **versus.**

VA (*US*) *abbr of* **Veterans (of Vietnam) Administration.**

Va *abbr of* **Virginia.**

vac [væk] *n* (*Univ inf*) Semesterferien *pl*.

vacancy ['veɪkənsɪ] *n* **1.** (*emptiness*) Leere *f*; (*of look also*) Ausdruckslosigkeit *f*; (*of post*) Unbesetztsein, Freisein *nt*.
2. (*in boarding house*) (freies) Zimmer. **have you any vacancies for August?** haben Sie im August noch Zimmer frei?; **"no vacancies"** „belegt".
3. (*job*) offene *or* freie Stelle; (*at university*) Vakanz *f*, unbesetzte Stelle. **we have a ~ in our personnel department** in unserer Personalabteilung ist eine Stelle zu vergeben; **to fill a ~** eine Stelle besetzen; **we are looking for somebody to fill a ~ in our personnel department** wir suchen einen Mitarbeiter für unsere Personalabteilung; **vacancies** Stellenangebote, offene Stellen.

vacant ['veɪkənt] *adj* **1.** *post* frei, offen; (*Univ*) unbesetzt, vakant; *WC, seat, hotel room* frei; *chair* unbesetzt; *house, room* unbewohnt, leerstehend; *lot* unbebaut, frei. **the house has been ~ for two months** das Haus steht seit zwei Monaten leer; **with ~ possession** (*Jur*) bezugsfertig; **to become** *or* **fall ~** frei werden.
2. (*empty*) *days* unausgefüllt, lang. **the ~ future stretched before him** die Zukunft lag leer vor ihm.
3. *mind, stare* leer.

vacantly ['veɪkəntlɪ] *adv* (*stupidly*) blöde; (*dreamily*) abwesend. **he gazed ~ at me** er sah mich mit leerem Blick an.

vacate [və'keɪt] *vt seat* frei machen; *post* aufgeben; *presidency* niederlegen; *house, room* räumen.

vacation [və'keɪʃən] **I** *n* **1.** (*Univ*) Semesterferien *pl*; (*Jur*) Gerichtsferien *pl*; *see* **long vacation.**
2. (*US*) Ferien *pl*, Urlaub *m*. **on ~** im *or* auf Urlaub; **to take a ~** Urlaub machen; **where are you going for your ~?** wohin fahren Sie in Urlaub?, wo machen Sie Urlaub; **to go on ~** auf Urlaub *or* in die Ferien gehen; **~ trip** (Ferien)reise *f*.
3. *see* **vacate** Aufgabe *f*; Niederlegung *f*; Räumung *f*.
II *vi* (*US*) Urlaub *or* Ferien machen.

vacation course *n* Ferienkurs *m*.

vacationer [veɪ'keɪʃənəʳ], **vacationist** [veɪ'keɪʃənɪst] *n* (*US*) Urlauber(in *f*) *m*.

vaccinate ['væksɪneɪt] *vt* impfen.

vaccination [ˌvæksɪ'neɪʃən] *n* (Schutz)-impfung *f*. **have you had your ~ yet?** sind Sie schon geimpft?

vaccine ['væksiːn] *n* Impfstoff *m*, Vakzine *f* (*spec*).

vacillate ['væsɪleɪt] *vi* (*lit, fig*) schwanken.

vacillating ['væsɪleɪtɪŋ] *adj* (*fig*) schwankend, unschlüssig, unentschlossen.

vacillation [ˌvæsɪ'leɪʃən] *n* Schwanken *nt*; (*fig also*) Unentschlossenheit, Unschlüssigkeit *f*.

vacua ['vækjʊə] *pl of* **vacuum.**

vacuity [væ'kjuːɪtɪ] *n* (*liter*) (*lack of intelligence*) Geistlosigkeit *f*; (*emptiness*) Leere *f*. **vacuities** (*inane remarks*) Plattheiten, Platitüden *pl*.

vacuous ['vækjʊəs] *adj eyes, face, stare* ausdruckslos, leer; *remarks* nichtssagend.

vacuum ['vækjʊəm] *n, pl* **-s** *or* **vacua** (*form*) **I** *n* (*Phys, fig*) (luft)leerer Raum, Vakuum *nt*. **II** *vt carpet, living room* saugen.

vacuum bottle *n* (*US*) *see* **vacuum flask**; **vacuum brake** *n* Unterdruckbremse *f*; **vacuum cleaner** *n* Staubsauger *m*; **vacuum flask** *n* Thermosflasche *f*; **vacuum-packed** *adj* vakuumverpackt; **vacuum pump** *n* Vakuum- *or* Aussaugepumpe *f*; **vacuum tube** *n* Vakuumröhre *f*.

vagabond ['vægəbɒnd] **I** *n* Vagabund, Landstreicher(in *f*) *m*. **II** *adj* vagabundenhaft; *life* unstet, Vagabunden-; *person* vagabundierend, umherziehend; *thoughts* (ab)schweifend.

vagary ['veɪgərɪ] *n usu pl* Laune *f*; (*strange idea*) verrückter Einfall. **the vagaries of life** die Wechselfälle des Lebens.

vagina [və'dʒaɪnə] *n* Scheide, Vagina *f*.

vaginal [və'dʒaɪnl] *adj* vaginal, Scheiden-.

vagrancy ['veɪgrənsɪ] *n* Land-/Stadtstreicherei *f* (*also Jur*).

vagrant ['veɪgrənt] **I** *n* Land-/Stadtstreicher(in *f*) *m*. **II** *adj person* umherziehend; *life* unstet, nomadenhaft.

vague [veɪg] *adj* (+er) **1.** (*not clear*) vage, unbestimmt; *outline, shape* verschwommen; *photograph* unscharf, verschwommen; *report, question* vage, ungenau; *murmur* dumpf, undeutlich. **I haven't the ~st idea** ich habe nicht die leiseste Ahnung; **there's a ~ resemblance** es besteht eine entfernte Ähnlichkeit; **I had a ~ idea she would come** ich hatte so eine (dunkle) Ahnung, daß sie kommen würde; **I am still very ~ on this theory** die Theorie ist mir noch nicht ganz klar; **he was ~ about the time of his arrival** er äußerte sich nur vage *or* unbestimmt über seine Ankunftszeit.
2. (*absent-minded*) geistesabwesend, zerstreut. **to have a ~ look in one's eyes** einen abwesenden *or* (*not having understood*) verständnislosen Gesichtsausdruck haben.

vaguely ['veɪglɪ] *adv* vage; *remember also* dunkel; *speak also* unbestimmt; *under-*

stand ungefähr, in etwa. **to look ~ at sb** jdn verständnislos ansehen; **they're ~ similar** sie haben eine entfernte Ähnlichkeit; **it's only ~ like yours** es ist nur ungefähr wie deines; **it's ~ blue** es ist bläulich; **there's something ~ sinister about it** es hat so etwas Düsteres an sich.

vagueness ['veɪgnɪs] *n* **1.** Unbestimmtheit, Vagheit *f*; (*of outline, shape*) Verschwommenheit *f*; (*of report, question*) Vagheit, Ungenauigkeit *f*. **the ~ of the resemblance** die entfernte Ähnlichkeit; **his ~ on Dutch politics** seine lückenhafte *or* wenig fundierte Kenntnis der holländischen Politik.

2. (*absent-mindedness*) Geistesabwesenheit, Zerstreutheit *f*. **the ~ of her look** ihr abwesender *or* (*puzzled*) verwirrter Blick.

vain [veɪn] *adj* **1.** (*+er*) (*about looks*) eitel; (*about qualities also*) eingebildet. **he's very ~ about his musical abilities** er bildet sich (*dat*) auf sein musikalisches Können viel ein; **he is ~ about his appearance** er ist eitel.

2. (*useless, empty*) eitel (*liter*); *attempt also* vergeblich; *pleasures, promises, words also* leer; *hope also* töricht. **in ~** umsonst, vergeblich, vergebens.

3. to take God's name in ~ den Namen Gottes mißbrauchen, Gott lästern; **was someone taking my name in ~?** (*hum*) hat da wieder jemand von mir geredet?

4. (*liter: worthless*) *display, ceremony* eitel (*liter*).

vainglorious [veɪn'glɔːrɪəs] *adj* (*old*) *person* dünkelhaft; *talk* prahlerisch, ruhmredig (*old liter*); *spectacle* pompös.

vainly ['veɪnlɪ] *adv* **1.** (*to no effect*) vergeblich, vergebens. **2.** (*conceitedly*) (*about looks*) eitel; (*about qualities also*) eingebildet.

valance ['væləns] *n* (*round bed frame*) Volant *m*; (*on window*) Querbehang *m*, Schabracke *f*; (*wooden*) Blende *f*.

vale [veɪl] *n* (*liter*) Tal *nt*.

valediction [ˌvælɪ'dɪkʃən] *n* **1.** (*form*) (*act*) Abschied(nehmen *nt*) *m*; (*words*) Abschiedsworte *pl*; (*speech*) Abschiedsrede *f*. **2.** (*US Sch*) Abschieds- *or* Entlassungsrede *f*.

valedictorian [ˌvælɪdɪk'tɔːrɪən] *n* (*US Sch*) Abschiedsredner(in *f*) *m* (*bei der Schulentlassungsfeier*).

valedictory [ˌvælɪ'dɪktərɪ] **I** *adj* (*form*) Abschieds-. **II** *n* (*US Sch*) *see* **valediction 2.**

valence ['veɪləns], **valency** ['veɪlənsɪ] *n* (*Chem*) Wertigkeit, Valenz *f*; (*Ling*) Valenz *f*.

valency bond *n* kovalente Bindung.

valentine ['væləntaɪn] *n* **1.** (*person*) *Freund(in f) m, dem/der man am Valentinstag einen Gruß schickt.* **St V~'s Day** Valentinstag *m*. **2. ~ (card)** Valentinskarte *f*.

valerian [və'lɪərɪən] *n* Baldrian *m*.

valet ['vælеɪ] *n* Kammerdiener *m*. **~ parking** *Service (bes in Hotels), bei dem Fahrzeuge der Gäste von einem Hausdiener geparkt werden.* **~ service** Reinigungsdienst *m*.

valetudinarian ['vælɪˌtjuːdɪ'nɛərɪən] (*form*) **I** *n* kränkelnde Person; (*health fiend*) Gesundheitsfanatiker(in *f*) *m*. **II** *adj* (*sickly*) kränklich, kränkelnd; *person* sehr um seine Gesundheit besorgt; *habits, attitude* gesundheitsbewußt.

valiant ['væljənt] *adj* **1.** (*liter*) *soldier, deed* tapfer, kühn (*geh*). **2. he made a ~ effort to save him** er unternahm einen kühnen Versuch, ihn zu retten; **she made a ~ effort to smile** sie versuchte tapfer zu lächeln.

valiantly ['væljəntlɪ] *adv* **1.** (*liter*) mutig, tapfer. **2. he ~ said he would help out** er sagte großzügig seine Hilfe zu.

valid ['vælɪd] *adj* **1.** *ticket, passport* gültig; (*Jur*) *document, marriage* (rechts)gültig; *contract* bindend, rechtsgültig; *claim* berechtigt, begründet.

2. *argument, reasoning* stichhaltig; *excuse, reason* triftig, einleuchtend; *objection* berechtigt, begründet. **is it ~ to assume this?** ist es zulässig, das anzunehmen?; **that's a very ~ point** das ist ein sehr wertvoller Hinweis.

validate ['vælɪdeɪt] *vt document* (*check validity*) für gültig erklären; (*with stamp, sign*) (rechts)gültig machen; *claim* bestätigen; *theory* bestätigen, beweisen; (*Jur*) Rechtskraft verleihen (*+dat*).

validation [ˌvælɪ'deɪʃən] *n* (*of document*) Gültigkeitserklärung *f*; (*of claim*) Bestätigung *f*; (*of theory*) Beweis, Nachweis *m*.

validity [və'lɪdɪtɪ] *n* **1.** (*Jur: of document*) (Rechts)gültigkeit *f*; (*of ticket*) Gültigkeit *f*; (*of claim*) Berechtigung *f*.

2. (*of argument*) Stichhaltigkeit *f*; (*of excuse*) Triftigkeit *f*. **the ~ of your objection** Ihr berechtigter *or* begründeter Einwand; **we discussed the ~ of merging these two cinematic styles** wir diskutierten, ob es zulässig ist, diese beiden Filmstile zu mischen.

valise [və'liːz] *n* Reisetasche *f*.

Valium ® ['vælɪəm] *n* Valium ® *nt*. **to be on ~** Valium nehmen.

valley ['vælɪ] *n* Tal *nt*; (*big and flat*) Niederung *f*. **to go up/down the ~** talaufwärts/talabwärts gehen/fließen; **the Upper Rhine ~** die Oberrheinische Tiefebene.

valor *n* (*US*) *see* **valour.**

valorous ['vælərəs] *adj* (*liter*) heldenmütig (*liter*), tapfer.

valour, (*US*) valor ['vælə[r]] *n* (*liter*) Heldenmut *m* (*liter*), Tapferkeit *f*.

valuable ['væljʊəbl] **I** *adj* **1.** *jewel* wertvoll; *time, oxygen* kostbar. **2.** (*useful*) wertvoll; *help, advice also* nützlich. **II** *n* **~s** *pl* Wertsachen, Wertgegenstände *pl*.

valuation [ˌvæljʊ'eɪʃən] *n* (*act*) Schätzung *f*; (*fig: of person's character*) Einschätzung *f*; (*value decided upon*) Schätzwert *m*, Schätzung *f*; (*fig*) Beurteilung *f*. **what's your ~ of him?** wie schätzen Sie ihn ein?; **we shouldn't take him at his own ~** wir sollten seine Selbsteinschätzung nicht einfach übernehmen.

value ['væljuː] **I** *n* **1.** Wert *m*; (*usefulness*) Nutzen *m*. **to be of ~** Wert/Nutzen haben, wertvoll/nützlich sein; **her education has been of no ~ to her** ihre Ausbildung hat ihr nichts genützt; **to put a ~ on sth** etw schätzen *or* bewerten; (*on leisure*) einer Sache (*dat*) (hohen) Wert beimessen; **to put too high a ~ on sth** etw zu hoch schätzen *or* bewerten; (*on leisure*) etw überbewerten; **he attaches no/great ~ to it** er legt keinen/großen Wert darauf, ihm liegt nicht/sehr viel daran; **of little ~** nicht sehr wertvoll/nützlich; **of no ~** wertlos/nutzlos; **of great ~** sehr wertvoll.

2. (*in money*) Wert *m*. **what's the ~ of your house?** wieviel ist Ihr Haus wert?; **to gain/lose (in) ~** im Wert steigen/fallen; **increase in/loss of ~** Wertzuwachs *m*/Wertminderung *f*, Wertverlust *m*; **it's good ~** es ist preisgünstig; **in our shop you get ~ for money** in unserem Geschäft bekommen Sie etwas für Ihr Geld (*inf*); **lazy employees don't give you ~ for money** faule Angestellte sind ihr Geld nicht wert; **goods to the ~ of £500** Waren im Wert von £ 500; **they put a ~ of £200 on it** sie haben es auf £ 200 geschätzt.

3. **~s** *pl* (*moral standards*) (sittliche) Werte *pl*, Wertwelt *f*.

4. (*Math*) (Zahlen)wert *m*; (*Mus*) (Zeit- *or* Noten)wert *m*, Dauer *f*; (*Phon*) (Laut)wert *m*; (*of colour*) Farbwert *m*. **what exactly is the ~ of this word in the poem?** welchen Ausdrucks- *or* Stellenwert hat dieses Wort innerhalb des Gedichtes?

II *vt* **1.** *house, jewels* (ab)schätzen. **the property was ~ed at £60,000** das Grundstück wurde auf £ 60.000 geschätzt.

2. *friendship, person* (wert)schätzen, (hoch)achten; *opinion, advice* schätzen; *comforts, liberty, independence* schätzen, Wert legen auf (+*acc*). **I ~ it (highly)** ich weiß es zu schätzen; **if you ~ my opinion ...** wenn Sie Wert auf meine Meinung legen ...; **if you ~ your life, you'll stay away** bleiben Sie weg, wenn Ihnen Ihr Leben lieb ist.

value-added tax *n* (*Brit*) Mehrwertsteuer *f*.

valued ['vælju:d] *adj friend* (hoch)geschätzt, lieb. **as a ~ customer** als (ein) geschätzter Kunde.

value judgement *n* Werturteil *nt*; **valueless** *adj* wertlos; (*useless also*) nutzlos, unnütz; *judgement* wertfrei.

valuer ['væljʊəʳ] *n* Schätzer *m*.

valve [vælv] *n* (*Anat*) Klappe *f*; (*Tech, on musical instrument*) Ventil *nt*; (*in pipe system*) Absperrhahn *m*; (*Rad, TV*) Röhre *f*. **inlet/outlet ~** (*Aut*) Einlaß-/Auslaßventil *nt*.

valvular ['vælvjʊləʳ] *adj* (*Tech*) Ventil-; (*shaped like valve*) ventilartig; (*Med*) Klappen-.

vamoose [və'mu:s] *vi* (*US sl*) abhauen (*inf*), abzischen (*sl*).

vamp¹ [væmp] **I** *n* (*woman*) Vamp *m*. **II** *vt* **she's been ~ing him all the time** sie hat die ganze Zeit ihre Reize bei ihm spielen lassen. **III** *vi* den Vamp spielen.

vamp² **I** *n* **1.** (*of shoe: upper*) Oberleder *nt*. **2.** (*Mus*) Improvisation *f*. **II** *vt* **1.** (*repair*) flicken. **2.** (*Mus*) *accompaniment* improvisieren, sich (*dat*) einfallen lassen. **III** *vi* (*Mus*) improvisieren, aus dem Stegreif spielen.

◆**vamp up** *vt sep* aufmotzen (*sl*).

vampire ['væmpaɪəʳ] *n* (*lit*) Vampir, Blutsauger (*old*) *m*; (*fig*) Vampir *m*. **~ bat** Vampir, Blutsauger (*old*) *m*.

vampiric [væm'pɪrɪk] *adj* vampiristisch; *figure* vampirähnlich.

vampirism ['væmpaɪərɪzəm] *n* Vampirismus *m*.

van¹ [væn] *n* **1.** (*Brit Aut*) Liefer- *or* Kastenwagen, Transporter *m*. **2.** (*Rail*) Waggon, Wagen *m*. **3.** (*inf: caravan*) (Wohn)wagen *m*. **gipsy's ~** Zigeunerwagen *m*.

van² *n abbr of* **vanguard.**

van³ *n abbr of* **advantage** (*Tennis inf*) Vorteil *m*. **~ in/out** Vorteil auf (*inf*)/rück (*inf*).

vanadium [və'neɪdɪəm] *n* Vanadin, Vanadium *nt*.

vandal ['vændəl] *n* (*fig*) Rowdy, Demolierer (*inf*) *m*; (*Hist*) Wandale *m*. **it was damaged by ~s** es ist mutwillig beschädigt worden.

vandalism ['vændəlɪzəm] *n* Wandalismus *m*, blinde Zerstörungswut; (*Jur*) mutwillige Beschädigung (fremden Eigentums). **destroyed by acts of ~** mutwillig zerstört/beschädigt.

vandalize ['vændəlaɪz] *vt painting* mutwillig zerstören/beschädigen; *building* verwüsten; (*wreck*) demolieren.

vane [veɪn] *n* (*also* **weather ~**) Wetterfahne *f*, Wetterhahn *m*; (*of windmill*) Flügel *m*; (*of propeller*) Flügel *m*, Blatt *nt*; (*of turbine*) (Leit)schaufel *f*.

vanguard ['væŋgɑ:d] *n* (*Mil, Naut*) Vorhut *f*; (*fig also*) Spitze, Führung *f*. **in the ~ of progress** an der Spitze des Fortschritts.

vanilla [və'nɪlə] **I** *n* Vanille *f*. **II** *adj ice-cream, flavour* Vanille-.

vanish ['vænɪʃ] *vi* verschwinden, entschwinden (*liter*); (*traces also*) sich verlieren; (*fears*) sich legen; (*hopes*) schwinden; (*become extinct*) untergehen. *see* **thin 4.**

vanishing ['vænɪʃɪŋ]: **vanishing act** *n see* **vanishing trick; vanishing cream** *n* (Haut)pflegecreme, Tages-/Nachtcreme *f*; **vanishing point** *n* (*Math*) Fluchtpunkt *m*; (*fig*) Nullpunkt *m*; **vanishing trick** *n* **he did a ~ with it** er hat es weggezaubert; **every time he's needed he does his ~** (*inf*) jedesmal, wenn man ihn braucht, verdrückt er sich (*inf*).

vanity ['vænɪtɪ] *n* **1.** (*concerning looks*) Eitelkeit *f*; (*concerning own value*) Einbildung, Eingebildetheit *f*.

2. (*worthlessness: of life, pleasures*) Nichtigkeit, Hohlheit *f*; (*of words*) Hohlheit *f*; (*of efforts*) Vergeblichkeit *f*. **the ~ of all his hopes/promises** all seine törichten Hoffnungen/leeren Versprechungen.

3. (*US*) Frisiertisch *m*.

vanity case *n* Kosmetikkoffer *m*.

vanquish ['væŋkwɪʃ] *vt* (*liter*) *enemy*,

fears bezwingen (*geh*).

vantage ['vɑ:ntɪdʒ] *n* (*rare*) Vorteil *m*; (*Tennis*) Vorteil *m*.

vantage ground *n* (*Mil*) günstige (Ausgangs)stellung; **vantage point** *n* (*Mil*) (günstiger) Aussichtspunkt; **our window is a good ~ for watching the procession** von unserem Fenster aus hat man einen guten Blick auf die Prozession.

vapid ['væpɪd] *adj* (*liter*) *conversation, remark* nichtssagend, geistlos; *smile* (*insincere*) leer; (*bored*) matt; *style* kraftlos; *beer, taste* schal.

vapidity [væ'pɪdɪtɪ] *n* (*liter*) (*of conversation, remark*) Geistlosigkeit *f*; (*of smile*) Ausdruckslosigkeit *f*; Mattheit *f*; (*of style*) Kraftlosigkeit *f no pl*; (*of taste*) Schalheit *f*.

vapor *etc* (*US*) *see* **vapour.**

vaporization [ˌveɪpəraɪ'zeɪʃən] *n* (*by boiling*) Verdampfung *f*; (*natural*) Verdunstung *f*.

vaporize ['veɪpəraɪz] **I** *vt* (*by boiling*) verdampfen; (*naturally*) verdunsten lassen. **II** *vi see vt* verdampfen; verdunsten.

vaporizer ['veɪpəraɪzə^r] *n* Verdampfer, Verdampfapparat *m*; (*for perfume*) Zerstäuber *m*.

vaporous ['veɪpərəs] *adj* **1.** (*like vapour*) dampf-/gasförmig; (*full of vapour*) dunstig; (*of vapour*) Dunst-. **~ gases round the planet** nebelartige Gase um den Planeten.

2. (*liter: fanciful*) nebulös, verblasen (*geh*).

vapour, (*US*) **vapor** ['veɪpə^r] *n* Dunst *m*; (*Phys also*) Gas *nt*; (*steamy*) Dampf *m*. **~ trail** Kondensstreifen *m*.

variability [ˌvɛərɪə'bɪlɪtɪ] *n see adj* **1.** Veränderlichkeit *f*; Variabilität *f*; Unbeständigkeit, Wechselhaftigkeit *f*; (*of costs*) Schwankung(en *pl*), Unbeständigkeit *f*; (*of work*) unterschiedliche Qualität. **2.** Regulierbarkeit *f*.

variable ['vɛərɪəbl] **I** *adj* **1.** (*likely to vary*) (*Math*) veränderlich, variabel; (*Biol*) variabel; *weather, mood* unbeständig, wechselhaft. **infinitely ~** (*Tech*) stufenlos; **~ winds** wechselnde Winde *pl*; **his work is very ~** er arbeitet sehr unterschiedlich.

2. *speed* regulierbar; *salary level* flexibel; **the height of the seat is ~** die Höhe des Sitzes kann reguliert werden.

II *n* (*Chem, Math, Phys, Comput*) Variable *f*; (*fig also*) veränderliche Größe.

variance ['vɛərɪəns] *n* **1. to be at ~ with sb** anderer Meinung sein als jd (*about* hinsichtlich *+gen*); **this is at ~ with what he said earlier** dies stimmt nicht mit dem überein, was er vorher gesagt hat.

2. (*difference*) Unterschied *m*. **the predictable ~ between the two sets of figures** die vorhersehbare Abweichung der beiden Zahlenreihen (voneinander).

variant ['vɛərɪənt] **I** *n* Variante *f*. **a spelling ~** eine Schreibvariante. **II** *adj* **1.** (*alternative*) andere(r, s). **there are two ~ spellings** es gibt zwei verschiedene Schreibweisen. **2.** (*liter: diverse*) verschieden, unterschiedlich.

variation [ˌvɛərɪ'eɪʃən] *n* **1.** (*varying*) Veränderung *f*; (*Sci*) Variation *f*; (*Met*) Schwankung *f*, Wechsel *m*; (*of temperature*) Unterschiede *pl*, Schwankung(en *pl*) *f*; (*of prices*) Schwankung *f*. **there's been a lot of ~ in the standard recently** in letzter Zeit war das Niveau sehr unterschiedlich; **these figures are subject to seasonal ~** diese Zahlen sind saisonbedingten Schwankungen unterworfen; **~ in opinions/views** unterschiedliche Auffassungen/Ansichten.

2. (*Mus*) Variation *f*. **~s on a theme** Thema mit Variationen; Variationen zu einem *or* über ein Thema.

3. (*different form*) Variation, Variante *f*; (*Biol*) Variante *f*. **this is a ~ on that** das ist eine Variation *or* Abänderung dessen *or* davon; **a new ~ in the design** eine neue Variation des Musters.

varicoloured, (*US*) **varicolored** ['værɪ'kʌləd] *adj* mehrfarbig.

varicose ['værɪkəʊs] *adj*: **~ veins** Krampfadern *pl*.

varied ['vɛərɪd] *adj* unterschiedlich; *career, life* bewegt; *selection* reichhaltig; *interests also* vielfältig. **a ~ group of people** eine gemischte Gruppe; **a ~ collection of records** eine vielseitige *or* sehr gemischte Plattensammlung.

variegated ['vɛərɪgeɪtɪd] *adj* buntscheckig; (*Bot*) geflammt, panaschiert.

variegation [ˌvɛərɪ'geɪʃən] *n* Buntscheckigkeit *f*; (*Bot*) Panaschierung *f*.

variety [və'raɪətɪ] *n* **1.** (*diversity*) Abwechslung *f*. **to give *or* add ~ to sth** Abwechslung in etw (*acc*) bringen; **a job with a lot of ~** eine sehr abwechslungsreiche Arbeit; **~ is the spice of life** (*prov*) öfter mal was Neues (*inf*).

2. (*assortment*) Vielfalt *f*; (*Comm*) Auswahl *f* (*of* an *+dat*). **that's quite a ~ for one company** das ist ein ziemlich breites Spektrum für eine (einzige) Firma; **in a great ~ of ways** auf die verschiedensten Arten *pl*; **in a ~ of colours** in den verschiedensten Farben *pl*; **for a ~ of reasons** aus verschiedenen *or* mehreren Gründen *pl*; **for a great ~ of reasons** aus vielen verschiedenen Gründen *pl*; **a large ~ of birds** eine Vielfalt an Vogelarten, viele verschiedene Vogelarten; **you meet a great ~ of people at this hotel** in diesem Hotel können Sie die verschiedensten Leute treffen.

3. (*Biol, Bot: species*) Art *f*.

4. (*type*) Art *f*; (*of cigarette, potato*) Sorte *f*; (*of car, chair*) Modell *nt*. **a new ~ of tulip** eine neue Tulpensorte.

5. (*esp Brit Theat*) Varieté *nt*.

variety act *n* Varieténummer *f*; **variety artist** *n* Varietékünstler(in *f*) *m*; **variety show** *n* (*Theat*) Varietévorführung *f*; (*TV*) Fernsehshow *f*; (*Rad, TV*) Unterhaltungssendung *f*; **variety theatre** *n* Varietétheater *nt*.

variform ['vɛərɪfɔ:m] *adj* vielgestaltig.

variola [və'raɪələ] *n* (*Med*) Pocken *pl*.

various ['vɛərɪəs] *adj* **1.** (*different*) verschieden. **2.** (*several*) mehrere, verschiedene.

variously ['vɛərɪəslɪ] *adv* **1.** unterschiedlich. **the news was ~ reported in the pa-**

pers die Nachricht wurde in den Zeitungen unterschiedlich wiedergegeben. **2.** verschiedentlich. **he has been ~ described as a rogue and a charmer** er wurde verschiedentlich ein Schlitzohr und Charmeur genannt.

varmint ['vɑːmɪnt] *n* **1.** (*dial, esp US*) Schurke, Halunke *m*. **2.** (*animal*) Schädling *m*.

varnish ['vɑːnɪʃ] **I** *n* (*lit*) Lack *m*; (*on pottery*) Glasur *f*; (*on furniture also, on painting*) Firnis *m*; (*fig*) Politur *f*. **II** *vt* lackieren; *painting* firnissen; *pottery* glasieren; (*fig*) *truth, facts* beschönigen.

varsity ['vɑːsɪtɪ] *n* (*Univ inf*) Uni *f* (*inf*); (*US also* **~ team**) Schul-/Uniauswahl *f*.

vary ['vɛərɪ] **I** *vi* **1.** (*diverge, differ*) sich unterscheiden, abweichen (*from* von). **opinions ~ on this point** in diesem Punkt gehen die Meinungen auseinander; **witnesses ~ about the time** die Zeugen machen unterschiedliche Zeitangaben.

2. (*be different*) unterschiedlich sein. **the price varies from shop to shop** der Preis ist von Geschäft zu Geschäft verschieden; **it varies** es ist unterschiedlich, das ist verschieden.

3. (*change, fluctuate*) sich (ver)ändern; (*pressure, prices*) schwanken. **prices that ~ with the season** saisonbedingte Preise *pl*; **to ~ with the weather** sich nach dem Wetter richten.

II *vt* (*alter*) verändern, abwandeln; (*give variety*) abwechslungsreich(er) gestalten, variieren.

varying ['vɛərɪɪŋ] *adj* (*changing*) veränderlich; (*different*) unterschiedlich. **our different results were due to ~ conditions** unsere verschiedenen Resultate beruhten auf unterschiedlichen Voraussetzungen; **the ~ weather conditions here** die veränderlichen Wetterverhältnisse hier; **with ~ degrees of success** mit unterschiedlichem Erfolg *m*.

vascular ['væskjʊləʳ] *adj* vaskulär.

vas deferens ['væs'defərenz] *n, pl* **vasa deferentia** ['veɪsəˌdefə'renʃɪə] Samenleiter *m*.

vase [vɑːz, (*US*) veɪz] *n* Vase *f*.

vasectomy [væ'sektəmɪ] *n* Vasektomie *f* (*spec*), Sterilisation *f* (*des Mannes*).

vaseline ® ['væsɪliːn] *n* Vaseline *f*.

vasoconstrictor [ˌveɪzəʊkən'strɪktəʳ] *n* (*Med*) Mittel *nt* zur Verengung der Blutgefäße.

vasodilator [ˌveɪzəʊdaɪ'leɪtəʳ] *n* (*Med*) Mittel *nt* zur Erweiterung der Blutgefäße.

vassal ['væsəl] **I** *n* (*lit, fig*) Vasall *m*. **II** *adj* vasallisch, Vasallen-. **~ state** Vasallenstaat *m*.

vast [vɑːst] *adj* (*+er*) gewaltig, riesig; *area also* weit, ausgedehnt; *bulk also* riesengroß; *sums of money, success also* Riesen-; *difference also* riesengroß; *knowledge* enorm; *majority* überwältigend; *wealth, powers also* unermeßlich. **a ~ expanse** eine weite Ebene; **the ~ expanse of the ocean** die unermeßliche Weite des Ozeans; **to a ~ extent** in sehr hohem Maße.

vastly ['vɑːstlɪ] *adv* erheblich, wesentlich, bedeutend; *grateful* überaus, äußerst. **I was ~ amused** ich habe mich köstlich amüsiert; **he is ~ superior to her** er ist ihr haushoch überlegen.

vastness ['vɑːstnɪs] *n* (*of size*) riesiges *or* gewaltiges Ausmaß, riesige Größe; (*of distance*) ungeheures Ausmaß; (*of ocean, plane, area*) riesige Weite; (*of sums of money*) ungeheure Höhe; (*of success*) Ausmaß *nt*; (*of difference*) Größe *f*; (*of knowledge, wealth*) gewaltiger Umfang.

vat [væt] *n* Faß *nt*; (*without lid*) Bottich *m*.

VAT ['viːeɪ'tiː, væt] (*Brit*) *abbr of* **value-added tax** Mehrwertsteuer *f*, MwSt.

Vatican ['vætɪkən] *n* Vatikan *m*. **the ~ Council** das Vatikanische Konzil; **~ City** Vatikanstadt *f*.

VAT man *n* Steuerprüfer *m* (für die Mehrwertsteuer); **VAT-registered** *adj* zur Mehrwertsteuer veranlagt; **VAT return** *n* Mehrwertsteuerausgleich *m*.

vaudeville ['vəʊdəvɪl] *n* (*US*) Varieté *nt*.

vaudeville show *n* Varieté(vorführung *f*) *nt*.

vault[1] [vɔːlt] *n* **1.** (*cellar*) (Keller)gewölbe *nt*; (Wein)keller *m*; (*tomb*) Gruft *f*; (*in bank*) Tresor(raum) *m*. **in the ~s** im Gewölbe. **2.** (*Archit*) Gewölbe *nt*.

vault[2] **I** *n* Sprung *m*; (*scissors*) Schersprung *m*; (*legs behind*) Flanke *f*; (*legs through arms*) Hocke *f*; (*legs apart*) Grätsche *f*.

II *vi* springen; einen Schersprung/eine Flanke/eine Hocke/eine Grätsche machen. **to ~ into the saddle** sich in den Sattel schwingen.

III *vt* springen über (*+acc*), überspringen; einen Schersprung/eine Flanke/eine Hocke/eine Grätsche machen über (*+acc*).

vaulted ['vɔːltɪd] *adj* (*Archit*) gewölbt.

vaulting ['vɔːltɪŋ] *n* (*Archit*) Wölbung *f*.

vaulting horse *n* (*in gym*) Pferd *nt*.

vaunt [vɔːnt] **I** *vt* rühmen, preisen (*geh*). **much-~ed** vielgepriesen. **II** *n* Loblied *nt*.

VC *abbr of* **Victoria Cross** (*Mil*) Viktoriakreuz *nt* (*höchste britische Tapferkeitsauszeichnung*).

VCR *abbr of* **video cassette recorder** Videorekorder *m*.

VD *abbr of* **venereal disease** Geschlechtskrankheit *f*.

VDU *abbr of* **visual display unit** (Daten)sichtgerät *nt*.

veal [viːl] *n* Kalbfleisch *nt*. **~ cutlet** Kalbsschnitzel *nt*.

vector ['vektəʳ] *n* (*Math, Aviat*) Vektor *m*; (*Biol*) Träger *m*.

vector *in cpds* (*Math*) Vektor(en)-; **vector graphics** *npl* Vektorgrafik *f*.

vectorial [vek'tɔːrɪəl] *adj* vektoriell.

Veda ['veɪdə] *n* Weda *m*.

V-E Day *n Tag m des Sieges der Alliierten in Europa im 2. Weltkrieg.*

veer [vɪəʳ] **I** *vi* (*wind*) (sich) drehen (*im Uhrzeigersinn*) (*to* nach); (*ship*) abdrehen; (*car*) ausscheren; (*road*) scharf abbiegen, abknicken. **the ship ~ed round** das Schiff drehte ab; **to ~ off course** vom Kurs abkommen; **it ~s from one**

extreme to the other es schwankt zwischen zwei Extremen; **he ~s from one extreme to the other** er fällt von einem Extrem ins andere; **he ~ed off** *or* **away from his subject** er kam (völlig) vom Thema ab; **the country ~ed to the right under Thatcher** das Land ist unter Thatcher nach rechts geschwenkt; **the road ~ed to the left** die Straße machte eine scharfe Linkskurve; **the car ~ed off the road** das Auto kam von der Straße ab; **the driver was forced to ~ sharply** der Fahrer mußte plötzlich das Steuer herumreißen.

II *n* (*of wind*) Drehung *f*; (*of ship, fig: in policy*) Kurswechsel *m*; (*of car*) Ausscheren *nt*; (*of road*) Knick *m*. **with a sudden ~ the car left the road** das Auto scherte plötzlich aus und kam von der Straße ab; **a ~ to the left politically** ein politischer Linksruck.

veg [vedʒ] *n, no pl abbr of* **vegetable. meat and two ~** Fleisch und zwei Sorten Gemüse; **he likes his meat and two ~** er liebt gutbürgerliche Kost.

vegan ['viːgən] **I** *n* Vegan *m*, radikaler Vegetarier, radikale Vegetarierin. **II** *adj* radikal vegetarisch.

vegetable ['vedʒɪtəbl] *n* **1.** Gemüse *nt*. **with fresh ~s** mit frischem Gemüse; (*on menu*) mit frischen Gemüsen; **what ~s do you grow in your garden?** welche Gemüsesorten hast du in deinem Garten?; **cabbage is a ~** Kohl ist eine Gemüsepflanze.

2. (*generic term: plant*) Pflanze *f*.

3. he's just a ~ er vegetiert nur dahin *or* vor sich hin.

vegetable dish *n* (*to eat*) Gemüsegericht *nt*; (*bowl*) Gemüseschüssel *f*; **vegetable garden** *n* Gemüsegarten *m*; **vegetable kingdom** *n* Pflanzenreich *nt*; **vegetable marrow** *n* Gartenkürbis *m*; **vegetable matter** *n* pflanzliche Stoffe *pl*; **vegetable oil** *n* pflanzliches Öl; (*Cook*) Pflanzenöl *nt*; **vegetable soup** *n* Gemüsesuppe *f*.

vegetarian [ˌvedʒɪ'tɛərɪən] **I** *n* Vegetarier(in *f*) *m*. **II** *adj* vegetarisch.

vegetarianism [ˌvedʒɪ'tɛərɪənɪzəm] *n* Vegetarismus *m*.

vegetate ['vedʒɪteɪt] *vi* **1.** wachsen. **2.** (*fig*) dahinvegetieren.

vegetation [ˌvedʒɪ'teɪʃən] *n* **1.** Vegetation *f*.

2. (*wasting away*) (*of sick people*) Dahinvegetieren *nt*; (*of mind*) Verödung, Verarmung *f*.

vegetative ['vedʒɪtətɪv] *adj* (*Bot*) vegetativ.

veggie ['vedʒɪ] (*inf: vegetarian*) **I** *n* Vegetarier(in *f*), Veggie (*sl*) *m*. **II** *adj* vegetarisch.

vehemence ['viːɪməns] *n* Vehemenz *f* (*geh*); (*of actions, feelings also*) Heftigkeit *f*; (*of love, hatred also*) Leidenschaftlichkeit *f*; (*of protests also*) Schärfe, Heftigkeit *f*.

vehement ['viːɪmənt] *adj* vehement (*geh*); *feelings, speech also* leidenschaftlich; *attack also* heftig, scharf; *desire, dislike, opposition also* heftig, stark.

vehemently ['viːɪməntlɪ] *adv* vehement (*geh*), heftig; *love, hate also* leidenschaftlich; *protest also* heftig, mit aller Schärfe.

vehicle ['viːɪkl] *n* Fahrzeug *nt*; (*Pharm*) Vehikel *nt*, Trägersubstanz *f*; (*Art*) Lösungsmittel *nt*; (*fig: medium*) Mittel, Vehikel (*geh*) *nt*. **this paper is a ~ of right-wing opinions** diese Zeitung ist ein Sprachrohr *nt* der Rechten; **language is the ~ of thought** die Sprache ist das Medium des Denkens.

vehicular [vɪ'hɪkjʊləʳ] *adj* Fahrzeug-. *m*.

veil [veɪl] **I** *n* Schleier *m*. **to take the ~** den Schleier nehmen, ins Kloster gehen; **to draw** *or* **throw a ~ over sth** den Schleier des Vergessens über etw (*acc*) breiten; **under a ~ of secrecy** unter dem Mantel der Verschwiegenheit.

II *vt* **1.** verschleiern.

2. (*fig*) *facts* verschleiern; *truth also* verheimlichen; *feelings* verbergen. **the clouds ~ed the moon** die Wolken verhüllten *or* verdeckten den Mond; **the town was ~ed by mist** die Stadt lag in Nebel gehüllt.

veiled [veɪld] *adj reference* versteckt; *face* verschleiert.

veiling ['veɪlɪŋ] *n* Schleier *m*; (*fig*) (*of facts*) Verschleierung *f*.

vein [veɪn] *n* **1.** (*Anat, Bot, Min*) Ader *f*. **~s and arteries** Venen und Arterien *pl*; **there is a ~ of truth in what he says** es ist eine Spur von Wahrheit in dem, was er sagt; **an artistic ~** eine künstlerische Ader; **there's a ~ of spitefulness in his character** er hat einen gehässigen Zug in seinem Charakter.

2. (*fig: mood*) Stimmung, Laune *f*. **in a humorous ~** in lustiger Stimmung; **to be in the ~ for sth** zu etw aufgelegt sein; **in the same ~** in derselben Art.

veined [veɪnd] *adj* geädert; *hand* mit hervortretenden Adern.

velar ['viːləʳ] **I** *adj* velar. **II** *n* Velar(laut) *m*.

Velcro ® ['velkrəʊ] **I** *n* Klettband *nt*. **II** *adj* **~ fastener** Klettverschluß *m*.

veld, veldt [velt] *n* (*in South Africa*) Steppe *f*.

vellum ['veləm] *n* Pergament *nt*.

vellum binding *n* Pergamenteinband *m*; **vellum paper** *n* Pergamentpapier *nt*.

velocity [və'lɒsɪtɪ] *n* Geschwindigkeit *f*.

velour(s) [və'lʊəʳ] *n* Velours *m*.

velvet ['velvɪt] **I** *n* Samt *m*. **like ~** wie Samt, samtig. **II** *adj dress, jacket* Samt-; *skin, feel* samtweich, samten (*geh*). **the ~ touch of his hand** seine sanften Hände.

velveteen ['velvɪtiːn] *n* Veloursamt *m*.

velvety ['velvɪtɪ] *adj* samtig.

venal ['viːnl] *adj* (*liter*) *person* käuflich, feil (*liter*); *practices* korrupt. **out of ~ interests** aus eigennützigen Motiven.

venality [viː'nælɪtɪ] *n* (*liter*) *see adj* Käuflichkeit *f*; Korruption *f*; eigennützige Motive *pl*.

vend [vend] *vt* verkaufen.

vendee [ven'diː] *n* (*esp Jur*) Käufer *m*.

vendetta [ven'detə] *n* Fehde *f*; (*in family*) Blutrache *f*; (*of gangsters*) Vendetta *f*. **to**

carry on a ~ against sb sich mit jdm bekriegen, mit jdm in Fehde liegen/an jdm Blutrache üben.

vending machine ['vendıŋmə'ʃi:n] *n* Automat *m*.

vendor ['vendɔ:ʳ] *n* (*esp Jur*) Verkäufer(in *f*) *m*. **newspaper ~** Zeitungsverkäufer(in *f*) *m*; **street ~** Straßenhändler(in *f*) *m*.

veneer [və'nıəʳ] **I** *n* (*lit*) Furnier *nt*; (*fig*) Politur *f*. **it's just a ~** es ist nur Politur *or* schöner Schein; **he had a ~ of refinement** nach außen hin machte er einen sehr kultivierten Eindruck.

II *vt wood* furnieren.

venerable ['venərəbl] *adj* ehrwürdig.

venerate ['venəreıt] *vt* verehren, hochachten; *sb's memory* ehren. **his memory was highly ~d** sein Andenken wurde sehr in Ehren gehalten.

veneration [ˌvenə'reıʃən] *n* Bewunderung, Verehrung *f* (*of* für); (*of idols*) Verehrung *f*; (*of traditions*) Ehrfurcht *f* (*of* vor +*dat*). **to hold sb in ~** jdn hochachten *or* verehren.

venereal [vı'nıərıəl] *adj* venerisch. **~ disease** Geschlechtskrankheit *f*.

Venetian [vı'ni:ʃən] **I** *adj* venezianisch. **~ blind** Jalousie *f*; **~ glass** venezianisches Glas. **II** *n* Venezianer(in *f*) *m*.

Venezuela [ˌvene'zweılə] *n* Venezuela *nt*.

Venezuelan [ˌvene'zweılən] **I** *adj* venezolanisch. **II** *n* Venezolaner(in *f*) *m*.

vengeance ['vendʒəns] *n* **1.** Vergeltung, Rache *f*. **to take ~ (up)on sb** Vergeltung an jdm üben.

2. (*inf*) **with a ~** gewaltig (*inf*); **to work with a ~** hart *or* mächtig (*inf*) arbeiten.

vengeful ['vendʒfʊl] *adj* rachsüchtig.

venial ['vi:nıəl] *adj* verzeihlich, entschuldbar. **~ sin** läßliche Sünde.

veniality [ˌvi:nı'ælıtı] *n* Entschuldbarkeit *f*; (*of sin*) Läßlichkeit *f*.

Venice ['venıs] *n* Venedig *nt*.

venison ['venısən] *n* Reh(fleisch) *nt*.

venom ['venəm] *n* (*lit*) Gift *nt*; (*fig*) Bosheit, Gehässigkeit *f*. **he spoke with real ~ in his voice** er sprach mit haßerfüllter Stimme; **she spat her ~ at him** sie giftete ihn wütend an; **his pen, dipped in ~** seine giftige Feder.

venomous ['venəməs] *adj* (*lit, fig*) giftig; *snake* Gift-; *tone also* gehässig; *tongue also* scharf, böse; *sarcasm* beißend.

venomously ['venəməslı] *adv* (*fig*) boshaft; *look, say* giftig.

venous ['vi:nəs] *adj* (*form*) (*Anat*) venös; (*Bot*) geädert.

vent [vent] **I** *n* (*for gas, liquid*) Öffnung *f*; (*in chimney*) Abzug *m*; (*in barrel*) Spundloch *nt*; (*in coat*) Schlitz *m*; (*for feelings*) Ventil *nt*. **to give ~ to sth** (*fig*) einer Sache (*dat*) Ausdruck verleihen; **to give ~ to one's feelings** seinen Gefühlen freien Lauf lassen; **to give ~ to one's anger** seinem Ärger Luft machen.

II *vt feelings, anger* abreagieren (*on* an +*dat*).

ventilate ['ventıleıt] *vt* **1.** (*control air flow*) belüften; (*let fresh air in*) lüften. **2.** *blood* Sauerstoff zuführen (+*dat*), mit Sauerstoff versorgen. **3.** (*fig*) *grievance* vorbringen. **4.** (*fig*) *question, issue* erörtern; *opinion, view* äußern, kundtun.

ventilation [ˌventı'leıʃən] *n* **1.** (*control of air flow*) Belüftung, Ventilation *f*; (*letting fresh air in*) Lüften *nt*. **~ shaft** Luftschacht *m*; **there's very poor ~ in here** die Belüftung dieses Raumes ist schlecht. **2.** (*of blood*) Sauerstoffzufuhr *f*. **3.** (*of grievance*) Vorbringen *nt*. **4.** (*of question, issue*) Erörterung *f*; (*of opinion, view*) Äußerung *f*.

ventilator ['ventıleıtəʳ] *n* Ventilator *m*.

ventricle ['ventrıkəl] *n* Kammer *f*, Ventrikel *m* (*form*).

ventriloquism [ven'trıləkwızəm] *n* Bauchredekunst *f*, Bauchreden *nt*.

ventriloquist [ven'trıləkwıst] *n* Bauchredner(in *f*) *m*.

ventriloquy [ven'trıləkwı] *n* Bauchredekunst *f*, Bauchreden *nt*.

venture ['ventʃəʳ] **I** *n* Unternehmung *f*, Unternehmen, Unterfangen *nt*. **mountain-climbing is his latest ~** seit neuestem hat er sich aufs Bergsteigen verlegt; **a joint ~** Joint-venture *nt*; **a new ~ in publishing** ein neuer verlegerischer Versuch, ein neues verlegerisches Experiment; **his first ~ at novel-writing** sein erster Versuch, Romane zu schreiben; **his purchase of stocks was his first ~ into the world of finance** mit dem Erwerb von Aktien wagte er sich zum erstenmal in die Finanzwelt; **his early ~s into crime were successful** seine frühen kriminellen Abenteuer waren erfolgreich; **rowing the Atlantic alone was quite a ~** allein über den Atlantik zu rudern, war ein ziemlich gewagtes Abenteuer; **the astronauts on their ~ into the unknown** die Astronauten auf ihrer abenteuerlichen Reise ins Unbekannte.

II *vt* **1.** *life, reputation* aufs Spiel setzen; *money also* riskieren (*on* bei). **nothing ~d nothing gained** (*Prov*) wer nicht wagt, der nicht gewinnt (*Prov*).

2. *guess, explanation, statement* wagen; *opinion* zu äußern wagen. **if I may ~ an opinion** wenn ich mir erlauben darf, meine Meinung zu sagen; **in his latest article he ~s an explanation of the phenomenon** in seinem letzten Artikel versucht er, das Phänomen zu erklären; **I ~ to add that ...** ich wage sogar zu behaupten, daß ...

III *vi* sich wagen. **to ~ out of doors** sich vor die Tür wagen; **they lost money when they ~d into book publishing** sie verloren Geld bei ihrem Versuch, Bücher zu verlegen; **the company ~d into a new field** die Firma wagte sich in ein neues Gebiet vor.

◆**venture forth** (*liter*) *or* **out** *vi* sich hinauswagen. **the soldiers ~d ~ to find the enemy** die Soldaten wagten sich vor, um den Feind ausfindig zu machen; **the astronauts ~d ~ into the unknown** die Astronauten wagten sich ins Unbekannte; **we ~d ~ on this enterprise** wir wagten uns an dieses Unterfangen heran.

◆**venture on** *vi* +*prep obj* sich wagen an (+*acc*). **they ~d ~ a programme of reform** sie wagten sich an ein Reformprogramm heran; **when we first ~d ~ this voyage of scientific discovery** als wir uns zum ersten Mal auf wissenschaftliches Neuland wagten.

venture capital *n* Beteiligungs- *or* Risikokapital *nt*; **venture capitalist** *n* Risikokapitalgeber *m*; ~ **~s** Kapitalbeteiligungsgesellschaft *f*.

venturesome ['ventʃəsəm] *adj person, action* abenteuerlich.

venue ['venjuː] *n* (*meeting place*) Treffpunkt *m*; (*Sport*) Austragungsort *m*; (*Jur*) Verhandlungsort *m*.

Venus ['viːnəs] *n* Venus *f*. **~'s-flytrap** Venusfliegenfalle *f*.

veracious [və'reɪʃəs] *adj person* ehrlich, aufrichtig; *report* wahrheitsgemäß.

veracity [və'ræsɪtɪ] *n* (*of person*) Ehrlichkeit, Aufrichtigkeit *f*; (*of report, evidence*) Wahrheit, Richtigkeit *f*.

veranda(h) [və'rændə] *n* Veranda *f*.

verb [vɜːb] *n* Verb, Zeitwort, Verbum *nt*.

verbal ['vɜːbəl] *adj* **1.** (*spoken*) *statement* mündlich; *agreement also* verbal. **2.** (*of words*) *error, skills, distinction* sprachlich. ~ **memory** Wortgedächtnis *nt*. **3.** (*literal*) *translation* wörtlich. **4.** (*Gram*) verbal. ~ **noun** Verbalsubstantiv *nt*.

verbalize ['vɜːbəlaɪz] *vt* **1.** (*put into words*) ausdrücken, in Worte fassen. **2.** (*Gram*) verbal ausdrücken.

verbally ['vɜːbəlɪ] *adv* **1.** (*spoken*) mündlich, verbal. **2.** (*as a verb*) verbal.

verbatim [vɜː'beɪtɪm] **I** *adj* wörtlich. **II** *adv* wortwörtlich.

verbena [vɜː'biːnə] *n* Eisenkraut *nt*.

verbiage ['vɜːbɪɪdʒ] *n* Wortwust *m*, Wortfülle *f*, Blabla *nt* (*inf*). **there's too much ~ in this report** dieser Bericht ist zu umständlich geschrieben.

verbose [vɜː'bəʊs] *adj* wortreich, langatmig, weitschweifig.

verbosely [vɜː'bəʊslɪ] *adv* langatmig.

verbosity [vɜː'bɒsɪtɪ] *n* Langatmigkeit *f*.

verdant ['vɜːdənt] *adj* (*liter*) grün.

verdict ['vɜːdɪkt] *n* **1.** (*Jur*) Urteil *nt*. ~ **of guilty/not guilty** Schuldspruch *m*/Freispruch *m*; **what's the ~?** wie lautet das Urteil?; *see* **bring in, return.**

2. (*of doctor*) Urteil *nt*; (*of press, critic also*) Verdikt *nt* (*geh*); (*of electors*) Entscheidung *f*, Votum *nt*. **what's your ~ on this wine?** wie beurteilst du diesen Wein?; **to give one's ~ about** *or* **on sth** sein Urteil über etw (*acc*) abgeben.

verdigris ['vɜːdɪgriːs] *n* Grünspan *m*.

verdure ['vɜːdjʊə^r] *n* (*liter*) (*colour*) sattes Grün; (*vegetation*) reiche Flora (*geh*).

verge [vɜːdʒ] *n* (*lit, fig*) Rand *m*. **"keep off the ~** „Bankette *or* Seitenstreifen nicht befahrbar"; **to be on the ~ of ruin** am Rande des Ruins stehen; **to be on the ~ of a nervous breakdown** am Rande eines Nervenzusammenbruchs sein; **to be on the ~ of a discovery** kurz vor einer Entdeckung stehen; **to be on the ~ of tears** den Tränen nahe sein; **to be on the ~ of doing sth** im Begriff sein, etw zu tun.

◆**verge on** *vi +prep obj* (*ideas, actions*) grenzen an (*acc*). **he's verging ~ bankruptcy** er steht kurz vor dem Bankrott; **she is verging ~ fifty** sie geht auf die Fünfzig zu; **she was verging ~ madness** sie stand am Rande des Wahnsinns.

verger ['vɜːdʒə^r] *n* (*Eccl*) Küster(in *f*) *m*.

veridical [və'rɪdɪkl] *adj* (*form*) wahrheitsgetreu, wahrheitsgemäß.

verifiability [ˌverɪfaɪə'bɪlɪtɪ] *n* Nachweisbarkeit, Nachprüfbarkeit, Verifizierbarkeit (*geh*) *f*.

verifiable ['verɪfaɪəbl] *adj* nachweisbar, nachprüfbar, verifizierbar (*geh*).

verification [ˌverɪfɪ'keɪʃən] *n* (*check*) Überprüfung *f*; (*confirmation*) Bestätigung, Verifikation (*geh*) *f*; (*proof*) Nachweis *m*. **these claims are open to empirical ~** diese Behauptungen lassen sich empirisch nachweisen.

verify ['verɪfaɪ] *vt* **1.** (*check up*) (über)prüfen; (*confirm*) bestätigen, beglaubigen; *theory* beweisen, verifizieren (*geh*). **2.** *suspicions, fears* bestätigen.

verily ['verɪlɪ] *adv* (*obs*) wahrlich (*obs*), fürwahr (*obs*).

verisimilitude [ˌverɪsɪ'mɪlɪtjuːd] *n* (*form*) Wahrhaftigkeit (*liter*), Echtheit *f*; (*of theory*) Plausibilität, Evidenz (*liter*) *f*.

veritable ['verɪtəbl] *adj genius* wahr. **a ~ miracle** das reinste Wunder.

veritably ['verɪtəblɪ] *adv* (*liter*) in der Tat, fürwahr (*obs*).

verity ['verɪtɪ] *n* (*liter*) Wahrheit *f*.

vermicelli [ˌvɜːmɪ'selɪ] *n* Fadennudeln, Suppennudeln *pl*.

vermicide ['vɜːmɪsaɪd] *n* Wurmmittel *nt*.

vermifuge ['vɜːmɪfjuːdʒ] *n* Wurmmittel *nt*.

vermilion [və'mɪljən] **I** *n* Zinnoberrot *nt*. **II** *adj* zinnoberrot.

vermin ['vɜːmɪn] *n, no pl* **1.** (*animal*) Schädling *m*. **2.** (*insects*) Ungeziefer *nt*. **3.** (*pej: people*) Pack, Ungeziefer *nt*.

verminous ['vɜːmɪnəs] *adj people, clothes* voller Ungeziefer.

vermouth ['vɜːməθ] *n* Wermut *m*.

vernacular [və'nækjʊlə^r] **I** *n* **1.** (*dialect*) Mundart *f*; (*not Latin, not official language*) Landessprache *f*. **this word has now come into the ~** dieses Wort ist jetzt in die Alltagssprache eingegangen.

2. (*jargon*) Fachsprache *f or* -jargon *m*.

3. (*hum: strong language*) deftige Sprache. **please excuse the ~** entschuldigen Sie bitte, daß ich mich so drastisch ausdrücke.

II *adj* ~ **newspaper** Zeitung *f* in der regionalen Landessprache; ~ **poet** Mundartdichter(in *f*) *m*.

vernal ['vɜːnl] *adj equinox,* (*liter*) *flowers* Frühlings-.

veronica [və'rɒnɪkə] *n* (*Bot*) Ehrenpreis *m or nt*, Veronika *f*.

verruca [ve'ruːkə] *n* Warze *f*.

versatile ['vɜːsətaɪl] *adj* vielseitig. **he has a very ~ mind** er ist geistig sehr flexibel.

versatility [ˌvɜːsə'tɪlɪtɪ] *n see adj* Vielseitigkeit *f*; Flexibilität *f*.

verse [vɜːs] *n* **1.** (*stanza*) Strophe *f*. **a ~ from "The Tempest"** ein Vers *m* aus dem „Sturm". **2.** *no pl* (*poetry*) Poesie, Dichtung *f*. **in ~** in Versform; **~ drama** Versdrama *nt*. **3.** (*of Bible, Koran*) Vers *m*.

versed [vɜːst] *adj* (*also* **well ~**) bewandert, beschlagen (*in* in +*dat*). **he's well ~ in the art of self-defence** er beherrscht die Kunst der Selbstverteidigung; **I'm not very well ~ in ...** ich verstehe nicht viel *or* habe wenig Ahnung von ...

versification [ˌvɜːsɪfɪˈkeɪʃən] *n* (*act*) Versbildung *f*; (*style*) Versform *f*; (*rules*) Verskunst *f*.

versifier [ˈvɜːsɪfaɪəʳ] *n* (*pej*) Verseschmied, Dichterling *m*.

versify [ˈvɜːsɪfaɪ] **I** *vt* in Versform bringen. **II** *vi* Verse schmieden (*pej*), dichten.

version [ˈvɜːʃən] *n* **1.** (*account: of event, of facts*) Version, Darstellung *f*. **2.** (*variant*) Version *f*; (*of text also*) Fassung *f*; (*of car*) Modell *nt*, Typ *m*. **3.** (*translation*) Übersetzung *f*.

verso [ˈvɜːsəʊ] *n* Rückseite *f*.

versus [ˈvɜːsəs] *prep* gegen (+*acc*).

vertebra [ˈvɜːtɪbrə] *n*, *pl* **-e** [ˈvɜːtɪbriː] Rückenwirbel *m*.

vertebral [ˈvɜːtɪbrəl] *adj* (*form*) Wirbel-. **~ column** Wirbelsäule *f*.

vertebrate [ˈvɜːtɪbrət] **I** *n* Wirbeltier *nt*. **II** *adj* Wirbel-.

vertex [ˈvɜːteks] *n*, *pl* **vertices** Scheitel(punkt) *m*.

vertical [ˈvɜːtɪkəl] **I** *adj line* senkrecht, vertikal; (*Comm, Econ*) vertikal. **~ cliffs** senkrecht abfallende Klippen; **~ take-off aircraft** Senkrechtstarter *m*. **II** *n* (*line*) Vertikale, Senkrechte *f*. **to be off the** *or* **out of the ~** nicht im Lot stehen.

vertically [ˈvɜːtɪkəlɪ] *adv* senkrecht, vertikal. **stand it ~ or it'll fall over** stell es aufrecht hin, sonst fällt es um.

vertices [ˈvɜːtɪsiːz] *pl of* **vertex**.

vertiginous [vɜːˈtɪdʒɪnəs] *adj* (*liter*) *heights* schwindelerregend, schwindelnd (*geh*).

vertigo [ˈvɜːtɪgəʊ] *n* Schwindel *m*; (*Med*) Gleichgewichtsstörung *f*. **he suffers from ~** ihm wird leicht schwindlig; (*Med*) er leidet an Gleichgewichtsstörungen *pl*.

verve [vɜːv] *n* Schwung *m*; (*of person, team also*) Elan *m*; (*of play, performance also*) Ausdruckskraft, Verve (*geh*) *f*.

very [ˈverɪ] **I** *adv* **1.** (*extremely*) sehr. **it's ~ well written** es ist sehr gut geschrieben, **that's not ~ funny** das ist überhaupt nicht lustig; **it's ~ possible** es ist durchaus *or* (sehr) gut möglich; **~ probably** höchstwahrscheinlich; **he is so ~ lazy** er ist unglaublich faul; **how ~ odd** wie eigenartig; **V~ Important Person** prominente Persönlichkeit; **~ little** sehr wenig.

2. (*absolutely*) aller-. **~ best quality** allerbeste Qualität; **~ last/first** allerletzte(r, s)/allererste(r, s); **she is the ~ cleverest in the class** sie ist die Klassenbeste; **at the ~ latest** allerspätestens; **this is the ~ last time I'll warn you** ich warne dich jetzt zum allerletzten Mal; **to do one's ~ best** sein Äußerstes tun; **this is the ~ best** das ist das Allerbeste; **at the ~ most/least** allerhöchstens/aller wenigstens.

3. ~ much sehr; **thank you ~ much** vielen Dank; **I liked it ~ much** es hat mir sehr gut gefallen; **~ much bigger** sehr viel größer; **~ much the more intelligent** bei weitem der Intelligentere; **he doesn't work ~ much** er arbeitet nicht sehr viel; **~ much so** sehr (sogar).

4. (*for emphasis*) **he fell ill and died the ~ same day** er wurde krank und starb noch am selben Tag; **he died the ~ same day as Kennedy** er starb genau am selben Tag wie Kennedy; **the ~ same hat** genau der gleiche Hut; **we met again the ~ next day** wir trafen uns am nächsten *or* folgenden Tag schon wieder; **the ~ next day he walked under a bus** schon einen Tag später kam er unter einen Bus; **what he predicted happened the ~ next week** was er vorhersagte, trat in der Woche darauf tatsächlich ein; **my ~ own car** mein eigenes Auto; **a house of your ~ own** ein eigenes Häuschen.

5. ~ well, if that's what you want nun gut, wenn du das willst; **~ good, sir** geht in Ordnung, mein Herr.

II *adj* **1.** (*precise, exact*) genau. **that ~ day/moment** genau an diesem Tag/in diesem Augenblick; **in the ~ centre of the picture** genau in der Mitte des Bildes; **at the ~ heart of the organization** direkt im Zentrum der Organisation; **on the ~ spot where ...** genau an der Stelle, wo ...; **those were his ~ words** genau das waren seine Worte; **you are the ~ person I want to speak to** mit *Ihnen* wollte ich sprechen; **the ~ thing/man I need** genau das, was ich brauche/genau der Mann, den ich brauche; **the ~ thing!** genau das richtige.

2. (*extreme*) äußerste(r, s). **in the ~ beginning** ganz am Anfang; **at the ~ end** ganz am Ende; **at the ~ back/front** ganz hinten/vorn(e); **to the ~ end of his life** bis an sein Lebensende; **in the ~ depths of the sea/forest** in den Tiefen des Meeres/im tiefsten Wald.

3. (*mere*) **the ~ thought of it** allein schon der Gedanke daran, der bloße Gedanke daran; **the ~ idea!** nein, so etwas!

Very ® [ˈvɪərɪ] *adj* (*Mil*) **~ light** Leuchtkugel *f*.

very high frequency *n* Ultrakurzwelle *f*.

vesicle [ˈvesɪkl] *n* Bläschen *nt*; (*Med also*) Vesicula *f* (*form*).

vespers [ˈvespəz] *npl* Vesper *f*.

vessel [ˈvesl] *n* **1.** (*Naut*) Schiff *nt*. **2.** (*form: receptacle*) Gefäß *nt*. **drinking ~** Trinkgefäß *nt*. **3.** (*Anat, Bot*) Gefäß *nt*.

vest[1] [vest] *n* **1.** (*Brit*) Unterhemd *nt*. **2.** (*US*) Weste *f*.

vest[2] *vt* (*form*) **to ~ sb with sth, to ~ sth in sb** jdm etw verleihen; **Congress is ~ed with the power to declare war** der Kongreß verfügt über das Recht, den Krieg zu erklären; **he has ~ed interests in the oil business** er ist (finanziell) am Ölgeschäft beteiligt; **he has a ~ed interest in the play** (*fig*) er hat ein persönliches Interesse an dem Stück.

vestal [ˈvestl] **I** *adj* vestalisch. **~ virgin** Vestalin *f*, vestalische Jungfrau. **II** *n* Vestalin *f*.

vestibule ['vestɪbju:l] *n* **1.** (*of house*) Vorhalle *f*, Vestibül *nt* (*dated*); (*of hotel*) Halle *f*, Foyer *nt*; (*of church*) Vorhalle *f*. **2.** (*Anat*) Vorhof *m*, Vestibulum *nt* (*spec*).

vestige ['vestɪdʒ] *n* **1.** Spur *f*. **the ~ of a moustache** der Anflug eines Schnurrbarts; **there is not a ~ of truth in what he says** es ist kein Körnchen Wahrheit an dem, was er sagt.
2. (*Anat*) Rudiment *nt*.

vestigial [ve'stɪdʒɪəl] *adj* spurenhaft; *moustache, growth* spärlich; (*Anat*) rudimentär. **the ~ remains of the old city walls** die Spuren *or* die rudimentären Reste der alten Stadtmauer; **the ~ remains of his ambitions/of their love affair** die kümmerlichen Überreste seiner Ambitionen/ihrer Liebschaft.

vestment ['vestmənt] *n* **1.** (*of priest*) Ornat *m*, Gewand *nt*. **2.** (*ceremonial robe*) Robe *f*, Ornat *m*.

vest-pocket [ˌvest'pɒkɪt] *adj* (*US*) Taschen-, im Westentaschenformat.

vestry ['vestrɪ] *n* Sakristei *f*.

Vesuvius [vɪ'su:vɪəs] *n* der Vesuv.

vet [vet] **I** *n abbr of* **veterinary surgeon, veterinarian** Tierarzt *m*/-ärztin *f*. **II** *vt* überprüfen.

vetch [vetʃ] *n* Wicke *f*.

veteran ['vetərən] *n* (*Mil, fig*) Veteran(in *f*) *m*. **a ~ teacher/golfer** ein (alt)erfahrener Lehrer/Golfspieler; **she's a ~ campaigner for women's rights** sie ist eine Veteranin der Frauenbewegung; **~ car** Oldtimer *m*, Schnauferl *nt* (*inf*).

veterinarian [ˌvetərɪ'nɛərɪən] *n* (*US*) Tierarzt *m*/-ärztin *f*.

veterinary ['vetərɪnərɪ] *adj medicine, science* Veterinär-; *training* tierärztlich.

veto ['vi:təʊ] **I** *n, pl* **-es** Veto *nt*. **power of ~** Vetorecht *nt*; **to have a ~** das Vetorecht haben; **to use one's ~** von seinem Vetorecht Gebrauch machen. **II** *vt* sein Veto einlegen gegen.

vetting ['vetɪŋ] *n* Überprüfung *f*.

vex [veks] *vt* **1.** (*annoy*) ärgern, irritieren; *animals* quälen. **to be ~ed with sb** mit jdm böse sein, auf jdn ärgerlich sein; **to be ~ed about sth** sich über etw (*acc*) ärgern; **to be/get ~ed** ärgerlich *or* wütend sein/werden; **a problem which has been ~ing me** ein Problem, das mich quält *or* mir keine Ruhe läßt.
2. (*afflict*) plagen, bedrücken.

vexation [vek'seɪʃən] *n* **1.** (*state*) Ärger *m*; (*act*) Verärgerung *f*, Ärgern *nt*; (*of animal*) Quälen *nt*, Quälerei *f*. **2.** (*affliction*) Bedrückung *f*; (*cause*) Plage *f*. **3.** (*thing*) Ärgernis *nt*.

vexatious [vek'seɪʃəs] *adj* **1.** ärgerlich; *regulations, headache* lästig; *child* unausstehlich. **2.** (*Jur*) schikanös.

vexed [vekst] *adj* **1.** (*annoyed*) verärgert. **2.** *question* vieldiskutiert, schwierig.

vexing ['veksɪŋ] *adj* ärgerlich, irritierend; *problem* verzwickt.

VGA *abbr of* **video graphics array** VGA.

VHF (*Rad*) *abbr of* **very high frequency** UKW.

via ['vaɪə] *prep* über (*+acc*); (*with town names also*) via. **they got in ~ the window** sie kamen durchs Fenster herein.

viability [ˌvaɪə'bɪlɪtɪ] *n* **1.** (*of life forms*) Lebensfähigkeit *f*. **2.** (*of plan, project*) Durchführbarkeit, Realisierbarkeit *f*; (*of firm*) Rentabilität *f*.

viable ['vaɪəbl] *adj* **1.** *plant, foetus* lebensfähig. **2.** *company* rentabel; *economy* lebensfähig; *suggestion* brauchbar; *plan* durchführbar, realisierbar. **is this newly created state ~?** ist dieser neuentstandene Staat lebens- *or* existenzfähig?

viaduct ['vaɪədʌkt] *n* Viadukt *m*.

vial ['vaɪəl] *n* Fläschchen, Gefäß *nt*.

vibes [vaɪbz] *npl* **1.** Vibraphon *nt*. **2.** (*sl*) *see* **vibration 2.**

vibrancy ['vaɪbrənsɪ] *n see adj* Dynamik *f*; voller Klang, Sonorität *f*.

vibrant ['vaɪbrənt] *adj personality etc* dynamisch; *voice* volltönend, sonor. **the ~ life of the city** das pulsierende Leben der Großstadt.

vibraphone ['vaɪbrəfəʊn] *n* Vibraphon *nt*.

vibrate [vaɪ'breɪt] **I** *vi* (*lit, fig*) zittern, beben (*with* vor *+dat*); (*machine, string, air*) vibrieren; (*notes*) schwingen. **the painting ~s with life** das Bild bebt *or* sprüht vor Leben; **the city centre ~s with activity** im Stadtzentrum pulsiert das Leben; **the town was vibrating with excitement** Aufregung hatte die Stadt ergriffen.
II *vt* zum Vibrieren bringen; *string* zum Schwingen bringen. **they study the way the machine ~s the body** sie untersuchen, wie die Maschine den Körper erschüttert.

vibration [vaɪ'breɪʃən] *n* **1.** (*of string, sound waves*) Schwingung *f*; (*of machine*) Vibrieren *nt*; (*of voice, ground*) Beben *nt*. **the ~s the body undergoes when flying** die Erschütterung, der der Körper beim Fliegen ausgesetzt ist.
2. (*sl: usu pl*) **what sort of ~s do you get from him?** wie wirkt er auf dich?; **I get good ~s from this music** diese Musik bringt mich auf Touren; **this town is giving me bad ~s** diese Stadt macht mich ganz fertig (*inf*).

vibrator [vaɪ'breɪtə[r]] *n* Vibrator *m*.

vibratory ['vaɪbrətərɪ] *adj* vibrierend, Vibrations-.

vicar ['vɪkə[r]] *n* Pfarrer *m*. **good evening, ~** guten Abend, Herr Pfarrer.

vicarage ['vɪkərɪdʒ] *n* Pfarrhaus *nt*.

vicarious [vɪ'kɛərɪəs] *adj* **1.** *pleasure, enjoyment* indirekt, mittelbar, nachempfunden; *experience* ersatzweise, Ersatz-. **~ sexual thrill** Ersatzbefriedigung *f*; **he can't walk himself but he gets enormous ~ pleasure from watching athletics** er kann nicht gehen, aber das Zuschauen bei sportlichen Wettkämpfen vermittelt ihm einen großen Genuß.
2. *authority, suffering* stellvertretend.

vicariously [vɪ'kɛərɪəslɪ] *adv* indirekt, mittelbar. **I can appreciate the island's beauty ~ through your writing** Ihre Beschreibung vermittelt mir die Schönheit der Insel *or* läßt mich die Schönheit der Insel nachempfinden.

vicariousness [vɪ'kɛərɪəsnɪs] *n* Indirektheit, Mittelbarkeit *f*.

vice¹ [vaɪs] *n* Laster *nt*; (*of horse*) Unart, Untugend *f*, Mucken *pl* (*inf*). **his main ~ is laziness** sein größter Fehler ist die Faulheit; **you don't smoke or drink, don't you have any ~s?** (*hum*) Sie rauchen nicht, Sie trinken nicht, haben Sie denn gar kein Laster? (*hum*); **a life of ~** ein Lasterleben *nt*; **~ squad** Sittenpolizei *f*.

vice², (*US*) **vise** *n* Schraubstock *m*. **to have/hold sth in a ~-like grip** etw fest umklammern; (*between legs, under arm*) etw fest einklemmen.

vice- *pref* Vize-; **vice-admiral** *n* Vizeadmiral *m*; **vice-chairman** *n* stellvertretender Vorsitzender; **vice-chairmanship** *n* stellvertretender Vorsitz; **vice-chancellor** *n* (*Univ*) ≃ Rektor(in *f*) *m*; **vice-consul** *n* Vizekonsul *m*; **vice-presidency** *n* Vizepräsidentschaft *f*; **vice-president** *n* Vizepräsident(in *f*) *m*; **viceregent** *n* Vizeregent(in *f*) *m*, stellvertretender Regent; **viceroy** *n* Vizekönig *m*.

vice versa ['vaɪsɪ'vɜːsə] *adv* umgekehrt.

vicinity [vɪ'sɪnɪtɪ] *n* **1.** Umgebung *f*. **in the ~** in der Nähe (*of* von, *gen*); **in the immediate ~** in unmittelbarer Umgebung; **in the ~ of £500** um die £ 500 (herum). **2.** (*closeness*) Nähe *f*.

vicious ['vɪʃəs] *adj* **1.** gemein, boshaft; *remark also* gehässig; *look* boshaft, böse.
2. *habit* lasterhaft.
3. *animal* bösartig; *dog* bissig; *blow, kick* brutal; *criminal* brutal, abgefeimt; *murder* grauenhaft, brutal.
4. (*inf: strong, nasty*) *headache* fies (*inf*), gemein (*inf*).
5. **~ circle** Teufelskreis, Circulus vitiosus (*geh*) *m*.

viciously ['vɪʃəslɪ] *adv see adj 1., 3.* **1.** gemein, boshaft; gehässig; böse. **2.** bösartig; brutal; auf grauenhafte Art. **the dog attacked him ~** der Hund fiel wütend über ihn her.

viciousness ['vɪʃəsnɪs] *n see adj* **1.** Gemeinheit *f*; Boshaftigkeit *f*; Gehässigkeit *f*. **2.** Lasterhaftigkeit *f*. **3.** Bösartigkeit *f*; Bissigkeit *f*; Brutalität *f*; Grauenhaftigkeit *f*.

vicissitude [vɪ'sɪsɪtjuːd] *n usu pl* Wandel *m*. **the ~s of life** die Launen des Schicksals, die Wechselfälle des Lebens; **the ~s of war/business** die Wirren des Krieges/das Auf und Ab im Geschäftsleben.

victim ['vɪktɪm] *n* Opfer *nt*. **he was the ~ of a practical joke** ihm wurde ein Streich gespielt; **to be the ~ of sb's sarcasm** eine Zielscheibe für jds Sarkasmus sein; **the hawk flew off with its ~ in its claws** der Falke flog mit seiner Beute in den Klauen davon; **to fall (a) ~ to sth** einer Sache (*dat*) zum Opfer fallen; **to fall ~ to sb's charms** jds Charme (*dat*) erliegen; **the whole of the region fell ~ to the drought** die ganze Gegend wurde ein Opfer der Dürre.

victimization [ˌvɪktɪmaɪ'zeɪʃən] *n see vt* ungerechte Behandlung; Schikanierung *f*.

victimize ['vɪktɪmaɪz] *vt* ungerecht behandeln; (*pick on*) schikanieren. **she feels ~d** sie fühlt sich ungerecht behandelt.

victor ['vɪktəʳ] *n* Sieger(in *f*) *m*.

Victoria Cross [vɪk'tɔːrɪə'krɒs] *n* (*Brit*) Viktoriakreuz *nt* (*höchste britische Tapferkeitsauszeichnung*).

Victorian [vɪk'tɔːrɪən] **I** *n* Viktorianer(in *f*) *m*. **II** *adj* viktorianisch; (*fig*) (sitten)streng.

Victoriana [vɪkˌtɔːrɪ'ɑːnə] *n* viktorianische Antiquitäten *pl*.

victorious [vɪk'tɔːrɪəs] *adj army* siegreich; *smile* triumphierend, siegesbewußt. **to be ~ over sb/sth** jdn/etw besiegen; **to be ~ in the struggle against ...** siegen *or* den Sieg davontragen im Kampf gegen ...

victoriously [vɪk'tɔːrɪəslɪ] *adv* siegreich, als Sieger.

victory ['vɪktərɪ] *n* Sieg *m*. **to gain** *or* **win a ~ over sb/sth** einen Sieg über jdn/etw erringen, jdn/etw besiegen; **his final ~ over his fear** die endgültige Überwindung seiner Angst; **~ roll** (*Aviat*) Siegesrolle *f*.

victual ['vɪtl] (*form*) **I** *vt army, troop* verpflegen, verproviantieren. **II** *vi* sich verpflegen *or* verproviantieren.

victualler ['vɪtləʳ] *n see* **licensed.**

victuals ['vɪtlz] *npl* Lebensmittel *pl*; (*for journey*) Proviant *m*, Verpflegung *f*.

vide ['vɪdeɪ] *imper* (*form, Jur*) siehe, vide (*liter*).

videlicet [vɪ'diːlɪset] *adv* (*abbr* **viz**) nämlich.

video ['vɪdɪəʊ] **I** *n* **1.** (*film*) Video *nt*. **2.** (*recorder*) Videorekorder *m*. **3.** (*US*) Fernsehen *nt*. **on ~** im Fernsehen. **II** *vt* (auf Video) aufnehmen.

video camera *n* Videokamera *f*; **video cassette** *n* Videokassette *f*; **video conference** *n* Videokonferenz *f*; **video conferencing** *n* Video-Konferenzschaltung *f*; **video disc** *n* Bildplatte; **video disc player** *n* Bildplattenspieler *m*; **video game** *n* Telespiel, Videospiel *nt*; **video library** *n* Videothek *f*; **video nasty** *n Video nt mit grausamen Gewaltszenen und/oder pornographischen Inhalts*; **videophone** *n* Fernsehtelefon *nt*; **video recorder** *n* Videorekorder *m*; **video-recording** *n* Videoaufnahme *f*; **video shop** *n* Videothek *f*; **videotape I** *n* Videoband *nt*; **II** *vt* (auf Video) aufzeichnen; **Videotex** ® *n* ≃ Bildschirmtext ® *m*.

vie [vaɪ] *vi* wetteifern; (*Comm*) konkurrieren. **to ~ with sb for sth** mit jdm um etw wetteifern; **they are vying for the championship** sie kämpfen um die Meisterschaft.

Vienna [vɪ'enə] **I** *n* Wien *nt*. **II** *adj* Wiener.

Viennese [ˌvɪə'niːz] **I** *adj* wienerisch. **II** *n* Wiener(in *f*) *m*.

Vietcong [vjet'kɒŋ] *n* Vietkong *m*.

Vietnam [ˌvjet'næm] *n* Vietnam *nt*.

Vietnamese [ˌvjetnə'miːz] **I** *adj* vietnamesisch. **II** *n* **1.** Vietnamese *m*, Vietnamesin *f*. **2.** (*language*) Vietnamesisch *nt*.

view [vjuː] **I** *n* **1.** (*range of vision*) Sicht *f*.

in full ~ of thousands of people vor den Augen von Tausenden von Menschen; **the magician placed the box in full ~ of the audience** der Zauberer stellte die Kiste so auf, daß das ganze Publikum sie sehen konnte; **the ship came into ~** das Schiff kam in Sicht; **to keep sth in ~** etw im Auge behalten; **to go out of ~** außer Sicht kommen, verschwinden; **the house is within ~ of the sea** vom Haus aus ist das Meer zu sehen; **the house is exposed to ~ from passing trains** das Haus kann von vorbeifahrenden Zügen aus eingesehen werden; **hidden from ~** verborgen, versteckt; **the house is hidden from ~ from the main road** das Haus ist von der Hauptstraße aus nicht zu sehen; **on ~** (*for purchasing*) zur Ansicht; (*of exhibits*) ausgestellt; **the house will be on ~ tomorrow** das Haus kann morgen besichtigt werden.

2. (*prospect, sight*) Aussicht *f*. **there is a splendid ~ from here/from the top** von hier/von der Spitze hat man einen herrlichen Blick *or* eine wunderschöne Aussicht; **a ~ over ...** ein Blick über (*+acc*); **a good ~ of the sea** ein schöner Blick auf das Meer; **a room with a ~** ein Zimmer mit schöner Aussicht; **I only got a side ~ of his head** ich habe seinen Kopf nur im Profil gesehen.

3. (*photograph*) Ansicht *f*. **I want to take a ~ of the forest** ich möchte eine Aufnahme vom Wald machen; **~s of London/the Alps** Ansichten *pl or* Stadtbilder *pl* von London/Alpenbilder *pl*.

4. (*opinion*) Ansicht, Meinung *f*. **in my ~** meiner Ansicht *or* Meinung nach; **to have** *or* **hold ~s on sth** Ansichten über etw (*acc*) haben; **what are his ~s on this problem?** was meint er zu diesem Problem?; **do you have any special ~s on the matter?** haben Sie eine besondere Meinung zu dieser Sache?; **to take the ~ that ...** die Ansicht vertreten, daß ...; **to take a dim** (*inf*) *or* **poor ~ of sb's conduct** jds Verhalten mißbilligen; *see* **point.**

5. (*mental survey*) **an idealistic ~ of the world** eine idealistische Welt(an)sicht; **a general** *or* **overall ~ of a problem** ein allgemeiner *or* umfassender Überblick über ein Problem; **a clear ~ of the facts** eine klare Übersicht über die Fakten; **in ~ of** wegen (*+gen*), angesichts (*+gen*).

6. (*intention, plan*) Absicht *f*. **to have sth in ~** etw beabsichtigen; **with a ~ to doing sth** mit der Absicht, etw zu tun; **with this in ~** im Hinblick darauf; **he has the holidays in ~ when he says ...** er denkt an die Ferien, wenn er sagt ...

II *vt* **1.** (*see*) betrachten. **2.** (*examine*) *house* besichtigen. **3.** (*consider*) *problem* sehen.

III *vi* (*watch television*) fernsehen.

viewdata ['vju:deɪtə] *n* Bildschirmtext, Bfx *m*.

viewer ['vju:əʳ] *n* **1.** (*TV*) Zuschauer(in *f*) *m*. **2.** (*for slides*) Dia- *or* Bildbetrachter *m*.

view-finder ['vju:ˌfaɪndəʳ] *n* Sucher *m*.

viewing ['vju:ɪŋ] *n* **1.** (*of house, at auction*) Besichtigung *f*.

2. (*TV*) Fernsehen *nt*. **9 o'clock is peak ~ time** neun Uhr ist (die) Haupteinschaltzeit; **this programme will be given another ~ next week** dieses Programm wird nächste Woche wiederholt.

viewpoint ['vju:pɔɪnt] *n* **1.** Standpunkt *m*. **from the ~ of economic growth** unter dem Gesichtspunkt des Wirtschaftswachstums; **to see sth from sb's ~** etw aus jds Sicht sehen. **2.** (*for scenic view*) Aussichtspunkt *m*.

vigil ['vɪdʒɪl] *n* **1.** (Nacht)wache *f*. **to keep ~ over sb** bei jdm wachen; **the dog kept ~ over his injured master** der Hund hielt bei seinem verletzten Herrn Wache; **her long ~s at his bedside** ihr langes Wachen an seinem Krankenbett.

2. (*Rel*) Vigil, Nachtwache *f*.

vigilance ['vɪdʒɪləns] *n* Wachsamkeit *f*. **no move escaped their ~** keine Bewegung entging ihrem wachsamen Auge; **~ committee** Bürgerwehr *f*, Selbstschutzkomitee *nt*.

vigilant ['vɪdʒɪlənt] *adj* wachsam.

vigilante [ˌvɪdʒɪ'læntɪ] **I** *n Mitglied nt einer Selbstschutzorganisation*. **the ~s** die Bürgerwehr, der Selbstschutz. **II** *adj attr* Bürgerwehr-, Selbstschutz-.

vigilantly ['vɪdʒɪləntlɪ] *adv* aufmerksam; *patrol* wachsam.

vignette [vɪ'njet] *n* Vignette *f*; (*character sketch*) Skizze *f*, kurze und prägnante Darstellung.

vigor *n* (*US*) *see* **vigour.**

vigorous ['vɪgərəs] *adj* kräftig; *prose, tune* kraftvoll; *protest, denial, measures, exercises* energisch; *walk* forsch, flott; *nod* eifrig, heftig; *match, player* dynamisch; *speech* feurig; *debater* leidenschaftlich.

vigorously ['vɪgərəslɪ] *adv see adj*

vigour, (*US*) **vigor** ['vɪgəʳ] *n* Kraft, Energie *f*; (*of protest, denial*) Heftigkeit *f*; (*of exercises*) Energie *f*; (*of player*) Dynamik *f*; (*of speech, debater*) Leidenschaftlichkeit *f*; (*of prose*) Ausdruckskraft *f*. **sexual/youthful ~** sexuelle/jugendliche Spannkraft; **all the ~ has gone out of the undertaking** das Unternehmen hat jeglichen Schwung verloren.

Viking ['vaɪkɪŋ] **I** *n* Wikinger(in *f*) *m*. **II** *adj ship* Wikinger-.

vile [vaɪl] *adj* abscheulich; *mood, smell, habit also* übel; *thoughts also* niedrig, gemein; *language also* unflätig; *weather, food also* scheußlich, widerlich. **that was a ~ thing to say** es war eine Gemeinheit, so etwas zu sagen.

vilely ['vaɪllɪ] *adv* abscheulich, scheußlich.

vileness ['vaɪlnɪs] *n* Abscheulichkeit *f*; (*of thoughts*) Niederträchtigkeit *f*; (*of smell*) Widerwärtigkeit *f*; (*of language also*) Unflätigkeit *f*; (*of weather*) Scheußlichkeit *f*. **the ~ of his mood** seine Übellaunigkeit.

vilification [ˌvɪlɪfɪ'keɪʃən] *n* Diffamierung, Verleumdung *f*.

vilify ['vɪlɪfaɪ] *vt* diffamieren, verleumden.

villa ['vɪlə] *n* Villa *f*.

village ['vɪlɪdʒ] *n* Dorf *nt*.

village *in cpds* Dorf-; **village green** *n*

Dorfwiese *f or* -anger *m*; **village idiot** *n* Dorftrottel *m* (*inf*).

villager ['vɪlɪdʒəʳ] *n* Dörfler(in *f*), Dorfbewohner(in *f*) (*also Admin*) *m*.

villain ['vɪlən] *n* **1.** (*scoundrel*) Schurke *m*; (*sl: criminal*) Verbrecher, Ganove (*inf*) *m*. **2.** (*in drama, novel*) Bösewicht *m*. **3.** (*inf: rascal*) Bengel *m*. **he's the ~ of the piece** er ist der Übeltäter.

villainous ['vɪlənəs] *adj* **1.** böse; *deed* niederträchtig, gemein. **2.** (*inf: bad*) scheußlich.

villainously ['vɪlənəslɪ] *adv smile* hämisch. **he ~ murdered his brothers** in seiner Niedertracht ermordete er seine Brüder.

villainy ['vɪlənɪ] *n* Gemeinheit, Niederträchtigkeit *f*.

vim [vɪm] *n* (*inf*) Schwung *m*. **full of ~ and vigour** voller Schwung und Elan.

vinaigrette [ˌvɪnɪ'gret] *n* Vinaigrette *f* (*Cook*); (*for salad*) Salatsoße *f*.

vindicate ['vɪndɪkeɪt] *vt* **1.** *opinion, action* rechtfertigen. **2.** (*clear from suspicion*) rehabilitieren.

vindication [ˌvɪndɪ'keɪʃən] *n see vt* **1.** Rechtfertigung *f*. **in ~ of** zur Rechtfertigung (+*gen*). **2.** Rehabilitation *f*.

vindictive [vɪn'dɪktɪv] *adj speech, person* rachsüchtig; *mood* nachtragend, unversöhnlich. **he is not a ~ person** er ist nicht nachtragend; **corporal punishment can make pupils feel ~ towards the teacher** die Prügelstrafe kann die Schüler gegen den Lehrer aufbringen; **insecure people often feel ~** unsichere Menschen sind oft voller Ressentiments.

vindictively [vɪn'dɪktɪvlɪ] *adv see adj*.

vindictiveness [vɪn'dɪktɪvnɪs] *n* Rachsucht *f*; (*of mood*) Unversöhnlichkeit *f*.

vine [vaɪn] *n* **1.** (*grapevine*) Rebe, Weinrebe *f*. **2.** (*similar plant*) Rebengewächs *nt*. **~ dresser** Winzer(in *f*) *m*.

vinegar ['vɪnɪgəʳ] *n* Essig *m*.

vinegary ['vɪnɪgərɪ] *adj* (*lit, fig*) säuerlich; *taste also* Essig-.

vine grower *n* Weinbauer, Winzer *m*; **vine-growing district** *n* Weingegend *f*, Weinbaugebiet *nt*; **vine harvest** *n* Weinlese, Weinernte *f*; **vine leaf** *n* Rebenblatt *nt*; **vineyard** ['vɪnjəd] *n* Weinberg *m*.

viniculture ['vɪnɪˌkʌltʃəʳ] *n* Weinbau *m*.

vino ['viːnəʊ] *n* (*inf: wine*) Vino *m* (*inf*).

vintage ['vɪntɪdʒ] **I** *n* **1.** (*given year*) (*of wine, fig*) Jahrgang *m*; (*of car*) Baujahr *nt*. **2.** (*wine of particular year*) **the 1984 ~** der Jahrgang 1984, der 84er. **3.** (*harvesting, season*) Weinlese, Weinernte *f*.

II *adj attr* (*old*) uralt; (*high quality*) glänzend, hervorragend. **this typewriter is a ~ model** diese Schreibmaschine hat Museumswert; **a ~ performance from Humphrey Bogart** eine einmalige künstlerische Leistung Humphrey Bogarts.

vintage car *n* Vorkriegsmodell, Vintage-Car *nt*; **vintage port** *n* Vintage-Port *m*, *schwerer Port eines besonderen Jahrgangs*; **vintage wine** *n* edler Wein; **vintage year** *n*: **a ~ for wine** ein besonders gutes Weinjahr; **it was a ~ for plays** in diesem Jahr wurden viele hervorragende Stücke aufgeführt/geschrieben *etc*.

vintner ['vɪntnəʳ] *n* Weinhändler(in *f*) *m*.

vinyl ['vaɪnɪl] *n* Vinyl *nt*.

viol ['vaɪəl] *n* Viola *f*.

viola[1] [vɪ'əʊlə] *n* (*Mus*) Bratsche *f*.

viola[2] ['vaɪəʊlə] *n* (*Bot*) Veilchen *nt*

viola da gamba [vɪ'əʊlədə'gæmbə] *n* Gambe *f*.

violate ['vaɪəleɪt] *vt* **1.** *treaty, promise* brechen; (*partially*) verletzen; *law, rule, moral code* verletzen, verstoßen gegen; *rights* verletzen; *truth* vergewaltigen.

2. (*disturb*) *holy place* entweihen, schänden; *peacefulness* stören. **to ~ sb's privacy** in jds Privatsphäre eindringen; **it's violating a person's privacy to ...** es ist ein Eingriff in jemandes Privatsphäre, wenn man ...; **the new buildings ~ the landscape** die Neubauten verunstalten *or* verschandeln die Landschaft.

3. (*rape*) vergewaltigen, schänden.

violation [ˌvaɪə'leɪʃən] *n* **1.** (*of law*) Übertretung (*of gen*), Verletzung *f* (*of gen*), Verstoß *m* (*of* gegen); (*of rule*) Verstoß *m* (*of* gegen); (*of rights*) Verletzung *f*; (*of truth*) Vergewaltigung *f*. **a ~ of a treaty** ein Vertragsbruch *m*; (*partial*) eine Vertragsverletzung; **traffic ~** Verkehrsvergehen *nt*; **he did this in ~ of the conditions agreed** er verstieß damit gegen die Vereinbarungen.

2. (*of holy place*) Entweihung, Schändung *f*; (*of peacefulness*) Störung *f*; (*of privacy*) Eingriff *m* (*of* in +*acc*). **that building is a ~ of the old city** dieses Gebäude ist eine Verunstaltung *or* Verschandelung der Altstadt.

3. (*rape*) Vergewaltigung, Schändung *f*.

violator ['vaɪəleɪtəʳ] *n* (*of treaty*) Vertragsbrüchige(r) *mf*; (*of laws*) Gesetzesübertreter(in *f*) *m*; (*of holy place*) Schänder(in *f*), Entehrer(in *f*) *m*; (*of woman*) Schänder *m*. **the ~ of these rules ...** wer gegen diese Regeln verstößt, ...

violence ['vaɪələns] *n* **1.** (*forcefulness, strength*) Heftigkeit *f*; (*of protest also*) Schärfe *f*; (*of speech also*) Leidenschaftlichkeit *f*. **the ~ of the contrast** der krasse Gegensatz; **the ~ of his temper** sein jähzorniges Temperament, seine Jähzornigkeit.

2. (*brutality*) Gewalt *f*; (*of people*) Gewalttätigkeit *f*; (*of actions*) Brutalität *f*. **the ~ of his nature** seine gewalttätige Art; **crime of ~** Gewaltverbrechen *nt*; **act of ~** Gewalttat *f*; **robbery with ~** Raubüberfall *m*; **to use ~ against sb** Gewalt gegen jdn anwenden; **was there any ~?** kam es zu Gewalttätigkeiten?

3. (*fig*) **to do ~ to sth** etw entstellen; **it does ~ to common sense** das vergewaltigt den gesunden Menschenverstand.

violent ['vaɪələnt] *adj person, nature, action* brutal, gewalttätig; *blush* heftig, tief; *wind, storm* heftig, stark, gewaltig; *feeling, affair, speech* leidenschaftlich; *dislike, attack, blow* heftig; *death* gewaltsam; (*severe*) *contrast* kraß; *pain* heftig, stark; *colour* grell. **to have a ~ temper** jähzornig sein; **to be in a ~ temper** toben; **to get ~** gewalttätig werden; **by ~ means** (*open sth*) mit Gewalt(anwendung); (*persuade*) unter Gewaltanwendung.

violently ['vaɪələntlɪ] *adv kick, beat, attack* brutal; *blush* tief, heftig; *speak* heftig, leidenschaftlich; *fall in love* unsterblich. **the two colours clash ~** die beiden Farben bilden einen krassen Gegensatz; **they have quite ~ opposed temperaments** sie haben völlig unvereinbare Temperamente.

violet ['vaɪəlɪt] **I** *n* (*Bot*) Veilchen *nt*; (*colour*) Violett *nt*. **II** *adj* violett.

violin [ˌvaɪə'lɪn] *n* Geige, Violine *f*; (*player*) Geiger(in *f*), Geigenspieler(in *f*) *m*. **~ case** Geigenkasten *m*; **~ concerto** Violinkonzert *nt*; **~ sonata** Violinsonate *f*.

violinist [ˌvaɪə'lɪnɪst] *n* Geiger(in *f*), Violinist(in *f*) *m*.

violoncello [ˌvaɪələn'tʃeləʊ] *n* (*form*) Violoncello *nt*.

VIP *abbr of* **very important person** prominente Persönlichkeit, VIP *m*. **he got/we gave him ~ treatment** er wurde/wir haben ihn als Ehrengast behandelt; **~ lounge** Prominentensuite *f*.

viper ['vaɪpəʳ] *n* (*Zool*) Viper *f*; (*fig*) Schlange *f*.

viperish ['vaɪpərɪʃ] *adj* (*fig*) giftig.

virago [vɪ'rɑːgəʊ] *n* Xanthippe *f*.

viral ['vaɪərəl] *adj* Virus-.

virgin ['vɜːdʒɪn] **I** *n* Jungfrau *f*. **the (Blessed) V~** (*Rel*) die (heilige) Jungfrau Maria; **she's still a ~** sie ist noch Jungfrau; **he's still a ~** er ist noch unschuldig.

II *adj daughter* jungfräulich, unberührt; (*fig*) *forest, land* unberührt; *freshness* rein; *snow* jungfräulich, unberührt. **~ birth** (*Rel*) unbefleckte Empfängnis; (*Biol*) Jungfernzeugung *f*; **the V~ Isles** die Jungferninseln *pl*.

virginal ['vɜːdʒɪnl] **I** *adj* jungfräulich. **II** *npl* (*Mus*) Tafelklavier *nt*.

Virginia [və'dʒɪnjə] *n* (*state*) Virginia *nt*; (*tobacco*) Virginia *m*. **~ creeper** wilder Wein, Jungfernrebe *f*; **~ tobacco** Virginiatabak *m*; **he smokes ~s** er raucht Virginiazigaretten.

Virginian [və'dʒɪnjən] **I** *n* Einwohner(in *f*) *m* von Virginia, Virginier(in *f*) *m*. **II** *adj* Virginia-.

virginity [vɜː'dʒɪnɪtɪ] *n* Unschuld *f*; (*of girls also*) Jungfräulichkeit *f*. **to take sb's ~** jds Unschuld rauben.

Virgo ['vɜːgəʊ] (*Astrol*) *n* Jungfrau *f*.

virgule ['vɜːgjuːl] *n* (*US Typ: oblique*) Schrägstrich *m*, Virgel *f* (*spec*).

virile ['vɪraɪl] *adj* (*lit*) männlich; (*fig*) ausdrucksvoll, kraftvoll.

virility [vɪ'rɪlɪtɪ] *n* (*lit*) Männlichkeit *f*; (*sexual power*) Potenz *f*; (*fig*) Ausdruckskraft *f*. **political ~** politische Potenz.

virologist [ˌvaɪə'rɒlədʒɪst] *n* Virologe *m*, Virologin *f*, Virusforscher(in *f*) *m*.

virology [ˌvaɪə'rɒlədʒɪ] *n* Virologie, Virusforschung *f*.

virtual ['vɜːtjʊəl] *adj attr* **1. he is the ~ leader** er ist quasi der Führer *or* der eigentliche Führer, praktisch ist er der Führer; **it was a ~ admission of guilt** es war so gut wie *or* praktisch ein Schuldgeständnis *nt*; **~ address** (*Comput*) virtuelle Adresse; **~ reality** Virtual Reality *f*.

2. (*Phys*) virtuell.

virtually ['vɜːtjʊəlɪ] *adv* praktisch; *blind, lost also* fast, nahezu, mehr oder weniger. **yes, ~** ja, fast, ja so gut wie; **he is ~ the boss** er ist praktisch *or* quasi der Chef; **to be ~ certain** sich (*dat*) so gut wie sicher sein.

virtue ['vɜːtjuː] *n* **1.** (*moral quality*) Tugend *f*. **to make a ~ of necessity** aus der Not eine Tugend machen; **a life of ~** ein tugendhaftes Leben.

2. (*chastity*) Keuschheit, Tugendhaftigkeit *f*.

3. (*advantage, point*) Vorteil *m*. **there is no ~ in doing that** es scheint nicht sehr zweckmäßig, das zu tun.

4. (*healing power*) Heilkraft *f*. **in** *or* **by ~ of** aufgrund (+*gen*); **in** *or* **by ~ of the authority/power** *etc* **vested in me** kraft meiner Autorität/Macht *etc* (*form*).

virtuosity [ˌvɜːtjʊ'ɒsɪtɪ] *n* Virtuosität *f*.

virtuoso [ˌvɜːtjʊ'əʊzəʊ] **I** *n* (*esp Mus*) Virtuose/Virtuosin *mf*. **II** *adj performance* meisterhaft, virtuos.

virtuous *adj*, **~ly** *adv* ['vɜːtjʊəs, -lɪ] tugendhaft, tugendsam.

virulence ['vɪrʊləns] *n* **1.** (*Med*) Heftigkeit, Bösartigkeit *f*; (*of poison*) Stärke *f*. **2.** (*fig*) Schärfe, Virulenz (*geh*) *f*.

virulent ['vɪrʊlənt] *adj* **1.** (*Med*) bösartig; *poison* stark, tödlich. **2.** (*fig*) geharnischt, scharf, virulent (*geh*).

virulently ['vɪrʊləntlɪ] *adv* (*fig*) scharf.

virus ['vaɪərəs] *n* **1.** (*Med*) Virus, Erreger *m*. **polio ~** Polioerreger *m*; **~ disease** Viruskrankheit *f*; **she's got** *or* **caught a ~** (*inf: flu etc*) sie hat sich (*dat*) was geholt *or* eingefangen (*inf*). **2.** (*fig*) Geschwür *nt*. **3.** (*Comput*) Virus *m*. **~-infected** virenbefallen.

visa ['viːzə], (*US*) **visé I** *n* Visum *nt*; (*stamp also*) Sichtvermerk *m*. **II** *vt* ein Visum ausstellen (+*dat*). **to get a passport ~ed** einen Sichtvermerk in den Paß bekommen.

visage ['vɪzɪdʒ] *n* (*liter*) Antlitz *nt* (*liter*).

vis-à-vis ['viːzəviː] **I** *prep* in Anbetracht (+*gen*). **II** *adv* gegenüber.

viscera ['vɪsərə] *npl* innere Organe *pl*; (*in abdomen*) Eingeweide *pl*.

visceral ['vɪsərəl] *adj* viszeral (*spec*); (*of intestines also*) Eingeweide-; **a ~ feeling** (*fig liter*) ein inneres Gefühl.

viscid ['vɪsɪd] *adj* (*form*) zähflüssig; (*Bot*) klebrig.

viscose ['vɪskəʊs] *n* Viskose *f*.

viscosity [vɪs'kɒsɪtɪ] *n* Zähflüssigkeit *f*; (*Phys*) Viskosität *f*.

viscount ['vaɪkaʊnt] *n* Viscount *m*.

viscountcy ['vaɪkaʊntsɪ], **viscounty** *n* Rang *m* des Viscounts.

viscountess ['vaɪkaʊntɪs] *n* Viscountess *f*.

viscounty ['vaɪkaʊntɪ] *n see* **viscountcy**.

viscous ['vɪskəs] *adj* (*form*) zähflüssig;

(*Phys*) viskos.

vise [vaɪs] *n* (*US*) *see* **vice**[2].

visé ['vi:zeɪ] (*US*) *see* **visa**.

visibility [ˌvɪzɪ'bɪlɪtɪ] *n* **1.** Sichtbarkeit *f*. **2.** (*Met*) Sichtweite *f*. **poor/good ~** schlechte/gute Sicht; **low ~** geringe Sichtweite; **~ is down to 100 metres** die Sichtweite beträgt nur 100 Meter.

visible ['vɪzəbl] *adj* **1.** sichtbar. **~ to the naked eye** mit dem bloßen Auge zu erkennen; **it wasn't ~ in the fog** es war im Nebel nicht zu erkennen.
2. (*obvious*) sichtlich. **with no ~ means of support** (*Jur*) ohne bekannte Einkommensquellen *pl*.

visibly ['vɪzəblɪ] *adv* sichtbar, sichtlich; *deteriorate, decay* zusehends.

Visigoth ['vɪzɪgɒθ] *n* Westgote *m*, Westgotin *f*.

vision ['vɪʒən] *n* **1.** (*power of sight*) Sehvermögen *nt*. **within/outside the range of ~** in/außer Sichtweite; *see* **field**.
2. (*foresight*) Weitblick *m*. **a man of ~** ein Mann mit Weitblick.
3. (*in dream, trance*) Vision *f*, Gesicht *nt* (*liter*).
4. (*image*) Vorstellung *f*. **Orwell's ~ of the future** Orwells Zukunftsvision *f*.
5. to have ~s of wealth von Reichtum träumen; **I had ~s of having to walk all the way home** (*inf*) ich sah mich im Geiste schon den ganzen Weg nach Hause laufen.

visionary ['vɪʒənərɪ] **I** *adj* (*impractical*) unrealistisch; (*of visions*) vorhersehend; (*unreal*) eingebildet. **II** *n* Visionär, Seher(in *f*) (*geh*) *m*; (*pej*) Phantast(in *f*) *m*.

vision mixer *n* (*TV*) (*person*) Bildmischer(in *f*) *m*; (*equipment*) Bildmischpult *nt*.

visit ['vɪzɪt] **I** *n* **1.** Besuch *m*; (*of doctor*) Hausbesuch *m*; (*of inspector*) Kontrolle *f*. **to pay sb/sth a ~** jdm/einer Sache einen Besuch abstatten (*form*), jdn/etw besuchen; **to pay a ~** (*euph*) mal verschwinden (müssen); **give us a ~ some time** besuchen Sie uns (doch) mal; **he went on a two-day ~ to Paris** er fuhr für zwei Tage nach Paris; **we're expecting a ~ from the police any day** wir rechnen jeden Tag mit dem Besuch der Polizei.
2. (*stay*) Aufenthalt, Besuch *m*. **to be on a ~ to London** zu einem Besuch in London sein; **to be on a private/official ~** inoffiziell/offiziell da sein.
II *vt* **1.** *person, the sick, museum* besuchen.
2. (*go and stay with*) besuchen.
3. (*inspect*) inspizieren, besichtigen, besuchen. **to ~ the scene of the crime** (*Jur*) den Tatort besichtigen.
4. (*Bibl*) *sins* heimsuchen (*upon* an +*dat*, über +*acc*).
III *vi* **1.** einen Besuch machen. **come and ~ some time** komm mich mal besuchen; **I'm only ~ing here** ich bin nur auf Besuch hier. **2.** (*US inf: chat*) schwatzen.

visitation [ˌvɪzɪ'teɪʃən] *n* **1.** (*form: visit*) (*by official*) Besichtigung *f*, Besuch *m*; (*by ghost*) Erscheinung *f*. **after another ~ from the mother-in-law** (*hum*) nachdem uns die Schwiegermutter wieder einmal heimgesucht hatte.
2. (*Rel*) **the V~** Mariä Heimsuchung *f*.
3. (*Rel: affliction*) Heimsuchung *f*. **a ~ for their sins** die Strafe für ihre Sünden.

visiting ['vɪzɪtɪŋ] *n* Besuche *pl*.

visiting card *n* (*Brit*) Visitenkarte *f*; **visiting hours** *npl* Besuchszeiten *pl*; **visiting professor** *n* Gastprofessor *m*; **visiting team** *n* **the ~** die Gäste *pl*.

visitor ['vɪzɪtə^r] *n* Besucher(in *f*) *m*; (*in hotel*) Gast *m*. **to have ~s** *or* **a ~** Besuch haben; **~s' book** Gästebuch *nt*.

visor ['vaɪzə^r] *n* (*on helmet*) Visier *nt*; (*on cap*) Schirm *m*; (*Aut*) Blende *f*. **sun ~** Schild, Schirm *m*; (*Aut*) Sonnenblende *f*.

vista ['vɪstə] *n* **1.** (*view*) Aussicht *f*, Blick *m*. **2.** (*of past*) Bild *nt*; (*of future*) Aussicht (*of* auf +*acc*), Perspektive (*of* von) *f*.

visual ['vɪzjʊəl] **I** *adj field, nerve* Seh-; *memory, impression* visuell. **~ aids** Anschauungsmaterial *nt*; **~ display unit** Sichtgerät *nt*. **II** *n* (grafischer) Entwurf.

visualize ['vɪzjʊəlaɪz] *vt* **1.** (*see in mind*) sich (*dat*) vorstellen.
2. (*foresee*) erwarten. **we do not ~ many changes** wir rechnen nicht mit großen Veränderungen; **he ~s some changes** (*intends*) er hat einige Veränderungen im Auge; **that's not how I'd ~d things** so hatte ich mir das nicht vorgestellt.

visually ['vɪzjʊəlɪ] *adv* visuell. **~, the film is good entertainment** von der Aufmachung her ist der Film sehr unterhaltend; **I remember things ~** ich habe ein visuelles Gedächtnis; **~ handicapped** sehbehindert.

vital ['vaɪtl] **I** *adj* **1.** (*of life*) vital, Lebens-; (*necessary for life*) lebenswichtig. **~ force** Lebenskraft *f*; **~ organs** lebenswichtige Organe *pl*; **~ parts** wichtige Teile *pl*; **~ statistics** Bevölkerungsstatistik *f*; (*inf: of woman*) Maße *pl*.
2. (*essential*) unerläßlich. **of ~ importance** von größter Wichtigkeit; **this is ~** das ist unbedingt notwendig; **your support is ~ to us** wir brauchen unbedingt Ihre Unterstützung; **it's ~ that this is finished by Tuesday** das muß bis Dienstag unbedingt fertig sein; **how ~ is this?** wie wichtig ist das?
3. (*critical*) *error* schwerwiegend; *problem* Kern-. **at the ~ moment** im kritischen *or* entscheidenden Moment.
4. (*lively*) *person* vital; *artistic style also* lebendig.
II *n* **the ~s** die lebenswichtigen Organe; (*hum: genitals*) die edlen Teile (*hum*).

vitality [vaɪ'tælɪtɪ] *n* (*energy*) Energie *f*, Leben *nt*, Vitalität *f*; (*of prose, language*) Lebendigkeit, Vitalität *f*; (*of companies, new state*) Dynamik *f*; (*durability*) Beständigkeit *f*.

vitalize ['vaɪtəlaɪz] *vt* beleben.

vitally ['vaɪtəlɪ] *adv important* äußerst, ungeheuer. **he writes freshly and ~** er schreibt einen frischen und lebendigen *or* kraftvollen Stil.

vitamin ['vɪtəmɪn] *n* Vitamin *nt.* ~ **A** Vitamin A; **with added ~s** mit Vitaminen angereichert.

vitamin deficiency *n* Vitaminmangel *m*; **vitamin-deficiency disease** *n* Vitaminmangelkrankheit *f*; **vitamin pill** *n* Vitamintablette *f.*

vitiate ['vɪʃɪeɪt] *vt* **1.** (*spoil*) *air, blood* verunreinigen. **2.** (*Jur etc: invalidate*) ungültig machen; *thesis* widerlegen.

viticulture ['vɪtɪkʌltʃə^r] *n* Weinbau *m.*

vitreous ['vɪtrɪəs] *adj* Glas-. ~ **china** Porzellanemail *nt*; ~ **enamel** Glasemail *nt.*

vitrifaction [,vɪtrɪ'fækʃən], **vitrification** [,vɪtrɪfɪ'keɪʃən] *n* Verglasung, Frittung *f.*

vitrify ['vɪtrɪfaɪ] **I** *vt* zu Glas schmelzen, verglasen. **II** *vi* verglasen.

vitriol ['vɪtrɪəl] *n* (*Chem*) (*salt*) Sulfat, Vitriol *nt*; (*acid*) Schwefelsäure *f*; (*fig*) Bissigkeit, Bosheit *f.*

vitriolic [,vɪtrɪ'ɒlɪk] *adj* Vitriol-; (*fig*) *remark* beißend, haßerfüllt; *criticism* ätzend, beißend; *attack, speech* haßerfüllt.

vitro ['vi:trəʊ] *adj, adv see* **in vitro.**

vituperate [vɪ'tju:pəreɪt] *vi* schmähen (*geh*) (*against acc*), verunglimpfen (*against acc*).

vituperation [vɪ,tju:pə'reɪʃən] *n* (*form*) Schmähungen *pl* (*geh*).

vituperative [vɪ'tju:pərətɪv] *adj* (*form*) *speech* Schmäh-; *language, criticism* schmähend.

vivacious [vɪ'veɪʃəs] *adj* lebhaft; *character, person also* temperamentvoll; *colour, clothes also* leuchtend bunt; *smile, laugh* munter, aufgeweckt.

vivaciously [vɪ'veɪʃəslɪ] *adv see adj.*

vivaciousness [vɪ'veɪʃəsnɪs] *n* Lebhaftigkeit *f*; (*of smile, laugh*) Munterkeit, Aufgewecktheit *f.*

vivacity [vɪ'væsɪtɪ] *n* Lebhaftigkeit *f*; (*of style*) Lebendigkeit *f*; (*of smile, laugh*) Munterkeit, Aufgewecktheit *f.*

vivarium [vɪ'vɛərɪəm] *n* Vivarium *nt.*

viva voce ['vaɪvə'vəʊsɪ] **I** *adj, adv* mündlich. **II** *n* mündliche Prüfung.

vivid ['vɪvɪd] *adj* **1.** *light* hell; *colour* kräftig, leuchtend, lebhaft. **the ~ feathers of the bird** das bunte *or* auffallende Gefieder des Vogels; **a ~ blue dress** ein leuchtendblaues Kleid; **a ~ tie** eine auffällige Krawatte.

2. (*lively*) *imagination, recollection* lebhaft; *description, metaphor, image* lebendig, anschaulich; *emotions* stark. **the memory of that day is still quite ~** der Tag ist mir noch in lebhafter Erinnerung.

vividly ['vɪvɪdlɪ] *adv* **1.** *coloured* lebhaft; *shine* hell, leuchtend. **the red stands out ~ against its background** das Rot hebt sich stark vom Hintergrund ab; **a ~ coloured bird** ein buntgefiederter Vogel.

2. *remember* lebhaft; *describe* anschaulich, lebendig.

vividness ['vɪvɪdnɪs] *n* **1.** (*of colour*) Lebhaftigkeit *f*; (*of light*) Helligkeit *f.* **2.** (*of style*) Lebendigkeit *f*; (*of description, metaphor, image also*) Anschaulichkeit *f*; (*of imagination, memory*) Lebhaftigkeit *f.*

vivify ['vɪvɪfaɪ] *vt* beleben.

viviparous [vɪ'vɪpərəs] *adj* (*Zool*) lebendgebärend.

vivisect [,vɪvɪ'sekt] *vt* vivisezieren.

vivisection [,vɪvɪ'sekʃən] *n* Vivisektion *f.*

vixen ['vɪksn] *n* (*Zool*) Füchsin *f*; (*fig*) zänkisches Weib, Drachen *m* (*inf*).

viz [vɪz] *adv* nämlich.

vizier [vɪ'zɪə^r] *n* Wesir *m.*

V-J Day *n Tag m des Sieges der Alliierten gegen Japan im 2. Weltkrieg.*

VLSI *abbr of* **very large scale integration** Höchst- *or* Größtintegration, VLSI *f.*

V-neck *n* spitzer *or* V-Ausschnitt *m*; **V-necked** *adj* mit V-Ausschnitt.

vocabulary [vəʊ'kæbjʊlərɪ] *n* Wortschatz *m*, Vokabular *nt* (*geh*); (*in textbook*) Wörterverzeichnis *f.*

vocal ['vəʊkəl] **I** *adj* **1.** Stimm-. ~ **cords** Stimmbänder *pl*; ~ **music** Vokalmusik *f*; ~ **group** Gesangsgruppe *f.*

2. *communication* mündlich.

3. (*voicing one's opinions*) *group, person* lautstark. **to be/become ~** sich zu Wort melden.

II *n* (*of pop song*) (gesungener) Schlager; (*in jazz*) Vocal *nt.* **who's doing the ~s for your group now?** wen habt ihr denn jetzt als Sänger?; **~s: Van Morrison** Gesang: Van Morrison.

vocalic [vəʊ'kælɪk] *adj* vokalisch.

vocalist ['vəʊkəlɪst] *n* Sänger(in *f*) *m.*

vocalize ['vəʊkəlaɪz] *vt* **1.** *thoughts* aussprechen, Ausdruck verleihen (+*dat*). **2.** (*Phon*) *consonant* vokalisieren.

vocally ['vəʊkəlɪ] *adv* mündlich. **the tune has now been done ~ by ...** die Melodie wurde jetzt auch gesungen von ...

vocation [vəʊ'keɪʃən] *n* **1.** (*Rel*) Berufung *f*; (*form: profession*) Beruf *m.* **to have a ~ for teaching** zum Lehrer/zur Lehrerin berufen sein. **2.** (*aptitude*) Begabung *f*, Talent *nt.*

vocational [vəʊ'keɪʃənl] *adj* berufsbezogen; Berufs-. ~ **guidance** Berufsberatung *f*; ~ **school** (*US*) ≃ Berufsschule *f*; ~ **training** Berufsausbildung *f.*

vocative ['vɒkətɪv] *n* Anredeform *f*, Vokativ *m.*

vociferate [vəʊ'sɪfəreɪt] *vti* schreien. **he ~d his grievances** er machte seinem Unmut Luft.

vociferation [vəʊ,sɪfə'reɪʃən] *n* Geschrei *nt.* **their ~ of their discontent** ihr lautstarker Protest.

vociferous [vəʊ'sɪfərəs] *adj class, audience* laut; *demands, protest* lautstark.

vociferously [vəʊ'sɪfərəslɪ] *adv* lautstark.

vodka ['vɒdkə] *n* Wodka *m.*

vogue [vəʊg] *n* Mode *f.* **the ~ for jeans** die Jeansmode; **to be the ~** *or* **in ~** (in) Mode *or* en vogue sein; **to come into ~** (*dresses*) in Mode kommen, modern werden; **to go out of ~** (*dresses*) aus der Mode kommen, unmodern werden.

vogue expression, vogue word *n* Modewort *nt.*

voice [vɔɪs] **I** *n* **1.** (*faculty of speech, Mus, fig*) Stimme *f.* **to lose one's ~** die Stimme verlieren; **I've lost my ~** ich habe keine

Stimme mehr; **she hasn't got much of a** ~ sie hat keine besonders gute Stimme; **to be in (good)/poor** ~ gut/nicht gut bei Stimme sein; **in a deep** ~ mit tiefer Stimme; **to like the sound of one's own** ~ sich gern(e) reden hören; **his** ~ **has broken** er hat den Stimmbruch hinter sich; **tenor/bass** ~ Tenor *m*/Baß *m*; **a piece for** ~ **and piano** ein Gesangsstück *nt* mit Klavierbegleitung; **with one** ~ einstimmig; **to give** ~ **to sth** etw aussprechen, einer Sache (*dat*) Ausdruck verleihen.

2. (*fig: say*) **we have a/no** ~ **in the matter** wir haben in dieser Angelegenheit ein/kein Mitspracherecht.

3. (*Gram*) Aktionsart *f*, Genus (verbi) *nt*. **the active/passive** ~ das Aktiv/Passiv.

4. (*Phon*) Stimmhaftigkeit *f*. **plus** ~ stimmhaft.

II *vt* **1.** (*express*) *feelings, opinion* zum Ausdruck bringen. **2.** (*Phon*) stimmhaft aussprechen. ~**d** stimmhaft.

voice box *n* Kehlkopf *m*.

voiceless *adj* **1.** stumm; **2.** (*having no say*) ohne Mitspracherecht *nt*; **3.** (*Phon*) *consonant* stimmlos; **voice-operated** *adj* sprachgesteuert; **voice-over** *n* Begleitkommentar *m*; **voice projection** *n* Stimmresonanz *f*; **voice range** *n* Stimmumfang *m*; **voice recognition** *n* Spracherkennung *f*.

void [vɔɪd] **I** *n* (*lit, fig*) Leere *f*.

II *adj* **1.** (*empty*) leer. ~ **of hope** hoffnungslos, ohne Hoffnung.

2. (*Jur*) ungültig, nichtig.

3. (*useless*) nichtig (*geh*). **you've made all my efforts totally** ~ du hast all meine Bemühungen völlig zunichte gemacht.

III *vt* **1.** (*Jur*) ungültig machen, aufheben.

2. (*form: empty*) *bowels* entleeren.

voile [vɔɪl] *n* Voile, Schleierstoff *m*.

vol *abbr of* **volume** Bd; (*Measure*) **volume** V(ol).

volatile ['vɒlətaɪl] *adj* **1.** (*Chem*) flüchtig. ~ **oils** ätherische Öle *pl*. **2.** *person* (*in moods*) impulsiv; (*in interests*) sprunghaft; *political situation* brisant; (*St Ex*) unbeständig. **3.** (*Comput*) ~ **memory** flüchtiger Speicher.

volatility [ˌvɒlə'tɪlɪtɪ] *n see adj* **1.** Flüchtigkeit *f*. **2.** Impulsivität *f*; Sprunghaftigkeit *f*; Brisanz *f*.

volatilize [vɒ'lætəlaɪz] **I** *vt* verflüchtigen. **II** *vi* sich verflüchtigen.

vol-au-vent ['vɒləʊvɑ̃ː] *n* (Königin)pastetchen *nt*.

volcanic [vɒl'kænɪk] *adj* (*lit*) *dust* vulkanisch; *region, eruption* Vulkan-; (*fig*) heftig.

volcano [vɒl'keɪnəʊ] *n* Vulkan *m*.

vole [vəʊl] *n* Wühlmaus *f*; (*common* ~) Feldmaus *f*.

Volga ['vɒlgə] *n* Wolga *f*.

volition [vɒ'lɪʃən] *n* Wille *m*. **power of** ~ Willenskraft, Willensstärke *f*; **of one's own** ~ aus freiem Willen.

volitional [və'lɪʃənl] *adj* Willens-, willentlich.

volley ['vɒlɪ] **I** *n* **1.** (*of shots*) Salve *f*; (*of arrows, stones*) Hagel *m*; (*fig: of insults*) Flut *f*, Hagel *m*; (*of applause*) Sturm *m*.

2. (*Tennis*) Volley, Flugball *m*.

II *vt* **to** ~ **a ball** (*Tennis*) einen Ball im Volley spielen, einen Volley spielen *or* schlagen.

III *vi* **1.** (*Mil*) eine Salve abfeuern; (*guns, shots*) (in einer Salve) abgefeuert werden. **2.** (*Tennis*) einen Volley schlagen.

volleyball ['vɒlɪˌbɔːl] *n* Volleyball *m*.

volleyer ['vɒlɪə[r]] *n* **he's a superb** ~ **of the ball** er schlägt tolle Volleys.

volt [vəʊlt] *n* Volt *nt*. ~**meter** Voltmeter *nt*.

voltage ['vəʊltɪdʒ] *n* Spannung *f*. **what** ~ **is this cable?** wieviel Volt hat dieses Kabel?

voltaic [vɒl'teɪɪk] *adj* voltaisch, galvanisch. ~ **cell** galvanisches Element.

volte-face ['vɒlt'fɑːs] *n* (*fig*) Kehrtwendung *f*. **to do a** ~ sich um 180 Grad drehen.

volubility [ˌvɒljʊ'bɪlɪtɪ] *n* Redseligkeit *f*.

voluble ['vɒljʊbl] *adj* *speaker* redegewandt, redselig (*pej*); *protest* wortreich.

volubly ['vɒljʊblɪ] *adv* wortreich. **to speak** ~ sehr redselig sein.

volume ['vɒljuːm] **I** *n* **1.** Band *m*. **in six** ~**s** in sechs Bänden; **a six-**~ **dictionary** ein sechsbändiges Wörterbuch; **to write** ~**s** ganze Bände *pl* schreiben; **that speaks** ~**s** (*fig*) das spricht Bände (*for* für).

2. (*space occupied by sth*) Volumen *nt*, Rauminhalt *m*.

3. (*size, amount*) Umfang *m*, Ausmaß *nt* (*of* an +*dat*). **a large** ~ **of sales/business** ein großer Umsatz; **the** ~ **of traffic** das Verkehrsaufkommen; **trade has increased in** ~ das Handelsvolumen hat sich vergrößert.

4. (*large amount*) ~**s of smoke** Rauchschwaden *pl*; ~**s of white silk** Massen *pl* von weißer Seide; **we've** ~**s of work to get through** wir haben noch Berge von Arbeit.

5. (*sound*) Lautstärke *f*. **turn the** ~ **up/down** (*Rad, TV*) stell (das Gerät) lauter/leiser; ~ **control** (*Rad, TV*) Lautstärkeregler *m*.

II *attr* ~ **discount** Mengenrabatt *m*; ~ **sales** Mengenabsatz *m*.

volumetric [ˌvɒljʊ'metrɪk] *adj* volumetrisch.

voluminous [və'luːmɪnəs] *adj* voluminös (*geh*); *figure also* üppig; *writings* umfangreich; *dress* wallend.

voluntarily ['vɒləntərɪlɪ] *adv* freiwillig, von sich aus.

voluntary ['vɒləntərɪ] **I** *adj* **1.** *confession* freiwillig. **to go into** ~ **liquidation** in die freiwillige Liquidation gehen.

2. (*unpaid*) *help, service, work* freiwillig. ~ **worker** freiwilliger Helfer, freiwillige Helferin; (*overseas*) Entwicklungshelfer(in *f*) *m*.

3. (*supported by charity*) **a** ~ **organization for social work** ein freiwilliger Wohlfahrtsverband.

4. (*having will*) *movements* willkürlich, willentlich; *crime* vorsätzlich. **man is a** ~ **agent** der Mensch handelt aus freiem Willen.

5. (*Physiol*) ~ **muscles** willkürliche

Muskeln *pl.*

II *n* (*Eccl, Mus*) Solo *nt.*

volunteer [ˌvɒlən'tɪəʳ] **I** *n* (*also Mil*) Freiwillige(r) *mf.* ~ **army** Freiwilligenheer *nt*; **any ~s?** wer meldet sich freiwillig?

II *vt help, services* anbieten; *suggestion* machen; *information* geben, herausrücken mit (*inf*). **he ~ed his brother** (*hum*) er hat seinen Bruder (als Freiwilligen) gemeldet.

III *vi* **1.** etw freiwillig tun. **to ~ for sth** sich freiwillig für etw zur Verfügung stellen; **to ~ to do sth** sich anbieten, etw zu tun.

2. (*Mil*) sich freiwillig melden (*for* zu, *for places* nach).

voluptuary [və'lʌptjʊərɪ] *n* Lüstling *m.*

voluptuous [və'lʌptjʊəs] *adj mouth, woman, movement* sinnlich; *curves* üppig; *body* verlockend; *life* ausschweifend; *kiss* hingebungsvoll.

voluptuously [və'lʌptjʊəslɪ] *adv move* aufreizend, sinnlich; *kiss* hingebungsvoll; *live* ausschweifend.

voluptuousness [və'lʌptjʊəsnɪs] *n see adj* Sinnlichkeit *f*; Üppigkeit *f*; verlockende Formen *pl*; Hingabe *f.*

volute [və'lu:t] *n* (*Archit*) Volute *f.*

voluted [və'lu:tɪd] *adj* (*Archit*) mit Voluten (versehen).

vomit ['vɒmɪt] **I** *n* Erbrochene(s) *nt*; (*act*) Erbrechen *nt.*

II *vt* (*lit, fig*) spucken, speien (*geh*); *food* erbrechen.

III *vi* sich erbrechen, sich übergeben.

◆**vomit out I** *vt sep* (*lit*) erbrechen; (*fig*) *smoke, flames* speien. **II** *vi* (*fig*) **the flames were still ~ing ~ of the volcano** der Vulkan spie immer noch Feuer.

◆**vomit up** *vt sep food* (wieder) erbrechen.

voodoo ['vu:du:] *n* Voodoo, Wodu *m.*

voodooism ['vu:du:ɪzəm] *n* Voodoo- *or* Wodukult *m.*

voracious [və'reɪʃəs] *adj person* gefräßig. **she is a ~ reader** sie verschlingt die Bücher geradezu; **to have a ~ appetite** einen Riesenappetit haben.

voraciously [və'reɪʃəslɪ] *adv eat* gierig. **to read ~** die Bücher nur so verschlingen.

voracity [vɒ'ræsɪtɪ] *n* Gefräßigkeit *f*; (*fig*) Gier *f* (*for* nach).

vortex ['vɔ:teks] *n, pl* **-es** *or* **vortices** ['vɔ:tɪsi:z] (*lit*) Wirbel, Strudel (*also fig*) *m.*

votary ['vəʊtərɪ] *n* (*Rel*) Geweihte(r) *mf*; (*fig*) Jünger *m.*

vote [vəʊt] **I** *n* **1.** (*expression of opinion*) Stimme *f*; (*act of voting*) Abstimmung, Wahl *f*; (*result*) Abstimmungs- *or* Wahlergebnis *nt.* **to put sth to the ~** über etw (*acc*) abstimmen lassen; **to take a ~ on sth** über etw (*acc*) abstimmen; **the ~ for/against the change surprised him** daß für/gegen den Wechsel gestimmt wurde, erstaunte ihn; **the ~ was 150 to 95** das Abstimmungsergebnis war 150 zu 95; **we would like to offer a ~ of thanks to Mr Smith** wir möchten Herrn Smith unseren aufrichtigen Dank aussprechen.

2. (~ *cast*) Stimme *f.* **to give one's ~ to a party/person** einer Partei/jdm seine Stimme geben; **a photo of the Prime Minister casting his ~** ein Foto des Premierministers bei der Stimmabgabe; **what's your ~?** (*in panel game, competition*) wie lautet Ihr Urteil?; **he won by 22 ~s** er gewann mit einer Mehrheit von 22 Stimmen.

3. (*Pol: collective*) **the Labour ~** die Labourstimmen *pl*; **the Labour ~ has increased** der Stimmenanteil von Labour hat sich erhöht.

4. (*franchise*) Wahlrecht *nt.*

5. (*money allotted*) Bewilligung *f.*

II *vt* **1.** (*elect*) wählen. **he was ~d chairman** er wurde zum Vorsitzenden gewählt; **to ~ Labour** Labour wählen.

2. (*inf: judge*) wählen zu. **the group ~d her the best cook** die Gruppe wählte sie zur besten Köchin; **the panel ~d the record a miss** die Platte fiel bei der Jury unten durch; **I ~ we go back** ich schlage vor, daß wir umkehren.

3. (*approve*) bewilligen.

III *vi* (*take a ~*) abstimmen; (*cast one's ~*) wählen. **to ~ for/against** für/gegen stimmen; **to ~ with one's feet** abwandern.

◆**vote down** *vt sep proposal* niederstimmen.

◆**vote in** *vt sep law* beschließen; *person* wählen.

◆**vote on** *vi +prep obj* abstimmen über (+*acc*).

◆**vote out** *vt sep* abwählen; *amendment* ablehnen.

voter ['vəʊtəʳ] *n* Wähler(in *f*) *m.*

voting ['vəʊtɪŋ] *n* Wahl *f.* **which way is the ~ going?** welchen Verlauf nimmt die Wahl?; **~ was high this year** die Wahlbeteiligung war dieses Jahr hoch.

voting booth *n* Wahlkabine *f*; **voting machine** *n* Wahlmaschine *f*; **voting paper** *n* Stimmzettel *m*; **voting right** *n* Stimmrecht *nt.*

votive ['vəʊtɪv] *adj* Votiv-.

vouch [vaʊtʃ] *vi* **to ~ for sb/sth** sich für jdn/etw verbürgen; (*legally*) für jdn/etw bürgen.

voucher ['vaʊtʃəʳ] *n* **1.** (*for cash, petrol*) Gutschein *m*; (*for meals also*) Bon *m*; (*cigarette ~*) Coupon *m.*

2. (*receipt*) Beleg *m*; (*for debt*) Schuldschein *m.*

vouchsafe [vaʊtʃ'seɪf] *vt* (*form*) gewähren (*sb* jdm). **to ~ to do sth** die Güte haben *or* geruhen (*geh*), etw zu tun.

vow [vaʊ] **I** *n* Versprechen, Gelöbnis *nt*; (*Rel*) Gelübde *nt.* **lover's ~** Treueschwur *m*; **to make a ~ to do sth** geloben, etw zu tun; **to take one's ~s** sein Gelübde ablegen; **to be under a ~ to do sth** durch ein Versprechen verpflichtet sein, etw zu tun.

II *vt obedience* geloben. **to ~ vengeance on sb** jdm Rache schwören; **he is ~ed to silence** er hat Schweigen gelobt.

vowel ['vaʊəl] *n* Vokal, Selbstlaut *m.* **~ system** Vokalismus *m*; **~ sound** Vokal(laut) *m.*

voyage ['vɔɪɪdʒ] **I** *n* **1.** Reise, Fahrt *f*; (*by sea also*) Seereise *f*; (*Space also*) Flug *m.*

to go on a ~ auf eine Reise gehen; **to make a ~** eine Reise machen; **the ~ out** die Hinreise/der Hinflug; **the ~ back** *or* **home** die Rück- *or* Heimreise/der Rückflug. **2.** (*fig*) **~ of discovery** Entdekkungsreise *f.*

II *vi* eine Seereise machen; (*spaceship*) fliegen.

voyager ['vɔɪədʒəʳ] *n* Passagier(in *f*) *m*; (*Space*) Raumfahrer(in *f*) *m.*

voyeur [vwɑː'jɜːʳ] *n* Voyeur(in *f*) *m.*

voyeurism [vwɑː'jɜːrɪzəm] *n* Voyeurismus *m*, Voyeurtum *nt.*

voyeuristic [vwɑːjɜː'rɪstɪk] *adj* voyeuristisch.

VP *abbr of* **vice-president.**

vs *abbr of* **versus.**

V-shaped *adj* pfeil-förmig, V-förmig; **V-sign** *n* (*victory*) Victory-Zeichen *nt*; (*rude*) ≃ Götzgruß *m*; **he gave me the ~** ≃ er zeigte mir den Vogel.

VSO *abbr of* **Voluntary Service Overseas** ≃ Entwicklungsdienst *m.*

VTO *abbr of* **vertical take-off.**

VTR *abbr of* **video tape recorder** Videorekorder *m.*

Vulcan ['vʌlkən] *n* Vulcanus *m.*

vulcanization [ˌvʌlkənaɪ'zeɪʃən] *n* Vulkanisierung *f.*

vulcanize ['vʌlkənaɪz] *vt* vulkanisieren.

vulgar ['vʌlgəʳ] *adj* **1.** (*pej: unrefined*) ordinär, vulgär; *clothes, joke* ordinär; (*tasteless*) geschmacklos.

2. (*old: of the common people*) gemein (*old*). **~ beliefs** volkstümliche Auffassungen *pl*; **~ Latin** Vulgärlatein *nt*; **in the ~ tongue** in der Sprache des Volkes.

3. (*Math*) **~ fraction** gemeiner Bruch.

vulgarism ['vʌlgərɪzəm] *n* Gassenausdruck *m*, primitiver Ausdruck; (*swearword*) vulgärer Ausdruck.

vulgarity [vʌl'gærɪtɪ] *n* Vulgarität *f*; (*of gesture, joke also*) Anstößigkeit *f*; (*of colour, tie etc*) Geschmacklosigkeit *f.* **the ~ of his behaviour** sein ordinäres *or* pöbelhaftes Benehmen.

vulgarize ['vʌlgəraɪz] *vt* **1.** (*make coarse*) vulgarisieren. **2.** (*popularize*) popularisieren, allgemeinverständlich machen.

vulgarly ['vʌlgəlɪ] *adv* **1.** (*coarsely*) vulgär; *dressed* geschmacklos. **2.** (*commonly*) allgemein, gemeinhin.

vulnerability [ˌvʌlnərə'bɪlɪtɪ] *n see adj* Verwundbarkeit *f*; Verletzlichkeit *f*; Verletzbarkeit *f*; Ungeschütztheit *f.* **the ~ of the young fish to predators** die Wehrlosigkeit der jungen Fische gegen Raubtiere.

vulnerable ['vʌlnərəbl] *adj* **1.** verwundbar; (*exposed*) verletzlich; (*fig*) verletzbar; *police, troops, fortress* ungeschützt. **the skin is ~ to radiation** die Haut hat keinen Schutz gegen Radioaktivität; **the turtle on its back is completely ~** auf dem Rücken liegend ist die Schildkröte völlig wehrlos; **to be ~ to the cold** kälteanfällig sein; **to be ~ to temptation** für Versuchungen anfällig sein; **to be ~ to criticism** (*exposed*) der Kritik ausgesetzt sein; (*sensitive*) keine Kritik vertragen; **I felt extremely ~ in the discussion** ich kam mir in der Diskussion völlig wehrlos vor; **the one ~ spot in his armour** die einzige ungeschützte Stelle in seiner Rüstung; **a ~ point in our defences** ein schwacher *or* wunder Punkt in unserer Verteidigung; **economically ~** wirtschaftlich wehrlos.

2. (*Bridge*) in Gefahr. **not ~, non-~** in Nicht-Gefahr.

vulpine ['vʌlpaɪn] *adj* schlau, listig.

vulture ['vʌltʃəʳ] *n* (*lit, fig*) Geier *m.*

vulva ['vʌlvə] *n* (weibliche) Scham, Vulva *f* (*geh*).

V wings ['viːwɪŋz] *npl* pfeilförmige Tragflügel *pl.*

vying ['vaɪɪŋ] *n* (Konkurrenz)kampf *m* (*for* um).

W

W, w ['dʌblju:] *n* W, w *nt.*

W *abbr of* **west** W.

w *abbr of* **watt(s)** W.

WAAF *abbr of* **Women's Auxiliary Air Force**.

Waaf [wæf] *n* (*Brit*) Mitglied *nt* der weiblichen Luftwaffe.

WAC (*US*) *abbr of* **Women's Army Corps.**

wacky ['wækɪ] *adj* (+*er*) (*inf*) verrückt (*inf*).

wad [wɒd] **I** *n* **1.** (*compact mass*) Knäuel *m*; (*in gun, cartridge*) Pfropfen *m*; (*of cotton wool*) Bausch *m*.
2. (*of papers, banknotes*) Bündel *nt*. **he's got ~s of money** (*inf*) er hat Geld wie Heu (*inf*).
II *vt* (*secure, stuff*) stopfen; (*squeeze*) zusammenknüllen; (*Sew*) wattieren. **the glasses must be firmly ~ded down** die Gläser müssen bruchsicher verpackt sein.

wadding ['wɒdɪŋ] *n* (*for packing*) Material *nt* zum Ausstopfen; (*Sew*) Wattierung *f*; (*Med: on plaster*) (Mull)tupfer *m*.

waddle ['wɒdl] **I** *n* Watscheln *nt*. **II** *vi* watscheln.

wade [weɪd] **I** *vt* durchwaten. **II** *vi* waten.

◆**wade in** *vi* **1.** (*lit*) hineinwaten.
2. (*fig inf*) (*join in a fight, controversy*) sich einmischen (*inf*); (*tackle problem*) sich voll reinstürzen *or* -werfen (*inf*), sich hineinknien (*inf*).

◆**wade into** *vi* +*prep obj* (*fig inf: attack*) auf jdn losgehen/etw in Angriff nehmen.

◆**wade through** *vi* +*prep obj* **1.** (*lit*) waten durch. **2.** (*fig*) sich durchkämpfen durch; (*learning sth also*) durchackern.

wader ['weɪdəʳ] *n* **1.** (*Orn*) Watvogel *m*. **2.** **~s** *pl* (*boots*) Watstiefel *pl*.

wafer ['weɪfəʳ] *n* **1.** (*biscuit*) Waffel *f*. **a vanilla ~** eine Vanilleeiswaffel. **2.** (*Eccl*) Hostie *f*. **3.** (*silicon ~*) Wafer *f*.

wafer-thin ['weɪfə'θɪn] *adj* hauchdünn.

waffle¹ ['wɒfl] *n* (*Cook*) Waffel *f*. **~ iron** Waffeleisen *nt*.

waffle² (*Brit inf*) **I** *n* Geschwafel *nt* (*inf*). **II** *vi* (*also* **~ on**) schwafeln (*inf*).

waffler ['wɒfləʳ] *n* (*Brit inf*) Schwätzer(in *f*) *m*.

waft [wɑ:ft] **I** *n* Hauch *m*. **a ~ of smoke/cool air** eine dünne Rauchschwade/ein kühler Lufthauch. **II** *vt* tragen, wehen. **III** *vi* wehen. **a delicious smell ~ed up from the kitchen** ein köstlicher Geruch zog aus der Küche herauf.

wag¹ [wæg] **I** *n* **he admonished me with a ~ of his finger** tadelnd drohte er mir mit dem Finger; **with a ~ of its tail** mit einem Schwanzwedeln.
II *vt tail* wedeln mit; (*bird*) wippen mit. **to ~ one's finger at sb** jdm mit dem Finger drohen.
III *vi* (*tail*) wedeln; (*of bird*) wippen. **her tongue never stops ~ging** (*inf*) ihr Mundwerk steht keine Sekunde still (*inf*); **as soon as he left the tongues started ~ging** sobald er gegangen war, wurde über ihn geredet *or* fing das Gerede an; **that'll set the tongues ~ging** dann geht das Gerede los.

wag² *n* (*wit, clown*) Witzbold *m* (*inf*).

wage¹ [weɪdʒ] *n usu pl* Lohn *m*.

wage² *vt war, campaign* führen. **to ~ war against sth** (*fig*) gegen etw einen Feldzug führen.

wage *in cpds* Lohn-; **wage-claim** Lohnforderung *f* **wage-cost inflation** *n* Lohnkosteninflation *f*; **wage demand** *n* Lohnforderung *f*; **wage earner** *n* Lohnempfänger(in *f*) *m*; **wage freeze** *n* Lohnstopp *m*; **wage increase** *n* Lohnerhöhung *f*; **wage-intensive** *adj* lohnintensiv; **wage packet** *n* Lohntüte *f*.

wager ['weɪdʒəʳ] **I** *n* Wette *f* (*on* auf +*acc*). **to lay** *or* **make a ~** eine Wette eingehen *or* abschließen.
II *vti* wetten (*on* auf +*acc*); *one's honour, life* verpfänden. **I'll ~ you £2 my horse wins** ich wette mit Ihnen um £ 2, daß mein Pferd gewinnt.

wage rates *npl* Lohnsatz, Tarifsatz *m*.

wages ['weɪdʒɪz] *npl* Lohn *m*. **the ~ of sin** die gerechte Strafe, der Sünde Lohn (*old*); **~ bill** Lohnkosten *pl*; **~ clerk** Lohnbuchhalter(in *f*) *m*; **~ slip** Lohnstreifen *m*.

wage scale *n* Lohnskala *f*; **wage settlement** *n* Lohnabkommen *nt*, Tarifabschluß *m*; **wage slave** *n* (*hum inf*) Lohnsklave *m* (*hum inf*), Lohnsklavin *f* (*hum inf*); **wage worker** *n* (*US*) Lohnempfänger(in *f*) *m*.

waggish ['wægɪʃ] *adj* schalkhaft, schelmisch.

waggishly ['wægɪʃlɪ] *adv* schalkhaft.

waggle ['wægl] **I** *vt* wackeln mit; *tail* wedeln mit; (*bird*) wippen mit. **he ~d his loose tooth** er wackelte an dem lockeren Zahn.
II *vi* wackeln; (*tail*) wedeln.
III *n* **with a ~ of her hips she left the stage** mit den Hüften wackelnd ging sie von der Bühne; **with a ~ of its tail** mit einem Schwanzwedeln.

waggly ['wæglɪ] *adj* (*loose*) wackelig; *hips* wackelnd; *tail* wedelnd.

waggon *n* (*Brit*) *see* **wagon**.

wagon ['wægən] *n* **1.** (*horse-drawn*) Fuhrwerk *nt*, Wagen *m*; (*covered ~*) Planwagen *m*; (*US: delivery truck*) Lieferwagen *m*; (*child's toy cart*) Leiterwagen *m*; (*tea ~*) Wagen *m*; (*US inf: police car*) Streifenwagen; (*US inf: for transporting prisoners*) grüne Minna (*inf*); (*Brit sl: car*) Kutsche *f* (*sl*); (*Brit sl: lorry*) Laster *m* (*inf*).

2. (*Brit Rail*) Waggon *m*.
3. (*inf*) **I'm on the ~** ich trinke nichts; **to go on the ~** unter die Abstinenzler gehen (*inf*).

wagoner ['wægənəʳ] *n* Fuhrmann *m*.

wagonload *n* Wagenladung *f*; **books arrived by the ~** ganze Wagenladungen von Büchern kamen an; **wagon train** *n* Zug *m* von Planwagen.

wagtail ['wægteɪl] *n* (*Orn*) Bachstelze *f*.

waif [weɪf] *n* obdachloses *or* heimatloses Kind; (*animal*) herrenloses Tier. **the poor little ~ ...** das arme kleine Ding, hat kein Zuhause, ...; **~s and strays** obdachlose *or* heimatlose Kinder *pl*.

wail [weɪl] **I** *n* (*of baby*) Geschrei *nt*; (*of mourner, music*) Klagen *nt*; (*of sirens, wind*) Heulen *nt*; (*inf: complaint*) Gejammer *nt* (*inf*). **a great ~/a ~ of protest went up** es erhob sich lautes Wehklagen/Protestgeheul.
II *vi* (*baby, cat*) schreien; (*mourner, music*) klagen; (*siren, wind*) heulen; (*inf: complain*) jammern (*over* über +*acc*).

Wailing Wall ['weɪlɪŋ'wɔːl] *n* Klagemauer *f*.

wainscot ['weɪnskət] *n, no pl* Täfelung *f*.

wainscot(t)ed ['weɪnzkətɪd] *adj* holzgetäfelt, paneeliert.

wainscot(t)ing ['weɪnskətɪŋ] *n* Täfelung *f*.

waist [weɪst] *n* Taille *f*; (*of violin*) Mittelbügel *m*; (*Naut*) Mittelteil *m*. **stripped to the ~** mit nacktem *or* entblößtem Oberkörper; **too tight round the ~** zu eng in der Taille.

waistband *n* Rock-/Hosenbund *m*; **waistcoat** *n* (*Brit*) Weste *f*; **waist-deep** *adj* hüfthoch, bis zur Taille reichend; **the water was ~** das Wasser reichte bis zur Taille; **we stood ~ in ...** wir standen bis zur Hüfte im ...

waisted ['weɪstɪd] *adj clothes* tailliert.

waist-high *adj* hüfthoch, bis zur Taille reichend; **waistline** *n* Taille *f*.

wait [weɪt] **I** *vi* **1.** warten (*for* auf +*acc*). **to ~ for sb to do sth** darauf warten, daß jd etw tut; **it was definitely worth ~ing for** es hat sich wirklich gelohnt, darauf zu warten; **that'll be worth ~ing for** (*iro*) da bin ich aber gespannt (*inf*); **well, what are you ~ing for?** worauf wartest du denn (noch)?; **~ for it, now he's going to get mad** wart's ab, gleich wird er wild (*inf*); **let him ~!, he can ~!** laß ihn warten, soll er warten!, der kann warten!; **can't it ~?** kann das nicht warten?, hat das nicht Zeit?; **this work will have to ~ till later** diese Arbeit muß bis später warten *or* liegenbleiben; **~ a minute** *or* **moment** *or* **second** (einen) Augenblick *or* Moment (mal); **(just) you ~!** warte nur ab!; (*threatening*) warte nur!; **Mummy, I can't ~** Mami, ich muß dringend mal!; **I can't ~** ich kann's kaum erwarten; (*out of curiosity*) ich bin gespannt; **I can't ~ to try out my new boat** ich kann es kaum noch erwarten, bis ich mein neues Boot ausprobiere; **I can hardly ~** (*usu iro*) ich kann es kaum erwarten!; **"repairs while you ~"** „Sofortreparaturen", „Reparaturschnelldienst"; **~ and see!** warten Sie (es) ab!, abwarten und Tee trinken! (*inf*); **we'll have to ~ and see how ...** wir müssen abwarten, wie ...
2. to ~ at table servieren. **she used to ~ at the ...** sie bediente früher im ...
II *vt* **1. to ~ one's turn** (ab)warten, bis man an der Reihe ist; **to ~ one's chance/opportunity** auf eine günstige Gelegenheit warten, eine günstige Gelegenheit abwarten.
2. (*US*) **to ~ table** servieren, bedienen.
III *n* **1.** Wartezeit *f*. **did you have a long ~?** mußten Sie lange warten? **2. to lie in ~ for sb/sth** jdm/einer Sache auflauern. **3. ~s** *pl* Sternsinger *pl*.

◆**wait about** *or* **around** *vi* warten (*for* auf +*acc*).

◆**wait behind** *vi* zurückbleiben. **to ~ ~ for sb** zurückbleiben und auf jdn warten.

◆**wait in** *vi* zu Hause bleiben (*for* wegen).

◆**wait on** **I** *vi* (*continue to wait*) noch (weiter) warten. **II** *vi* +*prep obj* **1.** (*also* **wait upon**) (*serve*) bedienen. **2.** (*US*) **to ~ ~ table** servieren, bei Tisch bedienen. **3.** (*wait for*) warten auf (+*acc*).

◆**wait out** *vt sep* das Ende (+*gen*) abwarten. **to ~ it ~** abwarten.

◆**wait up** *vi* aufbleiben (*for* wegen, für).

waiter ['weɪtəʳ] *n* Kellner, Ober *m*. **~!** (Herr) Ober!

waiting ['weɪtɪŋ] *n* **1.** Warten *nt*. **all this ~ (around)** dieses ewige Warten, diese ewige Warterei (*inf*); **no ~** Halteverbot *nt*. **2.** (*royal service*) **those in ~ at the court ...** wer bei Hof dient ... **3.** (*by waiter*) Servieren, Bedienen *nt*.

waiting game *n* Wartespiel *nt*; **to play a ~** ein Wartespiel spielen; **the negotiations developed into a ~** die Verhandlungen entwickelten sich zu einer Geduldsprobe; **waiting list** *n* Warteliste *f*; **waiting room** *n* Warteraum *m*; (*at doctor's*) Wartezimmer *nt*; (*in railway station*) Wartesaal *m*.

waitress ['weɪtrɪs] *n* Kellnerin, Serviererin, Bedienung *f*. **~!** Fräulein!

wait state *n* (*Comput*) Wartezyklus *m*. **with zero ~s** ohne Wartezyklen.

waive [weɪv] *vt* **1.** (*not insist on*) *rights, claim* verzichten auf (+*acc*); *principles, rules, age limit* außer acht lassen. **2.** (*put aside, dismiss*) *question, objection* abtun.

waiver ['weɪvəʳ] *n* (*Jur*) Verzicht *m* (*of* auf +*acc*); (*document*) Verzichterklärung *f*; (*of law, contract, clause*) Außerkraftsetzung *f*.

wake¹ [weɪk] *n* (*Naut*) Kielwasser *nt*. **in the ~ of** (*fig*) im Gefolge (+*gen*); **to follow in sb's ~** in jds Kielwasser segeln; **X follows in the ~ of Y** Y bringt X mit sich; **X brings Y in its ~** X bringt Y mit sich; **with ten children in her ~** (*inf*) mit zehn Kindern im Schlepptau (*inf*).

wake² *n* (*esp Ir: over corpse*) Totenwache *f*.

wake³ *pret* **woke,** *ptp* **woken** *or* **~d** **I** *vt* (auf)wecken; (*fig*) wecken.

II *vi* aufwachen, erwachen (*geh*). **he woke to find himself in prison** als er aufwachte *or* erwachte, fand er sich im Gefängnis wieder; **he woke to the sound of birds singing** als er aufwachte, sangen die Vögel; **they woke to their danger too late** (*fig*) sie haben die Gefahr zu spät erkannt.

◆**wake up I** *vi* (*lit, fig*) aufwachen. **to ~ ~ to sth** (*fig*) sich (*dat*) einer Sache (*gen*) bewußt werden; **I wish he'd ~ ~ to what's happening** ich wünschte, ihm würde endlich bewußt *or* aufgehen *or* klar, was (hier) vor sich geht.

II *vt sep* (*lit*) aufwecken, (*fig: rouse from sloth*) wach- *or* aufrütteln. **to ~ sb ~ to sth** (*fig*) jdm etw klarmachen *or* bewußt machen *or* vor Augen führen; **to ~ one's ideas ~** sich zusammenreißen.

wakeful ['weɪkfʊl] *adj* (*sleepless*) schlaflos; (*alert*) wachsam.

wakefulness ['weɪkfʊlnɪs] *n see adj* Schlaflosigkeit *f*; Wachsamkeit *f*.

waken ['weɪkən] **I** *vt* (auf)wecken. **II** *vi* (*liter, Scot*) erwachen (*geh*), aufwachen.

waker ['weɪkə^r^] *n* **to be an early ~** früh aufwachen.

wakey wakey [ˌweɪkɪ'weɪkɪ] *interj* aufwachen!; (*said to sleeping person also*) auf, auf!

waking ['weɪkɪŋ] *adj* **one's ~ hours** von früh bis spät; **thoughts of her filled all his ~ hours** der Gedanke an sie beschäftigte ihn von früh bis spät; **his ~ hours were spent ...** von früh bis spät beschäftigte er sich mit ...

Wales [weɪlz] *n* Wales *nt*. **Prince of ~** Prinz *m* von Wales.

walk [wɔːk] **I** *n* **1.** (*stroll*) Spaziergang *m*; (*hike*) Wanderung *f*; (*Sport*) Gehen *nt*; (*competition*) Geher-Wettkampf *m*; (*charity ~*) Marsch *m* (*für Wohltätigkeitszwecke*). **it's only 10 minutes' ~** es sind nur 10 Minuten zu Fuß *or* zu gehen; **it's a long/short ~ to the shops** zu den Läden ist es weit/nicht weit zu Fuß *or* zu gehen *or* zu laufen (*inf*); **that's quite a ~** das ist eine ganz schöne Strecke *or* ganz schön weit zu Fuß *or* zu laufen (*inf*); **he thinks nothing of a 10 mile ~** 10 Meilen zu Fuß sind für ihn gar nichts; **to go for** *or* **have** *or* **take a ~** einen Spaziergang machen, spazierengehen; **to take sb/the dog for a ~** mit jdm/dem Hund spazierengehen *or* einen Spaziergang machen.

2. (*gait*) Gang *m*; (*of horse also*) Gangart *f*. **he slowed his horse to a ~** er brachte sein Pferd in den Schritt; **he ran for a bit, then slowed to a ~** er rannte ein Stück und ging dann normalen Schrittes weiter *or* verfiel dann in ein normales Schrittempo.

3. (*path in garden*) (Park)weg *m*; (*in hills*) Weg *m*.

4. (*route*) Weg *m*; (*signposted*) Wander-/Spazierweg *m*. **he knows some good ~s in the Lake District** er kennt ein paar gute Wandermöglichkeiten *or* Wanderungen im Lake District.

5. ~ of life Milieu *nt*; **people from all ~s of life** Leute aus allen Schichten und Berufen.

6. (*US: Baseball*) Walk *m*, Freibase *nt*.

II *vt* **1.** (*lead*) *person, horse* (spazieren)führen; *dog* ausführen; (*ride at a ~*) im Schritt gehen lassen. **to ~ sb home/to the bus** jdn nach Hause/zum Bus bringen; **she ~ed her baby up to the table** das Kind lief, von der Mutter gehalten *or* mit Hilfe der Mutter, zum Tisch; **to ~ sb off his feet/legs** jdn total erschöpfen; **they ~ed me off my feet** ich konnte nicht mehr mitlaufen (*inf*), ich ging auf dem Zahnfleisch (*sl*).

2. *distance* laufen, gehen. **I've ~ed this road many times** ich bin diese Straße oft gegangen.

3. to ~ the streets (*prostitute*) auf den Strich gehen (*inf*); (*in search of sth*) durch die Straßen irren; (*aimlessly*) durch die Straßen streichen; **to ~ the boards** (*Theat*) auf den Brettern stehen; **to ~ the plank** *mit verbundenen Augen über eine Schiffsplanke ins Wasser getrieben werden*; **to ~ the wards** (*Med*) famulieren.

III *vi* **1.** gehen, laufen. **to ~ in one's sleep** schlaf- *or* nachtwandeln.

2. (*not ride*) zu Fuß gehen, laufen (*inf*); (*stroll*) spazierengehen; (*hike*) wandern. **you can ~ there in 5 minutes** da ist man in *or* bis dahin sind es 5 Minuten zu Fuß; **to ~ home** nach Hause laufen (*inf*), zu Fuß nach Hause gehen; **we were out ~ing when the telegram arrived** wir waren gerade spazieren *or* auf einem Spaziergang, als das Telegramm kam.

3. (*ghost*) umgehen, spuken.

4. (*inf: disappear*) Beine bekommen (*inf*).

◆**walk about** *or* **around I** *vi* herumlaufen (*inf*). **to ~ ~ sth** um etw herumlaufen (*inf*) *or* -gehen; (*in room*) in etw (*dat*) herumlaufen (*inf*) *or* -gehen. **II** *vt sep* (*lead*) *person, horse* auf und ab führen; (*ride at a walk*) im Schritt gehen lassen.

◆**walk away** *vi* weg- *or* davongehen. **he ~ed ~ from the crash unhurt** er ist bei dem Unfall ohne Verletzungen davongekommen; **to ~ ~ with a prize** einen Preis kassieren *or* einstecken (*inf*).

◆**walk in** *vi* herein-/hineinkommen; (*casually*) herein-/hineinspazieren (*inf*). **"please ~ ~"** „bitte eintreten".

◆**walk into** *vi* +*prep obj room* herein-/hineinkommen in (+*acc*); *person* anrempeln; *wall* laufen gegen. **to ~ ~ sb** (*meet unexpectedly*) jdm in die Arme laufen, jdn zufällig treffen; **to ~ ~ a trap** in eine Falle gehen; **he just ~ed ~ the first job he applied for** er hat gleich die erste Stelle bekommen, um die er sich beworben hat; **to ~ right ~ sth** (*lit*) mit voller Wucht gegen etw rennen; **I didn't know I was going to ~ ~ an argument** ich wußte nicht, daß ich hier mitten in einen Streit hineingeraten würde; **you ~ed right ~ that one, didn't you?** da bist du aber ganz schön reingefallen (*inf*).

◆**walk off I** *vt sep pounds* ablaufen (*inf*). **I'm going out to try and ~ ~ this hangover** ich gehe jetzt an die Luft, um meinen

Kater loszuwerden; **we ~ed ~ our lunch with a stroll in the park** nach dem Mittagessen haben wir einen Verdauungsspaziergang im Park gemacht.

II *vi* weggehen. **he ~ed ~ in the opposite direction** er ging in die andere Richtung davon.

◆**walk off with** *vi +prep obj* (*inf*) **1.** (*take*) (*unintentionally*) abziehen mit (*inf*); (*intentionally*) abhauen mit (*inf*). **don't ~ ~ ~ the idea that ...** (*fig*) gehen Sie nicht weg in dem Glauben, daß ... **2.** (*win easily*) *prize* kassieren, einstecken (*inf*).

◆**walk on** *vi* **1.** *+prep obj grass* betreten. **2.** (*continue walking*) weitergehen. **3.** (*Theat*) auftreten; (*in walk-on part*) auf die Bühne gehen.

◆**walk out I** *vi* **1.** (*quit*) gehen. **to ~ ~ of a meeting/room** eine Versammlung/einen Saal verlassen; **to ~ ~ on sb** jdn verlassen; (*let down*) jdn im Stich lassen; (*abandon*) *girlfriend* sitzenlassen (*inf*); **to ~ ~ on sth** aus etw aussteigen (*inf*).

2. (*strike*) streiken, in Streik treten.

◆**walk over** *vi +prep obj* **1.** (*defeat*) in die Tasche stecken (*inf*). **2. to ~ all ~ sb** (*inf*) (*dominate*) jdn unterbuttern (*inf*); (*treat harshly*) jdn fertigmachen (*inf*); **she lets her husband ~ all ~ her** sie läßt sich von ihrem Mann herumschikanieren (*inf*).

◆**walk through** *vi +prep obj* **1.** (*inf: do easily*) *exam* spielend schaffen (*inf*). **2.** (*Theat*) *part* durchgehen.

◆**walk up** *vi* **1.** (*go up, ascend*) hinaufgehen. **2.** (*approach*) zugehen (*to* auf *+acc*). **a man ~ed ~ (to me/her)** ein Mann kam auf mich zu/ging auf sie zu.

walkable ['wɔːkəbl] *adj* **to be ~** sich zu Fuß machen lassen.

walkabout *n* Rundgang *m*; **the Queen went (on a) ~** die Königin nahm ein Bad in der Menge; **walkaway** *n* (*US*) *see* **walkover**.

walker ['wɔːkə^r] *n* **1.** (*stroller*) Spaziergänger(in *f*) *m*; (*hiker*) Wanderer(in *f*) *m*; (*Sport*) Geher(in *f*) *m*. **to be a fast/slow ~** schnell/langsam gehen. **2.** (*for baby, invalid*) Laufstuhl *m*.

walkie-talkie ['wɔːkɪ'tɔːkɪ] *n* Hand-Funksprechgerät, Walkie-Talkie *nt*.

walk-in ['wɔːkɪn] **I** *adj* **a ~ cupboard** ein begehbarer Einbau- *or* Wandschrank. **II** *n* (*US*) (*cupboard*) *see adj*; (*victory*) spielender Sieg.

walking ['wɔːkɪŋ] **I** *n* Gehen *nt*; (*as recreation*) Spazierengehen *nt*; (*hiking*) Wandern *nt*. **we did a lot of ~ on holiday** in den Ferien sind wir viel gewandert *or* gelaufen.

II *adj attr encyclopaedia, miracle* wandelnd; *doll* Lauf-. **at a ~ pace** im Schrittempo; **it's within ~ distance** dahin kann man laufen *or* zu Fuß gehen.

walkingbass *n* (*Mus*) *einfache Kontrabaßbegleitung*, Walking-bass *m*; **walking frame** *n* Laufgestell *nt*; **walking holiday** *n* Wanderferien *pl*; **walking shoes** *npl* Wanderschuhe *pl*; **walking stick** *n* Spazierstock *m*; **walking tour** *n* Wanderung *f*.

walkman ® *n* Walkman ® *m*; **walk-on I** *adj* **1.** *part, role* Statisten-; **2.** (*in transport*) Walk-on-; **II** *n* Statistenrolle *f*; **walkout** *n* (*strike*) Streik *m*; **to stage a ~** (*from conference*) demonstrativ den Saal verlassen; **walkover I** *n* (*Sport*) Walk-over *m*; (*easy victory*) spielender Sieg; (*fig*) Kinderspiel *nt*; **the government had a ~ in the debate** die Regierung hatte leichtes Spiel in der Debatte; **II** *adj attr* **~ victory** spielender Sieg; **walk-up** *n* (*US inf*) (Wohnung/Büro in einem) Haus *nt* ohne Fahrstuhl *or* Lift; **walkway** *n* Fußweg *m*.

wall [wɔːl] **I** *n* **1.** (*outside*) Mauer *f*; (*inside, of mountain*) Wand *f*. **the Great W~ of China** die Chinesische Mauer; **a ~ of fire** eine Feuerwand; **a ~ of troops** eine Mauer von Soldaten; **~s have ears** die Wände haben Ohren; **to come up against a ~ of prejudice/silence** auf eine Mauer von Vorurteilen/des Schweigens stoßen; **to go up the ~** (*inf*) die Wände rauf- *or* hochgehen (*inf*); **he/his questions drive me up the ~** (*inf*) er/seine Fragerei bringt mich auf die Palme (*inf*); **to go to the ~** (*firm etc*) kaputtgehen (*inf*); *see* **brick ~, back**.

2. (*Anat*) Wand *f*. **abdominal ~** Bauchdecke *f*.

II *vt* mit einer Mauer umgeben.

◆**wall about** *vt sep* (*old, liter*) ummauern.

◆**wall in** *vt sep* mit einer Mauer *or* von Mauern umgeben. **~ed ~ on all sides by bodyguards** auf allen Seiten von Leibwächtern abgeriegelt *or* eingeschlossen.

◆**wall off** *vt sep* (*cut off*) durch eine Mauer (ab)trennen; (*separate into different parts*) unterteilen. **the monks ~ed themselves ~ from the outside world** die Mönche riegelten sich hinter ihren Mauern von der Welt ab.

◆**wall round** *vt sep* ummauern.

◆**wall up** *vt sep* zumauern.

wallaby ['wɒləbɪ] *n* Wallaby *nt*.

wall bars *npl* Sprossenwand *f*; **wallboard** *n* (*US*) Sperrholz *nt*; **wall cabinet/cupboard** *n* Wandschrank *m*; **wall chart** *n* Plantafel *f*; **wall clock** *n* Wanduhr *f*; **wall covering** *n* Wandbekleidung *f*.

walled [wɔːld] *adj* von Mauern umgeben.

wallet ['wɒlɪt] *n* Brieftasche *f*.

wallflower *n* (*Bot*) Goldlack *m*; (*fig inf*) Mauerblümchen *nt* (*inf*); **wall hanging** *n* Wandbehang, Wandteppich *m*; **wall map** *n* Wandkarte *f*.

Walloon [wɒ'luːn] **I** *n* **1.** Wallone *m*, Wallonin *f*. **2.** (*dialect*) Wallonisch *nt*. **II** *adj* wallonisch.

wallop ['wɒləp] **I** *n* **1.** (*inf: blow*) Schlag *m*. **he fell flat on his face with a ~** mit einem Plumps fiel er auf die Nase (*inf*).

2. at a fair old ~ (*dated inf*) mit Karacho (*inf*).

II *vt* (*inf*) (*hit*) schlagen; (*punish*) verdreschen (*inf*), versohlen (*inf*); (*defeat*) in die Pfanne hauen (*sl*). **to ~ sb one/over the head** jdm eins reinhauen (*inf*)/eins überziehen.

walloping ['wɒləpɪŋ] (*inf*) **I** *n* Prügel *pl*

(*inf*), Abreibung *f* (*inf*); (*defeat*) Schlappe *f*. **to give sb a ~** jdm eine Tracht Prügel geben (*inf*); (*defeat*) jdn fertigmachen (*inf*); **to take a ~** (*defeat*) eine Schlappe erleiden.

II *adj* (*also* **~ great**) riesig; *price* gesalzen (*inf*), saftig (*inf*); *loss, defeat* gewaltig (*inf*); *lie* faustdick (*inf*).

wallow ['wɒləʊ] **I** *n* (*act*) Bad *nt*; (*place*) Suhle *f*. **II** *vi* **1.** (*lit*) (*animal*) sich wälzen, sich suhlen; (*boat*) rollen. **2. to ~ in luxury/sensuality/self-pity** im Luxus/in Sinnenlust/Selbstmitleid schwelgen; **to ~ in money** (*inf*) im Geld schwimmen (*inf*).

◆**wallow about** *or* **around** *vi* sich herumwälzen.

wall painting *n* Wandmalerei *f*; **wallpaper I** *n* Tapete *f*; **II** *vt* tapezieren; **wall socket** *n* Steckdose *f*; **Wall Street** *n* Wall Street *f*; **wall-to-wall** *adj* **~ carpeting** Teppichboden, Ausleg(e)teppich *m*; **his flat is just about ~ stereo equipment** seine Wohnung ist fast eine einzige Stereoanlage; **what a bar! ~ punks** was für eine Bar! randvoll mit Punkern.

wally ['wɒlɪ] *n* (*inf: fool*) Vollidiot (*inf*), Trottel (*inf*) *m*.

walnut ['wɔːlnʌt] *n* (*nut*) Walnuß *f*; (*~ tree*) (Wal)nußbaum *m*; (*wood*) Nußbaum(holz *nt*) *m*.

walrus ['wɔːlrəs] *n* Walroß *nt*.

waltz [wɔːls] **I** *n* Walzer *m*.

II *vi* **1.** Walzer tanzen. **would you care to ~?** möchten Sie einen Walzer tanzen?; **they ~ed across the ballroom** sie walzten durch den Ballsaal.

2. (*inf: move, come*) walzen (*inf*). **he came ~ing up** er kam angetanzt (*inf*).

III *vt* Walzer tanzen mit. **he ~ed her out onto the balcony** er walzte mit ihr auf den Balkon hinaus.

◆**waltz about** *or* **around** *vi* (*inf*) herumtanzen *or* -tänzeln.

◆**waltz in** *vi* (*inf*) hereintanzen (*inf*). **to come ~ing ~** angetanzt kommen (*inf*).

◆**waltz off** *vi* (*inf*) abtanzen (*inf*).

◆**waltz off with** *vi +prep obj* (*inf*) *prizes* abziehen mit.

waltzer ['wɔːlsəʳ] *n* **1.** (*dancer*) Walzertänzer(in *f*) *m*. **2.** (*at fairground*) Krake *f*.

waltz music *n* Walzermusik *f*; **waltz time** *n* Walzertakt *m*.

wan [wɒn] *adj* bleich; *light, smile, look* matt.

wand [wɒnd] *n* (*magic ~*) Zauberstab *m*; (*of office*) Amtsstab *m*; (*Comput: for bar codes*) Lesestift *m*.

wander ['wɒndəʳ] **I** *n* Spaziergang *m*; (*through town, park also*) Bummel *m*. **I'm going for a ~ round the shops** ich mache einen Ladenbummel.

II *vt hills, world* durchstreifen (*geh*). **to ~ the streets** durch die Straßen wandern *or* (*looking for sb/sth also*) irren.

III *vi* **1.** herumlaufen; (*more aimlessly*) umherwandern (*through, about* in *+dat*); (*leisurely*) schlendern; (*to see the shops*) bummeln. **he ~ed over to speak to me** er kam zu mir herüber, um mit mir zu reden; **his hands ~ed over the keys** seine Hände wanderten über die Tasten; **the river ~ed through the valley** der Fluß zog sich durch das Tal; **I enjoy just ~ing around** ich bummele gerne einfach nur herum; **his speech ~ed on and on** seine Rede wollte gar nicht aufhören *or* kein Ende nehmen; **if his hands start ~ing ...** (*hum*) wenn er seine Finger nicht bei sich (*dat*) behalten kann ...

2. (*go off, stray*) **to ~ from the path** vom Wege *or* Pfad abkommen; **the cattle must not be allowed to ~** das Vieh darf nicht einfach so herumlaufen; **he ~ed too near the edge of the cliff** er geriet zu nahe an den Rand des Abhangs; **the children had ~ed out onto the street** die Kinder waren auf die Straße gelaufen; **the needle tends to ~ a bit** der Zeiger schwankt ein bißchen.

3. (*fig: thoughts, eye*) schweifen, wandern. **to let one's mind ~** seine Gedanken schweifen lassen; **during the lecture his mind ~ed a bit** während der Vorlesung wanderten seine Gedanken umher *or* schweiften seine Gedanken ab; **the old man's mind is beginning to ~ a bit** der alte Mann wird ein wenig wirr; **to ~ from the straight and narrow** vom Pfad der Tugend abirren *or* abkommen; **to ~ from** *or* **off a point/subject** von einem Punkt/vom Thema abschweifen *or* abkommen.

◆**wander about** *vi* umherziehen, umherwandern.

◆**wander back** *vi* (*cows, strays*) zurückkommen *or* -wandern.

◆**wander in** *vi* ankommen (*inf*), anspazieren (*inf*). **he ~ed ~ to see me this morning** (*inf*) er ist heute morgen bei mir vorbeigekommen.

◆**wander off** *vi* **1.** weggehen, davonziehen (*geh*). **to ~ ~ course** vom Kurs abkommen; **he ~ed ~ into one of his fantasies** er geriet wieder ins Phantasieren; **he must have ~ed ~ somewhere** er muß (doch) irgendwohin verschwunden sein.

2. (*inf: leave*) allmählich *or* langsam gehen.

wanderer ['wɒndərəʳ] *n* Wandervogel *m*. **the Masai are ~s** die Massai sind ein Wanderstamm *m*.

wandering ['wɒndərɪŋ] *adj tribesman, refugees* umherziehend; *minstrel* fahrend; *thoughts* (ab)schweifend; *path* gewunden. **the old man's ~ mind** die wirren Gedanken des Alten; **to have ~ hands** (*hum*) seine Finger nicht bei sich (*dat*) behalten können; **the W~ Jew** (*Myth*) der Ewige Jude (*Myth*).

wanderings ['wɒndərɪŋz] *npl* Streifzüge, Fahrten *pl*; (*mental*) wirre Gedanken *pl*; (*verbal*) wirres Gerede. **it's time he stopped his ~ and settled down** es wird Zeit, daß er mit dem Herumzigeunern aufhört und seßhaft wird.

wanderlust ['wɒndəlʌst] *n* Fernweh *nt*.

wane [weɪn] **I** *n* **to be on the ~** (*fig*) im Schwinden sein. **II** *vi* (*moon*) abnehmen; (*fig*) (*influence, strength, life, power*) schwinden; (*reputation*) verblassen; (*daylight*) nachlassen.

wangle ['wæŋgl] (*inf*) **I** *n* Schiebung (*inf*), Mauschelei (*inf*) *f*. **I think we can arrange some sort of ~** ich glaube, wir können es so hinbiegen (*inf*) *or* hindrehen (*inf*).

II *vt job, ticket* organisieren (*inf*), verschaffen. **to ~ oneself/sb in** sich hineinlavieren *or* -mogeln (*inf*)/jdn reinschleusen (*inf*); **he'll ~ it for you** er wird das schon für dich drehen (*inf*) *or* deichseln (*inf*); **to ~ money/the truth out of sb** jdm Geld abluchsen (*inf*)/die Wahrheit aus jdm rauskriegen (*inf*); **we ~d an extra week's holiday** wir haben noch eine zusätzliche Woche Urlaub rausgeschlagen (*inf*).

wangler ['wæŋglə^r] *n* (*inf*) Schlawiner *m* (*inf*).

wangling ['wæŋglıŋ] *n* (*inf*) Schiebung *f* (*inf*).

wank [wæŋk] (*sl*) **I** *vi* (*also* **~ off**) wichsen (*sl*). **II** *vt* **to ~ sb (off)** jdm einen abwichsen (*sl*) *or* runterholen (*sl*). **III** *n* **to have a ~** sich (*dat*) einen runterholen (*sl*).

wanker ['wæŋkə^r] *n* (*sl*) Wichser (*sl*), Arsch (*sl*) *m*; (*idiot*) Schwachkopf *m* (*inf*).

wanly ['wɒnlı] *adv* matt.

wanness ['wɒnnıs] *n* (*paleness*) Blässe *f*; (*of light*) Mattheit *f*.

want [wɒnt] **I** *n* **1.** (*lack*) Mangel *m* (*of* an +*dat*). **for ~ of** aus Mangel an (+*dat*); **for ~ of anything better** mangels Besserem, in Ermangelung von etwas Besserem *or* eines Besseren; **for ~ of something to do I joined a sports club** weil ich nichts zu tun hatte, bin ich einem Sportverein beigetreten; **though it wasn't for ~ of trying** nicht, daß er sich nicht bemüht hätte.

2. (*poverty*) Not *f*. **to be/live in ~** Not leiden.

3. (*need*) Bedürfnis *nt*; (*wish*) Wunsch *m*. **my ~s are few** meine Ansprüche *or* Bedürfnisse sind gering, meine Ansprüche sind bescheiden; **the farm supplied all their ~s** der Bauernhof versorgte sie mit allem Nötigen *or* Notwendigen; **this factory supplies all our ~s** diese Fabrik liefert unseren gesamten Bedarf; **to be in ~ of sth** einer Sache (*gen*) bedürfen (*geh*), etw brauchen *or* benötigen; **to be in ~ of help/repair** Hilfe brauchen/reparaturbedürftig sein; **to attend to sb's ~s** sich um jdn kümmern; **it fills a long-felt ~** es wird einem lange empfundenen Bedürfnis gerecht.

II *vt* **1.** (*wish, desire*) wollen; (*more polite*) mögen. **to ~ to do sth** etw tun wollen; **I ~ you to come here** ich will *or* möchte, daß du herkommst; **I ~ it done now** ich will *or* möchte das sofort erledigt haben; **I was ~ing to leave the job next month** ich hätte gerne nächsten Monat mit der Arbeit aufgehört; **what does he ~ with me?** was will er von mir?; **darling, I ~ you** Liebling, ich will dich; **you don't ~ much** (*iro*) sonst willst du nichts? (*iro*); **I don't ~ strangers coming in** ich wünsche *or* möchte nicht, daß Fremde (hier) hereinkommen.

2. (*need, require*) brauchen. **you ~ to see a doctor/solicitor** Sie sollten zum Arzt/Rechtsanwalt gehen; **you ~ to stop doing that** (*inf*) du mußt damit aufhören; **he ~s to be more careful** (*inf*) er sollte etwas vorsichtiger sein; **that's the last thing I ~** (*inf*) alles, bloß das nicht (*inf*); **that's all we ~ed!** (*iro inf*) das hat uns gerade noch gefehlt!; **does my hair ~ cutting?** muß mein Haar geschnitten werden?; **"~ed"** „gesucht"; **he's a ~ed man** er wird (polizeilich) gesucht; **to feel ~ed** das Gefühl haben, gebraucht zu werden; **you're ~ed on the phone** Sie werden am Telefon verlangt *or* gewünscht.

3. (*lack*) **he ~s talent/confidence** es mangelt (*geh*) *or* fehlt ihm an Talent/Selbstvertrauen; **all the soup ~s is a little salt** das einzige, was an der Suppe fehlt, ist etwas Salz.

III *vi* **1.** (*wish, desire*) wollen; (*more polite*) mögen. **you can go if you ~ (to)** wenn du willst *or* möchtest, kannst du gehen; **I don't ~ to** ich will *or* möchte nicht; **do as you ~** tu, was du willst.

2. he does not ~ for friends es fehlt *or* mangelt (*geh*) ihm nicht an Freunden; **they ~ for nothing** es fehlt *or* mangelt (*geh*) ihnen an nichts.

3. (*liter: live in poverty*) darben (*liter*).

◆**want in** *vi* (*inf*) reinwollen.

◆**want out** *vi* (*inf*) rauswollen.

want ad *n* Kaufgesuch *nt*.

wanting ['wɒntıŋ] *adj* **1.** (*lacking, missing*) fehlend. **humour is ~ in the novel** diesem Roman fehlt es an Humor; **it's a good novel, but there is something ~** der Roman ist gut, aber irgend etwas fehlt.

2. (*deficient, inadequate*) **he is ~ in confidence/enterprise** es fehlt *or* mangelt (*geh*) ihm an Selbstvertrauen/Unternehmungslust; **his courage/the new engine was found ~** sein Mut war nicht groß genug/der neue Motor hat sich als unzulänglich erwiesen.

3. (*inf: mentally deficient*) **he's a bit ~ (up top)** er ist ein bißchen unterbelichtet (*inf*).

wanton ['wɒntən] **I** *adj* **1.** (*licentious*) *life* liederlich, *behaviour, woman, pleasures* schamlos; *looks, thoughts* lüstern.

2. (*wilful*) *cruelty* mutwillig; *disregard, negligence* sträflich, völlig unverantwortlich; *waste* sträflich, kriminell (*inf*). **to spend money with ~ extravagance** Geld mit sträflichem Leichtsinn ausgeben; **decorated with ~ extravagance** üppig und verschwenderisch eingerichtet.

3. (*poet: capricious*) *persons* übermütig, mutwillig (*poet*).

II *n* (*old: immoral woman*) Dirne *f*.

wantonly ['wɒntənlı] *adv* **1.** (*immorally*) liederlich, schamlos; *look* lüstern. **2.** (*wilfully*) mutwillig; *neglect also, waste* sträflich. **she was ~ extravagant with her parents' money** sie gab das Geld ihrer Eltern mit sträflichem Leichtsinn aus.

wantonness ['wɒntənnıs] *n see adj* **1.** Liederlichkeit *f*; Schamlosigkeit *f*; Lüsternheit *f*. **2.** Mutwilligkeit *f*; Sträflichkeit *f*.

war [wɔː^r] **I** *n* Krieg *m*. **the art of ~** die

Kriegskunst; **this is ~!** (*fig*) das bedeutet Krieg!; **the ~ against poverty/disease** der Kampf gegen die Armut/Krankheit; **~ of nerves** Nervenkrieg; **~ of words** Wortgefecht *nt*; **to be at ~** sich im Krieg(szustand) befinden; **to declare ~** den Krieg erklären (*on dat*); (*fig also*) den Kampf ansagen (*on dat*); **to go to ~** (*start*) (einen) Krieg anfangen (*against* mit); (*declare*) den Krieg erklären (*against dat*); (*person*) in den Krieg ziehen; **to make** *or* **wage ~** Krieg führen (*on, against* gegen); **he/this car has been in the ~s a bit** er/dieses Auto sieht ziemlich ramponiert (*inf*) *or* mitgenommen aus.

II *vi* sich bekriegen; (*fig*) ringen (*geh*) (*for* um).

war baby *n* Kriegskind *nt*.

warble ['wɔːbl] **I** *n* Trällern *nt*. **II** *vti* trällern. **he ~d away as he sat in the bath** (*inf*) er trällerte fröhlich vor sich hin, während er in der Badewanne saß.

warbler ['wɔːbləʳ] *n* (*Orn*) Grasmücke *f*; (*wood ~*) Waldsänger *m*.

war bond *n* Kriegsanleihe *f*; **war bride** *n* Kriegsbraut *f*; **war clouds** *npl* **the ~ are gathering** Kriegsgefahr droht; **war correspondent** *n* Kriegsberichterstatter(in *f*) m, Kriegskorrespondent(in *f*) *m*; **war crime** *n* Kriegsverbrechen *nt*; **war criminal** *n* Kriegsverbrecher *m*; **war cry** *n* Kriegsruf *m*; (*fig*) Schlachtruf *m*.

ward [wɔːd] *n* **1.** (*part of hospital*) Station *f*; (*room*) (*small*) (Kranken)zimmer *nt*; (*large*) (Kranken)saal *m*.

2. (*Jur: person*) Mündel *nt*. **~ of court** Mündel *nt* unter Amtsvormundschaft; **to make sb a ~ of court** jdn unter Amtsvormundschaft stellen.

3. (*Jur: state*) **(to be) in ~** unter Vormundschaft (stehen).

4. (*Admin*) Stadtbezirk *m*; (*election ~*) Wahlbezirk *m*.

5. (*of key*) Einschnitt *m* (im Schlüsselbart); (*of lock*) Aussparung *f*, Angriff *m*.

◆**ward off** *vt sep attack, blow, person* abwehren; *danger also* abwenden; *depression* nicht aufkommen lassen.

war dance *n* Kriegstanz *m*.

warden ['wɔːdn] *n* (*of youth hostel*) Herbergsvater *m*, Herbergsmutter *f*; (*game ~*) Jagdaufseher(in *f*) *m*; (*traffic ~*) ≃ Verkehrspolizist *m*, ≃ Politesse *f*; (*air-raid ~*) Luftschutzwart *m*; (*fire ~*) Feuerwart *m*; (*of castle, museum*) Aufseher(in *f*) *m*; (*head ~*) Kustos *m*; (*of port*) (Hafen)aufseher(in *f*) *m*; (*of mint*) Münzwardein *m*; (*Univ*) Heimleiter(in *f*) *m*; (*of Oxbridge college*) Rektor(in *f*) *m*; (*US: of prison*) Gefängnisdirektor(in *f*) *m*.

warder ['wɔːdəʳ] *n* (*Brit*) Wärter, Aufseher *m*.

ward heeler *n* (*US Pol sl*) Handlanger *m* (*inf*).

wardress ['wɔːdrɪs] *n* (*Brit*) Wärterin, Aufseherin *f*.

wardrobe ['wɔːdrəʊb] *n* **1.** (*cupboard*) (Kleider)schrank *m*. **2.** (*clothes*) Garderobe *f*. **3.** (*Theat*) (*clothes*) Kostüme *pl*; (*room*) Kleiderkammer *f*, Kostümfundus *m*.

wardrobe master, **wardrobe mistress** *n* (*Theat*) Gewandmeister(in *f*) *m*; **wardrobe trunk** *n* Kleiderkoffer *m*.

wardroom *n* (*Naut*) Offiziersmesse *f*; **ward round** *n* (*Med*) Visite *f*.

-ward(s) [-wəd(z)] *adv suf* -wärts. **town-/pub-~** in Richtung Stadt/Wirtshaus; **in a home~ direction** Richtung Heimat (*inf*).

wardship ['wɔːdʃɪp] *n* (*Jur*) Vormundschaft *f*.

ware [wɛəʳ] *n* **Delft/Derby ~** Delfter/Derby Porzellan *nt*.

-ware *n suf* -waren *pl*. **kitchen~** Küchenutensilien *pl*.

warehouse ['wɛəhaʊs] **I** *n* Lager(haus) *nt*. **II** *vt* einlagern.

warehouseman ['wɛəhaʊsmən] *n, pl* **-men** [-mən] Lagerarbeiter *m*.

warehousing ['wɛəhaʊzɪŋ] *n* Lagerung *f*. **what sort of ~ is available?** welche Lagerungsmöglichkeiten gibt es?

wares [wɛəz] *npl* Waren *pl*.

warfare ['wɔːfɛəʳ] *n* Krieg *m*; (*techniques*) Kriegskunst *f*.

war game *n* Kriegsspiel *nt*; **war grave** *n* Kriegsgrab *nt*; **warhead** *n* Sprengkopf *m*; **warhorse** *n* (*lit, fig*) Schlachtroß *nt*.

warily ['wɛərɪlɪ] *adv* vorsichtig; (*suspiciously*) mißtrauisch, argwöhnisch. **to tread ~** (*lit, fig*) sich vorsehen.

wariness ['wɛərɪnɪs] *n* Vorsicht *f*; (*mistrust*) Mißtrauen *nt*, Argwohn *m*. **the ~ of his reply** die Zurückhaltung, mit der er antwortete; **she had a great ~ of strangers** sie hegte starkes Mißtrauen *or* großen Argwohn gegen Fremde.

warlike *adj* kriegerisch; *tone, speech* militant; **warlock** *n* Hexer *m*; **warlord** *n* Kriegsherr *m*.

warm [wɔːm] **I** *adj* (+*er*) **1.** warm. **I am** *or* **feel ~** mir ist warm; **come to the fire and get ~** komm ans Feuer und wärm dich; **it's ~ work moving furniture about** beim Möbelumstellen wird einem ganz schön warm *or* kommt man ins Schwitzen; **to make things ~ for sb** (*inf*) es jdm ungemütlich machen (*inf*); **~ boot, ~ start** (*Comput*) Warmstart *m*.

2. (*in games*) **you're getting ~** es wird schon wärmer; **you're very ~!** heiß!

3. (*hearty, warm-hearted*) *person, welcome* herzlich, warm.

4. (*heated*) *dispute, words* hitzig, heftig.

II *n* **we were glad to get into the ~** wir waren froh, daß wir ins Warme kamen; **to give sth a ~** etw wärmen.

III *vt* wärmen. **it ~s my heart to ...** mir wird (es) ganz warm ums Herz, wenn ....

IV *vi* **the milk was ~ing on the stove** die Milch wurde auf dem Herd angewärmt; **my heart ~ed** mir wurde warm ums Herz; **I/my heart ~ed to him** er wurde mir sympathischer/ich habe mich für ihn erwärmt; **his voice ~ed as he spoke of his family** seine Stimme bekam einen warmen Ton, als er von seiner Familie sprach; **he spoke rather hesitantly**

at first but soon ~ed to his subject anfangs sprach er noch sehr zögernd, doch dann fand er sich in sein Thema hinein; **to ~ to one's work** sich mit seiner Arbeit anfreunden, Gefallen an seiner Arbeit finden.

◆**warm over** *vt sep* (*esp US*) aufwärmen.

◆**warm up I** *vi* (*lit, fig*) warm werden; (*party, game, speaker*) in Schwung kommen; (*Sport*) sich aufwärmen. **things are ~ing ~** es kommt Schwung in die Sache; (*becoming dangerous*) es wird allmählich brenzlig *or* ungemütlich (*inf*).

II *vt sep engine* warm werden lassen, warmlaufen lassen; *food* aufwärmen; (*fig*) *party* in Schwung bringen; *audience* in Stimmung bringen.

warm-blooded ['wɔːm'blʌdɪd] *adj* warmblütig; (*fig*) heißblütig. **~ animal** Warmblüter *m*.

warmer ['wɔːməʳ] *n* **foot/bottle ~** Fuß-/Flaschenwärmer *m*.

warm front *n* (*Met*) Warm(luft)front *f*.

warm-hearted ['wɔːm'hɑːtɪd] *adj person* warmherzig; *action, gesture* großzügig.

warm-heartedness ['wɔːm'hɑːtɪdnɪs] *n* Warmherzigkeit, Herzlichkeit *f*; (*of action, gesture*) Großherzigkeit *f*.

warming pan ['wɔːmɪŋ,pæn] *n* Wärmepfanne *f*.

warmish ['wɔːmɪʃ] *adj* ein bißchen warm. **~ weather** ziemlich warmes Wetter.

warmly ['wɔːmlɪ] *adv* warm; *welcome* herzlich; *recommend* wärmstens. **we ~ welcome it** wir begrüßen es sehr.

warmness ['wɔːmnɪs] *n see* **warmth**.

warmonger ['wɔː,mʌŋgəʳ] *n* Kriegshetzer(in *f*) *m*; **warmongering** ['wɔː-,mʌŋgərɪŋ] **I** *adj* kriegshetzerisch; **II** *n* Kriegshetze *f*.

warmth [wɔːmθ] *n* **1.** (*lit*) Wärme *f*. **2.** (*fig*) (*friendliness of voice, welcome*) Wärme, Herzlichkeit *f*; (*heatedness*) Heftigkeit, Hitzigkeit *f*.

warm-up ['wɔːmʌp] *n* (*Sport*) Aufwärmen *nt*; (*Mus*) Einspielen *nt*. **the teams had a ~ before the game** die Mannschaften wärmten sich vor dem Spiel auf; **the audience was entertained with a ~ before the TV transmission began** das Publikum wurde vor der Fernsehübertragung in Stimmung gebracht.

warn [wɔːn] **I** *vt* **1.** warnen (*of, about, against* vor +*dat*); (*police, judge etc*) verwarnen. **to ~ sb not to do sth** jdn davor warnen, etw zu tun; **be ~ed** sei gewarnt!, laß dich warnen!; **I'm ~ing you** ich warne dich!; **you have been ~ed!** sag nicht, ich hätte dich nicht gewarnt *or* es hätte dich niemand gewarnt!

2. (*inform*) **to ~ sb that ...** jdn darauf aufmerksam machen *or* darauf hinweisen, daß ...; **her expression ~ed me that she was not enjoying the conversation** ich merkte schon an ihrem Gesichtsausdruck, daß ihr die Unterhaltung nicht gefiel; **you might have ~ed us that you were coming** du hättest uns ruhig vorher wissen lassen können *or* Bescheid sagen können, daß du kommst.

II *vi* warnen (*of* vor +*dat*).

◆**warn off** *vt sep* warnen. **to ~ sb ~ doing sth** jdn (davor) warnen, etw zu tun; **I ~ed him ~ my property** ich habe ihn von meinem Grundstück verwiesen; **to ~ sb ~ a subject** jdm von einem Thema abraten; **he sat there shaking his head obviously trying to ~ me ~** er saß da und schüttelte den Kopf, offensichtlich, um mich davon abzubringen.

warning ['wɔːnɪŋ] **I** *n* Warnung *f*; (*from police, judge*) Verwarnung *f*. **without ~** unerwartet, ohne Vorwarnung; **they had no ~ of the enemy attack** der Feind griff sie ohne Vorwarnung an; **he had plenty of ~** er ist oft *or* häufig genug gewarnt worden; (*early enough*) er wußte früh genug Bescheid; **to give sb a ~** jdn warnen; (*police, judge*) jdm eine Verwarnung geben; **let this be a ~ to you/to all those who ...** lassen Sie sich (*dat*) das eine Warnung sein!, das soll Ihnen eine Warnung sein/allen denjenigen, die ..., soll das eine Warnung sein; **the bell gives ~** *or* **is a ~ that ...** die Klingel zeigt an, daß ...; **they gave us no ~ of their arrival** sie kamen unangekündigt *or* ohne Vorankündigung; **please give me a few days' ~** bitte sagen *or* geben Sie mir ein paar Tage vorher Bescheid; **to give sb due ~** (*inform*) jdm rechtzeitig Bescheid sagen.

II *adj* Warn-; *look, tone* warnend. **a ~ sign** ein erstes Anzeichen; (*signboard*) ein Warnzeichen *nt*/-schild *nt*; **~ triangle** Warndreieck *m*.

warningly ['wɔːnɪŋlɪ] *adv* warnend.

warp [wɔːp] **I** *n* **1.** (*in weaving*) Kette *f*.

2. (*in wood*) Welle *f*. **the damp has caused a severe ~** durch die Feuchtigkeit hat sich das Holz stark verzogen.

3. (*towing cable*) Schleppleine *f*.

4. (*of mind*) **hatred of his mother had given his mind an evil ~** der Haß, den er gegen seine Mutter hegte, hatte seinen ganzen Charakter entstellt *or* verbogen; **the ~ in his personality** das Abartige in seinem Wesen.

II *vt wood* wellig werden lassen, wellen; *character* verbiegen, entstellen; *judgement* verzerren; (*Aviat*) verwinden.

III *vi* (*wood*) sich wellen, sich verziehen, sich werfen.

warpaint *n* (*lit, fig inf*) Kriegsbemalung *f*; **warpath** *n* Kriegspfad *m*; **on the ~** auf dem Kriegspfad.

warped [wɔːpt] *adj* **1.** (*lit*) verzogen, wellig. **2.** (*fig*) *sense of humour* abartig; *character also* verbogen; *judgement* verzerrt.

warping ['wɔːpɪŋ] *n* Krümmung *f*.

war plane *n* Kampfflugzeug *nt*.

warrant ['wɒrənt] **I** *n* **1.** (*Comm*) Garantie *f*; (*Mil*) Patent *nt*; (*search ~*) Durchsuchungsbefehl *m*; (*death ~*) Hinrichtungsbefehl *m*. **a ~ of arrest** ein Haftbefehl *m*; **there is a ~ out for his arrest** gegen ihn ist Haftbefehl erlassen worden (*Jur*), er wird steckbrieflich gesucht.

2. (*rare*) (*justification*) Berechtigung *f*; (*authority*) Befugnis, Ermächtigung *f*.

II *vt* **1.** (*justify*) *action* rechtfertigen. **to ~ sb doing sth** jdn dazu berechtigen, etw zu tun.

2. (*merit*) verdienen.

3. (*dated inf: assure*) wetten.

4. (*guarantee*) gewährleisten. **these goods are ~ed for three months by the manufacturers** für diese Waren übernimmt der Hersteller eine Garantie von drei Monaten; **a pill ~ed to cure influenza** eine Pille, die garantiert Grippe heilt.

warrantee [ˌwɒrən'tiː] *n* Garantieinhaber(in *f*) *m*.

warrant officer *n Rang m zwischen Offizier und Unteroffizier.*

warrantor ['wɒrəntəʳ] *n* Garantiegeber(in *f*) *m*.

warrant sale *n* (*Scot*) Zwangsversteigerung *f*.

warranty ['wɒrəntɪ] *n* (*Comm*) Garantie *f*. **it's still under ~** darauf ist noch Garantie.

warren ['wɒrən] *n* (*rabbit ~*) Kaninchenbau *m*; (*fig*) Labyrinth *nt*.

warring ['wɔːrɪŋ] *adj nations* kriegführend; *interests, ideologies* gegensätzlich; *factions* sich bekriegend.

warrior ['wɒrɪəʳ] *n* Krieger *m*.

Warsaw ['wɔːsɔː] *n* Warschau *nt*. **~ Pact** Warschauer Pakt *m*.

warship ['wɔːʃɪp] *n* Kriegsschiff *nt*.

wart [wɔːt] *n* Warze *f*. **~s and all** (*hum inf*) mit allen seinen/ihren Fehlern.

wart-hog ['wɔːthɒg] *n* Warzenschwein *nt*.

wartime ['wɔːtaɪm] **I** *n* Kriegszeit *f*. **in ~** in Kriegszeiten. **II** *adj* Kriegs-. **in ~ England** in England im Krieg *or* während des Krieges; **~ regulations/rationing** Vorschriften *pl*/Rationierungen *pl* in Kriegszeiten, Kriegsvorschriften *pl*/Kriegsrationierungen *pl*.

war toy *n* Kriegsspielzeug *nt*; **war-weary** *adj* kriegsmüde; **war widow** *n* Kriegswitwe *f*; **war-wounded** *npl* **the ~** die Kriegsversehrten *pl*.

wary ['wɛərɪ] *adj* (*+er*) vorsichtig; (*looking and planning ahead*) umsichtig, klug, wachsam; *look* mißtrauisch, argwöhnisch. **to be ~ of sb/sth** sich vor jdm/einer Sache in acht nehmen; **to be ~ about doing sth** seine Zweifel *or* Bedenken haben, ob man etw tun soll; **be ~ of talking to strangers** hüte dich davor, mit Fremden zu sprechen.

war zone *n* Kriegsgebiet *nt*.

was [wɒz] *pret of* **be**.

wash [wɒʃ] **I** *n* **1.** (*act of ~ing*) **sb/sth needs a ~** jd/etw muß gewaschen werden; **to give sb/sth a (good) ~** jdn/etw (gründlich) waschen.

2. (*laundry*) Wäsche *f*. **to be at/in the ~** in der Wäsche sein; **it will all come out in the ~** (*fig inf*) es wird schon alles rauskommen.

3. (*of ship*) Kielwasser *nt*; (*Aviat*) Luftstrudel *m*.

4. (*lapping*) (*gentle sound*) Geplätscher *nt*; (*of ocean*) sanftes Klatschen der Wellen.

5. (*mouth~*) Mundwasser *nt*; (*liquid remains, also pej*) Spülwasser *nt*; (*for walls*) Tünche *f*.

6. (*in painting*) **a drawing in ink and ~** eine kolorierte Federzeichnung; **a ~ of brown ink** eine leichte *or* schwache Tönung mit brauner Tünche.

II *vt* **1.** waschen; *dishes* spülen, abwaschen; *floor* aufwaschen, aufwischen; (*parts of*) *body* sich (*dat*) waschen. **to ~ one's hands** (*euph*) sich (*dat*) die Hände waschen (*euph*); **to ~ one's hands of sb/sth** mit jdm/etw nichts mehr zu tun haben wollen; **to ~ sth clean** etw reinwaschen; **to ~ one's dirty linen in public** (*fig*) seine schmutzige Wäsche in *or* vor aller Öffentlichkeit waschen.

2. (*sea*) umspülen; *wall, cliffs* schlagen gegen.

3. (*river, sea: carry*) spülen. **the body was ~ed downstream** die Leiche wurde flußabwärts getrieben; **to ~ ashore** an Land spülen *or* schwemmen, anschwemmen.

4. the water had ~ed a channel in the rocks das Wasser hatte eine Rinne in die Felsen gefressen.

5. (*paint*) *walls* tünchen; *paper* kolorieren.

III *vi* **1.** (*have a ~*) sich waschen.

2. (*do the laundry*) waschen; (*Brit: ~ up*) abwaschen.

3. a material that ~es well/won't ~ ein Stoff, der sich gut wäscht/den man nicht waschen kann *or* der sich nicht waschen läßt; **that excuse won't ~** (*Brit fig inf*) diese Entschuldigung nimmt *or* kauft dir keiner ab! (*inf*).

4. (*sea*) schlagen. **the sea ~ed over the promenade** das Meer überspülte die Strandpromenade.

◆**wash away** *vt sep* **1.** (hin)wegspülen. **2.** (*fig*) **to ~ ~ sb's sins** jdn von seinen Sünden reinwaschen.

◆**wash down** *vt sep* **1.** (*clean*) *car, walls, deck* abwaschen. **2.** *meal, food* hinunterspülen, runterspülen (*inf*).

◆**wash off** **I** *vi* (*stain, dirt*) sich rauswaschen lassen. **most of the pattern has ~ed ~** das Muster ist fast ganz verwaschen. **II** *vt sep* abwaschen. **~ that grease ~ your hands** wasch dir die Schmiere von den Händen (ab)!

◆**wash out** **I** *vi* sich (r)auswaschen lassen. **II** *vt sep* **1.** (*clean*) auswaschen; *mouth* ausspülen. **2.** (*stop, cancel*) *game etc* ins Wasser fallen lassen (*inf*). **the game was ~ed ~** das Spiel fiel buchstäblich ins Wasser (*inf*).

◆**wash over** *vi* *+prep obj* **the criticism just seemed to ~ ~ him** die Kritik schien völlig an ihm abzuprallen; **he lets everything just ~ ~ him** er läßt alles einfach ruhig über sich ergehen.

◆**wash up** **I** *vi* **1.** (*Brit: clean dishes*) abwaschen, (ab)spülen. **2.** (*US: have a wash*) sich waschen. **II** *vt sep* **1.** (*Brit*) *dishes* abwaschen, (ab)spülen. **2.** (*sea*) anschwemmen, anspülen. **3.** (*inf: finished*) **that's/we're all ~ed ~** (*fig inf*) das *or* der Film ist gelaufen (*inf*).

washable ['wɒʃəbl] *adj* waschbar; *wallpaper* abwaschbar.

wash-and-wear *adj clothing, fabric* bügelfrei; **washbag** *n* (*US*) Kulturbeutel *m*; **wash basin** *n* Waschbecken *nt*;

wash board *n* Waschbrett *nt*; **wash bowl** *n* Waschschüssel *f*; (*in unit*) Waschbecken *nt*; **wash cloth** *n* (*US*) Waschlappen *m*; **washday** *n* Waschtag *m*.

washed-out ['wɒʃt'aʊt] *adj* (*inf*) erledigt (*inf*), schlapp (*inf*). **to feel ~** sich wie ausgelaugt fühlen (*inf*); **to look ~** mitgenommen aussehen.

washer ['wɒʃəʳ] *n* **1.** (*Tech*) Dichtung(sring *m*) *f*. **2.** (*clothes ~*) Waschmaschine *f*; (*dish~*) (Geschirr)spülmaschine *f*.

washerwoman ['wɒʃə,wʊmən] *n*, *pl* **-women** [-,wɪmɪn] Waschfrau, Wäscherin *f*. **to gossip like a ~** klatschen wie ein Waschweib.

wash-hand basin *n* Handwaschbecken *nt*.

washing ['wɒʃɪŋ] *n* Waschen *nt*; (*clothes*) Wäsche *f*. **many small boys dislike ~** viele Jungen waschen sich nicht gerne; **to do the ~** Wäsche waschen; **to take in ~** (für Kunden) waschen.

washing bag *n* (*Brit*) Toilettentasche; **washing day** *n see* **washday**; **washing line** *n* Wäscheleine *f*; **washing machine** *n* Waschmaschine *f*; **washing powder** *n* Waschpulver *nt*; **washing soda** *n* (*old*) Bleichsoda *nt*; **washing-up** *n* (*Brit*) Abwasch *m*; **to do the ~** spülen, den Abwasch machen; **washing-up basin** *or* **bowl** *n* (*Brit*) Spülschüssel *f*; **washing-up cloth** *n* Spültuch *nt*, Spüllappen *m*; **washing-up liquid** *n* (*Brit*) Spülmittel *nt*.

wash leather *n* Waschleder *nt*; **washout** *n* (*inf*) Reinfall *m* (*inf*); (*person*) Flasche (*inf*), Niete (*inf*) *f*; **wash rag** *n* (*US*) *see* **wash cloth**; **washroom** *n* Waschraum *m*; **wash stand** *n* (*old*) **1.** Waschbecken *nt*; **2.** (*old*) Waschgestell *nt*; **wash tub** *n* (Wasch)zuber *m*.

washy ['wɒʃɪ] *adj* wässerig; *see* **wishy-washy**.

wasn't ['wɒznt] *contr of* **was not**.

wasp [wɒsp] *n* Wespe *f*.

WASP [wɒsp] (*US*) *abbr of* **White Anglo-Saxon Protestant** weißer angelsächsischer Protestant.

waspish *adj*, **~ly** *adv* ['wɒspɪʃ, -lɪ] giftig.

wasp-waist ['wɒspweɪst] *n* Wespentaille *f*.

wassail ['wɒseɪl] (*Brit old*) **I** *n* **1.** (*toast*) Trinkspruch *m*. **~ cup** Kelch *m*. **2.** (*revelry*) Gelage *nt*. **II** *vi* **1.** (*revel*) zechen, ein Gelage abhalten. **2. to go ~ing** (*carol-singing*) als Sternsinger gehen.

wastage ['weɪstɪdʒ] *n* Schwund *m*; (*action*) Verschwendung *f*; (*amount also*) Materialverlust *m*; (*from container also*) Verlust *m*; (*unusable products also*) Abfall *m*. **a ~ rate of 10%** eine Verlustquote von 10%; *see* **natural ~**.

waste [weɪst] **I** *adj* (*superfluous*) überschüssig, überflüssig; (*left over*) ungenutzt; *land* brachliegend, ungenutzt. **~ food** Abfall *m*; **~ material/matter** Abfallstoffe *pl*; **to lay ~** verwüsten; **to lie ~** brachliegen.

II *n* **1.** Verschwendung *f*; (*unusable materials*) Abfall *m*. **it's a ~ of time/money** es ist Zeit-/Geldverschwendung; **it's a ~ of your time and mine** das ist nur (eine) Zeitverschwendung für uns beide; **it's a ~ of effort** das ist nicht der Mühe (*gen*) wert; **to go** *or* **run to ~** (*food*) verderben; (*training, money, land*) ungenutzt sein/bleiben, brachliegen; (*talent*) verkümmern.

2. (*~ material*) Abfallstoffe *pl*; (*in factory*) Schwund *m*; (*rubbish*) Abfall *m*. **cotton ~** Putzwolle *f*; **metal ~** Metallabfall *m*; **nuclear ~** Atommüll *m*.

3. (*land, expanse*) Wildnis *no pl*, Einöde *f*. **a ~ of snow, a snowy ~** eine Schneewüste.

III *vt* **1.** (*use badly or wrongly*) verschwenden, vergeuden (*on* an *+acc*, für); *food* verschwenden; *life, time* vergeuden, vertun; *opportunity* vertun. **you're wasting your time** das ist reine Zeitverschwendung, damit vertust du nur deine Zeit; **don't ~ my time** stiehl mir nicht meine Zeit; **you didn't ~ much time getting here!** (*inf*) da bist du ja schon, du hast ja nicht gerade getrödelt! (*inf*); **all our efforts were ~d** all unsere Bemühungen waren umsonst *or* vergeblich; **nothing is ~d** es wird nichts verschwendet; **he didn't ~ any words in telling me ...** ohne viel(e) Worte zu machen *or* zu verlieren, sagte er mir ...; **I wouldn't ~ my breath talking to him** ich würde doch nicht für den meine Spucke vergeuden! (*inf*); **don't ~ your efforts on him** vergeuden Sie keine Mühe mit ihm!; **she is ~d on him** sie ist zu schade für ihn.

2. (*weaken*) auszehren; *strength* aufzehren.

3. (*lay waste*) verwüsten.

4. (*sl: kill*) kaltmachen (*sl*).

IV *vi* (*food*) verderben; (*skills*) verkümmern; (*body*) verfallen; (*strength, assets*) schwinden. **~ not, want not** (*Prov*) spare in der Zeit, so hast du in der Not (*Prov*).

◆**waste away** *vi* (*physically*) dahinschwinden (*geh*), immer weniger werden.

waste-basket, waste-bin *n* Papierkorb *m*.

wasted ['weɪstɪd] *adj* (*inf: worn out*) verbraucht, ausgelaugt (*inf*).

waste disposal *n* Müllbeseitigung, Abfallentsorgung *f*; **waste disposal unit** *n* Müllschlucker *m*.

wasteful ['weɪstfʊl] *adj* verschwenderisch; *method, process* aufwendig, unwirtschaftlich; *expenditure* unnütz. **leaving all the lights on is a ~ habit** es ist Verschwendung, überall Licht brennen zu lassen; **to be ~ with sth** verschwenderisch mit etw umgehen; **this project is ~ of the country's resources** dieses Projekt ist eine unnütze Vergeudung unserer Ressourcen.

wastefully ['weɪstfəlɪ] *adv* verschwenderisch; *organized* unwirtschaftlich.

wastefulness ['weɪstfʊlnɪs] *n* (*of person*) verschwenderische Art; (*in method, organization, of process*) Unwirtschaftlichkeit, Aufwendigkeit *f*. **throwing it**

away is sheer ~ es ist reine Verschwendung, das wegzuwerfen; **sb's ~ with sth/in doing sth** jds verschwenderische Art, mit etw umzugehen/etw zu machen.

waste heat *n* (*from engine*) Abwärme *f*; **waste heat recovery** *n* Abwärmerückgewinnung *f*; **wasteland** *n* Ödland *nt*; (*fig*) Einöde *f*; **waste management** *n* Abfallentsorgung *f*; **wastepaper** *n* Papierabfall *m*; (*fig*) Makulatur *f*; **wastepaper basket** *n* (*Brit*) Papierkorb *m*; **wastepaper collection** *n* Altpapiersammlung *f*; **waste pipe** *n* Abflußrohr *nt*; **waste product** *n* Abfallprodukt *nt*.

waster ['weɪstəʳ] *n* **1.** Verschwender(in *f*) *m*. **it's a real time-/money-~** das ist wirklich Zeit-/Geldverschwendung. **2.** (*good-for-nothing*) Taugenichts *m*.

waste reduction *n* Müllvermeidung *f*; **waste reprocessing plant** *n* Abfallwiederaufbereitungsanlage *f*, Müllverwertungswerk *nt*.

wasting ['weɪstɪŋ] *adj attr* ~ **disease** Auszehrung *f*; **this is a ~ disease** das ist eine Krankheit, bei der der Körper allmählich verfällt.

watch¹ [wɒtʃ] *n* (Armband)uhr *f*.

watch² **I** *n* **1.** (*vigilance*) Wache *f*. **to be on the ~** aufpassen; **to be on the ~ for sb/sth** nach jdm/etw Ausschau halten; **to keep ~** Wache halten; **to keep a close ~ on sb/sth** jdn/etw scharf bewachen; **to keep a close ~ on the time** genau auf die Zeit achten; **to keep ~ over sb/sth** bei jdm/etw wachen *or* Wache halten.

2. (*period of duty, Naut, people*) Wache *f*; (*people also*) Wachmannschaft *f*. **to be on ~** Wache haben, auf Wacht sein (*geh*).

II *vt* **1.** (*guard*) aufpassen auf (+*acc*); (*police*) überwachen.

2. (*observe*) beobachten; *match* zusehen *or* zuschauen bei; *film, play, programme on TV* sich (*dat*) ansehen. **to ~ TV** fernsehen; **to ~ sb doing sth** jdm bei etw zusehen *or* zuschauen, sich (*dat*) ansehen, wie jd etw macht; **I'll come and ~ you play** ich komme und sehe dir beim Spielen zu; **he just stood there and ~ed her drown** er stand einfach da und sah zu, wie sie ertrank; **I ~ed her coming down the street** ich habe sie beobachtet, wie *or* als sie die Straße entlang kam; **she has a habit of ~ing my mouth when I speak** sie hat die Angewohnheit, mir auf den Mund zu sehen *or* schauen, wenn ich rede; **let's go and ~ the tennis** gehen wir uns (das) Tennis ansehen; **don't ~ the camera** sehen Sie nicht zur Kamera!; **~ this young actor, he'll be a star** beachten Sie diesen jungen Schauspieler, das wird mal ein Star; **~ the road in front of you** paß auf die Straße auf!, guck *or* achte auf die Straße!; **now ~ this closely** sehen *or* schauen Sie jetzt gut zu!, passen Sie mal genau auf!; **~ this!** paß auf!; **I want everyone to ~ me** ich möchte, daß mir alle zusehen *or* -schauen!, alle mal hersehen *or* -schauen!; **we are being ~ed** wir werden beobachtet; **I can't stand being ~ed** ich kann es nicht ausstehen, wenn mir ständig einer zusieht; **a ~ed pot never boils** (*Prov*) wenn man daneben steht, kocht das Wasser nie.

3. (*be careful of*) achtgeben *or* aufpassen auf (+*acc*); *expenses* achten auf (+*acc*); *time* achten auf (+*acc*), aufpassen auf (+*acc*). **(you'd better) ~ it!** (*inf*) paß (bloß) auf! (*inf*); **~ yourself** sieh dich vor!; sei vorsichtig!; (*well-wishing*) mach's gut; **~ your manners/language!** bitte benimm dich!/drück dich bitte etwas gepflegter aus!; **~ him, he's crafty** sieh dich vor *or* paß auf, er ist raffiniert; **~ where you put your feet** paß auf, wo du hintrittst; **~ how you talk to him, he's touchy** sei vorsichtig, wenn du mit ihm sprichst, er ist sehr empfindlich; **~ how you drive, the roads are icy** paß beim Fahren auf *or* fahr vorsichtig, die Straßen sind vereist!; **~ how you go!** mach's gut!; (*on icy surface*) paß beim Laufen/Fahren auf!; *see* **step.**

4. *chance* abpassen, abwarten.

III *vi* **1.** (*observe*) zusehen, zuschauen. **to ~ for sb/sth** nach jdm/etw Ausschau halten *or* ausschauen; **they ~ed for a signal from the soldiers** sie warteten auf ein Signal von den Soldaten; **to ~ for sth to happen** darauf warten, daß etw geschieht; **to be ~ing for signs of ...** nach Anzeichen von ... Ausschau halten; **you should ~ for symptoms of ...** du solltest auf ...symptome achten.

2. (*keep ~*) Wache halten; (*at sickbed also*) wachen. **there are policemen ~ing all round the house** das Haus wird rundherum von Polizisten bewacht.

◆**watch out** *vi* **1.** (*look carefully*) Ausschau halten, ausschauen (*for sb/sth* nach jdm/etw). **a newcomer to ~ ~ for** ein Neuling, auf den man achten sollte.

2. (*be careful*) aufpassen, achtgeben (*for* auf +*acc*). **there were hundreds of policemen ~ing ~ for trouble at the match** bei dem Spiel waren Hunderte von Polizisten, die aufpaßten, daß es nicht zu Zwischenfällen kam; **~ ~!** Achtung!, Vorsicht!; **you'd better ~ ~!** (*threat also*) paß bloß auf!, nimm dich in acht!, sieh dich ja vor!

◆**watch over** *vi* +*prep obj* wachen über (+*acc*).

watchband *n* (*US*) Uhrarmband *nt*; **watchcase** *n* Uhrengehäuse *nt*; **watch chain** *n* Uhrkette *f*; **Watch Committee** *n* (*Brit*) Aufsichtskommission *f*; **watchdog** *n* (*lit*) Wachhund *m*; (*fig*) Aufpasser(in *f*) (*inf*), Überwachungsbeauftragte(r) *mf*; **government ~** Regierungsbeauftragter zur Überwachung von ....

watcher ['wɒtʃəʳ] *n* Schaulustige(r) *mf*; (*observer*) Beobachter(in *f*) *m*.

watchful ['wɒtʃfʊl] *adj* wachsam. **to be ~ for/against** wachsam Ausschau halten nach/auf der Hut sein vor (+*dat*).

watchfully ['wɒtʃfəlɪ] *adv* wachsam. **policemen sat ~ at the back of the hall** ganz hinten im Saal saßen Polizisten, die aufpaßten; **the opposition waited ~ for the Government's next move** die Opposition beobachtete aufmerksam, welchen

Schritt die Regierung als nächstes unternehmen würde.

watchfulness ['wɒtʃfʊlnɪs] *n* Wachsamkeit *f*.

watch-glass ['wɒtʃglɑːs] *n* Uhrenglas *nt*.

watching brief ['wɒtʃɪŋ'briːf] *n* **to hold a ~** eine Kontrollfunktion ausüben.

watchmaker *n* Uhrmacher(in *f*) *m*; **watchman** *n* (*night-~, in bank, factory*) (Nacht)wächter *m*; **watch-night service** *n* Jahresschlußmette *f*; **watchstrap** *n* Uhrarmband *nt*; **watch tower** *n* Wachtturm *m*; **watchword** *n* (*password, motto*) Parole, Losung *f*.

water ['wɔːtəʳ] **I** *n* **1.** Wasser *nt*. **the field is under ~** das Feld steht unter Wasser; **to make ~** (*ship*) lecken.

2. (*sea, of lake*) **~s** Gewässer *pl*; **the ~s** (*Bibl, liter*) die Wasser *pl*; **the ~s of the Rhine** die Wasser des Rheins (*liter*); **by ~** auf dem Wasserweg, zu Wasser (*geh*); **on land and ~** zu Land und zu Wasser; **we spent an afternoon on the ~** wir verbrachten einen Nachmittag auf dem Wasser.

3. (*urine*) Wasser *nt*. **to make** *or* **pass ~** Wasser lassen.

4. (*at spa*) **the ~s** die Heilquelle; **to drink** *or* **take the ~s** eine Kur machen; (*drinking only*) eine Trinkkur machen.

5. (*Med*) **~ on the brain** Wasserkopf *m*; **~ on the knee** Kniegelenkerguß *m*.

6. (*toilet ~*) **rose ~** Rosenwasser *nt*.

7. to stay above ~ sich über Wasser halten; **to pour cold ~ on sb's idea** jdm etw miesmachen (*inf*); **to get (oneself) into deep ~(s)** ins Schwimmen kommen; **of the first ~** (*dated, liter*) erster Güte; **a lot of ~ has flowed under the bridge since then** (*fig*) seitdem ist soviel Wasser den Berg *or* den Bach hinuntergeflossen; **that excuse/argument won't hold ~** (*inf*) diese Entschuldigung/dieses Argument *etc* ist nicht hieb- und stichfest (*inf*); **to be in** *or* **get into hot ~** (*fig inf*) in Schwierigkeiten *or* in (des) Teufels Küche (*inf*) sein/geraten (*over* wegen +*gen*); **to spend money like ~** (*inf*) mit dem Geld nur so um sich werfen (*inf*).

II *vt* **1.** *garden, roads* sprengen; *lawn also* besprengen; *land, field* bewässern; *plant* (be)gießen.

2. *horses, cattle* tränken.

3. *wine* verwässern, verdünnen.

4. to ~ capital (*Fin*) Aktienkapital verwässern.

III *vi* **1.** (*mouth*) wässern; (*eye*) tränen. **the smoke made his eyes ~** ihm tränten die Augen vom Rauch; **my mouth ~ed** mir lief das Wasser im Mund zusammen; **to make sb's mouth ~** jdm den Mund wässerig machen.

2. (*animals*) trinken.

◆**water down** *vt sep* (*lit, fig*) verwässern; (*fig also*) abmildern, abschwächen; *liquids* (mit Wasser) verdünnen.

water bed *n* Wasserbett *nt*; **water beetle** *n* Wasserkäfer *m*; **water bird** *n* Wasservogel *m*; **water biscuit** *n* ≃ Kräcker *m*; **water blister** *n* Wasserblase *f*; **water boatman** *n* Wasserläufer *m*; **waterborne** *adj* **to be ~** (*ship*) auf dem *or* im Wasser sein; **~ trade** Handel *m* auf dem Seeweg *or* Wasserweg, Handelsschifffahrt *f*; **~ goods/troops** Güter/Truppen, die auf dem Wasserweg *or* zu Wasser befördert werden; **a ~ disease** eine Krankheit, die durch das Wasser übertragen wird; **water-bottle** *n* Wasserflasche *f*; (*for troops, travellers etc*) Feldflasche *f*; **waterbuck** *n* Wasserbock *m*; **water buffalo** *n* Wasserbüffel *m*; **water butt** *n* Regentonne *f*; **water cannon** *n* Wasserwerfer *m*; **water carrier** *n* Wasserträger(in *f*) *m*; **the W~ C~** (*Astrol*) der Wassermann; **water-cart** *n* Wasserwagen *m*; (*for roads*) Sprengwagen *m*; **water chestnut** *n* Wasserkastanie *f*; **water closet** *n* (*abbr* **WC**) Wasserklosett *nt*; **watercolour,** (*US*) **watercolor I** *n* Wasserfarbe, Aquarellfarbe *f*; (*picture*) Aquarell *nt*; **II** *attr* Aquarell-; **water content** *n* Wassergehalt *m*; **water-cooled** *adj* wassergekühlt; **water cooler** *n* Thermoskanister *m*, isolierter Trinkwasserbehälter/-kanister; **watercourse** *n* (*stream*) Wasserlauf *m*; (*bed*) Flußbett *nt*; (*artificial*) Kanal *m*; **watercress** *n* (Brunnen)kresse *f*; **water-cure** *n* Wasserkur *f*; **water diviner** *n* (Wünschel)rutengänger *m*; **water-driven** *adj* (*turbine*) ≃ durch Wasser angetrieben; **water-drop** *n* Wassertropfen *m*; **waterfall** *n* Wasserfall *m*; **water-flea** *n* Wasserfloh *m*; **waterfowl** *n* Wasservogel *m*; *pl* Wassergeflügel *nt*; **waterfront I** *n* Hafenviertel *nt*; **we drove along the ~/down to the ~** wir fuhren am Wasser entlang/hinunter zum Wasser; **II** *attr* am Wasser; **a ~ restaurant/a restaurant in the ~ area** ein Restaurant direkt am Hafen *or* am Wasser/im Hafenviertel; **water-gauge** *n* (*in tank*) Wasserstandsmesser *or* -anzeiger *m*; (*in rivers, lakes also*) Pegel *m*; **water heater** *n* Heißwassergerät *nt*; **water hole** *n* Wasserloch *nt*; **water-ice** *n* Fruchteis *nt*.

wateriness ['wɔːtərɪnɪs] *n* (*weakness*) Wässerigkeit, Wäßrigkeit *f*; (*of colour*) Blässe *f*.

watering ['wɔːtərɪŋ] *n* (*of land, field*) Bewässern *nt*; (*of garden*) Sprengen *nt*; (*of lawn also*) Besprengen *nt*; (*of plant*) (Be)gießen *nt*.

watering can *n* Gießkanne *f*; **watering hole** *n* (*for animals*) Wasserstelle *f*; (*fig hum: pub*) Pinte (*inf*), Kneipe (*inf*) *f*; **watering place** *n* (*spa*) Kurort *m*; (*seaside resort*) Badeort *m*, Seebad *nt*; (*for animals*) Tränke, Wasserstelle *f*.

water jacket *n* Kühlmantel, Kühlwassermantel *m*; **water jump** *n* Wassergraben *m*; **waterless** *adj* trocken; **a ~ planet** ein Planet ohne Wasser; **water level** *n* Wasserstand *m* (*in engine also*); (*measured level of river, reservoir also*) Pegelstand *m*; (*surface of water*) Wasserspiegel *m*; **waterlily** *n* Seerose *f*; **waterline** *n* Wasserlinie *f*; **waterlogged** *adj* **the fields are ~** die Felder stehen unter Wasser; **the ship was completely ~** das Schiff war voll Wasser gelaufen.

Waterloo [ˌwɔːtəˈluː] *n* **to meet one's ~** (*hum*) Schiffbruch erleiden; **with that woman he has finally met his ~** bei dieser Frau hat er sein Waterloo erlebt (*hum*).

water main *n* Haupt(wasser)leitung *f*; (*the actual pipe*) Hauptwasserrohr *nt*; **waterman** *n* Fährmann *m*; **watermark** *n* **1.** (*on wall*) Wasserstandsmarke *f*; **2.** (*on paper*) Wasserzeichen *nt*; **water mattress** *n* Wassermatratze *f*; **watermelon** *n* Wassermelone *f*; **water meter** *n* Wasserzähler *m*; **water mill** *n* Wassermühle *f*; **water nymph** *n* (Wasser)nixe *f*; **water pipe** *n* Wasserrohr *nt*; (*for smoking*) Wasserpfeife *f*; **water-pistol** *n* Wasserpistole *f*; **water pollution** *n* Wasserverunreinigung *f*; **water-polo** *n* Wasserball *m*; **water-power** *n* Wasserkraft *f*; **waterproof I** *adj clothes* wasserundurchlässig; *roof also, window* (wasser)dicht; *paint* wasserfest; **II** *n* (*esp Brit*) Regenhaut ® *f*; **III** *vt* wasserundurchlässig machen; *material also* wasserdicht machen; *clothes also* imprägnieren; **waterproofer** *n see* **waterproofing 2.**; **waterproofing** *n* **1.** (*process*) Wasserdichtmachen *nt*; (*of clothes also*) Imprägnieren *nt*; **2.** (*material*) Dichtungsmittel *nt*; (*for clothes*) Imprägniermaterial *nt*; **water rat** *n* Wasserratte *f*; (*US sl*) Hafenstrolch *m* (*inf*); **water-rate** *n* (*Brit*) Wassergeld *nt*; **water-repellent** *adj* wasserabstoßend; **water-resistant** *adj* wasserbeständig; **watershed** *n* (*Geol*) Wasserscheide *f*; (*fig*) Wendepunkt *m*; **water shortage** *n* Wassermangel *m*; **waterside I** *n* Ufer *nt*; (*at sea*) Strand *m*; **II** *attr* am Wasser wachsend/lebend; **water-ski I** *n* Wasserski *m*; **II** *vi* Wasserski laufen; **water-skiing** *n* Wasserskilaufen *nt*; **water snake** *n* Wasserschlange *f*; (*in lake*) Seeschlange *f*; **water softener** *n* Wasserenthärter *m*; **water-soluble** *adj* wasserlöslich; **water-spaniel** *n* Wasserspaniel *m*; **water sports** *npl* Wassersport *m*; **water spout** *n* **1.** (*Met*) Wasserhose, Trombe *f*; **2.** (*pipe*) Regenrinne *f*; **water supply** *n* Wasserversorgung *f*; **water-table** *n* Grundwasserspiegel *m*; **water tank** *n* Wassertank *m*; **watertight** *adj* (*lit*) wasserdicht; (*fig*) *agreement, argument, alibi, contract also* hieb- und stichfest; **water-tower** *n* Wasserturm *m*; **water vapour** *or* (*US*) **vapor** *n* Wasserdampf *m*; **waterway** *n* Wasserstraße *f*; (*channel*) Fahrrinne *f*; **water-wheel** *n* (*Mech*) Wasserrad *nt*; (*Agr*) Wasserschöpfrad *nt*; **water-wings** *npl* Schwimmflügel, Schwimmarme (*inf*) *pl*; **waterworks** *npl or sing* Wasserwerk *nt*; **to turn on the ~** (*fig inf*) zu heulen anfangen; **to have trouble with one's ~** (*fig inf*) ständig laufen müssen (*inf*).

watery [ˈwɔːtərɪ] *adj* (*weak*) *soup, beer* wässerig, wäßrig; *eye* tränend; (*pale*) *sky, sun* blaß; *colour* wässerig, wäßrig. **all the sailors went to a ~ grave** alle Seeleute fanden ein feuchtes *or* nasses Grab.

watt [wɒt] *n* Watt *nt*.

wattage [ˈwɒtɪdʒ] *n* Wattleistung *f*.

wattle [ˈwɒtl] *n* **1.** (*material*) Flechtwerk *nt*. **a ~ fence** ein Zaun aus Flechtwerk. **2.** (*Bot*) australische Akazie. **3.** (*Orn*) Kehllappen *m*.

wave [weɪv] **I** *n* **1.** (*of water, Phys, Rad, in hair, fig*) Welle *f*; (*of water, hatred, enthusiasm also*) Woge (*liter*) *f*. **who rules the ~s?** wer beherrscht die Meere?; **a ~ of strikes/enthusiasm** eine Streikwelle/Welle der Begeisterung; **the attacks/attackers came in ~s** die Angriffe/Angreifer kamen in Wellen *or* wellenweise; **to make ~s** (*fig inf*) Unruhe stiften; **I don't want to make ~s but ...** ich will ja keinen Staub aufwirbeln, aber ...

2. (*movement of hand*) **to give sb a ~** jdm (zu)winken; **with a ~ he was gone** er winkte kurz und verschwand; **with a ~ of his hand** mit einer Handbewegung.

II *vt* **1.** (*in order to give a sign or greeting*) winken mit (*at, to sb* jdm); (*to ~ about*) schwenken; (*gesticulating, in a dangerous manner*) herumfuchteln mit. **to ~ one's hand to sb** jdm winken; **he ~d a greeting to the crowd** er winkte grüßend der Menge zu; **to ~ sb goodbye/to ~ goodbye to sb** jdm zum Abschied winken; **he ~d his hat (at the passing train)** er schwenkte seinen Hut/er winkte dem vorbeifahrenden Zug mit seinem Hut (zu); **he ~d the ticket under my nose** er fuchtelte mir mit der Karte vor der Nase herum; **he ~d his stick at the children who were stealing the apples** er drohte den Kindern, die die Äpfel stahlen, mit dem Stock.

2. (*to indicate sb should move*) **the traffic warden ~d the children across the road** der Verkehrspolizist winkte die Kinder über die Straße; **he ~d me over to his table** er winkte mich zu sich an den Tisch; **he ~d me over** er winkte mich zu sich herüber.

3. *hair* wellen.

III *vi* **1.** winken. **to ~ at** *or* **to sb** jdm (zu)winken. **2.** (*flag*) wehen; (*branches*) sich hin und her bewegen; (*corn*) wogen. **3.** (*hair*) sich wellen.

◆**wave aside** *vt sep* **1.** (*lit*) *person* auf die Seite *or* zur Seite winken. **2.** (*fig*) *person, objection, suggestions* ab- *or* zurückweisen, abtun; *help also* ausschlagen.

◆**wave away** *vt sep* abwinken (+*dat*).

◆**wave down** *vt sep* anhalten, stoppen.

◆**wave on** *vt sep* **the policeman ~d us ~** der Polizist winkte uns weiter.

waveband *n* (*Rad*) Wellenband *nt*; **wavelength** *n* (*Rad*) Wellenlänge *f*; **we're not on the same ~** (*fig*) wir haben nicht dieselbe Wellenlänge.

wave power *n* Wellenkraft *f*.

waver [ˈweɪvər] *vi* **1.** (*quiver*) (*light, flame, eyes*) flackern; (*voice*) zittern.

2. (*weaken*) (*courage, self-assurance*) wanken, ins Wanken geraten; (*courage also*) weichen; (*support*) nachlassen. **the old man's mind was beginning to ~** der alte Mann wurde langsam etwas wirr im Kopf.

3. (*hesitate*) schwanken (*between* zwischen +*dat*). **if he begins to ~** wenn er ins Schwanken *or* Wanken gerät; **he's ~ing between accepting and ...** er ist sich (*dat*) darüber unschlüssig, ob er annehmen soll oder ...

waverer ['weɪvərə^r] *n* Zauderer *m*.

wavering ['weɪvərɪŋ] *adj light, flame* flakkernd; *shadow* tanzend; *courage, determination* wankend; *support* (*hesitating*) wechselhaft; (*decreasing*) nachlassend.

wavy ['weɪvɪ] *adj* (+*er*) *hair, surface* wellig, gewellt; *design* Wellen-. **~ line** Schlangenlinie *f*.

wax[1] [wæks] **I** *n* Wachs *nt*; (*ear* ~) Ohrenschmalz *nt*; (*sealing* ~) Siegellack *m*. **II** *adj* Wachs-. **III** *vt floor, furniture* wachsen; *floor also* bohnern; *moustache* wichsen.

wax[2] *vi* **1.** (*moon*) zunehmen. **to ~ and wane** (*lit*) ab- und zunehmen; (*fig*) schwanken, kommen und gehen. **2.** (*liter: become*) werden. **to ~ enthusiastic** in Begeisterung geraten.

waxed [wækst] *adj paper* Wachs-; *floor, thread* gewachst; *moustache* gewichst. **~ cotton** gewachster Baumwollstoff.

wax(ed) paper *n* Wachspapier *nt*.

waxen ['wæksən] *adj* **1.** (*old*) wächsern. **2.** (*fig: pale*) wachsbleich, wächsern.

waxing ['wæksɪŋ] **I** *adj moon* zunehmend; *enthusiasm also* wachsend. **II** *n* Zunehmen *nt*; Wachsen *nt*.

wax work *n* Wachsfigur *f*; **wax works** *n sing or pl* Wachsfigurenkabinett *nt*.

waxy ['wæksɪ] *adj* (+*er*) wächsern.

way [weɪ] **I** *n* **1.** (*road*) Weg *m*. **across** *or* **over the ~** gegenüber, vis-à-vis; (*motion*) rüber; **W~ of the Cross** Kreuzweg *m*; **to fall by the ~** (*fig*) auf der Strecke bleiben.

2. (*route*) Weg *m*. **the ~ to the station** der Weg zum Bahnhof; **by ~ of** (*via*) über (+*acc*); **which is the ~ to the town hall, please?** wo geht es hier zum Rathaus, bitte?; **~ in/out** (*also on signs*) Ein-/Ausgang *m*; **please show me the ~ out** bitte zeigen Sie mir, wo es hinausgeht (*inf*) *or* wie ich hinauskomme; **can you find your own ~ out?** finden Sie selbst hinaus?; **on the ~ out/in** beim Hinaus-/Hereingehen; **to be on the ~ in** (*fig inf*) im Kommen sein; **to be on the ~ out** (*fig inf*) am Verschwinden *or* Aussterben sein; **there's no ~ out** (*fig*) es gibt keinen Ausweg; **~ up/down** Weg nach oben/unten; (*climbing*) Aufstieg/Abstieg *m*; **~ up/back** Hinweg/Rückweg *m*; **prices are on the ~ up/down again** die Preise steigen/fallen; **the shop is on the/your ~** der Laden liegt auf dem/deinem Weg; **is it on the ~?** (*place*) liegt das auf dem Weg?; (*parcel*) ist es unterwegs?; **to stop on the ~** unterwegs anhalten; **on the ~ (here)** auf dem Weg (hierher); **on the ~ to London** auf dem Weg nach London; **you pass it on your ~ home** du kommst auf deinem Nachhauseweg *or* Heimweg daran vorbei; **they're on their ~ now** sie sind jetzt auf dem Weg *or* unterwegs; **he's on the ~ to becoming an alcoholic** er ist dabei *or* auf dem besten Weg, Alkoholiker zu werden; **there's another baby on the ~** da ist wieder ein Kind unterwegs; **if it is out of your ~** wenn es ein Umweg für Sie ist; **we had to go out of our ~** wir mußten einen Umweg machen; **it took us out of our ~** es war ein Umweg für uns; **to go out of one's ~ to do sth** (*fig*) sich besonders anstrengen, um etw zu tun; **please, don't go out of your ~ for us** (*fig*) machen Sie sich (*dat*) bitte unsertwegen keine Umstände; **to feel the/one's ~** sich weiter-/vorwärts-/entlangtasten; **to find a ~ in** hineinfinden, hineinkommen, eine Möglichkeit finden hineinzukommen; **can you find your ~ out/home?** finden Sie hinaus/nach Hause?; **I know my ~ about town** ich finde mich in der Stadt zurecht, ich kenne mich in der Stadt aus; **she knows her ~ about** (*fig inf*) sie kennt sich aus, sie weiß Bescheid (*inf*); **to lose one's ~** sich verlaufen, sich verirren (*geh*); **to make one's ~ to somewhere** sich an einen Ort *or* irgendwohin bewegen *or* begeben; **can you make your own ~ to the theatre?** kannst du allein zum Theater kommen?; **to make one's ~ home** nach Hause gehen; **to make/fight/push one's ~ through the crowd** sich einen Weg durch die Menge bahnen, sich durch die Menge (durch)drängen/-kämpfen/-schieben; **to make one's ~ in the world** seinen Weg machen, sich durchsetzen; **to go one's own ~** (*fig*) eigene Wege gehen; **they went their separate ~s** (*lit, fig*) ihre Wege trennten sich; **to pay one's ~** für sich selbst bezahlen; (*company, project, machine*) sich rentieren; **can the nation pay its ~?** kann das Volk *or* Land für sich selber aufkommen?; **to go down the wrong ~** (*food, drink*) in die falsche Kehle kommen; **to prepare the ~** (*fig*) den Weg bereiten (*for sb/sth* jdm/einer Sache); **could you see your ~ to lending me a pound?** wäre es Ihnen wohl möglich, mir ein Pfund zu leihen?; **to get under ~** in Gang kommen, losgehen (*inf*); (*Naut*) Fahrt aufnehmen *or* machen; **to be (well) under ~** im Gang/in vollem Gang sein; (*Naut*) in (voller) Fahrt sein; (*with indication of place*) unterwegs sein; **to lose/gather ~** (*Naut*) Fahrt verlieren/aufnehmen.

3. (*room for movement, path*) Weg *m*. **to bar** *or* **block the ~** den Weg ab- *or* versperren; **to leave the ~ open** (*fig*) die Möglichkeit offen lassen, einen Weg frei lassen (*for sth* für etw); **to make ~ for sb/sth** (*lit, fig*) für jdn/etw Platz machen; (*fig also*) für jdn/etw den Platz räumen; **to be/get in sb's/the ~** (jdm) im Weg stehen *or* sein/in den Weg kommen; (*fig*) jdn stören/stören; **get out of the/my ~!** (geh) aus dem Weg!, weg da!; **to get sb out of the ~** (*get rid of*) jdn loswerden (*inf*); (*remove: lit, fig*) jdn aus dem Wege räumen; **to get sth out of the ~** *work* etw hinter sich (*acc*) bringen; *difficulties, problems* etw loswerden (*inf*), etw aus dem Weg räumen; **to get sth out of the ~ of sb/sth** jdm etw aus dem Weg räumen/etw aus etw (weg)räumen; **they got the children out of the ~ of the firemen** sie sorgten dafür, daß die Kinder den Feuerwehrleuten nicht im Weg waren; **get those people out of the ~ of the trucks** sieh zu, daß die Leute den Lastwagen Platz machen *or* aus der Bahn gehen; **to keep out of sb's/ the ~** (*not get in the ~*) jdm nicht in den Weg kommen, (jdm) aus dem Weg bleiben; (*avoid*) (jdm) aus dem Weg gehen; **keep out of the ~!** weg da!, zurück!; **keep out of my ~!** komm mir nicht mehr über den Weg!; **to keep sb/sth out of the ~ of sb** jdn/etw nicht in jds Nähe *or* Reichweite (*acc*) kommen lassen; **to put difficulties in sb's ~** jdm Hindernisse in den Weg stellen; **to stand in sb's ~** (*lit, fig*) jdm im Weg stehen *or* sein; **now nothing stands in our ~** (*fig*) jetzt steht uns (*dat*) nichts mehr im Weg, jetzt haben wir freie Bahn; **to stand in the ~ of progress** den Fortschritt aufhalten *or* hemmen; **to want sb out of the ~** jdn aus dem Weg haben wollen; **to put sb in the ~ of (doing) sth** (*inf*) jdm zu etw verhelfen/dazu verhelfen, etw zu tun.

4. (*direction*) Richtung *f.* **this ~, please** hier(her) *or* hier entlang, bitte; **he went that ~** er ging dorthin *or* in diese Richtung; **"this ~ for the lions"** „zu den Löwen"; **this ~ and that** hierhin und dorthin; **down our ~** (*inf*) bei uns (in der Nähe), in unserer Gegend *or* Ecke (*inf*); **it's out Windsor ~** es ist *or* liegt in Richtung Windsor; **which ~ are you going?** in welche Richtung *or* wohin gehen Sie?; **which ~** in welche/aus welcher Richtung; **look this ~** schau hierher!; **look both ~s** schau nach beiden Seiten; **she didn't know which ~ to look** (*fig*) sie wußte nicht, wo sie hinschauen *or* -sehen sollte; **to look the other ~** (*fig*) wegschauen *or* -sehen; **this one is better, there are no two ~s about it** (*inf*) dieses hier ist besser, da gibt es gar keinen Zweifel *or* das steht fest; **you're going to bed, there are no two ~s about it** (*inf*) du gehst ins Bett, da gibt es gar nichts *or* und damit basta (*inf*); **it does not matter (to me) one ~ or the other** es macht (mir) so oder so nichts aus, es ist mir gleich; **either ~, we're bound to lose** (so oder so,) wir verlieren auf jeden Fall *or* auf alle Fälle; **if a good job comes my ~** wenn ein guter Job für mich auftaucht; **each ~, both ~s** (*Racing*) auf Sieg und Platz; **we'll split it three/ten ~s** wir werden es dritteln/in zehn Teile (auf)teilen *or* durch zehn teilen; **it's the wrong ~ up** es steht verkehrt herum *or* auf dem Kopf (*inf*); **"this ~ up"** „hier oben"; **it's the other ~ round** es ist (genau) umgekehrt; **put it the right ~ up/the other ~ round** stellen Sie es richtig (herum) hin/andersherum *or* andersrum (*inf*) hin.

5. (*distance*) Weg *m*, Strecke *f.* **it rained all the ~ there** es hat auf der ganzen Strecke *or* die ganze Fahrt (über) geregnet; **I'm behind you all the ~** (*fig*) ich stehe voll (und ganz) hinter Ihnen; **a little/long ~ away** *or* **off** nicht/sehr weit weg *or* entfernt, ein kleines/ganzes *or* gutes Stück weit weg *or* entfernt; **that's a long ~ away** bis dahin ist es weit *or* (*time*) noch lange; **a long ~ out of town** weit von der Stadt weg; (*live also*) weit draußen, weit außerhalb; (*drive also*) weit raus (*inf*), weit nach draußen; **that's a long ~ back** das war schon vor einer ganzen Weile; **he'll go a long ~** (*fig*) er wird es weit bringen; **to have (still) a long ~ to go** (noch) weit vom Ziel entfernt sein; (*with work*) (noch) bei weitem nicht fertig sein; (*with practice*) (noch) viel vor sich haben; **it should go some/a long ~ towards solving the problem** das sollte *or* müßte bei dem Problem schon etwas/ein gutes Stück weiterhelfen; **a little (of sth) goes a long ~ (with me)** ein kleines bißchen (+*nom*) reicht (mir) sehr lange; **a little kindness goes a long ~** ein bißchen Freundlichkeit hilft viel; **better by a long ~** bei weitem *or* um vieles besser; **not by a long ~** bei weitem nicht.

6. (*method, manners*) Art, Weise *f.* **that's the ~** ja, (so geht das)!, ja, genau!; **do it this ~** machen Sie es so *or* auf diese Art und Weise; **do it the ~ I do it** machen Sie es so *or* auf dieselbe Art und Weise wie ich (es mache); **that's not the right ~ to do it** so geht das nicht, so kann man das nicht machen; **do it any ~ you like** machen Sie es, wie Sie wollen; **what's the best ~ to do it?** wie macht man das am besten?; **we have ~s of making you talk** wir haben gewisse Mittel, um Sie zum Reden zu bringen; **I don't like the ~ he's looking at you** ich mag nicht, wie er dich ansieht; **do you understand the ~ things are developing?** verstehst du, wie sich die Dinge entwickeln?; **you could tell by the ~ he was dressed** das merkte man schon an seiner Kleidung; **the ~ she walks/talks** (so) wie sie geht/spricht; **it's just the ~ you said it** du hast es nur so komisch gesagt; **it's not what you do, it's the ~ you do it** es kommt nicht darauf an, was man macht, sondern wie man es macht; **do you remember the ~ it was/we were?** erinnerst du dich noch (daran), wie es war/wie wir damals waren?; **it's not the ~ we do things here** so *or* auf die Art machen wir das hier nicht; **to show sb the ~ to do sth** jdm zeigen, wie *or* auf welche Art und Weise etw gemacht wird; **show me the ~** zeig mir, wie (ich es machen soll); **there's only one ~ to do it properly** es gibt nur eine richtige Methode, man kann das nur so *or* nur auf eine Art und Weise machen; **the French ~ of doing it** (die Art,) wie man es in Frankreich macht; **the Smith ~** wie es Smith macht/gemacht hat; **to do sth the hard ~** etw auf die schwierigste *or* komplizierteste Art (und Weise) machen; **why do it the hard ~?** warum es sich (*dat*) schwer machen?; **to learn the hard ~** aus dem eigenen Schaden lernen; **we'll find a ~** wir werden (schon) einen Weg finden; **love will find a ~** die Liebe überwindet jedes Hindernis *or* alle Schwierigkeiten; **I'd**

rather do it my ~ ich möchte es lieber auf meine (eigene) Art machen; **that's his ~ of saying thank you** das ist seine Art, sich zu bedanken; **that's no ~ to speak to your mother** in einem solchen Ton *or* so spricht man nicht mit seiner Mutter; **~s and means** Mittel und Wege; **Committee of W~s and Means** Steuerausschuß *m*; **~ of life** Lebensstil *m*; (*of nation*) Lebensart *f*; **~ of thinking** Denkweise *f*; **to my ~ of thinking** meiner Meinung *or* Auffassung *or* Anschauung nach; **the Eastern ~ of looking at things** die östliche Lebensanschauung; **there are many ~s of solving the problem** es gibt viele Wege, das Problem zu lösen; **ha, that's one ~ of solving it!** ja, so kann man das auch machen!; **it was this ~ …** es war so *or* folgendermaßen …; **that's the ~ it goes!** so ist das eben, so ist das nun mal!; **the ~ things are** so, wie es ist *or* wie die Dinge liegen; **leave everything the ~ it is** laß alles so, wie es ist; **to go on in the same old ~** wie vorher *or* auf die alte Tour (*inf*) weitermachen; **in one ~ or another** so oder so, irgendwie, auf irgendeine Art und Weise; **he had his ~ with her** er hat sie genommen; **to get** *or* **have one's (own) ~** seinen Willen durchsetzen *or* bekommen; **have it your own ~!** wie du willst!; **you can't have it both ~s** du kannst nicht beides haben, beides (zugleich) geht nicht (*inf*); **what a ~ to speak!** so spricht man doch nicht!; **what a ~ to live/die!** so möchte ich nicht leben/sterben.

7. (*custom, habit*) Art *f*. **the ~s of the Spaniards** die spanische Lebensweise; **the ~s of Providence/God** die Wege der Vorsehung/Gottes; **the ~ of the world** der Lauf der Welt *or* der Dinge; **that is our ~ with traitors** so machen wir das mit Verrätern; **it is not/only his ~ to …** es ist nicht/eben seine Art, zu …; **he has a ~ with him** er hat so eine (gewisse) Art; **he has a ~ with children** er versteht es, mit Kindern umzugehen; **he has his little ~s** er hat so seine Eigenheiten *or* Marotten (*inf*); **to get out of/into the ~ of sth** sich (*dat*) etw ab-/angewöhnen.

8. (*respect*) Hinsicht *f*. **in a ~** in gewisser Hinsicht *or* Weise; **in no ~** in keiner Weise; **no ~!** nichts drin! (*inf*), ausgeschlossen!, is' nich' (*sl*); **there's no ~ I'm going to agree/you'll persuade him** auf keinen Fall werde ich zustimmen/werden Sie ihn überreden können; **what have you got in the ~ of drink/food?** was haben Sie an Getränken *or* zu trinken/an Lebensmitteln *or* zu essen?; **in every possible ~** auf jede mögliche *or* denkbare Art, auf jedwede Art (*geh*); **to be better in every possible ~** in jeder Hinsicht besser sein; **in many/some ~s** in vieler/gewisser Hinsicht; **in a big ~** (*not petty*) im großen Stil; (*on a large scale*) im großen; **in the ~ of business** durch *or* über das Geschäft, geschäftlich; **in a small ~** in kleinem Ausmaß *or* im Kleinen; **he's not a plumber in the ordinary ~** er ist kein Klempner im üblichen Sinn; **in the ordinary ~ we …** normalerweise *or* üblicherweise … wir ….

9. (*state*) Zustand *m*. **he's in a bad ~** er ist in schlechter Verfassung; **things are in a bad ~** die Dinge stehen schlecht.

10. (*with by*) **by the ~** übrigens; **all this is by the ~** (*irrelevant*) das ist alles Nebensache *or* zweitrangig; (*extra*) das nur nebenher *or* nebenbei; **by ~ of an answer/excuse** als Antwort/Entschuldigung; **by ~ of illustration** zur Illustration; **he's by ~ of being a painter** (*inf*) er ist so'n Maler (*inf*).

11. **~s** *pl* (*Naut: slip~*) Helling, Ablaufbahn *f*.

II *adv* (*inf*) **~ back/over/up** weit zurück/drüben/oben; **~ back when** vor langer Zeit, als; **since ~ back** seit Urzeiten; **since ~ back in 1893 …** schon seit (dem Jahre) 1893 …; **that was ~ back** das ist schon lange her, das war schon vor langer Zeit; **he was ~ out with his guess** er hatte weit daneben- *or* vorbeigeraten, er hatte weit gefehlt *or* er lag weit daneben (*inf*) mit seiner Annahme; **his guess was ~ out** seine Annahme war weit gefehlt; **you're ~ out if you think …** da liegst du aber schief (*inf*) *or* da hast du dich aber gewaltig geirrt, wenn du glaubst, …

waybill *n* Frachtbrief *m*; **wayfarer** ['weɪˌfɛərə^r] *n* (*liter*) Wanderer, Wandersmann (*liter*) *m*; **wayfaring** *adj* (*liter*) wandernd, reisend; **~ man** Wandervogel, Zugvogel *m*; **waylay** *pret, ptp* **waylaid** *vt* (*ambush*) überfallen; (*inf*) abfangen; **I was ~ by the manager** der Manager hat mich abgefangen; **way-out** *adj* (*sl*) irr(e) (*inf*), extrem (*sl*); **wayside I** *n* (*of path, track*) Wegrand *m*; (*of road*) Straßenrand *m*; **by the ~** am Weg(es)-/Straßenrand; **to fall by the ~** auf der Strecke bleiben; **II** *adj café, inn* am Weg/an der Straße gelegen; **way station** *n* (*US*) Zwischenstation *f*, Kleinbahnhof *m*; **way train** *n* (*US*) Personenzug *m*; **wayward** ['weɪwəd] *adj* (*self-willed*) *child, horse, disposition* eigenwillig, eigensinnig; (*capricious*) *fancy, request, passion* abwegig; (*liter*) *stream, breeze* unberechenbar, launisch (*liter*); **waywardness** [-wədnɪs] *n see adj* Eigenwilligkeit *f*, Eigensinn *m*; Abwegigkeit *f*; Unberechenbarkeit, Launenhaftigkeit (*liter*) *f*.

WBA *n abbr of* **World Boxing Association**.

WC *abbr of* **water closet** WC *nt*.

w/e *abbr of* **1. weekend. 2. week ending.**

we [wiː] *pron* wir. **the Royal ~** der Pluralis majestatis, der Majestätsplural; **the editorial ~** der Autorenplural; (*in narrative*) das Wir des Erzählers; **how are ~ this morning?** (*inf*) wie geht es uns (denn) heute morgen? (*inf*).

weak [wiːk] *adj* (*+er*) (*all senses*) schwach; *character* labil; *tea, solution* dünn; *stomach* empfindlich. **to go/feel ~ at the knees** (*after illness*) sich wackelig fühlen, wackelig *or* schwach auf den Beinen sein (*inf*); (*with fear, excitement*) weiche Knie haben/bekommen; **the ~er**

sex das schwache Geschlecht; **he must be a bit ~ in the head** (*inf*) er ist wohl nicht ganz bei Trost (*inf*); **his maths is ~** er ist schwach in Mathematik.

weaken ['wi:kən] **I** *vt* (*lit, fig*) schwächen; *influence also, control, suspicion* verringern; *argument also* entkräften; *walls, foundations* angreifen; *hold* lockern.

II *vi* (*lit, fig*) schwächer werden, nachlassen; (*person*) schwach *or* weich werden; (*foundations*) nachgeben; (*defence, strength also*) erlahmen.

weak-kneed ['wi:k'ni:d] *adj* (*after illness*) wackelig auf den Beinen; (*with fear, excitement*) mit weichen Knien; (*fig inf*) schwach, feige.

weakling ['wi:klɪŋ] *n* Schwächling *m*; (*of litter*) Schwächste(s) *nt*.

weakly ['wi:klɪ] **I** *adj* (*dated*) schwächlich. **II** *adv* schwach. **he gave in ~ to their demands** schwach wie er war, ging er gleich auf ihre Forderungen ein.

weak-minded ['wi:k'maɪndɪd] *adj* **1.** (*feeble-minded*) schwachsinnig. **2.** (*weak-willed*) willensschwach.

weakness ['wi:knɪs] *n* (*all senses*) Schwäche *f*; (*weak point*) schwacher Punkt. **to have a ~ for sth** für etw eine Schwäche *or* Vorliebe haben.

weak-willed ['wi:k'wɪld] *adj* willensschwach.

weal[1] [wi:l] *n* (*liter*) Wohl *nt*. **the common** *or* **general/public ~** das Wohl der Allgemeinheit, das Allgemeinwohl; **~ and woe** Wohl und Wehe *nt*.

weal[2] *n* (*welt*) Striemen *m*.

wealth [welθ] *n* **1.** Reichtum *m*; (*private fortune also*) Vermögen *nt*. **~ tax** Vermögenssteuer *f*. **2.** (*fig: abundance*) Fülle *f*.

wealth-creating ['welθkrɪ'eɪtɪŋ] *adj* vermögensbildend.

wealthily ['welθɪlɪ] *adv* wohlhabend.

wealthiness ['welθɪnɪs] *n* Wohlhabenheit *f*.

wealthy ['welθɪ] *adj* (*+er*) wohlhabend, reich; *appearance* wohlhabend; (*having a private fortune also*) vermögend. **the ~** *pl* die Reichen *pl*.

wean [wi:n] *vt baby* entwöhnen. **to ~ sb from sb/sth** jdn einer Person (*gen*)/einer Sache (*gen*) entwöhnen (*geh*).

weaning ['wi:nɪŋ] *n* (*of baby*) Entwöhnung *f*.

weapon ['wepən] *n* (*lit, fig*) Waffe *f*.

weaponry ['wepənrɪ] *n* Waffen *pl*.

wear [wɛəʳ] (*vb: pret* **wore**, *ptp* **worn**) **I** *n* **1.** (*use*) **I've had a lot of/I haven't had much ~ out of** *or* **from this jacket** (*worn it often/not often*) ich habe diese Jacke viel/wenig getragen; (*it wore well/badly*) ich habe diese Jacke lange/nur kurz getragen; **I've had very good ~ from these trousers/this carpet** diese Hosen haben sich sehr gut getragen/dieser Teppich hat sehr lange gehalten; **there isn't much ~/there is still a lot of ~ left in this coat/carpet** dieser Mantel/Teppich hält nicht mehr/noch lange; **this coat will stand any amount of hard ~** dieser Mantel ist sehr strapazierfähig; **for casual/evening/everyday ~** für die Freizeit/den Abend/jeden Tag.

2. (*clothing*) Kleidung *f*.

3. (*damage through use*) Abnutzung *f*, Verschleiß *m*. **~ and tear** Abnutzung *f*, Verschleiß *m*; **fair ~ and tear** normale Abnutzungs- *or* Verschleißerscheinungen; **to show signs of ~** (*lit*) anfangen, alt auszusehen; (*fig*) angegriffen aussehen; **to look the worse for ~** (*lit*) (*clothes, curtains, carpets*) verschlissen aussehen; (*shoes, clothes*) abgetragen aussehen; (*furniture*) abgenutzt aussehen; (*fig*) verbraucht aussehen; **I felt a bit the worse for ~** ich fühlte mich etwas angeknackst (*inf*) *or* angegriffen.

II *vt* **1.** *clothing, jewellery, spectacles, beard* tragen. **what shall I ~?** was soll ich anziehen?; **I haven't a thing to ~!** ich habe nichts zum Anziehen *or* nichts anzuziehen; **to ~ white/rags** Weiß/Lumpen tragen, in Weiß/Lumpen gehen; **he wore an air of triumph/a serious look (on his face)** er trug eine triumphierende/ernste Miene zur Schau; **he wore a big smile** er strahlte über das ganze Gesicht.

2. (*reduce to a worn condition*) abnutzen; *clothes* abtragen; *sleeve, knee* durchwetzen; *velvet* blankwetzen; *leather articles* abwetzen; *steps* austreten; *tyres* abfahren; *engine* kaputtmachen. **to ~ holes in sth** etw durchwetzen; (*in shoes*) etw durchlaufen; **the carpet has been worn threadbare** der Teppich ist abgewetzt *or* ganz abgelaufen; **to ~ smooth** (*by handling*) abgreifen; (*by walking*) austreten; *pattern* angreifen; *sharp edges* glattmachen; **the sea/the weather had worn the rocks smooth** die See hatte die Felsen glattgewaschen/die Felsen waren verwittert; **you'll ~ a track in the carpet** (*hum*) du machst noch mal eine richtige Bahn *or* einen Trampelpfad (*inf*) in den Teppich; *see also* **worn**.

3. (*inf: accept, tolerate*) schlucken (*inf*).

III *vi* **1.** (*last*) halten; (*dress, shoes also*) sich tragen. **she has worn well** (*inf*) sie hat sich gut gehalten (*inf*); **the theory has worn well** die Theorie hat sich bewährt.

2. (*become worn*) kaputtgehen; (*engine, material also*) sich abnutzen, verbraucht sein; (*tyres also*) abgefahren sein. **to ~ smooth** (*by water*) glattgewaschen sein; (*by weather*) verwittern; (*pattern*) abgegriffen sein; **the sharp edges will ~ smooth in time/with use** die scharfen Kanten werden sich mit der Zeit/im Gebrauch abschleifen; **to ~ thin** (*lit*) dünn werden, durchgehen (*inf*); **my patience is ~ing thin** meine Geduld ist langsam erschöpft *or* geht langsam zu Ende; **that excuse is ~ing thin** diese Ausrede ist (doch) schon etwas alt.

3. (*proceed gradually*) **the party is ~ing to its end/towards its close** die Party *etc* geht dem Ende zu.

◆**wear away I** *vt sep* (*erode*) *steps* austreten; *rock* abschleifen, abtragen; (*from underneath*) aushöhlen; *pattern, inscription* tilgen (*geh*), verwischen; (*fig*) *determination* untergraben; *sb's patience* zehren an (+*dat*). **his illness wore him ~** die Krankheit zehrte an ihm.

II *vi* (*disappear*) (*rocks, rough edges etc*) sich abschleifen; (*inscription*) verwittern; *pattern* verwischen; (*fig: patience, determination*) schwinden.

◆**wear down I** *vt sep* **1.** (*reduce by friction*) abnutzen; *heel* ablaufen, abtreten; *tyre tread* abfahren; *lipstick* verbrauchen; *pencil* verschreiben.

2. (*fig*) *opposition, strength* zermürben; *person also* (*make more amenable*) mürbe *or* weich machen (*inf*); (*tire out, depress*) fix und fertig machen (*inf*).

II *vi* sich abnutzen; (*heels*) sich ablaufen *or* abtreten; (*tyre tread*) sich abfahren; (*lipstick*) sich verbrauchen; (*pencil*) sich verschreiben.

◆**wear off** *vi* **1.** (*diminish*) nachlassen, sich verlieren. **don't worry, it'll ~ ~!** keine Sorge, das gibt sich; *see* **novelty. 2.** (*disappear*) (*paint*) abgehen; (*plating, gilt*) sich abwetzen.

◆**wear on** *vi* sich hinziehen, sich (da)hinschleppen; (*year*) voranschreiten. **as the evening/year wore ~** im Laufe des Abends/Jahres.

◆**wear out I** *vt sep* **1.** kaputtmachen; *carpet also* abtreten; *clothes, shoes* kaputttragen; *record, machinery* abnutzen.

2. (*fig: exhaust*) (*physically*) erschöpfen, erledigen (*inf*); (*mentally*) fertigmachen (*inf*). **to be worn ~** erschöpft *or* erledigt sein; (*mentally*) am Ende sein (*inf*); **to ~ oneself ~** sich überanstrengen, sich kaputtmachen (*inf*).

II *vi* kaputtgehen; (*clothes, curtains, carpets also*) verschleißen. **his patience has worn ~/is rapidly ~ing ~** seine Geduld ist erschöpft *or* am Ende/erschöpft sich zusehends.

◆**wear through I** *vt sep* durchwetzen; *elbows, trousers also* durchscheuern; *soles of shoes* durchlaufen. **II** *vi* sich durchwetzen; (*elbows, trousers also*) sich durchscheuern; (*soles of shoes*) sich durchlaufen.

wearable ['wɛərəbl] *adj* (*not worn out*) tragbar. **fashionable clothes which are also very ~** modische Kleidung, die sich auch gut trägt.

wearer ['wɛərə^r] *n* Träger(in *f*) *m*. **~ of spectacles** Brillenträger(in *f*) *m*.

wearily ['wɪərɪlɪ] *adv see adj*.

weariness ['wɪərɪnɪs] *n see adj 1*. Müdigkeit *f*; Lustlosigkeit *f*; Mattheit *f*. **he felt a great ~ of life** er empfand großen Lebensüberdruß.

wearing ['wɛərɪŋ] *adj* **1. ~ apparel** (*form*) (Be)kleidung *f*. **2.** (*exhausting*) anstrengend; (*boring*) ermüdend.

wearisome ['wɪərɪsəm] *adj* ermüdend; *climb* beschwerlich; (*bothersome*) *questions* lästig; (*tedious*) *discussion* langweilig.

weary ['wɪərɪ] **I** *adj* (+*er*) **1.** (*tired, dispirited*) müde; (*fed up*) lustlos; *smile, groan* matt. **to feel** *or* **be ~** müde sein; **to be/grow ~ of sth** etw leid sein/werden, einer Sache (*gen*) überdrüssig sein/werden (*geh*).

2. (*tiring*) *wait, routine* ermüdend. **for three ~ hours** drei endlose Stunden (lang); **five ~ miles** fünf lange *or* beschwerliche Meilen.

II *vt* ermüden.

III *vi* **to ~ of sth** einer Sache (*gen*) müde *or* überdrüssig werden (*geh*); **she wearied of being alone** sie wurde es leid *or* müde (*geh*) *or* überdrüssig (*geh*), allein zu sein.

weasel ['wi:zl] **I** *n* **1.** Wiesel *nt*. **2.** (*US inf: person*) Heimtücker *m*. **II** *vi* (*esp US inf: be evasive*) schwafeln (*inf*).

◆**weasel out** *vi* (*wriggle out*) sich rauslavieren (*inf*) (*of* aus).

weaselly ['wi:zəlɪ] *adj* (*inf*) *appearance* Fuchs-; (*shifty*) *character* aalglatt.

weather ['weðə^r] **I** *n* Wetter *nt*; (*in ~ reports*) Wetterlage *f*; (*climate*) Witterung *f*. **in cold/wet/this ~** bei kaltem/nassem/diesem Wetter; **what's the ~ like?** wie ist das Wetter?; **lovely ~ for ducks!** bei dem Wetter schwimmt man ja fast weg!; **in all ~s** bei jedem Wetter, bei jeder Witterung (*geh*); **to be** *or* **feel under the ~** (*inf*) angeschlagen sein (*inf*); **to make heavy ~ of sth** (*inf*) sich mit etw fürchterlich anstellen (*inf*); **to keep a** *or* **one's ~ eye open** (*inf*) Ausschau halten (*for* nach).

II *vt* **1.** (*storms, winds*) angreifen; *skin* gerben. **the rock had been ~ed** der Fels war verwittert.

2. (*expose to ~*) *wood* ablagern.

3. (*survive: also* **~ out**) *crisis, awkward situation* überstehen. **to ~ (out) the storm** (*lit, fig*) den Sturm überstehen.

III *vi* (*rock*) verwittern; (*skin*) vom Wetter gegerbt sein/werden; (*paint*) verblassen; (*resist exposure to ~*) wetterfest sein; (*become seasoned: wood*) ablagern.

weather *in cpds* Wetter-; **weather-beaten** *adj face* vom Wetter gegerbt; *house* verwittert; *skin* wettergegerbt; **weatherboarding** *n*, **weatherboards** *npl* Schindeln *pl*; **weatherbound** *adj boat* auf Grund der schlechten Wetterverhältnisse manövrierunfähig; **weather chart** *n* Wetterkarte *f*; **weathercock** *n* Wetterhahn *m*.

weathered ['weðəd] *adj* verwittert; *skin* wettergegerbt.

weather forecast *n* Wettervorhersage *f*.

weathering ['weðərɪŋ] *n* (*Geol*) Verwitterung *f*.

weatherman *n* Mann *m* vom Wetteramt; **weatherproof I** *adj* wetterfest; **II** *vt* wetterfest machen; **weather report** *n* Wetterbericht *m*; **weather ship** *n* Wetterschiff *nt*; **weather station** *n* Wetterwarte *f*; **weather vane** *n* Wetterfahne *f*; **weatherwise** *adv* wettermäßig.

weave [wi:v] (*vb: pret* **wove,** *ptp* **woven**) **I** *n* (*patterns of threads*) Webart *f*; (*loosely/tightly woven fabric*) Gewebe *nt*.

II *vt* **1.** *thread, cloth* weben (*into* zu); *cane, flowers, garland* flechten (*into* zu); *web* spinnen. **he wove the threads together** er verwob die Fäden miteinander.

2. (*fig*) *plot, story* ersinnen, erfinden; (*add into story*) *details, episode* einflechten (*into* in +*acc*).

3. *pret also* ~d (*wind*) **to ~ one's way through the traffic/to the front** sich durch den Verkehr fädeln *or* schlängeln/nach vorne (durch)schlängeln.

III *vi* **1.** (*lit*) weben. **2.** *pret also* ~**d** (*twist and turn*) sich schlängeln; (*drunk*) torkeln. **3.** (*inf*) **to get weaving** sich ranhalten (*inf*); **to get weaving on sth** sich hinter etw (*acc*) klemmen (*inf*).

weaver ['wi:və^r] *n* Weber(in *f*) *m*.

weaver bird *n* Webervogel *m*.

weaving ['wi:vɪŋ] *n* Weberei *f*; (*as craft*) Webkunst *f*.

web [web] *n* **1.** (*lit, fig*) Netz *nt*; (*of lies also*) Gespinst, Gewebe *nt*. **a ~ of snow-covered branches** ein Geflecht *nt* von schneebedeckten Ästen; **a ~ of little streets** ein Gewirr *nt* von kleinen Gassen. **2.** (*of duck*) Schwimmhaut *f*.

webbed [webd] *adj* **1.** *foot, toes* Schwimm-; *animal* mit Schwimmfüßen. **2.** *seats* gurtbespannt.

webbing ['webɪŋ] *n* Gurte *pl*; (*material*) Gurtband *nt*.

web-footed, web-toed *adj* schwimmfüßig, mit Schwimmfüßen; **web-offset** *n* Rollenrotations-Offsetdruck *m*.

Wed *abbr of* **Wednesday** Mittw.

wed [wed] (*old*) *pret, ptp* ~ *or* ~**ded I** *vi* sich vermählen (*form*), heiraten.

II *vt* **1.** (*bride, bridegroom*) ehelichen (*form*), sich vermählen mit (*form*); (*priest*) vermählen (*form*), trauen.

2. (*fig: combine*) paaren.

3. (*fig*) **to be ~ded to sth** (*devoted*) mit etw verheiratet sein; **he's ~ded to the view that ...** er ist felsenfest der Ansicht, daß ...

we'd [wi:d] *contr of* **we would; we had.**

wedded ['wedɪd] *adj bliss, life* Ehe-; *see* **lawful.**

wedding ['wedɪŋ] *n* **1.** (*ceremony*) Trauung *f*; (*ceremony and festivities*) Hochzeit, Vermählung (*form*) *f*; (*silver, golden ~ etc*) Hochzeit *f*. **to have a registry office/church ~** sich standesamtlich/kirchlich trauen lassen, standesamtlich/kirchlich heiraten; **to have a quiet ~** in aller Stille heiraten; **to go to a ~** zu einer *or* auf eine Hochzeit gehen.

2. (*fig*) Verbindung *f*.

wedding *in cpds* Hochzeits-; **wedding anniversary** *n* Hochzeitstag *m*; **wedding breakfast** *n* Hochzeitsessen *nt*; **wedding cake** *n* Hochzeitskuchen *m*; **wedding day** *n* Hochzeitstag *m*; **wedding dress** *n* Brautkleid, Hochzeitskleid *nt*; **wedding march** *n* Hochzeitsmarsch *m*; **wedding night** *n* Hochzeitsnacht *f*; **wedding present** *n* Hochzeitsgeschenk *nt*; **wedding ring** *n* Trauring, Ehering *m*.

wedge [wedʒ] **I** *n* **1.** (*of wood, fig*) Keil *m*. **rubber ~** Gummibolzen *m*; **it's the thin end of the ~** so fängt's immer an; **that would be the thin end of the ~** das wäre der Anfang vom Ende.

2. (*triangular shape*) (*of cake*) Stück *nt*; (*of cheese*) Ecke *f*. **a ~ of land** ein keilförmiges Stück Land.

3. (*shoe*) Schuh *m* mit Keilabsatz; (*also* ~ **heel**) Keilabsatz *m*.

II *vt* **1.** (*fix with a ~*) verkeilen, (mit einem Keil) festklemmen. **to ~ a door/window open/shut** eine Tür/ein Fenster festklemmen *or* verkeilen; **try wedging the cracks with newspaper** versuchen Sie, die Spalten mit Zeitungspapier zuzustopfen.

2. (*fig: pack tightly*) **to ~ oneself/sth** sich/etw zwängen (*in* in +*acc*); **to be ~d between two things/people** zwischen zwei Dingen/Personen eingekeilt *or* eingezwängt sein; **the fat man sat ~d in his chair** der dicke Mann saß in seinen Stuhl gezwängt; **we were all ~d together in the back of the car** wir saßen alle zusammengepfercht *or* eingezwängt im Fond des Wagens.

◆**wedge in** *vt sep* (*lit*) *post* festkeilen. **to be ~d ~** (*car, house, person*) eingekeilt *or* eingezwängt sein; **he ~d himself ~ between them** er zwängte sich zwischen sie.

wedge-shaped ['wedʒʃeɪpt] *adj* keilförmig.

wedlock ['wedlɒk] *n* (*form*) Ehe *f*. **to be born out of/in ~** unehelich/ehelich geboren sein.

Wednesday ['wenzdɪ] *n* Mittwoch *m*; *see also* **Tuesday.**

wee[1] [wi:] *adj* (+*er*) (*inf*) winzig; (*Scot*) klein. **a ~ bit** ein kleines bißchen; **~ (small) hours** frühe Morgenstunden.

wee[2] (*inf*) **I** *n* **to have** *or* **do/need a ~** Pipi machen/machen müssen (*inf*). **II** *vi* Pipi machen (*inf*).

weed [wi:d] **I** *n* **1.** Unkraut *nt no pl*. **2.** (*dated inf: tobacco*) Kraut *nt* (*inf*). **3.** (*sl: marijuana*) Gras *nt* (*sl*). **4.** (*inf: person*) Schwächling, Kümmerling (*inf*) *m*. **II** *vt* **1.** *also vi* (*lit*) jäten. **2.** (*fig*) *see* **weed out 2.**

◆**weed out** *vt sep* **1.** *plant* ausreißen; *flower-bed* Unkraut jäten in (+*dat*). **2.** (*fig*) aussondern; *poor candidates, lazy pupils also* aussieben.

◆**weed through** *vt sep* durchsortieren.

weeding ['wi:dɪŋ] *n* Unkrautjäten *nt*. **to do some ~** Unkraut jäten.

weed-killer ['wi:dkɪlə^r] *n* Unkrautvernichter *m*, Unkrautbekämpfungsmittel *nt*.

weeds [wi:dz] *npl* (*mourning clothes*) Trauerkleider *pl*.

weedy ['wi:dɪ] *adj* (+*er*) **1.** *ground* unkrautbewachsen, voll(er) Unkraut. **2.** (*inf*) *person* (*in appearance*) schmächtig; (*in character*) blutarm.

week [wi:k] *n* Woche *f*. **it'll be ready in a ~** in einer Woche *or* in acht Tagen ist es fertig; **~ in, ~ out** Woche für Woche; **twice/£15 a ~** zweimal/£ 15 in der Woche *or* pro Woche *or* die Woche (*inf*); **a ~ today, today** *or* **this day ~** (*dial*) heute in einer Woche *or* in acht Tagen; **tomorrow/Tuesday ~, a ~ tomorrow/on Tuesday** morgen/Dienstag in einer Woche *or* in acht Tagen; **for ~s** wochenlang; **to knock sb into the middle of next ~** (*inf*) jdn windelweich schlagen (*inf*); **a**

~'s/a two ~ holiday ein einwöchiger/zweiwöchiger Urlaub; **two ~s' holiday** zwei Wochen Ferien; **that is a ~'s work** das ist eine Woche Arbeit.

weekday I *n* Wochentag *m*; **II** *attr* Wochentags-, Werktags-; **weekend I** *n* Wochenende *nt*; **to go/be away for the ~** übers *or* am Wochenende verreisen/nicht da sein; **at** *or* (*esp US*) **on the ~** am Wochenende; **to take a long ~** ein langes Wochenende machen; **II** *attr* Wochenend-; **III** *vi* **he ~s in the country** er verbringt seine Wochenenden auf dem Land.

weekly ['wi:klɪ] **I** *adj* Wochen-; *visit* allwöchentlich. **the ~ shopping expedition** der (all)wöchentliche Großeinkauf. **II** *adv* wöchentlich. **III** *n* Wochenzeitschrift *f*.

weenie ['wi:nɪ] *n* (*US inf*) (Wiener) Würstchen *nt*.

weeny ['wi:nɪ] *adj* (+*er*) (*inf*) klitzeklein (*inf*), winzig.

weenybopper ['wi:nɪˌbɒpə^r] *n* popbesessenes Kind; Pipimädchen *nt* (*pej inf*).

weep [wi:p] (*vb: pret, ptp* **wept**) **I** *vi* **1.** weinen (*over* über +*acc*). **to ~ for sb/sth** (*because sb/sth is missed*) um jdn/etw weinen; (*out of sympathy*) für jdn/etw weinen; **the child was ~ing for his mother** das Kind weinte nach seiner Mutter; **to ~ with** *or* **for joy/with rage** vor *or* aus Freude/Wut weinen.

2. (*wound, cut*) tränen, nässen.

II *vt tears* weinen.

III *n* **to have a good/little ~** tüchtig/ein bißchen weinen.

weepie *n* (*inf*) *see* **weepy II.**

weeping ['wi:pɪŋ] **I** *n* Weinen *nt*. **II** *adj* weinend; *wound* nässend.

weeping willow *n* Trauerweide *f*.

weepy ['wi:pɪ] (*inf*) **I** *adj* (+*er*) *person* weinerlich; *film* rührselig. **that was a very ~ film** (*inf*) der Film hat schwer auf die Tränendrüsen gedrückt (*inf*). **II** *n* (*film*) Schmachtfetzen *m* (*inf*).

weevil ['wi:vl] *n* Rüsselkäfer *m*.

wee-wee ['wi:wi:] *n, vi* (*baby-talk*) *see* **wee**[2].

weft [weft] *n* Einschlagfaden, Schußfaden *m*.

weigh [weɪ] **I** *vt* **1.** *goods, person, oneself* wiegen. **could you ~ these bananas/this piece for me?** könnten Sie mir diese Bananen/dieses Stück abwiegen *or* auswiegen?

2. (*fig*) *words, problem, merits* abwägen. **to ~ sth in one's mind** etw erwägen; **to ~ A against B** A gegen B abwägen, A und B gegeneinander abwägen.

3. (*Naut*) **to ~ anchor** den Anker lichten.

II *vi* **1.** wiegen. **to ~ heavy/light** (*scales*) zu viel/zu wenig anzeigen; (*inf: material*) schwer/leicht wiegen.

2. (*fig: be a burden*) lasten (*on* auf +*dat*).

3. (*fig: be important*) gelten. **to ~ with sb** Gewicht bei jdm haben, jdm etwas gelten; **his age ~ed against him** sein Alter wurde gegen ihn in die Waagschale geworfen.

◆**weigh down** *vt sep* **1.** (*bear down with weight*) niederbeugen. **the heavy snow ~ed the branches ~** die schwere Schneelast drückte *or* bog die Zweige nieder; **a branch ~ed ~ with fruit** ein Ast, der sich unter der Last des Obstes biegt; **she was ~ed ~ with parcels/a heavy suitcase** sie war mit Paketen überladen/der schwere Koffer zog sie fast zu Boden.

2. (*fig*) niederdrücken. **to be ~ed ~ with sorrows** von Sorgen niedergedrückt werden, mit Sorgen beladen sein.

◆**weigh in I** *vi* **1.** (*Sport*) sich (vor dem Kampf/Rennen) wiegen lassen. **he ~ed ~ at 70 kilos** er brachte 70 Kilo auf die Waage. **2.** (*at airport*) das Gepäck (ab)wiegen lassen. **3.** (*fig inf: join in*) zu Hilfe kommen (*with* mit); (*interfere*) sich einschalten. **II** *vt sep luggage* wiegen lassen.

◆**weigh out** *vt sep* abwiegen.

◆**weigh up** *vt sep pros and cons, alternatives, situation* abwägen; *person* einschätzen.

weighbridge *n* Brückenwaage *f*; **weigh-in** *n* (*Sport*) Wiegen *nt*.

weighing machine ['weɪɪŋmə'ʃi:n] *n* (*for people*) Personenwaage *f*; (*coin-operated*) Münzwaage *f*, Wiegeautomat *m*; (*for goods*) Waage *f*.

weight [weɪt] **I** *n* **1.** (*heaviness, Phys*) Gewicht *nt*; (*Sport, esp Boxing*) Gewichtsklasse *f*, Gewicht *nt* (*inf*); (*of cloth*) Schwere *f*; (*of blow*) Wucht, Heftigkeit *f*. **3 kilos in ~** 3 Kilo Gewicht, ein Gewicht von 3 Kilo; **the grocer gave me short** *or* **light ~** der Kaufmann hat (mir) schlecht *or* knapp gewogen; **to feel/test the ~ of sth** sehen/probieren, wie schwer etw ist; **the ~ of the snow made the branches break** die Zweige brachen unter der Schneelast; **to gain** *or* **put on/lose ~** zunehmen/abnehmen; **he carries his ~ well** man sieht ihm sein Gewicht nicht an; **I hope the chair takes my ~** ich hoffe, der Stuhl hält mein Gewicht aus; **he's worth his ~ in gold** er ist Gold(es) wert.

2. (*metal ~, unit of ~, heavy object*) Gewicht *nt*; (*for weighting down also*) Beschwerer *m*. **~s and measures** Maße und Gewichte (+*pl vb*); **the doctor warned him not to lift heavy ~s** der Arzt warnte ihn davor, schwere Lasten zu heben; **she's quite a ~** sie ist ganz schön schwer.

3. (*fig: load, burden*) Last *f*. **the ~ of evidence** die Beweislast; **that's a ~ off my mind** mir fällt ein Stein vom Herzen.

4. (*fig: importance*) Bedeutung *f*, Gewicht *nt*. **he/his opinion carries no ~** seine Stimme/Meinung hat kein Gewicht *or* fällt nicht ins Gewicht; **those arguments carry ~ with the minister/carry great ~** diesen Argumenten mißt der Minister Gewicht bei/wird großes Gewicht beigemessen; **to add ~ to sth** einer Sache (*dat*) zusätzliches Gewicht geben *or* verleihen; **to pull one's ~** seinen Teil dazutun, seinen Beitrag leisten; **to put one's full ~ behind sb/sth** sich mit seinem ganzen Gewicht *or* mit dem ganzen

Gewicht seiner Persönlichkeit für jdn/etw einsetzen; **to throw** *or* **chuck** (*inf*) **one's ~ about** seinen Einfluß geltend machen.

II *vt* **1.** (*make heavier, put ~s on*) beschweren.

2. (*fig: bias*) *results* verfälschen. **to ~ sth in favour of/against sb** etw zugunsten einer Person/gegen jdn beeinflussen; **to ~ sth in favour of/against sth** etw zugunsten einer Sache/gegen etw beeinflussen; **to be ~ed in favour of sb/sth** so angelegt sein, daß es zugunsten einer Person/Sache ist; **to be ~ed against sb/sth** jdn/etw benachteiligen.

◆**weight down** *vt sep person* (*with parcels*) überladen; *corpse* beschweren; (*fig*) belasten, niederdrücken.

weightily ['weɪtɪlɪ] *adv* gewichtig.

weightiness ['weɪtɪnɪs] *n* (*lit*) Gewicht *nt*; (*fig*) Gewichtigkeit *f*; (*of responsibility also*) Schwere *f*.

weighting ['weɪtɪŋ] *n* (*Brit: supplement*) Zulage *f*.

weightless *adj* schwerelos; **weightlessness** *n* Schwerelosigkeit *f*; **weightlifter** *n* Gewichtheber(in *f*) *m*; **weightlifting** *n* Gewichtheben *nt*; **weight training** *n* Krafttraining *nt*; **weight watcher** *n* Figurbewußte(r) *mf*.

weighty ['weɪtɪ] *adj* (+*er*) **1.** (*lit*) schwer. **2.** (*fig*) gewichtig; (*influential*) *argument also* schwerwiegend; (*burdensome*) *responsibility also* schwerwiegend, schwer.

weir [wɪəʳ] *n* **1.** (*barrier*) Wehr *nt*. **2.** (*fish trap*) Fischreuse *f*.

weird [wɪəd] *adj* (+*er*) (*uncanny*) unheimlich; (*inf: odd*) seltsam.

weirdie ['wɪədɪ] *n* (*sl*) verrückter Typ (*inf*).

weirdly ['wɪədlɪ] *adv see adj*.

weirdness ['wɪədnɪs] *n* (*inf: oddness*) Seltsamkeit *f*.

weirdo ['wɪədəʊ] *n* (*sl*) verrückter Typ (*inf*).

welch *vi see* **welsh.**

welcome ['welkəm] **I** *n* Willkommen *nt*. **to give sb a hearty** *or* **warm ~** jdm einen herzlichen Empfang bereiten; **what sort of a ~ will this product get from the public?** wie wird das Produkt von der Öffentlichkeit aufgenommen werden?

II *adj* **1.** (*received with pleasure, pleasing*) willkommen; *visitor also* gerngesehen *attr*; *news also* angenehm. **the money is very ~ just now** das Geld kommt gerade jetzt sehr gelegen; **to make sb ~** jdn sehr freundlich aufnehmen *or* empfangen; **to make sb feel ~** jdm das Gefühl geben, ein willkommener *or* gerngesehener Gast zu sein; **I didn't feel very ~ there** ich habe mich dort nicht sehr wohl gefühlt.

2. (*esp US*) **you're ~!** nichts zu danken!, keine Ursache!, bitte sehr!, aber gerne!; (*iro*) von mir aus gerne!, wenn's Ihnen Spaß macht!; **you're ~ to use my room** Sie können gerne mein Zimmer benutzen; **you're ~ to it!** (*lit, iro*) von mir aus herzlich gerne!

III *vt* (*lit, fig*) begrüßen, willkommen heißen (*geh*). **they ~d him home with a big party** sie veranstalteten zu seiner Heimkehr ein großes Fest.

IV *interj* **~ home/to Scotland/on board!** herzlich willkommen!, willkommen daheim/in Schottland/an Bord!

welcome-home ['welkəm'həʊm] *adj attr party* Begrüßungs-, Willkommens-.

welcome money ['welkəm'mʌnɪ] *n* Begrüßungsgeld *nt*.

welcoming ['welkəmɪŋ] *adj* zur Begrüßung; *smile, gesture* einladend. **~ committee** (*lit, fig*) Begrüßungskomitee *nt*; **a ~ cup of tea was on the table for her** eine Tasse Tee stand zu ihrer Begrüßung auf dem Tisch.

weld [weld] **I** *vt* **1.** (*Tech*) schweißen. **to ~ parts together** Teile zusammenschweißen *or* verschweißen; **to ~ sth on** etw anschweißen (*to* an +*acc*); **~ed joint** Schweißnaht *f*.

2. (*fig: also* **~ together**) zusammenschmieden (*into* zu).

II *vi* sich schweißen lassen.

III *n* Schweißnaht, Schweißstelle *f*.

welder ['weldəʳ] *n* (*person*) Schweißer(in *f*) *m*; (*machine*) Schweißapparat *m*, Schweißgerät *nt*.

welding ['weldɪŋ] *n* Schweißen *nt*. **~ torch** Schweißbrenner *m*.

welfare ['welfɛəʳ] *n* **1.** (*well-being*) Wohl, Wohlergehen *nt*. **2.** (*~ work*) Fürsorge, Wohlfahrt (*dated*) *f*. **child/social ~** Kinderfürsorge *f*/soziale Fürsorge. **3.** (*US: social security*) Sozialhilfe *f*. **to be on ~** Sozialhilfeempfänger(in *f*) *m* sein.

welfare check *n* (*US*) Sozialhilfeüberweisung *f*; **welfare state** *n* Wohlfahrtsstaat *m*; **welfare work** *n* Fürsorgearbeit, Wohlfahrtsarbeit (*dated*) *f*; **welfare worker** *n* Fürsorger(in *f*) *m*.

well[1] [wel] **I** *n* **1.** (*water ~*) Brunnen *m*; (*oil ~*) Ölquelle *f*; (*drilled*) Bohrloch *nt*; (*fig: source*) Quelle *f*. **to drive** *or* **sink a ~** einen Brunnen bohren *or* anlegen *or* graben; ein Bohrloch anlegen *or* vorantreiben.

2. (*shaft*) (*for lift*) Schacht *m*; (*for stairs*) Treppenschacht *m*; (*down centre of staircase*) Treppenhaus *nt*.

3. (*of theatre*) Parkett *nt*; (*of auditorium*) ebenerdiger Teil des Zuschauer-/Konferenz-/Versammlungsraums; (*Brit: of court*) *Teil des Gerichtssaals, in dem die Rechtsanwälte und Protokollschreiber sitzen.*

4. (*ink~*) Tintenfaß *nt*.

II *vi* quellen.

◆**well up** *vi* (*water, liquid*) emporsteigen, emporquellen; (*fig*) aufsteigen; (*noise*) anschwellen. **tears ~ed ~ in her eyes** Tränen stiegen *or* schossen ihr in die Augen.

well[2] *comp* **better,** *superl* **best I** *adv* **1.** (*in a good or satisfactory manner*) gut. **the child speaks ~** (*is ~-spoken*) das Kind spricht ordentliches Deutsch/Englisch *etc or* gutes Deutsch/Englisch *etc*; **it is ~ painted** (*portrait*) es ist gut gemalt; (*house, fence*) es ist sauber *or* ordentlich angestrichen; **he did it as ~ as he could/I could have done** er machte es so gut er konnte/ebenso gut, wie ich es hätte machen können; **he's doing ~ at school/in maths** er ist gut *or* er kommt gut voran in der Schule/in Mathematik; **he did ~ in the maths exam** er hat in der Mathematikprüfung gut abgeschnitten; **his business is doing ~** sein Geschäft geht gut; **mother and child are/the patient is doing ~** Mutter und Kind/dem Patienten geht es gut, Mutter und Kind sind/der Patient ist wohlauf; **if you do ~ you'll be promoted** wenn Sie sich bewähren, werden Sie befördert; **you did ~ to help** du tatest gut daran zu helfen, es war gut, daß du geholfen hast; **~ done!** gut gemacht!, bravo!, sehr gut!; **~ played!** gut gespielt!; **to do ~ by sb** (*inf*) jdm gegenüber *or* zu jdm großzügig sein; **everything went ~/quite ~** es ging alles gut *or* glatt (*inf*)/recht gut *or* ganz gut *or* ganz ordentlich.

2. (*favourably, fortunately*) gut. **to speak/think ~ of sb** über jdn Gutes sagen/Positives denken, von jdm positiv sprechen/denken; **to be ~ spoken of in certain circles/by one's colleagues** einen guten Ruf in gewissen Kreisen haben/bei seinen Kollegen in gutem Ruf stehen; **to be ~ in with sb** (*inf*) auf gutem Fuß mit jdm stehen; **to marry ~** eine gute Partie machen; **to do ~ out of sth** von etw ganz schön *or* ordentlich profitieren, bei etw gut wegkommen (*inf*); **you would do ~ to arrive early** Sie täten gut daran, früh zu kommen; **you might as ~ go** du könntest eigentlich geradesogut *or* ebensogut (auch) gehen; **are you coming? — I might as ~** kommst du? — ach, könnte ich eigentlich (auch) (*inf*) *or* ach, warum nicht.

3. (*thoroughly, considerably, to a great degree*) gut, gründlich. **shake the bottle ~** schütteln Sie die Flasche kräftig; (*on medicine*) Flasche kräftig *or* gut schütteln; **we were ~ beaten** wir sind gründlich geschlagen worden; **he could ~ afford it** er konnte es sich (*dat*) sehr wohl leisten; **all** *or* **only too ~** nur (all)zu gut; **~ and truly** (ganz) gründlich; *married, settled in* ganz richtig; (*iro also*) fest; *westernized, conditioned* durch und durch; **he was ~ away** (*inf*) er war in Fahrt *or* Schwung (*inf*), (*drunk*) er hatte einen sitzen (*inf*); **he sat ~ forward in his seat** er saß weit vorne auf seinem Sitz; **it was ~ worth the trouble** das hat sich wohl *or* sehr gelohnt; **~ out of sight** ein gutes Stück *or* weit außer Sichtweite; **~ within ...** durchaus in (+*dat*); **~ past midnight** lange *or* ein gutes Stück (*inf*) nach Mitternacht; **he's ~ over fifty** er ist weit über fünfzig.

4. (*probably, reasonably*) ohne weiteres, gut, wohl. **I may ~ be late** es kann leicht *or* wohl *or* ohne weiteres sein, daß ich spät komme; **you may ~ be right** Sie mögen wohl recht haben; **she cried, as ~ she might** sie weinte, und das (auch) mit Grund *or* wozu sie auch allen Grund hatte; **you may ~ ask!** (*iro*) das kann man wohl fragen; **I couldn't very ~ stay** ich konnte schlecht bleiben, ich konnte wohl nicht mehr gut bleiben.

5. (*in addition*) **as ~** auch; **if he comes as ~** wenn er auch kommt; **x as ~ as y** x sowohl als auch y, x und auch y; **she sings as ~ as dances** sie singt und tanzt auch noch.

II *adj* **1.** (*in good health*) gesund. **get ~ soon!** gute Besserung; **are you ~?** geht es Ihnen gut?; **I'm very ~, thanks** danke, es geht mir sehr gut; **she's not been ~ lately** ihr ging es in letzter Zeit (gesundheitlich) gar nicht gut; **I don't feel at all ~** ich fühle mich gar nicht gut *or* wohl.

2. (*satisfactory, desirable, advantageous*) gut. **all is not ~ with him/in the world** mit ihm/mit *or* in der Welt steht es nicht zum besten; **that's all very ~, but ...** das ist ja alles schön und gut, aber ...; **if that's the case, (all) ~ and good** wenn das der Fall ist, dann soll es mir recht sein; **it's all very ~ for you to suggest ...** Sie können leicht vorschlagen ...; **it's all very ~ for you, you don't have to ...** Sie haben gut reden *or* Sie können leicht reden, Sie müssen ja nicht ...; **it would be as ~ to ask first** es wäre wohl besser *or* gescheiter (*inf*), sich erst mal zu erkundigen; **it's just as ~ he came** es ist (nur *or* schon) gut, daß er gekommen ist; **you're ~ out of that** seien Sie froh, daß Sie damit nichts/nichts mehr zu tun haben; **all's ~ that ends ~** Ende gut, alles gut.

III *interj* also; (*expectantly also*) na; (*doubtfully*) na ja. **~ ~!, ~ I never (did)!** also, so was!, na so was!; **~ now** also; **~, it was like this** also, es war so *or* folgendermaßen; **~ there you are, that proves it!** na bitte *or* also bitte, das beweist es doch; **~, as I was saying** also, wie (bereits) gesagt; **~ then** also (gut); (*in question*) na?, nun?, also?; **very ~ then!** na gut, also gut!; (*indignantly*) also bitte (sehr).

IV *n* Gute(s) *nt*. **to wish sb ~** (*in general*) jdm alles Gute wünschen; (*in an attempt, iro*) jdm Glück wünschen (*in* bei); (*be well-disposed to*) jdm gewogen sein.

we'll [wi:l] *contr of* **we shall; we will.**

well *in cpds* gut; **well-adjusted** *adj* (*Psych*) gut angepaßt; **well-advised** *adj plan, move* klug; **to be ~ to ...** wohl *or* gut beraten sein *or* gut daran tun, zu ...; **well-aimed** *adj shot, blow, sarcasm* gut- *or* wohlgezielt *attr*; **well-appointed** *adj* gut ausgestattet; **well-argued** *adj* wohl- *or* gutbegründet *attr*; **well-balanced** *adj* **1.** *person, mind* ausgeglichen; **2.** *budget, diet* (gut) ausgewogen; **well-behaved** *adj child* artig, wohlerzogen; *animal* guterzogen *attr*; **well-being** *n* Wohl, Wohlergehen *nt*; **to have a sense of ~** (ein Gefühl der) Behaglichkeit *or* Wohligkeit empfinden; **well-born** *adj* aus vornehmer Familie, aus vornehmem Haus; **well-bred** *adj* **1.** (*polite*) *person* wohlerzogen; *manners* vornehm, gepflegt; *accent* distinguiert; **2.** (*of good stock*) *animal* aus guter Zucht; (*iro*) *person* aus gutem Stall; **well-built** *adj* *house* gut *or* solide gebaut; *person* stämmig, kräftig; **well-chosen** *adj remarks, words* gut *or* glücklich gewählt; **in a few ~ words** in wenigen wohlgesetzten Worten; **well-connected** *adj* **to be ~** Beziehungen zu *or* in höheren Kreisen haben; **well-deserved** *adj* wohlverdient; **well-developed** *adj muscle* gutentwickelt *attr*; *sense* (gut) ausgeprägt; **well-disposed** *adj* **to be ~ towards sb/sth** jdm/einer Sache gewogen sein *or* freundlich gesonnen sein; **well-done** *adj steak* durchgebraten, durch *inv*; **well-dressed** *adj* gut angezogen *or* gekleidet; **well-earned** *adj* wohlverdient; **well-educated** *adj person* gebildet; *voice* (gut) ausgebildet; **well-equipped** *adj office, studio* gut ausgestattet; *expedition, army* gut ausgerüstet; **well-established** *adj practice, custom* fest; *tradition* alt; **well-fed** *adj* wohl- *or* gutgenährt *attr*; **well-founded** *adj* wohlbegründet *attr*; **well-groomed** *adj* gepflegt; **well-grown** *adj animal, child* groß (gewachsen); **well-head** *n* **1.** (*of spring*) Quelle *f*; (*fig*) Ursprung *m*; **2.** (*head of oilwell*) Bohrturm *m*; **well-heeled** *adj* (*inf*) betucht; **well-hung** *adj meat* abgehangen; (*inf*) *man* gut ausgestattet; **well-informed** *adj* gutinformiert *attr*; *sources also* wohlunterrichtet *attr*; **to be ~ about sb/sth** über jdn/etw gut informiert *or* gut unterrichtet sein.

wellington (boot) ['welɪŋtən('bu:t)] *n* (*Brit*) Gummistiefel *m*.

well-intentioned *adj see* **well-meaning**; **well-kept** *adj garden, hair* gepflegt; *secret* streng gehütet, gutgewahrt *attr*; **well-known** *adj place, singer* bekannt; *fact also* wohl- *or* altbekannt; **it's ~ that ...** es ist allgemein bekannt, daß ...; **well-loved** *adj* vielgeliebt; **well-mannered** *adj* mit guten Manieren; **to be ~** gute Manieren haben; **well-matched** *adj teams* gleich stark; **they're a ~ pair** sie passen gut zusammen; **well-meaning** *adj* wohlmeinend *attr*; **well-meant** *adj action, lie* gutgemeint *attr*; **well-nigh** *adv* (*form*) nahezu, beinahe; **well-off I** *adj* **1.** (*affluent*) reich, begütert, gut d(a)ran (*inf*); **2.** *pred* (*fortunate*) gut daran; **you don't know when you're ~** (*inf*) du weißt (ja) nicht, wann es dir gut geht; **II** *n* **the ~** *pl* die Begüterten *pl*; **well-oiled** *adj* (*inf: drunk*) beduselt (*inf*); **well-padded** *adj* (*inf: not thin*) gut gepolstert (*inf*); **well-preserved** *adj* guterhalten *attr*; *person also* wohlerhalten *attr*; **well-read** *adj* belesen; **well-spent** *adj time* gut genützt *or* verbracht; *money* sinnvoll *or* vernünftig ausgegeben *or* verwendet; **well-spoken** *adj* mit gutem Deutsch/Englisch *etc*; **to be ~** gutes Deutsch/Englisch *etc* sprechen; **well-stacked** *adj* (*sl*) *woman* **to be ~** Holz vor der Hütte haben (*inf*); **well-stocked** *adj* gutbestückt *attr*; **well-thought-of** *adj* angesehen; **well-timed** *adj* (zeitlich) gut abgepaßt, zeitlich günstig; **that was a ~ interruption** die Unterbrechung kam im richtigen Augenblick; **well-to-do I** *adj* wohlhabend, reich; *district* Reichen-, Vornehmen-; **II** *n* **the ~** *pl* die Begüterten *pl*; **well-tried** *adj method* erprobt; **well water** *n* Brunnenwasser *nt*; **well-wisher** *n* **cards from ~s** Karten von Leuten, die ihm/ihr alles Gute wünschten; **our cause has many ~s** unsere Sache hat viele Sympathisanten; **"from a ~"** „jemand, der es gut mit Ihnen meint"; **well-worn** *adj garment* abgetragen; *carpet* abgelaufen; *book* abgenützt, abgegriffen; *path* ausgetreten; *saying, subject* abgedroschen.

welly ['welɪ] *n* (*inf*) Gummistiefel *m*.

Welsh [welʃ] **I** *adj* walisisch. **II** *n* **1.** (*language*) Walisisch *nt*. **2. the ~** *pl* die Waliser *pl*; **he/she is ~** er/sie ist Waliser(in).

welsh, welch [welʃ] *vi* (*sl*) sich drücken (*on sth* vor etw *dat*) (*inf*); (*bookmaker: avoid payment*) die Gewinne nicht auszahlen (*on sb* jdm); (*by disappearing*) mit dem Geld durchgehen (*inf*). **to ~ on sb** jdn (auf)sitzen lassen (*inf*).

Welsh dresser *n* Anrichte *f* mit Tellerbord; **Welshman** *n* Waliser *m*; **Welsh rabbit** *or* **rarebit** *n* überbackene Käseschnitte; **Welshwoman** *n* Waliserin *f*.

welt [welt] *n* **1.** (*of shoe*) Rahmen *m*; (*of pullover*) Bündchen *nt*. **2.** (*weal*) Striemen *m*.

welted ['weltɪd] *adj shoe* randgenäht.

welter ['weltəʳ] *n* Unzahl *f*; (*of blood, cheers*) Meer *nt*; (*of emotions*) Sturm, Tumult *m*; (*of verbiage*) Flut *f*.

welterweight ['weltəweɪt] *n* Weltergewicht *nt*.

wench [wentʃ] **I** *n* (*old*) Maid *f* (*old*); (*serving ~*) Magd *f*; (*hum*) Frauenzimmer *nt*. **II** *vi* sich mit Mädchen herumtreiben.

wend [wend] *vt* **to ~ one's way home/to the pub** sich auf den Heimweg/zur Wirtschaft begeben.

Wendy house ['wendɪˌhaʊs] *n* Spielhaus *nt*.

went [went] *pret of* **go.**

wept [wept] *pret, ptp of* **weep.**

were [wɜ:] *2nd pers sing, 1st, 2nd, 3rd pers pl pret of* **be.**

we're [wɪəʳ] *contr of* **we are.**

weren't [wɜ:nt] *contr of* **were not.**

werewolf ['wɪəwʊlf] *n* Werwolf *m*.

wert [wɜ:t] (*old*) *2nd pers sing pret of* **be.**

west [west] **I** *n* **1.** Westen *m*. **in/to the ~** im Westen/nach *or* gen (*liter*) Westen; **to the ~ of** westlich von, im Westen von; **he comes from the ~ (of Ireland)** er kommt aus dem Westen (von Irland); **the wind is blowing from the ~** der Wind kommt von West(en) *or* aus (dem) Westen.

2. (*western world*) **the ~** *or* **W~** der Westen.

II *adj* West-, westlich.

III *adv* **1.** nach Westen, westwärts. **it faces ~** es geht nach Westen; **~ of** westlich von. **2. to go ~** (*fig inf*) flöten gehen (*sl*); (*to die*) vor die Hunde gehen (*sl*).

west *in cpds* West-; **West Bank** *n* (*in Middle East*) Westjordanland *nt*, West Bank *f*; **west-bound** *adj traffic, carriageway* in Richtung Westen; **to be ~**

nach Westen unterwegs sein, westwärts reisen *or* fahren.

westerly ['westəlı] **I** *adj* westlich. **II** *n* (*wind*) Westwind, West (*poet*) *m*.

western ['westən] **I** *adj* (*all senses*) westlich. **on the W~ front** an der Westfront; **W~ Europe** Westeuropa *nt*; **W~ European Union** Westeuropäische Union *f*. **II** *n* Western *m*.

westerner ['westənəʳ] *n* **1.** (*Pol*) Abendländer(in *f*) *m*. **2.** (*US*) Weststaatler(in *f*) *m*.

westernization ['westənaı'zeıʃən] *n* (*westernizing*) Einführung *f* der westlichen Kultur *or* Zivilisation; (*western character*) westliche Zivilisation *f*; (*pej*) Verwestlichung *f*.

westernize ['westənaız] *vt* die westliche Zivilisation/Kultur einführen in (+*dat*); (*pej*) verwestlichen.

westernized ['westənaızd] *adj person, culture* vom Westen beeinflußt, westlich ausgerichtet; (*pej*) verwestlicht.

westernmost ['westənməʊst] *adj* westlichste(r, s), am weitesten westlich (gelegen).

West Indian I *adj* westindisch; **II** *n* Westindier(in *f*) *m*; **West Indies** *npl* Westindische Inseln *pl*; **west-north-west** *n* Westnordwest *no art*.

Westphalia [west'feılıə] *n* Westfalen *nt*.

Westphalian [west'feılıən] **I** *adj* westfälisch. **II** *n* Westfale *m*, Westfälin *f*.

west-south-west *n* Westsüdwest *no art*; **westward(s)** ['westwəd(z)], **westwardly** [-wədlı] **I** *adj* westlich; **in a ~ direction** nach Westen, (in) Richtung Westen; **II** *adv* westwärts, nach Westen.

wet [wet] (*vb: pret, ptp* ~ *or* **~ted**) **I** *adj* (+*er*) **1.** naß. **to be ~** (*paint, varnish, ink*) naß *or* feucht sein; **to be ~ through** durch und durch naß sein, völlig durchnäßt sein; **~ with tears** tränenfeucht; **"~ paint"** „Vorsicht, frisch gestrichen"; **to get one's feet ~** nasse Füße bekommen, sich (*dat*) nasse Füße holen (*inf*); **to be ~ behind the ears** (*inf*) noch feucht *or* noch nicht trocken hinter den Ohren sein (*inf*).

2. (*rainy*) naß, feucht; *climate, country* feucht. **the ~ season** die Regenzeit; **in ~ weather** bei nassem Wetter, bei Regenwetter; **it's been ~ all week** es war die ganze Woche (über) regnerisch.

3. (*allowing alcohol*) *state, city* wo kein Alkoholverbot besteht, nicht prohibitionistisch.

4. (*Brit inf*) (*weak, spiritless*) weichlich, lasch; (*Pol pej*) gemäßigt. **don't be so ~!** sei nicht so ein *or* kein solcher Waschlappen! (*inf*).

5. (*US inf: wrong*) **you're all ~** da liegst du völlig falsch (*inf*).

II *n* **1.** (*moisture*) Feuchtigkeit *f*.

2. (*rain*) Nässe *f*. **it's out in the ~** es ist draußen im Nassen.

3. (*inf:* ~ *season*) Regenzeit *f*.

4. (*US inf: anti-prohibitionist*) Antiprohibitionist(in *f*) *m*.

5. (*Brit*) (*sl: person*) Waschlappen *m* (*inf*); (*Pol pej inf*) Gemäßigte(r) *mf*.

III *vt* naß machen; *lips, washing* befeuchten. **to ~ one's whistle** (*inf*) sich (*dat*) die Kehle anfeuchten (*inf*); **to ~ the bed/one's pants/oneself** das Bett/seine Hosen/sich naß machen, ins Bett/in die Hose(n) machen.

wet-and-dry I *n* Schmirgelpapier *nt*; **II** *vt* (naß)schmirgeln; **wet blanket** *n* (*inf*) Miesmacher(in *f*) (*inf*), Spielverderber(in *f*) *m*; **wet cell** *n* Naßelement *nt*; **wet dock** *n* Dock, Flutbecken *nt*; **wet dream** *n* feuchter Traum, kalter Bauer (*sl*).

wether ['weðəʳ] *n* Hammel *m*.

wet-look ['wetlʊk] *adj* Hochglanz-.

wetly ['wetlı] *adv* **1.** naß. **2.** (*Brit inf*) weich, lasch.

wetness ['wetnıs] *n* **1.** Nässe *f*; (*of weather also, climate, paint, ink*) Feuchtigkeit *f*. **2.** (*Brit inf*) Weichlichkeit *f*.

wet-nurse *n* Amme *f*; **wet shave** *n* Naßrasur *f*; **wetsuit** *n* Neoprenanzug, Taucheranzug *m*.

wetting ['wetıŋ] **I** *n* unfreiwillige Dusche (*inf*); (*falling into water*) unfreiwilliges Bad. **to get a ~** klatschnaß werden.

II *adj* (*Chem*) **~ agent** Netzmittel *nt*.

WEU *abbr of* **Western European Union** WEU *f*.

we've [wi:v] *contr of* **we have**.

whack [wæk] **I** *n* **1.** (*blow*) (knallender) Schlag. **to give sb/sth a ~** jdm einen Schlag versetzen/auf etw (*acc*) schlagen.

2. (*inf: attempt*) Versuch *m*. **to have a ~ at sth/at doing sth** etw probieren *or* versuchen, sich an etw (*dat*) versuchen.

3. (*inf: share*) (An)teil *m*. **we're offering £50,000, top ~** wir bieten höchstens *or* maximal £ 50.000; **he's earning the top ~** er bekommt das Spitzengehalt.

II *vt* **1.** (*hit*) schlagen, hauen (*inf*). **2.** (*inf: defeat*) (haushoch) schlagen. **3.** (*inf: exhaust*) erschlagen (*inf*).

◆**whack off** *vi* (*sl: masturbate*) wichsen (*sl*), sich (*dat*) einen runterholen (*inf*).

whacked [wækt] *adj* (*inf: exhausted*) kaputt (*inf*).

whacking ['wækıŋ] **I** *adj* (*Brit inf*) *lie, defeat, meal* Mords- (*inf*). **~ great** riesengroß; **a ~ great spider/a ~ big book** ein Monstrum *nt* (*inf*) von einer Spinne/von (einem) Buch.

II *n* **1.** (*beating*) Keile *f* (*inf*). **to give sb a ~** jdm Keile *or* eine Tracht Prügel verpassen (*inf*). **2.** (*inf: defeat*) **we got a real ~** sie haben uns richtig in die Pfanne gehauen (*inf*).

whacky *adj* (+*er*) (*inf*) *see* **wacky**.

whale [weıl] *n* **1.** Wal *m*. **2.** (*inf: exceedingly great, good*) **a ~ of** ein Riesen-, ein(e) riesige(r, s); **a ~ of a difference** ein himmelweiter Unterschied; **to have a ~ of a time** sich prima amüsieren.

whalebone *n* Fischbein *nt*; **whale fishing** *n* Wal(fisch)fang *m*; **whale oil** *n* Walöl *nt*, Tran *m*.

whaler ['weıləʳ] *n* (*person, ship*) Walfänger *m*.

whaling ['weılıŋ] *n* Wal(fisch)fang *m*. **to go ~** auf Walfang gehen; **~ ship** Walfänger *m*, Walfangboot, Walfangschiff *nt*; **~ station** Walfangstation *f*.

wham [wæm], **whang** [wæŋ] **I** *interj*

wumm. **II** *n* (*blow*) Schlag *m*; (*bang, thump*) Knall *m*. **III** *vt* (*hit*) schlagen; (*bang, thump*) knallen. **IV** *vi* knallen. **to ~ into sth** auf etw (*acc*) krachen (*inf*).

wharf [wɔːf] *n, pl* **-s** *or* **wharves** [wɔːvz] Kai *m*.

what [wɒt] **I** *pron* **1.** (*interrog*) was. **~ is this called?** wie heißt das?, wie nennt man das?; **~'s the weather like?** wie ist das Wetter?; **~ do 4 and 3 make?** wieviel ist *or* macht 4 und *or* plus 3?; **~ is it now?, ~ do you want now?** was ist denn?; **~'s that (you/he said)?** *was* hast du/hat er da gerade gesagt?; **~'s that to you?** was geht dich das an?; **~ for?** wozu?, wofür?, für was? (*inf*); **~'s that tool for?** wofür ist das Werkzeug?; **~ are you looking at me like that for?** warum *or* was (*inf*) siehst du mich denn so an?; **~ did you do that for?** warum hast du denn das gemacht?; **~ about ...?** wie wär's mit ...?; **well, ~ about it? are we going?** na, wie ist's, gehen wir?; **you know that pub? — ~ about it?** kennst du die Wirtschaft? — was ist damit?; **~ of** *or* **about it?** na und? (*inf*); **~ if ...?** was ist, wenn ...?; **so ~?** (*inf*) ja *or* na und?; **~ does it matter?** was macht das schon?; **~-d'you(-ma)-call-him/-her/-it** (*inf*), **~'s-his/-her/-its name** (*inf*) wie heißt er/sie/es gleich *or* schnell.

2. (*rel*) was. **he knows ~ it is to suffer** er weiß, was leiden heißt *or* ist; **that is not ~ I asked for** danach habe ich nicht gefragt; **that's exactly ~ I want/said** genau das möchte ich/habe ich gesagt; **do you know ~ you are looking for?** weißt du, wonach du suchst?; **come ~ may** komme was wolle; **~ I'd like is a cup of tea** was ich jetzt gerne hätte, (das) wäre ein Tee; **~ with Granny dying and the new baby life's been very hectic** Oma ist gestorben, das Baby ist da - es ist alles sehr hektisch; **~ with one thing and the other** und wie es sich dann so ergab/ergibt, wie das so ist *or* geht; **and ~'s more** und außerdem, und noch dazu; **he knows ~'s ~** (*inf*) er kennt sich aus, der weiß Bescheid (*inf*); **(I'll) tell you ~** (*inf*) weißt du was?; **and ~ not** (*inf*), **and ~ have you** (*inf*) und was sonst noch (alles), und was weiß ich; **to give sb ~ for** (*inf*) es jdm ordentlich geben (*inf*).

3. (*with vb +prep see also there*) **~ did he agree/object to?** wozu hat er zugestimmt/wogegen *or* gegen was hat er Einwände erhoben?; **he agreed/objected to ~ we suggested** er stimmte unseren Vorschlägen zu/lehnte unsere Vorschläge ab, er lehnte ab, was wir vorschlugen; **he didn't know ~ he was agreeing/objecting to** er wußte nicht, wozu er zustimmte/was er ablehnte.

II *adj* **1.** (*interrog*) welche(r, s), was für (ein/eine) (*inf*). **~ age is he?** wie alt ist er?; **~ good would that be?** (*inf*) wozu sollte das gut sein?; **~ book do you want?** was für ein Buch wollen Sie?; **~ time is it?** wieviel Uhr ist es?, wie spät ist es?

2. (*rel*) der/die/das. **~ little I had** das wenige, das ich hatte; **buy ~ food you like** kauf (zum Essen), was du magst.

3. (*in set constructions*) **~ sort of** was für ein/eine; **~ else** was noch; **~ more** was mehr.

4. (*in interj: also iro*) was für (ein/eine). **~ a man!** was für ein *or* welch ein (*geh*) Mann!; **~ luck!** welch(es) Glück, was für ein Glück, so ein Glück; **~ a fool I've been/I am!** ich Idiot!

III *interj* was; (*dated: isn't it/he also*) wie.

whatever [wɒt'evəʳ] **I** *pron* **1.** was (auch) (immer); (*no matter what*) egal was, ganz gleich was. **~ you like** was (immer) du (auch) möchtest; **~ it's called** egal wie es heißt, soll es heißen, wie es will; **... or ~ they're called** ... oder wie sie sonst heißen; **or ~** oder sonst (so) etwas.

2. (*interrog*) was ... wohl; (*impatiently*) was zum Kuckuck (*inf*). **~ do you mean?** was meinst du denn bloß?

II *adj* **1.** egal welche(r, s), welche(r, s) (auch) (immer). **~ book you choose** welches Buch Sie auch wählen; **~ else you do** was immer du *or* egal was du auch sonst machst; **for ~ reasons** aus welchen Gründen auch immer.

2. (*with neg*) überhaupt, absolut. **nothing/no man ~** überhaupt *or* absolut gar nichts/niemand überhaupt; **it's of no use ~** es hat überhaupt *or* absolut keinen Zweck.

3. (*interrog*) **~ reason can he have?** was für einen Grund kann er nur *or* bloß *or* wohl haben?; **~ else will he do?** was wird er nur *or* bloß *or* wohl noch alles machen?

whatnot ['wɒtnɒt] *n* (*inf*) **1.** *see* **what I 2. 2.** (*thingummyjig*) Dingsbums (*inf*), Dingsda (*inf*) *nt*.

what's [wɒts] *contr of* **what is; what has.**

whatsit ['wɒtsɪt] *n* (*inf*) Dingsbums (*inf*), Dingsda (*inf*), Dingens (*dial inf*) *nt*.

whatsoe'er [ˌwɒtsəʊ'ɛəʳ] (*poet*), **whatsoever** [ˌwɒtsəʊ'evəʳ] *pron, adj see* **whatever.**

wheat [wiːt] **I** *n* Weizen *m*. **to separate the ~ from the chaff** die Spreu vom Weizen trennen. **II** *attr* **~germ** Weizenkeim *m*.

wheaten ['wiːtn] *adj* Weizen-.

wheedle ['wiːdl] *vt* **to ~ sb into doing sth** jdn überreden *or* herumkriegen (*inf*), etw zu tun; **to ~ sth out of sb** jdm etw abschmeicheln.

wheedling ['wiːdlɪŋ] **I** *adj tone, voice* schmeichelnd, schmeichlerisch. **II** *n* Schmeicheln *nt*.

wheel [wiːl] **I** *n* **1.** Rad *nt*; (*steering ~*) Lenkrad *nt*; (*Naut*) Steuer(rad) *nt*; (*roulette ~*) Drehscheibe *f*; (*paddle ~*) Schaufelrad *nt*; (*potter's ~*) (Töpfer)scheibe *f*. **at the ~** (*lit*) am Steuer; (*fig also*) am Ruder; **~ of fortune** Glücksrad *nt*; **the ~s of progress** der Fortschritt; (*in history*) die Weiterentwicklung; **the ~s of government/justice** die Mühlen der Regierung/der Gerechtigkeit; **~s within ~s** gewisse Verbindungen *or* Beziehungen.

2. (*Mil*) Schwenkung *f*. **a ~ to the right, a right ~** eine Schwenkung nach rechts, eine Rechtsschwenkung.

II *vt* **1.** (*push*) *bicycle, pram, child* schieben; (*pull*) ziehen; (*invalid*) *wheelchair* fahren. **the cripple ~ed himself into the room/along** der Krüppel fuhr mit seinem Rollstuhl ins Zimmer/fuhr in seinem Rollstuhl. **2.** (*cause to turn*) drehen.

III *vi* (*turn*) drehen; (*birds, planes*) kreisen; (*Mil*) schwenken. **to ~ left** nach links schwenken; **left ~!** links schwenkt!

◆**wheel in** *vt sep* **1.** *trolley, invalid* hereinrollen. **2.** (*inf: bring into room*) vorführen (*inf*).

◆**wheel round** *vi* sich (rasch) umdrehen; (*troops*) (ab)schwenken.

wheelbarrow *n* Schubkarre *f*, Schubkarren *m*; **wheelbase** *n* Rad(ab)stand *m*; **wheelbrace** *n* Kreuzschlüssel *m*; **wheelchair** *n* Rollstuhl *m*; **wheelclamp I** *n* (Park)kralle *f*; **II** *vt* krallen.

wheeled [wi:ld] *adj traffic, transport* auf Rädern; *vehicle* mit Rädern.

-wheeled *adj suf* -räd(e)rig.

wheeler-dealer ['wi:lə'di:lər] *n* (*inf*) Schlitzohr *nt* (*inf*), gerissener Kerl; (*in finance also*) Geschäftemacher(in *f*) *m*.

wheelhouse ['wi:lhaʊs] *n* Ruderhaus *nt*.

wheeling and dealing ['wi:lɪŋən'di:lɪŋ] *n* Machenschaften *pl*, Gemauschel *nt* (*inf*); (*in business*) Geschäftemacherei *f*.

wheelwright ['wi:lraɪt] *n* Wagenbauer(in *f*), Stellmacher(in *f*) *m*.

wheeze [wi:z] **I** *n* **1.** (*of person*) pfeifender Atem *no pl*; (*of machine*) Fauchen *nt no pl*. **2.** (*dated inf*) Jokus (*dated*), Scherz *m*.

II *vt* keuchen. **to ~ out a tune** eine Melodie herauspressen.

III *vi* pfeifend atmen; (*machines, asthmatic*) keuchen.

wheezily ['wi:zɪlɪ] *adv* pfeifend, keuchend.

wheeziness ['wi:zɪnɪs] *n* Keuchen *nt*; (*of breath*) Pfeifen *nt*.

wheezy ['wi:zɪ] *adj* (+*er*) *old man* mit pfeifendem Atem; *breath* pfeifend; *voice, cough* keuchend; *car* keuchend, schnaufend.

whelk [welk] *n* Wellhornschnecke *f*.

whelp [welp] **I** *n* Welpe *m*; (*pej: boy*) Lauser (*inf*), Lausbub (*inf*) *m*. **II** *vi* werfen, jungen.

when [wen] **I** *adv* **1.** (*at what time*) wann. **since ~ have you been here?** seit wann sind Sie hier?; **... since ~ he has been here** ... und seitdem ist er hier; **say ~!** (*inf*) sag' *or* schrei (*inf*) halt!

2. (*rel*) **on the day ~** an dem Tag, an dem *or* als *or* da (*liter*) *or* wo (*inf*); **at the time ~** zu der Zeit, zu der *or* als *or* da (*liter*) *or* wo (*inf*); **in 1960, up till ~ he ...** im Jahre 1960, bis zu welchem Zeitpunkt er ...; **during the time ~ he was in Germany** während der Zeit, als *or* wo *or* die (*inf*) er in Deutschland war.

II *conj* **1.** wenn; (*with past reference*) als. **you can go ~ I have finished** du kannst gehen, sobald *or* wenn ich fertig bin; **he did it ~ young** er tat es in seiner Jugend.

2. (+*gerund*) beim; (*at or during which time*) wobei. **~ operating the machine** beim Benutzen *or* bei Benutzung der Maschine; **the PM is coming here in May, ~ he will ...** der Premier kommt im Mai hierher und wird dann ...

3. (*although, whereas*) wo ... doch. **why do you do it that way ~ it would be much easier like this?** warum machst du es denn auf die Art, wo es doch so viel einfacher wäre?

whence [wens] *adv* **1.** (*old, form*) woher, von wannen (*old, liter*). **2.** (*form*) **~ I conclude ...** woraus ich schließe, ...

whenever [wen'evər] *adv* **1.** (*each time*) jedesmal wenn.

2. (*at whatever time*) wann (auch) immer, ganz egal *or* gleich *or* einerlei wann; (*as soon as*) sobald. **I'll visit you ~ you like** ich werde dich besuchen, wann immer du willst; **~ you like!** wann du willst!

3. (*emph*) **~ can he have done it?** wann kann er das nur *or* wohl getan haben?; **~ do I have the time for such things?** wann habe ich schon *or* je Zeit für sowas?; **tomorrow, or ~** (*inf*) morgen, oder wann auch immer *or* sonst irgendwann.

where [wɛər] **I** *adv* wo. **~ (to)** wohin, wo ... hin; **~ (from)** woher, wo ... her; **~ are you going (to)?** wohin gehst du, wo gehst du hin?; **~ are you from?** woher kommen Sie, wo kommen Sie her?; **from ~ I'm sitting I can see the church** von meinem Platz aus kann ich die Kirche sehen; **~ should we be if ...?** was wäre nur, wenn ...?; **he doesn't know ~ it's at** (*sl*) der weiß nicht, was läuft (*sl*).

II *conj* wo; (*in the place where*) da, wo ..., an der Stelle, wo ... **go ~ you like** geh, wohin du willst, geh hin, wo du willst; **this is ~ we got out** hier sind wir ausgestiegen; **that's ~ Nelson fell/I used to live/we differ** hier *or* an dieser Stelle fiel Nelson/hier *or* da habe ich (früher) gewohnt/in diesem Punkt haben wir unterschiedliche Ansichten; **we carried on from ~ we left off** wir haben da weitergemacht, wo wir vorher aufgehört haben; **I've read up to ~ the king ...** ich habe bis dahin *or* bis an die Stelle gelesen, wo der König ...; **this is ~ we got to** soweit *or* bis hierhin *or* bis dahin sind wir gekommen; **we succeeded ~ we expected to fail** wir hatten da Erfolg, wo wir ihn nicht erwartet hatten; **you can trust him ~ money is concerned** in Geldsachen können Sie ihm trauen; **that's ~** da; **that's ~ his strong point is** da liegt seine Stärke.

whereabouts [ˌwɛərə'baʊts] **I** *adv* wo, in welcher Gegend. **I wonder ~ Martin put it** ich frage mich, wohin Martin es wohl gelegt hat.

II ['wɛərəbaʊts] *n sing or pl* Verbleib *m*; (*of people also*) Aufenthaltsort *m*.

whereas [wɛər'æz] *conj* **1.** (*whilst*) während; (*while on the other hand*) wohingegen. **2.** (*esp Jur: considering that*) da, in Anbetracht der Tatsache, daß ...

whereat [wɛər'æt] *adv* (*old*) wobei.

whereby [wɛə'baɪ] *adv* (*form*) **the sign ~**

you will recognize him das Zeichen, an dem *or* woran Sie ihn erkennen; **the rule ~ it is not allowed** die Vorschrift, laut derer *or* wonach es verboten ist; **a plan ~ the country can be saved** ein Plan, durch den *or* wodurch das Land gerettet werden kann.

wherefore ['wɛəfɔːʳ] **I** *adv* (*obs*) warum, weswegen. **II** *conj* (*obs*) weswegen. **III** *n see* **why III.**

wherein [wɛər'ɪn] *adv* (*form*) worin.

whereof [wɛər'ɒv] *adv* (*obs*) (*about which*) worüber; (*out of which*) woraus; (*Jur*) dessen. **in witness ~ …** zu Urkund *or* Zeugnis dessen … (*old*).

whereon [wɛər'ɒn] *adv* (*obs*) worauf; (*whereupon*) woraufhin.

wheresoever [ˌwɛəsəʊ'evəʳ] *adv* (*obs*) *see* **wherever.**

wherever [wɛər'evəʳ] **I** *conj* **1.** (*no matter where*) egal *or* einerlei wo, wo (auch) immer.

2. (*anywhere, in or to whatever place*) wohin. **we'll go ~ you like** wir gehen, wohin Sie wollen; **he comes from Bishopbriggs, ~ that is** er kommt aus Bishopbriggs, wo immer das auch sein mag (*geh*) *or* fragen Sie mich nicht, wo das ist.

3. (*everywhere*) überall wo. **~ you see this sign** überall, wo Sie dieses Zeichen sehen.

II *adv* wo nur, wo bloß. **~ did you get that hat!** wo haben Sie nur *or* bloß diesen Hut her?; **in London or Liverpool or ~** in London oder Liverpool oder sonstwo.

wherewithal ['wɛəwɪðɔːl] *n* nötiges Kleingeld; (*implements*) Utensilien *pl.*

whet [wet] *vt knife, scythe* wetzen; *axe* schleifen, schärfen; *appetite, curiosity* anregen.

whether ['weðəʳ] *conj* ob; (*no matter whether*) egal *or* ganz gleich *or* einerlei, ob. **I am not certain ~ they're coming or not** *or* **~ or not they're coming** ich bin nicht sicher, ob sie kommen oder nicht; **~ they come or not, we'll go ahead** egal *or* ganz gleich *or* einerlei, ob sie kommen oder nicht (kommen), wir fangen (schon mal) an; **he's not sure ~ to go or stay** er weiß nicht, ob er gehen oder bleiben soll.

whetstone ['wetstəʊn] *n* Wetzstein *m.*

whew [hwuː] *interj* puh, uff.

whey [weɪ] *n* Molke *f.*

whey-faced ['weɪ'feɪst] *adj* (*liter*) bleichgesichtig (*geh*).

which [wɪtʃ] **I** *adj* **1.** (*interrog*) welche(r, s). **~ one?** welche(r, s)?; (*of people also*) wer?

2. (*rel*) welche(r, s). **… by ~ time I was asleep** … und zu dieser Zeit schlief ich (bereits).

II *pron* **1.** (*interrog*) welche(r, s); (*of people also*) wer. **~ of the children/books** welches Kind/Buch; **~ is ~?** (*of people*) wer ist wer?, welche(r) ist welche(r)?; (*of things*) welche(r, s) ist welche(r, s)?

2. (*rel*) (*with n antecedent*) der/die/das, welche(r, s) (*geh*); (*with clause antecedent*) was. **the bear ~ I saw** der Bär, den ich sah; **at ~ he remarked …** woraufhin er bemerkte, …; **it rained hard, ~ upset her** es regnete stark, was sie aufregte; **~ reminds me …** dabei fällt mir ein, …; **after ~ we went to bed** worauf *or* wonach wir zu Bett gingen; **on the day before/after ~ he left her** an dem Tag, bevor er sie verließ/nachdem er sie verlassen hatte.

whichever [wɪtʃ'evəʳ] **I** *adj* welche(r, s) auch immer; (*no matter which*) ganz gleich *or* egal *or* einerlei welche(r, s). **II** *pron* welche(r, s) auch immer. **~ (of you) has the most money** wer immer (von euch) das meiste Geld hat.

whichsoever [ˌwɪtʃsəʊ'evəʳ] *adj, pron* (*form*) *see* **whichever.**

whiff [wɪf] *n* **1.** (*puff*) Zug *m*; (*wisp*) kleine Fahne, Wolke *f*; (*smell*) Hauch *m*; (*pleasant*) Duft, Hauch *m*; (*fig: trace*) Spur *f*; (*of spring*) Hauch *m*, Ahnung *f.* **to catch a ~ of sth** den Geruch von etw wahrnehmen; **to go out for a ~ of air** hinausgehen, um (etwas) Luft zu schnappen. **2.** (*small cigar*) kleiner Zigarillo.

whiffy ['wɪfɪ] *adj* (+*er*) (*inf*) **to be ~** streng riechen.

whig [wɪg] (*Brit Hist*) **I** *n frühere Bezeichnung für Mitglied der liberalen Partei*, Whig *m.* **II** *adj attr* Whig-.

while [waɪl] **I** *n* **1.** Weile *f*, Weilchen *nt* (*inf*). **for a ~** (für) eine Weile, eine Zeitlang; (*a short moment*) (für) einen Augenblick *or* Moment; **a good** *or* **long ~** eine ganze *or* lange Weile, eine ganze Zeitlang; **for/after quite a ~** ziemlich *or* recht lange, (für) eine geraume/nach einer geraumen Weile (*geh*); **a little** *or* **short ~** ein Weilchen (*inf*), kurze Zeit; **it'll be ready in a short ~** es wird bald fertig sein; **a little/long ~ ago** vor kurzem/vor einer ganzen Weile, vor längerer *or* langer Zeit; **some ~ ago** vor einiger Zeit; **all the ~** die ganze Zeit (über).

2. the ~ (*liter*) derweil, unterdessen.

3. to be worth (one's) ~ to … sich (für jdn) lohnen, zu …; **we'll make it worth your ~** es soll ihr Schaden nicht sein.

II *conj* **1.** während; (*as long as*) solange. **she fell asleep ~ reading** sie schlief beim Lesen ein; **he became famous ~ still young** er wurde berühmt, als er noch jung war; **you must not drink ~ on duty** Sie dürfen im Dienst nicht trinken.

2. (*although*) **~ one must admit there are difficulties …** man muß zwar zugeben, daß es Schwierigkeiten gibt, trotzdem …; **~ the text is not absolutely perfect, nevertheless …** obwohl (zwar) der Text nicht einwandfrei ist, … trotzdem.

3. (*whereas*) während.

◆**while away** *vt sep time* sich (*dat*) vertreiben.

whilst [waɪlst] *conj see* **while II.**

whim [wɪm] *n* Laune *f.* **a passing ~** eine vorübergehende Laune, ein vorübergehender Spleen; **her every ~** jede ihrer Launen; **as the ~ takes me** ganz nach

Lust und Laune.

whimper ['wɪmpəʳ] **I** *n* (*of dog*) Winseln *nt no pl*; (*of person*) Wimmern *nt no pl*. **without a ~** ohne einen (Klage)laut. **II** *vti* (*dog*) winseln; (*person*) wimmern.

whimsical ['wɪmzɪkəl] *adj* wunderlich; *look, remark* neckisch; *idea, tale* schnurrig; *decision* seltsam, spinnig (*inf*); *notion* grillenhaft; *ornament* verrückt.

whimsicality [ˌwɪmzɪ'kælɪtɪ] *n* Wunderlichkeit *f*; (*of behaviour*) Launenhaftigkeit, Grillenhaftigkeit *f*; (*of decision*) Seltsamkeit *f*; (*of mood, tale also*) Grillenhaftigkeit *f*; (*of architecture*) Verrücktheit *f*, Manierismus *m*.

whimsically ['wɪmzɪkəlɪ] *adv look, say* neckisch.

whimsy ['wɪmzɪ] *n* **1.** (*caprice, fancy*) Spleen *m*, Grille *f* (*dated*). **2.** *see* **whimsicality.**

whin [wɪn] *n* (*esp Brit*) Ginster *m*.

whine [waɪn] **I** *n* (*of dog*) Jaulen, Heulen *nt no pl*; (*complaining cry*) Jammern, Gejammer *nt no pl*; (*of child*) Quengelei *f no pl*; (*of siren, jet engine*) Heulen *nt no pl*; (*of bullet*) Pfeifen *nt no pl*.

II *vi* (*dog*) jaulen; (*person: speak, complain*) jammern, klagen; (*child*) quengeln; (*siren, jet engine*) heulen; (*bullet*) pfeifen. **don't come whining to me about it** du brauchst nicht anzukommen und mir was vorzujammern.

whiner ['waɪnəʳ] *n* (*complainer*) Jammerer, Jammerknochen (*inf*) *m*.

whinge [wɪndʒ] *vi* (*inf: complain*) jammern, meckern (*inf*); (*baby*) plärren. **~ing Pom** (*Austral*) ewig meckernder Engländer (*inf*), ewig meckernde Engländerin (*inf*).

whingey ['wɪndʒɪ] *adj* (*inf*) **to be ~** dauernd jammern *or* meckern (*inf*); (*woman also*) eine Meckerziege sein (*inf*); (*baby*) dauernd plärren; **the kid's starting to get ~** das Kind fängt an zu plärren; **don't be so ~** mecker doch nicht so! (*inf*).

whining ['waɪnɪŋ] *n* (*of dog*) Gejaule *nt*; (*complaining*) Gejammer *nt*.

whinny ['wɪnɪ] **I** *n* Wiehern, Gewieher *nt no pl*. **II** *vi* wiehern.

whip [wɪp] **I** *n* **1.** Peitsche *f*; (*riding ~*) Reitgerte *f*. **to give sb a fair crack of the ~** (*inf*) jdm eine faire Chance geben.

2. (*Parl*) (*person*) Fraktions- *or* Geschäftsführer *m*; (*call*) Anordnung *f* des Fraktionsführers. **three-line ~** Fraktionszwang *m*; **they have put a three-line ~ on the vote** bei der Abstimmung besteht Fraktionszwang; **chief ~** Haupt-Einpeitscher *m*.

3. (*Cook*) Creme, Speise *f*.

II *vt* **1.** (*with whip*) *people* auspeitschen; *horse* peitschen; (*with stick*) schlagen. **to ~ sb/sth into shape** (*fig*) jdn/etw zurechtschleifen.

2. (*Cook*) *cream, eggs* schlagen.

3. (*bind*) *seam* umnähen; *stick, rope* umwickeln.

4. (*inf: defeat*) vernichtend schlagen.

5. (*fig inf: move quickly*) **he ~ped the book off the desk** er schnappte sich (*dat*) das Buch vom Schreibtisch; **he ~ped his hand out of the way** er zog blitzschnell seine Hand weg; **the thief ~ped the jewel into his pocket** der Dieb ließ den Edelstein schnell in seiner Tasche verschwinden; **to ~ sb into hospital** jdn in Windeseile ins Krankenhaus bringen; (*doctor*) jdn schnell ins Krankenhaus einweisen.

6. (*inf: steal*) mitgehen lassen (*inf*).

III *vi* **1. branches ~ped against the window** Äste schlugen gegen das Fenster. **2.** (*move quickly*) (*person*) schnell (mal) laufen.

◆**whip away** *vt sep* wegreißen, wegziehen (*from sb* jdm).

◆**whip back** *vi* **1.** (*spring, plank*) zurückschnellen, zurückfedern. **2.** (*inf: go back quickly*) schnell (mal) zurücklaufen.

◆**whip off** *vt sep clothes* herunterreißen, vom Leib reißen; *tablecloth* wegziehen. **a car ~ped him ~ to the airport** ein Auto brachte ihn in Windeseile zum Flugplatz.

◆**whip on** *vt sep* **1.** (*urge on*) *horse* anpeitschen, antreiben; (*fig*) antreiben. **2.** (*put on quickly*) *clothes* sich (*dat*) überwerfen; *lid* schnell drauftun.

◆**whip out I** *vt sep gun, pencil, camera* zücken. **he ~ped a gun/pencil ~ of his pocket** er zog rasch eine Pistole/einen Bleistift *etc* aus der Tasche; **they ~ped ~ his tonsils** (*inf*) sie haben ihm schnell die Mandeln entfernt.

II *vi* (*inf: go out quickly*) schnell (mal) rausgehen (*inf*).

◆**whip round** *vi* **1.** (*inf: move quickly*) **I'll just ~ ~ to the shops/to the butcher** ich werd' schnell mal einkaufen gehen/zum Metzger (rüber)laufen; **he ~ped ~ when he heard ...** er fuhr herum, als er hörte ...; **the car ~ped ~ the corner** das Auto brauste *or* sauste *or* fegte (*inf*) um die Ecke.

2. (*inf: collect money*) zusammenlegen, den Hut herumgehen lassen.

◆**whip up** *vt sep* **1.** (*pick up*) schnappen.

2. (*set in motion*) *horses* antreiben; (*Cook*) *cream* schlagen; *mixture* verrühren; *eggs* verquirlen; (*inf: prepare quickly*) *meal* hinzaubern; (*fig: stir up*) *interest, feeling* anheizen, entfachen; *support* finden, auftreiben (*inf*); *audience, crowd* mitreißen. **I'll just ~ ~ something to eat** (*inf*) ich mach' nur schnell was zu essen; **the sea, ~ped ~ by the wind** das Meer, vom Wind aufgepeitscht.

whipcord *n* (*rope*) Peitschenschnur *f*; (*fabric*) Whipcord *m*; **whip hand** *n* **to have the ~ (over sb)** (über jdn) die Oberhand haben; **whiplash** *n* (Peitschen)riemen *m*; (*Med: also* **~ injury**) Peitschenschlagverletzung *f*.

whipped cream ['wɪpt'kriːm] *n* Schlagsahne *f*, Schlagrahm *m*.

whippersnapper ['wɪpəˌsnæpəʳ] *n* (*dated*) junger Spund.

whippet ['wɪpɪt] *n* Whippet *m*.

whipping ['wɪpɪŋ] *n* (*beating*) Tracht *f* Prügel; (*inf: defeat*) Niederlage *f*; (*fig: in debate*) Pleite *f*. **to give sb a ~** (*lit*) jdm eine Tracht Prügel versetzen; (*with* *whip*) jdn auspeitschen; (*fig inf*) jdn in die Pfanne hauen (*inf*); **our team/the government got a ~** unsere Mannschaft wurde in die Pfanne gehauen (*inf*)/die Regierung erlebte eine Pleite (*inf*).

whipping boy *n* Prügelknabe *m*; **to use sb as a ~** jdn zum Prügelknaben machen; **whipping cream** *n* Schlagsahne *f*; **whipping top** *n* Kreisel *m*.

whippy ['wɪpɪ] *adj cane, fishing rod* biegsam, elastisch, federnd.

whip-round ['wɪpraʊnd] *n* (*esp Brit inf*) **to have a ~** den Hut herumgehen lassen.

whir [wɜːʳ] *n, vi see* **whirr.**

whirl [wɜːl] **I** *n* (*spin*) Wirbeln *nt no pl*; (*of dust, water, also fig*) Wirbel *m*; (*of cream*) Tupfer *m*. **to give sb/sth a ~** (*lit*) jdn/etw herumwirbeln; (*fig inf: try out*) jdn/etw ausprobieren; **the busy ~ of her social life** der Trubel ihres gesellschaftlichen Lebens; **my head is in a ~** mir schwirrt der Kopf.

II *vt* **1.** (*make turn*) wirbeln. **to ~ sb/sth round** jdn/etw herumwirbeln; **he ~ed his hat round his head** er schwenkte seinen Hut; **he ~ed the water about with his stick** er rührte mit seinem Stock im Wasser herum. **2.** (*transport*) eilends wegbringen; (*person*) mit sich nehmen, entführen (*inf*).

III *vi* (*spin*) wirbeln; (*water*) strudeln. **to ~ round** herumwirbeln; (*water*) strudeln; (*person: turn round quickly*) herumfahren; **my head is ~ing** mir schwirrt der Kopf; **after a few drinks the room starting ~ing** nach ein paar Gläsern fing der Raum an, sich zu drehen; **they/the countryside ~ed past us** sie wirbelten/die Landschaft flog an uns vorbei.

whirligig ['wɜːlɪgɪg] *n* (*top*) Kreisel *m*; (*roundabout*) Karussell, Ringelspiel *nt*; (*fig*) (ewiges) Wechselspiel *nt*.

whirlpool ['wɜːlpuːl] *n* Strudel *m*; (*in health club*) ≃ Kneippbecken *nt*.

whirlwind ['wɜːlwɪnd] *n* Wirbelwind *m*; (*fig*) Trubel, Wirbel *m*. **like a ~** wie der Wirbelwind; **a ~ romance** eine stürmische Romanze.

whirlybird ['wɜːlɪˌbɜːd] *n* (*esp US inf*) Hubschrauber *m*.

whirr, whir [wɜːʳ] **I** *n* (*of wings*) Schwirren *nt*; (*of wheels, camera, machine*) (*quiet*) Surren *nt*; (*louder*) Brummen, Dröhnen *nt*. **II** *vi see n* schwirren; surren; brummen, dröhnen.

whisk [wɪsk] **I** *n* **1.** (*fly~*) Wedel *m*; (*Cook*) Schneebesen *m*; (*electric*) Rührbesen, Rührstab *m*, Rührgerät *nt*. **give the eggs a good ~** schlagen Sie die Eier gut durch.

2. (*movement*) Wischen *nt*; (*of skirts*) Schwingen *nt*. **with a ~ of his hand/its tail** mit einer schnellen Handbewegung/mit einem Schwanzschlag.

II *vt* **1.** (*Cook*) schlagen; *eggs* verquirlen. **to ~ the eggs into the mixture** die Eier unter die Masse einrühren.

2. the horse ~ed its tail das Pferd schlug mit dem Schwanz.

III *vi* (*move quickly*) fegen (*inf*), stieben.

◆**whisk away** *vt sep* **1.** *fly, wasp* wegscheuchen.

2. (*take away suddenly*) **the magician ~ed ~ the tablecloth** der Zauberer zog das Tischtuch schnell weg; **her mother ~ed the bottle ~ from her just in time** ihre Mutter schnappte (*inf*) *or* zog ihr die Flasche gerade noch rechtzeitig weg; **he ~ed her ~ to the Bahamas** er entführte sie auf die Bahamas; **a big black car turned up and ~ed him ~** ein großes schwarzes Auto erschien und sauste *or* brauste mit ihm davon.

◆**whisk off** *vt sep see* **whisk away 2.**

◆**whisk up** *vt sep eggs, mixture* schaumig schlagen.

whisker ['wɪskəʳ] *n* Schnurrhaar *nt*; (*of people*) Barthaar *nt*. **~s** (*moustache*) Schnurrbart *m*; (*side ~s*) Backenbart *m*; (*Zool*) Schnurrbart *m*; **to win/miss sth by a ~** etw fast gewinnen/etw um Haaresbreite verpassen; **he thinks he's the cat's ~s** er hält sich für wer weiß was.

whiskered ['wɪskəd] *adj* schnurrbärtig.

whiskery ['wɪskərɪ] *adj* behaart, haarig.

whisky, (*US, Ir*) **whiskey** ['wɪskɪ] *n* Whisky *m*. **~ and soda** Whisky (mit) Soda *m*; **two whiskies, please** zwei Whisky, bitte.

whisper ['wɪspəʳ] **I** *n* **1.** Geflüster, Flüstern *nt no pl*; (*of wind, leaves*) Wispern *nt no pl*; (*mysterious*) Raunen *nt no pl*. **to speak/say sth in a ~** im Flüsterton sprechen/etw im Flüsterton sagen.

2. (*rumour*) Gerücht *nt*. **have you heard any ~s about who might be promoted?** haben Sie irgendwelche Andeutungen gehört *or* etwas läuten hören (*inf*), wer befördert werden soll?

II *vt* **1.** flüstern, wispern. **to ~ sth to sb** jdm etw zuflüstern *or* zuwispern; (*secretively*) jdm etw zuraunen; **to ~ a word in(to) sb's ear** (*fig*) jdm einen leisen Tip geben, jdm etw andeuten.

2. (*rumour*) **it's (being) ~ed that ...** es geht das Gerücht *or* es gehen Gerüchte um, daß ..., man munkelt, daß ...

III *vi* flüstern, wispern (*also fig*); (*poet: wind*) säuseln; (*secretively*) raunen; (*schoolchildren*) tuscheln. **to ~ to sb** jdm zuflüstern/zuwispern/zuraunen; mit jdm tuscheln.

whispering ['wɪspərɪŋ] *n see vi* Flüstern, Geflüster, Wispern *nt no pl*; Säuseln *nt no pl*; Raunen *nt no pl*; Tuscheln, Getuschel *nt no pl*; (*fig*) Gerede, Gemunkel, Getuschel *nt no pl*.

whispering campaign *n* Verleumdungskampagne *f*; **whispering gallery** *n* Flüstergewölbe *nt or* -galerie *f*.

whist [wɪst] *n* Whist *nt*. **~ drive** Whistrunde *f* mit wechselnden Parteien.

whistle ['wɪsl] **I** *n* **1.** (*sound*) Pfiff *m*; (*of wind*) Pfeifen *nt*; (*of kettle*) Pfeifton *m*. **the ~ of the escaping steam** das Pfeifen des ausströmenden Dampfes; **to give a ~** einen Pfiff ausstoßen.

2. (*instrument*) Pfeife *f*. **to blow a/one's ~** pfeifen; **to blow the ~ on sb/sth** (*fig inf*) jdn verpfeifen (*inf*)/über etw (*acc*) auspacken (*inf*); *see* **wet.**

II *vt* pfeifen. **to ~ (to) sb to stop** jdn durch einen Pfiff stoppen; **to ~ sb back/**

over jdn zurück-/herüberpfeifen.

III *vi* pfeifen. **the boys ~d at her** die Jungen pfiffen ihr nach; **the crowd ~d at the referee** die Menge pfiff den Schiedsrichter aus; **he ~d for a taxi** er pfiff ein Taxi heran, er pfiff nach einem Taxi; **the referee ~d for play to stop** der Schiedsrichter pfiff eine Spielunterbrechung; (*at the end*) der Schiedsrichter pfiff das Spiel ab; **he can ~ for it** (*inf*) da kann er lange warten *or* warten, bis er schwarz wird (*inf*).

whistle-stop ['wɪsl,stɒp] (*US*) **I** *n* **1.** (*small town*) Kleinstadt *f*, Nest, Kaff *nt*. **2.** (*stop*) kurzer Aufenthalt an einem kleinen Ort; (*fig*) Stippvisite *f*. **~ tour** (*US Pol*) Wahlreise *f*; (*fig*) *Reise f mit Kurzaufenthalten an allen Orten.* **II** *vi* auf die Dörfer gehen.

whistling kettle ['wɪslɪŋ'ketl] *n* Pfeifkessel *m*.

whit [wɪt] *n* **not a ~** keine *or* nicht eine Spur; (*of humour*) kein *or* nicht ein Funke(n); (*of truth, common sense*) kein *or* nicht ein Gramm *or* Körnchen; **every ~ as good** genauso gut, (um) keinen Deut schlechter.

white [waɪt] **I** *adj* (*+er*) weiß; *skin, racially also* hell; (*with fear, anger, exhaustion also*) blaß, kreidebleich. **to go** *or* **turn ~** (*thing*) weiß werden; (*person also*) bleich *or* blaß werden.

II *n* (*colour*) Weiß *nt*; (*person*) Weiße(r) *mf*; (*of egg*) Eiweiß, Klar (*Aus*) *nt*; (*of eye*) Weiße(s) *nt*. **~s** (*household*) Weißwäsche *f*; (*Sport*) weiße Kleidung.

white ant *n* Termite *f*, weiße Ameise; **whitebait** *n, pl* **-bait** Breitling *m*; **whitebeam** *n* Mehlbeere *f*; **white book** *n* (*US Pol*) Weißbuch *nt*; **whitecap** *n* Welle *f* mit Schaumkronen; **white Christmas** *n* **a ~** weiße Weihnacht(en); **white coal** *n* (*fig*) weiße Kohle (*fig*), Wasserkraft *f*; **white coffee** *n* (*Brit*) Kaffee *m* mit Milch, Milchkaffee *m*; **white-collar** *adj* **~ worker** Schreibtischarbeiter(in *f*) *m*, Angestellte(r) *mf*; **~ job** Angestelltenstelle *f*, Schreibtisch- *or* Büroposten *m*; **~ crime** Wirtschaftskriminalität *f*; **a ~ crime** ein Wirtschaftsverbrechen *nt*; **~ union** Angestelltengewerkschaft *f*; **white corpuscle** *n* weißes Blutkörperchen; **white dwarf** *n* (*Astron*) weißer Zwerg(stern); **white elephant** *n* nutzloser Gegenstand; (*waste of money*) Fehlinvestition *f*; **white elephant stall** *n* Stand *m* mit allerlei Krimskrams; **white ensign** *n* *Fahne f der Royal Navy*; **white feather** *n* weiße Feder (*Zeichen der Feigheit*); **to show the ~** den Schwanz einziehen; **white fish** *n* Weißfisch *m*; **white flag** *n* (*Mil, fig*) weiße Fahne; **White Friar** *n* Karmeliter *m*; **white gold** *n* Weißgold *nt*; **white-haired** *adj* **1.** weißhaarig; (*blonde*) weißblond, semmelblond; **2.** (*US inf: favourite*) Lieblings-; **Whitehall** *n* (*British government*) Whitehall *no art*; **white-headed** *adj* **1.** *see* **white-haired**; **2.** *gull, eagle* weißköpfig; **white heat** *n* Weißglut *f*; (*fig*) Hitze *f*; (*with enthusiasm*) Feuereifer *m*; **white hope** *n* große *or* einzige Hoffnung; **white horse** *n* **1.** Schimmel *m*; **2.** (*wave*) Welle *f* mit einer Schaumkrone; **white-hot** *adj* weißglühend; (*fig*) brennend, glühend; **White House** *n* (*US Pol*) das Weiße Haus; **white lead** *n* Bleiweiß *nt*; **white lie** *n* kleine Unwahrheit, Notlüge *f*; **white light** *n* weißes Licht; **white-lipped** *adj* mit bleichen Lippen, angstbleich; **white magic** *n* weiße Magie; **white man** *n* Weiße(r) *m;* **the ~'s burden** die Bürde des weißen Mannes; **white meat** *n* helles Fleisch.

whiten ['waɪtn] **I** *vt* weiß machen. **II** *vi* weiß werden.

whiteness ['waɪtnɪs] *n* Weiße *f*; (*of skin*) Helligkeit *f*; (*due to illness*) Blässe *f*. **the dazzling ~ of …** das strahlende Weiß des/der …

whitening ['waɪtnɪŋ] *n* weiße Farbe, Schlämmkreide *f*.

white noise *n* weißes Rauschen; **white-out** *n* starkes Schneegestöber; **white paper** *n* (*Pol*) Weißbuch *nt*; **White Russia** *n* Weißrußland *nt*; **White Russian** *n* Weißrusse *m*, Weißrussin *f*; **white sale** *n* weiße Woche, Ausverkauf *m* von Haus- und Tischwäsche; **white sauce** *n* Mehlsoße *f*, helle Soße; **white slave** *n* weiße Sklavin; **white slave trade** *n* Mädchenhandel *m*; **white spirit** *n* Terpentinersatz *m*; **white stick** *n* Blindenstock *m*; **whitethorn** *n* Weißdorn *m*; **whitethroat** *n* Grasmücke *f*; **white tie** *n* (*tie*) weiße Fliege; (*evening dress*) Frack *m*; **a ~ occasion/dinner** eine Veranstaltung/ein Essen mit Frackzwang; **white trash** *n* (*US inf*) weißes Pack; **whitewall I** *n* (*tyre*) Weißwandreifen *m*; **II** *adj* Weißwand-; **whitewash I** *n* Tünche *f*; (*fig*) Schönfärberei *f*; **II** *vt walls* tünchen; (*fig*) schönfärben, beschönigen; *person* reinwaschen; **white wedding** *n* Hochzeit *f* in Weiß; **white whale** *n* Weißwal, Beluga *m*; **white wine** *n* Weißwein *m*; **white woman** *n* Weiße *f*; **whitewood** *adj* **~ furniture** Möbel *pl* aus hellem Weichholz.

whitey ['waɪtɪ] *n* (*pej inf*) Weiße(r) *mf*.

whither ['wɪðəʳ] *adv* **1.** (*old*) wohin. **2.** (*journalese*) **~ America/socialism?** Amerika/Sozialismus, wohin? *or* was nun?

whiting¹ ['waɪtɪŋ] *n, no pl see* **whitening.**

whiting² *n, pl* - Weißling, Weißfisch *m*.

whitish ['waɪtɪʃ] *adj colour* weißlich.

Whit Monday [,wɪt'mʌndɪ] *n* Pfingstmontag *m*.

Whitsun ['wɪtsən] **I** *n* Pfingsten *nt*; (*Eccl also*) Pfingstfest *nt*. **II** *attr* Pfingst-.

Whit Sunday [,wɪt'sʌndɪ] *n* Pfingstsonntag *m*.

Whitsuntide ['wɪtsəntaɪd] *n* Pfingstzeit *f*. **around ~** um Pfingsten (herum).

whittle ['wɪtl] **I** *vt* schnitzen. **II** *vi* **to ~ (away) at sth** an etw (*dat*) (herum)schnippeln *or* -schnitzen *or* -schneiden.

◆**whittle away** *vt sep* **1.** *bark* wegschneiden, wegschnitzen.

2. (*gradually reduce*) allmählich abbauen, nach und nach abbauen; *rights, power also* allmählich *or* nach und nach beschneiden *or* stutzen.

◆**whittle down** *vt sep* **1.** *piece of wood* herunterschneiden. **to ~ ~ to size** zurechtschneiden, zurechtstutzen.

2. (*reduce*) kürzen, reduzieren, stutzen (*to* auf +*acc*); *gap, difference* verringern. **to ~ sb ~ to size** (*fig*) jdn zurechtstutzen.

whiz(z) [wɪz] **I** *n* **1.** (*of arrow*) Schwirren, Sausen *nt*. **2.** (*US inf*) Kanone *f* (*inf*). **II** *vi* (*arrow*) schwirren, sausen.

whi(z)z-kid ['wɪz'kɪd] *n* (*inf*) (*in career*) Senkrechtstarter *m*. **financial/publishing ~** Finanz-/Verlagsgenie *nt or* -größe *f*.

WHO *abbr of* **World Health Organization** WGO, Weltgesundheitsorganisation *f*.

who [hu:] *pron* **1.** (*interrog*) wer; (*acc*) wen; (*dat*) wem. **and ~ should it be but May?** und wer war's? natürlich May!; **~ do you think you are?** was glaubst du *or* bildest du dir ein, wer du bist?, für wen hältst du dich eigentlich?; **"W~'s W~"** „Wer ist Wer"; **you'll soon find out ~'s ~ in the office** Sie werden bald im Büro alle kennenlernen; **~ are you looking for?** wen suchen Sie?; **~ did you stay with?** bei wem haben Sie gewohnt?

2. (*rel*) der/die/das, welche(r, s). **any man ~ ...** jeder (Mensch), der ...; **he ~ wishes/those ~ wish to go ...** wer gehen will ...; (*for pl also*) diejenigen, die gehen wollen ...

whoa [wəʊ] *interj* brr.

who'd [hu:d] *contr of* **who had; who would.**

whodun(n)it [hu:'dʌnɪt] *n* (*inf*) Krimi *m* (*bei dem der Täter bis zum Schluß unbekannt ist*).

whoever [hu:'evəʳ] *pron* wer (auch immer); (*acc*) wen (auch immer); (*dat*) wem (auch immer); (*no matter who*) einerlei *or* ganz gleich *or* egal (*inf*) wer/wen/wem. **~ told you that?** wer hat dir das denn (bloß) gesagt?

whole [həʊl] **I** *adj* (*entire, unbroken, undivided*) ganz; *truth* voll; (*Bibl: well*) heil. **but the ~ purpose was to ...** aber der ganze Sinn der Sache *or* aber der Zweck der Übung (*inf*) war, daß ...; **three ~ weeks** drei volle *or* ganze Wochen; **the ~ lot** das Ganze; (*of people*) alle, der ganze Verein (*inf*); **a ~ lot of people** eine ganze Menge Leute; **a ~ lot better** (*inf*) ein ganzes Stück besser (*inf*), sehr viel besser; **she is a ~ lot of woman** (*esp US inf*) sie ist eine richtige *or* echte Frau; **out of ~ cloth** (*US*) von Anfang bis Ende erdichtet; **she swallowed it ~** sie schluckte es ganz *or* unzerkaut (hinunter); **a pig roasted ~** ein ganzes Schwein im *or* am Stück gebraten.

II *n* Ganze(s) *nt*. **the ~ of the month/his savings/London** der ganze *or* gesamte Monat/seine gesamten *or* sämtlichen Ersparnisse/ganz London; **nearly the ~ of our production** fast unsere gesamte Produktion; **as a ~** als Ganzes; **these people, as a ~, are ...** diese Leute sind in ihrer Gesamtheit ...; **on the ~** im großen und ganzen.

wholefood *adj attr products* Vollwertkost-, Reformkost-; **~ shop** Bioladen *m*; **wholefoods** *npl* Vollwertkost *f*; **wholehearted** *adj* völlig, uneingeschränkt; **~ congratulations/thanks to X** X (*dat*) gratulieren/danken wir von ganzem Herzen; **to be ~ in one's co-operation** sich rückhaltlos miteinsetzen; **wholeheartedly** *adv* voll und ganz; **wholeheartedness** *n* Rückhaltlosigkeit *f*; **whole hog** *n*: **to go the ~** (*inf*) aufs Ganze gehen; **wholemeal I** *adj* Vollkorn-; **II** *n* feiner Vollkornschrot; **whole milk** *n* Vollmilch *f*; **whole note** *n* (*esp US Mus*) ganze Note; **whole number** *n* ganze Zahl.

wholesale ['həʊlseɪl] **I** *n* Großhandel *m*.

II *adj attr* **1.** (*Comm*) Großhandels-. **~ dealer** Großhändler(in *f*), Grossist *m*; **~ business/trade** Großhandel *m*.

2. (*fig: widespread*) umfassend, massiv; *slaughter, redundancies* Massen-; (*indiscriminate*) wild, generell.

III *adv* **1.** im Großhandel.

2. (*fig*) in Bausch und Bogen; (*in great numbers*) massenweise, massenhaft; (*without modification*) (so) ohne weiteres.

IV *vt goods* einen Großhandel betreiben mit, Großhändler *or* Grossist sein für.

V *vi* (*item*) einen Großhandelspreis haben (*at* von).

wholesaler ['həʊlseɪləʳ] *n* Großhändler(in *f*), Grossist *m*.

wholesome ['həʊlsəm] *adj* gesund.

wholesomeness ['həʊlsəmnɪs] *n* Bekömmlichkeit *f*; (*of appearance*) Gesundheit *f*. **the ~ of the air** die gesunde Luft.

wholewheat ['həʊlwi:t] *n* Voll(korn)weizen *m*.

who'll [hu:l] *contr of* **who will; who shall.**

wholly ['həʊlɪ] *adv* völlig, gänzlich.

whom [hu:m] *pron* **1.** (*interrog*) (*acc*) wen; (*dat*) wem. **2.** (*rel*) (*acc*) den/die/das; (*dat*) dem/der/dem. **..., all of ~ were drunk** ..., die alle betrunken waren; **none/all of ~** von denen keine(r, s)/alle.

whom(so)ever [ˌhu:m(səʊ)'evəʳ] *pron* (*form*) wen/wem auch immer; (*no matter who*) ganz gleich *or* egal wen/wem.

whoop [hu:p] **I** *n* Ruf, Schrei *m*; (*war cry also*) Geschrei, Geheul *nt no pl*. **with a ~ of joy** unter Freudengeschrei.

II *vt* **to ~ it up** (*inf*) auf die Pauke hauen (*inf*).

III *vi* rufen, schreien; (*with whooping cough*) pfeifen; (*with joy*) jauchzen.

whoopee ['wʊpi:] **I** *n* **to make ~** (*dated inf*) Rabatz machen (*dated inf*). **II** [wʊ'pi:] *interj* hurra, juchhe(i).

whooping cough ['hu:pɪŋˌkɒf] *n* Keuchhusten *m* .

whoops [wu:ps] *interj* hoppla, huch, hups.

whoosh [wu:ʃ] **I** *n* (*of water*) Rauschen *nt*; (*of air*) Zischen *nt*. **II** *vi* rauschen; zischen. **a train ~ed past** ein Zug schoß *or* brauste vorbei.

whop [wɒp] *vt* (*sl*) schlagen.

whopper ['wɒpəʳ] *n* (*sl*) (*sth big*) Brokken, Trümmer *m* (*inf*), Trumm *nt* (*inf*); (*lie*) faustdicke Lüge.

whopping ['wɒpɪŋ] *adj* (*sl*) Mords- (*inf*), Riesen-.

whore [hɔːʳ] **I** *n* Hure *f*. **II** *vi* (*also* **to go whoring**) (herum)huren (*sl*).

whorehouse *n* Bordell, Freudenhaus *nt*; **whoremonger** *n* (*old*) Hurenbock *m*.

whorl [wɜːl] *n* Kringel *m*; (*of shell*) (Spiral)windung *f*; (*Bot*) Quirl, Wirtel *m*; (*of fingerprint*) Wirbel *m*.

whortleberry ['wɜːtlbərɪ] *n* Heidelbeere, Blaubeere (*dial*) *f*.

who's [huːz] *contr of* **who has; who is.**

whose [huːz] *poss pron* **1.** (*interrog*) wessen. ~ **is this?** wem gehört das?; ~ **car did you go in?** in wessen Auto sind Sie gefahren? **2.** (*rel*) dessen; (*after f and pl*) deren.

whosoever [ˌhuːsəʊ'evəʳ] *pron* (*old*) *see* **whoever.**

why [waɪ] **I** *adv* warum, weshalb; (*asking for the purpose*) wozu; (*how come that ...*) wieso. ~ **not ask him?** warum fragst du/fragen wir ihn nicht?; ~ **wait?** warum *or* wozu (soll(t)en wir/sie) (noch) warten?; ~ **do it this way?** warum denn so?; **that's** ~ darum, deshalb, deswegen; **that's exactly** ~ **...** genau deshalb *or* deswegen ...

II *interj* ~, **of course, that's right!** ja doch *or* aber sicher, das stimmt so!; ~ **that's easy!** na, das ist doch einfach!; **take the bus!** ~, **it's only a short walk** den Bus nehmen! – ach was, das ist doch nur ein Katzensprung; ~, **if it isn't Charles!** na so was, das ist doch (der) Charles!; **who did it?** ~ **it's obvious** wer das war? na *or* also, das ist doch klar.

III *n*: **the** ~**s and (the) wherefores** das Warum und Weshalb.

WI *abbr of* **1. Women's Institute. 2. West Indies.**

wick [wɪk] *n* Docht *m*. **to get on sb's** ~ (*inf*) jdm auf den Wecker gehen (*inf*).

wicked ['wɪkɪd] *adj* **1.** (*evil*) *person* böse; (*immoral*) schlecht, gottlos; (*indulging in vices*) lasterhaft. **that was a** ~ **thing to do** das war aber gemein *or* böse *or* niederträchtig (von dir/ihm *etc*); **it's** ~ **to tease animals/tell lies/swear** Tiere zu quälen ist gemein/Lügen/Fluchen ist häßlich.

2. (*vicious*) böse; *weapon* gemein (*inf*), niederträchtig, heimtückisch; *satire* boshaft; *blow, frost, wind, weather also* gemein (*inf*). **he/the dog has a** ~ **temper** er ist unbeherrscht *or* aufbrausend *or* jähzornig/der Hund ist bösartig.

3. (*mischievous*) *smile, look, grin* frech, boshaft. **you** ~ **girl, you** du schlimmes Mädchen *or* du freches Stück (*inf*), (du).

4. (*inf: scandalous*) *price* hanebüchen (*inf*), unverschämt. **it's a** ~ **shame** es ist jammerschade; **it's** ~ **what they charge** es ist hanebüchen (*inf*) *or* unverschämt *or* nicht mehr feierlich (*inf*), was die verlangen.

5. (*sl: very good*) (affen)geil (*sl*).

wickedly ['wɪkɪdlɪ] *adv see adj* **1.** böse; schlecht, gottlos; lasterhaft. **2.** *cold* gemein. **a** ~ **accurate satire** eine scharf treffende Satire. **3.** frech. **4.** (*inf*) *expensive* unverschämt.

wickedness ['wɪkɪdnɪs] *n* **1.** (*of person*) Schlechtigkeit *f*; (*immorality*) Verderbtheit *f*; (*indulgence in vices*) Lasterhaftigkeit *f*. **2.** *see adj 2.* Bösartigkeit *f*; Boshaftigkeit *f*; Gemeinheit *f*. **the** ~ **of his temper** seine aufbrausende *or* unbeherrschte Art. **3.** (*mischievousness*) Boshaftigkeit, Bosheit *f*. **4.** (*inf: of prices*) Unverschämtheit *f*.

wicker ['wɪkəʳ] **I** *n* Korbgeflecht *nt*. **II** *adj attr* Korb-.

wicker basket *n* (Weiden)korb *m*; **wicker fence** *n* Weidenzaun *m*; **wickerwork I** *n* (*activity*) Korbflechten *nt*; (*material*) Korbgeflecht *nt*; (*articles*) Korbwaren *pl*; **II** *adj chair* Korb-; *basket* Weiden-.

wicket ['wɪkɪt] *n* **1.** Gatter *nt*; (*for selling tickets*) Fenster *nt*.

2. (*Cricket*) (*stumps: also* ~**s**) Mal, Pfostentor *nt*; (*pitch*) Spielbahn *f*. **to take a** ~ einen Schlagmann auswerfen; **three** ~**s fell before lunch** es gab drei Malwürfe vor der Mittagspause; **to keep** ~ Torwächter sein *or* machen; *see* **sticky.**

3. (*US: croquet hoop*) Tor *nt*.

wicket-keeper ['wɪkɪt'kiːpəʳ] *n* (*Cricket*) Torwächter *m*.

widdle ['wɪdl] (*inf*) **I** *vi* pinkeln (*inf*). **II** *n* **to go for a** ~ (*hum*) pinkeln gehen (*inf*).

wide [waɪd] **I** *adj* (+*er*) **1.** *road, smile, feet, gap* breit; *skirt, trousers, plain* weit; *eyes* groß. **it is three metres** ~ es ist drei Meter breit; (*material*) es liegt drei Meter breit; (*room*) es ist drei Meter in der Breite; **the big** ~ **world** die (große) weite Welt.

2. (*considerable, comprehensive*) *difference, variety* groß; *experience, choice* reich, umfangreich; *public, knowledge, range* breit; *interests* vielfältig, breitgefächert *attr; coverage of report* umfassend; *network* weitverzweigt *attr*; *circulation* weit, groß; *question* weitreichend. ~ **reading is the best education** viel zu lesen ist die beste Art der Erziehung *or* Bildung.

3. (*missing the target*) daneben *pred*, gefehlt. **you're a bit** ~ **there** da liegst du etwas daneben; ~ **of the truth** nicht ganz wahrheitsgetreu.

II *adv* **1.** (*extending far*) weit. **they are set** ~ **apart** sie liegen weit auseinander; *see* **far.**

2. (*fully*) weit. **open** ~**!** bitte weit öffnen; **the general/writer left himself** ~ **open to attack** der General/Verfasser hat sich (überhaupt) nicht gegen Angriffe abgesichert; **the law is** ~ **open to criticism/abuse** das Gesetz bietet viele Ansatzpunkte für Kritik/öffnet dem Mißbrauch Tür und Tor; **the game is still** ~ **open** der Spielausgang ist noch völlig offen; **to be** ~ **awake** hellwach sein; (*alert*) wach sein.

3. (*far from the target*) daneben. **to go** ~ **of sth** über etw (*acc*) hinausgehen, an etw (*dat*) vorbeigehen.

wide-angle (lens) *n* (*Phot*) Weitwinkel(objektiv *nt*) *m*; **wide-awake** *adj* (*fully awake*) hellwach; (*alert*) wach; **you can't fool her, she's much too ~** du kannst ihr nichts vormachen, dazu paßt sie viel zu genau auf *or* dazu ist sie viel zu wach *or* helle (*inf*); **wide-band** *adj* (*Rad*) Breitband-; **wide boy** *n* (*Brit inf*) Fuchs (*inf*), Gauner *m*; **wide-eyed** *adj* mit großen Augen; **in ~ amazement** mit großen, erstaunten Augen.

widely ['waɪdlɪ] *adv* weit; (*by or to many people*) weit und breit, überall, allgemein; *differing* völlig. **his remarks were ~ publicized** seine Bemerkungen fanden weite Verbreitung; **the opinion is ~ held ...** es herrscht in weiten Kreisen die Ansicht ...; **he became ~ known as ...** er wurde überall *or* in weiten Kreisen bekannt als ...; **a ~ read student** ein sehr belesener Student.

widen ['waɪdn] **I** *vt road* verbreitern; *passage* erweitern; *knowledge etc* erweitern. **II** *vi* breiter werden; (*interests*) sich ausweiten.

♦**widen out** *vi* **1.** (*river, valley*) sich erweitern (*into* zu). **2.** (*interests*) sich ausweiten.

wideness ['waɪdnɪs] *n* **1.** (*of road, gap*) Breite *f*; (*of skirt*) Weite *f*. **2.** (*of knowledge, coverage, interests*) Breite *f*; (*of variety, choice*) Reichtum *m*.

wide-open *adj* **1.** (*fully open*) *door, window* ganz *or* weit *or* sperrangelweit (*inf*) offen; *beak* weit aufgerissen *or* aufgesperrt; **the ~ spaces** die Weite; **2.** (*not decided*) *match* völlig offen; **3.** (*US inf*) *wo liberale Gesetze bezüglich Prostitution, Glückspiele herrschen;* **wide-ranging** *adj* weitreichend; **wide-screen** *adj* Breit(lein)wand-; **widespread** *adj* weitverbreitet *attr*; **to become ~** weite Verbreitung erlangen.

widgeon ['wɪdʒən] *n* Pfeifente *f*.

widget ['wɪdʒɪt] *n* (*inf: manufactured product*) Produkt, Ding (*inf*) *nt*. **10,000 ~s per month** 10.000 Produkte *or* Dinger (*inf*) pro Monat.

widow ['wɪdəʊ] **I** *n* **1.** Witwe *f*. **to be left a ~** als Witwe zurückbleiben; **~'s mite** (*fig*) Scherflein *nt* (der armen Witwe); **~'s peak** spitzer Haaransatz; **~'s pension** Witwenrente *f*; **golf ~** (*hum*) Golfwitwe *f*; *see* **grass widow**. **2.** (*Typ*) Hurenkind *nt*.

II *vt* zur Witwe/zum Witwer machen. **she was twice ~ed** sie ist zweimal verwitwet.

widowed ['wɪdəʊd] *adj* verwitwet.

widower ['wɪdəʊəʳ] *n* Witwer *m*.

widowhood ['wɪdəʊhʊd] *n* (*of woman*) (*period*) Witwenschaft *f*; (*state also*) Witwentum *nt*; (*rare: of man*) Witwerschaft *f*.

width [wɪdθ] *n* **1.** Breite *f*; (*of trouser legs, skirts*) Weite *f*. **six centimetres in ~** sechs Zentimeter breit; **what is the ~ of the material?** wie breit liegt dieser Stoff? **2.** (*piece of material*) Breite *f*. **three ~s of cloth** drei mal die Breite.

widthways ['wɪdθweɪz], **widthwise** ['wɪdθwaɪz] *adv* der Breite nach.

wield [wiːld] *vt pen, sword* führen; *axe* schwingen; *power, influence* ausüben, haben. **~ing his sword above his head** das Schwert über seinem Haupte schwingend; **to ~ power over sth** über (*acc*) Macht ausüben.

wiener ['wiːnəʳ] *n* (*US: frankfurter*) Wiener Würstchen *nt*.

wife [waɪf] *n, pl* **wives** Frau, Gattin (*form*), Gemahlin (*liter, form*) *f*. **the ~** (*inf*) die Frau; **a woman whom he would never make his ~** eine Person, die er niemals zu seiner Frau machen würde.

wifely ['waɪflɪ] *adj* **~ duties** Pflichten *pl* als Ehefrau.

wig [wɪg] *n* Perücke *f*.

wigeon *n see* **widgeon.**

wigging ['wɪgɪŋ] *n* (*dated Brit inf*) Standpauke, Gardinenpredigt *f*. **to give sb a ~** jdm eine Standpauke *or* Gardinenpredigt halten, jdm die Leviten lesen.

wiggle ['wɪgl] **I** *n* Wackeln *nt no pl*. **give it a ~ and it might come free** wackeln Sie mal daran, dann geht es vielleicht raus; **to get a ~ on** (*inf*) Dampf dahintermachen (*inf*). **II** *vt* wackeln mit; *eyebrows* zucken mit. **III** *vi* wackeln; (*eyebrows*) zucken.

wiggly ['wɪglɪ] *adj* wackelnd; *line* Schlangen-; (*drawn*) Wellen-; *amateur film* wackelig, verwackelt.

wight [waɪt] *n* (*old*) Wicht *m*.

wigmaker ['wɪgmeɪkəʳ] *n* Perückenmacher(in *f*) *m*.

wigwam ['wɪgwæm] *n* Wigwam *m*.

wilco ['wɪlkəʊ] *interj* (*Mil*) wird gemacht, zu Befehl.

wild [waɪld] **I** *adj* (+*er*) **1.** (*not domesticated, not civilized*) wild; *people* unzivilisiert; *garden, wood* verwildert; *flowers* wildwachsend *attr*; (*in meadows*) Wiesen-; (*in fields*) Feld-. **the W~ West** der Wilde Westen; **~ silk** Wildseide *f*; **~ animals** Tiere *pl* in freier Wildbahn; **a seal is a ~ animal** der Seehund ist kein Haustier *or* lebt in freier Wildbahn; **the plant in its ~ state** die Pflanze im Naturzustand.

2. (*stormy*) *weather, wind* rauh, stürmisch; *sea also* wild.

3. (*excited, frantic, unruly, riotous*) wild (*with* vor +*dat*); (*disordered*) *hair also* wirr, unordentlich; *children also, joy, desire* unbändig.

4. (*inf: angry*) wütend (*with, at* mit, auf +*acc*), rasend. **it drives** *or* **makes me ~** das macht mich ganz wild *or* rasend; **to get ~** wild werden (*inf*).

5. (*inf: very keen*) **to be ~ on** *or* **about sb/sth** auf jdn/etw wild *or* scharf (*inf*) *or* versessen sein; **to be ~ to do sth** (*esp US*) wild *or* scharf (*inf*) *or* versessen darauf sein, etw zu tun.

6. (*rash, extravagant*) verrückt; *talk, scheme also* unausgegoren; *promise* unüberlegt; *exaggeration* maßlos, wild; *allegation* wild; *fluctuations* stark; *expectations, imagination, fancies* kühn.

7. (*wide of the mark, erratic*) *throw, shot* Fehl-; *spelling* unsicher. **it was just/he had a ~ guess** es war/er hatte nur so (wild) drauflosgeraten.

8. (*Cards*) beliebig verwendbar.

9. (*sl: fantastic, great*) *attr* toll, Klasse-, Spitzen-; *pred* toll, klasse, Spitze (*all inf*).

II *adv* **1.** (*in the natural state*) *grow* wild; *run* frei. **to let one's imagination run ~** seiner Phantasie (*dat*) freien Lauf lassen; **the roses/the children have run ~** die Rosen/die Kinder sind verwildert, die Rosen sind ins Kraut gewachsen; **he lets his kids run ~** (*pej*) er läßt seine Kinder auf der Straße aufwachsen; **in the country the kids can run ~** auf dem Land kann man die Kinder einfach laufen *or* herumspringen lassen.

2. (*without aim*) *shoot* ins Blaue, drauflos; (*off the mark*) *go, throw* daneben.

III *n* Wildnis *f*. **in the ~** in der Wildnis, in freier Wildbahn; **the call of the ~** der Ruf der Wildnis; **the ~s** die Wildnis; **out in the ~s** (*hum: not in the city*) auf dem platten Lande (*inf*), jwd (*inf*); **out in the ~s of Berkshire** im hintersten Berkshire.

wildcard ['waɪldkɑːd] (*Comput*) **I** *n* Wildcard *f*, Jokerzeichen, Ersatzzeichen *nt*. **II** *adj attr character* Joker-, Ersatz-.

wildcat ['waɪldkæt] **I** *n* **1.** (*Zool, inf: woman*) Wildkatze *f*.

2. (*US inf*) (*Comm: risky venture*) gewagte *or* riskante Sache; (*trial oil well*) Probe- *or* Versuchsbohrung *f*.

II *adj attr* (*trial*) Versuchs-, Probe-; (*risky*) riskant, gewagt; (*unofficial*) *company etc* Schwindel-. **~ strike** wilder Streik.

wildebeest ['wɪldəbiːst] *n* Gnu *nt*.

wilderness ['wɪldənɪs] *n* Wildnis *f*; (*fig*) Wüste *f*. **a voice crying in the ~** die Stimme eines Rufenden in der Wüste.

wild-eyed *adj person* wild dreinblickend *attr*; *look* wild; **wildfire** *n* **to spread like ~** sich wie ein Lauffeuer ausbreiten; **wildfowl** *n, no pl* Wildgeflügel *nt*; **wild-goose chase** *n* fruchtloses Unterfangen, Wolpertingerjagd *f* (*S Ger*); **to send sb out on a ~** jdn für nichts und wieder nichts losschicken; **wildlife** *n* **1.** die Tierwelt; **~ sanctuary** Wildschutzgebiet, Wildreservat *nt*; **2.** (*sl hum: girls*) Weiber *pl* (*inf*).

wildly ['waɪldlɪ] *adv* **1.** (*violently*) wild, heftig.

2. (*in disorder*) wirr.

3. (*without aim*) wild. **to hit out/shoot ~** wild um sich schlagen/drauflosschießen.

4. (*extravagantly*) *guess* drauflos, ins Blaue hinein; *talk* unausgegoren; *happy* rasend; *exaggerated* stark, maßlos; *wrong, different* total, völlig.

5. (*excitedly, distractedly*) wild, aufgeregt.

6. (*riotously*) wild.

wildness ['waɪldnɪs] *n* **1.** (*rough, uncivilized state*) Wildheit *f*.

2. (*of storm etc*) Wildheit, Stärke, Heftigkeit *f*. **the ~ of the weather** das rauhe *or* stürmische Wetter.

3. (*frenzy, unruliness*) Wildheit *f*.

4. (*extravagance*) *see adj 6*. Unüberlegtheit *f*; Maßlosigkeit *f*; Stärke *f*; Kühnheit *f*.

5. (*lack of aim*) Unkontrolliertheit *f*; (*erratic nature: of spelling*) Unsicherheit *f*.

wild oat *n* Windhafer *m*; *see* **oat.**

wile [waɪl] *n usu pl* List *f*, Schliche *pl*. **she used all her ~s** sie ließ ihren ganzen *or* all ihren Charme spielen.

wilful, (*US*) **willful** ['wɪlfʊl] *adj* **1.** (*self-willed*) eigensinnig, eigenwillig. **2.** (*deliberate*) *neglect, damage, waste* mutwillig; *murder* vorsätzlich; *disobedience* wissentlich.

wilfully, (*US*) **willfully** ['wɪlfəlɪ] *adv see adj.*

wilfulness, (*US*) **willfulness** ['wɪlfʊlnɪs] *n see adj* **1.** Eigensinn *m*, Eigenwilligkeit *f*. **2.** Mutwilligkeit *f*; Vorsätzlichkeit *f*.

wiliness ['waɪlɪnɪs] *n* Listigkeit, Schläue, Hinterlist (*pej*) *f*.

will[1] [wɪl] *pret* **would I** *modal aux vb* **1.** (*fut*) werden. **I'm sure that he ~ come** ich bin sicher, daß er kommt; **you ~ come to see us, won't you?** Sie kommen uns doch besuchen, ja?; **I'll be right there** komme sofort!, bin gleich da!; **I ~ have finished by Tuesday** bis Dienstag bin ich fertig; **you won't lose it, ~ you?** du wirst es doch nicht verlieren, oder?; **you won't insist on that, ~ you? — oh yes, I ~** Sie bestehen doch nicht darauf, oder? — o doch! *or* o ja! *or* doch, doch!

2. (*emphatic, expressing determination, compulsion*) **I ~ not have it!** das dulde ich nicht, das kommt mir nicht in Frage (*inf*); **~ you be quiet!** willst du jetzt wohl ruhig sein!, bist du *or* sei jetzt endlich ruhig!; **he says he ~ go and I say he won't** er sagt, er geht, und ich sage, er geht nicht.

3. (*expressing willingness, consent*) wollen. **he won't sign** er unterschreibt nicht, er will nicht unterschreiben; **if she won't say yes** wenn sie nicht ja sagt; **he wouldn't help me** er wollte *or* mochte mir nicht helfen; **wait a moment, ~ you?** warten Sie einen Moment, ja bitte?; (*impatiently*) jetzt warte doch mal einen Moment!; **~ she, won't she** ob sie wohl ...?

4. (*in questions*) **~ you have some more tea?** möchten Sie noch Tee?; **~ you accept these conditions?** akzeptieren Sie diese Bedingungen?; **won't you take a seat?** wollen *or* möchten Sie sich nicht setzen?; **won't you please come home?** komm doch bitte nach Hause!; **there isn't any tea, ~ coffee do?** es ist kein Tee da, darf *or* kann es auch Kaffee sein?, tut es Kaffee auch? (*inf*).

5. (*insistence*) **well, if he ~ drive so fast** also, wenn er (eben) unbedingt so schnell fahren muß *or* fährt; **well, if you won't take advice** wenn du (eben) keinen Rat annimmst, na bitte; **he ~ interrupt all the time** er muß ständig dazwischenreden.

6. (*assumption*) **he'll be there by now** jetzt ist er schon da *or* dürfte er schon da sein; **was that the door-bell? that ~ be**

for you hat's geklingelt? — das ist bestimmt für dich *or* das wird *or* dürfte für dich sein.

7. (*tendency*) **accidents ~ happen** Unfälle passieren nun (ein)mal.

8. (*capability*) **~ the engine start now?** springt der Motor jetzt an?; **the car won't start** das Auto springt nicht an *or* will nicht anspringen; **the door won't open** die Tür läßt sich nicht öffnen *or* geht nicht auf (*inf*); **the cut won't heal** die Schnittwunde will nicht (ver)heilen; **the car ~ do up to 120 mph** das Auto fährt bis zu 120 mph *or* kann bis zu 120 mph fahren.

II *vi* wollen. **say what you ~** du kannst sagen *or* sag, was du willst; **as you ~!** wie du willst!; **it is, if you ~, a kind of mystery** das ist, wenn du so willst, eine Art Rätsel.

will[2] **I** *n* **1.** Wille *m*. **to have a ~ of one's own** einen eigenen Willen haben; (*hum*) so seine Mucken haben (*inf*); **the ~ to win/live** der Wille *or* das Bestreben, zu gewinnen/zu leben, der Siegeswille/Lebens wille; **(to go) against one's/sb's ~** gegen seinen/jds Willen (handeln); **at ~** nach Belieben *or* Lust und Laune, beliebig; **of one's own free ~** aus freien Stükken *or* freiem Willen; **with the best ~ in the world** beim *or* mit (dem) (aller)besten Willen; **where there is a ~ there is a way** (*Prov*) wo ein Wille ist, ist auch ein Weg (*Prov*); **Thy ~ be done** Dein Wille geschehe; **to work with a ~** mit (Feuer)eifer arbeiten; *see* **good will, ill I 2.**

2. (*testament*) Letzter Wille, Testament *nt*. **the last ~ and testament of ...** der Letzte Wille *or* das Testament des/der ...; **to make one's ~** sein Testament machen.

II *vt* **1.** (*old: ordain*) wollen, bestimmen, verfügen (*geh*).

2. (*urge by willpower*) (durch Willenskraft) erzwingen. **to ~ sb to do sth** jdn durch die eigene Willensanstrengung dazu bringen, daß er etw tut; **he ~ed himself to stay awake/to get better** er hat sich (dazu) gezwungen, wach zu bleiben/er hat seine Genesung durch seine Willenskraft erzwungen.

3. (*by testament*) (testamentarisch) vermachen, vererben (*sth to sb* jdm etw).

III *vi* wollen. **if God ~s** so Gott will.

willful *etc* (*US*) *see* **wilful** *etc*.

William ['wɪljəm] *n* Wilhelm *m*.

willie ['wɪlɪ] *n* (*hum inf: penis*) Pimmel *m* (*inf*).

willies ['wɪlɪz] *npl* (*inf*) **to get the ~** Zustände kriegen (*inf*); **it/he gives me the ~** da/bei dem wird mir ganz anders (*inf*).

willing ['wɪlɪŋ] *adj* **1.** (*prepared*) **to be ~ to do sth** bereit *or* gewillt (*geh*) *or* willens (*liter, old*) sein, etw zu tun; **God ~** so Gott will; **he was not ~ for us to go/for this to be done** er war nicht gewillt, uns gehen zu lassen/das geschehen zu lassen.

2. (*ready to help, cheerfully ready*) *workers, helpers* bereitwillig.

willingly ['wɪlɪŋlɪ] *adv* bereitwillig, gerne.

willingness ['wɪlɪŋnɪs] *n see adj* **1.** Bereitschaft *f*. **2.** Bereitwilligkeit *f*.

will-o'-the-wisp ['wɪləðə'wɪsp] *n* Irrlicht *nt*; (*fig*) Trugbild *nt*.

willow ['wɪləʊ] *n* (*also* **~ tree**) Weide *f*, Weidenbaum *m*; (*wood*) Weidenholz *nt*; (*twigs*) Weidenruten *or* -gerten *pl*.

willowherb ['wɪləʊ,hɜːb] *n* Weidenröschen *nt*.

willow pattern I *n* chinesisches Weidenmotiv (*auf Porzellan*). **II** *adj attr* mit chinesischem Weidenmotiv.

willowy ['wɪləʊɪ] *adj* gertenschlank.

willpower ['wɪl,paʊə^r] *n* Willenskraft *f*.

willy ['wɪlɪ] *n see* **willie.**

willy-nilly ['wɪlɪ'nɪlɪ] *adv* **1.** (*at random*) *choose, allocate* aufs Geratewohl; *accept* wahllos, ohne weiteres. **2.** (*willingly or not*) wohl oder übel, nolens volens.

wilt[1] [wɪlt] (*old*) *2nd pers sing of* **will**[1].

wilt[2] **I** *vi* **1.** (*flowers*) welken, verwelken, welk werden. **2.** (*person*) matt werden; (*after physical exercise*) schlapp werden; (*enthusiasm, energy*) abflauen. **II** *vt* ausdörren.

Wilts [wɪlts] *abbr of* **Wiltshire.**

wily ['waɪlɪ] *adj* (*+er*) listig, raffiniert, schlau, hinterlistig (*pej*).

wimp [wɪmp] *n* (*inf*) Schwächling, Waschlappen (*inf*) *m*.

◆**wimp out** *vi* (*inf*) kneifen (*inf*). **to ~ ~ of sth** bei etw kneifen (*inf*).

wimpish ['wɪmpɪʃ] *adj* (*inf*) weichlich, schlapp (*inf*).

wimpishly ['wɪmpɪʃlɪ] *adv* (*inf*) schlapp (*inf*). **he ~ agreed to sell** Schwächling *or* Waschlappen (*inf*), der er ist, stimmte er dem Verkauf zu.

wimpishness ['wɪmpɪʃnɪs] *n* (*inf*) Weichlichkeit, Schlappheit (*inf*) *f*.

wimple ['wɪmpl] *n* Rise *f* (*spec*), Schleier *m*; (*worn by nuns*) (Nonnen)schleier *m*.

win [wɪn] (*vb: pret, ptp* **won**) **I** *n* Sieg *m*. **to have a ~** (*money*) einen Gewinn machen; (*victory*) einen Sieg erzielen; **to play for a ~** auf Sieg spielen.

II *vt* **1.** *race, prize, battle, election, money, bet, sympathy, support, friends, glory* gewinnen; *reputation* erwerben; *scholarship, contract* bekommen; *victory* erringen. **to ~ sb's heart/love/hand** jds Herz/Liebe/Hand gewinnen; **he tried to ~ her** er versuchte, sie für sich zu gewinnen; **it won him the first prize** es brachte ihm den ersten Preis ein; **to ~ sth from** *or* **off** (*inf*) **sb** jdm etw abgewinnen.

2. (*obtain, extract*) gewinnen. **land won from the sea** dem Meer abgewonnenes Land.

3. (*liter: reach with effort*) *shore, summit* erreichen.

III *vi* **1.** gewinnen, siegen. **OK, you ~, I was wrong** okay, du hast gewonnen, ich habe mich geirrt.

2. (*liter*) **to ~ free** sich freikämpfen, sich befreien.

◆**win back** *vt sep* zurück- *or* wiedergewinnen.

◆**win out** *vi* letztlich siegen (*over sb* über jdn), sich durchsetzen (*over sb* jdm gegenüber).

◆**win over** *or* **round** *vt sep* für sich gewinnen. **it is hard to ~ him ~** es ist schwer, ihn für uns *or* für unsere Seite zu gewinnen; **to ~ sb ~ to Catholicism/one's own way of thinking** jdn zum Katholizismus/zur eigenen Denkungsart bekehren; **to ~ sb ~ to a plan** jdn für einen Plan gewinnen.

◆**win through** *vi* (*patient*) durchkommen. **to ~ ~ to a place** sich zu einem Ort durch- *or* vorkämpfen; **we'll ~ ~ in the end** wir werden es schon schaffen (*inf*).

wince [wɪns] **I** *n* (Zusammen)zucken *nt*. **ouch, he said with a ~** autsch, sagte er und zuckte zusammen; **to give a ~ (of pain)** (vor Schmerz) zusammenzucken. **II** *vi* zusammenzucken.

winceyette [ˌwɪnsɪ'et] *n* Flanellette *nt*.

winch [wɪntʃ] **I** *n* Winde, Winsch *f*. **II** *vt* winschen.

◆**winch up** *vt sep* hochwinschen.

wind¹ [wɪnd] **I** *n* **1.** Wind *m*. **the ~ is from the east** der Wind kommt aus dem *or* von Osten; **before the ~** (*Naut*) vor dem Wind; **into the ~** (*Naut*) in den Wind; **to sail close to the ~** (*fig*) sich hart an der Grenze des Erlaubten bewegen; (*Naut*) hart am Wind segeln; **(to run) like the ~** (rennen) wie der Wind; **a ~ of change** (*fig*) ein frischer(er) Wind; **there's something in the ~** (irgend) etwas bahnt sich an *or* liegt in der Luft; **to get/have the ~ up** (*inf*) (*nervous*) Angst *or* Schiß (*sl*) kriegen/haben; **to put the ~ up sb** (*inf*) jdm Angst machen, jdn ins Bockshorn jagen; **to see which way the ~ blows** (*fig*) sehen, woher der Wind weht; **to take the ~ out of sb's sails** (*fig*) jdm den Wind aus den Segeln nehmen; **he's full of ~** (*fig*) er ist ein Schaumschläger (*inf*), er macht viel Wind (*inf*).

2. (*scent*) **to get ~ of sth** (*lit, fig*) von etw Wind bekommen.

3. (*compass point*) **to the four ~s** in alle (vier) Winde; **to throw caution to the ~s** Bedenken in den Wind schlagen.

4. (*from bowel, stomach*) Wind *m*, Blähung *f*. **to break ~** einen Wind streichen lassen; **to bring up ~** aufstoßen; (*baby also*) ein Bäuerchen machen.

5. (*breath*) Atem *m*, Luft *f* (*inf*). **to be short of ~** außer Atem sein; **to get one's ~ back** wieder Luft bekommen *or* zu Atem kommen; **to get one's second ~** den toten Punkt überwunden haben; **he's losing his ~** ihm geht der Atem aus.

II *vt* **1.** (*knock breathless*) den Atem nehmen (+*dat*). **he was ~ed by the ball** der Ball nahm ihm den Atem. **2.** (*scent*) wittern. **3.** *horses* verschnaufen lassen.

wind² [waɪnd] (*vb: pret, ptp* **wound**) **I** *vt* **1.** (*twist, wrap*) *wool, bandage* wickeln; *turban* winden; (*one time around*) winden; (*on to a reel*) spulen. **2.** (*turn, ~ up*) *handle* kurbeln, drehen; *clock, watch, clockwork toy* aufziehen. **3.** (*proceed by twisting*) **to ~ one's way** sich schlängeln.

II *vi* **1.** (*river*) sich winden *or* schlängeln.

2. (*handle, watch*) **which way does it ~?** wierum zieht man es auf/(*handle*) dreht *or* kurbelt man es?; **it won't ~** er/es läßt sich nicht aufziehen/(*handle*) drehen *or* kurbeln.

III *n* **1. I'll give the clock a ~** ich werde die Uhr aufziehen; **give it one more ~** zieh es noch eine Umdrehung weiter auf; (*handle*) kurbele *or* drehe es noch einmal weiter.

2. (*bend*) Kehre, Windung *f*.

◆**wind around I** *vt sep +prep obj* wikkeln um. **~ it once/twice ~ the post** winde *or* lege *or* wickele es einmal/zweimal um den Pfosten; **to ~ one's arms ~ sb** seine Arme um jdn schlingen *or* winden (*geh*); **to ~ itself ~ sth** sich um etw schlingen.

II *vi* (*road*) sich winden; *+prep obj* (*road*) sich schlängeln durch; (*procession*) sich winden durch.

◆**wind back** *vt sep film* zurückspulen.

◆**wind down I** *vt sep* **1.** *car windows* herunterdrehen *or* -kurbeln. **2.** *operations* reduzieren; *production* zurück- schrauben. **II** *vi* **1.** (*lose speed: clock*) ablaufen. **2.** (*path*) sich hinunterschlängeln. **3.** (*relax*) ausspannen, entspannen.

◆**wind forward** *vt sep film* weiterspulen.

◆**wind in** *vt sep fish* einziehen *or* -holen; *rope also* aufspulen.

◆**wind on** *vt sep film* weiterspulen.

◆**wind out** *vt sep cable* abwickeln.

◆**wind round** *vti sep see* **wind around.**

◆**wind up I** *vt sep* **1.** *bucket* herauf- *or* hochholen; *car window* hinaufkurbeln *or* -drehen.

2. *clock, mechanism* aufziehen.

3. (*fig inf*) *person* aufziehen. **to be wound ~ about sth** (*fig*) über etw (*acc*) *or* wegen einer Sache (*gen*) erregt sein.

4. (*close, end*) *meeting, debate, speech* beschließen, zu Ende bringen. **he wound ~ the arguments for the government** er faßte die Argumente der Regierung(sseite) zusammen.

5. *company* auflösen; *service, series* auslaufen lassen. **to ~ ~ one's affairs** seine Angelegenheiten abwickeln.

II *vi* **1.** (*inf: end up*) enden. **to ~ ~ in hospital/Munich** im Krankenhaus/in München landen; **to ~ ~ doing sth/broke/with nothing** am Ende etw tun/pleite sein/ohne etwas da stehen; **he'll ~ ~ as director** er wird es noch bis zum Direktor bringen.

2. (*conclude*) **to ~ ~ for the government** die abschließende Rede für die Regierung halten; **we sang a song to ~ ~** abschließend *or* zum Schluß sangen wir noch ein Lied.

3. (*proceed by twisting*) sich hinaufwinden; (*road also*) sich hinaufschlängeln.

wind ['wɪnd-]: **windbag** *n* (*inf*) Schwätzer, Schaumschläger *m*; **windblown** *adj hair, tree* windzerzaust; **windbreak** *n* Windschutz *m*; **windbreaker** ® *n* (*US*) *see* **windcheater; windburn** *n* Rötung *f* der Haut auf Grund von Wind; **windcheater** *n* (*Brit*) Windjacke *or* -bluse *f*; **windchill factor** *n* Wind-Kälte-Faktor *m*; **wind cone** *n* (*Aviat*) Wind- *or* Luftsack *m*.

winded ['wɪndɪd] *adj* atemlos, außer

Atem.

wind energy *n* Windenergie *f*.

winder ['waɪndəʳ] *n* (*of watch*) Krone *f*, (Aufzieh)rädchen *nt*; (*of alarm clock, toy*) Aufziehschraube *f*.

wind ['wɪnd-]: **windfall** *n* Fallobst *nt*; (*fig*) unerwartetes Geschenk, unverhoffter Glücksfall; **wind farm** *n* Windfarm *f*; **wind gauge** *n* Wind(stärke) messer *m*.

windiness ['wɪndɪnɪs] *n* Wind *m*. **because of the ~ of the area** wegen des starken Windes in dieser Gegend.

winding ['waɪndɪŋ] **I** *adj river* gewunden; *road also* kurvenreich. **II** *n* **1.** (*of road, river*) Windung, Kehre *f*; (*fig*) Verwicklung *f*. **2.** (*Elec*) (*coil*) Wicklung *f*; (*simple twist*) Windung *f*.

winding sheet *n* (*old*) Leichentuch *nt*; **winding staircase** *n* Wendeltreppe *f*; **winding-up** *n* (*of project*) Abschluß *m*; (*of company, society*) Auflösung *f*; **winding-up sale** *n* Räumungsverkauf *m*.

wind ['wɪnd-]: **wind instrument** *n* Blasinstrument *nt*; **windjammer** *n* Windjammer *m*.

windlass ['wɪndləs] *n* (*winch*) Winde *f*; (*Naut*) Ankerwinde *f*.

wind ['wɪnd-]: **windless** *adj* windfrei, ohne Wind, windstill; **wind-machine** *n* Windmaschine *f*; **windmill** *n* Windmühle *f*; (*Brit: toy*) Windrädchen *nt*; **to tilt at** *or* **fight ~s** (*fig*) gegen Windmühlen(flügel) kämpfen.

window ['wɪndəʊ] *n* (*also Comput*) Fenster *nt*; (*shop ~*) (Schau)fenster *nt*; (*of booking office, bank*) Schalter *m*; (*Comm sl: opportunity*) Gelegenheit *f*. **a ~ on the world** (*fig*) ein Fenster zur Welt; **~ of opportunity** Chance, (Fenster der) Gelegenheit *f*.

window box *n* Blumenkasten *m*; **window-cleaner** *n* Fensterputzer *m*; **window display** *n* Auslage(n *pl*), Schaufensterdekoration *f*; **window-dresser** *n* (Schaufenster)dekorateur(in *f*) *m*; **window-dressing** *n* Auslagen- *or* Schaufensterdekoration *f*; (*fig*) Mache, Schau (*inf*), Augen(aus)wischerei (*pej*) *f*; **window envelope** *n* Briefumschlag *m* mit Fenster.

windowing ['wɪndəʊɪŋ] *n* (*Comput*) Fenstertechnik *f*.

window ledge *n see* **windowsill**; **windowpane** *n* Fensterscheibe *f*; **window seat** *n* (*in house*) Fensterbank *f or* -sitz *m*; (*Rail*) Fensterplatz *m*; **window shade** *n* (*esp US*) Springrollo *nt*; **window-shopper** *n* jd, der einen Schaufensterbummel macht; **window-shopping** *n* Schaufensterbummel *m*; **to go ~** einen Schaufensterbummel machen; **windowsill** *n* Fensterbank *f or* -brett *nt*; (*outside also*) Fenstersims *m*.

wind ['wɪnd-]: **windpipe** *n* Luftröhre *f*; **windpower** *n* Windkraft, Windenergie *f*; **windproof** *adj* luftdicht, windundurchlässig; **windscreen,** (*US*) **windshield** *n* Windschutzscheibe *f*; **windscreen** *or* (*US*) **windshield washer** *n* Scheibenwaschanlage *f*; **windscreen** *or* (*US*) **windshield wiper** *n* Scheibenwischer *m*; **windsection** *n* (*Mus*) Bläser *pl*; **wind sleeve, windsock** *n* Luft- *or* Windsack *m*; **windsurf** *vi* windsurfen; **windsurfer** *n* (*person*) Windsurfer(in *f*) *m*; (*board*) Windsurfbrett *nt*; **windsurfing** *n* Windsurfen *nt*; **windswept** *adj plains* über den/die/das der Wind fegt; *person, hair* (vom Wind) zerzaust; **wind-tunnel** *n* Windkanal *m*.

windup ['waɪndʌp] *n* (*US*) *see* **winding-up.**

windward ['wɪndwəd] **I** *adj* Wind-, dem Wind zugekehrt; *direction* zum Wind. **II** *n* Windseite *f*. **to steer to ~ of an island** auf die Windseite einer Insel zusteuern.

windy ['wɪndɪ] *adj* (+er) **1.** *day, weather, place* windig. **2.** (*inf: verbose*) *speech, style* langatmig. **3.** (*esp Brit inf: frightened*) **to be/get ~** Angst *or* Schiß (*sl*) haben/bekommen.

wine [waɪn] **I** *n* Wein *m*. **cheese and ~ party** *Einladung, bei der Wein und Käse gereicht wird*; **to put new ~ in old bottles** jungen Wein in alte Schläuche füllen.

II *vt* **to ~ and dine sb** jdn zu einem guten Abendessen einladen; **he ~d and dined her for months** er hat sie monatelang zum Abendessen ausgeführt.

wine bottle *n* Weinflasche *f*; **wine box** *n* Zapfpack *m*; **wine bucket** *n* Sektkühler *m*; **wine cellar** *n* Weinkeller *m*; **wine-cooler** *n* Weinkühler *m*; **wineglass** *n* Weinglas *nt*; **wine-grower** *n* Winzer, Weinbauer *or* -gärtner *m*; **wine-growing I** *adj district* Wein(an)bau-; **II** *n* Wein(an)bau *m*; **wine list** *n* Weinkarte *f*; **wine-making** *n* Weinherstellung *f*; **wine merchant** *n* Weinhändler(in *f*) *m*; **winepress** *n* Weinpresse, Kelter *f*.

winery ['waɪnərɪ] *n* (*US*) (Wein)kellerei *f*.

wineskin *n* Weinschlauch *m*; **wine-taster** *n* Weinverkoster *or* -prüfer *m*; **wine-tasting** *n* Weinprobe *f*; **wine waiter** *n* Weinkellner, Getränkekellner *m*.

wing [wɪŋ] **I** *n* **1.** (*of bird, plane, building, Mil, Pol, Sport*) Flügel *m*; (*of bird also*) Schwinge *f* (*poet*), Fittich *m* (*liter*); (*of chair*) Backe *f*; (*Brit Aut*) Kotflügel *m*. **on the ~** im Flug(e); **to take sb under one's ~** (*fig*) jdn unter seine Fittiche nehmen; **to spread one's ~s** (*fig: children*) flügge werden; **to take ~s** (*lit*) davonfliegen; (*project*) Auftrieb bekommen; **on the ~s of fantasy** (*liter*) auf den Flügeln *or* Schwingen der Phantasie; **do you expect me to grow** *or* **sprout ~s?** (*inf*) du glaubst wohl, ich kann fliegen? (*inf*).

2. (*Aviat: section of air-force*) Geschwader *nt*. **~s** *pl* (*pilot's badge*) Pilotenabzeichen *nt*; **to get one's ~s** (*fig*) sich (*dat*) seine Sporen verdienen.

3. ~s *pl* (*Theat*) Kulisse *f*; **to wait in the ~s** (*lit, fig*) in den Kulissen warten.

II *vt* **1. to ~ one's way** fliegen. **2.** (*fig liter: give ~s to*) beflügeln. **3.** (*graze*) *person, bird* (mit einem Schuß) streifen. **you only ~ed it** das war nur ein Streifschuß, du hast es nur gestreift.

III *vi* fliegen.

wing assembly *n* Tragwerk *nt*; **wing-beat** *n* Flügelschlag *m*; **wing-case** *n*

Deckflügel, Flügeldecken *pl*; **wing chair** *n* Ohren- *or* Backensessel *m*; **wing collar** *n* Eckenkragen *m*; **wing-commander** *n* (*Brit*) Oberstleutnant *m* (der Luftwaffe).

wingding ['wɪŋˌdɪŋ] *n* (*US sl*) tolle Party (*inf*).

winge [wɪndʒ] *vi see* **whinge.**

winged [wɪŋd] *adj* **1.** (*Zool, Bot*) mit Flügeln. **2.** (*liter*) *sentiments, words* geflügelt.

winger ['wɪŋəʳ] *n* (*Sport*) Flügelspieler(in *f*), Flügelmann *m*.

wingey ['wɪndʒɪ] *adj see* **whingey.**

wing feather *n* Flügelfeder *f*; **wing-forward** *n* (*Rugby*) Flügelstürmer *m*; **wingless** *adj* flügellos; **wing nut** *n* Flügelmutter *f*; **wingspan** *n* Flügelspannweite *f*; **wingspread** *n* Spannweite *f*; **wing-three-quarter** *n* (*Rugby*) Dreiviertelspieler *m* auf dem Flügel; **wingtip** *n* Flügelspitze *f*.

wink [wɪŋk] **I** *n* **1.** (*with eye*) Zwinkern, Blinzeln *nt*. **to give sb a ~** jdm zuzwinkern *or* zublinzeln; **to tip sb the ~** (*inf*) jdm einen Wink geben; *see* **nod. 2.** (*instant*) **I didn't get a ~ of sleep** *or* **I didn't sleep a ~** ich habe kein Auge zugetan.

II *vt eye* blinzeln, zwinkern mit (+*dat*).

III *vi* (*meaningfully*) zwinkern, blinzeln; (*light, star etc*) blinken, funkeln. **to ~ at sb** jdm zuzwinkern *or* zublinzeln; **to ~ at sth** (*inf*) etw geflissentlich übersehen, einfach wegsehen *or* -schauen; **~ing lights** (*Aut*) Blinklichter, Blinker *pl*.

winker ['wɪŋkəʳ] *n* (*Brit Aut inf*) Blinker *m*.

winkle ['wɪŋkl] *n* Strandschnecke *f*.

◆**winkle out** *vt sep* (*inf*) **to ~ sth/sb ~** etw herausklauben *or* (*behind sth*) hervorklauben (*inf*)/jdn loseisen (*inf*); **to ~ sth ~ of sb** etw aus jdm herauskriegen (*inf*).

winkle-pickers ['wɪŋkl'pɪkəz] *npl* (*inf*) spitze Schuhe *pl*.

winner ['wɪnəʳ] *n* (*in race, competition*) Sieger(in *f*) *m*; (*of bet, pools*) Gewinner(in *f*) *m*; (*card*) Gewinnkarte *f*; (*Tennis: shot*) Schlag, der sitzt, Treffer *m*; (*inf: sth successful*) Renner (*inf*), (Verkaufs)schlager, (Publikums)erfolg *m*. **to be onto a ~** (*inf*) das große Los gezogen haben (*inf*).

winning ['wɪnɪŋ] **I** *adj* **1.** (*successful*) *person, entry* der/die gewinnt; *horse, team* siegreich; *goal* Sieges-; *point, stroke* (das Spiel) entscheidend. **the ~ time** die beste Zeit; **~ post** Zielpfosten *m or* -stange *f*; **~ score** Spielergebnis *nt*. **2.** (*charming*) *smile, ways* gewinnend, einnehmend. **II** *n* **~s** *pl* Gewinn *m*.

winningly ['wɪnɪŋlɪ] *adv smile* gewinnend, einnehmend.

winnow ['wɪnəʊ] *vt corn* worfeln, von der Spreu reinigen; (*fig liter*) sichten.

winnower ['wɪnəʊəʳ], **winnowing machine** ['wɪnəʊɪŋmə'ʃiːn] *n* Worfschaufel, Worfelmaschine *f*.

wino ['waɪnəʊ] *n* (*sl*) Penner (*sl*), Saufbruder (*inf*) *m*.

winsome ['wɪnsəm] *adj child, lass* reizend, sympathisch; *ways, smile* gewinnend.

winter ['wɪntəʳ] **I** *n* (*lit, fig*) Winter *m*.

II *adj attr* Winter-. **~ quarters** Winterquartier *nt*; **~ solstice** Wintersonnenwende *f*; **~ sports** Wintersport *m*; **~time** Winter *m*; (*for clocks*) Winterzeit *f*.

III *vi* überwintern, den Winter verbringen.

IV *vt cattle* durch den Winter bringen.

winterize ['wɪntəraɪz] *vt* (*US*) winterfest machen.

wint(e)ry ['wɪnt(ə)rɪ] *adj* winterlich; (*fig*) *look* eisig; *smile* frostig, kühl.

wintriness ['wɪntrɪnɪs] *n* Winterlichkeit *f*.

wipe [waɪp] **I** *n* Wischen *nt*. **to give sth a ~** etw abwischen.

II *vt* wischen; *floor* aufwischen; *window* überwischen; *hands, feet* abwischen, abputzen (*rare*). **to ~ sb/sth dry/clean** jdn/etw abtrocknen *or* trockenreiben/jdn/etw sauberwischen *or* säubern; **to ~ sth with/on a cloth** etw mit/an einem Tuch abwischen; **to ~ one's brow/eyes/nose** sich (*dat*) über die Stirn/Augen wischen *or* fahren, sich (*dat*) die Stirn abwischen/Augen wischen/Nase putzen; **to ~ one's feet** sich (*dat*) die Füße *or* Schuhe abstreifen *or* -wischen *or* -treten; **to ~ oneself** *or* **one's bottom** sich (*dat*) den Hintern *or* sich abputzen; **to ~ the floor with sb** (*fig sl*) jdn fertigmachen (*inf*).

◆**wipe away** *vt sep* (*lit, fig*) wegwischen.

◆**wipe down** *vt sep* abwaschen; (*with dry cloth*) abreiben; *window* überwischen.

◆**wipe off I** *vt sep mark* weg- *or* abwischen; (*from blackboard also*) ab- *or* auslöschen. **~ that smile ~ your face** (*inf*) hör auf zu grinsen (*inf*); **I'll soon ~ that smile ~ his face** (*inf*) dem wird bald das Lachen vergehen; **to be ~d ~ the map** *or* **the face of the earth** von der Landkarte *or* Erdoberfläche verschwinden *or* gefegt werden. **II** *vi* sich weg- *or* abwischen lassen.

◆**wipe out** *vt sep* **1.** (*clean*) *bath, bowl* auswischen. **2.** (*erase*) *memory, part of brain, sth on blackboard* (aus)löschen; *guilt feelings* verschwinden lassen. **3.** (*cancel*) *debt* bereinigen; *gain, benefit* zunichte machen. **4.** (*destroy*) *disease, village, race* ausrotten; *enemy, battalion* aufreiben.

◆**wipe up I** *vt sep liquid* aufwischen, aufputzen (*Sw*); *dishes* abtrocknen. **II** *vi* abtrocknen.

wipe-down *n* Abreibung *f*; **wipe-over** *n* **to give sth a ~** etw über- *or* abwischen.

wiper ['waɪpəʳ] *n* (Scheiben)wischer *m*.

wiping-up ['waɪpɪŋ'ʌp] *n* **to do the ~** abtrocknen.

wire [waɪəʳ] **I** *n* **1.** Draht *m*; (*for electricity supply*) Leitung *f*; (*insulated flex, for home appliance*) Schnur *f*; (*for television*) Fernsehanschluß *m or* -kabel *nt*; (*in circus: high ~*) (Hoch)seil *nt*. **to get in under the ~** (*US inf*) etwas gerade (eben) noch rechtzeitig *or* mit Hängen und Würgen (*inf*) schaffen; **to pull ~s**

(*inf*) seinen Einfluß geltend machen, seine Beziehungen spielen lassen; **you've got your ~s crossed there** (*inf*) Sie verwechseln da etwas; (*said to two people*) Sie reden aneinander vorbei.

2. (*Telec*) Telegramm, Kabel (*old*) *nt*.

II *vt* **1.** (*put in wiring*) *house* die (elektrischen) Leitungen verlegen in (+*dat*); (*connect to electricity*) (an das Stromnetz) anschließen. **it's all ~d (up) for television** Fernsehanschluß *or* die Verkabelung für das Fernsehen ist vorhanden.

2. (*Telec*) telegrafieren, kabeln (*old*).

3. (*fix on ~*) *beads* auf Draht auffädeln; (*fix with ~*) mit Draht zusammen- *or* verbinden.

III *vi* telegrafieren, kabeln (*old*).

◆**wire up** *vt sep lights, battery, speakers* anschließen; *house* elektrische Leitungen *or* den Strom verlegen. **we ~d the room ~ as a recording studio** wir haben den Raum als Aufnahmestudio eingerichtet.

wire-cutters *npl* Drahtschere *f*; **wire-haired** *adj terrier* drahthaarig, Drahthaar-.

wireless ['waɪəlɪs] (*esp Brit dated*) **I** *n* **1.** (*also ~* **set**) Radio, Rundfunkgerät *nt*, Radioapparat *m*.

2. (*radio*) Rundfunk *m*; (*also ~* **telegraphy**) drahtlose Telegrafie; (*also ~* **telephony**) drahtlose Übertragung, drahtloses Telefon. **to send a message by ~** eine Botschaft über Funk schicken *or* senden.

II *vti* funken; *base* anfunken.

wireless operator *n* (*on ship, plane*) Funker(in *f*) *m*.

wireman *n* (*US inf: for wire-taps*) Abhörspezialist *m*; **wire netting** *n* Maschendraht *m*; **wirephoto** *n* (*method*) Bildtelegrafie *f*; (*picture*) Bildtelegramm *nt*; **wire-puller** *n* (*inf*) Drahtzieher(in *f*) *m*; **wire-pulling** *n* (*inf*) Drahtziehen *nt*, Drahtzieherei *f*; **wire rope** *n* Drahtseil *nt*; **wire service** *n* (*US*) Nachrichtendienst *m*, Nachrichtenagentur *f*; **wire-tap I** *n* (*device*) Abhörgerät *nt*, Wanze *f*; (*activity*) Abhören *nt*; **II** *vt phone* abhören, anzapfen; *building* abhören in (+*dat*); **wire-tapper** *n* Abhörer(in *f*) *m*; **wire-tapping** *n* Abhören *nt*, Anzapfen *nt* von Leitungen; **wire wheel** *n* Rad *nt* mit Sportfelgen; **wire wool** *n* Stahlwolle *f*; **wireworm** *n* Drahtwurm *m*.

wiring ['waɪərɪŋ] *n* elektrische Leitungen, Stromkabel *pl*.

wiring diagram *n* Schaltplan *m or* -schema *nt*.

wiry ['waɪərɪ] *adj* (+*er*) drahtig; *hair also* borstig.

wisdom ['wɪzdəm] *n* Weisheit *f*; (*prudence*) Einsicht *f*. **to doubt the ~ of sth** bezweifeln, ob etw klug *or* sinnvoll ist; **the conventional ~** die herkömmliche Überzeugung.

wisdom tooth *n* Weisheitszahn *m*.

wise[1] [waɪz] *adj* (+*er*) weise; (*prudent, sensible*) *move, step* klug, gescheit, vernünftig; (*inf: smart*) klug, schlau. **the Three W~ Men** die drei Weisen; **to be ~ after the event** hinterher den Schlauen spielen *or* gut reden haben; **I'm none the ~r** (*inf*) ich bin nicht klüger als zuvor *or* vorher; **nobody will be any the ~r** (*inf*) niemand wird etwas (davon) merken; **you'd be ~ to ...** du tätest gut daran, ...; **you'd better get ~** (*US inf*) nimm endlich Vernunft an; **to get ~ to sb/sth** (*inf*) etw spitzkriegen (*inf*), dahinterkommen, wie jd/etw ist; **to be ~ to sb/sth** (*inf*) jdn/etw kennen; **he fooled her twice, then she got ~ to him** zweimal hat er sie hereingelegt, dann ist sie ihm auf die Schliche gekommen; **to put sb ~ to sb/sth** (*inf*) jdn über jdn/etw aufklären (*inf*).

◆**wise up** (*esp US inf*) **I** *vi* **if he doesn't ~ ~ soon to what's going on/the need for ...** wenn er nicht bald dahinterkommt *or* ihm nicht bald ein Licht aufgeht (*inf*), was da gespielt wird/wenn er nicht bald hinter die Notwendigkeit zu ... kommt ...

II *vt sep* aufklären (*inf*) (*to* über +*acc*).

wise[2] *n, no pl* (*old*) Weise *f*.

-wise *adv suf* -mäßig, in puncto.

wiseacre *n* Besserwisser, Neunmalkluge(r) *m*; **wisecrack** (*esp US*) **I** *n* Witzelei *f*; (*pej*) Stichelei *f*; **to make a ~ (about sb/sth)** witzeln (über jdn/etw); **II** *vti* witzeln; **wise guy** *n* (*esp US inf*) Klugschwätzer(in *f*) (*inf*), Klugscheißer(in *f*) (*sl*) *m*.

wisely ['waɪzlɪ] *adv* weise; (*sensibly*) klugerweise.

wish [wɪʃ] **I** *n* **1.** Wunsch *m* (*for* nach). **your ~ is my command** dein Wunsch ist *or* sei mir Befehl; **I have no great ~ to see him** ich habe kein Bedürfnis *or* keine große Lust, ihn zu sehen; **to make a ~** sich (*dat*) etwas wünschen; **you can make three ~es** du hast drei Wünsche; **the ~ is father to the thought** (*prov*) der Wunsch ist Vater des Gedankens (*prov*); **well, you got your ~** jetzt hast du ja, was du wolltest.

2. ~es *pl* (*in greetings*) **with best ~es** mit den besten Wünschen *or* Grüßen, alles Gute; **please give him my good ~es** bitte grüßen Sie ihn (vielmals) von mir, bitte richten Sie ihm meine besten Wünsche aus; **he sends his best ~es** er läßt (vielmals) grüßen; **a message of good ~es** eine Gruß- *or* Glückwunschbotschaft; **best ~es for a speedy recovery** viele gute Wünsche *or* alles Gute für eine baldige Genesung.

II *vt* **1.** (*want*) wünschen. **he ~es to be alone/to see you immediately** er möchte allein sein/dich sofort sehen; **I ~ you to be present** ich wünsche, daß Sie anwesend sind.

2. (*desire, hope, desire sth unlikely*) wünschen, wollen. **I ~ the play would begin** ich wünschte *or* wollte, das Stück finge an; **how he ~ed that his wife was** *or* **were there** wie sehr er sich (*dat*) wünschte, daß seine Frau hier wäre; **~ you were here** ich wünschte *or* wollte, du wärest hier.

3. (*entertain ~es towards sb*) wünschen. **to ~ sb well/ill** jdm Glück *or* alles Gute/Schlechtes *or* Böses wünschen; **to ~ sb good luck/happiness** jdm viel Glück *or* alles Gute/Glück (und Zufriedenheit) wünschen.

4. (*bid, express ~*) wünschen. **to ~ sb a pleasant journey/good morning/a happy Christmas/goodbye** jdm eine gute Reise/guten Morgen/frohe Weihnachten wünschen/auf Wiedersehen sagen.

5. to ~ a wish sich (*dat*) etwas wünschen; **he ~ed himself anywhere but there** er wünschte sich nur möglichst weit weg.

III *vi* (*make a wish*) sich (*dat*) etwas wünschen. **~ing won't solve the problem** der Wunsch allein wird das Problem nicht lösen; **to ~ upon a star** (*liter*) sich (*dat*) bei einer Sternschnuppe etwas wünschen.

◆**wish away** *vt sep difficulty* weg- *or* fortwünschen (*inf*).

◆**wish for** *vi +prep obj* **to ~ ~ sth** sich (*dat*) etw wünschen; **what more could you ~ ~?** etwas Besseres kann man sich doch gar nicht wünschen; **she had everything she could ~ ~** sie hatte alles, was man sich nur wünschen kann.

◆**wish on** *or* **upon** *vt sep +prep obj* (*inf: foist*) **to ~ sb/sth ~ sb** jdn jdm/jdm etw anhängen (*inf*); **I would not ~ that/that job ~ my worst enemy**! das/diese Arbeit würde ich meinem ärgsten Feind nicht wünschen.

wishbone ['wɪʃbəʊn] *n* Gabelbein *nt*.

wishful ['wɪʃfʊl] *adj* **that's just ~ thinking** das ist reines Wunschdenken, das ist nur ein frommer Wunsch.

wish-fulfilment ['wɪʃfʊl'fɪlmənt] *n* Wunscherfüllung *f*.

wishing well ['wɪʃɪŋ'wel] *n* Wunschbrunnen *m*.

wishy-washiness ['wɪʃɪˌwɒʃɪnɪs] *n see adj* Labberigkeit, Wäßrigkeit *f*; saft- und kraftlose Art, Farblosigkeit, Laschheit *f*; Verwaschenheit *f*; Schwachheit *f*.

wishy-washy ['wɪʃɪˌwɒʃɪ] *adj coffee, soup* labberig, wäßrig; *person, character* saft- und kraftlos, farblos, lasch; *colour* verwaschen; *argument* schwach (*inf*); *report, story* ungenau, wachsweich, wischiwaschi (*inf*).

wisp [wɪsp] *n* **1.** (*of straw, hair*) kleines Büschel; (*of cloud*) Fetzen *m*; (*of smoke*) Fahne *f*, Wölkchen *nt*. **2.** (*person*) elfenhaftes *or* zartes *or* zerbrechliches Geschöpf. **3.** (*trace*) zarte Spur *or* Andeutung; (*fragment*) Hauch *m*.

wispy ['wɪspɪ] *adj* (*+er*) *grass* dürr, fein; *girl* zerbrechlich, zart. **~ clouds** Wolkenfetzen *pl*; **~ hair** dünne Haarbüschel.

wisteria [wɪs'tɛərɪə] *n* (*Bot*) Glyzinie, Wistarie *f*, Blauregen *m*.

wistful ['wɪstfʊl] *adj smile, thoughts, mood, eyes* wehmütig; *song also* schwermütig.

wistfully ['wɪstfəlɪ] *adv see adj*.

wistfulness ['wɪstfʊlnɪs] *n see adj* Wehmut *f*; Schwermut *f*.

wit[1] [wɪt] *vi* (*old Jur*): **to ~** nämlich, und zwar.

wit[2] *n* **1.** (*understanding*) Verstand *m*. **a battle of ~s** ein geistiges Kräftemessen; **to be at one's ~s' end** am Ende seiner Weisheit sein, mit seinem Latein am Ende sein (*hum inf*); **I was at my ~s' end for a solution** ich wußte mir keinen Rat *or* Ausweg mehr *or* mir nicht mehr zu helfen(, wie ich eine Lösung finden könnte); **to drive sb out of his ~s** jdn um seinen Verstand bringen; **to lose one's ~s** den *or* seinen Verstand verlieren; **to collect one's ~s** seine fünf Sinne (wieder) zusammennehmen; **to frighten** *or* **scare sb out of his ~s** jdn zu Tode erschrecken; **to have** *or* **keep one's ~s about one** seine (fünf) Sinne zusammen- *or* beisammenhalten *or* -haben, einen klaren Kopf haben; **to sharpen one's ~s** seinen Verstand schärfen; **to use one's ~s** seinen Verstand gebrauchen, sein Köpfchen (*inf*) *or* seinen Grips (*inf*) anstrengen; **to live by one's ~s** sich schlau *or* klug durchs Leben schlagen.

2. (*humour, wittiness*) Geist, Witz *m*. **full of ~** geistreich; **to have a ready** *or* **pretty ~** (*old*) schlagfertig sein; **there's a lot of ~ in the book** es ist sehr viel Geistreiches in dem Buch.

3. (*person*) geistreicher Kopf.

witch [wɪtʃ] *n* (*lit, fig*) Hexe *f*. **~es' sabbath** Hexensabbat *m*.

witchcraft *n* Hexerei, Zauberei *f*; **a book on ~** ein Buch über (die) Hexenkunst;

witch doctor *n* Medizinmann *m*.

witch elm *n* Bergulme *f*.

witchery ['wɪtʃərɪ] *n* (*witchcraft*) Hexerei *f*; (*fascination*) Zauber *m*.

witch hazel *n* (*Bot*) Zaubernuß *f*; (*Med*) Hamamelis *f*.

witch-hunt ['wɪtʃˌhʌnt] *n* (*lit, fig*) Hexenjagd *f*.

witching ['wɪtʃɪŋ] *adj*: **the ~ hour** die Geisterstunde.

with [wɪð, wɪθ] *prep* **1.** mit. **are you pleased ~ it?** bist du damit zufrieden?; **bring a book ~ you** bring ein Buch mit; **~ no ...** ohne ...; **~ to walk ~ a stick** am *or* mit einem Stock gehen; **put it ~ the rest** leg es zu den anderen; **the wind was ~ us** wir hatten den Wind im Rücken, wir fuhren mit dem Wind; **how are things ~ you?** wie geht's?, wie steht's? (*inf*); *see* **with it**.

2. (*at house of, in company of*) bei. **I'll be ~ you in a moment** einen Augenblick, bitte, ich bin gleich da; **10 years ~ the company** 10 Jahre bei *or* in der Firma; **the problem is still ~ us** wir haben immer noch das alte Problem.

3. (*on person, in bag*) bei. **I haven't got my cheque book ~ me** ich habe mein Scheckbuch nicht bei mir.

4. (*cause*) vor (*+dat*). **to shiver ~ cold** vor Kälte zittern; **the hills are white ~ snow** die Berge sind weiß vom Schnee; **to be ill ~ measles** die Masern haben, an Masern erkrankt sein.

5. (*in the case of*) bei, mit. **the trouble ~ him is that he ...** die Schwierigkeit bei *or* mit ihm ist (die), daß er ...; **it's a habit ~ him** das ist bei ihm Gewohnheit.

6. (*when sb/sth is*) wo. **you can't go ~ your mother ill in bed** wo deine Mutter krank im Bett liegt, kannst du nicht gehen; **~ all this noise going on** bei diesem Lärm; **~ the window open** bei offenem Fenster.

7. (*in proportion*) mit. **it varies ~ the temperature** es verändert sich je nach Temperatur; **wine improves ~ age** Wein wird mit zunehmendem Alter immer besser; **it gets bigger ~ the heat** in der Wärme wird es immer größer.

8. (*in spite of*) trotz, bei. **~ all his faults** bei allen seinen Fehlern, trotz aller seiner Fehler; **~ the best will in the world** beim allerbesten Willen.

9. (*in agreement, on side of*) **I'm ~ you there** (*inf*) da stimme ich dir zu; **is he ~ us or against us?** ist er für oder gegen uns?

10. (*inf: expressing comprehension*) **are you ~ me?** kapierst du? (*inf*), hast du's? (*inf*), kommst du mit? (*inf*); **I'm not ~ you** da komm ich nicht mit (*inf*).

withdraw [wɪθ'drɔː] *pret* **withdrew,** *ptp* **withdrawn I** *vt object, motion, charge* zurückziehen; *troops, team also* abziehen; *ambassador* zurückrufen *or* -beordern; *coins, stamps* einziehen, aus dem Verkehr ziehen; (*from bank*) *money* abheben; *words, comment* zurücknehmen, widerrufen; *privileges* entziehen. **the workers withdrew their labour** die Arbeiter haben ihre Arbeit niedergelegt; **she withdrew her hand from his** sie entzog ihm ihre Hand.

II *vi* sich zurückziehen; (*Sport also*) zurücktreten (*from* von), nicht antreten (*from* von/bei); (*move away*) zurücktreten *or* -gehen. **to ~ in favour of sb else** zu Gunsten eines anderen zurücktreten; **to ~ into oneself** sich in sich (*acc*) selber zurückziehen.

withdrawal [wɪθ'drɔːəl] *n* (*of objects, charge*) Zurückziehen *nt*; (*of ambassador*) Abziehen *nt*; (*of coins, stamps*) Einziehen *nt*; (*of money*) Abheben *nt*; (*of words*) Zurücknehmen *nt*, Zurücknahme *f*; (*of troops*) Rückzug *m*; (*withdrawing*) Abziehen *nt*; (*in sport*) Abzug *m*; (*from drugs*) Entzug *m*. **to make a ~ from a bank** von einer Bank etwas *or* Geld abheben.

withdrawal slip *n* Rückzahlungsschein *m*; **withdrawal symptoms** *npl* Entzugserscheinungen *pl*.

withdrawn [wɪθ'drɔːn] **I** *ptp of* **withdraw. II** *adj person* verschlossen; *manner also* reserviert, zurückhaltend; *life* zurückgezogen.

withdrew [wɪθ'druː] *pret of* **withdraw**.

withe [wɪθ] *n* (*old*) (dünne) Weidenrute.

wither ['wɪðə^r] **I** *vt plants* verdörren, austrocknen; (*fig*) zum Schwinden bringen. **to ~ sb with a look** jdn mit einem Blick vernichten. **II** *vi* **1.** verdorren, ausdorren; (*limb*) verkümmern. **2.** (*fig*) welken; (*religion*) dahinschwinden.

◆**wither away** *vi see* **wither II**.

◆**wither up** *vi see* **wither II 1.**

withered ['wɪðəd] *adj plant, grass* verdorrt, vertrocknet; *skin* verhutzelt, hutzelig; *limb* verkümmert. **a ~-looking old man** ein verschrumpfter *or* hutzeliger Alter.

withering ['wɪðərɪŋ] *adj heat* ausdörrend; *criticism, look, tone* vernichtend.

witheringly ['wɪðərɪŋlɪ] *adv say, look* vernichtend.

withers ['wɪðəz] *npl* Widerrist *m*.

withhold [wɪθ'həʊld] *pret, ptp* **withheld** [wɪθ'held] *vt* vorenthalten; *truth also* verschweigen; (*refuse*) *consent, help* verweigern, versagen (*geh*). **to ~ sth from sb** jdm etw vorenthalten/verweigern; **~ing tax** (*US*) (vom Arbeitgeber) einbehaltene Steuer.

within [wɪð'ɪn] **I** *prep* innerhalb (+*gen*); (*temporal also*) binnen (+*dat or* (*geh*) +*gen*), innert (+*gen*) (*Aus, S Ger*). **a voice ~ me said ...** eine Stimme in meinem Inneren *or* in mir sagte ...; **we were/came ~ 100 metres of the summit** wir waren auf den letzten 100 Metern vor dem Gipfel/wir kamen bis auf 100 Meter an den Gipfel heran; **~ his power** in seiner Macht; **to keep ~ the law** sich im Rahmen des Gesetzes bewegen; **to live ~ one's income** im Rahmen seiner finanziellen Möglichkeiten leben.

II *adv* (*old, liter*) innen. **from ~** von drinnen; (*on the inside*) von innen.

with it ['wɪðɪt] *adj* (*inf*) **1.** (*attr* **with-it**) (*up-to-date, trendy*) up to date. **2.** *pred* (*awake, alert*) **to be ~** da sein (*inf*).

without [wɪð'aʊt] **I** *prep* ohne. **~ a tie/passport** ohne Krawatte/(einen) Paß; **~ a friend in the world** ohne einen einzigen Freund; **~ speaking** ohne zu sprechen, wortlos; **~ my noticing it** ohne daß ich es bemerke/bemerkte; **times ~ number** unzählige Male *pl*.

II *adv* (*old, liter*) außen. **from ~** von draußen; (*on the outside*) von außen.

III *adj pred* ohne. **to be ~** etw nicht haben, einer Sache (*gen*) entbehren (*form*); **those who are ~** (*needy*) die Bedürftigen *pl*.

without-profits [wɪð'aʊt,prɒfɪts] *adj policy* ohne Gewinnbeteiligung.

with-profits ['wɪð,prɒfɪts] *adj policy* mit Gewinnbeteiligung.

withstand [wɪθ'stænd] *pret, ptp* **withstood** [wɪθ'stʊd] *vt cold* standhalten (+*dat*); *enemy, climate, attack, temptation also* trotzen (+*dat*); *persuasion* widerstehen (+*dat*).

withy ['wɪðɪ] *n* (*willow*) Korbweide *f*; (*twig*) Weide(nrute) *f*.

witless ['wɪtlɪs] *adj* (*mentally defective*) schwachsinnig; (*stupid, silly*) dumm, blöd(e) (*inf*); (*lacking wit*) *prose* geistlos.

witlessness ['wɪtlɪsnɪs] *n see adj* Schwachsinn *m*; Dummheit, Blödheit (*inf*) *f*; Geistlosigkeit *f*.

witness ['wɪtnɪs] **I** *n* **1.** (*person: Jur, fig*) Zeuge *m*, Zeugin *f*. **~ for the defence/prosecution** Zeuge/Zeugin der Verteidigung/Anklage; **as God is my ~** Gott sei *or* ist mein Zeuge; **to call sb as a ~** jdn als Zeugen vorladen.

2. (*evidence*) Zeugnis *nt*. **to give ~ for/against sb** Zeugnis für/gegen jdn ablegen, für/gegen jdn aussagen; **to bear ~ to sth** (*lit, fig*) Zeugnis über etw (*acc*) ablegen; (*actions, events also*) von etw zeugen.

II *vt* **1.** (*see*) *accident* Zeuge sein bei *or* (+*gen*); *scenes also* (mit)erleben, mitansehen; *changes* erleben. **the year 1945 ~ed great changes** das Jahr 1945 sah einen großen Wandel.

2. (*testify*) bezeugen. **to call sb to ~ that ...** jdn zum Zeugen dafür rufen, daß ...

3. (*consider as evidence*) denken an (+*acc*), zum Beispiel nehmen. **~ the case of X** denken Sie nur an den Fall X, nehmen Sie nur den Fall X zum Beispiel.

4. (*attest by signature*) *signature, will* bestätigen.

III *vi* (*testify*) bestätigen, bezeugen. **to ~ to sth** etw bestätigen *or* bezeugen; **to ~ against sb** gegen jdn aussagen.

witness box *or* (*US*) **stand** *n* Zeugenbank *f*, Zeugenstand *m*.

witter ['wɪtəʳ] *vi* (*inf: also* **~ on**) labern (*inf*).

witticism ['wɪtɪsɪzəm] *n* geistreiche Bemerkung.

wittiness ['wɪtɪnɪs] *n* Witzigkeit *f*.

wittingly ['wɪtɪŋlɪ] *adv* bewußt, absichtlich, wissentlich (*form*).

witty ['wɪtɪ] *adj* (+*er*) witzig, geistreich.

wives [waɪvz] *pl of* **wife**.

wizard ['wɪzəd] **I** *n* **1.** Zauberer, Hexenmeister *m*. **2.** (*inf*) Genie *nt*, Leuchte *f* (*inf*). **a financial ~** ein Finanzgenie *nt*; **a ~ at maths** ein Mathegenie *nt* (*inf*). **II** *adj* (*dated Brit inf*) prima (*inf*).

wizardry ['wɪzədrɪ] *n* (*magic*) Hexerei, Zauberei *f*; (*great skill*) Zauberkünste *pl*.

wizened ['wɪznd] *adj* verhutzelt, verschrumpelt.

wk *abbr of* **week** Wo.

wkly *abbr of* **weekly** wö.

WNW *abbr of* **west-north-west** WNW.

w/o *abbr of* **without** o.

wobble ['wɒbl] **I** *n* Wackeln *nt*. **the chair has a ~** der Stuhl wackelt.

II *vi* wackeln; (*tightrope walker, dancer also, cyclist*) schwanken; (*voice, hand, compass needle*) zittern; (*wheel*) eiern (*inf*), einen Schlag haben; (*chin, jelly*) schwabbeln. **he was wobbling like a jelly** (*nervous*) er zitterte wie Espenlaub; (*fat*) an ihm wabbelte alles.

III *vt* rütteln an (+*dat*), ruckeln an (+*dat*), wackeln an (+*dat*).

wobbly ['wɒblɪ] **I** *adj* (+*er*) wackelig; *voice, notes also, hand* zitterig, zitternd; *jelly* (sch)wabbelig; *wheel* eiernd. **to feel ~** sich schwach fühlen, wackelig auf den Beinen sein (*inf*).

II *n* (*sl: fit of rage*) **to throw a ~** ausrasten (*sl*), einen Wutanfall bekommen.

wodge [wɒdʒ] *n* (*Brit inf*) (*of cake, plaster*) Brocken *m*; (*ball of paper*) Knäuel *nt or m*; (*of cotton wool*) Bausch *m*; (*of documents, papers*) Stoß *m*.

woe [wəʊ] *n* **1.** (*liter, hum: sorrow*) Jammer *m*. **~ (is me)**! Weh mir!; **~ betide him who ...**! wehe dem, der ...!; **a tale of ~** eine Geschichte des Jammers. **2.** (*esp pl: trouble, affliction*) Kummer *m*. **to tell sb one's ~s** jdm sein Leid klagen.

woebegone ['wəʊbɪ,gɒn] *adj* kläglich, jämmerlich; *expression also* jammervoll; *voice* (weh)klagend, jammernd.

woeful ['wəʊfʊl] *adj* (*sad*) traurig; (*deplorable*) *neglect also, ignorance* bedauerlich.

woefully ['wəʊfəlɪ] *adv* kläglich, jämmerlich; (*very*) bedauerlich. **he is ~ ignorant of ...** es ist bestürzend, wie wenig er über ... weiß.

wog [wɒg] *n* (*Brit pej sl*) Kaffer *m* (*sl*); (*Arab*) Kameltreiber *m* (*sl*).

wok [wɒk] *n* (*Cook*) Wok *m*.

woke [wəʊk] *pret of* **wake**.

woken ['wəʊkn] *ptp of* **wake**.

wolf [wʊlf] **I** *n*, *pl* **wolves 1.** Wolf *m*. **2.** (*fig inf: womanizer*) Don Juan *m*. **3.** (*phrases*) **a ~ in sheep's clothing** ein Wolf im Schafspelz; **to cry ~** blinden Alarm schlagen; **to keep the ~ from the door** sich über Wasser halten; **to throw sb to the wolves** jdn den Wölfen zum Fraß vorwerfen; *see* **lone**.

II *vt* (*also* **~ down**) *food* hinunterschlingen.

wolf-cub *n* (*lit*) Wolfsjunge(s) *nt*; (*Brit: boy scout*) Wölfling *m*; **wolfhound** *n* Wolfshund *m*.

wolfish ['wʊlfɪʃ] *adj appetite* wie ein Wolf; *hunger* Wolfs-.

wolfishly ['wʊlfɪʃlɪ] *adv* gierig.

wolf-pack ['wʊlfpæk] *n* Rudel *nt* Wölfe; (*of submarines*) Geschwader *nt*.

wolfram ['wʊlfrəm] *n* Wolfram *nt*.

wolfsbane ['wʊlfsbeɪn] *n* (*Bot*) Eisenhut *m*.

wolf-whistle ['wʊlf,wɪsl] (*inf*) **I** *n* bewundernder Pfiff. **they gave her a ~** sie pfiffen ihr nach. **II** *vi* nachpfeifen.

wolverine ['wʊlvəri:n] *n* Vielfraß *m*.

wolves [wʊlvz] *pl of* **wolf**.

woman ['wʊmən] **I** *n*, *pl* **women** Frau *f*, Frauenzimmer *nt* (*pej hum*); (*domestic help*) (Haushalts)hilfe *f*; (*inf: girlfriend*) Mädchen *nt*; (*mistress*) Geliebte *f*, Weib *nt* (*pej*). **a ~'s work is never done** Frauenhände ruhen nie; **man that is made of ~** (*Rel*) der Mensch, vom Weib geboren; **how like a ~!** typisch Frau!; **cleaning ~** Putzfrau, Reinmachefrau *f*; **the little ~** (*inf: wife*) die *or* meine Frau; **to run after women** den Frauen nachrennen; **women's representative** Frauenbeauftragte *f*; **women's rights** Frauenrechte *pl*, die Rechte *pl* der Frau; **women's page** (*in newspaper/magazine*) Frauenseite *f*; **women's talk** Gespräche *pl* von Frau zu Frau; **women's lib** (*inf*) Frauen(rechts)bewegung *f*; **women's libber** (*inf*) Frauenrechtlerin, Emanze (*sl*) *f*; *see* **old woman.**

II *adj attr* **~ doctor** Ärztin *f*; **~ lawyer** Anwältin *f*; **~ teacher** Lehrerin *f*; **~ driver** Frau *f* am Steuer.

woman-hater *n* Frauenhasser *m*; **womanhood** *n* (*women in general*) alle Frauen, die Frauen *pl*; **to reach ~** (zur) Frau werden.

womanish ['wʊmənɪʃ] *adj* (*womanly*)

woman fraulich; (*pej: effeminate*) *man* weibisch.

womanize ['wʊmənaɪz] *vi* hinter den Frauen her sein. **this womanizing will have to stop** die Frauengeschichten müssen aufhören.

womanizer ['wʊmənaɪzə^{r}] *n* Schürzenjäger *m*.

womankind ['wʊmən,kaɪnd] *n* das weibliche Geschlecht.

womanliness ['wʊmənlɪnɪs] *n* Weiblichkeit *f*.

womanly ['wʊmənlɪ] *adj figure, person* fraulich; *qualities, virtues* weiblich.

womb [wu:m] *n* (Mutter)schoß, Mutterleib *m*, Gebärmutter *f* (*Med*); (*fig*) Schoß *m*. **it's just a craving to return to the ~** das ist nur die Sehnsucht nach der Geborgenheit des Mutterschoßes.

wombat ['wɒmbæt] *n* Wombat *m*.

women ['wɪmɪn] *pl of* **woman**.

womenfolk ['wɪmɪnfəʊk] *npl* Frauen *pl*.

won [wʌn] *pret, ptp of* **win**.

wonder ['wʌndə^{r}] **I** *n* **1.** (*feeling*) Staunen *nt*, Verwunderung *f*. **in ~** voller Staunen; **to be lost in ~** von Staunen erfüllt sein; **it fills one with a sense of ~** es erfüllt einen mit Erstaunen.

2. (*object or cause of ~*) Wunder *nt*. **the ~ of electricity** das Wunder der Elektrizität; **the seven ~s of the world** die sieben Weltwunder; **the ~ of it was that ...** das Erstaunliche *or* Verblüffende daran war, daß ...; **it is a ~ that ...** es ist ein Wunder, daß ...; **it is no** *or* **little** *or* **small ~** (es ist) kein Wunder, es ist nicht zu verwundern; **no ~ (he refused)!** kein Wunder(, daß er abgelehnt hat)!; **to do** *or* **work ~s** wahre Wunder vollbringen, Wunder wirken; **~s will never cease!** es geschehen noch Zeichen und Wunder!; *see* **nine**.

II *vt* **I ~ what he'll do now** ich bin gespannt (*inf*), was er jetzt tun wird; **I ~ why he did it** ich möchte (zu gern) wissen *or* ich wüßte (zu) gern, warum er das getan hat; **I ~ why!** (*iro*) ich frag mich warum?; **I was ~ing if you'd like to come too** möchten Sie nicht vielleicht auch kommen?; **I was ~ing when you'd realize that** ich habe mich (schon) gefragt, wann du das merkst; **I was ~ing if you could ...** könnten Sie nicht vielleicht ...

III *vi* **1.** (*ask oneself, speculate*) **it set me ~ing** es gab mir zu denken; **why do you ask? — oh, I was just ~ing** warum fragst du? — ach, nur so; **what will happen next, I ~?** ich frage mich *or* ich bin gespannt, was als nächstes kommt; **what's going to happen next? — I ~!** was kommt als nächstes? — das frage ich mich auch!; **I was ~ing about that** ich habe mir darüber schon Gedanken gemacht, ich habe mich das auch schon gefragt; **I've been ~ing about him** ich habe mir auch schon über ihn Gedanken gemacht; **I expect that will be the end of the matter — I ~!** ich denke, damit ist die Angelegenheit erledigt — da habe ich meine Zweifel *or* da bin ich gespannt; **I'm ~ing about going to the cinema** ich habe daran gedacht, vielleicht ins Kino zu gehen; **John, I've been ~ing, is there really any point?** John, ich frage mich, ob es wirklich (einen) Zweck hat; **could you possibly help me, I ~** könnten Sie mir vielleicht helfen.

2. (*be surprised*) sich wundern. **I ~ (that) he didn't tell me** es wundert mich, daß er es mir nicht gesagt hat; **to ~ at sth** sich über etw (*acc*) wundern, über etw (*acc*) erstaunt sein; **that's hardly to be ~ed at** das ist kaum verwunderlich; **she'll be married by now, I shouldn't ~** es würde mich nicht wundern, wenn sie inzwischen verheiratet wäre.

wonder *in cpds* Wunder-; **wonder boy** *n* Wunderknabe *m*; **wonder drug** *n* Wunderheilmittel *nt*.

wonderful ['wʌndəfʊl] *adj* wunderbar.

wonderfully ['wʌndəfəlɪ] *adv see adj*.

wondering ['wʌndərɪŋ] *adj* (*astonished*) *tone, look* verwundert, erstaunt; (*doubtful*) fragend.

wonderingly ['wʌndərɪŋlɪ] *adv see adj*.

wonderland ['wʌndə,lænd] *n* (*fairyland*) Wunderland *nt*; (*wonderful place*) Paradies *nt*.

wonderment ['wʌndəmənt] *n see* **wonder I 1**.

wondrous ['wʌndrəs] (*old, liter*) **I** *adj* wunderbar; *ways also* wundersam. **II** *adv wise, fair* wunderbar.

wondrously ['wʌndrəslɪ] *adv* (*old, liter*) wunderbar. **~ beautiful** wunderschön.

wonky ['wɒŋkɪ] *adj* (*+er*) (*Brit inf*) *chair, marriage, grammar* wackelig; *machine* nicht (ganz) in Ordnung. **your hat's a bit/your collar's all ~** dein Hut/dein Kragen sitzt ganz schief.

won't [wəʊnt] *contr of* **will not**.

wont [wəʊnt] **I** *adj* gewohnt. **to be ~ to do sth** gewöhnlich etw tun, etw zu tun pflegen. **II** *n* (An)gewohnheit *f*. **as is/was his ~** wie er zu tun pflegt/pflegte.

wonted ['wəʊntɪd] *adj* (*liter*) gewohnt.

woo [wu:] *vt* **1.** (*dated: court*) *woman* den Hof machen (*+dat*), umwerben; (*fig*) *person* umwerben. **2.** (*fig*) *stardom, sleep* suchen; *audience* für sich zu gewinnen versuchen.

◆**woo away** *vt sep employee, executive* abwerben.

wood [wʊd] **I** *n* **1.** (*material*) Holz *nt*. **touch ~!** dreimal auf Holz geklopft!

2. (*small forest*) Wald *m*. **~s** Wald *m*; **we're not out of the ~ yet** (*fig*) wir sind noch nicht über den Berg *or* aus dem Schneider (*inf*); **he can't see the ~ for the trees** (*prov*) er sieht den Wald vor (lauter) Bäumen nicht (*prov*).

3. (*sth made of ~*) (*cask*) Holzfaß *nt*; (*Bowls*) Kugel *f*; (*Golf*) Holz *nt*. **whisky matured in the ~** im Holzfaß gereifter Whisky; **beer from the ~** Bier vom Faß; **that was off the ~** (*Tennis*) das war Holz, das war vom Rahmen.

4. (*Mus*) **the ~s** *pl* die Holzblasinstrumente, die Holzbläser *pl*.

II *adj attr* **1.** (*made of ~*) Holz-. **2.** (*living in a ~*) Wald-.

wood alcohol *n* Holzgeist *m*; **wood anemone** *n* Buschwindröschen *nt*.

woodbine ['wʊdbaɪn] *n* (*honeysuckle*) Geißblatt *nt*; (*US: Virginia creeper*) wilder Wein, Jungfernrebe *f*.

wood block *n* (*Art*) Holzschnitt *m*; **wood carver** *n* (Holz)schnitzer(in *f*) *m*; **wood carving** *n* (Holz)schnitzerei *f*; **woodchip** *n* (*wallpaper*) Rauhfaser *f*; **woodchuck** *n* Waldmurmeltier *nt*; **woodcock** *n, no pl* Waldschnepfe *f*; **woodcraft** *n* **1.** (*skill at living in forest*) Waldläufertum *nt*; **2.** (*skill at woodwork*) Geschick *nt* im Arbeiten mit Holz; **woodcut** *n* Holzschnitt *m*; **woodcutter** *n* **1.** Holzfäller *m*; (*of logs*) Holzhacker *m*; **2.** (*Art*) Holzschnitzer(in *f*) *m*; **woodcutting** *n* **1.** Holzfällen *nt*; (*of logs*) Holzhacken *nt*; **2.** (*Art*) Holzschnitzen *nt*; (*item*) Holzplastik, Holzschnitzerei *f*.

wooded ['wʊdɪd] *adj* bewaldet; *countryside also* Wald-.

wooden ['wʊdn] *adj* **1.** Holz-. **the ~ horse** das hölzerne Pferd; **~ leg** Holzbein *nt*; **~ spoon** (*lit*) Holzlöffel *m*, hölzerner Löffel; (*fig*) Trostpreis *m*. **2.** (*fig*) *expression, smile, manner* hölzern; *personality* steif.

wooden-headed ['wʊdn'hedɪd] *adj* dumm.

woodenly ['wʊdnlɪ] *adv* (*fig*) *smile, act, bow* gekünstelt, steif; *stand* wie ein Klotz.

wood-free *adj paper* holzfrei; **woodland** *n* Waldland *nt*, Waldung *f*; **woodlark** *n* Heidelerche *f*; **woodlouse** *n* Bohrassel *f*; **woodman** *n see* **woodsman**; **wood nymph** *n* Waldnymphe *f*; **woodpecker** *n* Specht *m*; **woodpigeon** *n* Ringeltaube *f*; **woodpile** *n* Holzhaufen *m*; *see* **nigger**; **wood pulp** *n* Holzschliff *m*; **woodshed** *n* Holzschuppen *m*.

woodsman ['wʊdzmən] *n, pl* **-men** [-mən] Waldarbeiter *m*.

wood sorrel *n* Waldsauerklee *m*.

woodsy ['wʊdzɪ] *adj* (+*er*) (*US inf*) waldig. **~ smell** Waldgeruch *m*, Geruch *m* von Wald.

wood-turning ['wʊd,tɜːnɪŋ] *n* Drechslerei *f*.

woodwind *n* Holzblasinstrument *nt*; **the ~(s), the ~ section** die Holzbläser *pl*; **woodwork** *n* **1.** Holzarbeit; (*craft*) Tischlerei *f*, **the boys do ~ on Tuesday afternoons** Dienstag nachmittags haben die Jungen Werken; **a nice piece of ~** eine schöne Tischlerarbeit; **2.** (*wooden parts*) Holzteile *pl*; **to hit the ~** (*Ftbl inf*) den Pfosten/die Latte treffen; **woodworm** *n* Holzwurm *m*.

woody ['wʊdɪ] *adj* (+*er*) **1.** (*wooded*) waldig, bewaldet. **2.** (*like wood in texture*) *tissue* holzig.

woof[1] [wʊf] *n* (*Tex*) Schuß *m*.

woof[2] **I** *n* (*of dog*) Wuff *nt*. **II** *vi* kläffen. **~, ~!** wau, wau!, wuff, wuff!

woofer ['wʊfə^r] *n* Tieftöner *m*.

wool [wʊl] **I** *n* **1.** Wolle *f*; (*cloth also*) Wollstoff *m*. **all ~, pure ~** reine Wolle; **to pull the ~ over sb's eyes** (*inf*) jdm Sand in die Augen streuen (*inf*). **2.** (*glass ~, wire ~*) Wolle *f*. **II** *adj* Woll-.

woolen *etc* (*US*) *see* **woollen** *etc*.

wool-gathering *n* Träumen *nt*; **wool-grower** *n* Schafzüchter(in *f*) *m* (*für Wolle*).

woollen, (*US*) **woolen** ['wʊlən] **I** *adj* Woll-; (*made of wool also*) wollen, aus Wolle. **II** *n* **~s** *pl* (*garments*) Wollsachen, Stricksachen *pl*; (*fabrics, blankets*) Wollwaren *pl*.

woolliness, (*US*) **wooliness** ['wʊlɪnɪs] *n* Wolligkeit *f*; (*softness also*) Flauschigkeit *f*; (*fig: of outline*) Verschwommenheit *f*; (*pej: of mind, idea*) Verworrenheit, Wirrheit *f*.

woolly, (*US*) **wooly** ['wʊlɪ] **I** *adj* (+*er*) wollig; (*soft also*) flauschig; (*fig*) *outline* verschwommen; (*pej*) *mind, thinking, idea* verworren, wirr. **II** *n* (*inf: sweater*) Pulli *m* (*inf*). **winter woollies** (*esp Brit: sweaters etc*) dicke Wollsachen (*inf*); (*esp US: underwear*) Wollene *pl* (*inf*).

woolsack ['wʊlsæk] *n* (*seat*) Wollsack *m* (*Sitz des Lordkanzlers im britischen Oberhaus*); (*office*) Amt *nt* des Lordkanzlers.

wooziness ['wuːzɪnɪs] *n* (*inf*) Benommenheit *f*.

woozy ['wuːzɪ] *adj* (+*er*) (*inf*) benommen, duselig (*inf*).

wop [wɒp] *n* (*pej sl*) Spaghettifresser (*pej sl*) *m*.

Worcs *abbr of* **Worcestershire.**

word [wɜːd] **I** *n* **1.** (*unit of language*) Wort *nt*. **~s** Wörter *pl*; (*meaningful sequence*) Worte *pl*; **~ order/formation/division** Wortstellung *f*/Wortbildung *f*/Silbentrennung *f*; **foreign ~s** Fremdwörter *pl*; **~ for ~** Wort für Wort; (*exactly also*) wortwörtlich; **cold isn't the ~ for it** kalt ist gar kein Ausdruck (dafür); **beyond ~s** unbeschreiblich; **too funny for ~s** unbeschreiblich komisch; **to put one's thoughts into ~s** seine Gedanken in Worte fassen *or* kleiden; **"irresponsible" would be a better ~ for it** „unverantwortlich" wäre wohl das treffendere Wort dafür; **~s fail me** mir fehlen die Worte; **in a ~** mit einem Wort, kurz gesagt; **in so many ~s** direkt, ausdrücklich; **in other ~s** mit anderen Worten, anders gesagt *or* ausgedrückt; **the last ~** (*fig*) der letzte Schrei (*in* an +*dat*); **he had the last ~** er hatte das letzte Wort; **in the ~s of Goethe** mit Goethe gesprochen, um mit Goethe zu sprechen.

2. (*remark*) Wort *nt*. **~s** Worte *pl*; **a ~ of advice** ein Rat(schlag) *m*; **a ~ of encouragement/warning** eine Ermunterung/Warnung; **fine ~s** schöne Worte *pl*; **a man of few ~s** ein Mann, der nicht viele Worte macht; **I can't get a ~ out of him** ich kann kein Wort aus ihm herausbekommen; **by ~ of mouth** durch mündliche Überlieferung; **to say a few ~s** ein paar Worte sprechen; **to take sb at his ~** jdn beim Wort nehmen; **to have a ~ with sb (about sth)** mit jdm (über etw) sprechen; (*reprimand, discipline*) jdn ins Gebet nehmen; **(could I have) a ~ in your ear?** kann ich Sie bitte unter vier Augen *or* allein sprechen?; **you took the ~s out of my mouth** du hast mir das Wort aus dem Mund genommen; **I wish you**

wouldn't put ~s into my mouth ich wünschte, Sie würden mir nicht das Wort im Munde herumdrehen; **to put in** *or* **say a (good) ~ for sb** für jdn ein gutes Wort einlegen; **nobody had a good ~ to say for him** niemand wußte etwas Gutes über ihn zu sagen; **without a ~** ohne ein Wort; **don't say** *or* **breathe a ~ about it** sag aber bitte keinen Ton *or* kein Sterbenswörtchen (*inf*) davon.

3. **~s** *pl* (*quarrel*) **to have ~s with sb** mit jdm eine Auseinandersetzung haben.

4. **~s** *pl* (*text, lyrics*) Text *m*.

5. *no pl* (*message, news*) Nachricht *f*. **~ came/went round that ...** es kam die Nachricht/es ging die Nachricht um, daß ...; **to leave ~ (with sb/for sb) that ...** (bei jdm/für jdn) (die Nachricht) hinterlassen, daß ...; **to send ~** Nachricht geben; **to send ~ to sb** jdn benachrichtigen; **to send sb ~ of sth** jdn von etw benachrichtigen; **to spread the ~ around** (*inf*) es allen sagen (*inf*); **what's the ~ on Charlie?** (*inf*) was gibt's Neues von Charlie?

6. (*promise, assurance*) Wort *nt*. **~ of honour** Ehrenwort *nt*; **a man of his ~** ein Mann, der zu seinem Wort steht; **to be as good as one's ~, to keep one's ~** sein Wort halten; **I give you my ~** ich gebe dir mein (Ehren)wort; **to go back on one's ~** sein Wort nicht halten; **to break one's ~** sein Wort brechen; **take my ~ for it** verlaß dich drauf, das kannst du mir glauben; **you don't have to take my ~ for it** du kannst das ruhig nachprüfen; **it's his ~ against mine** Aussage steht gegen Aussage (*old*), **my ~!** meine Güte!

7. (*order*) Wort *nt*; (*also* **~ of command**) Kommando *nt*, Befehl *m*. **to give the ~ (to do sth)** (*Mil*) das Kommando geben(, etw zu tun); **just say the ~** sag nur ein Wort; **his ~ is law here** sein Wort ist hier Gesetz.

8. (*Rel*) Wort *nt*. **the W~ of God** das Wort Gottes.

II *vt* (in Worten) ausdrücken, formulieren, in Worte fassen (*geh*); *letter* formulieren; *speech* abfassen.

word association *n* Wortassoziation *f*; **word-blind** *adj* wortblind; **word break** *n* Trennung *f*; **word class** *n* Wortklasse *f*; **wordcount** *n* (*Comput*) Wortzählung *f*; **wordcrunch** *vt* (*Comput inf*) *text* (nach Wörtern) analysieren; **word game** *n* Buchstabenspiel *nt*.

wordily ['wɜːdɪlɪ] *adv see adj*.

wordiness ['wɜːdɪnɪs] *n* Wortreichtum *m*, Langatmigkeit *f* (*pej*).

wording ['wɜːdɪŋ] *n* Formulierung *f*.

wordless *adj* wortlos; *grief* stumm; **word list** *n* Wortliste *f*; **word order** *n* Satzstellung, Wortstellung *f*; **word-perfect** *adj* sicher im Text; **to be ~** den Text perfekt beherrschen; **word picture** *n* Bild *nt* (in Worten); **to paint a vivid ~ of sth** etw in lebhaften Farben beschreiben; **wordplay** *n* Wortspiel *nt*; **word-process** *vt* mit Textverarbeitung schreiben *or* erstellen; **word processing I** *n* Textverarbeitung *f*; **II** *attr software* Textverarbeitungs-; **word processor** *n* (*machine*) Text(verarbeitungs)system *nt*, Textverarbeitungsanlage *f*; (*software*) Text(verarbeitungs)programm *nt*; **word split** *n* Worttrennung *f*; **word square** *n* magisches Quadrat; **wordwrap** *n* (*Comput*) Umlaufsystem *nt*.

wordy ['wɜːdɪ] *adj* (+*er*) wortreich, langatmig (*pej*).

wore [wɔːʳ] *pret of* **wear**.

work [wɜːk] **I** *n* **1.** (*toil, labour, task*) Arbeit *f*. (*employment*) haben Sie Arbeit für mich?; **he doesn't like ~** er arbeitet nicht gern; **that's a good piece of ~** das ist gute Arbeit; **is this all your own ~?** haben Sie das alles selbst gemacht?; **closed for ~ on the roof** wegen (Reparatur)arbeiten am Dach geschlossen; **when ~ begins on the new bridge** wenn die Arbeiten an der neuen Brücke anfangen; **to be at ~ (on sth)** (an etw *dat*) arbeiten; **there are forces at ~ which ...** es sind Kräfte am Werk, die ...; **it's the ~ of the devil** das ist Teufelswerk *or* ein Machwerk des Teufels; **to do a good day's ~** ein schönes Stück Arbeit leisten; **we've a lot of ~ to do before this choir can give a concert** wir haben noch viel zu tun, ehe dieser Chor ein Konzert geben kann; **I've been trying to get some ~ done** ich habe versucht zu arbeiten; **to put a lot of ~ into sth** eine Menge Arbeit in etw (*acc*) stecken; **it's in the ~s** (*inf*) es ist in der Mache (*inf*); **to get on with one's ~** sich (wieder) an die Arbeit machen; **to make short** *or* **quick ~ of sb/sth** mit jdm/etw kurzen Prozeß machen; **to make ~ for sb** jdm Arbeit machen; **time/the medicine had done its ~** die Zeit/Arznei hatte ihr Werk vollbracht/ihre Wirkung getan; **it was hard ~ for the old car to get up the hill** das alte Auto hatte beim Anstieg schwer zu schaffen.

2. (*employment, job*) Arbeit *f*. **to be (out) at ~** arbeiten sein; **to go out to ~** arbeiten gehen; **to be out of/in ~** arbeitslos sein/eine Stelle haben; **he travels to ~ by car** er fährt mit dem Auto zur Arbeit; **how long does it take you to get to ~?** wie lange brauchst du, um zu deiner Arbeitsstelle zu kommen?; **at ~** an der Arbeitsstelle, am Arbeitsplatz; **what is your ~?** was tun Sie (beruflich)?; **to put** *or* **throw sb out of ~** jdn auf die Straße setzen (*inf*); **to put out of ~** arbeitslos machen, um den Arbeitsplatz bringen; **to be off ~** (am Arbeitsplatz) fehlen.

3. (*product*) Arbeit *f*; (*Art, Liter*) Werk *nt*. **~ of art/reference** Kunstwerk *nt*/Nachschlagewerk *nt*; **a ~ of literature** ein literarisches Werk; **a fine piece of ~** eine schöne Arbeit; **good ~s** gute Werke *pl*.

4. **~s** *pl* (*Mil*) Befestigungen *pl*; **road ~s** Baustelle *f*.

5. **~s** *pl* (*Mech*) Getriebe, Innere(s) *nt*; (*of watch, clock*) Uhrwerk *nt*.

6. **~s** *sing or pl* (*factory*) Betrieb *m*, Fabrik *f*; **gas ~s/steel ~s** Gas-/Stahlwerk *nt*; **~s council** *or* **committee/outing** Betriebsrat *m*/Betriebsausflug *m*.

7. (*inf*) **the ~s** *pl* alles Drum und Dran; **to give sb the ~s** (*treat harshly*) jdn gehörig in die Mangel nehmen (*inf*); (*treat generously*) jdn nach allen Regeln der Kunst *or* nach Strich und Faden verwöhnen (*inf*); **to get the ~s** (*be treated harshly*) gehörig in die Mangel genommen werden (*inf*); (*be treated generously*) nach allen Regeln der Kunst *or* nach Strich und Faden verwöhnt werden (*inf*).

II *vi* **1.** arbeiten (*at* an +*dat*). **to ~ towards/for sth** auf etw (*acc*) hin/für etw arbeiten; **to ~ for better conditions** sich für bessere Bedingungen einsetzen; **to ~ against a reform** gegen eine Reform kämpfen; **these factors which ~ against us** diese Faktoren, die sich uns (*dat*) entgegenstellen.

2. (*function, operate*) funktionieren; (*marriage, plan also*) klappen (*inf*); (*medicine, spell*) wirken; (*be successful*) klappen (*inf*). **it won't ~** das klappt nicht; **"not ~ing"** (*lift*) „außer Betrieb"; **to get sth ~ing** etw in Gang bringen; **it ~s by** *or* **on electricity** es läuft auf Strom; **it ~s both ways** es trifft auch andersherum zu; **but this arrangement will have to ~ both ways** aber diese Abmachung muß für beide Seiten gelten.

3. (*yeast*) arbeiten, treiben.

4. (*mouth, face*) zucken; (*jaws*) mahlen.

5. (*move gradually*) **to ~ loose/along** sich lockern/sich entlangarbeiten; **to ~ round** (*wind, object*) sich langsam drehen (*to* nach); **he ~ed round to asking her** er hat sich aufgerafft, sie zu fragen; **OK, I'm ~ing round to it** okay, das mache ich schon noch.

III *vt* **1.** (*make ~*) *staff, employees, students* arbeiten lassen, herannehmen (*inf*), schinden (*pej*). **to ~ oneself hard/to death** sich nicht schonen/sich zu Tode arbeiten; **he ~s himself too hard** er übernimmt sich.

2. (*operate*) *machine* bedienen; *lever, brake* betätigen. **to ~ sth by electricity/hand** etw elektrisch/mit Hand betreiben; **can we ~ that trick again?** können wir den Trick noch einmal anbringen *or* anwenden?

3. (*bring about*) *change, cure* bewirken, herbeiführen. **to ~ mischief** Unheil anrichten; **to ~ mischief between friends** Zwietracht zwischen Freunden säen; **to ~ it (so that ...)** (*inf*) es so deichseln(, daß ...) (*inf*); **to ~ one's passage** seine Überfahrt abarbeiten; **surely you can ~ a better deal than that** du kannst doch sicherlich einen besseren Abschluß herausschlagen; *see* **work up**.

4. (*Sew*) arbeiten; *design* sticken.

5. (*shape*) *wood, metal* bearbeiten; *dough, clay also* kneten, durcharbeiten. **he ~ed the clay into a human shape** er formte den Ton zu einer menschlichen Gestalt; **~ the flour in gradually/the ingredients together** mischen Sie das Mehl allmählich unter/die Zutaten (zusammen).

6. (*exploit*) *mine* ausbeuten, abbauen; *land* bearbeiten; *smallholding* bewirtschaften; (*salesman*) *area* bereisen.

7. (*move gradually*) **to ~ one's hands free** seine Hände freibekommen; **to ~ sth loose** etw losbekommen; **to ~ one's way through a book/Greek grammar** sich durch ein Buch/die griechische Grammatik arbeiten *or* kämpfen; **to ~ one's way to the top/up from nothing/through college** sich nach oben arbeiten *or* kämpfen/sich von ganz unten hocharbeiten/sein Studium selbst *or* durch eigene Arbeit finanzieren; **he ~ed his way across the rock-face/through the tunnel** er überquerte die Felswand/kroch durch den Tunnel; **to ~ oneself into a better job/sb's confidence** sich hocharbeiten/sich in jds Vertrauen (*acc*) einschleichen.

◆**work away** *vi* vor sich hin arbeiten.

◆**work down** *vi* (*stockings*) (herunter)rutschen (*inf*).

◆**work in I** *vt sep* **1.** (*rub in*) einarbeiten; *lotion also* einmassieren. **it had ~ed its way right ~** es war (tief) eingedrungen.

2. (*insert*) *bolt* (vorsichtig) einführen.

3. (*in book, speech*) *reference* einbauen, einarbeiten; *jokes* einbauen. **to ~ sth ~to sth** etw in etw (*acc*) einbauen.

4. (*in schedule*) einschieben. **to ~ sb ~to a plan** jdn in einen Plan miteinbeziehen.

II *vi* **1.** (*fit in*) passen (*with* in +*acc*). **that'll ~ ~ quite well** das paßt ganz gut.

2. (*Ind*) den Arbeitsplatz besetzen.

◆**work off I** *vi* sich losmachen *or* lockern.

II *vt sep debts, fat* abarbeiten; *energy* loswerden; *feelings* auslassen, abreagieren (*on* an +*dat*).

◆**work on I** *vi* weiterarbeiten.

II *vt sep lid, washer* darauf bringen. **she ~ed her boots ~** sie zwängte sich in ihre Stiefel.

III *vi* +*prep obj* **1.** *car, book, subject, accent* arbeiten an (+*dat*). **who's ~ing ~ this case?** wer bearbeitet diesen Fall?

2. *evidence, assumption* ausgehen von; *principle* (*person*) ausgehen von; (*machine*) arbeiten nach. **there are not many clues to ~ ~** es gibt nicht viele Hinweise, auf die man zurückgreifen könnte; **I'm ~ing ~ this one hunch** ich habe alles an diesem einen Verdacht aufgehängt.

3. we haven't solved it yet but we're still ~ing ~ it wir haben es noch nicht gelöst, aber wir sind dabei; **if we ~ ~ him a little longer we might persuade him** wenn wir ihn noch ein Weilchen bearbeiten, können wir ihn vielleicht überreden; **obviously the other side have been ~ing ~ him** ihn hat offensichtlich die Gegenseite in der Mache gehabt (*inf*); **just keep ~ing ~ his basic greed** appellieren Sie nur weiter an seine Habgier.

◆**work out I** *vi* **1.** (*allow solution: puzzle, sum*) aufgehen.

2. (*amount to*) **that ~s ~ at £105** das gibt *or* macht £ 105; **it ~s ~ more expensive in the end** am Ende kommt *or* ist es teurer; **how much does that ~ ~ at?** was macht das?

3. (*succeed: plan, marriage, idea*) funktionieren, klappen (*inf*). **things didn't ~ ~ at all well for him** es ist ihm alles schiefgegangen; **how's your new job ~ing ~?** was macht die neue Arbeit?; **I hope it all ~s ~ for you** ich hoffe, daß alles klappt (*inf*) *or* daß dir alles gelingt; **things didn't ~ ~ that way** es kam ganz anders.

4. (*in gym*) trainieren.

II *vt sep* **1.** (*solve, calculate*) herausbringen; *code* entschlüsseln, knacken (*inf*); *mathematical problem also* lösen; *problem* fertig werden mit; *sum also* ausrechnen. **you can ~ that ~ for yourself** das kannst du dir (doch) selbst denken; **surely he can manage to ~ things ~ for himself** (*in life*) er kann doch bestimmt allein zurechtkommen; **things will always ~ themselves ~** Probleme lösen sich stets von selbst.

2. (*devise*) *scheme* (sich *dat*) ausdenken; (*in detail*) ausarbeiten.

3. (*understand*) *person* schlau werden aus (+*dat*). **can you ~ ~ where we are on the map?** kannst du herausfinden *or* -bringen, wo wir auf der Karte sind?; **I can't ~ ~ why it went wrong** ich kann nicht verstehen, wieso es nicht geklappt hat.

4. (*complete*) *prison sentence* absitzen. **to ~ ~ one's notice** seine Kündigungsfrist einhalten.

5. (*exhaust*) *mine* ausbeuten, erschöpfen; *minerals* abbauen. **to ~ sth ~ of one's system** (*fig*) mit etw fertigwerden.

6. (*remove*) *nail, tooth* (allmählich) herausbringen.

◆**work over** *vt sep* (*inf*) zusammenschlagen (*inf*).

◆**work through** **I** *vi* +*prep obj* **1.** (*blade*) sich arbeiten durch; (*water*) sickern durch. **2.** (*read through*) sich (durch)arbeiten *or* (durch)ackern durch. **II** *vt* +*prep obj* **he ~ed the rope ~ the crack** er führte das Seil durch die Spalte. **III** *vi* (*come through: benefit, pay rise*) durchsickern.

◆**work up** **I** *vt sep* **1.** (*develop*) *business* zu etwas bringen, entwickeln; *enthusiasm* (*in oneself*) aufbringen; *appetite* sich (*dat*) holen. **to ~ one's way ~ (through the ranks/from the shop floor)** von der Pike auf dienen.

2. *lecture, theme, notes* ausarbeiten.

3. (*stimulate*) *audience* aufstacheln. **to feel/get ~ed ~** aufgeregt sein/sich aufregen; **to ~ oneself ~** sich erhitzen; *see* **frenzy.**

II *vi* (*skirt*) sich hochschieben.

◆**work up to** *vi* +*prep obj question, proposal* zusteuern auf (+*acc*). **I know what you're ~ing ~ ~** ich weiß, worauf Sie hinauswollen; **the music ~s ~ ~ a tremendous climax** die Musik steigert sich zu einem gewaltigen Höhepunkt.

workable ['wɜːkəbl] *adj mine* abbaufähig; *land* bebaubar; *clay* formbar; *plan* durchführbar.

workaday ['wɜːkədeɪ] *adj* Alltags-.

workaholic [ˌwɜːkə'hɒlɪk] *n* (*inf*) Arbeitswütige(r), Arbeitssüchtige(r) *mf*, Arbeitstier *nt*.

workbasket *n* Näh- *or* Handarbeitskorb *m;* **workbench** *n* Werkbank *f*; **workbook** *n* Arbeitsheft *nt*; **work camp** *n* Arbeitslager *nt*; **workday** *n* (*esp US*) Arbeitstag *m*; (*day of week*) Werktag *m*.

worker ['wɜːkə^r] *n* **1.** Arbeiter(in *f*) *m*. **~ director** *Arbeitnehmer, der gleichzeitig dem Unternehmensvorstand angehört*; **~ participation** Mitbestimmung *f*; **~ priest** Arbeiterpriester *m; see* **fast[1] I 1.**

2. (*also* **~ ant/bee**) Arbeiterin *f*.

work ethic *n* Arbeitsmoral *f*; **workflow** *n* Arbeitsablauf *m*; **workflow schedule** *n* Arbeitsablaufplan *m*; **work force** *n* Arbeiterschaft *f*; **workhorse** *n* (*lit, fig*) Arbeitspferd *nt*; **work-in** *n* Work-in *nt*.

working ['wɜːkɪŋ] **I** *adj* **1.** (*engaged in work*) *population* arbeitend, berufstätig; (*Comm*) *partner* aktiv. **~ life** (*of machine part*) Lebensdauer *f*; (*of animal*) Nutzungsdauer *f*; (*of person*) Berufsleben *nt*; **~ man** Arbeiter *m*; **I'm a ~ man, I need my rest** ich arbeite den ganzen Tag, ich brauch meine Ruhe; **~ girl** (*dated:* **~** *woman*) berufstätige Frau; (*euph: prostitute*) Freudenmädchen *nt*; **~ wives** berufstätige Ehefrauen *pl*; **~ woman** berufstätige Frau.

2. (*spent in or used for ~*) *day, week, conditions, clothes* Arbeits-. **~ capital** Betriebskapital *nt*; **~ hours** Arbeitszeit *f*; **~ lunch** Arbeitsessen *nt;* **~ party** (Arbeits)ausschuß *m*.

3. (*provisional*) *hypothesis, drawing, model*, (*Comput*) *file, memory* Arbeits-; (*sufficient*) *majority* arbeitsfähig, Arbeits-. **in ~ order** in betriebsfähigem Zustand; **~ knowledge** Grundkenntnisse *pl*.

II *n* **1.** (*work*) Arbeiten *nt*, Arbeit *f*.

2. **~s** *pl* (*way sth works*) Arbeitsweise, Funktionsweise *f*; **~s of fate/the mind** Wege *pl* des Schicksals/Gedankengänge *pl*.

3. **~s** *pl* (*Min*) Schächte, Gänge *pl*; (*of quarry*) Grube *f*.

working class *n* (*also* **~ ~es**) Arbeiterklasse *f*.

working-class ['wɜːkɪŋ'klɑːs] *adj* der Arbeiterklasse, Arbeiter-; (*pej*) ordinär, proletenhaft. **to be ~** zur Arbeiterklasse gehören.

working-over ['wɜːkɪŋ'əʊvə^r] *n* (*inf*) Abreibung *f* (*inf*). **to give sb a good ~** jdm eine tüchtige Abreibung verpassen (*inf*).

work-in-progress *n* (*Fin*) laufende Arbeiten *pl or* Aufträge *pl*; **work load** *n* Arbeit(slast) *f*; **workman** *n* Handwerker *m*; **workmanlike** ['wɜːkmən'laɪk] *adj attitude, job* fachmännisch; *product* fachmännisch gearbeitet; **workmanship** ['wɜːkmənʃɪp] *n* Arbeit(squalität) *f*; **workmate** *n* (*inf*) (Arbeits)kollege *m*, (Arbeits)kollegin *f*; **workout** *n* (*Sport*) Training *nt*; **to have a ~** Übungen machen; (*boxer*) Sparring machen; **work permit** *n* Arbeitserlaubnis *f*; **workpiece** *n* Arbeit *f*; **workplace** *n* Arbeitsplatz *m*; **at the ~** am Arbeitsplatz; **workroom** *n* Arbeitszimmer *nt*.

works [wɜːks] *npl see* **work I 4.-7.**

workshop *n* Werkstatt *f*; **a music ~** ein Musikkurs *m*, ein Musik-Workshop *m*; **workshy** *adj* arbeitsscheu; **work station** *n* Arbeitsplatz, Arbeitsbereich *m*; (*Comput*) Arbeitsplatzstation *f*; **work study** *n* REFA- *or* Arbeitsstudie *f*; **work surface** *n* Arbeitsfläche *f*; **worktable** *n* Arbeitstisch *m*; **work ticket** *n* Arbeitszettel *m*; **worktop** *n* Arbeitsfläche *f*; **work-to-rule** *n* Dienst *m* nach Vorschrift; **work week** *n* (*esp US*) Arbeitswoche *f*.

world [wɜːld] *n* **1.** Welt *f*. **in the ~** auf der Welt; **all over the ~** auf der ganzen Welt; **he jets/sails all over the ~** er jettet/segelt in der Weltgeschichte herum; **it's the same the whole ~ over** es ist (doch) überall das Gleiche; **to go/sail round the ~** eine Weltreise machen/rund um die Welt segeln; **to feel** *or* **be on top of the ~** munter und fidel sein; **it's a small ~** die Welt ist klein; **it's not the end of the ~!** (*inf*) deshalb *or* davon geht die Welt nicht unter! (*inf*); **to live in a ~ of one's own** in seiner eigenen (kleinen) Welt leben; **money/love makes the ~ go round** es dreht sich alles um das Geld/die Liebe, Geld regiert die Welt.

2. the New/Old/Third W~ die Neue/Alte/Dritte Welt; **the business/literary ~** die Geschäftswelt/die literarische Welt; **the animal/vegetable ~** die Tier-/Pflanzenwelt.

3. (*society*) Welt *f*. **man/woman of the ~** Mann *m*/Frau *f* von Welt; **to come** *or* **go down in the ~** herunterkommen; **to go up** *or* **rise in the ~** es (in der Welt) zu etwas bringen; **to set the ~ on fire** die Welt erschüttern; **he had the ~ at his feet** die ganze Welt lag ihm zu Füßen; **to lead the ~ in sth** in etw (*dat*) in der Welt führend sein; **how goes the ~ with you?** wie geht's?, wie steht's?; **all the ~ knows ...** alle Welt *or* jeder weiß ...; **in the eyes of the ~** vor der Welt.

4. (*this life*) Welt *f*. **to come into the ~** zur *or* auf die Welt kommen; **~ without end** (*Eccl*) von Ewigkeit zu Ewigkeit; **to renounce the ~** (*Rel*) der Welt (*dat*) entsagen; **to have the best of both ~s** das eine tun und das andere nicht lassen; **out of this ~** (*sl*) phantastisch; **he is not long for this ~** er steht schon mit einem Fuß im Jenseits; **to bring sb/sth into the ~** jdn zur Welt bringen/etw in die Welt setzen; **to be alone in the ~** allein auf der Welt sein.

5. (*emph*) Welt *f*. **not for (all) the ~** nicht um alles in der Welt; **nothing in the ~** nichts auf der Welt; **what/who in the ~** was/wer in aller Welt; **it did him a ~ of good** es hat ihm (unwahrscheinlich) gut getan; **a ~ of difference** ein himmelweiter Unterschied; **they're ~s apart** sie sind total verschieden; **he looked for all the ~ as if nothing had happened** er sah aus, als wäre überhaupt nichts geschehen; **to think the ~ of sb/sth** große Stükke auf jdn halten/etw über alles stellen.

world *in cpds* Welt-; **World Bank** *n* Weltbank *f*; **world-beater** *n* (*inf*) **to be a ~** unschlagbar sein; **world champion** *n* (*Brit*) Weltmeister(in *f*) *m*; **world championship** *n* (*Brit*) Weltmeisterschaft *f*; **world clock** *n* Weltzeituhr *f*; **World Court** *n* Weltgerichtshof *m*; **World Cup** *n* Fußballweltmeisterschaft *f*; (*cup*) Weltpokal *m*; **world Fair** *n* Weltausstellung *f*; **world-famous** *adj* weltberühmt; **world language** *n* Weltsprache *f*.

worldliness [ˈwɜːldlɪnɪs] *n* Weltlichkeit *f*; (*of person*) weltliche Gesinnung.

worldly [ˈwɜːldlɪ] *adj* (+*er*) weltlich; *person* weltlich gesinnt. **~-wise** weltklug; **~ wisdom** Weltklugheit *f*.

world power *n* Weltmacht *f*; **world rankings** *npl* Weltrangliste *f*; **world record** *n* Weltrekord *m*; **world record holder** *n* Weltrekordinhaber(in *f*) *m*; **world's champion** *n* (*US*) Weltmeister(in *f*) *m*; **World's Fair** *n* (*US*) Weltausstellung *f*; **world-shattering** *adj* welterschütternd, weltbewegend; **world's record** *n* (*US*) Weltrekord *m*; **world view** *n* Weltbild *nt*; **world war** *n* Weltkrieg *m*; **W~ W~ One/Two, W~ W~ I/II** Erster/Zweiter Weltkrieg; **world-weariness** *n* Lebensmüdigkeit *f*; **world-weary** *adj* lebensmüde; **worldwide** *adj, adv* weltweit.

worm [wɜːm] **I** *n* **1.** (*lit, fig inf*) Wurm *m*; (*wood ~*) Holzwurm *m*. **~s** (*Med*) Würmer *pl*; **even a ~ will turn** (*prov*) es geschehen noch Zeichen und Wunder; **to get a ~'s eye view of sth** etw aus der Froschperspektive sehen.

2. (*screw*) Schnecke *f*; (*thread*) Schneckengewinde *nt*.

II *vt* **1.** zwängen. **to ~ one's way** *or* **oneself along/through/into sth** sich an etw (*dat*) entlangdrücken/durch etw (*acc*) durchschlängeln *or* -zwängen/in etw (*acc*) hinein -zwängen; **to ~ one's way forward** (*creep*) sich nach vorne schleichen; **to ~ one's way into a position/into sb's confidence/into a group** sich in eine Stellung/jds Vertrauen/eine Gruppe einschleichen; **to ~ one's way out of a difficulty** sich aus einer schwierigen Lage herauswinden.

2. (*extract*) **to ~ sth out of sb** jdm etw entlocken.

3. *dog* eine Wurmkur machen mit (+*dat*).

worm-cast *n vom Regenwurm aufgeworfenes Erdhäufchen*; **worm-eaten** *adj wood* wurmstichig; (*fig inf*) wurmzerfressen; **worm gear** *n* Schneckengetriebe *nt*; **wormhole** *n* Wurmloch *nt*; **worm powder** *n* Wurmmittel *nt*; **worm wheel** *n* Schneckenrad *nt*; **wormwood** *n* Wermut *m*; (*fig*) Wermutstropfen *m*.

wormy [ˈwɜːmɪ] *adj apple* wurmig; *wood* wurmstichig; *dog* von Würmern befallen; *soil* wurmreich.

worn [wɔːn] **I** *ptp of* **wear. II** *adj* **1.** (*~-out*) *coat* abgetragen; *book* zerlesen; *carpet* abgetreten; *tyre* abgefahren. **2.** (*weary*) *smile* müde; *person* angegriffen. **to look ~ (with care/worry)** besorgt aussehen.

worn-out *adj attr*, **worn out** ['wɔːnˌaʊt] *adj pred* **1.** *coat* abgetragen; *carpet* abgetreten; *phrase* abgedroschen. **2.** (*exhausted*) *person* erschöpft; *horse* ausgemergelt.

worried ['wʌrɪd] *adj* besorgt (*about, by* wegen); (*anxious also*) beunruhigt. **to be ~ sick** krank vor Sorge(n) sein (*inf*).

worriedly ['wʌrɪdlɪ] *adv* besorgt; (*anxiously also*) beunruhigt.

worrier ['wʌrɪə^r] *n* Pessimist, Schwarzseher *m*.

worrisome ['wʌrɪsəm] *adj* beunruhigend, besorgniserregend; (*annoying*) lästig.

worry ['wʌrɪ] **I** *n* Sorge *f*. **I know it's a ~ for you** ich weiß, es macht dir Sorgen; **that's the least of my worries** das macht mir noch am wenigsten Sorgen.

II *vt* **1.** (*cause concern*) beunruhigen, Sorgen machen (+*dat*). **it worries me** es macht mir Sorgen; **it's no use just ~ing, do something** es hat keinen Zweck, sich nur den Kopf zu zerbrechen, tu endlich was; **to ~ oneself sick** *or* **silly/to death (about** *or* **over sth)** (*inf*) sich krank machen/sich umbringen vor Sorge (um *or* wegen etw) (*inf*).

2. (*bother*) stören. **to ~ sb with sth** jdn mit etw stören; **don't ~ me with trivialities** komm mir nicht mit Kleinigkeiten; **to ~ sb for sth/to do sth** jdn um etw plagen/jdn plagen, etw zu tun.

3. (*dog*) *sheep* nachstellen (+*dat*); (*bite*) reißen; *bone* (herum)nagen an (+*dat*).

III *vi* sich sorgen, sich (*dat*) Sorgen *or* Gedanken machen (*about, over* um, wegen). **he worries a lot** er macht sich immer soviel Sorgen; **don't ~!, not to ~!** keine Angst *or* Sorge!; **don't ~, I'll do it** laß mal, das mach ich schon; **he said not to ~** er sagte, wir sollten uns keine Sorgen machen; **don't ~ about letting me know** es macht nichts, wenn du mich nicht benachrichtigen kannst; **you should ~!** (*inf*) du hast (vielleicht) Sorgen!

worry beads *npl* Betperlen *pl*.

worrying ['wʌrɪɪŋ] **I** *adj problem* beunruhigend, besorgniserregend. **it's very ~** es macht mir große Sorge; **I know it's ~ for you** ich weiß, es macht dir Sorgen; **it is a ~ time for us** wir haben zur Zeit viel Sorgen.

II *n* **~ won't help** sich nur Sorgen machen, nützt nichts.

worry line *n* (*on face*) Sorgenfalte *f*.

worse [wɜːs] **I** *adj, comp of* **bad** schlechter; (*morally, with bad consequences*) schlimmer, ärger. **it gets ~ and ~** es wird immer schlimmer; **the patient is ~ than he was yesterday** dem Patienten geht es schlechter als gestern; **and to make matters ~** und zu allem Übel; **it could have been ~** es hätte schlimmer kommen können; **~ luck!** (so ein) Pech!; **it will be the ~ for you** das wird für dich unangenehme Folgen haben; **so much the ~ for him** um so schlimmer; **to be the ~ for drink** betrunken sein; **he's none the ~ for it** er hat sich nichts dabei getan, es ist ihm nichts dabei passiert; **you'll be none the ~ for some work** etwas Arbeit wird dir nicht schaden; **I don't think any the ~ of you for it** ich halte deswegen aber nicht weniger von dir; **~ things happen at sea** (*inf*) es könnte schlimmer sein.

II *adv, comp of* **badly** schlechter. **it hurts ~** es tut mehr weh; **to be ~ off than ...** schlechter dran sein (*inf*) *or* in einer schlechteren Lage sein als ...; **I could do a lot ~ than accept their offer** es wäre bestimmt kein Fehler, wenn ich das Angebot annähme.

III *n* Schlechtere(s) *nt*; (*morally, with regard to consequences*) Schlimmere(s) *nt*. **there is ~ to come** es kommt noch schlimmer; **it's changed for the ~** es hat sich zum Schlechteren gewendet.

worsen ['wɜːsn] **I** *vt* verschlechtern, schlechter machen. **II** *vi* sich verschlechtern, schlechter werden.

worship ['wɜːʃɪp] **I** *n* **1.** (*of God, person*) Verehrung *f*. **public ~** Gottesdienst *m*; **place of ~** Andachtsstätte *f*; (*non-Christian*) Kultstätte *f*.

2. (*Brit: in titles*) **Your W~** (*to judge*) Euer Ehren/Gnaden; (*to mayor*) (verehrter *or* sehr geehrter) Herr Bürgermeister.

II *vt* anbeten. **he ~ped the ground she trod on** er betete den Boden unter ihren Füßen an.

III *vi* (*Rel*) den Gottesdienst abhalten; (*RC*) die Messe feiern. **the church where we used to ~** die Kirche, die wir besuchten.

worshipful ['wɜːʃɪpfʊl] *adj* **1.** *look, gaze* verehrend. **2.** (*Brit: in titles*) sehr verehrt *or* geehrt.

worshipper ['wɜːʃɪpə^r] *n* Kirchgänger(in *f*) *m*. **~ of the sun** Sonnenanbeter(in *f*) *m*.

worst [wɜːst] **I** *adj, superl of* **bad** schlechteste(r, s); (*morally, with regard to consequences*) schlimmste(r, s). **the ~ possible time** die ungünstigste Zeit.

II *adv, superl of* **badly** am schlechtesten.

III *n* **the ~ is over** das Schlimmste *or* Ärgste ist vorbei; **in the ~ of the winter/storm** im ärgsten Winter/Sturm; **when the crisis/storm was at its ~** als die Krise/der Sturm ihren/seinen Höhepunkt erreicht hatte; **at (the) ~** schlimmstenfalls; **you've never seen him at his ~** er kann noch (viel) schlimmer (sein); **the ~ of it is ...** das Schlimmste daran ist, ...; **if the ~ comes to the ~** wenn alle Stricke reißen (*inf*); **do your ~!** (*liter*) mach zu!; **to get the ~ of it** den kürzeren ziehen.

IV *vt enemy, opponent* besiegen.

worst case *n* Schlimmstfall *m*, ungünstigster Fall.

worst-case ['wɜːstkeɪs] *adj attr* Schlimmstfall-, für den ungünstigsten Fall.

worsted ['wʊstɪd] **I** *n* (*yarn*) Kammgarn *nt*; (*cloth also*) Kammgarnstoff *m*. **II** *adj* Kammgarn-.

worth [wɜːθ] **I** *adj* **1.** wert. **it's ~ £5** es ist £

5 wert; **it's not ~ £5** es ist keine £ 5 wert; **what's this ~?** was *or* wieviel ist das wert?; **it can't be ~ that!** soviel kann es unmöglich wert sein; **it's ~ a great deal to me** es ist mir viel wert; (*sentimentally*) es bedeutet mir sehr viel; **what's it ~ to me to do that?** (*in money*) was springt für mich dabei heraus? (*inf*); (*in advantages*) was bringt es mir, wenn ich das tue?; **will you do this for me? — what's it ~ to you?** tust du das für mich? — was ist es dir wert?; **he was ~ a million** er besaß eine Million; **he's ~ all his brothers put together** er ist soviel wert wie all seine Brüder zusammen; **for all one is ~** so sehr man nur kann; **to sing/try for all one is ~** aus voller Kehle *or* vollem Halse singen/alles in seinen Kräften Stehende versuchen; **for what it's ~, I personally don't think ...** wenn mich einer fragt, ich persönlich glaube nicht, daß ...; **that's my opinion for what it's ~** das ist meine bescheidene Meinung; **it's more than my life/job is ~ to tell you** ich sage es dir nicht, dazu ist mir mein Leben zu lieb/dazu liegt mir zu viel an meiner Stelle.

2. (*deserving, meriting*) wert. **to be ~ it** sich lohnen; **to be ~ sth** etw wert sein; **it's not ~ it** es lohnt sich nicht; **it's not ~ the trouble** es ist der Mühe nicht wert; **the book is ~ reading** das Buch ist lesenswert; **is there anything ~ seeing in this town?** gibt es in dieser Stadt etwas Sehenswertes?; **hardly ~ mentioning** kaum der Rede wert; **it's not ~ having** es ist nichts; **if a thing's ~ doing, it's ~ doing well** wenn schon, denn schon; *see* **salt I 1., while I 3.**

II *n* Wert *m*. **£50's ~ of books** Bücher im Werte von £ 50 *or* für £ 50; **to show one's true ~** zeigen, was man wirklich wert ist, seinen wahren Wert zeigen; **to increase in ~** im Wert steigen; **what's the current ~ of this?** wieviel ist das momentan wert?; *see* **money.**

worthily ['wɜ:ðɪlɪ] *adv* löblich, lobenswert.

worthiness ['wɜ:ðɪnɪs] *n* (*of charity, cause etc*) Wert *m*; (*of person*) Ehrenhaftigkeit *f*.

worthless ['wɜ:θlɪs] *adj* wertlos; *person also* nichtsnutzig.

worthlessness ['wɜ:θlɪsnɪs] *n see adj* Wertlosigkeit *f*; Nichtsnutzigkeit *f*.

worthwhile ['wɜ:θ'waɪl] *adj* lohnend *attr*. **to be ~** sich lohnen; (*worth the trouble also*) der Mühe (*gen*) wert sein; **it's a thoroughly ~ film/book** es lohnt sich wirklich, den Film zu sehen/das Buch zu lesen; **it's hardly ~ (asking him)** es lohnt sich wohl kaum(, ihn zu fragen); *see also* **while I 3.**

worthy ['wɜ:ðɪ] **I** *adj* (+*er*) **1.** ehrenwert, achtbar; *opponent* würdig; *motive, cause* lobenswert, löblich. **my ~ friend** mein werter Freund.

2. *pred* wert, würdig. **~ of remark/mention** bemerkenswert/erwähnenswert; **to be ~ of sb/sth** jds/einer Sache würdig sein (*geh*); **any journalist ~ of the name** jeder Journalist, der diesen Namen verdient; **this makes him ~ of (our) respect** dafür verdient er unseren Respekt; **he is ~ to be ranked among ...** er ist es wert, zu ... gezählt zu werden.

II *n* (*hum*) **the local worthies** die Ortsgrößen *pl* (*hum*).

would [wʊd] *pret of* **will**[1] *modal aux vb* **1.** (*conditional*) **if you asked him he ~ do it** wenn du ihn fragtest, würde er es tun; **if you had asked him he ~ have done it** wenn du ihn gefragt hättest, hätte er es getan; **I thought you ~ want to know** ich dachte, du wüßtest es gerne *or* du würdest es gerne wissen; **who ~ have thought it?** wer hätte das gedacht?; **you ~ think ...** man sollte meinen ...

2. (*in indirect speech*) **she said she ~ come** sie sagte, sie würde kommen *or* sie käme; **I said I ~, so I will** ich habe gesagt, ich würde es tun, und ich werde es auch tun.

3. (*emph*) **you ~ be the one to get hit** typisch, daß ausgerechnet du getroffen worden bist; **I ~n't know** keine Ahnung; **you ~!** das sieht dir ähnlich!; **he ~ have to come right now** ausgerechnet jetzt muß er kommen; **you ~ think of that/say that, ~n't you!** von dir kann man ja nichts anderes erwarten.

4. (*insistence*) **I warned him, but he ~ do it** ich habe ihn gewarnt, aber er mußte es ja unbedingt *or* um jeden Preis tun; **he ~n't listen/behave** er wollte partout nicht zuhören/sich partout nicht benehmen.

5. (*conjecture*) **it ~ seem so** es sieht wohl so aus; **it ~ have been about 8 o'clock** es war (wohl) so ungefähr 8 Uhr; **what ~ this be?** was ist das wohl?; **you ~n't have a cigarette, ~ you?** Sie hätten nicht zufällig eine Zigarette?

6. (*wish*) möchten. **what ~ you have me do?** was soll ich tun?; **try as he ~** so sehr er es auch versuchte; **~ to God he hadn't come** ich wünsche zu Gott, er wäre nicht gekommen.

7. (*in questions*) **~ he come?** würde er vielleicht kommen?; **~ he have come?** wäre er gekommen?; **~ you mind closing the window?** würden Sie bitte das Fenster schließen?; **~ you care for some tea?** hätten Sie gerne etwas Tee?

8. (*habit*) **he ~ paint it each year** er strich es jedes Jahr, er pflegte es jedes Jahr zu streichen (*geh*); **50 years ago the streets ~ be empty on a Sunday** vor 50 Jahren waren sonntags die Straßen immer leer.

would-be ['wʊdbi:] *adj attr* **~ poet/politician** jemand, der gerne (ein) Dichter/(ein) Politiker werden würde; (*pej*) Möchtegern-Dichter(in *f*) *m*/-Politiker(in *f*) *m*.

wouldn't ['wʊdnt] *contr of* **would not.**

wound[1] [wu:nd] **I** *n* (*lit*) Wunde *f*; (*fig also*) Kränkung *f*. **my old war ~** meine alte Kriegsverletzung; **the ~ to his pride** sein verletzter Stolz; *see* **lick.**

II *vt* (*lit*) verwunden, verletzen; (*fig*) verletzen. **the ~ed** *pl* die Verwundeten *pl*; **~ed pride/vanity** verletzter Stolz/gekränkte Eitelkeit.

wound[2] [waʊnd] *pret, ptp of* **wind**[2].

wounding ['wu:ndɪŋ] *adj remark, tone* verletzend.
wove [wəʊv] *pret of* **weave.**
woven ['wəʊvən] *ptp of* **weave.**
wow¹ [waʊ] **I** *interj* hui (*inf*), Mann (*inf*), Mensch (*inf*). **II** *n* (*sl*) **it's a ~** das ist Spitze (*inf*) *or* 'ne Wucht (*inf*).
wow² *n* (*on recording*) Jaulen *nt*.
WP *abbr of* **1. word processor. 2.** (*Brit inf*) **weather permitting** bei gutem Wetter.
WPC (*Brit*) *n abbr of* **Woman Police Constable** Polizistin *f*.
wpm *abbr of* **words per minute** WpM, wpm.
WRAC [ræk] (*Brit*) *abbr of* **Women's Royal Army Corps.**
wrack¹ [ræk] *n* (*Bot*) Tang *m*.
wrack² *n, vt see* **rack¹, rack².**
WRAF [ræf] (*Brit*) *abbr of* **Women's Royal Air Force.**
wraith [reɪθ] *n* Gespenst *nt*, Geist *m*.
wraithlike ['reɪθlaɪk] *adj* durchgeistigt, ätherisch.
wrangle ['ræŋgl] **I** *n* Gerangel, Hin und Her *no pl nt*. **II** *vi* streiten, rangeln (*about* um); (*in bargaining*) feilschen.
wrangler ['ræŋgləʳ] *n* (*US: cowboy*) Cowboy *m*.
wrap [ræp] **I** *n* **1.** (*garment*) Umhangtuch *nt*; (*for child*) Wickeltuch *nt*; (*stole*) Stola *f*; (*cape*) Cape *nt*; (*coat*) Mantel *m*.
2. under ~s (*lit*) verhüllt; (*car, weapon*) getarnt; (*fig*) geheim; **they took the ~s off the new project** sie haben das neue Projekt der Öffentlichkeit vorgestellt.
3. it's a ~ (*inf: completed*) das wär's.
II *vt* **1.** einwickeln; *parcel, present also* verpacken, einpacken, einschlagen; *person* (*for warmth*) einpacken (*inf*). **~ped cakes/bread** abgepackte Teilchen/abgepacktes Brot; **to ~ sth round sth** etw um etw wickeln; **he ~ped the car round a lamppost** (*inf*) er hat das Auto um eine Laterne gewickelt (*inf*); **to ~ one's arms round sb** jdn in die Arme schließen.
2. (*fig*) **to be ~ped in sth** in etw gehüllt sein; **she lay ~ped in his arms** sie lag in seinen Armen; **~ped in secrecy** vom Schleier des Geheimnisses umhüllt.
III *vi* (*Comput*) **the lines ~ automatically** der Zeilenumbruch erfolgt automatisch.
◆**wrap up I** *vt sep* **1.** (*lit, fig*) einpacken, einwickeln, verpacken. **an expensive deal cunningly ~ped ~ as a bargain** ein teurer Kauf, der geschickt als Sonderangebot getarnt ist/war.
2. (*inf: finalize*) *deal* festmachen, unter Dach und Fach bringen. **that just about ~s things ~ for today** das wär's (dann wohl) für heute.
3. to be ~ped ~ in sb/sth in jdm/etw aufgehen.
II *vi* **1.** (*dress warmly*) sich warm einpacken (*inf*).
2. (*sl: be quiet*) den Mund halten (*inf*).
wrap(a)round, wrapover *adj attr* Wickel-.
wrapper ['ræpəʳ] *n* **1.** Verpackung *f*; (*of sweets*) Papier(chen) *nt*; (*of cigar*) Deckblatt *nt*; (*of book*) (Schutz)umschlag *m*; (*postal*) Streifband *nt*. **2.** (*garment*) leichter Morgenmantel. **3.** (*person: in factory*) Packer(in *f*) *m*.
wrapping ['ræpɪŋ] *n* Verpackung *f* (*round gen*, von). **~ paper** Packpapier *nt*; (*decorative*) Geschenkpapier *nt*.
wrath [rɒθ] *n* Zorn *m*; (*liter: of storm*) Wut *f*.
wrathful *adj*, **~ly** *adv* ['rɒθfʊl, -fəlɪ] wutentbrannt, zornentbrannt.
wreak [ri:k] *vt destruction* anrichten; *chaos also* stiften; (*liter*) *vengeance* üben (*on* an +*dat*); (*liter*) *punishment* auferlegen (*on dat*); (*liter*) *anger* auslassen (*on* an +*dat*); *see* **havoc.**
wreath [ri:θ] *n, pl* **-s** [ri:ðz] Kranz *m*; (*of smoke*) Kringel *m*.
wreathe [ri:ð] **I** *vt* (*encircle*) (um)winden; (*clouds, mist*) umhüllen; (*entwine*) flechten. **a garland ~d the victor's head** ein Kranz (um)krönte das Haupt des Siegers; **his face was ~d in smiles** er strahlte über das ganze Gesicht.
II *vi* **the smoke ~d upwards** der Rauch stieg in Kringeln auf; **to ~ round sth** (*ivy*) sich um etw ranken; (*snake*) sich um etw schlängeln *or* ringeln; (*smoke*) sich um etw kringeln *or* kräuseln; (*mist*) um etw wallen.
wreck [rek] **I** *n* **1.** (*Naut*) Schiffbruch *m*; (*~ed ship, car, train*) Wrack *nt*.
2. (*fig*) (*old bicycle, furniture*) Trümmerhaufen *m*; (*person*) Wrack *nt*; (*of hopes, life, marriage*) Trümmer, Ruinen *pl*. **I'm a ~, I feel a ~** ich bin ein (völliges) Wrack; (*exhausted*) ich bin vollkommen fertig *or* erledigt; (*in appearance*) ich sehe verheerend *or* unmöglich aus; *see* **nervous ~.**
II *vt* **1.** *ship, train, plane* zum Wrack machen, einen Totalschaden verursachen an (+*dat*); *car* kaputtfahren (*inf*), zu Schrott fahren (*inf*); *machine, mechanism* zerstören, kaputtmachen (*inf*); *furniture, house* zerstören; (*person*) zertrümmern, kurz und klein schlagen (*inf*). **to be ~ed** (*Naut*) Schiffbruch erleiden.
2. (*fig*) *hopes, plans, chances* zunichte machen; *marriage* zerrütten; *career, health, sb's life* zerstören, ruinieren; *person* kaputtmachen (*inf*); *party, holiday* verderben.
wreckage ['rekɪdʒ] *n* (*lit, fig: remains*) Trümmer *pl*; (*of ship also*) Wrackteile *pl*; (*washed ashore*) Strandgut *nt*; (*of house, town also*) Ruinen *pl*.
wrecker ['rekəʳ] *n* **1.** (*ship~*) (*old*) Strandräuber (*der Schiffe durch falsche Lichtsignale zum Stranden bringt*).
2. (*Naut: salvager*) Bergungsarbeiter(in *f*) *m*; (*vessel*) Bergungsschiff *nt*.
3. (*US: breaker, salvager*) Schrotthändler(in *f*) *m*; (*for buildings*) Abbrucharbeiter(in *f*) *m*.
4. (*US: breakdown van*) Abschleppwagen *m*.
wrecking ['rekɪŋ]: **wrecking ball** *n* Abrißbirne *f*; **wreecking bar** *n* (*US*) Brechstange *f*; **wrecking service** *n* (*US*

Aut) Abschleppdienst *m*.

wren [ren] *n* Zaunkönig *m*.

Wren [ren] *n* (*Brit*) *weibliches Mitglied der britischen Marine*.

wrench [rentʃ] **I** *n* **1.** (*tug*) Ruck *m*; (*Med*) Verrenkung *f*. **to give sth a ~** einer Sache (*dat*) einen Ruck geben; **he gave his shoulder a nasty ~** er hat sich (*dat*) die Schulter schlimm verrenkt. **2.** (*tool*) Schraubenschlüssel *m*. **3.** (*fig*) **to be a ~** weh tun; **the ~ of parting** der Trennungsschmerz.

II *vt* **1.** winden. **to ~ sth (away) from sb** jdm etw entwinden; **to ~ a door open** eine Tür aufzwingen; **to ~ a door off its hinges** eine Tür aus den Angeln reißen; **he ~ed the steering wheel round** er riß das Lenkrad herum; **to ~ sb's arm out of its socket** jdm den Arm ausrenken.

2. (*Med*) **to ~ one's ankle/shoulder** sich (*dat*) den Fuß/die Schulter verrenken.

3. (*fig*) reißen. **if you could ~ yourself away from the TV** wenn du dich vom Fernseher losreißen könntest.

wrest [rest] *vt* **to ~ sth from sb/sth** jdm/einer Sache etw abringen; (*leadership, title*) jdm etw entreißen; **to ~ sth from sb's grasp** jdm etw entreißen; **to ~ sb/oneself free** jdn/sich losreißen.

wrestle ['resl] **I** *n* Ringkampf *m*. **to have a ~ with sb** mit jdm ringen.

II *vt* ringen mit; (*Sport also*) einen Ringkampf bestreiten gegen. **he ~d the thief to the ground** er brachte *or* zwang den Dieb zu Boden.

III *vi* **1.** (*lit*) ringen (*for sth* um etw). **2.** (*fig: with problem, conscience*) ringen, kämpfen (*with* mit). **the pilot ~d with the controls** der Pilot kämpfte mit den Instrumenten.

wrestler ['resləʳ] *n* Ringkämpfer *m*; (*modern*) Ringer(in *f*) *m*.

wrestling ['reslɪŋ] *n* Ringen *nt*.

wrestling *in cpds* Ringer-; **wrestling match** *n* Ringkampf *m*.

wretch [retʃ] *n* **1.** (*miserable*) armer Teufel *or* Schlucker (*inf*). **2.** (*contemptible*) Wicht, Schuft *m*; (*nuisance*) Blödmann *m* (*inf*); (*child*) Schlingel *m*.

wretched ['retʃɪd] *adj* **1.** elend; *conditions, life, clothing also* erbärmlich; (*ill also*) miserabel (*inf*); (*unhappy, depressed*) (tod)unglücklich. **I feel ~** (*ill*) mir geht es miserabel (*inf*), ich fühle mich elend.

2. (*very bad*) *housing conditions, weather, novel, player* erbärmlich, miserabel (*inf*); (*inf: damned*) verflixt, elend, Mist- (*all inf*). **what a ~ thing to do!** so etwas Schäbiges!; **what ~ luck!** was für ein verflixtes *or* elendes Pech (*inf*).

wretchedly ['retʃɪdlɪ] *adv* **1.** (*in misery*) erbärmlich; *weep, apologize, look* kläglich; (*very badly also*) miserabel (*inf*). **2.** (*inf: extremely*) verflixt (*inf*), verdammt (*inf*).

wretchedness ['retʃɪdnɪs] *n* Erbärmlichkeit *f*; (*of person: misery*) Elend *nt*.

wrick [rɪk] **I** *vt* **to ~ one's neck/shoulder** sich (*dat*) den Hals/die Schulter ausrenken. **II** *n* **to have** sich (*dat*) den Hals ausgerenkt haben.

wriggle ['rɪgl] **I** *n* Schlängeln *nt no pl*; (*of child, fish*) Zappeln *nt no pl*. **with a sensuous ~ she ...** sie räkelte sich sinnlich und ...; **to give a ~** *see vi*.

II *vt toes, ears* wackeln mit. **to ~ one's way through sth** sich durch etw (hin)durchwinden *or* -schlängeln.

III *vi* (*also* **~ about** *or* **around**) (*worm, snake, eel*) sich schlängeln; (*fish*) sich winden, zappeln; (*person*) (*restlessly, excitedly*) zappeln; (*in embarrassment*) sich winden. **to ~ along/down** sich vorwärts schlängeln/sich nach unten schlängeln; **the fish ~d off the hook** der Fisch wand sich vom Haken; **she managed to ~ free** es gelang ihr, sich loszuwinden; **he ~d through the hole in the hedge** er wand *or* schlängelte sich durch das Loch in der Hecke; **do stop wriggling about** hör endlich mit der Zappelei auf.

◆**wriggle out** *vi* (*lit*) sich herauswinden (*of* aus); (*fig also*) sich herausmanövrieren (*of* aus). **he's ~d (his way) ~ of it** er hat sich gedrückt.

wriggly ['rɪglɪ] *adj* (*+er*) sich windend *attr*, sich krümmend *attr*; *fish, child* zappelnd *attr*.

wring [rɪŋ] (*vb: pret, ptp* **wrung**) **I** *vt* **1.** (*also* **~ out**) *clothes, wet rag* auswringen, auswinden. **to ~ water out of clothes** (nasse) Kleider auswringen *or* auswinden; **do not ~** (*on washing instructions*) nicht wringen.

2. *hands* (*in distress*) ringen. **to ~ a duck's neck** einer Ente (*dat*) den Hals umdrehen; **I could have wrung his neck** ich hätte ihm den Hals *or* Kragen (*inf*) umdrehen können; **he wrung my hand** er schüttelte mir (kräftig) die Hand; **to ~ sb's heart** jdm in der Seele weh tun.

3. (*extract*) **to ~ sth out of** *or* **from sb** etw aus jdm herausquetschen, jdm etw abringen.

II *n* **to give clothes a ~** Kleider auswringen *or* auswinden.

wringer ['rɪŋəʳ] *n* (Wäsche)mangel *f*.

wringing ['rɪŋɪŋ] *adj* (*also* **~ wet**) tropfnaß; *person also* patschnaß (*inf*)

wrinkle ['rɪŋkl] **I** *n* **1.** (*in clothes, paper*) Knitter *m*; (*on face, skin*) Runzel, Falte *f*; (*in stocking*) Falte *f*. **2.** (*inf: dodge, scheme*) Kniff *m* (*inf*).

II *vt fabric, paper, surface, sheet* verknittern, verkrumpeln (*inf*); *skin* runzlig *or* faltig machen. **to ~ one's nose/brow** die Nase rümpfen/die Stirne runzeln.

III *vi* (*sheet, material*) (ver)knittern; (*stockings*) Falten schlagen; (*skin*) runzlig *or* faltig werden.

◆**wrinkle up** *vt sep nose* rümpfen.

wrinkled ['rɪŋkld] *adj sheet, skirt, paper* zerknittert; *stockings* Ziehharmonika- (*inf*); *skin* runzlig, faltig; *brow* gerunzelt; *apple, old lady* schrumpelig, verschrumpelt.

wrinkly ['rɪŋklɪ] **I** *adj* (*+er*) schrumpelig; *fabric* zerknittert. **II** *n* (*inf: old person*) Mummelgreis (*inf*), Grufti (*sl*) *m*.

wrist [rɪst] *n* Handgelenk *nt*. **to slash one's**

~**s** sich (*dat*) die Pulsadern aufschneiden.

wristband ['rɪst,bænd] *n* Armband *nt*; (*on dress, shirt*) Ärmelbündchen *nt*; (*Sport*) Schweißband *nt*.

wristlet ['rɪstlɪt] *n* Armband nt.

wrist lock *n* Polizeigriff *m*; **wristwatch** *n* Armbanduhr *f*.

writ [rɪt] *n* **1.** (*Jur*) Verfügung *f*. ~ **of attachment** Haft- *or* Verhaftungsbefehl *m*; ~ **of execution** Vollstreckungsbefehl *m*; **to issue a** ~ eine Verfügung herausgeben; **to issue a** ~ **against sb** jdn vorladen (*for* wegen). **2. Holy W**~ (*old, form*) Heilige Schrift.

write [raɪt] *pret* **wrote** *or* (*obs*) **writ** [rɪt], *ptp* **written** *or* (*obs*) **writ** [rɪt] **I** *vt* **1.** (*also Comput*) schreiben; *cheque also, copy* ausstellen; *notes* sich (*dat*) aufschreiben, sich (*dat*) machen; *application form* ausfüllen. **he wrote me a letter** er schrieb mir einen Brief; **he wrote himself a note to remind him** er machte sich (*dat*) eine Notiz, um sich zu erinnern; **to** ~ **sth to disk** etw auf Diskette schreiben; **writ(ten) large** (*fig*) verdeutlicht; (*on a larger scale*) im Großen; **it was written all over his face** es stand ihm im *or* auf dem Gesicht geschrieben; **he had "policeman" written all over him** man sah ihm den Polizisten schon von weitem an.

2. (*Insur*) *policy* abschließen.

II *vi* schreiben. **as I** ~ **...** während ich dies schreibe, ...; **to** ~ **to sb** jdm schreiben; **we** ~ **to each other** wir schreiben uns; **I wrote to him to come** ich habe ihm geschrieben, er solle kommen *or* daß er kommen solle; **that's nothing to** ~ **home about** (*inf*) das ist nichts Weltbewegendes; **he always wanted to** ~ er wollte immer (ein) Schriftsteller werden.

♦**write away** *vi* schreiben. **to** ~ ~ **for sth** etw anfordern; **he wrote** ~ **asking for further information** er forderte weitere Information an, er schrieb um weitere Information.

♦**write back** *vi* zurückschreiben, antworten.

♦**write down** *vt sep* (*make a note of*) aufschreiben; (*record, put in writing*) niederschreiben.

♦**write in I** *vt sep* **1.** *word, correction* hineinschreiben, einfügen (*prep obj* in +*acc*).

2. (*US Pol*) **to** ~ **sb** ~ seine Stimme für jdn abgeben, der nicht in der Liste aufgeführt ist.

3. (*build in*) *condition, provision* aufnehmen. **is there anything written** ~ **about that?** steht was dazu drin?

II *vi* schreiben (*to* an +*acc*). **to** ~ ~ **for sth** etw anfordern, um etw schreiben.

♦**write off I** *vi see* **write away. II** *vt sep* **1.** (*write quickly*) (schnell) hinschreiben; *essay, poem* herunterschreiben. **2.** *debt, losses*, (*fig: regard as failure*) abschreiben. **3.** *car* (*driver*) zu Schrott fahren; (*insurance company*) als Totalschaden abschreiben.

♦**write out** *vt sep* **1.** (*in full*) *notes* ausarbeiten; *name* ausschreiben. **2.** *cheque, prescription* ausstellen. **3.** *actor, character* einen Abgang schaffen (+*dat*). **he's been written** ~ ihm wurde ein Abgang aus der Serie geschaffen.

♦**write up** *vt sep notes* ausarbeiten; *report, diary* schreiben; *event* schreiben über (+*acc*); (*review*) *play, film* eine Kritik schreiben über (+*acc*).

write-in *n* (*US*) Stimmabgabe *f* für einen nicht in der Liste aufgeführten Kandidaten; **write-off** *n* **1.** (*car*) Totalschaden *m*; (*inf: holiday, picnic*) Katastrophe *f* (*inf*); **2.** (*Comm*) Abschreibung *f*.

write-protected ['raɪtprə,tektɪd] *adj* (*Comput*) schreibgeschützt.

writer ['raɪtəʳ] *n* Schreiber(in *f*) *m*, Verfasser(in *f*) m; (*of scenario, report also*) Autor(in *f*) *m*; (*of TV commercials, subtitles*) Texter(in *f*) *m*; (*of music*) Komponist(in *f*) *m*; (*as profession*) Schriftsteller (in *f*) *m*. **the (present)** ~ der Verfasser (dieser Zeilen/dieses Artikels); **he's a very poor** ~ er schreibt sehr schlecht; (*correspondent*) er ist kein großer Briefschreiber; ~**'s cramp** Schreibkrampf *m*.

write-up ['raɪtʌp] *n* Pressebericht *m*; (*of play, film*) Kritik *f*.

writhe [raɪð] *vi* sich krümmen, sich winden (*with, in* vor +*dat*). **to make sb** ~ (*painfully*) jdn vor Schmerzen zusammenzucken lassen; (*with disgust*) jdm kalte Schauer über den Rücken jagen, jdn erschauern lassen; (*with embarrassment*) jdn in peinliche Verlegenheit bringen.

writing ['raɪtɪŋ] *n* Schrift *f*; (*act, profession*) Schreiben *nt*; (*inscription*) Inschrift *f*. **at the time of** ~ als dies geschrieben wurde; (*in present*) während ich dies schreibe; **in** ~ schriftlich; **permission in** ~ schriftliche Genehmigung; **to commit sth to** ~ etw schriftlich festhalten; **this is a nice piece of** ~ das ist gut geschrieben; **his** ~**s** seine Werke *or* Schriften; **in sb's own** ~ (*not typed*) handgeschrieben; (*not written by sb else*) in jds eigener (Hand)schrift (*dat*); **he had seen the** ~ **on the wall** er hat die Zeichen erkannt.

writing *in cpds* Schreib-; **writing case** *n* Schreibmappe *f*; **writing desk** *n* Schreibtisch *m*, Schreibpult *nt*; **writing pad** *n* Schreib- *or* Notizblock *m*; **writing paper** *n* Schreibpapier *nt*.

written ['rɪtn] **I** *ptp of* **write. II** *adj examination, statement, evidence* schriftlich; *language* Schrift-; *word* geschrieben.

WRNS [renz] (*Brit*) *abbr of* **Women's Royal Naval Service.**

wrong [rɒŋ] **I** *adj* **1.** falsch; (*when choice is given also*) verkehrt. **to be** ~ nicht stimmen; (*person*) unrecht haben; (*answer also*) falsch *or* verkehrt sein; (*watch*) falsch gehen; **it's all** ~ das ist völlig verkehrt *or* falsch; (*not true*) das stimmt alles nicht; **it's all** ~ **that I should have to ...** das ist doch nicht richtig, daß ich ... muß; **I was** ~ **about him** ich habe mich in ihm getäuscht *or* geirrt; **you were** ~ **in thinking he did it** du hast unrecht gehabt, als du dachtest, er sei es gewesen; **how ~ can you get!** falscher geht's (wohl) nicht!; **he went in the ~ direction** er ging in die verkehrte *or* falsche Richtung; **this is the ~ train for Bournemouth** dies ist der falsche Zug, wenn Sie nach Bournemouth wollen; **to say/do the ~ thing** das Falsche sagen/tun; **the ~ side of the fabric** die Abseite *or* die linke Seite des Stoffes; **he's got the ~ kind of friends** er hat die falschen Freunde; **you've come to the ~ man** *or* **person/place** da sind Sie an den Falschen/an die Falsche/an die falsche Adresse geraten; **I feel all ~ here** ich fühle mich hier völlig fehl am Platz; **it's the ~ time and the ~ place for that** das ist weder die Zeit noch der Ort dafür; **to do sth the ~ way** etw falsch *or* verkehrt machen.

2. (*morally*) schlecht, unrecht; (*unfair*) ungerecht, unfair. **it's ~ to steal** es ist unrecht zu stehlen, Stehlen ist Unrecht; **that was very ~ of you** das war absolut nicht richtig von dir; **you were ~ to do that** es war nicht richtig *or* recht von dir, das zu tun; **it's ~ of you to laugh** Sie sollten nicht lachen; **what's ~ with a drink now and again?** was ist schon (Schlimmes) dabei, wenn man ab und zu einen trinkt?; **I don't see anything ~ in** *or* **with that** ich kann nichts Falsches daran finden, ich finde nichts daran auszusetzen.

3. *pred* (*amiss*) **something is ~** (irgend) etwas stimmt nicht *or* ist nicht in Ordnung (*with* mit); (*suspiciously*) irgend etwas stimmt da nicht *or* ist da faul (*inf*); **is anything** *or* **something ~?** ist was? (*inf*); **there's nothing ~** (es ist) alles in Ordnung; **what's ~?** was ist los?; **what's ~ with you?** was fehlt Ihnen?; **there's nothing medically ~ with her** medizinisch (gesehen) fehlt ihr nichts; **to be ~ in the head** (*inf*) nicht ganz richtig (im Oberstübchen) sein (*inf*).

II *adv* falsch. **you do him ~** du tust ihm unrecht; **he got the answer ~** er hat die falsche Antwort gegeben; (*Math*) er hat sich verrechnet; **I think you got things a bit ~** ich glaube, Sie sehen die Sache *or* das nicht ganz richtig; **to get one's sums ~** sich verrechnen; **you've got him ~** (*misunderstood*) Sie haben ihn falsch verstanden; (*he's not like that*) Sie haben sich in ihm getäuscht; **to go ~** (*on route*) falsch gehen/fahren; (*in calculation*) einen Fehler machen; (*morally*) auf Abwege geraten; (*plan*) schiefgehen; (*affair*) schieflaufen; **my washing-machine has gone ~** meine Waschmaschine ist nicht in Ordnung; **you can't go ~** du kannst gar nichts verkehrt machen; **you can't go ~ if you buy him a bottle of whisky** mit einer Flasche Whisky liegst du bei ihm immer richtig.

III *n* Unrecht *nt no pl*. **(social) ~s** (soziale) Ungerechtigkeiten *pl*; **to be in the ~** im Unrecht sein; **to put sb in the ~** jdn ins Unrecht setzen; **two ~s don't make a right** Unrecht und Unrecht ergibt noch kein Recht; **to do sb ~** jdm Unrecht (an)tun; **he can do no ~** er macht natürlich immer alles richtig.

IV *vt* **to ~ sb** jdm unrecht tun; **to be ~ed** ungerecht behandelt werden.

wrongdoer ['rɒŋ,du:ə^r] *n* Missetäter(in *f*), Übeltäter(in *f*) *m*.

wrongdoing ['rɒŋ,du:ɪŋ] *n* Missetaten *pl*; (*single act*) Missetat, Übeltat *f*.

wrong-foot [,rɒŋ'fʊt] *vt* (*Sport*) auf dem falschen Fuß erwischen; (*fig*) **I was ~ed by the question** die Frage traf mich unvorbereitet.

wrongful ['rɒŋfʊl] *adj* ungerechtfertigt.

wrongfully ['rɒŋfəlɪ] *adv* zu Unrecht.

wrong-headed ['rɒŋ'hedɪd] *adj* querköpfig, verbohrt (*about sth* in etw *acc or dat*).

wrong-headedness ['rɒŋ'hedɪdnɪs] *n* Verbohrtheit *f*.

wrongly ['rɒŋlɪ] *adv* **1.** (*unjustly, improperly*) unrecht; *punished, accused* zu Unrecht. **2.** (*incorrectly*) falsch, verkehrt; *maintain* zu Unrecht; *believe* fälschlicherweise.

wrongness ['rɒŋnɪs] *n* (*incorrectness*) Unrichtigkeit *f*; (*unfairness*) Ungerechtigkeit *f*. **the ~ of your behaviour** dein falsches Benehmen.

wrote [rəʊt] *pret of* **write.**

wrought [rɔ:t] **I** *vt* **1.** (*obs, liter*) *pret, ptp of* **work.**

2. great changes have been ~ große Veränderungen wurden errungen *or* herbeigeführt; **the accident ~ havoc with his plans** der Unfall durchkreuzte alle seine Pläne; **the storm ~ great destruction** der Sturm richtete große Verheerungen an.

II *adj iron* Schmiede-; *silver* getrieben, gehämmert.

wrought-iron *adj* schmiedeeisern *attr*, aus Schmiedeeisen; **~ gate** schmiedeeisernes Tor; **wrought-ironwork** *n* Kunstschmiedearbeit *f*; **wrought-up** *adj* **to be ~** aufgelöst sein, außer sich (*dat*) sein.

wrung [rʌŋ] *pret, ptp of* **wring.**

wry [raɪ] *adj* (*ironical*) ironisch; *joke, sense of humour* trocken. **to make** *or* **pull a ~ face** das Gesicht verziehen.

wryly ['raɪlɪ] *adv* ironisch.

WSW *abbr of* **west-south-west** WSW.

wt *abbr of* **weight** Gew.

wych-elm ['wɪtʃ'elm] *n see* **witch elm.**

wych-hazel ['wɪtʃ,heɪzl] *n see* **witch hazel.**

WYSIWYG ['wɪzɪwɪg] *n* (*Comput*) *abbr of* **what you see is what you get** WYSIWYG *nt*.

X, x [eks] *n* **1.** X, x *nt.* **2.** (*Math, fig: number*) x. **Mr ~** Herr X; **~ pounds** x Pfund; **~ marks the spot** die Stelle ist mit einem Kreuzchen gekennzeichnet. **3. ~-certificate film** für Jugendliche nicht geeigneter Film, für Jugendliche ab 18 Jahren freigegebener Film.

X chromosome *n* X-Chromosom *nt.*

xenophobe ['zenəfəʊb] *n* Fremdenhasser(in *f*) *m.*

xenophobia [ˌzenə'fəʊbɪə] *n* Fremdenfeindlichkeit *f*, Fremdenhaß *m*, Xenophobie (*liter*) *f.*

xenophobic [ˌzenə'fəʊbɪk] *adj* fremdenfeindlich, xenophob (*liter*).

Xerox ® ['zɪərɒks] **I** *n* (*copy*) Xerokopie *f*; (*process*) Xeroxverfahren *nt.* **II** *vt* xerokopieren.

XL *abbr of* **extra large**.

Xmas ['eksməs, 'krɪsməs] *n* = **Christmas** Weihnachten *nt.*

X-ray ['eks'reɪ] **I** *n* Röntgenstrahl *m*; (*also* **~ photograph**) Röntgenaufnahme *f or* -bild *nt.* **to take an ~ of sth** etw röntgen, eine Röntgenaufnahme von etw machen; **to have an ~** geröntgt werden; **she has gone in for an ~** sie ist zum Röntgen gegangen.

II *vt person, heart* röntgen, durchleuchten (*dated*); *envelope* durchleuchten.

X-ray *in cpds* Röntgen-; **X-ray examination** *n* Röntgenuntersuchung *f*, röntgenologische Untersuchung; **X-ray eyes** *npl* (*fig*) Röntgenaugen *pl.*

xylograph ['zaɪləgrɑːf] *n* Holzschnitt *m.*

xylophone ['zaɪləfəʊn] *n* Xylophon *nt.*

Y

Y, y [waɪ] *n* Y, y *nt*.
yacht [jɒt] **I** *n* Jacht, Yacht *f*. ~ **club** Jacht- *or* Segelklub *m*; ~ **race** (Segel)regatta *f*. **II** *vi* segeln. **to go ~ing** segeln gehen; (*on cruise*) eine Segeltour *or* einen Törn machen.
yachting ['jɒtɪŋ] *n* Segeln *nt*.
yachting cap *n* Seglermütze *f*; **yachting circles** *npl* Seglerkreise *pl*; **yachting cruise** *n* (Segel)kreuzfahrt, Segelreise *f*; **yachting holiday** *n* Segelurlaub *m*; **yachting jacket** *n* Segeljacke *f*.
yachtsman ['jɒtsmən] *n, pl* **-men** [-mən] Segler *m*.
yachtsmanship ['jɒtsmənʃɪp] *n* Segelkunst *f*.
yackety-yak ['jækɪtɪ'jæk] (*inf*) **I** *vi* schnattern (*inf*), quasseln (*inf*). **listen to those two,** ~ hör dir mal die beiden Schnattergänse an (*inf*). **II** *n* Blabla (*pej inf*), Gequassel (*pej inf*) *nt*.
yah [jɑː] *interj* (*expressing disgust*) uh, igitt-igitt; (*expressing derision*) ätsch, hähä.
yak¹ [jæk] *n* (*Zool*) Jak, Yak, Grunzochse *m*.
yak² *vi* (*inf*) schnattern (*inf*), quasseln (*inf*).
Yale lock ® ['jeɪl,lɒk] *n* Sicherheitsschloß *nt*.
yam [jæm] *n* **1.** (*plant*) Yamswurzel *f*. **2.** (*US: sweet potato*) Süßkartoffel, Batate *f*.
yammer ['jæməʳ] *vi* (*inf: moan*) jammern.
yank [jæŋk] **I** *n* Ruck *m*. **give it a good** ~ zieh mal kräftig dran. **II** *vt* **to ~ sth** mit einem Ruck an etw (*dat*) ziehen, einer Sache (*dat*) einen Ruck geben; **he ~ed the rope free** er riß das Seil los.
◆**yank off** *vt sep* abreißen.
◆**yank out** *vt sep* ausreißen; *tooth* ziehen.
Yank [jæŋk] **I** *n* Ami (*inf*) *m*. **II** *adj attr* Ami- (*inf*).
Yankee ['jæŋkɪ] (*inf*) **I** *n* Yankee (*inf*) *m*; (*Hist auch*) Nordstaatler *m*. **II** *adj attr* Yankee- (*inf*).
yap [jæp] **I** *vi* (*dog*) kläffen; (*talk noisily*) quatschen (*inf*), labern (*inf*). **it's been ~, ~, ~ all day** von morgen bis abends nur Gequatsche (*inf*). **II** *n* (*of dog*) Kläffen, Gekläff *nt*; (*inf: of person*) Gequatsche (*inf*), Gelaber (*inf*) *nt*.
yapping ['jæpɪŋ] **I** *adj dog* kläffend; (*inf*) *women* quatschend (*inf*). **II** *n see* **yap II.**
yard¹ [jɑːd] *n* **1.** (*Measure*) Yard *nt* (*0.91 m*). **he can't see a ~ in front of him** er kann keinen Meter weit sehen; **to buy cloth by the ~** ≃ Stoff meterweise *or* im Meter kaufen; **he pulled out ~s of handkerchief** (*inf*) er zog ein riesiges Taschentuch hervor (*inf*); **words a ~ long** (*inf*) Bandwurmwörter *pl* (*inf*); **to have a face a ~ long** (*inf*) ein Gesicht wie drei Tage Regenwetter machen (*inf*); **calculations by the ~** (*fig*) endlose Zahlenkolonnen *pl*; **he wrote poetry by the ~** er produzierte Gedichte am Fließband *or* am laufenden Meter.
2. (*Naut*) Rah *f*.
yard² *n* **1.** (*of farm, hospital, prison, school, house*) Hof *m*. **back ~** Hinterhof *m*; **in the ~** auf dem Hof.
2. (*worksite*) Werksgelände *nt*; (*for storage*) Lagerplatz *m*. **builder's ~** Bauhof *m*; **shipbuilding ~** Werft *f*; **timber ~** Holzlager(platz *m*) *nt*; **naval (dock)~,** (*US*) **navy ~** Marinewerft *f*; **railway ~** Rangierbahnhof, Verschiebebahnhof *m*; **goods ~,** (*US*) **freight ~** Güterbahnhof *m*.
3. the Y~, Scotland Y~ Scotland Yard *m*.
4. (*US: garden*) Garten *m*.
yardage ['jɑːdɪdʒ] *n* Anzahl *f* von Yards, ≃ Meterzahl *f*.
yard-arm *n* (*Naut*) Nock *f*; **to hang sb from the ~** jdn am Mast aufknüpfen; **yardstick** *n* **1.** (*measuring rod*) Elle *f*; **2.** (*fig*) Maßstab *m*.
yarn [jɑːn] **I** *n* **1.** (*Tex*) Garn *nt*. **2.** (*tale*) Seemannsgarn *nt*. **to spin a ~** Seemannsgarn spinnen; **to spin sb a ~ about sth** jdm eine Lügengeschichte über etw (*acc*) erzählen. **II** *vi* Seemannsgarn spinnen, Geschichten erzählen.
yarrow ['jærəʊ] *n* (*Bot*) (gemeine) Schafgarbe.
yashmak ['jæʃmæk] *n* Schleier *m* (*von Moslemfrauen*).
yaw [jɔː] **I** *vi* (*Naut*) gieren, vom Kurs abkommen; (*Aviat, Space*) (*off course*) vom Kurs abkommen *or* abweichen; (*about axis*) gieren. **it ~ed 20 degrees to port** es gierte um 20 Grad nach Backbord. **II** *n see vi* Kursabweichung, Gierung *f*, Gieren *nt*.
yawl [jɔːl] *n* (*Naut*) (*rowing boat*) Beiboot *nt*; (*sailing boat*) (Segel)jolle *f*.
yawn [jɔːn] **I** *vi* **1.** (*person*) gähnen. **to ~ with boredom** vor Langeweile gähnen. **2.** (*chasm*) gähnen.
II *vt* gähnen. **to ~ one's head off** fürchterlich gähnen (*inf*).
III *n* **1.** Gähnen *nt*. **I could tell by your ~s ...** an deinem Gähnen konnte ich sehen ...; **to give a ~** gähnen.
2. (*inf: bore*) **the film was a ~** der Film war zum Gähnen (langweilig); **what a ~!** wie langweilig!; **life is just one big ~** das Leben ist vielleicht langweilig.
yawning ['jɔːnɪŋ] **I** *adj chasm* gähnend. **II** *n* Gähnen *nt*.
Y chromosome *n* Y-Chromosom *nt*.
yd *abbr of* **yard(s).**
ye [jiː] (*obs*) **I** *pers pron* (*nominative*) Ihr (*obs*); (*objective*) Euch (*obs*). ~ **gods!** (*not obs*) allmächtiger Gott! **II** *def art* = **the.**

yea [jeɪ] **I** *adv* (*obs*) **1.** (*yes*) ja. **2.** (*indeed*) fürwahr (*old*). **II** *n* **the ~s and the nays** die Jastimmen und die Neinstimmen.

yeah [jɛə] *adv* (*inf*) ja.

year [jɪəʳ] *n* **1.** Jahr *nt*. **last ~** letztes Jahr; **this ~** dieses Jahr; **every other ~** jedes zweite Jahr; **three times a ~** dreimal pro *or* im Jahr; **in the ~ 1989** im Jahr(e) 1989; **in the ~ of Our Lord 1974** (*form*) im Jahr(e) des Herrn 1974 (*geh*); **~ after ~** Jahr für Jahr; **~ by ~, from ~ to ~** von Jahr zu Jahr; **~ in, ~ out** jahrein, jahraus; **all (the) ~ round** das ganze Jahr über *or* hindurch; **as ~s go by** mit den Jahren; **~s (and ~s) ago** vor (langen) Jahren; **to pay by the ~** jährlich zahlen; **a ~ last January** (im) Januar vor einem Jahr; **it'll be a ~ in** *or* **next January** (*duration*) es wird nächsten Januar ein Jahr sein; (*point in time*) es wird nächsten Januar ein Jahr her sein; **a ~ from now** nächstes Jahr um diese Zeit; **a hundred-~-old tree** ein hundert Jahre alter Baum, ein hundertjähriger Baum; **he is six ~s old** er ist sechs Jahre (alt); **he is in his fortieth ~** er steht (*geh*) *or* ist im vierzigsten Lebensjahr; **he gets £23,000 a ~** er bekommt £ 23.000 jährlich *or* pro Jahr *or* im Jahr; **that new hairdo has taken ~s off you** diese neue Frisur macht dich um Jahre jünger; **it's taken ~s off my life** es hat mich Jahre meines Lebens gekostet; **it has put ~s on me** es hat mich (um) Jahre älter gemacht.

2. (*Univ, Sch, of coin, stamp, wine*) Jahrgang *m*. **he is bottom in his ~** (*Univ, Sch*) er ist der Schlechteste seines Jahrgangs *or* in seinem Jahrgang; **first-~ student** Student(in *f*) *m* im ersten Jahr; (*first term student*) ≈ Student(in *f*) *m* im ersten Semester, Erstsemester *nt*; **she was in my ~ at school** sie war im selben Schuljahrgang wie ich.

3. from his earliest ~s von frühester Kindheit an, seit seiner frühesten Kindheit; **he looks old for his ~s** er sieht älter aus als er ist; **young for his ~s** jung für sein Alter; **well advanced** *or* **well on in ~s** im vorgerückten Alter; **to get on in ~s** in die Jahre kommen; **difference in ~s** Altersunterschied *m*.

yearbook ['jɪəbʊk] *n* Jahrbuch *nt*.

year-end [ˌjɪə'rend] *n* Jahresende *nt*. **~ report** Jahresbericht, Geschäftsbericht *m*.

yearling ['jɪəlɪŋ] **I** *n* (*animal*) Jährling *m*; (*racehorse also*) Einjährige(r) *mf*. **II** *adj* einjährig.

year-long ['jɪə'lɒŋ] *adj* einjährig. **a ~ struggle** ein Kampf, der ein Jahr dauert/dauerte.

yearly ['jɪəlɪ] **I** *adj* jährlich. **II** *adv* jährlich, einmal im Jahr. **twice ~** zweimal jährlich *or* im Jahr.

yearn [jɜːn] *vi* sich sehnen (*after, for* nach). **to ~ to do sth** sich danach sehnen, etw zu tun; **to ~ for home** sich nach Hause sehnen; **to ~ for sb** sich nach jdm sehnen, nach jdm verlangen.

yearning ['jɜːnɪŋ] **I** *n* Sehnsucht *f*, Verlangen *nt* (*to do sth* etw zu tun, *for* nach). **a ~ for the past** die Sehnsucht nach der Vergangenheit. **II** *adj desire* sehnsüchtig; *look also* sehnsuchtsvoll, verlangend.

yearningly ['jɜːnɪŋlɪ] *adv* sehnsuchtsvoll, voller Sehnsucht; *gaze also* sehnsüchtig.

year-round ['jɪə'raʊnd] *adj* das ganze Jahr über *or* hindurch.

yeast [jiːst] *n, no pl* Hefe *f*.

yeasty ['jiːstɪ] *adj taste* hefig. **the beer's very ~** das Bier schmeckt stark nach Hefe.

yell [jel] **I** *n* Schrei *m*. **to let out** *or* **give a ~** einen Schrei ausstoßen, schreien; **could you give me a ~ when we get there?** könnten Sie mir Bescheid sagen *or* mich rufen, wenn wir da sind?; **college ~** (*US*) Schlachtruf *m* eines College.

II *vi* (*also* **~ out**) schreien, brüllen (*with* vor *+dat*). **he ~ed at her** er schrie *or* brüllte sie an; **just ~ if you need help** ruf, wenn du Hilfe brauchst.

III *vt* (*also* **~ out**) schreien, brüllen; *name* brüllen. **he ~ed abuse at the teacher** er beschimpfte den Lehrer wüst; **she ~ed up the stairs that dinner was ready** sie rief die Treppe hinauf, daß das Essen fertig sei.

yellow ['jeləʊ] **I** *adj* (*+er*) **1.** gelb. **~ hair** strohblondes *or* gelbblondes Haar; **to go** *or* **turn ~** gelb werden; (*paper*) vergilben; **~ card** (*Ftbl*) gelbe Karte; **~ fever** Gelbfieber *nt*; **~ flag, ~ jack** (*Naut*) gelbe Flagge, Quarantäneflagge *f*; **~ jersey** (*Cycling*) gelbes Trikot; **(double) ~ line** (absolutes) Halteverbot; **to be parked on a (double) ~ line** im (absoluten) Halteverbot stehen; **~ ochre** ockergelb; **~ pages: the ~ pages** das Branchenverzeichnis, die Gelben Seiten; **~ peril** (*pej*) gelbe Gefahr; **~ press** Sensationspresse *f*; **Y~ River** Gelber Fluß; **Y~ Sea** Gelbes Meer.

2. (*sl: cowardly*) feige.

II *n* (*colour*) Gelb *nt*; (*of egg*) Eigelb *nt*; (*sl: cowardice*) Feigheit *f*. **a streak of ~** ein feiger Zug.

III *vt* gelb färben. **the sunlight had ~ed the pages** die Sonne hatte die Seiten vergilben lassen; **paper ~ed with age** vor Alter vergilbtes Papier.

IV *vi* gelb werden, sich gelb färben; (*corn also*) reifen; (*pages*) vergilben.

yellow-belly *n* (*sl*) Angsthase (*inf*), Waschlappen (*inf*) *m*; **yellowhammer** *n* (*Orn*) Goldammer *f*.

yellowish ['jeləʊɪʃ] *adj* gelblich.

yellowness ['jeləʊnɪs] *n, no pl* **1.** Gelb *nt*; (*of skin*) gelbliche Färbung. **2.** (*sl: cowardice*) Feigheit *f*.

yellowy ['jeləʊɪ] *adj* gelblich.

yelp [jelp] **I** *n* (*of animal*) Jaulen *nt no pl*; (*of person*) Aufschrei *m*. **to give a ~** (auf)jaulen; (*person*) aufschreien. **II** *vi* (*animal*) (auf)jaulen; (*person*) aufschreien.

yelping ['jelpɪŋ] *n see vi* Jaulen *nt*; Aufschreien *nt*.

Yemen ['jemən] *n*: **the ~** der Jemen.

Yemeni ['jemənɪ] **I** *n* Jemenit(in *f*) *m*. **II** *adj* jemenitisch.

yen¹ [jen] *n* (*Fin*) Yen *m*.

yen² *n* (*inf*) Lust *f* (*for* auf *+acc*). **I've**

always had a ~ to go to Pasadena es hat mich schon immer nach Pasadena gezogen; **I had a sudden ~ to do that/for oysters** ich hatte plötzlich Lust, das zu machen/auf Austern.

yeoman [jəʊmən] *n, pl* **-men** [-mən] **1.** (*Hist: small landowner*) Freibauer *m.* **~ farmer** (*Hist*) Freibauer *m.* **2. Y~ of the Guard** königlicher Leibgardist; **to do ~ service** treue Dienste leisten (*for sb* jdm).

yeomanry ['jəʊmənrɪ] *n* **1.** (*Hist*) Freibauernschaft *f*, Freibauernstand *m.* **2.** (*Mil*) *freiwillige Kavallerietruppe.*

yep [jep] *adv* (*inf*) ja. **is he sure? — ~!** ist er sicher? — klar!

yeppy ['jɛpɪ] *abbr of* **young, European and proud of it** *n* Yeppy *m.*

yes [jes] **I** *adv* ja; (*answering neg question*) doch. **to say ~** ja sagen; **to say ~ to a demand** einer Forderung (*dat*) nachkommen; **he said ~ to all my questions** er hat alle meine Fragen bejaht *or* mit Ja beantwortet; **if they say ~ to an increase** wenn sie eine Lohnerhöhung bewilligen; **I'd say ~ to 35%, no to 32%** ich würde 35% akzeptieren, 32% nicht; **he'll say ~ to anything** er kann nicht nein sagen; **~ sir!** (*Mil*) jawohl, Herr General/Leutnant; (*general*) jawohl, mein Herr!; **waiter! — ~ sir?** Herr Ober! — ja, bitte?; **~ indeed** o ja, allerdings; **I didn't say that — oh ~, you did** das habe ich nicht gesagt — o doch *or* o ja, das hast du; **~ and no** ja und nein, jein (*inf*).

II *n* Ja *nt.* **he just answered with ~es and noes** er hat einfach mit Ja oder Nein geantwortet.

yes man ['jesmæn] *n, pl* **~ men** [-men] Jasager *m.*

yesterday ['jestədeɪ] **I** *n* Gestern *nt.* **the fashions of ~** die Mode von gestern; **all our ~s** unsere ganze Vergangenheit.

II *adv* (*lit, fig*) gestern. **~ morning/afternoon/evening** gestern morgen/nachmittag/abend; **he was at home all (day) ~** er war gestern den ganzen Tag zu Hause; **the day before ~** vorgestern; **a week ago ~** gestern vor einer Woche; *see* **born.**

yesteryear ['jestə'jɪər] *n* (*poet*) **of ~** vergangener Jahre (*gen*).

yet [jet] **I** *adv* **1.** (*still*) noch; (*thus far*) bis jetzt, bisher. **they haven't ~ returned** *or* **returned ~** sie sind noch nicht zurückgekommen; **this is his best book ~** das ist sein bisher bestes Buch; **as ~** (*with present tenses*) bis jetzt, bisher; (*with past*) bis dahin; **no, not ~** nein, noch nicht; **I've hardly begun ~** ich habe noch gar nicht richtig angefangen; **not just ~** jetzt noch nicht.

2. (*with interrog: so far, already*) schon. **has he arrived ~?** ist er schon angekommen?, ist er schon da?; **do you have to go just ~?** müssen Sie jetzt schon gehen?

3. (*with affirmative: still, remaining*) noch. **they have a few days ~** sie haben noch ein paar Tage; **a ~ to be decided question** eine noch unentschiedene Frage, eine Frage, die noch entschieden werden muß; **I've ~ to learn how to do it** ich muß erst noch lernen, wie man es macht; **and they are doubtless waiting ~** und sie warten zweifellos noch immer.

4. (*with comp: still, even*) noch. **this is ~ more difficult** dies ist (sogar) noch schwieriger; **~ more money** noch mehr Geld.

5. (*in addition*) **(and) ~ again** und wieder, und noch einmal; **and ~ again they rode off** und sie ritten wieder weg; **another arrived and ~ another** es kam noch einer und noch einer.

6. (*with future and conditional: before all is over*) noch. **he may come ~** *or* **~ come** er kann noch kommen; **he could come ~** er könnte noch kommen; **I may ~ go to Italy** ich fahre vielleicht noch nach Italien; **I'll do it ~** ich schaffe es schon noch.

II *conj* doch, dennoch, trotzdem. **and ~** und doch *or* trotzdem *or* dennoch; **it's strange ~ true** es ist seltsam, aber wahr.

yeti ['jetɪ] *n* Yeti, Schneemensch *m.*

yew [juː] *n* (*also* **~ tree**) Eibe *f*; (*wood*) Eibe(nholz *nt*) *f.*

Y-fronts ® ['waɪfrʌnts] *npl* (Herren-)Slip *m.*

YHA *abbr of* **Youth Hostels Association** ≃ DJH *nt.*

Yid [jɪd] *n* (*pej*) Jud *m* (*pej*).

Yiddish ['jɪdɪʃ] **I** *adj* jiddisch. **II** *n* (*language*) Jiddisch *nt.*

yield [jiːld] **I** *vt* **1.** (*land*) *fruit, crop* hervorbringen; (*tree*) *fruit* tragen; (*mine, oilwell*) bringen; (*shares, money*) *interest, profit* (ein)bringen, abwerfen; *result* (hervor)bringen; *opportunity* ergeben. **the information ~ed by the poll** die Information, die die Meinungsumfrage ergeben hat; **this ~ed a weekly increase of 20%** das brachte eine wöchentliche Steigerung von 20%.

2. (*surrender, concede*) aufgeben. **to ~ sth to sb** etw an jdn abtreten; **to ~ ground to the enemy** vor dem Feind zurückweichen; **to ~ the floor to sb** (*fig*) jdm das Feld überlassen; **to ~ a point to sb** jdm einen Punkt zukommen lassen; (*in competition*) einen Punkt an jdn abgeben; **to ~ concessions** Zugeständnisse machen; **to ~ right of way to sb** (*Mot*) jdm die Vorfahrt gewähren *or* lassen.

II *vi* **1.** (*tree, land*) tragen; (*mine, oilwell*) Ertrag bringen; (*shares, money*) sich verzinsen, Zinsen *or* Profit einbringen *or* abwerfen. **land that ~s well/poorly** Land, das ertragreich ist/das wenig Erträge bringt.

2. (*surrender, give way*) **they ~ed to us** (*Mil*) sie haben sich uns (*dat*) ergeben; (*general*) sie haben nachgegeben; **at last she ~ed to him/to his charm** schließlich erlag sie ihm/seinem Charme doch; **to ~ to force/superior forces** (*Mil*) der Gewalt/Übermacht weichen *or* nachgeben; **to ~ to reason** sich der Vernunft beugen; **to ~ to sb's entreaties/threats/argument** jds Bitten (*dat*) nachgeben/sich jds Drohungen/Argument (*dat*) beugen; **he ~ed to her requests** er gab ihren Bitten nach; **to ~ to temptation**

der Versuchung erliegen; **to ~ to one's emotions** seinen Gefühlen nachgeben; **I'll have to ~ to you on that point** in diesem Punkt muß ich Ihnen recht geben.

3. (*give way: branch, beam, rope, floor, ground*) nachgeben. **to ~ under pressure** unter Druck nachgeben; (*fig*) dem Druck weichen.

4. (*Mot*) **to ~ to oncoming traffic** den Gegenverkehr vorbeilassen; **"~"** (*US, Ir*) „Vorfahrt achten!"

III *n* (*of land, tree*) Ertrag *m*; (*of work also*) Ergebnis *nt*; (*of mine, well*) Ausbeute *f*; (*of industry: goods*) Produktion *f*; (*profit*) Gewinne, Erträge *pl*; (*Fin: of shares, business*) Ertrag, Gewinn *m*. **~ of tax** Steueraufkommen *nt*.

◆**yield up** *vt sep rights, privileges* abtreten, verzichten auf (+*acc*). **to ~ sth ~ to sb** etw an jdn abtreten; **he ~ed ~ his life to the cause** er gab sein Leben für diese Sache; **he ~ed himself ~ to his fate** er ergab sich seinem Schicksal.

yielding ['ji:ldɪŋ] *adj person* nachgiebig; *surface, material* nachgebend. **the ground is ~** der Boden gibt nach.

yippee [jɪ'pi:] *interj* juchhu, hurra.

YMCA *abbr of* **Young Men's Christian Association** CVJM *m*.

yobbish ['jɒbɪʃ] *adj* (*Brit inf*) Halbstarken-, Rowdy-.

yob(bo) ['jɒb(əʊ)] *n* (*Brit inf*) Halbstarke(r), Rowdy *m*.

yodel ['jəʊdl] **I** *vti* jodeln. **II** *n* Jodler(in *f*) *m*.

yodelling ['jəʊdlɪŋ] *n* Jodeln *nt*.

yoga ['jəʊgə] *n* Joga, Yoga *m or nt*.

yoghourt, yog(h)urt ['jɒgət] *n* Joghurt *m or nt*.

yogi ['jəʊgɪ] *n* Jogi, Yogi *m*.

yoke [jəʊk] **I** *n* **1.** (*for oxen*) Joch *nt*; (*for carrying pails*) (Trag)joch *nt*, Schultertrage *f*. **2.** *pl* - (*pair of oxen*) Joch, Gespann *nt*. **3.** (*fig: oppression*) Joch *nt*. **to throw off the ~** das Joch abschütteln. **4.** (*on dress, blouse*) Passe *f*; (*on pullover also*) Joch *nt*.

II *vt* **1.** (*also* **~ up**) *oxen* (ins Joch) einspannen. **to ~ oxen to the plough** Ochsen vor den Pflug spannen.

2. *pieces of machinery* zusammenschließen. **to ~ sth to sth** etw an etw (*acc*) anschließen.

3. (*fig: join together*) zusammenschließen, vereinen.

yokel ['jəʊkəl] *n* (*pej*) Bauerntölpel, Bauerntrampel *m*.

yolk [jəʊk] *n* (*of egg*) Eigelb *nt*.

yonder ['jɒndə^r] (*poet, dial*) **I** *adv* **(over) ~** dort drüben. **II** *adj* **from ~ house** von dem Haus (dort) drüben.

yonks [jɒŋks] *n* (*inf: ages*) eine (halbe) Ewigkeit (*inf*); **that was ~ ago** das war vor einer (halben) Ewigkeit (*inf*); **I haven't seen her for ~** ich habe sie schon ewig nicht mehr gesehen (*inf*).

yoo-hoo ['ju:'hu:] *interj* huhu, hallo.

yore [jɔ:^r] *n* (*obs, liter*) **in days of ~** in alten Zeiten ...

Yorkshire pudding ['jɔ:kʃə'pʊdɪŋ] *n* Yorkshire Pudding *m* (*Beilage f zu Rinderbraten*).

you [ju:] *pron* **1.** (*German familiar form, can also be written with a capital in letters*) (*sing*) (*nom*) du; (*acc*) dich; (*dat*) dir; (*pl*) (*nom*) ihr; (*acc, dat*) euch; (*German polite form: sing, pl*) (*nom, acc*) Sie; (*dat*) Ihnen. **all of ~** (*pl*) ihr alle/Sie alle; **I want all of ~** (*sing*) ich will dich ganz; **if I were ~** wenn ich du/Sie wäre, an deiner/eurer/Ihrer Stelle; **~ Germans** ihr Deutschen; **silly old ~** du Dussel (*inf*), du Dumm(er)chen (*inf*); **~ darling** du bist ein Schatz *or* Engel; **is that ~?** bist du's/seid ihr's/sind Sie's?; **it's ~** du bist es/ihr seid's/Sie sind's; **what's the matter? — it's ~ *or* ~ are** was ist los? — es liegt an dir/euch/Ihnen; **there's a fine house for ~!** das ist mal ein schönes Haus!; **sit ~ down** (*hum*) setz dich/setzt euch/setzen Sie sich; **that hat just isn't ~** (*inf*) der Hut paßt einfach nicht zu dir/zu Ihnen.

2. (*indef*) (*nom*) man; (*acc*) einen; (*dat*) einem. **~ never know, ~ never can tell** man kann nie wissen, man weiß nie; **it's not good for ~** es ist nicht gut.

you-all ['ju:ɔ:l] *pron* (*US inf*) ihr.

you'd [ju:d] *contr of* **you would; you had.**

you'd've ['ju:dəv] *contr of* **you would have.**

you'll [ju:l] *contr of* **you will; you shall.**

young [jʌŋ] **I** *adj* (+*er*) jung; *wine, grass also* neu. **the ~ moon** der Mond im ersten Viertel; **~ people** junge Leute *pl*; **a ~ people's magazine** eine Jugendzeitschrift; **~ people's fashions** Jugendmoden *pl*; **~ lady/man** junge Dame/junger Mann; **they have a ~ family** sie haben kleine Kinder; **he is ~ at heart** er ist innerlich jung geblieben; **you are only ~ once** man ist *or* du bist nur einmal jung; **you ~ rascal!** (*inf*) du kleiner Schlingel!; **~ Mr Brown** der junge Herr Brown; **Pitt the Y~er** Pitt der Jüngere; **the night is ~** die Nacht ist (noch) jung; **Y~ America** die Jugend in Amerika, die amerikanische Jugend; **he's a very ~ forty** er ist ein jugendlicher *or* junggebliebener Vierziger; **~ offender** jugendlicher Straftäter; **~ offenders' institution** Einrichtung *f* für jugendliche Straftäter.

II *npl* **1.** (*people*) **the ~** die Jugend, die jungen Leute; **~ and old** jung und alt; **books for the ~** Jugendbücher *pl*.

2. (*animals*) Junge *pl*. **with ~** trächtig.

youngish ['jʌŋɪʃ] *adj* ziemlich jung.

youngster ['jʌŋstə^r] *n* (*boy*) Junge *m*; (*child*) Kind *nt*. **he's just a ~** er ist eben noch jung *or* ein Kind.

your [jɔ:^r, jə^r] *poss adj* **1.** (*German familiar form, can also be written with a capital in letters*) (*sing*) dein/deine/dein; (*pl*) euer/eure/euer; (*German polite form: sing, pl*) Ihr/Ihre/Ihr. **~ mother and father** deine/Ihre Mutter und dein/Ihr Vater; **one of ~ friends** einer deiner/Ihrer Freunde, einer von deinen/Ihren Freunden.

2. (*indef*) sein. **you give him ~ form and he gives you back ~ passport** Sie geben ihm Ihr *or* dies Formular, und dann bekommen Sie Ihren Paß zurück; **the climate here is bad for ~ health** das Klima hier ist ungesund *or* ist nicht gut für die Gesundheit.

3. (*typical*) der/die/das. **~ average Englishman** der durchschnittliche Engländer.

you're [jʊəʳ, jɔːʳ] *contr of* **you are.**

yours [jɔːz] *poss pron* (*pers*) (*German familiar form, can also be written with a capital in letters*) (*sing*) deiner/deine/deins; (*pl*) eurer/eure/euers; (*German polite form: sing, pl*) Ihrer/Ihre/Ihr(e)s. **this is my book and that is ~** dies ist mein Buch und das (ist) deins/Ihres; **the idea was ~** es war deine/Ihre Idee, die Idee stammt von dir/Ihnen; **she is a cousin of ~** sie ist deine Kusine, sie ist eine Kusine von dir; **that is no business of ~** das geht dich/Sie nichts an; **that dog of ~!** dein/Ihr blöder Hund!; **you and ~** du und deine Familie, du und die Deinen (*geh*)/Sie und Ihre Familie, Sie und die Ihren (*geh*); **~** (*in letter-writing*) Ihr/Ihre; **~ faithfully, ~ sincerely, ~ truly** (*on letter*) mit freundlichem Gruß, mit freundlichen Grüßen, hochachtungsvoll (*form*); **in reply to ~ of the 15th May** (*Comm form*) in Antwort auf Ihr Schreiben vom 15. Mai; **what's ~?** (*to drink*) was möchtest du/was möchten Sie?, was trinkst du/was trinken Sie?; **~ truly** (*inf: I, me*) meine Wenigkeit; **guess who had to do all the dirty work? ~ truly** und wer mußte die Dreckarbeit machen? ich natürlich ... **up ~!** (*vulg*) du kannst mich mal (*sl*).

yourself [jɔː'self, jə'self] *pron, pl* **yourselves** [jɔː'selvz, jə'selvz] **1.** (*reflexive*) (*German familiar form, can also be written with a capital in letters*) (*sing*) (*acc*) dich; (*dat*) dir; (*pl*) euch; (*German polite form: sing, pl*) sich. **have you hurt ~?** hast du dir/haben Sie sich weh getan?; **you never speak about ~** du redest nie über dich (selbst)/Sie reden nie über sich (selbst).

2. (*emph*) selbst. **you ~ told me, you told me ~** du hast/Sie haben mir selbst gesagt; **you are not quite ~ today** du bist heute gar nicht du selbst, du bist/Sie sind heute irgendwie verändert *or* anders; **how's ~?** (*inf*) und wie geht's dir/Ihnen?; **you will see for ~** du wirst/Sie werden selbst sehen; **did you do it by ~?** hast du/haben Sie das allein gemacht?

youth [juːθ] *n* **1.** *no pl* Jugend *f.* **in (the days of) my ~** in meiner Jugend(zeit); **the town of my ~** die Stadt *or* Stätte (*hum*) meiner Jugend; **he radiates ~** er vermittelt den Eindruck von Jugendlichkeit; **she has kept her ~** sie ist jung geblieben.

2. *pl* **-s** [juːðz] (*young man*) junger Mann, Jugendliche(r) *m.* **when he was a ~** als er ein junger Mann war; **pimply ~** pickliger Jüngling.

3. **~** *pl* (*young men and women*) Jugend *f*; **she likes working with (the) ~** sie arbeitet gerne mit Jugendlichen; **the ~ of today** die Jugend von heute; **the Hitler Y~ Movement** die Hitlerjugend; **~ club** Jugendklub *m*; **~ hostel** Jugendherberge *f*; **~ employment scheme** Programm *nt or* Aktionsplan *m* für jugendliche Arbeitslose; **~ training scheme** Ausbildungsprogramm *nt* für Jugendliche.

youthful ['juːθfʊl] *adj* jugendlich. **a ~ mistake** eine Jugendsünde.

youthfulness ['juːθfʊlnɪs] *n* Jugendlichkeit *f.*

you've [juːv] *contr of* **you have.**

yowl [jaʊl] **I** *n* (*of person*) Heulen *nt no pl*; (*of dog*) Jaulen *nt no pl*; (*of cat*) klägliches Miauen *no pl.* **II** *vi* (*person*) heulen; (*dog*) jaulen; (*cat*) kläglich miauen.

yo-yo ['jəʊjəʊ] *n* Jo-Jo, Yo-Yo *nt.* **I've been going up- and downstairs like a ~ all morning** ich bin den ganzen Morgen wie irre die Treppe rauf- und runtergerannt (*inf*).

yr *abbr of* **1. year(s). 2. your.**

yrs *abbr of* **1. years. 2. yours.**

Y-shaped ['waɪʃeɪpt] *adj* Y-förmig.

YTS *n* (*Brit*) **1.** *abbr of* **Youth Training Scheme**. **2.** (*person*) Auszubildende(r) *mf.*

ytterbium [ɪ'tɜːbɪəm] *n* (*Chem*) Ytterbium *nt.*

yttrium ['ɪtrɪəm] *n* (*Chem*) Yttrium *nt.*

yucca ['jʌkə] *n* Yucca, Palmlilie *f.*

yuck [jʌk] *interj see* **yuk.**

Yugoslav ['juːgəʊ'slɑːv] **I** *adj* jugoslawisch. **II** *n* Jugoslawe *m*, Jugoslawin *f.*

Yugoslavia ['juːgəʊ'slɑːvɪə] *n* Jugoslawien *nt.*

Yugoslavian ['juːgəʊ'slɑːvɪən] *adj* jugoslawisch.

yuk [jʌk] *interj* i, igitt, igittigitt.

yukky ['jʌkɪ] *adj* (*+er*) (*sl*) eklig, widerlich, fies (*inf*).

Yule [juːl] *n* (*old*) Weihnachten, Julfest *nt.* **~ log** Julblock *m*; **~tide** Weihnachtszeit, Julzeit *f.*

yummy ['jʌmɪ] **I** *adj* (*+er*) (*sl*) *food* lekker; *man* toll. **II** *interj* **~!, ~ ~!** lecker!, jamjam! (*inf*).

yum yum ['jʌm'jʌm] *interj* lecker, jamjam (*inf*).

yup [jʌp] *adv* (*US inf: yes*) ja, jawoll (*inf*).

yuppie, yuppy ['jʌpɪ] **I** *n* Yuppie *m.* **II** *adj* yuppiehaft, yuppiemäßig; *job, area, pub, car also* Yuppie-. **~ flu** *krankhafter Energiemangel.*

yuppiedom ['jʌpɪdəm] *n* (*inf*) **the rise of ~ in the eighties** der Aufstieg der Yuppies in den 80er Jahren; **he lives in the heart of ~** er lebt mitten in einer Yuppiegegend.

YWCA *abbr of* **Young Women's Christian Association** CVJF *m.*

Z

Z, z [(*Brit*) zed, (*US*) ziː] *n* Z, z *nt.*
Zaire [zɑːˈiːəʳ] *n* Zaïre, Zaire *nt.*
Zambesi, Zambezi [zæmˈbiːzɪ] *n* Sambesi *m.*
Zambia [ˈzæmbɪə] *n* Sambia *nt.*
zany [ˈzeɪnɪ] **I** *adj* (+*er*) (*crazy, funny*) verrückt; *person also* irrsinnig komisch.
II *n* (*Theat Hist*) Narr, Hanswurst *m.*
Zanzibar [ˈzænzɪbɑːʳ] *n* Sansibar *nt.*
zap [zæp] (*inf*) **I** *n* (*energy, pep*) Schwung, Pep (*inf*) *m.*
II *interj* zack.
III *vt* **1.** (*hit*) **to ~ sb (one)** jdm eine pfeffern (*inf*) *or* kleben (*inf*).
2. (*Comput: delete*) löschen.
3. *channels* ständig hin- und herschalten.
4. (*inf*) (*kill*) abknallen (*inf*); (*destroy*) kaputtmachen (*inf*).
5. (*inf: send quickly*) **he ~ped us back down to London in his Porsche** er hat uns in seinem Porsche im Düsentempo nach London zurückgebracht; **we'll ~ it back to you down the fax** wir senden es Ihnen in Windeseile per Fax zurück.
IV *vi* (*inf*) (*move fast*) düsen (*inf*).
◆**zap along** *vi* (*inf: move fast*) düsen (*inf*). **the project's ~ping ~** das Projekt geht mit Volldampf voran (*inf*).
◆**zap up** *vt sep* (*sl*) aufmotzen (*sl*).
zapped [zæpt] *adj* (*sl: tired, exhausted*) total geschafft (*sl*).
zappiness [ˈzæpɪnɪs] *n see adj* Fetzigkeit *f*; Spritzigkeit *f*; Dynamik *f.*
zapping [zæpɪŋ] *n* (*inf*) TV-Hoppen *nt* (*inf*), ständiges Umschalten *nt.*
zappy [ˈzæpɪ] *adj pace, car* fetzig (*sl*); (*lively*) *prose, style* spritzig; *management style* dynamisch.
zeal [ziːl] *n, no pl* Eifer *m.* **to work with great ~** mit Feuereifer arbeiten; **he is full of ~ for the cause** er ist mit Feuereifer bei der Sache.
zealot [ˈzelət] *n* Fanatiker(in *f*) *m*; (*religious also*) (Glaubens)eiferer(in *f*) *m.* **Z~** (*Hist*) Zelot *m.*
zealotry [ˈzelətrɪ] *n* Fanatismus *m*, blinder Eifer.
zealous [ˈzeləs] *adj student, worker* eifrig, emsig. **~ for sth** eifrig um etw bemüht; **to be ~ to begin/help** erpicht darauf sein, anzufangen/zu helfen; **~ for the cause** für die Sache begeistert; **~ for a change** auf einen Wechsel erpicht.
zealously [ˈzeləslɪ] *adv see adj.*
zebra [ˈzebrə] *n* Zebra *nt.* **~ crossing** (*Brit*) Zebrastreifen *m.*
Zen [zen] *n* Zen (*Rel*) *nt.* **~ Buddhism** Zen-Buddhismus *m.*
zenith [ˈzenɪθ] *n* (*Astron, fig*) Zenit *m.*
zeppelin [ˈzeplɪn] *n* Zeppelin *m.*
zero [ˈzɪərəʊ] **I** *n, pl* **-(e)s 1.** (*figure*) Null *f*; (*point on scale*) Nullpunkt *m*; (*Roulette*) Zero *f.* **15 degrees below ~** 15 Grad unter Null; **the needle is at** *or* **on ~** der Zeiger steht auf Null; **his chances were put at ~** man meinte, seine Aussichten seien gleich Null. **2.** (*fig: nonentity*) Null *f* (*inf*).
II *adj* **at ~ altitude** (*Aviat*) im Tiefflug; **~ altitude flying** Tiefflug *m*; **~ degrees** null Grad; **~ gravity** Schwerelosigkeit *f*; **at ~ gravity** unter Schwerelosigkeit; **~ growth** Nullwachstum *nt*; **~ hour** (*Mil, fig*) die Stunde X; **~ option** (*Pol*) Nullösung *f*; **~-rated** (*for VAT*) mehrwertsteuerfrei; **~ rating** (*for VAT*) Befreiung *f* von der Mehrwertsteuer; **he's getting absolutely ~ satisfaction from it** (*inf*) das bringt ihm überhaupt nichts (*inf*); **she showed ~ interest in him** (*inf*) sie zeigte sich nicht im geringsten an ihm interessiert.
◆**zero in** *vi* (*Mil*) sich einschießen (*on* auf +*acc*). **to ~ ~ on sb/sth** (*fig*) *gang leader, core of problem* jdn/etw einkreisen; *difficulty* sich (*dat*) etw herausgreifen; *opportunity* sich auf etw (*acc*) stürzen; **we're beginning to ~ ~ on the final selection** langsam kommen wir der endgültigen Auswahl näher.
zest [zest] *n* **1.** (*enthusiasm*) Begeisterung *f.* **~ for life** Lebensfreude *f*; **he hasn't got much ~** er hat keinen Schwung; **he's lost his old ~** der alte Schwung ist hin (*inf*).
2. (*in style, of food*) Pfiff (*inf*), Schwung *m.* **a story full of ~** eine Geschichte mit Schwung; **add ~ to your meals with ...!** geben Sie Ihren Gerichten Pfiff mit ...! (*inf*).
3. (*lemon peel*) Zitronen-/Orangenschale *f.*
zestful *adj*, **~ly** *adv* [ˈzestfʊl, -fəlɪ] schwungvoll.
zeugma [ˈzjuːgmə] *n* Zeugma *nt.*
Zeus [zjuːs] *n* (*Myth*) Zeus *m.*
zigzag [ˈzɪgzæg] **I** *n* Zickzack *m or nt.* **a pattern of straight lines and ~s** ein Muster aus Geraden und Zickzacklinien.
II *adj course, line* Zickzack-; *road, path* zickzackförmig. **to steer a ~ course** (*Naut*) Zickzack(kurs) fahren.
III *adv* zickzackförmig, im Zickzack.
IV *vi* im Zickzack laufen/fahren; (*Naut*) Zickzack(kurs) fahren.
zilch [zɪltʃ] *n* (*sl: nothing*) nix (*inf*), Null Komma nichts (*inf*).
zillion [ˈzɪljən] (*US inf*) **I** *n* **~s of dollars** zig Milliarden Dollar (*inf*). **II** *adj* **I've told you a ~ times ...** ich hab dir hunderttausendmal *or* zigmal gesagt ... (*inf*).
Zimbabwe [zɪmˈbɑːbwɪ] *n* Zimbabwe, Simbabwe *nt.*
Zimbabwean [zɪmˈbɑːbwɪən] **I** *adj* zimbabwisch, simbabwisch. **II** *n* Zimbabwer(in *f*), Simbabwer(in *f*) *m.*

zimmer ['zɪməʳ] *n* (*Med: walking aid*) Laufstuhl *m*, Laufgestell *nt.*

zinc [zɪŋk] *n* Zink *nt.* **~ ointment** Zinksalbe *f*; **~ oxide** Zinkoxid *nt.*

zing [zɪŋ] (*inf*) **I** *n* **1.** (*noise of bullet*) Pfeifen, Zischen *nt.* **2.** (*zest*) Pfiff *m* (*inf*). **II** *vi* (*bullets*) pfeifen, zischen.

zinnia ['zɪnɪə] *n* Zinnie *f.*

Zion ['zaɪən] *n* Zion *nt.*

Zionism ['zaɪənɪzəm] *n* (*Rel*) Zionismus *m.*

Zionist ['zaɪənɪst] **I** *adj* zionistisch. **II** *n* Zionist(in *f*) *m.*

ZIP [zɪp] (*US*) *abbr of* **Zone Improvement Plan. ~ code** PLZ, Postleitzahl *f.*

zip [zɪp] **I** *n* **1.** (*Brit: fastener*) Reißverschluß *m.*

2. (*sound of bullet*) Pfeifen, Zischen *nt.*

3. (*inf: energy*) Schwung *m.*

II *vt* **to ~ a dress/bag** den Reißverschluß eines Kleides/einer Tasche zumachen *or* zuziehen.

III *vi* (*inf: car, person*) flitzen (*inf*); (*person also*) wetzen (*inf*). **to ~ past/along** vorbei-/daherflitzen *etc* (*inf*); **he ~ped through his work in no time** er hatte die Arbeit in Null Komma nichts erledigt (*inf*).

◆zip on I *vt sep* **he ~ped ~ his special gloves** er zog die Reißverschlüsse seiner Spezialhandschuhe zu. **II** *vi* **the hood ~s ~to the jacket** die Kapuze wird mit einem Reißverschluß an der Jacke befestigt.

◆zip up I *vt sep* **to ~ ~ a dress** den Reißverschluß eines Kleides zumachen; **will you ~ me ~ please?** kannst du mir bitte den Reißverschluß zumachen? **II** *vi* **it ~s ~** es hat einen Reißverschluß; **it ~s ~ at the back** der Reißverschluß ist hinten.

zip fastener *n* Reißverschluß *m*; **zip gun** *n* (*US*) selbstgebastelte Pistole.

zipper ['zɪpəʳ] *n* Reißverschluß *m.*

zippy ['zɪpɪ] *adj* (*+er*) (*inf*) *car* flott; *person also* flink.

zircon ['zɜːkən] *n* (*mineral*) Zirkon *m.*

zirconium [zɜː'kəʊnɪəm] *n* (*Chem*) Zirkonium *nt.*

zit [zɪt] *n* (*esp US inf: spot*) Pickel *m.*

zither ['zɪðəʳ] *n* Zither *f.*

zodiac ['zəʊdɪæk] *n* Tierkreis *m.* **signs of the ~** Tierkreiszeichen *pl.*

zombie ['zɒmbɪ] *n* **1.** (*lit: revived corpse*) Zombie *m.* **2.** (*fig*) Idiot (*inf*), Schwachkopf (*inf*) *m.* **like a ~/like ~s** wie im Tran.

zonal ['zəʊnl] *adj* Zonen-, zonal.

zone ['zəʊn] **I** *n* **1.** (*Geog*) Zone *f.*

2. (*area*) Zone *f*; (*fig also*) Gebiet *nt.* **no-parking ~** Parkverbot *nt*; **time ~** Zeitzone *f*; **the English-speaking ~** der englische Sprachraum; **~s of the body** Körperzonen *pl.*

3. (*US: postal ~*) Post(zustell)bezirk *m.*

II *vt* **1.** *town, area* in Zonen aufteilen. **2. to ~ a district for industry** einen Bezirk zur Industriezone ernennen.

zoning ['zəʊnɪŋ] *n* **1.** Zoneneinteilung *f.* **2. the ~ of this area as ...** die Erklärung dieses Gebietes zum ...

zonked [zɒŋkt] *adj* (*sl*) (*drunk, high*) total ausgeflippt (*sl*); (*tired*) total geschafft (*sl*).

zoo [zuː] *n* Zoo, Tierpark, Tiergarten *m.* **~ keeper** Tierpfleger(in *f*), Wärter(in *f*) *m.*

zoological [ˌzʊə'lɒdʒɪkəl] *adj* zoologisch. **~ gardens** zoologischer Garten.

zoologist [zʊ'ɒlədʒɪst] *n* Zoologe *m*, Zoologin *f.*

zoology [zʊ'ɒlədʒɪ] *n* Zoologie *f.*

zoom [zuːm] **I** *n* **1.** (*sound of engine*) Surren *nt.*

2. (*Aviat: upward flight*) Steilanstieg *m.*

3. (*Phot: also* **~ lens**) Zoom(objektiv) *nt.*

II *vi* **1.** (*engine*) surren.

2. (*inf*) sausen (*inf*). **we were ~ing along at 90** wir sausten mit 90 daher (*inf*).

3. (*Aviat: plane, rocket*) steil (auf)steigen. **the rocket ~ed up into the sky** die Rakete schoß in den Himmel; **prices have ~ed up to a new high** die Preise sind in unerreichte Höhen geschnellt.

III *vt plane* steil hochziehen *or* hochreißen; *engine* auf Hochtouren laufen lassen.

◆zoom in *vi* (*Phot*) zoomen (*sl*), nah herangehen; (*inf: come or go in*) herein-/hineinsausen (*inf*). **to ~ ~ on sth** (*Phot*) etw heranholen; **~ ~!** (*Phot*) näherfahren!; **he ~ed ~ on the main point** (*inf*) er kam ohne (viel) Umschweife gleich zum Hauptthema.

◆zoom out *vi* (*Phot*) aufziehen; (*inf: go or come out*) hinaus-/heraussausen (*inf*).

zoot suit ['zuːtsuːt] *n* (*US*) *Anzug m mit wattierten Schultern und eng zulaufender Hose.*

Zoroaster [ˌzɒrəʊ'æstəʳ] *n* Zoroaster, Zarathustra *m.*

Zoroastrian [ˌzɒrəʊ'æstrɪən] *adj* zoroastrisch.

zucchini [zuː'kiːnɪ] *n* (*US*) Zucchini *pl.*

Zulu ['zuːluː] **I** *adj* Zulu-, der Zulus. **II** *n* **1.** Zulu *mf.* **~land** Zululand (*old*), Kwazulu *nt.* **2.** (*language*) Zulu *nt.*

zwieback ['zwiːbæk] *n* (*US*) Zwieback *m.*

zygote ['zaɪgəʊt] *n* (*Biol*) Zygote *f.*

Anhang

Appendix

Unregelmäßige englische Verben

Infinitiv	**Präteritum**	**Partizip Perfekt**
abide	abode, abided	abode, abided
arise	arose	arisen
awake	awoke	awaked
be	was *sing*, were *pl*	been
bear	bore	borne
beat	beat	beaten
become	became	become
beget	begot, (*obs*) begat	begotten
begin	began	begun
bend	bent	bent
beseech	besought	besought
bet	bet, betted	bet, betted
bid	bade, bid	bid, bidden
bind	bound	bound
bite	bit	bitten
bleed	bled	bled
blow	blew	blown
break	broke	broken
breed	bred	bred
bring	brought	brought
build	built	built
burn	burned, burnt	burned, burnt
burst	burst	burst
buy	bought	bought
can	could	–
cast	cast	cast
catch	caught	caught
chide	chid	chidden, chid
choose	chose	chosen
cleave[1] (*cut*)	clove, cleft	cloven, cleft
cleave[2] (*adhere*)	cleaved, clave	cleaved
cling	clung	clung
come	came	come
cost	cost, (*Com*) costed	cost, (*Com*) costed
creep	crept	crept
cut	cut	cut
deal	dealt	dealt
dig	dug	dug
do	did	done
draw	drew	drawn

Infinitiv	**Präteritum**	**Partizip Perfekt**
dream	dreamed, dreamt	dreamed, dreamt
drink	drank	drunk
drive	drove	driven
dwell	dwelt	dwelt
eat	ate	eaten
fall	fell	fallen
feed	fed	fed
feel	felt	felt
fight	fought	fought
find	found	found
flee	fled	fled
fling	flung	flung
fly	flew	flown
forbid	forbad(e)	forbidden
forget	forgot	forgotten
forsake	forsook	forsaken
freeze	froze	frozen
get	got	got, (*US*) gotten
gild	gilded	gilded, gilt
gird	girded, girt	girded, girt
give	gave	given
go	went	gone
grind	ground	ground
grow	grew	grown
hang	hung, (*Jur*) hanged	hung, (*Jur*) hanged
have	had	had
hear	heard	heard
heave	heaved, (*Naut*) hove	heaved, (*Naut*) hove
hew	hewed	hewed, hewn
hide	hid	hidden
hit	hit	hit
hold	held	held
hurt	hurt	hurt
keep	kept	kept
kneel	knelt	knelt
know	knew	known
lade	laded	laden
lay	laid	laid
lead	led	led
lean	leaned, leant	leaned, leant
leap	leaped, leapt	leaped, leapt
learn	learned, learnt	learned, learnt
leave	left	left

Infinitiv	Präteritum	Partizip Perfekt
lend	lent	lent
let	let	let
lie	lay	lain
light	lit, lighted	lit, lighted
lose	lost	lost
make	made	made
may	might	–
mean	meant	meant
meet	met	met
mow	mowed	mown, mowed
pay	paid	paid
put	put	put
quit	quit, quitted	quit, quitted
read [ri:d]	read [red]	read [red]
rend	rent	rent
rid	rid	rid
ride	rode	ridden
ring	rang	rung
rise	rose	risen
run	ran	run
saw	sawed	sawed, sawn
say	said	said
see	saw	seen
seek	sought	sought
sell	sold	sold
send	sent	sent
set	set	set
sew	sewed	sewed, sewn
shake	shook	shaken
shave	shaved	shaved, shaven
stave	stove, staved	stove, staved
steal	stole	stolen
shear	sheared	sheared, shorn
shed	shed	shed
shine	shone	shone
shit	shit, (*hum*) shat	shit, (*hum*) shat
shoe	shod	shod
shoot	shot	shot
show	showed	shown, showed
shrink	shrank	shrunk
shut	shut	shut
sing	sang	sung
sink	sank	sunk
sit	sat	sat
slay	slew	slain
sleep	slept	slept
slide	slid	slid
sling	slung	slung
slink	slunk	slunk

Infinitiv	Präteritum	Partizip Perfekt
slit	slit	slit
smell	smelled, smelt	smelled, smelt
smite	smote	smitten
sow	sowed	sowed, sown
speak	spoke	spoken
speed	speeded, sped	speeded, sped
spell	spelled, spelt	spelled, spelt
spend	spent	spent
spill	spilled, spilt	spilled, spilt
spin	spun, (*old*) span	spun
spit	spat	spat
split	split	split
spoil	spoiled, spoilt	spoiled, spoilt
spread	spread	spread
spring	sprang	sprung
stand	stood	stood
stick	stuck	stuck
sting	stung	stung
stink	stank	stunk
strew	strewed	strewed, strewn
stride	strode	stridden
strike	struck	struck
string	strung	strung
strive	strove	striven
swear	swore	sworn
sweep	swept	swept
swell	swelled	swollen
swim	swam	swum
swing	swung	swung
take	took	taken
teach	taught	taught
tear	tore	torn
tell	told	told
think	thought	thought
thrive	throve, thrived	thriven, thrived
throw	threw	thrown
thrust	thrust	thrust
tread	trod	trodden
wake	woke, waked	woken, waked
wear	wore	worn
weave	wove	woven
weep	wept	wept
win	won	won
wind	wound	wound
wring	wrung	wrung
write	wrote	written

Englische Kurzgrammatik

Substantiv (Hauptwort)

Das **Geschlecht** der Substantive stimmt im Englischen mit dem natürlichen Geschlecht überein. Da der Artikel immer gleich ist, erkennt man es nur an dem Pronomen (persönliches Fürwort).

the boy	**he**	er
the lady	**she**	sie
the book	**it**	es

Schiffsnamen sind meist weiblich. Auch Länder, Autos und Flugzeuge werden oft durch den Gebrauch der weiblichen Pronomen personifiziert.

Im **Plural** (Mehrzahl) wird an den Singular (Einzahl) eines Substantivs ein *-s* angehängt. Dieses *s* wird stimmhaft [z] gesprochen nach Vokalen und stimmhaften Konsonanten:

days	[deɪz]	Tage
dogs	[dɒgz]	Hunde
boys	[bɔɪz]	Jungen

und stimmlos nach allen stimmlosen Konsonanten:

books	[bʊks]	Bücher
hats	[hæts]	Hüte

Bei Wörtern, die auf *-ce, -ge, -se, -ze* enden, wird das im Singular stumme *-e* wie [ɪ] ausgesprochen:

pieces	['pi:sɪz]	Stücke
sizes	['saɪzɪz]	Größen

Auf einen Zischlaut *(s, ss, sh, ch, x, z)* endende Wörter bekommen *-es* [ɪz] angehängt:

boxes	['bɒksɪz]	Schachteln
bosses	['bɒsɪz]	Chefs

Auslautendes *y*, dem ein Konsonant vorausgeht, wird im Plural zu *-ies* [ɪz]:

lady	Dame	ladies	['leɪdɪz]
body	Körper	bodies	['bɒdɪz]

auch Wörter, die auf *-o* enden, und einen Konsonanten vorangestellt haben, bekommen oft *-es:*

tomatoes	[tə'mɑ:təʊz]	Tomaten
negroes	['ni:grəʊz]	Neger

Einige auf *-f* oder *-fe* endende Wörter erhalten im Plural die Endung *-ves:*

Singular			Plural		
half	[hɑ:f]	Hälfte	halves	[hɑ:vz]	Hälften
knife	[naɪf]	Messer	knives	[naɪvz]	Messer
leaf	[li:f]	Blatt	leaves	[li:vz]	Blätter
wife	[waɪf]	Ehefrau	wives	[waɪvz]	Frauen

Andere ändern ihren Vokal bzw. ihre Vokale:

Singular			Plural		
foot	[fʊt]	Fuß	feet	[fi:t]	Füße
man	[mæn]	Mann	men	[men]	Männer
woman	['wʊmən]	Frau	women	['wɪmɪn]	Frauen

Unregelmäßige Pluralbildungen und solche auf *-ves, -oes* bzw. *-os* sind im Wörterbuchteil angegeben.

Nominativ / Akkusativ / Dativ / Genitiv

(Die vier Fälle)

Nominativ (1. Fall) und Akkusativ (4. Fall) haben dieselbe Form. Der Genitiv (2. Fall) wird meist mit Hilfe von *of,* der Dativ (3. Fall) mit *to* ausgedrückt.

- Der **Dativ** kann auch ohne *to* gebildet werden, wenn das Dativobjekt unbetont ist. Das Dativobjekt steht dann direkt hinter dem Verb:

	He gives the porter the ticket.
anstelle von:	He gives the ticket to the porter.

- Im Unterschied zum Deutschen wird auch bei folgenden Ausdrücken die Form des **Genitivs** mit *of* gebraucht:

a cup of coffee	eine Tasse Kaffee
the city of London	die Stadt London
the Isle of Wight	die Insel Wight

- Der **sächsische Genitiv,** der häufig bei Personen und personifizierten Begriffen zur Bezeichnung des Besitzes verwendet wird und vor dem Substantiv steht, das er näher bestimmt, ist ähnlich wie im Deutschen: „Vaters Hut". Er wird im Singular durch Apostroph und *s* gekennzeichnet:

my sister's room	das Zimmer meiner Schwester

und im Plural durch den Apostroph allein:

my sisters' room	das Zimmer meiner Schwestern

Adjektiv (Eigenschaftswort)

Das Adjektiv bleibt nach Geschlecht und Zahl immer unverändert.

Steigerung

Bei der **regelmäßigen Steigerung** erhalten einsilbige Adjektive im Komparativ die Endung *-er* [əʳ] und im Superlativ *-est* [ɪst].

great groß	greater (than) größer (als)	greatest am größten

- Bei Adjektiven, die auf *-e* enden, entfällt bei der Steigerung mit *-er, -est* ein *e:* fine, finer, finest.
- Die Endbuchstaben *d, g, n* und *t* werden bei der Steigerung mit *-er, -est* verdoppelt, wenn ihnen ein kurzes, betontes *a, e, i* oder *o* vorausgeht:
  big, bigger, biggest.

Adjektive, die nach diesem Muster gesteigert werden, sind im Wörterbuchteil mit (+*er*) gekennzeichnet.

Zwei- und mehrsilbige Adjektive werden im Komparativ mit *more* [mɔː] (mehr) und im Superlativ mit *most* [məʊst] (meist) gesteigert.

difficult schwierig	more difficult (than) schwieriger (als)	most difficult am schwierigsten

Unregelmäßige Steigerung

good gut	better besser	best am besten
bad schlecht	worse schlechter	worst am schlechtesten
much/many viel/viele	more mehr	most am meisten
little wenig	less weniger	least am wenigsten

Unregelmäßige Steigerungsformen sind im Wörterbuchteil angegeben.

Adverb (Umstandswort)

Adverbien werden gebildet, indem man an ein Adjektiv *-ly* anhängt.

slow	slowly	He speaks slowly.	Er spricht langsam.
quick	quickly	He runs quickly.	Er läuft schnell.

- Ein Sonderfall ist *well*, das Adverb zu *good* (gut).

He speaks English well.	Er spricht gut Englisch.

- Adverbien mit der Endung *-ly* werden mit *more* und *most* gesteigert.

slowly	more slowly	most slowly
langsam	langsamer	am langsamsten

Verb (Zeitwort)

Präsens (Gegenwart)

Infinitiv: (Grundform)		to knock klopfen	to call rufen	to go gehen	to wash waschen	to study studieren
I	(ich)	knock	call	go	wash	study
you	(du, Sie)	knock	call	go	wash	study
he she it	(er) (sie) (es)	knocks [nɒks]	calls [kɔːlz]	goes [gəuz]	washes ['wɒʃɪz]	studies ['stʌdɪz]
we	(wir)	knock	call	go	wash	study
you	(ihr, Sie)	knock	call	go	wash	study
they	(sie)	knock	call	go	wash	study

Nur die 3. Person Singular wird verändert.
Das *-s* ist stimmlos nach stimmlosen Konsonanten (*he knocks*) und stimmhaft nach Vokalen (*he goes*) sowie stimmhaften Konsonanten (*he calls*).

Präteritum und Partizip Perfekt
(Vergangenheit und Mittelwort der Vergangenheit)

Die Vergangenheitsform wird gebildet, indem man *-ed* an die Grundform des Verbs anhängt.

Infinitiv: (Grundform)	to open öffnen	to arrive ankommen	to stop anhalten	to carry tragen
I	open**ed** ['əupənd]	arriv**ed** [ə'raɪvd]	stop**ped** [stɒpt]	carr**ied** ['kærɪd]
you, he, she, it, we, you, they	open**ed**	arriv**ed**	stop**ped**	carr**ied**

- Bei Verben, die auf *-e* enden, entfällt ein *e:* agreed, arrived.
- Ein auslautendes *-y* verwandelt sich in *-ied.*
- Auslautendes *b, d, g, m, n, p, s, t* wird verdoppelt, wenn es nach kurzem, betonten Vokal steht.

- Bei mehrsilbigen Verben, die auf *-l* enden, wird im britischen Englisch dieses meist verdoppelt: travel, travelled.
- Das Partizip Perfekt ist gleich dem Präteritum:

opened	arrived	stopped	carried
geöffnet	angekommen	angehalten	getragen

Die Formen der **unregelmäßigen Verben** sind im Wörterbuchteil und in einer gesonderten Liste aufgeführt.

Die Hilfsverben (Hilfszeitwörter)

Präsens und Partizip Präsens
(Gegenwart und Mittelwort der Gegenwart)

Infinitiv: (Grundform)	to be sein	to have haben	to do tun, machen
I	am ich bin	have ich habe	do ich tue
you	are du bist; Sie sind	have du hast; Sie haben	do du tust; Sie tun
he, she, it	is er, sie, es ist	has er, sie, es hat	does er, sie, es tut
we	are wir sind	have wir haben	do wir tun
you	are ihr seid; Sie sind	have ihr habt; Sie haben	do ihr tut; Sie tun
they	are sie sind	have sie haben	do sie tun
Partizip:	being seiend	having habend	doing tuend

Im gesprochenen Englisch werden häufig Kurzformen gebraucht:

am	→	'm	I'm
are	→	're	you're
is	→	's	he's
have	→	've	I've
has	→	's	he's

Verneinung	Kurzform
are not	aren't
is not	isn't
have not	haven't
has not	hasn't
do not	don't
does not	doesn't

Präteritum und Partizip Perfekt
(Vergangenheit und Mittelwort der Vergangenheit)

Infinitiv: (Grundform)	to be sein	to have haben	to do tun, machen
I	was ich war	had ich hatte	did ich tat
you	were du warst; Sie waren	had du hattest; Sie hatten	did du tatest; Sie taten
he, she, it	was er, sie, es war	had er, sie, es hatte	did er, sie, es tat
we	were wir waren	had wir hatten	did wir taten
you	were ihr wart; Sie waren	had ihr hattet; Sie hatten	did ihr tatet; Sie taten
they	were sie waren	had sie hatten	did sie taten
Partizip:	been gewesen	had gehabt	done getan
Kurzform:		'd: I'd	
Verneinung:	wasn't weren't	hadn't	didn't

Perfekt (Vollendete Gegenwart)

Das Perfekt bildet man im Unterschied zum Deutschen immer mit *to have* (haben) + Partizip Perfekt.

I have had	ich habe gehabt
I have been	ich bin gewesen
I have done	ich habe getan
I have called	ich habe gerufen
I have arrived	ich bin angekommen
I have gone	ich bin gegangen

Plusquamperfekt (Vorvergangenheit)

Das Plusquamperfekt wird mit *to have* (haben) + Partizip Perfekt gebildet.

I had had	ich hatte gehabt
I had been	ich war gewesen
I had done	ich hatte getan
I had called	ich hatte gerufen
I had arrived	ich war angekommen
I had gone	ich war gegangen

Unselbständige Hilfsverben

Sie können nicht selbständig auftreten, sondern müssen immer von einem anderen Verb (im Infinitiv ohne *to*) begleitet werden.

I you he, she, it we you they	can können	may mögen, dürfen	shall sollen	will wollen, werden	must müssen
Vernei- nung:	cannot can't	may not mayn't	shall not shan't	will not won't	must not musn't

Diese Verben sind bei allen Personen gleich; die dritte Person Singular hat kein *-s*.

Außer im Präsens (Gegenwart) gibt es diese Verben noch im Präteritum (Vergangenheit). In allen anderen Zeiten und Formen werden sie ersetzt:

Präteritum		Ersatz	
could	konnte	to be able (to)	können, imstande sein (zu)
might	möchte	to be allowed (to)	mögen, dürfen, können
would	würde	to want, to wish (to)	wollen, wünschen
should	sollte	to be obliged (to)	verpflichtet sein (zu)

Verneinung:	could not couldn't	might not mightn't	would not wouldn't	should not shouldn't

- Die Formen des Präteritums, die denen des Konditionals gleich sind, findet man oft in Höflichkeitswendungen:

Could you give me . . . ?	Könnten Sie mir . . . geben?
Would you . . ., please?	Würden Sie bitte . . . ?
Would you like . . . ?	Wollen/Möchten Sie . . . ?
I should like	Ich möchte . . . .

Futur und Konditional
(Zukunft und Bedingungsform)

Das Futur wird mit Hilfe von *shall/will* (1. Person Singular und Plural) und *will* in den übrigen Personen und das Konditional mit *should/would* (1. Person Singular und Plural) und *would* in den übrigen Personen gebildet. In der gesprochenen Sprache wird fast nur die Kurzform verwendet.

Futur		Konditional	
I shall / will go	ich werde gehen	I should / would go	ich würde gehen
you will go	du wirst gehen; Sie werden gehen	you would go	du würdest gehen; Sie würden gehen
he, she, it will go	er, sie, es wird gehen	he, she, it would go	er, sie, es würde gehen
we shall / will go	wir werden gehen	we should / would go	wir würden gehen
you will go	ihr werdet gehen; Sie werden gehen	you would go	ihr würdet gehen; Sie würden gehen
they will go	sie werden gehen	they would go	sie würden gehen
Kurzform:	I'll go, you'll go, he'll go, we'll go, you'll go, they'll go	I'd go, you'd go, he'd go, we'd go, you'd go, they'd go	

Frage und Verneinung mit *to do*

Das Hilfsverb *to do* wird zur Bildung der fragenden und der mit *not* verneinten Form der selbständigen Verben verwendet.

Do you speak German?	Sprechen Sie Deutsch?
Does he know?	Weiß er?
Did you call?	Haben Sie gerufen?

I do not (don't) speak German.	Ich spreche nicht Deutsch.
He does not (doesn't) know.	Er weiß nicht.
I did not (didn't) call.	Ich habe nicht gerufen.

Didn't he come?	Ist er nicht gekommen?
Didn't she call?	Hat sie nicht gerufen?

- *to do* wird nicht verwendet in Fragesätzen, in denen ein Fragewort selbst das Subjekt (Satzgegenstand) ist:

Who wrote the letter? Wer schrieb den Brief?
Which of these trains goes to London? Welcher dieser Züge fährt nach London?

und auch nicht in Sätzen mit den Hilfsverben:

am, are, is, was, were, can, could, may, might, must, shall, should, will, would

Verlaufsform

Die Verlaufsform wird mit dem Hilfsverb *to be* und dem Partizip Präsens (*-ing*) gebildet. Mit der Verlaufsform wird eine Handlung ausgedrückt, die gerade abläuft, noch andauert, noch nicht abgeschlossen ist, war oder sein wird.

I am working.	Ich arbeite gerade. / Ich bin am Arbeiten.
I was working.	Ich arbeitete (gerade).
I shall be working.	Ich werde arbeiten.
It is raining.	Es regnet.

- Bei Verben, die auf *-e* enden, entfällt das *e:* arrive, arriving.
- Bei Verben, die auf *-ie* enden, verwandelt sich dies in *y:* lie, lying.
- Für die Verdoppelung der Endkonsonanten gelten dieselben Regeln wie zur Bildung des Präteritums: stop, stopping; travel, travelling.
- Die Form *to be going to* bezeichnet die gegenwärtige Gewißheit über eine beabsichtigte Handlung, die in naher Zukunft stattfinden wird.

I am going to go London next week.	Ich werde nächste Woche nach London fahren.
She is going to buy a new dress.	Sie wird ein neues Kleid kaufen.

Gerundium

Das Gerundium (*Verb* + *-ing*) ist die substantivierte Form des Infinitivs und steht nach Präpositionen. Im Deutschen dagegen steht anstelle des Gerundiums der Infinitiv.

Instead of writing I'd rather go for a walk.
Anstatt zu schreiben, würde ich lieber spazierengehen.

He left without giving me his address.
Er ging, ohne mir seine Adresse zu geben.

Passiv (Leideform)

Zur Bildung des Passivs verwendet man das Hilfsverb *to be* und das Partizip Perfekt.

I am loved.	Ich werde geliebt.
I was loved.	Ich wurde geliebt.

- von = *by*

written by Dickens	von Dickens geschrieben.

Personalpronomen (Persönliche Fürwörter)

Subjektsfall		Objektsfall	
I	ich	me	mir / mich
you	du; Sie	you	dir / dich; Ihnen / Sie
he	er	him	ihm / ihn
she	sie	her	ihr / sie
it	es	it	ihm / es
we	wir	us	uns / uns
you	ihr; Sie	you	euch / euch; Ihnen / Sie
they	sie	them	ihnen / sie

- Im Objektsfall steht *to* (Dativ), wenn das Pronomen besonders hervorgehoben werden soll:

I gave the book to him.	Ich gab ihm *(betont)* das Buch.
anstatt: I gave him the book.	Ich gab ihm *(unbetont)* das Buch.

Possessivpronomen (Besitzanzeigende Fürwörter)

Das Possessivpronomen ist für Singular und Plural gleich. Es hat adjektivische und substantivische Formen.

Adjektivisch (verbunden)

my	book	mein Buch	my	books	meine Bücher
your	book	dein / Ihr Buch	your	books	deine / Ihre Bücher
his	book	sein Buch	his	books	seine Bücher
her	book	ihr Buch	her	books	ihre Bücher
its	book	sein Buch	its	books	seine Bücher
our	car	unser Auto	our	cars	unsere Autos
your	car	euer / Ihr Auto	your	cars	eure / Ihre Autos
their	car	ihr Auto	their	cars	ihre Autos

Substantivisch (alleinstehend)

mine	meine(r, s) / der, die, das meinige / die meinigen
yours	deine(r, s) / Ihre(r, s); der, die, das deinige / Ihrige; die deinigen / Ihrigen
his	seine(r, s) / der, die, das seinige / die seinigen
hers	ihre(r, s) / der, die, das ihrige / die ihrigen
ours	unsere(r, s) / der, die, das unsrige / die unsrigen
yours	eure(r, s) / Ihre(r, s); der, die, das eurige / Ihrige; die eurigen/Ihrigen
theirs	ihre(r, s) / der, die, das ihrige / die ihrigen

It's not my book. It's yours. Es ist nicht mein Buch. Es ist deines.

Demonstrativpronomen (Hinweisende Fürwörter)

Singular: **this** dieser, diese, dieses **that** jener, jene, jenes	Plural: **these** diese **those** jene
This is an English book and that is a German book. Dies ist ein Englischbuch, und jenes ist ein Deutschbuch.	
These pictures are nicer than those. Diese Bilder sind schöner als jene.	

Reflexivpronomen (Rückbezügliche Fürwörter)

myself	mich	ourselves	uns
yourself	dich; sich	yourselves	euch; sich
himself	sich	themselves	sich
herself	sich		
itself	sich		

I enjoy myself.	Ich amüsiere mich.
You enjoy yourself.	Du amüsierst dich. / Sie amüsieren sich.
He enjoys himself.	Er amüsiert sich.
She enjoys herself.	Sie amüsiert sich.
We enjoy ourselves.	Wir amüsieren uns.
You enjoy yourselves.	Ihr amüsiert euch. / Sie amüsieren sich.
They enjoy themselves.	Sie amüsieren sich.

Relativpronomen (Bezügliche Fürwörter)

	Personen	Sachen	Personen und Sachen
Nominativ (wer?, was?)	who	which	that
Genitiv (wessen?)	whose	of which	
Dativ (wem?)	to whom	to which	
Akkusativ (wen?, was?)	whom/who	which	that

Das Relativpronomen hat im Singular und im Plural die gleiche Form.

● Im Akkusativ kann *that* auch wegfallen:

This is the strangest book (that) I have ever read.
Das ist das merkwürdigste Buch, das ich je gelesen habe.

Interrogativpronomen (Fragewörter)

Substantivisch (alleinstehend)

who?	wer?	Who are you?	Wer sind Sie?
whose?	wessen?	Whose car is this?	Wessen Auto ist das?
whom?/who?	wem/wen?	Who(m) did you help? Who(m) did you see?	Wem hast du geholfen? Wen hast du gesehen?
what?	was?	What is that?	Was ist das?
which?	welche/ welcher/ welches?	Which is the quickest way?	Welches ist der kürzeste Weg?

who/whose/whom fragen nach Personen, *what* nach Sachen und *which* nach Personen oder Sachen aus einer bestimmten Anzahl.

● Präpositionen im Fragesatz werden nachgestellt:

Where do you come from?	woher kommen Sie?
What are you looking for?	wonach suchen Sie?
What do you want this for?	wofür wollen Sie das?
What are you laughing at?	worüber lachen Sie?
Who are you speaking to?	mit wem sprechen Sie?

Adjektivisch (verbunden)

What book?	*Was für ein* Buch?
What English songs?	*Was für* englische Lieder?
Which book?	*Welches* Buch? (von mehreren Büchern)

Die indefiniten Pronomen: *some* und *any* (unbestimmte Fürwörter)

some / somebody / someone / something

some und seine Zusammensetzungen stehen
1. in bejahenden Sätzen,
2. in Fragesätzen, wenn darauf eine bejahende Antwort erwartet wird.

1. I'd like some jam. Ich möchte etwas Marmelade. Give me some stamps, please. Bitte geben Sie mir einige / ein paar Briefmarken. Somebody / Someone has stolen my purse. Jemand hat meinen Geldbeutel gestohlen. I'd like something to drink. Ich möchte etwas zu trinken.
2. May I have some more tea, please? – Yes, of course. Kann ich noch etwas Tee haben? – Aber selbstverständlich.

any / anybody / anyone / anything

any und seine Zusammensetzungen werden verwendet in
1. verneinten Sätzen,
2. in Fragesätzen, auf welche die Antwort ungewiß ist,
3. in Bedingungssätzen.

1. I haven't got any friends in London. Ich habe keine Freunde in London.
2. Is there anybody / anyone who speaks German? Spricht hier jemand Deutsch? Have you got any stamps? Haben Sie (vielleicht ein paar) Briefmarken? Can I do anything for you? Kann ich irgend etwas für Sie tun?
3. If I had any stamps I would post the letter. Wenn ich (ein paar) Briefmarken hätte, würde ich den Brief einwerfen.

Zahlwörter – numerals

1. Grundzahlen — Cardinal numbers

0 null *nought, cipher, zero*
1 eins *one*
2 zwei *two*
3 drei *three*
4 vier *four*
5 fünf *five*
6 sechs *six*
7 sieben *seven*
8 acht *eight*
9 neun *nine*
10 zehn *ten*
11 elf *eleven*
12 zwölf *twelve*
13 dreizehn *thirteen*
14 vierzehn *fourteen*
15 fünfzehn *fifteen*
16 sechzehn *sixteen*
17 siebzehn *seventeen*
18 achtzehn *eighteen*
19 neunzehn *nineteen*
20 zwanzig *twenty*
21 einundzwanzig *twenty-one*
22 zweiundzwanzig *twenty-two*
23 dreiundzwanzig *twenty-three*
30 dreißig *thirty*
31 einunddreißig *thirty-one*
32 zweiunddreißig *thirty-two*
33 dreiunddreißig *thirty-three*
40 vierzig *forty*
41 einundvierzig *forty-one*
50 fünfzig *fifty*
51 einundfünfzig *fifty-one*
60 sechzig *sixty*
61 einundsechzig *sixty-one*
70 siebzig *seventy*
71 einundsiebzig *seventy-one*
80 achtzig *eighty*
81 einundachtzig *eighty-one*
90 neunzig *ninety*
91 einundneunzig *ninety-one*
100 hundert *one hundred*
101 hundert(und)eins *hundred and one*
102 hundert(und)zwei *hundred and two*
110 hundert(und)zehn *hundred and ten*
200 zweihundert *two hundred*
300 dreihundert *three hundred*
451 vierhundert(und)einundfünfzig *four hundred and fifty-one*
1000 tausend *a (or one) thousand*
2000 zweitausend *two thousand*
10 000 zehntausend *ten thousand*
1 000 000 eine Million *a (or one) million*
2 000 000 zwei Millionen *two million*
1 000 000 000 eine Milliarde *a (or one) billion*
1 000 000 000 000 eine Billion *a (or one) trillion*

2. Ordnungszahlen — Ordinal numbers

1. erste *first*
2. zweite *second*
3. dritte *third*
4. vierte *fourth*
5. fünfte *fifth*
6. sechste *sixth*
7. sieb(en)te *seventh*
8. achte *eighth*
9. neunte *ninth*
10. zehnte *tenth*
11. elfte *eleventh*
12. zwölfte *twelfth*
13. dreizehnte *thirteenth*
14. vierzehnte *fourteenth*
15. fünfzehnte *fifteenth*
16. sechzehnte *sixteenth*
17. siebzehnte *seventeenth*
18. achtzehnte *eighteenth*
19. neunzehnte *nineteenth*
20. zwanzigste *twentieth*
21. einundzwanzigste *twenty-first*
22. zweiundzwanzigste *twenty-second*
23. dreiundzwanzigste *twenty-third*

30. dreißigste *thirtieth*
31. einunddreißigste *thirty-first*
40. vierzigste *fortieth*
41. einundvierzigste *forty-first*
50. fünfzigste *fiftieth*
51. einundfünfzigste *fifty-first*
60. sechzigste *sixtieth*
61. einundsechzigste *sixty-first*
70. siebzigste *seventieth*
71. einundsiebzigste *seventy-first*
80. achtzigste *eightieth*
81. einundachtzigste *eighty-first*
90. neunzigste *ninetieth*
100. hundertste *(one) hundredth*
101. hundertunderste *hundred and first*
200. zweihundertste *two hundredth*
300. dreihundertste *three hundredth*
451. vierhundert(und)-einundfünfzigste *four hundred and fifty first*
1000. tausendste *(one) thousandth*
1100. tausend(und)einhundertste *(one) thousand and (one) hundredth*
2000. zweitausendste *two thousandth*
100 000. einhunderttausendste *(one) hundred thousandth*
1 000 000. millionste *millionth*
10 000 000. zehnmillionste *ten millionth*

3. Bruchzahlen — Fractions

$^1/_2$ ein halb *one (or a) half*
$^1/_3$ ein Drittel *one (or a) third*
$^1/_4$ ein Viertel *one (or a) fourth (or a quarter)*
$^1/_5$ ein Fünftel *one (or a) fifth*
$^1/_{10}$ ein Zehntel *one (or a) tenth*
$^1/_{100}$ ein Hundertstel *one hundredth*
$^1/_{1000}$ ein Tausendstel *one thousandth*
$^1/_{1\,000\,000}$ ein Millionstel *one millionth*
$^2/_3$ zwei Drittel *two thirds*
$^3/_4$ drei Viertel *three fourths, three quarters*
$^2/_5$ zwei Fünftel *two fifths*
$^3/_{10}$ drei Zehntel *three tenths*
$1^1/_2$ anderthalb *one and a half*
$2^1/_2$ zwei(und)einhalb *two and a half*
$5^3/_8$ fünf drei achtel *five and three eighths*
1,1 eins Komma eins *one point one (1.1)*

4. Vervielfältigungszahlen — Multiples

einfach *single*
zweifach *double*
dreifach *threefold, treble, triple*
vierfach *fourfold, quadruple*
fünffach *fivefold*
hundertfach *(one) hundredfold*

Maße und Gewichte – Weights and Measures

Längenmaße — Linear measures

1 inch (in) 1"		= 2,54 cm
1 foot (ft) 1'	= 12 inches	= 30,48 cm
1 yard (yd)	= 3 feet	= 91,44 cm
1 furlong (fur)	= 220 yards	= 201,17 m
1 mile (m)	= 1760 yards	= 1,609 km
1 league	= 3 miles	= 4,828 km

Nautische Maße — Nautical measures

1 fathom	= 6 feet	= 1,829 m
1 cable	= 608 feet	= 185,31 m
1 nautical, sea mile	= 10 cables	= 1,852 km
1 sea league	= 3 nautical miles	= 5,550 km

Feldmaße — Surveyors' measures

1 link	= 7,92 inches	= 20,12 cm
1 rod, perch, pole	= 25 links	= 5,029 m
1 chain	= 4 rods	= 20,12 m

Flächenmaße — Square measures

1 square inch		= 6,452 cm^2
1 square foot	= 144 sq inches	= 929,029 cm^2
1 square yard	= 9 sq feet	= 0,836 m^2
1 square rod	= 30,25 sq yards	= 25,29 m^2
1 acre	= 4840 sq yards	= 40,47 Ar
1 square mile	= 640 acres	= 2,59 km^2

Raummaße — Cubic measures

1 cubic inch		= 16,387 cm^3
1 cubic foot	= 1728 cu inches	= 0,028 m^3
1 cubic yard	= 27 cu feet	= 0,765 m^3
1 register ton	= 100 cu feet	= 2,832 m^3

Britische Hohlmaße — Measures of capacity

Flüssigkeitsmaße — Liquid measures of capacity

1 gill		= 0,142 l
1 pint (pt)	= 4 gills	= 0,568 l
1 quart (qt)	= 2 pints	= 1,136 l
1 gallon (gal)	= 4 quarts	= 4,546 l
1 barrel	= *(für Öl)* 35 gallons	= 159,106 l
	(Bierbrauerei) 36 gallons	= 163,656 l

Trockenmaße — Dry measures of capacity

1 peck	= 2 gallons	= 9,092 l
1 bushel	= 4 pecks	= 36,368 l
1 quarter	= 8 bushels	= 290,935 l

Amerikanische Hohlmaße — Measures of capacity

Flüssigkeitsmaße — Liquid measures of capacity

1 gill		= 0,118 l
1 pint	= 4 gills	= 0,473 l
1 quart	= 2 pints	= 0,946 l
1 gallon	= 4 quarts	= 3,785 l
1 barrel	= *(für Öl)* 42 gallons	= 159,106 l

Handelsgewichte — Avoirdupois weights

1 grain (gr)		= 0,0648 g
1 dram (dr)	= 27,3438 grains	= 1,772 g
1 ounce (oz)	= 16 drams	= 28,35 g
1 pound (lb)	= 16 ounces	= 453,59 g
1 stone	= 14 pounds	= 6,348 kg
1 quarter	= 28 pounds	= 12,701 kg
1 hundredweight (cwt)	= *(Brit long cwt)* 112 pounds	= 50,8 kg
	(US short cwt) 100 pounds	= 45,36 kg
1 ton	= *(Brit long ton)* 20 cwt	= 1016 kg
	(US short ton) 2000 pounds	= 907,185 kg

Temperaturumrechnung — Temperature conversion

Fahrenheit — Celsius

°F	°C
0	– 17,8
32	0
50	10
70	21,1
90	32,2
98,4	37
212	100

zur Umrechnung 32 abziehen und mit $\frac{5}{9}$ multiplizieren

subtract 32 and multiply by $\frac{5}{9}$

Celsius — Fahrenheit

°C	°F
– 10	14
0	32
10	50
20	68
30	86
37	98,4
100	212

zur Umrechnung mit $\frac{9}{5}$ multiplizieren und 32 addieren

multiply by $\frac{9}{5}$ and add 32

England
England

Counties (Grafschaften) mit Abkürzung und Hauptstadt
Counties (with abbreviations) and their county towns

Avon		Bristol
Bedfordshire	(Beds)	Bedford
Berkshire	(Berks)	Reading
Buckinghamshire	(Bucks)	Aylesbury
Cambridgeshire	(Cambs)	Cambridge
Cheshire	(Ches)	Chester
Cleveland		Middlesbrough
Cornwall	(Corn)	Truro
Cumbria		Carlisle
Derbyshire	(Derbys)	Matlock
Devon		Exeter
Dorset	(Dors)	Dorchester
Durham	(Dur)	Durham
East Sussex	(E. Sussex)	Lewes
Essex	(Ess)	Chelmsford
Gloucestershire	(Glos)	Gloucester
Greater London		
Greater Manchester		Manchester
Hampshire	(Hants)	Winchester
Hereford & Worcester	(Hereford & Worcs)	Worcester
Hertfordshire	(Herts)	Hertford
Humberside		Hull
Isle of Wight	(I. of Wight)	Newport
Kent		Maidstone
Lancashire	(Lancs)	Preston
Leicestershire	(Leics)	Leicester
Lincolnshire	(Lincs)	Lincoln
Merseyside		Liverpool
Norfolk		Norwich
Northamptonshire	(Northants)	Northampton
Northumberland	(Northd)	Newcastle
North Yorkshire	(N. Yorkshire)	Northallerton
Nottinghamshire	(Notts)	Nottingham
Oxfordshire	(Oxon)	Oxford
Shropshire	(Salop)	Shrewsbury
Somerset	(Som)	Taunton
South Yorkshire	(S. Yorkshire)	Barnsley
Staffordshire	(Staffs)	Stafford
Suffolk	(Suff)	Ipswich
Surrey	(Sy)	Kingston-upon-Thames
Tyne & Wear		Newcastle-upon-Tyne
Warwickshire	(Warks)	Warwick
West Midlands	(W. Midlands)	Birmingham
West Sussex	(W. Sussex)	Chichester
West Yorkshire	(W. Yorks)	Wakefield
Wiltshire	(Wilts)	Trowbridge

Die Vereinigten Staaten von Amerika
The United States of America

Die Bundesstaaten mit traditionellen Abkürzungen, Anfangsbuchstaben des Zipcodes (Postleitkennzeichen) und Hauptstadt.
The states with traditional abbreviations and ZIP Code prefix along with their capital cities.

Alabama	(Ala.)	AL	Montgomery
Alaska	(Alas.)	AK	Juneau
Arizona	(Ariz.)	AZ	Phoenix
Arkansas	(Ark.)	AR	Little Rock
California	(Cal., Calif.)	CA	Sacramento
Colorado	(Colo.)	CO	Denver
Connecticut	(Conn.)	CT	Hartford
Delaware	(Del.)	DE	Dover
Florida	(Fla.)	FL	Tallahassee
Georgia	(Ga.)	GA	Atlanta
Hawaii		HI	Honolulu
Idaho	(Id., Ida.)	ID	Boise
Illinois	(Ill.)	IL	Springfield
Indiana	(Ind.)	IN	Indianapolis
Iowa	(Ia.)	IA	Des Moines
Kansas	(Kan., Kans.)	KS	Topeka
Kentucky	(Ken., Ky.)	KY	Frankfort
Louisiana	(La.)	LA	Baton Rouge
Maine	(ME)	ME	Augusta
Maryland	(Md.)	MD	Annapolis
Massachusetts	(Mass.)	MA	Boston
Michigan	(Mich.)	MI	Lansing
Minnesota	(Minn.)	MN	St Paul
Mississippi	(Miss.)	MS	Jackson
Missouri	(Mo.)	MO	Jefferson City
Montana	(Mont.)	MT	Helena
Nebraska	(Nebr.)	NB	Lincoln
Nevada	(Nev.)	NV	Carson City
New Hampshire	(N.H.)	NH	Concord
New Jersey	(N.J.)	NJ	Trenton
New Mexico	(N.Mex., N.M.)	NM	Santa Fe
New York	(N.Y.)	NY	Albany
North Carolina	(N.C.)	NC	Raleigh
North Dakota	(N.Dak., N.D.)	ND	Bismarck
Ohio	(OH)	OH	Columbus
Oklahoma	(Okla.)	OK	Oklahoma City
Oregon	(Oreg.)	OR	Salem
Pennsylvania	(Pa., Penn., Penna.)	PA	Harrisburg
Rhode Island	(R.I.)	RI	Providence
South Carolina	(S.C.)	SC	Columbia
South Dakota	(S.D., S.Dak.)	SD	Pierre
Tennessee	(Tenn.)	TN	Nashville
Texas	(Tex.)	TX	Austin
Utah	(Ut.)	UT	Salt Lake City
Vermont	(Vt.)	VT	Montpelier
Virginia	(Va.)	VA	Richmond
Washington	(Wash.)	WA	Olympia
West Virginia	(W.Va.)	WV	Charleston
Wisconsin	(Wis.)	WI	Madison
Wyoming	(Wyo., Wy.)	WY	Cheyenne

Geläufige Vornamen und ihre Kurzformen
Common Forenames and their shortened forms

Frauennamen – Women's names

Ada ['eɪdə]
Agatha ['ægəθə]
Agnes ['ægnɪs]; Aggie ['ægɪ]
Alice ['ælɪs]
Alison ['ælɪsn]
Angela ['ændʒələ]
Ann, Anne [æn]
Annabel ['ænəbel]
Anthea ['ænθɪə]
Audrey ['ɔ:drɪ]
Barbara ['bɑ:brə]; Babs [bæbz]
Beryl ['berəl]
Bess [bes] (from *Elizabeth*)
Betsy ['betsɪ] (from *Elizabeth*)
Betty ['betɪ] (from *Elizabeth*)
Brenda ['brendə]
Bridget ['brɪdʒɪt]
Carol, Carole ['kærəl]
Caroline ['kærəlaɪn]
Carolyn ['kærəlɪn]
Catherine ['kæθrɪn]; Cathy ['kæθɪ]
Cecily ['sesəlɪ]
Celia ['si:lɪə]
Chloe ['kləʊɪ]
Christine ['krɪsti:n]; Chris [krɪs]
Clare [kleəʳ]
Constance ['kɒnstəns]; Connie ['kɒnɪ]
Cynthia ['sɪnθɪə]
Daisy ['deɪzɪ]
Daphne ['dæfnɪ]
Deborah ['debərə]; Debby ['debɪ]
Deirdre ['dɪədrɪ]
Denise [də'ni:z]
Diana [daɪ'ænə]
Doreen ['dɔ:ri:n]
Doris ['dɒrɪs]
Dorothy ['dɒrəθɪ]
Edith ['i:dɪθ]
Eileen ['aɪli:n]
Elaine [ɪ'leɪn]
Eleanor ['elənəʳ]
Eliza [ɪ'laɪzə] (from *Elizabeth*)
Elizabeth [ɪ'lɪzəbəθ]
Ellen ['elən]
Emily ['eməlɪ]
Emma ['emə]
Erica ['erɪkə]
Ethel ['eθl]
Eva ['i:və]
Eve [i:v]
Evelyn ['i:vlɪn]
Fanny ['fænɪ] (from *Frances*)
Fiona [fɪ'əʊnə]
Flora ['flɔ:rə]
Florence ['flɒrəns]
Frances ['frɑ:nsɪs, (*US*): 'fræn-];
Fran [fræn]
Geraldine ['dʒerəldi:n]
Gertrude ['gɜ:tru:d]; Gertie ['gɜ:tɪ]
Gillian ['dʒɪlɪən]; Gill [dʒɪl]
Gladys ['glædɪs]
Grace [greɪs]
Gwendoline ['gwendəlɪn];
Gwen [gwen]
Harriet ['hærɪət]
Hazel ['heɪzl]
Heather ['heðəʳ]
Helen ['helən]
Hilary ['hɪlərɪ]
Irene [aɪə'ri:nɪ, (*US*) 'aɪəri:n]
Iris ['aɪərɪs]
Isabel, Isobel ['ɪzəbel]
Jane [dʒeɪn]
Janet ['dʒænɪt]
Janice ['dʒænɪs]
Jacqueline ['dʒækəlɪn]; Jackie ['dʒækɪ]
Jean [dʒi:n]
Jennifer ['dʒenɪfəʳ]; Jenny ['dʒenɪ]
Jill [dʒɪl] (from *Gillian*)
Joan [dʒəʊn]
Joanna [dʒəʊ'ænə]
Jocelyn ['dʒɒslɪn]
Josephine ['dʒəʊzəfi:n]; Jo [dʒəʊ]
Joy [dʒɔɪ]
Joyce [dʒɔɪs]
Judith ['dʒu:dɪθ]; Judy ['dʒu:dɪ]
Julia ['dʒu:lɪɔ]
Julie ['dʒu:lɪ]
Juliet ['dʒu:lɪət]
Karen ['kærən]
Katherine ['kæθrɪn]; Kate [keɪt];
Kathy ['kæθɪ]
Kay [keɪ]
Kitty ['kɪtɪ] (from *Katherine*)
Laura ['lɔ:rə]
Lesley ['lezlɪ]
Linda ['lɪndə]
Lisa ['li:sə]; Liza ['laɪzə] (from
Elizabeth)
Liz [lɪz] (from *Elizabeth*)
Lois ['ləʊɪs]
Lorna ['lɔ:nə]
Louise [lu:'i:z]
Lucy ['lu:sɪ]

Lydia ['lɪdɪə]
Lynn [lɪn]
Mabel ['meɪbl]
Madeleine ['mædəlɪn]
Madge [mædʒ] (from *Margaret*)
Maggie ['mægɪ] (from *Margaret*)
Margaret ['mɑ:grɪt]
Margery ['mɑ:dʒərɪ]; Margie ['mɑ:dʒɪ]
Marjorie ['mɑ:dʒərɪ]
Martha ['mɑ:θə]
Maria [mə'rɪə]
Marian, Marion ['mærɪən]
Marie [mə'ri:, 'mɑ:rɪ]
Marilyn ['mærəlɪn]
Mary ['mɛərɪ]
Maud [mɔ:d]
Maureen ['mɔ:ri:n]
Mavis ['meɪvɪs]
Meg [meg] (from *Margaret*)
Moira ['mɔɪrə]
Molly ['mɒlɪ] (from *Mary*)
Muriel ['mjʊərɪəl]
Nancy ['nænsɪ]
Nelly ['nelɪ] (from *Eleanor* or *Helen*)
Nora ['nɔ:rə]
Olive ['ɒlɪv]
Olivia [ə'lɪvɪə]
Pamela ['pæmələ]; Pam [pæm]
Patricia [pə'trɪʃə]; Pat [pæt]
Paula ['pɔ:lə]
Pauline ['pɔ:li:n]
Pearl [pɜ:l]
Penelope [pə'neləpɪ]; Penny ['penɪ]
Phoebe ['fi:bɪ]
Phyllis ['fɪlɪs]
Polly ['pɒlɪ]
Priscilla [prɪ'sɪlə]
Rachel ['reɪtʃl]
Rosalie ['rəʊzəlɪ]
Rosalind ['rɒzəlɪnd]
Rose [rəʊz]
Rosemary ['rəʊzmərɪ]
Ruth [ru:θ]
Sally ['sælɪ] (from *Sarah*)
Samantha [sə'mænθə]
Sandra ['sɑ:ndrə, (*US*): 'sæn-]
Sarah ['sɛərə]
Sharon ['ʃærən]
Shirley ['ʃɜ:lɪ]
Sheila ['ʃi:lə]
Stella ['stelə]
Susan ['su:zn]; Sue [su:]; Susie ['su:zɪ]
Suzanne [su:'zæn]
Sylvia, Silvia ['sɪlvɪə]
Teresa, Theresa [tə'ri:zə]; Tess [tes]; Tessa ['tesə]
Tina ['ti:nə] (from *Christina*)
Tracy ['treɪsɪ]
Vanessa [və'nesə]
Vera ['vɪərə]
Victoria [vɪk'tɔ:rɪə]; Vicky ['vɪkɪ]
Viola ['vaɪələ]
Violet ['vaɪələt]
Virginia [və'dʒɪnɪə]
Vivien(ne) ['vɪvɪən]
Wendy ['wendɪ]
Yvonne [ɪ'vɒn]
Zoe ['zəʊɪ]

Männernamen — Men's names

Abraham ['eɪbrəhæm]
Adam ['ædəm]
Adrian ['eɪdrɪən]
Alan, Allan, Allen ['ælən]
Albert ['ælbət]; Al [æl]
Alexander [ˌælɪg'zɑ:ndə^r, (*US*): -'zæn-]
Alex ['ælɪks] (from *Alexander*)
Andrew ['ændru:]; Andy ['ændɪ]
Angus ['æŋgəs]
Anthony, Antony ['æntənɪ]
Arthur ['ɑ:θə^r]
Barry ['bærɪ]
Basil ['bæzl]
Benjamin ['bendʒəmɪn]; Ben [ben]
Bernard ['bɜ:nəd, (*US*): bər'nɑ:rd]; Bernie ['bɜ:nɪ]
Bert [bɜ:t] (from *Albert, Gilbert, Herbert, Hubert*)
Bill [bɪl] (from *William*)
Bob [bɒb] (from *Robert*)
Brian, Bryan ['braɪən]
Bruce [bru:s]
Cecil ['sesl, (*US*): 'si:sl]
Cedric ['sedrɪk]
Charles [tʃɑ:lz]; Chas [tʃæz]
Christian ['krɪstʃən]
Christopher ['krɪstəfə^r]; Chris [krɪs]
Clifford ['klɪfəd]; Cliff [klɪf]
Clive [klaɪv]
Colin ['kɒlɪn]
Cyril ['sɪrəl]
Daniel ['dænɪəl]; Dan [dæn]
David ['deɪvɪd]; Dave [deɪv]
Dean [di:n]
Dennis, Denis ['denɪs]
Derek ['derɪk]
Desmond ['dezmənd]; Des [dez]
Dick [dɪk] (from *Richard*)
Donald ['dɒnld]; Don [dɒn]

Douglas ['dʌgləs]; Doug [dʌg]
Duncan ['dʌŋkən]
Edgar ['edgəʳ]
Edward ['edwəd]; Ed [ed]
Enoch ['i:nɒk]
Eric ['erɪk]
Ernest ['ɜ:nɪst]; Ernie ['ɜ:nɪ]
Eugene [ju:'dʒi:n]
Francis ['frɑ:nsɪs, (*US*): 'fræn-]
Frank [fræŋk]
Frederick ['fredrɪk]; Fred [fred]
Gareth ['gærəθ]
Gary ['gærɪ]
Gavin ['gævɪn]
Geoffrey ['dʒefrɪ]; Geoff [dʒef]
George [dʒɔ:dʒ]
Gerald ['dʒerəld]; Gerry ['dʒerɪ]
Gerard ['dʒerəd]
Gilbert ['gɪlbət]
Giles [dʒaɪlz]
Glen [glen]
Godfrey ['gɒdfrɪ]
Gordon ['gɔ:dn]
Graham ['greɪəm]
Gregory ['gregərɪ]; Greg [greg]
Harold ['hærəld]; Harry ['hærɪ]; Hal [hæl]
Harvey ['hɑ:vɪ]
Henry ['henrɪ]
Hilary ['hɪlərɪ]
Horace ['hɒrɪs]
Howard ['haʊəd]
Hugh [hju:]
Humphrey ['hʌmfrɪ]
Ian ['i:ən]
Isaac ['aɪzək]
Jack [dʒæk] (from *John*)
Jacob ['dʒeɪkəb]
James [dʒeɪmz]
Jason ['dʒeɪsn]
Jeffrey ['dʒefrɪ]; Jeff [dʒef]
Jeremy ['dʒerəmɪ]; Jerry ['dʒerɪ]
Jerome [dʒə'rəʊm]
Jim [dʒɪm] (from *James*)
John [dʒɒn]
Jonathan ['dʒɒnəθən]
Joseph ['dʒəʊzɪf]; Jo, Joe [dʒəʊ]
Joshua ['dʒɒʃʊə]
Julian ['dʒu:lɪən]
Justin ['dʒʌstɪn]
Keith [ki:θ]
Kenneth ['kenɪθ]; Ken [ken]
Kevin ['kevɪn]
Laurence, Lawrence ['lɒrəns, (*US*): 'lɔ:rəns]; Larry ['lærɪ]
Leslie ['lezlɪ]; Les [lez]
Lewis ['lu:ɪs]
Lionel ['laɪənl]

Louis ['lu:ɪ, (*US*): 'lu:ɪs]; Lou [lu:]
Luke [lu:k]
Malcolm ['mælkəm]
Mark [mɑ:k]
Martin ['mɑ:tɪn, (*US*): -tn]
Matthew ['mæθju:]; Matt [mæt]
Max [mæks]
Michael ['maɪkl]; Mick [mɪk]; Mike [maɪk]
Miles [maɪlz]
Nathaniel [nə'θænɪəl]; Nat [næt]
Neil [ni:l]
Nicholas ['nɪkələs]; Nick [nɪk]
Nigel ['naɪdʒl]
Norman ['nɔ:mən]
Oliver ['ɒlɪvəʳ]
Patrick ['pætrɪk]; Pat [pæt]; Paddy ['pædɪ]
Paul [pɔ:l]
Percy ['pɜ:sɪ]
Peter ['pi:təʳ]; Pete [pi:t]
Philip ['fɪlɪp]; Phil [fɪl]
Quentin ['kwentɪn, (*US*): -tn]
Ralph [rælf]
Randolph ['rændɒlf]; Randy ['rændɪ]
Raymond ['reɪmənd]; Ray [reɪ]
Reginald ['redʒɪnld]; Reg [redʒ]
Rex [reks]
Richard ['rɪtʃəd]
Robert ['rɒbət]
Robin ['rɒbɪn]
Rodney ['rɒdnɪ]; Rod [rɒd]
Roger ['rɒdʒəʳ]
Ronald ['rɒnld]; Ron [rɒn]
Roy [rɔɪ]
Rudolf ['ru:dɒlf]
Rupert ['ru:pət]
Samuel ['sæmjʊəl]; Sam [sæm]
Sandy ['sændɪ] (from *Alexander*)
Seamus ['ʃeɪməs]
Sean [ʃɔ:n]
Sidney ['sɪdnɪ]; Sid [sɪd]
Simon ['saɪmən]
Stanley ['stænlɪ]; Stan [stæn]
Stephen, Steven ['sti:vn]; Steve [sti:v]
Stewart, Stuart ['stju:ət, (*US*): 'stu:-]
Ted [ted] (from *Edward*)
Terence ['terəns]; Terry ['terɪ]
Thomas ['tɒməs]; Tom [tɒm]
Timothy ['tɪməθɪ]; Tim [tɪm]
Toby ['təʊbɪ]
Tony ['təʊnɪ] (from *Anthony*)
Trevor ['trevəʳ]
Victor ['vɪktəʳ]; Vic [vɪk]
Vincent ['vɪnsnt]
Vivian ['vɪvɪən]
Wilfred ['wɪlfrɪd]
William ['wɪlɪəm]; Will [wɪl]

Das englische Alphabet – The English Alphabet

	Aussprache pronunciation	britisch British	amerikanisch American	international international	Luftfahrt aviation	NATO NATO
A	eɪ	Andrew	Abel	Amsterdam	Alfa	Alfa
B	bi:	Benjamin	Baker	Baltimore	Bravo	Bravo
C	si:	Charlie	Charlie	Casablanca	Coca	Charlie
D	di:	David	Dog	Danemark	Delta	Delta
E	i:	Edward	Easy	Edison	Echo	Echo
F	ef	Frederick	Fox	Florida	Foxtrot	Foxtrot
G	dʒi:	George	George	Gallipoli	Golf	Golf
H	eɪtʃ	Harry	How	Havana	Hotel	Hotel
I	aɪ	Isaac	Item	Italia	India	India
J	dʒeɪ	Jack	Jig	Jerusalem	Juliet	Juliet
K	keɪ	King	King	Kilogramme	Kilo	Kilo
L	el	Lucy	Love	Liverpool	Lima	Lima
M	em	Mary	Mike	Madagaskar	Metro	Mike
N	en	Nelly	Nan	New York	Nectar	November
O	əʊ	Oliver	Oboe	Oslo	Oscar	Oscar
P	pi:	Peter	Peter	Paris	Papa	Papa
Q	kju:	Queenie	Queen	Quebec	Quebec	Quebec
R	ɑ:	Robert	Roger	Roma	Romeo	Romeo
S	es	Sugar	Sugar	Santiago	Sierra	Sierra
T	ti:	Tommy	Tare	Tripoli	Tango	Tango
U	ju:	Uncle	Uncle	Upsala	Union	Uniform
V	vi:	Victor	Victor	Valencia	Victor	Victor
W	'dʌblju:	William	William	Washington	Whisky	Whisky
X	eks	Xmas	X	Xanthippe	Extra	X-ray
Y	waɪ	Yellow	Yoke	Yokohama	Yankee	Yankee
Z	(*Brit*) zed, (*US*) zi:	Zebra	Zebra	Zürich	Zulu	Zulu

Bei der Benutzung des Buchstabieralphabets wird gesagt:
When using the phonetic alphabet one says:

V as in Victor, bei Funkdurchsagen: on radio, telephone: V for Victor

Notes Notizen

Notes

Notizen

Notes Notizen

Notes Notizen

Notes Notizen

Notes Notizen

Notes Notizen

Notes Notizen

Notes

Notizen

Notes Notizen

Notes Notizen

Notes

Notizen

Abkürzungen

Abbreviations

abbr	Abkürzung	*abbreviation*
acc	Akkusativ	*accusative*
adj	Adjektiv	*adjective*
Admin	Verwaltung	*administration*
adv	Adverb	*adverb*
Agr	Landwirtschaft	*agriculture*
Anat	Anatomie	*anatomy*
Archeol	Archäologie	*archaeology*
Archit	Architektur	*architecture*
art	Artikel	*article*
Art	Kunst	*art*
Astrol	Astrologie	*astrology*
Astron	Astronomie	*astronomy*
attr	attributiv	*attributive*
Aus	österreichisch	*Austrian*
Austral	australisch	*Australian*
Aut	Kraftfahrzeugwesen	*automobiles*
aux	Hilfsverb	*auxiliary*
Aviat	Luftfahrt	*aviation*
baby-talk	Kindersprache	
Bibl	biblisch	*biblical*
Biol	Biologie	*biology*
Bot	Botanik	*botany*
BRD	Bundesrepublik Deutschland	*Federal Republic of Germany*
Brit	britisch	*British*
Build	Hoch- und Tiefbau	*building*
Cards	Kartenspiel	
Chem	Chemie	*chemistry*
Chess	Schach	
Comm	Handel	*commerce*
comp	Komparativ	*comparative*
Comput	Computer	*computing*
conj	Konjunktion	*conjunction*
contr	Zusammenziehung	*contraction*
Cook	Kochen	*cooking*
cpd	Kompositum	*compound*
dat	Dativ	*dative*
dated	altmodisch	
DDR	Deutsche Demokratische Republik	*German Democratic Republic*
decl	dekliniert	*declined*
def	bestimmt	*definite*
dem	demonstrativ	*demonstrative*
dial	Dialekt	*dialect*
dim	Verkleinerung	*diminutive*
dir obj	Akkusativobjekt	*direct object*
Eccl	kirchlich	*ecclesiastic*
Econ	Volkswirtschaft	*economics*

Elec	Elektrizität	*electricity*
emph	betont	*emphatic*
esp	besonders	*especially*
etw	etwas	*something*
euph	Euphemismus	*euphemism*
f	Femininum	*feminine*
fashion	Mode	
fig	figurativ	*figurative*
Fin	Finanzen	*finance*
Fishing	Fischerei	
Forest	Forstwesen	*forestry*
form	förmlich	*formal*
Ftbl	Fußball	*football*
geh	gehoben	*elevated*
gen	Genitiv	*genitive*
Geog	Geographie	*geography*
Geol	Geologie	*geology*
Gram	Grammatik	*grammar*
Her	Heraldik	*heraldry*
Hist	Geschichte	*history*
Hort	Gartenbau	*horticulture*
hum	scherzhaft	*humorous*
Hunt	Jagd	*hunting*
imper	Imperativ	*imperative*
impers	unpersönlich	*impersonal*
Ind	Industrie	*industry*
indef	unbestimmt	*indefinite*
indir obj	Dativobjekt	*indirect object*
inf	umgangssprachlich	*informal*
infin	Infinitiv	*infinitive*
insep	untrennbar	*inseparable*
Insur	Versicherungswesen	*insurance*
interj	Interjektion	*interjection*
interrog	interrogativ	*interrogative*
inv	unveränderlich	*invariable*
Ir	irisch	*Irish*
iro	ironisch	*ironcial*
irreg	unregelmäßig	*irregular*
jd, jds, jdm, jdn	jemand, jemandes, jemandem, jemanden	*somebody, somebody's*
Jur	Rechtswesen	*law*
Ling	Sprachwissenschaft	*linguistics*
lit	wörtlich	*literal*
liter	literarisch	*literary*
Liter	Literatur	*literature*
m	Maskulinum	*masculine*
Math	Mathematik	*mathematics*
Measure	Maß	
Mech	Mechanik	*mechanics*
Med	Medizin	*medicine*
Met	Meteorologie	*meteorology*